丽水市志

丽水市地方志编纂委员会 编

第一册

方志出版社
Publishing House of Local Records

图书在版编目（CIP）数据

丽水市志 / 丽水市地方志编纂委员会编. -- 北京 : 方志出版社，2020.12
ISBN 978-7-5144-3966-3

Ⅰ. ①丽… Ⅱ. ①丽… Ⅲ. ①丽水—地方志 Ⅳ. ①K295.53

中国版本图书馆 CIP 数据核字（2019）第 286005 号

丽水市志

编　　者：丽水市地方志编纂委员会
责任编辑：刘方圆

出 版 者：方志出版社
地址　北京市朝阳区潘家园东里 9 号（国家方志馆 4 层）
邮编　100021
网址　http://www.zgfzcb.cn
发　　行：方志出版社图书营销中心
电话（010）67110500
经　　销：各地新华书店
印　　刷：丽水市旺盛印刷有限公司

开　　本：889 × 1194　1/16
印　　张：303
字　　数：6400 千字
版　　次：2020 年 12 月第 1 版　2020 年 12 月第 1 次印刷
印　　数：0001~3000 套

ISBN 978-7-5144-3966-3　**定价：**1500.00 元（套）

序

国有史，邑有志。地方志，是全面、客观、系统地记述一地综合性情况的资料性文献，横跨百科、纵贯古今，被誉为“一方之要览”“一地之百科全书”，在赓续传统、传承文明方面发挥着十分重要的作用。

丽水古称“处州”，隋开皇九年（589），因“处士星见于分野”而置。丽水修志传统源远流长，最早可追溯至南宋时期。历代编修的丽水旧志共有十八部，其中第一部志书《处州图经》，现已佚失。20 世纪 80 年代，丽水开始了新中国成立后的首轮地方志编修，1992 年《丽水地区志》出版。2000 年 7 月 19 日，迎着新世纪的曙光，丽水正式撤地设市，从此翻开了丽水历史的新篇章，开启了丽水发展的新纪元。2008 年，市委、市政府启动了新一轮市志编纂工程。此次编纂的《丽水市志》，时间跨度大、涵盖领域广、包含内容丰，从任何方面讲，都堪为历代修志所未及，直至今年付梓成书，可谓“十五年磨一剑”。

《丽水市志》全书共分 48 篇 318 章 1101 节，合计 640 余万字，记述时长上至历史发端，下至 2010 年，涵盖自然、政治、经济、文化等诸多方面，包括了其发展演变和现状概况，全方位展现了千年处州的“前世今生”，全景式表现了一代代丽水人的奋斗历程和不朽功绩，具有重要的“资政”“育人”“存史”作用和价值，意义可谓极其深远。

修志问道，以启未来。《丽水市志》的付梓面世，既是传承处州历史文脉的重要之举，也是文化丽水建设的盛事喜事。我们应采用多种方式高度重视用志工作，使地方志在推动丽水加快跨越式高质量发展，全面建设绿水青山与共同富裕相得益彰的社会主义现代化新丽水的使命征程中发挥更为重要的作用。

是为序。

中共丽水市委书记 胡海峰

丽水市人民政府市长 吴舜泽

2022 年 8 月 12 日

丽水市地方志编纂委员会

2012年

主　　　任：王永康

副　主　任：朱继坤　刘国安　梁细弟　何赤峰

委　　　员：（按姓氏笔画为序，以下同）

徐岳明　郑利剑　汤汪洱　王　炜　王亚民　秦景号　丁绍雄　任韩高
王顺发　邝平正　王黎爂　陈景飞　陈志雄　孔祖根　周智飞　陈鸿斌
戚永远　吴善印　周一红　王小荣　季柏林　戴邦和　叶旭勇　叶　青
吴筱琳　何卫宁　王　峻　蓝伶俐

办公室主任：张津华

办公室副主任：胡和平　朱放鸣

2013年

主　　　任：黄志平

副　主　任：朱继坤　刘国安　戚永远　何赤峰

委　　　员：徐岳明　郑利剑　汤汪洱　王　炜　王亚民　秦景号　丁绍雄　任韩高
王顺发　邝平正　陈景飞　陈志雄　孔祖根　周智飞　陈鸿斌　吴善印
周一红　张津华　王小荣　季柏林　戴邦和　叶旭勇　叶　青　吴筱琳
何卫宁　王　峻　蓝伶俐

办公室主任：张津华

办公室副主任：雷华英　胡和平　朱放鸣

2014年

主　　　任：黄志平

副　主　任：刘国安　徐岳明　戚永远　何赤峰

委　　　员：郑利剑　汤汪洱　周劲松　王亚民　丁绍雄　任韩高　王顺发　雷华英
陈鸿斌　邝平正　沈世山　叶伯军　陈志雄　吴善印　周一红　周智飞
陈景飞　孔祖根　宣国民　王小荣　季柏林　戴邦和　叶旭勇　叶　青
吴筱琳　何卫宁　王　峻　蓝伶俐

办公室主任：雷华英

办公室副主任：胡和平　朱放鸣

2015年

主　　任：黄志平
副 主 任：刘国安　徐岳明　戚永远　何赤峰
委　　员：丁绍雄　王亚民　王顺发　王　峻　孔祖根　叶伯军　叶　青　邝平正
刘志伟　任韩高　陈鸿斌　何卫宁　沈世山　张金禄　吴善印　吴筱琳
季柏林　杨秀清　郑利剑　郑力平　周一红　周劲松　周智飞　宣国民
雷华英　蓝伶俐　戴邦和
办公室主任：雷华英
办公室副主任：胡和平　汪羽中

2016年

主　　任：朱　晨
副 主 任：刘国安　徐岳明　戚永远　何赤峰
委　　员：丁绍雄　王亚民　王顺发　孔祖根　叶伯军　叶　青　刘志伟　任韩高
陈鸿斌　何卫宁　沈世山　张金禄　李一波　李汉勤　吴善印　季柏林
杨秀清　郑力平　郑利剑　周一红　周劲松　周智飞　饶鸿来　宣国民
翁伟荣　雷华英　蓝伶俐　戴邦和
办公室主任：雷华英
办公室副主任：胡和平　汪羽中

2017年

主　　任：朱　晨
副 主 任：戚永远　卢彩柳　朱山华
委　　员：蔡　昉　张金禄　周劲松　王亚民　何卫宁　任韩高　陈志斌　雷华英
邱文锋　饶鸿来　翁伟荣　王　平　张少荣　陈立新　徐兼明　周智飞
丁绍雄　孔祖根　张胜利　陈　豪　吴松平　周和平　上官国明　胡献如
李一波　沈世山　李汉勤　钟海燕
办公室主任：雷华英
办公室副主任：汪羽中　邱理平

2018年

主　　任：吴晓东
副 主 任：戚永远　卢彩柳　朱山华
委　　员：蔡　昉　张金禄　周劲松　王亚民　何卫宁　任韩高　陈志斌　雷华英
邱文锋　饶鸿来　翁伟荣　王　平　张少荣　陈立新　徐兼明　周智飞
丁绍雄　孔祖根　张胜利　陈　豪　吴松平　周和平　上官国明　胡献如
李一波　沈世山　李汉勤　钟海燕
办公室主任：雷华英
办公室副主任：汪羽中　邱理平

2019年

主　　任：吴晓东

副 主 任：李　锋　戚永远　卢彩柳　朱山华

委　　员：刘云华　张金禄　周劲松　王亚民　何卫宁　任韩高　陈志斌　雷华英
邱文锋　饶鸿来　翁伟荣　王　平　潘建青　陈立新　徐兼明　周智飞
刘志伟　阮建明　谭小训　陈　豪　吴松平　周和平　上官国明　胡献如
王正飞　胡　刚　李汉勤　钟海燕

办公室主任：雷华英

办公室副主任：汪羽中　邱理平

2020年

主　　任：吴晓东

副 主 任：李　锋　戚永远　卢彩柳　朱山华

委　　员：刘云华　张金禄　周劲松　王亚民　何卫宁　任韩高　陈志斌　雷华英
邱文锋　饶鸿来　翁伟荣　王　平　潘建青　吴守成　徐兼明　周智飞
刘志伟　阮建明　谭小训　陈　豪　翁志鸿　周和平　上官国明　胡献如
王正飞　胡　刚　李汉勤　钟海燕

办公室主任：雷华英

办公室副主任：邱理平　朱晓亮

2021年

主　　任：吴晓东

副 主 任：郎文荣　戚永远　卢彩柳　王顺发

委　　员：王　平　王正飞　王亚民　王忠宝　刘云华　刘志伟　阮建明　李志伟
李忠伟　李建军　吴飞飞　吴守成　何卫宁　邱文锋　张金禄　张恩成
陈志斌　周劲松　胡　刚　胡献如　钟海燕　饶鸿来　莫　靓　翁志鸿
翁伟荣　雷华英　潘　伟　潘建青

办公室主任：雷华英

办公室副主任：邱理平　项　啸　朱晓亮

2022年

主　　任：吴舜泽

副 主 任：张　赟　蓝伶俐　叶伯军　何卫宁

委　　员：陈科强　周和平　刘云华　吴一平　周劲松　李伟立　李志伟　陈志斌
雷华英　吴新伟　胡献如　范寿仁　潘建青　吴守成　吴飞飞　李建军
刘志伟　阮建明　张恩成　张　妍　王国锋　潘　伟　周鸿飞　田健晖
王　益　李　锋　梁海刚　蓝景芬

办公室主任：雷华英

办公室副主任：邱理平　项　啸　朱晓亮

《丽水市志》编辑部

主　　编：雷华英

顾　　问：虞文喜　张津华

执行主编：朱晓亮

副 主 编：朱放鸣　胡和平　汪羽中　邱理平

编　　辑：（按姓氏笔画为序）

田金友　朱放鸣　孙长莲　刘　勇　朱晓亮　张云新　汪羽中　吴伯卿
吴克裘　张津华　宋晓英　陈子立　林湘英　梁卉立　梅岳民　谢炳麟
雷华英　虞文喜

编　　务：（按姓氏笔画为序）

马菊花　王　利　王梦薇　石怡静　朱　红　张佳芬　周桂英　柳淑慧
梁晨媛　廖依敏　魏吉利

《丽水市志》参编人员

（按姓氏笔画为序）

马飞平　王金生　王进伟　王信本　王　波　邓　媛　田金友　包立平　汤陈生
刘奕平　刘起景　刘　勇　许立红　江　勇　叶伟平　叶华伟　叶吴玮　叶青华
叶长伟　朱云鸯　朱军连　朱晓亮　纪绍奎　应丽芬　李小妹　李叶萍　李惠莲
李忠民　李冠霖　李　培　李鑫飚　杨觅玫　杨金花　杨　婷　吴克裘　吴伯卿
吴　海　吴夏冰　吴起伟　吴志华　吴　丽　吴杭轩　何朝健　张云新　张恒宇
张奕祎　张　芳　陈子立　陈　炯　林军明　茅　扬　季大凯　季晶晶　柳淑慧
周步鑫　周梅珍　周　率　洪大伟　洪尚程　胡　欢　项文蕾　项　啸　钟卫锋
钟碧红　俞豪锋　夏文敏　徐　晓　留双艺　游根华　麻李钟　梁卉立　梁　桢
黄宇南　梅慧娟　梅岳民　梅丽芳　谢炳麟　曾　旋　董　方　董建平　程建荣
蓝福祥　蓝振奇　蓝武杰　廖依敏　蔡鸿昊　潘　虹　潘利军　潘佳楠

1

1 | 鸟瞰城区

丽水市在浙江省的位置示意图（2010年）

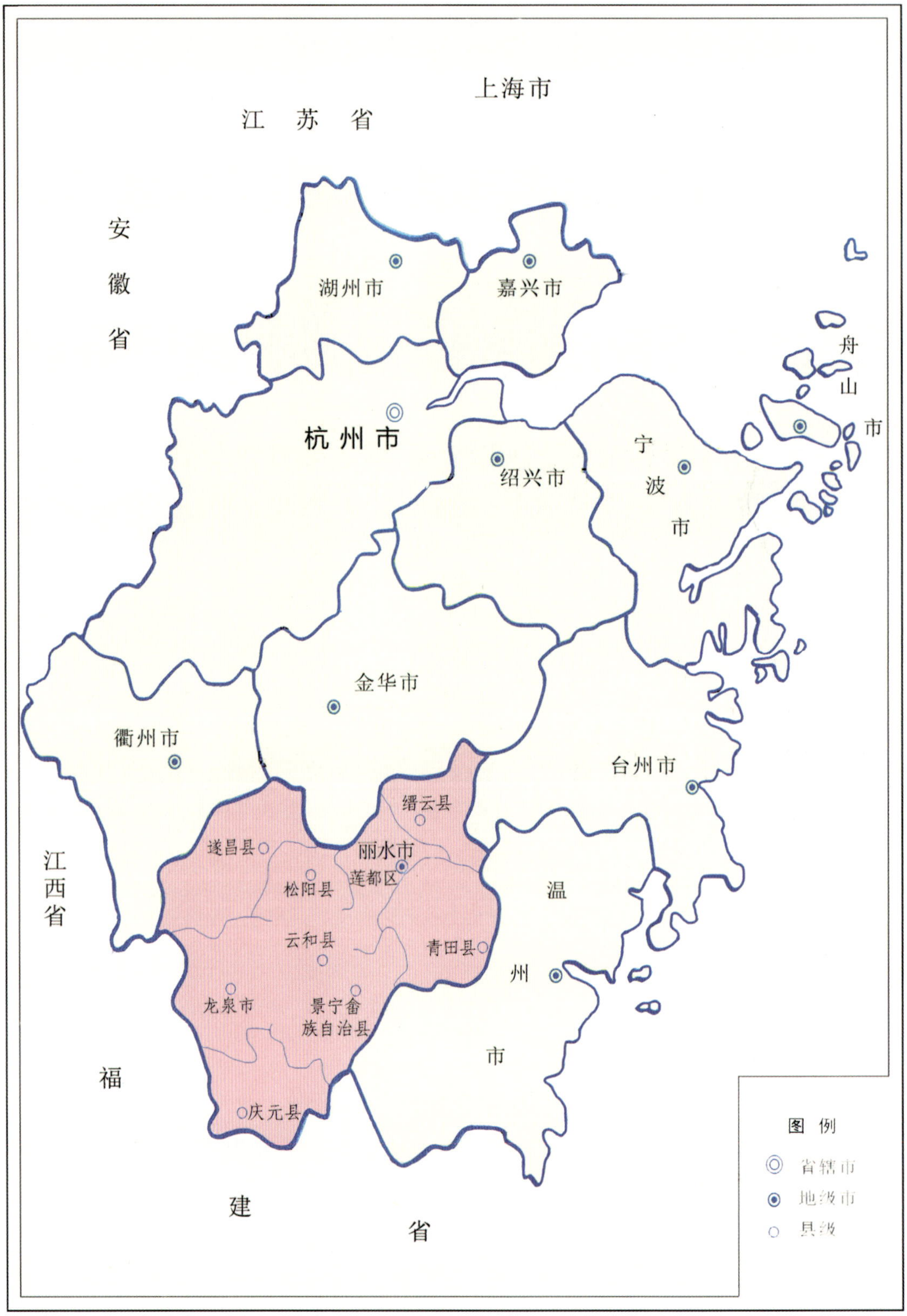

丽水市在长三角地区的位置示意图（2010年）

丽水市政区图（2010年）
江西省
福建省
福建
遂昌县
松阳县
龙泉市
庆元县
景宁
江山市
须江镇
球川镇
白石镇
双明镇
大桥镇
下镇镇
贺村镇
仙岩镇
江郎
峡口镇
双溪口
廿八都镇
桐畈镇
岭底
九牧
古楼
忠信镇
仙阳镇
永兴镇
浦城
富岭镇
临江镇
石陂镇
水北街道
濠村
花桥
松溪
迴龙
东平镇
渭田镇
廿里镇
大洲镇
湖南镇
湖南镇水库
举村
塘源口
张村
洋口
大街
塔石
沐尘畲族乡
北界镇
清水源
高坪
长桥源
应村
新路湾镇
天堂
三井
云峰镇
濂竹
坪益
乌溪江水库
金竹镇
白马山森林公园
湖山
三仁畲族乡
遂昌
妙高镇
湖山森林公园
遂昌森林公园
上西坑
西畈
石练镇
大柘镇
车床
蔡源
焦滩
黄沙腰镇
吴处
柘岱口
九龙山
革命遗址
王村口镇
九龙山
大坑
垵口
标下
龙洋
白岩
古市镇
新兴
谢村
新处
宫岭
玉岩镇
竹源
大东坝镇
枫坪
安民
内大阳
城北
岩樟
建胜
住龙镇
山坑
道太
王庄
高山
龙泉市
锦溪镇
安福
安仁镇
山溪口
宝溪
竹垟畲族乡
龙渊森林公园
兰巨
上垟镇
八都镇
花桥
长深高速（丽龙庆段）
G25
龙南
凤阳山
凤阳山—百山祖
黄茅尖
查田镇
屏南镇
麻连岱
小梅镇
皇官田
黄田镇
南溪
百山祖
合湖
出水岙
炉坑
竹口镇
四山
百山祖
秋炉
毛垟
张村
贤良镇
巾子峰森林公园
屏都镇
庆元
松源镇
五大堡
荷地镇
左溪镇
淤上
岭头
江根
石灰矿
隆宫
安南
东村
坑隆岗
香炉尖
举水
双港桥
龙溪
岭腰
黄源
沙铺
葛山
英川镇
沙湾镇
大地
官塘
寿宁
崇头镇
京台高速（黄衢南段）
G3
沪昆高速（杭金衢段）
G60
龙丽温高速（龙丽段）
S33
G205

地图审核号：浙S(2010)221号　浙江省测绘大队　编制　2010年10月第1版　2010年10月第1次印刷

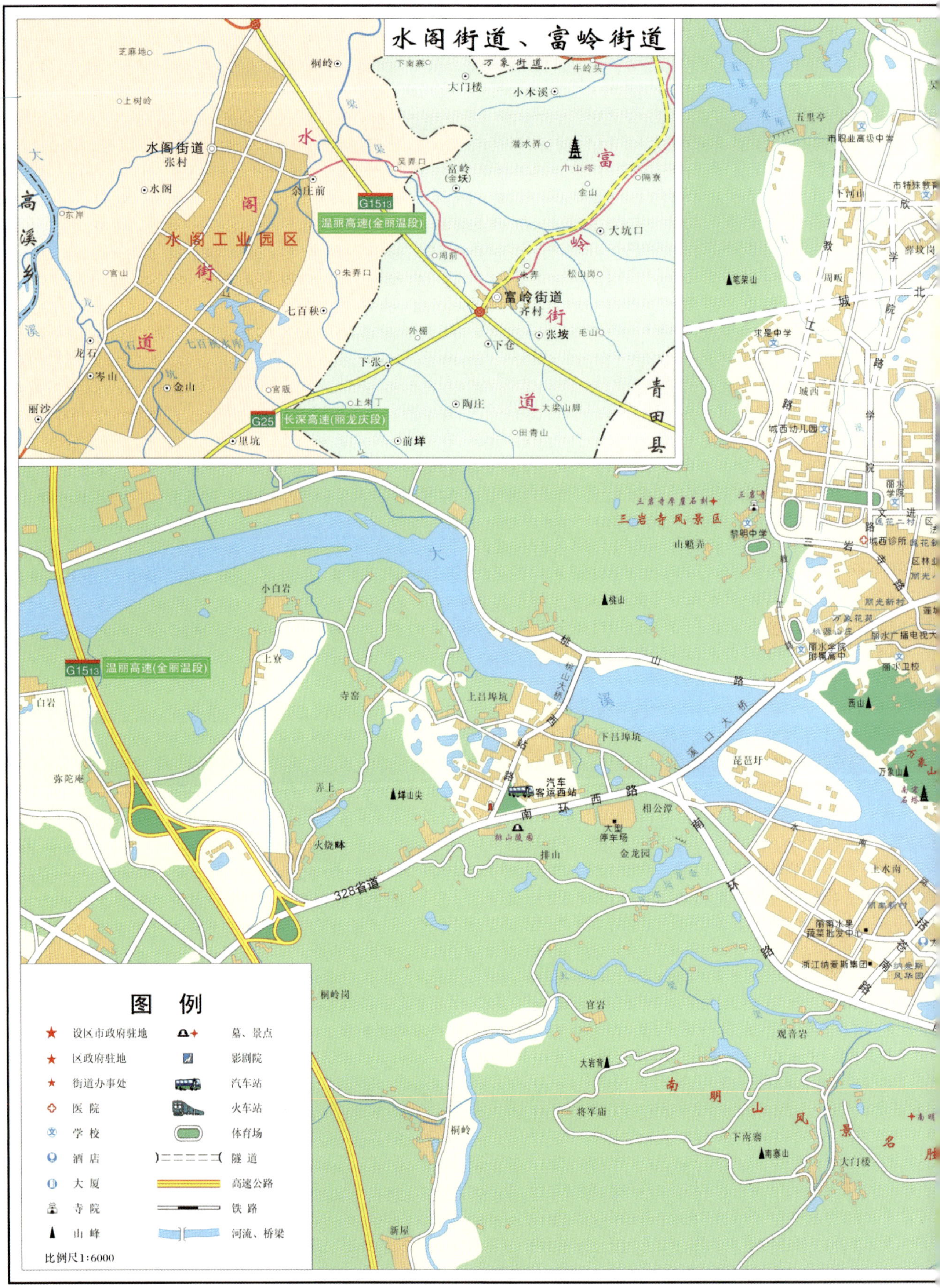

水阁街道、富岭街道
水阁街道
张村
水阁
水阁工业园区
富岭街道
齐村
富岭(金坪)
温丽高速(金丽温段)
长深高速(丽龙庆段)
G1513
G25
青田县
高溪乡
万象街道
芝麻地
上树岭
桐岭
下南寨
大门楼
小木溪
牛岭头
潜水弄
巾山塔
隔寮
金山
大坑口
吴弄口
佘庄前
朱弄口
周前
七百秧
外棚
下张
下仓
张垵
松山岗
毛山
陶庄
大梁山脚
田青山
上朱丁
前垟
里坑
宫畈
金山
岑山
龙石
丽沙
东岸
宫山
五里亭
市职业高级中学
求是中学
城西幼儿园
城西
丽水学院
三岩寺风景区
黎明中学
山魈弄
大溪
小白岩
上寮
寺窑
上吕埠坑
下吕埠坑
桃山大桥
溪口大桥
桃山路
昆巴圩
汽车客运西站
南环西路
328省道
相公潭
大型停车场
金龙园
排山
火烧畔
弄上
垟山尖
白岩
弥陀庵
桐岭岗
官岩
观音岩
大岩背
将军庙
南明山风景名胜
下南寨
南寨山
大门楼
桐岭
新屋
西山
万象山
丽水卫校
城西诊所
丽南水果蔬菜批发中心
浙江纳爱斯集团
上水南
图例
设区市政府驻地
区政府驻地
街道办事处
医院
学校
酒店
大厦
寺院
山峰
墓、景点
影剧院
汽车站
火车站
体育场
隧道
高速公路
铁路
河流、桥梁
比例尺1:6000

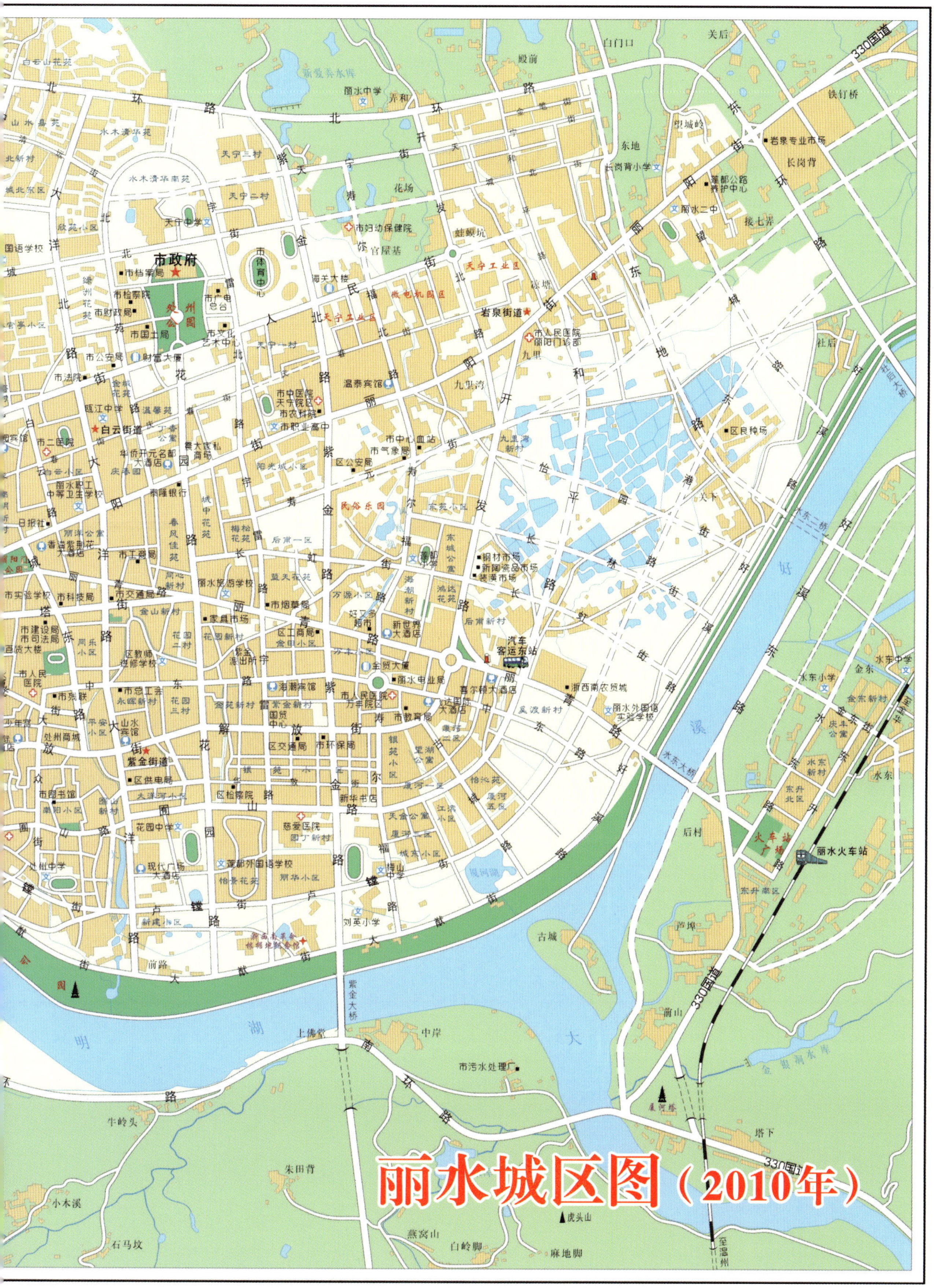

地图审核号：浙S(2010)221号　浙江省测绘大队　编制　2010年10月第1版　2010年10月第1次印刷

明成化二十年（1484）处州府境总图

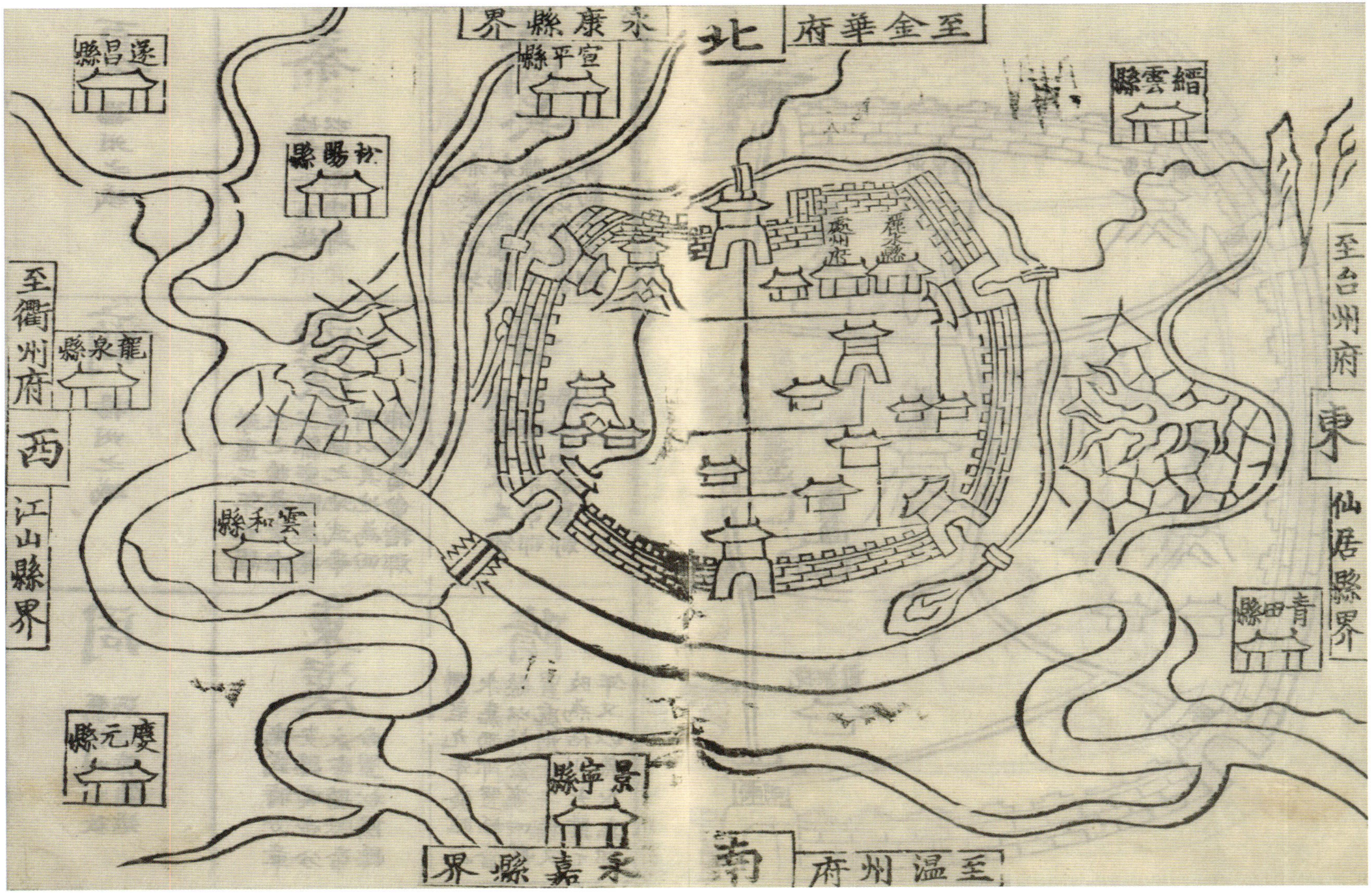

清光绪三年（1877）处州府境总图

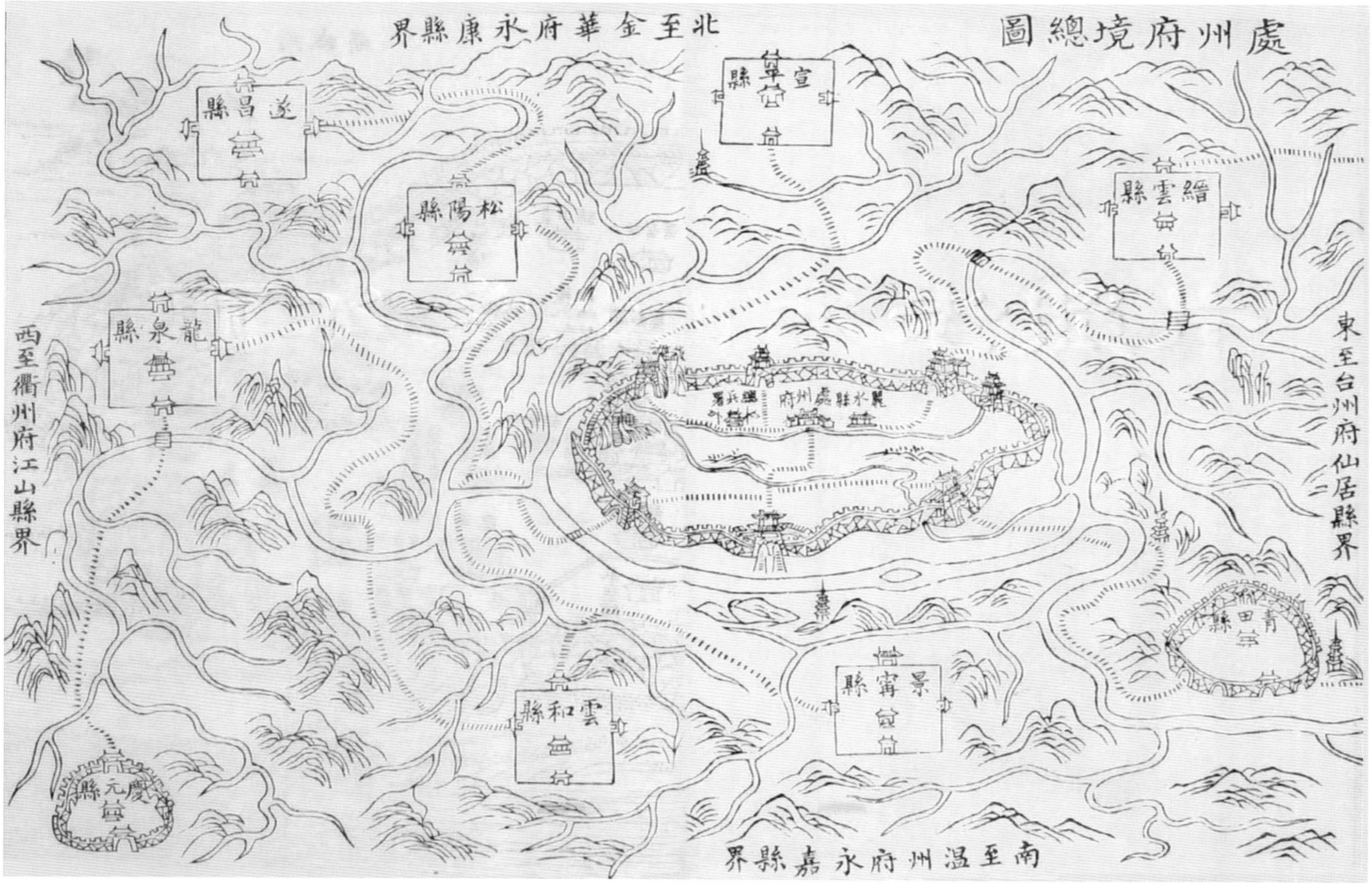

清光绪三年（

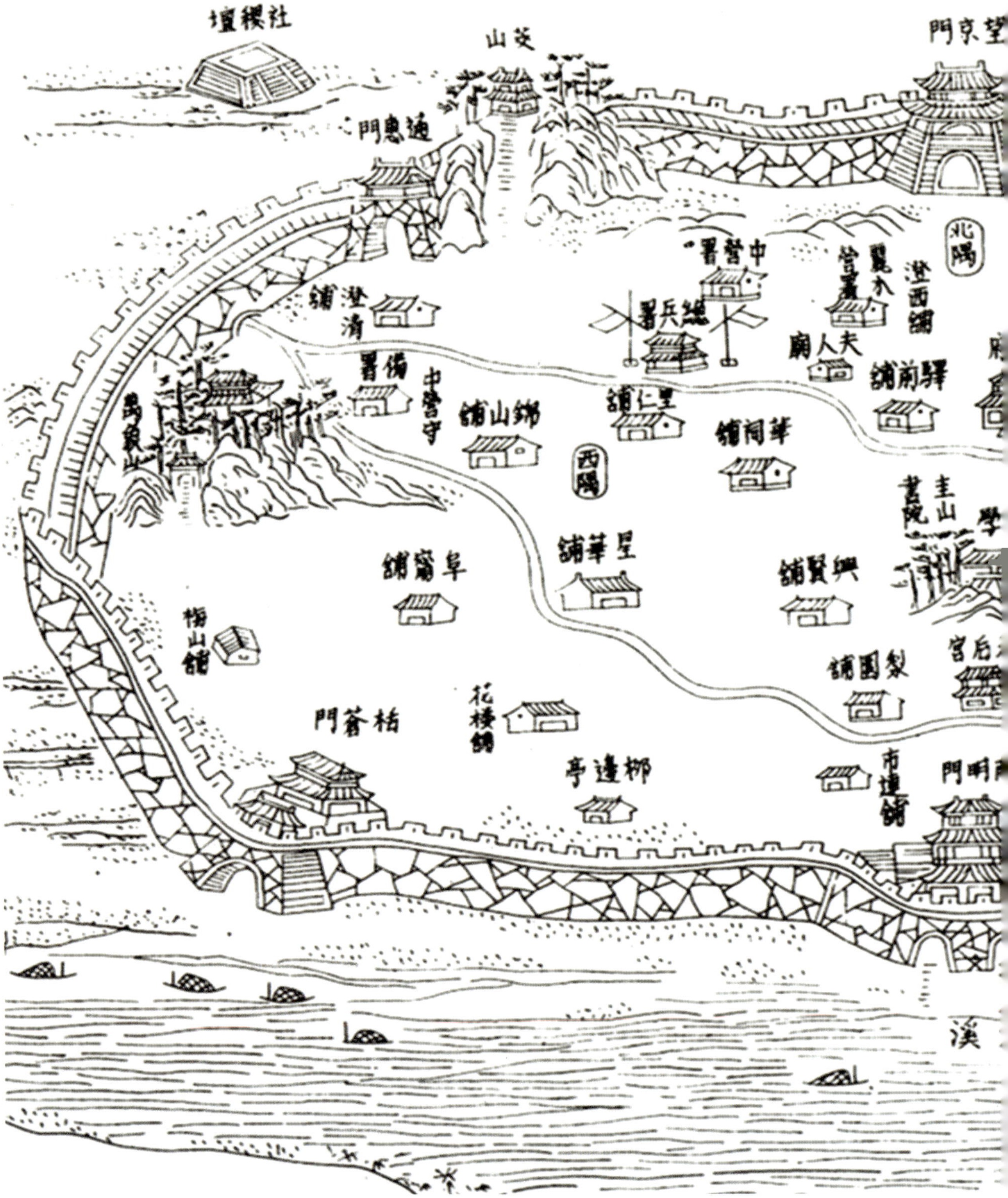
社稷壇
望京門
通惠門
中營署
總兵署
北隅
澄西舖
清澄舖
夫人廟
驛前舖
中營守
備署
萬象山
鄉山舖
里仁舖
華閣舖
西隅
星華舖
阜寧舖
興賢舖
梅山舖
圭山書院
花樓舖
柳邊亭
南明門
溪

处州府城图

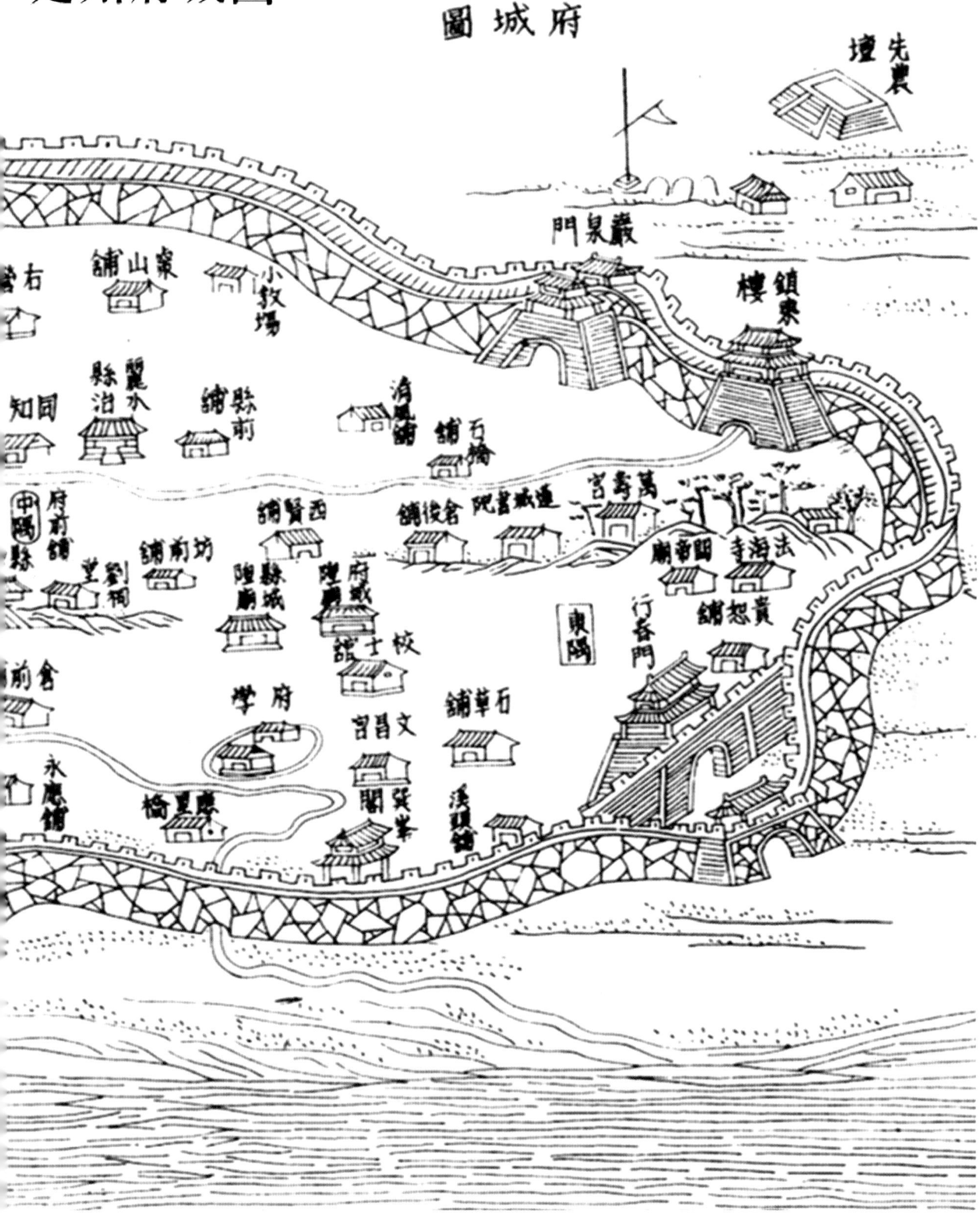
府城圖
先農壇
巖泉門
鎮東樓
小教場
象山鋪
麗水縣治
縣前鋪
同知
清風鋪
石橋鋪
萬壽宮
通城書院
倉後鋪
西賢鋪
中隅
府前鋪
坊前鋪
劉祠堂
縣城隍廟
府城隍廟
關帝廟
法海寺
貴恕鋪
行春門
東隅
校士館
府學
石草鋪
文昌宮
倉前
永慶鋪
溪頭鋪

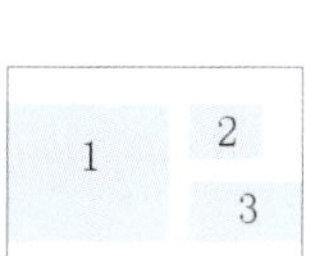

1 好川文化遗址（市档案馆提供，摄于1997年）
2 好川文化遗址出土的陶器（市档案馆提供，摄于1997年）
3 龙泉青瓷大窑遗址（洪汝峰提供，摄于2007年）

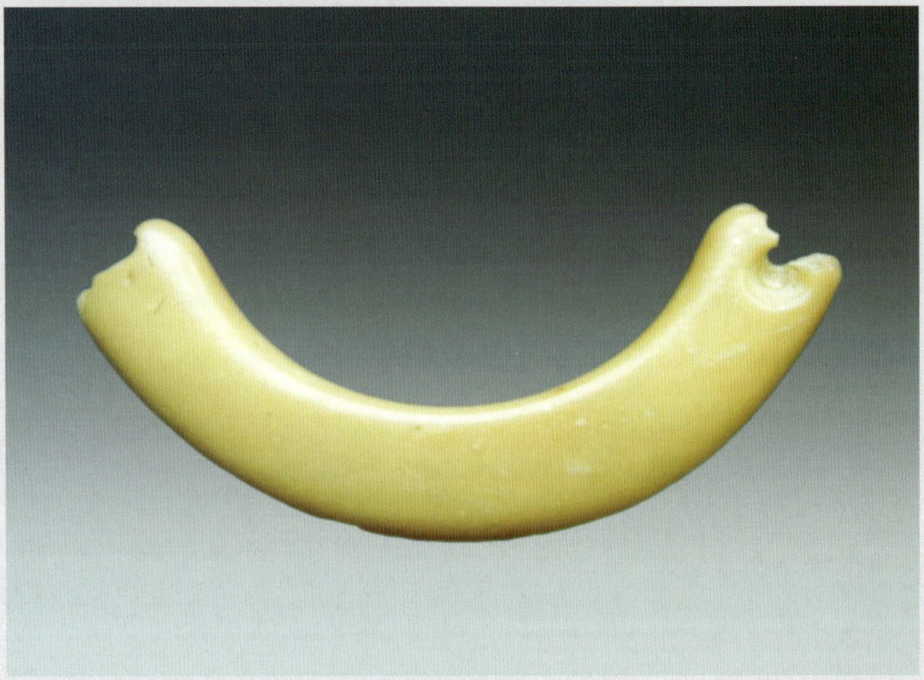

1 | 青田璜（6×1.2×6cm，黄青田，菘泽文化）
2 | 南北朝青瓷碗（云和县史志研究室提供，摄于2010年）

1 战国青铜斧（云和县史志研究室提供，摄于2010年）
2 汉代青铜弩机（云和县史志研究室提供，摄于2010年）
3 战国青铜剑（云和县史志研究室提供，摄于2010年）

1	千峡湖（汤洪文提供，摄于2009年）
2	仙宫湖（云和县史志研究室提供，摄于2009年）

江浙第一高峰

1
2 3

1 | 缙云仙都（市旅游局提供，摄于2010年）
2 | 龙泉凤阳山（市旅游局提供，摄于2010年）
3 | 云和梅源梯田（吕周亮提供，摄于2010年）

1　九龙国家湿地公园（莲都史志办提供，摄于2007年）
2　遂昌高坪万亩杜鹃（市政府办公室提供，摄于2010年）
3　青田小舟山梯田（市委宣传部提供，摄于2010年）
4　庆元百山祖（陈小荣提供，摄于2010年）

1 莲都区古堰画乡（市旅游局提供，摄于2010年）
2 青田县石门飞瀑（青田县史志研究室提供，摄于2010年）
3 松阳县箬寮原始森林（市政府办公室提供，摄于2010年）
4 遂昌县南尖岩（庄育平提供，摄于2008年）

1 | 庆元百山祖冷杉（市政府办公室提供，摄于2006年）
2 | 庆元百山祖冷杉果（市政府办公室提供，摄于2006年）

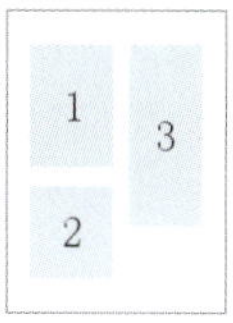

1 南方红豆杉及果实（遂昌县史志办提供，摄于2009年）
2 伯乐树（景宁史志办提供，摄于2009年）
3 鹅掌楸（遂昌县史志办提供，摄于2009年）

1 2
3

1 白颈长尾雉（遂昌县史志研究室，摄于2009年）
2 黄腹角雉（遂昌县史志研究室提供，摄于2010年）
3 瓯江白鹭（莲都区史志研究室提供，摄于2006年）

1　岩障猕猴（龙泉市史志研究室提供，摄于2010年）
2　黑麂（遂昌县史志研究室提供，摄于2009年）
3　中华秋沙鸭（宋世和提供，摄于2008年）

1 | 丽水小水门大桥（市政府办公室提供，摄于20世纪70年代）
2 | 丽水汽车渡口（市政府办公室提供，摄于20世纪70年代）
3 | 瓯江排阵（市政府办公室提供，摄于20世纪70年代）
4 | 松阳大溪首座钢筋水泥大桥建成(叶祖青提供，摄于20世纪70年代）
5 | 瓯江木帆船（市政府办公室提供，摄于20世纪70年代）

1 | 金丽温铁路开工仪式（缙云县地方志研究室提供，摄于1992年）
2 | 金丽温铁路通车典礼（缙云县地方志研究室提供，摄于1995年）

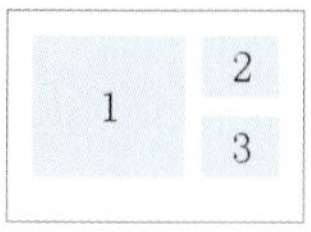

1 金丽温高速公路青田锦水路段（市旅游局提供，摄于2009年）
2 丽龙高速龙泉段（市政府办公室提供，摄于2010年）
3 龙丽高速遂昌段（市旅游局提供，摄于2006年）

1 丽水南城开发路（市政府办公室提供，摄于2009年）
2 庆元康庄公路（陈士平提供，摄于2010年）
3 松阳康庄公路（松阳县史志研究室提供，摄于2007）

1

1 紫金大桥（市旅游局提供，摄于2006年）

1 丽水城区中山街（市政府办公室提供，摄于20世纪80年代）
2 丽水城区丽阳门（市政府办公室提供，摄于20世纪70年代）
3 丽水城区钟楼（陈红龙提供，摄于20世纪90年代）
4 丽水城区丽阳门路口（市政府办公室提供，摄于20世纪80年代）

1 2 3

1 中山街打通梅山工程建设现场（市政府办公室提供，摄于1977年）
2 桃山大桥（市政府办公室提供，摄于20世纪50年代）
3 刘祠堂背路（市政府办公室提供，摄于20世纪80年代）

1 | 2

1 瓯江港航（市政府办公室提供，摄于2010年）
2 南明湖（市政府办公室提供，摄于2008年）

1 | 云和赤石码头（云和史志研究室提供，摄于1990年）
2 | 云和赤石码头（云和史志研究室提供，摄于2009年）

1 处州公园（市政府办公室提供，摄于2010年）

丽水文化艺术中心

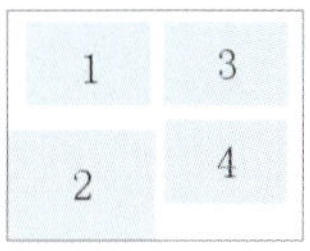

1 丽水大剧院（市旅游局提供，摄于2010年）
2 丽水市行政中心（市政府办公室提供，摄于2007年）
3 丽水体育馆（市旅游局提供，摄于2010年）
4 丽水城市规划馆（市政府办公室提供，摄于2010年）

1 缙云新碧街道小溪村农民公寓（市政府办公室提供，摄于2010年）
2 龙泉安仁镇下山脱贫小区（龙泉市史志研究室提供，摄于2009年）
3 遂昌移民新村（市政府办公室提供，摄于2009年）

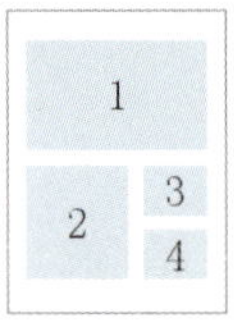

1 青田方山乡世界农业遗产稻鱼共生基地（青田县史志研究室提供，摄于2010年）
2 缙云黄龙寺农业观光园（朱思远提供，摄于2010年）
3 莲都白莲基地（市政府办公室提供，摄于2010年）
4 景宁惠明茶生态园（景宁史志研究室提供，摄于2009年）

1 2

3

1 青田仁宫杨梅（青田县史志研究室提供，摄于2010年）
2 遂昌北界红提（遂昌县史志研究室提供，摄于2010年）
3 庆元香菇代料栽培（庆元县食用菌管理局提供，摄于2008年）

1 | 龙泉道太乡供村灵芝基地（潘世国提供，摄于2008年）
2 | 龙泉龙渊街道石马村白笋晒制（潘世国提供，摄于2006年）
3 | 青田方山乡田鱼干（青田县史志研究室提供，摄于2008年）

1
2

1 | 缙云烧饼烤制（缙云史志研究室提供，2010年摄）
2 | 缙云索面晒场（缙云史志研究室提供，摄于1997年）

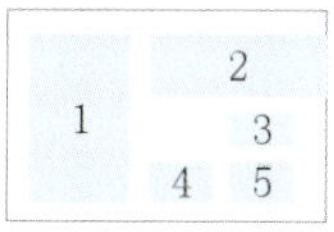

1 山羊养殖（云和县史志研究室提供，摄于2010年）
2 山鸡养殖（云和县史志研究室提供，摄于2010年）
3 麻鸭养殖（缙云县地方志研究室提供，摄于1992年）
4 箬叶晒制（张有钢提供，摄于2009年）
5 蜜蜂养殖（云和县史志研究室提供，摄于2008年）

1 纳爱斯集团厂区一隅（市政府办公室提供，摄于2007年）
2 ABC集团大楼（市旅游局提供，摄于2010年）
3 元立集团大楼（市旅游局提供，摄于2010年）

1 | 浙江方正电机股份有限公司厂房（市政府办公室提供，摄于2010年）
2 | 景宁民族工业园开工典礼（景宁史志研究室提供，摄于2009年）

1 丽水学院（市建设局提供，摄于2010年）
2 丽水中学（市委宣传部提供，摄于2010年）

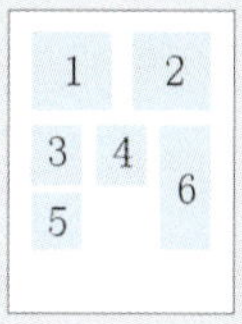

1 青田石雕作品《花好月圆》（市政府办公室提供，摄于2009年）
2 青田石雕作品《高粱》（市政府办公室提供，摄于2008年）
3 龙泉青瓷作品《奇纹贯》（季金强提供，摄于2007年）
4 龙泉青瓷作品《双环瓶》（季金强提供，摄于2008年）
5 遂昌黑陶作品（遂昌县史志研究室提供，摄于2010年）
6 龙泉宝剑作品（季金强提供，摄于2006年）

南明山

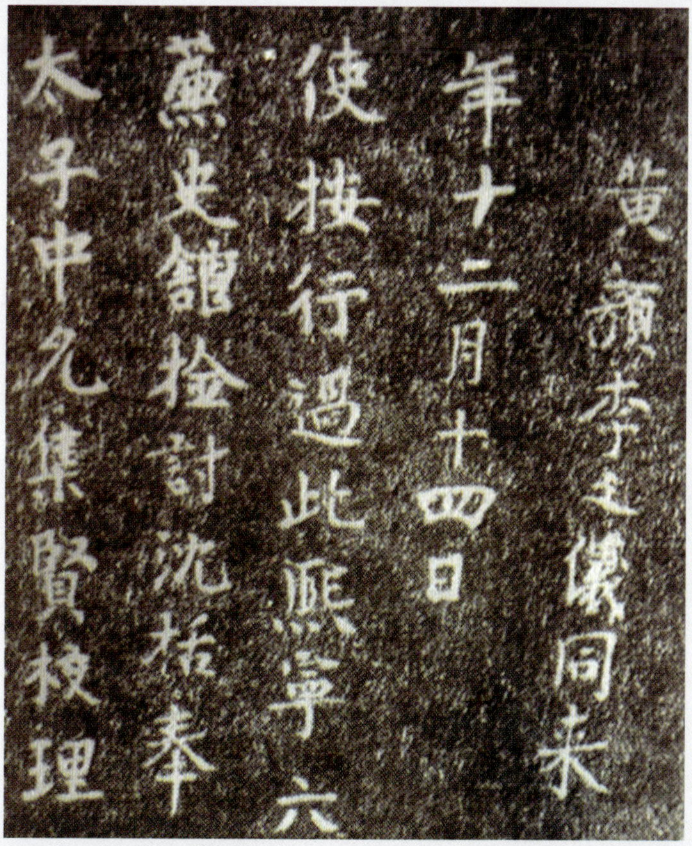

1 南明山摩崖石刻（北宋米芾题）
2 南明山摩崖石刻（东晋葛洪题）
3 石门洞摩崖石刻（明国徐树铭题）
4 石门洞摩崖石刻（北宋沈括题）

1 2 3 4 5 6

1 应星楼（市委宣传部提供，摄于2010年）
2 厦河塔（市旅游局提供，摄于2005年）
3 如龙桥（市建设局提供，摄于2008年）
4 九龙桥（高金龙提供，摄于2010年）
5 南明门（市委宣传部提供，摄于2010年）
6 轩辕殿（市政府办公室提供，摄于2010年）

庚寅(2010)年中国仙都民祭轩辕黄帝大典

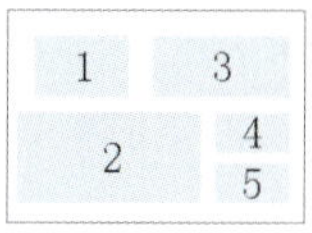

1 北宋延庆寺塔（市农业局提供，摄于2010年）
2 南宋时思寺（市政府提供，摄于2009年）
3 清代慧云寺（云和县史志研究室提供，摄于2009年）
4 明代鞍山书院（遂昌县史志研究室提供，摄于2010年）
5 汤显祖纪念馆（遂昌县史志研究室提供，摄于2010年）

1 松阳石仓古民居（市旅游局提供，摄于1990年）

2 青田阜山清真禅寺（青田县史志研究室提供，摄于2010年）

3\4 缙云河阳古民居（缙云县史志研究室提供，摄于1993年）

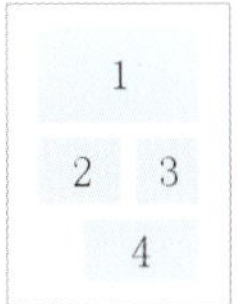

1 中共浙江省委机关旧址（浙西南革命根据地纪念馆提供，摄于2010年）
2 中国工农红军挺进师斋郎战斗纪念碑（叶荣兴提供，摄于2006年）
3 中国工农红军北上抗日先遣队竹口战斗纪念碑（庆元县史志研究室提供，摄于2010年）
4 中共遂昌支部旧址（遂昌县史志研究室提供，摄于2010年）

1
2
3

1 遂昌昆曲十番表演（市文广出版局提供，摄于2007年）
2 汤公文化节（遂昌县史志研究室提供，摄于2010年）
3 “班春劝农”典礼（遂昌县史志研究室提供，摄于2010年）

1 诗画·畲山（景宁史志研究室提供，摄于2010年）
2 景宁畲乡婚礼（市政府办公室提供，摄于2010年）

福

1　4
2　5　6
3

1 云和越剧表演（云和县史志研究室提供，摄于2008年）
2 包山花鼓戏（云和县史志研究室提供，摄于2008年）
3 庆元菇民踩街（庆元县史志研究室提供，摄于1992年）
4 松阳小竹溪排祭（朱贤信提供）
5 龙泉山村木偶戏（潘世国摄，摄于2006年）
6 缙云河阳剪纸（缙云县地方志研究室提供，摄于2005年）

办单位：中国摄影家协会 丽水市
中國民間藝術之鄉

走遍天下 家在青田

青田街
Chintien St.

大厦

1	4
2	
3	

1 中国民间艺术之乡授匾仪式（孙蓓蓓提供，摄于2007年）
2 青田县华侨大会现场（市政府办公室提供，摄于2007年）
3 台北市青田街（市政府办公室提供，摄于2005年）
4 青田华侨旗林（市政府办公室提供，摄于2010年）

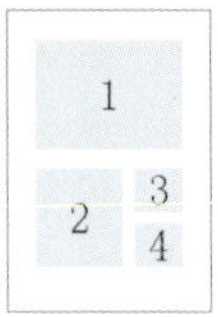

1 龙泉秋晒（张有钢提供，摄于2010年）
2 龙泉捣黄粿（张有钢提供，摄于2010年）
3 松阳蒲扇制作（松阳县史志研究室提供，摄于2008年）
4 松阳豆腐作坊（松阳县史志研究室提供，摄于2008年）

凡　例

第一条　本志为丽水撤地设市后的第一部市志,与1993年浙江人民出版社出版的《丽水地区志》一脉相承。1994年浙江人民出版社出版的《丽水市志》则为《丽水市莲都区志》的前志。

第二条　本志遵循《地方志工作条例》和《地方志书质量规定》规定,以马克思列宁主义、毛泽东思想、邓小平理论、"三个代表"重要思想、科学发展观和习近平新时代中国特色社会主义思想为指导,运用辩证唯物主义和历史唯物主义的立场、观点和方法,全面、客观、系统地记述自古以来,丽水自然、经济、政治、文化和社会等方面的发展历史与现状,反映丽水各个方面的历程、成果和经验、教训,突出时代特色和地方特色。

第三条　本志坚持明古详今原则,记述内容力溯事物发端,下迄2010年底。

第四条　本志地域范围以2010年丽水市行政区域范围为限,部分章节因追溯源流、叙述因果或不可分割等原因,适当兼及现境之外、旧境之内的事项。所称"全市"含所辖各县(市、区),市委特指"中共丽水市委",市政府特指"丽水市人民政府",省委特指"中共浙江省委",省政府特指"浙江省人民政府"。

第五条　本志篇目设置坚持科学分类和社会分工相结合,采用篇、章、节、目的结构层次,少数目下设子目。全志48篇,志首设图照、凡例、目录、总述、大事记,志末设专记、索引、编后记。专设林业、生态文明、旅游等篇,彰显丽水是"绿水青山就是金山银山"重要萌发地和先行实践地的特殊地位。

第六条　本志采用述、记、志、传、图、表、录等体裁,以志为主。篇下有概述,章下有无题小序。地图与照片集中于志首。

第七条　本志采用现代语体文记述,力求行文准确、简洁、流畅。记述事物、人物不作主观评价,褒贬寓于资料记述中。除总述、概述外,一般述而不论。

第八条　本志采用第三人称,所记地域、机构、团体、组织、会议、文件等以当时称谓为准。志内各类名称,第一次出现时使用全称,之后用简称。

第九条　本志纪年,清末以前用历史年号纪年,辛亥革命后用民国纪年,前者用汉字,后者用阿拉伯数字,均夹注公元年份,同一年号在同一自然段落中只注首次。1949年10月1日中华人民共和国成立后用公元纪年。但1949年5月12日丽水解放作为特定日期,采用公元纪年。

第十条　大事记以编年体为主,辅以纪事本末体。大事记时间,只有年份没有具体日月的,采用"同年";同一月、日有条以上大事条目时,前条写具体时间,以后各条采用"同月""同日"。日不详者,排于该月之末;月不详者,排于该年之末。

第十一条　本志遵循生不立传的原则,以卒年为序排列。人物传收录对社会发展有突出贡献和重大影响的已故人物，以本籍为主，兼收客籍人士。对业绩卓著的在世人物，以事系人，人随事出。人物表、人物名录兼收生者。

第十二条　本志采用国家和地方志统计部门公布的数据；统计部门没有统计的，采用业务主管部门数据。数字使用、标点符号、计量单位名称和符号使用按照国家新闻出版的有关标准执行。原则上使用法定计量单位，个别单位仍沿用原市制。小数点后原则上保留两位。不标明具体货币单位的币种均指人民币。本志所用地名均为规范的地名。

第十三条　本志资料主要来自各县（市、区）、各部门及其他承编单位供稿，部分素材来自档案、文献、报刊、专著及口头采访，经考评鉴别后载入。入志资料除对重要的、生僻的引用文、名词、缩略语和有关数据等作必要的页注外，一般不注明出处，注释采用页下注。

第十四条　本志索引采用主题索引法编制。

总 目 录

Lishui Municipal Annals
Contents

目　　录

（第一册）

第三篇　土　　地

第四篇　人　口

第五篇　环境保护

第六篇　城乡建设

第七篇　水　　利

第八篇　电　　力

专　　记

专　记

一、丽水是“海上丝绸之路”的重要始发地

海上丝绸之路是古代中国与外国贸易和文化交往的海上通道，也称“海上陶瓷之路”，民国2年(1913)，由法国的东方学家沙畹首次提出。海上丝绸之路萌芽于商周，发展于春秋战国，形成于秦汉，兴于唐至宋，转变于明清，是已知最古老的海上航线。南宋至明代永乐年间(1403—1424)是海上丝绸之路最繁忙、贸易规模最庞大的时期。以龙泉为核心产区的处州府地区，是古代中国自三国两晋及至明清时期一千多年特别是宋元时期青瓷生产和贸易的重要基地，是“海上丝绸之路”的重要起始点。龙泉青瓷初创期始于三国两晋。五代时期生产技术和生产规模都获得了长足的进步，青瓷作为重要贸易产品进入海上对外贸易领域。北宋以后，由于陆上“丝绸之路”受阻，政府重视海上贸易，龙泉青瓷生产和对外贸易均进一步发展。南宋时期龙泉青瓷生产和贸易进入鼎盛时期，制瓷技艺登峰造极，生产规模形成一个以龙泉为中心、四面八方辐射、窑场众多的体系，海上贸易繁荣昌盛，产品远销世界各地。元代龙泉窑盛烧依然，声誉不减。元代建立了一个世界性的大帝国，水陆交通和对外贸易进一步发展。宋元时期，生产推动了贸易，贸易又极大地拉动了生产，这个时期是古代“海上陶瓷之路”的黄金时期。明初郑和七下西洋，龙泉青瓷的生产和在对外贸易中的依然发挥重要作用。明中叶以后，由于长期战乱和政府海禁政策，龙泉青瓷的生产和对外贸易开始逐步走向衰落。1949年10月中华人民共和国成立后，特别是在改革开放以后，古老的技艺重新换发出璀璨的光芒，龙泉青瓷产业终于在21世纪初再度崛起，引领传统，走向未来！

(一)龙泉青瓷发展

早期青瓷生产　1976年，龙泉查田下堡出土东晋永初元年(420)墓葬品“鸡首壶”“鸡冠壶”等青瓷8件，说明早在三国两晋时期龙泉地区就已经开始烧制青瓷。龙泉窑早期产品在器型、装饰、釉色等方面与越窑、瓯窑、婺州窑相似。隋唐时期，龙泉青瓷出土较少，制作也较粗糙，可见五代以前龙泉青瓷还比较落后，烧制规模也小。唐代至五代时期，龙泉的金村、琉田(即大窑)、黄坛[①]等地制窑业已初具规模，但质量仍较低。这一时期的瓷器品种有五联罐、罐、罍、唾壶、耳杯盘、口壶、盏、钵、碗、粉盒、水盂、盘、盆等。胎以灰色为主，也有灰白色。唐末黄巢起义和五季之乱后，北方战乱不断，北方人民不断迁入包括丽水在内的南方各地，丽水经济得到一定开发。南迁人口带

① 属龙泉，2010年属庆元。

来先进的制瓷技术，以后数百年间以龙泉为核心地区的丽水的青瓷产业发展成为古代海上丝绸之路青瓷出口最重要的生产基地。

龙泉青瓷产业发展与北方移民迁入密切相关。龙泉唐代属中县①；北宋初年已是望县。可见这期间有大量居民迁入。五代以来迁入龙泉的大部分都是自中原或自中原经浙北、浙东余姚一带迁入。如管氏唐末自金陵（南京）经江浙迁入龙泉石马岗、季氏受钱王命守栝苍始迁龙泉蜚溪、吴氏唐末自余姚始迁龙泉松源乡、鲍氏自余姚迁到黄南鲍家庄。这些家族对龙泉青瓷的发展影响很大。特别是余姚鲍氏，鲍氏是五代时期一个显赫家族，自黄巢起义以来，鲍氏一族跟随钱镠征战四方，在吴越国有着举足轻重的地位。唐广明元年（880），处州遂昌人卢约聚众响应黄巢起义。吴越王钱镠攻占处州后，钱镠心腹干将鲍君福驻守衢州，其族人驻守浙闽要地。清乾隆《龙泉县志》《鲍氏宗谱》均记载：在三都查田有鲍君祠，供奉鲍君福。同时鲍氏也是南乡的开拓者，"遂于所居之处南大梅等处开垦，广延百十余里，于今最蕃衍"，黄南、大梅、小梅、查田周边基本处于鲍氏一族控制当中。鲍氏祖籍所在的余姚是著名的越窑所在地，他们将青瓷器生产的技艺也带到了龙泉。这些越窑匠人的加入，使得龙泉青瓷相对之前有了很大的提升。品质的提升必然会带来需求的提升，随后匠人们在金村、杨岙头等有优质瓷土和丰富燃料的地方建起龙窑进行规模化生产。据清乾隆《龙泉县志》记载："五代贞明五年龙泉金村、刘田等地制瓷作坊已具规模"，这是龙泉青瓷规模化生产的开始。

五代至北宋时期，龙泉制窑业受瓯窑和婺州窑影响益加明显，窑业已有很大发展，窑址主要分布于庆元、遂昌、云和、缙云、文成、泰顺、永嘉等地，仅龙泉琉田村就发现北宋中后期窑址10多处。从考古看，龙泉金村窑址最下层为北宋早期产品，皆淡青色釉青瓷，胎壁薄而坚硬，质地细腻，釉呈现淡淡的灰白色。五代至北宋以烧制民间用瓷为主，产品除日用碗、盘、壶、钵等外，尚有作为冥器用的多管瓶。瓷业发展为宋元时期龙泉成为世界最大出口基地奠定了基础。

五代时期也是龙泉青瓷作为贡品进贡皇室的开始。吴越国的统治者为了俯首称臣，还每年向中原君主供上不计其数的"秘色瓷"，以示修好。如此庞大的生产数量致使越窑场无力承担，于是在这样的情况下，龙泉窑便也担负起"贡器"的使命，促进了本身瓷业的发展。北宋时期龙泉瓷器继续被征为贡品，宋代庄绰的《鸡肋编》对此就有相关记载："处州龙泉县……又出青瓷器，谓之秘色。钱氏所贡，盖取于此。宣和中，禁庭制样需索，龙泉青瓷益加工巧"。宋太平兴国七年（982），宋太宗派殿前承旨赵仁济监理越州窑务兼任龙泉窑务，足见龙泉瓷业已引起朝廷的关注。近年出土的一件淡青釉罐，其外壁釉下写着："天福元年（936），重修窑炉，试烧官物，大吉"字样，证明当时确实有烧制贡品。北宋时期，龙泉哥窑崛起为北宋五大名窑之一。

世界最大的青瓷出口基地确立　龙泉窑青瓷经过五代和北宋的草创时期，到了南宋早期由于全国政治、经济中心南移，北方一些名窑遭战争破坏或为金统治者所占，越窑、婺窑、瓯窑又相继衰落，加上外来窑工的加入，龙泉青瓷烧制技艺的快速提升，自身特色越发明显，并发展出了以黑胎、紫口铁足为特色的哥窑和以梅子青为代表的弟窑两大窑系。龙泉青瓷深受市场欢迎，生产和贸易进入鼎盛阶段。

沿龙泉溪两岸新的制瓷制坊大量涌现，瓷品质量有了突破性的提高，窑场260多处，遍布龙泉县境南区和东区沿溪一带。窑场最多最密，产品质量最优为大窑、金村与查田溪口一带，仅大窑

① 唐代2000户至5000户为中县。

村周围已发现南宋窑场28处，大窑村后至今有土名“官厂”地，民间传当时有“京官”驻此监造宫廷用瓷。但种种迹象表明，当时的朝廷应该派遣了技术人员和官僚在龙泉等地监制“贡器”。金村有窑址16处，溪口村有13处，县城东自梧桐口村沿大溪至武溪村40多公里，几乎有村落处皆有窑址。龙泉青瓷产品远销东亚及东非、阿拉伯诸国，并为宫廷烧制专用瓷。龙泉青瓷到南宋中期逐渐形成了自己的风格面貌。梅子青、粉青釉达到了青瓷釉色的最高境界，为世人所喜好，粉青、梅子青也是人们公认的青瓷釉色的巅峰。南宋龙泉青瓷纹饰主要是刻、划纹等手法装饰，但是装饰纹样逐渐减少。宋庆元时期（1195—1200）以后釉加厚，色泽最为精美，有粉青、梅子青、豆青及米黄、乌金色等。南宋龙泉窑很多器皿的新造型都是传承古代青铜器造型，如尊式瓶、鼎式炉等。后来这种青瓷传入朝鲜，影响到高丽青瓷；日本人称之为砧青瓷，并大量仿造。1972年，在西安东门外虹光巷发现一窖藏瓷器，其中龙泉窑瓷器20多件，占窖藏瓷器30%多。1984年，拓宽南大街时发现大量的龙泉窑瓶、碗、盘等残片。另外西安市二十六中、盐店街、和平路、尚俭路、新城广场、钟楼北地下通道、西一路、南郊曲江池等地基建时均发现大量龙泉窑残瓷器。

南宋龙泉窑器型有碗、盘、盆、碟、盏、壶、罐、渣斗、水注、水盂、笔筒、炉、投壶、瓶等应有尽有。

元代，蒙古贵族夺取政权，国内的经济文化和贸易继续发展，由于政府重视海外贸易，龙泉青瓷也被列为外贸重要商品，通过温州、宁波、泉州等市舶司，大量销往欧亚各国；这也促使龙泉青瓷生产规模继续扩大，产量和质量不断提高。从韩国新安沉船及非洲埃及等地考古发掘证明，此时龙泉青瓷外销量比宋时大幅度增加。元代龙泉大窑村仍为龙泉窑系中工艺水平最高的瓷窑，是龙泉窑的支柱和骨干。在东区上严儿等村的元代窑址，还发现仿“哥窑”产品。从元大都遗址发现元代龙泉青瓷和琉田（大窑村）、源口、安仁口等窑址的元代残器釉下刻划纹饰中，有元代官办或半官办窑场，烧制供奉朝廷器皿。

元代，龙泉青瓷依然为宫廷和贵族烧制瓷器，龙泉青瓷出现了八思巴文的瓷器。与宋代相比，元代龙泉窑瓷器在风格上更是焕然一新。元代的蒙古统治者在文化上，不是单方面地被汉文化所同化，他们带来了草原民族的粗犷与大气。加上元代统治者继续奉行对外贸易政策，使龙泉青瓷生产规模继续扩大，窑址和产品的数量都空前发展。1973—1987年，在韩国西南部的新安海底发现一艘元代沉船，打捞出瓷器1万多件，其中龙泉青瓷占了绝大多数，龙泉青瓷在元代对外贸易中有重要地位。此时青瓷器的胎骨逐渐转厚，且较粗糙，多数瓷窑在坯体成型以后未经很好修整，釉层减薄，器皿釉色青中泛黄，造型也不及以前优美。元代龙泉窑比宋时龙泉窑扩大了好几倍。瓯江两岸的窑址已发现有200多处。元代后期，随着阶级矛盾和民族矛盾的加剧，严重影响了青瓷的生产。

明初，朝廷实行海禁政策，只通过朝贡体制与琉球、占城等进行朝贡互市，很多东南亚国家通过琉球中转进行青瓷贸易，但近乎配额制的朝贡贸易根本满足不了需求，琉球使者来华期间甚至还私自到龙泉购买青瓷。明永乐二年（1404），就有使者“私赍白金诣处州磁器”。

可以这么说，龙泉在南宋晚期至明中期近200年中一直是世界上最大的青瓷生产和出口基地——世界工厂，是世界海上丝绸之路最重要的起始地之一。

（二）龙泉青瓷贸易

龙泉航运业发展　龙泉牛门岗、兰巨、查田等地出土的新石器证明，瓯江沿线早在新石器时代就是浙闽间的重要通道。瓯江作为温处母亲河，历来都是连接两地最主要通道。汉时，处州、温

州两地同属东瓯，古代温州地区造船业发达，三国时期的“横屿船屯”是当时的江南三大造船基地之一，有“万船”之称。唐代温州成为全国重要造船基地之一。据《资治通鉴》载：“贞观二十一年八月，太宗敕令‘杭、越、台、婺、栝等江南十二州造大船数百以征高丽’”。栝州的造船基地在旧永嘉县城北沿江一带。五代时期处州龙泉地处吴越国与闽国交界处，是双方对峙的焦点。这一时期吴越国开通了一条龙泉经小梅、新窑到松溪[①]前线的陆路通道。这一条通道的建立，为这一带的开发和人口增加提供了条件，为后来的浙闽间贸易起到连接作用，也客观上促进了瓯江航运的发展。随着人口的增加贸易量也相应增加，逐渐发展出造船业。《浙江通史·隋唐五代史》载：吴越国在湖州、越州、婺州、栝州等地设有造船基地。栝州就是处州，说明早在五代时期，为了应对瓯江航运的发展，处州地区就有相当规模的造船业。栝州作为山区，与湖州、越州等航运发达地区并列为造船基地，必然有巨大需求才可能有这样的规模，这与五代时期龙泉青瓷进贡和贸易产生的航运需求有很大关系。

瓯江属山区小流域河道，水流湍急，溪中礁石林立。诗人李白曾发出“咆哮七十滩，水石相喷薄”的感慨。北宋元祐年间（1086—1093），处州知州关景晖号令大溪沿途各县民众治理河道。宋元祐七年（1092）7—12 月，龙泉至青田的大溪开始大规模疏浚整治险滩。宋代遂昌人龚原在《治滩记》中称瓯江：“暗崖积石相蹙成滩，舟行崎岖动辄破碎，盖尝变色而惴栗失声而叫号”。为改变这一船运弊端，龙泉县令主持疏浚龙泉溪，历时 6 个月，治滩八十多，终使河道畅通，“尽成安流，舟昼夜行，无复激射覆溺之虞”，至此，瓯江通航能力极大提高。水上交通的开发，使龙泉青瓷沿大溪由南区向东区扩展延伸，为龙泉青瓷业发展奠定了基础。由于龙泉青瓷外贸销售量不断增加，瓷业迅速发展，新的瓷窑也不断出现，规模不断扩大。当时在龙泉窑的著名窑场大窑，有瓷窑 50 多处在生产，白天烟雾弥漫，夜间炉火辉映，盛况空前。在龙泉的溪口、庆元竹口和两地相交的金村、上垟之间都形成了大的瓷业区，各有 10 多个瓷窑在生产。尤其是在水上运输方便的龙泉至丽水的瓯江两岸，新建了很多瓷窑。此外在遂昌、景宁、武义、缙云、永嘉等县也有部分瓷窑，窑址总数 300 多处。其瓷窑数量之多，分布范围之广，在全国瓷窑中是罕见的。以后，历代地方政府都相当重视航运管理，为青瓷航运提供服务。如，明洪武年间（1368—1398）政府深度介入青瓷航运。据清光绪《处州府志》载：“韩时中，洪武末同知，廉洁公平。督运海舟青器，措置得宜，民心悦服”。这说明当时的青瓷航运不是由龙泉管理，而是直接由处州府的副手同知管辖，管理级别之高说明当时地方政府对青瓷贸易的重视。

造船业的进步、历代瓯江航道的数次整治，推进了航运业的发展，不断推进青瓷生产和贸易的发展。

龙泉青瓷贸易概况　一个产业的规模化需要贸易的支撑，随着龙泉青瓷烧制技艺的变革和作为贡品进贡朝廷带来的影响力带来了贸易量的增加。这一时期龙泉人口大量增加，给两宋龙泉文化带来繁荣的士大夫阶层也处于形成初期，富有文化底蕴的仕宦家族对产品提出了更高的要求，这可能也是龙泉青瓷快速形成具有自身特色的著名窑系的重要原因。随着这批士大夫阶层的发展，以龙泉为基地，外出仕宦的过程通过其影响力和家族实力也增加了青瓷的影响力，快速扩大了青瓷贸易的范围。比如鲍氏一族不仅在生产基地有巨大影响力，还从当时就是重要出口基地的余姚带来了海上贸易资源，其长房琯公一支是当时重要的贸易中转港口永嘉当地的显赫家族；

① 当时属龙泉县松源乡，后被王审知夺走。

鲍君福之子鲍修让是福州节度使，可见其家族当时对东南沿海有着巨大的影响力。近代以来，在非洲、中东等地相继出土了大量五代时期青瓷的碎片，现有研究一般都将其归为越窑，这当中可能就有部分与越窑高度相似的龙泉青瓷。到了北宋时期，龙泉青瓷贸易已经遍布国内，如江苏溧阳李彬夫妇墓（宋元祐六年）、四川阆中陈安祖夫人墓（宋崇宁四年）、温州白洋塔（宋政和五年）等地都有出土龙泉青瓷，处于西南的桂林在旧城改造时也出土了不少北宋时期青瓷残片，证明龙泉青瓷贸易在当时已经扩散到全国各地。同时龙泉青瓷海外贸易也已经遍布东南亚和非洲地区，如菲律宾出土的北宋多管瓶、东非福斯塔特遗址出土的少量北宋刻划花碗、荷花碗等证明这一时期龙泉青瓷已经出口到东南亚和非洲北部地区。

21 世经初，在印度尼西亚的井里汶 (Cirebon)附近海底发现了一条中国沉船，清理发现舱内遗存有瓷器、陶器、玻璃器及金属器、钱币等各类物品近 30 万件，越窑青瓷 20 多万件。充分证明作为中国瓷器的发祥地和青瓷主要产地的浙江，早在晚唐至北宋时期，就有大量越窑青瓷经海路销往东南亚及东欧等国家和地区。北宋中期以后，越窑的制瓷业迅速衰歇，在此之际浙江西南部山区的龙泉窑则获得大发展。据明代陆容《菽园杂记》记载：“青瓷初出于刘田，去县六十里。次则有金村窑，与刘田相去五里余。外则白雁、梧桐、安仁、安福、绿绕等处皆有之。然泥油精细，模范端巧，俱不若刘田。”“刘田”即“琉田”，就是龙泉大窑地区，遂成龙泉窑的中心产区。北宋末年，龙泉窑青瓷生产则已经形成了一定的规模。在越窑青瓷外销枯竭之后，海外各地对青瓷的珍爱却没有减退，使得南宋早期龙泉窑的施透明玻璃釉的刻划花青瓷开始大量外销，恢复中国外销青瓷的供应。

南宋时期，全国政治、经济中心南移，南宋统治者为解决财政困难，鼓励外贸。宋高宗曾对大臣说：“市舶之利最厚，若措置合宜，所得动以万计，岂不胜取之于民？朕以留意于此，庶几可以少宽民力耳。”由于政府重视，对外贸易非常活跃。青瓷为外贸重点物品，青瓷生产和贸易由此进入鼎盛阶段。

南宋中晚期，龙泉大窑等地的窑场开始利用新工艺大量生产乳浊釉青瓷。这种青瓷对胎釉配方及对制坯、施釉、烧成温度、焙烧气氛等工艺均有严格的要求，故在成本上远高于透明玻璃釉青瓷，这也是它们一般都被运销到经济发达地区的主要原因。1192—1333 年，日本政治中心镰仓出土数以万计的中国瓷器残片，其中南宋至元代的龙泉窑乳浊釉青瓷占有相当大的比例。

“南海一号”是著名的中国古代沉船，它是南宋初期一艘在“海上丝绸之路”向外运送瓷器时失事沉没的木质航海帆船，沉没地点位于中国广东省台山市海域。它的发现，将为复原“海上丝绸之路”的航路、中国陶瓷史研究提供极为珍贵的实物资料，船上载有文物 6 万件至 8 万件，且有不少是国内罕见的国宝。经过 7 年的保护性发掘，船舱内发现了超过 6 万件层层叠叠、密密麻麻的南宋瓷器。经初步整理研究，发现这些南宋外销瓷可以分为江西景德镇窑系、浙江龙泉窑系、福建德化窑系、福建闽清义窑系和福建磁灶窑系等五大民窑瓷。

南宋时龙泉窑迅速发展。在南宋前期，龙泉窑青瓷的生产就已经从龙泉向周边扩展到庆元、云和、丽水、遂昌、缙云、永嘉、泰顺、文成等县市的广大地区，形成了一个庞大的窑系。多数窑场分布在瓯江及其支流两侧的山坡上，少数窑场建在飞云江上游文成、泰顺县境内。

南宋中期，随着乳浊釉精美青瓷的烧成，龙泉青瓷更是深受人们的喜爱，外销量也得到进一步增加。明代陆容在《菽园杂记》中载：“然上等价高，皆转货他处，县官未尝见也。”在“海上丝绸之路”上，当时有的中国船队从广东、广西、越南等地的港口出海，沿中南半岛东岸航行，最后到达东南亚各国。南宋之后，随着航海技术和造船技术的不断进步，“海上丝绸之路”航线不断延伸，贸易往来也愈显繁荣，对于中国瓷器来说，由于水路运输在古代相对而言更加便捷和安全，这条航线也被有的学者称为“陶瓷之路”。这条航路超出东南亚的范围，它穿过南海，驶过印度洋，到达波斯湾各国，甚至非洲东海岸的许多港口也有中国瓷器出土。

元代是龙泉窑乳浊釉青瓷外销的鼎盛期。20 世纪 80 年代中，韩国新安海底发现了一条中国沉船，清理发现船上装有各类物品 22000 多件，其中瓷器就有 20691 件，而一半以上是龙泉窑青瓷。船舱里发现有墨书“至治三年”字样的木质货签，从而可证明这些龙泉窑青瓷是元至治三年(1323)之前产品，有乳浊釉和半乳浊釉两个釉系，釉色则有粉青、梅子青，还有青黄、青绿、青灰等。装饰技法上有刻花、贴花、透雕、露胎贴花、印花等多种。器形有比较罕见的透雕莲花纹环耳瓶、方鼎形香炉、鼎形熏炉、长颈瓶、茶托等。

13 世纪末，元代统治者建立起一个横跨亚洲、东欧的大元帝国。在这种大一统的大好局面，促进了国内各民族之间经济、文化的交流。为增强国力，元王朝也重视对外贸易，龙泉窑青瓷作为重要外贸商品之一，就得以大量远销到亚洲、欧洲直至非洲许多国家和地区，外销的数量得以迅速增加。因此，直至今日在亚欧等国家都会发现有元代龙泉窑青瓷的大量收藏和出土。

元至明代，龙泉窑优质青瓷在被东亚、东南亚和印度洋周边国家大量使用，还输送到了地中海沿岸各地以及更遥远的欧洲直至非洲。以土耳其伊斯坦布尔的托普卡比皇宫博物馆所收藏的龙泉窑青瓷最为著名。在该馆内保存着一万多件中国瓷器，其中有从南宋、元至明代的龙泉窑青瓷 1350 多件，它们都是当年通过海上贸易的途径输入的。明早中期龙泉窑青瓷的外销还有相当的规模，青瓷大盘是当时较常见的外销品种。到了明代中后期，龙泉窑青瓷生产渐渐式微。

古代世界各国人民对产自龙泉的青瓷产品赞不绝口。对龙泉窑青瓷釉色的欣赏，是因时因人因地而异。古代阿拉伯人称龙泉窑青瓷的釉色为“海洋绿”；法国人则以“雪拉同(Celadon)”来称呼龙泉窑青瓷；世人对龙泉窑青瓷的喜爱，是受人对自然审美意识所支配的，也就体现了人类对大自然的依恋之情。在全世界所有瓷器中，只有龙泉窑青瓷在釉色上创造出凝聚大自然宜人青色的卓越成就，让人使用青瓷时得到的是满目葱茏的春天的气息。

龙泉窑青瓷在中国瓷器的外销中所占比重极大。在南亚、东非、日本和伊朗等国均发现了大量的龙泉青瓷。近期在浙江宁波宋元市舶库附近的东门口海运码头遗址考古发掘中出土了大量的宋元时期的龙窑青瓷瓷片，显然是在运输、装卸过程中被损坏而丢弃在此。这次发现无论是数量的巨大还是品种的丰富均可弥补我们对于龙泉青瓷外销认识中的不足。这次发现的龙泉窑青瓷遗物与新安海底沉船打捞出水的器物中很多品种都是一致的，证明了龙泉窑系窑址和海运码头遗迹出土的宋元龙泉窑青瓷是作为外销瓷运到海外各国的。外销，是龙泉窑发展的原动力之一(吴东海、王玉英、余秋午“海上丝绸之路”的起点之——丽水瓯江)。

古籍上关于龙泉青瓷贸易的记载　北宋朱彧在《萍洲可谈》书中有陶瓷的海外贸易装运情况的记述：所用航海“舶船深阔各数十丈，商人分占贮货，人得数尺许。下以贮物，夜卧其上。货多陶器，大小相套，无少隙地。”

《宋史》卷 185 志 138 食货下七：宋嘉定十二年，“臣僚言以金银博买，泄之远夷为可惜。乃命有司止以绢帛、锦绮、瓷、漆之属博易，听其来之多寡，若不至则任之，不必以为重也”。

宋宝庆元年(1226)，赵汝适《诸蕃志》记载番商兴贩青瓷器：“渤泥国(文莱一带的古国)，渤泥在泉之东南……番商兴贩，用货金、货银、假锦、建阳绵、五色绢、五色茸、琉璃珠、琉璃瓶子、白锡、乌铅、网坠、牙臂环、胭脂漆、碗碟、青瓷器等博易。麻逸，麻逸国在渤泥之北……土产黄蜡、吉贝、真珠、玳瑁、药槟榔、于达布，商人用瓷器、货金、铁鼎、乌铅、五色琉璃珠、铁针等博易。”

南宋熊克在《中兴小纪》记载，宋高宗曾对大臣说：“市舶之利最厚，若措置合宜，所得动以万计，岂不胜取之于民？朕以留意于此，庶几可以少宽民力耳。”

元至正九年(1349)汪大渊《岛夷志略》记载外销处州瓷：

“琉球贸易之货用土珠、玛瑙、金珠、粗碗、处州瓷器之属，海外诸国盖由此始。无枝拔(古港名，故址或在马来半岛的马六甲)贸易之货用西洋布、青白处州磁器、瓦坛、铁鼎之属。麻里噜(古地名，2010年称吕宋岛马尼拉)贸易之货用牙锭、青布、磁器盘、处州瓷、水坛、大瓮、蜡鼎之属。”

明代马欢《瀛涯胜览》记载：“‘爪哇国’国人坐卧无床凳，吃食无匙箸。男妇以槟榔荖叶聚蜊灰不绝口，欲吃饭时，先将水嗽出口中槟榔渣，就洗两手干净，围坐，用盘(大青瓷盘)满盛其饭，浇酥油汤汁，以手撮入口中而食，若渴，则饮水。”

龙泉窑青瓷在海外主要收藏　在世界各国公私收藏的历代龙泉窑青瓷，至今没有详细准确的调查记录，除上文土耳皇宫博物馆外，国内人士偶而在海外博物馆中发现龙泉窑青瓷的记录资料也少见，以下是部分记录：

英国伦敦维多利亚与艾伯特博物馆收藏了中国很多瓷器，北宋龙泉窑刻花花卉纹塔式罐、元末明初龙泉窑青瓷梅瓶；大英博物馆藏有南宋龙泉窑莲瓣纹碗、南宋龙泉窑菱花口盘，南宋堆塑蟠魑瓶、两件鬲式炉、宋龙泉窑琮式瓶、南宋龙泉窑洗；器形在大英、大都会和爱丁堡博物馆都有见到。美国大都会博物馆藏有南宋龙泉窑魑龙瓶、类似的南宋双鱼耳瓶；爱丁堡博物馆藏有南宋龙泉窑魑龙瓶。大英博物馆大维德瓷器馆陈列的是一对；大维德中国瓷器馆藏仿青铜器奁式炉、南宋龙泉窑竹节瓶、南宋龙泉窑菱花口盘等。

龙泉窑根据伊斯兰地区的生活习惯生产的青瓷，是龙泉窑青瓷“外销瓷”的大量品种，也曾作为郑和下西洋的“国礼”，赠送途经各国。明代永乐皇帝非常重视伊斯兰市场，因为伊斯兰的很多物资为中国大陆所没有的，必须通过贸易手段才能互惠。大明“处州官窑”暨“龙泉官窑”器的年代也与郑和下西洋的时间差不多。加上郑和本人就是一个伊斯兰教徒，是中华文化、伊斯兰文化的传播者。在伊朗(古波斯)、土耳其两国的博物馆里就可以看到这些明初“处州官窑”暨“龙泉官窑”器龙泉窑青瓷藏品。

据初步统计，明初“处州官窑”暨“龙泉官窑”传世完整器的存世量并不多，大部分在国外，除了伊朗、土耳其两地的博物馆，日本也有很多。反映出当时青瓷器在瓷器外销格局中的重要地位。当然目前发现的“龙泉官窑”瓷器、瓷片数量还非常有限，只是冰山一角，有待于系统科学调查记录、科学发掘以后可能会有新的重大发现，但仅依靠考古发掘能否揭开明初龙泉官窑的全部谜底还是个未知数。

“海上陶瓷之路”确立　海上丝绸之路的称号最早由法国汉学家沙畹在1913年提出。海上丝绸之路肇端于秦汉时期，分为南海与东海航线。据载，汉武帝时期，汉代平定吕嘉叛乱之后(前111)即派遣译使出使东南亚诸国，“有译长，属黄门……赍黄金、杂缯而往”[①]，从“日南、障塞、徐闻、合浦船行可五日有都元国……有邑如设国……有谌离国，夫甘都卢国”[②]，直至斯里兰卡的已不程

① 东汉班固：《汉书·地理志》。

② 东汉班固：《汉书·地理志》。

国才返，往返耗时近两年。唐以前的海外贸易都是以规模较小的民间自由贸易为主。最早关于独立设置的海外贸易管理机构的记载是《旧唐书》中的“开元二年……右威卫中郎将周庆立为安南市舶使”。[①] 可见唐代在不晚于开元二年(714)时已设立了市舶使之职，这标志着官方正式参与管理海上贸易，古代海上丝绸之路贸易开始走向制度化、常态化，并由此拉开海上丝绸之路繁荣时代的序幕。

古处州府凭藉青瓷生产基地的重要地位密切融入了这一条“海上丝绸之路”。自龙泉窑于五代兴起于金村、大窑，通过瓯江航运向下游扩展，相继在道太、安仁、丽水、青田等地建立窑厂并扩及整个处州府及周边地方，继而经过长期发展，扩散到永嘉、泉州、广东大埔甚至北起朝鲜半岛、日本到东南亚的越南、泰国，中亚的伊朗，非洲的埃及都有仿制龙泉青瓷，形成世界世界著名的“海上丝绸之路”。陶瓷是“海上丝绸之路”最重要的贸易产品，“海上丝绸之路”即是“海上陶瓷之路”

宋至元代市舶司设立。继唐、五代设置海外贸易管理机构之后，北宋开宝四年(971)，宋太祖即下诏在广州设立市舶司。北宋端拱二年(989)，两浙路市舶司始设于杭州，中间曾一度移至于明州定海县。北宋真宗咸平二年(999)，杭州、明州(宁波)置市舶司。北宋元丰三年(1080)，政府制定完成古代社会第一部比较完备的《市舶法》，市舶制度变得更加规范完善。宋哲宗元祐二年(1087)，设泉州市舶司。元世祖至元十四年(1277)，政府下令“立市舶司一于泉州，令忙古䚟领之。立市舶司三于庆元(今宁波)、上海、澉浦，令福建安抚使杨发督之”。[②]元至元二十三年(1288)，设立广州市舶司。元大德二年(1298)。上海、澉浦市舶司并入庆元市舶司。元大德七年到元至治二年(1305—1322)，泉州、庆元、广州三处市舶司三罢三复，停罢时间皆较短。元至元二十一年(1284年)，杭州市舶司设立。温州市舶司设立时间无明文记载，但应于杭州设立时间较近，两地市舶司存在时间很短，九年之后，杭州市舶司并入税务，温州市舶司则并入庆元。(《元代市舶制度简述》，《中国历史博物馆馆刊》，1979年)

丽水地区至温州港及出口外销路线。温州港可由龙泉窑产区直接装船顺瓯江而下到达，是龙泉青瓷出口港的首选。但其在宋元之时设置市舶司(或市舶务)时间不长，宋政府规定海船进出口要持有市舶司发的“官券”，并要检核宝货，所以温州港在更多的时间里是作为一个龙泉青瓷外销路线上中转站存在的。在温州港设立市舶司期间，从温州直接出口的龙泉青瓷相当一部分是走北路运往日本，亦有一部分走南路到东南亚等地。

丽水地区至明州港及出口外销路线分析。明州港设市舶司时间较早，且基本持续，因此宋元时期龙泉青瓷源源不断地从明州港出口。这从宁波宋元市舶司库北边海运码头出土的大批宋元时期龙泉窑系青瓷等考古发掘中可以证实。尤其是在北宋，明州港是宋代龙泉青瓷出口的主要港口。青瓷从龙泉到宁波的运输线路有两条:一条是顺瓯江而下由温州港出海，北上至明州港，经明州市舶司检核再出海；另一条是先顺龙泉溪南下至丽水等地后改走陆路，经永安溪再走陆路，抑或直接走陆路到达明州港装船出海。这一路规模较前一路小。从明州港出海的船只基本走北路，具体路线是:从海运码头出发，经大浃江至定海县，出海口招宝山，到舟山的沈家门，后利用季风向北到达朝鲜半岛东海岸的开京等地，或穿过高丽南端的济州海峡，经对马到达日本的博多，再

① 后晋刘昫:《旧唐书》卷八《玄宗纪上》。

② 明代宋濂:《元史》卷九十四 食货二。

由博多分别向日本海方向和濑户内海方向向北，最远可达本州岛北端的普森。基本涵盖日本全境。（李军：《元代庆元港与龙泉窑青瓷外销》，中国古陶瓷研究辑丛《龙泉窑瓷器研究》，故宫出版社，2013年，102页）另一部分则往南路，但这一路的具体去向在史籍中尚无明确记载。当大致与下文泉州港的外销路线方向相同。

丽水地区至泉州港及其出口外销路线分析。丽水地区至泉州港也有两条运输路线，一条仍是先顺流而下自温州出海再经平潭到泉州港；另一路则是走入闽最近的闽北商路，由陆路出浙江江山的仙霞关至浦城等地入南浦溪，后顺闽江而下由福州出海，仍经平潭到泉州港。（栗建安：《我国沉船遗址出水的龙泉窑瓷器》，中国古陶瓷研究辑丛《龙泉窑瓷器研究》，故宫出版社，2013年，420）泉州港在元代成为世界级的大港口。龙泉青瓷也一跃成为世界型商品。元代，随着泉州港的日益兴盛，青瓷的主要出口也逐渐转向泉州。

由泉州港出口的船舶基本选择南路。往南先到漳州，入广东海境进入南海，再或驶向东南亚地区，或经北部湾南下至中南半岛、马来半岛等地，后穿过马六甲海峡一直向西。这条商路也是海上丝绸之路上规模最大的一条商路。从宋人赵汝适的《诸蕃志》与元人汪大渊的《岛夷志略》中关于海外贸易的记载情况大致可以分析一下龙泉青瓷在以在泉州港为出口主体的海上丝绸之路南路运输路线。

《诸蕃志》中提及于我国进行瓷器交易的国家和地区有三十多个。多数为东南亚诸国，往东最远到达三佛齐（2010年属印尼苏门答腊岛）及其属国新拖（2010年属印尼爪哇岛）、坚篦（2010年属苏门答腊岛），还有渤泥、日丽、苏勿里等地（2010年属加里曼丹岛），在南亚地区则提到了细兰（2010年称斯里兰卡）、南毗、故临（2010年属印度南部海岸）三地，再一路往西甚至还到达了层拔（2010年属坦桑尼亚）。（叶文程：《宋元时期我国陶瓷器的对外贸易》，《中国古外销瓷研究论文集》，紫禁城出版社，1988年，33—44页）《诸蕃志》中虽未专门提及龙泉青瓷，可推断文中的“瓷器”中龙泉青瓷也占有一定比重。在《岛夷志略》中明确提及陶瓷贸易的国家和地区有50多个，规模较南宋有所扩大。其中提及处州瓷器（处瓷、处器等）共有六次，为其同类瓷窑中所不见，因此可以推断元代龙泉青瓷在出口瓷器中的比重大幅升高。就文中记载较之南宋，东南亚、南亚有更多的国家和地区融入的海上丝绸之路中来，西亚的沙特阿拉伯和非洲的埃及也赫然在列。因此可以推断泉州港出口的船舶在驶入印度洋后沿着印度半岛沿海多乘季风航行，一路向西可能曾进入波斯湾，最后到达东非甚至进入红海。

三个主要海港，一头连接着丽水，一头连接着世界，组成了一张交错纵横的陆上、海上龙泉青瓷外销路线之网。海上陶瓷之路由秦汉至明清，历经近两千年。龙泉，是海上陶瓷之路的重要起始地。

（三）处州社会繁荣景象

青瓷贸易促进了古代丽水经济、社会的高度发展和文化的全面繁荣。这些现象在青瓷生产和贸易核心地带的龙泉县尤为显著。

贸易促进全面繁华　海量的贸易也给当地创造了巨额的财富，龙泉县金村、大窑、小梅、大梅、黄南一带人口稠密，文化昌盛。大梅等地一直流传着十里长街的传说：“宋代官桥至大梅、大窑一带人口非常多，从官桥码头一直到大窑一路进去都是房子，街道足有十多里，家家户户都在门前挂着灯笼，异常壮观。当时大窑出了一个娘娘，乘船回娘家，舟行至官桥码头已是夜晚，娘娘与随行人员正是就着灯笼灯光走到大窑的。随行的惊异于如此偏远的山区怎么还会有如此繁华的城市，纷纷赞叹不已。”有文史工作者近年来对大窑至官桥一带古村落遗址细致的田野调查证明，在宋明期间这一带确实异常的繁华。从目前对各个古村落遗址中各个时期的青瓷碎片分析，这一带五代至北宋时期古村落遗址有官桥、大梅古村、杨家碓、杨家湾、金钟垄、木竹湾、大坑、大栋垟、牛肚湾、等处，规模都不大，瓷片数量虽然不少但不占主流。到了南宋晚期特别是元明之际，从官桥码头到瑞相寺再到杨家碓、杨家湾、金钟垄、牛肚湾、燕窝地、大梅古村、金墙外、金墙内、屋后山、木竹湾、下坞、下坞对面、梅岭岭头、高际头、新亭、叶坞底到大窑都发现了这一时期的古村落遗址，而且遗址相较之前无论数量还是规模都大幅扩大，几乎每一处古村落都有大量元明时期青瓷器堆积，特别是大梅古村瓷片堆积甚多，似乎超出了生活所需的数量。这些古村落几乎首尾相连，从官桥一直绵延到大窑。大梅一带不仅古村落密集，豪门大家也集中，附近古寺林立，数量甚至超过了龙泉县城。作为龙泉至庆元福建间邮路的重要节点，又处于大窑至官桥码头之间，自宋以来一直在大梅设有邮铺，说明是当时信息和物流的枢纽。大窑地域十分狭窄，又这么多窑厂，烧窑必然产生环境污染，因此不大可能有集市，而在大窑与码头之间的大梅很可能就是当时青瓷贸易主要的集散地。

不仅仅是大梅溪一带古村落密集，在小梅古村（圣安寺附近）、小梅后山绵延数公里都可以发现宋至明中期大量的古村落遗迹；骆庄、黄南至鲍家庄一带同样如此。从现有野外调查的古村落遗址数量和规模看，在南宋至明代中期，这一带的人口数量可能超过现在的数量。光黄南村就传说是一个3000人的大村，在黄南周边发现的大量古村落遗迹也证明了这一传说的真实性，而现在黄南村只有人口一千多人，还有一些是20世纪60年代的新安江移民。

龙泉文化繁荣　海量的青瓷贸易带来了巨额财富，这也给当地文化发展带来了坚实基础。这一时期龙泉小梅人文鼎盛，仅仅黄南鲍氏就有进士63人，特奏名进士30人，乡进士14人，荐辟5人，进士人数冠绝处州，入仕者200多人。这一时期也是龙泉科举最为昌盛的时代，据县志记载，仅两宋期间，龙泉就有进士248人，可谓是科甲蝉联，代有人出。宋代也是龙泉文化最为兴盛的时代，涌现出了很多注重实学、讲求实际的史学家、科学家。如对杜诗有深入研究并为其注释的鲍由和鲍彪，鲍由还是当时的藏书大家，而鲍彪则是用更科学的方法重新收集编排了《战国策》，并做了注释使之更加完善，除此之外还对某些篇章做了评比，即所谓“论是非、辩得失，而考兴亡”，充分体现了他的实用主义。宰相何执中发明架阁库制度。南宋鲍瀚之刊刻算经，主持制定了《开禧历》，是南宋期间较有影响的数学家、天文学家。叶大庆的《考古质疑》是考古专业重要的参考书籍。明初叶子奇的《草木子》等都散发着讲求实际、追求科学的实证作风，这与永嘉学派“经世致用，义利并举”十分契合。这可能就是受当时龙泉作为海丝贸易重要的生产基地和起始地，讲求实际、追求效率所影响而产生的。这种“事功”思想或许已经融入当时龙泉人民的血液之中。而永嘉学派创始人之一、永嘉人王开祖在北宋皇祐六年（1054）出任处州丽水县主簿，想必他对来往于瓯江的商船是有所感悟的。处于瓯江下游、青瓷贸易最重要的中转港永嘉港也应当深受这种讲究实际、注重效率的商业氛围影响，如此才有可能孕育出王开祖等人开创的永嘉学派。而且永嘉学派之集大成者叶适祖籍正是黄南，其世代受青瓷贸易的影响，即使迁到永嘉，也仍然深受这种商业氛围影响，这或许就是他的思想灵感来源之一。

龙泉盛世修庙宇　正所谓“战乱避饥饿，盛世修庙宇”，通过青瓷贸易富裕起来的人们，有了更高的精神追求。寺庙是人们心灵寄托之处，祖先灵魂安放之地[①]。据史料记载，龙泉大梅周边早在唐大历二年(767)就已经建成瑞相寺，后相继建成崇德寺(768)、圣安寺(863)、慧福寺(885)、觉林寺(976)、明慧寺(978)、金绳寺(982)，但初期规模都不大。真正的大建设在五代末至北宋期间开始，如金氏一个叫金禅的人皈依佛门，号椿叟和尚，舍十保大梅、查洋等处田二百八十石，于北宋天禧年间(1017—1021)建瑞相寺。这里的建应该是扩建，因为之前就已经有观音堂。另据《姚氏宗谱》记载，姚氏于宋孝宗年间(1162—1189)构造大厦于钵盂山下(杨岙头)，被杨义钦告发私造皇殿，遂将家丁削发为僧，改作金绳寺供奉先祖牌位。从遗址看，金绳寺规模确实相当大。可见姚氏、金氏在当时一定是豪门之家，而他们的财富很可能就是通过制瓷和贸易获得。另崇德寺、圣安寺、慧福寺、明慧寺现已无从知晓是哪个豪门大族捐建，但从遗址规模来看，在当时都绝对不是小工程，需要大量的资金和精力去建设。光供养这些寺庙也是一笔不小的开支，这从金氏修瑞相寺所捐的田地规模就可以看出，况且明慧寺、慧福寺等寺庙从遗址规模看，更是数倍于瑞相寺。

除了规模较大的古寺，周边还有众多的道教庙宇。如纪念叶天师的黄弄天师庙，分布于黄南、大梅口、大梅、高际头等地的三王社殿，小梅始建于宋代纪念叶先锋的大王庙，始建于唐代的黄南植碧殿等等。在远离县邑的一个山区村落间散布着这么多寺庙，甚至比县邑还多，充分说明这里在当时是何等的繁华兴盛。

(四)龙泉青瓷贸易衰落

青瓷作为一门手工业，既需要手艺又需要一定创造性，需要一个开放的，文化繁荣的社会基础。两宋时期，是龙泉历史上文化最繁荣、思想最开放活跃的时代，正是在这一背景下龙泉青瓷才孕育出一个个惊世之作。可惜，这样的局面在元代被终结，自元代统治者入主中原后，龙泉士大夫阶层深受打击，不是身死战场就是远避他乡和深山，龙泉文脉至此式微。文化的衰微和元廷的严厉控制禁锢了人们的思想。虽然在早期还处于巅峰，但很快就进入衰退通道。为了迎合统治者需要，这一时期器形粗壮高大，胎体变厚，釉色减薄，艺术价值降低。至明早中期，虽然经历了海禁、由私人贸易转入朝贡互市影响了龙泉青瓷贸易，但这一时期龙泉窑规模还十分大。明朝洪武年间的《格古要论》说："古龙泉富，在今浙江处州府龙泉县，竖产处器、青器。"明人说的处器、青器是龙泉青瓷，当时供给皇帝、达官和贵人用的器皿，部分仍是"饶(景德镇)、处(丽水龙泉)等府烧造"。可以证明在明初，龙泉青瓷和景德镇瓷还属于平列地位。明永乐至宣德年间(1403—1435)，郑和七下西洋，海外贸易进一步促进了龙泉青瓷的生产。明正统年间(1436—1499)，著名匠师顾仕成为代表的一批青瓷大家，他们的不少大型器品为国内外艺术鉴赏家收藏。2006年，枫洞岩窑址出土的官窑器物证明在明永乐间(1403—1424)龙泉窑还烧制官窑器物。

真正的转折发生在明正统年间(1436—1499)，龙泉除了是青瓷产地，自宋代以来也是金、银矿重要的产地。明代起，大量农民加入采矿行业，采矿规模快速扩大。朝廷看到了其中的利益，横征暴敛。最终在明正统年间(1436—1499)，迫于明廷的残酷压榨，庆元叶宗留率矿工起义，与明军在处州地区前后抗争近十年，很多村落化为灰烬，叶宗留的出生地更被称为草古地("抄家地"方

① 据多个宗谱记载，在当时大家族捐建寺庙一般要求将祖先牌位供奉在寺庙内，并雇请和尚管理寺庙，每年斋祭期间还要接待族人。

言谐音）。起义军被镇压后，明廷还对这一地区进一步加强管控，为有效控制分别设置了景宁、云和、宣平、泰顺四县。封控并未带来安宁，据清顺治《龙泉县志》载："正统十四年秋七月流寇入龙泉；弘治三年流贼攻龙泉被击退；嘉靖四十年闽广流寇号三千突入县治，践蹂掳掠不可胜计，凡六日乃散；崇祯十四年冬至日突有闽政和县贼千余至东南两路而入肆行劫掠一日夜。"可见自叶宗留起义失败后，200多年来这一地区匪乱不断。动乱必然会造成人口损失，据清顺治《龙泉县志》、明成化《处州府志》载：龙泉人口从明洪武二十四年（1391）有126433人、明景泰三年（1452）有52002人、明天顺六年（1462）有43602人、明成化八年（1472）有44614人、明成化十八年（1482）有44651人、明嘉靖元年（1522）有44661人，至明万历二十六年（1598）仅剩口15600人。人口几乎损失88%，破坏程度可想而知。作为宋、元及明初以来最富裕的地区，大窑及周边必然经历了比其他地区更严重的洗劫。通过文史工作者这些年对龙泉古村落遗址的田野调查，发现了废弃的古村落遗址数十处。遗址大量遗存了北宋到明中期的青瓷碎片，之后却很少见，只有个别遗址可见明晚期到清代的瓷片，这也证明了明代中后期本地区受破坏的严重程度。很多当地的大家族也因此消失，如大梅金氏、大梅孔氏、大梅贾氏、大梅张氏、大窑姚氏、垟岙头杨氏、黄南鲍氏等等。关于龙泉官窑最晚的记录载于《明宪宗实录》卷一明天顺八年（1464）正月诏书记载："江西饶州府、浙江处州府见差内官在彼烧造磁器，诏书到日除已烧完者照数起解，未完者悉停止，差委官员即便回京，违者罪之"。可能正是长期的社会动乱，大量的人口损失和流失，导致制瓷愈发粗劣，朝廷有意放弃在龙泉烧制瓷器，龙泉青瓷自此不可避免地走向衰落。

清道光年间（1821—1850），龙泉青瓷业曾有回升，福建德化县一位姓曾和一位姓赖的瓷工迁居龙泉八都木岱村，在木岱重新开始兴建瓷窑，烧制白瓷土碗，以后扩展到附近的木岱口、上垟、八都、溪头等地。此举为龙泉瓷业的复苏提供了一定的条件。民国也曾一度进入复苏时期，有所短暂的回升，也因战争又迅速地衰落。

1949年中华人民共和国成立后，龙泉青瓷再获发展良机。1957年开始，龙泉恢复发展青瓷生产，青瓷行业进入了一个全新的恢复发展时期。社会的变革、资源的利用、生产的恢复，特别是经济文化的发展、科技的进步给龙泉青瓷生产带来了较大程度的发展机遇，为青瓷生产、发展、研究、开发和交流中心打下扎实的基础。党的十一届三中全会以后，改革开放，坚持科学发展观，不断创业创新，终于使龙泉青瓷产业在21世纪初再度崛起，引领风骚，驰名中外。

二、抗日战争时期浙江临时省会迁丽水记事

民国26年（1937）4月，浙江省政府主席朱家骅派第四行政督察区（金华）专员公署专员阮毅成到丽水与第九行政督察区专员公署专员余森文等商谈省政府迁移事宜。商议后，阮毅成到杭向朱家骅面陈，决定省政府先迁永康县方岩，丽水作第二临时省会。7月7日，卢沟桥事变，抗日战争爆发。11月5日，嘉兴、湖州失守，杭州告急，省政府迁金华。11月25日，黄绍竑接任浙江省政府主席。12月24日，杭州沦陷，省政府及所属厅、处多数迁永康县方岩，省教育厅、建设厅一部分迁丽水县。民国30年4月，日军进犯诸暨，逼近金华。4月23日，省政府从永康方岩迁松阳县。8月6日，日军撤退，迁回方岩。民国31年5月，日军进犯浙赣铁路沿线，永康告急。5月18日，省

政府再迁松阳县，未开始办公，衢州、龙游失守。6月2日，省政府旋迁云和县。6月24日，丽水县城第一次沦陷，省政府一度迁景宁、龙泉、庆元县一带。8月28日，收复丽水，省政府迁回云和县。民国34年8月15日，日本无条件投降。9月20日，省政府机关开始从云和迁返杭州。

从民国26年(1937)7月至34年8月，初步调查迁入丽水单位491个，其中党政群团92个、军警67个、工业交通85个、商业68个、金融12个、学校48个、文化新闻出版70个、卫生15个、中央派出机构28个、国际军事组织6个。全区人口骤增19.7万人。一度成为政治、军事、经济、文化的中心，浙江抗日战争的大后方。在政治上国共合作抗日，建立抗日民族统一战线，安排一批中国共产党党员和进步青年到各级政府部门工作，成立各种抗日救亡团体，宣传抗日救国十大政治纲领，组织青年和学生参加抗日战争，慰劳抗日前线将士，掀起抗日救亡斗争热潮。在军事上抗击日军侵略。民国31年7月21日，国民党军暂编32师在丽水县港口、碧湖、保定一带阻击日军22师团85联队进攻云和县。8月3日，浙保第3团在松阳县石仓源、洋坑埠头和云和县山望排一线阻击日军22师团85联队和115师团178联队。8月5日，国民党军暂编21师、浙保第3团在云和县方山岭阻击日军85联队和178联队，歼敌33人。民国33年8月26日，国民党军21师63团坚守丽水县城，抗击日军70师团、60师团，团长彭孝儒以下官兵1000多人阵亡。9月16日，国民党军21师62团收复丽水县城，保卫省政府所在地云和及龙泉、庆元、景宁县不受日军践踏。在经济上一度繁荣。随着浙江铁工厂等一批工厂的迁入，促进工业的发展。龙泉、遂昌、云和战时经济建设实验县和8个经济实验区的建立，促进农业的发展。杭州、上海等一批商店的迁入，使各县城镇和山村集市繁荣一时。修建丽龙、丽浦公路，打通浙江临时省会与闽东、皖南的通路，水陆交通运输繁忙，瓯江水运船只达4000多艘。浙江省地方银行等金融机构入迁，支持工商业的发展。在文化上异常活跃。浙江大学龙泉分校等一批大、中、小学及保育院的迁入，使一批无力出门求学的青少年跨进大学、中学和小学的校门。各类文艺团体演出抗日剧目，各类报刊杂志宣传团结抗日救国，形成全区人民抗日救亡的氛围。各类卫生医疗组织抢救伤病员，预防和医治鼠疫的蔓延，使丽水人民得益非浅。

临时省会迁移丽水，也给丽水人民带来沉重负担。田赋增加，捐税繁重。据民国34年(1945)8月29日《浙江日报》记载，龙泉县每户每年平均负担9960元，每人2380.4元，折成大米68市斤，比抗战前的民国25年每人每年平均负担大米16.2市斤，增加51.8市斤。云和县每亩田赋派额2角6分。比全省平均每亩9分9厘，高出1角7分。赋役繁重，据丽水、青田、龙泉、庆元、缙云、遂昌、景宁县不完全统计，民国31年至34年共征民夫73万。云和县规定壮丁每年应服劳役2个月。日常生活用品供不应求，征派物料难以计数。云和县赤石区民国31年11月23日至32年3月20日，招待过境军队21次，63500人次。民国33年5月28日，丽水县碧湖区区长向第九行政督察区报告，县令筹款物一次163.39万元，人均约40元，大米13110市斤。民国29年国民党军13师一个团驻龙泉县大沙乡接收新兵，因饿、冻致死和打死、杀害的新兵不计其数，村民张水炎说，最多一天死18人。

迁入丽水的单位分述如下：

（一）党政群团

浙江省政府 主席黄绍竑。民国30年(1941)4月23日，从永康县迁松阳县省农业改进所，8月6日迁回永康县方岩。民国31年5月18日再迁松阳县，6月2日旋迁云和县建国路县政府。6

月24日丽水县城沦陷，转迁龙泉、景宁、庆元县。10月复迁云和县，在城郊瓦窑、鲤鱼山、小顺麻厂，龙泉县垟移村，庆元县松源镇，松阳县吴家山等地设黄绍竑公馆。

中国国民党浙江省党部　书记长罗霞天。随省政府迁松阳县党部，再迁云和县城建国路。

中国共产党浙江省委　书记刘英。民国28年(1939)3月，从温州迁丽水县厦河村，在城内四牌楼开设兴华广货号百货商店、绅弄口开办织袜工场为秘密联络点。民国30年4月迁回温州。

浙江省临时参议会　参议长陈屺怀、朱献文。随省政府迁云和县明伦堂。在景宁县鹤溪镇中心小学设办事处。

浙江高等法院　院长郑文礼。民国30年(1941)迁松阳县司法处。民国31年5月迁景宁县东坑徐砻村。9月迁云和县城徐家祠堂，后迁龙泉县。一度迁青田县南田(2010年属文成县)。在丽水县设浙江高等法院第一分院丽水临时法庭，庭长穆长山，驻云和县对家畲卢氏祠堂。

浙江省民政厅　厅长阮毅成。民国30年(1941)4月迁松阳县政府。民国31年6月6日迁云和县城建国路文昌阁。8月迁龙泉县八都、查田，在庆元县新窑设办事处。10月复迁云和县。下属土地测量总队先后迁松阳、丽水和云和县隔溪寮村。

浙江省财政厅　厅长黄祖培。随省政府先迁松阳县乌井村，再迁云和县长田村。

浙江省教育厅　厅长许绍棣。民国27年(1938)1月部分迁丽水县城孔庙，后全部从永康县迁丽水县，随迁200多人。民国30年迁松阳县民教馆。民国31年7月迁景宁县城汤祠和东坑乡。9月在云和县黄水碓村设办事处。在云和县狮山设社教班。

浙江省建设厅　厅长伍廷飏。民国27年(1938)1月迁丽水县城燧昌路，随迁职工、家属225人。30年4月下旬迁松阳县省农改所和龙泉县安仁镇。民国31年6月15日迁云和县古坊村。

浙江省政府秘书处　秘书长李立民。随省政府迁移，先迁松阳县省农改所，后迁云和县建国路。在景宁县鹤溪镇设办事处。

浙江省会计处　会计长陈宝麟。民国30年(1941)4月迁松阳县山下阳村。民国31年7月29日迁景宁县城桥底12号。8月28日迁云和县城建国路明伦堂。后迁龙泉县。

浙江省社会处　处长方青儒。民国31年(1942)7月迁龙泉县。10月迁云和县梅氏宗祠。在云和、龙泉县设直属服务处。

浙江省审计处　处长李文伯。民国27年(1938)1月迁丽水县碧湖镇中街，后迁瓦窑埠，随迁150多人。民国29年6月迁云和县长田村。民国31年迁平阳县。民国34年7月复迁云和县长田村。

浙江省统计处　处长杨书翘。迁云和县城鲤鱼山脚郑家宗祠。

浙江省卫生处　处长孙序裳。民国30年(1941)5月17日迁松阳县城北街103号。民国31年6月10日迁云和县城中正街1号。曾迁龙泉县。在丽水县松坑口村和缙云县仙岩铺村设卫生所。

浙江省田赋粮食管理处　处长黄祖培(兼)。民国30年(1941)5月在松阳县成立。8月迁永康县方岩。秋季迁云和县长田村。

浙江省合作事业管理处　处长唐巽泽。驻云和县白洋墩村。

浙江省军民合作指导处　处长冯紫岗、张锡昌。民国33年(1944)8月28日从丽水县碧湖镇迁龙泉县城中山路。在丽水县碧湖镇设办事处。

浙江省战时物产调整处　处长伍廷飏(兼)。民国27年(1938)2月在丽水县成立，驻县城燧昌路与省建设厅合署办公。

浙江省经济建设实验事业办事处　民国29年(1940)5月驻松阳县古市镇由湘湖师范代办。

浙江省合作社物品供销处　驻丽水县。

浙江省照料荣誉军人办事处　民国30年(1941)4月25日迁松阳县乌形山麓刘氏宗祠。

浙江省交通管理处　处长伍廷飏(兼)。民国27年(1938)1月迁丽水县碧湖镇。民国31年8月在云和县竹坑村设办事处、龙泉县设特别办事处。8月21日,竹坑办事处迁景宁县梧桐乡。11月1日复迁云和县。曾一度迁松阳县古市镇。

浙江省驿运管理处　处长杨树松。民国29年(1940)冬迁丽水县城与省水陆联运管理处合署办公。民国31年8月先后迁龙泉、景宁县。11月1日迁云和县云章村。

浙江省水陆联运管理处　民国29年(1940)冬迁丽水县城与省驿运管理处合署办公。在金华设通讯处。

浙江省战时卷烟管理处　民国27年(1938)10月由省战时卷烟公卖处改建,驻丽水县城。民国30年6月迁松阳县塔寺下舍利庵。

浙江邮政管理局办事处　主任何幼村。民国27年(1938)1月迁丽水县。民国30年4月29日至34年6月,先后迁龙泉县八都、查田、源底、盖竹和下林。曾一度迁丽水县碧湖镇、松阳县古市镇和青田县白岩,随迁职工、家属约700人。

浙江省邮电检查处　主任徐浩。迁云和县城建国路。

浙江省图书杂志审查处　处长郑杰、许绍棣(兼)、陈贻荪。民国31年(1942)5月迁丽水县碧湖镇。6月30日迁龙泉县。民国33年8月1日复迁丽水县碧湖镇。

中国国民党浙江省交通特别党部筹备处　负责人江宗伦。民国31年(1942)6月5日迁云和县南溪乡东山头村,7月29日迁复兴乡。

中国国民党浙江省公路特别党部筹备处　主任江家瑞。民国31年(1942)8月16日迁云和县城建国路20号。

浙江省属民众联合通讯处　民国31年(1942)7月8日由丽水县碧湖镇迁龙泉县城。

浙江省粮食管理局(粮政局)　局长徐桴。民国31年(1942)5月22日迁丽水县城凤山门。6月迁云和县城大庆寺和沙溪乡隔溪寮村。7月迁龙泉县。

浙江省地政局　局长洪季川。杭州沦陷后迁丽水县。民国31年(1942)7月15日迁龙泉县八都镇。9月迁庆元县后田村。冬季迁云和县沙溪村。

浙江省税务管理局　民国32年(1943)11月迁青田县。在云和县城中正街设办事处。

浙江省盐务管理局　局长倪觉民。先后迁龙泉县城北河街102号、云和县城郊前溪山脚村。在丽水、松阳、龙泉县设分局。

两浙(浙东、浙西)盐务管理局　局长倪灏森。英国司斐生任顾问,随迁700多人,其中盐警中队200人。民国31年(1942)初迁龙泉县金沙寺。后迁庆元县后田村,借宫头村吴三公殿作食盐仓库,在丽水县城东路9号设分局。遂昌县王村口村设运输分站。

浙江省电管局　民国30年(1941)7月17日迁龙泉县查田镇。后迁云和县瓦窑村。

浙江省公路管理局　局长沈景初。杭州沦陷后迁丽水县城丽阳门外。

浙江电政(电信)管理局　局长邹茂桐。民国30年(1941)4月19日迁云和县瓦窑村。民国31年5月迁龙泉县下堡村。

浙江省电话局　局长赵曾珏。杭州沦陷后迁建德县。后迁丽水县城太平坊。民国31年(1942)4月迁云和县局村。再迁龙泉县、庆元县竹口。民国33年1月与浙江电政管理局合并,改称浙江电信管理局,迁龙泉县查田乡下堡村。

浙江省赈济委员会　民国30年(1941)迁松阳县。民国31年9月24日迁云和县城梅氏宗祠。

浙江省补给委员会　主任黄绍竑(兼)。迁云和县隔溪寮村。

浙江省农田水利贷款委员会　主任委员伍廷飏(兼)。民国31年(1942)5月27日迁云和县双港村。后迁龙泉县蛟垟村。9月2日复迁云和县古竹村9号。

浙江省军役救济基金董事会　董事长黄绍竑(兼)。民国31年(1942)10月26日迁龙泉县城卢埠社巷9号。

浙江省物价管制委员会　驻云和县城建国路15号。

浙江省丝绸管理委员会　主任伍廷飏(兼)。民国32年(1943)5月迁云和县古竹村。后迁龙泉县安仁镇。

浙江省图书杂志审查委员会　驻国民党松阳县党部。

浙江省地方行政干部训练委员会　主任黄绍竑(兼)。民国30年(1941)6月10日迁松阳县南门天妃宫。民国31年6月5日迁云和县温溪上村,后迁县城赵姓巷6号。

中国航空建设协会浙江分会　民国30年 (1941)4月26日迁松阳县城太平坊巷20号。民国31年6月4日迁云和县象山村,后迁黄水碓上村3号。

浙江省动员委员会　民国30年(1941)从永康县方岩迁松阳县。

浙江省合作事业促进会　驻丽水县。民国28年(1939)设松阳分会,驻县城永庆铺前巷6号许氏宗祠,后迁南门潘祠前巷44号。

浙江省新生活运动促进会　主任常务干事金璇。民国30年(1941)6月21日迁国民党松阳县党部。民国31年10月1日迁云和县城抗战路44号。

浙江省社会事业协进(促进)会　理事长吴望伋(兼)。民国30年(1941)迁松阳县金钟庙。后迁丽水县碧湖镇。再迁龙泉县城孔庙。民国31年12月18日迁云和县城关庙巷10号。

浙江省文化运动委员会　民国32年(1943)10月30日在云和县成立。

浙江省合作工作总队部　总队长袁吉。属省建设厅。民国28年(1939)驻丽水县燧昌火柴公司。民国29年撤销。

浙江省会党员(国民党)工作队　队长严北溟(兼)。迁云和县城建国路。

三民主义青年团浙江支团　干事长宣铁吾。民国28年 (1939)9月成立三青团浙江支部筹备处。后迁丽水县碧湖镇。民国31年6月迁云和县阙家祠堂。在景宁县鹤溪镇设办事处。民国33年2月成立三青团浙江支团。

三青团浙江支团直属三分团　书记郑琴隐。民国31年(1942)6月5日迁云和县城抗战路42号,并在阙家祠堂设青年宫。

三青团金华青年招待所　主任宣铁吾(兼)。先迁丽水县。民国31年(1942)10月10日迁云和县染织改进场,收容战区或沦陷区失学、失业青年。

浙江省农会　常务理事吴望伋。民国30年(1941)6月10日迁松阳县城东门外金钟庙。民国31年6月迁龙泉县。9月9日迁庆元县上仓姚家祠堂,下设福利社。曾迁云和县城关庙巷。

浙江省妇女会　理事长黎沛华。民国30年(1941)6月迁松阳县。后迁丽水县碧湖镇。再迁龙泉县城。又迁庆元县、云和县城关庙巷。

浙江省教育会　理事长许蟠云。民国31年(1942)9月迁云和县城建国路20号。

浙江省商会联合会　随省政府迁龙泉、庆元县。国民31年(1942)11月迁丽水县城酱园弄4号。

浙江省民船船员工会联合会　常务理事曹振。民国30年(1941)6月27日迁松阳县城东门外金钟庙。民国32年1月迁云和县城关庙巷10号。

中国建国励志会　民国30年 (1941)4月下旬迁松阳县。民国31年12月6日迁云和县城南门巷4号。

浙江省新闻记者公会　民国34年(1945)4月6日在云和县成立。

战时儿童保育会浙江分会　迁云和县长田村。一度迁景宁县沙湾村。

中国童子军浙江省理事会　民国31年(1942)6月10日迁云和县沙溪村22号。在丽水县吕步坑村设教练员训练班。

中国地政学会浙江分会　民国31年(1942)6月迁云和县沙溪村。

七七版画研究会　民国28年(1939)5月在丽水县成立。

浙江省战时美术工作者协会　民国28年(1939)春在丽水县成立。9月成立浙江省战时木刻研究社,社长孙福熙。民国29年6月,浙江省战时木刻用品社改为浙江省木刻用品供给合作社。举办木刻函授班、暑期绘画专修社。

战时碧湖绘画研究会　民国28年(1939)冬由中国建国励志会碧湖支部组建,驻丽水县碧湖镇。

外交协会浙江分会龙泉支会　理事王质园。民国33年(1944)2月在龙泉县成立。

中国人事行政学会浙江分会　名誉理事长黄绍竑(兼)。民国33年(1944)1月24日在云和县青年馆成立。

中国合作协会浙江分会　理事长陈仲明。驻云和县小徐村。

全国节约建国运动委员会浙江分会　民国30年(1941)5月迁松阳县古市镇张家祠堂。

浙江省地方行政干部训练团　团长黄绍竑(兼)。民国28年(1939)5月驻丽水县碧湖镇汤文村。民国30年6月10日迁松阳县城天妃宫。民国31年6月5日迁云和县。一度迁青田县南田(2010年属文成县)。

浙江省战时政治工作人员训练团　团长黄绍竑(兼),实际负责人陈希豪。民国27年(1938)2月在丽水县碧湖镇成立,学员500多人。7月并入省战时工作人员训练团。

浙江省战时青年工作训练团　团长黄绍竑(兼),实际负责人陈希豪。民国27年(1938)2月在丽水县碧湖镇成立,学员1500多人。7月并入省战时工作人员训练团。

浙江省战时工作人员训练团　团长黄绍竑(兼),实际负责人陈希豪、倪文亚、王学素。民国27年(1938)7月由省战时政治工作人员训练团、省战时青年工作训练团合并组成,学员1800多人。曾迁云和县小顺村。

浙江省粮食增产督导团　总督导伍廷飏(兼)。民国30年(1941)4月12日在丽水县成立。6月16日迁云和县。曾迁松阳县省农改所。9月2日复迁云和县古竹村。

浙江省农业改进所　所长莫定森。民国27年(1938)1月1日在松阳县成立,400多人。5月迁云和县霞晓桥村。民国33年7月迁景宁县沙湾镇。7月25日在松阳县设办事处。民国34年10

月5日迁回松阳县。在云和县设浙江省农业推广所、浙江省农场，丽水县设林场、碧湖畜牧场。

浙江省农业扩大人员养成所　驻松阳县省农改所。

浙江省垦殖公司　经理许蟠云(兼)。驻云和县城中正街。

浙江省无线电总台　主任马彩虹。随省政府迁移，先迁松阳县寺岭下。再迁云和县城五显庙。在龙泉县城仓库弄设分台。

浙东行署　主任鲁忠修。迁云和县。

浙西行署　主任贺杨灵。迁云和县。

第十一行政督察区专员公署　迁丽水县。

省驻渝办事处　主任朱惠清。迁云和县。

鄞县无线电台　台长洪章衍。迁云和县杉坑岭村。

宁波同乡会　驻云和县瓦窑村。

(二)军警

第10集团军总司令部　司令刘建绪。民国31年(1942)7月驻云和县城蓝家祠堂。民国32年迁云和县沙溪村。下设总司令部军官团，驻松阳县西屏镇。民国29年10月17日在云和县赤石村建汽油仓库。

第25集团军总司令部　司令李觉。民国31年(1942)驻丽水县碧湖镇采桑村。下设兵站分监部直属粮服仓库第一甲种堆积所，所长王琰，驻龙泉县城东后街婺州宾馆。

第32集团军总司令部　司令李默庵。民国31年(1942)驻丽水县碧湖镇采桑村。直辖突击总队先后驻赵村、西溪。在龙泉县城北河街设总部办事处，38人。11月9日，在云和县石塘村设直辖总部兵站分监部，分监郑洛。在龙泉县城吉林巷1号设分监部第1分站，站长万本初。在云和县贵溪设总部兵站仓库，库长李肇元。

第3战区副司令长官部　副司令黄绍竑(兼)。民国31年(1942)7月驻云和县鲤鱼山脚郑氏宗祠，办公室主任张少杰。第3战区兵站总监部云和办事处，主任范雨龙，驻云和县重河村。第3战区兵站第43粮库驻松阳县。兵站分监部甲种军械堆积所，驻松阳县城云岩寺。民国32年6月，第3战区浙江军民合作指导处留守处，处长宋家抡，驻云和县沈村。第3战区司令长官司令部特务第3中队，43人，驻龙泉县城中山路。第3战区别动第1支队特务第2大队，136人，驻龙泉县城河南街。第3战区荣誉军人第16教养院遂昌分院，驻遂昌县城和云峰乡，国军伤兵500多人。

暂编国军第9军第34师、35师　民国31年(1942)驻松阳。在丽水设军办事处，主任陈磊。同年6月24日，第9军驻丽水办事处迁云和县城中正街。后第9军及第34师驻遂昌县。

国军第21军　民国31年(1942)在遂昌县驻防或过境。

国军第25军　民国31年(1942)在遂昌县驻防或过境。

国军第49军及第13师、51师　民国31年(1942)在遂昌县驻防或过境。

国军第74军及第57师、58师　民国31年(1942)在遂昌县驻防或过境。

国军第88军　军长刘嘉澍。民国31年(1942)驻丽水县河边金、松坑口村和县城北郊丽阳殿。在龙泉县城东后街设军办事处，126人；军辎重排，21人。在龙泉县设军野战仓库，库长马仁川。

国军第11师　驻丽水县城。

暂编国军第13师 师长哲东。民国31年(1942)驻云和县石浦村。后驻遂昌县。在龙泉县设军械仓库,主任刘政壁。在龙泉县大沙乡驻一个团,负责本地区接收新兵。

国军第19师 民国28年(1939)该师第3营驻松阳县。

新编国军第21师 师长罗君彤。民国31年(1942)7月驻云和县赤石、龙门一带。在龙泉县城河南街设留守处,66人。8月参加云和县方山岭战斗,抗击日本侵略军。部分团及突击队驻丽水县。部分团及突击1队驻松阳县。一个团驻青田县。民国33年8月26日,第63团在丽水县城抗击日军60师团、70师团。后驻缙云县西部。

国军第28师 民国31年(1942)驻缙云县南乡。

国军第32师 师长黄权。民国31年 (1942)7月21日第1团在丽水县阻击日军22师团85联队。驻云和县小顺村。7月第32师2个团驻缙云县。

暂编国军第33师 师长肖冀勉、周淘漉。民国31年(1942)驻丽水县。驻青田县一个团。民国33年第1团、2团驻缙云县。

国军第73师 民国31年(1942)驻丽水县。

国军第79师 师长殷霖茂。民国31年(1942)驻丽水县。后驻松阳县白沙、大岭脚、南岱一带。民国33年6月驻遂昌县北界、新路湾、金岸一带。

暂编国军第11旅 旅长李启蒙。民国28年(1939)驻松阳县。民国31年驻丽水县石牛、县头村。由汪伪军改编。

国军第22补训处 民国31年(1942)驻防或过境遂昌县。

国军第13补训处第3团1营 民国32年(1943)8月22日驻遂昌县城。

国军独立工兵16团2营 民国33年(1944)驻遂昌县石示下一带构筑工事。

闽浙赣三省边区绥靖指挥部 指挥陈式正。民国30年(1941)2月从福建省建阳县迁龙泉县。4月,在龙泉县八都组建龙(泉)遂(昌)浦(城)庆(元)四县联合清乡办事处。民国32年5月23日驻遂昌县。民国33年1月,遂(昌)松(阳)督剿总部驻松阳县古市镇。该部搜索队驻青田县。

浙江省军管区司令部 司令许宗武。驻龙泉县城大垟坊,官兵343人。军管区基干团,团长徐咸宜,驻云和县霞晓桥、陈村一带。

浙江省警备司令部 司令张胥文。民国31年(1942)驻龙泉县城江西宾馆。

浙江省游击总司令部 总司令黄绍竑。民国27年(1938)驻丽水县碧湖镇。

浙江省兵役管区司令部 民国30年(1941)4月19日驻遂昌县城。

浙江省军事训练总队部 民国27年(1938)2月驻丽水县碧湖镇。

浙江省保安司令部(保安处) 司令(处长)宣铁吾、竺鸣涛。民国31年(1942)6月14日迁丽水县碧湖镇采桑村,驻周巷、赵村、九龙村一带。11月,在云和县古竹村办无线电台训练班,招收报务员30多人。民国32年7月迁云和县赤石乡,在沙溪乡设办事处。8月7日迁景宁县,随迁910人。浙保司令部办公厅,驻龙泉县城溪沿路,官兵103人,马12匹。通讯队85人,运输队71人,同驻溪沿路。被服厂50人、修械所149人、仓库49人、无线电台10人,驻龙泉县安仁镇。军械仓库设云和县张家地村。浙保集中营设松阳县草场圩。

浙江保安1团 民国31年(1942)7月驻云和县双金乡。曾驻丽水县境内。民国33年(1944)驻缙云县。

浙江保安2团　民国31年(1942)驻缙云县。后驻丽水县西溪村清剿共产党。

浙江保安3团　民国31年(1942)驻云和县沙溪村。8月参加云和县方山岭战斗,抗击日本侵略军。后驻丽水县大港头清剿共产党。

浙江保安4团　民国31年(1942)驻缙云县双溪口清剿共产党。民国32年驻青田县。

浙江保安5团　民国33年(1944)9月驻云和县陈村,官兵383人。

浙保特务第1大队　民国33年(1944)9月驻云和县龙门乡汤侯门一带,官兵563人。民国34年3月驻龙泉县城,官兵411人。

浙保特务第2大队　民国33年(1944)驻云和县龙门乡瑞滩村,官兵462人。第2大队第3中队移驻龙泉县安仁镇,官兵158人。

浙保特种工兵营　驻龙泉县城溪沿路,官兵129人。第1连155人驻龙泉县河村。第2连101人驻龙泉县城溪沿路。

浙江省城防司令部　司令黄绍竑(兼)。迁松阳县。民国32年(1943)迁云和县沙溪村。下设防毒队,队长由副司令员张咸宜兼。防空情报所驻云和县南门。在龙泉县后山头村设第1防空监视队,43人;龙泉县安仁镇设监视哨,10人。在丽水县设第5防空监视队。在云和县城前溪路设第12防空监视队,队长汪雪根。

浙江省警察大队　大队长俞式。民国27年(1938)1月迁丽水县碧湖镇魏村,100多人。30年4月下旬迁松阳县。31年6月迁云和县城王氏宗祠。在云和县村头村设战时警察训练所,教育长李子章,学员150多人。32年迁丽水县城东路。

浙江省青年铁卫队　队长宣铁吾(兼)。民国31年(1942)驻丽水县碧湖镇沈祠。系青年武装特务组织。

浙江省盐务局警察队　副队长刘雨亭。驻云和县东溪乡木垟村。

中央银行、中国银行、交通银行、中国农民银行四行警察队　驻龙泉县城西大桥。

温处师管区　民国29年(1940)第1团驻松阳县城龙圳路11号,第3团驻松阳县古市镇。

丽云师管区　司令唐云山。民国31年(1942)8月30日迁云和县雾溪村。下属第1补充团,团长颜严,驻云和县汤侯门村。第2补充团驻松阳县古市镇下街叶文斌宅院。

后勤部第25兵站医院　院长董枢、郭培青。民国31年(1942)驻龙泉县八都镇,医务人员不满百人,伤病员多时500多人。

后勤部第22医院　驻龙泉县八都镇,555人。

后勤部野战第16军械库　民国31年(1942)驻龙泉县马埠,41人。第34粮服库,库长史锋,第1分库驻龙泉县黄灌村;第3分库,库长查年昌,民国33年10月8日迁云和县小顺村。

军政部30兵站医院　院长赵熙荣。驻云和县局村。

军政部204兵站医院　院长陈鸿福。驻云和县小顺村。民国31年(1942)驻龙泉县。

军政部驻赣军粮局金华办事处　主任范雨龙(兼)。民国31年(1942)10月12日迁云和县岗头村。

军政部188伤病官兵收容所　主任袁履谦。驻丽水县。民国31年(1942)5月31日迁云和县石塘乡滩下村。

军政部陆军卫生材料库第9分库　库长周继全。驻云和县城中正街。

军令部浙江陆地测量事务所　民国29年(1940)驻松阳县城毛氏宗祠。

政治部荣军招待所第7总队第13大队　民国32年(1943)12月17日迁松阳县城北街90号。

政治部抗日特种工作团第1团第6分团　团长孟卿、副团长吴玠。民国27年(1938)2月1日在松阳县组建。民国28年4月12日被迫停止活动。

军委会战时新闻检查局浙江新闻检查处　处长娄子伦。民国33年(1944)9月从丽水县碧湖镇迁龙泉县城贤良坊。

军委会运输统制局监察处丽水检查所　所长谢哲琨。民国31年(1942)6月20日迁云和县汽车站对面执行统检业务。

军委会抚恤委员会驻浙抚恤处　处长周启贤。民国31年(1942)7月迁龙泉县八都镇。9月迁云和县沙溪乡村头村。

军委会特种技术浙南训练班　主任赵世瑞。民国31年(1942)10月迁丽水县县头村。民国33年7月—10月迁青田县油竹村、方山村。再迁文成县玉壶镇,官兵800多人。系国民党第32集团军与美国军事代表团合办,由美国提供武器,派教官与军统组织共同训练特工人员。所属监护排54人,驻龙泉县黄灌村。

军委会陆军突击总队部　司令李默庵(兼),副司令员胡琦山,具体负责人魏人监。2队驻丽水县九龙村,3队驻丽水县赵村、西溪村。有英国军官1人、参谋多人。谓国际军事组织,部分武器由美国供给。

军委会军风纪纠察3分团　团长介景华少将。驻云和县城中山公园。

中央军校第七分校第十八期入伍生团　驻松阳县草场圩,下设3个营、21个连,1000多人。民国31年(1942)5月移驻福建省建阳县。

第32兵站分监部第2分站　驻龙泉县城北河街,22人;兵站军输第1中队,189人。

福建龙樟师管区补充营　驻云和县城赵姓巷3号,官兵200多人。

宁波警察总队驻浙江省通讯处　主任潘淼。民国31年(1942)9月18日迁云和县箬溪镇杉坑岭村,有员警工役13人。

教导团　由余姚游击队改编,200多人,驻丽水县赵村。约3个月后撤销。

(三)工业交通

浙江省工业改进所　所长陈琮。民国31年(1942)5月31日从丽水县迁云和县狮山。曾迁龙泉县安仁镇。下设总发行处、工业陈列馆、乡村工业实验区,分驻云和县城中正街、龙泉县、丽水县。

浙江省手工业指导所　所长赵曾珏(兼)。民国27年(1938)7月16日成立,下设丽水发行处。

浙江省铁工厂　厂长黄祝民。民国27年(1938)9月在云和县小顺建立,原省建设厅大港头铁工厂并入,小顺为第一厂,坛头嘴为第二厂,玉溪为第三厂,大港头为第四厂。分别生产步枪、轻机枪、手榴弹等。有职工4000多人。民国31年春,一、二、三厂移交兵工署管理,改称兵工署东南第二厂。同年5月迁福建省南平。

浙江造纸厂　厂长朱有民。民国29年(1940)在丽水县十八都创建。民国31年迁云和县南溪乡漈口村,有职工120多人。7月4日迁龙泉县。

浙东印刷厂　厂长刘纯煜。民国27年(1938)3月在丽水县建立。民国31年9月迁云和县睦田村。

大东书局浙江印刷分厂　厂长姚漱梅。民国29年(1940)初在丽水县沙溪村叶家祠堂,专为省地方银行印刷货币和印花税票。民国31年6月迁龙泉县临江村,为中国农民银行印刷一批500元大面额货币。民国31年底停办。

浙东电力厂　厂长赵曾珏(兼)。民国27年(1938)2月建立,在丽水县城、碧湖、大港头,云和县小顺,松阳县西屏,龙泉县城及金华设分厂。

浙江丝织厂　厂长陈庆堂。迁云和县古坊村。后移交省合作事业管理处。

东南化工厂　迁龙泉县水南村。在丽水县吕步坑设丽水炼油厂。

浙东纺织公司第二厂(原浙东纺织厂)　厂长徐诚三。民国29年(1940)迁松阳县裕溪村刘氏宗祠,职工300多人。民国34年秋停办。

浙东烟厂　厂长李白时。民国29年(1940)在松阳县城东阁街创办。

浙江省赈济委员会难民工厂　厂长吕公望。民国27年(1938)4月在永康县创办,有木织机1000多台、女工500多人,日产纱布数百匹。曾迁缙云县白马乡、丽水县太平乡。民国31年5月一部分迁云和县赤石乡饭甑砻村;一部分迁龙泉县王庄村。附设炼油厂、碾米厂、肥皂厂、农牧场和手车队等。在松阳县城南直街173号设第四发行所。民国33年停办。

浙江难民厂　驻缙云县白陇总祠,在壶镇设春蓉公司。

中联铁业公司附设剑池铁工厂　迁龙泉县南大垟村。

浙江硫磺矿采炼厂　驻松阳县古市镇。

省建设厅所属厂:

织布厂　厂长应某某。迁龙泉县安仁镇社学祠堂、西寺堂儿。

织绸厂　迁龙泉县刘坊村夫人庙。

碧湖化学实验工厂　负责人赵曾珏(兼)。迁丽水县碧湖镇,以番薯作原料,生产酒精、酱油。

浙江省化学工厂　厂长薛子民。民国28年(1939)迁丽水县堰头村,用遂昌县治岭头黄铁矿提炼硫酸、硝酸、盐酸等。职工500多人。

制皂厂　迁龙泉县黄坛村夫人庙。

电气化工厂　驻龙泉县刘坊村七房祠堂。

富民磨粉厂　厂长王元珠。民国27年(1938)迁丽水县碧湖镇下江埠村,磨面粉兼发电。

文具厂　厂长张春阳。迁龙泉县项边村马夫人庙。

模范榨油厂　迁丽水县太平区。后划归乡村工业实验区。

浙江省交通工具制造厂　厂长徐震池。民国27年(1938)2月迁丽水县大港头蔡村,8月迁县头村,职工155人,修理省交通管理处车辆。

浙江樟脑厂　民国27年(1938)迁丽水县水南村,以樟木为原料生产樟脑油代替汽油。民国30年9月在松阳县靖居口村、程村、雅溪口村,丽水县白口、吴圩设工场。

浙江省地方银行所属厂:

浙江制革厂　厂长周永年。民国30年(1941)从温州迁丽水县碧湖镇上概头。民国33年冬迁龙泉县宏山村。抗战胜利后迁杭州。民国35年底停办。

浙江印刷厂　厂长屠铁珊。民国27年(1938)5月在丽水县碧湖镇上赵村创办，工人200多人。先部分迁云和县城文昌阁，后迁龙泉县城东后街。民国34年停办。

信大印刷厂　民国29年(1940)5月在丽水县白云山脚建立。印刷1分、2分、5分券(横式)法币及有价证券。民国31年4月并入浙江印刷厂。

浙光工场　民国28年(1939)在丽水县建立。后迁龙泉县，以修理汽车为主。民国32年停办。

正大棉织厂　迁龙泉县。

大方棉织厂　迁龙泉县。

源大丝厂　迁龙泉县。

建业造纸厂　迁龙泉县。

鼎大制茶厂　迁龙泉县。

大中花庄　迁龙泉县。

信业纸号　迁龙泉县。

白云农场　迁丽水县。

省手工业指导所所属厂：

纸业改进场　民国29年(1940)7月在龙泉县建立。庆元县竹口镇设分厂。

龙泉皮纸示范场　民国29年(1940)在龙泉县建立。

遂昌竹纸示范场　民国29年(1940)在遂昌县建立。

丽水城郊印刷厂　民国28年(1939)元旦在丽水县药王庙建立。碧湖镇设分厂。

染织改进场　迁云和县古坊村，原称染织实验场。民国27年(1938)10月改称染织改进场。

丽水纺织示范场　民国30年(1941)3月21日在丽水县碧湖镇下江埠建立。

丽水水南染织厂　民国28年(1939)在丽水县建立。旋迁云和县城郊狮山。

丽水水南工具厂　民国28年(1939)与温州毓蒙铁工厂合办。毓蒙铁工厂退出后，改为修造部。

农业制造场　民国26年(1937)在丽水县碧湖镇采桑村创办，生产酒烧、洋烛、肥皂、酱油、浆糊等产品。民国34年停办。

文化工具制造厂　民国28年(1939)在丽水县创办。

植物油灯厂　与商人合办。

机工实验工厂　迁丽水县碧湖镇下江埠，原名省手工业指导所面粉厂。民国28年(1939)9月改建机工实验工厂。

浙江省电话局修造厂　厂长杨章越。迁丽水县城虎啸门。民国33年(1944)迁龙泉县查田乡，职工60至70人。

浙江省合作社物品供销处印刷厂　民国31年(1942)5月迁龙泉县大墓园村。民国32年迁云和县小徐村。

浙江省交通管理处特约交通油厂　民国34年(1945)在云和县创办，制造汽油、煤油、机油等产品。

浙江省合作社物品供销处日用品工厂　厂长唐巽泽(兼)。民国32年(1943)11月迁云和县小徐村，工人16人。在三潭村设碾米工场、小徐村设皂烛工场、象山村设纺织厂。

浙江省教育厅科学仪器教具制造厂　民国33年（1944）2月在云和县古竹村创办，产品约60多种。

浙江省卫生处卫生材料厂　厂长赖振源。民国31年（1942）7月迁云和县温溪村。后迁庆元县、景宁县大都乡。

浙江省财政厅官纸印刷厂　民国32年（1943）1月25日迁云和县安溪乡垵大村。

浙江省农业改进所有机化肥厂　厂长莫定森（兼）、郭颂铭。民国28年（1939）迁丽水县采桑村，生产骨灰粉。丽水县城沦陷时停办。

浙江日报社印刷厂　厂长严北溟（兼）。民国31年（1942）春从永康县方岩迁丽水县，工人100多人，日印报3000份。民国33年迁龙泉县。

浙江日报社第二印刷厂　民国30年（1941）6月迁丽水县城中山街22号。

东南日报社第二印刷厂　迁青田县妙厚乡。后迁云和县睦田村。曾迁景宁县鹤溪镇学前22号。

正报社印刷厂　民国32年（1943）迁龙泉县。后迁云和县小徐村。

浙南特种制烛厂　第三战区司令部官兵合作社创办。驻龙泉县城东后街19号。

第三战区伤兵之友方岩支社　支社长许蟠云（兼）。民国31年（1942）12月24日从景宁县迁云和县城西门夫人庙。所属伤兵工厂，在云和县设分厂，在松阳县设分社。

大中工厂　总经理陆伯匡。迁龙泉县南大垟村。民国32年（1943）6月在云和县朱宇坝村设化工分厂，生产植物油及其他油类。

大明实业厂驻龙泉办事处　迁龙泉县城西平街，生产警钟牌钢笔蜡纸。

集成印刷厂　迁龙泉县城西街头。

决胜印刷厂　迁龙泉县黄灌村王氏宗祠。

黎明印刷厂　迁丽水县城西园庙弄11号。

丽水华昌化学工厂　迁丽水县敏河村，提炼汽油、火油等产品。

三友化工社　迁龙泉县城官仓巷41号，生产三友软皂，称“洗涤之王”。

龙昌利记丝织厂　迁龙泉县黄灌村，产品为精制杭纺，各式大绸。

丽水活特锯木厂　迁丽水县连河村2号，生产标准松杉木料。

船主牌卷烟厂　迁丽水县水南村。后迁龙泉县。

浙赣铁路第一铁工厂　民国27年（1938）3月迁龙泉县秦溪漠村，制造八二迫击炮等。

温州翰墨林文具印刷店　迁龙泉县。

瓯江船舶运输司令部　民国32年（1943）2月建立。同年9月改称浙东船舶运输司令部。民国33年8月撤销。

瓯江民船公会　迁青田县。民国33年（1944）10月22日迁龙泉县城南大桥。

瓯江快船公司联合办事处　迁龙泉县中山路3号。

浙江省战时食盐运销处　由两浙盐务管理局与省政府合资建立。后改为省食盐收运处。民国31年（1942）迁庆元县淤上村。在缙云县壶镇设转运站。

浙江省贸易特种有限公司手车运输队云和运输站　民国31年（1942）11月6日在云和县建立，驻县城南门巷9号。

浙江省盐务局木垟转运站　站长单颂鲁。驻云和县木垟村。

丽水统益运输处　驻丽水县，专营水陆运输。

丽水顺大总公司　驻丽水县，为丽水战时交通总枢纽。

丽水运输行　驻丽水县城大水门横街。

（四）商业

浙江省贸易特种股份有限公司　经理黄祖培（兼）。民国31年（1942）11月16日在云和县长田村建立。在云和、丽水、龙泉县设办事处。

浙江省营贸易处　随省财政厅迁移，驻松阳县望松乡。

浙江省社会公寓　驻云和县城。

浙江省会员工消费合作社　经理罗友石。驻云和县城中山街。

浙江省教育厅理化仪器供应社　主任王祖茂。驻云和县古竹村。

浙江省战时火柴公卖处　民国28年（1939）春在丽水县建立。

建中企业股份有限公司　驻龙泉县城中山路鸟石山下。

浙江烟厂代销处　迁龙泉县城西平街296号。

东南实业社　经理陈一鸥。迁龙泉县城籍桂坊。

大成庄　民国29年（1940）浙江地方银行在丽水县成立货物运销处。民国30年改名大成庄，总经理徐恩培（兼）。后迁龙泉县。民国31年1月停办。

上海华美大药房　民国27年（1938）迁丽水县城继光街41号。在石牛、水南等地设仓库5座，储备战时药械。

上海稻香村食品店　迁龙泉县。

上海老大房食品店　迁龙泉县城中山路。

杭州采芝斋食品店　迁龙泉县城中山路。

杭州天香楼酒家　迁丽水县。后迁龙泉县城中山路。

杭州知味观酒家　迁丽水县。后迁龙泉县城中山路。

杭州钱塘江酒家　迁龙泉县城立本坊路口。

杭州镇阳酒家　迁龙泉县。

杭州天真中西菜馆　民国29年（1940）4月9日在丽水县城泗洲楼开张。

杭州高义泰布店　迁丽水县。

杭州聚丰园　迁丽水县。

杭州金龙茶室　迁龙泉县。

杭州镇阳茶室　迁龙泉县城中山路。

杭州冠生园茶食号　迁龙泉县城中山路。

浙东商场　迁龙泉县。

婺州商场　迁龙泉县城西平街。

张小泉五金玻璃店　迁龙泉县城西平街。

锋记五金玻璃店　迁龙泉县城西平街。

蓓开百货商行　迁龙泉县城中山路。

国民大药房　迁龙泉县城西平街口。

华康药店　迁龙泉县城中正街。

好生药店　迁龙泉县城中正街。

徐同福堂　迁龙泉县城中正街。

长福堂　迁龙泉县城西平街，经营夏令各种花露水。

华强药店　迁云和县城。

浙江省军区司令部消费合作社食堂　驻龙泉县城天后宫9号。

龙泉军民俱乐部食堂　驻龙泉县城石板桥巷。

浙江省训练团毕业学员龙泉招待所　驻龙泉县城卢埠社巷12号。

浙江省社会处直属云和社会服务处　驻云和县城孔庙。

浙江省机关合作社　驻云和县城。

浙江省农会福利社　驻云和县城。

正报社员工福利社　驻云和县城。

大陆绸布商行　迁龙泉县城中山路18号。

杭州天福祥服装店　迁缙云县壶镇。

青年摄影社　驻三青团龙泉县分团部。

维新摄影社　驻龙泉县城府前。

美影照相馆　驻龙泉县城西平街62号。

爱的美照相戒指社　驻龙泉县城中正街明星照相馆。

杭州活佛照相馆　迁缙云县壶镇。

杭州毛源昌眼镜分号　迁龙泉县城中山路。

亨达利钟表行龙泉分行　迁龙泉县城中山路。

冠伦钟表行　迁龙泉县城中山路。

三阳车行　迁龙泉县城中山路。

美艺文具社　迁龙泉县城中正街。

白涛广告社　迁龙泉县城西平街74号。

信艺统计服务社　迁龙泉县城西平街397号。

利闻无线电社　迁龙泉县城柿树下12号。

大中华饭店　迁龙泉县城东升街180号。

九州大旅社　迁龙泉县城东后街103号。

浙东合记旅馆　迁龙泉县城官仓巷61号。

杭州大旅社　迁龙泉县城中山路槐坡社巷。

浙光旅行社　浙江地方银行直属企业。民国30年(1941)6月15日在丽水县成立，松阳、龙泉县设分社。民国32年停业。

华清浴池　驻龙泉县城北河街26号。

美最时成衣店　驻龙泉县城西平街78号。

国光西服庄　驻龙泉县城中正街。

丽容理发社　驻龙泉县城西平街13号。

白兰花理发社　驻龙泉县城西平街86号。

爱木登洗染织补店　驻龙泉县城小华场对面。

(五)金融

浙江省地方银行　董事长徐桴。民国27年(1938)4月迁丽水县城三坊口，厦河门外设沦陷行处账务清理处，职工200多人。民国31年10月迁云和县城府前街。旋迁龙泉县秦溪漠村。在丽水县设支行，龙泉、云和县设分行，松阳、青田、丽水县碧湖和缙云县壶镇设办事处。

浙江省合作金库　总经理徐渊若。民国27年(1938)3月成立筹备处。民国29年1月在丽水县成立浙江省合作金库。曾迁松阳、庆元、云和县和龙泉县城荷花塘。民国32年复迁云和县城中正街。

邮政储金汇业局浙江分局　经理龙毓聃。民国31年(1942)在龙泉县成立。

中央银行杭州分行　行长张忍甫(兼)。民国30年(1941)5月迁龙泉县。7月迁回永康县。民国31年5月再迁龙泉县上凉亭村。附设中央信托局杭州代理处。8月迁庆元县。旋回龙泉县。

中国银行杭州分行　行长金润泉。民国30年(1941)5月迁龙泉县。7月迁回永康县。民国31年5月再迁龙泉县上凉亭村。8月迁庆元县。旋回龙泉县。

交通银行杭州分行　行长冯薰。民国30年(1941)5月迁龙泉县。7月迁回永康县。民国31年5月再迁龙泉县上凉亭村。8月迁庆元县。旋回龙泉县。

中国农民银行杭州分行　行长吴龙荪。民国30年(1941)5月迁龙泉县。7月迁回永康县。民国31年5月再迁龙泉县上凉亭村。8月迁庆元县。旋回龙泉县。

中国农民银行杭州分行绍兴支行　主任田同耕。迁云和县城中正街。民国32年(1943)接替金库拨款支持云和合作金库营业。

浙江地方银行云和分行　经理朱敏生。驻云和县城府前街。

浙江地方银行龙泉分行　负责人鲁桂荣。驻龙泉县城。

浙江地方银行方岩办事处　主任方懋儒。驻云和县城中正街。

浙江地方银行小梅分理处　驻龙泉县小梅镇。

(六)学校

高等学校：

浙江大学龙泉分校　主任陈训慈、郑晓沧、路季讷。民国28年(1939)6月在龙泉县芳野曾家大宅成立浙江大学浙东分校。10月开学，设文学院、理学院、工学院、农学院和先修班。民国29年春，改称浙江大学龙泉分校。民国30年秋，增设二年级和师范学院。民国31年春，迁福建省松溪县大布镇，秋季迁回龙泉。民国34年11月21日迁回杭州，并入浙大总校。

英士大学　初任校务委员会主任许绍棣(兼)，后任校长杜佐周。民国27年(1938)夏在丽水县建浙江省立战时大学。民国28年5月改名浙江省立英士大学。10月26日借处州中学校舍开学。民国30年，先修班和一年级在处中本部，二年级和工学院在三岩寺，医学院在通惠门，农学院在松阳县白龙圳省农改所。民国31年6月，丽水、松阳县沦陷，本部迁云和县小顺、沙溪。分部迁泰顺县司前乡和景宁县。民国32年全校迁泰顺县司前，改为国立英士大学，设农、医、法学院。工学院独立，改称北洋工学院，在云和县城三仙宫设办事处。民国34年11月迁永嘉。民国35年3月迁金华。1949年停办。

之江大学　一部分曾迁云和县沙溪村。

浙江省立医药专科学校　民国26年（1937）冬迁缙云。民国27年2月迁临海。次年8月迁天台。民国29年冬迁缙云县壶镇应庄、雅湖村，在壶镇米市基南面祠堂设附属医院，后改为英士大学医学院。民国35年夏返杭。民国37年升格为浙江省立医学院。

中师、中专：

浙江省立湘湖乡村师范学校　校长金海观。民国26年（1937）12月迁义乌。民国27年1月5日迁松阳县古市镇广因寺。民国31年5月8日迁庆元县新窑、黄坛村。民国32年5月5日迁景宁县道化村。民国34年8月23日复迁松阳县古市镇。在丽水县碧湖镇设附属小学。民国35年2月迁回萧山。

浙江省立临时联合师范学校　校长徐旭东。民国28年（1939）6月由省立临时联合中学师范部独立建校，驻丽水县碧湖镇三峰村，在碧湖镇设附属实验学校。民国31年夏迁云和县沈村，旋迁景宁县桃源村，后返回碧湖。民国33年又迁景宁县桃源，后本部返碧湖，桃源设分部。民国34年9月迁返杭州。

浙江省立慈溪锦堂师范学校　校长郭人全。民国31年（1942）8月迁缙云县壶镇雅湖村赵氏宗祠。民国35年春迁返慈溪。

浙江省立杭州高级医事职业学校　校长王佶（兼）。民国30年（1941）迁缙云县壶镇雅湖村。民国31年夏迁临海。

浙江省立高级商业职业学校　校长张之祯。民国31年（1942）9月从省立临时联合高级中学商业科独立建校，驻丽水县碧湖镇。设商科及高级会计训练班。民国32年增设会计科。民国34年增设统计科。民国35年春返杭。

浙江省立宁波高级工业职业学校　校长沈伦。民国31年（1942）5月迁云和县赤石村天后宫。

浙江省立杭州蚕丝职业学校　校长徐淡人、缪祖同。民国32年（1943）7月从嵊县迁缙云县壶镇姓汪村。民国34年12月返杭。

私立杭州大陆高级测量职业学校　董事长丁琮、校长蒋一德、陈亚范。民国32年（1943）7月从江山县迁遂昌县城西门周家祠堂。民国34年秋迁金华塔后街。

永康私立崇实初级农业职业学校　民国33年（1944）下半年迁遂昌县石练刘氏宗祠。

私立武德农工职业学校　董事长宣铁吾（兼）、校长章乃焕。民国34年秋在丽水县桃山桐油公司建私立武德学校。12月迁碧湖镇三峰村原联师校址，增设工科、畜牧科，改名私立武德农工职业学校。民国36年迁杭州湖墅，改名武德中学。

浙江省立艺术师范学校　校长丁赞西。驻云和县瓦窑村。

浙江省立金华农业实验学校　校长卞贻牟。民国33年（1944）1月迁丽水县。

普通中学：

浙江省立临时联合中学　主任委员张印通。民国27年（1938）8月，由杭高、杭初、杭师、杭女中、省民教馆实验学校、嘉兴中学、湖州中学联合组建，迁丽水县碧湖镇三峰村。下设高中部、初中部、师范部。民国28年各部独立建校。

浙江省立临时联合高级中学　校长张印通、崔东伯。民国28年(1939)8月由省立临时联合中学高中部独立建校。驻碧湖镇龙子庙、胡公庙、广福寺。民国31年5月迁双港。再迁云和县小顺、沈村。又迁景宁县汇边。最后迁青田县南田(2010年属文成县)。民国34年9月返杭。

省立临时联合初级中学　校长唐世芳、章湘伯、钟伯庸。民国28年(1939)8月由省立临时联合中学初中部独立建校。驻碧湖沈家祠堂、土地堂等地。民国31年迁景宁县敬山宫，部分迁大漈，在鹤溪镇设附属小学。民国34年10月返杭。

私立杭州安定中学　校长孙信、沈养厚(代理)。民国27年(1938)秋迁缙云县壶镇吕氏宗祠，师生1000多人。民国34年10月返杭。民国35年秋，当地初中师生改为缙云县立初级中学壶镇分部。

私立杭州树范中学　校长胡健中(兼)，实际负责人赵佩璜。民国27年(1938)秋迁永康县麻车头，在龙泉县设分部。民国31年秋，全校迁龙泉县城孔庙，与分部合并。民国34年10月高中部返杭。民国35年1月，初中部返杭。

浙江省立温州中学　民国28年(1939)4月迁青田县水南栖霞寺，在鹤城镇夫人庙设附属小学。民国34年9月返回温州。

私立杭州清波中学　校长沈养厚。民国30年(1941)春从嵊县迁缙云县应刘村。同年冬迁回嵊县。

私立君毅中学　民国30年(1941)冬迁缙云县应刘村。后迁永康县方山。民国35年迁杭州城头巷47号。

私立邮村中学　董事长何幼村、校长何家和。民国30年(1941)9月在龙泉县八都盖竹创办省员工子弟战时补习初中。民国32年6月迁龙泉县查田改名私立邮村中学。民国34年6月迁八都。同年秋返杭。

浙江省立金华中学　校长方豪。民国31年(1942)冬迁缙云县壶镇金竹、唐市村。学生1000多人。抗战胜利后迁返金华鼓楼。

私立杭州新群高级中学　校长朱一清。民国29年(1940)6月在永康县柿后村创办。民国31年7月迁松阳县。后迁龙泉县八都源底村。民国35年9月迁杭州汪庄。

私立绍兴稽山中学　校长邵鸿书。民国31年(1942)7月迁景宁县标溪预章村。民国34秋返绍兴。

浙江省立建国中学　校长周宪初、张振镛。民国32年(1943)8月在云和县狮山创办。次年春迁瓦窑村新址。7月增办高中。民国34年9月迁杭州孝女路。

战区中等学校学生进修班　民国32年(1943)2月在云和县局村收容战区退出中学生540名，在浣云庵开办战区中等学校学生进修班。抗战胜利后撤销。

浙江省立浙东第二临时中学　校长查溯生。民国31年(1942)秋在宣平县普济寺创办。民国33年春迁榴溪(2010年称老竹畲族镇)，收容绍兴一带退出学生。民国35年并入处州中学。

小学、保育院：

浙江省第一儿童保育院　院长李家应。属战时儿童保育会浙江分会。民国27年(1938)6月在碧湖天妃宫创办临时儿童保育院。9月改名浙江省第一儿童保育院。民国28年秋，难童近千人。民国31年5月迁云和县河上村与省第二保育院合并。后迁回丽水县碧湖镇。

浙江省第二儿童保育院　院长戚铮音。属战时儿童保育会浙江分会。民国28年(1939)10月在云和县河上村妙严寺创办,难童500人。民国30年2月迁松阳县赤岸村。5月迁松阳县玉岩。6月迁福建省松溪县大布村。8月迁庆元县三济乡。民国32年3月复迁云和县小顺村。11月迁平阳县水头镇。

浙江省立临时联合师范附属国民教育实验学校　主任汤鸿翥。民国27年(1938)8月在丽水县碧湖镇上街头叶家祠堂建立。民国28年冬在碧湖三峰设分校。民国30年省立五峰小学并入,16个班级,学生800人。民国35年1月迁回杭州。

浙江省立五峰小学　校长孙一芬。民国27年(1938)11月由永康县方岩迁丽水县碧湖镇。民国30年并入省立临时联合师范附属国民教育实验学校。

浙江省立贫儿院　民国33年(1944)由武义县迁宣平县上井村(2010年属莲都区),收学童200多人。民国34年秋返杭州。

晓声学园　校长黄祝民(兼)。民国27年(1938)浙江省铁工厂在云和县小顺创办,师生300余人。民国31年随厂迁福建省南平。

浙江省铁工厂子弟小学　民国27年(1938)9月在丽水县大港头村建立。

私立邮政员工子弟小学　民国31年(1942)在龙泉县查田镇下堡村开办省电信局职员子女小学。同年夏迁竹垟乡盖竹村开办省邮政局员工子女小学。民国32年6月复迁查田镇并入邮村中学。

私立培本小学　由财政部盐务公益费管理委员会两浙分会主办。民国31年(1942)6月从金华迁龙泉县金沙寺。民国34年7月改称剑池乡中心国民学校。

浙江省立建国小学　校长彭惠秀。民国32年(1943)在云和县城天后宫创办。民国33年春迁南溪乡黄水碓桥头为第一分部;8月在古坊村设第二分部;长田村设第三分部。民国34年9月返杭。

浙江地方银行员工子弟小学　民国32年(1943)6月在龙泉县欧冶子将军庙创办。民国34年返杭。

四行子弟小学　民国32年(1943)9月在龙泉县城宫头上凉亭,由中央银行、中国银行、交通银行、农业银行浙江省分行联合创办四行子弟小学。抗战胜利后撤销。

私立武德小学　民国32年(1943)9月在丽水县桃山由省保安处创办。10月迁云和县赤石孤魂寺。民国34年9月返杭。

难民染织工厂职工子弟教育所　所长周漫石。民国33年(1944)在云和县赤石村创办,设幼稚班及小学。

浙赣铁路子弟学校　迁龙泉县秦溪漠村,后返回。

省建设厅子弟学校　迁龙泉县安仁镇黄坛村培仁书院。

省立儿童乐园　主任余泽生。驻云和县城孔庙。

(七)文化、新闻、出版及孔子雕像

浙江话剧团　团长殷振稼。民国29年(1940)夏迁松阳县城。后随省政府迁云和县。

浙江省抗敌后援会流动剧团　团长刘孟壬。民国27年(1938)1月至龙泉县。另一部分组成战地服务团赴浙西。后去大别山区。

浙江省教育厅巡回戏剧歌咏团　团主任张昌焕。民国29年(1940)3月4日在丽水县成立,下

设戏剧、歌咏、总务组。民国 31 年 6 月迁云和县。

浙江省第一儿童保育院儿童剧团　团长李家应（兼）。民国 28 年（1939）1 月在丽水县碧湖成立，赴丽水、永康、缙云等县演出《流浪儿》《小英雄》等剧目。

嗜嗜歌咏团　民国 27 年（1938）1 月 10 日随湘师迁松阳县古市镇，由湘师救国音乐团改名。到松阳、遂昌、云和、丽水、金华、兰溪、汤溪、龙游等县演出《打杀汉奸》《丈夫当兵去》等剧目。

醒民剧团　民国 26 年（1937）12 月 3 日，湘师醒民剧团在义乌县成立，首场在该县江湾镇演出。民国 27 年 1 月 10 日迁松阳县古市镇，先后到松阳、遂昌、丽水、龙游、永康、庆元、松溪、景宁等县演出《中国怒吼》《死亡线上》等 20 多个剧目。

芳野剧艺社　社长阮笃成。民国 31 年（1942）春由浙大龙泉分校在龙泉县芳野成立，演出《日出》《雷雨》等剧目。

战时绘画团　民国 27 年（1938）3 月 31 日，在松阳县古市镇由湘师绘画组改名。编印市日画刊、通俗小画册、画报等送给当地群众。

浙铁员工工余社　主任委员黄祝民（兼）。民国 28 年（1939）1 月由浙江省铁工厂在丽水县大港头成立，下设京剧、越剧、徽剧团，开展各种文体活动。

浙江省儿童教育馆　馆长沈伟。民国 33 年（1944）夏在云和县黄水碓村成立。

浙江省立图书馆　馆长陈训慈、孙延剑（孟晋）。民国 26 年（1937）秋，将“文渊阁”四库全书及其他善本和中西文图书迁龙泉县垯石村。民国 27 年（1938）8 月阁本库西迁黔州。同年秋，在丽水县设省立图书馆。民国 32 年迁青田县，大部分善本藏庆元县淤上村，部分藏青田县南田（今属文成县）。

浙江省立西湖博物馆　馆长董聿茂。始迁丽水县，在龙泉县设办事处。民国 32 年（1943）7 月 1 日迁龙泉县城文昌阁。11 月 20 日迁龙泉县城安清路保资庵。

浙江省通志馆　馆长余绍宋。民国 31 年（1942）在云和县成立浙江省史料征集委员会。民国 32 年 8 月 16 日改称浙江通志馆，驻云和县大坪村。曾迁景宁县。

宁波天一阁　民国 28 年（1939）初由浙江图书馆代办，古籍藏书 9080 册运龙泉县石秘藏。

浙江日报社　社长严北溟。民国 30 年（1941）3 月在永康县岭张村创刊。民国 31 年暮春迁丽水县城，后迁碧湖镇上赵村。民国 33 年 8 月迁龙泉县宫头。抗战胜利后迁杭州。

东南日报社丽水分社　社长胡健中，实际负责人刘湘女。民国 31 年（1942）5 月 21 日迁丽水县上水南村。6 月 23 日迁青田县妙厚乡。民国 33 年 12 月 8 日迁云和县程宅村。

正报社　社长吴望伋（兼）。民国 32 年（1943）3 月 29 日从龙泉县秦溪漠村迁云和县小徐村徐氏宗祠。下设员工福利社。

天行报社浙江支社　经理罗邦达。迁龙泉县城中山路。

时事日报社　发行人宣铁吾（兼）。迁云和县城阙家祠堂。

《人报》　发行人吴一飞。民国 32 年（1943）4 月 30 日迁云和县城建国路 19 号。

《东南儿童》周报　驻龙泉县城中正街。

《胜流》半月刊　主编陈光增。民国 34 年（1945）元旦在云和县城建国路 17 号创刊。

《青年文学》月刊　发行人严北溟（兼）。民国 32 年（1943）4 月迁云和县城中正街。

《浙江社政》　发行人方青儒（兼）。民国 32 年（1943）4 月迁云和县城梅氏宗祠。

《动员周刊》 主编骆耕漠、汪海栗、蒋治先。民国27年(1938)1月20日由浙江同乡回乡服务团在丽水县创刊,共出19期。同年6月27日停刊。

《浙江潮》旬刊 主编严北溟。民国27年(1938)2月24日在金华创刊。丽水设办事处。第7期至44期由丽水浙东印刷厂印刷。民国30年1月停刊。

《新力》期刊 主编蒋治。民国27年(1938)4月由浙江省抗敌自卫委员会在丽水创办。

《浙江合作通讯》旬刊 编辑徐荣进等。民国27年(1938)7月由省建设厅物产调整处在丽水创刊。民国30年5月改由中国合作事业协会浙江分会编印,7月停刊。

《战时中学生》月刊 主编李一飞、郭莽西。民国28年(1939)2月1日由省教育厅在丽水县创刊。面向青年学生的综合性期刊。

《乡建通讯》半月刊 编辑陈虞荪、季楚书。民国28年(1939)5月由浙江省建设厅秘书室在丽水县创办。以报道全省乡村经济建设为主。共出5卷63期。民国32年5月停刊。

《儿童报》三日刊 编辑许为通、陆明、何为。民国28年(1939)5月由浙江省第一儿童保育院在丽水县碧湖镇创刊。向省内外发行。

《太平周刊》 主编张之清。民国28年(1939)5月在丽水县太平区创刊。由省建设厅丽水太平经济实验区主办。民国29年6月停刊。

《浙江妇女》月刊 主编葛琴。由战时儿童保育会浙江分会主办。民国29年(1940)8月从金华迁丽水县城大水门横街43号。共出64期。民国32年10月停刊。

《合工十日》旬刊 主编袁吉。民国28年(1939)9月20日由浙江省战时合作工作队总队在丽水县创刊。从第19期开始改为半月刊。共出36期。民国29年12月15日停刊。

《东南儿童》半月刊 主编杭苇、张维芳。民国29年(1940)初从金华迁丽水县城太平坊。共出二卷16期。同年,省教育厅禁止出版。

《战时木刻》半月刊 主编郑野夫。民国28年(1939)11月15日由浙江省战时木刻研究社在丽水县创刊。主要发表木刻作品和评论。

《木刻丛集》 民国28年(1939)11月,由浙江省战时木刻研究社编辑,在丽水县出版,共出4集。系抗战通俗画刊。

《木合》 主编杨可扬。民国28年(1939)6月由浙江省木刻用品供给合作社在丽水县城西河沿3号创刊,后迁中山街176号。

《木刻艺术》双月刊 主编野夫、杨可扬。民国30年(1941)由浙江省木刻艺术社在丽水县陈诚街71号创刊。

《合作前锋》 民国27年(1938)9月迁丽水,改出战时版。共出23期。民国32年3月停刊。

《胜利杂志》月刊 发行人吴一飞。民国32年(1943)4月30日在云和县城文昌阁创刊。

《当日新闻》 民国27年(1938)1月18日在松阳县古市镇创刊,由湘师时事研究会主办,以当日新闻为主。民国28年初改为《市日新闻》。

《建国通讯》社 发行人李公锋。民国32年(1943)4月迁云和县城中正街136号。

国民通讯社 社长王惠民。迁云和县城建国路20号

中央通讯社随军办事处 特派员盛维棨。驻云和县城周宅巷。

图书通讯社 主管人王惠书(兼)。驻云和县城建国路。

正中书局　经理程岩金。驻云和县城鲍家。

增智书局　驻龙泉县。

激流书店　驻龙泉县城中正街。

青年书店　驻龙泉县城东升街。

生活书店金华分店　负责人周德炎。民国27年(1938)9月迁丽水县城驿前。民国28年6月被迫停止营业。

新知书店丽水分店　负责人顾岐。民国27年（1938)1月由中共浙江临时工作委员会在丽水县城府前街成立战时书报服务社。3月改名新知书店丽水分店。民国28年6月停业。

商务印书馆　驻龙泉县城中正街。

党军出版社　负责人陈尧。民国32年(1943)7月在龙泉县创办,非营业性。

江南出版合作社　负责人潘一尘。民国29年(1940)在丽水县创办。民国31年停办。

现代英文研究出版社　负责人徐葆炎。民国30年(1941)在丽水县创办。民国33年停办。

大公出版社　负责人王赞侯。民国30年(1941)12月在丽水县创办。

民族正气出版社　驻龙泉县。

青年读书生活　驻丽水县。

幼幼文化服务社　驻丽水县。

中国新文艺社　驻景宁县。

中国史地学社　驻云和县。

中国速记学社　驻云和县。

建国文具社　驻龙泉县。

青年书画社　驻龙泉县城西平街73号。

龙渊印社　民国34年(1945)4月20日由省博物馆馆长金维坚等发起,在龙泉县城保资庵成立。6月停止活动。

文艺研究社　会长张恩泽。民国31年(1942)春在龙泉县芳野浙大龙泉分校成立。创办《剑声》刊物,出刊墙报,举办诗歌朗诵会等,宣传抗日。

春雷文学社　社长翁心惠。民国31年(1942)初在龙泉县芳野浙大龙泉分校成立。创办《春雷》文艺刊物。

龙吟书屋　举办人郭莽西。民国33年(1944)春在龙泉县芳野浙大龙泉分校成立。书屋出版发行文史类和进步书籍。

衢州孔子雕像　民国28年(1939)6月6日,孔子南宗奉祀官、第七十四世孙孔繁豪,将宋建炎二年(1128),孔氏第四十八代孙孔端友率宗室成员随宋室南渡的孔子及亓官夫人楷木像,从衢州避迁龙泉县八都镇,租赁李镜蓉、毛紫梅、刘松庭家房屋供奉。民国31年10月又迁庆元县大济。民国35年秋回衢州入祠恭奉。

(八)卫生

浙江省卫生事务所　民国30年(1941)4月下旬迁松阳县。后迁云和县城龙母庙。

浙江省卫生处卫生工作站　民国30(1941)4月下旬迁松阳县。

浙江省立医院　院长赵竞初。民国31年(1942)6月3日迁云和县城天后宫,在中正路7号设门诊部。一度迁景宁县。

浙江省战地救护总队　民国27年(1938)初迁丽水县,在天妃宫设诊疗所。秋季改名省医疗防疫总队,在丽水、龙泉县设分队。

浙江省民政厅医疗队　民国27年(1938)迁云和县。民国29年2月1日改为云和县立医院。

浙江省保安处第1辅助医院　院长裘造时。民国27年(1938)迁龙泉县黄南村。医务人员数十人,伤病员300多人。

浙江省卫生处第1辅助医院　院长裘造时(兼)。医务人员100多人,病床600张。民国31年(1942)5月迁云和县温溪村。后迁龙泉县安仁镇五显大帝庙。抗战胜利后迁丽水县,改名省立处州医院。

浙江省卫生处第2辅助医院　院长郑树政。民国31年(1942)9月25日迁云和县局村,后迁温溪村。

浙江省照料荣誉军人办事处第3辅助医院　民国30年(1941)4月迁松阳县。

浙江省照料荣誉军人办事处第17辅助医院　民国30年(1941)4月迁松阳县。

浙江省第三医院　院长赵竞初(兼)。民国34年(1945)5月21日迁龙泉县城东升街5号。

浙江省传染病院　院长孙宗堂。迁云和县后山村。

浙江省战时医疗器材经理委员会　民国34年(1945)6月23日迁云和县瓦窑村30号。

浙江省防疫人员训练班　主管人孙序裳(兼)。驻云和县温溪村。

惠民诊所　驻龙泉县城中正街。

(九)中央派出机构

财政部浙江缉私处　处长赵世瑞。民国31年(1942)6月从永康县迁青田县北山乡。在丽水县张村设办事处。民国32年迁丽水县,300多人。民国33年迁出。

财政部浙江直接税局　局长张淼。迁丽水县周巷村。民国32年(1943)2月10日迁景宁县学前村。在云和县城街头张家设分局。后迁云和县城街头。

财政部浙区税务局　局长黄祖培(兼)。迁云和县长田村。

财政部两浙温处盐务丽水收税局　局长赵可森。民国30年(1941)11月4日迁丽水县城隍庙路口。

财政部浙东区货运管理处　民国32年(1943)10月3日从丽水县沙溪村迁青田县鹤城镇。在丽水、龙泉县设运输站,缙云县壶镇设代办货管站。

财政部贸易委员会东南运输处金华分处　主任过履钧。民国31年(1942)5月27日迁云和县城象山禹王庙。

财政部贸易委员会复兴商业公司浙江分公司　经理李永振。民国30年(1941)5月7日迁松阳县望松乡吴弄村。民国33年12月14日迁龙泉县。

财政部贸易委员会富华贸易公司浙江分公司　迁松阳县望松乡吴弄村。

财政部贸易委员会浙江办事处　民国30年(1941)5月6日迁松阳县望松乡。

财政部花纱布管理局浙江办事处　主任顾谨。迁龙泉县城东后街30号。

财政部苏浙区烟类专卖局浙江办事处 主任金良。民国33年(1944)10月25日从景宁县迁云和县城明德里,设云和业务所。

社会部合作事业管理局全国合作社物品供销处东南分处龙泉供销站 主任阮模(兼)。民国33年(1944)3月1日在龙泉县城中山路16号成立。

社会部合作事业管理局金华合作实验区 主任阮模。迁龙泉县城东后街。

外交部特派员公署 民国34年(1945)7月在云和县成立。

中国工业合作协会丽水事务所 主任郑文华。民国31年(1942)9月28日迁云和县黄水碓村9号。

中国工业合作协会浙皖区工业合作社供销业务代营处丽水分处 经理郑文华(兼)。民国31年(1942)5月27日迁云和县箬溪乡。一度迁景宁县。11月4日复迁云和县黄水碓村。

中央银行、中国银行、交通银行、中国农民银行联合办事处浙江分处 主任张忍甫。民国30年(1941)迁龙泉县上凉亭。一度迁庆元县城内。在缙云县五云镇设仓库。

中国茶叶公司浙江分公司 经理钱祖闻。迁龙泉县城官仓巷1号。曾迁云和县沙溪村。

中国茶叶公司运输部东路运输总站运输队手车大队 大队长陈祥亭。迁丽水县城中山街21号。民国31年(1942)5月20日迁云和县城中正街。

中央赈济委员会浙江办事处 主任王希隐。民国31年(1942)7月从丽水县碧湖镇迁云和县城前巷11号。下属第三救济区永康办事处随迁。

中央救济委员会运送配置难民金、鄞、永总站 主任边赓棠。迁龙泉县。

中央医疗防疫队 迁第九行政督察区(丽水)。

中央医疗第六防疫队 队长章树津。民国32年(1943)迁云和县城忠义祠。36年迁温州。

闽浙监察使署驻浙办事处 主任李峰。迁云和县城建国路1号。

浙皖工业合作社供销业务代管处丽水分处 经理李志乔(兼)。民国31年(1942)11月4日迁云和县黄水碓村。

浙赣铁路东段办事处 主任吴竞清。迁龙泉县秦溪漠村。

交通部云和电报局 设云和县城南门巷。

交通部云和邮局 设云和县城中正街。

(十)国际军事组织

美国驻华陆军总部云和救济机关 负责人凯来君。民国32年(1943)在云和县前溪成立,救济上海美侨及海空军遇难人员。

英国军事代表团驻丽水小组 民国31年(1942)10月在丽水县县头村成立。团长驻福建省浦城县,副团长驻丽水县。民国33年7月撤离。

英国军事代表团驻龙泉小组 民国31年(1942)英国军事代表团初驻福建省浦城县,夏秋之交在龙泉县城中山路成立龙泉小组,22人。

云和盟军顾问处 驻云和县城上前溪。

云和盟军招待所 民国33年(1944)驻云和县城郊三官堂。

龙泉盟军招待所 民国33年(1944)8月驻龙泉县,有美籍联络员长驻,传递盟军军邮。抗战胜利后停办。

三、浙西南革命历史概述

浙西南(丽水)是一片革命的热土。

23年艰苦卓绝的浙西南革命斗争,留下了周恩来、刘英、粟裕等老一辈革命家和无数革命先烈光辉的战斗足迹,缔造了伟大的浙西南革命精神。这伟大的精神铭刻在人民心灵深处、流淌于人民血脉之中,历久弥新,展现出永恒的价值,指引和鼓舞浙西南人民奋勇前进。

(一)党的创立和大革命时期

早在鸦片战争时期,浙西南人民就投入了反抗帝国主义和封建主义的斗争。1841年,1200名处州兵奉命奔赴定海抗击英军侵略,全部喋血海疆。20世纪初,处州革命党人追随孙中山,投入推翻清王朝封建统治的斗争。1911年11月,辛亥革命光复处州(丽水),建立军政分府。然而,辛亥革命未能改变国家社会、政治、经济落后和人民苦难的命运。

1919年5月初,五四爱国运动爆发。5月下旬,五四运动的消息传到浙西南,浙西南各界民众积极响应,踊跃开展爱国反帝斗争。丽水、缙云、青田、松阳、遂昌、龙泉等县的学校师生纷纷举行集会、游行,高呼"外争主权、内除国贼""还我山东青岛主权"等口号,呼吁同胞拒用日货,提倡使用国货,声援五四运动。6月3日以后,运动由知识界发展成为以工人为主体的工、农、商、学各界联合参加的群众性革命运动。6月5日,遂昌县在丽水读书的学生34人,联名上书《留括学生上遂昌各机关函》,提倡国货,抵制日货。各县民众罢课、罢工、罢市,抵制日货。五四运动促进了新文化、新思想和马克思主义在浙西南的传播。1921年7月,中国共产党诞生。从此,中国革命面貌焕然一新。

在新文化、新思想运动的影响下,浙西南各地进步青年积极寻求救国救民道路,或在家乡组织进步团体学习讨论进步思想,或到外地投身革命、加入中国共产党,还有许多进步青年奔赴广州报考黄埔军校。其中涌现出麻植、蔡鸿猷、季步高、李逸民、吴玠、孟卿、唐公宪等一批先进分子。

1925年5月30日,五卅惨案发生。在中共中央的号召下,五卅运动席卷全国,浙西南人民奋起响应。6月,丽水、缙云、龙泉、松阳等县各界民众纷纷集会,声援五卅运动。工人罢工、学生罢课、商人罢市的抗议浪潮和各种声援活动迅速在浙西南各地掀起,在城镇和乡村,到处响起"打倒帝国主义""废除不平等条约"的怒吼。

1926年3月,在国共合作的国民革命运动中,国民党浙江省党部成立,其领导成员半数以上是中共党员,遂昌籍中共党员唐公宪任候补执委。7月,国民革命军出师北伐。在打倒列强、打倒军阀的大革命浪潮中,中国共产党开始在浙西南开展活动。1926年冬,上海党组织指派青田籍中共党员周定,返回家乡发展党员。12月,根据中共杭州地委的指示,唐公宪邀约在衢州求学的遂昌籍中共党员谢云巢一同返回家乡,创建中共组织和筹建国民党遂昌县党部。

1927年1月,中共遂昌支部在遂昌县立第二高等小学(校址大柘泉湖寺)建立,这是浙西南地区最早建立的中共地方组织。2月,中共遂昌县塘岭头支部(又称龙游支部)建立。3月,中共杭州地委指派浦江籍中共党员张新锦，以处州政治监察员身份，到丽水开展革命活动，发展中共组织。至1927年4月上旬，浙西南建立了两个直属中共杭州地委的支部，有中共党员27人。

在国共合作的形势下，遂昌的中共组织和丽水、青田的中共党员积极宣传革命主张，建立进步团体，帮助筹建国民党县党部，协调国民党地方组织内部的派系斗争，开展迎接北伐军和反帝、反军阀的工农运动。

北伐战争的胜利进军和工农运动的高涨，未能遏制革命阵营内部的危机。1927年4月12日，蒋介石在上海发动反革命政变，国民党以“清党”为由，在各地取缔革命组织，疯狂捕杀共产党人和国民党左派人士。遂昌、丽水、青田的中共党员或被捕遇害，或转移隐蔽，或脱党自首。唐公宪在杭州被捕入狱，遂昌的中共组织失去上级领导。张新锦撤离丽水，后在金华被捕遇害。由于蒋介石的背叛革命和中国共产党内右倾错误的领导，大革命惨遭失败。浙西南革命事业遭受挫折。在广州投身革命的浙西南籍中共党员麻植、蔡鸿猷、季步高相继被捕遇害，李逸民被捕入狱。7月15日，汪精卫在武汉背叛革命，国共合作全面破裂，持续三年多、轰轰烈烈的大革命惨遭失败，中国革命形势转入低潮。

(二)土地革命战争时期

1927年6月，中共浙江省委建立，遂昌支部、塘岭头支部改属省委领导，浙西南各地的中共党员转入农村秘密开展斗争。

1927年8月7日，在中国革命处于危急关头，中共中央在汉口召开紧急会议（史称八七会议），确定了土地革命和武装反抗国民党反动统治的总方针。由此，各地中共组织均把开展武装斗争作为中心任务。9月，周定返回青田建立中共青田支部。同年秋，中共宣平县委建立。10月，中共遂昌县委建立。11月，中共缙云县特别支部建立。根据八七会议精神和省委指示，浙西南党组织开始动员、组织贫苦农民，开展二五减租(减租百分之二十五)斗争，开始秘密筹备武装斗争。

1927年11月，中央临时政治局扩大会议确定以城市为中心的全国武装暴动计划，使“左”倾盲动错误在全党取得支配地位。这种脱离实际的“左”倾冒险和盲动，造成革命力量的惨重损失。在浙江，省委机关遭破坏，中共遂昌支部因此解体，中共遂昌县委负责人及塘岭头支部骨干被迫隐蔽外地；浙东大暴动失败，周定等被捕牺牲，中共青田支部解体。

12月，中共遂昌县委领导人及塘岭头支部骨干秘密返回遂昌北部山区，发展党、团、工会组织，领导纸槽工人开展要求增加工资的罢工斗争，领导农民开展闹米荒平粮价的斗争。在此过程中，加快发展中共组织，筹建革命武装。1928年4月，遂昌县工农革命军建立。这是中国共产党在浙西南建立的第一支革命武装。同月，中共浙西特委在兰溪建立，遂昌、宣平、缙云的中共组织改属浙西特委领导。7月下旬，遂昌县委领导遂昌县工农革命军举行武装暴动，捣毁国民党区公所，打击、斗争土豪劣绅，向土豪劣绅派粮派款，收缴地主武装的武器弹药，准备攻打遂昌县城。这是中国共产党首次在浙西南领导开展武装斗争。8月，在国民党正规军和遂昌县地方武装的联合“进剿”下，遂昌县工农革命军的武装暴动遭镇压，中共遂昌县委和遂昌县工农革命军解体。

1928年9月，在浙西特委派员指导下，中共缙云县第一次代表大会在缙云壶镇召开，建立中共缙云县委和共青团缙云县委。10月，中共缙云县委建立缙云县农民协会常务委员会，领导贫苦农民开展二五减租斗争。12月，浙西特委撤销，缙云县委、宣平县委改属省委领导。1929年1月，缙云县委书记被捕。4 月，由于浙江环境过于恶劣，浙江省委机关屡遭破坏，两年不到省委主要领导人十易其人，故中共中央被迫暂时撤销浙江省委建制，建立直属中央领导的 6 个中心县委。6 月，继任的缙云县委负责人脱党，缙云县委解体。同年秋，中共永嘉中心县委派员到青田县东北部和缙云县南部发展中共组织、红军游击队。12 月，中共缙云县委重建，同时建立缙云县苏维埃政府和浙西工农革命军第×支队。1930 年 1 月，缙云县委领导浙西工农革命军第×支队举行武装暴动。随后，武装暴动遭镇压，县委负责人、浙西工农革命军骨干被迫转移外地隐蔽。

1930 年 3 月，在浙南各地农民纷纷举行武装暴动的基础上，中共中央派胡公冕到浙南，建立浙南红军游击总指挥部，开展武装斗争。缙云县南部和青田县的农民武装被编入该部，参加了攻打处州府城等战斗。5 月，根据中央指示，在浙南红军游击总指挥部的基础上，列入中央军委序列的全国 14 支红军之一——中国工农红军第十三军（简称红十三军）在永嘉县成立，下辖三个团，共 4000 余人，鼎盛时达 6000 余人。其中，缙云、青田籍红军约 2000 人，分别编入第一团和第三团。红十三军在浙西南开展了金竹缴枪、唐市阻击战、攻取缙云县城、攻打缙云壶镇及青田万山阻击战等战斗，其中攻取缙云县城战果最大，中共中央机关报《红旗日报》报道了此次战斗。受此鼓舞和影响，丽水、青田、松阳、遂昌、缙云、宣平、龙泉等县此起彼伏地爆发了 20 多处农民武装暴动。

浙江是国民党统治的腹心地区，活动于国民党统治腹心地区的红十三军和各地红军游击队、农军，受中共中央“左”倾冒险主义的错误领导，建立之初就把攻打中心城市作为主要行动目标，致使革命武装一建立就遭国民党军重兵进攻，至 1930 年底，红十三军和各地农民革命武装的斗争惨遭镇压，中共组织负责人、红十三军连长以上指挥员、各地农民革命武装领导人大多被捕牺牲，中共缙云县委解体，重新积累的革命力量又遭严重摧残。

以中共永康中心县委书记李立卓、缙云县委书记卢湛、红十三军第三团分队长卢勇烈等为代表的共产党人、红军指战员，为革命事业慷慨就义的英勇壮举，鼓舞着幸存者坚持斗争。缙云县东北部和永康县境幸存的中共党员和红十三军第三团余部，秘密联络，组成小规模的红军游击队，隐蔽于缙（云）永（康）边境山区，在极为艰难的环境下坚持斗争。

1932 年冬，奉中共永康中心县委指派，中共党员朱金宝到遂（昌）宣（平）汤（溪）边区开辟工作，发展党员。朱金宝遵照组织指示，只发展党员，不建立组织，直至 1933 年冬，才在松（阳）丽（水）云（和）边境建立中共霭溪支部。1933 年秋，中共缙云县工作委员会（简称缙云县工委）建立，隶属于中共东阳中心县委，下辖 6 个支部，有党员 30 余人。1934 年 7 月，根据东阳中心县委指示，缙云县工委开始筹建革命武装，准备创建革命根据地。同年秋，缙云、永康籍的红十三军第三团余部组建浙西红军游击队，活动于永康、缙云、东阳、仙居等县边区，开始创建以缙云县黄弄坑为中心的浙东游击根据地。

1934 年 6 月，由于“左”倾错误领导，中央苏区第五次反“围剿”面临失败，中央红军被迫退出中央苏区进行战略大转移。为了宣传和推动抗日运动，调动和牵制围攻中央苏区的国民党军，掩护中央实施战略转移（长征），中共中央决定，抽调中国工农红军第七军团（简称红七军团）组建中国工农红军北上抗日先遣队（简称抗日先遣队），北上行动。

7 月 7 日，北上抗日先遣队从中央苏区首府江西瑞金出发，开始北上行动。8 月，先遣队由福建转战到浙西南，进占庆元县城；取得竹口大捷，击溃国民党浙江省保安队，歼敌 300 余人，俘敌 200 余人，活捉庆元县长，缴获迫击炮两门、轻重机枪 11 挺、长短枪 200 余支。接着转战龙泉县八都、小梅。先遣队一路宣传共产党的政治主张，其随军银行用银元兑换部队购物支付给群众的苏区纸币，被群众称为“仁义之师”。9月，先遣队离开闽北继续北上，留下第五十五团二营政委洪家云率两个连150人，在闽浙边活动，开辟新的游击区。洪家云率部频繁活动到龙（泉）浦（城）江（山）遂（昌）边区，攻打了龙泉的住溪、八都，两度攻打了遂昌的王村口。10月，在先遣队的掩护下，中共中央、中央红军主力8万余人踏上战略转移的征途，开始长征。

1935年1月，奉命继续北上行动以策应中央红军主力长征的抗日先遣队，在江西怀玉山地区遭到国民党军重兵围攻，指战员大部分牺牲，仅少量部队突出重围，领导人方志敏等被俘后牺牲，北上行动失败。

1935年2月，根据中央分局电令，以抗日先遣队的先头部队和突围部队为基础，组建中国工农红军挺进师（简称挺进师），进入浙江开展游击战争，创建苏维埃根据地，以积极的作战行动，打击、吸引和牵制敌人，从战略上配合主力红军的行动。

2月下旬，全师538人的挺进师，在师长粟裕、政委刘英率领下，从江西省横峰县篁村槎源坞出发，踏上挺进浙江的征途。在全国革命形势陷入低潮之时，挺进师指战员以大无畏的精神，肩负先遣队未竟的使命，誓死挺进国民党统治的腹心地区浙江。挺进师穿越国民党军重重封锁线，艰难转战，途中遭国民党军袭击，电台被毁，从此与中央和上级失去联系，陷入孤军奋战的境地。对此，挺进师领导人独立自主地担当起挺进浙江的艰巨任务。

3月上旬，挺进师进抵闽北崇安县（2010年称武夷山市）车盆坑，洪家云部归队，挺进师部队恢复到500余人。部队在崇安县车盆坑、岚谷进行整训。为加强领导、便于指挥，以适应游击战争，挺进师建立以刘英为书记的师政治委员会（简称政委会），作为挺进师行动区域内最高的党政军领导机关；将政治部、保卫局、供给部、卫生部等部门工作人员和宣传员编为一个政治连，以增强作战力量；根据各部战斗力强弱、作风特点异同等，将部队整编为三个纵队，为增强各纵队领导力量，便于部队在任何环境中均可分散或集中行动，各纵队设立行动委员会。

经半月整训后，挺进师转战至浙闽边，在寿宁、政和、松溪、浦城、崇安、庆元、龙泉、景宁等县往返作战，以期打开进入浙西南的通道、与闽北和闽东方面取得联络、配合。4月下旬，挺进师在庆元县斋郎精心部署，迎击被吸引而至的浙闽两省保安团队和地主武装。4月28日，斋郎战斗打响，挺进师以500之众，迎击3000余敌，首先击溃地主武装大刀会1000余人，接着将1200余人的浙江保安第一团引诱至预设的主战场，集中火力围歼，毙伤敌300余人，俘敌200余人。尚未投入战斗的福建保安第二团1000余人，见势不妙，仓皇逃回福建境内。斋郎战斗取得完全胜利，打开了进入浙西南的通道。

5月9日、10日，乘胜挺进浙西南的挺进师，进抵浙西南腹地松（阳）遂（昌）龙（泉）边区的松阳县安岱后村、斗潭村一带，受到以陈凤生、卢子敬、陈丹山为首领的“青帮”群众的欢迎和支持，有了群众依托。因此，挺进师即分兵以发动群众，集中以打击敌人，开辟根据地。第二纵队和政治连一部依托龙（泉）浦（城）江（山）遂（昌）边游击区，开展根据地创建工作；第一纵队和政治部、政治连一部及地方工作团，依托“青帮”群众，在松（阳）龙（泉）遂（昌）云（和）边开展根据地开辟工作；粟裕、刘英率第三纵队转战于浙赣铁路中段以南广大地区，开展广泛的游击活动，掩护第一、第二纵队开展地方工作；以通讯人员为基础组建的第四支队到闽浙边活动，设法联系闽东、闽北党组织。挺进师公开提出“打土豪，开仓济贫，帮助群众战胜饥荒”的口号，每到一地，首先消灭国民党的区乡武装和地方反动势力、摧毁反动基层政权，然后发动群众，开仓济贫，打土豪分发浮财，召开群众大会，宣传和组织群众投身革命。5月24日，粟裕、刘英所率之部与黄富武所率之部会合于遂昌县姚岭村，尾追"进剿"之敌约8个团的兵力立即合围而至。挺进师即借夜幕的掩护，分南北两路，由当地向导带路，跳出敌人包围圈，并诱使敌人展开了一场自相火拼。

6月上旬，挺进师各部会合于松阳县小吉村，挺进师政委会即在此召开会议，总结一个月的工作，部署下阶段工作任务。会议决定，建立浙西南第一个全区性党组织——中共浙西南特委，加强地方党的工作和群众工作；建立浙西南军分区，加强挺进师部队和地方游击队建设；第四支队扩建为第四纵队，重新配备干部；松阳、龙泉、遂昌部分地方武装组建为挺进师独立第十五支队；部署各部的工作任务。

会后，各部按照会议部署分头行动：第一纵队挺进浙东行动；第四纵队到闽浙边界活动，继续设法联系闽东、闽北党组织；其余各部在浙西南保卫和建设革命根据地。

7月上旬，担任中共浙西南特委书记仅仅一个月的宗孟平牺牲，黄富武继任特委书记。同月，挺进师第十五支队扩编为第五纵队，松阳、遂昌、龙泉地方游击大队扩编为松(阳)遂(昌)龙(泉)游击总队。同月下旬，挺进师师部进驻至遂昌县王村口，以此为领导中心，全面开展根据地建设。7月25日，针对浙江省当局深入遂昌设立"剿匪指挥部"、再次"进剿"挺进师之情，挺进师政委会在王村口蔡相庙召开会议，决定主动出击，开展八一大示威行动，把革命形势引向纵深发展。7月29日，挺进师在王村口天后宫举行八一誓师大会，会后袭击了衢州、龙游、汤溪、宣平等地大小城镇19个，缴获长短枪100多支、轻机枪2挺，扩充红军新战士400余人，筹集军饷数万元，不仅再次粉碎敌人的"进剿"，而且把革命烈火烧到浙赣铁路线，威胁到金华、杭州等城市。同时，挺进师通过坑里、葛程、上田等战斗，坚决打击进入浙西南之敌。挺进师的武装斗争，极大地推动了根据地建设。

1935年8月，以松(阳)龙(泉)遂(昌)江(山)浦(城)五县边境为中心、方圆百余公里的浙西南革命根据地形成。在根据地的中心区域，普遍建立了各级党、政、军、群众组织。在龙泉、浦城边区建立了中共龙(泉)浦(城)县委及其下辖的小北区委、大北区委，在松阳县境建立了竹溪区委、玉岩区委，在遂昌县境建立了王村口区委，在遂(昌)汤(溪)边境建立了遂(昌)汤(溪)区委，各区委下属共建立了50多个支部，拥有党员500余人。根据地的青壮年农民踊跃参加红军，出现父送子、妻送郎参军的动人场面，游击队人数达到千余人，挺进师部队发展到1200余人。根据地内建立了玉岩、住溪、王村口3个县级苏维埃政府和200余个区、乡、村苏维埃政府，建立了工会、农会、妇女会、共青团、儿童团等革命群众组织。根据地中心区域开展了以查田造册、插标分青苗为主要内容的土地革命，呈现出"分田分地真忙"、穷人扬眉吐气的新景象，形成了全国革命低潮中的一个局部革命高潮。

浙西南的革命斗争，使国民党当局极为震惊。1935年8月，鉴于闽浙两省保安团队对付不了红军挺进师的境况，国民党当局成立以卫立煌和罗卓英为正副指挥官的"闽赣浙皖边区清剿总指挥部"，调集以第十八军为主力的共32个团约七万兵力，于9月19日开始大举"清剿"浙西南革命根据地。

当国民党军大举"清剿"浙西南时，挺进师和地方游击队、地方干部一共仅3000余人，敌我力量相差悬殊。面对严峻形势，挺进师采取"敌进我进"反"清剿"方针，留下第二、五两个纵队在根据地内坚持斗争，主力跳出国民党军包围圈，挺进敌后，吸引、调动国民党军。挺进师主力进抵庆元、景宁边境时，分兵行动：第三纵队第九支队奉命进入庆元、景宁、云和以南，泰顺、寿宁以西北地区活动，同时联系第四纵队；第一纵队第一支队挺进浙东，寻找浙东党组织，巩固、扩大浙东游击区，以期吸引和调动国民党军，减轻根据地压力；刘英、粟裕率师直属队和第一纵队第三支队、第三纵队第七支队等南下闽浙边境活动。

但是，国民党军主力并不受挺进师调动，仅派出五个团“追剿”挺进师主力，大部队则死死箍住浙西南，血洗革命根据地。在敌我众寡极为悬殊的严峻形势下，坚持于根据地内的第二、第五纵队及地方游击队进行了英勇顽强的战斗。至10月底，浙西南革命根据地遭国民党军血洗，中心区域丧失，地方党组织、苏维埃政府、革命群众组织被破坏殆尽，黄富武和陈凤生、卢子敬、陈丹山、李金成等地方党政军领导人相继牺牲。第二、五纵队指战员大部分在战斗中牺牲、被俘、失散。幸存的红军分别向龙（泉）浦（城）边境转移，被第二纵队政委洪家云聚集在一起，队伍又集结到30余人。他们在洪家云率领下，坚持在龙（泉）浦（城）边境的碧龙、青龙源、口岭头、毛洋、兰花蓬、金竹岗一带深山密林中。在严密的封锁下，他们躲过国民党军一次又一次的追击，挖野菜、采野果充饥。野菜枯了，野果没了，就挖苞萝（玉米）根煮汤喝，挖鼠穴寻找食物，以便求得生存。他们的身体一天比一天衰弱，但坚持斗争的意志依然顽强。至1935年12月底，洪家云等乘国民党军与浙江省保安队换防的空隙，突出敌人包围，辗转抵达遂昌、江山边境的遂昌县湖岱口乡一带。此时，洪家云部只剩下了十二三人。在群众的帮助下，洪家云等与跳出包围圈吸引牵制敌人的李重才率领的第二纵队四支队余部会合，这五六十人即由洪家云、李重才率领，在龙（泉）浦（城）江（山）遂（昌）边境坚持斗争。

10月5日，突围挺进到闽浙边境的挺进师主力，在粟裕、刘英率领下，到达闽东寿宁县郑家坑，与叶飞率领的闽东红军游击队会合。为联合对付敌人的统一进攻，双方决定成立中共闽浙边临时省委，以便统一领导双方的斗争。11月7日，闽浙边临时省委在泰顺县白柯湾村成立。根据国民党军不受调动、欲彻底摧毁浙西南革命根据地的情况，挺进师决定立即创建新的根据地。挺进师即以闽东党组织已有工作基础的（福）鼎平（阳）地区为依托，在闽浙边开展游击斗争，向北发展，建立根据地。

这时，由刘达云率领的第一纵队第一支队进入浙东以后，一边转战于青田、缙云、永康、东阳、仙居、天台、临海、黄岩、新昌、永嘉等县，一边寻找浙东党组织。因浙东党组织在此之前已遭破坏，所以寻找未果。孤军奋战的第一纵队第一支队连续遭受国民党军“追剿”，从出发时的八九十人，至11月底仅存10余人，隐蔽坚持在缙云、永康、仙居、东阳四县边境山区。1936年2月，第一纵队第一支队余部在缙云县黄弄坑与浙西红军游击队改建的浙西工农红军独立团余部会合，建立中共浙东特委及其下辖的中共缙云县委等党组织，共同坚持斗争，在永（康）缙（云）边界创建了小块游击区。

1936年2月，挺进师主力部队组建为浙西南独立师，由师长粟裕率领四处游击，牵制国民党军，并返回浙西南寻找失去联系的第二、五纵队，掩护和保卫临时省委开展闽浙边游击根据地的建设。3月，在群众的支持下，洪家云、李重才率领的第二、五纵队余部已在龙（泉）浦（城）江（山）遂（昌）边区恢复了自江山县周村到遂昌县湖岱口的小块游击根据地。4月，第二、五纵队余部又遭国民党军“清剿”，李重才、洪家云等相继牺牲，队伍仅剩下20余人，转移到了龙（泉）浦（城）边境。此时，粟裕率部转战到龙（泉）浦（城）边境，找到第二、五纵队余部，遂将第二、五纵队余部带到临时省委驻地休整。之后，粟裕率部再次返回浙西南，转战于青田、丽水、宣平、永康、缙云，经永嘉返回浙南。

1936 年 6 月，“两广事变”爆发。国民党第十八军调离浙江，浙西南敌情趋缓。闽浙边临时省委抓住时机，加快推进革命形势发展，重建中共浙西南特委和挺进师第二纵队，由粟裕率领返回浙西南，恢复浙西南的工作。粟裕率部第三次返回浙西南，拔除了龙泉县住溪、遂昌县王村口、浦城县党溪和白岩等地的反动武装据点，为浙西南特委恢复游击根据地打开了局面。接着，浙西南特委留在浦城、龙泉、江山、遂昌等县边境，开展恢复根据地工作，粟裕率第二纵队转战到宣平、丽水、青田等地，吸引国民党军，掩护特委开展工作。

之后，挺进师从报刊上了解到全国抗日形势的发展和中共中央提出的“停止内战，枪口对外，一致抗日”主张，于是开始自觉地调整斗争策略和政策：比如，将打土豪分浮财的“没收委员会”改为征收抗日捐的“征收委员会”；将“穷人不打穷人”的口号改为“中国人不打中国人”；对国民党乡镇保长由原来的镇压改为以争取为主，等等，为挺进师实现从国内革命战争向民族解放战争的转变奠定了基础。

此间，浙西南特委重建了中共龙（泉）浦（城）县委及其所辖的大北、小北区委，新建了江（山）浦（城）县委、龙（泉）遂（昌）县委及其所辖的住龙、王村口区委。特委和各县委、区委、支部在各地建立农会、妇女会、共青团、儿童团等群众组织，发动农民开展抗租、抗税斗争。以龙泉、浦城、江山、遂昌四县边境为中心的浙西南游击根据地得到恢复重建。

1936 年 7 月，粟裕率部转战到缙云县黄弄坑，找到刘达云率领的第一纵队余部，将其带到闽浙边省委驻地休整。离开时，刘达云等错误处理了浙西工农红军独立团负责人及其第一大队骨干（包括中共缙云县委负责人），第一大队由此消失。8 月，闽浙边临时省委决定，将青田、缙云、丽水、云和、景宁、泰顺等数县边境地区划为浙东南地区，建立中共浙东南特委，由浙东特委书记刘达云同时担任浙东南特委书记，率领已补充人员的挺进师第一纵队到浙东南创建根据地。同年冬，因叛徒出卖，浙西工农红军独立团第二大队大队长被捕遇害，第二大队解体，浙西工农红军独立团和缙云当地党组织、红军因此不复存在。

从 1936 年春夏到 11 月，是挺进师的革命斗争发展最顺利的一个时期。挺进师抓住国民党军主力调离浙江的有利时机，创建了以（福）鼎瑞（安）平（阳）泰（顺）为中心的纵横 200 余公里的浙南游击根据地，恢复和开辟了浙西南和浙东游击根据地。

1936 年 12 月，“西安事变”和平解决，蒋介石被迫接受中共中央提出的“停止内战，一致抗日”的倡议，停止了对陕甘宁边区的军事进攻，但却加紧部署南方的军事“清剿”，欲在抗日高潮到来前消灭南方的共产党和红军游击队。在闽浙赣皖地区，国民党当局成立以刘建绪为主任的“闽浙赣皖边区主任公署”，于次年 1 月调集 43 个团约 10 余万兵力，大规模“清剿”四省边区的共产党和红军游击队，浙西南又是被“清剿”的重点。

针对国民党军大拉网式的“清剿”，中共闽浙边临时省委决定，刘英率部分武装随同省委机关继续在浙南活动，粟裕率部第四次返回浙西南，化整为零，分散打游击，牵制敌人，减轻省委的压力。粟裕率一部活动于遂昌、龙泉、松阳、宣平、丽水等县，谢文清率一部活动于遂昌、宣平、汤溪边区，刘达云、张友昆率一部到浙东活动，范连辉率一部到浙东南活动，浙西南特委与第二纵队继续在龙泉、浦城、江山、遂昌边区活动。

1937 年 3 月，在紧张的反“清剿”斗争中，临时省委收到中共中央致国民党五届三中全会的“五项要求、四项保证”电文。据此，临时省委立即发出快邮代电，呼吁国民党闽浙赣皖边区主任公署停止内战，一致对外，倡议双方派代表举行合作抗日和谈。4 月，粟裕部活动至遂昌、宣平、汤溪边区，与谢文清部会合，开始巩固和发展遂（昌）宣（平）汤（溪）游击根据地。5 月，闽浙边临时省委的和谈倡议得到国民党闽浙赣皖边区主任公署回应。但是，在平阳举行的和谈中，国民党方面毫无诚意，企图收编红军，致使和谈破裂。于是国民党军继续“清剿”红军，红军被迫继续开展反“清剿”斗争。在反“清剿”斗争中，中共浙西南特委书记许信焜、副书记杨干凡相继牺牲。

虽然斗争环境极为恶劣，但是挺进师紧紧依靠群众，出色地开展了反“清剿”斗争。粟裕、谢文清率部巩固发展了遂（昌）宣（平）汤（溪）游击根据地；中共龙（泉）浦（城）县委书记张麒麟、中共龙（泉）遂（昌）县委书记曾友昔和第二纵队第一大队政委曹景垣等率领第二纵队，坚持斗争在龙（泉）浦（城）江（山）遂（昌）边游击根据地；范连辉率领第一纵队第一大队，坚持斗争在浙东南地区的青田、缙云、丽水、云和、景宁和泰顺等数县边境。各地红军灵活机动的反“清剿”斗争，使国民党军的“清剿”始终“未奏肤功”。在反“清剿”斗争中，红军自觉调整策略和政策，宣传、呼吁、争取停止内战、一致抗日。

（三）抗日战争时期

1937 年 7 月 7 日，“卢沟桥事变”发生，日本帝国主义发动全面侵华战争，中华民族全面抗战爆发。8 月，在抗日救亡浪潮进一步高涨的形势下，刘建绪不得不重新派代表与中共闽浙边临时省委举行合作抗日和谈，最终达成协议。9 月，与临时省委失去联系、率部活动在遂（昌）宣（平）汤（溪）游击根据地的粟裕，从形势和传闻中分析并证实国共两党实行第二次合作之情，立即向国民党遂昌县当局发出合作抗日建议书。9 月 18 日，遂昌县当局复函，要红军派全权代表到金岸和谈，欲收编红军。粟裕识破对方阴谋，坚持要对方派代表到根据地谈判。10 月 14 日，遂昌县当局代表抵达门阵，粟裕派谢文清、刘清扬与之举行合作抗日和谈，达成协议。至此，挺进师在浙西南、浙南的三年游击战争结束，第二次国共合作在浙江形成。

抗战全面爆发后，日军迅速扩大战争，将战火从华北烧到江南。1937 年 8 月 13 日，日军进攻上海；14 日，日军空袭轰炸杭州；11 月，日军在杭州湾北岸登陆；12 月，钱塘江以北的杭嘉湖地区沦陷，24 日杭州沦陷。日军所到之处肆意烧杀淫掠，暴行累累。

杭州沦陷前夕，浙江省政府迁至永康县方岩，建设厅、教育厅等机关和大批工厂、企业、学校迁至浙西南各县。为阻滞日军南侵，国民政府军于 12 月 23 日炸毁刚建成通车仅 3 个月的钱塘江大桥，使浙江境内日军与中国军队形成隔钱塘江对峙的局面。

1937 年 10 月至 11 月，分散在浙西南、浙南等地的红军游击队陆续汇集到平阳县山门，改编为“国民革命军闽浙边抗日游击总队”，准备随时开赴前线抗日。

为恢复和发展浙江党组织，加强对抗日救亡运动的领导，1937 年 11 月，徐洁身任书记的中共浙江省临时工作委员会（简称省临工委）建立。12 月，中共闽浙边临时省委在浙南重建中共浙西南特委。特委以浙西南抗日救亡工作团的名义，从浙南返回浙西南开展工作，并派员与龙泉、浦城、遂昌等县政府谈判，建立合作抗日统战关系，发动民众开展抗日救亡。

此时，一大批从上海、江苏、杭州、嘉兴等沦陷区撤退南下的中共党员、进步青年集结在金华。12 月，中共党员张贵卿根据上级指示，与中共同济大学特别支部书记汪海粟一起，在金华建立中共浙南特别工作委员会（简称浙南特别工委）。浙南特别工委率领百余名中共党员、进步青年到丽水，以省政府建设厅为基地，与省政府主席黄绍竑和省建设厅厅长伍廷飏等上层人士建立统战关系，推动全省抗日救亡运动的开展。中共组织建议在建设厅下设立战时物产调整处以发展战时经济，将百余名共产党员、进步青年以物产调整处乡村建设指导员等公开合法身份，分配到各县开展抗日救亡工作。

1938 年 1 月，省临工委指派委员张三扬等一批中共党员到龙泉开展抗日救亡工作。张三扬与刘英联系后，建立了直属闽浙边临时省委的中共龙泉特别支部。2 月，中共浙西南特委恢复建立了龙泉、遂昌、江（山）浦（城）三个县委和龙泉八都、道太、住龙及遂昌王村口等四个区委。各地党组织一面开展抗日救亡工作，一面发展壮大自身组织。

同年 2 月，省临工委改为中共浙江省工作委员会。2 月底，中共中央东南分局副书记兼组织部长曾山到平阳，向刘英、粟裕传达中共中央关于闽浙边红军编入新四军和成立浙江临时省委的指示。经协商，粟裕率部到皖南上抗日前线，刘英留在浙江主持党的工作。3 月 18 日，由浙西南、浙南等地集结于平阳的红军改编的新四军第三支队第七团队 400 余人（另有 60 余人于 4 月开赴皖南前线），在粟裕率领下开赴皖南前线抗日。5 月，中共闽浙边临时省委和中共浙江省工作委员会撤销，成立以刘英为书记的中共浙江临时省委（9 月改为浙江省委）。

在中共组织的帮助和推动下，浙江省政府颁布了以中共《抗日救国十大纲领》为基础制定的《浙江省战时政治纲领》（简称《纲领》）。《纲领》的颁布实施，使抗战初期的浙江有了一个国共两党共同遵循的政治基础，为推动浙江抗日救亡运动发挥了重要作用。为支援皖南新四军抗战，经省政府同意，在温州、平阳和丽水等地设立了新四军办事机构。经中共党员建议，浙江省政府号召全省各县建立战时政治工作队（简称政工队），其队员多为中共党员。由于共产党员的模范带头作用，政工队成了动员、组织民众抗日的重要力量，是浙江“战时政治进步的表现之一”。抗战初期，浙江抗日救亡文化运动蓬勃发展，在浙西南，各种救亡团体、报刊和书店大量涌现。1939 年 2 月，在中共浙江省委的协助下，散落在闽浙两省的中国台湾地区同胞组建的“台湾义勇队”在金华成立，其队员一度发展到 200 余人。它以浙江为基地，活跃在东南各省，宣传和动员民众参加救亡，为抗战作出了重要贡献。

为了发展战时经济，增强抗战实力，中共组织通过统战关系，先后向省政府提出一系列推动抗日救亡运动的工作建议：建议将云和、龙泉、遂昌三县从省民政厅划归省建设厅管辖，列为“战时经济建设实验县”，并推荐进步人士担任县长；建议建立丽水太平、云和小顺、松阳古市、遂昌大柘、龙泉八都、庆元竹口、青田海口、宣平曳岭等八个“特约战时经济建设实验区”；建议在省建设厅内设立“战时合作事业管理处”，下设省战时合作工作总队和合作事业促进会，在浙西南十县建立合作工作指导室和合作工作队。

这些建议经省政府同意后实施，中共组织通过省建设厅，先后分数批将数百名中共党员、进步青年派往各县开展抗日救亡工作。这些中共党员、进步青年以乡村建设指导员、政工队队员、合作工作队队员、民众教育馆馆员等公开、合法身份，宣传实施《纲领》，激发了浙西南民众的抗日救亡热情；数万青壮年参军上前线，壮大了抗日武装；民主选举乡保甲长，刷新政治、改革乡政；推行二五减租政策，减轻了农民负担，调动了农民参加抗日救亡的热情；开展了农村合作事业，扩大了茶、棉、桑、油桐、麻等经济特产的生产，发展了农村经济建设，增强了抗战实力，提高了农民收入。浙西南中共组织抓住国共合作机会，积极开展工作，有效地促进和推动了各地的抗日救亡运动，使浙西南出现了“有钱出钱，有力出力，全民抗战”的群众性抗日救亡高潮。通过开展抗日救亡运动，中共组织自身迅速恢复、发展、壮大。

1938年5月，中共浙江临时省委决定，浙西南各地中共组织实行统一领导，中共浙西南特委改为中共处属特委，撤销浙南特别工委，所属组织划归处属特委领导。至此，坚持浙西南革命斗争的红军干部与外地知识青年干部会合，不同组织系统的中共组织统一到处属特委的领导之下。处属特委机关驻龙泉县水塔村，丽水城内的工作由特委委员张贵卿、周源等负责。临时省委在丽水城内设立了新四军驻浙江办事处，开辟了从丽水到皖南的交通线路。此后，丽水和上海、温州等地的抗战物资，经丽水输送到新四军部队，许多中共党员、进步青年通过新四军驻浙江办事处介绍，奔赴皖南、延安投身抗日救国。

在国共合作抗日中，国民党顽固派不断掀起反共逆流。1938年10月，国民党顽固派袭击、查封新四军驻温州通讯处，逮捕中共浙江省委常委兼组织部长谢文清等7人。为避免再遭损失，省委主动关闭设在丽水的新四军驻浙江办事处。1939年1月，国民党五届五中全会制定“溶共”“防共”“限共”反动方针，掀起第一次反共高潮。在浙西南，国民党顽固派查封进步书店，捕杀共产党员，中共组织从原来公开和半公开的活动方式被迫转入地下活动；身份有所暴露的中共党员被迫从政府机关和政工队等抗日救亡团体中撤离。

1939年3月，根据众多机关、企事业单位撤到浙西南，浙西南逐步成为浙江的政治、经济、文化中心，浙西南的抗日救亡形势还处于发展阶段的情况，为更好地领导全省党的工作和抗日救亡运动，中共浙江省委领导机关从温州迁驻丽水城内，并建立多处秘密工作、联络机关，开始在丽水城领导全省党的工作和抗日救亡运动。4月2日至3日，以国民政府军事委员会政治部副部长身份视察东南抗日前哨工作的中共中央革命军事委员会副主席周恩来，到丽水视察抗战工作，视察了位于云和县小顺的浙江省铁工总厂，为工人作抗战演讲，激发了浙西南民众的抗战热情。4月5日，浙江省委领导成员从丽水出发到金华听取周恩来指示。周恩来向浙江省委传达了中共六届六中全会精神，对党在浙江的工作作出重要指示。周恩来指出：浙江党的组织经过1938年的大发展，今后要加强巩固工作。虽然也要继续发展，但巩固重于发展，质量重于数量。对来历不明、政治面目不清的党员要进行审查，严防国民党特务和汉奸混入党组织。同时，要加强党员教育，培养军事干部，派他们到沦陷区去工作。省委将周恩来的指示以《关于学习贯彻周恩来同志指示的决定》发到各地，对全省党组织提出新的工作要求。省委在丽水先后召开了全省宣传工作会议、全省妇女工作会议，筹备了全省组织工作会议、中共浙江省第一次代表大会，与关押在上饶集中营的同志建立了秘密联络。

浙西南成了浙江抗战的大后方，又一度是中共浙江省委的机关驻地，因此浙西南也成了中共中央东南分局、新四军军部在浙江的一个重要工作地区。东南分局设有专职政治交通员，负责与浙江省委的联络，并给浙江省委配备了电台及电台技术人员。省委将电台架设在龙泉老区，由处属特委具体负责使用、保护和传送电文。

1939年4月11日至13日，中共处属地区代表会议在龙泉召开。会议听取了特委书记张麒麟关于形势和任务的报告，总结了抗战以来处属地区党的工作，部署了今后的工作，选举张麒麟、周源、傅振军为出席中共浙江省第一次代表大会代表。这是民主革命时期浙西南唯一的一次全区党员代表会议。1939 年 7 月，中共浙江省第一次代表大会在平阳召开。处属地区代表张麒麟、周源、傅振军出席会议。会议审议通过了刘英代表省委所作的工作报告，选举产生了以刘英为书记的新的浙江省委和出席中共七大的代表。

通过开展抗日救亡工作，浙西南中共组织自身得到快速发展。到 1940 年 6 月，中共处属特委下辖龙泉、遂昌、江（山）浦（城）、云和、庆元、丽水、青田七个县委，宣（平）遂（昌）汤（溪）、景宁、松阳三个县工作委员会，宣平、缙云两个县特别支部，共 12 个县级组织和浙江省铁工总厂党委，下属 26 个区委 5 个分区委 200 余个支部，党员人数从 1937 年的 1219 人发展到 1940 年的 4888 人。

革命力量的发展壮大，引起国民党顽固派的仇视和恐慌。1940 年上半年，国民党顽固派取消各县的乡村建设指导室，将各县的政工队改组为三青团管辖的青年服务队，致使在各县政府机关和政工队、合作工作队、乡村建设指导室、民众教育馆工作的中共党员、进步青年被排挤，失去公开合法职业，无法立足。针对国民党顽固派的反共逆流，为预防突然事变，减小损失，1940 年 6 月，中共浙江省委决定，将老区工作与新区工作分开，中共处属特委改为中共闽浙边委员会（简称闽浙边委），负责老区工作，下辖龙泉县委、遂昌县委、江（山）浦（城）县委、云和县委和松阳县工委，机关驻地为龙泉县住龙乡水塔和宝溪乡高山、胡住溪等地；建立中共丽水中心县委，傅振军任书记，负责新区工作，下辖丽水县的三个直属区委和两个分区委、青田县委、缙云县工委，机关驻地为丽水县城。根据中共中央和浙江省委的指示，丽水中心县委和闽浙边委将公开工作与秘密工作分开，逐步撤离政治面貌有所暴露的干部，其中大部分撤至皖南新四军部队中。

1940 年冬，国民党顽固派开始对中共丽水中心县委领导的青田县石帆地区、中共浙南特委领导的青（田）景（宁）丽（水）云（和）边境地区展开军事进攻，一批基层中共组织遭破坏。12 月，闽浙边委委员、组织部长周源在边委会议上传达中共中央东南局关于“隐蔽精干、长期埋伏、积蓄力量、以待时机”的指示，会议决定建立中共龙（泉）云（和）边县委和龙（泉）庆（元）边县委。

1941 年 1 月，国民党制造皖南事变，掀起第二次反共高潮，白色恐怖笼罩全省。浙西南各地的白色恐怖更加严重，抗日救亡形势急转直下。中共浙江省委决定，中共丽水中心县委改为中共处属特委，云和、景宁两县党的工作从闽浙边委划归处属特委领导。同月，国民党顽固派向闽浙边委工作地区展开军事进攻，大批中共党员和革命群众被捕、被迫自行脱党，基层中共组织遭严重破坏。龙（泉）云（和）边县委书记遭袭击牺牲，龙（泉）庆（元）边县委书记被捕，两县委遭破坏。闽浙边委和龙泉县委机关从乡村隐蔽上山。国民党顽固派的倒行逆施，使国共合作、如火如荼的浙西南抗日救亡局面荡然无存。闽浙边委、遂昌中心县委、龙泉县委采取单线联系，全力恢复、巩固基层组织。

1941 年 4 月，根据东南局指示，省委领导机关从丽水重新迁到温州。9 月，省委指示处属特委配合开展省委领导机关迁到福建浦城山区的工作。同年冬，处属特委将党的委员会制改为单线联系的特派员制，开始执行“隐蔽精干”方针。而闽浙边委干部以集中上山隐蔽方式坚持斗争，仍然开展打土豪筹集活动经费，招致国民党顽固派更加严厉的军事进攻，斗争环境日益恶化。

1942 年 2 月，由于叛徒出卖，刘英在温州被捕（5 月牺牲），浙江省委遭破坏。国民党顽固派妄图借此彻底摧毁浙江的中共组织，加紧“清剿”浙西南、浙南各地的中共组织。同月，省委交给处属特委保管的电台被国民党顽固派搜走；中共遂昌中心县委遭破坏。3月，连续遭受国民党军“追剿”的闽浙边委和龙泉县委领导机关为了摆脱困境，保存力量，决定撤离龙泉，向遂昌、宣平转移。5月，因叛徒出卖，转移途中的闽浙边委机关在遂昌县山井村遭国民党军袭击，书记张麒麟牺牲，边委遭破坏。在此革命斗争陷入困境之时，幸存的三名闽浙边委委员在遂昌召开党员骨干会议，吊唁烈士、坚定信念、增强信心。会议决定，组建中共闽浙边临时委员会（简称闽浙边临委），独立担当起领导闽浙边革命斗争的重任。从此，闽浙边临委和处属特委在既无上级领导、又断绝经费来源的困境下，独立、顽强地坚持领导革命斗争。

1942年5月，日军发动浙赣战役，破坏性地轰炸浙赣境内的丽水、衢州、玉山等机场，以期解除美军对日本本土的空中威胁，并掠夺该地区丰富的矿产资源。6月开始，缙云、丽水、青田、遂昌、松阳等县相继遭日军地面入侵。日军到处烧杀淫掠，狂轰滥炸，并以细菌战残害浙西南人民。日军的暴行，激起丽水军民的强烈愤慨，中共组织不顾遭受国民党顽固派“剿共清乡”的恶劣环境，积极带领群众抗击日军暴行。其中，7月31日，青田县万山村支部组织30余名党员、民兵开展了抗日护矿斗争，将日军装袋待运的钼矿砂倒入山涧，拆毁其采矿机器零件。

在6月24日丽水城沦陷前夕，中共处属特委将领导机关从丽水城郊先后迁移到丽水县北埠及云和县山锦、岗头庵等山村，两次召开特委会议，研究贯彻隐蔽精干方针。会议认为，在党组织未建立武装的情况下，还不能直接抗击日军入侵，只能组织、带领群众避免或减少遭日军蹂躏，灵活机动地打击零星的日军。会议决定，所属干部改变活动方式，或隐蔽在农村党员家中，专职开展地下工作；或白天以小货郎、做短工等为掩护开展联络工作，夜间进村开展群众工作，以便既开展了工作，又解决了自身生存问题。由此，处属特委不仅巩固了原有工作地区，而且积极慎重地发展党员，开辟了新的工作地区。

与此同时，1942年3月，中共浙南特委领导机关隐蔽至景宁县梅岐山区。在浙南特委的直接指导下，青（田）景（宁）丽（水）边区党组织得到发展，干部思想教育得到加强。但是，在国民党武装的“清乡”下，一批县、区委干部相继叛变，致使农村基层党组织迭遭破坏。

在此前后，从皖南事变中突围以及从上饶集中营脱险的数十名新四军干部，其中包括著名共产党人冯雪峰，相继辗转到浙西南山区，受到浙江省第二儿童保育院中共组织的保护，然后辗转归队。处属特委还根据浙江省铁工厂被迁移的情况，及时转移疏散工人党员到新地区隐蔽。

1944年春，遂（昌）宣（平）汤（溪）边区又遭国民党武装“清剿”，活动在该边区的中共闽浙边临委机关面临危机，在当地党员掩护下得以脱险，被迫转移到遂（昌）龙（游）边境和遂昌县白马山区，与中共遂昌县特派员机关一起坚持斗争。4月，浙南特委领导机关迁离景宁县境，当地幸存的干部不得不转移到青田以及丽（水）青（田）松（阳）边区隐蔽坚持。

与此同时，1944年春，中共处属特委与浙东区党委取得联系。为便于与浙东区党委联系，处属特委领导机关从丽水县境迁移到缙云县南部山区。经处属特委帮助，闽浙边临委也与浙东区党委取得了联系。由此，处属特委和闽浙边临委从浙东区党委那里看到中共中央和华中局的文件，得到了浙东党区委工作上的指导和经费上的支援。

处属特委根据浙东区党委的指导，大力开辟新区，向浙东方向发展；建立武工队和民兵，反击国民党顽固派的军事进攻，武装保卫党组织的基本地区；开仓分粮，救济灾民度粮荒；从隐蔽转向领导开展半公开的武装自卫斗争；从众多要求参军的党员、进步青年中先后选送70多人到浙东参加新四军，支援浙东抗日根据地的斗争。处属特委工作地区革命形势出现了新局面。闽浙边临委根据浙东区党委的指导，实行干部"群众化、社会化、职业化"，以做小生意、开荒种地、办砖瓦厂等各种职业为掩护，开展生产自救和群众工作，由此走出困境，革命斗争再未遭受重大挫折。

（四）解放战争时期

1945年8月，抗日战争胜利结束，全国人民期盼从此结束战乱、过上和平生活。在重庆谈判中，为表达中国共产党的和平诚意，毛泽东主动提出让出包括浙江在内的南方八个解放区，将部队撤至陇海路以北和苏北解放区。9月30日，新四军浙东游击纵队和浙东区党委等党政机关开始分批北撤。

新四军北撤以后，处属特委、闽浙边临委继续坚持于浙西南这一中国革命的战略支点，领导下属组织做好和平与内战两手准备，一面加强党员"革命必胜"的信念教育，开展群众工作，争取和平，一面购置、收集社会枪支，筹集武器，准备开展武装斗争。

1946年6月，国民党蒋介石发动全面内战，大举进攻解放区，"清剿"国民党统治区的中共组织。1947年春，为利于开展武装斗争、发展浙西南革命形势，闽浙边临委和处属特委合并，组建新的中共处属特委，统一领导浙西南党组织及其革命斗争，干部集中使用，领导中心放在缙云县境。

为实现从隐蔽精干的秘密斗争转为公开的武装斗争，浙西南党组织在进一步开展党员、干部和群众的思想工作的同时，积极开展革命武装的重建工作。1947年七八月间，中共浙东工委与处属特委在缙云县西青头村召开联席会议，决定建立浙江壮丁抗暴自救军第三总队（简称抗暴军），联合开展游击战争。抗暴军下设三个大队，台（州）属武装为第一大队（尚未建立）；处属武装为第二大队，100余人；金（华）属武装为第三大队，40余人。国民党浙江省当局获悉此情，急调省保安队和缙云、丽水、武义、永康四县武装，向缙云县西青头、雪峰山一带"清剿"。抗暴军兵分两路，总队部率第二大队转战丽水、云和、松阳、遂昌、宣平等县，第三大队转战武义、永康、义乌、浦江、金华、汤溪等县，在更大范围的山区群众中扩大了共产党的影响，推动了浙西南各县的革命武装斗争。

为适应游击战争的开展，浙西南各地党组织从特派员制恢复到委员会制，团结争取国民党基层政权人员，动员和策动国民党军政人员起义，孤立和打击顽固分子，扩大革命统一战线，在城市学生中开展反对国民党独裁统治和反饥饿、反迫害、反内战的爱国民主运动，从学生中培养干部。

随着人民解放军战略反攻不断取得胜利，浙西南的革命斗争进入了快速发展时期。1948年春，抗暴军第二大队兵力扩大到两个中队，和各县武工队一同广泛开展游击战争。8月，俘获驻扎在缙云县双溪口的国民党缙云县常备队，开仓分粮，巩固和扩大了缙云游击根据地，自愿参军参战的群众日益增多。9月，部队扩建为五个大队、一个独立中队，改番号为浙南人民解放军第三支队（也称处属游击第三支队，简称处属游击支队）。处属游击支队和各县武工队主动出击，连续开展一系列武装斗争，摧毁国民党区、乡基层政权，拔除反动武装据点，除奸反特，收缴民间枪支，切断国民党武装的通讯，消灭运动中的国民党武装，革命力量不断发展壮大。至1948年9月，处属地区武装人员发展到1100余人。随着革命政权的建立和"白皮红心"政权的发展，国民党在农村的统治基础不断被削弱和摧毁，浙西南游击根据地逐渐形成并连成一片。

1949年1月，随着三大战役的胜利结束，国民党赖以统治的主要军事力量被摧毁。根据解放战争形势的迅速发展和上级指示，浙西南各地党组织开始着手接管城市的准备工作。同时，把歼灭国民党武装，配合、迎接解放军南下作为首要任务，更加积极、主动、猛烈地攻击国民党武装据点。

3月，中共浙东临委领导的浙东人民解放军第二纵队第六支队（简称浙东六支队）到浙西南，策应松阳、丽水两县县长起义。应浙东六支队要求，处属特委下辖的丽（水）青（田）松（阳）边区和丽（水）武（义）宣（平）边区的党组织参与策应起义。两县起义后，相继成立浙东行政公署第五区行政督察专员公署及其下辖的松阳县民主政府、丽水县民主政府，建立由浙东临委路南特派员领导的中共松（阳）宣（平）遂（昌）工作委员会、中共丽（水）宣（平）工作委员会，丽（水）青（田）松（阳）边区武工队与松阳县起义部队合编为松（阳）宣（平）遂（昌）人民游击支队，活动于丽（水）武（义）宣（平）边区的处属游击支队第二大队与丽水县起义部队合编为丽（水）缙（云）永（康）武（义）人民游击支队。

松阳、丽水两县起义震惊了国民党当局。3月下旬，全副美式装备的国民党军整编第十一师，进抵起义地区“清剿”。因敌强我弱，松阳、丽水两县党政军组织遭受严重损失。4月12日夜，国民党军第十一师突袭中共处属特委机关和处属游击支队支队部驻地缙云县三溪乡盛园村。处属特委率游击队主力转移，并通知各地武工队、民兵避敌锋芒。国民党军到处寻找处属特委领导机关和游击队主力，妄图聚而歼之，但始终未能得逞。4月21日，中国人民解放军渡江南下，国民党军第十一师闻讯仓皇逃离缙云。

经过长期艰苦斗争，中共处属特委相继建立了五块大小不一、相互联络通畅的游击根据地，形成了解放战争时期的浙西南游击根据地。根据地内建立党组织和农会、妇女会等革命群众组织，建立、巩固和发展革命统一战线，团结争取大多数民众；建立以“白皮红心”两面政权为主、民主政府为辅的革命政权；建立游击队、武工队和民兵三位一体的武装体系。处属特委加强部队的政治学习和军事训练；设立军事教导队，培养军事骨干；征收游击军粮，解决党组织的活动经费和部队军需；建立兵工厂、被服厂，增强部队武器装备和军需后勤供给。在游击根据地内开展二五减租斗争，禁止破坏山林，保护工商业和手工业，组织生产自救，保障群众的生活、生产安全，解决群众生活困难；禁止赌博，废除封建落后旧习；调解民间纠纷，部分行使了民主政权的职能。至各县解放前夕，处属特委领导的游击队、武工队、民兵实际控制了缙云、丽水、松阳、云和四个县除县城外的大部分农村地区和宣平、遂昌的部分农村地区。浙南特委领导的浙南游击根据地也拓展到了浙西南境内的青田、景宁和丽（水）云（和）边境，闽浙边党组织领导的闽浙边游击根据地也拓展到了庆元、龙泉边境。

1949年4月20日，国民党拒绝接受中共代表团提出的《国内和平协定最后修正案》，和谈破裂。4月21日，毛泽东、朱德下达向全国进军的命令，中国人民解放军百万雄师横渡长江。4月23日，解放南京，宣告国民党统治覆亡。之后，中国人民解放军第二野战军从皖浙赣边界、第三野战军从苏浙皖边界分别挺进浙江。5月3日，浙江省会杭州解放。5月6日，中共浙江省委成立。省委决定，实行军事管制，建立新的社会秩序，迅速分配干部接管城市，肃清敌特，建立人民民主政权，恢复和发展生产，改善人民生活。

接着，浙西南各地的游击队、武工队、民兵积极配合解放军，阻击、歼灭溃逃的国民党军，解放浙西南各县。4 月 26 日，松（阳）宣（平）遂（昌）人民游击支队攻克松阳县城，解放松阳。4 月底，中共处属特委将活动在缙云的处属游击支队警卫大队、第一大队、第三大队、缙云县各区委武工队集中到缙云县雅江村实行整编，将大队改编为中队，以加强部队实战能力。5 月 8 日开始，处属特委领导的游击队、武工队、民兵配合解放大军相继解放了遂昌、缙云、宣平、丽水、云和、龙泉、庆元等县，浙南特委领导的游击队和民兵配合解放大军解放了青田县、景宁县。至 5 月 17 日，浙西南全境解放。至此，百折不挠地坚持了长达 23 年艰苦卓绝斗争的浙西南中共组织和浙西南人民，终于迎来了革命的胜利，浙西南的历史翻开了崭新的一页。

在长达 23 年的革命斗争中，由于浙西南处于国民党统治的腹心地区，革命斗争环境尤为险恶，浙西南人民为革命事业付出了巨大牺牲，其中革命英烈达 1500 余人，无名烈士更是难以胜计，中共浙西南特委四任书记宗孟平、黄富武、许信焜、张麒麟和副书记杨干凡，全部在浙西南革命斗争中献出了宝贵的生命，浙西南英雄儿女麻植、蔡鸿猷、季步高、卢湛、卢勇烈、陈凤生、卢子敬、陈丹山、李金成、潘香凤、陈奕兰等等，无一不为革命事业献出宝贵的生命，甚至还有着“一门六烈士”的光荣家庭。

中国共产党领导浙西南人民的革命历史，彰显了共产党人坚定的革命信念，体现了共产党为劳苦大众谋幸福的根本宗旨，证明了只有认真贯彻执行党的正确路线、方针、政策，革命事业才能取得胜利，昭示了没有共产党就没有新中国、就没有浙西南人民的新生这一真理。

四、丽水是“绿水青山就是金山银山”理念的重要萌发地和先行实践地记事

从全国范围内来看，浙江是较早提出生态省建设的省份，而丽水又是全省各市的先行者。从“生态立市”到“生态发展”再到“生态惠民”，丽水历届党委政府在“八八战略”的指引下，始终坚持生态优先、绿色发展的核心战略定力，全面贯彻“绿水青山就是金山银山”发展战略，坚持一张蓝图绘到底，全力推进绿色发展的体制机制创新，在生态环境得到全面修复和优化的同时，成功实现发展模式的绿色化转型，使区域生态优势转化成为发展优势，使生态产品的潜在价值得以真正现实，呈现出显著的富民效果。这一成功实践，既符合高水平全面建成小康社会的现实要求，又顺应人类文明发展的潮流，形成从高水平小康到高水平现代化一体化的生态发展模式。

（一）历史背景

在人均 GDP 高居全国各省区之首的浙江，丽水市作为最贫困的地区之一，甚至被人们戏称作“浙江的西藏”。造成这种发展不平衡的部分原因是：丽水的崇山峻岭阻断这一隅天地通往开放和富裕的坦途，而被世界市场前景所看好的绿色产业，在这里还只是极少数经济专家头脑里的想法，这些想法的弥足珍贵在于，它勾画出把丽水建成“中国绿谷”的这一雏形。在相当长的一段时期里，因为交通相对闭塞，加上没有令人称羡的庞大 GDP，丽水“养在深闺人不识”，在各种发展排行榜和论坛中都很少发现丽水的身影。随着发展观念的深刻变迁，生态价值在人们向往的美好生活中地位日益凸显，坚持绿色发展一张蓝图绘到底的丽水厚积薄发，以高质量绿色发展的标杆

姿态呈现在人们的面前，产生惊艳四方的效应。丽水的“绿谷”之梦最初是与“生态立市”的战略联在一起的，因为这里沉睡着当今世界最为宝贵的生态和绿色矿藏。在这片亘古不变的土地上，森林覆盖率 79.1%，林木总蓄积量占浙江省的三分之一，堪称华东乃至全国少有的“生物基因库”。丽水还是浙闽六大水系之源，地处瓯江、钱塘江、闽江等六条江河干支流源头区，人均水资源占有量是浙江省的 3.65 倍。据中国国家权威部门测算，整个丽水水能可开发装机容量为 278.6 万千瓦，约占浙江省的 34.8%，是华东地区最大的绿色能源基地。正是基于这样的生态优势，丽水走上保护绿色生态、发展绿色经济的可持续发展之路，乃是必然的战略选择。

（二）探索实践

20 世纪后期，当建设“硅谷”“光谷”作为一种概念在中国各地热炒的时候，丽水却迈出构建“绿谷”梦想的第一步。这时的丽水正在谋划着一场关于生态文明建设的“绿色革命”。在这之后的岁月中，生态文明建设在丽水大地上生根发芽，抽枝吐绿，并绽放出生态文明繁荣的夺目光彩，正是丽水市委一届接着一届干，理念不断深入创新的结果。作为“绿水青山就是金山银山”理念的重要萌发地和先行实践地，丽水的绿色崛起源于发展理念的革命性变革。正如时任浙江省委书记习近平同志于 2006 年 3 月 8 日在中国人民大学，对“绿水青山”与“金山银山”的辩证关系所进行的缜密论述：人们在实践中对绿水青山和金山银山这“两座山”之间关系的认识经过三个阶段：第一个阶段是用绿水青山去换金山银山，不考虑或者很少考虑环境的承载能力，一味索取资源。第二个阶段是既要金山银山，但是也要保住绿水青山，这时候经济发展和资源匮乏、环境恶化之间的矛盾开始凸显出来，人们意识到环境是我们生存发展的根本，要留得青山在，才能有柴烧。第三个阶段是认识到绿水青山可以源源不断地带来金山银山，绿水青山本身就是金山银山，我们种的常青树就是摇钱树，生态优势变成经济优势，形成浑然一体、和谐统一的关系，这一阶段是一种更高的境界。梳理丽水的生态发展历程，我们看到的正是这样一个内生的发展轨迹。

1. 用绿水青山置换金山银山的粗放式发展阶段

丽水是在基础设施薄弱、民生发展落后的情况下迈开改革开放步伐的。20 世纪 80 年代的丽水，主导产业为农业经济，但工业经济较为落后，三产发育程度偏低，社会事业严重滞后，面对经济社会发展的这些特征，解决温饱、完成资本积累是丽水人的首要任务。在这一过程中，由于发展水平低、交通闭塞、思想观念保守等原因，用绿水青山去换金山银山的发展取向比较明显，呈现出早期的粗放式发展特征，甚至出现“靠山吃山、坐吃山空”的现象。

当时的丽水是“浙南林海”，因此砍伐森林进行市场交易，成为这一阶段农民增收的主要手段。主要的林业大县像庆元、龙泉等地，木材交易十分红火，商贾云集，带来一些乡镇的空前繁荣，也一度被誉为“小香港”。这种状况带来两个直接后果：一是森林资源的过量消耗；二是环境污染的逐渐加剧。一方面由于林业单一提供木材，靠资源换取财富偏重于“开源”的模式，致使森林资源过量消耗；另一方面，乡镇企业、个私企业的发展迅猛，主要是以资源粗加工的小煤窑、小化肥、小水泥、小造纸、小钢铁等企业为主，“村村点火，处处冒烟”的方式，造成环境污染逐渐加剧。这期间，分布在瓯江上游的遂昌、松阳、景宁和庆元各有一家造纸厂，被称为“四大金刚”，既是纳税大户，也是污染大户，政府面临取舍“两难”的困境。“摸着石头过河”的探索阶段改革，存在经济发展粗放、体制矛盾突出、结构不合理等问题，这些累积的问题到 1988 年集中显现出来。从 1988

年9月始，丽水与全国一样，进行治理整顿和深化改革。

1990年5月，丽水地区农垦场向有关部门提出扩建800平方米鸡舍的立项要求，既不需要征用土地，也不需要增加水电设施，投资仅15万元，年产肉鸡5万只，是一个事关民生的“菜篮子工程”项目。但在审批过程中，历经49道手续，盖了249个公章。这一事件引发一场声势浩大的思想解放大讨论。从这场大讨论中，各级党委、政府汲取极为深刻的教训，引起社会各界的极大反响。以此为“索引”，丽水地委、行署进一步深化思想解放行动，提出要打开“三门”：一是打开“脑门”，解放思想，更新观念，破除自然经济、小农经济、产品经济的旧观念，增强市场意识和商品经济观念，增强改革开放和自强意识，强化以经济建设为中心思想；二是打开“山门”，接触世界，与世界融为一体，与国内、国际市场融为一体；三是打开“衙门”，做好服务，为山区发展商品经济扫除思想障碍。

尽管这一阶段丽水用“绿水青山去换金山银山”的发展痕迹依然明显，经济发展依然粗放，但也开始充分认识到保护环境的重要性，丽水地委、行署提出产业结构调整的要求，关停一大批小煤窑、小化肥、小水泥、小造纸、小钢铁等落后生产工艺和过剩产能企业，做大纳爱斯、元立等一批优质企业。随着生态资源重要性地凸显，丽水逐步认识到发展生态效益型经济是丽水实现经济与社会、资源、环境协调发展的现实选择。在这一现实选择面前，发展理念变革引领的新探索实践呼之欲出。

2. 既要金山银山又要绿水青山的融合探索阶段

20世纪末的丽水，处于温饱向小康迈进、进而基本实现现代化的关键时期。1998年，以江西跨省交流而来的市委书记丁耀民为首的丽水地委，根据省委总体部署，基于丽水现实条件，审时度势，因势利导，开始积极探索一条有丽水特色的区域经济和社会协调发展之路。1998年，丽水地区开始酝酿创建国家级生态示范区。1999年5月向国家环保局总局提出申请创建国家级生态示范区。1999年12月，国家环保总局批准丽水成为全国第四个地市级生态示范区建设试点地区。与生态示范区要求相适应，当时丽水地委行署确立“发展绿色经济、培育优势产业、完善基础设施、建设生态城市”的发展思路。2000年5月20日，国务院同意撤销丽水地区行署建制，设立地级丽水市，原县级丽水市改为莲都区。趁着撤地建市的契机，新成立的第一届丽水市委提出并确立“生态立市、绿色强市”的发展战略，着力探索后发地区的超越发展道路：通过战略引导，走可持续发展道路，跨越“先污染、后治理”“先发展、后保护”的阶段；通过加快推进城市化进程，促进产业集聚，人口集聚，跨越“先工业化、后城市化”的阶段；通过利用先进适用技术或高新技术改造传统产业和发展新兴产业，提高传统产品的技术含量和附加值，增强传统产品的市场竞争力，使新兴产业由弱到强，跨越“先粗放、后精深”“先发展、后提高”的发展方式；通过政府行政管理体制的改革，着力规范市场经济秩序，跨越“先发展、后规范”的过程。当时市委的考虑是，随着人们生态环境意识和生命健康需求的不断提高，“绿色浪潮” 此起彼伏，“绿色时代” 正向我们走来。“绿色产品”成为人们追求的时尚，将成为新世纪国际市场消费的主导，“绿色经济”将很快风靡全球。看准自己的优势和特色，充分利用丽水较好的生态环境，丰富的绿色资源特色优势，打响“绿色品牌”，发展绿色产业，培育壮大优势企业，加强基础设施建设，推进全市经济繁荣，环境优美，人民富裕，社会文明。此后，丽水依托绿色资源，培育绿色产业，发展绿色经济，全市上下对绿色发展进一步统一认识，政策导向进一步强化。

在“生态立市、绿色强市”战略指导下，丽水以生态示范区建设为落脚点，扎实推进生态市建设。2000年3月，龙泉市百万亩生态公益林暨丽水市生态示范区创建启动仪式在龙泉举行，创建序幕就此拉开。2001年5月，《丽水市生态示范区建设总体规划》编制完成，并经市人民政府批准实施。经过五年的努力，2002年时，丽水叩开“绿谷”之门：生态农业、生态工业、生态林业、生态旅游和生态城市等五大绿色产业都初具规模，有的绿色食品，如香菇的出口量占中国的三分之一，在世界多个国家和地区赢得广泛声誉。绿色产品带动绿色产业的发展，绿色产业支撑绿色经济的繁荣。时任丽水市委书记丁耀民曾在接受采访时说：“建设‘绿谷’是对整个丽水的形象包装。依托绿色资源，培育绿色产业，发展绿色经济。这一生态环保效益型经济目标的确立，不仅能够克服地缘劣势，而且符合二十一世纪世界经济的发展方向”。

习近平同志在浙江近5年的工作期间，每次来丽水调研考察，都必讲生态保护，要求丽水“一定要走生态绿色可持续发展道路”，指出“绿水青山就是金山银山，对丽水来说尤为如此”。2002年11月21日，习近平就任浙江省委书记。11月24日，他就把景宁县作为他到基层农村调研的第一站，带队前往丽水调研。在丽水，习近平同志夸这里是“秀山丽水、天生丽质”，在各种场合反复叮嘱丽水干部任何时候都要看得远一点，“生态优势不能丢”。2003年7月，习近平同志通过深入调研、深邃思考，提出“八八战略”，从省域层面对中国特色社会主义进行卓有成效的理论创新和实践创新。浙江省委省政府出台一系列扶持欠发达地区加快发展的政策，每年投入大量资金扶持丽水发展。当年8月，习近平同志第二次来到丽水调研指导工作，要求丽水努力成为全省新的经济增长点，既要扩大经济总量，又要提高经济质量，走一条良性健康可持续发展的道路。

2003年，在国家和省级政策的支持下，以楼阳生书记为首的丽水市委全面贯彻落实“八八战略”，在注重原有战略延续性的同时，创新提出“生态立市、工业强市、绿色兴市”的“三市并举”发展战略，并提出打造“秀山丽水、浙江绿谷”的城市形象概念。“生态”与“绿色”成为丽水发展的主旋律和引导丽水发展的航向标。丽水绿色生态发展的战略取向基本明晰，立足于生态资源的优势与环境保护的理念所确立的《丽水生态市建设规划》，对生态环境建设提出更高的要求。《规划》提出，将着力实施生态农业、生态工业、生态林业、生态城市、生态旅游、生态环境、生态文化、生态安全等八项工程，全面推进生态市建设，在发挥生态优势、加快经济社会发展的同时，更加注重对生态环境的保护，实现人与自然和谐发展，进一步使丽水成为具有发达的生态产业体系、优美的自然生态体系和完善的生态社会支撑体系的“秀山丽水，浙江绿谷”。确立“跨越发展、和谐融入”发展理念。

在这一阶段，丽水一方面大力发展生态农业：生态茶、生态果、生态菜、名花佳木、绿竹食笋、蚕桑药材、食草畜禽、水产养殖等特色产业，松阳有机绿茶、遂昌竹炭、庆元食用菌等在市场上名声鹊起，绿色品牌开始崛起。另一方面积极推进工业园区建设：全市3家经济开发区和7家工业园区经历初创和调整，得以快速的发展。水阁工业园区从2003—2006年的4年时间，以新时代愚公移山精神向山地要空间，实施全省首个低丘缓坡综合开发利用试点，不久后又被国土部列为低丘缓坡综合开发利用国家级试点，建成10平方千米的工业园区，创造将100多座山丘变身为先进制造业基地的经典案例。坚持“走出去”“请进来”，培育一批优质企业，实施循环经济的试点工作，丽水合成革制造被授予“中国合成革示范基地”的称号，形成市区合成革、微电机、云和木制玩具、缙云带锯床、缝纫机、灯管、工刃具、青田鞋革、矿产品、阀门、遂昌特种纸、金属制品、龙泉汽摩配、木制太阳伞、松阳不锈钢制品、庆元汽摩配、竹木制品等块状经济。从 2000 年开始的 6 年时间，丽水的工业累计完成 233.86 亿，总体上跨入工业化中期的门槛，丽水制造品牌加速发展。

但在推进经济发展，特别是工业经济发展的过程中，还有一些地方在工业园区的招商引资时，追求量的扩张，不自觉地承接了部分从沿海先发地区梯度转移过来的高能耗、高排放、高污染型企业。在其他产业发展中，还存在经济量的增长优先于生态效益的发展取向。2003 年底，丽水通过国家级生态示范区验收，由此进一步提出建设生态市的目标。2004 年，丽水市委做出《关于建设生态市的决定》，市人大常委会批准实施《丽水生态市建设规划》，全面开展生态市创建工作。由于同时在生态林业、生态城市、生态旅游、生态环境、生态文化、生态安全都取得突出成绩，2004 年，国家环保总局命名丽水市为“国家级生态示范区”，是浙江省内首获命名的地级市。市委书记楼阳生曾反复强调，丽水要在发展中实现“三变”：变长三角边缘地区为重要的节点地区，变山区为重要的功能区，变区位资源优势为竞争优势。至于“和谐融入”，首先是区域的社会和谐，即打造和谐丽水；其次是人与自然的和谐，生态立市就是以人与自然的和谐为主线。再次是宏观和谐，即让丽水成为长三角城市群中的功能型城市，成为长三角经济体系的有机组成部分，进而成为国内不可或缺的功能型城市。

在“跨越发展、和谐融入”理念的指导下，丽水迅速以其生态经济的魅力，成为浙江经济发展的新亮点之一。“秀山丽水”“浙江绿谷”“森林氧吧”等一系列美名，为这个地区和她所辖的城市与乡镇带来清新、神奇与浪漫的迷人色彩。与此同时，伴随着松阳有机绿茶、遂昌竹炭产品、庆元食用菌、缙云节能灯具等一批地方特色鲜明的生态、节能产品在国内国际市场崭露头角，以无公害、绿色、有机为特色的“丽水制造”品牌正在形成，丽水的经济以其生态产业的优势开始显示出强大的发展潜力与后劲。2004 年，丽水市出台《丽水市生态乡镇建设规划编制技术导则》《丽水市市级生态乡镇建设指标》《丽水市市级生态村考核标准（试行）》，开展生态乡镇、生态村创建活动。2005 年，莲都区富岭乡等三个乡被命名为全省第一批省级生态乡镇。

3. 绿水青山就是金山银山的绿色崛起阶段

步入 2006 年，丽水进入“十一五”规划时期。以习近平同志对丽水提出“绿水青山就是金山银山，对丽水来说尤为如此”的重要嘱托为标志，丽水改革开放迎来从自发到自为，统筹推进生态文明建设，探索构建生态价值实现机制，着力探索绿水青山与金山银山转化通道的绿色发展新阶段。2006 年 6 月 19 日，中共丽水市委、市人民政府召开“全市生态市建设暨创建国家环保模范城市动员大会”。开展“百村示范，千村整治”和生态市建设“创模”工作。各县（市、区）政府、市直有关部门与市人民政府签订 2006 年度生态市建设（含“创模”）工作目标责任书。6 月 21 日，中共丽水市委、市人民政府作出《关于创建国家环境保护模范城市的决定》。10 月，完成《丽水市创建国家环境保护模范城市规划（七个专项规划）》的编制工作。11 月 24 日，市委办、市府办发出《关于印发〈丽水市创建国家环境保护模范城市实施意见〉的通知》。

这一阶段，丽水还发力农旅大融合，着力推进农业生态化、规模化、标准化、品牌化、电商化，培育生态精品农产品“丽水山耕”、乡村休闲旅游“丽水山居”，深入实施农产品转化为旅游地商品三年行动计划。坚持全域发展导向，着力在高等级景区、旅游配套和服务、旅游“三化”改革实现新突破，加快培育生态旅游千亿级第一战略支柱产业。丽水全力推进创新区建设，努力在高质量发展上走在全国前列，确保与全省同步全面建成小康社会，同步全面建设社会主义现代化，全面建设人人向往的浙江大花园最美核心区、全国生态文明高地和世界级诗画丽水。据浙江省发布的《2006 浙江省社会发展水平综合评价报告》表明，丽水在全省 11 个地市中，社会发展水平增幅排名一跃再跃至第 6 位。其中“公共安全”和“生态环境”在全省居于领先地位。2006 年开始，丽水市开展“百村示范，千村整治”和生态市建设“创模”工作。2007 年，“中国生态第一市”提出建设生态文明的整体战略构想，开始实施新一轮十万农民异地转移、瓯江干流水生态保护与修复、生态公益林灾后复建、生态灾害预警监测等工程，努力筑好浙江生态屏障。

2008 年，丽水在全国率先发布《丽水市生态文明建设纲要(2008—2020)》(以下简称《纲要》)，这是全国地级市率先组织编制并系统推进实施生态文明建设的战略性纲要。以陈荣高为首的丽水市委贯彻落实好十七大精神和省委“两创”总战略,坚持举生态旗、打生态牌、走生态路，在全省率先提出建设生态文明的目标要求，提出要把丽水建设成为“全国生态文明建设先行区和示范区”的构想。在实践中，积极开展探索“三大改革创新”。其一是突出生态功能区调整的改革创新，编制并落实《丽水市生态环境功能区规划》,把全市划分为优化准入、重点准入、限制准入和禁止准入 4 类区域，其核心是解决“在哪里发展”“如何发展”的问题。实行差别化的区域开发和环境管理政策，该保护的严格保护好，该开发的以集聚式、集约式、集群式开发好。加强生态县(市、区)、生态乡镇、生态村建设，促进经济、社会和生态效益同步提升。把经济建设与生态建设协调发展作为干部绩效分类考核的标准，因地制宜地考核生态农业、生态工业、生态旅游业以及生态环境等发展指标要求。重点发展生态经济、优化生态环境、弘扬生态文化，做好生态“保护”“恢复”“优化”“建设”文章，推进生态产业、生态集聚、生态设施、生态涵养、生态文化工程，使丽水成为全国生态文明建设的先行区和示范区。其二是突出山区农民异地转移的改革创新，主攻“农民增收六大目标”，编制《丽水市十万农民异地转移规划(2008—2012)》，其中把山区农民异地转移和劳动力转移作为核心指标，并重点推进整村搬迁，其核心是解决“人往哪里去”的问题，致力于转移农民、减少农民、富裕农民，运用政策杠杆引导农民逐步向中心镇转移，向二、三产业转移，计划用五年时间异地转移山区农民 14 万人。其三是突出集体林权制度的改革创新，采取以山林延包、明晰产权为基础，破解林业史上盘活森林资源资产和农村信贷史上以林权为抵押物两大主要难题，努力实现“三个最大”：即满足最大需要——以激活森林资源促进林业生产力的发展，不断满足山区农民创业发展的融资需求；发挥最大优势——把促进资源流转与林木、资金等生产要素有机结合，充分发挥森林资源丰富的优势；落实最大政策——通过“资源变资本、活树变活钱、叶子变票子、青山变银行”，以少量的钱支持最需钱的人，办成最需办的事，把林权抵押贷款落实为“惠农”“扶农”的最大政策。

2008 年 8 月，丽水市委、市政府出台《关于进一步推进生态县(市、区)和生态乡镇村建设工作的意见》，要求全市九个县(市、区)计划于 2011 年前全部创成省级生态县。同年云和县、庆元县全面开展省级生态县创建工作，并通过省考核验收，于 2009 年 3 月被浙江省政府命名为第二批省级生态县。2009 年，莲都区、龙泉市、缙云县全面开展省级生态县创建工作，并通过省考核验收，于 2010 年 4 月被命名为第三批省级生态县(市、区)。2010 年，遂昌县、松阳县和景宁畲族自治县全面开展省级生态县创建工作，并申请省考核验收。

2008年，丽水市参照国家、省有关文件修订《市级生态乡镇建设标准》，修订后《标准》包括6项基本条件和12项建设指标。2009年，制定《丽水市生态文明指标体系及考核办法》。2010年，开创性地编制《丽水市生态休闲养生（养老）经济发展规划》。至2009年，全市建成国家级生态乡镇13个，省级生态乡镇93个，市级生态乡镇150个，市县级生态村815个，庆元、云和、莲都、龙泉、缙云等五个县（市、区）创成省级生态县。2010年10月22日，丽水市创建省级环保模范城市工作顺利通过省环保厅的技术评估。2010年，国家环保部发文将全国环境优美乡镇改称国家级生态乡镇。至年底，全市有乡镇13个获国家级生态乡镇命名，乡镇93个获省级生态乡镇命名，乡镇150个获市级生态乡镇命名。815个生态村创建工作通过验收，其中行政村403个被命名为市级生态村。2010年6月，国务院正式批准实施的《长江三角洲地区区域规划》明确提出：设立浙江湖州、丽水生态文明建设示范区。

（三）经验启示

进入新时代以来，全国不少后发地区就如何将生态优势转化为发展优势进行广泛探索。但从总体上讲，各地的探索及经验，无论是系统性还是成熟性都普遍有待加强。一方面，现有的相对成功的案例，大多数具有“盆景”的属性，试点范围往往局限于县域甚至特定乡镇范围，政府打造示范典型的色彩较浓；另一方面，已有的成功案例尽管在环境修复、治理，以及产业培育上取得可观的成效，但相关经验基本属于具体的操作方案范畴，相对规范、成熟的体制机制创新成果较少，更没有形成相对完整的生态文明建设的制度体系。在这样的背景下，丽水在全域范围全面推进的绿色发展实践，在打通绿水青山与金山银山通道，推进发展模式绿色化全面转型，构建现代生态文明体系上形成相对成熟和领先的实践经验。尽管丽水至今经济发展水平同发达地区相比还有很大的差距，丽水探索形成一整套促进高质量绿色发展体制机制尚未完全达到成熟、定型的水平，但丽水全域性、体系化的绿色发展探索实践，在充分发挥市场在资源配置中的决定性作用的同时，更好地发挥政府的作用，在破解普遍制约后发地区高质量绿色发展一系列世界性难题上都作出自己独特的探索，并取得显著的发展成效，其经验对广大后发地区摆脱依附性发展困境，实现自主性发展具有广泛借鉴意义。

总　　述

总 述

旧江浙之巅，六江之源；江南秘境，秀山丽水。

丽水古名处州，地处浙江省西南部，东南与温州市永嘉县、瓯海区、瑞安市、文成县、泰顺县接壤；西南与福建省宁德市寿宁县，南平市政和县、松溪县、浦城县毗连；西北与衢州市、江山市、衢江区、龙游县相接；北部与金华市婺城区、武义县、永康市、磐安县交界；东北与台州市仙居县相连。丽水境域介于北纬 27°25′—28°57′，东经 118°41′—120°26′。据明代《名胜志》记载，“隋开皇九年，处士星见于分野，因置处州”。2010 年，丽水市域面积 17275.2 平方千米，是全省陆域面积最大的地级市（约占全国的 1/600，全省的 1/6），总人口 270 万，下辖 1 区 1 市 7 县（莲都区、龙泉市、青田县、云和县、庆元县、缙云县、遂昌县、松阳县、景宁畲族自治县）。

丽水是“浙江绿谷”，是华东地区重要生态屏障，有着无与伦比的生态优势，有“中国生态第一市”的美誉。2002 年 11 月，习近平第一次来到丽水，由衷赞叹“秀山丽水、天生丽质”。丽水是浙江省历史文化名城、中国地级市第一个民间艺术之乡，历史文化遗存丰富。蜚声中外的龙泉青瓷、龙泉宝剑、青田石雕被誉为“丽水三宝”。丽水是中国优秀旅游城市,全域就是一个千姿百态的大花园，画乡莲都、剑瓷龙泉、世界青田、童话云和、廊桥庆元、仙都缙云、淘金遂昌、田园松阳、畲乡景宁各具特色，风光旖旎，精彩纷呈。丽水是全省唯一所有县（市、区）都是革命老根据地县的地级市。周恩来、刘英、粟裕等革命领导人在丽水留下战斗足迹。

丽水是习近平总书记“绿水青山就是金山银山”理念的重要萌发地和先行实践地。2000 年撤地设市后，丽水坚定生态优先、绿色发展的核心战略定力,以“绿起来”首先带动“富起来”进而加快实现“强起来”，精彩书写践行“绿水青山就是金山银山”理念的时代答卷。

一、丽水是一座别具魅力的生态之城

丽水是习近平特别关爱的地方。习近平同志主政浙江期间，曾八次深入丽水调研指导工作。赞其“秀山丽水、天生丽质”，指出“丽水城市发展的未来形态是一江双城、三面环水，这是丽水最大的特色，是浙江省其他城市所无法比拟的”“绿水青山就是金山银山，对丽水来说尤为如此”，强调丽水“在城市设计、建筑风格和街景立面等方面，要特别注意人文景观与自然景观的和谐相融，把完善城市功能与优化人居环境结合起来，真正体现山水城市的特色”，殷切嘱托丽水发展成为名副其实的“秀山丽水、养生福地”。丽水把践行“绿水青山就是金山银山”发展理念作为第一担当，着力打造全国生态保护和生态经济发展“双示范区”，走出了一条“绿水青山就是金山银山”绿色生态发展之路。

“万山之都”，环处皆山

江浙之巅。丽水市地处江山至绍兴断裂带东南部，地势由西南向东北倾斜，西南部以中山为主，间有低山、丘陵和山间谷地；东北部以低山为主，间有中山及河谷盆地。最低处是青田县温溪镇，海拔 7 米。2010 年，丽水市土地面积 17298 平方千米，其中山地占 88.42%，耕地占 5.15%，溪流、道路、村庄等占 6.43%，谓之“九山半水半分田”。丽水属浙闽隆起区组成部分，山脉属武夷山系，主要有仙霞岭、洞宫山、栝苍山，呈西南向东北走向，分别延伸西北部、西南部和东北部。有海拔 1000 米以上的山峰 3573 座，1500 米以上的山峰 244 座，其中龙泉市凤阳山黄茅尖与庆元县百山祖，分别为江浙第一、第二高峰。黄茅尖位于龙泉市境内，是长三角第一高峰和浙江省第一高峰，是武夷山系洞宫山脉主峰，海拔 1929 米，为闽江和瓯江分水岭。百山祖与黄茅尖遥相呼应，同属武夷山系洞宫山脉，又称万里林山，主峰雾林山海拔 1856.7 米，被誉为“百山之祖”。东西岩位于丽水市区西北 19 千米的老竹畲族镇境内。整个景区属典型的丹霞地貌，因东、西两岩石相对峙而得名。南明山位于丽水城南 2 千米处，与城区隔瓯江相望，有“栝苍之胜”之美誉。尤以摩崖石刻闻名，其中以葛洪、沈括和米芾的手迹最为珍贵。白云山位于丽水城北，距城 5 千米，古时为丽水八景之一，1990 年列为省级森林公园。

群景竞秀。丽水是长三角地区的一块“净土”，拥有全国农业旅游示范点松阳卯山、全国工业旅游示范点龙泉宝剑厂、浙江省红色旅游经典示范区王村口镇、浙江省首家国家矿山公园遂昌金矿、浙江省五星级农家乐经营点松阳四都寨头摄影休闲园。2005 年 1 月，丽水市被命名第三批国家级生态示范区。2009 年 12 月，丽水市相继被命名“中国优秀旅游城市”“中国优秀生态旅游城市”。2010 年，丽水市有对外开放旅游点 68 个，其中国家 AAAA 级旅游景区 12 家，分别是莲都东西岩风景区、龙泉山景区、中国青田石雕文化旅游区、青田石门洞、缙云仙都景区、缙云黄龙景区、遂昌南尖岩景区、遂昌金矿国家矿山公园、遂昌县神龙飞瀑景区、遂昌千佛山、中国畲乡之窗景区、景宁云中大漈；AAA 级景区 7 家。国家级风景名胜区缙云仙都以山地峰岩景观著称，省级风景名胜区有丽水南明山—东西岩、景宁大漈、青田石门洞、松阳“箬寮—安岱后”和庆元“双苗尖—月山”等 5 个，市、县（市、区）级风景名胜区有遂昌南尖岩、松阳双童积雪等。风景区内不仅广布奇峰、异洞、幽谷、流泉，还有众多的摩崖题刻、古建筑群、宗教寺观等人文景观。全市建有各级自然保护区（含自然保护小区）83 个，其中森林生态系统类型的有国家级自然保护区龙泉凤阳山—庆元百山祖、遂昌九龙山，省级自然保护区景宁望东垟高山湿地，以及县级自然保护区松阳箬寮岘。全市建有省级以上森林公园 11 个，其中省级森林公园有莲都白云山、大山峰，云和仙宫湖，龙泉龙渊，景宁草鱼塘，缙云大洋山、栝苍山，庆元巾子峰 8 个；国家级森林公园有遂昌、青田石门洞、松阳卯山 3 个。瓯江流域人工湖泊众多，景观如同天成。仙宫湖周围有“夏洞天”“八仙洞”“九潭十八湾”等景观。千峡湖拥有千峡环湖的壮丽景象，给人无限遐想，是又一个风景如画、休闲旅游场所。2009 年 9 月，在联合国教科文组织保护非物质文化遗产政府间委员会第四次会议上，龙泉青瓷传统烧制技艺被列入《人类非物质文化遗产代表作名录》，龙泉青瓷成为全球第一个且是唯一一个入选人类“非物质文化遗产”的陶瓷类项目，包括

庆元在内的浙闽两省联合申报的“中国木拱桥传统营造技艺”被列入《急需保护的非物质文化遗产名录》。国家级非物质文化遗产有松阳高腔、青田石雕、龙泉青瓷烧制技艺、龙泉宝剑锻制技艺等11项，浙江省民族民间艺术保护名录62项。国家级文物保护单位有龙泉大窑青瓷古窑址、莲都通济堰、景宁时思寺、缙云仙都摩崖题记、庆元如龙桥、松阳延庆寺塔等6处，省级文物保护单位有莲都南明山摩崖题刻、灵鹫寺石塔、龙泉永和桥等34处，市级文物保护单位120处，省级历史文化名城有龙泉市、松阳县，历史文化街区、村镇9处。省级历史文化保护区有丽水西溪、龙泉上田、青田阜山、缙云河阳、遂昌独山、遂昌王村口、松阳石仓、松阳界首、庆元大济9处；人文景观，古有明御史中丞兼太史令刘基读书处、松阳兄弟进士牌坊、龙泉剑池遗址、缙云独峰书院等，近有革命遗址遂昌县王村口红军挺进师旧址群、龙泉市水塔村中共浙西南特委驻地、莲都区厦河村中共浙江省委机关旧址、青田县东源镇周恩来题词纪念碑以及畲族风情、龙泉登山、仙都攀岩、青田石雕等。丽水市逐渐形成以山水观光和畲乡文化、侨乡文化、剑瓷文化、黄帝文化、摄影文化为主要载体的特色文化旅游产品。

以水为名，因水而兴

六江之地。丽水市域山脉与溪流走向平行，分布有瓯江、钱塘江、飞云江、椒江、闽江、赛江，被称为“六江之源”。仙霞岭山脉是瓯江水系与钱塘江水系的分水岭，洞宫山山脉是瓯江水系与闽江、飞云江和赛江的分水岭，栝苍山脉是瓯江水系与椒江水系的分水岭。两岸地形陡峻，江、溪源短流急，河床切割较深，水位受雨水影响暴涨暴落，属山溪性河流。瓯江发源于庆元县、龙泉市交界的洞宫山锅帽尖西北麓，自西向东蜿蜒过境，干流长384千米，境内干流长316千米，流域面积18100平方千米，境内流域面积13105平方千米，占全市总面积75.86%，是全市第一大江。云和湖、南明湖和千峡湖是瓯江上的三颗明珠。云和湖也称仙宫湖，位于瓯江上游云和县境内。1981年，因建造水电站而成，1997年，被列为省级森林公园。南明湖位于丽水市区莲都区境内。2006年10月1日，瓯江干流开潭水利枢纽工程水库下闸正式蓄水，在丽水主城区形成人工湖。湖岸线全长约16千米，湖面宽度0.2—0.6千米，湖面积5.6平方千米，库容2800万立方米，与杭州西湖水域面积相当。千峡湖位于瓯江支流小溪中游青田县境内。2008年4月29日，浙江省第二大水库——滩坑水库下闸蓄水。这是一项继新安江电站之后全省最大的水电建设项目,拥有库区水面70多平方千米，水库总库容41.5亿立方米。2010年，滩坑水库更名千峡湖，是全省第二、全市最大的人工湖泊。椒江位居浙江主要河流的第三位，主流发源于丽水缙云县与仙居县交界的栝苍山天堂尖，总长206千米，流域面积5711平方千米。飞云江源头在景宁畲族自治县景南乡东塘行政村白云尖西北坡坑，全长203千米，流域面积3252平方千米。乌溪江是钱塘江南源主要支流之一，发源于仙霞岭，流经丽水龙泉、遂昌两市县，长150千米，流域面积2570平方千米。含沙量小，水力资源丰富，居钱塘江各支流之首位。松源溪是闽江重要支流，长59千米，流域面积454平方千米。松源溪北支源出庆元县境洞宫山脉主峰百山祖的西北麓；南支源出丽水庆元县举水乡岗尖西北麓。

中国水电第一市。丽水境内水系密布，水力资源极其丰富。其中瓯江发源于丽水并贯穿于丽水市段长约299.3千米，是浙江省内降水最为丰富的河流之一。瓯江两岸地形陡峻，江溪源短流急，河床切割较深，落差很大，水能资源蕴藏量丰富。瓯江丽水段水能资源理论蕴藏量396.36万千瓦，可开发常规水电资源327.83万千瓦，约占浙江省可开发总量的40%。2004年，景宁畲族自治县被水利部授予“中国农村水电之乡”称号。2006年11月，丽水市被水利部授予“中国水电第一市”称号。至2007年底，丽水市5万千瓦以下的小水电装机总容量122.59万千瓦，成为全省乃至全国首个实现超百万小水电装机的地级市。丽水所有县（市、区）均实现农村水电电气化。至2009年底，全市建成水电站774处，总装机239.16万千瓦，其中农村水电站771处，装机总容量141.36万千瓦。2009年，丽水市水电发电量39.26亿千瓦时。至2010年底，丽水市投产水电装机容量246.35万千瓦，其中农村水电站装容量机148.55万千瓦，水电资源开发率80%以上，2010年，全市发电量近68亿千瓦时。“丽水小水电”已成为丽水的一张金名片。

以绿为美，生态立市

中国生态第一市。丽水市青山画城，绿水兴城；城在山中，水在城中。丽水不仅是一座山环水绕的山水城市，也是一座会呼吸的生态城市。丽水乡村个个像是“有良田美池桑竹之属，阡陌交通，鸡犬相闻”现实版的桃花源。2000年撤地设市后，丽水成为一座“绿富美”的生态城市，生态环境质量位列全省第一、全国前列，生态环境质量公众满意度位居全省首位。作为国家级生态示范区，丽水有着“浙江绿谷”“中国生态第一市”和“华东天然氧吧”等诸多美誉。

丽水历来以生态建设为重点。1999年，丽水消灭宜林荒山。2000年7月，丽水市委进一步把推进生态文明建设作为引领新常态发展的核心任务，坚持系统化研究和整体化推进，加快丽水生态文明由全国先行区向示范区转变。2003年10月，丽水市通过第三批国家级生态示范区考核验收。2003年底，丽水进一步提出建设生态市的目标。2004年，国家环保总局命名丽水市为国家级生态示范区，是浙江省首获命名的地级市。

2004年4月，丽水生态市建设启动。同年，中国环境监测总站公布《中国生态环境质量评价研究》，丽水市9个县（市、区）全部进入全国前50位，其中庆元县名列第一。2008年7月，丽水市在全国率先制定《丽水市生态文明建设纲要》。2010年，全市林木绿化率81.62%，重点公益林建设77.56万公顷。国家级自然保护区龙泉凤阳山—庆元百山祖、遂昌九龙山，省级自然保护区景宁望东垟高山湿地。国家级森林公园4个、省级森林公园7个。云和县、遂昌县为国家级生态县，另外七县（市、区）均为省级生态县。全市地表水监测断面89个，符合Ⅰ、Ⅱ、Ⅲ类水标准的占97.7%。各县（市、区）城市空气质量均达到国家二级标准。丽水市区空气质量一级124天、二级233天，占全年天数的97.81%。丽水市区道路交通噪声等效声级66.6分贝，比2009年下降0.5分贝，达到国家控制标准。浙江省环保监测中心发布《2010年度浙江省生态环境状况评价报告》，丽水市生态环境状况指数为101，比2009年上升4.4，连续8年位居全省首位。2010年，丽水获得一张为天下所周知的绿色金名片——“中国生态第一市”。丽水市委出台《浙西南（丽水）生态屏障建设规划（2008—2012）》，并研究制定由33个指标组成的《生态文明建设考核办法》。同时，丽水积极探索实践“三大改革创新”，即突出生态功能区调整的改革创新、山区农民异地转移的改革创新、集体林权制度的改革创新。2007年，松阳县新兴乡、遂昌县三仁畲族乡获“全国环境优美乡镇”荣誉称号。2008年8月，中共丽水市委、市人民政府出台《关于进一步推进生态县（市、区）和生态乡镇村建设工作的意见》，明确2011年前全部创成省级生态县。同年，丽水市参照国家、浙江省有关文件修订《市级生态乡镇建设标准》，包括基本条件6项和建设指标12项。2009年，庆元县、云和县、莲都区、龙泉市、缙云县创成省级生态县。全市建成国家级生态乡镇13个，省级生态乡镇93个，市级生态乡镇150个，市县级生态村815个。2009年，丽水市制定《丽水市生态文明指标体系及考核办法》。2010年，丽水市开创性地编制《丽水市生态休闲养生（养老）经济发展规划》。2010年6月，国务院正式批准实施《长江三角洲地区区域规划》，其中明确提出："设立浙江湖州、丽水生态文明建设示范区"。2010年10月22日，丽水市创建省级环保模范城市工作顺利通过省环保厅的技术评估。至年底，全市有国家级生态乡镇13个，省级生态乡镇93个，市级生态乡镇150个，生态村创建工作通过验收815个，其中行政村403个被命名市级生态村。

二、丽水是一座历史悠远的世纪之城

丽水是一座既年轻而又古老的浙西南中心城市。"年轻"指丽水是浙江省最后一个撤地设市的地级市，时间是2000年5月。"古老"则因丽水早在新石器时代良渚文化时期，已有先民繁衍生息。古为扬州之域[①]，缙云之墟[②]。隋开皇九年（589），建置处州。丽水从此奠基并谱写古城1400多年钟灵毓秀、物华天宝的山水诗画卷轴。此后，丽水城一直都是浙西南政治、经济、军事和文化中心。

建置变动频繁的瓯越之城

先秦时期，丽水属于百越之地。据《汉书·地理志》记载，百越的范围"自交趾至会稽七八千里，百越杂处，各有种姓"。隋开皇九年（589），分松阳县东乡，建栝苍县。废临海、永嘉郡，建处州，辖栝苍、松阳、临海、永嘉、安固、乐成6个县，州治栝苍。隋开皇十二年（592），安固、乐成并入永嘉县，改处州为栝州，辖栝苍、松阳、临海、永嘉4个县。隋大业三年（607）年，改为永嘉郡。

唐武德四年（621），置丽水县，分栝苍及永康县地建缙云县，隶属婺州，复改永嘉郡为栝州，辖栝苍、丽水县，并设总管府。唐武德五年，以永嘉县置东嘉州，析永嘉县置安固、横阳等4个县。唐武德七年，改总管府为都督府；唐武德八年，遂昌并入松阳，废丽水县入栝苍县，栝州辖栝苍、松阳2个县。唐贞观元年（627），废都督府，栝州隶属江南道，永嘉、安固入栝州，栝州辖栝苍、松阳、永嘉、安固4个县。唐上元二年（675），划永嘉、安固县建温州。栝州辖栝苍、松阳2个县。唐登封元年（696），复设缙云县。栝州辖栝苍、松阳、缙云3个县。唐景云二年（711），复置遂昌县，分栝苍县地建青田县。栝州辖栝苍、松阳、缙云、青田、遂昌县，州治栝苍。唐开元二十一年（733），栝州隶属江南东道。唐天宝元年（742），改栝州为缙云郡。唐乾元元年（758），复名栝州，隶浙江东道节度。二年分松阳、遂昌县地建龙泉县。栝州辖栝苍、松阳、缙云、青田、遂昌、龙泉6个县。唐大历十四年（779）五月，复改栝州为处州，隶属浙江西道；改栝苍名丽水。唐建中元年（780），处州隶属浙江东道。唐建中二年，复属浙江西道。唐贞元三年（787），又隶浙江东道。后梁开平四年（910），改松阳

---

① 清光绪《处州府志》卷第一之"处州府建置沿革"载："处州，乃《禹贡》扬州之域。"

② 宋《太平御览》和宋《太平寰宇记》均载："处州缙云郡，古缙云之墟。"

县为长松县；后晋天福四年(939)，改长松县为白龙县，处州辖丽水、龙泉、遂昌、缙云、青田、白龙县，州治丽水。

宋至道三年(997)，宋真宗正式改道为路，划全国为15路，处州隶属两浙路。宋咸平二年(999)，复改白龙县为松阳县；宋熙宁七年(1074)，处州隶属两浙东路，九月，改属两浙路。宋熙宁九年，复属两浙东路。宋熙宁十年，又属两浙路。宋宣和三年(1121)，改龙泉县为剑川县。宋绍兴元年(1131)，复改剑川县为龙泉县。宋绍兴二年，处州隶属两浙东路。宋庆元三年(1197)，分龙泉县松源乡等地建庆元县，以年号取名。处州辖丽水、龙泉、遂昌、缙云、青田、松阳、庆元7个县。

元至元十三年(1276)改为处州路，隶属江淮行省；元至元二十一年，处州隶属江浙行中书省；元至正十九年(1359)改为安南府，随后改为处州府，辖丽水、龙泉、遂昌、松阳、缙云、青田、庆元7个县，隶属江浙行中书省。明洪武三年(1370)，废庆元县，设庆元巡检司。处州府辖丽水、龙泉、遂昌、松阳、缙云、青田6个县；明洪武九年，处州隶属浙江承宣布政使司；明洪武十三年，恢复庆元县，处州府辖丽水、龙泉、遂昌、松阳、缙云、青田、庆元7个县。明景泰三年(1452)起，分丽水县宣慈、应和2个乡及懿德乡北部地建宣平县，分丽水县浮云、元和2个乡建云和县，分青田县鸣鹤乡和柔远乡仙上里等地建景宁县。处州府辖丽水、松阳、缙云、青田、遂昌、庆元、宣平、云和、景宁10个县。明成化七年(1471)分遂昌县八都、九都建汤溪县，属金华府。清顺治元年(1644)，处州府隶属浙江省。清宣统三年(1911)，辛亥革命，设立处州军政分府，隶属浙江军政府。

民国元年(1912)，撤销处州军政分府，省直辖县。先后由瓯海道和丽水、第九、第六、第七行政督查区管辖，辖丽水、松阳、缙云、龙泉、庆元、宣平、景宁、云和8个县。民国3年6月，设瓯海道，辖丽水、松阳、缙云、青田、遂昌、龙泉、庆元、云和、景宁、宣平、永嘉、瑞安、乐清、平阳、泰顺、玉环16个县。民国16年3月，废道制，直属浙江省。辖丽水、松阳、缙云、青田、遂昌、龙泉、庆元、云和、景宁、宣平。民国21年6月，设第十一县政督察区，辖丽水、松阳、缙云、青田、遂昌、宣平6个县，署址丽水；设第十二县政督察区，辖龙泉、云和、景宁、庆元、泰顺5个县，署址龙泉。同年10月，改设第二特区、第三特区。民国24年6月，第二、第三特区改设丽水行政督察区。辖丽水、松阳、缙云、青田、遂昌、龙泉、庆元、云和、景宁、宣平10个县，署址丽水。民国25年4月，改设第九行政督察区。民国26年，隶属浙江省政府。民国32年5月，宣平县划归第四行政督察区，辖丽水、松阳、缙云、青田、遂昌、龙泉、庆元、云和、景宁。民国37年4月，改设第六行政督察区，划入文成、泰顺、宣平县。辖丽水、松阳、缙云、青田、遂昌、龙泉、庆元、云和、景宁、文成、泰顺、宣平12个县。7月，改设第七行政督察区，辖丽水、松阳、缙云、龙泉、庆元、云和、景宁、宣平。遂昌县划归第三行政督察区，文成、泰顺、青田划归第五行政督察区，署址云和。民国38年5月，建立处属专员公署，署址丽水。

1949年8月，设立第七专区，署址丽水。1949年10月，设丽水专区，辖丽水、松阳、缙云、云和、景宁、龙泉、庆元、宣平8个县。遂昌属衢州专区，青田属温州专区。1950年5月8日，丽水县驻地迁碧湖镇。1952年，撤销丽水专区：缙云并入金华专区，松阳、宣平并入衢州专区，丽水、云和、景宁、龙泉、庆元并入温州专区。5月，丽水县驻地由碧湖镇迁城关镇。7月，缙云县夏家畈村划归武义县。1954年11月15日，政务院批准撤销衢州专区，松阳、遂昌、宣平县划归金华专区(1955年3月实施)。1956年9月,撤区并乡,境内有县9个、区36个、乡镇293个。1958年,撤销宣平、松阳、庆元、云和4个县,宣平大部并入武义,曳岭区并入丽水县,松阳并入遂昌。5月,撤销云和县并入丽水,11月,撤销庆元县并入龙泉。1959年5月6日,青田县小舟乡黄坦村划归永嘉县。1960年1月7日,撤销景宁县,并入丽水县,县城定为云和镇。1962年6月,恢复云和县,区域为云和、景宁范围,丽水县政府迁回丽水。1963年5月,恢复丽水专区,辖丽水、云和(含景宁)、遂昌(含松阳)、龙泉(含庆元)、青田、缙云6个县,署驻丽水。下设区45个、公社287个。1968年11月,建立丽水地区革命委员会,下辖青田、缙云、龙泉、遂昌、云和、丽水县6个、区革命领导小组36个、人民公社革命委会289个。1973年7月17日,复置庆元县,辖丽水、青田、缙云、遂昌、龙泉、云和、庆元。1978年9月16日,改为丽水地区行政公署。1981年12月,撤销人民公社革命委员会,恢复人民公社管理委员会,辖有县7个、区47个、公社管理委员会302个。1982年1月30日,复置松阳县,辖丽水、青田、缙云、遂昌、龙泉、云和、庆元、松阳。1984年6月30日,置景宁畲族自治县。丽水地区辖丽水、青田、缙云、遂昌、云和、龙泉、庆元、松阳、景宁9个县。12月政社分设后,下设区52个、乡镇人民政府331个以及乡镇经济联合社285个。1986年3月1日,国务院批准撤销丽水县建置,设立丽水市(县级),隶属丽水地区。1988年12月,辖有市1个、县8个、区48个、乡镇334个。1990年12月26日,撤销龙泉县建置,设立龙泉市(县级)。全区辖市2个、县7个、区48个、乡镇334个。1992年撤区扩镇并乡后,全区辖市2个、县7个、镇61个、乡127个、民族乡6个。2000年5月20日,撤销丽水地区,设立丽水市。丽水市政府驻地莲都。撤销丽水市(县级),设立莲都区。龙泉市(县级)由省直辖,6月6日,委托丽水市代管龙泉市(县级)。7月18日,莲都区正式挂牌成立。7月19日,丽水市正式挂牌成立。2010年,丽水市辖市辖区1个、县7个、代管县级市1个,辖有街道30个、镇51个、乡100个。

城区不断拓展的成长之城

“处州不城山作堵,百嶂千峰自翔舞”。隋开皇九年(589),置处州,治所栝苍,城曰栝州,位于好溪与瓯江交汇处。唐贞元六年(790),刺史齐抗将城移建至万象山西的小栝苍山巅,从而形成东、北、西三面环山,南傍瓯江,山、水、城高度融合。处州古城依江扼山,连接婺、台、瓯、越、闽等地,素称“瓯婺八闽通衢”。唐至宋代,处州古城建址小栝苍山,称莲城,西面万象山麓。据何镗编纂《栝苍汇纪》卷十《保圉记》载:“初府城池在今城东七里,人称为古城,即其地也”。据清雍正《浙江通志》载:“旧城在府东南栝苍山麓”。据《方舆纪要》载:“旧城在府东南七里括苍山”。据此,丽水最早的古城址在2010年城东偏南的小栝苍山下古城村一带。城址濒大溪,北、东、西三面地势陡绝,宛如城垣,唯西南一面地形稍缓,因年代久远,水路改道,古城村处于好溪与大溪汇合处。据李吉甫编《元和郡县图志》载,唐贞元六年(790),处州刺史齐抗因“旧州秋溢,屡有水灾,北移四里就高原上”。据《栝苍汇记》载:“唐宋州治皆在焉”。据明成化《处州府志》载:“唐中和元年(881),卢约窃据是州徙今城”。故相传将徙之时,访之三平和尚。对曰:“黄牛卧处好安州。”乃迁。处州古城建于山丘岭岗间,不修城墙。立于州府衙署,万山峨峨,横在一目。城内千井堤封,隆楼杰阁。城中有太平坊,坊有黄灵桥。宋代,处州仍据山为城。宋道中年间(995—997),太守杨亿《与李起居书》描述城况,“石磴盘曲”“岗霭滴衣”。宋政和年间(1111—1117),太守钱竽《少微阁》诗,“过雨晓来添练水，好山晴后见莲城”。宋宣和年间（1119—1125），莲城东南“城堞几至颓废，州郡城壁弗完”。处州太守黄烈主持，依城址重修。“靖康之变，宋室南渡，四方之民云集二浙，百倍于常时”。据载，“临安之外的处州等地，也有许多来自北方的人”。处州城市人口增加。北宋早期，华祠岭仍是墓葬密集分布的岗阜，南宋初华祠岭形成横街三条。设有酒税署，有商贸集市。宋庆元三年（1197），处州知州赵善坚引丽阳溪之水入城。源头在清香桥停留后，水分二支。一支为西河，绕濠头街东过梨园巷市，经广运桥抵应星桥后出城。一支为东河，历黄灵桥，东过明秀桥经府治前折东过县治往南出镇东楼。此时，处州古城的城市功能相当完备。栝苍门外水陆码头更是兴盛。南宋喻良能《旧州治记》载其繁华：“琵琶捍拨。横陈州渚，渔舟贯楫出没烟波中，欸乃之声不绝于耳”。

元至元二十七年（1290），处州古城从小栝苍山下迁至万象山东。据明成化《处州府志》载：“割旧址之半而新之”。城址以万象山为界，唐宋旧城大都在城外，所筑新城即丽水城前身。新城建设之初，东北掘地为池，垒土为城；南面以溪为池，壅堤为城；西面就山为城，并溪为池。城周九里，建有六门。同年修成新城，处州府治从小栝苍山迁至枣山之南的“宋丞相汤思退故第”址。元大德六年（1302），府址在府治东枣山重建。明嘉靖三十六年（1557），栝苍驿于茭山之左迁枣山南麓府治之西。元至清代，丽水古城都以枣山之南的府前地段为中心，布置市政，安排街衢，发展城市。

明代至民国时期，处州古城建设集中于城墙修缮、道路铺设、河道疏浚。明嘉靖四十二年（1563），城墙高不足一丈，墙基松动不坚。夜闭城门，人如跨枕席一样翻进城内。明知府张大韶粜仓谷招募壮汉，采石加固。明崇祯八年（1635）大水，知府朱葵修筑栝苍、南明、行春濒溪三门城墙。清顺治十五年（1658），增高城墙。清康熙二十五年（1686）闰四月，水高城丈余，濒溪三城门毁坏。清康熙二十九年，知府刘廷玑重修。清康熙五十三年大水，城门城墙又毁。清雍正七至八年（1729—1730），丽水县知县王钧组织民工修筑。这次大修使用统一规格的城砖，重修后城高三丈五尺，厚一丈七尺，垛高七尺四寸，周一千八百五十丈有奇。清乾隆三十一年（1756），知县蓝衣经捐俸修城。清嘉庆五年（1800），知县邹世棨修筑。清咸丰八年（1858）、咸丰十一年太平军三次攻陷府城。清同治六年（1866），知府清安集民资及罚款修挖城濠。这是一次大规模的河道疏浚。据清道光《丽水县志》载：“自北而东者，绕岩泉门，迳行春门，抵外教场。自北而西者，绕通惠门入城。南临大溪，无濠。旧记谓望京门外，地形隆起，不宜为濠，恐绝地脉”。至此，府城东西两侧二三十米宽的护城河，挖掘疏浚完成。清道光十五年（1835），邑人颜学贤、谭学铭捐资，以石板修筑府城道路。

明清时期，丽水城分5隅25铺，街道井然，里巷幽深。民国时期，丽水城区设立四镇。全面抗日战争时期，日本侵略军入侵两次，丽水惨遭蹂躏。民国34年（1945），改设三镇。同年4月，合并为莲城镇，街市、民居囿于城墙之内。1949年10月，中华人民共和国成立初，丽水县定为专署所在地。1952—1962年，丽水专区撤销建置，各县分别隶属温州、金华、衢州专区，丽水县城仍为浙西南中心城市。1986年3月，丽水县撤销建置，改设丽水市（县级）。2000年5月，国务院批准丽水撤地设市，市、区两级行政中心设于此。丽水市（县级）改设莲都区。

1949年10月中华人民共和国成立后，人民政府尤为注重规划，改造丽水城市街容街貌。1958年，丽水、青田等县开始编制城市规划。1981年5月，丽水地区开始编制《丽水城市总体规划（1980—2000）》。1983年1月，完成初稿，1986年1月，省政府批准实施。规划期限20年。1987年

7 月，丽水市（县级）规划设计处修订《丽水市城市总体规划（1986—2000）》。1989 年 12 月，地区行政公署批准实施。规划期限 15 年。2000 年 5 月，丽水撤地设市后，极为重视加强城市的总体规划，市政建设、旧城改造速度加快。城市道路得到得到进一步扩建、拓建。公共交通、供排水、城市供电、供气（液化石油气）、城市绿化等公用事业和公共设施得到发展，全面实现亮化工程。2001 年，丽水市规划委员会成立。2004 年，丽水市编制新的城市总体规划，定位为浙西南中心城市，出台政策，进行旧城改造，撤村并居，改造城中村，编制丽水市域城镇体系规划。至 2010 年，丽水市全面加强城中村进行改造，城市管理，丽水市容市貌得到彻底改观。

1994 年 12 月，丽水市规划建筑设计处编制《丽水市城市总体规划（1996—2010）》，城市性质的是浙东西南部中心城市；城市目标定位是浙江省重要建材、林木加工和非金属矿产开发的原材料工业基地，农业基地、旅游观光疗养基地和出口创汇基地，华东地区重要的水电能源基地，形成浙闽沿海发展带和浙赣铁路线发展带之间的一条外向度、集约度较高的经济走廊。城市结构模式“一块两带”。2000 年 10 月，中国城市规划设计研究院编制《丽水市城市总体规划（2000—2020）》。2002 年 4 月，省政府批准实施。城市性质是浙江西南部中心城市。2005 年，丽水市政府委托浙江省城乡规划设计研究院修改上轮城市总体规划，编制《丽水市城市总体规划（2004—2020）》。2006 年 3 月，经省政府批准实施。城市性质是长三角西南翼地区山水人居和生态旅游城市，特色制造业基地和浙江西南部中心城市。市域空间发展总体框架为“一个中心城市、三个城镇带和多点分布的城镇网络”，市区（莲都区）城乡空间总体结构为“一心、一区块、二镇，多点及多片”。中心城市结构为“一江双城”，并在布局上形成“二轴、三心、三片”的结构。南城区建成特色制造业基地兼顾生活居住的产业功能区。布局形成“一心、二带、三片”结构。

丽水历经千年风雨沧桑，古城格局与街巷肌理至今基本完好。刘祠堂背等历史文化街区 3 个片区，自南向北分布，体现了明清时期丽水古城的风貌，且保存着象征城市兴盛的古城及其中轴线。城西有清咸丰五年（1855）修建的屡丰堰；城东有唐代修建的好溪堰；城南有南明湖穿城而过。西郊就是与古城脉络息息相关的碧湖古镇，为处州府城“街市”的重要组成部分。上游有建于南朝萧梁天监四年（505）的“国宝”通济堰，是浙江省最古老的大型水利设施，至 2010 年依然发挥巨大作用。

据 2000 年第五次人口普查统计，丽水市建成区面积 9.2 平方千米，人口 13.43 万人，城市化率 33.1%。2010 年第六次人口普查，丽水市城市化率 48.4%，建成区面积 31.89 平方千米，人口 31.28 万人。据《中国城市竞争力报告》载，丽水城市综合竞争力在全国 294 个地级以上城市中跻身前 100 位。九县（市、区）城市化水平也大为提高。

三省通衢的枢纽之城

丽水位于浙江、福建与江西三省通衢之地，由于山地自然条件影响，交通发展迟缓。20 世纪 30 年代，丽水境内交通主要依赖水路和古道。古道有通京大道、省际通道、州府大路和县乡大路，陆路 47 条；水路 6 条，主要为瓯江干流及诸多支流，形成初始的道路、水路交通网络体系。民国 21 年（1932），丽水始建丽温公路。此后，丽水公路事业获得发展，古道渐被公路替代。1949 年 10 月中华人民共和国成立后，丽水公路建设进入新时期。330 国道、省道、县乡公路的建设使丽水形成新的公路交通网络。1998 年 6 月，金丽温铁路建成通车，结束丽水没有铁路的历史，加快丽水经济社会发展。2005 年 12 月，金丽温高速公路建成和全线通车。2007 年，龙丽、丽龙高速公路建成通车。21 世纪初，丽水市实行“康庄工程”，乡村公路建设进展迅速，一大批古桥古道，作为历史文化遗产被保护。2010 年，丽水市进入高速公路时代。同年，全市高速公路 4 条，长度 328.77 千米，其中国家级高速公路 2 条，长度 229.68 千米；省级高速公路 2 条，长度 98.77 千米。2010 年 1 月，金丽温铁路扩能工程启动，丽水即将迈进高铁时代。

民国以前，处州交通管理未设专门机构和吏员，修道路，设驿站，由府、县派员督管。民间也有约定或不成文的交通规矩。1949 年 10 月，中华人民共和国成立后，设立专门管理机构，相关交通的法律法规日臻完善规范，交通部门各司其职，加强管理，完善机制，推进改革，确保水陆交通运输畅通无阻。充分发挥运输效能，推动丽水经济发展。现代物流逐渐取代传统货运成为多行业的复合型服务产业，在拉动内需、促进经济增长中居于重要地位。

浙西南中心城市丽水的交通区位条件优越，极具后发优势。作为长三角和海西区的交集地，丽水又是温州港、宁波港通往中西部的跳板和大通道。其境内的金丽温高速、丽龙高速、龙丽高速、金丽温铁路等枢纽，已构筑起丽水交通大动脉，高速铁路正在快速建设之中，丽水机场规划于“十二五”规划期间开始建设，500 吨级瓯江内河航线直至温州港。至 2010 年底，丽水市逐渐形成一个全新的丽水交通格局，推动经济和社会的全面发展。

资源丰盈的宝藏之城

丽水是浙江省矿产资源最丰富的地区。丽水市黑色金属、有色金属、贵金属、稀有金属及冶金辅助原料、化工原料、建材原料、非金属矿产、矿泉水、地热等矿产资源较为丰富。探明金（银）、铅锌、钼、稀土、叶蜡石、萤石、沸石、高岭土、珍珠岩、陶瓷黏土、花岗岩、建筑用凝灰岩等矿种 57 种，其中金属矿 25 种，非金属矿 30 种，水气矿产 2 种。矿产地 494 处，其中大型矿床 13 个，中型矿床 39 个，小型矿床 125 个，矿点 317 个。探明资源储量和开采的矿产 26 种，潜在经济价值近千亿元，其中金（银）、钼、叶蜡石、高岭土、沸石等储量居全省首位，缙云县沸石矿为全国三大沸石矿之一。

丽水自古就是中国古代重要的金属矿产地之一，铜、银、金采冶历史悠久。春秋时代，越国在浙西南采冶铜矿，铸造兵器。据碳 14 测定，遂昌金矿早在唐代就已经开始开采。世界上已知最早的脉金矿床地下开采遗址遂昌金矿，史称“永丰银场”，是浙江西南部地区古代开采银（金）矿产地 200 多处、古采洞 20000 多个中最典型的代表。遂昌金矿老洞最大的有 10 万多立方米，规模宏大，是丽水地区已知规模最大的古代地下黄金开采矿洞。明代永历至宣德年间（1646—1435），遂昌一度为中国乃至世界最大的矿银产地。遂昌金矿古代探矿技术十分先进，并可与历史文献记载相印证，具有极高的科技史研究价值。据中科院地质与地球物理研究所有关研究人员初步判断，遂昌金矿古代采用烧爆法开采。烧爆法在中国有 2000 多年的历史，秦代开凿都江堰宝瓶口，唐代开凿龙门砥柱，均使用了烧爆法。遂昌金矿的烧爆法遗迹，是中国古代烧爆法唯一见诸报道的实证，具有弥足珍贵的历史文化价值。遂昌金矿古代采用灰吹法冶炼，其中的制团烧结工艺领先世界，直到清宣统二年（1911）才由德国人发明现代冶金工业。遂昌金矿古代冶炼遗迹遗物，对于古代冶金史研究具有极高的价值。灰吹法冶炼工艺，在矿区一直延续使用到现代，在生产中具有现代冶金工艺不可替代的作用。此外，遂昌金矿在中国古代银矿坑冶中极具代表性。《菽园杂记》

记载了浙西南地区矿银的产量、矿政和矿冶技术，详实描述明代中后期矿政暴虐、官逼民反的矿政事件，记载了历史文化名人如明代大戏剧家汤显祖关于暴虐矿政的政治态度和政治活动，对研究明代矿政及其与社会、政治、经济、文化、军事之间的相互关系具有重大价值，是中国古代矿政史的珍贵史料。遂昌金矿古代采冶遗址是中国古代矿业史的珍贵遗产，也是世界文化遗产中的工业遗产。

丽水是“浙南林海”。2002 年开始，丽水市实施生态公益林、千里绿色长廊、退耕还林建设。全市林业用地面积 146.24 万公顷，其中有林地 134.19 万公顷。活立木总蓄积量 5899.78 万立方米，毛竹立竹量 31915.02 万株。森林覆盖率 80.79%，林木绿化率 81.62%。森林资源的特点，以针叶树最多。经过长期的植树造林，已于 1994 年消灭宜林荒山，1999 年实现绿化达标。全市有省级重点林业自然保护小区 81 片，总面积 13457.4 公顷。完成全民义务植树总面积 2093.33 公顷，总株数 547.3 万株，人均 3.7 株。2010 年 12 月 23 日，浙江省关注森林活动组委会发文授予丽水“浙江省森林城市”称号。

丽水被誉为浙江“动植物摇篮”。丽水市已知种子植物、苔藓植物、蕨类植物和大型真菌等 4262 种，其中种子植物 175 科，902 属，2926 种；大型真菌 14 目，51 科，176 属，716 种；苔藓植物 58 科，132 属，295 种；蕨类植物 41 科，88 属，325 种。已知野生动物有 2618 种，其中脊椎动物有 5 纲，38 目，110 科，304 属，505 种；昆虫类 20 目，200 科，2113 种。国家重点保护珍稀动植物有：植物 43 种，其中一级保护植物有百山祖冷杉、伯乐树、长喙毛茛泽泻、中华水韭、莼菜、宽距兰、红豆杉、南方红豆杉 8 种；二级保护植物有长柄双花木、福建柏、香果树、七子花、鹅掌楸、华东黄杉、白豆杉等 35 种。百山祖冷杉、九龙山榧、百山祖玉竹、景宁木兰为丽水市独有。动物 61 种，其中一类保护动物有华南虎、云豹、豹、梅花鹿、黑麂、金雕、白鹳、黄腹角雉、白颈长尾雉、鼋、金斑喙凤蝶等 11 种，二类保护动物有 50 种。2005 年 6 月，经联合国粮农组织（FOA）批准，有 1200 多年历史的青田县稻田养鱼系统成为首批 5 个世界农业非物质文化遗产保护项目之一。

丽水是浙西南“天然药园”。丽水因境内地形复杂多变，地势高低悬殊，气候垂直差异尤其明显，为中药材生产提供了优越自然地理条件。丽水也是畲族主要集居地，在长期迁移过程中，畲族吸纳了苗、瑶等少数民族的医药理论精华，发展丰富了本民族医药文化，累积成独具民族特色的畲族医药。古时，处州人民采用野生中药材抵御疾病。明万历《栝苍汇纪》载，处州有中药材 83 种：茯苓、白芷、仙茅、茱萸、厚朴、槐角、射干、艾、丹参、苦参、荆芥、乌药、五味子、桑白皮、黄连、黄栀、半夏、甘草、五加皮、牵牛子、芍药、前胡、地榆、商陆、青箱子、天南星、薄荷、紫苏、红花、紫草、威灵仙、石昌蒲、陈皮、枳壳、木香、淡竹、刘寄奴、枸杞子、枳实、粟、青皮、黄蘖、天门冬、地骨皮、茴香、桔梗、苍术、香附子、金银花、车前子、瓜蒌、天花粉、唐求子、何首乌、麦门冬、香薷、益母、苍耳、冬葵子、旋覆花、松脂、乾漆、连翘、薏苡仁、旁子、千金子、海金沙、泽兰子、水萍、风藤、甜葶苈、当归、常山、百合、黄精、青蒿、葛根、牡丹皮、黄柏、土芎、茵陈、干菊。据 1993 年版《丽水地区志》载，丽水野生中药材 5000 多种，其中国家收购 200 多种。2006 年，据《丽水市农业部门调查》载，丽水市中药材资源十分丰富，野生药材繁多，蕴藏量大，发现中药材资源 2033 种，占浙江省 85.24%。其中植物药 1813 种，占全省 1850 种 98%；中草药主要品种 251 种（全国中草药主要品种 363 种），占全国中草药主要品种 69.1%。珍稀名贵药用植物近100种，其中国家一级重点保护植物有银杏、南方红豆杉等，国家二级重点保护野生药材有凹叶厚朴等，国家三级重点保护野生药材有天冬、龙胆草等。中药材种质资源中优势品种有500多种，蕴藏量较大的有厚朴、野山楂、虎杖、鱼腥草、土茯苓、金樱子、益母草、黄精、茵陈、南沙参、车前草、金银花等品种，且特色药材种类繁多，开发价值较高。缙云米仁获"国家地理标志保护产品"称号，处州白莲、遂昌菊米获国家地理标志注册商标，本润覆盆子获国家原生态农产品基地,龙泉唯珍堂铁皮石斛生态博览园、缙云西红花养生园获"浙江省中医药文化养生旅游示范基地"。

三、丽水是一座蓄势起飞的活力之城

丽水素有"九山半水半分田"之称，山高坡陡，交通不便，信息闭塞，自然地理环境和行政体制是制约丽水经济发展的重要因素。1978年，丽水地区生产总值是1952年的4.2倍，低于全省5倍的水平。自1997年金温铁路开通、330复线的建成，交通落后的状况才得到局部改观。2000年5月，丽水在全省最后一个撤地设市，借助新世纪头十年千载难逢的重要战略机遇期和撤地设市的良好契机，充分发扬"勤劳质朴、坚韧不拔、负重拼搏、务实创新"的精神，经济发展潜力快速释放，发展活力显著增强。

农业生产历史悠久

丽水境内多山地，自古珍宝山中藏，非常适宜种植粮食、蚕桑、茶叶、蔬菜、水果、药材和杂粮等作物。丽水农业生产历史悠久，据好川遗址考古发现，新石器时代，丽水已出现原始农业。人们用石制刀、斧等种稻、养蚕，兼营捕猎。隋唐时期，丽水山区实行稻麦复种，其种茶技术日趋精湛，粮食、茶叶生产业已达到一定水平。唐代，丽水兴起蚕丝业。清代初年，丽水境内开始种植烟叶。民国26—38年(1937—1949)，丽水农业遭到战争破坏，但松阳等个别县，因省政府机关迁入而有所发展。1950年，丽水农村实施土地改革，开展互助合作运动，提出"以粮为纲"，粮食产值占农业产值的80%以上。1956年，丽水完成对农业的社会主义改造，生产力得以解放。1978年中共十一届三中全会后，丽水地区开始调整农业结构，提出"决不放松粮食生产，积极发展多种经营"的农业发展方针。1979年，全区多数生产队采取分组作业、小段包工、按定额计酬、超额完成任务给予一定奖励的办法。1980年，丽水地区实行定人员、定任务、定成本、定工分和超产奖励制度。1982年，丽水大力发展养殖业、茶叶、蚕桑、水果和食用菌，逐步建立起以家庭联产承包为基础的农村基本经营体制。1984年，全区全面推行家庭联产承包责任制，农民生产经营自主权逐步扩大，生产积极性大为提高，全区粮食产量92594万千克。20世纪80年代中期，地区行署加大改革农业经济结构改革力度，引导农业走农、林、牧、副、渔综合经营道路；扶持专业户、重点户发展商品生产，允许适当发展个体经济；扶持发展农村个体商业和服务业，允许农民个人或联户经营运输业等。全区乡镇企业崛起，非农产业发展迅速，"农业一统天下"局面被打破，出现农林牧副渔全面发展、农工商综合经营新局面。

20世纪80年代后期，丽水地区全面铺开农村经济改革，从实施联产承包生产责任制开始，到扩大农民生产经营自主权，改革农村土地经营制度和统分结合的双层经营制度，建立起与生产力发展相适应的农村经济体制，初步形成优质高产高效益的大农业格局。1990 年，全区开展农业综合开发，以市场为导向，以项目为纽带，以基地为重点，以技术为支柱，以实体为依托，提高农业综合效益。1995 年，全区把农业综合开发作为扩大经济总量的主攻方向之一，提出在山上“再造一个丽水”的口号，全力支持农业综合开发。20 世纪 90 年代中期，全区调整经济作物结构，放慢茶叶和蚕桑发展速度，调整食用菌品种结构，保持水干果和蔬菜的良好发展势头，加快笋竹两用林基地的发展步伐。至 2000 年，农、林、副、渔产值比重调整为 71.8%、12%、14.3%、1.9%。2000 年始，全市发展效益农业，种植业重点发展季节差栽培蔬菜和高山蔬菜、笋竹林、名优茶和花卉等；养殖业重点发展食草养殖和特种养殖。2005 年，全市农村三大产业比重为 14.3%、44.8%、40.9%。2009 年，全市农林牧副渔业产值 90.15 亿元。2010 年，全市农林牧副渔业产值 96.67 亿元，其中食用菌、茶叶、水果、蔬菜、畜牧五大主导产业产值 83.64 亿元。

因所处地理位置差别与山脉、地势的不同影响，丽水地区气候具有明显的水平地域性和垂直差异性，这也为发展多样性、多层次和多品种的生态立体农业而创造了有利条件。如今丽水已成为一个农、林、牧、渔各业全面发展的综合性农区。独特的生态优势，形成丽水特色农业，主要名特优农产品有香菇、木耳、笋干、茶叶、柑桔、杨梅、雪梨、黄花菜、缙云麻鸭、处州白莲、青田田鱼、松阳晒红烟等。

丽水是茶叶之乡。丽水自古产茶，素有“*世界绿茶看浙江，浙江绿茶丽水香*”美称。三国时期，丽水境内已种植茶叶。唐代，各县皆种茶叶。南宋，茶叶种植渐盛。宋代，处州设置茶业征管机构多处，统一管理茶叶。据《宋史》载：“*崇宁元年，诸路措置茶事官置司，处州即其州及遂昌、青田设置*”。明代，处州茶叶每年入贡朝廷。据《栝苍汇纪·食货纪》载：“*处州府贡：每岁额贡茶芽三十三斤*”。据明万历《栝苍汇记》载：“*缙云物产多茶*”“*缙云贡茶三斤*”。清代，处州“茶户”专门种植、采办茶叶，创制名茶龙泉云雾、景宁惠明等。清同治至光绪年间（1856—1908），处州名茶有龙泉云雾茶、景宁惠明茶等品种。2010 年，丽水市打造茶产业区域品牌，申报国家商标局注册“丽水香茶”集体商标及国家农业部农产品地理标志产品，境内有莲都梅峰茶、龙泉云雾茶、青田石门御茶、缙云仙都笋峰茶、遂昌龙谷丽人茶、松阳银猴茶、景宁惠明茶等。

丽水是香菇之源。食用菌是丽水市传统农业支柱产业。丽水食用菌 324 种，其中食用真菌 281 种，食药兼用真菌 43 种。主要有香菇、黑木耳、白木耳、灰树花、处州茯苓、灵芝、长裙竹荪等品种。庆元香菇是中国国家地理标志产品，庆元县被誉为“华东第一菇市”。丽水香菇栽培技术长期领先全国。宋代，处州已有香菇人工栽培记载。庆元、龙泉、景宁三县是世界香菇人工栽培发源地，先后被命名为“*中国香菇之乡*”“*中国灵芝之乡*”。元代，处州菇民陆续到福建、江西、安徽等省种植香菇。据明万历《栝苍汇纪》载，庆元县、龙泉县香蕈、朱蕈列为货类，菌、珍稀食药用菌、野生菌等特色菇类增加。民国 26—34 年（1937—1945），全面抗日战争时期，受战时影响和洋菇倾销冲击，全区食用菌生产形势恶化，产量萎缩。中华人民共和国成立后，香菇种植开始恢复。1978 年十一届三中全会后，香菇种植迎来了大发展的春天。2002 年，庆元香菇被国家质监总局列为原产地域产品保护地。同年，丽水市政府制定《庆元香菇原产地域产品保护管理办法》。2010 年，全市人工栽培食、药用菌 20 多种 7.4 亿袋，产量 5.3 亿千克，产值 19 亿元，占全国总量 45%左右。

丽水是菊米之乡。遂昌菊米，特别是原产于遂昌县石练镇“光菊”类中的“白菊”和“黄菊”，叶薄茎紫，茎叶花蕾均无绒毛，抗病性强，菊米经加工后，色泽黄中带绿，烫色明亮，清香爽口，产量高。据《增广本草纲目》载：“菊米，处州所出一种山中野菊，甚香且轻圆黄亮，云：败毒、散疔、祛风、清火明目为第一，产遂昌石练山”。它含有菊米内酯、蛋白质、黄酮甙、挥发油、氨基酸等营养成分及抗病要素，具有清热解毒、平肝降压、益肾养肾、降脂等作用，长期饮用既能养身保健，又能祛病延年，可抗衰老，是理想的天然保健饮品。1996 年，开始研究遂昌菊米的栽培技术，并推广应用。1998 年，遂昌菊米被评为浙江省优质农产品。2000 年，遂昌菊米获浙江省优质菊米成就奖金质奖杯。2001 年，遂昌菊米获中国浙江国际农业博览会金奖和中、日、韩第三届国际名茶评比特别奖。同年，遂昌菊米为地理标志证明商标，遂昌县被命名“中国菊米之乡”。至 2002 年，遂昌县建立无公害农产品生产基地 300 公顷，绿色食品生产基地 67 公顷，总产 25.35 万千克，实现产值 2028 万元，产品远销比利时、日本等地。

丽水是椪柑之乡。丽水市莲都区是浙江省获农产品奖项最多的县（市、区），为全国水果百强县，有荣获省（部）优以上称号 22 项、农产品 16 个，其中丽水椪柑为国优、部优、国际金奖产品。1996 年，丽水市（县级）被命名为“中国椪柑之乡”。丽水椪柑是浙江省唯一的“部优”椪柑。1995 年，丽水椪柑获“中国农业博览会”金奖。同年，丽水市（县级）被国务院命名为“中国椪柑之乡”。1996 年，丽水椪柑获韩国第二届博览会金奖，浙江省优质水果评比一等奖。1999 年，丽水椪柑获中国国际博览会金奖“名牌产品”称号。2002 年，丽水椪柑成为全省第一批获得“浙江绿色农产品”称号的绿色农产品。

丽水是莲子之乡。丽水白莲为浙江省著名特产，因丽水古称处州而得名，莲子称“处州白莲”。丽水早在八百年前即享有“莲城”之誉。处州白莲兼有粒大而圆、饱满、色白、肉绵、味甘五大特点，实属莲中之珍品，其性湿、味甘，有补中益气、安心养神、活络润肺、延年益寿等功效，是名贵药材和高级营养滋补品。

工业发展与时俱进

丽水工业文明的历史可谓源远流长。早在新石器时期晚期，丽水手工业已有萌芽。遂昌好川文化遗址出土陶器表明，当时制陶工艺已达到较高水平。南北朝时期，龙泉青瓷问世，并兴盛于南宋，丽水成为当时全国最大制瓷中心。西晋（266—316），丽水制砖业较为普遍。南北朝（420—589），出现陶瓷业、酿酒业、纺织业。青田石雕问世。隋唐时期（581—907），丽水、龙泉、遂昌、松阳分别有铜矿和银矿开采，遂昌设永丰银场。唐代（618—907），处州有家庭手工纺织业，生产纱、绢、绸、小绫、麻布、树皮布等；松阳开始采脂炼香。南宋绍兴至乾道年间（1131—1173），丽水、青田有产铁记载。宋元时期（960—1368），龙泉制瓷业兴盛。青田石雕发展并蜚声中外。明清时期（1368—1912），处州金属冶炼业兴起。清光绪三十一年（1905），丽水利用织布公司创办，成为全区新兴工业之先导。

民国时期，丽水传统手工业有所发展，主要集中于宝剑、石雕、陶瓷、造纸、纺织、酿造、矿产采冶、木材加工等。民国 8 年（1919），郑宝琳创办丽水普明电灯股份有限公司后，龙泉、松阳、缙云、青田相继开办火电。民国 13 年，丽水创办普昌火柴梗片厂，是全省规模最大的火柴梗片厂。民国 15 年，创建丽水燧昌火柴公司，普昌火柴梗片厂成为配套企业，成为全省五大火柴厂之一。民国

21 年，除云和、景宁外，各县先后创办私营印刷厂。民国 21 年，全区染坊 70 多家，其中缙云县 24 家。民国 22 年，全区有民营火电厂 7 家。民国 22 年，全区主要工业有棉织、丝织、漂染印花、火柴、印刷、造纸、陶瓷、石雕、爆竹、铁业、电气、酿造、制茶、榨油、卷烟、碾米等 16 种。据不完全统计，民国 23 年，全区工业品生产工厂（场）205 家。民国 25 年，浙江省政府建设厅经实业部批准青田钼矿正式开采。民国 26—34 年，丽水成为浙赣闽边区日用火柴生产基地。

1949 年中国人民共和国成立初，丽水有工业企业 16 家，年工业产值 264 万元。1949—1976 年，丽水工业艰难起步，历经恢复发展、社会主义改造、经济调整及工业学大庆的曲折过程。至 1978 年，丽水工业产值 6211 万元，比 1976 年增长 1.07 倍，占工农业总产值的 51.47%，首次超过农业产值。1978 年中共十一届三中全会后，丽水逐步实行社会主义市场经济体制，丽水工业进入全新发展时期，生产持续较快增长。全区坚持“发展基础工业”“发展社队工业”理念，强化党委领导下的厂长负责制和各项基本制度，进行企业整顿，开展以增强企业活力为中心的扩大企业自主权的经济体制改革。1980 年 3 月，丽水地委制定《丽水地区工业十年规划（1981—1990）》，提出加快工业发展、改革的总体思路。1981 年，全区加速企业联合，建立第一家计数器生产联合体，由以缙云仪表厂为主体的 14 家企业组成。1982 年 4 月，出台《丽水地区行政公署关于大力发展我区二轻集体工业的决定》。1984 年 5 月，制定《丽水地区行政公署关于大力发展乡镇企业的试行规定》。6 月，全区乡镇企业工作会议召开。7 月，全区执行《中共中央关于经济体制改革的决定》，坚持对内搞活经济、对外实行开放的政策，召开全区国营工业厂长会议，制定《中共丽水地委关于改革国营工业经济管理的若干具体规定》《中共丽水地委关于大力发展我区个体私营等非公有制经济的若干意见》，选择丽水羽绒厂进行改革试点。

20 世纪 90 年代，丽水工业企业普遍进行改制工作。1992 开始，丽水全面推行社会主义市场经济体制。2000 年 7 月，丽水市调整市、区二级工业部门管理归属。同年，中共丽水市委、市政府实施“生态立市、绿色兴市”战略，对工业采取抓企业改制，抓经济总量扩张，抓招商引资的“三抓”方针。同年，启动水阁工业区建设。同年底，全市完成改制工业企业 173 家，改制面 96.6%；改制城镇集体工业企业 142 户，改制面 90.44%。2001 年，中共丽水市委、市政府出台《丽水市人民政府关于扶持市直工业经济发展若干政策的意见》。同年，完成工业企业改制面 98%，集体工业企业改制面 95%。2003 年 12 月，中共丽水市委一届十次全体会议召开，提出“生态立市、工业强市、绿色兴市”发展战略，工业园区规划面积由 2000 年建市时的 38 平方千米调整到 2003 年的 178 平方千米。2004 年，全市引进工业类项目 283 项，投资额 39.8 亿元。6 月 17 日，浙江凯恩特种材料股份有限公司成功上市，是丽水市首家上市工业企业，是世界第二大、全国第一大电解电容器纸的生产研发企业，也是国家重点高新技术企业。9 月 25 日，云和县参加第二届中国国际礼品展览会，被中国轻工业联合会评为中国木制玩具城。2005 年，全市规模企业比上年增加 87 家，产值超亿元企业 68 家，其中市本级 10 家，市区工业产值突破百亿元。2006 年 9 月，丽水市政府全面加快推进开发区、园区建设工作。11 月，丽水南城开发区被浙江省政府批准为全省首个低丘缓坡综合开发利用试点。同年底，全市开发区（园区）10 个，入园企业 1400 家，投产企业 969 家，规模以上企业 306 家。至 2007 年底，丽水开发区引进企业 287 家，其中建成投产企业 239 家。2007 年 12 月 12 日，浙江方正电机股份有限公司成功上市，成为继浙江凯恩特种材料股份公司之后的丽水第二家上市公司。同年，丽水塑壳双绝缘缝纫电机和电子调速伺服电机，通过美国UL认证及德国莱茵公司TUV.CE.EMC认证。全市13个乡镇工业年产值超过20亿元。2008年12月，中共丽水市委、市政府调整开发区管理体制，明确开发区管委会对区内企业实行属地管理。2009年8月，国务院总理温家宝到丽水市调研工业经济，考察纳爱斯集团有限公司和意尔康集团有限公司。同年，丽水市经济贸易委员会制定下发《丽水市工业转型升级重点产业产品导向目录》，组织实施省级技术创新项目15项，新认定市级企业技术中心12家。2010年，丽水全市工业产值超1328亿元，规模以上工业产值1141亿元，工业产值亿元以上企业数176家，富有地方特色的块状产业36个，其中青田县不锈钢冶炼及制品产业、遂昌县建筑五金产业、缙云县机床工模具产业、市区日用化工产业等产值总量均超过40亿元。同年，丽水的浙江元立金属制品集团有限公司进入全国民营企业500强行列，成为全国最大的钉、丝、焊材生产企业。截至2010年，丽水全市国家级和省级开发区（工业园区）10家，入园企业3341家。

丽水是陶瓷业重镇。新石器时期晚期至夏商时期，丽水制陶业初步发展。遂昌好川文化遗址出土陶器762件，玉器98件，漆器26件，其中豆、鼎（三足盘）、簋、钵、罐、杯、鬶、盉为随葬陶器的基本组合。陶器数量多，且形态丰富多样，陶豆型式丰富，形制演变轨迹清晰，发展序列明确。器盘下发达的垂棱，器把上流行的圆形以及三角形镂孔是好川文化陶器显著造型特征，也是好川文化陶豆极具自身特点的装饰风格，表明手工业已见端倪。隋唐时期，丽水县西乡沙岸一带烧造酒缸、染缸、罐缸瓦及瓶、罐、罇、钵等陶器，吕埠坑生产碗、盘、壶、钵、盆、灯盏、纺轮等瓷器。五代时期，龙泉开始生产碗、盆、壶等民间用瓷。北宋晚期，龙泉县金村、大窑、洋游一带有窑40多处，其中大窑、金村窑青瓷生产贡品。南宋继续发展，龙泉县成为全国最大制瓷中心，龙泉县从高际头至垟坳头村沿溪十里，有窑53处。哥窑为全国官、哥、汝、定、钧五大名窑之一，弟窑誉为宋代名窑之一。元代，青瓷产品遍及瓯江两岸，云和县赤石、龙门，丽水县规溪、高溪、碧湖等地有窑200多处。以龙泉为中心，丽水、庆元、云和、景宁、松阳、遂昌、缙云等县均有青瓷生产。明代，丽水、庆元、遂昌、云和、松阳、景宁等地都有制陶工业。清代，青瓷生产逐渐衰落。民国6年（1917），龙泉县建立浙江省改良瓷器工厂。民国10年、11年，龙泉青瓷分别在美国费城、芝加哥博览会上获一等奖。民国26—34年，全面抗日战争时期，丽水交通闭塞，氧化铝短缺，多数瓷窑停业。抗日战争结束后，龙泉青瓷濒临绝境。1949年5月丽水解放后，青瓷逐渐恢复生产，丽水县高溪乡沙岸村手工艺人组织陶器生产合作社，后更名为碧湖陶瓷厂。1957年，按照周恩来总理“要恢复青瓷生产”指示，浙江省专家8人组成仿古小组，在1958年春天恢复龙泉青瓷第一炉窑。经过50年发展，龙泉青瓷步入一个全新的繁荣期。截至2010年，龙泉市有青瓷企业130多家，年产值2亿多元，从业人员3000多人，涌现出徐朝兴、毛正聪、夏侯文等国家级工艺美术大师。遂昌黑陶制作有上千年历史，艺术价值胜于实用价值。

丽水是石雕重要生产地和加工区。丽水青田县素有“石雕之乡”之美誉。青田石雕始于魏晋时期，浙江博物馆珍藏的六朝时殉葬品青田石雕小猪，已有1700多年历史。南宋时，主要生产文房雅具、石章、小件玩物等实用品。元代，由实用品转为艺术品。清代及民国时期，石雕艺术日趋成熟，涌现出一大批享誉海内外的民间艺人和作品。1978年中共十一届三中全会后，青田县政府引导石雕行业健康发展，专门成立石雕行业管理办公室，设立石雕研究中心，建造中国石雕城和中国石雕工艺品市场。两大市场坚持“以石会友、以人为本”的石文化经营理念，吸引四方客商。据 2000 年统计，中国石雕城日交易额 60 多万元，日接待客商近千人次，为全国最大石雕工艺品集散地和中国石文化观赏地。到 2004 年底，境内有石雕加工场 1000 多家，从业人员 30000 多人，石雕工艺品产值 4.3 亿元，成为浙江省工业经济重要区域传统特色产业之一。2006 年，青田石雕博物馆开馆，占地面积 5512 平方米，建筑面积 11648 平方米，总投资 2818 万元。馆藏项目囊括青田石雕各种史料、作品实物、石头种类等，进一步推动石雕行业和旅游业发展。

丽水是中国木制玩具之乡。丽水木制玩具生产有 30 多年历史，以云和最为著名，在国内乃至世界上都有一定影响。其中云和县是全国最大木制玩具生产和出口基地，被誉为“中国木制玩具之乡”。20 世纪 70 年代，云和县木制玩具开始生产。1986 年，云和县制定第一部地方标准《木制玩具通用技术条件》。同年，与中国轻工业进出口公司、浙江省轻工业进出口分公司签订三方联营协议，成立浙江省云和县玩具联营总厂。注册成立云和县振鹏工艺厂，是云和县第一家木制玩具私营企业。1988 年，云和县玩具公司获中华人民共和国轻工业部“全国出口创汇先进企业”称号和木制玩具质量铜奖。同年，云和县工艺美术总厂成立。1992 年，云和县设立云和镇工业园区，面积 3.2 万平方米。同年，云和县木制玩具产值突破 1000 万元。1993 年，第一批私营木制玩具企业 13 家入驻工业园区。1994 年，国家对外经济贸易部批准云和县有木制玩具自营出口权。云和县被评“中国木制玩具之乡”。全国人大常委会副委员长、民盟中央主席费孝通为云和题词“中国木制玩具城”。2006—2010 年，“十一五”规划期间，云和县木制玩具工业产值 91.16 亿元，年均增长 21.7%，出口创汇 2.23 亿美元，年均增幅 16.9%，开发新产品 3000 多个，商标注册总量由 2003 年 21 件发展到 150 件，被省商务厅、财政厅公布为第一批 50 个浙江省出口基地之一。木制玩具生产带动原材料供应、零部件加工、烘干、油漆、包装等配套企业发展，服务保障行业如技术、融资担保、中介服务企业也逐步兴起。在云和县木制玩具产品的带动下，龙泉市（安仁）、景宁等地木制玩具业也有较快发展。

丽水是浙江生态工业的重要增长极。丽水生态地位十分重要，这里不仅储存着当今世界最为宝贵的生态和绿色矿藏，而且还是浙江与华东地区的重要生态屏障，“天然氧吧”之称亦名实相符。2010 年，丽水森林覆盖率 80.79%，林木总蓄积量占浙江省三分之一，堪称华东乃至全国少有的“生物基因库”。丽水还是浙闽六大水系之源，人均水资源占有量是浙江省的 3.65 倍。据中国国家权威部门测算，整个丽水水能可开发装机容量为 278.6 万千瓦，约占浙江省的 34.8%，是华东地区最大的绿色能源基地。

基于如此生态优势，丽水走上保护绿色生态、发展绿色经济的可持续发展之路，亦为必然战略选择。20 世纪末，丽水处于温饱向小康迈进的关键时期。特别是 1998 年，丽水迎来了一次大的发展机遇，开始酝酿创建国家级生态示范区。基于丽水现实条件，丽水地委努力探索出一条极其富于丽水特色的区域经济和社会协调发展之路。1999 年 5 月，丽水向国家环保局提出申请国家级生态示范区，12 月，被批准为第四批国家级生态示范区建设试点单位。2000 年，丽水撤地设市，新成立的第一届丽水市委提出“生态立市、绿色兴市”的发展战略。在此战略指导下，丽水以生态示范区建设为落脚点，开始推进生态市建设。1999 年 12 月，丽水被批准为第四批国家级生态示范区建设试点单位。2000 年，丽水市政府出台《丽水市人民政府关于扶持市直工业经济发展若干政策的意见》。2001 年 5 月，丽水市人民政府编制完成并批准实施《丽水市生态示范区建设总体规划》。2002年，丽水“绿谷”之门已经打开，生态农业、生态工业、生态林业、生态旅游和生态城市等五大绿色产业初具规模，绿色食品香菇的出口量已占中国的1/3，在世界多个国家和地区广泛声誉。2003年，丽水市委提出“生态立市、工业强市、绿色兴市”的“三市并举”发展思路，同时提出打造“秀山丽水、浙江绿谷”的城市形象。

从此，“生态”与“绿色”成为丽水发展的主旋律与引导丽水发展的航向标，成为丽水向世人推出的两张国字号金名片。丽水的绿色产品带动了绿色产业的发展，绿色产业支撑了绿色经济的繁荣。丽水工业经济上台阶步伐明显加快，2001年突破200亿元大关，2005年突破400亿元，4年时间翻一番。2007年，丽水生态工业跃升至700亿元，2009年突破1000亿元大关。“秀山丽水”“浙江绿谷”“森林氧吧”等一系列美名，为丽水城市与乡镇带来了清新而洁净、神奇又浪漫的迷人色彩。丽水迅速以其生态经济的魅力，成为浙江经济发展的新亮点之一。

商贸发展源远流长

青山丽水瓯江行，万物同在画中游，丽水自古即为游客向往的游览胜地，也是水陆商贸路线上的重镇。丽水于东汉时，随着松阳、遂昌建立县制，开始形成商品贸易。隋唐，旅馆业、典当业萌芽发展，自然促进贸易。人口聚居较多的集镇和村落先有米店、酱油店等。继后，又有猪行、粮行、木头行等。晋代始，丽水为文人墨客寓居旅游兴盛之地。他们或溯瓯江而上，游历支溪小溪、好溪、松阴溪，写下无数赞美丽水山水诗篇，成为丽水旅游文化和商贸交往的宝贵财富，传播并提升了丽水文化品位。石门洞景区位于青田县城西北30千米瓯江北岸，集山林苍翠之优、文物荟萃之胜、飞瀑壮观之美、气候宜人之适，是一处兼具清、幽、灵、古、奇、险、野、趣之妙的“洞天仙境”。谢灵运任永嘉太守时，身临其境，纵笔抒怀，写下著名的《夜宿石门》：“朝搴苑中兰，畏彼霜下歇。暝还云际宿，弄此石上月。鸟鸣识夜栖，木落知风发。异音同致听，殊响俱清越。妙物莫为赏，芳醑谁与伐？美人竟不来，阳阿徒晞发。”唐代诗人作品中出现的丽水典型景观，日益增多。如李白《石门留题诗》：“何年霹雳惊，云散苍崖裂。直上泻银河，万古流不竭。”白居易《咏缙云仙都山鼎湖峰》：“黄帝旌旗去不回，片云孤石独崔嵬。有时风激鼎湖浪，散作晴天雨点来。”

丽水是“海上丝绸之路”内陆重要起始地之一。宋元时期，龙泉青瓷发展进入鼎盛时期。特别是在南宋时期，随着龙泉青瓷远销海外，丽水成了沿瓯江的重要商贸集中地。宋代，到过丽水的官员和文人名气更大，比如王安石、秦观、陆游、范成大、李之仪，其作品都拉近了处州府城与当代丽水城市形象和文风隆盛的距离。其中，在丽水负责酒税的秦观与任处州知府的范成大影响极为深远。如《千秋岁》：“水边沙外，城郭春寒退。花影乱，莺声碎。飘零疏酒盏，离别宽衣带。人不见，碧云暮合空相对。忆昔西池会，鹓鹭同飞盖。携手处，今谁在？日边清梦断，镜里朱颜改。春去也，飞红万点愁如海。”秦观这首“谪虔州日作”的诗词，苏轼、黄庭坚、李之仪等人都有次韵之作。苏轼与黄庭坚未曾来过丽水，而李之仪却游览过仙都、南明山、石门洞等地。宋熙宁六年（1073），沈括奉命察访农田水利，与李之仪等结伴而至丽水，同年12月12日，游览南明山。如今丽水南明山上还留有当年他们一起游玩时题字的摩崖石刻。范成大任处州知府时，励精图治，写下优美篇章，与尤袤、杨万里、陆游齐名，号称“中兴四大诗人”，留下丰富的旅游资源。

明代，刘基少年求学之所石门洞，留下大量历史人文遗迹和脍炙人口的故事、传说，如浣纱桥、木鱼岩、石门书院、刘基读书处、藏书石、刘基祠、乌龟岩、国师床、仙姑洞、白猿洞、道士冠等10多处；创制的菜肴菜名，如国师鱼、国师茶、国师家宴、国师酒、国师饼、国师豆腐汤、辅天粥等，成为助力旅游产业兴旺发达的文化标配。明万历二十一至二十六年（1593—1598），遂昌知县汤显祖勤政爱民，兴教办学，政绩显著。他因创作名作《牡丹亭》，被誉为“东方的莎士比亚”，成为丽水最有价值的文化商贸和旅游资源之一。明清时期，烟草是丽水早期进入贸易领域的商品。清代，各县城开始出现集市。清康熙年间（1662—1722），松阳有烟农从事烟叶购销。清嘉庆年间（1796—1821），丽水烟草销到杭州、上海等城市。清咸丰年间（1851—1862），烟草远销南洋一带。清光绪三十二年（1906），经温州出口烟叶110万千克，价值24.3万两海关银。民国17年（1928），遂昌县建立首家消费合作社。民国27年春，浙江省国民政府迁驻丽水，创办战时乡镇合作社、消费合作社、交易公店、物品供应处、贸易特种股份有限公司等经营机构，收购土特产品，供应日用品。民国期间，管理壶镇集贸市场物价有两种管理方式：一为同行议价；二为市场物价评定委员会评定。同行议价和评价的价格为参照价，不是强制价，但一般都没有很大差距。

1949年5月丽水解放后，政府整顿贸易市场，没收官僚资本的工商业为国家所有。同时，行政管理和经济措施双管齐下，以社会主义国营商业领导市场，严厉打击投机违法活动，平抑市场物价。为迅速恢复生产，安定市民生活，减少商人层层剥削，丽水专区人民政府在发展国营商业的同时，积极组织和发展合作社商业，以优待价格供应社员和市民生活必需品，合作社商业形成强大、独立系统，成为国营商业有力助手和商品流通的一条重要渠道。1950年，丽水专区结合调整公私关系，通过国营商业公司，采取加工订货、统购包销等形式，实行利用、限制、改造私营工商业的政策。1952年，开展“五反”运动，同时扩大批零差价，让出部分经营市场，组织物资交流，沟通城乡关系，促进市场繁荣。1953年开始，实行粮、油统购统销，凭证定量供应，逐步建立以计划分配调拨为主的物资流通体制。1954年始，把一些大型私营企业转为公私合营，逐步将私营工商业纳入国家计划轨道。随着农业社会主义改造高潮到来，私营工商业也实行公私合营。1956年始，进行私营商业社会主义改造。私营商店并入国营或合作商店。主要生活资料和生产资料实行计划分配，开始形成粮食、物资、供销合作社为主的统购统销商品流通渠道。但是，在有些行业的社会主义改造中，出现操之过急、集中度过高、核算单位过大和群众购买不便等问题，在分配上“吃大锅饭”，挫伤职工经营积极性，制约市场商品流通。1959—1961年国民经济严重困难时期，市场商品紧缺，部分商品实行高价供应，同时发放各种券证，定量供应。1963年始，随着生产发展，集市贸易恢复开放，市场供应逐步好转，逐渐缩小凭票供应范围。1966—1976年，丽水社会经济受到严重冲击。其间，全面计划管理日益显示出与生产力发展不相协调的缺点，计划供应范围又有所增加，商品生产和市场发育滞缓。

1978年中共十一届三中全会后，丽水流通领域改革从商品流通体制和商品管理体制两个方面展开，打破统收统支“吃大锅饭”局面，实行利改税，下放企业管理权限，逐步实现政企分开，实行“经理负责制”“经营承包责任制”，废除“三固定”办法，打破国营批发商业在流通领域一统天下的局面，逐步建立“三多一少”开放型市场。同时，积极引导私营、个体和其他非公有制经济发展。1978年，全区社会消费品销售17043万元。到1990年，“三多一少”[1]流通格局

---

① 三多一少：多种经济成份，多条流通渠道，多种经营方式，少环节。

业已形成，从而告别长期凭证凭票供应时代，商业贸易进入一个稳定繁荣发展时代。1992年邓小平南方谈话发表后，进一步解放人们的思想，逐步确立社会主义市场经济，一批新的商业街各具特色，业务逐步扩大到周边县(市)。2000年，丽水撤地设市，释放丽水商业流通的能量，基本形成消费品、生产资料和生产要素三大市场体系，同时形成一批规模大、辐射力强、层次高、经济效益和社会效益显著，在全省有一定影响力的大市场。2010年，全市实现社会消费品零售总额266.13亿元，比2009年增长18.3%。全市城镇消费市场(市县两级)实现社会消费品零售总额209.86亿元。县以下社会消费品零售总额56.27亿元，增长17.9%。2010年，全市开设生活资料连锁便利店的行政村225个，任务完成率375%。累计开设生活资料连锁便利店的行政村989个，行政村覆盖率34.7%。

2010年，丽水市编制完成《丽水市中心城市商业网点布局规划(2009—2020)》(送审稿)。规划提出到2020年，丽水市区要形成“三主、二副、多点”的整体商业格局。“三主”是指三个市级商业主中心。“二副”是指二个市级商业副中心。“多点”是指五个片区商业中心以及六个居住区商业中心。

丽水是浙江省重要旅游增长地。20世纪90年代后期，丽水旅游业全新崛起，成为丽水经济发展重要产业，旅游收入逐年增长。1993年，缙云县风景区管理局成立，是丽水地区最早成立的县级旅游主管部门。1997年3月12日，丽水地区制定《关于加快旅游业发展的若干意见》，成立丽水地区旅游局，商业、交通、航运系统相继成立接待国内游客的旅行社，旅游业成为丽水经济发展重要产业。1999年，丽水被批准为浙江省第一个地市级国家生态示范区建设试点地区。

21世纪初，丽水市旅游开发的战略方向是打造“长三角最有影响的生态休闲度假目的地”，注重旅游产品开发的品牌导向、文化导向和功能导向，逐步形成品牌目标清晰、文化特色浓郁、功能结构合理的市域旅游产品体系，分别推出“秀山丽水游”“畲族文化游”“休闲养生游”“文化探秘游”“红色文化游”等精品旅游线路。从此，丽水旅游业进入全新的发展时期，旅游产业开始成为经济社会发展重要产业，旅游业对市域经济的直接贡献在全省地级市中名列前茅；全市旅游产业保持高速发展，发展速度高于全省旅游业平均值和全市经济增长的平均值；旅游业对市域经济其他各产业的全面拉动作用加大，增加城镇商业服务业客源，带动旅游景区和乡村旅游点周边农业开发与农林渔产品销售，促进青田石雕、龙泉青瓷宝剑、遂昌和松阳黑陶、云和木制玩具等区域特色产业发展，丽水市的旅游事业呈现前所未有的繁荣景象。

2005年1月，丽水市被命名为第三批国家级生态示范区。2005年2月，丽水市在全省率先启动“红色之旅”旅游，推出“红色之旅”经典线路9条。举办红色旅游月、红色旅游主题日活动，结合“红色”与“绿色”“农家乐”，重点落实王村口红色古镇、安岱后红色古寨和斋郎村等项目，推出“缅怀先烈游线路”“挺进师之旅线路”和“红色古镇之旅线路”等红色之旅精品线路3条。

2009年12月至2010年12月23日，丽水相继被命名为“中国优秀旅游城市”“中国优秀生态旅游城市”和“浙江省森林城市”等称号，并获评首批国家级生态保护与建设示范区。2010年，丽水全市旅游经济依然保持强劲增长态势，全市旅游总收入全市GDP的比重18.1%，位列全省第二；旅游总收入相当于全市第三产业增加值的45%，位列全省第三；旅游接待量从2005年不到500万人次跃升到2078.22万人次，实现规划指标数212%；旅游总收入从2005年不到30亿元跃升到116.55亿元，实现规划指标数160%。2010年，丽水对外开放旅游点68个，其中国家AAAA

级旅游景区 12 家。悠久灿烂的农耕文化、人文历史文化，共同构成丽水璀璨夺目的文化要素，并形成丽水旅游产业的鲜明特色。

四、丽水是一座人文荟萃的文化之城

丽水是浙西南文明的发源地，早在新石器时期就有人类在此繁衍生息，留有众多的古文化遗址，有好川文化遗址、牛门岗古文化遗址、阴岗山古文化遗址。遂昌县好川文化遗址位于遂昌县三仁乡好川村岭头岗。遗址总面积约 101824 平方米，重点保护范围面积约 12720 平方米。1997 年 4 月，好川村开山造田时发现该遗址，后由浙江省文物考古研究所主持进行抢救性发掘，揭露遗址面积约 3000 平方米，清理出墓葬 80 多座，灰坑 3 个。根据墓葬随葬品的类型学排比和墓葬层位关系推断，好川墓地的相对年代相当于良渚文化晚期到夏末商初，前后积年约 600 年。1997 年，好川文化遗址的发掘项目被评为全国十大考古新发现提名荣誉奖，同时在《好川墓地》发掘报告中被命名为“好川文化”。2005 年，好川文化遗址被公布为省级文物保护单位。龙泉市牛门岗古文化遗址于 1958 年，发现石斧、石刀、石锛、石镞、石纺轮、石坠等器物。1981 年，牛门岗古文化遗址又发现印纹陶片、原始瓷片、恐龙蛋化石等物，经考古工作者鉴定，系新石器时代遗址，属良渚文化类型。松阳县古市镇筏铺村阴岗山古文化遗址，先后出土石斧、石镞、石环、石刀及印纹凹底罐和印纹陶片，纹饰有雷纹、米字纹、席纹、叶脉纹等，属新石器时代。

文学艺术群星荟萃

丽水古典诗词成就斐然。风雅之城丽水，凭山水文化而遐迩闻名，自古以来它就是文人雅士聚集地，如谢灵运、李白、白居易、秦观、范成大、陆游、朱熹、叶绍翁、叶适、高则诚、刘基、汤显祖等历史文化名人，或丽水为官，或游历丽水，皆留下无数脍炙人口诗句。如唐代诗人李白游历青田石门洞后，题下大气磅礴的“何年霹震惊，云散苍崖裂。直上泻银河，万古流不竭”诗句。南宋龙泉诗人叶绍翁一句“春色满园关不住，一枝红杏出墙来”为千古传诵名篇。明代戏剧家汤显祖于遂昌任知县期间，描绘此地富于“山也清，水也清，人在山阴道上行，春云处处生”之美景……耕读诗书传家久、入朝为仕济苍生的普世价值，始终是构筑丽水这座风雅之城的基座，并融入血脉，植入文心。宋代考中进士 900 多人，占丽水从唐至清代考取进士人数的八成还多。丽水古代汇集其作品的各种诗词文集亦为数不少。姜特立，丽水人，南宋著名诗人，生年不详，卒于宋绍熙年间（1190—1194）。诗有唐贤风格，《四库提要》评价“意境特为超旷，往往自然流露，不事雕琢”。韩元吉、陆游、杨万里均称赏之。主要著作有《梅山稿》《梅山续稿》等十八卷。其中《梅山稿》已佚。叶绍翁（1169—1239），龙泉人，著有《靖逸小集》。张玉娘（1250—1276），松阳人，著有《兰雪集》两卷，中国文学史将她与李清照、朱淑贞、吴淑姬誉为“宋代四大女词人”。明代刘基（1311—1375），青田九都武阳村人，著有《诚意伯文集》20 卷。清末民国时期，魏兰（1866—1928），云和人，著有《再生室吟草》《浮云集》《魏氏诗集》。

丽水戏剧文学源远流长。丽水是“南戏”源头之一。元代，永嘉高则诚于丽水县姜山悬藜阁撰写的《琵琶记》，被古今戏曲家推为“南戏之祖”和“南曲之首”。明万历二十一至二十六年（1593—1598），遂昌知县汤显祖写有《牡丹亭》。抗日战争期间，一批客籍作家云集丽水，自编《牧童》《牛顿》等剧目演出。中华人民共和国成立后，群众自编自演较多。1949 年，景宁葛山小学民主剧团自编自演《木兰从军》《牧草姑娘》等剧目。1953 年，全省农村剧团就地会演，《喜事》《杀人偿命》《童养媳》《血海深仇》等获自编自演一等奖。1954 年后，剧目《杨滚花枪》《两兄弟》《雷雨夜》获省创作奖。1958 年，戏剧创作反映“大跃进”，创作剧目《钢帅升帐》《老黄忠》《英雄赛好汉》《三八妇女炼钢炉》获省剧目奖、演出奖。1964—1965 年，丽水地区建立创作组，加工现代剧《畲庄新歌》《龙头岩》《分配之争》《佛面狼心》等剧目。“文化大革命”期间，文艺工作者创作《雁溪风雷》《喜事新风》《山乡红小兵》等剧目。1976 年后，丽水地区文艺创作异常活跃，剧目《巧相亲》《汤公除霸》《八百两》《冒尖户的亲事》等获省创作奖、作品奖和演出奖。1977—1983 年，文艺创作调演剧目获地区级奖 124 个，获省级奖 34 个，获国家级奖 7 个。1984 年，《三公主》获全国少数民族剧本团结奖。1985 年，《范进中举》获省第二届戏剧节演出二等奖，《莫问奴归处》获戏剧创作二等奖。

丽水小说作家层出不穷。丽水古典文学辉煌灿烂，近现代文学后来居上。小说方面，丽水最早的小说家可追溯到唐末五代的杜光庭，其传奇小说《虬髯客传》，人物刻画尤为鲜明突出，文笔亦细腻生动，被认为是中国“武侠小说”的鼻祖。此后，直到 1919 年五四运动，丽水小说家创作情况没有留下资料。1919 年五四运动后，丽水革命文学创作兴起，尤以抗日战争时期的抗战文学最为突出。小说创作有旅新加坡丽水籍华侨林参天的长篇小说《浪烟》和短篇小说集《余衷》，松阳人江天蔚的长篇小说《情魔》，许廑父的长篇小说《镜花新缘》，流萤的短篇小说《一件小事》，以及一些来到丽水的进步人士，如葛琴等人的中篇小说《窖场》、短篇小说集《生命》《伴侣》等。1982 年，吴广宏的短篇小说《“天使”与“野马”》获萌芽文学奖，短篇小说《梅花天宝》获浙江省 1981—1982 年优秀作品奖，1984 年结集出版《“天使”与“野马”》。1986 年，唐宗龙的长篇小说《铁弓传奇》出版。20 世纪 90 年代，丽水小说创作迎来繁荣时期。作家阙迪伟开始活跃于全国文坛，先后在《人民文学》等刊物上发表长篇小说 1 部，中篇小说近 40 部，短篇小说 30 多篇，电影剧本 2 部以及报告文学、散文若干。《小说选刊》多次选载其作品。中篇小说《乡村行动》被改编拍摄成电影《光荣的愤怒》在全国公映。短篇小说《村长有事》获《小说月报》第八届百花奖，中篇小说《一曲未了》《新闻》《一亩二分地》等连获三届（1990—1999）浙江省优秀文学作品奖。2003 年 4 月，浙江省作家协会在杭州为阙迪伟举办小说研讨会，高度评价其小说创作与艺术追求。2009 年，阙迪伟获丽水市政府首届绿谷文化奖文学突出成就奖。坚持乡村小说创作的韦晓光，先后发表中篇小说《摘贫帽》等 10 多部，短篇小说若干，多部小说入选《中篇小说选刊》《新华文摘》，中篇小说《换头》获浙江省优秀小说奖。何丽萍在《收获》《人民文学》《当代》等杂志发表中短篇小说、散文 80 多万字。诺贝尔文学奖获得者、著名作家莫言祖籍丽水龙泉市，系北宋名臣管师仁之后裔。据高密管氏宗谱记载，高密管氏是从龙泉迁至山东。

丽水新诗后来居上。抗日战争时期，诗人力扬著有诗集《枷锁与自由》《我的竖琴》，代表作《射虎者》。还有一些作者的抗战诗歌发表于丽水报刊上，如怒啸的《送别九区剧团工作同志》，持中的《怒吼吧！中国的儿女》等。1958 年，新诗创作反映“大跃进”，较有影响的作品有《丰收》《山村春雨》等。20 世纪 80 年代中后期，丽水诗歌创作的代表人物是闻欣、夏季风、叶丽隽、流泉等。

中国民间艺术之乡

丽水市民间艺术异彩纷呈。2007 年 8 月，丽水市被中国文联、民协命名为“中国民间艺术之乡”。丽水民间文学主要有民间故事传说、民间歌谣、民间谚语、民间灯谜等。丽水各县（市、区）搜集记录整理民间文学作品成千上万篇，先后在全国及各省、市报刊杂志上发表数千篇（首），其中有多篇作品获得各类奖项，并被编入《中国新文艺大系》《中国民间故事选》《中国民间故事选》《中国民间故事精品文库》《中国少数民族故事精选》《中国少数民族爱情故事选》《中国民间故事精品系列》《中国民俗故事集》《神秘文化精品系列》《中国民故事精品系列》《中国动物故事选》《中外民间故事选》《中华民俗源流（故事）集成》《神话与传说》《中华五千年传说》等民间文学经典文集。2010 年，丽水市有民间艺术 558 项。主要包括民间文学与风俗、民间工艺美术、民间戏剧曲艺、民间音乐舞蹈、民间建筑艺术等。丽水传说故事种类多、分布广，人们最熟悉、最突出的传说故事有：龙泉山传说，百山祖传说，九龙山传说，卯山传说，少微山传说，大山峰传说，东西岩传说，仙都的传说，轩辕皇帝在鼎湖峰升天的传说，葛仙翁在南明山炼丹的传说，通济堰的传说，南明湖的传说，云和湖的传说，八面湖的传说，陈十四夫人收妖的传说，欧冶子铸剑的故事，哥窑与弟窑的故事，青田石雕的传说，吴三公种香菇的故事，叶法善的传说，刘伯温的传说，张玉娘坚贞不二的故事，高机与吴三春的爱情故事，汤丞相与何丞相的传说，处州赵本府的故事，汤显祖遗爱遂昌的故事，处州白莲的传说，瓯江香鱼的传说，景宁惠明茶的传说，云和雪梨的传说，罗隐仙的传说，乾隆皇游处州的故事，却金馆与孝子坊的故事。

丽水戏曲是宝贵的传统文化。处州乱弹为浙江省非物质文化遗产，流行于浙江丽水一带，清中叶前后曾盛行。主要腔调唱三五七和二凡，曾受徽剧较多影响。20 世纪 30—40 年代，处州乱弹戏班相继在丽水盛行，有小山班、石牛班、丽云班等民间戏班组织，分别在松阳县、碧湖镇、大港头镇、云和县、水阁镇以及双黄乡等地演出。演出剧目有 90 多本，如“辕门斩子”“徐庶归家”“北湖祭旗”“马城遇主”等。处州乱弹与婺剧和温州瓯剧有着不可分割的渊源关系，唱腔流派亦近似。处州乱弹的调有 7 个，分别为乱弹、徽路、西皮、二黄、慢独子、紧独子、卜子①。唱腔特色与婺剧相差不大，只在运腔和拖腔的尾声上有较明显的区别，且唱腔不及婺剧柔软。松阳高腔为国家级非物质文化遗产。明代，诞生于松阳玉岩白沙岗村的松阳高腔是浙江省截至 2010 年所存最古老的汉族戏曲剧种之一，被称作浙江省“戏曲界的活化石”。松阳高腔为浙江八大高腔系统中的独立分支，属单声腔剧种。由于松阳县玉岩镇的白沙岗高腔班演出松阳高腔从未间断，在这一声腔的传承中占有突出地位，故松阳高腔又被称作“白沙岗之土调”，当地人则称“高腔”。遂昌十番是民间传统器乐演奏活动形式，被人们称为昆曲的活化石，被列入国家级非物质文化遗产保护名录。缙云婺剧前身是处州乱弹，已成为丽水地区最主要的一个剧种。畲族山歌成为国家级非物质文化遗产。菇民戏主要活跃于庆元、景宁、龙泉及福建一带种香菇的山村。其他民间戏曲诸如木偶戏、丽水鼓词、丽水弹唱、遂昌滩簧、处州花鼓、处州莲花、丽水道情等。

丽水建筑是历史文化价值的集中体现。2010 年，丽水保存下来的明清及民国建筑，以徽派风格为主，莲都、云和、龙泉、缙云、松阳、遂昌等县（市、区）民间建筑、装饰雕刻工艺属徽派东阳体

① 2010 年称萝卜丝。

系。东部青田县因近温州市，受温州影响较大。南部庆元县和景宁畲族自治县与福建省交界，则具有闽派建筑某些特点。近代建筑在沿袭古代建筑风格外，主要在建筑外部作局部改变。现代建筑则在继承古代建筑风格同时，也吸取欧美建筑流派风格。丽水民间建筑很多属于全省与全国重点文保单位。丽水民间建筑艺术方面，丽水通济堰是中国古老的水利工程建筑之一，它的拱形大坝及其干渠上石涵一三洞桥建筑，开创了中国水利立交分流的先河。通济堰建筑位于莲都区碧湖平原西面，始建于南朝萧梁天监年间(502—519)，大坝长275米，高3米。它的竹枝篱形的堰渠水网、众多的塘湖与闸门对调节、平衡各支渠的水流都极其科学、独特、实用。丽水通济堰建筑的先进性、科学性、实用性、管理养护的完善性都是十分罕见的，被列为全国重点文物保护单位。谭氏故居，位于莲都区酱园弄48号，占地面积1760平方米，是原处州府城首屈一指的豪宅，也是丽水城内现存规模最大、保存最为完整的宅院。宅院布局有四进，院落高深，气势恢宏。谭宅旁门牌16号的小谭宅，占地面积530平方米，同为谭氏家族建造。高井弄28号、19号古宅，亦是谭氏在清代的建筑，名为高井弄上当店、下当店。酱园弄大谭宅建于清道光年间(1821—1850)，小谭宅建于清中后期，具有浙西南地区清式民居的典型风格。谭氏因在故居创办教育、倡导新学有功，民国初年由大总统褒题"儒林模范"匾额。谭氏故居为省级文物保护单位。丽水清真寺，位于丽水城内高井弄86号，清光绪十二年(1886)所建，保存完好，古建筑独特，具有回族教堂风格，是丽水穆斯林唯一的宗教活动场所。灵鹫寺佛塔，为古石塔，宋嘉定九年(1216)建造，有嘉定十一年铭文。塔共4座，高4米，塔基为直角至上，六边形须弥座，塔身球形中空，塔顶覆以六角形塔檐，并冠为五重相轮的塔刹，周边刻有佛教神怪和花纹图案，通体精工雕凿而成。灵鹫寺早毁，该塔移至万象山公园，列入省重点文物保护单位。莲都区还有巾山塔、厦河塔古建筑，为明代时建造。缙云河阳古民居，位于仙都风景区内，所存的宗族庄园式建筑和十几座祠堂为明清两代所建。壶镇九进厅，清代建筑，工艺装饰精美，建筑规模宏大。与河阳古民居均列为省级文物保护单位。遂昌独山古民居，位于独山脚下，遗存着明代一条街，民居均为马头墙飞檐翘角，有宗祠、古井、石牌坊、明代寨墙等文物保护单位。松阳延庆寺塔，建于北宋咸平二年(999)，位于延庆寺前，已有1000多年历史。建筑独特，一派宋风。塔体以古砖垒砌，楼阁式，每层均有木构飞檐。塔身呈六象、六面辟门、每层设有平座回廊。塔分八层，高38米，可登至顶层。已被列为全国重点文物保护单位。松阳黄家大院建筑也别具特色，门窗、雕梁画栋的人物花卉、动物栩栩如生，巧夺天工。松阳石仓古民居，位于大东坝镇，有气势非凡的明清建筑30多幢。每座宅院均有堂号，建筑门窗、柱梁、装饰均有精雕细刻的花纹图案，形象逼真、栩栩如生，房舍美观实用。2000年2月，被列为省级历史文化保护区。景宁时思寺，建于宋绍兴十年(1140)，位于景宁大漈村旁。该寺占地1193平方米，由大雄宝殿、三清殿、马仙宫、心经钟楼和山门构成。1995年，经国家文物局古建筑研究所专家鉴定为宋代建筑，省内罕见。1989年，被列为省文物保护单位，现已归入全国重点文物保护单位名册。

中国廊桥之乡

木拱廊桥是廊桥中的珍品，是古典桥梁建筑的奇葩，在世界桥梁史上绝无仅有，被称为桥梁中的"活化石"。丽水木拱廊桥工艺精湛，大致由拱架、廊屋、屋顶三大部构成。廊桥功能多种，可通行、避风雨、歇脚休闲、祭祀神灵，甚至集市交易，节庆时还可进行文艺演唱、舞狮耍龙等活动。廊桥上一般存有碑刻、铭记，留有文人诗词歌赋、匾额题字、楹联对句、装饰图画等，可谓一条聚合集体记忆与凝固美丽乡愁的文化走廊。2008年，庆元县被中国文联、民协命名中国廊桥之乡。相比于别的县(市、区)，丽水庆元廊桥历史脉络十分清晰：宋、元、明、清、民国，历代建造的木拱廊桥均有，并涵盖木拱廊桥、石拱廊桥、平梁式木廊桥、斜撑式木廊桥、伸臂式木廊桥等诸多类型，在全国首屈一指。建于1625年的庆元如龙桥，为全国有确切纪年、截至2010年所存寿命最长的木拱廊桥；庆元兰溪桥单孔跨36米，是全国截至2010年所存单孔跨度最大的木拱廊桥；庆元黄水长桥是全国截至2010年所存廊屋最长的单孔木拱廊桥。2010年，丽水市存有廊桥134座，主要分布于庆元、景宁、龙泉，其中庆元县最多，也最知名。

美术创作和采风基地

何执中，丽水龙泉人，北宋徽宗年间(1101—1126)的宰相，曾为米芾行书《多景楼诗帖》作跋。明代，刘基能书善画，以山水梅花见长，善行草书。清代，韩锡胙善书工画，著有《滑疑集》。清末民初，魏兰喜画花鸟虫鱼，尤善画兰花。民国时期，楼村是“西泠印社”早期社员，其书画为吴昌硕等名家所器重；民国4年(1915)2月，巴拿马太平洋博览会，丽水县阙尹的麦杆剪贴画《美国总统威尔逊像》获金牌奖，龙泉县彭维鼎国画《牧羊小像》和颜建昌《松菇模型》获银牌奖。教授张弦著有《张弦素描集》。20世纪30年代，版画家金逢孙的作品《读报》被鲁迅选送法国展览。抗日战争时期，版画家林夫、郑野夫等在丽水举办木刻函授班，出版《抗争门神》等专集，组织木刻展览会，参展作品500多幅，省处州民众教育馆多次举办抗日画展。民国34年4月上旬，杭州西泠画社在龙泉县展出潘天寿、徐悲鸿、张大千、齐白石、刘海粟等画家的作品。1949年，木刻《加固阵地》《愤怒》参加第一届全国画展。1950年春节，浙江省立丽水人民文化馆举行国画展览，展出作品152幅。“文化大革命”期间，主要是绘制和塑造毛主席像。国画《团代会上》，在全国中国画展览会上展出。连环画《地道战》由浙江人民出版社出版。1981年8月，丽水地区美术作品展览在浙江展览馆展出，10月，又在杭州举行“瓯江画展”，展出书画、盆景325幅(件)。至1983年，丽水地区举办画展10次，展出作品1605件，参加省美术展览126幅，获奖作品有《护苗》41件。《丹桂馨香》送日本静冈县展出获银质奖。2004年，丽水市政府建立“古堰画乡”大港头“在水一方写生基地”和九龙“巴比松写生创作基地”。10月，成立丽水巴比松油画陈列馆，面积350平方米。陈列全市作者40多人的作品100多幅。2005年12月，丽水市美协在大港头“古堰画乡”成立丽水油画院。丽水油画院面积280平方米，陈列画家40多人的作品50多幅。2006年7月28日，浙江省委书记习近平，视察古堰画乡。2008年10月，丽水市美术家协会承办“全国知名油画家古堰画乡写生创作行”，省内外著名画家14人到丽水写生创作。2010年11月，处州书画院成立。

中国摄影之乡

瓯江是环抱丽水的一道独特的自然风景线和山居图卷轴；瓯江帆影、渔舟唱晚、梯田古村、畲家风物等，素为中外摄影家所钟情。丽水摄影创作资源丰富，摄影文化底蕴深厚，养育一大批热爱光影艺术的摄影人，形成一支在全国有影响力的创作群体。民国15年(1926)，青田县天然照相馆开设。全面抗日战争时期，省立处州民众教育馆举办照片展览，展出抗战时期国内外时事照片。中华人民共和国成立后，照相馆局限于人像拍照。1978年后，丽水摄影逐步走向社会，并形成立足本地、写实为主的丽水摄影群体。20世纪80年代，丽水汇集一批高水平的摄影家、摄影团体，作品在国际和全国摄影比赛中屡屡获得大奖，丽水摄影逐渐走向全国和世界。1989年9月，吴品禾获首届中国摄影艺术金像奖。1992年，丽水首届摄影艺术节举办。1999年12月，丽水承办中国最高规格的摄影盛会——中国第四届摄影艺术节，丽水也被中国摄影家协会命名中国第一个“摄影之乡”，这是中国摄影界第一次颁发这一荣誉称号。2003年12月，丽水再次与中国摄影家协会合作，首次承办中国第十届国际摄影艺术展。中共丽水市委、市政府与中国摄影家协会签订协议，在丽水连续10年举办国际摄影艺术展览5届。2007年11月，中国第一家摄影影博物馆——中国·丽水摄影博物馆落成开馆。至2010年，丽水摄影作品参加省级以上各类展览、比赛和在报刊杂志上发表、展出数万幅，获奖1600多幅。

民间工艺集聚地

“丽水三宝”龙泉宝剑、龙泉青瓷、青田石雕最引人注目，早已名扬世界；2006年，龙泉青瓷传统烧制技艺、龙泉宝剑锻制技艺、青田石雕同时入选第一批《国家级非物质文化遗产名录》，是当之无愧的国之瑰宝。云和木制玩具，其产品工艺也已闻名海内外。丽水根艺，其历史可追溯至元代，现民间保留有《奔月》《送子观音》等根雕艺术作品，据考，《送子观音》为当时担任处州录事的高则诚[①]所作。丽水根艺发展迅速，丽水市根艺美术学会会员提高根艺创作水平，创新技艺，在全国根艺美术界颇有影响。遂昌黑陶、松阳黑陶，传承传统烧制工艺技术，采用独特的压光工艺和碳化窑变技术精制而成。它以遂昌好川文化遗址中发现的新石器时代黑陶为样本制作，具有无釉无彩、古香古色的独特风格，成为香供、馈赠的上等珍品，颇受人们青睐。丽水市还有畲族彩带手工艺品，彩带既是畲族服饰衣边的装饰物，又是畲民日常生活用品，同时还是畲族青年男女的定情信物，近年来已作为旅游商品走向市场，走出国门。缙云河阳剪纸与丽水华夏折纸也得到发扬光大，被列入国家非物质文化遗产保护名录。截至2004年，全市工艺美术生产企业2358家，工艺美术学校1所，石雕专业市场2个，建有青瓷宝剑园区和木制玩具园区，直接从业人员60000多人，工业产值20多亿元。在浙江省认定传统工艺美术品种15个，其中丽水市3个，占全省1/5。浙江三雕[②]，丽水市占其一。全省被授予国家工艺美术大师称号20人，丽水市有5人，占全省1/4。2009年12月，丽水市人民政府授予全市首届工艺美术大师称号117人。2010年，青田石雕艺人6人被授予中国工艺美术大师称号。

五、丽水是一座文明和谐的幸福之城

千年处州郡府，今日养生福地。好山好水好空气，平安和谐桃花源；文明之风拂遍处州大地，幸福之光照靓丽水容颜。

① 高明(1305—卒年不详)，字则诚，一字晦叔，号菜根道人，人称“东嘉先生”，温州瑞安人。元末明初戏曲作家。

② 青田石雕、黄杨木雕、东阳木雕。

平安之城

隋开皇九年（589）置处州始，丽水历朝均有兼理司法行政的机构，实行司法行政合一的制度。隋唐两代，设处州司法参军，宋开宝六年（973）设处州司寇院，掌管狱讼。元代，浙东廉访司设处州分司，明代，设处州府察院，清代，设温处分巡道，负责检察处州府刑狱争讼事务。各代均设司法属官，佐理处州司法审判。清光绪三十二年（1906），处州境内龙泉县、缙云县、遂昌县、云和县、庆元县首批建立巡警局，负责地方治安。清宣统三年（1911），处州军政分府成立，设分府司法部，协助都督掌理丽水司法事务。民国元年（1912），军政分府及司法部撤销，成立浙江省第十一地方法院，司法行政工作由法院兼理，并设浙江省第十一地方法院检事厅，负责检察事务。此后，丽水、龙泉、青田地方法院及各县司法处先后成立。民国25年，丽水律师黄景之在丽水县城设黄景之律师事务所。民国30年起，丽水地方法院（分院）检察处负责检察事务。

1949年5月丽水解放后，人民民主专政的政法机关开始建立。8月，浙江省人民政府丽水专区公安局成立。1950年4月，丽水专区成立浙江省人民法院丽水分院，并兼管监狱、公证、律师等司法行政工作。1951年5月，浙江省人民检察署丽水分署建立。1951年10月，丽水等各县人民检察署相继建立，1954年9月，各县人民检察署改称县人民检察院。各级政法机关自组建后，开展城乡清匪肃特、取缔反动会道门、镇压反革命运动，同时，加强社会治安管理，取缔赌馆、烟馆、妓院，保卫新生的人民民主政权和维护社会秩序。在开始全面加快建设社会主义时期，政法机关把工作重点转到保卫经济建设上，同时继续打击反革命分子和其他刑事犯罪活动。

1978年十一届三中全会后，丽水政法机关开展平反纠正冤假错案、持续整顿社会秩序、严厉打击严重刑事犯罪斗争。1981年3月，丽水地区司法处设立，开展公证、律师管理、人民调解、法制宣传等工作。1983—1987年，根据全国统一部署，丽水地区开展声势浩大的"严打"斗争，从重从快惩处一批刑事犯罪分子。20世纪90年代，丽水政法机关围绕改革开放和经济建设，履行宪法和法律赋予的职责，分工负责，互相配合，互相制约，发挥政法机关整体效能，严厉打击犯罪活动，强化社会治安综合治理，推进司法改革，加强政法队伍建设，为丽水经济建设和社会稳定创造良好的法制环境。

2000年丽水撤地设市后，丽水政法机关围绕建设平安丽水、法治丽水、构建和谐社会的新时期发展目标，深入推进社会矛盾化解、社会管理创新、公正廉洁执法三项重点工作，加强基层基础建设，提升政法工作整体水平，发挥政法工作职能，为平安丽水、法治丽水建设，构建和谐社会发挥积极的作用。2004年，浙江省委书记习近平作出建设平安浙江的战略决策，从此开启丽水平安建设的征程，聚焦"安全、满意、美丽"，推进"平安"向"长安"。2005—2010年，丽水连续6年被浙江省委、省政府命名"平安市"。

和谐之城

民生丽水，和谐朴美。明成化年间（1465—1487），府城设养济院，"在城东二里"。清雍正十一年（1733），各县设养济院。清雍正至清光绪年间（1722—1908），各县养济院或修或迁或废。清乾隆二十年（1755），丽水县在县治东城隍庙右建育婴堂1所。至清光绪元年（1875）冬，丽水育婴堂收养、寄育女婴300多人。清道光年间（1821—1850），贡生叶庭晖等人在丽水县西四十里碧湖捐设保婴社。清同治九年(1870年),青田知县魏明捐俸百千,创立保婴会,凡是生女儿的家庭均可领到3000钱,用于女童哺育。缙云县、松阳县、遂昌县、龙泉县、庆元县、云和县、景宁县也均建有育婴堂、养济院、保婴会等,主要用于弃婴、女童的救济救助。1949中华人民共和国成立前夕,丽水、遂昌、缙云县有育婴堂,遂昌、云和县有养济院。1949—1990年,丽水、缙云两县儿童福利院,收养残疾儿童123人,出院19人,死亡32人。1990年末,在院儿童72人,其中婴幼29人。从1956年起,丽水对无依无靠孤老残疾人员实行“五保”。至2010年,全市县级以上国办社会福利或老年公寓9所(含儿童福利院1所),床位1085张,入住老人364人,入住儿童95人;民办养老机构7所,床位947张,收养老人440人。

丽水福利事业蓬勃发展。民国时期,丽水县办有贫民习艺所,初习毛笔、毛巾、篦箕工艺,后又改习竹工、金工,招徒20人,技师2人。1952年,遂昌县军属福利生产鞋庄创办。1958年8月,遂昌县办福利厂,有职工28人。至2010年,《丽水市政府支持福利企业发展促进残疾人就业的实施意见》出台。加强福利企业资质管理,做好每月福利企业的资格认定,加强同国税局和地方税务局的沟通和协调,共同服务好企业。全市有福利企业113家,实现工业总产值25.74亿元,安置职工7724人,其中安置残疾职工2800人,残疾职工人均月工资1613元,人均投保额402元/月,取得较好经济效益和社会效益。

1949年,中华人民共和国成立,丽水开始构筑城乡居民社会保障体系。1951年,丽水开始实施《中华人民共和国劳动保险条例》。1952年,丽水实行国家机关工作人员公费医疗。1980年,丽水实行干部离休制度。1995年,丽水开始建立企业职工工伤保险。20世纪70年代末,丽水进一步加大构筑社会保障体系力度,建立事业保险、生育保险、城乡居民合作医疗、城镇居民最低生活保障制度。至2010年,丽水社会保险工作初步建成保障项目齐全、基金来源多渠道、覆盖范围全方位、管理服务社会化的社会保险体系,实现“单位功能”向“社会功能”“单位人”向“社会人”“社会统筹”向“社会保险”三大转变。社会保险向农村地区覆盖,乡村农民基本生活保障、新型农村合作医疗、农村居民最低生活保障等制度逐步确立。改革开放以后,随着国家经济发展和人民生活水平的不断提高,农村居民的各项保障从无到有,逐步提高,改变农村养老、医疗等各方面的状况,使乡村居民的生活出现新的保障。

融合之城

丽水市有汉族和53个少数民族。据2010年统计,全市少数民族有:畲族、苗族、土家族、布依族、侗族、蒙古族、回族、彝族、拉祜族、哈尼族、壮族、满族、水族、佤族、傣族、白族、朝鲜族、瑶族、黎族、藏族、布朗族、仡佬族、傈僳族、维吾尔族、仫佬族、土族、阿昌族、纳西族、达斡尔族、锡伯族、鄂温克族、赫哲族、高山族、塔塔尔族、哈萨克族、景颇族、克尔克孜族、东乡族、撒拉族、毛南族、塔吉克族、乌孜别克族、俄罗斯族、德昂族、保安族、裕固族、京族、独龙族、鄂伦春族、普米族、基诺族、门巴族53个。少数民族人口92898人[①],占全市总人口4.81%。主要分布九县(市、区)的乡镇(街道办事处)176个,行政村1283个,自然村2196个。畲族人口在5000人以上的县(市、区)有莲都区、景宁畲族自治县、遂昌县、云和县、龙泉市、松阳县,1000人以上的

① 不含外出半年以上少数民族人口,包含外地来丽水经商半年以上少数民族人口。

乡镇(街道办事处)有 33 个,畲族人口占 30%以上的行政村有 208 个。设有景宁畲族自治县和畲族乡 6 个、畲族镇 1 个。

1978 年丽水实行改革开放后,流动人口速度加快。2010 年,丽水流动人口总量 62.35 万人,外来流动人口增长明显,且户口登记地为省外居多。据 2010 年第六次全国人口普查数据统计,丽水市省外流入人口 21.41 万人,其中离开其户口登记地半年以上的外流入人口 18.83 万人,分别比 2000 年"五普"时的 7.87 万、2.55 万人增长 172.05%、638.43%,年均增长 10.53%、22.13%。省外流入人口占总外来人口的 77.87%,比市外(省内)流入人口多 11.93 万人;分地区看,各地省外流入人口也不同程度地大于市外(省内)流入人口。分县(市、区)看,流动人口数量最多的是铁路沿线的三地区,流动人口均超过 10 万人,其中莲都区 13.55 万人、缙云县 13.1 万人、青田县 12.31 万人。三地流动人口 38.96 万人,占全市总数的 62.48%。流入人口存在明显的地区性。丽水来自省外的流动人口(离开户口登记地半年以上)户籍地遍及省、市、自治区 31 个,但主要来源相对集中,所占比重较大。在来自省外的流动人口 149883 人中,户籍地在贵州、河南和江西的占 41.88%。此外,来自安徽、湖北、湖南、四川等省的流动人口也在万人以上。

丽水宗教和谐共存。三国时期,佛教、道教传入丽水。南北朝时期,道教、佛教遍布全境。唐代,道教、佛教达到鼎盛。五代至宋代,道教、佛教延续发展。清末,"西教东渐",天主教、基督教快速传入境内。境内寺庙殿堂众多。2010 年,丽水市有佛教、道教、天主教、基督教和伊斯兰教宗教派别 5 个。民国时期,政府社会科兼管宗教事务,实行政教分离。宗教组织独立进行宗教活动,经费自己筹措、自养自办。1949 年中华人民共和国成立后,人民政府管理宗教事务。1979 年,丽水地委、行署全面落实党的宗教政策,逐步恢复宗教活动。20 世纪 80 年代中期,丽水地区及各县人民政府相继设立宗教事务科。20 世纪 90 年代中期,各县(市)民族宗教事务局相继成立,管理宗教事务。宗教管理部门落实宗教房产政策、规范宗教场所管理,培训宗教人士,制止非法宗教活动,各大宗教有序发展。全市有市级宗教团体 3 个,即市佛教协会、市基督教三自爱国运动委员会和市基督教协会;县(市、区)级宗教团体 29 个,其中佛教 7 个、道教 2 个、天主教 3 个、基督教 17 个。

宜居之城

丽水长寿老人多。据清光绪《处州府志》载,部分县的九十岁以上老人名录有 389 人,其中百岁老人 74 人。缙云县长寿老人最多,有 90—100 岁老人 300 人,百岁老人 37 人;龙泉、松阳两县无记录。1910—1980 年,丽水人口年龄结构比较年轻。1989 年,丽水地区进入人口老龄化社会,比全国提前 10 年,是浙江省较早跨入人口老龄化社会的地区之一。2010 年,丽水市常住人口 211.7 万人,其中 60 周岁及以上老年人口 35.18 万人,占总人口的 16.62%。65 周岁及以上老年人口 24.75 万人,占总人口的 11.69%。其中 60 周岁及以上农村老年人 29.69 万人,占老年总人口的 75.8%,城镇 9.48 万人,占老年总人口的 24.2%。全市百岁及以上老年人口 49 人,缙云县百岁老人最多,有 14 人,其次是莲都区和青田县,各有 11 人和 10 人。

旧时民间无固定老年组织。1985 年 3 月 21 日,丽水地区老龄问题委员会成立。1985 年 5 月,青田县温溪镇老年人协会建立,是全国首家老年人协会。1989 年 3 月 11 日,丽水地区老龄问题委员会改称丽水地区老龄委员会。1991 年 8 月,省老龄委出台《浙江省行政村居民区老年人协会组织通则（试行）》后，丽水居委会、行政村开始创办老年人协会。1996年9月4日，《丽水地区老龄办公室机构改革方案》出台，明确地区老龄委员会为地委、行署的老龄工作综合协调组织。2001年8月20日，丽水市老龄工作委员会成立。2010年，全市行政村（社区）3534个，有行政村（社区）3123个建立老年人协会，占行政村（社区）总数的88.37%，入会人数28.7万人，占老年人总数的73.26%。全市9个县（市、区）老龄工作委员会成立，乡镇（街道）老龄工作办事机构建立181个，建成率100%。

丽水城乡居民养老有保障。1997年，乡镇149个开展农村社会养老保险，参加保险人员30.91万人。2010年，全市企业职工养老保险总参保人数23.99万人，退休人员4.07万人；劳动年龄段人员参加城乡居民社会养老保险人数58.58万人；被征地农民基本生活保障参保6.52万人，统筹资金9.31亿元，待遇发放3.94万人，累计支付待遇1.96亿元。离退休人员社会化管理服务工作全面推进。全市企业退休人员1.22万人纳入社会管理。

丽水医疗保障制度日趋完善。2006年起，丽水市建立参保老年人两年一次的免费体检制度，并建立健康档案。2010年，全市城镇职工医疗保险参保人员26.46万人，城镇居民医疗保险参保人数25.26万人，参加新型农村合作医疗186.6万人（60岁及以上老年人32.2万人），参保率93.4%。提高医疗保险待遇标准，城镇职工、城镇居民的医疗保险统筹基金最高支付限额，分别达到当地职工年平均工资6倍、居民人均可支配收入的6倍左右。新型农村合作医疗人均筹资增加到185万元，门诊报销比例超过20%，住院医疗费用报销最高额度提高到10万元，参保人员全面实施大病补助和医疗救助制度。

丽水养老社会福利高。2010年起，全市发放营养补助金的百岁老人49人，月均300元/人；发放长寿老人慰问金的无社会保障、无政府固定补贴、90周岁及以上城乡高龄老人5259人，年均200—300元/人，发放养老金的年满60周岁及以上城乡无保障的老年人32.29万人，月均60元/人。完善城乡低保制度，实现“应保尽保”，城乡低保标准分别提高到320—360元和192—216元。建立农村“五保”和城镇“三无”长效供养机制。农村“五保”和城镇“三无”人员集中供养率分别为91.7%和94.9%。

21世纪，丽水市大力发展养老事业，包括老年人养护（居家养老、老年活动场所）、老年文教（老年文体、老年教育）、老年维权（维权机构、老年优待、老龄宣传）等，让每一位生活在“养生福地，长寿之乡”的老人都能老有所养、老有所依、老有所乐、老有所安。

健康之城

丽水历代名医辈出，悬壶济世，亦有医学著作传世，皆为中医。明初，县设医学训科，为官方医学机构之始。清代，知县下设警务长，掌管卫生等事项。民国初年，沿用清制。民国12年（1923年），处州始有第一位西医青田人徐杰，在丽水城关西园庙弄开设体苍医院。民国31年开始，丽水、青田、龙泉等县卫生院先后成立，负责掌管县内卫生行政并开展医疗业务。民国期间，丽水地瘠民穷，缺医少药，各种疾病严重流行。人民患病，多乞求于巫婆神汉，对疾病不作防治，病疫发生时，往往死者枕藉。民国31年起，丽水县境内腺鼠疫流行达6年之久，死亡896人，为浙江省鼠疫主要疫区之一。1949年10月中华人民共和国成立后，丽水各县医疗卫生事业发展较快，逐步建立起以地级医疗卫生单位为技术指导中心的完整县、区、乡、村四级医疗卫生保健网。1978年中共十一届三中全会后，丽水医疗卫生有新的发展。推行承包责任制、技术经济责任制、科室工作人员聘任制等一系列管理制度改革，医疗卫生事业稳步发展，人民群众基本上能够得到及时有效的医疗卫生服务。20 世纪 90 年代，丽水地区提高医疗技术水平，逐步充实医疗设备。丽水市中心医院、丽水市人民医院、丽水市中医院、丽水市第二人民医院成为全市中西医临床、教学、科研基地。县级医院能进行各种常见病、多发病的治疗，危重病人抢救，疑难疾病诊治。乡镇卫生院能解决一般疾病的中西医诊治、中毒抢救。全市建立村卫生室的行政村占 95.24%，达到有医有药有人负责预防工作的要求。1978 年开始，丽水积极开展疾病预防与控制、妇幼保健工作，卫生面貌大为改观，各种疾病的发病率大大降低。消灭鼠疫、霍乱、天花三大烈性传染病。1978—2010 年，全市连续 29 年未发生白喉病例。1980—2010 年，全市连续 27 年未发生脊髓灰质炎病例。丝虫病、疟疾、地甲病控制均已达标。1959 年，各县新法接生率均保持在 96%以上。住院接生率逐渐上升。1988 年，全区住院接生率 87.7%。孕产妇系统管理及 0—3 岁儿童系统管理普遍开展，大大降低产妇及围产儿死亡率，提高婴幼儿的健康水平。以丽水卫生学校、丽水市卫生进修学校为基地开展多层次、多方面医学教育。各医疗卫生单位重视开展科学研究工作，取得显著成果。2002 年,全市卫生系统有医疗卫生机构 406 个，其中城市医院 5 个，县级医院 11 个，中医院 8 个，农村卫生院 331 个，卫生机构 51 个。医疗卫生机构职工 9018 人，其中执业医师 2764 人，助理执业医师 720 人。医疗卫生机构核定病床 5464 张，每千人口有病床 2.19 张，病床使用率 59.65%，其中农村卫生院核定病床 1112 张，病床使用率 19.96%。医疗单位病人治愈率 52.16%，好转率 34.27%。到 2010 年底，全市疾病的诊治、疾病预防与控制、卫生应急、母婴保健、卫生保障、健康教育等工作继续加强，农村卫技人才队伍建设，责任医生团队工作得到全面落实，基本实现老百姓在家门口就能享受到医疗卫生服务。

文明之城

精神文明建设一直是丽水软实力建设的基石，与和谐健康的“养生福地”“平安丽水”相辅相成，“微笑丽水”建设成果卓著。1982 年 9 月，党的十二大明确提出“要努力建设高度的社会主义精神文明”的战略方针后，丽水地区开始推进以社会主义价值观为核心的社会主义精神文明建设。1983 年，丽水地区“五讲四美三热爱”活动委员会成立，并相继成立丽水地县两级精神文明建设机构。1989 年，丽水地区精神文明建设指导小组成立。各县(市)组织机构也相继建立。1993 年，丽水地区精神文明建设指导小组办公室建立。1995 年，丽水地区精神文明建设指导小组更名丽水地区精神文明建设指导委员会,下设丽水地区精神文明建设指导委员会公办室，定规格为正科级机构，归口丽水地委宣传部管理。2001 年，《丽水市党政机关改革方案》出台，丽水地区精神文明建设指导委员会更名丽水市精神文明建设指导委员会。2002 年，丽水市精神文明建设指导委员会办公室升格为副处级机构。2003 年 11 月，丽水市创建省级文明城市工作领导小组建立，下设办公室。同时，全市设立督查组和专项工作组 6 个。2004 年，丽水市精神文明建设指导委员会办公室增设内设机构 2 个，分别为综合协调处、城市文明建设指导处。2006 年，丽水市精神文明建设指导委员会办公室综合协调处增挂未成年人思想道德建设处牌子。1980—2010 年，丽水精神文明建设效果明显，找准社会主义核心价值观与人们思想的共鸣点、与群众利益的交汇点，坚持把社会主义核心价值体系融入精神文明建设的全过程，灵活运用各种平台，采用人们喜闻乐见的方式，让核心价值观在制度建设和治理实践中，在市民公约、乡规民约和学生守则中，自觉地传递着惩恶扬善的正能量，塑造激浊扬清的良好社会氛围。同时，发挥榜样力量，以身边人教育身边人，树立一批先进典型、道德楷模、最美人物与身边好人。

科教之城

丽水教育历史悠久，民间耕读传家之风盛行，素有尊师重教传统，宋代特别是南宋时期为人才辈出之地。松阳县学创建于唐武德四年(621)，是处州最早的官学。唐元和十二年(817)，处州州学建立。宋时，书院盛行讲学之风。宋嘉祐七年(1062)，太常博士龚原在遂昌应村妙靖寺设馆讲学，为处州书院之始。元至清代，社学兴起，学塾遍布。清末，废科举，兴学堂，丽水有志青年留学日本近百人，多人回国后以兴办教育为己任，为丽水近代教育启蒙发展作出贡献。清光绪二十五年(1899)，青田留日学生孙日彰创办简明小学堂，为丽水近代小学教育之始。清光绪二十七年，缙云县陈雅娟创办坤范女子小学堂，为丽水近代女子教育之先声。清光绪二十八年，处州府莲城书院更名崇正学堂，后又改为处州中学堂、浙江省立第十一中学堂，为丽水近代中学教育之开端。清光绪三十一年，云和县建立蒙养院，开创丽水近代幼儿教育。同时，丽水先后创办织布学堂、私立实业豫利学堂、处州初级师范堂等，开启丽水师范教育和职业教育的序幕。民国元年(1912)，学堂改称学校。官立、公立、私立并存。小学校分初等、高等，境内有小学校 168 所。民国 26 年，全面抗日战争爆发后，浙江省教育厅内迁丽水，外地学校纷纷迁入，丽水一时成为全省文化教育中心。民国 28 年，英士大学在丽水创办，浙江大学龙泉分校在龙泉设立，丽水境内始有高等学校。民国时期，丽水教育事业虽有所发展，终因经济落后、战争频繁、民众生活困苦、政府投入甚微，国民教育难以推行，少年儿童失学多，全区青壮年文盲占 80%，辖区内接受高等教育者屈数可指。1949 年中华人民共和国成立后，丽水教育事业进入全新发展时期。1978 年中共十一届三中全会后，丽水教育战线拨乱反正，深化教育改革，加大财政投入，逐步改善办学条件，提高教育普及水平，全市教育事业进入前所未有的发展时期。改革开放三十年，各类教育全面发展，教育整体实力不断增强。2007 年，全市小学适龄儿童入学率 99.97%，比 1978 年提高 2.74 个百分点，巩固率 99.99%，小学毕业升初中比例 100%，比 1978 年提高 39.1 个百分点，巩固率 99.91%；初升高的比例从1978 年的 21.2%、2000 年的 59.4%提高到 2007 年的 92.73%。素质教育得到进一步强化。中等职业学校在校生从 1978 年的不足 2000 人增加到 2007 年的 3.25 万人。全市 3 所高等教育学校的在校生人数从 1978 年 100 多人，增加到 2007 年的 3.32 万人，高等教育毛入学率28.1%。高等教育开始进入大众化阶段。根据人口普查资料，全市每万人拥有大专及以上受教育程度人数从 1982 年的 30 人、1990 年的 80 人提高到 2000 年的 245 人，增长 7.2 倍。继续教育和培训进一步发展，九年义务教育全面纳入公共财政保障范围，在教育发展史上具有里程碑的重大意义。

春秋战国时期，龙泉铸剑艺人运用精湛技艺铸造的“七星剑”，为中国古代十大名剑之一。南朝时，龙泉就开始烧制青瓷，历经隋唐五代至北宋早期，龙泉窑烧制技艺日趋精良，部分上等瓷器被征为贡品。通济堰作为南朝至清代水利建筑，是中国最古老的大型水利工程之一，其科学的选址、拱形坝体、铁水灌缝和松木填基、科学排沙等先进技术，确保碧湖平原中部、南部粮田 4 万多亩的丰收。民国 27 年(1938)1 月，浙江省农业改进所迁至松阳县，在松阳、云和、丽水等县设立试验场，开展良种和新技术推广，积极推动丽水农业的发展。中华人民共和国成立后，丽水专区及各县科研管理机构和科学研究机构陆续建立，制定推动科技进步的政策和规划，宣传与普及科技知识，开展群众性科学实验活动，研究并推广新技术，科学事业得到很快发展。20 世纪 70 年代后期，丽水科学技术研究和普及在农业新技术和品种选育、工业新产品开发、传统行业技术革新、综合资源开发利用等方面都取得显著成果。随着社会发展，丽水创新科技管理模式，加大科技经费投入，壮大科技队伍，科技水平得到提高。20 世纪 80 年代，科研项目管理先后实行统一计划，分级管理，先论证，后列题，重点项目，合同管理，科研经费实行无偿和有偿相结合，贴息贷款，建立科技开发基金，科研机构事业费实行减拨或包干制等。21 世纪初，丽水市科技项目逐步实行公开发布申报指南，立项专家预审，公开招标和科研经费实行配套上级经费 50%和预留部分经费待项目完成后拨付的措施，提出“四外两基地”科研发展新思路，科研管理体系逐步趋向完善。丽水市本级科技经费投入逐年递增。2001 年，全市科技投入 4093 万元。2010 年，全市科技投入 2.45 亿元。各类专业技术人员不断涌现，从 1949 年的 833 人，增至 2010 年 74933 人。中高级技术职称人员分别从 1984 年的 583 人和 8 人，增加到 2010 年 30916 人和 5081 人。科技项目从低水平的简单实验逐步向较高层次的技术创新和开发应用发展。发展高新技术产业和推行科技特派员制度，实行星火计划，逐步拓宽科技创新和科技推广平台，全市科技成果逐年增加，科技水平不断提高。2010 年，全市科学技术大会暨人才工作会议召开。1978—2010 年，全市获各类科技成果 803 项，其中获省级以上的科技成果 60 项，达到国内先进水平的成果有多项。

华侨之城

华侨在丽水发展史中具有重要影响和地位。丽水华侨主体是青田华侨。青田是全国著名的侨乡，华侨历史有 300 多年，居民人均存款列全国各县（市）之首。丽水华侨华人产生和发展的历史离不开青田石雕。青田石雕始于六朝。明末清初，青田人携石雕作品到欧洲贩销，边走边卖边雕制。早期到欧、美及东南亚行销青田石雕艺术的商贩——“图书客”，有一部分继续滞留经商，有的与当地女子结婚，建立家庭，他们成为青田华侨的先驱者。青田华侨尊称早期华侨为“老客”。山口、方山不仅是青田石雕艺术的发源地，也是青田乃至丽水华侨华人的发祥地。早期青田华侨，多数是青田山口、方山一带的石雕艺人。17—18 世纪，有少数国人循陆路经西伯利亚前往欧洲从商，其中以莫斯科为最多。清嘉庆二年（1797），青田县山口镇陈半山村村民留国云销卖青田石雕作品到日本。民国 4 年（1915），青田县到日本、法国、荷兰、俄罗斯、德国、奥地利、意大利、比利时、葡萄牙、英国、美国、丹麦、西班牙、巴西、新加坡、墨西哥、加拿大、马来西亚、印度等 19 个国家华侨约 4000 人。1917 年，北洋政府宣布参加第一次世界大战，支持盟国，参加战地后勤服务，派遣华工 14 万人，其中安排招募青田华工 2000 多人。“一战”结束后，留在欧洲谋生青田华工有 1000 多人。1949 年，中国国民政府败退中国台湾地区，随同撤到中国台湾地区的丽水籍军政人员及其眷属有 10000 多人，其中青田县人 4000 多人，缙云县 4600 多人，丽水县有 300 多人。他们的子孙大多到美国和欧洲深造，学成后大多留在当地就业；丽水籍中国台湾地区军政人员退役、退休后，转徙海外谋生 1500 多人，成为丽水华侨。20 世纪 80 年代，丽水改革开放与对外交往不断深入，又有大批丽水人加入华侨华人队伍。300 年来，旅居海外丽水侨胞发展到 30 多万人，分布于世界国家和地区 127 个。

中国畲乡

畲族是一个古老的民族。丽水市是畲族聚居地之一。畲族是丽水人数最多的少数民族。景宁是全国唯一的畲族自治县。1956 年 8 月 11 日，中共中央统战部指示浙江、福建、广东、江西省委统战部，根据多年识别调查材料和畲民的意见，认为畲民可以确定为一个独立的少数民族，对民族的名称问题，要求各省征求畲民意见上报。1956 年 12 月 8 日，中共中央统战部电告浙江等 4 省的省委统战部，确认畲族为单一的少数民族，并确定统一族称“畲族”。畲民主要聚居或散居在山区，大多与汉族杂居。旧志书以“畲民”“畲人”和“畲客”等相称；自称“山哈”“生客”，意指居住山里的客户，或指自身在当地属于陌生的客人，这与畲族历史上长期处于迁徙生活有关。唐代，丽水就有畲民迁徙本地居住的记录。明至清代，大量畲民迁入景宁、云和等地，进而散播全境。畲族古有雷、蓝、钟、盘四姓，丽水主要有蓝、雷、钟三姓，另有温州地区迁入的李姓等。2010 年，丽水市总人口 2116957 人，其中汉族 2085335 人，占总人口 96.45%；少数民族有 53 个，人数 75633 人，占总人口 3.55%。少数民族中畲族是迁入年代比较久远的民族，人数 71917 人，占少数民族总人口 95.59%。少数民族大部分是通过婚姻、工作等途径进入丽水的。在长期密切的经济交往、政治交融、文化交流和民族融合中，畲、汉人民相互学习，相互影响，生产方式和生活习惯大同小异。畲族有自己的语言，但没有文字，仍保留着独有的风俗、体育、服饰等诸多民族特色元素。

革命之城

丽水是一座英雄的城市，在血与火的考验中，始终铁骨铮铮，本色不改。传承历史的荣光，赓续精神的血脉，在中国革命进程中留下了浓墨重彩。丽水红色文化资源十分丰富，拥有根正苗红的“红色基因”。丽水是浙江省唯一一个所有县（市、区）都是革命老根据地县的地级市。无数革命先烈在丽水留下了光辉战斗足迹，谱写了一部可歌可泣、恢弘壮丽的革命史诗，缔造了伟大的“浙西南革命精神”。早在鸦片战争时期，浙西南人民就投入反抗帝国主义和封建主义的斗争。清道光二十一年（1841），处州兵 1200 人奉命到定海抗击英军侵略，全部喋血海疆。20 世纪初，处州革命党人追随孙中山，投入推翻清王朝封建统治的斗争。清宣统三年（1911）11 月，辛亥革命光复处州，建立军政分府。然而，辛亥革命未能改变国家社会、政治、经济落后和人民苦难的命运。民国 8 年（1919）5 月初，五四爱国运动爆发。5 月下旬，五四运动的消息传到浙西南，浙西南各界民众积极响应，踊跃开展爱国反帝斗争。丽水、缙云、青田、松阳、遂昌、龙泉等县的学校师生纷纷举行集会、游行，高呼“外争主权、内除国贼”“还我山东青岛主权”等口号，呼吁同胞拒用日货，提倡使用国货，声援五四运动。6 月 5 日，遂昌县在丽水读书的学生 34 人，联名上书《留括学生上遂昌各机关函》，提倡国货，抵制日货。各县民众罢课、罢工、罢市，抵制日货。

在新文化、新思想运动影响下，浙西南各地进步青年积极寻求救国救民道路，或在家乡组织进步团体学习讨论进步思想，或到外地投身革命、加入中国共产党，还有许多进步青年到广州报考黄埔军校。其中涌现出麻植、蔡鸿猷、季步高、李逸民、吴玠、孟卿、唐公宪等一批先进分子。1927 年 1 月，浙西南第一个党支部在浙江遂昌建立，从此，革命星火迅速燃遍整个浙西南。全国红军初创时期，丽水是中共中央军委直属的中国工农红军第十三军的重要活动地区。南方三年游击战争时期，丽水是中央红军在浙江开辟的第一块游击根据地，是中国革命在南方战略支撑点的重要组成部分。抗日战争时期，丽水曾是中共浙江省委机关驻地、国共合作领导浙江乃至东南沿海抗战的大后方，又是中共中央东南局、新四军军部、中共中央华东局的重要联络地区。解放战争时期，丽水是浙江的一块重要游击根据地。丽水革命斗争坚持了 23 年红旗不倒，在全省乃至全国都是突出的。

长达 23 年的革命斗争中，由于浙西南处于国民党统治的腹心地区，革命斗争环境尤为险恶，丽水人民为革命事业付出了巨大牺牲，其中革命英烈 1500 多人，无名烈士更是难以胜计，中共浙西南特委四任书记宗孟平、黄富武、许信焜、张麒麟和副书记杨干凡，全部在浙西南革命斗争中献出了宝贵生命；浙西南英雄儿女麻植、蔡鸿猷、季步高、卢湛、卢勇烈、陈凤生、卢子敬、陈丹山、李金成、潘香凤、陈奕兰等等，无一不为革命事业献出宝贵生命，甚至还有“一门六烈士”的光荣家庭。

地处浙西南的山水城市丽水，留下了周恩来、刘英、粟裕等老一辈革命家和无数革命先烈光辉战斗的足迹，并缔造了“浙西南革命精神”。2010 年，丽水市老区乡镇有 209 个、村有 1892 个，被追认为革命烈士的有 500 多人，老游击队员、老交通员、老党员“三老”人员 3000 多人。长期革命斗争给丽水留下了丰富的红色资源，包括有形的和无形的两方面。有形的，是保留的革命遗址 533 处，其他遗址 42 处，数量位居全省第一；无形的就是革命前辈铸就的伟大的浙西南革命精神。如今，“浙西南革命精神”已深深植根于丽水大地，这股精神成为激励着一代又一代丽水人坚定理想信念、战胜一切困难的无穷力量源泉。

六、丽水是一座极具潜力的未来之城

栝山苍苍，瓯水泱泱；诗画田园，处州流芳。

千年傲立瓯江边，阅尽沧桑色更鲜。丽水天生丽质，厚积薄发，为浙江最有后劲的城市之一。山好水好空气好，“中国生态第一市”，如此优越的生态环境始终且只能是丽水最响亮的品牌和最突出的优势，也是丽水最具核心竞争力的所在。

立足生态资源禀赋优势，做好“山”“水”文章。今后，丽水将继续贯彻习近平总书记系列重要讲话精神，始终遵循“尤为如此”的重要嘱托，统筹推进“五位一体”总体布局，协调推进“四个全面”战略布局，以五大发展理念为指引，以“八八战略”为总纲，坚定不移走“绿水青山就是金山银山”绿色生态发展之路，加快推进“绿色发展、科学赶超、生态惠民”，着力打造美丽环境、发展美丽经济、创造美好生活，确保与全省同步高水平全面建成小康社会，加快建设“生态更美、产业更优、机制更活、百姓更富、社会文明程度更高”的美丽幸福新丽水，勇当绿色发展的探路者和模范生，为“浙江的今天”和“中国的明天”奉献更多丽水实践、丽水元素、丽水印记，充分体现“尤为如此”的示范和担当。

道阻且长，行则将至；行而不辍，则未来可期。既要金山银山，也要绿水青山，这是丽水 1400 多年来历史经验的总结提炼，也是改革开放以来丽水始终不渝地坚持走绿色发展之路，践行生态文明新理念、谱写生态建设新篇章的豪迈实践。

“时代是出卷人，我们是答卷人，人民是阅卷人。”总书记习近平的嘱托声犹在耳畔。从历史远处走来的丽水，创造了辉煌；走向光明未来的丽水，更加需要今天的你、我、他，用奋斗挥洒时代风流，书写华彩篇章。

携手向前进，一路霞光！

大 事 记

大 事 记

新石器时代

前约 2000 年

龙泉已有人类活动。据龙泉牛门岗古文化遗址考古发现，有石斧、石刀、石锛、石磔、石纺轮、石坠、印纹陶片、原始瓦片、恐龙蛋化石等物，属良渚文化类型。

松阳已有人类活动。据松阳县古市镇筱铺村阴岗山文化遗址考古发现，有石斧、石磔、石环、石刀及印纹凹底罐和印纹陶片，纹饰有雷纹、席纹、叶脉纹等器物。

遂昌已有人类活动。据遂昌县三仁畲族乡好川村文化遗址考古发现，墓地面积 4000 平方米，发掘氏族墓葬群 80 座，出土玉器、石器、陶器、漆器等文物 1062 件(组)，属良渚文化晚期。

春 秋

越王勾践十四年(前 483)

欧冶子在龙泉铸剑。其一号曰龙渊，乃铁剑之魁。

秦

秦始皇嬴政二十五年(前 222)

姑蔑地置太末县，属会稽郡，县境含 2010 年衢州市和遂昌、兰溪，江西省玉山等县。

汉

建元三年(前 138)

闽越王分兵两路伐东瓯，其中一路由福建浦城经龙泉进军东瓯。

始元二年(前 85)

分鄞县回浦乡地置回浦县，属会稽郡，辖境相当于台、温、处 3 州。汉建武元年(25)回浦县更名章安县。

建安四年(199)

分章安县西南部置松阳县,属会稽郡。

建安八年(203)

松阳长丁藩率军平叛,不服永宁长贺齐统领,被斩杀。

建安二十三年(218)

分太末县南部置遂昌县,属会稽郡。

三　国

吴赤乌元年(238)

建普慈寺[①]。

建广严寺[②]。

吴赤乌二年(239)

遂昌县更名平昌县,属会稽郡。

建古方塘[③]。明永乐八年(1410),重建。

吴太平二年(257)

分会稽郡东部置临海郡,松阳县属临海郡。

吴宝鼎元年(266)

分会稽郡西部置东阳郡,平昌县改属东阳郡。

西　晋

太康元年(280)

平昌县复名遂昌县。

东　晋

太宁元年(323)

分临海郡南部置永嘉郡,松阳县属永嘉郡。

咸和年间(326—334)

缙云仙都建缙云堂。

---

① 普慈寺位于莲都区北六十里的仙渡乡何金富村。

② 广严寺位于缙云县新碧镇双峰尖下。

③ 古方塘位于缙云县南乡。

咸和五年至咸康二年（330—336）

葛洪入丽水南明山修道炼丹，题刻“灵崇”二字。

丽水东南建老君庙。唐开元年间（713—741），更名开元观。宋大中祥符元年（1008）改天庆观，米芾书额。元贞元年间（1295—1297），更名元妙观。

松阳县令钮滔母撰《孙琼集》二卷。

南北朝

宋武帝永初元年（420）

龙泉烧制青瓷墓葬品。1976 年龙泉市查田镇下保村出土宋永初元年墓葬品，其中有青瓷鸡首壶、鸡冠壶、莲瓣碗等 8 件，皆灰胎青黄釉，证实在南北朝前，龙泉就烧制青瓷。

宋永初三年至景平元年（422—423）

谢灵运任永嘉郡太守时，曾游青田石门洞、缙云仙都等地，留有《石门新营》《衣宿石门岩上》和《游名山志》《归途赋》等诗作。

齐永明元年（483）

六朝时殉葬用青田小猪石雕 4 只。新昌县十九号南齐墓出土葬品，保存于浙江省博物馆。

梁天监年间（502—519）

詹南二司马在松阳县①堰头村外建通济堰，引松阴溪水灌溉碧湖平原农田 0.17 万公顷。

梁天监五年（506）

靖岳建治平寺②。

萧梁年间（502—557）

建天铭寺③。

松阳县西五里建延庆寺。

梁普通二年（521）

松阳县建善妙寺。隋大业年间（605—618）废。

南朝梁绍泰二年（556）

置缙州。

陈天嘉三年（562）

废缙州，恢复永嘉郡、东阳郡。后改东阳郡为金华郡。其中，松阳县属永嘉郡，遂昌县属金华郡。

夏　陈文帝下诏安都侯在桃枝岭④，乘潦水涨满，引船入堰，破叛军，令临海太守钱道戢率军出

① 2010 年属丽水市莲都区碧湖镇堰头村

② 治平寺：位于缙云县东三十里。

③ 天铭寺：位于庆元县东象山下。

④ 桃枝岭：即丽水市莲都区桃花岭。

松阳断其后,尽收其人员甲仗。

隋

开皇九年(589)

分松阳县东乡,置栝苍县。置处州,辖栝苍、松阳、永嘉、临海四县,州治栝苍。

开皇十二年(592)

改处州为栝州,辖栝苍、松阳、永嘉、临海县,州治栝苍。

开皇九至二十年(589—600)

治理处州好溪。据《元和郡县图志》载:“好溪自缙云县流经丽水东注大溪,湍流险阻,九十里间五十六濑,名为大恶,隋开皇改为丽水”。

大业三年(607)

改栝州为永嘉郡,郡治栝苍。

大业十二年(616)

叶法善出生。唐开元八年(720)去世。唐开元二十七年(739),唐玄宗作文《叶尊师碑记》悼之。

唐

武德四年(621)

平定李子通,置栝州,置总管府,领栝苍、丽水县,州治栝苍。辖松、嘉、台三州,府治栝苍。

废松阳县,置松州。废永嘉县,置东嘉州。废临海县,置台州。

建松阳县学。宋宣和三年(1121)毁。

分永康县地,置缙云县,隶属丽州。

武德七年(624)

改总管府为都督府。

武德八年(625)

改松州为松阳县,遂昌县并入松阳县。

废缙云县,并入永康县。废丽水县,并入栝苍县。

贞观元年(627)

废都督府,废东嘉州。永嘉、安固入栝州,属江南道。栝州辖栝苍、松阳、永嘉、安固县。

显庆元年(656)

九月　栝苍大暴雨,水溢城下,溺死7000余人。

上元二年(675)

四月　分栝州之永嘉、安固县置温州。

文明元年(684)

七月　栝州溪水暴涨,溺死百多人。

万岁登封元年(696)

分栝苍县东北、永康县南部置缙云县[①]。栝州辖栝苍、松阳、缙云县。

神功元年(697)

三月　栝州大水,冲毁民房700余间。

景云二年(711)

分栝苍县地建青田县。

复置遂昌县,隶属栝州。栝州辖栝苍、松阳、缙云、青田、遂昌县,隶属江南东道。

开元十八年(730)

孟浩然过缙云,穿恶溪,到天台山。作诗《寻天台山作》。

开元年间(713—741)

置处州驿路,处州(丽水)经婺州(金华)、睦州(建德),至杭州;处州至永嘉(温州)。

建缙云县学。

叶法善奏舍庄宅为永宁观,位于松阳县西二十里卯山。

天宝元年(742)

改栝州为缙云郡,郡治栝苍。

天宝二年(743)

栝苍县少微山建紫极宫。唐道士杜光庭修真于此,更名真圣观。宋治平二年(1065),更名紫虚观。

天宝七年(748)

缙云山被敕封为仙都山,仙都鼎湖峰旁建黄帝祠宇,缙云县令李阳冰书《黄帝祠宇》碑。

乾元元年(758)

改缙云郡为栝州。

乾元二年(759)

分松阳县龙泉乡、遂昌县南部地,置龙泉县,属栝州。

八月　李阳冰祈雨城隍,篆书城隍庙碑。

乾元三年(760)

台州袁晁侵扰栝州。唐宝应元年(762),浙东诸州陷,改元宝胜。李光弼遣部将张伯仪破衢州,诛杀袁晁。

永泰二年(766)

畲民雷进裕率家属5人,自福建省罗源迁至景宁县澄照乡大赤寺。

---

① 一说唐圣历元年(698),置缙云县。

大历十四年(779)

避唐德宗李适讳,改栝州为处州,改栝苍县为丽水县。

元和十二年(817)

处州刺史李繁城内梓山建孔庙,倡办处州府儒学。唐元和十五年(820),韩愈作《处州孔子庙碑》。

长庆二年(822)

七月　处州大水,平地深八尺,坏城邑、桑田大半。

大中九至十三年(855—859)

处州刺史段成式主持到丽水县灵鹫山下垒石为堰,引好溪水入渠,灌田60多顷。

大中年间(847—860)

高僧贯休在遂昌县唐山建翠峰院。

咸通二年(861)

惠明和尚在景宁县南泉山建惠明寺,寺旁广种茶树,称惠明茶。

乾符六年(879)

黄巢起义军南下,遂昌县人卢约响应,聚众起义。

乾符七年(880)

黄巢遣骑自婺州至缙云县,县人逃避客星山巅。

中和元年(881)

九月　临海杜雄起兵据处州。

遂昌县人卢约率兵攻克处州,自封处州刺史,依山筑城,凭带冈阜,南傍大溪,险固而难攻。

中和二年(882)

黄巢起义军进入玉岩山①一带。

中和年间(881—885)

三平和尚到丽水县南明山建大安寺。

乾宁三年(896)

缙云县城北黄龙山建黄龙寺。

天祐二年(905)

正月　卢约弟卢佶率部攻克温州。

天祐四年(907)

三月　吴越王钱镠命其子传璙、传瓘伐卢佶。四月,攻克温州,卢佶兵败,被斩于青田县腊口。五月,吴越军包围处州城,处州刺史施史君率兵屯寨,计擒卢约,诛之。

---

① 玉岩山:2010年丽水市莲都区东西岩。

五代十国

后梁开平四年(910)

五月　改松阳县为长松县。

后梁贞明五年(919)

龙泉县金村、刘田[1]等地制瓷作坊已具规模。

后晋天福四年(939)

改长松县为白龙县。

后晋天福九年(944)

龙泉县北安清山麓建清修讲院。明正统十年(1495)更名清修寺。

五代(907—960)

龙泉县南五里建崇仁寺,即金沙寺。

宋

乾德三年(965)

丽水县南明山建仁寿寺。

太平兴国二年(977)

龙泉县崇仁寺建造华严塔(俗称金沙塔)。

太平兴国七年(982)

宋太宗殿前承旨赵仁济监理越州窑务,兼理龙泉窑务。

咸平二年(999)

白龙县复名松阳县。

松阳县建延庆寺塔。宋咸平五年(1002)成。

遂昌县城西坑口建精进院。宋景炎元年(1276),文天祥寓宿院中,题诗寄慨。

天禧二年(1018)

龙泉县东隅建县学,学额二十。

景祐四年(1037)

处州知州孙沔在城内迎秋岭西建州学,原择山州学更名丽水县学。

皇祐年间(1049—1054)

遂昌知县何辟非创学宫,设县学。

① 刘田:2010 年龙泉市小梅镇。

治平二年(1065)

敕赐缙云县仙都黄帝祠宇为玉虚宫。

治平年间(1064—1067)

缙云县在孔庙建学宫。

熙宁六年(1073)

十二月　提举司天监沈括视察婺州至处州水利，历经缙云仙都仙水洞、丽水南明山高阳洞、青田石门洞，并留有摩崖题刻。

龙泉县重建清化桥。米芾题名“清化”，尚书左丞、县人何执中更名“济川”。

元丰三年(1080)

缙云县辖五乡一镇，镇名胡陈镇①，处州始有镇名。

元丰七年(1084)

六月　青田县大水，损坏农田庄稼甚多。

元丰年间(1078—1085)

遂昌县建有永丰银场。

元祐五年(1090)

苏东坡命名龙泉灵溪之洲为留槎州，并为留槎阁书榜，陈舜俞题诗。时谓阁之雄伟、榜之遒劲、诗之警拔为“三绝”。

元祐七年(1092)

七月至十二月　龙泉县疏浚龙泉溪80多滩。处州各县相继仿效，昼夜行舟免除沉覆之危。

缙云县治理好溪30多滩，舟楫安抵处州。

元祐年间(1086—1094)

遂昌知县张根在城南50步南溪筑防洪堤。宋靖康元年(1126)，县丞胡涓重建，因名胡公堤。

崇宁年间(1102—1106)

处州在遂昌县、青田县设茶场，统一管理茶叶。茶场向交纳税收的茶商发放茶引(运销凭证)。

政和年间(1111—1118)

知州杨嘉言在旧治建烟雨楼。宋乾道五年(1169)，范成大书榜。

宣和二年(1120)

三月十五日　松阳县人洪载响应方腊起义，攻占松阳县城。宋宣和三年，方腊起义军攻克缙云县城。三月，洪载攻克处州城和青田县城。后被童贯、韩世忠合兵镇压。

宣和三年(1121)

龙泉县更名剑川县。宋绍兴元年(1131)，复名龙泉县。

---

① 2010年属缙云县壶镇镇。

宣和四年(1122)

知州黄烈仿唐旧址修筑处州城垣，征民夫 44000 人。

宣和六年(1124)

七月　处州大水，水高 6 丈多。十月，松阳县水涝。

靖康元年(1126)

冬　龙泉知县姚珏以郑公垟堰为基础，修筑蒋溪堰，新凿云水渠，可灌溉畈田 30 顷[①]。

建炎四年(1130)

秋　福建建州[②]盐贩范汝为率众起义，起义军十多万人，攻占龙泉。

绍兴二年(1132)

春　范汝为遭宋将韩世忠战败后自焚。其部将范忠于十一月掠龙泉，十二月取处州。

遂昌知县朱元成、县尉叶本建文笔双峰塔。

绍兴三年(1133)

二月　西彭友(又称彭大或彭铁大)起义军占领龙泉。

绍兴十年(1140)

青田县在大漈[③]建时思院，以褒孝童梅元质。明洪武元年(1368)，刘基书额“时思道场”。明宣德元年(1426)，更名时思寺。

绍兴十四年(1144)

七月　处州 3 县大暴雨。八月，丽水大水，高八丈，淹死 3000 多人。

绍兴十七年(1147)

缙云郡龙泉人鲍彪著《战国策注》。

绍兴三十年(1160)

春　陆游游览丽水万象山、青田石门洞等地，并作诗《南园》《莺花亭》和《石门山》。

绍兴年间(1131—1162)

撰修《处州图经》，已佚。

乾道四年(1168)

知州范成大在府城南门外重建济川浮桥，更名平政桥，造舟为梁，联以铁绠，刻铭及桥规于石。

处州在万象山南园建莲城堂、莺花亭。

乾道五年(1169)

松阳县首创义役，众出田谷，助役户轮充，诏颁其法于诸路。

知州范成大与军事判官张澈整修通济堰。宋乾道六年(1170)三月建成，刻堰记和堰规于石。宋

---

① 200 公顷。

② 建州：2010 年福建省建瓯县。

③ 大漈：2010 年景宁畲族自治县大漈乡。

开禧元年(1205),参政何澹改木筱坝为石坝。

淳熙元年(1174)

青田县鹤溪[①]中医陈言著《三因极一病症方论》。

淳熙九年(1182)

朱熹到缙云县独峰、美化,松阳县古市和青田县石门洞等地讲学。宋嘉定年间(1208—1224),缙云县人叶嗣昌建独峰书院。宋嘉熙年间(1237—1240),缙云县令陈大猷创办美化书院。宋咸淳年间(1265—1274),松阳县人叶再遇在古市建明善书院。元至元三十一年(1294),青田县名儒集资在石门洞谢客堂建石门书院。

孝宗赵昚年间(1163—1189)

丽水籍武学博士叶宏奉诏集禁本11家注《孙子兵法》。

庆元三年(1197)

分龙泉县南松源乡和延庆乡部分地,置庆元县。

知州赵善坚主持引丽阳后溪水入城,一派南流经应星桥出城,一派东流经镇东楼出城,供居民防火和洗濯。

庆元年间(1195—1200)

青田县人郑汝谐在介石泉旁创办介石书院。

开禧二年(1206)

词人姜夔游栝苍,填词《虞美人》。

开禧三年(1207)

处州知州王庭芝建应星楼。何澹书《处州应星楼碑》。

嘉定二年(1209)

龙泉县人何澹为《龙泉县志》作序。

嘉定九年(1216)

五月　处、台、婺、衢、严等州大水,漂没田庐,损害庄稼。

九至十一年　丽水县城东二十里灵鹫山灵鹫寺建石塔四座。1959年,筹建瓯江水电站时迁至云和县前溪山上。1980年,再迁丽水市万象山公园。

嘉定十六年(1223)

丽水县人蔡仲龙中榜眼,宋宁宗因状元蒋重诊病故,下诏升蔡仲龙为状元。

嘉定年间(1208—1224)

遂昌知县陈逵在遂昌县城北门外永安桥旧址建济川桥,石墩木板廊桥,桥上盖屋十三间,两端筑亭,为通京达省要道。

---

① 鹤溪:2010年景宁畲族自治县鹤溪镇。

绍定年间(1228—1233)

始修《青田县志》,久佚。

端平年间(1234—1236)

龙泉县人张奉仪在龙泉县西严垟建桂山书院,丞相吴潜书额。

嘉熙三年(1239)

七月　处、台、婺、衢、严等州大水满城郭,淹死多人。

淳祐三年(1243)

龙泉县出现虎患。此后5年,虎食伤人1600多人。

淳祐十年(1250)

七月　松阳县女词人张玉娘出生,有《兰雪集》诗传世。

淳祐年间(1241—1252)

福建省罗源畲族蓝敬泉支族徙居金丘驮磨庵[①],为景宁畲族蓝氏始祖。

景定年间(1260—1264)

遂昌县人徐都目创办徐氏义塾。

宁宗至理宗年间(1195—1264)

遂昌县人尹起莘著《资治通鉴纲目发明》59卷,编入《四库全书》。

咸淳元年(1265)

庆元县人吴标在盖竹村建灵显庙,祀奉菇神吴昱(吴三公)。

咸淳四年(1268)

缙云县籍司农少卿兼知临安府潜说友撰《咸淳临安志》100卷。

咸淳十年(1274)

十二月　兵部尚书季可(龙泉人)奉命回故乡募兵抗击元军。

咸淳年间(1265—1274)

孙友益修《缙云县志》。

德祐元年(1275)

缙云县人曹天骏、曹天骥兄弟起兵抗元勤王,招募义兵四万,到临海白水洋救援赵昺入福建。

景炎元年(1276)

四月　丞相文天祥抵达温州,组织温、台、处三州义军北上抗击元军。十一月,元将阿刺罕董文炳占领处州城,知州李珏投降。改处州为处州路。

五月　文天祥途经青田县高市雄溪村,吊唁同科进士陈塈(仲常),并作《国子司业仲常陈公墓志铭》和《司业塈公像赞》。

---

① 金丘驮磨庵:2010年景宁畲族自治县澄照乡。

南宋(1197—1279)

邵笥撰《栝苍庆元志》,已佚。

元

至元六年(1269)

六月　松阳县、龙泉县大雨,水淹城中,深丈余,溺死500余人。遂昌县桃源乡山崩,压溺民居53家,死亡360余人。

至元十四年(1277)

青田县季文龙、章焱率张世杰旧部淮军,收复处州城,自署两浙安抚使,并率兵克瑞安。后被元处州路总管府达鲁花赤赵赍亨率兵镇压。

至元十五年(1278)

六月　龙泉县人张三八率领农民起义军2万余人抗元,占领庆元县城,杀庆元县达鲁花赤也速台儿。后起义军失败,张三八归顺元朝。

青田县人季文龙余部攻克龙泉县城,战火毁房屋2000余间。

至元十八年(1281)

处州寨平八聚众5000人,攻占遂昌县,后被浙东道宣慰使高兴率兵镇压。

至元二十二年(1285)

处州置万户府,设达鲁花赤、万户、副万户各1人,统兵3000人。

元二十四年(1287)

春　处州詹老鹞、温州林雄聚众抗元,建立青田县叶山根据地。冬,行尚书省参知政事高兴率元军征讨,詹、林兵败被俘在温州就义。

至元二十五年(1288)

四月　处州柳世英聚众抗元,攻青田、丽水县,后被浙东宣慰副使史耀镇压。

至元二十七年(1290)

处州路总管斡勒好古委派丽水县尹韩国宝割旧城之半建新城,设望京、岩泉、行春、南明、栝苍、通惠六门,州治从小括苍山巅迁枣山南麓。

缙云县人吕重三、杨元六聚众抗元,遭宣慰使史弼镇压。

青田县人刘甲、刘乙等聚众万余人,占领温州平阳。

元贞三年至至元六年(1297—1340)

浦江吴莱修《松阳志略》,久佚。

大德七年(1303)

丽水县栝苍门外琵琶洲北建水障。

遂昌县置按察分司。

大德九年(1305)

六月二十八日　丽水、青田、缙云县大水，民居损坏多。

大德十年(1306)

庆元县达鲁花赤于崇在县城云龙门外建兴贤桥。明天顺年间(1457—1464)，知县沈鹤更名咏归桥。

延祐六年(1314)

景宁县西金仙寺左建浮图塔。

至元六年(1340)

十一月　松阳县建金梁堰，大堤300丈，灌田400多公顷，复垦废田200多公顷。

至正三年(1343)

龙泉县籍国史院编修陈绎曾与廉惠山海牙、王沂、徐昺分撰《辽史》。

至正五年至八年(1345—1348)

处州录事高则诚在府城姜山悬藜阁撰《琵琶记》。

至正八年(1348)

缙云县人陈性定编修《仙都志》。

至正十二年(1352)

福建省政和、松溪、浦城等县红巾军进攻龙泉县。龙泉儒士王刚叔及弟子章溢、季汶等召集乡兵万多人阻击。浙江副元帅石抹宜孙率兵驰援龙泉，进击庆元，打死和捕获红巾军1000多人。

至正十三年(1353)

青田县人吴成七聚众起事，烧毁县署。被处州路总制孙炎、胡深等率部击败。

至正十四年(1354)

青田县黄坦吴德祥聚众起义，波及处、婺、温三州，后被处州路治中叶琛率兵镇压，吴德祥自缢。

至正十五年(1355)

福建省政和县人黄华聚众攻入庆元县城，烧毁县衙。

六月二十日　青田县人潘惟贤聚众攻占龙泉县城，知县达鲁花赤台宝忽丁携印潜逃。龙泉儒士王刚叔、章溢、季汶等招集乡民击退义军。

至正十六年(1356)

郑甲率红巾军从福建省浦城、松溪经庆元、龙泉县攻处州城，后被元军叶琛、章溢、胡深合兵阻击，兵败被俘就义。

冬　松阳县人周汉桀捐资筑白龙堰，灌田20顷。

处州大旱，丽水、松阳县螟虫为害，斗米千钱，路有饿殍。

至正十七年(1357)

七月　红巾军由浦城、松溪县进攻龙泉，行军都事胡深集乡兵拒守湖山，红巾军不战而退。

遂昌县大柘周天觉、方友元聚众攻处州，胡深率兵镇压。

至正十九年(1359)

十一月　朱元璋派枢密院判耿再成、参将胡大海率军攻克处州，招降胡深，改处州路为安南府，后再更名处州府。元处州总制石抹宜孙败退闽中。

至正二十年(1360)

三月　朱元璋招处州刘基、章溢、叶琛及浦江宋濂至建康①。

六月　石抹宜孙率部反攻，攻占庆元县城，被耿再成击败，石抹宜孙溃退时被乱军杀死在桃坑村②。

龙泉县披云桥原在万寿宫西，指挥章蕴德徙于万寿宫东。1965年重建，更名西大桥。

至正二十二年(1362)

二月　处州苗军元帅李祐之、贺仁德谋反，杀枢密院判耿再成、都事孙炎、知府王道同、元帅朱文刚。

四月　朱元璋派邵荣进军缙云县，徐图进取。胡深从龙泉引军随邵荣讨伐叛逆。耿再成之子耿天璧召集耿再成部众进攻苗军，再克处州，斩杀李祐之、贺仁德等。

六月　邵荣拥兵在处州谋反未遂伏诛。

至正二十五年(1365)

二月　福建省平章政事陈友定侵扰处州，被参军胡深击败。

至正二十六年(1366)

二月　青田县人夏清四联合福建陈友定部攻庆元县城，被浙东按察佥事章溢率各县义兵击退。

至正年间(1341—1368)

刘基主持丽水县城行春门至南明门之间筑铁坝，用块石砌成，灌以铁汁，御水护城。

明

洪武元年(1368)

建处州守御千户所。

浙东苗军叛变，杀金华守将胡大海，占据处州，胡深统兵剿服。

洪武三年(1370)

三月　撤销庆元县并入龙泉县，在查田③设查田巡检司。明洪武十三年(1380)十一月，恢复庆元县，撤销查田巡检司。

丽水大旱。

洪武五年(1372)

青田县南170里近瑞安界设淡洋巡检司、县南200里设黄坛巡检司。景宁县在石印山麓设沐溪

① 建康：2010年江苏省南京市。

② 桃坑村：2010年属庆元县隆宫乡。

③ 查田：2010年属龙泉市查田镇。

巡检司、在三都设卢山巡检司，明景泰三年（1452）在五都建大漈巡检司。明洪武二十八年（1395）松阳县设旧市[①]巡检司、净居巡检司。遂昌县设马埠巡检司。

洪武八年（1368）

置处州卫，设左右中前后五千户所，旗军员额5600名，后调整员额至466名。

洪武十一年（1378）

龙泉县人叶子奇编成《草木子》8卷，《草木子》余录3卷。

洪武十四年（1381）

青田县八都吴达三与平阳县人叶丁香聚众起事，攻陷青田县城，烧毁县署。延安侯唐胜宗、都督佥事张德统兵讨伐。

洪武十七年（1384）

龙泉、松阳、遂昌县大水，坏民居田地。

武十九年（1386）

丽水县置银场局，岁课银2000两。

兴建庆元县赵公堰，截盖竹、濛淤两水经周墩，再接纳下滩、济川两水入松源镇大坂洋。崇祯末年水毁。

洪武二十一年（1388）

山寇石抹申陷庆元县城，大肆劫掠，知县曾寿被杀。

永乐一至六年（1403—1408）

松阳县籍翰林学士王景总裁纂修《永乐大典》《太高祖皇帝实录》。

永乐十八年（1420）

丽水县、青田县大水。

永乐二十二年（1424）

五月　丽水县人周叔光与福建省政和县王均亮率2000多人起兵反明，后被巡抚御史及浙江、福建三司招抚。

龙游县柯山农民起义，势逼松阳，县治几为所据。镇抚陈滋率官兵进剿。

宣德七年（1432）

十月　温州知府何文渊朝觐到京，夜宿刘山驿，拒永嘉县丞于建赠银，遂书“却金馆”三字于壁。后地方官员就地建却金馆，立“却金馆”三字牌坊。

正统元年（1436）

《遂昌县志》问世。

正统六年（1441）

在松阳县古市置布政分司。

---

① 2010年称古市。

正统十一年(1446)

三月　庆元矿工叶宗留、丽水矿工陈鉴湖在福建福安开矿，率数万矿工起义。明正统十三年(1448)七月,叶宗留大败明军于处州,起义军叶希八等攻占龙泉、松阳县城。十二月,矿工陈鉴湖、朱闾八率万多人攻遂昌,战败于丽水县宣慈乡。

正统十四年(1449)

正月二十五日　丽水县宣慈乡[①]矿工陶得二率义军数千围处州城,歼明军1400多人。四月,陈鉴湖自命大王,称太平国,改年号泰定元年。

景泰元年(1450)

二月　都御史张楷诱降叶希八、杨希勉,受招抚者2万多人。明景泰二年(1451)九月,孙原贞率军在泰顺境内围剿起义军,俘斩陶得二,招抚3600多人。

景泰三年(1452)

分丽水县浮云、元和乡地建云和县。分青田县鸣鹤乡和柔远乡仙上里等地建景宁县。分丽水县宣慈、应和乡及懿德乡北部地建宣平县。

九月　开处州银场。

景泰五年(1454)

十二月二十八日　叶宗留余部祝岳二率众进攻宣平县治,孙原贞率兵生擒祝岳二。

成化元年(1465)

龙泉县林农广制松香,年贡松香35千克。造纸作坊遍布,年贡黄白纸53796张。

龙泉县二十二都安仁乡民刘养怀倡募在安仁溪上建永宁桥。清康熙五十七年(1718),重建,更名永和桥,桥长125.7米,宽7.5米,高13米,五墩四孔,石木结构的廊桥。

成化七年(1471)

分遂昌县八都、九都与龙游、兰溪、金华县部分地,置汤溪县。

成化八年(1472)

八月二十三日　龙泉县城直街叶善增家失火,延烧济川桥及住户2000多家。

成化十九年(1483)

六月　青田、丽水、云和、景宁、遂昌等县大水,坏民居田地。其中,景宁县六月十九日大水,坏民居200多家,溺死100多人。

成化年间(1465—1487)

龙泉县二十二都安仁乡民项公全倡募建庆和桥。

弘治六年(1493)

云和知县黄芳主持在浮云溪左侧修黄公渠,灌田20多顷。同时筑云阳砩(白水砩)。

---

① 宣慈乡:2010年属浙江省武义县。

正德六年(1511)

遂昌县创东、西两社学，东名素教、西名预养。

正德八年(1513)

七月二十二日　龙泉县前店起火，延烧总铺谯楼、按察司、济川桥及民居2000家。

九月二十六日　龙泉县崇因寺佛殿起火，烧毁寺房及五千斤铜钟一口。

嘉靖元年(1522)

七月　遂昌雨雹，顷刻二尺，损坏麻豆。

嘉靖四年(1525)

云和知县胡希铨修《云和县志》。传本久佚。

嘉靖六年(1527)

《景宁县志》成书，刊本已佚。

嘉靖七年(1528)

青田县出现群虎，伤约千人。

嘉靖二十四年(1545)

庆元县吴主姑聚众千余，骚扰福建省松溪、浦城县和浙江省遂昌、龙泉、庆元等县边民，后被知县陈泽率官兵在竹口枫堂击败。

嘉靖二十五年(1546)

庆元知县陈泽始筑庆元县城，设仁丰、济川、薰阜、云龙四门。

嘉靖三十二年(1553)

倭寇500多人入侵青田、丽水县，转掠松阳县。松阳知县罗拱宸率兵阻击，倭寇从水路逃走。参将俞大猷率水兵追击，毙俘倭寇69人。

嘉靖三十四年(1555)

四月　倭寇数百人，窜扰青田县小峙、沙埠等地，兵民被杀与淹死2000多人。

遂昌县十三都①周村人周敖，顺天乡试中武举人。三十四年兵部会试第一名(武状元)，授锦衣卫校尉。建状元坊于省城北关门内大街。

知府高超在处州城南旧城隍庙置紫阳书院。

嘉靖三十五年(1556)

正月　倭寇再次窜扰青田县境。知县李楷、县丞熊缨筑城池御倭，设龙津、锦屏、行春、丹山四门。

嘉靖三十六年(1557)

处州知府高超在府治西重建栝苍驿。

五月　倭寇自台州登岸，破黄岩、劫仙居，渐逼缙云县，都御史阮鹗率兵万余拒倭。

---

① 十三都：2010年属遂昌县三仁畲族乡。

嘉靖三十七年(1558)

四月十七日　倭寇入侵青田县,烧毁民房5000多间,杀3000多人,掳男女1000多人,围城7昼夜,县丞熊缨率军民奋战,民壮叶仁锡等偷营烧敌巢,倭寇东逃。

五月　倭寇再犯青田县城,围攻10日,窜向丽水县,分守参议曹金率乡兵登城拒守4日,倭寇退。

青田知县李楷在县城北改建养济院。

嘉靖三十八年(1559)

九月　戚继光招募处州矿工、农民从军,组建戚家军,龙泉县壮丁踊跃应募,县民制"糖光饼",欢送入伍士兵。

嘉靖四十年(1561)

七月　闽广农民起义军张琏部3000余人,自江西、福建进浙江省庆元县竹口,知县马汝徯御之。后突入龙泉县,据城6日。

嘉靖四十一年(1562)

八月　寿宁山寇刘大眼劫掠庆元县竹口,至县城后占据后山为巢,官兵在追击中前后受敌,死伤惨重。

十二月　刘大眼偷袭庆元县,全城军民奋力固守。数日后,兵备副使陈庆派兵援救,寇始遁去。

嘉靖四十二年(1563)

青田县大水,十一都、十二都大雨,山裂水涨,冲坏田地33顷40多亩,溺死男女323人,漂没房屋752所。

嘉靖年间(1522—1556)

知府潘润在府城富山建开国元勋祠,祀诚意伯刘基。

青田县北混元峰下建诚意伯庙(刘府祠),祀诚意伯刘基。

隆庆元年(1567)

七月　处州矿工数百人集龙泉县瞿源起义,后遭处州知府李学礼镇压。

万历二年至七年(1574—1578)

庆元知县沈维龙令县人吴诏在县城西偶兴贤坊旧府馆建松源书院。明末废。

万历六年(1578)

景宁知县林乔松改敬山社学为崇正书院。

万历十三年(1585)

知府俞均到丽水县东五里始建佛头岩塔①。至明万历二十二年(1594),知府任可容建成。

万历年二十一至二十六年(1593—1598)

遂昌知县汤显祖创作《紫钗记》和《牡丹亭》。在眠牛山麓建相圃书院。

---

① 佛头岩塔:2010年丽水市莲都区厦河塔。

万历二十二年(1594)

知府任可容在圭山文昌阁之西建圭山书院,之东建南明书院。

松阳县玉岩白沙岗村创松阳高腔班。

万历二十三年(1595)

戏曲家、诗人屠隆游遂昌县城、处州府城,留有诗作《启明楼》《南明山》等多首。

万历三十年(1602)

宁波人杨守勤在遂昌县长濂鞍山书院执教。

万历三十一年(1602)

杨守勤由村人资助,参加乡试中举人,明万历三十二年(1604)入京殿试中状元。

万历三十二年(1604)

丽水、松阳、遂昌、缙云县发生地震。

万历三十六年(1608)

云和县大水,县前街淹二里许,坏民居500多间。三都[①]砻铺山崩,毁坏田庐,伤40多人。

万历年间(1573—1620)

松阳知县林大佳捐俸在县东十里青云山建青云塔,又名青蒙塔,保存完好。

处州知府任可容在松阳县南三里百仞山下修百仞堰,灌田17顷50亩。

天启五年(1625)

缙云县人郑子寿(董)在夏瑚山建凌霄塔。已毁。

天启六年(1626)

青田县东马鞍山顶建巽塔,又名天岩塔,2010年称平演塔。

天启七年至崇祯二年(1627—1629)

龙泉县城东隅莲山建稽圣潭塔,2010年倒塌。

崇祯八年(1635)

五月　处州府城大水,淹官署、民居,栝苍、南明、行春三门俱坏。应星桥坏,死7人。水退,沿溪积尸无数,知府朱葵按户赈恤。

崇祯十一年(1638)

闽人邱凌霄父子率靛农起义,自金华县至遂昌县,攻克县城,趋石练屯驻。衢州守备成绍誉率兵追至,战于石练溪滩,绍誉战死,义军退福建省浦城县。

崇祯十四年(1641)

福建省政和县张某与麻某聚众千余人起事,冬至日黎明攻破龙泉县城,知县刘明奭被缚,据城一昼夜后撤走。

---

① 2010年称崇头镇。

崇祯十五年(1642)

遂昌县王村口设防御厅。

福建省靛农起义军聚于遂昌县西乡茶园,主事熊人霖、推官陈子龙率兵镇压,义军退福建省浦城县。

崇祯十七年(1644)

永康县人借天主教聚众反明,缙云县西乡民众响应,遭两县官兵联合镇压。

清

顺治三年(1646)

六月　明督抚田仰同、勋镇方国安兵溃散入处州,大掠,男女皆逃匿。

顺治四年(1647)

七月十九日　福建省建宁县发生兵乱,流寇雷鸣窜犯庆元县,活捉知县李肇勋,杀其3子,李妻自缢。八月初一,总兵刘世昌进剿始退。

十一月　汤日旭在景宁,陈可擢、叶如馨在云和,王廷简、柯进春、程煌在龙泉,洪舜在松阳聚众抗清,遭游击刘登瀛率部镇压,叶如馨、柯进春战死,汤日旭、王廷简被擒。

十二月　程煌、陈秀卿联合龙泉县曹飞宇等聚众千余人起义,攻克龙泉县城十天。游击董永义率部镇压,程煌等300余人战死,陈秀卿被擒。

顺治五年(1648)

二月　龙泉县人柳国柱率众起义,屯兵西乡木岱口等处,左营都司陈元魁率军镇压。

四月　青田县油竹、彭括乡民何兆龙等聚众起事。五月,陈光魁等响应。次年二月,占据青田县城,后被官兵击败。

十月　明遗臣刘忠藻同冯生舜分兵占领庆元县城。十一月三日,与清总兵马德功发生巷战,刘忠藻败入福建省福安。次年九月,冯生舜又率部攻庆元县城,杀千总李定国,后清军来援,冯始退。

同年　缙云县人羊吉、章定国等聚众起义,遭右营都司刘登瀛镇压。

顺治六年(1649)

改处州卫为处州协营,属温州镇。

六月　龙泉县人李魁选据山抗清,遭清兵围困逮捕。

兰溪县人吴肇麟在缙云县壶镇开设问松堂药店。

顺治十年(1653)

七月　闽寇李希贤、叶付劫掠庆元县竹口,绑架村民130余人。十月,又占据上源①,12个村庄被烧掠。蔡来吉等汇合18个村的乡勇合力分击,寇始退。

康熙元年(1662)

庆元县举水村文明塔(又称荐元塔)动工,次年落成。

① 上源:2010年龙泉市四源乡。

康熙二年(1663)

诗人朱彝尊游缙云仙都和黄龙寺，处州府城和青田石门洞，作诗《黄龙寺》《缙云杂诗》《暮游仙都胜迹》《谒刘文成公祠》《好溪棹歌》《石门怀古，寄诸大九鼎》等多首。

康熙十一年(1672)

三月　缙云大火，延烧县署。

康熙十三年(1674)

三月二十九日　靖南王耿精忠应吴三桂之约据福州倒戈反清。五月，分兵进取浙江，东路军主将曾养性率徐尚朝、冯公辅、沙有祥等将领万余人攻陷丽水、龙泉、青田、云和、庆元、缙云、遂昌、松阳、景宁县。

康熙十四年(1675)

四月，清副都统玛哈达率军攻克永康、武义、宣平、缙云县至处州。清镇东将军拉哈达攻克云和、松阳等县。

康熙十五年(1676)

十月　清总兵李荣、陈世凯荡平耿精忠部将徐尚朝部。

康熙二十一年(1682)

丽水县人汪昂编著《医方集解》6卷、21门、正方370多个、附方490多个。

康熙二十二年(1683)

缙云知县霍维腾主持疏通好溪东港水道，造船10艘，以通舟楫。

康熙二十五年(1686)

闰四月　处州大雨四昼夜，丽水、龙泉、青田、云和、庆元、遂昌、松阳、景宁县洪水暴涨，淹没田庐，溺者无数。

康熙三十三年(1694)

知府刘廷玑在府治圭山文昌阁东首建南明书院，改圭山书院为丽水县义塾。清乾隆十七年(1752)，知府赋琏改南明书院为莲城书院。

康熙四十八年(1709)

龙游县庙下纸槽工廖云山、温显灵等聚饥民起义，十一月至遂昌县高平岭、大柘等地，官兵征战，廖云山被擒。

福建彭子英起义，自龙泉入云和县，攻击松阳、遂昌县，官兵尾追其后，交战于遂昌县大柘，金百总战死。分巡道高其佩请温、处、金、衢四府官兵及乡勇迎战，彭子英败走。

康熙四十九年(1710)

移平阳镇驻扎处州，改处州协营为处州镇。处州镇辖金华、衢州协营。设中、左、右三营，马兵287人、战兵479人、守兵1865人。

康熙五十一年(1712)

遂昌县建遗爱祠,纪念明万历遂昌知县汤显祖。

康熙五十二年(1713)

设丽水城守营。

康熙五十三年(1714)

处州大水、秋旱。十一月,户部豁免丽水、缙云、松阳等县受灾田亩例银,赈济灾民。

雍正二年(1724)

九月　松阳县南门善官铺起火,北至太平坊,东至横街、塔头街,两旁店屋俱毁。

雍正九年(1731)

始修《丽水县志略》1卷。

雍正十三年(1735)

景宁知县李应机捐建育婴堂。

置衢州镇,衢州城协营改隶衢州镇。

乾隆七年(1742)

庆元知县邹儒在丰山门外文庙左建对峰书院。

乾隆九年(1744)

青田知县王伸建社仓,坊及各都均有存谷。

乾隆十三年(1748)

铁匠郑义生在龙泉县城东街开设剑铺。

乾隆十四年(1749)

旅松闽商在松阳县城北建福建会馆。

乾隆二十三年(1758)

青田县群虎横行,六、七都等地被伤数百人,阜山被害10多人。

乾隆三十年(1765)

缙云县城北建卫生堂。

七月十九日戌时　景宁县地震,屋壁震响,几案、摆簸、楼阁、房舍仄而复整,梁柱错折有声,顷之始定。邻县都如此。

乾隆四十年(1775)

云和县鳌峰书院创办。

乾隆四十七年(1782)

袁枚游历青田石门洞,处州府城白云山、南明山,缙云仙都、黄龙寺等地,写诗《观瀑石门谒刘青田像》《登白云山望处州城》等。

乾隆五十五年(1790)

青田县制青田石“宝典福书”印章一套60枚,作乾隆皇帝80岁寿礼。

嘉庆元年(1796)

处州知府修仁在府城万象山建秦淮海祠,祀宋处州监酒税秦观,将温处道秦瀛摹像并宋元祐三年(1088)除太学博士敕石从莲城书院移入秦淮海祠。

嘉庆五年(1800)

六月二十三日　处州大水,船逾城入,死者千人,坏田55顷。

嘉庆十年(1805)

龙泉县人李鹤堂捐银1400两,复建济川桥,桥址移留槎洲下,历时2年。

嘉庆十一年(1806)

四月　龙泉县秀才汤瑾在留槎洲上独资建留槎阁。

嘉庆二十五年(1820)

龙泉县小梅开设三和堂中药店,并附设药厂,制中成药。

道光五年(1825)

丽水县东岳庙右建义仓。

道光九年(1829)

云和县龟山建培元塔。

道光十四年(1834)

春　缙云县大疫,死者万余人。

十一月　赈丽水县水灾。

道光十五年(1835)

松阳知县汤景和劝捐新建南门大堤,后称汤公堤。

道光十九年(1839)

景宁县毛坑口村建五显灵官大帝殿(又称菇神庙)祀奉菇神。同址设“三合堂”,每年农历正月初七、十三日起演戏5—10日,并商决菇事。

道光二十年(1840)

六月四日　英军入侵定海港,处州镇总兵郑国鸿奉命率兵1200人驰援宁波。次年八月十八日,郑国鸿战死于定海竹山门,定海再次沦陷。

道光二十二年(1842)

十月　处州府前至三坊口火灾,烧毁民居147户。

道光二十五年(1845)

丽水知县张铣重修南明山东南巾子山塔。此塔建于明正统三年(1438)前。

五月　丽水大疫。

咸丰二年(1852)

云和县梅榕编纂《云和县大庆寺志》,刻本,藏浙江图书馆。

咸丰三年(1853)

六月二十六日　景宁县大雨,五都竹埠村后山崩塌,压死 73 人。

七月　景宁县外舍等地饥民暴动,知县宋纯修率兵勇 800 多人镇压。

咸丰八年(1858)

三月十九日　太平天国翼王石达开部将石镇吉率太平军攻克遂昌、松阳县城。三月二十七日攻克处州城。四月攻克缙云、云和县城。六月石达开攻衢州败退,撤离到龙泉县集结。七月到福建省浦城。

咸丰十一年(1861)

五月六日　太平天国侍王李世贤部将黄呈忠等率军攻占遂昌县,十一日占领松阳县,十四日占领宣平县。处州知府李希郊迎战于堰头,大败被杀。十六日攻占处州城,十九日攻占缙云县,二十八日至金华。

九月十一日　太平军李世贤部再次攻占遂昌、松阳县,十七日占处州城。十一月,福建总兵林文察率师驻龙泉县。

咸丰年间(1851—1861)

松阳县人罗鸿槐创办罗萃泰烟行,地设松阳县古市太保庙左侧。

同治元年(1862)

正月二十日　李世贤部将白承恩率部攻克青田县。二十九日,攻温州,数战未克,相继撤离。

七月　太平军李世贤部率部与福建总兵林文察部作战于遂昌县大柘峡口门,失利后撤离遂昌县。七月十七日,太平军撤离处州城。

同治六年(1867)

龙泉县成立商务所,后更名商务局、商务分会。民国元年(1912)更名龙泉县商会。

同治七年(1868)

知府清安在处州永丰仓旧址建仓廒 30 间,置储谷 1 万石。

同治十三年(1874)

天主教法国公教会徐、马二司铎在城内淮海祠下设传教点,后迁至小鲁街。

光绪元年(1875)

温州基督教会派英籍传教士蔡文才、杨某至处州传教,租赁府城仓前民宅为礼拜堂传道讲经。

光绪三年(1877)

丽水县畲族童生蓝邦光到处州府考武秀才遭拒考后,聚集丽水、青田、松阳等县畲民数百人请愿,获准畲民应试,蓝邦光中丁丑科武秀才。

清光绪初　周国化[1]创办万字号剑铺。

---

① 周国化:乳名周老六、六儿。

光绪十二年(1886)

府城大央沟[1]建清真寺,为伊斯兰教活动场所。

光绪二十三年(1897)

松阳县耶稣教会创办博爱医院,西医传入。

光绪二十五年(1899)

青田县浮翼创办倡明两等小学堂。

青田旅法华侨获准在"巴黎赛会"上出售青田石雕。

光绪二十六年(1900)

六月一日　大清邮政分局设处州府城牛厂。

七月二十日和八月十日　两次山水暴涨,处州城厢内外水高数丈,府仓积谷售完,饥民捣毁府署。碧湖饥民对不肯平粜稻谷的财主戴高帽游街。

光绪二十七年(1901)

缙云县城创办坤范女校,三十年(1904)停办。

景宁县人李瑞阳留学日本宏文师范学院。

光绪二十八年(1902)

知府赵亮熙改莲城书院为崇正学堂。

四月　缙云县设电报店,店址在内学宫隔壁民房。

光绪二十九年(1903)

秋　处州府拨款300多万文建厦河水障。

光绪三十年(1904)

三月三十日　青田县华侨在美国圣路易博览会上出售青田石雕。

十月　双龙会首领王金宝聚众千人,计划袭取遂昌县城,事败被捕,在处州城被杀。

同年　日本商人天野静之等由上海抵龙泉县大窑村购出土青瓷。

光绪三十一年(1905)

五月十日　光复会员阙麟书、何子华等组织处州拒约会,反对美国与清政府续订苛待华工的《限禁来美华工保护寓美华人条约》。

七月　丽水县创办崇实初等高等小学堂。

同年　光复会员魏兰等创办利用织布学堂,后更名利用实业织布公司。崇正学堂改处州中学堂。

同年　设丽水县商会。

光绪三十二年(1906)

温处道学务分处改温处劝学公所,各县改劝学所,撤销教谕、训导署。

---

① 2010年称高井弄。

处州中学堂附设师范速成科，次年改处州初级师范学堂，民国2年称省立第十一师范学校。

缙云县壶镇吕逢樵创办育英女子学堂。

鉴湖女侠秋瑾和吕逢樵在缙云县壶镇合盛南货店召开秘密会议，策划响应浙皖起义。

松阳县出口晒红烟22147担，价值约24.3万海关两。

光绪三十三年(1907)

松阳县私立益智英算专修学堂创办。

丽水县碧湖震丽两等小学堂创办。

青田县创办贫民习艺所，以学习石雕为主。

宣统元年(1909)

创办处州第一女学堂。

日本三井洋行抵松阳县古市一带采购烟叶6000担。

青田县城居民自发组织水龙会，募捐购置锡质青安龙灭火器1台。

宣统二年(1910)

四月二十八日至十月十八日　青田石雕参加南京南洋劝业会展出获银牌奖。

十月　遂昌县石练赖启华(驼子)等组织农会，集乡民数千入遂昌县城，捣毁学堂、监狱及巡警局，清政府调兵捕杀乡民。

同年　知府萧文昭创办种植学堂。民国元年(1912)，更名农业学校。

同年　处州府城基督教会创办男女学堂。民国元年更名崇德小学校。

同年　青田县山口创办改进图书石雕技艺局。

宣统三年(1911)

十一月二十五日　缙云县人吕逢樵、赵舒等率光复军光复处州城。二十七日，成立处州军政分府，都督吕逢樵。

年底　处州军政分府到丽水市、云和、青田县招募新兵四五百人，编北伐队一营，次年遣散。

同年　松阳县农会成立，会址城北天妃宫右厢。

民　国

民国元年(1912)

1月　省都督令男子一律剪辫，处州军政分府对拒不剪辫的松阳县商人黄秋光罚款55000银元。

2月　撤销处州军政分府，各县直属省都督府，县设公署，废知事，改民政长，4月改称知事。

3月14—4月30日　遂昌县第一次议会召开，议员20人。

5月　龙泉县高浦等村春荒，村民要求开放八都社仓积谷，并要求盘查社仓保管人员吴某侵贪积谷。六月初一，吴贿通知事陈蔚派兵弹压，为首农民李本华被杀。

7月　丽水县成立县法院、县检事厅。

8月28—29日　台风过境，丽水、龙泉、青田、云和、缙云、遂昌、松阳县暴雨成灾。

10 月　中国佛教会龙泉分会成立。

11 月　龙泉县公署通令禁止妇女缠足。

同年　各县撤销劝学所，改设教育科，并成立县教育会。

同年　松阳县人潘文衡独资建寺岭下三济桥。民国 12 年，潘文衡等捐银元 7000 元，修建航埠头和仁桥。

民国 2 年(1913)

5 月　龙泉县严禁鸦片，查封汤德荣烟店，知事朱光奎受省都督府嘉奖。

7 月 8 日　遂昌县六都农民进城祈雨，欲进县署，知事章瑞衡下令卫兵开枪，打死 6 人。

8 月　龙泉县首次运动会在秦溪漠举行。

同年　松阳县孔教会成立。

民国 3 年(1914)

4 月　同盟会会员夏次岩指派黄桂芬回丽水招募 1000 多人，会同碧湖李春贤招募的 800 多人，计划攻取处州城。

6 月　设瓯海道，原处州府丽水、龙泉、青田、云和、庆元、缙云、遂昌、松阳、景宁、宣平县隶属瓯海道，道尹驻永嘉县。

同年　丽水县人方石丈在松阳县西屏镇开设照相馆。

民国 4 年(1915)

2 月 20 日至 12 月 4 日　景宁惠明茶、丽水阙伊麦秆剪贴画和松阳晒红烟获美国旧金山巴拿马太平洋博览会金质奖章；青田周芝山、金兼三石雕作品，龙泉彭维鼎国画、颜建昌松菇模型获银质奖章；龙泉周国彩雕制文具盒、花榈木刀和花榈木押字板楹联、龙泉城西女子学校刺绣、云和雪梨酒获铜质奖章；丽水白粗布获农商部奖证。

10 月　景宁县人蓝炳水、蓝正新率畲汉农民 1000 多人，反抗苛捐杂税，捣毁县烟酒稽征所。

同年　遂昌县中医江志贤、王卫卿合办广仁医院。

民国 5 年(1916)

3 月 15 日　丽水黄桂芬任讨袁军总司令，组织民众 1000 多人，在曳岭誓师至处州通惠门外开炮攻城不克。

9 月　龙泉县查禁花会和赌场。

同年　缙云县私营厚生股份有限公司创办，经营棉织业。

同年　处州农业学校改处属县立乙种农业学校，处州第一女子学校改处属县立女子师范学校。

民国 6 年(1917)

3 月　浙江省实业厅在龙泉开办省立改良瓷业工场，并附设传习所，生产日用彩瓷。10 年，在芝加哥国际展览会上彩瓷产品获一等奖。

5 月 23 日　中国银行温州支行丽水代理店开业。

同年　首次处属十县中学生运动会举行。

同年　青田县政府奉命招募劳工 2000 多人，到欧洲参加第一次世界大战战场劳务。

同年　上海聚丰矿务公司刘长荫、潘仲元等人到青田县石平川孙硐坑开采钼矿。

民国7年(1918)

3月27日　丽水栝苍门外大火，房屋延烧殆尽。

同年　省立第十一中学、省立第十一师范学生抗议段祺瑞政府卖国行径。

同年　松阳县在文昌宫内设公立图书馆。

民国8年(1919)

5月　五四运动波及各县，成立丽水学生联合会、松阳救国会，龙泉、青田、遂昌等县师生举行罢课、集会、示威游行，声援五四爱国运动。

9月　松阳县城各学校推广白话文教学。

秋　丽水县创办普明电灯股份有限公司，火电装机容量26千瓦，次年6月发电。

同年　处属县立乙种农业学校改处属县立蚕桑学校。

同年　青田县济瓯轮船公司和源康钱庄创办。

民国9年(1920)

6月　龙泉县推行国语注音识字运动。

同年　省立第十一中学修建校舍，经办人贪污舞弊，学生罢课，要求罢黜校长王复，交涉4个月，未果。暑期，学校开除学生代表4人。

同年　庆元、龙泉两县合资兴建曹岭至小梅的龙庆桥，民国11年(1922)完工。

民国10年(1921)

松阳县山下阳村成立农林试验场，城北望松禅院东侧设苗圃。

冬　省立第十一师范学校以节约开支为名，不印讲义教材，克扣茶水供应费，激起师生愤怒，发生软禁会计、驱逐校长祝宏猷风潮，学生18人被开除。

民国11年(1922)

3月　龙泉县城学生首次施种牛痘。

6月　大雨漂泊，溪水泛滥，田庐漂没，地方筹款急赈，华洋义赈会拨巨款赈济。浙籍旅京同乡会因浙江53县水灾严重，组织"壬戌赈济会"，公推赵舒至处州十县勘灾赈济。

同年　第二届县议会成立，并设县参事会，16年3月奉令解散。

同年　青田县东源村张秋阳在上海商务印书馆加入中国共产党。

民国12年(1923)

3月　遂昌县梭溪乡庄后村唐公宪在杭州加入中国共产党。

4月3日　浙江督军卢永祥部5000多人，从龙游至遂昌，取道大柘、王村口到龙泉，遂昌县派500多民夫运送弹药。

7月14日上午　青田县海口南岸渡船超载翻船死9人。

8月　福建督军孙传芳部营长孙基昌占领庆元，县警备队管带韩文彬、县知事刘光鼎潜逃，孙基昌委派吴逢祥代理县知事。

8月　省立第四苗圃从温州永嘉迁丽水县水东村。17年，改省立第二造林场。

9—11 月　福建督军孙传芳部 2 万多人由闽入浙，兵压龙泉，战云密布。

9 月　瓯海道旅日华工在大岛、三河岛、神奈川等地惨遭日本暴徒杀害 661 人，其中青田县籍 158 人，负伤 5 人。

同年，省立第十一师范并入省立第十一中学。

民国 13 年(1924)

2 月　龙泉县民众运动场兴建，面积 5000 平方米。

3 月　龙泉县菇民叶耀廷编著《菇业备要大全》。

8 月 31 日　孙传芳部谢鸿勋率兵攻庆元，9 月 7 日，纵火烧毁龙泉县查田街。

9 月 13 日　浙军陆葆群部与谢鸿勋部激战于龙泉县石玄湖马皮岭。14 日，谢部占领龙泉县城，勒索饷银 3 万多元，次日至遂昌县境。

11 月　丽水县普昌火柴梗片厂建成，有职工 300 多人。民国 15 年创办燧昌火柴公司。

同年　青田县城成信服装店购置德国产圣枷牌缝纫机 1 台，开始机制衣服。

民国 14 年(1925)

6 月　丽水、松阳、龙泉县举行示威游行，罢工罢课罢市，抵制和焚毁日货，声援上海“五卅”运动，筹款援助罢工工人。

民国 15 年(1926)

8 月　庆元县荷地匪患猖獗。驻庆元县省保安团 3 营 7 连到荷地剿匪。

12 月　孙传芳所属第 12 师师长周荫人部万余人，从福建败退入浙，经温州、处州北上。

12 月　遂昌唐公宪回遂昌县开展建党活动，筹建国民党遂昌县党部。

同年　青田县人王纶如、叶南斋在青田县孔庙成立国民党青田县党部筹备处；青田县人徐品璠等在青田县木业公所重建国民党青田县党部筹备处。

同年　处州中学礼堂放映英国无声电影《五十年代》。

民国 16 年(1927)

1 月 3—7 日　北伐军第 26 军 1 师 1 团与北洋军激战于缙云县城附近，伤亡惨重，9 日撤出战斗。

1 月　中共遂昌县支部在遂昌县大柘泉湖寺建立，书记谢甫墉。

2 月　中国国民党遂昌县党部筹备处建立、中国国民党丽水县临时县党部建立。

2 月　国民革命军第 12 军赖世璜部由闽入浙，在云和、景宁等县组织国民党临时县党部或县党部筹备处。

3 月　中共党员张新锦到丽水县城秘密发展中共党员，组织丽水县总工会、丽水县妇女协会、丽水县学生会和丽水县农民协会。

3 月　废瓯海道，改省直属县。县公署更名县政府，县知事更名县长。

5 月　北伐军新编第 1 军独立第 3 团团长丁振华叛变，由泰顺县窜入庆元县，据城 5 日，勒索银元 21200 元。

6 月 23 日　国民党缙云县党部筹备处建立。

10月　中共遂昌县委在梭溪乡塘岭头成立。

11月5日　畲民蓝东林率畲汉农民千余人，举行“二五减息”请愿游行，包围国民党景宁县党部。

11月　中共缙云县特别支部在缙云县壶镇燕翼小学建立，书记赵汝池。

同年　美国洪罗道、德国驻上海领事馆领事、日本九井及法国人相继抵龙泉县大窑搜罗出土青瓷及标本。

民国17年(1928)

2月　中共遂昌县委领导遂(昌)北、龙(游)南340多个纸槽工、4000多纸工罢工，人均日工资提高到8分。4月，遂昌纸工工会成立。

2月　中共永嘉县委委员李振声在永嘉、青田县边境潘山、石洞鸟一带组织农民协会，开展“二五减租”，处理佃业纠纷。

4月　中共遂昌县委组建遂昌县工农革命军，下辖3个大队，200多人，负责人傅以和、涂法寿。10月，遭国民党省防军镇压。

4月　共青团遂昌县委建立，有团支部5个、团员82人，隶属共青团浙西特委领导。

7月22日　中共遂昌县委与遂昌县工农革命军组织武装暴动，捣毁内桃源区公所。8月，被国民党军镇压。

9月　中共缙云县第一次代表大会在壶镇燕翼小学召开，到会代表30多人，代表党支部25个、党员200多人。会议选举产生中共缙云县委，书记赵汝池；选举产生共青团缙云县委，书记陈以谟。

9月　中共缙云县委决定建立缙云县农民协会常务委员会，发展会员一二千人。次年1月，组织遭破坏，农会解体。

民国18年(1929)

6月　龙泉仿古青瓷器参加杭州西湖博览会展出获甲等奖。松阳晒红烟、桔梗获优等奖，松阳茶叶获一等奖。

7月　同济大学德籍教授史图博、同济大学教师李化民到景宁考察畲民徙居、民俗、语言等情况，撰写《浙江省景宁县敕木山畲民调查记》。

9月15日　福建股匪何金标窜犯龙泉县城，县长黄榉贤被绑架，2000银元赎回，县政府档案被焚。次年4月7日，何金标股匪窜犯庆元县城，烧毁民房300多间。

9月　青田县立医院建立。民国21年9月，因经费困难改私立医院。

12月　中共缙云县委在壶镇区黄余田下坑真因寺成立浙西工农革命军司令部第X支队，下设2个中队，130人，总司令包得胜、支队长杨岩溪、政委卢湛。次年7月，编入中国工农红军第十三军第3团。

12月　中共缙云县委在黄余田下坑真因寺建立缙云县苏维埃政府，号召农民起来打倒土豪劣绅。

12月　松阳县玉岩陈凤生、卢子敬、陈丹山组织农军，开展革命斗争，提出“打土豪、分田地”的口号。

同年　云和县县长周赓昌决定取缔畲族妇女服饰，违者罚款。

民国19年(1930)

1月15日　景宁县四格村蓝正新等畲汉农民200多人，反抗外舍瓯盐支栈周蔚庭垄断食盐、哄抬盐价，捣毁盐店，政府以武力镇压。2月6日，蓝正新等集畲汉农民千余人反击，雷之成等4人被杀。

1月　遂昌县政府发起创办同人消费合作社。

3月18日　丽水县陈寮、岩泉、枫树湾等村民千余人，反对省立第三造林场占山造林，捣毁岩泉岭头、太子山、金靠椅、小障殿、水草田、庵堂等处林场房屋。

3月19日　夜间，浙南红军游击总指挥胡公冕率领四五百人攻入处州城，因弹药不济，凌晨撤离，回师永嘉县。

4月　中共永嘉中心县委在青田县潘山水口长生大帝庙成立二十八区革命委员会，主席邹耕山。

5月　青田县农民武装400多人整编为中国工农红军第13军第1团补充营，营长张学东。缙云县南溪、木栗的游击队整编入红1团。

5月　缙云县白竹一带活动的红军游击队，在永康县方山口祠堂整编为中国工农红军第13军第3团，团长程仁谟、政委楼其团。

7月16日和30日　松阳县玉岩农民发生暴动。

8月1日　遂昌县判川[①]有限责任信用合作社创办。

8月28日　丽水县农民朱生民带领长乐、莲房、周村农民武装100多人，到宣平县高水与中国工农红军第13军浙西第3纵队3大队（南营）会合。9月15日，到丽水县巨溪三岩寺遭国民党省防军偷袭，红军指挥潘成波等30多人壮烈牺牲。

8月31日　中国工农红军第13军政治部主任陈文杰和第1团团长雷高升率领900多人攻占缙云县城，9月2日撤离。

9月　”青帮“首领陈凤生、卢子敬带领松阳、龙泉、遂昌县边境农民暴动，组织农军3000多人袭击龙泉县城，遭国民党军阻击。

9月　浙江省度量衡检定所丽水、松阳、青田、龙泉县分所成立。

12月　丽水电话分局成立。各县设长途电话支局。

同年　实行区、乡（镇）制，废村里，设闾、邻。

同年　青田县船寮、石溪口水文观测站设立。

民国20年（1931）

夏　《处区民国日报》创办，地址处州城内帝师坊脚。民国23年，停刊。

9月20日　国民党军驻龙泉某部查抄庆元县桐山大刀会法坛时，士兵5人被大刀会徒杀害。10月15日，该部焚毁桐山法坛。

11月　丽水至龙泉长途电话线架设完成。

12月　龙泉县政府设长途电话代办所。

民国21年（1932）

1月　龙泉县测候所成立。

4月1日　青田县国术馆创办，聘请武当、少林拳教习各1人。

5月11日　金（华）丽（水）公路动工修建。民国23年10月完工。

---

① 2010年称三仁乡。

6月17日　设浙江省第十一县政督察区，辖丽水、青田、缙云、松阳、遂昌、宣平县，驻址丽水；设浙江省第十二县政督察区，辖龙泉、云和、庆元、景宁、泰顺县，驻址龙泉。同年10月，改浙江省第二、第三特区。

8月1日　遂昌县设立城东雨量站。

10月　丽（水）浦（城）公路开工。民国23年11月完工。

10月31日　青田县名胜古迹古物保存会成立。

12月1日　青田县县长郑迈置办青田石8块，17日送至杭州，用于刻民国行政院院长谭延闿墓前纪念亭碑文。

民国22年（1933）

1月　丽（水）青（田）温（州）公路开工。民国23年11月，境内路段通车。

3月　浙江省公路管理局龙泉管理站成立。

秋　松阳县人刘龙、阙桐斋创办古市镇碾米厂，装机容量7.5千瓦。民国31年7月停业。

10月　庆元县南区大刀会徒攻打庆元县城未遂，死29人，伤甚众。

12月　龙（游）南（山）公路开工。民国28年10月竣工。

民国23年（1934）

春　郑万钧教授在龙泉县昴山发现珍稀植物白豆杉，移栽南京中山陵数株。

8月28日　中国工农红军北上抗日先遣队攻克庆元县城。30日，与浙江保安第3团、丽水保安团二个基干队及庆元县保卫团在庆元县竹口激战，活捉庆元县县长张致远。

9月2日　北上抗日先遣队经龙泉县入福建省浦城。

9月　丽水县城东天黄畈建飞机场开工，工程共分三期。

10月　龙泉县古龙泉窑青瓷珍品18件及青田冻石图章参加在英国伦敦举办的中国艺术国际展览会。

12月10日　闽北军区红3团与闽北独立师、广浦独立营在福建省浦城毛垟会师，攻占龙泉县住溪。13日，攻取龙泉八都。17日，攻取遂昌县王村口。

同年　丽水县创建杭州正中书局。

民国24年（1935）

3月25日　中国工农红军挺进师从福建省浦城进入龙泉县宝溪乡溪头村，歼灭浙保1个基干中队。

4月28日　中国工农红军挺进师在庆元县斋郎首战告捷，毙伤俘敌500多人。5月10日，进驻松阳县安岱后、小吉等村，受到陈凤生、陈丹山、卢子敬等“青帮”欢迎。

5月　中共龙（泉）浦（城）县委成立。6月初，中共浙西南特委成立，书记宗孟平；建立浙西南军分区，司令员王蕴瑞、政治委员黄富武。7月中旬，松（阳）遂（昌）龙（泉）游击总队成立，总指挥陈凤生、副总指挥卢子敬。

5月　民国浙江省政府主席黄绍竑调集浙江保安团队9个团进剿挺进师。7月26日，浙江省保安处处长宣铁吾在遂昌县建立“浙南剿匪指挥部”。

6月　浙江省第二、第三特区更名浙江省丽水行政督察区，辖丽水、龙泉、青田、庆元、缙云、遂昌、松阳、景宁、宣平县。

6月　浙西南地方工作团成立，团长杨干凡。

7月29日　挺进师在遂昌县王村口天后宫举行“八一”示威誓师大会。

7月　中共松阳县竹溪区委、中共松阳县玉岩区委、中共遂昌县王村口区委成立。松阳县成立竹溪区苏维埃政府和玉岩苏维埃政府。

8月　遂昌县王村口苏维埃政府、龙泉县住溪苏维埃政府相继成立。中共闽东特委组建寿（宁）泰（顺）景（宁）庆（元）县苏维埃政府，下设庆元县官塘区苏维埃政府。

同月　龙泉、遂昌、松阳、江山、浦城5县建成浙西南游击根据地。

8月上旬　“浙闽赣皖四省边区剿匪总指挥部”成立，卫立煌任总指挥，罗卓英任副总指挥。

9月初　浙江省保安第2、3、4团进驻龙泉。

9月中旬　国民党第18军军部进驻松阳。其中，第11师进驻龙泉、第14师进驻遂昌。

10月22日　松遂龙游击总队副总指挥卢子敬在松阳县玉岩遭杀害。

11月14日　浙西南军分区征募主任陈丹山在松阳县西屏镇就义。

11月22日　中共玉岩区委书记、松遂龙游击总队总指挥陈凤生在龙泉县牺牲。

11月　挺进师1纵队在缙云县黄弄坑、永康县金竹绛建立中共浙东特委，书记刘达云，下属中共缙云县委。

12月12日　挺进师政治部主任、中共浙西南特委书记黄富武在丽水县大水门就义。

12月　碧湖至松阳公路开工。民国25年10月竣工。

民国25年（1936）

2月　浙西南独立师成立，粟裕兼任师长，谢文清任政治委员。民国26年10月撤销。

4月　浙江省丽水行政督察区更名浙江省第九行政督察区。

同月　温处师管区司令部成立，驻丽水万象山，下辖永嘉、临海、丽水、云和团管区。

5月10日　中央国医馆设立浙江省青田县支馆。

6月　中共浙西南特委重建，书记许信焜。民国26年6月7日，许信焜牺牲，中共浙西南特委再次遭破坏。

8月　中共闽浙边临时省委决定建立浙东南特委，书记刘达云。下设中共梅（岐）南（田）中心区委、中共丽（水）青（田）云（和）县委、中共瑞（安）青（田）泰（顺）县委、中共青（田）景（宁）庆（元）泰（顺）县委。

9月　青田县山口图书石刻生产合作社成立。

11月4日　闽浙赣皖四省边区主任公署主任刘建绪坐镇衢州，“围剿”挺进师和浙西南游击根据地。

12月　恢复中共浙西南特委，书记张麒麟。

12月　云和县霞晓桥村成立第四区有限责任林业生产合作社。

民国26年（1937）

4月15日　浙江省合作事业促进会丽水支会成立。

4月　粟裕率部开辟以门阵为中心的遂（昌）宣（平）汤（溪）游击根据地。

9月　中国工农红军闽浙边临时省军区向遂昌县政府发出《国共合作抗日建议书》。

10月14日　红军闽浙边临时省军区司令员粟裕指派代表谢文清、刘清扬与遂昌县政府代表朱镇山在云峰乡门阵举行停战谈判，达成国共合作抗日协议。

10月　中国工农红军挺进师改编为国民革命军闽浙边抗日游击总队，粟裕任总队长，刘英任政治委员。

12月　中共浙南特别工作委员会成立，书记汪海粟。以"浙江同乡回乡服务团"名义开展丽水党的活动，下辖中共云和特别支部。民国27年5月，组织关系移交处属特委。

同月　中共闽浙边临时省委代表刘清扬、傅振军等3人与龙泉县县长叶木清谈判，达成共同抗日协议。

同月　丽水县抗敌后援会成立。民国27年3月，更名丽水县抗日自卫委员会。

同月　浙江省抗敌后援会流动剧团抵丽水，团长刘孟壬。民国27年1月，应龙泉县县长唐巽泽邀请，邵荃麟、张三扬、葛琴、舒文等30多人到龙泉县参加县政建设。

同年　松阳县赤寿乡仙岩脚水库动工。民国27年，大坝建成，高6米。民国31年汛期垮坝。

民国27年(1938)

1月　浙江省教育厅、建设厅、审计处、交通管理处、省警察大队、省战时救护总队等迁至丽水。

1月10日　浙江省立湘湖乡村师范学校迁至松阳县古市广因寺。7月，杭州高级中学、杭州初级中学、杭州师范学校、杭州女子中学、省立民众教育实验学校、嘉兴中学、湖州中学迁至丽水，在碧湖镇成立浙江省临时联合中学，学生1000多人。10月，杭州私立安定中学迁至缙云县壶镇。

1月　民国浙江省政府决定龙泉县、云和县、遂昌县为战时经济建设实验县。省建设厅建立青田县海口、丽水县太平和曳岭、云和县小顺、松阳县古市、遂昌县大柘等战时经济建设实验区。

1月　浙江省农业改进所在松阳县成立。

2月6日　日本侵略军飞机3架，首次袭击丽水县城。

2月9日　民国浙江省政府在丽水县举行988次委员会议，通过《浙江省战时政治纲领》。

2月28日　苏联志愿空军大队大队长波留宁率机空袭被日本侵略军侵占的中国台湾地区松山机场，机队曾到丽水市机场停留。

同月　浙江同乡回乡服务团在丽水县县城成立。

同月　浙江省建设厅铁工厂在大港头建立。

同月　浙江省战时政治工作人员训练团、浙江省战时青年训练团到丽水县碧湖成立。7月，合并成浙江省战时工作人员训练团。

同月　松阳县人孟卿、吴玠遵照周恩来指示，回松阳县古市镇组建国民政府军委第六部第三战区抗日特种工作团第1团第6分团。

同月　爱国青年曾涛、朱黎青、赵国琛、林一心、杨源时、殷铁飞、陈怀白、毕平非、吴知茵等参加景宁县抗日救亡工作。

3月18日　粟裕率闽浙边抗日游击总队从平阳县出发。3月20日，途经丽水县大港头，获民国浙江省政府主席黄绍竑慰问，补发子弹3万发，军装500套。25日，抵达遂昌县，粟裕作团结抗日演说。该部抵达皖南后编入新四军2支队4团3营。

3月中旬　浙江省文化界抗敌协会丽水分会成立，遂昌、青田、松阳等县建立分会。

3月20日　粟裕率红军挺进师改编的闽浙边抗日游击总队500多人途经大港头。次日向皖南进发。

同月　浙江省文化界抗敌协会丽水分会在丽水县县城驿前成立。

同月　新四军浙江办事处到丽水县高井弄9号成立，主任吴毓。10月，撤销。

4月2日　丽水县战时政治工作队成立。

4月11日　浙东电力总厂碧湖分厂营业，装机容量20千瓦。随后，丽水、小顺、大港头、松阳、龙泉及金华等分厂营业。

4月17日　浙江省烟叶股份有限公司在松阳县建立。

5月19日　中国空军1403、1404号马丁式重型轰炸机自武汉飞抵丽水机场加油，20日凌晨1时飞至日本长崎、福冈等市，散发反战传单100多万张，3时返回丽水机场。

5月　中共丽水县委成立。

同月　中共浙西南特委更名中共处属特委，中共浙南特别工作委员会并入中共处属特委。

6月　中国战时儿童保育会浙江分会第一儿童保育院在丽水县碧湖成立，收容难童近千人。民国28年10月，第二儿童保育院在云和县河上村成立。

7月　龙泉县战时政治工作队成立。

7月　浙江省临时联合中学成立，由迁至丽水碧湖的杭州高级中学、杭州初级中学、杭州师范学校、杭州女子中学、省立民众教育实验学校、嘉兴中学、湖州中学等校组成，学生1000多人。后拆分成浙江省联合高级中学、浙江省联合初级中学、浙江省联合师范学校。

7月　浙江省经济建设实验区在太平区建立，先后兴办竹舟肥皂生产、鞋袜生产、双源造纸等合作社，后在滴水岩等地组织开荒生产合作社11个，由浙江省建设厅承办。

7月　中华民族解放先锋队丽水队成立。

9月1日　小顺铁工厂和大港头铁工厂合并，组建浙江铁工厂，制造步枪、轻机枪、手榴弹、枪榴弹筒等。

9月　中华民族解放先锋队处属队部成立，负责人童超。丽水、龙泉、云和、庆元、缙云、遂昌县建立县队部。民国28年3月，停止活动。

同月　省教育厅在丽水县碧湖建立社会教育实验区。民国29年7月16日，更名浙江省处州民众教育馆。

同月　浙东电力厂丽水分厂建成，址设岩泉门外。

同月　中共青田县山口区委设计制作马克思、恩格斯、列宁、斯大林浮雕石像4座，每座长11厘米、宽11厘米、厚1.5厘米。9月17日，由处属特委委员周源送至处属特委，再经浙江代表团转送皖南新四军司令部。

10月1日　遂昌县合作社联合社成立。

10月18日　抗日阵亡将士纪念碑在丽水县丽阳门外汽车站旁落成。

11月　省教育厅到丽水县筹建浙江省立战时大学。民国28年5月，更名浙江省立英士大学，10月26日开学，本部借处州中学校舍，医学院到丽水市通惠门，工学院到丽水市三岩寺，农学院在松阳县西屏。

11月28日　青田县芝溪头车站附近一辆客车坠入瓯江，死亡29人、伤9人。

12月24日　丽水县城民众集合控诉日本侵略军占领杭州一周年时，因文昌阁戏台后梁断裂，死28人、伤30人。

民国28年(1939)

1月　周恩来为青田县东源小学题词："中华民族新希望"。

2月　缙云县国民兵团成立。民国34年撤销。

3月　中共浙江省委机关自温州迁丽水县，绅弄织袜工场为省委秘书处，花园弄黄景之律师事务所为联络站。民国30年4月，回迁温州。

4月1日　浙江省战时音乐工作者协会丽水分会成立，主席阙仲瑶。

4月2日　中共中央军事委员会副主席、国民政府军事委员会政治部副部长周恩来抵丽水，视察大港头和云和县小顺浙江铁工厂。

4月3日　浙江战时合作工作总队在丽水成立。

4月6日　浙江省第九区戏剧工作参观团成立，团长张三扬(中共党员)。8月解散。

4月11—13日　中共处属特委首次代表会议在龙泉县住溪乡叶岭头村召开，特委书记张麒麟作关于形势和任务的报告，选举张麒麟、傅振军、周源为出席中共浙江省首次代表大会代表。

5月1日　浙江省地方行政干部训练团在丽水县碧湖镇汤圾开训。

6月　缙云县双峰、金峰、润川、龙门、湖中乡划归磐安县。

6月　孔子第74代孙南宗奉祀官孔繁豪，携带孔子夫妇像从衢州迁至龙泉县八都。民国31年10月，迁至庆元县大济。

7月27日　三青团丽水分团筹备处建立。民国29年4月28日，三青团丽水分团成立。

8月25日　日本侵略军飞机11架轰炸丽水县城，投弹54枚，烧毁房屋2400多间。

9月　浙江大学龙泉分校在龙泉县芳野开学，分校主任郑晓沧。

9月底　浙江省战时木刻研究社成立。

同年　浙江省第九行政督察区举办特产展览会。

民国29年(1940)

1月　中共处属特委文化党团成立，书记蒋柏铭。出版《民生日报》《东南儿童》《合作前锋》《合工十日》《东南木刻》《文艺丛刊》等。

1月　上海开成文具股份有限公司在遂昌县城开设开成造纸厂，生产铁笔蜡纸原纸，是遂昌造纸厂前身。

2月5日　《民生日报》创刊，社址设城内通惠里。民国30年4月停刊。

3月8日夜，日本侵略军飞机18架轰炸丽水县城区、机场等地，炸死50多人。

3月　中共青(田)景(宁)丽(水)县委武工队成立，队长郭道款。民国36年7月，改编为浙南第2县队，队长余龙贵。

5月31日至6月2日　南洋华侨回国慰劳团第二分团团长陈忠戆等15人到丽水、云和、龙泉县慰问。

5月　中共浙江省委机关秘密联络点兴华广货号开业。

6月　撤销中共处属特委，建立中共闽浙边委，书记张麒麟。同时建立中共丽水中心县委，书记傅振军。

7月1日　省邮政管理局在丽水县县城设立运邮汽车站。

8月　龙泉县小梅发生鼠疫，发病15人、死亡12人。

9月22—23日　南洋华侨筹赈祖国难民总会主席兼南洋华侨回国慰劳团团长陈嘉庚等4人，到丽水县城、云和县小顺浙江铁工厂和龙泉县慰问。

10月　浙江铁工厂小顺第一分厂工人罢工，反抗当局虐待工人、干扰抗日活动。

同年　省乡村工业实验所到丽水县太平乡创办太平汎水电站，装机容量14千瓦。民国30年3月建成发电。民国31年，日本侵略军入侵，电站设备被迫拆除。

同年，清华大学、北京大学在壶镇雅湖设点招生。

民国30年(1941)

1月　撤销中共丽水中心县委，恢复中共处属特委，书记顾春林。

2月　中将陈式正率部"清剿"中共党组织，将"闽浙赣三省边区绥靖指挥部"从福建省建阳县迁到龙泉县。民国33年撤销。

4月23日　浙江省政府由永康县方岩迁至松阳县。8月6日，迁回方岩。

7月1日　龙泉县粮食公店建立，凭购粮证购买粮食。

7月　龙泉县大旱，粮荒，龙溪乡饿死152人。

9月中旬　中央农产促进会森林测勘团团长傅焕光率领6人测勘龙泉县森林资源。

10月　松阳县樟溪乡民抗击省保安处派粮，击伤士兵9人，抓获5人，缴枪7支。松阳县政府逮捕乡民4人，关押6至9个月。

11月　中共闽浙边委武工队建立，队长吴德昌。

12月　浙江省乡村工业实验所在丽水县太平乡创办太平汎水电站，装机14千瓦，为浙江省第一座农村水电站。

同年　第九行政督察区中心卫生院建立。民国32年夏，更名浙江省立第二传染病院。

同年　浙江省建设厅在遂昌县濂竹投资建浙江省遂昌县硫磺矿采炼厂。

民国31年(1942)

3月　龙泉县城发生鼠疫，死45人。

4月18日　美国第10航空队1架B—25飞机空袭日本东京返航，坠毁遂昌县柘德乡[①]北洋村境山上，死亡1人，跳伞4人，其中降落在遂昌县境内2人、江山县境内2人，均被营救，护送回国。

4月23日　日本侵略军飞机8架轰炸丽水县城，投弹8枚，炸死121人，炸毁房屋2282间。其中姜山背邮政局防空壕震塌，死80多人。

5月6日　中共闽浙边委书记张麒麟在遂昌县山井村遇袭牺牲。

5月　复建中共闽浙临委，负责人宣恩金。

① 柘德乡：2010年遂昌县柘岱口乡。

5月18日　民国浙江省政府自永康县方岩再迁至松阳。6月2日，迁至云和县。夏，浙江省军管区司令部由金华移驻龙泉县。

5月22日　日本侵略军轰炸广因寺。

5月31日　东南日报社丽水分社建立。6月，东南日报社从永康县方岩迁至丽水县碧湖赵村。

5月　第3战区警备司令部成立，设处州中学内。在龙泉县设英国军事代表团代表小组，组长兰斯德中校。民国34年撤离。

6月21日至8月2日　日本侵略军先后侵占缙云、丽水、青田、遂昌、松阳县城。

6月24日　日本侵略军攻陷丽水县城，炸毁飞机场。

6月　《东南日报》从永康县方岩迁至丽水县碧湖赵村，后又撤至云和。

6月　龙泉县参议会恢复。

7月　丽水县小安村打死下乡扫荡日本侵略军38人。

7月底　国民党军第32师阻击进犯浙江省政府驻地云和县的日本侵略军22师团85联队5000多人。

7月　缙云县农业推广所成立。

8月2日　青田县六上乡乡民杀死日本侵略军15人。

8月5日　国民党军第21师和浙江保安第3团，在方山岭阻击日本侵略军22、115师团，毙敌33人、伤53人。

8月25日　中共左联党团书记冯雪峰，化名冯福春，从上饶集中营营救出狱后，到庆元县下济村浙江第二保育院养病。民国32年春，转到云和县小顺养病。

8月28日　丽水县城克复。

9月22日　国民政府以汉奸罪枪决李连珠①。同月，丽水县处决汉奸7人。

10月　国民党军32集团军总司令部驻丽水县碧湖采桑，第88军军部驻大港头、河边村，英国军事代表团丽水小组驻县头村。

11月　龙泉县安仁渠动工。民国32年，建成放水，受益农田150公顷。

同年　遂昌县妙高镇等7个乡镇天花、霍乱流行，天花发病1980例，死亡1221人；霍乱发病2060例，死亡824人。

民国32年（1943）

1月　丽水县物价猛涨，县物价评议会稳定物价。

1月　云和县国民教育实验区成立，南溪乡中心学校为实验中心，主任俞子夷。民国34年9月停办。

2月15—17日　日本侵略军飞机40架次连续轰炸丽水县城8次，投弹80多枚，毁房屋1000间，死数十人。

3月5日　青田县接运乐清至丽水赋谷200多万斤，发动民工25926人，押运员3253人。至5月15日运毕。

3月12日　云和县城郊惠云渠动工。11月竣工，受益农田333公顷。民国33年元旦，举行放水

① 李连珠：日本占领时期伪江苏省主席李士群堂弟，遂昌县人。

典礼，省主席黄绍竑出席剪彩并讲话。

3 月 30 日　日本侵略军飞机 24 架分 6 批次轰炸丽水县城，投弹 90 多枚，毁民房 130 多间，死伤 57 人。次日又分 6 批次轰炸丽水县，投弹 131 枚。

3 月　中央赈济会常务委员赵志游到遂昌县调查日本侵略军窜扰的灾情。

4 月 26 日　云和瓦窑水电站动工。11 月建成。民国 33 年元旦发电，装机容量 40 千瓦。

4 月 28 日　浙江省第二届临时参议会在云和县召开。

5 月　宣平县划归第四行政督察区。

6 月　丽水鼠疫流行，波及村镇 46 个，发病 1111 人，死亡 865 人，死亡率 77.86%。民国 33 年 9 月，鼠疫结束。

7 月　浙赣铁路运输中断，两浙盐务管理局开辟从龙泉经遂昌至衢州的浙西南水上盐道，在遂昌县王村口、大溪边设中转站。

8 月　日本侵略军飞机投掷细菌弹，云和县发生鼠疫。至民国 33 年 1 月 10 日，居民染病 754 例，死亡 536 人。同期，龙泉县鼠疫死亡 262 人。省卫生处防疫大队、内务部卫生署第 17 医疗防治大队到龙泉县防治鼠疫。

夏　省立西湖博物馆在龙泉县开馆，展品多为在龙泉收集的古钱币和野生动物标本。

9 月 8 日　教育部部长陈立夫抵云和县考察学校。9 月 18 日，国民政府立法院视察团楼桐荪等抵云和县视察浙江军政司法。

10 月　丽水县临时防疫处成立。民国 33 年 9 月，更名丽水县防疫委员会。

12 月 10—11 日　第九行政督察区运动会到丽水县碧湖镇举行。

12 月　浙江省工业改进所在龙泉县安仁镇设乡村工业实验区。

民国 33 年(1944)

1 月　云和县政府枪决汉奸彭日新。

1 月　省政府在云和县瓦窑村建民族复兴馆。民国 34 年落成。

4 月 8 日　省教育厅在云和县黄水碓建省立儿童教育馆。

5 月 1 日　龙泉县龙门乡和张源头、坟山两村划归云和县；云和县外王庄、武溪、丁村划归龙泉县。

7 月　国民政府军事委员会特种技术浙南训练班迁青田县油竹村，有官兵 800 多人，主任戴笠。

8 月 13—9 月 2 日　日本侵略军再次窜犯丽水、缙云、青田县。8 月 27 日丽水沦陷。

8 月　龙泉盟军招待所建立。同月，云和盟军招待所驻三官堂。

8 月 26 日　新编“国军”11 师 63 团与进犯丽水县城的日本侵略军 70 师团和梨冈支队 3000 多人激战彻夜，团长彭孝儒及大部官兵阵亡，县城再次沦陷。

9 月 15 日　新编新编第 21 师 62 团围攻丽水县城。次日收复丽水。

9 月　龙(泉)庆(元)云(和)警备司令部成立，驻龙泉。1945 年 8 月，更名丽水警备司令部，移驻丽水。

10 月 11 日　丽水县知识青年从军委员会成立，开展知识青年从军运动，报名参军知识青年 91 人。

11 月 12 日　日本侵略军一架飞机在龙泉县兰巨乡郑岸坠毁，飞行员梅村玉隐匿山野 8 天，拒降顽抗，被县军警击毙。

12 月 浙江省第一次国民教育研究会和全省中等教育会议在云和县召开。

民国 34 年(1945)

3 月 4 日 龙渊印社在龙泉县城保资庵成立。

3 月 29 日 国民党浙江省第六次代表大会在云和县召开。

4 月 30 日 中共处属特委武工队在缙云县南乡成立,队长李庆仁。

5 月 1 日 浙江省体育运动会在云和县举行。

5 月 云和县自愿参加中国远征军青年 12 人。1937—1945 年,云和县征集兵员 5690 人,阵亡、病故 478 人。

5 月 丽水县城望京、囿山、临溪 3 镇合并,成立莲城镇。

7 月 27 日 云和、丽水、缙云、青田、遂昌等县县长因公粮入不敷出,向省政府主席黄绍竑请愿接济。

8 月 23 日 丽水各界庆祝抗日战争胜利大会在公众运动场召开。

8 月 27 日 丽水县参议会成立。

8 月 丽水县立简易师范学校成立,校址设茭山夫人庙;民国 38 年,并入处州中学简师部。9 月,省立第一辅助医院自云和县迁至丽水;10 月,更名省立第五医院;次年 1 月,又更名省立处州医院。

9 月 3 日 浙江省政府机关与云和县各界群众在公众体育场举行庆祝抗日战争胜利大会。各县人民相继集会游行,欢庆抗日战争胜利。

9 月 浙江省立第一辅助医院从云和县迁至丽水县。10 月, 更名省立第五医院。民国 35 年 1 月,更名省立处州医院。

9—10 月 浙江省政府及其有关部门陆续迁回杭州。

10 月 中国国民党丽水县党部创办《处州日报》;民国 36 年 12 月停办。

10 月 20 日 中国航空公司 104 号邮机在遂昌县垵口乡砝上后村触山坠毁,美籍飞行员海洛斯等 13 人罹难。

民国 35 年(1946)

1 月 龙泉县林木运销合作社成立,社员 46 人,股金 50.75 万元。

1 月 中国青年党龙泉县临时县党部成立,辖区党部 7 个。

2 月 浙江省立处州师范学校在云和县瓦窑村重建。1949 年 8 月迁至丽水。

5 月 8 日 美国粮食考察团与民国政府农业部代表 15 人到云和县调查考察。

5 月 25 日 遂昌县龙潭水力发电厂建成,装机容量 32 千瓦,仅供照明。

6 月 21 日 第九行政督察区专员公署暨保安司令部制定《第九区清剿区督导各县清剿办法》,开展"清乡"活动,"清剿"中共游击队。

7 月 遂昌县王村口、关川等地恶性疟疾流行,王村口发病 800 多例,死亡 105 人。

同年 龙泉县集资修筑蒋溪堰,将李儿园地段改道取直,重筑堤坝 93.9 米,受益田 220 公顷。

同年 陈诚发起创办石门中学,址设青田县水南栖霞寺。民国 36 年 3 月开学。

民国 36 年(1947)

1 月 中共建(瓯)松(溪)政(和)特委更名闽浙边地委。5 月,地委机关及所属游击纵队进驻庆元县三济乡崔上村[1]，袭击龙泉县安仁区公所。

2月　中共闽浙边临委和中共处属特委合并，建立新的中共处属特委，书记傅振军。

2月15—21日　民国浙江省主席沈鸿烈考察遂昌、龙泉县。

3月　中国民主社会党景宁县筹委会成立。

5月　中共丽水县委武工队成立。7月，中共遂昌县委武工队成立。9月，中共云和县委武工队成立。

5月29日　丽水县碧湖农民开展劫粮斗争，拦劫田粮处稻谷3500多千克，责令大地主叶赞唐交出大米2000千克。

6月2日　处州中学等校师生举行罢课、游行、请愿斗争。

8月上旬　浙江壮丁抗暴自救军第3总队成立，总队长宣恩金、政委傅振军。民国37年9月，更名浙南人民解放军第3支队。

9月　浙江保安第3团从温州调驻丽水，"清剿"浙江壮丁抗暴自救军。

9月　三民主义青年团云和分团部并入国民党云和县党部。随后，各县三青团与国民党合并，统称国民党员。

11月　"闽浙赣三省剿匪总指挥部"进驻龙泉县小梅，保安司令部副司令童烈指挥，清剿龙泉、庆元县，杀害共产党员和革命群众100多人，抓捕群众400多人，烧毁民房270多间。

同年　缙云县施北衡、龙泉县郭骥、遂昌县叶葶和程一戎、青田县郑炳庚、庆元县吴锡泽、松阳县何联奎、景宁县吴正当选为第一届国大代表。

民国37年(1948)

3月中旬　各县颁发国民身份证。在城镇逐户检查户籍，并在交通要道设卡检查。

3月　遂昌县青龙堰进水渠竣工，渠长150米，受益农田200公顷。

4月　浙江省第九行政督察区更名浙江省第六行政督察区，文成、泰顺、宣平县划入，辖丽水、龙泉、青田、云和、庆元、缙云、遂昌、松阳、景宁、宣平、文成、泰顺县。7月，更名浙江省第七行政督察区，遂昌县划归第三行政督察区，文成、泰顺、青田县划归第五行政督察区，第七行政督察区辖丽水、松阳、缙云、龙泉、庆元、宣平、景宁、云和县。

6月　省立处州中学高中部部分学生罢课，要求法院侦办赵泳八贪污案。后民国丽水当局免除赵泳八职务，开除为首学生温礼、李友楚。

7月1日　青田县南田、西坑、三阳、黄坛、岙里、万源乡划归文成县。

7月　浙江壮丁抗暴自救总队袭击缙云县双溪口县常备队据点，打开县政府粮仓分谷2.5万千克。

同月　丽水县武工队袭击松阳县靖居区公所，歼灭全部武装人员。青(田)景(宁)丽(水)县委武工队袭击景宁县东坑区公所，缴枪20多支，开仓济粮3万千克。

8月1日　永嘉县温溪、贵岙、黄坦、霞嵊乡和林福、界坑乡部分村划归青田县。

10月　城工部中共缙云支部建立，书记高展。同月，城工部中共衢州中心支部派徐鉴泉回遂昌原籍发展党组织，民国38年4月，城工部中共遂昌支部建立，书记徐鉴泉。4月底更名中共遂昌县临时工作委员会。

10月　浙江省保安旅进攻青田县万山浙南游击纵队第13区队，游击总队击毙保安旅官兵15

① 崔上村：2010年属庆元县黄田镇。

人、俘虏43人。

11月14日　浙南人民解放军第3支队云和独立中队袭击云和县梅源区公所，开仓济粮。

11月17日　浙保4团到青田县万山清乡，被浙南游击纵队第13区队歼灭70多人。

11月21日　中共浙南特委更名中共浙南地委，成立中共青(田)景(宁)丽(水)县委，中共永嘉县委在青田县建立万山、山口、雁店、永青、江北中心区委。

民国38年(1949)

1月　处州中学、处州师范学生参加中国共产党游击队49人。

1月15日　丽云区武工队袭击云和县国民党军据点包山，烧毁敌碉堡，开仓济粮3500千克。

同月　丽水县武工队等攻打曳岭区警察所，建立曳岭区人民民主政府。

2月　闽浙边区人民解放军独立支队建立，支队长李华雄、政委高展。4月20日，编入浙东人民解放军第6支队。

3月11日　丽水县武工队袭击武义县下杨区警察所。

3月12日　浙南人民解放军第三支队云和县独立中队袭击在云和县严山、黄家地村清乡的云和县自卫队，俘敌4人。

3月13日　民国松阳县县长祝更生率部起义。15日，松阳县民主政府成立，县长祝更生、副县长王桂五；组建松(阳)宣(平)遂(昌)人民游击支队，支队长祝更生、政委林艺圃。

3月14日　丽水县自卫总队副总队长胡允孚率一个大队武装起义。15日，丽水县(处北县)民主政府成立，县长张之清、副县长屠泽民、黄文理。16日，组建丽(水)缙(云)永(康)武(义)人民游击支队，支队长胡允孚、政委张之清。

3月16日　国民党整编第11师、浙江保安团6000多人，清剿松阳、丽水县起义部队和中共游击队。3月27日，曳岭区武工队到丽水县朱弄岭头伏击国民党整编第11师突击营。4月2日，松(阳)宣(平)遂(昌)人民游击支队第2大队在松阳县高亭村遭国民党军偷袭，牺牲15人，松阳县民主政府副县长王桂五等被俘38人。

4月18日　中共青田县委、中共景宁县委成立。

4月26日　松(阳)宣(平)遂(昌)人民游击支队进攻松阳县城，歼灭浙江保安团1个连，解放松阳县城。

5月8日　中国人民解放军第2野战军第11、12、16军各一部从金华、龙游、衢县分3路向南进军，解放遂昌县城。9日，解放缙云县城。10日，解放丽水县城。11日，解放云和县城。12日，解放景宁县城。13日，解放青田、龙泉县城。17日，解放庆元县城。建立丽水、龙泉、庆元、缙云、松阳县军事管制委员会和遂昌县城防司令部、丽水警备司令部。

5月11日　丽水县军管会接管浙江省公路联营运输处第五运输段和丽水保养场。21日，接管丽水邮局和丽水电信局。7月5日，接管浙江省银行丽水分行，成立中国人民银行丽水支行。8月25日，浙江省第七专区专员公署接管省立处州中学。9月1日，接管浙江汽车股份有限公司丽龙办事处。11月20日，接管省立民众教育馆，建立浙江省丽水人民文化馆。

5月12日　丽水县人民民主政府成立；7月，更名县人民政府。5月14日，云和县人民民主政府成立，7月更名县人民政府。5月21日，遂昌县人民民主政府成立，6月16日，更名县人民政府。5

月21日，景宁县人民民主政府成立，7月1日，更名县人民政府。5月26日，松阳县人民民主政府成立，7月更名县人民政府。6月5日，龙泉县人民民主政府成立，7月1日，更名县人民政府。7月1日，缙云县人民政府成立。7月5日，庆元县人民政府成立。11月4日，青田县人民政府成立。

5月14日　中共处属特委机关和浙南人民解放军第3支队部进驻丽水县城。处属地区有中共党员7000余人。

5月　处属专员公署建立，专员傅振军。8月3日，更名浙江省人民政府第七行政区专员公署，专员宣恩金。10月10日，更名浙江省人民政府丽水专区专员公署。

6月上旬　中共处属特委机关报《时事简讯》创刊。7月中旬停刊。

6月22日　彭瑞林率华东南下干部纵队渤海支队第4大队2、4、5、8中队约480人，从温州抵丽水。

6月25日　新中共遂昌县委组建。7月，中共丽水、龙泉县委成立，新的中共云和县委组建。7月12日，新中共缙云县委组建。7月27日，中共松阳县委成立。8月17日，中共庆元县委成立。

6月　废保甲制，区、乡、村人民政权建立。

7月1日　浙江省第七军分区建立，司令员傅振军、政治委员郑丹甫(因病未到职)。8月，彭瑞林兼任政治委员。中共第七军分区委员会成立，书记彭瑞林。组建县大队8个、区中队29个。1950年12月，县大队改编独立营。

7月9日　缙云县土匪"国防部青年救国军"17支队胡介甫等部700多人，攻占缙云县壶镇，杀害干部13人。24日，第七军分区参谋长熊飞率部围歼占据壶镇匪徒，毙敌80多人、俘敌510人。

7月22日　中共处属特委改中共浙江省第七地方委员会，书记郑丹甫(因病未到职)，代理书记彭瑞林。11月27日，更名中共浙江省丽水地方委员会。

7月30日　第五军分区剿匪部队在云和县景岙村歼匪"浙东义勇总队"第11支队特务大队、独立中队和第六中队，俘敌39人。

8月16日　第五军分区剿匪部队到丽水县郑地村歼敌第11支队部及独立中队，毙敌40多人、俘敌84人。

8月20日　新华书店丽水中心支店开业。8月29日，国营丽水贸易公司建立。9月19日，丽水新华印刷厂建立。

9月9日　国民党军残敌第11支队400多人，在云和县石塘马坑桥伏击从丽水护送物资的中国人民解放军，被匪杀害5人、绑架26人。全区有土匪40多股、匪徒8000多人。

9月25—10月10日　中共浙江省第七地委第一次代表会议召开，传达中共浙江省委第一次代表会议精神，部署农村工作剿匪、反霸、减租、征粮、生产、组织群众六大任务。组建地、县委组织工作队，到各乡村发动群众，开展减租减息、剿匪反霸、征收公粮、建立乡村人民政权。

中华人民共和国

1949年

10月2日，全区干部、群众举行集会游行，欢庆中华人民共和国成立。

10月23日　云和县第一次各界人民代表会议召开。至1950年11月，各县第一次各界人民代表会议相继召开。

10月29日　丽水县农民代表会召开，县农民协会筹备委员会建立。至1950年5月，各县农民代表会相继召开，建立县农民协会，全区农会会员26.48万人。

10月　中共浙江省第七地方委员会青年委员会成立。11月17日，更名中共丽水地委青年委员会。

10月　丽水开始实施志愿兵役制。至1954年底，全区志愿报名参加中国人民解放军2821人。

11月1日　中共浙江省第七地委机关报《工农大众》创刊。1950年4月停刊。

12月2日夜　陈迪化股匪窜犯丽水县高溪乡缸窑村，冲进农会会场，打死农民18人、伤11人，抢劫财产6户。

12月30日　丽水发行第一期人民胜利折实公债。至1950年4月，青田、云和、松阳、龙泉、缙云县发行8444份。

12月　丽水县城区六分会缪章余伴工组建立，参加劳动互助贫农3户、中农2户，耕地1.52公顷，农忙时进行工换工。

1950年

1月3日　中共景宁县委宣传部部长夏伯民在金钟村遭土匪杀害。

2月16—21日　中共浙江省丽水地委第二次代表会议召开。

3月　龙泉县城关镇第五村王启后互助组建立。至年底，全区建立临时互助组533个4435户，常年互助组222个1731户。

3月　各县配合土地改革，调整行政区域，建制区从41个增至49个、建制乡镇从238个增至442个、建制行政村从2752个增至2814个。

4月8日　浙江省总工会(筹)丽水专区办事处、浙江省农民协会丽水专区办事处、浙江省民主妇女联合会丽水专区办事处建立。4月，浙江省人民法院丽水分院建立。

5月　开展保卫世界和平宣传，拥护缔结和平公约，签名42万人。

6月8—12日　中共浙江省丽水地委第三次代表会议召开。

6月　全区土地改革在丽水县海潮乡试点。10月，全区组织土改工作队员2977人，土地改革试点乡18个。至1952年4月，土地改革结束，全区485个乡、2823个行政村没收、征收耕地5.47万公顷、房屋51533间、耕牛5287头、农具26.9万件、家俱41292件、粮食197.63万千克。有94.49万农民分到土地、房屋、粮食和其他生产资料，并由县人民政府发给土地证。

7月初　地、县机关开展整风学习，反对官僚主义、命令主义和骄傲自满，为土地改革作准备。

7月　浙江军区第七军分区向私营工联电厂投资6400元，办公私合营工联电厂，装机容量17千瓦。

9月17日　丽水文学艺术工作者联谊会成立。

10月　全区开展镇压反革命运动。至1952年8月，全区逮捕反革命分子8683人，其中枪决1181人。至1954年3月，基本肃清残余反革命分子。

10月　全区由点到面开展反动党、团、军、政、警、宪、特人员的清查登记工作。至1951年1月，登记反动党团人员8642人，交出委令、派令和党团证、特工证等21947件，各种档案资料8089件(卷)，长短枪14支、子弹413发、手榴弹9枚。

12月26日至1951年1月2日　中共浙江省丽水地委第四次代表会议召开，总结土地改革试点工作经验，研究分期分批开展土改。

同年　宣平县菲菲剧团归丽水县人民文化馆管理。

1951 年

1月　开展抗美援朝、保家卫国运动。至6月15日，全区参加游行47.07万人次，报名参军42036人，订立爱国公约18.85万人，认捐55.5万元。

1月11—15日　全区劳动模范代表、农民代表、妇女代表会议召开。奖励劳动模范164人，评选出席首届省劳动模范代表36人。

3月　宣传执行《中华人民共和国婚姻法》，废除封建婚姻，实行婚姻自主，开始办理婚姻登记。

5月20日　在崇义小学召开丽水文学协会第一次会员大会。6月10日，全区文代会召开，举办文艺展览。

5月30日　浙江省人民检察署丽水分署建立。

5月　举行龙泉县第一届运动会，代表队58个，参赛运动员1126人。

6月10—17日　中共浙江省丽水地委第五次代表会议召开。

6月24日　丽水专区中苏友好协会干事会成立。

7月23日　“江浙人民反共突击军”第28纵队陈杰部窜至缙云县大洋山区，在木栗乡抓走区、乡干部和教师3人。8月3日，袭击青田县船寮区公所，杀害区长王道成等干部12人。至9月底，陈杰股匪全部被歼，毙匪79人，俘匪38人。

8月5日　中国人民志愿军归国代表团代表董乐辅到丽水市各界欢迎大会上作报告。

8月11日　中共丽水地委纪律检查委员会建立。8月，浙江军区第七军分区更名浙江军区丽水军分区。

10月　浙江省立丽水人民文化馆有线广播站建立。

10月　龙泉、青田、云和、缙云、遂昌、景宁县革命老区代表6人，参加浙江省革命老区到京国庆观礼代表团，受到毛泽东主席等国家领导人接见。

12月17日　地委专署机关开展反贪污、反浪费、反官僚主义的“三反”运动。至1952年6月，全区处理44人，收缴赃款73111元。

同年　省农林厅林业局林业调查队丽水分队对龙泉县开展第一次森林资源调查，全县有林地15.31万公顷，林木蓄积量753.08万立方米，森林覆盖率67.43%。

1952 年

1月19日　撤销浙江省丽水专区，丽水、龙泉、云和、庆元、景宁县划归温州专区，松阳、宣平县划归衢州专区，缙云县划归金华专区。

1月28日　浙江省老根据地访问团第三、第四分团，到缙云县稠门、章村，云和县城区，龙泉县金龙，遂昌县大柘、湖山和青田县万山慰问。

2—10月　各县工商界开展反对行贿、反对偷税漏税、反对盗窃国家财产、反对偷工减料和反对盗窃国家经济情报的“五反”运动。

5月9日　青田县北山区和文成县南田、玉壶区及景宁县渤海区等地七星教徒发动叛乱，袭击乡政府，杀害干部。青田县成立取缔反动会道门指挥部，平息叛乱，击伤暴徒2人，抓获骨干分子 37 人。

5 月 20 日　中共丽水临时工作委员会建立，代表温州地委管理丽水、龙泉、云和、庆元、景宁县工作。11 月 24 日，撤销中共丽水临时工作委员会，中共丽水县委改中共丽水中心县委，指导龙泉、云和、庆元、景宁县工作。1953 年 6 月，复改中共丽水县委。

5 月　遂昌县金岸造纸生产合作社成立。秋，创办国营金岸农场。

6 月 8—13 日　松阳县首次举办物资交流大会，成交额 24.47 万元。

6 月　青田县城郊区水南至阜山渡严重超载翻船，死 22 人。

7 月　丽水开始执行国家机关职务等级工资制，分为 29 级，统一以工资分为工资计算单位。9 月，国家机关工作人员、中小学教师实行公费医疗。

7 月 19—22 日　丽水、龙泉、青田、庆元、景宁县大暴雨，死 180 人、伤 92 人。

7 月 19 日至 9 月　各县小学教师分别集中到丽水、温州、金华、衢州学习，中等学校教师集中到杭州华东革命大学浙江分校学习，进行思想改造。

7 月 31 日　国民党中国台湾地区当局派飞机在缙云县上空撒下反动传单 8000 多张，后全部被收集销毁。

8 月　青田县清毒委员会成立，开展禁毒工作，烧毁鸦片、烟具，集训吸毒犯 153 人。

8 月　松阳县望松乡塔寺下村[①]何世清互助组、丽水县高溪乡农民试种连作晚稻成功。同年，青田县温溪镇抽水机站建成，安装一台木炭机作动力，灌溉水田 13 公顷。

10 月 2 日　浙江省兄弟民族初级师范学校在云和县瓦窑村创办。1953 年秋，更名浙江省立少数民族初级师范学校。

10 月　庆元县第一次菇民代表大会召开，庆元县菇民协会成立。

11 月　各县开展评比选模活动，比爱国、比互助、比收入、比技术、比计划实现程度。

12 月　各县劳模代表会议召开。

12 月下旬　遂昌县川溪乡上江村[②]何岩珍等创办初级农业生产合作社，入社农户 23 户、84 人，耕地 81 公顷、林地 37 多公顷。

1953 年

春节　云和县举行首届农村剧团大会演。

2 月　浙江省森林工业局松阳收购站成立，统一经营木材采伐、收购、调配、供应。

3 月 22 日　景宁县召开县首届少数民族代表会议，畲族人民当家作主，参与商议国家大事。

3 月 24 日　龙泉县召开县首届少数民族代表会议。

3 月　龙泉县在城郊乡进行民主建政试点，由选民直接选举乡人民代表大会代表，召开乡人民代表大会，选举乡人民代表大会主席、乡长和副乡长、乡政府委员及出席县第一届人大代表。

6 月 30 日 24 时　为第一次全国人口普查标准时间，各县总人口 1256170 人，人口性别比例 116.04（女=100，下同）。

7—8 月　青田、云和、庆元、缙云、松阳等县受旱面积 1.8 万公顷，其中成灾面积 0.49 万公顷，

① 2010 年属松阳县西屏街道。

② 上江村：2010 年属遂昌县妙高镇。

部分农村出现接龙求雨等迷信活动。

8月　施联珠率领国家民族事务委员会民族识别调查组5人到景宁县东弄等畲民居住地作畲族识别调查。

9月　省立处州农业技术学校更名浙江省丽水林业学校。

10月1日　丽水至温州公路修复通车。

10月　各县宣传贯彻党在过渡时期的总路线。

11—12月　各县实行粮食统购统销，停止粮食自由买卖，私营粮商歇业，城乡缺粮户凭介绍信由国营粮店供应。

1953—1957年　龙泉县进行第二次森林资源调查，林木蓄积量1305.2万立方米，森林覆盖率55.7%。

1954年

2月　丽水县丽阳乡信用合作社成立，参加农户357户，股金140元，吸收存款164元，发放贷款181元。

2月　遂昌县苏村乡岱楼岭自然村划归龙游县大街乡。5月，遂昌县白水乡芦头村划归龙游县梧村乡。

2月25日　庆元县青竹村民开垦烧荒深村湾时，发生森林火灾，村民死10人，其中女性7人。

4月6日　龙(泉)庆(元)公路修复通车，全长96平方千米。

5月　景宁县人民银行干部从沙湾押运15万元回景宁，途经大均乡新亭滩木帆船触礁沉没，毛遂等3人罹难。

7月9—12日　丽水县第一届人民代表大会第一次会议召开，选举出席首届省人民代表大会代表3人。截至19日，各县先后召开第一届人民代表大会第一次会议。

8月　缙云县东溪乡胡村高级农业生产合作社建立，入社农户131户，有耕地17公顷，山林275公顷。山林、耕牛、农具折价入社，取消土地分红，实行按劳分配，多劳多得。

8月　松阳县麻疹流行。至1955年4月，松阳县发病10504例，死亡354人。

9月　龙泉县实行计划供应棉布，凭人口发放布票，人均职工9.67米、农民8米。各县普遍实行棉布统购统销。

9月　县人武部更名县兵役局。

10月20日　缙云县五云镇火灾，受灾221户，死1人，伤50人，毁房1259间，直接经济损失约50万元。

11月　青田县山口石刻生产合作社成立。

11月　省重工业厅在遂昌县治岭头建遂昌黄铁矿。

同年　丽水林场杉木人工育苗试验成功，获林业部嘉奖。

1954—1958年　各县发行国家经济建设公债，年息4厘，实购168.2万元。

1955年

3月　龙泉县凤鸣乡村头村凤一农业生产合作社处理山林入社。5月，毛泽东主席批示："浙江省龙泉县凤鸣乡的做法，可供各地参考"。

3 月 1 日　各县执行国务院币制改革政策，流通新人民币，旧币 1 万元折新币 1 元。

3 月　撤销衢州专区，遂昌、松阳、宣平县改属金华专区。

4—5 月　各县整顿农业社，丽水、龙泉、青田、云和、庆元、缙云、遂昌、松阳、景宁县有自发社 345 个，转为互助组 10423 户，并允许社员退社。

5 月 3 日　缙云县越陈与仙居县高余、芭蕉坑村发生山林权属械斗，死 1 人，伤 36 人。

5 月　景宁县实行粮食“三定”①政策，定购三年不变，定销一年一定。至 10 月，各县先后实行粮食“三定”。

6 月 17—21 日　遂昌、松阳、丽水等县连降暴雨，降雨量 225.3—281 毫米，死亡 35 人，伤 14 人，受灾农田 3226 公顷，毁屋 2172 幢，冲走木材 2.4 万根。

7 月 1 日　国家机关工作人员待遇由供给制改为货币工资制。

7 月 26 日　丽水县第一届人民代表大会第二次会议召开。至 12 月 8 日，各县相继召开第一届人民代表大会第二次会议。

7 月 30 日　各县执行《中华人民共和国兵役法》，改志愿兵役制为义务兵役制，同年征兵 2595 人。

9 月　温州地区到云和县云东区大山葑开荒知识青年、待业人员 342 人，建立大山葑农林高级社。温州地区到庆元县农场知识青年 104 人，组建垦荒高级社。10 月，温州地区和丽水县、青田县到景宁县大漈乡知识青年 46 人，建立大漈农林高级社。12 月，兰溪县到遂昌县白马山大坪殿高级农林牧生产合作社垦荒的社会失业和无业人员 90 人。

10 月　各县批判“坚决收缩”的整社方针，掀起农业合作化高潮。

11 月下旬　共青团中央书记处书记胡耀邦抵青田，接见青田县第一次团代会全体代表。

同年　各县推广打稻机、水田犁、双轮双铧犁等新式农具。

1956 年

1 月 18—20 日　龙泉县擅自拆毁建于五代的崇仁寺华严塔和北宋时崇因寺双塔。1957 年 6 月 1 日，龙泉县第二届人民代表大会第二次会议，罢免擅自拆塔的副县长和民政科长职务。

1 月 28 日　丽水县开始私营工商业社会主义改造。

1 月　景宁县林场建立，相继并入金钟、大漈、大仰、北溪林场和县特产场。

2 月 15 日　丽水县广播站成立。

2 月　松阳县安置杭州市移民 166 户、521 人。遂昌县安置杭州市移民 51 户、181 人。

2 月　云(和)寿(宁)公路第一期工程动工。1964 年 4 月，云寿公路通车。

同年　磐(安)缙(云)公路动工，全长 172.21 千米。1966 年通车。

同年　临(海)石(柱)公路缙云段动工。1957 年 11 月通车。

2—4 月　各县扩区并乡，建制区从 53 个减至 36 个，建制乡镇从 450 个减至 293 个。

2 月　各县五人小组成立，开展内部肃反审干。至 1958 年 10 月，各县查出反革命分子和坏分子 935 人。

3 月 15—18 日　中国人民政治协商会议浙江省丽水县第一届委员会第一次会议召开。

4 月 11 日　中共丽水县委机关报《丽水报》创刊。其后《缙云报》《青田报》《龙泉报》《庆元报》

---

① 即定产、定购、定销。

《景宁报》《遂昌报》《松阳报》创刊，至1961年先后停刊。

4月13—17日　中共青田县第一次代表大会召开。至6月7日，丽水、龙泉、云和、庆元、缙云、松阳、景宁县第一次党代会、遂昌县第二次党代会结束。

5月　松阳县木材收购站被国务院命名为全国先进集体，省公路局丽水运输处孟宪琨被国务院命名为全国先进生产者，庆元县荷地区卫生所林梓（女）被国务院命名为全国先进工作者。

6月　各县基本上实现社会主义改造，共改造私营商业3567户，各县改造为公私合营工厂的私营工业45户。

7月　各县畜禽主产区实行生猪派养派购政策，县食品公司统一经营肉禽蛋及其制品。

7月　龙泉县赠送毛泽东主席长锋宝剑，庆祝中共第八次全国代表大会召开。中共中央办公厅给龙泉县委汇款300元，特别说明今后不要再赠送中央领导人礼物。

9月　粮食部部长章乃器考察青田县。

10月　第二次全国陶瓷会议评选出陈列瓷18件，其中龙泉仿古青瓷2件。

10月13日　青田石雕作为省人民政府礼品赠送印度尼西亚总统苏加诺。

10月30日至11月3日　庆元县第二届人民代表大会第一次会议召开。至12月26日，各县二届一次人代会结束。

10月18日　松阳县四都源水库动工。1958年11月竣工。

11月5日　丽水县高溪水库动工。1972年4月竣工。

12月　国务院认定畲族为中国一个单一的少数民族。

同年　景宁县接收安置新安江水电站库区移民82户360人。至1967年，龙泉、云和、遂昌、景宁县接收安置移民11574人。

1957年

2月　闽、浙、赣毗邻10地、市，34县第一次护林联防会议在庆元县召开，龙泉、庆元、遂昌、景宁县参加，建立护林联防指挥部，下设联防分区6个，庆元、景宁县为第二分区，龙泉、遂昌县为第四分区。

4月6日　庆元县委扩大会议反映竹口、荷地、新村区出现闹粮364户、闹迁居329户、闹退社33户。云和县有社员退社475户，外流福建、江西省213户247人。丽水县发生社员闹退社等事件89起，涉及乡18个。

4月28日　丽水、云和、遂昌、松阳、景宁县畲族代表参加北京五一国际劳动节观礼，在北京怀仁堂受到毛泽东、刘少奇、周恩来、朱德等党和国家领导人的接见。

4月28日　青田石雕花瓶作为省人民政府礼品赠送苏联最高苏维埃主席团主席伏罗希洛夫。

5月29日　各县相继成立整风领导小组，开展整风运动。6月后，转为反右派斗争，错划一批右派分子。至1965年底，全区右派“摘帽”254人。

7月6日　青田县湖边乡①南岸村发生群体性事件，打死中共湖边乡支部副书记朱宗华。

8月　各县工作队（组）下农村开展以批判资本主义势力为主要内容的社会主义教育运动。

9月　中共丽水县委在碧湖开展整风核实产量活动，将粮食亩产从200千克“核实”到332千克，并推广全县。1958年1月29日，《人民日报》《浙江日报》刊登丽水县所谓反瞒产的斗争经验。

---

① 湖边乡：2010年属青田县鹤城镇。

10月　庆元县和山乡[1]上源村首先达到“四无”[2]标准。庆元县委以上源村为榜样，在全县开展除“四害”运动。至1958年6月22日，庆元县宣布基本实现“四无”县。

同年　各县开展森林资源调查，林业用地146万公顷，其中有林地92万公顷，活立木蓄积量3329.7万立方米，森林覆盖率53%。

1958年

1月22日　缙云县四级干部大会召开，批判右倾保守思想，组织生产大跃进。

1月　金(岸)龙(泉)公路遂昌至黄(桂洋)段42千米动工。1960年竣工。

2月　菊(水)寿(宁)公路动工。1987年10月20日，菊寿公路竣工。

2月5日　龙泉县组织参加体力劳动和搞试验田，参加机关干部1381人，种植试验田9公顷；下放领导三类社的机关干部61人。

3月13日　云和县大源口渡船沉没，淹死10人。

4月14日　温州至龙泉客车在云和县石塘村翻车，死10人、伤24人。

3—5月　建立景宁县外舍、学田、张村，云和县温溪[3]，龙泉县竹垟畲族乡。

4月11日　撤销宣平县，宣平县曳岭区划归丽水县。

5月3—19日　浙江省委、温州地委检查团在云和县召开“社社摆储备粮、户户摆节约粮”现场会议，温州专署授予云和县“节约粮食、增加储备”优胜县称号。

5月24—27日　景宁县第三届人民代表大会第一次会议召开。至6月9日，各县三届一次人代会结束。

5月　商业行政与企业合并，国营商业与供销社合并，大部分公私合营商店过渡为全民所有制，合作商店、合作小组采取关、停、并、转办法，对饮食业、服务行业进行合并，取消个体商业户，关闭自由市场，国营商业独家经营，网点减少，流通不畅，供求紧张。1961年6月，国营商店与合作社分开，恢复供销合作社。

5月29日　撤销云和县，并入丽水县。

6月1日　周恩来总理函复中共缙云县委，证明蔡鸿猷是共产党员，后被捕牺牲。指示地方政府给予烈士待遇，对其家属代致慰问。

6月　各县批判右倾保守思想，提出一些不切实际的跃进指标，刮起共产风、浮夸风、强迫命令风、干部特殊化风和生产瞎指挥风。8月31日，丽水县在后铺农业社放晚稻亩产3万千克的高产卫星，将海潮凉亭边0.2公顷晚稻移苗并丘到0.04公顷田中，倒伏腐烂减产。

7月7—10日　中共景宁县第二次代表大会召开。至12月13日，各县第二次党代会结束。

7月31日　松阳县新兴乡新华合作社创办农村公共食堂。至10月份，各县创办公共食堂9416个，就餐125.75万人。1961年后停办。

7月　各县兵役局更名县人武部，仍保留兵役局牌子。1959年7月撤销。

8月18日　龙泉县召开早稻高产现场会，全社早稻亩产543千克，部分与会人员当场揭露虚假

---

① 和山乡：2010年属庆元县松源镇。

② 即无苍蝇、无老鼠、无蚊子、无麻雀。

③ 温溪：2010年属云和县安溪乡。

现象。24日，县委批判县委委员王品武、魏立元，候补委员张瑞祥的所谓右倾错误，撤销职务，留党察看。对主张从实际出发确定全县粮食产量的县委副书记刘金松、县长李赞忱，未经省、地委批准，撤销党内外职务。

8月29日　青田县石溪人民公社建立。至9月底，各县建立人民公社57个，入社农户398577户。

8月　林业部授予丽水县联济农业生产合作社“油茶生产红旗”称号。

8月30—9月2日　全国林业现场会南方油茶产区代表136人，参观丽水县联济村和青田县黄山头村油茶生产。

8月　瓯江水电站动工，规划淹没丽水县城，装机容量135万千瓦。1962年3月水利电力部决定停建。

8月　各县建立大办钢铁指挥部及其办公室，提出“以钢为纲，工农并举”的方针，组织广大干部群众烧木炭、洗铁砂、建小高炉。至1960年，各县生产劣质铁0.24亿千克，产值593万元，山林遭受严重破坏。

8月　龙泉县大办民兵师。各县组建民兵师8个、团68个、营392个、连2544个，民兵57.3万人。

9月3—6日　全省除“四害”讲卫生现场会在庆元县召开，省委、省人民委员会授予庆元县基本实现“四无”县锦旗。1962年6月，授予庆元县全国“四无”县称号。

9月　遂昌县成屏二级水电站动工，装机容量2890千瓦，1966年竣工。

9月22日　中共浙江省委第一书记江华检查指导龙泉县工作。

9月　浙江丽水林校改温州林学院，丽水师范学校改丽水师范专科学校。1959年8月，恢复丽水林业学校。1961年3月，撤销丽水师范专科学校。

11月21日　撤销庆元县，并入龙泉县。撤销松阳县，并入遂昌县。

11月　青田县石郭二级电站动工，装机容量1600千瓦。1959年12月发电。

1958—1959年，各县进行第一次土壤普查。

1959年

1月10日　青田县支宁办公室成立，动员首批青壮年支援宁夏社会主义建设。至6月，丽水、青田、缙云、遂昌县支宁青壮年1148人。1960年第二批支宁青壮年3063人。1963年，多数返回原籍。

3月17—25日　各县召开干部大会，落实人民公社管理体制，实行队为基础、三级所有，开始纠正“一平、二调、三收款”的共产风。

3月　省组织退伍军人到遂昌县建立垵口伐木场大茂坑伐木队，从事木材砍伐1350人。

4月20日　龙泉县搬家并村10877户，占总农户的17.33%。8月，景宁县有小自然村454个，5008户，14157人被迁入大村，给社员生产生活带来不便。月底，搬回原小自然村399个，4531户，13046人。

5月　浙江省陶瓷工业会议，确定恢复龙泉青瓷生产，投资龙泉瓷厂60万元。省轻工业厅厅长翟翕武抵龙泉考察研究龙泉青瓷。

7月　浙江省瓯江水库文物工作组，调查发掘丽水县后铺古文化遗址、吕埠坑、保定古窑址及南宋、元、明时期古墓。

9月　各县开展“反右倾”斗争。丽水县受批判的干部群众2381人。1962年，甄别平反被错误批判处理的干部。

9月　景宁县大均潭建钢索拦河绠拦散漂木材。1960年，毁于洪灾，损失原木1.8万多根。

11月　青田县蜡石矿林松标、丽水县城关碾米厂赵雨亭、龙泉县林业局木运站洪妹儿、遂昌县103道班金关潭，被国务院命名全国先进生产者。

12月4日　景宁县首次召开畲族社会主义建设积极分子大会。

12月　云和县雾溪水库动工，库容1308万立方米，发电装机容量1400千瓦，总投资450万元。1964年5月竣工。

1960年

1月7日　撤销景宁县行政建置，并入丽水县。

1月　龙泉县南大桥动工重建。1964年12月通车。

2月　龙泉县小梅至干上森林铁路动工，全长33千米。8月停建，损失60多万元。

2月　各县重刮“共产风”，大办社办工业、畜牧场、林场、特产场等，人民公社从基本队有制向基本社有制过渡。至11月，遂昌县收回社员自留地577公顷，没收“百斤粮”26.5万千克，平调劳动力19.79万工。

3月　松阳煤矿动工，投资45.26万元，年设计生产能力0.6亿千克。1964年投产。

3月　雷桂梅、雷仁余、雷世英、周和亮、赵平田、吴岩祥、王天水、张子斌、赵玉甫出席全国民兵代表会议。

4月13日　丽云公社粮食紧缺，患浮肿病429人、死亡187人。

同年　丽水全县患浮肿病16670多人，非正常死亡781人。县委派出医疗队、拨出统销粮、救济款、棉衣、棉絮、棉毯，解决浮肿病人的缺粮缺衣问题。

5月　各县县委成立“三反”领导小组，开展反贪污、反浪费、反官僚主义运动。

5月　地方国营缙云化工厂建立。1961年停办。

6月　缙云中学孙明标、龙泉县八都公社①四源小学尹文英、龙泉县城北公社②幸福幼儿园唐马珠（女）、龙泉县龙南公社③安下村民校李招娣（女）、遂昌县湖山公社④石门塘民办初小罗志兴，被国务院命名为全国先进工作者。

6月　各县抽调一批干部下农村改造落后队。龙泉县抽调干部220人，改造落后队48个。

7月11日　龙泉河村劳改所发生火灾，死86人，伤74人，毁屋72间，直接经济损失59578元。

8月　各县大办农业，大办粮食。其中青田县抽调职工2698人支援农业第一线。

8月27日　丽水县鹤溪镇食野蕈中毒68人，死2人。

9月　建立浙闽联防指挥部及龙泉、云和与福建省浦城、松溪、寿宁县联防指挥所。1981年5月，浙闽联防指挥部和大洋民兵联防区撤销。

9月　温州工学院在云和镇瓦窑村创办，1962年春停办。

---

① 2010年称八都镇。
② 2010年称城北乡。
③ 2010年称龙南乡。
④ 2010年称湖山乡。

10月 云和白洋墩林产化工厂建成投产。

11月3日 各县实行人民公社三级所有，队为基础，开展算账退赔，纠正“一平二调”。至1961年10月，丽水、龙泉、青田、缙云、遂昌县退赔人民币1337.56万元，房屋68750间。

12月8日 云和杨家山煤矿开采。

1961年

2月 大洋民兵联防区建立，缙云、青田、永嘉、仙居等县6个区、19个公社参加。

3月 各县落实“调整、巩固、充实、提高”政策。至1963年，各县精简职工和压缩城镇人口86652人。1981—1983年，落实精简压缩人员政策。

4月15日 丽水县通济堰、龙泉县大窑青瓷古窑址为第一批省级重点文物保护单位。

4月 各县执行“农业六十条”。至6月，遂昌县生产大队从445个调整为754个。丽水县基本核算单位从617个调整为701个，错误地纠正包产到户生产大队50个、生产队201个。

9月18日 青田县归国华侨联合会成立。

9—10月 各县恢复人民公社为区公所，管理区改人民公社。设区54个、人民公社326个、生产大队3497个、生产队22324个。

10月下旬 青田县万山区西岙、上横两公社划归永嘉县。

11月7日 遂昌县推行大包干政策，大柘公社生产队131个，有77个签订“三包一奖”的大包干合同。

12月 各县年末总人口138.31万人，比1959年141.23万人，减少2.07%。

1962年

1月24—28日 遂昌县第四届人民代表大会第一次会议召开。至12月18日，各县四届一次人代会结束。

2月 各县执行《中共中央关于改变农村人民公社基本核算单位问题的指示》，确定三级所有，队为基础，以生产队为基本核算单位。

3月31—4月1日 中共中央书记处书记、中国人民解放军总参谋长黄克诚视察青田县。

3—5月 青田县民办小学转为公办小学212所，民办教师转为公办小学教师274人。至1971年2月，全部改为公办教师。

4月12日 云和县恢复行政建置。

4月 青田县邮电局开办国际电报业务。

5月23日 缙云县溪港、安岭、陈岭三个乡划归仙居县。

9月1日 丽(水)浦(城)公路花桥至前垟6千米越境线由龙泉县修复，龙泉至浦城92千米全线通车。

10月24—27日 中共丽水县第三次代表大会召开。至1963年2月10日，龙泉、青田、云和、缙云县第三次党代会，遂昌县第四次党代会结束。

12月中旬 中共浙江省委第一书记江华检查指导遂昌县工作。

12月26日 丽水县朱村公社金山下大队山林火灾，毁林73多公顷。

同月 云和县赤石公社(2010年称赤石乡)临海垟第4生产队，农民烧荒开田失火，烧毁山林

313 公顷。

同月　缙云县大洋山农民烧荒引发大火，延烧 7.5 千米，受灾 2100 公顷，其中有林山 106 公顷。

同年　遂昌县接收新安江水电站库区移民 433 户 1869 人。至 1968 年，遂昌（含松阳县）、龙泉（含庆元县）、云和县安置新安江水电站移民 2050 户 10560 人。

1963 年

1 月 16 日　云和县印章村①发生火灾，烧毁房屋 314 间、伤 5 人。

2 月 6 日　缙云县壶镇冷水村发生火灾，受灾 71 户 277 人，烧毁房屋 146 间。

3 月 5 日　各县开展"向雷锋同志学习"活动。

3 月 11 日　丽水南明山摩崖题记、青田石门洞摩崖题记、松阳延庆寺塔被列为第二批浙江省重点文物保护单位。

3 月 30 日　中国共产党丽水地方委员会重建，书记张敬堂。5 月 9 日，浙江省丽水专区专员公署恢复，辖丽水、龙泉、青田、云和、缙云、遂昌县，署址丽水县城关镇。6 月 29 日，亓汉三任丽水专区专员公署专员。

3 月　瑞（安）东（坑）公路景宁东坑至文成西坑段动工。1965 年 8 月 15 日竣工。

4 月　丽水专区中级人民法院重建。

4 月 4 日　遂昌县大茂坑开荒失火，烧毁山林 233 公顷，毁坏木材 15500 立方米。

4 月 29 日　中共浙江省委监察委员会派驻中共丽水地委监察组建立。1964 年 12 月更名中共丽水地委监察委员会。

5 月 2 日　中国人民解放军浙江省丽水军分区重建，司令员刘林斌、政委尹清泰。

5 月 9 日　毛泽东主席对《浙江省七个关于干部参加劳动的好材料》作批示。青田县《五年来干部坚持种试验田的体会》是 7 个好材料之一。同年，青田县试验田 51 公顷，参加劳动干部 557 人。

5 月 20 日　地委到丽水县新合公社②进行社会主义教育试点，组织各县县委书记等 140 多人。至 9 月 24 日，全区建立贫下中农代表会的生产大队 1829 个，占生产大队数的 52.2%；建立贫下中农代表小组的生产队 13134 个，占生产队数的 56%。

5 月　中国人民银行丽水专区中心支行恢复。

5 月 23 日　浙江省人民检察院丽水分院重建。

6 月 6 日　地、县机关开展新"五反"运动③。1964 年 10 月上旬结束。

6 月 7 日　中共丽水地委全体委员会议研究山区生产方针和改进干部思想作风问题。决定丽水专区"以林为主，林、粮、畜同时并举，全面发展山区经济"的生产方针。7 月，调整为"以粮为纲，林粮并举，多种经营，全面发展"的生产方针。

6 月 19 日和 21 日　青田县潘山对空观察哨发现敌机 1 架，及时报告后被人民空军击落。

7 月 12 日　丽水专区邮电处和丽水专区长途电信线务站成立。

8 月 4 日　中国人民公安部队浙江省总队丽水专区大队成立。1966 年 7 月 1 日，改编为中国人

① 印章村：2010 年属景宁畲族自治县。

② 2010 年属碧湖镇。

③ 新五反运动：指反对贪污盗窃、投机倒把、铺张浪费、分散主义和官僚主义。

民解放军某部。

8月6日　丽水专区“三防[①]”指挥部成立。

10月7日　丽水专区计划生育委员会成立，在各县城镇和部分区、社进行计划生育试点。

10月　丽水自来水厂动工，日供水能力200万千克。1965年5月投产。

11月4日　丽水县桃山电厂（火力发电）动工。1980年，桃山电厂四期工程全部竣工，总装机容量4000千瓦。

11月26—30日　青田县第五届人民代表大会第一次会议召开，审议通过县人民委员会工作报告等，选举县人民委员会和县人民法院院长。至12月31日，各县五届一次人代会结束。

11月　庆元县百山祖发现冷杉，后被命名为“百山祖冷杉”。1987年，百山祖冷杉被国际物种保护委员会定为世界最濒危的12种植物之一。

12月　龙泉、青田、遂昌县增设武工队，为正营级单位。1969年12月撤销。

同年　遂昌县、缙云县从金华专区划归丽水专区。

1964年

2月5日　中共中央发出《关于传达石油工业部关于大庆石油会战情况的报告的通知》，全区兴起工业学大庆运动。

2月10日　《人民日报》刊登《大寨之路》，全区兴起农业学大寨运动。

5月17日　全国人大常委会副委员长、中国科学院院长郭沫若到青田县视察，参观青田石雕厂，游览石门洞，分别题诗赞咏。

5月22日　松阳交塘公社[②]余叶小学校舍坍塌，死1人，伤6人。

5月　云和县重河电厂动工，解决军工企业用电。8月1号机组发电。至1978年，安装柴油发电机组6台，总装机容量3738千瓦。

5月　浙江省电影发行放映公司丽水专区分公司成立。

6月　中国农业银行丽水专区中心支行建立。

7月1日零时　为第二次全国人口普查标准时间。全区总户数373594户，人口1457127人，其中男性773208人，女性683919人，性别比例为113.06（女=100）。

9月11日　丽水专区农业科学研究所建立。

9月　各县召开三级干部会议，开展批评与自我批评，领导干部带头“洗手洗澡”，一般干部自我检查和相互帮助，进行经济退赔。

10月　地委书记张敬堂带队到诸暨县璜山区开展社会主义教育运动。

11月1日　浙江省汽车运输公司丽水运输段成立。同月，丽水专区交通监理所成立。

11月25日　关闭全区粮食市场，取消粮食集市贸易，由国家开办粮食交易所，经营粮油议价购销业务。

11月　地委在丽水县丽阳公社[③]天宁寺大队开展面上“四清[④]”工作试点，发动贫下中农向“四不

① 三防：防空投、防偷渡、防暴乱。
② 交塘公社：2010年属松阳县玉岩镇。
③ 丽阳公社：2010年属莲都区白云街道。
④ 四清：清账目、仓库、财产、工分。

清”干部进行说理斗争，由点到面地展开，一些基层干部受错误批判和处理。

11月　邮电部、省邮电局在缙云县推广亦农亦工乡村邮件投递工作试点。

12月3日　云和新华机械厂，龙泉木材厂、龙泉红旗机械厂、龙泉东风模具厂，遂昌烤胶厂和遂昌化工厂等国防工业企业筹建。

同年　丽水专区召开第一次学习毛主席著作积极分子和先进单位会议。

1965年

1月14日　各县召开三级干部大会，纠正1964年下半年“四清”运动试点中左的偏向。

1月　丽水县城对出租住房100平方米以上及非住宅用房进行社会主义改造，338户，出租房屋面积4.75万平方米，归房管部门管理。

2月22—27日　丽水县召开第一次贫农、下中农代表会议，总结交流1964年生产经验，研究1965年生产计划。成立丽水县贫农、下中农协会筹备委员会，选举出席省贫农、下中农代表会议代表。至10月20日，各县第一次贫农、下中农代表会议结束。

3月17日　全省山区交通建设现场会在缙云县蛟坑召开。

3月　遂昌县黄碴口至龙泉县梧桐口段公路动工，全长45.48千米，缩短遂昌至龙泉行程90千米。1966年年4月竣工。

4月　缙云县雁门公社下潜大队农民应松登水稻密播旱育小苗带土移栽试验成功，在全区推广。

5月　蛟坑隧道竣工，成为全省第一条公路隧道。

7月26—29日　中共丽水军分区第一次代表大会在丽水县召开。

8月　中共浙江省委社会主义教育工作团第四分团到缙云县开展社会主义教育运动。11月14日，浙江省委制止缙云县在“四清”运动中收自留山、饲料地，甚至拔青苗的错误。

9月　丽水卫生学校建立，学生半工半读，毕业后回农村亦农亦医。

10月25日　地区瓯江治理小组成立，进行勘察规划，综合治理。

10月　国营商业与供销社第二次合并，合作商店并入国营商业门市部或供销社，合作小组改为“三代店①”。1978年1月，国营商业与供销社再次分营。

10月　龙泉县大白岸电站动工，装机容量2500千瓦。1967年1月竣工发电。

11月18—21日　云和县上标林场②举行反空降战术演习。

12月　缙云县革命老区党员12人给中央写信，要求帮助解决普化水电站发电机组问题。副总理李富春批示给一机部，安排在重庆水轮机厂生产。1966年3月，装机容量250千瓦的发电机组运抵工地，7月1日建成发电。

1966年

1月31日　丽水糠醛厂动工，年产木糠醇能力30万千克。1971年投产。

2月15日　省委副书记李丰平、曹祥仁、陈伟达和秘书长薛驹与丽水地委书记张敬堂在杭州研究丽水专区生产方针，确定“以阶级斗争为纲，因地制宜，林粮并举，多种经营”。5月，地委调整为

---

① 三代店：代购、代销、代营。

② 上标林场：2010年属景宁畲族自治县。

“以粮为纲，农林牧结合，多种经营，全面发展”。

3月　省冶金工业厅在龙泉县锦溪镇乌岙村筹建龙泉铅锌矿。1968年1月建成投产，月采选矿能力5万千克。

2月　龙（泉）后（山桥）公路庆元安溪至后山桥路段动工。10月竣工。

4月17—21日　丽水县第六届人民代表大会第一次会议召开，审议和通过有关决议，选举县第六届人民委员会和县人民法院院长。至5月2日，各县六届一次人代会结束。

5月25日　省委派员抵丽水传达《中国共产党中央委员会通知》（即“五·一六通知”），开展无产阶级“文化大革命”。5月31日，中共丽水地委“文化大革命”办公室成立。

6月22日　根据省委对教育厅党组请示的批复，高校招生实行推荐与选拔相结合的办法，1966年起停止初高中招生。

6月　杭州胡庆余堂制药厂伤膏车间迁移到松阳西屏镇建杭州中药厂一分厂。10月，在云和县局村建杭州制药厂云和分厂。

6月　庆元马蹄岙电站动工。1972年3月21日建成投产，装机容量3750千瓦。

同月　龙泉金沙35千伏变电所动工。1967年4月15日竣工投运。

7月1日　丽水专区公安大队和县公安中队划归丽水军分区和县人武部建制。1975年12月，县中队移交县公安部门。

8月下旬　山东13航空大队“运5”飞机4架，飞抵丽水飞机场，每天轮流飞往缙云县壶镇、新建、盘溪、城郊区喷洒药物，至10月上旬，防治松毛虫20万亩。

9月28日至10月21日　地区组织学生代表1969人、教师代表200人，分三批去北京接受毛泽东主席检阅。

10月　庆元新窑至福建松溪省际公路动工。1967年6月竣工。

11月26日　遂昌县三川乡①资口村至樟溪乡东市村②江南渠道动工，全长17.5千米，设计灌溉面积0.1万公顷。1967年7月竣工。

1967年

1月24日　地专总部等群众组织14个夺取地委、专署的权力，党政机关瘫痪。

2月17日　丽水地区无产阶级革命派联合总指挥部建立。7月6日，丽水地区革命造反联合总部（简称“丽水革联总”）建立。

2月　丽水军分区和各县人武部参加“三支两军③”工作，派出干部233人。

3月8日　丽水军分区生产办公室建立，代行地委、专署部分职能。

3月中旬至4月21日　丽水地区在缙云县栝苍山首次飞机播种造林2035公顷。

5月1日　云和县遭龙卷风袭击，死11人、伤17人。

6月8日　遂昌县“遂总指”与“遂联总”在岗寺公社④上河村武斗。8月19日，在遂昌县妙高镇

① 三川乡：2010年属遂昌县妙高镇。

② 东市村：2010年属松阳县。

③ 三支两军：指支“左”、支工、支农，军管、军训。

④ 岗寺公社：2010年属松阳县古市镇。

武斗，死6人。9月9日，青田县“工农兵”与“青革总”在鹤城镇武斗，死9人，烧毁房屋640间。

6月　龙泉宝剑生产合作社被强令关闭停产。青田县砸毁所谓帝王将相，才子佳人的石雕作品。

6月　青田石雕厂张爱廷，被国家派遣到阿尔巴尼亚传授石雕技艺。

6月22日　丽水县大水门渡船超载翻船，淹死9人。

7月31—11月5日　全区发生旱灾，受灾2.75万公顷，损失粮食6686万千克。

8月　缙云棉纺厂在壶镇动工。1969年9月投产，纺织规模8329纱锭。

9月　松阳南门大桥动工。1969年2月竣工。

10月　各县响应“农业学大寨”的号召，推广“标兵工分”，自报公议，政治评分，助长平均主义。

11月　庆元大桥动工。1968年10月竣工。

11月中旬　地专机关部、委、办领导干部32人，被诬为“保皇团”进行揪斗。地委监察委员会副书记于云田、工交办公室副主任范勋泰被害致死。12月12日，地专机关开始“解放”县(处)级干部3人。

12月17—26日　丽水“革联总”召开大会，揭批地委领导所谓“三反”罪行和“资反路线”，揪丽水地区“二月逆流”总后台。

12月18日　缙云县五云公社革命委员会建立。

同年　全区发生流行性脑膜炎，发病6981例，死亡403人。

1968年

1月15日　丽水县联城公社埠村发生火灾，125户房屋被烧，死1人。

4月3日　地、县推广大寨大队“突出政治，为公劳动，各尽所能，按劳分配”的劳动管理，组织干部群众到山西省昔阳县大寨大队参观学习1200多人。

4月6日　丽水专区专员公署公安处、浙江省人民检察院丽水分院、丽水专区中级人民法院实行军事管制。

4月　全区开展“三忠于①”活动。

6月11日　云和县龙门公社②9个大队破坏山林，外流木材3.5万立方米。

7月11日　在青田县前仓瓯江江面，“造反派”袭击小轮船，中国人民解放军6299部队班长朱良才中弹身亡。

8月4日　丽水县革命委员会建立。至12月9日，各县革命委员会建立。

8月　遂昌县工人毛泽东思想宣传队、贫下中农毛泽东思想宣传队进驻各重点中学、完全小学，实行工人、贫下中农管理学校。

9月29—30日　缙云县革命委员会第一次全体委员会议召开。至1974年4月12日，县革委会召开全委扩大会议10次。

9月　缙云县开始推行农村合作医疗制度。

11月18日　丽水地区革命委员会建立，丽水军分区副司令员何纪明任主持工作第一副主任。1970年11月，何纪明任丽水地区革命委员会主任。

11月21日　丽水县桃山大桥动工。1970年1月25日通车，撤销栝苍机轮渡。

---

① 三忠于：忠于毛主席、忠于毛泽东思想、忠于毛主席革命路线。

② 龙门公社：2010年属云和县紧水滩镇。

12 月　丽水县机关大部分干部下放“五•七”干校劳动。

1969 年

1 月中旬　丽水县城镇知识青年到农村插队落户 230 人。

1 月 21 日　丽水地区革委会清理阶级队伍领导小组成立，全区组织毛泽东思想宣传队 3 万多人，进驻文化、教育、卫生等单位及农村人民公社。至 12 月，全区清理出“阶级敌人”11395 人。

2 月 3 日　丽水地区化肥厂创办。4 月 18 日，丽水机械厂创办。6 月，丽水地区针织厂创办。

2 月 5—9 日　丽水地区工人革命派代表大会召开，成立丽水地区工人革命派代表委员会。

2 月 22—26 日　丽水地区贫下中农代表大会召开，成立丽水地区贫下中农代表委员会。

3 月 2 日　丽水地区机关斗批改干校开学，进校搞斗、批、改参与单位 26 个、干部 458 人。3 月 26 日，丽水地区文艺斗批改学校开学。同时，地区公检法军管会清理阶级队伍，集中公检法干部 31 人。截至 3 月底，地区革委会进驻地区机关文化、教育、卫生等单位开展斗、批、改，组织工人毛泽东思想宣传队 132 人。

3 月 8—10 日　丽水地区“红卫兵”代表大会召开，成立丽水地区“红卫兵”代表委员会。1976 年 12 月，撤销地、县“三代会”。

4 月 1—24 日　丽水地区革命委员会副主任雷桂梅（女、畲族）、遂昌造纸厂叶宝楠出席中国共产党第九次全国代表大会。

4 月 22 日　中共丽水地区革命委员会核心小组建立，组长何纪明。5 月 8 日，中共缙云县革委会核心小组建立。至 1970 年 6 月，各县革委会核心小组建立。

4 月　云和县执行毛泽东“深挖洞、广积粮、不称霸”和“备战、备荒、为人民”的指示，挖防空洞面积 418 平方米。1971 年 9 月竣工。

5 月 16 日　《新丽水报》创刊。1972 年 3 月 1 日停刊。

7 月中旬　丽水县开展教育革命，农村公办小学全部下放给大队，公办教师回队任教，实行评工记分加补贴。同期，推行学制改革，小学五年一贯制，初高中各二年制。1972 年 1 月，恢复回队教师公办待遇。

8 月　丽水地区、丽水县革委会毛泽东思想学习班到丽水市中学举办，受审查 120 多人，被打成“阶级敌人”53 人。

8 月　龙泉县革委会宣布“枪毙香菇”，香菇生产陷入困境。

8 月　缙云县“八•一一”革命行动指挥部成立。至 10 月，缙云县关押干部群众 1997 人次。

9 月 3 日　丽水地区商业二级站成立，分设农业生产资料、土产、食品和日用工业品服务站。

9 月　青田县浮弋公社①武垟头水轮泵站建成。

10 月　地区机关开展整党建党，进行“吐故纳新”。

10 月　缙云县岭头方水电站动工，装机容量 840 千瓦。1972 年建成。

11 月 25 日　省级机关“五•七”连下放丽水县龙江、富岭、均溪、港和公社插队落户干部 279 人。

11 月　遂昌县蕉川公社②小马埠大队合作医疗站成立。

---

① 浮弋公社：2010 年属青田县腊口镇。

② 蕉川公社：2010 年属遂昌县新路湾镇。

12 月 6 日　撤销丽水专区邮电处、专区长途线务站和丽水县邮电局，建立丽水地区电信局、丽水县邮政局。其中地区电信局隶属丽水军分区，各县电信局、气象站划归县人武部。1975 年移交地方。

1970 年

1 月　丽水地区夺煤指挥部成立，开展夺煤大会战。同年，全区发现煤矿点 206 处，新办国营煤矿和社队小煤窑 42 个，产原煤 0.5 亿千克，多数是发热量低于 1000 大卡的劣质煤。

3 月 2 日　地区革委会毛泽东思想宣传队 832 人，进驻青田县开展“一打三反①”。全区共进驻重点公社和重点单位开展“一打三反”毛泽东思想宣传队 753 个、2 万多人。至 1971 年 8 月，全区被揪斗干部群众 20562 人，其中被定为“敌我”矛盾的干部群众 3182 人。

3 月 21 日　龙泉县武装民兵独立团率先成立，辖 3 个营、12 个连，民兵 1778 人。至 1971 年 9 月，各县相继建立武装民兵独立团。

3 月　龙泉县接收温州市知识青年 500 多人插队落户。

4 月　丽水、青田、缙云、遂昌（含松阳）等县小麦粘虫为害，受害 1.03 万公顷，每亩虫口密度 1.2 万只。

5 月 11 日　撤销丽水林业学校、丽水卫生学校，建立丽水地区中等专业技术学校。1974 年 7 月 12 日，再次拆分为丽水地区农林学校、丽水地区卫生学校。

5 月　遂昌县城关、新路湾等地突发钩端螺旋体病 125 例，死 5 人。同年，缙云县暴发钩端螺旋体病 1523 人。

5 月　庆元新窑石灰氮厂动工，后改水泥厂。1972 年投产。8 月，新窑化肥厂动工。1973 年投产。10 月，云和电机厂建成投产。12 月 20 日，缙云整流器件厂创办。

6 月 25 日　全区普降暴雨，降雨量 247 毫米，瓯江超过警戒水位 5.42 米，死 23 人。龙泉县兰巨公社大巨生产大队革命领导小组副组长王品荣带领社员抢捞大队存放溪边的木材时，被洪水冲走而牺牲。1971 年 1 月 14 日，地革会号召全区军民向王品荣学习。

6 月　空军某部在遂昌县九龙山上空击落美国高空侦察气球，遂昌县组织民兵 8000 多人，上山搜寻气球残骸，持续 20 多天。

8 月 1 日　缙云县盘溪流域梯级电站主体工程大洋水库动工。至 1986 年 8 月，盘溪 6 级电站全部投运，装机容量 8930 千瓦。

9 月　丽水县雅溪水库动工，库容 2900 万立方米，装机容量 6400 千瓦，1979 年底投运。

9 月 22 日　第 23 号台风袭击丽水，死 11 人。

9 月 29—30 日　中共遂昌县第五次代表大会听取和审议中共遂昌县革委会核心小组工作报告，选举产生中共遂昌县第五届委员会。至 1971 年 12 月 14 日，各县第四次党代会结束。

10 月 15 日　丽水地区革委会招待所开业。1987 年 9 月，改建处州宾馆。

10 月 15 日　遂昌县东坞水库动工，库容 1460 万立方米，装机容量 1145 千瓦。1978 年 6 月竣工。

11 月中旬　全区大专院校招生推行群众推荐、领导批准和学校复审相结合的方法，招收工农兵

① 一打三反：打击反革命破坏活动，反对贪污盗窃、投机倒把、铺张浪费。

学员255人。1978年恢复高考后停止招收工农兵学员。

11月24日　全省山区工作会议在丽水县召开。

11月　全区开始整团建团。至1973年3月,团支部恢复93%,基层团委恢复94%,丽水、龙泉、云和、缙云、遂昌县恢复团县委。

12月21日　全区召开油茶生产现场会议,贯彻毛泽东主席“浙江要发展1000万亩油茶”的指示精神。同年,全区发展油茶1万公顷,抚育油茶1.55万公顷。

1971年

1月　丽水地区第二次学习毛泽东思想积极分子代表大会召开,总结交流学习毛泽东思想群众运动的经验。

1月　缙云县机关进行战备野营拉练,参加单位30个、265人,行程150多千米。

2月24日　丽水地区大会堂动工。1972年10月投运。

3月6日　遂昌县龙洋信用社发生火灾,全部帐册凭证烧毁。

4月3—22日　丽水地区革委会党的核心小组扩大会议开展“批陈整风”学习。

4月　浙江师范学院三分之一师资和图书仪器迁至松阳西屏,并入丽水师范学校,更名丽水地区师范学校,培训在职中学教师。

4月　地、县成立清查“五•一六”分子专案办公室,深挖“五•一六”反革命分子。1975年1月10日清查结束,没有发现“五•一六”反革命分子。

5月1日　丽水至杭州直达客运班车开通。

夏秋　全区受旱面积3万公顷,其中成灾1万公顷。8月18日,国务院派飞机3架抵丽水、龙泉、遂昌等县人工增雨。

7月19日　丽水地区人民医院筹建。1973年4月开始门诊。

9月1日　龙游溪口牛角湾变电所至遂昌变电所35千伏输电线路和35千伏遂昌变电所投入运行,联入浙江电网。

10月11—15日　丽水地区革委会党的核心小组扩大会议开展“批林整风”学习。

11月24日至12月5日　全省山区工作会议在丽水县召开。

12月18—22日　中国共产党丽水地区第一次代表大会召开,通过《工作报告》《关于学习问题的决定》,选举中国共产党丽水地区委员会,何纪明为地委书记。

12月　丽水、遂昌、龙泉广播转播台筹建。1972年8月建成。

同年　龙泉县大沙电灌站动工,可灌溉农田3800多亩,改变“旱死大沙畈”旧貌。1972年建成。

1972年

1月10日　旅日华侨林三渔捐资28.5万元,修建青田县山口至仁庄公路,长10千米。

1月21—27日　地区革委会在云和、龙泉县召开全区林业现场会议,开展以杉木为主的用材林基地建设。至1975年,全区基地造林2.6万公顷。

2月5日　丽水县市内电话由人工磁石电话改为自动电话。

2月21—28日　青田县制作青田石雕《小象》500只赠送访华美国总统尼克松。

2月　遂昌造纸厂用国产韧皮纤维原料,研制成高纯度绝缘纸和吸收型30微米电解纸。

3月　丽水地区在鹤溪镇建景宁钢铁厂。至1980年，景宁钢铁厂亏损停产。

3月上旬至4月上旬　地、县各基层单位传达《粉碎林陈反党集团反革命政变的斗争（材料之二）》，重点批判林彪一伙炮制的《“571工程”纪要》反革命纲领，抽调干部864人。

3—5月　龙泉、青田、云和、遂昌等县飞机播种造林1.65万公顷。至1990年，全区飞机播种造林9次、4.91万公顷。

6月　缙云县首次发现天然沸石，探明储量1190亿千克。1975年12月31日，缙云七二六矿建成。

7月　丽水县试制12匹马力柴油浅水机动船成功，是航行瓯江第一艘小马力机动船。

8月4日　地委材料组成立，清查与林彪反革命集团有牵连的人和事。

9月2—29日　地区机关“批林整风”会议揭批林彪反革命集团罪行，发言声讨者97人，地区革委会主要负责人到会作检查。

9月26日　中国建设银行丽水地区支行成立。

10月21日　遂昌县牛尾岗大桥动工，高46米。1973年4月竣工。

11月　省地质队勘探缙云县珍珠岩矿储量337亿千克。1973年6月，缙云县膨胀珍珠岩中间试验获成功。

同年　丽水地区茶厂建立，年生产能力精制茶250万千克。

1973年

1月　撤销地委学校革命委员会，恢复实行校长制。1974年3月15日，地委学校革命委员会恢复。

2月23日　地、县委帮助基层开展“批林整风”干部1025人。

3月23日至5月4日　浙江省优选法成果巡回展览在丽水县地区展出，参观7450多人。7月16日，华罗庚在丽水县地区推广应用优选法，到地区针织厂指导使用优选法提高产品质量。至8月25日，全区获优选法成果529项。

3月31日　中共丽水地委党校恢复。同月，丽水地区中级人民法院恢复。

4月26—29日　中国共产主义青年团丽水地区第一次代表大会召开，选举共青团丽水地区委员会。

4月　云和县云和镇化工社、竹器社、制伞综合厂木制玩具，经上海轻工业品出口公司出口。至1988年，县玩具联合总厂创新产品370多种，创汇350多万美元，销往国家和地区30多个。

4月　丽水地区万象山人防工程动工。1982年竣工。

5月　青田县奇云山水电站建成发电，落差285米。

6月23—30日　浙江省武术比赛在丽水县举行。

7月13—17日　丽水地区第一次妇女代表大会召开，选举丽水地区妇女联合委员会。

7月17日　恢复庆元县建置。1975年8月18日开始办公。

8月24—28日　地区革委会副主任雷桂梅（女、畲族）出席中共第十次全国代表大会。

11月1日　丽水地、县组织坑道防空演习5700多人。

10月　遂昌县三川乡①上江堰竣工，是浆砌块石堰，灌溉农田300多公顷。

10月24日　撤销丽水地区电信局、丽水县邮局，丽水地区邮电局临时领导小组成立。1974年9

① 三川乡：2010年属遂昌县妙高镇。

月11日，丽水地区邮电局、丽水地区长途电信线务站及丽水县邮电局成立。

12月26日　遂昌县谢村公社[①]大甫大队火灾，烧毁山林300多公顷、烧死儿童3人、烧毁房屋79幢。

12月23日　温溪港动工。1977年1月27日竣工。

12月　浙江省山区民兵工作会议在龙泉县召开。

1974年

1月4—7日　全区平整土地现场会召开，全面规划修建山、水、田、路、渠。

1月　缙云县自来水厂投产。10月，云和县自来水厂动工，1980年投产。

1月　景宁县鸬鹚电站建成发电，装机容量2500千瓦。6月，青田县贵岙水库建成，灌溉面积4200亩。

3月14日　地委主要领导到上海"取经"后，批复丽水县建立丽水城镇民兵指挥部，至1975年1月，关押干部群众255人。各县相继建立民兵指挥部。1975年5月，撤销各县民兵指挥部。

3月14日　地委调查组成立，调查地委材料组，封存地委材料组材料，材料组人员回原单位集中办"学习班"，至1975年11月15日结束。

3月23日　地委"批林批孔"小组成立。4月19日起，"三常委"[②]会、"三常委"扩大会、"三全会"扩大会召开，三个会议历时96天，至9月29日结束。揭发批判地委某些领导对抗"批林批孔"运动，否定"文化大革命"，否定社会主义新生事物，利用清查工作攻击陷害同志，要求省委对地委领导3人作组织处理。

3月25日　全区开始突击提拔干部和突击发展党员（简称"双突"），突击提拔干部587人，突击发展党员1423人。1975年7月起，处理突击提拔干部和突击发展党员。

3月26日　遂昌县在全国茶叶工作会议上被列为全国100个重点产茶县之一。

5月26日至6月3日　全区文艺系统"批林批孔"座谈会召开，重点批判小说《科学的主人》。

6月　地区"批林批孔"现场会在遂昌县板桥乡[③]召开，批判遂昌县炮制的"板桥事件"和"马埠初中事件"，一批教师、干部受迫害，1979年平反。

8月4日　丽水地区实验林场被周围群众盗伐木材1000多立方米。丽水县林场天堂林区被盗伐面积300多公顷、木材3000多立方米。丽水县革委会颁发《关于立即制止破坏国有林的通知》。

9月24日　丽水县碧湖镇县头渡船因严重超载沉船，死13人。

9月　省林业局林勘队在龙泉县开展第五次森林资源调查。此后，各县相继开展森林资源调查。全区活立木蓄积量4223万立方米，森林覆盖率61.8%。

10月20—26日　全区农业学大寨干部大会召开，参加会议的地、县、区、社、队干部7000多人。

11月初　新西兰友人路易·艾黎抵龙泉县考察古青瓷窑址，历时7天。

11月15—22日　全区工业学大庆会议召开。

12月11—17日　全区财经、商业、粮食工作会议召开。

---

① 谢村公社：2010年属松阳县谢彬乡。

② 地委常委、地革会常委、军分区党委常委。

③ 板桥乡：2010年属松阳县板桥乡。

1975 年

1 月 13—17 日　龙泉县汽车中心站驾驶员陈再新、缙云县舒洪大队农科组组长洪先友、云和县大都公社吴布大队蓝盛花(女、畲族)出席第四届全国人民代表大会第一次会议。

2 月　丽水地区林业科学研究所成立。8 月,龙泉青瓷研究所成立。

3 月 3 日　中国人民银行青田县章村区营业所主任、共产党员蔡思有与持枪歹徒 5 人搏斗牺牲。11 月,地委号召向蔡思有学习。

5 月 15 日　浙江省革命委员会批准建立凤阳山自然保护区。

6 月 17 日　丽水军分区、各县人武部全部撤回参加“三支两军”人员。

7 月　丽水商校动工。1978 年 6 月 19 日开学。

7 月　丽水县革委会拆除县重点文物保护单位天后宫拜庭、大殿及两廊。

8 月 12—13 日　青田、缙云、丽水、遂昌县暴雨成灾,死 59 人。

9 月 15 日至 10 月 19 日　地、县委书记参加在山西省昔阳县召开的全国农业学大寨会议,要求苦战五年,到 1980 年全国三分之一以上的县建成大寨县。

9 月　遂昌县“五七”大学在西屏镇[①]开学,招收社来社去学生 150 人。1978 年春停办。

9 月　丽水师范学校龙泉分部成立。1978 年 6 月 19 日,改浙江省龙泉师范学校。

9 月　庆元林化厂投产。

11 月 22 日　地区机关组织农业学大寨工作队 90 人,进驻丽水县双港、联城两个公社蹲点调查,进行农田基本建设。

12 月 20 日　地委传达毛泽东批准的《打招呼的讲话要点》,开展“批邓、反击右倾翻案风”,再度陷入混乱。

1976 年

1 月 8 日　全区人民悼念周恩来总理逝世。

3 月 4 日　云和钢铁厂划归地区管理,更名丽水地区云和钢铁厂。1979 年 9 月,回转炉金属化球团中试成功。

3 月 15 日　丽水地区“五七”大学筹建。各县创办“五七”大学、“五七”中学一批。

4 月 8 日　丽水地、县联合召开“批邓、反击右倾翻案风”万人大会。会后举行游行。

5 月 28 日　平阳县农机公司调运战备毛竹,在青田县石郭汇处被 30 多艘木船围住,抢走毛竹 1500 多株。

6 月 18 日　衢州化工厂龙游黄铁矿遂昌矿区更名浙江省遂昌金矿,隶属省冶金工业局。

7 月 6 日　全区人民哀悼朱德委员长逝世。

8 月 21 日　丽水地区电力调度所成立。1979 年 9 月 12 日,更名丽水地区电力公司。

9 月 9 日　地委、地革会在地区大会堂设灵堂,悼念毛泽东主席逝世,地委常委轮流值班守灵。18 日,丽水地、县 3 万多人到丽水市人民广场举行追悼大会,地区广播事业管理局在南明山仁寿寺试收金华电视转播台转播北京追悼大会实况。

---

① 西屏镇:2010 年属松阳县西屏镇。

10月14日　各县召开万人庆祝大会，庆祝粉碎江青反革命集团。

10月　青田县自来水厂建成试产。1977年1月供水。

11月　丽水地区农科所等单位试种杂交晚稻0.46公顷，亩产472.3千克。地区农业局派人到海南岛陵水县长城公社繁殖杂交稻种子3万多千克。1977年全区推广杂交稻面积0.2万公顷。

12月10—27日　地、县委书记参加在北京召开的第二次全国农业学大寨会议，批判江青反革命集团推行的"极右路线"。

12月17日　地委材料组再次建立，清查与江青反革命集团有牵连的人和事。至1979年6月基本结束。

1977年

1月11日　丽水地区环境保护办公室和丽水地区环境保护监测科研站成立。4月17日，各县属区党的核心小组、区革命领导小组更名中国共产党区委员会、区革命委员会。11月，浙江省总工会丽水地区办事处复建。

1月　青田温溪港建成，成为丽水地区唯一港口。

3月20日至4月4日　地、县组织农业学大寨工作队5505人，到各公社和乡镇企业开展农业学大寨。

3月22日　龙泉、云和、庆元县公安局与福建省建阳地区公安局联合侦破反革命组织"中国同盟党"，依法逮捕林明法等37人。

5月1日　丽水雅溪一级电站竣工发电，装机容量6400千瓦。

6月10日　大庆英雄事迹报告会在地区大会堂召开。

7月5日　省地质局航测队运五型飞机1架，开始在丽水、青田、云和、缙云、遂昌县进行低空慢速航空探矿。

8月12—18日　云和县大都公社吴布大队畲民蓝盛花（女）出席中国共产党第十一次全国代表大会。

9月1日　丽水县好溪防洪围垦工程动工。1989年3月竣工。9月15日，治理松阴溪工程动工，全长34.1千米，至1984年，第一期工程完工。

9月　乌溪江水电站移民安置工作启动。至1979年，安置移民2360户，12481人。

9月9日　丽水县陈寮山米波电视差转台建成。

9月27—29日　闽、浙、赣毗连地区联防二区护林联防总结评比会议在庆元县召开。

10月15—22日　丽水地区代表170人到北京瞻仰毛泽东主席遗容。

10月28日至11月2日　省委第一书记铁瑛抵丽水、龙泉、青田、云和、缙云县检查工作。

11月10—17日　全国沸石矿地质工作现场会在缙云县召开。

11月15日　丽水地区高等学校招生委员会成立，改革高等学校招生制度，采取自愿报名、统一考试、地方初选、学校录取、省里批准的办法。

11月　青田县邮电局国际电话经温州至杭州国际台接转，丽水及其他各县由杭州接转。

11月　庆元县兰溪桥水电站动工，装机容量3750千瓦。1984年7月竣工。

11月20日　丽水县碧湖新治河动工。1978年竣工。

12月25日　地委机关搬到丽水县平原公社办公。开展农业学大寨、工业学大庆，参加机关干部337人，进驻公社5个、厂矿单位20个蹲点。

同年　丽水县编制城区总体分布草图，开始扩建中山街，削平华祠岭，凿通梅山背，1978年竣工。

1978年

1月17日　丽水地区工业科学研究所成立。

2月26日至3月5日　丽水县丽阳公社凉塘大队妇联主任蓝娲珠（女、畲族）、青田县石溪公社石溪大队党支部书记詹通巢、龙泉县汽车中心站驾驶员陈再新出席第五届全国人民代表大会第一次会议。

3月18—31日　在全国科学大会上，缙云县《水稻秧苗带土移栽》和《天然沸石的发现及应用研究成果》，遂昌县《双层双密度电解电容器纸》分获全国科学大会奖。青田县《关于油茶煤污病生物防治的科研成果》获国家重大贡献奖。

4月8日　丽水县好溪围垦工程青林村工地发生民工渡河翻船事故，死11人。

5月10日　丽水师范学校改为浙江师范学院丽水分校。12月28日，国务院批准建立丽水师范专科学校。

5月19日　地委纠正右派分子工作领导小组成立。至年底，全区纠正错划"右派分子"667人、"中右"或"反社会主义分子"651人。

5月　青田石雕作品《群马》赠送朝鲜金日成主席。

6月19日　浙江省人民检察院丽水分院恢复。至8月24日，各县人民检察院恢复。

6月24日　全区天旱近百天，受旱1.5万公顷，成灾0.85万公顷，粮食减产1682万千克。

6月下旬　丽水军分区召开全区民兵军事训练比武考核大会，进行射击、投弹、刺杀、爆破、班进攻战术的比武考核，获奖基干民兵建制班21个、民兵56人。

7月7—9日　中共遂昌县第六次代表大会召开，听取和审议县委工作报告，选举产生中共遂昌县第六届委员会和县委纪律检查委员会。至1980年6月30日，各县先后召开第五次党代会。

7月28日　遂昌师范学校成立，校址在西屏镇①。1982年8月，更名松阳师范学校。

7月　平反"文化大革命"冤假错案启动。11月1日，丽水地、县联合到丽水市人民广场召开平反昭雪大会，平反13人。至1979年10月基本结束。

8月24日　县属区革命委员会更名区公所。

9月5日　丽水电视调频转播台建立。至1979年5月，龙泉、青田、云和、庆元、缙云、遂昌县建立电视差转台。

9月16日　撤销丽水地区革命委员会，丽水地区行政公署建立。

10月23日　地委举办关于真理标准问题学习讨论会，从理论上否定"两个凡是"。

10月　上（茭道）松（阳）公路动工，全长98.05千米。1984年9月竣工。

11月　丽水县郎奇水库动工，总库容274万立方米，灌溉农田333公顷。1987年5月竣工。

12月16日　丽水县中医院建立。同月，遂昌县中医院建立。

12月　遂昌县第一人民医院与浙江医科大学联合研制的草药八角枫汤麻获全国医药卫生科学

① 2010年西屏镇属松阳县。

大会奖。

1979 年

1 月 11 日　全区贯彻执行《中共中央关于地主富农分子摘帽问题和地富子女成份问题的决定》，摘掉“四类分子”帽子 21463 人，恢复农村人民公社社员待遇。

1 月 29 日　邓小平访问美国国礼龙泉青瓷《中美友好玲珑灯》，赠送美国总统。

2 月 2 日　地委传达贯彻中共中央十一届三中全会精神，摒弃“以阶级斗争为纲”，把工作重点转移到社会主义现代化建设上来。

2 月　浙江省广播电视大学丽水分校成立，丽水、龙泉、青田、云和、缙云、遂昌县电大工作站相继建立，首批招收工科学员 488 人。9 月 13 日，丽水农业学校动工。1980 年 9 月 1 日开学。

3 月中旬　遂昌县大柘公社党委在黄安大队进行联产承包责任制试点。7 月，丽水县平原公社章塘大队自发划小生产队，加快夏收夏种进度。同年，云和县梅源公社砻铺村 120 多户，分成生产队 5 个，于 1980 年实行家庭联产承包责任制。

3 月　中国社会科学院考古所、中国历史博物馆、故宫博物院、上海博物馆和浙江省考古所等单位，联合组织紧水滩水电站工程考古队，在龙泉溪沿岸对龙泉窑进行考古挖掘。至 1981 年结束。

5 月 17 日　撤销丽水地区财政金融局，丽水地区财政局成立，中国人民银行丽水地区中心支行、中国人民建设银行丽水地区中心支行复建。7 月，中国农业银行丽水地区中心支行复建。

7 月 13 日　中共丽水地委纪律检查委员会复建。8 月 3 日，丽水地区公证处成立。

1979 年 8 月 5 日至 1981 年 9 月 2 日　省、地、县科学工作者先后 4 次到遂昌九龙山、龙泉凤阳山、缙云大洋山、庆元百山祖进行综合科学考察。

8 月 17 日　丽水地区落实起义投诚人员政策领导小组成立，落实起义投诚人员政策。

8 月 29 日　遂昌县湖山公社上龙潭大桥动工，全长 140 米。1980 年 5 月竣工，成为浙江省单孔跨径最大的双曲公路桥。

8—9 月　丽水、龙泉、青田、遂昌等县受旱农田 1.29 万公顷，丽水县进行人工催雨，用高射炮发射碘化银炮弹 1000 多发。

10 月　丽水油泵油嘴厂实行以利润留成为主要内容的扩权试点。丽水塑料厂进行集体所有制企业扩权试点。

11 月中旬　全区开展第二次土壤普查。至 1987 年结束。

12 月 9 日　景宁东坑老虎口云瑞线 84 千米+200 米处发生一起翻车事故，死 19 人。

12 月 31 日　全区改判和纠正冤假错案 549 件，其中反革命案件占 88.35%。至 1986 年，全区改判和纠正冤假错案 2172 件。

同年　龙泉青瓷研究所为北京人民大会堂制 1.3 米高的哥窑大花瓶、直径 52 厘米的迎宾挂盘。

同年　丽水县人民医院实行“五定一奖①”管理制度。

1980 年

1 月 20 日　丽水地区档案馆建立，建筑面积 537 平方米。

---

① 五定一奖：定床位、定人员、定任务、定业务技术指标、定经费补助，超额奖励。

3 月　意大利华侨胡锡珍借资 50 万元，筹建青田县华侨乳制品厂。1982 年投产。

4 月　丽水县百货公司和遂昌县五交化公司进行扩大企业自主权试点。

5 月　丽水地区科技干部技术职称评定委员会建立，对 1966 年底以前的大中专毕业生进行技术职称套改和复查工作，获技术职称 607 人。

7 月 9 日　中共丽水地委党史资料征集领导小组成立。1983 年，更名中共丽水地委党史资料征集研究委员会。1991 年 4 月，更名中共丽水地委党史研究室。

7 月 13—19 日　政协丽水县第六届委员会第一次会议召开，审议工作报告，选举主席、副主席、秘书长和常务委员。

7 月 16—19 日　丽水县第七届人民代表大会第一次会议召开，审议并通过工作报告。首次设县人大常委会，县革命委员会改县人民政府。选举丽水县第七届人大常委会主任、副主任、委员，县长、副县长，县人民法院院长，县人民检察院检察长。至 1981 年 11 月 10 日，各县人代会结束。

8 月　紧水滩水电站库区移民动迁启动。至 1988 年，丽水、龙泉、云和县（市）安置移民 4721 户、22500 人。

10 月 1—15 日　丽水地区物资交流大会举办。同年，全区集市贸易成交 2480 万元。

10 月 10 日　丽水地区电力工业局成立，撤销丽水地区电力公司。

10 月 24 日　在杭州出席第二次国际小水电会议的国内外专家 60 多人到缙云县考察盘溪梯级电站。

10 月　全区自然资源调查和农业区划工作启动。至 1986 年结束，编有《丽水地区综合农业区划》。

10 月　实行干部离休制度。至 1990 年，全区离休干部 2325 人。

11 月 19 日　丽水地区地名普查工作领导小组成立，开展地名普查。至 1982 年基本结束。1987 年出版《丽水地区地名通览》。

11 月　遂昌县联溪公社①党委将大队 9 个、生产队 37 个建立包产到户的生产责任制，县委错误地责令纠正。

12 月 25 日　青田县岭根大队发生火灾，烧毁房屋 361 间，损失 80.6 万元。

同年　全区开展工商企业普查，工商企业 2822 家，从业人员 107780 人，注册资金 41196 万元。

1981 年

1 月　全区处理精简下放遗留问题，恢复 1960—1962 年精简下放回农村的非农业户口，收回户粮 10623 户，18257 人。

3 月 20 日、4 月 1 日和 4 日　丽水、龙泉、青田、庆元、缙云、遂昌县遭大风、暴雨和冰雹袭击，死 25 人、伤 121 人，损坏房屋 2631 间。

4 月 9—12 日　丽水地区第一次文学艺术工作者代表大会召开。

4 月 29 日至 5 月 7 日　地委清理“左”的思想影响，研究落实农业联产承包责任制，发展多种经营。

5 月 10 日　缙云县壶镇机械厂民兵连长赵葛土为掩护民兵而牺牲，被中共浙江省委追记一等功，省人民政府批准为烈士。

5 月 13 日　龙泉大窑青瓷窑址、丽水通济堰、松阳延庆寺塔、青田石门洞摩崖题记、丽水南明山摩崖题记，被省人民政府公布为浙江省第二批重点文物保护单位。

① 联溪公社：2010 年属松阳县，更名为裕溪乡。

5—6月　地委在龙泉县茶丰公社和遂昌县新溪公社进行林业“三定[①]”试点。1982年分期分批开展。1983年基本结束。

6月3日　110千伏衢(沙埠)遂(古市)紧(云和紧水滩)输变电工程竣工投运。

7月　全区恢复个体工商户。到年底,全区登记发证1863户、从业人员2052人、营业额261.26万元。

8月16日　中共缙云县委常委、农业委员会主任张显明到南溪公社木西花村踏勘山林纠纷现场时,被永嘉县上董村村民开枪打死。

9月11—14日　中共浙江省委第一书记铁瑛到丽水市、庆元县指导工作。

9月28日　全区启动落实台胞台属政策。到年底,全区落实台胞台属政策1164人,清退台属台胞私房136户、15544平方米。

10月　紧水滩水电站动工,装机6台,装机容量30万千瓦。1988年12月31日竣工。

11月14日　丽水县小水门大桥动工。1983年竣工。

12月　缙云县成为全省10个供销社体制改革试点之一,先在新建供销社岩沿分社试行经营承包责任制,由点到面地开展扩股、集资、分红,恢复供销社“三性”[②],加入供销社农户由52%上升到86%,股金从76万元上升到320万元。

1981年起　全区发行国库券。1989年起,全区发行特种国债和保值公债。至1990年,全区定购7725.4万元。

1982年

1月30日　松阳县建置恢复。5月1日开始办公。

2月5日　地、县组织工作组到农村,帮助社队推行农业联产承包责任制。到1983年,全区生产队24460个,全部实行农业联产承包责任制。

2月20日　省、地确定丽水地区第一批国营工业企业进行全面整顿试点企业15个,其中国营工业企业13个、集体工业企业2个。

3月4—7日　丽水地区首届科学技术协会代表大会召开。

3月12日　全区机关、农村、工厂、学校、社会团体、部队参加全国第一个植树节开展义务植树。

3月　全区开展第一个“全民文明礼貌月”活动,重点治理脏、乱、差情况。

3月　庆元县营林公司建立,进行国营与集体(户)联合造林。

3月　日本大阪易乃信成抵龙泉县南窖、四源考察香菇培植。11月16日,罗马尼亚有色金属矿山代表团抵龙泉铅锌矿考察和技术合作洽谈。

4月21日至5月9日　浙江省在日本静冈举办工艺美术展览，青田石雕厂林耀光到日本作石雕工艺操作表演。8月13日至19日,在全国第二届工艺美术品百花奖评审会上,青田石雕获国家银杯奖,《高粱》《春》《秋》石雕作品获优秀创作设计二等奖。

4月29日　丽水地区精神病防治院筹建。1984年6月开始门诊。

6月　在全国陶瓷美术设计评比会上,龙泉哥窑51厘米迎宾挂盘获总分第一,被誉为国宝。

7月1日　第三次全国人口普查标准时间，全区总人口2217026人，其中男1169720人、女

① 三定:稳定山林权属、划定社员自留山、确定林业生产责任制。

② 群众性、民主性、灵活性。

1047306 人，人口性别比例为 111.69（女=100）。

9 月 1—11 日　中共丽水地委书记梁如志、云和县大都公社吴布大队畲民蓝盛花（女），出席中共第十二次全国代表大会。

9 月　丽（水）浦（城）公路严山岭隧道动工，长 1037.42 延米。1986 年 6 月竣工。

11 月 2 日　地、县组织工作组深入重点林区，制止乱砍滥伐森林，清理乱砍滥伐木材 4 万立方米，查处森林违法案件 112 起，逮捕 28 人、拘留 38 人。

1983 年

1 月 1 日　中国人民武装警察部队丽水地区支队消防科组建。1986 年 3 月，更名中国人民武装警察部队丽水地区消防大队。1990 年12 月，升格中国人民武装警察部队丽水地区消防支队。

3 月 2 日　云和县被列为全国第一批改灶节柴的 90 个试点县之一。至 1985 年 4 月，全县推广省柴灶 18586 户，占总农户 91%。至 1990 年，全区推广省柴灶 38.44 万户（个），占总农户 67%。

3 月 17 日　丽水地、县组织整党和政社分设试点工作队，到丽水县碧湖镇、平原公社、新合公社试点，中共乡镇党委和村党支部、乡镇人民政府和乡镇经济联合社、村民委员会和村经济合作社建立。

4 月　国营企业实行第一步利改税，大中型企业按 55%税率征收所得税，小型企业按 8 级超额累进税率征收所得税。

5 月　青田县温溪镇老人协会成立，为全国首家老人协会。

5 月　丽水籍运动员李玲蔚到丹麦参加第三届世界羽毛球锦标赛获女子单打冠军。8 月，到马来西亚参加第三届阿尔巴世界杯赛，获女子双打冠军。至 1990 年，李玲蔚先后参加国际级羽毛球赛 30 次，获金牌 48 枚，其中世界冠军 13 次，被称为“羽坛皇后”。

6 月 2 日　省委工作组到丽水市指导地区党政机关机构改革。9 月底基本结束。12 月 18 日，地委工作组到各县进行机构改革，至 1984 年 2 月结束。

6 月 4—22 日　遂昌县交通局局长蓝光谅（畲族）出席中国人民政治协商会议第六届全国委员会第一次会议。

6 月 6—21 日　青田县副县长陈慕榕、龙泉县林科所所长蓝玉（畲族）、青田石雕厂副厂长林耀光、丽水县水阁乡旭光村党支部书记陈永松、庆元中学党支部书记沈敏娟（女）出席第六届全国人民代表大会第一次会议。

7 月 13 日　松阳县南州上渡渡船冒险强渡，死 13 人。

8 月 20 日　全区开展严厉打击刑事犯罪的斗争。至 1984 年 6 月，全区破获各类刑事案件 1796 起，收审各类刑事犯罪分子 2461 人，其中逮捕 1610 人，缴获赃款赃物 33.59 万元。

8 月　中共丽水地委纪律检查委员会更名中共丽水地区纪律检查委员会。

9 月 3 日　遂昌县九龙山自然保护区建立，主峰大九龙海拔 1724.2 米。

10 月　缙云、丽水、遂昌等县发生马尾松毛虫危害 2.42 万公顷，飞机喷洒药物治虫 171 小时，防治 2.37 万公顷。

12 月 10 日　全区开始清理“三种人[①]”。至 1987 年 11 月结束。

12 月 6 日　云和县小顺营盘村附近发生两车相撞事故，死 11 人、伤 33 人。

---

① 三种人：跟随林彪、江青反革命集团造反起家的人，帮派思想严重的人，打砸抢分子。

12 月 22 日　缙云县壶镇镇人武部副部长王周儿保护基干民兵投掷训练时牺牲，被浙江省人民政府批准为烈士、浙江省军区追记一等功。

12 月 24—25 日　地区机关干部职工首届运动会在丽水县人民体育场举行。

12 月　龙泉、云和（含景宁县）、庆元、缙云县列为全国农村初级电气化试点县。至 1989 年 12 月，全部验收合格。

12 月　丽水电视台动工。1985 年建成。

1984 年

1 月 4 日　全区开展妇女儿童合法权益法制宣传月活动，查处虐待残害妇女、儿童案件 131 起。

2 月 7—13 日　地、县组织干部 346 人，分到 14 个乡进行延长土地承包期试点，由点到面地开展土地承包期普遍延长到 15 年的试点。年底基本结束。同时对茶叶、柑桔、蚕桑以及山塘水库等实行专业承包。

3 月 5—20 日　省委书记王芳到丽水、龙泉、云和、庆元、缙云、遂昌、松阳县调查研究，评价“丽水是一块有待开发的宝地”，并为遂昌县大田村民兵俱乐部题词“保持光荣，争取再先进”。

3 月底至 4 月初　缙云县普及初等教育和基本扫除文盲，经省、地验收合格。

5 月 1 日　中共丽水地委机关报《丽水报》创刊。1988 年更名《丽水日报》。

5 月 3 日　中共中央书记处书记、国务委员谷牧到缙云县仙都视察工作。

5 月 12—15 日　中共丽水县委第六次代表大会召开。至 12 月 30 日，各县党代会结束。

5 月 13—15 日　粟裕大将部分骨灰安放在龙泉县革命烈士陵园和遂昌县王村口月光山。

5 月 16 日　地委、行署出台《关于大力发展乡镇企业的试行规定》。

5 月 25—29 日　政协丽水县第七届委员会第一次会议召开。至 12 月 26 日，政协龙泉、云和、庆元、缙云、遂昌、松阳、景宁县一届一次，青田县二届一次会议结束。

5 月 26—30 日　丽水县第八届人民代表大会第一次会议召开。至 12 月 26 日，各县人代会结束。

6 月 17 日　松阳县玉岩乡召楼村因经济纠纷发生特大爆炸案，炸毁房屋 3 幢，死 13 人、重伤 2 人、轻伤 11 人，案犯何某当场死亡。

6 月 19 日　丽水地区到上海市长宁区进行经济技术协作洽谈。6 月 21 日，签订《丽水地区与上海市长宁区经济技术协作协议书》。

6 月 30 日　景宁县建置恢复，设立景宁畲族自治县。10 月 1 日开始办公。

7 月 12 日　地区机关和丽水县机关开展整党。至 1985 年 3 月基本结束。至 1987 年 10 月，县、乡、村级整党基本结束。

7 月　全区实行改、转、租的国营小型企业 165 个，占小型企业 94.8%。

8 月　全区开展“三山并二山”，完善林业生产责任制，减少统管山，扩大自留山、责任山。

9 月初　丽水地区聋哑学校建成，秋季招收一年级新生 2 个班。

10 月　龙泉瑞垟电站动工，装机容量 1.2 万千瓦。1988 年 10 月 28 日竣工投运。

11 月 1—10 日　在上海市中山公园举办浙江省丽水地区土特产品工艺美术品展销会，展出商品 9 大类、品种 2500 多个，接待顾客 5.5 万多人次。

12 月 3—5 日　中共中央政治局候补委员、国务委员陈慕华回故乡青田县视察工作。

12月27日　丽水地区派往中非勃亚利农业站第一期中国农业专家组组长刘梦熊被中非共和国授予荣誉勋奖，其他组员被授予骑士勋章。

1985年

1月11—13日　全区首次农村专业户代表会议召开。

1月16—18日　全区林业体制改革会议在遂昌县召开，研究取消木材统购，开放木材市场，实现限额采伐问题。

1月17—19日　省委书记王芳到缙云、丽水、青田县考察金（华）温（州）铁路建设。

2月6—8日　丽水地区首届台属代表会召开，成立丽水地区台属联谊会。

2月12日　中国民主同盟丽水县筹备委员会。中国农工民主党丽水支部委员会成立。

3月　中国民主促进会丽水支部委员会成立。

3月11—13日　地委扩大会议召开，提出“解放思想，打开山门，锐意改革，拼搏创新，加快步伐，提前翻番”的战略思想。

4月1日　粮食统购取消，改合同定购，经农民自报与农户签订合同145386户，定购粮食7867万千克，占合同定购计划62.9%。

4月19日　青田县海口乡高沙村双坑渡船超载翻船，死29人。

4月24日　省政协丽水地区联络员设立。1987年3月，改省政协丽水地区联络组。1989年11月23日，省政协丽水地区工作委员会建立。

4月30日至5月2日　青田县在北京举办青田石雕展销会。留秀山创作的石雕作品《葡萄山》获中国工艺美术品百花奖优秀创作一等奖。林如奎的石雕作品《高粱》被轻工业部评为珍品，由中国工艺美术馆收藏。

6月　庆元县人造菇木露地栽培香菇成功。1986年起列入国家科技发展星火计划，人造菇木149.41万段。

7月1日　全区机关、事业单位实行以职务工资为主要内容的结构工资制，职工工资由基础工资、职务工资、工龄工资、奖励工资组成。

7月1日　石塘水电站动工，装机容量7.8万千瓦。至1990年4月，3台机组投入运行。

7月4日　金华客运南站东风牌大客车，在丽温线84千米+800米地段翻车，死20人、伤21人。

8月7日　庆元百山祖自然保护区建立，主峰海拔1856.7米。

8月　景宁上标水电站动工，中央与地方合资兴建，装机容量1.6万千瓦。1990年7月21日建成发电。

9月9日　丽水地区庆祝第一个教师节，并颁发30年教龄教师的荣誉证书。

10月　遂昌成屏一级电站动工，装机容量8000千瓦。1989年6月30日建成发电。

11月　由下而上分级审批革命老区村、革命老区乡、革命老区县。至1988年5月，全区审批结束，批准革命老区村1892个、革命老区乡镇209个、革命老根据地县9个。

同年　处州针织厂筹建。1989年投产。

1986年

1月28日　省国防工业技术学校与丽水地区工业干校合并，丽水工业学校建立，9月20日开学。

2月27—28日　全国政协副主席费孝通到丽水市视察，参观青田县温溪镇时题词“温溪市场”。

3月1日　撤销丽水县，建立丽水市（县级）。

3月3日　遂昌县濂竹乡治岭头村村民烧地埂失火，烧毁杉木13公顷。遂昌金矿职工张发荣、徐金宝、郑绍涓、杨文华、戴宏伟救火牺牲，被省人民政府批准为革命烈士。

4月4日　丽水地区行政公署发出《关于加速改变贫困地区面貌几个问题的通知》。

4月8日　中共中央政治局委员、书记处书记、国务院副总理万里到丽水市视察工作，勉励“丽水潜力很大，前景光明，大有希望，要努力放开手脚干，写出一部丽水振兴史来”。

4月16日　亚太地区16国小水电专家考察缙云县盘溪梯级电站。

4月　全区事业单位职称改革启动，专业技术人员技术职务实行评聘结合。

5月15日　中共中央政治局候补委员、国务委员兼中国人民银行行长陈慕华到故乡青田县指导金融工作。

6月10日　县（市）人民武装部划归地方建制。

7月2日至9月13日　全区旱情严重，受旱田3.88万公顷、地0.8万公顷，茶、桑、果园1.13万公顷，损失粮食4500万千克。8月20日起，青田县设人工降雨点8个，发射催雨弹1000枚。

9月22日　地委、行署发出《关于向优秀人民教师陈翠梅学习的决定》。陈翠梅乡村任教22年，早晚撑渡船接送学生，患肝癌抱病上课。

9月　全区有计划地实施九年制义务教育。

9月　地区和各县（市）建立颁发居民身份证领导小组及其办公室，由点到面地开展发证工作。1987年10月，丽水市城关镇首发居民身份证。

10月23日至11月1日　浙江省瓯江考察团全程考察瓯江流域上至龙泉、下至温州出海口的水资源。

11月7日和14日　中共中央政治局委员、书记处书记胡乔木到丽水市视察工作。

11月8日　全国人大常委会副委员长廖汉生到丽水市考察，为青田石雕题词“点石成金”。

11月20日　丽水地区第一次社会科学工作者代表大会召开。

11月26日　中共中央政治局委员、国务院副总理田纪云到丽水市视察农业工作，指出丽水“要立足农业基础，大力发展乡镇企业，积极开发矿产资源，加速丽水经济发展”。

12月10日　220千伏紧（水滩）丽（水）金（华）输变电第一期工程竣工投运。

12月13—15日　地区党政主要领导到福建省南平市出席闽浙赣皖毗邻地区8地市横向经济联合第一次联席会议。

1987年

1月31日　青田县电影院发生爆炸，死8人、伤22人。

2月6—7日　地直机关党组（委）成员以上干部会议召开，部署开展反对资产阶级自由化教育和增产节约、增收节支运动。

2月24日　全区经济体制改革会议研究落实企业自主权问题。

3月13—16日　中共丽水市第七次代表大会召开。至5月9日，各县党代会先后结束。

3月25日　全区发生雪灾，受灾小麦0.66万公顷，马铃薯0.6万公顷，损失粮食3500万千克。

4月9日　景宁畲族自治县石塘口发生翻车事故，死34人、重伤14人、轻伤12人。

4月10—15日　丽水市(县级)第九届人民代表大会第一次会议召开。至6月17日，各县人代会结束。

4月11—15日　政协丽水市(县级)第九届委员会第一次会议召开。至6月16日，各县政协会结束。

4月15日　地区首次举行短期资金拆借市场交易会，提交拆借资金1.78亿元，成交0.27亿元。

6月4—6日　全区搞活商业中型企业经验交流会召开，部署商业改革承包经营责任制试点，实行包死基数，确保上交，超收自留，欠收自补。

7月11—18日　美国植物学博士戴德里考察龙泉凤阳山、庆元百山祖自然保护区。8月，日本教授冢田松雄考察龙泉凤阳山自然保护区。

7月14日　地委、行署出台《关于当前农村工作的意见》，推动深化农村改革，发展村级集体经济，完善双层经营体制。

7月27日　缙云县受第7号台风袭击，倒塌民房731间，死9人。

8月5日至12月　地委公开选拔团地委领导干部，被推荐807人，公开选拔团地委正副书记3人，聘任3年。

9月9日，青田县受第12号台风袭击，倒塌房屋274间，死10人。

9月24日　丽水地区地方志编纂委员会和办公室成立。

10月25—11月1日　中共丽水地委书记张林耕、丽水地区农科所副研究员许绍朴(女)、景宁畲族自治县人大常委会主任雷喜庆(畲族)，出席中国共产党第十三次全国代表大会。

10月　缙云县盘溪二级电站遥测、遥信、遥控、遥调和三、四级电站遥测、遥信装置投运，属全国第一座自动化小型水电站。

11月19日　丽(水)温(州)公路103千米处塌方5000立方米，阻车36小时。

1988年

1月　国务院公布龙泉大窑青瓷窑址为全国重点文物保护单位。

1月　丽水市(县级)工业企业党政职能分开试点启动，后在全区展开。

2月6—7日　县(市)委书记、县(市)长会议召开，开展“发展生产力是检验一切工作标准”的大讨论。

2月26日　制定《地委工作规则》，实行集体领导和分工负责相结合。

3月19日　全区有突出贡献中青年专业技术人才表彰会表彰40人。6月11日，丽水地区首次科学青年奖评选揭晓，受嘉奖青年知识分子102人。

3月24日至4月10日　丽水地区交通局局长蓝光谅(畲族)出席中国人民政治协商会议第七届全国委员会第一次会议。

3月25日至4月13日　景宁畲族自治县县长钟小毛(畲族)、青田石雕厂副厂长林耀光、庆元县松源镇食用菌专业户吴顺传、丽水地区体委体育教练庄志清、丽水市(县级)金笔厂厂长叶丽萍(女)出席第七届全国人民代表大会第一次会议。

3月30日　全国首届木制玩具标准化专业会议在云和县召开。

5月13日　浙江省人民政府批准丽水市(县级)、龙泉县、青田县、云和县、庆元县、遂昌县、松阳县、景宁畲自治县为革命老根据地县。

5月21日　中国国民党革命委员会青田县委员会建立。

6月12—20日　全区连降大雨，造成山洪暴发，死36人、重伤19人、轻伤11人。

6月20日　青田县东江乡平山小学校舍东墙倒塌，压死学生6人、压伤学生9人。

7月25日　萧山市长河镇蒙面持枪抢劫杀人犯吴某、戚某、周某潜逃云和县崇头村。26日晚，警方击毙拒捕的吴某，生擒戚某、周某。

7月26日　省委书记薛驹到丽水市（县级）指导工作。

7月　全区第一家城市信用社丽水兴隆城市信用合作社成立。

8月11日　地办、行办等单位5个进行岗位责任制试点。23日，各部、委、办、局负责人会议召开，介绍试点单位经验，部署地区机关实行岗位责任制。

8月　丽水地区第一家中外合资企业青田希美端化妆品有限公司成立。

8月　全区自下而上、由点到面，从农村到城镇机关企事业单位，开展民主评议党员工作。至1990年，第一轮民主评议党员工作基本结束。

9月1日　处州化纤厂动工建设，1990年底试车。

10月17日　地区首次浙江省老人节庆祝大会召开。

10月27—11月2日　地区机关部委办局党员负责人会议召开，重点治理经济环境，整顿经济秩序。

12月20日　地区机关抽调干部530人，分到10个乡开展形势教育。

1989年

1月11—13日　省委书记李泽民到缙云、景宁、云和县调研指导工作。

1月　中国国民党革命委员会丽水市（县级）委员会成立。

3月9日　龙泉瓷厂研制的紫光瓶、61厘米大挂盘、朱雀瓶、武成尊、白虎尊、蒜式瓶、大鲜花钵等品种8个的青瓷陈列品51件送北京中南海紫光阁收藏陈列。

3月中旬　地、县（市）分三批组织干部到农村开展“刹、评、创”[①]活动，民主评议党员和党的基本路线教育，次年2月结束。

3月18日　中国民主建国会丽水市（县级）委员会成立。

3月26—29日　国际热带菇类学会主席张树庭教授到庆元县考察，确认庆元县是人工栽培香菇的发源地，并题词“香菇之源”。

7月1日　浙江省第七届人民代表大会常务委员会第十次会议批准《浙江省景宁畲族自治县自治条例》。

7月21—23日　庆元、缙云、景宁等县遭大暴雨袭击，全区房屋损坏或倒塌3万多间，死40人、失踪8人、重伤200多人，经济损失2.7亿元。

7月24日　缙云县叶村地段发生客车翻车事故，死28人、重伤2人。

8—10月　全区首次开展《中华人民共和国土地管理法》宣传月活动。

8月21日　全区清理党政干部违法违章违纪建、购私房。至1991年8月结束。

9月2日　全区整顿、清理书报刊物和音像市场。

---

① 刹歪风、评三户、创文明村镇。

9月6日　丽水地区群艺馆吴品禾获首届中国摄影艺术金像奖。

10月26日　全区农村工作会议召开，地委、行署提出“五年消灭宜林荒山，七年绿化全区”的奋斗目标，行署与各县(市)签订绿化造林责任状。

10月　各县(市)先后开展稳定、完善和发展林业生产责任制工作。至1991年3月结束。

12月12日　缙云壶镇大溪滩窑址群、龙泉县双平乡①源口窑址、缙云县仙都摩崖题记、龙泉县建安乡②永和桥、景宁畲族自治县大漈乡时思寺、丽水市(县级)城关镇灵鹫寺石塔，被省人民政府公布为浙江省第三批重点文物保护单位。

12月27日　九三学社丽水市(县级)委员会成立。

12月　全区在丽水市(县级)碧湖镇开展划定基本农田保护区试点，然后全区铺开，至1993年底结束。

12月28日　云和县看守所七号监发生越狱事件，越墙逃跑10人，当日捕回9人。

1990年

2月13日　地委、行署发出《关于密切联系群众，改进领导作风的规定》。

3月15—17日　中日农耕民俗文化比较研究考察团抵丽水市考察。

3月15—20日　中共丽水市(县级)第八次代表大会召开。至5月11日，各县党代会先后结束。

4月11—15日　政协丽水市(县级)第九届委员会第一次会议召开。至6月17日，各县政协会议先后结束。

4月12—17日　丽水市(县级)第十届人民代表大会第一次会议召开。至6月17日，各县人代会先后结束。

4月12日　全区开展村级财务清理和整顿。至1991年6月基本结束。

4月18日　联合国教科文组织派人到龙泉县调查九年制义务教育。

5月6日　丽(水)温(州)公路丽水市弯岙至风化段塌方约2万立方米，泥石覆盖公路长80米，交通中断3天，被阻车辆1.5万辆。

7月1日　为第四次全国人口普查标准时间，全区总人口234.91万人，其中男1233681人、女1115500人，人口性别比例为110.65(女=100)。

7月31日　全区受旱成灾3.87万公顷。

8月3—8日　省委书记李泽民到龙泉、庆元、遂昌、松阳县指导抗旱工作。

8月3日　全国人大常委会副委员长陈慕华到青田县视察工作。

8月　全区开展农村党的基本路线教育。至1991年1月基本结束。

9月14日　美国杜利特尔轰炸机队中国民间考察团一行6人到遂昌县察看1942年4月18日美国02270号轰炸机坠落和飞行员跳伞遗址，登门感谢营救人员。1992年3月，西畈乡刘家村同年参加营救工作的农民刘芳桥，应邀访问美国，受到美国国防部长切尼接见。

9月　周恩来视察浙江铁工厂纪念碑在云和县小顺村弄夹儿山顶落成。

10月25—28日　浙江省第二届少数民族传统体育运动会在丽水市(县级)举行。

---

① 2010年属道太乡。

② 2010年属安仁镇。

10 月 《青田县志》出版。1993 年 9 月，被评为全国新编地方志优秀成果一等奖。

11 月 12—15 日 闽浙赣皖毗邻九地市横向经济联合第五次联席会议在丽水市（县级）召开。期间举办出口产品展样订货会和摄影展览会。

12 月 26 日 撤销龙泉县建置，建立龙泉市。

1991 年

1 月 24 日 松阳县谢村源水库动工。1994 年 4 月关闸蓄水，灌溉农田 0.43 万公顷。1996 年 4 月，水库配套工程电站建成，装机容量 1.6 万千瓦。

2 月 22 日 全区开展解放思想、更新观念大讨论。

3 月 22 日 全区清理整顿各类检查站。至 12 月 28 日，全区 149 个检查站，保留 27 个，其中联合检查站 14 个、木材检查站 13 个，其余全部撤销。

3 月 丽水、青田、遂昌、松阳县（市）被列为全国“八五”期间建设 200 个农村初级电气化县。

4 月 3—4 日 省委书记李泽民到青田县汤垟乡洪口村、仁庄乡冯垟村调查贫困村生产生活和村级经济情况。

5 月 15 日 庆元县香菇市场动工，建筑面积 10500 平方米。1992 年 1 月竣工。

6 月 8 日 省委、省政府出台《关于“八五”期间继续加强扶贫和老区工作的决定》。至 1997 年，省直机关 35 个分别与青田县、云和县、景宁畲族自治县贫困乡镇“一对一”挂钩扶贫。

6 月 17 日 行署发出《关于地区农垦场鸡舍扩建项目审批过程中行政效能低下的通报》。

7 月 25 日 地委发出《关于开展向周丽平同志学习的通知》。7 月 19 日，南京军区某部丽水籍三连见习排长周丽平，在安徽省颍上县杨湖区抗洪救灾中，为救援遇险的救灾船而牺牲。

8 月 7 日 丽水地区信托投资公司成立。

10 月 20 日 邮电部举行全国城市报刊投递经验交流会，向全国推广丽水地区邮电局到丽水市内实行信报分投的经验。

11 月 在“七五”全国星火计划成果博览会上，青田电控厂 PGZ2 系列镉镍电池通讯电源等产品 6 个获金牌奖。

1992 年

1 月 11—12 日 首届庆元香菇节暨庆元香菇市场开业典礼举办，订货成交 700 多万元。

1 月 24—28 日 省委书记李泽民到青田、云和、景宁 3 个贫困县调研扶贫工作。

1 月 31 日 地区国营合作商业“四放开”试点工作指导小组建立，地、县（市）进行国合商业“四放开[①]”试点。至年底，全区国营合作商业“四放开”195 家，占国营合作商业企业的 75%。

3 月 10 日 邮电部在庆元县松源镇举行《百山祖冷杉》特种邮票首发式。

4 月 1 日 地委扩大会议召开，深入学习邓小平南方谈话和中央政治局全体会议精神。

5 月 8—9 日 地委扩大会议召开，交流龙泉市撤区扩镇并乡试点工作经验，部署全区撤区扩镇并乡工作。

6 月 8—10 日 1992 年，丽水地区经济技术合作暨产品展示会在深圳环宇酒店举行，签订合同

① 四放开：放开经营、价格、用工、分配。

和意向协议项目22个，投资1121万美元，协议利用外资521万美元，外贸成交1758万元，国内贸易成交2400万元。

6月25—26日　全区两项制度(用工制度、分配制度)改革试点工作经验交流会召开。至年底，全区"两制"改革企业66家，其中签订全员劳动合同制企业27家。

7月13日　丽水地区金融市场成立，会员基金240万元。

8月24—27日　全区集镇工作会议召开。9月29日，地委、行署发出《关于加强小城镇建设的若干规定》。

8月26日　地委提出"两沿一镇①"的发展战略。

8月29—31日　全区受第16号热带风暴影响，死37人。

8月31日　地区行署制定《关于鼓励外商到丽水市地区投资的优惠政策》。

10月1日　丽水地区方基兴等12人为享受国务院特殊津贴专家。

10月12—18日　丽水地委书记斯大孝、丽水客运站驾驶员蓝伟亮(畲族)、遂昌县王村口镇上垟小学傅亚芹(女)出席中国共产党第十四次全国代表大会。

10月27日　经国务院批准，龙泉凤阳山、庆元百山祖省级自然保护区晋升为浙江凤阳山—百山祖国家级自然保护区。

12月15日　青田石雕邮票首发式暨石雕文化节举行，发行青田石雕邮票4枚。

12月18日　金温铁路开工典礼在缙云县仙都隧道施工现场举行。1998年6月11日，全线通车，全长151.51千米，其中丽水地区段123.56千米。

12月24—26日　景宁畲族自治县举行首届畲乡文化节。

1992年　丽水地区出台《丽水地区工商局关于加快发展第三产业若干意见》，丽水民营经济进入快速发展阶段。

1993年

2月1日　青田县贵岙乡小双坑村希望小学新校舍落成，失学儿童重返校园80人，是全区第一所希望小学。

3月14—27日　省政协丽水地区工作委员会副主任蓝光谅(畲族)出席中国人民政治协商会议第八届全国委员会第一次会议。

3月15—18日　中共丽水市(县级)第九次代表大会召开。至5月8日，各县(市)党代会结束。

3月15—31日　中共丽水地委书记赵仲光、地区体委副主任庄志清、丽水金笔厂厂长刘敏春(女)、景宁畲族自治县县长雷文先(畲族)、庆元县人大常委会副主任吴克甸、龙泉市青瓷研究所总工艺师徐朝兴出席第八届全国人民代表大会第一次会议。

3月30日　丽水经济开发区建立。11月，青田经济开发区建立。

4月1—3日　丽水地区"三胞②"联谊会开幕，签订合同和意向书26个，投资15646万元，协议外资7870万元。

4月15日　行署出台《关于促进个体私营经济发展的若干意见》。

① 两沿一镇：沿江搞开发，沿路办市场，集镇办工业。

② 三胞：侨胞、台胞、港澳同胞。

4 月 18—24 日 政协丽水市第十届委员会第一次会议召开。至 5 月 19 日，各县(市)政协会结束。

4 月 18—24 日 丽水市(县级)第十一届人民代表大会第一次会议召开。至 5 月 20 日，各县(市)人代会结束。

4 月 丽水市(县级)烟尘控制区验收达标，是全区第一个烟尘控制区。

5 月 14 日 全区“三打一禁[①]”斗争工作会议召开，开展“三打一禁”斗争第一仗。

5 月 26—31 日 丽水地区出口商品暨经贸合作项目洽谈会在澳门南光集团有限公司举行，洽谈外资项目 35 个，投资 2285 万美元，协议外资 929 万美元。

6 月 《丽水地区志》由浙江人民出版社出版，获省第四届地方志优秀成果一等奖。

8 月 6 日 在首批“浙江名牌”产品新闻发布会上，上海制皂厂丽水香皂分厂生产的“纳爱斯”香皂被推荐为“浙江名牌”产品。

9 月 17 日 地委、行署出台《丽水地级机关、企事业单位住房制度改革实施若干意见》。

9 月 21 日 行署发出《关于加快推行我区股份合作制的几点意见》。至年底，全区完成转制、改制企业 1061 家，占企业总数的 46.8%。

10 月 13 日 省委书记李泽民到缙云县考察金温铁路建设。

11 月 3 日 全区对重点部门和行业进行专项治理，出台《关于加强廉政建设纠正部门和行业不正之风的意见》。

12 月 17 日 全区全面推行行政事业性收费“三公开[②]”制度。

1994 年

1 月 28 日 浙江纳爱斯化工股份有限公司成立，由国家股、法人股、个人股组成，发行总额 3000 万股，成为丽水地区首家股份制企业。

1 月 丽水地区第一部外宣片《来自浙江丽水的报道》，通过中央外宣小组《变化中的中国》系列纪录影片制作中心编委会审定。

1 月 地委机关刊物《今日丽水》创刊，为双月刊。1995 年改为月刊。

3 月 7 日 地委、行署发出《关于向刘玲英同志学习的通知》。云和县云和镇信用社局村分社职工刘玲英，为保护分社财产不受损失，同歹徒搏斗，全身多处受伤。

3 月 14 日 地委、行署，提出加快山区脱贫的措施，出台《关于加快“下山”脱贫的若干意见》。

3 月 30 日 浙江景宁梅墟扶贫经济开发区建立。8 月 9 日，景宁民族经济开发区建立。

4 月 5 日 缙云县发生非载客水泥船沉船事故，死 43 人。

4 月 13 日 首届“竹柳新桥”[③]三月三畲乡歌会到丽水市老竹畲族镇举行。

6 月中旬 丽水地区遭受洪水袭击，死 23 人、伤 59 人。

7 月 22 日 首届“丽水地区十大杰出青年”评选活动揭晓。

7 月 29 日 丽水进出口商品检验局成立。8 月 12 日挂牌办公。

---

① 三打一禁：打击团伙犯罪，打击车匪路霸，打击拐卖妇女、儿童犯罪，严禁卖淫嫖娼。

② 行政事业性收费三公开：公开审批机关及批准文号、收费项目及收费标准范围；公开发票样张；公开咨询监督电话和分管收费工作的负责人姓名。

③ 即丽水市老竹畲族镇、丽新畲族乡，武义县柳城畲族镇，松阳县板桥畲族乡。

8月20—9月7日　景宁畲族民间艺术团到日本参加1994年福井国际艺术节活动。

9月30日　地委出台《丽水地区(1994—2000)社会主义精神文明建设实施意见》。

10月20日　全区农村党的基本路线教育工作座谈会召开。1995年1月结束。

11月1—3日　国际香菇生产暨产品研讨会在庆元县举行。

11月30日　地委下发《关于进一步开展解放思想大讨论的通知》。

12月24—27日　省委书记李泽民到丽水市考察指导经济发展工作。

12月31日　地委、行署提出“优化环境,扩大总量,脱贫致富奔小康”的发展战略。

1995年

1月10日　地委、行署出台《关于扶贫攻坚的实施意见》。

1月12日　丽水玉溪水利枢纽工程奠基,总库容1453万立方米,装机容量4万千瓦,是浙江省第一家利用外资、引进国外机组、实行股份制和工程监理制的中型水电工程。

1月15日　丽水地区扩大本地电话网开通,9县(市)电话号码由6位升至7位。

1月23日　330国道冷水隧道竣工通车。

1月25日　全区社会科学优秀成果表彰大会召开。

2月11日　地委、行署下发《关于进一步加强地直单位定点挂钩扶贫工作的通知》,要求在三年扶贫攻坚阶段,地直单位92个与景宁、云和、青田3个贫困县的贫困乡镇48个定点挂钩扶贫。

2月23日　铁道部副部长孙永福考察金温铁路丽水地区段工程建设。

3月5日　金温铁路金华至缙云段试通车成功。

3月16日　全区农业工作暨奔小康百强村和农业丰收计划获奖项目表彰会召开，表彰“1994年度全区奔小康百强村”行政村100个,农业丰收计划项目9个。

3月25—27日　省委常委、副省长刘锡荣到丽水市检查指导粮食生产、定购任务落实和春耕、备耕工作。

3月　地区本级建立“收一块、挂一块”的财政新体制。年内,省财政厅对全区各县(市)实行“两确保、两挂钩”的财政新体制。

3月　《丽水地区人物志》由浙江人民出版社出版。

3月　缙云县首先进行粮食经营管理体制“政企分开、两线运行”改革试点。至年底,全区各县(市)均出台粮食部门两线运行实施方案。

4月5日　遂昌县汤显祖纪念馆开馆。

4月6日　云和县参加首届全国百家“特产之乡”评选,被评为“中国木制玩具之乡”。

4月12日　地委建立县(处)级以上领导干部个人重大事项报告制度。

4月14日　丽水邮件处理中心建成。6月交付使用。

4月14—18日　全区发生冰雹大风灾,次数之多,范围之广,延续时间之长,危害之重历年罕见。

4月19—20日　省政协副主席、省委统战部长耿典华视察金温铁路丽水地区段工程建设。

4月26日　全区第一轮创建文明县城(市)竞赛动员大会召开。

4月26日　全区解放思想大讨论总结大会召开。

4月26—5月15日　全区公安机关开展“打流追逃”集中统一行动。

5月4—11日　省人大常委会副主任郑树到丽水市检查《中华人民共和国妇女权益保障法》执行情况。

5月12日　地委、行署举行劳模事迹报告会。

5月18日　330国道青田县城过境公路——沿江大桥建成通车，全长2.96千米，为当时全省最长的公路桥。

6月6日　全区第一个“园丁新村”在遂昌县城荷花滩动工。

6月　全区完成全国首次第三产业普查。

6月　全区出现暴雨天气5次，特别是下旬暴雨和大暴雨2次，发生严重洪涝灾害。

6月　浙江景鄞扶贫开发区被确定为国家民委扶贫试验区。

7月1日至9月30日　全区公安机关开展以“打流禁毒扫丑”为中心的夏季战役。

7月14日　司法部在庆元县举行表彰大会，庆元县司法局被评为全国司法行政系统集体一等功。

7月25日　对外贸易经济合作部批准浙江丽水国际经济技术合作公司开展国外经济技术合作业务。

8月2日　省委常委、副省长刘锡荣到丽水市检查“双夏”工作。

8月2—5日　全省市(地)委党群书记会议在龙泉市凤阳山庄召开。

8月8日　丽浦公路桃山大桥修复通车。

8月21日至11月下旬　面向全省公开选拔丽水地直11个单位15个目标岗位的副县级以上领导干部。

8月22日　金温铁路狮子头隧道贯通。

8月23日　丽水地区本级党政机构改革方案开始实施。至年底，地区党政机构设置由50个精简至41个；地区机关行政编制由1001精简至900人。

8月25日　地委决定在地直机关实行领导干部任期制。9月4日，地委决定对地直单位新提任的副县级领导干部实行试用期制度，试用期为一年。

8月25日　地委、行署召开地直机关纪念抗日战争胜利50周年大会，并向地直参加抗日战争的离休老同志80人颁发“抗日战争胜利50周年纪念章”。

8月　全区公众数据通信网开通。

8月　全区开始分期分批进行农村集体资产管理体制综合改革。

9月4—5日　全区县(市)委党群书记会议召开。

9月7日　省委副书记、省长万学远致电慰问高温天气连续工作的丽水干部群众。

9月8—18日　地委书记陈仲方率党政代表团到山东省考察农业工作。

9月8日　全区各县(市)会议电视电话网开通，和全省联网。

9月21日　地委召开杨东海事迹报告会。

9月28日　举办地直机关纪念抗日战争胜利50周年暨国庆文艺晚会。

9月28日　地委发出《关于开展向江家余同志学习的决定》。

9月　全区开展全国1%人口抽样调查。至1996年3月结束。

10月4—7日　地委副书记钟小毛率代表团到绍兴、鄞县学习农村集体资产管理体制改革经验。

10月7—9日　省政协副主席陈法文率省科技扶贫服务团到景宁畲族自治县开展农业实用技术培训。

10月8日　330国道青田县海口段96千米十50米—100米山坡塌方，一辆从瓯海开往金华的大客车被压，乘客和驾驶员37人全部遇难。

10月10日　地委、行署召开地直有关部门扶贫攻坚工作座谈会。

10月16—17日　地委召开全区县处级党委（党组）书记会议，研究加强党建工作。

10月17—18日　国家民委副主任文精视察丽水。

10月17日　地区开展农村集体资产管理体制综合改革试点。至1996年1月结束。

10月18日　丽水地区在厦河村筹建爱国主义教育中心基地，举行“刘英学校”奠基典礼。省委书记李泽民、省委副书记刘枫分别题词“中共浙江省委机关旧址”“刘英学校”。

10月18—20日　丽水和温州联合举行纪念中国工农红军挺进师入浙创建浙西南、浙南游击根据地60周年活动。

10月　丽水市厦河中共浙江省委机关旧址正式开放。

11月2—3日　副省长张启相到丽水市考察指导工作。

11月5—7日　省委常委、政法委书记、省公安厅长斯大孝到丽水市调查研究。

11月6—9日　全省市(地)委秘书长、办公室（厅）主任会议在丽水县召开。

11月12—14日　全国政协常委沈祖伦到丽水市考察企业改革和农业综合开发。

11月17日　地委召开江家余同志事迹报告会。

11月25—27日　最高人民检察院副检察长王文元到丽水市视察检察工作。

12月1日　行署召开全区耕地保护工作会议。行署专员徐培金代表行署与九县（市）长签订“丽水地区耕地保护目标管理责任状”。

12月2日　地区行署召开全区计划生育工作会议。行署专员徐培金代表行署与九县(市)长签订1996年“人口与计划生育目标管理责任书”。

12月4日　云和县云和镇白洋墩山背村生态村建设通过地区验收，成为全区第一个通过验收合格的生态村。

12月11—14日　省人大常委会副主任杨彬到丽水市调查瓯江流域水质污染源情况。

12月12日　丽水人民广播电台调频立体声节目以调频94兆赫、发射功率1000瓦向全区传送。

12月13日　地委召开扩大会议，传达中央经济工作会议和省委九届五次全会精神。

12月18—25日　省委副书记、省长万学远到丽水市考察指导工作。

12月18日　景宁畲族自治县丁大公路建成通车，实现省委、省政府“八五”期间全省8个贫困县乡乡通公路的目标。

12月25日　浙江纳爱斯化工股份有限公司通过1SO9000国际质量标准认证，是全区首家通过质量体系认证的企业。

12月27日　青田瓯江大桥建成通车。全国人大常委会原副委员长陈慕华为大桥题字。

12月　庆元香菇市场被评为全国文明市场。

12月　缙云县在全区率先通过省政府“两基”评估验收。

1996年

1月1日　《处州经济生活报》更名《处州晚报》。

1月5日　地委召开全区政协工作会议。

1月10日　江苏省副省长俞兴德率考察团到丽水市考察。

1月28日　青田县太鹤大桥动工。

1月29日　国家教委副主任王明达检查指导青田县扫盲工作。

1月30日　浙江天工矿业集团有限公司列入省现代企业试点企业。此后，丽水啤酒厂、遂昌利民化工厂、遂昌钢铁总厂相继进入现代企业制度的实施阶段。

1月　全区开展第一次全国农业普查。至1998年3月基本结束。

2月4日　丽水府前菜市场开业，总建筑面积15800平方米，成为全区最大的室内菜市场。

2—6月中旬　全区开展反对封建迷信、制止非法建造寺观教堂和滥建坟墓专项治理工作。

3月2日　地区产权交易所开业。

3月4—5日　地委、行署召开全区农村经济工作会议。

3月13日　国家农业综合开发办批准《丽水地区30万亩旱粮生产基地建设项目》。

3月16—19日　省委常委、宣传部长梁平波到丽水市检查指导春耕备耕等工作。

3月27日　各县(市)人武部收归军队建制工作完成，举行交接大会。

3月　330国道瓯(海)青(田)复线工程动工，1997年10月竣工。

3月—8月　全区整顿矿业秩序。

4月15—21日　日本三岛市友好访问团到丽水市进行友好访问。1997年，签署《丽水市与日本三岛市友好城市关系协议书》。

4月16日　地直机关事业单位公费医疗进行改革，实行“个人医疗账户与统筹资金相结合”的管理办法。

4月17—20日　省委常委、副省长刘锡荣到青田、云和、景宁县考察指导农业开发和扶贫攻坚工作。

4月18日　松阳县谢村源水库电站正式发电。

4月21日　金温铁路金华至缙云段客车临运开通。

4月23日　330国道丽缩复线工程举行开工仪式。

4月30日　地委命名浙江纳爱斯化工股份有限公司等单位105家为丽水地区第一批地级文明单位。

4月23日　330国道丽(水)缙(云)复线工程动工。1997年11月底完工。

4月　龙泉市留槎洲大桥动工。1997年4月建成，被评为省优质市政工程。

5月7日　全区开通中国电话卡业务。

5月10—13日　副省长龙安定到丽水市检查指导外经贸、民族工作。

5月24日　地委督查室聘请特约督查员。

5月27—30日　地委书记陈仲方率党政代表团到宁波市学习考察城镇规划、建设和管理工作。

5月29日　中国人民保险公司丽水地区分公司拆分为中保财产保险有限公司丽水地区分公司和中保人寿保险有限公司丽水地区分公司。

6月4日　在中国名特产之乡评审中，青田县被命名中国石雕之乡，庆元、景宁县被命名中国香菇之乡。

6月5日　丽水市开展“奉献于事业，服务于人民”主题教育活动。

6 月 23—30 日　副省长张启相到丽水市考察。

6 月 28 日　举办纪念中国共产党成立 75 周年《伟大的征程》大型文艺晚会。

6 月 29 日　遂昌造纸厂封存蒸球 2 个，停止制浆。至年底，庆元、景宁、松阳造纸厂先后封存蒸球，停止制浆，结束排放造纸黑液。

6 月　浙江省人民检察院丽水分院反贪污贿赂局成立。

6 月　庆元县在全区率先实现乡乡通光缆。

6 月　全区首届知名商标、满意商标评选。

7 月 23—24 日　省委常委、组织部长周国富到丽水市检查指导工作。

7 月 26 日　地委举行赵丽俊事迹报告会。

7 月 31 日至 8 月 1 日　第 8 号强台风袭击丽水地区，引起山体滑坡、山洪暴发及泥石流，死亡 77 人。

7 月 31 日至 8 月 6 日　省委副书记、常务副省长柴松岳到丽水市检查指导工作。

7—12 月　举办第二届丽水地区十大杰出青年评选活动。

8 月 10 日　化学工业部副部长成思危到丽水市视察。

8 月 15 日　电视剧《同在蓝天下》在云和县开机。

8 月　9 个县（市）党政机构改革方案出台。

9 月 12—13 日　省委副书记、省长万学远到丽水市视察。

9 月 13 日　陈金水先进事迹报告团到丽水市作报告。

9 月 14—16 日　省委副书记刘枫到丽水市调研指导工作。

9 月 16 日　金温铁路丽水段铺通仪式到丽水市火车站站场举行。

9 月 16 日　丽水市（县级）举行撤县建市 10 周年庆典活动。

9 月 16—25 日　省委书记李泽民到丽水市调查研究山区综合开发工作。

9 月 19 日　全国政协副主席吴学谦到丽水市指导政协工作。

9 月 25 日　地质矿产部部长宋瑞祥到丽水市指导矿业生产工作。

9 月 30 日　青田县祯旺乡应章村并入大电网后，全区行政村实现村村通电。

9 月　遂昌钢铁总厂连铸连轧生产线建成，成为全省唯一实现连铸连轧的钢铁企业。

9 月　330 国道兰黄“四自”工程竣工。

9 月　陈履安回青田县探亲祭祖。

10 月 6 日　省委常委、副省长刘锡荣参加金温铁路大溪特大桥铺架仪式。

10 月 6—10 日　副省长徐志纯到龙泉市、庆元县、云和县调研文化、教育、卫生工作。

10 月 9 日　文化部命名青田县为全国民间艺术之乡。

10 月 10—11 日　地委召开工作会议，研究部署全区山区综合开发和扶贫工作。

10 月 14—16 日　闽浙赣皖毗邻九地市人大工作联席会议第六次会议在丽水县召开。

10 月 14—25 日　丽水、龙泉、云和、庆元、遂昌、松阳六县（市）通过省政府“两基”评估验收，青田、景宁县通过省政府基本扫除青壮年文盲评估验收，全区完成基本扫除青壮年文盲任务。

10 月 17—27 日　举办第十一届丽水地区直属机关运动会。

10 月 18 日　景（宁）泰（顺）公路改建工程景宁段动工。

10 月　全区国家公务员（机关工作人员）晋升工资，全区事业单位工作人员也晋升工资。同时，机关事业单位离退休人员提高生活待遇。

10月　浙江纳爱斯化工股份有限公司雕牌超能皂实现全国销量第一。

10月底　地区人民医院外科大楼竣工投入使用。

10月　全区完成农村信用社与农业银行脱钩工作。

11月3—4日　副省长张启楣到丽水市检查指导工作。

11月5—6日　全区精神文明建设工作会议召开。

11月8日　丽水邮电综合楼落成开业。

11月22—25日　省委副书记王金山到丽水市检查指导工作。

11月27日　地委办公大楼建成交付使用。同月，丽水公路客运中心动工。1998年5月26日，投入运营。

11月28日　丽水市城市总体规划鉴定会召开，审定丽水市城市总体规划。

11月29日至12月9日　行署专员徐培金率考察团到安徽、山东省学习考察企业改革、农业综合开发工作。

12月9日　全省小流域治理现场会暨“青年兴水工程”启动会在遂昌县召开。

12月11日　中国农业发展银行丽水地区分行设立。

12月13日　缙云县举行建县1300周年庆典。

12月17—24日　中日江南农耕民俗文化联合考察团考察丽水市（县级）、青田、景宁县（市）。

12月22—26日　龙泉市宝溪乡本岭村大胡连山场发生特大森林火灾，过火面积40公顷。

12月23日　湖州市与丽水地区结成对口帮扶单位。

12月25日　丽水市（县级）江滨路发生火灾，受灾56户，烧毁房屋100多间。

12月　省委、省政府宣布云和县脱贫。

12月　全区开通GSM数字移动电话网（139），即“全球通”。

12月　全区机关事业单位工作人员调整职务岗位津贴。同时，全区机关事业单位离退休人员提高生活待遇。

12月　全区完成全国第三次工业普查。

12月　青田县摘掉省计划生育重点管理县帽子，全区计划生育工作走上正常管理轨道。

12月　金华、衢州、丽水3地市级边界线完成勘界、核界和三交点的埋桩工作。

1997年

1月1日　《丽水日报》改邮发为自办发行。

1月1日　全区各级医疗机构较大幅度提高技术性收费标准，降低大型仪器设备检查收费标准，整顿医疗费用项目，抑制医疗费用过快增长。

1月5—8日　省委常委、副省长刘锡荣到景宁、云和县调查研究工作。

1月7—8日　副省长龙安定到青田县调研扶贫工作。

1月21日　丽水军分区举行丽水地区首批预备役军官授衔仪式，受衔250人。

1月28日　青田县山口镇焕恩电站建成发电，成为全区第一座外商独资建设的水电站。

1月　遂昌、庆元县被省政府、省军区命名拥军优属模范县。

2月2日　中国农业发展银行丽水地区分行开业。

2月4—5日　行署专员徐培金到湖州市考察扶贫结对帮扶工作。

2月16日　丽水地区省人大代表、政协委员乘丽水至杭州火车专列到杭州参加“两会”。

2月17—8月8日　丽水地区首次面向社会和应届高校毕业生公开招考录用国家公务员(机关工作人员)102人。

2月26日　丽水地区计划与经济委员会拆分为丽水地区计划委员会和丽水地区经济委员会。

3月5日　行署决定从1997年1月起，全区城镇企业最低月工资标准230元。

3月12日　丽水地区旅游局挂牌。

3月24日　龙泉市被列入全国山区综合开发示范县(市)。

3月—12月　全区开展“奉献于事业、服务于人民”主题活动。

4月7—10日　副省长叶荣宝到丽水市调研指导工业经济工作。

4月10日　全区首家110报警指挥系统在缙云公安局开通。

4月17日　《丽水日报》发表记者调查《女厂长赵子群挥泪别畲乡》，在全区掀起“如何合力扶工，把丽水地区工业经济搞上去”的大讨论。

4月18日　遂昌县三仁畲族乡好川村发掘新石器时代遗址，属良渚文化晚期。墓地面积4000平方米，发掘氏族墓葬80座，出土石器、玉器、陶器、漆器等文物1062件(组)。

4月18日　丽水地区专家咨询委员会成立，聘请专家委员57人。

4月20日　中央委员、南京军区政委方祖岐到丽水市(县级)指导军事工作。

4月23日　遂昌县凯恩集团有限公司总经理王白浪获全国五一劳动奖章。

4月24日　省委常委、宣传部长梁平波到丽水市检查指导工作。

4月　丽水地区SDH传输网光缆线路工程竣工。

4月　缙云县四方电子有限责任公司工会创办全区首家职工消费合作社。

5月6日　地委召开推行国家公务员制度实施工作动员大会。年底，地直机关基本建立国家公务员制度。

5月9日　全区“迎香港回归祖国”10万人签名活动在缙云县举行首签仪式。

5月12日　丽水市(县级)与日本三岛市签署“友好城市关系协议书”，正式缔结为友好城市。

5月27日　《丽水地区年鉴》(1996年卷)发行，是丽水地区第一部地方综合年鉴。

5月27—28日　丽水地区工商业联合会(总商会)首次会员代表大会召开。

5月28日　金温铁路青田段铺通，标志着丽水地区段铺架工作全部完成。

5月31日　庆元县在全区率先通过全国科技工作先进县验收。

6月1—4日　省委副书记王金山到龙泉、庆元、遂昌、松阳等县(市)检查指导工作。

6月7—8日　国务委员、国家民委主任司马义·艾买提视察浙江省少数民族师范学校和景宁畲族自治县。

6月8日　省委副书记刘枫到丽水市检查指导“三禁”工作。

6月12日　景宁上标二级电站竣工投运，装机容量1万千瓦，是全省第一座由省、地、县股份合资兴建的水电站。

6月15—16日　全区首届老年人运动会在丽水市(县级)举行。

6月24日　刘英雕像揭幕仪式在丽水市厦河村中共浙江省委机关旧址举行。

6月25日　丽水市(县级)开通溪口至火车站、南明山至火车站公交线路。

6月26日　金温铁路丽水至杭州客车临运开通。

6月28日　丽水市(县级)110报警指挥系统开通。

7月8—9日　遂昌、松阳县和丽水市(县级)普降暴雨到大暴雨,宣平溪洪水相当于50年一遇。

7月12—16日　浙江省第三届县级田径运动会在遂昌县举行。

7月24—26日　省委常委、秘书长吕祖善到丽水市(县级)检查指导工作。

7月31日　缙云县被命名中国麻鸭之乡。

8月7—11日　省委常委、政法委书记斯大孝到丽水市(县级)指导"禁毒、禁赌、禁黄"斗争。

8月18—19日　丽水遭受第11号台风袭击,丽水、青田、缙云等县(市)受灾严重。

8月22日　丽水地区、衢州市行政区域界线勘定工作完成,签署联合勘定行政区域界线协议书。

8月25—27日　副省长鲁松庭到丽水市(县级)调研工业经济和体制改革工作。

8月29日　庆元县竹口镇上垟窑址、庆元县五大堡乡西洋殿、遂昌县妙高镇陈家大屋、缙云县壶镇镇九进厅、庆元县举水乡如龙桥、缙云县前路乡白茅云衢坊、遂昌县焦滩乡独山石牌坊、缙云县新建镇双港桥贞节坊石刻、遂昌县王村口镇王村口革命纪念建筑群、丽水市(县级)城关镇厦河中共浙江省委机关旧址被浙江省人民政府公布为浙江省第四批重点文物保护单位。

9月10日　地直教师新村落成典礼举行。

9月12—18日　中共丽水地委书记陈仲方、中国农业银行丽水地区分行工会干部刘玲英(女)、景宁畲族自治县鹤溪镇包凤村党支部书记雷汤菊(女、畲族)出席中国共产党第十五次全国代表大会。

9月　省政府对丽水、龙泉、云和、庆元、遂昌、松阳6个县(市)进行"两基"评估验收复查。

10月1日　全区国税、地税机构分署办公。

10月14—18日　青田县和景宁畲族自治县通过省政府"两基"评估验收。全区9个县(市)全部实施九年义务教育。

10月21—23日　景宁畲族自治县"山山"牌黑木耳获第三届中国农业博览会金奖。

10月27—28日　中共中央政治局常委、中央纪律检查委员会书记尉健行到丽水指导纪检工作。

10月　330国道瓯青复线青田段竣工。

11月7—10日　省委副书记、代省长柴松岳到丽水市(县级)考察农业综合开发和农田水利建设。

11月16—20日　国家教委"两基"验收组抽查景宁、青田县"两基"工作。

11月19—21日　行署在上海举行'97(上海)丽水地区经济技术合作项目发布会。

11月20日　全区提前完成乡乡通光缆、50%行政村通电话的目标。

11月25—26日　副省长张启楣到丽水市(县级)检查330国道丽缙复线和金温铁路建设情况。

11月26日　沙铺砻水电站动工。

11月底　330国道丽缙复线竣工。

12月1日　行署公布"雕牌"超能皂等产品6种被评为丽水地区首批名牌产品。

12月4日　遂昌县一中巴客车发生翻车特大交通事故,死9人,伤8人,失踪3人。

12月4—6日　全省自力更生治水及小流域治理会议在松阳县召开。

12月8日　丽水地区处州专利事务所成立。

12月8—12日　地委、行署组织脱贫验收组分别到青田、景宁县进行脱贫预验收。

12月9日　缙云县城烟尘控制区通过省验收。浙江省成为全国第一个所有县城均建成烟尘控制区的省份。

12月15—19日　景宁畲族自治县和青田县通过省政府验收，成功脱贫。

12月18日　玉溪水利枢纽工程并网发电。

12月18日　第7套全国通用电话IC卡《龙泉宝剑》首发式在龙泉市举行。

12月20日　沪金南穗（上海—金华—南平—广州）光缆通信干线工程丽水段开工。1998年1月完工。

12月22日　省政府向全省欠发达地区赠送科技信息网设备仪式在丽水市（县级）举行。

12月24—25日　全区食用菌大会暨十年成就展示会召开。

12月29日　省委常委、副省长刘锡荣到丽水市（县级）慰问职工和群众。

12月　庆元县首座110千伏变电所投运，覆盖全区110千伏主网架形成。

12月　缙云县被评为全国食用菌生产先进县。

同年　云和、景宁县经省政府考核验收，达到农村初级卫生保健目标。

1998年

1月5日　330国道丽缙复线通车。

1月5日　省委、省政府宣布景宁畲族自治县、青田县脱贫。

1月16日　丽水地区有线广播电视传输网建设工程开工。1999年3月12日，有线广播电视传输网开通，向全区传送电视节目8套和立体声调频广播节目7套。

1月17日　杭州解百丽水百货大楼开业。

1月中旬　沪金南穗（上海—金华—南平—广州）光缆干线通信传输工程丽水段光缆线路工程竣工。

1月20日　遂昌南尖岩、云和仙宫湖、景宁大漈被评为首批地级风景名胜区。

1月20日　《辉煌的五年——十四大以来浙江省经济建设和精神文明建设成就展》在杭州世界贸易中心闭幕，丽水展区获最佳组织奖和最佳设计制作奖。

1月　地区工商局开展地直机关中层干部竞聘上岗试点工作。

2月16—19日　中共遂昌县第十一次代表大会召开。至3月27日，各县（市）党代会先后结束。

2月21日　中国轻工总会副会长傅立民到丽水市考察浙江纳爱斯化工股份有限公司。

2月24日　丽水市（县级）政府审议通过《丽水市城区防洪规划》。

2月24日　庆元县城以东地区发生3.7级地震，震感面积约270平方千米。

2月27日　金温铁路青年绿化工程誓师大会到丽水火车站站前广场举行。

2月　丽水市（县级）、缙云县通过省农村电气化验收组验收，建成全区首批农村电气化县（市）。

2—8月　全区面向应届高校毕业生公开招考国家公务员。

3月3—14日　政协庆元县第五届委员会副主席蓝志龙（畲族）出席中国人民政治协商会议第九届全国委员会第一次会议。

3 月 5 日　地委召开纪念周恩来诞辰 100 周年报告会。

3 月 5 日　浙江纳爱斯化工股份有限公司被评为浙江省四星级企业。

3 月 5—19 日　丽水地区行政公署专员钟小毛(畲族)、浙江纳爱斯化工股份有限公司董事长兼总经理庄启传、龙泉市青瓷研究所总工艺师徐朝兴、遂昌县北界镇镇长助理雷招珠(女、畲族),出席第九届全国人民代表大会第一次会议。

3 月 5—13 日　省军区政委贺家弼到丽水市指导人民武装工作。

3 月 9—10 日　省政府对丽水市创建全国科技工作先进市进行验收。

3 月 10—14 日　遂昌县第十二届人民代表大会第一次会议召开。至 4 月 12 日,各县(市)人代会先后结束。

3 月 25 日　330 国道丽缙复线银场地段发生大塌方,交通中断。6 月 17 日,该地段山体再次发生大塌方,泥石 4000 多立方米,覆盖公路路面宽 12 米、长 60 多米,交通再次中断。

3 月 30—4 月 1 日　瑞士驻沪总领事伦志民到丽水市(县级)参观访问。

3 月—8 月,全区政法队伍集中教育整顿。

3 月　4 幕大型畲族风情歌舞剧《畲山风》开始创作。10 月 13 日,景宁畲乡风情节首演。11 月 10—11 日进京演出。12 日,文化部、国家民委召开《畲山风》座谈会。12 月 23 日,被省第十次党代会选调演出。

4 月 7 日　黎明中等职业学校奠基,是当时全区最大的引资办学股份制私立学校。9 月一期工程完工,开始招生。

4 月 8—17 日　行署常务副专员张向北率考察团到云南大理、西双版纳考察旅游和边贸工作。12 日,签订丽水地区与大理白族自治州结成姊妹地州协议。

4 月 15 日　丽水信息港开通。

4 月 16 日至 5 月 20 日　省、地第二轮土地承包浙南片试点在遂昌县北界镇进行。至 11 月 30 日,全区签订承包合同 5.82 万份,发放土地承包权证 3.83 万本。

4 月 23 日　全区党政部门推行政务公开,服务性行业推行办事制度公开(简称"两公开")。

4 月 27 日　空军某部 2 架 7—D 飞机在松阳县玉岩镇白沙岗村坠毁。

4 月　中国联合通信有限公司丽水分公司成立。

5 月 4 日　丽水地区金丽温高速公路建设协调小组成立。7 月,浙江省金丽温高速公路建设指挥部成立。10 月 18 日,金丽温高速公路开工。

5 月 8—10 日　中国香港、澳门、台湾地区摄影家参加的"情系中华—浙江行"到丽水市(县级)、云和县、青田县摄影采风。

5 月 9—10 日　丽水师范专科学校举行建校 20 周年庆祝活动。

5 月 15—16 日　国家民族事务委员会常务副主任陈虹到景宁畲族自治县、浙少师考察民族经济和民族教育工作。

5 月 16 日　丽水公路客运中心竣工。26 日,丽水公路客运中心正式营运。

5 月 22 日　出台《丽水地区本级政府采购制度(试行)》。6 月 1 日起,地区本级行政、事业单位实行政府采购制度。

5 月 25 日　副省长卢文舸至丽水调研滩坑电站前期准备工作和全区交通建设规划。

5月25日　浙江纳爱斯化工股份有限公司、丽水金笔厂、浙江天帆毛巾集团公司、浙江三辰电器有限公司、浙江遂昌凯恩集团有限公司5家企业入选浙江省“五个一批”重点骨干企业名单。

5月25—27日　丽水地区旅游说明会在上海市大众大厦举行，是丽水地委、行署首次到省外旅游促销活动。

5月　全区数字数据通信(DDN)本地网与全省联网。

6月1日　电信无线寻呼业务正式从邮电主业剥离。11月28日，浙江电信寻呼有限责任公司丽水分公司及下属8个县(市)经营部挂牌。

6月2日　云和县召开“巩固脱贫成果，迈步奔向小康”誓师动员大会。

6月3—16日　行署专员钟小毛率贸易洽谈团参加美国纽约中国贸易展览会，成交280万美元。

6月11日　金温铁路全线通车。

6月12日　丽水地区召开“治脏治乱”动员大会。

6月12—24日　全区大暴雨，引发洪涝灾害，死34人，直接经济损失9.67亿元。

6月18日　浙江省石油公司与丽水地区行政公署达成协议，丽水地区石油公司和加油站国有资产无偿划转到中国石油化工集团公司，同时移交浙江省石油公司管理。

6月21日　地委召开第二批援藏干部欢送会，欢送陈铁雄、严轶华到西藏工作。

6月22日　景宁畲族自治县毛垟乡新建垟自然村发生泥石流，死20人，失踪4人，伤54人，无家可归36户，128人，冲毁房屋14幢。

8月7日　《丽水市总体规划方案》面向全社会征求意见。

6月23日　丽水国家粮食储备库一期工程开工。12月，竣工并验收合格。

6月30—7月1日　省委副书记、省长柴松岳听取丽水梅汛灾情汇报，并实地察看受灾现场和山体滑坡地段，慰问灾民。

6月　全区光同步数字传输(SDH)网传输设备安装工程投入试运行。

6月　“163”(中国公用计算机互联网)、“169”(浙江省公众多媒体通信网)丽水节点建成开通。

6月　处州制药厂生产的松阳牌可达灵片被卫生部批准为国家中药保护品种，是丽水地区中成药品首次获此殊荣。

6—8月　全区开展以“反盗抢、禁黄毒”为主要内容的夏季“严打”整治行动。

7月21日　电大丽水分校与电大丽水市工作站合并办学，合并后校名沿用浙江广播电视大学丽水分校(丽水地区广播电视中专)。

7月29—31日　全区解放思想跨世纪大发动动员大会暨重点建设工作会议召开。

7月29—8月28日　全区出现持续高温天气，受旱农田面积4.52万公顷，直接经济损失4100万元。

7月　浙江温州医药商业集团公司对丽水医药采购供应站实行承债式零资产兼并，成立浙江温州医药商业集团丽水医药站有限公司。

8月5日　全区反腐败重大案件通报会召开，通报1997年底以来地、县(市)纪检监察机关和检察机关查办的重大案件6起。

8月8日　丽水地区旅外乡贤(友人)聚会在匈牙利布达佩斯召开。

8月11—14日　中日江南农耕民俗文化考察团到丽水市(县级)老竹畲族镇黄桂村考察。

8月14日　全区开展“支援长江沿线灾区”捐赠活动。

8月17—19日　湖州市委副书记、市长袁荣祥率湖州代表团到丽水考察，形成《湖州市、丽水地区结对帮扶会谈纪要》。

8月18—19日　全区首次地质灾害防治工作会议在景宁畲族自治县召开。

8月27—28日　全区教育工作会议召开，研究加快发展全区高中段教育问题。

8月　青田石雕作品获北京首届中国国际民间艺术博览会金奖2件，银奖、优秀奖3件。

9月10日　国家邮电分营，丽水地区邮政局、丽水地区电信局分别挂牌。

9月10—11日　省委常委、政法委书记斯大孝到丽水调研人大代表和人民群众对省高级人民法院司法工作的意见和建议。

9月24日　缙云中学通过省一级重点中学认定性评估。12月8日，省教委批准缙云中学为省一级重点中学。

9月　庆元县司法局法医验伤室成立，是全省第一家司法行政机关直属法医验伤室。

10月1日　丽水地区首次接发火车邮件。

10月10日　景宁白鹤电站开工。

10月13日　景宁畲族风情节在景宁畲族自治县举行，《畲山风》首演成功。

10月13日　《中国陶瓷—龙泉窑瓷器》特种邮票首发式在龙泉市举行。

10月18日　金(华)丽(水)温(州)高速公路一期工程在金华市动工。2002年12月28日，金华至丽水段通车。1999年10月11日，二期工程丽温段动工。2007年12月，丽水至温州段通车。

10月20日　丽水经济技术合作项目发布会在温州举行。

10月23日　驻浙部队抗洪抢险英雄事迹报告团到丽水市(县级)作报告。

10月23—24日　国务院原副总理陈慕华回家乡青田探亲。

10月25日　丽水地区经济建设专家咨询委员会成立，聘任专家成员37人。丽水地区专家咨询委员会同时撤销。

10月25—26日　省委书记张德江到青田、丽水、缙云县(市)农村和工业企业考察。

10月28日　浙江纳爱斯化工股份有限公司30周年庆典。

10月29日　上松线寨头岭隧道贯通，是浙西南最长的公路隧道。

10月　全区国税局税收征管改革全部到位，征管新模式开始运行。

10月　丽水检察分院开展地直机关中层干部竞聘上岗试点。

10月　全区建立统一的企业职工基本养老保险制度。

11月6日　省财政厅出台丽水地区新的“两保两挂”财政体制。

11月—12月　地委面向社会公开选拔地直单位部分副县级领导干部。

11月10—12日　浙江省丽水地区、北京市海淀区文化交流暨经济合作活动在北京梅地亚中心举行，全国政协副主席王文元出席。

11月10—14日　丽水摄影艺术作品展、丽水巴比松油画展在北京艺术博物馆展出。

11月12日　副省长李长江到丽水调研消防工作。

11月20—25日　全区参加浙江省名特优新农产品展销暨农业招商洽谈会，签订投资项目和意向协议18项，协议金额10亿多元。全区获浙江省首批省级优质农产品金奖16只，银奖21只，获奖总数名列全省第三位。丽水地区荣获农展会最佳组织奖和最佳招商引资奖。

11月23日　丽水建设工程交易中心开业，为全区首家。

11月25日　北京市海淀区友好访问团到丽水市（县级）考察。

11月27—28日　首届仙都旅游文化节在缙云县举行。28日，在仙都风景区黄帝祠宇举行公祭黄帝典礼。

11月29日　缙云县与陕西省黄陵县缔结为友好县。

11月30日　上海市长宁区党政代表团到丽水市（县级）考察访问。

12月1—8日　龙泉青瓷作品获上海市召开的第六届全国陶瓷艺术评展会陶艺一等奖、二等奖、三等奖各1项。

12月2日　丽水电业局“一点多址”数字微波通信网投入试运行。

12月15日　全区纪念党的十一届三中全会20周年大会召开。

12月21日　庆元香菇博物馆建成开馆。

12月30日　53省道丽浦线塔石岭隧道改建工程竣工。

12月30日　龙泉市召开“二次创业”千人动员大会。

12月31日　丽水地区1600148法律服务专线电话网络开通，是浙江省第一条法律服务专线电话网络。

12月31日　130国家公众数字移动电话（GSM）丽水地区除庆元、景宁两县外实现网内开通。

1999年

1月12日　330国道丽缙复线桃花岭隧道顶部塌方，直径近1米，交警封锁330国道丽缙复线交通。29日，大湾山隧道发生拱顶塌方砸破拱圈事故。4月17日修复通车。

1月27日　丽水市（县级）黄村水库供水工程动工，计划日供水1亿千克。

1月28—29日　省委书记张德江到丽水市（县级）、云和县和景宁畲族自治县慰问困难企业、职工和群众。

1月29日　丽水市、缙云县农村电气化经省农村电气化验收组验收，22项指标全部达标。

1月29—31日　德国驻上海领事馆总领事龙贝格到丽水考察。

2月1日　丽水市发放《丽水市老年人优待证》，年满70周岁以上老年人和全体离休干部可享受优待服务。

2月23日　广州军区某部高炮五团二二五营三连缙云籍班长朱志洪、二二五营营部报务班长郑杰，在1998年8月1日长江流域篇洲湾抗洪抢险中成绩突出，受总政治部通报表彰，被武汉空军基地和海军某部政治部记一等功。

2月23日　浙江广播电视大学丽水分校更名丽水广播电视大学。

3月1日　1999年上海·中国青田石雕精品展示会在上海美术馆开幕，展出石雕精品、珍品580多件，展期1个月。

3月2日　全区农业农村暨春耕备耕工作会议召开。

3月5日　中国联通丽水分公司开业。

3月9日　中共中央政治局常委、中央组织部部长宋平视察青田县。

3月11日 浙江省老年电视大学丽水地区分校首期学习班开学。

3月11—13日 地委书记丁耀民等率考察团到宁波、湖州市学习考察。

3月12日 全区有线广播电视传输网正式开通，向全区传送省、地广播节目3套，省电视节目6套，地区电视节目2套。

3月13日 金温铁路全线提速运行。

3月15日 地区领导接待人民群众来访日制度恢复。

3月20日 青田腊口大桥通过地区交通工程质量监督站质量鉴定，标志着全区瓯江流域最后一个公路汽车渡口撤销。

3月25日 紧水滩水力发电厂一辆厂车坠入水库，死18人、伤29人。

3月25日 全区旅游工作会议召开，提出丽水地区跨世纪旅游业发展的规划思路。

3月28—29日 安徽省池州地区考察团到丽水地区考察工业、市场建设、农业综合开发。

3月29—30日 省委副书记、省长柴松岳到丽水调研城市化工作，并走访青田县鹤城镇、海口镇，缙云县五云镇、壶镇镇和丽水市(县级)等地。

3月29—30日 丽水代表团到江西省新余市考察工业经济，签订《关于新余市、丽水地区建立友好城市关系有关事宜备忘录》。

4月1日 国际青年志愿环保劳动营在缙云县开营，日本、加拿大、韩国、澳大利亚、捷克、荷兰和英国等国志愿员参加活动。

4月1日 丽水市(县级)和温州市鹿城区缔结友好市区签字仪式在丽水市(县级)举行。

4月12日起 在丽水市(县级)市区范围内推行遗体火化。8月12日起，在景宁县城范围内推行遗体火化。

4月14—15日 全区优化环境经验交流会暨工业经济分析会在龙泉市举行。

4月16日 地委出台《关于在全区开展向好民警胡爱华同志学习活动的决定》。

4月16日 沪一丽假日旅游列车开通。

4月17—18日 首届三月三畲乡风情旅游活动在景宁畲族自治县举办。

4月21日 渡江战役50周年纪念会在丽水市(县级)召开。

4月21日 杭州至温州603次客运列车在缙云县东渡镇境内脱轨，中断29小时，伤6人。

4月22日 地区经济发展环境投诉中心成立。全年受理投诉125件，办理结案101件。

4月30日 松阳运动员王浩获全国路拳道锦标赛男子67千克级别金牌。

5月1日 青田石雕工艺美术大师林加君作品《华夏百美图》，在中国昆明园艺博览会中国展馆展出，获上海吉尼斯总部1997年“大世界吉尼斯之最”证书。

5月4日 纪念五四运动80周年暨“五月的花海”大型歌咏晚会在丽水市(县级)体育馆举行。

5月5日 全区争创“两满意”活动揭晓，被评为省级人民满意领导班子和单位各1个，干警1人。

5月9日 地委召开委员会议和地直机关领导干部会议，强烈谴责以美国为首的北约对中国驻南使馆进行导弹袭击。

5月19日 日本考古专家江坂辉弥考察龙泉大窑青瓷古窑址。

5月20日 梁世林和沈林妹等人国家赔偿案宣布大会在龙泉市召开，丽水地区中级人民法院为其恢复名誉，分别赔偿79707元和3540元。

5月21日　地委、行署出台《关于在地直机关推行干部聘任制和中层领导职位竞争上岗的意见》。7月26日，地委发出《关于试行干部提任公示的决定》。

5月29日　53省道丽水市段公路改造工程开工。

6月11日　全区行政、事业单位推行财务公开制度。

6月15日　全区整顿学校及周边地区治安秩序，创建安全文明校园。

6月16日　丽水市（县级）开始对市内及过境车辆征收城市道路“四自”①工程通行费。

6月20日　丽水火车站开办全国货运整车到达发送业务，开通货车3对，结束丽水货物需金华火车站转运的历史。

6月22日　地委办公室、行署办公室下发《关于在全区实施“爱心献功臣行动”的通知》，基本解决全区重点优抚对象1836人的“三难”②问题。

7月1日　丽水地区“山水杯”旅游风光摄影展在处州展览中心举行，展出摄影作品100幅，同时展出《丽水地区摄影艺术进京汇报展》作品100幅。

7月1日　全区实施国有企业下岗职工基本生活费、失业保险金、养老金发放新标准。

7月6日　全区启动打假保健康“蓝箭行动”。

7月9日　浙江省启动高效林业示范工程。丽水地区规划1.09万公顷，同年实际完成0.14万公顷。

7月14—17日　省委副书记周国富到丽水、青田、云和、松阳、景宁等县（市）检查指导扶贫工作。16日，在景宁畲族自治县召开扶贫开发座谈会。

7月20日　50省道龙丽线松阳段过境公路开工。

7月23日　地委“三讲”③教育动员大会召开。

7月25—8月2日　“大红鹰杯”首届全国国际象棋国家大师赛在丽水市（县级）举行，参赛代表团34个，男女运动员109人。

7月26日　地委出台《关于试行干部提任公示制的决定》。

7月28日　地委出台《关于整顿辞退代课教师的意见》，按照任教时间长短，制定不同政策，妥善安排中小学代课教师1312人。

8月1日　百山祖冷杉被国务院列为国家一级保护植物。

8月4—27日　全区开展《寄语台湾》公益活动，征集寄语3000多条。

8月6日　全区清理整顿农村合作基金会工作会议召开。至10月底，完成各农村合作基金会清产核资工作。

8月7—8日　省委副书记刘锡荣到景宁畲族自治县调研纪检和民族工作。

8月10—15日　丽水市（县级）运动员庄勋获全国青少年航海模型锦标赛帆船F5—E级比赛冠军。

8月11—13日　省委副书记梁平波到丽水市（县级）检查“三讲”教育工作，并到云和县看望金融卫士刘玲英。

8月11—15日　丽水市（县级）运动员杨毅获第十一届世界航海模型锦标赛世界冠军。

8月15日　丽水电信枢纽大楼动工。

---

① 即自筹资金、自行建设、自行管理、自行还贷。

② 即生活难、医疗难、住房难。

③ 讲学习、讲政治、讲正气。

8月22日　丽水地、市大中专毕业生就业洽谈会召开，接待毕业生近5000人，设点用人单位140多个。

8月　《丽水地区大事记(1949—1998)》发行。

9月4日　金温铁路青田段190千米处发生山体滑坡，中断铁路运输30多小时，滞留丽水火车站旅客3000多人。5日，全线恢复通车。

9月4日　330国道42千米+300米处温溪汛桥接头处断裂8—10米；同时330国道瓯青复线28千米+300米处和31千米+800米处发生大塌方，330国道交通中断，滞留汽车1万多辆。5日，恢复通车。

9月7日　金丽温高速公路丽水至温州段工程预可行性研究报告通过省交通厅专家组评审。

9月10—11日　省委书记张德江到青田县调研扶贫工作。

9月12—13日　浙江省星火西进工程科技合作项目对接活动在丽水市(县级)处州展览中心举行。

9月15—16日　地委"三讲"教育民主生活会召开。省委常委、省委组织部部长沈跃跃到会指导。

9月16日　松阳县古市镇、丽水市(县级)老竹畲族镇大片村和紧水滩水力发电厂分别被中央文明委命名全国创建文明村镇工作先进镇、先进村和全国精神文明建设先进单位。

9月20日　省委常委、省委宣传部部长李从军到缙云县壶镇镇考察农业和农村现代化教育工作。

9月25日　地委出台《丽水地区农业和农村现代化建设实施意见》。

9月27日　地委出台《中共丽水地委工作规则》。

9月27日　浙南民族艺术团成立，演出《祖国颂》。

9月28日　韦晓光被评浙江省文坛50年"浙江作家50杰"之一。

9月29日　丽水地区举办建国50周年大型广场文艺演出，分《华诞颂歌》《瓯江春潮》《莲城新韵》3幕。

9月30日　浙江移动通讯有限责任公司龙泉分公司在凤阳山开通全区第一个数字微小基站。

10月1日　青田鱼灯队与海宁荷花队、余杭滚灯队组建浙江代表队，在天安门广场参加首都国庆焰火联欢晚会，表演《华夏春满园》节目，获国庆50周年联欢晚会大型文艺表演"五好表演单位"和国家游园演出组织奖。2日，被选送到劳动人民文化宫表演，江泽民、胡锦涛等党和国家领导到场观看。

10月1日　《中华人民共和国成立五十周年——民族大团结》纪念邮票畲族篇首发仪式在景宁畲族自治县举行。

10月2日　仙宫湖龙舟赛在云和县举行，参赛代表队11支，观众2万多人。

10月7日　杭州开往温州603次旅客列车脱轨，滞留丽水火车站旅客6000多人。8日，全线恢复通车。

10月8日　地区农技110信息服务中心专线开通。

10月11日　金丽温高速公路二期工程金丽段开工。

10月15日　全区实现电网调度自动化。

10月16—17日　凤阳山登山节登山比赛在龙泉举办，参赛代表队13支，运动员300多人。

10月18—22日　青田县教委主任朱群爱受邀出席在北京举行的第三届亚洲扫盲论坛，介绍青田县扫盲工作经验。

10月21日　云和县城白塔山南侧新街拆建工地现场，发现汉代至明代古墓多座，出土文物17件。

10月25—27日　全国14省（市、区）32地（盟、市）人大工作联席会第12次会议在丽水市（县级市）召开。

11月3—5日　省委常委、省委秘书长王国平到缙云县和景宁畲族自治县调查研究经济工作。

11月5日至12月1日　北京青田石雕精品希望工程义卖展示会在中国工艺美术馆举行，展出作品500多件，价值3000万元。全国人大常委会原副委员长陈慕华、全国政协副主席陈锦华出席开幕式。

11月9日　韩国康津郡郡守尹泳铢、议长金升弘带领访问团到龙泉市参观龙泉市博物馆、大窑青瓷古窑址及青瓷厂家、青瓷专卖店，签订龙泉市与康泽郡友好会谈备忘录。

11月10—13日　省委常委、省公安厅厅长俞国行到龙泉、庆元、云和、景宁等县（市）调研公安工作。

11月12日　丽水出入境检验检疫局成立。12月1日，挂牌。

11月15—19日　地委副书记施基诚率地区代表团到湖州市、金华市和江苏省泰州市考察撤地建市经验。

11月17—18日　日本驻上海领事馆总领事市桥康吉到景宁畲族自治县访问。

11月18日　丽水地区国防通讯网工程开工。

11月20—24日　全国政协副主席王文元到青田、丽水市（县级）、缙云县调研工业、旅游和教育工作。

11月24—26日　比利时驻上海领事馆领事到丽水考察工作。

11月29—30日　全区科技创新大会召开，提出丽水地区跨世纪科教兴区战略。

12月1—2日　省委副书记梁平波到丽水市（县级）和遂昌县调查研究党建工作。

12月2日　丽水地区被国家环保总局批准为全国生态示范区建设试点地区。

12月2日　地委号召向庆元县百山祖乡斋郎村党支部书记叶盛学习。

12月4日　丽水地区摄影家俱乐部成立。

12月5—10日　副省长卢文到丽水地区调研滩坑电站移民方案落实工作。

12月7—10日　第四届中国摄影艺术节在丽水市（县级）举行，授予丽水地区“中国摄影之乡”称号。

12月6日　省人民政府批复同意丽水农校和丽水工校合并，筹建丽水职业技术学院，同年秋季预招生188人。2000年4月26日，丽水职业技术学院（筹）挂牌。

12月6—7日　省委常委、常务副省长吕祖善出席丽水第四届中国摄影艺术节。

12月8日　中国龙泉青瓷宝剑工业园区动工。

12月19日　浙江纳爱斯化工股份有限公司“雕牌”商标，被认定中国驰名商标。

12月21—23日　全省人大民族工作会议在景宁畲族自治县召开，研究制定《浙江省少数民族工作条例》。

12月24日　139“全球通”数字移动电话(GSM)网第五期工程完工。

12月24—28日　地委书记丁耀民、行署专员钟小毛率党政代表团，到台州市和温州市考察股份合作制和股份制经济、专业市场建设、国企改革和城市化建设工作。

12月28日　53省道木岱口至花桥段改建工程开工。

12月28日　上松线寨头岭隧道建成通车。

12月　“仙都”啤酒商标被认定为浙江省著名商标。

12 月 “九五”期间丽水地区森林资源调查工作全面完成。

2000 年

1 月 6 日 金丽温高速公路丽水市溪口大桥动工。

1 月 6—7 日 建设部副部长叶如棠到丽水地区考察缙云仙都风景区、缙云县行政中心建设项目及丽水市(县级)丽阳路、瓯江防洪堤等城市建设重点项目。

1 月 8 日 中国青田石雕精品展示会在上海美术馆开幕,展出精品 500 多件,印石、巧雕 3000 多件(枚)。《珠光玉润》曾获 1999 年中国工艺美术迈向新世纪大展暨博览会金奖,被中国宝石协会专家鉴定为国家级艺术品。

1 月 9 日 丽水地区科技活动中心奠基,建筑面积 4260 平方米。

1 月 13 日 全区生态示范区建设工作会议召开。3 月 3 日,地委、行署出台《关于加快生态示范区建设的若干意见》。

1 月 16—18 日 丽水地区首届副食品节在丽水市(县级)中山街举行,销售 1.3 亿元,签订项目 9 个,协议投资 2.6 亿元。

1 月 23—24 日 全省农村工作会议在丽水市(县级)召开。省委书记张德江,省委副书记、省长柴松岳参加会议。

1 月 27 日 丽水火车站广场动工。

2 月 12 日 丽水市区城关镇丽东村紫金路 45 号发生火灾,受灾 26 户,建筑面积 800 平方米。

2 月 18 日 省林业厅、浙江大学、庆元县人民政府联合新闻发布会在杭州五洲大酒店举行,宣布庆元百山祖自然保护区活跃着华南虎。

2 月 25 日 交通部部长黄镇东到丽水市(县级)调研金丽温高速公路丽水段建设工作。

3 月 6 日 遂昌县应村水利枢纽工程动工,水库库容 2349 万立方米,装机容量 3.2 万千瓦。2004 年 7 月发电。

3 月 8 日 在京丽水地区籍知名人士、专家、学者联谊会在北京举办,地委书记丁耀民走访部分经商户。

3 月 11 日 全区生态示范区建设暨龙泉市百万亩公益林建设启动。

3 月 12—13 日 上海市长宁区区委书记茅明贵率代表团到丽水市(县级)考察经济工作。

3 月 15 日 全区启动“打拐”专项斗争。9 月 14 日,丽水市(县级)公安局被公安部评为全国“打拐”斗争先进单位。

3 月 16 日 全区“廉内助”表彰大会召开。

3 月 20 日 全区在 3 月 20—25 日、4 月 20—25 日分别进行消灭脊髓灰质炎“扫荡”式免疫接种。

3 月 31 日 330 国道丽缙复线枫树湾处发生特大交通事故,死 3 人,伤 12 人。

4 月 7 日 “新桥竹柳”三月三畲族对歌会在丽水市(县级)丽新畲族乡举行。

4 月 7—9 日 云南省大理白族自治州州委副书记、州长李映德率代表团到丽水地区考察经济工作。

4 月 8—9 日 国家环保总局副局长祝光耀到丽水地区考察生态示范区建设。

4 月 12 日 地委出台《关于加强非公有制企业党建工作的实施意见》。

4 月 15—17 日　越南河内市贸易厅代厅长武荣富率经贸代表团到松阳县浙江雷克机械工业有限公司实地考察洽谈经贸合作。

4 月 18 日　丽水市(县级)第二水厂建设工程开工。

4 月 18 日　龙泉市政府、凤阳山自然保护区管理处和杭州宋城集团举行投资开发龙泉山国家原始森林公园旅游项目签字仪式。

4 月 22 日　省第四届农运会龙舟赛在云和县局村三潭举行。

4 月 26 日　丽水职业技术学院(筹)挂牌成立。

4 月 29—30 日　省委副书记梁平波到缙云县调研宣传思想工作。

5 月 5—6 日　美国亚洲协会主席蒋一成到丽水地区考察经济工作。

5 月 9—10 日　副省长王永明到景宁畲族自治县调查研究民族工作。

5 月 12 日　北京华睿集团投资开发龙泉瑞增二级电站项目签字仪式在龙泉市举行。

5 月 12 日　全国体育大会“世纪之光”圣火迎接暨火炬接力长跑活动在丽水市(县级)丽阳路举行。13 日起，自宁波市广场开始，在全省 11 个市(地)开展火炬接力长跑活动。

5 月 18 日　地委办公室发出《关于深入扎实开展“致富思源，富而思进”教育活动的通知》。

5 月 20 日　国务院同意浙江省撤销丽水地区和县级丽水市，设立地级丽水市和莲都区。

5 月 22 日　地委出台《关于开展全区优化经济发展软环境大讨论的通知》。

5 月 23—24 日　南京军区副参谋长、少将苏京到丽水市指导武装工作。

5 月 28 日　南京军区司令员、中将梁光烈到丽水市视察武装工作。

5 月 29—30 日　全省地质灾害防治工作现场会在庆元县召开。

6 月 1—4 日　遂昌县大柘镇希望小学学生雷亦洁出席中国少年先锋队第四次全国代表大会。

6 月 3—5 日　省人大常委会主任李泽民到丽水市检查产品质量工作。

6 月 4—10 日　第十三届全国诗刊诗报主编会议暨瓯江诗会在青田县召开。

6 月 5 日　行署出台《关于龙泉师范学校办学体制调整的决定》。2000 年 7 月，撤销龙泉师范学校建制，建立龙泉中等职业学校，隶属龙泉市教育行政部门管理。

6 月 8—15 日　中国龙泉青瓷宝剑精品展示会在浙江展览馆举行，展出珍品 300 多件。

6 月 14 日　地委举办欧州青田同乡会会长团欢迎仪式。

6 月 15 日　省委副书记、省长柴松岳到丽水市指导经济工作。

6 月 19—20 日　省委副书记梁平波在缙云县召开“三讲”教育座谈会。

6 月 20 日　景宁畲族自治县国家农业综合开发项目通过国家验收。

7 月 3—6 日　中央“三讲”教育检查组组长、全国政协常委黄璜到丽水市检查青田、缙云、景宁三县“三讲”教育工作。

7 月 8 日　浙江省电信公司丽水分公司挂牌成立。

7 月 19 日　丽水市四大班子正式挂牌办公。

7 月 20 日　市委大院举行上班第一天升国旗仪式。

7 月 20 日　市委、市政府出台《关于市本级与莲都区部分事权划分的决定》。10 月 24 日，市委、市政府下发《关于调整市本级与莲都区部分事权的通知》。

7 月 27—8 月 5 日　市委书记丁耀民参加浙江省经贸代表团，到新疆维吾尔自治区、甘肃省考察经贸工作。

7月28日　全国政协副主席叶选平到丽水市考察工作。

8月1日　国务院侨办组织的“2000年中国寻根之旅”夏令营，其中西班牙巴塞罗那中文学校的青田籍营员13人，回青田县与亲人团聚。

8月6日　市委宣传部发布《关于征集“丽水精神”提炼和表述修改意见的启事》。9月22日，在《丽水日报》公布丽水精神为“勤劳质朴、坚韧不拔、负重拼搏、务实创新”。

8月21日　市政府印发《丽水市人民政府工作规则（试行）》和《丽水市人民政府廉政守则》。

8月26日　受第10号台风“碧利斯”袭击，龙泉市锦溪、住龙等17个乡镇山洪暴发，山体滑坡，死亡3人，倒塌房屋3492间，中断公路6条，直接经济损失1.492亿元。

8月30日　浙江少数民族师范学校、松阳师范学校并入丽水师范专科学校。

8月31日　遂昌县清水源水电站引水隧洞爆破施工发生事故，死3人。

9月8日　浙江国信通信丽水分公司整体并入中国联通丽水分公司。

9月5日　全市公安机关“三项教育”启动，在全市公安民警中开展全心全意为人民服务的宗旨教育，实事求是的思想路线教育，严格、公正、文明执法的法制教育。

9月15日　莲都区“莲城云雾茶”“莲城龙凤茶”获第二届国际名茶评比金奖。

9月19日　丽水城市污水处理工程开工，是省重点工程，由国债投资。

9月20日　丽水市人民政府开通“12345”便民电话。

9月26日　龙泉撤县建市10周年庆祝大会暨省第二届龙泉山登山节开幕式举行。

10月1—7日　仙都旅游文化节在缙云县举行。

10月3日　旅德、旅奥青田同乡会国庆访问团到北京参加国庆观礼。

10月9日　丽水经济开发区天宁工业区微电机园区开工，占地7万平方米，年产值5亿元。

10月9—11日　副省长章猛进到丽水市调研农业和农村工作。

10月11日　浙西南农贸城开工。

10月15日　丽水市科技成果展示会在处州展览中心举行。

10月16—19日　中共丽水市第一次代表大会召开，大会提出丽水市“生态立市、绿色兴市”发展战略。

10月20日　市政府召开丽水古城墙保护汇报会，研究处理丽水城市防洪工程和古城墙文物保护问题。

11月1日零点　为第五次全国人口普查登记时点。全市总人口216.18万人，性别比为108.93（女=100）。

11月5—7日　第一届“中国木制玩具节”在云和县举行。

11月13日　全市民族工作会议召开。12月5日，市委、市政府出台《关于加快少数民族和民族地区经济社会发展的实施意见》。

11月21日　范匡夫、马健先进事迹报告会在丽水市文艺会堂举行。

11月22日　市级50个部门首批审批制度改革方案公布，审批项目从414项减至183项，减少56%；审核、核准、备案从619项减至373项，减少39.7%。

11月22—25日　省委副书记、省纪委书记李金明到莲都区、缙云县、遂昌县、松阳县考察纪检工作。

11月25—28日 “十年绿化浙江”成就展在杭州浙江世贸中心展出，丽水市参展林产品有8大类500多种。丽水市和云和、遂昌县获“优秀组织奖”。

11月28日 全市“廉政勤政”先进事迹巡回报告团首场报告在缙云县人民大会堂举行。

11月30—12月1日 中共丽水市委一届二次全体会议召开，审议通过《中共丽水市委关于制定丽水市国民经济和社会发展第十个五年计划的建议》。

11月 杭州宋城集团与云和县政府签订合作开发云和湖协议，总投资2.5亿元。

12月5—6日 闽浙赣皖四省九方经济区第二届第五次联席会议在丽水县召开。

12月5—6日 市政府主要负责人谢力群调研莲都区吕步坑古窑址。该窑址是考古发现中年代最早的一条龙泉窑系青瓷窑址，始于南朝，至唐代结束。

12月6—7日 全省审计局长会议在丽水市召开。

12月7日 全省第十一届戏剧小品邀请赛在青田县闭幕。青田县剧团选送的《石缘》《心灵的通道》获表演一等奖。

12月9日 浙江省第一个法定18岁成人节在丽阳门广场举行，宣誓公民1170人。

12月11—25日 2000年全国国际象棋个人锦标赛在缙云县举行。

12月12日 由浙江林校和丽水商校合并组建的丽水师专职业技术学院举行成立大会。

12月14日 全市“双禁①”专项整治工作会议在遂昌县召开。

12月17日 丽水市“一控双达标②”工作通过省验收。

12月20日 丽水市近五年十大新闻事件和十大新闻人物评选揭晓。十大新闻事件金温铁路开通、丽水地区脱贫、丽水撤地设市、市第一次党代会召开、查处刘满春贿选案、“雕牌”获中国驰名商标、四县造纸厂结束排放黑液、批复同意丽水为全国生态示范建设试点地区、“两基”验收、第四届中国摄影艺术节。十大新闻人物吴品禾、胡爱华、吴克甸、徐素花、叶盛、林启明、廖复新、尹樟达、徐佐洪、乐法文。

12月21日 丽水市人民防空专业队伍成立。

12月21日 全省小流域综合治理及河道疏浚现场会在龙泉市召开。

12月24—27日 省委书记张德江到龙泉市、庆元县调研经济工作。

12月27—28日 中国澳门地区少儿艺术团到云和县友好访问。

2001年

1月1日 市预算会计核算中心集中核算首批市直行政事业单位15个。

1月3日 丽水市人民政府审批服务中心成立。

1月6日 丽水市公安局在莲都区厦河村捣毁一座全省最大的制造冰毒地下工厂。

1月8—13日 丽水市第一届人民代表大会第一次会议召开，选举丁耀民为丽水市人大常委会主任、谢力群为丽水市人民政府市长。

1月9—13日 中国人民政治协商会议第一届丽水市委员会第一次会议召开，选举张向北为政协第一届丽水市委员会主席。

---

① 双禁：指禁止滥建坟墓、禁止非法建造寺庙。

② 一控双达标：指污染物排放总量控制、工业污染源达标排放、环境功能区达标。

1月11日 缙云仙都风景区被核准全国首批AAAA级旅游风景区。

1月11—12日 省委常委、公安厅厅长俞国行到莲都区、缙云县访问贫苦群众。

1月16日 市委副书记、市长谢力群到湖州市出席丽水—湖州扶贫结对工作座谈会。

1月16—17日 市委书记丁耀民到宁波市出席丽水—宁波扶贫结对工作座谈会。

2月2日 330国道青田县海口镇高沙村发生一起特大交通事故,死10人、伤3人。

2月2日 莲都区在市区万丰小区捣毁一个非法传销窝点,传唤传销人员76人。

2月4—5日 副省长王永明到景宁畲族自治县指导农村"三个代表"重要思想学习教育活动。

2月7日 丽水市举办首次大型焰火晚会。

2月11日 省委、省政府批准《关于丽水市党政机构改革方案》。市、区党政群机关编制从1850人减至1480人,市委设置工作部门8个,市政府设置工作部门25个。

2月15—16日 丽水市城市总体规划论证会召开。6月27日,市人大常委会通过《丽水市城市总体规划》。

2月21日 丽水市城市防洪工程动工,工程施工期4年。

2月28日 丽水市食用菌生产形势研讨会召开。

3月5—9日 省委副书记周国富到丽水市调研种养业基地和农业龙头企业。

3月5—10日 副省长叶荣宝等到丽水市考察工业企业。

3月6—9日 丽水市第一次妇女代表大会召开。

3月12日 江西省九江市委书记、市人大主任刘上洋率党政代表团到丽水市考察经济工作。

3月13日 《浙江日报》、浙江电视台、浙江人民广播电台等新闻媒体"生态世纪行·瓯江行"专题采访组在丽水市进行采访。

3月14—15日 省委常委、常务副省长吕祖善到丽水市调研丽水市机构改革实施工作。

3月18日 丽水市首次春季人才交流会在市人才交流中心举行。

3月25日 全国环形荧光灯产品国家监督抽查分析会在缙云县召开。

3月27日 丽水市本级城镇职工基本医疗保险制度改革实施动员大会召开。从4月1日起实施《丽水市本级城镇职工基本医疗保险暂行规定》。

3月28日 110千伏碧湖变电所投入运营,是丽水市第一座按无人值班模式设计的110千伏综合自动化变电所。

4月4日 丽水市清明祭奠革命先烈仪式在万象山革命烈士纪念碑前举行。

4月5—6日 全国香菇主产区栽培大县联谊会议在福建省古田县召开,联谊会由丽水市人民政府和福建省宁德市人民政府联合主办。

4月9日 "春雷"的"严打"整治集中统一行动启动。

4月12—14日 丽水市政府第一次全体会议召开,研究建立适应社会主义市场经济运行的办事高效、运转协调、行为规范的行政管理体制工作。

4月14—15日 新华社社长穆青到到缙云县仙都、青田县温溪采风。

4月16日至7月4日 丽水市公开选拔市直单位部分副处级领导干部。

4月16—18日 丽水市工会第一次代表大会召开。

4月17日 丽水市生态示范区建设暨第四次环境保护会议召开。

4月23—25日　共青团丽水市第一次代表大会召开。

4月27日　龙泉市与韩国全罗南道康津郡建立友好交流关系协议书签字仪式在上海图书馆举行。

4月27—5月4日　中国龙泉青瓷宝剑精品展在上海图书馆举行。

4月28日　云和县发生11级风灾，倒塌房屋75间、损坏房屋14938间，农作物受灾321.8公顷。

4月28日　庆元县遭雷阵雨和风雹袭击，倒塌房屋18间，损坏房屋13616间，农作物受灾面积107.60公顷、成灾面积72.7公顷。

5月1—3日　2001年云和木制玩具展销会在杭州市举行。

5月14日　市人民政府印发《关于印发丽水市生态示范区建设总体规划的通知》。

5月19—24日　"瓯江文学大漂流"作家采访团到丽水市采风。

5月20—21日　云和县发现南北朝宋永明元年(483)古墓2个。

5月20—21日　副省长巴音朝鲁到丽水市调研经济工作。

5月28日　云南省思茅地区行署专员李元书率党政考察团到丽水市考察食用菌产业发展和林木深加工技术。

6月8日　丽水市药品监督管理局挂牌。

6月13—14日　丽水市农产品安全与市场竞争力会议召开。

6月20日　浙江省无偿献血"千里宣传，万人献血"活动在丽水市百货大楼门前举行。

6月　仙都摩崖题记被国务院公布为第五批国家级重点文物保护单位。

7月3日　丽水市与浙江林学院在丽水市举行签订科技合作协议仪式。

7月4日　云和县沙铺砻电站投入运营，装机容量2.5万千瓦。

7月6日　市委发出《关于在全市开展向廖永平同志学习活动的决定》。

7月7日　丽水市梅峰茶叶公司获中国有机茶"标志准用证"，是丽水市首次获国家级机构颁发的有机食品认证。

7月7日　浙江省高级人民法院院长张启楣到青田县人民法院检查指导工作。

7月9日　丽水市人民政府与浙江大学在杭州玉泉饭店举行科技合作协议签字仪式。

7月10日　庆元如龙桥、丽水通济堰、景宁时思寺、缙云仙都摩崖题记，被国务院公布为第五批全国重点文物保护单位。

7月17日　丽水市政府与省农业银行在丽水市举行合作协议签字仪式。省农行在三年内分别向丽水市建设发展有限公司、丽水市土地储备中心、丽水市经济开发区投资有限公司提供综合授信额度1.5亿元、3亿元、1.5亿元。

7月17—18日　市委常委会专题研究莲都区、青田县、缙云县工作。

7月27日　省委副书记乔传秀到丽水市调研丽水市省级高新技术农业园区、浙江纳爱斯化工股份有限公司、丽水市城市建设工作。

7月29日　丽水市首次委派市属国有企业(单位)财务总监5人。

7月31日至8月6日　浙江省林业勘察设计院、浙江林学院联合考察景宁望东垟湿地。

8月2日　丽水市中心医院开展首例心脏移植手术获成功。

8月7日　庆元县食用菌办公室食用菌定型菌种移植试验获得成功。

8月9—10日　市委常委会专题研究云和县、遂昌县、松阳县工作。

8月9—10日　全市“乡镇便民服务窗口”建设工作现场会在青田县召开。

8月10日　省政府批复同意丽水市莲都区部分行政区划调整，撤销联合乡，并入碧湖镇；撤销城关镇，设紫金、岩泉、万象、白云街道办事处；撤销水阁镇，设水阁街道办事处。

8月10日　市委发出《关于开展解放思想大讨论的通知》。

8月12—19日　市委副书记、市长谢力群率政府代表团到日本国三岛市友好访问。

8月14日　丽水市120急救指挥中心成立。

8月15日　《瓯江流域旅游开发专项研究》论证会召开。

8月18—22日　丽水市运动员杨毅获全国青少年航海模型锦标赛F3-V和F3一E金牌2枚。

8月22日　省委常委会专题研究衢州市和丽水市工作。

8月24—26日　首届中国汤显祖研究会年会在遂昌县召开。

8月31日　丽水市政府与浙江工业大学在丽水市举行科技长期合作协议签订仪式。

8月　百山祖冷杉实生苗繁殖成功。

9月6—9日　省委副书记、省长柴松岳到丽水市和遂昌县、松阳县考察企业、农业开发基地、城市建设和学校工作。

9月12—21日　丽水市创作的畲族风情歌舞剧《畲山风》，代表浙江省到北京参加全国第二届少数民族文艺会演，获创作金奖和演出金奖。

9月13—14日　市委常委会专题研究庆元县、景宁畲族自治县和龙泉市工作。

9月17日至12月24日　全市开展第四届“丽水市十大杰出青年”评选活动。

9月21—23日　“世界摄影家看浙江”到丽水市开展采风活动。

9月24日　丽水农技110网站开通。

9月25日　浙江省“助行工程”启动仪式在丽水市举行。省委副书记梁平波赞助缙云县溶江乡花楼山村残疾人丁锦炉假肢1副。

10月1日　第二次全国基本单位普查的基层填表登记工作在全市启动。

10月6—9日　2001年中国·青田石雕节暨全球青田人促进祖国和平统一大会在青田县举办。

10月11日　丽水市竹业产业化工作会议召开。

10月11日　全市水利工作会议召开。研究城市防洪工程建设、水资源开发利用、渔业资源优势发挥、水环境和生态环境保护工作。

10月14—18日　副省长巴音朝鲁到龙泉、云和、庆元、景宁等县(市)调研市场、工业园区和重点企业工作。

10月15—19日　副省长鲁松庭到丽水市和莲都区、云和县和景宁县畲族自治县调研农业工作。

10月19日　丽水市农村青年星火带头人协会成立。

10月18—22日　景宁畲族自治县举办中国畲乡风情节。

10月23—25日　浙江省第三届龙泉山(凤阳山)登山旅游节在龙泉市举办。

10月25日　龙泉瑞垟二级水电站开工，装机容量3万千瓦。

10月25—26日　缙云县举行中国·仙都首届国际攀岩节。

10月27日　丽水市森林分类区划界定工作会议召开，确定依据林业分类体系，将林业用地划分为生态公益林地和商品林地。

11月5日　市委常委会研究讨论“浙江绿谷”形象宣传工作。

11月7日　浙江·丽水瓯江流域水电资源招商签约仪式在杭州世贸中心举行。

11月8日　景宁“惠明”牌惠明茶，“山山”牌香菇、黑木耳，缙云“仙都”牌啤酒，青田“太鹤”牌杨梅，庆元“百山祖”牌香菇被2001年中国国际农业博览会中国名牌评比会评为中国名牌。

11月12日　浙江丽水荣泰日用工艺皮件有限公司奠基，是丽水外商投资规模最大的生产性项目。

11月15—29日　副市长刘秀兰率政府代表团到荷兰、德国考察侨务工作。

11月18—19日　中国民主促进会丽水市第一次代表大会召开，选举庄志清为民进丽水市第一届委员会主委。

11月22日　丽水市极峰矿泉水饮料厂的永健矿泉水被授予中国绿色食品标志，颁发绿色食品证书，是全市首个通过国家认可的绿色食品。

11月26—28日　中国民主建国会丽水市第一次代表大会召开，选举齐育华为民建丽水市第一届委员会主委。

11月30日　丽水市人民政府发出《关于云和县撤销沙溪乡扩大云和镇行政区域的通知》，同意撤销沙溪乡，并入云和镇。

12月8—12日　丽水市名特优新产品展示(展销)会在杭州浙江展览馆举办。

12月11日　全市领导干部违反住房规定专项清理工作电视电话会议召开，要求严厉查处1998年以来领导干部违反住房规定的问题。

12月11—14日　市委副书记、市长谢力群到绍兴、诸暨、嵊州和湖州市洽谈外派乡镇干部培训、劳务输出和区域经济协作工作。

12月13日　杭州宋城集团云和(仙宫)湖旅游度假区奠基。

12月16日　丽水市汽车运输集团有限公司挂牌，成为自主经营、自负盈亏的新型企业。

12月27—28日　省委书记张德江到丽水市和景宁畲族自治县调研经济工作。

12月29日　莲都区白云街道办事处白云社区党支部成立，是丽水市首个社区党支部。

12月29日　丽水市绕城公路南线和客运西站动工。

12月29—30日　副省长章猛进调研青田县章旦乡章旦村千亩水果精品基地工作。

12月30日至2002年1月1日　省委副书记、省长柴松岳听取青田县、缙云县工作汇报。

2002年

1月2日　丽水生态经济研究所在丽水师专成立。

1月4日　52省道景泰公路改建工程4标段1号桥发生倒塌事故，死8人、伤15人。

1月8—11日　云和县木制玩具企业参加香港(国际)玩具展。

1月10—13日　省委常委、省公安厅厅长俞国行到丽水市指导市委常委民主生活会。

1月11日　广西壮族自治区桂林市人大常委会主任雷熹平率党政考察团到丽水市考察“生态立市”建设工作。

1月16日　江西省新余市委副书记马博维率工业考察团到丽水市考察纳爱斯集团有限公司和青田县工业企业。

1月19日　宁波党政代表团到丽水市考察经济工作。

1月23日　青田县部分行政区划调整，撤销腊口镇、石帆乡，合并建立新的腊口镇。撤销阜山乡、双垟乡，合并建立新的阜山乡。3月12日起，青田县调整行政村区划，至7月底，行政村从原来的622个减少到436个。

1月29日　卫生部副部长马晓伟到丽水市调研农村卫生工作。

1月31日　中华全国总工会副主席苏立清到缙云县慰问困难职工。

1月　纳爱斯集团丽水总部建成中国最大洗衣粉生产基地，年生产能力5亿千克。

2月3—4日　省委副书记梁平波到遂昌县访问贫苦群众。

2月27日　市政府同意撤销龙渊镇建制，设立龙渊、西街、剑池3个街道办事处，为龙泉市政府的派出机构。

3月9—23日　市委书记丁耀民率经贸洽谈团到奥地利、意大利、西班牙、法国考察。

3月12日　青田县行政村区划调整工作启动。至7月初，全县行政村从622个减少到436个，基本完成行政村区划调整工作。

3月12—15日　省委副书记乔传秀到莲都、云和、遂昌、松阳、景宁等县(区)调研农村工作。

3月20日　浙江省名画家丽水采风活动在丽水市启动。

3月22日　丽水、诸暨经济社会发展情况交流会暨两地劳务合作签约仪式在丽水市举行。

3月30—31日　丽水市首次国家司法考试在丽水中学举行。

3月　丽水经济开发区水阁区块启动建设。

4月2日　水利部副部长张基尧到丽水市考察城防工程建设。

4月6日　丽水师范专科学校刘基研究所成立。

4月9日　全市生态示范区建设暨第五次环保工作会议召开。

4月10日　市委常委会议专题研究市区基建项目。

4月15—16日　市委理论学习中心组举办WTO专题研讨班。

4月23日　市委出台《关于加强领导干部八小时外活动监督的意见(试行)》。

4月24日　丽水市红十字会第一次会员代表大会召开，庄志清当选为第一届理事会理事长。省委副书记周国富到丽水市

4月24—28日　中国龙泉青瓷宝剑精品展在北京民族文化宫展出。

4月　丽水市推出“生态立市、绿色兴市”四大举措，出台《丽水市绿色农产品行动实施方案》《丽水市农业科技服务行动实施方案》《丽水市农业信息服务行动实施方案》《丽水市依法护农行动实施方案》。

5月13日　丽水市大中学生道德辩论赛举办。

5月17—20日　省委副书记李金明到丽水市调研基层文化、乡镇便民服务中心工作。

5月23—25日　副省长盛昌黎到丽水市调研文化工作。

5月27日　《关于进一步加快旅游产业发展的意见》出台。

5月27日　景宁英川电站并网发电，为股份制水电站，由中国广厦集团和浙江丽水南方水电开发公司投资开发。

5月28—29日　日本三岛市市长小池政臣率中日友好访问团到丽水市考察。

5月30—31日　全国森林资源保护利用与人造板业可持续发展高层论坛在丽水市举行。

6月2日　中共湖州市委书记杨仁争率湖州市党政代表团到丽水市考察。

6月3日　丽水市富来森食品有限公司通过HACCP国际食品安全卫生体系认证，是丽水市首家获HACCP认证的企业。

6月5日　市政府举办“浙江绿谷”标志、广告语和“十大峡谷、十佳景点、十佳旅游商品”新闻发布会。

6月7日　纳爱斯健身广场落成。

6月14日　丽水市检察机关驻看守所检察室规范化建设率先通过省级达标考核。

6月12日　国家质量监督检验检疫局启动实施庆元香菇原产地域产品保护，范围为龙泉市、庆元县、景宁畲族自治县。10月，实施龙泉青瓷原产地域产品保护。

6月15日　龙泉市八都镇、上蜂镇、宝溪乡、竹埠畲族乡出现短时大暴雨，受灾人口57235人，房屋倒塌64间，公路中断5条(次)，直接经济损失1054万元。

6月27—29日　中共嘉兴市委书记陈加元率党政代表团到丽水市开展“山海协作工程”活动。

6月28日　浙江民俗乐园在莲都区后铺村奠基，是丽水市第一个主题公园。

7月4—9日　省委副书记、省长柴松岳到云和、龙泉、庆元、景宁、青田等县(市)，调研滩坑水电站库区、坝址和移民安置点工作。

7月10—11日　中国民主同盟丽水市第一次代表大会召开，选举刘国安为主委。

7月16日　丽水市国防动员指挥中心落成。

7月19日　丽水市政府公众信息网开通。

7月　国家商标局核发“松阳晒红烟”原产地证明商标证书。10月，国家商标局核发“青田石雕”原产地证明商标证书。

8月1—2日　市委副书记、市长谢力群率政府代表团队到嘉兴、湖州、德清等地考察学习征地拆迁和行政中心建设经验。

8月4日　丽水市人民政府命名第二轮第一批文化“山花乡镇”。

8月4—10日　市委书记丁耀民率市经贸协作代表团到江西、安徽省考察经贸工作。

8月5日　滩坑水电站移民动迁安置工作会议在青田县召开。

8月14日　全市生态示范区建设现场会在青田县召开。

8月15日　遂昌县蔡源乡等7个乡镇发生特大洪灾，受灾人口3.1万人，死亡3人，失踪2人，损坏、倒塌房屋780间。

8月21日　市政府出台《丽水市公共场所禁止吸烟规定》。

8月22—23日　副省长巴音朝鲁到松阳、遂昌县调研中小企业发展工作。

8月22—23日　全市全面推行全程办事代理制现场会在缙云县召开。

8月22—24日　省委书记张德江等到莲都、青田、缙云等县(区)考察“百乡扶贫攻坚计划”和“山海协作工程”落实工作，调研欠发达地区加快发展问题。

8月26日　丽水市社会主义学院成立，首任院长庄志清。

8月　纳爱斯集团跻身“2002年中国企业500强”，位居221位。

9月3日　市委下发《关于开展向陈金同志学习活动的决定》。

9月4—5日　美国新泽西州州长特使、罗威市市长詹姆士·肯尼迪率友好访问团到丽水市访问。

9月8—10日　浙江省第四届老年运动会气排球比赛在丽水市举行。

9月10—13日　市委书记丁耀民率党政代表团到金华学习考察。

9月11—14日　省委副书记乔传秀到丽水市考察基层党建工作。

9月17—18日　全市加快丽缙青区域发展座谈会在青田县召开。

9月24日　中国科学院院长、党组书记路甬祥率考察团到丽水市考察。

9月26日　全市发展农村经济现场会在龙泉市召开。

9月27日　龙泉宝剑2柄作为国礼，委托乌克兰驻中国大使馆转赠乌克兰总统库奇马和前任总统克拉夫丘克，祝贺中乌建交10周年。

9月27—28日　加快龙泉、云和、庆元、遂昌、松阳、景宁县(市)经济发展座谈会召开。

10月7日　第十二届浙江省运动会火矩接力传递在丽水市纳爱斯健身广场举行。

10月12—14日　中国•仙都旅游文化节在缙云县仙都举办。

10月13—14日　中国少年先锋队丽水市第一次代表大会召开。

10月15日　第七届浙江省见义勇为表彰会在杭州市举办。丽水市受表彰5人，其中省见义勇为勇士1人，见义勇为先进分子4人。

10月28—30日　全国第七届陶瓷艺术设计创新评比大会暨中国龙泉青瓷节在龙泉市举办。

10月29日　市政府出台《丽水市市属事业单位改制实施办法》。

10月30日　莲都区白云街道北郭桥社区首届居民委员会选举产生，是丽水市区第一个社区居民委员会。

10月31—11月1日　省委、省政府在丽水市举办"山海协作工程"情况汇报会和全省"山海协作工程"项目签约仪式。

10月　丽水市入选省"百乡扶贫攻坚计划"乡镇37个。

11月1—3日　丽水市第一届残疾人运动会在纳爱斯健身广场举办。

11月2—3日　《浙江省公民道德规范》漫画联展在纳爱斯健身广场举办。

11月6—8日　浙江省少数民族传统体育运动项目选拔赛在景宁畲族自治县举办。

11月8—14日　市委书记丁耀民、景宁畲族自治县鹤溪街道扫口村党支部书记蓝水梅(畲族、女)出席中共第十六次全国代表大会。

11月22—23日　全省食用菌工作会议在庆元县召开。

11月24—26日　省委书记习近平到丽水市实地考察滩坑水电站坝址、丽水城市防洪工程、景宁畲族自治县双后岗村和莲都区九坑村，以及"纳爱斯"等企业，宣讲十六大精神，与干部群众共商推进欠发达地区加快发展大计，提出保护生态和加强少数民族工作。

11月26日　版画艺术家、新兴版画创作元老金逢孙将20世纪50年代在中国美协工作时收藏的珍贵艺术品311件，捐赠丽水市博物馆。

11月26—28日　丽水市第一届人民代表大会第三次会议召开，选举产生丽水市出席浙江省第十届人民代表大会代表29人。

11月2—3日　中国农工民主党丽水市第一次代表大会召开，选举李江波为主委。

12月7—12日　首届中国丽水绿色食品节绿色食品展示展销会在浙西南农贸城举办。

12月8日　丽水中学举办百年校庆活动。中共中央政治局委员、广东省委书记张德江发来贺信，全国人大常委会副委员长邹家华、王光英、何鲁丽，全国政协副主席王文元和原全国人大常委会副委员长陈慕华、原浙江省委书记铁瑛分别题词。

12月8—11日　省委副书记周国富到丽水市考察特色农产品基地、农业龙头企业工作。

12月12日　丽水市保险行业协会成立。

12月12日　丽水市中医药研究所成立。

12月12—13日　副省长王永明到云和县、缙云县和景宁畲族自治县调研经济社会发展工作。

12月20—21日　全省建设部门负责人座谈会在丽水市召开。

12月22日　丽水经济开发区被亚洲博鳌·中国品牌年度盛典评为中国十大最具经济活力省级开发区、华东区最佳投资环境开发区。

12月25日　全省移民系统滩坑水电站移民安置工作会议在丽水市召开。

12月28日　金丽温高速公路金华至丽水段通车。

12月29日　副省长叶荣宝到云和县访问贫苦群众。

2003年

1月1—3日　首届丽水市汽车展览会开展，参展商21家、车辆157辆。

1月4—5日　中共中央宣传部副部长高俊良到丽水市调研宣传工作。

1月8日　青田石雕博物馆开工。

1月11日　九三学社丽水市第一次代表大会召开，选举主委吴鸿。

1月12日　丽水市经济与社会发展恳谈会在杭州举行。

1月17日　全市社区建设和社区党建联席会议召开。

2月7—21日　市委书记丁耀民率市党政代表团到美国考察。

2月9—14日　中共中央原政治局委员李铁映到龙泉市考察青瓷宝剑。

2月24日　云和县紧水滩镇三望潭瓯江火炮厂引起火药爆炸，死2人，伤22人，下落不明2人。

2月24—25日　全市民族宗教工作会议在云和县召开。

3月13—16日　上海市长宁区区委书记姜梁、区人大常委会主任叶公展率长宁区代表团到丽水市考察。

3月20日　丽水市全面禁渔期启动。

3月21日　丽水紫金大桥工程开工。2006年1月通车。

3月28日　丽水市行政中心工程开工。

4月10日　市委、市政府出台《关于主动接轨上海，积极参与长江三角洲地区合作与发展的实施意见》。

4月12日　龙泉市道太乡等11个乡镇(街道)遭风、雹、雨袭击，受灾5.3万人，倒塌民房306间，损坏民房8600间，直接经济损失9100万元。

4月15日　全市“非典”防治工作会议召开。至10月10日，全市未发现“非典”疫情。

4月17日　全市银企信贷资金衔接会召开。

5月6日　市委、市政府出台《关于进一步加强招商引资工作的意见》。

5月11日　市人民医院主治医师潘烟伟参加省医疗队，支援山西省抗击“非典”工作。

5月19日　全市山海协作工程工作会议召开。

5月19—21日　副省长陈加元到丽水市调研滩坑水电站库区移民安置工作。

5月27日　青田县季宅乡中心学校教师陈海标被中国电视吉尼斯总部授予“数笔划之最”称号，数汉字笔划的平均用时0.98秒。

6月3日　青田县黄垟乡青田钼矿一废弃矿洞因非法采矿发生坍塌，失踪2人，获救7人。

6月9日　全市加快工业园区建设现场会在缙云县召开。

6月11—13日　省委副书记、省长吕祖善到青田、松阳、遂昌等县调研滩坑水电站移民安置工作。

6月16日　北京燕京啤酒集团公司与浙江仙都啤酒发展有限公司合资组建燕京啤酒（浙江仙都）有限公司的项目签约仪式在丽水市国际大酒店举行。

6月18日　丽水客运西站通过验收。9月17日开业。

6月24日　缙云县东渡镇南山桥发生一起交通事故，一辆中巴车被洪水卷入盘溪，死4人。

6月25—27日　全国政协副主席罗豪才等到丽水市考察。

7月1日　省政协副主席、省委统战部部长李青到丽水市开展科技、文化、卫生“三下乡”活动。

7月14日　交通部部长张春贤到丽水市考察交通建设。

7月15日　中国洗协肥皂专业委员会五届二次会议暨2003年质量工作会议在丽水市召开。

7月20日　青田县北山、岭根等乡镇发生群体性事件，执行公务警车遭掀翻砸毁。

7月31日　市区最高气温43.2℃，是丽水市有史以来截至当时气温最高记录。

8月5—8日　省委书记习近平到龙泉、云和、庆元等地，深入企业车间、工业园区、乡间田头，调研丽水市经济发展情况。

8月8日　丽水中学获浙江省第二届中学生电视辩论赛冠军。

8月19—28日　市委书记楼阳生跟从浙江省党政代表团到新疆维吾尔自治区、青海省考察。

8月20—23日　浙江省青少年田径锦标赛在青田县举办。

8月28日　全市乡村康庄工程启动。至2010年，全市基本实现行政村通等级公路，投资53.5亿元。

8月　龙泉留槎阁重建工程竣工。

9月11—12日　市委书记楼阳生到松阳县开展下访活动。

9月14日　丽水市莲都区白云山发生森林火灾，过火面积5.73公顷，受灾森林面积5.67公顷，损失林木170立方米。

9月17—18日　省委副书记梁平波到丽水市调研宣传思想工作。

9月17—18日　全市百村示范、千村整治工作会议召开。

9月24日　云和县被中国轻工联合会授予“中国木制玩具城”称号。

9月25日　市政府出台《丽水市老年人优待办法》，2003年10月1日起施行。

9月27—29日　2003年浙江丽水（上海）投资环境推介暨产品展示展销会在上海国际体操中心举行。

10月10日　第三届国家级自然保护区评审委员会全票通过凤阳山国家级自然保护区功能区调整方案。

10月12—15日　中国第十届国际摄影艺术展评在丽水市举行。

10月28日　丽水（温州）投资环境推介暨项目洽谈会在温州市王朝大酒店举办。

10月28—29日　中国农科院副院长章力建率中国农科院专家到丽水市考察。

10月29—30日　丽水市国家级生态示范区创建工作通过达标考核。

11月2—7日　市委书记楼阳生率党政代表团到广东省珠海市、顺德区、南海区，上海市卢湾区、青浦区和杭州市学习考察。

11月9日　省委常委、省军区政委马以芝到丽水市军分区检查指导军事工作。

11月11日　第二届中国木制玩具节在云和县中国木制玩具城开幕。

11月11日　金华市委副书记陈昆忠率党政代表团到丽水市开展“山海协作工程”工作。

11月14—15日　华东地区老年气排球邀请赛在丽水市举办。

11月18日　全省开发区工作座谈会在丽水市召开。

11月19—20日　副省长陈加元到丽水市调研滩坑水电站移民安置工作。

11月21日　市委出台《关于进一步加强人大工作的若干意见》。

11月26—27日　丽水市第四次归侨侨眷代表大会召开。

11月30日　“丽水市十佳创业新星”表彰大会召开。

12月2—15日　市委副书记、市长谢力群率代表团澳大利亚、新西兰考察访问。

12月3日　丽水市参加浙江省“山海协作工程”合作项目签约仪式，签订工业、农业、基础设施、城市建设、科技、教育、卫生等合作项目58个，协议金额25.9亿元。

12月9—10日　中国国民党革命委员会丽水市第一次代表大会召开，选举主委叶赞平。

12月24日　《丽水生态市建设规划》论证会在杭州市举办。

12月26日　中共丽水市委第一届第十次全体委员（扩大）会议，提出坚持“生态立市、工业强市、绿色兴市”的发展战略。

12月27—28日　水利部副部长翟浩辉到丽水市调研水利建设工作。

12月28日　丽水石牛大桥工程动工。

12月30日至2004年1月8日　中国第十届国际摄影艺术展在丽水市举办。

12月　纳爱斯集团跻身世界洗涤行业前八强。

同年　丽水市推出“绿色通道”“创业绿卡”等支持入园企业发展新政10项，营造宽松市场准入环境。

2004年

1月3—8日　全国人大常委会副委员长李铁映到龙泉市调研青瓷工作，并创作青瓷作品。

1月5日　庆元县屏都镇五一、五二、五三、五四4个村划归松源镇管辖。

1月6—8日　省委书记习近平到遂昌、松阳、缙云等县，走访慰问下岗困难职工、农村低保户、优抚对象、残疾人家庭和敬老院，考察部分企业和效益农业基地。

2月2日　全市预防禽流感工作紧急会议召开。

2月4—5日　滩坑水电站移民工作会议召开。

2月11日　《2004年市政府组织实施市区十项实事》首次公布。

2月13日　遂昌县云峰镇社后村发生山林火灾，过火面积31.87公顷，烧毁山林27.07公顷，损失林木蓄积量1366立方米。2月14日，郑某以涉嫌失火罪被遂昌县公安局依法刑事拘留。

2月13日　丽水市人民政府代表团与中国摄影家协会代表在北京举行签约仪式，将在丽水市举办第十一届至第十五届中国国际摄影艺术展览活动。

2月18日　浙江北海水力发电有限公司和中国工商银行丽水市分行、中国农业银行丽水市分行就滩坑水电站项目银团贷款在杭州举行签约仪式，贷款30亿元。

3月3日　青田县黄垟矿洞民工宿舍发生火灾，死3人，失踪1人。

3月3—5日　省委副书记夏宝龙到莲都、遂昌、松阳等县(区)调研经济社会发展工作。

3月9日　市委、市政府出台《关于开展机关效能建设的决定》，在全市乡镇以上各级机关和有行政管理职能的单位开展机关效能建设。

3月31日　中央委员、人民日报社社长王晨到丽水市考察。

4月5日　全市生态市建设动员大会暨第七次环境保护会议召开。

4月8日　副省长陈加元到景宁畲族自治县调研滩坑水电站移民工作。

4月9日　《丽水市优势农产品区域布局规划》通过专家论证。

4月15—17日　省委常委、宣传部部长陈敏尔到庆元、龙泉、云和县(市)调研宣传思想工作。

4月21日　全市律师集中教育整顿工作会议召开。

4月23日　杭州海关与丽水市政府筹建丽水海关签约仪式在丽水市举行。

4月　莲都区古堰画乡项目动工，创建AAAA级旅游风景区。

4月　丽水怡景花苑通过验收。

5月9日　丽水市接轨上海工作委员会第三次全体成员会议召开。

5月12日　金丽温高速公路丽青段阳山隧道提前140天顺利贯通，是全省建造的第二长公路隧道。

5月12日　中国乒乓球超级联赛第二阶段第五轮比赛在缙云中学体育馆举办。

5月18日　江苏省宿迁市市委副书记、市长张新实率党政代表团到丽水市考察。

5月19日　教育部同意丽水师范专科学校升格为丽水学院。

5月20—21日　省委副书记、省长吕祖善到丽水市调研编制金衢丽产业带发展规划，加快欠发达地区发展。

5月21—28日　市委书记楼阳生率人大访问团到日本三岛市进行友好访问及合作洽谈。

5月27日　全市乡村康庄工程现场会议召开。

5月28日　《丽水公安志》举行首发式，是丽水市第一部公安志。

5月　丽水市妇联启动发展来料加工。至2010年，帮助农村妇女15.6万人，发放工资25亿元。

6月7日　龙泉市瓯江源头水土保持生态示范区被水利部确定为全国第一批水土保持生态建设示范区。

6月9日　全市农村“五保”和城镇“三无”对象集中供养工作会议召开。

6月11日　全省滩坑水电站移民工作会议在丽水市召开。

6月11日　中国版画艺术大师杨可扬将创作和珍藏的美术作品177件捐赠给遂昌县。

6月17日　浙江凯恩特种材料股份有限公司在深圳证券交易所中小企业板首次公开定价配售发行A股3000万股，每股发行价格为7.03元，实募资金1.94亿元。

6月17日　庆元县黄田镇上际铺小学发生22人集体中毒事件。

6月23日　副省长茅临生等一行到丽水市调研。

7月1日　滩坑水电站主体工程导流洞工程开工。

7月5日　“凯恩股份”上市，开盘价15元/股，收盘价16.34元/股，是丽水市首家发行上市公司。

7月6日　副省长金德水到丽水市调研经济社会工作。

7月6—8日　省委副书记、政法委书记夏宝龙到丽水市调研政治工作。

7月28日　博鳌亚洲论坛秘书长龙永图到丽水市作《入世后国际国内经济形势》报告。

8月6日　市委出台《丽水市“十一五”规划编制工作计划》。

8月12日　丽水市运动员汪杰、陈伟分获第十三届世界航海模型（动力艇）锦标赛，动力艇F1V3.5级和F3V3.5级冠军。

8月16—19日　省委常委、省公安厅厅长王辉忠到丽水市调研公安工作。

8月19日　全省公路保障工程交流会在丽水市召开。

8月23—24日　《华南虎》特种邮票首发式暨第五届中国香菇文化节在庆元县举办。

8月27日　福建省南平市党政考察团到丽水市考察。

8月31日　缙云县浙江寿尔福化学有限公司发生爆炸，死3人，伤2人。

9月2日　丽水市首届中小学名校长评选结果揭晓，刘为邦等20人被评为丽水市第一批中小学名校长。

9月3日　景宁畲族自治县被水利部授予“中国农村水电之乡”称号。

9月11日　吉林省委副书记金哲洙到丽水市考察纳爱斯集团。

9月13—16日　市委副书记、市长刘希平率政府代表团到杭州、嘉兴、湖州学习考察。

9月15日　《金衢丽地区城市群空间发展战略规划》方案意见征询会在丽水市召开。该规划对金华、衢州、丽水三市，18个市（县），37052平方千米土地进行整体联合规划。

9月15日　丽水市塔下大桥贯通。

9月17日　浙江省畲族文化研究会第三届会员大会在丽水市召开。

9月20日　河南省商丘市委副书记王保存到丽水市考察。

9月24日　全市新型农村合作医疗工作会议召开。

9月30日　市委、市政府出台《关于进一步加强人才工作的决定》。

10月13日　丽水、宁波“山海协作工程”项目洽谈会在丽水市举行。

10月14日　“龙泉论剑”暨浙江省第四届凤阳山登山旅游节在龙泉市举办。

10月14—15日　副省长王永明一行到丽水市调研经济工作。

10月17—20日　中国·丽水国际摄影文化节在丽水市举办。

10月17—19日　景宁畲族自治县设立20周年庆祝活动暨第二届中国畲乡风情节在景宁畲族自治县举办。景宁畲族自治县被水利部授予“中国农村水电之乡”称号。

10月21日　公安部副部长赵永吉到青田县、缙云县调研打击出入境违法犯罪工作。

10月21—23日　2004中国·仙都旅游影视文化节在缙云县举行。

10月21—23日　浙江大学考察团到丽水市考察。

10月23—26日　全国首届老年气排球比赛在丽水市举办。

10月30日至11月1日　浙江省第三届青年优质农副产品推广商洽会在丽水市举办。

10月31日　滩坑水电站主体工程开工。省委书记习近平、省长吕祖善分别发来贺信。

11月1—4日　第十二届全国老年骑游健身展示大会在丽水市举办。

11月1—5日　市委书记楼阳生率丽水市党政代表团，到福建省宁德、福州、三明、南平四市学习考察经济社会发展工作。

11月8—11日　省委副书记、纪委书记周国富到丽水市调研纪检工作。

11月8—14日　中央电视台和丽水市委宣传部联合录制大型电视专题片《走遍中国·丽水》在央视四套播出，内容有丽水城踪、千年山哈、山灵仙秀、侨史丹青、龙泉剑魂、奇石神韵、廊桥寻梦。

11月15—17日　副省长茅临生到丽水市调研扶贫工作。

11月16日　第十五届江浙沪毗邻地区公平交易执法会在丽水市召开。

11月17—21日　人事部副部长、国家外国专家局局长万学远到丽水市考察调研人事工作。

11月20日　中国轻工业联合会常务理事、中国制笔协会理事长高峻诚到丽水市考察制笔工作。

11月22—23日　中共中央委员、中华全国供销合作总社党组书记、常务副主任周声涛到丽水市调研供销工作。

11月23—25日　省委书记习近平到丽水市参加2004浙江省“山海协作工程”系列活动，深入青田、莲都等地考察移民安置点、建设中的滩坑水电站、碧湖农副产品供销合作社、丽水经济开发区等地，调研树立和落实科学发展观、加快欠发达地区发展工作。

11月25—29日　2004年省“山海协作工程”系列活动在丽水市举行。

12月1日　全市禁毒工作会议暨创建“无毒社区”会议在缙云县召开。

12月7日　丽水市公安局开展首次警营开放日活动。

12月7日　丽水市中东路商店第一联合工会成立，是全市首家进城务工人员工会组织。

12月11—13日　市委副书记、市长刘希平率政府代表团到金华市浦江县、湖州市安吉县学习考察。

12月15日　丽水市处州公园项目动工。2005年12月30日对外开放。

12月28日　云和县城被全国爱国卫生运动委员会命名国家卫生镇(县城)。

12月31日　丽水玉溪引水工程动工。2007年12月竣工。

2005年

1月6日　丽水市被省委、省政府命名省级文明城市，莲都区被命名省级文明城区。

1月10日　庆元县松源镇发生烟火剂爆炸事故，死3人，伤2人。

1月13日　丽水市慈善总会成立。

1月18日　丽水在港客商同乡恳谈会在香港富豪大酒店举行。

1月20日　省委副书记、省长吕祖善到遂昌县考察乌溪江库区群众异地脱贫工作。

1月28日　省委副书记、省长吕祖善到青田县北山镇及郎回村，看望慰问库区群众和移民工作组干部。

1月29日　丽水市级党员领导干部到松阳县安岱后村接受保持共产党员先进性党课教育。

1月　丽水市中心医院晋升三级甲等综合性医院。

2月22日　全市滩坑水电站移民工作会议召开。

2月22—23日　省委副书记、省委政法委书记夏宝龙到缙云县新建镇五村和青田县滩坑水电站等地调研移民工作。

2月24日　副省长陈加元到青田县考察温溪镇山根安置点、腊口镇石帆滩坑移民建房点、北山镇坑底移民工作片和北山镇复建新址建设工地。

3月1日　丽水市被中国轻工业联合会和中国制笔协会授予中国制笔生产基地称号。

3月2日　缙云县新川乡合群村直接差额选举党支部书记、党支部委员，是丽水市首次实行公推直选村党支部委员、书记。

3月9日　省委常委、宣传部部长陈敏尔到缙云县调研先进性教育活动。

3月9—10日　省委副书记、政法委书记夏宝龙到景宁畲族自治县东坑镇、大漈乡西一村，丽水经济开发区和丽水学院调研平安浙江建设工作。

3月15日　丽水经济社会发展情况恳谈会暨在京创业先进表彰会在北京友谊宾馆举办。

3月17日　全市文化体制改革工作会议召开。

4月11日　第十二届“桥竹柳新”三月三畲乡歌会在松阳县板桥畲族乡举办。

13—14日　民建中央副主席、全国政协常委黄关从到丽水市考察丽水速诚电机制造有限公司和浙江顺虎德邦涂料有限公司。

4月16—18日　丽水市“秀山丽水，茶香绿谷”品茗会在杭州市举办。

4月20日　全省农村党员干部现代远程教育扩大试点工作会议在丽水市召开。

4月21日　休博圣火采火巡游暨龙泉(凤阳)山开山大典活动在龙泉凤阳山举办。

5月9日　浙江省劳动模范先进事迹报告会在莲都会议中心举办。

5月9—10日　省委副书记、省长吕祖善到到缙云县东渡镇长坑小学、新建镇中心卫生院，莲都区双黄乡中心小学、双黄卫生院及丽水职业高级中学考察农村教育和卫生工作。

5月10—11日　日本三岛市市长小池政臣率友好访问团到丽水市访问交流。

5月11日　青田县方山乡龙现村稻田养鱼被联合国粮农组织农业遗产保护委员会列入首批世界农业遗产保护项目。

5月11日　全省滩坑水电站移民安置工作会议在龙泉市召开。

5月13日　全市“千镇连锁超市、万村放心店”工程建设工作会议召开。

5月14日　全国畲族文化学术研讨会暨丽水学院畲族文化研究所成立大会在丽水市学院召开。

5月18日　莲都区五一水库除险加固工程露天采料场发生山体塌方重大事故，死3人。

5月19日　省委副书记乔传秀到景宁畲族自治县调研先进性教育活动。

5月20日　全省农村教育工作现场会在丽水市召开。

5月23日　市委发出《关于在全市开展向赵向东同志学习活动的决定》。

5月2—26日　省委副书记周国富到遂昌、松阳县调研欠发达地区发展工作。

6月1日　省委常委、常务副省长章猛进到丽水市调研提高土地集约利用率和解决中小企业贷款难问题。

6月1—3日　市委副书记、市长刘希平率市政府代表团到宁波学习考察。

6月7日　中国工农红军挺进师创建浙西南游击根据地暨中共浙西南特委成立70周年纪念大会在莲都会议中心举办。

6月9—10日　全市环境基础设施建设暨农村环境污染整治现场会在遂昌县召开。

6月21日　韩国全罗南道政府驻上海代表处首席代表宣景日到丽水市考察建立友好交流和合作关系。

6 月 22 日 浙 GC7271 大型卧铺客车在 330 国道发生堕崖事故，死 7 人、伤 11 人。

7 月 7 日 丽水市国有资源配置市场化经验交流会在遂昌县召开。

7 月 7—8 日 丽水市佛教协会第一次代表大会在莲都区青云寺召开。

7 月 15 日 省委常委、宣传部部长陈敏尔将收藏的美术、书法、设计等书籍 1489 册捐赠给缙云县工艺美术学校。

7 月 18 日 丽水市遭台风“海棠”影响，平均降雨量 82.9 毫米，其中青田县损失最严重，死亡 2 人，房屋倒塌 35 间，公路中断 8 条，堤防决口 5 处，直接经济损失 0.81 亿元。

7 月 19—20 日 浙江省丽水市(韩国)投资说明会在丽水市举办。

7 月 20—29 日 《遂昌十番•牡丹亭》专题片在中央电视台 11 频道《戏曲采风•文化周刊》栏目播出。

7 月 22—23 日 省委副书记梁平波到景宁畲族自治县、青田县察看地质灾害点和水毁工程灾情。

8 月 10—12 日 省委书记习近平到龙泉、景宁调研欠发达地区加快发展工作，考察企业、生态保护区、下山脱贫移民小区、地质灾害点和丽龙高速公路建设工地。

8 月 16 日 中国工程院院士、浙江林学院院长张齐生到丽水市考察林业产业发展工作。

8 月 26 日 全市农民转移工作现场会在云和县召开。

8 月 31 日 丽水市遭台风“泰利”影响，平均降雨量 118 毫米，受灾乡镇 154 个，倒塌房屋 4815 间，受灾农作物面积 2.88 万公顷，毁坏公路路基 543.7 千米、输变电线路 416.35 千米。

9 月 1 日 庆元县后坑木拱廊桥获联合国教科文组织第六届亚太地区文化遗产保护一等奖。

9 月 3 日 省委常委、常务副省长章猛进到景宁畲族自治县指导救灾工作。

9 月 6 日 副省长陈加元到丽水市调研滩坑移民工作。

9 月 14 日 省委副书记夏宝龙到丽水市调研科技文化工作。

9 月 16 日 福建省宁德市委书记朱之文率党政代表团到丽水市考察。

9 月 18—19 日 全国人大华侨委员会主任委员陈光毅率侨务工作调研组到丽水市调研华侨华人在国内投资创业、合法权益保护、归侨侨眷权益保护等工作。

9 月 20—22 日 浙闽赣皖九市人大工作联席会议在丽水市举办。

9 月 21—29 日 丽水市首届运动会举办。

9 月 22 日 徐霞客与丽水旅游文化研讨会在丽水市举办。

9 月 28 日 胡忌藏书捐赠仪式在遂昌县汤显祖纪念馆举行。

10 月 13 日 滩坑水电站大江截流。

10 月 14 日 丽水籍选手王浩获全国第十届运动会男子 68 千克级跆拳道比赛跆拳道冠军。

10 月 20 日 全国政协原副主席杨汝岱到丽水市考察厦河中共浙江省委机关旧址工作。

10 月 24 日 市长刘希平率科技合作代表团到四川省成都市参加科技合作洽谈暨项目签约仪式。

11 月 5 日 韩国丽水市副市长金在坤率友好访问团参加中国第十一届国际摄影艺术展览暨 2005 年中国•丽水国际摄影文化节。

11 月 5—6 日 丽水市首届华侨华人大会举办。

11 月 5—8 日 中国第十一届国际摄影艺术展览暨 2005 年中国•丽水国际摄影文化节在丽水市举办。

11月6日 华侨开元名都大酒店开工。2009年11月竣工。

11月6日 丽水外国语实验学校开工。

11月7日 处州青瓷博物馆开馆，是丽水市首家民营博物馆。

11月7日 宁波市委副书记、市长毛光烈率宁波市代表团到丽水市考察，并参加丽水·宁波合作交流座谈会暨项目签约仪式。

11月8日 省委副书记乔传秀到景宁畲族自治县大均乡伏叶村和莲都区老竹畲族镇调研民族工作。

11月9日 全市防控高致病性禽流感和霍乱工作会议召开。

11月10日 副省长金德水到丽水市调研工业和食品安全“三网”建设工作。

11月11日 第二届浙江中西部科技论坛到丽水市举办。

11月11日 第六届中国(庆元)香菇节暨全国食用菌主产区县(市)长论坛在庆元县举办。

11月24—25日 国务院总理朱镕基到丽水市考察，省委书记习近平陪同。

11月25日 丽水市与中国银行浙江省分行联合举行合作协议签约仪式。

11月25日 丽水市畲族医药研究会成立大会暨族医药学术研讨会召开。

11月26—30日 2005年浙江省农业博览会暨海峡两岸(浙江)农业合作交流会在浙江农业展览馆举办，丽水农产品参与博览会展出。

11月27—29日 中国人民武装警察部队原政委徐永清到丽水市视察武警工作。

11月29日 丽水市体育中心奠基。2009年10月19日，丽水市体育中心主体育场落成。

12月3日 上海丽水籍专家联谊会在上海市召开。

12月7日 全市乡镇“住村联心”工作制度部署会召开，推广莲都区“住村联心”经验。

12月13—14日 金华市人大常委会主任阎寿根率人大代表团到丽水市调研生产力布局和产业带发展规划工作。

12月22日 副省长陈加元一行到青田县检查灾民房屋重建和移民住房建设工作。

12月23日 全省滩坑水电站移民工作暨表彰会在丽水市召开，省委书记习近平作重要批示，省长吕祖善发贺电。

12月23日 金丽温高速公路全线建成，丽青段通车。

12月28日 浙江大学—丽水市“人才合作工程”启动仪式在丽水学院图书馆举行。

12月28日 国家开发银行与丽水市政府举行开发性金融合作协议签约仪式。

同年 纳爱斯集团进入世界洗涤行业8强。

同年 青田县率先实行“乡财县管”制度，推行“两保一奖”财政体制。

2006年

1月1日 丽水市取消市区公共厕所收费，市区范围公共厕所免费开放。

1月4日 省委副书记、省长吕祖善到龙泉市道太乡上坑村、云和县赤石乡建林村调研紧水滩库区困难群众异地脱贫工作。

1月6日 丽水市和缙云、庆元、遂昌县被命名省双拥模范城(县)。

1月8日 青田百鸟灯到西班牙巴塞罗那青田华侨聚集区表演。

1月20日 丽水330国道线发生一起两车相撞交通事故，死2人、伤24人。

1 月 20 日　武警丽水市支队被武警总部授予基层建设标兵支队。

1 月 26 日　省政府第 57 次常务会议审议通过《丽水市城市总体规划(2004—2020)》。

2 月 8 日　全市滩坑水电站移民工作暨表彰会议召开。

2 月 14 日　韩国国际狮子协会 355—B2 慈善活动志愿团在丽水市开展活动。

2 月 17—24 日　丽水摄影作品展在浙江展览馆展出。

3 月 8 日　四川省眉山市委书记蒋仁富率党政代表团到丽水市考察民营经济发展和城市建设工作。

3 月 28 日　丽水市被省委、省政府命名平安市，龙泉市、青田县、云和县、庆元县、遂昌县、松阳县、景宁畲族自治县被命名平安县(市)。

3 月 29 日　共青团中央书记处第一书记周强到丽水市考察经济社会发展情况。

3 月 31 日　浙江东西岩“三月三”畲乡风情节暨东西岩景区开园仪式在莲都东西岩景区举办。

4 月 3 日　市委、市政府出台《关于加快少数民族和民族地区经济社会发展的实施意见》。

4 月 10—30 日　市委副书记、市长刘希平率浙江省城市规划与建设管理培训团到加拿大学习培训。

4 月 11 日　2006 年杭州世界休闲博览会圣火长三角大巡游活动到丽水市举办。

4 月 19—21 日　省委常委、宣传部部长陈敏尔到丽水市调研新农村文化建设及文化体制改革工作。

4 月 27 日　丽水市被中国根艺美术学会授予“中国根艺之乡”称号。

5 月 9—21 日　市委书记楼阳生跟随中联部组织的“中共年轻干部代表团”出访希腊、西班牙、葡萄牙。

5 月 10 日　莲都区丽雅公路洪渡段发生山体塌方事故，死 3 人。

5 月 12 日　全市党政机关及其工作人员投资入股、参与集资等营利性活动专项清理工作会议召开。

5 月 12—16 日　松阳籍选手王浩获全国路拳道锦标赛暨第十五届亚运会选拔赛男子 78 千克级冠军。

5 月 18 日　“丽水十大名片”推选活动在丽水电视台启动。

5 月 25 日　丽水十大魅力乡镇、丽水十大特色乡镇评选活动启动。

5 月 29 日　丽水市“十一五”期间软实力建设研究课题总报告论证会在杭州举办。

6 月 2 日　松阳县延庆寺塔为国务院第六批全国重点文物保护单位。松阳高腔、龙泉宝剑、龙泉青瓷、青田石雕为国务院第一批国家级非物质文化遗产。

6 月 6 日　丽水市与浙江大学全面合作签约仪式在浙江大学邵逸夫科学馆举行。

6 月 8 日　丽水市首届文学创作大奖赛开始征稿。

6 月 15 日　龙泉市浙江龙鑫化工有限公司双氧水车间发生爆炸事故，死 2 人，伤 1 人。

6 月 19 日　全市贫困山区大龄青年成家立业工作经验交流会召开。

6 月 20—21 日　“连线浙江”国际中国问题专家及外国驻华记者 30 多人到丽水市考察采访。

6 月 24 日　省军区司令员王贺文到丽水市检查军事斗争准备工作，检阅莲都区民兵应急动员集结点验行动。

7 月 3 日　副省长茅临生到松阳县考察新兴乡茶叶基地、越玉兰茶叶有限公司、古市筱铺下山移民小区和水南水稻优质高产示范区。

7月10—11日　2006年中国青田刘基文化研讨会在青田县举办。

7月12日　市委办、市府办下发《关于在全市开展新农村建设“六个双百①”活动的通知》。

7月14—15日　云和雪梨展示会在云和县举办。

7月25日　全市开发区资源整合暨对外开放工作会议召开。

7月27—29日　省委书记习近平到遂昌、松阳、莲都农村、企业、下山移民区、成人技校、在建龙丽高速公路以及古堰画乡等地，调研丽水市“十一五”规划开局工作。

7月29日　丽水市与浙江林学院全面合作签约仪式在龙泉市举办。

7月31日　丽水市“绿谷风——文化大篷车”送戏下乡活动在水阁工业区启动。

8月1日　全省森林防火工作研讨会在丽水市举办。

8月2—4日　省政协主席乔传秀到莲都区、龙泉市、云和县等地，督查全省政协工作会议精神落实工作。

8月9—10日　副省长王永明到丽水市检查“两龙”高速公路遂昌段6标遂昌大桥、松阳段12标、云和段梅山根大桥，督查工程建设情况。

8月10日　“丽水论坛”首次专题报告会举办，邀请浙江大学博士王小毅作《丽水“十一五”时期软实力发展研究》专题报告。

8月10日17时25分　丽水市遭强台风“桑美”袭击，死40人、失踪8人。国务院副总理回良玉慰问丽水受灾群众。

8月21—22日　南京军区司令员朱文泉到丽水市指导军事工作。

8月31日　嘉兴市委书记黄坤明率嘉兴市代表团到丽水市考察。

9月6日　北京大学考古博物院等单位联合考古发掘龙泉市大窑岙底片枫洞岩窑址。2007年2月5日，考古发掘工作结束，证实该窑址是明代宫廷用瓷的一大产地。

9月6日　“丽水十大名片”产生，分别为中国摄影之乡、浙江绿谷、古堰画乡、香菇之源、中国木制玩具城、纳爱斯、仙都、中国畲乡、龙泉青瓷宝剑、青田石雕。

9月15日　莲都区调整部分行政区划，撤销郑地乡，并入峰源乡；撤销严鸟乡，并入黄村乡；撤销巨溪乡，并入太平乡；撤销西溪乡、泄川乡、双溪镇，设立雅溪镇；撤销富岭乡，设立富岭街道办事处。

9月15—17日　丽水市与成都电子科技大学科技合作活动在丽水市举办。

9月16—17日　畲族舞蹈《畲家谣》代表浙江省参加第三届全国少数民族文艺会演。获创作金奖1个、优秀节目奖4个、优秀演员奖5个、优秀新人奖2个，代表团获组织奖。

9月20日　2006年中国城市生活质量排行榜揭晓，丽水市在全国参评的287个城市中位居第46位。

9月22日　中央电视台《走遍中国——走进丽水》系列专题片开机。

9月22—23日　中国·遂昌汤显祖文化节暨汤显祖国际学术研讨会在遂昌县举办。

9月26日　《瓯江干流水生态系统保护与修复总体规划(2006—2020)》评审会在北京召开。

---

① 六个双百：指在全市开展新农村建设百名领导干部联百村、百家文明单位结百村、百家民营企业扶百村、百名华侨华人助百村、百名妇女姐妹进百村、百名青年干部下百村活动。

9月27日　全省下山脱贫工作现场会在龙泉市举办。

9月31日　世界摄影家丽水行活动在遂昌县南尖岩景区启动。

10月19—23日　第七届中国工艺美术大师作品暨工艺美术精品博览会在杭州世贸中心举办。

10月20日　长征精神代代传——浙江省红色基地巡礼暨丽水市重访红军挺进师足迹活动仪式，在厦河中共浙江省委机关旧址举办。

10月20日　全市“百名侨胞助百村”活动动员会在青田县举办。

10月26—31日　丙戌年中国•仙都公祭轩辕黄帝大典暨旅游文化节在缙云县举办。

10月28日　庆元县“技能型乡镇政府建设”入选第二届中国全面小康论坛中国十大政府创新典型。

11月　纳爱斯集团中标2011年央视一套黄金剧场冠名权。后该集团连续五年冠名央视黄金剧场。

11月4日　浙西南生态发展战略与区域可持续发展学术研讨会在丽水市举办。

11月6—7日　全省山林延包工作座谈会在丽水市召开。

11月6—10日　省委常委、公安厅厅长王辉忠率检查组到丽水市检查党风廉政建设责任制落实工作。

11月9日　“首届浙江魅力新农村”推选活动在丽水市启动。

11月16—17日　诗画江南——中国书画名家丽水行作品展在丽水学院举行。

11月20日　丽水市被水利部授予“中国水电第一市”称号。

11月21日　《丽水市城市生态景观林总体规划》通过专家论证。

11月26—27日　青田•中国石文化论坛开幕式暨青田石雕博物馆开馆仪式在青田县举办。

11月29日　浙江•丽水资源配置市场化论坛在丽水市举办。

11月30—12月3日　中共中央政治局委员、中央军委副主席迟浩田到丽水市参观城市防洪堤、处州入园、古堰画乡、缙云仙都等地。

12月6—7日　省委常委、常务副省长章猛进到丽水市调研缙云县新建镇河阳古民居、浙江山蒲照明电器有限公司。

12月10—19日　“观看的姿态”——中国当代具象表现绘画四人油画展浙江巡回展在莲都区古堰画乡展览馆举办。

12月12日　遂昌县湖山香炉岗地热资源勘查探采结合井工程竣工。

12月20日　市人民政府调整全市最低工资标准。

12月22日　丽水摄影作品展首次在北京人民大会堂展出。

12月25日　第六届丽水市十大杰出青年颁奖典礼在市文艺会堂举办。

12月31日　龙(游)丽(水)、丽(水)龙(泉)高速公路龙游经北埠至龙泉段通车。

2007年

1月1日　丽水市本级开始全面实行基本养老保险、基本医疗保险、失业保险、工伤保险和生育保险费统一征缴。

1月1日　龙丽高速公路发生涵洞火灾事故，导致龙游至遂昌段监控信号中断近15小时，不同程度损坏公路梁板13块。

1月5日　市企业信用促进会成立。

1月5日　浙江省生态工程建设重点项目——丽水市垃圾处置工程开工。

1月6—15日　丽水首届油画展在“古堰画乡”举办。

1月8日　“在沪浙商关爱培训”计划启动。

1月15日　魏剑明获“浙江骄傲——2006年度最具影响力人物”称号。

1月15日　丽水市政府网站获省“十佳”文明办网示范单位称号。

1月17日　“首届浙江魅力新农村”评选揭晓，青田县山口村获首届浙江魅力新农村奖，景宁畲族自治县大均村、缙云县河阳村获环境优美奖，龙泉市下樟村获乡风文明奖。

1月22—24日　省委书记习近平到龙泉市、庆元县等地，调研“欠发达乡镇奔小康工程”和“技能型乡镇政府建设”。

1月26日　浙江工业大学丽水经济联合研究院授牌仪式在丽水经济开发区管委会举办。

2月5日　市委、市政府公布“丽水文化名村”，莲都区西溪村、缙云县河阳村、松阳县界首村、遂昌县长濂村、松阳县石仓六村、龙泉市下樟村、青田县龙现村、景宁畲族自治县大漈村、云和县坪垟岗村、庆元县大济村、莲都区堰头村获此称号。

2月6日　滨水公园项目开工。

2月15日　青田县海口镇朱伯英获浙江省首届新农村建设优秀带队人“金牛奖”。

3月5—6日　省委副书记夏宝龙到丽水市调研平安建设和社会治安综合治理工作。

3月21日　日本三岛市中学生访问团访问丽水。

3月22日　《丽水摄影》杂志创刊。

3月28日　浙江省首家林权管理中心——莲都区林权管理中心成立。

3月31日　丽水文化精品展在浙江展览馆开幕。

4月5日　中国仙都民祭轩辕黄帝大典在仙都黄帝祠宇举办。

4月12—14日　首届清华大学华侨经济发展论坛在青田县举办。

4月15日　金丽温高速公路莲都段温州方向110千米处发生三车相撞事故，死1人，伤2人，7吨盐酸流入瓯江。

4月19日　浙江景宁·中国畲乡“三月三”活动在景宁畲族自治县开幕。

4月26日　松阳银猴白茶成为国务院外事接待指定用茶。

4月27日　全市首个500千伏输变电工程在莲都区联城镇苏埠村动工。

4月29日　省委书记赵洪祝到丽水市调研经济社会发展工作。

5月11日　遂昌九龙山国家级自然保护区的一棵鹅掌楸树被评为浙江鹅掌楸之最。松阳县西屏镇东岗寮村家鱼苗种繁植户宋仙华，年繁育家鱼苗2.6亿尾，被评为浙江省最大家鱼苗种繁植户。这两个项目被记入“浙江农业吉尼斯”纪录。

5月12—26日　“摄影家眼中的丽水”摄影展在瑞士日内瓦联合国欧洲总部万国宫举行，展出摄影作品44幅。

5月14日　联合国教科文组织官员帕曲霞·阿尔伯特到庆元县举水乡月山村，考察中国“廊桥寿星”如龙桥。

5月15日　庆元县后坑木拱廊桥保护项目获联合国教科文组织亚太地区文化遗产保护卓越奖。

同年　元立集团首次跻身浙江省制造业百强(90位)，元立集团总经理叶新华被评为浙江省第二届优秀中国特色社会主义建设者。

6 月 4—5 日 副省长金德水到丽水市调研工业经济。

6 月 5—6 日 副省长王永明到丽调研公路交通建设工作。

6 月 7 日 百山祖国家级自然保护区发现浙江新分布兰花，鉴定属于兰科植物，宽距兰属，宽距兰种。

6 月 9 日 龙泉市国家级工艺美术大师徐朝兴和沈新培分别被国家文化部公布为第一批国家级非物质文化遗产项目代表性传承人。徐朝兴为龙泉青瓷烧制技艺传承人，沈新培为龙泉宝剑锻制技艺传承人。

6 月 11 日 “龙泉青瓷”商标成功注册。

6 月 11 日 景宁畲族自治县与中央民族大学联合筹建中国畲族文化研究中心。

6 月 14 日 丽水市被评为“2004—2005 年度全国无偿献血先进市”称号，是继 2002—2003 年获全国“无偿献血先进市”后重获该称号。献血超过 8000 毫升的饶王进等市民 5 人获国家无偿献血奉献奖金奖。

6 月 25 日 云和县被团中央评为“全国乡村青年文化活动先进县”。

6 月 26 日 遂昌县被评为首批中国旅游文化示范地，是当时丽水市唯一一家中国旅游文化示范地。

6 月 27 日 丽水文化艺术中心工程开工。

7 月 6 日 国内首个食用竹炭产品——竹炭茶在遂昌亮相，同时研制出纯竹炭绿茶、竹炭菊米茶等多个品种。

7 月 7 日 丽水市被全国厂务公开民主管理工作协调小组授予“全国推动厂务公开民主管理工作先进单位”称号。

7 月 8 日 加纳、墨西哥等 32 个国家的政府官员、专家学者以及企业家组成的国际考察团到丽水市实地考察“丽水竹产业现象”。

7 月 8 日 市中心医院“高血压的研究”项目获省医药卫生科技创新奖一等奖。

7 月 10 日 丽水市人民医院与浙江大学医学院附属第一医院签约共建合作医院。

7 月 16 日 市救助管理站迁建项目开工，年救助量容纳 5000 人次。

7 月 23 日 丽水首支援助非洲医疗队到马里共和国执行为期二年的医疗援助任务。

7 月 24 日 第六届全国少数民族自治县县域经济基本竞争力评估，景宁畲族自治县在全国 120 个少数民族自治县中位列第 17 位。

7 月至 8 月 全市“小砖窑、小矿山、小作坊”专项整治启动。

7 月 31 日 浙西南首个中共县委旧址——中共遂昌县支部旧址修缮竣工验收，对外开放。

8 月 2 日 浙江省推进政府公共资源市场化配置和行政服务中心建设工作会议在丽水市召开。

8 月 3 日 龙丽高速公路遂昌段发生两车追尾事故，死 3 人。龙丽高速公路丽水方向车道封道 3 小时。

8 月 7 日 省委副书记、省长吕祖善到云和县接待群众来访。

8 月 8 日 省人大常委会党组副书记、代主任俞国行到丽水市调研信访工作。

8 月 9—10 日 省委书记赵洪祝在景宁调研时强调要从落实科学发展观、构建和谐社会的高度，加大扶持力度，创新扶持工作，明确重点，推进欠发达地区快速发展。

8 月 13 日 丽水市被中国民间文艺家协会命名“中国民间艺术之乡”。

8 月 16 日 丽水市文明单位工作协会成立大会暨深化文明单位创建工作会议召开。

8月20日　市委发出《关于开展向周生佑同志学习活动的决定》。龙泉市岩樟乡民政助理员周生佑，在柳山头村遭遇特大暴雨、山体滑坡、泥石流狂泻的危急时刻，抢救村民脱险87人，遇难1人。

8月22日　缙云、遂昌县在2007年中国旅游精品推广大会上被授予“中国最佳生态旅游县”称号。

8月22日　市人民政府被省委、省政府授予“全省延长山林承包期工作先进集体”称号，莲都区政府、龙泉市政府和云和县政府也被授予此项殊荣。

8月25日　辽宁省抚顺市市长刘强率抚顺市经贸代表队到丽水市考察。

8月26日　丽水滚珠丝杆创新冷轧技术，装上全国40%的地铁列车。

8月28日　金丽温区域旅游联合体成立，联手打造“缤纷金丽温中国黄金旅游线”。

9月4日　丽水、金华、衢州三市城镇住房保障工作座谈会在丽水市召开。

9月5—6日　浙江副省长金德水到龙泉市、庆元县调研工业经济、节能降耗和食品安全工作。

9月14日　遂昌县入围全国最具投资潜力中小城市候选名单，是全市唯一入选的县(市、区)。

9月15—18日　丽水市中医院被国家中医药管理局、中华中医药学会授予“全国中医药科普先进集体”称号。

9月17日　青田县黄垟乡从2007年下学期开始实行中小学全免费教育，成为浙江省首个实现全免费教育乡。

9月17日　丽水市遭超强台风“韦帕”袭击，受灾乡镇102个，房屋倒塌477间，死4人，失踪3人，直接经济损失近3亿元。

9月18日　景宁畲族自治县民族中学被评为“全国民族中学示范学校”，是当时华东、华南地区唯一入选的民族中学。

9月23—24日　第四届浙江省中青年书法篆刻展评在丽水市举办。

9月26日　丽水市婺剧促进会成立。

9月28日　中国食用菌协会香菇分会在庆元县成立。

10月7日　丽水市遭强台风“罗莎”袭击，受灾乡镇151个，受灾人口63.46万人，房屋倒塌515间，直接经济损失5亿多元。

10月10日　最高人民法院授予云和县人民法院原院长魏剑明“全国模范法官”称号。

10月11—12日　浙江省“希望之光”计划专家服务团到丽水市开展人才智力服务活动。

10月19日　丁亥年中国·仙都公祭轩辕黄帝大典在缙云县仙都风景名胜区黄帝祠宇举办。

10月27—28日　全国首届畲医药学术研讨会在丽水市举办。

10月28日　《中国畲族医药学》由中国中医药出版社出版发行。

10月29—30日　浙江副省长王永明到丽水市检查调研金温铁路安全工作。

10月30日　丽水市在中国金融市长年会暨中国金融生态城市发展年会上被评为全国第二批十个金融生态城市之一。全市银行业不良贷款率1.66%，信贷资产质量达世界先进水平。

10月31日　松阳县玉岩镇被中国食用菌协会授予“中国花菇之乡”称号。

11月1日　第三届中国木制玩具节在云和县开幕。

11月1—2日　副省长钟山到丽水市考察外经贸和民族工作。

11月10—11日　“松阳银猴”国际茶文化研讨会在松阳县举办。

11月11日　金毛狗蕨在庆元被发现。金毛狗蕨起源于侏罗纪，是原始森林中“辈分”最高的植物“活化石”，1999年被列为国家二级重点保护野生植物。

11月11日　2007中国·青田华侨大会在青田县开幕。

11月15日　第二届中国龙泉青瓷·龙泉宝剑节开幕。

11月17—21日　中国第十三届国际摄影艺术展览暨中国·丽水国际摄影文化节在丽水市举办。

11月18日　全国政协副主席、农工民主党中央常务副主席李蒙到丽水市考察。

11月18日　中国第一家摄影博物馆——中国丽水摄影博物馆开馆。

11月21日　省委副书记夏宝龙到丽水市调研新农村建设。

11月25日　丽水市音乐家潘力峰作曲、薛霄九作词的《畲乡风雨桥》获第九届共青团精神文明建设“五个一工程”优秀文化作品奖，浙江仅有两首歌曲获此奖项。

11月25日　义乌丽水商会成立。

11月27日　丽水学院与浙江大学举行校—校—企合作项目签约仪式，签订科技合作项目12个。

11月27—28日　福建省委常委、福州市委书记袁荣祥率党政代表团到丽水市考察。

11月28日　丽水海关开关。

12月5日　景宁畲族自治县沙湾镇张庄村党支部书记蓝晓娟入选“第十二届中国杰出青年农民”称号，全省获此殊荣仅一人。

12月7日　50省道龙丽线松阳县黄店铺路段发生3车相撞交通事故，死5人，伤10人。

12月17日　丽水经济开发区被中国塑料加工工业协会授予“中国合成革循环经济先进示范基地”称号。

12月18日　遂昌金矿国家矿山公园开园。

12月25日　龙丽丽龙高速公路暨丽水连接线通车典礼在莲都区富岭互通收费广场举行。

12月25日　玉溪引水工程通水。

12月26日　市残疾人康复综合服务中心项目开工。

12月29日　浙江（上海）名特优新农产品展销暨休闲观光农业（农家乐）展示推介会在上海光大会展中心开幕。

12月30日　市老年人公寓项目开工。

2008年

1月2日　丽水市人民政府与浙江师范大学合作的“农村教育振兴行动计划”启动仪式在丽水中学举办。

1月5日　丽水市职业高级中学工地挖掘出南北朝至元代的古文化遗迹。

1月10日　丽水市首个省级湿地公园落户瓯江九龙湿地公园。

1月10日　庆元县被中国民间文艺家协会命名“中国廊桥之乡”。

1月11日　国家民族事务委员会副主任杨建国到景宁调研少数民族工作。

1月11日　“相约丽水”全国电视易地采访活动开机。

1月23日　丽水市建起全国首座屠宰场“沼气厂”，每万千克污水可发电0.68千瓦时，年发电0.2亿千瓦时，生产有机肥0.1亿千克。

1月24日　省文化厅公布浙江省第一批民间文学等非物质文化遗产项目10大类的代表性传

承人 276 人，其中丽水民间艺人 29 人。

1 月 24 日　沃尔玛进驻莲都区金汇广场。

1 月 24—25 日　副省长陈加元到滩坑水电站工地和景宁畲族自治县九龙乡看望慰问建设工人、库区移民干部和移民。

1 月 25 日　丽水市来料加工经纪人协会成立。

1 月 26 日　台缙高速公路缙云至永康段通车。

1 月 26 日　文化部公布第二批非物质文化遗产项目代表性传承人，松阳县吴陈基、陈春林为松阳高腔项目代表性传承人。

1 月 26 日　龙泉市民政干部周生佑、到丽水市打工的李美圭被评为“浙江骄傲——2007 年度最具影响力人物”。

1 月中旬　全市遭历史上罕见低温、雨雪、冰冻灾害。

1 月　景宁畲族自治县中国畲族文化中心主体工程竣工。

2 月 9 日　国家电网公司党组成员、副总经理陈进到丽水市检查电网抢修工作。

2 月 13—14 日　省委副书记、省长吕祖善实地考察乌溪江库区湖山乡黄泥岭村和妙高、湖山、金竹等乡镇异地脱贫安置小区。

3 月 3 日　全省深化集体林权制度改革经验交流会在遂昌县召开。

3 月 4 日　龙泉市兰巨乡官埔垟村杨晓丽，身背高位截瘫母亲上大学，当选 2007 中国大学生年度人物，是浙江省唯一获此殊荣者。

3 月 16—17 日　丽水市茶文化研究会成立。

3 月 19 日　全市第一次污染源普查活动启动，普查排放污染物的工业源、农业源、生活源和集中式污染治理设施。

3 月 19 日　丽水市网络图书馆开通试运行。

3 月 20 日　龙丽温(泰)高速公路云和至景宁段工程开工。

3 月 21 日　丽水市金龙•怡景花苑荣膺首届中国“广厦奖”，是丽水市首获此殊荣的楼盘。

4 月 8 日　第四届海峡两岸各民族欢度“三月三”节庆活动暨 2008 中国畲乡“三月三”活动在景宁畲族自治县开幕。

4 月 8—9 日　省政协副主席、省委统战部长楼阳生到丽水市调研“建设山上浙江，发展山区经济”课题。

4 月 9 日　省委书记赵洪祝听取景宁畲族自治县工作汇报。

4 月 9 日　市食品配送行业协会成立，首批会员 55 个。

4 月 13 日　丽水市“龙泉青瓷”地理标志证明商标获首届“浙江省十大品牌创新先锋”称号，成为浙江省唯一入选的证明商标。

4 月 14—23 日　全国 12 家电视台易地采访丽水拍摄制作的《相约丽水》8 集优秀节目，在中央电视台中文国际频道 4 台播出。

4 月 18 日　娃哈哈集团董事长宗庆后到丽水市对接帮扶合作项目。

4 月 23—25 日　省委书记赵洪祝到龙泉市、云和县、庆元县调研经济社会发展工作。

4 月 24—25 日　全国侨联为社会主义新农村建设服务现场推进会在青田县召开。

4月29日　滩坑水电站下闸蓄水。省委副书记、省长吕祖善宣布蓄水。

4月30日　《丽水市湿地保护与利用规划》(2006—2020)发布，保护全市90%以上重要湿地。

5月6日　全市首家大锐研发基地——山鼎大鲵研发有限公司落户庆元。

5月7日　遂昌县首批竹炭生产企业11家获准使用地理标志产品保护专用标志。

5月12日　四川特大地震灾害。5月21日，丽水市卫生防疫队一行19人到四川开展震后卫生防疫工作。

5月16日　省委、省政府出台《关于扶持景宁畲族自治县加快发展的若干意见》。

5月19日　丽水市“千亿富民强市工程”汇报会在杭州召开。

5月21日　庆元县残疾妇女、救人英雄吴火菊被授予“浙江省自强模范”称号。

5月22日　全国首个花菇清洁化生产技术在松阳试验成功，打破出口贸易壁垒。

5月26日　龙泉新剂型灵芝产品填补国内市场空白。

5月27日　丽水市首座500千伏变电站——万象变电站投入运营。

5月30日　丽水市获中国城市信息化创新奖，成为浙江省唯一获奖地级市。

6月3日　“名家写名瓷——中国书法家走进龙泉”活动启动。

6月4日　景宁畲族自治县被评为浙江省首个中国民族艺术家采风创作基地。

6月4日　丽水白云森林公园项目动工。

6月9日　缙云发现恐龙化石，留存完整，距2010年至少有6500万年。

6月9日　景宁畲族自治县在全省率先为森林上保险，政府全额出资，参保率100%。

6月17日　丽水市水利局编写的《丽水市河流简明手册》出版，成为全国第一本地级市河流简明手册。

6月18日　丽水应星楼复建工程动工。

6月18日　丽水市网络图书馆对外开通服务，成为全国首家免费共享的市级网络图书馆。

6月25日　副省长王建满到丽水市调研检查铁路安全和铁路建设工作。

6月25日　务岭根垃圾填埋场试运行。这是丽水市第一座现代化的、采用卫生填埋处理的垃圾填埋场。

6月30日　丽水滨江景观带核心工程城市意象区项目开工。

7月5—7日　浙江·丽水文化精品展在上海展览中心举办。

7月7日　缙云县黄龙景区发现晋代家族墓葬群。

7月10日　全省农业龙头企业与农产品基地对接会在丽水市举办。

7月12日　丽水学院与美国肯恩大学签署教育合作协议。

7月18日　纳爱斯集团入选2007年浙江省百强民营企业榜，位列第27名。

7月21日　旅居罗马尼亚青田华侨干学雄、干学军在瓯江与青田四都港交界处发现“浙江第一化石树”，直径3米多，高36米，重达6万千克，是研究青田乃至丽水上万年前生态的实物依据。

7月24—25日　省委常委、常务副省长陈敏尔到丽水市调研建设用地复垦和低丘缓坡综合开发利用工作。

8月1日　龙泉市瓯江源头水土保持生态建设示范项目通过省水利厅复验收。

8月1日　市政府调整惠民医院的对象范围和减免、优惠标准，提高减免优惠以及药品优惠标准，惠民对象从6000多人增加到8000多人。

8月3日　全市9个县(市、区)被列入浙江省林改示范区。丽水市成为唯一整体成为全省林改示范区的典型。

8月5日　温州永强机场丽水候机厅启用。

8月18日　丽水一宁波“山海协作”工程恳谈会在丽水市举办。

8月18日　齐齐哈尔市党政代表团到丽水市考察。

8月19日　唐代宫廷音乐《徵凡》在松阳县非遗普查时被发现。

8月19日　《丽水市滩坑库区旅游开发总体规划》通过专家组评审。

8月19日　丽水书城开业。

8月20日　丽水市首届乡村文化艺术节•新农村戏曲演唱大赛决赛在缙云县会议中心举办。

8月22日　龙泉市建成全省中小学防雷减灾示范工程。

8月26日　温州一丽水招商推介会、丽水市招商项目对接洽谈会、温州—丽水来料加工市场接洽会在温州举行。

8月28日　全市首家机械化定点屠宰场投入运营。

9月1日　城南千亩工业用地及道路工程开工。

9月4日　金丽温高速公路丽水境内俞庄隧道处发生重大交通事故，死10人、伤36人。

9月8日　丽水首届农村器乐决赛开赛。

9月10日　丽水市被公安部、科技部授予“科技强警示范城市”。

9月11日　丽水市支援青川县石坝乡灾后恢复重建指挥部5人到四川开展工作。至年底，全市向四川地震灾区捐款捐物8806万元。

9月11日　丽水市支援青川县石坝乡灾后恢复重建指挥部成立，干部5人开始办公。

9月19日　全市首届道德模范评选颁奖典礼在莲都会议中心举行。

9月19日　副市长庄志清到丽水市区各医院，检查三聚氰胺婴幼儿奶粉食品安全事故患儿医疗救治工作。

9月22日　云和县设立全国首个出口木制玩具检验监管区。

9月23日　丽水市审议通过《丽水市编修地方志工作方案》。

9月23日　浙江省第七届音乐新作演唱演奏大赛在景宁畲族自治县举办。

9月25日　丽水籍女作家王秋燕长篇军旅小说《向天倾诉》出版发行。

9月26日　“瓯江行”丽水摄影大展评选活动启动。

10月9日　全市首家豆腐坊通过QS现场审核。12月16日，获食品生产许可证。

10月17日　《丽水人闯天下》大型宣传报道活动开播。

10月28日　中国•丽水首届国际生态经济博览会开幕。

10月28—29日　水利部开展中期评估丽水市瓯江干流水生态保护与修复试点工作。

10月29日　侨胞建设家乡先进典型表彰大会召开。

10月30日　首届“中国•丽水绿色论坛”举办。

11月1日　《地理标志产品庆元香菇》(GB/T19087-2008)国家标准施行，由国家质量监督检验检疫总局、国家标准化管理委员会批准发布。

11月4日　闽浙赣皖4省9市经济区林业系统三届五次联席会议在丽水市举办。

11月4日　《畲水秋歌》获2008“江南风”长三角歌曲新作创作演唱大赛创作大奖和表演金奖、辅导金奖;《让心靠岸的小镇》获创作、表演、辅导三项银奖。

11月6—7日　日本三岛市市长小池政臣率团到丽水市访问。

11月10日　金温铁路扩能改造工程获国家发改委批复立项。

11月11日　第七届中国(庆元)香菇节开幕式暨“中国廊桥之乡”授牌仪式在庆元县举行。

11月13日　全省民族经济工作经验交流会在云和县召开。

11月13日　丽水援建四川地震灾区青川县石坝乡的第一个重建项目奠基。

11月22日　丽水市暨莲都区举行首届邻居节启动。

12月1日　滩坑水电站移民工作总结表彰大会召开，历时6年的滩坑水电站大规模移民动迁安置工作基本完成。

12月3日　松阳县被中国茶叶学会组织授予“中国名茶之乡”称号。

12月4日　省委常委、副省长葛慧君到丽水市检查落实党风廉政建设责任制工作。

12月5日　全省农村饮用水工程建设与长效管理工作推进会在丽水市举办。

12月8日　莲都区丽新畲族乡黄岭上村、云和县雾溪畲族乡雾溪村、青田县山口镇山口村等14个村获省级“绿化示范村”称号。

12月8日　市区内河改造一期工程开工。

12月11日　中国·丽水摄影高端论坛和2008“瓯江行”丽水摄影大展开展暨颁奖仪式举行。

12月25日　上海浦东发展银行丽水支行挂牌开业。

12月26日　缙云县新农村电气化创建工作通过省验收组验收,成为丽水市首个新农村电气化县。

12月26日　丽水市首条观光旅游公交线、城乡公交富岭线开通。

2009年

1月1—3日　首届民间炭祖庙会在遂昌县竹炭博物馆举办。

1月10日　中国丽水百名摄影家作品展暨《中国丽水百名摄影家》画册首发仪式在中国丽水摄影博物馆举办。

1月13日　市文广出版局策划的婺剧《却金馆》在云和县首次试演,是全省第一部新编反腐倡廉题材的婺剧新戏。

1月15日　浙江省首条绿色环保公路——安豫线大赛至官埔详段改建工程动工。

1月20日　丽水市被评为全国创建文明城市工作先进市。

1月20日　全市雨雪灾害,10千伏线路多条跳闸,400多个村5万多户断电。29日,恢复供电。

1月20日　庆元县获评丽水市第一个省级生态县。

2月6日　全市首个县级综合性党员服务中心在缙云县五云镇成立。

2月8—12日　市委书记陈荣高率党政代表团到宁波、温州、绍兴、台州考察。

2月17—18日　副省长龚正到丽水市调研外贸和民族地区发展工作。

2月27日　全省首家农村远程教育流动培训学校在云和县赤石乡临海村开学。

3月2日　2009丽水茶产业转型升级与发展战略高峰论坛在丽水市举办，邀请中国工程院院士陈宗懋作专题报告。

3月3日　市委书记陈荣高率领党政代表团到北京市海淀区学习考察。

3月4日　市委书记陈荣高做客人民网接受专访，就丽水建设生态文明、推进科学发展等问题回答主持人提问。

3月5—6日　副省长王建满到遂昌、松阳县调研农村公路建设和“十小”行业整治与规范工作。

3月6日　丽水市志愿者协会成立。

3月21日　浙闽赣食用菌交易中心在龙泉市开业。

3月21—22日　全国首个乡村摄影文化节“走进大柯”摄影文化节在遂昌县蔡源乡大柯村举行。

3月21—22日　全国第八届食用菌新产品新技术展销暨中国食用菌产业发展论坛在龙泉市举行。

3月23日　景宁畲族自治县发行畲族语言词典《畲族语言简本》，从此千百年口口相传的畲族语言有了自己的首部词典。

3月24日　“丽水地理空间框架”项目通过评审。丽水市与广州市、茂名市等城市5个被列入国家测绘局2009年数字城市地理空间框架建设第一批推广试点城市。

3月24日　日本三岛市中学生友好访问团到丽水市考察。

3月24—26日　中国茶商大会暨松阳茶叶节在松阳县举行。中国茶叶流通协会授予松阳县“中国绿茶集散地”匾额。10月，在第五届中国茶业经济年会上授予松阳县全国十大特色产茶县。

3月25日　副省长茅临生在松阳县调研旧村改造和宅基地整理等工作。

3月25—26日　省委书记赵洪祝等到缙云县、青田县调研基层党建工作。

3月28日　2009年中国畲乡“三月三”在景宁畲族自治县开幕。文化部授予景宁畲族自治县“中国民间文化艺术之乡”称号。

3月28日　遂昌汤显祖文化•劝农节暨仙游遂昌休闲游开幕。文化部授予遂昌县“中国民间文化艺术之乡”称号。

3月31日　丽水市连续第4年被省委、省政府命名“平安市”，莲都、龙泉、云和、庆元、缙云、遂昌、松阳、景宁8个县(市、区)被命名“2008年度平安县(市、区)”。

4月2日　人力资源和社会保障部副部长杨志明到青田县调研劳动保障工作。

4月13—14日　省委副书记、省长吕祖善到松阳县调研农村危旧房改造工作。

4月14日　中国社会科学院发布中国286个地级城市竞争力报告，丽水市跻身第100位。

4月21日　龙泉市获评国家首批传统知识产权保护试点县(市、区)。

4月27日　全省首个“华侨办事窗口”在丽水市启用。

4月28—29日　全国金融支持集体林权制度改革与林业发展现场会在龙泉市召开。12月19日，国家林业局授予龙泉市“全国农村林业改革发展试验示范基地”称号。

5月7日　丽水南城南六路及配套工程BT项目合同签约，是丽水经济开发区首个实行BT模式融资建设的重点项目。

5月9日　国家工商总局局长周伯华到丽水市调研工商管理工作。

5月10日　文化部公布第三批国家级非物质文化遗产项目代表性继承人，景宁县畲族民歌蓝陈契、松阳县松阳高腔吴陈俊、青田县青田石雕倪东方入选。

5月12日　《丽水市交通物流发展规划》通过专家评审。

5月12日　市政府与浙江大学签订“共建浙西南现代农业技术合作推广中心协议”。

5 月 13 日 《丽水市滩坑水库渔业可持续发展规划》发布实施。

5 月 14 日 丽水学院设立浙江省高校毕业生就业指导服务校园工作站。

5 月 16 日 丽水外国语实验学校被授予“浙江省名师名校长实训基地”。

5 月 18 日 首届“丽水市十大爱心人物”评选活动启动。

5 月 18 日 市委开展向张献斌学习活动。10 月，农业部授予张献斌新中国成立 60 周年“三农”模范人物。

5 月 19 日 福州市政府与丽水市政府签订《关于建立友好城市关系的协议书》。

5 月 20 日 丽水市职业教育实训基地建设工地发现古墓葬，发掘出保存完好的铜钱 165 枚，文物专家初步判断为明代墓葬。

5 月 20—22 日 省委书记赵洪祝等到遂昌、景宁、松阳三县调研“三农”工作。

5 月 21 日 丽水市水下文物普查启动，水下考古领域实现零的突破。中国水下考古研究中心主任张威等领导出席。

5 月 22 日 松阳县成为浙江省第一个农村沼气县级服务站所在地。

5 月 22—24 日 上海市人大常委会副主任胡炜率长宁区党政代表团到丽水市考察。

5 月 23—24 日 “2009 央视《鉴宝》专家走进丽水民间鉴宝”活动在南明宾馆举办。

5 月 24 日 《浙江松阳：农房改造，改善生活拉动消费》在中央电视台 1 套晚间新闻栏目播出，介绍松阳县农村破旧房改造经验。

5 月 27 日 “2009 丽水母亲河—瓯江水生生物资源增殖放流活动”启动，投放南明湖鱼苗 80 万尾。

6 月 2 日 丽水市首间“爱心献血屋”投入使用。

6 月 2 日 市文化遗产保护暨第三次全国文物普查工作会议在市行政中心召开。

6 月 4—5 日 财政部副部长李勇到龙泉市调研农村金融工作。

6 月 5 日 市政府新闻办举行“创模”暨 2008 年度环境质量状况新闻发布会。截至 2008 年底，根据国家 26 项环保模范城市考核指标要求，丽水基本达标 18 项，同时，生态环境质量继续稳居全省第一。

6 月 7 日 丽水市第一个幼教集团——花园幼教集团成立。

6 月 11—16 日 市委书记陈荣高率市党政代表团到四川省广元市青川县石坝乡调研指导援建工作。

6 月 12—14 日 央视 7 套《每日农经》栏目摄制组到青田县拍摄青田山鹤牌杨梅。

6 月 16 日 新闻媒体 12 家组成的“深化林改浙江行”记者采访团到庆元县，专题采访林权制度改革工作。

6 月 18 日 国家华东电网有限公司董事长师军庆到丽水市，踏勘 1000 千伏特高压输电变电站项目选址。

6 月 18 日 纳爱斯入选中国品牌研究院“国家名片”名单。

6 月 20 日 丽水市老竹和谐兴农担保有限公司成立，实行会员制封闭运行模式，是全市首家农民担保公司。

6 月 26 日 “共谋建设‘山上丽水’，合力推进山区发展”恳谈会暨科技合作签约仪式在杭州市举行。

6月26日　丽水法学会成立。

6月27日　庆元县获评2009中国全面小康生态文明县。

7月1日　市政府首次召开出台规范性文件听证会，听取《丽水市市区集体所有土地房屋拆迁管理办法（草案）》意见和建议。

7月2日　省纪委书记任泽民到丽水市调研纪检工作。

7月7日　松阳县入选首批国家小型农田水利重点县。

7月8日　市政协首次网络直播提案办理。

7月9—10日　新华社、中国交通报、浙江日报社等媒体组成“港航强省”巡回采访团到丽水市采访港航建设。

7月10日　滩坑水电站发电机组3台全部投产发电，是当时浙江省第二大常规水电站。

7月13日　丽水市城市建设投资有限责任公司成立。

7月14日　副省长陈加元到丽水市调研“811”环境整治及企业污染治理工作。

7月15日　青田县首次发现输入性甲型H1N1流感5例。至同年12月21日，全市报告病例661例，治愈632例，正在治疗29例；接种甲型H1N1流感疫苗79733人。

7月22日　丽水天气多云，市民可观测百年一遇日全食的最佳时间为9∶30时至9∶50时。

7月23日　法国拉斐西餐中国区总部落户青田，是青田县引进的首家国外餐饮企业。

7月28日　国家重点高新技术产业项目在缙云县落户。

8月3日　浙江省委常委会专题研究丽水市工作。

8月5日　民航华东地区管理局派员到丽水市踏勘丽水机场预选场址。

8月7日　青田县入选全省5个区域块状经济典型。

8月13—14日　中华梅氏文化研究会会长梅学国到云和县、景宁畲族自治县进行梅氏文化考察。

8月13—15日　龙泉金福茶业公司、五洋茶业公司、遂昌龙谷丽人茶叶公司、景宁惠明茶叶公司、庆元百山茶叶公司等企业参加香港国际茶展。

8月16日　景宁畲族自治县获评中国最佳民族风情旅游名县。

8月16日　南明湖水利风景区获评第九批国家级水利风景区。

8月18—22日　外交部领事司参赞查立友到青田县宣传推广“树立海外中国公民文明形象宣传月”活动。

8月22—23日　中共中央政治局常委、国务院总理温家宝到莲都区和青田县调研工业经济工作。

8月28日　省政协主席周国富到龙泉市调研政协工作。

8月28日　丽水经济开发区东扩二期暨景宁民族工业园开工。

8月31日　“雕牌”“东工”“丽人”品牌入选首届浙江消费者首选品牌入选名录，成为三个领域的“首选品牌”。

9月1日　遂昌企业实现20项国家标准“遂昌造”。

9月2日　景宁畲族自治县大漈乡入围“浙江十大特色乡镇”。

9月5日　国际摄影高端论坛在丽水市举办。

9月8日　丽水特色农产品东北行系列活动暨丽水特色农产品展示推介会在吉林省长春市举办。

9月9日　第23届全国桥牌团体赛暨第27届省桥牌双人公开赛到丽水市开赛。

9月13日　阿里巴巴集团主席兼首席执行官马云到青田考察投资环境。

9月17—18日　温州市委书记邵占维率党政代表团到丽水市考察。

9月17—20日　畲族彩带编织技艺、龙泉青瓷、宝剑锻制技艺、青田石雕、畲医药、松阳青瓷、黑陶烧制技艺等项目参加首届中国浙江非物质文化遗产博览会。

9月22日　新华社播发《改善农村民生丽水“破三难》文章，报道丽水市农业农村工作“破三难”的成效。人民网、新华网等网站转载。

9月22日　丽水市旅游招商推介会在上海市举办，推出“欢天喜地游”和“顶天立地高贵之旅”精品旅游线路2条。

9月30日　北山特大桥竣工通车，被誉为“华东第一高桥”。

9月30日　联合国教科文组织保护非物质文化遗产政府间委员会第四次会议决定，龙泉青瓷传统烧制技艺项目入选《人类非物质文化遗产代表作名录》。庆元县参与联合申报的中国木拱桥传统营造技艺入选《急需保护的非物质文化遗产名录》。

10月1日　丽水职业技术学院学生杨晓丽、景宁畲族自治县畲族少年蓝书怡、青田县华侨徐松华参加北京新中国成立60周年庆典彩车游行。

10月10日　中国联通丽水分公司3G业务正式商用发布。

10月14日　市政府颁布《丽水市市区廉租住房保障办法》，低收入家庭首次被纳入廉租住房保障范围。

10月15日　遂昌县神龙飞瀑景区获批国家AAAA级旅游景区。

10月15日　浙江省首个保险服务社会民生示范区落户景宁畲族自治县。

10月17—18日　美国西迈阿密市市长赛撒尔·卡拉萨率西迈阿密访问团到丽水市访问。

10月18日　丽水市农科所改丽水市农科院。

10月18—23日　丽水市举办第二届运动会。

10月20日　市政府第60次常务会议审议通过《丽水市人民政府重大行政决策事项公示及听证办法》。

10月20日　丽水市老年活动中心开放运营。

10月23日　全省沼气生产工技能大比武暨“火神杯”沼气技师晋级赛在松阳县举办。

10月25日　义乌市党政代表团到丽水市考察。

10月25日　首个省级农业创业就业基地在缙云县建立。

10月25—26日　乙丑年中国·仙都公祭轩辕黄帝大典在缙云仙都举办，全国人大常委会原副委员长蒋正华敬献花篮。

10月26日　龙泉市获评中国汽车（空调）零部件制造基地。

10月27日　丽水市加入海西中心城市安全生产合作机制。

10月28日　丽水二中举办30周年校庆。

10月29日　松阳县在第五届中国茶叶经济年会上，获评全国十大特色产茶县和2009年全国重点产茶县。

10月29日　丽水市开通党员干部现代远程教育农村信息化综合服务平台。

10月30日　全省唯一的扶贫医院——浙江丽水长征医院奠基，选址缙云县七里乡七里村。

10月30日　丽水首部高清数字电影《其乐融融》在庆元县举行新闻发布会，是反映南方新农村建设的轻喜剧故事影片。

10月　“日本香甜粳稻”在景宁畲族自治县大漈乡彭村村试种成功。

11月1—4日　省第二届大学生田径锦标赛在丽水市举办。

11月5日　国家农业部副部长牛盾到青田县调研稻鱼共生系统。

11月5日　中国社科院副院长朱佳木到丽水市考察古堰画乡。

11月5日　处州戏剧研究社成立，编写《中国处剧音乐》。中国处剧振兴学术研讨会在缙云县姓汪村举行。

11月5日　丽水市中心医院综合病房大楼主体工程等5个重点工程开工。

11月6日　好溪水利枢纽工程前期工作协调组和联络组会议在缙云县召开，形成《关于进一步推动好溪水利枢纽工程建设的意见》。

11月9日　市政府第61次常务会议审议《丽水市城市道路停车泊位设置和使用管理办法》《丽水市人民政府关于高标准高质量推进十五年教育的若干意见》和《丽水市人民政府关于切实加强学前教育全面提升保教质量的若干意见》。

11月9日　浙江纳爱斯化工股份有限公司获海关总署审核批准，适用AA类管理类别，是《中华人民共和国海关企业分类管理办法》实施后丽水市首家AA类企业。

11月10日　丽水经济发展战略恳谈会在丽水学院举行。

11月11日　闽浙二省四市19个县（市）发起的共建海西浙闽边际区域协作组织成立大会暨第一届年会在庆元县举行，会议通过《共建海西浙闽边际区域协作组织章程》。

11月11日　省发改委在丽水市组织召开《浙西南（丽水）生态屏障建设规划（2008—2012）》论证会。

11月12日　松阳县不锈钢酸洗废水减排在线综合治理系统被工业和信息化部选入第一批《工业领域节能电子信息应用技术导向目录》。

11月12—15日　首届中国国际旅游商品博览会在义乌举行，参展特色旅游商品近200种。

11月14日　日本静冈县中日友好协会理事长柴顺三郎到丽水市访问。

11月18日　丽水山区出现低温和雨夹雪天气，丽水电网线路覆冰数十条，覆冰层最厚达10厘米，输电线路受损58条，遭受停电影响用户369个行政村、45354户。至26日，全部受损线路恢复。

11月18日　《丽水市油茶产业发展规划（2009—2020年）》通过国家、省、市联合专家组评审。

11月21日　2009年中国·青田华侨总部经济发展论坛在青田县举办，全国人大常委会副委员长蒋正华宣布开幕。

11月24日　丽水市蔬菜产业协会成立。

11月25日　市政府第62次常务会议审议《丽水市医疗废弃物集中处置管理暂行办法》、《丽水市区工业布局指导意见》《丽水市中心村培育考核办法》；听取丽水经济开发区物流中心项目招商建设相关问题汇报。

11月25日　松阳县人民政府上报的《农村宅基地换养老》项目，获评第五届中国地方政府创新奖。

11月25日　丽水市司法局人民调解中心设立。

11 月 25 日　丽水市残疾人体育协会成立。

11 月 25—26 日　人力资源和社会保障部副部长何宪到丽水市调研军转安置和义务教育学校实施绩效工资工作。

11 月 27 日　云和县与中国佛教书画院签订项目合作开发协议书，将在云和湖三潭景区合作开发中国名人艺术城。

11 月 27 日　丽武公路（联城—老竹段）改建工程开工。

11 月 27 日至 12 月 1 日　丽水农产品 23 个在 2009 浙江省农博会获金奖。

11 月 28 日　丽水市省外高校院所科技合作恳谈会暨科技合作签约仪式在丽水学院举行，推进“山上丽水”建设献计献策，参会省外高校院所 11 所。

11 月 28—12 月 2 日　中国第十三届国际摄影艺术展览暨 2009 年中国·丽水国际摄影文化节在丽水市举办。

11 月 29—30 日　闽浙赣皖四省九方经济区三届五次党政联席会议在缙云县召开，签署《九方经济区域合作框架协议》。

11 月 30 日　市委常委会议研究南明湖空间规划工作。

11 月 30 日　莲都区琵琶岛欧陆风情园奠基。2015 年，建成开业。

12 月 1 日　2009 中国庆元（国际）竹炭产业发展高峰论坛在庆元县开幕。

12 月 1 日　浙江省首家县社区卫生总院在遂昌县挂牌。

12 月 2—4 日　副省长茅临生到丽水市调研农业农村工作。

12 月 4 日　市委召开市直领导干部专题警示教育大会，到浙江省法纪教育基地开展反腐倡廉警示教育活动。

12 月 5—27 日　“龙泉青瓷大师及传人精品展”在北京合璧兴陶瓷艺术馆展出。

12 月 8 日　庆元县江滨小学《爱廊桥学廊桥建岗位》课题获评国家示范性课题。2010 年 4 月，课题推广全国。

12 月 8 日　莲都区获评全市首个 B 类新农村电气化县（市、区）。

12 月 9 日　龙泉市获评丽水市首个“浙江省森林城市”。

12 月 10 日　丽水市文化艺术研究院成立。

12 月 10 日　中国铅笔生产基地落户庆元县。

12 月 10 日　浙江省块状经济转型升级专家服务组入驻缙云县，提供缙云县带锯床产业及机械装备制造业转型升级服务 3 年。

12 月 11 日　浙江省科学技术厅和丽水市人民政府在杭州签订《工作会商制度议定书》，召开第一次工作会商会议。

12 月 11 日　丽水市“十二五”经济社会发展战略研讨会在杭州市召开。

12 月 11 日　丽水市召开迎接国家二类城市语言文字工作评估动员会。评估内容包括全市党政机关、学校、新闻媒体、公共服务行业四大领域的制度建设、普及普通话和用字规范化情况等；评估时间为 12 月。

12 月 11 日　丽水市获评中国优秀旅游城市。18 日，中国旅游论坛组委会授予丽水市中国优秀生态旅游城市称号。

12月13日　莲都东西岩风景区、中国青田石雕文化旅游区、中国畲乡之窗景区、缙云黄龙景区通过国家AAAA级旅游景区评定验收。

12月15日　杭丽热电项目在丽水经济开发区举行开工奠基仪式，标志着丽水市循环经济发展和节能减排控制进入新阶段。

12月16日　副省长茅临生到缙云县调研农业工作。

12月16日　庆元县在全国小蘑菇新农村建设总结工作表彰会上，被授予“全国小蘑菇新农村建设十强县”。

12月16—17日　省委常委、宣传部部长黄坤明到遂昌县、松阳县调研宣传思想、文化及旅游工作。

12月17日　纪念地方人大常委会设立30周年座谈会在丽水市召开。

12月17日　浙江省知名重点中学校长第十届峰会在丽水中学举行。

12月19日　龙泉置县1250周年庆典大会、龙泉青瓷传统烧制技艺入选人类非遗庆祝大会、第四届中国龙泉青瓷龙泉宝剑节在龙泉市举行。全国政协副主席张梅颖宣布开幕。

12月19日　龙泉青瓷博物馆开馆。

12月19日　龙泉市获评全国农村林业改革发展试验示范基地。

12月20日　中国香港地区丽水同乡会第二届理事会在深圳市举行就职典礼。

12月22日　在海南博鳌召开的“亚洲博著·中国品牌年度盛典”上，丽水经济开发区被评为亚洲博鳌·中国十大最具经济活力省级开发区和亚洲博鳌·华东区最佳投资环境开发区。

12月23日　市政府召开取消政府还贷二级公路收费工作会议。2010年2月28日23时58分起，330国道丽水收费站、330国道青田收费站、50省道松阳收费站取消收费。

12月23日　丽水市非公企业法律服务中心成立。

12月25日　市政府第63次常务会议审议《关于进一步加强农村文化建设的补充意见》《丽水市区城市垃圾管理办法》《丽水市城市绿化管理办法》《丽水市不锈钢产业发展规划(2009—2015)》，听取中心城区新一轮土地利用总体规划(2006—2020)新增建设用地空间布局方案汇报。

12月25日　中国建设银行浙江分行与纳爱斯集团签订战略合作协议，向纳爱斯集团授信50亿元。

12月25日　丽水市参加2009浙江(上海)名特优新农产品展销会，参展企业83家，优质农产品600多个。

12月28日　丽和线(莲都区联城镇至雅溪镇)建成，是丽水市第一条农村文明公路。

12月28日　中国青田石雕文化旅游区、中国畲乡之窗景区被国家旅游局批准为国家AAAA级旅游景区。

12月30日　市委二届十二次全体(扩大)会议审议通过《中共丽水市委关于加强和改进新形势下党的建设，强化建设生态文明和全面小康社会政治保证的实施意见》，听取县(市、区)委书记抓基层党建工作述职，并进行评议。

12月31日　丽水市暨缙云县城乡居民社会养老保险工作基础养老金首发仪式在缙云县举办。

2010年

1月4—6日　副省长陈加元到丽水市检查推进惩防体系建设和落实党风廉政建设责任制情况。

1月5日　处州十大历史名人评选启动。7月23日，刘基、汤显祖、卢镗、张玉娘、叶绍翁、杜光庭、何澹、范成大、吴昱(吴三公)、陈言被评为处州十大历史名人。

1月5日　丽水市公布第一批市级物质文化遗产代表性传承人154人。

1月7日　丽水农家乐宣传口号征集结果揭晓,“生态丽水,快乐农家”“走进天然氧吧,相约丽水农家”等宣传口号5条获优秀奖。

1月7日　丽水市出现首例甲型H1N1流感死亡病例。

1月8日　丽水至北京快客开通。

1月8日　中信金通证券丽水营业部开业。

1月11日　市政府第64次常务会议审议通过《丽水城市森林建设总体规划(2008—2020)》。

1月14日　副省长陈加元到丽水市反馈推进惩防体系建设和落实党风廉政建设责任制情况,参加市委常委会民主生活会。

1月15日　丽水市信息化创业创新示范其地暨丽水移动VIP俱乐部启用。

1月17日　松阳“宅基地换养老”项目获第五届中国地方政府创新奖提名奖。

1月18日　龙庆高速公路开工,全线长54.71千米,工期3年。

1月19日　金温铁路扩能改造工程开工。省委书记赵洪祝宣布工程开工,省委副书记、省长吕祖善、铁道部副部长王兆成分别致辞。

1月19日　省委书记赵洪祝,省委副书记、省长吕祖善考察丽水经济开发区和南明湖江滨区块开发建设情况。

1月20日　第二批浙江省文化产业示范基地评选结果揭晓。丽水市龙泉青瓷宝剑苑和丽水古堰画乡被评为第二批浙江省文化十大产业示范基地。青田石雕集聚区被评为为第二批浙江省文化产业示范基地提名单位。

1月22日　同济大学丽水中药研究院揭牌。全国人大常委、教育部原副部长吴启迪,中科院院士、同济大学校长裴钢出席揭牌仪式。

1月22日　国家质检总局在龙泉市召开地理标志产品专家审查会,审查通过龙泉灵芝、云和黑木耳、景宁惠明茶地理标志保护申请。

1月25日　丽水市政府驻福州办事处授牌。

1月26日　全国外汇检查工作会议在丽水市召开。

1月27日　丽水市首届工艺美术大师表彰大会召开,获丽水市工艺美术大师称号117人。

1月31日　丽水市与南京军区空军司令部加快推进丽水军民合用机场项目座谈会在南京举行,初步达成新建丽水机场和易址空军丽水旧机场等共识。10月27日,丽水机场选址报告评审会在丽水市举行,国家民航局、民航华东地区管理局、南京空军司令部等单位参加。

2月2日　浙江省第14个世界湿地日活动暨浙江丽水九龙国家湿地公园开工典礼在莲都区碧湖镇平一村举行。

2月3日　丽水经济开发区(南城新区)管委会揭牌,丽水经济开发区从水阁时代转向南城时代。

2月5日　市区廉租房启用,首批领到廉租房钥匙或补贴困难家庭125户。

2月5—6日　丽水党政代表团到义乌市学习考察,签署《丽水市、义乌市进一步加强区域合作框架协议》。

2月10日　丽水市殡仪馆项目开工,位于联城镇苏埠村西毛弄。

2月26日　丽水市畲族医药研究会被民政部评为全国先进社会组织。

2月　云和县陈敏捷论文获美国2010年维吉妮亚·汉米尔顿论文奖，成为第一个获此奖的中国人。

2月　莲都区东西岩景区、缙云县黄龙景区、中国青田石雕文化旅游区、中国景宁畲乡之窗景区被评定AAAA级旅游风景区。

3月3—5日　省委副书记夏宝龙到丽水市指导平安建设工作。

3月5日　全市庆祝“三八”妇女节100周年纪念大会召开。

3月5日　丽水市志愿者注册工作启动，首批丽水志愿者200人。

3月6日　丽水市中山街尚兴祥金楼发生特大盗窃案，价值210万元。3月12日，案子告破，犯罪嫌疑人吴某被缉拿归案。

3月8日　国务院安全生产委员会办公室到丽水市调研督导安全生产工作。

3月9日　市委书记陈荣高到铁道部汇报建议衢宁铁路保持规划走向即途经浙江省西南部线位的工作。11月12日，国家铁道部副部长陆东福到丽水市实地踏勘衢宁铁路线位及站址。

3月10日　市委书记陈荣高接受东方网、浙江在线、江苏在线联合专访，就上海世界博览会对丽水旅游业的推动和促进、丽水如何对接世博旅游工作等问题回答主持人提问。

3月10日　市政府第66次常务会议听取丽水机场项目工作汇报，审议通过《2010年度县（市、区）政府工业经济及招商引资工作目标责任考核办法》《丽水市工业主导产业发展规划（2010—2015）》。

3月10日　省司法厅、省监狱管理局领导到丽水市考察监狱选址工作。

3月10日　庆元县举水乡月山村入选第一批105个全国特色旅游名镇（村）示范镇（村），成为丽水市唯一入选的镇（村）。浙江省有镇（村）6个入选。

3月13—22日　龙泉市、庆元县、松阳县、景宁畲族自治县被评为浙江省教育强县。至此丽水市所有县（市、区）全部是浙江省教育强县。

3月15日　市委召开全市领导干部会议，传达十一届全国人大三次会议、全国政协十一届三次会议精神和中央领导习近平、张德江参加浙江代表团讨论和审议时发表的重要讲话精神。

3月17—18日　全国国际旅行卫生保健中心管理和咨询专题工作会议在丽水市召开。

3月18日　文化部副部长赵少华到青田视察石雕传承保护工作。

3月22日　中国首个“中国竹制品产业基地”落户庆元县。

3月22—24日　相约丽水——中央媒体聚焦生态文明在丽水市举行集中采访活动。

3月23—24日　省委书记赵洪祝到景宁畲族自治县调研民族经济发展工作。

3月24日　丽水市首张旅游金融卡在遂昌县首发。

3月25日　2010年遂昌“汤显祖文化·劝农节”在遂昌县石练镇淤头村举办。

3月26日　2010第三届中国茶商大会暨松阳银猴茶叶节在松阳县开幕。

3月27日　缙云县壶镇锯床商标成为全国首个锯床集体商标。

3月27日　丽水市木制玩具对外贸易预警示范点获评浙江省对外贸易预警示范点。这是丽水市在国际贸易摩擦频发的国际金融危机中，成立的第二个省级对外贸易预警示范点，第一个是食用菌对外贸易预警点。

3月28日　在第二届中国县镇绿色发展论坛暨第二届中国绿色名县推介成果发布会上，遂昌县获评中国绿色名县，是浙江省第二个、丽水市首个中国绿色名县。

3 月 31 日　丽水市获 2009 年度“平安市”称号，9 个县（市、区）获“平安县（市、区）”称号。这是丽水市连续 5 年获此荣誉。

3 月　“处州白莲”地理标志证明商标在国家工商总局商标局核准注册，成为丽水市第 9 件地理标志证明商标。

4 月 1 日　丽水市启动上海世博会《进沪车辆专用通行证》申领、发放工作。4 月 19 日，缙云仙都笋峰茶进驻上海世博会比利时欧盟馆。4 月 28 日，纳爱斯集团签约上海世博会清洁洗涤用品项目赞助商。

4 月 1 日　市委常委（扩大）会议学习贯彻《中国共产党党员领导干部廉洁从政若干准则》和省委书记赵洪祝在加快欠发达地区发展工作座谈会上的重要讲话精神。

4 月 1 日　丽水市区公立医院实行门（急）诊病历“一本通”。

4 月 5—8 日　黑龙江省伊春市党政代表团到丽水市考察。

4 月 7 日　2010 年浙江省毛竹（笋）吉尼斯擂台赛在遂昌县平昌广场举行，参赛毛竹产区 8 个，农民 280 多人。遂昌县三仁乡十三都村村民历国林选送的“三胞胎”竹笋获“奇笋王”冠军，村民包根基选送的竹笋以 19.1 千克的重量和漂亮的外观获“笋王”称号。

4 月 8—9 日　第二届“金锤奖评选活动揭晓，评选丽水市十大杰出职工韦国玲、徐伟忠、张金树、郑玢加、陈传青、刘志华、柳希景、张雪贞、季金清、毛姣红；评选丽水市十大优秀职工赵珊、梁庆华、杨大伟、胡志伟、何伟、龚宇鹏、谈阳、易加成、巫秋炎、盘刘军。

4 月 10 日　丽水市首届插花艺术大赛在处州公园举办，参赛 40 多人。赖启东作品《处州三宝》获金奖。

4 月 11 日　国务院扶贫办主任范小建到云和县调研扶贫工作。

4 月 11 日　丽水首个矮小人士联谊会成立。

4 月 11 日　丽水市教育局启用网上阅卷系统，首次实行网上远程控制试卷评判工作，实现对传统纸质手工阅卷方式的重大改革。

4 月 12 日　青田县东源镇红光村桥头发生一起交通事故，死 3 人。

4 月 14 日　《畲水秋歌》在浙江省第十届精神文明建设“五个一工程”评选中获“五个一工程”奖。

4 月 15 日　省委常委、宣传部部长茅临生到丽水市调研宣传思想文化工作。

4 月 15 日　2010 中国畲乡“三月三”活动在景宁畲族自治县开幕。

4 月 16 日　丽水市第二届残疾人运动会在莲都区召开。比赛项目大项 7 个、小项 136 个，参赛 209 人，金牌 133 枚、银牌 88 枚、铜牌 53 枚。云和代表团名列金牌榜和团体总分第一名。

4 月 19 日　浙江省首个共青团系统 ECP 协同通讯联络交流平台在云和县启用。

4 月 19—21 日　丽水市党政代表团到上海市长宁区考察。

4 月 23 日　丽水市举办万人健步走活动，参加活动 1.5 万多人。

4 月 23 日　第三个全民慈善捐赠活动月启动暨向玉树地震灾区捐款仪式在市行政中心举办。全市收到捐赠（含企业捐赠）1431.5 万元，其中捐赠青海玉树灾区 247.86 万元。

4 月 24 日　汇源集团浙江首家生产基地落户云和县，是当时丽水市最大的制造类外商投资企业。

4 月 26 日　滚筒杀青机在缙云县研发并投入试运行，成为浙江省首条新型茶叶自动流水线。

4月26—27日　副省长郑继伟到丽水市指导农村文化工作和省首届体育大会筹备工作。

4月30日　2010“青春丽水”第二届丽水市青少年文化节开幕。8月14日闭幕。

5月6日　第十四届浙江省见义勇为勇士评选揭晓。丽水市救人英雄吴起昌(牺牲)获“浙江省见义勇为勇士”称号,救人英雄吴常明(牺牲)、朱鹏(牺牲)以及救火英雄刘金火获“浙江省见义勇为先进分子”称号。

5月7日　武汉市丽水商会成立。

5月8日　全省深化集体林权制度改革推进会在庆元召开,介绍丽水市创新林权IC卡等典型经验。

5月9日　在“2010第四届中国(北京)国际健康营养食用油产业博览会”上,遂昌“金竹牌”原生态山茶油被评为茶油类金奖。

5月10日　中纪委副书记李玉赋到丽水市调研党风廉政建设工作。

5月11日　省政协副主席黄旭明到丽水市调研民营经济发展环境及转型升级工作。

5月13日　省委常委、省委组织部部长蔡奇到丽水市调研农村基层组织建设工作。

5月13—14日　省委常委、政法委书记、公安厅厅长王辉忠到丽水市检查上海世博会“环沪护城河”安保工作和校园安全工作。

5月14日　“丽水市生态休闲养生(养老)经济发展规划研究”课题成果论证会在丽水市召开,通过《丽水市生态休闲养生(养老)经济发展规划研究》。

5月15—16日　第六届全国传统武术邀请赛在杭州西湖体育馆举市办,丽水市获金牌7枚、银牌2枚。

5月16日　丽水市首个残疾人信息互动平台在庆元县开通。

5月17日　缙云县迎罗汉、黄帝祭典、张山寨七七会和遂昌县班春劝农被文化部公布第三批国家级非物质文化遗产项目。

5月18日　丽水市举办《中国共产党员领导干部廉洁从政若干意见》学习宣讲会。省纪委副书记王海超作宣讲报告。

5月18日　丽水市签发首份中国—秘鲁自贸协议优惠原产地证书。

5月18—22日　第十二届海峡两岸经贸交易会在福州市海峡国际会展中心举行。丽水市参展企业近40家,展示展销产品106类250多种,参展企业签订销售合同419万元,意向成交订单1000多万元,现场零售产品50多万元。

5月20日　浙江省文化厅、教育厅联合发文公布省非物质文化遗产传承教育基地62个,丽水市的青田县职业技术学校(青田石雕)、遂昌县实验小学(昆曲十番)、龙泉市中等职业学校(青瓷烧制技艺)、景宁民族中学(问凳)榜上有名。

5月24日　在国家质量监督检验检疫总局发布2010年第52号、54号批准实施地理标志产品保护公告,景宁惠明茶、龙泉灵芝产品获国家地理标志产品保护,至此丽水市有6项产品列入国家地理标志产品保护名录。

5月24日　松阳县博物馆开馆。

5月25日　国家农发办领导到丽水市调研农业综合开发工作。

5月27日　省政协副主席王永昌到丽水市调研养老问题。

5月27—28日　2010中国(浙江)节能光源与灯具技术经贸论坛在缙云县举办。

5月27—29日　四川省青川县石坝乡乡(村)干部实用技术培训班到丽水市职业技术学院举行,首批来自石坝乡的乡(村)干部20人参加培训。8月6日,向青川县整体移交丽水援建青川石坝乡灾后重建项目13个。9月24日,浙江省援建指挥部领导向丽水市赠送"浙川携手•共建家园"纪念盘和"同写援川篇章•共筑爱心丰碑"锦旗。12月3日,市委、市政府举行欢迎会,欢迎丽水市支援青川县石坝乡灾后恢复重建指挥部的干部归来。两年里,丽水市援建工作完成学校、卫生院、场镇综合配套项目、农村安全饮用水等项目14项,完成实物工作量4700万元。

5月28日　全国第六次少代会代表大会欢送仪式暨丽水关爱农民工子女志愿服务行动举行。少先队员吴锌月和志愿辅导员廖思琴到北京参加中国少年先锋队第六次全国代表大会。

5月29日　中国(庆元)铅笔生产基地授牌仪式在庆元国际大酒店举行。中国轻工业联合会和中国制笔协会授予庆元中国铅笔生产基地称号。9月27日,浙江久灵笔刷有限公司扩建项目暨中国(庆元)铅笔文化博物馆在庆元竹口瓦窑山工业园开工。

5月29—31日　"中国竹炭产业科技创新论坛"在遂昌举办。中国竹产业协会授予遂昌县、福建省建瓯市"中国竹炭产业基地"称号。

5月　《丽水廊桥》出版发行。该书介绍丽水市249座廊桥(包括遗址)情况,分木拱、石拱、平梁、遗址四部分。《庆元方言研究》出版面市,被列入全国重点非遗专著。

6月1日　丽水市首家村镇银行——青田建信华侨村镇银行正式开业,是由中国建设银行作为主发起人在浙江省设立的第二家村镇银行。

6月2日　市委召开常委(扩大)会议,审议《丽水市国民经济和社会发展第十二个五年规划基本思路》。

6月2日　全市有线电视数字化发展工作会议在丽水市召开。提出要在2010年底前基本完成市、县以上城市有线电视数字化整体转换任务,2012年底前基本完成全市城乡有线电视数字化整体转换任务。

6月3日　丽水市首家外商投资合伙企业——丽水市杰润嘉酒业销售部(普通合伙)成立,创新外商投资合伙企业利用外资模式。

6月4日　浙西南革命根据地纪念馆项目以及丽水经济开发区东扩区块首批入园企业40家集体开工。

6月6—7日　第四届云和县梯田开犁节举行。

6月10日　国家旅游局发布《关于确定首批全国旅游标准化试点单位的通知》,公布全国首批旅游标准化试点县5个,遂昌县入围,也是浙江省唯一入围的县。

6月11日　省委常委、副省长葛慧君到遂昌调研乌溪江库区脱贫致富工作。

6月12日　由中国轻工业联合会和中国自行车协会组织的2010北京—深圳自行车队,以"低碳行动、骑行中国"主题在遂昌进行骑行活动。车队5月16日从北京出发,经过9个省、直辖市,行程4300多千米,历时50天。

6月12日　全国经济电台台长高峰论坛代表到丽水市进行采风活动。市旅游局负责人向代表们通报丽水生态旅游情况,介绍丽水精品旅游路线。

6月12日　设在丽水市中心医院的全省首个辐射安全与防护知识培训基地正式开始运行。丽水市第一期辐射安全与防护培训班同时开班，各涉辐射单位参加培训167人。

6月12日　全球首套多媒体可视听邮票出生，《昆曲·牡丹亭》特种邮票在遂昌首发。该邮票一套3枚，全套面值3.6元。

6月15日　丽水市经贸考察团到中国台湾地区南投县考察，签订《丽水市—南投县建立农业交流合作意向书》、《丽水市—南投县建立旅游交流合作意向书》。

6月16日　丽水市区滨江景观带城市意象区开园暨应星楼揭牌仪式举行。应星楼是异地重建的仿宋代古建筑，9层，高45米，面积3874平方米，也是丽水市标志性建筑。

6月16日　全省首家农民专业合作社会计服务中心在缙云县成立。

6月21日　龙泉市召开新闻发布会，公布龙泉"6·18"事故定性为突发性坡面泥石流。事故造成冲埋民房2间、受伤1人、死亡5人。

6月22日　青田县汤垟乡党员投票直选乡党委书记，是全市首位公开推荐、差额直选的乡镇党委书记。

6月28—29日　龙泉、云和、庆元、松阳县(市)2006年农村沼气国债项目通过省级验收。至此，丽水市发展农村户用沼气池3万多户。

6月29日　丽水48个乡镇实现金融网点全覆盖，受益群众20多万人。

6月　丽水市开通"12350"安全生产举报投诉特服电话。

7月1—2日　市委召开专题学习会，学习贯彻省委十二届七次全会精神。

7月5日　丽水市青年就业创业学院正式挂牌成立。

7月6日　副省长王建满到丽水市调研农村公路工作。

7月6日　丽水市首届残疾人职业技能竞赛在南明宾馆举行，来自全市选手112人分别参加项目比赛7个。获各项比赛第一名选手，由市人事劳动社会保障局授予"丽水市技术能手"称号并颁发高级职业资格证书。

7月7日　副省长陈加元到龙泉下访接待群众。

7月7日　丽水市第三届乡村文化艺术节在龙泉住龙镇开幕。

7月10日　丽水市"十二五"重大建设项目规划汇报会在杭州举行。市委、市政府向省委、省政府及省直各部门汇报丽水市"十二五"重大建设项目规划工作情况。

7月11—12日　海南省儋州市党政代表团到丽水市考察。

7月13日　位于丽水经济开发区水阁商贸中心的南城公园、上尚广场、文体中心项目集中动工。

7月15日　在第六届世界合唱赛上，丽水市大樟树教师合唱团获女声室内合唱组金奖。

7月15—8月20日　丽水市开展"我为推进城市化献计献策"金点子征集活动。至2011年1月5日，征集金点子416条，其中《打造"中国垂钓之城(乡)"》《规划建设"处州"文化特色一条街》获一等奖。

7月16日　市委常委(扩大)会议召开，听取浙江省首届体育大会、撤地设市10周年庆祝大会、中国·丽水第二届国际生态经济博览会、第二届丽水华侨大会"四会合一工作方案汇报。

7月19日　新疆阿克苏地区党政代表团到丽水市考察，对接交流对口援疆工作。

7月20—22日　省委副书记、省长吕祖善到龙泉、庆元、遂昌等地考察指导工作。

7月25日　在成都召开的第三届经济发展、生态建设国际合作大会上，凤阳山自然保护区荣膺

“中国最具影响力十大生态旅游区”称号。凤阳山自然保护区位于浙江省龙泉市东南50千米，境内最高峰黄茅尖海拔1929米，被誉“江浙第一高峰”。

7月27日　浙江省首届体育大会“丽水·丽人”评选活动启动。“丽水·丽人”评选活动旨在通过评选最能代表丽水时尚、活力、自信、健康的“丽人”，服务省首届体育大会。10月8日评选活动揭晓，王楠晰、谢翀、何萧珂、陈潘悦、林静瑶、田晓、管晶晶、马莉媛、陈蓉菲、颜凯莉10人荣膺“丽水·丽人”。

7月27日　丽水市对口支援新疆阿克苏地区新和县指挥部揭牌。

7月29日　副省长龚正到松阳县下访接待群众。

7月30日　在全省纪念建军83周年暨双拥模范城（县）命名表彰电视电话会议上，丽水市获“双拥模范城”称号。

7月　经人民银行总行批准，丽水市在全国率先开展银行卡助农民取款服务试点工作。截至10月底，全市有行政村457个完成POS机布点，累计办理小额取现业务14376笔，累计取现金额373.46万元。

7月　丽水市商务举报投诉电话“12312”开通。

8月2日　市委召开二届十三次全体（扩大）会议。会议认真贯彻落实省委十二届七次全会精神，回顾总结两年到丽水市建设生态文明和全面小康社会的探索实践，研究部署“十二五”丽水经济社会发展的总体工作。

8月4日　丽水援助广元项目工作座谈会暨捐赠仪式在广元举行。丽水市向四川省广元市捐赠442万元。

8月6日　省重大科技专项（优先主题）工业项目验收会议在青田召开。由青田民企浙江三辰电器有限公司承担的“基于嵌入式ARM的船舶电站综合监控系统”顺利通过项目验收，该项目拥有自主知识产权，打破国外大公司垄断。

8月7—8日　2010丽水市诗歌散文笔会在云和召开。

8月10日　中央对外宣传办公室副主任、国务院新闻办公室副主任董云虎到丽水市调研中国摄影博物馆。

8月10日　丽水市消防支队左秀俊冒死从燃烧的面包车中救出莲都区周坦村村民7人。被评2010年浙江骄傲年度最具影响力人物、“处州忠诚卫士”；荣登中央文明办11月份中国好人榜；被共青团中央授予第八届中国青年志愿者优秀个人奖。

8月12日　松阳县被中华吟诵学会授予全国首个中华吟诵示范区。

8月12—13日　全省农业龙头（采购商）与农产品基地对接会在龙泉举行。丽水农业企业与上海、杭州等地经销商签订购销协议4000万元。

8月15日　全市电影院、歌舞娱乐游艺场所停止一切活动，哀悼在甘肃舟曲特大山洪泥石流中遇难的同胞。

8月16日　丽水市政府与浙江省建设银行签订共同推进新农村建设战略合作协议。根据协议，省建行将在今后3年为丽水市新农村建设提供授信贷款120亿元。各级建行负责人还与丽水市涉农企业代表签订项目合作协议24个，签约44.45亿元。

8月16日　市区15路公交车（火车站至丽水经济开发区管委会）开通运营。

8月18日　在庆元拍摄的丽水市第一部电影《其乐融融》在庆元县上映。

8月18日　中国致公党丽水市支部成立，梁细弟任主任委员。

8月18—22日　第二届全国国际跳棋公开赛在丽水市举行。丽水选手阿拉腾花获亚洲国际跳棋女子快棋赛冠军。

8月23日　2010"瓯江行"丽水摄影大展评选活动在现代广场大酒店举行。评选获奖作品280幅。

8月23日　滩坑水库(人工湖)更名千峡湖。该湖面面积70多平方千米，库区横跨青田、景宁两县，是全省第二大人工湖。

8月24日　全国农村信用体系建设工作现场交流会在丽水市召开。中国人民银行副行长杜金富出席，市委书记陈荣高介绍丽水市农村信用体系建设工作经验。

8月24日　202省道屏溪乡仙峰村坡尾路段发生一起特大交通事故，死10人。

8月24—25日　省政协副主席王永昌带队到丽水市检查验收"五五"普法工作。

8月25日　丽水220千伏变电站首次实现无人值班，标志着丽水电网向"集中监控、分散操作"管理新模式迈进重要一步。

8月30日　丽水市举行纪念抗日战争胜利65周年座谈会。市委书记陈荣高向在座的老战士、老干部通报全市经济社会发展情况。

8月30—9月2日　丽水市政府代表团到新疆自治区阿克苏地区新和县考察。

8月　康盈置业有限公司(香港)与浙江丽水膳尔康食品有限公司共同投资的马齿苋系列产品研发项目到丽水市合作成功，成立中外合资企业，是当时丽水市最大的农业外资项目，也是丽水市首例外资农业研发项目。

9月6日　《飞越丽水》大型航拍活动启动仪式在市广电总台大楼举行。此次活动是庆祝丽水撤地设市10周年而策划开展的一次重要宣传活动，也是丽水市首次大型航拍活动。

9月8日　丽水市海模队队员郑祺晋升国际级运动健将，成为丽水李玲蔚、吴晖后获此殊荣第三人。

9月8—9日　省政协副主席徐辉带领调研组到丽水市调研特殊教育、高等教育工作。

9月8—9日　省委常委、政法委书记、公安厅厅长王辉忠到丽水市检查公安机关执法规范建设工作。

9月9日　福州市丽水商会成立，举行福州一丽水台商投资环境推介会。

9月9日　丽水市召开庆祝第26个教师节暨优秀教师表彰大会。

9月12日　广东丽水籍高级人才联谊会成立，郑利民当选联谊会首任会长。大会审议通过《广东丽水籍高级人才联谊会章程》，向联谊会顾问、会长颁发聘书，举行揭牌仪式。

9月12日　"浙江文化名城·新赋"大型文学创作推选活动在杭州揭晓。龙泉市和青田县成为"浙江文化名城"。

9月20日　市委、市政府举行表彰大会，表彰第二届丽水市道德模范、处州忠诚卫士和丽水市道德模范特别奖。邱利呈、梁岳、吴火菊(女)、兰建安、郑志义、王道友、张献斌、吴强忠、叶凤莲(女)、金冬兰(女)分别被市委、市政府授予助人为乐、见义勇为、诚实守信、敬业奉献、孝老爱亲、道德模范称号。左秀俊被市政府授予"处州忠诚卫士"称号，左秀俊、左兴保被市文明委授予丽水市道德模范特别奖。

9月20日　嘉兴市一丽水市"山海协作"工程座谈会在丽水市召开，签订2010年度"山海协作"

工程援建项目协议书。

9月21日　丽水市首张国税新版网络代开普通发票在青田县开出，标志着国税部门发票管理全面进入电子化、网络化新时代。

9月21日　市委、市政府召开重点项目“百日攻坚”动员大会。

9月25日　省教育厅、省财政厅公布2010年浙江省中等职业学校示范专业、实训基地、综合性公共实训基地评审结果，丽水市专业6个、实训基地4个榜上有名，至此丽水市有省级示范专业27个，省级实训基地15个，省级综合性公共实训基地2个。

9月25—29日　丽水市来料加工重点经纪人业务提升暨电子商务培训班在义乌市委党校开课。全市来料加工经纪人和大学生村干部55人参加业务培训。

9月26日　市政府第76次常务会议召开，审议通过《丽水生态产业集聚区规划》《丽水市区经济适用房管理办法》《丽水市区公共租赁住房管理办法》。

9月26日　丽水市农家乐百菜谱评选活动在莲都区镜湖度假村举行，评选丽水市农家乐10大名菜、丽水市农家乐招牌菜30个和丽水市农家乐特色菜60个。

9月27日　丽水市首届农家乐美食节开幕式在莲都区镜湖度假村举行，为期1个月。

9月28日　青田县被文化部命名“中国石文化之都”。

9月29日　“今日丽水价格”网站开通运行。

9月30—10月4日　浙江省第十四届运动会短信火炬传递活动在丽水市举行。丽水站有十四届省运会火炬手2197人。

9月　经省林业厅推荐、国家林业局实地考核和确定，龙泉、庆元、遂昌县(市)正式列入全国林改典型100县。10月12—18日，中央《经济半小时》栏目组到丽水市莲都、遂昌、庆元县(区)进行林改典型专访。

10月10日　由市妇联、团市委与《处州晚报》联合主办的“相约金秋”丽水市首届相亲大会举行，参与青年男女500多人。

10月10日　浙江省发展和改革委员会在丽水市召开《丽水生态产业集聚区发展规划》调研论证会。丽水生态产业集聚区是全省14个产业集聚区中唯一以“生态”为特色的，并被允许多点布局。

10月11日　莲都区人民法院南城人民法庭举行揭牌仪式，这是浙江省首个省级开发区法庭。

10月14日　景宁畲族自治县公路管理局揭牌，是全省第一个基层公路管理段“段改局”单位。

10月14—15日　日本三岛市友好访问团到丽水市访问。

10月15日　丽水市区试运行咪表停车收费。28日起，市区咪表系统投入运营。

10月15—17日　龙泉撤县设市20周年庆祝大会暨第五届中国龙泉青瓷·龙泉宝剑节举行。

10月16日　庚寅(2010)年中国仙都公祭轩辕黄帝大典在缙云仙都黄帝祠宇举行。

10月17日　在第六届柳州国际奇石节上，缙云一件形如葫芦、取名为“福·禄”的火山球石作品获金奖。

10月18日　市委书记陈荣高到国家林业局专题汇报丽水市创建国家森林城市工作。

10月20日　丽水特色农产品展示营销中心在西安市成立。

10月22日　闽浙赣皖四省九市人大联席会第二十四次会议在丽水市召开。

10月23日　国家一级社会体育指导员培训到丽水市开班，培训全市二级社会体育指导员50多人。

10月24日　在嘉兴举行的浙江省第十四届运动会上，丽水队获金牌9.5枚，加上过去四年竞技体育贡献奖获的14枚金牌，获金牌23.5枚、银牌19.5枚、铜牌24.84枚。

10月25日　《现代金报》丽水记者站挂牌。

10月26日　市委、市政府召开党政联合会议，专题会议研究房地产及其民间融资等问题。

10月26—27日　在北京人民大会堂召开的第六次全国人民防空会议上，丽水市获评全国人民防空先进单位。

10月27日　全市第二次民族团结进步表彰大会暨少数民族文化工作会议召开。

10月27日　丽水市首个全国木材运输管理系统在庆元启用运行。

10月27日　市二届人大常委会召开第四十一次会议。审议通过《关于加快推进生态文明建设的决定》。

10月27日　中国林产工业协会授予龙泉市"中国竹木户外休闲用品产业基地"称号。

10月27—28日　全省农家乐休闲旅游工作现场会在遂昌县举办，省委常委、副省长葛慧君出席。

10月28日　景宁畲族自治县被国家能源局、财政部、农业部授予"国家首批绿色能源示范县"称号。

10月28日　丽水市破获"3•10"特大贩毒案件，缴获冰毒17包、缴获毒资2万多元，涉案人员33人全部落网。

10月　杭州娃哈哈集团有限公司入驻景宁经济开发区，并设立投资公司2家、销售公司1家。

10月　遂昌县龙洋乡西滩村顺利通过中国生态文化协会组织评选验收，被授予第二批全国生态文化村称号，是丽水市唯一获此殊荣的村庄。

10月　浙江省政府批准同意丽水瓯江风情旅游度假区设立省级旅游度假区。这是丽水市经省政府批准设立的首家省级旅游度假区。

10月　中国食用菌协会授予龙泉市"中国黑木耳之乡"称号。

11月1日零时　为全国第六次人口普查登记标准时点。全市常住人口211.7万人，同第五次全国人口普查相比，减少4.48万人。性别比为105.78(女=100)。

11月1日　莲都农家乐网开通。

11月1—2日　韩国丽水市友好访问团到丽水市访问。

11月1—4日　第三届中国义乌国际森林产品博览会在义乌举行。丽水市产品41个参加森林博览会优质产品评选，获金奖21个、优质奖20个。

11月2—4日　省政协主席周国富到丽水市检查《中共浙江省委关于推进生态文明建设的决定》贯彻落实情况。

11月3日　丽水三宝馆开馆。馆内陈列青田石雕170件、龙泉青瓷146件、龙泉宝剑39件。

11月3日　全国公诉工作咨询专家会在丽水市举办。

11月4日　丽水市城市规划展览馆开馆。该馆总建筑面积4000平方米，对市民免费开放参观。

11月4日　丽水现代商贸中心、丽水市博物馆、龙门岭小区、丽水军分区修理所及靶场迁建工程项目集体开工。

11月5—8日　2010中国食品博览会在宁波开幕。丽水市参展食品企业33家，达成意向订单45份、2000多万元，现场销售额30多万元。

11月8—14日　浙江省首届体育大会在丽市举行。省委书记赵洪祝宣布开幕。大会设大项48个、小项 349 个和行业体协非奥运项目 7 个，产生金牌 394 枚。参赛运动员、教练员、裁判员 11000 多人。

11 月 9 日　上午，丽水撤地设市 10 周年庆祝大会暨中国·丽水第二届国际生态经济博览会在丽水市举行。全国政协副主席、台盟中央主席林文漪宣布开幕。评选丽水撤地设市 10 周年大事 10 件、创业创新样本 20 个、精品工程颁奖 30 个。

11 月 9 日　第二届丽水华侨大会在丽水市举行。全国人大常委会副委员长周铁农宣布开幕，参会国家和地区 46 个、华侨 210 人。

11 月 10 日　浙江联信软件科技有限公司成为丽水首家国家高新技术企业软件公司，全国侨联副主席朱奕龙等出席企业授牌活动。

11 月 10 日　浙江供赢物流有限公司和丽水市物流总汇项目开工。

11 月 11 日　丽水市政府与浙江中医药大学、浙江工商大学签订科技合作协议。举行浙江省命药饮片研究中心、浙江中医药大学大学生实训基地授牌仪式。

11 月 12—14 日　中国(临沂)陨石文化交流会组委会科学考察组，考察庆元县境内下滩村和杨楼村陨石陨落区 2 处，初步确认该区域为以石铁陨石为主的陨石陨落区。

11 月 13 日　中国第一部长篇 3D 武侠动画连续剧《秦时明月》剧中宝剑问世暨与万字号铸剑大师签约发布会在龙泉举行。出品方著名原创动漫企业“玄机科技”，授权龙泉精龙刀剑公司批量生产剧中衍生刀剑类产品。

11 月 13 日　经省考核组考核，丽水创建省级园林城市的各项指标基本达到省级园林城市规定标准。

11 月 15 日　副省长郑继伟到龙泉市调研教育工作。

11 月 16 日　龙泉宝剑博物馆开馆。

11 月 21 日　中国台湾地区爱盲协会“曙光计划”丽水行活动捐赠仪式举行。中国台湾地区爱盲协会向丽水市捐赠白内障手术所需的人工晶体 300 枚及相关药品，并开展义诊和眼科学术交流活动。

11 月 22 日　全国人大常委会副委员长华建敏到丽水市视察。

11 月 22—25 日　第四届浙江省少数民族传统体育运动会在丽水市举办。

11 月 24 日　龙泉市被省商务厅确定为首批浙江省再生资源回收利用体系建设示范城市。

11 月 26—30 日　2010 浙江农业博览会在杭州召开。丽水参展企业现场销售额 430 万元，签约与合同订货 1.85 亿元。28 日，2010 中国药品零售(丽水)高峰论坛在丽水市举办。

11 月 29 日　丽水市青年创业担保服务中心成立。

11 月 29 日　中国(云和)玩具文化与儿童教育高峰论坛在云和开幕。云和县被国家教育部教学仪器研究所授予全国首个教育玩具研究开发基地。

11 月　云和县被国家人力资源和社会保障部确定全国农村劳动力转移就业工作示范县。

11 月　浙江省环境监测中心站公布全省 2009 年度生态环境状况评价报告，丽水市 EI 值(生态环境状况指数)以 96.6 高分连续 7 年在全省 11 个设区市中名列第一。

11 月　全国最大娃娃鱼养殖基地落户丽水莲都，填补浙西南地区娃娃鱼养殖空白。

12 月 2 日　第八届丽水市优秀企业家表彰大会在丽水市举办，宋剑敏、张敏、邵康崇、郑承烈、胡寿锋、骆美强、夏作仁获“第八届丽水市优秀企业家”称号。

12 月 3 日　全市重大招商项目签约仪式在中意大酒店举行，签约项目 71 项，总投资 228.05 亿元。

12月6日　处州书画院挂牌成立。

12月8日　丽水市长运出租车驾驶员楼峻获评第七届全国十大见义勇为好司机，成为浙江省唯一获此殊荣的出租车驾驶员。

12月9日　杭州市党政代表团到丽水市考察，召开两市经济社会发展情况交流会。

12月10日　云和县云和镇柘园村、遂昌县新路湾镇夹路村、景宁畲族自治县鹤溪镇双后岗村和东坑镇深垟村获评第二批浙江省民族团结进步小康村。

12月10日　第八届中国(庆元)香菇节在庆元县举行，举行庆元食用菌产业园和台湾农民创业园奠基仪式，园地面积42.63公顷。

12月10日　中国庆元香菇博物馆开馆。

12月12日　丽水选手季清明获第三届世界太极拳健康大会金牌1枚。

12月12日　青田县鹤城太鹤山发现一批文物，其中一块《祭诚意伯文》祭文碑，碑高1.55米，宽0.68米，距2010年有490多年历史。

12月13日　景宁畲族自治县鹤溪镇获评第五批中国历史文化名镇，成为丽水市首个中国历史文化名镇。

12月13日　在亚洲残疾人运动会400米自由泳S9决赛中，莲都区太平乡吾古村女孩蔡余庆燕以4分56秒91的成绩，勇夺亚残会首枚金牌。

12月13日　330国道云路段发生一起两辆大货车相撞的交通事故，死3人。

12月13日　浙江金马逊机械有限公司总经理、总工程师林伟明成为丽水市首位科技新浙商。

12月14日　遂昌县金竹镇等乡镇31个被命名全省第八批省级生态乡镇。至此丽水市有省级生态乡镇124个。

12月15日　丽水市发生大暴雪灾害，经济损失3.7亿元。

12月15日　“2010丽水油画展”在丽水市摄影博物馆开展。

12月15—16日　丽水市创建浙江省森林城市通过考核验收。

12月18日　中信银行丽水分行开业。

12月23日　深圳证券交易所党委书记、理事长陈东征到丽水市考察调研丽水市上市企业和拟上市企业。

12月24日　缙云麻鸭获中国农产品地理标志登记证书，是浙江省第一个畜产品地理标志。

12月27日　丽水市警方破获首例餐券造假案，缴获假餐券面值5.2万元，涉案王某被刑事拘留。

12月27日　《丽水建设“中国生态第一市”战略与路径选择》课题成果发布会在杭州举行。全国首个“中国生态第一市”指标体系出台。

12月28日　国家林业局批准设立“浙江庆元国家森林公园”。

12月29日　丽水市网络图书馆工程获评浙江省2010年度十大民生工程。

12月29日　丽水市水上交通应急救助指挥中心工程开工。

12月31日　市委二届十四次全会审议通过《中共丽水市委关于制定丽水市国民经济和社会发展第十二个五年计划的建议》。

12月　云和县中心敬老院获“全国模范敬老院”称号。

同年　景宁畲族自治县在北京市、天津市创办便利超市1800多家、1.6万人，年销售28亿元。

第一篇
政 区 建 置

概　　述

远古时期，丽水境域属荒蛮之地。新石器时期，境内已有人类在此繁衍生息。据清光绪《处州府志》载，“处州府，《禹贡》扬州之域，斗分吴地，古缙云之墟”。“春秋、战国（前770—前221），并属越。越亡，入楚。秦为闽中郡”。“始皇二十五年置会稽郡，领县二十四，内有大末一县（大又作太，秦时衢州府为大末县）”。汉代，分封制与郡县制并行，丽水建置屡有变化。西汉初，丽水境域属东越、东瓯（东海）地。西汉建元六年（前135），丽水境域属东越国地。西汉始元二年（前85），丽水境域属扬州刺史部会稽郡回浦县[①]、大末县地。“后汉光武时改回浦为章安”“东汉建安四年（199），孙氏析置松阳县。吴大帝赤乌二年（239）分大末立平昌县”，分章安县南乡置松阳县，分属松阳县、大末县地。东汉建安二十三年（218），分大末县南部置遂昌县，分属松阳县、遂昌县地，设有乡、亭、里等行政机构，里之下编制什伍户籍。

“隋开皇九年（589），处士星见于分野，因置处州[②]。分松阳之东乡置栝苍县[③]，始以栝苍、松阳、临海、永嘉四县置处州，十二年改为栝州。”唐武德四年（621），改松阳县为松州，析栝苍地置丽水县，遂昌复置县。析永康地置缙云县，属丽州。唐武德八年（625），复改松州为松阳县，遂昌县并入松阳县，丽水县并入栝苍县，废缙云县。唐万岁登封元年（696），分栝苍、永康地复置缙云县后，丽水区域基本固定。在一千多年历史中，除丽水政区稍有变动外，区域面积变动少。北宋太平兴国三年（978），处州隶属两浙路。元至元十三年（1276），改处州为处州路。明洪武十三年（1380）十一月，恢复庆元县。明景泰三年（1452），置宣平县、云和县、景宁县。至此始有“处州十县”之誉。清康熙元年（1662），处州府隶属浙江省温处道。清光绪三年（1877）《处州府志》载，“处州有36乡、179都、4262庄。”清宣统三年（1911）十月，处州军政分府成立，隶属浙江军政府，行政区域未变。民国时期，丽水建置变化频繁，先后属瓯海道、第十一县政督察区、第十二县政督察区、丽水行政督察区、第九行政督察区、第六行政督察区、第七行政督察区。

1949年5月10日丽水解放后，丽水人民民主政府建立。7月22日，浙江省第七专区专员公署（简称“七地委”）成立。11月，“七地委”更名浙江省丽水地方委员会（浙江省丽水专区专员公署），辖县8个、区37个、乡镇185个。1950年3月，丽水专区辖区调整为县8个、区42个，专区专员公署乡388个、镇15个、行政村2295个。1952年1月，撤丽水专区，各县分属温州专区、衢州专区和金华专区。1958年4月11日，撤销宣平县，以曳岭山脉为界，岭南[④]划归丽水县，其余分属武义县。柳城、

① 东汉章和元年（87），回浦县为章安县。

② 载于清光绪《处州府志》。

③ 分松阳县东乡，置栝苍县。

④ 2010年位于丽水市西北与武义县交界处，原丽水县曳岭区，今属莲都区。据《方舆纪要》卷94宣平县载：曳岭“岭峻险，登陟甚难。上有曳溪洞，相传尝有仙人曳履过岭，因名。为县南守御处”。

上坦两区及直属镇16个乡镇并入武义县，曳岭区的5个乡镇并入丽水县。1963年5月，丽水专区恢复，辖丽水、龙泉、青田、云和、缙云、遂昌县，专署设在丽水。1968年11月18日，丽水专区更名丽水地区。“文化大革命”期间，建立丽水地区革命委员会，辖丽水、龙泉、青田、云和、缙云、遂昌6个县革命委员会，设区革命领导小组36个、人民公社革命委员会289个、生产大队革命领导小组3517个、生产队22003个。1978年9月，改为浙江省丽水地区行政公署，辖丽水、龙泉、青田、云和、庆元、缙云、遂昌县。1982年，恢复松阳县建置。1984年，设立景宁畲族自治县。1986年，撤销丽水县，设立丽水市(县级)。1990年，撤销龙泉县建置，设立龙泉市。1992年5月，丽水地区调整县级以下行政建置。全区完成“撤扩并”后，下辖乡镇194个。包括乡133个，其中畲族乡6个；镇61个，其中畲族镇1个。

2000年5月20日，国务院批复同意撤销丽水地区，设立丽水市；撤销丽水市(县级)，设立莲都区。丽水市辖区1个、县7个、代管市1个。2010年，丽水市辖乡镇(街道)178个，其中乡109个、镇60个、街道9个；居民区(社区)126个、行政村2852个。

第一章　境　　域

东汉建安四年(199),分章安县西南部置松阳县。东汉建安二十三年(218),分大末县[1]南部,置遂昌县。隋开皇九年(589)置处州。唐万岁登封元年(696)复置缙云县,基本形成丽水区域。南宋庆元三年(1197),置庆元县。明洪武三年(1370)三月,废庆元县建置,设查田巡检司。明洪武十三年(1380)十一月,恢复庆元县建置。明景泰三年(1452),分丽水县宣慈乡、应和乡及懿德乡北部地,置宣平县;分丽水县浮云乡、元和乡,置云和县;分青田县鸣鹤乡和柔远乡仙上里,置景宁县。明成化七年(1471)一月,分遂昌县八都、九都与龙游、兰溪县部分地,置汤溪县,属金华府。清代,处州行政沿明制,境域基本没变。

据清光绪《处州府志》载,“处州府治至省城750里,至南京1330里,至京师4580里”。2010年,丽水市距杭州市346.4千米、上海市518.3千米、北京市1790.7千米。

民国时期,丽水境域变更频繁。民国3年(1914),处州设瓯海道,各县属之。民国21年6月,设第十一县政督察区和第十二县政督察区;10月,改设第二特区和第三特区,署址分别设于丽水、龙泉。民国24年,改设丽水行政督察区,辖10个县。民国32年,宣平县划归第四行政督察区。民国37年,文成、泰顺、宣平划归第四行政督察区;7月,遂昌县划归第三行政督察区,文成、泰顺、青田划归第五行政督察区。

1949年8月,浙江省第七专区成立,区域面积12860.4平方千米。1952年1月,撤销丽水专区建置,其中,丽水、云和、龙泉、庆元、景宁县划归温州专区,松阳、宣平县划归衢州专区,缙云县划归金华专区。1955年,撤销衢州专区,松阳、遂昌、宣平县划归金华专区。1958年,撤销宣平县,10月4日,撤销庆元县归属龙泉县,11月21日撤销松阳县,归属遂昌县;1960年撤销景宁县,归属云和县。1963年3月30日,恢复丽水专区行政建置。1964年,丽水专区辖丽水、龙泉、青田、云和、缙云、遂昌6个县,区域面积17143.2平方千米。

1968年8月,成立丽水地区革命委员会。1973年,恢复庆元县建置。1978年,丽水地区革命委员会改设为浙江省丽水地区行政公署。同年,全区总面积16726平方千米。1982年,恢复松阳县建置。1984年,设立景宁畲族自治县建置。同年,丽水地区辖9个县。1986年,撤销丽水县建置,改设丽水市(县级)建置。1990年,撤销龙泉县建置,改设龙泉市建置。2000年5月,撤销丽水地区建置,设立丽水市建置,撤销丽水市(县级)建置,改设丽水市莲都区建置。2000年至2010年,丽水市域未发生变化,面积17275.2平方千米,占浙江省总面积的16.97%。

---

① 2010年属衢州市龙游县。

第一节 位 置

丽水市位于浙江西南部，东南与温州市永嘉县、瓯海区、瑞安市、文成县、泰顺县接壤，西南与福建省宁德市寿宁县，南平市政和县、松溪县、浦城县毗连；西北与衢州市江山市、衢江区、龙游县相接，北部与金华市婺城区、武义县、永康市、磐安县交界，东北与台州市仙居县相连。

丽水境域介于北纬27°25′~28°57′，东经118°41′~120°26′。东西相距171千米，南北相距169千米。

据清光绪《处州府志》载："丽水境域四至里程[①]：东西距离440里，南北距离610里，东南距西北585里，东北距西南1098里。府城东至台州府仙居县界110里，至台州府295里；西至衢州府江山县界165里，至衢州府510里；南至温州府瑞安县界250里，至温州府270里[②]；北至金华府永康县界120里，至金华府350里。东南至温州260里[③]，西南至福建建宁府820里，东北至金华府278里，西北至金华府320里。府治至省城750里，至南京1330里，至京师4580里。"

2010年年底，丽水境域四至里程（公路里程）：丽水至龙泉市龙渊镇123.2千米，至青田县鹤城镇72.6千米，至缙云县五云镇39.5千米，至遂昌县妙高镇99.9千米，至松阳县西屏镇74.4千米，至云和县云和镇63.6千米，至庆元县松源镇211.6千米，至景宁畲族自治县鹤溪镇85.6千米。丽水市区距浙江省会杭州市346.4千米，距台州市（椒江）246.2千米、距温州市131.6千米、距福建省宁德市345.7千米、距福建省南平市597.6千米、距衢州市216.5千米、距金华市125.5千米，距宁波474千米、距上海市518.3千米、距北京市1790.7千米。

第二节 变 迁

地域变更

东汉建安四年（199）[④]，分章安县[⑤]西南部，设置松阳县。汉建安二十三年（218）[⑥]，分大末县[⑦]南部设置遂昌县。隋开皇九年（589），分松阳县东乡，建立栝苍县，废临海郡、永嘉郡为县，改郡为州，设立处州。处州辖栝苍、松阳、临海、永嘉县，范围包含2010年丽水、温州、台州市及宁波宁海。汉建安十二年（592），改处州为栝州。唐武德五年（622），析出永嘉、台州。唐贞观元年（627），并入永嘉县、安固

① 明成化二十二年（1486），明崇祯年间（1628—1644），清雍正十三年（1733），清光绪三年（1877）《处州府志》均载。
② 明崇祯年间《处州府志》为330里。
③ 明崇祯年间《处州府志》为265里。
④ 另有兴平二年、建安元年、建安八年等说法。
⑤ 2010年属台州市椒江区章安镇。
⑥ 另一说为三国吴赤乌二年（239）设置平昌县。
⑦ 2010年属衢州市龙游县。

县。唐上元二年(675),划出永嘉县、安固县,建置温州。唐万岁登封元年(696),分栝苍永康地,复置缙云县,基本形成2010年之区域。此后,丽水除政区稍有变动外,区域面积变动小。唐乾元二年(759),分松阳、遂昌部分县,地置龙泉县。同年,栝州领栝苍、松阳、缙云、青田、遂昌、龙泉县。这一时期,县下设乡,乡下设里,里管百户。城内为坊,郊区为村。北宋太平兴国三年(978),处州隶属两浙路。北宋庆元三年(1197),分龙泉县松源乡、延庆乡之半地,置庆元县。处州领丽水、松阳、缙云、青田、遂昌、龙泉、庆元县。元至元十三年(1276),改处州为处州路,隶属江浙行省。元至元二十一年(1284),处州隶属江浙行省。宋元时期,县下设乡、都,乡辖都;城郭设隅、防,隅辖防。

明洪武三年(1370)三月,废庆元县,设查田巡检司。明洪武十三年(1380)十一月,恢复庆元县建置。明景泰三年(1452),分丽水县宣慈、应和二乡及懿德乡北部地,置宣平县,分丽水县浮云、元和两乡置云和县,分青田县鸣鹤乡和柔远乡仙上里等地,置景宁县。至此,处州府始有"处州十县"之誉。另据清光绪《处州府志》载:"处州宣平县在府城西北百二十里,东西广百六十里,南北袤百四十里。东至缙云县界七十里,南至丽水县界六十里,西至松阳县界三十里,北至金华府武义县界六十里。""宣平县四山环匝二水合流。南有瀑布之奇,西有榅样之秀。"明成化七年(1471)一月,分遂昌县八都、九都与龙游县、兰溪县部分地置汤溪县,属金华府。城镇推行坊厢制,农村实行里甲制。据明崇祯《处州府志》载,处州有"官民田地山塘面积22301.37顷(约148683.23公顷)"。清康熙元年(1662),处州府隶属浙江省温处道。清顺治元年(1644),处州府隶属浙江省。丽水地域几无变更。城市设隅、坊,乡村设乡、都、里(庄)。据清光绪《处州府志》载,处州辖乡36个、都179个、庄4262个。清宣统三年(1911)十月,成立处州军政分府,隶属浙江军政府,各县行政区划未变。

民国时期,丽水建置变化频繁。民国3年(1914)6月,设瓯海道,道尹公署驻温州,原处州各县属之。民国16年5月,废道制,直属浙江省。民国21年6月,设丽水行政督察区、第六行政督察区、第七行政督察区、第九行政督察区、第十一县政督察区和第十二县政督察区。改村里为乡镇,每20个至50个乡镇组织为区建置。10月,改设第二特区和第三特区,署址分别设于丽水、龙泉。民国21年8月,丽水施行保甲连坐的管理制度。民国23年,推行保甲制,县以下的自治层级设为三级。民国24年9月,改设为丽水行政督察区,辖丽水、松阳、缙云、青田、遂昌、龙泉、庆元、云和、景宁、宣平10县。民国32年5月,宣平县划归第四行政督察区。民国37年4月,文成、泰顺、宣平划入。7月,遂昌县划归第三行政督察区,文成、泰顺、青田划归第五行政督察区。

1952年1月19日,丽水专区建置撤销,其中,丽水、云和、龙泉、庆元、景宁县划归温州专区,松阳、宣平县划归衢州专区,缙云县划归金华专区。1955年3月31日,衢州专区建置撤销,松阳、遂昌、宣平县划归金华专区。1963年5月9日,恢复丽水专区建置,辖丽水、青田、缙云、遂昌、云和、龙泉6个县。之后所辖各县虽有分合,区域总体未变。1968年11月18日,成立丽水地区革命委员会,辖地称丽水地区。1973年7月17日,恢复庆元县建置。1978年9月16日,丽水地区革命委员会改为浙江省丽水地区行政公署,辖丽水、青田、缙云、遂昌、龙泉、云和、庆元7个县。1982年1月30日,恢复松阳县建置。1984年6月30日,成立景宁畲族自治县,丽水地区辖丽水、青田、缙云、遂昌、云和、龙泉、庆元、松阳、景宁畲族自治县9个县。1986年3月1日,撤销丽水县建置,设丽水市(县级)建置。1990年12月26日,撤销龙泉县建置,设立龙泉市建置。2000年5月20日,撤销丽水地区建置,设立丽水市建置;撤销丽水市(县级)建置,改设丽水市莲都区。同年,丽水市下辖莲都区、青田县、云和县、庆元县、缙云县、遂昌县、松阳县、景宁畲族自治县,龙泉市由省直辖。6月6日,浙江省政府委托丽水市政府代管龙泉市。至2010年，丽水区划未发生变化。

区界变更

明成化七年（1471），分遂昌县桃源乡八都、九都与龙游县、兰溪县、金华县部分地，置汤溪县①。清康熙年间（1662—1722），遂昌县马戍口、山后刘划归龙游县。

民国10年（1921）龙游县燕窝湾、王坞村划归遂昌县，遂昌县下旦村划归龙游县。民国24年8月，遂昌县苏村乡张村划归汤溪县。民国28年6月，缙云县双峰、金峰、润川、龙门、湖中5个乡划归磐安建县。民国37年7月1日，分青田县南田、三阳、黄坛、岙里、西坑乡和万源乡一部分，划归新设的文成县。8月1日，分永嘉县温溪、贵岙、黄坦、霞嵊4个乡和林福、界坑2个乡部分村，划归青田县。

1949年11月，仙居县莲台、曹店、金竹、安仁乡划归缙云县。1950年，丽水县黄岭②、陈村乡划归宣平县，陈村乡不久返归丽水县。3月，缙云县莲台乡划归仙居县。1952年7月，缙云县夏家畈村划归武义县。1953年9月，缙云县潘潭乡冷水、联合、章岩、杨西、箬山、庄头、潘潭7个村划归磐安县。1954年2月，遂昌县苏村乡岱楼岭村③划归龙游县大街乡；5月，遂昌县白水乡④芦头村划归龙游县溪口区梧村乡。1956年7月，宣平县竹客乡章田、柘坑、汤城、午岭村划归松阳县；丽水县高溪乡朱岭足自然村划归宣平县。1958年2月，松阳县望松乡塘后村划归宣平县竹客乡。3月21日，庆元县隆宫乡张天村划归福建省政和县。“4月11日，撤宣平县并入武义县⑤，以曳岭山脉为界，岭南原曳岭区划归丽水县；其余分属松阳县和武义县。既将宣平县曳岭区的崇义、新和⑥、永丰、梁周、联城⑦乡划归丽水县。”1959年8月，青田县温溪人民公社小舟山管理区黄坦村划归永嘉县。1961年，宣平县竹客管理区塘后村划回遂昌县望松管理区⑧。2月，磐安县安文公社仁川管理区的硃上、硃圩坑、下岙3个村划归缙云县，10月，青田县西岙、上横管理区划归永嘉县。1962年2月，原宣平县划归丽水县曳岭区的5个乡划归武义县，4月，曳岭区5个乡又复归丽水县，5月23日，缙云县安仁⑨、金竹⑩、曹店⑪公社划归仙居县。1962—2010年，区界一直没有变更。

附

丽水行政区域的几次调整

一是文成县的成立与青田县行政区域的调整

文成县一直到1948年才正式设县。文成位于飞云江上游的温州丽水交界山区，在当时的技术

① 汤溪县，2010年属金华市婺城区。
② 黄岭，曾用名沈青。
③ 据1996年版《遂昌县志》载：三村之大头岭自然村。
④ 据1996年版《遂昌县志》载：包括芦头村等10个自然村。
⑤ 1962年2月，撤销宣平县建置，其所辖地分别并入丽水县、武义县、松阳县。
⑥ 1994年版《丽水市志》称清和。
⑦ 1994年版《丽水市志》《武义县志》称联成。
⑧ 2010年属松阳县四都乡。
⑨ 2010年称安岭。
⑩ 2010年称陈岭。
⑪ 2010年称溪港。

水平下，交通相当闭塞，经济比较落后。在文成正式设县以前，这一地区分别由瑞安、泰顺、青田三县所辖。这些地方当时在各自的属县内也算是较为偏远的地区，政府的管理也是比较薄弱的，盗匪横行。清代瑞安县曾在大峃（文成未设县之前属瑞安）设置巡检，巡检作为知县下面的属吏，在清代一般驻守县内其他区域，分守一方。到民国时期，驻守大峃的巡检已废，可以说已经成了政府管理的真空地带。

1943年，温州地方上的官员草拟了设立“文成县”的方案，因为原青田县的南田镇是刘伯温的出生地，在方案中也被划进新县，为纪念他，取县名“文成”，并报省政府。同年，浙江全省行政会议通过划设新县的方案，交由民政厅办理。

1948年浙江省政府正式下达《定期成立文成县》的命令，瑞安、青田和泰顺三县各分出一部分土地成立文成县。同年7月1日，青田县南田区的南田、西境、三阳、黄坛、岙里5个乡和万源乡一部分划给新建立的文成县。同年8月1日，温州地区永嘉县的温溪、贵岙、黄坦、霞师4个乡和林福、界坑2个乡的一部分划归青田县。当时青田县的面积为2779平方公里。1961年10月，青田县西岙、上横2个公社划给永嘉县。

二是宣平县的撤销与丽水地区行政区域的变化

县是我国自春秋战国沿用至今的最为稳定的行政区划。宣平县原为处州府下辖的一个县。处州府除丽水、缙云、青田、龙泉、遂昌、松阳、云和、景宁、庆元9个县外，还有一个就是宣平县。

明代之前，宣平地域为丽水县所辖。明景泰三年（1452），析丽水的宣慈、应和两乡及懿德乡北部，置宣平县，以鲍村为县治。“（处州）府治西北一百二十里，东西广一百六十里，南北袤一百四十里。”（清光绪《宣平县志》）宣平县东与缙云接壤，南与丽水毗邻，西与松阳、遂昌相接，北与武义、金华交界。

宣平置县后隶属于处州府，是处州府当时所辖十县之一。处州府为明清时行政建制，是丽水市的古称，府治丽水县，宣平建县后为处州府所辖第十县，清袭明制。宣平县城原名“鲍村”，本无城墙。清康熙五十五年（1716）春，宣平县令张廷祐征民夫，环县城植柳，“留四门通出入，俟三年后，柳自成围”，遂更名为“柳城”，并沿用至今。柳城城内至今还有一片区名“太平坊”，据传即当年太平天国兴建的太平宫所在处。宣平县西南重镇柳城畲族镇，不仅为武义县唯一的民族镇，也是原宣平县县城所在地。

1912年中华民国建立后，北洋政府改革行政区划废府改道，宣平县隶属于瓯海道。南京国民政府建立后又废道，宣平县曾直属于浙江省。1949年10月中华人民共和国成立时，宣平县隶属于丽水专区。1952年，丽水专区撤销，宣平县改隶衢州专区。1954年，衢州专区撤销，宣平又改隶金华专区。1958年5月，国务院撤销宣平县建制，将其原辖区的柳城、上坦两区及直属镇共16个乡镇并入武义县，曳岭区的5个乡镇划入丽水县。至此，在我国行政区域版图上存在了506年之久的宣平县消失了。1958年10月，武义县并入永康县。1961年，武义县复设，仍隶属金华专区。

县界变更

明景泰三年（1452），青田县鸡鸣乡升天西里的一部分地划给缙云县，小梅、查田、青溪、茶丰划给龙泉县①。

① 据1996年版《庆元县志》载。

民国33年(1944)5月,龙泉县龙门乡(飞地)和张源头、坟山村划归云和县,云和县芝石乡外王庄、武溪、丁村划归龙泉县。

1951年4月,丽水县峰源、赛源乡划归云和县,缙云县严溪乡划归丽水县①。1954年3月,景宁县吴坑乡划归庆元县。1956年5月,云和县包山乡潘坑,杨(垟)坑村和新田乡高沈、高岩、王湾、岭里村划归景宁县②。6月,云和县赛源乡铺洗寮、黄连坑村划归青田县。遂昌县长濂乡梧桐口、龙下西村划归松阳县赤寿乡。7—9月,龙泉县安仁乡陈家垟村、龙南乡栏头、金尺亭村划归云和县。8月,云和县金江(岗)乡木岱坑村和金村乡茶铺村划归松阳县。1957年5月,龙泉县龙岩村划归庆元县。1961年1月,松阳古市公社叶家田、千义坑西生产队划归遂昌县濂竹公社。1962年4月12日,丽水县分出云和、景宁县两地建云和县,云和县的双港、朱村、金村乡和云东区的27个自然村③仍归丽水县管辖。1963年6月,遂昌县④联溪公社圳头、圳后、大林、麦垵4个大队划归丽水县新合公社。1966年4月18日,丽水县黄村公社4个大队划归缙云县。1969年,遂昌县濂竹公社田岗生产队划归松阳县赤寿公社。1975年3月,庆元县四源公社划归龙泉县。1984年11月,丽水县双港、朱村、金竹乡划归云和县。

勘 界

1996年,丽水地区贯彻落实浙江省政府《关于全面开展勘界工作的通知》精神,开展边界勘查工作。1996年下半年,除庆元县外,丽水地区和8个县(市)相继成立勘界领导小组及办公室,着手准备勘界有关事项。完成金华、衢州、丽水三地市级边界线勘界、核界和三交点的埋桩工作。遂昌县率先与龙游县、衢县完成勘界、核界和三交点的埋桩各项具体工作,并与上述两县签订边界线核界协议书。1997年,丽水地区地、市界线844.9千米,勘定界线791.9千米,占应勘界线的93.7%;县(市)界线1052.6千米,勘定界线996.7千米,占94.7%;县(市)界线9个交会点勘定;丽水至衢州155千米界线勘定并埋界桩;丽水、金华、台州和丽水、台州、温州界线交会点勘定;余下的主要是省界和初步协商未定界线。8月《衢州市人民政府和丽水地区行政公署联合勘定的行政区域界线协议书》签订,2000年9月《台州市人民政府和丽水市人民政府联合勘定的行政区域界线协议书》签订,2000年10月《金华市人民政府和丽水市人民政府联合勘定的行政区域界线协议书》签订。丽水市与衢州市、台州市、金华市行政区域界线勘定工作完成。至2010年,县界再无变动。

第三节 面 积

据清光绪《处州府志》载,明崇祯年间(1628—1644),处州境内有官民田地山塘面积148683.23公顷,其中丽水县约18314.93公顷、青田县约15833.55公顷、缙云县约23107.86公顷、松阳县约

① 据查《丽水市志》、1996年版《云和县志》和1996年版《缙云县志》记载综合而成。

② 据《景宁县志》《庆元县志》记载综合而成。

③ 上垟头、下垟、山岱头、张山、李山、新砀、下田、宋坳、外山、高祭寮、孙畲、潘山头、库坑、刘坑、叶山头、汝姑、夏昊、毛山、毛上垟、高源、郑地、上江、龙源、横坑、周坑、正坳、山回。

④ 2010年属松阳县。

21083.93 公顷、遂昌县约 19608.86 公顷、龙泉县约 16579.9 公顷、庆元县约 8865.43 公顷、云和县约 7358.24 公顷、宣平县约 8530.29 公顷、景宁县约 9400.35 公顷。

据清光绪《处州府志》载，处州（含宣平县）有“田 118637 公顷”，有“地 856.75 公顷”，有“沙地 69.06 公顷”，有“山 22487.15 公顷”，有“塘、荡约 875.71 公顷”，处州土地面积 142925.4 公顷。

1949 年 8 月，浙江省第七专区辖丽水、松阳、缙云、宣平、云和、景宁、龙泉、庆元 8 个县，行政区域土地面积 12560.5 平方千米。

1949 年丽水专区各县面积及耕地一览

表 1-1-3-1

县 别	面积（平方千米）	耕地面积（万公顷）			耕地占全县面积（%）
		田亩数	地亩数	合　计	
丽水县	1152.90	13.54	0.92	14.46	12.54
龙泉县	2868.80	10.00	1.92	11.92	4.15
云和县	1132.50	4.62	0.25	4.86	4.29
庆元县	1981.30	7.29	0.03	7.32	3.69
缙云县	1502.50	5.40	5.35	10.75	7.15
松阳县	1400.00	14.71	0.65	15.36	10.97
景宁县	1942.50	5.58	0.15	5.73	2.94
宣平县	880.00	4.97	0.06	5.03	5.71
合　计	12560.50	66.10	9.33	75.43	6.43

说明：1949 年青田县归属温州专区，遂昌县归属衢州专区。资料来源于丽水档案馆 1949 年 10 月 20 日至 12 月 31 日丽水地委调研组编印《农村调查》(1—7 期)

1964 年，丽水专区辖丽水、青田、云和、龙泉、缙云、遂昌县，行政区域面积 17143.3 平方千米。

1964 年丽水专区分县土地面积一览

表 1-1-3-2

县 别	总面积（平方千米）	山地（万公顷）	耕地（万公顷）	溪流（万公顷）
丽水县	1577.50	136.47	15.88	5.40
龙泉县	4876.40	445.76	29.95	11.94
青田县	2434.60	209.97	14.21	19.34
云和县	2792.70	259.26	13.21	6.80
缙云县	1584.80	134.33	13.81	10.34
遂昌县	3877.30	361.71	22.35	3.74
合　计	17143.30	1547.50	109.41	57.56

说明：景宁县并入云和县，庆元县并入龙泉县，松阳县并入遂昌县。资料来源于丽水市档案馆 1965 年 9 月 24 日丽水地委办公室印发《丽水地区农业生产和人民生活的几项资料》

1978 年，丽水地区总面积 17028 平方千米，其中丽水县 1502 平方千米、云和县 2800 平方千米、龙泉县3051平方千米、庆元县1887平方千米、青田县2484平方千米、遂昌县3723.86平方千米、缙云县1580平方千米。1984年，丽水地区总面积17266.90方千米，其中丽水县1480平方千米、云和县983.5平方千米、景宁畲族自治县1935.4平方千米、龙泉县3051平方千米、庆元县1887平方千米、青田县2484平方千米、遂昌县2539平方千米、松阳县1407平方千米、缙云县1500平方千米。[①] 1988—2009年，均为17298平方千米，其中丽水市（莲都区）1480平方千米、云和县983.50平方千米、景宁畲族自治县1950平方千米、龙泉县（市）3059平方千米、庆元县1898平方千米、青田县2484平方千米、遂昌县2539平方千米、松阳县1406平方千米、缙云县1482平方千米。

1988年丽水地区分县面积一览

表1-1-3-3

县别	总面积（平方千米）	其中					人均占有面积（公顷）	人均耕地面积（公顷）	人均山地（公顷）
		耕地（万公顷）	山地（万公顷）	水域（万公顷）	道路（万公顷）	居民点厂矿用地（万公顷）			
丽水市（县级）	1502.00	1.31	11.27	0.44	0.23	0.28	0.48	0.04	0.36
龙泉县	3059.00	1.70	26.92	0.38	0.08	0.15	1.19	0.07	1.05
青田县	2484.00	1.23	23.10	0.67	0.12	0.28	0.51	0.03	0.47
云和县	983.50	0.50	9.29	0.29	0.03	0.10	0.84	0.05	0.80
庆元县	1898.00	1.07	16.13	0.20	0.06	0.11	1.04	0.06	0.89
缙云县	1482.00	1.29	12.15	0.36	0.07	0.19	0.36	0.03	0.29
遂昌县	2539.00	1.03	24.12	0.41	0.03	0.14	1.15	0.05	1.09
松阳县	1406.00	1.13	11.25	0.20	0.04	0.16	0.63	0.05	0.51
景宁畲族自治县	1950.00	0.70	18.72	0.28	0.05	0.11	1.14	0.04	1.10
合计	17303.50	9.97	152.95	3.24	0.72	1.51	0.72	0.04	0.63

说明：据1993年版《丽水地区志·面积》载

据2010年7月第二次全国土地调查载，丽水市土地总面积17275.2平方千米，占浙江省土地总面积（10.18万平方千米）16.97%。其中，耕地16.41万公顷，占丽水市土地总面积9.5%；园地5.76万公顷，占全市土地总面积3.33%；林地面积136.51万公顷，占全市土地总面积79.02%；草地面积1.67万公顷，占全市土地总面积0.96%；城镇村及工矿用地3.47万公顷，占全市土地总面积2.02%；交通运输用地1.31万公顷，占全市土地总面积0.76%；水域及水利设施用地4.22万公顷，占全市土地总面积2.44%；其他土地3.4万公顷，占全市土地总面积1.97%。

据丽水市国土资源局提供的数据，2010年，丽水市莲都区面积1493.44平方千米，龙泉市3044.18平方千米，青田县2477.13平方千米，庆元县1897.41平方千米，云和县989.63平方千米，缙云县1494.24平方千米，遂昌县2539.56平方千米，松阳县1400.77平方千米，景宁畲族自治县1938.84平方千米。

---

①《浙江区划地名溯源》，浙江省民政厅编，浙江大学出版社出版，2007年5月。

第二章　建置沿革

春秋战国时期（前770—前221），丽水境域先后属瓯越故地和楚国。秦代，丽水境域隶属闽中郡、会稽郡大末县地。汉初，属东越、东瓯（东海）地。西汉建元六年（前135），属东越国地。西汉始元二年（前85），属扬州刺史部会稽郡回浦县[①]、大末县地。东汉建安四年（199），分章安县南乡置松阳县，属松阳县、大末县地。东汉建安二十三年（218），分大末县南部置遂昌县，属松阳县、遂昌县地。

隋开皇九年（589），置处州。分松阳县东乡，置栝苍县。处州领栝苍、松阳、临海、永嘉四县。唐武德四年（621），改松阳为松州，析栝苍地，置丽水县，遂昌复县。分永康地，建置缙云县，隶丽州。唐武德八年（625），复改松州为松阳县，遂昌并入松阳县，丽水并入栝苍县，废缙云县。唐万岁登封元年（696），复置缙云县。唐景云二年（711），分栝苍县地，置青田县。唐开元二十一年（733），分江南为东、西两道，栝州隶属江南东道。唐乾元二年（759），分松阳县、遂昌县地，置龙泉县。同年，栝州领栝苍、松阳、缙云、青田、遂昌、龙泉六县。

北宋太平兴国三年（978），处州隶属两浙路。南宋庆元三年（1197），分龙泉县松源乡、延庆乡之半地，置庆元县。同年，处州领丽水、松阳、缙云、青田、遂昌、龙泉、庆元七县。

元至元十三年（1276），改处州为处州路。元至元二十一年（1284），处州隶属江浙行中书省。明洪武十三年（1380）十一月，恢复庆元县建置。明景泰三年（1452），置宣平县、云和县、景宁县。至此，丽水始有“处州十县”之称。

清康熙元年（1662），处州府隶属浙江省温处道。清宣统三年（1911）十月，成立处州军政分府，隶属浙江军政府，各县行政区划未变。民国时期，丽水建置变化频繁，先后属瓯海道、第十一县政督察区、第十二县政督察区、丽水行政督察区、第九行政督察区、第六行政督察区、第七行政督察区。

1949年5月，浙江省第七专区专员公署设立。11月，更名浙江省丽水专区专员公署。1952年1月，撤销丽水专区建置，其下辖各县分属温州、金华和衢州地区。1963年5月，恢复丽水专区建置，辖丽水、青田、缙云、遂昌、云和、龙泉6个县，署址丽水。1968年11月18日，丽水地区革命委员会建立，辖区称“丽水地区”。1978年9月，更名浙江省丽水地区行政公署，辖丽水、青田、缙云、遂昌、龙泉、云和、庆元7县。1982年，恢复松阳县建置。1984年，丽水地区设立景宁畲族自治县，下辖9个县。1986年，撤销丽水县建置，设立丽水市（县级）。1990年，撤销龙泉县建置，设立龙泉市。2000年5月20日，撤销丽水地区建置，设立丽水市，撤销丽水市（县级）建置，改设莲都区。2000—2010年，丽水市行政区域未发生变化。

---

① 章和元年（87）为章安。

第一节 春秋至南北朝

在行政区域管辖权未明确之前，丽水境域属“荒蛮之地”“方外之地”“不可郡县之地”。夏代，境内就有历史文献间接记载丽水地域。丽水区域在夏代称瓯，商代称沤，周代称欧。据明万历《续处州府志·序》载：“处州，当古侯国。”

春秋战国时期（前770—前221），丽水境域为瓯越之地。“东瓯，越王所立也，即周元王（姬姓）四年。”[①]周元王四年，即战国初期越王勾践二十五年（前472），建立东瓯王国。“驺摇先世，周时世王东瓯。”[②]“后七世，至闽君摇，佐诸侯平秦。”[③]

春秋末期战国初期，越国（前497—前306）“句践之地，南至于句无（瓯江流域），北至于御儿（2010年桐乡市），东至于鄞（2010年奉化市和鄞州市部分地），西至于姑蔑（后为大末县，2010年龙游县）。”[④]丽水境域属越、楚地（东瓯、姑蔑（姑妹））地域。周显王三十六年[⑤]（前333）楚国大败越国，丽水隶属楚国，范围大致涵盖今丽水、温州、台州地域。

秦始皇二十六年（前221），定江南地，统一六国，废分封，置郡县。秦始皇三十三年，秦代征服瓯越和闽越，废郡长东瓯王朱安（即驺摇父），以其地置闽中郡。据《史记·东越列传》载：“秦设闽中郡。”[⑥]丽水地域属扬州闽中郡、会稽郡大末县地。

西汉初，推行郡、国制，丽水地域属东越、东瓯（东海）地。西汉惠帝三年（前192），“举高帝时，曰闽君摇功多，其民便附，乃立摇为东海王，都东瓯，世俗号为东瓯王[⑦]。”封号为东海王，沿袭先世“东瓯王”旧称。“汉初为东瓯地，后以为回浦县，光武更名章安[⑧]”，属东瓯国和会稽郡大末县地域。汉武帝建元三年（前138），属会稽郡，东瓯国王率众4万，徙江淮间庐江郡[⑨]，东瓯国消除，为闽越辖制[⑩]。汉武帝建元六年，闽越分离东越和越繇两部，东越为东瓯故地，属东越国地，汉立余善为东越王。汉武帝元封元年（前110），汉武帝以闽越之地多山险阻，且民风强悍，经常互相攻伐，遂将越人（贵族）两次北迁，“东越地遂虚”，“东越国除，后裔遁逃山谷者颇出”。汉武帝元封五年，属扬州刺史部。汉昭帝始元二年（前85），以鄞县南部回浦乡置回浦县，属扬州刺史部会稽郡回浦县、大末县地。

---

① 引自《越绝书》佚文。

② 引自《顾氏家乘》。

③ 引自《史记·越王勾践世家》。

④ 引自《国语·越语上》。

⑤ 公元前333年，一说前334年。

⑥ 钱大昕认为，始皇置郡闽中，太史公有明文，“但其初虽有郡名，仍令其君长治之，如后世羁縻州之类”（见《潜研堂文集》秦四十郡辨、秦三十六郡考、答谈阶平书、《廿二史考异》等）。其意：闽中置郡虽早，却有别内郡，系属羁縻性质的郡。王国维考：闽中郡、会稽郡，秦嬴政二十五年（公元前222）设。

⑦《史记·东越列传》。

⑧ 李昉《太平御览》处州条引图经。

⑨ 2010年属安徽省西部。

⑩《史记·汉兴以来将相名臣年表》。

新朝王莽始建国元年(9),改大末县名为末治,属扬州刺史部会稽郡回浦县、末治地。

东汉建武元年(25)末,治复名大末县,属扬州刺史部会稽郡回浦县、大末县地。汉建武六年,回浦县并入鄞县,属扬州刺史部会稽郡鄞县东瓯乡、大末县地。东汉章和元年(87),析鄞县原回浦县地复置更名章安(一说东汉建武年间(25—56)),属扬州刺史部会稽郡章安县东瓯乡、大末县地。东汉建安四年(199)[①],分章安县南乡(实为西南部),东汉建安八年置松阳县,属扬州刺史部会稽郡松阳县、大末县地。东汉建安二十三年,分大末县南部置遂昌县[②],属扬州刺史部会稽郡松阳县、遂昌县地。

三国吴赤乌二年(239),遂昌县更名平昌县。三国吴太平二年(257),分会稽郡东部地,置临海郡,松阳县属之,属扬州临海郡松阳县、会稽郡平昌县地。三国吴宝鼎元年(266),分会稽郡西部置东阳郡,平昌县属之,属扬州临海郡松阳县、东阳郡平昌县地。

西晋太康元年（280），属扬州临海郡松阳县、东阳郡遂昌县地，复称遂昌县。东晋太宁元年(323),分临海郡南部置永嘉郡,属扬州永嘉郡松阳县、东阳郡遂昌县地,永嘉郡领永宁、安固、横阳、松阳四县。永嘉郡治在瓯江下游南岸[③]。

南朝宋孝建元年(454),分扬州永嘉、会稽等五郡置东扬州,属东扬州永嘉郡松阳县、东阳郡遂昌县地。南朝宋大明三年(459),属扬州永嘉郡松阳县、东阳郡遂昌县地,罢州为王畿,东扬州直云(称)扬州。南朝宋大明八年,属东扬州永嘉郡松阳县、东阳郡遂昌县地,复置扬州,原地仍称东扬州。南朝宋景和元年(465),属扬州永嘉郡松阳县、东阳郡遂昌县地,省东扬州,直属扬州。南朝齐(479—502),沿袭前代。南朝梁普通五年(524)三月,改属东扬州永嘉郡松阳县、东阳郡遂昌县地。南朝太平元年(556)三月,罢东扬州,属扬州永嘉郡松阳县、缙州遂昌县地。南朝陈天嘉三年(562)六月,以永嘉等8郡复置东扬州,属东扬州永嘉郡松阳县、东阳郡遂昌县地。

第二节　隋至清代

隋开皇九年(589),分松阳县东乡建栝苍县,省遂昌县[④],又撤章安、始丰、宁海、乐安入临海县,改永宁为永嘉县,撤安固、横阳、乐成入永嘉县[⑤]。处州领栝苍、松阳、临海、永嘉六县。州治栝苍,隶吴州总管府,后隶扬州大总管府。隋开皇十二年,处州更名栝州。隋大业三年(607)[⑥],改州为郡,复置永嘉郡[⑦],治栝苍,领栝苍、松阳、永嘉、临海县。

唐武德四年(621),改松阳为松州,分栝苍地置丽水县,遂昌复县[⑧]。分永康地建置缙云县,隶丽

---

① 另一说兴平二年(195)。
② 另一说三国吴赤乌二年(239)置平昌县。
③ 2010年属温州市鹿城区。
④《隋书·地理志》无遂昌名,疑被漏记。
⑤ 据1998年版《温州市志》载。
⑥ 另一说为大业元年(605)。
⑦ 清光绪《处州府志》。
⑧ 另一说为隋末复置。

州。清光绪《处州府志》载:“处州复改为栝州,栝州领栝苍、丽水县。设栝州总管府,统括、松、东嘉、海四州。”唐武德五年(622)[①],海州复为台州。唐武德七年,改栝州总管府为都督府。唐武德八年,复改松州为松阳县,遂昌并入松阳县,丽水并入栝苍县,废缙云县。唐贞观元年(627),隶属江南道越州都督府,废栝州都督府,废东嘉州,永嘉、安固(横阳并入安固)二县并入,栝州领栝苍、松阳、永嘉、安固四县。唐上元二年(675),丽水直属江南道,永嘉、安固二县划出建温州。据《旧唐书·地理志》载,唐万岁登封元年(696)[②],分栝苍县东北、永康县南境地复置缙云县,因境内缙云山而得名,栝州领栝苍、松阳、缙云县。唐景云二年(711),复置遂昌县;分栝苍县地置青田县,因“山下有田产青芝”而得名。唐开元二十一年(733)分江南为东、西道,栝州隶属江南东道。唐天宝元年(742),改栝州为缙云郡。唐乾元元年(758),复改缙云郡为栝州,隶浙江东道节度。唐乾元二年,分松阳、遂昌县地置龙泉县[③]。栝州领栝苍、松阳、缙云、青田、遂昌、龙泉六县。唐大历十四年(779)五月,为避德宗李适讳,复改栝州为处州,隶属浙江西道,改栝苍名丽水。唐建中元年(780),处州隶属浙江东道。唐建中二年,复属浙江西道。唐贞元三年(787),又隶浙江东道。

吴越后梁开平四年(910)五月,改松阳县为长松县。后晋天福四年(939),改长松县为白龙县,处州领丽水、龙泉、遂昌、缙云、青田、白龙六县,州治丽水。建安县地,五代初属吴越,为处州东乡地,寻属闽[④]。

北宋太平兴国三年(978),吴越王钱俶纳土降宋,处州隶属两浙路。北宋咸平二年(999),改白龙县为松阳县。北宋熙宁七年(1074),处州隶属两浙东路。九月,改属两浙路。北宋熙宁九年,复属两浙东路。北宋熙宁十年,又属两浙路。北宋宣和三年(1121),改龙泉县为剑川县。南宋绍兴元年(1131),改剑川县为龙泉县。宋室东渡后两浙路分东、西路,处州隶属两浙东路。南宋庆元三年(1197),分龙泉县松源乡、延庆乡之半地置庆元县,以年号取名。处州领丽水、松阳、缙云、青田、遂昌、龙泉、庆元七县。

元至元十三年(1276),改处州为处州路,隶属江浙行省浙东道宣慰司(先隶江淮行省,后隶江浙行省)。元至元二十一年,处州隶属江浙行中书省。元至正十九年(1359)十一月,改处州路为安南府,不久改为处州府。元至正二十六年,明太祖置浙江行中书省,处州府隶之。

明洪武三年(1370)三月,废庆元县,设庆元巡检司,处州府领丽水、松阳、缙云、青田、遂昌、龙泉六县。明洪武九年,处州府隶属浙江承宣布政使司。明洪武十三年十一月,恢复庆元县,处州府辖丽水、松阳、缙云、青田、遂昌、龙泉、庆元县。明永乐年间(1403—1424),隶属浙江布政使司温处道。明景泰三年(1452),分丽水县宣慈、应和两乡及懿德乡北部地置宣平县;分丽水县浮云、元和两乡置云和县,取两乡尾字为县名;分青田县鸣鹤乡和柔远乡仙上里等地置景宁县,取景泰年号和“安宁”之义命县名。处州府辖丽水、松阳、缙云、青田、遂昌、龙泉、庆元、宣平、云和、景宁十县,至此开始有“处州十县”之誉。明成化七年(1471)一月,分遂昌县八都、九都与龙游、兰溪县部分地置汤溪县,属金华府。

---

① 另一说为唐武德三年(620)。

② 另据《新唐书·地理志》载为圣历元年(698)置县。

③ 据1994年版《龙泉县志》载:东晋太宁元年(323)置龙渊乡,属松阳县。相传春秋战国时欧冶子在剑池湖铸剑号“龙渊”而得名,唐武德三年(620)避高祖李渊讳,改名龙泉。

④ 据《读史方舆纪要》卷九七松溪县沿革载。

清康熙元年(1662),处州府隶属浙江省温处道。清宣统三年(1911)十月辛亥革命后,处州军政分府设立,隶属浙江军政府,行政区域未变。

第三节　中华民国

民国元年(1912)2月,浙江实行省县制,撤销处州军政分府,改由省直辖县。民国2年2月,瓯海道设立[①],道尹驻永嘉县城区[②],原处州各县属之,辖永嘉、丽水、松阳、缙云、青田、遂昌、龙泉、庆元、宣平、云和、景宁、瑞安、乐清、平阳、泰顺、玉环16个县。民国16年3月,浙江废道制,所辖直属浙江省。民国21年6月,改用数字序列,设第十一县政督察区,辖丽水、青田、缙云、宣平、松阳、遂昌6个县,署址丽水;设第十二县政督察区,辖龙泉、云和、景宁、庆元、泰顺5个县,署址龙泉。同年10月,改第十一、十二县政督察区为第二、第三特区。民国24年9月,改为丽水行政督察区,辖丽水、龙泉、遂昌、青田、缙云、景宁、庆元、松阳、云和、宣平10个县,署址丽水。民国25年4月,改称第九行政督察区。民国31年5月18日,省政府及其机关由永康方岩迁驻松阳县;6月2日,转迁云和县,间或迁景宁、龙泉、庆元一带。民国34年9月,民国浙江省政府及其机关陆续回迁杭州。民国32年5月,宣平县划归第四行政督察区。民国37年4月,更名第六行政督察区,文成、泰顺、宣平县划入,辖丽水、龙泉、遂昌、青田、缙云、景宁、庆元、松阳、云和、宣平、文成、泰顺12个县。7月[③],更名第七行政督察区,遂昌县划归第三行政督察区,文成、泰顺、青田县划归第五行政督察区,第七行政督察区辖丽水、松阳、缙云、龙泉、庆元、宣平、景宁、云和8个县,署治云和。

第四节　中华人民共和国

1949年5月8—17日,丽水多县解放,相继建立各县军事管制委员会和人民民主政府。8月3日,浙江省第七专区专员公署成立,署址丽水,辖丽水、松阳、缙云、龙泉、庆元、云和、景宁、宣平8个县。10月10日,浙江省第七专区专员公署更名浙江省丽水专区专员公署,遂昌属衢州专区管辖。1952年1月19日,丽水专区建置撤销,丽水、云和、龙泉、庆元、景宁县划归温州专区,松阳、宣平县划归衢州专区,缙云县划归金华专区。据《浙江建置区划沿革》载,1955年3月31日,政务院批准撤销衢州专区建置,松阳、遂昌、宣平县划归金华专区。1958年4月11日,撤销宣平县建置,以曳岭山脉为界,岭南原曳岭区划归丽水县。5月29日,云和县建置撤销,划入丽水、景宁、龙泉县。6月18日,丽水县驻地迁云和镇。11月21日,松阳县建置撤销,并入遂昌县,庆元县建置撤销,并入龙泉县。1960年1月7日,景宁县建置撤销,并入丽水县。1962年4月,丽水县驻地回迁城关镇。6月1

① 据《浙江地理简志》载。
② 2010年属温州市鹿城区。
③ 据1998年版《温州市志》记载为5月。

日，从丽水县分出原景宁、云和县地，设立云和县。1963 年 5 月 9 日，丽水专区建置恢复，辖丽水、青田、缙云、遂昌、云和、龙泉 6 个县，署址丽水。1968 年 11 月 18 日，丽水地区革命委员会设立，辖地称“丽水地区”。1973 年 7 月 17 日，庆元县建置恢复。1978 年 9 月 16 日，丽水专区行政公署改为浙江省丽水地区行政公署，辖丽水、青田、缙云、遂昌、龙泉、云和、庆元县。1982 年 1 月 30 日，松阳县建置恢复。1984 年 6 月 30 日，景宁畲族自治县设立。同年，丽水地区辖丽水、青田、缙云、遂昌、云和、龙泉、庆元、松阳、景宁畲族自治九县。1986 年 3 月 1 日，丽水县建置撤销，改设为丽水市（县级）。1990 年 12 月 26 日，龙泉县建置撤销，改设为龙泉市。2000 年 5 月 20 日，丽水地区建置撤销，改设丽水市；丽水市（县级）建置撤销，改设丽水市莲都区建置。同年，丽水市下辖青田县、缙云县、遂昌县、松阳县、云和县、庆元县、景宁畲族自治县和莲都区，龙泉市由省直辖。6 月 6 日，浙江省政府委托丽水市代管龙泉市。7 月 19 日，丽水市举行授牌仪式，丽水市人民政府驻地莲都区人民路。2000—2010 年，丽水市行政区域未发生变化。

丽水政区沿革

表 1-2-4-1

朝代		纪年		隶属	名称	辖县	变动说明
		年号	公元纪年				
夏		—	约前21—16世纪	越、瓯（沤、欧）地	—	—	属瓯越故地
商		—	约前16世纪—前1066				
周	西周	—	前1066—前771				
	春秋战国	—	前770—前221	越、楚地（东瓯、姑蔑）	—	—	周显王三十六年（公元前333）楚大败越师，隶属楚国（又说公元前334）
秦		始皇帝三十三年	前214	闽中郡、会稽郡大末县地			又一说（王国维考）闽中郡、会稽郡秦嬴政二十五年（公元前222）设。置大末县，属会稽郡
汉	西汉	惠帝三年	前192	东瓯国、会稽郡大末县地			封东海王，世俗称东瓯王
		建元三年	前138	扬州（东瓯国除）、会稽郡			东瓯王率众四万徙江淮间庐江郡
		建元六年	前135	东越国地			汉立余善为东越王
		元封元年	前110	东越国除			两次越人（贵族）北迁“东越地遂虚”，东越国除
		元封五年	前106	扬州刺史部			各州始置刺史
		始元二年	前85	扬州刺史部会稽郡回浦县、大末县地			以鄞县南部回浦乡置回浦县
		始建国元年	9	扬州刺史部会稽郡回浦县、末治地			王莽改大末县名为末治

续表 1-2-4-1

朝代		纪年		隶属	名称	辖县	变动说明
		年号	公元纪年				
汉	东汉	建武元年	25	扬州刺史部会稽郡回浦县、大末县地	—	—	末治复名大末县
		建武六年	30	扬州刺史部会稽郡鄞县东瓯乡、大末县地			回浦县并入鄞县
		章和元年	87	扬州刺史部会稽郡章安县东瓯乡、大末县地			析鄞县原回浦县地复置更名章安。又说建武年间(25—56)立
		建安四年	199	扬州刺史部会稽郡松阳县、大末县地			分章安县南乡(西南部)置松阳县。又说兴平二年(195)、建安八年(203)立
		建安二十三年	218	扬州刺史部会稽郡松阳县、遂昌县地			分大末县南部置遂昌县。又说三国吴赤乌二年(239)置平昌县
三国	吴	赤乌二年	239	扬州会稽郡松阳县、平昌县地			改遂昌县为平昌县
		太平二年	257	扬州临海郡松阳县、会稽郡平昌县地			析会稽郡东部置临海郡，松阳县属之
		宝鼎元年	266	扬州临海郡松阳县、东阳郡平昌县地			析会稽郡西部置东阳郡，平昌县属之
西晋		太康元年	280	扬州临海郡松阳县、东阳郡遂昌县地			复称遂昌县
东晋		太宁元年	323	扬州永嘉郡松阳县、东阳郡遂昌县地			析临海郡南部置永嘉郡。郡治在瓯江南岸(今鹿城区)
南朝	宋	孝建元年	454	东扬州永嘉郡松阳县、东阳郡遂昌县地			分扬州永嘉、会稽等五郡置东扬州
		大明三年	459	扬州永嘉郡松阳县、东阳郡遂昌县地			罢州为王畿，东扬州直云扬州
		大明八年	464	东扬州永嘉郡松阳县、东阳郡遂昌县地	—	齐(479—502):建元(479—483)、永明(483—494)、隆昌(494)、延兴(494)、建武(494—498)、永泰(498—499)、永元(499—501)、中兴。	复置扬州,原地仍称东扬州
		景和元年	465	扬州永嘉郡松阳县、东阳郡遂昌县地			省东扬州,直属扬州
	齐	—	479—502	扬州永嘉郡松阳县、东阳郡遂昌县地			
	梁	普通五年	524	东扬州永嘉郡松阳县、东阳郡遂昌县地			三月,置东扬州。废东阳郡置缙州
		太平元年	556	扬州永嘉郡松阳县、东阳郡遂昌县地			三月,罢东扬州
	陈	天嘉三年	562	东扬州永嘉郡松阳县、东阳郡遂昌县地			六月，以永嘉等八郡复置东扬州。省缙州复东阳郡
隋		开皇九年	589	扬州大总管府、吴州总管府	处州	栝苍、松阳、临海、永嘉	分松阳县东乡建栝苍县。废临海、永嘉郡置处州。省遂昌县，属处州。治栝苍
		开皇十二年	592		栝州		处州更名栝州
		大业元年	605	扬州			—
		大业三年	607		永嘉郡		改州为郡

续表 1-2-4-1

朝代		纪年		隶属	名称	辖县	变动说明
		年号	公元纪年				
唐		武德四年	621	栝州总管府	栝州	栝苍、遂昌、丽水	另说三年(622)，设总管府，辖栝州、松州、永嘉（五年改东嘉州）、临海。松阳改松州。析栝苍地置丽水县。遂昌复县，另说隋末复置。分永康地建置缙云县，隶丽州
		武德七年	624	栝州都督府			改栝州总管府为都督府
		武德八年	625			栝苍、松阳	松州改松阳县。遂昌并入松阳县。废丽水入栝苍县。废缙云县
		贞观元年	627	江南道越州都督府		栝苍、松阳、永嘉、安固	分天下十道。废栝州都督府，省东嘉州，永嘉、安固二县并入
		上元二年	675	江南道		栝苍、松阳	永嘉、安固二县划出建温州
		万岁登封元年	696			栝苍、松阳、缙云	分栝苍、永康复置缙云县；另说圣历元年(698)置
		景云二年	711			栝苍、松阳、缙云、遂昌、青田	复置遂昌县。分栝苍县地置青田县
		开元廿一年	733	江南东道			分天下十五道，分江南为东、西道
		天宝元年	742		缙云郡		改栝州为缙云郡
		乾元元年	758	浙江东道	栝州		江南东道分浙江东、西道两节度使。复名栝州
		乾元二年	759			栝苍、松阳、缙云、青田、遂昌、龙泉	分松阳、遂昌县地置龙泉县
		大历十四年	779	浙江西道	改白龙为松阳县 九月，两浙东路与西路合并为两浙路	丽水、松阳、缙云、青田、遂昌、龙泉	五月，避唐德宗李适讳，改栝州为处州。改栝苍县为丽水县
		建中元年	780	浙江东道			
		建中二年	781	浙江西道			
		贞元三年	787	浙江东道			
五代十国	吴越	后梁开平四年	910	东府		丽水、长松、缙云、青田、遂昌、龙泉	五月，改松阳为长松县
		后晋天福四年	939			丽水、白龙、缙云、青田、遂昌、龙泉	改长松为白龙县
宋	北宋	太平兴国三年	978	两浙路			吴越纳土降宋
		咸平二年	999			丽水、松阳、缙云、青田、遂昌、龙泉	改白龙为松阳县
		熙宁七年	1074	两浙东路 两浙路			九月，两浙东路与西路合并为两浙路
		熙宁九年	1076	两浙东路			分天下十九路
		熙宁十年	1077	两浙路			

续表 1-2-4-1

朝代		纪年		隶属	名称	辖县	变动说明
		年号	公元纪年				
		宣和三年	1121	两浙路	—	丽水、松阳、缙云、青田、遂昌、剑川	改龙泉为剑川县
	南宋	绍兴元年	1131	两浙路		丽水、松阳、缙云、青田、遂昌、龙泉	宋室东渡后两浙路分东、西路。改剑川为龙泉县
		庆元三年	1197				分龙泉县松源乡等地置庆元县
元		至元十三年	1276	江浙行省浙东道宣慰使司	处州路	丽水、松阳、缙云、青田、遂昌、龙泉、庆元	立处州路总管府
		至元廿一年	1284	江浙行中书省浙东道宣慰使司			迁江浙行省治于杭，改称江浙行中书省
		至正十九年	1359		安南府		十一月，设安南府，不久改处州府
		至正廿六年	1366				十二月，明太祖置
明		洪武三年	1370	浙江行中书省	处州府	丽水、松阳、缙云、青田、遂昌、龙泉	三月，废庆元县，设庆元巡检司
		洪武九年	1376	浙江承宣布政使司			六月，改
		洪武十三年	1380			丽水、松阳、缙云、青田、遂昌、龙泉、庆元	十一月，复置庆元县
		永乐年间	1403—1424	浙江布政使司			—
		景泰三年	1452			丽水、松阳、缙云、青田、遂昌、龙泉、庆元、云和、景宁、宣平	分丽水县浮云、元和置云和县（又说景泰二年设）。分丽水县宣慈、应和乡及懿德乡北部置宣平县。分青田县鸣鹤、柔远乡仙上里、仙下里等地置景宁县（又说景泰五年设）
		成化七年	1471				一月，分遂昌县八都、九都与龙游、兰溪、县部分地置汤溪县，隶金华府
清		康熙元年	1662	浙江省温处道			—
		宣统三年	1911	浙江军政府	处州军政分府		农历十月五日（11 月 25 日），设立军政分府
民国		元年	1912	浙江省		丽水、松阳、缙云、青田、遂昌、龙泉、庆元、云和、景宁、宣平、永嘉、瑞安、乐清、平阳、泰顺、玉环	2 月，废军政府，省直辖县
		3 年	1914		瓯海道		6 月，设瓯海道，道尹公署驻温州，原处州各县属之。辖 16 个县
		16 年	1927			丽水、松阳、缙云、青田、遂昌、龙泉、庆元、云和、景宁、宣平	3 月，废道制，直属浙江省

续表 1-2-4-1

朝代	纪年		隶属	名称	辖县	变动说明
	年号	公元纪年				
民国	21 年	1932	浙江省	第十一县政督察区、第二特区	丽水、松阳、缙云、青田、遂昌、宣平	6 月，设第十一县政督察区。10 月，改设第二特区，署址丽水
				第十二县政督察区、第三特区	龙泉、云和、庆元、景宁、泰顺	6 月，设第十二县政督察区。10 月，改设第三特区，署址龙泉
	24 年	1935		丽水行政督察区	丽水、龙泉、青田、云和、庆元、缙云、遂昌、松阳、景宁、宣平	9 月，改设。署址丽水
	25 年	1936		第九行政督察区		4 月，改设
	32 年	1943			丽水、龙泉、青田、云和、庆元、缙云、遂昌、松阳、景宁	5 月，宣平县划归第四行政督察区
	37 年	1948		第六行政督察区	丽水、龙泉、青田、云和、庆元、缙云、遂昌、松阳、景宁、文成、泰顺、宣平	4 月，改设。文成、泰顺、宣平县划入
	37 年	1948		第七行政督察区	丽水、龙泉、云和、庆元、缙云、松阳、景宁、宣平	7 月，改设。遂昌县划归第三行政督察区，文成、泰顺、青田划归第五行政督察区。署址云和
	38 年	1949		处属专员公署		5 月，建立，署址丽水
中华人民共和国	—	1949	浙江省	第七专区		8 月，设立。署址丽水
				丽水专区		10 月 10 日，改立
		1950				5 月 8 日，（《浙江建置区划沿革》）丽水县驻地迁碧湖镇
		1952		—		1 月 19 日，撤销丽水专区。丽水、云和、龙泉、庆元、景宁划归温州专区，松阳、宣平划归衢州专区，缙云县划归金华专区。5 月，丽水县驻地由碧湖镇迁城关镇。7 月，缙云县夏家畈村划归武义县
		1954		—		11 月 15 日，政务院批准撤销衢州专区，松阳、遂昌、宣平县划归金华专区（1955 年 3 月实施）

续表 1-2-4-1

朝代	纪年		隶属	名称	辖县	变动说明
	年号	公元纪年				
		1958	浙江省	—	—	3月21日，庆元县隆宫乡张天村划归福建省政和县。4月11日，撤销宣平县，以曳岭山脉为界，岭南原曳岭区5个乡划归丽水县。5月29日，国务院批示撤云和县，7月，云和县全境并入丽水县，丽水县驻地迁云和镇(1961年6月1日实施)。11月21日，撤松阳县并入遂昌县，撤庆元县并入龙泉县
		1959				5月6日，青田县小舟乡黄坦村划归永嘉县
		1960				1月7日，撤景宁县并入丽水县
		1962				5月23日，缙云县溪港、陈岭、安岭公社划归仙居县。6月1日，从丽水县分出原云和、景宁地，建立云和县。6月4日，丽水县驻地由云和镇迁丽水县城关镇
		1963		丽水专区	丽水、龙泉、青田、云和、缙云、遂昌	5月9日，复设丽水专区。署址丽水
		1968		丽水地区革命委员会		11月，建立丽水地区革命委员会
		1973			丽水、龙泉、青田、云和、庆元、缙云、遂昌	7月17日，复设庆元县
		1978		丽水地区行政公署		9月16日，更名丽水地区行政公署
		1982			丽水、龙泉、青田、云和、庆元、缙云、遂昌、松阳	1月30日，复置松阳县
		1984			丽水、龙泉、青田、云和、庆元、缙云、遂昌、松阳、景宁	6月30日，复设景宁畲族自治县
		1986				3月1日，改丽水县为丽水市(县级市)
		1990				12月26日，改龙泉县为龙泉市(县级市)
		2000		丽水市	莲都、龙泉、青田、云和、庆元、缙云、遂昌、松阳、景宁	5月20日，撤丽水地区设丽水市，撤县级丽水市设莲都区。龙泉市由省直辖，6月6日，委托丽水市代管(7月18日莲都区、7月19日丽水市正式挂牌)

第三章 行政区划

汉代，分封制与郡县制并行，县以下因袭秦制，设有乡、亭、里。据《汉书·百官公卿表》（卷十九上）载："大率十里一亭，亭有长，十亭一乡。"里之下设置什伍户籍编制，五户为邻，十户为什，五邻为里。据《续汉书·百官志》载，东汉之制"里有里魁，民有什伍，善恶以告。""什主十家，伍主五家。"东汉末期，丽水境域内设立松阳县、遂昌县。

魏晋南北朝时期，地方行政体制设州、郡、县三级制。据《晋书·地理志》载："大率十里一亭，亭有长；十亭一乡，乡有老，有秩、啬夫、游徼各一人。县大率方百里，民稠则减，民稀则旷。乡亭亦如之"，县以下沿袭东汉制度，为乡、亭、里（村）。

隋代，实行郡县制，以郡领县。处州辖六县。唐武德元年（618），处州改郡为州。县下设乡，乡下设里，里管百户。城内为坊，郊区为村。

宋元时期，处州行政区划建设推进。北宋初期，处州辖四十二乡。元代，实行行省、路、州、县、司地方行政区划制度。处州路下辖七县一司。县下设乡、都，乡辖都；城郭设隅、防，隅辖防。

明清时期，处州加强地方管理，行政区划比较明晰。明代，省下设府、县二级行政管理。县是直接监临民众的基本政权组织。城镇推行坊厢制，农村实行里甲制。清代，城市设隅、坊，乡村设乡、都、里（庄）。据清光绪三年（1877）《处州府志》载："处州共有36乡，179都，4262庄"。

民国时期，行政区划变动频繁。民国18年（1929）6月，重新修订颁布《县组织法》后，改村里为乡镇，每区以20—50个乡镇组织为建置。乡镇开始成为国民政府县以下的一级行政区划。民国21年8月，开始在基层施行保甲连坐的管理制度。民国23年，县以下的自治层级设为三级，推行保甲制。

1949年10月中华人民共和国成立后，丽水行政区划调整，县以下设区、乡镇、村。1949年11月，丽水专区辖县8个、区37个、乡镇185个。各县适应土地改革需要，划小乡镇行政区域。1950年3月，设立县8个、区42个、乡388个、镇15个、行政村2295个。1952年1月，撤销丽水专区，丽水、云和、龙泉、庆元、景宁划归温州专区，松阳、宣平划归衢州专区，缙云划归金华专区，直到1963年丽水专区恢复。1968年11月，实行丽水地区革命委员会体制，全区设区革命领导小组36个、人民公社革命委员会289个、生产大队革命领导小组3517个、生产队22003个。1992年5月，调整县级以下行政建置，实行"撤扩并"，丽水地区设乡镇194个，其中乡133个（其中畲族乡6个）、镇61个（其中畲族镇1个）。2000年，丽水市有建置镇65个、乡129个、居民区178个、行政村3664个。2010年，丽水市辖莲都区、青田县、缙云县、遂昌县、松阳县、云和县、庆元县、景宁畲族自治县和龙泉市，有乡镇（街道）178个，其中乡109个、镇60个、街道9个；居民区（社区）126个，行政村2852个。

第一节　隋至清代

隋　代

隋开皇三年(583),“罢天下诸郡”①改州、郡、县三级地方行政为州、县两级,由州直接领县。隋开皇九年(589),隋平定南朝陈,罢旧东扬州所属临海、永嘉二郡为县,置处州。处州领六县。隋大业三年(607),改州为郡,实行郡、县两级政区制,以郡领县。

唐　代

唐武德元年(618),改郡为州。县下设乡,乡下设里,里管百户②。“百户为里,五里为乡。两京及州、县之城郭内分为坊,郊外为村。里及坊、村皆有正,以司督察。四家为邻,五邻为保。保有长,以相禁约。”③唐开元年间(713—741),处州有乡76个。唐元和年间(806—820),处州行政区划减至乡36个。

宋　代

北宋实行路、州府军监、县三级地方行政体制。县级以下行政体制承袭唐代乡、里旧制,设乡管里,里管编户。据北宋《两朝国史志》载:“诸乡置里正(主)赋役;州县郭内旧置坊正,主科税。开宝七年,废乡,分为管,置户长主纳赋,耆长主盗贼词讼。”“废乡”即取消乡级基层行政单位,仍保留乡名。普遍保留里正。每乡只有0.5千米,里正和乡长没有区别。宋仁宗在位(1022—1063)时,明令废除里正。乡村基层组织管理者为户长和耆长,称辖区为管。“州县郭内旧置坊正,主科税。”宋神宗在位期间(1068—1085),保甲制度逐渐成为乡村基层组织,“废户长、坊正,其州县坊郭税赋、苗役钱,以邻近主户三、二十家排成甲次,轮置甲头催纳,一税一替”。宋神宗开始,实行路、府(州)、县、乡、都五级行政建置。据《太平寰宇记》载,北宋初,处州有乡42个,其中丽水乡13个,白龙乡6个,缙云乡6个,遂昌乡8个,青田乡3个,龙泉乡6个④。据《元丰九域志》载,北宋元丰三年(1080),丽水县辖乡11个镇1个,龙泉县辖乡5个,松阳县辖乡5个镇1个,遂昌县辖乡4个,缙云县辖乡5个镇1个,青田县辖乡3个。南宋基本沿袭北宋地方行政体制,其中丽水县辖乡10个,龙泉县辖乡4个⑤,都23个,里24个。

元　代

元代,国家实行行省、路、州、县、司五级地方行政区划制度。处州路,未设州制,下辖七县一司。

---

① 据《隋书·杨尚希主》。

② (见《唐令拾遗·户令》)

③ 据《旧唐书》卷四三,清《钦定四库全书·元和郡县志》载。

④ 据1994年版《龙泉县志》载:龙泉、剑池、西宁、延庆、松源5乡,34都。

⑤ 南宋庆元三年划出松源乡设庆元县。

司，即录事司，设于路治，负责城市管理，级别低于县。县下设乡、都，乡辖都。城郭设隅、防，隅辖防。基层设社，“凡五十家为一社”①。

明 代

明代，国家实行省、府、县三级地方行政管理体制。处州府城设有驻军。县衙是直接监临民众基本政权组织。城镇推行坊厢制，农村实行里甲制。明洪武十四年（1381），编制赋役黄册，规定各县编里数，每10年修订一次，“每里编为一册，册之首总为一图”②。故明代各时期编里数多有不同，县实领（编）数时有调整。据《大明一统志》载：“处州府所辖10县，编户959里。”据《栝苍汇记·沿制纪》载，明万历初年（1573），处州府所辖10个县，凡442.5千米，编户114791户、246362口。其中：

丽水县，处州府城所在地，城区隅3个、坊7个，设孝行、来仪、义靖、元和、懿德、和乐、喜康乡7个，都34个，里116个。

缙云县，无城，治所坊8个、里8个，设万安、景福、官政、仙都、美化乡5个，都29个，里89个。

青田县，城区坊6个、里12个，设兴仁、柔远、鸣鹤乡3个，里117个，设谈洋巡检司、黄坛巡检司。

松阳县，无城，治所里13个，设移风、旌义、布和上、布和下、九芝、惠洽乡6个，里109个，设旧市巡检司、净居巡检司。

遂昌县，无城，原治坊11个，设建德、资忠、桃源、保义乡4个，都24个，里73个，设马步巡检司。

龙泉县，无城，治所隅4个、坊12个，设延庆、西宁、剑池、建德乡4个，都23个，里166个，设查田巡检司。

庆元县，明初裁撤，在龙泉查田市设庆元巡检司。明洪武十三年（1380）复建，城区坊4个，设松源、从政、荣庆乡4个，里53个。

云和县，明景泰三年（1452）③，析丽水之地置县。无城，治所坊6个，设浮云、元和乡2个，都9个，里53个。

景宁县，明景泰三年（1452）④，析青田之地置县。无城，治所坊4个、里6个，都6个，里60个，设沐溪巡检司⑤、卢山巡检司。明嘉靖年间（1522—1566），设龙首、龙汇、白鹿关卡3个。

宣平县，明景泰三年（1452），析丽水之地置县。无城，治所坊3个，设宣慈、应和、懿德乡3个，都12个，里45个，境内设丽水县鲍村巡检司、后陶巡检司。

清 代

清代，国家地方政区基本沿承明制，分省、道、府、州（厅）、县等级别。道，不是一级政权机关，是作为藩、臬两司的派出辅佐官员。府和县为一级政区机关。县下设里甲制和保甲制。各县实领隅（都）、乡、图（里、坊），时有调整。据清光绪三年（1877）《处州府志》载，处州有乡36个，都179个，庄⑥4262个。

---

① 《通制条格》卷十六《田令》。

② 据《明太祖实录》（卷一三五）载。

③ 一说明景泰二年。

④ 一说明景泰五年。

⑤ 景泰三年迁至五都，建大漈巡检司。

⑥ 清光绪《处州府志》记载不全，以实数或参照新编县志统计。

丽水县，府附郭。统孝行、来仪、义靖、元和、懿德、和乐、喜康乡7个，都34个，庄476个[①]。

青田县，统兴仁、鸣鹤、柔远乡3个，都22个[②]，里18个，庄636个。

缙云县，统万安、景福、官政、仙都、胡陈[③]乡5个，都29个，图89个，庄160个。

松阳县，统移风、旌义、布和上、布和下、九芝、惠洽乡6个，隅4个，里28个，都26个，图48个，无庄数。

遂昌县，统建德、资忠、保义、桃源等乡5个，隅4个，都22个，图40个，里410个，庄528个。

龙泉县，统延、西宁、剑池、龙泉乡，都23个，隅4个，图167个，无庄数。

庆元县，统松源、从政、荣庆乡，隅2个，都15个（实为都12个）、图54个，里37个，庄568个。

云和县，统浮云、元和乡2个，坊2个（旧坊4个），都9个（旧里8个，今废），无庄数。

宣平县，统乡3个（无乡名），隅3个，坊3个，都12个，图33个，庄348个。

景宁县，（无乡），都7个，图18个，庄701个。

清宣统元年（1909）1月，清政府颁布《城镇乡地方自治章程》。清宣统二年（1910）2月，清政府实施《府厅州县地方自治章程》，开始推行地方自治。同年，处属各县设立自治区，其中丽水县10个、遂昌县10个、云和县8个、庆元县6个、景宁县13个。

第二节 中华民国

府县行政区划

清宣统三年（1911）10月，处州军政分府成立，隶属浙江军政府。民国元年（1912），处州军政分府撤销，由浙江省都督府直辖县。民国3年，瓯海道设立，辖永嘉、丽水、松阳、缙云、青田、遂昌、龙泉、庆元、宣平、云和、景宁、瑞安、乐清、平阳、泰顺、玉环县，道尹驻永嘉县，隶属浙江省长公署。民国16年，瓯海道废除，改省直辖县。民国21年6月，第十一县政督察区设立，辖丽水、青田、缙云、宣平、松阳、遂昌县，署址丽水；第十二县政督察区设立，辖龙泉、云和、景宁、庆元、泰顺县，署址龙泉。10月，第十一、十二县政督察区改设为第二、第三特区。民国24年6月，第二、第三特区再改设为丽水行政督察区，辖丽水、龙泉、遂昌、青田、缙云、景宁、庆元、松阳、云和、宣平县，署址丽水。民国25年4月，丽水行政督察区改称第九行政督察区。民国26年，隶属浙江省政府。民国32年5月，宣平县建置划归第四行政督察区。民国37年4月，改设为第六行政督察区，文成、泰顺、宣平县划入，辖丽水、龙泉、遂昌、青田、缙云、景宁、庆元、松阳、云和、宣平、文成、泰顺县。7月，改设为第七行政督察区，遂昌县划归第三行政督察区，文成、泰顺、青田县划归第五行政督察区。同年，第七行政督察区辖丽水、松阳、缙云、龙泉、庆元、宣平、景宁、云和县，署址云和县。

---

① 据实统计为348庄。1993年版《丽水地区志》载为368庄。

② 1990年版《青田县志》载为18都。

③ 又称美化镇。

镇村行政区划

民国17年(1928)6月,浙江省推行街村制。9月,国民政府首次公布《县组织法》,决定设置区、村里、闾邻各级,改为村里制,在城为里,在乡为村,5户为邻,5邻为闾,百户以上为村,不满百户者,联合数村为联合村,百户以上市镇为里。丽水地区各县执行各异。民国18年6月,重新修订颁布《县组织法》后,改村里为乡镇,每区以20—50个乡镇组织为建置。乡镇开始成为国民政府县以下的一级行政区划。丽水县分区8个[①]、里8个、村145个、闾1276个、邻6255个;龙泉县分区5个、镇12个、乡174个(实为乡175个)、闾1412个、邻7008个(民国22年编查);青田县分里3个、村168个[②];缙云县分区4个、乡266个、镇7个、闾1448个、邻9338个(民国22年统计);遂昌县分区10个、里9个、村74个[③];松阳县分区8个[④];云和县分区8个、里4个、村88个、闾347个、邻1720个[⑤];景宁县分区5个、里146个[⑥];宣平县(民国19年调整到位)分区4个、镇4个、乡84个。民国19年4月,实行地方自治。

民国21年(1932)年8月,南京国民政府颁布《剿匪区内各县编查保甲户口条例》,开始在基层施行保甲连坐的管理制度。此后推向全国。民国23年,县以下自治层级设为三级,推行保甲制,乡镇以下废闾邻设保甲,以10户为甲,10甲为保。设立以党派监政的政权体制直至中华人民共和国成立。民国28年,设县10个、区41个(含宣平县2个)、乡镇392个(含宣平县19个)、保3115个(含宣平县194个)、甲32415个(含宣平县1923个)。民国30年,实行新县制,调整乡镇数,设10个县。民国32年5月,宣平县划归第四行政督察区。民国35年调整区、乡镇建置,设县9个、区7个、乡镇181个、保2402个、甲22180个。民国37年4月,文成、泰顺、宣平划入第七行政督察区。丽水、松阳、缙云、龙泉、庆元、云和、景宁、宣平8个县属第七行政督察区。7月,遂昌县划到第三行政督察区,文成、泰顺、青田划到第五行政督察区[⑦]。

第三节　中华人民共和国

1949年5月8—17日,中国人民解放军某部相继接管全境,废除保甲制,建立人民政权。8月,丽水专区行政专员公署成立,简称“丽水专区”,属省级政府派出机关。县以下设区、乡镇、村。11月底,丽水专区辖县8个、区37个、乡镇185个。

1950年3月,各县配合土地改革,划小乡镇行政区域。丽水专区设立县8个、区42个、乡388个、镇15个、行政村2295个。

---

① 民国19年,4月划为5个区。
② 民国19年,分区4个,镇3个,乡112个,闾1832个,邻8062个。
③ 民国19年,分区5个,镇9个,乡73个,闾1015个,邻5065个。
④ 民国18年,后调为区5个,里8个,村162个,闾619个,邻3046个。
⑤ 民国18年,后调为区5个,镇4个,乡85个,闾664个,邻3330个。
⑥ 民国20年,改编为区5个,镇1个,乡67个,闾981个,邻4828个。
⑦ 据《温州市志》载,民国37年5月划入。

1950 年丽水专区各分县行政区划一览

表 1-3-3-1 单位:个

县 别	区	乡	镇	村
丽水县	8	51	1	282
龙泉县	5	59	2	365
云和县	4	31	2	153
庆元县	4	40	2	284
缙云县	7	69	3	543
松阳县	4	46	2	262
景宁县	6	52	1	240
宣平县	4	33	2	166

说明：据 1950 年丽水地委各县行政概况及组织概况统计表和《武义县志》,镇数依据《丽水地区志》和《武义县志》载

1951 年 12 月,丽水专区辖区调整为区 53 个、乡镇 406 个、行政村 1827 个。

1952 年 1 月 19 日,丽水专区建置撤销,其中丽水、云和、龙泉、庆元、景宁县划归温州专区,松阳、宣平县划归衢州专区,缙云县划归金华专区。1956 年,丽水各县开展农业合作化运动,实行区乡并编,丽水、青田、缙云、遂昌、龙泉、云和、庆元、松阳、景宁 9 个县下辖区 36 个、乡镇 293 个、行政村 2831 个。1958 年 4 月 11 日,宣平县建置撤销,以曳岭山脉为界,岭南原曳岭区的崇义、新和、梁周、永丰、联成乡划归丽水县。5 月 29 日,云和县建置撤销,并入丽水县;11 月 21 日,松阳县建置撤销,并入遂昌县;庆元县建置撤销,并入龙泉县。9 月,丽水各县实行政社合一,建立人民公社体制,取代原区、乡行政建置,下设生产大队、生产队。1959 年 1 月后,生产大队改称管理区。1960 年 1 月 7 日,景宁县建置撤销,并入丽水县。1961 年 10 月,丽水各县人民公社实行“三级所有”,队为基础,恢复区公所,管理区更名人民公社。1962 年 6 月 1 日,从丽水县拆分出原云和、景宁地域,设立云和县。

1963 年 5 月 9 日,从温州专区拆分出所辖青田、丽水、云和、龙泉县和金华专区所辖遂昌、缙云县,复置丽水专区,下设丽水、青田、缙云、遂昌、龙泉、云和县,辖区 45 个、公社 287 个、大队 3511 个、生产队 22492 个。

1963 年丽水各县镇社村建置情况一览

表 1-3-3-2 单位:个

县 别	镇	人民公社	生产大队	生产队
丽水县	2	31	346	2250
龙泉县	2	72	714	4174
青田县	2	53	618	4638
云和县	2	41	396	2712
缙云县	2	35	618	4532

续表 1-3-3-2 单位：个

县　别	镇	人民公社	生产大队	生产队
遂昌县	3	51	808	4989
合　计	13	283	3500	23295

说明：1.载于《丽水专区国民经济统计资料》，1966年丽水专署计划经济委员会编，龙泉档案馆藏
2.龙泉县含庆元区域，云和县含景宁区域，遂昌县含松阳区域

1966年5月，“文化大革命”开始，丽水行政建置又有变化。1968年11月，丽水地区革命委员会成立，代行党委和政府职权，下设区革命领导小组36个、人民公社革命委员会289个、生产大队革命领导小组3517个、生产队22003个。1973年7月17日，从龙泉县划出复置庆元县。

1978年起，丽水地区重新规范行政区划，调整变更较为频繁。1978年9月，丽水地区革命委员会更名丽水地区行政公署。1981年12月，丽水地区撤销人民公社革命委员会建置，建立人民公社管理委员会，下辖丽水、青田、缙云、遂昌、龙泉、云和、庆元县，辖区47个、公社302个、大队3493个、生产队22951个。1982年1月30日，从遂昌县分出原松阳县地域，复置松阳县。1984年6月20日，从云和县分出原景宁县地域，设立景宁畲族自治县。景宁畲族自治县是全国唯一的畲族自治县、华东地区唯一的少数民族自治县。12月，丽水地区实行政社分设后，下辖丽水、青田、缙云、遂昌、龙泉、云和、庆元、松阳、景宁县，辖区52个、乡镇人民政府331个、乡镇经济联合社285个、村民委员会3615个。1986年3月1日，撤销丽水县建置，设立丽水市（县级）。1988年12月，丽水地区下辖县8个市（县级）1个、区48个、乡镇334个、行政村3646个、自然村24500个。1990年12月26日，撤销龙泉县建置，设立龙泉市。丽水地区下辖市（县级）2个、县7个、区48个、乡228个、镇6个、行政村3656个、自然村24600个。

1990年丽水地区各级乡镇和村行政建置一览

表 1-3-3-3 单位：个

县（市）	区（镇）	乡（镇）	行政村	生产队
丽水县	城关镇	—	17	22
	碧湖镇	—	10	3
	城郊区	双黄、严鸟、张村街、枫树湾、黄村、联城、水东、水阁、富岭、岩泉镇	97	0
	雅溪区	泄川、西溪、莲乐、石蒙圩、仙渡、太平、皂树、双溪镇	67	0
	曳岭区	巨溪、永丰、苏港、丽新畲族乡、老竹镇	56	0
	碧湖区	高溪、石牛、平原、龙江、联合、新合	77	0
	丽云区	北埠、峰源、郑地、大港头镇	41	1
龙泉县	龙渊镇	—	14	16
	城郊区	大沙、新民、兰巨、大赛、剑湖、石达石、林垟、凤鸣、宏山、白云	89	0
	八都区	瀑云、南窖、四源、宝溪、竹垟畲族乡、八都镇、上垟镇	70	0
	锦旗区	岩樟、双岭、锦溪镇、住龙镇	35	0
	安仁区	福源、天平、胜利、安仁镇	37	0
	龙南区	义和、龙南、建兴、建龙	33	0

续表 1-3-3-3　　单位：个

县(市)	区(镇)	乡(镇)	行政村	生产队
龙泉县	道太区	雁川、供村、双平、王庄	45	0
	城南区	茶丰、青溪、小梅镇、查四镇	55	0
	屏南区	均溪、瑞垟、屏南镇	28	0
	城北区	盛溪、上东、黄鹤	35	0
青田县	鹤城镇	—	4	17
	温溪镇	—	9	5
	城郊区	金田、湖边、仁宫、外旦、章旦、阜山、石溪、前仓	102	0
	温溪区	港头、东岸、贵岙、孙坑、小舟山、吴坑	66	0
	万山区	黄垟、万山、平桥、高湖、良川、季宅、东源镇	62	0
	船寮区	大路、芝溪、石盖、高市、海口、东江、海溪、船寮镇	103	0
	章村区	黄寮、章村、祯旺、祯埠、浮戈、石帆、舒桥、王岙	109	0
	北山区	巨浦、坑底、张口、岭根、万阜、双垟、北山镇	80	0
	山口区	油竹、方山、仁庄、垟心、吴岸、汤垟、小令、山口镇	91	0
云和县	云和镇	—	7	9
	紧水滩镇	—	6	0
	崇头镇	—	13	0
	直属乡	沙溪、小徐、沈村、云坛、雾溪畲族乡、安溪畲族乡	49	0
		黄源、云丰、大塆、沙铺	24	0
		双港、朱村、金村、小顺	34	0
		局村、赤石、库北、龙门、大源	37	0
庆元县	松源镇	—	13	5
	城郊区	星光、大济、和山、四山	31	0
	菊隆区	五都、淤上、小安、南坑、隆宫、屏都、黄坑	55	0
	竹口区	黄田、黄真、三济、黄新、三坑、竹口镇	43	0
	新村区	后广、杨楼、张村、石湖、五大堡	56	0
	荷地区	岭头、举水、龙溪、苏湖、杨桥、南峰、荷地镇	82	0
	左溪区	青竹、竹坪、官塘、江根、左溪	43	0
	万里林区	车根、合湖、斋郎	17	0
	庆元林场	—	3	0
缙云县	五云镇	—	14	10
	城郊区	城南、仙都、城北、城西、长坑、兆岸、方川、方溪、石笕、黄店、城东	152	0
	壶镇区	白六、栝苍、浣溪、前路、三溪、东金、三联、雁门、唐市、白竹、胪膛、靖岳、壶镇镇	190	2
	新建区	新碧、东川、碧河、新川、双川、溪南、小筠、新建镇	125	1
	盘溪区	桃源、胡村、溶溪、雅江、双溪口、新化、章源、岭后、上周、舒洪镇	129	1
	大洋区	前村、南溪、木栗	23	1

续表 1-3-3-3　　单位:个

县(市)	区(镇)	乡(镇)	行政村	生产队
遂昌县	妙高镇	—	19	17
	大柘镇	—	27	1
	石练镇	—	22	2
	城关区	三仁、成屏、濂竹、马头、三川畲族乡、云峰镇	89	0
	新路湾区	蕉川、新路湾、苏村、应村、北界镇	48	0
	金竹区	高坪、梭溪、金竹、湖山、琴淤、古楼	69	0
	黄沙腰区	西畈、柘岱口、上定、大洞源	45	0
	王村口区	蔡源、龙洋、关川、焦滩、对正、王村口镇	57	0
	直属乡	垵口	13	0
松阳县	西屏镇	—	13	11
	古市镇	—	13	5
	松阳区	三都、望松、斋坛、阳溪、叶村、水南、竹源、四都	129	0
	古市区	赤寿、岗寺、新兴、樟溪、谢村、新处	102	0
	靖居区	靖居、板桥、雅溪、裕溪	56	0
	玉岩区	枫坪、交塘、玉岩镇	49	1
	大东坝区	大东坝、石仓、蛤湖、安民	38	0
景宁畲族自治县	鹤溪镇	—	8	8
	渤海区	渤海、新四、大顺、陈村、顺利、金钟、大都、郑坑	54	0
	城郊区	外舍、白岸、张春、大均、澄照、漈头、梅岐	52	0
	英川区	英川、葛山、鸬鹚、黄湖、隆川	43	0
	沙湾区	梧桐、标溪、莲川、叶桥、大地、毛垟、秋炉	72	0
	东坑区	白鹤、北溪、大漈、景南、上渔、雁溪、家地	48	0

1992 年 5 月，丽水地区调整行政建置，实行撤区、扩镇、并乡，扩大中心镇、重点镇域，撤销 48 个区公所，原有乡镇 334 个，包括乡 288 个、镇 46 个。调整为乡镇 194 个，其中乡 133 个、镇 61 个，包括畲族乡 6 个、畲族镇 1 个。

1992 年丽水地区“撤扩并”乡镇一览

表 1-3-3-4

县(市)	乡 镇	乡(镇)				政府驻地	扩镇并乡情况
		行政村(个)	居民区(个)	人口(人)	面 积(平方千米)		
丽水市	城关镇	46	22	99021	156.89	梅山弄 10 号	扩岩泉镇、枫树湾、水东乡
	碧湖镇	50	3	40444	84.00	行基路 45 号	扩新合、平原、石牛乡
	大港头镇	22	1	12736	94.22	大港头村	扩北埠乡
	双溪镇	12	—	8431	38.71	双溪村	扩莲乐乡 5 个村

续表 1-3-3-4

县(市)	乡镇	乡(镇)				政府驻地	扩镇并乡情况
		行政村(个)	居民区(个)	人口(人)	面积(平方千米)		
丽水市	老竹畲族镇	25	—	14877	83.89	老竹村	扩永丰乡
	水阁镇	23	—	16039	71.55	张村	并龙江乡
	联城镇	27	—	16236	108.70	白前村	并张村街、苏港乡
	西溪乡	13	—	9805	76.63	西溪村	并石蒙圩乡
	仙渡镇	14	—	13180	64.89	葛畈村	并皂树乡
	太平乡	19	—	15103	65.24	太平村	并莲乐乡6个村
	黄村乡	10	—	7833	61.34	黄村	—
	严鸟乡	9	—	4143	37.80	严溪村	—
	双黄乡	8	—	7337	39.95	黄畈村	—
	富岭乡	11	—	9802	37.26	齐村	—
	联合乡	9	—	6486	49.93	松坑口村	—
	高溪乡	15	—	9447	86.57	竹溪村	—
	泄川乡	9	—	4681	42.41	库头村	—
	巨溪乡	14	—	7725	39.20	样后村	—
	峰源乡	12	—	5822	128.32	庞山村	—
	郑地乡	7	—	3386	51.58	郑地村	—
	丽新畲族乡	10	—	9630	83.22	畎岸村	—
	合　计	365	26	322164	1502.30	—	—
龙泉市	龙渊镇	58	16	61248	199.00	环城南路25号	扩宏山、大沙、新民、白云、凤鸣乡
	八都镇	29	—	23897	143.00	八都二村	扩瀑云、南窖乡
	上垟镇	20	—	17440	162.00	木岱口	扩四源乡
	小梅镇	23	—	11970	98.00	小梅三村	扩青溪乡
	查田镇	32	—	15348	123.00	查田三村	扩茶丰乡
	安仁镇	37	—	18118	207.00	刘坊	扩福源、天平、胜利乡
	锦溪镇	14	—	10810	162.00	下锦	扩双岭乡
	屏南镇	28	—	10388	285.00	坪田	扩均溪、瑞垟乡
	住龙镇	10	—	6183	270.00	住溪	—
	兰巨乡	28	—	15493	156.00	五梅垟	并大赛、剑湖乡
	砼石乡	17	—	8087	109.00	洪桥	并林垟乡
	道太乡	45	—	14986	351.00	大白岸	雁川、王庄、双平、供村乡四乡合并而成
	龙南乡	33	—	20921	213.00	蛟垟	并建兴、建龙乡、义和乡三乡而成
	城北乡	35	—	12095	232.00	河里	并盛溪、上东、黄鹤乡三乡而成
	宝溪乡	11	—	7410	148.00	溪头	—

续表 1-3-3-4

县(市)	乡镇	乡(镇)				政府驻地	扩镇并乡情况
		行政村(个)	居民区(个)	人口(人)	面积(平方千米)		
龙泉市	岩樟乡	11	—	4290	100.00	郑庄	—
	竹垟畲族乡	10	—	7411	101.00	盖竹	—
	合计	441	16	266095	3059.00	—	—
青田县	鹤城镇	50	17	56300	105.00	后街 75 号	扩前仓、金田、外旦、湖边乡
	温溪镇	31	5	32200	58.00	处州街 16 号	扩港头、东岸乡
	东源镇	18	—	17500	84.00	东源	扩平桥乡
	船寮镇	50	—	35300	166.00	船寮	扩大路、芝溪、石盖乡
	北山镇	30	—	32600	190.00	白岩	扩底坑、张口乡
	山口镇	22	—	19000	72.00	山口	扩油竹乡
	海口镇	26	—	16400	108.00	海口	并东江乡
	高湖乡	16	—	16900	89.00	高湖	并良川乡
	章村乡	27	—	17400	125.00	章村	并黄寮乡
	鹤城镇	50	17	56300	105.00	后街 75 号	扩前仓、金田、外旦、湖边乡
	温溪镇	31	5	32200	58.00	处州街 16 号	扩港头、东岸乡
	东源镇	18	—	17500	84.00	东源	扩平桥乡
	船寮镇	50	—	35300	166.00	船寮	并大路、芝溪、石盖乡
	北山镇	30	—	32600	190.00	白岩	扩底坑、张口乡
	山口镇	22	—	19000	72.00	山口	扩油竹乡
	海口镇	26	—	16400	108.00	海口	并东江乡
	高湖乡	16	—	16900	89.00	高湖	并良川乡
	章村乡	27	—	17400	125.00	章村	并黄寮乡
	舒桥乡	29	—	15100	74.00	舒桥	并王岙乡
	仁庄乡	38	—	24200	93.00	仁庄	并垟心、小令、吴岸乡
	贵岙乡	22	—	11300	59.00	贵岙	并孙坑乡
	石溪乡	13	—	7700	30.00	石溪	—
	小舟山乡	10	—	7900	25.00	小舟山	—
	浮戈乡	14	—	10400	51.00	腊口	—
	祯埠乡	15	—	12500	127.00	小群	—
	祯旺乡	9	—	5600	84.00	祯旺	—
	万山乡	6	—	4000	27.00	孙窟	—
	黄垟乡	8	—	6300	44.00	石平川	—
	季宅乡	14	—	14700	75.00	黄放口	—
	海溪乡	16	—	9200	36.00	正教寺	—

续表 1-3-3-4

县(市)	乡镇	乡(镇)				政府驻地	扩镇并乡情况
		行政村(个)	居民区(个)	人口(人)	面积(平方千米)		
青田县	高市乡	11	—	7200	89.00	底村	—
	巨浦乡	15	—	12000	99.00	巨浦	—
	万阜乡	10	—	8500	75.00	新庄	—
	汤垟乡	11	—	7000	57.00	洪口	—
	方山乡	20	—	14200	40.00	石前	—
	吴坑乡	12	—	10500	36.00	吴坑	—
	仁宫乡	14	—	12000	91.00	仁宫	—
	章旦乡	15	—	9100	35.00	龟背	—
	石帆乡	15	—	8800	43.00	石帆	—
	双垟乡	13	—	7700	71.00	夏西坑	—
	阜山乡	14	—	9900	70.00	王费潭	—
	岭根乡	12	—	6700	56.00	岭根	—
	合计	626	22	486100	2484.00	—	—
云和县	云和镇	23	9	33261	90.00	镇府路 20 号	并小徐、局村乡
	紧水滩镇	14	—	5156	82.00	紧水滩	并龙门乡
	崇头镇	13	—	9756	65.00	崇头	—
	石塘镇	20	—	7511	90.00	石塘	并双港、小顺乡
	云坛乡	13	—	6734	102.00	云坛	并沈村乡
	朱村乡	14	—	7101	84.00	朱村	并金村乡
	赤石乡	14	—	6925	124.00	黄岗	并库北乡
	云丰乡	7	—	3933	40.00	张家地	—
	沙铺乡	4	—	2912	39.00	沙铺	—
	大塆乡	4	—	2328	41.00	大塆	—
	黄源乡	9	—	5784	42.00	黄家畲	—
	大源乡	8	—	3833	65.00	潘山头	—
	沙溪乡	13	—	8717	48.00	沙溪	—
	雾溪畲族乡	6	—	2157	33.00	大岗	—
	安溪畲族乡	8	—	2784	33.00	后塘	—
	合计	170	9	108892	978.00	—	—
庆元县	松源镇	37	5	30047	119.50	松源镇	扩大济、星光、和山乡
	竹口镇	16	—	10924	181.90	竹中	扩黄新、三坑乡
	荷地镇	26	—	14891	117.90	荷地	扩杨桥乡及苏湖乡 8 个村
	屏都镇	20	—	13554	72.40	八都	扩五都乡

续表 1-3-3-4

县(市)	乡镇	乡(镇)				政府驻地	扩镇并乡情况
		行政村(个)	居民区(个)	人口(人)	面积(平方千米)		
庆元县	黄田镇	27	—	15828	121.80	西边	并黄真、三济乡
	左溪镇	25	—	10925	142.70	左溪	并青竹、竹坪乡
	安南乡	14	—	7432	84.80	东村	并小安乡
	隆宫乡	12	—	6998	68.70	隆宫	并黄坑乡
	五大堡乡	28	—	10385	185.74	五大堡	并后广、杨楼乡
	岭头乡	28	—	11345	110.30	岭头	并南峰乡及苏湖乡 4 个村
	百山祖乡	8	—	3659	109.10	车根	并车根、斋郎乡
	淤上乡	12	—	8609	59.90	山根	—
	张村乡	19	—	7162	66.70	张村	—
	四山乡	8	—	2457	58.10	三溪	—
	江根乡	9	—	6470	57.10	江根	—
	官塘乡	9	—	3271	50.80	官塘	—
	石湖乡	9	—	5623	78.40	贤良	—
	龙溪乡	12	—	4807	40.40	西溪	—
	举水乡	16	—	6537	81.35	举水	—
	合湖乡	9	—	5181	60.50	合湖	—
	合计	344	5	185604	1868.09	—	—
缙云县	五云镇	36	13	43300	75.00	寺后街 12 号	扩城东、仙都乡
	壶镇镇	83	3	53200	113.60	溪东北路108号	扩三联、白六、栝苍、浣溪乡
	新建镇	61	1	54700	114.60	新溪路 116 号	扩东川、碧河、溪南乡
	新碧镇	25	—	17900	35.00	碧街	—
	舒洪镇	20	1	17500	67.00	舒洪	—
	大洋镇	13	1	8700	77.50	前村	—
	东渡镇	55	—	33100	127.90	东渡	并城南、长坑、兆岸、万川乡
	东方镇	34	—	24200	81.00	胪膛	并胪膛、靖岳、东金乡
	大源镇	38	—	23000	88.40	大源	并章源、新化、岭后乡
	溶江乡	29	—	16400	50.00	洪坑桥	并溶溪、雅江乡
	双溪口乡	21	—	12400	36.00	双溪口	并上周乡
	七里乡	37	—	18500	64.00	黄明	并城西、黄店、小筠乡
	胡源乡	22	—	15200	44.50	章村	并桃源、胡村乡
	雁岭乡	31	—	14100	80.40	左库	并雁门、唐市乡
	南溪乡	6	—	3600	44.00	南溪	—
	木栗乡	8	—	3700	38.50	木栗	—

续表 1-3-3-4

县(市)	乡　镇	乡(镇) 行政村(个)	居民区(个)	人口(人)	面　积(平方千米)	政府驻地	扩镇并乡情况
缙云县	白竹乡	16	—	7700	35.00	白竹	—
	三溪乡	12	—	8200	42.50	后吴	—
	前路乡	15	—	9300	43.00	前路	—
	城北乡	15	—	9700	20.50	今古塘	—
	新川乡	14	—	7800	27.50	古川	—
	双川乡	12	—	7400	42.50	丹址	—
	方溪乡	20	—	4700	32.00	方溪	—
	石笕乡	19	—	7700	53.40	石笕	—
	合　计	642	19	422200	1485.80	—	—
遂昌县	妙高镇	50	18	46931	192.00	公园路 30 号	扩三川、成屏乡
	云峰镇	31	—	21980	214.00	社后	扩马头山
	北界镇	16	—	9178	83.00	北界	扩苏村乡
	王村口镇	24	1	10158	165.00	桥东	扩关川、对正乡
	大柘镇	27	1	15030	123.00	横街	—
	石练镇	22	2	10764	109.00	中街	—
	金竹镇	29	—	16476	140.00	金竹	并古楼乡及梭溪乡 8 个村
	黄沙腰镇	18	—	8797	169.00	黄沙腰	并上定、大洞源乡
	新路湾镇	21	—	12421	136.00	新路湾	并蕉川乡
	应村乡	17	—	9005	83.00	应村	并梭溪乡 6 个村
	湖山乡	25	—	11489	187.00	湖山	并琴淤乡
	濂竹乡	13	—	4726	55.00	治岭头	—
	高坪乡	9	—	5861	48.00	高坪	—
	蔡源乡	9	—	4445	56.00	下村	—
	焦滩乡	11	—	3543	85.00	焦滩	—
	龙洋乡	13	—	4542	148.00	内龙口	—
	柘岱口乡	10	—	7715	169.00	柘岱口	—
	西畈乡	17	—	4843	135.00	西畈	—
	垵口乡	13	—	7397	163.00	根竹口	—
	三仁畲族乡	14	—	8476	79.00	高碧街	—
	合　计	389	22	223777	2539.00	—	—
松阳县	西屏镇	52	11	47546	104.00	太平坊路 31 号	扩水南、阳溪乡

续表 1-3-3-4

县(市)	乡　镇	乡(镇)				政府驻地	扩镇并乡情况
		行政村(个)	居民区(个)	人口(人)	面　积(平方千米)		
松阳县	古市镇	30	5	21478	47.00	溪边路9号	扩岗寺乡
	玉岩镇	32	1	12710	134.00	车站路14号	扩交塘乡
	大东坝镇	30	—	16715	206.00	大东坝	扩蛤湖、石仓乡
	象溪镇	35	—	15318	124.00	象溪	并雅溪、靖居乡
	赤寿乡	19	—	10735	53.00	赤岸	—
	新兴乡	20	—	9745	47.00	横溪	—
	望松乡	19	—	9479	29.00	乌井	—
	四都乡	11	—	3762	48.00	上河	—
	谢村乡	11	—	4848	46.00	大岭根	—
	樟溪乡	22	—	10165	31.00	肖周	—
	三都乡	18	—	8454	61.00	里庄	—
	新处乡	13	—	6581	46.00	新处	—
	斋坛乡	14	—	8646	26.00	斋坛	—
	叶村乡	17	—	8492	46.00	叶村	—
	竹源乡	11	—	6388	57.00	小竹溪	—
	枫坪乡	17	—	8364	98.00	枫坪	—
	裕溪乡	12	—	6674	76.00	裕溪	—
	安民乡	8	—	3896	96.00	大潘坑	—
	板桥畲族乡	9	—	5136	31.00	板桥	—
	合　计	400	17	225132	1406.00	—	—
景宁畲族自治县	鹤溪镇	19	10	17696	108.60	鹤溪村	扩张春乡
	沙湾镇	26	1	17310	99.50	沙湾村	扩莲川、叶桥乡
	东坑镇	18	—	9128	173.20	东坑村	扩白鹤、北溪乡
	英川镇	25	—	17343	127.00	英川村	并隆川、黄湖乡
	渤海镇	16	—	10763	108.40	渤海村	并大都乡
	外舍乡	13	—	6085	84.60	北岸村	并白岸乡
	毛垟乡	7	—	4692	57.30	毛垟村	—
	秋炉乡	9	—	5185	54.20	秋炉村	—
	陈村乡	11	—	8024	99.50	陈村村	并顺利乡
	大顺乡	12	—	6976	116.00	大顺村	并新四乡
	澄照乡	15	—	7128	84.80	三石村	并漈头乡

续表 1-3-3-4

县(市)	乡镇	乡(镇)				政府驻地	扩镇并乡情况
		行政村（个）	居民区（个）	人口（人）	面积（平方千米）		
景宁畲族自治县	景南乡	8	—	4585	95.00	忠溪村	并上渔乡
	大地乡	13	—	7035	101.00	大地村	—
	鸬鹚乡	9	—	6190	48.00	鸬鹚村	—
	葛山乡	9	—	5472	25.00	葛山村	—
	梧桐乡	11	—	5953	70.00	梧桐村	—
	标溪乡	9	—	4544	51.60	标溪村	—
	雁溪乡	8	—	3751	36.80	雁溪村	—
	家地乡	6	—	2579	49.60	家地村	—
	大漈乡	8	—	3389	56.60	西一村	—
	大均乡	9	—	4513	81.70	大均村	—
	梅岐乡	9	—	4174	86.80	梅岐村	—
	郑坑乡	5	—	3380	35.00	郑坑村	—
	金钟乡	10	—	6514	99.70	菉草村	—
	合计	285	11	172409	1949.90	—	—

20世纪90年代，丽水地区行政区划调整实行“大稳定小调整”，县(市)以下政区逐步扩大，开始培育中心镇、重点镇。1992年12月，庆元县石湖乡改为贤良建置镇。1993年8月，青田县浮弋乡改为腊口建置镇。1995年12月，青田县高湖乡改为高湖建置镇。1997年12月，青田县仁庄乡改为仁庄建置镇。

2000年5月20日，丽水地区和丽水市(县级)建置撤销。同年底，丽水市下辖建置镇65个、乡129个、居民区178个、行政村3664个。2001年8月，莲都区撤销联合乡，并入碧湖镇；撤销城关镇、水阁镇，成立紫金、岩泉、万象、白云、水阁街道办事处；11月，云和县撤销沙溪乡并入云和镇。2002年1月，青田县撤销腊口镇、石帆乡，成立新腊口镇；双垟乡并入阜山乡；山口镇11个行政村划归鹤城镇。2月，龙泉市撤销龙渊镇，成立龙渊、西街、剑池3个街道办事处。2003年12月，庆元县屏都镇4个行政村划归松源镇。2004年6月，青田县因滩坑水电站，建设调整北山镇、岭根乡行政区划，减少行政村16个。2006年8月，莲都区的郑地乡并入峰源乡，严鸟乡并入黄村乡，巨溪乡并入太平乡；撤销西溪乡、泄川乡、双溪镇，建立雅溪镇；撤销富岭乡，9月，设立富岭街道办事处。2007年6月，景宁畲族自治县外舍乡、金钟乡并入鹤溪镇，调整渤海镇行政区划，撤销大顺乡、陈村乡，建立九龙乡；11月，遂昌县云峰镇1个行政村划归妙高镇。2008年1月，缙云县新碧镇、城北乡并入五云镇，新建镇3个行政村划归五云镇，新川乡、双川乡并入新建镇，雁岭乡、白竹乡并入壶镇镇，南溪乡、木栗乡并入大洋镇；7月，云和县云坛乡1个行政村划归云和镇。

2010年，丽水市辖莲都区、青田县、缙云县、遂昌县、松阳县、云和县、庆元县、景宁畲族自治县。代为管理龙泉市。丽水市辖乡镇(街道)178个，其中乡109个、镇60个、街道9个；居民区(社区)126个，行政村2852个。

2010年丽水市行政区划一览

表 1-3-3-5　　单位：个

县(市区)	街道	乡	镇	行政村	居民区	乡、镇、街道名称
莲都区	6	7	5	368	29	太平乡、仙渡乡、黄村乡、双黄乡、高溪乡、丽新畲族乡、峰源乡、碧湖镇、大港头镇、老竹畲族镇、雅溪镇、联城镇、紫金街道办事处、岩泉街道办事处、万象街道办事处、白云街道办事处、水阁街道办事处、富岭街道办事处
龙泉市	3	8	8	444	14	兰巨乡、础石乡、宝溪乡、龙南乡、道太乡、岩樟乡、城北乡、竹垟畲族乡、八都镇、上垟镇、小梅镇、查田镇、屏南镇、安仁镇、锦溪镇、住龙镇、龙渊街道办事处、西街街道办事处、剑池街道办事处
青田县	—	21	10	414	30	章村乡、贵岙乡、石溪乡、小舟山乡、祯埠乡、祯旺乡、万山乡、黄垟乡、季宅乡、海溪乡、高市乡、巨浦乡、舒桥乡、万阜乡、汤垟乡、方山乡、吴坑乡、仁宫乡、章旦乡、阜山乡、岭根乡、鹤城镇、温溪镇、东源镇、船寮镇、北山镇、山口镇、海口镇、腊口镇、高湖镇、仁庄镇
云和县	—	10	4	170	6	大源乡、雾溪畲族乡、安溪畲族乡、云坛乡、朱村乡、黄源乡、云丰乡、沙铺乡、大塆乡、赤石乡、云和镇、紧水滩镇、崇头镇、石塘镇
庆元县	—	13	6	345	8	安南乡、隆宫乡、五大堡乡、岭头乡、百山祖乡、淤上乡、张村乡、四山乡、江根乡、官塘乡、龙溪乡、举水乡、合湖乡、松源镇、竹口镇、荷地镇、黄田镇、左溪镇、贤良镇
缙云县	—	8	8	253	6	溶江乡、双溪口乡、七里乡、胡源乡、三溪乡、前路乡、方溪乡、石笕乡、五云镇、壶镇镇、新建镇、舒洪镇、大洋镇、大源镇、东渡镇、东方镇
遂昌县	—	11	9	203	12	焦滩乡、应村乡、湖山乡、濂竹乡、高坪乡、蔡源乡、龙洋乡、柘岱口乡、西畈乡、垵口乡、三仁畲族乡、妙高镇、云峰镇、北界镇、王村口镇、大柘镇、石练镇、金竹镇、黄沙腰镇、新路湾镇
松阳县	—	15	5	401	11	赤寿乡、新兴乡、望松乡、四都乡、谢村乡、樟溪乡、三都乡、新处乡、斋坛乡、板桥畲族乡、叶村乡、竹源乡、枫坪乡、裕溪乡、安民乡、西屏镇、古市镇、玉岩镇、大东坝镇、象溪镇
景宁畲族自治县	—	16	5	254	10	九龙乡、景南乡、澄照乡、毛垟乡、秋炉乡、大地乡、梅岐乡、郑坑乡、葛山乡、大均乡、梧桐乡、大漈乡、标溪乡、家地乡、鸬鹚乡、雁溪乡、鹤溪镇、英川镇、渤海镇、东坑镇、沙湾镇

第二篇

自 然 环 境

① 地质
② 地貌
③ 气候
④ 水文
⑤ 土壤与植被
⑥ 矿藏
⑦ 自然灾害

概　　述

丽水地质构造属华夏陆台闽浙地质组成部分，中生代火山岩系构成主要山脉。地貌以中山广布、峡谷众多、山间盆地狭长为特色。整个地势西南高东北低，自西南向东北倾斜。丽水境域属南岭武夷山系。境内海拔千米以上山峰3573座，其中1500米以上山峰244座，东部除栝苍山主峰大洋山海拔1500米外，其余1500米以上的山峰243座均散布于西部地区。最高峰黄茅尖，位于龙泉市西南边境，海拔1929米，为浙江省第一高峰。浙江省第二高峰百山祖位于庆元县西北部，海拔1856.7米，四周多数为海拔1500米以上山峰。丽水境域岩石以岩浆岩、变质岩为主，沉积岩次之，沉积时限早于19亿年。

丽水境域地处中亚热带季风气候区，既有显著的立体山地气候特征，亦有较明显的海洋性季风气候特征。总的气候特点为温度适宜、四季分明，冬暖春早、雨热同步，垂直梯度气候变化大、气候类型丰富多样。

2010年，瓯江干流全长384千米，流域面积为18100平方千米。其中丽水境域干流长309.4千米，占全长的80.05%，流域面积13105平方千米，占全流域总面积的75.86%。瓯江人工湖泊众多。千峡湖湖区跨景宁、青田两县，上自景宁鹤溪，下至青田滩坑电站大坝，长80千米，水域面积70.93平方千米，蓄水量41.55亿立方米，为丽水市第一、浙江省第二大水库水域。

丽水山地特征独特，资源相对丰富。森林植被分区属中亚热带常绿阔叶林北部亚地带，浙闽山丘甜槠木荷林区，浙南中山槠栲樟楠常绿阔叶林分区，地带性植被为中亚热带常绿阔叶林。丽水市植物种类多，为浙江省之冠。丽水矿藏初步探明有黑色金属、有色金属、贵金属、稀有金属、放射性矿产及非金属、燃料等各种矿种。

丽水境内的自然灾害主要有气象灾害、病虫灾害、地质灾害、地震灾害。其中气象灾害频发，并引发病虫灾害。地质灾害以山体滑坡、泥石流为主，其中泥石流危害最大。

第一章　地　　质

丽水地处环太平洋板块与欧亚板块交汇的环太平洋构造带，大地构造单元为中国华南褶皱系浙东南褶皱带龙泉至遂昌断隆，华夏古陆的北东部分，由元古代变质基底和中生代火山岩盖层组成。早元古代沉积的一套浅海、滨海相岩石，经浙闽运动区域变质作用及褶皱，形成基底—八都群，中元古代龙泉群为一套高绿片岩相变质岩为主的火山—沉积岩系。晚元古代晋宁运动结束区域变质作用，进入地台发展阶段，遭受长期剥蚀，故缺失古生代、早中生代沉积。中生代中、晚期的燕山运动，表现为强烈的火山喷发和岩浆侵入，造成侏罗世火山岩的大面积覆盖，以及各类岩体侵入，直至白垩世断裂盆地内，除接受内陆河湖相沉积外，还有间歇火山喷溢。晚第三世，沿北东向断裂形成基性—超基性岩侵入，及火山通道相角砾岩筒，此后，火山活动渐趋平静。第四纪，水系两侧构成冲积沉积层。

丽水境域岩石以岩浆岩、变质岩为主，沉积岩次之。岩浆岩主要有侵入岩、花岗岩、花岗斑岩、花岗闪长岩、花岗闪长斑岩、二长花岗岩、钾长花岗岩、石英二长岩、石英闪长岩、石英正长岩、正长斑岩、云辉煌斑岩、橄榄岩、火山岩等。变质岩主要为区域变质岩石类型，有片麻岩类、变粒岩类、长石石英岩类、浅粒岩类、云母片岩类、磁铁石英岩类、大理岩类。沉积岩有砂岩、砂砾岩、粉砂岩、页岩、炭质页岩等。

丽水境域矿产资源相对丰富，探明有黑色金属、有色金属、贵金属、稀有金属及放射性矿产、非金属、燃料、矿泉水、地热等矿种 58 种，其中探明储量 26 种，各类矿床、矿点、矿化点共 585 处，大中型矿床 42 处。丽水在省内的优势矿产有萤石矿、沸石矿、珍珠岩、膨润土矿、高岭土矿、叶腊石矿、金银矿、钼矿、稀土矿等。

第一节　地　　层

下元古界八都群（Pt1bd）见于遂昌县城至大柘，松阳县玉岩至高亭，龙泉市乌坳至八都，为一套浅海、滨海相沉积，后经区域变质，形成含石墨、富铝的片岩、片麻岩、变粒岩夹长石石英岩的副变质岩系，底部出现斜长角闪岩等基性、超基性岩类，普遍具混合岩化作用，其沉积时限早于 19 亿年。

中元古界龙泉群（Pt_2Ln）见于龙泉市青坑、查田、万山、良秋、南弄、隆丰，庆元县源头、张村等地，为一套旋回性清楚的基性火山岩—砂、泥质岩—碳酸盐岩建造，其沉积时限 10 亿年左右。

下侏罗统枫坪组（J_1f）见于松阳县枫坪，龙泉市西南及半边月、五梅垟、上源，庆元县城北，云和县砻铺等地，为一套黄绿色石英砂岩或含砾砂岩，近底部和中部夹几层无烟煤或炭质页岩。

中侏罗统毛弄组（J_2m ）见于松阳县毛弄、龙泉市宝鉴、云和县杨家山等地。上部为砂岩、页岩、含砾砂岩、硅质岩和煤线；中部上层为细砂岩、粉砂岩、页岩互层、夹煤层，中部下层为花岗质砂砾岩夹薄层砂页岩、炭质页岩及凝灰岩；下部为英安质玻屑晶屑凝灰岩夹砂岩和煤层。

上侏罗统(J3)遍布丽水区域，为一套巨厚火山岩地层，由上至下为祝村组(J_3z)、九里坪组(J_3J)、茶湾组(J_3c)、西山头组(J_3x)、高坞组(J_3g)、大爽组(J_3d)，由各类熔岩和火山碎屑岩组成。

白垩系(K)见于遂昌县湖山，松阳县西屏，缙云县壶镇、舒洪，莲都区城关、老竹，青田县新庄以南，庆元县青竹，云和县重河、赤石，龙泉市安仁等构造盆地，为一套陆相沉积建造。

第四系(Q)主要分布在瓯江水系的大溪、龙泉溪、好溪、松阴溪和闽江水系的松源溪等两侧，为一套砂砾层、亚砂砾、亚砂土层等冲积沉积层。

2010年丽水市地层分布一览

表 2-1-1-1

界	系	统	组	符号	厚度(米)	构造期	同位素年龄(亿年)
新生界	第四系	全新统	—	Q4	3—15	喜山期	—
		中—上更新统	—	Q2=3	0.50—8		—
中生界	白垩系	上白垩统	赖家组	K2l	500—1000	燕山晚期	0.70—1.00
			塘上组	K2t	257—>2400		
		下白垩统	方岩组	K1f	350—470		1.00—1.35
			朝川组	K1c	650—>1000		
			馆头组	K1g	240—500		
	侏罗系	上侏罗统 磨石山群	祝村组	J3z	1398	燕山早期	1.35—1.60
			九里坪组	J3j	>588		
			茶弯组	J3c	>275		
			西山头组	J3x	1100—2200		
			高乌组	J3g	2100—2650		
			大爽组	J3d	800—1200		
		中侏罗统	毛弄组	J2m	200—950		1.60—1.80
		下侏罗统	枫坪组	J1f	200—1310		
中元古界	龙泉群			Pt2ln	约 2000	晋宁期	<14
下元古界	八都群			Pt1bd	>3600	浙闽期	>19

第二节　岩　石

岩浆岩

岩浆活动以燕山期最为剧烈，早期以喷发作用为主，形成大面积火山岩覆盖；晚期以侵入作用为主，各类侵入岩体广泛分布，呈多期次特征，次火山岩也有较大发育。

侵入岩 各类侵入岩体大小100多个，以酸性、中酸性岩类为主，次为中性或偏碱性岩类，个别基性—超基性岩。至2010年，出露面积最大的侵入岩是缙云县前村钾长花岗岩体，面积200平方千米。龙泉市溪头，遂昌县社后，云和县上村、牛头山，庆元县岭头，青田县海溪，松阳县靖居包等岩体出露面积20—70平方千米，一般岩体出露面积10平方千米以下。

花岗岩 云和县牛头山、上村，景宁畲族自治县白鹤，龙泉市上垟、披云山、住溪、上柘坑、垟心、溪头、南窖、小梅，莲都区黄畈、皂树、滴水岩，遂昌县周岭脚、苏村、北界、应村、源头，松阳县靖居口至靖居包，青田县海溪，庆元县仙桃山、中村、高山湾等岩体。

花岗斑岩 龙泉市小查田，青田县金田寺，景宁畲族自治县茶园，遂昌县梭溪、大山、洋坑，莲都区下樟、黄畈里村等岩体。

花岗闪长岩 龙泉市大贵溪，松阳县石马铺、靖居包，莲都区沙畈，青田县石前等岩体。

花岗闪长斑岩 景宁畲族自治县英村、庆元县岭头、遂昌县小岩等岩体。

二长花岗岩 云和县梅源、莲都区仙里、龙泉市金沙、遂昌县翁山等岩体。

钾长花岗岩 缙云县前村、松阳县靖居口、青田县洪口等岩体。

石英二长岩 遂昌县社后岩体。

石英闪长岩 缙云县前村、石览，青田县海溪、垟心，庆元县后广、落花垟，龙泉市八都，莲都区黄畈、徐宅等岩体。

石英正长岩 遂昌县塘下、后塘岩体。石英正长斑岩有遂昌县关塘、茶园，龙泉市岩樟等岩体。

正长斑岩 遂昌县夹路口岩体。

云辉煌斑岩 缙云县吴岭，青田县坑底等岩体。

橄榄岩 庆元县狮子坑岩体。

火山岩 大面积覆盖，广布于侏罗系、白垩系地层中，厚度大，岩性复杂，分熔岩类、火山碎屑岩类、次火山岩类。

变质岩

分属下元古界八都群和中元古界龙泉群①。主要为区域变质岩石类型，有片麻岩类、变粒岩类、长石石英岩类、浅粒岩类、云母片岩类、磁铁石英岩类、大理岩类。

沉积岩

见于下侏罗统枫坪组，中侏罗统毛弄组，以及白垩系部分地层中，有砂岩、砂砾岩、粉砂岩、页岩、炭质页岩等。

第三节 构 造

丽水地质构造特点是断裂发育，褶皱不明显。北东向、北北东向断裂，配以北西向断裂，形成构

① 出露面积约1500平方千米。

造形态的基本骨架。最为著名的构造带为福建政和—浙江丽水—浙江余姚大断裂带。

北东向断裂带

由北东向变质岩基底断块隆起和一系列约 50°方向压性断裂组成，从西到东主要有遂昌县昌裘坑至上定断裂，遂昌县城至大柘构造带，松阳县高亭至里庄构造带，庆元县竹口至龙泉断裂，龙泉市至缙云县新建构造带，庆元县至青田县海口构造带。其中庆元竹口—龙泉—新建断裂带为古老的龙泉—宁波基底断裂构造的组成部分。

北北东向断裂带

由一系列 10°—30°断裂带及受它制约的北北东向白垩系构造盆地组成，主要有遂昌县湖山至里东构造带，遂昌县根竹口至龙泉市大贵溪断裂带，云和县大岭头至庆元县中村断裂带，莲都区至景宁畲族自治县构造带。

北西向断裂带

主要有遂昌县关塘至龙泉市安仁至景宁畲族自治县白鹤断裂带，遂昌云峰—松阳县古市至景宁畲族自治县渤海构造带，青田县海溪至石平川断裂带。其中遂昌云峰—松阳县古市至景宁畲族自治县渤海构造带为省内著名的遂昌—山门北西向构造带的组成部分。

南北向断裂带

见于青田县境内吴岸至湖边断裂带。遂昌—龙泉见较多的南北向断裂带。

第二章　地　　貌

丽水市位于江山至绍兴断裂带东南部，属浙闽隆起区组成部分。最为著名的构造带为福建政和—浙江丽水—浙江余姚大断裂带。沉积时限早于 19 亿年。丽水山脉呈西南向东北走向，地势由西南向东北倾斜。西南部以中山为主，间有低山、丘陵和山间谷地；东北部以低山为主，间有中山及河谷盆地。最高峰黄茅尖，位于龙泉市西南边境，海拔 1929 米，为浙江省第一高峰。百山祖位于庆元县西北部，海拔 1856.7 米，四周多数为海拔 1500 米以上山峰。

丽水地域总面积 172.98 万公顷，据农业区划土地利用现状概查面积 172.76 万公顷。按地貌类型分，河谷盆地 5.08 万公顷，山间谷地 2.85 万公顷，低丘 3.78 万公顷，高丘 9.84 万公顷，低山 32.65 万公顷，中山 118.55 万公顷；按海拔高程分，250 米以下 23.36 万公顷，250—500 米 46.87 万公顷，500—800 米 50.76 万公顷，800 米以上 51.77 万公顷；按坡度分，6°以下 10.47 万公顷，6°—15°8.79

万公顷，15°—25°19.8万公顷，25°以上133.68万公顷。

第一节 山 脉

丽水境域山脉属武夷山系，分二支伸入区内，北支由福建省浦城伸入龙泉市、遂昌县为仙霞岭，又称枫岭；南支由福建省戴云山—鹫峰山伸入龙泉市、庆元县为洞宫山；洞宫山向东延伸，过瓯江为栝苍山。三座山分别延伸西北部、西南部和东北部，海拔1000米以上山峰有3573座，其中1500米以上山峰244座。龙泉溪、大溪以北，好溪西北为仙霞岭，是瓯江水系与钱塘江水系的分水岭；龙泉溪、大溪以南，瓯江西南为洞宫山，是瓯江水系与闽江、灵江、飞云江、交溪水系的分水岭；瓯江以东，好溪东南为栝苍山，是瓯江水系与灵江水系的分水岭。

仙霞岭

仙霞岭最高山峰九龙山，位于遂昌县王村口西部，海拔（下同）1724.2米。是周公源与乌溪江的分水岭，四周有1000米以上山峰100多座。山脉走向沿龙泉市西北部边境向东北延伸，经天狮山（1675米）、苏百坝（1533米）、草地、水碓坑、牛角坑（1494米）、田门坳、大毛源、大枫坳（1048米）、月婆山、大尖，到龙泉市、遂昌县交界的和尚坛（1392米），再分二支。一支向北东伸展，经遂昌县中部，经南岩尖（1626米）、舰竹坞尖、火风尖、开盏架（1099米）、东坑尖、白马山（1621米）、天子架、宋家岭（849米）、桃树尖、华坑表、棋盘石、白岩，到遂昌县和金华市边界的小龙葱尖（1324米），为龙泉溪、松阴溪和乌溪江、灵山港水系的分水岭。由小龙葱尖转东北向，沿遂昌县、松阳县、莲都区、缙云县边界伸展，经七肩岭（1092米）、风门山、狮子岩、牛头山（1560米）、铜罗尖、包山头、寨头尖（1560米）、大天顶、天狮尖，过宣平溪，经五福后山（865.3米）、龙岩山、陆千岗顶、上坦湖、里念坑尖、阳坑尖、百顶，到永康市、缙云县边界的历山（854.8米），为松阴溪、宣平溪、好溪与灵山港、新建溪水系的分水岭。一支沿遂昌县、松阳县和莲都区与龙泉市、云和县边界向东北伸展，经坛上后（1055米）、西山、小双观、大路岗、尖峰顶、银铜坑、菖蒲尖、七尖顶（1280米）、百花洞、上中央坑、八仙山（400米），到云和县坪地，过大溪为莲都区大港头，连洞宫山余脉，为松阴溪与龙泉溪、大溪水系的分水岭。

洞宫山

洞宫山最高峰黄茅尖，位于龙泉市西南边境，海拔1929米，为浙江省第一高峰。百山祖位于庆元县西北部，海拔1856.7米，四周多数为海拔1500米以上山峰。山脉走向由西南向东北伸展，主要分两支支脉。一支从龙泉市凤阳山，沿云和县、莲都区与景宁畲族自治县、青田县边界伸展，经梧树湾头、垟山头（1150米）、东坑坳、鹿茸尖、潘山、天地坳、白鹤仙顶（1543米）、叶垟岭、白岳尖（1593米）、鸡头尖、李山坟、西湾、西坑湖、石步尖（1071米）、大山尖、大梁山、清水塘（610米），到古竹，过大溪至青田县石帆，为龙泉溪、大溪与小溪水系的分水岭，继续伸展为栝苍山。另一支由庆元县塘泛尖（1411米），沿景宁畲族自治县、青田县边界向东北伸展，经飞龙岩、山垟头（1636米）、白云尖、上山头、炉前尖、老鸦尖、学田尖、敕木山（1519.1米）、梨树番、大仰湖、寮天岗、四方山尖（1111.5米）、峰村尖、解刀降头、天门岗、金子山、天火山（799.3米）、锅盖档头、凌云山、崎风脑（774米），到瓯江边，为小溪、瓯江与飞云江水系的分水岭。

栝苍山

栝苍山最高峰大洋山尖，位于缙云县东南部，海拔1500.6米，为瓯江水系与灵江水系的分水岭，主要支脉有两支。一支沿缙云、莲都、青田县边界向西延伸，经大猫岗（1101米）、水空洞头、五府尖、双鸡店、老鹰岩（908米），到莲都区好溪谷地。一支沿缙云、青田县边界向东南延伸，经龙岩岗（1043米）、高尖头、黄泥垄、脑公山（1025米），到青田县界的瓯江边。

第二节　山地与丘陵

山　地

2010年，丽水市有中低山面积151.2万公顷，占土地面积87.52%，其中中山面积118.55万公顷，低山面积32.65万公顷。中山主要分布在龙泉市21.08万公顷，遂昌县20.69万公顷，景宁畲族自治县18.03万公顷，青田县16.01万公顷，庆元县15.35万公顷，合计91.16万公顷，占中山面积76.89%。低山主要分布在青田县7.56万公顷，莲都区5.94万公顷，龙泉市5.24万公顷，缙云县4.66万公顷，合计22.95万公顷，占低山面积70.29%。海拔500米以上102.52万公顷山地中，坡度25°以上102.18万公顷，占86.66%；海拔500米以下70.24万公顷，其中坡度25°以下38.72万公顷，占36.15%。

丘　陵

丽水丘陵系仙霞岭、洞宫山和栝苍山余脉向四周梯状渐降而成，多数在河谷盆地与中、低山之间的过渡带。主要分布在缙云县和莲都北部与中部，遂昌县、龙泉市中部。丘陵面积13.62万公顷，占土地面积7.89%，其中莲都区2.12万公顷，遂昌县2.19万公顷，龙泉市3.37万公顷，缙云县2.35万公顷，松阳县1.58万公顷，庆元县1.42万公顷，青田县0.26万公顷，云和县0.27万公顷，景宁畲族自治县573公顷。

第三节　谷地与盆地

谷　地

丽水海拔较高的中、低山地区，由于山脉梯级下降，形成一些大小不等的山间谷地2.85万公顷，占丽水地区土地面积1.65%。主要分布在庆元县0.94万公顷，景宁畲族自治县0.75万公顷，青田县0.39万公顷，龙泉市0.38万公顷。

丽水谷地主要分布在大溪、小溪流域中、下游两岸，坡度3°—6°，面积小而狭长，计5.08万公顷，占丽水市土地面积2.94%。其中莲都区1.18万公顷，松阳县0.82万公顷，缙云县0.79万公顷，青田县0.72万公顷，龙泉市0.52万公顷，遂昌县0.43万公顷，庆元县0.35万公顷，云和县0.21万公顷，景宁畲族自治县0.08万公顷。除庆元县、龙泉市的河谷盆地外，一般海拔在300米以下。

盆地

缙云县新建、壶镇河谷盆地。西部为仙霞岭余脉延伸，东南部为栝苍山盘踞，东北部为大磐山余脉延伸，新建溪和好溪盘旋其间，东、南、西三面向中部一北部渐次下降，呈现一个三面群山环抱，向北开口的“V”字形盆地，面积2.06万公顷，其中耕地0.46万公顷。新建河谷盆地南北长16千米，东西宽13千米，最窄的7.15千米，面积1.17万公顷，其中耕地0.27万公顷，包括五云、城东、城北、新建、东川、碧河、新碧、溪南等乡镇，最低海拔174米，最高海拔468米。壶镇河谷盆地南北长15千米，东西宽15千米，最窄的2.75千米，面积0.9万公顷，其中耕地0.19万公顷，包括壶镇、白六、东金、浣溪、三联等乡镇，最低海拔110米，最高海拔586米。

莲都区城关、碧湖河谷盆地。北部为仙霞岭余脉，南部为洞宫山余脉，东北部为栝苍山余脉，大溪由西南向东北横贯其间，四周群山环抱，中间陷落为碧湖、城关河谷盆地，面积1.05万公顷，其中耕地0.59万公顷。碧湖河谷盆地东西长18.5千米，南北宽5.5千米，最窄1千米，面积0.67万公顷，其中耕地0.37万公顷，包括碧湖、平原、新合、石牛、高溪、联合、龙江等乡、镇。其前畈为大溪老河漫滩；后畈为谷口洪积扇；沿江狭长地段为大溪新河漫滩。南部的保定、周巷等地，海拔70.5米，中部九龙至大陈，海拔63.5米；北端的白口、下圳等地，海拔60米。城关河谷盆地，东西长15千米，南北宽10千米，最窄1.5千米，面积0.38万公顷，其中耕地0.23万公顷，包括城关镇、岩泉镇、好溪农垦场和水东一部分。梭坊圩、好溪农垦场等沿江一带海拔42—45米，梅墩畈、天皇畈海拔50—55米。

松古河谷盆地。仙霞岭两支支脉沿松阳县北部和南部呈平行状，由西南向东北延伸，中间陷落，松阴溪横贯其间，形成狭长的松古河谷盆地，长25千米，宽9千米，最窄的5.5千米，面积1.75万公顷，其中耕地0.67万公顷，包括水南、赤寿、望松、叶村、斋坛、樟溪、古市、新兴、西屏等乡镇全部或部分。最低海拔105米，最高海拔430.2米。

第三章　气　候

丽水市处中亚热带季风气候区，多丘陵山地，东临东海，既有显著的立体山地气候特征，亦有较明显的海洋性季风气候特征。总气候特点是温度适宜、四季分明，冬暖春早、雨热同步，垂直梯度气候变化大、气候类型丰富多样。多年平均四季划分春季（3—5月）、夏季（6—8月）、秋季（9—11月）、冬季（12月至次年2月）。

1981—2010 年，丽水市常年平均日照时数 1634.1 小时，其年、月际变化大。常年平均气温 17.10—18.60℃，月际分布差异明显，1 月最低，7 月最高。常年平均降水量 1598.9 毫米，4—6 月梅雨期雨量集中，过程雨量大；7—9 月台风降水为主，辅以局地强对流降水，对高温干旱有明显缓解作用，但也容易导致局地灾害。常年平均风速 0.8—2.2 米/秒，遇强冷空气、强对流、台风等天气时，易出现局地 8 级以上大风。

民国 21 年（1932）1 月，建立丽水、龙泉测候所及遂昌县雨量站。民国 26 年 8 月，撤销丽水测候所及遂昌雨量站。民国 27 年 1 月，浙江省测候所在松阳县古市镇按二等所重建。民国 31 年 1—3 月丽水测候所恢复记录。民国 34 年 5 月，省测候所由松阳迁往云和，10 月由云和迁回杭州。1953 年 1 月，丽水、龙泉气象站建立。1956—1960 年，相继建立遂昌、景宁、庆元、缙云、青田气候服务站。1972 年 6 月，丽水气象站扩建为丽水地区气象台。1981 年 7 月，丽水地区气象局建立。1989 年 12 月，缙云、云和、青田、龙泉、庆元、遂昌气象站更名气象局（正科级）。1995 年 10 月，景宁畲族自治县气象局成立。2000 年撤地设市后，丽水地区气象局更名丽水市气象局。2005 年 9 月，松阳县气象局成立。2014 年 8 月起，松阳、景宁建立国家气象站。丽水市气象局承担地面观测、气象预报、农业气象、气象信息网络、气象科技服务、人工影响天气、气象科研等气象业务。

第一节　气候要素

日　照

年变化　丽水市日照时数年际变化大。1953—2010 年，丽水年变化最多为 1963 年龙泉 2215.3 小时，最少为 1997 年龙泉 1277.9 小时，较差 937.4 小时。年平均日照百分率 38%。

月变化　1953—2010 年，丽水市月平均日照时数 2 月最少，90.8 小时，7 月最多，220.9 小时。日照时数月升幅最大为 6—7 月，平均升幅 87.8 小时；降幅最大为 8—9 月，平均降幅 48.2 小时。

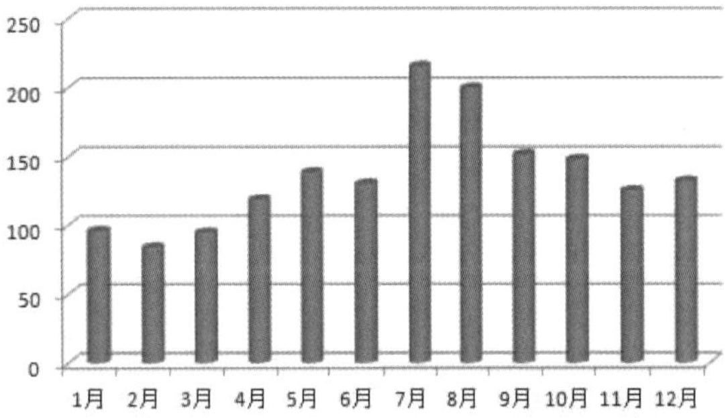

图 2-3-1-1　丽水市常年月均日照时数（单位：小时）

气　温

平均气温　1953—2010 年，丽水市各站平均气温最高为 1998 年青田的 19.6℃，最低为 1972 年遂昌的 16.2℃。年平均气温年际变化较小，最大是 1960—1961 年升 1.6℃。平均气温总体呈上升趋势，特别是 1998 年以后，一直持续在 18℃以上。因地形、海陆、海拔差异，气温地域差异明显，东南高，西北低，青田最高 18.6℃，遂昌最低 17℃。

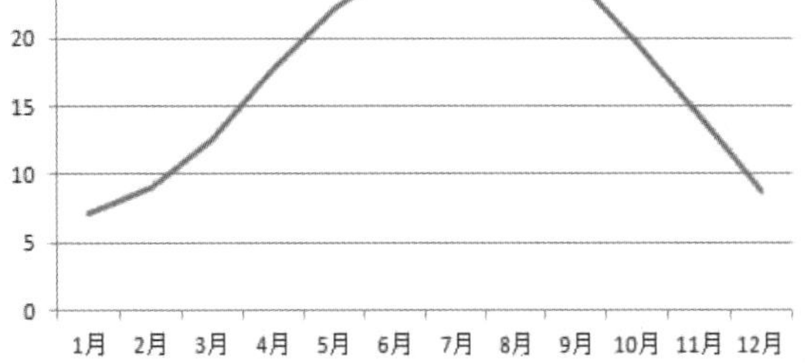

图 2-3-1-2　丽水市常年月均气温（单位：℃）

季风气候引导下，月气温差异显著，1 月最低 6.7℃，此后逐月上升，4 月升幅最大，7 月达最高 28.3℃，8 月转降，11 月降幅最大，至次年 1 月到最低。

最高气温　1953—2010 年，丽水最高气温的常年平均值为 23.4℃，最高为丽水 7 月 35.3℃，最低为缙云 1 月 10.3℃。最高气温的常年均值年际变化较少，总体呈小幅上升；其月均值与平均气温的月均值趋势类同，最低为 1 月，最高为 7 月。

最低气温　1953—2010 年，丽水最低气温的常年平均值为 13.9℃，最大为青田 7 月 25.2℃，最小为缙云 1 月 1.8℃。最低气温的常年平均值年际变化较小，总体呈小幅上升，最低气温月平均值，其年内变化走势与月平均气温趋势类同。单站历年极端最低气温为 1977 年 1 月 6 日缙云-10.7℃。

气温日较差　以日最高气温和最低气温之差为气温日较差。丽水市常年平均气温日较差 9.6℃，气温日较差的月平均值各月在 8—11℃之间，变化幅度较小，1—3 月相对略低，在 8—9℃之间。单站历年逐日气温日较差较大的多出现在冬春之交或初春之时，强冷空气南下影响前强回暖，再骤然降温导致，差值最大为 1968 年 3 月 4 日云和的 26.4℃。

四季初终日　气象学意义上的四季，以日平均气温的 5 天滑动平均值为准，恒高于 22℃为夏季，在 22—10℃之间为秋季，10—22℃之间为春季，不恒高于 10℃为冬季。丽水各县(市、区)常年日平均气温稳定通过 10℃的初日自南往北推迟，且年际变化较大；终日则反之。气温≥10℃恒定通过的初日多在 3 月，平均初日 3 月 17 日，终日多在 11 月下旬到 12 月上旬，平均终日为 11 月 26 日。初、终日期之间日数平均为 253 天，日平均气温≥10℃的积温平均为 5559℃。

图 2-3-1-3　丽水站日平均气温的 5 天滑动平均走势图(单位：℃)

以丽水城区为基准，丽水常年平均入春在 3 月 2 日前后，入夏在 5 月 8 日前后，入秋在 10 月 5 日前后，入冬在 12 月 5 日前后。气象学意义四季长度春季 68 天、夏季 151 天、秋季 62 天、冬季 84 天。

降　水

特殊降水　丽水市常年平均降水量 1598.9 毫米，降水分布从西南向东北递减。1953—2019 年，单站平均降水量最大站为龙泉市宝溪乡乌溪江源头附近的青井站 2497.7 毫米，最小为缙云县好溪河谷的壶镇站 1370.8 毫米。

年变化与空间分布　丽水市降水量年际变动大。各地建站以来至 2010 年，市平均降水量最大为 1975 年 2393.1 毫米，最小为 1979 年 1236.2 毫米。

时间上，丽水市降水年内不均匀，其中 4—9 月占全年总量的 70%以上。4—6 月以梅雨为主，雨量集中，过程累计雨量大；7—9 月以台风雨为主，短期内降水突发且量大。全市多年平均降水日数一般在 150—170 天。空间上，西南部地区明显多于东北部地区，最多为南部庆元县，年均降水量 1727.9 毫米，最少为北部的莲都区，年均降水量 1383.2 毫米。

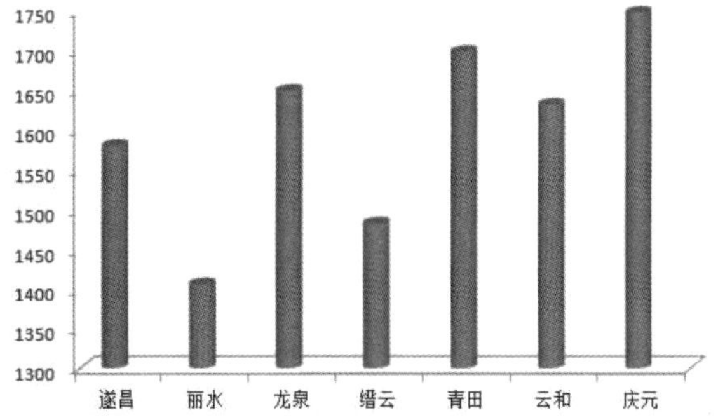

图 2-3-1-4　丽水市常年平均降水量(单位:毫米)

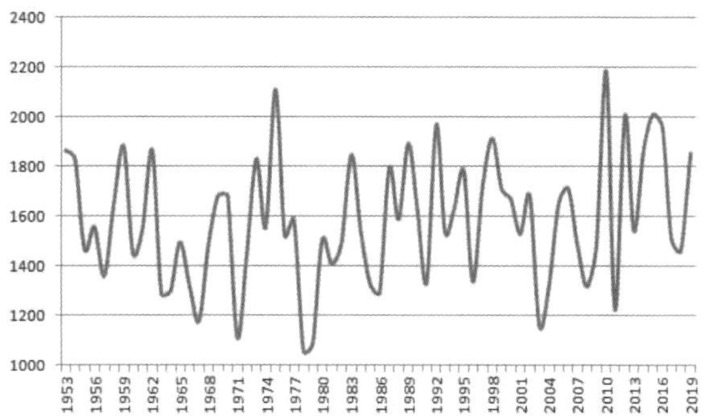

图 2-3-1-5　丽水市逐年平均雨量趋势(单位:毫米)

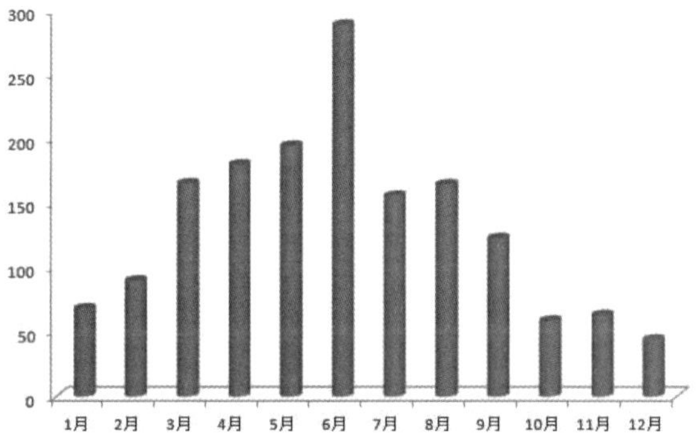

图 2-3-1-6　丽水市平均降水量月分布(单位:毫米)

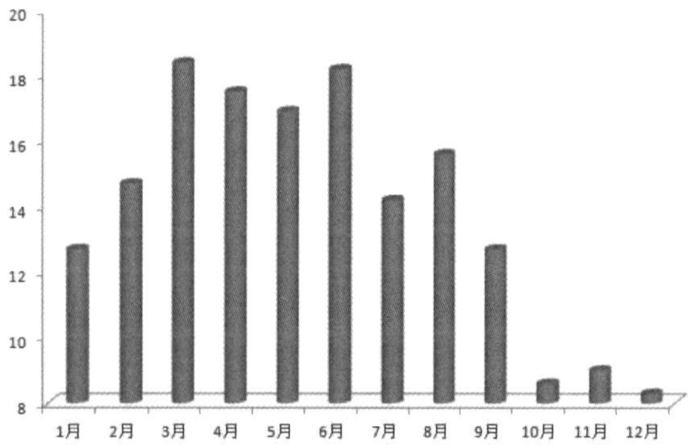

图 2-3-1-7　丽水市平均雨日月分布(单位:天)

月变化　丽水市平均雨量在一年中的分布呈双峰型,1 月较少,2 月略增多,3 月明显增多,4、5 月稳步增长,6 月梅汛期降水量陡增达顶峰,7 月明显减少,8 月因台风出现年第二峰值但显著低于 6 月,9 月减少,10 月、11 月处于较低水平,12 月为一年中最少。各地的月变化趋势和全市一致,但梅汛期和台汛期各地差异较明显,6 月梅汛期庆元、龙泉等西南部地区降水较多,缙云、莲都、青田等东部地区降水较少;8 月台汛期青田、缙云等东部地区降水明显多于西部的龙泉、庆元等地。

雨日　以日雨量≥0.1 毫米为雨日。丽水市常年平均雨日 166.6 天,各地在 157.8—177.1 天之间,莲都最少,云和最多。春季和初夏的 3—6 月雨日较多,全市平均为 18 天/月,秋冬季的 10—12 月最少,全市平均 9 天/月。雨量、雨日分布均有明显的集中期。

蒸发　丽水市多年平均水面蒸发量在 800—900 毫米之间,全年以 7、8 月为最大,约占 28.8%;以 1、2 月为最小,约占 7.70%。全市多年平均陆地蒸发量在 600—800 毫米之间。全市平均干旱指数在 0.4—0.55 之间。

风

风速　丽水市各站常年平均风速 0.8—2.2 米/秒,青田最大,云和最小,其余各地较接近,均在 1.2—1.3 米/秒之间。各地月平均风速 0.7—2.3 米/秒,东南部的青田各月均比其他地方偏大;一年中各以 2—4 月和 7—8 月风速较大,11—12 月较小。历年月平均风速最大值为 1972 年 2 月青田的4.10 米/秒。历年各地最大风速(10 分钟平均)在 16—19.3 米/秒之间,遂昌最小,缙云最大。

盛行风向及静风频率　由于地形复杂,丽水市各站点周边的山脉及河流走向不相一致,各地各月的盛行风向差异较大。缙云地处南北走向的河谷地带,6—8 月盛行南风,其他各月则盛行北风。青田毗邻温州市,受海洋气候影响最大,且瓯江从其西北方向流入,东面流出,9 月到次年 3 月盛行西北风,4—8 月则盛行东风。丽水位于呈东北西南走向盆地中,9 月到次年 3 月盛行东北偏东风,4—8 月则盛行东风。

丽水市各地的月平均风速以静风频率为最高。云和的静风频率 54—68%,青田的静风频率 20—26%,其他各地的静风频率 36—58%。

气 压

丽水市常年平均本站气压 995.10 百帕。气压随海拔升高稳定降低。本站气压月分布呈 V 形,以 6—8 月为最低,12 月、1 月为最高。本站最高气压为 2000 年 1 月 31 日青田 1035 百帕。

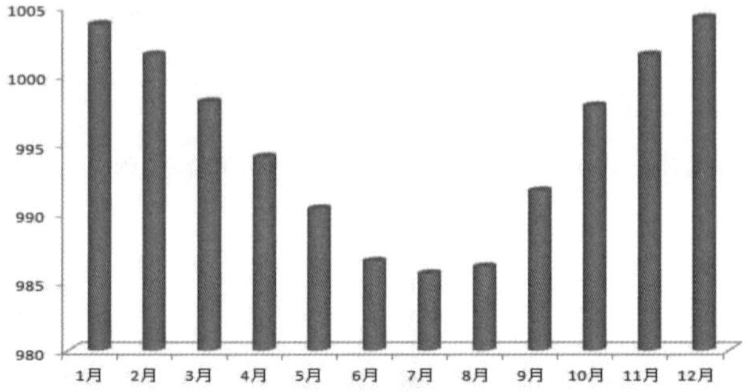

图 2-3-1-8 丽水市本站气压月分布(单位:百帕)

第二节 四季特征

丽水市地处中亚热带季风气候区,既有显著的立体山地气候特征,亦有较明显的海洋性季风气候特征。总的气候特点为温度适宜、四季分明,冬暖春早、雨热同步,垂直梯度气候变化大、气候类型丰富多样。气候学上,以 3—5 月为春季、6—8 月为夏季、9—11 月为秋季、12 月—次年 2 月为冬季。

春 季

1953—2010 年,春季丽水市常年平均气温为 17.3℃,最低 1995 年 15.7℃。1953—2010 年,常年平均日照时数 351.5 小时,最多为 1972 年 489.4 小时,最少为 1973 年 274.8 小时。1953—2010 年,常年平均降水量为 544 毫米,最多 1975 年 875.4 毫米。

丽水市春季大致始于 3 月,到 5 月结束。春季影响丽水的冷空气势力逐步减弱,冷暖交汇频繁,多受变性冷高压脊、静止锋、低槽等天气系统控制。因此,春天天气多变,常出现“乍暖乍冷”的天气。即在回暖的过程中,受冷空气的影响,气温会出现明显的下降波动。冷空气过后,天气回暖迅速,冷空气会再度侵袭,天气又由暖转冷。初春仍有较强的冷空气影响,少数年份在 4 月上旬仍可出现春寒、倒春寒天气,如 2010 年 4 月 12—15 日全市日平均气温降幅平均 11.4℃,达倒春寒标准。

春天是冬、春环流天气系统频繁交替的季节,天气过程复杂且剧烈,中小尺度天气系统活跃,常出现强对流天气,冰雹、雷电、大风等恶劣天气随之增多。部分年份如暖湿气流活跃,则多阴雨,少日照,出现桃花汛。

夏 季

1953—2010 年,夏季丽水市常年平均气温为 27.1℃,最高为 1971 年 28.3℃,最低 1982 年25.9℃。

1953—2010 年，常年平均日照时数 545.7 小时，最多为 1971 年 791.4 小时，最少为 1999 年 339.3 小时。1953—2010 年，常年平均降水量为 609.90 毫米，最少 1986 年 343.5 毫米。

夏季是丽水一年中日照最充足、降水最多、气温最高的季节。其中 6 月为降水集中期，降水量大，常有暴雨洪涝之害，但降水量年际之间变化较大；7—8 月为高温干旱期，经常出现晴热高温天气，午后易有局地强对流导致的雷电、大风、暴雨以及冰雹等。夏季一般年份的极端最高气温在 39—41℃之间。夏季台风影响时，对高温酷暑和干旱风险有较好的缓解，但同时短时强风暴雨容易导致灾害。全市常年有 1—2 个台风影响。

秋 季

秋季丽水市常年平均气温为 19.2℃，历年最低 1976 年 17℃；常年平均日照时数 425.4 小时，历年最多为 1979 年 625.5 小时；常年平均降水量为 245.5 毫米。

丽水秋季副热带高压减弱南撤，大陆高压逐渐增强，北方时有冷空气南下，气温逐渐下降，且气温日较差大。初秋，丽水各地先后出现秋季低温，且初秋冷暖空气再度交汇本地，常出现较明显的秋雨，雷暴也偶尔出现。10—11 月，南下冷空气常在长江中下游地区形成分裂的小高压稳定下来，大气层结下冷上暖，垂直结构稳定，形成晴朗少雨、秋高气爽天气，温湿宜人，阳光和煦。一般伴有“秋老虎”现象，即进入秋季以后，气温反常地出现持续高温天气，使人们感到炎热难熬。

冬 季

1953—2010 年，冬季丽水市常年平均气温为 7.9℃，最低 1984 年 4.8℃；极端最低气温极端为 1977 年 1 月 6 日缙云-10.70℃，平均低温日数（最低气温≤0℃的日数）19.3 天。1953—2010 年，常年平均日照时数 312.3 小时，最多为 1974 年 466.8 小时。1953—2010 年，常年平均降水量为 199 毫米，历年最多 1998 年 397.2 毫米。

冬季是一年中气温最低、降水最少的季节。丽水市各地冷空气活动频繁，通常气温低、降水少、气候干燥。冷空气影响前后，常出现降温、大风和雨雪天气过程，之后，天气逐渐回暖，回暖到一定程度，又有新的冷空气影响。

第四章　水　文

丽水水网密布，河流流量大。丽水陆地水主要由六大水系、湖泊等组成，六大水系有瓯江、钱塘江、闽江、赛江（交溪）、飞云江、椒江等及其支流。属山溪性河流，瓯江水系为本区域主要水系。瓯江下游青田县境内有 80 多千米感潮河段。温溪、沙埠、港头、高岗一带，每天都有 2 次潮汐涨落。21 世纪以后，鹤城镇也成为潮区界，潮水可涨至西门大桥以上。

丽水境内湖泊众多。2010 年，丽水市有蓄水量在 10 万立方米以上的水库 264 座，总蓄水能力

13.03 亿立方米，山塘水库 1.8 万多口，水域总面积 2.4 万多公顷。水域面积较大的是云和湖、南明湖、千峡湖。千峡湖湖区跨景宁、青田两县，上自景宁鹤溪，下至青田滩坑电站大坝，长 80 千米，水域面积 70.93 平方千米，蓄水量 41.55 亿立方米。为丽水第一、浙江省第二大水库水域。

民国 21 年（1932），浙江省水利局在青田县设立水文观测站，水文观测降水、蒸发、干旱、径流、泥沙、潮汐等现象进行，保留大量的历史资料。2005 年年底，丽水市有基本水文站 15 个，其他专用水文站 2 个。全市多年平均径流量 184.59 亿立方米，折合径流深 1065.2 毫米。瓯江圩仁站实测多年平均年径流量 141 亿立方米。其中 1975 年为最丰年，年径流量 228.6 亿立方米，1979 年为最枯年，年径流量 67.3 亿立方米。

第一节　水　系

丽水市境内分布有瓯江、钱塘江、闽江、赛江（交溪）、飞云江、椒江等六大水系，与山脉走向平行，两岸地形陡峻，江溪源短流急，河床切割较深，水位暴涨暴落，属山溪性河流。瓯江水系为本区域主要水系，其流域面积占全市水域的 75.86%。

2010 年丽水市水系分布情况一览

表 2-4-1-1　　单位：平方千米

水系名称		瓯　江	钱塘江	椒　江	飞云江	闽　江	赛　江	合　计
总流域面积		18100.00	55558.00	6603.00	3719.00	60900.00	5635.00	—
丽水市面积		13105.00	2456.20	155.60	214.80	1115.00	229.60	17276.20
其中	莲都区	1493.40	0.20	—	—	—	—	1493.60
	龙泉市	2580.10	313.00	—	—	152.40	—	3045.50
	青田县	2471.30	—	—	5.70	—	—	2477.00
	云和县	989.50	—	—	—	—	—	989.50
	庆元县	704.80	—	—	—	962.60	229.60	1897.00
	缙云县	1042.90	295.70	155.60	—	—	—	1494.20
	遂昌县	692.40	1847.30	—	—	—	—	2539.70
	松阳县	1400.90	—	—	—	—	—	1400.90
	景宁畲族自治县	1729.70	—	—	209.10	—	—	1938.80
占全市水域面积（%）		75.86	14.22	0.90	1.24	6.45	1.33	—

2010 年丽水市分流域面积河流情况一览

表 2-4-1-2

流域面积分级（平方千米）		瓯　江	钱塘江	椒　江	飞云江	闽　江	赛　江	合　计
5—10	条数（条）	361	62	5	7	34	4	473
	主流长（千米）	1791.32	291.19	23.33	32.87	150.41	18.79	2307.91

续表 2-4-1-2

流域面积分级(平方千米)		瓯　江	钱塘江	椒　江	飞云江	闽　江	赛　江	合　计
10—20	条数(条)	167	32	4	6	17	2	228
	主流长(千米)	1249.35	220.83	24.19	40.74	123.71	14.27	1673.09
20—50	条数(条)	128	21	1	2	8	3	163
	主流长(千米)	1533.69	266.37	13.54	21.86	76.93	33.00	1945.39
50—100	条数(条)	41	10	—	—	2	2	55
	主流长(千米)	836.17	179.56	—	—	39.09	32.37	1087.19
100—200	条数(条)	17	4	1	—	3	1	26
	主流长(千米)	481.51	100.83	19.07	—	73.57	26.90	701.88
200—500	条数(条)	13	4	—	1	2	—	20
	主流长(千米)	533.50	179.83	—	37.27	55.38	—	805.98
500—100	条数(条)	2	0	—	—	1	—	3
	主流长(千米)	79.42	0	—	—	62.57	—	141.90
大于 1000	条数(条)	4	1	—	—	—	—	5
	主流长(千米)	750.83	86.73	—	—	—	—	837.70
合　计	条数(条)	733	134	11	16	67	12	973
	主流长(千米)	7255.79	1325.48	80.13	132.74	581.66	125.33	9501.13

瓯江水系

瓯江流域位于浙江省南部，北纬 27°28′—28°48′，东经 118°45′—121°00′之间，东临东海，南与飞云江流域交界，西与闽江流域接壤，西北部、北部与钱塘江、椒江两流域相邻。境跨浙江省丽水市的莲都、龙泉、青田、云和、庆元、缙云、遂昌、松阳、景宁，金华市的武义、永康、磐安，温州市的永嘉、乐清、瓯海、鹿城、龙湾、文成，台州市的黄岩和福建省寿宁县等 20 个县(市、区)。2010 年，丽水流域内有乡(镇、街道)151 个、行政村 2863 个、人口 216 万人、耕地面积 7.40 万公顷。建有水库 243 座，总蓄水量 20.30 亿立方米。其中大型水库 1 座，总蓄水量 13.93 亿立方米；中型水库 25 座，总蓄水量 5.78 亿立方米；小(一)型水库 49 座，总蓄水量 1.22 亿立方米。建有水电站 566 座，装机 1300.17 兆瓦；防洪堤 640 千米。

瓯江是浙江省第二大河，瓯江水系为丽水市的主干水系。瓯江干流分为源头河段的南溪和梅溪、上游段的龙泉溪、中游段的大溪、下游段的瓯江。瓯江发源于龙泉与庆元交界的锅帽尖西麓，锅冒尖主峰海拔 1770.5 米，河流出源点海拔高程约 1365 米。出流向南经南溪村至干上村转西经小梅至黄南村以下向东北流，至丽水折向东南流，经青田、温州注入东海。干流上游为小梅溪，会青溪后称龙泉溪，至丽水市大港头纳松阴溪后称大溪，至青田县湖边纳小溪后称瓯江。瓯江自上而下，汇集的主要支流有八都溪、均溪、岩樟溪、浮云溪、松阴溪、宣平溪、小安溪、好溪、祯埠港、船寮港、小溪、四都港、戍浦溪、楠溪江等。瓯江干流全长 384 千米，流域面积为 1.81 万平方千米。其中丽水市境内干流长 309.4 千米，占全长的 80.05%，流域面积 13105 平方千米，占全市水域总面积的 75.86%。

2010年瓯江水系基本特征一览

表 2-4-1-3

河道名称			流域面积（平方千米）		主流长度（千米）		源头高程（米）	河口高程（米）	平均比降（%）
一级支流	二级支流	三级支流	全流域	辖区内	全流域	辖区内			
八都溪	—	—	394.95	394.95	46.91	46.91	1060.00	222.00	17.86
	瀑云溪	—	105.76	105.76	23.96	23.96	1130.00	238.00	37.23
均 溪	—	—	206.99	206.99	29.23	29.23	1590.00	213.00	47.11
岩樟溪	—	—	228.36	228.36	30.79	30.79	1077.00	190.00	28.81
大贵溪	—	—	187.66	187.66	35.98	35.98	1140.00	183.00	26.60
林垟溪	—	—	113.31	113.31	20.47	20.47	1120.00	183.00	45.77
雁川溪	—	—	161.58	161.58	40.43	40.43	1220.00	181.00	25.70
道太溪	—	—	124.18	124.18	28.20	28.20	910.00	181.00	25.85
安仁溪	—	—	170.78	170.78	32.61	32.61	1140.00	180.00	29.44
浮云溪	—	—	339.24	339.24	29.38	29.38	1185.00	101.00	36.90
	云坛溪	—	100.29	100.29	24.21	24.21	1030.00	114.00	37.84
松阴溪	—	—	1985.02	1984.52	120.12	120.12	1020.00	63.00	7.97
	北溪	—	117.12	117.12	22.63	22.63	1040.00	193.00	37.43
	濂溪	—	188.53	187.97	36.18	36.39	1130.00	169.00	26.56
	小港	—	491.98	497.98	69.63	69.63	1040.00	98.00	13.53
		安民源	100.21	100.21	26.35	26.35	1156.00	213.00	35.79
	通济堰	—	46.17	46.17	21.95	21.95	69.00	49.00	0.91
	新治河	—	93.15	92.56	23.93	23.93	615.00	48.00	23.69
宣平溪	—	—	831.00	318.26	77.00	37.92	129.00	47.00	2.16
小安溪	—	—	558.00	390.78	68.95	41.50	237.00	46.00	4.60
好溪	—	—	1341.90	1097.09	130.00	95.70	240.00	39.00	2.10
	盘溪	—	283.64	283.64	43.97	43.97	1210.00	128.00	24.61
		贞溪	126.58	126.58	27.28	27.28	640.00	165.00	17.41
	方溪	—	185.80	185.80	34.53	34.53	1075.00	64.00	29.28
祯埠港	—	—	225.85	225.85	36.89	36.89	1070.00	31.00	28.16
船寮溪	—	—	358.41	358.41	42.37	42.37	1150.00	14.00	26.81
	小源	—	100.14	100.14	21.30	21.30	750.00	28.00	33.90
小 溪	—	—	3575.13	3429.80	225.65	225.65	1200.00	8.00	5.28
	左溪	—	255.50	249.05	35.99	35.99	1105.00	357.00	20.78
	英川港	—	403.68	403.68	47.96	47.96	1615.00	235.00	28.77
	标溪港	—	364.63	338.47	41.13	41.13	1385.00	215.00	28.45
		家地溪	145.72	120.15	29.00	19.71	691.00	297.00	19.99

续表 2-4-1-3

河道名称			流域面积（平方千米）		主流长度（千米）		源头高程（米）	河口高程（米）	平均比降（%）
一级支流	二级支流	三级支流	全流域	辖区内	全流域	辖区内			
	梧桐坑	—	145.49	145.49	34.81	34.81	1180.00	194.00	28.33
	炉西坑	—	202.27	178.54	41.87	41.87	1263.00	86.00	28.11
	大顺坑	—	151.74	151.74	34.99	34.99	960.00	85.00	25.01
	阜口源	—	101.70	89.88	19.04	17.66	830.00	50.00	40.97
四都港	—	—	301.90	299.88	40.12	37.38	850.00	1.00	21.16

钱塘江水系

钱塘江流域在丽水市境内有一级支流乌溪江中上游段、一级支流灵山港上游段、一级支流金华江支流武义江上游段南溪和金华江支流白沙溪源头，涵盖丽水市遂昌、龙泉、缙云和莲都等县（市、区），集水面积 2456.2 平方千米。2010 年，乌溪江在丽水市域内有乡（镇）12 个、行政村 76 个、人口 2.54 万人、耕地面积 1280 公顷。建有水库 10 座，总蓄水量 1391 万立方米。灵山港遂昌县域内 4 个乡（镇），行政村 59 个，人口 3.35 万人，耕地面积 1453 公顷。建有水库 2 座，总蓄水量 2361 万立方米。金华江在丽水市境内有支流武义江和白沙溪的源头河段，流域面积 324.14 平方千米。

2010 年钱塘江水系河流基本特征一览

表 2-4-1-4

干流名称	一级支流	二级支流	流域面积（平方千米）		主流长度（千米）		源头高程（米）	河口高程（米）	平均比降（%）
			全流域	辖区内	全流域	辖区内			
衢江	乌溪江	—	1922.56	1786.66	100.75	86.87	1360	210	13.24
		碧龙源	152.54	108.53	35.49	22.91	1020	292	20.51
		关　川	129.13	129.13	22.13	22.13	1240	260	44.28
		湖山源	406.90	406.90	45.56	45.56	1090	210	19.32
		周公源	427.38	389.34	80.82	67.09	1350	210	14.11
		洋溪源	133.26	133.23	24.24	24.24	1152	210	38.86
	灵山港	—	363.51	345.40	38.17	38.17	1090	182	23.79
		官　溪	152.61	152.61	31.55	31.55	1235	194	33.00
兰江	金华江	武义江	300.52	295.89	33.87	29.01	720	109	18.00

说明：衢江支流乌溪江丽水段位于遂昌县境内；兰江支流武义江位于缙云县境内

闽江水系

闽江是福建省第一大河，发源于闽赣边界的武夷山脉。丽水市境内为闽江一级支流（北源）建溪支流松溪上游的松源溪及其支流竹口溪和富岭溪上游的宝溪。2010 年，丽水市境内流域面积 1115 平方千米。闽江在丽水市境内河流，基本上是以“V”形河谷为主，河床狭窄，坡降大，水流湍急，河流蜿蜒曲折。

2010年闽江水系流域基本特征一览

表2-4-1-5

干流名称	一级支流	二级支流	三级支流	流域面积(平方千米)		主流长度(千米)		源头高程(米)	河口高程(米)	平均比降(%)
				全流域	辖区内	全流域	辖区内			
南浦溪	宝溪	—	—	107.75	107.75	27.71	27.71	990	386	21.80
建溪	松源溪	—	—	744.55	629.04	62.57	62.57	1342	246	17.52
		后广溪	—	109.10	109.10	23.41	23.41	1620	418	51.35
—	—	安溪	—	311.81	196.30	50.63	21.48	1080	310	15.21
—	松溪	竹口溪	桥坑溪	279.63	271.55	35.76	33.90	800	235	15.80
		—	—	113.55	113.55	22.45	22.45	1110	263	37.73

说明：南浦溪支流宝溪丽水段位于龙泉市境内；建溪支流松源溪位于庆元县境内

椒江水系

椒江，亦称灵江，发源于栝苍山水湖岗西北麓的底寮。

干流源头段金坑发源于缙云、仙居、永嘉三县边界的栝苍山水湖岗西北麓的底寮。在丽水市缙云县境内流域面积100.2平方千米，干流长19.07千米，河段平均坡降8.91‰。

雅溪为永安溪主要支流，发源于缙云县牛背陇岗西麓，主峰海拔1012.1米，源口海拔约870米。2010年，雅溪流域面积95.35平方千米，干流长28.95千米。雅溪在丽水市缙云县境内流域面积41.91平方千米，干流长13.54千米，河道天然落差569米，平均比降45.79‰。

飞云江水系

飞云江位于浙江省南部，在瓯江以南，鳌江以北，行政区域包括丽水的景宁、温州的泰顺、文成、瑞安、平阳等县(市)。主流大白坑发源于景宁畲族自治县景南乡白云尖北麓漈坑，出源后向北流至东塘[①]，向北进入大白坑流至桃源口转东，经白鹤至上岙与源自敕木山南下的北溪汇合后称三插溪[②]，转东流，后折南流，至西口右纳里光溪，转东南流至百丈口，右纳洪口溪后称飞云江，转向东流，经汇溪、珊溪、峃口、赵山渡、滩脚、马屿、瑞安市区，在瑞安市上望镇新村入东海。飞云江流域面积3179平方千米，干流长193千米。丽水市境内流域面积214.7平方千米，在景宁畲族自治县的干流源头段章坑和文成县的金潮港源头三十三溪。2010年，飞云江流经丽水市域内2个乡镇、17个行政村、人口0.72万人、耕地面积540公顷。建有水库2座，总蓄水量1638万立方米，中型水库1座，总蓄水量1603万立方米。建有水电站13座，装机33.35兆瓦；防洪堤1.3千米。其他还有文成县金潮港上游集雨面积5.68平方千米。

干流源头忠溪，发源于景宁畲族自治县景南乡湖岩炎北麓的忠溪岭头，湖岩炎主峰海拔1546.8米。景宁畲族自治县境内流域面积209.1平方千米，干流长37.24千米，河道天然落差1033米，平均比降27.74‰。

① 2010年属景宁畲族自治县景南乡。

② 景宁畲族自治县境内称章坑。

北溪是主要支流，发源于景宁畲族自治县敕木山东麓，敕木山主峰海拔 1519.1 米，出源点海拔约 1305 米。流域面积 46.57 平方千米，主流长 13.48 千米，河道天然落差 747 米，平均比降 55.42‰。

赛江（交溪）水系

赛江又称交溪，发源于福建省寿宁县东北部与浙江省景宁畲族自治县交界的飞龙岩主峰东麓，赛江流域在丽水境内有西溪及其支流八炉溪，流域面积 229.64 平方千米。

西溪为赛江一级支流，流域面积 1178 平方千米，发源于浙江省庆元县西溪乡大尖岩主峰西麓大井坳，主峰海拔 1467 米，河源海拔高度 1172 米，出源后称网坑，向北流经后坑，左岸纳西源底坑始称西溪，至庄余村折向东流，在交溪村左岸纳举水溪，继续东流，经西溪乡后右岸接赤溪水，在后溪口下游约 2 千米的大岗流入福建省寿宁县，出境点河床海拔 525 米。西溪在丽水市庆元县以上流域面积 196.32 平方千米，主流长 26.9 千米，河道天然落差 647 米，平均比降 24.05‰，其中庆元县境内流域面积 82.01 平方千米。

八炉溪为西溪支流九岭溪的上游，流域面积 250 平方千米，发源于浙江省庆元县岭头乡杨家庄西北，河源海拔高度 1090 米，八炉溪在丽水市庆元县境内有集水面积 82.01 平方千米，主流长 27.41 千米，河道天然落差 562 米，平均比降 20.5‰。

2010 年丽水市主要河流特征情况一览

表 2-4-1-6

流域水系	河流名称	发源地	境内流经县(市、区)	终点	境内流域面积(平方千米)	干流河长(千米)	落差(米)	比降(‰)	河宽(米)
瓯江	龙泉溪	庆元县锅帽尖	庆元县、龙泉市、云和县	莲都区大港头	3437.80	195.50	159.00	1.32	100—200
	大溪	莲都区大港头	莲都区、青田县	青田县湖边	6406.55	92.90	55.00	0.59	150—400
	小溪	庆元县大毛峰	庆元县、龙泉市、景宁畲族自治县、云和县、莲都区、青田县	青田县湖边	3359.20	225.65	1192.00	5.28	150—190
	瓯江	青田县湖边	青田县	青田县温溪	13105	21.00	11.00	0.34	200—500
	松阴溪	遂昌县黄峰洞	遂昌县、松阳县、莲都区	莲都区大港头	1985.10	120.10	957.00	7.97	100—160
	好溪	磐安县大岗尖	缙云县、莲都区	莲都区古城	1087.10	125.80	550.00	4.27	90—150
	宣平溪	武义县白岩头尖	松阳县、莲都区	莲都区港口	318.30	68.90	548.00	7.12	50—100
	小安溪	武义县雪峰山	莲都区	莲都区敏河	390.80	67.80	709.00	10.46	30—80
	浮云溪	云和县白鹤尖	云和县	云和县局村	339.20	29.30	1020.00	36.90	30—60
钱塘江	乌溪江	龙泉市大福罗	龙泉市、遂昌县	遂昌县龙鼻头	1922.60	155.90	1150.00	11.41	30—150
	永康江	缙云县千丈岩	缙云县	缙云县姓姚	324.10	33.80	640.00	18.90	30—150
飞云江	北溪	景宁畲族自治县白云尖	景宁畲族自治县	景宁畲族自治县杨山后	214.70	33.50	900.00	26.87	—
椒江	永安溪	缙云县水湖岗	缙云县	缙云县金坑	144.10	31.00	605.00	19.50	—
闽江	松源溪	庆元县风岗尖	庆元县	庆元县马蹄岙	629.00	62.60	1096.00	17.52	—
赛江(交溪)	西溪	庆元县大井坳	庆元县	福建省福安市东口	82.01	26.90	647.00	24.05	—
	八炉溪	庆元县杨家庄	庆元县	福建省寿宁县仙山东脚	82.01	27.41	562.00	20.50	—

第二节　湖　　泊

丽水市天然湖泊主要有两类，一类是河道转弯处自然形成的陂、潭，旧方志中多有记载。现代防洪堤、拦河水电站、河道整治等工程的建设，陂、潭逐渐消失。二是高山湖泊。如景宁畲族自治县望东洋、莲都区大山峰、青田县石门洞师姑湖、庆元县双苗尖、松阳县烂浆湖、龙泉市凤阳湖等。据林业部门 2008 年调查统计，面积大于 1 公顷的高山湖泊有 26 处，共计面积 355.95 公顷。面积最大的是景宁畲族自治县望东洋，为 40 公顷。地势最高的是龙泉市黄茅尖凤阳湖，海拔 1540 米，1.47 公顷。这些湖泊分布在海拔较高的剥夷面，表面比较平坦，岩石风化强烈，裂隙发育，利于大气降水的渗入和赋存，有较为稳定的水源，大多成为溪流的源头。凤阳湖就是瓯江的源头。

丽水境内数量最多、面积最大的是人工湖泊。2010 年，全市有蓄水量 10 万立方米以上的水库 264 座，总蓄水能力 13.03 亿立方米，山塘水库 1.8 万多口，水域总面积 2.4 万多公顷。全市水域面积最大的是千峡湖，其次是云和湖和南明湖。

云和湖

云和湖是紧水滩、石塘、玉溪水电站建成后形成的仙宫湖、龙廷湖、玉溪湖的总称，跨莲都、云和、龙泉三县(市、区)，水域面积 50 多平方千米，平均水深 53 米，最宽湖面 1800 米，总库容 14 亿立方米。云和湖以狭长著称，延绵 90 千米，曲折多变，云和段有库湾 31 个，大小岛屿 16 个。湖面辽阔，水体明净，常年保持国家亚类水质标准，是浙江省第二大有机鱼养殖基地。山影明秀，烟波浩淼，可见瓯江自然特色。秋冬之交，有大批候鸟在此歇脚觅食；寒冬早晨，有奇雾层层笼罩湖面。湖区以森林湖泊为主，集洞府飞瀑，民族风情和名胜古迹于一体，是游览、度假、避暑、探幽、休闲的胜地。

南明湖

南明湖是开潭水利枢纽蓄水后形成的一个巨大人工湖。南明湖上自莲都苏埠下至开潭电站大坝，地处瓯江中游段大溪，贯穿丽水城区，湖岸线全长约 16 千米，湖面宽度 200—400 米，湖区水域面积 5.6 平方千米，与杭州西湖水域面积相当。汇入南明湖的支流主要是好溪和宣平溪。南明湖沿线汇集大溪、好溪、琵琶圩、中岸圩、古城岛等自然山水要素，风光旖旎。湖区水质清纯，湾、港、汊、岛、堤、滩等各具水景形态。四周山峦起伏，奇峰叠翠，空气清新，林丰木华。环湖有吕步坑六朝窑址，南明门、行春门古瓮城，厦河、巾山双塔，南明山、三岩寺石刻摩崖等众多人文景观、历史遗迹，为国家级水利风景区。

千峡湖

千峡湖是滩坑电站水库蓄水后形成，2010 年命名为千峡湖。位于浙江省青田县境内瓯江支流小溪中游河段，距青田县城 32 千米。湖区跨景宁、青田两县，上自景宁鹤溪，下至青田滩坑电站大坝，长 80 千米，水域面积 70.93 平方千米，蓄水量 41.55 亿立方米。为全省第二大水库水域。湖区规划“结合旅游重点发展休闲渔业”。

第三节　水文特征

丽水地处中亚热带，季风影响显著，属亚热带季风气候，温暖湿润，雨量充足，四季分明，无霜期长，具有明显的山地立体气候。冬季温和，春季回暖早，温度日差较大；光、热、水的组合良好，表现为春季的水热同步，秋冬季的光温互补。全境气候具有较明显的水平地域性差异和垂直差异。全年平均降水量1400—2275毫米，年平均气温11.5—18.3℃，海拔较低的河谷盆地和低丘一般平均气温在17℃以上。

径流

丽水市多年平均径流量184.59亿立方米，折合径流深1065.2毫米。瓯江圩仁站实测多年平均年径流量141亿立方米，最丰年228.6亿立方米（1975），最枯年67.3亿立方米（1979），丰枯比3.4。

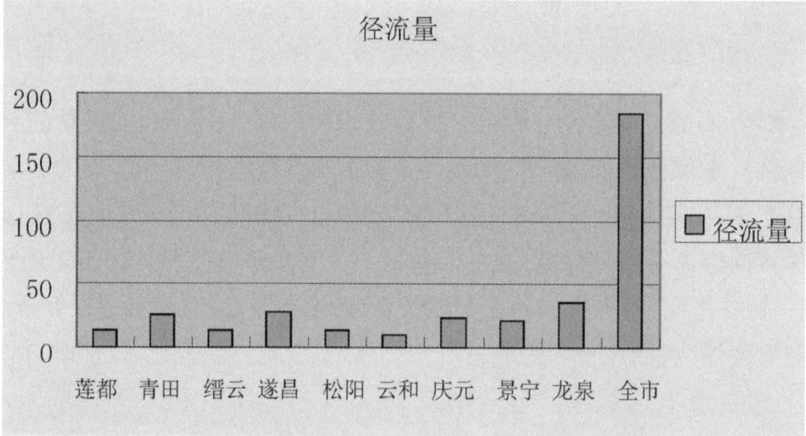

图2-4-3-1　丽水市各县（市、区）多年平均径流量（单位：亿立方米）

径流年内分配分为三个类型，梅雨主控区为龙泉溪上游，松阴溪，宣平溪，乌溪江；台风主控区主要分布瓯江下游，青田、景宁部分地区，飞云江上游；梅雨台风兼容区为丽水青田之间和小溪。

年径流深等值线趋势与降水量相似，山区大于盆地、河谷，西南部为高值区，以龙泉西部1500毫米以上为最高，莲都、缙云、松阳一带河谷盆地为低值区，丽水市区河谷多年平均径流深800毫米为最低。

2010年丽水市水文站平均月径流量一览

表2-4-3-1　　单位：亿立方米

河流	站名、类型	月份	1月	2月	3月	4月	5月	6月	7月	8月	9月	10月	11月	12月	全年
松阴溪	靖居口（梅雨主控区）	径流	0.51	0.93	1.80	2.31	2.92	3.78	1.61	1.12	1.22	0.59	0.47	0.38	17.64
		%	2.90	5.30	10.20	13.10	16.50	21.50	9.10	6.30	6.90	3.30	2.70	2.20	1000.00

续表 2-4-3-1

河流	站名、类型	月份	1月	2月	3月	4月	5月	6月	7月	8月	9月	10月	11月	12月	全年
四都港	秋芦(台风雨主控区)	径流	0.07	0.13	0.23	0.30	0.37	0.54	0.42	0.59	0.57	0.19	0.09	0.06	3.56
		%	2.10	3.70	6.40	8.50	10.30	15.10	11.70	16.50	15.90	5.40	2.60	1.80	100.00
小溪	白岩(梅台雨兼容区)	径流	0.92	1.78	3.40	4.36	5.56	7.19	3.08	3.50	3.77	1.30	0.90	0.75	36.51
		%	2.50	4.90	9.30	11.90	15.20	19.70	8.40	9.60	10.30	3.50	2.50	2.10	100.00

径流的年内分配与年降水相似，多年平均4—9月径流量占年径流量75.5%，1月、11月、12月，占年径流量7.1%。

泥 沙

河流中泥沙分推移质和悬移质。在河流底部被水流推动沿河底移动的泥沙(包括漂石)称为“推移质”泥沙。悬浮在水体中，被水流挟带而移动的泥沙称为“悬移质”泥沙。丽水各河流仅开展“悬移质”泥沙测验。

根据瓯江圩仁水文站实测资料统计，多年平均悬移质输沙量18.7亿千克/年，最大年输沙量53.6亿千克(1975年)，最小年输沙量3.94亿千克(1979年)。

瓯江多年平均输沙模数13.9万千克/平方千米，龙泉溪14.4万千克/平方千米，松阴溪11.90万千克/平方千米，宣平溪20.7万千克/平方千米，好溪17.4万千克/平方千米，小溪15.2万千克/平方千米。

河流4—9月含沙量大，1—3月、10—12月含沙量小。丽水市河流多年平均含沙量0.1—0.3千克/立方米，各河流最大年平均含沙量与最小年平均含沙量的比值2—3，最大年际比10倍，好溪黄渡水文站1971年平均含沙量0.6千克/立方米，2003年平均含沙量0.04千克/立方米；黄渡水文站瞬时最大断面平均含沙量7.58千克/立方米(1971年9月23日)。

潮 汐

瓯江河口是中国著名强潮河口之一，平均一个大潮流量在8亿立方米以上，潮汐性质为规则的半日潮。即每个太阴日虽有两次高潮和两次低潮，但相邻高(低)潮的潮高不等。瓯江下游青田县境内有80多千米感潮河段。温溪、沙埠、港头、高岗一带，每天都有2次潮汐涨落。圩仁距河口83千米，是潮区界，大潮汛期间，最大潮峰上涨0.2米左右，小潮汛的潮峰越不过高岗滩。温溪港在青田瓯江边最低处，距河口约73千米，每日有2次正常的潮汐。21世纪以后，鹤城镇也成为潮区界，潮水可涨至西门大桥以上。

2010年丽水市温溪港潮汐一览

表 2-4-3-2

项 目	最 高(大)	最 低(小)	平 均
高潮潮位(米)	11.16	2.97	4.73
低潮潮位(米)	5.81	0.62	1.53
潮 差(米)	4.97	0.31	—

续表 2-4-3-2

项　目	最　高(大)	最　低(小)	平　均
涨潮历时	7:41	1:45	3:56
落潮历时	11:15	5:06	8:30

说明:潮位是吴淞基面以上米数

丽水历史上有多次关于潮水涨至青田县城的记载。清光绪《处州府志》载:“八月望日,大潮至清溪门,女子着淡素衣,于门外浣手,徘徊江月,以当祓除之意。”清光绪《青田县志》载:“绍兴十三年(1143)五月十五日,海水泛滥,漂荡芝城,溺死者无数”,“乾道元年(1165)八月海溢,水至县治,溺死者甚众”。

瓯江径流量变幅大,对境内潮流界的影响相当明显。枯水期,瓯江涨潮流可上溯至温溪以上,而在洪水期则没有涨潮流。据南京水利科学研究院关于瓯江口模型实测载,当圩仁站洪峰流量达到4000立方米/秒时,温州江心屿以上辄无涨潮流。青田县温溪(花岩头潮位站统计)平均潮差4.75米,最大潮差6.81米。

1959—1999年丽水花岩头站潮水位一览

表 2-4-3-3

高潮位	历年最高(米)	11.80
	日期	1992年8月31日
	平均(米)	4.81
低潮位	历年最低(米)	0
	日期	1995年12月26日
	平均(米)	1.43
平均历时	涨潮	3:58
	落潮	8:27
潮差	历年最大(米)	6.81
	日期	1996年8月2日
	平均(米)	4.75

观测站

民国21年(1932),浙江省水利局在青田县圩仁、仁宫(小溪)设立流量站。民国23年,青田县吴埠(大溪)设流量站,其中仁宫和吴埠站同时施测含沙量。民国18—22年,分别设立丽水大港头、厦河、馆头,青田船寮、石溪口、南岸水位站。民国22年,设立缙云、宣平、遂昌、松阳、青田、云和、景宁和庆元雨量站。此后,相继设立大港头(丽水)、沙湾(景宁)、太平(丽水)雨量站。民国26年,抗日战争全面爆发,仅有少数站进行观测。1949年,丽水专区存有水文测站2个、雨量站2个。

1949年12月,华东水利部、浙江省水利局筹建青田二等水文站,并恢复圩仁、南岸、吴埠水文站的水位、流量观测工作。1950年7月,设立丽水县溪口水文站。1951年,设置碧湖、均溪、堰后、白岩三等水文站。同年7月，碧湖改为二等水文站，下辖均溪、溪口、堰后3个三等站[①]。青田二等水文站辖石溪口、圩仁、南岸、吴埠、白岩水文站。1955年设立丽水县黄渡水文站、青田五里亭水文站。

1956年，中央农业发展纲要第三十三条规定："从1956年开始在12年内基本上建成水文气象的基本站网。"按水利部提出的水文基本站网布站原则和具体办法，于1956年4月开始编制《浙江省水文基本站网规划》，同年8月完成。1956年站网规划于1957年开始实施，至1958年年底完成大部分的规划任务。丽水先后增设龙泉道太站、景宁小溪半阳站、沙湾站、丽水县上显滩站、青田秋芦站，松阳上包站、遂昌独山站。1962年5月进行站网调整。1965年年底，全区有水文站13个、径流实验站1个、水位站1个、雨量站88个、专用水文站2个。至1990年年底，全区有水文站12个、小河水文站4个、水位站2个、雨量站115个（另有小河配套雨量站10个），包括蒸发站13个，专用水文站1个。

20世纪90年代，丽水地区受水文事业经费紧缺的影响等原因，水文站网发展停滞不前。

2005年，丽水市有水文站15个、其他专用水文站2个、基本水位站1个、雨量站72个，其中包括蒸发项目11个。有水质站8个、市级以上水情报汛站41个、水情预报站2个。按观测项目分，全市有流量项目7个，其中2个属其他部门管理，有水位项目16个、水质项目8个、悬移质泥沙项目3个、水温项目7个、蒸发项目11个、降水量项目87个。2006年，根据水利部水文局《关于调整圩仁等国家重要水文站的批复》，设立国家重要水文站——青田鹤城水文站，同时撤销圩仁水文站。鹤城水文站，位于北纬28°08′58″，东经120°16′22″，流域面积13448平方千米，测站编码70502500，测验项目及任务与圩仁水文站相同。

若干年份丽水市水文测站数及观测项目一览

表2-4-3-4

年份	水文站（个）	水位站（个）	径流实验站（个）	雨量站（个）	水质站（个）	观测项目					
						流量（立方米/秒）	水位（毫米）	雨量（毫米）	蒸发（毫米）	泥沙（千克/立方米）	水温（℃）
1949	3	—	—	—	—	3	3	—	—	—	—
1965	13	1	1	73	2	14	15	88	2	9	5
1990	16	2	—	97	7	16	18	115	13	8	7
2005	15	1	—	72	8	5	16	87	11	3	7

第四节　水 资 源

总　量

1986年，丽水地区首次系统调查评价水资源，编制《丽水地区水资源调查与水利区划报告》，采用1952—1979年系列资料，计算出丽水地区多年平均水资源总量为183.7亿立方米。2006年，《丽

① 1953年，堰后站上迁至松阳设立靖居口水文站。

水市水资源综合规划》编制组，采用1956—2000年的资料，计算出丽水市多年平均水资源总量为184.59亿立方米。1997年开始，丽水市水利局每年编印水资源公报向社会发布。据2006年《丽水市水资源公报》载，境内多年平均降水深1755.4毫米，折含水量303.13亿立方米，多年平均径流深1086.30毫米。水资源总量187.59亿立方米，其中地表水145.47亿立方米，占77.55%；地下水42.12亿立方米，占22.45%，人均占有水资源量8000立方米，亩均占有水资源量12542立方米。人均亩均均超过浙江省平均数2倍以上。但人均水资源拥有量不平衡，超过全区平均数的有庆元、龙泉、云和、景宁、遂昌；低于全区平均数的有松阳、青田、莲都、缙云。

2006年丽水市人均亩均水资源拥有量一览

表2-4-4-1　　单位：立方米

项目	莲都区	龙泉市	青田县	云和县	庆元县	缙云县	遂昌县	松阳县	景宁畲族自治县	全区
人均	4700	14000	5840	9200	11900	3300	12650	6490	13940	8000
亩均	8500	14080	15350	13500	17500	7070	18200	8540	21100	12542

水资源的空间分布　据1956—2000年丽水水资源资料载，丽水多年平均水资源总量为184.59亿立方米，其中，地下水资源量为37.24亿立方米。降水入渗补给系数0.12，产水系数0.61，每平方千米产水模数106.5万立方米。

2000年丽水市水资源一览

表2-4-4-2

行政分区	计算面积（平方千米）	河川径流（万立方米）	河川基流（万立方米）	地下水资源（万立方米）	地表水与地下水间重复量（万立方米）	水资源总量（万立方米）	降水入渗系数	产水系数	产水模数（万立方米/平方千米）
莲都区	1502.00	131824.00	30372.00	30372.00	30372.00	131824.00	0.13	0.57	87.80
龙泉市	3058.90	359964.00	67101.00	67101.00	67101.00	359964.00	0.12	0.63	117.70
青田县	2493.20	262662.00	52622.00	52622.00	52622.00	262662.00	0.12	0.62	105.40
云和县	978.30	96208.00	21994.00	21994.00	21994.00	96208.00	0.13	0.59	98.30
庆元县	1898.00	230737.00	41496.00	41496.00	41496.00	230737.00	0.12	0.65	121.60
缙云县	1503.50	138960.00	27110.00	27110.00	27110.00	138960.00	0.11	0.59	92.40
遂昌县	2539.00	278410.00	57388.00	57388.00	57388.00	278410.00	0.13	0.62	109.70
松阳县	1406.00	134185.00	31706.00	31706.00	31706.00	134185.00	0.14	0.58	95.40
景宁畲族自治县	1950.00	212962.00	42633.00	42633.00	42633.00	212962.00	0.12	0.62	109.20
全市	17328.90	1845912.00	372421.00	372421.00	372421.00	1845912.00	0.12	0.61	106.50

水资源总量年际变化　据1956—2000年丽水水资源资料载，丽水最丰年份为1975年，水资源总量为287.71亿立方米；最枯年份是1979年，为92.38亿立方米。最丰年份是最枯年份水资源总量的3.11倍。而全市最丰年与最枯年降水量之比为1.91倍，说明受下垫面变化影响，水资源总量的年际

变化较降雨更为不均匀。全市水资源总量偏丰(多于 235 亿立方米)的年份,由多到少依次为 1975 年、1962 年、1992 年、1998 年、1959 年、1989 年、1973 年等年份,水资源总量偏枯(少于 135 亿立方米) 的年份由少到多依次为 1979 年、1971 年、1978 年、1986 年、1967 年、1996 年、1991 年等年份。水资源总量偏丰和偏枯年数基本相当。

出境水量与入境水量　丽水市河流涉及瓯江、钱塘江、椒江、飞云江及福建闽江等水系。1956—2000 年,沿丽水行政区界 45 年系列多年平均出境水量 189.76 亿立方米,其中主要为瓯江出境入温州市水量 144.48 亿立方米;乌溪江、灵山港出境入衢州市水量 24.03 亿立方米;金华江出境入金华市水量 2.61 亿立方米;永安溪出境入台州市水量 1.21 亿立方米;飞云江出境入温州市水量 3.46 亿立方米,以及流入福建省闽江、交溪水量 13.97 亿立方米。入丽水市境水量为 11.02 亿立方米,其中宣平溪、小安溪从金华市流入水量为 5.97 亿立方米;好溪从金华市流入水量为 2.11 亿立方米;灵山港从金华市流入水量为 0.23 亿立方米;小溪从温州市流入水量为 1.14 亿立方米;乌溪江从福建省流入水量为 1.57 亿立方米。

1956—2000 年丽水平均出入境水量一览

表 2-4-4-3　　单位:亿立方米

	出境水量								入境水量				
河 名	瓯 江	乌溪江	灵山港	金华江	飞云江	永安溪	闽 江	赛 江	宣平溪 小安溪	好 溪	小 溪	乌溪江	灵山港
流出地	青田县	遂昌县	遂昌县	缙云县 遂昌县	景宁畲族 自治县	缙云县	庆元县 龙泉市	庆元县	金华市	金第三 节谷地 和盆地 华市	温州市	福建省	金华市
流入地	温州市	衢州市	衢州市	金华市	温州市	台州市	福建省	福建省	莲都区 松阳县	缙云县	景宁畲族 自治县 青田县	遂昌县 龙泉市	遂昌县
年径流量	144.48	20.40	3.63	2.61	3.46	1.21	10.99	2.99	5.97	2.11	1.14	1.57	0.23

丽水市多年平均年耗水量 5.85 亿立方米。最多年入、出境水量为 1975 年 18.41 亿立方米和 310.56 亿立方米;最少年入、出境水量为 1979 年 5 亿立方米和 91.95 亿立方米。

水资源利用　2006 年,丽水市总水资源量 222.45 亿立方米,人均年拥有水资源量 8780 立方米。总用水量 8.4 亿立方米(不包括水电站发电等河道内用水),水资源利用率 3.78%。其中农田灌溉用水量 5.23 亿立方米,占 62.2%;林牧渔畜用水量 0.54 亿立方米,占 6.5%;两者合计占总用水量 68.7%。工业用水量 1.32 亿立方米,占总用水量 1.03 亿立方米,占 12.2%;城镇公共用水量 0.25亿立方米,占 3%;生态环境用水量 0.04 亿立方米,占 0.4%。人均年综合用水量 331 立方米,万元 GDP 用水量 239 立方米。

水　能

丽水境内有瓯江、钱塘江、闽江、赛江(交溪)、飞云江、椒江等六大水系,雨量充沛,河流落差大,水力资源丰富。据 1987 年《丽水地区水资源调查与水利区划报告》测算,不计入境水量,丽水地区的水力资源理论蕴藏量为 212.71 万千瓦,可开发水力资源约为 166.1 万千瓦,年发电量 50.76 亿千瓦时,人均资源量 0.76 千瓦,在可开发水力资源中 2.5 万千瓦以上的大、中型电站规划 6 座,可装机

98.90 万千瓦，2.5 万千瓦以下的小型电站可装机 67.2 万千瓦。境内瓯江河段水力资源理论蕴藏量为 168.08 万千瓦，可开发装机 146.79 万千瓦，本区规划的 6 座大、中型电站都位于瓯江的干流及支流上。钱塘江、飞云江、椒江、闽江、赛江等水系，均是各水系干、支流的源头，境内水力资源理论蕴藏量为 44.63 万千瓦，可开发装机 19.31 万千瓦。

1987 年丽水地区水能资源一览

表 2-4-4-4

水系	流域面积（平方千米）	境内干流长度（千米）	平均流量（秒立米）	水能资源				
				理论蕴藏量（万千瓦）	可开发		已开发	
					装机（万千瓦）	年发电量（亿千瓦时）	装机（万千瓦）	年发电量（亿千瓦时）
丽水全域	1726.80	—	594.00	212.71	166.10	50.76	11.41	3.71
瓯　江	13082.00	316.00	445.00	168.08	146.79	46.24	9.70	3.05
钱塘江	2457.00	97.60	87.80	30.32	13.77	2.45	0.31	0.06
飞云江	214.00	31.90	9.16.00	3.40	2.15	0.66	0.06	0.02
椒　江	140.00	26.00	4.37	0.83	0.50	0.15	0.10	0.03
闽　江	1144.00	59.00	39.60	8.28	2.29	1.02	1.17	0.52
赛江（交溪）	231.00	26.00	8.46	1.80	0.60	0.24	0.07	0.03

说明：钱塘江境内干流为乌溪江；闽江境内干流指松源溪，交溪境内干流指西溪

1987 年丽水地区瓯江水系境内水力一览

表 2-4-4-5

水系		流域面积（平方千米）	平均流量（立方米/秒）	河道长度（千米）	平均落差（米）	理论蕴藏量（万千瓦）	可开发水电资源	
							装机容量（万千瓦）	年发电量（亿千瓦时）
龙泉溪		3438.00	120.00	197.00	264.00	31.00	29.00	9.02
松阴溪		1995.00	64.50	120.00	264.00	16.72	14.16	6.67
宣平港		320.00	9.44	37.00	197.00	1.82	1.31	0.42
太平港		394.00	11.50	45.00	259.00	2.92	2.10	0.63
好溪		1103.00	30.00	104.00	320.00	9.62	7.22	2.31
小溪		3405.00	126.00	224.00	592.00	73.13	63.00	20.16
小溪支流	英川溪	391.00	14.52	54.00	368.00	5.23	3.76	1.21
	上标溪	363.00	13.46	26.00	212.00	2.80	2.02	0.61
	梧桐源	383.00	10.50	38.00	443.00	4.56	4.20	1.34
	大顺溪	159.00	5.89	36.00	314.00	1.81	1.09	0.33
四都港		306.00	14.10	43.00	208.00	2.87	2.00	0.63
合计		13082.00	445.00	—	385.00	168.08	146.79	46.24

1987 年丽水境内若干水系水力资源一览

表 2-4-4-6

水系	河流	流域面积（平方千米）	平均流量（秒立米）	河道长度（千米）	平均落差（米）	理论蕴藏量（万千瓦）	可开发水电资源	
							装机容量（万千瓦）	年发电量（亿千瓦时）
钱塘江	乌溪江	1819.00	67.10	97.60	371.00	24.40	12.65	2.11
	灵山港	362.00	12.70	29.80	383.00	4.77	0.66	0.23
	新建溪	276.00	8.08	34.20	145.00	1.15	0.46	0.11
	小　计	2457.00	87.80	—	352.00	30.32	13.77	2.45
飞云江	飞云江	214.00	9.16	31.90	379.00	3.40	2.15	0.66
椒　江	永安溪	140.00	4.37	26.00	193.00	0.83	0.50	0.15
闽　江	宝　溪	150.00	5.99	24.90	165.00	0.97	0.02	0.01
	松源溪	994.00	33.60	59.00	222.00	7.31	2.27	1.01
	小　计	1144.00	39.60	—	213.00	8.28	2.29	1.02
赛江（交溪）	西　溪	155.00	5.67	26.00	192.00	1.07	0.53	0.21
	八炉溪	76.00	2.79	25.00	267.00	0.73	0.07	0.03
	小　计	231.00	8.46	—	217.00	1.80	0.60	0.24
合　计		17268.00	594.00	—	365.00	212.71	166.10	50.76

第五章　土壤与植被

丽水境内土壤分布面积 169.68 万公顷，绝大多数由中生代侏罗系酸性火山喷出岩风化发育而成，土壤类型分 10 个土类，15 个亚类，47 个土属，104 个土种。分布面积最大的是红壤土，属地带性土壤，面积 62.66 万公顷，占土壤面积 36.93%。其次为黄壤土、粗骨土、紫色土、基中性火山岩土等，种类较多。

据《中国植被》区划划分，丽水市范围均属亚热带常绿阔叶林区域一东部（湿润）常绿阔叶林亚区域—中亚热带常绿阔叶林地带。常绿阔叶林是丽水市的基带森林，也是丽水市的地带性植被，常绿阔叶林水平地带性植被西南部以栲类林、细柄蕈树林为典型，东北部则以苦槠林为典型；马尾松林、杉木等针叶林以及毛竹林受水平地带性气候影响较少，水平分布地带性差别不明显。

丽水市地带性植被受人类生产活动影响呈现出不同类型，多以次生植被为主，其中有一定比例的人工植被，仅在边远山区，尚有少部分保存较为完整的半原生状生态的自然植被。

丽水植物种类之多，为浙江省之冠。据不完全统计，丽水有种子植物 165 科 852 属 2556 种，其中木本植物有97科351属1340种。龙泉凤阳山、庆元百山祖、遂昌九龙山、景宁上山头、缙云大洋山等，植被垂直分布比较明显，但各山体因所处地理位置和海拔高度的不同而略有差异。

第一节 土　壤

据1958—1959年第一次土壤普查和1979—1987年第二次土壤普查结果，丽水各县土壤绝大多数由中生代侏罗系酸性火山喷出岩风化发育而成，土壤类型分土类10个、亚类15个、土属47个、土种104个，土壤面积169.68万公顷。

红壤土

2010年，属地带性土壤，面积62.66万公顷，占土壤面积36.93%。一般分布在海拔800米以下丘陵、低中山下段，成土母质主要为凝灰岩、流纹岩、花岗岩、片麻岩风化物。土层厚50—80厘米，以壤质黏土为主。表土层pH5—6。表层有机质含量3%左右，氮含量较高，钾含量较丰富，磷含量较缺。红壤土种8个，主要有黄泥土、黄泥沙土、黄砾泥，占红壤土80.3%，分布全丽水市；红松泥占红壤土9.1%，主要分布在龙泉市、庆元县、遂昌县、松阳县；砂粘质土主要分布在景宁畲族自治县、云和县、青田县。红壤土宜木、竹、茶、果生长。

黄壤土

2010年，属垂直带谱土壤，面积41.35万公顷，占土壤面积24.37%。主要分布在海拔800米以上中山区。成土母质主要为凝灰岩和流纹岩风化物。土层厚70—90厘米，以壤质粘土为主，表土层pH4.5~5.5。有机质含量5%以上，钾素含量较丰富，磷素较缺。黄壤土种6个，山地黄泥土和山地黄砾泥占黄壤土77.6%，主要分布在庆元县、龙泉县、遂昌县、景宁畲族自治县等地，宜种用材林。

紫色土

2010年，属间域性土壤，面积2.38万公顷，占土壤面积1.4%。主要分布在红色构造盆地。成土母质以紫色岩或紫红色砂砾岩风化发育而成。紫色土分石灰性紫色土和酸性紫色土。

石灰性紫色土面积1.08万公顷，土层厚20—40厘米，呈酸性或中性，土壤中含磷、钾、钙等矿质元素，有机质严重缺乏。集中分布在莲都区、缙云县。宜种麦、豆、番薯和棉、桑、果。

酸性紫色土面积1.3万公顷，土层比较浅薄，呈酸性，钾素含量充裕，磷素缺乏，利用价值较差，以松、灌丛、草被为主。

基中性火山岩土

2010年，面积0.46万公顷，占土壤面积0.3%。零星分布在低丘上，少数分布在低中山区。成土母质由玄武岩、安山岩等基性和中性岩石风化发育而成。土壤以微酸性为主。磷、钾、钙、镁、硼等元素较充裕，自然肥力较高。有土种4个。以棕泥土面积最大，缙云县最多，莲都区次之，宜种桑。

粗骨土

2010 年，属经受强度侵蚀的残遗土壤，面积 41.3 万公顷，占土壤 24.34%。主要分布在陡坡山坡和植被破坏严重的地区，以龙泉市、缙云县、景宁畲族自治县、青田县面积最大。成土母质主要是出露于侏罗系地层的酸性火山喷出岩和侵入岩风化物。土层 10—15 厘米，石砾占 30—45%，粗砂占 35—70%。土壤酸性或强酸性，pH5—5.5。有土种 4 个，乌石砂土和石砂土占粗骨土面积 97.40%。

石质土

2010 年，属强度侵蚀后的残面土壤。面积 0.16 万公顷，占土壤面积 0.09%。基岩裸露面积在 80%以上。分为片石砂土和石质土 2 个土属，片石砂土，成土母质为含钙黑色页岩，有石灰性反映，土体中很少有细土，宜种耐旱作物；石质土，成土母质为花岗岩和砂砾岩，土壤中含磷丰富，主要分布在缙云县、莲都区、青田县、遂昌县、松阳县。

新积土

2010 年，呈条带状，分布在溪流沿岸，面积 0.77 万公顷，占土壤 0.45%。由河流中冲积物和洪积物淤积而成，沉积物以粗粒为主，清水沙和卵石滩面积 0.77 万公顷，宜作建材的沙石料。

潮　土

2010 年，由河流两岸淤积而成，面积 0.37 万公顷，占土壤面积 0.21%。土壤质地以砂质土为主，微酸性，养分贫缺，水文状况好，主要分布在莲都区、松阳县、龙泉市、青田县等地，宜种桑、桔、粮。

山地草甸土

2010 年，属一种特殊土壤，面积 270 公顷。零星分布在海拔 900—1600 米中山区夷平面上。龙泉市瑞垟乡天堂山 232.53 公顷，在低、中山顶部，腐殖质层厚 27 厘米，有机质含量 13.9%，最高 30.8%。

水稻土

2010 年，水稻土由各种母土经水耕熟化发育而成，面积 20.22 万公顷，占土壤面积 11.91%。其中丽水市水稻土 2.63 万公顷、龙泉市水稻土 3.11 万公顷、青田县水稻土 2.68 万公顷、云和县水稻土 1.19 万公顷、庆元县水稻土 1.98 万公顷、缙云县水稻土 1.76 万公顷、遂昌县水稻土 2.19 万公顷、松阳县水稻土 2.38 万公顷、景宁畲族自治县水稻土 2.31 万公顷。分布在海拔 1200 米以下河谷盆地和山间谷地。耕作层一般 16 厘米左右，土壤呈酸性或微酸性，有机质含量 2—4%，含氮 0.17%左右，钾素低，缺磷。有土种 55 个，以黄泥田、山地黄泥田、砂性黄泥等土种面积最大，占水稻土面积 50%。宜种粮食作物。

1984年丽水地区土壤分类分县面积一览

表 2-5-1-1　　单位：公顷

土壤分类	丽水县	龙泉市	青田县	云和县	庆元县	缙云县	遂昌县	松阳县	景宁畲族自治县	合计
红壤土	61258.00	106722.00	120263.00	39689.00	50131.00	32522.00	105346.00	62280.00	48371.00	626582.00
黄壤土	12342.00	66997.00	39602.00	16433.00	81800.00	12873.00	92494.00	28400.00	62578.00	413519.00
紫色土	9371.00	—	—	749.00	81.00	6058.00	3067.00	2466.00	1291.00	23784.00
基中性火山岩土	739.00	130.00	150.00	91.00	—	2582.00	—	947.00	—	4638.00
粗骨土	32013.00	97347.00	54041.00	27081.00	31821.00	71720.00	24498.00	17320.00	57111.00	4128284.00
石质土	373.00	—	396.00	—	—	443.00	249.00	143.00	—	1604.00
新积土	2166.00	411.00	2464.00	241.00	6.60	1138.00	96.53	482.00	646.00	7652.00
潮土	1065.00	545.00	758.00	47.00	79.53	136.20	13.00	956.20	83.27	3683.00
山地草甸土	11.93	232.53	—	—	—	—	19.40	—	15.80	279.67
水稻土	26256.00	31106.00	26813.00	11859.00	19773.00	17607.00	21861.00	23816.00	23067.00	202157.00
总面积	145595.00	303491.00	244487.00	96190.00	184392.00	145078.00	247644.00	136810.00	193162.00	1696850.00

第二节　植　　被

丽水植物种类之多，为浙江省之冠。据不完全统计，丽水市有种子植物165科852属2556种，其中木本植物有97科351属1340种。在为数众多的植物中，不仅有速生丰产、优质用材树种和具有特殊用途、不同经济性状的乔、灌、珍稀树种，还有相当有经济价值的草本植物和丰富的苔藓、真菌、蕨类，这些各具特色的优良性状，将培育新的优良品种提供重要的种质资源，同时也为全市开展多种经营和发展商品生产，增加产品量和优质产品提供丰富多彩的物质基础。

森林植被

森林植被是山地生态系统中最庞大、最重要的组成部分。丽水市为典型亚热带常绿阔叶林区。由于开发历史久远，原生植被绝大多数被反复改造和利用，代之以次生植被为主，并有一定比例的人工植被。在边远山区，由于人口稀少，尚有小部分保存较为完整的半原生状态的自然植被。植被水平地带性具有明显的过渡特点，从常绿阔叶林的分布看，西南部以栲类林、细柄蕈树林为典型；而东北部以苦楮林最为典型；甜楮、木荷林是丽水市最为常见的植物群落，广泛分布于低、中山地区。观有森林植被以针叶林占优势。

龙泉凤阳山、庆元百山祖、遂昌九龙山、景宁上山头、缙云大洋山等，植被垂直分布比较明显，但各山体因所处地理位置和海拔高度的不同而略有差异。大体可划分为1300米以下为常绿阔叶林带，1200—1700米之间为常绿落叶阔叶林带，1500米以上为山地灌丛草丛林带。

常绿阔叶林带

常绿阔叶林带分布海拔1300米以下，局部地区如风阳山南坡、庆元百山祖可分布1500米以上，常绿阔叶林面积虽不大，但从保存的常绿阔叶林调查分析，大体又可细分为两带，即海拔800米以下的栲类林，暖性针叶林带，常绿阔叶林以丝栗栲林、南岭栲林、苦槠林、青刚栎林、细柄草树林、闽楠林、刨花楠林、沉水樟林最为典型，针叶林以马尾松林面积最大，也有不少的杉木人工林；毛竹人工林、油茶人工林也集中分布此范围内。700—1300米为甜槠、木荷林，温带针叶林带，常绿阔叶林以甜槠、木荷林分布最广；岩青冈林、贵州青冈林也有一定比例，主要分布在沟谷较阴湿地段，局部地区可分布海拔1500米以上，针林以黄山松林、黄山松阔叶树混交林面积最大，柳杉林多为人工林，多分布沟谷和山岙，杉木人工林仍有相当比例，但生长不及上一代；毛竹林也仍有分布。

常绿落叶阔叶林带

常绿落叶阔叶林带分布海拔1200米至1700米之间，以青冈类（多脉青冈为主）落叶树混交林，亮叶水青冈常绿阔叶树混交林最为常见，针阔叶混交林面积占很大比例，主要是黄山松阔叶树混交林，一般落叶树种针叶树居上层，常绿阔叶林居Ⅱ层。落叶树除水青冈外常见的还有鹅耳枥、鹅掌楸、黄山木兰、光皮桦、兰果树、灯台树、缺萼枫香及槭属、椴属等。

山地灌丛草丛带

山地灌丛草丛带分布在1500米以上山地灌丛草丛带，由于山顶及山上部寒冷风大，乔木树种生长受到限制，以灌丛为主，也有部分矮林，主要类型有波缘红果树垫状灌丛、岩柃、四川冬青灌丛、华山矾灌丛、玉山竹灌丛、胡枝子灌丛、茅栗灌丛、芒、野古草灌草丛以及云锦杜鹃矮林、猴头杜鹃矮林等。黄山松也可分布山脊，但生长矮化。

其他植被

丽水除上述植被外，还有非地带性分布的植物类型，如乌冈栎林分布在岩石裸露地段，为贫脊土壤的顶极群落，南酸枣常绿阔叶树混交林、青钱柳阔叶树混交林、枫香常绿阔叶混交林、拟赤杨常绿阔叶树棍交林、光皮桦阔叶树混交林等常绿落叶阔叶林，主要分布在低山沟谷地段，反映水湿条件而呈非地带性分布。由于冬季寒潮侵袭，本区纯粹常绿阔叶林很少，常常夹杂落叶树种，植物群落的组成以壳斗科、樟科、山茶科、冬青科、金缕梅科、杜鹃花科、山矾科、豆科、杜英科等为主，具有多优树种的多种组合，植被类型多样；主要森林类型具有乔木、灌木、草本等三个层次结构；且乔层多具两、三个亚层；层外植物则有攀缘、附生、腐生、地生等形式。

第六章 矿 藏

唐宋时期，处州境内有银矿开采记载。元代，元朝廷派太监在处州各地设局管理。明代，曾数度闭坑禁采。民国，丽水开始进行地质调查和矿产勘查。民国17—28年（1928—1939），浙江地质工作者先后实地调查丽水黄铁矿、钼矿、叶蜡石矿、铁矿等矿产。民国21年5月，浙江地质工作者经勘查后写成《浙江省武义、宣平、丽水、云和、青田、永嘉六县地质矿产调查报告》。民国31年，华中矿业股份有限公司调查部，著有《丽水青田永嘉乐清县矿产地一览表》。在勘查非金属矿产过程中，发现龙泉八都萤石矿。另外也勘查叶腊石矿等非金属矿和金属矿。还进行水文地质调查、农业地质调查、地热矿泉水勘查、商业地质勘查。

1949年中华人民共和国成立后，全区开始全面勘查地质调查和矿产，编制矿产资源保护和利用规划。先后有省重工业局、省地质矿产局（厅）、省国土资源厅、省地质勘查局等下属地质队伍开展区域地质矿产资源调查和矿区地质勘查工作，初步探明有黑色金属、有色金属、贵金属、稀有金属及放射性矿产、非金属、燃料、矿泉水等多种矿种。同时，丽水市加强对矿产资源的管理，2001年，全市编制完成《丽水市矿产资源总体规划》，设立规划开采区，规划限采区，规划禁采区。各县（市）也完成二级规划的编制。之后每隔5年修编一次。关闭小矿山，改变矿业开发“多、小、散”的现象。2010年，全市矿山数减至122个，矿山开发合法有序。

第一节 分 布

1949年5月丽水解放后，地质部门对矿产资源连续进行普查勘探，初步探明丽水有黑色金属、有色金属、贵金属、稀有金属、放射性矿产及非金属、燃料等各种矿种46种，其中探明储量的17种，各类矿床、矿点、矿化点460多处。至2010年，全市初步探明上述金属、非金属、放射性矿产及燃料、建筑材料、矿泉水等矿种57种，其中金属矿25种，非金属矿32种。探明储量的26种，可供开采利用的矿床、矿点、矿化点608处，缙云县沸石矿为全国三大沸石矿之一。矿产资源潜在经济价值500亿元以上。2010年，开采矿产24种。

金属矿

丽水金属矿有黑色金属矿、有色金属矿、贵金属矿、稀有金属及放射性金属矿。

铁矿 属黑色金属矿。主要分布在景宁畲族自治县宝山、敕木山、白溪，属小型矿床。莲都区祝

村有钛磁铁矿点。庆元县山丘有磁铁矿点。青田县铁山有铁多金属矿点，共有矿点4处，储量17.4亿千克。在龙泉查田赋存有低品位的磁铁矿，资源远景巨大。2000年，浙江省有色勘探局王积灶等人对宝山矿区储量进行核算，景宁畲族自治县宝山铁矿累计储量18.5亿千克，保有铁矿资源储量6.8亿千克、铅金属资源储量413.3万千克、锌金属资源储量46.5万千克。

铜矿 属有色金属矿。主要分布在龙泉、松阳、青田县(市)境内，缙云、莲都、庆元县也有少量铜矿。常与金银、铅锌矿床伴生，共有矿点20处，资源/储量大于0.2亿千克。1977—1979年，浙江省冶金地质勘探公司开展普查评价，查明铜资源储量224.6万千克。

铅锌多金属矿 属有色金属矿。主要分布在龙泉市乌岙、南弄、生源、祭坑、大孟坑、上溪、塘上、银场、大湾、上田岭、南弄、小梅，青田县洪岩头、孙坑、东山、金坑、石门坑湾，庆元县老鹰岩、按树坳、杨家楼、库山、官岙、矩乌洞、大济源头、黄坑，景宁畲族自治县小粗，遂昌县金铺、源头、葛坪、上梁山、古楼、银山头、银坑山、黄峰尖、杨梅岗，莲都区丽阳坑，松阳县高亭、大岭头、上湾，云和县鹿角尖、白云山、黄垟等处。丽水市矿床、矿点140多处，其中铅资源储量大于50万千克，锌资源储量大于5亿千克。2000年，全市探明铅锌金属量4.23亿千克，主要分布在龙泉、遂昌、青田县境内。

钼矿 属有色金属矿。主要分布在青田县黄垟乡石平川村，景宁畲族自治县三枝树、吴山头、黄木坑，松阳县靖居，莲都区双溪，龙泉生源、际上、溪源田，云和岗头庵等地。有矿点20多处，资源/储量约0.6亿千克。探明钼金属矿量0.19亿千克。丽水市保有钼金属资源量1798.3万千克，主要分布在青田、景宁和松阳，莲都区有小部分。

钨、锡、钨锡、钨钼矿 属有色金属矿。遂昌县远路口、龙背有零星钨矿；庆元县茶木淤有锡矿；龙泉市大焦山、云和县栗溪有钨锡钼矿；庆元县五岭根、石堆岭有钨钼矿，有矿点9处。

贵金属矿

主要分布在遂昌县、龙泉市境内。遂昌县银坑山金银矿为中型矿床，有工业矿体5个，总长1058米，平均每万千克含金1.21克、银30.59克，并伴有铅、锌、铜、硫等资源。龙泉市八宝山、横坑头金银矿，遂昌县庄山金矿、东风银矿、局下银矿，有一定规模的储量。有金矿点9处，银矿点57处。丽水市金/储量大于3万千克，银资源/储量大于100万千克。处州银矿开采历史悠久，1993年11月，通过普查评价圈出矿化带6条，长近千米，最宽处200多米，最大延深370米，查明资源储量银13.34万千克。2010年年底，遂昌金矿保有矿石资源储量6.75亿千克。其中金金属资源储量7669.25千克，银金属资源储量8.39万千克。

稀有金属及放射性矿产

铌钇矿 青田县湖边至吴山一带钠长花岗细晶斑岩脉中含有铌、钇等稀有元素，全长10多千米，脉厚3—7米，五氧化二铌含量0.04—0.07%。

铍矿 遂昌县源头村有金属铍矿，铍平均含量0.57%，最高1.63%，钯平均含量2.21%，锌平均含量1.71%，局部每万千克含银3.4克。估算氧化铍储量14.05万千克。

铀矿 青田县叶山发现有铀矿。

铟和镉矿 龙泉市乌岙和景宁畲族自治县小粗铅锌矿中伴生稀有元素矿产铟和镉，铟储量59万千克，镉储量145.6万千克。

稀土矿产

主要分布在庆元荷地、松阳板桥、遂昌高坪等地，资源量超0.1亿千克。

1988—1996年，浙江省第七地质大队先后在遂昌县湖山大垟头、松阳县板桥、庆元县荷地开展稀土地质调查工作，查明三个富镧铈风化壳型稀土矿床。

非金属矿

萤石矿 萤石矿主要分布在遂昌县、龙泉市境内，其次是缙云、云和、青田县和莲都区。探明资源储量(矿石量)136.39亿千克，占全浙江省萤石总储量的90%以上，是浙江省萤石矿主要产地。至2009年年底，丽水市萤石保有矿物资源储量328亿千克。在采的20家矿山萤石矿石保有资源储量65.81亿千克、矿物量37.3亿千克。探明遂昌县湖山萤石矿田、龙泉市八都萤石矿，矿石储量134.2亿千克；遂昌县横坑坪、坑西、云和县坪地萤石矿石资源量超150亿千克。此外，景宁畲族自治县梧桐、云和县上岗山、遂昌县汪坑等地和莲都、青田、缙云、松阳等县(区)均有萤石矿。丽水市萤石矿资源丰富。

高岭土矿 高岭土为制瓷上佳原料，2000年10月，中国地质调查局审查确认开石型高岭土资源量(3341+3342)205.26亿千克。主要分布在龙泉市、青田县、松阳县，分瓷土和陶土，龙泉青瓷原料系酸性脉岩风化而成的高岭土。有矿点31处，储量41.08亿千克。

叶蜡石 叶腊石主要分布在青田县，其次是云和县、龙泉市和景宁畲族自治县。2000年探明，资源储量(矿石量)239.96亿千克。2010年年底，丽水市保有叶蜡石矿石资源储量207.32亿千克。保有储量主要集中分布于青田山口镇附近。在采的11家矿山保有叶蜡石资源储量165.66亿千克。青田县山口、北山，景宁畲族自治县缪坑，云和县寨下等处有叶腊石储量29.89亿千克。

沸石矿 探明缙云县靖岳有大型沸石矿，以斜发沸石和丝光沸石为主，天然沸石矿床资源储量1070亿千克，占浙江省沸石总储量的99.3%，预计远景资源量3000亿千克以上。至2010年年底，丽水市保有沸石矿石资源储量1263.01亿千克，潜在资源量1500亿千克。

珍珠岩 主要分布在缙云县五云镇至壶镇一带。品质以天井山矿床为佳，膨胀倍数一般6~20倍，最高39.6倍，储量15亿千克。珍珠岩与沸石共生，探明珍珠岩矿石资源量14.9亿千克，预计远景资源量600亿千克。至2010年，保有珍珠岩矿石资源储量14.9亿千克，潜在资源量300亿千克，其中缙云县在2家矿山矿石保有资源储量2.13亿千克。

黄铁矿 在莲都区双溪，青田县海溪，遂昌县银坑山，龙泉生源等处有矿点5处，资源/储量7.18亿千克。

石英矿 在莲都区太平乡、峰源乡蔡坑、白云山、大港头，庆元县东坑，云和县仙眠、岗头庵等地有矿点10余处，二氧化硅含量97—99%。1992年12月，浙江省第七地质大队提交《浙江省云和县小徐乡岗头庵石英矿区普查地质报告》，计算矿区石英岩D级储量3.22亿千克。

白云母 龙泉市、遂昌县境内有矿点14处。

建筑石材石料

凝灰岩 系建筑用材，分布在缙云县壶镇下项—岩腰、上田—塘川、仙都—双龙一带，以及外堰等地，资源/储量4.16亿立方米。

花岗岩　系建筑用材，分布在遂昌县云峰、王村口，龙泉市宝溪等地，资源远景巨大。

条石　20 世纪 80 年代，缙云县做过系统的勘查工作。缙云建材凝灰岩矿当地称之为条石（以下简称条石），主要分布在仙都、外堰、岩腰等地，面积 106 平方千米。探明条石储量 41575 万立方米。1982 年，浙江省第七地质大队进行踏勘调查，对缙云县外堰、仙都、比龙、下项、岩腰条石分布范围做出大致圈定，初步估算可采储量 96030 万立方米。

燃　料

丽水能源少，主要为煤、泥煤。分布在龙泉市、松阳县、莲都区、云和县等地。龙泉市花桥，松阳县枫坪、毛弄，云和县砻铺、朱村等，均为小型矿床，煤层较薄，变化较大。泥煤主要在莲都区峰源乡境内，有矿点 28 处，储量 0.5 亿千克。

民国初年，永嘉王义盛等人曾在龙泉道太垟头—陈坑山一带租地采煤。1958 年，在松阳玉岩一带开展普查，1959 年，提供普查报告，称在该区发现侏罗纪乌灶煤系含煤地层。煤层分布范围南北长 13 千米，东西宽 6 千米，见煤 8 层，厚 0.3~2 米不等。煤层常成鸡窝状，夹较多碳质页岩。煤质以枫坪矿区最好，粗略计算 C2 级储量 5.26 亿千克，估算远景储量 162.3 亿千克。1984 年，浙江省煤田地质勘探公司二队探明储量总数 4.75 亿千克（表外 1.29 亿千克），其中 C 级以上 3.36 亿千克。

第二节　勘查与开发

地质勘查

丽水区域地质调查始于民国 17 年（1928），此前“浙之西南，地僻山险，地质方面未曾经人调查”。同年，浙江地质所利用北洋政府时期省政府所绘1:40 万地形图，对浙西南一带进行地质调查。当时仅对景宁、云和、庆元、龙泉等县进行地质调查，作《太顺、景宁、云和、庆元、龙泉等县地质简报》，首次对丽水境域的地文、山脉、河流、地层及岩石、地质构造、矿产进行观察、分析和论述，对龙泉煤矿论述尤详。

民国 20 年（1931）4—7 月，浙江省矿产调查所调查武义、宣平、丽水、云和、青田、永嘉六县地质矿产，范围所及殆遍武义、丽水全境及宣平、云和、青田、永嘉之大部。所探矿产 78 处，所采矿石及岩石标本 300 多件。民国 21 年 5 月，写成《浙江省武义、宣平、丽水、云和、青田、永嘉六县地质矿产调查报告》，对调查区域的地文、地质、矿产均有论述。

1966 年 10 月至 1970 年 7 月，浙江省重业局第五地质大队测量完成丽水幅 H-50-36 1/20 万区域地质矿产调查，系统地收集境内地层，侵入岩、构造等方面的资料，初步查清变质岩时代属于前中生代，可能为上古生代。并运用地质力学方法，确定构造体系。初步查明煤、铁、银、萤石等 42 种矿产资源，矿（床）点 334 个。并提供调查报告。云和县（包括景宁畲族自治县）境在泰顺幅 G-50-6 测区之内，1/20 万区域地质矿产调查也同时由省重业局区域地质测量大队完成。

1978 年起，遂昌治岭头大型金银矿、龙泉乌岙多金属矿、武义后树与龙泉八都、遂昌湖山特大型萤石矿等先后完成勘探。1978—2000 年，省地勘局省第七地质大队、第十一地质大队、省区域地质调查大队、省地质调查院等单位在丽水境内开展1/5万区域地质矿产调查。先后完成青田、景宁、云和、松阳、遂昌、龙泉等30多个图幅的调查。同时省区调大队还完成缙云、永康、磐安的大皿幅H-51-109-B，遂昌、衢江、江山交界处的湖南幅H-50-118-D，遂昌、龙游交界的沐尘幅H-50-119-C，遂昌、龙游交界的蕉川幅H-50-119-D的调查。2004年，丽水市地质勘查计划项目立项4个，总投资1430万元。上报浙江省国土资源厅批准立项由民间资本投资的商业性探矿项目18个，总投资2007.02万元。2010年，全面启动矿产资源总体规划修编工作，市本级和各县（市、区）完成初稿和听证工作。完成市、县两级矿产资源勘查开发整合方案编制、评审报批。

矿产勘查

丽水境内矿产勘查，发轫于民国初。民国17年（1928），浙江省建设厅成立矿产调查委员会①，提交《浙江省矿产调查报告书》，报告71处矿产位置、储量等情况。据《浙江省矿产调查报告书》载："计瓯江一带之铁沙矿九处……青田之铅矿四处，松阳等县之铜矿三处与硫铁矿四处，丽水等县之萤石矿二处。"民国22年，李陶著《浙江省矿产调查表》。民国24年，施昕更著《浙江地质矿产志》，这两部专著对丽水青田之弗石矿、印章石矿、辉钼矿、铅锌矿、赤铁矿、黄铁矿，龙泉瓷土、釉土，遂昌之锡矿、磁铁矿，松阳之黄铜矿，宣平之辉银矿等均有论列，对各矿所在县乡村位置，交通条件至县城距离、至水口距离，矿藏状态，开采情形，化验结果，均一一列明，并对各处矿质的储量进行计算。

民国32年（1943），日本侵略军在华开设"华中矿业股份有限公司"调查部，编有《浙江省丽水、青田、永嘉、乐清县矿产地一览表》，实地调查丽水银坑村银洞背银矿、滴水岩铁矿、杨村打石洞硫化铁矿，青田县银坑村银矿、六都南岸下陇村、六都上岸村、横坑村的铅亚铅铜矿，石平川、黄垟、孙坑、水牛塘的水铅矿，缙云县的前和磁铁矿等矿产地37处，载明各矿的位置、品位、矿脉、开采等情况。民国34年，日本侵略军青岛山东产业馆所编著第五号报告《浙江省的萤石》，载有"丽水北塘山脚，离城4里，水口3里，未采掘"。

1954年6月，地质部浙闽普查队，对青田石平川钼矿进行例行检查，发现大小矿脉50条，其中39条矿脉估算钼金属量119.9万千克。1955年，省萤石专业地质队系统普查龙泉一带萤石矿。1957年，遂昌治岭头硫铁矿确定有进一步普查价值。1958年，执行全党全民办地质方针，丽水开展群众性的找矿报矿运动。各县成立地质队，开展大规模普查勘探。龙泉乌岙于变质岩中找到铅锌多金属矿。遂昌治岭头经重砂测量找到金矿。1960年3月，浙江省地质局瓯江水库淹没矿点检查委员会，委派省第五地质队检查淹没范围内50处矿点，包括青田县芝头头石墨矿、丽水水东祝村钛磁铁矿、青田下堡蜡石矿、丽水下林萤石矿、云和云章独山萤石矿、丽水富岭冰洲石矿等主要矿区6处。1964年，各县合并撤销地质队。1970年，丽水地区开展群众性找矿报矿运动。1972—1978年，丽水地区非金属找矿取得重大进展，在国内首次发现缙云老虎头大型沸石矿床。

1981年，青田石平川钼矿完成勘查工作，提交普查一勘探报告。同年，庆元安树坳、老鹰岩、矩乌洞，景宁小粗等多处小型矿床提交详查报告。20世纪80年代，丽水地区完成遂昌治岭头金银矿区中矿段勘探，提交供建设矿山的储量。发现或评价龙泉八宝山、遂昌金田寺和局下等3处中小型金、银矿。在遂昌湖山盆地找到两个特大型萤石矿田。叶蜡石找到新的规模矿床，青田山口扩大储量

① 后改组为浙江矿产调查所。

规模，青田北山找到大型矿床，龙泉等县也有新发现。

1996—2000年，丽水地区完成遂昌银坑山金银矿区西矿段详查；开展遂昌黄沙腰、丽水老竹萤石矿概查。省第七地质大队初步评价庆元荷地特大型稀土矿。1999年，浙江省地质调查院先后完成大型的高岭土资源基地松阳峰洞岩一带地开石型高岭土矿、大型萤石矿田遂昌黄沙腰一带萤石的矿产资源调查评价工作。完成治岭头金矿、松阳靖居钼矿、青田石平川钼矿、水泥用灰岩等多个矿产勘查项目。据不完全统计，2001—2005年，丽水市投入地质勘查资金5500万元（未包括矿山自行安排的勘查资金），完成钻探工程量近20万米，坑探1.71万米，探明大、中型金属、非金属矿床数52个，提交各类地质报告70多份。发现矿产57种、矿产地494处。其中金属矿产25种，非金属矿产32种；大型矿床13个，中型矿床39个，小型矿床125个，矿点317个。

2006—2010年，丽水市完成地质勘查项目78处，查明矿产资源储量的24处。新增钼矿石资源储量30.4亿千克，金属量839.9万千克；萤石矿石资源储量147.73亿千克、矿物量61.54亿千克，叶蜡石矿石资源储量75.54亿千克。新增可开发利用的矿泉水和地热2处。

2006—2010年丽水市矿产资源勘查成果一览

表2-6-2-1

项目名称	矿种	单位	查明资源储量
青田县黄垟乡石平川钼矿坦铺块段地质普查	钼矿	矿物1000千克/矿石1000000千克	190.84/181.86
青田县黄垟乡石平川钼矿区老虎坑块段地质详查			1000/588
青田县黄垟乡石平川矿区十五石矿段钼矿地质详查			261.91/1000
青田县黄垟乡石平川钼矿区尖背块段地质普查			1000/52.94
青田县黄垟乡石平川钼矿区乌岩尖块段地质详查			5946.13/1216.97
青田县万山乡万山矿区萤石矿地质详查	萤石	矿石1000000千克	154.63
青田县北山镇茶园叶蜡石伊利石矿地质普查	叶蜡石	矿石1000000千克	4774.32
云和县云和镇下垟萤石矿区详查	萤石	矿物1000千克/矿石1000000千克	60/106.35
云和县石塘镇寨下矿区叶蜡石矿详查	叶蜡石	矿石1000000千克	1980
云和县石塘镇坪地矿区萤石矿普查	萤石	矿物1000千克/矿石1000000千克	1091.30/2878.20
龙泉市塔石乡兰头叶蜡石矿普查	叶蜡石	矿石1000000千克	800
松阳县象溪镇靖居包萤石矿详查	萤石	矿石1000000千克	196
遂昌县柘岱口乡横坑坪矿区萤石矿勘探	萤石	矿石1000000千克	2193.80/5013.30
遂昌县云峰镇处坞矿区萤石矿勘探	萤石	矿物1000千克/矿石1000000千克	401.16/709.88
遂昌县三仁乡坑口萤石矿勘探			452.02/1029.88
遂昌县新路湾镇小马埠萤石矿详查			124.27/236.08
遂昌县柘岱口乡坑西萤石详查			1183.67/2823.46
缙云县前路乡陈坑萤石矿区详查			53.93/94.09
缙云县大源镇庙下萤石矿区周奥—雅亭矿段普查			37.22/90.73

续表 2-6-2-1

项目名称	矿种	单位	查明资源储量
缙云县七里乡龙脚矿区萤石矿普查	—	—	34.33/79.98
丽水市莲都区雅溪镇麻舍—下百步萤石矿详查			441.92/1205.14
丽水市莲都区谢山头矿区萤石矿详查			79.93/154.68
青田县油竹小口矿泉水勘查	矿泉水	M3/d	60
遂昌县湖山香炉岗地热资源勘查	地热	M3/d	1500

非金属矿产勘查

萤石　萤石也称氟石。民国时期，丽水地区就是浙江省萤石矿主要产地。民国 17 年(1928)，浙江省建设厅矿产调查委员会提交的《浙江省矿产调查报告书》，曾调查丽水等县之氟石矿 2 处。民国 22 年，李陶著《浙江省矿产调查表》，载有青田十八都塔山湾大窟山氟石矿。民国 24 年，施昕更著《浙江地质矿产志》，记载有丽水黄泥坑氟石矿的情况。民国 34 年，日本侵略军青岛山东产业馆所编《浙江省的萤石》，亦有丽水离城 4 里北塘山脚萤石矿的记载。

萤石矿主要分布在遂昌县、龙泉市、缙云县、云和县、青田县和莲都区等县(市、区)。遂昌湖山、黄沙腰，龙泉八都三个大型矿床，探明资源储量 136.39 亿千克，占丽水萤石总储量的 90%以上。

1957 年 7 月，朱佩璋调查丽水下林萤石矿，编有《矿区踏勘报告》。1965 年 11 月，省第四地质队完成《浙江省丽水、云和、遂昌、龙泉、青田、文成、泰顺、临海、三门萤石汇编》。1966 年，省第六地质大队在龙泉八都开展萤石初查评价工作，提交《浙江省龙泉县八都萤石矿区初查评价报告》。1982—1986 年，省第七地质大队进行地质勘探，提交《浙江省龙泉县八都萤石矿区初步勘探地质报告》，探明萤石矿石储量 27.1 亿千克(矿物量 13.9 亿千克)。1987 年 8 月，浙江省第七地质大队完成遂昌湖山萤石矿Ⅲ矿区初勘工作，提交《浙江省遂昌县湖山萤石矿田Ⅲ矿区初步勘探地质报告》。1988 年 1 月，浙江省地矿厅审查批准矿石储量 38.64 亿千克。1988 年 6 月，浙江省第七地质大队提交《浙江省遂昌县湖山萤石矿田普查一勘探报告》。1991 年 12 月，浙江省第七地质大队完成云和局村与遂昌处坞两个萤石矿的普查评价，提交《浙江省云和县局村乡局村萤石矿区普查评价地质报告》《浙江省遂昌县云峰镇处坞萤石矿区普查地质报告》。1992 年 1 月，浙江省第七地质大队完成景宁金岚萤石矿普查，提交《浙江省景宁县梧桐乡金岚萤石矿普查地质报告》。同年，浙江省第七地质大队完成《缙云县上周乡半坑、溶溪乡溪下萤石矿区普查评价地质报告》。两个矿区矿石储量 D 级 2.89 亿千克。1996 年，浙江省第七地质大队在丽水市(县级)双溪地区与遂昌黄沙腰一带开展萤石矿产资源概查，提出丽水双溪地区萤石资源量(矿石)超过 40 亿千克；黄沙腰一带发现矿点 31 个，推测萤石资源量(矿石)超过 50 亿千克。1999 年 9 月，浙江省第七地质大队地质调查所在遂昌黄沙腰地区进行萤石矿产资源调查评价。2000 年 10 月，浙江省第七地质大队地质调查所完成野外工作。2001 年 9 月，《浙江遂昌黄沙腰萤石矿产评价报告》出炉。2001—2005 年，丽水市勘查新增萤石矿石资源储量 147.73 亿千克、矿物量 61.54 亿千克。至 2009 年年底，全市萤石保有矿物资源储量 32.80 亿千克。

遂昌县湖山萤石矿田主要由Ⅲ、Ⅱ、Ⅰ、Ⅳ矿区和凹背、翁村、毛竹坑、玉皇尖等矿点组成。主矿体长 400—800 米，厚 2 米千 8 米，延深 200—500 米。全矿田探明矿石量 85.2 亿千克(矿物量 45.1

亿千克)，其中工业储量25.5亿千克(矿物量15.5亿千克)。1979年，江西省区域地质调查大队对矿点踏勘检查。1980年11月，丽水地质大队调查6处矿点，编写《遂昌县湖山一金叶一带萤石矿产简报》。1981年，丽水地质大队进入矿田开展勘探工作。1981年3月至1983年进入初查阶段，选择主要矿体施工稀疏钻孔了解深部矿体。1983—1986年进入详查阶段，对规模大的Ⅲ矿区进行详细普查，按第Ⅱ勘探类型，地表以50—100米间距布探槽及采样点系统控制，深部按200米×100米网度以钻孔控制，探求工业储量。1986—1987年4月进入初勘阶段，提交《浙江省遂昌县湖山萤石矿田Ⅲ矿区初勘报告》。1988年1月，浙江省地矿局审查、批准初勘报告及所提交萤石矿储量38.60亿千克(矿物量22.5亿千克)，其中工业储量21.4亿千克(矿物量13亿千克)。1988年6月，编写《浙江省遂昌县湖山萤石矿田普查一勘探地质报告》。浙江省地矿厅审查批准探明矿田矿石总储量85.2亿千克(矿物量45.1亿千克)，其中工业储量25.5亿千克(矿物量15.5亿千克)。

龙泉市八都萤石矿是浙江省惟一赋存于下元古界变质岩中的萤石矿床。矿区有矿体4条，I号矿体为主矿体，长1275米，最大斜深375米，平均厚5.17米。矿区探明总储量矿石量51.5亿千克，其中矿物量25.7亿千克。1956年5月，龙泉县发现矿石。1966年5月，浙江省第六地质队开展初查评价。1966年7月，提交《浙江省龙泉县八都萤石矿区初查评价报告》。1982年，省第七地质大队进一步开展普查，全面搜集矿山资料。1986年转入初勘，投入钻探6243米、硐探275米、槽探6060立方米。1989年12月，编写《浙江省龙泉县八都萤石矿区初步勘探地质报告》。1990年，浙江省储委审查批准探明工业储量27.10亿千克(矿物量13.9亿千克)，远景储量24.4亿千克(矿物量11.8亿千克)。1987年，浙江省第六地质队胡向明、周俊法进行专题研究，加深对矿床成矿规律的认识。1988年，编著《浙江省龙泉县八都萤石矿床特征与成因研究》，建立矿床成矿模式，总结找矿标志，阐明找矿方向，对矿区工作及该地区找矿有一定指导作用。

叶蜡石　民国时称为“印章石”。主要分布在青田县、云和县、龙泉市和景宁畲族自治县。大型矿产地有青田县山口、岭头2处。民国18年(1929)冬，地质学家叶良辅、张更、李璜在青田县山口等地进行地质调查，著有《浙江青田之印章石》。民国22年，李陶著《浙江省矿产调查表》，载有青田二都山口岩龙等10处矿点。民国24年，施昕更著《浙江地质矿产志》对青田印章石亦有记载，同时载有“*松阳五岱羊坑埠产一种微黄透明之冻石，成因产状与青田略同。*”1956年，省重工业厅地质队到青田踏勘叶蜡石矿。1959年，温州地区地质大队开展青田叶蜡石矿普查工作。1961年，建工部非金属矿地质公司华东公司开展青田叶蜡石普查找矿工作。1983年，提交《浙江省青田县叶蜡石矿区尧士矿段详查地质报告》。省建材局批准矿段叶蜡石储量6.73亿千克，其中C级2.24亿千克。1983~1986年，浙江省第十一地质大队概查青田山口—北山一带高岭土、叶蜡石(伊利石)矿产资源，估算资源量百亿千克。1984—1988年，浙江省第11地质大队详查青田山口叶蜡石矿区丰门—白垟矿段。1988年8月，提交《浙江省青田县山口叶蜡石矿丰门—白垟矿段详查地质报告》。1988年10月，省地矿厅批准矿段叶蜡石储量102.69亿千克，属一个特大型叶蜡石矿床。1990年起，浙江省第十一地质大队普查青田石门头伊利石矿。1991—1993年，浙江省第十一地质大队详查岭头叶蜡石矿区，并开展外围普查。1992年12月，提交《浙江省青田县岭头叶蜡石矿际头山矿段详查地质报告》。1993年3月，省地矿厅批准矿段叶蜡石储量92.51亿千克。1991年，省第七地质大队普查评价景宁畲族自治县缪坑叶蜡石矿。同年，提交《浙江省景宁县景南乡缪坑叶蜡石矿普查地质报告》。计算矿区D级储量10.03亿千克。截至2000年，探明，资源储量(矿石量)239.96亿千克。2001年年初，浙江省第十

一地质大队调查评价青田北山—山口一带叶蜡石资源，系统总结调查区叶蜡石成矿规律和控矿因素。2001年10月，提交《浙江省青田县北山—山口叶蜡石成矿区资源调查评价报告》，预测丽水地区叶蜡石类矿产总资源量912.61亿千克、叶蜡石矿产全区资源量746.72亿千克。2006—2010年，勘查新增叶蜡石矿石资源储量75.54亿千克。截至2009年，丽水市保有叶蜡石矿石资源储量207.32亿千克。

青田县山口叶蜡石矿矿区面积3.30平方千米，是截至2010年中国最大的叶蜡石矿床。4条矿化带中有6个矿体。矿区累计查明资源储量137.42亿千克，其中C级储量12.15亿千克。民国17年(1928)，李学清等人对青田叶蜡石做过化学分析。民国18年冬，地质学家叶良辅、张更、李璜，在青田县山口、大安、冯蝉、小令等地进行地质调查，著有《浙江青田之印章石》。1956年，省工业厅地质队进行踏勘，编有《青田山口叶蜡石矿踏勘报告》。1959年，温州地质大队地质普查矿区结底洪、丰门(旦洪)一带。1961年，建工部非金属矿地质公司华东分公司503队对丰门(旦洪)等矿段开展普查找矿。1962年11月，提交《浙江省青田县山口叶蜡石矿详细找矿报告》。地质公司华东分公司批准远景储量28亿千克。1976—1978年，浙江省调查大队矿产组对矿区进行地质调查，编有《浙江省青田县小南区山口叶蜡石矿区地质简报》和《浙江省青田县山口叶蜡石矿地质特征及成因探讨》。1980~1981年，省非金属地质队开展青田山口叶蜡石矿区尧士矿段详查工作。1981年年初，建工部地质公司浙江省地质勘探大队边田潮，章荣炳等在尧士矿段进行详细找矿。1983年11月，提交《浙江省青田县山口叶蜡石矿区尧士矿段详查地质报告》。浙江省建筑材料工业局批准工业储量2.2亿千克，远景储量4.5亿千克。1987年年初，提交《青田县山口矿区白蝉矿段叶蜡石矿详查中间地质报告》。1988年，正式提交《浙江省青田县山口叶蜡石矿丰门—白蝉矿段详查地质报告》。省地矿厅批准工业储量9.9亿千克，远景储量92.8亿千克，并获地质矿产部1991年度找矿三等奖。

景宁畲族自治县缪坑叶蜡石矿矿区面积1平方千米。矿体呈似层状，有2个矿体，储量占总资源储量的93.8%。1968年，云和县发现。1970年，云和县对地表矿体进行踏勘检查。1986年3月至1987年8月，浙江省第七地质大队对矿区进行系统的地质普查工作。1987年12月，提交《浙江省景宁县景南乡缪坑叶蜡石矿区普查地质报告》。叶蜡石远景储量8亿千克。

高岭土矿　也称瓷土或磁土，为制瓷上佳原料。李陶著《浙江矿产调查表》、1935年施昕更著《浙江地质矿产志》对龙泉、庆元、松阳等县瓷窑所用瓷土均有记载。1980年，省非金属地质队详查青田北山高岭土。1981年9月，提交《浙江省青田县北山高岭石矿区详查地质报告》。1982年9月，省建材局批准矿区储量2.9亿千克。1984年，浙江省第七地质大队普查八都上垟地区瓷土。1985年2月，提交《浙江省龙泉上垟瓷土矿区详查评价报告》。省地质局批准矿区瓷土储量9.19亿千克，解决上垟瓷厂的瓷土原料问题。1990年，省第十一地质大队普查青田王母地高岭土矿，提交《浙江省青田县王母地高岭土矿普查地质报告》。省地矿厅审查批准矿区高岭土储量2.33亿千克。1990年，浙江省第七地质大队完成景宁大漈陶土矿普查，提交《浙江省景宁县隆川乡凤垟大均瓷土矿大漈陶土矿普查地质报告》。计算矿区陶瓷土储量D级2.83亿千克。1992年，省第七地质队普查云和县岗头庵石英矿，提交《浙江省云和县小徐乡岗头庵石英矿普查地质报告》，计算高岭土矿D级储量0.82亿千克。

松阳县峰洞岩地开石型高岭土矿矿区面积2.5平方千米。矿区有两个矿体，呈北西—南东方向展布。矿区探明高岭土储量38.3亿千克，其中工业储量11.9亿千克，包括Ⅲ级品32.1亿千克、Ⅱ级品 5.7 亿千克，Ⅰ级品 0.5 亿千克。1972 年，松阳县发现高岭土矿，矿石销往温州、青田，作陶瓷配料和雕刻石。1981 年，浙江省地质科研所到矿区采样进行浙江省中细瓷原料调查。1982 年 4 月，丽水地质大队对矿区进行踏勘检查。7 月，编写《浙江省松阳县源口硬质高岭土矿区普查地质报告》。1984 年 9 月，省第七地质大队对矿区进行普查。1986 年，省第七地质大队对矿区进行详查。1987 年 7 月，结束详查，编写《浙江省松阳县峰洞岩高岭土矿区详查地质报告》。省地矿局审查批准储量 38.3 亿千克，其中工业储量 11.8 亿千克。1986 年，省第七地质大队详查松阳县峰洞岩高岭土矿，发现 2 号矿体。1987 年 11 月，提交《浙江省松阳县峰洞岩高岭土矿区详查地质报告》。1988 年 1 月，省地质局审查报告批准高岭土（地开石型）储量 38.34 亿千克。1989 年，省第七地质大队普查松阳峰洞岩矿区外围后岱山瓷土矿。1990 年 1 月，提交《浙江省松阳县后岱山瓷土矿区 2 号矿体普查地质报告》。省地矿厅审查批准矿区瓷土储量 41.68 亿千克。1999 年 11 月，省第七地质大队调查评价松阳县峰洞岩地区地开石型高岭土资源。2000 年 10 月，提交《浙江省松阳县地开石型高岭土峰洞岩矿田峰洞岩矿区调查评价报告》，中国地质调查局审查批准矿区地开石型高岭土储量 205.26 亿千克。

沸石、珍珠岩矿　1972 年 6 月，缙云县发现靖岳一带火山岩与国外存在天然分子筛（天然沸石）的火山岩非常相似，采集标本送省第三地质大队鉴定，发现有沸石存在。6 月，进行再次采样，分别送浙江大学、省地质局实验室及中国科学院地质研究所鉴定。1972 年 12 月，中国科学院地质研究所多次鉴定，发现大量沸石，并提交鉴定报告。1973 年，浙江省省非金属地质队对缙云天井山珍珠岩进行初勘。同年底，提交《浙江省缙云县靖岳天井山珍珠岩矿地质勘探报告》。缙云县老虎头沸石矿是中国继缙云天井山沸石矿后发现的第一个大型天然沸石矿床，矿区面积 5.66 平方千米，探明资源储量 1070 亿千克，占全省沸石总储量的 99.3%。珍珠岩与沸石共生，探明矿石资源量 14.9 亿千克。1974 年 3 月，浙江省基建局批准矿区珍珠岩储量 14.9 亿千克，其中 C 级 5.2 亿千克。

1975 年，丽水地区地质队普查新发现的老虎头沸石矿。同年 7—8 月，中国科学院地质研究所确定沸石矿物的存在及矿床远景，建议进一步开展普查工作，编有《浙江省缙云靖岳—岱石一带沸石矿踏勘检查报告》。1975 年 8—12 月，丽水地区地质队在仙岩铺、马石桥、奉虎头、岱石发现较好沸石矿点，初步认定老虎头、岱石块段成矿较好，可优先开展工作。1976 年年初，丽水地区地质队择老虎头块段开展普、详查工作。同时，省非金属地质队在天井山矿区勘探珍珠岩的同时，也勘探沸石。1977 年初，浙江省第三地质大队进入矿区加速北段地质工作。1977 年 10 月，《浙江省缙云县老虎头（北块段）沸石矿床地质特征及普查勘探工作方法》在国家地质总局缙云"全国沸石矿地质工作现场会议"交流。这次会议及矿区考察后，全国 21 个省、市相继发现沸石。

1978 年，丽水地质大队详查矿区。1978 年 4 月，浙江省丽水地质大队成立，继续开展岱石、保华山块段的详查工作。1979 年 6 月，完成老虎头一带沸石矿详查工作。1979 年 9 月，提交《浙江省缙云县老虎头沸石矿详细普查地质报告》，经大队审查，批准探明储量。计算矿区沸石矿总储量 1007 亿千克，其中 C 级 230.9 亿千克。2009 年，丽水市保有沸石矿石资源储量 1260 亿千克，潜在资源量 1500 亿千克；保有珍珠岩矿石资源储量 14.9 亿千克。

建筑石材石料　丽水市用作建筑石材、石料的岩石资源丰富。缙云建材凝灰岩矿，当地称之为条石，主要分布在仙都、外堰、岩腰等地，面积 106 平方千米，探明条石储量 41575 万立方米，属大型规模。

1982 年，浙江省第七地质大队踏勘调查缙云县建筑材料——凝灰岩，大致圈定缙云县外堰、仙都—比龙、下项—岩腰条石分布范围，初步估算可采储量96030万立方米，编写《浙江省缙云县建筑材料凝灰岩调查报告》。1984年2月至1985年9月，浙江省第七地质大队详查缙云县仙都、岩腰、外堰3片条石主要集中分布区，提交《浙江省缙云县建筑凝灰岩——条石详细普查地质报告》，经大队审查批准条石工业储27139万立方米，远景储量14434万立方米。

石英岩　1992年12月，省第七地质大队提交《浙江省云和县小徐乡岗头庵石英矿区普查地质报告》。计算矿区石英岩D级储量3.22亿千克。

能源矿产勘查

民国初年，曾在龙泉道太垟头—陈坑山一带租地采煤。1930年，浙江地质所调查过这一带煤矿，描述此煤“色黑，光泽暗晦，木理尚甚明晰，易燃烧，无恶臭”。1958年，浙江省第十二地质队在松阳玉岩一带，开展普查找煤铁矿工作。1959年，提供普查报告，称在该区发现侏罗纪乌灶煤系含煤地层，粗略计算C2级储量5.26亿千克，估算远景储量162.30亿千克。1969年12月至1972年1月，浙江省省开展“夺煤大会战”运动，各县地质队伍进行煤炭资源普查。1984年，浙江省煤田地质勘探公司地质勘探过松阳县靖居口毛弄，提交《浙江省松阳县靖居口煤矿毛弄块段扩大勘探地质报告》，探明储量总数4.75亿千克(表外1.29亿千克)，其中C级以上3.36亿千克。

1949年10月中华人民共和国成立后，核工业部609地质、268地质队、269地质队先后在龙泉、松阳、缙云、遂昌等开展地质工作，发现三个小型铀矿。

金属矿产勘查

铁矿　历史上处州十县砂铁矿藏分布甚广，随山沿水，均可淘得，淘沙铸铁，盛极一时，处铁市场曾推广至闽赣邻界。

民国17年(1928)，浙江省建设厅矿产调查委员会调查全省矿产，计瓯江一带之铁砂矿9处。民国18年8月，浙江省建设厅矿产调查委员会调查缙云前村磁铁矿，发现一处磁铁矿露头矿脉，认为“以储量之寡，交通之不便而论，殊无之一价值”。民国22年，李陶著《浙江省矿产调查表》，民国24年，施昕更著《浙江地质矿产志》，所列丽水境内铁矿有青田十七都章山黄连坑等磁铁矿11处。

1957—1964年，丽水专区大办钢铁，上山找矿，重点地区包括缙云吴岭、景宁包山—敕木山等地区。1958—1960年，浙江省地质局第五地质大队对景宁包山铁矿进行普查、详查工作。1962年，提交《云和县景宁包山铁矿区初勘报告》，浙江省地质局审批铁矿石储量17.1亿千克，伴生铅413.3万千克，锌1713.9万千克。1972年8月至1975年1月，浙江省第三地质大队对景宁白溪铁矿进行普查评价。1975年，提交《浙江省云和县景宁东坑白溪铁矿普查评价报告》，经审查批准铁矿石储量2.8亿千克。

2000年，浙江省有色勘探局对景宁包山铁矿区储量进行核算，查明铁矿石储量18.5亿千克，保有铁矿资源储量6.8亿千克、铅金属资源储量413.3万千克、锌金属资源储量46.5万千克。

铜矿　历史上，丽水铜矿发现很早。据《新唐书·地理志》载：“丽水县有铜，出豫章、孝义二山。”南宋嘉定年间(1208—1224)，处州产铜之地有“铜廓、南弄、孟春、黄涣峰、长技、殿山、炉头山庄等处”，“多系银、铜共产大场”。

民国17年(1928)，浙江省建设厅矿产调查委员会查得松阳茶排和遂昌治岭头两处铜矿。民国

22 年，李陶著《浙江省矿产调查表》，民国 24 年，施昕更著《浙江地质矿产志》，两文都记述松阳县西南乡后宅茶排石仓源黄铜矿。

1966—1967 年，浙江省物探大队普查松阳县板桥铜矿，查明铜资源储量 190 万千克。1977—1979 年，浙江省冶金地质勘探公司开展普查评价，查明铜资源储量 224.60 万千克。

铅锌矿　1959 年 7 月，浙江省地质局煤田第二地质队发现龙泉市乌岙铅锌矿。1959 年 10—12 月，浙江省第五地质大队认为是赋存于变质岩中似层状的矿体。同年，提交年报。1960—1963 年，浙江省温州地质大队对龙泉铅锌矿开展普查并提交报告，初步确定为中型以上规模矿床。1980—1985 年，省第七地质大队对矿区进行补充勘探和外围普查，提交《浙江省龙泉县乌岙多金属矿区补充勘探报告》，查明储量铅 8862.3 万千克、锌 11360 万千克、铜 314 万千克，获 1988 年度地矿找矿成果三等奖。2000 年，对矿区保有储量进行核算，提交《浙江省乌岙铅锌矿区保有储量计算报告》。省国土资源厅组织审查批准累计探明资源储量铅 10777 万千克、锌 13664.5 万千克、伴生银 19 万千克。

青田县孙坑铅锌矿矿区传说早在明、清时期作为银矿开采。民国时期，孟宪民、燕春台等地质学家曾做过地质调查。1949 年 10 月中华人民共和国成立后，丽水地质大队、浙江省区测大队、省第十一地质大队等单位先后进行过 6 次地质踏勘和普查工作。1983 年和 1984 年，分别提交《浙江省青田县洪岩头铅锌矿区生产探矿储量计算报告》《浙江省青田县孙坑铅锌矿区地质普查评价报告》。

1985 年，浙江省第七地质大队发现庆元县老鹰岩铅、锌矿。1988 年，提交《浙江省庆元县老鹰岩铅锌矿区详查报告》，省储委审查批准资源储量铅 1450 万千克、锌 2760 万千克。1986—1988 年，浙江省第七地质大队对景宁畲族自治县小粗铅锌矿区进行普详查评价工作。

2000 年，丽水市探明铅锌金属量 4.23 万千克，主要分布在龙泉、遂昌、青田县境内。2009 年，丽水市保有铅金属资源储量 14882.91 万千克，锌金属资源储量 36308.95 万千克。

钼矿　民国 6—8 年（1917—1919），青田县石平川钼矿发现，并进行开采。民国 22 年，浙江省建设厅矿产调查委员会到石平川矿区调查，著有《浙江省石平川含钼石英矿》，认为石平川地区为最有价值的矿产地。1950 年，南延宗、胡克俺、卢云谷等到矿区调查，著有《浙江省青田、永嘉一带之钼矿》，对石平川一带钼矿做出论述。1954 年，华东地质局 301 队在青田孙坑—石平川一带开展地质普查，发现矿脉 50 多条，估算其中 39 条矿脉储量钼金属 119.9 万千克。提交《三〇一队 1954 年地质报告》。1963 年，省温州地质大队对青田县石平川钼矿矿区进行踏勘。1969 年，省冶金工业厅地质大队到矿区施工平硐。1970 年，撤离矿区。1972 年，省第三地质大队进入矿区开展普查勘探工作。1979 年 7 月，提交《浙江省青田县石平川钼矿区 5 号矿脉地质勘探报告》。1981 年，提交《浙江省青田县石平川钼矿普查一勘探报告》，省地尾局批准新增钼储量 1170 万千克，其中工业储量 104.8 万千克。1990 年，省第十一地质大队对 25 号矿脉进行勘探。1994 年 12 月，提交《浙江省青田县石平川钼矿 25 号矿脉储量升级勘探报告》，省储委审查批准 25 号矿脉钼 C+D 级储量 1209 万千克，其中 C 级 357.8 万千克。石平川钼矿区历经 37 年 5 次勘查工作，至 2000 年底，累计探明钼 C+D 级储量 1925.2 万千克，其中 C 级 825.3 万千克。保有钼 C+D 级储量 1277.70 万千克，其中 C 级 312.8 万千克。2007 年 1 月，浙江第十一地质大队在石平川矿区乌岩尖矿段开展钼矿地质详查，投入地质勘查经费约 1500 万元，为当时浙江省最大的商业性矿产风险勘查项目。2009 年，项目通过野外验收，探获钼矿石储量约 15 亿千克，且品位较高，开发利用价值良好。至 2010 年，全市保有钼金属资源量

1798.3万千克，主要分布在青田、景宁和松阳，莲都区有小部分。2005—2010年，矿产地质勘查新增钼矿石资源储量303977万千克，金属量839.89万千克。

金矿　丽水境内金矿主要分布在遂昌、龙泉境内，以岩金为主，部分为伴生金。探明岩金金属量2.46万千克，银金属量97.8万千克。遂昌治岭头（银坑山）为浙江唯一的大型金矿，金品位高，共生富银；遂昌金田寺、局下和龙泉八宝山为小型金（银）矿床。截至2009年，遂昌金矿保有矿石资源储量67517.8万千克。其中金金属资源储量7669.25千克，银金属资源储量8.4万千克。主要分布在遂昌治岭头银坑山金银矿区中西两矿段。

20世纪50年代中期，遂昌县银坑山（治岭头）矿区开采黄铁矿，华东地质局332地质队在矿区进行地质普查。1965年，省物探大队发现遂昌金矿。1973年，省第三地质大队开展中块段详查工作。1979年，转入勘探。1983年，提交《浙江省遂昌县银坑山金银矿区中矿段勘探地质报告》。1987年，开展东块段详查。1988年，提交《浙江省遂昌县银坑山金银矿区东矿段地质详查报告》。1990—1991年，浙江省第七地质大队以“就矿找矿”和综合找矿思想，对矿区及外围进行大比例成矿预测；1992年起，遂昌金矿与省第七地质大队联合勘查，开展西矿段找矿。1993年，取得重大进展，发现新矿体转入详查。1997年，提交《浙江省遂昌县治岭头矿区西矿段金银详查地质报告》，获地矿部找矿四等奖，探明工业储量金0.16万千克，银2.1万千克。

1962—1979年，浙江省温州地质大队、省物探大队、省第三地质大队先后在龙泉市查田镇八宝山地区开展综合地质调查、异常检查时发现龙泉市八宝山金银矿。1978—1985年，省第七地质大队进行地质勘查，提交《浙江省龙泉县八宝山金银矿区详查地质报告》，探明工业储量金609千克，银31000千克。《浙江省龙泉县八宝山金银矿区详查地质报告》获1986年度地矿部找矿四等奖。

银矿　处州银矿开采历史悠久。宋代，处州银矿开采有一定规模。处州银矿开采达到高潮，清代，处州银矿开采逐渐衰落。

1985年4月至1992年12月，浙江省第七地质大队对矿区开展七年普查评价工作。1992年12月，提交《遂昌县梭溪局下银矿普查地质报告》。1993年11月，浙江省第七地质大队矿部直管局审查通过普查评价，圈出矿化带6条，探明资源储量银13.34万千克。

稀有稀土金属　1989—1996年，省第七地质大队先后在遂昌县湖山大垟头、松阳县板桥、庆元县荷地开展稀土地质调查工作，查明三个富镧铈风化壳型稀土矿床。

水文地质勘查

1975年，上海市政工程设计院为龙泉城关进行供水水文地质勘察。1977年10月至1981年11月，对丽水、碧湖、云和、龙泉、松阳等盆地进行1:200000区域水文地质调查，调查面积7245平方千米。1979—1980年，省水文地质为龙泉城关进行供水水文地质勘察，勘察面积25.88平方千米，提交《浙江省龙泉县城关供水水文地质普查勘探报告》。

地热、矿泉水勘查

1985年12月至1987年6月，省第七地质大队进行青田矿泉水上水南段初步勘察，查明氡锶偏硅酸矿泉水资源储量289万立方米。1987年，浙江省第七地质大队在遂昌县湖山镇萤石矿区进行地热异常勘查，施工钻孔10个，其中8个孔有低温热水，圈出1平方千米范围的地热异常区，并对热水成因进行探讨。1988 年 12 月至 1989 年 5 月，省第七地质大队对丽水碧湖石牛矿泉水源进行勘察评价，提交偏硅酸矿泉水井(孔)最大开采量 82 立方米/日。

其他地质勘查

2000 年以后，部分矿种的地质勘查市场化，民间资金允许进入地质勘查行业，公开出让钼、萤石、铅锌等矿种的探矿权，开展商业地质勘查。2006—2008 年，浙江省地调院开展松古盆地、碧湖盆地农业地质调查工作。

矿产开发

矿产 距今 4000 多年前，遂昌县好川文化遗址，发掘出大型古墓葬 80 多处，出土玉器、石器、漆器、陶器等随葬品 1028 件(组)，可见当时对陶土、玉石等矿产有相当程度的利用。

春秋战国时期，吴越青铜器和龙泉的青铜宝剑驰名天下。三国、两晋、南北朝时期，丽水境内的瓷土利用和青瓷制造发端。隋唐时期，浙江盛产铜、银、铁、锡等金属矿产，丽水是浙江省九处著名的铜矿产地之一。据《新唐书》载："松阳有银出马鞍山"。南宋，龙泉青瓷制造和瓷土利用达到鼎盛。大窑青瓷窑址，位于瓯江上游，蕴藏丰富的瓷土矿资源，具有优越的采矿、烧制、运输条件。

明代，处州银矿开采鼎盛时期。丽水岩泉山、青田孙坑、景宁鹤溪是著名的处州银场。明永乐宣德年间(1426—1435)，还有宣平垅坑银矿。庆元县有银坑 10 个，岩壁凿有"成化十八年开采"字样。明万历年间(1573—1620)，采遂昌黄坑山(银坑山)，银坑山麒麟头(治岭头)发现古矿洞 10 多处。明成化《处州府志》载："龙泉银坑有大梅岫、地畲、柜砻湾等处。岁赋铅冶课钞五百九十锭二贯一百文，铜钱五千九百四文"。清乾隆《龙泉县志》，亦称该县有"黄银(即淡金)、白银、铜、铅、铁"。清代，采砂炼铁大盛，处铁名扬浙江，远销闽赣。民国 6 年(1917)，上海聚丰矿务公司首先在青田县开采钼矿。民国 27 年，丽水县张村街、下林、高坑一带兴办萤石开采场。

1949 年 10 月中华人民共和国成立初，丽水境内开采利用的矿产主要是石煤和铁矿。1950 年，采冶工业产值 9.19 万元。1957 年，采冶工业产值 75 万元。1970 年起，地质勘查陆续发现铅锌、萤石、钼等新的矿产资源并加以开发利用。相继组建龙泉铅锌矿、龙泉萤石矿、景宁包山铁矿、遂昌湖山萤石矿、遂昌金矿、青田钼矿、青田叶蜡石矿等国营矿山企业，并成为当地经济的支柱。1970 年，开展夺煤大会战，发现煤矿点 206 处，开办 42 个社队小煤窑。但所采多数为劣质煤，难以利用。1972 年，缙云县发现沸石。1975 年，缙云县建成七二六矿，开采加工沸石。

1978 年，丽水地区国营矿产开采企业 11 家，其中矿山 10 家，冶炼厂 1 家，工业产值 389 万元，利润 15.58 万元。20 世纪 80 年代，丽水地区相继建成松阳高岭土矿、庆元铁合金厂、遂昌金矿，扩建青田钼矿、龙泉铅锌矿、青田铅锌矿。1988 年，丽水地区国营矿产采冶企业工 13 家(不包括省属企业)，其中矿山企业 10 家、冶炼企业 3 家，年产铁矿石 0.36 亿千克、钼精矿 40.2 万千克、铅精矿 282.7 万千克、锌精矿 285 万千克、原煤 850.7 万千克、蜡石 3611.5 万千克。1990 年，丽水地区矿产有采冶工业企业 77 家，年产原煤 710.3 万千克、钼精矿 64.6 万千克、铁合金 682.8 万千克。1990 年起，丽水地区改制国营矿山企业，民营矿山快速发展，矿山企业最多时 400 多家。

2000 年，丽水市有矿山企业 312 家、从业人员 8834 人，其中金属矿山 26 家，非金属矿山 128 家，建筑砂、石和砖瓦黏土矿山 158 家。全市矿山企业工业总产值 2.8 亿元，占全市工业总产值的

1.65%。2001年起，全市进行矿山企业整合。2005年，丽水市矿山企业减少至251家。矿石开采总量51.96亿千克，矿业总产值8.3亿元，利税总额1.2亿元。2009年，矿山企业减至144家，从业人员4911人，矿石开采总量减少到31.87亿千克，矿业总产值4.05亿元，利税总额3527万元。

矿产权出让 2000年6月，缙云县公开出让缙云县5个矿采矿权。这是丽水市矿业权第一拍。2001年，丽水市、县两级分别成立招投标中心，探矿权、采矿权的招标拍卖和挂牌出让均进入招投标中心运行。2006年9月，丽水市政府《丽水市矿业权出让实施办法》，规范探矿权采矿权出让工作。至2010年12月底，全市出让探矿权、采矿权189个，其中探矿权25个，采矿权164个。通过招标拍卖挂牌出让的探矿权采矿权77个，占40.96%。合同价款50135万元。

第三节 保 护

矿产资源规划

2001年，丽水市编制完成《丽水市矿产资源总体规划》，设立规划开采区5个、规划限采区3个、规划禁采区12个。同年，各县(市)也完成二级规划的编制。以后，每隔5年修编一次。

2001年起，丽水市关停禁采区内矿山，限采区内的矿山只减不增，逐步缩小开采范围。2004年，丽水市除景宁畲族自治县一家钼矿和青田县一家石料矿山外，禁采区内32家企业全部关闭。2006年起，全市开展矿山秩序整顿和资源开发整合，按照浙江省下达丽水市矿山指标数177个，关闭小矿山，减少矿山数量，优势资源向优势企业集中，扩大产能，改变矿业开发“多、小、散”的现象。2008年，丽水市有年销售收入500万元以上规模矿山企业28家。2009年，丽水市有矿山140座，平均露天采矿回收率90%以上，地下采矿回收率75%以上。2010年，丽水市矿山减至122座。

矿山环境保护

2005年开始，丽水市开展废弃矿山治理。2006年，遂昌金矿开展创建省级绿色矿山工作。2007年8月，遂昌金矿矿山公园建设并通过浙江省国土资源厅考核验收，成为省内第一个国家矿山公园。2008年9月，丽水市印发《丽水市绿色矿山创建实施意见》。2009年，全市开展绿色矿山创建工作，规定所有年开采规模在0.6亿千克以上露天矿山和0.1亿千克以上地下矿山，须按照“五化”[①]标准，限期开展绿色矿山创建。至2009年，丽水市投资5000多万元，完成废弃矿山治理69座。2010年，各县(市、区)都开展绿色矿山创建工作企业1个。

补偿费征管

1996年开始，丽水地区执行《中华人民共和国矿产资源补偿费征收管理规定》和省政府《浙江省矿产资源补偿费征收管理实施办法》，对全区矿山企业征收矿产资源补偿费。1996年，丽水地区征收上缴中央国库120.6万元，完成省地矿厅下达征收指标。

① 规模化、标准化、机械化、信息化和科学化。

2004—2010年丽水市矿产资源补偿费一览

表 2-6-3-1

年份	征收额(万元)	年份	征收额(万元)
2004	118.00	2008	1044.50
2005	2142.91	2009	767.26
2006	1753.00	2010	851.00
2007	921.70	—	—

第四节　管　理

唐宋时期，丽水境内就有银矿开采。元代，处州各地设局管理。1949年中华人民共和国成立后，丽水地质队改为浙江省第七地质大队。1986年，丽水地区和各县(市)相继成立矿产管理机构。2000年，丽水市、县相继成立国土资源局，开展地质矿产、地质环境等监督管理工作。

21世纪，丽水市加强对矿产资源的管理。2001年，丽水市编制完成《丽水市矿产资源总体规划》，规划设立规划开采区5个、规划限采区3个、规划禁采区12个。同年，各县(市)也完成二级规划的编制。之后每隔5年修编一次。关闭小矿山，改变矿业开发“多、小、散”的现象。2010年，全市矿山数减至122个。

执法监管

1986年，《中华人民共和国矿产资源法》颁布实施。1996年3月，丽水地区矿管局下发《关于整顿矿业秩序，维护国家对矿产资源所有权组织实施意见的通知》，召开全区矿管工作例会，布置各县(市)开展矿业秩序整治。整治工作以钼、萤石、砂石、砖瓦黏土为重点矿种，青田、遂昌、缙云、龙泉4个县(市)为重点县(市)，青田县黄垟钼矿为重点矿区。5月，浙江省委副书记、省长万学远对青田县钼矿整治工作作重要批示。6月，地区矿管局炸毁所有非法矿洞，查处党政干部参股搭股。同年，地区行署办公室印发《关于加强砂石、砖瓦粘土矿产资源依法管理的通知》，明确砂石、砖瓦黏土等矿产资源均为国家所有，对建筑砂石料、黏土矿产资源的开采经营活动实行统一管理。

2001年，丽水市依法治理整顿石料矿山。丽水市国土资源局与莲都区有关部门配合，依法关闭采石场19家。青田县对黄垟钼矿区实行《准采卡》制度，有效地控制矿区群采乱象。缙云县开展沸石行业的专项整治。遂昌、龙泉、莲都、松阳等县(市、区)先后开展萤石矿专项整治活动。全市注销关闭矿山企业40家，其中合并21家，关闭8家，取缔7家。同时对违规矿山限期整改37家，处罚1家。年审期间，取缔非法开采11起，查处侵权越界开采4起，停业整顿2起，限期整改2起，追缴矿产资源补偿费4万元，罚没款41.28万元。

2006年，丽水市开展联合巡查173次，出动执法人员1021人次，限期整改矿山企业97个，依法查处无证开采27家，无证勘查1家，无证选矿21家，越界开采12家，偷盗矿产资源131起，未按开发利用方案开采8家。关闭破坏环境、污染严重、不具备安全生产条件的矿山42家，停产整顿12个，拆除矿山设备15处，没收矿产品1103.5万千克，罚款189万元，治安拘留60人。省政府督查组、省际互查组、市际互查组三次检查丽水市，评价良好。青田县黄垟乡钼矿区内 16 家小选矿厂重组整合为 4 家，日处理矿石能力从原来的 7 万千克提高到 28 万千克；山口叶蜡石矿区由 3 家矿山企业 7 个矿区整合为 2 家矿山企业 3 个矿区。

2010 年，丽水市开展违法违规勘查开采矿产资源专项整治，全市专项检查采矿权 122 个、探矿权 68 个，及时制止未批先采 10 起、群发性无证私采 8 起、越界勘查开采 2 起。

矿产资源监管体制

1986 年 8 月，丽水地区矿产管理处设立，隶属地区计经委。1988 年 6 月，升格为丽水地区矿产资源管理局，隶属地区经委。1990 年 5 月，增设事业编制矿产督察员 3 人。12 月，增设下属科级事业单位地区黄金管理处。1996 年，撤销黄金管理处，设立矿产资源督察站。2000 年撤地设市，丽水地区矿产资源管理局更名丽水市矿产资源管理局。1996 年，遂昌、青田、龙泉、缙云 4 个县（市）成立地质矿产局，为县（市）政府直属事业单位；其他 5 个县（市）成立地质矿产办公室，为经委（计经委）内设机构，对外挂牌。

2001 年，丽水市土地管理局和丽水市矿产资源管理局撤销，合并成立丽水市国土资源局。矿产资源管理职能划归市国土资源局。矿产资源监察与土地监察职能合并为国土资源监察科，科下设国土资源执法监察支队。全市纳入省厅发证范围的独立选矿厂 30 家，允许申请登记发证的 17 家，其余 13 家不予受理登记。全市申请受理非金属矿产采矿登记 220 件，批准登记发证 211 件，批准登记面积 17.35 平方千米。同年，完成矿山年度审查 293 家，年检 128 家，年审率 100%。2007 年，丽水市国土资源局矿管处设矿产督察员办公室。

第七章　自然灾害

丽水市处于中亚热带季风气候区，既有显著的立体山地气候特征，亦有较明显的海洋性季风气候特征。特殊的地理位置和地形地貌，使得丽水成为浙江省气象灾害的多发地区之一。境内的灾害主要有气象灾害、病虫灾害、地质灾害、地震灾害。

气象灾害主要有干旱、暴雨、台风、高温、冷冻、强对流等。丽水市日最大降水量出现在 2000 年 7 月 19 日的青田，日降水量 246.7 毫米。2008 年 1 月 26 日至 2 月 4 日雨雪冰冻天气影响，全市受灾人口 780226 人，受伤 15 人，倒塌房屋 315 间；农作物受灾面积 52420 公顷，绝收面积10184 公顷，农业经济损失 15521.14 万元；直接经济损失 264190.8 万元。

地质灾害以山体滑坡、泥石流为主，危害以泥石流为最，主要发生在 6—8 月，多因强降雨直接引起。

丽水区域历史上有地震的记载，但缺因地震造成人员、财产损失的记载资料，所以不能反映。境内最强烈的一次地震发生在明万历二年(1574)的庆元,震级5.5级。

第一节　气象灾害类型

丽水特殊的气候、地理位置和地形地貌,使丽水成为浙江省气象灾害多发地。每年台风、暴雨、雷电、干旱、大风、冰雹、高温热浪、低温冷害、大雾、冻雨(雨凇)等灾害性天气时有发生,并衍生洪涝、小流域山洪及地质灾害、森林火灾、病虫害等灾害,对全市人民生命财产安全、经济建设、工农业生产、水资源、生态环境和公共卫生安全等产生影响。

干　旱

气象干旱的划分标准是夏季连续三旬降水偏少5成或以上为伏旱,其它季节连续两个月累计雨日少于14天为季节性干旱,年降水偏少20%为年干旱。

20世纪70年代,丽水干旱较严重。20世纪80年代,丽水地区干旱比较频繁。20世纪90年代,丽水地区干旱相对较少。21世纪,丽水市干旱有增多趋势。1978—1981年,丽水地区出现严重干旱。1987—2010年,丽水地区大范围干旱年份较少,其中2003—2004年出现严重的连续干旱。遂昌县出现年干旱频率最高,为5.2年一遇。1967年,遂昌县干旱最为严重,年降水偏少58%。遂昌县、龙泉市、庆元县年干旱发生概率较高,而中东部的云和县、景宁畲族自治县、莲都区相对较少。

出现在7—8月的伏旱是丽水影响范围最大的季节性干旱。7—9月为台汛期,降水起伏较大。台风影响多或强,则有台汛;台风影响少,则降水少、持续高温,极易出现伏旱。从时空分布来看,东南部的青田、庆元自1971年建站至2010年,未曾出现伏旱。而西北部的遂昌最为常见,达5.7年一遇,如1965年、1967年、1968年,都曾发生严重的伏旱。

冬旱是出现频率最高、影响仅次伏旱的季节性干旱。1971—2010年,发生丽水市全市区域性冬旱的年份有1980年、1982—1983年、1986—1988年、1995—1997年、1999年、2003—2004年、2008年。丽水市冬旱一般1.80—3.30年一遇,庆元和青田最多,平均1.8年一遇,云和最少为3.3年一遇。其他县(市、区)冬旱的机率为2.5年左右一遇。

暴　雨

丽水最常见的灾害性天气是暴雨。气象上以日降水量50.00—99.90毫米为暴雨,日降水量100.00—249.90毫米为大暴雨,日雨量≥250毫米为特大暴雨。丽水的暴雨主要集中在5—9月(汛期),其中出现在5—6月的主要是受西风带系统的锋面活动或低空急流影响而造成的,称为梅汛期暴雨;出现在7—9月的主要是受台风影响造成的,称为台汛期暴雨。

暴雨的强度及初终日期　1970年6月26日,龙泉日降水量220.7毫米,为汛期降水集中期大暴雨;丽水日最大降水量出现在2000年7月19日的青田,日降水量246.7毫米,受台风“海棠”影响所致;丽水任意24小时最大降水量出现在2005年7月19日09时至20日09时的青田,314.3毫米;丽水60分钟最大降水量出现在1991年9月9日18时04分至19时04分的云和,为80.4毫米;丽水任意10分钟最大降水量出现在1991年6月19日16时56分至17时06分的青田,为30.9

毫米。

暴雨的月分布　暴雨在丽水市的各月都有可能发生，但主要集中在5—9月，这5个月的年平均暴雨日数占全年暴雨平均日数的81%，其中以6月最多，占全年的32.5%。就各县（市、区）而言，庆元的暴雨日数最多，平均每年4.95天；其次是龙泉，平均每年4.91天；最少的是缙云平均每年3.20天。丽水市一年中出现暴雨月份最早的是地区是莲都，在1992年1月5日，其次为1994年1月13日，在龙泉和云和；出现暴雨月份最迟是在1994年12月10日的莲都、遂昌、缙云。

台 风

丽水地处浙西南山区浙闽交界处，东南接温州临近东海，常受台风影响。台风对丽水的影响主要表现为暴雨和大风及其次生的洪涝、小流域山洪与地质灾害等。其中青田、景宁、缙云等东部地区，台风带来的暴雨和大风都会造成影响，而中西部地区则以暴雨的影响为主。影响丽水的台风以登陆福建晋江以北至浙江温州之间的台风最为严重；其次为登陆晋江以南且西行的台风，如遇冷空气结合，常给丽水全市造成较严重的影响；登陆温州以北或者紧擦浙江沿海北上的台风对丽水市的影响较小，但有时东部地区也会受到明显影响。年分布：以丽水境内7个常规气象观测站中的1个及以上测站日降水量≥50毫米或过程雨量≥100毫米作为台风影响的标准，1950—2010年对丽水造成影响的台风有118个，年均1.90个。其中年影响台风个数为1~2个的年份最多，超过50%，极少数年份多于5个台风影响（约5%），无台风影响的年份有9年（1954年、1968年、1976年、1980年、1983年、1986年、1993年、1995年、1998年），仅占15.3%，年影响台风最多为6个（1990）。影响时间最早为5月17日（0601号台风“珍珠”），最迟为11月18日（6721号）。月分布：丽水5—11月都可能受到台风影响，其中最多的是8月，其次是9月，5、6、10月明显偏少，11月份最少，1—4月和12月无台风影响。从影响程度来看，8月最为严重，9月次之，11月较小。5—6月影响的台风，雨量时空分布相对其它月份要均匀，7—10月则自东向西逐渐减小，东西差异明显，过程雨量大于200毫米的区域大多位于青田小溪以南的狭小区域内。2010年，台风“莫兰蒂”于9月9—11日进入丽水市，丽水市庆元、松阳遭受严重影响，直接经济损失4200万元。

高 温

日极端最高气温≥35℃称为高温。高温受区域和海拔的影响较大，丽水高温天气空间分布不均匀，各地差异较大。总体来看，城区多于山区，东部多于西部除青田由于受海洋性气候影响，高温出现的频率相比其他地方明显偏少。各地城区出现高温天气的频率由高到低依次为景宁、丽水、云和、缙云、龙泉、遂昌、青田、庆元。高温年分布情况，鉴于丽水各地高温情况差异大，以高温出现频率最高的丽水市区为代表进行特征描述。1951—2010年，丽水市区的高温日数有2598天，年均43.3天，1971年最多为74天，1973年最少只有19天。其间，除20世纪70年代到80年代中期和90年代后期外，高温天气总体偏多，2003年以后则持续在高位振荡。高温月分布情况，各月来看，高温天气出现在4—10月，呈明显的单峰结构。4月开始出现高温并逐月增多，7月呈跳跃性增多并达到最高点，8—10月逐月减少。丽水的高温天气主要出现在7—8月份，2个月的高温日数占全年总数的77.8%，有时甚至会出现大范围的连续高温天气。如2003年6月29日至8月4日，丽水市区和云和县城出现37天的持续高温，最少的青田也有33天，且所有气象站点均创有气象记录以来的极端最高气温极值，丽水市区7月31日的最高气温43.2℃，一举突破浙江省历史最高纪录；2007年6月27日至8月3日，丽水市区连续38天高温，最高温41.4℃，同时期连续高温天数为青田35天、云和35天、缙云34天、遂昌32天、龙泉25天、庆元22天。

低温冷害

寒潮　受北方强冷空气影响，气温骤降，日平均气温24小时内下降≥8℃，或48小时内下降≥10℃，且最低气温≤5℃天气就被认定为寒潮。低温年、月分布情况，1953—2010年，丽水市出现寒潮天气165次，平均每年有2.8次。寒潮的年际分布不均，最多的年份有7次（1987），有3年无寒潮过程（1961年、1986年和2000年）。各县（市、区）来看，缙云最多，平均每年2.4次，青田最少，平均每年1.1次。丽水的寒潮天气多发生在10月到次年4月，2月最多为41次，10月最少仅为3次。

大雪、积雪　1971—2010年，全境年平均积雪日数为2.30天，年均积雪日数最多的是1984年，有12.30天；1973年、1995年、2001年和2007年四年全年无积雪。各县（市、区）各月的最大积雪深度相差较大，就平均而言，遂昌积雪最深，青田最浅。

低温冰冻　日极端最低气温≤0℃的天气就认定为低温冰冻。1971—2010年，丽水市年平均低温日数为20天，年均低温日数最少的是2000年，仅有6天，最多的是1967年39天。各县（市、区）年平均低温日数差异较大，遂昌最多，为28.9天，青田最少，为8.4天。低温冰冻天气以1—2月为最多。

4月份丽水市出现连续3天日平均气温≤11℃，即为“春季低温”，也称“倒春寒”。1971—2010年，全区域性（7个站均出现）的倒春寒天气出现过4次，分别为1976年、1987年、1991年和1996年。一年中单站倒春寒最多出现2次，1987年、1996年遂昌和缙云出现2段倒春寒，1996年遂昌、云和；缙云3个站出现2段倒春寒。各站自建站以来，倒春寒出现的总次数以西北部的遂昌最多，为16次；缙云次之，为13次；东南部的青田最少，仅为4次。从出现时间来看，4月上旬最多，45次，占71.4%；4月中旬次之，17次，占27%。4月下旬出现最少，仅出现过1次①。夏季低温情况，5月下旬至6月中旬，出现连续3天日平均气温≤20℃或日最低气温≤17℃为夏季低温冷害，又称“五月寒”。1971—2010年，连续3天以上日平均气温≤20℃的“五月寒”天气全市平均每年为0.35次，遂昌最多，平均每年0.52次，莲都最少，平均每年0.22次。连续时间最长的是2000年6月9—15日，在龙泉连续3天以上日平均气温≤17℃的“五月寒”天气全市平均每年为0.66次，遂昌最多，平均每年1.06次，莲都最少，平均每年0.29次。连续出现时间最长的是8天，出现在1966年5月21—28日的遂昌、龙泉、云和以及1997年5月21—28日的庆元。秋季低温情况，粳稻和杂交水稻在抽穗扬花期，即9月中、下旬，出现连续3天或以上日平均气温低于20℃或22℃为秋季低温。1971—2010年，连续3天以上日平均气温≤20℃的秋季低温最早出现在1987年和2004年9月9日的缙云及2004年9月9日的云和。连续3天以上日平均气温≤22℃的秋季低温，最早出现在1957年9月3日的遂昌和云和，以及1989年9月3日的缙云。

强对流

雷电、短时雷雨大风、冰雹等激烈天气统称强对流，具有水平尺度小、生命史短，但突发性强、破

① 遂昌，1980年4月24—26日。

坏力大的特点，是丽水市主要灾害性天气之一。

雷电　雷电是指积雨云中、云间或云地之间产生的放电现象。每年春季出现的第一声雷鸣，称作为初雷日。秋季后的最后一声雷鸣，称作为终雷日。丽水一年四季均可能发生雷电天气，初雷日最早1月4日，最晚4月13日，终雷日最早8月29日，最晚12月31日。但以春夏季多发，尤其是7、8月份，冬季鲜有雷电发生。

短时雷雨大风、冰雹　短时雷雨大风是局地天气突变的现象，涉及范围仅几千米到几十千米，出现时阵风可达8级（17米/秒）或以上，通常还伴有短时强降水、雷电等天气，有时还伴随有冰雹。冰雹是指从雷雨云中降落的坚硬固体降水，多呈球状。从各气象站点记录看，丽水在除冬季外都有雷雨大风出现，全市国家气象观测站7个记录581次，每站年均1—3次，出现最多的是1964年的遂昌，共13次。丽水降雹多出现在冷暖空气交锋激烈的3—5月份，也有在盛夏出现，记载81次。除气象站点记录外，各地也常有局部雷雨大风、降雹天气情况的反映。

雾　霾

大雾　丽水的大雾主要以秋冬季的辐射雾为主，能见度小于1000米。其中以冬季最多，秋季次之，夏季最少。月平均雾日数11月或12月最多，7月或8月最少。月平均雾日数最多的月份为9.3天（12月出现在龙泉）。单月雾日数最多为23天，出现在12月的龙泉市。从空间分布来看，龙泉市雾日数最多，多年平均48.5天；其次是云和县，多年平均36天；青田县雾日数最少，多年平均4天。各县（市、区）中，年雾日数最多的为龙泉市，74天；最少是青田县，2004年、2005年、2007年均未出现雾。

霾　丽水霾日数最多的月份是12月或1月，其中缙云县12月累计出现霾83天，属丽水市12月霾日数最多的地方。霾最少的月份是6月或7月。从空间上看，缙云县霾日数最多，1961—2010年出现霾297天，平均每年5.9天；其次是青田县，1971—2010年出现霾137天，平均每年3.4天；庆元县霾最少，1961—2010年50年间出现3天。2004—2010年，各县（市）的霾日有增多趋势。

第二节　地质灾害

丽水境内地质灾害的记载，最早见于元代，尤以20世纪80年代后记载较详。1980—1989年，丽水地区发生地质灾害26起。1990—2005年，丽水市发生规模和损失较大地质灾害260多起，造成死亡245人。2006—2010年，丽水市地质灾害造成死亡42人、失踪6人、受伤8人，经济损失1.30亿元。2010年，丽水市发生地质灾害险情114起，其中龙泉市死6人、伤1人。

历代灾害事件

山崩　元至元六年（1340）六月庚戌，处州松阳、龙泉二县积雨，水涨入城中，深丈余，溺死500多人；遂昌县尤甚，平地三丈余。桃源乡山崩，压溺民居53家，死者360多人。

明弘治六年（1493），龙泉山崩。

明嘉靖十六年（1537），松阳十八、二十等都山裂。

明万历三十六年(1608)，大水，三都[①]砻铺山崩，毁坏民房，压伤 40 多人。

清康熙廿八年(1689)，大晴将午，景宁乌铁岩下山忽横裂，大水涌出。顷之，黑云滃然而合，雨倾如注，县城上桥以南屋皆水溢数尺，男妇惊避至晚始定。

清乾隆二十六年(1761)五月，松阳大雨，十三都山体滑坡，坏民居、田地。

清乾隆三十九年(1774 年)六月，云和大雨二昼夜，七都[②]、八都[③]山崩，压毙 4 人。

清乾隆四十一年(1776)十二月，云和五树庄山裂数百丈。

清嘉庆二十五年(1820)，松阳东北乡山体滑坡，水入城东，冲坏民舍。

清咸丰三年(1853)三月十六日，云和七都长汀庄山裂 200 余丈。

清咸丰三年(1853)六月，大雨十昼夜，廿六日夜半，景宁五都竹埠村后山崩，压死 73 人。

清咸丰四年(1854)七月，云和三都砻铺村山崩，毁坏农田若干。八月，八都周坑庄山崩，压死 37 人。

清咸丰五年(1855)七月十日，云和大水成灾，多处山崩。

清咸丰六年(1856)九月，松阳境内大雷雨，三都杨家堂、淡竹等庄，山体崩裂数十丈。

清光绪十二年(1886)七月，遂昌山洪暴发，有巨山崩裂，深不见底。

清光绪二十三年(1897)五月二十日，遂昌洪水滂沱，水涨山崩，坏田无数。

民国元年(1912)7 月 17 日，松阳洪水成灾，各乡山崩地陷，石仓区淹死 1 百多人，芥菜源全村覆没。

民国元年(1912 年)8 月 28 日，景宁连日大雨，申刻雨甚，霹雳数声，数百里内群山萃崩，大溪和坑沿者，概被漂没，十难留一，近山边者山崩地塌，十去七八，溺死人口百分之五，鹤溪两岸田地约 20 余公顷尽成沙石荒地。

民国 9 年(1920)9 月初，景宁连日大雨、山洪暴发。城东乌铁岩山顶崩裂，压毁田禾约 13 多公顷。

民国 11 年(1922)，松阳县大雨，二十五都、板桥岭头、四都、庄后等地山体滑坡，有人被压死。

民国 30 年(1941)7 月 17 日、19 日，遂昌县洪水、山崩，死 1 人。

1952 年 7 月 19—22 日，境内各县暴雨成灾，景宁县温堆村山体滑坡。

1953 年 6 月 29 日下午 2 时许，雷雨山崩，景宁县 5 个村 11.27 公顷农田被毁。

1983 年 9 月 2 日，云和县梅源乡大暴雨，山崩 500 多处，毁农田 8.07 公顷，工厂、民房等均受损失。

泥石流　丽水境内地质灾害以山体滑坡、泥石流为主，以泥石流危害最为严重，主要发生在 6—8 月份，多因强降雨直接引起。

1983—2010 年丽水市地质灾害情况一览

表 2-7-2-1

时间	地点	死亡人数(人)	灾害类型	灾害性质
1983 年 10 月 4 日	松阳县望松乡五都源	5	滑坡、泥石流	山地
1986 年 6 月 23 日	松阳县三都乡雅溪、板桥村	1	滑坡、泥石流	山地
1990 年 8 月 20 日	云和县梅源乡砻铺村	8	泥石流	山地
1990 年 8 月	云和县赤石乡高胥村	2	滑坡	山地

① 2010 年属云和县崇头镇。

② 2010 年属云和县云坛乡、沈村乡。

③ 2010 年属云和县石塘、双港乡。

续表 2-7-2-1

时间	地点	死亡人数(人)	灾害类型	灾害性质
1992 年 8 月	云和县黄源乡陈坞村	1	泥石流	山地
1992 年 8 月	云和县云丰乡云丰村	2	滑坡	山地
1992 年 8 月 31 日	景宁畲族自治县澄照乡岩下村	13	滑坡、泥石流	山地
1992 年 8 月 31 日	景宁畲族自治县大地乡叶坑下村	9	泥石流	山地
1992 年 8 月 31 日	景宁畲族自治县澄照乡白沙岱村	5	泥石流	山地
1994 年 6 月	景宁畲族自治县澄照乡米岩山村	4	泥石流	山地
1994 年 8 月 22 日	景宁畲族自治县澄照乡仙山村	6	泥石流	山地
1994 年 8 月 22 日	景宁畲族自治县东坑镇汤坑村	4	泥石流	山地
1994 年 8 月 22 日	景宁畲族自治县鹤溪镇岭脚村	4	泥石流	山地
1994 年 8 月	云和县崇头镇吴坪村	4	滑坡	山地
1994 年 12 月 23 日	龙泉市小梅镇萤石矿	7	工程性塌陷	工程(交通)
1995 年 10 月 8 日	青田县海口镇茅洋村	37	公路边坡崩塌	工程(交通)
1996 年 8 月 1 日	青田县万山乡光窄坑村	7	滑坡、泥石流	山地
1996 年 8 月 1 日	青田县黄洋乡石平川流域	57	滑坡、泥石流	山地
1996 年 11 月	云和县城关独山泉石场	1	崩塌	工程(交通)
1997 年 2 月 18 日	丽缙复线余岭隧道	2	崩塌	工程(交通)
1997 年 3 月 21 日	景宁畲族自治县金峰电站	3	崩塌	工程(交通)
1997 年 3 月 22 日	金温铁路青田县腊口工地	1	崩塌	工程(交通)
1998 年 6 月 20 日	庆元县铅锌矿	1	泥石流	工程(交通)
1998 年 6 月 20 日	庆元县淤上乡山根村	2	滑坡	山地
1998 年 6 月 21 日	庆元县松源镇坑西村	1	滑坡	山地
1998 年 6 月 21 日	庆元县安南乡山头洋村	1	滑坡	山地
1998 年 6 月 21 日	庆元县安南乡陈村村	1	滑坡	山地
1998 年 6 月 22 日	景宁畲族自治县毛垟乡新建垟村	23	滑坡、泥石流	山地
1998 年 7 月	云和县沙铺砻电站	2	崩塌	工程(交通)
1999 年 3 月 25 日	云和县石塘镇丽浦公路 43K800	18	公路边坡崩塌	工程(交通)
1999 年 5 月 27 日	青田县山口镇腊石矿	2	崩塌	工程(交通)
1999 年 6 月 11 日	青田县船寮镇山后村	1	滑坡	山地
1999 年 7 月 7 日	遂昌县新路湾镇山井村	1	滑坡	山地
1999 年 7 月 8 日	莲都区水阁办事处叶安村	1	滑坡	山地
1999 年 10 月 7 日	青田县温溪镇	1	铁路边坡滑坡	工程(交通)
2000 年 6 月 9 日	龙泉市龙渊镇牛头岭	1	滑坡	山地
2000 年 8 月 26 日	龙泉市锦溪镇墙甲村	3	泥石流	山地
2002 年 8 月 15 日	遂昌县蔡源乡甚坑村	3	滑坡、泥石流	山地
2005 年 1 月 13 日	龙泉市道太乡茶坪村	3	崩塌	山地

续表 2-7-2-1

时间	地点	死亡人数(人)	灾害类型	灾害性质
2005 年 3 月 30 日	缙云县新川乡半山村	1	崩塌	山地
2005 年 6 月 22 日	景宁畲族自治县英川镇温堆村	1	滑坡	山地
2005 年 7 月 18 日	青田县船寮镇大路村山后自然村后	2	山体滑坡	山地
2005 年 9 月 1 日	景宁畲族自治县东坑镇杨斜村	1	泥石流	山地
2006 年 5 月 6 日	遂昌县金竹镇塘岭头村	2	滑坡	山地
2006 年 6 月 1 日	景宁畲族自治县鹤溪镇溪口村	1	泥石流	山地
2006 年 8 月 11 日	庆元县荷地镇石木下村	20	滑坡、泥石流	山地
2006 年 8 月 11 日	庆元县荷地镇坪头村	12	滑坡、泥石流	山地
2006 年 8 月 11 日	庆元县荷地镇荷地村	1	滑坡	山地
2007 年 9 月 19 日	青田县腊口镇至章村乡县道	2	公路边坡滑坡、塌方	工程(交通)
2008 年 9 月 5 日	遂昌县应村乡高棠村白岩自然村	1	滑坡	山地
2010 年 6 月 18 日	龙泉兰巨乡大赛村	5	坡面泥石流	山地
2010 年 6 月 18 日	龙泉宝溪乡溪源田村	1	滑坡	山地
合计(47 起)	全市	290	—	地质灾害
	其中(35 起)	213	—	山地灾害
	其中(12 起)	77	—	工程(交通)灾害

地震　历史上丽水有地震的记载,但未有因地震造成人员、财产损失的记载。1574 年,庆元县曾发生过 Ms5.5 级地震,是截至当时浙江省历史记载最大震级地震,造成相当大的破坏。1912—2010 年,景宁、庆元、缙云、青田等地先后发生过 ML1—4 级左右的地震 100 多次。丽水距台湾海峡较近,因此台湾海域发生 5 级以上地震,丽水普遍有震感。

若干年份丽水市三级以上地震一览

表 2-7-2-2

时间	位置		震级	地域
	北纬	东经		
1499 年 5 月	28.06	120.00	3.00	青田县
1515 年	28.36	119.18	3.00	遂昌县
1516 年	28.30	119.30	3.00	松阳县
1521 年 12 月 22 日	28.30	119.24	3.00	松阳县
1537 年 12 月	28.30	119.24	3.00	松阳县
1574 年	27.58	119.73	5.50	庆元县
1602 年 12 月	28.36	119.18	3.50	遂昌县
1627 年 7 月 2 日	28.55	120.00	3.00	莲都区
1627 年 9 月 16 日	28.30	119.54	3.00	松阳县

续表 2-7-2-2

时间	位置		震级	地域
	北纬	东经		
1627 年 7 月 2 日	28.55	120.00	3.00	莲都区
1627 年 9 月 16 日	28.30	119.54	3.00	松阳县
1635 年 11 月 4 日	28.30	119.30	3.00	松阳县
1690 年 4 月 24 日	28.00	119.36	3.00	云和县
1765 年 9 月 3 日	28.00	119.36	4.00	云和县
1810 年 11 月 11 日	28.42	120.06	3.00	青田县
1819 年 11 月	28.42	120.06	3.00	青田县
1851 年 3 月	28.49	120.06	3.00	莲都区
1851 年 9 月	28.42	120.06	3.00	青田县
1853 年 7 月	28.06	120.18	3.00	青田县
1853 年 8 月	28.00	119.36	3.00	云和县
1855 年	28.30	119.30	3.00	松阳县
1857 年 10 月	28.30	119.54	3.00	松阳县
1859 年 4 月	28.30	119.54	3.00	松阳县
1866 年 7 月	28.49	120.00	3.50	莲都区
1866 年 9 月 21 日	28.00	119.36	4.80	云和县
1866 年 10 月 22 日	28.06	120.18	3.00	青田县
1917 年 3 月 1 日	27.42	119.24	4.50	庆元县
1998 年 2 月 24 日	27.58	119.73	3.60	庆元县
2002 年 8 月 9 日	27.62	119.15	3.20	庆元县
2007 年 10 月 3 日	27.58	119.08	3.10	庆元县
2007 年 12 月 10 日	27.55	119.07	3.10	庆元县

灾害防御

灾害勘查　丽水地质勘查工作始于民国初年。1958 年起，各县党委、政府高度重视，灾害勘查进入高潮，以基础地质、物化探、矿产调查、勘查为主。20 世纪 80 年代起，丽水地区地质灾害勘察逐步从灾后调查转向灾前预测、勘察和治理预防。

1991 年，浙江省地矿厅省第七地质大队全面调查丽水地区发生的地质灾害地和新发现的隐患点，并提出治理建议和部分灾害点或隐患点的治理工程设计方案。1996 年，详细调查青田、庆元、景宁等县受第 8 号台风影响的灾害点 7 个。1997 年，对庆元县二中、丽水市小陶村、330 国道丽缙复线开展地质灾害调查。调查结果表明，庆元县第二中学教学楼墙裂等隐患，是由于膨胀土地基的胀缩和浅层滑坡引起；丽水市小陶村滑坡，则由短时间强降雨引起滑动面活动而造成；330 国道丽缙复线黄畈段滑坡，是由于公路填筑使滑块承载力加大而形成。1998 年，对景宁畲族自治县毛垟乡泥石流、英川镇黄垟滑坡，庆元县铅锌矿泥石流，丽水市太平乡滑坡，330国道丽缙复线银场段滑坡，云和县朱村滑坡，龙泉市住龙镇泥石流等地质灾害开展调查。1999年，对金温铁路青田段崩塌，庆元县竹坪山体滑坡、铅锌矿泥石流，松阳县四都源公路边坡滑坡，景宁畲族自治县林源排滑坡等开展地质勘察。

2000年2月，丽水地区成立地质灾害评估审查小组，评估报批工程建设项目的地质灾害危险性。2001年起，丽水市政府将这项工作交由市国土资源局所属的事业单位或有资质的中介机构承担，评估结果由省级以上地质矿产（国土资源）行政主管部门认定，不符合条件的，国土资源行政主管部门不予办理建设用地审批手续。2002年，完成丽水市玉溪电站库区地面沉降、遂昌县湖山萤石矿坍塌、53省道龙泉市牛岭头滑坡、松阳县安民水电站库区公路滑坡勘查，基本查明地质灾害特征。同年，完成云和县林洋滑坡、缙云县上坪滑坡、青田县山头滑坡、松阳县大东坝泥石流、遂昌县甚坑村桃树洋地质灾害等应急调查。2003年，完成1:1万的地质灾害调查与区域划分。

危险评价　2005年，丽水市完成编制1:1万乡（镇）地质灾害分布与易发区图，并初步评价重要地质灾害体的稳定性与危害性。2006年，逐步实施农村散户建房宅基地地质灾害危险性评价。2008年，完成小流域泥石流地质灾害调查与评价工作，查明泥石流隐患沟谷306条。2009年，完成全市中小学377所校舍场址地质灾害隐患排查，专项调查评估其中44所，确定存在地质灾害隐患的校舍场址35所，需整体搬迁3所，工程治理28所。2010年，完成全市地质灾害隐患再排查工作，新查明地质灾害隐患点148处，其中崩塌26处、滑坡108处、泥石流14处。2005—2010年，完善备案制度，易发区内工程建设用地地质灾害危险性评估率100%。

至2010年，丽水市查明地质灾害（隐患）点1396处（含1处膨胀土），其中崩塌220处、滑坡820处，新增泥石流隐患沟谷222条，发生泥石流125条，地面塌陷8处。

汛前排查　2005年，丽水市组织出动3145人次，检查隐患点1041个。2006年，组织出动467组1776人次，检查隐患点851处次。2007年，组织426组次1612人次，检查地质灾害隐患点974处次。2010年，全面开展“避灾工程”项目建设，全市建成县、乡、村三级避灾中心（所）704个，累计投入资金5527.1万元。

监测预报　2002年起，丽水市落实具体监测负责人，日常监测，及时收集资料、及时报告各个地质灾害（隐患）点。2003年，市国土局部署对危害程度较大的隐患点，通过埋桩、经纬仪测量等多种方式进行监测。丽水市国土资源部门与气象部门合作，建立突发性地质灾害气象预警发布工作平台，开展地质灾害气象预报预警工作，对所辖区域内地质灾害可能发生的时间、地点、成灾范围和影响程度作出预报，并在电视天气预报栏目中播放。2004年9月，庆元县成功监测一起滑坡泥石流灾害，及时发布灾害预警信息，组织33户群众84人撤离危险区域。2005年，根据监测预警信息，临时撤离隐患点547处群众25548人，成功避让35处394人。2006年，发布三级以上地质灾害预警预报27次，发送防灾短信3000多条，临时撤离404处次隐患点群众15279人次，成功避让18起415人。2007年，发布各类地质灾害防范信息1392条，临时撤离323个点14629人次。2009年，又成功监测预报1起，避免人员伤亡7人。

规划与预案　1999年，丽水地区行署发布《丽水地区地质灾害防治规划编制方案》。2001年，编制完成《浙江省丽水市地质灾害防治规划》。2003年，全市地质灾害防治规划和区划编制工作全部完成。同年，编制完成《丽水市城市地质灾害防治规划》。2005年，全市编制完成1:1万乡（镇）地质灾害分布与易发区图。2007年6月，开始执行《丽水市地质灾害防治规划(2006—2010)》。同年，庆元、景宁、龙泉、青田等县(市)也完成规划修编工作。编制完成《丽水市地质灾害搬迁避险规划》，并通过论证审查，2008年，开始实施，这是浙江省首个地质灾害搬迁专项规划。2010年，修编《丽水市地质灾害防治规划(2011—2015)》。

2001年4月，省政府办公厅发布《转发省国土资源厅关于2001年汛期防御地质灾害预案的通知》，指出丽水市的庆元、景宁、云和、青田、莲都、龙泉等县(市、区)，地质灾害隐患占较多，需加强监测和防治工作。同年，丽水市开始编制年度地质灾害防治预案，对同年的地质灾害趋势进行预报。

2004年，丽水市将年度地质灾害防治预案分为《年度地质灾害防治方案》和《汛期地质灾害应急预案》两个文件来编制。2004年8月，丽水市国土资源局，在岭头乡包谢村组织突发性地质灾害应急预案演练。同年。全市组织演练10多次。2005—2006年，全市演练20多次。2010年4月26日，召开会议培训辅导《浙江省地质灾害防治条例》，总结交流2009年全市地质灾害防治工作，签订《2010年度地质灾害防治工作责任书》，部署2010年地质灾害防治和2009年度土地卫片执法检查工作任务。

地质灾害治理

防治网络 1995年，把地质环境管理列入市矿产资源管理局四项行政职能之一。1997年6月，成立丽水地区地质灾害防治工作协调小组并建立工作联系网络。2001年，浙江省省拨防灾资金补助款74万元，支持丽水市地质灾害防治工作网络建设。丽水市国土资源局设地质环境科，下设丽水市地质环境监测站。2001—2005年，全市成功避让地质灾害37起，避免人员伤亡428人。2003年，建立地质专家应急指挥系统9个，地质灾害应急小分队多个，应急人员163人。丽水市搭建突发性地质灾害气象预警发布平台，提高汛期地质灾害气象预警能力。同年，开始对危害程度较大的隐患点，通过埋桩、经纬仪测量等多种方式进行群专结合监测。2004年，庆元县举行全浙江省首次地质灾害应急预案演练。2005—2010年，全市共进行30次应急预案演练。2007年，全市开展农村地质灾害防治知识培训宣传活动，举办集中培训30多次，参加培训1000多人，并对457个村38981人和40所学校14354人进行培训。2008年，缙云县大源镇郑念山村金红彬、龙泉市龙南乡黄万岱村王学定被评为全国优秀群测群防员。2009年，开展地质灾害群测群防"十有县"创建工作，同年龙泉、缙云获全国地质灾害群测群防"十有县"称号，2010年庆元、松阳、景宁、青田四县荣获全国"十有县"称号。2010年，县(市、区)、乡(镇、街道)、村三级群测群防体系，覆盖所有地质灾害隐患点。布点342个，埋桩1368只，配置18台滑坡专业监测仪器进行全天候监测。2005—2010年，成功预报地质22起灾害，避免人员伤亡465人。在监测点上未发生人员伤亡。

应急救灾 2006年，丽水市国土部门到受桑美台风影响严重的庆元灾区，实地调查地质灾害点254个，掌握各地质灾害点的活动及受灾情况，及时将急需搬迁的84个点、3853户、13603人的相关资料上报省国土资源厅。2010年，临时紧急转移安置129800人次。

工程治理 20世纪90年代起，对部分地质灾害发生地和隐患点进行工程治理。2003年，完成莲都区吴弄村滑坡治理工程，解除30多户、126人生命财产的威胁；完成青田县汤垟乡后山危岩治理，解除汤垟乡中心学校师生500多人生命安全隐患；完成松阳县安民水电站库区公路滑坡第一阶段削坡卸荷治理工程，基本解除安民乡及箬寮岘风景旅游区通道的安全威胁。

2004年，完成庆元县新窑村滑坡勘查治理工程，莲都区峰源乡木寮村滑坡勘查治理工程开始实施。同年，开展地质灾害生态环境勘查治理示范点建设，浙江省国土资源厅在丽水市立项治理工程项目8个，投资110万元，至2005年完成7个。2005年，地方财政投资地质灾害防治基础项目，应急排险、治理投入近1000万元、20个项目，是历年来最多的一年。2006年，省国土资源厅补助丽水市应急排险项目7个资金119万元。全市地方财政投入治理资金1017万元，实施地质灾害治理项目22个，同年完成14个。2007年，投入治理资金1720.1万元，启动治理与应急排险项目28个，同年完成20个，4494人摆脱地质灾害威胁。2008年，全市投入资金998.78万元，启动勘查、治理和排险项目22个，涉及人口968户、3496人，同年完成工程治理项目10个。2009年，全市投入资金1013.24万元，开展勘查、治理、排险项目26个，涉及人口917户、5189人。争取到省国土资源厅补助治理项目12个、补助资金293.50万元。2005—2010年，全市完成治理（排险）项目98个，投入资金4749万元、解危人口9552人。同时完成6个县的34个矿山生态环境治理及闭坑复绿，建立百矿示范点6个。

2010年，丽水市立项排险治理项目40个，投入资金1598万元，涉及人口2889人。同年完成项目10个，解危人口289户、911人。

搬迁避灾　2000年后，除工程措施外，还采取搬迁避灾的方法治理地质灾害。丽水市对部分地处偏远山区、基础设施薄弱，治理难度大、费用高的地质灾害点进行搬迁避让，结合下山脱贫，把这些点的居民迁移到沿江、沿路、中心村居住。

2001—2005年，丽水市经省级立项的地质灾害防治项目42个，争取到省财政补助资金634万元，地方政府配套资金325万元；地方政府自筹资金投入并完成治理、应急排险、搬迁避让项目72个，总投资1189万元。

2005年，丽水市政府报送《丽水市人民政府对重要地质灾害隐患点实行搬迁避让的请示》，全市地质灾害隐患点42个、2291户、8799人争取到补助资金2639.7万元。龙泉、庆元、景宁等县（市）13个险情较严重隐患点群众，纳入首期搬迁避让计划。到2006年，全市73个行政村、95个隐患点、避灾搬迁1876户、6655位居民，建成安置小区15个、安置点1个。

2007年，丽水市编制《丽水市地质灾害搬迁避让规划（2007—2012）》。2008年，市政府开始实施百村千户避险工程，市委、市政府连续三年把搬迁避灾工作列为全市“十件大事”之一。至2010年，全市投入资金21091.2万元，搬迁地质灾害隐患点164个、4460户、14158人，建成安置小区9个、安置点2个，在建的安置小区3个，安置点2个，可容纳6175户、20953人避灾居民搬迁入住。

2010年丽水市地质灾害搬迁避让安置点一览

表2-7-2-3

行政区	安置点名称	位置	面积（公顷）	安置户/人数（户/人）	移民来源	建成时间
龙泉市	河村畈小区	西街街道河村畈	0.10	10/42	地质灾害避让搬迁	尚建设中
	安仁镇下山脱贫小区	安仁镇	5.33	731/2300	安仁镇下山脱贫	尚建设中

续表 2-7-2-3

行政区	安置点名称	位置	面积（公顷）	安置户/人数（户/人）	移民来源	建成时间
青田县	鹤东安置点	鹤城镇鹤东村	2.00	73/286	地质灾害隐患区	尚建设中
	大安安置点	山口镇大安村	1.67	72/234	地质灾害隐患区	尚建设中
云和县	麻垟新村	赤石乡麻垟村	0.17	20/81	地质灾害避让搬迁	2010 年
	高畲新村	石塘镇小顺水库边	1.51	48/173	地质灾害避让搬迁	2010 年
庆元县	洋墩安置小区	濛洲街道洋墩新村	5.00	814/3079	地质灾害隐患区	2005 年
	同德安置小区	松源街道同德新村	13.75	1302/4916	地质灾害隐患区	2010 年
	同济安置小区	濛洲街道同济新村	26.67	1663/6307	地质灾害隐患区	2010 年
	蒲潭安置小区	淤上乡蒲潭村	2.13	119/425	地质灾害隐患区	2008 年
	安溪安置小区	安南乡安溪村	5.33	224/956	地质灾害隐患区	2009 年
	同心安置小区	松源街道五都村	46.20	约 4043/14800	地质灾害隐患区	—
遂昌县	小忠安置小区	三仁镇小忠村	0.53	64/249	白麻村	2010 年
松阳县	乌井安置点	望松乡乌井村	2.42	123/384	望松乡砌坛村	2009 年
	泉庄安置点	新兴乡泉庄村	2.42	109/426	新兴乡金坞村	2009 年

说明：庆元县同心安置小区 2010 年处于建设中

第三节　丽水历代重大自然灾害情况

从历史记录中可以看出，丽水一直都是自然灾害多发的地方，主要以气象灾害和地质灾害为主。

唐显庆元年（656）九月，栝州大风暴雨，水溢城下，淹死 7000 多人。

唐文明元年（684）七月，栝州大水，淹死 100 多人。

唐神功元年（697）三月，栝州大水，冲坏栝苍县民舍 700 多家。

宋宣和六年（1124）七月，栝州大水，水高 6 尺。十月，松阳水涝。

宋绍兴十三年（1143），丽水八月大水，淹县城居民。青田八月大水，淹死 30 多人。

宋绍兴十四年（1144）七月，处州三县大风雨。八月，丽水淹死 3000 多人。

宋乾道九年（1173），处州久旱，无麦苗，次年饥荒。

宋嘉定九年（1216）五月，处州大水，漂田庐害庄稼。

宋嘉熙三年（1239）七月，处州大水冒城郭，溺人。

元大德九年（1305）六月，丽水、青田水发自缙云，飘荡庐舍，淹死数百人。

明洪武十七年（1384），龙泉、松阳、遂昌大水，坏民居田地。

明成化十九年（1483）七月，遂昌大水，坏民居田地。六月十九日景宁大水，坏民居 200 多家，淹死 100 多人。云和六月大水，溪民庐舍漂没。青田大水。

明嘉靖四年（1525），丽水、松阳、遂昌大水。

明嘉靖五年（1526），青田、松阳、缙云大旱，溪水断流。

明嘉靖四十二年（1563），青田大水，十一都、十二都，冲坏田地 33 顷，淹死 323 人，漂没房屋 752 所。

明隆庆三年(1569)，云和、龙泉水灾。七月青田大水，冲坏田地5顷多。七月，缙云大水淹没庐舍。八月，丽水大水，田禾淹没。

明万历三十二年(1604)，丽水、松阳、遂昌、缙云县地震。

明万历三十七年(1609)八月，青田洪水暴溢，舟行城内救溺，飘荡民居殆尽。丽水大水，漂没田庐。缙云大水冲毁城楼。遂昌大水，田禾漂没。

明启三年(1623)四月，丽水大水，麦无收。缙云大水漫城垣。

清康熙二十五年(1686)闰四月，丽水大雨四昼夜，漂没田庐，溺者无数。云和城内可通舟楫，漂坏民房百多家。青田城邑为墟。松阳南门水满7尺，舟行城内。遂昌自西门起至南隅东隅沿溪一带，房屋尽漂没，淹死者无数。景宁冲毁田庐。龙泉冲没桥梁、庐舍、田禾。庆元大水冲入高过城墙丈余，县治衙舍俱坏。

清康熙二十六年(1687)四月至七月，庆元不雨，禾苗枯萎。松阳旱。

清康熙二十八年(1689)六月至十二月，丽水不雨，秋禾绝粒，城乡池井尽竭。五月至十一月，庆元不雨，禾苗枯萎，池塘俱成龟裂。松阳旱。

清康熙三十三年(1694)春，景宁山中群虎搏人，伤50多人。

清康熙四十一年(1702)，缙云、松阳、遂昌大旱，秋禾受灾。

清乾隆三十年(1765)七月十九日戌时，景宁地震，屋壁震响，几案摆箕，楼阁房舍侧而复整，梁柱错拆有声，倾之始定。

清嘉庆五年(1800)六月二十三日，丽水大雨，舟行城上，坏田地55顷。二十七日，遂昌北乡陡发水，前后漂没人口数千。

清嘉庆十六年(1811)五月至七月，丽水、缙云、景宁、云和旱，民食麻蕨及白土。

清嘉庆二十五年(1820)，缙云、丽水、云和、景宁大旱，民食草木。

清道光十一年(1831)五月，青田、龙泉大水。

清道光十四年(1834)五月十四日，“丽水大水，沙石壅积田地20顷”。五月云和大水，漂没沿溪田庐。六月二十八日缙云大水，飘荡田禾庐舍。

清咸丰三年(1853)七月，丽水大水。六月青田大雨，山崩水涌漂没田庐。三月十六日辰，云和七都长汀庄裂200多丈。六月二十六日景宁大雨，夜半五都竹埠村后山崩，压死73人。

清同治五年(1866)，六月六日缙云地震，声如雷，屋宇倾倒。九月十四日，青田地震。

清光绪二年(1876)五月，庆元大水，漂没田庐。六月十二日，青田大水。七月十二日，丽水大水。

清宣统三年(1911)，景宁、丽水、青田、遂昌、松阳大水。

民国元年(1912)，龙泉、庆元、景宁、丽水大水。8月28—29日台风过境，青田、丽水、龙泉、云和、缙云、松阳、遂昌受台风影响，暴雨成灾。9月17日，青田又连续大雨，两次受灾16138户、75604人，冲毁房屋75632间，损坏房屋27134间，冲毁田地1287.53公顷，积沙3504.27公顷。

民国3年(1914)，龙泉、遂昌、松阳夏旱，缙云成灾1700公顷。

民国11年(1922)，丽水、遂昌、松阳、龙泉、景宁、庆元大水。6月21日，缙云大水，受灾920公顷，成灾500公顷，损失粮食227.5万千克。

民国17年(1928)，青田暴风雨，农田被淹526.67公顷，田地漂没10多公顷，沙淤20公顷，冲塌砗坝1500多丈、民房13间，灾民3100人。8月1日，缙云大水，78000人受灾，毁屋350间、桥梁72座。

民国33年(1944)5月,缙云受旱1433.33公顷,其中成灾277.73公顷,损失粮食400万千克。6月龙泉小梅山洪暴发,田园被冲60多公顷,屋宇冲塌34家,继则久晴不雨,禾苗枯萎,全县损失稻谷50万千克。

民国34年(1945),丽水、缙云、遂昌、青田、云和、龙泉旱灾。

1952年7月19—22日,龙泉、庆元、遂昌、丽水、青田县暴雨成灾,淹没农田1.12万公顷,成灾0.18万公顷,冲失木材7.99万支,死88人,伤75人,受冲房屋3280间,损失粮食247万千克。

1953年7—8月,松阳、青田、云和、缙云、庆元等县受旱面积1.8万公顷,其中成灾0.49万公顷,损失粮食1600万千克。部分农村出现接龙求雨等迷信活动。

1956年,丽水连续干旱60多天,受旱1.77万公顷,其中成灾0.49万公顷,损失粮食2280万千克。

1967年7月13日至11月5日,丽水连续干旱无雨,受灾2.75万公顷,损失粮食6690万千克。

1970年,6月25日,特大暴雨,龙泉、丽水等县淹死23人。

1971年,夏旱,受旱33333公顷,其中成灾9800公顷。国务院派3架飞机抵丽水、龙泉、遂昌等县人工催雨。因灾损失粮食2000万千克。

1978年6月24日起,丽水天旱近百天,受旱1.5万公顷,成灾8533公顷,粮食减产1682万千克。

1979年8—9月,青田、遂昌、龙泉、丽水等县受旱12860公顷,丽水县用高炮发射碘化银炮弹1000发人工催雨。

1981年春,缙云、龙泉、庆元、青田、丽水、遂昌县遭大风、暴雨和冰雹袭击,死25人,伤121人,损坏房屋2631间。

1983年6月12日,丽水大暴雨,农田受淹8533公顷,死37人,毁房720间,冲毁堰坝总长36千米,毁小水电站2座,公路桥4座,冲失木材1621立方米。同年,马尾松毛虫危害4.4万公顷。

1986年7月23日至9月13日旱,丽水插晚稻断水、晒白、开裂、枯苗3.53万公顷,旱地杂粮受旱0.8万公顷,损失粮食4500万千克。茶、桑、果园受旱1.13万公顷。

1987年3月25日,寒潮入侵,普降小雪,气温骤降摄氏零度一下,出现严重的“倒春寒”,海拔300米以上小麦6667公顷、马铃薯6000公顷遭冻害,损失粮食3500万千克。7月27日7号台风,缙云县倒塌民房731间,死9人,冲毁堰坝123座,淹没粮田3733公顷。9月9日12号台风,青田县死10人,倒塌房屋274间。

1988年6月12—20日,丽水连降大雨,造成山洪暴发,死36人,重伤19人,轻伤11人,冲坏水利设施11840处,农田受灾15667公顷,冲毁农田2486公顷,损失粮食4200万千克。6月29日至7月18日,干旱,粮食作物受旱46667公顷,损失粮食3350万千克。

1990年6—7月旱,丽水受灾农田3.8万公顷。

1991年3月28日至4月3日,景宁、云和、莲都、庆元出现倒春寒,庆元积雪8—10厘米,直接经济损失1116.4万元。5月16日至8月20日,庆元、龙泉、缙云、遂昌、莲都区旱,受灾人口14.5万人，饮水困难 5.92 万人，农作物受灾面积 22448.94 公顷，成灾面积 14533.34 公顷，绝收面积 4826.67 公顷，直接经济损失 1586 万元。12 月 27—30 日，景宁、龙泉、云和、莲都、庆元、遂昌寒潮、低温雨雪，农作物受灾面积 3065.94 公顷，成灾面积 53.33 公顷，绝收面积 53.33 公顷，林业损失 150 万元，电力损失 70 万元，农业损失 920 万元，直接经济损失 1145 万元。

1992 年 4 月 29 日，青田、庆元雷雨大风、暴雨，受灾人口 64019 人，死亡 13 人，受伤 11 人，倒塌房屋 264 间，损坏房屋 42828 间，农作物受灾面积 840 公顷，成灾面积 393.33 公顷，直接经济损失 155.6 万元。7 月 3—8 日，莲都、龙泉、遂昌、庆元、青田连续暴雨，受灾人口 66.9 万人，死亡 11 人，受伤 41 人，被困 645 人，转移安置 390 人，倒塌房屋 654 间，损坏房屋 912 间。8 月 28—31 日，景宁、莲都、龙泉、庆元、云和、缙云受 16 号台风连续暴雨，造成山洪、泥石流，110.47 万人受灾，72 人死亡，114 人受伤，8000 人被困，5000 人转移安置，倒塌房屋 3855 间，损坏房屋 54112 间，农作物受灾面积 33357.8 公顷，成灾 19731.13 公顷，绝收 1000 公顷，农业经济损失 4156.4 万元，水利经济损失 2996 万元，工业损失 15265.95 万元，直接经济损失 90098.45 万元。

1993 年 6 月 15—24 日，连续暴雨，遂昌、龙泉、缙云、莲都、松阳 23 万人受灾，死亡 8 人，受伤 103 人，被困 25 万人，转移安置 9500 人，倒塌房屋 175 间，损坏 2620 间，农作物受灾 4220 公顷，直接经济损失 33460.69 万元。7 月 11 日至 9 月 24 日，庆元、龙泉、遂昌旱，受灾人口 74500 人，饮水困难 8300 人，农作物受灾面积 15587.96 公顷，成灾面积 11121 公顷，绝收面积 2606.67 公顷，农业经济损失 677.5 万元，直接经济损失 1691.5 万元。

1994 年 6 月 9—25 日，持续性暴雨，遂昌、莲都、缙云、青田、庆元、龙泉、云和受灾，受灾人口 90.3 万人，16 人死亡，56 人受伤，被困 13267 人，转移安置 66400 人，倒塌房屋 3576 间，损坏 21651 间，农作物受灾面积 61477.2 公顷，成灾面积 39359.27 公顷，绝收面积 69346 公顷，农业经济损失 12953 万元，直接经济损失 108515.77 万元。8 月 20 日—22 日，17 号台风，莲都、缙云、景宁、龙泉、青田、庆元、云和、遂昌 123.58 万人受灾，56 人死亡，2 人失踪，212 人受灾，被困 59000 人，转移安置 135 人，倒塌房屋 6402 间，损坏 30547 间，农作物受灾面积 29282.23 公顷，成灾面积 5082.7 公顷，绝收面积 987 公顷，农业经济损失 1535 万元，直接经济损失 68345.1 万元。

1995 年 4 月 14—18 日，丽水多地发生暴雨、冰雹、雷雨大风等强对流天气，莲都、龙泉、云和、青田、庆元、缙云等地 156407 人受灾，1 人死亡，1 人受伤，倒塌房屋 136 间，损坏房屋86532 间，农作物受灾面积 89501.34 公顷，成灾面积 25738.06 公顷，绝收面积 25451.4 公顷，农业经济损失 3274.1 万元，直接经济损失 22966.1 万元。5 月 30 日至6 月 27 日，多次暴雨过程，莲都、遂昌、缙云、云和、龙泉、庆元、青田等地受灾，受灾人口 555703 人，死亡 4 人，受伤 17 人，倒塌房屋 2716 间，损坏房屋 5412 间，农作物受灾面积 22876 公顷，成灾面积 6769 公顷，绝收面积 4700.33 公顷，农业经济损失 5764 万元，直接经济损失 28365 万元。7 月 1 日至 9 月 11 日，莲都、缙云、庆元、云和等地受旱，受灾人口 379900 人，15600 人饮水困难，6000 头牲畜饮水困难，农作物受灾面积 20165.7 公顷，成灾面积 1366.67 公顷，绝收面积 566.67 公顷，直接经济损失 6392.7 万元。

1996 年 6 月 5—9 日，龙泉、庆元暴雨，受灾人口 49200 人，被困 240 人，倒塌房屋 213 间，损坏房屋 531 间，农作物受灾面积 3478.67 公顷，成灾面积 2502 公顷，绝收面积 200 公顷，农业经济损失 1134 万元，直接经济损失 1444 万元。7 月 18 日，庆元、缙云等地遭受龙卷、冰雹、大风袭击，受灾人口37018人，死亡2人，受伤16人，损坏房屋3416间，农作物受灾面积1600公顷，成灾面积1066.67公顷，农业经济损失300万元，直接经济损失3416万元。7月31日至8月2日，受8号台风影响，莲都、龙泉、遂昌、庆元、云和、青田、缙云、景宁等地连降暴雨引发洪涝、滑坡、泥石流等地质灾害，受灾人口814000人，死亡73人，失踪8人，受伤5人，被困1万人，转移安置75000人，倒塌房屋9713间，损坏房屋14232间，农作物受灾面积28795.7公顷，成灾面积8478公顷，绝收面积3094公顷，农业经济损失5177万元，水利损失12000万元，直接经济损失82809万元。

1997年4月1日至7月31日，青田、龙泉、遂昌、缙云出现冰雹、龙卷等强对流天气，受灾人口83800人，受伤3人，转移安置30人，倒塌房屋38间，损坏房屋98间，农作物受灾面积640公顷，成灾面积380公顷，绝收面积23公顷，农业经济损失40万元，直接经济损失2388万元。7月2—13日，持续性暴雨，莲都、龙泉、遂昌、庆元、云和、青田、缙云、松阳受灾，受灾人口620910人，死亡3人，失踪1人，受伤13人，被困2400人，转移安置9840人，死亡牲畜3900头，倒塌房屋2179间，损坏5859间，农作物受灾面积3961.4公顷，成灾面积2641.53公顷，绝收面积691.13公顷，农业经济损失6640万元，水利经济损失6965万元，公路损坏3214.18千米，交通经济损失760万元，电力经济损失345万元，直接经济损失27106.3万元。8月8—20日，受11号台风影响，缙云、龙泉、青田、遂昌受灾，受伤21人，倒塌房屋2412间，损坏房屋7945间，农作物受灾面积11263.3公顷，成灾面积4666.67公顷，绝收面积628.67公顷，农业经济损失7118万元，工业经济损失2113万元，直接经济损失25443.1万元。

1998年5月13日至6月23日，持续性大雨，庆元、莲都、云和、遂昌、庆元、缙云、青田受灾，受灾人口440059人，死亡44人，受伤136人，被困1224人，转移安置69654人，倒塌房屋3526间，损坏房屋8346间，农作物受灾面积18481公顷，成灾面积7115.46公顷，绝收面积1235.39公顷，农业经济损失11213万元，水利经济损失12401万元，工业经济损失560万元，直接经济损失153241万元。7月1日至9月10日，松阳、莲都、龙泉、云和、缙云旱，饮水困难人口15000人，农作物受灾面积8055.13公顷，成灾面积4515.13公顷，绝收面积1212.33公顷，农业经济损失450万元，直接经济损失1037万元。

1999年3月，云和多雨，丽浦路石塘水库路段出现山体滑坡，使途经该地的紧水滩水电厂客车被推入水库，造成18人死亡。6月1日至7月12日，莲都、庆元、遂昌、云和、青田持续暴雨，受灾人口134985人，死亡4人，转移安置1545人，倒塌房屋934间，损坏房屋4111间，农作物受灾面积38814.6公顷，成灾面积26664.5公顷，绝收面积1481公顷，农业经济损失12万元，水利经济损失921万元，直接经济损失29570.5万元。7月下旬，二度入梅，遂昌、莲都、龙泉、缙云暴雨，受灾人口255003人，死亡6人，受伤5人，转移安置1036人，倒塌房屋495间，损坏房屋2195间，农作物受灾面积2211.87公顷，成灾面积1741.7公顷，绝收面积175.37公顷，农业经济损失5397.78万元，水利损失4801.94万元，直接经济损失14373.5万元。

2000年2月8日、3月27日、3月28日、3月29日，松阳发生森林火灾，受伤3人，林业受灾面积74.5公顷，林业经济损失106720万元。5月9日至7月1日，集中降水期，莲都、龙泉、遂昌、庆元、云和、青田、缙云、景宁、松阳受灾，受灾人口248549人，死亡4人，受伤3人，被困700人，转移安置350人，倒塌房屋2292间，损坏房屋1177间，农作物受灾面积53546.5公顷，成灾面积

30773.1 公顷，绝收面积 5893.37 公顷，农业经济损失 2970 万元，水利经济损失 1871 万元，渔业影响面积 666.7 公顷，直接经济损失 17680.5 万元。8 月 22—26 日，10 号台风“碧利斯”，庆元、青田、云和、龙泉、遂昌受灾，受灾人口 237200，死亡 4 人，受伤 1 人，饮水困难人数 500 人，转移安置 600 人，倒塌房屋 4058 间，损坏房屋 697 间，农作物受灾面积 1112 公顷，成灾面积 865.6 公顷，绝收面积 403.6 公顷，农业经济损失 4182 万元，水利经济 1815 万元，交通经济损失 850 万元，直接经济损失 23419.2 万元。

2001 年 2 月 18 日、3 月 13 日、4 月 13 日、7 月 30 日，松阳森林大火，林业受灾面积 35.4 公顷，过火面积 47.7 公顷，林业经济损失 24900 万元。4 月 28 日，龙泉、庆元、云和雷雨大风、冰雹影响，受灾人口 108001 人，死亡 1 人，倒塌房屋 93 间，损坏房屋 28554 间，农作物受灾面积 266.27 公顷，成灾面积 72.2 公顷，农业经济损失 2993.4 万元，商业经济损失 463 万元，直接经济损失 4216.8 万元。6 月 10—12 日，暴雨，云和、缙云、青田暴雨洪涝，受灾人口 126000，倒塌房屋 76 间，农作物受灾面积 12472 公顷，成灾面积 966 公顷，绝收面积 295 公顷，农业经济损失 355 万元，直接经济损失 5459 万元。

2002 年 4 月 16—22 日，缙云、青田、莲都、遂昌、龙泉、云和，受冰雹、雷雨大风影响，受灾人口 37002 人，受伤 5 人，被困 15 人，倒塌房屋 70 间，损坏房屋 10624 间，农作物受灾面积 870 公顷，成灾面积 870 公顷，绝收面积 290 公顷，直接经济损失 1493 万元。6 月 15—30 日，龙泉、庆元、景宁、莲都、云和暴雨影响，受灾人口 129075，转移安置 180 人，倒塌房屋 130 间，损坏房屋 313 间，农作物受灾面积 8872.1 公顷，成灾面积 6300.9 公顷，绝收面积 796.63 公顷，农业经济损失 1170 万元，水利经济损失 501 万元，交通经济损失 108 万元，电力经济损失 57 万元，直接经济损失 4539.67 万元。6 月 30 日至8 月 15 日，莲都、遂昌多次受雷电、冰雹、暴雨强对流天气影响，受灾人口 37161 人，受伤 2 人，转移安置 2370 人，倒塌房屋 55 间，农作物受灾面积 6040 公顷，成灾面积 5383 公顷，绝收面积 867 公顷，农业经济损失 195 万元，水利经济损失 55 万元，直接经济损失 12295 万元。9 月 6—9 日，受 16 号台风“森拉克”影响，莲都、缙云、龙泉、青田、景宁受灾，受灾人口 385560 人，死亡 1 人，受伤 15 人，倒塌房屋 177 间，损坏房屋 1737 间，农作物受灾面积 12720 公顷，成灾面积 1300 公顷，绝收面积 30 公顷，农业经济损失 2588 万元，水利经济损失 725 万元，直接经济损失 4581 万元。

2003 年 4 月 12—13 日，莲都、龙泉、青田、庆元、遂昌、云和、景宁受冰雹、雷雨大风、短时强降水等强对流天气影响，受灾人口 668240 人，受伤 15 人，转移安置 2856 人，倒塌 789 间，损坏房屋 35812 间，农作物受灾面积 5865 公顷，成灾面积 4268 公顷，绝收面积 970 公顷，农业经济损失 5025.28 万元，水利经济损失 143 万元，电力经济损失 300 万元，直接经济损失 26453.4 万元。6 月 19—25 日，缙云、龙泉、庆元、云和暴雨，受灾人口 206981 人，死亡 5 人。转移安置 300 人，倒塌房屋 1228 间，损坏房屋 228 间，农作物受灾面积 267.5 公顷，成灾面积 89.3 公顷，绝收面积 1.5 公顷，农业经济损失 1157 万元，水利经济损失 1319 万元，直接经济损失 14390 万元。6 月 25 日至 8 月 30 日，缙云、庆元、遂昌、莲都、云和、龙泉、青田旱，受灾人口 397330 人，饮水困难 109962 人，农作物受灾面积 20408.7 公顷，成灾面积 10137.3 公顷，绝收面积 6691.33 公顷，农业经济损失 26957 万元，直接经济损失 142249 万元。

2004 年 7 月 11 日至 8 月 22 日，缙云、莲都、龙泉发生多起雷电、大风等强对流天气，受灾人口

6人，死3人。8月11—14日，受14号“云娜”台风影响，丽水市受灾人口677400人，死亡2人，失踪2人，受伤1人，转移安置7300人，倒塌房屋3688间，损坏房屋2666间，农作物受灾面积29664.3公顷，成灾面积113676公顷，绝收面积2603.7公顷。农业经济损失9320万元，水利经济损失6295万元，工业经济损失3600万元，交通经济损失1100万元，直接经济损失39450万元。8月24—27日，缙云、青田、景宁受18号台风“艾利”影响，受灾人口102200人，倒塌房屋169间，农作物受灾面积4026.33公顷，成灾面积1881公顷，绝收面积307公顷，农业经济损失1144万元，水利经济损失1248万元，工业经济损失140万元，直接经济损失4428万元。9月1—2日，龙泉、庆元、遂昌、松阳暴雨，受灾人口54300人，受伤2人，转移安置114人，倒塌房屋358间，损坏1332间，农作物受灾面积868.7公顷，成灾面积83.3公顷，绝收面积7公顷，农业经济损失850万元，水利经济损失30万元，直接经济损失4176万元。

2005年6月11—22日，丽水市遭受连续暴雨袭击，莲都、龙泉、庆元、景宁、青田、云和受灾，受灾人口1096430人，死亡1人，转移安置1650人，倒塌房屋4641间，损坏房屋3716间，农作物受灾面积12886.4公顷，成灾面积8902.4公顷，绝收面积1382公顷，农业经济损失13542.5万元，水利经济损失2871万元，直接经济损失37138.50万元。7月18—21日，缙云、景宁、莲都、龙泉、青田、庆元、松阳、云和受5号台风“海棠”影响，受灾人口286600人，死亡3人，失踪1人，转移安置7907人，倒塌房屋1665间，损坏房屋2064间，农作物受灾面积12470.9公顷，成灾面积68143公顷，绝收面积18068公顷，农业经济损失8769万元，水利经济损失7777万元，工业经济损失2662万元，直接经济损失34434万元。8月30日至9月3日，莲都、龙泉、遂昌、庆元、云和、青田、缙云、景宁、松阳受13号台风“泰利”影响，受灾人口913848人，死亡5人，转移安置47037人，倒塌房屋3445间，损坏房屋13910间，农作物受灾面积26375.97公顷，成灾面积7128.67公顷，绝收面积1096公顷，农业经济损失22402万元，水利经济损失27076万元，工业经济损失3132万元，渔业经济损失89万元，交通经济损失1589万元，基础设施经济损失795万元，直接经济损失151518万元。

2006年5月5—9日，遂昌、缙云暴雨洪涝影响，受灾人口45000人，死亡3人，失踪1人，直接经济损失5090.50万元。5月16—20日，受1号台风“珍珠”影响，龙泉、松阳、云和、景宁、莲都受灾，受灾人口41083人，转移安置1583人，倒塌房屋267间，损坏房屋785间，农作物受灾面积2921公顷，成灾面积1081公顷，绝收面积138.50公顷，农业经济损失1957.91万元，水利经济损失1255万元，直接经济损失4999万元。5月22日至6月18日，丽水市连续暴雨影响，受灾人口555968人，死亡5人，受伤6人，转移安置4116人，倒塌房屋8608间，损坏1381间，农作物受灾面积12391.53公顷，成灾面积8239.7公顷，绝收面积2007.67公顷，农业经济损失13923万元，水利经济损失13271万元，直接经济损失39696.02万元。8月10—11日，受8号台风“桑美”影响，“桑美”台风正面袭击庆元，庆元山洪暴发、山体滑坡、泥石流倾泻，造成庆元死亡38人，失踪8人，龙泉死亡2人；莲都、龙泉、青田、庆元、松阳、云和共受灾人口251650人，转移安置3389人，倒塌房屋3389间，损坏17172间，农作物受灾面积7663.67公顷，成灾面积5603.37公顷，绝收面积1527.4公顷，农业经济损失19775万元，水利经济损失1252万元，直接经济损失81663万元。

2007年4月1日，景宁、莲都、龙泉、庆元、青田遭雷击、冰雹、暴雨洪涝影响，受灾人口23351

人，死亡 1 人。6 月 14—25 日，莲都、云和、龙泉、庆元、松阳、遂昌受暴雨洪涝影响，受灾人口 163012 人，死亡 1 人，失踪 1 人，受伤 6 人，转移安置 4084 人，倒塌房屋 746 间，损坏 2318 间，农作物受灾面积 3920.7 公顷，成灾面积 3705.3 公顷，绝收面积 270.2 公顷，农业经济损失 1860 万元，水利 2053 万元，直接经济损失 36036.5 万元。7 月 11 日至 8 月 6 日，缙云、莲都区发生多起雷电灾害，受灾人口 35751 人，死亡 1 人。9 月 17—20 日，缙云、青田、景宁、莲都、庆元、松阳、云和受 13 号台风"韦帕"影响，受灾人口 204010 人，死亡 4 人，转移安置 3039 人，倒塌房屋 477 间，损坏房屋 313间，农作物受灾面积 7670.83 公顷，成灾面积 2026.8 公顷，绝收面积 921 公顷，农业经济损失 7670 万元，水利经济损失 1440 万元，工业经济损失 2600 万元，交通经济损失 499 万元，直接经济损失 29727 万元。10 月 6—9 日，龙泉、莲都、庆元、云和、青田、缙云、景宁、松阳受 16 号台风"罗莎"影响，受灾人口 602923 人，转移安置 5072 人，倒塌房屋 565 间，损坏 1611 间，农作物受灾面积 14768.67 公顷，成灾面积 8573.3 公顷，绝收面积 893.1 公顷，农业经济损失 13672 万元，直接经济损失 48705 万元。

2008 年 1 月 26 日至2 月 4 日，丽水市遭受雨雪冰冻天气影响，丽水市受灾人口 780226 人，受伤 15 人，倒塌房屋 315 间；农作物受灾面积 52420 公顷，绝收面积 10184 公顷，农业经济损失 15521.14 万元；直接经济损失 264190.80 万元。6 月 10—28 日，遂昌、龙泉、青田、云和、松阳暴雨洪涝，受灾人口 21750 人，转移安置 763 人，饮水困难 2436 人，农作物受灾面积 7248.9 公顷，成灾面积 5683.3 公顷，绝收面积 315.3 公顷，倒塌房屋 91 间，损坏房屋 235 间，农业经济损失 2683 万元，直接经济损失 7383 万元。7 月 28—30 日，8 号台风"凤凰"影响莲都、龙泉、遂昌、庆元、云和、青田、缙云、景宁，受灾人口 463400 人，转移安置 5732 人，农作物受灾面积 6964.86 公顷，成灾面积 4201.42 公顷，绝收面积 761.93 公顷，倒塌房屋 10 间，损坏 83 间，农业经济损失 4726 万元，直接经济损失 26289 万元。

2009 年 8 月 9 日，丽水市遭受"莫拉克"台风袭击，受灾人口 460035 人，转移安置 54725 人，农作物受灾面积 27440 公顷，成灾面积 19960.6 公顷，绝收面积 5840.36 公顷，倒塌房屋 684 间，损坏 6802 间，农业经济损失 36658 万元，直接经济损失 77594.6 万元。

2010 年 3 月 5—10 日，缙云、景宁、遂昌、庆元暴雨洪涝，受灾人口 256410 人，转移安置 5778 人，农作物受灾面积 3363 公顷，成灾面积 2723 公顷，绝收面积 380 公顷，损坏房屋 4315 间，倒塌 31 间，农业经济损失 5149 万元，直接经济损失 15105 万元。3 月 6—10 日，莲都、云和、松阳、龙泉风雹影响，受灾人口 108420 人，转移安置 4525 人，农作物受灾面积 3138.7 公顷，成灾面积 2285.9 公顷，绝收面积 267.3 公顷，倒塌房屋 114 间，损坏房屋 24263 间，农业经济损失 8624.2 万元，直接经济损失 18052.5 万元。4 月 12—16 日，庆元、莲都风雹，受灾人口 20123 人，转移安置 1098 人，农作物受灾面积 325 公顷，成灾面积 221.3 公顷，绝收面积 3.7 公顷，倒塌房屋 25 间，损坏房屋 1711 间，农业经济损失 1360 万元，直接经济损失 2351 万元。5 月 8—24 日，庆元、莲都、云和、景宁、遂昌、龙泉暴雨洪涝影响，受灾人口 210800 人，被困 200 人，转移安置 24401 人，农作物受灾面积 7591.2 公顷，成灾面积 4915 公顷，绝收面积 2051.3 公顷，倒塌房屋 560 间，损坏房屋 3375 间，农业经济损失 15092 万元，直接经济损失 46626 万元。6 月 17—28 日，丽水市受暴雨洪涝影响，受灾人口 467237 人，死亡 6 人，受伤 1 人，被困 434 人，转移安置 37296 人，农作物受灾面积 22500.5 公顷，成灾面积 13938 公顷，绝收面积 3426 公顷，倒塌房屋 816 间，损坏房屋 6744 间，农业经济损失 29608 万元，直接经济损失 95301 万元。12 月 15—19 日，莲都、云和、缙云、景宁、松阳、遂昌、庆元低温冻害影响，受灾人口 367341 人，农作物受灾面积 19301.6 公顷，成灾面积 8348.33 公顷，绝收面积 1079.8 公顷，倒塌房屋 66 间，损坏房屋 2025 间，农业经济损失 35071.1 万元，直接经济损失23975.6 万元。

第三篇

土　　地

① 土地资源与管理

② 耕地保护

③ 土地市场

概 述

古代，丽水地广人稀，生产力落后。据遂昌好川文化遗址考古发掘证实，公元前4000多年前，丽水域内有土地开发利用。随着人口的增加，丽水土地开发面积也在增加。隋开皇九年(589)，置处州，丽水始有相对固定的行政区域。唐代，丽水地域范围基本确立。后偶有小幅调整，但管辖范围相对固定。民国时期，处州土地为私人所有。民国时期，政府着重管理土地权属和赋税，对土地用途一般不作规定，由土地所有者自行决定。1949年中华人民共和国成立后，人民政府实行土地改革。1956年，各县进行农业社会主义改造，建立农业生产合作社，土地归生产队集体所有。1958年，各县成立人民公社，土地归全民所有。20世纪60年代，土地归集体所有。1963年5月，丽水专区恢复建置，丽水境域再无大的变动。1982年12月，丽水执行新公布的《中华人民共和国宪法》，城市土地属国家所有，农村土地属集体所有。从此，丽水地区逐步建立建设用地审批、建设用地年度计划、区域用地规划等一系列制度和规范，对土地管理越来越规范。2003年开始，丽水市区实施"撤村建居"[①]，土地也归国家所有。据2009年丽水市第二次土地调查结果，全市国土总面积172.75万公顷。

① "撤村建居"是指将村民委员会转成社区居委会，撤销村委会建制，实行社区居委会建制。撤村建居是城市化、工业化的必然产物，是大力推进农村综合改革、统筹城乡经济社会发展、切实解决新形势下"三农"问题的根本要求。2003年开始，丽水城市开展"撤村建居"工作。

第一章　土地资源与管理

汉代至民国初期，处州土地权属制度多有变革，但均为国有土地（公田）和私有土地（民田）并存，私有占主导地位，民田可以自由买卖，地主、商人、官僚占有大量土地，下层人民所占土地甚少。

民国37年（1948）7月，文成县设立，导致青田县土地面积变化较大。1949年10月中华人民共和国成立后，丽水各县面积略有变迁。1950年，丽水进行土地改革，农村土地归劳动农民所有。1956年，各县进行农业社会主义改造，建立农业生产合作社，土地归生产队集体所有。1958年，各县成立人民公社，土地归全民所有。1963年丽水专区恢复后，丽水境域内土地面积基本无变动。20世纪60—90年代，丽水地区行政公署鼓励开垦土地，加快土地开发利用速度。

1982年，丽水地区执行《中华人民共和国宪法》，明确城市土地属国家所有，农村土地属集体所有。1988—1996年，丽水地区开展第一次土地详查，调查核实丽水地区国土总面积为172.98万公顷，占全省总面积16.99%。2003年开始，丽水市城市规划区推行"撤村建居"，农村集体土地由国家征用后归国家所有。2007—2009年，丽水市根据国家民政部和省民政厅最新行政区域勘界成果，开展第二次土地调查，全市国土总面积172.75万公顷。

2010年年初，丽水市开发利用的国土面积97.2%，其中农用地1628165.72公顷，占94.2%；建设用地51455.8公顷，占3%。

第一节　土地资源

土地面积

隋开皇九年（589），置处州，辖括苍、松阳、永嘉、临海、安固、乐成六县，境域大致涵盖2010年丽水、温州、台州三市及金华市、衢州市部分地区。唐大历十四年（779），复置处州，辖丽水、松阳、缙云、青田、遂昌、龙泉六县，基本形成丽水市2010年的境域格局。南宋庆元三年（1197），置庆元县。明景泰三年（1452），置宣平、云和、景宁三县，处州府辖丽水、缙云、青田、松阳、遂昌、龙泉、庆元、云和、景宁、宣平十县，面积大体与唐时相同。明成化七年（1471），遂昌县之八都、九都划归金华府新建之汤溪县。据清光绪版《处州府志》载："处州府东西广四百四十里，南北袤六百十里，东南距西北五百八十里，东北距西南一千九十八里。"

民国37年（1948）7月，青田县南田区的南田、西境、三阳、黄坛、岙里5个乡和万源乡之一部划归新设立的文成县。8月，永嘉县的温溪、贵岙、黄坦、霞师4个乡和林福、界坑2个乡的一部分划归青田县。

1949年5月丽水解放后，各县面积略有变迁。11月，仙居县莲台、曹店、金竹、安仁乡划归缙云县管辖。1950年，丽水县黄岭[①]、陈村乡划归宣平县管辖。1950年3月，缙云县莲台乡复划归仙居县管辖。

1952年1月，撤销丽水专区建置。1953年，缙云县潘潭乡划归磐安县管辖。1954年，遂昌县苏村乡岱楼岭村、白水乡芦头村划归龙游县管辖。1956年，宣平县竹客乡章田、柘坑、汤城、午岭四村划归松阳县管辖。1958年，庆元县隆宫乡张天村划归福建省政和县管辖。4月，撤销宣平县，曳岭区崇义、新和[②]、永丰、梁周、联城[③]五乡划归丽水县管辖，其余并入武义县。1959年8月，青田县温溪人民公社小舟山管理区黄坦村划归永嘉县管辖。1961年10月，青田县西岙、上横管理区划归永嘉县管辖。1962年5月，缙云县溪港、安岭、陈岭3个乡划归台州地区仙居县管辖。

1963年5月，恢复丽水专区建置。此后，丽水境域再无大变动。1988—1996年，丽水地区第一次土地详查，丽水地区国土总面积172.98万公顷，占全省总总面积16.99%，其中耕地9.97万公顷，占5.77%；山地152.95万公顷，占88.42%；水域3.24万公顷，占1.87%；道路用地0.72万公顷，占0.42%；居民点、厂矿用地1.51万公顷，占0.87%；其他4.59万公顷，占2.65%。人均占有土地面积0.73公顷，为全省人均0.24公顷的3倍。人均占有耕地0.04公顷、山地0.64公顷。2007—2009年，丽水市第二次土地调查，国土总面积172.67万公顷。2010年，丽水市国土总面积172.75万公顷。

土地权属

新石器晚期，丽水境内有农耕部族，土地属于原始氏族公社全体社员所有。

夏、商、周三代，丽水仍为越族东夷之地，其民刀耕火种，从事原始的农业和狩猎业。

秦始皇统一中国攻占越地后，原越民并非整体归附，而是“散而为百越”，有瓯越、闽越、南越、山越等。秦代设立闽中郡管辖闽越、瓯越等地，但百越之民依阻山险，不纳王租，不服秦制。

汉初，东越境内之民奉朝廷令，随东瓯国北迁江淮之间。东汉末，设立行政区进行治理，丽水境域先属回浦县，后归松阳县。

汉代至民国，丽水土地权属制度多有变革，但都是国有（公田）和私有（民田）并存，私有占主导地位，民田可以自由买卖，地主、商人、官僚占有大量土地，下层人民所占土地甚少。除官府占有官田和农民私人占有民田外，还有相当一部分由学校、寺庙、宗族、水利组织、慈善机构等团体占有的“常住田”。这些田产属于团体组织集体所有，其收益用于维持团体的正常功能和运转。

1950年，丽水专区进行土地改革，农村土地归劳动农民所有，持证农民可自由耕种、出卖、出租，建房也无需审批。国家机关单位地产由财税部门管理。20世纪50年代，丽水许多农民仍称生产队集体财产为“常住田”。土地改革前全区“常住田”22914.8公顷，土地改革后仍保留1501.07公顷，到农业合作化后才取消。

① 原名沈青。

② 2010属丽水市莲都区丽新畲族乡。

③ 2010年位于丽水市莲都区太平乡巨溪村。

1950年土地改革前后丽水各阶层耕地占有情况一览

表3-1-1-1

阶层	户数（户）	人口（人）	土地改革前耕地（公顷）	土地改革后耕地（公顷）	增或减（公顷）
雇农	10252	21064	209.40	2003.73	1794.33
贫农	181287	616145	15224	49343.93	34119.93
中农	94063	396528	27131.47	39152.87	12021.40
富农	6931	37823	6727.47	4804.33	-1923.13
半地主式富农	1303	6530	1487.20	547.73	-939.47
地主	10411	52797	19375.93	3866.33	-15509.60
小土地出租	7853	20143	2955.47	2095.73	-859.73
工商业资本家兼地主	673	3175	134.00	62.67	-71.33
其他	8986	36064	10884.40	3102.40	-7782.00
公堂庙会	—	—	22914.80	1501.07	-21413.73
合计	321759	1190269	107044.13	106480.80	-563.33

1956年，各县进行农业社会主义改造，建立农业生产合作社，土地归生产队集体所有。1958年，成立人民公社，土地归全民所有，由公社管理。1959年5月，贯彻《中共中央关于农业的五条紧急指示》，恢复社员自留地，每个农民拥有一小块自留地，可以自由耕种，收入归农民私人所有。

1961年，各县调整土地所有制，农村土地仍归生产队集体所有，农村集体组织拥有土地所有权和使用权。20世纪70年代中期，丽水地区开展“普及大寨县”运动，部分农村撤销生产队，实行大队核算，土地归生产大队所有。1981年起，全面推行家庭联产承包责任制，土地所有权属农村集体组织，使用权归承包农户。1982年，明确规定城市土地属国家所有、农村土地属集体所有。1986年6月25日，第一部《中华人民共和国土地管理法》颁布执行。1998年12月29日，修订《中华人民共和国土地管理法》并于1999年1月1日实施。丽水地区农村农民集体所有的土地由该集体经济组织的成员承包经营，从事种植业、林业、畜牧业、渔业生产，土地承包经营期限为30年。作为发包方的农村集体经济组织和作为承办方的农户订立承包合同，约定双方的权利和义务。承包经营土地的农民有保护和按照承包合同约定的内容合理利用土地的义务。农民的土地承包经营权受法律保护。1995年，颁发土地使用证365840本，发证率80.9%。全区建制镇完成土地定级估价21个。1997年，全区出让土地使用权293宗、43公顷。1998年，丽水地区深化土地使用制度改革，全区有耕地160301.8公顷。1998—2000年，丽水地区连续3年实现全区耕地总量动态平衡。

2003年，丽水市政府制定《丽水市区撤村建居集体所有土地处置暂行办法》，部分城镇的村建制被撤销，改为城镇社区，原村集体土地被征收为国有土地。2010年，丽水市农村集体土地1636094.11公顷，占全市国土面积的94.71%；国有土地91426公顷，占5.29%。

第二节　地籍管理

地籍调查

南宋绍兴十三年（1143），处州境内推行朝廷所颁李椿年“经界法”二十四条，整理地籍。南宋嘉定十二年（1219），青田县主簿陈耆卿上《奏请正簿书疏》，请求朝廷下令釐正地籍。南宋绍定二年（1229），叶武子到处州调查郡事，发现处州各县仍是“经界久废，奸弊百出”“版籍不明，赋役难辨”，唯丽水知县林棐“独能极力修举”“履亩验之”“搜栝隐漏，第其田之高下肥瘠，立为五等，则例以起输，遂为不易之定制”。南宋绍定二—四年（1229—1231），丽水县主簿王圭秩满，摄行松阳县令事，力行经界。此后，各县修复经界陆续完成。南宋咸淳元年（1225），监察御史赵顺孙（缙云人）上《农田疏》，建议以嘉定之经界册籍为基础，采用推排法，由乡都负责，进行地籍调查核实，“按成牍而更业主之姓名”。南宋咸淳二年（1226），处州奉朝廷令，推排核实田亩。

元至元十七年（1280），处州路“讲究取勘田亩流水簿”。元大德十年（1306），缙云知县王秉仁“经界田土”，松阳县尹赤盏显忠核实田亩。元至正十年（1350），上舍卿普达明理公出守括苍，“下车知括民困于版帐失实，而力役无法，乃定计亩均役之令，下其事于属县”。松阳县尹孙德润，令各都正、保长，分任其事，“以方田履其顷亩，以土会等其硗沃，以出贡赋，以任徭役。凡深山穷谷，靡不躬历而身践之”“民大悦服”。

明洪武十四年（1381），各郡县编纂赋役黄册，以户为单位，详细登载乡贯、姓名、年龄、丁口、田宅、资产等户籍资料。赋出于土田，役出于丁口，土田丁口皆归于户。明洪武二十年（1387），各县编造鱼鳞图册，“量度田亩方圆，次以字号，悉书主名及田之丈尺，编类为册，状如鱼鳞，号曰鱼鳞图册”。明宣德年间（1426—1435），龙泉知县李肃櫕造版籍，“慨民凋瘵十无五六，遂具疏奏请归并都图计二百有七，减官学田科，则民蒙其福”。明正德年间（1506—1521）“旧役亩数多寡不均”，缙云知县曹濛“不畏强御，悉为均之”，延续至清光绪年间（1875—1908），仍“至今称便”。缙云县丞阎泰“委审诡寄田粮于宣慈，得隐粮当输官者四千石”。宣平知县甘楷“敷政宽平，督造黄册，户口悉均”。明嘉靖年间（1522—1566），庆元知县马汝徯攒造版籍，“人多赂奸胥，徯乃自誓悉亲检阅，贿赂息，版籍正”。明隆庆元年（1567），处州府同知江应昴开展一次比较彻底的地籍清查。江应昴亲摄松篆，丈量田亩，稽定黄册，清理出若干废寺田等“羡田”，统收归官有，并拨给学校、预备仓、渡口等公益慈善单位收租。

清康熙三年（1664），处州清丈田亩，编审定额，滋生人丁永不加赋，又行摊丁入亩法，无田之民得免输粮。清雍正九年（1731），丽水知县王钧开始履亩清丈。清雍正十二年（1734），丽水完成清丈工作，丈得成熟田 9783.8 公顷，成熟地 2417.67 公顷，成熟沙地 87.6 公顷，成熟塘 206.13 公顷，成熟山 474.53 公顷，与《赋役全书》[①]原额对比，田缺额 321.47 公顷，地溢额 275.53 公顷，沙地溢额 21.53 公

① 《赋役全书》又名《条鞭赋役册》。明清两代记载各地赋役数额的册籍，是官府公布的征收赋税税则。明代实行“一条鞭法”后编订，首次篡修约在明万历十一年（1583）。以一省或一府、一州县为编制单位，开列地丁原额、逃亡人丁和抛荒田亩数、实征数、起运和存留数、开垦地亩和招来人丁数等。每一州县发两部，一部存官衙备查。一部存学宫任士民查阅。清顺治三年（1646）按照明万历年间（1573—1620）赋额订定刊行，清顺治十一年（1654）再加修订，顺治十四年刊行，清康熙二十四年（1685）重修，但未刊行。清雍正十年（1732）再修，将各项杂税也列人，以后每十年修辑一次，但未按规定施行。

顷，塘溢额50.93公顷，熟山溢额73.27公顷。另有不科税粮官田0.33公顷，官地82.27公顷，官塘29.07公顷。

民国27—34年(1938—1945)，浙江省民政厅派员到各县整理地籍。以后就由各县成立地籍办事处自行办理。丽水县完成地籍测绘五百分之一图70幅，6951宗，面积210.33公顷；缙云县完成3878宗。经费由中央拨款。

1949年10月，中华人民共和国成立初，丽水全面开展土地清丈和地籍调查登记。1950年6月，丽水土地改革开始。1952年4月土地改革结束后，全区进行复查，分到土地农民有94.49万人，并发给土地证。1958年冬至1959年春，各县根据省土地规划委员会制定的《省土壤普查土地规划技术要点》，进行第一次土壤普查和土地规划工作，包括土壤普查鉴定、耕地面积清丈和土地利用规划三部分。

1961年，各县根据《人民公社工作条例》，对生产队、生产大队和社员的自留地进行清理和登记造册。1966—1976年，“文化大革命”期间，丽水集体土地基本没有变化。

1988年起，丽水地区开展城镇土地使用权地籍调查和乡村土地申报、地籍调查工作。1990年起，全区陆续通过调查确权土地，进行注册登记并颁发土地权证。至1995年，全区完成城镇地籍调查114000宗，占应调查的86.15%，其中1995年调查22471宗。1995年，全区有5个县(市)土管局综合档案建设达标。1996年，全区完成地籍调查面积130.03公顷，占应调查面积的92.25%。1997年，丽水市(县级)、缙云县、云和县、庆元县城镇地籍调查通过省、地验收，全区完成城镇地籍调查121102宗，占应调查数87%；调查面积130公顷，占应调查面积92%；完成农村地籍调查452235宗。至此，全区9个县(市)城镇全部完成地籍调查工作。此后，丽水市土地使用权取得和变更进入日常的依法登记和发证程序。

土地登记

宋代，丽水有土地注册登记档案。据《括苍汇纪》载：“宋康定初，郡守孙沔置府学田以赡生徒”，“砧基在学，图牒在有司”。元至元十七年(1280)，处州路“讲究取勘田亩流水簿”。

明嘉靖年间(1522—1566)，处州推行“一条鞭法”，逐步取消人头税，黄册专以户籍为主，地籍管理专主鱼鳞册。明万历九年(1581)，各县土地进行清丈归户，按都图编制归户亲供册，载明所属各户的归户田土税亩及麦米税额。县堂保存各都图档册为征收赋税依据，各户保存本户的亲供册底为凭据。

清初，处州继承明代鱼鳞册制度。清康熙二年(1663)，处州重新丈量土地，编造、补造鱼鳞图册。清嘉庆二年(1797)，松阳等县土地册籍散失殆尽。清嘉庆三年，松阳县重新攒造征册，细列土名坐落，逐年照式收除。清咸丰年间(1851—1861)太平军过境，各县鱼鳞册籍、征册多因兵乱而散失。

民国27年(1938)，浙江省民政厅派员到境内各县整理地籍。民国28年，各县政府设地政股办理地籍行政事宜。民国32—34年，处州进行土地登记、估价、发状、造册。

1949年10月中华人民共和国成立后，丽水专区进行土地改革。全区农民分到土地并领到土地证94.49万人。1952年，丽水专区全面开展复查调产工作，逐户进行土地登记，分等定级。1961年，各县贯彻《人民公社工作条例》，农村实行“队为基础、三级所有”和“四固定”政策，重新划片归队大跃进时期的土地，进行逐丘登记，编造土地清册，划分社员自留地，登记造册。1988年起，全区开展城镇土地使用权地籍调查和乡村土地申报、地籍调查工作。1990年起，丽水地区开展土地调查确权，登记造册，颁发土地权证。1995年2月，丽水地区土管局开始颁发房改房土地使用权证书。1996年，全区颁发城镇土地使用证10.21万本、农村土地使用证38.89万本。全区全面开展新增建设用地土地使用权预登记工作，全区颁发土地使用权属预登记证0.8万本。1997年，全区城乡地籍调查工作完成，土地权属依法登记和发证步入日常工作秩序。

2000年8月，丽水市启用“丽水市人民政府土地证书专用章”和“丽水市人民政府土地登记专用章”。同年末，丽水市发放土地使用权证书53.85万本，其中国有土地使用权证书13.5万本，集体土地使用权证书40.35万本。2001年，全市完成调查土地使用权21521宗，市本级完成国有土地登记6121宗，集体土地登记1282宗，办理土地使用权抵押登记959宗，抵押资产总额9.8亿元，抵押面积799.8公顷。2010年，全市新发国有土地使用权证25479本，办理土地使用权抵押登记989宗，抵押金额90.09亿元。

第三节 用地管理

用地规划

20世纪40—70年代，丽水地区土地利用较少有详细的规划。20世纪80年代，丽水地区村镇建设规划有局部用地规划雏形。

1982年，丽水地区开始建立村镇规划领导小组，编制村镇建设规划。1982—1985年，全区完成规划编制和审批的建制镇27个、小集镇72个、行政中心村3641个、基层村9715个，1990年，全区规划城镇人均建设用地50—71平方米，2000年，全市规划城镇人均建设用地66—82.97平方米。1984—1986年，丽水地区进行农业资源调查，编制农业区划报告，将全地区划分为四个各有侧重的农业发展区。1997年，丽水地区编制完成全区性第一轮土地利用总体规划《丽水地区土地利用总体规划（1997—2010）》。1999年，该规划获浙江省人民政府和国务院批准实施，形成按规划进行土地用途管理的制度。

2000年，丽水市国土部门开始着手土地利用总体规划修编工作的前期研究，按照法律程序对部分规划进行局部调整。2006年，《丽水市土地利用总体修编基础研究总报告》及各县（市、区）土地利用总体规划修编前期研究工作通过省级评审。全市调整建设用地项目72个，涉及乡镇土地利用总体规划96个，调整待置换建设用地30.67公顷，建设留用地704公顷。2007年，丽水南城开发被列为全省首个低丘缓坡综合开发利用试点项目，浙江省政府批准南城土地利用总体规划局部修改方案，新增建设用地空间552公顷。各县（市、区）局部调整土地利用总体规划，调整地块119块、面积272.27公顷。2008年，各县（市、区）相继完成低丘缓坡综合开发利用规划编制。莲都区碧湖镇，遂昌县妙高镇、云峰镇，缙云县五云镇、壶镇镇和新建镇等乡镇，因行政区划调整，相应修改土地利用总体规划。2009年，丽水市及所属县（市、区）编制完成《新一轮土地利用总体规划大纲》，并通过省级审查。

2010年，丽水市政府完成编制《丽水市土地利用总体规划（2006—2020）》，通过省政府审批。县、乡二级土地利用总体规划修编工作也基本完成。

《丽水市土地利用总体规划(2006—2020)》控制指标一览

表 3-1-3-1

约束性指标				预期性指标			其他指标
城乡建设用地规模(公顷)	耕地保有量(万公顷)	基本农田保护面积(万公顷)	标准农田面积(万公顷)	新增建设用地规模(公顷)	人均城镇工矿用地(平方米)	万元二、三产业GDP用地量(平方米)	城乡建设用地增减挂钩任务(公顷)
30870.00	13.83	13.20	4.29	12901.83	114.00	57.09	1954.00

用地计划

1986 年,丽水地区土地管理办公室设立。1987 年,丽水地区土地管理局成立。1988 年,丽水地区各县(市)土地管理局相继成立,建立健全建设用地年度计划指标管理制度。1987—1990 年,全区建设用地 1057 公顷,比省下达用地计划节省 257.67 公顷。

1988 年,丽水地区编制全区国民经济和社会发展计划过程中,也相应地编列各县(市)建设用地计划,对建设用地进行较长时期的宏观控制。1990 年,浙江省开始单独编制《浙江省建设用地"八五"计划》,将耕地净减控制、国家建设占用耕地、农民个人建房占耕地、乡镇集体建设占用耕地、农业建设占用耕地等指标分解到各地区各县。

1999 年,丽水地区开始实施新修改的《中华人民共和国土地管理法》,正式把用途管制纳入国家法律。1999 年,浙江省政府允许各地将土地整理后新增耕地面积的 70%折抵农地转用指标。同年,丽水地区农地转用指标 428 公顷,其中浙江省下达丽水地区农地转用计划指标 317 公顷,土地整理折抵指标 111 公顷。

2000 年开始,丽水市制定每年建设用地供应计划。2010 年,丽水市建设用地供应计划指标总量 533.33 公顷,其中商服用地 66.67 公顷,住宅用地 93.33 公顷,工矿仓储用地 200 公顷,其他用地 173.33 公顷。

建设用地审批

审批权限　1949 年 10 月中华人民共和国成立后,丽水开始形成建设用地审批制度。1953 年,《国家建设征用土地办法》规定,"用地 5000 亩以上或迁移居民 300 户以上者,由各大行政区行政委员会批准。用地 1000—5000 亩迁移居民 50 户以上者,由省(市)人民政府批准;用地 1000 亩以下,迁移居民不足 50 户者,由县人民政府批准"。

1957 年 10 月,各县执行浙江省民政厅规定,凡用地 3 公顷以上,迁移居民 50 户以上者,均上报浙江省人民委员会审批。1958 年 1 月起,各县执行《国家建设征用土地办法》。1962 年,国务院上收征地审批权。1963 年 4 月起,各县执行省人民委员会《关于国家建设征用土地审批监督办法的规定》,规定凡国家建设征用土地,均统一报省人民委员会审批。1964 年 7 月,国务院颁布《关于国家建设征用土地审批权限适当下放的通知》,适当下放征地审批权限。

1970 年 8 月,浙江省革命委员会生产指挥组发出《关于节约国家建设和社员建房用地的通知》,批评丽水地区运输段和丽水地区建筑公司采取化整为零,分次报批的错误做法,分别征用土地 0.37

公顷和 0.28 公顷。

20 世纪 70 年代中后期，丽水地区规定在城镇建设规划区内的建设用地及城镇建设规划外需征用耕地或非耕地的，由各县城建局审批；在城镇建设规划外的大队集体建房和社员建房由大队或社员提出申请，公社审核报各县农业局批准。

1982 年 5 月，丽水地区执行《国家建设征用土地条例》。1986 年起，丽水地区各县（市）相继成立土地管理办公室。1999 年 1 月，全区实施新修订的《中华人民共和国土地管理法》，取消市、县一级人民政府的征地审批权，全部由省人民政府和国务院审批。

审批程序 20 世纪 60 年代，各县境内各单位建设征用土地时，均须由公社、镇人委审查签署意见、加盖公章后，报县人委审核，上报省人民委员会审批。

1987 年 3 月 14 日，丽水地区行署办公室印发《丽水地区关于非农业建设用地审批的规定》，对国家建设征用土地须经申请用地、选址、协商补偿方案、测绘设计、报批、划拨 6 道程序。这套审批程序，一直沿用到 21 世纪初土地储备制度建立。1995 年 8 月，丽水地区土地管理局制定并下发《建设单位办理项目用地程序图》和《城乡建设用地审批程序示意图》，严格按规定程序办理国家建设项目用地，同时实行批前、批中、批后全程管理。1999 年 5 月，浙江省土地管理局颁发《浙江省建设用地审查报批管理实施意见（暂行）》，9 月 16 日又下达《关于建设用地审查报批管理的补充通知》，对建设用地的申请、管理、审查、报批和实施，作出具体规定。

第四节 土地执法

执法监察机构

20 世纪 40—80 年代中期，丽水没有专门的土地管理部门和执法监察机构。对农村等地区出现违章占地建房，只能依靠组织工作组开展专题查处，以纠正土地违法现象。1987 年，丽水地区土地管理局成立，同时成立丽水地区国土监察执法机构，开始有专门的土地管理部门和执法监察机构。1988 年 4 月，丽水地区土地管理局建设用地管理科同时挂地政监察科。9 月，丽水地区土地监察大队成立，与地政监察科合署办公。1998 年，监察大队丽水市（县级）成立，下辖两个中队。

2001 年，丽水市国土资源执法监察支队成立，负责指导全市土地监察工作、查处全市土地违法大案要案以及丽水城市规划区内的土地违法案件。所属各县（市）的监察中队均升格为大队。2007 年，莲都区复建监察大队，负责对丽水城市规划区和开发区以外的区域独立行使国土资源执法权。2008 年，全市成立国土监察协管员队伍的行政村 3279 个，占全市行政村的 94.2%。2010 年，丽水经济开发区成立国土资源执法监察大队。2010 年 6 月，丽水市国土资源执法监察支队正职领导高配副县级。

执法监察制度

1991 年起，每年 6 月 25 日前后，全区开展“土地日”宣传。全区 1996 年 6 月，举行《中华人民共和国土地法》颁布十周年纪念宣传活动。

1999年12月，丽水地区土地管理局印发《关于加强干部管理教育工作的若干意见》《关于加强调查研究工作的意见》《行政执法过错责任追究制度》。2002年，制定《丽水市城市规划区内违法用地行为处理暂行办法》《国土资源违法案件处理程序》《市本级国土资源违法案件处理会审办法(试行)》《丽水市国土资源执法动态巡查责任制度》和《关于加强和规范对违反国土资源管理法律法规行为报告工作的意见》等一系列制度。2003年7月，丽水市下发《关于查处违法建筑和违法用地行为的实施意见》，成立丽水市查违领导小组和办公室，集中开展对“两违”①的专项整治行动。2009年，丽水市政府建立国土资源执法监察联席会议制度，形成政府主导、部门配合、联合执法的国土资源执法监管共同责任机制。8月，丽水市开通“12336”国土资源违法举报电话。

2010年11月，丽水市人民政府出台《丽水市区查处历史遗留违法建设和违法用地若干规定》，妥善查处历史遗留“两违”问题，遏制违法建设和违法用地行为。

执法监察结果

1982年11月，景宁冻结建房用地，清查1980年以来农村违法占田造屋情况。1982年冬至1983年春，丽水地区查处违章建房6554户、9819间，占地32.40公顷，其中强制拆除1924间，收回宅基地3.05公顷，罚金67万多元。1986年，全区查处违章建房4825户，占地11.13公顷。其中拆除995户，罚款3373户，罚金近20万元；同年，全区查处违章建房3647件，其中未经批准3503件，占地面积17.11公顷；买卖租赁30件，占地0.51公顷；征而不用，长期荒芜114件，占地2.52公顷。对违章者分别拆除建筑占地0.36公顷、没收0.01公顷、退回耕地0.36公顷。龙泉县成立清理违章建筑领导小组，对全县违章建筑进行全面清查。1987年，全区查处违章建房4998户，占地11.47公顷，其中拆除1139户，罚款3369户、33万多元。1986—1988年，处理违法违章建筑单位183个和4062户，占地面积40.07公顷，罚款45.43万元，收回抛荒费1594元，拆基退地还耕4.13公顷。

1988年6月，丽水地区清查违章建房2244户，占地面积22.16公顷。依法处理违法占地案件2157件，处理面积21.3公顷，其中罚款后补办手续1487件，面积10.93公顷，罚款11.02万元；拆除房屋45处，面积1565平方米；退基还田24户，面积2061平方米；补办审批手续595件，面积1公顷，收补办手续费5.34万元、造地费4.8万元、耕地占用税10.6万元。1989年，丽水地区向人民法院申请强制拆除违章建筑4处，面积403平方米。1989—1992年，全区查处违章建房3806户，占地面积13.4公顷，其中拆除1986户，罚款50万元。

1995年3—6月，丽水地区行署组织地区土地管理局进行土地执法检查，查处土地违法案件4559件，面积77公顷，收回土地使用权29宗，面积4公顷，收取土地罚没款76万元。

1996年，丽水地区开展保护耕地大检查和土地执法大检查，立案查处土地违法案件1623件，处理1551件，处理率95.6%。涉及面积100公顷，其中耕地42公顷。同年，缙云县集中整治五云镇的违法用地，立案查处603件，面积1.96公顷。1997年，全区全面开展非农业用地清查工作。1991—1996年，全区查出违法用地6811宗，面积361.85公顷，处理6200多件，面积110多公顷。1998年，全区达到“三无”②标准乡镇有116个，占乡镇总数63%。

---

① 两违：指违法建设和违法用地。

② 三无：无违法批地、无违法管地、无违法用地。

2000 年，国土资源部第一次在全国部署开展土地“卫片”执法检查[①]工作，全市开展土地“卫片”执法检查工作。

2001 年起，每年 4 月 22 日，“世界地球日”，丽水市都开展宣传活动。

2002 年，丽水市土地执法模范乡镇占乡镇总数的 73%，新增土地违法案件的发案率控制在 5% 以内。2003 年，丽水市成立清违办公室，集中力量重点查处城区、城乡接合部违法建设和违法用地行为，受理群众举报 211 件、申报 731 件，调查取证 2040 户，涉案面积 20.3 公顷。强制拆除花园路、大洋路、人民路两侧严重影响市容市貌的违法建筑物、构筑物。

2004 年，丽水市开展农村集体土地非法买卖专项检查，查处非法买卖集体土地案件 29 起，面积 22.26 公顷，涉案金额 778.5 万元。全市查处土地违法案件 616 件，涉案面积 159.68 公顷，收缴罚没款 1339 万元。

2006 年，丽水市专项检查投资亿元以上建设项目中的违法用地。

2009 年，土地卫片执法检查工作实现全市全覆盖，全市有监测图斑 286 个，面积 482.89 公顷。查处纠正违法用地 137 宗，面积 66.02 公顷，其中耕地面积 19.4 公顷。同年，全市按时完成 2009 年度土地卫片(加注)执法检查工作。

2010 年，丽水市查明省国土资源厅下发图斑 286 个，查处整改工作面积 482.89 公顷。出动执法人员巡查 24089 人次，发现并制止土地违法行为 283 起，涉案土地面积 36.11 公顷。查处土地违法案件 61 起，涉案土地面积 50.87 公顷。同年，全市有监测图斑 2478 个，面积 1346.16 公顷。查处纠正违法用地 143 宗，面积 62.41 公顷，其中耕地面积 35.34 公顷，违法占用耕地比例 2.56%。

2000—2010 年丽水市土地违法案件查处一览

表 3-1-4-1

时间（年）	立案查处案（件）	涉案土地面积（公顷）	拆违面积（公顷）	回收土地（公顷）	罚款（万元）	党纪政纪处分（人）	追究刑事责任（人）
2000	513	6.34	1.13	0.21	75.58	0	0
2001	602	23.90	1.27	1.08	144.23	0	0
2002	338	23.85	1.93	1.51	107.60	0	0
2003	543	63.01	13.67	0.12	515.42	2	0
2004	616	159.65	2.22	0.06	1339.71	2	1
2005	585	143.17	2.12	0.34	1324.06	0	0
2006	728	101.02	15.74	1.35	709.18	22	2
2007	430	34.86	10.44	2.81	988.40	3	0
2008	175	33.78	7.07	2.77	412.04	0	1
2009	35	29.20	1.24	0	335.72	0	0
2010	61	50.88	3.78	0	396.68	4	0

2002 年，丽水市建立土地执法监察巡查制度。2005—2010 年，全市出动土地监察执法巡查 128065 人次，制止土地违法案件 4324 起，涉案面积 123.67 公顷。2000—2010 年，全市因土地违法受

① “卫片”是卫星遥感图片的简称，是利用卫星遥感等吉林市手段制作的叠加监测信息及有关要素后所形成的专题影像图片。土地卫片执法检查是对卫片影像所涉及地块的土地利用总体规划执行情况、土地利用年度计划实施情况、土地审批情况、土地供应情况进行检查。

到党纪政纪处分33人，被追究刑事责任4人。

第五节　土地管理体制改革

管理机构

清代，处州府知府亲自掌管地政，另有通判分管。各县知县主管地政。民国17年(1928)，处州各县成立地政处，办理土地事宜。民国22年6月，处州成立整理土地委员会。审议整理土地程序、作业方法、实施清丈计划和其他有关事项。民国29年，处州成立户地编查处，招收编查员，到各乡实地编查。民国31年，各县设田赋管理处，裁撤编查队，地籍科接办业务。

民国34年(1945)抗日战争胜利后，各县复设地政管理机构，承办地政事务。民国36年，各县设置地政机构，有地籍整理办事处、县政府地政科或地政股。

1950—1966年，丽水土地工作先由各县财粮科兼管，继由县民政科负责，后由县计划委员会办理。1966年"文化大革命"开始，各县土地工作一度失控。此后，县人民武装部生产办公室负责土地工作。各县革命委员会成立后，统由生产指挥组管理。20世纪70年代初，划归农业部门管理。20世纪80年代初，丽水地区农业局增设土地管理科，各县农业局增设土地管理股，部分区镇设专职土管员。

1986年，为加强用地计划，丽水地区成立土地管理办公室。1987年，丽水地区土地管理局成立。1988年，丽水地区各县(市)土地管理局相继成立，区、乡、镇设土地管理所或土管员。形成建设用地年度计划指标管理制度。地、县土地管理部门建立建设用地管理制度、土地垦复制度、地籍管理制度、地政监察制度。

2000年7月丽水撤地设市后，丽水市实行土地统一管理体制。丽水市土地管理局下设莲都区分局。原丽水市(县级)土地管理局下属事业单位一并划归丽水市土地管理局管理。丽水市土地管理局直接管理城市规划区土地，莲都区土地管理分局管理规划区外的土地。7月，丽水市与莲都区开始交接土地管理事权，8月，市、区土地管理事权交接完毕。

体制改革

2000年11月，丽水市政府改革土地管理体制，公布50个市直部门审批制度改革实施方案。丽水市土地管理局审批事项中有取消建设用地项目预报和农业产业结构调整2项，下放县(市)属企业改制土地资产处置1项，核准事项中下放县(市)属企业改制土地估价结果确认1项，备案事项中取消建设用地项目1项。2001年，市土管局及莲都区分局、市矿管局合并组建市国土资源局，下设办公室、计划财务科、法规监察科、土地规划耕地保护科、地籍管理科、土地利用管理科、矿产资源管理科、地质环境科8个科室及莲都区分局；事业单位由10个合并成7个，即市统一征地办公室、丽水市国土资源执法监察支队、市国土勘察测绘规划院、市国土资产管理所、市土地储备中心、市土地整理开发中心、市地质环境监测站。

2004年7月8日，丽水市国土资源部门实行双重管理体制，以浙江省国土资源厅管理为主，丽水市政府协助管理。同年，丽水市政府成立土地信访工作协调小组，加强对土地信访工的领导和监督，完善征地拆迁机制建立市区联动的征地工作机制。

2007 年 8 月 21 日，丽水市编委发文调整丽水经济开发区管理体制，撤销开发区地政规划环保局，成立丽水市国土局开发区分局；成立市国土勘测规划院开发区分院，为市国土局派驻开发区机构。2008 年 12 月，丽水市政府将中心城区和丽水开发区以外不涉及农用地转用的农民建房审批权委托给莲都区政府。

2010 年，丽水市国土部门严格执行“告知、确认、听证”和“两公告一登记”[①]征地程序，健全征地工作日常监督和责任追究机制，加强国土资源信访管理，在全市基层国土所建立信访接待室，完善信访工作格局。

第二章　耕地保护

1952 年始，各县耕地面积逐年减少。20 世纪 50 年代开始，各县实行耕地开发和保护，有效保护耕地，一方面加强现有低产田的改造，以提高产量；另一方面，开田造地，以维持耕地面积不减少。20 世纪 80 年代，丽水地区被评为全国开田造地先进地区，丽水地区开田造地的经验得到国家土地管理局的认可，并推广到全国。2010 年，丽水市落实“先补后占”政策，实施“百万”造地保障工程，完成土地开发、整理、复垦，新增耕地 1873.3 公顷。截至 2010 年，丽水市连续 15 年实现耕地占补平衡，有耕地 16.66 万公顷。

第一节　农田改造

低产田改造

1949 年 10 月中华人民共和国成立后相当长的一段时期内，丽水境内低产田主要是冷浸田、烂糊田。据 1975—1980 年调查统计，全地区有低产田约 2.67 万公顷，占全部水田总面积的 1/3。

丽水县低产田块主要有丘陵的易旱田、河谷平原的烂糊田、山区的冷水田、土壤缺素田和薄水

① 第一次公告内容：征用土地公告的内容；第二次公告内容：国土行政主管部门根据省或国务院征用土地批准文件批准的《征用土地方案》在征用土地公告之日起 45 日内以村为单位拟订征地补偿、安置方案并予以公告；补偿登记内容：被征地农村集体经济组织、农村村民或者其他权利人应当在征用土地公告规定的期限内持土地权属证书（土地承包合同）到指定地点办理征地补偿登记手续。

田。历来农户都采用担客土、割青蒿改良土壤。1959年起，各县采取扩种绿肥、调整耕作制度和改土治水等措施，改造城关北山脚亩产150千克以下低产农田533.33多公顷。采取开沟排水、冬种草子、磷肥拌种、猪粪肥田等措施后，改良碧湖畈后畔浸冬田1300多公顷。20世纪60—80年代，丽水地区及各县进行大规模的低产田改造。龙泉县在与庆元分县之前，一直把低产田改造重点放在庆元山区。1970年，龙泉屏南公社南五大队采取“三沟”配套法，改造全村山垄冷水田70%，粮食亩产量从249千克提高到377千克。1977年起，全县连续开展以改造冷水田、烂糊田为主的农田水利基本建设。到1989年，改造0.48万公顷。青田县有冷水田1667公顷，20世纪70—80年代初，全县改造400公顷。其中吴坑乡大队12个改造122.07公顷，小舟山乡大队8个改造67.47公顷，双垟乡大队11个改造65.53公顷。庆元县冷水田面积0.53万公顷。1964年，庆元县隆宫公社莲湖大队进行冷水田改造，到1976年，改造冷水田6.87公顷，粮食亩产从134千克提高到375千克，粮食总产量由3.3万千克提高到7.55万千克。其成果获得省科学大会二等奖。1977—1990年，庆元县改造冷水田和烂湖田0.31万公顷。1963年，云和县赤石公社赤石大队改造赤石畈烂糊田20多公顷。1993年，城郊黄水碓、古竹村改造黄古畈烂糊田133.33多公顷。全县666.67多公顷低产田，全部得到有效改造。1961年，遂昌县垵口公社根竹口大队，改造冷水田40多公顷，亩产从173千克提高到265千克，受到华东地区、省农业厅表彰。冷水田改造经验被庆元、福建省福鼎县等条件相似地区推广应用。1980年和1982年，大柘公社大坟山大队两次改造2.2公顷烂糊田，改一熟稻为二熟稻，亩产从265千克提高到650千克。1978年，松阳区域开始逐畈制订规划，逐年实施改造。到1992年，全县累计改造低产田4800公顷，占全县低产田总面积的60.7%。渍害低产田7900公顷，占水田总面积的70.2%。

1988年起，全区推广冷水田垄畦栽培法。2000年，丽水市开始建设标准农田。至2010年，全市建成标准农田4.69万公顷。

基本农田保护

1952年开始，丽水各县耕地面积逐年减少。1952—1995年，丽水地区耕地面积由11.67万公顷减至9.53万公顷。1982年，丽水地区各县农业局成立土地管理股，制止农村建房乱占滥用耕地。对国家建设项目征用耕地收缴造地费，后又征收耕地占用税。1985年，丽水县政府发布《关于农业产业结构调整几个问题的意见》，严格控制在粮田里挖塘养鱼和种植多年生经济作物；同时规定在山地新发展柑桔、枇杷、杨梅等水果种植。1989—1993年，全区各县开展划定基本农田保护区工作，对耕地实行用途管制。全区划定耕地保护区面积9.4万公顷，规定一类保护区农田，在规划年限内不准被征用；二类保护区农田，按审批权限和程序报批，从严控制各类建设占用基本农田；对依法批准占用保护区耕地的，实行“占一补一”的政策，同时收取基本农田保护费。1995年开始，丽水所属各县进行耕地开发和保护，至2010年，连续15年实现耕地占补平衡。1995年12月，在龙泉市召开全区耕地保护工作会议，行署与9个县(市)签订丽水地区耕地保护目标管理责任状。1997年，地区各县(市)编制第一轮土地利用总体规划(1997—2010)，全地区冻结非农建设占用耕地1年。6月，全区开展土地管理宣传月活动。遂昌、松阳两县被省政府授予保护耕地先进单位。1999年，《浙江省土地利用规划(1997—2010)》开始实施，分解下达耕地保护任务指标，要求丽水地区保护基本农田13.52万公顷，以1996年耕地15.91万公顷为基数，保护率80%。

2002年，丽水市划为基本农田优质园地314.8公顷，部分农田置换为工业区建设用地。2004年，丽水市开展基本农田核查工作，划定基本农田 13.52 万公顷，其中为兄弟市异地代保基本农田 0.52 万公顷，落实基本农田保护责任乡镇 193 个、行政村 3689 个。2006 年，全市规定市、县、乡三级政府主要领导人为耕地保护第一责任人，专项检查基本农田保护情况，建设基本农田保护示范区。松阳县列入全省 8 个省级基本农田保护示范区建设试点县之一。2009 年，全市建立基本农田保护数据库管理信息系统，建立健全监管体系。

2010 年，丽水市修编完成《丽水市土地利用总体规划（2006—2020）》，并通过省政府审批，规定规划期间基本农田保护面积 13.2 万公顷，以 2006 年耕地 13.81 万公顷为基数，保护率 95.56%。同年，全市有基本农田 14.67 万公顷，占全市 16.66 万公顷耕地的 88.12%。

第二节 开田造地

1949 年 5 月丽水解放后，全区农村大搞农田水利基本建设。20 世纪 50 年代，各县大规模兴修水利。20 世纪 60—70 年代，丽水地区农业学大寨，开大寨田，把许多丘陵荒山，溪滩圩地开辟成水田、茶园、果园和桑地。

1968 年，遂昌县岗寺公社[①]开辟茶园 66.67 多公顷。据不完全统计，1968—1979 年，松阳区域新开农田 225.33 公顷，开辟茶园 2823.53 公顷、桔园 289.07 公顷，营造杉木林基地 4777.33 公顷。

1977 年，丽水县整治好溪，砌筑防洪堤 11530 米，开渠 4 千米，修机耕路 5.70 千米，围垦造地 185.53 公顷。1978—1982 年，遂昌县综合治理松阴溪中游河段，砌筑防洪堤 48.36 千米，整理堰坝 12 条，围垦耕地 1333.33 多公顷。1982 年，实行用地与造地挂钩的政策，出资补助各地开展土地开发、整理、复垦，并对国家建设征用耕地征收造地费，落实造地计划。1984 年 6 月 28 日，松阳县规定开田前，开田方应向县、区、乡有关部门申请开田计划任务，经相关部门实地勘察，落实计划面积，签订开田合约。开好后，经实地验收合格，每亩发给开田补助费 500 元。

1986 年，丽水地区推行“用一造二”的用地政策，并制定相关政策措施，督促各地开田造地。1988 年，松阳县新开水田 6.52 公顷。丽水地区净增耕地 95.4 公顷。缙云县雁岭乡开始“劈山造田”“溪滩改田”，开发良田 36.22 公顷。丽水地区开田造地的经验得到国家土地管理局的认可，并推广到全国。丽水地区被评为全国开田造地先进地区。

1990 年，丽水市（县级）九坑村开山垒石，将全村的荒山坡都整理成水平带，成为远近闻名的九坑桃专业村和桃花观赏旅游基地。1991 年 3 月，在青田县召开全区开田造地会议，表彰先进集体，参观青田县东源镇项村开田现场。1996 年，浙江省下达丽水地区开田造地计划 327 公顷，实际开田造地 1506 公顷。全年增收造地改田资金 1337 万元。1990—1996 年，遂昌县新开耕地 321.8 公顷。1997 年，浙江省下达丽水地区开发耕地计划 350 公顷，实际完成 1582 公顷，投入资金 1685 万元。1998年，浙江省下达丽水地区耕地开发任务 533 公顷，实际完成 778 公顷，其中旱粮基地 466.6 公顷，超额完成省计划 244.51 公顷，完成率 145.85%。1999 年，浙江省下达丽水地区土地开发整理计划 329 公顷，实际完成 432 公顷，其中开发增加耕地 270 公顷，整理增加耕地 155.5 公顷，复垦耕地 6.5 公顷。

① 2010 年属松阳县。

2000年，丽水市承接浙江省土地开发整理计划230公顷，实际完成661公顷，其中开发增加耕地345公顷，整理增加耕地316公顷。2001年7月，丽水市政府下发《丽水市人民政府关于进一步鼓励土地开发整理的通知》，坚持谁投资谁受益的原则，鼓励单位和个人充当业主。同年，全市开发耕地面积1020公顷。2002年，全市新增耕地972.93公顷。2006年起，每年都有新的土地开发、整理、复垦项目立项开工。2007年3月，市政府在缙云县召开土地开发整理暨建设用地复垦现场会，并参观缙云县舒洪大畈、三溪盛园、壶镇溪东土地整理现场和壶镇三联土地整理成果。会后，全市掀起新一轮土地开发整理和复垦高潮。同年，完成土地开发项目156个，面积0.15万公顷。2008年，完成土地复垦、开发、整理0.67万公顷。建设宅基地整理示范村17个。2009年，全市完成土地开发、整理、复垦，新增耕地2878.6公顷，连续14年实现耕地占补平衡。青田县峰山林场土地开发等项目获评2009年度浙江省“十佳开发整理复垦”质量示范工程。

2010年，丽水市实施“先补后占”政策，落实“百万”造地保障工程，完成土地开发、整理、复垦，新增耕地1873.3公顷。龙泉市安仁镇黄桶村大坪等区块、青田县峰山林场土地开发项目和缙云县前路乡大集、南弄村土地开发项目荣获“浙江省2010年度十佳土地开发整理复垦质量示范工程”。2006—2010年，丽水市完成土地开发垦造耕地0.67万公顷，其中省委托垦造耕地0.13万公顷，建设用地复垦0.13万公顷。

第三节 耕 地

唐开元十四年(726)，处州人均田地2.32公顷。宋元丰六年(1083)，处州户均田地1.79公顷，人均1.23公顷。明万历七年(1579)，处州官民田地山塘荡148857公顷，人均0.61公顷。清光绪三年(1877)，处州田84370公顷、地7170公顷、沙地68公顷、山22472公顷、塘荡870公顷，人均田地0.1公顷。

民国24年(1935)，处州耕地面积10.47万公顷，其中水田7.73万公顷，旱地2.74万公顷，人均耕地0.08公顷。1949年，耕地11.15万公顷，人均0.09公顷。

1952年，丽水耕地11.69万公顷，人均0.09公顷。1953年，缙云县潘潭乡划归磐安县管辖，耕地面积减少666.67公顷。1954—1955年，各县净增耕地0.06万公顷。1956—1961年，各县净减耕地0.64万公顷，其中1958年减少最多，比1957年减少0.38万公顷，仅有耕地11.2万公顷，人均耕地0.08公顷。1962年，各县净增耕地0.08万公顷。1963—1964年，丽水专区增加耕地0.08万公顷，减少耕地0.17万公顷，增减相抵，净减0.09万公顷。1965—1968年，丽水专区净减耕地0.26万公顷。1969—1988年，丽水地区净减耕地0.65万公顷，其中基本建设占地0.56万公顷。1988年，丽水地区耕地9.97万公顷，人均0.04公顷。1990年，新开耕地210.67公顷，园地972.53公顷，垦复水毁农田311.07公顷，投放补助资金188.43万元。

20世纪80年代末，丽水地区城镇建设步伐的加快，土地占用量急剧增加，耕地大幅减少。20世纪90年代中期，地区行署要求实现耕地占补平衡。至2010年，丽水市实现连续15年占补平衡。

若干年份丽水市耕地面积一览

表 3-2-3-1　　单位：公顷

年份	丽水市	莲都区	龙泉市	青田县	云和县	庆元县	缙云县	遂昌县	松阳县	景宁畲族自治县
1952	116873	16573	19883	15347	6887	12052	14427	11040	12180	8409
1957	115773	15933	19346	16633	6720	11775	14283	10700	11833	8517
1962	111120	15420	18976	14507	6133	11778	13913	10693	11887	7509
1965	109676	15627	18747	14067	5993	11715	13787	10873	12080	7426
1970	106740	14327	18396	13187	5780	11451	13260	10980	11860	7092
1975	105407	14400	18067	13013	5700	11291	13260	10733	11707	6997
1978	105087	14333	17928	13073	5673	11271	13313	10660	11713	7007
1979	104380	14247	17887	13000	5660	11147	13273	10367	11653	6994
1980	104140	14173	17852	12947	5653	11104	13300	10347	11633	6962
1981	103980	14133	17822	12920	5653	11057	13287	10347	11627	7041
1982	103753	14093	17806	12907	5633	10998	13267	10333	11607	6975
1983	103627	14053	17798	12907	5613	10958	13247	10320	11600	7044
1984	102727	14013	17712	12900	5093	10879	13207	10340	11580	7005
1985	101333	13720	17433	12533	5080	10789	13120	10307	11387	6961
1986	100640	13340	17343	12466	5073	10751	13067	10287	11267	7054
1987	100187	13173	17236	12393	5060	10738	12987	10287	11280	7033
1988	99713	13147	17036	12340	5020	10705	12907	10260	11273	7025
1989	99480	13120	17057	12067	4902	10661	12853	10260	11296	7029
1990	99147	12964	17057	12020	4875	10672	12767	10260	11287	7004
1991	98693	12913	17039	12273	4864	10664	12433	10287	11230	6985
1992	98010	12820	16955	12220	4855	10674	12165	10260	11095	6982

续表 3-2-3-1

年份	丽水市	莲都区	龙泉市	青田县	云和县	庆元县	缙云县	遂昌县	松阳县	景宁畲族自治县
1993	96950	12527	16955	12020	4823	10654	11936	10213	10865	6973
1994	95980	12340	16913	11940	4810	10634	11620	10140	10700	6928
1995	95400	12307	16783	11820	4800	10555	11573	10087	10619	6903
1996	95100	12200	16744	11633	4790	10567	11609	10147	10615	6911
1997	95505	12173	16698	11673	4742	10549	11604	10300	10854	6929
1998	95446	11920	16707	11707	4772	10548	11667	10440	10778	6923
1999	94326	11758	16718	11362	4560	10479	11527	10457	10506	6957
2000	93134	11606	16747	11350	4315	10301	11518	10514	9991	6792
2001	91347	11345	16784	10972	4175	10194	11203	10421	9455	6798
2002	89742	11157	16837	10798	4176	10247	11062	10301	8338	6827
2003	89144	11065	16926	10792	4212	10414	10918	10429	7538	6850
2004	89227	11055	16934	10736	4143	10549	10919	10431	7610	6849
2005	89660	11153	16991	10748	4176	10616	10942	10505	7680	6849
2006	89753	11159	17016	10878	4143	10757	11218	10561	7176	6845
2007	92005	11321	17199	10884	4231	10937	12093	10676	7472	7192
2008	146672	13326	22026	23793	7747	14504	20370	15720	14505	14680
2009	165406	17382	23973	26539	8206	14794	20381	18186	18288	17654
2010	166606	17479	23972	26625	8379	15024	20911	18260	18289	17667

说明：2007 年前，年末耕地面积取自统计部门农业报表；2008 年起，因国家统计局取消该项指标统计，年末耕地面积就以国土部门土地变更调查为依据，两者在统计口径上存在一定差异

第三章　土地市场

清代至民国时期，处州境内土地所有权和使用权可以买卖交易。其交易有绝卖、活卖、卖田骨、卖田皮、租佃、典当、抵押等多种形式。房屋交易，一般与宅基地一并进行。

1950年，丽水土地改革初，政府仍允许土地买卖。1953年12月，各县执行政务院公布的《国家建设征用土地办法》，禁止土地买卖。

1978年中共十一届三中全会后，丽水地区试行土地有偿使用制度，实行土地所有权和使用权两权分离政策，恢复土地使用权交易。1992年起，丽水地区土地使用权交易成为国有土地使用权出让最常用的方式。1991年12月，丽水市（县级）土地估价工作成为全省试点。1992年9月，丽水市（县级）土地估价工作成功通过省土地管理局验收。1991年起，丽水地区其他8个县（市）也相继开展地价评估工作。1992年6月25日，丽水市（县级）首次举行土地拍卖竞投仪式。之后，招标、拍卖、挂牌方式成立使用权出让的最主要形式。1993年12月27日，丽水地区行政公署发文正式公布丽水市区的基准地价，明令自1994年1月1日起开始执行。1999—2009年，丽水市城区四次更新丽水市区基准地价。

1990—2000年，丽水市建立统一征地机构和土地收储制度，严格垄断土地一级市场，政府成为土地征用、征收和使用权出让的唯一主体。2000年2月，市政府批复成立丽水市土地储备中心。2000—2010年，丽水市土地储备中心总融资268笔、62146亿元，收储235个项目，土地总面积923.67公顷；出让土地544.67公顷，其中招拍挂出让133宗，总面积269.4公顷；出让金总额112.07亿元，划拨95宗，面积275.27公顷。

第一节　土地交易

土地买卖

清代至民国时期，处州大部份耕地为地主所有，土地买卖和交易是常态。1950年实行土地改革后，各县农村生产生活土地为农民私有，政府仍允许土地买卖。国家机关、部队、学校、国营企业等单位使用私有土地，可以通过购买、租赁取得，同时支付地价和地租。1953年12月5日，政务院公布《国家建设征用土地办法》，规定：“凡征用之土地，产权属于国家。用地单位不需要时，应交还国家，不得转让。”

1956年，各县完成农业社会主义改造，土地买卖即被禁止。1962年，《农村人民公社工作条例修正草案》颁布后，规定“生产队范围内的土地都归生产队所有。生产队所有的土地，包括社员的自留地、自留山、宅基地，等等，一律不准出租和买卖”。1964年起，全区推行农业学大寨运动，延续至1978年。1966—1976年，“文化大革命”期间，丽水地区狠批资本主义，不存在土地买卖的状况。

1978年，丽水地区出现转让土地使用权，并开始增多。1989年，丽水地区执行新《中华人民共和国土地管理法》，开始试行土地有偿使用制度。各县（市）地方政府根据《中华人民共和国土地法》精神，先后制定颁布地方性细则，严格垄断土地一级市场，充当唯一的土地所有权征收者和使用权初始出让者。出让的使用权年限商业用地最长40年，住宅用地最长70年。同年，丽水地区政府对金温公路指挥部占地按征地四项费用收取有偿使用费25290元。1990年起，全区执行国务院《城镇国有土地使用权出让和转让暂行条例》。1995年，以国有土地使用权出让为龙头的土地使用权制度改革取得新进展，全区出让国有土地使用权1558宗、94公顷，收取土地出让金1.57亿元。1996年，全区出让国有土地使用权982宗、62公顷，收取土地出让金1.29亿元。1997年，全区出让国有土地使用权293宗、43公顷，收取土地出让金4113万元。1998年，全区出让国有土地使用权576宗、48.77公顷，收取土地出让金7915万元。2004年，全市通过土地市场公开出让经营性土地209宗、76.65公顷，合同出让金14.94亿元。2010年，丽水市推出商业、住宅用地34宗、67.6公顷，土地出让金合同数31.87亿元。

土地拍卖

1992年6月25日，丽水市（县级）首次举行土地拍卖竞投仪式，出让一块位于丽水市（县级）中山街中段的国有土地使用权。

2002年9月，丽水市出台《丽水市招标拍卖挂牌出让国有土地使用权实施办法》。2003年，丽水市有偿出让978宗、975.7公顷，占总用地量55%，其中招标、拍卖、挂牌方式出让286宗、103.6公顷。市本级依法办理房改房（经济适用房）上市手续4600宗，划拨土地使用权转让补办出让手续2300宗，收取出让金1300万元。2004年，处理市区土地市场遗留问题，补办土地出让手续812宗，补交出让金2579.37万元，缴纳契税77.38万元。全市入库出让金超过20亿元。2007年，出台《丽水市区工业用地招标拍卖挂牌出让实施意见（试行）》，各县（市）也出台相关实施办法，实现工业用地供应从协议出让向招拍挂出让的平稳过渡。同年，全市招拍挂出让工业用地91宗，面积142.27公顷，出让金合同数2.49亿元。下半年，市政府决定将全年的商住用地计划从年初的43.33公顷调增至66.67公顷。2009年，丽水市加快商住用地推出进度，成功出让江滨旧城改造等多个商住地块，促进市区房地产市场平稳发展。

2010年，丽水市出让国有土地403宗，面积541.8公顷，出让金合同数66亿元。市本级推出商业、住宅用地34宗，面积67.6公顷，土地出让金合同数31.87亿元，入库37.2亿元，分别完成丽水市政府下达任务的101%、159%、124%。

1996—2010年丽水市国有土地出让一览

表 3-3-1-1

年份	同年丽水市出让国有土地			其中招、拍、挂			同年最高单价（元/平方米）
	宗数（宗）	总面积（公顷）	合同收入（万元）	宗数（宗）	总面积（公顷）	合同收入（万元）	
1996	982	62.00	12900.00	—	—	—	7240
1997	293	43.00	6879.00	—	—	—	—
1998	576	43.77	14095.00	109	—	—	9186
1999	1410	58.45	—	—	—	—	—
2000	—	140.65	34100.00	—	—	—	8856
2001	—	155.48	97200.00	—	—	—	—
2002	543	285.98	158500.00	94	—	—	—
2003	978	975.70	343100.00	286	—	—	—
2004	1021	—	151979.37	—	—	—	—
2005	—	374.93	373000.00	—	137.90	343000.00	—
2006	—	1062.00	—	190	286.60	56.46	—
2007	3713	—	4241.80	—	—	—	—
2008	—	—	—	218	—	—	—
2009	—	—	—	413	—	—	—
2010	—	—	—	403	541.80	660000.00	—

说明：2004年数据包含丽水市国有土地出让补办812宗，合同收入2579.37万元；2007年数据仅为补办数据，公证总数据短缺，合同收入4241.8万元

第二节 土地开发

土地储备

2000年2月，丽水市（县级）政府土地储备中心成立，与市土地整理储备中心分离。储备中心资金运作实行收支两条线，储备土地出让后，出让金及时上交国库，土地储备成本由市财政局及时核拨。2000年7月，丽水撤地设市，调整机构设置。

2001年8月1日起，丽水市实施《丽水市区土地储备实施办法》。同时，丽水市成立土地储备管理委员会，丽水市政府市长任主任。2001年起，市政府相继制定《丽水市征用土地补偿标准暂行规定》《丽水市招标拍卖挂牌出让国有土地使用权实施办法》《丽水市被征地农民基本生活保障暂行规定》《丽水市土地储备中心闲置收储土地资产管理暂行办法》及农民二、三产业留地等一系列配套政策。2001年，丽水市本级出让土地17公顷，收储成本1.11亿元，出让金3.58亿元，净收益2.46亿元。

2000—2010年，丽水市土地储备中心总融资268笔、62146亿元，收储235个项目，土地总面积

923.67 公顷，出让土地 544.67 公顷。其中招拍挂出让土地 133 宗，总面积 269.4 公顷，出让金总额 112.07 亿元；划拨出让土地 95 宗，面积 275.27 公顷。

土地开发利用

丽水境内土地开发，始于新石器时代农耕部落的出现。据遂昌好川文化遗址挖掘发现，距今 4000 多年前的新石器时代晚期，丽水境内已有农耕生产。唐开元十四年（726），处州人均田地 2.32 公顷。宋元丰六年（1083），处州户均田地 1.79 公顷，人均 1.23 公顷。据明万历间《括苍汇纪》载：“通十县官民田地山塘荡 22343 顷 48 亩 5 分 3 毫。”清雍正年间（1723—1735），“括府有田 17795 顷 53 亩，地 1208 顷 51 亩，沙地 10 顷 35 亩，山地 3367 顷 62 亩，塘、荡 137 顷 35 亩”。

民国 24 年（1935），丽水行政督察区有耕地面积 10.47 万公顷，其中水田 7.73 万公顷、旱地 2.74 万公顷，人均耕地 0.08 公顷。民国 27 年，浙江第九行政督察区开办遂昌、龙泉、云和三个战时经济实验县和丽水县太平区、青田县海口区、松阳县古市区、龙泉县八都区等经济实验区 8 个，垦荒种植，发展生产。丽水县太平区、龙泉县八都区共垦荒 3026.13 公顷。1949 年，丽水专区 10 个县有耕地 11.14 万公顷，人均 0.10 公顷。

1949 年 10 月中华人民共和国成立初，丽水专区贯彻执行《浙江省开垦荒地暂行条例》，鼓励农民开田造地，扩大耕地面积。1952 年，丽水专区有耕地 11.69 万公顷，人均 0.09 公顷。1954—1955 年，各县净增耕地 0.06 万公顷。1962 年，各县净增耕地 0.08 万公顷。1963—1964 年，丽水专区增加耕地 0.08 万公顷。1964 年，丽水掀起兴修水利高潮，进行农田基础设施建设。1986 年 11 月，丽水地区对验收合格的新开水田补助 400 元/亩，旱地补助 200 元/亩。1987 年 5 月，丽水地区下发《关于开发土地资源，鼓励开田造地有关事项的通知》。1969—1988 年，丽水地区增加耕地 0.31 万公顷。

1990 年，丽水地区新开耕地 210.67 公顷，新开园地 972.53 公顷，垦复水毁农田 311.07 公顷，投放开田造地和垦复农田补助资金 188.43 万元。1999 年 9 月，丽水地区执行新《中华人民共和国土地管理法》，制定《丽水地区关于进一步加强土地开发整理，鼓励造地改田的实施意见》，改田补助 2500—3000 元/亩，造地补助 800—1000 元/亩。

2002 年 4 月，丽水市土地整理开发中心成立，专管土地开发整理事宜。2005 年开始，浙江省财政对开发旱地补助 700 元/亩，开发水田补助 1500 元/亩。同年，丽水市土地总面积 1729372 公顷，其中农用地 1627816 公顷；建设用地 44589.92 公顷；未利用地 56966.04 公顷。2007 年，丽水市出台《关于加强市区土地开发土地整理和建设用地复垦工作的意见》《关于积极开展农村土地开发整理和建设用地复垦促进新农村建设的意见》，明确土地开发和建设用地复垦项目的职责分工、实施程序、工作机制及奖励机制。2009 年 5 月，浙江省人民政府下发《关于实施“百万”造地保障工程的通知》，要求丽水市推进低丘缓坡资源的开发利用。同年，丽水市完成浙江省委托第九批垦造耕地项目新增耕地面积 1400.27 公顷。2006—2010 年，丽水市竣工验收土地整理项目 249 个，整理总面积 5.91 万公顷，新增耕地面积 0.78 万公顷，建成标准农田 2.32 万公顷；竣工验收土地开发项目 540 个，开发总面积 0.55 万公顷，新增耕地面积 0.53 万公顷。

至 2010 年，丽水市土地 1727520 公顷，开发利用国土面积 97.2%，其中农用地 1628165.72 公顷，占 94.2%；建设用地 51455.8 公顷，占 3%。

2010年丽水市土地利用现状一览

表3-3-2-1

土地分类		总面积(公顷)	比　重(%)	
			占全市面积	占本地类面积
一级类	二级类	1727520.23	100.00	100.00
耕地	水田	129681.62	7.51	79.03
	水浇地	—	—	—
	旱地	34412.54	1.99	20.97
	合计	164094.16	9.50	100
园地	果园	37434.18	2.17	65.00
	茶园	11400.25	0.66	19.79
	其他园地	8759.22	0.51	15.21
	合计	57593.65	3.33	100.00
林地	有林地	1295971.67	75.02	94.94
	灌木林地	15205.87	0.88	1.11
	其他林地	53916.61	3.12	3.95
	合计	1365094.15	79.02	100.00
草地	天然牧草地	320.95	0.02	1.93
	人工牧草地	0	0	0
	其他草地	16347.73	0.94	98.07
	合计	16668.68	0.96	100.00
城镇村及工矿用地	城市	3865.16	0.22	11.13
	建制镇	6076.68	0.35	17.50
	村庄	23009.11	1.33	66.26
	采矿用地	1110.24	0.06	3.20
	风景名胜及特殊用地	666.38	0.04	1.91
	合计	34727.57	2.01	100.00
交通运输用地	铁路用地	238.91	0.01	1.82
	公路用地	6512.43	0.38	49.74
	农村道路	6327.15	0.37	48.34
	机场用地	0	0	0
	港口码头用地	13.54	0	0.10
	管道运输用地	0	0	0
	合计	13092.03	0.76	100.00

续表 3-3-2-1

土地分类		总面积（公顷）	比　重（%）	
			占全市面积	占本地类面积
水域及水利设施用地	河流水面	27519.81	1.59	65.18
	湖泊水面	0	0	0
	水库水面	9403.62	0.54	22.27
	坑塘水面	2121.73	0.12	5.03
	沿海滩涂	0	0	0
	内陆滩涂	1599.44	0.09	3.79
	沟渠	1016.76	0.06	2.40
	水工建筑用地	559.73	0.03	1.33
	合计	42221.09	2.44	100.00
其他土地	设施农用地	123.28	0.01	0.36
	田坎	31473.89	1.82	92.49
	盐碱地	0	0	0
	沼泽地	0	0	0
	沙地	0	0	0
	裸地	2431.73	0.14	7.15
	合计	34028.90	1.97	100.00
可调整地类		1312.36	0.08	—

地价评估

1991 年 12 月，丽水市（县级）土地估价工作列为浙江省试点，对丽水市区 6.5 平方千米的建成区范围内的土地进行估价试点工作。1992 年 9 月，丽水市土地估价工作成功通过省土地管理局的验收。1991 年起，丽水地区其他 8 个县（市）相继开展地价评估工作。

1993 年 12 月 27 日，丽水地区正式公布丽水市区的基准地价，自 1994 年 1 月 1 日起开始执行，其中商业用地 1 级地价为 1328 元/平方米，2 级地价为 675 元/平方米，3 级地价为 222 元/平方米；住宅用地 1 级地价为 280 元/平方米，2 级地价为 209 元/平方米，3 级地价为 139 元/平方米；工业用地 1 级地价为 534 元/平方米，2 级地价为 257 元/平方米，3 级地价为 119 元/平方米。

1995 年 5 月 23 日，丽水地区对全区国有企业占有的土地进行估价。土地价格先由各单位根据城镇土地基准地价和宗地标定地价修正系数进行自评，然后由土管部门的土地估价所审核确认。丽水市区完成国有企业清产核资的土地评估 69 家。

1995 年，各县（市）参照丽水城区地价评估办法，对所有建制镇进行地价评估。1999—2009 年，丽水市城区四次更新丽水市区的基准地价。

第四篇 人口

1 人口规模与分布

2 人口构成

3 人口素质

4 家庭与婚姻

5 人口服务与管理

概 述

据好川文化遗址考古发现，距今4000年前，丽水域内有人类活动。隋大业五年（609），丽水有栝苍县[①]、松阳县，5271户，27251口。唐开元时期，丽水人口增长较快。据《宋史·地理志》载："宋崇宁元年（1102），处州有户108523，口160536"。南宋朝廷迁都临安后，处州人口迁入逐渐增多。元代，处州人口进一步增多。据《元史·地理志》及其他文献载，元至元二十七年（1290），处州路有户数132754户，人口493692人。户均3.72口。据明嘉靖《浙江通志·贡赋志》载："明嘉靖年间（1522—1566），处州府领10县、户118907、口254800。"清代初，由于战争影响，人口减少，社会稳定后，人口逐渐增长。清咸丰十一年至清同治元年（1851—1862），太平天国运动时期，丽水人口减少幅度较大。民国时期，丽水人口增长相对缓慢。1949年中华人民共和国成立后，丽水户籍人口增长较快。1949年，全区人口117.21万人。1949—1974年，除1961年人口有少许回落外，全区人口逐年增长。1975年，全区人口为202.11万人。2010年，全市人口增长到259.65万人。

东汉元和四年（87），处州人口密度1.14人/平方千米。三国吴国至西晋时期，处州区域人口密度为0.91人/平方千米。唐天宝元年（742），缙云郡人口密度63.48人/平方千米。宋至清代，处州人口密度总体呈上升趋势。20世纪80年代起，全区人口密度增加。至2010年，丽水市人口密度150.1人/平方千米，东部人口密度较高，西部山区人口密度低。

人口结构方面，封建社会，受重男轻女思想影响，处州人口性别比高。1949年中华人民共和国成立后，丽水提倡男女平等，健全法律制度，人口性别比开始下降。从民国18年（1929）的人口性别比135.17下降到2010年的105.78。随着人民生活水平的提高和文化教育的重视，丽水人口的文化程度不断提高，受高等教育、高中教育的人口比例也在不断提高。但人口文化结构，仍然以初中和小学为主。人口的年龄结构上，受生育政策和社会生活水平的提高等诸多因素的影响，丽水中年人口比例不断提高，少年儿童人口出现一个先上升，后下降的过程，老年人口比例上升，特别是百岁以上老人数增加。民族构成更加多样。1954年，丽水只有汉、畲族、回族、满族、蒙古族等几个少数民族，到2010年，少数民族增至40多个。随着社会的发展，人口受教育程度的提高、就业观念的转变等因素影响，从事农、林、牧、渔业生产人员比例不断下降，商业、服务业人员，生产、运输设备操作人员及有关人员比例不断上升。受人口出生、自然环境、社会保障和家庭观念等因素的影响，在20世纪90年代末，丽水地区人口年龄结构进入老年型社会，较早地跨入老年型社会，人口老龄化还有进一步加剧的趋势。丽水人口的人均预期寿命不断延长，长寿人口的比例上升，是"中国长寿之乡"。

---

① 2010年称莲都区。

1949年10月中华人民共和国成立后，丽水人口增长较快。1958年3月，各县开展计划生育工作。1963年，丽水专区计划生育委员会成立。同年，全区人口出生率和自然增长率都有所下降。1965年，丽水人口出生率降至37.12‰，自然增长率降至28.53‰。20世纪80年代，丽水贯彻执行计划生育这项基本国策。各级政府制定一系列的政策措施，开展计划生育宣传、培训，并充实基层的计生力量。1983年，全区推行计划生育动员月专项行动。1990年，丽水地区人口出生率10.84‰，自然增长率4.86‰，计划生育率93.15%。1991年，丽水地区有42个乡镇计划生育率100%。21世纪，丽水市计划生育工作逐步规范，提高工作质量和服务水平，步入良性循环的轨道。人口出生率和自然增长率两项指标均在低位运行，分别为12‰和6‰。

第一章 人口规模和分布

明清至民国时期,丽水人口增长相对缓慢,遇到自然灾害或战争,人口相应减少。1949 年 5 月丽水解放后,全区户籍人口增长较快。1949 年,全区户籍人口 117.21 万人。1975 年,全区户籍人口 202.11 万人。至 2010 年,丽水户籍人口增长到 259.65 万人。其间,只有 1961 年人口有少许回落。

人口分布方面,丽水城镇人口逐渐增多。1949 年,丽水专区城镇人口占总人口 8.09%;农村人口占总人口 91.91%。到 2010 年,据第六次全国人口普查记载,全市城镇人口占总人口 48.4%,农村人口占总人口 51.6%。

人口密度方面,古代,由于区域变化大和频繁的战争,丽水境域人口密度相应较低。1949 年中华人民共和国成立后,丽水社会稳定,人民生活质量提高,人口密度上升。至 2010 年,丽水人口密度已达 150.1 人/平方千米。按区域分,东部地区人口密度比西部山区人口密度要高。

人口流动方面,封建社会,处州人口迁移、流动总体比较少。只有在遭遇战争或自然灾害等原因时,丽水人口才有比较明显的流动。中华人民共和国成立后,随着市场经济的建立和大型水库等的建设需要,丽水人口迁移和流动较多。

居民组织上,封建社会处州乡村主要是里、庄,城市里为铺、坊。中华人民共和国成立后,丽水地区逐渐改为村和社区居委会。

第一节 人口规模与密度

人口规模

史前时期 据遂昌好川文化遗址考古发现,丽水境内新石器时代就有人类活动,并留有不同时期的遗址。莲都区后甫村、石牛白桥村等地在新石器时代遗址中曾出土石器、陶器。龙泉市牛门岗、赵坞岗背在新石器遗址出土印纹陶片。丽水境内还有缙云县方川金盘、云和县凤凰山下、松阳县新兴、遂昌县三仁好川文化晚期遗址、大柘等地的新石器遗址。

先秦时期 丽水与浙东南温州、台州区域为东瓯国。据《国语》等载,东瓯国以温州一带为主要活动中心,各地人口未详。

秦代 处州一带为闽越、东瓯民族居地,属闽中郡,郡治冶县①。郡属县的设置及人口数量均无记载。

① 2010 年属福建省福州市。

西汉　西汉元始二年(2)，浙江省境分属会稽、丹阳二郡。其中，处州与台州、温州同属会稽郡回浦县[①]。同年，回浦县户口8578户，39716人，占会稽郡人口总数的3.85%，并占浙江省境户、人口总数的5.13%和5.21%。

东汉　据《后汉书·郡国志》载，东汉永和五年(140)，浙江省境分属吴郡、丹阳、会稽三郡。其中，处州与台州、温州等三地分属去稽郡章安、永宁二县，有17584户、68742人，分别占会稽郡、人口总数14.29%，占浙江省境户、人口总数的9.04%和8.65%。

三国吴、西晋　据《晋书·地理志》载，丽水境域有临海郡松阳县一县，有2250户、9900人，占临海郡人口总数的12.5%。又有东阳郡遂昌一县，1333户，约5867人，占东阳郡户口总数的11.11%。松阳、遂昌二县共有户口3583户、约15767口，占浙江省境户、人口总数的3.45%。人口密度0.91人/平方千米。

南朝　宋大明八年(464)，丽水境内大部归属浙江省境分属扬州会稽、吴郡、吴兴、东阳、临海、永嘉、新安、义兴八郡。据《宋书·州郡志》载，丽水境内大部归属永嘉郡松阳县一县，户口1250户、7336人。又有东阳郡遂昌一县，有1780户、11996人。松阳、遂昌二县共有户口3030户，约19332人，户均6.38人。占浙江省境户、口总数的1.73%和1.62%。人口密度1.12人/平方千米。

隋代　隋开皇九年(589)，设处州。据《隋书·地理志》载，隋大业五年(609)，栝州永嘉郡丽水境域有栝苍[②]、松阳二县，户口5271户、27251人，占浙江省境户、人口总数的6.33%，人口密度1.58人/平方千米。据《中国历代户口、田地、田赋统计》载，永嘉郡领四县，户均5.17人。

唐代　据《旧唐书·地理志》载，唐贞观十三年(639)，丽水境域有处州栝苍、松阳二县，户口6450户、50803人，占处州户数、人口总数的50%。占浙江省户数、人口总数的4.62%和6.56%，人口密度2.94人/平方千米。

据《元和郡县图志》载，唐开元十七年(729)，丽水境域有处州栝苍、松阳、缙云、青田、遂昌五县，33278户，县均6655.6户。占浙江省境总户数的5.57%。

据唐杜佑《通典·州郡典》载，唐天宝元年(742)，丽水境域有缙云郡(处州)栝苍、松阳、缙云、青田、遂昌五县，户口42200户、252000人，分别占浙江省境户数、人口总数的6.04%和6.13%，人口密度63.48人/平方千米。

据《新唐书·地理志》载，唐天宝十一年(752)，丽水境域有缙云郡(处州)栝苍、松阳、缙云、青田、遂昌五县，42936户、258248人。分别占浙江省境户、人口总数的5.81%和5.83%。户均6.01人。人口密度14.93人/平方千米。

据李吉甫《元和郡县图志》载，唐元和四年(809)[③]，丽水境域有处州(缙云郡)丽水、松阳、缙云、遂昌、青田、龙泉六县，19726户。县均3278.67户。占浙江省境总户数的7.86%。人口密度1.14人/平方千米。

宋代　据《太平寰宇记》载，宋太平兴国五年(980)，处州领丽水、白龙(松阳)、缙云、遂昌、青田、龙泉六县，有20586户。占浙江省境总户数的5.56%。人口密度1.19/平方千米。

据《元丰九域志》载，宋元丰元年(1078)，处州领丽水、松阳、缙云、遂昌、青田、龙泉六县，89358

① 2010年属临海市章安。

② 2010年属丽水市莲都区。

③ 一说为唐元和五年(810)。

户。占浙江省境总户数的6.48%。人口密度5.16/平方千米。

据《宋史·地理志》载，宋崇宁元年(1102)，处州领丽水、松阳、缙云、遂昌、青田、龙泉六县，户口有108523户、160536人。分别占浙江省境户、人口总数的6.48%和5.48%。人口密度9.28人/平方千米。

元代　据《元史·地理志》载，元至元二十七年(1290)，处州路领录事司，掌管丽水、龙泉、松阳、遂昌、青田、缙云、庆元县，132754户、493692口。户均3.72口。八司、县平均16594.25户，61711.5口。分别占浙江省境户、人口总数的5.56%和4.79%。

明代　据嘉靖浙江布政使司《浙江通志·贡赋志》载，明洪武二十四年(1391)，处州府领丽水、龙泉、松阳、遂昌、青田、缙云、庆元七县。全府户口不得而知。

明天顺元年(1457)，处州府领丽水、龙泉、松阳、遂昌、青田、缙云、庆元、宣平、云和、景宁十县，户口有114400户。

据《浙江通志·贡赋志》载，明嘉靖三十年(1551)前，处州府领丽水、龙泉、松阳、遂昌、青田、缙云、庆元、宣平、云和、景宁十县。户口118907户，254800人。县均11890.7户，25480人。户均2.14人。分别占其时浙江省户、人口总数的7.68%和4.92%。

据《栝苍汇记》载，明万历年间(1573—1620)，处州府有114791户，246362人，户均2.15人。

清代　清康熙二十年(1681)，处州有丁口118189人。清雍正四年(1726)，处州将丁银摊入秋粮。清乾隆五年(1740)，下令各地督抚"于每年仲冬将户口实数与谷数一并造报"，户口登记始为全部人口。至清乾隆六十年，处州有22690户，丁口174216人，户均7.68人。

清嘉庆二十五年(1820)，处州府领丽水、青田、缙云、松阳、遂昌、龙泉、庆元、云和、宣平、景宁十县，户口有227213户，1151286人。户均5.07人。县均22721.3户，115128.6人。分别占浙江省户、口总数的4.48%和3.08%。户均5.61人。

清道光二十三年至清咸丰元年(1843—1851)，处州人口缓慢增长。丽水县年均人口增长率为11.8%。1822—1858年，缙云县年均人口增长率为0.13%。1850—1851年，云和县年均人口增长率为负2.39%。1840—1860年，景宁县年均人口增长率为0.48%。[①]

清咸丰十年至清同治五年(1860—1866)，处州人口减少。这一时期处州大量人口死于战乱。清咸丰八年至清同治元年(1858—1862)，太平军三克处州，所属各县除龙泉、庆元外，均曾被太平军占领，历时四年零四个月，大小战斗数百次，从攻城、保城到最后撤走。清咸丰八年(1858)4月，太平军占领处州府，清总兵周天受移师三千多人反攻，在银场村被包围，清军几乎全军覆没。

清同治六年至清宣统三年 (1867—1911)，处州人口发展平稳。清同治六年至清光绪十年(1867—1884)，太平天国战事平息后，因饥荒、疫灾、人口外流等原因，处州部分县出现人口减少，或增速减慢(如景宁、龙泉县)。其时人口增减除自然繁衍原因外，战争结束后，躲避战火而逃往处州的外地"难民"陆续返乡，各地方志和史籍上都有"乱后民归者渐多""归者日众"之类记载；杭嘉湖等地肥田沃壤，当地州县鼓励外地农民前来垦荒、种植，处州有不少"客民"[②]外迁；战后就地解散的军队，成为处州常住人口。清光绪十一年至清宣统三年(1885—1911)，社会相对稳定；清同治年间(1861—1875)处州地方采取一些恢复农业生产的政策和措施，至清同治末年，各县农业、手工业经

① 据民国《丽水县志》《云和县志》《景宁县志》记载综合汇总。

② 外地迁入定居的垦荒者。

济得到一定程度的恢复。19 世纪 70—80 年代，处州逐渐兴起资本主义工商业，为经济发展注入活力，人口增长。清光绪初年(1875)起，一些客民从外省迁入处州各县。

清光绪二年(1876)，处州有户口 254828 户，原额丁口 108396 人，新增丁口 827190 人，共有丁口 935586 人，户均 3.67 人。

若干年份处州各县人口数量与分布变动一览

表 4-1-1-1

县名	年份	人口数量(人)	年均增减率(%)	占全省人口的百分比(%)	人口密度(人/平方千米)
丽水县	1820	240175	—	0.88	208.86
	1845	349127	+15.08	1.19	303.61
	1873	106456	-41.53	1.05	92.58
	1911	322324	+29.58	1.48	280.30
龙泉县	1874	88285	+12.74	0.81	31.98
	1910	103280	+4.37	0.47	37.41
青田县	1776	89667	—	—	32.26
	1876	116013	+2.58	1.00	41.74
云和县	1840	75850	—	0.26	37.17
	1850	74882	+3.68	0.25	76.53
	1863	73118	-1.83	0.26	74.78
	1911	95534	+5.59	0.44	97.70
庆元县	1876	71264	—	0.62	37.55
	1900	99570	+22.59	0.46	39.17
	1911	76389	+1.99	0.35	40.24
缙云县	1817	95941	—	—	56.53
	1847	118637	+7.01	0.40	69.91
	1911	206839	+16.66	0.95	74.42
遂昌县	1845	57776	-26.30	0.53	34.05
	1874	43574	—	0.40	17.14
	1911	152507	+26.58	0.70	89.87
宣平县	1800	10153	—	—	7.30
	1872	127915	—	1.35	138.99
	1911	95000	-7.60	0.44	103.22
松阳县	1820	67029	—	0.24	68.55
	1874	52938	+22.57	0.49	38.07
	1911	209261	+37.85	0.96	150.35
景宁畲族自治县	1737	14486	—	0.19	5.65

续表 4-1-1-1

县　名	年　份	人口数量（人）	年均增减率（%）	占全省人口的百分比（%）	人口密度（人/平方千米）
景宁畲族自治县	1860	87761	+7.32	0.33	43.00
	1885	92729	+2.20	0.68	45.44
	1910	101005	+3.43	0.46	49.49

说明：数据引自《浙江省人口志》，浙江省人口志编纂委员会编，中华书局 2007 年 12 月出版

民国时期　民国元年（1912），处州执行民国政府修正公布的《户籍法》，加强户籍管理。同年，据处州十县筹办城镇乡自治事务所调查统计，处州有 1226005 人，其中男子 704686 人，女子 521319 人。民国 17 年起，南京国民政府规定常住人口一年一报，人口变动每月一报，建立户口调查的常规制度。民国 23 年，浙江建立较为完善的保甲户口编查体制，形成县—乡（镇）—保甲的基层户籍人口登记系统，户政管理趋严密。出于推行“训政”“宪政”以及应对抗战和反共战争等需要，促使地方当局重视人口和民力统计。民国 18—38 年，浙江有 5 次重要的人口调查①。民国 24 年，处州人口 312512 户，1279896 人，户均 4.10 人。全面抗日战争时期，丽水是浙江大后方，人口流入甚多。民国 30 年，有 328991 户，1364809 人，其中男子 761363 人，女子 603446，户均 4.15 人。抗战结束后人口减少，民国 34 年，有 282180 户，1206954 人，其中男 660214 人，女 546740 人，户均 4.28 人。民国 37 年，有 276426 户，1167670 人，其中男 636919 人，女 530751 人，户均 4.22 人。

中华人民共和国时期　1949 年，丽水 9 个县人口 309105 户，1172106 人，其中男子 633437 人，女子 538669 人，户均 3.79 人。1950—1958 年，丽水社会秩序趋向稳定，居民生活得到改善，人口从 120.04 万人增加至 138.85 万人，年均自然增长率 21.62‰。1959—1961 年，三年经济困难时期，人口从 141.23 万人降至 138.31 万人，年均自然增长率 10.05‰。1962—1975 年，人口从 140.47 万人增至 202.11 万人，年均自然增长率25.48‰。1976—2010 年，丽水开展计划生育，逐步控制人口增长，从 206.06 万人增至 259.65 万人。

1949—2010 年丽水市人口一览

表 4-1-1-2

年份	年末总户数（万户）	年末总人口（万人）	男（万人）	女（万人）	人口自然增长率（‰）	出生人口		死亡人口	
						人口数（万人）	出生率（‰）	人口数（万人）	死亡率（‰）
1949	30.91	117.21	63.34	53.87	—	3.31	—	1.57	—
1950	32.14	120.04	64.71	55.33	18.32	3.68	31.06	1.51	12.74
1951	33.57	121.64	65.66	55.98	20.18	3.94	32.63	1.50	12.45
1952	34.12	123.40	66.49	56.91	20.67	4.10	33.49	1.57	12.82
1953	34.90	126.41	68.03	58.38	22.20	4.31	34.50	1.54	12.30
1954	35.23	128.51	69.25	59.60	23.22	4.61	36.19	1.65	12.97
1955	35.75	131.12	70.02	61.10	23.99	4.77	36.75	1.66	12.76

① 民国 17 年（1928）全省人口普查。民国 20 年，各县市土地人口调查。民国 25 年，各选举区户口统计。民国 28 年，全省户口总检查。民国 35 年，全省户口检查。

续表 4-1-1-2

年份	年末总户数(万户)	年末总人口(万人)	男(万人)	女(万人)	人口自然增长率(‰)	出生人口		死亡人口	
						人口数(万人)	出生率(‰)	人口数(万人)	死亡率(‰)
1956	36.47	133.55	71.46	62.09	22.00	4.47	33.76	1.56	11.76
1957	37.29	136.69	72.87	63.82	24.18	4.79	35.42	1.52	11.24
1958	38.11	138.85	73.99	64.86	19.45	4.34	31.52	1.66	12.07
1959	37.57	141.23	75.28	65.95	14.50	3.81	27.20	1.78	12.70
1960	37.12	140.72	74.81	65.91	10.40	3.43	24.36	1.97	13.96
1961	37.76	138.31	73.70	64.61	5.24	2.42	17.37	1.69	12.13
1962	37.30	140.47	74.53	65.94	23.37	4.51	32.35	1.25	8.98
1963	37.19	144.48	76.46	68.02	33.91	6.11	42.86	1.28	8.95
1964	37.45	148.37	78.58	69.79	30.21	6.11	41.76	1.69	11.55
1965	37.70	154.12	81.46	72.48	28.53	5.61	37.12	1.30	5.59
1966	37.99	158.91	84.20	74.71	27.99	5.65	36.09	1.27	8.10
1967	38.95	163.56	86.77	76.79	27.39	5.59	34.66	1.17	7.27
1968	39.81	168.64	89.32	79.32	28.25	5.81	35.00	1.12	6.75
1969	40.68	174.67	92.65	82.02	27.21	5.78	33.70	1.11	6.49
1970	41.47	179.34	95.11	84.23	24.10	5.44	30.76	1.18	6.66
1971	41.93	184.30	97.75	86.55	23.81	5.54	30.46	1.21	6.65
1972	42.86	188.79	100.04	88.75	23.30	5.54	29.71	1.20	6.41
1973	43.19	193.56	102.56	91.00	22.88	5.61	29.35	1.24	6.47
1974	44.00	197.54	104.63	92.91	19.76	5.17	26.46	7.03	6.70
1975	44.59	202.11	107.00	95.11	20.70	5.54	27.73	1.40	7.03
1976	46.02	206.06	109.08	96.96	18.59	5.18	25.38	1.39	6.79
1977	46.84	209.35	110.74	98.61	14.83	4.56	21.95	1.48	7.12
1978	47.67	212.57	112.36	100.21	14.48	4.37	20.70	1.31	6.22
1979	47.91	215.07	113.18	101.89	12.40	3.99	18.66	1.34	6.26
1980	48.28	217.52	114.94	102.58	8.92	3.28	15.17	1.35	6.25
1981	51.16	220.22	116.25	103.97	11.09	3.76	17.19	1.33	6.09
1982	52.52	223.48	117.94	105.54	12.88	4.26	19.22	1.41	6.34
1983	53.44	225.60	118.95	106.65	9.11	3.54	15.76	1.49	6.65
1984	55.41	227.86	120.09	107.77	8.52	3.36	14.80	1.42	6.28
1985	56.35	230.24	121.28	108.96	7.41	3.15	13.74	1.45	6.33
1986	58.35	232.19	122.20	109.99	8.60	3.38	14.63	1.39	6.03
1987	60.83	234.91	123.62	111.29	9.27	3.61	15.47	1.45	6.20
1988	63.71	237.96	125.02	112.94	8.53	3.47	14.66	1.45	6.13

续表 4-1-1-2

年份	年末总户数(万户)	年末总人口(万人)	男(万人)	女(万人)	人口自然增长率(‰)	出生人口		死亡人口	
						人口数(万人)	出生率(‰)	人口数(万人)	死亡率(‰)
1989	65.40	240.06	126.13	113.93	8.30	3.47	14.50	1.48	6.20
1990	66.39	240.14	126.19	113.95	4.86	2.60	10.84	1.44	5.98
1991	67.57	240.72	126.49	114.23	3.55	2.29	9.54	1.44	5.99
1992	68.63	241.25	126.65	114.60	3.87	2.47	10.23	1.53	6.36
1993	69.43	241.80	126.96	114.84	4.65	2.61	10.83	1.49	6.18
1994	69.99	242.57	127.30	115.27	5.59	2.82	11.67	1.47	6.08
1995	71.16	243.40	127.71	115.69	5.91	2.99	12.32	1.55	6.41
1996	72.05	244.94	128.44	116.50	7.41	3.32	13.56	1.51	6.15
1997	72.57	245.82	128.80	117.02	5.90	2.97	12.11	1.52	6.21
1998	74.27	246.16	128.83	117.33	5.48	2.92	11.86	1.57	6.38
1999	75.58	247.34	129.25	118.09	7.63	3.35	13.62	1.47	5.99
2000	77.14	248.58	129.84	118.74	11.01	4.30	17.32	1.57	6.31
2001	77.80	248.73	129.88	118.85	5.34	2.80	11.26	1.47	5.92
2002	78.92	249.28	130.11	119.17	6.04	2.93	11.78	1.43	5.74
2003	80.45	249.40	130.14	119.26	4.94	2.66	10.66	1.43	5.72
2004	81.72	250.66	130.65	120.01	7.19	3.22	12.86	1.42	5.67
2005	83.25	251.39	131.09	120.30	6.14	3.00	11.96	1.46	5.82
2006	84.69	252.53	131.63	120.90	6.73	3.12	12.37	1.42	5.64
2007	86.42	253.99	132.23	121.76	6.38	3.13	12.38	1.52	6.00
2008	87.72	255.43	132.74	122.69	5.10	3.26	12.78	1.96	7.68
2009	90.95	257.39	133.55	123.84	5.75	3.06	11.95	1.59	6.20
2010	92.87	259.65	134.45	125.20	7.58	3.93	15.20	2.00	7.62

1912—2010 年丽水市及各县(市、区)总人口一览

表 4-1-1-3　　单位:万人

年份	丽水市	莲都区	龙泉市	青田县	云和县	庆元县	缙云县	遂昌县	松阳县	景宁畲族自治县
1912	94.34	9.87	12.84	19.16	7.40	5.54	10.38	7.97	11.08	10.10
1929	122.60	12.30	14.00	23.73	6.95	9.50	19.79	12.60	12.16	11.57
1935	127.98	12.62	14.81	25.20	6.99	10.61	20.48	12.43	12.94	11.90
1941	136.47	14.70	16.70	27.31	7.56	11.06	20.03	13.86	13.47	11.78
1945	120.69	11.94	13.79	25.65	6.36	8.78	20.05	12.02	12.01	10.09
1948	116.78	12.00	12.44	25.58	6.13	8.60	19.88	11.45	11.21	9.49

续表 4-1-1-3

年份	丽水市	莲都区	龙泉市	青田县	云和县	庆元县	缙云县	遂昌县	松阳县	景宁畲族自治县
1949	117.21	14.60	12.44	22.78	5.45	8.48	20.74	11.79	11.48	9.46
1950	120.04	14.92	13.12	23.01	5.72	9.15	21.27	11.85	11.53	9.46
1951	121.63	15.12	13.42	23.35	5.86	9.27	21.59	11.91	11.64	9.47
1952	123.40	15.51	13.67	23.66	5.91	9.47	21.89	11.98	11.72	9.59
1953	126.41	16.40	13.94	23.87	6.00	9.96	22.20	12.34	12.06	9.64
1954	128.51	16.81	14.19	23.78	6.10	10.23	22.82	12.61	12.30	9.68
1955	131.12	17.38	14.30	24.18	6.17	10.57	23.45	12.96	12.38	9.73
1956	133.55	17.48	14.53	24.76	6.20	10.93	23.77	13.17	12.67	10.04
1957	136.70	17.78	14.83	25.85	6.39	10.87	24.20	13.59	12.95	10.24
1958	138.85	17.58	15.35	26.81	6.41	10.32	24.42	14.02	13.33	10.61
1959	141.23	17.43	16.16	27.25	6.48	10.73	24.66	14.20	13.55	10.76
1960	140.73	17.38	16.67	27.67	6.39	9.72	24.68	14.14	13.49	10.59
1961	138.31	17.86	14.83	27.29	6.41	9.63	24.43	14.12	13.48	10.25
1962	140.55	18.41	14.68	27.88	6.44	9.48	25.18	14.47	13.66	10.36
1963	144.48	19.44	14.64	28.87	6.70	9.17	26.20	14.88	14.20	10.37
1964	148.36	19.95	15.35	29.25	7.01	9.49	26.88	15.58	14.32	10.53
1965	154.12	20.65	16.15	30.23	7.41	9.95	27.83	16.16	14.87	10.86
1966	158.92	21.08	16.75	31.21	7.71	10.36	28.68	16.64	15.30	11.20
1967	163.56	21.65	17.27	32.32	7.97	10.63	29.61	16.96	15.60	11.55
1968	168.63	22.21	17.97	33.47	8.22	11.10	30.50	17.17	16.09	11.90
1969	174.68	23.02	18.84	34.53	8.48	11.93	31.29	17.72	16.63	12.25
1970	179.34	23.60	19.47	35.35	8.79	12.13	32.19	18.10	17.11	12.61
1971	184.30	24.23	20.08	36.31	9.01	12.47	32.88	18.69	17.63	12.98
1972	188.79	24.68	20.67	37.44	9.25	12.91	33.56	19.06	17.91	13.30
1973	193.56	25.07	21.33	38.55	9.45	13.34	34.31	19.50	18.36	13.64
1974	197.54	25.41	21.76	39.59	9.60	13.75	34.98	19.79	18.69	13.97
1975	202.10	25.71	22.24	40.82	9.81	14.30	35.62	20.14	19.11	14.35
1976	206.05	25.98	22.65	41.79	9.93	14.77	36.34	20.44	19.46	14.69
1977	209.35	26.30	22.92	42.51	10.08	15.13	36.92	20.87	19.68	14.93
1978	212.57	26.51	23.25	43.42	10.31	15.47	37.48	20.52	20.38	15.23
1979	215.07	26.94	23.52	43.80	10.48	15.80	37.81	20.68	20.53	15.50
1980	217.52	27.22	23.71	44.43	10.66	16.10	38.21	20.87	20.61	15.71
1981	220.22	27.55	23.97	45.14	10.85	16.40	38.67	21.02	20.74	15.90
1982	223.48	28.11	24.23	45.58	11.18	16.77	39.33	21.14	21.06	16.08

续表 4-1-1-3

年份	丽水市	莲都区	龙泉市	青田县	云和县	庆元县	缙云县	遂昌县	松阳县	景宁畲族自治县
1983	225.60	28.70	24.46	46.05	10.94	16.97	39.76	21.28	21.21	16.23
1984	227.86	29.18	24.67	46.49	11.16	17.25	39.96	21.40	21.36	16.38
1985	230.24	29.81	25.01	46.88	11.15	17.51	40.17	21.58	21.52	16.61
1986	232.19	30.25	25.16	47.22	11.08	17.74	40.44	21.82	21.73	16.75
1987	234.91	30.69	25.45	47.94	11.08	17.94	40.88	22.05	22.00	16.88
1988	237.96	31.41	25.72	48.61	11.03	18.29	41.41	22.17	22.25	17.07
1989	240.06	31.84	25.91	49.08	10.96	18.47	41.89	22.30	22.41	17.19
1990	240.14	32.04	25.99	48.59	10.91	18.50	42.07	22.34	22.48	17.23
1991	240.72	32.22	26.10	48.62	10.91	18.56	42.18	22.38	22.51	17.24
1992	241.25	32.35	26.20	48.59	10.96	18.62	42.30	22.42	22.55	17.26
1993	241.80	32.53	26.34	48.45	10.98	18.66	42.45	22.47	22.62	17.31
1994	242.57	32.82	26.42	48.51	11.02	18.70	42.61	22.48	22.67	17.35
1995	243.40	33.16	26.54	48.73	10.84	18.75	42.79	22.46	22.75	17.37
1996	244.94	33.48	26.77	49.10	10.91	18.88	43.04	22.53	22.80	17.42
1997	245.82	33.89	26.87	49.07	10.92	19.02	43.18	22.55	22.87	17.46
1998	246.16	34.21	27.00	48.66	10.95	19.16	43.28	22.52	22.88	17.49
1999	247.34	34.61	27.14	48.74	10.94	19.41	43.48	22.49	22.98	17.55
2000	248.58	35.32	27.42	48.43	10.93	19.63	43.58	22.57	23.02	17.68
2001	248.73	35.81	27.50	47.77	10.95	19.73	43.60	22.57	23.07	17.73
2002	249.28	36.58	27.53	47.31	10.97	19.76	43.57	22.54	23.12	17.89
2003	249.40	36.84	27.55	47.17	10.93	19.79	43.53	22.55	23.10	17.93
2004	250.66	37.28	27.67	47.52	10.96	19.82	43.69	22.62	23.10	18.00
2005	251.39	37.38	27.84	47.81	11.04	19.84	43.86	22.74	23.14	17.73
2006	252.53	37.75	28.16	48.32	11.09	19.86	44.12	22.88	23.34	17.00
2007	253.99	38.00	28.39	48.72	11.14	19.95	44.39	22.97	23.46	16.97
2008	255.43	38.27	28.45	49.15	11.20	20.12	44.77	23.04	23.57	16.85
2009	257.39	38.46	28.71	49.86	11.26	20.24	45.02	23.12	23.69	17.02
2010	259.65	38.68	28.85	51.09	11.28	20.36	45.34	23.14	23.72	17.19

说明：本表数据为户籍人口

人口密度

三国吴至西晋时期，丽水境域范围辖临海郡松阳县一县，东阳郡遂昌县一县，其人口密度为0.91人/平方千米。南朝刘宋大明八年(464)，丽水境域人口密度1.12人/平方千米。唐贞观十三年(639)，处州人口密度2.94人/平方千米。唐天宝元年(742)，缙云郡(处州)辖栝苍、松阳、缙云、青田、遂昌五县，人口密度63.48人/平方千米。唐天宝十一年（752），处州人口密度14.93人/平方千米。唐元和四年[①]（809），处州人口密度1.14人/平方千米。宋太平兴国五年（980），处州人口密度1.19/平方千米。宋元丰元年（1078），处州人口密度5.16/平方千米。宋崇宁元年（1102），处州人口密度9.28/平方千米。清道光三十年（1850），处州人口密度76.53/平方千米。清宣统三年（1911），处州人口密度80.51人/平方千米。民国30年（1941），丽水境域人口密度79人/平方千米。民国34年，抗日战争结束，民国浙江省政府迁回杭州，人口减少。1949年，丽水境域人口密度68人/平方千米。1964年，丽水人口密度回升到86人/平方千米。1982年，丽水人口密度129人/平方千米。1990年，丽水人口密度139人/平方千米。2000年，丽水人口密度248.58人/平方千米。2010年，丽水人口密度150.1人/平方千米。东部地区人口密度较高，西部山区人口密度较低。

若干年份丽水市人口密度一览

表4-1-1-4　　单位：人/平方千米

年份	东部地区					西部地区			
	莲都	青田	缙云	松阳	云和	庆元	景宁	龙泉	遂昌
1949	97	92	140	82	56	45	49	41	46
1964	133	118	181	102	72	50	54	50	61
1978	176	175	253	145	105	82	78	76	81
1982	187	183	265	150	114	88	82	79	83
1990	213	196	284	160	112	97	88	85	88
2000	235	195	294	164	112	103	91	90	89
2010	258	206	306	169	115	107	88	94	91

2000年与2010年丽水市人口普查人口密度变化一览

表4-1-1-5　　单位：人/平方千米

	2010年“六普”	2000年“五普”	2010年比2000年增减
丽水市	122	125	-3
莲都区	301	232	69
龙泉市	77	82	-5
青田县	135	145	-10
云和县	114	106	8
庆元县	75	95	-20
缙云县	242	244	-2
遂昌县	75	82	-7
松阳县	132	140	-8
景宁畲族自治县	55	78	-23

① 说明：2000年数据引自“五普”资料，2010年数据引自“六普”资料

第二节　人口分布

城乡人口分布

1949 年，丽水城镇人口 9.49 万人，占总人口数的 8.09%；农村人口 107.72 万人，占总人口数的 91.91%。1964 年，丽水城镇人口 12.32 万人，占总人口数的 8.45%；农村人口 133.4 万人，占总人口数的 91.55%。1982 年，丽水城镇人口 24.54 万人，占总人口数的 11.07%；农村人口 197.16 万人，占总人口数的 88.93%。1990 年，据第四次全国人口普查，丽水城镇人口 44.31 万人，占总人口数的 18.86%；农村人口 190.61 万人，占总人口数的 81.14%。据第五次全国人口普查，2000 年，丽水城镇人口 71.54 万人，占总人口数的 33.09%；居住农村人口 144.67 万，占总人口数的 66.91%。据第六次全国人口普查，2010 年，丽水城镇人口 102.47 万人，占总人口数的 48.4%；居住农村人口 109.23 万人，占总人口数的 51.6%。

2005 年与 2010 年中国、浙江及丽水市人口城市化率对比一览

表 4-1-2-1

区　域	城市化率(%)		10 年提高幅度(%)
	2005 年	2010 年	
中　国	42.40	49.70	7.30
浙江省	48.60	61.60	13.00
丽水市	33.10	48.40	15.30
莲都区	57.20	65.10	8.00
龙泉市	38.00	50.00	12.00
青田县	34.90	43.10	8.30
云和县	30.80	58.10	27.30
庆元县	27.10	46.00	18.90
缙云县	22.50	42.90	20.40
遂昌县	23.50	39.60	16.20
松阳县	23.30	35.80	12.50
景宁畲族自治县	25.40	40.40	15.00

说明：2005 年数据引自“五普”，2010 年数据引自“六普”

农业、非农业人口分布

1949 年 10 月中华人民共和国成立后，丽水实行农业人口与非农业人口户籍制。同年，丽水专区农业人口 108.19 万人，占总人口的 92.3%；非农业人口 9.02 万人，占总人口的 7.7%。1958 年“大跃进”期间，丽水各县非农业人口骤增。1960 年，各县农业人口 122.99 万人，占总人口的 87.4%；非农

人口 17.73 万人，占总人口的 12.6%。1961 年起，丽水各县下放城镇人口。1964 年，丽水专区农业人口 136.65 万人，占总人口的 92.1%；非农业人口 11.72 万人，占总人口的 7.9%。1978 年，农业人口 197.84 万人，占总人口的 93.07%；非农业人口 14.73 万人，占总人口的 6.97%。1990 年，农业人口 213.94 万人，占总人口的 89.09%；非农业人口 26.2 万人，占总人口的 10.91%。2000 年，农业人口 213.44 万人，占 85.86%；非农业人口 35.14 万人，占总人口的 14.14%。2010 年，农业人口 214.42 万人，占总人口的 82.58%；非农业人口 45.23 万人，占总人口的 17.42%。

第三节　人口变动

秦王政二十五年(公元前 221)，秦统一六国，加强中央集权统治，遏制越人势力，下令将越国都[①]大越民迁移至浙西山区。“乌程、馀杭、黝、歙、无湖、石城县以南，皆故大越徙民也。秦始皇刻石徙之。”[②]

汉初，丽水地域为东海王(俗称“东瓯王”)封地。汉武帝建元三年(公元前 138)，东瓯不堪闽越侵扰，“请举国徙中国，乃悉举众来，处江淮之间”[③]。这次迁移的人口数量及入迁地区，史载：“东瓯王广武侯望率其众四万余人来降，处庐江郡[④]。”

东瓯内迁以后，其故地遂为东越所据。汉元封元年(公元前 110)汉武帝灭东越，内迁其民。“东越狭多阴，闽越悍，诏军吏皆将其民徙处江淮间。东越地遂墟[⑤]。”

东汉时期，处州一带为山越民族，基本在山区居住。东汉末年[⑥]，孙权占据江南后，为巩固统治，扩大兵员和赋役人口，不断征讨山越，将山越迁往平原，“强者为兵，羸者补户”，在浙江境内增置新都[⑦]、临海、吴兴、东阳等四郡和始兴、新定、松阳[⑧]等二十个县，以山越人口充实郡县户籍。

东吴末帝孙皓天纪四年(280)，孙吴政权为晋所灭。孙吴宗室，还有文武大臣、有关官员、江南土著大姓、已故将军的家属和北方移民的后裔，北迁晋都洛阳。

西晋元康年间(291—299)，尤其是西晋永嘉年间(307—313)，北方战乱不止，导致北方人口大规模南迁。魏晋南北朝时期，北方战争频仍，士族、庶民纷纷南移。这期间辗转迁入松阳县境内有叶、赖、纪、项等族。

隋代开始，北方人口向浙江迁移与流动。唐末，朝廷镇压黄巢等农民起义军，多战乱，闽人相率入迁温州、处州一带。五代及北宋末年，北方战乱频繁，北人南流。中原汉族南迁后，汉人渐从江苏、江西、福建等省辗转迁居龙泉，尤其是五代十国(907—960)后期和金人南下、南宋朝廷偏安临安[⑨]时期，政治经济中心南移，南迁龙泉的人口大量增加。宋高宗南渡时，北方居民扈从南迁，入境松阳县者甚众，散居境内各处，成为开垦山区的先驱者。据《重修浙江通志稿·民族考》搜集整理，宋代自

---

① 2010 年属绍兴市。
② 《越绝书》卷二《越绝外传记吴地传》。
③ 《史记》卷一一四《东瓯列传》。
④ 《史记》卷二十二《汉兴以来将相名臣年表》孝武建元三年条。
⑤ 《汉书》卷九十五《两粤传》。
⑥ 东汉中平元年至东汉建安二十五年(184—220)。
⑦ 2010 年属安徽省。
⑧ 2010 年丽水市辖境置松阳县，属临海郡辖地。
⑨ 2010 年属浙江省杭州市。

外省迁徙入浙的姓氏，其中处州有 11 支姓氏人口迁入。据吴松弟《中国移民史》第四卷载："靖康之乱后，南迁的北方移民中处州 10 人，始迁者 7 人。"

唐总章二年(669)，朝廷派兵镇压畲民雷万兴、蓝奉高等领导的起义军以及居住在闽、粤、赣边境地区的畲族，迫使畲族人民由南向北迁移。经福建中部、北部，迁入浙南一带。唐永泰二年(766)，雷进裕一家 5 人从福建罗源县十八都苏坑境南坑，迁青田县鹤溪村大赤寺居住，后居叶山头村。明正德年间(1506—1521)，175 世裔孙蓝敬泉从福建福安县东门髻蓝迁居浙江处州府云和县岩下村，至清康熙五年(1666)，183 世裔孙蓝万育、蓝万连两兄弟从云和县岩下村迁入景宁县六都驮磨庵①。

据《重修浙江通志稿·民族考》载，元代外地人迁入浙江的姓氏 116 支，其中处州 3 支。明清时期，丽水人口既有迁入也有迁出。1368 年，明代建立后，屡徙浙江人口外出，或开垦荒田，或担任夫役，或充实京师。

明正统至景泰年间(1436—1457)，丽水县因战事人口减少。清嘉庆二十五年(1820)，全县 240175 人。清道光至同治年间(1821—1874)，战事持续数年，加之 3 次大疫，10 次大自然灾害，死亡、外流者多，人口减至过半。清同治十二年(1873)，全县 32629 户，106456 人。清光绪二年(1876)，全县 32712 户，106783 人。

明末清初，温州海禁森严，龙泉食盐来源中断，民众纷纷外逃江西、福建等地。清顺治十二年(1655)四月，龙泉县令徐可先上任伊始记云："郊坰赭棘砾垣荒惨，登楼四眺，祗炊烟几缕出残云断霭中。"清初，避"三藩之乱"，闽东北人口迁入龙泉西南乡不少。清雍正至乾隆年间(1723—1796)，海禁初弛，商业复兴，江西广丰，浙江兰溪、永康、青田、温州等地商业手工业者纷至沓来，落籍特多，遂有"江西老俵一个包袱一把伞，走到龙泉当老板"之说。清同治至清光绪年间(1862—1908)，龙泉西乡遭灾荒。为避田赋，吴、叶、林、邱等姓农民逃荒至安徽宁国，浙江湖州、安吉一带定居垦荒谋生，安吉县的浮塘村、下张村、深溪村和安徽省宁国县的孔夫村、云梯村等地均为龙泉人后裔，人口二千多。村民仍使用龙泉话，保留某些龙泉习俗。

清初，特别是耿精忠之乱，大批福建西部居民移居丽水境内。后前期移民又携亲带友陆续迁入，开垦荒地，成为丽水人口重要来源之一。

清末至民国初期，温州、瑞安、青田、缙云等县因经商迁入丽水的人数增多。民国元年(1912)，丽水全县 98719 人。民国 12 年，54829 户，225543 人。民国 17 年，减至 31776 户，124831 人。民国 15 年至 19 年，外地迁入松阳县农民 984 人。民国 23 年，龙泉县自然灾害严重，大批灾民纷往福建、江西乞食谋生。民国 25 年，农业生产未能恢复，宝溪等地灾民六七千人外流福建崇安一带。全面抗日战争期间，人口变动较大。兵荒马乱，赋役苛重，瘟疫流行。龙泉县民再次逃往福建省崇安、建阳等地，形成许多"龙泉村""龙泉保"。民国 27 年后，省级机关、工厂、学校、商店及沦陷区居民陆续迁到丽水，人口骤增。民国 28 年，比上年增加 2294 户，11789 人。民国 30 年，又比上年增加 7648 人。抗日战争期间，省城等地及外地人口迁居龙泉达到高峰。民国 32 年，据龙泉县政府调查报告称："本县自民国 31 年度起人口激增，外来机关军队公共户口约 3 万多人"，"房屋之租赁遂成为大问题"。房屋每间月平均租金从民国 30 年的 15 元、10 元、5 元，分别涨至 60 元、40 元、20 元。同时，省政府部分所属机关也一度内迁，部分随员家属定居松阳。

民国 34 年(1945)抗日战争胜利后，民国浙江省政府入迁丽水机关、单位先后迁返杭州。同年，

① 2010 年属景宁畲族自治县澄照乡金丘村。

丽水县28821户、119424人。民国37年，丽水县人口119958人，与民国17年相比，20年中净减4873人，下降3.9%。抗战胜利后，许多外地人也迁离龙泉，留居极少。据《浙江经济年鉴》载，民国37年，浙江省他县定居松阳境内有586人，其中男362人，女22人；其他省定居松阳境内有27人，其中男12人，女15人。历代温州、青田等地船民、商贾，渐次定居松阴溪沿岸。

据1953年第一次全国人口普查结果，丽水各县总人口为1256170人，出生43100万人，死亡15400万人。据1964年全国第二次人口普查，总人口1457127人，人口出生61100人，死亡人口16900人，迁出人口23900人，迁入人口24400人。据1982年第三次全国人口普查，总人口2217017人，出生人口42600人，死亡人口14100人，迁进35300人，迁出31000人。

据1990年第四次全国人口普查结果，丽水地区总人口2401400人，出生人口26000人，死亡人口14400人，迁进29100人，迁出34000人。按1990年居住地和1985年7月1日常住地分的人口迁移，丽水地区人口迁移总量59859人，其中本省其他县、市迁入45671人，外省迁入14149人。全市人口迁移总量中，工作调动7020人，分配录用5263人，务工经商18776人，学习培训5016人，投亲靠友1898人，退休退职1038人。全区外出人口总量85277人，其中男47145人，女38132人；外出人口的外出地，省内45464人，省外39813人。青田县、缙云县、丽水市（县级）、松阳县是全区外出人口最多县（市），分别有37111人、27275人、5887人、4232人。外出人口有从事经济社会活动、学习培训、投亲靠友、随亲外出、婚嫁及其他。外出人口从事经济社会活动的主要行业有农业、工业、建筑业、交通邮电通信业、商业、服务业及其他。

据2000年第五次全国人口普查结果，丽水地区人口迁移总量215251人，其中本省其他县、市迁入13439人，外省迁入3863人。迁移原因有务工经商、工作调动、分配录用、学习培训、拆迁搬家、婚姻、随迁家属、投亲靠友及其他。丽水市流动人口88.27万人，户籍人口中外出半年以上人口占户籍总人口22.32%，外来人口占普查登记总人口10.86%。流动人口总量中，外出人口60.74万人，其中外出半年以上55.38万人；外出不满半年5.36万人。外来人口27.53万人，其中居住在本乡镇半年以上、户口在外乡镇和在本乡镇居住不满半年、离开户口登记地半年以上的人数23.47万人，暂住本地、离开户口登记地不满半年4.06万人。流动人口最多的县是缙云县。

据2010年第六次全国人口普查结果，丽水市人口迁移总量58645人，其中本省其他县、市迁入3549人，外省迁入12805人。外省迁入人口中，贵州2027人，河南1678人，江西1596人，安徽1306人，湖北1244人，湖南974人，四川856人，云南739人，重庆692人，福建553人。按职业、性别分，国家机关、党群组织、企事业单位负责人迁入273人，专业技术人员迁入541人，办事人员和有关人员迁入294人，商业、服务人员迁入2323人，农林牧渔水利生产人员迁入490人，生产、运输设备操作人员及有关人员迁入7848人，不便分类的其他从业人员迁入14人。迁入人口中，大学专科1193人，大学本科685人，研究生13人。

2000年和2010年丽水市常住人口比较一览

表4-1-3-1　　单位：万人

地　域	2000年	2010年	2010年比2000年±%
丽水市	216.21	211.70	-2.09
莲都区	34.82	45.14	29.64
龙泉市	25.04	23.46	-6.31

续表 4-1-3-1

地　域	2000 年	2010 年	2010 年比 2000 年±%
青田县	36.11	33.65	-6.81
云和县	10.33	11.16	8.03
庆元县	17.94	14.15	-21.13
缙云县	36.23	35.89	-0.94
遂昌县	20.71	19.02	-8.16
松阳县	19.73	18.51	-6.18
景宁畲族自治县	15.30	10.71	-30.00

说明:2000 年数据来自第五次人口普查,2010 年数据来自第六次人口普查

2000 年和 2010 年丽水市户口登记地在市外人口一览

表 4-1-3-2　　单位:人

原居住地	2000 年	2010 年	户口登记地在省内其他市		户口登记地在省外	
			"五普"	"六普"	"五普"	"六普"
莲都区	32214	78410	26720	20279	5494	58131
龙泉市	5656	9196	3237	1918	2419	7278
青田县	12414	47538	5019	5527	7395	42011
云和县	5080	6915	4110	1164	970	5751
庆元县	3963	4479	2075	908	1888	3571
缙云县	7821	26010	4260	3816	3561	22194
遂昌县	3895	4834	2580	1804	1315	3030
松阳县	2952	7216	1900	1504	1052	5712
景宁畲族自治县	4713	3673	3315	1468	1398	2205
总　计	78708	188271	53252	38388	25492	149883

说明:2000 年数据来自第五次人口普查,2010 年数据来自第六次人口普查

2000 年和 2010 年丽水市外出人口比较一览

表 4-1-3-3　　单位:人

地　域	外出人口		本县(市、区)内其他乡镇街道流动		本省其他市流动		省外流动	
	2000 年	2010 年	2000 年	2010 年	2000 年	2010 年	2000 年	2010 年
莲都区	65455	—	40876	—	10725	—	13854	24490
龙泉市	37276	—	16940	—	13738	—	6598	16422
青田县	172790	—	52383	—	79501	—	40906	29638
云和县	17920	—	10025	—	6188	—	1707	14030
庆元县	35447	—	19238	—	9011	—	7198	12501

续表 4-1-3-3

地　域	外出人口		本县(市、区)内其他乡镇街道流动		本省其他市流动		省外流动	
	2000 年	2010 年	2000 年	2010 年	2000 年	2010 年	2000 年	2010 年
缙云县	101364	—	18921	—	32568	—	49875	50600
遂昌县	31198	—	10981	—	16529	—	3688	5833
松阳县	44856	—	11439	—	21434	—	11983	14030
景宁畲族自治县	47137	—	21073	—	19028	—	7036	10853
总　计	553443	—	201876	—	208772	—	142845	166430

说明:2000 年数据来自第五次人口普查,2010 年数据来自第六次人口普查

2010 年丽水市跨省流动人口一览

表 4-1-3-4　　单位:人

地　域	来自省外			外出省外			合计
	总人口数	男性	女性	总人口数	男性	女性	
莲都区	149883	84998	64885	166430	92772	73658	316313
龙泉市	58131	33536	24595	24490	13030	11460	82621
青田县	7278	3907	3371	16422	8940	7482	23700
云和县	42011	24016	17995	29638	16788	12850	71649
庆元县	5751	3264	2487	2063	1088	975	7814
缙云县	3571	2018	1553	12501	6851	5650	16072
遂昌县	22191	13006	9185	50600	28504	22096	72794
松阳县	3030	1335	1695	5833	3407	2426	8863
景宁畲族自治县	5712	2983	2729	14030	8196	5834	19742
总　计	2205	933	273	10853	5945	4908	13058

第二章　人口构成

丽水人口生产受社会、自然等多重因素的制约,其性别构成、年龄结构、文化程度、民族构成、职业状况和人口健康等,都是人口发展的重要组成部分。

封建社会,受重男轻女思想影响,处州人口性别比高。1949 年 10 月中华人民共和国成立后,丽

水提倡男女平等，健全人口制度等，人口性别比不断下降，男女性别比[①]从民国 18 年（1929）的 135.17 下降到 2010 年的 105.78。

受生育政策和社会生活水平提高等诸多因素的影响，丽水中青年的人口比例不断提高。1964 年，丽水各县 18—59 岁人口占总人口 47.33%。2010 年，丽水市 15—59 岁人口占总人口 66.46%；少年儿童人口数出现先上升后下降的过程，老年人口比例上升，特别是百岁以上老人数增加。

1949 年 10 月中华人民共和国成立后，丽水人口民族构成不断丰富。1978 年中共十一届三中全会后，随着人口流动的增强，少数民族人口流入较多，民族构成更加多样。1954 年，丽水只有汉族、畲族、回族、满族、蒙古族等少数民族。到 2010 年，丽水有少数民族 40 多个。丽水第一大少数民族畲族的人口数经历从低到高到低的过程。

随着社会的发展，人口受教育程度的提高、就业观念的转变等因素影响，丽水从事农、林、牧、渔、水利业生产人员比例不断下降，商业、服务业人员，生产、运输设备操作人员及有关人员比例不断上升。

受人口出生、自然环境、社会保障和家庭观念等因素的影响，在 20 世纪 90 年代末，丽水地区人口年龄结构进入老年型，较早跨入老年型社会，人口老龄化有加剧的趋势。2010 年，全市老龄化程度远高于全国、全省。60 岁及以上老年人口占人口总数 16.62%，比“五普”上升 2.61 个百分点；全市 60 岁及以上人口占总人口比重比全国高 3.36 个百分点，比全省高 2.73 个百分点；65 岁及以上人口比重比全国和全省分别高 2.82 个百分点和 2.35 个百分点。

据全国第六次人口普查情况载，丽水人均寿命不断延长，长寿人口的比例上升，同时，育龄妇女平均活产子女存活率不断提高。

第一节　性　别

民国 18 年（1929），人口性别比为 135.17，民国 30 年，人口性别比为 126.17，民国 34 年，人口性别比为 120.75，性别比例失调。

1949 年 10 月中华人民共和国成立后，丽水提倡男女平等、健全法律制度，人口性别比不断下降。据中华人民共和国成立后的历次人口普查载，2010 年，丽水市总人口性别比在全省 11 个市中，居第七位（从低到高）。

若干年份丽水市人口普查总人口性别比一览

表 4-2-1-1

年份	普查次序	性别比
1949	—	117.58
1953	“一普”	116.05
1964	“二普”	113.06
1982	“三普”	111.69

① 性别比：以女为 100 为基准数来计算。

续表 4-2-1-1

年份	普查次序	性别比
1990	“四普”	110.65
2000	“五普”	108.88
2010	“六普”	105.78

“六普”(2010)丽水市人口性别比一览

表 4-2-1-2

地　域	总人口(人)	男(人)	女(人)	性别比
丽水市	2116957	1088188	1028769	105.78
莲都区	451418	233100	218318	106.77
龙泉市	234626	120252	114374	105.14
青田县	336542	174912	161630	108.22
云和县	111591	58012	53579	108.27
庆元县	141541	71948	69593	103.38
缙云县	358917	182500	176417	103.45
遂昌县	190165	97241	92924	104.65
松阳县	185051	94581	90470	104.54
景宁畲族自治县	107106	55642	51464	108.12

第二节　年　龄

丽水人口受生育政策和社会生活水平的提高等因素的影响，年龄结构产生一定的变化，15—59岁的人口比例不断提高，15岁以下的人口出现一个先上升后下降的过程，60岁以上的人口比例上升，特别是百岁以上老人数增加。

民国17年(1928)10月，丽水境内总人口1226006人，其中20岁以下482881人，占总人口的39.39%；21—40岁409206人，占总人口的33.38%；41岁以上333918人，占总人口的27.23%。

据1964年第二次全国人口普查结果，丽水专区17岁以下660408人，占总人口的45.32%；18—59岁689589人，占总人口的47.33%；60岁以上106604人，占总人口的7.32%，其中80—98岁3471人，占总人口的0.24%。

据1982年第三次全国人口普查结果，丽水地区17岁以下498509人，占总人口的42.78%；18—59岁1085337人，占总人口的48.95%；60岁以上183248人，占总人口的8.27%，其中80—99岁15022人，占总人口的0.68%。

据1990年第四次全国人口普查结果，丽水地区15岁以下622468人，占总人口的26.5%；15—59岁1494745人，占总人口的63.63%；60岁以上231968人，占总人口的9.87%，其中80—99岁20055人，占总人口的0.85%；100岁老人3人，青田、缙云、遂昌各1人。

据2000年第五次全国人口普查结果，丽水市15岁以下442173人，占总人口的20.45%；15—59岁1416969人，占总人口的65.54%；60岁以上302971人，占总人口的14.01%，其中80—99岁309011人，占总人口的1.43%；100岁老人20人，其中莲都1人，青田6人，缙云5人，遂昌2人，松阳1人，庆元1人，景宁1人，龙泉3人。

据2010年第六次全国人口普查结果，丽水市15岁以下358355人，占总人口的16.93%；15—59岁1406835人，占总人口的66.46%；60岁以上351767人，占总人口的16.62%，其中80—99岁53535人，占总人口的2.53%；100岁老人44人，其中莲都11人，青田9人，缙云9人，遂昌5人，松阳4人，云和2人，龙泉4人。

第三节　民　　族

1949年中华人民共和国成立后，丽水人口的民族构成不断丰富。中共十一届三中全会后，随着人口流动的增强，人口的民族构成更加多样。丽水第一大少数民族——畲族的人口数经历从低到高到低的过程。

据1953年第一次全国人口普查结果，丽水总人口1256170人，其中汉族1218568人，占总人口的97.01%，畲族37547人，占总人口的2.99%，回族55人。

据1964年第二次全国人口普查结果，丽水专区总人口1457127人，其中汉族1409540人，占总人口的96.73%，畲族47428人，占总人口的3.25%，回族105人，苗族17人，侗族11人，满族8人，藏族3人，黎族、彝族、维吾尔族各1人，民族不详2人。另有外国人加入中国籍10人。

据1982年第三次全国人口普查结果，丽水地区总人口2217017人，其中汉族2149868人，占总人口的96.97%，畲族66860人，占总人口的3.02%，回族159人，壮族37人，苗族36人，满族17人，蒙古族10人，布依族6人，彝族5人，黎族3人，白族、鄂伦克族、维吾尔族各2人，侗族、傣族、藏族、京族、朝鲜族、哈尼族各1人。另有外国人加入中国籍4人。

据1990年第四次全国人口普查结果，丽水地区总人口2349139人，其中汉族2272945人，占总人口的97.76%，畲族75401人，占总人口的3.21%，回族235人，壮族104人，苗族95人，满族74人，土家族68人，彝族65人，蒙古族38人，白族22人，侗族20人，布依族14人，瑶族12人，傣族8人，藏族6人，黎族5人，哈尼族4人，傈僳族、拉祜族、水族、普米族、鄂温克族各2人，朝鲜族1人，民族成份不详8人。另有外国人加入中国籍4人。

据2000年第五次全国人口普查结果，丽水市总人口2162113人，其中汉族2085335人，占总人口的96.45%；畲族73054人，占总人口的3.38%。另有苗族901人，土家族393人，布依族371人，侗族307人，蒙古族257人，回族257人，彝族228人，拉祜族182人，哈尼族156人，壮族139人，满族93人，水族65人，佤族56人，傣族43人，白族36人，朝鲜族34人，瑶族28人，黎族26人，藏族25人，布朗族25人，仡佬族24人，傈僳族20人，维吾尔族18人，仫佬族6人，土族5人，纳西族3人，达斡尔族3人，赫哲族2人，哈萨克族和高山族各1人，民族成份不详11人。

据2010年第六次全国人口普查结果，丽水市总人口2116957人，其中汉族2085335人，占总人口的96.45%，畲族71917人，占总人口的3.38%，苗族901人，土家族393人，布依族371人，侗族

307人，蒙古族257人，回族257人，彝族228人，拉祜族182人，哈尼族156人，壮族139人，满族93人，水族65人，佤族56人，傣族43人，白族36人，朝鲜族34人，瑶族28人，黎族26人，藏族25人，布朗族25人，仡佬族24人，傈僳族20人，维吾尔族18人，仫佬族6人，土族5人，纳西族3人，达斡尔族3人，赫哲族2人，哈萨克族和高山族各1人，民族成份不详11人。

2010年丽水市畲族人口一览

表4-2-3-1　　单位：人

地　区	常住人口	男	女
丽水市	71917	36587	35330
莲都区	20386	10165	10221
龙泉市	8222	4265	3957
青田县	940	510	430
云和县	8864	4541	4323
庆元县	1131	609	522
缙云县	603	295	308
遂昌县	12983	6524	6459
松阳县	4259	2128	2131
景宁畲族自治县	14529	7550	6979

说明：来源于丽水市统计局第六次全国人口普查数据

第四节　职　　业

丽水长期处于农耕社会，从事农业劳动的人口占大多数。宋元时期，丽水金、银采矿业发展，从事采矿业的人数不断增加。近代工业产生后，打破农业职业一统天下的局面，除从事农业生产的人员外，还有从事工业生产的工人、从事商业及各种服务行业的商人和服务人员。随着经济发展、社会进步，职业的转换成为常态。民国31年(1942)，在业人数448875人，占总人数32.81%，其中农业373824人，占在业人数(下同)83.28%；工业33651人，占比7.50%；商业20045人，占比4.47%；渔业750人，占比0.17%；交通运输业3363人，占比0.75%；医务人员1088人，占比0.24%；技术人员1618人，占比0.36%；自由职业5781人，占比1.29%；党员干部2065人，占比0.46%；政府人员6690人，占比1.49%。无业人员376988人，占比总人数27.56%。

据1982年第三次全国人口普查结果，丽水地区在业人数939427人，占总人口42.37%，其中各类专业技术人员47435人，占在业人数（下同)5.05%；国家机关、党群组织和企事业单位负责人9295人，占比0.99%；办事人员和有关人员14263人，占比1.52%；商业工作人员14463人，占比1.54%；服务性工作人员16008人，占比1.7%；农林牧渔劳动者687540人，占比73.19%；生产工人、运输工人和有关人员150111人，占比15.98%；其他劳动者312人，占0.03%。

据1990年第四次全国人口普查结果，丽水地区在业人口1387926人，占15岁及15岁以上人口 80.38%，其中各类专业技术人员 59639 人，占在业人口 4.3%；国家机关、党群组织和企事业单位负责人 14356 人，占比 1.03%；办事人员和有关人员 18421 人，占比 1.33%；商业工作人员 46668 人，占比 3.36%；服务性工作人员 29955 人，占比 2.16%；农、林、牧、渔劳动者 1013999 人，占比 73.06%；生产工人、运输工人和有关人员 204415 人，占比 14.73%；其他劳动者 473 人，占比 0.03%。

据 2000 年第五次全国人口普查结果，根据抽取的 10%常住家庭户显示，丽水市就业人口 119561 人，其中专业技术人员 6234 人，占就业人口 5.21%；国家机关、党群组织和企事业单位负责人 1328 人，占比 1.11%；办事人员和有关人员 3086 人，占比 2.58%；商业、服务业人员 12552 人，占比 10.50%；农、林、牧、渔、水利业生产人员 76231 人，占比 63.76%；生产、运输设备操作人员及有关人员 20052 人，占比 16.77%；其他劳动者 78 人，占比 0.07%。

据 2010 年第六次全国人口普查结果，根据抽取的 10%常住家庭户显示，丽水市就业人口 114047 人，其中专业技术人员 8012 人，占就业人口 7.03%；国家机关、党群组织和企事业单位负责人 2784 人，占比 2.44%；办事人员和有关人员 5447 人，占比 4.78%；商业、服务业人员 21153 人，占比 18.55%；农、林、牧、渔、水利业生产人员 46044 人，占比 40.37%；生产、运输设备操作人员及有关人员 30499，占比 26.74%；其他劳动者 108 人，占比 0.09%。

第三章　人口素质

人口素质包含思想素质、文化素质、身体素质等。民国 1—38 年（1912 年至 1949 年 9 月 30 日止），丽水总体文化素质不高。据民国 37 年（1948）统计，丽水文盲占总人口 40.85%，大学程度只占总人口 0.16%。中华人民共和国成立后，开展扫盲活动，重视教育，使人口的文化素质有很大的提高。据 2010 年第六次全国人口普查，文盲人数只占总人口 8.13%，下降幅度大。大学本科占总人口 2.54%；大学专科占总人口 4.1%；大学文化程度上升幅度大，而且普及小学、初中教育。

丽水市人口的健康水平和人均寿命不断提高，均步入老龄化社会。2010 年，丽水市 60 岁及以上老年人口占人口总数的 16.62%，比 2000 年上升 2.61 个百分点；老年人中身体健康和基本健康的人占 85.42%，具有生活自理能力的人占 97.42%；丽水的人口素质有很大的提高。

第一节　文化素质

随着人民生活水平的提高和对文化教育的重视，人口的文化素质和文化程度不断提高。从丽水人口的文化构成来看，受高等教育、高中教育的人口不断增加，比例也在不断提高，文盲半文盲人口比例下降。但从人口文化总体结构看，1953—2010年六次全国人口普查结果反映的数据说明，丽水人口文化结构，仍然以初中和小学文化为主。2010年第六次全国人口普查中，初中文化程度占丽水总人口的33.09%，小学文化程度占总人口的32.71%。

民国37年（1948），丽水大学文化程度1872人，占总人口0.16%；高中文化程度3803人，占总人口的0.33%；初中文化程度14780人，占总人口的1.27%；高小文化程度59446人，占总人口的5.1%；初小文化程度95079人，占总人口的8.14%；私塾119960人，占总人口的10.27%；不识字713233人，占总人口的40.85%。

据1964年第二次全国人口普查结果，丽水专区大学文化程度1865人，占总人口的0.13%；高中文化程度13777人，占总人口的0.95%；初中文化程度54495人，占总人口的3.74%；高小文化程度137466人，占总人口的9.43%；初小文化程度253962人，占总人口的17.43%；文盲半文盲595230人，占总人口的40.85%。

据1982年第三次全国人口普查结果，丽水地区大学毕业、肄业或在校6737人，占总人口的0.3%；高中文化程度101290人，占总人口的4.57%；初中文化程度340163人，占总人口的15.34%；小学文化程度860703人，占总人口的38.82%；文盲半文盲538286人，占总人口的29.01%，占15岁及15岁以上人口的37.48%。

据1990年第四次全国人口普查结果，丽水地区大学本科文化程度4575人，占总人口的0.19%；专科文化程度14214人，占总人口的0.61%；中专文化程度33896人，占总人口的1.44%；高中文化程度116261人，占总人口的4.95%；初中文化程度533723人，占总人口的22.72%；小学文化程度981519人，占总人口的41.78%；文盲半文盲388551人，占总人口的16.54%，占15岁及15岁以上人口的22.5%。

据2000年第五次全国人口普查结果，丽水市研究生219人，大学本科文化程度10574人，占总人口的0.49%；专科文化程度38382人，占总人口的1.78%；中专文化程度69417人，占总人口的3.21%；高中文化程度139579人，占总人口的6.46%；初中文化程度665514人，占总人口的30.78%；小学文化程度827932人，占总人口的38.29%；文盲179115人，占总人口的8.28%，占15岁及15岁以上人口的10.41%。

据2010年第六次全国人口普查结果，丽水市研究生1345人；大学本科文化程度53755人，占总人口的2.54%；专科文化程度86727人，占总人口的4.1%；高中文化（含中专）程度245722人，占总人口的11.61%；初中文化程度700537人，占总人口的33.09%；小学文化程度692558人，占总人口的32.71%；文盲172052人，占总人口的8.13%。

第二节　老年人口

1949年10月中华人民共和国成立后，由于国家安定，受人口出生、自然环境、社会保障和家庭观念等因素的影响，丽水人口呈现预期寿命延长、老年人口数量及其在总人口中的比重逐年攀升的特点。据2000年第五次全国人口普查结果，丽水市65岁及以上老年人口占丽水总人口10.02%，标志着丽水跨入老龄化社会[①]，成为浙江省较早进入老年型社会的城市。

老年人口变化

据1982年第三次全国人口普查结果，丽水地区65岁及以上老年人口11.99万人，占总人口的4.20%。据1990年第四次全国人口普查结果，全区65岁及以上老年人口15.11万人，占总人口的5.41%。20世纪90年代，丽水人口年龄结构逐步进入老年型。进入21世纪，老龄化程度进一步提高。据2000年第五次全国人口普查，全区65岁及以上老年人口21.66万人，占总人口的10.02%。标志着丽水进入老龄化社会。据2010年第六次全国人口普查，全市65岁及以上人口24.75万人，占总人口的11.69%，高于全省9.34%的平均水平。2000—2010年，65岁及以上老年人口年均增长1.35%，老年人口增长速度比同期常住总人口增幅高1.56%。

20世纪90年代初，丽水城乡老龄化水平大体相当。此后，城乡老龄化水平差距拉开。2000年，丽水乡村65岁以上老年人口16.52万人，占农村总人口的11.42%；城镇65岁以上老年人口5.14万人，占城镇总人口的7.18%，两者相差4.24个百分点。2010年，全市农村老年人口多，且老龄化程度高于城镇。农村65岁以上老年人口16.99万人，占农村总人口的15.55%；城镇65岁以上老年人口7.76万人，占城镇总人口的7.57%，两者差距扩大到7.98个百分点。

2010年，丽水市60岁及以上老年人口占人口总数的16.62%，比2000年上升2.61个百分点；65岁老年人口占人口总数的11.69%，比2000年上升1.67个百分点，均超过国际上通常采用的老龄化标准。全市60岁及以上人口占总人口比重比全国高3.36个百分点，比全省高2.73个百分点；65岁及以上人口比重比全国和全省分别高2.82个和2.35个百分点。全市80岁及以上老年人口比2000年增加22658人，增长73.28%，其中百岁老人增加24人，增长120%；低龄老人占老年人口比重与2000年相比下降7.84个百分点，而中龄老人、高龄老人占老年人口比重比2000年分别提高2.81和5.02个百分点。与全省各市比较分析，老龄化程度仅次于衢州市，位居全省第二。从"五普"数据看，丽水市各县（市、区）均步入老龄化社会。"六普"数据显示，丽水市老龄化程度最高的景宁畲族自治县为13.24%，其次是遂昌县13.20%，最低的莲都区为8.92%。

2000年和2010年丽水市有老年人的家庭户数量及构成比较一览

表4-3-2-1

类别		2000年		2010年	
		户数(户)	比重(%)	户数(户)	比重(%)
家庭户合计	—	704829	100.00	769603	100.00
有60岁及以上老年人户数	—	—	—	251253	32.65
—	1.有一个老年人的户	—	—	156368	20.32
—	2.有两个老年人的户	—	—	93343	12.13
—	3.其他	—	—	1542	0.20

① 老龄化社会：按照国际上通常看法是，当一个国家或地区60岁以上老年人口占人口总数的10%，或65岁以上老年人口占人口总数的7%，即意味着这个国家或地区的人口处于老龄化社会。

续表 4-3-2-1

类别		2000 年 户数(户)	2000 年 比重(%)	2010 年 户数(户)	2010 年 比重(%)
其中:有 65 岁及以上老年人户数	—	168025	23.84	187780	24.40
	1.有一个老年人的户	121170	17.19	131561	17.09
	2.有两个老年人的户	46422	6.59	55788	7.25
	3.其他	433	0.06	431	0.06

说明:2000 年数据来自第五次人口普查,2010 年数据来自第六次人口普查

2010 年丽水市有老人的家庭户一览

表 4-3-2-2

区域	全部家庭户(户)	有 60 岁及以上老年人的家庭户户数(户)	有 65 岁及以上老年人的家庭户户数(户)	有 60 岁及以上老年人的家庭户占全部家庭户的比重(%)	有 65 岁及以上老年人的家庭户占全部家庭户的比重(%)
丽水市	769603	251253	187780	32.65	24.40
莲都区	164241	40821	29753	24.85	18.12
龙泉市	79410	28099	21280	35.38	26.80
青田县	115546	43428	33214	37.59	28.75
云和县	36405	12170	9130	33.43	25.08
庆元县	49777	16069	11698	32.28	23.50
缙云县	144359	46711	34684	32.36	24.03
遂昌县	70191	25696	19458	36.61	27.72
松阳县	71319	24140	17733	33.85	24.86
景宁畲族自治县	38355	14119	10830	36.81	28.24

2000 年和 2010 年丽水市老年人口分年龄段结构变化一览

表 4-3-2-3

年龄组	2000 年 人数(万人)	2000 年 占老年人口比重(%)	2010 年 人数(万人)	2010 年 占老年人口比重(%)	2010 年比 2000 年增长 人数(万人)	2010 年比 2000 年增长 ±%
60—69 岁	16.90	55.76	16.86	47.92	-0.04	-0.23
70—79 岁	10.31	34.03	12.96	36.85	2.65	25.72
80 岁及以上	3.09	10.21	5.36	15.23	2.27	73.28
合　计	30.30	100.00	35.18	100.00	4.88	16.11

2000 年和 2010 年丽水市城乡老年人口比重变化一览

表 4-3-2-4

区域类别	2000 年			2010 年		
	总人口（万人）	65 岁及以上人口（万人）	比重(%)	总人口（万人）	65 岁及以上人口（万人）	比重(%)
丽水市	216.21	21.66	10.02	211.70	24.75	11.69
城　镇	71.54	5.14	7.18	102.47	7.76	7.57
农　村	144.67	16.52	11.42	109.23	16.99	15.55

说明:2000 年数据来自第五次人口普查,2010 年数据来自第六次人口普查

2000 年和 2010 年丽水市人口老龄化程度变化一览

表 4-3-2-5

区域类别	2000 年			2010 年			老龄化程度±百分点(%)
	总人口（万人）	65 岁及以上人口（万人）	老龄化程度(%)	总人口（万人）	65 岁及以上人口（万人）	老龄化程度(%)	
丽水市	216.21	21.66	10.02	211.70	24.75	11.69	1.67
莲都区	34.82	3.23	9.28	45.14	4.03	8.92	-0.37
龙泉市	25.04	2.48	9.89	23.46	2.76	11.76	1.87
青田县	36.11	3.75	10.39	33.65	4.39	13.04	2.65
云和县	10.33	1.08	10.48	11.16	1.19	10.70	0.22
庆元县	17.94	1.38	7.72	14.15	1.49	10.55	2.83
缙云县	36.23	3.79	10.46	35.89	4.66	12.98	2.51
遂昌县	20.71	2.33	11.25	19.02	2.51	13.20	1.94
松阳县	19.73	2.08	10.52	18.51	2.30	12.43	1.90
景宁畲族自治县	15.30	1.53	10.01	10.71	1.42	13.24	3.24

说明:2000 年数据来自第五次人口普查,2010 年数据来自第六次人口普查

老年人口构成

据 2000 年第五次全国人口普查结果,65 岁及以上老年人口男性 11.35 万人、女性 10.31 万人,性别比 110.09,其中 80 岁及以上老年人口男性 1.36 万人、女性 1.73 万人,性别比为 78.61。

据 2010 年第六次全国人口普查结果,65 岁及以上老年人口男性 13.22 万人、女性 11.53 万人,性别比 114.66,其中 80 岁及以上老年人口男性 2.62 万人、女性 2.74 万人,性别比为 95.62,与 2000 年相比,65 岁及以上与 80 岁及以上老年人口性别比分别提高 4.57 个和 17.01 个百分点。高龄老年人口性别比明显提高。

2000年与2010年丽水市老年人口不同年龄段性别比一览

表4-3-2-6

年龄段	2000年				2010年			
	总计（万人）	男（万人）	女（万人）	性别比（女性=100）	总计（万人）	男（万人）	女（万人）	性别比（女性=100）
60岁及以上	35.18	18.80	16.38	114.77	30.29	16.21	14.08	115.13
65岁及以上	24.75	13.22	11.53	114.66	21.66	11.35	10.31	110.09
80岁及以上	5.36	2.62	2.74	95.62	3.09	1.36	1.73	78.61

说明：2000年数据来自第五次人口普查，2010年数据来自第六次人口普查

被列入“六普”调查的35771位老年人中，60岁及以上老年人口有配偶者及65岁及以上有配偶者比重，分别比2000年提高1.95个和0.87个百分点。60岁及以上老年人口丧偶者及65岁及以上丧偶者比重分别比2000年下降1.72个和0.89个百分点。60岁及以上老年人口中，未婚者比重不超过3%，离婚者比重不超过2%。有配偶老人比重上升，显示丽水市老年人口晚年生活幸福感增强。

据普查资料结果显示，48.35%的60岁及以上老年人口有独立的生活来源，包括劳动收入、离退休金和养老金、最低生活保障金和财产性收入。51.65%的老年人没有独立生活来源，这些老人主要依靠家庭其他成员赡养。

2000年与2010年丽水市老年人口婚姻状况一览

表4-3-2-7　　单位：%

年龄段	2000年“五普”				2010年“六普”			
	未婚	有配偶	离婚	丧偶	未婚	有配偶	离婚	丧偶
60岁及以上	2.25	68.22	1.37	28.15	2.26	70.17	1.14	26.43
65岁及以上	1.89	62.56	1.39	34.17	2.12	63.43	1.17	33.28

说明：2000年数据来自第五次人口普查，2010年数据来自第六次人口普查

2010年丽水市分年龄段老年人口生活来源情况

表4-3-2-8　　单位：%

年龄段	有独立的生活来源					无独立生活来源		
	劳动收入	离退休金养老金	最低生活保障	财产性收入	小计	家庭其他成员供养	其他	小计
60岁及以上	31.02	12.47	4.00	0.86	48.35	49.86	1.79	51.65
60—69岁	48.35	12.35	2.54	1.14	64.38	33.97	1.64	35.61
70—79岁	19.92	13.46	4.75	0.71	38.84	59.22	1.94	61.16
80岁及以上	3.53	10.40	6.77	0.35	21.05	77.04	1.91	78.95

第三节　人口健康

1981年，丽水地区死亡人口14284人，其中男性7624人，女性6660人。其中死亡人口平均年龄53.72岁，其中男52.92岁，女54.65岁。1989年，全区死亡人口15029人，其中男性8392人，女性6637人；死亡人口平均年龄59.23岁，其中男性58.21岁，女性60.52岁。丽水人口寿命不断提高，包括死亡年龄提高，比例上升，同时，育龄妇女平均活产子女存活率也不断提高。

据1990年第四次全国人口普查结果，丽水地区1989年1月1日至1990年6月30日，死亡22659人。其中0—14岁死亡1958人，15—29岁死亡1617人，30—49岁死亡2183人，50—64岁死亡4461人，65—79岁死亡8159人，80—89岁死亡3869人，90岁及以上死亡413人。死亡人口性别比[①]125.87。

据2000年第五次全国人口普查结果，丽水市1999年11月1日至2000年10月31日，死亡14999人。其中男8738人，女6261人，0—14岁死亡630人，15—29岁死亡627人，30—49岁死亡1709人，50—64岁死亡2359人，65—79岁死亡5937人，80—89岁死亡3161人，90岁及以上死亡576人。

据2010年第六次全国人口普查结果，丽水市2009年11月1日至2010年10月31日，死亡人口15279人。其中男9102人，女6177人。死亡人口中，0岁死亡85人，与2000年相比减少271人；婴儿死亡率为3.79‰，比2000下降9个千分点；1—14岁死亡124人，15—29岁死亡205人，30—49岁死亡1390人，50—64岁死亡2430人，65—79岁死亡5297人，80—89岁死亡4668人，90岁及以上死亡1080人。2010年全市15—50岁妇女平均每人活产子女存活率99.23%，比2000提高0.9个百分点。全市各年龄组妇女活产子女存活率98.5%以上。身体健康状况良好老年人超过80%。老年人中身体健康和基本健康的人占85.42%，具有生活自理能力的人占97.42%，其中80岁及以上高龄老年人口中，身体健康和基本健康的人占68.69%，具有生活自理能力的人占91.6%。2010年，老年人口长寿水平15.24%，比2000年提高5.04个百分点。

2010年丽水市人口自然变动一览

表4-3-3-1

区　域	出生人口(人)	死亡人口(人)	出生率(‰)	死亡率(‰)	自然增长率(‰)
丽水市	22450	15279	10.59	7.21	3.38
莲都区	4299	2022	9.65	4.54	5.11
龙泉市	2726	1811	11.56	7.68	3.88
青田县	4230	2566	12.54	7.61	4.93
云和县	1034	648	9.30	5.83	3.47

① 女=100。

续表 4-3-3-1

区 域	出生人口(人)	死亡人口(人)	出生率(‰)	死亡率(‰)	自然增长率(‰)
庆元县	1738	1101	12.06	7.64	4.42
缙云县	3703	2855	10.30	7.94	2.36
遂昌县	1733	1590	9.04	8.29	0.75
松阳县	1641	1638	8.86	8.84	0.02
景宁畲族自治县	1346	1048	12.39	9.65	2.74

说明：来源于丽水市统计局第六次全国人口普查数据

2000 年和 2010 年丽水市育龄妇女平均活产、存活子女数及存活率一览

表 4-3-3-2

年龄别	平均活产子女数(胎)		平均存活子女数(胎)		平均存活率(%)	
	2000 年	2010 年	2000 年	2010 年	2000 年	2010 年
总 计	1.35	1.17	1.32	1.16	98.33	99.23
15—19 岁	—	0.01	—	0.01	—	100.00
20—24 岁	0.30	0.30	0.29	0.30	98.84	99.70
25—29 岁	0.91	0.85	0.90	0.85	99.02	99.43
30—34 岁	1.38	1.27	1.37	1.26	98.85	99.34
35—39 岁	1.71	1.45	1.69	1.44	98.79	99.55
40—44 岁	2.09	1.56	2.05	1.55	98.14	99.24
45—49 岁	2.66	1.74	2.59	1.72	97.51	98.85
50 岁	3.08	1.91	3.00	1.88	97.51	98.59

说明：2000 年数据载于“五普”，2010 年数据载于“六普”

2010 年丽水市老年人口身体健康状况一览

表 4-3-3-3　　单位：%

年龄差别	健 康	基本健康	不健康但生活能自理	生活不能自理
60 岁及以上	47.38	38.04	12.00	2.58
80 岁及以上	22.59	46.10	22.90	8.40

第四章　家庭与婚姻

家庭是社会的重要构成部分，中国封建社会崇尚大家族、大家庭。中华人民共和国成立后，随着社会的发展及人们观念更新，丽水家庭逐渐向小型化发展。丽水家庭总户数不断增加，家庭户均人数呈缩小趋势。1990 年和 1982 年相比，丽水社会总户数增加 23.42%，户均人数从 4.23 人降至 3.64 人。2000 年，丽水户均人数从 1990 年的 3.64 人降至 2.97 人。据 2010 年第六次全国人口普查结果，丽水市家庭户均 2.59 人，比 2000 年的 2.97 人减少 0.38 人，缩小 12.79%。

古代，处州境内婚姻采用旧制度，多由父母包办。1950 年 4 月 30 日，丽水专区执行《中华人民共和国婚姻法》，废除包办婚姻。20 世纪 50—70 年代，丽水结婚登记逐渐增加，直到 20 世纪 80 年代，未经登记的事实婚姻仍占相当大比重。离婚登记的人员非常少。1980 年 9 月 10 日，第五届全国人民代表大会第三次会议通过新的《中华人民共和国婚姻法》，规定婚姻登记的相关内容。20 世纪 90 年代起，丽水地区不办理登记手续的婚姻逐渐消失，离婚登记增加。2001 年 4 月 28 日，第九届全国人民代表大会常务委员会第二十一次会议通过《关于修改〈中华人民共和国婚姻法〉的决定》，进行婚姻相关内容修订。2010 年，丽水市登记结婚 24258 对，离婚登记 4483 对。同年，大龄未婚人数有较大增长。

第一节　家　　庭

家庭规模

唐贞观十三年(639)，处州户均 7.88 人。宋崇宁元年(1102)，处州户均 2.40 人。据《元史》载，元代处州户均 3.72 人。清嘉庆二十五年(1820)，处州户均 5.07 人。民国 34 年(1945)，户均 4.21 人。1949 年 10 月中华人民共和国成立后，丽水户均 3.79 人。1958 年比 1949 年户数增加 23.29%，户均 3.64 人。1963 年后，人口自然增长率比较高，户的规模有所扩大。1964 年，户均 3.9 人。1975 年，户均 4.53 人。1979 年，丽水实行改革开放，推行农村联产承包责任制，发展乡镇企业，外出往来流动人口增多，成年子女和父母分居，计划生育控制人口，户数增多，户均人数下降。1990 年比 1982 年，总户数增加 23.42%，户均从 4.23 人降至 3.64 人。据 2010 年第六次全国人口普查结果，丽水市家庭户均 2.59 人，比 2000 年的 2.97 人减少 0.38 人，缩小 12.79%。

2000年和2010年丽水市家庭户规模构成变化一览

表 4-4-1-1

类别	2000年“五普”		2010年“六普”	
	户数(户)	比重(%)	户数(户)	比重(%)
一人户	111485	15.82	162698	21.14
二人户	145385	20.63	248850	32.33
三人户	216723	30.75	196716	25.56
四人户	144197	20.46	101767	13.22
五人户	56910	8.07	38848	5.05
六人户	19897	2.82	13183	1.71
七人户	6413	0.91	4031	0.52
八人户	2319	0.33	1783	0.23
九人户	887	0.13	765	0.10
十人及以上	613	0.09	962	0.12
合计	704829	100.00	769603	100.00

家庭构成

古代,丽水家庭有大小之分,四世同堂、五世同堂的家庭在丽水历代存在。中华人民共和国成立前,大家庭在丽水占有一定的比例。中华人民共和国成立后,丽水家庭构成呈现大家庭减少、小家庭增多特征。1982年,1人户占13.44%,2人户11.01%,3人户12.91%,4人户17.58%,5人户17.46%,6人户12.93%,7人户8%,8人户6.67%。1990年,1人户降至12.02%,2人户增至12.87%,3人户21.29%,4人户25.39%,5人户降至16.24%,6人户7.38%,7人户3.07%,8人户1.74%。1990年第四次全国人口普查,由父母子女组成的核心家庭占84.67%,其中一对夫妻户占7.62%,二代户64.67%,三代户12.38%;扩大家庭3.13%,其中一代户与其他人占0.9%,二代户与其他人1.7%,三代户与其他人0.63%;单身户10.32%,其他1.70%。家庭成员构成,户主(丈夫或妻子)为100%,与配偶住一起占75.08%,与子女一起占1.64%,户均1.64人,与孙子女一起11.64%,与父母一起9.36%,与祖父母一起0.43%,与其他亲属在一起3.92%,与非亲属在一起占0.69%。据2010年第六次全国人口普查,占比前三位的是2人户、3人户和1人户,分别为32.33%、25.56%和21.14%,而“五普”排位是3人户(30.75%)、2人户(20.63%)和4人户(20.46%),结构变化明显;“六普”在家庭户总数中占比最高的2人户,比“五普”高出11.7个百分点,集中态势明显。5人及以上户的比重“六普”为7.74%,比“五普”下降4.61个百分点。

丽水家庭存在地区差别,家庭规模大小各不相同。1990年,丽水地区户均3.64人,其中丽水市(县级)户均3.28人,缙云县户均3.38人,遂昌县户均3.57人,松阳县户均3.58人,云和县户均3.73人,青田县户均3.82人,龙泉市户均3.84人,景宁畲族自治县户均3.99人,庆元县户均4.15人。2010年第六次全国人口普查,户均人口超过全市平均水平的有:缙云、莲都、松阳3个县(区),遂昌县与全市平均水平基本持平,景宁、青田、庆元、龙泉、云和等5个县(市)则低于全市平均水平。一代户家庭占家庭户总户数的上升至48.62%，比“五普”上升17.15个百分点，排位从第二位跃居至第一位。“六普”有老人的家庭户比重有所上升。全市有60岁及以上的老年人的家庭户为251253户，占全部家庭户的32.65%，其中有65岁及以上老人的家庭户为187780户，比“五普”的168025户增长11.76%，占全部家庭户的比重24.40%。全市65岁及以上的单身老人家庭户有51696户，比“五普”的33397户增加18299户，增长54.79%。60岁及以上老人家庭户占全部家庭户的比重超过35%的有青田、景宁、遂昌和龙泉4个县(市)，低于全市平均水平的有缙云、庆元和莲都3个县(区)。

2010年丽水市家庭户规模构成一览

表4-4-1-2

区　域	家庭户户数(户)	家庭户人口数(人)	家庭户规模(人/户)
丽水市	769603	1992960	2.59
莲都区	164241	404836	2.46
龙泉市	79410	226923	2.86
青田县	115546	310735	2.69
云和县	36405	106899	2.94
庆元县	49777	135191	2.72
缙云县	144359	342725	2.37
遂昌县	70191	183806	2.62
松阳县	71319	179652	2.52
景宁畲族自治县	38355	102193	2.66

2000年和2010年丽水市家庭户代际类别一览

表4-4-1-3

类别	2000年“五普”		2010年“六普”	
	户数(户)	比重(%)	户数(户)	比重(%)
一代户	221791	31.47	374171	48.62
二代户	385636	54.71	316988	41.19
三代户	93610	13.28	76050	9.88
四代及以上户	3792	0.54	2394	0.31
合　计	704829	100.00	769603	100.00

第二节　婚　　姻

婚姻状况

古代，处州实行封建婚姻制度，盛行包办婚姻、买卖婚姻。男女双方无择偶自由，多凭“父母之命、媒妁之言”，讲究“门当户对”。同时，传统婚姻观念中还把传宗接代作为婚姻的核心观念，由此产生了与婚姻相关的许多习俗。民国31年(1942),处州成年人口851783人,其中未婚121643人,占总数14.28%;有配偶612521人,占总数71.91%;丧偶103357人,占总数12.13%;离婚14262人,占总数1.67%。

1950年,丽水实行婚姻自由和一夫一妻制为核心的《中华人民共和国婚姻法》。据1982年第三次全国人口普查结果,15岁及15岁以上人口1436371人,其中未婚420162人,占总数29.5%;有配偶897276人,占总数62.47%;丧偶100823人,占总数7.02%;离婚18110人,占总数1.26%。男性青年晚婚率58.93%,女性青年晚婚率34.89%。

据1990年第四次全国人口普查结果,丽水地区15岁及15岁以上人172.67万人,其中未婚48.58万人,占总数28.13%;有配偶111.68万人,占总数64.68%;丧偶10.63万人,占总数6.16%;离婚1.78万人,占总数1.03%。有796对没有到法定婚姻年龄(男22周岁,女20周岁)结婚,其中男性15—21岁占2.02%,女性15—19岁占3.61%。早婚人口中女性占53.39%,其中15—17岁少女占女性早婚人口12.47%。男性青年晚婚率49.60%,女性青年晚婚率41.85%。

据2010年第六次全国人口普查结果,丽水市达到法定婚龄(男22周岁、女20周岁)人口占总人口比例76.25%,比“五普”提高5.03个百分点。其中男性婚龄年龄人口占男性总人口的比例为75.27%,提高5.04个百分点;女性为77.3%,提高5.01个百分点。全市15岁及以上人口中未婚人口比重为16.34%,比“五普”下降3.99个百分点;已婚有配偶人口比重从72.51%上升至75.46%;离婚人口比重①从0.97%上升至1.48%;丧偶人口比重由6.18%上升至6.72%。全市未婚人口比重最高、已婚比重最低的是莲都区,分别为22.11%和71.41%;未婚人口比重最低、已婚比重最高的是庆元县,分别为10.57%和81.52%。全市离婚人口占15岁及以上人口比重为1.48%,与“五普”的0.97%相比上升0.51个百分点,低离婚率表明婚姻仍具有普遍性和稳定性。其中女性离婚人口占15岁及以上人口的比重为1.09%。全市丧偶人口占15岁及以上人口比重为6.72%,比“五普”提高0.54个百分点。从性别构成来看,男性37220人,女性76650人,女性为男性的2.06倍。与“五普”相比,女性丧偶人口上升幅度较快,造成丧偶比重的上升。全市大龄未婚青年的总量上升10.25%。大龄未婚青年性别比775.44,严重失调。情况最严重的40—44岁年龄组,达2012.5,相当于20个未婚男性对应1个未婚女性。但比“五普”近63个未婚男性对应1个未婚女性相比,有质的转变。分城乡看,大龄未婚青年性别比例失调的状况乡村明显高于城镇,性别比达到1374.81,相当于近14个未婚男性对应1个未婚女性,而城镇仅相当于不到4个未婚男性对应1个未婚女性。

2000和2010年丽水市大龄未婚人口性别比一览

表4-4-2-1　　单位:%

年龄	2000年“五普”			2010年“六普”		
	全市	城镇	乡村	全市	城镇	乡村
30—34岁	1049.25	—	—	519.00	329.32	805.68
35—39岁	1786.49	—	—	976.47	435.09	2078.57
40—44岁	6271.43	—	—	2012.50	788.24	3400.00
总　计	1407.87	—	—	775.44	396.14	1374.81

说明:性别比(以女性为100)

① 即离婚率。

结婚登记

1950年1月，浙江省政府发布《浙江省婚姻登记暂行办法》。1950年5月1日，《中华人民共和国婚姻法》公布施行。1951年，由县、区两级办理婚姻登记152对，不准予结婚登记2对。1955年6月开始，由乡人民（政府）委员会办理结婚登记。1979年，丽水地区办理结婚登记5350对，办理复婚登记20对。1981年，丽水地区结婚登记17842对，其中未经结婚登记的事实婚姻4574对，占25.6%。1990年，丽水地区结婚登记21362对，其中准予登记结婚20869对，不予登记结婚493对。

1995年，丽水地区办理结婚登记18798对。其中初婚36504人，再婚1092人。1998年，全区准予登记结婚21564对。其中初婚41537人，再婚1591人；恢复结婚登记36对。2000年，丽水市办理结婚登记22070对。出具夫妻关系证明350件。缙云县率先推行婚姻集中登记。2003年，全市办理结婚登记19564对。补办结婚证明287对，补领结婚证519对。云和县推行婚姻集中登记，龙泉市部分实行集中登记。2006年，办理结婚登记23649对。缙云县民政局婚姻登记和景宁畲族自治县民政局婚姻登记处获全国及省婚姻登记规范化建设窗口单位。2009年，办理结婚登记24861对。莲都区、龙泉市、遂昌县被民政部评为婚姻登记规范化单位。2010年，9个县（市、区）婚姻登记机关成为全国婚姻登记规范化建设合格单位。全年办理结婚登记24258对。其中办理华侨和中国港澳台地区结婚登记876对。

离婚办理

1951年，丽水专区同意离婚登记64对。1979年，丽水地区申请离婚登记573对，其中准予离婚登记118对，调解和好290对，转法院办理165对。1990年，丽水地区申请离婚登记637对，其中准予离婚登记455对。2001年起，申请离婚者不再进行民政调解。2010年，全市办理离婚4483对，其中涉外离婚70对。

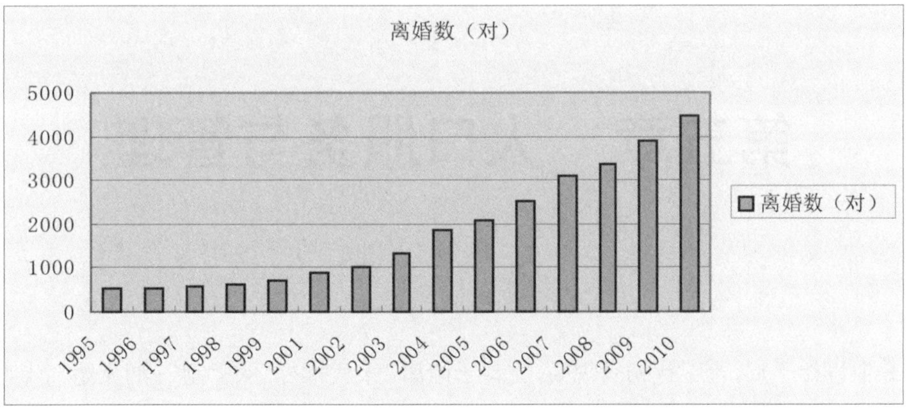

图4-4-2-1　**1995—2010年丽水市办理离婚登记图**

涉外婚姻

1983年，浙江省民政厅指定丽水县民政局办理丽水地区涉外婚姻登记。1990年，全区办理准予结婚登记27对。1995年174对。1999年300对。至2010年876对。

1995—2010 年丽水市涉外和中国港澳台地区婚姻一览

表 4-4-2-2　　单位：对

年份	涉外婚姻	涉中国港澳地区婚姻	涉中国台湾地区婚姻
1995	127	24	23
1996	154	28	30
1997	305	19	36
1998	246	31	28
1999	238	20	42
2000	450	—	—
2001	469	—	—
2002	522	21	39
2003	706	—	—
2004	1090	—	—
2005	1186	—	—
2006	836	—	—
2007	815	—	—
2008	819	6	24
2009	877	—	—
2010	876	—	—

第五章　人口服务与管理

中国户籍制度始于周，至秦代初具规模，完善于隋唐。宋代推行“保甲制”。清光绪二十九年（1903），对户籍作出新规定，并把它作为警察履职的重要手段。民国继续推行保甲制度，并加强户籍管理。

清宣统三年（1911），处州开展人口数量的统计，国家对人口的构成、素质有初步的掌握。民国沿袭这一做法。1949 年中华人民共和国成立后，国家制定专门的户籍管理办法及有关法律，使户籍管理制度成为人口管理的重要方面，并且明确由公安部门负责。户籍管理包括对常住人口的管理和流动人口的管理，开展户籍登记、变更、注销等各项业务。1953—2010 年，丽水按照全国统一部署，参与并开展 6 次全国人口普查工作，掌握大量人口第一手资料。1985 年 9 月开始，按照《中华人民共和国居民身份证条例》规定，实行居民身份证制度，加强对人口的服务和管理。同时，加强村居管理，建立城镇、乡村的居民组织。

1949年中华人民共和国成立后，丽水逐步开展计划生育工作，制定计划生育各项政策。1963年，丽水专区计划生育委员会成立，各县计划生育委员会相继成立，县级医院和部分区级医院设立计划生育技术指导门诊。1965年，全区人口出生率降至37.12‰，自然增长率降至28.53‰。

1966—1971年，全区计划生育工作停顿，1972年8月，地、县计划生育委员会恢复。1973年，丽水地区制定人口规划乡镇43个，丽水县城关镇实行发放出生卡生育办法。

20世纪80年代，国家重视计划生育，制定一系列政策措施。1983年，丽水地区推行计划生育动员月专项行动。1990年，全区完善计划生育组织，充实工作人员。计划生育率100%乡镇42个。

2010年，丽水市计划生育宣传技术指导站基本达到规范化建设标准；乡镇服务站160个，大部分并入乡镇卫生院，占乡镇总数80.4%；计划生育工作人员4761人，其中干部210人，乡镇、街道工作人员516人，村级计划生育服务人员4035人。

第一节 生育服务

人口政策

1972年，丽水地区召开地区计划生育现场会，对婚育问题作出部署。12月，在全区推广丽水县曳岭区、碧湖镇，遂昌县新路湾区计划生育工作经验。

1973年，丽水地区计划生育委员会制定《丽水地区计划生育工作规划(1974—1980)草案》，提出"结婚晚一点，生得稀一点、少一点，养得好一点"的要求。提倡晚婚，积极动员男女青年在25周岁以后结婚。已婚的要按计划生育，不要生育超过2个孩子。学生、学徒工等在学习与培训期内不要结婚。对晚婚和计划生育者在就业、分房时予以适当照顾。提出人口自然增长率要由1973年的21‰下降至10‰，人口总数到1980年要控制在210万以内。

1978年，丽水地区根据中共中央批转《关于国务院计划生育领导小组第一次会议的报告》，及时调整人口规划，制定《关于计划生育若干问题的规定》，实行"奖一限二不生三"的政策①。

1980年10月，中共丽水地委要求广大党团员以身作则，带头贯彻执行"一对夫妇只生育一个孩子"的规定。1980年，制定《关于贯彻执行〈浙江省计划生育条例〉若干问题的规定》，纠正实施计育政策产生的偏差。

1982年，丽水地区计划生育工作普遍提倡"一对夫妇只生育一个子女"，严格控制二孩。

1984年6月3日，丽水县联城乡开展二胎生育政策调查试点工作。6月18日，地区计生委以及各县计生委组织力量对二胎生育政策进行调查研究。6月27日，为时半个月的试点工作开始，基本上达到"开小口子、堵大口子、刹歪口子、少数民族也定个适当的口子"的要求，澄清干部群众中对生育政策的模糊认识。8月12日，地委、行署继续抓紧抓好计划生育工作，把控制人口指标逐级落实到基层，完善计划生育的具体政策。

① 在城镇和农村非农业户口只生一个子女，在农村要大力提倡生一孩、合理安排第二孩、不生第三孩。

1985年，丽水调整计生政策，明确在有效控制多孩和超计划生育二孩的乡（镇），夫妇双方均为农业户口、已生育一个女孩且间隔时间达到四周年以上的，经本人申请、乡（镇）人民政府批准，可再生育一孩。

1988年7月22日，在全区范围开展独生子女健康保险，险种扩展到母婴安康险、意外综合险、母亲健康险、全家福险、团体险、女儿户养老险、简易人身险、子女教育婚嫁险、麒麟卡等险种。至2000年年底，据不完全统计，全区投保人数52617人，投保金额359.67万元。

1989年，丽水农村农民夫妇双方只生育一个女孩且间隔达到四周年的，经本人申请，县（市）人民政府批准可再生育一孩。

1990年9月25日，全区执行《浙江省计划生育条例的若干规定（试行）》（以下简称"《省条例》"），对丽水地区育龄夫妇在晚婚晚育、生育节制等方面作全面、详细和明确规定。地区行署制定《丽水地区外出人口和外来人口计划管理实施细则》。同年，开始对有生育能力的夫妇提倡综合性避孕措施。

1996年5月30日，地区计生委明确特殊情况生育审批流程，有特殊情况要求生育的夫妇提出书面申请，并持相关证明材料领取特殊情况生育审批表；将填好的审批表和相关证明材料交男女方工作单位，或村委会、居委会审核并加盖印章，交由乡镇计生办审核；乡镇政府研究报批县市，县市计生委研究后报地区计生委审批。

2000年开始，丽水市独生子女奖励费作相应的调整：夫妻双方为农民或城镇失业人员并持有"独生子女光荣证"的，给予一次性奖励200元；对符合省条例规定可生育二胎，但自愿终身只生育一个孩子，且持有"独生子女光荣证"的居民，一次性给予500元的奖励。经费从计划生育公益金中列支。领有"独生子女光荣证"的夫妇，其独生子女可优先入托儿所、幼儿园，免费（指学费，不含杂费）入托入学至高中毕业。经费由双方单位福利费支出；一方为农民或无业居民，由另一方单位全额支出；农村由行政村公益金中列支；夫妇双方均为城镇无业居民，由计划生育经费支出。

2002年8月，《丽水市流动人口计划生育管理办法》颁布。各级人民政府将流动人口计划生育管理纳入年度目标考核。2004年10月28日，丽水市计生协、计生委批复关于建立丽水市新家庭计划生育少生快富项目点资助款。2004年11月，颁发《关于开展出生人口性别比偏离问题治理工作意见》。

2005年，全市各级计生协会争取市财政4万元的计育项目配套经费，丽水市各级计生协会开展项目122个，受益人数2170人；全市有10188人参加计生保险，投保金额76.58万元。

2006年6月10日，市妇联、市人口计生委联合制定《丽水市人口和计划生育事业"十一五"重点建设项目》和《丽水市妇女儿童"十一五"重点建设项目规划》。

2007年9月27日至11月17日，市计生协会与市计生委共同确定，给予遂昌县应村乡天师坛村等少生快富项目点进行项目经费补助。

2008年8月22日，市计生协会与市人口计生委联合批复少生快富项目点资助。

2009年1月1日起，丽水乡镇街道从社会抚养费征收返回款中提取10%作为本乡镇、街道计划生育关怀基金的经费。2009年，丽水市开展"生育关怀行动"推进工作。冠名企业14家注入关怀基金27万元。乡镇159个投入生育关怀基金300多万元。2009年，全年实施关爱救助工程，企业捐款69.84万元，县（市、区）公益金和乡镇（街道）的救助资金76.91万元，帮扶计划生育家庭1965户，慰问关怀对象2034人，免费诊治唇腭裂患儿23人。省计生协会批准丽水市少生快富帮扶项目4个，下拨帮扶资金17万元，市财政安排帮扶资金10万元，扶助莲都区高溪乡宏兴生猪养殖合作社等项目 10 个。庆元县计生协会投入资金 18.7 万元，扶持项目 37 个。全市计划生育投保金额 65.62 万元，投保人数 13368 人。

2010 年，丽水市争取到省少生快富项目 7 个，贷款贴息 30 万元；市少生快富项目 3 个，帮扶资金 4 万元。全市下发各类帮扶资金 190 多万元，惠及全市困难户弱势群体 2000 多户。同年，给予计划生育家庭参加中考的独生子女加 5 分的奖励。全市筹措资金 574.19 万元，奖扶计生家庭 8646 户。投资 78.59 万元，特扶计生家庭 513 户。全年全市的计划生育系列保险参保 23181 人，保险金额 139.91 万元，两项数据均较上年增长 1 倍以上。

计生服务

基层工作　1957 年，丽水县妇幼保健站对城关镇有 3 个以上子女的育龄夫妇开展计划生育手术。1965 年 2 月，丽水专区配置医师 6 人，培训技术人员 35 人。1974 年 7 月 12 日，丽水地区计划生育委员会推出使用中草药避孕及治疗妇女病的科研方案，并逐步在全区范围内推广实施。对计划生育开展较好的大队 200 个赠送接生器械。1979 年 11 月 25 日，全区招收计划生育专职干部 97 人，经过培训后在乡镇开展计划生育专业工作。1983 年，实行计划生育运动月。1990 年，有已婚育龄夫妇 425148 对，一孩率从 1979 年的 31.38%提高到 78.08%，多孩率从 37.84%下降到 1.1%。全区有 73 个乡镇无计划外多胎。计划外二孩率从 1986 年 23.44%下降到 4.99%。1991 年 7 月 3 日，设立丽水地区计划生育培训中心，系自收自支全民事业单位，核编 3 名。1995 年 6 月 26—30 日，邀请浙江省不孕不育专家刘佩灵、姚康寿副主任医师、巫义素、徐慧民主治医师诊断治疗五年以上不孕不育夫妇 507 人，进行性知识教育和性生活指导，给予药物治疗和生理机能检查。1998 年 6 月，以社区为依托，在城区开展生殖健康、优生优育、性传播疾病防治、计生政策宣传。在农村，加快建立功能较为齐全的乡镇计划生育服务站，丽水地区建立计划生育服务站的乡镇 148 个，占乡镇总数的 76.29%，乡镇育龄妇女信息管理系统建设有较大突破。丽水地区各乡镇还建立人口学校，乡镇行政村建有人口学校 1007 所，办理新婚期、孕产期、计划生育科技信息培训班 2138 期，参加计生培训 124755 人。

2000 年 5 月，丽水市计生委邀请浙江省不孕不育专家到丽诊治五年以上不孕不育夫妇 100 多人。6 月 7 日，完成《丽水地区基层计划生育协会情况调查和建议》课题。这次调查为期一个多月，涉及县（市）9 个、乡（镇）45 个、行政村 79 个、居委会 9 个，调查涉及干部村民近千人。11 月 15 日，省计生委、计生协扶持缙云县舒洪镇“开发抚育油茶园”项目和景宁畲族自治县茶叶、中药材开发项目扶持资金各 4 万元。2001 年，市、县（市、区）两级协会举办培训班 100 多次，培训 1 万人次。2003 年 7 月 30 日，撤销市计生培训中心，其人员并入市计划生育宣传技术指导站。2006 年，全市建省级“示范协会”23 个、市级“示范协会”64 个。73 个社区全部建立组织。2007 年 7 月，全市发放各类宣传品 53.6 万份，受计划生育宣传教育 70.99 万人；依法办理计划生育案件 901 件，征收社会抚养费 1189 万元；落实计划外怀孕的补救措施 1059 例；落实应查未查育龄妇女 4.6 万人的查孕、查病，落实重点联系外出育龄人员 4.2 万人，外来育龄妇女建档 9621 人。

2008 年 6 月 12 日，松阳县“大石土特产”老板陈志新出资 100 万元，建立丽水市首个冠名“石头计划生育关爱基金”。

2010 年 5 月，丽水市计生协会与市计生委、团市委、市教育局等单位合作，编印学习资料，开展为期 5 个月的学校青春期健康教育知识县级选拔赛和市级决赛。“5•29”全国计划生育协会会员活动日活动期间全市建立计划生育维权志愿者队伍509支，5301人；处理计生维权案件201件，免费发放避孕药具62151份，法律援助280人次。自4月21日起，全市开展为期72天的女性生殖健康宣传服务活动。

技术服务　1958年3月21日，各县（市、区）县级医院相继进行中草药避孕、长效避孕针工作。1965年，培训计划生育宣传骨干304人，全县初步形成计划生育技术指导宣传网。同年，建立县计划生育手术队。

1970年，丽水县卫生局组织计划生育工作组，在崇义公社大片大队搞“人口规划”试点。1978年5月，建立丽水地区计划生育科技指导组，进行技术指导。

20世纪80年代开始，计划生育宣传技术指导站在地、县建立，避孕技术服务项目由以医院为主逐步转向以计生系统为主，并向乡（镇）延伸，广大农村育龄夫妇就近接受技术指导，就近获取避孕用品。

20世纪90年代，地（市）、县（市、区）、乡（镇）三级计划生育服务机构相继开展性功能障碍咨询治疗，妇科病、性病、生殖系统感染病的监测和治疗，优生优育咨询，优生监测，不孕不育症咨询和诊治。

2006年，遂昌县被评为省级计划生育技术优质服务县。2007年5月，市人口计生委组织“技术服务千里行”活动。龙泉市被评为省级优质服务县，云和县被评为省级优质服务创建县。10月，丽水市计划生育手术并发症鉴定领导小组成立。2008年4月，完成全市计划生育服务机构执业许可证校验工作。遂昌县被评为国家计划生育优质服务县，云和县、松阳县被评为省计划生育优质服务县。2009年，云和县、景宁畲族自治县计生指导站标准化、规范化建设项目立项并开工。莲都区被评为国家计划生育优质服务县。

2010年，云和县、龙泉市被评为国家计划生育优质服务县。景宁畲族自治县、庆元县被评为省计划生育优质服务县。

人口管理

管理制度　2000年底，丽水市进行计划生育管理“村自为战”的试点工作，以“完成计划好，宣传教育好，技术服务好，队伍建设好，建立制度好，党群关系好”为标准进行“合格村建设”，全市有经验收成为合格村的行政村2747个，合格率75.22%。

2001年4月，丽水市精神文明建设委员会制定《丽水市文明社区建设管理的暂行规定》，规范管理流动人口和房屋租赁户，暂住人口登记率85%以上，流动人口计划生育证明验证率100%，做到既管理有序，又关心帮助，做好服务教育工作，要求社区内无计划外生育。

2002年1月1日，在丽水市全市范围内全面启用由市计生委印制的浙江省生殖健康服务证。凡符合省条例规定可以安排生育的已婚夫妇，由乡（镇）街道办事处计生办发给，作为享受计生优质服务、接受围产期保健、住院分娩的凭证，原生育证使用到2002年6月底止。7月，丽水地区计划生育协会正式更名丽水市计划生育协会。7月17—18日，丽水市计划生育协会举行第一届一次会议。会议修改并通过新的协会章程。12月24日，市发改委、市计生委联合发文将全市当年人口出生计划从27000人增加至29800人。

2005年5月，市计生委、市卫生局联合发布《关于进一步明确医疗卫生单位和计划生育技术服务机构计划生育工作职责的通知》。8月，丽水市委办公室下发《丽水市计划生育基层基础规范化建设实施意见》。形成“县指导、乡负责、村为主、户落实”的基层计划生育工作机制。意见提出规范宣传教育；规范合同管理；规范外出育龄妇女源头管理；规范基础帐册；规范随访服务；规范查孕、查病工作。

2008年6月，市财政局、市人口计生委联合开展第二轮“千村示范、万村整治”工程，设置公益性广告、生育文化长廊、人口计生宣传标语、计生宣传橱窗、生育文化园区。将各级人口计生事业经费20%以上用于生育文化建设，保障这项工作的顺利开展，以确保宣传教育阵地和硬件设施配套到位。6月，水阁开发区安排企业入园300多家，数万外来员工是计生工作的主体，也是重点和难点。管委会要求各企业抓好协会建设，实行法人代表负责制。在50家规模企业和重点企业中组建协会，协助政府加强人口管理。2008年，每个县(市、区)各乡镇至少搞一个以上的试点。2009年，扩大试点范围，4月，颁布《丽水市人民政府关于实施免费婚前医学检查和免费孕前优生检测的意见》。2010年，建成100个市级生育文化示范村。市人口计生委、市农办每年评比表彰一批市级生育文化示范村。

理论研究　1994年，丽水地区人口学会会员撰写论文或调查报告及文章31篇，其中18篇在《当代人口》等报刊发表。《贫困山区农村老年人供养保障问题析议》选入浙江省P22项目子课题，同年《丽水山区人口年龄结构变化及趋势析议》发表。

2000年6月7日，《丽水地区基层计划生育协会情况调查和建议》课题完成。此次课题调查涉及县(市)9个、乡(镇)45个、行政村79个、居委会9个，调查涉及干部村民近千人。

组织机构　1963年10月，丽水地区计划生育委员会成立。1983年，县(市、区)相继组建计划生育系统技术网络，即各县(市、区)计划生育宣传技术指导站，人员编制7—9名。1984年5月，建立事业机构——丽水地区计划生育宣传技术指导站。1988年4月21日，地区人口学会在松阳召开第一次代表大会，丽水地区计划生育协会成立。

1989年，丽水地区人事部门重新核定指导站编制，每站不少于15名，并解决业务人员的岗位津贴。用3年时间，实现工作用房、人员、设备“三配套”全面开展各项业务工作。1990年，丽水地区有计划生育工作人员692人，其中地区计生委10人，宣传指导站12人；县(市)计生委92人，宣传指导站108人；区、乡镇计划生育专职干部472人。另有村级联络员、服务员3904人。

2000年，丽水地区计划生育委员会更名丽水市计划生育委员会。2000年7月，丽水地区计划生育宣传技术指导站更名丽水市计划生育宣传技术指导站。2001年，市计划生育协会参照公务员管理。丽水市流动人口管理办公室成立，编制3名，系事业单位。2009年，全市初步完成基层协会评星定级工作，全市建有协会示范村29个和优秀会员之家1871个。协会示范村和优秀会员之家挂“三星”和“二星”牌。

2010年3月，丽水市基层计生协会1755个挂星级牌。市计划生育协会列入群众团体序列。全市9个县(市、区)计划生育宣传技术指导站基本上达到规范化建设的要求。全市有乡镇服务站160个(大部分并入乡镇卫生院)，占全市乡镇总数的80.4%。乡镇计划生育服务站业务上接受县计划生育宣传技术指导站的指导。年末，全市有建立计划生育服务室行政村2900个，占全市行政村总数的80.8%。市、县(市、区)、乡、村基本形成以技术服务为主的计划生育服务网络和队伍。

人口宣传

宣传培训　丽水计划生育工作始于1957年。卫生、工会、妇联等部门联合举办避孕知识讲座、避孕知识展览，受教育6万多人次。1963—1973年，丽水地区宣传部、卫生部门等党政机关组织安排计划生育宣传工作。1973年7月3日，丽水地区第一份计划生育简报创刊。8月13日，丽水地区计划生育委员会给各县发放宣传计划生育幻灯片。1982年10月，全区举办计划生育科普、美术、摄影展览，参展作品150件，其中美术作品100件，摄影作品50件。

1983年，丽水地区计划生育宣讲团到庆元、龙泉、云和等县，宣讲计划生育法规和业务知识。1985年2月15日，丽水地区计生委召开各县计生委主任紧急会议，部署宣传贯彻《浙江省计划生育条例》。1987年9月10—11日，地区计生委召开各县(市)计生委主任会议，传达全省计生宣传工作会议精神，交流开展宣传技术服务活动情况。12月，地委、行署抽调地直机关干部重点抽查九县(市)计划生育宣传服务活动。1988年2月9日，地委宣传部举办计划生育宣传工作茶话会，各县(市)委宣传部长，卫生、文化、教育、广播电视、报社、计生委及团地委、妇联负责人参加会议。1988年8月，地区计生委召开计划生育宣传(摄影)研讨会。9月，地委宣传部牵头由计生委、计生协、人口学会等单位9家联合举办人口计生知识竞赛。12月18日，地委、行署召开全区计划生育工作座谈会，交流宣传服务活动。1989年7月31日至8月5日，在驻丽水某部营地对各县(市)计生委正副主任、宣传教育通讯员和区、镇专职干部进行人口理论知识培训。

1990年2月，丽水地区计划生育基础知识教育指导小组成立。3月14日，丽水指导小组召开第一次会议。4月，召开全区计生委主任会议，宣传贯彻《浙江省计划生育条例》。5月29日，地区计生委、计生协、指导站在城关镇中山街开展计生基础知识宣传咨询活动，纪念中国计生协成立十周年。1991年3月，地委宣传部在遂昌召开全区计生宣传工作会议。3月15日，地委宣传部、地区计生委联合下发《关于计划生育宣传工作的几点意见》，决定每年联合召开一次地区性专题会议。

1992年，丽水地区举办婚育学校248期，举办党校人口理论教育313期，在中学168所开展人口理论教育。1993年3月，地区计生委、文化局组织影片《新婚学校》到各县(市)放映，传播性文明知识。1994年5月11日，地区计划生育宣传协调小组召开计生新闻宣传工作会议。同月，组织放映科教片《性与健康》《新婚探密》，在九县(市)巡回举办"走向科学、文明健康——人类与性"展览，放映录像，为时80多天，观众5万多人次。8月30日，地委理论学习中心组组织学习《马克思主义人口理论》《人口控制理论和我区实践》。

1995年，承办青春期、新婚期及各类培训班723期，参加学习乡村干部46854人次。

2000年4月16日，中共丽水地委召开会议，学习《中共中央、国务院关于加强人口与计划生育工作，稳定低生育水平的决定》。7月20日，丽水市计生宣传协调小组印发会议纪要，广泛深入宣传决定；继续加强党校、中小学人口理论教育工作；9月22日，丽水市政府在丽水召开纪念《关于控制中国人口增长问题致全体共产党员、共青团员的公开信》发表20周年座谈会。2000年11月24日，省计生委在山水宾馆组织"新时期育龄群众贴心人"事迹报告会，全市参加约200人。

2000年，全区召开人口与计生工作座谈会625次，征求意见830条。走访计生困难户28户，上街下乡义诊70次，诊治不孕不育对象258人次。举办县(市、区)乡镇协会专职秘书长及村(居)协会会长培训班13期。刊发《协会信息》12期，其中被省计生协和省计生委录用6条。协会领导干部深入30多个乡镇的70多个行政村(居)协会进行座谈。

2001年4月26日，市计生委向各县(市、区)传达国家计生委和省计生委有关近期人口与计划生育新闻宣传口径的要求，并及时向当地主要媒体传达要坚持正面宣传为主，从严把关的原则。12

月28日，市计生委制定法制宣传教育第四个五年规划。

2002年3月23日，市计生委在市区中山街开展以宣传《人口与计划生育法》为主题的大型活动。4月25日，市计生委要求各县（市、区）计生局规范《中华人民共和国人口与计划生育法》宣传月活动。5月28日，市计生协与莲都区计生协联合在市区解放街开展“5•29”全国计划生育协会会员活动日宣传咨询活动。5月28日，召开丽水市人口与计划生育宣传工作协调小组会议。会议要求把计生宣传教育工作纳入年度考核，在大中专学校和小学高年级开设人口国情和青春期教育，把计划生育政策法律法规列入党校教学内容和干部普法教育内容。广播、电视、报刊开辟计划生育栏目、专栏、专题报道。8月12日，丽水市人民广播电台开设“人口与计划生育”专题栏目。9月14日，市、区计生委（局）、指导站联合组织在市区中山街开展《中华人民共和国人口与计划生育法》《浙江省计划生育条例》及避孕育知识等法律、法规、科普知识的宣传咨询活动。

2003年7月27—29日，丽水市计生协举办乡镇计生协秘书长培训班，全市干部参加培训150多人。8月14日，全市半年人口形势分析暨依法行政工作会议在青田召开。8月28日至9月1日，市计生委暗访组暗访龙泉、庆元、景宁、云和等地。

2004年5月，市计生协结合“5•29”全国计划生育协会会员活动日活动，组织丽水市人民医院内科、妇科、儿科、B超室等专家，到缙云县新建镇开展送医下乡活动，千名群众免费检查和咨询。“5•29”全国计划生育协会会员活动日，市计生委、计生协、市妇联等单位联合在市区中山街百货大楼门口至继光街路口的街道两旁开展大规模的人口与计划生育宣传咨询和庆祝“六一”儿童节活动。发放各类宣传品1万多份，受咨询人员1万多人。

2005年3月28日，丽水市计生委建立宣传教育工作机制、强化宣传教育协调机制、丰富宣传教育体系、改进宣传教育方式、创新宣传载体。全市举办各种培训班5912期，受训人次202745人；全年荣获省级“示范协会”23个，市级“示范协会”64个；全市社区73个全部建立计生协组织，创建率100%。全市国有、私营、民营企业214个有160个建立协会，组建率74.8%。在中国计生协成立25周年纪念期间，丽水学院举办“青春期健康知识”讲座，大学生参加听讲400多人。

2006年5月25—30日，丽水市计生协会与市计生委联合开展技术服务千里行活动组织女性生殖健康知识讲座80场，参加讲座1万多人次。

2007年2月，丽水市府办制定《丽水市人口与计生工作领导小组关于认真做好学习宣传〈决定〉的通知》。5月，浙江省人口计生委、计生协联合市计生指导站、莲都区人口计生局、莲都区计生指导站在城区中心地段开展大型广场咨询活动。在丽水全市范围内开展清理规范更新人口计生宣传标语口号专项行动。6月30日，市计生委在丽水学院联合开展人口计生宣传咨询服务活动，师生参加2000多人次，发放各种资料3000多份。7月，召开各级各类计划生育培训会达2654人次，参加人数达34万人。11月24日，市计生协会与计生委、指导站等支部的共产党员在市区中山街开展咨询服务活动，提供咨询服务。

2008年春节期间，丽水市人口计生委联合莲都区人口计生局向新婚、怀孕对象发放公益宣传明信片。6月，市人口计生委联合市妇联、卫生等部门在水阁街道开展主题为“关注外来人口，保障母婴安全”的大型咨询服务活动。9月1日，邀请陕西省“三八”妇乐科技股份有限公司专家到丽水开展“女性健康知识”巡回知识讲座。9月17日至12月14日，进行活动105场。

2009年1月，丽水市计生协会组织开展女性健康知识讲座，设讲座59场，参加人数4000多人。

5月，市人口学会参与市科协组织的“送科技下乡活动”，到遂昌县城举办大型咨询服务活动。2009年，重点围绕“优生两免”政策开展宣传。全市深入开展计划生育宣传和服务工作。发放《人生》杂志3660份，建立计生宣传服务阵地4210个，投入100多万元建立生育文化园地19个、宣传窗365个、永久性标语1700幅、计生宣传实物15万件。此外，还组织多次知识竞赛活动，参赛人员6350人。

2010年，丽水市政府全面开展优生优育优教“三优”促进工作。5月，出台《关于开展优生优育优教工作的实施意见》，各县（市、区）成立领导小组、出台实施意见。7月，丽水市人口计生委在市区纳爱斯广场举办《关于控制中国人口增长问题致全体共产党员、共青团员的公开信》发表30周年庆祝文艺晚会。2010年，全市开展“流动人口性与生殖健康科普教育”“为新婚孕前准妈妈上优生优育优教辅导课”“为独生子女家庭免费赠送价值500元的公益摄影”，组织红娘协会解决大龄青年娶妻难等多项便民服务活动。

宣传月　1983年1月，丽水地区计划生育宣传月活动启动。10月21日，地委成立“丽水地区计划生育宣传月指导组”。1989年4月，地委宣传部、地区计生委、地区统计局联合开展4月14日“十一亿”人口日宣传。1989年11月，地委、行署召开地直机关计划生育宣传月动员大会。

1995年2月20日，行署召开“中国十二亿人口日”座谈会，会议指出要认真学习贯彻《中国计划生育工作纲要（1995—2000）》；围绕地委、行署提出的“脱贫致富奔小康”战略目标，强化规范管理，提高计生工作水平。

1998年7月1—10日，地区计生委、计生协、丽水地区指导站在丽水市（县级）中山街联合举办“世界人口日”宣传周活动。7月11日，行署副专员夏金星就第十一个“世界人口日”发表电视讲话。1999年10月，行署专员钟小毛就《世界60亿人口日》发表电视讲话。同月，地（市）计生委、计生协、指导站在丽水中山街百货大楼门口举行主题为“人类对生育的选择将决定世界的未来”的纪念活动，举办图片展览，发放资料、避孕药具。

2000年5月29日，地区计生协在丽水开展面向社会、深入基层、服务群众的“5•29”全国计划生育协会会员活动日上街咨询和下基层服务活动。“5•29”全国计划生育协会会员活动日，10月21—27日城市人口意识周及12月1日的性病、艾滋病防治宣传日，发放宣传品117288份，悬挂横幅300条，走访行政村（居）530个、3000多户、54057人。

2005年，市妇联儿委、妇保院等单位在市区中山街开展“尊重生命尊重爱——婚前医学检查知识宣传教育普及活动日”，发放资料1万多份，接受咨询3000多人次。市计生协制作宣传计生政策法律法规知识的扑克牌1.5万副发至各地；积极组织人员参与12月1日“世界艾滋病日”活动；组织发动各级协会订阅《人生》杂志2683份，宣传服务对象993832人次，被中国计生协人生杂志社评为发行单位优秀奖。2005年12月1日，第18个“世界艾滋病日”，各地组织和动员广大职工、妇女、大中学生及家长、外来务工人员等观看预防艾滋病主题电影《青春的忏悔》。2006年5月，各地开展“5•29”全国计划生育协会会员活动日，广泛开展宣传活动；组织女性健康讲座；推进新农村新家庭建设；发行家庭平安保险卡。

新家庭计划活动　1994年6月2—12日，丽水地区计生委在遂昌县三仁畲族乡开展创建“少生快富新家庭”计划活动试点。1995年3月6—9日，地区计生委在松阳县召开全区会议，参观“少生快富奔小康”的新家庭计划活动的试点情况。7月18—19日，地区计生委在青田县召开全区计生委主任会议，专题研究在全区推行新家庭计划活动。至 1997 年年底，乡（镇）194 个全部开展新家庭计划活动，参加活动 457903 户，达标 378753 户。全区举办各类培训班 1384 期，参训人数 205597 人次；落实帮扶项目 6110 个，其中工业 257 个，农业 4653 个，服务业 1200 个；落实农业开发资金 2000 多万元，落实计划生育贫困户、困难户帮扶资金 282.20 万元。在落实帮扶的 12243 户中脱贫 5148 户。

婚育新风进万家活动　1998 年，丽水地区开展婚育新风进万家活动。6 月 28 日，组织全区计生委主任参观学习宁波市“婚育新风进万家”活动现场。自 8 月开始，各县（市）都组织试点工作，取得初步经验。12 月 22 日，全区组织各县（市、区）计生委分管宣传的副主任、宣传科长到遂昌县召开宣传教育暨婚育新风进万家现场会，现场参观考察遂昌县新路湾镇开展婚育新风进万家活动情况。该项活动一直持续开展到 2006 年。

竞赛活动　1989 年 5 月，丽水地区计生委、计生协、电视台、文化局、妇联等单位联合举办全区“家家好”电视娱乐赛，丽水市（县级）张根明三口之家被推荐参加全省“家家好”竞赛，并获奖。2000 年 7 月，开展“为了美好的明天”知识竞赛活动；2002 年，组织以《中华人民共和国人口与计划生育法》为主要内容的知识竞赛、电视大奖赛。2004 年 4 月，市计生委、计生协联合组织《中华人民共和国人口与计划生育法》《计划生育技术服务管理条例》知识竞赛，80 多人分别获一、二、三等奖。2007 年 4 月，市人口计生委联合丽水市摄影家协会，在全市范围内举办一期“关爱女孩”为主题的摄影比赛，主题照片参与评比 100 多幅。

第二节　户籍管理

中国户籍制度始于周，至秦代初具规模。此后，历经三国至南北朝的整顿，到隋日趋完备和周密。从商代的“登人”到汉代的“编户齐民”，再到宋代的“保甲制”，展现了我国户籍文化的丰富内涵和户籍制度的发达。

清光绪二十九年（1903），《浙江试办警察章程》明确规定清查户口是履行警察职能的首要手段。

民国 23 年（1934）11 月，国民政府开始推行保甲制度，并规定把城乡户政工作纳入保甲制度管理。民国 30 年，开始按保甲区划分警管区，设立保警，与保甲户口管理制度相结合，实施警察勤务，直到中华人民共和国成立前夕。民国 34 年 1 月，丽水县一度调整保甲编制，实行数户联保联坐制度，一户犯法，各户同罪。

1950 年，丽水专署公安处根据《浙江省各市县户口管理暂行办法》和《户口违警暂行罚法》制定《丽水区治安行政、户籍统计报告制度的规定》《水上户口管理补充意见》，开始管理城镇户口和水上户口。1958 年 1 月，《中华人民共和国户口登记条例》颁布后，发放全国统一的户口簿册，建立和健全户口管理制度。同时，建立完整的人口统计报表制度。

1985 年开始，丽水地区开始颁发居民身份证。同时，由点到面地推行计算机管理人口信息，并应用于户口登记、人口统计、人口信息查询。1996 年以后，全区逐步推行农村户口城市化管理和小城镇户籍制度改革，进一步改革和完善户籍管理制度，促进农村户口管理的科学化、规范化。1999 年年底开始，全区的乡管户口全部由公安派出所进行管理。2000 年撤地设市后，全市推行城镇户籍改革，解决长期遗留的“黑户”问题。

常住人口管理

管理机构　清宣统二年(1910)，省警务公所内部规定由行政科具体负责全省户政工作，并开始组织各县巡警局清查城镇户口和编制住户门牌。

民国4年(1915)，北洋政府内务部公布《县治户口编查规则》，规定县治户口编查事务以县知事为直接监督，住户分编牌甲，以10户为1牌，10牌为1甲。民国12年，省巡按使公署公布《浙江省户口登记暂行条例》，规定省、县政府设立户口登记事务所，掌握城镇户口和乡镇的户口管理。民国17年，省政府又颁布《浙江省户籍条例》，确定由民政厅掌管户政工作，各县由县政府主管，乡镇设有警察机构的，由警察部门负责，未设警察机构的，专设户籍干事。民国23年11月，国民政府开始推行保甲制度，设有保2598个、甲30415个，规定每保由一名副保长(保队附)兼任户籍员。民国30年，开始按保甲区划分警管区，设立保警，与保甲户口管理制度相结合，实施警察勤务，直到中华人民共和国成立前夕。

中华人民共和国成立后，丽水城镇户籍管理工作规定由公安部门负责。丽水公安部门负责户籍管理的基层单位是派出所。1949年9月，丽水专区建立首批城镇派出所6个，其中丽水、龙泉各1个，松阳、缙云各2个。各县公安局和派出所均配有户籍员(民警)，具体负责户籍管理，归属治安科。农村的户口管理原由民政部门负责，1956年5月，各县根据省政府规定，先后由民政部门移交给公安部门。

1958年秋，各县农村人民公社化后，农村户口管理以生产队为基础，实行公社、生产队两级管理机制。

1964年7月，丽水专区执行公安部下达的《关于在人口普查结束后，加强户口管理工作的通知》，规定由公社文书和生产队会计担任社、队户口员，进行户籍登记管理。

1980年，丽水地区加强基层派出所建设。20世纪70年代末，丽水地区有派出所13个，1983年，丽水地区派出所发展到65个。1988年，丽水地区派出所发展到73个，城乡户籍管理明显加强。

1989年10月11日，地区公安处增设户政科，户政管理开始从治安科分出，并与身份证办公室合并，两块牌子一套人马。各县公安局也相继单独设立户政管理科(股)，负责户口管理，包括户口调查、户口审批、人口普查、暂住人口管理、人口统计等。

2001年11月，市公安局户政科合并到治安支队。各县(市、区)户政管理科也相应合并到治安大队。

城镇户口管理　1949年11月中旬，丽水城区率先开展户籍登记。不久，其他各县也相继开展，至1950年1月，基本完成登记工作。据统计，全区有城镇人口16156户、62138人，其中男32649人、女29489人。

1950年2月，丽水专区城镇普遍建立来客登记制度，并规定实行户口迁出、迁入登记，结婚、离婚登记，居民外出应领取通行证等制度。同月14日，丽水城区首次组织户口检查，参加人员360多人，检查出无户口的300多人，逮捕土匪、匪线26人。5月，专署公安处根据浙江省人民政府颁发的《浙江省各市县户口管理暂行办法》和《户口违警暂行罚法》，制定《丽水区治安行政、户籍统计报告制度的规定》，规定各县辖区内的居民，不论属何国籍、民族、职业应一律登记户口，报告变动，遵守管理。同年8月19日，丽水专员公署下发《关于办理登记公共户口的通知》。

1951年5月，根据省公安厅部署，丽水专区进一步开展城镇户口登记，掌握户口动态，健全各种异动申报登记制度，并建立内勤统计和汇总、上报制度。同年，据全区15个城（集）镇统计，有城镇户口255269户、881334人，其中男478767人、女402567人。

1952—1953年，丽水各县公安局根据国家公安部《城市户口管理暂行条例》和华东军政委员会公安部《华东城市户口管理暂行细则》，又一次普遍进行城镇户口登记工作，并开始发放户口簿，杜绝漏人漏户。1958年1月《中华人民共和国户口登记条例》颁布后，根据全省统一规定，换发新的户口簿和户口登记簿。1961年冬，丽水各县公安机关贯彻以家庭为单位、在常驻地登记常住人口的原则，开展城镇户口调查。1962年7月，根据公安战备部署，各县公安局均增加户籍民警，坚持上门报户口，开展户口调查，加强管理城镇人口。

1980年，丽水地区13个城镇派出所都进一步加强户口管理工作。青田县城关镇派出所对“文化大革命”以来全镇户口进行普查，纠正重、漏、差、错人员524人，占全镇总人口的2.48%。遂昌县城关派出所在全镇换发新户口簿。

1984年12月3日，丽水地区行署批准公安处《关于解决无户口人员落实问题的报告》，全区根据此文件落实无户口人员1802人。1987年6月3日，地区公安处发出《关于下达1987年度的“农转非”指标的通知》，要求各县（市）公安局对2‰农转非“内部”控制指标严格掌握使用，其中1.5‰的农转非指标由各县（市）公安局审批，0.5‰的农转非指标报地区公安处批。1990年5月12日，地区公安处发出《关于办理“农转非”审批工作的几项规定》。

1995年2月，丽水地区公安处成立推广运用人口信息计算机管理系统建设领导小组，下发丽水地区《运用人口信息计算机管理系统建设规划》，推广人口信息计算机管理。1999年11月16日，全区户籍人口全部实行计算机管理。

1997年5月13—14日，丽水地区公安处在青田召开全区户政工作会议，研究部署户籍改革工作。并确定温溪、壶镇为全区小集镇户籍改革试点单位，之后在全区推广，全区完成农村户口城市化管理乡镇123个、170万人口，分别占总数的63.4%和69%。

2000年7月撤地设市后，丽水市进一步规范公民申报出生登记和申报落户登记制度，解决丽水市长期遗留的“黑户”问题。

2008年5月，丽水市执行省公安厅制定《浙江省常住户口登记管理规定（试行）》，全面系统地规范常住户口的登记管理，简化办事程序和办理手续。

2010年11—12月，丽水市公安局局按省公安厅部署要求，推进人口信息数据维护、重载和质量管理工作，市级常住人口信息管理系统运程升级为V3.00版本，实现省、市两级常住人口信息“当日变动，当日维护”。

农村户口管理　1949年10月中华人民共和国成立初，农村户籍人口管理归乡政府负责。1953—1954年，结合第一届基层选举，根据中央人民政府颁布的《人口调查登记办法》，各县首次进行人口调查登记，并将调查登记表以乡村为单位装订成册，作为农村户口登记簿。1954年9月，内务部《关于户口登记暂行办法（草案）》规定，户口登记由民政部门主管。1956年年初，各县公安部门接管农村户口的管理工作。

1958年，各县人民公社化后，农村户口由人民公社管理，生产队登记，逐步形成以生产队为基础的公社和生产队两级管理机制。1960年，户口簿册改为人口卡签管理，卡签分公社和生产队两种，每人各填1张。

1964年7月，丽水专区公安机关贯彻执行公安部《关于在人口普查结束后，加强户口管理工作的通知》，规定公社文书和生产大队会计担任社、队户口员。

1981年，丽水地区对农村户口进行全面整顿，农村乡镇重建户口簿册，恢复各项户口登记制度。1984年2月25日，地区公安处《关于下达1984年户口迁移控制指标的通知》，要求各县公安局分期分批，有计划地对农转非按1.5‰指标进行审批。1984年11月16日，地区行署《关于批转地区公安处"关于农村进入集镇落户问题的报告"的通知》，在全区各县贯彻落实。1985年，全区办理农民自理口粮在城、集镇落户的3480户20479人。1986年，通过户口整顿，全面整理建立户口内外册，换发村级户口簿1589本。

1999年4月，全区取消农转非计划指标控制，实行按常住地落户的原则，各县的乡管户口全部由辖区公安派出所接管。

2009年3月，丽水市政府下发《关于原为农业户籍的大中专毕业生回原籍落户问题的意见》。同年，办理大中专毕业生的户口"非转农"1700多人。2010年，丽水市办理大中专毕业生户口"非转农"2659人。

水上户口管理　1949年，丽水航道长1030千米，其中可通木帆船的航道约有561千米。当时，丽水专区有小型尖头船3000多只，到埠头登记的有2227只。1950年9月，丽水专署下发《丽水专区水上户口管理暂行办法》，专署公安处提出《水上户政管理补充意见》，规定凡流动船只均须办理户籍登记。至1952年1月，全区有水上船只4200只、船民5932人。1953年9月中旬至10月下旬，专署市公安局水上派出所对水上户口进行复查，对遗漏户办理补登手续。

1981年，丽水地区公安处根据国务院《关于水上户口整顿和水上人口普查的初步意见》，开展水上户口整顿工作，全区有以船为家的船民2000人。1985年，改为给每只船发给"水上船舶户口簿"。1993年3月1日起，将原纸质"船民证""临时船民证"一律换发成64开塑封式"船舶户口簿"。至1995年，全区公安户政部门共换发船舶户牌1740只，其中1万千克以上船舶的户牌1210只，1万千克以下船舶的户牌530只。

流动人口管理

1951年2月，地区公安处根据省人民政府《浙江省各市县户口管理暂行办法》和《浙江省户口违警暂行罚法》，规定居民家中有来客住宿1个月以上的，由户主或住户主要人于当日持证明、证件向公安机关申报来客住宿登记。

1952年5月，地区公安处执行省公安厅下发《关于简化户口异动手续的通知》，对流动暂住人口作出规定。居民外出的，应向公安机关报告，发给通行证。对流动商贩等经常外出者，发给长期通行证。同月，各县公安机关贯彻执行华东军政委员会公安部制定的《华东城市户口管理实施细则》，来客住宿超过3日者，户主须于3日内持户口簿向本地公安局或本地派出所报告。

1958年1月，各县公安机关贯彻执行《中华人民共和国户口登记条例》和浙江省公安厅《关于认真执行〈中共中央、国务院关于制止农村人口盲目外流的指示〉的通知》，健全暂住人口的登记、管理制度。

1962年，各县强化对流动暂住人口的管理工作。1963年，各县公安机关依靠当地党委和政府，发动居民干部和群众互相监督，遵守户口管理制度。

1966—1976 年,“文化大革命”时期,丽水地区暂住人口管理处于失控状态。

1983 年起,丽水地区公安机关执行省公安厅下发《关于农村劳动力进城暂住申报临时户口的规定》,对进入城镇从事建筑、运输、装卸等行业以及其他零散杂工的农村劳动力,规定用工单位应于 3 日内向住地派出所申报暂住、登记临时户口。

1987 年 6 月,地区公安处执行省人民政府《浙江省城镇暂住人口登记管理办法》,全面推行暂住证制度。

1990 年 5 月,丽水地区登记暂住人口 64019 人,颁发暂住证 14052 份。1993 年,地区公安处积极改革户口管理制度,全区审批蓝印户口 1561 人。1995 年,全区登记暂住人口 63654 人,其中新登记 13970 人;发暂住证 47711 本,其中新发证 11413 本。

1997 年 9 月 3 日,丽水地区流动人口管理协调小组成立。10 月,地区公安局下发《充分履行职责,强化流动人口管理的通知》,要求各县公安机关健全管理网络,完善管理制度。同年,全区登记暂住人口 63000 多人,发暂住证 47000 多本,设立暂住人口管理领导小组的集镇有 90 个,设登记站 245 个,有专兼职协管员。

2000 年,丽水市公安机关开展暂住人口、外出人口的清理、整顿、登记、发证,查明全区有流动人口 190623 人,新发放暂住证 16259 本。

2006 年 3 月,丽水市组建流动人口协管员队伍,将所需经费列入年度财政预算。同年,全市登记暂住人口 5 万多人。

2006 年开始,丽水市协管员队伍组建并投入工作,流动人口网上登记数显著增加,同年,全市的登记数近 37 万人,2007 年 38 万多人,2008 年 42 万多人,2009 年 48 万多人。

2009 年 10 月 1 日,《浙江省流动人口居住登记条例》正式施行,在流动人口服务管理中实行居住证制度。至 2010 年 8 月 10 日,丽水市发放临时居住证 227801 本。因丽水各县(市、区)还没有制定相关的配套政策,浙江省居住证没有正式发放。

人口统计

清宣统三年(1911),全省开展警察机构建立以后第一次人口调查统计。丽水境内各县总人口为 707697 人,其中男 375211 人、女 332486 人,有学童 19833 人、壮丁 119153 人。

民国 24 年(1935),丽水有户口 312512 户,1279896 人。全面抗日战争时期,丽水是浙江的大后方,人口流入甚多。据民国 30 年调查统计,全区有户口 328991 户,1364809 人,其中男性 761363 人、女性 603446 人。据民国 34 年调查结果,全区有户口 282180 户,1206954 人,其中男性 660214 人、女性 546740 人。

据民国 37 年(1948)1 月统计,丽水总户数 267045 户,总人口 1120496 人,其中男性 607677 人,女性 512819 人。

1949 年 10 月中华人民共和国成立初,城镇人口统计工作由专署和各县公安部门负责,农村人口统计工作在 1956 年 5 月前归民政部门负责。1956 年,农村人口管理工作由民政部门移交公安部门统一管理,人口统计工作也一并移交公安部门管理。至 1973 年,丽水地区逐步恢复人口统计,并搜集、补充前几年断档的数据。

1981 年 5 月 8 日,丽水地区公安机关配合第三次全国人口普查,根据省公安厅部署,开展户口调查。1990年，结合第四次全国人口普查，对户口进行调查摸底，解决人户分离9050人，解决口粮待定3420人，订正重登户口492人、应销未销户口11484人、漏登户口8234人，更正户口项目差错27184项，变更户口项目57422项。

1949—2010年丽水市户数人口情况一览

表4-5-2-1

年份	总户数(户)	总人口(人)			每户平均人口(人/户)	性别比(%)
		男	女	合计		
1949	309105	633437	538669	1172106	3.80	117.60
1950	321393	647068	553316	1200384	3.70	116.90
1951	335727	656571	559807	1216378	3.60	117.30
1952	341155	664853	569172	1234025	3.60	116.80
1953	349102	680343	583746	1264089	3.60	116.50
1954	352289	692493	592634	1285127	3.70	116.90
1955	357489	700230	610941	1311171	3.70	114.60
1956	364699	714621	620897	1335518	3.70	115.10
1957	372860	728651	638296	1366947	3.70	114.20
1958	381146	739885	648596	1388481	3.60	114.10
1959	375692	752792	659461	1412253	3.80	114.20
1960	371238	748145	659042	1407187	3.80	113.50
1961	377572	737021	646081	1383102	3.70	114.10
1962	373035	745315	659378	1404693	3.80	113.00
1963	371850	764017	679555	1443572	3.90	112.40
1964	374514	785800	697924	1483724	4.00	112.60
1965	377006	816325	724796	1541121	4.10	112.60
1966	379945	842025	747100	1589125	4.20	112.70
1967	389500	867712	767925	1635637	4.20	113.00
1968	398144	893175	793191	1686366	4.50	112.60
1969	406786	926493	820240	1746377	4.30	113.00
1970	414734	950938	842217	1793155	4.30	112.90
1971	419324	977352	865462	1842814	4.40	112.90
1972	428618	1000374	887536	1887910	4.40	112.70
1973	431870	1025582	910039	1925621	4.50	112.70
1974	439978	1046340	929021	1975361	4.50	112.60
1975	445940	1069964	954464	2021128	4.50	112.50
1976	460176	1090820	969772	2060592	4.50	112.50
1977	468361	1108447	987479	209526	4.50	112.30

续表 4-5-2-1

年份	总户数(户)	总　人　口(人)			每户平均人口(人/户)	性别比(%)
		男	女	合计		
1978	476701	1123613	1002084	2125697	4.50	112.10
1979	479095	1136819	1013847	2150666	4.50	112.10
1980	482842	1149364	1025811	2175157	4.50	112.00
1981	511621	1162460	1039750	2202210	4.30	111.80
1982	525249	1179256	1055188	2234444	4.30	111.80
1983	534401	1189641	1066658	2256299	4.20	111.50
1984	544127	1200927	1077665	2278592	4.20	111.40
1985	563518	1212791	1089611	2302402	4.10	111.30
1986	583505	1221989	1099913	2321902	4.00	111.10
1987	608326	1236159	1112920	2349079	3.90	111.10
1988	541076	1250244	1129382	2379626	3.70	110.70
1989	653981	1261333	1139304	2400637	3.70	110.70
1990	633946	1261868	1139544	2401412	3.60	110.70
1991	675730	1264856	1142300	2407156	3.60	110.70
1992	686524	1266529	1145978	2412507	3.50	110.50
1993	694266	1269605	1148359	2417964	3.50	110.60
1994	699915	1273005	1152696	2425701	3.50	110.40
1995	711626	1277140	1156867	2434007	3.40	110.40
1996	720505	1284356	1165017	2449397	3.40	110.20
1997	725721	1287969	1170201	2458170	3.40	110.10
1998	742695	1288217	1173337	2461554	3.30	109.80
1999	755835	1292501	1180856	2473366	3.30	109.50
2000	771402	1298443	1187379	2485822	3.20	109.40
2001	777985	1298824	1188462	2487286	3.20	109.29
2002	789207	1301071	1191731	2492802	3.16	109.17
2003	804539	1301446	1192554	2494000	3.10	109.13
2004	817244	1306472	1200137	2506609	3.07	108.86
2005	832536	1310921	1202993	2513914	3.02	108.97
2006	846907	1316313	1208971	2525284	2.98	108.88
2007	864213	1322324	1217548	2539872	2.94	108.61
2008	877199	1327383	1226873	2554256	2.91	108.19
2009	909539	1335432	1238421	2573853	2.83	107.83
2010	928702	1344502	1251978	2596480	2.80	107.39

说明：性别比以女为 100 为基准数来计算

居民身份证管理

居民身份证的颁发和管理 1985年9月6日，中华人民共和国主席令第29号公布《中华人民共和国居民身份证条例》，决定在全国实行居民身份证制度，年满16周岁以上的中国公民（不含现役军人、人民武装警察）应申领中华人民共和国居民身份证。1986年9月2日，丽水地区行署召开会议，研究全区居民身份证发放工作，决定在丽水市（县级）城关镇进行发证工作试点。

1987年2月至1990年8月，丽水地区基本完成集中发证任务，发放居民身份证1622117人，发证率94.8%。

1990年，完成集中发证任务后，丽水地区公安部门转入身份证日常性的申领、换领和补领，并根据《中华人民共和国居民身份证条例》的规定，加强查验和管理居民身份证。1990—1995年，全区通过使用和查验居民身份证，破获各类刑事案件616起，其中大案80起，查处治安案件324起，为民服务370件。

1999年8月26日，国务院印发《关于实行公民身份证号码制度的决定》，决定自10月1日起在全国建立和实行公民身份证号码制度。2000年1月1日起，丽水地区实施公民身份证新号码制度。换发期间，两种编号的身份证均有效。同年，全市纠正居民身份号码重、错号8042人。

2001年6月13日，国务院批复公安部《关于采用非接触式IC卡技术换发我国第二代居民身份证的请示》，同意从2001年开始逐步换发第二代居民身份证。

2004年1月1日，《中华人民共和国居民身份证法》正式施行。8月17日，市政府成立丽水市换发第二代居民身份证[①]工作领导小组。

2005年3月28日，丽水市政府在松阳县举行丽水市第二代居民身份证首发仪式。6月，全市开始大批量集中换发第二代居民身份证。2006年1月起，全市启用新版临时居民身份证，停止制发旧版临时身份证。

2007年5—7月，丽水市公安局组织各县（市、区）办证中心、各派出所开展公民身份号码跨省重号的纠正工作，纠错编码地2655个、户口地5597个。

2007年10月始，丽水市公安局在全市范围内开展“异地照相原籍办理”业务。为外地群众拍照及为本地居民办证800多人次。

2005—2010年，丽水市受理群众二代证申请2000921人次，向省公安厅上传合格制证信息1992435条，发放证件1971574张，全市换发证件数占应换证人口数的94.11%。

军人换发第二代居民身份证 2008年9月，在丽水市开展现役军人和人民武装警察身份证申领发放工作。同年10月，市公安局下发《丽水市现役军人和人民武装警察身份证申领发放工作实施方案》。

至2010年，丽水市受理部队人员制证信息282条、制发证件250张。丽水市的军人身份证换发工作步入日常换发证阶段。

---

① 简称二代证。

第三节　村居管理

乡村居民组织

宋代，处州都下设里。明初，里改图，复改里。清代，废里设庄，负责征收赋税、编制户籍、维持地方治安。清光绪三年（1877），处州设置庄 3128 个。民国 23 年（1934）11 月，国民政府推行保甲制度。民国 28 年，有保 2826 个，甲 30415 个，主要职责是清查户口、党化教育、抽捐敛税、抽选壮丁。民国 38 年，保 2598 个，甲 24582 个。

1949 年 5 月，丽水解放。9 月，丽水军政委员会组织大批干部到农村，废除保甲制度，建立人民政权。1950 年 3 月，丽水专区有村行政委员会 2814 个，主要职责是组织农业生产，维护社会治安，搞好文教卫生，征收农业税等。1958 年 9 月，建立农村人民公社，实行政社合一，行政村改人民公社生产队 2796 个。1961 年 10 月，丽水人民公社实行三级所有，以生产队为基础，改管理区为人民公社，改生产队为生产大队，下设生产队，有生产大队 3497 个，生产队 22324 个，生产大队主要管理本大队范围内各生产队的生产工作和行政工作。

1984 年 12 月，丽水政社分设后，村民委员会下设人民调解、治安保卫、公共卫生等委员，负责办理本村的公共事务和公益事业，调解民间纠纷，协助维护社会治安，向人民政府反映村民的意见、要求和建议，有村民委员会 3615 个，村民小组 24500 个。1988 年春，丽水地区在缙云县新建镇开展村民委员会由村民直接选举换届试点。1990 年，全区有村民委员会 3656 个，村民小组 25913 个，直接选举换届村委会 2806 个，占总数 76.80%。2010 年，全市有行政村村民委员会 2852 个。

城镇居民组织

明代，处州隅下设坊。清代，处州改坊为铺。民国时期，丽水城镇实行保甲制度。1949 年 5 月丽水解放后，设村行政街。1954 年 10 月开始，设居民委员会，主任、委员由居民选举产生。1979 年，丽水地区有居民委员会 78 个，内设民政、调解、治安、卫生等委员，负责居民的优抚救济、民事纠纷、社会治安、文教卫生等工作。居民委员会下设若干居民小组。1980 年，有居民委员会 68 个，居委会职能增加计划生育、户口进出登记等工作。1985 年，有居民委员会 130 个。1990 年，有居民委员会 143 个，其中丽水（县级）26 个，青田 22 个，云和 9 个，龙泉 17 个，庆元 5 个，缙云 17 个，遂昌 21 个，松阳 17 个，景宁 9 个。居委会主要干部领取适量劳动报酬。2010 年，全市有居民委员会 126 个，其中城区社区居委会91 个。

2010 年丽水市城乡居民组织一览

表 4-5-3-1　　单位：个

区域	行政村	居委会	
		城区社区居委会	总计
全市	2852	91	126
莲都区	368	25	29

续表 4-5-3-1

县别	行政村	居委会	
		城区社区居委会	总计
龙泉市	444	13	14
青田县	414	15	30
云和县	170	6	6
庆元县	345	8	8
缙云县	253	6	6
遂昌县	203	7	12
松阳县	401	6	11
景宁畲族自治县	254	5	10

第五篇

环 境 保 护

1 生态建设

2 生态保护

3 生态治理

4 生态监测

5 生态管理

概　　述

生态是丽水最大的优势。丽水素有“浙南林海”“天然氧吧”“天然动植物园”之称，曾获“中国生态第一市”的美誉，是浙江省森林、水能、矿藏和野生动植物资源最丰富的地区，森林覆盖率79.1%，被誉为难得的一方“净土”。

1975年5月开始，丽水地区建立自然保护区，设立相应生态功能区，加强环境监测设施建设，相继建立环境监测系统、大气自动监测系统、地表水自动监测站及重点企业污染源在线监控设施，并加强农村环保基础设施建设。逐步加强对污染物的处理，包括水污染治理、大气污染治理、噪声污染治理和固体废物污染治理，严格控制污染物排放；加强惩治污染行为，打击偷排漏排，违规倾倒污染物等行为，加强对污染群体性事件处置。

1998年，开始丽水地区创建国家级生态示范区。2003年10月，丽水国家级生态示范区通过国家环保总局的考核验收。2003年，丽水市委、市政府提出建设“生态市”的目标。2004年，国家环保局总局命名丽水市为“国家级生态示范区”，这是省内首获命名的地级市。2008年，市委通过《丽水市生态文明建设纲要(2008—2020)》，制定《丽水市生态文明指标体系及考核办法》，形成较系统的生态文明推进体系，全面完成生态功能区规划。生态建设包括生态农业、生态林业、生态工业、生态旅游等各个方面，是丽水区域发展的战略。

2010年，丽水市成功创建省级环保模范城市。全市建成省级生态县(市、区)5个，国家级生态乡镇13个，省级生态乡镇124个。丽水市被命名为市级生态乡镇150个。通过验收生态村815个，其中被命名为市级生态村403个。全市生态环境状况指数EI值连续7年保持全省第一、全国领先。同年，全市建成省级绿化示范村57个、市级绿化示范村341个。市本级(包括莲都区、开发区)建成市级以上绿化示范村83个，规划区范围建成市级绿化示范村26个，占行政村总数的31%。至同年底，全市获国家无公害食品认证产品238个，获国家绿色食品认证产品66个，获国家有机食品认证产品119个。

第一章　生态建设

1998 年，丽水地区启动创建国家级生态示范区。2003 年 10 月，丽水国家级生态示范区通过国家环保总局考核验收。2003 年，丽水在成功创建国家级生态示范区的基础上，开始建设“生态市”。2004 年，丽水市被国家环保总局命名为“国家级生态示范区”，是省内首获命名的地级市。2008 年，丽水市委制定《丽水市生态文明建设纲要(2008—2020)》，出台《丽水市生态文明指标体系及考核办法》，形成较系统的生态文明推进体系，全面完成生态功能区规划。同年 6 月 18 日，丽水市委、市人民政府发布《关于推进“六城联创”工作的实施意见》，开展创建“六城联创”活动，全面实施“811”环境保护新三年行动计划，推进工业园区生态化改造，开展循环经济“1030”试点项目建设，节能减排成效显著，生态环境质量连续 6 年居全国前列、全省首位。2008—2009 年，丽水市公众生态环境满意度评选蝉联全省各地级市之首位。

第一节　生态市创建

生态示范区创建

1998 年，丽水地区创建国家级生态示范区启动。1999 年 5 月，丽水向国家环保总局提出申请创建国家级生态示范区。12 月，丽水被批准为第四批国家级生态示范区建设试点单位。2000 年 3 月，龙泉市“百万亩”生态公益林暨丽水市生态示范区创建启动仪式在龙泉举行，拉开创建序幕。2001 年 5 月，《丽水市生态示范区建设总体规划》编制完成，经市人民政府批准实施。2003 年 10 月，全市各项创建指标全部达标，通过国家环保总局的考核验收。根据 2004 年监测，丽水生态环境质量公众满意度和生态环境状况指数居全省第一。在全国 2348 个县(市、区)评价单位中，丽水所属 9 个县(市、区)的生态环境质量均进入前 50 名，其中有 4 个县(市)进入前 10 名，庆元县全国排名第一。2004 年，丽水市被国家环保总局命名为“国家级生态示范区”，是浙江省内首获此命名的地级市。

2007—2008 年丽水市生态环境一览

表 5-1-1-1　　单位:%

年份	生物丰年指数	植被覆盖指数	水网密度指数	土地退化指数	环境质量指数	EI	等级	全省排序
2007	129.50	124.80	43.20	16.30	98.80	97.50	优	1
2008	129.00	124.40	38.70	16.30	98.70	96.40	优	1

2008 年丽水市各县市区生态环境一览

表 5-1-1-2　　单位:%

县别	生物丰年指数	植被覆盖指数	水网密度指数	土地退化指数	环境质量指数	EI	等级
莲都区	124.70	121.10	34.70	15.50	98.00	93.90	优
龙泉市	134.70	128.90	38.90	14.80	99.80	99.20	优
青田县	125.80	121.10	39.70	20.20	99.80	94.50	优
云和县	129.90	124.10	39.40	14.80	99.80	97.20	优
庆元县	132.10	127.20	44.80	14.60	99.70	99.50	优
缙云县	123.40	121.00	36.50	17.60	98.10	93.50	优
遂昌县	129.10	123.70	37.10	15.90	99.00	96.10	优
松阳县	123.10	121.00	30.70	15.80	98.90	92.80	优
景宁畲族自治县	133.20	127.40	43.80	16.30	99.70	99.20	优

2010 年,丽水市成功创建省级环保模范城市。全市建成省级生态县(市、区)5 个,国家级生态乡镇 13 个,省级生态乡镇 124 个。丽水市被命名为市级生态乡镇 150 个。通过验收生态村 815 个,其中被命名为市级生态村 403 个。全市生态环境状况指数 EI 值连续 7 年保持全省第一、全国领先。2010 年,丽水市成功创建省级环保模范城市,建成省级生态县(市、区)5 个,国家级生态乡镇 13 个,省级生态乡镇 124 个。市级生态乡镇 150 个。创建工作通过验收生态村 815 个,其中行政村 403 个被命名为市级生态村。全市生态环境状况指数 EI 值连续 7 年保持全省第一、全国领先。据浙江省统计局 2010 年度全省生态环境质量公众满意度调查结果显示,丽水市继续位居榜首,连续三年名列第一。市区有公园、休闲绿地 14 个,市区园林绿化面积 1174 万平方米,绿地率 36.81%,人均公共绿地面积 10.48 平方米。全市建成省级绿化示范村 57 个、市级绿化示范村 341 个。市本级建成市级以上绿化示范村 83 个,规划区范围建成市级绿化示范村 26 个,占行政村总数的 31%。

2010 年丽水市生态环境质量评价一览

表 5-1-1-3　　单位:%

县名	生态环境全国位置	生态环境省内位置	生态环境质量(指标)(EQI)	生物丰度(指数)	植被覆盖(指数)	水网密度(指数)	土地退化(指数)	污染负荷(指数)
莲都区	48	15	89.59	86.60	87.05	90.77	9.67	0.41
龙泉市	8	3	95.80	98.25	99.48	91.29	9.19	0.19

续表 5-1-1-3

县名	生态环境全国位置	生态环境省内位置	生态环境质量（指标）(EQI)	生物丰度（指数）	植被覆盖（指数）	水网密度（指数）	土地退化（指数）	污染负荷（指数）
青田县	21	9	92.34	90.73	91.89	94.51	12.45	0.17
云和县	10	5	94.59	96.58	96.43	90.55	8.63	0.10
庆元县	1	1	97.85	98.48	100.00	98.58	8.83	0.17
缙云县	37	12	90.79	87.99	91.40	91.53	11.67	0.22
遂昌县	13	7	93.92	97.26	96.13	88.46	10.53	0.20
松阳县	33	11	90.95	89.56	92.57	88.27	9.83	0.19
景宁畲族自治县	5	2	96.35	98.27	97.62	95.62	10.25	0.19

说明：此表录自中国环境监测总站《中国生态环境质量评价研究》,EQI=0.30×生物丰度指数+0.20×植被覆盖指数+0.25×水网密度指数+0.15×(100−土地退化指数)+0.10×(100−污染负荷指数)

生态市

2003 年，丽水在成功创建国家级生态示范区的基础上，开始创建“生态市”。2004 年，丽水市人大常委会批准《丽水生态市建设规划》，作出《关于建设生态市的决定》，全市全面开展生态市创建工作。2006 年 6 月 19 日，丽水召开全市生态市建设暨创建国家环保模范城市动员大会，推进生态市建设“创模”工作。开展“百村示范，千村整治”。各县（市、区）政府、市直有关部门与市政府签订 2006 年度生态市建设（含“创模”）工作目标责任书。6 月 21 日，中共丽水市委、市政府作出《关于创建国家环境保护模范城市的决定》。10 月，编制完成《丽水市创建国家环境保护模范城市规划（七个专项规划）》。11 月 24 日，市委办、市府办发出《关于印发〈丽水市创建国家环境保护模范城市实施意见〉的通知》。

2009 年 6 月 3 日，市人民政府印发《丽水市人民政府关于印发〈丽水市创建环境保护模范城市规划〉的通知》，明确丽水市要深入贯彻实施“朝阳、蓝天、碧水、清静、洁美、绿色”六大工程，确保在 2010 年成功创建省级环保模范城市。2010 年 10 月 22 日，丽水市创建省级环保模范城市工作顺利通过省环保厅的技术评估。

生态县

2004 年 2 月，丽水市人大常委会批准《丽水生态市建设规划》，各县（市、区）相继实施生态县（市、区）创建工作。2008 年 8 月，丽水市委、市政府出台《关于进一步推进生态县（市、区）和生态乡镇村建设工作的意见》，要求 2011 年前全市 9 个县（市、区）全部创成省级生态县。同年，云和县、庆元县全面开展省级生态县创建工作，通过省考核验收。2009 年 3 月，云和县、庆元县被浙江省政府命名为第二批省级生态县。2009 年，莲都区、龙泉市、缙云县全面开展省级生态县创建工作，并通过省考核验收。2010 年 4 月，莲都区、龙泉市、缙云县被命名为第三批省级生态县（市、区）。同年，遂昌县、松阳县和景宁畲族自治县全面开展省级生态县创建工作，并申请省考核验收。

生态乡镇

2004 年，丽水市出台《丽水市生态乡镇建设规划编制技术导则》《丽水市市级生态乡镇建设指标》《丽水市市级生态村考核标准(试行)》,开展生态乡镇、生态村创建活动。2005 年,莲都区富岭乡等三个乡被命名为全省第一批省级生态乡镇。2006 年,丽水市开展全国环境优美乡镇创建和申报命名工作。2007 年,松阳县新兴乡、遂昌县三仁畲族乡获得命名。2008 年,丽水市参照国家、省有关文件修订《市级生态乡镇建设标准》,修订后《标准》包括基本条件 6 项和建设指标 12 项。至 2009 年,全市建成国家级生态乡镇 13 个,省级生态乡镇 93 个,市级生态乡镇 150 个,市县级生态村 815 个。

2010 年,环保部发文将全国环境优美乡镇更名国家级生态乡镇。至同年底,丽水市获国家级生态乡镇命名 13 个,获省级生态乡镇命名乡镇 93 个,获市级生态乡镇命名乡镇 150 个。通过生态村创建工作验收行政村 815 个,其中被命名为市级生态村的行政村 403 个。

2008 年丽水市生态镇(乡)建设基本条件和创建指标(修订版)一览

表 5-1-1-4

<table>
<tr><td rowspan="7">基本条件</td><th>序号</th><th colspan="3">内容</th></tr>
<tr><td>1</td><td colspan="3">领导重视,组织落实,建立生态创建领导小组和办公室(环保办公室),配备专职或兼职环境保护工作人员,并建立相应的工作制度</td></tr>
<tr><td>2</td><td colspan="3">制定生态乡镇建设规划,并报县以上政府或人大批准实施</td></tr>
<tr><td>3</td><td colspan="3">所辖行政村 20%以上获得县级以上生态村的命名</td></tr>
<tr><td>4</td><td colspan="3">认真贯彻执行环境保护政策和法律法规,辖区内无滥垦、滥伐、滥采、滥挖现象,无捕杀、销售和食用珍稀野生动植物现象,近年内未发生重大污染事故或重大生态破坏事件</td></tr>
<tr><td>5</td><td colspan="3">城镇布局合理,管理有序,街道整洁,环境优美,城镇建设与周围环境相协调</td></tr>
<tr><td>6</td><td colspan="3">镇(乡)环境保护社会氛围浓厚,群众对环境状况满意率达 90%以上</td></tr>
<tr><td rowspan="16"></td><th>序号</th><th colspan="2">指标名称</th><th>指标值</th></tr>
<tr><td>1</td><td colspan="2">农村环境“五整治一提高”工程</td><td>基本达到农村环境五整治一提高工程要求的行政村在 40%以上</td></tr>
<tr><td rowspan="3">2</td><td rowspan="3">辖区环境质量</td><td>地表水环境质量</td><td rowspan="3">达到环境功能区要求</td></tr>
<tr><td>空气环境质量</td></tr>
<tr><td>声环境质量</td></tr>
<tr><td>3</td><td colspan="2">农村生活饮用水卫生合格率</td><td>90%</td></tr>
<tr><td>4</td><td colspan="2">镇(乡)建成区生活污水处理率</td><td>50%</td></tr>
<tr><td>5</td><td colspan="2">公共设施完善</td><td>基本完善</td></tr>
<tr><td>6</td><td colspan="2">镇(乡)建成区垃圾固废集中收集处置率</td><td>80%</td></tr>
<tr><td>7</td><td colspan="2">重点工业污染源排放达标率</td><td>100%</td></tr>
<tr><td rowspan="2">8</td><td colspan="2">规模化畜禽养殖场畜禽废弃物综合利用率</td><td>80%</td></tr>
<tr><td colspan="2">规模化畜禽养殖场污水排放达标率</td><td>75%</td></tr>
<tr><td>9</td><td colspan="2">镇(乡)建成区河沟污染整治率</td><td>70%</td></tr>
<tr><td>10</td><td colspan="2">镇(乡)建成区人均公共绿地面积</td><td>≥8 平方米/人</td></tr>
<tr><td>11</td><td colspan="2">农用化肥施用强度(千克、公倾,折纯)</td><td>≤280</td></tr>
<tr><td>12</td><td colspan="2">农作物秸秆综合利用率</td><td>≥95</td></tr>
</table>

2007—2010年丽水市国家级生态乡镇名录

表5-1-1-5

命名年份	乡镇名称
2007	松阳县新兴乡、遂昌县三仁畲族乡
2008	莲都区丽新乡
2010	庆元县举水乡、莲都区老竹镇、云和县紧水滩镇、龙泉市住龙镇、景宁畲族自治县景南乡、松阳县樟溪乡、缙云县大洋镇、庆元县百山祖乡、龙泉市上垟镇、遂昌县垵口乡

2005—2009年丽水市省级生态乡镇名录

表5-1-1-6

命名年份	个数	乡镇名称
2005	3	莲都区富岭乡，青田县方山乡，遂昌县垵口乡
2006	5	莲都区仙渡乡，缙云县大洋镇，庆元县黄田镇，遂昌县三仁畲族乡，松阳县新兴乡
2007	10	莲都区老竹镇，缙云县新川乡，青田县鹤城镇，龙泉市上垟镇、住龙镇，庆元县百山祖乡，云和县紧水滩镇，景宁畲族自治县景南乡，遂昌县大柘镇，松阳县樟溪乡
2007	20	莲都区大港头镇、太平乡、黄村乡、高溪乡、丽新乡，缙云县东方镇、新碧镇、双川乡，青田县仁宫乡、阜山乡，龙泉市小梅镇、宝溪乡，庆元县安南乡，云和县雾溪乡、朱村乡，景宁畲族自治县东坑镇、鸬鹚乡，遂昌县石练镇，松阳县枫坪乡、安民乡
2008	26	莲都区双黄乡，缙云县舒洪镇，龙泉市八都镇，庆元县五大堡乡、四山乡、淤上乡、隆宫乡、官塘乡、江根乡、龙溪乡、举水乡、岭头乡、合湖乡、贤良镇、左溪镇、荷地镇，云和县沙铺乡、黄源乡、石塘镇、云坛乡、云丰乡、大源乡、大湾乡、赤石乡、安溪畲族乡，遂昌县妙高镇
2009	12	莲都区峰源乡，缙云县五云镇、七里乡、石笕乡，青田县高市乡，龙泉市锦溪镇、竹垟乡，景宁畲族自治县鹤溪镇，遂昌县北界镇、新路湾镇，松阳县望松乡、叶村乡
2009	17	莲都区雅溪镇，缙云县新建镇、东渡镇、溶江乡、大源镇、三溪乡、方溪乡、双溪口乡，龙泉市兰巨乡、岩樟乡、屏南镇、道太乡、查田镇、城北乡，景宁畲族自治县大漈乡，遂昌县王村口镇，松阳县大东坝镇

第二节　生态城镇建设

公园建设

公园是丽水人们休闲的地方。唐宋时期，处州有南园。明清时期，丽水有白云叠翠、巾山夕照、好溪夜月、梅山霁雪等景观，各县亦有所谓八景、十景。民国末，这些景点年久失修，又多破旧。1949年10月中华人民共和国成立初，城市公园恢复缓慢。20世纪80—90年，修建丽水县万象山公园、江滨公园、儿童公园，青田县太鹤公园，云和县凤凰山公园，龙泉县九姑山公园、龙泉县儿童公园，庆元县濛洲公园，遂昌县妙高山公园，松阳县西屏山公园，缙云县风景山公园，景宁畲族自治县石印山公园。

2000 年,《丽水市区城市绿化管理办法》出台。2000—2010 年,丽水市城市绿地面积扩大,公园、广场数量倍增。至 2010 年,丽水市成功创建省级园林城市。丽水市区有公园 8 个,园林式单位 85 个。各县新建或扩建的公园有青田太鹤公园、云和凤凰山公园,庆元濛洲公园、遂昌新建儿童公园、松阳西屏山公园、缙云风景山公园、景宁石印山公园以及龙泉公园。

市区公园 民国时期,丽水仅有中山公园。1977 年,丽水地区第一个城区公园——万象山公园建成。

2000 年开始,丽水市结合旧城改造,改建万象山公园、梅山背公园、老年公园、南明山名胜公园等,新建处州公园、滨水公园。至 2010 年,丽水市区有公园 8 个,小游园 14 个,园林式单位 85 个,园林式小区 35 个。

处州公园西邻北苑路,南接人民街,北靠市行政中心。占地 6.99 万平方米,其中绿地 4.93 万平方米,绿地率 70.5%,水体面积 4607 平方米。有出入口 4 个,按"一轴、一中心、两面、四区"格局设计。中心为音乐喷泉广场,宽 1.2 米、长 150 米 6 层叠水台阶处公园主轴线上。东西两面是不同特点的四景区。西北绿丛,主景假山,植五针松,又引水流瀑布,俨然奇峻。东北淡青一片雪松,偶植丹桂、红枫,令人清新。东南为修篁茂竹,中有水流曲折,幽静脱俗。西南一椭圆人工湖,湖边筑亭,亭名处士,亭中石碑记丽水沿革。音乐喷泉广场东侧有小广场,置 2500 点/平方米电子屏。旁设花岗石舞台,有石凳数十,供观赏演出和休憩。音乐广场西,是一茗香茶楼。公园植有植物 57 科 121 属 200 多种,曲廊、小阁、雕塑小品列布其中。公园的南北入口,矗立沙岩浮雕墙 10 块。内容为通济堰、龙泉剑和刘基、汤显祖等名山、名景、名物、名人,涵盖九县、市(区)历史文化。公园建有 170 个车位的地下停车场、地下商场 4000 平方米和一座占地 123 平方米的生态公厕。2005 年 2 月开工,2005 年 12 月竣工,总投资 1.2 亿元。2006 年,荣获中国园林学会优秀园林工程金奖。

滨水公园北依江滨路,南临南明湖畔,西起大洋路口,东至宇雷路口。长 630 米,宽 50—90 米,占地 8.5 万平方米,生态公园绿地及硬地面积 59487 平方米。公园入口区为主广场,建有大花坛、龙生九子青石地雕、数控喷泉等。其中最吸引游客的,是主广场南侧屹立的"过去•现在•未来—瓯江之源"城市标志性雕塑。西侧的雪松大草坪,面积 4254 平方米。公园建有地下车库 7786 平方米,泊车位 192 个,生态公厕 2 座。2007 年 3 月开工,2010 年竣工,总投资 1.9 亿元。

万象山公园东依栝苍路,南临南明湖,与小括苍山岗阜相连。规划面积 53.3 万平方米。唐宋时南园建于此,景色秀美。宋代何詹建成万象楼,山因此得名。民国时期,万象山改造为中山公园,园内仅存洞天楼等景点。1963 年起,实施封山育林。1979 年,县园林管理处管理并改造为中山公园,建有花圃,置有盆景,养殖金鱼等。1988 年,建成大观亭、观鱼池、得月亭、小括苍亭、放翁亭、望江亭、烟雨亭等景点及革命烈士墓、万象山公园门楼。2002 年,改造公园烟雨楼以东区块,新建、改建公园东入口、公园门楼、革命烈士纪念碑、林荫广场、烟雨楼、陶然亭、牡丹亭等,配备楹联匾额。公园内古城墙(部分)、灵鹫寺石塔、水障、洞天楼 4 处景点列为省、市级文物保护单位。2010 年 3 月,万象山南园恢复重建工程开工,用地 5700 平方米,建筑面积 500 平方米。

梅山背公园因位于梅山山脊得名。北临解放街,东邻中山街,西依桂山路。用地 9970 平方米,其中绿地 6546 平方米,绿地率 71%,广场面积 2760 平方米,其他用地面积 691 平方米。公园分大门入口、综合活动区、休闲休息区,主要有冬霁亭、碑廊、悠然堂、圭山书院等景点。圭山书院位于梅山西侧山脚,原为明代建筑,后于清末毁圮。书院按清代莲城书院格式重建,三间四开室格局。山顶建有莲花广场,四周遍植梅花,北面建有碑廊。山顶北坡,有古香樟 5 株。东折冬霁亭,亭口有一古榆。公园道路曲折迤逦，旁堆天然块石，又植梅花，显现“梅山冬霁”古韵意境。2001 年 10 月，开工建设，2002 年 4 月完工，总投资 1140 万元。

白云山森林公园位于城区北郊，南接中山街。1992 年 12 月开工，2007 年，纳入市重点建设工程。景区规划面积 2848 公顷，规划五年基本建成，十年全部建成。2009 年，一期工程公园入口区块竣工，建设用地 12.5 公顷，绿地率 98.1%。公园涵盖白云山万福禅寺、丽水名茶都、白云度假村、丽水森林乐园、揽胜台、森林娱乐中心、森林公寓景区 8 处。自然景观有太山峰、丽阳峡谷、水帘洞、龙潭瀑布、白云山万福禅寺。其中，太山峰海拔 1073 米，孤峰凸兀，四周空绝。丽阳峡谷长 6 千米，谷地与谷脊平均高差 500 米。万福禅寺位于白云山之巅，原为唐代时白云山福灵寺一部分，为唐代名僧峰和尚四世孙福林修身处，鼎盛时有僧人 300 多人。水帘洞高 10 米，宽深各 5 米，常年珠雨滴如垂帘。龙潭瀑布有潭深数丈。白云山森林公园是综合型多功能省级森林公园。既可供旅游观光、避暑度假，又可书法摄影、文学美术及林业科教。

儿童公园位于万象山东北，占地 9.75 万平方米。建有双层观景台、书画廊、动物花窗廊、六也亭等设施，南京军区还捐赠喷气战斗机一架。六也亭建于 1928 年，1983 年重建。1988 年，华侨朱章旺捐建公园大门，书法家张乐平题写园名。此后，公园陆续添置多种儿童大型电动、机械玩具，是市区内儿童主要游乐场所。1982 年 7 月始建，1983 年 6 月建成。

老年公园位于大洋路与丽青路交叉口。占地 6300 平方米，绿地 4600 平方米，绿地率 73%。园内主要设施有荷花池、六角亭、花架、硬地活动场等。1990 年开工。2000 年 10 月改造扩建，2001 年 1 月建成。面积扩至 7300 平方米，投资 420 万元。

灯塔公园位于灯塔小区，建于 20 世纪 80 年代初，原为小区配套项目。占地 5900 平方米，绿地率 72%，有水域约 2600 平方米。园内植物有法国冬青、香樟、瓜子黄杨、柳树、凤尾竹、夹竹桃、玉兰等。因公园建设年代较早，历经 20 多年，园内的各项设施损毁较严重，公园改造项目计划于 2011 年底动工。

县（市）城公园 2010 年，龙泉市县城公园 9 个。其中新建和改建公园 5 个，园林面积 136.5 万平方米。欧冶子公园位市区剑池西路。有景观挑台、名人文化广场、休憩廊架、人工湖等。植枫香等乔木 500 多株，竹类植物 1800 多株，2009 年竣工。人民公园位于市行政中心南，建筑面积 28355.99 平方米。公园东为树林，西为凉亭、走廊休闲区。功能区包括图书馆、文化馆、大剧院、青少年宫等。2009 年 11 月建成。

青田县太鹤公园位于青田县城北面，1981 年建成公园，面积 20.85 万平方米，有谢桥春晚、丹山溅玉等景点 8 个。山顶混元峰巨石、崖壁间保存有北宋至清代的摩崖计 15 处。龙津公园，位于县城龙津路口。烈士陵园，位于县城鹤城东路北。1954 年，由省民政厅拨款兴建，1958 年冬建成。陵园安葬潘香凤等革命烈士遗骨 70 多人，并有谢觉哉题词。

2003 年，庆元县濛洲公园建成，占地 12000 平方米，有中心岛、鹅卵石亲水平台、游步道、茶楼等景点设施，绿化有杨柳、樟树，广玉兰、梅树，月季，桃树等。2005 年建生态公园。占地 1 万平方米，主要建筑有牌坊、科普画廊、荐元廊、半景亭、健身区及游步道等，绿化有桂花、香樟、草坪，安装有庭园灯、舞台灯、景观灯。

1991 年，云和县建儿童公园。2009 年整修扩建，增加小型攀岩、秋千等儿童游乐设施。2001 年建浮云公园，2003 年完工。内有运动健身、花木游赏、滨湖游憩等设施，为娱乐、休闲、观光一体的综合性公园。2010 年，城区有公园 12 个，绿地 187 万平方米，建成区绿地率 30.7%，绿化覆盖率 36%，休闲长廊 1.2 千米面积 2.1 万平方米。2011 年，在新建路东建南山木玩文化主题公园，占地 149000 平方米。主要设施有游步道、主轴景观、山体绿化、童话小木屋、木玩单体、童话场景等。

1996 年，缙云县城公园 1 座。2000 年后，建有永宁公园、龙椅山公园、北入口绿地、滨江公园等。到 2010 年，县城有风景山公园、寺后路公园、白云山公园、永宁公园、吏隐山公园、朝晖公园、江滨公园、香格里拉公园 8 座。

遂昌县妙高山公园位于遂昌县城公园路北妙高山上，1985 年建。有景花庭、挹秀亭、遗爱亭、中国工农红军挺进师烈士纪念亭等景点，纪念曾铁民等革命烈士的陵园。20 世纪 90 年代后，遂昌县有建儿童公园、人民公园、好川公园、戏曲公园等，至 2010 年，有公园 8 个。

松阳县江滨公园位于松阴溪老大桥边。占地 10546 平方米，内建唐宋时松阳名人的雕塑。西屏山公园，位城西路西，园内有山如屏，海拔 181 米。曾被民国《松阳县志》列为松阳十景。

景宁畲族自治县石印山公园位于人民路东石印山上。石印山山形方正。内建有敕峰亭、怡心亭、临景亭等景点。豸山公园位于人民广场西。又名寨山烈士公园。内有革命烈士纪念广场，纪念抗战以来牺牲当地的烈士。畲族文化公园位于人民南路西。内设畲族文化中心和畲族博物馆。

城市洁化

街道改造　1996—2007 年，市区先后拓建和新建城北路、人民路、囿山路、江滨路、花园路、紫金路等主次干道 41 条，180 千米，有千年历史的丽水老城开始向北拓展，行政中心北迁，城北新区建成。在这片区块内，建成行政中心办公楼群、处州公园、体育中心、广电大楼、大剧院等一大批建筑群，使城区以一个街道整洁、环境优美、极具现代化气息的城市形象展现。

在新的城市中心区，开始对“城中村”、老小区的改造。2007 年，调查摸底丽东、大众、海潮等“城中村”27 个。2007 年 7 月，启动“城中村”改造。2008 年，改造厦河村、大众村等“城中村”。至 2009 年，主要完成市中心城区的丽东村、厦河等村实施道路、排水管网及强弱电管网等基础设施改造。至 2010 年，市区改造“城中村”7 个，丽水老城区人居环境得到改善。

卫生保洁　2000 年后，配合卫生城市创建，增加垃圾池、箱，街道清扫和卫生保洁模式根据街道卫生实际情况及变化，实施多种模式保洁。“夜间作业，白天养护”。2006 年，继光街设夜市有摊贩近千家，夜市时间 18 时至 22 时，实施夜市后清扫并以洒水车清洗。对栝苍路、解放街、人民街、中山街、大洋路等街道路段 7 条，在人工清扫后，由改装自行车定时拣扫，加强卫生状况动态管理。在中山街的丽阳街至继光街路段，由环卫工人上午下午上门收集垃圾。

公厕　20 世纪 80 年代前，城市公厕少。20 世纪 90 年代后，公厕逐步改建和新建。至 2010 年，市区新增二类以上公厕 56 座。新建、改建的公厕大多采用先进泡沫发泡技术，四周遍植绿树。根据公厕标准，连续三次开展“星级公厕”评比。加大投入，增加卫生设施。新建粪便处理厂 1 座，市区粪便无害化处理率达 100%。新增垃圾中转站 9 座，建成务岭根垃圾填埋场，市区生活垃圾日产日清，日均处理生活垃圾 45 万千克、工业污泥 4 万千克和水阁污泥 6 万千克。及时运送到垃圾场进行卫生填埋，并按规定要求覆土、喷药、消毒、垃圾无害化处理，处理率 100%。

污水处理　20 世纪 70—80 年代，城区狭小，内河淤塞。数次局部改造，仍有污水溢出。2007 年，开始整治内河，长 16.21 千米，工期 5 年。一期 2008 年年底开工，整治河长 2.76 千米，引好溪溪水入

城。概算投资 2.6 亿元，2010 年完成。同时，2007 年 10 月，实施西环城河截污工程，使继光街以南、括苍路以东、江滨路以北、大洋路以西区域的污水接入城市污水管网。2009 年 12 月，实施大洋河、东银苑两处截污工程。收集中山街以东、人民路以南、花园路以西、囿山路以北区域的污水，花园路以东、中东路以南、寿尔福路以西、囿山路以北区域的污水，污水量每日约 300 万千克，占北城污水量 6.25%。建成中岸圩污水处理厂、水阁污水处理厂，城市污水处理率 70%。城市排水、排污达到要求标准，城市洁化经十年努力基本实现。

第二章　生态保护

20 世纪 80 年代，丽水逐步重视保护河道水质和生态。1981 年起，丽水安排污染处理项目，开征超标准排污费。1996 年 6 月 29 日，遂昌、庆元、松阳、景宁 4 家造纸厂先后封存蒸球，停止制浆，结束排放造纸废液。水利部门开始在境内各水域投放鲢鱼和鳙鱼等“洁水鱼”，以清洁水体。规范渔业生产。加强污水处理厂建设，2000 年，丽水市在城区中岸圩建设城市污水处理厂。各县市区相继建设污水处理厂。2002 年，浙江省启动“万里清水河道”工程，水利部门利用“千村示范，万村整治”契机，将万里清水河道建设纳入这一运动中，由主要河道向农村河沟池塘延伸，扩大工作覆盖面，加快工作步伐。同年，除险加固全市病险水库，针对 20 世纪 50 年代“大跃进”时期建的一批水利工程，进行检查登记。2003 年，全市实施“千库保安工程”建设，加强丽水市区饮用水源保护，黄村水库水源保护、玉溪水库水源保护、输水管线保护区，避免水源安全受到威胁，取得显著成效。

1975 年 5 月，丽水地区开始建立自然保护区。2010 年 1 月，丽水瓯江水生态系统保护与修复工程示范段开工建设，12 月底，丽水瓯江水生态系统保护与修复工程示范段基本完工。瓯江干流河道丽水段全面禁止采砂以恢复生态。建国家级自然保护区 2 处，自然保护小区 81 处，其中列为省级重点保护小区 65 处。至同年底，全市完成“清水河道建设”任务 1444.6 千米，城乡水环境明显改善。

第一节　生态河道保护

水环境改善

1983年 11 月，松阳造纸厂工业污水库工程竣工，可容污水 740 万千克。1986 年起，丽水地区建设项目开始执行“三废”处理与主体工程同时设计、同时施工、同时投产的“三同时”制度。1995 年，开展“六个一工程”建设，当年有单项 12 个验收合格。同年 12 月 11—14 日，省人大常委会副主任杨彬到丽调查瓯江流域水质污染源情况。1996年，遂昌、庆元、松阳、景宁4家造纸厂先后封存蒸球，停止制浆，结束排放造纸黑液。1998年4月18日和5月5日，庆元染化厂污水池渗漏、阀门接管破裂，废水直排松溪20多万千克，污染下游的福建省南平、建瓯、松溪3个市县。事后，庆元县染化厂关闭。

2002年，丽水市改善内河水环境，投入财政资金190万元，全面疏浚好溪堰、丽阳坑、环城河，打通大洋河出口，引活水进城。实施雨污分流，控制污水入河。2005年，市政府把建设改造污水管网10千米①作为当年市政府为市区群众办好十件实事之一。2008年，市水利部门开始在境内各水域投放鲢鱼和鳙鱼等“洁水鱼”，以清洁水体。同年，市水利局和莲都区水利局，在玉溪、开潭、五里亭水库等瓯江中、下游水域投放鱼苗3万千克。2009年，青田、景宁畲族自治县两县筹资20多万元，在滩坑水库放流鱼苗1000万尾。

2010年1月，丽水市部分养殖户因箱养鱼处置不当，导致市内几个主要大型水库水域出现异常蓝藻，社会各界反响强烈，决定“消灭新箱，减少旧箱，减少投料，调整鱼种”。省海洋与渔业局拨给云和、龙泉两县（市）专项经费30万元，对紧水滩水库网箱养鱼进行整治，当年拆除养鱼网箱1850多只。抓捕污染性大的翘嘴红鲌等鱼种，增加洁水功能好的花、白鲢鱼种放养数量，出台库区垂钓管理措施。同年，龙泉市在留槎洲放流鱼苗50万尾。

污水处理厂建设

2000年9月，丽水市中岸圩城市污水处理厂一期工程开工建设，总投资8200万元，占地4.44公顷，日处理污水5000万千克。2002年，丽水市中岸圩城市污水处理厂一期工程建成投入运行，处理中心城区的生活污水和部分工业废水。

2006年年初，缙云、龙泉、云和、松阳、遂昌、景宁、庆元等县污水处理厂和3个主要流域交接断面水质自动监测站启动建设，被列为2006年市政府为全市群众办好的十件实事之一。同年，缙云污水处理厂、龙泉市溪南污水处理厂主体工程建设完成，缙云至莲都、松阳至莲都、龙泉至云和流域交接断面水质自动监测站房完成土建工程。

2008年，省发改委批准丽水市在水阁工业区建设一座新的污水处理厂。2009年4月，水阁工业区污水处理厂一期工程开工，日处理污水5000万千克，工程占地7.47公顷，总投资13249万元，采用“格栅+沉砂+调节+混凝沉淀+水解酸化+改良SBR+絮凝+过滤+ClO_2消毒”的处理工艺，服务范围主要为水阁工业区、联城花街片区、四都片区、经济开发区七百秧片区南分区。同年底，一期工程建成。2010年5月，一期工程正式进入试运行。

万里清水河道工程

2002年，浙江省启动“万里清水河道”工程②，作为“生态省”建设和“五大百亿”工程建设的

① 其中丽水经济开发区6千米，主城区4千米。

② “万里清水河道工程”的总体目标是“水清、流畅、岸绿、景美”，要求河道整治充分体现人与自然和谐、人水相亲的理念，以人为本，全面建设水安全、水景观、水生态和水文化。在实际工作中，要跳出以往河道整治就是修堤建岸的局限，更多采用生态手段护堤、护岸。要从恢复河道基本功能入手，进行清淤、疏浚、护岸、排污口整治和两岸绿化，首先解决河道的畅通和生态环境问题。

重要项目之一。2003 年年初，省水利厅和省发改委下达“万里清水河道建设”计划任务指标，要求丽水市在 2003—2007 年，完成 364.93 千米的清水河道建设。市水利局、市生态办把万里清水河道建设列入对县(市、区)水利局重点工程考核目标之一。市水利部门将万里清水河道建设纳入“千村示范，万村整治”项目，由主要河道向农村河沟池塘延伸，扩大工作覆盖面，加快工作步伐。

2003 年，丽水市水利局编制《丽水市河道整治规划》，并呈报有关部门审查通过。同年，丽水市投入资金 30287 万元，完成河道治理 76.35 千米。2003—2006 年，丽水市完成清水河道建设 431.43 千米任务。至 2008 年，丽水市投资万里清水河道建设 113720 万元，其中争取省财政补助 1618 万元。至 2010 年，全市城乡水环境明显改善，完成清水河道建设任务 1444.60 千米。

各地在开展“万里清水河道建设”同时，加强河道长效保洁工作。2004 年，庆元县被省水利厅评为河道保洁工作先进单位三等奖。2005 年，市本级被省水利厅评为三等奖。2007 年，云和县被省水利厅评为三等奖，龙泉市龙泉溪上芋至蜜蜂岭段河道被水利厅列为生态示范河段。

瓯江河道生态修复

2006 年 9 月 26 日，国家水利部在北京召集评审会，《瓯江干流水生态系统保护与修复总体规划(2006—2020)》，获原则通过。规划结合当地历史、文化和地域特征，统筹考虑水生态系统各要素的保护，是治水新思路的一次积极探索。项目计划投资 10 亿元，分近期(2006—2010)、中期(2011—2020)、远期(2020 后)三个阶段实施。同年 12 月 15 日，水利部批复《同意在丽水市开展瓯江干流水生态系统保护与修复试点》。2007 年 12 月，水利部和省政府批准《瓯江干流水生态系统保护与修复试点实施方案(2007—2010)》。

2010 年 1 月，丽水瓯江水生态系统保护与修复工程示范段开工建设，瓯江干流河道丽水段全面禁止采砂以恢复生态。12 月底，修复工程基本完工。

丽水市开展生态防洪堤建设增强两个主要工业区抵御洪水灾害能力。南山防洪标准达到 20 年一遇，水阁防洪标准达到 50 年一遇。重建因无序采砂和弃渣堆放受损的生态系统；生态防洪堤以自然生态型材料为主要构件，强调生态群落的保护与重建，有利于乡土滨水生物群落的定植、栖息与繁殖，同时具有净化水质、防止水土流失的功能，和谐的工作—生活自然环境、宜人亲水空间、独特的滨水植物景观，提供周边居民别具一格的游览休闲场所，满足现代城市人群的回归自然的需求，达到社会效益、生态效益、经济效益的和谐统一。

第二节　塘库保护

塘库安全调查

1958—1960 年“大跃进”时期，丽水兴建的一批水利工程，有的勘测、设计、施工粗糙，质量隐患较多，有的工程长期失管失修，安全事故时有发生。1973 年 2—3 月，地区水电局组织全面检查境内蓄水 5 万立方米以上水库的安全状况，并抽查部分山塘。检查按照水电部的

“五查”[①]“四定”[②]标准进行。1975年，浙江省把水库除险加固列为水利建设的重点，资金、物资优先保证，并规定凡不能按期完成水库除险任务的地方，不上新的水利建设项目。1976年2月，省水电局分别确定大中型水库，重要小(一)型水库及一般小(一)型水库加固工程规划、设计标准。丽水地区根据规定，进行小型水库普查与防洪保坝校核，对小型水库、山塘实行分级管理，规定各级政府的管理权限与职责。

20世纪80年代，丽水地区对各主要水利工程全面进行“三查三定”[③]工作，根据检查暴露出来的问题，进行除险加固，并由地区进行“摘帽”验收。20世纪90年代，地区防汛指挥部每年发文件，要求各县(市)于汛前进行安全大检查，并组成防汛检查组对全区病险水库、重要防洪工程、重点防洪地段、城镇及山体滑坡易发地区的安全渡汛情况进行检查，落实责任单位和责任人。按分级管理的原则，签订病险水库保安责任书，认真做好水库工程控制运用计划的编制、审批工作，对达不到渡汛要求的采取空库运行或限制蓄水。建立重点水库调度、操作、抢修队伍。之后，每年汛期到来之前，水利部门都要组织全区水利工程安全情况的例行检查。

1998年，丽水地区重新检查登记病险水库。经查全区病险水库有347座，其中中型水库4座，小(一)型水库12座，小(二)型水库59座，重点小(三)型水库库272座。当年全区即有59座小(二)型以上病险水库除险加固工程开工，至1998年底完成21座。

2003年，丽水市实施“千库保安工程”建设，成立全市水库安全认定专家组和水库大坝安全鉴定(认定)专家库，开展全市水库安全普查，重点对1998年普查以后的水库安全状况进行全面普查，查出病险水库130座。根据普查情况，所属各县(市、区)制定“千库保安”专题建设规划，并通过审查。

塘库安全保护

病险水库除险加固　1980年1月，浙江省补助丽水地区小型水库除险加固经费30万元，分别用于缙云县浣溪水库，遂昌县梧桐源、四都源、塘根、天堂水库和丽水县高溪水库的除险加固。同年，青田官庄、后垟水库及丽水地区1978年前建成的小(一)型水库落实加固处理方案。到1990年，全市被列为危险水库的雾溪、梅垄、七百秧、石隆、吴处、塘根、四都源7座小(一)型以上水库，全部排除险情。之后，又逐步在全区小(一)型以上水库增添压力测试、渗流量观测等设备设施，并要求各水库管理单位加强工程的运行管理，搞好观测资料的整编分析。

20世纪90年代中后期，丽水地区水利基础设施建设贯彻以小流域治理为龙头，病险水库除险加固、水毁工程修复为重点的水利建设方针。对新出现的病险水库再次进行全面的除险加固。

1998年，丽水地区审批遂昌县吴处、岩后源，缙云县岭头方水库除险加固方案，并签订安全责任书。同年，丽水地区小(二)型以上病险水库除险加固工程开工有59座。至同年底，完成21座。至1999年底，完成病险水库的除险加固工程68座。

2000年，丽水撤地设市，全市投入劳动积累工3048万工，水利建设资金34642万元。完成除险加固塘库310座，石砌渠道275千米，维修加固堤防140千米，完成土石方2287万立方米。

① “五查”：查工程建设和投资、查安全、查效益、查综合利用、查管理现状，重点查工程安全和农业增产效益。

② “四定”：定任务、定措施、定计划、定体制。之后，各县水电局组织对其余水库工程进行大检查，推动各县危险和病害水库的处理。

③ 查安全、定标准；查效益，定措施；查经营管理，定发展计划。

2002年6月，丽水市贯彻省水利厅《关于加强小型水库安全管理的通知》和水利部《关于加强小型水库安全管理工作的意见》，明确和落实安全主体责任，小型水库安全管理实行政府行政领导负责制，每座小型水库均确定相应的政府行政领导一人为安全责任人，对水库安全负总责，逐级、逐库签定责任书，将责任落实到人，并在媒体上公布责任人名单。同年，缙云县完成大洋水库等小(二)型以上水库的除险加固31座，修复水毁工程675处。遂昌县完成病危水库(山塘)的除险加固50座。

至2007年，丽水市有病险水库54座，1万—10万立方米的病险山塘637座。2008年5月19日，丽水市人民政府发出《关于进一步加快全市病险山塘水库除险加固工作的通知》。提出每年全市山塘除险加固110座以上，用五年时间完成任务，并就资金筹措、建设管理、工作责任及组织保障等方面提出实质性的指导意见。同年7月，丽水市人民政府与各县(市、区)人民政府签订病险山塘水库除险加固责任书。明确各县(市、区)政府主要领导为病险水库除险加固第一责任人，人民政府对本行政区域内病险水库除险加固工作负总责，乡镇政府主要领导为山塘整治第一责任人。同年8月，市水利局完成可报废山塘、水库情况摸底调查，全市可报废山塘水库309座，可复垦利用土地面积71.73公顷。同年，丽水市水库列入省规划项目34座。2009年，古方塘、六都、马蹄岙、郎奇4座小(一)型水库，列入水利部规划项目。至2010年，东坞、成屏一级、金坑、瑞垟、梧桐源、马蹄岙、古方塘等水库的除险加固工程都相继完成。“十一五”期间，全市完成除险加固水库94座、山塘346座。

千库保安工程建设　2003年，丽水所属各县(市、区)编制“千库保安”专题建设规划，按照“安全、高效、美丽”的要求，全面实施“千库保安”工程建设。松阳县采取县财政配套补助一部分、村集体出资一部分、群众集资10%、水库租赁费优先用于公益性除险加固工程办法筹集资金；云和县梅垄水库把发电、供水等经营收入和工程转让、租赁等收入优先用于经营性工程建设。各县还积极鼓励和支持民间资金，通过参股等方式投入“千库保安工程”建设。同年，全市被列入省“千库保安工程”建设计划水库22座，到同年底全部开工建设，完成投资2980万元。

2003—2007年，丽水市113座水库列入省一期千库保安工程建设计划，总投资3.33亿元，全面完成一期千库保安的建设任务，恢复和增加库容9435万立方米，恢复灌溉面积1.41多万公顷，恢复增加供水1700多万立方米，惠及人口87万多人。

第三节　饮用水源保护

一般保护措施

历史上水井与河渠等饮用水源，一般靠民间的乡规民约和传统习惯进行保护。如早晨为家家户户挑水时间，河渠上游不得洗涤；平时牲畜饮水、洗涤粪桶等污秽之物，必须到下游进行等等。

20世纪80年代，丽水地区工业化和城市化进程加快，加快建设自来水厂等集中供水工程，同时也加重水体污染。丽水地区开始颁布地方性法规来保护重要水源。2002年，丽水市人民政府颁布《黄村水库饮用水地表水源保护区管理办法》；2008年4月，新发布《丽水市饮用水地表水源保护区管理办法》。各县(市、区)也相继发布相关文件。

饮用水源地保护首先是依不同等级划定保护区范围，设置若干禁止性措施，在保护区范围禁止新建、扩建与供水设施和保护水源无关的建设项目，禁止向水域排放污水，不得设置码头，禁止设置油库和建立墓地，禁止堆置和存放废渣、垃圾、粪便和其他废弃物，禁止从事耕种、放养禽畜、网箱养殖，禁止从事旅游、游泳和其他污染水源的活动，禁止在保护区内违规使用造成水污染的化肥农药，禁止排放或倾倒油类、酸类、碱类和有毒废液，禁止在水体清洗装贮过有毒污染物的车辆和容器等等。同时设置若干鼓励性措施，如任何单位和个人有权检举和控告污染和破坏水源环境的行为，把水源保护列为年度考核与评定文明乡、村和单位的必备条件，对保护和改善水源环境有显著成绩的单位和个人给予表扬和奖励，补偿因保护水源而受到经济损失的保护区居民和集体等等。

确定保护区日常管理的责任主体，并由环境保护行政主管部门负责统一监督管理。

丽水市区饮用水源保护

黄村水库水源保护　2002 年 4 月 1 日，丽水市人民政府发布《黄村水库饮用水地表水源保护区管理办法》，在黄村水库库区划分一级、二级、准保护区及输水管线保护区。其中一级保护区为水库淹没区、大坝至李村桥的水域和水域正常水位线两岸延伸 200 米陆域，面积 4.2 平方千米；二级保护区为李村桥至严溪下、李村至莲都区与缙云县交界处水域和正常水位线两岸延伸 100 米陆域，面积 1.7 平方千米；准保护区为严溪下至刘西堂村口水域、莲都区与缙云县交界处至方溪村口水域；输水管线保护区为管线及管线两边延伸 50 米范围。

2005 年 9—10 月，丽水市人大常委会、莲都区人大常委会对莲都区黄村、严鸟，缙云县石笕、方溪等乡的市区饮用水源保护情况联合执法检查。同年 11 月 14 日，丽水市一届人大常委会第三十七次会议作出《丽水市人民代表大会常务委员会加强黄村水库水源水质保护的决定》，要求建立补偿机制，实施饮用水源水质保护的综合治理。

玉溪水库水源保护　2004 年的水质检测，玉溪引水工程取水口水质指标达到Ⅰ类水标准。随着周边环境恶化，水源安全受到威胁。

2006 年 9 月，丽水市环境科学学会、丽水市环境科学研究所、丽水市水利发展有限公司编写《玉溪水库饮用水地表水源保护区划分报告》，划分玉溪水源地一级、二级、准保护区和输水线路保护区，并推荐三套备选方案，进行多层面的技术论证，最终确定划分方案。

输水管线保护

管线周围空间 50 米为保护区范围；穿越水阁工业园区的管线周围空间保护区范围为 20 米，管线上方不得建设与供水无关的设施。此方案的水域一级保护区长约 1.5 千米，二级保护区长约 6 千米，技术上满足河流或水库水源水域保护区的基本要求。

2008 年，省水利厅将玉溪水库列为全省 13 个水源地安全保障试点水库之一。同年，丽水市政府即投入 1000 多万元资金进行水源治理。成立玉溪水库水源地保护领导小组，办公室设在玉溪水资源公司。2009 年 3 月，市水利局编制《玉溪水库饮用水水源地安全保障实施方案》。2010 年 5 月，玉溪水资源公司投资 120 万元，在玉溪水库一级保护区周围安装围网 2600 米，进行封闭式管理，并向村民租赁网内土地，退耕还林，形成库岸生态防护林带。6 月，在交通要道设置警示标志。同时，建立玉溪水库饮用水源保护专项资金，主要用于水源保护区范围内的石塘、朱村和大港头3个乡（镇）的水源保护专项补助、日常管理和考核奖励。

2000年和2010年丽水市饮用水源一览

表5-2-3-1

饮用水源名称	所在河流	所在地域	配套水厂	供水范围	供水量(万立方米)
黄村水库	方溪	莲都	丽水第二水厂	丽水城区	3442
玉溪水库	大溪	莲都	丽水俞庄前水厂	丽水经济开发区	692
小溪（南岸河段）	小溪	青田	青田县自来水厂	鹤城镇	1610
好溪（周村河段）	好溪	缙云	缙云县供排水公司	五云镇	684
成屏二级水库	松阴溪	遂昌	遂昌县自来水厂	妙高镇	450
东坞水库	东坞源	松阳	松阳县供排水公司	西屏镇	665
雾溪水库	雾溪	云和	云和县自来水厂	云和镇	381
兰溪桥水库	松源溪	庆元	庆元县自来水厂	松源镇	314
三枝树水库	炉西坑	景宁	景宁畲族自治县自来水厂	鹤溪镇	242
岩樟二级水库	岩樟溪	龙泉	龙泉市自来水公司	龙渊镇	1429

第三章　生态治理

丽水生态治理主要是指环境污染治理中的水污染治理、大气污染治理、噪声污染治理、固体废物污染治理等方面。1949年10月中华人民共和国成立后，丽水对环境污染治理涉及不多。1983—1990年，丽水地区先后加大重点治理工业污染源，如开展造纸厂的污水、水泥厂的粉尘，关闭这些严重污染企业；开展五水共治和生活污水的治理。1992—1993年，丽水地区开展噪声达标区建设，编制完成丽水城市区域环境噪声功能区划7.27平方千米，经丽水市人民政府批准实施。1996年年底，丽水城区建成噪声达标区2.63平方千米。2001年，丽水市区禁止机动车鸣喇叭，禁止拖拉机入城。2002年，丽水市实施“蓝天工程”，治理大气污染。1981年起，丽水地区开征超标准排污费。1986年起，全区开始执行“三废”处理与主体工程同时设计、同时施工、同时投产的制度。1995年，丽水地区开展固体废物污染治理，通过严格监管和废物利用原则，处理污染物。加强制度建设。同时，丽水地区开展系列环境污染治理专项行动，如“一控双达标”、“811”环境污染整治行动、“811”环保新三年行动等专项治理活动，严格控制污染物排放。2006年12月，丽水市人民政府与浙江省环境保护局（代表浙江省人民政府）签订《丽水市“十一五”主要污染物排放总量削减目标责任书(2006—2010)》,明确到2010年,丽水全市化学需氧量排放总量、二氧化硫排放总量在2005年的基础上,削减15.10%和15%。同时,加强惩治污染行为,打击偷排漏排,违规倾倒污染物等行为,加强对污染群体性事件处置。2010年,全市废水排放总量14025130万千克,比2009年减少7.74%,工业废水排放达标率96.19%,废水中化学需氧量(COD)排放量2960万千克,比2009年消减2.95%,废水中氨氮排放量260万千克,比2009年减少3.47%。2010年,丽水市噪声达标建成区面积17平方千米。

第一节　环境污染治理

水污染治理

1949年10月中华人民共和国成立后,遂昌造纸厂、庆元县造纸厂、景宁县造纸厂、青田县造纸厂和松阳造纸厂先后建成,都是工业污染治理改造的重点。1958—1982年,青田、遂昌、庆元、丽水、龙泉、缙云6家水泥厂先后建立,治污压力很大,每年需开展粉尘治理。1983年11月,松阳造纸厂工业污水库工程竣工。1987年,丽水地区开展标准化、计量、生产许可证工作。经过治理的6家水泥厂都取得生产许可证。同年,龙泉水泥厂获浙江省防尘、收尘优胜单位。1988年,庆元水泥厂获浙江省防尘、收尘优胜单位。1988—1989年,庆元县造纸厂、景宁畲族自治县造纸厂开工兴建碱回收和扩建工程,分别投资1400万元和1480万元。20世纪90年代初,开始全区清洁生产工作。20世纪90年代中期,造纸厂水泥厂污染严重,治理代价太高,上述造纸厂水泥厂被全部关闭。还有化肥、农药及其他行业的一些企业均因污染被关闭。

1996年6月29日,遂昌造纸厂停止草浆生产,封存蒸球2个。之后,庆元、松阳两家造纸厂先后封存蒸球,停止制浆。12月30日,景宁造纸厂举行封球仪式,封存木浆蒸球3只,结束排放造纸黑液。同年,在各县(市)自行监督检查的基础上,丽水地区环保局组织两次全区性环境保护执法检查。抽查企业71家,对违法环保法规的企业38家提出处罚建议,促使一些电镀、矿山选厂、纤维板等行业废水治理设施投入正常运行。1997年,全区"六个一工程"①建设取得成果,建成单项43个,其中烟尘控制区9个,饮用水源保护区13个,生态村9个,噪声达标区1个,企业粉尘治理4个,治理重点水污染企业7家。

截至1998年7月,丽水地区关停取缔污染严重的小造纸、小染化、小冶炼(土法炼金)、土法电镀等小土企业42家,责令企业56家、65个项目限期治理污染。同年,丽水贯彻第五次全省环境保护会议精神,重点抓好"碧水、蓝天、绿色"三大工程。7月,地区木材厂污染严重的湿法生产线转产,干法中密度生产线完成清污分流。同年,丽水市五金总厂拉丝炉实行搬迁。1999年,浙江纳爱斯公司、仙都啤酒厂完成治理任务。

2002年,好溪堰、丽阳坑、大洋河沿岸工业污染源12家被列为重点整治单位。12月,黄村水库

① "六个一工程"是指全省创建100个合格饮用水源保护区、100个烟尘控制区、100平方千米噪声达标区、100个生态示范村、100重点水污染企业治理、100家水泥厂粉尘治理,丽水地区根据全省要求,确定自己的目标。

合格地表水饮用水源保护区通过省级验收。至同年底，全市按照要求完成污染源整治11家，关停搬迁1家。丽水市财政投资190万元，对好溪堰、丽阳坑、环城河实施全面疏浚，打通大洋河出口，引活水进城，控制污水入河，改善内河水环境。

2004年，丽水市政府制定《丽水市清洁生产工作方案》，确定开展清洁生产，节能降耗，减污增效的重点为人造革、革基布、金属制品和水泥等行业。

2005年3月22日，丽水市政府下发《关于2005年为市区群众办好十件实事的通知》，建设改造污水管网10千米，其中丽水经济开发区6千米和主城区4千米列入市政府“为市区群众办好十件实事”之一。丽水经济开发区出台《合成革行业清洁生产管理和暂行办法》。同年，龙泉市“浙江海阳水泥公司”通过省级清洁生产审验，是全市较早通过省级清洁生产审验的企业。

2006年起，丽水市重视淘汰工业领域落后产能工作，逐步推进技术创新体系建设，实施不锈钢行业“煤改气”能源更替方案，加快淘汰国家明令禁止的煤气发生炉。整治市区工业小锅炉，加快筹建集中供热项目，稳步实施燃煤锅炉脱硫工程。推动合成革行业改造提升，发展生态环保型水性树脂合成革，关停未批先建的油性合成革生产线，推行清洁生产审核、绿色企业认证、循环经济试点。重视发展生态工业，推进工业转型升级，推进技术进步，积极培育低能耗新兴产业，壮大高新技术产业，逐步淘汰和替换原有落后产能，促进工业结构调整和产业结构升级。同年，完成缙云污水处理厂、龙泉市溪南污水处理厂主体工程建设。完成缙云至莲都、松阳至莲都、龙泉至云和流域交接断面水质自动监测站房土建工程。丽水市政府黄村水库水源保护协调小组成立，设立黄村水库水源保护专项资金，与沿线乡镇分别签订《水源保护目标责任书》，财政拨款80万元。同年，黄村水库“脏、乱、差”现象大为改观，库区拆除露天粪坑、简易厕所222处，建立垃圾中转站4座、垃圾焚烧炉1座和公厕21座。

截至2006年年底，丽水市通过省级清洁生产阶段性审核验收企业37家，其中企业8家实施中高费方案45个，年节约能源57.8万千克标准煤，原水10.43亿千克，削减COD（9.33万千克），SO_2排放6.91万千克，固体废弃物1271.53万千克、废水8.36万千克，产生经济效益1582.74万元。浙江新云木业集团公司被列为丽水市清洁生产审核试点企业，投资12.4万元，筛选实施清洁生产方案14个，其中无低费方案8个；年节约木材34.7立方米，电12.57万千瓦时，水0.8万千克，油漆0.68万千克，香蕉水0.68万千克；减少固体废弃物4.17万千克，木屑13.2万千克，VOC1.82万千克，产生经济效益106.83万元。

2006—2010年，丽水市投资2.68亿元，实施无低费方案2177个、中高费方案439个，每年节电9137亿千瓦时，节标煤1亿千克，节水321.8亿千克，产生经济效益2.18亿元；淘汰产能企业122家，其中，整体关停企业76家，关停造纸生产线9条，印染生产线1条，砖瓦窑17座，另外淘汰或更新炉窑11只和燃煤锅炉8只；通过清洁生产审核企业133家，通过“省绿色企业”认证企业20家，丽水开发区能耗100万千克标煤以上企业全部通过验收；发展高新技术企业42家，省级科技型中小企业45家，创新型试点企业7家；重点建设省级高新技术研发中心30个，省级以上企业技术中心12家。松阳不锈钢废水集中处理技术领先全国，丽水经济技术开发区建成“中国水性生态合成革示范基地”。2007年，全市被认定省级绿色企业4家，新增资源综合利用型企业22家。

2009年5—10月，丽水市以钱塘江、瓯江流域为重点，全面检查治理辖区内“两资一高”企业、钢铁企业、涉砷行业企业以及城镇饮用水源保护区、污水处理厂及垃圾填埋场。11月，执行环保部《关于开展重金属污染企业专项检查的通知》，出动执法人员224人次，检查各类存在重金属污染企业44家，查处污水超标排放（pH超标）企业3家。

2010年丽水市瓯江流域工业治理水污染关停项目一览

表5-3-1-1

序号	企业名称	所属行业	责任部门
1	松阳县石笋泉酿酒厂	黄酒制造	松阳县政府
2	松阳县种子公司希得蔬菜食品厂	蔬菜加工	
3	松阳县金元多食品厂	黄酒制造	
4	松阳县西屏佳发炒货厂	坚果加工	
5	丽水鲁家泾服装有限公司	纺织服装制造	
6	松阳县泡化碱厂	专用化学产品制造	
7	松阳县旭升米业有限公司	米、面制品制造	
8	松阳县华新橡胶有限公司	再生橡胶制造	
9	景宁兴海铸造有限公司	有色金属冶炼及压延加工	景宁畲族自治县政府
10	景宁大顺纸业有限公司	造纸及纸制品业	

2010年丽水市通过清洁生产审核企业名录

表5-3-1-2

序号	企业名称	序号	企业名称
1	浙江康龙钢业有限公司	16	浙江卡洛鞋材有限公司
2	浙江锦一无纺布有限公司	17	浙江创元特种纸业有限公司
3	浙江新时代无纺布有限公司	18	浙江宏峰铜业有限公司
4	浙江大利实业有限公司	19	浙江雷克机械工业有限公司
5	浙江宏远不锈钢有限公司	20	松阳兴发玻纤塑化有限公司
6	浙江博洲钢业有限公司	21	浙江山雁金属制品有限公司
7	浙江飞雁羽绒制品有限公司	22	缙云山山特钢制造有限公司
8	浙江丽威油嘴油泵有限公司	23	浙江省缙云县三鼎实业有限公司
9	鞋帝（丽水）鞋业有限公司	24	浙江省缙云县华孚纺织有限公司
10	浙江旭川树脂有限公司	25	浙江广欣金属制品有限公司
11	浙江华大树脂有限公司	26	浙江新都纸业有限公司
12	浙江天伦无纺布有限公司	27	浙江天喜实业集团有限公司
13	浙江元立金属制品集团有限公司	28	浙江金晶铸件有限公司
14	浙江省青田超达铸造有限公司	29	浙江江南景洁铝业有限公司
15	浙江省松阳县金山矿业有限公司	—	—

说明：浙江江南景洁铝业有限公司2011年6月3日补报

大气污染治理

1990年，丽水地区开始设立烟尘控制区。1993年4月，丽水城区烟尘控制区经丽水行署验收合格。同年，丽水城区烟尘控制区面积8.50平方千米，占建成区面积（6平方千米）的141.70%。烟尘控制区内各种炉、窑、灶439台（眼），达标率93.80%，烟尘控制区建设覆盖率100%。1998年11月，丽水地区尾气检测合格证作为机动车年度检验、初次检验和性能检测的前置条件。12月，丽水地区工商局、丽水地区技术监督局联合下发《关于限期停止销售使用含铅汽油的通知》，明确2000年1月1日起，全区所有加油站一律停止销售车用含铅汽油，改售无铅汽油。

2001年，丽水市编制丽水市酸雨和二氧化硫污染综合防治规划，开展防治工作。纳爱斯集团有限公司脱硫项目建成。丽水市环保局建设噪声达标区和烟尘控制区，着手开展城市扬尘污染防治工作。完成解放街、中山街餐饮单位61家油烟等污染的调查摸底工作，下达限期整改通知书32份。9月11日，市人民政府制定《丽水市餐饮娱乐服务业环境保护管理办法》，规定自10月1日开始施行。2002年，实施“蓝天工程”。开展烟尘控制区创建工作，整治“三沿一部”①烟尘污染。推广使用清洁净煤、商品混泥土。2004年3月，印发《2004年丽水市烟尘控制区扩建工作方案》。11月，验收烟尘控制区扩建工作，调查企业53家，监测企业53家，整改7家，基本消除经常性冒黑烟现象。2006年8—10月，丽水市开展餐饮业油烟污染专项整治行动。

2007年8月，丽水市节能减排工作领导小组成立，制定《关于进一步加强重点行业和领域节能降耗工作的意见》，与各县（市、区）政府、丽水开发区管委会签订节能降耗责任书和关停小火电责任书。各县（市、区）、丽水经济开发区管委会相继与各乡镇、街道以及辖区内重点用能单位签订节能降耗目标责任书。同时，制定经贸系统节能降耗工作考核制度，制定《丽水经济开发区固定资产投资节能评估实施办法》，实行电力部门分压、分线、分台区的管理模式，降低电能线损，定期开展线损分析，全市线损率5.41%，较2006年同期下降1.37%，降损节电量5607万千瓦时。9月，丽水工业园区制定《投资项目能耗审查管理暂行办法》，开展清洁生产审核工作；推广节能技术，在人造板行业推行废料产热技术，革基布行业推行废水余热技术；投资4.52亿元，编修热力规划，筹建热电公司，发展集中供热，与杭州热电集团签订集中供热项目协议书。同年，全市规模以上企业131家，投资2.92亿元，实施节能技改项目（措施）171个，年节约标煤1亿千克、水52.7亿千克。

2008年，丽水市推广应用先进节能技术，重点改造投资1000万元以上、节能50万千克以上的项目81个；完成革基布合成革企业清洁生产普查审核企业15家；签订节能降耗目标责任书的省级重点用能企业48家，年综合耗能5.6亿千克标准煤，同比下降5.1%；能耗100万千克标煤以上企业156家，投资14.52亿元，实施节能项目297个，年节煤1.13亿千克，年消费12.64亿千克标准煤，同比下降3.3%；万元GDP能耗标准煤740千克，比2007年下降5.8%，其中工业万元增加值能耗标准煤1200千克，比2007年下降10.9%。

① 公路沿线、铁路沿线、瓯江沿岸以及城乡接合部。

2008年丽水市单位GDP能耗、电耗等指标一览

表 5-3-1-3

区域	单位 GDP 能耗（万千克标准煤/万元）		单位 GDP 电耗（千瓦时/万元）		单位工业增加值能耗（万千克标准煤/万元）	
	2008年	降低率（%）	2008年	降低率（%）	2008年	降低率（%）
全市	7.40	5.80	1045.00	-2.86	10.00	16.62
丽水市区	7.10	3.82	945.00	-7.09	12.60	7.60
莲都区	—	—	—	—	5.80	11.90
龙泉市	6.60	5.62	622.00	2.29	10.90	7.92
市开发区	—	—	—	—	13.20	10.00
青田县	6.60	0.69	1173.00	-1.95	5.30	28.72
云和县	7.40	4.80	1221.00	-6.49	10.80	15.30
庆元县	4.60	5.07	586.00	-1.63	3.90	9.59
缙云县	8.40	6.62	1419.00	-1.83	9.50	17.66
遂昌县	11.80	6.29	1365.00	14.86	18.10	22.44
松阳县	6.00	4.89	709.00	-2.43	10.30	18.55
景宁畲族自治县	4.70	6.25	644.00	1.09	6.40	10.00

2009年，丽水市评定市发改委等节能先进单位55家，节能先进个人58人，节能示范企业20家。

2010年4月，丽水市各县（市、区）环保局执行环保部《机动车环保检验合格标志管理规定》，设点发放机动车环保检验合格标志。同年9月，丽水市确定全市范围的机动车排气检测委托机构。全市做好开发区科技进步和节能减排工作，新增高新技术企业8家，全社会用电量6.8亿千瓦时，实现单位工业增加值能耗下降10%以上。全市重点能耗企业①48家，实施节能降耗项目52个，投资6630万元。其中遂昌县万元GDP能耗下降2.5%，云和县单位GDP能耗下降4.1%，缙云县万元GDP能耗下降20%；松阳单位GDP能耗下降2.14%；庆元万元GDP能耗下降4.8%；莲都工业增加值能耗下降7%；景宁万元工业增加值能耗下降6.7%；龙泉单位GDP能耗下降5.2%。

2006—2010年，丽水市节能减排效果显著，能源利用效率显著提高，单位工业增加值能耗明显下降，GDP能耗为标准煤659千克，名列全省第三，重点行业二氧化硫（SO_2）、化学需氧量（COD）、氨氮（NH3-N）和氮氧化物（NOX）减排量分别减少162.2万千克、42.6万千克、0.7万千克和6.7万千克，完成全市减排目标任务。

① 指年（或是月）耗100万千克标煤以上的企业。

2006—2010年丽水市企业节能减排一览

表 5-3-1-4

行业		企业(家)		节能		减排(万千克)			
		总数	关停	标煤(亿千克)	电(万千瓦时)	SO2	COD	NH3-N	NOX
重点行业	建材	13	8	0.21	16.00	48.35	—	—	5.08
	金属材料	13	5	0.20	16013	31.29	—	—	—
	造纸	12	9	0.13	0.10	14.58	10.47	—	—
	活性炭	12	12	0.05	10.00	8.00	—	—	—
	有色金属加工	3	2	0.01	3.00	2.92	—	—	0.13
	化工	2	1	0.02	—	4.47	1.75	0.07	0.65
	制革	1	0	0.01	6.30	1.90	—	—	—
	纺织	1	0	—	—	—	3.06	0.17	—
	合计	57	37	0.63	16048.40	111.51	15.28	0.24	5.85
非重点行业	橡胶塑料制品	10	5	0.03	0.40	5.00	15.87	—	0.76
	有色金属矿业	4	4	0.04	—	0.70	—	—	—
	非金属矿业	6	5	0.10	30.00	1.52	—	—	—
	金属制品	7	4	1.30	—	21.30	—	—	—
	通用设备制造	14	4	0.60	453.50	7.41	—	—	—
	农副食品加工	4	1	0.03	—	0.54	11.45	0.52	0.11
	木材加工	16	16	0.20	33.00	3.03	—	—	—
	鞋革	2	0	—	3.30	—	—	—	—
	专用设备制造	2	0	0.70	—	11.20	—	—	—
	合计	65	39	3.30	520.20	50.70	27.32	0.52	0.87

2006—2010年丽水市淘汰落后产能减排一览

表 5-3-1-5

行业	节能				减排(万千克)			
	万吨标煤(万千克)	比例	万千瓦时	比例	SO_2	COD	NH_3-N	NOX
重点行业	6.30	65.60%	16048.40	96.90%	111.51	15.28	0.24	5.85
非重点行业	3.30	34.40%	520.00	3.10%	50.70	27.32	0.52	0.87
合计	9.60	100.00%	16568.40	100.00%	162.21	42.60	0.76	6.72

噪声污染治理

噪声达标区建设　1993年，丽水地区编制完成城市区域环境噪声功能区划，经丽水地区行署批准实施。1996年年底，丽水城区建成噪声达标区2.63平方千米。

2001年，丽水市区禁止机动车鸣喇叭，禁止拖拉机入城。对固定噪声源超标的企业43家限期整改，通过一年整治，基本达标。市环保局、市建委联合发出《关于加强建筑施工噪声管理的通知》，规定建筑施工单位必须在开工前15日进行噪声申报登记，并加强施工期的噪声管理。2002年8月，重新编制完成《浙江省丽水市城市区域环境噪声标准使用区划分报告》，对丽水市城市规划区198.80平方千米进行环境噪声功能区划。实施“清净工程”，加大噪声达标区创建工作力度。2010年，噪声达标建成区面积17平方千米。

四禁 1998年年初，丽水地区实施“双禁”①。11月12日起，全区增加禁止大办婚丧事、禁止放养家禽家畜。同年底，丽水城区交通噪声平均下降10.5分贝。

1999年，丽水地区贯彻执行国家环保总局、公安部、国家工商局《关于加强社会生活噪声污染管理的通知》，检查噪声扰民的饮食服务、娱乐场所等单位33个，重点查处学校、医院周围的噪声源。限期整改2家，征收超标排污费4家，罚款处理2家。

绿色护考 2001年起，丽水市开展绿色护考工作。高、中考期间，市环保、公安和城管执法部门，联合加强考场周围的噪声管理，保证考试环境安静，进行“绿色护考”。此后，至2010年，全市均开展绿色护考工作。

固体废物污染治理

固废管理 1995年，丽水地区规范固废管理环保局制定《丽水地区固体废物申报登记工作计划》，开展固废申报登记工作。2007年，丽水市委托省环境科学院编制《丽水市固体废物污染防治规划》，推广危险废物台账管理制度。建立固体废物环境管理公报每年发布制度。2008年，委托编制《丽水市污水处理厂污泥处置工作方案》。2008年，全市有省级台账管理单位26家。2009年，全市新增19家。至2010年年底，全市省级危险废物重点监管单位45家，市级危险废物监管单位63家。

医疗废物集中处置管理 2009年3月，编制《丽水市医疗废物集中处置管理暂行办法》，实施全市医疗废物集中规范化处置。12月15日，制定《丽水市医疗废物集中处置管理暂行办法》，对医疗废物产生单位和处置单位在医疗废物管理、收集和处置等方面提出相关要求，明确各相关部门的监管职责，奠定全市医疗废物集中无害化处置的基础。2010年，丽水市医疗废物处置中心投入运行，该项目确保全市医疗废物可以得到无害化处置，保障区域环境安全。

2007—2010年丽水市工业固体废物产生及利用一览

表5-3-1-6

年份	产生量（万千克）	综合利用量（万千克）	处置量（万千克）	贮存量（万千克）	排放量（万千克）	综合利用率（%）
2007	149890	125190	7680	17270	20	83.50
2008	146510	124640	5600	16380	10	85.07
2009	146950	132760	6790	7510	0	90.35
2010	146920	140030	5980	1490	0	95.31

① 禁止机动车鸣喇叭，禁止拖拉机入城。

2007—2010 年丽水市工业危险废物产生及利用一览

表 5-3-1-7

年份	产生量（万千克）	综合利用量（万千克）	处置量（万千克）	贮存量（万千克）	排放量（万千克）	综合利用率（%）
2007	5062000	305000	4610000	147000	—	6.02
2008	6920000	325800	6486000	129000	—	4.71
2009	16479800	10396800	5954000	129000	—	63.09
2010	16255400	10083000	6032400	140000	—	62.03

第二节　环境污染治理专项行动

“一控双达标”

1996 年 3 月，国务院下发《关于环境保护若干问题的决定》，明确提出“一控双达标①”。1996 年，丽水地区开展“一控双达标”工作，丽水境内造纸厂 4 家实行治污转产。至 2000 年，环境质量进一步改善，关停污染重、消耗大的小企业 248 家，淘汰一批落后生产设备、工艺，达到标准要求企业治理 383 家。瓯江、钱塘江、闽江三大水系满足功能目标要求地表水 95.1%，比 1995 年增加 11.2%；大气质量达清洁水平，比“八五”期末的尚清洁水平有提高；城市噪声状况改善，功能区内超标率下降。12 月 17 日，“一控双达标”工作通过省政府的考核验收。

“811”环境污染整治行动

2004 年，省政府决定在全省开展“811”环境污染整治行动②，为期 3 年。丽水市全面开展整治行动，确立“五个重点”和“四个一批”。在省控环境管理重点单位的基础上，筛选市级以上环境管理重点单位 68 家，合成革、冶炼、水泥、电镀、活性炭等行业 12 个列为管理控制重点行业，整治一批、保护一批、建设一批、严管一批。加强监管重点污染源以及工业区，打击偷漏排污染物等环境违法行为。建立环境信息公开制度，举报有奖制度，鼓励公众参与环境污染整治。

2007 年，丽水市生态环境质量保持现有水平，主要污染物保持达标排放；与全省同步建成县以上城市（城镇）污水、垃圾集中处理设施，同步建成环境质量和重点污染源自动监控网络，使环境污染防治能力明显增强，继续保持生态环境质量在全省领先水平。

2008 年 2 月，浙江省政府决定在全省开展“811”环境污染整治新三年行动。丽水市投资 7.6 亿

① “一控双达标”：到 2000 年，全国所有工业污染源排放污染物要达到国家或地方规定的标准；各省、自治区、直辖市要使本辖区主要污染物排放总量控制在国家规定的排放总量指标内，环境污染和生态破坏加剧的趋势得到基本控制；直辖市及省会城市、经济特区城市、沿海开放城市和重点旅游城市的环境空气，地面水环境质量，按功能分区分别达到国家规定的有关标准。

② “8”是指全省八大水系及运河、平原河网，“11”既是指 11 个设区市，也是指 11 个省级环境保护重点监管区。

元，安排各类减排项目340多个，工程减排、结构减排和监管减排三措齐抓，全市县以上城市污水处理厂9座全部正式投运，持续强化黏土砖瓦窑、化工、屠宰、酿造、造纸等重点行业整治淘汰力度，淘汰关停各类企业160多家。经环保部及省减排办认定，至2009年年底，化学需氧量认可减排量855.11万千克，比2005年下降13.40%；二氧化硫认可减排量282.51万千克，比2005年下降14.12%，“十一五”减排目标任务基本完成。

2008—2010年，丽水经济开发区企业投入3.3亿元，整治革基布合成革行业污染，通过省生态办的验收。松阳县不锈钢酸洗废水减排在线综合治理系统被工业和信息化部入选第一批《工业领域节能减排电子信息应用技术导向目录》，成为全国节能减排的推广教材。全市环保部门加强重点污染源日常巡查及长效监督管理，出动执法人员2.5万多人次，检查企业3000多家次，查处违法案件522件，处罚1900多万元，关停企业102家。开展市级飞行监测33次，检查企业508家。同期，排污申报与收费逐年上升，申报企业家数3680家次，征收排污费6000多万元。

减排主要污染物行动

2006年12月，丽水市人民政府与浙江省人民政府签订《丽水市“十一五”主要污染物排放总量削减目标责任书(2006—2010)》，明确到2010年，丽水全市化学需氧量排放总量在2005年3520万千克/年的基础上，削减15.1%，控制在2990万千克/年以内；二氧化硫排放总量在2005年1820万千克/年的基础上，削减15%，控制在1550万千克/年以内。2007年11月，市政府印发《丽水市人民政府关于加强污染物减排工作的实施意见》。同年，浙江凯恩特种材料股份有限公司投资1400万元，新建污水处理设施，实行中水回用，COD减排41.2万千克。投资60万元，改造水膜除尘装置，二氧化硫减排量20万千克。遂昌县政府和浙江元立金属制品集团有限公司投资1600万元，关停湖边、庄山炼钢分厂，COD减排量43.7万千克。全市安排化学需氧量减排项目56个，减排309.2万千克，化学需氧量最后排放量3370万千克，比2006年(3530万千克)下降4.62%；二氧化硫减排项目59个，减排144.4万千克，二氧化硫最后排放量1710万千克，比2006年(1780万千克)下降3.7%，完成年度减排目标。同年，全市8个县城污水处理厂均建成投入运行，投资约4亿元，增加生活污水处理能力6000万千克。

2008年，丽水市环保局污染物减排处成立，与综合管理处合署办公。市政府制定《关于加快市直工业经济又好又快发展的若干意见》，实行节能减排补助和奖励政策。市直企业44家通过《丽水日报》向全社会公开作出环保减排承诺，强化企业污染减排主体责任。纳爱斯集团有限公司废气在线监控系统通过验收，项目投资6850万元，每年减排二氧化硫55.3万千克。青田县政府补助500多万元，关停东方日用有限公司等落后产能造纸厂7家。全市实施减排项目105个，其中COD项目87个，二氧化硫项目18个。COD项目减排量238.7万千克，排放量3203.1万千克，比2007年削减4.92%，比2005年削减9.06%；二氧化硫项目减排量1031520千克，排放量1652.9万千克，比2007年削减3.49%，比2005年削减9.41%。

2009年3月，丽水市减排工作领导小组与合成革企业24家现场签定减排目标责任书，推广浙江合力、力邦等合成革企业中水回用减排的成功经验。6月，成立丽水市排污权有偿使用和交易中心，参加全省范围内二氧化硫排污权交易试点，严格新建项目污染物替代方案。全市超额完成年度主要污染物总量减排任务，实施化学需氧量(COD)减排项目124个，认可削减量3072840千克，排放量 3050.4 万千克，比 2005 年(3522.2 万千克)下降 13.4%；实施二氧化硫(SO_2)减排项目 38 个，认可削减量 351200 千克，排放量 1567 万千克，比 2005 年(1824.6 万千克)下降 14.12%。

2010 年，丽水市废水排放总量 14025130 万千克，比 2009 年减少 7.74%，工业废水排放达标率 96.19%，废水中化学需氧量(COD)排放量 2960 万千克，比 2009 年消减 2.95%，废水中氨氮排放量 260 万千克，比 2009 年减少 3.47%。全市减尘月均值3950 千克/平方千米•月，低于省控 8000 千克/平方千米•月暂行标准。较 2009 年(3810 千克/平方千米•月)增长 30140 千克/平方千米•月，丽水市区、龙泉、景宁有所下降，其他县有所上升。降尘月均值超标率 0.9%，比 2009 年 24.42%有显著下降。全市二氧化硫排放量 1520 万千克，比 2009 年消减 3%；烟尘排放量 230 万千克，比 2009 年减少 24.42%；工业粉尘排放量 830 万千克，比 2009 年减少 29.07%，氮氧化物排放量 2210 万千克，比 2009 年减少 1.64%。

第三节　污染事故处理

污染处置

1982 年，丽水皮革厂水污染、大气污染严重，环保部门责令其 1983 年前搬迁。遂昌刘坞大队磺水污染农田和黄岩坑水体，县环保部门责令其银坑北坑废石南迁。1983 年，缙云城南公社塑料制品厂电镀废液污染，被处以 2000 元罚款。庆元建筑社乱倒垃圾造成水体污染，罚款 600 元。

1984 年，缙云五云化工厂废气、粉尘污染严重，其活性炭车间被环保部门限期(1985 底前)搬迁，并限制其生产规模。缙云湖川电镀厂废水污染农田被责令整改。丽水皮革厂废水污染城关镇蔬菜基地被责令整改。1985 年，青田钼矿尾矿坝被洪水冲毁造成污染，龙泉汽车站轮胎翻修车间污染周围环境，被环保部门处罚。1986 年，松荫溪被沿岸的遂昌、松阳、古市造纸厂、遂昌纤维板厂污染严重；丽水城西化工硫酸泄漏毒死塘鱼，被环保部门处以停产和赔偿养鱼户 2200 元、更换硫酸储藏设备、臭气采用碱水吸收的处理；缙云五云化工厂废气污染环境，被要求其 1985 年前搬迁，赔偿柑橘种植户 1357 元，1986 年，该厂转厂生产内衣针织；上标水电站工程处倾倒失效炸药造成水体污染，被处以罚款 200 元，并采取补救措施。1988 年，景宁造纸厂污染下游瓯江水体，松阳师范毗区建保温材料厂污染环境被环保部门处理。1989 年，龙泉金矿将剧毒氰化物排入小梅溪，造成水体污染，被处以罚款 1200 元，并要求建水污染处理设施。

1990 年，松阳古市镇农田被遂昌金矿排放废水污染，致使 160 公顷稻田受污染，损失 20.85 万元，被处以赔偿损失。1991 年，松阳造纸厂发生水污染事故，使松阴溪水体受污染，造成“11•29”重大污染事故，被罚款 1.2 万元，补偿丽水自来水厂损失 2000 元，补偿丽水渔政站 2000 元，对事故责任人给予行政处分；当年还发生遂昌利民化工厂、缙云沸石化工厂、地区木材厂、农药厂等污染事故 13 起。

1992 年，缙云啤酒厂发生污染事故，全年发生污染事故 9 次，环保部门查处污染事故，处以罚款。1993 年，青田钼矿尾矿库尾砂事故性排放，地区农药厂废水事故性排放、云和磨具磨料发生污染事故被处以罚款处理。1994 年，缙云数家红砖厂发生污染环境事件被处以罚款，龙泉邮电通讯线材厂发生水污染被处以停产整顿和罚款，龙泉发生硫酸泄漏交通事故污染环境、景宁造纸厂排污分别被处以罚款，云和新华街喷漆车间污染大气被强制搬迁。

1995年，缙云寿尔福化学有限公司废气污染、云和石材厂噪声污染、遂昌利民化工厂废气污染、云和磷肥厂废气污染、云和钢球厂废气污染、丽水农药厂废水污染、松阳高岭土公司废气污染、云和磨具磨料厂噪声污染分别被处以罚款。1996年，松阳造纸厂“6•2”发生严重污染丽水饮用水源、庆元造纸厂污染松阴溪、遂昌利民化工厂“6•8”二氧化硫污染农田等五起较大污染事故，环保部门对四家违法单位作出处罚决定，罚款5.1万元。省政府对遂昌、松阳、景宁、庆元四家造纸厂作出治污转产的决定，副省长张启楣作专门批示，并多次召开专题协调会和现场办公会；省人大有关领导到丽进行督查。

1997年，遂昌钢铁厂废水、废渣、废气污染环境，被环保部门处理，要求污水处理后才能排放，并交纳排污费，松阳鑫业有限公司、象溪钼业有限公司尾砂污染、松阳古市雁泉啤酒公司废水污染、松阳玻璃纤维厂污染环境被处罚。

1998年4月18日和5月5日，庆元染化厂两次因污水池渗漏及阀门接管破裂，废水直排松溪20多万千克，造成松溪下游的福建省南平、建瓯、松溪等3个市县溪水严重污染，丽水地区和庆元县环保部门及时查清事实，严厉查处庆元染化厂的污染事故。庆元县政府作出关闭染化厂的决定，企业负责人被依法逮捕。国家和省环保部门领导对这一事件处理给予充分肯定，中央电视台《新闻调查》栏目进行专题报道。企业法人代表因污染环境被依法逮捕，是新《刑法》公布实施后全国第二例，被省环保局列为1998年全省环境保护10件大事之一。

1999年，庆元吉庆有限公司发生工业废水污染松溪河，云和通用阀门铸造厂、缙云壶镇表面精饰厂污染村自来水源发生污染事故。2000年，处理比较重大的污染纠纷投诉有庆元吉庆公司影响省际的水污染问题、庆元佳斯化工公司大气污染、缙云黄碧街下小溪污染问题、青田纽扣行业水污染问题。

2001年，丽水市加大执法力度，加强对“一控双达标”回头看现场监理和“三同时”项目的环境现场监理，对环境现场监理中发现的以及群众举报的环境违法案件，依法及时调查取证，作出行政处罚，市本级作出行政处罚49件，同比增加16件。

2002年，丽水市环保部门开展严查环境违法行为、遏制污染反弹专项行动，先后出动4526人次，检查企业1925家，立案查处102家，通过严查行动，遏制污染反弹。加大对达标企业的监管力度，对重点污染企业每月现场监察1次，一般污染企业每季现场监察1次，对环境现场监察中发现以及群众举报的环境违法案件，及时依法查处，市本级作出行政处罚61件，确保工业污染源排放达标率在99%以上。

2006年，丽水市应急处置环境污染事故5起。2007年，有关县（市）及部门的应急处置环境突发事件9起，其中5起是因交通事故引发化学品污染的事故。

2008年，丽水市全面排查重点企业27家（市本级7家）环境管理制度、环境应急预案和治污设施、应急处理设施的落实和建设运行情况。丽水市环保局与衢州、青田、温州市、永嘉县环境保护局建立“边界联合执法机制”，开展联合执法行动。

2009年4月20日，缙云寿尔福公司违规将100只废料桶出售给安徽民工处置，在村民住宅附近拆解，桶内残留苯酚、四羟基苯硫酚、三溴苯胺等危险废物挥发，造成周围群众不适反应。县、市环保部门启动应急预案，及时进行规范处置。

2010年，丽水市环保部门继续开展整治违法排污企业，开展对落后过剩产能行业、电镀行业和重金属污染行业的专项检查。检查排污企业2431家，立案查处违法案件149起，征收排污费2199.54万元。全市取缔高污染土小加工厂48家。

污染群体性事件处置

2003年，丽水环境安全保护支队处理碧湖石牛自然村村民反映瑞清废旧橡胶轮胎炼油厂污染，污染纠纷得以妥善解决，维护社会的安定。

2004年，丽水市本级处理因污染问题而引发群体性事件9件。“有邦化工”、平阳岗养猪场等因污染问题，引发村民近100人冲击厂区的群体性事件。市环保局会同当地政府及有关部门调解与依法处理。6月中旬，查处一个位于青田某地偏僻山沟、以有毒有害化工碳源为原料进行再生活性炭生产的非法企业。督促遂昌县对查获的未执行“三同时”严重超标废水直排的“兴昌纸业”以及将高浓废水偷排的“绿源木业”分别作出行政处罚，依法责令停产治理与立即恢复正常使用污染处理设施并处罚款。

2005年，丽水市本级处理因污染问题而引发的一般性群体性事件4起，蒲岸三家氧化厂与仙渡东方钼业公司因污染而引发村民冲击厂区（矿区）的群体性纠纷；被列入全省能引发群体性事件的缙云寿尔福、青山特钢、温溪电镀等隐患点3处，提前采取有效防范措施，避免群体性事件的发生。同时，参与缙云、松阳、莲都等因交通事故引发化学品污染事故4起的应急处理工作。

第四章　生态监测

丽水市生态监测包括河道水质、环境噪声、大气环境质量和地质灾害监测等方面。

1957年起，青田县圩仁站、五里亭站，丽水县均溪站等水文站就开展河道水质的化学监测。2010年10月，丽水市重点水功能区首期水质监测通报发布，向社会公布全市主要河流、县市交界水体、部分城镇供水水源地等重要水域的水质状况。

1982年，在丽水市区首次开展交通噪声、区域环境的噪声试监测。1989年，市区完成《城市区域环境噪声标准》适用区划分。各县（市）开展噪声监测及站位设置。

1986年起，丽水地区大气环境质量的监测和评价主要覆盖市区和所辖县（市）人民政府所在的主要城镇，先后开展烟区、烟尘控制区建设工丽水市作，对燃用设备实施消烟除尘改造，建成烟尘控制区。20世纪90年代中后期，全市根据大气功能区划要求，实施二氧化硫总量控制，开展绿色工地创建工作，全市大气环境质量基本稳定并有所改善。

1991 年，应丽水地方政府要求，浙江省地矿厅安排省第七地质大队对丽水地区以往发生过的地质灾害地和新发现的隐患点进行全面调查，开展地质灾害监测。多次组织调查，至 2010 年年底，全市查明各类地质灾害(隐患)点 1396 处。监测体系覆盖所有地质灾害隐患点，有效地开展监测预防工作。2008 年 7 月 21 日，丽水市林业局开展空气负氧离子监测，为全国首例。同年，丽水九县(市、区)空气负氧离子平均浓度 2571 个/立方厘米，丽水成为“中国生态第一市”“华东天然氧吧”。丽水森林生态效益 1413 亿元/年，占浙江省森林生态效益①的 24.5%。丽水湿地生态效益 816.1 亿元，占浙江省湿地生态效益②的 10.9%。

2004 年，据浙江省环境监测中心公布的浙江省生态环境质量评价报告，丽水市整体生态环境质量名列全省第一；据国家环保总局全国首次生态环境质量调查，丽水九县(市、区)生态环境质量均为优秀，全部进入全国 2348 个县(市、区)前 50 位，其中庆元列第一位，景宁列第五位，龙泉列第八位，云和列第十位。2007 年度、2008 年度浙江省环境监测中心发布浙江省生态环境状况评价报告，丽水市生态环境质量指数均居全省第一，有 5 个县(市)排在全省前 10 位。

2010 年，丽水市进一步开展防雷安全监测，公布防雷重点单位 791 家，全面抽查全市防雷检测所 2009 年防雷检测项目完成情况，建成省级气象防灾减灾示范乡镇 9 个。

第一节　大气监测

污染物排放

丽水工业主要能源还是燃料煤和电能，燃煤产生大量的污染物。1995 年，丽水地区工业用煤量 21800 万千克，工业燃煤中排放二氧化硫总量 690 万千克，废气排放总量 28.85 亿标立方米。

2000 年，丽水市用煤量 40880 万千克，其中工业用煤量 24970 万千克。同年，全市二氧化硫排放总量 680 万千克，其中工业二氧化硫排放量 550 万千克，生活及其他排放的二氧化硫 130 万千克。全市烟尘排放量 680 万千克，其中工业烟尘排放量 660 万千克。全市工业粉尘排放量 320 万千克。

2005 年，丽水市煤炭消耗量 141320 万千克，其中工业煤炭消费量 130060 万千克，生活煤炭消费量 11240 万千克；全市二氧化硫排放总量 1830 万千克，其中工业二氧化硫排放量 1650 万千克，生活及其他排放的二氧化硫 180 万千克；全市烟尘排放量 1410 万千克，其中工业烟尘排放量 1380 万千克；全市工业粉尘排放量 2310 万千克，全市工业粉尘排放量持续增加，主要原因为新增几家粉尘排放大户和一批革基布企业，并统计云和县玩具行业的粉尘排放量。

2009 年，丽水市总用煤量 120460 万千克，其中工业煤炭消费量 108410 万千克，生活煤炭消费量 12050 万千克。纳爱斯集团有限公司新上热电项目循环硫化床脱硫，脱硫率达 80%。整治水泥、砖瓦行业，拆除水泥机立窑、黏土砖瓦窑等，使生产工艺二氧化硫排放总量达到 1567 万千克，其中工业二氧化硫排放量 1390 万千克，比 2005 年下降 15.24%，生活及其他排放的二氧化硫 180

① 丽水市以 16.9%的全省国土面积，每年为浙江省贡献出 24.5%的森林生态效益。

② 丽水市湿地生态系统以占全省 5.2%的湿地面积，为全省贡献出 10.9%的湿地生态效益。

万千克，比 2005 年增加 2.25%，造成原因是生活煤炭消费量增加。全市烟尘排放量 310 万千克，其中工业烟尘排放量 280 万千克，呈逐年下降趋势，主要原因是关停一批砖瓦窑企业。全市工业粉尘排放量 1170 万千克，比 2005 年减少 49.35%。主要原因是加强对粉尘排放企业的治理，使粉尘去除率提高 2.15 个百分点。全市氮氧化物排放量 2240 万千克，比 2006 年增加 7.69%。其中工业氮氧化物排放量 740 万千克，比 2006 年减少 23.71%；生活氮氧化物排放量 1500 万千克，比 2006 年增加 34.26%，主要是随着人们生活水平的提高，家庭自备车越来越多，油耗增加，氮氧化物排放量相应增加。

大气环境质量

丽水市区　1980 年，丽水市区开始大气监测，在地区机关幼儿园、地区行署内、仓前设测点 3 个，以气象台为对照点，监测指标为二氧化硫、氮氧化物、总悬浮颗粒物和降尘 4 项。1999 年，改为测点 2 个，在监测站楼顶测点和地区教委楼顶。同年起，每周四通过新闻媒体向社会公布市区空气质量周报，包括二氧化硫、氮氧化物、总悬浮颗粒物等污染指数、空气质量级别、空气质量描述 3 项。2000 年，氮氧化物改为二氧化氮。2003 年，总悬浮颗粒物改为可吸入颗粒物。2003 年 11 月，改为空气自动监测，测点 2 处在监测站楼顶和莲都小学。2003 年 11 月 17 日起，开始空气质量日报，在丽水电视台、政府网站等媒体发布。2008 年 3 月，增加余庄前测点。

1986—2010 年，丽水二氧化硫和氮氧化物（二氧化氮）均为清洁，降尘 1 项均为尚清洁。1986 年、1987 年、2004 年总悬浮颗粒物（可吸入颗粒物）三年为轻污染，1996—2000 年为清洁，其余年份为尚清洁；综合评价历年均为尚清洁、二级。

1986—2009 年丽水市大气质量指数及质量评价一览

表 5-4-1-1

区域	年份	各污染物分指数						质量评价
		二氧化硫	氮氧化物	二氧化氮	总悬浮颗粒物	可吸入颗粒物	降　尘	
丽水市	1986	0.09	0.25	—	1.03	—	0.67	尚清洁
	1987	0.15	0.26	—	1.06	—	0.72	尚清洁
	1988	0.19	0.24	—	0.92	—	0.79	尚清洁
	1989	0.17	0.18	—	0.71	—	0.78	尚清洁
	1990	0.13	0.18	—	0.50	—	0.96	尚清洁
	1991	0.17	0.20	—	0.40	—	1.23	尚清洁
	1992	0.23	0.21	—	0.79	—	0.89	尚清洁
	1993	0.29	0.24	—	0.51	—	0.71	尚清洁
	1994	0.25	0.23	—	0.60	—	0.75	尚清洁
	1995	0.27	0.25	—	0.62	—	1.02	尚清洁
	1996	0.34	0.34	—	0.67	—	1.01	尚清洁
	1997	0.27	0.27	—	0.60	—	0.94	尚清洁
	1998	0.14	0.23	—	0.40	—	0.82	尚清洁

续表 5-4-1-1

区域	年份	各污染物分指数						质量评价
		二氧化硫	氮氧化物	二氧化氮	总悬浮颗粒物	可吸入颗粒物	降　尘	
丽水市	1999	0.11	0.32	—	0.44	—	0.78	尚清洁
	2000	0.10	0.31	—	0.37	—	0.90	尚清洁
	2001	0.23	—	0.32	0.57	—	—	良好
	2002	0.27	—	0.35	0.51	—	—	良好
	2003	0.41	—	0.36	0.51	—	—	良好
	2004	0.45	—	0.46	1.21	—	—	良好
	2005	0.19	—	0.27	—	0.72	—	良好
	2006	0.38	—	0.41	—	0.67	—	良好
	2007	0.30	—	0.42	—	0.74	—	良好
	2008	0.30	—	0.32	—	0.68	—	良好
	2009	0.38	—	0.33	—	0.68	—	良好
龙泉市	1991	0.21	0.23	—	0.69	—	1.62	轻污染
	1992	0.20	0.23	—	1.06	—	1.00	轻污染
	1993	0.09	0.17	—	0.68	—	0.64	尚清洁
	1994	0.09	0.16	—	0.43	—	0.65	清洁
	1995	0.08	0.14	—	0.40	—	0.71	清洁
	1996	—	—	—	0.47	—	0.58	尚清洁
	1997	0.11	0.25	—	0.41	—	0.52	尚清洁
	1998	0.04	0.14	—	0.44	—	0.69	尚清洁
	1999	0.07	0.11	—	0.45	—	0.50	清洁
	2000	0.08	0.12	—	0.34	—	0.56	尚清洁
	2001	0.12	—	0.09	0.44	—	—	良好
	2002	0.15	—	0.11	0.56	—	—	良好
	2003	0.17	—	0.14	0.59	—	—	良好
	2004	0.15	—	0.14	0.57	—	—	良好
	2005	0.17	—	0.43	—	0.84	—	良好
	2006	0.58	—	0.61	—	0.59	—	良好
	2007	0.27	—	0.10	—	0.60	—	良好
	2008	0.25	—	0.14	—	0.64	—	良好
	2009	0.22	—	0.14	—	0.54	—	良好
青田县	2005	0.13	—	0.47	—	0.78	—	良好
	2008	0.35	—	0.46	—	0.85	—	良好
	2009	0.22	—	0.46	—	0.72	—	良好

续表 5-4-1-1

区域	年份	各污染物分指数						质量评价
		二氧化硫	氮氧化物	二氧化氮	总悬浮颗粒物	可吸入颗粒物	降 尘	
云和县	2005	0.23	—	0.16	—	0.63	—	良好
	2008	0.33	—	0.35	—	0.60	—	良好
	2009	0.27	—	0.36	—	0.63	—	良好
庆元县	2003	0.20	—	0.14	0.06	—	—	优
	2004	0.18	—	0.14	0.28	—	—	优
	2005	0.17	—	0.12	—	0.38	—	优
	2008	0.22	—	0.14	—	0.66	—	良好
	2009	0.28	—	0.16	—	0.58	—	良好
缙云县	1997	0.15	0.44	—	0.33	—	0.39	清洁
	1998	0.23	0.59	—	0.62	—	0.27	尚清洁
	1999	0.07	0.34	—	0.48	—	0.36	清洁
	2000	0.05	0.26	—	0.33	—	0.40	清洁
	2001	0.13	—	0.19	0.46	—	—	优
	2002	0.12	—	0.23	0.36	—	—	优
	2003	0.20	—	0.41	0.56	—	—	良好
	2004	0.22	—	0.55	0.59	—	—	良好
	2005	0.10	—	0.36	—	0.74	—	良好
	2008	0.77	—	0.34	—	0.90	—	良好
	2009	0.43	—	0.35	—	0.83	—	良好
遂昌县	1988	0.04	0.06	—	1.71	—	1.71	轻污染
	1989	0.06	0.04	—	1.05	—	1.59	轻污染
	1990	0.09	0.15	—	0.61	—	1.31	尚清洁
	1991	0.21	0.20	—	0.64	—	1.04	尚清洁
	1992	0.12	0.24	—	1.23	—	—	—
	1993	0.18	0.24	—	1.34	—	—	—
	1994	0.11	0.24	—	0.99	—	—	—
	1995	0.17	0.15	—	0.98	—	0.89	尚清洁
	1996	0.13	0.10	—	0.82	0.57	—	尚清洁
	1997	0.27	0.07	—	0.61	0.47	—	尚清洁
	1998	0.13	0.09	—	0.46	0.47	—	清洁
	1999	0.14	0.14	—	0.26	0.57	—	尚清洁
	2000	0.19	0.30	—	0.66	0.62	—	尚清洁

续表 5-4-1-1

区域	年份	各污染物分指数						质量评价
		二氧化硫	氮氧化物	二氧化氮	总悬浮颗粒物	可吸入颗粒物	降　尘	
遂昌县	2001	0.07	—	1.05	—	0.67	—	良好
	2002	0.10	—	0.39	—	0.60	—	良好
	2003	0.10	—	0.16	—	0.50	—	优
	2004	0.15	—	0.20	—	0.46	—	优
	2005	0.13	—	0.24	—	0.68	—	良好
	2006	0.41	—	0.70	—	0.70	—	良好
	2007	0.40	—	0.20	—	0.66	—	良好
	2008	0.43	—	0.24	—	0.62	—	良好
	2009	0.37	—	0.24	—	0.47	—	良好
松阳县	2005	—	—	—	—	0.86	—	良好
	2008	0.37	—	0.30	—	0.76	—	良好
	2009	0.28	—	0.29	—	0.80	—	良好
景宁畲族自治县	2003	0.15	—	0.26	0.68	—	—	良好
	2008	0.33	—	0.39	—	0.69	—	良好
	2009	0.22	—	0.29	—	0.66	—	良好

2004—2009 年丽水市不同空气质量等级天数一览

表 5-4-1-2　　单位:天

年份	一级	二级	三级
2004	4	298	64
2005	52	300	11
2006	100	260	5
2007	59	296	2
2008	114	246	6
2009	125	233	7

县(市)城镇　1988 年,遂昌县城开始设点进行大气监测,之后,各县(市)城区也陆续跟进。到 2005 年,全市全部完成各县城设点,开展大气监测。

2009 年丽水市大气、降尘监测点位一览

表 5-4-1-3

监测站名称	测站编号	测点名称	控制级别	监测项目
龙泉市站	751	龙泉移民办	市控	大气、降尘
	752	龙泉粮食大楼	市控	大气、降尘
	—	凤阳山	省控	大气背景点

续表 5-4-1-3

监测站名称	测站编号	测点名称	控制级别	监测项目
青田县站	751	青田监测楼	市控	大气、降尘
	752	青田二中	市控	大气
云和县站	761	云和监测楼	市控	大气、降尘
庆元县站	751	庆元监测楼	市控	大气、降尘
缙云县站	701	缙云信访大楼	市控	大气
	751	缙云卫生大楼	市控	大气、降尘
遂昌县站	401	遂昌监测楼	市控	大气
	701	遂昌自来水厂	市控	降尘
	751	遂昌西街	市控	降尘
	752	遂昌北街	市控	降尘
	753	车站路中段	市控	降尘
松阳县站	751	松阳环保大楼	市控	大气、降尘
	752	松阳和平水厂	市控	大气
景宁畲族自治县站	751	景宁监测楼	市控	大气、降尘

酸 雨①

酸雨中酸度主要是硫酸和硝酸造成的。酸雨的形成是一种复杂的大气化学和大气物理过程。一般认为，酸雨是由于排放的二氧化硫等酸性气体进入大气后，造成局部地区中的二氧化硫富集，在水凝过程中溶解于水形成亚硫[$SO_2+H_2O=H_2SO_3$]，然后经某些污染物的催化作用及氧化剂的氧化作用生成硫酸[$2H_2SO_3+O2=2H_2SO_4$]，随雨水降下形成酸雨。1980 年，丽水县开始进行酸雨监测工作。龙泉、青田、云和、庆元、缙云、松阳、景宁等县也先后进行酸雨监测工作并建立酸雨监测站。

1995 年丽水地区酸雨监测站一览

表 5-4-1-4

监测站名称	监测点位				
	测站代码	测点编号	测点名称	控制级别	采样周期
地区中心站	332501	401	中心站监测楼楼顶	省控	逢雨雪必采
龙泉市站	332502	401	龙泉监测楼顶	省控	
青田县站	332522	751	青田建设大楼顶	市控	
云和县站	332523	761	云和监测楼顶	市控	
庆元县站	223525	751	庆元监测楼顶	市控	
缙云县站	332526	751	缙云监测楼顶	市控	
遂昌县站	332527	401	遂昌君子山顶	省控	
松阳县站	332528	751	松阳监测楼顶	市控	
景宁畲族自治县站	332529	751	景宁监测楼顶	市控	

① 酸雨定义：pH≤5.60

丽水市区　20世纪80年代，丽水酸雨发生频率高、强度大。1986—1990年，丽水地区pH均值呈不显著下降，酸雨频率呈不显著下降。1991—2000年，丽水市pH均值呈不显著下降，酸雨频率呈不显著升势。2001—2005年，全市pH均值呈显著下降，酸雨频率呈显著升势，2005年，丽水市区酸雨率100%，沦为重酸雨区。2006—2010年，全市pH均值呈不显著上升，酸雨频率呈显著下降。

各县(市)城区　1986—1990年，龙泉市酸雨pH均值呈显著下降，遂昌县呈不显著上升；龙泉酸雨率呈显著上升，遂昌呈不显著下降。1991—1995年，龙泉市酸雨pH均值呈显著下降，云和呈不显著下降，遂昌、松阳、景宁均呈不显著上升，缙云呈不显著下降；龙泉市酸雨率呈稳定趋势；缙云县呈显著下降；遂昌、松阳、景宁畲族自治县呈不显著上升。1996—2000年，缙云、庆元县酸雨pH均值呈不显著下降，遂昌县、龙泉市呈显著下降，云和、青田、景宁均呈不显著上升，松阳呈显著上升；酸雨率庆元、景宁畲族自治县、缙云呈不显著上升，龙泉市、遂昌呈显著上升，云和呈稳定状态。2001—2005年，龙泉市、缙云县酸雨pH均值呈不显著上升，青田均呈不显著下降，庆元、松阳呈显著上升，景宁呈稳定状态；酸雨率龙泉、缙云、云和呈不显著上升，青田呈显著上升，遂昌呈显著下降。至2005年，丽水市非酸雨区由4个(景宁畲族自治县、云和县、庆元县、青田县)减少为1个(景宁畲族自治县)，庆元县为轻度酸雨区，中酸雨区的城市有龙泉市、青田县、云和县、缙云县、遂昌县、松阳县6个县(市)。2006—2010年，景宁、松阳、云和、庆元县酸雨pH均值呈不显著下降，龙泉、遂昌均呈不显著上升，青田呈显著上升，缙云呈稳定状态；酸雨率龙泉、庆元、景宁畲族自治县、缙云、松阳、云和呈不显著上升，青田呈显著上升，遂昌呈显著下降。

1986—2009年丽水市酸雨监测一览

表5-4-1-5

项目	年份	区域								
		市区	龙泉	青田	云和	庆元	缙云	遂昌	松阳	景宁
酸雨频率(%)	1986	33.50	0	—	—	—	—	—	—	—
	1987	53.90	1.60	—	—	—	—	—	—	—
	1988	53.60	0.90	—	—	0	17.20	80.00	—	3.40
	1989	47.90	5.90	—	—	0	4.70	24.00	—	37.70
	1990	55.80	5.90	—	—	0	36.40	24.10	—	21.30
	1991	59.40	0	—	6.70	0	29.50	10.10	6.60	31.00
	1992	71.40	8.80	—	0	16	29.80	3.80	8.90	11.90
	1993	77.30	28.10	—	2.90	—	22.60	6.20	15.50	29.10
	1994	74.40	31.40	—	3.60	—	21.70	0	0	26.30
	1995	60.00	41.20	53.30	0	36.40	16.50	0	0	0.01
	1996	34.10	19.60	27.90	0	10.30	44.10	0	64.30	8.60
	1997	61.50	24.50	17.00	0	6	60.60	0	57.80	2.68
	1998	79.30	37.00	55.00	0	0	35.20	0	36.10	9.80
	1999	61.80	42.40	32.30	0	0	58.60	1.70	14.60	0
	2000	62.40	87.00	12.00	0	0	84.60	86.10	23.20	25.50

续表 5-4-1-5

项目	年份	区域								
		市区	龙泉	青田	云和	庆元	缙云	遂昌	松阳	景宁
酸雨频率(%)	2001	83.90	80.60	32.70	0	0	72.60	88.00	11.50	2.60
	2002	88.10	86.50	63.00	31	1.70	75.30	79.00	7.30	0
	2003	97.30	85.90	52.50	50	6.50	70.80	88.10	14.70	0
	2004	100.00	86.70	75.00	79.60	29.20	87.70	85.90	34.60	0
	2005	100.00	74.40	56.80	76.20	55.30	98.60	88.80	37.50	0
	2006	96.50	78.00	68.60	62.00	37.50	96.20	97.80	24.40	11.20
	2007	83.10	81.40	78.70	98.60	44.80	98.90	96.50	8.60	3.20
	2008	66.70	60.00	83.60	76.20	41.00	92.10	95.80	45.40	49.40
	2009	62.70	80.00	60.80	96.80	39.00	100	95.60	60.00	15.50
pH平均值	1986	5.73	7.18	—	—	—	—	5.53	—	—
	1987	5.39	6.52	—	—	—	—	5.61	—	—
	1988	4.91	6.76	—	—	6.73	6.64	5.35	—	6.19
	1989	5.19	6.08	—	—	6.42	5.93	5.62	—	5.32
	1990	5.08	5.91	—	—	6.73	5.55	5.58	—	5.78
	1991	4.94	6.24	—	6.10	6.77	5.43	5.86	6.34	5.54
	1992	4.87	5.91	—	6.19	5.76	5.69	6.05	5.80	5.73
	1993	4.75	5.56	—	6.07	—	5.82	6.08	6.12	5.52
	1994	4.72	5.34	—	5.88	—	5.98	6.20	6.38	5.61
	1995	4.83	5.30	5.45	6.02	5.86	5.95	6.07	6.67	6.28
	1996	4.95	5.77	5.26	6.11	5.92	5.27	6.09	4.97	6.09
	1997	4.49	5.61	5.65	6.04	5.83	5.29	6.05	5.11	6.21
	1998	4.61	5.47	5.28	6.11	5.72	5.48	6.02	5.13	5.90
	1999	4.91	5.48	5.65	6.21	5.81	5.26	6.00	5.76	6.41
	2000	4.86	4.74	5.84	6.28	5.85	5.04	4.56	5.53	6.65
	2001	4.76	5.02	5.67	6.18	5.85	5.08	4.69	5.87	6.12
	2002	4.71	4.66	4.99	6.06	5.81	5.17	4.78	5.90	6.33
	2003	4.64	4.64	5.23	5.00	5.77	5.11	4.77	5.81	6.13
	2004	4.35	4.74	4.85	4.73	5.51	4.90	4.74	5.20	6.21
	2005	4.33	4.63	4.88	4.61	5.34	4.82	4.63	4.99	6.14
	2006	4.34	4.66	4.89	4.67	5.57	4.56	4.57	5.31	5.82
	2007	4.94	4.45	4.91	4.35	5.47	4.45	4.49	5.86	6.03
	2008	4.98	4.96	4.93	4.82	5.48	4.44	4.51	5.21	5.22
	2009	4.97	4.68	5.10	4.38	5.45	4.56	4.62	5.28	5.64

第二节　噪声监测

噪声监测及站位设置

1982年，丽水城区首次开展交通噪声、区域环境噪声试监测。1989年，丽水城区完成《城市区域环境噪声标准》适用区划分。各县（市）开展噪声监测及站位设置。

丽水市噪声监测起始年份一览

表5-4-2-1　　单位：年

项目	龙泉	青田	云和	庆元	缙云	遂昌	松阳	景宁
交通噪声	1990	2007	2006	2008	1997	2005	2005	2006
功能区噪声	1990	2008	2005	2006	2008	2008	2005	2008
区域环境噪声	2001	2006	2008	2006	1992	2008	2008	2008

2008年丽水市噪声监测点情况一览

表5-4-2-2

布点监测项目	站位布设单位	市区	龙泉	青田	云和	庆元	缙云	遂昌	松阳	景宁
交通噪声	布（个）/长度（千米）	18/12.55	10/11.58	7/19.40	9/6.90	7/5.23	7/11.30	5/3.49	6/2.48	6/2.53
功能区噪声	个	6	4	3	4	4	4	3	4	7
区域环境噪声	个/网格（米）	114/250×250	102/200×200	130/130×130	100/500×120	101/150×150	39/205×250	101/240×240	10/200×120	100/135×135

声环境质量状况

1989—1990年，丽水城区交通噪声分别为76.7分贝和73.1分贝。1989—1998年，丽水城区交通噪声均超过国家70分贝限值标准。1999年开始，丽水地区交通噪声开始好转，基本控制在国家标准以内。

1991—2009年丽水市区交通干线噪声一览

表5-4-2-3

年份	交通干线			平均等效声级（分贝）	年份	交通干线			平均等效声级（分贝）
	测点数（个）	总长（千米）	车流量（辆/小时）			测点数（个）	总长（千米）	车流量（辆/小时）	
1991	7	4.70	286	73.10	1993	7	4.70	393	80.70
1992	7	4.70	218	78.10	1994	7	4.70	608	79.50

续表 5-4-2-1

年份	交通干线			平均等效声级（分贝）	年份	交通干线			平均等效声级（分贝）
	测点数（个）	总长（千米）	车流量（辆/小时）			测点数（个）	总长（千米）	车流量（辆/小时）	
1995	7	4.70	716	80.30	2003	18	12.55	1832	71.10
1996	6	4.25	819	79.40	2004	18	12.55	1497	67.20
1997	19	12.55	885	76.20	2005	18	12.55	1543	68.90
1998	19	12.55	825	70.60	2006	18	12.55	1497	69.00
1999	19	15.55	869	69.60	2007	18	12.55	1543	67.20
2000	19	12.55	1069	70.00	2008	18	12.55	1576	66.70
2001	18	12.55	1320	69.40	2009	18	12.55	1476	67.10
2002	18	12.55	1266	69.50	—	—	—	—	—

功能区噪声　丽水市区功能区噪声监测始于 1989 年，采用《声环保质量标准》(GB3098—82 标准）评价。

1989 年，丽水城区居民文教区昼、夜间噪声分别为 58.2 分贝、51.25 分贝；一类混合区为 53.4 分贝、44.2 分贝；二类混合区为 64.2 分贝、52.2 分贝；工业集中区 52.6 分贝、47.6 分贝；交通干线两侧为 74 分贝、64.4 分贝；商业中心区 61.3 分贝、52.7 分贝。1990 年，市区特殊住宅区昼、夜间分别为 47.4 分贝、38.4 分贝；居民文教区为 55.6 分贝、40.5 分贝；一类混合区为 51.7 分贝、38.5 分贝；二类混合区为 60.7 分贝、51 分贝；工业集中区 49.5 分贝、44.9 分贝；交通干线两侧为 73.6 分贝、61.1 分贝；商业中心区 64.2 分贝、53.1 分贝。1991—1995 年，市区昼、夜间等效声级平均值居民文教区为 53.6 分贝、42 分贝；一类混合区为 52.3 分贝、43.3 分贝；二类混合区为 61.5 分贝、48.2 分贝；工业集中区 50.7 分贝、41.3 分贝；交通干线两侧为 73.9 分贝、65.3 分贝；商业中心区 65.7 分贝、55.7 分贝。此期间居民文教区、二类混合区噪声逐年有所升高，一类混合区、工业集中区、交通干线两侧、商业中区噪声有较显著升高。1996 年，执行《声环保质量标准》(GB3096—93)新标准，功能区划分由六类调整为四类，六个测点。一类区 1 个，二类区 3 个，三类区 1 个，四类区 1 个。1996—2000 年，市区昼、夜等效声级平均值，昼间一类区 51.7 分贝、52.9 分贝、57.3 分贝、51.7 分贝、51.1 分贝，其中 1998 年超标 2.3 分贝；二类区 59.4 分贝、53.7 分贝、52.4 分贝、55.8 分贝，均未超标；三类区 63.1 分贝、57.3 分贝、64.4 分贝、57.3 分贝、60.1 分贝，均未超标；四类区 73.6 分贝、70.2 分贝、67.6 分贝、67 分贝、68.3 分贝，1996 年、1997 年分别超标 3.6 分贝、0.2 分贝。夜间一类区 41.1 分贝、39.3 分贝、42.2 分贝、38.6 分贝、35.6 分贝，均未超标；二类区 47.5 分贝、48.7 分贝、45.9 分贝、44.6 分贝、48.2 分贝，均未超标；3 类区 49.8 分贝、53.3 分贝、62.7 分贝、51.5 分贝、60.1 分贝，1998 年、2000 年，分别超标 7.7 分贝、5.1 分贝；四类区 66.4 分贝、65 分贝、61.9 分贝、64.3 分贝、64.9 分贝，分别超标 11.4 分贝、10 分贝、6.9 分贝、9.3 分贝、9.90 分贝。1996—2000 年，市区各类功能区昼、夜间噪声呈不显著下降趋势。

2001—2005 年，丽水市区昼、夜等效声级平均值，昼间一类区 54.7 分贝、58.9 分贝、43.4 分贝、53.4 分贝、54 分贝，2002 年，超标 3.9 分贝；二类区 58.5 分贝、56.5 分贝、51 分贝、51.7 分贝、52.5 分贝，均未超标；三类区 63.5 分贝、65.3 分贝、57.3 分贝、57.2 分贝、60.5 分贝，均未超标；四类区 68.5 分贝、65.8 分贝、57.9 分贝、61.2 分贝、59.2 分贝，均未超标。夜间一类区 46.5 分贝、49 分贝、36.1 分贝、43.4分贝、45.7分贝，2001年、2002年、2005年，分别超标1.5分贝、4分贝、0.7分贝；二类区52.6分贝、51.3分贝、45分贝、42分贝、48.6分贝，2001年、2002年，分别超标2.6分贝、1.3分贝；三类区57.9分贝、56分贝、52.4分贝、53.2分贝、53.7分贝，2001年、2002年，分别超标2.9分贝、1分贝；四类区65.3分贝、64.1分贝、57分贝、58.4分贝、57分贝分别超标10.7分贝、9.1分贝、2、3.4分贝、2分贝。2001—2005年，昼夜间噪声仍呈下降趋势，但不明显。2006—2009年，市区各类标准适用区等效声级昼间1—4类区均未超标；夜间一、二类区均未超标，三类区2006年超标0.3分贝，2007年，超标3.9分贝，2008年、2009年，均未超标；四类区2006年超标1.6分贝，2008年，超标4.7分贝，2007年、2009年，未超标。

2006—2009年丽水市区功能区噪声一览

表5-4-2-4　　单位：分贝

适用区域类别	年份	昼间噪声Ld	评价标准	超标值	夜间噪声Lr	评价标准	超标值
一类标准区	2006	48.10	55	-6.90	40	45	-50
	2007	49.60		-5.40	42.10		-2.90
	2008	48.20		-6.80	41.30		-3.70
	2009	50.60		-4.40	43.30		-1.70
二类标准区	2006	52.40	60	-7.60	48.10	50	-1.90
	2007	52.10		-7.90	48.90		-1.10
	2008	52.20		-7.80	47.80		-2.20
	2009	52.50		-7.50	47.60		-2.40
三类标准区	2006	58.60	65	-6.40	55.30	55	+0.30
	2007	57.90		-7.10	58.90		+3.90
	2008	52.90		-12.10	52		-3
	2009	57.50		-7.50	52		-3
四类标准区	2006	59.20	70	-10.80	56.60	55	+1.60
	2007	58.80		-11.20	53.10		-1.90
	2008	56		-14	59.70		+4.70
	2009	60.30		-9.70	52.80		-2.20

说明："评价标准"为《声环保质量标准》(GB3096—96)、(GB3096—2008)标准；"超标值"为分贝，"+""-"表示大于或小于。2006—2009年，各类标准适用区昼夜等效声级有升有降，总体趋势略有上升

区域环境噪声　20世纪90年代，丽水区域环境噪声五年普查一次。2006年起，丽水市区每年监测环境噪声1次。1986—1990年，丽水城区区域环境噪声58.2分贝。1991—1995年，丽水城区区域环境噪声58.8分贝。1996—2000年，丽水市区区域环境噪声60.6分贝。2001—2005年，丽水市区区域环境噪声55.4分贝。2006年，丽水市区区域环境噪声55.6分贝，2007年55.8分贝，2008年56分贝，2009年54.7分贝。2005—2009年，丽水市区区域环境噪声升降变幅不大，基本稳定在55分贝左右。1996年前，丽水城区区域环境噪声采用200米×200米网络布点101个，监测覆盖面积4.04平方千米，1996年后，丽水市区区域环境噪声监测采用250米×250米网络布点114个，监测覆盖面积7.13平方千米。

若干年份丽水市区域环境噪声声源构成一览

表 5-4-2-5　　单位：%

年份	交通	工业	施工	生活	其他
1990	12.90	11.90	2.00	43.60	29.70
1995	20.60	10.30	9.30	50.50	9.30
2000	23.90	7.10	7.00	56.60	5.30
2001	28.30	5.30	4.40	46.00	15.90
2002—2003	16.70	12.30	1.80	50.90	18.40
2004—2009	18.40	7.00	2.60	62.30	9.60

县(市)城镇功能区噪声　1990年，龙泉市开始功能区噪声监测(试测)。2005年，云和、遂昌开始功能区噪声监测。2006年，庆元开始功能区噪声监测。2008年，青田、缙云、松阳、景宁开始功能区噪声监测。

1991—1995年，龙泉市居民文教区昼、夜间平均声级及超标值69分贝、56分贝，超标17分贝、16分贝；商业中心区71.6分贝、65.8分贝，超标11.6分贝、15.8分贝；工业集中区67.2分贝、61.1分贝，超标2.2分贝、6.1分贝，交通干线两侧75.8分贝、67.4分贝，超标5.8分贝、12.4分贝。1996—2000年，龙泉市采取新的功能区划分办法后，昼、夜间平均声级及超标值，一类区53.8分贝、44分贝，无超标；二类区53.3分贝、44.5分贝，无超标；三类区55.8分贝、48.2分贝分贝，无超标；四类区73.2分贝、63分贝，超标3.2分贝、8分贝。2001—2005年，昼、夜间平均等效声级及超标值，一类区49.6分贝、39.8分贝，未超标；二类区51.9分贝、45.6分贝，未超标；三类区57.7分贝、51.4分贝，未超标；四类区67.4分贝、61.5分贝，夜间超标6.5分贝。2006—2009年，昼、夜间平均等效声级及超标值一类区50.3分贝、44.1分贝；二类区53.9分贝、46.6分贝；三类区58.9分贝、50.3分贝；四类区64.4分贝、59.2分贝；除四类区夜间超标4.2分贝外，其余均达标。

2006—2009年，遂昌县昼、夜间平均等效声级及超标值，一类区50.2分贝、41.7分贝；二类区53.2分贝、44.9分贝；三类区54.7分贝、48.3分贝，均未超标。

2006—2009年，庆元县昼、夜间平均等效级声及超标值，一类区54.6分贝、43.3分贝；二类区58.2分贝、50.7分贝；夜间超标0.7分贝；三类区62.5分贝、52.3分贝；四类区67.3分贝、57.9分贝，夜间超标2.9分贝，其余均未超标。

2008—2009年，松阳县昼、夜间平均等效级声及超标值，一类区54分贝、42.3分贝；二类区56.1分贝、44.9分贝；三类区62.5分贝、53.6分贝；四类区68.7分贝、53.2分贝，均未超标。景宁畲族自治县昼、夜间平均等效级声及超标值，一类区48.6分贝、37.3分贝；二类区47.3分贝、42.2分贝；三类区52.5分贝、42分贝；四类区52.6分贝、46分贝，均未超标。青田县昼、夜间平均等效声级及超标值，一类区47.6分贝、41.5分贝；二类区53.6分贝、48.7分贝；三类区60.5分贝、53.4分贝。均未超标。云和县昼、夜间平均等级声级及超标值，一类区52.7分贝、36.5分贝；二类区57.7分贝、51.2分贝，夜间超标1.2分贝；三类区61.9分贝、54.2分贝；四类区66.7分贝、59.4分贝，夜间超标4.4分贝，其余均未超标。缙云县昼、夜间平均等效声级及超标值，一类区46.8分贝、36.2分贝；二类区53.8分贝、47.7分贝；三类区58.1分贝、54.1分贝；四类区67.3分贝、61分贝，夜间超标6分贝，其余均未超标。

县(市)城镇交通噪声　1990—1995年，龙泉城镇交通噪声分别为79.2分贝、79.3分贝、78.3分贝、

76.9 分贝、81.2 分贝、76.2 分贝。1997—2005 年，龙泉城镇交通噪声分别为 73.4 分贝、74.2 分贝、74.3 分贝、73.6 分贝、73 分贝、67.3 分贝、69.7 分贝、67.9 分贝、68.4 分贝。缙云城镇交通噪声分别为 79 分贝、78.3 分贝、72.7 分贝、71.6 分贝、76.7 分贝、74.4 分贝、75 分贝、74.4 分贝、75.8 分贝。

2006—2009 年丽水各县(市)各功能区昼、夜间平均等效声级一览

表 5-4-2-6　　单位：分贝

年份	县(市)	一类区		二类区		三类区		四类区		县(市)	一类区		二类区		三类区		四类区	
		昼间	夜间	昼间	夜间	昼间	夜间	昼间	夜间		昼间	夜间	昼间	夜间	昼间	夜间	昼间	夜间
2006	龙泉	51.20	42.70	55.60	47.20	61.70	45.10	66.60	59.20	庆元	52.90	45.00	57.50	49.10	61.30	51.40	67.50	51.60
2007		47.90	45.60	53.10	41.60	56.10	54.20	67.90	69.30		58.10	35.20	60.40	56.80	—	—	67.20	62.60
2008		51.50	44.70	54.40	50.20	60.30	49.80	62.90	55.70		53.50	46.40	57.60	49.00	63.10	52.60	67.50	58.90
2009		50.60	43.30	52.50	47.60	57.50	52.00	60.30	52.80		54.00	46.50	57.30	47.90	63.10	52.80	67.20	58.40
2006	遂昌	50.30	42.00	54.20	46.60	55.40	51.10	—	—	松阳	—	—	—	—	—	—	—	—
2007		53.60	44.10	53.80	43.30	55.70	51.50	—	—		—	—	—	—	—	—	—	—
2008		48.20	42.00	52.20	42.50	52.60	46.00	—	—		55.50	42.00	55.80	41.90	—	—	69.40	53.30
2009		48.80	38.80	52.50	47.10	55.00	44.70	—	—		52.50	42.60	56.30	48.00	62.50	53.60	68.10	53.10
2008	景宁	56.70	39.80	53.90	48.2	61.20	46.70	61.20	52.40	青田	48.70	42.80	52.90	47.70	58.50	53.60	—	—
2009		40.40	34.80	40.80	0	43.90	37.40	44.00	39.60		50.40	40.20	54.20	49.80	62.50	53.30	—	—
2008	云和	52.70	34.80	58.40	50.40	—	—	65.60	59.70	缙云	52.00	39.20	51.70	43.60	56.30	53.40	68.00	57.70
2009		52.60	38.20	57.00	52.00	61.90	54.20	67.90	59.10		41.50	33.30	55.90	51.90	59.90	54.80	66.70	64.40

2006—2009 年丽水市城镇交通噪声一览

表 5-4-2-7　　单位：分贝

区　域	2006	庆元	遂昌	景宁
龙泉市	68.80	68.80	66.00	69.20
青田县	—	—	67.50	60.20
云和县	71.10	71.10	69.60	67.90
庆元县	80.30	80.30	68.30	75.90
缙云县	72.80	72.80	7.09	64.20
遂昌县	64.20	64.20	61.60	58.40
松阳县	72.50	72.50	72.50	69.20
景宁畲族自治县	71.00	71.00	76.00	60.40

县(市)区域环境噪声　丽水地区开展区域环境噪声监测时间不同，也未按规范定期监测。1992 年，缙云监测值 61 分贝。2001 年、2003 年、2005 年、2007 年，龙泉监测值分别为 57.6 分贝、54.1 分贝、55.7 分贝、55.1 分贝。2006 年，庆元县、青田县监测值分别为 53.1 分贝、62.60 贝。2008 年起，全市各县(市)均正常开展监测。

2008—2009年丽水各县(市)区域环境噪声值一览

表 5-4-2-8　　　　单位:分贝

年度	龙泉	青田	云和	庆元	缙云	遂昌	松阳	景宁
2008	54.30	52.40	59.20	50.70	54.80	54.00	62.40	64.30
2009	54.70	50.60	54.60	50.70	51.50	54.90	54.90	51.40

第三节　负氧离子监测

丽水空气中的负氧离子含量为环境质量重要指标。2008年7月21日,丽水市林业局开展空气负氧离子监测,这是全国首例。

至2010年,丽水市监测空气负氧离子浓度136期,监测3282个监测点,其中丽水城区及莲都监测点最多,1306个。监测点位置选择分景区、城区、室内三种,其中景区监测2042个,占62.2%;城区1083个,占33%;室内157个,占4.8%。景区当中自然保护区监测312个,森林公园1057个,林区468个,其他205个;城区当中城市公园监测554个,城市绿地375个,街道115个,居住区39个。

据丽水监测结果,丽水市清新及其清新以上的监测点2569个,特别清新即平均值3000个/立方厘米的监测点有1274个。达到特别清新的点大部分分布在景区,城区分布极少数。丽水九县(市、区)空气负氧离子平均浓度2571个/立方厘米,丽水成为“中国生态第一市”“华东天然氧吧”。

2008年丽水市空气负氧离子监测一览

表 5-4-3-1

县(市、区)	平均值(个/立方厘米)	监测点数(个)	最高监测数据		
			最高值(个/立方厘米)	监测地点	监测时段
全市	1498	3282	—	—	—
莲都区	997	1306	80901	白云森林公园双喜桥	2008年8月4日16时
龙泉市	1405	217	71200	凤阳山自然保护区双折瀑	2008年9月2日10时
青田县	873	250	63938	石门洞风景区	2008年9月17日15时
云和县	1631	339	118824	雾溪水库水电站出水口	2008年8月19日15时
庆元县	1722	212	204600	百山祖自然保护区千层瀑	2008年8月29日10时
缙云县	1208	154	18206	大洋山避暑山庄山涧	2008年8月11日14时
遂昌县	2813	232	115881	神龙谷景区一级瀑布	2008年8月20日13时
松阳县	1276	437	55793	卯山森林公园鲤鱼跳龙门	2008年9月16日11时
景宁畲族自治县	1560	135	48503	草鱼塘森林公园山涧瀑布	2008年10月8日13时

说明:1.青田、云和、缙云、松阳、景宁5个县为2008年11月份召开全市空气负氧离子监测工作会议后,并开始上报公布后所有监测点测得的平均值;2.莲都、龙泉、庆元、遂昌4个县为2008年11月至2009年12月所有监测点测得的平均值(监测仪器损坏,导致数据无法正常监测);3.最高值为2008年11月份召开全市空气负氧离子监测工作会议前的监测数据

第四节　生态效益测算

根据2008年浙江省发展规划研究院所测算，丽水市森林、湿地生态系统提供服务功能的价值总和2229.1亿元/年，占浙江省的五分之一。其中森林生态系统服务功能价值（以下简称森林生态效益）1413亿元/年，湿地生态系统服务功能价值（以下简称湿地生态效益）816.1亿元/年。

森林生态效益

20世纪，丽水森林生态效益1413亿元/年，占浙江省森林生态效益的24.5%。即丽水市以16.90%的全省国土面积，每年为浙江省贡献出24.5%的森林生态效益。

丽水市森林生态系统服务功能评价一览

表5-4-4-1

服务类型	功能	价值量评价结果（亿元/年）		丽水的比重（%）
		丽水市	浙江省	
供给功能	林产品、林副产品	36.20	291.90	12.40
调节功能	土壤保持、土壤保肥、涵养水分、净化环境、固定CO_2	757.40	3236.80	23.40
支持功能	释放氧气、物种资源	596.70	2146.40	27.80
文化功能	—	22.70	91.50	24.80
合　计		1413.00	5766.60	24.50

湿地生态效益

21世纪，丽水的湿地生态效益816.1亿元，占浙江省湿地生态效益的10.9%。即丽水市湿地生态系统以占全省5.2%的湿地面积，贡献出10.9%的湿地生态效益。

丽水市湿地生态系统服务功能评价一览

表5-4-4-2

服务类型	功能	价值量评价结果（亿元/年）		丽水的比重（%）
		丽水市	浙江省	
提供产品	用水供应（生活）	1.70	21.00	8.10
	用水供应（农业）	0.27	3.80	7.10
	用水供应（工业）	3.00	133.80	2.20
	水力发电	17.20	37.10	46.36
	内陆航运（客）	0.01	0.20	0.05
	内陆航运（客）	0.10	165.60	0.0006

续表 5-4-4-2

服务类型	功能	价值量评价结果(亿元/年)		丽水的比重(%)
		丽水市	浙江省	
	产品生产	1.50	381.00	0.004
	小　计	23.78	742.50	3.20
调节功能	蓄水	757.20	5985.20	12.70
	河流输送	0.50	1.50	33.33
	调蓄洪水	23.70	436.00	5.40
	净化水质(N)	0.03	0.30	0.10
	净化水质(P)	0.02	0.30	0.07
	小　计	781.45	6423.30	12.17
文化功能	科学研究	8.40	164.70	5.10
	休闲旅游	2.60	152.50	1.70
	小　计	11.00	317.20	3.50
支持功能	支持功能	0.10	8.90	1.40
合　计	—	816.33	7491.90	10.90

第五节　生态灾害监测

地质灾害监测

1991年,应丽水地区行署要求,浙江省地矿厅安排省第七地质大队对丽水地区以往发生过的地质灾害地和新发现的隐患点进行全面调查。至2010年年底,丽水市查明各类地质灾害(隐患)点1396处。2002年,丽水市政府颁布《丽水市地质灾害防治管理办法》,逐步建立地质灾害监测预报信息网络,对危害性大,能造成大量人员伤亡和财产损失的隐患点,组织专业队伍进行监测。各县(市、区)落实具体监测负责人,对各个地质灾害(隐患)点进行日常监测,及时收集资料、及时报告。2003年,市国土局与市气象局联合,对危害程度较大的隐患点,通过埋桩、经纬仪测量等多种方式进行群专结合监测。2009年,开展地质灾害群测群防"十有县"创建工作,当年龙泉、缙云获全国地质灾害群测群防"十有县"①称号,2010年庆元、松阳、景宁、青田四县也荣获全国"十有县"称号。到2010年,布点342个,埋桩1368只,配置滑坡专业监测仪器18台进行全天候监测。监测体系覆盖所有地质灾害隐患点,有效地开展监测预防工作。"十五"期间,全市成功避让地质灾害37起,避免人员伤亡428人。"十一五"期间,成功预报地质灾害22起,避免人员伤亡465人,在监测点上未发生人员伤亡。

① 有组织、有经费、有规划、有预案、有制度、有宣传、有预报、有监测、有手段、有警示。

河道水质监测

1957 年起，青田县圩仁站、五里亭站，丽水县均溪站等水文站即开展河水的化学监测。1967—1972 年停测。1973 年，青田圩仁站、丽水站水恢复化学监测。2007 年，丽水市水功能区有水质监测站 9 处，主要分布于河流控制断面，其中国家控制站 1 处，省级控制站 7 处，市级控制站 1 处。国家控制站每月取样一次，其他站每两月取样一次。

2008 年，丽水市水利局计划用三年时间增建水功能区水质断面监测站点 59 个。后来应缙云、云和两县水源地建设要求，又增加 2 个。全市水功能区水质断面监测站点 69 个，其中省控断面监测点 20 个、市控 34 个、县控 15 个。这些站点是丽水、圩仁、黄村水库、玉溪水库、巨浦（白岩）、青田、龙泉、靖居口、缙云、新窑、安溪、三汇水电站（万里林场）、兰溪桥水库、阁门岭大桥、马蹄岙水库、左溪二级水库（左溪镇）、南阳二级水库（张村）、白鹤、道化（交见圩）、石仁、大均、外舍、龙潭桥水库、高岩下电站（大顺）、林圩、温溪镇、石帆、船寮、孙前、金坑水库、小梅桥、八都、岩樟二级（周村）、梧桐口、龙泉水厂、道太、安仁、紧水滩水库、石塘水库、村头、云和、大港头、碧湖老车渡（采桑村）、高溪水库、上显滩（港口）、雅一水库、太平、黄渡（堰头）、金鸡岩、黄沙腰镇、三归鱼种场、龙洋、北界、成屏二级电站、遂昌、大石、松阳西屏、合溪、东坞水库、竹源水库、上包（大东坝）、方溪、左库水库、株树（银坑）、长丰（舒洪）、高畈（大源）、姓姚、周村、雾溪水库。

2010 年 10 月，丽水市重点水功能区首期水质监测通报发布，向社会公布全市主要河流、县市交界水体、部分城镇供水水源地等重要水域的水质状况。

第六节　环境监测机构

市级环境监测机构

1977 年 1 月，丽水地区环境保护办公室成立，与丽水地区环境保护监测科研站合署办公，隶属地区计委。1987 年 5 月，丽水环境科学研究所建立，与丽水地区环境保护监测科研站合署办公。1988 年 7 月，地区计委将丽水地区环境保护办公室与丽水地区环境保护监测科研站分设，各司其职。1992 年 1 月，浙江省环保局发文，明确丽水市环境科学研究所为全省第一批编填报告表单位。5 月，丽水地区环境保护办公室又与丽水地区环境保护监测科研站合署办公，内设环境监测科、环境管理科、行政财务科。1996 年 4 月，丽水地区环保局内设办公室，开发管理科、污染管理科，核定编制 10 名。地区环保监测站为丽水地区环保局下属事业单位。2000 年 8 月 24 日，丽水地区环保监测站更名丽水市环境监测中心站，核定人员编制 41 名，全民所有制事业单位，隶属于丽水市环保局。2005 年，丽水获国家环保总局颁发的环境影响评价乙级资格证书。2008 年 1 月，进行换证，增加编写化工、石化、医药、社会区域行业环境影响报告书和编制一般项目环境影响报告表工作。2009 年，仍核定在编人数 41 人。2010 年，拥有环评上岗证 18 人，环评工程 6 人。

县（市）环境监测机构

1981 年 3 月，遂昌县建立县环境监测站。到 1986 年 8 月，丽水地区龙泉、庆元、缙云、青田、松阳、景宁各县环境监测站相继建立。1995年，丽水各县市城乡建设局增挂环境保护局牌子，称城乡建设局环境保护局，内设环境管理科，管理各县(市)环境监测站。2001年机构改革中，各县独立设环境保护局，其中龙泉为行政局，其他县均为依照公务员管理的事业局，下设环境监察大队和环境监测站。各县环境监测站人员编制偏少，有的县编制还被占用。2004年，各县(市)环境监测站合计环境监测人员仅50多人。2005年5—7月，丽水市编委先后发文，各县环境保护事业局改为行政局，环境监测站仍为其下属单位。

2005年丽水各县(市)监测站一览

表5-4-6-1

县、市	成立时间	编制人数(人)	在岗人数(人)	县、市	成立时间	编制人数(人)	在岗人数(人)
龙泉市	1982年2月	14	13	庆元县	1984年11月	7	10
青田县	1986年8月	18	20	云和县	1984年09月	2	12
缙云县	1984年8月	10	10	遂昌县	1981年03月	—	15
松阳县	1984年9月	6	6	景宁畲族自治县	1984年12月	8	13

第五章　生态管理

1973年，丽水地区计划管理委员会设专人管理环境保护工作，各县市也相应设立机构。1990年，丽水有环境保护机构22个，其中地区4个，县(市)18个。2000年，丽水有环境保护机构27个，其中市级3个，县(市)24个。2005年，丽水有环境保护机构27个，其中市级3个，县(市)24个。2008年，丽水有环境保护机构32个，其中市级4个，县(市)28个。2010年，丽水有环境保护机构33个，其中市级5个，县(市)28个。

丽水市环境保护机构加强环境监测设施建设，相继建立环境监测系统、大气自动监测系统、地表水自动监测站及重点企业污染源在线监控设施，并加强农村环保基础设施建设。到2010年止，全市建成市、县(市)环境监控中心9个，重点污染源在线监控监测系统81套。同时，对环境有影响的建设项目都必须执行环境影响评价制度和“三同时”制度，加强排污费的征收。

20世纪90年代，丽水地区开始设立生态功能区，保护环境。1997年，丽水地区环保局划定全区范围的环境空气质量功能区，划分环境空气质量功能区28个，其中一类区17个，面积11678.57平方千米，占全区陆域面积67.51%；二类区11个，面积5619.5平方千米，占全区陆域面积32.5%。2002年，丽水市完成《丽水市城市区域环境噪声标准适用区划分》，丽水市区的声环境功能区划分为1—4类标准适用区。2005年12月，省水利厅和省环保局颁布全省水环境功能区划分方案，丽水市境内划分为7种类型92个功能区。水环境功能区分为自然保护区、饮用水水源保护区、渔业用水区、工业用水区、农业用水区、景观娱乐用水区和多功能区类型7种，详细划分丽水市各流域水体的水环境功能区。2009年，全市生态环境功能区规划颁布实施，将全市生态环境功能区划分禁止准入区、限制准入区、重点准入区、优化准入区4类小区225个。

第一节　环境设施建设

环境质量监测设施

丽水地区、县环境监测站初建时监测仪器设备较少，仅配置一些进行水质常规监测的仪器设备。至1986年年底，丽水地区环境监测站拥有监测仪器设备50多台（套），其中大型监测仪器设备仅3台（套），主要是原子吸收分光光度计和气相色谱仪。1990年年底，全区环境监测站拥有主要监测仪器设备81台（套），其中大型监测仪器设备4台（套）。1995年年底，全区环境监测站拥有主要监测仪器设备128台（套），其中大型监测仪器设备5台（套）。2000年年底，全市环境监测站拥有主要监测仪器设备132台（套），其中大型监测仪器设备7台（套）。

2001—2005年，丽水市环境监测仪器设备资金投入较大，至2005年年底，丽水市环境监测站拥有监测仪器设备250台（套），其中大型监测仪器设备13台（套）。建成大气自动监测系统5个。

2006—2010年，丽水市重视环保基本建设，投入大量资金。至2009年年底，丽水市环境监测站拥有监测仪器设备270台（套），其中大型监测仪器设备47台（套）。主要增加原子吸收分光光度计、离子色谱仪、大气自动监测系统、水质自动监测系统、气相色谱—质谱联用仪、应急监测车，以及大型精密应急监测仪器设备。大型监测仪器设备中，大气自动监测系统16个；水质自动监测系统7个；原子吸收分光光度计9台（套）①。

环境自动监测监控系统

大气自动监测系统　2002年，丽水市区开始建设大气自动监测系统。2003年年初，丽水市开始试运行大气自动监测系统。2003年9月，丽水市大气自动监测系统验收通过后正式取代手工监测。2002—2007年，全市布设大气常规监测点位16个，其中市区有自动监测点3个。

2007年丽水市大气自动监测点位分布一览

表5-5-1-1

行政区	个数（个）	测点位置
丽水市	3	丽水市监测站大楼05前空气站
		丽水市莲都区余庄前空气站
		丽水市莲都小学05前空气站
龙泉市	3	龙泉凤阳山空气背景站
		龙泉市粮食大楼顶空气站
		龙泉市移办大楼05空气站

① 全市除1个县站未配置外，其余县站均配置。

续表 5-5-1-1

行政区	个数	测点位置
青田县	2	青田县二中空气站
		青田县建设大楼空气站
云和县	1	云和县环保楼顶空气站
庆元县	1	庆元县监测站楼顶空气站
缙云县	2	缙云县卫生局大楼空气站
		缙云县信访大楼空气站
遂昌县	1	遂昌县监测站 05 空气站
松阳县	2	松阳县和平水厂空气站
		松阳县环保大楼空气站
景宁畲族自治县	1	景宁畲族自治县空气站
合计	16	—

地表水自动监测站　2005 年开始，丽水市及下属各县按照生态省、生态市、生态县建设及“811”环境污染整治任务要求，相继建设地表水自动监测站 7 个，分别是丽水均溪站、丽水蒲岸站、丽水堰后站、青田陈山埠站、缙云白竹站、松阳界首站、云和龙门站。环境自动监测监控系统，通过网络实现省市县数据共享。

重点企业污染源在线监控设施

2010 年，丽水市建成市、县（市）环境监控中心 9 个，重点污染源在线监控监测系统 81 套。

市医疗废物处置中心　丽水市医疗废物集中处置中心位于丽水市水阁街道潘田村，市政府 BOO 项目。总投资概算 2050 万元，用地面积 11400 平方米，建筑面积 3462 平方米。2010 年 1 月，开始运行，日处理医疗废物 5000 千克，年处理能力 182.50 万千克，主要负责丽水市行政区域内各级医疗单位医疗废物的收集、运输、处置。采用热解气化焚烧炉处理工艺，达标排放。

水阁工业园区合成革釜残处置中心　丽水合成革固废无害化处理中心是一家专门处置丽水经济技术开发区合成革企业釜残的危险废物经营单位，由浙江人立环保有限公司出资建设，位于丽水市经济开发区龙庆路 328 号，占地面积 11696 平方米，总投资 1700 万元。2006 年 9 月，项目一期开工建设，2007 年年初，中心试运行，处理能力 9600 千克/日（288 万千克/年）。二期处理规模 2 万千克/日（600 万千克/年）。2010 年年底，投入运行。

松阳工业园区不锈钢污泥处置中心　松阳县中奇环境工程有限公司位于松阳县工业园区内，注册资本 1050 万元，主要从事不锈钢废水处理和不锈钢污泥等废物中重金属的综合回收利用。2007 年 5 月成立，年处理不锈钢表面处理废物 4200 万千克、废酸 300 万千克，处理能力基本满足松阳县不锈钢行业。

农村环保基础设施建设

丽水市农村生活污水处理　截至 2009 年年底，庆元、云和、龙泉、莲都、缙云、遂昌、松阳、景宁畲族自治县乡镇所在地的生活污水处理设施基本达到全覆盖，其中建成农村生活污水微动力处理设施12个，开展整村生活污水处理设施建设丽水市村庄近1000个，建成农村户用沼气800多个村、31000多户。2010年，青田县乡镇14个建设污水处理设施。

丽水市农村生活垃圾处理 2008年，遂昌县投入1050万元，在全县所有乡镇开展垃圾集中收集与处置。景宁畲族自治县投入约3000万元，建成垃圾中转站6个，收集站8个，购置垃圾运输车42辆，实行垃圾集中收集与处理行政村206个，覆盖率70%以上。松阳县投入500多万元，开展农村垃圾处理。龙泉市争取到国债项目，在10个乡镇的15个行政村开展农村连片整治，加大投入，促进农村人居环境改善。2009年，丽水市农村垃圾集中收集率79.50%。

丽水市畜禽养殖污染处理设施建设 2010年年底，丽水市完成100头规模以上的养殖场污染物治理708家，散养户开展农村户用沼气建设30000多户，解决畜禽粪便污染，获得经济与环境的双赢。

第二节 环境影响评价

制度与管理

1979年，丽水地区执行颁布实施的《中华人民共和国环境保护法(试行)》，正式确立环境影响评价制度。1983年，丽水开始环境影响评价，辖区内第一个环评项目为遂昌金矿，由当时省环保局审批。1989年，丽水地区执行颁布实施的《中华人民共和国环境保护法》，明确重申环境影响评价的法律地位。2002年，丽水市执行颁布实施的《中华人民共和国环境影响评价法》，环境影响评价有新的发展。

2008年，丽水市实施环保部公布的《建设项目环境影响评价分类管理名录》，根据建设项目对环境的影响程度，对建设项目的环境影响评价实行分类管理。2009年，丽水市执行环保部公布的《建设项目环境影响评价文件分级审批规定》，接受部分下放的审批权限。建设项目环评审批，每年基本以登记表为主，报告表次之，报告书最少。2010年，丽水市审批1257个项目，其中登记表749个，报告表455个，报告书53个。

2001—2010年丽水市建设项目环评审批一览

表5-5-2-1　　单位：个

年份	县市区建设项目环评审批	市本级建设项目环评审批	全市合计
2001	—	105	—
2002	—	230	—
2003	—	400	—
2004	—	405	—
2005	738	375	1113
2006	778	378	1156
2007	1007	357	1364
2008	998	268	1266

续表 5-5-2-1

年份	县市区建设项目环评审批	市本级建设项目环评审批	全市合计
2009	897	258	1155
2010	1097	160	1257

环保“三同时”

21 世纪，丽水市根据《中华人民共和国环境保护法》《建设项目环境保护管理办法》等相关法律规定，明确建设项目中防治污染的设施，必须与主体工程实行“三同时”①使用制度。2001 年，丽水市出台《建设项目竣工环境保护验收管理办法》，规范和完善竣工环境保护验收。2007 年，丽水市执行《浙江省环保局建设项目环境保护“三同时”管理办法》，明确丽水市建设项目竣工环境保护验收继环境影响评价后实施执行。

2008—2010 年，丽水市建设项目实行“三同时”验收 1904 个，其中市本级 472 个，县级 1432 个。

2008—2010 年丽水市建设项目“三同时”验收一览

表 5-5-2-2　　单位：个

年份	县市区建设项目“三同时”验收数	市本级建设项目“三同时”验收数	合计
2008	423	119	542
2009	524	167	691
2010	485	186	671

第三节　排污费征收

1981 年 2 月起，丽水地区开始征收超标准排污费。同年，全区征收超标准排污费 7 户，金额 1.26 万元。1988 年，全市开征超标准排污费 117 户，金额 124.22 万元。1983—1988 年，全区使用排污费 215.39 万元，占征收总额的 53.12%，其中用于治理污染源 136.26 万元，购置环保监察仪器 79.1 万元。1990 年，全区征收排污费 111.7 万元，投入治理资金 2353 万元。

1983—1999 年丽水地区排污费征收一览

表 5-5-3-1　　单位：万元

年份	收费金额	年份	收费金额
1983	70.00	1992	128.30
1984	30.00	1993	122.69
1985	36.50	1994	156.31
1986	65.70	1995	256.00

① 三同时：同时设计、同时施工、同时投产。

续表 5-5-3-1

年份	收费金额	年份	收费金额
1987	81.80	1996	211.95
1988	124.20	1997	300.00
1989	117.90	1998	379.22
1990	111.70	1999	415.27
1991	101.45	—	—

2000 年，丽水市强化建筑噪声的现场督察管理，全部开征建筑施工噪声排污费。同年，丽水市对 100 家建筑单位开征建筑施工噪声排污费。2001 年，丽水市征收排污费 446.81 万元，其中市本级征收 166.50 万元。2002 年，丽水市本级征收排污费 135 万元。2003 年，全市实施国务院《排污费征收使用管理条例》，征收排污费 572.5 万元。2004 年，丽水市根据《排污费征收标准管理办法》，调研与测算部分小型第三产业污染物排放量，试行《丽水市部分小型第三产业污染物排污系数》，简化操作。2005 年，全市征收排污费 1047 万元。对水阁工业区合成革行业开征排污费。2006 年，全市征收排污费 1261.2 万元，2007 年征收 1458.2 万元。2008 年，全市排污申报登记企业 1177 家，其中市本级 300 家。全市征收排污费 1714.8 万元，其中市本级 722.9 万元。2009 年，全市首次开展排污费稽查，专项稽查龙泉、缙云、青田排污费。

第四节　环境功能区划

环境空气质量功能区划

1997 年 12 月，丽水环保局完成全市环境空气质量功能区划分，有环境空气质量功能区 28 个，其中一类区 17 个，面积 11678.57 平方千米，占区市陆域面积 67.51%；二类区 11 个，面积 5619.5 平方千米，占全市陆域面积 32.5%；三类区未设置。

1997 年丽水地区环境空气质量功能区划一览

表 5-5-4-1

区域名称	功能区类别	面积(平方千米)	功能区范围	执行标准
莲都区	二类区	613.52	城关、碧湖、水阁、联城、大港头、联合、双黄、富岭(南明山除外)等乡镇	二级
	一类区	99.14	严鸟乡、黄村乡	一级
		609.74	白云山森林公园、仙渡、西溪、泄川、双溪、太平、巨溪、老竹、丽新、高溪等乡镇	
		179.90	郑地乡、峰源乡	
龙泉市	二类区	930.00	龙渊、八都、查田、上垟、小梅、兰巨、石达石等乡镇(其中原青溪、四源、天平、胜利、大赛乡除外)	二级
	一类区	1491.00	道太、城北、岩樟、锦溪、住龙、竹垟、宝溪、四源、青溪等乡镇	一级
		638.00	屏南、大赛、龙南、天平、胜利等乡镇(凤阳山自然保护区在境内)	

续表 5-5-4-1

区域名称	功能区类别	面积(平方千米)	功能区范围	执行标准
青田县	二类区	901.00	鹤城、温溪、东源、船寮、山口、海口(包括南岸村的北部),贵岙、石溪、万山、祯埠(李村至祯埠村的北部)、章旦、石帆、浮弋、黄垟、小舟山、吴坑等乡镇	二级
	一类区	1270.00	石门洞风景区及西南部山林地	一级
		313.00	舒桥、季宅、东江、高湖、海溪等乡	
云和县	二类区	193.00	云和镇(其中仙宫湖森林公园部分除外)、崇头镇、沙溪乡	二级
		45.00	石塘镇(即莲都区交界至石塘电站之间)约占全镇面积的 50%范围内	
	一类区	740.00	除二类区外,县境范围内(仙宫湖森林公园在此)	一级
庆元县	二类区	350.20	松源、竹口、黄田、屏都等镇(其中三坑、黄真、三济乡除外)	二级
	一类区	1457.89	除二类区外,松源镇的东北部及南部山地和三坑乡等山林地范围,其中百山祖自然保护区位于北部	一级
		89.00	黄田镇的黄真、三济等山林地	
缙云县	二类区	778.70	五云、东方、壶镇、新碧、新建(溪南除外)、舒洪、东渡、溶江、大源、双溪口、三溪、前路、城北、七里(城西部分)等乡镇(其中仙都景区除外)	二级
	一类区	90.80	仙都风景区即北以碧川、靖岳到深渡公路为界,南以五里牌至舒洪至岱石规划公路为界	一级
		115.40	括苍林场(包括白六、雁岭乡)	
		156.00	包括新川、双川、溪南、七里乡的小�、黄店等范围	
		341.90	胡源、方溪、大洋、石笕、南溪、木栗等乡镇和县林场	
遂昌县	二类区	8420.00	包括妙高、云峰、北界、新路湾、三仁(其中白马山森林公园除外)、濂竹、及大柘和石练镇的北部(即从石坑口至千佛山的北部)等乡镇范围内	一级
	一类区	1697.00	除二类区功能区外,县境内的西南山地林地(包括白马山森林公园),九龙山自然保护区在西南部	二级
松阳县	二类区	723.00	西屏、古市、象溪、赤寿、新兴、望松、樟溪、斋坛、叶村、裕溪、四都、三都、板桥等乡镇	二级
	一类区	683.00	除二类功能区外,县境内的西南部山林地,箬寮岘自然保护区在西南部	一级
景宁畲族自治县	一类区	1706.80	除二类功能区外,县境范围内	一级
	二类区	193.20	鹤溪镇、外舍乡	二级
		50.00	沙湾镇附近七里等村约占全镇面积的一半	

声环境功能区划

2002 年,丽水市区完成声环境功能区划分。2002—2003 年,丽水市各县(市)完成城区声环境功能区划分。丽水市区的声环境功能区划分为 1—4 类标准适用区。

一类标准适用区　城市用地一类区范围,主要由文教和居住区构成,面积约 4 平方千米。范围为,东起括苍路(北至人民街止)、中山街(北环路与人民街之间);南至人民街(中山街与括苍路之间)、小水门大桥、瓯江;西至教工路;北到北环路(教工路与中山街之间)。包括丽水师范专科学校、丽水职业技术学院、丽水市卫校、丽水市聋哑学校、三岩寺风景区、万象山公园、丽水市中心医院、丽水市军分区、丽光新村等文教区、公园、机关和居住区。规划区内除城市用地以外区域的1类区范围,主要由白云山森林公园、南明山省级风景区、田野、山林和乡村生活居住区构成,面积约158平方千米。

二类标准适用区　主要由规划居住区、商业区等构成,面积约20平方千米。根据地理位置划分为4片,全都集中在城市用地内。中心城区片范围是东起东环路、紫金北路、站前路;南至大溪;西至括苍路(北止于人民街)、中山街(北环路与人民街之间);北至北环路(中山街与紫金北路之间)、丽阳街(紫金北路与东环路之间)、人民街(括苍路与中山街之间)。水南片范围是大溪以南、南环路以北、小水门大桥往南的道路东南所围成的区域,不包括规划纳爱斯工业点。联城片范围是联城东路以西与河堤路以东所围成的区域。小白岩片范围是金丽温高速公路出口至溪口大桥道路以北,大溪以南所围成的区域。

三类标准适用区　主要由规划工业区构成,包括仓储用地。划分为3片,集中在城市用地内。它们分别为天宁工业区、水阁工业区和纳爱斯工业点。天宁工业区片是东起东环路(部分);南至丽阳街(紫金北路与东环路之间);西至紫金北路;北迄北环路(紫金北路与东环路之间)。水阁工业区片是水阁东路以西,水阁西路以东所围成区域。纳爱斯工业点是南环路以北,大溪以南、小水门大桥往南道路的西北所围成区域,包括规划纳爱斯工业点。

四类标准适用区　城市用地范围内的四类标准适用区指城市道路交通干线两侧区域、铁路两侧区域(包括丽水市火车站及东侧一定区域)和大溪河道两侧区域。按照规定,以城市规划部门确定的城市主、次干线为城市交通干线,现依据《丽水市城市总体规划(2000—2020)》及交通现状确定如下的城市交通干线道路,如遇规划调整,则该方案随之调整。

中心城区(43条道路):北环路、东环路、城北街、丽阳街、丽青路、解放街、大猷街、东港路、好溪路、南环路、括苍路、大洋路、紫金路、紫金北路、开发路、东地路、人民街、庆春街、寿元街、囿山路、和平路、江滨路、水东路、站前路、中山街、花园路、天宁街、白岩路、宇雷路、寿尔福路、好溪东路、灯塔街、继光街、中东路、城西路、城东路、大众街、后庆路、白云路、三岩寺路、学院路、南明路、水南路。

联城(11条道路):绕城公路、河堤路、联城东路、太平北一路、太平北路、太平中路、联中路、联西路、太平南路、敏河北路和联丽路。

水阁(10条道路):水阁东路、水阁西路、水阁中路、北横北路、水阁北横路、水阁东二路、水阁东复路、水阁西二路、水阁中横路、水阁南横路。

其他　指公路两侧区域、铁路两侧区域和大溪河道两侧区域。包括金丽温高速公路、50省道、330国道、绕城公路等公路两侧区域。

水环境功能区划

2005年,浙江省人民政府办公厅发布《浙江省水功能区、水环境功能区划方案》,丽水市境内划分7种类型92个功能区。水环境功能区分为自然保护区、饮用水水源保护区、渔业用水区、工业用水区、农业用水区、景观娱乐用水区和多功能区7种类型。①

2005年丽水市水环境功能区划一览

表5-5-4-2

<table>
<tr><th rowspan="2">序号</th><th rowspan="2">县(市、区)</th><th colspan="2">水环境功能区</th><th rowspan="2">河流(湖、库)</th><th colspan="3">范 围</th><th rowspan="2">目标水质</th></tr>
<tr><th>编 号</th><th>名称</th><th>起始断面</th><th>终止断面</th><th>长度/面积(千米/平方千米)</th></tr>
<tr><td>1</td><td>庆元</td><td>332525GC1 1250101</td><td>自然保护区</td><td>松源溪</td><td>风岗尖西北坡</td><td>西洋</td><td>14.50</td><td>Ⅰ</td></tr>
<tr><td rowspan="5">2</td><td rowspan="5">庆元</td><td rowspan="5">332525GC1 1250102</td><td>饮用水水源保护区</td><td rowspan="5">松源溪(含兰溪桥水库)</td><td>西洋</td><td>周墩桥</td><td rowspan="5">17.3/0.84</td><td>Ⅱ</td></tr>
<tr><td>饮用水水源一级保护区</td><td>兰溪桥水库大坝</td><td>新桥</td><td>Ⅱ</td></tr>
<tr><td rowspan="3">饮用水水源二级保护区</td><td colspan="2">陆域:沿库纵深50米</td><td rowspan="3">Ⅱ</td></tr>
<tr><td colspan="2">除一级保护区外的水域</td></tr>
<tr><td colspan="2">陆域:沿库纵深20米</td></tr>
<tr><td>3</td><td>庆元</td><td>332525GC1 1250103</td><td>景观娱乐用水区</td><td>松源溪</td><td>周墩桥</td><td>阁门岭大桥</td><td>7.00</td><td>Ⅲ</td></tr>
<tr><td>4</td><td>庆元</td><td>332525GC1 1250104</td><td>多功能区</td><td>松源溪</td><td>阁门岭大桥</td><td>竹林坪下游2千米</td><td>11.80</td><td>Ⅲ</td></tr>
<tr><td>5</td><td>庆元</td><td>332525GC1 1250105</td><td>多功能区</td><td>松源溪</td><td>竹林坪下游2千米</td><td>马蹄岙水库</td><td>6.00</td><td>Ⅲ</td></tr>
<tr><td rowspan="2">6</td><td rowspan="2">庆元</td><td rowspan="2">332525GC1 1250201</td><td rowspan="2">饮用水水源一级保护区</td><td rowspan="2">竹口溪</td><td>黄畲寨尖西坡</td><td>枫堂</td><td rowspan="2">14.20</td><td rowspan="2">Ⅱ</td></tr>
<tr><td colspan="2">陆域:沿库纵深50米</td></tr>
<tr><td>7</td><td>庆元</td><td>332525GC1 1250202</td><td>多功能区</td><td>竹口溪</td><td>枫堂</td><td>省界</td><td>11.80</td><td>Ⅲ</td></tr>
<tr><td>8</td><td>庆元</td><td>332525GC1 1250001</td><td>多功能区</td><td>安溪</td><td>省界</td><td>安溪</td><td>2.50</td><td>Ⅱ</td></tr>
</table>

① 自然保护区包括源头水水源保护区以及县级以上人民政府依法划定的区域,适用于《地表水环境质量标准》(GB3838-2002)Ⅰ类标准。

饮用水水源保护区由当地人民政府依法划定的城镇饮用水集中式取消构筑物所在地表水域及其地下水补给水域、地下含水层的某一指定范围。饮用水源保护的一级保护区、二级保护区分别适用《地表水环境质量标准》(GB3838-2002)Ⅱ、Ⅲ类标准。

渔业用水区是指鱼、虾、蟹、贝类的产卵场、索饵场、越冬场、洄游通道和养殖鱼、虾、蟹、贝类、藻类等水生动植的水域,适用《地表水环境质量标准》(GB3838-2002)Ⅱ、Ⅲ类标准。

工业用水区是指各工矿企业生产用水集中取水点所在水域的范围,适用《地表水环境质量标准》(GB3838-2002)Ⅳ类标准。

农业用水区是指灌溉农田、森林、草地的农用集中提水站所在水域的指定范围,农业用水区水质标准按《地表水环境质量标准》(GB3838-2002)中的Ⅴ类或优于Ⅴ类标准控制。

景观娱乐用水区是指具有保护水生生态的基本条件、供人们观赏娱乐、人体非直接接触的水域,适用《地表水环境质量标准》(GB3838-2002)Ⅲ—Ⅴ类标准。

多功能区是指某些水域现状水质较好,但现状使用功能对水质要求较低,同时又无法确定水质要求高于现状使用功能的指定功能,将这些水域划为控制目标与现状水质基本相适应的水域,从而使这些水域得到应有的保护。多功能区目标水质以水质要求最高的功能确定,并不得低于现状水质。

续表 5-5-4-2

序号	县(市、区)	水环境功能区		河流(湖、库)	范围			目标水质
		编号	名称		起始断面	终止断面	长度/面积(千米/平方千米)	
9	庆元	332525GC11250002	多功能区	安溪	安溪	后口	15.50	Ⅱ
10	庆元、景宁	332525GB10450001	多功能区	小溪(南洋溪)	洋溪村上游	交溪亭	47.60	Ⅱ
11	庆元、景宁	332525GB10450101	自然保护区	小溪(左溪)	箬坑岙	交溪亭	32.70	Ⅰ
12	庆元、景宁	332525GB10450201	自然保护区	小溪(英川溪)	百山祖北坡	交见圩	42.50	Ⅰ
13	景宁	332529GB30050001	自然保护区	飞云江(含三插溪)	白云村上游(源头)	白鹤下游1千米	13.00	Ⅰ
14	景宁	332529GB30050002	多功能区	飞云江(含三插溪)	白鹤下游1千米	里塘口村	18.90	Ⅱ
15	景宁	332529GB10450002	多功能区	小溪(毛垟溪)	交溪亭	交见圩	29.40	Ⅱ
16	景宁	332529GB10450003	渔业用水区	小溪	交见圩	包山铁矿下	45.00	Ⅱ
17	景宁	332529GB10450004	多功能区	小溪	包山铁矿下	金钟	10.00	Ⅲ
18	景宁	332529GB10450005	多功能区	小溪	金钟	岳口	31.00	Ⅱ
19	景宁	332529GB10450301	饮用水水源保护区	小溪(鹤溪)	龙潭桥水库淹没区上游2千米	县第二水厂下游0.10千米	3.50	Ⅱ
			饮用水水源二级保护区		龙潭桥水库淹没区上游2千米	龙潭桥水库淹没区		Ⅱ
					陆域:沿河岸纵深10米			
			饮用水水源一级保护区		龙潭桥水库淹没区	县第二水厂下游0.10千米		Ⅱ
					陆域:沿河岸纵深10米			
20	景宁	332529GB10450301	饮用水水源保护区	小溪(鹤溪)	三枝树	傍山	5.00	Ⅱ
			饮用水水源准保护区		三枝树	县水厂取水口上1.50千米		Ⅱ
					陆域:右边以鹤溪水栋为界,左边沿岸纵深5米,以建水栋为界			
			饮用水水源二级保护区		县水厂取水点上1.50千米	水厂取水点下0.10千米		Ⅱ
					陆域:右边以鹤溪水栋为界,左边沿岸纵深5米,以建水栋为界			
			饮用水水源一级保护区		水厂取水点上1千米	水厂取水点下0.10千米		Ⅱ
					陆域:右边以鹤溪水栋为界,左边沿岸纵深5米,以建水栋为界			

续表 5-5-4-2

序号	县(市、区)	水环境功能区		河流(湖、库)	范围			目标水质
		编号	名称		起始断面	终止断面	长度/面积(千米/平方千米)	
21	景宁	332529GB10450303	多功能区	小溪(鹤溪)	傍山	鸭蛋坑	4.00	Ⅲ
22	景宁	332529GB10450401	多功能区	小溪(标溪)	苦竹尖	标溪	43.90	Ⅱ
23	景宁	332529GB10450501	多功能区	小溪(炉西坑)	茗源	坑口	38.30	Ⅱ
24	景宁、丽水	332529GB10450601	多功能区	小溪(大顺溪)	黄泥坦	大顺	32.40	Ⅱ
25	莲都	332501GB10040009	多功能区	大溪	玉溪水库大坝	十八都原糠醛厂	16.20	Ⅱ
26	莲都	332501GB10040010	饮用水水源保护区	大溪	十八都原糠醛厂	采桑村	3.10	Ⅱ
			饮用水水源二级保护区		十八都原糠醛厂	碧湖水厂取水口上1千米		Ⅱ
					陆域：以53省道界，另一侧以河滩地分水岭为界		—	
			饮用水水源一级保护区		碧湖水厂取水口上1千米	碧湖水厂取水口下1千米	—	Ⅱ
					陆域：以53省道界，另一侧以河滩地分水岭为界			
			饮用水水源二级保护区		碧湖水厂取水口下1千米	采桑村		Ⅱ
					陆域：以53省道界，另一侧以河滩地分水岭为界			
27	莲都	332501GB10043701	饮用水水源一级保护区	大溪	高溪水库		0.76	Ⅱ
					陆域：沿岸纵深200米			
28	莲都	332501GB10040011	渔业用水区	大溪	采桑村	上沙溪村下	6.00	Ⅲ
29	莲都	332501GB10040012	多功能区	大溪	上沙溪村下	丽水青田交界处	11.50	Ⅲ
30	莲都	332501GB10350007	多功能区	好溪	银坑	古城(大溪入口)	23.50	Ⅲ
31	龙泉	332502GB10040001	自然保护区	梅溪	锅冒尖西坡	小梅桥	47.70	Ⅰ
32	龙泉	332502GB10040002	多功能区	梅溪	小梅桥	官路岙	21.30	Ⅲ
33	龙泉	332502GB10040003	多功能区	龙泉溪	官路岙	白兰大桥	17.10	Ⅱ

续表 5-5-4-2

序号	县（市、区）	水环境功能区		河流（湖、库）	范围			目标水质
		编号	名称		起始断面	终止断面	长度/面积（千米/平方千米）	
34	龙泉	332502GB10040004	饮用水水源保护区	龙泉溪	白兰大桥	龙泉水厂取水口下游0.50千米	4.60	Ⅱ
			饮用水水源二级保护区	龙泉溪	白兰大桥	移民大桥		Ⅱ
					陆域：以两案山脊为界			
			饮用水水源一级保护区	龙泉溪	移民大桥	龙泉水厂取水口下游0.50千米		Ⅱ
					陆域：左岸以河村排污渠为界，右岸以公路为界			
35	龙泉	332502GB10040005	多功能区	龙泉溪	龙泉水厂取水口下游0.50千米	道太（大白岸）	24.50	Ⅲ
36	龙泉	332502GB1040101	多功能区	八都溪	苏百坳南坡	李家圩	42.90	Ⅱ
37	龙泉	332502GB10040201	自然保护区	均溪	高桥	于章	26.90	Ⅰ
38	龙泉	332502GB10040301	自然保护区	岩樟溪	大枫坳	周村	18.20	Ⅰ
39	龙泉	332502GB10040302	多功能区	岩樟溪	周村	龙泉（宫头）	5.70	Ⅱ
40	龙泉	332502GB10040401	自然保护区	大贵溪	大尖南坡	梧桐口	32.40	Ⅰ
41	龙泉	332502GB10040501	多功能区	安仁溪	穷坑	紧水滩安仁入库	23.60	Ⅱ
42	龙泉	332502GB10040601	自然保护区	锦溪	山坑（源头）	中锦	9.50	Ⅰ
43	龙泉	332502GB10040602	多功能区	锦溪	中锦	龙泉（宫头）	13.50	Ⅱ
44	龙泉、云和	332502GB10040006	饮用水水源一级保护区	龙泉溪	道太（大白岸）	紧水滩水库大坝	34.30	Ⅱ
					陆域：两岸山脊以内陆域			
45	云和	332502GB10040007	多功能区	龙泉溪（含石塘水库）	紧水滩水库大坝	石塘水库坝下	27.00	Ⅱ
46	云和	332502GB10040008	饮用水水源保护区	龙泉溪（玉溪水库）	石塘水库坝下	玉溪水库大坝	11.00	Ⅱ
			饮用水水源一级保护区		玉溪水库库区			Ⅱ
					陆域：沿岸纵深100米			
			饮用水水源二级保护区		除一级保护区以外的水域			Ⅱ
					陆域：沿岸纵深100米			

续表 5-5-4-2

序号	县(市、区)	水环境功能区 编号	水环境功能区 名称	河流(湖、库)	范围 起始断面	范围 终止断面	范围 长度/面积(千米/平方千米)	目标水质
47	云和	332523GB1 0040701	多功能区	浮云溪	坑头	沙溪	11.50	Ⅱ
48	云和	332523GB1 0040702	多功能区	浮云溪	沙溪	云和	3.50	Ⅱ
49	云和	332523GB1 0040703	多功能区	浮云溪	云和	局村	13.30	Ⅲ
50	云和	332523GB1 0040801	饮用水水源保护区	雾溪	金原头	黄桥头	14.50	Ⅱ
			饮用水水源一级保护区	雾溪水库	水库入水口 陆域:最高水位线向外延伸一百米的陆域	水库出水口		Ⅱ
			饮用水水源二级保护区	雾溪	除一级保护区以外的水域 陆域:上游河道两岸山脊为界			Ⅱ
51	云和	332523GB 10040901	饮用水水源保护区	梅垄溪	菖蒲堂	与浮云溪汇合口	8.40	Ⅱ
			饮用水水源二级保护区	梅砻水库	除一级保护区外的水域 陆域:以两岸山为界			Ⅱ
			饮用水水源一级保护区	梅砻水库	水库水域 陆域:以两岸山为界			Ⅱ
52	青田	332522GB1 0040013	多功能区	大溪	丽水青田交界处	祯埠	18.00	Ⅲ
53	青田	332522GB1 0040014	多功能区	大溪	祯埠	青田湖边(小溪入口处)	38.40	Ⅱ
54	青田	332522GB1 0040019	多功能区	瓯江	温溪镇处洲街口	青田温州交界	3.50	Ⅲ
55	青田	332522GB1 0040016	景观娱乐用水区	瓯江	太鹤大桥	圩仁	5.00	Ⅲ
56	青田	332522GB1 0040017	多功能区	瓯江	圩仁	洲头	6.00	Ⅱ
57	青田	332522GB1 0041401	自然保护区	海溪源	银坑(源头)	海口镇	18.50	Ⅰ
58	青田	332522GB1 0041501	多功能区	贵岙溪	金窟	洲头	17.30	Ⅲ
59	青田	332522GB1 0041601	多功能区	祯埠溪	大坑	祯埠	34.90	Ⅱ
60	青田	332522GB1 0041701	多功能区	船寮溪	大烧坑	高湖	27.50	Ⅱ

续表 5-5-4-2

序号	县(市、区)	水环境功能区		河流(湖、库)	范围			目标水质
		编号	名称		起始断面	终止断面	长度/面积(千米/平方千米)	
61	青田	332522GB10041702	多功能区	船寮溪	高湖	船寮	13.00	Ⅲ
62	青田	332522GB10041301	自然保护区	十七都	凉亭前(源头)	官庄水库	17.50	Ⅰ
63	青田	332522GB10041001	饮用水水源一级保护区	千丝岩、沙门水库	水库库区		1.70	Ⅱ
					陆域:沿岸纵深 100 米			
64	青田	332522GB10450006	渔业用水区	小溪	岳口	湖边	53.00	Ⅱ
65	青田	332522GB10041801	多功能区	四都港	古洞山东坡	溪口	44.50	Ⅱ
66	青田	332522GB10041302	饮用水水源一级	十七都	官庄水库	陈山渡	7.50	Ⅱ
					陆域:沿岸纵深 200 米			
67	青田	332522GB10040015	饮用水水源保护区	瓯江	湖头	太鹤大桥	6.50	Ⅱ
			饮用水水源二级保护区		湖边	北岸		Ⅱ
					陆域:330 国道及临江西路和瓯青复线间陆域			
					北岸	大埠头		
			饮用水水源一级保护区		陆域:330 国道及临江西路和瓯青复线间陆域			Ⅱ
			饮用水水源二级保护区		大埠头	太鹤大桥		Ⅱ
					陆域:330 国道及临江西路和瓯青复线间陆域			
68	青田	332522GB10040018	饮用水水源保护区	瓯江	洲头	温溪镇处洲街口	3.30	Ⅱ
			饮用水水源二级保护区		洲头	瓯江取水口上游 1 千米		Ⅱ
					陆域:330 国道及临江西路和瓯青复线间陆域			
			饮用水水源一级保护区		瓯江取水口上游 1 千米	瓯江取水口下游300 米		Ⅱ
					陆域:330 国道及临江西路和瓯青复线间陆域			
			饮用水水源二级保护区		瓯江取水口下游 300 米	温溪镇处洲街口		Ⅱ
					陆域:330 国道及临江西路和瓯青复线间陆域			

续表 5-5-4-2

<table>
<tr><th rowspan="2">序号</th><th rowspan="2">县(市、区)</th><th colspan="2">水环境功能区</th><th rowspan="2">河流(湖、库)</th><th colspan="3">范　围</th><th rowspan="2">目标水质</th></tr>
<tr><th>编 号</th><th>名称</th><th>起始断面</th><th>终止断面</th><th>长度/面积(千米/平方千米)</th></tr>
<tr><td rowspan="7">69</td><td rowspan="7">遂昌</td><td rowspan="7">332527GB10150001</td><td rowspan="7">多功能区</td><td rowspan="7">松阴溪</td><td>北园村上游</td><td>成屏二级电站大坝</td><td rowspan="7">31.50/1.61+0.86</td><td>Ⅱ</td></tr>
<tr><td>北园村上游</td><td>大山村(三宝兰)</td><td rowspan="2">Ⅱ</td></tr>
<tr><td colspan="2">陆域:沿库第一山破面</td></tr>
<tr><td>大山村(三宝兰)</td><td>成屏一级电站大坝</td><td rowspan="2">Ⅱ</td></tr>
<tr><td colspan="2">陆域:沿库第一山破面</td></tr>
<tr><td>成屏一级电站大坝</td><td>成屏二级电站大坝</td><td rowspan="2">Ⅱ</td></tr>
<tr><td colspan="2">陆域:沿库第一山破面</td></tr>
<tr><td>70</td><td>遂昌</td><td>332527GB10150002</td><td>饮用水源保护区</td><td>松阴溪</td><td>成屏二级电站</td><td>大石(遂昌松阳交界)</td><td>3.50</td><td>Ⅲ</td></tr>
<tr><td>71</td><td>遂昌</td><td>332527GB10150301</td><td>多功能区</td><td>濂溪</td><td>铜锣坞</td><td>庄山</td><td>33.30</td><td>Ⅱ</td></tr>
<tr><td>72</td><td>遂昌</td><td>332527GA11050001</td><td>多功能区</td><td>乌溪江</td><td>源头</td><td>王村口</td><td>44.00</td><td>Ⅱ</td></tr>
<tr><td>73</td><td>遂昌</td><td>332527GA11050002</td><td>多功能区</td><td>乌溪江</td><td>王村口</td><td>湖南镇水库库尾</td><td>20.00</td><td>Ⅲ</td></tr>
<tr><td>74</td><td>遂昌</td><td>330801GA11050003</td><td>多功能区</td><td>乌溪江</td><td>湖南镇水库库尾</td><td>遂昌衢洲区交界处(高输)</td><td>19.50</td><td>Ⅱ</td></tr>
<tr><td>75</td><td>遂昌</td><td>332527GA11050101</td><td>多功能区</td><td>乌溪江(周公源)</td><td>源头(大西坑)</td><td>柘岱口</td><td>22.50</td><td>Ⅱ</td></tr>
<tr><td>76</td><td>遂昌</td><td>332527GA11050102</td><td>多功能区</td><td>乌溪江(周公源)</td><td>柘岱口</td><td>上定</td><td>10.50</td><td>Ⅲ</td></tr>
<tr><td>77</td><td>遂昌</td><td>332527GA11050103</td><td>多功能区</td><td>乌溪江(周公源)</td><td>上定</td><td>中淤</td><td>21.00</td><td>Ⅱ</td></tr>
<tr><td>78</td><td>遂昌</td><td>332527GA11050201</td><td>多功能区</td><td>乌溪江(洋溪源)</td><td>黄连尾</td><td>遂昌衢洲交界(金鸡岩)</td><td>44.30</td><td>Ⅱ</td></tr>
<tr><td>79</td><td>遂昌</td><td>332527GA11050301</td><td>多功能区</td><td>乌溪江(湖山源)</td><td>上奇坑</td><td>三归鱼种场</td><td>13.00</td><td>Ⅱ</td></tr>
<tr><td>80</td><td>遂昌</td><td>332527GA11050302</td><td>多功能区</td><td>乌溪江(湖山源)</td><td>三归鱼种场</td><td>湖山源乌溪江交汇处(红星坪)</td><td>31.20</td><td>Ⅲ</td></tr>
<tr><td>81</td><td>遂昌</td><td>332527GA02030101</td><td>多功能区</td><td>灵山港</td><td>源头(白马山)</td><td>遂昌龙油交界(北界)</td><td>33.00</td><td>Ⅲ</td></tr>
<tr><td>82</td><td>松阳</td><td>332528GB10150003</td><td>多功能区</td><td>松阴溪</td><td>大石(遂昌松阳交界)</td><td>西屏镇</td><td>36.00</td><td>Ⅲ</td></tr>
</table>

续表 5-5-4-2

序号	县(市、区)	水环境功能区		河流（湖、库）	范　围			目标水质
		编　号	名称		起始断面	终止断面	长度/面积（千米/平方千米）	
83	松阳	332528GB10150004	饮用水水源保护区	松阴溪（包括东坞水库）	东坞水库	河头	12/0.47	Ⅱ
			饮用水水源一级保护区		东坞水库	河头		Ⅱ
					陆域：沿岸第一山脊线			
			饮用水水源二级保护区		库尾上游支流 4 千米			Ⅱ
					陆域：沿岸纵深 50 米			
84	松阳	332528GB10150005	多功能区	松阴溪	西屏镇	港口	10.00	Ⅲ
85	松阳	332528GB10150006	多功能区	松阴溪	港口	靖居口	13.50	Ⅲ
86	松阳	332528GB10150007	多功能区	松阴溪	靖居口	大港头	17.50	Ⅲ
87	松阳	332528GB10150101	饮用水水源保护区	松阴溪（包括竹源水库）	竹源水库	松阳水厂竹源溪取水口	2.00	Ⅱ
			饮用水水源二级保护区		竹源水库			Ⅱ
					陆域：沿岸纵深 50 米			
			饮用水水源一级保护区		竹源水库	松阳水厂竹源溪取水口		Ⅱ
					陆域：沿岸纵深 100 米			
88	松阳	332528GB10150201	多功能区	松阴溪（含梧桐源水库）	石壁（源头）	上方	11.50	Ⅲ
89	松阳	332528GB10150401	多功能区	小港	小双观	港口	64.10	Ⅱ
90	莲都	332501GB10041204	多功能区	宣平溪	武义莲都交界处	港口	36.50	Ⅲ
91	莲都	332501GB10250002	饮用水水源保护区	小安溪	武义莲都交界处	双溪镇水厂下游 0.10 千米	15.05	Ⅱ
			饮用水水源一级保护区		武义莲都交界处	洪渡村		Ⅱ
					陆域：以溪两侧山岗为界			
			饮用水水源二级保护区		洪渡村	双溪镇水厂下游 0.10 千米		Ⅱ
					陆域：以溪两侧山岗为界			
92	莲都	332501GB10250003	多功能区	小安溪	双溪镇水厂下游 0.10 千米	太平港口	28.00	Ⅲ
93	莲都	332501GB10350007	多功能区	好溪	银坑	古城（大溪入口）	23.50	Ⅲ

续表 5-5-4-2

序号	县(市、区)	水环境功能区		河流(湖、库)	范围			目标水质
		编号	名称		起始断面	终止断面	长度/面积(千米/平方千米)	
94	缙云莲都	332526GB10350201	饮用水水源保护区	严溪	界牌山岭脚	彭头	35.10	Ⅱ
			饮用水水源准保护区		方溪村口	严鸟下		Ⅱ
					刘西堂	莲都缙云交接处		
			饮用水水源二级保护区		严鸟下	李村桥		Ⅱ
					莲都缙云交接处	李村上		
					陆域:正常水位线两岸延伸100米			
			饮用水水源一级保护区		李村桥	黄村水库大坝		Ⅱ
					陆域:正常水位线两岸延伸200米			
95	缙云	332526GB10350002	饮用水水源一级保护区	好溪(冷水溪)	磐安缙云交界处(东岸)	左库水库拦水坝	15.00	Ⅱ
					陆域:以溪两侧山岗为界			
96	缙云	332526GB10350003	多功能区	好溪	左库水库拦水坝	上章	22.00	Ⅲ
97	缙云	332526GB10350004	景观娱乐用水区	好溪	上章	前湖大桥	10.00	Ⅱ
98	缙云	332526GB10350005	饮用水水源保护区	好溪	前湖大桥	金沟山拦水坝	3.00	Ⅱ
			饮用水水源二级保护区		前湖大桥	下泮拦水坝		Ⅱ
					陆域:沿岸两侧各50米			
			饮用水水源一级保护区		下泮拦水坝	金沟山拦水坝		Ⅱ
					陆域:沿岸两侧各50米			
99	缙云	332526GB10350006	多功能区	好溪(含舒洪镇支流)	金沟山拦水坝	银坑(莲都交界)	27.00	Ⅲ
100	缙云	332526GB10350101	多功能区	盘溪	大平山	雅宅	41.90	Ⅱ
101	缙云	332526GA12150001	饮用水水源保护区	武义江(南溪)	源头(龙潭背)	新建镇取水点拦水坝	17.00	Ⅱ
			饮用水水源二级保护区		源头(龙潭背)	河阳大桥		Ⅱ
					陆域:沿岸两侧各50米			
			饮用水水源一级保护区		河阳大桥	新建镇取水点拦水坝		Ⅱ
					陆域:沿岸两侧各50米			

续表 5-5-4-2

序号	县(市、区)	水环境功能区		河流(湖、库)	范　围			目标水质
		编 号	名称		起始断面	终止断面	长度/面积(千米/平方千米)	
102	缙云	332526GA12150002	多功能区	武义江(南溪)	新建镇取水点拦水坝	缙云永康交界处(姓姚)	15.00	Ⅲ
103	缙云	332526GB20250002	自然保护区	金坑	仙居缙云交界处(西溪坑)	缙云仙居交界处(黄坑)	23.00	Ⅰ
104	缙云	332526GB20250301	多功能区	龙溪	后吴	缙云仙居交界处	14.50	Ⅱ

生态环境功能区划

2009 年，丽水市人民政府出台《丽水市生态环境功能区规划》，将全市生态环境功能区划分禁止准入区、限制准入区、重点准入区、优化准入区 4 类 225 个小区。

2009 年丽水市生态环境功能区禁止准入区一览

表 5-5-4-3

序号	功能小区编码	功能小区名称	面积(平方千米)	地理位置与范围	所属(区县)
1	Ⅳ2-43000A01	小安溪饮用水源生态环境功能小区	73.86	位于小安溪上及两条支流上，水域起始断面为武义莲都交界处，终止断面为洪渡水厂下游 0.10 千米，陆域以溪两岸纵深 1000 米为界	莲都区
2	Ⅳ2-43000A02	严溪饮用水源生态环境功能小区	22.72	包括莲都区区域内的严溪和方溪流域	
3	Ⅳ2-43000A03	高溪水库饮用水源生态环境功能小区	2.55	位于高溪乡，水域为高溪水库，陆域为沿岸纵深1000 米范围	
4	Ⅳ2-43000A04	大溪饮用水源生态环境功能小区	3.15	起始断面十八都原糠醛厂，终止断面为采桑村，陆域：一侧以 53 省道为界，另一侧沿岸纵深 1000 米范围	
5	Ⅳ2-43000A05	玉溪水库饮用水源生态环境功能小区	1.73	位于 53 省道右侧，区域范围为玉溪水库坝址至莲都云和行政区界间的水域，陆域为沿岸纵深 200 米范围	
6	Ⅳ2-43000A06	白云森林公园水源涵养生态环境功能小区	16.29	位于丽水市北郊，属白云街道。包括白云森林公园核心保护区，主要为一级保护区和二级保护区，不包括三级保护区、公园入口处及森林别墅区	
7	Ⅳ2-43000A07	大山峰自然景观保护生态环境功能小区	5.88	位于大山峰森林公园内，在森林公园的西北部，由大山峰、源头岭、小井 3 个林区组成	
8	Ⅳ2-43000A08	钟山绿海自然景观保护生态环境功能小区	20.26	位于大山峰森林公园西南部，由夏庄、木寮、水牛坪等林区及部分集体林区组成	

续表 5-5-4-3

序号	功能小区编码	功能小区名称	面积(平方千米)	地理位置与范围	所属(区县)
9	Ⅳ2-43000A09	猕猴峡自然景观保护生态环境功能小区	14.90	位于大山峰森林公园内，由葑洋、岭头洋等林区及部分集体林区组成	莲都区
10	Ⅳ2-43000A10	东西岩风景名胜生态环境功能小区	0.61	包括东西岩风景名胜区核心保护区、重点保护区，地处瓯江支流虎迹溪畔，位于莲都西北老竹畲族镇	
11	Ⅳ2-43000A11	南明山风景名胜生态环境功能小区	1.48	位于丽水莲都区城南2千米处，包括南明山风景名胜核心保护区、重点保护区，不包括风景区入口处	
12	Ⅳ2-11181A01	瓯江“正源”水源涵养与凤阳山生物多样性保护生态环境功能小区	217.26	包括瓯江正源锅冒尖流域及凤阳山国家级自然保护区的核心区、缓冲区及实验区	龙泉市
13	Ⅳ1-21181A02	钱塘江源头自然生态保护与水源涵养生态环境功能小区	301.30	位于龙泉西北部，北与遂昌相接，属于钱塘江源头流域，包括住龙镇，宝溪乡北部及岩樟乡西北部	
14	Ⅳ2-21181A03	闽江源头自然生态保护与水源涵养生态环境功能小区	117.40	位于龙泉西部，西与福建交接，属于闽江源头流域，包括宝溪乡大部分地区	
15	Ⅳ2-21181A04	紧水滩水库(龙泉段)自然生态保护与水源涵养生态环境功能小区	149.80	位于龙泉东北部，包括道太乡部分地区	
16	Ⅳ2-21181A05	南大洋饮用水源保护生态环境功能小区	5.05	位于南大洋水厂取水点附近	
17	Ⅳ2-21181A06	竹垟水库饮用水源保护生态环境功能小区	0.67	位于竹垟乡竹垟水库	
18	Ⅳ2-21181A07	上垟地下饮用水源保护生态环境功能小区	0.001	位于黄源泉水取水点附近水域和陆域	
19	Ⅳ2-11181A08	安仁溪饮用水源保护生态环境功能小区	0.86	位于水厂取水点(筑水潭)附近的水域和陆域	
20	Ⅳ2-21181A09	梅溪饮用水源保护生态环境功能小区	0.20	位于小梅桥上游取水点附近	
21	Ⅳ2-21181A10	岩樟溪饮用水源保护生态环境功能小区	118.17	位于龙泉中西北部，包括岩樟乡大部分地区、锦溪镇北部及城北乡西南部	
22	Ⅳ2-21181A11	大窑龙泉窑遗址文物保护生态环境功能小区	6.14	包括小梅镇大窑、金村、高际头、垟岙头和查田镇溪口、上墩村域内的青瓷窑址	
23	Ⅳ1-21123A01	九龙山生物多样性自然保护生态环境功能小区	31.96	位于遂昌县西部山区，包括九龙山国家级自然保护区的核心区和缓冲区，涉及黄沙腰镇、柘岱口乡、龙洋乡和蔡源乡	遂昌县
24	Ⅳ1-21123A02	石坑坪水库饮用水源保护和水源涵养生态环境功能小区	7.04	位于石练镇南部石角坑和大茂坑两源汇合处	
25	Ⅳ1-21123A03	塘根水库饮用水源保护和水源涵养生态环境功能小区	18.95	位于柘溪主流，大柘镇南部	

续表 5-5-4-3

序号	功能小区编码	功能小区名称	面积（平方千米）	地理位置与范围	所属（区县）
26	Ⅳ1-21123A04	兰蓬水库饮用水源保护生态环境功能小区	5.43	位于王村口镇的突头自然村上游 300 米	遂昌县
27	Ⅳ1-21123A05	三归水库饮用水源保护生态环境功能小区	5.15	位于湖山乡的黄箩坑上	
28	Ⅳ1-21123A06	反潭岗水库饮用水源保护生态环境功能小区	4.02	位于王村口镇的突头自然村上游 300 米	
29	Ⅳ1-21123A07	碧龙源水库饮用水源保护和水源涵养生态环境功能小区	24.35	位于龙洋乡的紫钱坑上游	
30	Ⅳ1-21123A08	道关阳水库饮用水源保护和水源涵养生态环境功能小区	11.81	位于蔡源乡的蔡溪上游河段	
31	Ⅳ1-21123A09	破石坑水库饮用水源保护生态环境功能小区	5.90	位于柘岱口乡的中北部	
32	Ⅳ1-21123A10	周公源水库饮用水源保护和水源涵养生态环境功能小区	86.04	位于柘岱口乡的中南部	
33	Ⅳ1-21123A11	湖岱口水库饮用水源保护和水源涵养生态环境功能小区	11.79	位于西畈乡西南部	
34	Ⅳ2-21123A12	成屏水库饮用水源保护生态环境功能小区	6.98	位于妙高镇南部松阴溪上游，包括成屏一级水库和二级水库及部分集雨区	
35	Ⅳ2-21123A13	内坑源堰坝饮用水源保护生态环境功能小区	3.10	位于四都源上游河段内坑源，垵口乡南部	
36	Ⅳ2-21123A14	吴处水库饮用水源保护生态环境功能小区	5.82	位于松荫溪支流忠溪上游坑岭源上，三仁乡南部	
37	Ⅳ2-21123A15	清水源水库饮用水源保护和水源涵养生态环境功能小区	52.38	位于云峰镇北部濂溪上游及其集雨区范围	
38	Ⅳ2-21123A16	盘坑—天堂水库饮用水源保护和水源涵养生态环境功能小区	24.82	位于云峰镇东部濂溪上游及其集雨区范围	
39	Ⅳ1-11123A17	桐川水库饮用水源保护生态环境功能小区	7.16	位于应村上游约 1.2 千米处的桃溪干流	
40	Ⅳ1-11123A18	应村水库饮用水源保护生态环境功能小区	1.19	位于应村上游约 1.2 千米处的桃溪干流	
41	Ⅳ1-11123A19	小坪坑水库饮用水源保护生态环境功能小区	1.82	位于高坪乡政府以西庙家圆支流	
42	Ⅳ2-41122A01	好溪源头及饮用水源保护生态环境功能小区	5.43	位于好溪的上游，属瓯江水系，范围包括壶镇镇饮用水水源一级保护区和白竹乡好溪沿岸 250 米以下的集雨范围	缙云县

续表 5-5-4-3

序号	功能小区编码	功能小区名称	面积(平方千米)	地理位置与范围	所属(区县)
43	Ⅳ2-41122A02	好溪五云饮用水源保护生态环境功能小区	1.23	位于五云镇周村、仙都核心景区下游的好溪，属瓯江水系，范围包括前湖大桥至金沟山拦水坝	缙云县
44	Ⅳ2-41122A03	新建溪饮用水源保护生态环境功能小区	2.48	位于新建溪（武义江）缙云段，属钱塘江水系，范围包括源头（龙潭背）至新建镇取水点拦水坝	
45	Ⅳ2-41122A04	小楠溪源头及饮用水源保护生态环境功能小区	67.26	位于缙云永嘉交界边境，属瓯江流域，范围包括缙云县最大的县林场及周边大洋镇、南溪乡和木栗乡海拔500米以上的山体、小楠溪河流	
46	Ⅳ2-41122A05	永安溪源头水水源保护生态环境功能小区	2.46	位于永安溪，属椒江水系，其主要功能为源头水保护区，范围包括仙居缙云交界处（西溪坑）至仙居缙云交界处（黄坑）	
47	Ⅳ2-41122A06	严溪水源涵养生态环境功能小区	13.38	位于缙云南部边境，属瓯江流域，范围包括缙云青田交界处海拔500m以上区域及严溪河流	
48	Ⅳ2-41122A07	双川—新川水源涵养生态环境功能小区	9.30	位于缙云西北部边境，处于缙云武义交界地带，范围包括新川、双川交界处海拔500米以上区域	
49	Ⅳ2-41122A08	括苍山自然保护生态环境功能小区	11.35	位于缙云东北部边境，处于缙云磐安交界地带，小区面积11.35平方千米，属于缙云县括苍山林场范围，也是缙云县生态系统产品提供的重要区域	
50	Ⅳ2-41122A09	缙云林场自然保护生态环境功能小区	31.06	位于缙云东南部，包括缙云县林场及周边胡源乡、大洋镇海拔500米以上的区域	
51	Ⅳ2-41122A10	仙都风景名胜生态环境功能小区	7.64	地处五云镇东北部，距缙云县城五云镇8千米	
52	Ⅳ2-41122A11	塘葛岭风景名胜生态环境功能小区	0.08	位于东渡镇雅宅村附近，属于仙都风景区的五处飞地景点之一的唐葛岭景点，范围为唐葛岭的核心景区	
53	Ⅳ2-31121A01	上湖口饮用水源保护生态环境功能小区	3.82	包括小溪孙前渡口至瓯江干流太鹤大桥水域断面	青田县
54	Ⅳ2-31121A02	学神饮用水源保护生态环境功能小区	1.60	包括瓯江干流洲头至处洲街口水域断面	
55	Ⅳ2-31121A03	沙门水库饮用水源保护生态环境功能小区	3.96	位于温溪镇北部，包括沙门水库库区及水库大坝上游1000米	
56	Ⅳ2-31121A04	千丝岩水库饮用水源保护生态环境功能小区	0.57	位于山口镇东部的千丝岩水库大坝至龙潭坑与小平坑溪汇合处	
57	Ⅳ2-31121A05	大奕坑水库饮用水源保护生态环境功能小区	0.30	位于阜山乡北部，大奕坑上游	
58	Ⅳ2-41121A06	金坑水库饮用水源保护生态环境功能小区	1.70	位于季宅乡	

续表 5-5-4-3

序号	功能小区编码	功能小区名称	面积(平方千米)	地理位置与范围	所属(区县)
59	Ⅳ2-41121A07	高湖东坑源饮用水源保护生态环境功能小区	5.97	属船寮十二都源支流桐川坑的一条二级小支流	青田县
60	Ⅳ2-41121A08	东源万岙坑饮用水源保护生态环境功能小区	4.21	万岙坑属一都源小支流，是东源镇供水水源。陆域:水源地上游集雨区	
61	Ⅳ2-31121A09	船寮徐岙水库饮用水源保护生态环境功能小区	4.16	位于船寮镇北部	
62	Ⅳ2-31121A10	贵岙坑外源饮用水源保护生态环境功能小区	1.39	坑外源是贵岙溪的小支流，是贵岙乡的供水水源。陆域:水库上游集雨区	
63	Ⅳ2-31121A11	仁庄半坑饮用水源保护生态环境功能小区	1.00	半坑属四都港中游的一条小支流。陆域:坝址上游集雨区	
64	Ⅳ2-31121A12	岭根小吾源饮用水源保护生态环境功能小区	6.00	小吾源井岗背是岭根乡供水水源,陆域:坝址上游集雨区	
65	Ⅳ2-31121A13	北山庙边坑饮用水源保护生态环境功能小区	2.23	庙边坑是张口源的一条小支流，是北山镇供水水源。陆域:坝址上游集雨区	
66	Ⅳ2-41121A14	十七都港、海溪源饮用水源生态环境功能小区	65.24	包括十七都港凉亭前至陈山埠水域;海溪源银坑至海口镇水域	
67	Ⅳ2-31121A15	青田鼋自然保护生态环境功能小区	3.60	上起石门洞渡口上游 400 米，下至船寮镇白岸村口悬崖边	
68	Ⅳ2-31121A16	石门洞风景名胜区文物保护与生物多样性维持生态环境功能小区	4.42	位于石门洞林场	
69	Ⅳ2-31121A17	塘坑水库水源涵养生态环境功能小区	7.47	位于吴坑乡的东部	
70	Ⅳ2-31121A18	仁宫乡水源涵养生态环境功能小区	15.43	位于仁宫乡的西北部，是仁宫乡的水源涵养区	
71	Ⅳ2-41121A19	兆庄水源涵养生态环境功能小区	10.90	位于祯旺乡的中部兆庄村，是兆庄村的水源涵养区	
72	Ⅳ2-41121A20	章村港水源涵养生态环境功能小区	15.08	位于章村乡的东部，是章村港的水源涵养区	
73	Ⅳ2-31121A21	万阜、阜山、汤垟水源涵养生态环境功能小区	54.71	位于青田县的南部，是万阜、阜山、汤垟三地的水源涵养区	
74	Ⅳ2-41121A22	十一都、十二都水源涵养生态环境功能小区	90.33	位于青田县的北部，是十一都、十二都港的水源涵养区	
75	Ⅳ2-21124A01	箬寮岘风景名胜保护生态环境功能小区	50.69	位于松阳西南部边境，包括枫坪东南部和安民西部	松阳县
76	Ⅳ2-21124A02	卯山自然保护生态环境功能小区	1.52	位于古市镇北部卯山省级森林公园和卯山全国农业旅游示范点范围内	
77	Ⅳ2-21124A03	万寿山自然保护生态环境功能小区	0.36	位于赤寿乡北部	
78	Ⅳ2-21124A04	独山自然保护生态环境功能小区	0.11	位于松阳城区南侧，以独山山脚线为边界	

续表 5-5-4-3

序号	功能小区编码	功能小区名称	面积（平方千米）	地理位置与范围	所属（区县）
79	Ⅳ2-21124A05	延庆寺名胜古迹保护生态环境功能小区	0.48	位于松阳县城区以西2千米处，以云龙山麓山脚线为边界，西至黄公渡，东至上连头	松阳县
80	Ⅳ2-21124A06	石仓古民居保护生态环境功能小区	0.28	位于松阳县南部大东坝镇石仓源，距县城25千米，东南与云和县为邻，包括后宅、蔡宅、下宅街、山边、六村、七村等村在内	松阳县
81	Ⅳ2-21124A07	东坞水库饮用水源保护生态环境功能小区	38.52	位于叶村乡中部	松阳县
82	Ⅳ2-21124A08	六都源水库饮用水源保护生态环境功能小区	12.17	位于望松乡，包含古市镇的小部分	松阳县
83	Ⅳ2-21124A09	梧桐源水库饮用水源保护生态环境功能小区	5.98	位于赤寿乡北部梧桐口村附近，同时处于松阳和遂昌的交界	松阳县
84	Ⅳ2-21124A10	谢村源水库饮用水源保护生态环境功能小区	33.46	位于谢村乡南部、玉岩镇北部，包括谢村源水库库区及上游集雨区范围	松阳县
85	Ⅳ2-21124A11	毛弄水库饮用水源保护生态环境功能小区	5.27	位于象溪镇东部，包括毛弄水库及上游集雨区范围	松阳县
86	Ⅳ2-21124A12	小港上游水源涵养生态环境功能小区	152.07	位于松阳西南部，小港流域上游，包括枫坪乡的大部分地区、玉岩镇的部分地区及新处乡小部分地区	松阳县
87	Ⅳ2-22523A01	环县域水源涵养与生态屏障生态环境功能小区	79.27	位于云和县周围山地林地	云和县
88	Ⅳ2-22523A02	紧水滩水库饮用水源保护生态环境功能小区	40.05	位于龙泉溪	云和县
89	Ⅳ2-22523A03	玉溪水库饮用水源保护生态环境功能小区	2.39	位于龙泉溪（玉溪水库），起始断面为石塘水库坝下，终止断面位于滩下村	云和县
90	Ⅳ2-12523A04	梅垄溪饮用水源保护生态环境功能小区	4.24	位于梅砻溪（梅砻水库），起始断面位于菖蒲堂，终止断面位于梅垄水库入口	云和县
91	Ⅳ2-12523A05	雾溪饮用水源保护生态环境功能小区	19.56	位于雾溪（雾溪水库），起始断面位于金原头，终止断面位于雾溪水库大坝	云和县
92	Ⅳ2-11127A01	望东垟高山湿地自然保护生态环境功能小区	29.12	位于飞云江和瓯江一级支流的源头	景宁畲族自治县
93	Ⅳ2-11127A02	云中大漈时思寺文物保护生态环境功能小区	0.01	位于云中大漈时思寺	景宁畲族自治县
94	Ⅳ2-11127A03	飞云江源头饮用水源保护生态环境功能小区	14.25	位于飞云江源头	景宁畲族自治县
95	Ⅳ2-11127A04	小溪（英川溪）饮用水源保护生态环境功能小区	72.76	位于英川镇至鸬鹚乡	景宁畲族自治县
96	Ⅳ2-11127A05	小溪（左溪）饮用水源保护生态环境功能小区	64.99	庆元入境断面至毛垟乡交溪亭	景宁畲族自治县
97	Ⅳ2-11127A06	鹤溪饮用水源保护生态环境功能小区	32.77	位于龙潭桥水库上游2千米至二水厂下游0.10千米，陆域纵深10米；三枝树至傍山，右以鹤溪水栋为界，左边沿岸纵深5米	景宁畲族自治县

续表 5-5-4-3

序号	功能小区编码	功能小区名称	面积（平方千米）	地理位置与范围	所属（区县）
98	Ⅳ2-11127A07	洞背猕猴自然保护生态环境功能小区	19.20	座落在景宁畲族自治县梅歧乡桂远村与文成县南田镇，景宁渤海镇交界	景宁畲族自治县
99	Ⅳ2-11127A08	大仰湖湿地自然保护生态环境功能小区	31.14	位于景宁畲族自治县林业总场大仰分场三节寺林区内	
100	Ⅳ2-11127A09	仰天湖湿地自然保护生态环境功能小区	47.65	位于庆元县官塘乡、景宁畲族自治县大地乡、毛垟乡的三乡交界处	
101	Ⅳ2-21127A10	东北部小溪水源涵养生态环境功能小区	65.83	位于景宁畲族自治县东北部，包含陈村乡北部和西南部区域、大顺乡东北部和南部区域及金钟乡北部区域	
102	Ⅳ2-11127A11	大均乡小溪水源涵养生态环境功能小区	15.34	位于大均乡西北部，主要包含三格村及周边部分区域	
103	Ⅳ2-11127A12	梧桐乡小溪水源涵养生态环境功能小区	5.07	位于梧桐乡东南部，主要包括高演村及周边部分区域	
104	Ⅳ2-11126A01	百山祖生物多样性自然保护生态环境功能小区	118.99	位于庆元北部百山祖乡、合湖乡和贤良镇境内	庆元县
105	Ⅳ2-11126A02	五岭坑自然保护生态环境功能小区	4.75	位于安南乡境内，东至上余、南到余地、西至五里根、北至仙山尖	
106	Ⅳ2-11126A03	兰溪桥饮用水源保护生态环境功能小区	24.41	位于松源镇镇区以东，五大堡乡的中北部，北起五大堡的西洋、西南至松溪的周敦桥，包括该段松源溪水域，以及两岸汇水山脊线以内的区域	
107	Ⅳ2-11126A04	左溪饮用水源与自然保护生态环境功能小区	13.24	从江根乡南面省际交界断面箬坑岙至左溪镇北侧与景宁交界交溪亭，包括两岸纵深各500米左右的汇水山脊线以内部分	
108	Ⅳ2-11126A05	竹口饮用水源保护生态环境功能小区	1.18	位于竹口镇竹口村，竹口溪东侧龙口坑溪，龙口村下游400处，陆域沿岸纵深各300米左右的汇水山脊线以内	
109	Ⅳ2-11126A06	贤良饮用水源保护生态环境功能小区	2.69	包括该段的南阳溪水域，沿河陆域沿岸纵深各500米左右的汇水山脊线以内	
110	Ⅳ2-11126A07	荷地饮用水源保护和地质灾害防治生态环境功能小区	35.68	荷地镇以西，人顶尖以南，陆域沿岸纵深各500米左右的汇水山脊线以内范围	
111	Ⅳ2-11126A08	东部高山生态屏障自然保护生态环境功能小区	105.13	北起张村、左溪和荷地交界的大头山，沿荷地与左溪交界带往南至福建边界	
112	Ⅳ2-11126A09	中部高山生态屏障自然保护生态环境功能小区	120.13	处于五大堡乡与松溪、安南、举水和岭头交界地带	

2009年丽水市生态环境功能区限制准入区一览

表 5-5-4-4

序号	功能小区编码	功能小区名称	面积(平方千米)	地理位置与范围	所属(区县)
1	Ⅳ2-43000B01	北部水源涵养、水土保持和生态农业生态环境功能小区	157.86	包括雅溪镇除禁止区、重点区的所有地区,仙渡乡所有地区	莲都区
2	Ⅳ2-43000B02	西部水源涵养和生态农业生态环境功能小区	359.31	包括丽新乡、老竹镇、太平乡、联城镇除重点发展之外的地区	莲都区
3	Ⅳ2-43000B03	东部水源涵养和生态农业生态环境功能小区	126.62	包括黄村乡除禁止区的所有地区,双黄乡所有地区	莲都区
4	Ⅳ2-43000B04	中部水源涵养和城市生态农业生态环境功能小区	270.99	包括白云街道、岩泉街道、紫金街道、富岭街道、水阁街道、碧湖镇大溪以西、大港头镇大溪以西除禁止区、重点区、优化区之外的区域	莲都区
5	Ⅳ2-43000B05	碧湖—高溪农业基地保护生态环境功能小区	153.01	以大溪为界,碧湖镇西部地区、高溪乡除重点区之外的区域	莲都区
6	Ⅳ2-43000B06	南部水源涵养和生态农业生态环境功能小区	135.86	包括峰源乡除禁止区之外的区域	莲都区
7	Ⅳ1-21181B01	钱塘江源头住龙镇水源涵养与水土保持生态环境功能小区	2.69	位于龙泉市西北边陲,浙闽两省龙、遂、浦三县(市)交界处,包括住龙镇建成区	龙泉市
8	Ⅳ2-21181B02	闽江源头宝溪乡水源涵养和生态农业生态环境功能小区	1.03	位于龙泉市城区西陲,包括宝溪乡建成区	龙泉市
9	Ⅳ2-21181B03	西北部水源涵养和生态农业生态环境功能小区	489.68	位于龙泉西北部,包括龙渊、西街街道西北部,城北乡大部分,锦溪镇、竹垟乡大部分,宝溪乡东南部、上垟镇北部区域	龙泉市
10	Ⅳ2-11181B04	东南部水源涵养与生态农业生态环境功能小区	552.91	位于龙泉东南部,包括屏南镇政府所在地及屏南镇东南部、与庆元百山祖交界的部分地区,龙南乡,小梅、查田东部,硋石乡大部分、安仁南部区域	龙泉市
11	Ⅳ2-21181B05	紧水滩水库沿岸水源涵养与水土保持生态环境功能小区	298.95	位于龙泉东北部,包括道太乡西部大部分地区,安仁北部,硋石乡的林垟片,龙渊街道凤鸣片区域	龙泉市
12	Ⅳ2-21181B06	中部水源涵养及生态农业生态环境功能小区	671.57	位于龙泉西南部、中部,包括市区三街道的大部分,八都镇,上垟镇,小梅、查田、兰巨西部,竹垟、锦溪东部区域	龙泉市
13	Ⅳ1-21123B01	乌溪江上游水源涵养生态环境功能小区	1252.22	位于遂昌的中部和西南部,包括金竹、大柘、石练、黄沙腰、王村口、湖山、焦滩、蔡源、龙洋、西畈、柘岱口等5镇6乡的大部分区域	遂昌县
14	Ⅳ1-11123B02	灵山港上游水源涵养生态环境功能小区	327.19	位于遂昌的西北部,包括北界、新路湾、应村和高坪2镇2乡的大部分	遂昌县

续表 5-5-4-4

序号	功能小区编码	功能小区名称	面积(平方千米)	地理位置与范围	所属(区县)
15	Ⅳ2-21123B03	成屏水库上游水源涵养生态环境功能小区	220.94	位于遂昌的东南部，包括垵口乡大部分区域、妙高镇南部和三仁畲族乡南部	遂昌县
16	Ⅳ2-21123B04	妙高镇水源涵养生态环境功能小区	143.99	位于遂昌的中部，包括妙高镇小部分区域和三仁畲族乡部分区域	遂昌县
17	Ⅳ2-21123B05	云峰濂竹水源涵养生态环境功能小区	150.79	位于遂昌县东北部，包括云峰镇部分区域和濂竹乡部分区域	遂昌县
18	Ⅳ2-41122B01	东南部水源涵养和生态农业生态环境功能小区	450.44	位于缙云县东南部，包括大洋、南溪、木栗、石笕、方溪、胡源、溶江、双溪口、大源、三溪等十个乡镇，及县级林场	缙云县
19	Ⅳ2-41122B02	东北部水源涵养和生态农业生态环境功能小区	235.01	位于缙云县东北部，包括白竹、雁岭、前路等 3 个乡，和壶镇城镇与工业功能区块以外的地区，及括苍山林场	缙云县
20	Ⅳ2-41122B03	西北部水源保护和生态农业生态环境功能小区	133.75	位于缙云县西北部，包括新川、双川 2 个乡和新建镇的西部、北部山体 200 米等高线以西的山区	缙云县
21	Ⅳ2-41122B04	中部风景名胜及水土保持生态环境功能小区	413.11	位于缙云县中部，西北至新建镇山体 200 米等高线，北至新碧、东方镇与永康交界处，东、南、西至东方、舒洪、东渡、七里乡的乡镇界，范围涉及新建、新碧、城北、七里、五云、东渡、舒洪、东方等 8 个乡镇的城区、工业区及风景名胜核心景区以外的区域	缙云县
22	Ⅳ2-31121B01	西南部水源涵养与自然景观保护生态环境功能小区	916.45	地处青田县西南部，包括石门洞林场及高市乡、巨浦乡、北山镇、岭根乡、万阜乡、阜山乡、汤垟乡、仁庄镇、方山乡、山口镇、章旦乡、仁宫乡十二个乡镇	青田县
23	Ⅳ2-31121B02	东北部水源涵养和生态农业生态环境功能小区	213.53	地处青田县的东北部，包括万山乡、吴坑乡、小舟山乡、贵岙乡、黄垟乡、东源镇六个乡镇	青田县
24	Ⅳ2-41121B03	北部水源涵养和生态农业生态环境功能小区	244.31	地处青田县的北部，包括舒桥乡、海溪乡、季宅乡、高湖镇四个乡镇以及海口镇北部	青田县
25	Ⅳ2-41121B04	西北部土壤保持与生态农业生态环境功能小区	387.05	地处青田县西北部，包括腊口镇、章村乡、祯埠乡、祯旺乡四个乡镇以及海口镇南部	青田县
26	Ⅳ2-31121B05	瓯江沿线水源涵养与水土保持生态环境功能小区	307.77	地处青田瓯江两岸沿线，包括鹤城镇、温溪镇、船寮镇、石溪乡四个乡镇	青田县
27	Ⅳ2-21124B01	延庆寺缓冲带保护生态环境功能小区	0.82	位于“松古平原工业与城镇发展生态环境功能小区”之内	松阳县
28	Ⅳ2-21124B02	松阳东北部水源涵养与水土保持生态环境功能小区	162.21	位于松阳北部边境，马鞍山西麓，东连莲都区，北接武义县，包括赤寿、古市、望松、西屏的上游山地以及三都大部和四都全部	松阳县
29	Ⅳ2-21124B03	竹溪源水库水源涵养生态环境功能小区	53.73	包括竹源乡竹溪源水库库区及上游集雨区范围	松阳县

续表 5-5-4-4

序号	功能小区编码	功能小区名称	面积(平方千米)	地理位置与范围	所属(区县)
30	Ⅳ2-21124B04	松荫溪下游农业发展与水土保持生态环境功能	233.17	包括西屏东部、象溪大部、裕溪全部、板桥中东部	松阳县
31	Ⅳ2-21124B05	小港中下游农业发展与水土保持生态环境功能小区	294	位于小港中下游，主要包括大东坝大部分、安民东南部及西屏、竹源、玉岩等与大东坝交界处的小部分区域	松阳县
32	Ⅳ2-21124B06	玉岩—枫坪农林业发展生态环境功能小区	68.94	包括玉岩南部、枫坪东北部	松阳县
33	Ⅳ2-21124B07	松阳中北部农业发展与水土保持生态环境功能小区	121.66	包括新兴中西部、樟溪西部、斋坛西部、谢村东部和新处大部分	松阳县
34	Ⅳ2-21124B08	松古平原基本农田保护生态环境功能小区	30.72	包括四个小区块,均位于松古平原内	松阳县
35	Ⅳ2-21124B09	松古平原及象溪区块待调整发展生态环境功能小区	52.66	位于松古平原和象溪区块沿山边的缓丘和沿松阴溪的溪滩地	松阳县
36	Ⅳ2-21124B01	东北部农林业与生态旅游生态环境功能小区	361.61	位于赤石乡、大源乡、紧水滩镇、石塘镇、朱村乡	云和县
37	Ⅳ2-22523B02	中部盆地农业和风景名胜生态环境功能小区	210.37	包括云和镇、安溪乡、云坛乡一镇二乡以及武岱峰、夏洞天、江南畲族风情文化村、佛儿岩、狮山景区等风景名胜区	云和县
38	Ⅳ2-12523B03	西南部中低山林地生态环境功能小区	233.64	位于崇头镇、雾溪乡、黄源乡、云丰乡、沙铺乡、大湾乡等乡镇	云和县
39	Ⅳ2-121127B01	东北部水源涵养及水土保持生态环境功能小区	274.78	地处景宁畲族自治县东北部，包括渤海镇、大顺乡、陈村乡和郑坑乡四个乡镇	景宁畲族自治
40	Ⅳ2-121127B02	中部水源涵养及水土保持生态环境功能小区	316.55	地处景宁畲族自治县中部，包括金钟乡全部，鹤溪镇、外舍乡和澄照乡的大部分地区	景宁畲族自治
41	Ⅳ2-11127B03	东南水源涵养及水土保持生态环境功能小区	329.30	地处景宁畲族自治县东南部，包括东坑镇、景南乡、雁溪乡、大际乡和梅岐乡五个乡镇	景宁畲族自治
42	Ⅳ2-11127B04	西南水源涵养及水土保持生态环境功能小区	570.65	位于景宁畲族自治县西南部,包括沙湾、英川、鸬鹚、葛山、梧桐、大均、标溪、大地、家地、毛垟乡、秋炉等 11 个乡镇	景宁畲族自治
43	Ⅳ2-11126B01	北部水源涵养及风景名胜生态环境功能小区	166.71	位于庆元县北部,包括百山祖乡小部、合湖乡、四山乡大部和松源镇北部	庆元县
44	Ⅳ2-11126B02	东部水土保持和水源涵养生态环境功能小区	645.51	包括贤良镇、张村乡、左溪镇、荷地镇、五大堡乡、官塘乡、江根乡、举水乡、龙溪乡和岭头乡	庆元县
45	Ⅳ2-11126B03	西南部水土保持和生态农业生态环境功能小区	483.24	位于庆元县西部和西南部，包括松源镇南部、安南、隆宫乡的大部、淤上乡大部、屏都镇北部、竹口镇大部	庆元县
46	Ⅳ2-21126B04	西北生态农业生态环境功能小区	120.32	位于庆元县西北角，与福建省相接，包括黄田镇大部	庆元县

2009年丽水市生态环境功能区重点准入区一览

表 5-5-4-5

序号	功能小区编码	功能小区名称	面积（平方千米）	地理位置与范围	所属（区县）
1	Ⅳ2-43000C01	四都—七百秧—富岭工业与城镇发展生态环境功能小区	40.28	主要水阁工业区以东，南明山以南	莲都区
2	Ⅳ2-43000C02	碧湖产业与城镇发展生态环境功能小区	26.87	主要范围为碧湖镇城镇建成区和工业规划用地范围、浙江丽水工业区块及郎奇村、上黄山村、马利沅、高低村等低缓山坡及部分农保田	莲都区
3	Ⅳ2-43000C03	雅溪镇城镇与产业发展生态环境功能小区	0.81	主要包括雅溪镇及西南区块	莲都区
4	Ⅳ2-43000C04	大港头北埠区产业发展生态环境功能小区	0.82	集中布置在大港头镇的北埠村	莲都区
5	Ⅳ2-43000C05	联城—花街城镇发展生态环境功能小区	10.92	位于丽水市区西部，与市区有较高山地相隔，属丘陵山间盆地，西至大溪支流	莲都区
6	Ⅳ2-43000C06	老竹镇城镇发展生态环境功能小区	6.35	包括老竹镇及后坑、兰花村、沙溪周边地区	莲都区
7	Ⅳ2-43000C07	大港头城镇发展生态环境功能小区	3.09	西界为瓯江玉溪水库坝体为界、东面以对门圩东端为界，北界以大溪南岸为界，南部包括规划区在内	莲都区
8	Ⅳ2-21181C01	中部中心城市综合发展生态环境功能小区	26.32	位于龙泉中部，城市中心，包括龙渊街道东南部，剑池街道北部，塔石乡西北部地区	龙泉市
9	Ⅳ2-11181C02	丽龙高速沿线安仁城镇综合发展生态环境功能小区	11.98	位于龙泉东部，包括安仁建成区及北部	龙泉市
10	Ⅳ2-21181C03	龙庆高速沿线兰巨城镇综合发展生态环境功能小区	14.05	位于龙泉中南部。包括兰巨乡西北部低丘缓坡部分	龙泉市
11	Ⅳ2-21181C04	龙庆高速沿线查田—小梅城镇综合发展生态环境功能小区	18.61	位于龙泉中南部，分布于龙泉溪两侧，包括查田镇中部及小梅镇中北部低丘缓坡地区	龙泉市
12	Ⅳ2-21181C05	龙浦高速沿线八都上垟城镇综合发展与特色工业发展生态环境功能小区	43.38	位于龙泉西南部。包括八都镇大部分、竹垟东部、上垟东中部，锦溪东南部	龙泉市
13	Ⅳ2-21123C01	妙高三仁城镇发展和特色农产品加工产业发展生态环境功能小区	29.92	位于遂昌的东部，包括妙高镇的中部和三仁畲族乡的中部	遂昌县
14	Ⅳ2-21123C02	云峰濂竹特色工业发展生态环境功能小区	56.53	位于遂昌的东北部，包括妙高镇的东北部、云峰镇的西南部和濂竹乡的西部	遂昌县
15	Ⅳ1-11123C03	新路湾特色产业发展生态环境功能小区	6.60	小区位于遂昌的北部，包括新路湾镇从小马埠沿小金线到焦川的低丘缓坡部分	遂昌县
16	Ⅳ1-21123C04	大柘石练综合发展和竹木产业发展生态环境功能小区	14.65	位于遂昌的中部，包括大柘镇的镇区、大田村、后田村等村，石练镇的镇区、坞瑶、黄墩、宏岗等村	遂昌县

续表 5-5-4-5

序号	功能小区编码	功能小区名称	面积（平方千米）	地理位置与范围	所属（区县）
17	Ⅳ2-41122C01	新碧工业发展生态环境功能小区	27.13	位于缙云县仅有的两个小盆地之一的北部盆地	缙云县
18	Ⅳ2-41122C02	壶镇工业发展生态环境功能小区	23.44	位于缙云县仅有的两个小盆地之一的东北部盆地，包括壶镇工业功能区块，及雁岭乡西南部与壶镇接壤处	缙云县
19	Ⅳ2-41122C03	舒洪城镇和农副产品加工产业发展生态功能小区	3.24	主要为缙云中部舒洪镇	缙云县
20	Ⅳ2-41122C04	五东工业发展生态环境功能小区	16.04	位于缙云县城五云镇南翼，距县城 2 千米，包括五云镇南部与东渡镇交界区域及东渡镇北部地区	缙云县
21	Ⅳ2-41122C05	七里—五云—城北城镇发展生态功能小区	17.56	位于缙云中部，包括五云镇西北部、七里乡东部、城北乡南部及与新建镇接壤部分	缙云县
22	Ⅳ2-41122C06	大源城镇发展生态环境功能小区	0.16	主要为缙云县大源镇	缙云县
23	Ⅳ2-41122C07	大洋城镇发展生态环境功能小区	0.98	主要为缙云县大洋镇	缙云县
24	Ⅳ2-41122C08	溶江—双溪口城镇发展生态环境功能小区	2.40	主要包括溶江乡和双溪口乡的乡镇	缙云县
25	Ⅳ2-31121C01	东部鹤城—温溪—山口中心城镇综合发展生态环境功能小区	28.42	位于青田东南部，地处瓯江干流沿线，包括鹤城镇东南部、山口镇东北部、温溪镇西部、油竹新区及仁庄镇冯垟村、罗溪村一带	青田县
26	Ⅳ2-341121C02	中部船寮—东源—高湖城镇综合发展生态环境功能小区	24.31	位于青田中部，包括船寮镇中北部、高湖镇南部和东源镇西南部	青田县
27	Ⅳ2-41121C03	西北部腊口城镇综合发展生态环境功能小区	14.94	位于青田西北部，包括腊口镇中南部分地区	青田县
28	Ⅳ2-41121C04	海口—祯埠城镇综合发展生态环境功能小区	12.88	位于青田西北部，包括海口镇中部、祯埠乡中部和西南部	青田县
29	Ⅳ2-31121C05	石溪城镇综合发展生态环境功能小区	2.16	位于青田中部，紧临中心城镇鹤城镇。包括石溪乡西南部的溪口、下坦、石溪等村庄	青田县
30	Ⅳ2-21124C01	松古平原工业与城镇发展生态环境功能小区	72.32	位于松阳县工业园区	松阳县
31	Ⅳ2-21124C02	象溪工业发展生态环境功能小区	2.52	位于松阳县东南边境的象溪镇内	松阳县
32	Ⅳ2-22523C01	云和特色产业发展生态环境功能小区	21.10	主要为工业园区规划用地范围	云和县
33	Ⅳ2-12523C02	崇头城镇重点发展生态环境功能小区	1.63	主要为崇头城镇规划用地范围	云和县
34	Ⅳ2-11127C01	鹤溪—外舍城镇及工业发展生态环境功能小区	9.69	位于景宁畲族自治县东北部。包括鹤溪镇建成区东南部、北部及外舍乡南部	景宁畲族自治县

续表 5-5-4-5

序号	功能小区编码	功能小区名称	面积（平方千米）	地理位置与范围	所属（区县）
35	Ⅳ2-11127C02	景泰公路沿线工业发展生态环境功能小区	22.48	位于景宁畲族自治县中部，52省道沿线两侧	景宁畲族自治县
36	Ⅳ2-121127C03	郑坑渤海工业发展生态环境功能小区	10.91	位于景宁畲族自治县东北部地区，包括郑坑乡北部、渤海镇南部地区	景宁畲族自治县
37	Ⅳ2-11127C04	庆景青公路沿线沙湾—标溪—梧桐工业发展生态环境功能小区	9.93	位于景宁畲族自治县西北部地区，庆景青公路沿线，地貌以河谷低丘缓坡为主。包括沙湾镇沙湾、七里湾、仙姑、隔溪一带；梧桐乡中北部梧桐坑、梧桐村、金兰、丘兰一带；标溪乡北部标溪村一带	景宁畲族自治县
38	Ⅳ2-11127C05	毛垟工业发展生态环境功能小区	2.72	位于景宁畲族自治县西南部，包括毛垟乡中部，毛垟乡建成区位于区内	景宁畲族自治县
39	Ⅳ2-11126C01	黄田—竹口城镇发展和特色工业发展生态功能小区	18.66	包括黄田镇南部、竹口镇北部，北到黄田的曹岭，南至竹口的新窑，沿54省道两侧展开	庆元县
40	Ⅳ2-11126C02	中心城镇综合发展生态功能小区	27.31	位于庆元县东部中心地区，包括屏都镇大部，松源镇大部和淤上乡北部	庆元县
41	Ⅳ2-11126C03	南部特色产业和边贸发展生态功能小区	6.55	位于庆元县西南部低丘浅谷带，主要由淤上乡中南部，隆宫乡东部和安南乡西部组成	庆元县

2009年丽水市生态环境功能区优化准入区一览

表 5-5-4-6

序号	功能小区编码	功能小区名称	面积（平方千米）	地理位置与范围	所属（区县）
1	Ⅳ2-43000D01	北城行政、商务、文化中心及综合服务功能生态环境功能小区	35.21	位于白云街道、岩泉街道、万象街道、紫金街道，包括天宁工业园区，纳爱斯工业小区，岩泉物流区	莲都区
2	Ⅳ2-43000D02	水阁工业与城镇发展生态环境功能小区	10.67	位于水阁街道，包括水阁工业园区及周边地区	莲都区
3	Ⅳ2-21181D01	市区老城区综合发展和产业优化生态环境功能小区	7.56	位于龙泉市区，包括老城区块（剑池路以北，剑川大道以西，环城西路以东区块）和水南单元	龙泉市
4	Ⅳ2-11181D02	安仁城镇综合发展生态环境功能小区	1.25	位于龙泉东部，东与云和县交界，以安仁镇建成区为主	龙泉市
5	Ⅳ2-21181D03	八都城镇综合发展生态环境功能小区	1.15	位于龙泉中南部，以八都镇建成区为主	龙泉市
6	Ⅳ2-21181D04	小梅城镇综合发展与农产品加工优化发展生态环境功能小区	1.02	位于龙泉南部，与庆元交界，以小梅镇建成区为主	龙泉市
7	Ⅳ2-21123D01	妙高云峰城镇综合发展和产业优化发展生态环境功能小区	14.68	位于县城妙高镇，主要包括凯恩集团工业区块、老城区、东城工业区块和云峰镇松荫溪北岸工业区块小部	遂昌县

表 5-5-4-6

序号	功能小区编码	功能小区名称	面积(平方千米)	地理位置与范围	所属(区县)
8	Ⅳ1-11123D02	北界特色农产品加工产业优化生态环境功能小区	5.78	位于遂昌的西北部，与龙游县交界，北界镇建成区位于此区域	遂昌县
9	Ⅳ2-41122D01	五云城镇综合发展和产业优化生态环境功能小区	9.49	位于五云镇中心，主要是沿好溪沿线南北两岸分布的缙云县老城区及东面县城新区	缙云县
10	Ⅳ2-41122D02	东方产业优化发展生态环境功能小区	3.47	位于东方建成区及工业区块	缙云县
11	Ⅳ2-41122D03	新建城镇综合发展生态功能小区	5.70	位于新建镇	缙云县
12	Ⅳ2-41122D04	壶镇城镇综合发展生态功能小区	8.13	位于壶镇镇建成区	缙云县
13	Ⅳ2-41122D05	新碧城镇综合发展生态功能小区	1.78	位于新碧镇建成区	缙云县
14	Ⅳ2-31121D01	鹤城城镇综合发展和产业优化发展生态环境功能小区	4.60	位于鹤城镇，主要包括鹤城镇建成区和水南、泥湾单元	青田县
15	Ⅳ2-31121D02	温溪镇工业优化发展生态环境功能小区	6.77	位于位于青田东部，与温州交界，主要包括青田经济开发区，温溪村、学神村、伊山头村等	青田县
16	Ⅳ2-31121D03	船寮城镇综合发展和产业优化发展生态环境功能小区	13.41	位于船寮大溪沿岸。包括船寮老城区、仁川、雷石、大路、叶庄、白岸、水井头、洪府前等村庄	青田县
17	Ⅳ2-31121D04	黄垟钼矿产业优化发展生态环境功能小区	12.31	位于县城东部黄垟乡。包括金坑村、石平川村、金坑口村、峰山村、外黄垟村、底黄垟村、石坑岭等村庄	青田县
18	Ⅳ2-21124D01	西屏城镇发展生态环境功能小区	8.12	位于松阳县县城西屏镇，包括西屏镇建成区及叶村部分地区	松阳县
19	Ⅳ2-21124D02	古市城镇发展生态环境功能小区	3.06	包括古市镇建成区、谢村东部、樟溪北部，属于城镇建设用地及拓展区域	松阳县
20	Ⅳ2-21124D03	象溪城镇发展生态环境功能小区	0.96	位于象溪镇建成区	松阳县
21	Ⅳ2-22523D01	石塘城镇优化发展生态环境功能小区	1.58	主要为石塘城镇规划用地范围	云和县
22	Ⅳ2-22523D02	紧水滩城镇优化发展生态环境功能小区	2.40	主要为紧水滩城镇规划用地范围	云和县
23	Ⅳ2-22523D03	云和中心城镇综合发展生态环境功能小区	3.08	位于云和镇内	云和县
24	Ⅳ2-11127D01	鹤溪城镇综合发展和产业优化发展生态环境功能小区	3.28	位于沿鹤溪分布的河谷平原中心地带，是景宁的行政、文化和经济中心，包括鹤溪镇建成区	景宁畲族自治县
25	Ⅳ2-11127D02	东坑城镇综合发展和产业优化发展生态环境功能小区	1.57	位于景宁畲族自治县东南部，包括东坑镇东坑村、何村一带	景宁畲族自治县
26	Ⅳ2-11126D01	松溪城镇与综合服务发展生态环境功能小区	3.50	位于庆元县中心地带，主要是庆元县老城区，东至省里，南至塘边，北到黄象，沿松源溪南北两侧分布	庆元县

第五节　环保机构

市级机构

1973年，丽水地区计划管理委员会指定专人，管理环境保护工作。1977年1月，地区环境保护办公室和地区环境保护监测站成立，合署办公，隶属丽水地区计划管理委员会。1981年2月，丽水地区环境科学学会成立。1987年5月，地区环境科学研究所设立，与地区环境保护监测站合署办公。1988年7月，地区环境保护办公室和地区环境保护监测站分开设立，各司其职。1995年8月，丽水地区环境保护局成立，内设办公室、开发管理科、污染管理科，核定编制10名。下属单位有丽水地区环境保护监测站（丽水地区环境保护科学研究所）。1996年4月5日，丽水地区行政公署办公室印发《丽水地区环境保护局职能配置、内设机构和人员编制方案》，核定局长1人，副局长1人，科室领导职数3人。丽水地区环境保护监测站（丽水地区环境保护科学研究所）为科级全额拨款事业单位，核定编制25名，科级领导职数3人。1997年6月，建立丽水地区环境监理站，核定全额拨款事业编制6名。1999年12月，丽水生态示范区建设领导小组办公室设在环保局。

2000年7月丽水撤地设市后，丽水地区环境保护局更名丽水市环境保护局，市辖区不设分局。地市环保局合并后核定行政编制14名。8月，丽水地区环境监理站更名丽水市环境监察支队，核定全额拨款事业编制11名，丽水市环境监测站更名丽水市环境监测中心站，核定事业编制41名。2001年6月，丽水市人民政府办公室印发《丽水市环境保护局职能配置、内设机构和人员编制规定》，内设机构为办公室、综合管理科（政策法规科）、建设项目管理科、自然生态科（莲都管理科），后在办公室增设监察室，在建设项目管理处增设辐射管理处，核定行政编制15名。10月，核定环境监理支队为依照国家公务员制度管理，编制15名。丽水市环境监测中心站挂丽水市环境保护科学研究所牌子。2002年9月，丽水市环境监理支队更名丽水市环境监察支队，后编制增加到18名。2003年12月，丽水生态市建设领导小组办公室设在环保局。2004年12月，丽水全市环保系统监察队伍全部实行依照公务员制度管理。2005年1月，在建设项目管理处增挂辐射管理处牌子，人员编制由局内部调剂。2006年9月，增设丽水市环境保护局莲都区分局，为全额拨款的监督管理类事业单位，核定编制10名。

2007年9月，增设丽水市固体废物管理中心，核定编制为3名，为全额拨款纯公益类事业单位。2008年，在局内设立污染物减排处，与综合管理处合署，编制和科级职数内部调剂，同时撤销莲都管理处。2009年1月，设立丽水市环保局开发区分局，为丽水市环保局的派出机构，核定行政编制5名。2009年6月，在丽水市环境监测中心站（环境科学研究所）增挂市排污权有偿使用和交易中心的牌子。2009年10月，增设辐射管理处，增加局行政编制3名，其中科级领导职数1名。

县级机构

1980年，丽水县环境办公室成立，与丽水县城乡建设委员会两块牌子一套班子。1990年，全区有环境保护专职人员102人，其中地区25人，各县（市）77人；行政干部15人，科技人员87人，其中地区18人，各县（市）69人。1994年，全市有环境保护专职人员122人，其中行政干部15人，科技人员94人，工人13人。

1995年，各县（市）城乡建设局增挂环境保护局牌子，称城乡建设环境保护局，内设环境管理科，下设环境监测站。1997—2000年，各县（市）环境监理站先后建立。2000年7月撤地设市设区，丽水市（县级）环境保护局更名莲都区环境保护局。同年，丽水市环保系统人员150人，其中市级63人，县（市）87人；行政干部41人，科技人员109人（高级职称的12人、中级职称50人），其中市级46人，各县（市）63人。

2001年，丽水市实施机构改革，撤销莲都区环境保护局，管理职能归入丽水市环境保护局（在自然生态科增挂莲都管理科牌子）。各县（市）独立设置环境保护局，其中龙泉市为行政局，其它县均为依照公务员制度管理的事业局，下设环境监察大队（依照公务员制度管理）和环境监测站。2005年5—7月，各县环境保护事业局改为行政局。同年，丽水市环保系统人员225人，其中市级77人，县（市）148人。

2006年9月，丽水市环境保护局莲都区分局设立，确定为既是市环境保护局的派出机构，也是莲都区政府的直属机构，实行市环保局、莲都区政府双重领导，人、财、物以条管为主的监督管理类事业单位。2009年，丽水市环保系统人员总数331人，其中市本级93人，县（市）232人，乡镇环保机构6人；行政人员100人，事业人员195人，其中参照公务员管理人员48人，其他人员36人。

第六篇

城 乡 建 设

1 城市建设

2 农村建设

3 建筑业

4 房产业

概　　述

丽水城市建设始于隋代，栝州城址在莲都区古城村。唐代中期至宋代，处州城址小栝苍山。城周群山联叠，岗阜相连，状似莲花，故称“莲城”。元代，处州城址以唐宋旧城之半，拓建城池。民国时期，处州城区面积1.36平方千米，尚有坡岗突兀，田埂横陈，街宽不足7米。民国26—34年(1937—1945)，全面抗日战争期间，丽水县城遭日本侵略军入侵两次，遭日本侵略军飞机轰炸多次，城垣破败。

1949年5月丽水解放后，丽水城市编制规划逐渐加强，城区建设加快，城市基础设施不断改善。1965年后，丽水城区建成自来水厂，建设环卫设施，设置垃圾箱，建造公厕，建成下水道，供水排水等基础设施得到加强。1971年，丽水城区改建、拓建主要街道，削华祠岭、挖梅山背，贯通中山街南北中轴。1978年，丽水城区推进交通建设，逐步改善市容市貌，完善城市功能，改善生活设施，建成桃山大桥、小水门大桥，修建万象山公园，城区面积5.53平方千米。2000年7月丽水撤地设市后，丽水市加强城市规划，城市建设突出道路改造和旧城改造、城中村改造、环境卫生和城市公用设施改造，经济开发区建设等都取得显著成效，至2010年，丽水城市功能得到完善。2010年，丽水市区有主干道41条、重要巷弄18条，初步形成以丽阳路、栝苍路、卢镗街等主干道为骨架，以解放街、中山街、灯塔街等次干道及支路为脉络的较为完善的城市道路网。

明清时期，处州农村基础设施落后，大多村落建设无规划。民国时期，丽水战争不断且农村不通公路不通电，文盲众多，卫生不良，建设缓慢。1949年10月中华人民共和国成立后，特别是1978年12月中共十一届三中全会后，丽水农村建设规划逐步完善。20世纪80—90年代，丽水地区推进新农村建设，普及义务教育，提升农村文化素质，实现村村通公路、通电、通广播电视，建设文化站和建设文化广场，设立乡村活动室，建立卫生院和卫生室，推行新农医保，保障基本卫生医疗，村庄整治，改水改厕，危旧房改造，农村生活条件明显改善。2000—2010年，丽水市列入全省建设中心镇17个。农村经济蓬勃发展，有7个县城关镇居民收入增速在10%以上，人均可支配收入最高为22500元；农民人均纯收入高于全市水平的镇13个，增长速度高于全市水平8个点。

丽水地处浙西南山区，历史村落、宅第民居、古桥古堰具有鲜明的江南建筑风格。历代工匠均以个体为主。1949年10月中华人民共和国成立后，建筑业发生根本变化。20世纪60年代，丽水各县建筑企业先后成立。20世纪80年代，丽水地区建筑业规模和建筑队伍逐渐扩大。建筑设计、建筑施工、建筑管理逐步规范化。1985年，丽水各县建筑质监站相继成立，开展工程质量监督工作。1989年，全市执行国家建筑安装工程质量检验评定统一标准。1997年，全区开展创建文明标准化工地活动。2000年丽水撤地设市后，城市化进程加快，建筑业迎来新的发展时期。2001年，全市开展安全施工专项治理，同时加大培训力度，提高从业人员素质。2003—2005年，全市开展市区房屋建筑和市政工程结构质量抽样检测，加强管理，提高工程质量。2009年，全市建筑业产值首次突破100亿元。2010年，全市建筑业涵盖建筑、装饰、园林、给排水、电气、暖通、地质勘察、测量、公路、道桥、水利、电力等专业，建筑企业265家，从业人员10万多人，产值141.13亿元。

1949年10月中华人民共和国成立后，丽水房地产业建设、管理、交易逐步实现有序开发、有序建设和有序管理。1978年10月中共十一届三中全会后，丽水房地产业开始从管理向经营转变。1980年，各县成立城镇房屋综合开发公司。2000年丽水撤地设市后，房地产业发展迅速，城镇住宅建设加快。2001年，丽水市区首次分配经济适用房。2004年起，丽水市重点转移解决住房难问题，制定政策，进一步落实廉租住房、限价商品房、经济适用房等保障性住房的建设、分配，拆迁行为日益规范，房地产市场监管不断强化。2010年，全市有房地产企业187家，其中市区110家，房屋竣工面积318.24万平方米，商品房累积销售面积343.36万平方米。2001—2010年，全市完成房地产开发投资额352.18亿元，房屋竣工面积850.27万平方米，商品房销售面积916.18万平方米。其中市区累计完成房地产开发投资额156.45亿元，市区房屋竣工面积318.24万平方米，商品房销售面积343.36万平方米。

第一章　城市建设

丽水古城始筑于隋，称栝州城，古时丽水为一小城，经拓建旧城形成。明清城分5隅25铺，街道井然，里巷幽深。民国时期，丽水城区狭小。民国26—34年(1937—1945)，全面抗日战争时期，日本侵略军入侵两次，丽水惨遭蹂躏。

1949年10月中华人民共和国成立后，丽水开始注重规划、改造城市街容街貌。1958年和1963年，丽水分别对城区主要街道进行测量和粗线条规划。1958年，丽水县、青田县开始编制城市规划。1976年初，丽水地区提出城镇建设十年设想。1977年，丽水地区编制丽水城区总体布局草图、道路红线图等。1980年起，丽水先后编制城市规划5次。各县同时相继成立城镇规划领导小组，编制城镇总体规划，调整和优化城镇布局。2000年，丽水市政府编制城市总体规划，将城市性质提升为“浙西南中心城”。2001年，丽水市规划委员会成立。2004年，丽水市编制新的城市总体规划，将城市性质提升为“长三角西南翼地区山水人居和生态旅游城市”“特色制造业基地”和“浙西南中心城市”，出台政策，进行旧城改造，撤村并居，改造城中村，编制丽水市域城镇体系规划。

20世纪60—90年代，丽水地区先后对解放街、中山街等主要街道进行改造、拓建和拓宽，加强环卫设施和人民生活设施建设。1965年，建成自来水厂。1971年，丽水地区铺设水泥道路，设置垃圾箱，建造公厕。1978年，丽水地区建筑地下排水管道和城市基础设施，完成桃山大桥、小水门大桥建设项目。至1990年，丽水城区建成主街道17条，大小街弄39条，供水管道32.33千米，排水管道22.76千米，年供水0.8亿千克，建成区面积5.54平方千米。

2000年7月丽水撤地设市后，丽水市加强城市总体规划，市政建设、旧城改造速度加快。城市道路得到得到进一步扩建、拓建。公共交通、供排水、城市供电、供气(液化石油气)、城市绿化等公用事业和公共设施得到发展，全面实现亮化工程。至2010年，丽水市全面加强城中村改造、城市管理，市容市貌大为改观。

第一节　城市规划

古城沿革

隋开皇九年(589)，置处州，治所栝苍，城曰栝州。位于好溪与瓯江交汇处，距今1400多年。唐至宋代，古城建址小栝苍山，称莲城，西面万象山麓。何镗编纂《栝苍汇纪》卷十《保圉记》载：“初府城池在今城东七里，人称为古城，即其地也。”清雍正《浙江通志》载：“旧城在府东南栝苍山麓。”《方舆纪要》载：“旧城在府东南七里栝苍山。”据此，丽水最古老城址在今城东偏南的古城村一带。城址濒大溪，北、东、西三面地势陡绝，宛如城垣，唯西南一面地形稍缓，因年代久远，水路改道，古城村处于好溪与大溪汇合处。

城址距今城西二里小栝苍山①。据李吉甫《元和郡县图志》载，唐贞元六年(790)，处州刺史齐抗因"旧州秋溢，屡有水灾，北移四里就高原上"。据《括苍汇记》载："唐宋州治皆在焉。"据明成化《处州府志》载："唐中和元年(881)，卢约窃据是州徙今城。"故老相传将徙之时，访之三平和尚。对曰："黄牛卧处好安州。"乃迁。处州古城建于山丘岭岗间，不修城墙。立于州府衙署，万山峨峨，横在一目。城内千井堤封，隆楼杰阁。城中有太平坊，坊有黄灵桥。宋代，处州仍据山为城。宋至道年间(995—997)，太守杨亿《与李起居书》描述城况，"石磴盘曲""岗霭滴衣"。宋政和年间(1111—1117)，太守钱竽《少微阁》诗，"过雨晓来添练水，好山晴后见莲城"，证实莲城为地理名胜特征。

宋宣和年间(1119—1125)，莲城东南"城堞几至颓废，州郡城壁弗完"。处州太守黄烈主持，依城址重修。"靖康之变，宋室南渡，四方之民云集二浙，百倍于常时。"据记载，"临安之外的处州等地，也有许多来自北方的人"。处州城市人口增加。北宋早期，华祠岭仍是墓葬密集分布的岗阜，南宋初华祠岭形成横街3条，设有酒税署，有商贸集市。宋庆元三年(1197)，处州知州赵善坚引丽阳溪之水入城。源头在清香桥停留后，水分二支。一支为西河，绕濠头街东过梨园巷市，经广运桥抵应星桥后出城。一支为东河，历黄灵桥，东过明秀桥经府治前折东过县治往南出镇东楼。此时，处州古城的城市功能相当完备。栝苍门外水陆码头更是兴盛。据宋喻良能《旧州治记》描述其繁华，"琵琶捍拨。横陈州渚，渔舟贯楫出没烟波中，欸乃之声不绝于耳"。

元至元二十七年(1290)，处州古城从小栝苍山下迁至万象山东。据明成化《处州府志》载，"割旧址之半而新之"。城址以万象山为界，唐宋旧城大都在城外，所筑新城即丽水城前身。新城建建设之初，东北掘地为池，垒土为城；南面以溪为池，壅堤为城；西面就山为城，并溪为池。城周九里，建有六门。同年修成新城，处州府治从小栝苍山迁至枣山之南的"宋丞相汤思退故第"址。元大德六年(1302)，府址在枣山府治东重建。明嘉靖三十六年(1557)，栝苍驿于茭山之左迁枣山南麓府治之西。至此，元明清三代丽水古城都以枣山之南的府前地段为中心，布置市政，安排街衢，发展城市。

明代至民国时期，古城建设集中于城墙修缮、道路铺设、河道疏浚。明嘉靖四十二年(1563)，城墙高不足一丈，墙基松动不坚。夜闭城门，人也能像跨枕席一样翻进城内。明知府张大韶粜仓谷招募壮汉，采石加固。明崇祯八年(1635)大水，知府朱葵修筑栝苍、南明、行春濒溪三门城墙。清顺治十五年(1658)，增高城墙。清康熙二十五年(1686)闰四月，处州水高城丈余，濒溪三城门毁坏。清康熙二十九年(1690)，处州知府刘廷玑重修。清康熙五十三年(1714)，处州大水，城门城墙又毁。清雍正七至八年(1729—1730)，丽水县知县王鈞组织民工修筑。这次大修使用统一规格的城砖，重修后城高三丈五尺，厚一丈七尺，垛高七尺四寸，周一千八百五十丈有奇。清乾隆三十一年(1756)，丽水县知县蓝衣经捐俸修城。清嘉庆五年(1800)，丽水县知县邹世棨修筑。

清咸丰八年(1858)、咸丰十一年(1861)，太平军三次攻陷处州府城。清同治六年(1866)，处州知府清安集民资及罚款修挖城濠。这是一次大规模的河道疏浚。清道光《丽水县志》载，"自北而东者，绕岩泉门，迳行春门，抵外教场。自北而西者，绕通惠门入城。南临大溪，无濠。旧记谓望京门外，地

① 小栝苍山，又名莲城山、西山，众山环簇，状如莲花，城亦雅称莲城。

形隆起，不宜为濠，恐绝地脉”。至此，处州府城东西两侧二三十米宽的护城河，挖掘疏浚完成。清道光十五年（1835），邑人颜学贤、谭学铭捐资，以石板修筑府城道路。

民国时期，丽水县设立四镇。民国34年（1945），丽水县改设三镇。同年4月合并为莲城镇，街市、民居囿于城墙之内。

1949年10月中华人民共和国成立初，丽水县城关镇定为专署所在地。1952—1962年，丽水专区建置撤销，丽水县城仍为浙西南中心城市。1986年3月，撤丽水县设丽水市（县级）。2000年5月，国务院批准丽水撤地设市，丽水市、区两级行政中心设于此。原丽水市（县级）改设莲都区。

总体规划

市区总体规划　1958年，丽水县、青田县开始编制城市规划。1980年起，丽水先后编制城市规划5次。1981年5月，丽水地区开始编制《丽水市城市总体规划（1980—2000）》。1983年1月，完成初稿，1986年1月，省政府批准实施。规划期限20年。城市性质：地、县政治、经济、文化中心。人口规模：1990年6.8万人，用地规模6.91平方千米；2000年8.5万人，用地规模10.79平方千米。用地规划：在原建成区基础上，以丽阳路、万象山、大水门等为范围，水南、九里等规划居住用地，吕步坑、厦河门、黄泥山等郊区规划工业点，对仓库及对外交通用地也进行规划。生活居住用地：1980年140.46公顷，1985年177公顷，1990年211.05公顷，2000年301.75公顷；人均用地1980年32.17公顷，1985年29.5公顷，1990年31.05公顷，2000年35.5公顷。

1987年7月，丽水市（县级）规划设计处修订《丽水市城市总体规划（1986—2000）》。1989年12月，丽水地区行政公署批准实施。规划期限15年。城市性质：全区行政、经济、文化中心。城市布局：以丽水盆地内的居民点为市中心居民点，围绕中心居民点分散布置富岭、水阁、联城三个小居民点，以城市道路连接成整体，形成“组团式结构”的中等城市，建设大型商业服务网点、文娱体育设施、医疗卫生机构等配套设施。人口规模：1990年10万人，2000年人口15万人。用地面积12.3平方千米。生活居住用地面积1985年2.19平方千米，人均面积31.29平方米；2000年5.93平方千米，人均39.56平方米。

1994年12月，丽水市（县级）规划建筑设计处编制《丽水市城市总体规划（1996—2010）》。1998年3月，浙江省政府批准实施。规划期限15年。城市性质：浙江西南部中心城市。城市目标定位：浙江省重要建材、林木加工和非金属矿产开发的原材料工业基地，农业基地、旅游观光疗养基地和出口创汇基地，华东地区重要的水电能源基地，形成浙闽沿海发展带和浙赣铁路线发展带之间的一条外向度、集约度较高的经济走廊。人口规模：2000年18万人，2010年23万人。2000年用地规模13.41平方千米，2010年用地规模19.55平方千米。城市结构模式“一块两带”，即由大溪、好溪将城市自然划分为中心城一大块，水东、水南两个滨江发展带。用地发展方向：近期沿大洋路、紫金路向南开发滨江地带，同时沿丽青路、丽阳路适当向东发展。远期向东、南方向发展至滨江地带，向北发展至城北路一带，形成紧凑的中心城区。城市建设用地面积：2005年19.52平方千米，2010年24.6平方千米，人均102.6平方米，2020年城市用地35.1平方千米，人均106.3平方米。其中中心城区25.3平方千米，水阁6.6平方千米，联城2平方千米，度假村1.1平方千米。

2000年10月，中国城市规划设计研究院编制《丽水市城市总体规划（2000—2020）》。2002年4

月，浙江省政府批准实施。城市性质：浙江西南部中心城市。规划区范围：莲都区、水阁镇、联城镇，东至大溪包括木溪、长坑、高塘等乡、村，南含清水塘、七百秧水库、胡村水库、下朱、赵弄、官山等乡、村，西面以大溪河道中心线为界，北面以白云山为界。规划区面积198.8平方千米。规划期限：近期2000—2005年，中期2006—2010年，远期2011—2020年。城市人口近期20万人，中期24万人，远期33万人。城市建设用地：2005年19.52平方千米；2010年24.6平方千米、人均102.6平方米，2020年35.1平方千米、人均106.3平方米。其中中心城区25.3平方千米，水阁6.6平方千米，联城2平方千米，度假村1.1平方千米。

《丽水市城市总体规划(2004—2020)》为2004年9月委托浙江省城乡规划设计研究院对上轮城市总体规划修改编制而成，2006年3月，经省政府批准实施。城市性质：长三角西南翼地区山水人居和生态旅游城市，特色制造业基地和浙江西南部中心城市。城市规模：2010年人口31.6万人，建设用地33.73平方千米、人均119.4平方米；2015年人口43万人，建设用地50.86平方千米、人均118.3平方米；2020年人口58万人，建设用地62.94平方千米、人均108.5平方米。规划范围：市域城镇体系规划面积1.73万平方千米，包括一区、一市、七县，即市区(莲都区)、龙泉市、青田县、缙云县、遂昌县、松阳县、云和县、庆元县、景宁畲族自治县。城市规划区范围为市区行政范围面积1502.1平方千米。城市总体规划范围面积372.7平方千米，包括岩泉街道、紫金街道、万象街道、白云街道、水阁街道等五个街道及联城镇、富岭乡。市域空间发展总体框架为“一个中心城市、三个城镇带和多点分布的城镇网络”[①]。市区(莲都区)城乡空间总体结构为“一心、一区块、二镇，多点及多片”[②]。中心城市结构为“一江双城”[③]。并在布局上形成“二轴、三心、三片”[④]的结构。南城区建成特色制造业基地兼顾生活居住的产业功能区。丽水北城建成浙西南行政、商贸、教育、卫生、文化、科研中心及生活居住的城市功能区，布局形成“一心、二带、三片”结构[⑤]。用地规划：城市建设用地2000年990.7公顷，2020年3510.4公顷。居住用地2000年390.4公顷，占城市建设用地39.41%；2020年1099.8公顷，占31.33%。人均用地2000年30.26平方米，2020年33.32平方米。公共设施用地2000年为143.1公顷，占城市建设用地14.44%，2020年521公顷，占城市建设用地14.84%。公共绿地2000年为130.2公顷，2020年491.1公顷。

县(市)总体规划　1958年，丽水、青田等县对城区主要街道有过测量和粗线条规划。1979年，遂昌县第一次城市总体规划编制。1981年，各县城镇规划领导小组成立，相继编制城镇总体规划。

---

① “一个中心城市”即丽水中心城市，包括以大溪与南明山为界发展的北城、南城；“三个城镇带”即丽缙青城镇带，龙丽温高速公路松遂及云和、景宁城镇带，丽龙(泉)庆(元)高速公路龙泉、庆元城镇带。

② “一心”即丽水中心城市；“一区块”即碧湖、大港头区块，构成整体并逐步发展成设施农业、观光农业和重要工贸、物流基地；“二镇”即重点建设老竹、双溪两镇；“多点”即仙渡等若干个具有一定发展潜力的中心村；“多片”即包括耕地、园地、林地、水域等非建设用地。

③ “一江”指瓯江，“双城”指北城区、南城区。北城区建成浙西南行政、商贸、教育、卫生、文化、科研中心及生活居住的城市功能区。

④“二轴”指大溪生态景观轴和花园路公建发展轴。“三心”为行政商业主中心、滨江商务副中心和中山街城市商业中心。“三片”指联城花街科教旅游居住片区、水东岩泉物流居住综合片区和主城商贸行政文化中心片。

⑤ “一心”指城市南部中心，位于水阁东侧南北向干道和金丽温高速公路之间；“二带”指丽龙高速公路与金丽温高速公路沿线形成的防护景观林带；“三片”指水阁工业组团，以综合居住为主的富岭组团，七百秧工业组团(工业区东扩区块)。

1983—1985 年，各县又修编近期、远期城市建设规划。

龙泉市于 1992 年、2003 年、2006 年编制城市总体规划三次。2000 年，编制城镇体系规划。2009 年编制第四次总体规划。规划年限 2006—2020 年。城市定位长三角重要生态涵养区、浙闽赣边界特色生态产业基地、浙西南地区人文底蕴深厚的山水旅游区。城市人口近期 11.5 万人，中期 15 万人，远期 19 万人。城市构筑“一主三副、一带两区”城镇发展空间结构和“四纵三横一绕”主骨架公路网。城区按照“北居南工”布局，实施“东扩西进”即城南工业新城崛起、城北老城区改造、城东道路网拓展、城西人居新区开发。

青田县于 1984 年、1994 年、2003 年编制城市总体规划三次。2009 年，编制第四次总体规划。规划年限 20 年。城市定位为具有浓郁侨乡风情的休闲宜居滨水山城。规划区以鹤城、温溪、山口三大组团为基础，建设油竹、坦下新城、温溪新区及开发沿岸土地。规划区面积 98.7 平方千米，建设用地面积 20.14 平方千米。人口近期 17.5 万人，中期 20 万人，远期 24 万人。围绕“撤县建市”目标，实施“接轨温州、组团发展，建设和谐小康新侨乡”发展战略，城市建设风格突出“欧陆风情”，城市功能立足“旅游城市”，按“东西延伸，南北上山”的思路，把“华侨之乡、石雕之乡、名人之乡”的理念具体化、项目化、形象化。

缙云县于 1986 年、1996 年、2003 年编制城市总体规划三次。2009 年 6 月，编制第四次城市总体规划。规划期限近期 2010 年，远期 2020 年。城市定位浙江五金先进制造业基地重要组成区、浙中南旅游休闲度假基地、浙中南生态绿色农产品基地。2020 年建设用地范围 5600 公顷。人口城镇化水平 74.4%。城市人口近期 24 万人，远期 38.7 万人。规划以县域中心城区为依托，形成以壶镇镇为重点镇的“一主一副、两轴、三片、多点、网络化”城乡体系结构和“四纵四横一绕”公路主框架，形成以仙都国家级风景名胜区为核心的“一心一带七区多点”旅游景区空间布局结构，构筑具有全国影响力的浙中南旅游休闲养生度假基地。

遂昌县于 1979 年、1985 年、1994 年、2002 年、2005 年编制城市总体规划五次。2006 年，编制第六次城市总体规划。规划年限为 15 年，近期 2006—2010 年，远期 2011—2020 年。城市定位长三角休闲旅游名城。用地规模 2006 年 585 公顷，2010 年 1039 公顷，2020 年 1575 公顷。人口规模 2006 年 4.8 万人，2010 年 9.8 万人，2020 年 15 万人。规划区面积为 2006—2020 年 100.5 平方千米。规定城市发展中心城区用地东进西拓，向东发展工业，云峰中心镇区纳入中心城区；向西发展居住，疏解老城居住与公共服务功能。城区总体布局结构为“一廊一核、二区四片”。

松阳县于 1982 年、1991 年、2000 年编制县城总体规划三次。2004 年，编制第四次县城总体规划。规划年限 15 年。城市定位县政治、经济、文化中心，省级历史文化名城。规划人口 2010 年 8 万人，2015 年 11 万人，2020 年 15 万人。2004 年人均城市用地 130.24 平方米，超过国家用地标准 90.1—120 平方米。城市布局为以松阴溪为轴心，城南、城西滚动开发，城市框架形成“两心、两轴、三点、四片”总体结构。此外，还编制县历史文化名城保护规划等专项规划。

云和县于 1983 年、1995 年、2001 年、2004 年编制城市规划四次。2006 年，编制第五次城市规划。规划年限 2006—2020 年。城市定位为金衢丽城镇群重要节点，以木制玩具制造、金属加工及农林产业为基础的特色产业区，优美的山水文化和中国童话休闲旅游基地。规划人口 2020 年 15 万人，城市用地 10 平方千米，人均建设用地 117 平方米。城市发展格局为“一心三区”。

庆元县于 1984 年、1995 年、2002 年编制城市规划三次。2004 年，编第四次城市总体规划。规划年限2004—2020年。城市定位县政治、经济、文化中心，浙西南具有浓郁菇乡特色的山水生态旅游城市。城市人口：2010年6.8万人，2020年12万人。建设用地：2010年788.47万平方米，2020年1180.72万平方米。2006年6月，编制《庆元县县城城市近期建设规划》。

景宁畲族自治县于1985年、1999年、2002年编制城市规划三次。2009年，编制第四次城市总体规划。规划年限2007—2020年。2010年，人口6.5万人，用地601.39平方千米，人均用地92.42平方米；2020年，人口9万人，用地844.2平方千米，人均用地93.8平方米。规划构筑"双轴五区，一主两副"的结构和"三纵三横"的公路框架，形成"一城、两轴、三廊、多片"的总体布局。

市区村镇规划

民国时期，村镇建设少有规划。中华人民共和国成立后，村镇建设开始有粗线条规划，农村建房用地由社队、区乡、县三级审批。1961年，丽水县建立村镇规划领导小组，组织编制村镇建设规划。1982年，县建委设立农村规划建设科，区乡建立村镇建设领导小组，负责全县村镇规划与建设工作。1983年，县城乡建设委员会设立乡镇建设管理科，负责全县村镇规划建设管理工作。1985年，丽水地区培训村镇规划初级人员，编制建制镇、小集镇、行政中心村规划。1990年，调整和完善5个建制镇、373个村庄规划。

2000年7月，市城乡规划局设立村镇建设管理处，负责指导莲都区村镇规划编制。2005年，完成农居点建设规划25个，即富岭街道办事处的齐村、张垵、富岭、周前、朱弄、中堂、小木溪、大坑口、金山下，联城镇的武村、敏河、林宅口、平阳岗、官桥、白前、常宅、徐宅、苏埠、花街、风鸣、节孝、坑口、青岗、金周、乌里坑。2006年，启动"百村示范、千村整治"。至2010年，建成示范村123个，整治村1415个。

2009年，中心城区范围新村规划编制完成，包括丽南新村、丽华新村、新建新村、城西新村、丽光第二新村、灯塔第四新村、灯塔居住区块、丽东第四新村、后甫新村、奚渡新村、海潮新村、厦河居住区块、天宁工业区居住区块、长岗背新村、城北新村、天宁新村等农民新村与安置区块16个的规划；接官亭农民公寓、大洋农民公寓、龙门岭农民公寓等农民公寓小区7个和青林迁建式安置小区、弄和迁建式安置小区等农民迁建式安置小区3个的规划。2010年，修编《莲都区区域村庄布局规划》，规划范围包括城市总体规划用地范围内（包括紫金街道、岩泉街道和联城镇）部分村庄和建制镇5个、乡7个、行政村294个、自然村869个，莲都区2020年规划中心村43个，保留村庄485个。

2009—2010年丽水市莲都区村庄布局规划一览

表6-1-1-1　　单位：个

乡镇名称	2009年		2010年		备注
	行政村	基层村	中心村	基层村	
大港头镇	22	60	3	25	大港头镇区纳入碧湖—大港头区块，设北埠、均溪、石侯为中心村
峰源乡	20	47	2	25	设庞山、郑地为中心村
老竹镇	25	83	4	40	设陶村、周坦、梁村、徐庄为中心村
丽新乡	10	71	3	33	设白岸口、畎岸、黄弄为中心村
紫金街道	9	47	1	28	设开潭为中心村

续表 6-1-1-1

乡镇名称	2009 年		2010 年		备　注
	行政村	基层村	中心村	基层村	
岩泉街道	8	31	0	16	—
双黄乡	8	35	1	26	设黄畈为中心村
联城镇	17	59	2	36	设下林、陈村为中心村
雅溪镇	34	67	5	42	设库头、西溪、雅里、莲房、洪度为中心村
仙渡乡	15	42	4	28	设仙里、葛畈、皂树、芦村为中心村
黄村乡	19	62	3	29	设小处、严溪、黄村为中心村
高溪乡	15	50	1	27	设高溪为中心村
碧湖镇	59	134	10	46	设石牛、郎奇、平原、里河、堰头、周巷、南山、保定、中溪、松坑口为中心村
太平乡	33	81	4	41	设城头、小安、太平、样后为中心村

规划管理

1952—1964 年，丽水县政府建设科负责城市规划的实施和管理。1983 年年末，丽水地区城镇规划办公室成立。1990 年，实行“一书两证”[①]制度。2002 年 3 月，《丽水市城市规划管理办法》实施。规定城市规划区范围内各类开发建设活动实行专人负责、集体研究的审签制度。2003 年 8 月，丽水调整市、区部分行政管理职能，市建设局、市规划局下设莲都区建设分局、莲都区规划分局。负责城市总体规划区和丽水经济开发区范围外所有村镇规划编制、审批；负责中心城区内农民建房的初审；负责中心城区及开发区范围以外农民建房的审批和批后管理。2004 年 2 月，实施分块规划管理，中心城区范围内的农民建房由莲都区建设、规划分局初审，市建设局审批；中心城区范围外（不含丽水经济开发区）农民建房由区建设、规划分局审批及批后管理。市经济开发区建设、规划分局职能管辖范围为中心城区（含桐岭、小白岩行政村）以外的开发区区域范围，负责桐岭、小白岩行政村内农民建房初审。

2006 年，丽水建立行政执法联席会议制度，加强项目审批和违法建设行为管理，禁止新建、扩建和改建与规划性质不符合的工业项目。2008 年 1 月 1 日起，根据《中华人民共和国城乡规划法》要求，市颁发新的规划许可证，城市规划区（包括建制镇）范围内，给建设单位或个人颁发新的《建设项目选址意见书》和建设用地规划许可证、建设工程规划许可证；乡村庄规划区内，给建设单位或者个人颁发乡村建设规划许可证，改变原来“一书一证”的做法。“一书三证”由省建设厅统一编号和各地编号相结合的方式进行规范管理，原证书停止作用。2001—2010 年，中心城区农民建房、修缮 3461 户，其中拆迁安置户 2781 户。核发建设项目选址意见书 426 件，建设用地规划许可证 828 件，建设工程规划许可证 1003 件 87.6 万平方米。

建设项目审批　1984 年，丽水地区执行国务院规定，单位和个人建房必须向市县城乡建设委员会提出用地申请，经规划定点、划定红线后，向土地管理部门办理征地手续方可建设。1990 年 3 月，城市规划区全面实施建设项目“一书两证”制度，村镇实施“一书一证”制度。2002 年 3 月，实施《丽

① 即选址意见书和建设用地规划许可证、建设工程规划许可证。

水市城市规划管理办法》。市建设规划局规范建设项目审批程序。项目报建处核发建设项目“一书两证”和规划核验工作,规划处负责建设项目设计方案审查,总工办负责道路工程设计方案审查,村镇处负责城市规划区范围内的农民建房审批。5月,市行政中心设建设项目规划审批受理窗口,建立窗口收件、经办人初审、处室负责人审核、分管局长签发、办事结果公示等一系列审批流程。

2006年7月,丽水市建立市本级建设项目审批联席会议制度和行政执法联席会议制度,实施建设项目选址分级规划管理。市区500千伏万象变电所、绕城西线、330国道改造、垃圾焚烧发电等一批由国家(或省)批准(或核准)项目,均由省建设行政主管部门核发建设项目选址意见书。2007年2月,丽水市建设局与市国土资源局统一规定临时用地、建筑使用标准。11月,丽水市建设局与市发改委统一建筑面积计算的口径,加强建筑设计方案审查、初步设计审查、施工图审查,并与执法部门沟通衔接,提高规划管理质量。2008年,审议《南明湖区域空间规划》《丽水市综合交通规划》。2009年,审议江滨旧城改造工程、南明湖区域规划、市城市景观照明专项规划、市中心城市雕塑规划中建设项目选址以及各专项规划、详细规划。

违章建筑查处　20世纪90年代,丽水市区违法建筑和违法用地“两违”逐渐增加,集中清理效果不明显。2003年8—12月,丽水市政府成立工作领导小组,集中整治市区“两违”,制定《关于查处违法建筑和违法用地行为的实施意见》,明确查处范围、政策界限、执行时间。至2004年1月6日,受理“两违”案件6070件,其中申报案件3353件,排查2188件,举报529件;查处“两违”面积46.92万平方米,其中违法建筑面积26.01万平方米,违法用地面积20.91万平方米;处理“两违”案件1191件,面积17.13万平方米;组织强制拆除行动60多次,拆除“两违”建筑366处,面积4.36万平方米。2006年,建立行政执法联席会议,研究处置违法建筑。

规划实施

1949年,丽水城区面积1.36平方千米,街13条、巷37条,人口2.5万。1986年丽水撤县设市后,城域向北、东、南扩大。1990年,建成区面积5.54平方千米,其中建设用地4.67平方千米;街道17条,建成小水门大桥、体育馆、电影院、万象山公园、儿童公园、江滨公园等公用建筑。人口7.84万人,其中非农业人口6.03万人。1981—2004年5次修编的《丽水城市总体规划》,成为丽水地区城市化进程的重要依据。

2000年5月,丽水城市化进程加快,启动编制第4次城市总体规划。2002年,丽水市行政中心开工,拉开城北区块建设序幕。灯塔街拓建,城东路开工,城南经济开发区水阁工业区中心大道绿谷大道开工。2005年,城市人口增加,经济呈现跨越式发展,建设用地21.4平方千米,人口与用地两项指标均接近上轮城市总体规划的中期目标水平,特别是园区工业用地2020年指标提前用完。2004年,修编丽水第5次城市总体规划(2004—2020)。2006年3月,省政府批准实施。

城市改造

2003年,丽水市提出“生态立市、工业强市、绿色兴市”发展战略。至2010年,丽水由“中山街”时代经“万象山”时代,步入“南明山”时代,完成旧城、道路、内河“三大改造”,初步实现“城在山水中、山水在城中”目标。2000—2010年,完成市政基础设施投资165亿元,是前10年基础设施投资总量的21倍。全市房屋竣工面积850.27万平方米,商品房销售面积916.18万平方米。其中市区完成房地产开发投资 156.45 亿元，房屋竣工面积 318.24 万平方米，商品房销售面积 343.36 万平方米。城镇居民人均住房使用面积从不足 20 平方米提高到 35.2 平方米。市区住宅小区 68 个，其中封闭式小区 29 个，基本上实施物业管理。建成怡景花园、白云花苑、正达阳光城、蓝天嘉苑等高品质楼盘。

据 2000 年第五次人口普查统计，丽水市建成区面积 9.2 平方千米，人口 13.43 万人，城市化率 33.1%。2010 年第六次人口普查，丽水市城市化率 48.4%，建成区面积 31.89 平方千米，人口 31.28 万人。据《中国城市竞争力报告》显示，在全国 294 个地级以上城市中，丽水城市综合竞争力跻身前 100 位。9 个县(市、区)城市化水平也大为提高。

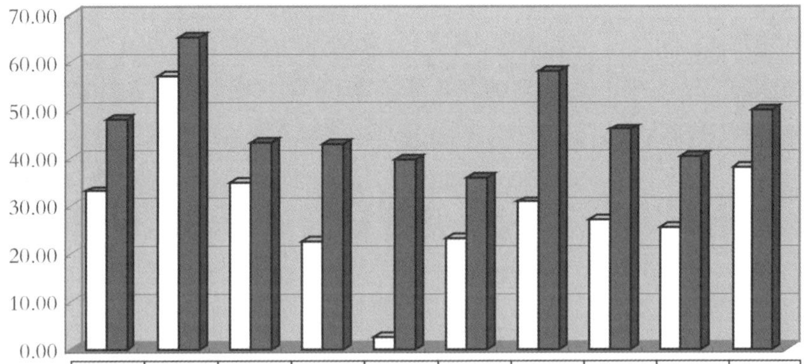

	丽水市	莲都区	青田县	缙云县	遂昌县	松阳县	云和县	庆元县	景宁县	龙泉市
2000年五普	33.09	57.15	34.87	22.46	2.45	23.31	30.78	27.05	25.40	38.01
2010年六普	48.00	65.12	43.11	42.85	39.60	35.76	58.07	45.96	40.36	49.97

图 6-1-1-2　**2000、2010年丽水市各县(市、区)城市化率竖状图**

测　绘

清光绪《处州府志》载有《处州城池图》，使用步里计量，标明城池、街衢、县治位置，是丽水市到 2010 年为止最早城市地形图。民国 19 年(1930)，陆地测绘局曾测量遂昌政区图，比例十万分之一。直至 20 世纪 80 年代，丽水境内仍没有专设测绘机构和专业测绘队伍。城市建设项目，由省主管部门委派测绘人员从事测量、绘制图表。

2010 年丽水市测绘单位一览

表 6-1-1-3

单位名称	等级	成立时间	单位名称	等级	成立时间
说浙江佳途勘测设计有限公司	丙	1985 年 1 月	庆元县云鹤测绘有限公司	丁	2001 年 3 月
丽水市测绘中心	乙	1996 年 1 月	景宁畲族自治县城建测绘队	丁	1994 年 9 月
龙泉市城乡建设测绘队	丁	1996 年 3 月	青田县土地规划勘测队	丁	1998 年 4 月
丽水市勘察测绘院	甲	1996 年 8 月	遂昌县经纬房地产测绘中心	丁	2002 年 12 月
云和县天一城乡建设测绘队	丁	1996 年 11 月	景宁畲族自治县瓯能水利水电勘测设计有限公司	丁	2006 年 8 月
缙云县测绘大队	丙	1998 年 1 月	青田县中盛房地产测绘有限公司	丁	2003 年 2 月

续表 6-1-1-3

单位名称	等级	成立时间	单位名称	等级	成立时间
青田县城建测量队	丁	1998 年 4 月	浙江金安矿业设计研究有限公司	丁	2005 年 10 月
龙泉市水利水电勘测设计所	丁	2000 年 5 月	浙江处州建筑规划设计有限公司	丁	2009 年 12 月
云和县水利水电勘测设计所	丁	2000 年 5 月	浙江树人建设有限公司	丁	2001 年 4 月
庆元县测绘设计院	丁	2000 年 12 月	云和县三维房地产测绘事务所	丁	2003 年 7 月
龙泉市精诚房屋测量队	丁	2002 年 9 月	遂昌县国土资源规划勘测所	丁	2005 年 5 月
缙云县环宇房地产测绘中心	丁	2003 年 11 月	松阳县城建测绘队	丁	1996 年 1 月
松阳县方圆房地产测绘所	丁	2003 年 12 月	丽水市恒达测绘有限公司	丁	2008 年 12 月
龙泉市方园测绘有限公司	丙	2004 年 3 月	景宁畲族自治县众信房地产测绘事务所	丁	2003 年 10 月
龙泉市剑川土地勘测事务服务有限公司	丁	2004 年 10 月	丽水市经纬测绘有限公司	丁	2009 年 12 月
庆元县诚信测绘队	丁	2004 年 12 月	丽水市恒信测绘有限公司	丁	2008 年 12 月
丽水市国土勘察测绘规划院	丙	2005 年 1 月	缙云县国土资源规划勘测所	丁	2003 年 10 月
松阳县土地规划勘测所	丁	2005 年 5 月	遂昌县城乡测绘队	丁	1997 年 2 月
丽水恒远工程技术服务有限公司	丁	2006 年 4 月	龙泉市交通设计所	丁	1984 年 5 月

基础测绘　2001 年前，丽水市区的排水、排污、电缆（含供电、通讯）等管线，其设计、施工质检资料、图表，由各管线权属单位保存。2003 年 8 月，市区地下管线普查立项并组织实施，当年完成地下管线普查 15 类 595 千米。2004 年，普查市区新建道路管线。2005 年，普查开发市区自来水 GIS 系统。至 2010 年，建立市区系统内雨水、电力、自来水、污水等 18 种行业管线数据资料的管点信息 6 万多个、管线数据 800 多千米，实现管线信息管理和统计分析，支持城市规划建设和工程实施。

2002 年，丽水市完成城区卫星影像 400 平方千米。2005 年，完成市区航摄影像 300 平方千米。11 月，首次将市本级及 8 县（市）基础测绘纳入政府“十一五”专项规划体系，并完成编制工作。2006 年，建立大地基础控制网，高程控制测量 1640 平方千米、平面控制测量 1228 个点；GPS D 级点测量 67 个点，GPS E 级点测量 1675 个点。基本实现市、县规划区大比例尺地形图的全覆盖。完成市本级范围 1:8000 航空摄影 800 平方千米、丽水市 17298 平方千米的 2.5 未分辨率卫星影像采购和数据处理 1:10000DLG 更新；完成市本级范围 230 平方千米 1:2000DLG、DOM 生产；完成市本级范围 130 平方千米 1:1000DLG 和 110 平方千米 1:500DLG 更新；完成市本级范围地名/地址数据的采集与建库、城市部件数据更新、城市管线数据更新。

2007 年，丽水市完成市区航摄影像 240 平方千米。2009 年，完成市区航摄影像 400 平方千米。至 2010 年，完成 1:500 地形图近 50 平方千米；1:1000 地形图 60 多平方千米；1:2000 地形图 318 平方千米，主要包括中心城区、南城、联城以及腊口石帆区块等地形图测量；完成城市部件普查兴趣点 18 万个。完成莲都区所有村庄 1:500 地形测量。

工程测绘　1996—2000 年，丽水市完成市区及开发区道路断面测量、定线测量，建设项目定位测量、竣工验收测量，市污水处理厂、第二水厂、处州公园、紫金大桥、江滨防洪堤等省重点工程测绘，开发区东扩预可研方案工作并完成山区土石方大填挖优化方案等工作，东扩区一、二期区块场地夹带方测量计算。2002 年 11 月，开始规范房产测绘行为，房产权属管理部门负责房产测绘。2003

年，完成怡景花苑、东苑小区、接官亭小区、绿洲花苑及开发区企业等所有项目房屋面积测量800万平方米。2004年10月，开发房地产图文审批系统。系统包括产权交易管理系统、产籍档案管理系统、房产分层分户图系统、房产平面图系统及房产测绘工作流程。2006年12月，系统投入运行。实现办公流程系统与图形系统的结合，房产图文数据在测量队、面积监测、产权交易和产籍管理之间电子化自动流转，初步实现以图管房。至2009年，完成房产权属登记测绘成果审核3811件、建筑面积726.4万平方米，测绘入库房屋1万幢、建筑面积1072万平方米，完成农村房屋面积测量70万平方米。

测绘机构　1996年1月，丽水市城建测量队具备丁级测绘资质，专业人员3人。此后，各县相继成立县测绘队。至1999年，全市测绘资质单位21家，工作人员70多人。2000年，市规划局测绘设计科成立，负责全市测绘工作。2001年，市城建测量队测绘资质由丁级晋升为丙级，人员15人。2003年，市规划局测绘设计科更名市规划局测绘设计处，在编干部4人。8月，增挂市测绘管理处牌子，履行全市测绘行政管理职能。2004—2006年，市测绘行政管理职能逐步完善，队伍不断壮大，景宁、青田、云和等8个县（市）相继成立测绘管理办公室。测绘设备由原来经纬仪、平板仪等简易器具，换成全站仪、绘图仪、地理信息系统、全球定位系统、遥感系统等先进仪器设备。2006年，市城建测量队测绘资质晋升乙级，在编人员40多人。2010年，市城建测量队更名市测绘中心，承担市本级基础测绘工作。全市测绘资质企业、单位38家。其中，丽水市勘察测绘院具有甲级测绘资质，丽水市测绘中心具有乙级测绘资质，丽水市国土勘察测绘规划院、浙江佳途勘测设计有限公司、龙泉市方园测绘有限公司、缙云县测绘大队具有丙级测绘资质，其余32家为丁级测绘资质，干部职工500多人。测绘范围涉及建设、土地、水利、房产、地矿、交通等方面领域。

第二节　城市开发

1949年，丽水县城建成区面积1.36平方千米。城区建筑砖块、泥木结构低矮平房占80%。1953年，丽水城内造房建厂，仍有山坡、水田。1958—1962年，丽水城市建设相对缓慢。1978年，改造中山街。1986年，丽水城市建设节奏加快，拓宽中山街南段、大洋路中段、解放街东段。1995—1999年，丽水城市建设力度加大，拆迁项目80个，拆除旧房2000多户、30多万平方米。

2000年7月起，丽水市区实施城市总体规划。2001年，市政府启动旧城、道路两大改造，先后实施项目35个。丽水市区建设的重点是江滨区块改造。在改造旧城同时，提出“城市南进，产业东扩”。南城经数年发展，企业、公司入驻，道路桥梁等基础设施以及文化教育、医疗卫生、通讯电力等配套设施相继建成，逐步实现工业园区向建成区的转变。2008年，内河疏浚治理，范围北起大洋河河道海潮节制分水闸，南至大洋路涵洞。至2010年，丽水建成区面积31.89平方千米，有干路道41条，长184千米，形成“一环、五横、五纵”道路网框架。改建小水门大桥、水东大桥，新建紫金大桥，市区有大小桥梁33座。

城中村改造

20世纪90年代以前，丽水老城农居混杂。20世纪90年代，城区扩大，城郊土地被新建城区征用。2000年以后，旧城改造力度加大，城郊部分行政村成为城中村。城中村原有道路、排水、绿化、路灯、环卫、管线等公共设施与城市化建设的矛盾日益突出。

2000年起，丽水市城中村改造提上议事日程。2003年，丽水市启动城中村改造试点工作，2004年6月，试点工作结束。12月，全面实施丽东等5个城中村改造。2005年6月，召开市区部门、街道办事处、村干部及村民代表座谈会，征求《丽水市区撤村建（并）居实施暂行办法》意见。2007年9月，莲都区建设分局对丽东、大众、海潮、城东、丽华、丽南、灯塔、丽光、后甫、厦河、新建、水东、芦埠、城南、水南、城西、城北、天宁寺、九里、长岗背、金东、塔下、岩泉、青林、关下、社后、凉塘村调查摸底。2009年，投入1425万元，丽东村撤村建居改造启动。丽东村面积9.89万平方米，626户、常驻人口980人，流动人口2000人，商铺、餐饮、小宾馆等203间，村内棚架多，人居密集，道路高低不平，雨污合流排放，空中拉线密布。年末，改造基本结束。丽东村拓建道路22910平方米，绿化面积扩大6740平方米，增设垃圾房5座，小垃圾箱790个，新建公厕1座，道路实行雨、污分流，强、弱电管线下地，小区照明、绿化和环卫设施等大为改善。

2010年，启动大众、厦河、后甫城中村改造。大众村面积3.5万平方米，259户、常驻人口455人，流动人口350人；厦河村面积37.3万平方米，490户、常驻人口1523人，流动人口4000人；后甫村面积1.4万平方米，550户、常驻人口1200人，流动人口276人。三个村位于市区中心，原有道路破损，坎坷不平；无排水管网，房前屋后的暗渠，因多年失修，常严重堵塞；路灯少，电力、电讯线路随意牵拉；环卫设施缺乏，垃圾箱远未达到20户一座。2010年9月，大众村投资771万元，厦河村投资1111.6万元，后甫村投资613万元，完成道路等基础设施改造和排水、卫生等配套设施建设。

撤村建居

2003年，按照《丽水市城市规划区内农村村民建房审批管理暂行办法》，解决撤村建（并）居村的农村村民住房困难户和无房户的住房困难，按规定和程序办理农转非手续，享受市区城镇居民待遇。村民转为城市居民后，5年内继续享受农村村民生育政策。2005年8月，出台撤村建（并）居的条件和报批程序，市区建成区内的城中村，人均耕地在0.01公顷以下的，先撤村建（并）居，将农村村民身份转换为城市居民身份，再由农村合作经济组织按有关规定进行集体资产处置；或先按有关规定处置村集体资产，再将农村村民身份转换为城市居民身份，实施撤村建（并）居。对居住集中符合建立社区居委会条件的城中村，可单独设立社区居委会；对居住分散的，其农村村民就近并入现居住地的社区居委会。市国土、劳保、电力、教育、卫生、审计、监察等部门，均依照职责，配合和做好撤村建（并）居相关工作。2007年6月，根据《丽水市区撤村建（并）居实施办法》，对村民住宅土地性质由集体变更为国有出让的处置政策，提出补充意见。2009年5月，市政府重申对城中村改造可独立设立社区居委会和就近并入现居住地的社区居委会的规定。

旧城改造

市区旧城改造 1949年，丽水市区城垣残破，仅残存丽阳门、大水门。主街道路狭窄，高低不平，多为青砖、石子路面。建筑80%为泥木、砖块结构平房，总建筑面积不足200万平方米，人口6万人。1953年，城郊荒地上逐渐建起工厂、企业。城区范围北至丽阳路，东止城东路，西到括苍路，南临瓯江。1958年，规划建设瓯江电站，县城规划搬迁云和。此后三四年，城市面貌少有变化。期间，仅部分街道改卵、条石路面为青砖路面。1963年，因刘祠堂背岭路崎岖，新建自三坊口改道至新街口的红砖路。直至20世纪80年代，丽水为浙西南地区首县，城市建设虽有兴废，却变化不大，仍为山区小城。

1977年8月起，削平华祠岭[①]，打通梅山背[②]，拆除丽阳门[③]，改造中山街。至1978年4月，投资65万元，挖土方3.3万立方米，将中山街由8—12米拓宽成18—22米，贯通大水门至丽阳门。1986年1月，中山街、大洋路、解放街部分路段拆迁启动。至1987年6月，拓建道路1400多米，面积18427平方米，整治环城河部分河段。治理城区道路及河道2次，局部改变旧城面貌。1995年起，城市化进程加快，旧城改造由单一的街道拓宽转向城域拓展。至1999年，拆迁项目约80个，拆除旧房2000多户、30多万平方米。2000年7月起，城市建设加快。根据城市总体规划，改造道路、内河，拉框架，改旧城，建新区，年均拆迁量20多万平方米。2001年起，相继拓宽改造城东路、继光街西段、城西路、括苍路、囿山路中段、大众街等市区历史上较繁华的商业街道，以及丽青路、宇雷路，新建花园路、寿尔福路、人民路等。2008年，启动江滨区块拆迁改造，是截至2010年丽水旧城改造历史上力度最强、征迁户最多、投入资金量最大的一次。历时一年，完成拆迁任务近4000户。至2010年，实施大众街、紫金大桥、囿山路、继光街西段、江滨区块、西出入口等拆迁安置项目81个，拆迁88.85万平方米，支付拆迁金额60多亿元。

2001年，丽水市启动旧城改造，重点是建设"三纵三横"城市道路网。江北老城区块新建或改建花园路、丽青路、括苍路、人民街、中山街、继光街、城东路、大众街、城西路、丽青路、大洋路、和平路、寿尔福路。南城区块在新建水阁工业区绿谷大道后，又建成龙庆路、遂松路、云景路、飞雨路等。至2010年，全市建成宽30米以上主干路11条、次干路30条、支路22条，市区道路总长180千米，建成区由1949年1.36平方千米增加到31.89平方千米，丽水城"一江双城"城市布局基本建成。

市区拆迁　1978年，改造中山街，挖削梅山后土坡与华祠岭，涉及单位、民居房屋很少。1986年1月，丽水县拆迁领导小组成立，下设办公室。1987年5月，治理环城河中段1971米。启动拆迁，规定拆迁路段的住户在期限内可在房屋层次和朝向上优先选择。拆迁范围为中山街南段800米、大洋路中段500米、解放街东段102米，拆迁对象为农户15户、居民户72户，以及县农业银行等单位28家，面积18427平方米。1987年6月，完成拆迁。1994年，丽水市政府(县级)[④]颁发《丽水市城市房屋拆迁办法》，规定拆迁房屋的单位取得房屋拆迁许可证后，方可实施拆迁。市区拆迁规范有序推进。2000年，加大丽水市区旧城改造力度。1995—2010年，拓建、改建城市道路，建造商品房、丽阳广场、滨水公园、梅山背休闲绿地、景观绿化工程、城市防洪工程、环城路及农民工集体宿舍。发放158个项目拆迁许可证，拆迁建筑面积110.95万平方米，涉及拆迁户10496户。

① 2010年位于中山小学至解放街段。
② 2010年位于解放街至中医院段。
③ 2010年位于丽阳路至灯塔街段。
④ 2010年称莲都区。

1995—2010年丽水市旧城改造房屋拆迁统计

表 6-1-2-1

年度	拆迁路段	拆迁项目（个）	面积（平方米）	拆迁户数（户）
1995	解放街、大洋路、大众街路段	24	80863	798
1996	丽阳路、括苍路、继光街路段	14	51070	507
1997	人民街、花园路、大众街路段	11	27410	270
1998	中东路、大洋路、大众街路段	15	21568	198
1999	括苍路、大洋路、中山街、宇雷路	13	40070	400
2000	大洋路、丽青路、囿山路	28	234819	2346
2001	大众街、括苍路、灯塔街	10	166240	1663
2002	城西路、括苍路、大众街	4	168000	1586
2003	学院路、花园路、括苍路、囿山路	6	22474	215
2004	丽青路西段、紫金路中段、开发路	1	2000	1
2005	开发路、紫金路	7	33900	103
2006	江滨路、水阁工业区	5	51300	468
2007	城北路等	5	22100	178
2008	江滨区块、北环路	10	181118	1714
2009	城北路	4	6429	48
2010	城北路	1	140	1

江滨区块改造 江滨区块地处老城区，80%房屋建于二十世纪四五十年代。区块范围为万象山脚以东，囿山路以南，大洋路以西，江滨路以北，建筑面积约40万平方米。区块改造包括拆除低矮建筑、道路改造、文物建筑三部分。区块涉及国有土地上的住房2592户、房屋面积221335平方米，其中单位部门35家、房屋面积35848平方米，营业用房400间、12308平方米；集体土地上的住房1348户、房屋户口面积108156平方米；临时用房、柴火间等附属用房面积68712平方米，房屋总建筑面积398741平方米。拆迁红线范围涉及单位、企业、居民、农民住户3940户，用地面积47.5万平方米。2007年11月，丽水市城区江滨区块旧城改造指挥部成立，统一组织、协调区块旧城改造工作。市旧城改造有限责任公司被确定为江滨区块旧城改造项目的业主。11月23日，丽水市旧城改造指挥部召开动员大会，组织旧城改造全体专、兼职工作人员，城区房屋拆迁公司3家及街道、行政村（社区）160多人进行房屋拆迁法律、政策和工作程序培训。

2008年4月，丽水市政府发布征收土地方案公告，区块改造启动。根据《浙江省城市房屋拆迁管理条例》的相关规定，经过所有被拆迁户投票同意，选定金恒房地产评估咨询有限公司为江滨区块改造拆迁评估机构。评估公司通过市场调查、案例收集以及反复论证，最后确定住宅房屋比准价和商业用房路线价，并进行公示。房地产评估公司入户评估后，将各户评估结果予以公示，接受社会监督。同月，市国土资源局和市建设局分别发布征收土地方案、征收土地补偿安置方案、江滨区块改造房屋拆迁的公告及拆迁许可证。公告、方案发布当日起，旧城改造指挥部工作人员就深入到被拆迁户家中分发公告、评估公司选择表等资料。5月10日，在莲都区会议中心召开旧城、道路、内河“三大改造”动员大会。《丽水日报》及广播、电视等媒体，全面宣传旧城改造工作。基层街道、社区、村两委各级组织，也召开动员会、座谈会。同时，公布三个年终奖签约的截止时间及不同时间段内签约享受不同奖励办法。第一批次为9月15日，第二批次为10月10日，第三批次为10月31日。在9月15日第一批次截止日前，完成总任务量的95.93%。2008年底，完成拆迁任务的99%。2009年12月，江滨区块拆迁任务基本完成。2010年12月，完成尾留户的签约和房屋拆除。从江滨区块旧城改造正式启动到完成拆迁，历时19个月。经严格审查核对，支付房屋拆迁3940户补偿款29亿元。

2008年底，历时近半年、修改前后38次的江滨区块旧城改造配套政策出台，主要有《丽水市区江滨区块旧城改造国有土地房屋拆迁补偿安置实施细则》《丽水市区江滨区块旧城改造集体土地房屋拆迁补偿安置实施细则》《江滨区块旧城改造困难家庭住宅安置的结算办法》《江滨区块旧城改造商业用房产权调换安置办法》《江滨区块旧城改造大中专院校毕业生享受集体土地房屋拆迁安置有关政策》《江滨区块直管公有住房与国有企业单位住房承租人拆迁安置办法》等。安置方式分别为货币方式安置、公寓方式安置、迁建方式安置和产权调换。4种国有土地房屋拆迁安置为货币方式安置和产权调换两种方式，集体土地房屋则增加公寓安置和迁建安置两种方式。公寓安置地点为接官亭公寓、丽华公寓、大洋公寓和新建公寓，迁建安置地点为弄和迁建点和青林迁建点。2008年1月至2010年2月，旧城改造指挥部作出企业工业用房改变为住宅用房的认定、用途认定和面积复测、历史遗留问题的处理、疑难个案的解决等会议纪要84份。并编印下发《政策问答》小册子，包括《国有土地24问》《集体土地14问》，持有独生子女父母光荣证的优惠政策，拆迁征地范围内自留地如何补偿，等等。2008年11月，启动法律程序，采取行政司法调解手段解决纠纷案120件，采取法律途径解决案件24件。

江滨区块涉及大洋河治理，河段内有平政埠头、古水闸、古井、瓮城、天妃宫、古城墙等古迹，多为明清所建。其中，古城墙、古水闸、瓮城为省级文物保护单位，平政埠头、古井、天妃宫、关帝庙为市级文物保护单位。旧城改造指挥部按照“保护和抢救并举”原则，依照文物保护有关条例措施妥善处理。天妃宫等古代遗存就地保护，古城墙修复后作为处州古城保护。江滨区块有江滨中学、城中中学、城南小学、育英小学和处州育才职业技术学校。2009年12月前完成搬迁。江滨区块内有一座天主教堂，一座基督教堂，为民国建筑。其中“文化大革命”期间，曾被拆除过一部分，两座教堂一直向政府申请落实政策，属于历史遗留问题。指挥部根据有关政策，与宗教管理部门协商，从拆迁安置规划方案9号地块中划出0.33公顷用于天主堂迁建，基督教堂则就地重建，解决历史遗留问题。

县(市)旧城改造　20世纪50年代，龙泉市城区住房面积8.9万平方米、人均10.5平方米。1998年，开始旧城改造。至2010年，投资3.8亿元，完成老车站(商贸中心)、贤良路、保中路、华楼街、江滨南路西段等项目拆迁建设，拆迁面积39.5万平方米，建成区面积从1998年的6.9平方千米扩展到12.06平方千米，新建、改建宽10米以上的道路21条，总长58.53千米。建成莱茵花园、银都花园、江滨花园、同心江南花园、茂新华龙郦都、万景花园等住宅小区。

1949年，青田县城区住房面积8.31万平方米，人均10平方米，多为二层砖木结构。1993年，成立县旧城改造指挥部。1994年，实施县城建设发展总体规划，先后完成水南新区6号区块、江南一号区块、谢桥小区、金鹤园小区、万基大厦、欧洲城等工程项目，安置总面积20.6万平方米。2000年，拆迁旧城区鹤城中路原县国营印刷厂地块，拆迁面积1407平方米。此后，开发建设万基欧都、欧洲城、新世纪大厦、华光大厦、江南大厦、景山别墅小区等一批具有欧陆风情居民小区和综合大厦。至2010年，城区住房面积489.81万平方米、人均40.21平方米。

1958年，庆元县并入龙泉县，旧城改造未实施。2007年3月，庆元县成立县旧城改造指挥部。11月，改造林业车队地块、东门巷地块、菇城剧院地块。2008年1月，开始拆迁，投资1750万元。7月，安置拆迁户35户。2009年6月，拆迁东门巷地块。范围东至云鹤路、南至濛州街、西至松源街、北至菇城剧院，拆迁户144户，面积11515平方米，融资4800万元。异地土地安置14户，建筑面积2646平方米；原地安置（回迁房）130户，建筑面积1.6万平方米。2000—2010年，建成贝林商住小区、金水湾、沁心园、山水小区及同德、同济等下山脱贫农民新村。

1980年，云和县县城没有一条道路畅通，有"丁字路，断头路，行人怕走回头路"一说。1997年，打通一环路，拆迁居户49户、单位8家，面积7304平方米。2001年，改造解放街东段、云和车站、小商品市场三个项目，拆迁面积1.25万平方米。2002年，兴建元和广场，整体拆迁轴承配件厂。2003年起，改造解放街东段、红光路浮云桥南侧农机站、中山街小商品市场、车站宿舍等项目，整体搬迁县二中、县影剧院，建成同心花园、水镜佳苑、涌金花园苑、广和大厦、富锦园、金利花苑、南山公寓、山水凤凰城等小区。城镇人均住房面积从1988年的16平方米增加到2010年的37.82平方米。

1980年，缙云县城区仅限城隍山、金紫山和吏隐山狭长带，建成区面积1.5平方千米。2003年拓宽大桥南路，长2.16千米，拆迁单位19家，居民119户。2004年，拆除实验中学运动场围墙和黄龙酒家，建成停车场2个，总共面积5300平方米。2007年，拆除缙云县公安局原食堂、县民政局部分原公房，新增绿地面积1050平方米，建停车位60个。2000—2010年，建成翠竹花园、紫薇苑、仙都花园、山水花苑、蓬莱小区等住宅小区，城区住房面积约133.8万平方米。

1959年，遂昌县拆迁金山岭背居民16户。1983年，拆迁南街居民85户、面积7092平方米。至1997年，历经9次拆建，拆除旧房518户、面积8.89万平方米，拓宽街道4条、长1860米；延伸和新建主要街道3条、长1745米，实施多个拆迁工程。此后，旧城改造力度加大。至2010年，拆迁县前街农贸市场三块联动、城西道路改造、县前中心广场、青云片改造二期、职教园区改造、龙潭小区开发及城东道路、车站路梅溪小区改造等项目，涉及拆迁户2000多户，面积37.72万平方米。2000—2010年，建成兴居花园、月亮湾别墅小区、青云小区、龙潭鑫城、茗月山庄、安居小区、乌溪江脱贫小区等住宅小区。

1982年，松阳县拓宽、延伸旧城区街道。1985年，拓宽太平坊路和府前路。1987年，拓宽官塘路。1988年，新建紫荆路，拆迁208户。1990年，建成太平坊与新华路交叉口7层大楼，拆迁居民23户。1998—2003年，先后投入1.99亿元，实施长松路、要津路、新华北路、府前街等改造项目35个，新增城市道路12千米，拆迁房屋15.33万平方米，人均26平方米。形成"三纵三横"交通格局，道路总长76.5千米。2010年，紫金路、长松路等道路改造完成。

景宁畲族自治县于1998年启动旧城改造，重点实施童弄街居住区拆迁改造项目，动迁130户，单位3家，拆迁占地面积2.1公顷，建筑面积2.2万平方米。2001年6月，景宁畲族自治县成立县旧城拆迁改造指挥部。2002年6月，改造人民南路、民主弄、青少年宫区块，拆迁居民251户、11家单位，建筑面积3.8万平方米。2003年，完成异地土地安置47户，建筑面积18330平方米，货币安置206户，产权调换安置8户。2008年10月，改造老大众街、环城南路、市场路区块，拆迁居民537户、单位10家，建筑面积71000平方米。至2010年，完成异地土地安置206户，建筑面积72495平方米，货币安置241户，产权调换安置90户，建筑面积8000平方米。先后建成鹤溪花苑、金农小区、石印山小区、滩坑移民安置小区、正达阳光城、宝石小区、鑫景商城。城镇人均住房面积从1988年的15平方米增加到2010年的25.5平方米。

新区开发

1993年，浙江省政府批准设立丽水天宁开发区，丽水地区行署委托丽水市(县级)代管。开发区面积5.65平方千米，工业用地0.89平方千米，2001年3月，开发区提升规格，由市直管，并代为管理水阁街道。天宁工业区用地规划面积扩大到2.35平方千米，同时，开发水阁工业区14.4平方千米，开发区实施产业转型，由商贸主导型转型为工业主导型。2005年，实施《丽水市城市总体规划2004-2020》，提出“城市南进，产业东扩”战略，建成水阁、七百秧、富岭、四都、丽景民族园五个功能组团；天宁工业区则归市本级管理。2005年，水阁工业区合成革园区入选省工业循环经济试点园区。2006年，省政府批准将丽水南城开发建设列入省首个低丘缓坡综合开发利用试点。2009年，丽水经济开发区成为全省首批整合提升试点单位和中国台湾地区商人投资区。丽水市委、市政府批准开发区增挂南城新区管委会牌子，开发区东扩二期启动。

2002年，丽水市水阁工业区修建开发区第一条大道。2003年，开发区第一家企业浙江宏源无纺布有限公司建成入驻。2007年，启动5.51平方千米南城试点建设。同年，浙江工业大学丽水市联合研究院在开发区授牌成立。开发区工业总产值突破百亿元。2009年，区内有企业400多家，工业总产值151.5亿元，形成塑料制品、阀门精加工、电气机械及器材制造等产业。其中塑料制品业产值近百亿元，主要企业有浙江宏源无纺布、丽水欧科人造板、浙江闽锋化学、浙江五洲实业、浙江方源人造革、大众阀门(丽水)、方圆阀门等。2010年，开发区下辖水阁、富岭两个街道，分水阁、七百秧、富岭、四都、景宁民族园等“五大组团”，面积110平方千米，其中城市建设用地规划面积54平方千米，完成水阁工业区10平方千米建成区的开发建设。随着水阁组团的基本建成和东扩区块(包括七百秧、富岭、景宁民族园三大组团)的建设推进，开发区的城市功能逐渐形成，丽水“一江双城”的目标初具雏形。

基础设施建设　2002年3月，丽水水阁工业区中心大道①开工。2004年4月，水阁工业区建成连接石牛路与碧湖镇石牛村的石牛大桥。2007年，开发区东扩启动。2010年，水阁工业区基本形成“五纵十一横”工业道路网络②，建成支路25条，道路总长52.88千米。东扩区块建成北三路、东三路、东六路、南四路、南五路、南六路、东七路、东八路、东九路、东十路、东十一路。安装路灯1832盏。

水阁开发区除石牛大桥外，又分别于龙庆路、绿谷大道、遂松路、云景路与通济街交叉口、文丽一路、文丽二路、文宝一路、文宝二路、文宝三路、成大街、惠民街与石牛路交叉口、叶岙路建成小型桥涵12座。建成水阁水厂和水阁供水加压泵站、南城供水泵站，铺设供水管道长约80千米。建成水阁污水厂、铺设管道长约60千米。正在建设胡七渠、七百秧水库防渗工程等设施。建成110千伏龙石变电所、110千伏水阁变电所、110千伏张村变电所。

① 2010年后称绿谷大道。

② “五纵”：绿谷大道、龙庆路、遂松路、云景路、石牛路。“十一横”：飞雨路、垟店路、白峰路、吴垵路、枫岭街、成大街、惠民街、龙石路、通济街、岑山路、丽沙路。

2010年丽水市南城（经济开发区）主次干道及支路一览

表6-1-2-2

路　名	起点	终点	长度（米）	宽度（米）	开工时间	竣工时间
绿谷大道	高架桥	水阁收费站	8135	44	2002年6月	2004年2月
龙庆路	飞雨路	绿谷大道	7355	24	2002年6月	2006年4月
遂松路	吴垵路	绿谷大道	6530	24	2004年12月	2006年5月
云景路	张村路	通济街	3197	24	2004年4月	2005年2月
石牛路	枫岭街	石牛大桥北	3010	40	2004年12月	2005年6月
	枫岭街	飞雨路	660	21	2006年3月	2009年12月
飞雨路	石牛路	绿谷大道	1030	30	2005年8月	2006年4月
垟店路	石牛路	绿谷大道	752	24	2004年6月	2004年12月
白峰路	石牛路	绿谷大道	688	24	2003年6月	2003年12月
吴垵路	石牛路	遂松路	760	24	2003年6月	2003年12月
枫岭街	石牛路	遂松路	920	36	2003年6月	2003年12月
成大街	石牛路	云景路	1680	24	2003年6月	2003年12月
惠民街	石牛路	云景路	1260	30	2003年6月	2003年12月
龙石路	龙庆路	云景路	910	24	2003年6月	2003年12月
通济街	龙庆路	缙青路	1370	24	2003年8月	2004年2月
岑山路	龙庆路	遂松路	740	24	2003年8月	2004年1月
丽沙路	龙庆路	遂松路	991	38	2004年3月	2004年9月
叶岙路	成大街	兴工路	623	9	2003年11月	2004年5月
兴工路	枫岭街	叶岙路	381	9	2003年11月	2004年5月
兴业路	吴垵路	龙庆路	567	9	2003年11月	2004年5月
金亭路	惠民街	通济街	1549	16	2004年6月	2005年5月
清波路	龙庆路	绿谷大道	367	9	2004年12月	2005年8月
文丽一路	石牛路	龙庆路	336	10	2003年11月	2004年5月
文丽二路	石牛路	龙庆路	334	10	2003年11月	2004年5月
文宝一路	石牛路	龙庆路	337	10	2003年11月	2004年5月
文宝二路	石牛路	龙庆路	337	10	2003年11月	2004年5月
文宝三路	石牛路	龙庆路	336	10	2003年11月	2004年5月
平峰一路	云景路	缙青路	320	12	2004年6月	2005年5月
平峰二路	遂松路	缙青路	633	10	2004年6月	2005年5月
平峰三路	云景路	金亭路	235	10	2004年6月	2005年5月
平谷一路	云景路	缙青路	561	10	2004年6月	2005年5月
平谷二路	金亭路	缙青路	231	10	2004年6月	2005年5月
平谷三路	金亭路	缙青路	541	10	2004年6月	2005年5月

续表 6-1-2-2

路　名	起点	终点	长度(米)	宽度(米)	开工时间	峻工时间
上桥路	遂松路	云景路	516	9	2004 年 6 月	2005 年 5 月
石亭路	成大街	惠民街	788	9	2004 年 6 月	2005 年 5 月
安亭路	成大街	张村路	629	12	2010 年 5 月	2010 年 12 月
商贸中心支路	绿谷大道	遂松路	747	9	2008 年 4 月	2009 年 11 月
物流支路一、二	飞雨路以北	—	895	24	2008 年 1 月	2010 年 9 月
中二北路	绿谷大道	遂松路	330	16	2004 年 12 月	2008 年 12 月
张村路	绿谷大道	遂松路	423	16	2006 年 7 月	2007 年 2 月
张村支路	枫岭街	张村路	465	16	2006 年 7 月	2007 年 2 月
D 地块支路	龙庆路以西	—	395	16	2007 年 4 月	2007 年 9 月

配套设施建设　2007 年，丽水市水阁菜场建成，用地 4000 平方米、建筑面积 4727 平方米。其中，地下车库 910.46 平方米，地上建筑面积 3816.54 平方米。2009 年，水阁中学建成，用地 8.3 万平方米、规模 60 个班；同年，水阁小学建成，占地 4 万平方米、规模 36 个班，以及风雨操场、风雨球场、教学楼、办公楼、学生宿舍等。至 2010 年，水阁道路清扫保洁面积 105.36 万平方米，其中，机械化清扫保洁面积 64.3 万平方米，机械清扫率 61%。二类公厕 1 座(上桥公厕)，二类以下公厕 5 座，垃圾中转站 2 座。道路绿化面积 36.07 万平方米，单位附属绿地 61.97 万平方米，居住区绿地 3.81 万平方米，防护林地 30.3 万平方米。建成水阁公园，面积 3 万平方米。

住宅区建设　2002 年，丽水经济开发区在一方面大力发展工业,另一方面积极推进“创业安居”工程，包括商品房、安置房、保障房，规定每个工业项目 7%的非生产用地用于企业主投资建设企业职工宿舍，多元化推进开发区保障性住房建设。

截至 2010 年年底，丽水经济开发区开发房地产项目 10 个，涉及用地 32.4 万平方米，地上建筑面积 55.9 万平方米，建商品房 3232 套、368815.1 平方米，商业用房 114382.9 平方米。安置房规划拆迁安置小区 9 个，涉及用地面积 83.5 万平方米，建筑面积近 80 万平方米；其中建和正在建设的有水阁西一路、吴垵、龙石奇窑、上桥、杨梅山 K、沙溪亭等 6 个安置地块，用地面积 19 万平方米，安置房 1500 多间。建和在建企业职工宿舍建筑面积近 46 万平方米、1 万套。沙溪亭区块建沙溪亭公寓 1100 套，建筑面积近 8 万平方米。并重点对大源村、上沙溪村、山根村等村庄规划进行重新编制，完成农村困难群众住房救助工作 155 户和农村建房审批 710 户，开展农居点建设。

2010 年丽水市经济开发区重点工程一览

表 6-1-2-3

项目名称	内　容	投资(亿元)	进度
南城发展大厦	用地 13656 平方米，建筑占地面积 3194.74 平方米，总建筑面积 34202.01 平方米，21 层，高 99.8 米	1.30	2007 年 6 月开工，2008 年 6 月主体结顶
水阁大卖场	用地 16754 平方米，建筑占地面积 10039.9 平方米，地上建筑面积 20774.9 平方米。高度 12.9 米	1.20	2009 年年底开工

续表 6-1-2-3

项目名称	内　容	投资(亿元)	进度
水阁文体中心	用地 13539 平方米，建筑占地面积 7431.4 平方米，地上建筑面积 17194.05 平方米高 17.4 米	1.20	2011 年开工
上尚广场	用地 11697 平方米，地上建筑面积 42109 平方米，地下建筑面积 5514 平方米。28 层，建筑总高度 99.3 米	3.88	2011年开工
丽水海关监管场所	用地 7156 平方米，建筑面积 1086.43 平方米	—	2007 年初动工，同年 9 月竣工
水阁物流中心	用地 182609.33 平方米，建筑占地面积 49103.5 平方米，建筑面积 152740.2 平方米	—	2010 年 3 月筹建

县(市)新区开发

龙泉市　1996 年，市工业园区设立，面积 1.7 平方千米。2007 年，浙江省政府批准龙泉市为低山缓坡综合开发利用试点区。园区性质从单纯的工业转变成以工业为主，集居住、商贸、旅游为一体的“城南工业新城”。至 2010 年，龙泉市开发新区面积 9.69 平方千米，建成大沙五金汽配科技园、芳野竹木制品园、松溪弄综合开发区、回归工程、青瓷宝剑园区等 5 个区块，面积 8 平方千米，形成五金汽配、竹木加工、青瓷宝剑三大主导产业。引进企业 315 家，亿元企业 11 家。实现产值 49.97 亿元，税收 1.24 亿元。

青田县　1993 年，青田经济开发区设立。至 2010 年，投入 4.68 亿元，开发 4.2 平方千米，其中工业区 2.1 平方千米。引进企业 200 多家，初步形成以鞋革、金属冶炼、机械五金为主导产业，以服装及辅料、建筑材料为辅助产业的发展格局。实现工业总产值 155 亿元，有意尔康、兽霸、格瑞斯、大事利等多个国内著名品牌产品。2003 年，油竹新区设立。至 2010 年，青田县先后投资 14 亿元，建成道路长 15 千米以及供水、管道、通讯等基础设施，开发商品房 60 万平方米。新区内石郭工业区主要从事外贸服装和眼镜等轻工产品的加工生产。侨乡工业园区以鞋革、机械五金、电器行业为主，入驻企业 35 家。实现工业总产值 18.9 亿元。

云和县　云和县城工业园区设立，规格为省级工业园区、省木制玩具工业专业区、省山海协作示范区，面积 9.7 平方千米，建成 3.2 平方千米。其中，杨柳河一期用地 0.5 平方千米，2005 年 8 月开工，投资 9 亿元，入园企业 27 家。二期用地 161 公顷，2008 年 12 月开工。2010 年，启动杨柳河南区块开发工程，规划面积 0.89 平方千米，为园区单体投资最大项目。2010 年，启动杨柳河南区块开发工程，面积 120 公顷。

庆元县　2000 年，庆元县城区建设重点向西推进，加快屏都综合新区开发建设。至 2010 年，基本形成城西屏都新区(余村区块)。规划面积 7.53 平方千米，一期建成 1.56 平方千米。其中南片为山体和丘陵，规划开发工业用地 4 平方千米，设竹木产业园、中国台湾地区同胞创业园、食品工业园、汽配制造业工业园和中小企业创业基地，为专业园区。北片为科教、商贸、物流、新农村社区，为城市功能区。工业园区面积 30.9 平方千米，2003 年 6 月建。投资 130 万元硬化道路 6000 平方米，并建产品初级分选设施库、园区喷灌基础设施及水果分选、贮藏仓库 720 平方米。2006 年 9 月，升格为省级开发区。下辖梦天工业园、北门工业园、东山垟工业园、五都工业园及屏都、竹口、黄田等多个乡镇工业功能区，形成竹木制品、汽摩配件、绿色食品加工、文教用品制造四大主导产业。

缙云县　随着金温铁路的建成，1996年，缙云县开始筹划县城东扩，再造新城。1999年，新碧镇工业园区设立。2001年，缙云县行政中心落成。同年，缙云县完成黄龙路、永宁路、紫薇路、翠竹路、镇东金梅亭、西寮村旧民居相继搬迁改造，新城版图初步形成。2003年，新望工业园区规格提升为县政府主管，设管委会。2006年3月，浙江省政府批准碧镇工业园区为省级工业园区。至2010年，碧镇工业园区形成汽摩配、五金机械、照明电器、新材料等四大支柱产业。新海薄板、新瑞薄板、精美铝业、新永茂不锈钢、星辉精密材料、新航金属等一批材料行业项目颇具规模。入园企业133家，投产企业119家，年产值超亿元企业20家，超5000万元10家。

遂昌县　2000年，遂昌县工业园区设立。用地2.5平方千米，分上江、金岸、大桥三个区块。园区有入驻企业75家，其中投产企业59家，规模以上企业39家，超亿元以上产值企业6家。2009年，遂昌县工业园区实现工业总产值40.1亿。园区道路面积14.8万平方米、供水设施完善，铺有口径400的管道11800米，口径300的管道3000米，建有一座卫生院。

松阳县　2002年，松阳县工业园区设立。2006年，省政府批准为省级工业园区，分四期开发，规划面积3.2平方千米。园区建成道路网，供排水、供电、通信等设施齐全。建有一座不锈钢废水集中处理中心，日处理能力160万千克。至2010年，松阳县工业园区有入园企业90家，其中不锈钢企业66家。产值突破亿元企业8家，产值超过5000万元企业9家。隆华特钢、宝丰钢业两家企业成功入围2010浙商全国500强企业。园区为省十大"创新型工业园区"、省发展循环经济示范单位。

景宁畲族自治县　2006年，景宁畲族自治县按照"一城两区"总框架，同步推进外舍新区开发和县城老区提升改造，设立景宁民族工业园区。景宁民族工业园区设于丽水经济开发区内，占地面积约383公顷，其中工业用地307.13公顷、公建用地6.27公顷、道路广场用地43.4公顷、绿地26.6公顷。重点发展现代装备制造业，高新技术产业，生产性服务业等。政府性投资约23亿元，其余为各企业投资。2009年6月，景宁民族工业园区开展场地平整及相关基础设施建设，供水、供电、通讯、排水、排污等基础设施基本完备。

内河整治

历代内河治理　南宋庆元三年(1197)，丽水城内开凿内河，水源引自丽阳溪。清光绪《处州府志》载，内河为州守赵善坚所引。丽阳溪水由通惠门入城，经清香桥后分两支，一支往东南至张公桥(梨园巷市)，抵应星桥出城入大溪；一支东出至黄灵桥、明秀桥过府治前，于县治南至岩泉门出城入大溪。开凿之初，设有役夫两人，开启闸门，兼管城内鸣警防盗。内河出口处也设两闸，一为应星闸，一为清风闸。南、北两支内河贯城而出后，与绕城北流过的丽阳溪(即大洋河)，南面的大溪，起到护城、引水、排水、灌溉、泄洪等功能。

丽水内河开凿后，岁久堙塞。据明代黄绾记载："数百年竟无复者"。明嘉靖二十四年(1545)五月，知府李冕始有疏浚，兵备副使夏浚檄负责具体事务。在通惠门净池清理蓄水源头，分段疏浚二条内河，所需劳力和开支，则由"沿渠之民事之"，而"无居民则官事之"。历时三个月完成。明万历年间(1573—1620)知府许国忠、明天启年间(1621—1627)同知马永绪也有疏浚内河之举，保证经黄灵桥、过明秀桥、出岩泉门的南内河"潺湲而直"，潺潺水流，平稳流淌。绕濠关街、历梨园巷市、过广运桥抵应星桥北内河水流"蜿蜒而圩"。清顺治年间(1638—1661)，知府周茂源疏浚。清康熙二十五年(1686)闰四月，处州大雨，漂没田庐，内河填平。城区西南一带，洪水退后，茂草丈余，甚至连内河河道都不能找到。清康熙二十七年(1688)知府刘廷玑到任,开始巡查踏勘,并于第二年与丽水县商量,征派沿河丁夫,按丈度量,划分河段疏浚。这次疏浚,尽管大水后河道湮没堵塞严重,水灾中又溺死人众。但处州百姓仍然积极性很高。“荷畚而趋者,争先恐后,民不言劳。”“驱夙秽以裕其源,穷旧底实其蓄。”疏通河床,清除河道中多年的堆积物,蓄水更多,流水更畅。此外,清咸丰八年(1858)、咸丰十一年,太平军三次攻陷府城。清同治六年(1866)知府清安集民资及罚款修挖城濠。这又是一次大规模的城河疏浚。据清光绪《处州府志》载:“自北而东者,绕岩泉门,迳行春门,抵教场圩”。①

1953年春,丽水县引好溪堰水入城,开挖一条水渠从虎啸门外好溪堰至浙江省处州医院②再与环城河相接,参加义务劳动的干部群众近千人。1986年1月,疏浚治理环城河1971米。2002年,全面疏浚好溪堰、丽阳坑、环城河,投资190万元,打通大洋河出口,引活水进城,控制污水入河,改善内河水环境。2004年,全面清淤和疏浚大洋河、好溪堰、海潮河、环城河、贺家坑、丽阳坑等城市内河5条,清淤16.3千米。2005—2010年,完成城市内河整治6.8千米,新增湖面3.7公顷,蓄水量19.06万立方米。好溪堰堤坝加高,建成好溪堰河进水控制闸,增加好溪调蓄水库容21万立方米。

2008年12月,丽水内河疏浚治理一期工程开工。范围北起大洋河河道海潮节制分水闸,南至大洋路涵洞,大洋路涵洞至滨江路涵洞为整治段河道。拆迁建筑面积2.73万平方米,征地30公顷,工程概算总投资2.61亿元。2010年9月,丽水内河整治二期第一阶段工程启动。遵循“水安全、水生态、水环境、水文化、水景观”的原则,计划总投资16.47亿元,整治范围从好溪堰进水口至大洋路中东路口段(不含渠首控制闸)及相关支流。整治建设河道长14.16千米,新建分水闸6座,水立交5座,新建节制闸1座,新建船闸2座,新建升船机1座,新增调蓄水面21.78万立方米,蓄水量56.31万立方米,新增河岸绿化面积72.7万立方米。排涝标准提高至20年一遇。防洪标准提高至50年一遇。

2008年,丽水市区开展截污治理,完成丽阳坑污水收集工程、海潮河西段污水收集工程、开发路贺家坑截污工程、西环城河截污工程、大洋河截污工程、东银苑截污工程。(详见《排水排污》节)

好溪治理　1961年,丽水县好溪青林、干下、社后河段用竹笼填石和抛块石护岸,收效甚少。1977年,全面整治好溪。工程范围为丽阳公社岩泉村马头山好溪坝至城关镇古城村一段,长6千米。包括兴建防洪堤,围垦堤内滩圩,拓宽河道至200米。防洪堤高6.5米、顶宽2.5米,设计标准为十年一遇,采用大石干砌、内填卵石方法。迎水坡块石底部厚1.5米、顶厚1米,背水坡干砌块石厚1米,顶部用0.5米厚块石封顶。河道弯曲地段用75号水泥沙浆砌加固。工程分两期,以公社为单位分段包干,实行定额管理。1977年9月,工程开工。参加工程建设的有公社20个,5600多人,完成土石方开挖168.6万立米、投工141.2万工,投资151.13万元。省补助资金7万元,地区行署补助35.5万元,县地方财政补助99.43万元,村自筹6万元。砌筑防洪堤11530米(左岸5030米,右岸6500米),围垦造地185.53公顷,开渠4千米,修机耕路5.7千米。保护青林、干下、社后、水东、芦埠、古城等村庄农田和水东大桥的安全。2000年后,随着城市发展,城区扩大,好溪防洪堤与市区防洪工程好溪段重叠,原防洪堤拆除重建,标准50年一遇。

① 即厦河门大洋河。
② 2010年称丽水市人民医院。

桥梁建筑

明成化《处州府志》载："城内有桥13座。清道光年间(1821—1850)，丽水城内桥梁13座。城南大溪，有济川浮桥通浙闽七县。"民国23年(1934)，建成好溪桥。1949年10月中华人民共和国成立后，丽水交通事业发展，桥梁建设加快。1981年，建成小水门大桥。1983年，建成水东大桥。2000年，改建小水门大桥、水东大桥，新建紫金大桥、社后大桥、塔下大桥、溪口大桥。城内遗留桥梁，有的废弃，有的改造为桥涵。2010年，市区北城区大小桥涵38座。南城大小桥梁12座。

平政桥　又称济川桥。位于小水门外大溪。北宋垂拱年间(988—989)建成，事见南宋陈耆卿《处州平政桥记》。南宋乾道四年(1168)，州守范成大以废寺田租作资费重新改造此桥。桥身为木船七十二，并列为梁，铁索连接，上铺木板。建成后，取名平政桥，筑知津亭。以缙云废寺田产作修护费用。后田产没于官，桥废。此后，自元至明清，因水势兵火，济川浮桥，几易桥址，历尽修废沧桑。元末，因栝苍门外上游筑水障，桥改建于桃溪。明万历五年(1577)大水，舟散桥废，明万历二十二年均置渡船。明万历二十八年，知府李淳复建此桥于南明门外。明万历三十五年，知府陈见龙重建，将桥迁回栝苍门外。

清康熙初，桥毁于三藩之乱。清雍正八年(1730)重建。清道光十四年(1834)，大水冲走浮桥铁锚铁索。清道光十七年重建于南明。清咸丰二年(1852)大水，桥废。清同治二年(1863)复建。每次舟桥废弃后重新修建，除官府征用寺产田租外，士民工商也多捐款资助。还设立桥夫、桥吏，令其不得横索规费，并订规程"山水骤涨，众桥夫协力护防，商货经过，随时启放，不准留难需索。桥板漂失，责成赔补"。至清末，仍有桥夫十七人。民国33年(1944)，日本侵略军第二次侵占丽水时，浮桥拆除。中华人民共和国成立后，用木船21条重修浮桥，长100米，宽3米。通航孔净跨11米，高3.2米。两端桥台为启闭跳板，后岸边改用钢筋混凝土悬臂梁，可与引架搭接。

清香桥　位于通惠门西，横跨丽阳溪。旧时为通治衙署要道。宋时，郡守徐度于桥上建立放生亭。南宋庆元年间(1195—1201)，知州赵善坚引丽阳溪水由此入城。清光绪年间(1875—1908)，桥渐废。民国时重修，桥长6米，由石板5块拼成。1983年修建栝苍路时改建为涵洞。

应星桥　位于南明、行春二城门之间，南城河汇大溪入口处。北宋嘉祐年间(1056—1063)，知州崔愈于桥西筑堤护水，就桥立屋。南宋开禧年间(1194—1224)知州王庭芝改建为楼，立碑作应星楼记，桥亦因此得名。明天启七年(1627)，年久失修，地方官捐俸建闸板，并责居民守护。20世纪50年代初，改为钢筋混凝土板梁结构，单孔净跨4.5米，宽5.7米。1988年，改建为单孔半圆石拱混凝土桥。

南桥　位于县东北五里，今厦河村北一里。唐宋时为州城之南，故名之。桥身2孔船形石墩，石梁结构，长8米，宽3.5米。1976年，按原墩改建为钢筋混泥土板梁桥。

北郭桥　又名雨桥，丽阳门外。始建年代无考。清乾隆四十年(1775)，里人张继旦等重修，教授吴政有记。改建为涵洞。

三岩寺桥　通惠门外三岩寺前。清道光八年，寺僧宝祥建造。改建为涵洞。

五铢桥　位南明山北天井岭，长12米，宽1.4米，净跨8米，矢高2.8米。清道光《丽水县志》载："旧时为木桥，有僧过堕水，泅而出得五铢钱一瓮于岸，以钱更为石桥焉。"桥面为三块条形石板，桥墩内侧为条石，分四层交错叠砌，两侧桥台为块石砌筑。北面桥台因路面改造，条石台阶已失，南侧桥台台阶为七级沿缓坡而下，保存至今。

紫金大桥　位于市区南，横跨大溪。省重点工程、国家级特大型桥梁。南接南外环路，北连卢镗街与紫金路交叉口。全长736.7米，其中桥身长526.7米，主桥跨度为2×160米，为单塔花瓶型斜拉桥。桥宽30.5米，6车道。主塔高107.6米，两岸接线长210米，路幅宽48米。大桥有观光人行道，桥头堡高20米，可赏南明湖景色。2003年3月动工，2006年1月竣工。总投资1.26亿元。丽水撤地设市10周年30个精品工程之一。

小水门大桥　位于市区西南，横跨大溪。北起栝苍路，南连大桥路。1981年11月，于济川浮桥位置建5孔双曲拱桥，1983年12月竣工。桥长351.7米，宽10.74米，车行道7米，两侧人行道各1.62米。2002年1月，改建7孔跨径46米钢筋砼肋拱桥。桥长338米，宽26米，车行道21米，两侧人行道和栏杆各2.5米。2004年1月建成。总投资3017万元。

水东大桥　又称好溪桥。位于市区东，横跨好溪。民国23年（1934）始建，长170米，宽4米，为钢筋水泥连续桥。1985年4月，原桥上游50米处新建一座预应力混凝土箱型桥梁，全长243.54米，宽12米，桥墩13座，桥孔12个，孔径20米。其中车行道8.4米，两侧各1.5米人行道。2002年2月，拓宽改建为简支桥梁。全长460米，宽31.5米，23孔，跨径20米，两边机动车道各7.5米，非机动车道各4.5米，人行道各3.25米。2004年7月竣工。总投资4099.71万元。

社后大桥　位于城东环城路，北跨好溪和社后村。全长1063米，桥宽25.5米，35孔。大桥按一级公路标准设计，设计时速为60千米，分双向四车道，中间设防撞隔离带，两边机动车道各12米，非机动车道各1米。2002年6月开工建设，2004年12月竣工。

塔下大桥　位于丽浦线丽水市延伸线桃山至塔下，连接330国道。自西向东Y形，连接金华方向桥长340米，连接温州方向桥长366米，桥面净宽17米，最大跨径90米，主车道为单幅8.5米双向四车道，两边非机动车道各1.5米。2002年6月开工建设，2004年12月建成通车，总投资2075万元。

溪口大桥　位于市区西北，横跨瓯江，连接丽阳路与西出入口。全长667米，最大跨径40米，桥面宽26米，桥高18.5米。2000年1月开工建设，2006年11月竣工，总造价2083万元。

桃山大桥　位于城西北，横跨瓯江。全长278.70米，8孔，每孔净跨30米，桥面净宽8米，桥高20米。双曲拱桥。1968年11月开工，1970年1月建成通车。

2010年丽水市区桥涵一览

表6-1-2-4

名　称	位置	长(米)	宽(米)	结　构	建成年月
紫金大桥	紫金路与南环路交叉处	736.70	30.05	单塔H型斜拉桥	2006年1月
水东大桥	丽青路与东环路交叉处	460.00	31.05	预应力混凝土空心板桥	2004年7月
小水门大桥	括苍路与大猷街交叉处	338.00	26.00	七跨钢筋混凝土肋拱桥	2004年1月
社后大桥	东环城路连接北环路	1063.00	25.05	钢筋砼T梁+连续梁桥	2004年12月
塔下大桥	连接南环路330国道	506.00	17.00	下承式细杆拱桥	2004年12月
溪口大桥	连接丽阳路与西出入口	667.00	26.00	钢筋砼T梁+箱梁桥	2006年11月
桃山大桥	市区西连接丽龙路	278.70	8.00	双曲拱桥	1970年1月
大猷街中桥	污水泵站前	55.50	24.06	拱桥	2007年2月

续表 6-1-2-4

名 称	位置	长(米)	宽(米)	结 构	建成年月
奚渡桥	中东路	39.00	20.00	钢筋砼	2009 年 1 月
卢镗街中桥	银泰江滨小区门口南侧	25.00	36.00	钢筋砼	2009 年 6 月
古城路小桥	银泰江滨小区东门南侧	24.80	24.00	后张法预应力钢筋混凝土空心板	2005 年 7 月
囿山路 4 号小桥	囿山路与中东路交叉口	15.80	24.00	后张法预应力混凝土空心板	2008 年 8 月
人民路小桥	人民路与中山街交叉口	12.00	38.00	两孔简支板	2002 年
后庆桥	丽阳路与城西路交叉口	12.00	42.00	简支空心板	1996 年
括苍路小桥	括苍路与灯塔街交叉口	12.00	30.00	双孔简支梁板	1997 年
丽青路 1 号小桥	农贸市场东侧	11.00	42.00	预应力混凝土预制板	2005 年
宇雷路小桥	宇雷路 680 号边侧	10.70	20.00	现浇钢筋砼箱涵	2006 年 4 月
开发路好溪桥	开发路与丽阳路交叉口	10.00	34.00	简支梁	2009 年 4 月
囿山路 2 号小桥	银泰江滨小区北侧	9.60	24.00	简之梁钢筋砼	2005 年 7 月
寿尔福路 1 号小桥	梅山中学校门口北侧	8.70	20.00	现浇钢筋砼箱涵	2003 年 11 月
大猷街小桥	大猷街与大洋路叉口西侧	8.60	24.00	现浇钢筋砼箱涵	2007 年 2 月
寿尔福路小桥	梅山中学东边大门口	8.10	20.00	现浇钢筋砼箱涵	2003 年 11 月
丽青路 2 号小桥	汽车东站站前	8.00	42.00	双孔涵洞顶板现浇钢筋砼	2005 年
中山街碧角桥	中山街国税局门口	7.80	22.00	现浇板	1989 年
紫金路 1 号小桥	紫金大桥北侧	7.50	36.00	简支梁板	1997 年
华墩街小桥	华墩街 114 号边上	7.20	12.50	—	1994 年
城北路小桥	中山街丽阳坑	7.20	42.00	简支梁板	2005 年 5 月
寿尔福路 2 号小桥	625 号边上小桥	6.60	20.00	现浇钢筋砼箱涵	2003 年 11 月
卢镗街小桥	卢镗街与寿尔福路交口	6.00	36.00	钢筋砼箱涵	2008 年 6 月
囿山路 1 号小桥	怡景花苑北侧	6.00	24.00	简支板	2002 年
囿山路 3 号小桥	梅山中学北侧	6.00	24.00	简支板	2002 年 7 月
花园路小桥	花园路与华墩街交叉口	5.80	36.00	钢筋砼现浇板	1999 年
解放街小桥	解放街 400 号门口	5.70	42.00	现浇板	1994 年
紫金路 2 号小桥	金田小区 19 幢门口	5.70	36.00	简支梁板	1999 年
大洋路小桥	大洋路与解放街交叉口	5.70	30.00	现浇板	1996 年
宇雷路小桥	宇雷路与中东路交叉口	5.60	20.00	—	1994 年
中东路小桥	中东路 395 号门口	5.50	21.00	—	1996 年
丽阳街小桥	邮电转运站前	5.00	42.00	现浇钢筋砼面板	2000 年

县(市)城桥梁

2002 年，龙泉市建成剑川大桥，长 245.04 米，2005 年完工。至 2010 年，由东至西建成后沙桥、东大桥、剑川大桥、南大桥、留槎洲桥、秦溪桥。

南宋，青田县建永济桥，后经历代改造修缮。民国23年（1934），修丽青温公路建成西门桥。民国26年，被日本侵略军炸毁。1953年重建。1995年10月，建成瓯江大桥，长393.75米，宽16米。1995年3月，建成临江大桥，长2968.1米，宽12米。1999年5月，建成太鹤大桥，长628.60米，宽10米。2006年5月，建成塔山大桥，长1039米，其中主桥280米，引桥147米，隧道322米，匝道290米，宽18米。

元代，庆元县建咏归桥，明、清建东门桥、北门桥、善济桥、程公桥、广益桥、集义桥，是沟通城城乡的主要通道。20世纪60—70年代，相继建成庆元大桥，后田大桥。20世纪80年代，建成廊下桥、登云桥、水门桥、周墩桥、薰皋桥。1992年，建成西大桥。2003年，建成阁门岭大桥。2009，开工建设城东大桥。

至2010年，云和县建成浮云大桥、新建桥和红光桥。

2008年，缙云县建步云桥，长84米，宽18米。至2010年，有缙云大桥、二桥、铁桥和步云桥。

遂昌县古时有永安桥、瑞仙桥、迎恩桥、惠通桥、平政桥等，为石墩木结构拱桥。20世纪70代，建北门桥、吴乐桥、太保殿桥、飞鹤桥，为钢筋混凝土和石拱结构桥梁。至2010年，县城有30米以上的桥梁16座。

明嘉靖中期，松阳县邑人于城区建赤塔桥，城南过溪始有2桥。清同治年间（1862—1875），南直街白龙圳建成南明桥。1969年，建成南门公路大桥，木桥废弃。

中华人民共和国成立初，景宁畲族自治县鹤溪河仅一座便桥。20世纪60年代，鹤溪河建成寨山桥，1984年设立自治县后至2010年，鹤溪河上先后建成晋仙桥、府前桥、永安桥、鹤苑桥、商业桥、廊桥。

其他公共设施

民国26年（1937），浙江省政府及机关事业单位迁丽水，丽水等县城兴建运动场等公共设施。中华人民共和国成立后，城区建起广场多个。20世纪80年代，丽水兴建停车场。2000年后，市区公园、风景林地，建有雕塑30多个。

市区广场 中华人民共和国成立初，建成大衙门广场[①]。1993年，建成丽阳门广场。2000年，建成火车站广场。2002年，建成纳爱斯广场。至2010年，丽水市区广场3个。

丽阳门广场位于丽阳路与中山街交叉口。因临近丽阳门旧址命名。广场面积20742平方米，绿化率73.54%。1992年一期开工，1993年完工，广场面积1万多平方米。之后，又进行二期、三期扩建工程。2006年全面竣工。广场绿树、草坪、甬道围护，有曲廊、亭台、花坛。中心建有“升腾”不锈钢雕塑，高39米。广场西建有一段高10米、长54米的城墙，成为丽水城市标志。

火车站广场位于市区东南、火车站西，占地4万平方米，绿地面积1.08万平方米。2000年3月开工，2000年10月完工。北侧有绿树、草坪、花坛。建有城市公交车停车场。中心建有丽水历史文化名城的“马踏飞燕”标志。

纳爱斯广场位于城东路，是市区综合性广场。明清时为兵营。20世纪80年代，改造为地区运动广场，后纳爱斯集团出资建造命名。2001年10月动工。2002年3月建成。总投资1415万元。广场占地1.7万平方米，其中绿地6400平方米，铺地3100平方米。广场北侧为绿树、草坪、甬道，面积6800平方米，内设各种健身器材。广场中间为4000多平方米的旱地广场，建有平台。广场南面为球

① 2010年为粮油市场

类活动区，有球场 11 个。其中门球场 4 个 1560 平方米，气排球场 2 个 352 平方米，羽毛球场 472 平方米，篮球场 1200 平方米，网球场 700 平方米，建筑面积 205 平方米。广场配备地下停车场，面积 2380 平方米。

市区雕塑　1989 年，丽水市（县级）毛巾厂建成“纺织舞”雕塑纪念建厂 20 周年。1993 年，丽阳门广场建成“升腾”雕塑，是第一座城市标志性雕塑。至 2010 年，市区建成雕塑 24 座。

“升腾”雕塑位于丽阳门广场。1993 年 12 月建成。外形在“丽水”拼音 L 和 S 的两根不锈钢柱子上托一莲花，寓意丽水又名莲城，象征小县城奋进、腾飞。

处州公园浮雕。位于处州公园南北两侧 10 座。2005 年 11 月建成。北面 4 座“处州刺史段成式治理水患”“青田石门洞刘基读书”“莲都通济堰泽及百世”“遂昌知县汤显祖遗爱百姓”。南面 6 座“缙云鼎湖峰黄帝飞天”“龙泉剑瓷名扬天下”“景宁畲乡独具风情”“庆元菇桥冷杉享誉四方”“云和仙宫湖风光旖旎”“松阳张玉娘情著兰雪集”。浮雕高 2.9 米，宽 6.8 米，背面有文字说明，突出丽水市 9 个县（市、区）浓郁的地域文化。

“过去•现在•未来—瓯江之源”雕塑位于滨水公园广场南侧。2008 年 8 月建成。整体为 2.75 万千克的花岗岩。正面内容三部分，底部的城门楼、宝塔代表丽水过去；中部的紫金大桥、高楼大厦、瓯江水代表丽水的现在；顶部的瓯江白鹭，代表丽水腾飞的未来。岩雕两侧分刻青瓷、宝剑图案。背面是东西岩等风景名胜，镌刻北宋词人秦观的《好事近》和明代刘基的《浣溪纱》词句。

“崛起”雕塑位于纳爱斯集团总部入口，为大型金属雕塑。雕塑整体呈三足鼎立之势，显示“海纳百川、有容乃大”的气势和回报社会的意愿。

“瓯江魂”群雕位于市区滨江景观带。2009 年 6 月建成。群雕长 18 米，高 4.8 米，底座青铜锻造成波浪纹，象征母亲河“瓯江”。背景竹简，寓意两岸发生的“历史故事”。东侧雕塑一“筑”（搬运石块）、一“堤”（持铁锹修堤坝），西侧雕塑一“纤”（纤夫 5 人水中拉纤）、一“排”（瓯江竹排逐浪）。群雕突出瓯江人勤勉、智慧、质朴、坚强不息精神。

县（市）城雕塑　青田县火车站前华侨广场，内有青田石雕艺术的展示、主题为锚和舵轮的铸铁雕塑、悬挂 138 个海外社团会旗的旗阵等三大景观。

2002 年，庆元县建成市民广场，占地 8000 平方米，其中绿地 2350 平方米。主要建筑有旱喷广场、露天舞台、构架廊、园林小品、公厕等，绿化有百年桂花、香樟、高羊毛草坪、安装有旱喷水喷设备、庭园灯、舞台灯、景观灯等。

2002 年，云和县建成元和广场，占地 11240 平方米，绿地 4226 平方米。2006 年，建成中山广场，占地 9500 平方米。内有雕塑、绿化长廊，假山石题“湿云和露”，象征云和独特生态环境。广场四周植香樟、银杏、栾树、广玉兰、雪松，绿地 3500 平方米。

2000 年后，缙云县建火车站广场、县政府广场。

遂昌县平昌广场，占地 15000 平方米。有绿化、旱喷、草坪及汤显祖《牡丹亭》中《寻梦、学堂、惊梦》的人物雕塑及诗词。2003 年建成。

松阳县市政广场，有绿化、旱喷、草坪、江滨公园。

景宁畲族自治县人民广场，有浮雕、跌水等景观小品。

市区停车场　20 世纪 80 年代，丽水汽车站设货运、客运停车场。2000 年撤地设市后，城市建设和经济发展迅速，私家车逐年增加。丽水市区大中型建筑建地下停车场，规定车位面积不得小于主体工程的4%—5%；居住区按每户2—3平方米建自行车棚、场。同时，除部门和单位自建停车场(库)外，公园、广场也修建地下停车库，并在主要街道两侧配建停车场(库)和临时停车场，以解决停车难问题。2004—2010年，修建临时停车场10处，面积18533平方米，停车泊位480个，永久性停车库3处，面积16552平方米，停车泊位397个。至2010年，全市有公共停车场(库)18处，面积98585平方米，停车泊位1687个，其中建设部门管理的临时或永久性停车场13处，面积35085平方米，停车泊位877个，社会临时停车场5处，面积63550平方米，停车泊位810个。

第三节　市政建设

民国时期，丽水县城区除巷弄外，有直街3条，横街2条，街道多为石板、卵石路面，高低不平，狭窄弯曲。1949年10月，城区有大小街巷40多条。此后，丽水县市政建设逐年增加建设投资。20世纪60、70年代，城区内新建和拓建街道、建造桥梁，改造城区排水排污设施。1977年8月至1978年9月，中山街改造成为贯穿南北、连接大水门和丽阳城门的主街道。同时，修建好溪防洪围垦工程。1980年，编制丽水县城区防洪规划。1989年，丽水城区实行雨污分流，铺设第一条排水排污管道。1990年，丽水城区主要街道增加到17条，街路全长26.66千米，面积5.54平方千米。

2000年，丽水市政府对城区建设力度加大，启动囿山路、大洋路拓建工程和新建花园路工程。同年，全市改造管网系统，敷设污水收集系统主干管网，埋设主要排水管道。2001年，丽水市区建成中岸圩污水处理厂。2002年，完成小水门大桥扩建工程和水东大桥工程投资。2003年，建成大型桥梁紫金大桥。2005年，改造丽阳坑、西环城河、大洋河，建设海潮河污水收集工程、东银苑截污工程。2008年，丽水城区实施道路亮化、五桥亮化工程。2009年，建成水阁污水处理厂。市区污水通过排污管网，经泵站和污水处理厂，水质达标后排放瓯江。至2010年，全市建成主次干道41条，长184千米，面积398万平方米；日排污量0.5亿千克污水处理厂2座，排涝泵站1座，防洪堤19.1千米。

城　垣

隋代栝州城，依山而置，设险以守，规模较小，不筑城池。唐贞元六年(790)，城址北移两千米，修建于岗阜，又依傍大溪，府城仍不筑城垣。唐中和元年(881)，遂昌卢约占据州城，自为刺史，自镇一方。御唐军，依山筑城，始有城垣。宋黄烈《重修州城碑记》载，处州城"惟东南一面，形势稍缓，下接平陆，有警得专力于一隅，要而易守。询之故老，或云僭伪时卢约所筑。"这是处州"东南一面"修筑城垣最早的文字记载。

宋宣和年间(1119—1125)，处州府城城垣"垂二百年，城堞渐至颓废"。宋宣和三年(1121)，方腊起义军攻城，城毁。宋宣和四年(1122)八月，太守黄烈在旧城址重修城池，仍局限在地势平缓处，城郭西、北、东三面依山为城，据岗可守。南宋叶适《送喻太丞知处州》载有"处州不城山作堵，百嶂千峰自翔舞"诗句。所写时间，与黄烈重新筑城相隔数十年，情形较为确切。

元至元二十七年(1290)，处州路总管斡勒好古、万户石抹良辅创议重新筑城，责成丽水县令韩国宝负责，利用唐宋旧城之址扩建新城。这是城址三徙。处州府城从小栝苍山下迁到万象山东，唐宋旧城因地理位置不适合发展，被划在新城城址之外。新城东北面挖掘护城河的泥土堆垒建造城墙；

城南面在溪边高筑河堤作为城墙，城西面以岗阜作城墙，溪水就是护城河。城周九里有奇，城高三丈五尺，周七百九十二丈。建有城门六座：北为望京门，又名丽阳门。东北为岩泉门，又名虎啸门①。虎啸门附近建有镇东楼，其下通城中水渠。东南为行春门，又称厦河门（城东路南端）。南面为南明门，亦名大水门。西南为括苍门，又名小水门。西北为通惠门，又名左渠门。六座城门都建有城楼。城墙上有雉堞三千六百，官厅六，月城四，望楼二，敌楼四。这次城址迁徙，城池修建，布局合理，城垣完整，具相当规模。

明清时期，城垣代有修葺。明嘉靖四十二年（1563），知府张大韶用旧砖块石填补巩固城垣四周缺损处。明崇祯八年（1635）五月，括苍、南明、行春三门濒溪城垣因大水损坏。事后，知府朱葵、推官王明汲修缮。清顺治十五年（1658），加高城墙。清康熙二十五年（1686）闰四月，大水淹括苍、南明、行春三门，城垣毁坏。清康熙二十九年，知府刘廷玑进行修缮。清雍正七至八年（1729—1730），丽水县知县王钧等对多年未修城垣督修。此次修筑，城墙高三丈五尺，厚一丈七尺，垛高七尺四寸，周一千八百五十丈有奇。清乾隆三十一年（1766），有过修筑，清嘉庆五年（1800），大水冲坏频溪城墙，进行过维修。清道光十五年（1835），里人颜学贤、谭学铭捐资修城垣。清末经兵火，城墙渐至颓毁。

民国后期，修理加固几次。民国 27 年（1938）和民国 31 年，日机轰炸丽水城，年久失修的城垣残破，城市景象萧条。当时流传民谣“丽阳门打草荐，虎啸门开歇店；厦河门种菜园，大水门拔船纤；小水门卖私盐，左渠门开鬼店”，形象反映城垣地段百姓生活与经营状况。1949 年，城垣残缺不全，仍有城楼 5 座。

1953 年，丽水城东荒地建起工厂。四周城垣，蒿草披离，夯土渐露，但丽阳门、大水门、虎啸门、左渠门完好，城楼古建筑消失。此后，随着工厂、办公楼、粮油市场、运动场建造及私人建房、挖城凿渠等，至 1958 年前后，城东虎啸门、城北厦河门与古城墙逐渐消失。尚保存大水门城门和沿江城墙遗址。1978 年 3 月，扩建中山街，拆除丽阳门，削平华祠岭，打通梅山背，大量土石倾倒大水门外溪滩。此后 20 多年，城区建筑垃圾也倾倒于此，大水门东侧古城墙渐被堆埋。2000 年 4 月，“建议结合做防洪堤修复丽水沿江古城墙”的政协提案引起市委、市政府重视和省文化、文物部门关注。《丽水日报》展开讨论，浙江省电视台《新闻栏目》作专题报导，省文物专家 5 人到丽考察。2003 年 6 月，丽水市政府划定大水门和东西两侧古城墙为保护范围，城墙内外各 30 米为建设控制地带。结合防洪堤建设，恢复小水门至厦河门沿江地段古城墙。至 2010 年，丽水古城墙基本拆除，仅保留括苍南路西侧万象山脚一段 120 米，丽阳门公园旁一段 60 米，大水门一段 200 米。

城区街巷

主干道　宋代处州有两条街，一条东行绕茭山至太平坊，一条南行穿姜山和万象山脚，皆自通惠门出。明清处州街衢以通惠门对岩泉门为界，北片为“上”字形，南片为“丰”字形。据清道光《丽水志稿》载，当时处州有街道 5 条，即纵向中直街 3 条②。横向南横街 2 条③。中直街是主街，特别是中段

① 2010 年位于城东路与中东路交叉口府前菜场东。

② 自大水门经仓前过刘祠堂背，转至大众街到府前，西折继光街到太平坊，再右转中山街北上到丽阳门）、东直街（南起厦河门，至今丽水中学边上的龙门岭，折西北至市图书馆到虎啸门）、西直街（自小水门至白塔头孔庙大门前到通惠门，即今桂山路。

③ 厦河门至小水门，即老大猷街、北横街（自虎啸门至通惠门，即今继光街）。

和南段[①]。为府城繁华地段。街宽5米，石子路面。清道光六年(1826)，府前至南明门、岩泉门、通惠门、望京门、行春门为石板路面。

清末至民国，丽水城区街道仍为直街3条，横街2条。直街名直实弯，有的路段还是弯曲小道。民国27年(1938)，丽水修成环城公路5.1千米。汽车可由丽阳门入，转今灯塔路、城东路，再沿城墙边过老火柴厂，直到厦河门，西折出小水门。民国29年，北横街和南横街更名继光街和大猷街，仓前街命名卢镗街。丽阳门到太平坊，取名中山街。府前到三坊口，取名大众街。刘祠堂背至仓前取名仓前街，南端则称南明门直街。卢镗街在命名前，东面一段为仓前横街，西面称梨园铺。此后，巷弄逐渐增多。

20世纪50年代初，丽水市区街道格局没有变化，仅石头路面改铺青砖路面。1951年，中正街更名大众街、陈诚街更名解放街。城区主街12条、巷37条，主街宽不足7米，道路面积17010平方米。1956年，部分街道卵、条石路面改为砖铺路面。1964年，大众街南扩，拆迁民房，刘祠堂背地段部分改道。1972年起，街道逐步改铺水泥或沥青路面。1978年，拆除丽阳门，削平华祠岭，打通太平坊到梅山脚一段，中山街南北贯通。1983年，建成括苍路。城区主干道路总长17409米。1988年，主要街道17条，南北向4条，即中山街、大洋路、大众街、城东路，东西向6条，即解放街、灯塔街、继光街、中东路、卢镗街、大猷街。城周交通道路7条，即城西路、括苍路、大桥路、三岩寺路、丽阳路、丽龙路、丽青路，总长23.39千米。

2001年，丽水市加快市区北城区的道路建设，重点拓建灯塔街、城东路。至2005年，新建、改建中山街、继光街、灯塔街、城东路、大众街、城西路、丽青路、花园路、和平路、寿尔福路、人民街、学院路、古城路、栝苍路、文进路、大洋路。2006年起，市区先后拓建、新建囿山路、卢镗街、大猷街、人民街、中东路、长虹路、寿元路、庆春路、天宁路、宇雷路、紫金路、开发区路。至2010年，市区北城区基本形成较完善的城市道路网，以解放街、花园路、丽阳路、丽青路、紫金路、栝苍路、卢镗街、人民街等主干道为骨架，以中山街、继光街、灯塔街、中东路、大众街、大洋路、城东路、宇雷路、寿尔福路、囿山路、大猷街等次干道。

2002年，南城水阁工业区中心大道开工，新区道路建设拉开。2000—2010年，市区形成“一环、五横、五纵”道路网框架。市区主次干道41条、长184千米，面积398万平方米。北城区新建、改建主干道总长63.24千米、面积181.87万平方米；次干道总长38.28千米、面积87.24万平方米。

解放街，东西走向。长2653米，宽20—42米，水泥混凝土路面。古为中直街。1940年名陈诚街。1951年更名。此后历年拓建。1982年，建成中山街至大众街段。1984年，合并王衙弄，建成括苍山至中山街段。1987年，东延至大洋路。1994年，延伸至花园路。1994年，拓建至花园路，后又从花园路延伸至丽青路。排水系统实行雨污分流，部分地段两侧有绿化带，配套工程有路灯、交通标志线、给水管线及电力通信等管线。

花园路，南北走向。长3057米，宽36—55米，水泥混凝土路面。1995年5月，建成解放街至囿山路一段。2001年4月，由囿山路延伸至江滨路，由解放街延至丽青路。2001年6月，从丽青路延伸至丽阳路。两侧有绿化带1.5—7.5米，人行道4.5米。排水系统实行雨污分流，配套工程有路灯、交通标志线、给水管线及电力通信等管线。

---

① 府前至三坊口、刘祠堂背和仓前街。

丽阳路，东西走向。长4160米，宽42米，水泥混凝土路面。旧名车站路，为丽水至金华公路一段。1977年、1988年改建水泥柏油路面。1992年3月，改建大洋路至中山街路段。1995年5月，改建括苍路中山街路段。1997年11月，改建括苍路至浙少师路段。1998年10月，改建九里至大洋路段。两侧绿化带各2.1米，配套工程有路灯、交通标志线、给水管线及电力通信等管线。

丽青路，东西走向。长3792米，宽14~42米，水泥混凝土路面。原为丽水至青田公路过境段，泥土碎石路面，1981年命此名。1990年，改水泥柏油路面。2000年6月，拓宽改建城东路至花园路段。2001年5月，又从花园路至紫金路、从紫金路至开发路两段同时延伸。2002年2月，从开发路延伸至水东大桥，2004年4月，工程与大桥改建同时竣工。两侧绿化带各2米，排水系统实行雨污分流，配套工程有路灯、交通标志线、给水管线及电力通信等管线。

卢镗街，东西走向。长3596米，宽36米。旧为北横街。民国29年(1940)纪念卢镗更名。清道光《丽水县志》："明总兵卢镗墓，在白云山趾。"1967年，改人民街，1981年恢复。1983年，石子路面改水泥路面。2007年，开始拓建，2008年，完成丽青路至寿尔福路段，2010年4月，完成寿尔福路至大洋路段，2009年9月，建成大洋路至括苍路段。两侧绿化带各2米，排水系统实行雨污分流，配套工程有路灯、交通标志线、给水管线及电力通信等管线。

括苍路，南北走向。长4361米，宽30~36米，沥青混凝土路面。旧分丽南路、援军路、工农路3条，碎石路面，1983年，以路环小栝苍山更名。1996年，拓宽改建丽阳路至解放街段。2001年6月，改建丽阳路至城北路段。2003年8月，改建小水门大桥南岸接线。2003年9月，改建小水门大桥北端至括苍路。2007年11月，改建人民街至职高学校前路段。排水系统实行雨污分流，配套工程有路灯、交通标志线、给水管线及电力通信等管线。

人民街，东西走向。长3024米，宽32~36米水泥混凝土路面。曾名城北街。2001年11月，新建括苍路至大洋路段。2002年10月，从紫金路延伸至开发路段。2003年12月，从大洋路延伸至紫金路段。中间绿化带5米，排水系统实行雨污分流，配套工程有路灯、交通标志线、给水管线及电力通信等管线。

开发路，南北走向。长2798米，宽42米，水泥混凝土路面。2002年10月，丽水城区新建丽阳路至北环路段。2008年5月，开发路建成丽青路至丽阳路段。两侧绿化带各2米，排水系统实行雨污分流，配套工程有路灯、交通标志线、给水管线及电力通信等管线。

城北街，东西走向。长3096米，宽42米，水泥混凝土路面。中山街至紫金路段为两块板形式，紫金路至东地路段三块板形式。2002年10月，城北街建成开发路至东地路段，长870米。2004年6月，从中山街延伸至北苑路段，从北苑路延伸至紫金路段。中间绿化带4米，排水系统实行雨污分流，配套工程有路灯、交通标志线、给水管线及电力通信等管线。

紫金路，南北走向。长6200米，宽36—42米，水泥混凝土路面。1993年12月，紫金路建成海潮湖南侧至解放街一段。1994年9月，从解放街向中东路延伸。1996—1998年，进行挖土填方、浇筑水泥路面改造。2004年5月，从庆春路延伸至北环路段。2004年9月，从丽阳路延伸至丽青路段。两侧绿化带各1.5米，排水系统实行雨污分流，配套工程有路灯、交通标志线、给水管线及电力通信等管线。

东港路，南北走向。长740米，宽36米，沥青水泥路面。2009年11月，东港路开工。2010年11月，东港路竣工。排水系统实行雨污分流，配套工程有路灯、交通标志线、给水管线及电力通信等管线。

2010年丽水市北城区干道和支路一览

表6-1-3-1

路 名	起 止	长(米)	宽(米)	新建、拓建、改建年月	名称变化
中山街	南起人民路，北至白云山公园	4525	18—30	1978年、1987年、2004年、2007年	民国称中直街，1940年改现名
大洋路	南起大猷街，北至人民路北环路	4395	28—30	1987年、1994年、1997年、2005年	1987年后新建
继光街	东起中东路，西接括苍路	887	20—30	1992年、2000年	1967年改称红旗街、1981年恢复现名
灯塔街	东起丽青路，西接括苍路	1525	20	1979年、1983年、2001年、2002年	旧名燧昌路
中东路	东起江滨路，西至囿山路	2402	20	1978年、1989年、1994年、1995年、2007年	1978年后新建
大众街	北起大众街，南至卢镗街	1133	20	1963年、1983年、1990年、2003年	旧名中正街,1951年改大众街
城东路	南起厦河门，北接丽阳路	1122	20—24	1981年、2000年	民国时为环城公路
囿山路	东起丽青路，西接中山街	3012	24	2000年、2001年、2004年、2005年、2007年	1967年称大众街2、3弄
和平路	南起丽阳路，北至城北路	853	20	2002年建成	原为凉塘路
寿尔福路	南起江滨路，北至天宁路	3077	20	1994年、1995年、2002年	曾名支二路、兴工街、振兴路、康乐路
古城路	南起大猷街，北至解放街	949	24	2005年建成	新建
城西路	南起继光街，北至丽阳路	717	20	2003年	新建
宇雷路	南起江滨路，北接北苑路	4200	20—24	1994年、2000年、2006年	曾名百工街、支一路
大猷街	东起丽青路，西至中山街	3856	24	1982年、1983年、2005年、2007年、2008年	1940年纪念余大猷改名
江滨路	东起丽青路，西至中山街	3656	24	1981年建成、2005年、2006年、2007年扩建	原为河滩
大桥路	北起万象山脚合掌桥头	3181	7	—	—
北苑路	南起丽阳路，北至宇雷路	1869	24	2007年建成	新建
水东路	南起丽青路，北至雅坑溪桥头	1086	36	2007年建成	新建
丽龙路	东起丽水饭店，西南至溪口村	1420	8—14	1990年建成	原为丽水至龙泉路一段
市场1号路、2号路	寿元路至330国道 寿元路至丽阳路	566 335	36 24	2007年建成	新建
寿元路	东起紫金路，西接宇雷路	390	24	2009年建成	新建
天宁路	东起东地路，西至教工路	1382	16—30	1996年建成，2010年扩建	新建
学院路	南北向	797	24	2003年建成	新建
文进路	东西向	411	16	2003年建成	新建
三岩寺路	南北向	350.40	16	1964年建成，2000年5月扩建	新建

巷弄　1990年，丽水城区巷弄有38条。其中长500~1000米的5条，300~500米的12条，不足300米的21条。2000年，旧城改造启动，小湾庙弄、西园庙弄、龙门岭、仓基营房、大毛弄等21条巷弄消失。至2010年，尚存酱园弄、枣树荫弄等里弄18条。

桂山路，北起通惠门，南止括苍路。清同治年间（1862~1875）建成。圭山书院建于此。

文昌路，北起虎啸门，南连囿山路。清康熙年间（1662~1722），建有文昌阁。1966年，称团结路。

泰山弄，东接继光街，穿中山街，西通桂山路。原称关王庙弄、泰山宫弄。1967年，改称中山街1、2弄。1981年，改称此名。

高岭弄，南连继光街，西接城西路。因岭得名。1967年，改称红旗街4弄，1981年，起称现名。

叶塘沿，南接白蛇弄，交泰山弄，北分两支，均通继光街。旧时有叶氏池塘。1967年，改称红旗街3弄，1981年，恢复此名。

高井弄，南连继光街，北至灯塔街。明清时有高井。1967年，与大阴沟弄合称红旗街2弄、5弄。1981年，恢复此名。

绅弄，东连中山街，西接桂山路。1967年，改称大众街3弄，1981年，恢复此名。

西河沿，西接中山街，东交营房弄。1967年，改称中山街2弄，1981年，恢复此名。

新华弄，西连中山街，北接高井弄。1967年，改称中山街4弄，1981年，改称现名。

泗洲楼弄，东连高井弄，西接高岭弄。古有泗洲楼。1967年，称中山街6弄、7弄。

北郭桥弄，西起中山街，北至丽阳坑。因位于北郭桥东南而得名。

西井弄，南起大猷街，北至囿山路厦河门巷有井，但比厦河门井细（小），谐音“西”而得名。1967年，改称胜利街4弄。1981年，恢复原名。

梅山背弄，南连梅山弄，北接戏院弄，西通中山街。1967年，改称解放街3弄。

酱园弄，东通大众街，西达文昌路。清康熙年间（1662~1722）有王氏酱园。1967年，改称大众街6弄。

梅山弄，东起大众街，西至中山街。清代称花园弄。1967年，改称大众街4弄。

刘祠堂背，东起大众街三坊口，西至中山街梅山脚。原有三皇庙。明嘉靖年间（1522~1566），建有刘基祠。1967年，改称大众街7弄。

枣树荫弄，东至文昌路，西通大众街。旧多枣树而得名。1967年，改称大众街5弄。

白蛇弄，南连解放街，通中山街，北接叶塘沿。原居住白、谢姓氏，以谐音而得名。1967年，改称解放街4弄。

县（市）城街巷

龙泉市　在民国时期县城主街4条。1949年10月中华人民共和国成立后，因经多年修建、改建，城区街道仍狭窄。1990年，撤县设市，城市化进程加快。至2010年，市区中山路、公园路、剑池路、剑川大道、环城东路、环城西路、新华街、江滨北路、江滨南路、中山东路等主次干道28条，支路14条，巷弄28条。道路总长160千米，道路面积136万平方米。“五纵五横”城市道路框架基本形成。

青田县　民国时期有街巷11条。1959年，青田县建成新大街。1985年，拓建西门山、东山小区，拓宽城东、城西、城中路。2006年，新建龙东路、涌金街、涌泉街。2010年，青田县改造临江西路。至2010年，投资3.5亿元，新建西门山道路1.5千米、东山小区道路1千米，改造旧城学士路、圣旨街、保幢街，城区有主干道7条、次干道33条、支路9条，小巷27条。

庆元县　1990年建成新建路、教场路、祥云路。2004年起，建成兴贸路、云山路、菇源路等。至2010年，庆元县有城市主干道濛洲路、横城路、石龙街、江滨路及干道20多条。

云和县　1992年，云和县建成城北路，长1500米，宽7米。1997年，新建路改造启动，长500米、宽30米。2001年起，云和县政府实施"小县大城"战略。至2010年，云和县建成城市主干路仙宫大道、城东大道、解放东路、新建南路、城西路。

缙云县　20世纪50年代，缙云县有胜利街、复兴街、寺后街、水门街、水南街等街5条、巷18条。20世纪60、70年代，缙云县开始城区建设。1992年，有街17条、长11328米，巷55条、长5526米。2000年，旧城改造力度加大。至2010年，缙云县城区有街巷87条，其中老城区46条、新城区41条，长102千米，面积130万平方米。

遂昌县　民国时期，遂昌县城区有街5条、巷9条。1949年10月中华人民共和国成立后，遂昌县拓宽、延伸原有街道，新建北溪路、南溪路、车站路、公园路。1997年，遂昌县有主街14条，次街道21条，长21.82千米，面积19.09万平方米。2000年，遂昌县新建南门中路、下南门路、上南门路、职教园区路等。至2010年，遂昌县有道路18条，面积64.6万平方米。

松阳县　民国时期，松阳县城多为步行街，宽度3~5米。1966年，松阳县扩建人民大街。1979~1992年，松阳县拓建、新建新华路、太平坊路、府前路、紫荆路、长松路、雯津路及荷田路、下马街、东阁街等街巷59条，城区有街巷85条，其中巷弄62条。

景宁畲族自治县　20世纪90年代，景宁畲族自治县有街道5条，长1916米。2000~2010年，景宁畲族自治县改造道路6条，新建道路7条。至2010年，景宁畲族自治县基本形成"三纵三横"城市路网，主要道路为人民路、鹤溪路、环城西路、府前路、复兴路、团结路等。道路总长42.2千米，道路面积56.5万平方米。

城区供排水设施

供水设施　20世纪60年代，丽水城兴建第一座自来水厂。2001年，丽水市区基础设施建设和公用事业建设进入发展新阶段。2003年，丽水市建成天宁水厂。2009年，丽水市建成水阁水厂。截至2010年，丽水市区实现同网供水，铺设供水管道693千米，日供水2亿千克。

排水排污设施　清末，丽水城区主街排水沟渠建于街中心，青砖砌沟，上铺石板。民国时期，丽水城区明沟或暗沟排放城区雨水、污水，无水沟处自然泄出渗入地面。雨污排放，一入好溪堰，一入大溪。

1949~1966年，大众街、中山街修建瓦管或块石下水道。1982年，丽水编制城区排水工程计划。改建、拓建大众街、中山街、解放街、继光街、灯塔街、大洋路时，一并修筑地下排水管道，瓦管、砖石浆砌结构逐步换成水泥预制管。1987~1988年，丽水疏浚环城河3.8千米。至1990年，丽青路、丽阳路修建下水道22.19千米。城镇下水道总长129.08千米，排水面积31平方千米，初步形成排水管网体系。1995年，丽水城镇排水管道150千米，污水年排放量1190亿千克，污水年处理量192.5亿千克，处理率16%。1996年重点治理遂昌县、松阳县、庆元县、景宁畲族自治县四家造纸厂的污染，丽水地区依法取缔、关停污染严重、治理无望的企业36家。1998年，全区建成排水管道327千米，开展排污申报登记工作，申报登记4135家，其中丽水地区本级103家。

2000年丽水撤地设市，丽水城市道路建设加快，改造管网系统，敷设污水收集系统主干管网，埋设主要排水管道。2001年，丽水市建成中岸圩污水处理厂，中心城区生活污水和部分工业废水实现达标排放。

2005年，丽水市改造完成丽阳坑、西环城河、大洋河，建海潮河污水收集工程、东银苑截污工程。此后，城区污水通过排污管网，经泵站通过污水处理厂处理，水质达标后排放瓯江。2008年，丽水市被省政府评为“811”环境污染整治工作先进集体。2009年，建成水阁污水处理厂，开发区污水实现集中处理。至2010年，丽水市建有日排污量0.5亿千克污水处理厂2座，排污泵站2座，排涝泵站1座。市区污水处理率72.48%。

管网铺设　1986年，大洋路敷设第一条主干管网。1989年，中山街北段（丽阳路—人民路段）敷设第一条雨污分流管道。2001年，丽水城区铺设括苍路北段（丽阳街—人民路）污水管网，管径D400、长649米，2002年完工；大洋路卢镗街—大猷街污水管网，管径D800、长290米；囿山路（花园路—古城路）污水管网，管径D800、长290米；丽青路（花园路—开发路）污水管网，管径D300—D600、长1277米，2002年完工。2002年，丽水城区敷设寿尔福路（人民路—寿元路段与囿山路—大猷街段）污水管网。其中，人民路-寿元路段管径D400、长897米；囿山路至大猷街段管径D1000、1542米。2005年，敷设大猷街污水管网，管径D1000、长3699米，2008年完工。至2010年，市区排水管道长度254.7千米，其中雨水管道153.6千米，污水管道101.1千米。

丽水市区污水主干管网“四纵四横”分布。“四纵”：一为沿括苍路铺设，采用管径D800；二为沿大洋路铺设，采用管径D600；三为沿寿尔福路铺设，采用管径D600-D1200，四为沿好溪西路铺设，采用管径D700-D1000。“四横”：一为沿江滨路铺设，采用管径D1000-1200；二为沿囿山路铺设，采用管径D800-D1000；三为沿丽青路铺设，采用管径D600；第四横沿丽阳路铺设，采用管径D500。北部区块的污水通过大洋路、紫金路及寿尔福路的纵向城市污水干管排入囿山路管道，丽青路横向的城市污水主管管道汇入古城路、寿尔福路城市污水总管；南部区块的污水排入解放街、囿山路、江滨路的污水主管，接入寿尔福路城市污水总管，经3号泵站最终排至污水处理厂。市区局部排入内河河道污水通过杨家河、大洋河、东银苑等截污站收集至污水干管。南城水阁工业区排水管道自成体系。

污水厂、泵站　丽水市污水处理厂位于市中岸圩村，用地4.4万平方米。设计日处理能力1亿千克，一期工程日处理0.5亿千克，采用DE氧化沟处理工艺，出厂水符合《城镇污水处理厂污染物排放标准》（GB18918—2002）一级B排放标准。服务范围包括中心城区生活用水和部分工业废水处理。2000年9月开工，2002年6月竣工。总投资2.2亿元。

丽水市水阁污水处理厂位于水阁工业区龙庆路西、石牛大桥南侧。用地7万平方米，设计能力日处理污水1亿千克。水阁污水处理厂工程分二期。2009年4月，一期日处理污水0.5亿千克工程开工，2010年5月竣工，同年12月通过环保验收。总投资1.79亿元。出厂水符合《城镇污水处理厂污染物排放标准》（GB18918—2002）一级A排放标准，回收后可作为城市工业区用水（非饮用水）、绿化浇灌水等应用，服务范围水阁工业区。

古城排涝泵站位于大溪和好溪汇合口处。用地9.67万平方米。由排涝泵站、排涝通航孔及调蓄内湖三部分组成。其中泵站、排涝通航孔为3级建筑物，其他次要建筑物为4级建筑物。泵房位于防洪堤与江滨大道间的绿化带中。排涝区集水面积包括丽阳坑以东，含贺家坑绕城公路以上及社后溪以东区域，汇水面积17.75平方千米。古城排涝泵站设计流量为45立方米/小时，装机2130千瓦

(710千瓦×3),为Ⅲ等工程。泵站设计洪水标准内河侧为30年一遇,外江侧为50年一遇,校核洪水标准为100年一遇。排涝通航孔设计洪水标准为50年一遇。总投资5125万元。2003年10月开工,2006年10月完工,2007年6月投入使用。

厦河污水泵站位于莲都区厦河村。设计规模1亿千克/日,一期建成0.5亿千克/日。设计2根DN800过江管道,采用河底下穿式。穿过大溪后,通过提升到达中岸污水处理厂处理。2000年11月开工,2002年1月通过土建验收,11月投入运行。

水阁污水泵站位于水阁工业区龙庆路南侧、大溪东侧。设计规模0.54亿千克/日,一期建成0.36亿千克/日。2002年9月开工,2005年2月建成。通过加压,输送水阁工业区污水至中岸污水处理厂处理。2009年,泵站进行升级改造,设计规模扩大为0.54亿千克/日。2010年5月,通过加压输送水阁工业区污水至中岸污水处理厂处理。

排污工程 丽阳坑污水收集工程位于丽阳坑。从中山街北段灯塔三村开始,沿丽阳坑两岸敷设至括苍路,长2500米,采用D300波纹管道。砌筑管道连接井78座,河坎保护层挡墙混凝土浇筑2000立方米,截流污水52.4万千克/日,最终接入污水处理厂,改善丽阳坑沿岸居民生活环境,直接减少对南明湖的污染。2005年8月开工,2005年11月完工,投资126万元。

海潮河西段污水收集工程位于海潮河西段。从寿尔福路到三号污水泵站过江至污水处理厂,长800米,采用D300波纹管道。砌筑连接井27座,截流收集污水80万千克/日,最终接入污水处理厂,直接减少对南明湖的污染,使市区污水截污率50%。2004年10月开工,2004年12月完工,投资30万元。

开发路贺家坑截污工程位于贺家坑。敷设D600管道360米,将天宁工业区日排放约600万千克的污水截流至解放街污水管网,最终接入污水处理厂。2006年6月开工,2006年7月完工。

西环城河截污工程位于西环城河段。采用D400污水管70多米,建造电动闸门2座,集水池1座,出水池1座,安放18.5千瓦水泵2座。工程将继光街以南、括苍路以东、江滨路以北、大洋路以西区域的污水接入城市污水管网。污水收集量为600万千克/日,接入污水处理厂。2006年6月开工,2006年8月完工,投资20万元。

大洋河小区截污工程位于花园路与华敦街交叉口。工程在河道上铺盖钢筋混凝土板块并覆土绿化,绿化面积约1246平方米,内河污水经格栅除污机后,将内河污水收集至花园路市政污水管网。服务中山街以东、人民路以南、花园路以西、囿山路以北区域,污水量0.2亿千克/日,约占北城区污水量41.67%。2009年12月开工,2010年10月完工,投资208万元。

东银苑小区截污工程位于寿尔福路与囿山路交叉口。工程总建筑面积为326平方米 ,绿化面积1053平方米,内河污水经格栅除污机后,采用污水管将内河污水收集至囿山路市政污水管网。范围涵盖花园路以东、中东路以南、寿尔福路以西、囿山路以北区域,污水收集量300万千克/日,约占北城污水量6.25%。2009年12月开工,2010年10月完工,投资175万元。

县(市)排水排污设施

龙泉市 20世纪70年代前,龙泉城区污水排放官圳。1996年,龙泉城区雨污开始分流。2002年,龙泉老城区采取截流式排水系统,市区逐步过渡到雨污分流制。2008年,龙泉城区建成规模为500万千克/日(首期)的溪南(大沙)污水处理厂、12万千克/日的大沙应急污水处理站和50万千克/日的回归工程废水处理站。2010年，龙泉城区建成排水管道119千米，工业废水收集管道5千米，排水渠5.4千米，完成污水处理设施建设的乡镇8个，污水日处理30万千克~60万千克。

青田县　20世纪50年代，后街、横街、大街建成下水道。20世纪80年代，青田县城继续改造、新建后街、横街、大街下水道。1988年，青田县城建成排水管道1.2千米。2000年，青田县旧城改造启动，临江东路、塔山路、工商巷、气象巷等街巷7条建成雨水井、检查井，解决多年城中积水难题。2008年，青田县建成平演村戈湾污水处理厂，一期日处理污水0.1亿千克。工程包括提升泵站、污水收集干管5.25千米、给水管线1.97千米，达到国家一级B类排污标准。

庆元县　1981年，庆元县城铺设供水管网。1995年，庆元县城改造濛洲街、石龙街等输水管道，建成管道长20.8千米。2005年，庆元县城建成供水管道长37.5千米。2010年，庆元县城区管网形成四横五纵的主供水管网布局，供水管道DN100以上长60千米，供水普及率99.99%。2006年，庆元县污水处理厂一期动工，厂址位于县城松源镇阁门岭大桥南。占地面积4000平方米，规模为日处理污水500万千克，污水处理工艺为硅藻净土。2007年9月，庆元县城污水处理厂一期工程建成使用。2008年1月，庆元县供排水有限公司成立，管理县自来水厂和污水处理厂。

云和县　20世纪50—70年代，云和县污水直接排入浮云溪。2006年12月，云和县建成县污水处理厂，工程占地2.35公顷，采用硅藻精土工艺。2007年10月，云和县建成500万千克污水处理厂1座，为省重点项目采用硅藻精土工艺。2007年10月，云和县污水处理厂一期开始试运行，日处理污水能力500万千克。总投资4358万元。2008年11月，黄溪污水收集管网项目动工，长2380米，管网南北走向。至2010年，云和县城区建成排污管道25千米。

缙云县　20世纪50—70年代，缙云县污水直接排入好溪。20世纪80年代，缙云县主要街道敷设水泥预制管道，小街巷铺设砖砌暗沟。1992年，缙云县城区有排水管道6.4千米。1997年，缙云县增敷设排水管道1.65千米，新区开发后实行雨污分流。2000—2004年，缙云县建成地下排污管道32.84千米。2005年，缙云县污水处理厂一期工程建成，日处理污水能力2万立方米。2009年，缙云县第二污水处理厂建成。2010年11月启用，日处理污水0.2亿千克，投资7741.21万元。至2010年，缙云县城区建成排污管道42千米。

遂昌县　20世纪50—70年代，遂昌县城内雨水、污水排入南、北两溪。1981—1983年，遂昌县新建下水道810米、改建310米。1991—1997年，遂昌县新建下水道4099米、改建3831米。至1997年，遂昌县建成排水沟91条、长11.62千米。2006年，遂昌县建成县污水处理厂。一期日处理污水500万千克，2008年建成。至2010年，遂昌县城区建成污水管网58.9千米。

松阳县　民国35年(1946)，松阳县曾疏通城区明沟、暗沟。20世纪70年代，松阳县疏通下水管道街道24条巷弄6条。1991年，松阳县城区建成排水道7.2千米。2005年5月，松阳县建成污水处理厂一期。2007年9月，松阳县完成集水池、污水处理主池、提升泵房、生化池及设备安装，通过单机和联动调试，运行达设计要求。2010年启用，日平均处理污水500万千克，其中生活污水占91.2%。

景宁畲族自治县　2007年11月，景宁畲族自治县建成500万千克污水处理厂1座，为省重点项目。铺设排水管道48千米，其中污水管道23千米。污水处理后，水质达标排放。

城区城防堤坝

丽水市区处于丽水盆地，城周为丘陵山地，北高南低。东有好溪，南有大溪，城域内自西向东尚有五一溪、丽阳坑、贺家坑、弄和坑、殿前坑、白门坑、长坑等溪流，宽几米到十多米不等。据载，自唐显庆元年(656)至民国37年(1948)，丽水遭受较大洪涝30多次。特别是宋绍兴十四年(1144)八月，处州水高八丈，溺死3000多人。宋代，处州重视防洪堤坝修筑。元大德七年(1303)，栝苍门外琵琶洲建成水障。明初，刘基于厦河门至大水门筑铁坝，此后无大规模修筑。

1977年，丽水地区建成好溪防洪围垦工程。1980年，丽水编制城区防洪规划。1999年，丽水地区提交市城市防洪工程可行性研究报告。2000年，丽水市城市防洪工程主城区初步设计公布，市政府采纳古城墙文物保护部分意见，保护维修或重建南明门、行春门、观音阁、应星楼等古城墙遗址和附属建筑。2003年，丽水市城市防洪工程开工。大溪、好溪防洪标准为50年一遇，防山洪排洪渠标准为10年一遇。2010年，丽水城区建成防洪堤19.1千米，开排山洪渠道6.54千米，整治排洪河道4.5千米，大溪劈山拓浚1.28千米，总投资9.4亿元。

县(市)城防堤坝

龙泉市　龙泉溪防洪堤、岩樟溪防洪堤、各小支流排洪渠、防洪堤。1999年8月，龙泉城防堤坝开工建设，投资1.65亿元，总长14573米，其中老堤加固2407米。防洪标准50年一遇。2004年8月竣工。

青田县　明嘉靖三十五年(1556)，青田鹤城镇建防护墙，高一丈八尺，长九百余丈。民国27—36年，青田县建成防洪堤坝8条，长5710米。1966年，青田县建成高湖防洪堤，长3510米，高4.5米。2000年11月，青田县四都港油竹段1600米防洪堤坝，雌山、三脚湾劈山，油竹大桥至四都港口段河道疏滩，西门大桥至雌山段瓯江疏浚。鹤城左岸水碓坑至雄山防洪堤和右岸瓯青复线防洪堤坝建设，戈岙湾、彭括希劈山疏浚。2002年9月竣工，投资4.68亿元。

庆元县　2000年11月，庆元县阁门岭防洪堤、西大桥至东大桥防洪堤及十二股橡胶坝，吉瑞公司至西大桥加固贴面工程、林业车队至东大桥防洪堤及龙珠湾橡胶坝，庆元大桥至西大桥贴面工程开工兴建，投资2340万元。2003年9月，庆元县完成新建、加固防洪堤和护岸9220米，橡胶坝2座，河道疏浚10.04千米。防洪标准20年一遇，远期加高兰溪桥水库削减洪峰流量，达50年一遇的防洪能力。

云和县　1999年2月，云和县分四期开工建设县城防洪堤，包括浮云溪防洪堤，黄溪、梅家源溪、沙溪、雾溪、梅垄溪、龙潭坑等支流防洪堤，以及城北排泄渠等，防洪堤总长18234米。防洪标准为50年一遇。2006年12月竣工，工程概算投资8827万元。

缙云县　2000年7月，缙云县分三期开工防洪堤，包括城东新区段、五云镇老城区段、老城区新城区连接段，以及新建、加固防洪堤5922米。防洪标准20年一遇。2005年竣工，投资1.16亿元。

遂昌县　宋代，遂昌县建有胡公堤，清有缪公堤、罗公堤、王公堤、下垵防洪堤等。民国，遂昌县建有大溪、东门飞鹤桥边护岸工程等十多处防洪堤坝。1953年，遂昌县修复下垵堤坝。1999年，遂昌县开工兴建老城区南溪延伸段、老城区北溪延伸段、襟溪西明山大桥以下三段及新城区、云峰镇城区段，防洪标准均20年一遇，总长56.36千米，其中南溪9.83千米，北溪10.92千米，襟溪13.6千米。2004年竣工，总投资1.35亿元。

松阳县　1977—1983年，松阳县投工535.38万工，投资400万元，建成松阴溪两岸防洪堤坝长48.36千米，高5.5米，宽3.5米。1999年11月，松阳县开工兴建松阴溪北岸堤坝2371.5米，南岸堤坝1420米，古湖坑改造堤坝1790米。2003年7月竣工，工程概算投资13516万元。

景宁畲族自治县　明万历十五年(1587)，景宁县筑有永乐堤，既防洪又灌溉。2002年11月，景宁畲族自治县开工兴建鹤溪镇塔堪堤防洪工程、鸭蛋坑防洪堤防工程、商业局段防洪工程、(东)底防洪堤工程，完成新建、加固防洪堤5400米。防洪标准50年一遇。2008年4月竣工，投资4.82亿元。

城区照明

丽水城区路灯　民国9年(1920)，主要街道有少数路灯。民国31年，丽水电厂遭日本侵略军炸毁。民国36年，丽水电厂重新发电，路灯修复。1949年10月中华人民共和国成立后，丽水城区路灯数量增加。1988年，中山街、解放街等主街新装汞灯、桥型弯灯等新灯具，城区有路灯437盏，其中，中山街、解放街仅数路灯十盏。1990年，丽水城区大洋路装双罩钠灯、中山街装高压汞灯，有路灯315盏。2000年丽水撤地设市，丽水市加大道路照明建设力度，路灯数量增多，灯杆灯形由单一发展为多种。路灯从简单电杆灯和插入式路灯改换成单、双挑路灯、庭院灯、景观灯、风帆灯、泛光灯、地埋灯和数码灯等。至2010年年底，丽水市区道路路灯22669盏，其中市区主次干道路灯19193盏，装置道路长166.4千米。

20世纪50年代，丽水城区路灯有专人巡检。20世纪90年代初，丽水城区主要街道采用中控器控制路灯启闭。2008年，丽水市建设局、财政局与莲都供电局设办公室专门负责城市路灯、公共亮化设施维护。2010年，丽水市政设施管理处负责市区路灯，市开发区负责水阁经济开发区路灯，莲都区建设分局负责市区小巷、里弄的路灯。

丽水市区亮化工程　2007年，丽水市委托上海同济城市规划设计研究院编制《丽水市城市照明专项规划》，实施市区亮化工程。按照城市发展总体规划，中心城区夜景构架北城为“三个中心区、一条滨江界面、八条景观视廊、九个景观节点”。2008年，丽水市区亮化工程启动。市区灯景观监控系统配套工程开工建设。至2009年年底，丽水市横跨瓯江的溪口大桥、小水门大桥、紫金大桥、塔下大桥、水东大桥完成夜景亮化。市行政中心大楼、市公安局、市法院、市国土资源局、中意大酒店等高层建筑物24幢实施夜景亮化。

五桥亮化　紫金大桥夜景亮化总功率为120千瓦，总投资200多万元。通过高亮度、暖色温、聚光束角的灯光，表现桥塔高耸；高色温、冷色调灯光表现大桥斜拉索的张力；内透性柔和光结合桥栏结构，使人行道照明平和。大桥桥梁外大跨度采用点光源，给合箱梁投光，使紫金大桥在灯光烘托下完美展示。

塔下大桥夜景亮化总功率16千瓦，总投资100多万元。采用变色序列灯光，线性勾划栏杆部分，照度及亮度均采用桥梁照明中等标值，灯具为节能灯。

溪口大桥夜景亮化总功率70千瓦，总投资80多万元。大桥为城市西大门主入口，灯光集中体现在桥梁栏柱上，桥墩则以投光照明来表现，使大桥对夜间车流具有远观导向性。

小水门大桥夜景亮化总功率85千瓦，总投资80多万元。采用轮廓勾划照明与立体投光效果相结合，同时，对桥栏柱顶部的装饰照明与结构作灯光点缀，形成点状灯光序列。

水东大桥亮化总功率90千瓦，总投资70多万元。以线性灯光表现大桥横向跨度，桥墩用灯光表现其立体高度，桥栏用高色温、冷色调点状光源，形成水晶珠连接的装饰效果。

公共建筑亮化　2009年，丽水市城市一期(花园路)亮化工程启动，投资900多万元。主要完成市政府行政大楼、审批中心、电视大楼、检察院大楼、国土大楼、市公安大楼、市法院大楼、中意大酒店、市体育场、浙江泰隆商业银行、三胞房地产有限公司、新华联燃气公司办公楼、莲都农村合作银行等建筑22处的亮化。2010年3月竣工。2010年，丽水城市二期（丽青路、丽阳路）亮化工程启动，投资1000多万元。由丽水天健电力实业有限工程公司和杭州大胜照明有限公司施工。主要完成中国移动、紫荆花大酒店、罗马大厦、紧电大厦、人防大楼（1、2）、中央公馆、客运西站、电信大厦、丽水客运东站、凤凰大厦、工商行政大楼、工商银行大楼、丽水火车站、丽阳门公园、浙西南农贸城、人民银行、外国语学校、新世界酒店、烟草公司大楼等建筑20处的亮化，紫金大桥等五桥亮化，中山街、解放街沿街大厦安装霓虹灯，优化市民夜景，提升丽水城市品位。

县（市）路灯

2000年，青田县城区有高压钠灯、高压汞灯路灯257盏。2010年，青田县城区照明路灯7067盏。

1990年，庆元县城区路灯288盏，主要街道还安装水银灯或钠灯。2010年，庆元城区有路灯2000多盏，线路总长度60多千米。

2000年，云和县城区主要街道安装城市路灯200盏。2010年，云和县安装城市路灯2800多盏。

2010年，缙云县城区有路灯5900盏。

民国35年（1946），遂昌县东街、南街等少数街道设置路灯10—30盏。20世纪80年代，遂昌县街道拓宽，路灯增加。1993年，遂昌县城区有路灯623盏。1997年，遂昌县城区有路灯1113盏。2010年，遂昌县城区有路灯4650盏。

2004年，松阳县完成新华路、新华北路路灯改造工程。

2010年，景宁畲族自治县城区有路灯1608盏，405.96千瓦；景观立柱灯413盏、景观地埋灯照树屋面灯具8952盏、景观线型灯12711米，202.4千瓦。

第四节　公用事业

民国9年（1920），丽水城区开始供电。民国35年，丽水县城供电量逐年增长，电网建设不断扩大。1965年，丽水县自来水厂建成。1985年，丽水城区有出租车。1986年，丽水第一座液化石油气充装站建成。1997年，金丽温铁路通车，丽水城区公交开始发展。2003年，丽水市第一座城市管道燃气站建成。至2010年，丽水市区有水厂2座，日供水能力2亿千克，城区郊区同网供水。丽水城乡公交网络基本形成，公交线路22条，城区使用燃气人口28.11万人，普及率100%。

城市公交

丽水市区公交公司　1997年6月，丽水市（县级）公共交通有限公司成立，为国有独资企业，有管理人员4人。运营车辆为中巴车，车主挂靠市公交公司，按月缴纳管理费，经营期6年。1999年1月，丽水新开通线路经营期3—5年。经营者交纳承包风险金，合同期满退还，线路经营权归属公司。8月，设科室5个，编制人员17名。2000年丽水撤地设市后，丽水市（县级）公共交通有限公司上划市管。2001年，针对挂靠经营和承包租赁中出现的问题，由公司自行经营新开通的4路、9路、10路和租赁承包经营期满收回的5路、6路、7路。2003年，丽水市实施公司化经营、市场化运作，原挂靠经营合同期满的2路、3路和1路、8路采用招投标形式。处州公共交通有限公司、顺达公共交通有限公司、长运公共交通有限公司和华通公共交通有限公司中标。2008年12月，丽水市城乡公共交通有限公司成立，为国有控股性质，主要担负丽水南城区公共交通。至2010年，全市有丽水市公共交通有限公司、丽水市城乡公共交通有限公司及民营企业处州公共交通有限公司、顺达公共交通有限公司、长运公共交通有限公司和华通公共交通有限公司6家。

丽水市区公交营运　民国时期，丽水城区交通以轿子、黄包车代步。城区有轿子制作店4家，其中刘祠堂背2家，城隍庙前2家。另外有数家轿房，分布在宋衙基、仓前、小水门、关王殿等处，需雇轿子代步者可去租赁。另有一种叫过山篼的简单小轿，以3块木板用绳连接，缚两根竹杠上。一块坐板，一块靠背，一块踏脚。多为山野农村送老弱病残者用，俗称“猪屎夹”。城区最早的黄包车为一老板私人购进。民国22年(1933)，丽水城区有黄包车多辆。民国26—34年(1937—1945)，全面抗日战争时期，城区有黄包车120多辆，车夫200—300人。

1997年6月，丽水市(县级)公共交通有限公司成立，开通2路、3路，有营运中巴车16辆。1998年，开通1路、5路、7路和8路。2000年丽水撤地设市后，丽水城市化进程加快，城域扩大，公交事业加快发展。又开通7路、9路、10路，公交车辆增加到63辆。2003年，4路火车站至汽车西站线路开通，淘汰中巴车，有空调大巴68辆。2005年6月，11路火车站至风化村线路开通。12月，16路大水门至处州公园线路开通。2006年，丽水市有公交营运车辆93辆。其中中巴车15辆，普通大巴10辆。2008年，丽水市政府首条旅游观光线路Y1线开通，投资300多万元。观光线配备豪华旅游巴士4辆，其中双层大巴2辆，每隔30分钟开行一班。城市公共交通管理处成立，同年，市城乡公共交通有限公司成立，开通201路府前至富岭公交线路。2009年3月，按照线路优化、区域整合、关系理顺原则，丽水市公交公司经营的17、18路老城区至水阁工业园区公交线路划转入城乡公交公司经营管理。9月，202路万象山公园至碧湖、203路火车站至大港头两条公交线路开通。至2010年，丽水城乡公交网络形成，市区公交线路22条，市区公交车辆192辆，其中空调小巴20辆，中巴车1辆，空调大巴169辆，豪华双层观光巴士2辆，万人拥有公交车辆6标台。线路23条，其中城市公交线路17条，城乡公交线路5条，旅游观光线路1条，总里程273.7千米。丽水公交出行率15.6%，城区居住小区公交车辆通达率100%。

市公交运价　2002年4月，丽水市执行《丽水市扶助残疾人若干规定》，盲人及肢体残疾人可免费乘车。2002年7月，全市实施《丽水市城市公共交通规划》。12月，丽水市开展争创市级“青年文明号”活动，公交车增添“人性化”导乘服务标志和标语，设便民箱和老弱病残孕乘客专座。2003年，丽水市公交执行低票价政策，豪华公交车(带空调)每人收费1.5元。2006年8月，根据市政府《关于印发丽水市优待老年人实施办法的通知》，对70周岁以上老人提供免费乘车服务，60—69周岁老人乘车享受减免30%价款优惠。10月，公交IC卡刷卡收费系统启用。2007年5月，丽水公交投放中心成立，聘请社会监督员，定期听取意见和建议，提高服务质量。2009年1月，根据《丽水市军人抚恤优待实施细则》，对残疾军人、现役军人“三属”①实行公益性免费乘车。10月，市公交公司和城乡公共交通有限公司以“公交优先”必须“公交优秀”为目标，开展“文明示范线路”“优质服务月”“文明示范车”等创建活动。2010年7月，丽水市建立GPS智能调度视频日监控系统，实现公交车辆动态监控和管理，提高运行准点率。

---

① 烈士遗属、因公牺牲军人遗属、病故军人遗属。

2010年丽水市区公交营运线路一览

表 6-1-4-1

线路	起止站	里程（千米）	车辆（辆）	开通年月	停靠站点
1	白云森林公园—大水门	5.10	8	1998年6月	大水门、中医院、梅山脚、联邦春天、百货大楼、联邦百货罗马店、王道友金楼、国税局、灯塔村、三里亭、市质量技术监督局、丽水职业技术学院、市公交公司（市委党校）、红云渡假村、白云森林公园
2	南明山—火车站	7.25	10	1997年6月	水南村、洞天楼、万象山公园、区财政局（梅山脚）、四牌楼、山水宾馆、莲都农村合作银行（金苑新村）、稠州商业银行、括苍房产（解放街）、万丰吴氏伤科（厦河商城）、汽车东站、农贸商城、火车站
3	汽车西站—火车站	9.30	10	1997年6月	汽车西站、汽车西站（南）、天虹运输公司（吕埠坑）、丽水学院附中、三岩寺（中心医院）、华文家私（星火商城）、中国移动、丽东村、老年公园、恒洁卫浴（南明旅游学校）、烟草公司（后甫村）、汪氏伤科、电信大楼、汽车东站、农贸商城、火车站
4	火车站—汽车西站	11.20	10	2003年6月	汽车西站、同泰装饰家居城（吕埠坑）、桃山大桥（北）、丽水学院附中、三岩寺、消防队、区法院（丽水学院）、年年红家私广场、第二医院、北苑新村、市交警队、泰隆银行、天宁寺行政村、元正房产、中信银行（区公安分局）、畲乡缘农家乐（九里村）、开发路路口、奥达汽贸公司、东苑小区、中华保险（金三角）、汽车东站、农贸商城、火车站
5	第二医院（环线）	5.40	12	1999年1月	第二医院、年年红家私广场、灯塔公园、三中路口、中心医院、淼聚轩茶楼（军分区）、万象山公园、区财政局（梅山脚）、四牌楼、解放路口、中东路口、老年公园、丽东村、市交警队、北苑新村、第二医院
6	火车站—丽水学院	7.00	11	1998年6月	火车站、农贸商城、汽车东站、万丰吴氏伤科（厦河商城）、人民医院万丰院区、括苍房产（中东路）、嘉城典当、金苑新村、武警支队、都市孕婴生活馆（永晖新村）、新华保险、市人民医院/府前菜场、艾莱依旗舰店（太平坊）、莲星房地产（粮油批发市场）、军分区、中心医院、消防队（单）、区法院（单）、丽水学院
7	汽车东站—丽水职高	7.00	7	2000年4月	汽车东站（南）、江滨小区、厦河小区、梅山中学、新华书店、华墩街路口、解放路口、金苑新村、武警支队、都市孕婴生活馆（永晖新村）、中东路口、老年公园、市妇幼保健院、拉芳舍、尚兴祥金楼（粮油批发市场）、绿州眼镜平价店（中心医院）、消防队、区法院（丽水学院）、灯塔四村、城北村、丽水职高
7	厦河门—灵山寺	8.30	10	1998年6月	厦河门、中国联通、解放路口、中东路口、老年公园、丽东村、泰隆银行、天宁寺行政村、元正房产、中信银行（区公安分局）、畲乡缘农家乐（九里村）、岩泉办事处、凉塘村、飞机场角、二中、上岗背、煤气站、香蜜园、岩泉村、灵山武校、灵山寺
8	市信访局（环线）	9.50	10	2001年4月	市信访局、市财政局（政府审批中心）、市公安局、第二医院、国税局、王道友金楼、中央公馆（丽阳门广场）、市建设局、纳爱斯广场、新华保险（府前菜场）、解放路口、中国联通、花园中学、怡景花苑、新华书店、东银苑、银泰集团、汪氏伤科、寿尔福路口、莲都小学、民俗乐园、九里加油站、中信银行（区公安分局）、丽水海关、天宁一村、体育中心西、市政府行政中心、市信访局
10	大水门—弄和村	6.00	5	2002年2月	大水门、中医院、梅山脚、区财政局、绿州眼镜府前店、府前菜场/市人民医院、纳爱斯广场、市妇幼保健院、老年公园、东西岩旅游公司、泰隆银行、天宁寺行政村、元正房产、中信银行（区公安分局）、天宁工业区路口、三元票据（方鸿纸业）、大拇指食品公司、方正电机、弄和村南、弄和村

续表 6-1-4-1

线路	起止站	里程（千米）	车辆（辆）	开通年月	停靠站点
11	处州中学—风化村	11.30	4	2005 年 6 月	处州中学、梅山小学、绿洲眼镜府前店、府前菜场/市人民医院、新华保险、都市孕婴生活馆（永晖新村）、武警支队、金苑新村、嘉城典当、括苍房产（中东路）、人民医院万丰院区、万丰吴氏伤科（厦河商城）、汽车东站、农贸商城、火车站、芦埠村、前山村、塔下洞口、塔下村、开潭村、梅岙村、湾岙村、上风化村、风化村
12	市公交公司—江滨小区	6.90	6	2009 年 12 月	市公交公司、山水嘉苑、城北东区、接官亭小区、市人民法院、北苑新村、市交警队、中国移动、中央公馆（丽阳门广场）、市建设局、纳爱斯广场、新华保险（府前菜场）、解放路口、山水宾馆、三胞房产（大洋河小区）、怡景花苑、新华书店、梅山中学、厦河小区、江滨小区
13	水东新村—山水嘉苑	9.70	6	2009 年 12 月	水东新村、水东小学、火车站排档城、火车站广场、农贸商城、汽车东站、中华保险（金三角）、东苑小区、奥达汽贸公司、开发路路口、凉塘村、艾莱依、城北路口、弄和村、天宁三村（丽水中学）、天宁二村（南）、市政府行政中心、市信访局、欣苑小区、山水嘉苑
15	火车站—开发区管委会	17.10	8	2010 年 8 月	火车站、农贸商城、汽车东站、万丰吴氏伤科、括苍房产、银泰集团、紫金花园大酒店、万松•梅松花苑、万锦花苑、天宁一村、处州公园、浦发银行、泰隆银行、中国移动、华文家私、三岩寺、丽水学院附中、桃山大桥北、同泰装饰家居城、汽车西站、高速路口、垟店、开发区公安分局、顺虎德邦涂料公司、吴垵、金侨华府、张村路口、辉煌大酒店、开发区管委会、方正电机（单）、瑞德公司（单）、浙江俊达（单）、官山村（单）、开发区管委会（开发区行政中心）
16	市政府行政中心—丽华小区	7.60	6	2005 年 12 月	市政府行政中心、天宁二村/市信访局、欣苑小区、水木清华苑、天宁中学、天宁三村、体育中心东、天宁一村、处州公园、浦发银行、泰隆银行、东西岩旅游公司、朗饰墙纸、武警支队、都市孕婴生活馆（永晖新村）、新华保险、市人民医院/府前菜场、绿洲眼镜府前店、梅山小学、培红幼儿园、囿山小学、花园中学、怡景花苑、新华书店（单）、安全局（单）、刘英学校（单）（大猷街北）、丽华小区
19	天宁三村（环线）	12.50	6	2010 年 12 月	天宁三村、天宁中学、水木清华苑、城北东区、接官亭小区、市人民法院、第二医院、国税局、王道友金楼、联邦百货罗马店、尚兴祥金楼（粮油批发市场）、绿州眼镜平价店、中心医院、森聚轩茶楼、绿城（中医院）、处州中学、培红幼儿园、囿山小学、花园中学、怡景花苑、新华书店、梅山中学、厦河小区、江滨小区、汽车东站南、汽车东站、电信大楼、汪氏伤科、紫金花园大酒店、民俗乐园西、区公安分局西、丽水海关、体育中心东、天宁三村
Y1	白云森林公园—江滨岩生园	7.00	2	2008 年 12 月	白云森林公园、红云渡假村、山水嘉苑、欣苑小区、市档案馆、处州公园、浦发银行、泰隆银行、东西岩旅游公司、朗饰墙纸、正达集团、三胞房产（大洋河小区）、囿山路口、怡景花苑、江滨路口、滨水公园、紫金大桥、刘英学校、江滨岩生园
17	艾莱依—龙石路	17.50	7	2007 年 12 月	艾莱依、弄和村南、丽水海关、体育中心、天宁二村、行政中心、市信访局、丽水市外国语学校、三里亭、灯塔村、年年红家具、区法院、消防队、三岩寺、学院附中、桃山大桥北、吕埠坑、客运西站、高速路口、垟店、一泰集团、大众集团、吴垵、浙江宏源公司、鸿利公司、水阁新村、水阁老村、浙江俊达、浙江新时代公司、豪登公司、有邦公司、力邦公司、信达宏企业、丽沙路、爱珠公司、歌蕾思、龙石路

续表 6-1-4-1 单位：千米

线路	起止站	里程（千米）	车辆（辆）	开通年月	停靠站点
18	小转盘—沙溪	17.20	18	2007年12月	中东路小转盘、稠州商业银行（紫金路口）、金苑新村、大洋河小区、花园中学、囿山小学、培红幼儿园、梅山小学、绿洲眼镜府前店、艾莱依旗舰店（太平坊、市人民医院）、百货大楼、粮油批发市场、绿洲眼镜平价店、三岩寺、丽水学院附中、桃山大桥北、吕埠坑、客运西站、垟店高速路口、垟店、开发区公安分局、顺虎德邦、吴安、水阁小学、张村、万可锦绣南城、庆龙云阁苑、上桥、华都集团、合力公司、美特康企业、龙石、岑山、沙溪村、沙溪公交枢纽站
201	联通（府前）富岭办事处	9.10	2	2008年12月	富岭街道办事处、富岭收费站、朱弄、大塘后、大坑口、柳后、金山下、叶村、中堂、白岭脚、中岸、安全局、新华书店、怡景花园、花园中学、中国联通、解放路口、府前菜场
202	万象山公园—碧湖	20.80	6	2009年9月	万象山公园、中心医院、三岩寺、汽车西站、高速路口、垟店、开发区公安分局、顺虎德邦、吴垵、金侨华府、张村路口、辉煌大酒店、开发区管委会、官山、惠民街口、豪登公司、友邦公司、力邦公司、信达宏、丽沙路、沙溪村、沙溪枢纽站、上沙溪、下县头、县头、上县头、松坑口、南山工业区（万控电气）、下南山、南山、碧湖桥头（法敏骨伤医院）、碧湖镇
203	火车站—大港头	35.00	10	2009年9月	火车站、汽车东站、东苑小区、九里村、元正房产（正达阳光城）、泰隆银行、中国移动（老车站）、华文家私星火商城、三岩寺、吕埠坑、汽车西站、高速路口、垟店、开发区公安分局、顺虎德邦、吴垵、水阁小学、张村、万可•锦绣南城、庆龙•云阁苑、上桥、华都集团、浙江旭力、合力公司、美特康企业、龙石、岑山、沙溪村、沙溪公交枢纽站、上沙溪、下县头、县头、上县头、松坑口、南山工业区（万控电气）、下南山、南山、碧湖桥头（法敏骨伤医院）、碧湖小学、碧湖桥头（法敏骨伤医院）、上南山、坛埠、蔡村、石候、十八都、栋村、莲河新村、莲河、坛岩山（忠达家俱厂）、喇叭口、河边、菜场路口、大港头

县（市）城公交

1998年，青田县东西门一路公交车开通。1999年，青田县交通有限责任公司成立；2000年，青田县交通有限责任公司有公交车16辆，公交线路3条。1999年，遂昌县开通妙高源口至庄山公交车。2001年，遂昌县华通汽运有限责任公司成立。2010年，遂昌县有公交车16辆，公交线路5条。

城市出租车

1994年11月，丽水地区出租车有限公司成立。1995年1月，丽水城区有出租车18辆，车型为黄色五菱面包车，称“面的”。5月，丽水城区出租车367辆，其中地区出租汽车有限公司80辆，地区长运出租汽车有限公司117辆，地区运输公司50辆，地区外事旅游汽车有限公司40辆，个体80辆。同时，各县（市）城区出租车相继出现。至1995年，全市9县市有出租汽车公司6家，有出租车487辆；丽水市区有客运出租汽车专业公司4家、车287辆。2000年5月，丽水城区原有“面的”逐步更换成桑塔纳、捷达、夏利等轿车，车辆实行公司化管理，提高城市品位。9月，地区出租汽车有限公司更名丽水市大通联运有限公司，丽水市运输公司并入丽水市长运出租汽车有限公司，个体出租车并入丽水市外事旅游汽车有限公司，市区有出租车公司3家。2004年11月，经政府批准，丽水城区残疾人营运的三轮车108辆置换成出租车43辆进入市区出租车市场。2010年，丽水市区有出租汽车409

辆，隶属3家公司，其中，丽水市大通联运公司112辆，丽水市长运出租汽车有限公司178辆，丽水市外事旅游汽车有限公司119辆。车型4种，其中捷达195辆，富康207辆，悦达5辆，羚羊2辆。

县(市)城出租车

2010年，各县(市)有客运出租车374辆，隶属出租汽车公司15家。其中青田县127辆、缙云县78辆、龙泉市30辆、景宁畲族自治县42辆、遂昌县27辆、庆元县26辆、云和县23辆、松阳县21辆。

城市供水

丽水市区供水　南宋庆元年间(1195—1200)，处州引丽阳溪水入城供饮用、洗涤、防火。20世纪50年代，丽水城区居民用瓯江溪水、井水。万象山脚有“万井”，厦河门有“观前井”。年代久远的有桂花井、花楼井(大猷街)、鹤明井(继光街)等。不少住户家亦有“私井”。据统计，20世纪70年代丽水城区许多家庭仍饮用井水。20世纪60年代，丽水城第一座自来水厂建成。1995年，地区自来水公司改为地区供排水有限责任公司。

2001年，市区基础设施建设和公用事业建设进入发展新阶段。

2002年，丽水引黄村水库水源，建天宁水厂，原溪口水厂停用。2003年，建成天宁水厂。2004年，引玉溪水库水源，建水阁水厂。2008年，市供排水有限责任公司改股份制。2009年，建成水阁水厂。全市铺设供水管道693千米，日供水2亿千克。至2010年，市区有水厂2座，供水总管长781千米，供水面积46平方千米，供水能力2亿千克/日，用水普及率100%。供水范围东至金东村，南至碧湖镇上阁村，西至碧湖土地窑自然村，北至联城花街村，基本实现市区郊区同网供水。

水源保护　1965年，虎啸门水厂取自好溪堰水源，取水口无文字标志。遇汛期江水浑浊，需投明矾澄清才能使用。1968年，水源取自瓯江，取水口附近设置围墙。1982年，丽水县水厂筹建，取水口设瓯江与丽阳坑汇合口。1986年4月，地区行署出台《关于建立水厂水源防护区及安全生产的规定》，明确上游100米至下游1000米为一级水源保护区。1988年6月，市政府又出台《丽水市城市自来水供水管理章程》。1987年，溪口水厂筹建，规划日供水0.3亿千克。1992年8月完工，日供水能力0.5亿千克。1994年，因水源污染与供水需求增加，筹建天宁水厂，日供水能力为1亿千克。1999年筹建黄村水库，2002年5月建成，开始向天宁水厂供水。此后，市区居民用上水库水。2002年4月，市政府颁布《丽水市黄村水库饮用水地表水源保护区管理办法》，6月施行。2004年12月，玉溪引水工程开工，2007年12月建成，日供水量0.3亿千克。2008年7月，市政府颁布实施《丽水市饮用水地表水源保护区管理办法》。规定水库四周划分一级保护区、二级保护区和准保护区，在一级保护区边界、输水管线设立特别保护标志，在二级保护区、准保护区边界设立保护标志，防止水源受到污染。

水质监测　1976年，按国家生活饮用水卫生标准，丽水水质监测指标项目23项。1977年，丽水地区执行浙江省下发的《关于印发统一试行水质检验制度及方法的通知》，以国家和省有关饮用水卫生标准进行监测。丽水县水厂建立水质化验室，购置72分光光度计、分析天平等检测设备，并配备专职化验员。水质指标控制项目16项。1986年，丽水地区执行卫生部出台的《生活饮用水卫生标准》，水质监测指标控制项目增至35项。溪口水厂配置3300原子吸收分光光度计、测汞仪、测氰仪、多功能酸度计、电导仪、721分光光度计等仪器，水厂化验室实行三级水质检验制度，专职化验员7人，按照新的标准，检测化验项目水质28个。2002年，天宁水厂建成，投资300多万元，配置光度计、色谱仪等一批大中型国际国内精密分析仪器，并根据国家规定，把监测项目提高到96项。10月，丽水市供排水公司加入浙江省城市供水水质监测网丽水监测站。2004年，经省质量技术监督局批准确认，省城市供水水质监测网丽水监测站能向社会提供生活饮用水、地表水、瓶(桶)装饮用纯净水、水处理剂(聚合氯化铝)四大类产品89项参数的公证数据。2007年，丽水市供排水公司投资200多万元，购置国际国内先进水质监测设备十数台，并配备专用水质监测车。丽水监测站发展成为一定规模和专业特色的水质监测站。2010年，丽水市供排水公司水质检测大楼建成，丽水监测站在生活饮用水、地表水、瓶(桶)装饮用纯净水、水处理剂(聚氯化铝)四大类产品112项参数方面具备按相应标准或方法向社会提供公证数据的能力。

水厂建设　天宁水厂位于九里殿前村，用地6.7万平方米。1994年筹建，原名为市第二水厂。1998年，经省计划经济委员会批准，分二期建设，设计日供水为2亿千克。2002年，更名天宁水厂。2000年4月，一期工程开工，日供水1亿千克。2003年12月，一期工程通过竣工验收，评定为优良。天宁水厂水源取自黄村水库，利用水库、水厂、市区高差，采用重力流取水、供水。至2010年，水厂日供水能力1亿千克。

水阁水厂位于水阁余庄前村，用地6.6万平方米。2003年7月筹建，经过东岸、岑山两次易址。设计日供水4亿千克，2007年3月，一期工程开工，日供水1亿千克，2008年9月竣工，2009年3月通水。水厂水源取自玉溪水库，引管长23.9千米，经隧洞引水至水阁俞庄前村附近水厂处，用净水工艺处理后加压至水阁区块和富岭区块。水阁水厂工程获2008年度“钱江杯”优质工程奖。

县(市)城供水

1973年，龙泉县自来水厂开工兴建。1976年，龙泉县自来水厂供水。1983年，龙泉县第一水厂开工兴建，供水300万千克/日。1988年，龙泉县第一水厂扩建，日供水0.11亿千克。1990年，龙泉市(县级)第二水厂(南大洋水厂)建成。一期供水3000万千克/日，二期供水0.5亿千克/日。2009年，经扩建，第二水厂日供水0.35亿千克。至2010年，城区有供水管网213千米，年供水量64.3亿千克，用水人口9.34万人，普及率98%，供水面积10.96平方千米。2011年，岩樟溪第二水源启用。

20世纪40—60年代，青田县城区水源取自瓯江和井水。城区有县井、观前井、金巷井等15眼。1976年，青田县自来水厂建成。1982年，青田县自来水厂日供水350万千克。1990年，青田县自来水厂年供水23亿千克。1998年，青田县自来水厂年供水增加至39.1亿千克。2001年，青田县自来水厂上湖口饮用水一期建成，日供水量0.3亿千克。2006年，上湖口饮用水二期开工。2010年，上湖口饮用水二期日供水量0.6万千克。7月，上湖口饮用水三期开工，规划城区供水量1亿千克/日，周边村庄同网供水，用水人口15万。

20世纪70年代，庆元县城区用水取自松源溪、水井，县城有水井52眼。1981年9月，庆元县水厂开工兴建。1984年，庆元县水厂建成供水。1990年，庆元县水厂日供水能力288万千克。2003年扩建，一期2006年7月竣工。二期设计供水能力0.4亿千克。至2010年，城区有供水管道DN100.6千米，供水普及率99.99%。

1974年，云和县水厂开工兴建，日供水能力400万千克。2001年，云和县第二水厂建成，日供水能力0.33亿千克。城区有供水管道53千米，供水人口近8万。2005年年底，年供水量27.5亿千克，用水居民10482户。2008年，成立县供排水公司。至2010年，有供水主管网114.29千米，用水居民

17214户，至2010年，年供水量87(373)亿千克。

1974年，缙云县水厂建成，日供水量200万千克。1984年，缙云县水厂二期扩建，日供水400万千克。1991年，缙云县城东水厂开工兴建，日供水0.2亿千克，分两期完成。1992年，缙云县城东水厂供水量0.1亿千克/日。2005年，缙云县城东水厂供水量0.19亿千克/日，用水人口7万。2006年，双潭水厂开工兴建。至2010年，缙云县有供水管道DN100 109千米，日供水0.35亿千克。用水人口14万人，供水面积13.5平方千米，范围包括五云镇、东渡镇、仙都等周边地区。

20世纪60年代，遂昌县居民用水依靠北溪、南溪及井水。70年代，遂昌县厂矿和机关单位建有水塔，最多时城区有小水塔68座。1975年5月，遂昌县自来水厂建成。1979年12月，遂昌县自来水厂日供水量250万千克。1986年，遂昌县自来水厂扩建，日供水量0.1亿千克。1997年，遂昌县自来水厂二次扩建，日供水量一期0.4亿千克。至2010年，遂昌县城区有供水管道DN100 155千米。日平均供水量0.2亿千克，合格率98%。

民国时期，松阳县城区有水井100多口。1982年，松阳城区有水井百多口，部分居民使用手摇式压井。1983年，松阳县水厂开工兴建。1985年，松阳县水厂日供水250万千克。1985年，吴家山脚水厂建成，一期工程日供水250万千克，输水管道5.39千米，铺设城镇供水管网4.38千米。1994年，白露岭水厂建成，扩大供水能力。2005年，和平山水厂建成，供水范围为含县城、工业园区及城郊乡镇，配水管网总长19千米。至2010年，松阳县有水厂3座。

20世纪60年代，景宁县城区饮用水取自鹤溪河、水井。1982年，鹤溪镇自来水厂建成，日供水能力50万千克。1988年，鹤溪镇自来水厂与景宁畲族自治县水厂合并，日供水250万千克。1991年，景宁畲族自治县水厂扩建，日供水量500万千克。2006年5月始建第二水厂。至2010年，景宁畲族自治县水厂供水管道总长59千米，日供水0.2亿千克，日用水量约0.1亿千克。

供 电

民国9年(1920)6月，丽水城使用电灯照明，有灯头600盏，路灯60盏。此后，龙泉、松阳、青田、缙云4个县城区相继用电。至民国22年，丽水用电量近10万千瓦时。民国30年，全区电灯用户3000多户，路灯230多盏，用电量50万千瓦时，为民国用电最多一年。同年夏，省政府迁驻云和，用电量上升。民国34年，云和县照明用户338家，灯头3517盏，用电量近10万千瓦时，占全区总用电量80%以上。民国38年，全区用电量8.2万千瓦时，人均用电量约0.07千瓦时。

1953年，丽水各县使用电力照明，以照明用电为主，用电量约15万千瓦时，其中丽水县占30%以上。随着工业用电量的增加，市政生活用电所占比例下降。1961年，市政生活用电量129.85万千瓦时，占总用电量的25.89%，位居第二。1965年，自来水等公用设施用电，市政生活用电量逐年增加。1979年，全区市政生活用电量1105.65万千瓦时，其中生活照明占84.36%。此后，城市用电量逐年增加。1985年，全区用电量2.23亿千瓦时，其中市政生活用电2869.89万千瓦时，占总用电量的12.89%。1990年，全区设备容量50.26万千瓦，用户7.42万户，全社会用电量5.63亿千瓦时，低于全省人均用电水平。1995年，全社会用电量9.17亿千瓦时，人均用电量376.7千瓦时。其中缙云县全社会用电量1.3亿千瓦时，居全区之首，丽水、龙泉、青田3个县的用电量也超亿千瓦时。

2000年，全社会用电量13.3亿千瓦时，其中工业用电9.05亿千瓦时，占67.91%，农业用电0.17亿千瓦时，占1.25%，交通运输、邮电通讯业0.16亿万千瓦时，占1.18%，城乡居民生活用电2.83亿千瓦时，占21.19%。丽水市和缙云县月用电量首次突破0.2亿千瓦时。此后，用电量年平均递增率19.58%。2002年，用电量17.05亿千瓦时，拉动地方经济发展，丽水市国民生产总值184亿元，增幅13.2%，高出全省平均水平0.9个百分点。2003年，丽水用电量突破20亿千瓦时，同比增长28.58%，增长率居全省第二。2004年，全社会用电量26.7亿千瓦时，增长21.79%，增长率居全省首位。云和以40.73%的增幅名列丽水市9个县（市、区）榜首，青田、遂昌分别以35.55%、27.46%的增幅分列第二、第三名，其用电增长比较迅速的主要原因是工业用电的快速增长，仅景宁出现11.96%的负增长。

至2010年，全社会用电量57.28亿千瓦时；全口径发电量54.22亿千瓦时；最高用电负荷108.2万千瓦。全年完成电网建设投资5.88亿元，完成计划103.76%。丽水电网拥有500千伏变电站1座、220千伏变电站9座、110千伏变电站30座，110千伏及以上变电容量569.55万千伏安、线路2296.1千米。丽水境内接入丽水电网小水电站805座，总装机容量252万千瓦。

供气

用气　20世纪80年代初，丽水城区使用瓶装液化气。1986年8月，丽水建成第一座液化气供应站。1990年11月，市区建成第一座液化气储配站。气源来自临海、温州等地。1999年11月，囿山路建成管径159毫米钢管的燃气管道。2000年，丽水市区发证用户6589户，用气人口4万人。2003年8月，建成花园路城市管道燃气站，怡景花园开通使用管道燃气。2005年，发证用户11.07万户，用气人口21万人。2007年，丽水市建成40立方气化站1座，撬装站4座，中压管网36.4千米，庭院管网82千米，接通管道用户18713户，通气用户9754户，日均用气1200立方米。2008年，管道燃气开始接入居民家庭后，瓶装液化气用户逐渐减少，但工业、商业用气增加，市区4家液化气公司销售量还略有增加。2010年，市区有燃气公司5家，供应站18个；储气能力33多万千克，年供气总量0.11亿千克；燃气管道长131千米，其中中压管道42千米，庭院管道89千米；市区用气人口28.11万人，居民用气普及率100%，其中管道燃气普及率40.5%。

管理　2005年4月前，市城建监察支队负责监管液化气。此后，管理职能进行分工。市政设施管理处负责监管市规划区范围内（含开发区）燃气，莲都区建设分局负责监管城市规划区以外燃气。2007年，发放瓶装燃气经营许可证，制定市本级瓶装燃气供应点设置标准，确定北城区供应站点20个。2008年，管理整治小液化气，完成市本级瓶装燃气企业4家及北城供应站评估20家，取得经营许可证燃气公司5家。同时，整改小液化气供应站，确定市区34家为三级站，通海第七门市部、白云金田小区经营部为整改试点。同年10月，北城区30家供应站整合为18家，均定为三级站。

第五节　城市绿化

市区绿化

清康熙五十五年（1717），宣平[①]知县征集百姓在县城四周栽柳，数年后柳树成荫，宣平县城更名

① 原处州十县之一，1958年撤县，2010年属武义县。

为柳城。民国时期，战争频繁。中华人民共和国成立初，公共绿地为数甚少。20世纪50年代，丽水城区居民和农村“四旁”[①]开展绿化。1956—1960年，丽水山上林木遭过度砍伐。1963年，成立县林场，开展封山育林。据《丽水地区志》(1993年版)载，1978年，丽水各县城镇建街巷花坛、小游园、绿地21处，花园式工厂、机关、学校32个，主要街道绿化35条，树木2.03万株，其中法国梧桐占85%。1979年，设立丽水县园林管理处，接管县林场的万象山、南明山林区。管理万象山、南明山的山林绿化，防治花木除草和病虫害，使用电锯、油锯修剪街道行道树。1980年，城镇绿化覆盖率24.1%[②]。1981年，丽水市(县级)绿化护林委员会成立，相继建立城镇和重点单位绿化委员会和绿化领导小组，号召“绿我山城，美我丽水”。1983年5月，三岩寺划归县园林处管理。城镇绿化覆盖率26%。同年下发《关于继续深入开展全民义务植树运动的通知》，规定单位庭院绿化、美化、庭园化的达标条件。出台《丽水市区绿化工作管理暂行办法》，城镇绿化工作开始有章可循。下发《关于市区、碧湖镇实行义务植树绿化费收缴的通知》，城镇绿化纳入经济运行轨道。实行“绿化一票否决制”，没有完成任务或绿化搞得差的单位，不得评为文明单位。1985年，丽水县园林处有职工33人。

1986年起，每年春节以机关企事业单位为主，开展植树活动。1989年，设立园林绿化工程有限公司。1990年，设立市园林劳动服务站，隶市园林管理处。同年，丽水市(县级)建设城镇公园16个，面积162.9万平方米，城镇园林绿地面积325.69万平方米，其中公共绿地122.7万平方米，人均9.5平方米，街道绿化覆盖率25.7%。2000年，实施城市绿地计划，道路拓建、新建时有计划地种植行道树。2000年后，绿地建设加快，陆续建成开发区绿地、防洪堤绿地、沿内河绿地、环城道路沿线绿地、森林公园、湿地公园和社区公园，园林绿化养护工作范围扩大，管理逐步走向多元化。2006年，进行公共绿地管养市场化试点。2008年，市区部分树木、绿地实行社会化养护管理，绿化带认养管理20多处。

至2010年，市区有绿地100多处，有附属绿地470万平方米，防护绿地41万平方米，生产绿地85万平方米，其他绿地238万平方米。有市园林绿化企业33家，园林管理处有园林职工40人。

公园绿地建设　2000年丽水撤地设市后，丽水市制定市区城市绿化管理办法，实施撤房扩绿、绿线管制等措施，城市绿地面积扩大，公园、广场数量倍增，城市公园绿地面积逐年增加。完成“两广场”[③]“一绿地”[④]“两公园”[⑤]的新建和改建工程。2002年，建成梅山背公园，增补树种80多种。2005年，建成处州公园，中心城区拥有山水人文气息的森林、巨石、山溪、滩景公共休闲绿地。2006年，改造完成丽阳门广场。2007年，编制完成《白云山森林公园规划》，规划公园面积2848公顷。2009年，修建白云山森林公园一期公园入口广场，在林木溪流中修建明清仿古建筑牌坊、砖雕照壁、仿古廊桥等，投入7.65亿元。2009年，修筑完成江滨防洪堤长4310米、南北进深30—175米、总面积40万平方米，增添城市园林色彩、绿色意韵。同年，丽水市建成区园林绿地面积1126公顷，绿地率35.84%，其中公园绿地面积324.6公顷，防护林地41公顷，生产绿地面积848921平方米，道路绿地1344151平方米，居住区绿地998161平方米，单位附属绿地2034337平方米，其他绿地238公顷。建

---

① 村、路、宅、水。
② 包括万象山绿林面积。
③ 纳爱斯健身广场、丽阳门广场二期。
④ 梅山背休闲绿地。
⑤ 处州公园、老年公园。

成区人均公园绿地面积10.36平方米，园林式单位84个。公园平均绿地率89.4%，建成区单个面积在3公顷以上公园8个，平均绿地率91%，广场绿地率73.54%。2010年，恢复重建南明山名胜公园、万象山公园，在园区布置池、亭、楼、阁、台、轩、假山、瀑布，于自然山林空间增加人文积淀。到2010年，成功创建省级园林城市，有园林式单位85个。市区有公园、休闲绿地14个，总面积340万平方米。2000—2010年，建成区绿地面积由213万平方米增加至1174万平方米，人均公园绿地面积10.48平方米。绿地率由20.22%提高到36.81%。

街道绿化 20世纪80年代开始，丽水城市绿化注重街道两旁植树。2000年后，丽水旧城改造中的种植绿化树作为城市道路拓建时重要内容。2006年，新建和拓建花园路、解放街、人民路、城北路等多条道路实施绿化，在道路隔离带内增加乔木、亚乔木，调整和补充路旁灌木。2007年开始，安排5000万元专项资金，用于市区街头游园、拆墙透绿、借地绿化、整治添绿，新添60多块街头绿地，总面积4万多平方米。2007—2009年，改造灯塔街、大众街、解放街、中东路等10多条道路行道树树穴。至2009年，建成区道路绿化普及率100%，达标率86.28%，市区干道51条，主干道14条，绿地率25%以上，主干道平均绿地率27.78%，形成花园路、丽阳路、括苍路、解放街等网络连接的林荫路系统。

村庄绿化 丽水山区村民向来有在房前屋后植树绿化的习惯。许多村庄还有大树留存(俗称风水树)。2006年，丽水贯彻执行浙江省委、浙江省政府实施“千村示范、万村整治”和农村环境“五整治一提高”工程①，加强村庄绿化工作。出台《丽水市“绿化示范村”创建活动实施意见》，明确用5年时间，到2010年绿化美化全市行政村1000个，其中建成“绿化示范村”行政村100个左右。各县(市、区)每年要绿化2%—5%的行政村，每年建设“绿化示范村”1—2个。2008年，莲都区开展“百村绿化”工程16个乡镇(街道)158个村，碧湖镇堰头村等11个村开展浙江省森林村庄创建工作。投资3000万元，栽植各类绿化苗木100万株，新增绿化面积65万平方米，建成小型休闲公园50多处。2009年12月，市政府办公室下发《丽水市“大森林”建设活动实施方案》，在全市开展村庄绿化大行动。与生态文明村、中心村等新农村建设相结合，在全市范围内开展村庄绿化500个村。

至2010年，丽水市建成省级绿化示范村57个、市级绿化示范村341个。市本级(包括莲都区、开发区)建成市级以上绿化示范村83个，规划区范围建成市级绿化示范村26个，占行政村总数的31%。

古树名木保护管理 境域森林资源丰富，古树名木众多。1984年，县林业部门调查，树龄100年以上的树木有樟、枫、银杏、松、柏、南方红豆杉等1000多株。1996年、2002年，又进行普查。市区范围有古树名木马尾松、樟树、枫香、南方红豆杉、苦槠等23种283株。2010年，进行复查，并于当年实施《丽水市城市古树名木保护管理办法》。通过定级、拍照、登记、建档及统一编号，一级、二级古树报省建设行政主管部门备案，古树后备资源报市人民政府确认，按实际情况分株制定养护、管理方案，落实养护责任单位、责任人。

植绿爱绿护绿 20世纪80年代开始，丽水市区每年组织各单位部门及市民开展义务植树活动。1994年，市委、市政府提出消灭宜林荒山。此后，每年开春义务植树、造林护林逐步成为广大群众的自觉行动。据林业部门不完全统计，1982—2010年，全市参加义务植树约3310万人次，植树总株数1.66亿株，折新造林、5.53万公顷；乡(镇)级以上领导办绿化点1200个，义务植树基地1300

① 整治畜禽粪便污染、生活污水污染、垃圾固废污染、化肥农药污染、河沟池塘污染和提高农村绿化水平。

多个。2006 年，结合创建园林城市活动，印发《家庭绿化指南》等资料分发市民，赠送适合家庭绿化种植的种子 15 种给市民。2009 年，拆除莲都区政府、丽水学院、丽水市烟草公司、莲都区大洋路学校等沿街单位 24 家的封闭围墙。

2007—2010 年，投入绿化建设资金 7.4 亿元、养护资金 7500 多万元。2010 年，建成区绿化覆盖率达 40.39%，市区界定生态公益林 7 万多公顷，市区森林覆盖率稳定在 80%。

制度建设　2000 年开始，丽水市先后组织对城北区块、环南明湖区块等城市重要功能区块进行研究，委托国内一流设计单位从功能定位、设施布局、建筑风格、天际线景观等全方位角度进行城市设计，提高城市绿化水平。同时，市委、市政府颁发实施《丽水市中心城市绿地系统规划》《丽水市生物(植物)多样性保护规划》。2009 年 12 月，市风景园林行业协会整理印发《丽水市绿化养护技术标准》《丽水市城市公园管理标准》。划定绿线，设置绿线界碑。2010 年 1 月，发布《丽水市城市绿化管理办法(修订)》《丽水市城市绿线管理办法》《丽水市城市古树名木保护管理办法》。

植树造林　民国 5 年(1916)，丽水县丞陈赞唐捐资在琵琶圩、西山背等地造林 10 万株。1980 年，城镇绿化覆盖率 24.1%(包括万象山绿林面积，下同)。1983 年城镇绿化覆盖率 26%。之后，每年 3 月开展全民义务植树运动，提出“全社会植树造林、绿化美化丽水”，提前消灭宜林荒山和实现绿化达标。1986 年，丽水市区对大洋路等几条主要道路植行道树。2000 年后，义务植树、造林护林逐步成为广大群众的自觉行动，市委、市政府各部门主要领导和各单位、学校、社区也积极参与植树活动。2008 年，全市经评选命名市级“绿化示范村”18 个，同时，市、区联合对莲都区所辖范围的村庄 365 个全面实施“四旁”绿化美化。

绿地、道路绿化　1959 年，成立丽水县园林管理所，城区开始有计划种植行道树。1978 年，改造中山街，同时搞好街道绿化。1986 年，市区仅大洋路等少数道路有行道树。1994 年，中东路与寿尔福路中心交叉口，兴建小转盘街头绿地。2006 年，花园路、解放街、人民路、城北路等多条新建和拓建的道路实施绿化建设，在道路中央绿化隔离带内种植乔木、亚乔木，调整和补充下层灌木地植被。2007 年，灯塔街、大众街、解放街、中东路等道路 10 多条改造行道树树穴，利用溪滩卵石作材料铺设表面。同时绿化改造市区街头零星空地 70 多块，总面积近 6 万平方米。至 2010 年，形成花园路、丽阳路、括苍路、解放街等市区林荫道路系统，道路绿化率 100%，主次干道基本形成林荫道系统，绿化树种主要为香樟、杜英、重阳木、银杏、冬青、女贞等 30 多种，茶梅、结香、杜鹃等灌木 70 多种。2010 年，绿化改造市区街头零星空地 60 多块，面积 5 万多平方米。

乡恋园　位于丽青路与宇雷路交叉口，占地 1682.7 平方米。绿化面积 1324.5 平方米，绿地率 78%。利用江滨区块改造中的青砖石板、卵石材质堆山造园，选用桃、银杏、桂花、月季、小叶栀子花等树种，移植江滨区块改造中的香泡、青枣、石榴、梨树等。园内小广场有水流石磨、池沼门楼、弧形花架等设施。游人徘徊石阶小径，休憩长廊花架，有怀旧恋乡之情。2008 年 11 月开工，2009 年 1 月完工。

人民路白杨林绿地　面积 4956 平方米，2006 年建成。绿化树种以白杨树为主，东侧有少量杜英，地被植物原为三叶草。

人民路绿地　与白杨林绿地相邻，面积 6500 平方米。树种搭配层次分明，主要选用本地苗圃的桂花、香樟、无患子、广玉兰等树种种植。南侧白云小区为老城区，缺少游憩和停车场所，故绿地内设置游憩小广场 3 处和停车位 30 个。

灯塔街停车场绿地　位于中山街与灯塔街交叉口西北角停车场。2008年完成改造。采用垂直绿化方式，设置铁质花架和挂式栽培槽，绿化植物采用攀缘植物、宿根观花植物和草花，并设计成立体“鲜花卷轴”塑字造型，使街区形成立面美化效果。

囿山公园绿地　位于囿山路西，为街头小绿地。占地2504平方米，绿地率72.1%。建有亭子1座和活动小广场，主要服务周边社区居民。2006年建成，投资49.83万元。

单位、住宅小区绿化　20世纪70年代，随着社会和经济发展，机关单位逐步重视自身的环境绿化。1986年起，结合旧城改造，部分居住小区利用房前屋后植树种花。20世纪90年代，植树绿化成为精神文明建设的重要内容。2000年后，居住区配套设施开始注重小区的绿化建设。机关、校园、企事业单位，对种植树木、建造花坛更为重视，绿化和美化环境形成风气。居民在阳台、屋顶、墙面等处，开展家庭绿化。2005年，市新建住宅小区以创建园林式居住区为目标，从规划、设计、建设、验收等各个环节控制，把小区有没有绿化建设、绿地率是否达标，作为工程验收重要标准。至2010年，建成怡景花园、白云花苑、绿洲花苑、正达阳光城、东苑小区、桃源山庄等园林式小区35个，占新建住宅小区总数的71.1%，有园林式单位85家。丽水职业技术学院、纳爱斯集团等单位企业评为全国绿化400佳和全国绿化模范单位荣誉称号。

2010年丽水市区住宅小区绿地一览

表6-1-5-1　　　　单位：平方米

名　称	占地面积	绿地面积	名　称	占地面积	绿地面积
北苑新村	24270.00	7283.80	水木清华苑	110822.64	33246.79
怡景花苑	100357.00	44002.00	山水嘉苑	82801.00	30738.00
纳爱斯大学生公寓	52991.00	22000.00	北苑新村	36750.00	11025.00
花园二村	22283.54	8021.83	江滨小区	67323.00	26929.00
东苑小区	190000.00	66120.00	丽阳国际公寓	12848.00	3856.00
万锦花苑	9891.00	3461.90	茗人居	11072.00	2860.00
城中花苑	26673.00	8771.20	通惠园	14212.21	2558.20
正达阳光城	73823.31	26922.23	檀香园	13594.00	4078.00
桃源山庄	29650.00	8895.10	兴和苑	10425.00	4845.00
白云花苑	242012.00	146137.72	蓝天花苑	19081.00	5497.82
山水桂花苑	11763.58	5224.65	文昌苑	8985.00	2695.00
万象花苑	9000.00	2700.00	花园新村	43589.54	11376.83
锦绣佳苑	9520.90	2297.80	怡沁苑	9521.00	2381.00
接官亭（一期）	44157.10	16851.32	白云小区B组团	40000.00	12000.00
欣苑小区	128618.00	38585.40	平安小区	6428.00	2037.00
财富国际大厦	16067.12	4830.00	汇洋小区	29686.00	8950.00
莲花新村	10112.00	3090.00	同心新村	58000.00	17400.00
金桥华府	52312.47	15694.00	南阳小区	27509.00	8252.70
丁香公寓	15918.00	7629.20	花园新村	43589.54	11376.83

续表 6-1-5-1

名　称	占地面积	绿地面积	名　称	占地面积	绿地面积
接官亭小区	43092.00	13335.00	九和新天地老年公寓	1955855.00	724130.00
梅松花苑	23561.23	7653.27	南明新村	7523.51	2144.20
丽华小区	62454.30	18754.30	瑞光花苑	3692.60	1107.78
绿洲花苑	70945.00	29526.00	鸿达花苑	12512.00	3600.00
金城花苑	16417.00	7387.65	其他周边绿化	1313209.00	244031.00

县(市)城绿化

1996 年，缙云县有园林绿地 7.73 万平方米，公共绿地 11.73 万平方米。2010 年，县城绿地覆盖面积 341 公顷，园林绿地面积 321 公顷，人均公园绿地面积 12.14 平方米。2008 年，松阳县城区有公共绿地 45 处，面积 25.39 公顷，单位绿地、附属小块绿地等 11.30 公顷，街道行道树 5700 株。

至 2010 年，龙泉市城市绿化率 35.74%，人均公共绿地 16.34 平方米。青田县城区有公共绿地面积 75.92 公顷，人均绿地面积 12.6 平方米。云和县有绿地 187 万平方米，建成区绿地率 30.70%，绿化覆盖率 36%，休闲长廊长度 1.20 千米，面积 2.10 万平方米。庆元县道路绿化 14585 米，绿地增至 140.50 万平方米。绿地覆盖率 36.50%，人均绿地 10.50 平方米。遂昌县有公共绿地 164.50 万平方米，绿地率 29.38%，绿地覆盖率 30.78%，人均公共绿地 2.81 平方米。景宁畲族自治县绿地覆盖面积 94 公顷，绿地面积 84 公顷，街道绿化树 5000 株，人均绿地 18.41 平方米。

第六节　环境卫生

中华人民共和国成立初，环境卫生没有得到重视。20 世纪 60 年代，丽水城区居委会曾组织清洁队，担负居民的粪肥、垃圾清运工作，清扫大众街、中山街、继光街等主要街道。垃圾处理以烧灰作肥为主，粪便由城郊农民定期清理。20 世纪 80 年代，丽水县更加重视环卫工作，改善环卫设施，主要街道配备垃圾箱、果壳箱。至 1985 年，丽水市区新建或改建公共厕所 11 座，建造粪便中转站 2 座。1986 年撤县设市（县级），增加环卫经费投入，配置环卫车辆，有公厕 24 座。1996 年，建垃圾中转站 2 座，清扫街道 16 条，面积 75.9 万平方米，日处理垃圾 20 万千克。2000 年后，建成区范围扩大，制定实施城市卫生专项规划，道路清扫保洁和垃圾收集处理，清扫街道 20 条，面积 76.63 万平方米。至 2010 年，清扫街道 42 条，面积 358.70 万平方米，建成垃圾无害化处理场 2 个，垃圾压缩中转站 4 个，购置环卫车辆 81 辆，垃圾无害化处理率 100%。市区有二类以上公厕 52 座，新建粪便处理厂 1 座。

市区卫生设施建设

民国时期，丽水城中有少量垃圾箱。中华人民共和国成立后，城区街道增设卫生设施。20 世纪 60—70 年代，城区有公厕 7 座。20 世纪 80 年代，中山街等主要街道摆放木制、镀锌果壳箱。1996 年配置不锈钢果壳箱。2000 年后，实施市环境卫生专项规划，环境卫生设施出现全新变化。至 2010 年，丽水市区有公厕56座，垃圾中转站8座。

市区垃圾池(箱) 20世纪50年代，丽水城区设置简易木制垃圾箱。居民区内配置新砖砌水泥垃圾池。1981年，丽水城区有垃圾箱8处，果壳箱27只。1982年，丽水开展全民文明礼貌月活动，新添垃圾箱100只。1983年，丽水城区有公共垃圾箱34只，单位垃圾箱43只。1984年，中山街、解放街、大众街、继光街、大猷街、灯塔路、丽阳路，摆放垃圾箱113只。1985年，丽水配置垃圾箱、果壳箱171只。1987年，丽水垃圾桶220只。1989年，丽水配置垃圾桶、垃圾箱397只。1994年，丽水市区配置铁制垃圾桶380只。1996年，中山街、解放街、灯塔街、大洋路、继光街、中东路撤销沿街原有的垃圾箱、果壳箱，配置不锈钢果壳箱319只。2000年，市区垃圾池、箱数量逐年递增，逐步换成塑料环保型。至2010年，全市配置垃圾池、箱1129只。

市区公厕 民国时期，丽水城区巷弄"茅坑""坑棚"置露天坑上，以芦席圈围。1958年，县政府出资建造7座简易厕所，改善城区环境卫生。1981年，县环卫处新建公厕3座，整修公厕9座。1983年，改建高井弄口公厕，修建客运站内公厕。1984年，新建水门大桥、灯塔路、丽水电影院、丽水剧院、中山街公厕。1992年，新建高井弄水冲式公厕，改造碧角桥、万象山、府前菜市场等公厕5座，其中大猷街公厕使用马桶。1993年，解放街万象山门楼前、府前菜场、大桥头、碧角桥、灯塔路、四洲楼等公厕6处实行有偿使用，每次收费1角。专人全日制清扫保洁。1999年，市区试行收费公厕14座。2000年，市区有公厕47座。2001年，新建花园路公厕、城东路公厕。2002年，建成灯塔路垃圾中转站公厕、大洋路交警队边公厕、花园路北段(育英小学边)等公厕5处。2003年，市区公厕配套不到位，市民外出一度"上厕难"。2004年，实施《丽水市环境卫生专项规划》，规定推进旧城改造时，考虑厕所分布。囿山路垃圾中转站、紫金新村、宇雷路一号、天宁工业区垃圾中转站、莲花新村、寿元路垃圾中转站、宇雷路、人民路、紫金路等处建成水冲式公厕。2006年1月，6处收费公厕重新无偿使用，市区有公厕42座。2006年8月、2007年8月、2009年8月，开展星级公厕评比3次，评出二星级公厕5座，一星级公厕8座。至2010年，市区改造园丁楼公厕、紫金新村公厕、囿山路中转站公厕等公厕19座。市区有二类以上公厕52座，三类公厕4座。

市区环卫车辆 1978年，丽水城关镇环卫所首次购买12匹马力手扶拖拉机1辆。1985年，购置5000千克洒水车1辆，负责市区主要街道洒水。1986年，丽水城关镇环卫所投资51.2万元，购置机动车18辆，其中汽车10辆，拖拉机8辆。1998年，购置扫地车1辆，清扫市区主要街道。2007年11月，投资35.7万元，购置扫地车1辆。2008年，投资75.6万元，购置多功能高压清洗扫地车1辆和扫地车1辆。多功能高压清洗扫地车集洒水、清扫、洗尘为一体，一次作业能完成高压清洗和垃圾污水的收集，每小时清扫道路3.3万平方米，效率大为提高。1990年7月，新增5000千克洒水车1辆。1996年11月，原洒水车使用期限将至，新购置5000千克东风洒水车1辆。2000年，新购置5000千克洒水车1辆。2002年，购置1万千克洒水车1辆。2006年，购置1万千克洒水车1辆。2008年，更新垃圾填埋场设备，购置3000千克洒水车1辆。至2010年，全市有车辆81辆。其中，机扫车3辆，洒水车4辆，垃圾密封车、自卸车、压缩垃圾车、高压清洗车、吸粪车若干。

市区垃圾中转站 20世纪50年代，丽水城区垃圾由垃圾车收集，倾倒城郊菜地。1988年，建成丽青路露天垃圾中转站，占地335平方米。1991年，改造中转站为吊装式、三层、半框架结构，占地155.49平方米，建筑面积327.78平方米。1996年，市区江滨路建成垃圾中转站，占地675平方米。2000年，制定城市卫生专项规划。2002年，丽水创建国家卫生城市，灯塔路西建成垃圾中转站。2006

年，推进江滨景观绿化带建设，拆迁江滨垃圾中转站。至2007年，建成人民路、囿山路、天宁工业区、寿元路、北苑垃圾中转站5座和排山垃圾填埋场。其中，人民路垃圾中转站（水平压缩式），占地573平方米，建筑面积266平方米；囿山路垃圾中转站，占地1427平方米，建筑面积650.51平方米。2009年，改造府前菜场垃圾中转站，投资50万元，改造为水平压缩式，建筑面积54.56平方米。

2010年囿山路垃圾中转站增地719平方米，扩大建筑面积394平方米；天宁工业区垃圾中转站，位于开发路东，占地1278平方米，建筑面积252.21平方米，主要收集工业区垃圾；寿元路垃圾中转站，占地994平方米，建筑面积188.3平方米；北苑垃圾中转站，位于北苑路东，占地2005平方米，建筑面积497.54平方米。至同年底，市区相继建成垃圾中转站19座。

市区垃圾填埋场　1989年，丽水市区堰头村好溪边建成简易垃圾填埋场，占地5.4万平方米，日处理垃圾10万千克。2000年4月，因露天填埋而停用。2001年，市区吕埠坑村建成排山垃圾填埋场，一期工程库容60万立方米，投资1903万元，使用期限10年。垃圾处理采用卫生填埋。污水处理采用生化一物理处理工艺后进入城市管网，再经污水处理厂二次处理。2002年6月通过验收。2003年5月建成污水管网泵站。2005年，排山垃圾填埋场超负荷运行。2006年2月，莲都区碧湖镇务岭根垃圾填埋场开工。场址距市区16千米，用地28.33万平方米，总投资1.7亿元，属Ⅱ类Ⅱ级，包括填埋库区、渗沥液处理站、管理区、进场道路及配套设施等，为省生态环境建设的重点项目、省重点工程。2007年，投资160万元增容垃圾填埋场。12月，一期主体工程竣工。2008年6月，申报国家一级无害化垃圾填埋场，通过部、省建设主管部门验收。建成务岭根垃圾填埋场。2009年7月，通过省环保验收并投入运行。试运行期间日处理生活垃圾45万千克，超过设计20.3万千克的标准。投入使用后，市区及莲都区80%—90%乡镇生活垃圾纳入城市垃圾处理系统。2010年，建成垃圾填埋场2座；排山垃圾填埋场封场。至同年底，城区生活垃圾日产日清，无害化处理率100%。

县（市）城卫生设施建设

龙泉市　2000年起，更新环卫设施。至2010年，配置垃圾压缩车、垃圾吊臂车等10辆，建地坑式垃圾中转站7座，垃圾集装箱10只，果壳箱750只、垃圾桶2800只；乡镇建成垃圾焚烧炉15座，垃圾中转站1座，实现垃圾统一处理。

青田县　至2010年，有扫地车、洒水车、吸粪车等车辆45辆，果壳箱292个，垃圾中转站3座。

云和县　1999年，兴建垃圾中转站和垃圾填埋场。至2010年，配置公厕24座，环卫车31辆，垃圾中转站6座。

庆元县　2004年，建成库容60.8万立方米的垃圾填埋场1座，垃圾无害化处理率100%。2010年，配置清运车、洒水车、吸粪车等车辆7辆。

缙云县　2007年，建成库容24万立方米的垃圾填埋场1座，垃圾无害化处理率100%。2010年，有挖掘机、扫地车、洒水车、吸粪车等车辆35辆。

遂昌县　民国32年（1943），城区沿街设垃圾箱34只。20世纪80年代，有水泥板块垃圾箱46只。1997年，配置封闭式垃圾箱131只。1981—1983年，配置垃圾车6辆。

松阳县　1999年，建成库容90万立方米的垃圾填埋场1座。2008年，配置扫地车、洒水车、吸粪车等车辆12辆。2010年，有扫地车、洒水车、吸粪车等车辆35辆。

景宁畲族自治县　2010年，城区建成垃圾填埋场1座，面积36.5万平方米；垃圾中转站3座；

清运车、洒水车、吸粪车等车辆37辆;配置果壳箱90只。

粪便清除

20世纪60年代前,丽水城区粪便收集清理后,运往农田作肥,农户以货币支付或农作物补偿。20世纪70—80年代,化肥生产发展,粪肥需求量逐年下降。20世纪90年代,市区少数老房子使用小马桶,粪便清运量减少。

市区　1949年10月,中华人民共和国成立初,城内居民、店铺,由农民或清粪工定期清理粪便。城效农户用作农田肥料。1958年,县环卫所购置2000千克吸粪车1辆,用于收集清运。1962年,县环卫所负责城区公厕15座及机关单位厕所粪便清运。城关镇第8居委会成立清洁卫生队,负责街巷居民粪便清运、马桶洗刷。1978年,城区公厕建成贮粪池,由机动车负责运往农村或大型贮粪池内。1981年12月,县环卫处统一管理粪便收集清运,撤销城关镇清洁卫生队。购置粪便清运汽车1辆,拖拉机2辆 ,改革手摇吸粪泵6台。1982年,购置手拉粪车12辆,改革手摇泵5台。1983年,城内有公厕21个,单位厕所172个,居民马桶3573只。1984—1986年,公厕数量增多,粪便清运量上升,马桶数下降。1989年,城区公厕24个、单位厕所139个,年清运粪便0.17亿千克。至1994年,市区公厕数量没有变化,单位厕所有增减,清运粪便量则逐年减少。1995年,市清洁服务公司成立,专门负责粪便清运。1999年,市(县级)环卫处负责清理清运城区公厕47座和化粪池130个,与郊区果农签约,出售粪便。年清运粪便410.2万千克。

2000年后,丽水房地产业开发加快,市区公厕、化粪池增加,住户马桶数减少。2005年,市区小马桶200多只,年清运粪便不足400万千克。至2010年,公厕56个,粪便收集清运车(总吨位为2.5万千克)6辆,经化粪池清运的粪便99%以上,粪便清运总量减少。市区小马桶不足20只。

县(市)城　民国时期,少数县城有公厕。民国35年(1946),遂昌有公厕5座。20世纪70年代,有公厕4座。20世纪80年代前,各县城区居民仍用马桶为主。1998年,龙泉日清洗居民小马桶3000多只。20世纪80年代,各县城区开始新建和改建公共厕所。20世纪90年代,有公厕13座。2008年,松阳县有11座公厕。2010年,龙泉有公厕45座。青田城区有公厕33座。云和县新建、改建厕所29座。庆元县有厕所15座。缙云县有公厕38座,二类公厕6座。景宁畲族自治县有公厕20座。

街道清扫

清扫队伍　1949年,丽水城关镇有清洁工13人,专责清理阴沟。1958年,城关镇环卫所成立,有职工30人。1982年,招收环卫工人14人。1986年,有环卫职工142人,其中正式职工61人。1987年,有环卫职工136人,其中正式职工50人。1989年,有环卫职工143人,其中固定职工55人,合同制职工25人。1990年,有环卫职工154人。其中固定职工56人,合同制职工29人。同年11月,中山街、解放街实行全日制清扫保洁与职工工资挂钩的改革试点。之后,全面测量、计算市区主要街道面积,根据不同的路面、地段、核定不同的清扫面积。1995年,有环卫职工170人。1999年,有正式职工133人,临时工194人。2000年撤地设市后,建成区扩大,街道增多,清扫队伍日渐扩大,职工素质得到提高。环卫处职工大专以上学历12人,中专学历15人。2007年,外聘职工400多人,主要来自河南、安徽、贵州等地,清扫道路面积200多万平方米。2009年,"六城联创"开始,对城市环境卫生要求更高。至2010年,有正式工83人,临时工700多人。其中,大学以上学历39人,有技术职称的24人。

人工清扫　1950年，城关镇环卫队清理垃圾。1958年3月，有清扫工30人，每天清扫主街道1次。1981年，主要街道清扫由每天1次增为2次。1984年，中山街、解放街等主要街道5条调整为上午清扫下午保洁。1985年，又恢复为每天清扫2次，清扫面积5.7万平方米。1988年，实行定指标、定工作质量、定时间、定奖惩措施，清扫面积8.5万平方米。1990年，中山街、解放街实行全日制清扫保洁工作量与职工工资收入直接挂钩试点。之后，其他8条街道也进行测量、计算，根据不同地段、路面核定任务。1993年，市区主要街道10条实施全日制清扫保洁，中山街、解放街由原来的一日清扫2次增加到每日清扫4次。1995年，实行社会招标，中山街等街道5条按18小时保洁，其它街道按12小时保洁。1998年，推行“竞争上岗”，由承包者自主聘用职工，实行包路段、包全日时间段、包经费、包工作质量、包安全生产“五包”。2000年，市区清扫20条街道76.63万平方米，并包括社区32个及330国道沿线（九里收费站至水东隧道）的垃圾清运。2006年3月，继光街夜市实行夜间清扫。同年5月，对丽阳街、丽青路等街道40多万平方米的清扫保洁权，实行市场化运作。至2010年，市区清扫40条街道358.8万平方米，其中中山街、城东路、灯塔街等街道127.5万平方米实行18小时保洁，囿山路等路段135.2万平方米实行12小时保洁，环城线、凉塘路等路段96万平方米实行8小时保洁。

机械清扫　20世纪50年代，丽水清扫工具简陋，仅小推车和扫帚。1958年起，清运垃圾用手推车。1978年，城关镇环卫所购置手扶拖拉机1辆。1985年，购置5000千克洒水车1辆。1986年，投资51.2万元，购置机动车18辆，其中汽车10辆，拖拉机8辆。1998年，购置3000千克扫地车1辆，负责机械清扫市区主要街道。1990—2002年，购置洒水车4辆。此后，市区主次干道增加，2006年，又购置1万千克洒水车1辆。2008年，更新垃圾填埋场设备，购置3000千克洒水车1辆。2010年，全市有洒水车4辆，机扫车3辆，机扫面积195.74万平方米，机扫率54.5%。

垃圾收运

市区垃圾收运　20世纪50—60年代，环卫工人推车上门收集城区垃圾，运至城郊农田作肥。1978年，丽水县环卫所购置1辆手扶拖拉机装运垃圾。1981年，使用机械清运垃圾，购置汽车2辆，手扶拖垃机4辆，大型拖拉机1辆。1982年，开展全民文明礼貌月活动，购置手拉车8辆清运垃圾。1984年，丽水县环卫处负责中山街、解放街、大众街、继光街、大猷街、灯塔路、丽阳路的垃圾清运，日清运垃圾5.7万千克。1986年撤县改市（县级），市（县级）环卫处负责清运地、市（县级）、镇三级机关近单位200个的垃圾，同时清理垃圾箱、痰盂112只，日收集垃圾7多万千克。1989年，日清运垃圾箱、痰盂397只，年清运生活垃圾0.1亿千克。此后，城市建筑垃圾逐年增多，清运量逐年增加。1991年，年清运垃圾0.14亿千克。1997年，日清运7、8万千克、年清运垃圾0.3亿千克。1998年，日清运9—10万千克，年清运0.34亿千克。1999年，沿街和里弄的垃圾箱超过1000只，日清运生活垃圾13亿千克，年清运垃圾0.4亿千克。2000年，市区有果壳箱、垃圾箱1300多只，日清运生活垃圾15—19万千克，年清运生活垃圾0.55亿千克，清运率100%。2001年，市环卫处接管社区73万多平方米的清扫保洁和垃圾清运工作，年清运垃圾0.62亿千克。2005年，日清运垃圾超过30万千克，年清运1.1亿千克。2006年，水阁工业区工业生产走上轨道，日产工业垃圾10余万千克。同时，实行城乡环卫一体化，莲都区实现垃圾处理设施全覆盖行政村368个，村村有保洁行政村242个，垃圾收集处理量70%。至2007年，市环卫处日均收集和处置生活垃圾35.5万千克、工业垃圾10多万千克。2009 年，全市有垃圾中转站 47 座，其中，市本级 7 座、莲都区 40 座；日清运生活垃圾 45 多万千克，工业垃圾 10 多万千克，年清运垃圾 2.04 亿千克。2010 年，推行无害化、减量化、资源化垃圾处理，市区主次干道配置垃圾箱 1137 只，年清运市区垃圾 1.7 亿千克，工业污泥 0.12 亿千克，清运率 100%。

1980—2010 年丽水城区垃圾收集清运一览

表 6-1-6-1　　单位：亿千克

年份	清运量	年份	清运量	年份	清运量	年份	清运量
1980—1989	100—900	2002	9200	2006	14300	2010	19300
1990—1999	1300—7600	2003	9800	2007	15800	—	—
2000	8500	2004	12100	2008	17200	—	—
2001	8700	2005	13600	2009	17700	—	—

县（市）城垃圾收运　1998 年前，龙泉市主要街道 1.24 万平方米，实行 8 小时保洁，里弄每天清扫 1 次。2000 年起，更新环卫设施。至 2010 年，城市主干道实行 18 小时保洁，次干道 12 小时保洁，年清运垃圾 0.45 亿千克。乡镇建垃圾焚烧炉 15 座，垃圾中转站 1 座，实现垃圾统一处理。

至 2010 年，青田县环卫处有正式职工 60 人，临时工 350 多人，负责清扫保洁城区街道社区 160 多万平方。

2001 年，云和县街道保洁 108 万平方米，城市垃圾无害化处理率 100%。

1980 年，庆元县有职工 5 人，清扫街道 2 万平方米。1990 年，有职工 27 人，清扫街道 14 万平方米。至 2000 年，清扫街道 40 万平方米。城区保洁面积 90 万平方米，日清运垃圾 10 万千克。

1966 年，缙云县有职工 6 人，清扫街道 1 万平方米。至 2010 年，有职工 48 人，临时工 260 多人，清扫街道 130 万平方米。

民国 32 年（1943），遂昌县城区沿街配置垃圾箱 34 只。20 世纪 80 年代，有水泥板块垃圾箱 46 只。1997 年有封闭式垃圾箱 131 只。1981—1983 年，配置垃圾车 6 辆。

至 2008 年，松阳县县城保洁区域包括主要街道 12 条、街巷 85 条及工业园区 100 万平方米。至 2010 年，垃圾保洁面积 140 万平方米。主要街道实行 18 小时保洁，次要街道实行 12 小时保洁。

1989 年，景宁畲族自治县有职工 3 人，清扫主次街道 8.5 万平方米。2010 年，在职职工 27人，临时清扫工 140 人，城区保洁面积 17 万平方米，日清运垃圾 6.5 万千克，建成区内保洁面积 69 万平方米。

第七节　城市管理

清末，各县执行县城街道凉篷不得突出道路外及招贴广告、标识物等规定。民国时期，县城规定街道摊贩不得占用人行道路。20 世纪 50 年代，市区开展爱国卫生运动。20 世纪 60 年代，对商贩管理较严，未登记、无证者取缔。20 世纪 80 年代后期，实行开放政策。20 世纪 90 年代，城市管理加强，市区先后出现街道马路市场。

1949年，丽水县政府设建设科。1961年6月，与工业局合并，成立县工业交通局。1966—1971年，城乡建设由城镇街道办公室管辖。1977年12月，成立县城镇建设局。1984年，县基本建设委员会改称城乡建设环境保护局。1986年，撤销城乡建设环境保护局，成立城乡建设委员会。2000年，设立丽水市建设局。

1994年，丽水市（县级）城乡建设管理委员会组建城建管理监察大队，管理市容环境卫生、园林绿化，执法处罚违反城市管理行为。2002年，丽水市城建监察大队更名市城建监察支队。2004年，市执法局成立，行使市容环境卫生管理、城市规划、城市园林绿化管理、市政管理、环境保护、工商行政、公安交通、建成区城市河道管理权和行政处罚权。下设城南、城北、经济开发区3个分局。2009年，建立相适应的城市管理体制和运行机制，撤销城南、城北分局，设市容执法支队、规划执法支队、综合执法支队、开发区分局和派驻执法大队5个，莲都区设分局。

城市规划管理

20世纪90年代，违章搭建棚摊逐渐增多。城市规划管理引起重视。1994年，丽水处理违章建筑122处，拆除临时搭建棚摊632处。1998年，立案查处厦河商城、海潮新村等违法建筑421起，行政处罚286起，建筑面积17396.3平方米，拆除16处1859.15平方米，收缴处罚款291807元。

2000年后，丽水市区人口增加，城市规模扩大，规划控制与管理成为城市发展中的难题。特别是市区房价上涨，利益驱动下，违法建设行为增多。2001年，查处市区违法建筑案件1051件，房地产案件25件，建筑面积75694.69平方米，拆除违法建筑158起，面积8754.6平方米。2005年，查处市区规划类案件870件，查处规划类案件开始相对减少。拆除违法建筑372处24690.19平方米。2006年，查处规划类案件1044件，拆除违法建筑470处12729.28平方米。2007年，查处规划类案件732件，拆除375处20005.64平方米。2008年，查处规划类案件540件，拆除323处20316.92平方米。2009年，查处规划类案件599件，拆除408处33756.31平方米。2010年，查处规划类案件354件，拆除550处36625.97平方米。

城市市容管理

20世纪80年代初，丽水市容管理办公室成立，实施街道“门前三包”①，市容环境卫生成为城市管理的主要内容。1994年3月，市城建管理监察大队和群众性管理队伍上街执勤，整治市区中山街（丽阳路至解放街段）、解放街（括苍路至城东路段）、丽阳路（中山街至大洋路段）、继光街（中山街至大众街段）、灯塔街（中山街至大洋路段）。至同年底，查处违章摊点2000多起，拆除临街搭建棚摊632处。1995年9月，《丽水城市环境卫生管理办法》实施。城乡建设委员会负责市区环境卫生管理，对环境卫生设施建设和管理、清扫保洁和垃圾管理、奖励与处罚等作具体规定。1996年9月，主要整治店外设摊、跨门经营、人行道设摊、乱倒垃圾、乱挂横幅广告等行为。至1998年，查处此类违章案件35347件，其中教育、限改30120件，处理5015件，立案查处212件。同年6月，全市抽调城建、公安、工商、财税、卫生、商业等部门，组成市综合整顿城区市容市貌工作组，主要整治公用电话亭、

① 门前三包：包卫生、包绿化、包秩序。

空调风机、违章搭建、广告灯箱招牌、雨棚、夜市摊点、店外设摊、车容车貌等。2001年，城建管理监察大队集中整治乱扔垃圾、乱设摊、乱停车、乱张贴行为。10月，实施《丽水市区户外广告管理办法》，规定设置户外广告必须符合户外广告设置规划，设置应先征得建设规划部门同意，相对固定和期限较长的户外广告设置必须采取公开拍卖招标方式。2002年11月，在太平坊、中山街和继光街西南角设立城建监察执勤岗亭。2004年12月起，市城管执法局加强对市区市容违法行为的查处力度，重点查处流动摊贩、跨门经营、违法广告、乱涂乱画、乱晒乱挂等违章行为。2006年10月，规定大型户外广告界定标准为30平方米(含30平方米)以上，监督检查户外广告设置。2004年，全市主次街道26条保洁12小时以上，保洁道路面积144平方千米，完成编制并通过《丽水市城市环境卫生专项规划(2000—2020)》。2010年，全年清运市区生活垃圾1.7亿千克，其中清运街道乡镇垃圾0.3亿千克，清运工业污泥0.12亿千克，清运粪便0.1多亿千克，清运率100%，完成市本级主次街道清扫保洁42条，完成市区公厕改造19座。

继光街夜市管理　1998年，城建监察大队、工商、交警三部门协商，暂定继光街为夜市小百货一条街，规定时间内可在街两旁摆放临时摊点，提供下岗失业人员再创业机会和场所。此后，逐渐演变成夜市。2009年年初，夜市摊点分地段经营，继光街(中山街至大众街段)为日用小商品市场，商户占58%；大众街(继光街至解放街段)为小吃市场，商户占23%；市人民医院门口、邮电局门口两边为水果市场，商户占19%。有个体商户398家，从业人数800多人，其中下岗职工10%，农民50%，其他人员40%。问题随着产生，经营摊点影响过往车辆，经营场所、用具卫生问题，噪声扰民，用电安全等。2010年，市城管执法局开始规范经营管理，作出三条规定："摊位定点、划定禁设区；统一出摊、收摊时间；所有摊位建立档案，实行跟踪管理。"此后，每年开展专项整治2次以上，夜市逐渐趋向规范有序。

马路市场整治　20世纪90年代，丽水城区人口增加，青田街、天宁路、飞机场角、厦河商城、灯塔路、水南桥头、丽东村、城北路、府前、城西、仓前菜场等出现马路市场20多个。2004年，市城管执法局成立，重视管理马路市场，重点整治卫生和交通秩序。至2010年，先后疏导天宁路马路菜市场、府前马路菜市场、水南桥头马路市场、中山街国税路口马路市场、灯塔街马路市场，规范青田街马路市场、厦河商城马路市场。

1997年，天宁路马路菜市场形成，地摊183个，从业人员275人。市场存在全天经营、占用人行道和机动车道、用水用电安全问题，周边居民投诉频繁。2009年3月，丽水市城管执法局对经营摊贩登记造册，在社区划定经营区域内搭建铁皮棚，聘请人员实施规范管理。

府前马路菜市场　府前菜市场是市区大型综合市场，农民和流动摊贩喜聚集周边，人流量大，妨碍街道车辆通行。每天半夜至第二天凌晨，噪声影响周边市民休息。2005年1月，市城管执法局集中整治府前菜场，纠正违章。2007年7月，市城管执法局府前中队成立，定编10名。2010年6月，市城管执法局对府前周边管理实行市场化运作，聘请城市服务公司进行日常管理，规定菜市场周边机动车、非机动车按照指定场所停放。10月11日起，对部分路段和车辆实行交通管制措施。规定继光街东段(东至城东路、西至大众路)、中东路西段(东至城东路、西至大众路继光街路口)单向通行，城东路南段(北至中东路、南至解放街)、中东路西段(东至大洋路、西至大众路)为客运人力三轮车禁止通行路段，禁行时间每日7—22时。同时，调整市区9路公交车府前路段线路。

大排档管理　每年夏季，市区寿尔福路、紫金路、宇雷路、大洋路、囿山路等街道夜间大排挡占用人行道、车行道，经营时间从傍晚一直到次日凌晨。2006 年，市政府规划水东火车站附近指定区域为临时大排档的经营场所，实施规范管理。此为市区唯一经政府部门备案认可的大排档经营场所。

其他管理　街头小广告俗称“城市牛皮癣”，影响市容市貌。2006 年，通过公开招投标运作方式，聘请专业清洁公司清理“牛皮癣”，市区清理情况一度好转。之后，又开辟合法广告宣传专门场地。追查制贩假证违法犯罪活动当事人。随着市民生活水平提高，城市家庭养犬增多，扰民和流浪犬伤人问题逐渐突出。2004 年 12 月，市城管执法局设立市犬类管理办公室，每年捕杀流浪犬 2—4 次。2009 年 11 月，开展城市共建共管活动，市城管执法局与中山街经营户签订《城市共建共管协议》，规范商家管好自己商店门前的乱摆乱挂乱扔现象，协助管好店门前他人的乱摆乱挂行为。至同年底，中山街参与活动商家近 1000 户。

城市环保管理

2000 年，设立丽水市渣土管理办公室，负责市区的建筑垃圾、渣土的处置及有关管理。2004 年 12 月以前，城市环保审批管理和执法职能由市环境保护局履行。2004 年 12 月，市城管执法局成立。市区环保违法行为移交市城管执法局查处。市环保局在审批如餐饮等项目时，设置城管执法局的审批意见栏，由市执法局派出执法队员进行现场勘查。

2005 年，丽水市开展“绿色护考”专项行动。规定每年 5 月、6 月高考、中考期间，市区高中、初中学校周围，每天 12—14 时和 19 时至次日 7 时，禁止噪声超标和建筑施工作业。对歌厅、舞厅等文化娱乐场噪声测试，严禁超标。发现噪声超标，可拨打市城管执法局“96310”、市环保局“12369”和市公安局“110”电话举报。天宁中学、实验学校、括苍中学、大洋路学校、处州中学、花园中学、梅山中学等考点周围 100 米内实施“静音”管理。相关部门派专人 24 小时值班。

2006 年，丽水市开展城市燃气管理专项整治，重点为市区瓶装液化气供应站点等储气设施和使用燃气酒家、饮食店。2009 年 4 月，市城管执法局体制调整，设立综合执法支队，增加园林绿化、油烟噪音、市政等管理和处罚权。2010 年，市城管执法局组织检查 2008 年后竣工未按规定期限完成与主体工程相配套绿地工程的公建项目。查处市区民俗乐园、万松花苑等公建项目重大绿化违法案件，作出相关处理。

城管行政执法

1987 年 9 月，丽水市（县级）成立城市管理监察大队，由市城乡建设委员会管理。1994 年 3 月，丽水市（县级）城乡建设管理委员会组建市城建管理监察大队。11 月，成立城市管理委员会。1995 年 2 月增设房地产监察分队。1997 年 4 月，核定编制 15 名。2002 年 7 月，更名市城建监察支队。2004 年 12 月，市城市管理行政执法局成立。2009 年 4 月，城市管理体制改革，由原来按区域、以块管理设置为按专业、以条管理条块结合，撤销原城南分局、城北分局，成立市容执法支队、规划执法支队、综合执法支队，莲都区四个街道、市环卫处分别派驻执法大队。核定正式职工 115 人，协管员 130 人。2010 年 6 月，开发区执法分局成建制划转丽水经济开发区管委会管理。

2000 年后，丽水市区人口增加，房价持续上涨，违法违章建设行为增多。2001 年，全市查处违法、违章案件 1818 起，拆除违法违章建筑 2.2 万平方米，其中市本级查处违法违章案件 1159 起，拆除违法违章建筑 1.4 万平方米。2003 年 7 月，实施《丽水市人民政府关于查处违法建筑和违法用地行为的实施意见》，进一步加强城市规划区范围内违法建筑和违法用地行为管理，先后受理违法建筑案件 2669 件，拆除违法建筑 1185 处。2004 年 12 月，市城管执法局成立。城市规划管理区内的行政处罚权移交执法局，加上莲都区建设局移交的村镇违法建筑案件及群众投报违法建筑遗留案件，查处违法建设行为 4139 起，拆除违法建筑 2498 处 148124.3 平方米，处罚金额 2629.6 万元。2005 年 3 月，市城管执法局进一步加强查处违法建筑。先后强制拆除天宁新村农民建房檐口超高、万丰小区 16 幢违法加层、灯塔工业区两户违法加层、括苍路某茶楼楼顶建商业用房，拆除违法建筑 2.13 万平方米。同时，梳理历年遗留案例，统一办理。至同年底，处理案件 680 起，实施罚款补办房产证面积 3.24 万平方米，决定罚款暂时保留使用面积 6.04 万平方米。

2010 年，丽水市城管执法局与莲都区政府联合形成街道违章监管责任考核体系，落实专项资金 50 万元。同时，启动"无违章村（社区）"创建试点工作。同年，市城管执法局组建办案中心，梳理 2003 年 7 月 24 日以前的历史违章事实申报。

第二章　农村建设

明清以前，农村基础设施建设落后。民国时期，国家动荡，战争不断，农村匪患严重，民不聊生，农村建设滞后。1949 年中华人民共和国成立后，特别是中共十一届三中全会后，农村建设列入规划。1982 年，丽水地区各县建立村镇规划领导小组，编制村镇建设规划。

2010 年年底，丽水市实施农村危旧房改造 50327 户，拆除危旧房建筑占地面积 223.7 万平方米，新建房屋建筑占地面积 184.2 万平方米，新增建设用地面积 39.5 万平方米。2000—2010 年，丽水市列入全省建设中心镇 17 个。在新农村建设中，扫盲和普及义务教育取得成果。农村公共设施逐步完善，设立文化站和建设文化广场，实现村村通公路、通电、通广播电视，建立乡村活动室，建立卫生院 263 家、村卫生室 882 家，控制疾病流行，实行新农保，保障基本卫生医疗，村庄整治，改水改厕等都取得显著成效。建成 35.13 万农村人口饮水工程，完成省下达目标任务 100.04%。农村各项事业建设、管理、改革不断推进，发放林权抵押贷款 23973 户、123616 万元，林权抵押贷款占全市所有金融机构发放林权抵押贷款余额的 68.44%。社会主义新农村呈现出勃勃生机。

第一节　村镇规划与建设

民国以前，丽水村镇建设素无规划。民国末期，丽水县政府设建设科，负责全县规划管理。1982 年，各县建立村镇规划领导小组，编制村镇建设规划。21 世纪初，丽水推进统筹城乡协调发展、社会主义新农村建设结合村镇历史、地理位置、自然条件和经济基础，不断完善村镇规划，发展城乡一体化。

规划与管理

一般性规划　古时，丽水山区村庄分散，规模较小，多数为土木结构平房或茅草、杉树皮铺盖屋顶的简陋矮房。少数富裕人家有庭院结构楼房，青砖黛瓦，甚至雕梁画栋。丽水县乡村房屋与道路建设，一直处于自然推进状态。青田县历来民间建房，施工前木匠按传统建房形式结合房主要求，在木板上标明房屋高度、深度、阔度作施工依据。乡村建房，平坦地带依山傍水集中建房；丘陵山区，多选背风向阳处分散建房；瓯江沿岸祯埠一带，在临江斜坡上建房，采用高柱支撑。富裕人家多住两层木质楼房，贫困者住平房或茅草房，低矮简陋。云和县农村房屋多属泥木结构，住房狭窄，一般3开间，中为厅堂，两侧为正房和厢房，屋后或屋外建厨房、猪栏、厕所、柴间，院内有天井，前开大门，门外围以泥墙。少数富家大户建造大宅5—7开间，朱村乡金山下村"延陵旧家"一幢长廊屋宇屋柱564支，石大门3个，住34户，174人。一些贫困山村，农民住房是黄泥铺地，垒石筑墙，树皮(稻草)代瓦，住室简陋，卫生条件差。即使较大村落和乡所在地，除祠堂、庙宇外，少有砖木结构房屋。民国37年(1948)，龙泉县住宅面积670.27万平方米。农村住宅简陋，以土木结构平房居多，尚有不少杉皮寮、草舍。基本构造3直和3直两横厢，以中间为堂屋，两侧为灶间和卧室。少数地主、富商寓所，建筑豪华，工艺精巧，有芳野村地主曾水清宅(俗称芳野大处)，72间13支楼梯，占地4000平方米。还有源底村深宅大院建筑群等。民国38年初，庆元县农村有泥木房屋建筑面积75.75万平方米，人均8.93平方米。缙云县山区村庄散落，规模小。住宅幢幢相挨，大多杂乱无序。遂昌、松阳县农村住房，大多为土木结构二层瓦房，平房次之，山区村落有小部分草房。松阳县有18间或24间一幢前厅后堂大房，则为大家富户住宅或几家宗亲合居。望松乡乌井村黄家大院建筑群面积5800多平方米。大东坝镇上、下茶排村有清代大宅18幢，均有砖雕门楼，屋内雕梁画栋。其中最大的一幢，建筑面积3260平方米，内有9厅18(天)井，居住同姓住户60多户，200多人。村落道路无规则，大多2—3米宽，用卵石砌成。1949年，景宁县旧宅面积3.32万平方米，人均约11平方米。

1950年后，丽水农村经济恢复，农民建房增多。至1957年，丽水县建有住宅120万平方米。1958年后，丽水县住宅建设缓慢。1979年后，丽水农民生活改善，每年约有3.5%—4%农户建房，规划滞后。

1982年，丽水各县建立村镇规划领导小组，组织600多人编制村镇建设规划。至1985年，地、县通过举办短训班、委托培训等形式，培训村镇规划初级人员750人，完成建制镇(不包括各县城镇)27个、小集镇72个、行政中心村3641个、基层村9715个规划编制和审批工作。村镇建设用地13452万平方米，其中集镇用地1540万平方米，村庄用地11912万平方米。随后又编制乡镇39个的总体规划。1990年，调整和完善集镇54个、村庄373个的规划。1990年年底，全区农民住宅建筑面积7007.4万平方米，其中楼房4487.44万平方米，砖瓦房6401.83万平方米，土墙房屋18.09万平方米，其他结构587.48万平方米，每户平均建筑面积121.27平方米，人均建筑面积32.97平方米。

1982年以来，各县人民政府制定村镇建设管理实施细则，设村镇建设管理办公室乡、镇119个，配备乡村建设助理员143人。对村民宅基地标准分别山区、丘陵、平原、城郊、集镇不同情况，规划控制指标和申请审批方法。乡村建房必须按照村镇建设规划审批，2层以上楼房必须有设计图纸，并建立村镇建设开工许可证制度。

1991—1993年、1996—1999年、2002—2009年，丽水各县(市、区)先后分别完成编制或修编村镇建设规划。2001年，全市编制完成缙云县新碧镇总体规划修编、新碧镇控制性详细规划、莲都区碧湖镇修建性详细规划、龙泉市安仁镇下山脱贫小区、安仁镇工业园区等17项，莲都区样后村等中心村规划243个，组织实施莲都区双溪镇洪渡新村、遂昌县大柘镇永安新村等新村规划建设。2006年，莲都区完成新一轮街道6个、镇5个、行政村369个的社区村庄布局，规划具有田园型、江南水乡型、山区型、特色保护型等形式。青田县编制行政村建设规划200个。2009年，云和县全部完成保留村规划编制；至2010年，庆元县全部完成中心村32个、保留行政村120个的规划编制；2008年2月，缙云县调整为8个镇、8个乡后，2009年，调整乡村规划。至2009年，遂昌县全部完成保留村200个的规划编制。2010年，《松阳县村庄布点规划》完成；2009年，景宁畲族自治县开始编制村庄规划122个，完成中心村规划48个。2010年，启动沙湾、东坑、渤海、英川镇新规编制。2009年，全市新制定规划保留村庄1758个。

中心村规划　2010年起，丽水市计划连续3年实施农村“135”工程①。全年全市启动中心村建设111个，初步确定各类建设项目1000多项，推动中心村建设“六化”②；完成整顿转化后进村333个；初步创建生态文明村505个。莲都区、龙泉市、景宁畲族自治县出台中心村培育建设专项实施意见，修编中心村布局规划。各县结合新一轮土地利用总体规划修编，科学调整中心村数量与功能定位；按照“六化”要求，优先做好2010年启动的省、市级中心村建设规划；根据不同类型村庄实际，提出改造扩建型、整体迁建型、联合建设型、整治改造型、特色保护型建设模式。

建设工程

农村危旧房改造　2008年，丽水开始改造农村危旧房。2009年，浙江省政府启动农村危旧房改造，丽水市把推进农村危旧房改造，作为贯彻落实科学发展观、省委“两创”总战略的关键之举，作为民生工程、实事工程、战略工程来抓，计划用2—3年，基本完成全市农村危旧房改造。着力破解规划编制及落地难、建房用地调剂难、跨村建房难、建新拆旧难、农民合理分户难。全年实施农村危旧房改造51507户，其中，低保标准120%以下困难户危旧房改造15603户。新建房屋比例51.6%。拆除危旧房建筑占地面积225.6万平方米，新增建设用地面积26.4万平方米，启动旧村改造村242个。完成农村危旧房改造投资额32.5亿元。建设用地调剂办法1499个。发放集体土地使用权证420599户、房屋所有权证58978户。

2010年，丽水市实施农村危旧房改造50327户，拆除危旧房建筑占地面积223.7万平方米，新建房屋建筑占地面积184.2万平方米，新增建设用地面积39.5万平方米。其中，完成农村低保标准150%以下困难户危旧房改造15175户。继续做好旧村改造200个村工作，新启动旧村改造村138个，完成农村危旧房改造投资额33亿元。

农民异地转移工程　2004年，杭州钢铁集团赞助150万元，建成景宁英川杭钢下山移民安置小区。2005年，松阳县开始实施“万人下山”工程。

2006年，丽水市执行“搬得下、稳得住、富得起”要求，集中搬迁和分散搬迁结合，全年全市完成投资6.57亿元，新建续建下山安置小区77个、移民点54个，落实建设用地124.5公顷，安置下山脱

① 农村“135”工程：重点培育中心村100个，转化后进村300个，创建生态文明村500个。

② 中心村建设“六化”：布局合理化、产业规模化、人口集聚化、设施配套化、服务社区化、环境生态化。

贫6941户、26357人，其中，欠发达乡镇4334户、16318人。乌溪江、紧水滩库区困难群众异地脱贫，列入“省长重点工程”，遂昌县乌溪江库区异地搬迁307户，1393人；龙泉市、云和县紧水滩库区异地脱贫工程投资1.37亿元，安置907户、3708人。农村地质灾害隐患区避险工程，列入省级帮扶项目，全年争取省补助资金119万元，地方财政投入资金1050万元，实施地质灾害治理项目22个，完成14个；搬迁地质灾害隐患点13个、793户、2916人。

2007年，丽水市完成投资6.75亿元，新建下山安置小区15个、安置点32个，续建下山安置小区44个、安置点29个。建设用地122.22公顷，实现搬迁6500户、24785人。其中，实现乌溪江、紧水滩重点库区困难群众异地搬迁2023户，8173人。启动地质灾害隐患点困难群众异地搬迁7071人，完成5779人。启动小规模自然村撤并工程，青田县安排资金1500万元，全年完成10户以下整体搬迁52个村、369户、1626人。

2008年，丽水市编制《丽水市10万农民异地转移规划(2008—2012)》。各县(市、区)通过建设安置小区、二手房置换等多种形式异地转移农民。全市完成投资7.85亿元，实现农民异地转移7172户、25648人，其中高山远山地区搬迁17603人、重点库区搬迁4394人、地质灾害隐患点搬迁3651人。全市整村搬迁村366个，5225户，18258人，占搬迁总人数71.2%。

2009年，丽水市委、市政府对完善异地转移农民的创业机制等作出新规定，要求整村搬迁必须实现“*村里(包括自然村)群众全部实现搬迁，原住房除保留必要的村集体生产用房外全部拆除*”。全年全市投入资金8.95亿元，完成农民异地转移7132户、25807人，完成任务129.06%，其中整村搬迁288个、3859户、12973人，占异地转移总人数50.26%。

2010年，丽水市委、市政府与县(市、区)委、政府签订责任状，并建立统计登记、月报制度，实行项目化管理。全年实现农民异地转移6596户、21946人，其中整村搬迁274个、3911户、12421人，占异地转移总人数56.6%。龙泉市被列入农民异地搬迁扩面试点县(市)。

中心镇建设

2000—2010年，全省建设中心镇200个，丽水市列入中心镇17个，分别为莲都区碧湖镇，龙泉市安仁镇，青田县鹤城镇(县城)、温溪镇、船寮镇，云和县云和镇(县城)、崇头镇，庆元县松源镇(县城)、竹口镇，缙云县五云镇(县城)、壶镇镇，遂昌县妙高镇(县城)、石练镇，松阳县西屏镇(县城)、古市镇，景宁畲族自治县鹤溪镇(县城)、沙湾镇。其中壶镇镇、碧湖镇、温溪镇，先后被列为小城市培育试点镇。2007年，确定市级中心镇20个，包括省级外，为莲都区大港头镇、老竹镇，龙泉市八都镇。2010年，丽水把各县县城纳入市级小城市培育试点镇，新增市中心镇9个，分别是龙泉市查田镇，青田县海口镇、腊口镇，庆元县荷地镇，缙云县新建镇、舒洪镇，遂昌县金竹镇，松阳县玉岩镇，景宁畲族自治县东坑镇。

发展平台 2010年，丽水市列入中心镇20个，各镇把打造产业和人口集聚两大平台作为重要抓手。大港头镇、老竹镇、崇头镇、石练镇，确定旅游业为主导产业，沙湾镇，确定休闲农业为主导产业，其余镇15个，均确定工业为主导产业。部分镇调整扩大建成区范围，同年底，中心镇建成区面积74.01平方千米，比2009年增加1.27平方千米。工业园区中心镇由2009年的13个，增加到15个，其中扩大面积9个，碧湖、五云、妙高镇工业园区，增加面积1平方千米以上。工业园区面积由2009年18.48平方千米，增加到25.61平方千米；农业园区中心镇由2009年碧湖、五云镇2个增加到5

个，新增老竹、古市、沙湾镇，农业园区面积由2009年1.06平方千米，扩大到6.27平方千米。

项目投资　2010年，丽水市各中心镇加强供排水、电力、通讯、道路等基础设施和学校、卫生院等公共服务项目建设，完成固定资产投资108.13亿元，比2009年增长28%，增速比全市高13.2个百分点，各中心镇增速均超过20%。20个中心镇固定资产占全市的比重由2009年30.3%提高到33.8%。完成工业投资46.82亿元，比2009年增长13.9%，占全部投资的43.3%；完成农业投资1.72亿元，比2009年增长196.6%。

启动旧城改造，中心镇拆迁项目33个，比2009年增加18个，各镇至少有拆迁项目1个；旧城改造拆迁面积，由2009年7.5万平方米增加到14.1万平方米。

人口集聚　中心镇在推进人口集聚、促进城乡一体化方面，显现区位优势并取得成效。至2010年年末，丽水中心镇常住人口95.27万人，比2009年增加3.18万人，占全市总人口比重由上年43.4%，提高到45%，超过10万人口镇有鹤城、五云镇，超过5万人口镇9个，常住人口多于户籍人口镇，由2009年9个，增加到10个。

生态文明村建设　从2010年开始，丽水市委、市政府连续3年实施把丽水建成全国生态文明建设先行区和示范区、推行全面小康和新农村建设的重大措施，至2010年底，丽水中心镇辖区内建成生态文明村102个，占建成区行政村总数46.6%。中心镇城镇化水平①64.2%，比2009年提高2.4个百分点。

经济规模　2010年，工业经济快速发展，丽水中心镇实现工业总产值643.58亿元，比2009年增长24.3%，占全市工业总产值比重48.5%，比2009年下降2.3个百分点。工业总产值超百亿镇2个，为温溪镇和五云镇，超50亿元镇由上年3个，增加到5个；有工业企业8884家，其中规模以上工业832家，比2009年增加101家，规模以上企业数占全市50.3%。农业经济取得明显成效，中心镇实现农业总产值23亿元，比2009年增长9.2%，比全市增速高1.6个百分点，占全市农业总产值23.7%，其中发展休闲农业的沙湾镇，增长11%。有旅游收入中心镇16个，全年接待旅游人数859.71万人次，比2009年增长32.1%，实现旅游收入38.77亿元，增长30.7%；分别占全市接待旅游人数、旅游收入的41.4%和33.3%。其中五云镇，接待旅游人数、旅游收入占中心镇51.9%和49.5%。

城乡居民收入　2010年，丽水市7个县城关镇居民收入增速超过10%，人均可支配收入最高鹤城镇，22500元；农民人均纯收入高于全市水平的镇有13个，增长速度高于全市水平8个。据农村住户抽样调查，农民收入增加主要来源，为家庭经营农业收入和工资性收入，分别增长17.1%和增长14.9%。中心镇实现国税收入15.51亿元，比2009年增长27.3%，占全市国税收入比重为33.8%，各镇国税收入都有不同程度增长；入库国税超过3亿元有温溪镇、五云镇，分别为3.31亿元和3.01亿元，超亿元有镇5个。实现地税收入6.19亿元，增长7.6%，占全市地税收入比重由2009年15.4%提高到18.7%；地税收入最高鹤城镇2.51亿元；与2009年相比，鹤城镇、松源镇地税收入有所下降。

二、三产业就业人数　2010年，中心镇有从业人员57.41万人，比2009年增长6.3%，其中一产从业人员16.85万人，占29.4%；二产从业人员17.19万人，占29.9%；三产从业人员23.37万人，占

① 城镇建成区常住人口占总人口比重。

40.7%。第三产业成为就业人数增加最多行业，二、三产业从业人员占全部从业人员比重 70.6%，其中城关镇比重均高于 60%，非城关镇除沙湾镇只有 36.5%外，其他中心镇比重均超过 50%。

第二节　基础设施

农村交通

陆路　古代境内道路分干路、支路。干路即驿道，亦称官马大道、通京大道。支路即民间步行道路，遍布乡间各村庄，一般平丘铺卵石，越岭砌石级，宽 1—2 米。

民国 17 年(1928)，陆军测量局测计全县乡村行道 1080 千米。公路建设始于民国 21 年，建缙云至温州公路。民国 30 年，建丽水至林宅口公路，1949 年 10 月中华人民共和国成立后，丽水专区采取国家投资和民办公助相结合的方式修建公路。1958 年，建成林宅口至双溪公路，双溪至葛畈公路。1964 年，建成联城大桥至周坦公路。1970 年，建成双溪至石蒙圩公路。20 世纪 70 年代后，农村交通事业发展，至 1982 年，实现乡乡通公路。1990 年，全区有县、乡道及专用公路 262 条，计 3018.42 千米。其中县道 86 条，1609.76 千米；乡道 136 条，1220.83 千米；专用公路 40 条，187.83 千米。通汽车乡镇 313 个，占乡镇数 93.71%，通汽车村 1689 个，占行政村数 46.2%。

1999 年，完成丽水地区村庄集镇自来水、道路设施投资 1787.2 万元。至同年底，全区村庄集镇有铺装道路 1663 千米，计 850.79 万平方米；有桥梁 2417 座，防洪堤 1003 千米；人均住宅使用面积 28.26 平方米，人均居住面积 20.54 平方米。

2010 年，青田县乡镇道路 259.02 千米，照明路灯 7067 盏，建桥梁 124 座，筑防洪堤 86.12 千米；遂昌县乡镇道路长 57.57 千米，照明路灯 1094 盏，建桥梁 58 座，筑防洪堤 31.03 千米。渤海镇公路建设资金投入 7400 多万元，建公路 90 多千米，实现村村通，另建码头 6 个，方便农民出行。

民国 24 年(1935)，缙云县修建五云镇至壶镇手车道。1952 年后，山区森林资源广泛利用，各县修建手车道。60 年代，有的手车道扩建为公路。20 世纪 70 年代，随着农业机械化发展，普遍改造手车道和新建拖拉机路。至 1990 年，丽水地区有拖拉机路 4654 千米，其中丽水市(县级)769 千米，青田县 170 千米，云和县 205 千米，龙泉市 1055 千米，庆元县 643 千米，缙云县 701 千米，遂昌县 490 千米，松阳县 356 千米，景宁畲族自治县 265 千米。

1971 年，丽水地区始建机耕路。1987 年，根据“民办公助”原则，制定《丽水市农村机耕路建设规划》，至 1990 年年底，建成机耕路 510 条，852.3 千米，其中 4 千米以上 41 条，251.33 千米。自行车、手拉车、拖拉机、机动三轮车、摩托车等广泛使用，农村交通改善。

水路　旧时，民间渡口多。渡口乃公益事业，一般不收渡钱由村民集资或个人捐资，购置田产，以田租收入作渡口开销；也有逢年过节或新谷登场时，渡工向邻近农家收取少量粮食或年糕。丽水解放后逐步建桥，渡口减少，田租废除，由所在村管理，渡工工资由集体负担。经费有困难的乡村，由县人民政府拨款补助。1980 年后，大部分渡口收过渡费。1990 年，丽水地区尚有渡口 243 处，渡船 294 只，其中机动船 120 只。2000 年后，渡船被桥梁替代，除库区和旅游景点外，已属少见。

水运工具　主要有竹筏、木帆船、大峃船、小马力机动船等。因陆运发展及瓯江梯级电站，水运工具所存无几。

竹筏　用隔年生毛竹24—28支，制成主副两筏。主筏呈弧形弯翘定形，长8米，宽1.5米；副筏平直，长6米，宽1.5米。顺流载重500—600千克，逆水载重300千克，是小溪小港主要运输工具。至2010年，除景区漂流使用外，民间所存无几。

木帆船　俗称舴艋船，头尾尖，船肚大，备木桨、竹篙、风帆。浅水用篙，深水用浆，顺风扬帆。旧时为瓯江主要水运工具。1949年，有木帆船4794艘。20世纪70年代，逐渐被机动船代替。1990年，仅186艘。除景区尚有点缀外，民间少见。

大岀船　头尖、尾翘、底平，船15米，装货舱宽1.7米，高0.9米，有桅杆风帆，船舵。抗日战争时期引进。在丽水至温州航道上行驶。现已绝迹。

小马力机动船　用木帆船配12—15匹柴油机作动力，有载重7000千克、12000千克、14000千克、18000千克等多种。18000千克船，舱高1.6米，宽3.3米，底板长12.5米，船长15米，装货舱12个，顺水时速15千米，逆水时速7.5千米，20世纪90年代前是主要水运工具。1990年，有机动船1123艘，其中货船1105艘，0.17亿千克；客船18艘，716客座。至2010年，除库区群众仍有使用外，已不多见。

木、竹排放运　北宋政和年间（1111—1118），青田县有木材交易。明清以来，鹤城镇是浙南木材集散地。民国22年（1933），丽水有排工1231人，竹、木放运量约20万立方米。20世纪50年代，木材主要从瓯江水运温州，再由温州转运各地，年运量约50万立方米。1960年后，木材逐渐由水运改为水陆联运。1975—1984年，林业部门经瓯江水运木材144.93万立方米，占木材运出量45.93%。其他部门经瓯江水运木材每年约5万立方米，毛竹150万支。1989年后，因库区过坝需木、竹排数次重扎，误工费时，改为陆运，木、竹排放运弃用。

农村供电

民国时期，丽水电厂发电兼供电。1949年5月，丽水解放后，发电量逐年增长，电网建设不断扩大，各县相继成立发、供、用电统一管理调度机构。1965年，建立云和、龙泉、遂昌县电厂。1977年11月后，建立丽水、青田、缙云县电力公司。1981年后，各县电网陆续并入华东电电网运行。丽水、遂昌建立电力工业局，松阳县建立供电局，其他县建立电力公司。1990年，丽水地区乡镇334个，全部通电，行政村3656个，通电3499个，占95.71%。1996年9月30日，青田县祯旺乡应章村实现通电，全区行政村实现村村通电3662个。此后，各县（市）供电部门开展农村用电“标准村”“合格村”建设。1999年，实施“两改一同价”[①]工程。2002年6月，全市所有完成电网改造农村统一执行0.53元/千瓦时居民生活用电到户价。2002年，丽水市城网改造工程全面启动。2004年，缙云、松阳县作为试点完成农电体制改革，2005年1月，9个县（市、区）全面完成农电体制改革。同年底，全市农村用电21565.25万千瓦时，占全社会总用电量7%。全市行政村3660个，两期网改3615个，占98.7%。全市网供区用户数有571008户，小水电供区用户数有76032户，执行同价637680户，占98.5%。

农村初始用电　民国27年（1938），国民政府行政院中央资源委员会与浙江省政府建设厅，联合创办浙东电力厂，先后在丽水县城关、碧湖、大港头，云和县小顺，松阳县西屏，龙泉县城建立分厂

① 两改一同价：改革农电管理体制，改革农村电网，实现城乡同电同网同价。

6个，装机7台，容量363千瓦，农村始有电。民国29年，浙江省乡村工业实验所在丽水县太平乡创办太平汎水电站，是浙江省最早水力发电站。装有16英寸直立推进式水力发电机1台，容量14千瓦，民国30年，发电供榨油、碾米和照明。民国31年6月，日本侵略军侵犯丽水时被迫拆除。中华人民共和国建立前夕，仅有遂昌县龙潭、云和县瓦窑水电站，总装机容量72千瓦。

兴建小型水电站　1949年10月，中华人民共和国建立初，贯彻执行水电火电并举方针。1957年后，各县农村兴建小型水电站。1959年，小水电装机容量2173千瓦。60年代建成1000千瓦以上水电站有：青田县石郭二级水电站，云和县雾溪电站，龙泉县大白岸电站，遂昌县成屏二级、三级电站。1969年，水电发电量1732万千瓦时，占63.68%。

1973—1979年，缙云县建成盘溪1—5级梯级水电站，装机容量7565千瓦。1987年联合国资助盘溪梯级电站自动化、远动化科研项目投入使用。1977—1979年，丽水县建成雅溪一、二级水电站，装机容量10850千瓦。70年代建成1000瓦以上水电站有：云和县石塘坑电站，庆元县马蹄岙电站，松阳县东坞电站，景宁县鸬鹚电站。1979年，水电发电量10310千瓦时，占82.9%。

多渠道集资办电　1980年起，丽水地区实行多渠道集资办电。1990年，全区农民联户或独户办微型水电站68座，装机容量81.42千瓦。至2010年，有国家水电部办紧水滩、石塘电站，中央与地方合资办景宁畲族自治县上标电站，华能集团投资的滩坑电站，地方水利开发公司合办玉溪电站、开潭电站、外雄电站；业主投资的五里亭电站、三溪口电站，县地方财政投资为主集资办青田县金坑电站、龙泉县瑞垟电站。另有水利、电力部门与区乡合办，乡村集体办、农户联办或单家独户办电等。

农村初级电气化县　1983年12月，国务院批转水利电力部《关于积极发展小水电，建设中国式农村电气化试点县的报告》，云和（含景宁）、龙泉、庆元、缙云县，被列为全国100个农村初级电气化试点县。各县成立电气化领导小组，制定规划，组织实施。至1989年，投资1.18亿元，其中省补助2850万元，银行贷款1680万元，县自筹资金4988万元，群众集资2290万元。同年底，5个县先后验收合格。农村电气化建设中，新增水电站装机容量3.08万千瓦，年发电量2亿多千瓦时，比1982年增长77%；新建、改造35千伏变电所16座，计划3.73万千伏安，线路279千米。新增110千伏线路39.87千米，10千伏线路2198千米，0.4千伏线路1236千米。

1991年3月，丽水、青田、遂昌、松阳县被列为全国“八五”期间建设200个农村初级电气化试点县。1996年，4个县（市）经验收合格。

电价电费　民国26年（1937）前，电价较为稳定，包灯15瓦每盏每月法币1元左右，表灯每千瓦时2角左右。抗日战争全面暴发期间，电价不断上涨，民国27年，丽水县包灯15瓦每盏每月法币1元，民国28—30年，3年上涨6.7倍。抗日战争胜利后中华人民共和国成立前夕，电价飞涨，民国37年1月，遂昌县包灯15瓦每盏每月金圆券4万元，4月，为8万元，6月，为12万元，9月起，改为按实物折价收费，包灯15瓦每盏每月按大米2.25千克折价收费，表灯每千瓦时按大米1.5千克折价收费。

1949年5月，丽水解放后，小水电逐渐发展，电价不断调低。1955年，丽水县包灯15瓦每盏每月2.2元，照明电每千瓦时0.77元。1965年，分别调低为1.63元、0.47元，农业排灌用电每千瓦时0.12元。1971年，再次调低电价，照明电每千瓦时0.24元，农业用电每千瓦时0.05元。1981年起，各县陆续并入华东电网，执行水电部颁发统一电价，照明电每千瓦时0.15元，农业用电每千瓦时0.06元。 1998年，丽水市（县级）和缙云县列入省局农村电气化试点县。1999年，丽水、缙云2个县（市）农村电气化22项指标达标。同年，全区实施农电体制改革，丽水电业局受省电力公司委托，对除丽水电力局外8个趸售县(市)实行代管。各县(市)电力(供电)局对所属乡镇农电(电管)站进行改革，逐步撤销农电(电管)站，成立人财物属电力部门管理的供电所。

1999年，丽水农村居民生活用电到户平均价为0.79元/千瓦时(最高电价每度2元左右)，2003年，降至0.53元/千瓦时，下降0.26元。农村综合变压器下非普工业用电到户平均价，1999年为1.06元/千瓦时，2003年年底，降到0.75元/千瓦时，每千瓦时降0.31元。2004—2010年，平缓实施3次电价调整。

电费收取　采用走收、坐收，一般每月收1次。20世纪70年代起，增加农村信用社代收。1991年，丽水地区有农电总站9个，区乡站188个，乡站电管员283人，有农村电工2367人。1992年，重建乡站150个，调整乡站电管员321人。全区有村管电小组2000多个。1993年起，电管员由总站招聘，村电工由乡站招聘，聘期一般不超过2年。逐步对村电工补助实行统筹。2001年，农网改造完成后，村管电小组陆续撤销。全市农电工1701人，签订人事代理制合同。

农村供水

丽水农村居民素饮井水及江河、溪滩、山坑水，水质如有污染，常致疾病。民国30年(1941)，城内部分水井改良、消毒。中华人民共和国成立初，改良旧井，山区提倡竹笕引水，部分地区开挖河边井。

1962年5月，丽水县城建成自来水厂。1976年2月，龙江公社上沙溪村集资建成农村第一座自来水站。1983年，老竹畲族镇，在小溪畔建高位水池供水，至1988年，日供水量45万千克。1985年，雅溪建成自流式高水位水池供水，后损毁严重。1986年，市区基本实现自来水化。1988年，大港头镇供水能力10万千克，有各设水池供水村6个。1990年，碧湖供水主管道1.5千米，日供水能力490万千克。1990年建成自来水厂，日用水规模50万千克。2005年，投入250多万元，扩建自来水厂，管线10千米，日供水量50万千克，饮用水供给镇区和行政村10个。至1988年年底，财政投入8万多元，饮用自流水有1825人，饮用自来水有11495人。至1990年年底，全市建设农村自来水站资金：群众集资747.7万元，省人民政府保护层拨款15.5万元，县(市)人民政府保护层拨款30.2万元；建农村自来水站710座，受益208263人。1987年、1990年，抽检农村自来水站，细菌指标均未达到国家生活饮用水标准，水质合格率分别为73.94%、67.8%。1999年，全区农村改水投入建设资金1243万元，其中，国家投资76.5万元，占总数的6.15%；农民集体投资1094万元，占总数的88%。全区农村各种形式改水覆盖人口207.45万人，占农村人口的97.29%，其中，享用方便清洁自来水的167.64万人，占农村人口的78.62%，比1998年增长2.48%。2003年，仙渡乡建水库。2007年，建成南山新水厂，供水管网36千米，日供应能力220万千克。2007年，投资67万元重建自来水工程。2008年，联城镇群众投工投劳并自筹资金20多万元，区水利局支援水管等物资10多万元，建成村级自来水工程。2009年，全市安排农村饮用水工程64项，受益人口39.7万人。2010年，青田县有农村供水管道1489.14千米，用水人口13万人。

2010年，丽水全区建成35.13万农村人口饮水工程，完成省下达目标任务100.04%。全市农村人口198.77万人，改水受益人口190.58万人，其中自来水受益人口174.53万人。全年检测水样616份，细菌指标240份，理化指标376份，农村饮用水合格率提高。

农村信息

农村邮件投递　民国时期，丽水农村投递以邮政代办所为主，将函件插在柜台显眼处，由过往行人认领捎带，挂号信通知收信人自领或代领。丽水县有农村邮路3条，邮差3人，分别自丽水至太平、前垟；太平至巨溪、雅里；丽水至石帆、腊口、海口等地，步班计程65千米。

1950年，丽水农村投递路线907千米。1955年，丽水各县试行农业生产合作社邮递员制度，丽水县在乡12个、13个农业社设投递员，建立邮站29处。1958年，投递路线自乡镇延伸至行政村。1959年，农村投递路线6462千米。1965年10月，推行亦工亦农的委办投递员制度。1982年，青田县发展农村私分承包邮路3条。1990年，全区农村投递路线单程9589千米，其中摩托车邮路131千米，自行车路线3485千米，步班路线5973千米。有自办农村邮递员108人，委办邮递员287人。全区乡镇334个，全部通邮，通邮行政村3601个，占行政村数98.5%。2000年，全市有农村邮政局(所)153处，单程邮路总长5769千米。青田县邮政局在农村支局8个开办国际包裹业务和速递国际快件业务。开通青田至山口、方山自办邮路，实现国际快件当天收寄。

农村电话　民国22年(1933)8月，丽水至碧湖电话线路开通。11月，丽水到岩泉电话线路开通。民国27年，各县陆续开通乡村电话电路39路。民国28年，有农村电话线路925条千米。抗日战争时期，部分线路被毁，大部分农村电话年久失修，木杆腐烂，铁线锈蚀，音质音量很差。至中华人民共和国成立前夕，仅有少数能勉强维持通话。

1949年10月，中华人民共和国成立之初，农村电话由县人民委员会电话所负责，农村用户25户。1952年，农话用户114户，通话3.49万张。1953年，丽水各县人委电话所交县邮电局。1957年，丽水各县农话用户380户，通话23.26万张。1959年，丽水县有农话电路38路，电话机539部，实现各生产大队通电话。1962年，农话电路调整为24路。1975年，有农村电话交换机 总容量7000门，其中邮电局经营3660部，公社、镇经营3340部，有线载波电话终端机45部，农话用户1706户，电话机3814部，通话139.65万张。1981年，丽水农话台改用JT2A型共电长途接续台，座席6个。1980年后，丽水、云和、龙泉、缙云、遂昌等县建立乡办电话联营站，归公社管理，业务受邮电局指导。1984年，丽水县皂树乡一村民自筹资金办电话交换所1处。1985年，青田至温溪、龙泉至八都、缙云至新建开通电话载波机12路。1986年，丽水农话使用NDD01型半自动对端设备。1989年5月，龙泉县八都开通自动电话500门；12月，青田县温溪开通自动电话1000门，与县局市话联网。1990年，全区有县至乡镇直达中继电路453路，其中载波电路300路。农话交换机总容量18980门，其中邮电局经营11050门，乡镇村经营4060门，各种联营3500门，私人经营60门，其他形式经营310门。载波电话终端机177部。杆路总长5663杆千米，其中邮电局经营2768杆千米，乡镇村经营1500杆千米，各种联营1395杆千米。线条长10667对千米，电缆长220.9皮长千米。农话用户3587户，其中私人电话757户，电话机7649部，其中接入邮电局交换机3975部，每百人拥有电话机0.36部，通话402.18万张，农话费收入448.48万元。1994年，农村开通程控电话。2000年7月，电信丽水分公司成立。同年，农话净增39475户，每百人拥有电话机6.77部。随着移动电话逐步普及，农话座机呈逐年下降趋势。

寻呼机"大哥大"与小灵通　20世纪90年代"寻呼机+大哥大"手机组合兴盛。1998年，实现无线寻呼全国联网，容量突破万户，许多农民使用"129""199"等无线寻呼服务，一些农民企业家手拿大哥大。随着移动通信技术发展，"寻呼机+大哥大"风靡一时退出。1998年后，"大哥大"销声匿迹，2007年9月，寻呼台宣告终结。

2002年8月，定位为"固定电话的补充和延伸"的小灵通，在丽水开通，2004年7月，小灵通、手机实现短信互通，不少农民使用。2006年后，小灵通用户逐年递减。2010年，中国电信将小灵通用户转成CDMA用户，正式退市让路3G。

移动通信电话　1995年，丽水地区正式开通GSM数字电话网。1998年，成立中国移动丽水分公司，网络覆盖全区9个县(市)130多个乡镇；成立联通丽水分公司，网络覆盖除景宁、庆元县外7个县(市)。2008年6月，丽水电信经营移动电话。随着智能手机问世并占领市场，广大青年农民也不断更新换代使用智能手机，成为获取信息主要渠道之一。

农业信息推广应用　2008年1月9—14日，丽水市组织农业企业、农民专业合作社、特色农产品基地用户451家，参加浙江农民信箱首届网上农博会，发送农产品1666只，到农民信箱网上摊位市场展示推荐。选择6家，进入"杭州网上购销专区"。开幕式当天，市、县分会场摆放电脑15—20台，乡村设立收看点2298个，参加各级领导657人，收看人数7.5万人。网上农博会期间，全市组织网上询盘2524人次，意向交易产品0.13亿千克、意向交易额6.23亿元，实际交易产品387.85万千克、实际交易额2125.53万元。网上订单意向额495万元。发布农产品买卖信息2350条，网上购物配送150次，配送额16.57万元。同年，农民信箱系统发布公共信息2871条，发布买卖信息8571条，发布病虫害情报信息18.45万条，新品种和实用技术等科技信息15.62万条，农业灾害预警信息17.19万条，手机短信524.89万条，信件557.81万封。实现农民信箱网上交易额7500万元，挽回农业灾害损失4100万元，减少农产品营销成本300多万元，节省通讯支出650万元。

丽水市首批达到《丽水市农业科技信息应用示范村实施方案》考核验收标准村22个。每村配备信息员1人，村信息点配备电脑、打印机、电话机和宽带网等信息网络应用设备，建立信息窗和服务制度。培训农业科技信息应用骨干农民372人，通过电脑上网获取农业信息网站和农民信箱系统中政策、科技、市场等信息1339人。农业科技信息应用示范村注册使用农民信箱3943户，注册率78.6%。利用农民信箱发送短信、信件和买卖信息8.76万条。累计在信息窗宣传张贴农业科技信息资料408期，县、乡农业服务单位和责任农技员，按农事季节特点向示范村发送科技信息928次，印发农业科技信息资料2.25万份，引进新技术应用示范面积252.8公顷。农业科技信息应用示范村带动农户购买电脑361台，农业科技信息应用示范村建设增加当年农村经济收入629万元。丽水市被确定为该试点单位，获赠农村信息大篷车1辆。大篷车内设电脑15台、投影仪、无线通讯和网络等培训设备，是组织农村信息化培训有效载体和流动农民电脑知识培训教室。7月10日，在莲都区富岭街道举行丽水·衢州市农村信息大篷车启动仪式，副省长茅临生宣布农村信息大篷车正式启动，两市签订农村信息大篷车使用协议。10月，以县为单位组织开展大篷车培训周活动，实行重点村培训和组织乡村巡回展示结合。同年底，大篷车下乡进村培训41期，遍及乡镇27个、村113个、621人，行车里程5360千米。

2010年，丽水市建立健全农民信箱系统"三录一库"，全市农民信箱注册用户10.6万个，启用率97.9%。在农民信箱系统建立村网站2322个。

农村广播电视

有线广播　1950年9月，遂昌县创办广播收音站，至1955年10月，丽水、云和、龙泉、松阳等县相继建立广播收音站，接收中央人民广播电台(下称中央台)、浙江人民广播电台(下称省台)新闻节目。1956年，各县相继建有线广播站。1958—1959年，各县架设广播专线2552千米，利用农村电话线3259千米，发展广播喇叭7620只，各生产大队通广播。1960—1963年，广播喇叭减少1000多只。

1964—1966 年，架设广播专线 1157 千米，发展广播喇叭 1 万多只。1969—1970 年，建公社广播放大站 87 个，架设广播专线 14380 千米，发展广播喇叭 10 万只。1976 年，有公社广播放大站 288 个，广播专线 2 万多千米，广播喇叭 20 万只，通广播生产队 90%，喇叭入户率 50%以上。广播宣传以转播和读报为主。至 1980 年，农村广播用水泥杆更换木杆。1982 年，各县广播站每天早、中、晚播音 3 次，时间 7 小时，先后办起《本县新闻》和《农科知识》《山区建设》《文化园地》等专题。1984 年，各县广播站联办丽水地区新闻联播节目。1990 年，有区、乡、镇广播站 384 个，村广播室 1616 个，干部职工 1363 人；扩大机 630 部，合计功率 138.89 千瓦；县至乡广播专线 2075.77 杆千米，乡以下广播专线 14575.96 杆千米；广播喇叭 26.82 万只，入户率 43%。随着电视在农户普及，广播入户率不再计算。

无线广播　民国 17 年（1928），各县政府设置收音室，收录浙江省无线电台新闻。民国 27—31 年，浙江省政府无线电台随省政府迁移丽水，民国 36 年，在龙泉建立分台。1971 年 12 月，筹建丽水、遂昌、龙泉广播转播台，隶属丽水地区革命委员会。1972 年 8 月，丽水广播转播台建成，转播省台第一套节目，功率 1 千瓦。此后，建庆元、云和、青田县广播转播台，转播中央台和省台第一套节目。1974 年，除丽水广播转播台外，各县广播转播台改归县委宣传部领导，后改属县广播事业管理局领导。1978 年元旦，丽水广播转播台扩建为功率 10 千瓦的中型转播台，先以 1 千瓦机转播中央台第二套节目，后以 10 千瓦机转播中央台第一套、省台第一套节目。11 月 23 日，丽水、庆元、云和、遂昌、龙泉广播转播台使用全国中波广播同步频率广播。1985 年 12 月，丽水广播转播台试用微型计算机自动控制广播发射机开关及运行过程。1990 年，有收音机 18.5 万台，录音机 4.5 万台，中波广播覆盖人口 136.25 万人，占总人口的 56.76%。随着电视普及，收音机、录音机淡出居民家庭。

电视　建立转播台、差转台。1976 年 9 月，地区广播事业管理局在丽水县南明山试收金华电视转播台节目。1977 年 5 月，在丽水县陈寮山建丽水电视差转台，以金华电视转播台为信号源，用 6 频道向丽水城关镇定向发射，转播浙江电视台节目，发射功率 10 瓦，覆盖面积 16 平方千米。1978 年 9 月，建丽水电视调频转播台，发射功率 1 千瓦，位于陈寮山，海拔 1051 米，用九频道发射。到 1979 年 9 月，相继建成缙云鸪鸪山、遂昌牛角尖、青田佛顶山、云和牛角山、庆元石龙山、龙泉石马山电视差转台。各县城镇居民可看到一套电视节目。除庆元县电视差转台收转福建电视台节目外，其他各台收转浙江电视台节目。1980 年元旦，转播浙江电视台节目，覆盖面积 432 平方千米，人口 45 万。1981 年 11 月，丽水电视调频转播台在丽水城北建发射功率 10 瓦发射点，从杭州录制中央电视台节目，用 11 频道播出。1983 年，在丽水电视调频转播台基础上建丽水电视台。1984 年，发射功率增至 50 瓦。同年，国庆展览会上播放自己摄制的专题《今日丽水》。1985 年春节，首次在电视调频转播台播出自己摄制的两组新闻和一组专题。2 月，试办《丽水新闻》节目，在九频道播出。1985 年 5 月，丽水县电视台建立，插播本县新闻。12 月，《丽水新闻》由每周一档增至两档。1986 年 3 月，丽水电视台开办广告业务。4 月 14 日，金华电视台至丽水电视台大微波线路建成。9 月，庆元县建立卫星地面收转站，收转中央电视台节目。此后，云和、龙泉、遂昌、景宁、青田、缙云、松阳县及丽水市（县级）相继建成卫星地面收转站，部分电视大学工作站建立卫星地面单收站，厂矿建立卫星地面收转站。12月，《丽水新闻》由每周两档增至三档，并增播《一周新闻片选播》。1988 年，建卫星收转站和单收站 27 座。同年，遂昌、云和、庆元、景宁、松阳、龙泉、青田、缙云县广播电视局先后购置电视摄录像设备，摄制一些电视新闻片。1989 年 1 月 11 日，丽水电视台撤销。10 月 1 日，丽水电视台自办二十四频道试播《丽水新闻》。11 月 4 日，《丽水电视报》创刊，8 开 2 版周报，后改为 4 开 4 版周报。1990 年，全区有1—300瓦电视差转台365座，电视覆盖人口173.76万人，占总人口的72.38%，拥有电视机10.9万台，各县城居民能收看两套以上电视节目。并有闭路电视系统48个。同年7月1日，丽水市（县级）城关镇第一批有线电视开通，每天可收看中央、浙江、丽水、云南、贵州、新疆等电视台八套节目。丽水电视台全年播发丽水新闻3527条，其中图像新闻1392条，口播新闻2135条。同年，全区有卫星电视地面站110座，中央电视台节目覆盖率47.86%。

2004年3月，丽水华数数字电视有限公司成立，经营有线电视用户接入网和全市传输网的建设与运营。向城乡人民与社会提供阳光政务、财经、教育、游戏、娱乐等应用服务以及城市信息服务、党员远程教育、文化信息共享等各类信息服务。

村庄整治

1999年，丽水地区开展农村治厕改厕工作乡镇170多个、村1600个，完成改厕18.23万户，占农村总数的28.56%，其中厕所无害化4.42万户，占总改厕的24.23%；新改建卫生厕所3.58万户，比1998年增长21.6%。

2003年，丽水市实施"百村示范、千村整治"工程。同年，全市投入资金1.8亿元，基本完成各县（市、区）域村庄布局规划，完成总体规划村庄175个，完成建设规划村庄144个。确定省、市示范村21个，环境整治村130个。莲都区塔下村、龙泉市村头村、缙云县湖川村，被省政府命名为全面小康建设示范村。

2004年9月，召开丽水市百村示范、千村整治工作会议，投资6.01亿元（含项目捆绑资金），其中，市、县两级财政专项投入2015万元，乡镇投入2103万元，村级集体投入5305万元，农民自筹3.5亿元，社会筹资9160万元。农民投工投劳41万工。全市拆除旧房94万平方米，新建房屋302万平方米；修建通村公路846千米、新增道路面积241万平方米；新增自来水使用人口15万人；河道建设长79千米；新增村庄绿化面积37万平方米；新建公共厕所196座，消除露天粪坑4396个，修建垃圾箱（池）3217个；新增路灯3535盏；消除"赤膊墙"58万平方米。全市基本完成环境整治村349个，通过省验收复查95个。启动省、市示范村80个，其中省级48个；环境整治村432个，其中省级290个。完成省、市示范村建设26个，经省验收合格，被省政府命名为全面小康建设示范村5个：莲都区下水南村、龙泉市水塔村、遂昌县十三都村、缙云县湖川村、景宁畲族自治县东坑村。

2005年，丽水市完成示范村建设28个，基本完成249个。投入资金2.87亿元（含项目捆绑资金），其中，市、县两级财政专项投入6440万元，村级集体投入2929万元，农民自筹1.48亿元，社会筹资3814万元。

2006年，丽水市全面开展"农村环境五整治一提高工程"，全年投入资金1.5亿元，建成省、市级示范村31个，基本完成环境整治村257个。投入资金12.43亿元，启动示范村139个、整治村954个。新建乡镇垃圾中转站57个。全市垃圾集中收集率按行政村口径统计51.92%，按人口或垃圾量口径统计63.81%。

2007年，丽水市创建省、市级示范村37个，环境整治村247个。"农村干部环境五整治一提高工程"行政村覆盖率20.11%。出台《关于进一步加强农村垃圾固废污染整治工作的实施意见》，开展乡村环境卫生整治，全年投入农村垃圾收集处理资金4068万元，其中市、县两级专用资金2600万元。全市行政村3480个，实施垃圾集中收集处理行政村2257个，覆盖率64.86%，其中，莲都区农村垃圾集中收集率和无害化处理率 70.19%。同年，全市 2079 个村配备保洁员 3576 人，配备垃圾清运设备 1343 辆。全市建设垃圾中转站 181 座，焚烧炉 147 个，填埋场 41 个。

2008 年，丽水市以“三沿一区[①]”为重点区域，以“三清、四改、五有[②]”为重点内容，以村道硬化、垃圾处理、污水治理、卫生改厕、村庄绿化为重点项目，串点成线连片推进村庄整治建设。2008 年，丽水市全年整治待整治村 380 个，提升整治村污水治理 100 个，建设农村新社区 10 个、新农村示范村 18 个。全市建设垃圾中转站 212 个、焚烧炉 161 个、填埋场 59 个。

2009 年，丽水市实施“1020”工程，即对 10 条线、重点乡镇 20 个，进行连线成片整治，做到“整治一片、洁净一片、巩固一片”。财政投入村庄整治 2.2 亿元，其中市本级 1700 万元。全市待治村 380 个，新增村内主干道硬化 658.35 千米，新增卫生厕所农户 40533 户，新增公共厕所 509 座，新增建设生活污水治理池 7.92 万立方米，新增污水治理农户 5.24 万户，新增种植绿化苗木 29.6 万株。整治村 100 个，新增建设生活污水治理池 2.8 万立方米，新增污水治理农户 1.78 万户，开展农村垃圾集中收集处理行政村 2768 个，收集率 79.5%。

2010 年，丽水市委、市政府出台《关于丽水市推进“三沿”整治创建美丽乡村行动计划的实施意见》，计划用 3 年时间，使村庄整治工作从点上推进向线和面上拓展，较为彻底地改变丽水农村面貌。全年财政投入资金 1.8 亿元，完成沿路、沿江、沿景区村庄整治提升任务村 380 个，新增村内主干道硬化 562 千米，新建公共厕所 458 座，开展污水治理农户 4.6 万户，新增种植绿化苗木 34 万株，新增安全饮用水人口 6.8 万人。农村垃圾集中收集率 86.16%。同年，首获全省“千村示范，万村整治”工程先进单位。

第三节　公共事业

民国前，丽水农村文盲多，教育设施落后；文化生活缺乏，山区农民长期处于“早晨听鸡叫，白天听鸟叫，晚上听狗叫”封闭状态；农村缺医少药，看病难。中华人民共和国成立后，开展扫盲、夜校补习等，实行农村义务教育。免除农村义务教育阶段贫困家庭学生的书本费、杂费，并补助寄宿生生活费。加强农民技能培训，培养农村实用人才等。推进广播电视村村通，组建农村电影放映、建立乡镇综合文化站和村文化室建设，组织文化下乡等；在每个乡镇办好一所卫生院，加强村卫生室建设，新型农村合作医疗全覆盖，向农民提供安全价廉的基本医疗服务。农村公共事业的发展，让上学难、缺文化、看病难得以改观。

民众教育

农民教育　清宣统元年（1909），丽水县有简易学塾 4 所。清宣统二年，增加至 8 所。招收年长失学者入学，授学部颁简易识字学塾课本，有浅易算术、体操、习字等课程，学堂教师兼塾师，于晚间授课。

---

① 三沿一区：沿路、沿江、沿景区和水源保护区。

② 三清：清理垃圾、清理河沟池塘、清理乱堆乱放。清理乱堆乱放。五有：有路灯、有绿化、有污水处理设施、有公共服务、有民主管理制度。

民国4年(1915),丽水县教育会公议建立通俗夜校,招收社会失学成年人入学。除识字,还授以生活必需之知识。民国6年,丽水县办演讲所,由教员巡回讲演时事和各种常识,后改演讲所为学塾。民国9年,成立平民教育促进会,兴办平民教育。民国18年,丽水县民众教育馆建立,民国22年,丽水县建成岩泉、沙溪、碧湖、太平4个区民教馆,设教导、艺术、生计等组,民国38年解散。

民国19年(1930),丽水县成立识字运动委员会,建成民众学校学级21个,学员465人,问字处123处。民国21年,省立第十一中学举办暑期民校、妇女讲习班等。至民国24年,丽水县有民众学校36所,学级40个,学员1452人,教职员78人。抗战初期,中共党员钱仲仪等在高溪乡南坑口村,办战时民众夜校;中共党员王静之等在叶塘下、周畈等地,办妇女识字班。民国29年,战时民众学校扩及四乡,在畲民集中地区办有畲民学校,全县各国民学校均附设夜校成人班、妇女班和混合班,入学民众5400多人。民国37年,农村劳动者受过初小以上教育124979人,占总人口15%;文盲半文盲833193人,占总人口71.35%。

民国17年(1928),青田县民众教育馆建立。民国18年,成立县识字运动委员会。有民众学校17所。民国23年,增至304所,学员955人。民国25年,设区中心民校4所,乡村中心民校7所,乡村学校成人组4个,小学附设民校4所。民国26年,山口、港头、仁塘湾、玄坦开办民众学校,设国语、算术、珠算、公民训练、音乐等课程。民国27年,全县有常年民校4所、小学附设民校13所、半年制战时民校25所。此外,省教育厅在高湖、平桥、静潭①、庙后②、石帆、黄渡③设立省战时中心民校6所,3个月扫除文盲3000人。民国29年,实施国民教育,有条件的乡保国民学校开办成人妇女班。同年,全县办民校100班,学员3066人,毕业2663人。民国30年暑期,回乡中学生491人,办暑期民校26所,有农民参加学习1230人。民国34年,民校学员5603人。

清宣统元年(1909),云和县设简易识字学塾2所,供文盲成人及贫寒子弟就学。清宣统二年,增至5所,学塾附设学堂之内,教师由塾师兼任,入学者书籍概由学塾发给,经费来源以官费为主,其次靠绅富捐款及学堂补助,由县劝学所管理负责。民国8年(1919),云和县模范国民学校在文昌阁开办平民补习学校,招收学员40人,辅导工作由通俗教育馆负责。民国19年2月,始由县民众教育馆主管。庄前、贵溪、赤石、杉坑岭、梅垄、高胥、安礼、崇头、仙眠床、沈岸、大牛、高岩、双洲、金山学校附设民众学校14所。同年,举行全县识字宣传周活动,各小学设民众问字代笔处。民国27年,各乡镇利用冬闲时间,开办战时民众学校56所,印发识字读本3600册,免费供给学员,增长民众抗战知识和抗战情绪。民国29年,省教育厅公布《肃清文盲实施方案》,提出"5年肃清文盲"任务,全县小学110所开办成人班24个、妇女班28个,小学47所附设成人、妇女混合班,办学99个班,另有民众学校30所,全县成年学生2372人。民国31年,县成立强迫入学委员会,部分妇女逃避入学,当局曾派警察执行强迫入学。

清宣统三年(1911)龙泉县开办简易学塾7所,着重教授不识字成人,学员123人。民国元年(1912),龙泉县通俗教育馆负责社会教育,举办平民学校。民国16年,设立民众夜校。民国18年,成立县识字运动委员会,开展识字宣传周活动。民国19年,办民众夜校5所;各机关、学校、群众团体设立"群众问字处",同年12月,成立县民众教育馆,管理社会(成人)教育事宜。25年,全县开展文

① 2010年属仁川。

② 2010年属妙后。

③ 2010年属黄肚。

化普查，16—45 岁失学民众 82654 人。民国 27—28 年，在安仁、小梅、八都、道太 4 个区设立民众教育分馆，开办民众夜校 8 所、问字代笔处 81 处。举办民众夜校成人班、妇女班、补习学校，并举办墙报、通俗演讲、时事讲座，歌咏队等，进行识字教育和宣传抗日救国。各小学兼办社会教育。同年，有社会教育人员 221 人，举办民众夜校 121 所，民众问字处 140 处。民国 29 年，成立社会教育推行委员会；每乡中心学校设立民教部。每学期举办成人、妇女识字班各 1 班。民国 30 年，全县举办民众教育班 30 班，学员 798 人，毕业 684 人。民国 32 年，县政府建立强迫入学委员会，配教育警察 2 人，实行强迫入学。民国 33 年，各保甲成立“甲读书会”。民国 36 年，县政府制定《肃清文盲 3 年计划》，责令各学校兼办成人、妇女班，但施行不力。

清宣统元年(1909)，庆元县设简易识字学塾 2 所，课程设国文、国民道德和算术 3 门。民国 9 年(1920)，成立县平民教育促进会，推行普及识字教育。民国 12 年，设通俗教育讲演所。民国 18 年，成立县识字运动委员会，开办民众学校。民国 19 年，设县实验民众学校 1 所，小学附设民众学校 9 所，招收失学儿童和不识字成人入学。民国 30 年，推行战时民众强迫教育，组织扫盲工作团下乡巡回扫盲。同年，各中心小学国民学校和保国民学校附设成人、妇女识字班 104 个，有学员 7220 人，其中妇女 3100 人，另有扫盲班 2 个，学员 100 多人。

民国 19 年(1930)，缙云县始办民众学校，有 7 所、学生 147 人。民国 24 年，县立民众学校 16 所，国民党县党部设民众学校 2 所，民众学校 7 所。民国 25 年，按中央教育部规定，教职员、中学生、公务员等参加办理民众教育，每星期至少服务 3 小时，全县有民众学校 31 所、1216 人。民国 27 年，私立仙都中学成立社会教育推行委员会，发动学生抄写民校课本 600 多册，随后县立简易师范等校也开办民众学校。民国 28 年，分别在胪膛、洪坑桥创办县立第一、第二战时中心民众学校，全县在中心小学和初级小学附设战时民众学校 41 所、学生 2000 多人。民国 29 年，全省专员、县长会议通过《肃清文盲实施方案》，确定 13—35 周岁文盲，首先强迫入学，县内各校大多附设妇女班、成人班或混合班。许多学校成立民教部，举办和辅导当地民众学校、补习班等。民国 34 年，学校 286 所，兼办民众教育、学生 12238 人，占失学民众总数 19%。民国 37 年，县政府通知各中学、简易师范、乡镇中心国民学校举办暑期补习学校和补习班，时间 1 个月。同年，民众学校 9 所，学生 524 人。

清光绪三十四年(1908)三月，遂昌县城北竞选初等小学堂开设夜校，招收民众入学，进行识字和实用知识教育。清宣统元年(1909)，开办简易识字学塾 2 所，教授青壮年民众。清宣统二年，增至 8 所。民国 16 年(1927)，遂昌县创办平民夜校 1 所，教学识字、书法、算术、珠算、公民、乐歌等，第一期毕业 25 人。后平民夜校改称民众学校。民国 18 年，成立县识字运动委员会，民众学校发展至 14 所，学员 355 人。民国 24 年，石练、三都、对山乡实施成人、儿童合校制，上午教儿童，下午教妇女、晚上教成年男子。民国 25 年，县政府发布《识字教育实施办法》。民国 26 年，全县兴办战时民众学校50 所，学员 2500 人。民国 29 年下半年，省教育厅在马头、新路湾、长濂、姚埠、石练、高坪举办省第 22、23、24、25、26、27 战时民众学校，校长由省教育厅任命，毕业证书由省教育厅验印，办 3 期，每期 2 个月，每班 50 人，毕业生 1178 人。民国 29 年，实施国民教育，全县乡镇中心学校和保国民学校，均成为地方自治和社会教育中心，实施义务教育和民众教育。同年，举办成人、妇女班 70 个，学员 2300 人。民国 34 年，县成人教育实施委员会举办第一期成人教育讲习所，学员 1728 人，结业 1607 人。后又指定崇圣、川溪、保仁、大柘、石练、妙高等乡镇，为成人教育示范区，先后办讲习所 4 期、72 班，学员 2845 人，结业 1817 人。抗战胜利后，民众学校猛增至 408 班，学员 12268 人。

清宣统元年(1909),松阳县创办简易学塾2所,教授年长不识字民众。清宣统二年,增至5所。民国元年(1912),设通俗讲演所。民国5年,改组为通俗教育讲演所,有讲演员4人,定期到各乡巡回讲演。民国9年,县劝学所倡办冬学。民国20年,全县创办民众学校12所,问字处57处。全面抗战时期,湘湖师范在松阳创办战时民众学校89所,有学员7272人。民国30年,各中心学校、国民小学附设成人识字班34个,妇女识字班28个,结业学员2198人。

民国18年(1929),景宁成立由县长、教育局长、各区区长组成的县识字运动宣传委员会,各机关均设民众问字处,是为景宁民众教育之开端。民国19年,景宁县成立民众教育馆,区立学校附设民众学校7所,入学民众198人,毕业87人。民国20年,5个区均设民众教育馆、民众学校13所,民众问字代笔处51处,阅报处7处。据民国23年调查,全县文盲半文盲人口有115898人,占总人口97.4%。民国25年,民众教育转以国防教育为重点,男性学员参加壮丁训练,入学人数大减。民国27年6月,设立县流动施教团。8月,《战时社会教育实施纲领》颁布,县普通小学设战时民校21所,妇女训练班2班,区消费合作社兼办民校5所,有1800多人入学。民国29年,中等学校假期回乡学生办暑期民校13所,每晚授课2小时,入学民众1560人。民国30年,全县民众学校30所、乡中心国民学校58所,均设民教部、成人班、妇女班,入学民众1860人。民国31年4月,举行全县文盲调查补习会,统计全县当年儿童入学率31.82%,农民入学率为5.45%。同年,执行"5年肃清文盲计划",把扫除文盲列为抗战时期中心工作之一,强制失学民众入学。民国35年,县乡国民学校附设成人班30个班,妇女10个班,入学民众1245人。农民教育虽经断续努力,但收效甚微。中国共产党景宁县基层组织和武装部队,在游击战争年代,在游击区兴办冬学,推动农民识字,开展革命宣传。

扫除文盲 1949年10月,中华人民共和国成立初,丽水专区农村青壮年中文盲、半文盲占80%以上,扫除文盲是农民教育首要任务。1949年冬,各县开展冬闲扫盲运动,各县举办农村夜校,基本上每村1所,开始大规模扫盲运动。

1951年8月,丽水专区举办速成识字教学法师资训练班,培训扫盲教师300多人。全区推行"速成识字法"教学。1952—1953年年初,丽水、云和、龙泉、庆元、景宁等县有冬学和常年民校2343班,参加学习12.8万人。

1956年,在农业合作化高潮中,各地创造"见物识字""绘图识字""购物识字""设立识字岗""送字上门""互教互学""包教包学"等教学方法,收到较好效果。龙泉县安下村提前实现《农业发展纲要》扫除文盲要求,成为青年无盲村,受到省委表扬。11月,浙江省召开第一次扫盲积极分子代表大会,各县参会代表36人。

1958年,各县兴起突击扫盲运动,提出"黑夜当白天,干劲冲破天,苦战九个月,实现无盲县"口号,广泛开展群众性识字运动。在村头、路口设识字牌,发动教师和职工送教到田头,中小学生挨家挨户送字上门。同年,参加文化学习农民31万人,虽扫除一批文盲,但复盲率高。据遂昌县调查,当年复盲13394人,占脱盲总数53.4%。

1960年6月,龙泉县安下村民校教师、扫盲模范李招娣出席全国文教群英会。1961年,整顿农民教育,提高教育质量。1963年11月,召开丽水专区业余教育干部座谈会,全面规划业余教育,农民教育逐步走上轨道。1964年,受过小学以上教育461561人,占总人口31.68%;文盲半文盲595230人,占总人口40.85%。

1966—1976年,"文化大革命"期间,丽水农民教育机构撤销,扫盲工作陷于瘫痪。文盲、半文盲人数增加。1972 年，农村文盲、半文盲 885435 人，占少、青、壮年人数 46.27%，其中庆元县占 60.9%。

1978 年后，丽水地区及各县相继成立工农教育委员会，下设办公室。建立工农教育委员会区乡 115 个，配备专职业余教育班干部 141 人。各地举办扫盲突击班、季节性民校、常年民校、业余学习班、业余夜小学、农业技术学校等，组织农民学文化、学技术。1979 年，全区举办常年民校 2303 所，有教师 3429 人，入学农民 68311 人，脱盲 31894 人。

1980 年，办学大队 1518 个，占大队数 45.13%，参加各类学校学习 4.7 万人。1981 年 6 月，地区教育局在缙云县雅江公社召开丽水地区扫盲验收现场会。同年底，各县进行文化普查，经有关部门检查验收，全区基本无文盲公社（镇）31 个、大队 317 个；农村 12—40 周岁少、青、壮年 855005 人，其中文盲、半文盲 236010 人，占 27.6%。

1984 年 3 月，缙云县通过省政府扫盲验收，成为丽水地区第一个基本扫除青壮年文盲县。1985 年底，全区农村 12—40 周岁少、青、壮年 1072396 人，非文盲 944106 人，非盲率 88.04%。至 1988 年，全区 9 个县（市）先后通过省、地两级扫盲验收，实现基本扫除青壮年文盲；各县（市）扫盲教育进入巩固提高阶段，并按照新标准继续做好扫盲工作。1989 年，全区农村 15—40 岁青壮年 105.38 万人，其中文盲、半文盲率 8.05%。

1990 年，国家教委等单位 10 个联合召开迎接国际扫盲电话会议。丽水地区各县采用集体学习、分散辅导、包教包学等多种形式开展扫盲，农村扫盲工作掀起新高潮。同年，全区扫除青壮年文盲 30575 人，非盲率上升到 93.89%。

1993 年 9 月，丽水地区教委下发《关于对乡、镇基本普及九年义务教育、基本扫除青壮年文盲工作开展评估验收的意见》。各县（市）开展“两基”自查自评工作。1995 年，据各县（市）统计汇总，全区青壮年非盲率 96.32%；非盲率 95%以上乡（镇）161 个，占乡（镇）总数的 83%，非盲率 95%以上行政村 3168 个，占行政村总数的 87%。1991—1995 年，全区扫除青壮年文盲 30076 人。

1995 年 10 月，缙云县率先通过省政府“两基”评估验收。1996 年 10 月，丽水、龙泉、云和、庆元、遂昌、松阳 6 县（市），均通过省政府“两基”评估验收；青田、景宁两县通过省政府扫盲评估验收。丽水地区 9 个县（市）均通过省政府扫盲评估验收。全区乡镇 194 个，青壮年非盲率均在 95%以上，行政村 3661 个，非盲率 95%以上 3546 个，占行政村总数 96.86%；县城、企事业单位非盲率均在 98%以上。青田县被国家教委、财政部授予“全国扫盲工作先进县”称号；青田县政府、松阳县叶村乡中心学校，获国家教委、财政部颁发第一届“中华扫盲奖”。1997 年 1 月，松阳县被列为国家教委对浙江省进行扫盲验收抽样县，顺利通过验收。9 月，松阳县枫坪乡中心学校和青田县教委陈永，获国家教委、财政部颁发第二届“中华扫盲奖”。

1997 年后，各县（市）继续扫除剩余文盲，并结合农村实用技术培训，组织脱盲人员学文化、学技术，巩固扫盲成果。1999 年 10 月 18—22 日，青田县教委主任受邀出席在北京举行的第三届亚洲扫盲论坛，提交《建立成人扫盲教育新体系的实验研究》论文。

业余初等和中等文化教育 丽水冬学时间一般在秋收后至春播前，3 个月左右。1949 年 10 月，贯彻全国教育工作会议“在全国进行识字教育”精神，专署文教科在丽水县城关镇建立冬学实验示范区 3 个，各示范区设冬学委员会，组织专人编写识字课本，入学农民 300 多人。主要学习识字、写字，有结合党的中心任务，学唱革命歌曲。同年，丽水、青田、庆元、缙云、遂昌、松阳等县办冬学 560 所，农民参加文化学习 22839 人。

1950年2月，第一期冬学结束，部分冬学转为常年性民校或识字班。浙江省政府颁发《关于1950年农村冬学实施办法》，专署文教科组织丽水师范小教研究班学员50多人，分3组到丽水县城关、碧湖、太平等地办冬学。丽水专区办冬学1257所，入学农民69887人。1951年3月，各县自下而上评选冬学模范。4月29日，浙江省首届冬学模范代表大会在杭州召开，丽水专区出席代表12人。10月，丽水专署通知各县将冬学转为常年性民校。同年，全区办冬学2343所，入学农民128299人。

1952—1955年，各县冬学陆续转为常年民校。冬学作为季节性民校办学形式同时存在。民校分设初级班（初小程度）和高级班（高小程度）。入学年龄14岁以上，45岁以下。初级班3年结业，设识字和算术2科，采用部编《农民识字》课本和省编《冬学》课本；高级班2年结业，设国语、常识、算术、政治4科，采用全日制高小课本。按照“农闲多学、农忙少学，大忙放假，忙后复课”原则安排教学时间，全年学习240小时。1953年后，各县先后建立县、区、乡三级业余教育网，建立考试、升留级等制度。1955年，各县在区一级均设立业余教育中心学校；各县办冬学和民校3429所，入学农民15.2万多人。1956年，业余初中发展。丽水县城关、碧湖、曳岭等地办业余初中班8个，有学员300多人；云和县开设业余初中13个班，有学员323人。业余初中开设语文、数学、理化常识或农业知识课程3门，招收业余高小毕业农民和回乡小学毕业生学习。1958年，丽水县业余初中学员增至6675人。

1960年，缙云县开设业余初中班221个，学员3372人。1962年，青田县开设业余初中92个班，学员742人。1963年年底，丽水专区参加业余文化学习农民5.5万多人。1964年，贯彻全国农村业余教育会议精神，丽水县有常年民校263所，学员4456人；龙泉县有常年民校264所，学员9821人。青田县有常年民校676所，学员16557人。缙云县在全日制小学附设识字班190个，并设农技、会计等班，全县入学农民22451人。各县农村全日制初中多数举办业余初中班，招收高小毕业青年农民入学。同年，全区入学农民6.9万多人。

1966年，“文化大革命”开始，农民业余文化学校改为政治文化夜校，以学政治、“大批判”为主，扫盲停滞不前。

1978年，丽水地区恢复业余文化学校。1980年，全区常年民校376所，季节性民校1700多所，入学总人数47399人，其中，高小班6946人，初中班2850人。1983年，全区有农民业余中学29所，在校生1034人；农民业余初等学校796所，在校生8158人。1988年，全区有农民业余中学18所，毕（结）业学生424人，招生569人，在校生967人；有业余初等学校615所，毕（结）业学生10262人，招生9964人，在校生23664人。

1997年，丽水地区实现“两基”教育后，逐步减少、停办农民业余初等学校。

职业技术教育　丽水市农民业余技术教育起步于农业合作化后。1956年，丽水县泄川乡创办农民业余技术学校，有学员15人。1958年，青田、庆元等县创办过“红专学校”。缙云县城北公社举办农业技术夜校和短训班，培训农民2000多人次。遂昌县创办初级卫生技术学校（1961年初停办），招生44人，学习6个月，为高级农业合作社培养初级卫生人员。

1960年后，丽水各县举办学政治、学文化、学技术“三结合”业余学校，开展农业技术教育。1964年，缙云县周村大队创办业余初级农技学校。20世纪60年代末70年代初，各地开展农村赤脚医生培训。1975年后，各县都举办过“五·七”大学，培训农技干部和区、公社卫生人员。

1979年，丽水地区推行农村家庭联产承包责任制后，农民业余技术教育有较大发展。同年，丽水县创办业余农业技校3所，有学员87人，开设种植、养殖、农机维修等课程。全区有公社、大队办农技校或教学班66处，学员2012人。

1980年，缙云县31个公社和大队，办业余农业技术学校93所，学员2957人。丽水地区有公社、大队办农技校（班）158处，学员4542人。1981年后，贯彻全国农民教育座谈会关于在扫盲基础上广泛开展农业技术教育的精神，各县开始有计划发展农业技术教育，开设课程主要有种植、养殖、农机维修等。1982年，缙云县各公社普遍开展农技教育，举办农技校311所，有学员17129人。丽水县办农技校6所，学员448人。庆元县竹口等7个公社，举办农技培训班，培训农民4500多人次。遂昌县办农技校3所，学员160人。松阳县办农技校5所，学员235人。1983年年底，全区40%以上大队开办农技校或班，班级1300多个，学员24545人。

1984年8月，缙云县城北乡率先创办乡成人教育中心，主要教育对象是农村基层干部、农业技术人员和青年农民，贯彻教学、试验、示范和技术推广相结合办学方针。学习形式有脱产、半脱产和业余3种，学习时间有长期、短期之分，以业余和短期为主。教材主要采用全国统编农民职业技术教育课本，或选用各类职业技术学校教材和各种实用技术读物，编写本地农村专业户、科技重点户实践经验为补充教材。同年，丽水地区有乡（镇）成人教育中心5个，乡、村农技校254所，农民参加农业技术培训24568人。1985年，全区乡（镇）成人教育中心发展到31个，乡、村农技校492所（班），培训农民27083人次。

1986年，国家教委等5单位，发出《关于“七五”期间加强农村青年实用技术培训工作的通知》，坚持“实用、实际、实效”原则，长短结合，以短为主，开展培训工作。同年，丽水地区有乡（镇）农机校128所，学员4463人；村农技班970个，学员38400人；举办各种农村实用技术短训班1510期，受教育农民123377人次。1977—1990年，有农职业学校毕业生10541人、技工学校毕业生2877人。1994年，省教委批准成立丽水地区职业中等学校，由地方教育部门主管遂昌、缙云、松阳、龙泉4个县教学点。1995年，全区有各类中等职业学校38所，学校招生8141人。有省重点职校2所、省示范性职校1所、地区级示范性职校1所。1996年，全区有中等专业职业学校11所，职业高中23所，技工学校3所。中专学校招生3647人，在校学生9978人。职业高中招3562人，在校学生7597。技工学校招生697在校学生1538人。有省重点职校2所、省示范性职校2所、地区级示范性职校4所。1997年全区有各类中等职业学校33所，中专、职业高中、技校三类职校招生8816人，在校学生21016人。1998年全区有各类中等职业学校36所。中专、职业高中、技校三类职校招生8359人，在校学生21912人。2004年，全区有各类中等职业学校29所，招生14668人，在校学生38695人。全市中等职业学校毕业生8283人，一次性推荐就业6516人。2010年，全市有各类中等职业学校21所，招生13705人，在校学生33417人。全市中等职业学校毕业生9103人。

乡（镇）成人文化技术学校　1987年12月，国家教委颁布《乡（镇）农民文化技术学校暂行规定》，要求按照乡（镇）中心小学或初中建制规格，逐步把乡（镇）成人文化技术学校办成具有一定规模的教学实体。1988年后，农民教育机构更名乡（镇）成人文化技术学校和村成人文化技术学校。各地在发展学校数量同时，着力办学条件改善，重点加强乡（镇）级学校建设。

1992年12月，龙泉市锦溪镇成人文化技术学校被国家教委评为农村成人教育先进学校；缙云县壶镇镇、丽水市联城镇、龙泉市锦溪镇成人文化技术学校3所，被省教委确定为联系点。

1994年，丽水地区有乡（镇）成人文化技术学校165所，教职工525人，其中专职教师136人。被批准为乡初中建制学校14所，具有独立校舍学校39所，有教学生产实验基地学校16所。1995年，全区建立成人文化技术学校乡（镇）191个，其中初中建制22所；村成人文化技术学校1333所，其中初中建制17所。

1998年，缙云县壶镇镇成人文化技术学校，被省教委评为省示范性乡（镇）成人文化技术学校。1999年，缙云县五云镇成人文化技术学校、松阳县古市镇成人文化技术学校，被省教委评为省示范性乡（镇）成人文化技术学校。

2001年，丽水市有省示范性成人文化技术学校3所、省一级成人文化技术学校3所、省二级成人文化技术学校8所、省三级成人文化技术小学41所，有专职教师313人，兼职教师2305人。

2004年，丽水各县（市、区）改革成人教育体制，在原乡镇成人文化技术学校基础上，组建区域中心成人技校。2005年，经县级以上政府认定，全市乡（镇）成人文化技术小学19所，被确定为县级“百万农村劳动力素质培训工程”基地。2007年，全市被确定为县级以上农村劳动力素质培训基地成人技校22所。遂昌县北界镇中心成人文化技术学校，被省教育厅、省财政厅评为2006年省优秀农村劳动力培训基地。2008年，松阳县西屏中心成技校，被评为全国农村成人教育先进单位。2010年，全市有乡镇成人文化技术学校165所，教职工230人，其中专任教师144人。

“燎原计划” 1988年11月，国家教委发文实施“燎原计划”。12月，行署召开丽水地区教育工作座谈会，部署贯彻。1989年1月，地区教委召开成人教育年会，落实“燎原计划”示范乡镇试点。12月，行署召开全区农村职业技术教育工作会议，提出在教育系统内部“三教”①沟通，外部“三个计划”②配套，农业、科技、教育三家协作。以乡镇成人文化技术学校为依托，走“试验—培训—推广—服务”一条龙路子。同年，9个县（市）先后建立由教育、科技、农业、林业等部门组成的“燎原计划”领导小组。确定丽水市联城乡、青田县高湖乡、云和县沙溪乡、龙泉市锦溪镇、庆元县小安乡、缙云县方川乡和城北乡、遂昌县妙高镇、松阳县枫坪乡、景宁畲族自治县张春乡10个，为第一批实施“燎原计划”试点乡（镇）。当年，各试点乡（镇）举办实用技术培训班164期，培训农民6981人次；推广科技项目34个次。试点乡（镇）经济总收入比1988年增长10.16%，人均收入比1988年增长13.2%。

1990年1月，丽水地区行署建立农科教协调领导小组。6月，地委、行署召开全区科技教育工作会议，落实科技兴农规划，对农、科、教三家分工协调，“三个计划”同步落实作出具体安排。同年，试点乡（镇）10个，举办实用技术培训班154期，培训农民20823人次，推广科技项目46个次。两年培养农民技术员153人，建立科技示范户1065户。1991年1月，行署在缙云县召开“燎原计划”试点乡（镇）工作经验交流会，确定地区“燎原计划”示范乡镇28个。8月，地委、行署在庆元、龙泉召开农业综合开发现场会，“燎原计划”列入议题。全区“燎原计划”示范乡（镇），举办农技培训班3022期，培训农民213172人次，推广农技项目114个次，建立科技示范户2618户。示范乡（镇）粮食总产量比1990年增长7.49%，人均收入比1990年增长14.37%。1992年10月，地区教委在青田县召开“燎原计划”示范乡（镇）工作现场会，实地考察青田县贵岙乡实施“燎原计划”情况，观看青田县实施“燎原计划”录像、图片，组织经验交流。11月，在龙泉市召开浙江省南片③农科教结合、实施“燎原计划”经验交流会。同年，全区“燎原计划”示范乡（镇）42个，举办农技培训班2203期，培训农民19万多人次。示范乡（镇）人均收入比1991年增长7.6%，高于全区农民人均收入93元。

① 三教：普通教育、职业教育、成人教育

② 三个计划：星火、燎原、丰收

③ 温州、丽水、金华、衢州、台州。

1993年，丽水地区教委举办实施“燎原计划”5周年成果图片展览，并编辑《热土—来自“燎原计划”示范乡镇的报告》一书，扩大宣传。同年，示范乡（镇）农民人均收入926.5元，比1992增长32.9%，高于丽水地区农民人均收入189.5元。1994年6月，行署在丽水市（县级）召开“燎原计划”现场会。12月14日，《浙江教育报》专版报道青田县实施“燎原计划”经验。同年，全区“燎原计划”示范乡（镇）58个，涉及人口118万个，参加农技培训农民240711人次。

1995年，丽水地区“燎原计划”示范乡（镇）65个，推广农技项目50多个。1997年，实施“燎原计划”百、千、万工程，开展项目培训，推广新技术。“燎原计划”示范乡（镇）农民实用技术培训面81.62%。

农村医疗卫生

区医院　民国33年（1944）2月，丽水县大港头筹设区卫生分院，修房同时开诊。同年7月，院舍建成，日本侵略军进犯，停诊未复。民国末期，丽水县碧湖区、松阳县古市区、遂昌县湖山区设卫生所，卫生技术人员9人。1952年起，各县设区级卫生所，负责卫生行政管理、医疗、防疫保健等工作。1958年，改称区医院。1961年，改称区卫生院。1980年，复称区医院。1990年，有全民所有制区医院42所，集体所有制区中心卫生院1所，病床746张，职工947人，其中卫生技术人员824人。有区卫生办公室10个，职工66人，其中卫生技术人员55人。1992年，撤区扩镇并乡后，区医院改为所在镇卫生院。

乡镇卫生院　1952年，民间个体医生组织联合诊所。1958年，联合诊所转为乡办卫生机构，更名人民公社卫生院。1984年，又更名乡卫生院，属集体所有制。1990年，有乡卫生院274所，设有简易病床931张。职工1135人，其中卫生技术人员1117人。

1999年，丽水市（县级）建黄村卫生院；2001年，莲都区投资70多万元，改造高溪乡卫生院门诊楼；2005年，建成太平卫生院；2006年，建成庞山卫生院；2009年，新建仙渡卫生院。

2005年，丽水市贯彻落实《浙江省人民政府关于加强农村公共卫生工作的实施意见》，按照“花钱买服务，办事不养人”原则，制定实施方案，将农村公共卫生服务项目3个大类、12项，分解到乡镇卫生院。2006年，全年争取到省卫生厅专项补助资金1004万元，用于农村集镇示范卫生院建设。全市建成农村集镇示范卫生院12家。全市乡镇卫生院34个，列入省卫生厅危房改造项目，全市投入资金952万元，其中省级财政补助501万元，用于添置乡镇卫生院医疗设备。

2010年，丽水市有乡镇卫生院263家。

村保健站（卫生室）　20世纪50年代中期起，丽水各县农业生产合作社设保健员。20世纪60年代初，统一更名卫生员，不脱离生产劳动，为农民治疗常见病，并负责卫生防疫工作。1969年，建立人民公社生产大队医疗站，培训“赤脚医生”。1977年8月，丽水地区有大队医疗站2378所，占大队数69%，“赤脚医生”6924人。1979年后，随着落实农村联产承包责任制，出现集体办、集资办、“赤脚医生”联合承包、个人开业等多种办医形式。1982年，“赤脚医生”进行考试，凡达到中等卫生学校毕业水平的，发给乡村医生证。1985年，“赤脚医生”改称卫生员。1990年，设卫生点的行政村1579个，占行政村数43.2%。设医疗点1627个，其中集体办151个，乡村医生和卫生员联合办31个，乡卫生院设点85个，个人办1307个，其他53个。乡村医生982人，卫生员1730人，农村接生员2830人。

2007年，丽水加快农村医疗卫生体系建设，农村社区配备责任医生1710人，3个大类12项公共卫生合格村率87.1%。

2010年，丽水市有村卫生室882家。全面实施村卫生室补网工程，莲都区，遂昌、松阳等县出台村卫生室(社区卫生服务站)建设方案相关政策并组织实施。同年底,新建(改扩建)村卫生室295个,并设立巡回医疗点形式,实现基层医疗卫生服务全覆盖。

个体医生　民国末期,丽水有个体医生80多人。1949年10月中华人民共和国成立后,少数个体医生参加公立医疗机构。1952年起,各地个体医生逐步组织联合诊所,社会上仍有少数个体医生开业。"文化大革命"期间,个体医生停业。1979年后,个体医生考核发证。1984年,经审查批准开业个体医生258人,1990年,增至953人,分布城乡,设点坐堂,方便群众就医。2010年,全市有执业助理医师及执业医师5296人。

新型农村合作医疗　2003年1月,国务院办公厅下发《关于建立新型农村合作医疗制度意见的通知》,丽水选择青田、遂昌县为试点。2004年7月,市政府下发《关于建立新型农村合作医疗制度的指导意见》,全面实行由政府组织、引导、支持,农民自愿参加,个人、集体和政府多方筹资,以大病统筹为主的农民医疗互助共济制度。同年,全市参加新农合37.8万人,参合率72%,平均筹资标准40元/人,其中,中央财政补助2元/人,省财政10元/人,县财政8元/人,农民自筹20元/人。2005年1月,全面实施新农合制度,全市参加新农合146.63万人,参合率74%,补助和农民自筹标准不变。2007年,全市参加新农合175.34万人,参合率87%,平均筹资标准64.7元/人,其中,中央财政补助2元/人,省财政20元/人,县财政22.7元/人,农民自筹20元/人。

2008年9月,丽水市政府下发《关于进一步建立新型农村合作医疗制度的实施意见》,提出全市新农合村覆盖率保持100%,以县为单位,农民新农合保持在90%以上。全市参加新农合184.89万人,参合率90.08%,平均筹资标准101元/人,其中,中央财政补助4元/人,省财政40元/人,县财政29.8元/人,农民自筹26.8元/人。2009年始,各县(市、区)人均筹资额不低于上年当地农民人均纯收入2.8%,8月,完善新农合补偿方案,实行住院统筹为主、兼顾门诊统筹保障模式,适当扩大特殊疾病门诊范围。全市参加新农合187.7万人,参合率93.92%,平均筹资标准141元/人,其中,财政补助105.6元/人,农民自筹35.4元/人。2010年,不低于130元。全市参加新农合186万人,参合率93.4%,平均筹资标准190元/人,其中,财政补助138元/人,农民自筹52元/人。全市全年报结者住院总费用85764.16万元,受益404.08万人次。其中,报销住院费用11.2万人次,普通门诊报销392.5万人次,特殊病种大额门诊报销0.38万人。住院报销最低段比例提高到50%以上,最高支付限额均提高到当地农民人均纯收入6倍以上(4—10万元)。全市新农合统筹区域(县域)内住院补偿率46.96%,综合政策内住院补偿率44.86%,门诊补偿率14.85%。全市新农合定点医疗机构399家,实行信息化管理338家。

第四节　农村管理

管理体制

机构沿革　明清时期,政府对农村管理较为薄弱。民国时期,政府对农村管理加强,中华人民共和国成立后,政府重视农村建设。1949年7月,设立地委民运部。1951年9月,设立地委农村工作委员会。1963年5月,丽水专区恢复。6月,设立专署农林党组和专署农林办公室。8月,设立地委农村办公室。“文化大革命”期间，设立丽水地区革命委员会生产指挥组。1977 年 3 月，设立地区农业办公室。1980 年 7 月，农业办公室改称地区农业委员会。1983 年 9 月，设立地委农村政策研究室。1984 年 2 月，撤地委农村政策研究室，设立地委农村工作部。1986 年 3 月，撤地区农业委员会，设立地区农业经济委员会，与地委农村工作部合署办公；4 月，撤地委农村工作部，保留农业经济委员会。1993 年，设立地区扶贫办公室。各县（市、区）相应设立农村工作机构，撤地区农业经济委员会，设立地区农村办公室，与地区农业局合署办公。2001 年 2 月，设立市委政策研究室。2005 年 1 月，市委政策研究室与市农村办公室合署办公。

2001 年 1 月，市人大常委会设立农业资源环境工作委员会；市政协设立农业和农村委员会。加强对农村建设工作调研，不断提出议案和提案，帮助完善农村建设领导体制。

政策制定　1998 年 10 月，中共十五届三中全会作出《中共中央关于农业和农村工作若干重大问题的决定》，提出“党管农村工作是我们党的一个传统，也是一个重大原则”。10 月 17 日，召开地委委员会议，19 日，召开地委扩大会议，20 日，行署召开农口系统有关负责人会议，学习贯彻中共十五届三中全会精神，研究推进丽水地区农业和农村工作的对策和措施。地委结合换届，加强县（市）班子中农业领导的配备及调配地区涉农部门的力量。

2008 年 10 月，中共十五届三中全会作出《中共中央关于推进农村改革发展若干重大问题的决定》。10 月 15 日，市委召开市直领导干部会议传达学习。决定强调各级党委和政府要坚持把农村工作摆上重要议事日程，在政策制定、工作部署、财力投放、干部配备上，切实体现出把解决好“三农”问题，作为全党工作重中之重的战略思想。2009 年以来，丽水市、县委，市、县政府树立城乡公平对待、城乡统筹指导、城乡协调发展的思想和理念，在领导工作中加快改变城乡二元结构，把农业农村全面发展纳入现代化建设进程，按照城乡基本公共服务均等化的要求，保障公共财政向“三农”倾斜、公共设施向“三农”延伸、公共服务向“三农”覆盖；完善工作责任制，党委和政府主要领导亲自抓农村工作，要明确常委 1 人分管农村工作，从而使农村日常工作有人抓、有人协调。加强基层领导力量和干部配备；完善部门工作协调机制，充实农村工作办事机构，形成工作合力；把粮食生产、农民增收、耕地保护、环境治理、和谐稳定 5 项指标，作为考核县（市、区）领导班子工作绩效的重要内容，增强领导班子做好“三农”工作的使命感和责任感；完善全社会参与机制。支持人大、政协履行职能，发挥民主党派、人民团体和社会组织积极作用，共同推进农村改革发展。发动各行各业、各界人士以多种方式支持和参与农村改革发展。

金融保障

农村税费改革及综合改革　2002 年，全省实行“减调改稳、合理负担、转移支付、配套改革”为主要内容的农村税费改革。取消乡镇统筹费等面向农民征收的政府性收费和集资；取消屠宰税；取消劳动积累工和义务工；调整农业特产税，对在计税土地上生产的农特产品，只征收农业税，不再征收特产税；改革和规范村提留；稳定农业税政策。至年底，全市农民人均税费负担由改革前的 62.46 元下降到 14.66 元，减幅 76.5%。乡镇财政收支发生较大变化，财政体制也相应作调整。原由乡镇统筹费开支的乡村两级 9 年制义务教育、计划生育、优抚安置、民兵训练和乡村道路建设经费，根据公共财政要求和各地财力实际情况，由中央、省、市县三级财政合理负担；税费改革后出现的乡镇财政资金缺口，由省财政实行转移支付解决。

2006年6月,丽水市委、市政府根据省委统一部署,提出以"深化乡镇机构改革、社会化教育管理体制改革、深化乡镇财政管理体制改革、加强乡镇债务管理、建立村级组织运转保障机制"为内容的农村综合改革指导意见。各县(市、区)按照公共财政要求,把维护乡镇政权正常运转和提供农村社会公共服务作为基本职能,合理划分和调整县乡两级政府事权和财权,并在全市乡镇171个,实行"乡财县管乡用"财政管理方式,占乡镇的94.5%。在乡镇政府管理财政的法律主体地位不变,财政资金所有权不变,乡镇享有的债权及负担的债务不变的前提下,县财政部门在预算编制、账户统设、集中收付、采购统办和票据统管等方面,管理和监督乡镇财政。2007年,全省实施农村义务教育管理体制改革,全部免除义务教育阶段学生杂费,所需资金由省、市、县按比例分担,丽水各县(市、区)由省财政全额负担。2009年始,省政府确定村级组织运转经费最低保障标准为3万元(不含财政安排的村主要干部基本报酬),全市所有行政村均达省定最低保障标准。省财政开展村级公益事业建设一事一议、财政奖补试点工作,青田县入选首批试点县。2010年,全面推开,丽水所辖各县(市、区)均入选。

1991—2010年丽水市农业税收情况一览

表6-2-4-1 单位:万元

年份	农业税	农业特产税	耕地占用税	契税	合计
1991	855	644	116	73	1688
1992	908	618	186	80	1792
1993	882	604	209	77	1772
1994	1193	1303	308	115	2919
1995	1554	1791	608	156	4109
1996	2137	1800	711	210	4858
1997	2202	1838	552	282	4874
1998	2010	2181	549	1392	6132
1999	1898	2160	1361	2238	7657
2000	1804	2371	1670	2122	7967
2001	2245	1331	1666	3565	8807
2002	2102	0	5514	6700	14317
2003	1547	0	8867	10824	21238
2004	0	0	5637	13210	18847
2005	0	0	3888	16498	20386
2006	0	0	2963	18693	21656
2007	0	0	2706	26462	29168
2008	0	0	5141	20799	25940
2009	0	0	7693	29095	36788
2010	0	0	8649	41242	49891

说明:1. 2001年9月1日,取消屠宰税,停征农业特产税,并入农业税。2. 2004年1月1日,全市范围内停征农业税,减轻农民农业税负担2500万元

林权抵押贷款　2002年，浙江省试点森林生态效益补助办法，中央和省财政的补助标准为每年平均每亩重点防护林和特重用途林补助7元。2004年，浙江省全面启动森林生态效益补偿制度，公益林的补偿标准为每亩每年8元，其中损失性补偿支出5元，护林人员劳务费2元，公共管护支出1元，补偿支出省财政承担90%，县（市、区）财政承担10%。当年，丽水全市有生态公益林595万亩，列入补偿面积588万亩，财政补偿支出4704万元，其中省财政转移支付4234万元。2007年，由中国人民银行丽水市支行牵头，与市林业局联合印发《推进森林资源资产抵押贷款业务发展的意见》《丽水市森林资源资产抵押贷款管理暂行办法》《丽水市森林资源资产抵押管理办法》《丽水市森林资源资产收储管理办法》等制度，在全省率先以县为单位组建林权管理中心、森林资源资产收储中心、林权交易中心、森林资源资产调查评估机构，创新设计符合丽水实际的林农小额循环贷款、林权直接抵押贷款和森林资源资产收储中心担保贷款3种方式。全年发放林权抵押贷款602笔，金额3129万元。

2009年，在丽水召开"全国金融支持集体林权制度改革现场会"，林权抵押贷款工作成为全国典型。立足森林资源是全市农村最大优势，抓住以持续推进林权抵押贷款工作扩面增量为重点，深化"信贷支农"，多平台建设。在全市健全市、县两级林权管理中心、森林资源收储中心、林权交易中心和森林资源调查评估机构的"三中心一机构"；多品种覆盖，在全省首创林农小额循环贷款、林权直接抵押贷款和森林资源收储中心担保贷款三种林贷新模式，并创新贷款新品种，推开农房抵押贷款、生态公益林抵押贷款、石雕抵押贷款、香菇仓单质押贷款等支农新产品，丰富"信贷支农"内容；多机构参与，推动财政贴息、风险补偿和业务考核等政策措施到位，在发挥农村合作金融机构主力军的同时，引导全市国有商业银行、股份制银行、城市商业银行推广林权抵押贷款业务，年内参与金融机构11家。至同年底，全市发放林权抵押贷款25.62亿元，占全省总量64%，位居第一，惠及林农3.34万户。2010年，发放林权抵押贷款23973户、123616万元，分别比年初增加10746户、67312万元，林权抵押贷款占全市所有金融机构发放林权抵押贷款余额的68.44%。此后，补偿标准历经调整，至2010年，生态公益林补偿标准为每亩每年17元，其中损失性补偿支出13元，护林人员劳务费2.5元，省统筹0.6元，公共管护支出0.9元。当年，丽水全市生态公益林面积增加到1163万亩，列入补偿面积1157万亩，财政补偿支出21983万元，其中省财政转移支付19785万元。2004—2010年，丽水全市生态公益林补偿支出61555万元，其中省财政转移支付55392万元，发放到户的损失性补偿43799万元，占71.2%。

丽水市生态公益林补偿情况一览

表6-2-4-2

年份	补偿标准	资金来源（万元）		支出科目（万元）					公益林面积（万亩）	公益林补偿面积（万亩）	财政补助合计（万元）	其中：省补助（万元）	损失性补偿（万元）
		省级以上财政（万元）	地方配套（万元）	损失性补偿（万元）	管护经费								
					省统筹	护林员工资	管理费用	三项经费					
2004	8	7.20	0.80	5.00	/	2.00	0.50	0.50	595	588	4704	4234	2940
2005	8	7.20	0.80	5.00	/	2.00	0.50	0.50	595	588	4704	4234	2940
2006	10	9.00	1.00	6.00	0.60	2.50	0.50	0.40	595	588	5888	5292	3520
2007	12	10.80	1.20	8.00	0.60	2.50	0.50	0.40	603	588	7056	6350	4704

续表 6-2-4-2

年份	补偿标准	资金来源		支出科目					公益林面积（万亩）	公益林补偿面积（万亩）	财政补助合计（万元）	其中：省补助（万元）	损失性补偿（万元）
		省级以上财政（万元）	地方配套（万元）	损失性补偿（万元）	管护经费								
					省统筹	护林员工资	管理费用	三项经费					
2008	15	13.50	1.50	11.00	0.60	2.50	0.50	0.40	617	603	9045	8140	6633
2009	17	15.30	1.70	13.00	0.60	2.50	0.50	0.40	617	617	10489	9440	8021
2010	17	15.30	1.70	13.00	0.60	2.50	0.50	0.40	1163	1157	19669	17702	15041
合计	—	—	—	—	—	—	—	—	—	—	61555	55392	43799

说明：三项经费主要用于防火、防病虫害、资源监测

全国农村金融改革试验区　2010 年，丽水市持续创新开展“信贷支农、信用惠农、支付变农”三大金融支农工程，推动林权抵押贷款扩面增量，深化农村信用体系建设，开展“银行卡助农取款服务”试点，有力促进“三农”经济发展。同年底，全市涉农贷款余额 389.57 亿元，同比增长 35.24%，是 2005 年 4.07 倍。

农村银行卡助农取款服务　2010 年年初，丽水市农村金融网点缺位严重，没有设立固定银行机构营业网点乡镇 43 个，没有任何金融服务自助设施乡镇 123 个，农户各种涉农补贴“取现难”。7 月，中国人民银行丽水分行向中国人民银行总行申请并获批准，率先开展“银行卡助农取款服务”创新试点。至同年底，全市行政村 993 个，设立银行卡助农取款服务点，办理小额取现 2.89 万笔、金额 817.72 万元，惠及农户 2 万多户。全市县及县以下农村地区年内新增布放 ATM 和 POS 机分别较年初增长 1.6 倍和 1.7 倍。涉农贷款增速高出同期平均贷款增速 13.04 个百分点；涉农新增贷款增量高于 2009 年同期 11.6 亿元。提前完成空白乡镇网点与服务覆盖工程，实现占全省 1/3、空白乡镇 48 个金融网点全覆盖，全市新设网点办理存取款、贷款、汇款等各项业务 41813 笔，涉及金额 13202.42 万元，其中存款开户数 25727 户，余额 6144.54 万元；贷款开户数 973 户，余额 3867.25 万元。将支农支小作为金融保障工作重点，通过“金融支农深化年”活动和中小企业金融服务“1011 工程”，推进新农村建设金融支持，涉农贷款余额 318.6 亿元，比年初增长 35.67%。支持农行通过“村集体保证金+农户互保”担保方式破解小额农贷担保难题，开办林权抵押贷款业务银行机构 7 家，林权抵押贷款余额 15.37 亿元，比年初增长 125.5%，指导莲都农村合作银行与 6 家农民互助贷款担保公司合作，解决农业企业、种养殖大户贷款担保难问题。

农村金融支持　2010 年 6 月 1 日，浙江青田建信华侨村镇银行挂牌开业，为中国建设银行作为主发起人，在省内设立的第二家村镇银行。9 月，省建行与市政府签订“共同推进新农村建设”战略合作协议，拟在 3 年内对“新农村”建设项目授信 120 亿元，并当场签约合作项目资金 45 亿元。同年底，涉农贷款余额 4.43 亿元，比年初新增 2.5 亿元。

2008 年，丽水市发放农房抵押贷款 1380 笔，余额 1.55 亿元，推进农房抵押贷款业务试点。2009 年，全市发放农房抵押贷款 4818 笔，金额 5.18 亿元，年末余额 4.58 亿元，居全省前列。2010 年，发放农房抵押贷款 1347 户、12387 万元；全市发放农房抵押贷款余额 6.52 亿元。同年，全市发放危旧房改造、旧村改造、农民建房等贷款 9154 户，金额 5.71 亿元，年末余额 6.17 亿元。

2001 年 11 月，丽水团市委与市农村金融体制改革领导小组办公室联合下发《关于信贷支持农

村青年创业发展的工作意见》，规定农村青年贷款，额度在5万元以下的，凭县（市、区）团委和信用联社发给“农村青年创业发展信用卡”，即可办理信贷手续，不需其他担保；而且对贷款利率实行优惠，比银行利率少浮20%—30%，优惠贷款最高额度10万元。同年底，有7个县（市、区）制定相应意见，提供农村青年首期信贷支持70多人。

2001年，丽水发挥农村信用社整体优势，支持个体私营经济和小集镇、小水电等具有山区经济特色的支柱产业和基础设施建设。建立联系村、联系户制度。推广“信用村”、农户小额贷款“自报公议”、“农户联保”，采取发放信用证、信用卡等便民贷款措施，解决农户贷款担保难等问题。全市建立“信用村”35个，发放支农“信用卡”8373份。

2010年，涉农贷款余额105.53亿元，比年初增加27.65亿元，增加35.08%。农户贷款86024户、78.23亿元，分别比年初增加1783户、21.66亿元。发放农业龙头企业贷款67家、17553万元，发放农民专业合作社贷款50笔、1786万元；评定信用村804个、信用户317544户，分别比年初新增375个、110236户。

农村信用体系建设

2010年，针对农村信用体系缺失，银行“难贷款”与农民“贷款难”矛盾，中国人民银行丽水支行从农户信用等级评价入手，采取“政府支持、人行主导、多方参与、共同受益”模式，实行资产评估、信用等级评价、授信额度评定“三联评”，信用贷款、抵押贷款、联保贷款“三联动”，政府、银行、农户“三联手”。丽水市委、市政府出台《关于进一步深化农村信用体系建设工作的意见》，完善相关政策措施，加强农户信息系统建设。全市组建金融服务中心，收集和维护农户信用信息等工作，建立农村信用体系建设长效机制，成为全国第一个完成所有行政村农户信用等级评价的地级市。同年底，全市农村信用等级评价行政村覆盖面100%；采集农户信用信息档案38万户，采集面92%；评定信用农户32.63万户，其中信用农户31.83万户，获银行授信89.18亿元，信用农户9.46万户，获银行贷款63亿元；全市创建“信用村”697个、“信用乡镇”24个。

惠农卡覆盖面扩大　2010年，中国农业银行丽水分行实行“公司、项目、专业基地+农户”以及农户多户联保、林权抵押等多种担保模式，创新推出“公司+农民工”发卡新模式，在云和县实施惠农卡整县推进、其他县选择整乡推进2个以上，提供偏远地区农民存、贷、汇等基础性金融服务。创新推出“村集体保证金+农户互保”小额农贷担保方式。

农业综合开发支持　2010年，中国农业发展银行丽水市分行全年支持农业综合开发、农村基础设施建设和县域城镇建设中长期项目9项，获批贷款金额8.79亿元，比2009年增加2.5亿元。发放县域城镇建设中长期贷款2.14亿元，支持缙云县壶镇水厂供水工程、龙泉青瓷文化创意基地建设；发放农村路网贷款1.85亿元，支持缙云、遂昌、景宁3个县公路建设项目，建设公路50.28千米；发放农村土地开发贷款4800万元，支持莲都土地整理项目。根据《关于做好2010年农业综合开发产业化经营农发行贷款贴息项目申报工作的通知》要求，与市财政局联合上报项目18项，经省分行与省农发办审核进入贴息项目库项目17项，贷款金额31100万元。在全省第一批47个农业产业化经营农发行贷款贴息项目中占36.17%，金额占26.39%。发放农村流通体系建设贷款8400万元。

农村保险支持　2007年4月，确立莲都区、缙云县、遂昌县为试点，政策性农业保险由中国人保财险公司丽水市分公司统一承保。至同年底，试点3县（区）收保费93.29万元，赔付70.11万元。其中，赔付水稻5.99万元，生猪养殖3.48万元，鸡养殖2.34万元，鸭养殖3.53万元，其他54.77万元。

2008年，丽水市投保农户53.64万户，承保率95.94%，保险深度2.91%，保险密度576元，同比增加114元。全年农业保险保费收入909万元。农业保险赔款781万元。承保政策性农业险1042笔，收取保费150.82万元；受理理赔案件399笔，支付赔款115.87万元。承保能繁母猪331笔、29199头，收取保费172.83万元；受理案件886件，支付赔款90.59万元。

2009年，丽水市系统承保农业险598笔，收取保费635.47万元，受理理赔案件2476起，支付赔款910.24万元。借助省保监局与景宁畲族自治县政府建立保险服务社会民生示范区契机，优先在景宁开展创新型、普惠型保险试点项目，签订景宁全县农民意外险合作协议，覆盖全县13.8万名农民，收取保费近83万元。

2010年，丽水继续推进政策性农业保险工作，提高种植、养殖户参保意识和防范风险能力，全市承保农业险222笔，收取保费1003万元；受理理赔案件1988笔，支付赔款1047万元。签订景宁全县农民意外险合作协议，覆盖全县农民6.89万人，收取保费41.34万元，实现商业效益和社会效益双赢。

政策性农村住房保险工作于2006年11月启动。2007年1月起，进入实质性缴费投保阶段。同年底，丽水市承保104.32万户农户，收取保费783.1万元，参保率99%，赔付859.24万元，赔付率109.72%，高出全省平均28.95个百分点。2008年，政策性农房投保农户53.64万户，保费收入804万元，受理理赔案件2027笔，支付赔款997.7万元。2009年，全市系统承保农房544146户，承保面97.76%，比计划数提高1.76个百分点。收取保费817万元；受理理赔案件2377起，支付赔款1047万元。2010年，全市系统承保农房546646户，承保面97.77%，收取保费819.97万元，达到省、市要求，受理理赔案件3882起，支付赔款977万元。

农村工作指导员管理

2004年2月，中共丽水市委办公室、市政府办公室下发《关于建立农村工作指导员制度的实施意见》，2004年5月、2005年8—9月，市农村工作指导员领导小组先后制定《丽水市农村工作指导员管理办法》《关于进一步加强农村工作指导员管理的通知》《关于规范农村工作指导员帮扶工作专项资金使用和管理的通知》。2007年，完善“岗位在村、责任在村、服务农民、联系民心”的“住村联心”工作制度。各县建章立制，加强对农村工作指导员管理，明确职责与任务、选派与培训、工作待遇、日常管理、工作制度和纪律、考核和奖惩等内容。至2010年，全市选派农村工作指导员6批、21283人。

第三章 建筑业

丽水历史村落、宅第民居、古桥古堰具有鲜明的江南建筑风格。历代工匠，均以个体为主。大型工程建设多通过个人承揽、分包实施来完成。民国时期，丽水县政府设有建设科，先后成立丽水县城木业、泥水业工会和建筑社。20 世纪 50 年代，各县政府重设建设科，负责管理工程建设；丽水县城木业、泥水业工会和建筑社改制，变更为建筑服务站。20 世纪 60 年代，各县建筑企业先后成立。20 世纪 80 年代，全区建筑业规模开始扩大，建筑物层数增多，类型多样，建筑业总体发展仍相对滞后、规模小、竞争力弱。

1985 年，丽水各县质监站相继成立，开展工程质量监督工作。1989 年，全市执行国家建筑安装工程质量检验评定统一标准。1997 年，全区开展创建文明标准化工地活动，设立“九龙杯”优质工程奖。2000 年丽水撤地设市后，城市化进程加快，建筑业迎来新的发展时期。2001 年，全市开展安全施工专项治理，同时加大培训力度，提高从业人员素质。2003—2005 年，全市抽样检测市区房屋建筑和市政工程结构质量，提高工程质量。2008 年起，开展全市建筑节能专项检查，实行住宅工程质量分户验收制度。1997—2010 年，全市获“九龙杯”优质工程奖 72 项，获“钱江杯”23 项，获“鲁班杯”2 项。

2000 年，丽水市建筑企业 106 家，从业人员 2.8 万人，产值 15.45 亿元。2008 年，丽水市政府出台《关于加快建筑业发展的若干意见》，从产业结构调整、企业发展、资质升级等方面予以政策支持。2009 年，全市建筑业产值首次突破 100 亿元。2010 年，全市建筑业涵盖建筑、装饰、园林、给排水、电气、暖通、地质勘察、测量、公路、道桥、水利、电力等专业，建筑企业 265 家，从业人员 10 万多人，产值 141.13 亿元；其中有资质等级的勘察设计单位 34 家，设计人员 1100 人。

第一节　勘测设计机构

企业机构资质

民国时期，丽水县政府设立建设科，配置测量员，负责勘测设计道路、桥梁、水利等设施。

中华人民共和国建立初，丽水没有专业勘测设计机构。1963 年，丽水县建设工程设计室成立。1965 年，地区计委土建设计组成立。1970 年，地区建筑设计室成立，各县建筑设计室也相继成立，承担各类工业与民用建筑工程设计任务。1984 年起，丽水市（县级）建设主管部门举办设计方案竞赛，组织参加省、市设计竞赛。同年，各县建筑设计室实行企业化管理，开展勘测设计业务开始收费。1985 年，全区实行勘测设计单位定级发证。同年，获定级证书的建筑设计单位 13 家，其中乙级 1 家、丙级 3 家、丁级 9 家。20 世纪 90 年代起，政府规范管理设计市场、设计质量，明确勘测设计单位须定级发证。1990 年，全区勘测设计单位 13 家，其中全民所有制事业单位 10 家，城镇集体所有制设计单位 3 家；涉及建筑、城建结构、电气、暖通空调、给排水、建筑经济、工程地质等专业；职工 152 人，其中高级职称 8 人、中级职称 19 人、初级职称 64 人，设计人员 143 人，勘测人员 5 人。此后，全区勘测设计事业迅速发展，涉及地质勘测、规划、测量、房屋建筑、市政道路、园林、公路、水利、电力等专业。

2000 年，丽水市勘测设计单位 34 家，其中乙级资质 4 家，丙级资质 28 家，丁级资质 2 家。职工 1102 人，高级工程师 126 人，工程师 363 人，注册执业 74 人，其中一级注册建筑设计师 8 人，一级注册结构设计师 12 人，二级注册建筑师 43 人，二级注册结构工程师 11 人。2002 年 7 月起，全面实施莲都区建筑工程施工图设计文件审查制度。2003 年，全市规范设计市场，实施勘测设计单位资质年检换证制度，年检换证勘测设计单位34家。2004年，丽水市城市建筑设计院有限公司(即浙江华洲国际设计有限公司)升格为房屋建筑甲级资质企业。2005年，丽水市建筑工程施工图审查中心升格为房屋建设一类审查资格，市政(道桥)一类审查资格。2007年，丽水市城市建筑设计院有限公司和省浙南综合工程勘测院迁至杭州市，在丽水市保留主要基地。2009年，浙江佳途勘测设计有限公司升格为公路甲级资质企业。

2010年，丽水市勘测设计范围包括地质勘测、规划、测量、房屋建筑、园林、市政道路、公路、水利、电力等专业，勘测设计单位32家，其中具有甲级资质等级1家，主项乙资质等级级11家，专项乙级资质等级2家，丙级资质等级17家，图审一类资质等级1家。有职工1254人，其中高级职称188人，中级职称567人；注册建筑师68人，注册结构工程师40人，注册岩土工程师6人。1984—2010年，全市获省、部设计竞赛奖项5项。

单位选介

丽水市建筑设计研究院　1963年，丽水县基本建设工程设计室成立，位于城内解放街132号。1973年，图集《职工住宅方案》与《住宅厨房小构件》两个住宅方案入选《华东地区职工住宅方案》。1979年，更名县建筑设计室。同年，参加省城乡住宅方案设计评选，获国家铜奖1项、部级三等奖1项。1986年，更名丽水市(县级)规划建筑设计处。1996年，更名丽水市(县级)规划建筑设计院。2000年，升格为丽水市建筑设计研究院，被评定为工程勘察、房屋建筑园林乙级资质企业，市政、给排水丙级资质企业。2010年，有职工50人，其中高级职称34人。

丽水市规划建筑设计院　1963年，丽水县建设工程设计室成立，位于城内灯塔街284号。后更名丽水市(县级)规划建筑设计处、丽水市规划建筑设计院。2003年，编制《丽水市环境卫生专项规划》获省优秀城市规划设计项目三等奖。2008年，编制《景宁畲族自治县东坑镇深垟村庄规划设计》获省第三届"千村示范万村整治"工程村庄规划优秀设计二等奖。2010年，设计院被评定为城乡规划编制、工程勘察、房屋建筑、园林乙级资质企业，市政道路、给排水工丙级资质企业。有职工50人，其中中高级职称34人。

浙江处州规划建筑设计院有限公司　2006年，公司成立，位于丽水市区丽阳路877号。公司被评定为房屋建筑甲级、市政道路、给排水丙级资质企业，获省第五届"千村万村整治"工程村庄规划二等奖、省勘察设计行业诚信单位等荣誉。2010年，公司职工60人，其中高级职称31人。

浙江正源水利水电勘测设计研究院有限公司　1963年，丽水市水利水电勘测设计研究院成立，位于丽水市区灯塔街115号。公司被评为水利水电工程乙级资质企业、水力发电乙级资质企业。设计中、小型水电站40多座。与浙江大学合作课题拱坝新型体型优化和全过程的研究应用获1998年国家科技进步三等奖，青田县大奕坑水电站混合线型拱坝工程获"钱江杯"优秀勘察设计三等奖。2010年，公司有职工73人，其中中高级职称53人。

浙江佳途勘测设计有限公司　1985年，丽水市交通规划设计院成立，位于市区中东路616号。2003年，经改制，成立浙江佳途勘测设计有限公司，被评定为公路工程甲级资质企业、工程勘察及测量乙级资质企业。同年，完成丽龙高速公路、330国道、50省道、53省道、57省道以及大桥、长隧道等多项工程项目，其中丽浦线垟店至大港头改建工程获"钱江杯"优秀勘察设计三等奖。2010年，公司有职工73人，其中中高级职称64人。

2010年丽水市勘察设计单位汇总一览

表6-3-1-1　　　　单位：人

单位名称	资质等级(勘察、设计)	职工	其中高级职称	成立年份
丽水市建筑设计研究院	工程勘察、房屋建筑乙级，园林、市政道路、给排水丙级	50	34	1963
丽水市规划建筑设计院	工程勘察、房屋建筑、园林乙级，市政道路、给排水丙级	56	24	1963
浙江处州规划建筑设计院有限公司	房屋建筑甲级，市政道路、给排水丙级	60	31	2006
丽水市现代建筑设计有限公司	房屋建筑工程乙级	25	18	1996
浙江华洲国际设计有限公司(外迁)	建筑甲级，市政道路、给排水丙级	51	37	1982
丽水市同德建筑设计有限公司	房屋建筑工程乙级	32	18	1983
浙江方圆规划建筑设计有限公司	房屋建筑工程乙级，市政道路、给排水丙级	45	36	2006
丽水市佳境建筑设计有限公司丽水分司	建筑装饰设计丙级	12	8	2002
浙江天禾建筑设计研究院有限公司	房屋建筑工程乙级	25	17	2004
龙泉市规划建筑设计院有限公司	房屋建筑工程丙级	21	13	1980
松阳县建筑设计所	房屋建筑工程丙级	20	13	1982
青田县建筑规划设计院	房屋建筑乙级，市政道路、给水排水丙级	35	29	1980
缙云县建筑设计所	房屋建筑工程丙级，市政道路、给排水丙级	27	19	1976
遂昌县建筑设计室	房屋建筑工程丙级	14	10	1980
浙江省浙南综合工程勘察测绘院丽水分院(外迁)	工程勘察、测量甲级，劳务类	95	38	1985
丽水市经纬岩土工程有限公司	工程勘察、测量乙级，劳务类	36	12	2004
丽水市万基市政设计有限公司	市政道路桥隧、给排水丙级	34	23	2006
丽水市正阳电力设计院有限公司	电力行业送、变电工程乙级	32	19	2001
丽水市中电工程设计有限公司	电力行业送、变电工程丙级	15	3	2007
丽水市天健电力设计院有限公司	电力行业送、变电工程丙级	20	15	2008
浙江佳途勘测设计有限公司	公路工程甲级、工程勘察、测量乙级	72	64	1985
松阳县交通勘察设计所	公路工程丙级	30	21	1984
龙泉市交通设计所	公路工程丙级，工程测量乙级	21	15	1984
遂昌县公路勘察设计所	公路工程丙级	26	15	1983
庆元县交通规划设计所	公路工程丙级，工程测量乙级	30	19	1984
浙江正源水利水电勘测设计研究院有限公司	水利水电工程乙级，水力发电乙级	73	53	1963
龙泉市水利水电勘测设计所	水利工程丙级	36	33	1980
缙云县水利水电勘测设计所	水利工程丙级	17	17	1980
松阳县水利水电勘测设计所	水利工程丙级	22	18	1982
丽水利源工程咨询有限公司	水利丙级，送、变电工程及配套丙级	23	22	2008

续表 6-3-1-1

单位名称	资质等级(勘察、设计)	职工	其中高级职称	成立年份
丽水市诚鼎装饰设计工程有限公司	建筑装饰设计丙级	13	12	2003
浙江屹立装潢工程有限公司	建筑装饰设计乙级	8	8	1995
浙江永通科技发展有限公司	照明工程专项乙级	16	12	1994
丽水市建筑工程施工图审查中心	房建一类、市政(道桥)二类资格	43	37	2001

第二节　建筑施工

丽水传统建筑施工无设计图纸,沿用斧、刨、锯等工具。民国时期,丽水城内开始采用人字屋架,使用砖墩替代木柱。20 世纪 60 年代,丽水各县建筑施工逐步采用动力设备,如带锯、刨料机、搅拌机、电焊机、打桩机等工具。20 世纪 70 年代,丽水房屋结构采用钢筋混凝土框架灌注和局部预制装配,建材品种、规格逐渐增多,如普通砖瓦、门窗、水泥、钢筋、预制构件、轻质建材、保温材料等;城区开始出现三层以上建筑。20 世纪 80 年代后期,全区铝、塑钢材料开始缓慢发展,市区出现 7 层以上建筑多座。2000 年起,丽水城市建设加快,建筑施工中钢筋砼框架结构及钢筋砼框架—剪力墙成为主流,建筑物高度不断创新高。

土　建

20 世纪 60—70 年代,丽水地区机床厂、丽水地区动力厂、丽水地区油嘴油泵厂、丽水地区毛巾厂、龙泉县铅锌矿、遂昌利民化工厂、景宁包山选矿厂、碧湖啤酒厂(一期、二期)先后建厂,厂房墙体都是砖混结构建筑,基本为单层钢筋砼排架结构,也有少量的钢筋砼框架结构,其中钢筋砼排架厂房采用钢筋砼杯形基础(用于装配式钢筋砼柱下),钢筋砼框架厂房则采用钢筋砼独立基础。办公楼、职工宿舍楼,层数多为三、四层,墙体基本上为黏土砖砌筑,一般采用 240 毫米厚的空斗墙,外墙面无粉刷,俗称清水墙。20 世纪 70 年代后期,丽水县首次出现 180 毫米厚的砖墙承重房屋,其中丽水油嘴油泵厂五层宿舍楼外墙面采用1:1:6 砂浆粉刷,当时属很少采用。基础均采用抗压强度较高而抗弯拉强度较低的材料建造,大多为浆砌块石条形基础。层数为二层、三层的也有用干砌块石基础。屋面结构,工业厂房跨度较大的采用预应力钢筋砼屋架,仓库、农村大会堂其跨度均不大,采用木屋架、钢木屋架居多(瓦屋面),也有厂房仓库采用工字形薄腹梁的。

20 世纪 80 年代起,丽水地区建筑规模扩大,层数增多,基础类型变得多样。除若干砖混结构多层建筑仍采用浆砌块石条形基础外,四层以上的多层建筑有很大的一部分改为毛石砼条形基础,以便于基础质量的控制。20 世纪 80 年代末,大量采用钢筋砼框架结构,也有为数不多的框架—剪力墙结构。青田温溪车站的钢网架结构,在当时成为丽水地区最新的结构形式。基础形式除传统的混合结构的条形基础(浆砌块石、毛石砼)和钢筋砼独立基础外,按其场地地质条件采用机械成孔(含冲孔、冲抓、钻孔)灌注桩。丽水多为山区地基,场地桩大多不超过 10 米,适合人工挖孔桩,且造价低,便于质量控制。建设单位和施工单位除高层建筑采用钢筋砼灌注桩外,一般多层建筑往往采用人工挖孔灌注桩。不少工程在地下水位以上采用人工挖孔桩，在地下水位以下的部分采用机械成孔灌注桩，偶有少量建筑采用钢筋砼筏板基础。软弱地基的建筑场地通常采用砂卵石进行夯埋处理，以达到基础要求。

20 世纪 90 年代初，吸取唐山地震砌体结构在地震中受到破坏的教训，丽水地区采用加设构造柱和圈梁设置多种措施。丽水市建筑设计研究院①编制详图和说明，黏土多孔砖、页岩砖，广为采用。此外，也开始采用包括加气混凝土砌块的其他轻质隔墙材料。除传统的刚性防水屋面外，市区特别是莲都区大量采用蓄水屋面和覆土植草屋面，并编制过覆土植草屋面的浙江省标准通用图集。该屋面曾在莲都区灯塔小区大面积的应用。

2000 年起，丽水城市建设快速发展，旧城改造中办公楼、商品房建设，南城水阁开发区大量厂房建设，用上述各种基础类型外，地基处理技术有新发展。除采用砂卵石换填基础外，缙云县火车站站前广场首次采用强夯地基，以处理由于修建金温铁路时留有的大量块径不同、岩性不同以及堆积厚度不同的地基，防止地面沉降。水阁工业区部分厂房以及富岭俞庄前居住区地块也采用强夯方法处理地基。大型地下停车场、地下室等四周与道路、房屋紧临，基坑支护以土钉墙及内支撑为主。为适应不同的场地条件和荷载要求，采用钢筋砼框架及钢筋砼框架—剪力墙。轻钢结构施工速度快，造价低，单层厂房中大量使用。水阁工业区、纳爱斯公司等建有五层全钢结构生产厂房。

2007 年起，丽水市土建工程设计施工中重视建筑节能，墙体的隔热保温、屋面的防水隔热保温、框架结构中的填充墙的轻质材料被采用，种类繁多、形式各异。

建筑材料

建筑用材　民国时期，丽水房屋建筑以泥木结构为主，主要建筑材料有青砖黛瓦、木材、砂石、粘土、铁钉、桐油等。中华人民共和国成立初，随着建筑业发展，建材用量增多，对木材自由买卖开始限额采伐。20 世纪 70 年代，丽水地区建材品种不断增多，建筑材料和企业逐渐发展，包括各种规格种类的普通砖瓦、门窗、水泥、钢筋、预制构件、轻质建材、保温材料等均有生产。20 世纪 80 年代后期，丽水地区铝、塑钢材料门窗缓慢发展。20 世纪 90 年代，全区水泥制品、钙产品发展迅速。全区改革墙体材料，粘土实心砖开始限制和禁用，多层建筑大量采用混凝土小型空心砌块、黏土多孔砖，后以混凝土砖、砌块、页岩砖等新型墙体材料代替。

2001 年，丽水市实施建设部关于城市民用建筑限制使用预制混凝土空心板规定。新型塑料管材如 UPVC 室外埋地给水管逐渐代替金属、水泥管等传统室外给水管。2007 年，全市新建民用建筑全面实施建筑节能 50%设计标准。太阳能热水系统与居住建筑一体化设计施工试点施行，开展大型公共建筑用能情况调查，适时控制景观灯照明。至 2010 年，全市落实建筑节能示范项目 170 万平方米以上、公共建筑能耗测试项目 5 幢、新能源灯（LED）照明道路 3 条。

材料检测机构　1983 年 9 月，丽水县成立建筑材料试验室。此后，各县检测试验室也相继成立，直属县质量监督站。检测业务以钢筋、混凝土、红砖等常规检测项目为主。1991 年 7 月，丽水市建筑工程公司成立建材试验室。同年，丽水市建筑材料试验室并入市建筑工程质量监督站。2000 年 11 月，云和县永和建筑材料检测有限公司成立，为第一家走向市场化的检测机构。

2001 年 1 月，丽水市建筑工程质量监督检验站材料检验中心通过省质量技术监督局的计量认

① 原丽水地区建筑设计院。

证。检测机构向规范化、标准化、专业化迈进。3月，丽水市建筑工程质量监督站检测中心成立“丽水市岩土桩基检测中心”，为全市第一个取得地基基础专项检测的专业机构，填补市专项检测的空白。后相继取得室内环境空气质量检测、建筑节能检测等专项检测资质。至2003年，各县(市、区)检测机构也相继取得计量认证合格证，并按省有关评审准则，进行监督评审和到期复审。2006年10月，丽水市建筑质量检测检验中心成立，检测机构面向社会、服务社会。2007年，全市检测机构10家全部取得建设工程质量检测资质证书。2010年，丽水市引进检测机构管理系统软件，全面提升机构的管理能力，检测机构管理更加规范、科学、标准。

2010年丽水市检测机构一览

表6-3-2-1

机构名称	检测范围	技术人员(人)	成立时间(年)
丽水市建筑工程质量检测检验中心	材料见证取样检测、建筑市政见证取样检测、室内环境检测、地基基础检测、建筑节能检测。	27	1983
松阳县建筑材料试验室	建筑工程材料见证取样检测	13	1985
缙云县建筑工程质量监督站检测室	建筑工程材料见证取样检测	13	1986
龙泉市科正建设工程材料检测有限公司	建筑工程材料见证取样检测	14	1985
青田县建设工程试验室	建筑工程材料见证取样检测	13	1984
云和县永和建筑材料检测有限公司	建筑工程材料见证取样检测	13	1984
云和县泰禾建材检测有限公司	建筑工程材料见证取样检测	10	2006
庆元县建筑工程质量监督站试验室	建筑工程材料见证取样检测	11	1984
遂昌县建筑工程试验室	建筑工程材料见证取样检测	9	1985
景宁畲族自治县建筑材料检测中心	建筑工程材料见证取样检测	11	1985

建筑装备

20世纪50年代，丽水建筑业基本上仍使用传统工具。泥工主要有砖刀、泥夹、翻沙板、清缝钩、篾刀、阳角尺、阴角卡、麻线等。木工工具主要是斧、刨、锯、尺、木马、丁字尺、角尺、墨斗等。石工工具为大锤、手锤、钢钎、錾子、撬棍等。运输主要依靠肩挑手提，也使用独轮车、双轮车。提升搬运笨重物件，则使用木扎架，用滑轮贯穿绳索拉扯。房屋建筑脚手架用竹木架梯。遇多层建筑，一般以竹篾或铅丝捆扎毛竹，上架竹木捆绑，故不安全。20世纪60—70年代，丽水建筑结构层次开始增高，建筑装备机械化程度逐步提高。使用带锯、圆盘锯、刨料机、搅拌机、振动机、水磨石机、电焊机、打桩机、卷扬机，改竹木脚手架为钢管工架。用砖柱代替木柱。20世纪80—90年代，丽水地区施工机械装备有喷浆机、砂浆机、电钻、混泥土搅拌机、磨石机、打桩机。吊装设备有井字架、龙门架、塔吊、汽吊。运输工具基本以汽车代替。脚手架以金属材料代替，并设安全网。21世纪以后，建筑的机械化程度有了很大的改进和提高。

建筑装饰

墙体装饰　民国时期，丽水房屋内外墙一般以土夯筑、砖砌筑，大门用砖或青石作门框，墙面以石灰膏抹粉刷，室内多以木板隔断。普通住房的梁、柱、板壁基本保持原色。20 世纪 60—70 年代，丽水地区外墙一般采用砂灰粉刷，少量采用斩假石、水刷石；内墙则以灰砂作底，纸筋灰抹面，石灰水刷白。楼面采用木地板，少数采用预制钢筋混凝土板。20 世纪 80—90 年代，丽水地区房屋外墙逐步以干漆石、彩色涂料、喷砂、马赛克、墙面砖、大理石、花岗石，偶有茶色玻璃、蓝光玻璃、热反射玻璃幕墙装饰，钢质或铝合金门窗。

20 世纪 80 年代后期，内墙涂料主要是乳胶漆和 106 涂料。宾馆、公共建筑和商厦的装潢的粘贴墙纸(布)。20 世纪 90 年代，丽水市区部分民居建筑装饰工程开始采用塑料墙纸、化纤墙纸、棉质墙纸等；形状有薄型和厚型，平面和凹凸面等。陶瓷壁面等墙面装饰运用传统的陶瓷彩绘技法，将绘画分块烧成釉面砖，然后拼装而成。莲城宾馆等一些饭店采用五彩陶瓷壁画装饰，瓷画面优美光洁、色彩鲜艳，富丽堂皇。另一种装饰则采用轻钢龙骨纸面石膏板，即组成两面平整、中间空心的轻质非承重墙体。这种隔墙装拆方便。内墙采用涂料、墙布、墙纸、喷塑，实体墙面则以三合板作墙裙。

门窗装饰　20 世纪 70 年代前，丽水地区一般民居建筑多为木门窗。20 世纪 80 年代初，铝合金门窗在丽水地区应用逐步扩大，主要是材质轻、经久耐用，常用于宾馆、招待所等建筑物，也有用作商店玻璃橱台及各种装饰制品等。20 世纪 90 年代后，民居装饰也广泛采用。2000 年后，丽水地区民用建筑工程和装潢工程开始采用塑钢门窗。丽水市区专门制作铝合金门窗、塑钢门窗的个体工商户，有一百多家。同时返古风格的新木制门窗重新出现。

屋面平顶装饰　20 世纪 90 年代前，丽水传统民居多数是悬山式、硬山式，俗称“人字梁”。木构架多为穿斗式，下铺楼板。20 世纪 90 年代后，丽水地区木质吊平顶发展为轻钢龙骨吊平顶。在吊顶饰面上有岩棉板、石膏板、水泥石棉板、防火纤维板、钙塑板等。宾馆、舞厅、宴会厅、酒吧、餐厅、咖啡厅等文化娱乐设施中设备反射平顶的较多。并将灯具装置在平顶四周凹槽内，通过平顶往下反射，使光线柔和。民居中有的喜好在平顶四周设计成台阶形，增加净空的高度。

地面装饰　民国时期，丽水民居地面以夯土、石块、石板为主，偶用砖块，少数高级住宅，以水泥铺筑地面。20 世纪 50—60 年代，丽水各县室内地面以夯土地面为多，少数铺筑“三合土”地面，卧室采用木地板或方砖铺地。20 世纪 70 年代，地面用水泥、细石混凝土。此后，用水磨石地面，具有平整、光滑、美丽、整体性和耐磨性好、防尘、易清洗等优点。20 世纪 90 年代，丽水民居开始用薄型硬木地板，宾馆、旅馆等厅、堂地面始铺水磨石、大理石、花岗石。2000 年后，民居地面仅用水泥者鲜见，常用地面砖、硬木地板以及塑料地毯等。

第三节　建筑风格

丽水至今仍保存部分明清及民国建筑，以徽派风格为主，莲都、云和、龙泉、缙云、松阳、遂昌等县(市、区)民间建筑、装饰雕刻工艺属徽派东阳体系。东部青田县因近温州市，受温州影响较大。南部庆元县和景宁畲族自治县与福建省交界，则具有闽派建筑某些特点。近代建筑在沿袭古代建筑风格外，主要在建筑外部作局部改变。现代建筑则在继承古代建筑风格同时，也吸取欧美建筑流派风格。

古建筑

建筑选址 丽水市古建筑追求与自然环境的有机结合，适应湿热的山区环境，坐北朝南为首选，把屋址或村落选在山水相融的开阔朝阳之地。有少数的村庄房屋朝北。庆元县大济村，因村周的地势南高北低，民居大都坐南朝北，而门楼多朝东，寓意紫气东来。遂昌县新路湾镇蕉川村地处小盆地，蕉溪自东向西穿过，村中民居也大多坐南朝北。

平面布局 丽水市旧有民居，一般以三合院、四合院为基本单元。布局以封闭式院落为单位，沿着纵轴布置，其中较大的宅院在中央纵轴线上布置门厅、天井、大厅及居室，再在左右中轴线上布置客厅、书房、次要住房和厨房、杂物间等，形成中、左、右三组纵列院落群。以天井为中心，其主要房屋为对称布置，但左右次要房屋不一定对称。市区酱园弄谭宅，建于清道光年间(1821—1850)，占地1700平方米，有大、小天井8个。缙云县壶镇九进厅也是在中轴线上三进五开间两厢式，横向三个三进并列。遂昌县黄沙腰村的李姓西大屋，始建时是一个二进五开间两厢式，后来在后部续建一个二进二天井两厢式和一个一进两厢式，在中轴线上形成五进，两边增附屋十四间，组合成一座大屋。

建筑结构 丽水地区基本为土木结构，墙基用块石，再砌砖墙，上面版筑泥墙。梁架为抬梁穿斗混合结构。遂昌县陈家大屋第二进大厅为十一檩的屋面，次间穿斗用七柱，明间抬梁用四柱，后部三柱与次间柱位相同，前部用一根前檐柱，当中用五架抬梁，前内柱位用横向的大梁减去内柱。大梁前部用“之”形的弧梁连接前檐柱。此法使厅堂更显宽敞，结构有特色。庆元县吴文简祠第二进厅堂采用五架梁和前内柱横向大梁的减柱构造，其明间前后檐柱向外移至撩檐檩的位置，次间檐柱间用梁状檩相连，别具一格。其第三进后堂的檐柱外饰风雨板，与当地的廊桥相似。

内外装饰 一般民居房屋外部的木构架和门窗多为木原色或浅褐色。祠堂、寺庙、戏台和亭则为歇山顶，屋角翘起，如展翅欲飞的鸟。经分布在柱子上梁枋与屋顶构架之间斗拱连接，显得轻巧又富神韵和表现力。封火山墙都做成马头墙。如缙云县河阳村的马头墙，以其密集、规模大为典型代表。门墙有门楼式，用平墙，檐口用花砖挑檐，如莲都区西畈村的花门楼门墙砖雕装饰。龙泉市龙井菇神庙的门楼，砖雕内容丰富。内部装饰的重点在牛腿和门窗，再者为雀替和梁面。民居的牛腿多为松鹤、丹凤，以及梅兰竹菊图案等，祠堂和寺庙的牛腿多为戏剧人物图像。松阳县黄家大院前院“百寿厅”雕梁画栋，牛腿雀替钩心斗角，装饰构件雕刻龙凤、麒麟、狮象、鹿猴、松鹤、雀梅、松竹等图案，可视为这方面代表。牛腿和枋间共刻篆体的“寿”字204个，千姿百态，寓意丰富，突出百寿的主题。

另外，古代民居室内的梁架多尚本色。少数的室内有油漆。祠堂、寺庙门墙施彩绘，室内梁架多数全堂油漆，以红色调为主，牛腿、雀替和神龛等雕花构件油漆则五彩缤纷。室内阶沿多用条石或块石。天井或条石铺面，或卵石拼花。明代以前的建筑柱础多为质形，清代以后的多为鼓形，也有的清代建筑沿用明代的质形柱础。

近代建筑

碧湖镇住宅群是较有代表性的丽水近代建筑，建筑时间主要是晚清、民国；建筑风格仍沿续传统住宅建筑风格，体现在外部的局部改变。碧湖镇近代住宅群多为二层楼砖木结构，建筑平面布局为传统四合院形式，与当地同期传统建筑没有本质区别。有区别的是在平面布局、开间大小和梁架细部装饰的运用上。这些建筑四面砖墙，没有马头墙和观音兜式的山墙。最明显的是建筑立面的西洋风格，所谓“石库门”建筑。它以石料、青砖做门框，以乌漆实心厚木做门扇，并在门框、门楣、门额、窗台等部位施以立帖、堆塑、填彩的建筑装饰形式。其中门楣最能体现西洋特点。常用弧形砖砌发券，有的凸出墙体形成扇面形门罩。有一些门楣和窗楣堆塑成西方古典山花式样。门额的纹饰往往是麦穗、家禽、花卉、蔓草等。尖山式门墙高出檐口，使建筑立面富有西洋古典建筑艺术的立体效果。

位于碧湖戏院弄6号的沈宅，是典型的中西合璧式建筑，建于民国16年（1927），二层楼砖木结构的天井院落，座北朝南。占地500平方米，面宽19.6米，进深23.56米。由门屋、正房、厢房等组成，中置条石铺墁“回”字格天井。其平面布局与厅堂及轩廊上的梁、枋、阑额、牛腿等雕刻，与传统古代建筑并无二致。它的主要特点是外观坚固厚重，立面装饰具西洋风格。门墙六根砖贴立柱，并做出许多线脚。门额灰浆堆塑“时挹薰和”四字。门两边为西方古典柱式壁柱，有弧形发券门罩。大门门罩一荷叶墩擎小晒台。出入晒台券门的两侧墙上题有楹联。一层窗体两侧均贴有壁柱，窗顶施以山花窗楣；二层窗体用弧线形窗楣，两边堆贴花篮。东、西山墙门窗装饰亦为西洋风格。碧湖镇沈氏是清雍正间从福建迁徙过来。道光间经商，渐置田园。到沈国琛时“田园广置，富甲一方”。当时碧湖街上还有百货、食品、绸布等20多家店属沈家。

民国3年（1914）建的巨浦村民居位于村栗树坪山麓，系三合院二层砖木结构建筑。门台为砖砌中西合璧风格，门额由浙江省长张载阳题刻“晓庐”二字。主楼面阔五间，梁架为十五檩七柱，门扇雕刻精美，三合土地面，硬山顶屋面，冷摊小青瓦，内部结构均为古建筑风格。港头村周良池民居、红富垟村陈伟修民居、章旦村王少荣民居等内部总体布局均系二层砖木结构建筑，由门台、正楼、南北厢房组成，则是外部砖砌立面中西合璧风格。

20世纪30年代，丽水城区内曾建有两幢钢筋水泥三层楼，分别为丽水县三坊口张同泰布店①和国泰大药房，民国33年（1944）前后被炸毁。

现代建筑

现代民居　20世纪50年代，丽水民居仍为“人”字屋架，墙体基本采用砖墙，砖墩代替木柱，屋架和梁的跨度增大，屋顶逐步应用平瓦。20世纪70年代，所建房屋多为二至四层的混合结构的楼房，承重结构采用钢筋砼框架灌注或局部预制装配等。布局亦从院落式、单间发展为成套住宅，但内部无卫生间等设施。20世纪80年代，所建房屋多为四至六层混合结构的楼房，一般为平顶，平台设蓄水箱，一梯八至十二户，每户二至四间，设有卧室、客厅、卫生间、厨房。沿街的房屋大多一、二层为营业、办公用房，三层以上为住宅。20世纪90年代后，普通房屋仍以多层混合结构或框架结构为主，一梯两户至四户的成套设计。2000年后，出现怡景花园、正达阳光城、万锦花园、白云花苑、绿洲花苑、水木清华苑、山水嘉苑、江滨小区等住宅小区，小区内亦有高层住宅。拆迁安置的农民公寓建筑，采用单体设计，江南民居风格，一般三层，住宅南面规划庭院。

现代公共建筑　1979年，五层楼高的丽水饭店建成。1986年，建成南明宾馆，楼高11层②。2000年后，高层建筑鳞次栉比。金牛大厦、华侨饭店、金贸大厦等金融宾馆建筑，市行政中心大楼、电力大厦、公安、检察、法院、国土等办公楼宇，丽水大剧院、体育中心、市医院急诊大楼等文医体建筑。在选

① 三和布店。

② 包括钟楼。

址、平面布局、房屋结构的整体上仍沿袭近代建筑风格，建筑装饰、门窗使用各种新材料、新工艺。建筑风格上强调外形上的对称、几何型，横三段、纵三段的立面构图。大面积的浅色彩，采用单色系的面砖或石材，重视整体的装饰性，这是对西方建筑风格的一种吸收。

第四节　建筑企业

清末，境内无专业建筑企业，大多临时集结木匠、泥匠、石匠负责建筑工程。民国时期，丽水县政府设立建设科，负责管理全县建筑业。房屋常由包工头雇佣泥、石、木匠承建。中华人民共和国成立初，丽水县城个体工匠联合成立建筑合作社，后更名为国营建筑公司。20 世纪 60 年代，丽水各县建筑企业相继成立。20 世纪 80 年代，丽水地区调整建筑管理机构，改由地区计划经济委员会建工科负责管理工程建设和房屋建筑事宜。全区建筑规模扩大，建筑物层数增多，基础类型变得多样。1985 年，全区审定建筑企业等级 43 家。1990 年，全区清理整顿建筑市场违规企业 103 家。

2000 年，丽水市建筑施工企业从土木建筑扩展到市政工程、建筑安装、园林绿化等工程，建筑业迎来新的发展时期。2005 年，全市建筑施工企业 151 家，勘察设计企业 41 家，工程监理企业 11 家；其中一级房屋建筑工程施工总承包资质企业 1 家，二级资质企业 17 家；甲级建设工程招标代理机构 2 家。2008 年，全市建筑施工企业 232 家，勘察设计企业 41 家，工程监理企业 11 家；一级房屋建筑工程施工总承包资质企业 6 家，二级资质企业 46 家；甲级建设工程招标代理机构 2 家。

2010 年，丽水市建筑施工企业 270 家，其中一级资质企业 8 家，二级资质企业 63 家；勘察设计企业 34 家；从业人员 10 万多人；产值 141.13 亿元。

企业沿革

1949 年，丽水县个体工匠联合组成建筑合作社。1950 年，丽水县碧湖镇建筑工会成立，职工 43 人。1953 年，丽水县泥木工会更改为丽水县建筑服务站，职工 300 多人。1956 年，碧湖镇建筑工会更名为碧湖镇建筑服务社。1960 年 4 月，丽水县建筑服务站更名为丽水县建筑工程公司；后迁至云和县，与景宁县建筑公云和县建筑站司合并，成立地方国营丽水县建筑工程公司。

1961 年，丽水县第二建筑工程公司成立。20 世纪 60 年代初，各县建筑企业相继成立。1962 年，碧湖镇建筑服务社更名为丽水县碧湖镇建筑服务站；同年 5 月，地方国营丽水县建筑工程公司迁回丽水县。1978 年，丽水县碧湖镇建筑服务站再更名为丽水县第三建筑工程公司。1983 年，丽水县装潢公司成立。1984 年起，丽水地区审批登记建筑安装企业和砼构件生产企业技术资质。1985 年，丽水县设备安装公司成立。同年，丽水市（县级）第二建筑工程公司职工 183 人。同年，全区审定等级建筑企业 43 家，其中三级资质企业 16 家，四级资质企业 27 家。1986 年，丽水县城关镇建筑工程公司更名为丽水市（县级）第四建筑工程公司，职工 555 人。1990 年，丽水县第三建筑工程公司职工 181 人，丽水市第二建筑工程公司职工 123 人，丽水县装潢公司职工 97 人，丽水市第四建筑工程公司职工 900 人，丽水县设备安装公司职工 143 人。1990 年，丽水市（今莲都区）建筑工程公司 9 家，无等级建筑安装公司 9 家，职工 775 人。同年，全市清理整顿建筑市场，处理建筑企业 103 家，职工 1.63 万人，其中等级资质房屋建筑 38 家，设备安装 2 家，职工 1.12 万人；无等级资质企业63家，职工0.51万人。全市从事建筑业人员3388人，其中大专学历82人，中级技术职称16人，初级技术职称95人。

2000年，丽水市建设局成立。全市建筑企业106家，其中二级资质企业11家，三级企业39家，四级企业56家，从业人员2.8万人。2002年，全市初步形成施工总承包、专业承包、劳务分包三个层次协调发展的格局，审定建筑施工企业资质建筑企业131家，其中二级企业22家，三级及劳务企业109家。2005年起，全市建筑业发展速度加快，建筑施工企业151人，从业人员47327人；企业资质有质的提升，丽水市第二建筑工程有限公司成为全市第一家一级资质建筑企业。2007年，全市一级资质建筑企业5家，二级资质企业39家。2008年，市政府出台《关于加快建筑业发展的若干意见》，从机制创新、产业调整、企业发展、资质升级、人才培养等方面予以政策支持。2009年，全市新增一级资质企业1家，二级企业13家，三级企业15家。2010年，全市建筑业施工企业270家，其中一级企业8家(包括专业承包)、二级企业63家，三级及劳务企业199家，其中房屋建筑工程总承包企业61家、市政公用工程总承包企业55家、公路工程总承包企业3家、电力工程总承包企业2家、水利水电工程总承包企业5家、各类专业承包企业54家、劳务分包企业19家。

企业选介

丽水市第二建筑工程有限公司　1961年，丽水县第二建筑工程公司成立。1986年，更名丽水市第二建筑工程公司。2005年，公司拥有大中型机械设备49台(套)，年施工能力20多万平方米。立足浙江省、江苏省，开拓福建省、上海市、湖南省等市场，施工建筑面积50多万平方米。获房屋建筑工程施工总承包国家一级资质，获荣誉称号20多项。2010年，公司有职工1000多人，其中职称技术管理人员308人，一级建造师12人、二级建造师20人。注册资金5000多万元，产值2.1亿元，总资产1.95亿元。

浙江中信建筑工程有限公司　1972年，丽水县城关建筑工程公司成立。1978年，更名丽水县第三建筑工程公司。1993年，更名处州建筑工程公司。2001年，改制成立丽水市中信建筑工程有限公司(以下简称"中信建筑")。2007年，公司立足本地，拓展江西省、安徽省等市场，有大中型机械设备209台(套)，年施工能力60多万平方米。被评定为国家一级建筑工程施工总承包企业，获省、市荣誉10多项。2010年，公司有职工1695人，其中工程技术人员316人，国家一级注册建造师12人，二级注册建造师10人；注册资金5056万元，净资产6559.1万元，产值3.53亿元。

浙江同心建筑工程有限公司　1980年，丽水地方建筑工程公司成立。2000年，改制成立丽水市同心建筑工程有限公司(简称"同心建筑")。2008年，拥有大中型机械设备215台(套)，年施工能力20多万平方米，下辖成员公司多家和分机构多个，被评定为国家一级建筑工程施工总承包企业，获荣誉10多项。2010年，职工680人，其中技术和管理人员300人，中高级职称13人，一级建造师17人，二级建造师20人；注册资金5470万元，总资产4.73亿元，产值2.56亿元。

丽水市正达建筑工程有限公司　1982年，丽水市第四建筑工程公司成立。2002年，改制成立正达建筑工程有限公司(简称"正达建筑")。2010年，公司机械设备总功率6000多千瓦，下辖分公司多个。被评定为房屋建筑工程一级资质，土石方工程、装修装饰工程二级资质，增项钢结构工程及市政公用、地基与基础工程三级资质，获省、市荣誉20多项。承建的丽水工商保险大楼、丽水正达阳光城住宅小区等项目获"优秀工程"。2010年，公司有职工3000多人，其中中高级职称100人，一级建造师 15 人，二级建造师 25 人。注册资金 6000 万元，产值 2.01 亿元。

丽水市中立建筑工程有限公司 1995 年，丽水市中立建筑工程有限公司成立，属股份制企业。2005 年，被评定为房屋建筑资质总承包二级企业。承建的四川青川县石坝小学获“天府杯”金奖，开发区管委会办公楼获“钱江杯”。2010 年，公司有职工 2074 人，其中中高级职称 154 人，一级建造师 12 人，二级建造师 20 人。年产值 5.2 亿元。

浙江屹立装潢工程有限公司 1995 年，缙云县配套装潢工程有限公司成立，属私营企业。2002 年，改制成立浙江屹立装潢工程有限公司。公司有施工机械设备 500 多台；承建临海市检察院办公用房工程获“钱江杯”。2010 年，公司被评为为国家建筑装修装饰一级资质，幕墙设计与施工一级资质，钢结构安装、园林古建筑二级资质，机电设备安装、金属门窗三级资质。有职工 160 人，其中中高级职称 83 人，产值 1 亿元。

浙江永通科技发展有限公司 1994 年，丽水地区永通照明科技有限公司成立。2000 年，更名浙江永通科技发展有限公司（以下简称“永通科技”）。2007 年，公司成为集生产、设计、施工为一体的技术型企业。被评定为城市及道路照明工程专业承包一级资质，先后获省、市荣誉多项。2010 年，职工 188 人，其中中高级职称 56 人。注册资金 6000 万元。

浙江一石装潢工程有限公司 1995 年，缙云石材有限公司成立。2009 年 8 月，更名浙江一石装潢工程有限公司，属集开采、加工、工程勘察设计为一体的综合性企业，被评定为建筑幕墙工程专业承包一级资质，获“鲁班奖”1 项、“钱江杯”4 项。2010 年，公司有职工 800 多人，其中初、中、高级职称 86 人。注册资金 1057 万元。

2010 年丽水市二级资质建筑业企业一览

表 6-3-4-1

企业名称	主项资质	增项资质	
		施工总承包	专业承包
浙江天城建筑工程有限公司	房屋建筑二级	—	—
浙江强盛建设工程有限公司	房屋建筑二级	市政公用三级	建筑装修装饰二级、机电设备安装三级、钢结构三级、地基与基础三级、土石方三级
丽水市中立建筑工程有限公司	房屋建筑二级	市政公用三级	地基与基础三级
浙江大业建设有限公司	房屋建筑二级	市政公用三级	机电设备安装三级、建筑智能化三级、土石方三级、钢结构三级
丽水市南方建筑工程有限责任公司	房屋建筑二级		建筑装修装饰三级
丽水建峰建筑工程有限公司	房屋建筑二级	市政公用三级	混凝土预制构件三级；建筑装修装饰三级、土石方三级、钢结构三级
丽水市建安工程有限公司	房屋建筑二级	市政公用二级	土石方二级、建筑装修装饰二级、园林古建三级、钢结构三级、城市及道路照明三级
浙江仙都建设有限公司	房屋建筑二级	市政公用公用三级	建筑装修装饰三级、地基与基础三级
浙江正隆建设工程有限公司	房屋建筑二级	市政公用公用三级	建筑装修装饰三级

续表 6-3-4-1

企业名称	主项资质	增项资质	
		施工总承包	专业承包
浙江正基建设有限公司	房屋建筑二级	市政公用三级	建筑装修装饰三级、地基与基础、土石方三级、体育场地设施、钢结构三级
浙江飞云建设有限公司	房屋建筑二级	市政公用三级	建筑装修装饰三级、土石方三级、钢结构三级、环保三级、城市与道路照明三级
浙江庆龙建设集团有限公司	房屋建筑二级	—	建筑装修装饰二级、土石方三级、建筑智能化三级、园林古建筑三级
浙江中意建筑工程有限公司	房屋建筑二级	—	—
浙江国光建筑工程有限公司	房屋建筑二级	市政公用工程三级	建筑装修装饰三级、体育场地设施三级、土石方三级、建筑智能化三级
浙江金达建筑有限责任公司	房屋建筑二级	市政公用工程三级	建筑装修装饰三级、环保三级、土石方三级、建筑智能化三级
浙江大洲建设工程有限公司	房屋建筑二级	市政公用工程三级	建筑装修装饰工程三级
浙江晋丰建筑工程有限公司	房屋建筑二级	市政公用工程三级	土石方工程三级
浙江山口建筑工程有限公司	房屋建筑二级	市政公用工程三级	地基与基础工程三级
青田侨发建筑工程有限公司	房屋建筑二级	市政公用工程三级	地基与基础工程三级、土石方工程三级
丽水正脉建设有限公司	房屋建筑二级	—	园林古三级、建筑幕墙三级、土石方三级、建筑装修装饰三级
浙江银河建筑工程有限公司	房屋建筑二级	市政公用三级	起重设备安装三级
浙江瓯江建筑工程有限公司	房屋建筑二级	—	建筑防水三级
云和县朝阳建筑工程有限公司	房屋建筑二级	市政公用工程三级	土石方三级、建筑装修装饰三级
浙江树人建设有限公司	房屋建筑二级	市政公用工程三级	建筑装修装饰三级、土石方三级、钢结构三级、体育场地设施三级、城市及道路照明三级
浙江中邦建筑工程有限公司	房屋建筑二级	市政公用工程三级	建筑装修装饰三级；起重设备安装三级（限井架式物料提升机安装拆除）；环保三级；体育场地设施三级；
浙江万寿建筑工程有限公司	房屋建筑二级	市政公用三级	建筑装修装饰三级；土石方三级；钢结构三级；
浙江鑫直建筑有限公司	房屋建筑二级	—	体育场地设施工程三级、建筑装修装修工程三级、土石方工程三级、钢结构工程三级、地基与基础工程三级
丽水市市政工程有限公司	市政公用二级	市政公用工程三级	城市及道路照明工程三级、土石方工程三级、环保三级
浙江处州市政工程有限公司	市政公用二级	市政公用工程三级	土石方三级
浙江金圣建设有限公司	市政公用二级	市政公用工程三级	土石方三级、城市及道路照明三级
丽水市现代建设工程有限公司	市政公用二级	市政公用工程三级	土石方二级、建筑智能化三级、环保三级、消防设施三级、建筑装修装饰三级
浙江万景市政园林工程有限公司	市政公用二级	市政公用工程三级	园林古建筑三级、体育场地设施三级、环保工程三级、城市道路与照明三级

续表 6-3-4-1

企业名称	主项资质	增项资质	
		施工总承包	专业承包
丽水市巨人建设工程有限公司	市政公用公用二级	房屋建筑工程三级	园林古建筑三级、建筑装修装饰三级、土石方三级、钢结构三级、建筑智能化三级
浙江利鹏市政园林工程有限公司	市政公用公用二级	—	土石方三级 、体育场地设施三级、钢结构三级、城市及道路照明三级、混凝土预制构件三级
浙江青田鼎盛建设工程有限公司	市政公用公用二级	—	—
浙江正浩建设有限公司	公路二级	—	土石方三级;公路路基三级;公路路面三级
浙江大地路桥建设工程有限公司	公路二级	水利水电工程三级、市政公用工程三级	—
浙江华通路桥工程有限公司	公路二级	—	公路路基二级、公路路面二级
浙江路建交通工程有限公司	公路二级	—	公路路面二级、公路路基二级、桥梁二级、隧道二级
丽水市正阳电力建设有限公司	电力二级	—	送变电三级
丽水市汇力水电建设有限公司	水利水电二级	—	土石方三级
浙江景昌建设有限公司	水利水电二级	市政公用工程三级	土石方三级
浙江华瑞装饰工程有限公司	建筑装修装饰二级	—	—
浙江三环建筑装饰工程有限公司	建筑装修装饰二级	—	建筑幕墙三级、体育场地设施三级、城市及道路照明三级、建筑智能化三级、钢结构三级
丽水市诚鼎装饰设计工程有限公司	建筑装修装饰二级	—	建筑幕墙三级、体育场地设施三级、城市及道路照明三级、建筑智能化三级、机电设备安装三级
浙江同心集团丽水欧雅装饰工程有限公司	建筑装修装饰二级	—	—
浙江百合装饰工程有限公司	建筑装修装饰二级	—	建筑幕墙(限石材幕墙)三级
龙泉市正大装潢广告有限责任公司	建筑装修装饰二级	—	—
浙江恒达建筑装饰有限公司	建筑装修装饰二级	—	建筑幕墙三级、金属门窗三级
浙江大工建筑装璜工程有限公司	建筑幕墙二级	—	建筑装修装饰三级
浙江凯达钢结构有限公司	钢结构二级	—	—
浙江顺丰钢结构有限公司	钢结构二级	—	地基与基础三级
浙江晋兴设备工程安装有限公司	消防设施二级	—	建筑智能化三级
浙江力行消防工程有限公司	消防设施二级	—	—
浙江鸿顺实业有限公司	电信二级	—	钢结构三级、建筑智能化三级
浙江东南管桩有限公司	混凝土预制构件二级(限管桩)	—	—
浙江利化爆破工程有限公司	爆破与拆除二级	—	土石方三级
浙江佳途边坡生态治理有限公司	特种专业不分等级(限边坡治理)	—	—

第五节　建筑管理

20 世纪 60—70 年代，丽水地区建筑管理主要以全民所有制和集体所有制企业的登记审批为主，建行丽水分行管理工程造价。1985 年，丽水地区建筑管理站成立，属地区计划经济委员会，为自收自支事业单位。行使政府对建设工程造价的管理、监督、宏观调控；编制、测定、调整、发布工程价格信息；参与监督、检查工程承包合同价、标底价、结算价、调整工程造价经济纠纷以及组织从业人员培训、考试、发证、资质初审等工作。2000 年后，着力完善相关配套政策制度，重视施工安全管理。2001 年，制定招标投标建设管理规定，招投标工作进一步细化。2004 年，加强市区建设工程文明施工管理，施工现场实行封闭施工。2006 年，重新修订"九龙杯"评审标准，进一步开展优质工程创建活动。2007 年，全市创建市级文明标化工地 20 个，2008 年起，在全省率先推行房屋建筑和市政基础设施工程施工招标资格后审，组织开展全市建筑节能专项检查。

招标投标

1985 年 1 月，根据省城乡建设厅《关于建立建筑定额站和提取定额管理经费的通知》，加强定额工作及建筑概预算工作，建立地区建筑定额站。因建设工程施工招标投标采用建设单位自行招标方式招标，围标、串标、抬标现象时有发生。1987 年 9 月，市建筑工程招标投标管理小组建立，下设办公室、标底审计站及丽水地区招标投标交易中心，负责丽水市区招标投标管理工作，规范招标投标市场秩序。1995 年 6 月，市计划经济委员会负责市区的招标投标管理，地区招标投标交易中心作为有形建筑市场。2001 年 10 月，市建设招标投标建设管理办公室成立，负责市区非重点工程招标投标管理工作。市计划经济委员会负责重点工程招标投标管理。2002 年 11 月，市建设局出台《关于建筑工程建设不良行为记录和黑名单制度的通知(试行)》，实行标准统一、分级负责的管理原则，对有不良行为的施工企业及个人，在新闻媒体上予以曝光。2003 年 1 月，市建设局又先后出台《丽水市房屋建筑和市政基础设施工程施工招标投标管理规定》《丽水市房屋建筑和市政基础设施工程施工招标投标评标实施细则》，招投标工作进一步细化。各类房屋建筑及其附属设施与其配套的线路、管道、调和安装及室内外装修工程等，按国家规定的工程建设项目招标范围，房屋建筑和市政基础设施工程的施工单项预算价在 50 万元(含 50 万元)以上，装饰工程施工单项预算价在 30 万元(含 30 万元)以上，必须进行招标。

2005 年 6 月，丽水市建设局、市财政局、市招管办、市监察局联合颁发《丽水市招标投标监督管理暂行规定》，规定公开招标的项目不得推荐企业直接入围投标，不得抬高企业或项目经理的资质，不得以获奖、过高的业绩等为条件抬高入围门槛。符合条件的报名企业不足 15 家的，全数入围投标；超过 15 家的，可采用资格预审文件规定的办法或随机产生不少于 15 家的企业入围；不足于有关行业规定家数的，重新报名。7 月，又会同市交通局、市水利局、市监察局、市人民检察院联合发文，对市建设市场有不良行为记录的实行公示，规范建设市场秩序，建立建设市场信用体系。2006 年 5 月，市建设局、市财政局、市招管办、市监察局、市交通局、市水利局联合颁发《丽水市招标投标监督管理补充规定(试行)》。2008 年起，在全省率先推行房屋建筑和市政基础设施工程施工招标资格后审。至 2010 年,招标投标管理范围涵盖房屋建筑、市政及基础设施工程和绿化安装、建筑结构、建筑装潢等专业工程。

1984—2010 年丽水市招标投标一览

表 6-3-5-1

年份	建筑工程(个)	建筑面积(万平方米)	指导价(万元)	中标价(万元)	节约资金(万元)
1984	—	0.23	53	49.20	4.80
1985	7	1.73	436	399	37
1986	9	1.96	557	512	45
1987	11	2.13	716	703	58
1988	13	2.81	899	812	87
1989	15	3.08	1208	1003	205
1990	17	3.43	1457	1186	271
1991	21	5.63	2163	1852	311
1992	24	8.92	3011	2692	319
1993	27	9.37	3579	2936	643
1994	30	11.97	4102	3547	555
1995	33	13.21	5033	4511	522
1996	35	15.88	6092	5599	493
1997	37	16.99	6721	6123	598
1998	40	17.34	7012	6278	734
1999	41	18.33	7623	6727	896
2000	43	17.45	7845	6822	1023
2001	45	18.58	8234	7129	1105
2002	47	23.27	8556	7272	1284
2003	51	21.31	11841	9472	2369
2004	61	18.53	17362	14342	3020
2005	95	38.67	23107	17981	5126
2006	103	48.75	34179	26734	7445
2007	122	251.25	176582	103376	73206
2008	157	320.33	274362	231342	43020
2009	164	118.42	97373	84854	12519
2010	174	243.93	222962	196226	26736

工程监理

1994 年,丽水地区工程建设监理公司成立,实行建设监理单位资质管理制度和工程建设监理制度。2000 年,全市监理企业 11 家。对国家、省重点建设工程,重要公共建设工程、基础设施和大中型工业工程，成片开发住宅和高层住宅及工程造价50万元以上的地下工程，实施工程监理。2004年，浙江亿华工程建设管理有限公司、浙江处州建设管理有限公司晋升甲级监理公司。至2010年，全市有工程监理企业13家，其中甲级企业2家。从业人员733人，其中高级职称54人，中级职称327人，国家注册监理工程师132人，持重证监理员559人。完成监理工程项目280个，投资额41亿元，承揽工程监理合同额5125万元，年实现营业利润434万元。业务范围包括工业与民用建筑、安装工程以及市政、道路、园林绿化工程等。

1993年，处州工程监理有限公司成立，位于市区丽青路138号。后更名浙江亿华工程建设管理有限公司，被评定为房屋建筑工程甲级资质企业、市政公用工程乙级资质企业、人民防空工程丙级资质企业。公司有工程管理人员200多人，其中国家注册监理工程师30人，国家注册造价师3人。

1999年，丽水地区工程建设监理公司成立，位于市区丽阳路877号。后更名浙江处州建设管理有限公司，被评定为房屋建筑工程、市政公用工程甲级资质企业，机电安装工程乙级资质企业，水利水电、人民防空工程丙级资质企业；有职工160多人，其中国家注册监理工程师40人，国家注册造价师4人。

2010年丽水市工程监理企业情况汇总一览

表6-3-5-2

单位名称	资质等级	注册监理工程师(个)	成立年份
浙江亿华工程建设管理有限公司	房屋建筑甲级，市政道路甲级	30	1993
浙江建航工程咨询有限公司	房屋建筑乙级，市政道路丙级	13	1995
浙江处州建设管理有限公司	房屋建筑甲级，市政道路甲级，机电安装乙级，水利水电丙级	40	1999
丽水长城建设监理有限公司	房建筑丙级，市政丙级	9	1999
浙江慎安建筑工程监理有限公司	房屋建筑丙级	6	1999
庆元县宏建工程建设监理有限公司	房屋建筑丙级	5	1999
遂昌县三维工程监理有限公司	房屋建筑丙级	5	1999
缙云县方正工程建设监理有限公司	房屋建筑丙级，市政道路丙级	7	2000
松阳县工程建设监理有限公司	房屋建筑乙级，市政道路乙级	12	2000
方园工程咨询有限公司	房屋建筑乙级	11	2001
丽水方朝建设管理有限公司	房屋建筑丙级	6	2001
浙江鼎峰工程咨询有限公司	房屋建筑丙级，市政道路丙级	5	2001
浙江华誉建设监理有限公司	房屋建筑丙级	5	2008

安全管理

20世纪90年代前，丽水地区建筑施工安全管理工作分属地区计经济委员会建工科和市城乡建设委员会建管科负责，具体工作由施工单位自行管理。1996年6月，丽水地区施工管理处成立，主要负责全区范围内建筑施工安全并实施监督管理。1999年3月，丽水地区城乡建设局制定《丽水市区建设工程安全生产文明施工管理规定》。10月，制定《丽水市文明标化工地申报验评暂行规定》，统一建筑施工安全检查标准和方法。2001 年 3 月，全市开展安全施工专项治理工作，规定凡使用钢管扣件式物料提升机和毛竹外脚手架的工程，不得申报市（地）级以上“文明标准化”工地。

2002 年 5 月，丽水市执行安全资格认证制度，淘汰毛竹脚手架，对施工企业及个人违反该规定的，视情节给予通报批评、停工整改、暂停其承接业务、取消资质等处理。并规定对销售进入丽水市施工现场的物料提升机、安全网、大中型起重机械、施工电梯、打桩机等施工机械，其生产厂家必须办理备案登记后方可使用。2003 年 7 月，实行施工现场建筑起重机械安装备案制度，组织落实特种设备的检测管理，起重机械检测验收合格后方可投入使用。2003 年 3 月，市区范围实行施工分阶段验收和挂牌管理。对施工现场安全生产防护等文明施工合格的挂绿牌，较差的挂黄牌，隐患严重的挂红牌，并录入工程施工备案中。2004 年 4 月，下发《关于加强市区建设工程文明施工管理的通知》，施工现场实行封闭施工，沿街工程围墙高度不低于 2.5 米。2008 年 8 月，实施《建筑起重机械备案登记办法》，规定建筑起重机械使用时先办理产权备案，安装拆卸前必须办理告知，检测验收合格后须办理使用登记，并专项检查全市建筑起重机械，检查塔机 22 台、外用电梯 4 台、物料提升机 36 台。现场起重机械产权备案率 96%，使用登记率 91%。对未登记却在使用的起重机械，立即要求其停用，登记备案检查后方可继续。

2004 年 6 月，丽水市组织模板支撑架专项整治，规定在建项目钢管、扣件必须按批次、数量送检，检测结果不合格不准使用。2005 年 3 月，全市召开建设系统安全生产会议，重点整治钢管扣件脚手架、模板支撑架、建筑起重机械设备。10 月，青田县一建筑公司因承建商住楼发生 1 人坠落死亡，被暂扣企业安全生产许可证 60 日。暂扣证期间不得承接业务。2006 年，全市民工学校总校 62 所，其中二级以上施工企业全部建立民工学校，同时开展“千万农民工同上一堂课”活动。据统计，全年培训农民工 42165 人次。年末，执行市建筑工程安全防护、文明施工费用规定。规定施工单位要制定安全防护文明施工措施费用使用计划并承诺。2008 年 7 月，建立市区各建筑施工企业安全生产管理机构设置和管理人员配备的档案。2009 年 5 月，市建设局在市文化艺术中心施工现场举办文明标化工地创建现场会。全市开展建筑施工安全生产“三项行动”及隐患排查活动。2010 年 7 月，市建设局在全市所有在建工程施工现场开展创建“平安工地”活动。对经考核不符合创建标准要求的予以摘牌，且不得参与工程评标、评优活动。8 月，召开建筑施工企业落实《工作手册》安全生产责任会议。市本级 100 多家建筑施工企业管理人员参加。至 2010 年，全市施工现场使用的施工机具均按施工技术专项方案要求选用，大型起重机械均由专业单位检测合格试用，并由专业人员操作，使用过程有专人维护保养，并建立台账。全市创省级文明超标准化工地 52 个，丽水市“九龙杯”文明施工标准化工地 210 个。

质量管理

20 世纪 80 年代，丽水地区各县基本建设委员会有施工管理科，无专业工程质量监督管理机构；工程质量以施工单位和建设单位管理为主。少数重点工程，则政府部门一同参与验收。1985 年 4 月，丽水市建筑工程质量监督站成立。此后，各县也相继成立质监站，开展工程质量监督。1989 年 9 月，全区实施国家建筑安装工程质量检验评定统一标准。1997 年，地区设立“九龙杯”优质工程奖。2000 年，市区、莲都区范围内建设工程质量监督及竣工验收备案管理等职能移交市建筑工程质量监督检验站。

2002年11月，全市出台《关于建立工程建设不良行为记录和黑名单制度的通知(试行)》。

施工质量监督 2000年，丽水市制定《丽水市房屋建筑工程竣工验收备案管理实施意见（试行)》，规定工程竣工验收由建设单位负责组织实施，建设行政主管部门负责监督竣工验收工作，并实施备案管理。同时，细化工程建设各方主体的责任和义务、监督管理、质量保修、竣工验收等，对市政基础设施工程竣工验收和备案管理实行备案管理。2002年，市建筑工程禁用实心黏土砖和限制使用预应力圆孔板。5月，开始加强室内装修质量管理。同年，市出台加强建筑工程结构施工质量抽样检测、建设工程现场水泥质量检测相关文件，明确监理人员在房屋建筑工程施工阶段监理中，对关键部位、关键工序的施工质量实施全过程现场跟班的监督活动。

2003年4月，丽水市召开全市建筑工程质量监督站站长研讨会，此后形成每年例会制度。6月，市建筑工程质量监督检验站设立水阁工业区质量安全监管组，在工业区现场进行工程质量监督。10月，组织专家对特大斜拉桥紫金大桥实施质量监督。12月，实施市直属房屋建筑和市政工程结构实体质量抽样检测，加强工程结构实体质量管理。2004年，市建设局转发加强住宅工程质量管理、建筑工程室内环境质量管理文件，开展室内环境质量检测。同年，市政府颁发《丽水市区预拌混凝土暂行管理办法》，从11月起，市区范围内新建工程均采用预拌混凝土。2005年6月，市建设局邀请著名工程结构裂缝控制专家、教授王铁梦结合设计、施工中的难题，进行《钢筋混凝土结构裂缝控制》专题讲座。9月，由市经贸委、市建设局、环保局、质监局、开发区管委会组成的联合检查组专项检查市区范围内预拌砼生产和使用情况。同时，根据建设部《民用建筑工程节能质量监督管理办法》，在水木清华小区开展"精品住宅工程""无质量通病住宅工程"创建活动。

2008年，丽水市开展建筑节能专项检查，全面实施建筑节能50%的设计标准。2009年7月，各县(市)质量监督机构开始全面实施《丽水市住宅工程质量分户验收实施(暂行)规定》。9月，全市开展精品工程创建活动，召开"创优工程现场会"。10月，出台《丽水市市外进丽建筑业企业进丽管理办法》。组织建筑工程质量监督人员到绍兴、宁波、衢州参观学习"鲁班杯"优质工程创建经验。2010年，丽水市开展中小学校舍工程加固改造工作，检查中小学校的校舍加固情况22所，确保改造一所，验收合格一所，安全达标一所。

施工图审查 2001年10月，丽水市建设局建筑工程施工图审查中心筹建。2002年4月，丽水市建筑工程施工图审查中心核准为乙级资质，专业审查人员18人(含兼职)，其中一级注册工程师7人，教授级高级工程师1人，高级工程师5人。7月，实施莲都区施工图审查制度。2002年，莲都区审查项目126个，面积50.9万平方米。2003年，莲都区审查项目299个，面积128.83万平方米。2004年，各县(市)全面实行施工图设计文件审查制度。通过图审管理，对建设工程勘察设计质量变事后检查为事前监督。2006年9月，市建筑工程施工图审查中心审查资质房建升为一类，市政(道桥)定为二类。至2010年，丽水市审查房屋建筑工程5893个，建筑面积2592.24万平方米；中小学校舍加固改造工程317个，建筑面积29.56万平方米；市政基础设施工程401个，工程投资30多亿元。查出违反工程建设强制性标准条文2510多条次，查出有重大安全隐患项目120多项。有在编人员37人，具有国家一级注册工程师13人，教授级高级工程师2人，高级工程师23人。

2004—2010 年丽水市建筑工程图审一览

表 6-3-5-3

年份		莲都	龙泉	青田	云和	庆元	缙云	遂昌	松阳	景宁
2004	项目数(个)	584.00	19.00	42.00	1.00	—	1.00	—	1.00	14.00
	面积(万平方米)	219.46	11.86	13.28	1.12	—	0.39	—	1.94	4.96
2005	项目数(个)	476.00	19.00	57.00	16.00	11.00	42.00	33.00	31.00	31.00
	面积(万平方米)	203.73	15.55	32.07	7.12	4.90	22.26	14.46	12.86	10.43
2006	项目数(个)	376.00	34.00	47.00	31.00	21.00	9.00	25.00	9.00	15.00
	面积(万平方米)	201.49	16.03	32.53	13.81	12.25	2.67	5.48	3.26	1.73
2007	项目数(个)	445.00	74.00	26.00	36.00	12.00	28.00	6.00	9.00	21.00
	面积(万平方米)	236.26	30.98	11.31	15.76	3.18	14.40	1.03	3.73	4.87
2008	项目数(个)	524.00	54.00	21.00	8.00	38.00	75.00	1.00	18.00	14.00
	面积(万平方米)	258.45	17.39	5.48	2.15	16.80	19.42	0.06	7.52	3.14
2009	项目数(个)	351.00	61.00	122.00	63.00	53.00	115.00	28.00	8.00	24.00
	面积(万平方米)	136.98	21.23	80.14	13.31	8.98	41.57	9.47	1.64	6.26
2010	项目数(个)	537.00	105.00	142.00	65.00	56.00	185.00	43.00	77.00	78.00
	面积(万平方米)	248.74	57.36	60.97	27.35	28.14	91.58	15.81	23.38	21.88

工程质量创优　1997 年 1 月，丽水地区计划经济委员会设立“九龙杯”，开展全区创建优质工程活动。同年，中国工商银行丽水分行、保险公司综合营业大楼工程获得省“钱江杯”优质工程奖。2002 年 9 月，市建设局发文继续开展市“九龙杯”优质工程评选，并设置“九龙杯”文明标化工地评审办法，作为丽水市建筑施工安全最高奖。该办法具体规定申报创建工地的申报条件、申报材料、评审程序、评定标准等方面。市建立建筑安全标化工地评审专家库，评审委员会由专家库成员组成，每年 10 月评审一次。评审标准依据国家有关法律法规和建设部、省厅关于施工安全检查具体标准，对符合条件的工地，预先纳入当地主管建设部门创建计划，接受社会监督。评选经基础施工、主体结顶和装饰三个阶段检查分项评分后，最终通过工程竣工验收合格上报。2003 年 12 月，丽水市中心医院门急诊大楼获“鲁班奖”优质工程。2006 年 10 月，丽水市建设局重新修订发布《丽水市建设工程九龙杯奖(优质工程)评审细则》。2007 年，全市创建市级文明标化工地 20 个，省级文明标化工地 7 个。12 月，市财政局、地方税务局大楼获 2007 年“鲁班奖”。2008 年 7 月，依据《建筑施工企业安全生产管理机构设置及专职安全生产管理人员配备办法》，全市建立市区各建筑施工企业安全生产管理机构设置和管理人员配备的档案。2010 年，市对口援建项目青川县石坝小学工程获四川省“天府杯”金奖。2000—2010 年，全市实施质量监管单体工程 7878 个，建筑面积 3692 万平方米。竣工验收

5339个，建筑面积3609万平方米。竣工验收备案3825个，建筑面积1757万平方米。获“九龙杯”优质工程奖工程72项，获“钱江杯”工程23项，获“鲁班杯”工程2项。

建筑工资清欠

丽水市旧城改造力度大，工程建设增多，拖欠工程款一度成时弊。2003年，全市竣工项目拖欠工程款17346万元，其中承包人认可6568万元，未经认可10778万元；政府投资工程拖欠工程款占40%以上。2004年10月，根据省政府办公厅《关于进一步做好建设领域拖欠工程款清欠工作的通知》，成立副市长叶朝丐担任组长的“清欠”工作领导小组，采取网上发布清欠信息、下发清偿督办单，制定还款计划；对重点难点项目专项督办，走访部分拖欠工程款的业主和在建施工企业、组织召开项目协调会，对工程结算、拖欠额认定等问题及时给予协调，对难以协商的则寻求司法途径解决；定期通报清欠还款月报，鼓励先进，督促进展较慢的地区和部门；建立清欠工作责任追究制度等多面措施予以落实。同时，市政府对各县（市、区）政府以及交通、水利、教育等部门的清欠工作实行目标管理，责任到人，签订《清理建设领域拖欠工程款和农民工工资工作目标责任书》，与全面考核结合。强化施工许可和竣工验收备案制度的管理，杜绝设计变更，控制工程造价，以防范超概算问题再次发生。通过媒体、网络曝光拖欠工程款和农民工工资三次以上的企业，运用信用约束和失信惩戒机制，规范建设业主的市场行为。2005年9月，丽水市清欠工作领导小组先后印发清欠工作通报8期，对清欠具体款项、进度予以公布。2005年12月10日，全市全面完成农民工工资清欠工作，比预定完成期限提前半年。

第六节　主要工程选介

1960年，丽水老城区建2层新华书店。1979年，丽水县解放街建5层丽水饭店。1986年，丽阳路建11层钟楼。1990年，丽水城区有7层以上建筑8座。2000年，丽水市旧城改造步伐加快，大型建筑增多。至2010年，丽水市行政中心、文化艺术中心、体育中心、电视台大楼、华侨饭店等一大批地标性建筑建成，市区有12层以上大型建筑86幢。建筑从主体结构、内部装饰到外观色彩，既传承传统建筑风格，又大胆吸收西方发达国家的先进技术和建筑艺术，市区现代化气息更浓。

金融商贸建筑

中国人民银行丽水分行大楼　位于丽阳街561号，建筑面积1.35万平方米。地上14层，地下一层。1998年1月开工，1999年8月竣工。

丽水国家储备粮库　位于丽水火车站东，占地6.53万平方米，建筑面积1.69万平方米。2002年省、市重点建设项目。建有21米跨拱板平房仓10幢及配套设施，火车作业站台棚7054平方米，铁路专用线400米。2001年1月开工，2003年3月建成，总投资3151万元。

丽水市财政局、地方税务局办公大楼　位于市区丽阳街568号，占地1.49万平方米，建筑面积2.5万平方米（其中地下室3084平方米）。主楼高62.3米。地上15层，地下1层。东侧裙房4层，西侧裙房3层，框架结构。2004年3月开工，2006年9月竣工。2007年获“鲁班奖”。

丽水市现代广场大酒店　位于大洋路598号，占地1.3万平方米，建筑面积1.7万平方米。按四星级标准设计建造。拥有豪华套房、高级套房、商务标间170间(套)，餐饮大厅及包厢30个，可同时容纳600人就餐，设茶吧、桑拿、美容美发、KTV中心、健身房等娱乐、健身设施。2004年7月23日开业，总投资约1.2亿元。

浙西南农贸城　位于丽青路东，占地3.96万平方米，建筑面积4.82万平方米，其中市场用房4万平方米，大户宿舍7200平方米，附属配套用房1119平方米。包括店铺506间，加工、仓库2万平方米，大户住宅7200平方米，交易大棚6000平方米，停车场6800平方米。市场内设有蔬菜、水果、食用菌、南北干货、禽蛋、茶叶、中药材交易区7个。2000年5月开工，2002年9月建成，总投资9000万元。

华侨饭店　位于丽阳路651号。占地2.32万平方米，总建筑面积6.3万平方米，主楼高24层。由华侨华人12人投资，概算2.23亿元。2006年11月动工，2011年6月竣工。

金贸大厦　位于万丰北路72号，东临寿尔福路，北望丽青路，总建筑面积1.77万平方米，高26层。2007年竣工。

电力、通讯建筑

丽水电力调度中心　位于市商贸中心旁。占地1.03万平方米，建筑面积3.29万平方米，地上23层，地下1层，框架结构，造价3289万元。2003年6月开工，2005年5月完工。

丽水电信枢纽大楼　位于丽青路经济开发区第11号地块。占地1.04万平方米，总建筑面积1.76万平方米，场地面积4000平方米，地面16层，地下1层，框剪现浇结构，工程概算10998万元。2000年5月开工，2002年9月竣工验收。

丽水市联通综合楼　位于大洋路南段西侧。占地1257平方米，总建筑面积3781平方米，为框架结构，造价456.5万元。2003年10月动工，2004年7月竣工。

中国移动丽水分公司综合大楼　位于市区城北路488号。占地6000平方米，框剪结构，建筑面积1.59万平方米。12层，地下1层。2008年7月开工，2010年11月竣工。

文教体卫建筑

丽水学院建筑群　位于三岩寺路。为丽水师范专科学校和丽水工校合并扩建，原占地65万平方米，校舍建筑面积32万平方米。1978年为丽水师范专科学校。2003年3月，丽水师范专科学校与丽水职业技术学院(由丽水工业学校与丽水农业学校合并)合并，并以此为基础筹建本科层次的丽水学院。2004年3月20日，教育部批准学校升格更名丽水学院。

丽水职业技术学院建筑群　位于五宅底2号。为浙江林业学校和丽水商业学校合并组建，原占地31.33万平方米，校舍建筑面积16万平方米。总投资18555万元。包括教学楼、图书馆、实验楼、校行政楼、学生公寓、风雨操场、会堂、系行政楼、教工食堂、学生食堂等。

丽水外国语实验学校建筑群　位于市区丽青路水东桥头，占地5.33万平方米。校舍建筑面积5.2万平方米。包括教学楼、图书馆、实验楼、学生公寓、风雨操场等。2008年10月开工，2009年9月竣工。

丽水中学建筑群　位于寿尔福北路1号，占地13万平方米，建筑面积7.39万平方米。包括教学楼3幢、公共教学楼、图书馆、行政楼、食堂、风雨操场、单身教工宿舍、男生宿舍3幢及女生宿舍

3 幢，按标准建设的田径场 1 个、篮球场 7 个、排球场 5 个。工程概算 18074.18 万元。2007 年 7 月开工，2008 年 6 月完工。

丽水市中心医院急诊楼　位于括苍路 289 号，占地 6 万平方米，医疗用房 5.5 万平方米，建筑面积 3.5 万平方米。框架结构。高 47.9 米，地下室 1 层，地上 12 层。外墙采用面砖及干挂毛面花岗岩幕墙。屋面细部处理创新。走道平顶上喷淋、灯具等直线度好。施工中采用的《UPVC 泛水自重灌浆粘结法施工技术》获评国家级施工法。2001 年 3 月开工，2002 年 9 月竣工。2003 年 12 月，被评"鲁班奖"优秀工程。

丽水市人民医院外科大楼　位于大众街 15 号市人民医院内，占地 5700 平方米，建筑面积 2.2 万平方米，大楼为地下 1 层、地上 16 层。2000 年 8 月动工，2001 年 12 月竣工。工程总概算 5663 万元。

丽水市体育中心主体育场　位于市人民街 567 号，占地 5.62 万平方米，建筑面积 2.33 万平方米。观众席 19000 座，建有标准塑胶跑道 8 条、400 米田径场及标准自然草坪足球场，项目总投资约 1.8 亿元，2009 年 10 月建成。

丽水市电视中心大楼　位于花园路 2 号，占地 1.17 万平方米，总建筑面积 2.64 万平方米，主楼楼高 16 层，裙房 3 层，地下室 1 层，现浇框架结构。其中地上 1—16 层建筑为办公用房，建筑面积 21764 平方米；顶层为空调及电梯机房，建筑面积 309 平方米；地下室为汽车库及设备用房，建筑面积 4366 平方米。2005 年 9 月动工，2007 年 5 月完工，工程概算 1.3 亿元。

丽水大剧院　西邻处州公园，北靠市广播电视总台，与市体育中心相隔。总建筑面积约 3.48 万平方米。整个建筑流线型线条优美流畅，层次分明，鸟瞰似一架精致钢琴。观众厅进深约 30 米，分三层。一层容纳观众 1300 多人，二、三层两侧设包厢 16 个。2007 年 9 月开工，2010 年 7 月竣工。总投资约 3 亿元。

办公楼宇建筑

丽水市行政中心大楼　位于花园路 1 号，占地 10.65 万平方米，建筑面积 7.36 万平方米。地上 21 层，地下 1 层，裙楼 4 层。2002 年 10 月开工，2006 年 9 月完工，工程总造价 8511 万元。

丽水市检察院综合楼　位于北苑路 188 号，占地 8634 平方米，建筑面积 1.02 万平方米。地上 12 层，地下 1 层。辅楼 3 层，地下 1 层。2003 年 7 月动工建设，2004 年 6 月完工，工程概算 1942 万元。

丽水市公安局信息指挥大楼　位于人民街 505 号，占地 1.76 万平方米，建筑面积 2.45 万平方米。地上 19 层，地下 1 层；副楼地上 4 层，地下 1 层。2004 年 3 月动工，2005 年 8 月完工，造价 2393 万元。

莲都区公安分局指挥技术综合大楼　位于紫金路 347 号，占地 17646.6 平方米，建筑面积 13860 平方米。地上 16 层，地下 1 层。2002 年 2 月开工，2003 年 12 月竣工。

丽水市法院综合审判大楼　位于人民路与丽阳路口，占地 1.69 万平方米，建筑面积 2.48 万平方米。地上 16 层，地下 2 层。辅楼 4—6 层。2004 年 5 月开工，2005 年 10 月完工，投资 5000 万元。

丽水市国土资源局综合办公大楼　位于北苑路 192 号，占地 1.19 万平方米，建筑面积 12835 平方米。地上 12 层，地下 1 层。辅楼 2 层。2004 年 2 月动工，2006 年 9 月完工，工程概算 2760 万元。

丽水市人防指挥所　位于丽阳街 92—8 号，建筑面积 3.12 万平方米。由地下和地面指挥所二部分组成，其中指挥所主体 3241 平方米，车辆掩蔽部 720 平方米，总投资 3741 万元。2002 年 12 月开工，2005 年 6 月竣工。

丽水市消防指挥中心　位于中山街 399 号，占地 1.68 万平方米，建筑面积 1.09 万平方米，包括消防指挥中心大楼、特勤消防站综合楼、辅助用房等。工程概算2561.81万元。2004年3月动工，2005年1月完工。

丽水市质量技术监督局综合检测大楼　位于中山街395号，占地1.08万平方米，建筑面积1.93万平方米。主楼15层，检测楼8层。2005年4月动工，2006年4月完工。

第四章　房产业

1949年，丽水专区住房建筑面积204.59万平方米，其中住宅建筑面积61.37万平方米；丽水县城住房建筑面积13.85万平方米，泥木结构80%，人均居住面积1.9平方米。1990年，房地产开发投资、竣工面积整体稳步增长。全区建筑面积1334.66万平方米，其中住宅建筑面积588.02万平方米；丽水县城建筑面积262.19万平方米，其中房屋建筑面积90.6万平方米，人均9.4平方米，其余各县人均住房面积10.59—17.81平方米。2007年，城镇居民人均居住面积31.8平方米。20世纪50年代，城区住房楼层多为一至二层。20世纪80年代，楼层变成三至四层，一梯多户，含厨房、厕所、卧室成普遍居室结构。2010年，城镇居民人均居住面积36平方米，二室一厅、三室二厅、四室二厅及小高层、别墅居室结构及层次多样。

1978年，房地产开始从管理型向经营型转变。1980年，丽水各县成立城镇房屋综合开发公司。1984年，建立地区房屋综合开发公司。灯塔小区是丽水第一个开发小区。1990年，全区有房屋开发公司16家。此后，房地产开发投资、竣工面积整体稳步增长。2000年撤地设市后，全市房地产业发展迅速，开发企业增多，城镇住宅建设加快。2001年，市区首次分配经济适用房。2004年后，重点转移解决住房难问题。先后制定政策，使廉租住房、限价商品房、经济适用房等保障性住房的建设、分配进一步落实，拆迁行为日益规范，房地产市场监管不断强化，房地产市场也更加活跃。2000—2010年，全市房地产开发投资额352.18亿元，其中市区156.45亿元。房地产企业从全市81家、市区34家发展到全市187家、市区110家，市区房屋竣工面积318.24万平方米，商品房累积销售面积为343.36万平方米。

第一节　住房制度改革

私房社会主义改造

民国前，丽水房产一般为私人所有。1949年5月，丽水解放后，城镇没收、征收房屋及无主房屋建筑面积13.67万平方米，其中住宅4.1万平方米，由政府部门进行清理登记，明确产权归属。1953年，丽水县房地产管理委员会成立，简称房管会。

1964年，丽水县城关、碧湖两镇私有租房进行社会主义改造，改造和接收出租私房333户，建筑面积47581.7平方米。1965年，丽水县城关镇私有房屋出租纳入社会主义改造的有301户，建筑面积42650平方米。1979年，丽水县城关镇、碧湖镇开展房屋普查，查明房屋88.7万平方米，其中直管公房77.120万平方米，私房26.83万平方米。1979年，县房管会改为房地产管理处，属城乡建设环境保护局管理。1980年，丽水县落实处理47户，建筑面积10568平方米。

1956年，丽水、遂昌等县城镇出租住房50—100平方米以上及非住宅用房进行社会主义改造。丽水各县房管部门改造381户，建筑面积5.35万平方米。1981年10月，全区落实私房改造政策。至1988年，应处理297户，退房2.71万平方米。1982年，落实私房改造政策。至1985年，落实改造私房224户，退房18.59万平方米。落实历史遗留问题43户，退房面积4700平方米。

住房制度改革

1986年12月，丽水市（县级）政府颁布《丽水市公有房产管理办法》规定，承租直管住宅公房必须同时符合以下条件：市区非农业常住居民户口且实际居住，并单独立户的家庭；家庭人均住房面积在15平方米以下；家庭人均经济收入低于统计部门公布的上一年度市区职工人均工资。申请承租直管公房须到市房屋管修所办理相关登记、审批手续，经审查符合入住条件后予以安置。直管公房的租金标准由市房改办确定。全市677户签订租赁合同，建筑面积3.34万平方米。

1992年5月，地区行署发文成立地区住房制度改革领导小组办公室。8月，丽水地区加强公有住房出售资金管理，成立地区住房基金管理中心。1993年，地区住房改革委员会办公室与地区住房基金管理中心合署办公。1999年，停止住房实物分配，实行住房分配货币化和经济适用住房分配。2002年2月，市住房改革委员会办公室与市住房基金管理中心由市政府办公室管理划归市计划委员会管理。2003年，开始办理市区私房租赁登记。2006年，随着国家保障性住房政策的调整，市本级将经济适用住房供应对象调整为市区低收入住房困难家庭；限价商品住房供应对象调整为市区机关事业单位干部职工。2008年，改革限价商品住房实物分配制度，规定停止限价商品住房实物分房，实行限价商品住房价差补助。2008年10月，市住房改革委员会办公室的职能由市发展与改革委员会划转市建设局。2010年3月，市住房改革委员会更名市住房改革与保障委员会，市住房改革委员会办公室更名市住房改革与保障委员会办公室。

租金改革　1949年5月，丽水解放初，房屋租金为谷物抵租，用于房屋维修、改造。1952年实施“以租养房”，房租每月每平方米0.03元。1964年，企业用房租金0.09—0.14元，住宅租金0.06—0.8元。1985年，丽水市（县级）直管公房实行“以租养房、以租养人”政策。

1987年，丽水地区企业用房租金调为每平方米0.52—1.5元。1990年，丽水地区房屋管理部门管理的城乡公房32.3万平方米，其中住宅22.57万平方米，租金收入71.8万元，用于维修或基建支出22.55万元。单位自管671.09万平方米，其中公用房屋520.06万平方米，由国家拨款维修；住宅151.03万平方米。直管公房、机关宿舍、企事业单位宿舍的租金均比较低。每月每平方米房租0.03—0.05元。2000年，丽水市市直管公房927户，建筑面积4.5万—4.6万平方米，年租金收入60万元，平均每平方米月租金1.09元，人均居住面积12平方米。市直管公房非住宅租赁24户，建筑面积

0.3 万平方米，年租金收入近 86.6 万元，平均每平方米月租金 23.6 元。

2003 年，丽水市开始调整公有住房月租金。丽水市直管公房 927 户，建筑面积 4.6 万平方米。钢混结构二个等级 3.3 元调至 4.6 元，2.9 元调至 4 元。砖混结构三个等级 2.9 元调至 4 元，2.4 元调至 3.3 元，1.8 元调至 2.5 元。砖木结构二个等级 1.9 元调至 2.6 元，1.5 元调至 2 元。2005 年，丽水市直管公房住宅租赁 909 户，建筑面积 4.5 万平方米，年租金收入 59 万元，平均每平方米月租金 1.09 元。市直管公房非住宅租赁 47 户，建筑面积 0.63 万平方米，年租金收入 188.75 万元，平均每平方米月租金 24.9 元。

2007 年，丽水市又调整公有住房租金。钢混结构、砖木结构仍按原住房租金不作调整。砖混结构三个等级 3.05 元调至 4.2 元，2.52 元调至 3.47 元，1.89 元调至 2.63 元。泥木结构一个等级，由 1 元调至 1.5 元。租金主要是由单位代扣或住户直接交付。全市有直管公房 909 户，建筑面积 4.5 万平方米，年租金收入近 59 万元，平均每平方米月租金 1.09 元，人均居住面积 15 平方米。至 2010 年，有市直管公房住宅租赁 658 户，建筑面积 3.5 万平方米，年租金收入 79 万元，平均每平方米月租金 1.09 元。有市直管公房非住宅租赁 91 户，建筑面积 0.63 万平方米，年租金收入 188.75 万元，平均每平方米月租金 24.9 元。有市直管公房非住宅租赁 91 户，建筑面积 1 万平方米，年租金收入 311 万元，平均每平方米月租金 25.8 元。

住房分配货币化　1999 年，丽水市（县级）出台《丽水市进一步深化城镇住房制度改革实施办法》，停止住房实物分配，实行住房分配货币化。办法规定各单位在财力允许的前提下，可以对符合本实施细则规定条件的职工发放住房补贴。之后，丽水市房改委发《关于印发丽水市区经济适用住房价差补助试行办法的通知》，规定 1998 年年底前参加工作的无房改房和房改房面积未达到规定标准的干部职工可享受一次性住房补贴和工龄住房补贴；1999 年 1 月 1 日以后参加工作的干部职工按月享受 8%住房公积金补贴。符合条件的不购买经济适用住房的干部职工，可按每平方米 650 元的经济适用住房价差补助，作为住房分配货币化政策的补充。住房分配货币化分以下四种补贴形式：一次性住房补贴标准按每人每平方建筑面积 220 元，工龄住房补贴按每人每平方建筑面积 3.7 元，公积金住房补贴按 8%，经济适用住房价差补助按每人每平方建筑面积 650元。无房改房、房改房面积未达到规定标准和未购买过经济适用住房的干部职工，则可享受经济适用住房价差补助。住房补贴面积控制标准按不同对象分别控制在 70 平方米、80 平方米、90 平方米、120 平方米以内。

2001 年 12 月，市房改办印发《关于发放市本级财政供养单位离退休干部职工住房补贴和经济适用住房价差补助的通知》，发放市本级财政供养单位离退休干部职工的住房补贴和经济适用住房价差补助。2002 年 4 月，印发《关于市直机关事业单位住房补贴资金安排事项的批复》，统筹安排住房补贴发放资金。2003 年 1 月，丽水市市本级根据《关于发放财政供养单位在职干部职工住房补贴和经济适用住房价差补助的通知》精神，开始发放市本级财政供养单位在职干部职工的住房补贴和经济适用住房价差补助。2004 年，丽水市下发《关于地方和军队房改政策衔接的通知》，将地方和军队干部职工房改政策进行衔接。2008 年，为加强对房地产市场的宏观调控，促进市房地产市场健康持续发展，丽水市颁发《关于促进房地产持续稳定发展的若干意见》，明确改革限价商品住房实物分配制度，停止实物分房。对市本级和莲都区本级符合限价商品住房原购买条件的对象，2008 年 10 月 28 日至 2009 年 9 月 30 日在市区新购买普通商品住房的，可按级别享受标准补发。价差补贴从650元/平方米提高到1000元/平方米。2001—2010年,市本级住房补贴资金发放19213人、46160万元。

2001—2010年丽水市市本级住房补贴发放一览

表6-4-1-1

年 份	人数(人)	发放金额(万元)	年 份	人数(人)	发放金额(万元)
2001	150	75.98	2006	346	585.07
2002	1913	1837.02	2007	598	590.52
2003	4128	8612.34	2008	1691	9368.39
2004	2881	5505.11	2009	3011	10040.02
2005	3712	7822.65	2010	933	1723.35

住房公积金 1995年1月,丽水地区建立住房公积金制度,帮助干部职工积累资金购房。1999年9月,设立丽水地区住房公积金管理中心,与丽水地区住房资金管理中心合署办公。2002年,市住房公积金管理中心与市房改办分离。2003年8月,按照修订后国务院《住房公积金管理条例》和建设部等九部委《关于住房公积金管理机构调整工作的实施意见》,批准市住房公积金管理中心为直属市政府副处(县)级自收自支事业单位,受市政府委托负责全市住房公积金管理工作,下设县(市)分中心8个,莲都区的住房公积金业务并入市中心直接管理。

1995年1月,丽水地区公布《关于实施住房公积金制度的暂行规定》,规定全区机关、企事业单位及在职职工,均应按规定缴纳住房公积金。住房公积金月缴存额为20元/人(单位和职工个人各缴10元/月),归职工个人所有,存入职工住房公积金帐户。实施之初,覆盖率面不广,到位率低,归集量少。青田、景宁未建,庆元参加仅单位1个。全区应建单位2337个,实建657个,占28.1%。应建职工165918人,实建30771人,占18.5%。至同年底,全区有单位657个、职工30771人缴纳住房公积金737.8万元。1997年1月规定,以1996年6月的职工工资为基数,单位和职工各按5%缴存住房公积金。当年12月,全区实缴单位1269个、职工56681人,缴存金额2829.5万元,归集6385.9万元。1999年7月起,个人缴存比例按工资7%缴交。2000年5月,规定市区1999年1月1日以后参加工作的职工,单位按月发给本人工资8%的住房公积金补贴,职工本人从7月起按工资总额的8%缴交。此后,住房公积金本人缴存比例逐年上调,单位亦同时按月发给职工本人所缴存相应的住房公积金补贴。2001年7月起,缴存比例为职工本人工资总额的9%。2002年3月起,公积金缴存比例为本人工资总额的10%。2006年,公积金缴存比例为职工本人工资总额的12%。至2010年,全市缴存住房公积金人数11.42万人,余额39.93亿元。2010年,归集13.26亿元,累计归集69.69亿元。其中,莲都区缴存住房公积金人数3.77万人,余额13.77亿元;2010年归集4.9亿元,累计归集24.67亿元。

2000年11月24日,丽水市出台《丽水市区个人住房公积金贷款实施细则》规定,夫妻双方一人缴存的最高贷款额为5万元,夫妻双方均缴存的最高贷款额10万元。2002年7月15日,将最高贷款额提至8万元,夫妻双方均缴存的最高贷款额为16万元。2003年8月,最高贷款额调至10万元,夫妻双方均缴存的最高贷款额为20万元。2007年6月14日,市住房公积金管理委员会颁布《丽水市住房公积金提取管理办法》《丽水市住房公积金贷款管理办法》,统一全市住房公积金归集、提取、贷款政策。规定公积金缴存人在丽水行政区域内购建自住住房，均可向购建房所在地的住房公积金管理中心申请住房公积金贷款，打破原各市县封闭管理的格局，实现“通存通贷”。并将市区最高贷款额提高到25万元，夫妻双方均缴存的最高贷款额提高到40万元。2008年9月2日，市区又把最高贷款额提高到40万元，夫妻双方均缴存的最高贷款额提高到60万元。并开展商业性住房贷款转为住房公积金贷款业务。2010年，提取住房公积金7.81亿元，提取29.76亿元。全市发放个人住房公积金贷款2661笔、9.39亿元，贷款余额31.96亿元，存贷比80%，发放住房公积金贷款35905笔、58.09亿元。其中市区发放个人住房公积金贷款1057笔、4.45亿元，贷款余额13.37亿元，存贷比97%。市区发放住房公积金贷款9010笔、19.28亿元。2010年，提取2.68亿元，至2010年年底提取10.89亿元。

第二节　房屋建设

民国初，城镇民居多数泥墙平房，少数砖木结构楼房。1949年，丽水专区住房建筑面积204.59万平方米，其中住宅建筑面积61.37万平方米；丽水县城住房建筑面积13.85万平方米，泥木结构80%，人均居住面积1.9平方米。1956—1965年，丽水各县住宅建设投资1728.65万元，建造住宅25.33万平方米，人均住房面积3.2平方米。1966—1978年，丽水地区住房建设投资1821万元，建造住宅28.02万平方米，多为三层，一梯多户，有公用厨房、自来水、厕所，人均住房面积4.1平方米。1979—1990年，丽水地区住宅建设投资74951万元，建造住宅1016.09万平方米，大多为5—6层混合结构楼房，单元式，室内空间有起居室、方厅、厨房、卫生间、阳台、壁柜。1991—2010年，房屋建设投资逐年上升。房屋层数也逐渐升高，一般6—8层，10层至20多层为常见，户型除二室一厅一卫、三室一厅外二卫外，有别墅、小高层、公寓等多种样式。

开发投资

1984年12月，成立丽水地区房屋综合开发公司。1985年，开发灯塔小区，此为全区第一个住宅小区。之后，丽水县政府颁发《关于管理侨汇购（建）住宅的暂行办法》和《房屋开发建设暂行规定》，房地产开发投资逐年增长上升。1987年3月，丽水市经济房开发公司成立。1988年5月，丽水市三胞房屋开发公司成立。三家公司合作开发芦埠新村、塔下新村，又陆续开发市区大洋路（中段）、灯塔小区、白云小区、中山街南段、大洋河小区等商品房。1988年房地产开发投资额0.26亿元，1993年，突破1亿元，1996年，4.33亿元，1999年，4.05亿元。2000年7月撤地设市，全市房地产开发投资进一步升温，当年6.4亿元。2001年，投资额11.77亿元，为此后历年增幅最大一年。此后，上升趋势更为明显，直至2007年。2008年，万松等三家房地产开发企业以高月利率非法集资致使资金链断裂，市区房地产开发投资额、房屋施工竣工面积、房屋销售等指标下降，市场一度陷入低迷。同年，丽水市政府两次组织丽水春夏房地产展示会和丽水市生态房产展示会，10月，出台《丽水市人民政府办公室关于促进房地产市场持续稳定发展的若干意见》，房地产市场开始复苏回暖，开发投资增加。2001—2010年，全市房地产完成投资352.18亿元。其中市区完成房地产开发投资156.45亿元。

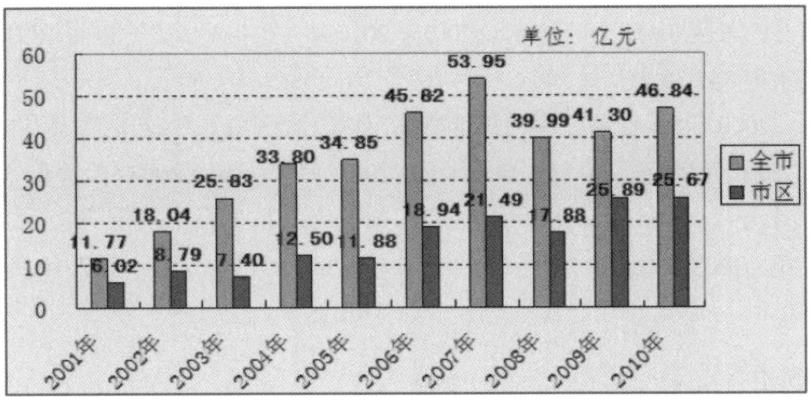

图 6-4-2-1　**2001—2010 年丽水市房地产开发投资情况一览**

竣工与销售

房产竣工　1980 年，丽水地区行政公署推行住宅商品化，房地产从管理型开始向经营型转变。1984 年，建造商品房住宅 0.22 万平方米，在建 0.38 万平方米。1991—1997 年，房屋竣工面积逐年上升，1998 年，出现回落。2000 年后，2001—2007 年，全市房屋竣工面积整体呈上升趋势，其中 2004 年、2006 年出现负增长；2007—2010 年，整体呈减少，其中 2007 年达到峰值 136.59 万平方米。

2000—2003 年，丽水市区房屋竣工面积呈现稳步增长，2003—2006 年，房屋竣工面积逐渐减少。2006 年，达到谷值 17.95 万平方米，2008 年，达到峰值 54.52 万平方米。2008—2010 年，房屋竣工面积逐渐减少。2001—2010 年，全市商品房竣工面积 850.27 万平方米，其中市区商品房竣工面积 318.24 万平方米。

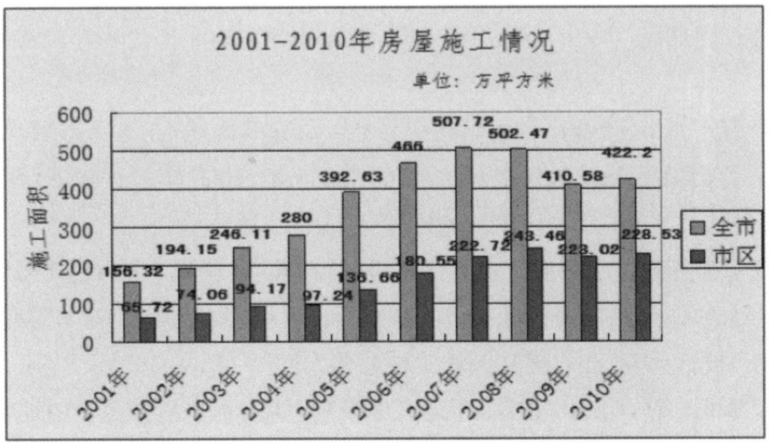

图 6-4-2-2　**2001—2010 年房屋施工情况一览**

房产销售　2001—2007 年，丽水商品房销售面积呈上升趋势。其中 2004 年首次出现低谷，为 25.37 万平方米。2007—2010 年，丽水市房产销售整体呈下降趋势。2007 年，金融危机，2008 年，丽水市区房地产资金断链，商品房销售面积从 134.41 万平方米下降到 81.64 万平方米，市区从 49.78 万平方米下降到 23.83 万平方米。由于市政府出台一系列措施，2009 年，全市商品房销售形势开始回

暖。同年，全市销售面积 127.38 万平方米，市区 59.38 万平方米。2010 年，全市商品房销售面积 90.92 万平方米，其中市区 32.52 万平方米。2001—2010 年，全市商品房销售面积 916.18 万平方米，其中市区商品房销售 343.36 万平方米。

商品房价格　2000 年后，商品住房销售价格逐年以较大涨幅上升。市区商品住宅平均销售价格 1700 元/平方米。2001 年，突破 2000 元/平方米，为 2068 元/平方米。2003 年，突破 3000 元/平方米。2005 年，4065 元/平方米。2006 年，5066 元/平方米。2007 年市区商品房均价 7085 元/平方米，为历年来涨幅最大的一年。2008 年，8553 元/平方米。2009 年，8657 元/平方米。至 2010 年，商品房房均价超过 9189 元/平方米。

住宅小区选介

灯塔小区　东临灯塔新村，南靠丽阳路，西依括苍路，北接人民街。为丽水最早建成小区之一。总建筑面积 16.48 万平方米，其中住宅建筑面积 15.13 万平方米。小区配置占地 5900 平方米的灯塔公园，以及菜场等其他配套设施。

白云小区　东临大洋路，南靠丽阳路，西依中山街、北接人民路。1988 年，由市房屋建设开发公司开发。为丽水最早建成小区之一。总建筑面积 15.98 万平方米，住户 2900 户。建有综合商店、小学、幼儿园等。

怡景花苑　西临花园路，东连宇雷路，南接卢镗街，北依囿山路。用地 10.04 万平方米，总建筑面积 13.38 万平方米。住户 829 户，为 22 幢多层和 6 幢小高层组成。小区绿地面积 41616 平方米，绿地率 41.6%。配套设施有会所、幼儿园和大型停车库。是市区第一批园林式住宅小区。2008 年，被住建部和中房协评为“首届中国广厦奖”。

白云花苑　位于市区北、白云森林公园南。占地面积 24.2 平方米，总建筑面积 11.92 万平方米，其中住宅面积 10.8 万平方米，有住户 460 户。小区住宅建筑集多体、联体、山地公寓于一体。主要设施有会所、山顶公园、网球场、中心广场、儿童乐园、游泳池等。2008 年、2009 年，荣获“浙江省优秀园林工程金奖”。

阳光城　位于市区西南、紫金路和丽阳路交界处。总建筑面积 15 万平方米，绿地面积 2.3 万平方米，住户 863 户，为市第一个人车分流商住小区。2004 年、2006 年被评为浙江省十大经典楼盘，2007 年，被评为园林式住宅小区。为浙江省物业管理示范小区。

绿洲花苑　位于市行政中心西侧。占地 7.09 万平方米，总建筑面积 11.07 万平方米，由多层和高层组成，有住户 856 户。道路布局设计实现人车分流，小区建筑密度为 16%，绿化率为普通住宅小区的 2 倍。2009 年，被评为“浙江省优秀园林工程金奖”。

宁和苑　北于靠北环路，南临宇雷路，东连天宁新村，西接水木清华苑。用地 5.05 万平方米，总建筑面积 9.01 万平方米，其中住宅面积 7.26 万平方米。建有 7 幢住宅楼、1 幢物业管理用房。有住户 948 户，其中经济适用房住户 528 户，人才公寓 429 户。

欣苑小区　位于城北路北，北苑路西侧，大洋路东侧。用地 9.25 万平方米，总建筑面积 12.86 万平方米，其中住宅面积 12.27 万平方米。建有多层住宅楼 34 幢及小高层 4 幢。有住户 1255 户。配套设施会馆 1 幢、超市 2 幢及管理用房。小区车位配比率 60%，是市区车位配比率较高的小区之一，也是市区建筑节能的示范区。

若干年份丽水市各县(市、区)小区建设(房地产)开发情况一览

表 6-4-2-3

县(市、区)	小区名称	房屋总面积(平方米)	房屋面积(平方米)	房屋幢数(幢)	房屋套数(套)	开发时间(年)	房地产开发企业
莲都区	东方明珠	292886	—	40	2401	2008	浙江省金龙房地产投资集团有限公司
龙泉市	莱茵花园	80000	41	—	4016	2001	恒诚房地产
龙泉市	茂新华龙郦都	10000	8	—	260	2006	茂新房地产
青田县	万基爱丽斯特	107000	85000	6	672	2007	万基置业
云和县	同心小区	99839.22	97900	34	502	2005.12	浙江同心集团丽水房地产开发有限公司
云和县	滨江小区	22911.43	24100	7	196	2007.07	晋丰房地产开发有限公司
庆元县	聚丰佳园	43615	80654.90	22	525	2004	浙江聚丰置业投资有限公司
庆元县	沁心园	37687	75378	24	530	2006	龙泉市地产开发有公司庆元项目部
缙云县	兴城•广场公寓	52817	41160	7	284	2006.05	浙江兴城房地产开发有限公司
缙云县	蓬莱花苑	75912	65510	21	478	2006.09	浙江同心房地产开发公司缙云分公司
遂昌县	茗月山庄	134300	—	54	986	2004—2012	浙江凯恩房地产有限公司
松阳县	万寿家园小区	44480	61374.10	26	530	2010	浙江万寿房地产开发有限公司
松阳县	兴城•御景园小区	7622.60	25494	4	127	2008.07	浙江兴城房地产开发公司
景宁畲族自治县	正达阳光城小区	87100	157000	44	984	2006—2010	丽水正达房地产公司景宁分公司
景宁畲族自治县	金园丽景小区	74200	118700	41	872	2010	景宁金园房地产有限公司

建设用地

民国时，丽水土地私有。民间建房政府未予管理。国家建设用地，由政府计付地价征收，免征田赋。具体由县土地评价委员会等管理机构负责。

1949 年 10 月中华人民共和国成立后，国家、集体基本建设及居民建房用地，须经政府部门审查批准。1977 年，建设单位在城镇内征用宅基地、空地，拆建公房私房，进行生产性或非生产性建筑，凡符合城镇建设规划和高空要求的，报县城建局批准；在规划区内征用耕地和非耕地，报县城建局审查，按审批权限上报省、地批；在规划区内建生产大队集体用户或社员住房，由县城建局批准。在规划区外建设单位征用耕地或非耕地，经县城建设审查后，按审批权限上报省、地批准；农村集体用房或社员建房，由县农业局批准。

1981 年，由县建委办理国家建设征地，由农业部门管理其他建设重地。1982 年起，规划区内农民建房(包括辅助用房)，每人控制在 30 平方米以内。后又规定，城市郊区农民新村中，农民建房(包

括辅助用房)每人建筑面积不大于40平方米。1985年,县城与建制镇规划区内建设征地,由城乡建设部门审查、农业部门批准。1986年,城市规划区定点项目169个,建设项目面积11.27万平方米。1987年,城市规划区定点项目620个,建设项目面积20.31万平方米。1988年,城市规划区定点项目337个,建设项目面积20.49万平方米。1990年,城市规划区定点项目35个,建设项目面积7.33万平方米。

2000年,丽水市政府组建市国土资源局,对工业建设用地、住房建设用地审批趋严。并根据城市用地规划,加大对国土资源的执法监察力度。2001年,全市推出宇雷路与囿山路交叉口西南侧地块怡景花苑等项目14个,供地面积15.98万平方米。2002年,全市推出位于丽阳路与紫金路交叉口西南侧地块正达阳光城等项目8个,供地面积12.58万平方米。2003年,全市推出位于白云山脚白云花苑等项目8个,供地面积37.16万平方米。2004年,全市年推出经济开发区商住区块华府水阁苑等项目13个,供地面积18.98万平方米。2005年,全市推出位于市政府行政中心西侧的绿洲花苑等项目14个,供地面积38.25万平方米。2006年,全市推出人民路与花园路交叉口西南地块的万地世贸花苑等项目33个,供地面积45.42万平方米。2007年,全市推出水东A、B地块的金龙东方明珠等项目16个,供地面积62万平方米。因国际金融危机影响,2008年,全市仅推出东巷路与长虹路东北侧地块蔚蓝水岸等项目9个,供地面积24.08万平方米。2009年,全市推出江滨旧城改造1、2、3、4号地块的栝苍路等项目18个,供地面积42.57万平方米。2010年,全市推出厦河湖区块1号、2号、3号地块的新潮国际等项目12个,供地面积54.8万平方米。2001—2010年,市区推出商住房项目145个,用地面积351.82万平方米,出让金额138.47亿元。

2001—2010年丽水市本级国有建设用地使用权招拍挂一览

表6-4-2-4

年 份	用地面积（万平方米）	出让金额（亿元）	年 份	用地面积（万平方米）	出让金额（亿元）
2001	15.95	3.40	2006	45.42	19.34
2002	12.58	4.58	2007	62.00	19.55
2003	37.16	11.39	2008	24.08	7.80
2004	18.98	3.92	2009	42.57	28.18
2005	38.25	12.07	2010	54.80	28.24

第三节　房地产交易

民国时期,丽水房屋产权转移实行契税制度。20世纪50年代后,丽水各县土地退出市场,房地产交易甚少。20世纪90年代,丽水地区房改房开始上市。1998年,丽水地区房产交易市场建立,个人住宅产权转让成为交易市场主体。2000年,丽水市民住房梯级消费和投资性购房兴起,房产市场更为活跃。

房地产转让

1989年8月，丽水地区开始城镇房屋所有权登记，加强房屋买卖等房地产交易管理。1991年，市房地产交易所成立，具体负责房产转让与抵押评估、办理房产转移过户及抵押登记等手续。此后，房屋买卖等交易逐渐活跃。1997年，丽水地区开始实施国家、省有关规定，以受让、购买、受赠、交换等方式取得土地、房屋权属的单位和个人，需缴纳3%契税。1999年，国家调整房地产市场若干税收政策，对个人购买并居住超过1年的普通住宅，销售时免征营业税；个人购买并居住不足1年的普通住宅，销售时营业税按销售价减去购入原价后的差额计征；个人自建自用住房，销售时免征营业税；个人购买自用普通住宅，暂减半征收契税。1999年8月之后，丽水地区个人购买普通住宅契税税率为1.5%。减轻个人买卖普通住宅的税收负担，启动住房二级市场。

2000年，丽水市房地产升温，交易2471件。此后，2003—2008年房产交易逐年增多。2005年6月，丽水地区对个人购买住房不足2年转手交易的，销售时按其取得的售房收入全额征收营业税。个人购买普通住房超过2年（含2年）转手交易的，销售时免征营业税。对个人购买非普通住房超过2年（含2年）转手交易的，销售时按其售房收入减去购买房屋的价款后的差额征收营业税。2006年6月1日起，对购买住房不足5年转手交易的，销售时按其取得的售房收入全额征收营业税；个人购买普通住房超过5年（含5年）转手交易的，销售时免征营业税；个人购买非普通住房超过5年（含5年）转手交易的，销售时按其售房收入减去购买房屋的价款后的差额征收营业税。2000—2010年，市区存量房交易登记28503件，建筑面积316万平方米，其中住宅24461件，建筑面积267万平方米。

2000—2010年丽水市存量房交易一览

表6-4-3-1

时间（年）	数量（件）	建筑面积（平方米）	其中住宅	
			数量（件）	建筑面积（平方米）
2000	2471	507028	2259	466800
2001	2051	200630	1845	169175
2002	1786	174810	1555	151026
2003	2428	230180	2029	194594
2004	2662	274580	1934	209034
2005	3020	352189	2717	296677
2006	2835	281479	2598	259565
2007	2242	226862	1971	192567
2008	1593	174064	1426	138522
2009	4273	425462	3856	376901
2010	3142	311348	2271	219073
合计	28503	3158632	24461	2673934

房地产抵押

民国时，丽水房屋产权转移实行转让双方订立契约，向政府缴纳契税，完税凭证加盖当地官署红印，作为受主立契过户的依据。20 世纪 50—60 年代，丽水城区房产交易甚少。20 世纪 80 年代，丽水地区房产部门和单位新建房屋增多，私房出租、城镇非住宅房屋租赁开始活跃。房屋买卖等交易行为复苏。

1992 年 11 月，中行丽水地区分行与丽水市（县级）房地产交易所联合发布《关于房产抵押贷款有关手续的通知》。规定各企业单位和个人办理房产抵押贷款时，必须先到市房地产交易所申请估价、登记，银行凭交易所开具的估价单及他项权证办理借款手续，市房管处开始办理房产抵押登记。1994 年，根据《浙江省抵押贷款管理暂行办法》等有关规定，进一步加强房地产抵押贷款管理。在抵押登记中，当天受理当场办结。1995 年 10 月，《中华人民共和国担保法》开始施行，市区的抵押贷款业务增多，房产抵押登记量加大。工商行政管理部门也开展房产抵押登记。1998 年，根据预售商品房管理办法，市房管处对市区预售商品房实行期房抵押（按揭）备案登记，房改房开始上市，房产交易市场建立，个人住宅产权转让成为交易市场主体。

2000 年，丽水市民住房梯级消费和投资性购房兴起，房产市场开始活跃。此后，住房公积金住户开始办理银行按揭贷款购房。2000 年，根据市政府《关于明确房地产抵押登记部门问题》的抄告单意见，指定市房管办为房产抵押登记部门，市工商局不再办理城市房地产和乡镇、村企业的厂房等建筑物的抵押登记。2008 年 7 月，市政府下发《关于推进农村住房抵押贷款工作的意见》，推进农村住房抵押贷款工作。2009 年，根据《房屋登记办法》的相关规定，原期房抵押（按揭）备案登记调整为预购商品房抵押权预告登记。2000—2010 年，市区抵押权登记量 109269 件，抵押物建筑面积 3207.37 万平方米，权利价值 1665.51 亿元。

2000—2010 年丽水市市区房产抵押登记一览

表 6-4-3-2

年份	抵押权登记量(件)	抵押物建筑面积(万平方米)	权利价值(亿元)
2000	6304	124.53	14.96
2001	6737	142.25	22.55
2002	9278	168.33	33.28
2003	10392	175.83	49.04
2004	8805	148.52	36.82
2005	9702	335.93	57.03
2006	12020	470.23	90.80
2007	12155	466.13	149.97
2008	10862	419.82	347.99
2009	12973	398.91	370.16
2010	10041	356.89	492.91

中介与评估

房产中介 2003年1月，丽水市青云房屋置换有限公司、市山水房屋置换有限公司、市宏业房屋中介所和景宁畲族自治县龙翔房屋置换有限公司4家成为首批申请资格登记的中介服务机构。至同年底，发展到12家，均申领资质证书。2004年10月，丽水市对新设立的房地产经纪机构及其分支机构实行备案制度，不再办理资质核准手续。全市有房屋中介公司16家，其中市本级10家。11月，全市房产中介企业9家参加省房地产协会中介委员会。12月，《丽水市建设局关于房地产经纪机构备案管理工作的实施意见》出台，规定凡2005年1月以后申请设立房地产经纪机构（含分支机构）的中介企业，须自领取营业执照之日起30日内到登记机关所在地县级以上房地产管理部门办理备案手续，申领备案证书。2005年1月1日以前设立的房地产经纪机构，核准设立并经年检合格的，将予以换发备案证书。至2010年，全市有房屋中介公司200多家。其中市本级近100家，绝大多数中介机构没有向市建设局备案。

房产评估 1999年1月，丽水市（县级）房地产评估事务所成立，隶属房地产管理处。2002年7月，改制成为市恒信房地产评估有限公司。2004年9月，全市有房地产评估机构13家，有注册房地产估价师35人。其中市本级5家（含杭州在丽水设立分支机构3家），其余8县（市）各1家。2005年，开始对房地产公司实行市场准入、人员备案、项目备案、评估质量管理、经营场所规范管理等制度。服务收费标准分100万元、100—500万元、500—2000万元、2000—5000万元、5000万元以上五档，费率为3.5、2.5、1、0.5、0.1。2006年12月，全市有房地产评估机构15家，其中市本级5家（含杭州在丽水设立分支机构3家）。杭州在丽水的评估公司3家。至2010年，全市有房地产评估机构14家，其中市本级6家，其余8县（市）各1家。

2010年丽水市房地产评估企业一览

表6-4-3-3

单位名称	资质等级	法人代表或负责人	单位名称	资质等级	法人代表或负责人
丽水市恒信房地产评估有限公司	三级	任华伟	缙云县中顺房产的评估有限公司	三级	施喜德
丽水市弘原房地产评估事务所	三级	耿旭军	景宁畲族自治县百信房地产评估事务有限公司	三级	曾华红
丽水市恒基房地产评估有限公司	三级	王刚华	庆元县信达房地产评估有限公司	三级	吴立文
丽水市金恒房地产评估咨询有限公司	三级	张伟键	松阳县诚信房地产评估有限责任公司	三级	单尧英
丽水市国达房地产评估有限公司	三级	李迎军	龙泉市华楼房地产评估事务所	三级	任 晔
丽水市金正房地产评估事务所（普通合伙）	三级	朱丽慧	青田县中茂房地产评估有限公司	三级	毛方华
云和县捷信房地产评估有限责任公司	三级	钭克宁	遂昌县鼎盛房地产评估有限公司	三级	姜旭东

住房保障

集资合作建房 1993年，丽水市（县级）住房制度改革方案规定，凡在丽水市（县级）房改范围内无购买商品房能力的单位职工和在房改范围内有常住户口的无房户、危房户等住房困难户，经批准可参加集资合作建房。集资合作建房，以个人投资为主，单位负担征地拆迁和配套设施费用，政府减免有关税费。1999年，丽水市（县级）房改办印发《关于单位集资合作建房产权等问题的处理意见》，开始核定竣工验收的集资房产权。同年，停止集资合作建房。至2010年，核定集资房2636户，建筑面积21.28万平方米。

安居房 1996年，丽水市（县级）为解决中低收入家庭，实施安居工程。供应对象是建立住房公积金制度中低收入的城镇干部职工中住房面积未达住房控制标准或人均使用面积9平方米以下的住房困难户、无房户和危房户。价格每平方米700元，超过面积每平方米980元。1997年，推出钟楼新村和白云小区安居房171套，建筑面积1.23万平方米，收房款776.25万元。此后，该项政策市区未再实施。

廉租住房 2010年11月，丽水市政府出台《丽水市人民政府关于划转市区拆迁安置房经济适用房部分房源为廉租房和人才公寓的批复》，划转拆迁安置住房95套作为廉租住房房源。其中欣苑小区划转6套，东苑小区划转16套，天宁小区划转73套。同时在当年开工建设的联城经济适用房（一期）和东方明珠两个项目中配建廉租住房308套。

经济适用住房 2005年，丽水市政府始建经济适用房，分配对象低收入住房困难家庭。2007年5月，建成水木清华苑，占地3.23万平方米，建筑面积5.88万平方米，16幢、568户。2010年，建成宁和苑，占地5.05万平方米，建筑面积3.44万平方米，948户。2010年4月，市区再次建设东方明珠经济适用房（一期），建筑面积3.41万平方米、575套。联城经济适用房（一期）项目中经济适用房建筑面积3.6万平方米、676套，12月开工。

限价商品住房 1999年，市区灯塔小区和白云小区①，建限价商品房。2000年后，分别在莲花新村、大洋路222号、后甫小区②、水木清华北苑建限价商品房20.39万平方米、1786套。

人才公寓 2010年11月，颁发《丽水市人民政府关于划转市区拆迁安置房经济适用房部分房源为廉租房和人才公寓的批复》，划转450套作为人才公寓。其中天宁小区划420套，水木清华北苑划30套。申请人才公寓居住对象分四类：一是在聘具有副高级及以上技术职称的；二是到丽水从事高新技术研究、科技成果转化的高层次人才和专家；三是具有硕士研究生及以上学历的；四是取得高级技师技术等级的。经市经委人才领导小组办公室研究批准的其他特殊人才，也可列入范围。

第四节　房屋管理

民国时期，丽水房宅作为土地附着物，属地方政府机关管理，无房产专管机构。1953年，丽水县房地产管理委员会成立。1979年，改称丽水县房地产管理处。1995年，丽水地区动态管理房地产开

① 2010年称北苑新村。
② 2010年为东苑小区。

发企业人员、资金、施工质量、管理水平，并逐步实施企业资质管理。2000年，丽水市进一步规范物业管理，保障广大业主的权益。

开发企业资质管理

1995年5月，丽水地区计委颁发《丽水地区房地产开发企业资质动态管理办法(暂行)》，动态管理房地产开发企业的人员、资金、施工质量、管理水平等。之后，逐步对房地产开发企业实施资质管理。2000年3月，一、二级房地产开发企业由丽水地区建设局初审，报省建设厅、建设部审批；三、四级房地产开发企业和房地产开发项目公司，由丽水地区建设局审批。房地产开发企业升级、降级、撤销、合并，一、二级房地产开发企业由丽水市建设局初审后，提出意见，上报省建设厅、建设部；三级以下(含三级)房地产开发企业由地区建设局审批。同时，房地产开发企业实行年检制度。不符合原定资质条件或者有不良经营行为的企业，由原资质审批部门予以降级或者注销资质证书。2003年丽水市有房地产开发企业103家，市区44家(其中二级企业4家)。2004年，浙江金龙房地产投资集团有限公司晋升为一级房地产开发企业资质。2006年，全市一级房地产开发资质的企业增加到2家。2009年，丽水市区房地产开发企业增加到77家。至2010年，丽水市房地产开发企业187家，一级资质4家，二级资质15家，三级资质52家，其他资质116家。其中市区110家，一级资质3家，二级资质9家，三级资质16家，其他资质82家。

物业管理

1999年9月，金龙、正达、同心、恒信4家物业公司成立，物业管理从房地产企业内设科室发展成为独立核算企业。2001年3月，丽水市建设局批准市区物业管理企业资质9家。2004年2月，物业管理由市下放莲都区管理，市房管处物业管理职能划给莲都区建设分局。2007年7月，《丽水市物业管理办法》施行。包括物业管理联席会议制度、物业装修管理措施、业主委员会筹备经费、物业管理用房和物业专项维修金、保修金的提取等，物业管理进一步规范。至2009年7月，市区物业管理全面实施移交。

2000年，丽水市推进旧城改造、商品房开发，物业管理企业迅速发展。2005年，全市物业服务企业增至35家。2006年，市区有二级资质物业服务企业2家。2010年7月，莲都区成立物业管理中心。丽水市物业公司发展到64家。其中市区33家，二级资质3家、三级资质20家，三级10家。实行物业管理的项目189个，管理的内容包括房屋及其配套设施、设备和相关场地进行维修、养护、管理，维护相关区域内的环境卫生和秩序活动，从业人员2168人。

物业收费　1996年，灯塔小区、永晖新村、白云小区开始物业服务市场化试点，物业服务按每户8—10元/月标准收费。2001年，丽水市物业管理服务费按住宅小区物业管理考评定级收费。甲级、乙级、丙级三等级每等级分为百平方米以下、百平方米、百平方米以上三种价格。2003年12月，丽水调整市区物业服务收费。住宅小区物业管理综合服务费、房屋装饰垃圾清运处理费、车辆停放服务费，实行政府指导价；别墅和非住宅的物业管理服务收费及为业主提供的代办服务实行市场调节价。高层小高层的电梯、高压水泵等高耗费设施设备运行发生的电费、水费、年检费，由物业企业向业主按实分摊。并规定建筑面积8万平方米以上的住宅小区，应通过招投标来选定物业管理企业，把物业管理推向市场化。2006年11月，丽水市调整物业服务收费方式。规定成立业委会的小区，业

主委员会（或开发建设单位）与物业服务企业可以采取包干制或者酬金制等形式约定物业服务费用。纳入物业管理范围的竣工但尚未出售、或者因开发建设单位原因未按时交给物业买受人的物业，物业服务费用由开发建设单位全额交纳。电梯、增压水泵等高能耗设施设备运行所需能耗费用单独按实另行分摊。普通住宅小区物业服务等级考评标准分为一级、二级、三级三个标准。2008 年，规定普通住宅小区的前期物业服务实行政府指导价并分四个等级定价，别墅、排屋等高标准住宅、非住宅物业，实行市场调节价。先后有小区 30 多个荣获省、市优秀物业管理小区称号。

2008 年丽水市市区普通住宅小区前期物业服务收费标准一览

表 6-4-4-1　　单位：元/平方米·月

收费等级	收费标准
甲级	0.40—0.80
乙级	0.25—0.40
丙级	0.15—0.25
丁级	0.10—0.15

说明：1. 上述收费标准可上下浮动 20%；2. 各等级收费标准不包括电梯、增压水泵等高能耗设施设备运行所需能耗费用

管理用房　1999 年 10 月，丽水市（县级）出台《丽水市业务维修专项资金和物业管理用房提取办法》。规定自颁布之日后动工建设的住宅小区，要按住宅总建筑面积的 7‰的比例配置物业管理用房。物业管理用房由开发建设单位无偿提供。其中 3‰作为物业管理办公用房，4‰作为物业管理经营用房。物业管理用房的产权归业主共有。2007 年 7 月，丽水地区物业管理用房调整为：按照物业建设工程规划许可证载明的地上总面积 7‰的比例配置物业管理用房；物业管理区域内的物业既有住宅，又有非住宅的，分别按住宅、非住宅的 7‰的提取物业管理用房；均为非住宅的，物业管理用房的配置比例为物业建设工程规划许可证载明的地上总面积 3‰。至 2010 年，丽水市区物业管理用房 22315 平方米。

维修基金　1999 年 10 月 15 日，丽水市（县级）政府印发《丽水市物业维修专项资金和管理用房办法》，规定自文件颁布日起开工建设建设的住宅要提取一定的物业维修专项资金。标准按该幢住宅的建筑安装工程造价的 3%比例提取，提取时间为住宅区开发建设单位在该幢住宅施工合同签订之日起 15 日内。1999—2008 年，建设项目维修资金由市房管理处管理。2008 年 7 月后，由于管理职能移交，由市建设局莲都区分局管理。2007 年之前，项目专项维修资金提取标准多层按 3%、高层按 5%提取。2007 年 11 月 30 日后，多层按 5%、高层按 7%提取。2009 年 1 月，按可计容积率建筑面积的一定比率提取，多层 45 元/平方米、高层 70 元/平方米。4 月，改变物业专项维修资金交存方式。原由房地产开发企业代交的物业专项维修资金，改为由房地产开发企业开票、业主自行交存；住宅物业保修金交存比例由物业建筑安装总造价的 2%暂时调整为 1%。至 2010 年，市区归集物业专项维修资金 8952 万元。并按幢建立明细账，同时做好有关物业资料的整理存档工作。

白蚁防治

1967 年，丽水县白蚁防治站成立，隶属县财政局。1977 年，隶属县城建局。1980 年，并入县房管

处，后又直属县基本建设委员会。1992 年，改为市白蚁防治中心，属自收自支事业单位。1996 年，改市白蚁防治所，为股份合作制企业。2000 年撤地设市后，隶属市建设局。

蚁害防治　20 世纪 70 年代前，丽水地区房屋防蚁民间采取土法，用开水、煤油喷洒或在住宅四周种植臭椿驱避。白蚁防治站成立后，有专门灭蚁组织，对不同蚁种采取粉剂诱杀灭治和水剂浇灌灭治不同方法防治，蚁害逐年下降。1981—1990 年，丽水地区旧房白蚁危害普查 8.1 万平方米，旧房白蚁防治 39.2 万平方米，新建房屋白蚁预防 29.1 万平方米。1991—2000 年，新建房屋白蚁预防 192.16 万平方米，旧房白蚁防治 27.9 万平方米。2001—2010 年，新建房屋白蚁预防 999.8 万平方米，旧房白蚁防治 32.9 万平方米。

1986 年，丽水县新建房屋预防收费按建筑面积 1 元/平方米、新旧房屋家白蚁防治按整幢建筑面积 0.4 元、新旧房屋散白蚁防治以危害层次总面积 0.8 元进行收费。1987 年 5 月，调整预防收费标准。新建房屋白蚁由原来 1 元细化为按地面基础 2 元/平方米，木门木窗、钢窗木门结构房屋按 0.9 元/平方米或 0.5 元/平方米。1993 年，丽水市（县级）物价局调整新建房屋预防费，按建筑面积计算，每平方米最高不超过 1.5 元。1998 年，丽水市（县级）物价局调整新建房屋预防费，每平方米不超过 2 元。2000 年，市行政审批中心开设白蚁防治受理窗口，减少工作流程，新建房屋白蚁施工当天上门服务，旧房白蚁防治 5 个工作日内上门服务。

1971—1977 年，丽水县开展群众性的灭蚁运动，全县 31 个公社培训赤脚灭蚁员 27 人。1980 年，根据省财政厅白蚁防治业务费实行收费办法的通知，丽水县白蚁防治站开始进行收费防治。至 1979 年，普查 10 万立方米以上水库 24 座。1981—1990 年，林地白蚁危害普查 0.18 万公顷，水库白蚁危害普查 56 座，防治 9 座。1991—2000 年，林地白蚁危害普查 0.03 万公顷，水库白蚁危害普查 55 座。2001—2010 年，林地白蚁危害普查 200 公顷，水库白蚁危害普查 100 座。

蚁害研究　1977—1979 年，丽水白蚁种类有 2 科 6 属 8 种，其中以黑翅土白蚁、家白蚁、黄胸散白蚁危害最大。黑翅土白蚁地区都有分布，主要危害山林树木、香菇、果树等农林经济作物。家白蚁主要分布在海拔 500 米以下丘陵平原地区，主要危害房屋建筑、树木、家具、衣服、纸张等。黄胸散白蚁主要危害房屋建筑、农林作物。

1983 年，丽水地区开展尉蚁（M-8301）诱饵剂和蟑螂、蚂蚁诱饵剂生产工艺、生产原料的试制工作。1984 年年初，蟑螂、蚂蚁诱饵剂投入批量生产，蟑螂、蚂蚁诱饵剂发放各居民区，满足群众的需要。1984 年底，丽水地区试制成功尉蚁（M-8301）诱饵剂，先后生产 20 多万包，投入林地、水库、经济作物的白蚁灭治工作。2009 年 5 月，丽水市响应斯德哥尔摩公约，停用氯丹和灭蚁灵，选用高效、低毒、低残留的替代药物除虫菊酯类和伊维菌素粉剂。2006—2010 年，丽水市开展新技术、新药物的研发，试点、推广新建房屋预防、园林绿化、水库堤坝、古建筑白蚁危害的监测、监控装置，开展新药物的筛选工作，淘汰高残留的灭蚁灵等药物。

第五节　产权管理

1950 年，丽水县城关、碧湖接管民国房产。1965 年，城关、碧湖两镇私有房屋进行社会主义改造收为公房。1982 年，丽水地区落实私房改造政策。1989 年，丽水地区城镇房屋所有权进行登记发证。

同时，管理城镇房地产行政事务，防治房屋白蚁，保护房屋所有权和经营权。

房屋普查

民国时期，丽水房产为私人所有。1949 年 10 月中华人民共和国成立后，城镇没收、征收房屋及无主房屋建筑面积 13.67 万平方米，其中住宅 4.1 万平方米，由政府部门首次进行清理登记，澄清产权归属。1964 年，根据国务院、省政府和县政府的文件规定，丽水县城关、碧湖两镇私有租房进行社会主义改造，改造和接收出租私房 333 户，计 47581.7 平方米。1979 年，普查城关、碧湖两镇房屋，房屋 88.7 万平方米，其中直管公房 77.12 万平方米，私房 26.83 万平方米。1982 年，落实私房改造政策，至 1985 年，落实私房改造 224 户，退房 18.59 万平方米，同时落实历史遗留问题 43 户，退房 4700 平方米。

1985 年 6 月，根据城乡建设环境保护部、国家统计局《关于开展全国城镇房屋普查的通知》和省、市有关精神，丽水县政府成立城镇房屋普查办公室，并抽调培训 300 多人。1985 年 8 月，普查工作开始。范围涉及城关、碧湖镇 2 个，居委会 20 个，行政村 15 个、自然村 20 个，地、市、镇属单位 371 个。此次房屋普查总面积 250.7 万平方米，其中房管部门直管公房 8.7 万平方米，占总面积的 3.47%；全民单位自管房 125.9 万平方米，占总面积的 50.23%；集体单位自管房 31.1 万平方米，占总面积的 12.42%；私有房产 84.8 万平方米，占总面积的 33.82%。

1949 年 10 月中华人民共和国成立后，城区范围不断扩展，城镇房屋建设速度不断加快。1949 年以前为 48.3 万平方米，占总建筑面积的 19.27%；20 世纪 50 年代 9.4 万平方米，占总建筑面积的 3.74%；20 世纪 60 年代 29.1 万平方米，占总面积的 11.62%；20 世纪 70 年代 69.4 万平方米，占总面积的 27.66%；20 世纪 80 年代（至 1985 年年底）94.6 万平方米，占总面积的 37.71%。市城镇（按实际使用面积）人均居住面积 8.35 平方米，其中人均 2 平方米以下 255 户，占 1.5%；人均 2—4 平方米 942 户，占 5.52%；人均 4—6 平方米 2988 户，占 17.53%；人均 6—8 平方米 3988 户，占 23.4%；人均 8—10 平方米 3086 户，占 18.1%；人均 10 平方米以上 5787 户，占 33.95%。1986 年 6 月，房屋普查工作全面结束。

产权登记

民国 36 年（1947），丽水县政府进行全县房地产登记，颁发由省编制的《土地所有权状》，记明产业坐落地段和登记编号，并将契证照片，集中保存，此为本县房地产档案之始。1949 年，房地产档案由县政府档案科接管。1950 年后，房屋产权经过数次集中登记换发权证，房地产档案数量增加。并按类别分公产档案、私产档案、代管产档案、宗教档案等数类。

1989 年 8 月，丽水市城镇房屋所有权登记发证办公室成立。房地产档案以权利人（即权属单元）为宗立卷，按房屋坐落门牌号排列上架，前后手档案合并组卷。每卷档案记载房屋坐落、权证编号、房屋所有者的姓名（或单位名称）、产权性质，建档日期等内容。卷内文件按产权形成时间和权属文件的主次关系排列。采用手工编写页码、卷内目录和封面。1992 年，丽水市（县级）房屋权属发证档案移交市建设局房管处，计档案 10100 卷。2003 年，设立产籍管理科，负责市本级房地产产籍管理。至 2010 年，丽水市区有馆藏房产档案 319619 卷，其中房屋权属类档案 122404 卷，抵押类档案 190714 卷，预告类档案 6501 卷。

公房管理

拨用　1949年10月中华人民共和国成立初，公房主要满足机关、部队、学校、团体等需要，采取拨用或调配方式。凡单位部门，只需办理申请手续。接受拨用单位，负责公房管理和养护。20世纪70年代后，公房管理制度开始完善。城区部分公房，拨给房管部门，调剂住房困难户。凡居民要求租房，提出申请后，一般都能给予安排。无房户、住房困难户，只要个人申请、单位签署意见，经房管部门核实后，即可安排住房。特别是对三代同居一室的或退休干部和知识分子（主要是教师），在同等条件下优先安排。对有建房能力的单位职工，则一般不安排公房。1979年，城关、碧湖两镇有直管公房7.71万平方米。1988年，市区有直管公房10万平方米。

2005年，因旧城改造、新区开发建设，丽水市拆除直管公房24处。2008年，江滨区块改造，区块内拆除公房251处，总建筑面积为11014平方米。其中按市场优惠价购买建筑面积3058平方米，参加房改购买建筑面积4593平方米，丽水市房管处保留建筑面积3363平方米。直管公房面积数量减少，住宅从44400万平方米减至2010年的33400万平方米。非住宅由2006年的5300平方米减至2010年的4900平方米。2007—2010年，丽水市教育局、市财政局、市环保局、市国土局、市交通局、市公安局、市检察院、丽水海关、市委党校、市社保中心、市体育中心、市群艺馆、市广播电视总台等新办公大楼相继建成。至2010年，全市有749处直管公房，其中住宅658处，非住宅91处。

修缮　1953年，丽水各县公房维修由建筑单位承包。租赁公房单位或住户向房屋管理部门上交修理报告，再由房管部门汇总给建筑部门修缮。1978年5月，丽水县房管会建有10多人的修建队维修直管公房，所需费用由由国家划拨。2000年撤地设市后，丽水市加强直管公房修缮管理。2006年，修缮400户，面积11856平方米，资金71136元。2007年，修缮350户，面积10989平方米，资金80956元。2008年，修缮150户，面积5098平方米，资金36705元。2009年，修缮150户，面积4985平方米，资金37387元。2010年，修缮200户，面积6500平方米，资金50895元。

出售　1993年，出台《丽水市住房制度改革方案》规定，凡市区房改范围内的公有住房，包括直管公房和单位自管公房，均可向职工、居民出售。同年售出5632套，建筑面积36.19万平方米，每平方米售价275元。同年9月，颁发《丽水地级机关、企事业单位住房制度改革实施若干意见》，地区机关、全民和集体企事业单位的住房制度改革全面实施。公有住房售价分标准价、综合价和市场价三种价格。综合价和标准价每年公布一次，由住房制度改革领导小组办公室会同财政、物价、房管部门进行测定，经市人民政府审核后报行署批准执行。出售公有住房回收的资金，纳入住房基金帐户。1994年，公有住房由每平方米275元上调到480元。1995年4月，省政府批复《丽水市深化住房制度改革实施方案》，在提高公有住房租金的同时，对租住公有住房面积在规定标准之内的离退休职工、社会救济户、特等和一等伤残军人、非在职优抚户、低收入户，提租后净增支部分给予相应的减免和补助照顾。售价也根据公有住房所处的地段、结构、层次、朝向等因素区别计价。公有住房每平方米出售价格约四、五年上升百元左右。公有住房住满五年后允许进入市场交易。1999年，丽水市（县级）停止住房实物分配，实行住房分配货币化和限价商品房（2004年前称经济适用住房）分配，以公有住房出售为主的住房政策在此告一段落。但同时又规定，对1998年之前一直承租没有出售的仍可采取房改的形式予以出售。2002年，为进一步改善职工居住条件，扩大职工住房消费，也将非成套的公有住房出售列入房改范围。1993—2010年，市区出售公有住房15845套，建筑面积133.91万平方米，归集房款20372.88万元。

1993—2010 年丽水市本级公有住房出售一览

表 6-4-5-1

年　份	户 数（户）	建筑面积（万平方米）	归集房款（万元）	成本价（元/平方米）
1993	11005	101.45	10164.01	275
1994	1166	7.76	2250.14	480
1995	586	4.32	1586.48	480
1996	—	—	—	540
1997	700	5.11	1819.21	570
1998	841	6.77	3033.16	598
1999	451	3.17	1126.73	598
2000	—	—	—	598
2001	253	1.49	287.86	620
2002	283	1.34	428.54	620
2003	256	1.08	298.54	650
2004	52	0.26	66.46	650
2005	10	0.05	14.93	720
2006	79	0.34	12.34	720
2007	44	0.22	94.17	760
2008	104	0.45	172.72	760
2009	12	0.08	13.56	760
2010	3	0.02	4.03	760

产权发证

1950 年初，丽水县进行农村土地、房产换证登记，并结合土地改革，把地主、富农多余房地产分给缺房、无房和缺地、无地居民和农户。在查清产权基础上确权，颁发由县长签署的土地房产所有证。根据省民政厅发布的《关于颁发中小城镇土地房产证》的通知，城关、碧湖等镇进行房地产登记换发证工作。

1989 年 8 月，第二次开展城镇房屋所有权集中登记，并成立市城镇房屋所有权登记发证领导小组，大港头、碧湖、双溪①、老竹 4 个建制镇相继建立领导小组，各领导小组下设办公室，抽调专人负责城区和建制镇规划区范围内的房屋登记发证工作。至 1991 年 12 月，历时两年半，登记工作结束。登记房产 11251 处，经确权发证面积 311.86 万平方米。其中单位自管公房 179.06 万平方米，直管公房 4.91 万平方米、私房 127.89 万平方米，发证率 80.55%。1992 年，房屋权属登记发证工作移交市建设局房地产管理处，登记发证被列为日常性工作。市房管处全面负责房产交易、评估，房屋面积测量以及房屋权属登记等日常管理工作。

① 2010 年属雅溪镇。

2000年，根据建设部《关于制作颁发全国统一房屋权属证书的通知》，对城区和各建制镇规划区范围的房屋产权进行验换证。规定凡1998年6月底前领取的房屋所有权证、房屋共有权证统一调换成建设部监制的具有防伪标记的新证。2002年5月，《丽水市城市房屋权属登记管理办法》颁发，该办法对新建房屋的所有权初始登记、转移登记、变更登记、注销登记以及房屋他项权利登记作具体规定，结合市区实际，对没有按时进行登记的历史遗留问题作专门规定。2007年7月，对市本级和莲都区范围内的新建商品房实行房屋所有权初始登记。2009年7月，根据市委、市政府的工作部署，集中开展市莲都区范围内农村集体土地上的房屋登记工作。至2010年年末，通过入村上门服务，完成乡镇12个、行政村182个、自然村390个的收件工作，收取申请材料约6700件，涉及建筑面积近130万平方米。办理房屋所有权证近16万本、房屋他项权证近20万本、其他登记证明约5万份。

2000—2010年丽水市区房屋登记一览

表6-4-5-2　　单位：件

年份	房屋所有权登记	房屋他项权（含注销）登记	登记总数
2000	9612	9699	19311
2001	8195	13238	21433
2002	6864	16811	23675
2003	7783	20374	28157
2004	7362	15814	23176
2005	7966	18057	26023
2006	6598	23540	30138
2007	9798	27950	37748
2008	9668	22700	32368
2009	14090	25987	40077
2010	14088	17898	31986
合计	102024	212068	314092

市场监管

1998年，丽水市（县级）房地产市场发展迅速。根据国务院《城市房地产开发经营管理条例》，市建设局规定市区房地产开发企业要具备的条件。开发外地房地产开发企业进丽项目，实行项目备案登记手续，须在丽有固定的办公地点和项目开发相应技术、管理人员，并必须严格执行国家、省有关房地产开发、经营的法律、法规，遵守丽水市（县级）的有关规定和接收管理。2007年7月，江苏兴都房地产开发有限公司进入丽水。至2010年，进丽外地企业有江苏兴都房地产开发有限公司、浙江铁建绿城房地产开发有限公司、浙江新湖房地产集团有限公司和丽水中驰置业发展有限公司4家。

2002—2003年，根据建设部和省建设厅部署，专项整治房地产市场秩序。2005年，丽水市建设局会同市工商局检查全市房地产开发项目、房地产评估机构、房地产经纪咨询机构等。先后检查开发企业56家，占全市开发企业总数的50%，并按照不低于20%比例重点抽查66个。对2004年1月1日后开工与竣工的房地产开发项目，市区检查15个，为市本级总数的60%；对临街房地产经纪咨询机构检查 36 家，全市检查房地产经纪项目 148 个。为进一步整顿规范房地产交易秩序，2006—2007 年，又检查房地产开发企业全市 130 家，房地产评估企业 14 家，房地产经济机构(房屋中介)60 多家。

1995 年 1 月起，丽水市(县级)房地产开发商无《商品房预售证》的，不准进行预售及开展广告宣传。未经验收合格以及未测绘的房屋，不得进行销售。8 月，丽水市(县级)各开发公司须使用地区计委印制的的预、销售合同书，并规定售房和购房双方的权利、义务、预售价格、面积差异处理、交付时间、付款方式、售后保修，商品房预售规范化。全市各房地产开发公司出售商品房，须由市城建部门批准发放售房许可证。2002 年 1 月，丽水市规定未取得商品房预售许可证的房地产开发企业不得预售商品房，申请办理商品房预售许可证需提交相关确凿资料。2005 年，使用丽水市区商品房销售合同网上备案系统。2006 年 5 月，丽水市建设局规定，莲都区行政区域内新建商品房的销售(包括预售和现售)均应进行合同网上备案和登记。房地产开发公司在透明售房网上输入预定信息，同时下载浙江省商品房买卖合同范本，与购房户签订合同后，将合同原件扫描成 PDF 格式的文件上传透明售房网，网上相应房源立即显示已售。购买商品住房严格实行实名制，已签订商品住房买卖合同并办理网上备案的，不得擅自变更。2001—2010 年，丽水市发放预售许可证 157 份，建筑面积 289.54 万平方米。2010 年 10 月，市建设局和人民银行丽水市中心支行、银监会丽水监管分局联合发文规定，商品房预售资金须纳入监管账户，由监管机构负责监管，确保预售资金用于商品房项目工程建设。

第六节　企业选介

1984 年 2 月，丽水县城建局成立该局管理的房屋建设开发公司，1987 年，丽水城区成立第一家专营房产开发公司。1990 年，丽水地区有房屋开发公司 16 家，职工 257 人。2000 年后，丽水房地产业迅速发展，企业增加，资质等级逐步提高。2003 年，外地企业入驻本埠，丽水市也有企业进入外地开发。2010 年，全市房地产开发企业 187 家，其中市区 110 家。

开发企业

1982 年 1 月，丽水县城建局征地拆迁办公室和房屋经营公司成立，由房地产管理处抽调人员组成。1984 年 2 月，撤销房屋经营公司，成立该局管理的房屋建设开发公司，负责城镇建设综合开发。1985 年 7 月，丽水地区房屋综合开发公司成立，丽水县政府颁布《关于管理侨汇购(建)住宅的暂行办法》和《房屋开发建设暂行规定》。此后，丽水房地产企业开始步缓慢发展。1987 年 3 月，丽水市(县级)经济房开发公司成立。1988 年 5 月，丽水市三胞房屋开发公司、市金龙房地产开发有限公司、市同心房地产开发有限公司、市正达房地产有限公司相继成立，房地产市场、房地产开发队伍逐步发展。至 1991 年，丽水城区房地产开发企业增加到 7 家。但房地产业企业仍资质低、规模小、缺乏竞争力，产业整体发展相对滞后。2000 年，丽水市房地产开发企业 81 家。其中市区 34 家，二级企业 2 家。2001 年后，旧城改造加速推进，城市吸纳人口增多，一大批基础设施项目开工，为房地产开发、队伍壮大带来新的契机。2003 年，丽水市有房地产开发企业 103 家，其中市区 44 家，二级企业 4 家。有 20 多家企业在上海、北京以及江西、福建、安徽、江苏、广东等省市有开发项目。2004 年，浙江金龙房地产投资集团有限公司晋升为一级房地产开发企业资质。2006年，一级房地产开发资质企业增加到2家。2009年全市有房地产开发企业170家，其中市区77家。2010年，丽水市房地产开发企业187家，其中市区110家，一级资质4家，二级资质17家。绿城房地产集团有限公司、浙江新湖房地产集团有限公司进入市区开发。

浙江金龙房地产投资集团有限公司　1993年成立，前身为丽水市金龙地产开发公司。房地产开发一级资质。2007—2009年，连续三年荣获"全国房地产百强企业"称号。2008年3月，"金龙•怡景花苑"获住建部和中房协"首届中国广厦奖"。"金龙•白云花苑""金龙•绿洲花苑"获2008年、2009年楼盘"浙江省优秀园林工程金奖"。2010年，有员工80多人，其中中高级职称40人。

浙江同心房地产开发股份有限公司　1995年成立，为20多个国家华侨加盟组建。房地产开发一级资质。先后开发同心大厦、同心商城、遂昌南苑公寓、西街商住楼、青田谢桥公寓、云和同心花园、同心•水境佳苑、缙云同心华庭、同心•蓬莱花苑、龙泉同心•江南花园、丽水同心•桃源山庄、同心•万锦花苑等楼盘。2010年，有员工61人，其中中高级职称30人。

浙江正达置业股份有限公司　1995年成立。房地产开发一级资质。先后开发正达阳光城、檀香公寓、丁香公寓、和家园、通惠园、华侨饭店等楼盘。开发的丽水华侨开元名都大酒店和青田正达开元大酒店是丽水五星级、四星级宾馆。2010年，公司有中高级职称40人。

浙江万地房产投资集团有限公司　1995年成立。房地产开发二级资质。先后开发丽洋公寓、万象花苑、金马•时代广场、丽洋国际公寓、财富国际大厦、世贸花园等楼盘。2010年，被评为浙江房地产品牌30强企业。2010年，公司有中高级职称22人。

丽水市兴业房屋开发有限公司　1995年成立。房地产开发二级资质。先后开发南阳小区、蓝天花苑、兴业大厦、山水嘉苑、天和苑、嘉兴•蓝天嘉苑等楼盘。其中，兴业大厦获评2005年度"丽水市十大期待精品楼盘"。2010年，公司有中高级职称13人。

浙江丽水括苍房屋开发有限公司　1995年成立。房地产开发二级资质。先后开发万丰小区、万丰家电•数码广场、白云小区及县、市级政府行政中心、商贸大厦等楼盘。2010年，公司有中高级职称28人。

浙江天金房地产集团有限公司　2005年成立。房地产开发二级资质。前身青田建民房地产开发有限公司。先后开发天金公寓、天金•怡沁苑、天金•兴和苑、天金•凌云花苑、联城城郊农民新社区（蓝色•清水湾）和遂昌天金•龙潭鑫城小区等楼盘。2010年，公司有中级职称15人。

2010年丽水市房地产企业一览

表6-4-6-1

名　称	资质等级	注册资金（万元）	技术人员（人）			成立年月
			高级	中级	初级	
浙江金龙房地产投资集团有限公司	一级	15000	5	35	20	1993年
浙江正达置业股份有限公司	一级	17868	4	26	18	1995年
香溢集团有限公司	一级	11060	2	21	18	1995年1月
浙江省同心房地产开发股份有限公司	一级	15379	3	33	16	1995年4月
浙江三胞房地产开发有限公司	二级	6000	2	17	1	1988年5月

续表 6-4-6-1

名 称	资质等级	注册资金(万元)	技术人员(人)			成立年月
			高级	中级	初级	
浙江巨龙房地产开发有限责任公司	二级	2000	—	14	7	1989 年 5 月
浙江兴城房地产开发有限公司	二级	2000	—	15	11	1994 年 2 月
浙江丽水括苍房屋开发有限公司	二级	2000	3	25	9	1995 年
丽水市兴业房屋开发有限公司	二级	6800	0	13	13	1995 年 4 月
浙江大洋房产集团有限公司	二级	5525	4	16	8	1999 年 5 月
浙江万地房产投资集团有限公司	二级	11388	2	20	11	1999 年 6 月
丽水市莲星房地产开发有限公司	二级	2000	3	13	4	2000 年 1 月
龙泉市地产开发有限责任公司	二级	3800	—	16	18	2000 年 1 月
丽水市绿园房地产开发有限公司	二级	5000	2	16	6	2001 年 2 月
浙江飞云房地产开发有限公司	二级	5000	—	22	9	2001 年 12 月
青田县万基置业有限公司	二级	5038	2	8	10	2002 年 3 月
松阳县万寿房地产开发有限公司	二级	5000	—	11	11	2002 年 11 月
浙江庆龙集团房地产开发有限公司	二级	10690	1	18	6	2004 年 7 月
浙江普森置业有限公司	二级	3000	1	11	10	2005 年 1 月
丽水市金城房地产开发有限公司	二级	5000	0	11	9	2005 年 4 月
浙江天金房地产集团有限公司	二级	8600	—	15	11	2005 年 4 月

物业管理企业

1996 年，灯塔小区、白云小区、永晖小区开始物业管理试点，负责小区卫生保洁、绿化管理、设施设备维护。2001 年，丽水市建设局实施物业企业资质管理，同年，市区 8 家获首批物业管理企业资质，同时市建设局房管处负责对物业服务市场进行监管。2004 年，市政府出台《关于丽水市建设局与莲都区建设(规划)分局行政管理职能划分和人财物交接等有关问题的意见》，市房管处物业职能划归莲都区建设分局管理。2009 年 7 月，丽水市政府召开市区住宅与房地产管理工作协调会，全面完成职能移交工作。2010 年 7 月，莲都区物业管理中心成立。负责市区物业管理日常工作、行业监管及物业企业资质核准初审年检，负责物业专项维修资金归集、审核、监管等工作。年末，丽水市有物业管理企业 64 家，从业人员 2168 人。市区物业管理企业 33 家，其中二级资质 3 家、三级资质 20 家，暂定三级 10 家，实行物业管理的项目 189 个，物业管理从业人数 1500 多人。丽水市物业管理协会成立，全市物业管理进一步规范。

浙江金龙物业管理有限公司 1996 年成立。丽水市(县级)首批具有管理资质的物业管理公司之一。隶属浙江金龙房地产投资集团，二级资质物业管理企业、浙江省房协理事单位。服务项目涵盖住宅小区、办公楼、市政设施等多种类型物业，物管面积 100 多万平方米。管理的永晖二区、怡景花苑被授予“浙江省物业管理优秀住宅小区”“全省物业管理示范住宅小区”称号。2010 年，有员工 300 人。

丽水正达物业管理有限公司 2000 年成立。丽水市首批具有管理资质的物业管理公司之一。服务项目涵盖多层、小高层、排屋、商场、写字楼等，物管面积 100 多万平方米。2006 年，被评“浙江省首批行业质量服务诚信领先示范单位”。2010 年，有员工 179 人。

丽水市同心物业管理有限公司　2001 年 3 月成立。为二级资质物业管理公司。建筑服务项目涵盖别墅型公寓、小高层公寓、写字楼公寓、酒店式公寓等，物管面积 98 万平方米。2010 年，有员工 180 人。

2010 年丽水市区物业管理企业一览

表 6-4-6-2

企业名称	资质等级	成立时间	单位名称	资质等级	成立时间
金龙物业管理有限公司	二级	2001 年 4 月	丽水市蓝天物业管理有限公司	三级	2010 年 6 月
正达物业管理有限公司	三级	2001 年 3 月	银泰物业管理有限公司	三级	2006 年 2 月
同心物业管理有限公司	二级	2001 年 3 月	庆龙集团物业管理有限公司	三级	2008 年 5 月
怡安物业管理有限公司	三级	2001 年 3 月	沁心园物业管理有限公司	暂三	2007 年 6 月
括苍物业管理有限公司	三级	2001 年 5 月	宏泰物业管理有限公司	三级	2009 年 6 月
恒信物业管理有限公司	三级	2001 年 3 月	天金物业管理有限公司	暂三	2007 年 8 月
括苍物业管理有限公司	三级	2001 年 5 月	金丰物业管理有限公司	暂三	2007 年 9 月
恒信物业管理有限公司	三级	2001 年 3 月	创意物业管理有限公司	三级	2007 年 12 月
瓯江物业管理有限公司	三级	2001 年 3 月	宜家物业管理有限公司	暂三	2007 年 12 月
浙江平安物业管理有限公司	三级	2003 年 1 月	金桂物业管理有限公司	暂三	2008 年 8 月
嘉远物业管理有限公司	三级	2001 年 3 月	莲城物业管理有限公司	暂三	2009 年 7 月
莲花物业管理有限公司	三级	2003 年 4 月	金汇物业管理有限公司	暂三	2009 年 7 月
金马物业管理有限公司	三级	2003 年 4 月	乐意物业管理有限公司	暂三	2010 年 7 月
正阳电力物业管理有限公司	三级	2003 年 4 月	银都物业管理有限公司	暂三	2010 年 7 月
瓯龙物业管理有限公司	三级	2004 年 3 月	莲城酒店服务有限公司	暂三	2010 年 11 月
凯原物业管理有限公司	三级	2004 年 3 月	浙江石景山物业管理有限公司	暂三	2011 年 5 月
美泰物业管理有限公司	二级	2005 年 10 月	绿盛物业管理有限公司	暂三	2011 年 5 月

拆迁企业

1987 年，丽水县拆迁办公室成立。1995 年 7 月，并入丽水市（县级）房地产管理处，下设拆迁管理科。此后，丽水市（县级）房屋拆迁事务所、丽水市（县级）市政房屋拆迁事务所、丽水地区城市房屋拆迁事务所三家负责房屋拆迁。2000 年，丽水市建设局市房地产管理处设拆迁管理科，负责具体拆迁工作。2005 年，丽水市拆迁办改制为市中信房屋拆迁有限公司。2007 年 10 月，成立市旧城改造有限公司。2007 年，江滨区块拆迁指挥部成立，具体负责房屋拆迁的动迁和拆迁补偿安置等工作。至 2010 年，全市房屋拆迁公司 9 家，其中市区 3 家，分别是丽水市中信房屋拆迁有限公司、丽水联合房屋拆迁有限公司和丽水丽泰房屋拆迁有限公司。

丽水市中信拆迁事务有限公司　1989 年成立，为市房屋拆迁管理办公室（简称拆迁办）。1992 年 7 月，增挂拆迁事务所牌子。2004 年 3 月，改制为中信拆迁事务有限公司。2005 年，获城市房屋拆迁一级资格。承接拆迁项目 150 多个，拆迁面积 280 万平方米。包括防洪工程 16 万平方米、旧城改造22万平方米、市南城开发建设拆迁、绕城公路、双龙公路沿线拆迁、旧机场整治等，占市区拆迁量的65%以上。同时，完成庆元县“生态公园”建设拆迁、遂昌县车站路、梅溪路的拓建等。2010年，有员工36人，其中有拆迁管理员资格证书22人。

丽水市联合房屋拆迁有限公司　1995年成立，为丽水市(县级)城市房屋拆迁事务所，属地区计经委。2005年，改为市联合房屋拆迁有限公司。为拆迁资质甲级资格。先后拆迁海潮村、囿山路、灯塔街中段、行政中心面积30万多平方米，灯塔街1万多平方米，城西路3万多平方米，开发区10万多平方米，以及缙云高铁、九龙湿地等。2010年，公司进行股份重组，有工作人员25人。

丽水市丽泰房屋拆迁有限公司　2005年成立，为股份制有限责任公司，拆迁三级资质。先后拆迁完成江滨区块旧城改造项目(括苍路以西)、内河改造项目(大洋河整治)、中山街北段、丽水经济开发区富岭区块、水阁区块的余庄前等村，绕城公路、江滨路、大猷街等项目60多个。2010年，有专业技术人员43人。

2002—2010年丽水市拆迁公司一览

表6-4-6-3

单位名称	证书编号	资质等级	成立时间
丽水市中信拆迁事务有限公司	—	一级	2004年1月
丽水市联合房屋拆迁有限公司	浙房拆字28号	三级	2005年3月
丽水市丽泰房屋拆迁有限公司	浙房拆字23号	三级	2005年5月
遂昌县益众拆迁有限公司	浙房拆字16号	三级	2002年12月
龙泉市旧城改造开发有限责任公司	浙房拆字19号	三级	2006年6月
庆元县濛洲拆迁事务所有限公司	浙房拆字22号	三级	2004年1月
景宁宏龙房屋拆迁事务所	浙房拆字25号	临时	2003年11月
松阳县建城房屋拆迁有限公司	浙房拆字24号	临时	2005年6月
云和县金丰拆迁事务所有限公司	浙房拆字20号	临时	2007年6月

第七篇

水　利

1 农田水利

2 河道整治

3 防洪工程

4 防汛防旱

5 水土保持

6 水利规划与管理

概 述

古代，处州居民就采用自然力及人工力量使水造福人类，通过常筑堰渠、陂塘、堤坝，挖井等水利工程，解决灌溉、防洪和生活用水。三国吴赤乌二年(239)，缙云境内建成古方塘，是丽水境内有历史记载最早较大的水利工程。通济堰始创于南朝梁天监四年(505)，詹、南二司马发挥重要作用。通济堰是区域内最大的水利工程，被列入“世界灌溉遗产工程”，至 2010 年仍在发挥着作用。民国 35 年(1946)，青田、景宁两县成立水利协会。

1949 年 10 月中华人民共和国成立后，丽水开始加快水利建设，水利设施较多的乡(镇)建有水利协会、堤董会、机电站等各种民间水利组织。20 世纪 50—60 年代，各县政府设立专门机构管理水政事务。1963 年，丽水专区恢复建置，水利事业单位逐步建立，分批定点定员。7 月，丽水地区水文站成立。水行政部门主要做好用水管理水资源调查与水利区划，做好水利工程的监督，并行使水资源费征收、水政监察和水利执法职能。2005 年 12 月，浙江省人民政府办公厅下发《浙江省水功能区、水环境功能区划分方案》，将丽水市域内的主要河道划分为水功能区 103 个，其中保护区 16 个、保留区 33 个、开发利用区 51 个、缓冲区 3 个。境内建起数以千计的山塘水库。这些山塘水库，不仅方便百姓生产生活用水，还成为发展旅游等产业的载体。2006 年，开潭大坝蓄水后回水区漫延约 3 千米，形成一个 50.6 平方千米水域的人工大湖泊“南明湖”。2010 年，全市有大中小型水库 1674 座，山塘 13297 口，总库容 86.26 亿立方米。全市征收水资源费 3450 多万元。

丽水在水利建设中，形成蓄水、引水、提水、生产生活供排水等大型工程，防洪、防旱、防水土流失等监察管理体系和管理网络，丽水的水利建设进入新的历史阶段。

第一章 农田水利

清代，丽水灌溉用水主要靠天然和人工湖、塘蓄水。民国时期，蓄水工程逐渐增多。1949 年 10 月中华人民共和国成立后，丽水境内建起数以千计的山塘水库。主要用于农业灌溉，小型为多，以低坝、土坝为主，由社队办主办。“文化大革命”期间建的水库，大多用于灌溉、发电综合利用，大部分以中小型为主，由县社主办。后逐渐发展出重力坝、堆石坝、土石坝、照谷社型坝、硬壳坝等多种坝型，坝的高度也不断突破，蓄水量增加。2006 年，开潭大坝蓄水后回水区漫延约 3 千米，形成一个 50.6 平方千米水域的人工大湖泊“南明湖”。2010 年，全市大中小型水库 1674 座，山塘 13297 座，总库容 86.26 亿立方米。

与堰坝、水库工程配套的引水渠道，长度数千米至数十千米不等。通济堰干渠全长 23 千米，纵贯碧湖平原的支渠 321 条，分 48 派，设水闸 72 座。最大引水流量每秒 12.3 立方米，最枯引水流量每秒 1.2 立方米，灌田 1667 公顷。1990 年，丽水地区有大小堰坝 17839 条，年引水量 1.93 亿立方米。2010 年，全市有大小堰坝 19790 条，灌溉 66 公顷以上的堰渠系统尚有 27 处。

古代，处州主要用吊桶等工具，把水从低处提到高处灌溉，后来用木制水车（龙骨水车）提水，部分山区小支流建造水碓轮（筒车）提水。20 世纪 50 年代开始采用机电排灌和水轮泵提水。1962 年 8 月，松阳县建成望松石角电灌站。1963 年，丽水专区水车 6688 部。20 世纪 70—80 年代，丽水地区喷灌技术快速发展。20 世纪 80—90 年代，提水方式基本被机电排灌所代替。1985 年，全区农用水泵 5128 台，机电排灌总动力 34190 千瓦，机电排灌面积 13133.33 公顷，其中电灌 7353.33 公顷。2010 年，全市农用水泵 47149 台，机电排灌总动力 91297 千瓦，提灌面积 11886.67 公顷，喷灌面积 3620 公顷。

古时，处州生活供水主要靠水井，或直接取用溪坑、堰渠、泉塘天然水，供水设施简单而完备，村村有井、有渠、有塘。有些山区农家，直接用竹笕引山坑水入水缸，最长的有用 80 多根毛竹片接引。干旱年份，市镇有肩挑车拉卖水专业人员。据清光绪《处州府志》记载，处州各县水井 91 处，据民国 15 年（1926）版《丽水县志》载，丽水县水井 14 处。20 世纪 40 年代，境内开始建有自来水。20 世纪 70 年代，丽水地区所属 6 个县的县城都建有自来水厂。20 世纪 80 年代，农村开始水改工作，以江河、水库为供水水源，建小型水塔，采用简易管道供水，生活用水及水质条件均有改善。但大多数农民仍直接从水井、溪坑、河渠挑水饮用。2006—2010 年，丽水市推进千万农民饮用水工程，改善农村饮用水条件，农村自来水普及率 95.7%，保证率 92%。

第一节 蓄水工程

塘

古代丽水境内的蓄水工程有山塘、洪塘、泉塘、河塘等。

山塘 建于山岙高处，灌溉低处农田。缙云古方山的古方塘，三国吴赤乌二年(239)建，为史载区域内的最早蓄水工程。

洪塘 建于田畈中间，与堰渠配套，调节洪枯。丽水保定洪塘，宋开禧年间(1205—1207)，参知政事何澹调兵三千建。“周九百八十二弓”，以调节通济堰水，灌溉农田133.33公顷。

泉塘 以地下水为水源。碧湖郎奇村有泉塘5口，“盛旱不竭，赖以溉者凡五里”。此5口泉塘实系温泉，20世纪80年代，丽水地区水产良种场利用此塘试养罗非鱼越冬成功。

河塘 利用河道挖池设障蓄水，清光绪《庆元县志》称“陂”，有县北石龙潭潭头陂，五都朱村陂。

据清光绪《处州府志》载，处州水塘有136处，计征面积“一百三十顷七十二亩四分一厘五毫五丝五忽”。民国时期宣平等县推广“廿亩一塘”，又修建一些水塘，库容均在10万立方米以下。今统称为山塘。

1949年10月中华人民共和国成立后，依靠集体力量，境内建起数以千计的山塘水库。从低坝、土坝逐渐发展出重力坝、堆石坝、土石坝、照谷社型坝、硬壳坝等多种坝型，坝的高度也不断突破。1970年，遂昌县建成梧桐源水库，坝高20米，是省内首建的重力墙式堆石坝。1976年至20世纪末兴建的，则以发电为主，以大中型为主，投资主体开始多元化，以中高坝为主，高者超过100米，以混凝土重力坝、砼面板堆石坝、浆砌块石坝等为主，还出现双曲拱坝、三心变厚双曲拱坝等复杂的坝型。21世纪以后兴建的水库，除发电、灌溉之外，部分水库以城市供水为主，以改善生态坏境为主。

水 库

至1990年年底，丽水地区有大中小型水库1550座，其中库容1亿立方米以上大型水库1座，1000万—1亿立方米中型水库13座，100—1000万立方米小(一)型水库34座，10—100万立方米小(二)型水库148座，1—10万立方米小(三)型水库1354座。总蓄水量19.33亿立方米，其中，电站水库蓄水量17.19亿立方米，农田灌溉蓄水量2.14亿立方米，灌溉农田3.98万公顷。山塘18278口，蓄水量1747万立方米，灌溉农田8220公顷。1995年，全区库容10万立方米以上的水库199座，总库容183046万立方米。

2000年，丽水市库容10万立方米以上的水库223座，总库容139330万立方米。2005年，全市库容10万立方米以上的水库296座，总库容215205万立方米。

2010年，丽水市大中小型水库1674座，其中库容1亿立方米以上大型水库2座，1000万—1亿立方米中型水库31座，100—1000万立方米小(一)型水库78座，10—100万立方米小(二)型水库244座，1—10万立方米小(三)型水库1319座；另有库容1万立方米以下的山塘13297座，库容2510.3万立方米；总库容86.26亿立方米。

雾溪水库　位于云和县城西南6千米雾溪乡，拦截浮云溪支流蓄水，控制流域面积29.7平方千米。由云和县自行勘测、设计和施工。1959年12月动工，1960年9月建成，为丽水境内首座中型水库。黏土心墙坝，坝高47.3米，总库容1170万立方米。灌溉农田520公顷，一级电站装机600千瓦。总投资450万元。水库建于"大跃进"时期，边设计边施工，隐患较多，建成运行后经过大小30多次除险加固。21世纪初，其功能由原来的灌溉为主转变为县城饮水为主。大坝出现沉陷，防浪墙裂缝40多条，坝底拱函渗漏，成二类坝。2008年，被列为云和县千库保安重点工程，投资1660万元，防护上游坝面、副坝上下游坝面，次年3月完工。

梧桐源水库　位于松阳县赤寿乡梧桐口村附近，距县城16千米。拦截松阴溪支流梧桐源以蓄水，控制流域面积53.7平方千米。1965年9月动工，1972年建成。大坝为堆石、浆砌块石重力墙混合坝，高40.5米，顶长112米、宽6米，总库容720万立方米，正常库容645万立方米。溢洪道在大坝左侧，输水建筑物设上、下两条涵管。1992年，建成配套干渠4条，支渠11条，长40千米，灌溉农田1200公顷、电站装机640千瓦。又在上游配建龙岩头污水调节库及排污渠道，拦截遂昌金矿废渣污染。2005年，投资8235万元除险加固，2006年4月竣工。大坝加高到53.7米，总库容1671万立方米，灌溉面积2747公顷，电站装机1800千瓦。为丽水市内灌溉农田最多的水库，兼具古市镇防洪、江北片供水功能。

黄村水库　位于莲都区黄村乡大坑洪村下游约1千米处，距丽水市区22千米，截好溪支流严溪中游蓄水，控制流域面积150.7平方千米。大坝为钢筋混凝土面板堆石坝，一期工程坝高47米，顶长179.48米。最大库容1845万立方米，正常蓄库容1195万立方米。输水系统长12.7千米，其中隧洞长11.99千米。20世纪90年代，大溪污染加重，市区人口增多，行署决定兴建黄村水库为新的饮用水源，并配建天宁寺第二水厂。设计总规模为日供水2亿千克，一期工程日供水1亿千克，年供水2920万立方米，保证率95%，静态投资8400万元。1999年1月开工，2001年竣工，2002年正式向市区供水。4月，丽水市人民政府发布《黄村水库饮用水地表水源保护区管理办法》，在库区划分一级、二级、准保护区及输水管线保护区。到2010年，水质一直保持Ⅱ类地面水标准，水厂水质优于国家饮用水标准。

开潭水库　又称开潭水利枢纽、南明湖，坝址位于丽水城东南约7千米的莲都区开潭村，截瓯江干流大溪蓄水。上游集雨面积8544平方千米。工程按五十年一遇洪水标准设计，二百年一遇洪水标准校核。主坝坝顶高程54米，最大坝高30.55米，坝顶长度365.48米，正常库容2836万立方米。发电装机容量4.8万千瓦。总投资40.6亿元。工程主要建筑物由左岸连接坝，船闸、泄洪闸闸室，河床式电站厂房，右岸连接坝，闸顶交通桥等部分组成。泄洪水闸18孔，每孔长、宽均为12米。其中1号孔由上游引航道、上闸首、闸室、下闸首、下游引航道组成，用固定卷扬式启闭机启闭，可通30—50万千克级船只。其余17孔为开敞式无胸墙水闸，液压式启闭机启闭，每孔最大泄洪量790立方米/秒。2001年2月，辽宁省朝阳集团公司经公开招商获得开发权，9月开工建设，后因缺资停建。2004年3月，转由丽水市电业局组建的丽水正阳水电发展有限公司续建。工程由葛洲坝第六工程公司施工，浙江水专工程建设监理公司监理。2006年3月一期工程完工，10月1日蓄水，中旬首台机组发电。2008年1月15日通过二期蓄水验收。蓄水后河道通航能力由5万千克级提高到30万千克级，2010年11月19日开闸通船。工程以改善城市生态环境为主。蓄水后回水区漫延约3千米，形成一个人工大湖泊，50.6平方千米水域环抱丽水主城区，称"南明湖"。2010年3月，玉溪水库以下至开潭水库大坝，全长 41.7 千米的生态河道及沿线的古堰画乡、九龙国家湿地公园、南明湖三大区块，被水利部命名为“国家水利风景区”。

滩坑水库　坝址位于青田县北山镇滩坑村下游 200 米处，距青田县城 32 千米。滩坑电站以发电为主，兼有防洪、灌溉、航运等方面的综合效益，是瓯江流域梯级开发的骨干工程，是丽水市内投资和移民最多，库容和发电装机容量最大的水库。截瓯江支流小溪中游河段蓄水，上游集雨面积 3330 平方千米。工程由拦河坝、溢洪道、泄洪洞、引水系统及发电厂房等建筑物组成。坝型为钢筋混凝土面板堆石坝，坝顶高程 171 米，最大坝高 162 米，为华东第一高坝。坝顶长 507 米，宽 12 米。总库容 410.9 亿立方米，正常库容 35.2 亿立方米，水域面积 70.93 平方千米，相当于 12 个杭州西湖。为多年调节水库。电站装机容量 60 万千瓦，年发电量 10.35 亿千瓦时。溢洪道位于左岸，利用垭口地形开挖溢流堰，堰顶高程 148 米，最大下泄流量每秒 16064 立方米。

水库建设征用青田、景宁 2 个县土地 5863.47 公顷，移民 5 万多人。总投资 50 亿元，由浙江省能源集团有限公司、浙江东南发电股份有限公司、丽水市国有资产经营公司合资兴建，丽水市国有资产经营公司占股 10%。中国水电顾问集团华东勘测设计研究院设计，中国水利水电建设工程咨询西北公司监理，中国水利水电第十二工程局、第五工程局施工。

1980 年 3 月，浙江省人民政府和水利电力部批准瓯江流域开发规划，确定在小溪建设滩坑电站。1998 年，被省政府列入重大前期工作项目。2003 年 5 月 13 日，国务院第八次常务会议审议通过《项目建议书》，23 日国家发改委批准立项。2004 年 6 月，水库坝址及施工影响区移民搬迁完成。10 月 31 日，大坝主体工程开工。2005 年 10 月 13 日，成功截流。2008 年 4 月 29 日，经验收，下闸蓄水。同年 8 月 11 日，滩坑电站发电机组并网发电。

紧水滩水库　位于浙江省丽水市瓯江中上游云和紧水滩镇，地处云和县大部及龙泉市部分地区。紧水滩水库坝高 194 米，坝顶弧长 351 米，设计洪水位 190.29 米，总库容量 13.93 亿立方米，正常水位库面积 34.3 平方千米。集雨面积 2761 平方千米，占龙泉溪流域总面积的 77.8%。库区淹没云和的龙门、大源、赤石、库北公社 4 个，生产大队 56 个，自然村 71 个，迁徙居民 2034 户，10711 人。紧水滩电站是瓯江干流梯级开发的第一级电站，1981 年 10 月动工，1983 年 10 月 31 日截流，1986 年 6 月下闸蓄水，1987 年 4 月 4 日 1 号机组发电，1988 年 12 月 31 日 6 台机组全部投入运行。

2010 年丽水市大、中型水库汇总一览

表 7-1-1-1

县(市、区)	大型			中型			
	数量(座)	总库容(万立方米)	兴利库容(万立方米)	数量(座)	总库容(万立方米)	兴利库容(万立方米)	有效灌溉面积(公顷)
莲都区	—	—	—	5	10151.00	4965.00	1000.00
龙泉市	—	—	—	4	6801.00	5307.30	—
青田县	1	419000	212600	6	14310.00	4763.00	246.67
云和县	1	139300	54800	2	9578.70	1658.00	520.00
庆元县	—	—	—	3	4290.00	3179.00	86.67
缙云县	—	—	—	1	1505.00	1379.00	680.00

续表 7-1-1-1

县(市、区)	大型			中型			
	数量(座)	总库容(万立方米)	兴利库容(万立方米)	数量(座)	总库容(万立方米)	兴利库容(万立方米)	有效灌溉面积(公顷)
遂昌县	—	—	—	4	11066.00	11350.00	66.67
松阳县	—	—	—	3	4782.00	3770.00	6480.00
景宁畲族自治县	—	—	—	3	7493.00	4610.00	133.33
合计	2	558300	267400	31	69976.70	40981.30	9213.33

2010年丽水市小型水库及山塘汇总一览

表 7-1-1-2

县(市、区)	小(一)型			小(二)型			1—10万立方米山塘		
	数量(座)	总库容(万立方米)	灌溉面积(公顷)	数量(座)	总库容(万立方米)	灌溉面积(公顷)	数量(座)	总库容(万立方米)	灌溉面积(公顷)
莲都区	7	1473.00	906.67	40	1212.00	1006.67	167	435.00	1500.00
龙泉市	7	2510.05	933.33	16	844.60	486.67	36	121.00	566.67
青田县	13	3328.21	893.33	29	832.70	806.67	172	367.00	1380.00
云和县	5	1609.00	313.33	11	303.00	180.00	48	92.00	213.33
庆元县	8	2246.00	153.33	11	520.90	266.67	33	85.00	473.33
缙云县	12	3007.70	3080.00	70	1837.10	2820.00	446	1156.00	3800.00
遂昌县	13	2764.80	1320.00	17	639.00	493.33	148	340.10	1466.67
松阳县	5	899.00	1600.00	31	730.00	1666.67	174	438.00	2000.00
景宁畲族自治县	8	2912.80	—	19	953.70	266.67	95	175.00	393.33
合计	78	220740.56	9200.00	244	7873.00	7993.33	1319	3209.10	11793.33

2010年丽水市中型水库一览

表 7-1-1-3

政区	库名	兴建年份	总库容(万立方米)	坝高(米)	投资(万元)	投工(万工)	有效灌溉面积(公顷)	发电装机(千瓦)
莲都区	高溪水库	1956—1972	1017	28.20	166	53.50	1000	320
	雅一水库	1970—1977	3000	75.00	1796	137.00	—	7650
	黄村水库	1999—2001	1845	47.00	8400	—	—	650
	玉溪水库	1994—2002	1453	23.60	38800	—	—	2×20000
	开潭水库	2002—2006	2836	30.55	46000	—	—	3×16000
龙泉市	大白岸水库	1965—1967	2473	41.50	755	65.00	—	2500
	瑞垟一级水库	1985—1988	1088	54.40	2217	—	—	15200
	瑞垟二级水库	—2004	2097	89.35	—	—	—	30000

续表 7-1-1-3

政 区	库 名	兴建年份	总库容（万立方米）	坝高（米）	投资（万元）	投工（万工）	有效灌溉面积（公顷）	发电装机（千瓦）
龙泉市	岩樟一级水库	—2005	1143.00	81.75	—	—	—	2000
青田县	金坑水库	1977—1986	2439.00	80.60	2490	162.60	246.67	9600
	大奕坑水库	—2001	2840.00	86.60	10950	—	—	12600
	万阜水库	—2002	1540.00	60.35	—	—	—	10000
	塘坑水库	—2004	1202.00	66.40	—	—	—	8000
	五里亭水库	2004—2007	4572.00	25.40	38300	—	—	42000
	外雄水库	2005—2009	1717.00	25.50	50000	—	—	2×24000
云和县	雾溪水库	1959—1964	1308.00	47.24	450	109.00	5200.00	2300
	石塘水库	1985—1992	8270.70	38.90	18900	—	—	78000
庆元县	兰溪桥水库	1977—1984	1620.00	53.50	902	156.00	86.67	5350
	大岩坑水库	—2002	1125.00	78.60	—	—	—	36000
	左溪一级水库	—2006	1545.00	63.00	—	—	—	32000
缙云县	大洋水库	1970—1973	1505.00	47.50	886	335.00	680.00	21320
遂昌县	成屏二级	1958—1966	1340.00	45.30	548	63.90	66.67	7600
	成屏一级	1985—1991	5230.00	74.60	4500	310.50	—	13000
	应村水库	2000—2003	2349.00	67.50	29000	—	—	32000
	周公源一级	—2008	2147.00	—	46000	—	—	25000
松阳县	东坞水库	1970—1978	1610.00	50.00	478	205.00	1066.67	820
	谢村源水库	—1994	1473.00	66.00	—	—	2666.67	1600
	梧桐源水库	—2007	1671.00	53.70	—	—	2746.67	1800
景宁畲族自治县	上标一级水库	1986—1990	2159.00	50.70	4271	67.00	133.33	16000
	白鹤水库	—2000	1603.00	65.00	—	—	—	25000
	英川水库	1999—2002	3731.00	87.00	32000	—	—	40000

2010年丽水市小(一)型水库一览

表 7-1-1-4

政 区	水库名称	兴建年份	所在乡镇街道	坝 型	坝高（米）	总库容（万立方米）	发电装机（千瓦）	灌溉（公顷）
莲都区7处	赤坑	1965—1969	老竹	黏土心墙土坝	27.60	243	125	306.67
	七百秧	1964—1970	水阁	黏土心墙土坝	21.95	285	—	133.33
	五里亭	1962—1973	白云	低弱模砼心墙坝	31.20	258	—	—
	胡村	1971—1975	富岭	黏土心墙坝	26.20	162	—	266.67
	朗奇	1984—1987	碧湖	浆砌块石重力坝	27.00	274	200	200.00
	港口	—2002	联城	翻板坝	4.50	130	2520	—

续表 7-1-1-4

政 区	水库名称	兴建年份	所在乡镇街道	坝 型	坝高（米）	总库容（万立方米）	发电装机（千瓦）	灌溉（公顷）
	下圩口	—2005	丽新	翻板坝	13.65	121	3600	—
龙泉市 7 处	石隆	—1976	查田	粘土心墙土坝	30.30	122.60	275	266.67
	竹垟	—1979	竹垟	砼砌石拱坝	35.70	315	890	666.67
	均溪一级	—2000	屏南	砼双曲拱坝	43.50	173.60	3000	—
	均溪二级	—2002	屏南	砼混合线型双曲拱坝	69	589	10000	—
	双良	—2005	锦溪	砼双曲拱坝	38.40	220	1260	—
	孙坑	—2008	查田	砼双曲拱坝	43.32	182.85	1890	—
	雁溪水库	2007—2009	道太乡	混凝土拱坝	57	907	8000	—
青田县 13 处	石郭	1958—1965	鹤城	定向爆破堆石坝	51.50	365	2920	13.33
	官庄	1965—1971	腊口	粘土心墙土坝	24	133	150	186.67
	贵岙	1971—1974	贵岙	浆砌块石拱坝	44	345	720	200
	后洋	1971—1975	北山	心墙土坝	26	108	120	173.33
	坑口	1971—1982	章旦	沥青斜墙防渗堆石坝	37	235	1750	226.67
	奇艺	—1998	方山	砼混合线型双曲拱坝	36.50	153	800	93.33
	金龙	1990—1998	季宅	浆砌条石双曲拱坝	43.80	140	3780	—
	八源	—2006	仁庄	砼混合线型双曲拱坝	62.85	998	5000	—
	雄溪二级	—2005	海口	砼拱坝	39.10	135	1260	—
	雄溪三级	—2010	海口	浆砌石重力坝	29	171.21	2400	—
	金田	—2007	北山	浆砌石重力坝	54.60	260	2520	—
	建萍	—2002	仁庄	砼拱坝	25	175	1260	—
	西溪	—2009	东源	砼重力坝	28	110	3200	—
云和县 5 处	梅垄	1958—1961	云和	均质土坝	26	361	—	266.67
	泗洲堂	1972—1978	云坛	浆砌条石拱坝	29.20	130	500	46.67
	练公坪	1997—2001	云丰	堆石坝	64.70	845	25000	—
	金坑口	2002—2005	沙铺	抛物线型变厚双曲拱坝	37	121	16000	—
	靛青山	2002—2006	云坛	砼拱坝	39.70	152	3200	—
庆元县 8 处	马蹄岙	—1972	屏都	浆砌石重力坝	40.50	539	6800	155.53
	黄水	—2004	合湖	砼拱坝	44	205	10000	—
	冯家山	—2005	龙溪	砼拱坝	47	450	6400	—
	贵南洋	—2005	龙溪	砼拱坝	24.10	161	6400	—
	龙井	—2009	龙溪	砼拱坝	37	400	8000	—
	仙坑	—2008	五大堡	砼重力坝	36.60	140	4000	—
	后溪	—2007	张村	砼重力坝	37	221	—	—
	云雾亭	—2005	举水	砼拱坝	33	130	1800	—

续表 7-1-1-4

政区	水库名称	兴建年份	所在乡镇街道	坝型	坝高（米）	总库容（万立方米）	发电装机（千瓦）	灌溉（公顷）
缙云县12处	浣溪	1958—1960	壶镇	粘土心墙土坝	32.80	470.00	410	476.00
	岭头方	1969—1978	东方	粘土心墙土坝	32.20	332.00	920	266.67
	左库	1965—1966	雁岭	浆砌块石土石坝	9.00	330.00	375	593.33
	碧川	1957—1960	新碧	粘土心墙土坝	18.00	129.00	—	133.33
	溪南	1968—1976	新建	砼重力坝	28.00	215.00	200	166.67
	白马	1958—1966	新建	粘土心墙土坝	26.90	392.00	375	1000.00
	古方塘	1970—1979	胡源	粘土心墙土坝	38.00	140.00	320	66.67
	金岭脚	1965—1973	双溪口	粘土心墙土坝	31.00	136.00	200	166.67
	插花墩	1969—1973	舒洪	双曲拱坝	31.70	195.00	1040	—
	更新	1956—1984	壶镇	粘土心墙土坝	33.18	116.40	—	208.73
	高畈	1997—2000	大源	砼拱坝	34.50	205.00	1890	—
	沙坑	2004—2007	大源	砼拱坝	39.80	347.28	4000	—
遂昌县13处	天堂	1958—1966	云峰	均质粘土坝	31.00	113.00	1260	400.00
	吴处	1971—1979	三仁	粘土心墙土坝	60.00	117.00	160	200.00
	塘根	1959—1981	大柘	粘土心墙土坝	26.00	114.00	320	200.00
	岩后源	1971—1983	云峰	粘土心墙土坝	34.50	120.70	200	253.33
	濂竹	—1999	濂竹	浆砌石拱坝	38.00	100.20	2520	—
	交塘	—1998	金竹	浆砌石拱坝	41.50	140.00	4000	266.67
	金竹	—2001	金竹	砼面板堆石坝	37.50	181.50	6400	—
	清水源	—2003	云峰	砼双曲拱坝	37.00	162.40	2500	—
	碧龙源	—2005	龙洋	砼双曲拱坝	47.40	735.00	12600	—
	上河口	—2005	云峰	砼双曲拱坝	36.50	147.00	1890	—
	西坑	—2006	龙洋	砼双曲拱坝	38.80	162.00	3200	—
	蟠龙	2008—2010	焦滩	砼重力坝	23.10	514.00	16000	—
	周公源二级	—2010	黄沙腰	砼重力坝	19.60	158.00	12600	—
松阳县5处	六都源	1969—1984	望松	浆砌石堆石混合坝	45.00	170.00	250	666.67
	四都源	1956—1965	西屏	粘土心墙土坝	28.25	119.00	225	266.67
	关溪	1971—1984	西屏	均质粘土坝	20.60	153.00	—	233.33
	杨岭脚	1971—1981	樟溪	粘土斜墙堆石坝	38.00	125.00	400	433.33
	安民	—2004	安民	砼浆砌块石重力坝	46.60	332.00	12600	—
景宁畲族自治县8处	上标二级	—1997	雁溪	浆砌石双曲拱坝	43.00	316.00	10000	—
	高岩下	—2000	大顺	砼双曲拱坝	49.50	510.00	5000	—
	景润	—2003	毛洋	砼双曲拱坝	38.50	243.00	6400	—
	龙川	—2004	英川	浆砌石拱坝	56.60	185.00	10000	—

续表 7-1-1-4

政区	水库名称	兴建年份	所在乡镇街道	坝型	坝高（米）	总库容（万立方米）	发电装机（千瓦）	灌溉（公顷）
景宁畲族自治县8处	三枝树	—2005	鹤溪	浆砌石重力坝	62.80	794.30	12600	—
	穹岱楼	—2006	家地	砼双曲拱坝	50.30	389.50	4000	—
	白鹤二级	—2008	东坑	砼重力坝	35.00	216.00	8000	—
	温头口	—2008	家地	砼重力坝	48.85	259.00	8000	—
合计		78处			—	220740.56	—	9200

第二节　引水工程

发展概况

古时，丽水山区溪坑密布，筑堰开渠引水入田，为主要灌溉方式，也是府、县两级主要水利事业。据清光绪《处州府志》载，处州建有堰渠工程341处。堰障水入渠，渠引水灌田，渠堰相资，而尽浸灌之利。有的地方将堰、渠分别命名，有的则统称为堰。

与堰坝、水库工程配套的引水渠道，长度数千米至数十万米。或环山而建，或沿畈开挖，遇坑涧采用竹笕或木槽架空引过，或采用竹木筒以倒虹吸原理接水过坑。在乱石坡开渠则用粘土填塞，解决渗漏。

1949年10月中华人民共和国成立后，丽水各县政府派员下乡，帮助农民实地踏勘，土法上马，组织施工，历尽艰险，建造引水工程。在悬崖陡壁处，测量与施工人员身系保险索，或用篮子把人吊在悬崖上，或用野藤捆绑木头吊挂凌空操作，克服重重难关，终于建成景宁县北山渠、幸福渠。1990年，丽水地区大小堰坝17839条，年引水量1.93亿立方米，灌溉农田3.04万公顷。其中灌溉66公顷以上的堰渠系统37处，有丽水县通济堰、屡丰堰、好溪堰，龙泉县蒋溪堰（官堰）、兰师畈堰、万寿奥堰，青田县上田本坝。庆元县五都堰，云和县官潭堰、钉步头堰，缙云县清宁堰、金丝堰、广济堰、杜堰、栋梁堰、长兰堰、永济堰、桑潭堰、西于堰、新陈堰、上堰遂昌县虎口堰、上江堰，松阳县江南渠道、芳溪堰、芳溪二堰、京梁堰、白龙堰、青龙堰、观口堰、新兴堰、响石堰、梁下堰、下洋堰、龙石堰、济众堰，神坛堰。

2000年开始，丽水市工业化加快，工业区和经济开发区占用大量农田，许多灌区灌溉系统因此废弃。新建的大中型电站水库，淹没原有耕地和灌溉系统。2010年，全市有大小堰坝19790条，灌溉66公顷以上的堰渠系统27处。

2010年丽水市灌溉66.67公顷以上堰坝一览

表 7-1-2-1

编号	堰坝名称	所在河流	所在地点	坝高（米）	坝长（米）	灌溉面积（公顷）	始建年代	重修时间
1	通济堰	松阴溪	丽水新合	2.50	275	1666.67	梁代	1995年
2	屡丰堰	小安溪	丽水联城	2.50	130	133.33	明代	1986年

续表 7-1-2-1

编号	堰坝名称	所在河流	所在地点	坝高（米）	坝长（米）	灌溉面积（公顷）	始建年代	重修时间
3	好溪堰	好溪	丽水岩泉	5.00	5.00	266.67	唐代	2005 年
4	蒋溪堰(官堰)	龙泉溪	龙泉西街	3.00	3.00	166.67	宋代	1974 年
5	兰师畈堰	龙泉溪	龙泉安仁	2.50	2.50	200.00	明代以前	1998 年
6	万寿奥堰	龙泉溪	龙泉黄南	2.00	2.00	106.67	宋代	1953 年
7	矴步头堰	龙泉溪	云和沙溪	1.50	1.50	113.33	民国	—
8	清宁堰	好溪	缙云雁门	1.40	1.40	153.33	清代	2004 年
9	金丝堰	好溪	缙云白六	1.50	1.50	80.67	清代	2006 年
10	广济堰	好溪	缙云三联	1.00	1.00	196.67	北宋	1998 年
11	杜堰	好溪	缙云三联	3.00	3.00	110.00	明代	—
12	永济堰	好溪	缙云东方	2.70	2.70	120.00	清代	—
13	桑潭堰	好溪	缙云城东	2.00	2.00	100.00	明代	1998 年
14	西于堰	新建溪	缙云笕川	—	—	66.67	—	—
15	新陈堰	新建溪	缙云笕川	—	—	73.33	—	2004 年
16	虎口堰	松阴溪	遂昌三川	2.00	2.00	80.00	清代	1989 年
17	上江堰	松阴溪	遂昌三川	2.00	2.00	82.67	民国以前	1973 年
18	江南渠道	松阴溪	松阳赤寿	2.00	2.00	333.33	1967	1967 年
19	芳溪堰	松阴溪	松阳新兴	1.50	1.50	113.33	宋代	民国
20	芳溪二堰	松阴溪	松阳新兴	1.70	1.70	100.00	宋代	1976 年
21	京梁堰	松阴溪	松阳斋坦	1.00	1.00	268.67	元代	20 世纪 90 年代初
22	青龙堰	松阴溪	松阳叶村	1.50	1.50	133.33	明代	1950 年
23	观口堰	松阴溪	松阳古市	1.50	1.50	270.00	清代	1963 年改建
24	新兴堰	松阴溪	松阳新兴	5.00	5.00	120.00	民国以前	20 世纪末
25	响石堰	松阴溪	松阳赤寿	2.50	2.50	126.67	明代	20 世纪末
26	龙石堰	松阴溪	松阳西屏	3.00	3.00	226.00	清代	1989 年
27	济众堰	松阴溪	松阳西屏	3.00	3.00	159.33	清代	1964 年

莲都区堰渠

据清光绪《处州府志》载，丽水县引水堰渠有通济堰等 20 多处，分别为通济堰、处州府城内二渠、县北丽阳渠、妃溪渠、黄山渠、均堰，县西北泗洲渠（屡丰堰）、畎溪渠，县西通济渠、南溪渠、金沟渠（观坑堰）、白溪渠（司马堰）、陈婆渠（下堰），县南大梁渠、沙溪渠、法喜寺后渠、下园渠、葑源渠，县东好溪堰、绿苗渠。据民国《丽水县志》载，丽水县引水工程 21 处。1990 年，丽水市（县级）有堰渠 1510 处，灌田 5068.87 公顷，其中灌溉 6 公顷的 43 处，66 公顷以上的 3 处。2010 年，莲都区堰渠 1550 处，灌溉 66 公顷以上的 3 处。

通济堰　位于莲都区碧湖镇堰头村外。南朝萧梁天监四年（505）詹、南二司马创建，截引松阴溪水灌溉碧湖平原，灌溉农田1666.67公顷。初为木筱坝，宋改为石砌，并筑叶穴，置石函，定堰规，多所创造。明方烨改直坝为拱坝。后经历代修建，灌溉体系渐臻完善。民国《丽水县志》载，通济堰自保定东抵白桥入大溪，纡回25多千米。其中分为三原，疏为48派，均以72概。随地潴之以为湖，有白湖、赤湖、何湖、李湖、吴湖、郑湖、汤湖等目。查三原堤工通计25多千米，有石坝，有斗门，有石函，有叶穴。石坝截水入口，斗门引水归渠，俱在巩固桥以上。石函在巩固桥以下，仰受山水沙石，使所引上流之水由地沟入渠。石函之下为叶穴，与大溪相通，制用石插木板，以时启闭。叶穴之下有6概。由石函至叶穴凡0.5千米，由叶穴至开拓概凡1.5千米，由开拓概至凤台概2千米，次至陈章概2.5千米，由陈章概至石刺概1.5千米，石刺概之下2.5千米至陈塘概，又下为九思概。所谓概者，节制三原之水，轮流蓄放，以均其灌溉之大牐也。外有小概72处，承接大牐之水分流布润。

宋元祐七年(1092)冬，处州太守关景晖命丽水县尉姚希建筑拔沙门[①]1座，设有闸概，渠水暴涨时，开闸泄沙至溪。渠道进水口往下0.5千米处，有泉坑[②]水横贯其中，坑水携沙石淤塞渠道，需年年疏浚。宋政和(1111—1117)初，知县王禔采纳县人叶秉心建议建石涵(三洞桥)横于渠面，两侧拦以木板，引坑水越渠而过。进士刘嘉又改拦板为石砌，熔铁锢石罅，涵固而渠大通。乾道五年(1169)，知州范成大予以修复，并具新规刻于石，置于司马庙中。南宋开禧元年(1205)，何澹改为石砌拱坝。

元至顺二年(1331)春，部使者中顺公干罗蒽(字谦斋)，行处州访咨农事，示修通济堰，郡长中大夫也先不花、郡守大中大夫三不都命县尹卞瑄监修。元至元六年六月大水，堰坝圮决存十不三四，田遂干不生稻谷。元至正二年(1342)十一月，县尹梁顺(字孝聊)复规修堰，以巨松为基，上压大石，坝基加宽十尺，疏浚渠道，至正三年八月完工。

明成化年间(1465—1487)，处州曾有通判桑君修堰之举。明嘉靖十一年(1532)七月二十八日，大水坏堰，同年冬，知府吴仲令知县林性之、主簿王伦主持修筑，两月而成。明隆庆二至三年(1568—1569)，处州知府劳堪檄丽水县令孙烺修治是堰，民之利赖者若干岁。明万历四年(1576)秋，知府熊子臣请发帑缗，督邑主簿方君率作兴事，统其成。明万历十二年(1584)，丽水知县吴思出官帑令主簿丁应辰创堰门，以时启闭，便舟通行，疏浚被淤渠道三十六处。明万历四十六年夏秋，淫雨浃旬，堰复倾塌，处州知府陈见龙修之。

清康熙二十五年(1686)五月二十六、二十七日，两日洪水，冲崩石坝四十七丈，此后西乡八年稻谷无收。康熙三十二年七月十九日，士民何源浚、魏可久、何嗣昌、毛君选等人呈知府刘侯轸，刘侯轸捐俸银五十两，委经历赵鉎十月初九日诣三源派工，并雇青田、景宁两县石匠修复石坝。清乾隆三十七年(1772)，丽水知县胡嘉栗令民按亩输钱，益以库贮余银兴工大修已坏坝堰。清同治四年(1865)，处州知府清安、丽水知县陶鸿勋饬县丞金振声、绅董叶文涛等修堰浚渠，第二年春完工，订三源概规十条刻石遵行。

民国元年(1912)7月，大水决坝中段三十多丈，沙石淤塞渠口，三源士民请拨工赈并派亩捐修复，于堰头上方对岸山脚砌一水障，由大水冲去陡门上之泥沙。至民国35年，因多年失修，堤闸、渠岸倒塌严重。同年11月，救济总署浙江分署第三工作队增拨赈粉4.8万千克，办工赈，12月动工修

① 因在叶姓地，故谓叶穴。

② 2010年为金坑。

坝、闸，疏浚渠道，至第二年4月完工。

1954年，丽水县投资3.95万元（折人民币），投工17664工，用混凝土砌块石，增高堰坝0.45米。1955年秋至1956年春，丽水县投资4万元，投工25291工，修筑全坝下坦水宽，加高大坝南端坝顶高度。1956年，丽水县新开支渠爱国堰和丰收堰。1980年，在新合乡开支渠900米。1981年冬，建成上概头分水闸和广福寺概。1994年冬至1995年春，丽水市（县级）碧湖镇水利管理委员会主持修复水毁大坝30米。1949年10月中华人民共和国成立后，修建凡十多次。今大坝为混凝土块石结构，拱型，弧长275米，脚宽25米，高2.5米，最大引水流量每秒12.3立方米，最枯引水流量每秒1.2立方米，灌田1667公顷。干渠全长23千米，纵贯碧湖平原，支渠321条，分48派，设72座水闸，沿途有若干湖塘与支渠相通，调节洪枯。灌溉有序，管理有规，引灌为主，蓄泄兼备。1961年，被列为省级重点文物保护单位。2001年，被列为全国重点文物保护单位。

好溪堰 位于丽水市东岩泉马头山脚。唐大中九年至十三年（855—859），处州刺史段成式创建。明嘉靖元年（1522）至1949年，好溪堰修建13次，重建堰坝2次。1950年，丽水县投入民工651工、技工521工、筏运411筏，支出大米8637.5千克，修复好溪堰。1951年，岩泉区好溪堰水利委员会成立。同年4月，浙江省水利局整治设计好溪堰引水灌溉工程，新建公路桥、新渠跌水、渡槽、分水闸及蓄水坝等。1952年12月，丽水县建筑工会施工，1953年春完工，省农林厅水利局核批工程材料款4亿元。1962年，发动群众及时修复。1979年，兴建渠道进水闸门一座，采用电动启闭。1989年冬至1990年春，丽水市（县级）水电局主持修补坝面水冲孔洞，坝下游坡用细骨料砼全面灌缝。整修后坝高6米，长225米，引水流量每秒2.84立方米，引水渠长9.58千米，自流灌溉自然村18个农田480公顷，提水灌溉农田133.33公顷。20世纪90年代以后，丽水盆地农田逐渐变成工业用地和城市建设用地，好溪堰的农业灌溉功能也逐步为城市环境功能所取代。2002年，完成好溪堰疏浚工程。同年10月，投资4.87万元，清淤海潮河，投资190.6万元清淤大洋河。2002年5—7月，在大洋河至丽水毛巾厂开通出口。2005年，完成好溪堰加高加固，引活水进城。

屡丰堰 又名官堰、泗洲渠，位于联城镇。清顺治年间（1644—1662）丽水人武之周创建，截引小安溪水，分东、西两渠，贯穿常宅、武村、敏河、白前四村。据清光绪二十三年（1897）《屡丰堰碑》载：“*初为篾篓坝，后改为石砌。于堰渠近旁植柏，以柏子为修堰之资。*”民国36年（1947）夏，洪水毁堰。9月修复，坝长85米、高3.4米，顶宽1.8米。1949年，洪水冲毁坝、防洪堤及涵洞。1950年，由四村受益户修复。1986年春，丽水水电局全面整修屡丰堰，堰坝延长160米，高2.5米，长360米，重修进水闸，加设防洪闸一道，引水干渠长2500米，全线清淤，引水流量每秒0.42立方米，灌溉农田104公顷。

新治河 位于莲都区碧湖平原，是丽水最大的排涝渠道。1977年11月动工兴建，1978年竣工，投入资金28万元，开挖土方38万立方米，砌石1.1万立方米，建成从岚山头至下黄山入大溪排涝渠道1.2万米，使碧湖平原600多公顷农田免除洪涝灾害，并增加耕地33.33公顷。

龙泉市堰渠

据清光绪《处州府志》载，龙泉堰渠28处，有应奎坊侧云水渠，县西万寿宫东蒋溪堰，县北吴堰、张堰、黄堰，一都何村堰、小梅澳里堰，性安寺口堰，六都神堂堰、泒田堰、中堰、通津堰、洪头堰、新丰堰、松潭堰、木岱口黄堰，十都怪竹堰，十五都香山堰、石亶湖堰，十六都左衢堰，十七都安仁支澳堰、秦溪堰、宏山前堰、宏山后堰，山客岭南双溪堰，河驮堰、堤杓堰、岩坊堰。到民国末年，灌田6公顷以上的尚有7条，包括龙渊宫头云水渠、八村牛门坝，宏山河村文垣坑坝，石达石上坞村乌九潭堰，福源安福村大段坝，锦溪岭上村门前坝，茶丰赵麻圩村官坝。1949年10月中华人民共和国成立后，多有修建。1985年，全县有大小堰渠4362处，灌田6公顷以上的126条处。2010年，丽水市有堰渠4402处，灌田2082.27公顷。灌田33.33公顷以上的4处，包括安仁兰师畈堰、小梅万寿堰、茶田溪口堰、兰巨黄山边堰。

蒋溪堰　又名郑公垟，位于龙泉市西岩樟溪与锦溪汇合处，相传为宋尚书毛晃创始，旁有尚书庙。南宋靖康元年(1126)，知县姚瑴访旧址重筑。倚城北穿渠，自西向东达于马步，灌田三十顷。途经应奎坊处，又分凿云水渠，播为北流，转月泓庙，至李山口灌李山畈田。历代屡废屡修，清康熙间县令金辉修复。清乾隆二十六年(1761)云水渠被民侵占，堙塞，知县苏遇龙亲勘得复。清同治七年(1868)，知县顾国诏谕邑绅蔡士钊等重修，并勒碑记。十月开工，第二年五月竣工，“用钱三千缗，用石三千丈，用夫数百人，绵亘十余里，灌溉四千亩”。民国30年(1941)6月、11月两浚云水渠。民国36年，龙泉集资将云水渠李儿园段改道取直。1954—1959年，龙泉县龙渊镇群众投工4万多个，奋战5冬春，将宫头至马埠段6千米渠道裁弯取直、拓宽加深。1970年、1974年，龙泉县又拨款两修堰坝，改干砌为浆砌，引宫头电站尾水进渠，增加流量，并改进渠系，可灌可排。今坝高3米，长75米，引水灌田220公顷，并供居民日用。

万寿奥(猛司奥)　原名万水坝，位于龙泉县清溪乡黄南畈南，梅溪之上。引水渠道3400米，称黄南渠，灌田93.33多公顷。历代屡建屡废。民国33年(1944)6月，毁于洪水，同年冬，县赈济会拨款5万元修复，为竹篓堆石坝。1951年重建。1952年又毁。1953年再建。1962年、1970年两次修建，部分改用水泥浆砌，高2.5米，长120米。为祈永存，名万寿奥。

支澳堰　又名兰师畈堰，位于龙泉县安仁镇安仁溪，初为竹笼堆石堰。堰右沿山开渠4500米，名安仁渠，灌兰师畈等处田。民国31年(1942)，龙泉建设“战时经济实验县”，安仁为丽浦线重要粮仓，民国浙江省建设厅投资大修支奥堰，拓宽、加深渠道3838米，群众称之为“河”。20世纪90年代末，龙泉市开展安仁溪小流域综合治理，支奥堰、安仁渠得到全面整治。今堰高2.5米，长95米，灌田200多公顷。

黄山边堰　原名河驮堰，位于兰巨乡豫章畈东，旧堰坝均毁。1985年重建。堰坝高2米，长160米，渠道长2400米，灌溉农田43.33公顷。

青田县堰渠

据清光绪《处州府志》载，青田县引水堰渠3处，下林堰、周石賣堰、千工峡。民国时期，青田县建成奕城乡大奕堰坝，祯埠乡李村堰坝，灌田都在20公顷以上。1949年5月，青田解放。至1987年，青田县有较大引水堰渠671处，灌溉农田2126.67公顷。2010年，青田县引水堰渠2770处。

千工峡　位于青田县方山东南隅，建于清代。渠道源出奇云山，西注方山，灌田千顷，大旱不涸。1985年12月，瓯海县方山村民为争此水，将千工峡破坏，1986年3月，由方山村民[①]主动修复。

油竹渠道　位于青田县四都港珠岭村对面河床，1964年冬筑坝引水，全长7000米，灌溉油竹垟

① 村支部书记张仕锡率领群众张某等11人。

166.67 公顷农田。

郑沙渠道　位于青田县东岸乡。1966 年 4 月，沙埠、洲头村兴建。渠道从郑岙经林村、西岸、西湖、下庄至沙埠和洲头，全长 4800 米，灌溉农田 133.33 公顷。

庆元县堰渠

据清光绪《处州府志》载，庆元县堰渠 5 处，包括赵公堰、官堰、官陂堰、司后堰、周熟堰。1949 年 10 月中华人民共和国成立后，修复和新建渠若干。2010 年，庆元县有堰渠 706 处。

五都堰与蛮澳　旧称朱村陂，位于庆元县屏都镇五都村社司潭尾，高 3.2 米，长 167 米，底宽 29 米，灌田 206.4 公顷。明洪武十八年（1385）始建，后屡圮屡修。1954 年，龙泉县八都区公所主持修复，投资 1.8 万多元，其中国家贷款 3500 元，五都、八都各村社自筹 7000 多元，群众义务投工 1.54 万工。基础深挖 3 米，用巨石砌筑，最大的须 30 多人扛抬。数十年未见坍塌。配套渠道蛮澳（豪澳），分内外二渠，总长 9 千米。初，渠窄弯多，仅灌五都、朱村、柿树墩、上淤等村田 33.33 公顷。余村、八都等村有田 60 多公顷未获灌溉，要求开渠引水，争讼多年。据清光绪三十年（1906）载，知县涂道康亲勘路线，同意余村、八都开渠引水。此渠以政府威权开通，后世噱称蛮澳、豪澳。

赵公堰　又称周墩堰，明洪武十八年（1385）知县曾寿创筑，截盖竹、濛淤二溪水入周墩上洋壞（渠），穿鼓楼庙下，过柿儿村，合下滩、济川二水灌东郊大坂洋田 40 余顷。崇祯间坏，知县杨芝瑞重筑，又坏，遂废不用。

墩根亭堰　旧称官陂。在县城上游、赵公堰下游后碓村南。高 2.8 米，长 20 米。赵公堰废后，官府修此堰拦引济川、下滩二涧（松源溪支流）灌大坂洋田。

石壁堰　位于赵公堰上游 200 米处石壁隘，高 2 米，长 41 米，底宽 4 米。1949 年后，多次整修赵公堰无果。1970 年，庆元公社在此新建混凝土浆砌块石重力堰一道，并凿石开渠 135 米，延长渠道 431 米，改后碓村头溪滩上的木渡槽为混凝土渡槽。县财政拨 5 万元，县手工业社建筑队捐 5 千元，公社副书记沈定邦任总指挥。1975 年，石壁隘渠道进水处为采石场废料填塞，渠水不畅。1987 年，松源镇政府和县水电局出资 5 万元，在后碓防洪堤外建电灌站一座，提引溪补充渠水，保证灌溉。

大坂洋渠　古称上洋壞，明代创建后屡圮屡修，民国初仅剩上段通水，灌大路下、洋心、下洋、周墩等村田 40 多公顷。民国 30 年（1941），大坂洋水利合作社贷款整修，由受益户分摊还贷。1951 年、1953 年，龙泉县人民政府两次大修，仍渗漏严重，难御干旱。1970 年石壁堰建成后，整修大坂洋渠，效果大彰。干渠 1 条，支渠 6 条，总长 9966 米。干渠起于大济乡西演村尾，引松源溪水经周墩、县种蓄场，中途接纳下滩，济川水，灌大坂洋田 100 多公顷，出南门外沿云鹤路而下，入大溪。

马蹭岩堰　又名城内官堰，位于西门外金溪下游马蹄岩山脚，高 1.5 米，长 14 米，底宽 13.5 米。明万历七年（1579），龙泉县知县陈九功创筑，开渠引金溪水由西门入城，至弦歌坊分东、北两渠环绕城内，至东北城脚水筛出城，总长 3030 米。

东渠沿府后街、松源街右绕至东门关帝庙折转往北，至水筛出口；北渠直通街尾亭转向东汇入东渠出水筛。水筛位于北城墙下，筛口高 2 米，宽 1.8 米，洞内左右分列石柱各 10 根，上覆城墙石板，筛口中央特设活动石柱一根，便于疏浚。此堰既供城内居民洗涤、防火，复灌马蹄岩路外、渡槽溪旁社坛上下洋（花园洋）、望京台等农田 4 处 20 公顷。清乾隆十六年（1751），知县邓观倡筑水坝，疏通水道。清乾隆二十二年（1757），知县陈春芳拨堰田七十把。民国 37 年（1948）2 月，姚开弟等 13 人组成管理协会，严禁渠内洗涤污物。1975年龙泉、庆元分县后，水渠大多被覆以砼板，改成暗沟，出口延伸至二轻宿舍地下，穿过防洪堤入溪。

山根堰　又名店后山堰，旧称官陂，位于淤上乡政府住地山根村头，高2.5米，长95米，拦安溪水灌田53.33公顷，并供村民日用。配套渠道2条，淤上渠1.7千米，山根渠2千米。清咸丰十年(1860)，淤上(旧名芸洲)山洪瀑发，安溪改道，今山根村一带由河道变成坡地，官府出资在新河道修筑此堰。民国20年(1931)、26年、27年三次修复。民国27年，全堰冲毁，乡绅吴富焕为首，桥管会及受益农户集资，雇请江根石匠修筑。之后20多年未损。1964年，水毁20多米，由政府资助大队修复。1989年、庆元县"7·22"特大洪灾，全堰冲毁，同年底修复，投资8.9万元。

云和县堰渠

据清光绪《处州府志》载，云和县堰渠44处，分别为县城营房后渠、下吴渠、白水堰，县南苏条堰、吴山堰、村渠、小葛坑渠、长田堰、安溪堰，县西黄绳堰、贵溪渠、黄绳堰、沙溪道堰、札堰、柘野渠、黄竹堰、陈家漈堰、石富堰、柘淤堰、水亭堰、鸡冠山堰、梅源堰、花岱岭堰、梅洋堰、观喜凸堰、街头湖堰、南山湖堰，县西南岭脚渠，县西北梓坊堰、王衖堰，县东徐村堰、福堰、小葛坑堰、睦田堰、大徐坊渠、沈村堰、郑宅坑堰、元潭堰、枝溪大堰、吴师潭堰、小顺堰、黄公堰、石塘堰、石塘坑渠。民国建惠云渠，发电灌溉兼用。中华人民共和国新建若干。紧水滩、石塘水库淹没部分堰渠。1990年，云和县堰渠1743处[①]，灌田1973公顷。灌溉13.33公顷以上的26处。2010年，云和县堰渠1120处，灌溉66.67公顷以上有黄公渠、惠云渠2处，另有石塘坑渠灌田53.33公顷。

黄公渠　位于云和县城西南浮云溪北岸，明弘治六年(1493)知县黄芳创设民渡，并于溪右筑堤穿渠引水，故名。黄公渠筑堤引浮云溪水，东流至阜安门，入城内，穿沟渠，分为两支。一支为浮云街前渠，北折，过西成坊，至龙门坊，转南经朝阳、东仁二坊，向北延伸至青阳门，出城与下吴渠合流，供生活、消防用水；一支为浮云街后渠，环绕民居，直达前巷，灌田20多顷，合于龟溪。明嘉靖二十八年(1549)，知县李允范主持修复。明隆庆六年(1572)知县黄一柱重修，名为云阳石东。清乾隆三十二年(1767)，知县王栾重筑。清道光七年(1827)，知县郑锦声主持疏浚，并设东、西二闸，定时启闭。民国元年(1912)8月29日大水，堰、堤均毁，洪水直冲城内，第二年，移位改筑堰、渠引水。民国7年，邑绅魏兰集商重修，此后20多年免于洪患。但因河床刷深，专赖临时叠石拦水。民国30年7月，邑绅王若浮等6人倡议，新筑石堰，越二年毁于水。民国33年，用块石砌筑，篾笼装石护底，得以引水。民国34年7月，被洪水冲决，城镇岌岌可危。虽连年修补，未得根治。

1949年10月中华人民共和国成立后，黄公渠工程经多次修建，由白水堰、白水砾、白水澳(水渠)组成一座完整的水利枢纽工程。1951年3月，云和县组建兴修水利委员会，修建县城白水堤，投工10397个，粮食7500千克，同年5月竣工。1956年2月，建成永久性干砌块石印度式滚水堰，长51米，高2米，底宽21米。整修渠道2.5千米，受益农田33.53公顷。此后，除白水澳经常清淤外，白水堰、白水石东运行正常。1979年起，云和县城镇居民的生活及消防用水改由自来水供应后，浮云街前渠逐渐淤塞，后渠仍然通水至前巷畈。1991年冬，前巷村渠段(长380米)清淤后用块石砌护改善。

---

① 不含水电站引水渠道。

惠云渠　位于云和县城西南城郊，民国32年(1943)3月动工兴建，同年11月竣工，完成干、支渠总长12.97千米①，土石方2.66万立方米，建筑物23座，投工4.82万工，投资146万法币。征占民田7.41公顷②。设计受益农田746.67公顷。据民国33年云和县城郊农田水利合作社的《受益田亩编查清册》统计，惠云渠实际受益农田332.93公顷。惠云渠引浮云溪水灌溉云和盆地农田，由渠首、干支渠各项建筑物组成。渠首拦水坝位于沙溪乡村头村丁埠头附近，集水面积65平方千米。滚水堰高1.5米，长36米，向上游作圆弧形，大块石理砌。进水闸位于堰下游85米处，分2孔，每孔宽0.75米，高0.7米。进水闸上游渠道左岸设泄洪冲沙闸，宽2米，深0.8米。渠道分总渠、干渠、支渠。总渠自村头拦水坝起，沿浮云溪右岸朱山山麓开凿，长1.4千米，底宽2米，水深0.5米，侧坡1:1，纵坡就地形而定，1:100至1:600不等，过水流量2立方米/秒。总渠以下分南北干渠，北干渠东北行流经浮溪至后山，利用旧坝引水到贵溪，沿丽(水)浦(城)公路开渠到象山、大徐、渠底宽1米，侧坡、纵坡水深与总渠同，设计全长5.95千米，实际完成1.33千米；南干渠沿朱山脚东行入高胥至隔溪寮村，横贯雾溪，过河上至瓦窑、古竹、白垟墩到狮山脚，全长4.95千米，断面与北干渠同。支渠4条，分水灌田，全长5.29千米。底宽0.6—1米不等，建筑物除渠首工程外，有分水闸、潜涵、急水槽、防洪堤、交通桥等。

工程由浙江省建设厅水利处测量、设计，云和县政府组织城郊农田水利合作社负责施工。省建设厅派员组织城郊农田水利工程事务所负责技术指导，中国农民银行贷款120万元予以支持，施工分征工、包工两种。土石方征用民工开挖。南干渠隔溪寮、河上、瓦窑由三溪乡③、南溪乡④、箬溪镇⑤民工负担；村头至沙溪总渠及沙溪至朱山南干渠由芝石⑥、云峰⑦、复兴⑧乡民工分担。瓦窑至古竹村段，由简易师范、自卫队、警察大队、防护团及公务人员开挖，义务劳动。剩余土石方、建筑物、瓦窑水库等工程，分别招商给5个工程公司承包。

民国33年(1944)元旦，举行放水试车典礼，民国浙江省政府主席黄绍竑出席剪彩并讲话。民国34年，民国浙江省建设厅制定管理养护章则，由云和县政府专设惠云渠管理处负责管理养护。按受益田亩摊收水费(后改为水利特赋)，对水电厂收取工业水费，以充管理经费来源，并偿还贷款本息。民国33—34年，云和县连年夏旱，惠云渠灌区绿畴一片，比建渠前增产两成，两年效益总值超过工程总投资。1954年，云和县自村头总渠至高胥村新开渠道一条，名“西水道”，长3.1千米，增加受益农田40公顷。

缙云县堰渠

据清光绪《处州府志》载，缙云县引水堰渠92处，分别为缙云县北三官堰、淮碧堰、钟山堰、榉木堰、新城堰、石佛堰、通太堰、竹凌官堰、四围堰、黄坛堰，县西七百堰、砂洋堰、黄金堰、保居堰、黄桑

① 北干渠未全建。
② 含水电厂、水库征地1.25公顷。
③ 2010年属丽水市莲都区沙溪和松阳县雾溪乡。
④ 2010年属云和县小徐和安溪。
⑤ 2010年属云和县云和镇。
⑥ 2010年属云和县赤石、库北。
⑦ 2010年属云和县云丰、黄源、沙铺、大湾。
⑧ 2010年属云和县崇头镇。

堰、鹅羔堰、杨山堰。六石堰、朱丝堰、宗堰、黄潭堰、双港堰、蒋堰、杨堰、吴松二堰、关浸堰、古溪堰、交下堰、西畈堰、南畈堰、张公桥堰、神土堂湖堰、马堰、槐花堰，县南分水堰、麻姓中尖堰、潴水堰、归水堰、硕仁堰、山早堰、头庙堰、太潭堰、麻滩堰、杨柳堰、茭下堰、马渡堰、竹水堰、双溪堰、道士堰、陈岸堰，县东桑潭堰、东平堰、下湾堰、长澜堰、永济堰、宫前堰、浣堰、岩山堰、保堰、宫堰、漳堰、马木堰、杜堰、东梁堰、广济堰、清宁堰、万工堰、大堰、大章堰、泉下堰、力广堰、坞泥堰、东满堰、陶村堰、洋草堰、白查堰、南行堰、檀溪堰、长堰、白岩堰、大皿对堰、方山静堰、兴常堰、八仙潭堰、沈江堰。民国初修筑杜堰、大堰、官堰、金丝堰等10多处，资金向县合作金库贷款，由受益田亩负担。抗日战争胜利后，善后救济总署浙江分署拨面粉若干，以工代赈修建堰坝10多条。1949年10月中华人民共和国成立后，多有修建。1983年，全县堰渠1706处，灌田3336.67公顷。其中灌田33.33公顷以上21条。2006年，引水堰渠2911处，其中灌溉66.67公顷以上的8处。

广济堰　位于缙云县壶镇左库羊斯滩，引好溪水灌溉下施、唐川、上王、中王、坑沿、李庄、胡宅口等处农田。建于北宋前，经历代维修，2010年堰长149米，灌田196.67公顷。配建2.3米宽、1.3米深的引水干渠4千米。设放水闸5个，按灌溉田亩刻定尺寸，据此分配放水量。

桑潭堰　位于缙云县五云镇官店与周村之间的好溪河床，始建于清康熙二十年（1681）。清乾隆《缙云县志》载："桑潭堰，溉田三十余顷，知县霍维腾督令堰长砌造。"2010年，堰长180米，高2米。水渠往官店至船埠头分流，一经上名山至下名山入好溪；一往西桥、洋泉，金梅亭入好溪，全长4千米，灌田200公顷。

遂昌县堰渠

据清光绪《处州府志》载，遂昌堰渠47处，分别为遂昌县北尹村堰、官坡堰、双港口直堰，县南官潭堰、大堤堰、吴皋堰，县西独山堰，县东叶坦堰、龙石亶堰，二都长安堰、高路堰、野航堰，三都石头堰、石缨堰、磨石堰，四都梧桐堰，五都郑墓口堰、窑头堰，六都石髓堰，七都查度堰、石柄堰、土地口堰，二十都岩进堰，十三都萧岭堰、官堰，十四都石郭堰、枫屏堰，石亶安堰，十六都嵩伯堰，十七都旧溪堰，十八都马夫人庙前堰、方村堰、石仓堰、宏山堰，十九都大路堰。二十都船埠头堰、湖山堰、下堰，二十二都三归堰、升口堰、石达石亶堰、十亩堰，二十四都陈村畈堰、江溪峦堰、超潭堰。民国37年（1948）3月，遂昌崇圣乡建青龙堰进水石渠150米，灌田200公顷。1949年，遂昌县有堰坝89条，灌田2267公顷。1949年10月中华人民共和国成立后，多有创建。1990年，遂昌县有堰渠2326处，灌田3280公顷，灌田13.33公顷以上的48条。同年6月，遂昌县柘岱口乡坑西村建成"倒虹吸"1260米。2010年，遂昌县有堰渠2748处，灌田33.33公顷以上的有5处，分别为大柘黄坛堰、金竹大岙堰、石练柳村电站堰、三川上江堰、渡船头龙川虎口堰。灌田66.67公顷以上的2处。

龙川虎口堰　位于遂昌县妙高镇渡船头村，建于民国以前，民国元年（1912），曾请泰顺师傅维修，高2米，长175米，拦襟溪水灌溉上江、渡船头、二都街、金溪、下杭、黄庄6个村和金岸良种场农田80公顷。原用河卵石干砌，1988年冬，投资4.6万元，投工1300个，改用块石砌筑，全线加浇捣混凝土。

上江堰　位于遂昌县妙高镇上江村。民国以前旧堰，创建时间无考。斜交襟溪，初以河卵石干砌，堰身低平，可过船排。后堰上逐年淤积，民国时，上江堰河床高于堰身，渠道进水减少。每年夏旱临时加作草堰，以增加引水量，费工甚巨。1972年冬，改址新建上江堰，1973年10月建成。新堰高2米，长167米，用块石混凝土浆砌，总投工3999个，投资18615元。引襟溪和上江源之水，灌溉上江、下杭、金岸、平昌等村农田80公顷。

松阳县堰渠

据清光绪《处州府志》载，松阳堰渠47处，分别为松阳县东八都管州堰、二十二都杨木堰、刘家塘堰、二十三都小槎大畈陂堰、裕溪陂堰、二十六都孤山陂堰、佃溪堰、二十都上洋堰、白龙堰，县南百仞堰、十八都龙石陂堰、济众陂堰、松山陂堰、沙陂堰（神坛堰），县西十五都金梁堰、十六都金梁子堰、显坑水堰、八都通泽堰、十四都芳溪堰、十都响石堰，县西南十七都山坑水堰、十六都坑西陂堰、麄石堰、寺前堰、后路堰、智墓陂堰、十二都西坑水堰、叶二水堰、七都瓜渚堰，县西北六都崘溪堰、五都常熟堰、七都龙凤堰、九都泥陂堰、十二都源口陂堰、十一都石龙堰、十一都长丰堰，县北四都竹山客源口堰、六都双坑堰、管州堰，县东北二十四都高路陂堰、二十四都岗下陂堰、渡头陂堰、双坑陂堰，十二都白社堰、章潭堰、巷路堰。民国期间，时有修建。1949年10月中华人民共和国成立后，松阳县有堰渠122处，多所修建。20世纪50—60年代，松阳县修建白龙堰、青龙堰、观口堰等灌溉60公顷以上的古堰，新建堰渠1000多处。20世纪60年代，松阳县建成江南渠道，为县内最大引水工程。20世纪70年代，修建松阴溪干流堰坝多处。20世纪80年代，整修堰坝285处，新增98处。1992年，松阳县堰渠3105处，灌田6893公顷。其中灌溉6公顷以上的97处，60公顷以上的14处。2010年，松阳县堰渠2701处，其中灌溉60公顷以上的11处。

青龙堰　又名百仞堰、何家堰，位于松阳县城南2.5千米处松阴溪上。高1.5米，长110米。渠道由西向东，经独山脚、瓦窑头、山脚下、水南、程徐等村，汇入黄坑源，流经横山村，至踏步头村注入松阴溪，全长7千米，灌田133.33公顷。堰址原在独山脚附近，宋庆历年间（1041—1048），遭水毁。明正德年间（1506—1521）修复，又毁。明万历二十二年（1594），知县周宗邠率众修复，将堰口上移数百步至今址，“使南可决水灌田，北不漫流漂舍”。明万历二十六年（1598），松阳知县任可容修复，明万历三十六年（1608），又毁，松阳县知县林大佳修复，置河闸。“旱则闭，令南东不病田；涝则启，令西北不病邑。”1950年，浙江省人民政府补助大米1万千克，进行大修。1962—1963年冬春之交，松阳县在堰坝进水口建过水涵洞80米，横穿竹溪源水口，以避砂石。投资1.84万元，投工8500个。1976年后，逐年改干砌堰坝为浆砌。

观口堰　又名瓜渚堰，位于松阳县古市镇大桥下游约300米处松阴溪上。块石干砌，高1.5米，长135米。进口水闸高4米，宽6米，分2孔。渠道自进口后分三支，中渠最长，为5.4千米，混凝土衬砌，由西北向东南经黄圩、下黄圩、上河至黄埠头村汇入松阴溪，沿途又分黄圩、五木、岗下等支渠数条，灌田270公顷。创自清代，历代屡圮屡修。民国8年（1919），松阳县知事查锦枞修。民国12年，松阳县知事吕耀钤修，更名下街保安堤。1963—1964年冬春之交，松阳县投资3.4万元，投工2万多个，改竹笼卵石坝为干砌块石坝。1977年，松阳县治理松阴溪时，改建左岸进口枢纽，组建水利管理委员会，负责收费、维修。

江南渠道　位于松阳县赤寿乡松阴溪上，块石浆砌，高2米，长140米。进水闸宽1.2米，分2孔。渠道从今遂昌县三川乡资口村至松阳县樟溪乡东市村，全长17.5千米，沿途穿过荫樟源、十三都源等河流9条，皆以涵管或渡槽引过。1966年11月动工，1967年7月，主体工程完成，灌田333.33公顷。后配套工程陆续完成，至1992年4月全部完工，扩大灌溉600多公顷。

白龙堰　位于松阳县南1.5千米黄泉头，拦引松阴溪干流水灌田。堰坝长136米，高4米，顶宽2.1米，底宽12米，年引水量66万立方米。坝左端设转盘拉杆启闭闸1台，高5米，进口宽1米，高2.6米。右端设排沙闸，兼作筏道，宽4米、高2米。灌溉干渠自进水口起由西向东，流经西屏镇南、项弄村，至白沙村南注入松阴溪，全长4.5千米，灌田87.33公顷。元至正十六年(1356)，由松阳县东乡人周汉杰创建。明万历年间(1573—1620)，知县廖性之重筑。明崇祯丙子(1636)，水坏。清乾隆年间(1736—1796)，程圣鼎等捐资立会，每年夏初疏筑。拦河坝初系竹笼卵石筑成。1950年，浙江省人民政府补助大米5000千克，整修加固。1963年8月至1964年4月，投工2.7万个，投资9万元，改为块石浆砌，工程量1.27万立方米。1990年，松阳县用混凝土衬砌渠道650米。

芳溪堰　分头堰和二堰，距县城12.5千米。头堰位于松阳县新兴乡下源口村边十三都源河床，块石干砌，高1.5米，宽1米。进水口在堰左，渠道长2.5千米，平均宽1.5米，高0.8米，由西南向东北流经新兴乡下源口、贤溪、项宅、小上安等村，灌田113.33公顷。二堰位于头堰下游90米处，砼硬壳坝，1976年重建，高1.7米，顶宽1.5米，长70米。进水口在堰右端，设螺杆式木闸启闭机1台，宽2米，高2.5米，下接干渠全长6千米，平均宽1.5米，高0.8米，由西北向东南流经樟溪乡新安寮、大徐、赤山头、力溪等村，至下阙家村注入松阴溪，灌田100.53公顷。两堰引水同源，相距较近，而受益田亩分属两乡，历史上每遇旱情，常有纠纷。尚存明嘉靖九年(1530)至清光绪九年(1883)，各级官府调处仲裁两堰水事纠纷布告19件。1985年5月，两乡两堰达成分水问题协议。

金梁堰　又名京梁堰，位于斋坛乡大花地村。元至元六年(1340)，达鲁花赤买住复筑，民获其利，因名宣公堤。是堰虽名为堰，但并无拦水坝，仅利用松阴溪河道天然落差，建渠引水，灌溉斋坛乡小石、桐村、金梁、大路等6个村2667多公顷农田。元时由象鼻潭进水，至明洪武间改由轭儿洞潭进水。今进水口设一拉杆启闭闸，宽2米，高4米，下接渠道，平均宽2.5米，高1.5米，设计引水流量2立方米/秒。进水口后，干渠一分为三，一由北向南，至棺材峡(小土名)折而向西南，经下桐村、道堂口、斋坛、大路、毛村、官田，在叶村附近注入松阴溪，长6千米；二自棺材峡起分水，由北向南，经东圩蓬村至大路村南，注入松阴溪，长4千米；三自大花地村西分水，由北向南经小石、浮桥头、湾口至大路村南注入松阴溪，长4.5千米。古时，三渠分水，规矩虽严，但水少田多，每遇旱年，纠纷迭出，常生械斗。府、县两级屡发文告，或立榜刊石，予以制止。其中清道光、同治、光绪年间所刻碑石，规定尤为详细。今之化成寺、大路社公殿及历代堰董后辈手中尚有留存文告。1949年10月中华人民共和国成立后，组建金梁堰管理委员会，三渠又分设水管小组。每年冬春，组织村民修堰清渠，旱季则轮流值班监督放水，秩序井然。20世纪70年代始，部分农田为东坞水库北干渠灌区所覆盖。

景宁畲族自治县堰渠

据清光绪《处州府志》载，景宁县堰渠54处，分别为鹤溪县前堰，景宁县东汤村堰、杨庄堰、梅庄堰(又名官堰)、千工堰，县南乌衕桥堰、尘溪堰(墺头堰)、分水坳堰，县西钓台堰、破炉寨堰、西村堰，县北塘衕堰、后司堰、前路堰、鸦鹊巢堰、莘田堰，一都雪水堰、水顺堰、大潴堰，二都北岸堰、独山堰、大赤口堰、豫章堰、七里洋堰、油田堰、金钟堰、竹滩堰、仙姑堰。三都道化堰、卢山堰、木排头堰、徐崇堰、英村堰、砻山堰、篆漈堰。四都库下堰、秋炉堰、张村堰、小地堰、大地赤岩堰、龙集漈头堰、柳山头堰。五都慕岭头堰、张源漈头堰、大漈堰、东溪堰、东坑堰、章坑堰。六都大赤洋堰、均坑漈头堰、深洋林源堰、岱概堰、梅歧堰。另有新田堰，灌田60多公顷。民国时期增加100多处，1949年有大小堰渠

272 处。其中灌田、水碓并用 224 处。

1952—1953 年，景宁县投工 4.91 万工，修建堰渠 3545 处。1956 年，景宁县有堰渠 6833 处，灌田 2667 多公顷。东坑乡父老相传，历史上有 3000 多米引水竹笕木槽在悬崖陡壁上，历年修理曾跌死十多人。

赤岩渠道系蒲洋水库配套工程，位于景宁澄照乡东南。1963 年 12 月，大赤垟、东畔、米岩山、漈头、后山 5 个村共同兴建，1988 年建成。沿电站尾水分东南两渠，总长 4650 米，灌田 102.07 公顷。

20 世纪 70 年代“农业学大寨”运动，东坑乡在后坑源、马塘、雷洞库、门前坑、神潭坑、西洋坑、罗坑、后坑等处修建渠道 3.96 万米，灌田 51.33 公顷。1973 年，黄湖公社周占村 14 户人家，愚公移山，奋战两冬春，循山开渠 3270 米。“1974 年景宁县大均公社叶坑生产队 19 户人家，奋战两冬春，在人称山羊跳不过的悬崖上，开凿石渠 1600 米。梧桐乡驮降村 5 户人家，7 个劳力，奋战八冬春，炸通鬼洞岩 80 多米悬崖陡壁，开渠 1850 米，开田十余亩。”

1992 年，景宁畲族自治县有堰渠 1175 处，总长 353 千米，灌田 2153 公顷。2010 年，景宁畲族自治县堰渠 882 处。灌溉 6 公顷以上的有雁溪乡东山渠道（幸福渠）、大漈乡小左渠道、东坑镇北山渠道、西垟坑渠道、新四垟佑渠道、莲川小地村愚公渠道、澄照乡赤岩渠道、雁溪乡大密渠道、鸬鹚乡文岙渠道、葛山乡犁碓坑渠道、大均乡白水漈渠道等 11 处。灌溉 60 公顷以上的 1 处。

第三节 提水工程

传统灌溉工具

古代，处州提水工具有吊桶、戽水斗、吊杆（桔槔）等。后来发展到用木制水车（龙骨水车）提水，部分山区在小支流上建造水碓轮（筒车）提水。1963 年，丽水各县有水车 6688 部。20 世纪 80 年代，丽水地区提水方式基本被机电排灌所代替。

水车 处州境内传统提水工具，数脚踏水车（又称龙骨水车）为上乘。龙骨水车有两人或三人踏的，车身长 3—6 米不等，提水高程也不一样。扬程高，距离远，可用 2—3 台甚至更多台水车，一站接一站往高处车水，俗称“翻车”。20 世纪 60 年代中期，丽水各县有水车 6600 多部。后逐渐被机灌电灌所取代。21 世纪，丽水市仅在仙都等旅游景区，作为农耕文化的展品或游乐器具尚可一见。

筒车 古时，处州境内景宁、遂昌等县曾用自动提水的水力筒车。清乾隆癸酉年（1744），景宁县毛垟村贡生毛大昂，曾仿造水碓轮式水车 10 具，将溪圩旱地改成水田。后毛垟村人历代相传，修造使用至 20 世纪 60 年代，灌田 3.33 多公顷。景宁鸬鹚水车港 1 具筒车，灌田 0.27 公顷。至 1988 年，遂昌县有灌溉农田筒车 53 具。20 世纪 80 年代，丽水地区农村电气化普及后，逐渐被电灌所取代。

近现代灌溉工具

机电排灌 始于 20 世纪 50 年代初。1952 年，丽水地区青田县有水泵 2 台，其中，温溪镇一台水泵 13.24 千瓦，灌溉农田 13.33 公顷。20 世纪 60 年代，丽水各县淘汰木炭机，改用柴油机。青田县有船载抽水机 15 台。1962 年 8 月，松阳县建成望松石角电灌站。1963 年，丽水各县有水轮泵站 13 处。

1964年，丽水专区有农用水泵208台，机埠123处，机电排灌总动力2129千瓦，灌溉农田3600公顷，其中电灌600公顷。1976年，丽水地区排灌机械总动力10650千瓦，机电排灌面积10933.33公顷，其中电灌5086.67公顷，接近50%，水轮泵灌溉933.33公顷。1985年，全区有农用水泵5128台，机电排灌总动力34190千瓦，机电排灌面积13133.33公顷，其中电灌7353.33公顷。21世纪以来，机械灌溉大部分为电力灌溉所取代。2010年，全市农用水泵47149台，机电排灌总动力91297千瓦，机电提灌总面积11886.67公顷。

水轮泵提水　20世纪50年代后期，丽水各县开始采用水轮泵提水。1957年，浙江省水利厅在通济堰利用渠道跌水，安装60型水轮泵1台。1964年后，丽水专区提水工程得到快速发展。1973年，青田县浮弋乡武垟头村建成丽水境内最大的水轮泵站，安装4台60型水轮泵串联打水，灌溉农田40公顷，其中改造成水田江边圩地20公顷，年增产粮食1倍以上。在机房内安装1台60型水轮泵，综合用于发电和粮食加工。武垟头水轮泵站自动打水的木制模型，曾在浙江省农业水利展览馆展出。20世纪70年代末至80年代初，丽水地区水轮泵发展达到鼎盛时期，全区水轮泵站280处，灌溉农田1561.57公顷。然而水轮泵以水能为动力，耗水量大，在大旱之年，水量不敷使用，有些水轮泵站临时用柴油机带动抽水。加上水轮泵机件磨损大，一般运行期8—10年。20世纪80年代后，相当一部分水轮泵被迫报废。部分损坏的机件因原有水轮泵生产厂家停产而无法修配，有的被紧水滩、石塘等大水库淹没报废。20世纪90年代以后，水轮泵站大多被电灌站所代替。

喷灌　20世纪70年代，丽水地区兴起流灌，20世纪80年代，快速发展。采用固定式和移动式，以喷灌经济作物为主，每台每小时喷水量20—40立方米，射程一般为30—50米。1979年，丽水县城关镇大众村投资4万元，建成喷灌设施，当年增产收入1.5万多元。1983年，松阳县赤寿乡红莲村投资5.45万元，建成喷灌设施，6公顷多面积茶园年增产茶叶5800千克。1990年，丽水地区有喷灌机械1372台，喷灌面积793.33公顷。2005年，全市拥有喷灌机械1375台，灌溉面积1893.33公顷。2010年，喷灌面积3620公顷。

若干年份丽水提水灌溉机具一览

表7-1-3-1

年份	木制水车(部)	农用水泵(台)	喷灌机械(台)	机电排灌总动力(千瓦)
1952	—	2	—	—
1958	—	—	—	451
1964	6622	208	—	2129
1976	—	—	—	10650
1980	—	4551	828	33090
1985	—	5128	1404	34190
1990	—	6454	1372	42272
1995	—	10563	1598	50034
2000	—	14944	1211	54917
2005	—	21836	1375	66142
2010	—	47149	—	91297

若干年份丽水农田灌溉方式一览

表 7-1-3-2　　　　单位：公顷

年份	自流灌溉面积	机电提灌		电灌面积			水轮泵站	
		面积	机埠数	排灌	喷灌	井灌	处	灌溉面积
1952	—	20.00	—	—	—	—	—	—
1958	—	1000.00	6	66.67	—	—	—	—
1959	—	1733.33	37	66.67	—	—	—	—
1960	—	2266.67	53	466.67	—	—	—	—
1965	—	3800.00	—	800.00	—	—	—	—
1973	—	10000.00	—	3786.67	—	—	—	—
1975	—	10133.33	—	4733.33	—	—	—	—
1980	74426.67	12993.33	928	7640.00	1420.00	366.67	129	606.67
1985	—	13133.33	—	7353.33	1853.33	368.67	141	580.00
1990	66153.33	12313.33	1210	9333.33	793.33	153.33	70	533.33
1996	—	13300.00	2397	—	993.33	160.00	—	—
1999	—	14633.33	2372	—	960.00	173.33	38	293.33
2000	—	14413.33	2376	—	653.33	180.00	5	—
2005	—	13300.00	—	—	1893.33	180.00	—	—
2010	—	11886.67	—	—	3620.00	5020.00	—	—

第四节　供水工程

生活供水

古时，处州城乡居民饮水、洗涤、防火等生活用水以水井、堰渠、池塘解决为主，次以溪坑直接挑水取用。干旱年份，处州城镇有肩挑车拉卖水专业人员。各村镇多按靠山面水之型布置，靠后高处均设火塘以备火患，水脉正穴则凿井汲饮，又在溪坑上游作堰穿渠引水，绕街穿坊以供洗涤。缙云县河阳、宫前等古村落，旧时村坊水系仍沿用至今。据清光绪《处州府志》记载，各县水井 91 处。据民国《丽水县志》载，丽水市区水井 14 处。

20 世纪 40 年代，丽水境内开始建有自来水。20 世纪 70 年代，丽水地区所属 6 个县的县城都建有自来水厂。碧湖、温溪、壶镇等集镇也建自来水厂。20 世纪 80 年代，庆元县、松阳县、景宁畲族自治县的县城相继建成自来水厂。20 世纪 80 年代中期，各县城自来水厂的日供水能力大多是 100 万千克级，最大的丽水水厂日供水能力 960 万千克，最小的景宁畲族自治县自来水厂 50 万千克。1987 年，遂昌县水厂扩建完成，日供水能力率先达到 1000 万千克。至 1990 年，丽水地区建水厂 15 家，其中镇级水厂 6 家，简易供水设施 12 个，铺设自来水管道 285 千米，日供水 1.01 亿千克，年实际供水231.1亿千克，其中生活用水150.2亿千克，生产用水800.9亿千克。丽水地区另有近百家企业自备水源，日供水能力0.14亿千克。城镇24.76万人用自来水，普及率90.23%。1999年，改革水价形成机制，云和、景宁、遂昌、龙泉、庆元、缙云6个县（市）调整自来水价格，水价从平均0.93×10-3元/千克，调整为1.13×10-3元/千克。至2000年，全市各县城所在地日供水能力均亿千克以上，其中丽水市0.5亿千克，龙泉市0.11亿千克，云和县0.1亿千克，缙云县0.14亿千克，景宁景宁畲族自治县0.1亿千克，松阳县、遂昌县各0.2亿千克，庆元县0.15亿千克，青田县0.3亿千克。温溪、船寮、碧湖、大港头、双溪、壶镇、新碧、古市、小梅、八都、安仁11个乡镇有较完善的自来水厂，占建置镇的17%，供水能力大多在0.1亿千克以下。2005年年末，建成日供水能力2亿千克的丽水第二自来水厂以及配套的黄村水库、玉溪引水工程，自来水普及率95%以上，用水保证率90%以上。2010年，改善17.31万农村人口饮用水条件，全市农村自来水普及率95.7%，保证率92%以上。

城区供水工程

丽水市区　唐大中年间（847—859），处州刺史段成式兴建好溪堰，引堰水至城边，潴于大洋湖，供居民取用。宋元祐年间（1086—1094），处州太守关景晖在通惠门内凿关公井。南宋庆元三年（1197），处州知州赵善坚引丽阳坑后溪水入城，以利冲碓和居民洗涤，至通惠门，潴于莲渠，南流入城后，一支经张公桥、濠头桥、应星桥注入大溪；另一支经通惠桥又潴于叶塘并经黄灵桥、明秀桥至城东注入大溪。民国《丽水县志》载，丽水主城区内有关公井、观前井、花楼井、柴楼井、桂花井、万象井、白塔井、市后井、联桂井、槐花井、树德井、鹤鸣井、高井、通惠井等14处水井。1949年，丽水县城内有水井百多口，著名的有花楼、通惠、桂花、龙眼等10多口。

1965年5月，丽水县自来水厂建成，日供水250万千克。1970年，西山制水车间建成，日供水能力300万千克。1977年扩为960万千克。市区尚有民井78口。1986年8月，溪口制水车间建成，日供水能力0.2亿千克。1990年，将取水口移至丽阳坑出口上游，扩容后年供水102.24亿千克，其中水厂年供水81.58亿千克，售水74.42亿千克。城区有企事业单位34个自行设泵取水，日供水均超5万千克。城区非农业人口自来水普及率95%。20世纪90年代中后期，市内原供水水源受到严重污染，好溪堰渠水只能用于农田灌溉，丽阳坑后溪入城水源，通惠门莲渠及叶塘均已填塞，城内两条支渠也经常淤积变成污水沟。

20世纪90年代末，丽水地区行署决定兴建黄村水库作为丽水地区第二水厂的水源工程。黄村水库位于好溪支流严溪中游，一期工程静态投资8400万元，水库正常蓄水位149.2米，相应库容1195万立方米，设计日供水量1亿千克，年供水量2920万立方米，相当于溪口水厂的2倍。

1998年，浙江省计经委批复同意黄村水库工程。1999年1月，黄村水库供水工程开工，2001年上半年黄村水库竣工，投入使用，水库水质为Ⅱ类地面水水质标准，水厂水质优于国家饮用水标准，出厂水质四项合格率100%，管网水质综合合格率990.9%以上。2002年，市区新铺设供水管网33000米，第二水厂正式向市区供水。同年3月18日，丽水市政府审议通过《丽水市黄村水库饮用水地表水源保护区管理办法》《黄村水库饮用水地表水源保护区划报告》。2002年9月，丽水市政府审议通过《丽水市城市供水管理实施办法》。

2003年，丽水市委市政府提出建设玉溪引水工程，解决主城区供水不足和水阁、富岭、大港头、联城以及碧湖区块的供水问题。2004 年，完成立项、审批等前期工作。同年开工建设。2007 年年底，玉溪引水工程竣工通水。2009 年 7 月正式向水阁水厂供水。玉溪引水工程是迄今为止丽水市最大的调水工程，总投资 10.9 亿元，年总调水 1200 亿千克，日供水 4 亿千克，满足城乡约 50 万名居民的生产、生活和环境用水。

龙泉市区　民国时，龙泉县城有柴埠井、莲花井、绿漪井、酒坊井、桂林井、永和井、里仁井、市井、石桂井、月泓井、七星井、方井、醴泉井、义泉井、灵顺井、驻锡井。又有蒋溪堰云水渠引水入城，供居民取用。1973 年 6 月，龙泉县筹建自来水厂。10 月，建成供水，后因水源不足、水质差而停止使用。1979 年 6 月，以岩樟溪为水源，建临时泵房供水，又因无净水设施，水量少而停止供水。1980 年 7 月，改以小梅溪为水源，建造日供水 300 万千克自来水厂。1983 年 3 月竣工，全年供水 6.72 亿千克，普及率 35%。1988 年，龙泉市区用户增至 4943 户，全年供水 1300 万千克，普及率 75%。1987 年，开始扩建龙泉自来水厂。1990 年 5 月竣工，日供水量 1100 万千克。还有在用水井 98 口。1999 年，启动日供水 3000 万千克的第二水厂建设。2001 年，一期工程完工，投入运行。

青田县城鹤城镇　民国时期，青田县城有县井、观前井、贵井、学后井、水阁巷井、丁公一井、丁公五井、丁公六井。1958 年，青田鹤城镇西门山建成一座简易自来水设施，日供水能力 100 万千克。1976 年 6 月，以瓯江水为水源，建成日供水 32 万千克的新建岭水厂。1982 年，改造西门山简易自来水设施，日供水量增至 350 万千克。1984 年，改造新建岭水厂，日供水量增至 500 万千克。1987 年 9 月，扩建新建岭水厂，日供水能力 600 万千克，最高 720 万千克。2000 年 2 月，投资 4690 万元扩建自来水厂，设计规模日供水 0.6 亿千克。2001 年 7 月，一期工程建成供水，日供水 0.3 亿千克，县城供水紧张得到缓解。

庆元县城松源镇　古庆元县城有县前井、大街井。明万历年间（1573—1620），庆元知县陈九公于西门外里许筑坝，引水由西城入，环绕东北城脚而出。1960 年，庆元酒厂第一个装置自来水。1981 年 9 月，兴建白象山自来水厂。1984 年 1 月建成，从周墩桥上游松源溪缸钵潭取水，日均供水量 288 万千克，供水普及率 87%。1997 年，改从兰溪桥水库引水。2003 年扩建，2005 年竣工，日供水能力 0.2 亿千克。

云和县城云和镇　民国时，云和县城有县前井、柳阴井、通福井、南门井。民国 34 年（1945）7 月，云和城郊瓦窑村装置自来水，供省机关入迁人员用水。为丽水境内最早的自来水设施。1974 年，在梅垄水库坝下建县自来水厂。1979 年 5 月建成，日供水能力 400 万千克。同时有机电井 23 口，在用民井 108 口。1987 年、1992 年二次扩建自来水厂，日供能力 520 万千克。2000 年建第二水厂，次年 8 月一期工程竣工，从雾溪水库取水，日供水能力 0.2 亿千克。

缙云县城五云镇　民国时期，缙云县城有双眼井、盘山井、天和井、金井等水井。20 世纪 60 年代，建有手摇式机井。1975 年，在吏隐山建成县自来水厂，日供水能力 200 万千克。1984 年 10 月扩建，日供水能力 400 万千克。1991 年，兴建五里牌新水厂，1992 年 10 月一期工程建成，新老水厂联网供水，日供水能力 0.2 亿千克。2003 年，完成从盘溪到五里牌水厂的引水工程建设，作为应急备用水源。2004 年 8 月，利用国债资金兴建双潭水厂。2006 年，一期工程建成，日供水能力 0.5 亿千克。以好溪为水源，采用先进制水工艺，出厂水达到直饮水标准。延伸供水管网，供水范围东至仙都风景区，南至兰口，西至洋岙，北至新碧区工业园区，用水人口 10 万人，供水区域面积 12.3 平方千米。

遂昌县城妙高镇　古时，遂昌县城有玉泉井等水井，有水渠从西至东沿街而过。20 世纪 60—70

年代，部分单位自建小水塔。1978 年，遂昌县筹建县自来水厂，1980 年 5 月 1 日投产，日供水能力 250 万千克，用水普及率 80%左右。1986—1988 年扩建，日供水能力 0.1 亿千克。1998 年兴建第二自水厂，1999 年 9 月建成，日供水能力 0.4 亿千克，为丽水地区首个 0.4 亿千克级县自来水厂。2002 年，完成工业园区供水工程。

松阳县城西屏镇　民国时，松阳县城有瑞阳井、上宫井、狮口井、永安井、月霭井、蔴地井、朱山井、铜锣井、大井、状元井、四方井、兰雪井、万寿井、官塘井、陈巷井、金钟井。20 世纪 70 年代后期，部分居民开始使用手压井。1982 年，在吴家山脚兴建县自来水厂，初从水南乡寺口松阴溪取水，后改至竹溪源水库。1983 年 10 月建成试供水。1985 年 2 月正式供水，日供水能力 250 万千克。1987 年，改造澄清池，日供水能力 400 万千克。1989 年扩建。1990 年 1 月竣工，从东坞水库增加引水，日供水能力 0.1 亿千克，城区居民自来水覆盖率 94%。1994 年兴建白露岭水厂。1998 年建成，日供水能力 0.2 亿千克。2003 年兴建和平山水厂，2005 年和平山水厂一期工程建成，从东坞水库取水，日供水能力 0.4 亿千克。

景宁畲族自治县城鹤溪镇　民国时期，景宁有县前井(官井)、上桥井、桥儿井、上叶井(鹤井)、塘衕井、武庙井、钱山井。1982 年，鹤溪镇自来水厂建成，日供水 50 万千克，以鹤溪为水源。1989 年，扩建为县自来水厂，从三枝树水库取水，日供水能力 250 万千克，供水人口 2 万多，普及率 85%以上。2004 年，以股份合作形式，在旱岗村南兴建县第二水厂。2006 年 5 月，第二水厂一期工程竣工，日供水能力 0.2 亿千克，总投资 3039 万元，以龙潭桥水库为水源，经三枝树电站、张春电站后的发电尾水自流至第二水厂厂址。

乡镇农村供水工程

古时，处州农村生活供水主要靠水井，或直接取用溪坑、堰渠、泉塘天然水，供水设施简单而完备，村村有井、有渠、有塘。有些山区农家，直接用竹笕引山坑水入水缸。

20 世纪 70 年代，丽水县碧湖镇、青田县温溪镇、缙云县壶镇镇等建成自来水厂。20 世纪 80 年代，农村开始水改工作，以江河、水库为供水水源，建小型水塔，采用简易管道供水，生活用水及水质条件均有改善。但大多数农民仍直接从水井、溪坑、河渠挑水饮用。20 世纪 90 年代后，丽水山村许多农户用橡皮管直接从山上引接山泉水饮用，菌落总数普遍超标，有的超出国家标准 10 倍多。2003 年，丽水大旱。市政府编制《城镇供水水源规划》《农村饮用水工程建设规划》《农村饮用水工程建设实施方案》，投资 7200 万元①，建成农村饮用水工程项目 10 个，解决 3.63 万群众饮水困难，7.72 万群众饮水条件得到改善。2007 年，丽水市落实省政府提出“两年完成、三年扫尾，在全国率先基本解决农村饮水安全问题”指示，全市农民饮用水工程快速发展。2003—2008 年，全市投入资金 9.51 亿元，建成农村自来水厂(站)1932 座。至 2008 年年底，全市饮用水安全群众 157.3 万人，自来水普及率 95%以上，用水保证率 90%以上。

2010 年，丽水市农村集中式供水工程 4212 处，分散式供水工程 4011 处，饮水工程供水人口 206.47 万人，安全达标人口 214.03 万人。

① 中央和省补助 10%。

2010 年丽水市农村饮水安全人口一览

表 7-1-4-1　　　　人口：万人

		丽水市	莲都区	龙泉市	青田县	云和县	庆元县	缙云县	遂昌县	松阳县	景宁畲族自治县
农村饮水安全达标人口		214.03	23.50	27.33	44.83	8.92	15.76	42.54	21.22	16.31	13.62
其中：基本安全人口		24.72	—	—	—	8.92	—	5.20	3.90	4.50	2.20
农村建造饮水工程供水人口		206.47	23.50	24.30	44.83	8.92	15.76	42.17	20.41	15.05	11.80
农村自来水供水人口		160.40	23.50	24.30	44.83	8.92	15.48	19.70	1.35	10.55	11.80
建造饮水工程供水人口	集中式供水人口	154.97	13.37	23.50	8.92	15.46	29.85	31.18	7.64	15.05	10.00
	联户供水人口	43.76	10.93	—	—	0.30	13.93	6.10	12.50	—	—
	单户供水人口	7.74	—	—	—	—	1.05	4.89	—	—	1.80

生产供水

三国吴赤乌二年(237)建古方塘。此后，处州境内陆续建成通济堰等若干水利工程。唐代，处州境内松古盆地、碧湖盆地、壶镇盆地等主要连片的农田均受堰渠有效灌溉，而大部分零散的山坡田还是靠天田。各县灌溉面积并无完整统计，只是于水利工程处概略述及。

1949 年起，丽水各县每年均完整统计当年农田的有效灌溉面积，分级统计抗旱能力。1949 年，丽水全区有效灌溉面积 2 万公顷，占耕地总面积 17.95%。1990 年，全区有效灌溉面积 79126.67 公顷，占耕地面积 82%；其中旱涝保收面积 43300 公顷，占耕地总面积的 43.65%。

2000 年，丽水市水田 84933.33 公顷，有效灌溉面积 82266.67 公顷；其中旱涝保收水田面积 48680 公顷，占全区水田总面积的 59.19%，耕地总面积的 52.27%。

2010 年，丽水市水田 80606.67 公顷，有效灌溉面积 86760 公顷，其中旱涝保收面积 50040 公顷。

若干年份丽水农田有效灌溉及抗旱能力一览

表 7-1-4-2　　　　单位：公顷

年份	耕地总面积	水田面积	有效灌溉面积	抗旱能力 30 天以下面积	抗旱能力 30—50 天面积	抗旱能力 50—70 天面积	抗旱能力 70 天以上面积	旱涝保收面积
1949	111440.00	101893.33	20000.00	—	—	—	11640.00	—
1952	116873.33	105520.00	41726.67	—	—	—	14400.00	—
1957	115773.33	—	51066.67	47580.00	33146.67	23686.67	29666.67	—
1962	111120.00	97073.33	60813.33	14266.67	25200.00	28800.00	34200.00	—
1964	110266.67	97333.33	—	17733.33	23066.67	22333.33	35666.67	24400.00
1965	109626.67	97126.67	—	19600.00	23133.33	18600.00	43806.67	26800.00
1970	106740.00	94740.00	87706.67	—	—	—	45800.00	36253.33
1975	105406.67	95406.67	84800.00	—	—	—	49966.67	42600.00
1980	104140.00	94233.33	86980.00	—	—	—	50660.00	48293.33

续表 7-1-4-2

年份	耕地总面积	水田面积	有效灌溉面积	抗旱能力30天以下面积	抗旱能力30—50天面积	抗旱能力50—70天面积	抗旱能力70天以上面积	旱涝保收面积
1985	101333.33	93093.33	84293.33	9433.33	14306.67	18693.33	43853.33	49820
1990	99193.33	90900.00	79126.67	13360.00	16440.00	17246.67	45320.00	43300
1995	95400.00	87940.00	80653.33	—	—	—	49000.00	47480
1996	95213.33	87380.00	80700.00	8066.67	15833.33	14480.00	45900.00	49080
2000	93133.33	84933.33	82266.67	7480.00	16473.33	15080.00	43180.00	48680
2005	89660.00	80520.00	78333.33	9293.33	14593.33	13273.33	41966.67	45820
2010	—	8060667.00	8676000.00	7193.33	14626.67	15240.00	11640.00	50040

第二章　河道整治

古代处州河道治理大多以解决灌溉、防洪、人蓄饮水和航运为目的。历代处州官府都对瓯江干流以及一级支流小溪、好溪、松阴溪、太平港作过整治。唐大中九年（855），处州刺史段成式主持疏治“恶溪”，并作堰开渠，灌农田，利舟楫，更名为“好溪”。北宋元祐七年（1092）七月至十二月，处州知州关景晖组织疏凿龙泉溪80多滩，使瓯江航运更加通畅。1949年10月中华人民共和国成立后，各县开展小流域综合治理，建立具有水土保持兼高效生态经济功能的半山区小流域综合治理模式。

第一节　瓯江整治

干流治理

唐太和年间（827—836），处州刺史韦纾疏治府城段大溪，在琵琶滩以南开凿新溪以分洪。处州人朱庆余作《和处州韦使君新开南溪诗》，诗载：“疏凿应殊旧，亭台亦自今。”

北宋元祐七年（1092）七月至十二月，处州知州关景晖策划，命龙泉县令邱栝、县尉马应，组织疏凿龙泉溪80多滩。遂昌人龚原作《治滩记》：“暗崖积石，相蹙成滩，舟行崎岖，动辄破碎。”“为上下港以便往来，或两岸崭绝路断，则劚以通挽役。起七月戊申，逮以十二月壬申。毕合百六十有五滩，龙泉居其半，缙云亦五之一。凡昔所难，尽成安流，舟昼夜行，无复激射覆溺之虞。”“疏浚排凿，继以淬锻。”谓手工开凿之外，还用烧爆法破礁。

元明两代，无记载。清代，航行渐至困难。“山间之陨石遂日积月累，复屹突于其间”，陆续开展小规模治理。清嘉庆十五年(1810)，云和县整治石壁滩(又称七鼻滩)。自西滩过石壁滩至雷公滩，是龙泉溪航行最险河段。船工谚云：“西滩得病，七鼻喊救命，雷公滩送命。”其后，又有龙泉义士王锡麟，出资凿平铁杓滩怪石。清同治十年(1871)，龙泉知县顾国诏大规模疏浚龙泉溪，并作《浚滩记》详记其事。据清光绪《龙泉县志》载：“东北下水接云和诸滩，中自管滩至大金滩凡四十二处，尤崎险难行，舟多覆溺。同治十年，知县顾国诏倡捐集资，次第疏凿，滩患顿减。”

民国1—6年(1912—1917)，松阳人高良仁，自费凿平丽水水阁、白岩一带大溪中险礁近20处。民国28年青田县政府组织疏浚瓯江温青段。

1952—1953年，云和县政府治理西滩、鸡母滩，截弯取直，淘治雷公滩。1958年3月，云和县民船运输社治理龙泉溪险滩3处。20世纪60年代，龙泉县部门全面整治龙泉溪河道，修建顺坝、丁坝，清滩炸礁，构筑河堤等方法，控制河道，提高水位。上游河段建活动水坝，枯水期亦可蓄水放排。沿溪设停排点42处，防洪桩800多个。1962年，云和县疏治石浦至九里潭、石塘至石浦河道，炸礁509立方米。1963年，丽水专区恢复建置后，成立丽水地区航道养护队，整治重点险滩。局村航管组疏浚渔梁缺、龙石、石浦、陈太公等浅滩，船民义务投工585人(次)，疏浚石子5053立方米，炸礁43立方米。1966—1968年，丽水地区航管所全面疏浚瓯江青田段浅滩。投资100万元，建成顺水坝51条，丁坝7条。顶头滩被截直，县下滩、石郭汇成为平安航道。浅滩水深由0.4—0.5米增至0.6—0.8米，流速趋缓。相公滩最大流速从每秒4米下降到每秒3米以下。枯水期木帆船通航能力从3000千克提高到5000千克。

20世纪60年代，丽水县爆破大溪芦埠至塔下段岩石，疏浚河道，加大泄洪能力，减少洪水对城区的威胁。20世纪70年代，云和县投资2000元，整治大牛滩。投资1.12万元，修筑梓坊滩、陈太公滩、戈头滩、渔梁缺滩4条顺坝，长1650米。1979年11月，修建石浦河段活动水坝19米。1986年6月下旬，紧水滩水库蓄水，坝下航道断流。云和县航管所化一个月时间，以推土机疏治紧水滩至大港头航道34千米。1992年后，贯彻浙江省《〈中华人民共和国河道管理条例〉实施办法》，瓯江干流及其重要支流列为省级河段，河道防汛和清障实行各级人民政府行政首长负责制。

2000年6月，丽水市区开工建设防洪工程，其标准为五十年一遇。拓宽大溪厦河、塔下段河道。在厦河村对岸上佛堂至中岸村之间山体劈坡589米，滩地砂砾石开挖455米，塔下段劈山105米，开挖滩地119米，大溪向南拓宽约30米，宽度增至270米。2002年2月竣工。

支流治理

好溪治理 好溪发源于磐安县大盘山西，过磐安、缙云，经丽水市区，至古城村汇入大溪。好溪古称“恶溪”，隋改称丽水。唐大中九年(855)，处州刺史段成式主持疏治，并作堰开渠，灌农田，利舟楫，更名为好溪。宋元祐七年(1092)，缙云县仿效龙泉溪治理之法，疏浚好溪30多滩。龚原《治滩记》略记之。

据缙云籍进士郑载飏《重修东港船路记》载，清康熙二十二年(1683)，温处道杨懋绪“悯民夫之艰难，思水道之接济，慨然有兴复东港船只之志”，命缙云县令霍维腾疏通东港水路，“令相水利，度人力，以时修举废坠。令尹祇承方略，乃召诸庠士耆民宣谕宪意，庶民子来，相与探溪流之广狭浅深，浚其壅淤，避其险阻，不扰不费，不旬日而竣工，舟行无滞而水道以通。”并造船10只作水运。“令尹复捐俸购材料，倩善匠刳剡十有余艇，为之募善水者数十人分而操之，迫则应公役，暇则使于民，自是之后，人人利涉，而役夫之劳于是乎息矣”。清嘉庆年间(1796—1820)，“沙碛渐多，仅通竹筏，好溪之水遂淤塞而不可治”。清嘉庆五年(1800)，分巡温处兵备道李銮宣，从邑人李敷祥、高浦、应献朝之请，为文劝捐，欲行修浚，适值“洪水为灾，官绅方从事赈务，无暇他谋，事竟中辍”。

民国年间(1912—1949)，好溪仍通竹筏。民国35年，丽缙公路开通，好溪水运逐渐废弃。

1949年10月，中华人民共和国成立初，缙云县数次治理好溪壶镇段。1961年，好溪丽水段沿岸青林、关下、社后等村用竹笼填石、抛块石护岸。1977年，丽水县实施好溪防洪围垦工程，治理从马头山好溪堰至古城村主河道6千米，两岸砌筑防洪堤11530米，其中左岸5030米，右岸6500米，围垦造地182.58公顷。治理后河道宽200米，设计洪水流量2840立方米每秒。1989年1月27日竣工。1989年，丽水“7•23”特大洪灾后，投资260万元，治理好溪缙云段贤母桥以上河道，1990年完成，丽水地区清除砂卵石15.5万立方米，加固溪东防洪堤1800米，新筑东西两岸防洪堤2400米，改造杜堰进水口和陶滩排洪口各1处，围垦造地20.6公顷。

21世纪初，丽水地区拆除好溪防洪堤，新建城市防洪工程，其标准为五十年一遇防洪。

小溪治理　小溪流域是瓯江的主要干流，流经庆元、景宁、青田3个县，全长225千米，流域面积18028平方千米，涉及乡镇27个。清同治前，小溪无大规模治理记载，间有民间义士出资疏凿险滩。据清同治《景宁县志》载，“天师石滩水底巨石磋砑，锋甚坚锐，为滩险第一。道光初年，有青田锡匠胡至登者，尚义鸠工凿其石，数十年颇沈安流。近则水势迁移，复为行舟者之患矣。陈之韬，字裕六，库头人，邑庠生，壮贾于瓯。距村口下游溪港，硕石巑岏，运筏者屡遭湴溺，力为疏凿，不惜多赀，数十年咸资利赖”。清光绪七年(1882)，青田县令程钟瑞疏凿天师石危滩。民国时期，青田县小溪仍有疏浚。

1960年，丽水县建立景宁河道养护分队，以疏浚挖槽为主，筑坝导治为辅，治理沙湾上游河道，筑顺水坝32条。1966年，疏通小溪景宁炉西坑至门潭河道7千米，大顺至新四河道8千米，可放运竹筏和小木排。景宁到青田航道载重由1000千克提高到2000千克。1977年前后，小溪景宁段建成七里汇、上圩、大均、石门楼等活动蓄水坝，对枯水期短程放运起过一定作用。1978年开通沙湾至毛垟船港30千米，英川港小木排可放运到沙湾。20世纪80年代，小溪水运功能逐渐丧失。

松阴溪治理　松阴溪是瓯江上游主要支流。在浙江省境西南部。源出遂昌县垵口乡北园附近，先自南而北，后折向东南，流经松阳县，在丽水市大港头入瓯江中游大溪。清宣统二年(1910)秋，松阳人高良仁率石匠、民工10多人，自费凿平松阴溪象溪村蝌蚪潭中巨礁，免除过往船筏触礁倾覆之虞。

20世纪70年代，中共遂昌县委和县革委会组织实施松阴溪河道综合治理工程。1976年9月15日，松阴溪河道综合治理工程动工，1984年一期工程告竣。开始治理松阴溪中游资口至踏步头河段，投工535.38万工，投资400万元，完成工程量728.25万立方米，兴建防洪堤48.36千米，清理河床、疏通河道24.3千米，建成防洪闸6座，整修堰坝12条，修筑施工公路40条，总长109千米。20世纪80年代，松阴溪水运功能逐渐丧失。

小安溪治理　小安溪，又称太平港，民国《浙江通志稿》称安溪。发源于武义县新宅雪峰山，流经武义县、莲都区，经苏埠汇入大溪。小安溪干流长72千米，流域面积575平方千米。2003年，丽水市修编《丽水市城市防洪规划》，整治太平港出口段及其支流水路坑。2010年，开始实施，一期工程由太平港左岸联城段防洪堤，水路坑口至屡丰堰河出口防洪堤，水路坑左岸防洪堤，太平港河道疏浚和屡丰堰河进水闸、出口排涝闸及穿堤排水涵管等组成，防洪堤长3005米。主要保护联城镇武村、白前、常宅等村5000人口和150公顷土地。工程按二十年一遇洪水标准设计，概算总投资7732万元。

第二节 小流域综合治理

处州境内流域面积20—100平方千米的小流域189条，流域总面积1.2万平方米，人口约139.5万人，分别占丽水国土面积69%和人口总数56%。大多是山区性河流，坡陡流急，水土流失严重。1949年10月中华人民共和国成立后，丽水境内各地开展封山育林、植树造林活动。水土流失较严重的地方，因地制宜，采取砌坎保土、修筑谷坊、挖鱼鳞坑、修水平带等措施进行综合治理。

1995年，丽水地区贯彻浙江省人民政府《关于加强小流域治理和河道疏浚工作的通知》精神，综合治理流域完整，行政区划单一的小流域36条，建立具有水土保持兼高效生态经济功能的半山区小流域综合治理模式。选择云和县安溪、景宁畲族自治县鹤溪、遂昌县石练溪、松阳县六都源、丽水市丽阳坑5条小流域为综合治理试点，后被列为省级试点。

2000年，丽水市水利局与浙江省水利厅合作完成《浙江省小流域综合治理研究和应用推广》课题，获省厅科技进步二等奖。12月21日，浙江省小流域综合治理及河道疏浚现场会在龙泉市召开，向全省推广丽水市经验。同年底，丽水市小流域23条开展综合治理，面积2161平方千米。其中云和县安溪、云和县雾溪、景宁畲族自治县鹤溪、遂昌县练溪、龙泉市安仁溪、松阳县六都源6条小流域治理工程，通过省级验收。

龙泉安仁溪综合治理

安仁溪位于龙泉市东部，溪源长31.8千米，流域面积181.43平方千米。上游山坡植被差，域内雨量不均，水土流失严重，下游河道弯曲，流态紊乱，河床淤积抬高，旱涝灾害频繁。1993年开始综合治理，上游绿化造林566.67公顷，封山育林1333.33公顷；建成梅村水库总库容71.2万立方米，配建梅村电站总装机容量2×250千瓦，自来水厂日供水120万千克；建成项边、兰狮畈引水灌溉工程，受益农田246.67多公顷；完成河道全面整治；投资677万元，流域抗洪御旱能力大幅提高。

青田船寮港流域治理

船寮港小流域位于青田县东北侧，主流发源于县内黄垟乡，上游河段称十一都源，在东源镇大云寺与十二都源汇合后称船寮港，在船寮汇入瓯江，主流长25.8千米，流域面积352.6平方千米。流域内有黄垟乡、东源镇、船寮镇，以农业为主，阀门铸造、钼矿采选等工业发展迅速。1996年8号台风期间，暴雨骤降，山洪爆发，山体滑坡，形成泥石流，死亡67人，交通、通信、电力、城建、民居等基础设施损失严重，主河道河床平均抬高2米以上。

1996年开始实施《青田县船寮港流域综合治理规划》，源头黄垟钼矿段建造矿山废渣固渣坝6道，固定废渣178万立方米，植树种草绿化86.67公顷，新建大型排水沟1080米。沿途恢复水毁农田、渠道、拦水堰，砌筑或加固防洪堤12.8千米。疏浚十一都源中下游河道，结合工业园区与滩坑电站移民点填方，总方量约150万立方米。建成东源镇二十年一遇高标准防洪大堤。建成武池村防洪堤370米、舒庄村防洪堤492米、赤岩拦水堰200米、武池拦水堰150米、船寮港口左岸防洪堤2100米，大云寺路堤结合防洪堤800米，船寮港口右岸防洪堤6500米。船寮港口至黄垟乡的公路全部浇筑水泥路面，投入7500万元。

云和安溪小流域治理

云和县安溪小流域，位于县城南面，流域总面积56.3平方千米，总人口1万多人。1996年列入省小流域综合治理试点，同年冬季开工，1999年4月完工。投入劳动积累工137.2万工，资金1603.5万元。治理河道7.1千米，修建防洪堤14.3千米，保护人口0.81万人，农田353.33公顷，防洪标准由五年一遇提高到二十年一遇。改造中低产田346.67公顷，新增鱼塘14.2公顷、耕地13.33公顷，粮食亩产由351千克提高到494千克。修建堰坝12处，新浇筑"三面光"渠道13.2千米，除险加固山塘水库3座，增加蓄水量2.4万立方米，解决人畜饮水困难1550人，改善农田灌溉460公顷，除涝80公顷，新增发电装机容量100千瓦。治理荒山266.67公顷，封山育林3793.33公顷，开发果园266.67公顷，经济林355.33公顷，用材林2733.33公顷，植被覆盖率由620.9%提高到71.4%。

遂昌练溪小流域治理

练溪小流域位于遂昌县石练镇境内，主流长20千米，流域面积84平方千米，有石角坑、黄皮坑和小竹溪3条主要支流。流域内行政村19个，1万多人，耕地733.33公顷。因上游坡陡流急，滥伐林木和修路等工程活动，水土流失严重，砂石淤积河道，"河边没有边，河底没有底，河床高过田"，旱涝灾害频发。1991年11月，遂昌县建立小流域综合治理指挥部，编制《练溪小流域综合治理规划》。1996年，遂昌县列入省小流域综合治理试点。至1999年，遂昌县完成河道疏浚8.25千米，新建防洪堤9.2千米、新建堰坝3座、新建混凝土三面光和U形渠道7.1千米、新建机耕路、排水沟各2千米。增加、改善灌溉面积233.33公顷，除险加固水库、山塘4座，改善饮用水条件0.61万人。改造中低产田200公顷，营造用材林1380公顷、防护林1366.67公顷、经济林和果园180公顷，封山育林1866.67公顷，植被覆盖率由74%提高到87%。总投资1211.4万元，防洪标准能力达到十年一遇。

景宁鹤溪综合治理

鹤溪为瓯江小溪支流，贯穿景宁县城，源短流急，洪灾频频，1994年一次水灾损失近亿元。1996年列为省小流域综合治理试点。工程包括流域植被、小(1)型调洪水库、配套防洪设施、河道疏浚4部分。通过干部群众集资和多渠道筹资，投入资金212.5万元，建成标准防洪堤1888.7米，引排水渠道695米，拦堰坝1座，疏浚河道999米。

第三节　内河整治

丽水市区地处瓯江干流大溪与一级支流好溪汇合处的丽水盆地，水系发达。唐刺史段成式筑好溪堰引水到城边。宋知州赵善坚引丽阳坑水入城。还有多条山坑流入市区，形成丰富的城市河网。市区内河主要为好溪堰河、大洋河、海潮河、贺家坑、长坑、白门坑、殿前坑、环城河、丽阳坑、五一溪和城东南河道，总长约69千米，水体面积20.1万平方米，山塘水库20多座。

宋知州赵善坚所开凿东西两渠，为古代丽水城内水井之外的主要水源。几百年间，二渠屡堙屡治。明嘉靖二十四年(1545)夏，兵备副使夏浚檄知府李冕组织大修。首凿通惠门净池以浚其源，次疏二渠以导其流，设置闸板以时蓄泄。疏凿之工由沿渠之民各自包干，无居民地段则由官府安排，仅3个月便告完成。官不知费，民不知扰，众人称赞。

清顺治年间(1644—1662)，处州知府周茂源疏浚。清康熙年间二十五年(1686)一场洪水，将二渠淤塞，与地相平，有的地方杂草丛生。知府刘廷玑疏浚修复。时人宣平梁祚璿作记，略曰："及康熙丙寅，河伯肆虐，周城泥垣冲塌，均以河为壑而归焉，坦平与地埒。西南一带，茂草鞠丈余，故道不可复问。康熙戊辰，郡守刘公廷玑，巡视郡中，毅然曰：'事之首裨于民者，孰有重于开浚者乎？'明年己巳，乘水涸成梁之候，檄令丽邑佐相度，率沿河丁夫，按丈尺疏浚。驱夙秽以裕其源，穷旧底以产其蓄。荷畚而趋者，争先恐后，民不言劳。不旬日，而厥功成。行见火患永熄，文风日聚，歌南薰而庆乐利者，且与涟漪而俱永也。"此后历任知府梁徽、涂以辀、李荫圻，都有修浚。

1949年10月中华人民共和国成立后，人民政府经常组织地、县党政机关，经常组织干部义务劳动，清淤二渠。20世纪80年代，丽水城区生产、生活污水直排市内河道，河道水质恶化，河势不畅，防洪排涝能力严重不足。2002年，丽水市政府投资190万元，全面疏浚好溪堰、丽阳坑、环城河，打通大洋河出口，引活水进城，控制污水入河，内河的水环境得以改善。2004年，全面清淤和疏浚大洋河、好溪堰、海潮河、环城河、贺家坑、丽阳坑，历时80多天，清淤16.3千米。2005年起，陆续完成城市内河整治6.8千米，新增湖面3.7公顷，蓄水量19.6万立方米；加高好溪堰，建成好溪堰河进水控制闸，增加好溪调蓄库容21万立方米。

2006年，修编《丽水市城市内河控制性规划》。根据各条河道的功能、水量，调整水系布局，明确河道功能，提出环境最小需水量及补给的调蓄措施，统一规划城市水安全、水环境、水景观、水文化。规划河道30条，总长54.41千米，其中暗河24.02千米；新建人工湖3座，蓄水量93.4万立方米，其中调洪水量38.5万立方米，保留扩建水库3座，库容277万立方米。规划河道水域面积54.34万平方米，河湖两岸景观绿化面积约75公顷。规划充分利用河系、水网和"山、水、城"之间的相互关系，突出丽水作为山水城市的河道特色；将好溪堰水系及其沿岸规划为风景林、水景公园、城市休闲健身带等九个景观特色区。通过好溪堰河和寿元湖、明星湖设升船机或船闸，连通南明湖，使其形成一条水上游船通航的休闲旅游线路。同年，成立内河改造指挥部，要求内河改造"三年铺开，五年完成"。

2008年7月1日，丽水市政府审议通过《丽水市区盆地易涝区防洪排涝一期大洋河改造工程国有土地房屋拆迁补偿安置实施细则》。同年，完成大洋河整治初步设计，并被列入省重点工程，同年底开工。2010年，大洋河整治、明厦河和贺家坑丽青路下游段、海潮河大猷街下游段、大洋河出口段和江滨暗河等工程完工，总投资2.8亿元。

第三章 防洪工程

自古以来，丽水以疏河、设障、筑堤等工程措施防御水患，府治和部分县治所在地，还建设城墙防寇御水。1949 年中华人民共和国成立后，丽水专区建起数以千计的大小水库，调洪减灾，作用重大。20 世纪 90 年代，丽水地区开展小流域综合治理，加强水土保持工作，增强抵御洪旱灾害能力。

1998 年长江洪水之后，丽水全面启动新一轮高标准防洪工程建设。21 世纪，丽水市多用水泥浇筑，还出现橡皮坝、翻板坝等多种坝型，建设高标准防洪堤。2000—2005 年，全市投入资金 13.84 亿元，建设高标准堤防 81.1 千米，完成瓯江干堤建设 82.8 千米；丽水市区建成南起小水门北至岩泉马头山 4.4 千米可抵御五十年一遇大水的高标准堤防，沿堤建成滨水意象景观带，堤外大溪成美丽的南明湖；松阳、云和、景宁基本达到五十年一遇防洪标准，其他县（市）城市建成区基本达到二十年一遇的防洪标准。各村镇也建设小流域干堤，加固或新修一批高标准的防洪堤。至 2006 年，全市建成高标准堤防 290.5 千米，各县城防洪工程体系基本达到二十年一遇的防洪标准，丽水市区和部分县城达到五十年一遇的标准。

2006 年丽水市堤防一览

表 7-3-0-1

政 区	规划堤防总长（千米）	建堤防总长（千米）	不同防御能力长度（千米）				达标堤防总长（千米）	保护对象	
			5 年	10 年	20 年	≥50 年		人口（人）	农田（公顷）
市本级	35.94	21.32	3.58	—	—	17.75	17.75	160000	—
莲都区	140.07	96.32	76.20	12.20	6.02	—	39.52	110900	3857.33
龙泉市	160.49	74.14	38.33	26.21	9.61	—	35.82	122852	3177.47
青田县	160.08	95.76	44.12	30.09	14.48	—	51.90	22619	24592.00
云和县	111.04	65.51	—	0.25	19.44	11.53	31.22	61272	1466.53
庆元县	78.83	78.83	65.25	0.52	10.60	—	11.12	82270	1741.00
缙云县	117.13	38.76	13.99	10.47	14.30	—	24.77	73213	17096.67
遂昌县	255.64	254.04	1.60	175.85	43.83	34.36	48.82	168800	6243.33
松阳县	164.91	5.34	—	—	1.14	4.20	5.34	194434	8621.20
景宁畲族自治县	44.85	30.13	—	0.48	17.26	12.39	24.27	4900	5482.67
合 计	1268.98	760.13	243.06	256.06	139.67	80.22	290.52	1001260	72278.20

说明：数据统计到 2006 年 6 月

第一节　城市防洪

市区防洪工程

丽水市区地处丽水盆地底部，大溪自西向东、好溪由北而南流经市区，在古城汇合，折向东南流去。两溪将整个丽水市区分割成主城区、水东片、水南片三部分，自古多水患。唐代末年浙南农民起义领袖卢约首创处州府城，后世屡圮屡修，一直发挥着军事防御和抵御洪水的双重功能。直至中华人民共和国成立后拆除。

元代，处州建水障二处，调整河型，以杀水势。据《栝苍汇纪》载："琵琶洲之北，依山为石障，砻甃坚固，水不为患，郡城赖之。水障之设，所以障上流东冲，厥功甚大。考之古志有云：元大德癸卯，有异人来募民财欲建桥于此，凿石于桃山，置局济川桥侧，至皇庆壬子，历十年止成水障一墩而去，桥竟弗成。今俗呼为仙人渡，意或以此。继是，郡守韩公斐修筑之，久而内虚，石渐以颓。嘉靖戊子，郡守潘公独复捐俸倩工运石填之，此防水患之最急者。金文诗：是谁砻石为高障，从此洪涛不敢狂。郡郭无虞民舍固，栝城千古赖堤防。"2004年，丽水市公布为市级文物保护单位。文物部门在此立碑载："水障位于丽水城西南小水门瓯江边缘。始建于元大德七年(1303)，为巨石砌成，呈三角锯齿状，高7.5米，迎水面底长22.8米，背水面底长13米，从瓯江北岸突入江中，阻挡洪水横决入城。明、清两代均增石修筑。"

元代，处州在洪水易冲地段建铁坝二处。据民国《丽水县志》载："铁坝，一在南明、行春二门之间。二门濒大溪，山水斗发，居民首被其患。故老谓明诚意伯刘基甃石御水，锢以铁汁，坝存则水不入城。嘉庆五年，署知府张士楹捐俸修之。今愚民窃石为垣础，寖坏旧防，有土者当悬为厉禁也。一在琵琶洲南。初，水南频阸于水，甃石为坝，以杀水势，乃北岸多悬崖峭壁，水仍横决南流。清同光来，旧址仅存十一。入民国，水南路冲堤决，为患尤烈。十二年春，知事李钟岳，会同华洋义振会长法入苏若望，拨工振银一千六百元，于同年二月兴工，六月竣事，坝身长计一百三十丈，高计五尺至一丈不等。"

清光绪二十九年(1903)，处州知府赵亮熙捐廉倡筑厦河水障。据民国《丽水县志》载："厦河水障，在厦河下埠。厦河中岸溪流横绕，南沙日积，每逢大水势，横决为患尤烈。光绪庚子，夏雨兼旬，山水暴涨，城厢内外水高数丈，居民咸抱其鱼之叹。郡守赵亮熙因捐廉倡筑堤防，甃石为障，以备水患。光绪二十九年季秋，堤工告竣。于是水势始无横决之患。"

据赵亮熙记载："堤自趾至巅，竖计四丈一尺，纵长二十丈四尺，横广十丈二尺，共支青蚨三千余缗。董其事者，为捐局委员陆理问继贤，盐局委员晏大使同书，贡生王国香、赵维城，监生王邦兴，生员王邦佐，例合具书于碑。"

1949年中华人民共和国成立后，丽水县政府采取多种工程措施，加强丽水市区防洪。据1994年县级《丽水市志》载："50年代初，建有赵村、莲河、陈村、青林、干下(关下)、联城、周巷、横塘堰等10余处保塌工程。60年代，爆破大溪芦埠至塔下段岩石，疏浚河道，加大泄洪能力，减少洪水对城区的威胁。"

1977年，丽水县政府动工兴建可防御十年一遇洪水的好溪防洪围垦工程。至1988年大堤竣工。

据1994年县级《丽水市志》载："好溪防洪堤，自岩泉镇岩泉村马头山好溪坝起，至城关镇古城村止，左岸堤长5030米，右岸堤长6500米。设计标准为十年一遇洪水，流量每秒2840立方米，河道宽200米。堤平均高6米，顶宽2.5米，为大石干砌、内填卵石结构。"

2000年6月，丽水市开工建设能防御五十年一遇洪水的新的城市防洪工程。防洪堤采用土工膜心墙防渗砂砾料堤身，堤顶采用碾压混凝土垫层，堤身迎水坡采用混凝土格栅草皮护坡或绿化土坡，背水侧绿化土坡。2009年，主体工程基本完工。同时，将水利风景区建设融入城市防洪工程建设，统一规划，同步实施。采纳文史界人士意见，保护古城墙遗址和附属建筑物，维修南明门、观音阁，重建应星楼、行春门。形成一个由湖面5.2平方千米、堤防19.1千米、江滨景绿观化带57万平方米、古城和琵琶圩两个湖心岛组成的城市水利风景区。整个工程根据丽水盆地的地形，分主城区、水东片、水南片三个片区布置设防。总投资9.4亿元。大溪、好溪防洪标准为五十年一遇，防山洪排洪渠标准为十年一遇。

主城区防洪工程项目

大溪北岸防洪堤 该工程西起万象山，经小水门、大水门、前路村、厦河村、古城以北，至水东大桥与好溪西岸防洪堤相连接，堤轴线长度4700.5米；好溪西岸防洪堤工程，北起灵山寺下好溪堰进水口，沿原西岸防洪堤线，经堰后、关下，至水东大桥与大溪北岸防洪堤相接，堤轴线长度2626.4米；大溪厦河段、塔下段劈山拓宽河道工程，防洪排涝闸工程，防山洪东排、西排渠道及渠系交叉建筑物等。使丽水市城区对大溪和好溪的防洪能力达到五十年一遇标准；同时主城区防山洪的标准达到十年一遇。

防山洪东、西排渠道 用渠道拦截引流，将城北诸溪流山洪"高水高排"，通过排洪渠道向东、西两个方向直接引排于城外，提高城市防洪能力。并将部分洪水拦蓄于五一水库，加以利用。西排渠道，由丽阳坑拦水堰和排洪隧洞两部分组成，隧洞长2069米，东起五宅底，向西在叶塘下与五一溪连接，将城北丽阳坑洪水向西分流汇入五一溪，在溪口村经溪口闸排入大溪。2006年7月开工，2008年4月竣工。东排渠道西起弄和村，沿北外环线外侧达于好溪，沿途将弄和坑、殿前坑、白门坑、长坑以及银坑、岩泉坑、社后溪7条溪流洪水引入渠道，在好溪堰上游约100米处的社后村以北排入好溪。渠(洞)线全长3795米，其中隧洞长2564.3米。2007年4月开工，2009年7月竣工。

防洪排涝闸 主城区设溪口闸、前路闸、古城闸、水东西闸、社后闸五座防洪排涝闸。前4闸为城市排水口，溪口闸在五一溪及丽阳坑出口，主要防止洪水倒灌。

古城排涝泵站 在防洪堤古城圩段绿化带中，以备汛期将主城区堤内涝水抽排堤外大溪。主泵房长24米，宽12米，布置3台转轮直径为1.96米的立轴混流式水泵，总设计流量45立方米/秒。泵站左侧设有通航孔，净宽6米，最大吃水深度2米，连接大溪与内湖(厦河湖)，小型游船可方便进出，有开敞式水闸控制。泵站北侧，明厦湖与泵站进水池相连，湖面面积2.93万平方米，有效调蓄库容4.02万立方米。2003年11月开工，2006年10月竣工。

水东片防洪工程主要项目

好溪东岸防洪堤 北起河村以北山麓与金温铁路路基相连，沿原防洪堤线，经河村、雅坑溪口、水东大桥、前山村与前山山体相连，堤线全长4786米。2005年5月开工，2008年2月竣工。

前山防洪排涝闸　在好溪东岸防洪堤末端，平时开启以通水，汛期抢在好溪水位尚未上涨时尽提前排除城区积水，当好溪水位上涨到48.5米时关闸，以防溪水倒灌，待水位下降后再开闸排涝。闸口1孔尺寸4×4米，配平面钢闸门1扇，有手电两用启闭装置。

雅坑溪防洪堤　雅坑溪东起金温铁路桥，西至好溪段，全长747.33米。加高两岸河堤成防洪堤，与好溪东岸防洪堤相连。桩号雅坑0+370米处，设一孔2×2米的排涝涵闸，平时开启，汛期关闭挡洪。

水南片大溪南岸防洪堤

水南片大溪南岸防洪堤　西起吕埠坑上游的桃山大桥，经吕埠坑下村、大溪右汊枇杷圩对岸、纳爱斯公司、上水南、下水南、在岭桥与桐岭溪防洪堤相接，堤线总长3449.2米，堤顶高程55.12—52.97米。2001年12月开工，2006年8月竣工。

2007年丽水市县(市、区)级城镇防洪状况一览

表7-3-1-1

县　别	河名及断面位置	五年一遇（米）	十年一遇（米）	二十年一遇（米）	五十年一遇（米）	一百年一遇（米）	解放后最高洪水位(米/年月日)	城镇地面高程（米）	警戒水位（米）	2010年防洪标准（重现期）
丽水市区	大溪小水门水位站	—	51.51	52.75	53.35	—	53.17/1952.7	46—100	51.51	50年一遇
龙泉市	龙泉溪龙泉水文站	194.00	194.90	195.86	196.83	197.74	195.72/1952.7.19	193.70—201.00	193.50	20年一遇
青田县	瓯江鹤城水文站	15.24	16.81	17.96	19.20	20.03	19.36/1952.7.20	15.50—17.50	12.30(85高程)	5年一遇
云和县	浮云溪南门桥	133.03	133.60	134.10	134.80	135.10	134.90/1994.8.21	136	133.50	50年一遇
庆元县	松源溪水利局	350.85	351.91	352.82	354.09	354.12	354.20/1989.7.22	351.10	350.40	20年一遇
缙云县	好溪南塘路口	145.47	146.24	147.05	147.86	149.21	149.03/1954	145—150	144.50	10年一遇
遂昌县	襟溪叶坦翻板坝	197.40	197.50	197.50	197.80	198.25	197.60/1993.6.24	196.70—207.30	192.20	20年一遇
松阳县	松阴溪新大桥	120.85	121.20	121.50	122.20	122.73	121.80/1955.6.20	123.50	121.10	50年一遇
景宁畲族自治县	寨山桥五号堰坝	194.85	195.12	195.37	195.67	196.00	195.77	196.87	194.85	50年一遇

各县(市)城防洪工程

龙泉市　历代旧龙泉县志都无县城防洪工程记载。1949年10月中华人民共和国成立后，兴建中山公园防洪堤。中山公园防洪堤石东位于龙渊镇东头大溪边，1952年冬兴建。从镇东街至大洋畈河背头，长1858米，石东高6米，龙渊镇大洋畈农田133.33公顷和居民500户免受洪水威胁。1975

年冬和1976年春，又将部分较低地段加高石东顶，并在石东脚新砌块石加水泥护坡，同时在上游修建水碇等以加固。南大垟水石东位于南秦村大垟畈，1953年冬，由国家拨款扶持，群众投工兴建，1954年冬建成。水石东采用卵石砌筑。石东高4米，长500多米，保护南秦、水南两村居民400多户，农田53.33多公顷。水南水石东位于水南村北溪边。1974年始建，1976年建成。高5米，长1000米，块石砌筑。国家投资3万多元，群众投工约1.5万个。保护水南村居民40多户，农田13.33公顷，并改滩造田4公顷多。

20世纪90年代初，龙泉市区沿溪两岸防洪堤初具规模。北岸长2800米，宽2.5米，高5.5米；南岸长4275米，宽2.5米，高5.5米。但仅可抵御五年一遇洪水。

1999年8月27日，动工兴建二十年一遇防洪标准的新防洪工程，2004年8月竣工。整个工程主要由龙泉溪防洪堤工程、岩樟溪防洪堤工程、各小支流排洪渠工程、河道疏浚工程及安吉水库工程等部分组成。新建堤防4.95千米，加高加固旧堤防1.12千米，完成市区防洪封闭圈，并疏浚河道156万立方米，整理土地36.5万平方米，总投资8836万元。

青田县　明嘉靖年间(1522—1567)，为抵御倭寇，青田知县李楷、县丞熊缨创筑城墙，后世屡圮屡修。1949年后，青田县临江一带旧城墙仍存1100多米。1977年，进行修建巩固，依然发挥抵御洪水的作用。1982年，青田县连接旧城墙向东延伸，兴建东门滩防洪大堤，全长1700米。平均高11米，底宽5.5米，顶宽0.8米。整个工程完成后，鹤城镇增加用地52万平方米。

2000年11月，青田县动工兴建二十年一遇标准的新防洪工程，总投资4.68亿元。2002年9月竣工。一期工程实施雌山、三脚湾劈山，疏浚油竹大桥至四都港口段河道和西门大桥至雌山段瓯江河道，新建油竹段防洪堤1600米。二期工程新建鹤城片左岸水碓坑至雄山防洪堤、右岸瓯青复线防洪堤，戈岙湾、彭括劈山。

庆元县　庆元县城有松源溪、金溪等河流穿过，为保护民居、农田，明嘉靖二十五年(1546)，庆元县创筑城墙。后世屡修屡塌，清乾隆五十三年(1788)大水后，不再重修。清嘉庆二十四年(1819)，知县孙荣绩倡捐筑堤，后修筑多条堤坝。吕公堤位于松源溪南岸，西起角门岭，东至周墩桥，全长3.27千米。民国21年(1932)6月，庆元县暴发特大洪灾，堤被冲毁。省民政厅长吕宓筹到庆元视察，返省后拨大洋三千元修复，地方自筹八千元，其中姚建封独助大洋一千元，该堤因得到修复成功，故誉称"吕公堤"。学后堤位于松源溪北岸，西起县农机培训基地，东至白象县林业局车队，全长3.5千米，1975年后分段筑成。星光路堤位于金溪东岸，北起登云桥，南至袅桥外。长465米，高2.5米。1984年在原城墙基上改建而成。水碓坝位于庆元大桥上游50米处，长120米，高1.5米。民国时筑，1989年水毁，1992年修复，用于防洪、护桥。

2000年11月8日，动工兴建二十年一遇标准的新防洪工程，2003年9月26日竣工。整个工程主要由阁门岭防洪堤工程，协议桥至东大桥防洪堤工程，十二股橡胶坝，吉瑞公司至西大桥加固贴面工程，林业车队至东大桥防洪堤工程，龙珠湾橡胶坝，庆元大桥至西大桥贴面工程等部分组成。完成新建、加固防洪堤和护岸9220米，橡胶坝2座，河道疏浚10.04千米，总投资2340万元。

云和县　明弘治年间(1488—1506)，云和县知县黄芳在浮云溪之右筑堤引水入城，又兼防洪捍城之功。明嘉靖中坏于水。明隆庆六年(1572)，知县黄一桂西自白水筑堤数百丈，即云阳石东，后人又称白水堤。据《栝苍汇纪》载黄一桂《修云阳石东记》云："邑有浮云之溪……宏治癸丑，黄先生芳经始为民度溪之右砌为石东，内穿沟渠，环绕坊市，以通水之流，利及于民，民至今思之。嘉靖己酉，水激石东崩，李先生允范重修葺之，未期复崩。水势左趋，堤决岸漫，荡坏于衢道，民居岌岌然。隆庆壬申秋大水，崩堕益甚。予乃令民共襄其事，顷得邑人柳元臻、柳元亮输粟以倡，陈继思、王一阳捐财以助，而民之愿出力输直者丕应。乃西接白水而来，连亘数百丈，皆障洪以树，御沙以栅，环堤以石基，植土筑以墙垣，若城墉然，视创始者工如倍，而规制伟矣！”

1951年3月，云和县政府领导农会、工商联等各界群众代表组成兴修水利委员会，放手发动群众修建县城白水堤。投工10397个，粮食7500千克，5月竣工。

此后，云和人民政府又多次组织治理浮云溪，修建县城防洪工程。据1996年版《云和县志》载：“城镇河段，自白水石东起至车站南路浮云桥止，原有堤石东受损坏，南门大桥上下游，因河道弯曲，河床淤积。1963年截弯取直，两岸筑堤3条，全长1285米，高3.6米，顶宽1.7—3米。1987年，在南门大桥上下游新建干砌块石护岸550米，高6米。”

1980年建设新华街时，采取“桥桥直”的原则，黄溪新华街河段，适当缩窄河床，保留净阔14米，加高两岸街道。1986年8月，下游段河床人工清淤，挖深0.3—0.4米，土石方0.17万立方米。

1999年12月27日，云和县城动工兴建五十年一遇标准的新防洪工程，于2006年12月31日竣工。工程主要由浮云溪防洪堤，黄溪、梅家源溪、沙溪、雾溪、梅垄溪、龙潭坑等支流防洪堤以及城北排洪渠、黄溪分流渠等工程组成。集防洪、休闲、娱乐等为一体。总投资8827万元，建成标准防洪堤18234米。

缙云县　古时，缙云县城无防洪工程。20世纪50年代，沿好溪南北两岸修建防洪堤，北岸自杜桥至县皮革厂，南岸自杜桥潭堰至上湾潭村，长约7000米。

2000年7月，缙云县城开工建设二十年一遇标准防洪工程，2005年7月竣工。总投资11570万元，砌筑防洪堤4315米、加固防洪堤1007米，疏浚河道5415米，建橡胶坝一座。第一期工程位于城东新区，上始金丽温好溪铁路大桥，下至缙云县二桥，堤防总长2015米。修建复合式防洪堤1610米、重力式防洪堤405米、交叉建筑物13处。第二期工程位于五云镇老城区。加固防洪堤1007米，新建防洪堤600米，配建长90米、高3.5米的橡胶坝一座。第三期工程在城东新区，上始啤酒厂、下至金丽温好溪铁路大桥和一期工程相接。新建防洪堤2300米。其中第Ⅱ标上名山、下名山段600米的防洪堤因政策处理原因搁置，堤防未能闭合。

遂昌县　古代遂昌县就筑有城防工程，主要有胡公堤、罗公堤、王公堤。胡公堤在治南五十步，今名大堤。宋元祐年间(1806—1094)，遂昌县县令张根在县治南五十步之宫潭筑堤。宋靖康元年(1126)，县丞鄱阳胡涓重筑；罗公堤在西南隅界。清雍正三年(1726—1729)，知县罗秉礼筑。一邑赖保障焉。有碑亭，颜曰“罗公遗泽”；王公堤在邑北后溪，清乾隆二十八年(1764)，遂昌知县王憕捐建。共三十余丈，为北之屏翰。清康熙年间(1662—1722)，在县西莲花潭头建有缪公坝，清光绪年间(1875—1908)圮。

民国元年(1912年)，西门关帝庙后防洪堤被毁，堤长155米，宽2米，高4米。民国时期，遂昌县政府修建的防洪工程有县城大溪护岸工程、东门飞鹤桥边护岸工程、妙高东郊堤、西郊堤。地方自筹经费修建的有西门防洪堤、东峰堤。

1950年，遂昌县政府集资修复王公堤。1982年10月，遂昌县拨款4万元，修复加固妙高镇农机厂至荷花滩防洪堤，长410米，历时3个月峻工。2000年3月，遂昌县兴建二十年一遇标准的新防洪工程，2004年5月竣工。建成北溪防洪堤1260.73米，襟溪防洪堤1570.58米，南溪2839

米。叶坦翻板坝，长80米，宽8米，高3.5米，门10扇。南溪翻板坝，长53米，宽6米，高2.5米，门9扇。形成一个面积12万平方米人工湖。沿堤新建江滨公园、南溪荷花滩堤防景观带，总投资3303万元。

松阳县　清道光十五年（1835），松阳县知县汤景和倡筑城南河堤。据清光绪《松阳县志》载："城南河堤在济川门。乾隆、嘉庆间，河水冲入城内，历损民居。道光乙未，知县汤景和劝捐筹款，筑堤卫之，自是溪水顺流，得免水患。名汤公堤，以记颂也。附贡生蔡懋昭，慨然捐二千余金，工始告竣。"

民国2年（1913），汤公堤水毁过半。该县包芝洲等筹组水灾善后事务所劝捐修复。民国37年，松阳县长祝更生到水南村发动民众，指挥修筑防洪堤。

20世纪50年代初，松阳县拨专款和大米支持县城修建南门大石东。

1999年11月1日，松阳县动工兴建五十年一遇洪水标准的新防洪工程。2003年7月17日竣工。建成松阴溪北岸堤防2371.5米，南岸堤防1420米，改造加胡坑堤防1790米；建松阴自动翻板门拦水坝一座，长243.8米；修建"在河舟"（江心岛）一座，面积5000平方米；疏浚河道6.49千米，总投资5937万元。

景宁畲族自治县　据清同治《景宁县志》载，有"永乐""跨龙"二堤。永乐堤永平堤，上起张村下接跨龙堤。明万历十五年（1587），景宁县知县姜师闵筑，典史杨翰督工。南田得灌溉之利，北居无冲决之虞，易沙砾而畔圃者十多顷。后湮于水，自行春门至南门田庐屡遭漂没。民国时期，屡修永乐堤。据民国《景宁县续志》载："城镇永平堤在县前，一名永乐堤，久湮于水。民国二年，拨工赈钜款兴筑，旋圮，费达万余金。十年，复拨工振钜款，委绅董叶联芳经理筑成。"跨龙堤位于旧承恩门外，攀桂桥头起，下达莘田，始建之年无考。旧时化沙砾为膏腴者四五顷，后虽湮圮，而田之随没随垦，亦复不少。今其址有曰乌石东，曰上武石东，未始非前人有肇其端也。又续修鹤溪堤。据1995年版《景宁县志》载："民国28年，续修鹤溪堤559米。36年1月，县政府征调城区7乡民工3730人，用赈济粮续修鹤溪防洪堤、引水渠道523米，受益农田53.33余公顷。"

1949年中华人民共和国成立后，鹤溪防洪堤为重点工程之一。1962—1964年，投工30多万个，砌筑石方11242立方米，清坝基及筑堤3850米。1972年8月16日，暴雨冲毁3500米，当年国家拨款8.4万元，投工10万多个修复。1981年，鹤溪镇和造纸厂在东、西两岸加筑钢筋混凝土防洪堤坝3954米，投工5.5万个，资金13万元。后遇洪水，仍遭冲决。1985—1990年夏，在鹤溪新旧河堤外坡加固石方3.64万立方米，耗资152.99万元，城镇、张春两地农田333.33多公顷和城镇居民1.5万人受益。

1984年景宁复县后，设景宁畲族自治县，鹤溪河道由县防汛防旱指挥部负责，两岸栽植护河杨柳、水竹，指定地段挖运沙石，严禁在两岸护坝地段垦荒及挖沙石。至1992年，鹤溪防洪大堤东段自来水厂至惠明路，长2000米；西段自造纸厂至岭脚村，长2500米。平均高5米，底宽2.5米，顶宽0.6米，全部水泥块石浆砌。兼收美化、灌溉之利。

2002年11月，景宁县城开工兴建五十年一遇标准的新防洪工程，2010年竣工，总投资4.82亿元。沿塔堪村两岸上起民族路下至环城南路老水厂新建防洪堤2290米，疏浚河道约1150米，建堰坝5座。鸭蛋坑两岸防洪堤新建410.8米，加高加固255.7米，重建堤防104.3米，并新建堰坝2座。新建鹤溪左岸上起潘山溪口造纸厂门口下至寨山桥商业局段防洪堤584米，堰坝1座。上起永安桥接鸭蛋坑防洪堤右岸新建防洪堤520米，另外舍防护工程属砌筑防护堤2298.63米。

第二节 县(市、区)级乡村防洪

旧时，境内以村或房族为单位，按照田亩、房产等筹募资金，有钱出钱，无钱出工，兴建防洪堤。民国初期，处州乡村兴修小型围堤，资金按田亩分摊。民国27年(1938)，许多乡村组织水利生产合作社，筹集资金，围堤垦荒。20世纪50年代后期至60年代，丽水各县以群众自办为主，结合围滩造田修建防洪工程。防洪堤一般直接取用河滩卵石砌筑，基础部分多采山岩砌筑。有些山区河堤用竹篓装卵石堆砌而成。20世纪70年代，丽水地区部分险要河段防洪堤用浆砌块石建成。20世纪70年代末至80年代初，丽水县完成好溪防洪围垦工程、碧湖平原排涝工程。遂昌县开展松阴溪综合治理，两岸建防洪堤长48.36千米。防洪能力大多在五年一遇标准以下，少数集镇达到十年一遇标准。21世纪初，全市按标准化堤防要求，加强小流域干堤建设，提高乡村防洪能力。

莲都区

清代以前，丽水县①防洪工程，除市区水障、铁坝外，旧志别无记载。

据民国《丽水县志》载，水阁庄有龙门坝，"龙门坝，在县南水阁庄外三里许。源从杨山尖来，约十里西流坝旁，日月二山扼守其间，上有石桥高二三丈，为七邑通衢大路。该坝被水冲坍，迄未兴修，对于坝内农田水利大有妨碍。"

1949年中华人民共和国成立后，丽水乡村加强防洪工程建设，兴建联城防洪堤等保塌工程10多处。20世纪50年代初，建有赵村、莲河、陈村、青林、干下(关下)、联城、周巷、横塘堰等保塌工程10多处。20世纪70年代，大修堤防和排涝工程。至1990年，丽水市(县级)有主要防洪堤28530米。联城防洪堤，位于联城乡。自太平乡柴弄口村起，至苏埠村止，沿溪长7000米，两岸建防洪堤，长9004米。防洪标准为十年一遇设计。堤顶宽2米，为块石干砌、卵石填肚结构。联城乡凤鸣、林宅口、官桥、白前、武村、敏河、苏埠等7个村受益。1962年起，联城乡沿溪各村分别修建防洪堤，长4000米，因位置、质量、标准不一，且不连接，1975年4号台风洪水毁其大部。经县水电局勘测设计，由联城公社抽调各村劳力，于1975年10月30日开工统一修建，1976年冬竣工。计投民工42万工、技工120.9万工；完成土石方305490立方米；总投资34.25万元，其中国家补助资金23.97万元。1984年，完成凤山前村桥头左岸尾留部分工程，修复数次洪水毁坏的大堤336米，疏浚河道300米，干砌石2858立方米、填石1422立方米、浆砌石157立方米、清理河床石方4209立方米，用资金3万元。1997年，泄川乡双源村开展河道整治，按十年一遇防洪标准，在小安溪二级支流双源坑669米河道两岸，干砌块石护岸。1998—2001年，老竹镇开展老竹溪治理，在老竹溪大桥坝—沙溪桥段，约1000米长的河道两岸，按二十年一遇防洪标准干砌块石护岸。2003年后，加强小流域干堤建设。2004年，碧湖镇建南山坑防洪堤9.13千米；2005年，双溪镇建太平港镇区段防洪堤1.8千米；2006年，西溪乡加固西溪堤防0.6千米，丽新乡加固宣平溪堤防0.3千米。

2010年，莲都区建成防洪堤总长96.32千米，达标堤防总长85.93千米，保护耕地0.47万公顷、居民8.6万人。

① 2010年称莲都区。

龙泉市

据1994年《龙泉县志》载，龙泉县历代修建，在民国时期尚存长度百米以上的防洪堤21条，其中石达石3条，建安4条，王庄4条，瀑云2条，供村、双平、黄鹤、上东、锦溪、住龙、八都、宝溪各1条，长8.85千米，保护农田153.27公顷。

此外，在一些河段建有水障，在当地称为"水碇"或"墩"，来引导洪水流向，保护农田、村庄。安仁镇刘坊"老鸦嘴墩"，明代成化年间（1465—1487）建。剑池街道南秦大板垟"龙墩"，清乾隆三十九年（1774）建。西街街道宫头村"长安湖墩"，清同治元年（1862）建。相传兰渠乡坡头古有"坐剑龙墩"，砝湖村古有"乌龙墩"已圮废无考。

1949—1995年，龙泉县重修和兴建防洪堤772条，总长139.93千米，保护农田1869.6公顷，保护居民6452户。其中100米以上的防洪堤295条，长101.97千米，保护农田1696.27公顷，保护居民6102户。除县城的防洪堤外，修建立头、唐田、南大垟、大溪沿等乡村防洪堤。立头水砾位于宏山乡河村东头龙泉溪边。"民办公助"，1972年冬始建，1977年春建成。堤高7米，长900米，保护农田13.33公顷，居民100户，垦复耕地26.67公顷。唐田水砾位于河村尾，1977年冬始建，1979年冬建成。高7米，长700米。防洪面积13.33公顷，保护居民80多户。大溪沿水砾位于青溪乡黄南村西南面梅溪边。1954年始建，1956年建成。高5米，长2500米，全部用溪卵石砌筑，国家扶助资金15000元，群众投32000多工。保护村庄和农田66.67公顷。

2010年，龙泉市防洪堤116.28千米，其中达标堤防88.18千米，保护农田3713.33公顷，居民13.3万人。

2010年龙泉市防洪堤一览

表7-3-2-1

乡（镇）	村	堤名	长度（米）	保护田（公顷）	兴建年代（年）
兰巨乡	豫章	豫章堤	1470	40.00	1956—1974
安仁镇	刘坊	兰师畈堤	1800	10.00	民国前
安仁镇	项边	项边、刘坊堤	2670	180.00	1998
锦溪镇	岭根	岭根堤	2000	146.67	—
宝溪乡	宝更	宝更堤	1150	33.33	2003
八都镇	溪口	垟圩畈堤	1220	16.67	1975
八都镇	松巨	松巨、溪口堤	2780	10.00	2005
竹垟乡	五一	胡琴坑堤	1000	1.00	1957
竹垟乡	下武	下武堤	1400	140.00	1952—1970
查田镇	黄南	黄南堤	3000	100.00	1975
茶田镇	石隆	石隆堤	2600	239.33	1975
茶田镇	下湾	下湾堤	4010	140.00	1955—1956
小梅镇	小梅	大溪边堤	1200	10.67	—
小梅镇	小黄南	青溪堤	4200	66.67	1999

青田县

1949年10月中华人民共和国成立后，青田县仍在使用的较大防洪工程有7处。分别为北山张口堤，长300米，保护村民900人；高市外村堤，长280米，保护村民1050人；高市底村堤，长790米，保护农田3.67公顷，村民900人；良川堤，长490米，保护农田0.8公顷，村民1200人；大路堤，长950米，保护农田20公顷，村民1500人；大路康畈堤，长795米，保护农田9.33公顷、村民1500人；芝溪门前堤，长1600米，保护农田2.2公顷，村民1258人。

民国27—36年（1938—1947），青田县组织乡村农田水利生产合作社，建防洪堤8条，长5710米，保护农田133.33多公顷，保护村民6000多人。民国27年，北山乡建成八字堤，长1150米。民国32年，大奕村筑堤600米，小奕村筑堤200米。民国33年，良川村前筑堤350米；东山筑堤250米；高湖筑堤640米；仁庄仁湖垟筑堤400米。民国36年3月，祯埠乡李村坞农田水利工程竣工，建防洪堤1000米，水渠2600米，新开田20公顷。

1949—1986年，全县有较大防洪堤402处，总长度162.6千米。保护农田0.18万公顷，保护村民6.35万人。1986年以后新建500米以上的防洪堤23处。

2010年青田县防洪堤一览

表7-3-2-2

乡（镇）	村	河流	堤名	长度（米）	保护田（公顷）	保护人口（人）	兴建年代（年）
东岸	贵岙	贵岙源	横溪滩堤	840.00	14.47	1055	1955
东源	东源	十一都源	东源堤	1910.00	24.67	2960	1958
温溪	温溪	瓯江	温溪堤	325.00	—	2850	1962
东岸	沙埠	瓯江	沙埠堤	854.00	33.33	2193	1963
港头	港头	瓯江	港头堤	80.00	7.33	1050	1965
船寮	赤岩	船寮港	赤岩堤	2660.00	66.67	—	1966
高湖	高湖	十二都源	高湖堤	2786.00	20.00	2570	1966
东源	武池	十二都源	武池堤	1429.00	16.00	1680	1966
油竹	油竹	四都港	油竹堤	1600.00	66.67	2697	1967
山口	山口	四都港	山口堤	200.00	4.00	1030	1967
仁庄	冯垟	四都港	冯垟堤	850.00	10.00	1000	1967
吴岸	吴岸	四都港	驮岩塔堤	90.00	0.11	2097	1967
温溪	高岗	瓯江	高岗堤	105.00	—	1643	1970
芝溪	陈造	瓯江	陈造堤	770.00	50.00	256	1977
东岸	贵岙	贵岙源	横溪滩堤	490.00	3.33	1339	1981
祯埠	王村	祯埠港	小坑砾	2000.00	13.33	300	1986
祯埠	王村	上垟港	下弄砾	500.00	4.67	120	1993
祯埠	祯埠	瓯江	祯埠圩堤	760.00	17.33	500	1996
祯埠	岭下	瓯江	岭下砾	3150.00	53.33	2000	1997

续表 7-3-2-2

乡(镇)	村	河流	堤名	长度(米)	保护田(公顷)	保护人口(人)	兴建年代(年)
祯旺	下河堰	祯旺港	下河堰堤	1700.00	12.00	1450	1998
吴岸	吴岸	四都港	吴岸砾	560.00	10.00	600	1986
山口	大田	四都港	大田头砾	700.00	10.00	250	1986
仁庄	冯垟	四都港	冯垟砾	850.00	10.00	1000	1988
汤垟	汤垟	四都港	汤垟新路砾	800.00	6.67	800	1996
东岸	汛桥	港头源	月洲堤	1300.00	20.00	5500	1997
港头	八源	八源坑	雅垟石	1200.00	13.33	400	1998
港头	港头垟	港头源	港头防洪堤	1300.00	50.00	3500	2002
东源	周庄	十一都源	驮地砾	520.00	4.00	—	1998
东源	上叶	一都源	上叶砾	700.00	7.33	700	1999
东源	驮溜	十一都源	尚口砾	1050.00	13.33	450	1999
东源	周庄	十二都源	周庄砾	910.00	2.00	300	1999
东源	项村	十一都源	项村砾	2130.00	23.33	760	2000
仁庄	仁庄	四都港	坑边砾	1100.00	10.33	2000	2001
东源	武陵	十二都源	武陵砾	1180.00	13.33	450	2001
温溪镇	温州街	瓯江	温溪堤	500.00	—	15000	2001
方山	石前	四都港	扶贫小区砾	510.00	5.33	1000	2002
油竹	彭括	四都港	田布垟堤	2230.00	53.33	300	2002
山口	山口	四都港	山口防洪堤	1900.00	3.33	6000	2003

2010 年，青田县建成防洪堤总长 252 千米，达标堤防长 245.98 千米，保护耕地 20 万公顷，居民 27 万人。

庆元县

庆元县历代均有修筑乡村防洪工程。据 1996 年版《庆元县志》载："明、清代筑的姚村新处路堤，杨楼东、西堤，岭头下洋堤，桐山堤，淤上石东、西堤等 24 处；民国时期筑的有甘东坑左、右堤，竹口田边堤，大岩庙下堤和坝头护村堤等。中华人民共和国成立后新建和改建的防洪堤，长度在 1000 米以上的，有和山东、西堤，五都堤，八都堤，犬头山堤，坑口吾田头堤，隆宫左、右堤，小安东、西堤，黄田西边堤，新窑堤，岭头村前堤，盖竹东、西堤等 24 处。至 1990 年底全县共有长度 150 米以上堤防 105 处，总长 102.99 千米，堤高 3—5 米，大部分布在 7 条溪流沿岸，保护着 1340 公顷农田和 1.08 万户居民，其中中华人民共和国成立后修建的堤防占总长的 67.17%。"

21 世纪初，开展小流域干堤建设。2006 年，县水利局组织加固南阳溪张村堤防 1.5 千米，加固村堤防 1 千米，加固左溪流域左溪村堤防 0.73 千米。

2010 年，庆元全县建成防洪堤总长 107.65 千米，达标堤防总长 24.62 千米，保护耕地 1473.33 公顷，惠及居民 8.59 万人。

2010年庆元县防洪堤一览

表7-3-2-3

乡(镇)	村名	堤名	长度(米)	保护田地(公顷)	保护民居(户)	兴建年代(年)
黄田镇	姚村	新处路堤	1300	9.33	105	明代
松源镇	周墩	桥下堤	1300	30.00	45	清代
屏都镇	五都村	五都北堤	3200	42.00	360	清代
淤上乡	淤上	淤上东西堤	2280	80.67	175	清代
黄田镇	桐山村	桐山堤	1500	10.00	75	清代
荷地镇	石木下	石洋左右堤	1000	4.67	40	清代
荷地镇	大岩	庙下堤	2600	16.67	—	清代
岭头乡	岭头	下洋堤	1000	8.00	—	清代
岭头乡	大池洋	大溪沿堤	1000	10.00	100	清代
江根乡	坝头	坝头堤	1500	—	100	清代
江根乡	江根	江根堤	1400	—	90	清代
江根乡	杉坑	杉坑堤	1000	4.67	20	清代
左溪镇	左溪	方铺堤	1000	5.33	—	清代
五大堡乡	杨楼	杨楼东西堤	2300	6.33	163	清代
贤良镇	贤良	贤良堤	1500	3.33	600	清代
淤上乡	甘东坑	甘东坑左右堤	5000	120.67	200	民国时期
竹口镇	竹口	田边堤	1100	14.00	—	民国时期
屏都镇	八三	后口堤	1800	33.33	38	1950
安南乡	安隆	安北堤	1200	13.33	74	1954
淤上乡	吾田头	吾田头堤	1500	20.93	11	1970
竹口镇	新窑	东堤	1600	5.53	140	1963
安南乡	安溪	安溪东、西砾	3200	37.33	—	1972
松源镇	大毛湾	中央淤堤	1055	16.67	—	1974
屏都镇	余村	余村堤	1700	66.67	1100	1975
屏都镇	犬头山	犬头山堤	1500	13.33		1977
屏都镇	八都	八都堤	3500	20.00	400	1978
黄田镇	上济	村沿堤	2000	20.00	—	1978
松源镇	坑头	和山东、西堤	2000	50.00	55	1979
黄田镇	西边	西边堤	1970	11.33	—	1980
岭头乡	岭头	村前堤	1200	5.00	151	1980
官塘乡	白柘洋	温潭口堤	2600	2.67	—	1985
五大堡乡	盖竹	盖竹西堤	1800	26.67	8	1986
屏都镇	五三	五三堤	1300	28.67	360	1987

续表 7-3-2-3

乡(镇)	村名	堤名	长度(米)	保护田地(公顷)	保护民居(户)	兴建年代(年)
淤上乡	坑口	坑口堤	1500	26.67	40	1989
隆宫乡	隆宫	隆宫左、右堤	4100	50.00	350	1989

云和县

古时，龙泉溪干支流沿岸的赤石、梓坊、小顺、双港、规溪等乡村，建有卵石、块石干砌护岸、防洪堤、水碇(水障)等防洪工程。紧水滩、石塘水库蓄水后，大多被淹。1986—1988 年，紧水滩库区后靠移民新建石浦村护岸，局村、溪口防护堤，长汀、小顺新村防洪堤。

石浦村护岸保村工程 全长 520 米，高 8.5 米，底下部浆砌块石，上部干砌，顶部为机耕路，设水泥砂浆砌块石护拦，沿库边建成生活用水及船只交通码头 6 座，保护全村 162 户，761 人。另在村尾天回地建防洪堤，长 320 米，高 3 米，顶宽 20.8 米。

溪口、局村防洪工程 溪口村沿溪边原建有护岸保坍工程，长 400 米，高 8 米。增建护岸工程，长 280 米，高 7—9 米。局村在馒头山新村与老村之间低地建防洪堤，长 239 米，高 5 米。

小顺村防洪工程 位于小顺大坑出口的小顺堡圩滩上，采取整治河道，筑堤坝束水工程措施，以取得较多的移民新村建设用地。预留河道底宽 20 米，两岸干砌块石大堤，全堤总长 1440 米，高 1.6 米，顶宽 2 米，中段钢筋混凝土桥一座。全村 180 户、居民 800 多人和乡政府、学校、卫生院、供销社等机关单位得到保护。

泉溪河段防洪工程 电站下游的石塘村，正当大坝溢流之冲，建有护岸防坍工程，保护村庄及丽浦公路，为电站枢纽附属设施。

瓯江支流泉溪，在石塘水库以下，从泉溪村至朱村口埠头段，长 5 千米。民国 16—20 年(1927—1931)，建成张村上畈石东、朱村下街处下畈砩、杨梅水砩等 3 处防洪堤，总长 810 米，高 10.8—2.4 米，堤顶宽 2.1—20.8 米，以后多次维修加固。1965—1984 年，建成泉溪村大垟畈、外油车，朱村下街大潭角、埠头畈等防洪堤 4 处，总长 695 米，高 1.6—6 米，堤顶宽 1.2—2.1 米。

浮云溪河段防洪工程 瓯江主要支流浮云溪沿岸的贵溪、古竹、小徐、象山塔下、睦田圩力、大徐畈等处，历代也建有防洪堤。中华人民共和国成立后，多次整修加固。至 1990 年，浮云溪干支流防洪堤全长 24.85 千米，占全县防洪工程总长的 62.1%。据 1996 年版《云和县志》载：“*贵溪河段堤砩毁损严重。*”1960 年建成的防洪工程当年即被冲毁，1961 年修复，并建挑水坝一道。1963 年，新建大堤 300 米，堤高 3.5 米，顶宽 2 米。1970 年，又延长到梅垄口，两岸防洪堤总长 1560 米。1983 年，冬至 1985 年春，又多次进行局部整修加固，此后运行情况良好。

象山、小徐河段 象山塔下砩、和尚涵砩、睦田圩力砩、大徐畈砩等，因年久失修，水毁严重。1961 年，将黄溪乌龟山下段改道，开引河长 150 米，新建小徐段右岸大堤和象山段左岸大堤。1965 年，建成干砌块石大堤总长 1780 米，高 3.5 米，顶宽 1.5 米。堤后新开农田约 4 公顷，堤前植树 300 多株。

梅溪、崇溪河段 建有一批防洪保村工程，全长 500 米，高 4 米，顶宽 2 米。1990 年 8 月 20 日 12 号台风带来暴雨，山洪，大部分工程被毁，1990 年冬至 1991 年春修复。1990—1992 年，浮云溪支流雾溪、安溪、云坛溪结合河道疏浚、截弯取直，沿岸新建多处防洪堤。雾溪下游新建长田至河上段

防洪堤，长2278米，高2.5米，顶宽0.8米，保护农田14公顷，新造农田1.93公顷。安溪下游新建黄水碓、古竹村门前溪段防洪堤，长2019米，高2米，顶宽10.8—2米，保护农田12公顷，新造农田1.33公顷。云坛溪新建霞晓桥河段防洪堤，长400米，高3.1米，顶宽2.2米，保护农田11.33公顷，新造田1.87公顷。期间，还修复小溪支流梧桐坑源黄家畲至大垟村段，被1990年12号台风所毁的防洪堤1100米，垦复农田3.4公顷。1995—1998年，安溪流域综合治理，新建防洪堤11.1千米，修复防洪堤3.2千米。21世纪初，丽水市按标准化堤防要求，加强小流域干堤建设。2006年，云和县防洪工程有限公司在安溪新建堤防2千米，加固堤防4.11千米。

2010年，全县建成防洪堤总长70千米，达标堤防19.5千米，保护耕地2713.33公顷、居民8.95万人。

缙云县

据清光绪《缙云县志》载，缙云县防洪堤9条："保聚堤，兆岸南港，盛夏水涨，势甚险。康熙辛酉，居人陈天元、陈日藻等筑堤捍之。道光丙戌秋，冲塌无存。生员陈鸿、陈绅，偕姪鼎文倡捐重造，越二年告成。计费一千六百缗。高二丈，广一丈二尺，长二百四十丈有奇。凰山堤，自堰头至凰山下，桥长二百五十丈余，道光十四年冲坍。十一年，庠生朱瑞璋、耆民李国金、李唐宝等倡议捐修，计费一千六百缗。仙担堤，盖竹合村捐建。贞溪堤，溪东长六十五丈余，溪西一百二十丈余，道光九年知县续立人谕令庠生丁景兰、耆民丁文芝等募捐修筑，计费一千二百缗上十五都。保障堤，白岩，高二丈，广一丈，长三百丈余。咸丰九年，生员曹廷撑等倡议捐筑，同治十二年，廷寨等翼成之，计费一千四百余缗。双龙磷，在七都凝碧涌屏后，合村捐建，计费钱壹千余缗。万工堤，碧溪，外栽柳万株，内田三顷余，赖为保障。马渡堤，长五里许，上栽松木。马渡、姓邱、姓应，宅基等庄，皆赖以庇。堤外溪为放生潭。河阳碧山傍有溪，上为保居堤，下为开浸堰。"

民国28年(1939)，缙云县碧溪农垦场建防洪堤一条，长1.25千米。抗日战争胜利后，以工代赈和贷款修建壶镇保安堤、麻车大塄、殿下堰塄、同年塄、处上塄、七里坡塄、千保居堤、岩前堤、夏洪堤等防洪堤。

20世纪50年代，组织沿溪民众修复加固保安堤、下小溪堤和岭口至雅宅地段的多处防洪堤。20世纪60年代，新美公社长丰大队于章溪北岸自车坑老塄头至古路坟山之间，建成防洪堤2000米，高5米、宽14米，改溪造田6.61多公顷。20世纪70年代，好溪沿岸新筑沈溪村头堤、东方大堤、靖岳大磷、城东大寨畈堤；贞溪新筑舒洪下隔溪堤。1981年，改建壶镇保安堤。1989—1990年，治理好溪壶镇贤母桥以上河道，加固溪东防洪堤1800米，新筑东西两岸防洪堤2400米，受益农田600公顷，围垦造地20.6公顷。新碧镇山前村在新建溪支流小�坑建成山前防洪堤1000米，保护村民787人，田地若干。1992年，新碧镇姓姚村和山前村在新建溪建成姓姚-山前防洪堤1200米，保护村民441人，田地若干。1992年，全县有防洪堤(塄)120多条，总长120多千米，保护农田1860公顷，保护人口5.83万人。其中保护农田33.33公顷或人口800以上者20条，计长31.1千米。

1993—2010年，开展小流域综合治理和小流域干堤建设，建成达标防洪堤75.81千米，保护耕地4740公顷、居民18.5万人。其中500米以上防洪堤23条，千米以上12条。

2010年缙云县防洪堤一览

表7-3-2-4

乡(镇)	村名	河流	堤名	长度(米)	兴建年代(年)
壶镇镇	镇区	好溪	壶镇南岸防洪堤	2350	1993
新建镇	古溪村	新建溪	古溪防洪堤	1200	1997
壶镇镇	工联村	好溪	洋泽桥防洪堤	1100	1998
壶镇镇	镇区	好溪	壶镇北岸防洪堤	2375	1999
新建镇	洋山村	新建溪小八都坑	横溪防洪堤	1800	2000
新建镇	镇区	新建溪	保安堤	2000	2000
壶镇镇	砩旧村	好溪支流棠溪	小棠溪堤	3500	2001
壶镇镇	金一村	好溪支流棠溪	后坑防洪堤	1115	2002
壶镇镇	大溪滩村	好溪	大溪滩防洪堤	1076	2005
壶镇镇	南顿村	好溪	雁岭至壶镇大堤	5300	2006
壶镇镇	沈宅村	好溪支流浣溪	沈宅防洪堤	1280	2006
三溪乡	井南、东雅宅	灵江支流龙溪	联合防洪堤	5500	2006

遂昌县

清道光年间(1821—1850),兴建下垵防洪堤[①],并造田33.33多公顷。又有航淤堤、方村堤、甲路堤。据清光绪《遂昌县志》载:“航淤堤 在二都全岸,离治十里,本系官道。乾隆初年,冲塌为河,架桥济涉。三十三年,一长官过此桥,木中断,几遭溺毙,里人因各捐资筑成是堤。方村堤 在十九都方村。道光八年。溪水暴涨,一村几遭漂没。柳村朱霖捐资,官学慎、学健同侄联捐米筑建,合村赖为保障。甲路堤 在十八都,卫田千余亩。光绪十八年,官承镇、官育琪倡筑,长百四十余丈。”

民国年间,遂昌县政府主持修建的乡村防洪工程有王村口仙人坝堤、湖岱口堤坝、石练柳村堤;地方自筹经费修建的有云峰寅头堤、古亭堤等。

1949年,中华人民共和国成立初,采取以工代赈办法,修复和兴建防洪工程。

1953年冬至1954年春,三川乡贷款5400元,投工9960个,修复民国元年(1912)水毁的下垵大堤。长393米、高5米,保护农田540.8公顷,房屋227间。1955年6月大水,沿溪堤防、农田多被冲毁。应村、北界、新路湾3个乡民众奋战三冬二春,投工2.3万多个,修建防洪堤70多处,总长3多千米,保护17个村,农田33.33公顷。1981年1月至1987年12月,西畈乡洋溪源改溪造田,建防洪堤7890米,开田28.83公顷。1949—1990年,全县修建和新建防洪堤1333条,总长256.6千米,总投工178.77万工,完成土石方172.7万立方米,总投资360.41万元。保护农田1846.67公顷,民房1.48万间,人口3.09万人。石练镇练溪、大柘镇下连河、柘岱口乡柘岱口、应村乡黄瓜岭、西畈乡洋溪新建护岸,加固堤防。1991—2005年,遂昌县投资1831.83万元,新建乡村防洪堤110处,长34.2千米,保护农田484公顷,居民8738人。修建防洪堤最多的是云峰镇,32处,长11.85千米,投资711万元。其中湖边村防

① 2010年在属妙高镇上江村对面。

洪堤，长1900米，高4.6米，保护农田26.67公顷，人口1300人，投资420万元；祥川村防洪堤500米，造田0.67公顷，保护农田26.67公顷；连头村干砌块石防洪堤1100米，投资30万元。均于2004—2005年建成。

2010年，遂昌县防洪堤308.8千米，达标堤防135.9千米，保护耕地3753.33公顷，居民21.1万人。

松阳县

明嘉靖三年（1524），松阳县令魏良弼请公帑修筑力溪村水毁河堤。明万历二十年（1592）五月，被洪水冲圮300多丈。六月各庄按田公派工本修复。“清乾隆六年（1741），城西叶芝汉募筑拒堤五十余丈，堤成，洪水不复为害。”

清道光元年（1822），十五里村防洪堤筑成。清光绪元年（1875），赤岸沿溪一带捍以长堤，堤外栽树护堤。据1996年版《松阳县志》载，民国3年（1914）、民国8年，先后在古市下街、城头修筑保安堤。民国37年，松阳县县长祝更生亲临水南村发动民众，指挥修筑防洪堤。

20世纪50年代初，松阳县政府拨出专款和大米支持沿溪两岸修建五里亭砩、南门大砩、黄圩砩、五亩砩等防洪工程。1952—1956年，省、地先后6次拨给黄圩村筑堤专款1.66万元，大米1万千克。由于修建工程缺乏总体规划，新修堤防标准低，洪水一至，堤坝塌溃，水患依然。1952年春，省政府拨款200万元，支持松阳重修雅溪乡雅溪口堤。1954年7月，衢州地委、专署发文批准贷款3000元，资助松阳五里亭大堤抢险保堤。1955年10月，省水利厅拨款资助修建新兴乡防洪堤、岗寺乡保安堤、黄公渡堤、项弄村头堤等防洪工程。1977年，中共遂昌县委组织实施松阴溪治理工程，综合治理资口至踏步头34.1千米的河段，河道疏通、截弯取直、沿溪筑堤，全面提高防洪抗灾能力。1982年，松阳、遂昌两县分设后，由松阳县继续组织实施。1984年第一期工程完成，清理河床、疏通河道24.3千米，新建防洪堤48.36千米，配置防洪闸6座。

20世纪70年代末开始，开展小流域综合治理，建成一批规模较大的防洪堤。2010年，松阳县建成防洪堤112.83千米，达标堤防26.11千米，保护耕地0.65万公顷、居民14.58人。

2010年松阳县防洪堤一览

表7-3-2-5

乡（镇）	村	堤名	长度（米）	保护田地（公顷）	保护人口（人）	兴建年代（年）
古市镇	庄门源赖家自然村	庄门源防洪堤	3900	166.67	5000	1978—1993
望松乡	六都村至吴弄村	六都源防洪堤	7200	600.00	1100	1978—1998
竹溪乡	小竹溪卯村	竹溪源防洪堤	1260	233.33	4000	1988—1992
斋坛乡	桐村至斋坛	斋坛湖防洪堤	6000	233.00	—	1990—1992
四都乡	下包	四都源防洪堤	2200	300.00	1400	1992—1993
叶村	河头	东坞源防洪堤	1200	666.67	2200	2001—2003
古市镇	上方	梧桐源防洪堤	3500	1533.33	1700	2001—2004
枫坪乡	山乍口等6个村	枫坪溪防洪堤	2800	—	—	2004—2005
古市镇	镇区	十三都源防洪堤	1000	—	—	2005
古市镇	筏铺移民新村	松阴溪堤	1050	—	—	2006

景宁畲族自治县

明代至民国时期，景宁县各乡村陆续建有若干防洪堤。民国2年(1913)，政府拨工振款，于景宁一区、三区筑防洪堤7条。据民国《景宁县续志》载："一区：大均堤，大均村头；新亭堤，新亭屋外；金钟堤，金钟屋外上。三区：沙湾堤，沙湾村头；仙姑堤，仙姑村头；七里堤，七里村头；豫章堤，豫章处后；北岸堤，北岸坑左，三年复湮于水；半坑堤半坑屋外，三年被水半冲。"

1949年10月，中华人民共和国成立初，景宁县尚存民国以前建造的防洪堤有高丰洋、金钟、坦背、殿下、北栏、马安石、王处洋潭、上源洋、张前坑、隔溪洋、水碓澳、中前、门前田、石砻、竹园下、竹鸡坪、洋坑头、黄村屋外、夫堂岭脚，接底仑角、王湾屋下、后斜屋底、王湾上步、高岩下、西峰坑岭脚、毛山坑潭、山降龙、斜坑口、高沈屋下、箬廖坑、木耳口、黄谢圩、黄村村边、坑下、黄洋口、鸬鹚下村、路后殿、渡船头、碓头、沙湾街头、天雷拍、七里上洋、七里下洋、七里汇、道化村外、莲埠头、黄水坑、底洋、上沙湾、库头，下圩、伏岩口、秋炉、水溪新处、黄坑、予章坑、窍岩、枫林口、庙圩、车前、梧桐村外、金竹口、半坑、大均街头、水碓洋、洋外洋、新亭村头、杨柳岸、岭北、油田源、桥头洋、上张村、下张村、塔坎、金山岸、东岸、永平、跨龙、栋底、际头、大赤洋、滩前头、下圩栋梁头、柘湾、高宅、驮丘田、东坑上村、东坑村外、北溪、西岸底、白鹤、桃源等92处。

1949年10月中华人民共和国成立后，景宁县修复和新建防洪堤百多处。20世纪50年代，景宁县维修民国及以前遗留防洪堤92处；新建七里、库头两处防洪堤，长335米。20世纪60年代，结合改溪造田，修建较大防洪堤48处，长13600米。20世纪70年代，全县筑防洪堤28处，长8121米。20世纪80年代，筑防洪堤23处，长9583米。至1992年，全县各乡村防洪堤184处，长35.35千米，保护村庄人口1.15万人，保护耕地430公顷。在修建防洪堤同时，新垦与复垦田地1333.33多公顷。

21世纪初，景宁畲族自治县按标准化堤防要求，加强小流域干堤建设。2006年，景宁畲族自治县水利局主持加固梅歧坑堤防930米。2010年，全县防洪堤77.99千米，达标堤防28.59千米，保护耕地0.45万公顷，居民8.6万人。

2010年景宁畲族自治县防洪堤一览

表7-3-2-6

乡(镇)	村	堤名	长度(米)	保护田地(公顷)	保护人口(人)	兴建年代(年)
梧桐乡	梧桐杭村	岗头洋、处基圩、榜崖圩堤	860	4.60	—	1963—1965
鸬鹚乡	鸬鹚村	—	450	2.67	—	1966
毛垟乡	毛垟村	—	600	7.87	—	1967
沙湾镇	沙湾等4个村	仙姑洋圩堤	270	4.67	—	1968
外舍乡	外舍等3个村	油田源堤	2996	6.53	—	1969—1971
毛洋乡	沙湾村	上湖堤	190	—	—	1976
外舍乡	—	北岸圩堤	820	18.00	—	1977—1979
大顺乡	岭里村	岭里堤	1500	13.33	9070	1982—1983
外舍乡	坑下村	坑下堤	1451	1.57	—	1989
北溪乡	北溪村	—	1100	3.33	150	1990

续表 7-3-2-6

乡(镇)	村	堤名	长度(米)	保护田地(公顷)	保护人口(人)	兴建年代(年)
沙湾镇	七里	沙湾堤	1400	—	—	2004—2005

第四章 防汛防旱

传统农业社会，丽水防汛防旱主要依靠集体力量，工作在当地乡绅的主导下开展。1950 年，丽水各县相继成立防汛防旱指挥机构。初为临时机构，后来逐步演变为常设机构。

2000 年，丽水撤地设市，健全市、县两级防汛组织。指挥部下设办公室，有专门的编制和人员。汛期实行 24 小时值班制度，并做系列的预案工作。运用现代水利技术和信息技术，及时掌握台风、雨季等汛情，掌握各个季节发生旱情的信息，做好灾情前后的救灾救济等工作。2010 年，丽水市建立雨水情遥测站点 331 个，平均每 54 平方千米设自动测报站点 1 个；市气象台设立 186 个中尺度站，平均 34 平方千米设站 1 个。

第一节 组织管理

组 织

1949 年中华人民共和国成立后，丽水建成的水库，每年都由工程管理单位编制年度预算计划，在建的工程编制汛期度汛计划，根据分级管理的原则，报经上级主管部门审批后实施。

1950 年，丽水各县相继成立防汛防旱指挥机构。初为临时机构，每年汛期来临之前宣布成立指挥部及成员名单。此后逐步演变为常设机构，有专门的人员编制和财政预算。1967 年 4 月，浙江省丽水军分区生产办公室建立丽水地区防汛防旱指挥部。1969 年 4 月，丽水地区革委会生产指挥组发文成立地区防汛防旱指挥部。

1978 年 9 月，丽水地区撤销地区革委会，建立行政公署。1979 年，丽水地区行署重新成立丽水地区防汛防旱指挥部。

2000 年，丽水市健全市、县两级防汛组织。指挥部下设办公室，设在同级水利局，有专门的编制和人员。汛期实行 24 小时值班制度。2003 年，印发《丽水市水利工程运行管理办法》，规定总库容 100 万立方米以上水库以及关系到城镇、铁路、公路和工矿安全的小型病险水库，每年应编制年度控制运用计划，由工程管理单位于每年 3 月底前，报具有管辖权的水利工程主管部门核准后执行。当发生超标洪水或意外事故，危及工程安全，且与上级失去联系时，工程管理单位应按批准的超标洪水预案和方案，采取非常措施，并通过一切途径向下游紧急报警。

2005年，丽水市政府编制《丽水市防汛抗洪预案》，2006年，编制《丽水市防汛防旱应急预案》《丽水市突发地质灾害应急预案》《丽水市自然灾害救助应急预案》《丽水市气象局重大及突发性气象灾害气象服务应急预案》《丽水市气象灾害应急预案》。2010年，全市基层防汛预案实现全覆盖，所有乡镇及街道都制定《防汛防台总体预案》《洪涝台灾害人员避险转移预案》《小流域山洪灾害防御预案》《水库防汛抢险应急预案》《沿重要江河乡镇(街道)防洪应急预案》等专项预案。

网 络

汛情情报系统　1950年5月，浙江省水利局设立水情站网，明确青田等全省16个站为汛期报汛站。1955年起，瓯江干流的丽水、碧湖、均溪、圩仁等站开展水文预报工作。1963年7月22日，省水利电力厅成立丽水专区水文站，管理辖区内水文站14个、水位站3个、雨量站70个。有正式水文职工57人。

1964年12月，水电部颁发《水文情报预报拍报办法》和《降水量水位拍报办法》，规定从1965年汛期开始执行。1966年4月，浙江省水文总站在丽水地区整顿水文测站，进行基本设施样板建设，包括断面布置、测洪设备、自记水位台、缆道房、站屋的规划、设计等。至9月底，基本完成均溪、道太、沙湾、靖居口、上包、五里亭、圩仁、丽水等站的整顿建设任务，后因"文化大革命"开始而中断。

1990年，丽水地区有水文站12个、小河水文站4个、水位站2个，雨量站115个①，包括蒸发站13个。专用水文站1个。1996年起，丽水地区开始建立遥测水情站。1998年，浙江省水文勘测局研制成功HIRT系列水情报汛机，利用公共电话网(PSTN)由报汛站按水情电报码方式，通过电话线直接发送到收报单位，省略邮电部门的转接，减少中间环节，提高工作效率。

2001年起，丽水全市的省、市级报汛站安装水文遥测系统，对紧水滩、石塘、成屏、上标等水电厂安装的遥测系统终端进行连接。此后，小(一)型以上水库安装遥测系统，各县(市、区)也陆续在站点安装遥测系统。2005年年初，市水文站建立遥测信息接收系统。2007年，设有省、市报汛站51处。至2008年，全市安装遥测站298个。市、县(市、区)防汛部门都安装中心站。2009年，市防汛办建成webgis水雨情预警发布平台，县防指办也基本建成短信预警发布平台，乡镇(街道)、村防汛责任人可以通过短信查看本地的雨水情预警信息，并及时向应转移人员发出预警。

2010年，丽水市建立雨情水情遥测站点331个，平均每54平方千米设1个自动测报站点；市气象台设立中尺度站186个，平均34平方千米有1个站。

指挥技术系统　20世纪80年代初，丽水地区防汛防旱指挥部通信仅靠固定电话。1989年，有车载电话，但分析测算靠计算器，台风路径、降雨量分布等基本资料靠手工绘制。1996年起，建立遥测水情站。2000年，采用水情报汛机自动报汛，初步实现计算机图表化。2002年，投资300万元，完成丽水市防汛指挥系统一期工程建设，全市建成河道27处、水库15座的水情雨情遥测站点，实现省、市之间防汛指挥远程会商。

2004—2005年，丽水市完成市级"三防"会商指挥系统和防汛信息网建设。各县、区设立水情自动测报站86个，开通"2350000"水利工程险情报警电话。2006年，全市建成"三防"会商指挥系统，实现

---

① 另有小河配套雨量站10个。

省、市、县三级防汛会商指挥系统联网。

群防组织系统　1949 年 5 月丽水解放后，各县在防汛防旱指挥部统一领导下，各人民公社和生产大队组成以民兵为主体的群防队伍，在防汛抗旱中发挥重大作用。1955 年 6 月 20 日，松阳县遭受特大水灾，西屏干部镇 540 人、工人 308 人、学校师生 900 多人及当地居民上南门大堤抢险，堵住决口 3 个，保住大堤。1990 年，丽水地区投入抗旱防洪民兵 10 多万人次。

2000 年起，丽水市加快抢险队伍专业化建设。2006 年，全市有专业抢险队伍和其他各级各类抢险队伍 185 支、约 6000 人。全市水利部门储备防洪编织袋 8 万只、救生衣 583 件、水泵 80 台和发电设备、橡皮艇、冲锋舟、挖掘机、铁铲、土工布、应急灯等防汛物资。各重要水库、防洪工程、在建工程的管理单位和有关部门也储备必要的抢险物资。2009 年 2 月，市防指下达《关于做好基层防汛体系建设的通知》，要求洪涝灾害较严重的县（市、区）和其他洪涝灾害较严重的乡镇在 2009 年年底率先完成基层防汛体系建设。2010 年 4 月，市防指在遂昌召开全市基层防汛防台体系建设现场会，现场参观遂昌县三仁乡基层防汛防台体系的建设。2010 年梅汛期间，全市巡查、预警员上岗到位 5 万多人次，发布预警信息 100 万多条，投入抢险人员（抢险队员）8500 人次，运输设备 358 班次，机械设备 253 台班，转移人员约 2.4 万人，解救人员 258 多人，避免人员伤亡 16 起 335 人。

至 2010 年，丽水市建有村级抢险队伍 2669 支、19657 人，乡镇级抢险队伍 184 支、3396 人，县级抢险队伍 131 支 3080 人。建立各及防汛责任人数据库，入库人数 27293 人，职责分明、责任到人。

第二节　灾害防御

古代灾害救赈

古代，处州每遇大旱，除人力提水抗旱外，还常常祈天求雨。唐乾元二年（759）秋，缙云大旱，45 日无雨，缙云县令李阳冰祷雨城隍庙，并作碑记。后晋天福四年（939），松阳县干旱，松阳县令陈时祈雨于百仞山，并上报吴越王说有白龙出现，雨随告足，吴越王敕改县名为白龙县。该习俗一直延续到中华人民共和国成立初。1953 年 7—8 月，丽水各县大旱，部分地区连续 50 多天不雨，有的农村出现接龙求雨等活动。

据丽水南明山有水灾记事于摩崖云：“*大宋绍兴甲子、丙寅岁，洪水自溪暴涨，约高八丈，人多避于楼屋，恹死者不可胜计。因纪于石，以告后来。*”宋宝祐元年（1253）秋七月庚寅，温、台、处三郡大水，诏发丰储仓米并各州义廪赈之。

据清光绪《青田县志》载：“*康熙二十五年闰四月二十六日，大水高故岸二十八丈，凡学宫、县治、祠庙、民舍悉漂入海。上流男女楼居者连屋浮下，尚攀屋号呼，灯荧荧未灭，随奔涛逝没。*”清康熙五十三年（1714）大水，秋旱，十一月，户部豁免丽水、缙云、松阳等县被灾田亩例银，赈济灾民。

清道光元年（1821），夏至后龙泉大旱，饿殍甚众，县城蔡云轩施粥以济饥民。清道光十四年十一月，赈浙江丽水县水灾。清道光十五年，青田大旱 3 个月，奉命开仓赈济。清道光二十六年十二月，给浙江缙云、宣平二县水灾口粮。

清咸丰三年（1853）六月，景宁发生暴雨、泥石流等灾害，清光绪二十四年(1898),处州旱灾,处州知府赵亮熙开仓平粜,但仍不敷灾民之需,于是亲赴松阳动员士绅出粮,时署严州府学训导的松阳上院庄人黄绍桂,自愿出谷1600石赈济。赵亮熙书赠“泽周仁粟”匾额一方,褒奖其义举。这方匾额仍挂在黄家大院的厅堂上。清光绪二十六年七月二十日、八月十日,丽水县两次山水暴涨,城厢内外水高数丈,府仓积谷售罄,饥民捣毁府署。碧湖饥民将不肯平粜稻谷的财主戴高帽游街。清光绪二十六年夏,郡城大水,哀鸿遍野,处州知府赵亮熙乃急发仓廪,并请款按户赈济,灾民赖以存活。复捐廉倡筑厦河堤障,以防水患。堤成,费款三千余缗。灾害过后,民不聊生,常触发大量社会矛盾。

民国灾害救赈

民国元年(1912),青田遭遇两次大水灾,全县豁免田赋2年。青田县知事叶正度派专人到缙云拍电报向省求赈,浙江省都督朱瑞电告中央求赈。8月29日,大水灾后第三日,青田县知事叶正度与乡绅杜左园等人在温州设立“住温灾赈事务所”筹款赈灾。原处州军政府督军吕逢樵到青田县,“提议清道卫生,先由陆路,后及水道,并多修厕屋便桶,以消疫疠”。11月,中国红十字会救疫掩埋三队到青田集中掩埋尸棺数百具。同年,温处两属遭台风暴雨袭击,山洪暴发,瓯江漂流死者逾万,飞云江浮尸蔽江。两属受灾59万多人,淹田2.73万公顷。民国2年7月,遂昌县久旱不雨,东乡六都农民聚众进城祈雨,欲进县署,引起冲突,遂昌县知事章瑞衡竟下令卫兵开枪,打死6人。同年,松阳汤公堤水毁过半,包芝洲等筹组水灾善后事务所劝捐修复。民国9年,松阳旱灾、风灾迭至,秋歉,县政府先后从温州购买价值约13万元的大米,以济灾荒。民国11年5月、6月,浙江53个县水灾严重,境内遂昌、丽水、缙云等县山洪暴发,溪水泛滥,田庐漂没,中外人士组成的社会救济团体华洋义赈会拨巨款赈济。浙籍旅京同乡会组织“壬戌赈济会”,公推会员赵舒至境内各县勘灾赈济。民国23年夏秋,松阳大旱,数月不雨,大竹溪等地农民为抢水发生械斗。民国27年,云和县云坛、丰源、笃礼等乡久旱无雨,村民断炊,财主屯粮不售,导致农民暴动。

共和国灾害救赈

1949年10月中华人民共和国成立后,直至2010年,在抗击水旱灾害中,充分显示人民政权的优势。20世纪50年代起,境内各县普遍建立防汛防旱指挥部,统一调用全社会的人力物力,有组织有计划地防御、抗击水旱灾害。

指挥部调度 灾害发生后,丽水市委市政府都要召开紧急会议,部署应对之策,主要领导率队奔赴第一线,组织、指导抗灾救灾。1998年6月12—24日,丽水地区频发暴雨洪灾,乡镇161个、行政村2308个、158.31万人受灾。22日,地委召开紧急会议,部署抗灾救灾,地委、行署领导赶赴灾区指导抗灾救灾。2000年8月26日,10号台风“碧利斯”过境,龙泉等地暴雨洪灾,山体滑坡。市政府、市公安局主要负责人到灾区指导抗洪救灾。2003年4月12日,龙泉遭风、雹、暴雨袭击,山洪暴发、山体滑坡。市委主要领导赶到灾区指导抗灾救灾。2004年8月12—13日,14号台风过境,全市暴雨洪灾,市委书记楼阳生主持召开防台抗台紧急会议。2006年8月,强台风“桑美”之灾,市委书记楼阳生,市委副书记、市长刘希平等领导到庆元、景宁畲族自治县、龙泉市抗台救灾。

1990年6月旱灾,省委书记李泽民到龙泉、庆元、遂昌、松阳视灾。1994年6月洪灾,浙江省委副书记、省长万学远率队到丽水视灾慰问。12月,省委书记李泽民到丽水考察,指示要挨村挨户检查,安排好灾民生活。1996年7月31日至8月1日夜，第8号强台风袭击丽水，造成暴雨、特大暴雨，多处山体滑坡、泥石流，造成死亡72人，丽水地区失踪8人，以及巨大的经济损失。副省长柴松岳、民政部救灾司副司长周中华前往青田慰问。1998年6月，暴雨洪灾泥石流，浙江省委副书记、省长柴松岳率队到丽水视灾，到景宁新建垟慰问灾民。2006年8月9日傍晚，超强台风“桑美”正面袭击温州苍南，同时严重影响丽水等市。省领导习近平、吕祖善、周国富坐镇省防指，发出总动员令：“要切实把确保人民群众生命安全放在首位，全力抗台。次日上午10时前，把该撤离的群众全部转移到安全地带。对于强风暴雨遵循‘宁可信其来、不可信其无，宁可十防九空、不可万一失防’。”命令通过远程会商系统和电话，层层传到各级防指办和一线干部群众。所属各县（市、区）迅速对所有水利工程展开拉网式安全大检查，所有能造成安全事故的隐患点逐一排除；所有作业船只停业回岸、在建工程停工；电力、交通、通讯、医疗应急抢险救助队伍，全面进入待命状态；迅速转移居住在地质灾害隐患点、危旧房屋、工棚、低洼地带的群众36158人。当左溪镇口坑自然村最后撤离村民1人后，全村庄即被洪水冲毁，不留一砖一瓦。由于转移及时，庆元县成功避险13起。8月10日，强台风“桑美”过境，全市暴雨洪灾。正在温州考察的国务院副总理回良玉，代表党中央和国务院深切慰问丽水灾民。浙江省委副书记、省长吕祖善，省委副书记周国富，副省长陈加元先后到庆元县、景宁畲族自治县灾区慰问。

预算拨款　丽水市（地）、各县（市、区）财政预算中，专设自然灾害救济事业费一项，1953—1990年，全地区该项支出24900.9万元。如不敷支出，则调用其他经费，首先保证灾民生活。1988年，龙泉县水旱灾害严重，县委县政府遂决定暂停科技大楼等项目建设，拿出70万元首先解决灾民吃饭问题，拿出30万元修复水毁工程。中央和浙江省都拨款救灾。2006年“桑美”之灾，省财政下拨救灾款1530万元。救灾款项及时用于灾民抢救、转移、安置、治病，及临时吃、穿、住等救灾事务。

募捐赈灾　政府财政支出之外，社会各界也组织募捐善款赈灾。1988年6月29日至7月18日，持续高温干旱，农田受旱46666.67公顷，损失粮食0.34亿千克。遂昌连旱50多天，直至8月中旬，灾及乡镇31个、村304个。8月16日，地委、行署召开地直机关救灾动员大会，向灾区人民捐款24000元，粮食8000千克。2006年，台风“桑美”之灾，兄弟地市政府及丽水市社会各界捐赠赈灾善款1542万元。

灾后自救　人民政府沿袭前代勘灾、报灾、赈灾等常规做法的同时，加强防灾、抗灾和灾后生产自救等环节。1955年6月20日，松阳县遭受特大水灾，西屏镇干部540人、工人308人、学校师生900多人及当地居民上南门大堤抢险，堵住决口3个，保住大堤。1970年6月26日，龙泉县兰巨公社山洪暴发，大巨大队革命领导小组副组长王品荣，为抢运堆放在溪滩的集体木头500多根，和另外社员4人一起被洪水卷走，不幸牺牲。1971年9月22日，受23号台风影响，青田、缙云、云和等县暴发洪灾。地、县革委会发动群众抗灾救灾。9月23日，23号台风和特大暴雨袭击缙云大洋山区，在建的大洋水库大坝决口。洪水冲走大坝土石方4万多立方米，冲垮物资仓库700平方米。民工上千人奋力抢救物资。25日，丽水地区投入抗灾劳动力50.8万人，洗苗扶苗1300公顷。

1988年6月18日夜，松阳东坞源山洪暴发，麻寮村村民被洪水围困，防汛指挥部指挥移驻现场，组织群众转移避灾。

2006年8月“桑美”之灾过后，丽水民政部门迅速到灾区勘灾，及时发放救灾款物，卫生防疫小分队也在第一时间到达灾区开展卫生防疫工作，农技人员深入灾区第一线指导农户开展灾后自救，交通、电力、通信等部门的抢修人员全力抢修灾区损毁设施。在一个星期之中，全市抢通塌方受阻的公路90多条，电信、移动、联通通信全部恢复正常，遭破坏的水电站10座恢复正常运行，清理农田10333.33公顷，并开展病虫害防治，处理香菇菌棒80多万段，开始修建受损学校40多所，确保学生在9月1日如期开学。

科学救灾　20世纪50年代，丽水地区大力推广龙骨水车，当时全区有龙骨水车6600多部。大旱之年，地处丘陵地带的农村合作社，可以组织十几部龙骨水车“翻车”，在田间由低到高依次排列，将溪水一级一级提到高处灌溉农田，组织社员轮番上阵，昼夜不停车水，不使田苗因旱受损。1953年以后，丽水境内各县陆续建立气象站，进行天气观测和预报，特别是灾害性天气的预警预报，指导防灾救灾。人们可以提前做好防御水旱灾害的准备工作。20世纪60年代，机电排灌兴起。全区各县建成若干固定抽水机站外，还有不少机动抽水机站，临时到旱灾严重的社队，支援抗旱。20世纪70年代以后，多次使用人工降雨技术，使旱情及时得到大面积缓解。1971年夏秋，丽水、遂昌、缙云、龙泉等县持续干旱，全区33333.33余公顷农田受旱。8月18日，国务院派3架飞机抵丽水、龙泉、遂昌等县人工催雨。1979年8—9月，青田、遂昌、龙泉、丽水等县大旱，受旱农田12860公顷。丽水县用高炮发射碘化银炮弹1000多发，实施人工催雨缓解旱情。1986年7月上旬至9月中旬，全区大旱，插晚稻的稻田断水、晒白、开裂、苗枯35333.33公顷，旱地杂粮受旱0.8万公顷，粮食减产0.45亿千克。青田县最为严重，旱情自5月19日一直延续到9月19日，城镇居民饮水也发生困难，8月20日起，设人工降雨点8个，发射催雨弹1000枚催雨，至9月20日，旱情稍解。1988年6—8月，全区持续高温干旱，农田受旱666666.67多公顷，全区有2000多台(套)抽水设备投入抗旱。1991年7月，庆元旱情严重，21—22日，福建省松溪县人民政府派民兵分队实施人工催雨。

防灾设施　新建紧水滩、石塘、玉溪、开潭等大中型水库以及数以千计的山塘水库，在防御水旱灾害中发挥巨大作用。2006年，丽水市大中小型水库313座，总蓄水能力22.7亿立方米。这些水库除发电灌溉以外，还具有防洪调度、防枯调水的综合功能。每年的蓄水运用都由防汛防旱指挥部统一进行计划管理，汛期进行统一指挥调度。在每次台风暴雨来临之前，提前泄水减库，预留库容，洪水来临之时则拦洪蓄水，消减下游洪水流量和抗洪压力。旱季则增加发电，放水增加下游河流流量，确保枯水季节不断流。

第五章　水土保持

丽水山高坡陡，降雨充沛且集中，地质灾害多，容易造成水土流失。古时人口较少、山地植被完整，水土保持较好。自清代康熙、乾隆年间，大量人口迁入丽水，开垦林地，引种玉米、番薯等山地作物，水土流失逐渐加重。

1958年，丽水各县砍树烧炭炼铁，毁林种粮，境内原生森林损失殆尽。1985年1月，丽水地区取消木材统购，开放木材市场，管理松弛，导致过量采伐外运，全年运出木材95.4万立方米，比常年增加40%。1957—1986年，林业用地减少62466.67公顷，年均减少2133.33公顷。20世纪90年代开始，开矿、筑路等造成的水土流失问题日益突出。

20 世纪 70 年代起，丽水地区开展绿化活动，封山育林，植树造林，在水土流失比较严重的地区，进行综合治理。20 世纪 90 年代，颁布《中华人民共和国水土保持法》。21 世纪以来，丽水市重点建设“瓯江中上游千万亩水土保持示范区”。2003 年，丽水市水利局完成编制《丽水市水土保持规划》。根据自然条件、自然资源、社会经济状况、水土流失特点等的差异，将全市划分为类型区 4 个。加强水土流失监测点，建设水土保持示范工程 4 个，治理水土流失和实施退耕还林。

第一节 监 测

民国 26—34 年（1937—1945）抗日战争时期，浙江省政府南迁丽水，境内人口骤增，“民生艰苦，烧垦之风弥炽，原有野生稚树，多付劫灰，无复成林之机会”“处属一带，森林蓄积，素称丰厚……则已童山濯濯，不复当年盛况”。

1949 年 10 月中华人民共和国成立后，丽水各县生产关系多次变动，林权归属不定，山林因此屡遭破坏。1958 年以后，砍树烧炭炼铁，毁林种粮，境内原生森林损失殆尽。1985 年 1 月，丽水地区取消木材统购，开放木材市场，管理松弛，导致过量采伐外运，全年运出木材 95.4 万立方米，比常年增加 40%。1957—1986 年，丽水各县林业用地减少 62466.67 公顷，年均减少 2133.33 公顷。20 世纪 50 年代，全区水土流失面积仅 300 多平方千米，占总面积 2%以下，到 1987 年扩大到 2213 平方千米，占总面积 12.79%。

20 世纪 90 年代，丽水地区开矿、筑路及其他开发建设项目增多，植被损坏、工程弃碴等造成的水土流失问题日益突出。2000 年，全市水土流失面积 3004.51 平方千米，占总面积的 17.37%。水土流失导致河床提高，航程缩短，行洪不畅；水库淤积，库容缩小，兴利困难；山洪、泥石流灾害频发，威胁群众的生命财产安全；给全市生态环境造成多方面危害。2004 年，丽水市的水土流失面积 2242.51 平方千米，占面积的 13%，位列全省第二。经过多年治理，水土流失得到一定抑制，2010 年，全市水土流失面积 1039.1 平方千米，占面积的 6.02%。

水文站点泥沙监测 1949 年 10 月中华人民共和国成立以后，省水利部门在丽水专区境内设置水文站，长期观测河流的泥沙作为主要水文特征指标，全面、准确积累水土流失基础数据。

根据各水文站 1981—1996 年的输沙量资料分析，1981—1996 年，境内瓯江流域多年平均土壤侵蚀模数均大于 9 万千克每平方千米每年，属于微度侵蚀区和轻度侵蚀区。其中瓯江上游所在的庆元、龙泉、景宁等县市大部分区域属浙江省水土流失重点预防保护区，其他县市属浙江省水土流失一般防治区。

1956—2002 年瓯江流域中上游主要水文站点泥沙数据一览

表 7-5-1-1

水系	站点	集水面积（平方千米）	系列长度（年）	年平均流量（立方米/秒）	多年平均含沙（千克/秒）	多年平均运输率（千克/秒）	输沙模数（平方千米）
龙泉溪	均溪	3047	1957—1984	107.00	0.14	15.56	144.07
宣平溪	上显溪	806	1958—1993	22.90	0.21	5.30	207.19
好溪	黄渡	1270	1957—2002	35.20	0.20	7.21	179.15

续表 7-5-1-1

水系	站点	集水面积（平方千米）	系列长度（年）	年平均流量（立方米/秒）	多年平均含沙（千克/秒）	多年平均运输率（千克/秒）	输沙模数（平方千米）
大溪	五里亭	8870	1956—1960	—	—	—	—
瓯江	圩仁	13500	1956—1998	426.00	0.14	59.36	138.66
小溪	白岩	3255	1957—2002	114.00	0.12	15.49	150.03
龙泉溪	龙泉	1440	1987—2002	56.10	0.17	10.28	225.08
龙泉溪	道太	2004	1957—1985	66.10	0.14	10.51	165.35
松阴溪	靖居口	1857	1956—2002	55.80	0.11	6.88	116.90
小溪	沙湾	1156	1957—1993	44.10	0.13	6.05	164.91
小溪	大赤	1983	1975—1980	—	—	—	—

卫星遥感监测　20 世纪 90 年代开始，浙江省水土保持委员会应用陆地卫星数据，普查和监测全省范围内的水土流失状况。根据 1996—1997 年遥测资料分析，丽水地区水土流失面积约 3727 平方千米。

2000 年，根据卫星遥测资料分析，丽水市水土流失面积 3004.51 平方千米，占总面积的 17.37%。水土流失面积比例最高的是缙云县，占该县总面积的 30.82%，青田、莲都区的水土流失面积分别占其总面积的 27.96%、23.81%。庆元县水土流失面积比例最低，占该县总面积的 9.61%。青田县水土流失面积最多，为 694.41 平方千米，其次为缙云县，为 456.68 平方千米。2004 年，应用卫星遥感技术进行第四次水土流失普查，丽水市水土流失面积 2242.51 平方千米，占总面积的 12.96%。丽水市水土流失程度较高区域集中在青田、缙云和遂昌 3 个县。其中青田县水土流失程度最高，水土流失面积 524.37 平方千米，占该县土地总面积的 27%；缙云县水土流失面积 347.38 平方千米，占该县土地总面积的 30%；遂昌县水土流失面积331.78 平方千米，占该县土地总面积的 13%。

2004 年丽水市水土流失情况一览

表 7-5-1-2

区域	无明显（平方千米）	水土流失面积（平方千米）							总面积（平方千米）
		轻度	中度	强度	极强度	剧烈	小计	比例（%）	
全　市	15056.00	1240.12	749.86	159.95	65.91	26.67	2242.51	100.00	17298.50
莲都区	1223.85	190.23	67.99	9.69	2.93	1.01	271.85	12.10	1495.70
龙泉市	2826.21	103.93	76.31	20.40	9.10	3.95	213.69	9.50	3039.90
青田县	1956.63	249.56	206.15	43.02	17.92	7.72	524.37	23.40	2481.00
云和县	898.79	53.11	27.46	6.23	2.51	1.30	90.61	4.00	989.40
庆元县	1805.58	53.72	30.18	15.03	6.13	1.86	106.92	4.80	1912.50
缙云县	1147.12	225.34	97.16	16.52	6.62	1.74	347.38	15.50	1494.50
遂昌县	2217.92	185.08	118.42	16.92	6.72	4.64	331.78	14.80	2549.70
松阳县	1236.60	91.08	49.57	13.16	5.17	1.62	160.60	7.20	1397.20
景宁畲族自治县	1743.29	88.07	76.62	18.98	8.81	2.83	195.31	8.70	1938.60

丽水市水土流失主要集中在人为活动较强烈的林地、坡耕地和园地三种土地利用类型中，其中林地水土流失面积占全市水土流失总面积的81%，坡耕地水土流失占全市水土流失面积的11%，园地水土流失面积占全市水土流失面积的4%。

2004年丽水市不同土地利用类型水土流失统计一览

表7-5-1-3

土地利用	水土流失面积(平方千米)						比例(%)
	轻度	中度	强度	极强度	剧烈	小计	
坡耕地	30.53	59.67	103.80	39.59	12.99	246.58	11.00
园地	68.59	23.99	2.14	0.89	0.18	95.79	4.27
林地	1084.32	641.75	50.72	23.52	12.23	1812.54	80.83
草地	20.78	8.25	0.76	0.38	0.18	30.35	1.35
工矿地	1.01	0.70	0	0	0	1.71	0.08
荒草地	16.32	5.03	0.39	0.14	0.08	21.96	0.98
裸土地	0.49	0.16	0.01	0.01	0.01	0.68	0.03
裸岩	4.53	2.54	0.12	0.05	0	7.24	0.32
其它	13.55	7.77	2.01	1.33	1.00	25.66	1.14
合计	1240.12	749.86	159.95	65.91	26.67	2242.51	100.00

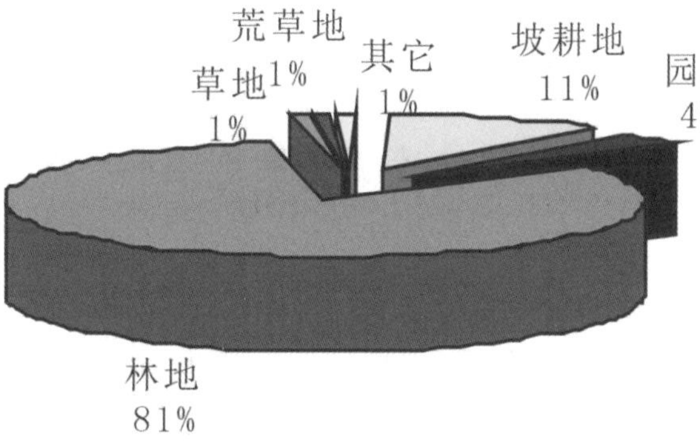

图7-5-1-4　2004年丽水市不同土地利用类型水土流失面积比例图

第二节　治　理

20世纪50年代起，丽水各县开展绿化活动，封山育林，植树造林，在水土流失比较严重的地区，进行综合治理。1957年，丽水部分地、县学习河南蟒河治理的经验后，开展小流域治理试点工作，但大多未能贯彻始终。20世纪60—80年代，丽水多层次开发小流域多种资源，森林覆盖率增加，水土流失率下降，建立“水土保持型”生态农业示范区，比较成功的是浑泥岗、文山、中堡溪、风车口的综合治理。1962 年 12 月，省、市、县三级分别成立治山治水委员会。1964 年，撤销治山治水委员会，水土保持工作划规农业部门管理。1965 年 6 月，水土保持工作划归水利部门管理。之后水土保持委员会屡撤屡建，但具体工作一直由水利部门管理。1982 年 6 月，国务院颁布《水土保持工作条例》，丽水地区以小流域为重点，分期分批进行水土治理。

20 世纪 90 年代，国家颁布《中华人民共和国水土保持法》后，丽水全区实现农村初级电气化，以电代木、以气代柴，封山育林，森林覆盖率从 1989 年的 68.9%提高到 1999 年的 79.1%。

1999 年，国家环保局批准丽水地区为全国生态建设示范区。2000 年，丽水市提出“生态立市、工业强市、绿色兴市”的发展战略。市本级及所属各县相继成立水土保持机构，形成水土保持监督执法体系，审批开发建设项目进行的水土保持。

21 世纪，丽水市重点建设“瓯江中上游千万亩水土保持示范区”。2003 年，丽水市水利局完成编制《丽水市水土保持规划》。根据自然条件、自然资源、社会经济状况、水土流失特点等的差异，将全市划分为四个类型区，Ⅰ区—东北部中低山区；Ⅱ区—北部低山丘陵区；Ⅲ区—中部中山区；Ⅳ—区西部中低山丘陵区。不同的地区采取不同的治理策略和措施，做到因地制宜，科学有效。要求至 2005 年，建立龙泉市、云和县、遂昌县、莲都区、青田县 5 个固定的水土流失监测点，建设水土保持示范工程 4 个，治理水土流失 1252.75 平方千米，25°以上和面向水库 20°以上坡耕地全部退耕还林。2010 年，25°以上的坡耕地全部退耕还林，治理水土流失面积 1796.58 平方千米，全市的生态环境得到较大改善。之后，根据规划开展有序治理。

治理工程 《丽水市水土保持规划》确定 2010 年年底综合治理工程 87 个，其中小流域治理工程 68 个。综合治理工程 87 个包括青田县 11 个，缙云县 13 个，莲都区 14 个，景宁畲族自治县 9 个，云和县 8 个，松阳县 11 个，遂昌县 9 个，龙泉市 7 个，庆元县 5 个。

2010 年丽水市水土流失治理情况一览

表 7-5-2-1

地区	工　程	水平梯田(平方千米)	生　态公益林(平方千米)	生态经济林(平方千米)	封禁治理(平方千米)	坡面整治(平方千米)	种草(平方千米)	合计(平方千米)	其他水土保持工程(万立方米)
莲都区	☆ 坡耕地治理	5.56	4.11	2.00	0.00	0.61	0.22	12.50	0
	★ 老竹溪	0	9.41	4.00	15.01	0	0.20	28.62	20.00
	★ 郎奇	0	1.00	1.08	1.90	0	0.13	4.11	2.13
	★ 桐岭坑	0	4.00	0.67	4.92	0	0	9.59	14.00
	泄川	0	0.44	0	8.30	0	0.16	8.90	4.39
	★ 仙渡港	0	1.80	0	22.32	0	0	24.12	2.80
	★ 雅坑	0	0.33	0	6.64	0	0	6.97	12.70
	★ 官桥	0	0	0	4.49	0	0	4.49	18.21
	☆ 新治河	0	0	0	16.28	0	0	16.28	32.30
	石侯	0	0	0	18.20	0.01	0	18.21	0

续表 7-5-2-1

地区	工 程	水平梯田（平方千米）	生 态 公益林（平方千米）	生态经济林（平方千米）	封禁治理（平方千米）	坡面整治（平方千米）	种草（平方千米）	合计（平方千米）	其他水土保持工程（万立方米）
莲都区	杉树坑	0	0.60	0	11.54	0	0	12.14	0
	巨溪	0	0.26	0	5.02	0	0	5.28	0
	枫树湾	0	0.23	0	4.41	0	0	4.64	0
	★ 生态建设	0	3.97	0.33	77.55	0	0	81.85	0
	小 计	5.56	26.15	8.08	196.58	0.62	0.71	237.70	106.53
	其中 2005 年前	0	21.21	6.39	145.04	0	0.49	173.13	94.07
龙泉市	☆ 坡耕地治理	0.84	26.30	3.50	0	0.08	3.18	33.90	0
	★城区 5 条支流	0	1.40	0.70	6.00	0	0.80	8.90	19.35
	☆ 青溪	0	0.75	1.05	3.60	0	0.41	5.81	6.22
	☆ 八都溪	0	2.33	0	39.77	0	1.16	43.26	12.69
	☆ 豫章溪	0	0.05	0.40	1.00	0.01	0.47	1.93	4.67
	★ 瀑云溪	0	0.96	0.80	9.61	0	0.40	11.77	2.92
	☆ 生态建设	0	0.58	2.93	54.79	0	0.92	59.22	7.79
	小 计	0.84	32.37	9.38	114.77	0.09	7.34	164.79	53.64
	其中 2005 年前	0.48	7.51	5.81	92.81	0.06	3.87	110.54	39.97
青田县	☆ 坡耕地治理	17.43	24.03	12.54	0	1.92	0	55.92	0
	☆ 石帆	0	0	0.58	3.48	0	0.13	4.19	69.48
	☆ 船寮	0	5.12	0.92	12.68	0	0.59	19.31	0
	☆ 黄洋	0	3.04	0.53	7.53	0	0.36	11.46	0
	☆ 小源	0	4.13	0.75	10.23	0	0.47	15.58	0
	☆ 孙寇	0	2.42	0.43	5.99	0	0.28	9.12	0
	☆ 黄放口	0	4.16	0.73	10.30	0	0.48	15.67	0
	☆ 金坑	0	2.32	0.41	5.76	0	0.27	8.76	0
	☆ 朱山背	0	2.49	0.44	6.17	0	0.29	9.39	0
	★ 水碓坑	0	0.01	0.13	1.33	0	0.02	1.49	0
	★瓯江绿色长廊	1.85	52.60	31.00	122.54	0.21	0	208.20	0
	小 计	19.28	100.32	48.46	186.01	2.13	2.89	359.09	69.48
	其中 2005 年前	1.97	61.49	32.93	147.17	0.21	1.10	244.87	29.27
云和县	☆ 坡耕地治理	0.60	1.74	3.64	0	0.07	0	6.05	0
	★ 安溪	0	2.48	0	3.65	0	0	6.13	4.90
	☆ 黄溪	0	0.93	0.20	2.20	0	0	3.33	1.58
	☆ 沙溪	0	0.89	0	1.29	0	0	2.18	1.24
	☆ 泉溪	0	6.59	0	5.78	0	0.05	12.42	4.81

续表 7-5-2-1

地区	工　程	水平梯田（平方千米）	生　态公益林（平方千米）	生态经济林（平方千米）	封禁治理（平方千米）	坡面整治（平方千米）	种草（平方千米）	合计（平方千米）	其他水土保持工程（万立方米）
云和县	☆ 崇溪	0	4.85	0	7.20	0	0.05	12.10	5.75
	★ 沈溪	0	0	2.64	0	0	0	2.64	5.70
	★ 生态建设	0	23.39	1.71	17.34	0	0.10	42.54	18.50
	小　计	0.60	40.87	8.19	37.46	0.07	0.20	87.39	42.48
	其中 2005 年前	0	31.42	5.65	27.16	0	0.14	64.37	34.12
庆元县	☆ 坡耕地治理	4.70	10.57	1.98	0	2.50	3.29	23.04	0
	★ 黄田溪	0	1.46	0.40	3.98	0	0	5.84	5.55
	☆ 安溪	0	3.62	1.65	9.89	0	0	15.16	15.44
	☆ 左溪	0	2.99	0.27	10.87	0	0	14.13	15.74
	★ 生态建设	0	12.45	3.75	43.56	0	3.11	62.87	15.87
	小　计	4.70	31.09	8.05	68.30	2.50	6.40	121.04	52.60
	其中 2005 年前	0.90	22.50	6.02	55.33	0.10	5.02	89.87	33.11
缙云县	☆ 坡耕地治理	7.50	10.46	4.65	0	2.50	2.32	27.43	—
	☆ 棠溪	0	0.84	0.16	16.45	0	1.33	18.78	6.05
	☆ 新建溪	0	1.07	0.33	16.62	0	1.33	19.35	3.52
	☆ 黄店坑	0	0.11	0.40	11.07	0	0.07	11.65	2.66
	☆ 贞溪	0	4.67	1.33	37.63	0	0.67	44.30	43.81
	☆ 北山溪	0	0.15	0.09	4.55	0	0.02	4.81	8.56
	☆ 章溪	0	0.13	0.53	21.66	0	1.33	23.65	1.10
	☆ 浣溪	0	0.26	0.06	14.03	0	0.87	15.22	4.02
	☆ 好溪（五）	0	0.87	0.23	17.02	0	0.13	18.25	4.36
	☆ 洋山溪	0	0.73	0.27	7.96	0	0.80	9.76	2.35
	☆ 小筠坑	0	0.70	0.26	8.34	0	0	9.30	0
	☆ 樟溪	0	0.20	0.53	11.27	0	0.13	12.13	4.88
	★ 生态建设	0	0	0	100.00	0	0	100.00	0
	小　计	7.50	20.19	8.84	266.60	2.50	9.00	314.63	81.31
	其中 2005 年前	0.08	6.61	3.00	179.56	0	5.38	194.63	37.17
遂昌县	☆ 坡耕地治理	3.94	5.56	1.09	0	9.62	1.82	22.03	0
	★ 濂溪	0	5.33	1.67	19.27	0	0.23	26.50	4.78
	☆ 忠溪	0	3.73	0.60	17.67	0	0	22.00	0.91
	★ 练溪	0	3.94	0.30	4.31	0	0.20	8.75	2.37
	☆ 柘溪	0	4.27	0.30	16.87	0	0.25	21.69	1.90
	☆ 新溪	0	4.27	0.30	2.96	0	0	7.53	0.58

续表 7-5-2-1

地区	工 程	水平梯田（平方千米）	生 态公益林（平方千米）	生态经济林（平方千米）	封禁治理（平方千米）	坡面整治（平方千米）	种草（平方千米）	合计（平方千米）	其他水土保持工程（万立方米）
遂昌县	☆ 柘岱口	0	4.00	0.40	4.03	0	0	8.43	3.04
	☆ 蔡溪	0	2.67	0.26	5.19	0	0	8.12	2.82
	☆ 生态建设	0	19.42	7.50	68.37	0	2.40	97.69	27.22
	小 计	3.94	53.19	12.42	138.67	9.62	4.90	222.74	43.62
	其中 2005 年前	0	41.35	11.25	109.48	0	4.74	166.82	10.62
松阳县	☆ 坡耕地治理	2.70	18.86	0	0	0.30	0	21.86	0
	★ 东坞源	0	2.81	0.52	2.00	0	0	5.33	8.54
	★ 梧桐源	0	0.59	0.33	1.26	0	0	2.18	6.50
	★ 竹溪源	0	3.10	0.80	2.67	0	0	6.57	13.69
	★ 靖居源	0	3.01	2.06	2.00	0	0	7.07	12.97
	★ 加胡坑	0	5.08	1.59	1.33	0	0	8.00	4.62
	★ 大源	0	10.82	0.92	4.00	0	0	15.74	6.03
	十三都源	0	11.39	1.46	4.00	0	0	16.85	10.15
	四都源	0	2.50	0.68	1.33	0	0	4.51	8.83
	☆ 谢村源	0	9.10	1.00	7.25	1.50	0.30	19.15	8.03
	★ 生态建设	0	6.70	24.97	18.21	0	0	49.88	0
	小 计	2.70	73.96	34.33	44.05	1.80	0.30	157.14	79.36
	其中 2005 年前	0	39.23	31.19	31.47	0.20	0	102.09	60.38
景宁畲族自治县	☆ 坡耕地治理	15.14	6.63	2.98	0	1.68	1.44	27.87	0
	☆ 鹤溪河	0	0.93	0.74	8.29	0.09	0.37	10.42	1.58
	☆ 大赤坑	0	2.67	0.27	12.57	0.38	0.69	16.58	4.00
	☆ 英川	0	1.02	1.02	4.27	0.17	0.34	6.82	3.42
	☆ 秋炉溪	0	1.16	0.08	2.96	0.04	0.08	4.32	1.28
	南坑	0	0.24	0.14	1.12	0	0.10	1.60	0.80
	★ 王金垟	0	0.49	0.28	2.26	0	0.20	3.23	1.08
	☆ 葛山乡	0	1.15	0.18	3.72	0.09	0.08	5.22	1.91
	小 计	15.14	24.29	11.69	70.19	3.45	7.30	132.06	21.57
	★ 生态建设	0	10.00	6.00	35.00	1.00	4.00	56.00	7.50
	其中 2005 年前	11.53	20.49	9.96	56.75	1.39	6.31	106.43	15.01
丽水市	丽水市合计	60.26	402.43	149.44	1122.63	22.78	39.04	1796.58	550.59
	其中 2005 年前	14.96	251.81	112.20	844.77	1.96	27.05	1252.75	353.72

说明：1. 带“★”为 2005 年前完成的治理工程，带“☆”为部分 2005 年前完成的治理工程，其余为 2006—2010 年实施的工程。2. 坡耕地治理中的梯田面积包括小流域治理工程中的水平梯田面积。3. 重力侵蚀治理的工程量除小流域外均列入生态建设工程

"十五"规划期间，丽水市水土流失呈逐年递减趋势，水土流失率从1999年的17.37%降至2004年的13%。流失面积在全省位列第二位，占全市总面积的13%。

至2010年，丽水市治理水土流失面积1796.58平方千米，各项水土保持措施需投资117547.19万元，其中投劳折资72708.59万元。

瓯江源头水土保持生态示范区建设 2004年3月，水利部发出《关于开展水土保持生态建设示范区建设的通知》，龙泉市政府编制《龙泉市瓯江源头水土保持生态建设示范区》可行性建设项目方案。2004年6月，经水利部核准，龙泉项目被列为全国第一批62个水土保持生态建设示范区项目之一，为浙江省首例。2005年，示范区项目开工，总投资669.33万元，分年度三期实施。工程以生态修复为主，工程措施为辅，采取工程措施与植物措施相结合，实行山、水、田、林、路统一规划。2007年工程完工，示范区内162平方千米水土流失面积基本得整治，25度以上陡坡耕地全部退耕还林，增加林草植被面积380公顷，林草面积达到宜林宜草面积的比例为90%以上，水土流失综合治理程度80%以上，每年减少土壤流失量0.26亿千克，每年增加降水有效利用量24.33万立方米。2008年6月17日，龙泉市瓯江源头水土保持生态建设示范区项目通过省专家组的验收，并报水利部命名。

第六章　水利规划与管理

宋代，范成大在通济堰制定《通济堰规》19条，后各代陆续增补。民国35年(1946)，青田、景宁两县成立水利协会，掌管水利工作。中华人民共和国成立后，重视水利建设，制定不同时期的水利规划，21世纪初，丽水市水利部门专门编制《瓯江干流水生态系统保护与修复总体规划》《丽水市水利发展"十五"计划和2015年前规划》《丽水市水利发展"十一五"规划》。建立丽水市各县(市、区)水利管理机构，发动群众开展基层水利工作。

20世纪50—90年代，丽水地、县(市)有专门的水利机构管理水政事务。1963年，丽水专区恢复建置，同年7月，丽水地区水文站成立。水行政部门主要做好用水管理水资源调查与水利区划，1995年开始水资源费征收，开展水政监察和水利执法。2000年7月撤地设市后，丽水市进一步完善市县(市、区)水利管理机构。2005年12月，浙江省人民政府办公厅下发《浙江省水功能区、水环境功能区划分方案》，将丽水市域内的主要河道划分水功能区103个，其中保护区16个、保留区33个、开发利用区51个、缓冲区3个。2010年，丽水市水利管理组织机构进一步完善，全市基层防汛预案实现全覆盖。

第一节　水利规划

1956年，水利电力部上海勘测设计院、浙江省水利厅勘测设计院，首次普查瓯江水力资源。1958年，编成《瓯江流域规划报告》，提出青田建设高坝水电站方案。1973年，水电部第十二工程局勘测设计院重新查勘规划瓯江，查勘紧水滩等重点水力工程18座的坝址和库区。1976年，向水电部提交新编制的《浙江省瓯江流域规划报告》，提出青田高坝淹没范围过大，移民过多，建议放弃青田高坝方案，改用高低坝相结合，分散与集中相结合的水力梯级开发方案，推荐紧水滩为第一期工程。

1982—1987年，丽水地区各县开展水资源调查和水利区划，编制《水资源调查及水利区划报告》。1987年，完成《丽水地区水资源调查与水利区划报告》，以水资源的开发利用条件为主，找出地域差异的规律，为治理开发提供基础资料和科学依据。

1986年，浙江省科学技术委员会将"瓯江流域水资源综合开发"列入科技发展计划项目，组织考察队，从源头至河口，重点考察水力资源开发、干流航运、温州市供水等问题。20世纪90年代，编制完成《瓯江干流丽水段水电梯级开发规划》《瓯江流域综合规划》。

21世纪初，丽水市水利部门编制《瓯江干流水生态系统保护与修复总体规划》《丽水市水利发展十五计划和2015年前规划》《丽水市水利发展"十一五"规划》。

1958—2007年丽水市本级重要水利规划一览

表7-6-1-1

规划名称	编成年份	修编年份	编制者	批准者
瓯江流域规划	1958	—	水电部上海勘测设计院	水电部、浙江省委
瓯江流域规划	1976	—	水电部十二局勘测设计院	水电部、浙江省政府
丽水地区渔业区划	1986	—	丽水地区水电局	浙江省水产局
丽水市（县级）水资源调查与水利区划	1987	—	丽水地区水电局	浙江省水利厅鉴定
瓯江干流丽水段水电梯级开发规划	1996	—	浙江省水电设计院	丽水地区行署
丽水城市防洪规划	1998	2003 2009	浙江省水电设计院	丽水地区行署 丽水市人民政府
瓯江流域综合规划	1999	2006	浙江省水利水电勘测设计院	浙江省人民政府
丽水市水利发展"十五"计划和2015年前规划	2000	—	丽水市水利局	丽水市人民政府
瓯江流域防洪规划	2001	—	浙江省水利水电勘测设计院	丽水市人民政府
丽水市水土保持规划	2003	—	丽水市万源咨询公司	丽水市发改委
丽水市本级河道整治规划	2003	—	省水利河口研究院	—
丽水市城区城市建设水土保持（土石方优化配置）规划	2003	—	省水利河口研究院	丽水市发改委
丽水市紧水滩和石塘水库网箱养鱼可持续发展规划	2005	—	中国水产科学研究院淡水渔业研究中心	丽水市发改委

续表 7-6-1-1

规划名称	编成年份	修编年份	编制者	批准者
丽水市水文事业发展规划	2006	—	丽水市水文站	丽水市发改委
丽水市水资源综合规划	2006	—	浙江省水文局	—
瓯江干流水生态系统保护与修复总体规划	2006	—	中国水电顾问集团华东勘测设计研究院	丽水市人民政府
丽水市水利发展“十一五”规划	2006	—	丽水市水利局	丽水市人民政府
丽水市城市内河控制性规划（第一版）	2007	—	中国水电顾问集团华东勘测设计研究院、丽水市水利局	丽水市人民政府

第二节　工程管理

管理体制

古代，凡工程规模较大、受益在两个乡以上的水利工程，一般都由州（府）、县的主要官员主持制定并发布规章制度，出现水利纠纷也以此为依据进行调解。受益在一乡、一村范围内的小型工程，则订立乡规民约。

宋代起，处州建立“塘首”“堰长”“堰董”负责制，一般由民众推选热心水利事业或有名望的人担任工程管理及工程维修负责人。宋乾道五年（1169），制定“通济堰规”19 条，明确规定堰首、堰匠、甲头等管理人员的职责、报酬，以及堰工、堰夫的义务、权利。这是最早以文字条文记载的管理制度，在灌区一直沿用到清代。清嘉庆十八年（1813），制定通济堰“新规四条”。清道光四年（1824），制定通济堰“新规八条”。松阳县独山摩崖石刻，至今还留有清光绪时青龙堰堰董所立的“堰规”。

民国 32 年（1943）2 月，浙江省政府建设厅颁布实施《浙江省农田水利工程管理养护办法》，规定凡完竣验收合格的农田水利工程，由受益农民组织的水利团体负责养护管理。

20 世纪 50—60 年代，县一级没有管理机构，除云和县雾溪水库经省编制委员会核定专业管理人员数人外，其他小型工程均由受益乡村（社、队）确定人员兼管。松阳县金梁堰管理委员会由 6 个受益村近 20 人组成，三条干渠又有相应的水管小组。20 世纪 70 年代开始，工程管理得到加强，地、县各级政府多次发布加强水利工程管理的布告、通知、规定。县以上水利部门均建立水利管理机构。1979 年，丽水地区设水利工程管理科，县局一般设股、站。小（一）型以上水库，装机 500 千瓦以上水电站、机电排灌站，及溉田 60 公顷以上堰坝，陆续建立工程管理处、工程管理委员会等组织，有的还定期召开灌区代表大会，制定管理章程、管理公约，并建立岁修养护、安全运行、岗位责任制及财务管理等各种规章制度。地、县主管部门，对基层单位的工程管理人员组织业务培训和考核，尤其是电站运行人员的考核发证。20 世纪 80 年代开始，水利工程的管理体制发生新变化。小型水电站、小型机电排灌站、小型塘库等，大多实行承包责任制，由工程管理单位与承包者签订承包合同；有的则将发电、养鱼、加工等项目分别由专管员或专业户承包。1983 年，松阳樟溪乡成立灌溉公司，制定管理章程，对全乡 3 个重点工程：杨岭脚水库、芳溪二堰、下马坑电灌站，实行统一管理，统一调度。同年，青田县东岸乡灌溉服务公司成立。

2003 年 6 月 5 日，丽水市人民政发布《丽水市水利工程运行管理办法》。2004 年，根据国务院办公厅转发的《国务院体改办关于水利工程管理体制改革实施意见的通知》(国办发〔2002〕45 号) 精神，省人民政府办公厅转发省发改委、省水利厅关于《浙江省水利工程管理体制改革实施办法》。2008 年，全市国有水管单位 13 个完成改革任务，其中水库管理单位 11 个，河道堤防管理单位 1 个，灌区管理单位 1 个；通过水利工程管理体制改革，组成水管单位 8 个，除景宁畲族自治县外，每县（市、区）各一个水管单位。其中莲都区碧湖灌区管理处①、松阳县水库和堤防管理处②、缙云县大洋水库工程管理处 3 个单位定为纯公益性事业单位，经费由财政全额拨款；云和县雾溪水库工程管理处、遂昌成屏以及水库管理处、庆元兰溪桥水库工程管理处、龙泉瑞祥一级水库管理处、青田金坑水库管理处 5 个位定为准公益性事业单位，其经费由财政差额拨款。

水事纠纷调处

古时，处州境内水事纠纷一般属民事纠纷性质，依照习俗和惯例由民间协商解决，或由地方官吏处理。水事关系涉及范围大，面广，有些水事纠纷具有行政争议性质，有的激化形成群众斗殴。

清道光八年(1828)年，云和县石塘乡张庄村与丽水县港和乡横坑村由于大杉葑（又名大葑山）水流分配问题，多次发生纠纷。清道光十五年，云和、丽水两县知县勘明谕示，两村各半均分，相安无事百多年。民国 27 年(1938)6 月，丽水县均溪村百多人持械强行毁没云和县张庄村原先设置的引水木笕，张庄村 40 多户、6.67 公顷农田无水告急。云和县长据报转省，省饬下属农业改进所解决。经三方协调，改按下游灌溉农田之多少分配水量，丽水县占 2/3，云和县占 1/3。张庄村民痛感水量不够生活、农田之需用，分水不合理，拒绝修筑堰首分水工程。矛盾未得解决，上告到省。直至民国 36 年 4 月 3 日，经第九区行政督察专员公署牵头主持，两县县政府、参议会、受益乡、保、村民代表会勘，并在横坑村会议议决："分水处依照现有天然形势听其自然分布，丽、云两县任何一方不得拦截或凿深"，并在分水处凿石镌刻"丽云分水处"及有关事项，绘制详图，拍摄照片，并会议记录等两县会衔呈报，纠纷才得解决。同年 7 月 19 日，浙江省政府以建字第 22001 号训令批复"应准备案"。两县受益群众，捐弃前嫌，团结用水，和睦相处逾半个世纪。

民国 22 年(1933)，丽水至云和公路③动工兴建。由于公路所选路线路影响云和县境龙门乡双港村村民生活及农田灌溉用水的石塘坑渠道通水，同年 6 月 16 日，村民与公路测量人员发生争执，县政府派县基干队干警 16 人前往捉拿村民，矛盾激化。双方状告到省建设厅。11 月 20 日，省公路管理局丽（水）云（和）路驻云办事处函复云和县政府，同意将该处受公路影响通水的地段，由公路石塘事务所另凿宽 1 米、深 1.5 米的水道给以补偿。该渠道运行良好，还增加发电效益。

青田县建于清代的千工峡是一处著名水利工程，源出奇云山，西注方山，灌田千顷，大旱不涸。相传此水曾经永、瑞、青三县长官会勘定议，春耕时西注方山灌田，晚禾既登，放入永嘉④冲碓造纸。1985 年 12 月，瓯海县张某某等为争此水，将千工峡破坏，1986 年 3 月 19 日，由方山村民主

---

① 原高溪、郎奇两电站的发电等经营性功能剥离后联合组建，与碧湖水利服务中心站合署办公。

② 原东坞、梧桐源、六都源水库管理处和松阴溪堤防建设管理所剥离经营性功能后联合组建。

③ 2010 年为丽浦路。

④ 2010 年属温州市瓯海区。

动修复。

1991年，缙云县新碧镇山前村与隔水相望的金华市永康县石柱镇光瑶村，因河流改道而争溪滩，多次发生纠纷。同年9月14日，副省长许行贯主持两地区两县协商解决，最终双方达成共同意见，签订协议书，纠纷得以平息。

第三节　用水管理

水资源调查与水利区划

1982—1987年，丽水地区各县（市）普遍完成水资源调查和水利区划工作，汇编各县《水资源调查及水利区划报告》。1986年1月，开展地区级水资源调查和水利区划工作。1987年，完成《丽水地区水资源调查与水利区划报告》。

2005年12月，浙江省人民政府办公厅下发《浙江省水功能区、水环境功能区划分方案》，将丽水市域内的主要河道划分水功能区103个，其中保护区16个、保留区33个、开发利用区51个、缓冲区3个。严禁在保护区、保留区内从事采矿、办厂、办养殖场等污染水体的生产活动。

2004年丽水市不同土地利用类型水土流失统计一览

表7-6-3-1

序号	县（市、区）名	水功能区名称	河流（湖、库）	范围			水质目标	
				起始断面	终止断面	长度/面积（千米/平方千米）	2010年	2020年
1	龙泉市	梅溪瓯江源头水保护区	梅溪	锅冒尖西坡	小梅桥	47.70	Ⅰ	Ⅰ
2	龙泉市	梅溪瓯江源头水保护区	梅溪	小梅桥	官路岙	21.30	Ⅲ	Ⅲ
3	龙泉市	均溪凤阳山自然保护区	均溪	高桥	于章	26.90	Ⅰ	Ⅰ
4	龙泉市	岩樟溪源头水保护区	岩樟溪	大枫坳	周村	18.20	Ⅰ	Ⅰ
5	青田县	十七都青田源头水保护区	十七都	凉亭前（源头）	官庄水库	17.50	Ⅰ	Ⅰ
6	青田县	海溪源青田源头水保护区	海溪源	银坑（源头）	海口镇	18.50	Ⅰ	Ⅰ
7	庆元县景宁畲族自治县	小溪（南洋溪）庆元源头水土保持护区	小溪（南阳溪）	洋溪村上游	交溪亭	47.60	Ⅱ	Ⅱ
8	庆元县	松原溪庆元百山祖自然保护区	松原溪	风岗尖西北坡	西洋	14.50	Ⅰ	Ⅰ
9	庆元县景宁畲族自治县	小溪（左溪）庆元源头水土保持护区	小溪（左溪）	箬坑岙	交溪亭	32.70	Ⅰ	Ⅰ
10	庆元县景宁畲族自治县	小溪（英川溪）百山祖自然保护区	小溪（英川溪）	百山祖北坡	交见圩	42.50	Ⅰ	Ⅰ

续表 7-6-3-1

序号	县(市、区)名	水功能区名称	河流(湖、库)	范围			水质目标	
				起始断面	终止断面	长度/面积(千米/平方千米)	2010年	2020年
11	缙云县	金坑椒江缙云源头水土保持护区	金坑	仙居缙云交界处(西溪坑)	缙云仙居交界处(黄坑)	23.00	Ⅰ	Ⅰ
12	遂昌县	灵山港遂昌源头水保护区	灵山港	源头(白马山)	遂昌龙游交界(北界)	33.00	Ⅲ	Ⅲ
13	遂昌县	乌溪江遂昌源头水保护区	乌溪江	源头	王村口	44.00	Ⅱ	Ⅱ
14	景宁畲族自治县	小溪(鹤溪)景宁源头水土保持护区	小溪(鹤溪)	三枝树	傍山	5.00	Ⅱ	Ⅱ
15	景宁畲族自治县	小溪(毛垟溪)庆元源头水土保持护区	小溪(毛垟溪)	交溪亭	交见圩	29.40	Ⅱ	Ⅱ
16	景宁畲族自治县	飞云江景宁源头水保护区	飞云江(含三插溪)	白云村上游(源头)	白鹤下游1千米	13.00	Ⅰ	Ⅰ

2005年丽水市水功能保留区一览

表 7-6-3-2

序号	县　别	水功能区名称	河流(湖、库)	范围			水质目标	
				起始断面	终止断面	长度/面积(千米/平方千米)	2010年	2020年
1	莲都区	小安溪莲都保留区	小安溪	武义莲都交界处	双溪镇水厂下游0.1千米	15.05	Ⅱ	Ⅱ
2	莲都区	宣平溪莲都保留区	宣平溪	武义莲都交界处	港口	36.50	Ⅲ	Ⅲ
3	龙泉市	八都溪龙泉保留区	八都溪	苏百坳南坡	李家圩	42.90	Ⅱ	Ⅱ
4	龙泉市	岩樟溪龙泉保留区	岩樟溪	周村	龙泉(宫头)	5.70	Ⅱ	Ⅱ
5	龙泉市	大贵溪龙泉保留区	大贵溪	大尖南坡	梧桐口	32.40	Ⅰ	Ⅰ
6	龙泉市	安仁溪龙泉保留区	安仁溪	穷坑	紧水滩安仁入库	23.60	Ⅱ	Ⅱ
7	龙泉市	锦溪龙泉保留区	锦溪	山坑(源头)	中锦	9.50	Ⅰ	Ⅰ
8	青田县	祯埠溪青田保留区	祯埠溪	大坑	祯埠	34.90	Ⅱ	Ⅱ
9	青田县	船寮溪青田保留区	船寮溪	大烧坑	高湖	27.50	Ⅱ	Ⅱ
10	青田县	小溪青田保留区	小溪	岳口	湖边	53.00	Ⅱ	Ⅱ
11	青田县	四都港青田保留区	四都港	古洞山东坡	溪口	44.50	Ⅱ	Ⅱ
12	云和县	浮云溪云和保留区	浮云溪	坑头	沙溪	11.50	Ⅱ	Ⅱ
13	庆元县	竹口溪庆元保留区	竹口溪	黄畲寨尖西坡	枫堂	14.20	Ⅱ	Ⅱ
14	庆元县	安溪庆元保留区	安溪	安溪	后口	15.50	Ⅱ	Ⅱ
15	缙云县	盘溪缙云保留区	盘溪	大平山	雅宅	41.90	Ⅱ	Ⅱ
16	缙云县	杨岸港缙云保留区	龙溪	后吴	缙云仙居交界处	7.00	Ⅱ	Ⅱ
17	缙云县 莲都区	严溪缙云莲都保留区	严溪	界牌山岭脚	彭头	35.10	Ⅱ	Ⅱ

续表 7-6-3-2

序号	县 别	水功能区名称	河流（湖、库）	范 围			水质目标	
				起始断面	终止断面	长度/面积(千米/平方千米)	2010年	2020年
18	遂昌县	松阴溪遂昌保留区	松阴溪	北园村上游	成屏二级电站大坝	31.50/1.61+0.86	Ⅱ	Ⅱ
19	遂昌县	濂溪遂昌保留区	濂溪	铜锣坞	庄山	33.30	Ⅱ	Ⅱ
20	遂昌县	乌溪江遂昌保留区	乌溪江	王村口	湖南镇水库库尾	20.00	Ⅲ	Ⅲ
21	遂昌县	乌溪江遂昌保留区	乌溪江	湖南镇水库库尾	遂昌衢州区交界处(高输)	19.50	Ⅱ	Ⅱ
22	遂昌县	周公源遂昌保留区	乌溪江(周公源)	源头(大西坑)	柘岱口	22.50	Ⅱ	Ⅱ
23	遂昌县	周公源遂昌保留区	乌溪江(周公源)	柘岱口	上定	10.50	Ⅲ	Ⅲ
24	遂昌县	周公源遂昌保留区	乌溪江(周公源)	上定	中淤	21.00	Ⅱ	Ⅱ
25	遂昌县	洋溪源遂昌保留区	乌溪江(洋溪源)	黄连尾	遂昌衢洲交界(金鸡岩)	44.30	Ⅱ	Ⅱ
26	遂昌县	湖山源遂昌保留区	乌溪江(湖山源)	山奇坑	三归鱼种场	13.00	Ⅱ	Ⅱ
27	遂昌县	湖山源遂昌保留区	乌溪江(湖山源)	三归鱼种场	湖山源乌溪江交汇处(红星坪)	31.20	Ⅲ	Ⅲ
28	松阳县	小港松阳保留区	小港	小双观	港口	64.10	Ⅱ	Ⅱ
29	景宁畲族自治县	小溪景宁保留区	小溪	交见圩	包山铁矿下	45.00	Ⅱ	Ⅱ
30	景宁畲族自治县	小溪青田保留区	小溪	金钟	岳口	31.00	Ⅱ	Ⅱ
31	景宁畲族自治县	小溪(标溪)景宁保留区	小溪(标溪)	苦竹尖	标溪	43.90	Ⅱ	Ⅱ
32	景宁畲族自治县	小溪(炉西坑)景宁保留区	小溪(炉西坑)	茗源	坑口	38.30	Ⅱ	Ⅱ
33	景宁畲族自治县丽水	小溪(大顺溪)景宁丽水土保持留区	小溪(大顺溪)	黄泥坦	大顺	32.40	Ⅱ	Ⅱ

2005年丽水市水功能缓冲区一览

表 7-6-3-3

序号	县 别	水功能区名称	河流（湖、库）	范 围			水质目标	
				起始断面	终止断面	长度/面积(千米/平方千米)	2010年	2020年
1	庆元县	松原溪浙闽缓冲区	松原溪	竹林坪下游2千米	马蹄岙水库	6.00	Ⅲ	Ⅲ
2	庆元县	竹口溪浙闽缓冲区	竹口溪	枫堂	省界	11.80	Ⅲ	Ⅲ
3	庆元县	安溪浙闽缓冲区	安溪	省界	安溪	2.50	Ⅱ	Ⅱ

2005年丽水市水功能开发利用区一览

表 7-6-3-4

序号	县别	水功能区名称	河流（湖、库）	范围			水质目标	
				起始断面	终止断面	长度/面积（千米/平方千米）	2010年	2020年
1	莲都区	大溪丽水农业、工业用水区	大溪	玉溪水库大坝	十八都原糠醛厂	16.20	Ⅱ	Ⅱ
2	莲都区	大溪丽水饮用水源区	大溪	十八都原糠醛厂	采桑村	3.10	Ⅱ	Ⅱ
3	莲都区	高溪水库丽水乡镇饮用水源区	大溪	高溪水库		/0.76	Ⅱ	Ⅱ
4	莲都区	大溪丽水渔业用水区	大溪	采桑村	上沙溪村下	6.00	Ⅲ	Ⅲ
5	莲都区	小安溪莲都农业工业用水区	小安溪	双溪镇水厂下游0.1千米	太平港口	28.00	Ⅲ	Ⅲ
6	莲都区	大溪丽水农业、景观娱乐用水区	大溪	上沙溪村下	丽水青田交界处	29.12	Ⅲ	Ⅲ
7	莲都区	好溪莲都农业用水区	好溪	银坑	古城（大溪入口）	23.50	Ⅲ	Ⅲ
8	龙泉市	龙泉溪龙泉农业用水区	龙泉溪	官路岙	白兰大桥	17.10	Ⅱ	Ⅱ
9	龙泉市	龙泉溪龙泉饮用、景观、工业用水区	龙泉溪	白兰大桥	龙泉水厂取水口下游0.5千米	4.60	Ⅱ	Ⅱ
10	龙泉市	紧水滩水库龙泉工业、农业用水区	龙泉溪	龙泉水厂取水口下游0.5千米	道太（大白岸）	24.50	Ⅲ	Ⅲ
11	龙泉市	锦溪龙泉农业用水区	锦溪	中锦	龙泉（宫头）	13.50	Ⅱ	Ⅱ
12	龙泉市 云和县	紧水滩水库龙泉、云和饮用水源区	龙泉溪	道太（大白岸）	紧水滩水库大坝	/34.30	Ⅱ	Ⅱ
13	青田县	大溪青田农业用水区	大溪	丽水青田交界处	祯埠	18.00	Ⅲ	Ⅲ
14	青田县	大溪青田农业用水区	大溪	祯埠	青田湖边（小溪入口处）	38.40	Ⅱ	Ⅱ
15	青田县	瓯江青田饮用水源区	瓯江	湖边	太鹤大桥	6.50	Ⅱ	Ⅱ
16	青田县	瓯江青田景观乐用水区	瓯江	太鹤大桥	圩仁	5.00	Ⅲ	Ⅲ
17	青田县	瓯江青田农业业用水区	瓯江	圩仁	洲头	6.00	Ⅱ	Ⅱ
18	青田县	瓯江青田饮用水源区	瓯江	洲头	温溪镇处洲街口	3.30	Ⅱ	Ⅱ
19	青田县	瓯江青田饮用水源区	千丝岩水库、沙门水库	水库库区		1.70	Ⅱ	Ⅱ
20	青田县 鹿城区	瓯江青田鹿城业用水区	瓯江	温溪镇处洲街口	青田温州交界	3.50	Ⅲ	Ⅲ
21	青田县	十七都青田饮用水源区	十七都	官庄水库	陈山渡	7.50	Ⅱ	Ⅱ
22	青田县	贵岙溪青田农业、工业用水区	贵岙溪	金窟	洲头	17.30	Ⅲ	Ⅲ
23	青田县	船寮溪青田工业用水区	船寮溪	高湖	船寮	13.00	Ⅲ	Ⅲ

续表 7-6-3-4

序号	县 别	水功能区名称	河流（湖、库）	范 围			水质目标	
				起始断面	终止断面	长度/面积（千米/平方千米）	2010年	2020年
24	云和县	龙泉溪云和饮用水源区	龙泉溪（含石塘、玉溪水库）	石塘水库坝下	玉溪水库大坝	11.00	Ⅱ	Ⅱ
25	云和县	浮云溪云和农业用水区	浮云溪	沙溪	云和	3.50	Ⅱ	Ⅱ
26	云和县	浮云溪云和农业用水区	浮云溪	云和	局村	13.30	Ⅲ	Ⅲ
27	云和县	雾溪云和饮用、农业用水区	雾溪	金原头	黄桥头	14.50	Ⅱ	Ⅱ
28	云和县	梅垄溪云和饮用水源区	梅垄溪	菖蒲堂	与浮云溪汇合口	8.40	Ⅱ	Ⅱ
29	云和县	龙泉溪云和农业用水区	龙泉溪（含石塘水库）	紧水滩水库大坝	石塘水库坝下	27.00	Ⅱ	Ⅱ
30	庆元县	松原溪庆元饮用水源区	松原溪（含兰溪桥水库）	西洋	周墩桥	17.30/0.84	Ⅱ	Ⅱ
31	庆元县	松原溪庆元景观娱乐区	松原溪	周墩桥	阁门岭大桥	7.00	Ⅲ	Ⅲ
32	庆元县	松原溪庆元农业用水区	松原溪	阁门岭大桥	竹林坪下游2千米	11.80	Ⅲ	Ⅲ
33	缙云县	好溪缙云饮用水源区	好溪（冷水溪）	磐安缙云交界处（东岸）	左库水库拦水坝	15.00	Ⅱ	Ⅱ
34	缙云县	好溪缙云农业工业用水区	好溪	左库水库拦水坝	上章	22.00	Ⅲ	Ⅲ
35	缙云县	好溪缙云景观娱乐用水区	好溪	上章	前湖大桥	3.00	Ⅱ	Ⅱ
36	缙云县	好溪缙云饮用工业用水区	好溪	前湖大桥	金沟山拦水坝	10.00	Ⅱ	Ⅱ
37	缙云县	好溪缙云饮用工业用水区	好溪（含舒洪镇支流）	金沟山拦水坝	银坑（莲都交界）	27.00	Ⅲ	Ⅲ
38	缙云县	南溪缙云饮用水源区	武义江（南溪）	源头（龙潭背）	新建镇取水点拦水坝	17.00	Ⅱ	Ⅱ
39	缙云县	南溪缙云农业、工业用水区	武义江（南溪）	新建镇取水点拦水坝	缙云永康交界处（姓姚）	15.00	Ⅲ	Ⅲ
40	遂昌县	松阴溪遂昌饮用农业用水区	松阴溪	成屏二级电站	大石（遂昌松阳交界）	3.50	Ⅲ	Ⅲ
41	松阳县	松阴溪松阳业、农业用水区	松阴溪	大石（遂昌松阳交界）	西屏镇	36.00	Ⅲ	Ⅲ
42	松阳县	东坞水库松阳饮用、农业用水区	松阴溪	东坞水库	河头	12/0.47	Ⅱ	Ⅱ

续表 7-6-3-4

序号	县别	水功能区名称	河流（湖、库）	范围			水质目标	
				起始断面	终止断面	长度/面积(千米/平方千米)	2010年	2020年
43	松阳县	松阴溪松阳农业、工业用水区	松阴溪	西屏镇	港口	10.00	Ⅲ	Ⅲ
44	松阳县	松阴溪松阳饮用农业用水区	松阴溪	港口	靖居口	13.50	Ⅲ	Ⅲ
45	松阳县	松阴溪松阳农业、工业用水区	松阴溪	靖居口	大港头	17.50	Ⅲ	Ⅲ
46	松阳县	竹源水库松阳饮用水源区	松阴溪(包括竹源水库)	竹源水库	松阳水厂竹源溪取水口	2.00	Ⅱ	Ⅱ
47	松阳县	梧桐溪松阳饮用、农业用水区	梧桐溪(含梧桐源水库)	石壁(源头)	上方	11.50	Ⅲ	Ⅲ
48	景宁畲族自治县	小溪景宁工业用水区	小溪	包山铁矿下	金钟	10.00	Ⅲ	Ⅲ
49	景宁畲族自治县	小溪(鹤溪)景宁源头饮用水源区	小溪(鹤溪)	龙潭桥水库淹没区上游2千米	县第二水厂下游0.1千米	3.50	Ⅱ	Ⅱ
50	景宁畲族自治县	小溪(鹤溪)景宁工业、农业用水区	小溪(鹤溪)	傍山	鸭蛋坑	4.00	Ⅲ	Ⅲ
51	景宁畲族自治县	飞云江景宁农业、工业用水区	飞云江(含三插溪)	白鹤下游1千米	里塘口村	18.90	Ⅱ	Ⅱ

取水许可制度和水资源费征收

1994年7月，丽水地区水电局成立取水许可制度及实施工作领导小组。1995年，统一发放中华人民共和国取水许可证616本。企事业取水单位发证率96%，农业取水单位发证率90%。1995年，向城镇用水户开征水资源费，向部分小水电站开征水资源费。1996年，向全市自来水厂开征水资源费，小水电站水资源费开征全部到位。

2004年上半年，浙江省水利厅和财政厅联合下发《关于开展规范水资源费征收管理专项执法活动的通知》。7月，丽水市水利局、财政局、审计局联合下发《关于开展全市水资源费征收使用管理专项检查活动的通知》，8月，组成联合检查组对全市九县(市、区)进行检查。10月，省检查组对莲都区、云和县、龙泉市进行抽查。市、县(区、市)两级政府对水资源费征收工作中存在的问题予以解决。2005年11月，市水利局和市财政局联合发出《关于进一步加强全市水资源费征收使用管理的意见》。

2006年2月21日，国务院公布《取水许可和水资源费征收管理条例》。

2008年，丽水市完成到期取水许证的换发证工作。同年，对19家年取水量大于50万立方米取水户的取水口安装实时监控系统，接入省取水实时监控系统平台。缙云县燕京啤酒(浙江仙都)有限公司、遂昌县自来水厂、松阳县自来水厂、市本级纳爱斯集团和玉溪引水工程等首批安装。2008年，紧水滩和石塘电站开始向丽水市水行政主管部门缴纳水资源费，并从2007年10月1日开始补缴。同年，全市征收水资源费2900多万元。2009年，滩坑电站开始缴纳水资源费。2009年11月，执行省财政厅关于“省直收水资源费返还有关市、县(市、区)60%”的规定,市本级返还部分水资源费15%,县(市、区)45%。紧水滩和滩坑电站库区范围龙泉市、云和县、景宁畲族自治县、青田县返还部分水资源费,各按各自所占水库水域面积比例分成。

2010年,全市征收水资源费3450多万元。

2001—2007年度丽水市水资源费征收一览

表7-6-3-5　　单位:万元

区 域	2001年	2002年	2003年	2004年	2005年	2006年	2007年
丽水市	—	145.56	136.23	179.45	235.12	412.81	507
莲都区	118.44	128.20	132.70	119.11	130.62	290.00	492.84
龙泉市	9.87	11.79	105.06	162.28	70.93	273.30	469.15
青田县	—	—	—	74.80	100.00	85.00	158.64
云和县	34.00	47.10	79.00	54.80	70.00	160.00	123.00
庆元县	50.00	53.00	60.00	70.00	31.75	230.00	363.70
缙云县	30.43	72.46	104.56	53.49	71.96	135.00	115.87
遂昌县	62.80	117.50	85.00	87.00	153.85	232.50	205.55
松阳县	74.09	83.93	108.22	101.49	121.50	155.00	152.14
景宁畲族自治县	220.00	220.00	250.00	280.00	292.00	500.00	600.00

水费征收

南宋乾道年间(1165—1173),处州知州范成大制定《通济堰堰规》,按500秧为一工,每年调派修堰民工3000多工。明嘉靖十五年(1536),处州知县孙存重建好溪堰,采取按受益田亩合理分摊的办法,筹集劳力、资金。清乾隆六年(1741),松阳县民程圣鼎等捐资立会,以会费作为白龙堰维修的主要资金,每年夏初,率受益农户进行工程岁修。清光绪三十二年(1906),丽水县丞朱炳庆对通济堰灌区实行收水费制度,按上、中、下三源,每源又划分三等,每亩收费标准为上源,一等二角,二等一角六分,三等一角;中源,一等一角六分,二等一角,三等六分;下源,一等一角,二等六分,三等四分。当时,通济堰自身拥有堰田10公顷,一部分由个人捐赠,一部分由官府决定从寺庙田拨给,年收入租谷240石,水费及堰田租谷收入,张榜公布。民国11年(1922),古市镇将原规定“视水旱之程度,按亩抽水费”改为“无论水旱,以时修作,每亩年交三斗。”

中华人民共和国成立初,土改期间,通济堰的12公顷官田和一片堰山划给当地乡村。之后通济堰灌区的管理经费一直依靠灌区的水费收入来维持。

1958年起,丽水各县兴建一大批水库、堰坝、渠道和机电抽水机站等水利设施,对抗御旱涝灾害,保证农业丰收起到很大的作用。水利工程的岁修及大修经费,除省、地(市)财政列支的防汛岁修经费外,主要依靠各水利工程本身的水费收入来维持,而一些乡办、村办的小型工程则一般靠劳动积累工解决。

1959年,浙江省人委颁发《浙江省农田水利工程管理养护办法》,规定各类水利工程可以按不同受益程度每年征收不超过年产量3%的水费。1965年6月,丽水专区专员公署下发《关于水库、圳坝、渠道征收水费问题的通知》。这一规定的实施后因“文化大革命”兴起而中断。

1985年，浙江省人民政府核定自流灌溉水费按每亩3—5元的标准征收，约占当时价格水平农产品产值的1—2%。但在实际贯彻过程中，征收农业水费相当困难，各水利工程单位所征水费入不敷出，只得因地制宜，开展多种经营，增强自给能力。

20世纪90年代中后期开始，丽水地区人民政府增加水利工程的修复经费，修复加固经费都以政府财政投入为主。不敷支出的部分管理经费也由政府补贴。一般农业用水基本停止征收税费。

第四节 水政监察

监察机构

1988年7月，《中华人民共和国水法》实施后，丽水地区各县水利部门建立水政水资源监察管理站，行使水政监察和水利执法职能。1991年3月，《浙江省实施〈中华人民共和国水法〉办法》颁布实施。1995年8月，执行《丽水地区本级党政机构改革方案》。丽水地区水利水电局内设水政水资源科。1996年，青田县、龙泉市、景宁畲族自治县建立水政监察大队。1998年，丽水地区水政监察支队和各县（市）水政监察大队挂牌成立，原水政水资源监察管理站撤销。全区专职水政监察员99人，全部持证上岗。2001年，水政水资源科改为水政水资源处。2009年3月，购置编号为中国渔政33751号执法船。在玉溪库区成功下水试航。同年，聘请部分渔民为观察员。2010年，丽水市根据省水利厅统一布置，市水利系统开展水政监察队伍建设“三百、六保障”达标活动。

监察执法

1990年，丽水市水政监察支队依法制止松阳县工业局职工6人占用松阴溪河道滩地建房案，当事人自行拆除占地1000多平方米的违章建筑。1995年，查处青田县瓯江沿岸部分违章建房户案。1996年，依法强行清除庆元县杨楼溪违章搭建民房、青田县瓯江边违章所建的飞鹤厅娱乐场、县建筑公司预制场、平演小学扩建工程。2001年，全市开展“河畅、水清”专项执法活动，清理河道内阻水障碍物52万立方米。

2008年1月，市水政监察支队与莲都区政府强制拆除瓯江干流河岸蔡村砂场东侧占地120平方米的违法建筑物。7月，限期整改青田县涉水违章建筑2处，违章弃渣填方1处。9月，处置水阁工业区大溪河埠段一起大面积弃碴行为，弃碴总量7.3万立方米，侵占河道面积近0.67公顷。

2018年11月，整治丽阳坑，清理养鸡网14处，垃圾200多千克，拆除违章建筑35座。2009年3月，市水政监察支队在云和石塘查获一加工废旧蛇皮袋企业，将生产污水非法排入库区行为。5月，依法处理朱村乡金山下铸钢厂老板吴某某向玉溪水库水源保护区内河道倾倒工业废料案。2010年9月，玉溪水库造成钓鱼饵料污染。市水政支队、莲都渔政站、大港头公安派出所联合开展保护饮用水源行动，劝离钓鱼人员，没收部分渔具。

第五节　管理机构

机构沿革

南宋乾道年间(1165—1173),知州范成大的职务有"兼管内劝农事"一节,亲自拟定通济堰堰规二十条,同时有军事判官兰陵人张澈分管修堰事宜。清代末叶,松阳曾设过塘工,专管水利事宜,不久即废。民国以前,州(府)、县两级均未单独设立专门的水利行政机构,而由政府部门兼管。民国元年(1912),丽水各县公署设民政、实业、财政、司法、教育等科,水利归实业科执掌。民国16年,各县公署更名县政府,设秘书、民政、财政、教育、建设等科,水利归建设科执掌。民国26年,抗日战争全面爆发,浙西各县先后沦陷,省府各机关内迁处州。民国27年1月,裁撤省水利局,并入省农业改进所,所内设农田水利股及农田水利工程队,办理后方各县农田水利事宜,驻地松阳城关太保庙。民国29年,改组农田水利股为农田水利科;改组农田水利工程队为农田水利工程处。民国31年3月,成立省农田水利贷款委员会,由建设厅厅长伍廷飏兼主任,由省农民银行技术专员杨建和孙寿培任总工程师。民国32年1月,将省农田水利贷款委员会和农业改进所的农田水利科、工程处并入建设厅,设立水利处,驻地随迁云和古坊。松阳县水利由省农业改进所直接领导,农田水利股负责实施,直到抗战结束,

中华人民共和国成立初,丽水专署实业科(处)配备水利干部,办理水利业务。后相继由专署建设科、农业科(局)领导。1952年,丽水专区撤销,所属大部分县划属温州专区。1954年12月,温州专区水利局成立。1963年,丽水专区恢复,6月,专署设农业办公室,管理农业水利工作。

1967年3月8日,丽水军分区建立生产办公室,各县有关水利方面的报告,同时行文给军分区生产办公室和专署农办。1968年11月18日,丽水地区革委会成立,水利工作归地区革委会生产指挥组领导。1969年4月15日,地区防汛防旱指挥部在地区革委会开始办公。1970年,丽水地区及所属各县水利电力行政机构相继恢复或重建。10月4日,地区革委会生产指挥组设立水电办公室。1971年2月28日,撤销水电办公室,设地区水利电力局,并建立局革命领导小组。

1978年1月,撤销地区水利电力局革命领导小组,负责人改称局长、副局长。1980年11月,地区水利电力局更名水利局,将原有的电力管理职能划出另设地区电力工业局。1983年9月,地区水利局复更名为水利电力局。1988年下半年,行署发文确定地区水利电力局为行署的水行政主管部门。1989年8月,根据地区编委关于行政事业混编单位实行政、事业分开的要求,丽水地区水电局对本局人员编制68名,重新核定到科、站,其中行政编制16名,事业编制52名。1995年8月,根据《丽水地区本级党政机构改革方案》,丽水地区水利电力局更名水利水电局,7个下属事业单位是水利管理站、水电管理站、防汛防旱指挥部办公室、水产技术推广站、水文站、水产良种试验场、水电设计院。

2000年,丽水市划分市本级与莲都区水利部门的事权,决定水利部门实行分级管理的体制,城市规划区内的水政、水资源、城市防洪和排洪工程,城市供水的水源工程和瓯江干流段的河道,

由市水利部门管理。在建的黄村水库归市管理。城市规划区外农村的水政、水资源、农田水利、农业园区建设和小流域治理由莲都区水利部门管理。原县级丽水市管理的航运管理所、渡口安全管理办公室划归市本级相应部门管理。2001 年 2 月,原丽水地区水利水电局更名丽水市水利局。7 月 4 日,市政府办公室印发《丽水市水利局职能配置、内设机构和人员编制规定的通知》,规定市水利局是主管水行政和渔业行政的市政府组成部门,并对市水利局的部分职能作调整。将电力工业的职能划给市经济贸易委员会; 在宜林地区以植树种草等生物措施防止水土流失的政府职能,划给市林业局;原建设和地质矿产部门承担的地下水行政管理职能,其中开采矿泉水、地热水用于商业经营的企事业单位凭水行政部门颁发的取水许可证,由国土资源行政主管部门办理采矿许可证;原建设部门承担的指导城市防洪职能、城市规划区地县水资源的管理保护职能划入水利局。

2010 年,丽水市水利局增挂丽水市渔业局牌子。

市级事业管理机构

1963 年,丽水专区逐步建立丽水专区水利事业单位,分批定点定员。7 月,丽水专区水文站成立,属浙江省水文总站领导。同年,专署农业办公室内设立水电勘测设计组,配专职干部 15 人。1972 年,丽水地区水利电力工程处成立,为地区直属单位。1987—1988 年,全省分批正式招收录用区、乡水利员,列入国家事业编制,属不迁户粮关系的全民劳动合同制人员。

1995 年,执行分级管理体制,丽水地区水文站 15 个(其中小河站 3 个),水位站 2 个,水质监测站 7 个,蒸发站 10 个,雨量站 119 个;水文职工 58 人,其中地区水文站 18 人,基层测站 40 人;高级技术职务 1 人,中级技术职务 11 人;委托代办人员 104 人。8 月,执行丽水地区本级党政机构改革方案》,地区水利电力局更名地区水利水电局,下设河道管理所、城区城市防洪工程建设开发管理处、水利水电管理站、水文站、防汛防旱指挥部办公室、水产技术推广站、水产良种试验场、水电设计院、水电工程处、水产公司等下属事业单位 10 个。

2001 年 10 月,丽水市水利局增设市水利水电工程质量监督站、水政监察支队、水土保持监督管理站等下属事业单位 3 个。2002 年 5 月,丽水市水利发展公司成立。同年,市水电工程处改制成为股份有限公司,称“丽水市汇力水电建设有限公司”。2004 年 9 月,市水电设计院改制为“浙江正源水利水电勘测设计研究院有限公司”。同月,水产公司也完成改制任务。2005 年 12 月,丽水市机构编制委员确定河道管理所、水土保持监督管理站与水政渔政监察支队合并,更名水利监察支队(挂河道管理所、水土保持监督管理站牌子),定为监督管理类事业单位;水文站、水利水电工程质量监督站、水产技术推广站定为社会公益类纯公益性事业单位;水产良种试验场撤销,人员妥善分流。2006 年,南明湖及生态河川管理处设立,原城区城市防洪工程建设开发管理处并入。2007 年,玉溪水资源开发有限责任公司设立。

基层事业管理机构

民国35 年(1946),青田县、景宁县两县成立水利协会。景宁县水利协会主席由县长洪焙昌兼任。民国 36 年,省政府颁布《乡(镇)水利协会章程》,各县各乡镇先后成立乡(镇)水利协会,设正副理事长 2—3 人,吸收会员 10—15 人。1949 年 10 月中华人民共和国成立后,水利任务比较繁重和水利设施较多的乡（镇），有水利会、堤董会、机电站等各种民间水利组织。1980年，丽水地区各人民公社或区公所聘用水利员，负责当地的水利、水电、机电排灌建设和管理工作，由水利（水电）局和公社双重领导。聘用的水利员属非正式国家职工，户粮关系不变，其报酬从小型农田水利补助费中开支，按每个公社每年500元包干使用。1987年7月起，各区、乡建立水利管理服务站，或配备专职水利员，作为县水利部门派出机构和人员，负责基层水利事业的管理工作。

第八篇

电　　力

① 发电

② 电网

③ 供电

④ 用电

⑤ 管理

概　述

民国时期，丽水电力工业随丽水近代工业兴起而产生。民国9年(1920)，普明电灯公司成立，直接供电丽水县城，这是丽水供电的开始。民国28年，国民政府经济部资源委员会与民国浙江省政府建设厅合资在丽水兴办浙东电力厂，后遭日本侵略军破坏。1949年，全区年供电量不足10万千瓦时。1959年，青田县首先建成10千伏线路，保障瓯江水电站施工用电。1967年，龙泉县大白岸水电站至金沙35千伏输变电工程投入运营，是丽水专区首条35千伏电网。1981年4月，丽水电业局成立，隶属浙江省电力工业局。8月，110千伏衢(州)遂(昌)紧(水滩)输变电工程投入运营，是丽水地区首条110千伏电网。1986年，220千伏紧(水滩)丽(水)金(华)输电线路和丽水变电所投入运营，是丽水地区首次出现220千伏电网。1987年，全区县(市)电网全部联入浙江电网。

1992年，全区各县(市)电力局相继成立，为县人民政府管电职能部门。1996年，丽水地区实现村村通电，全社会用电量首次突破10亿千瓦时大关。1997年12月，庆元县110千伏输变电工程投资运营后，全区110千伏网络实现全覆盖。1999年，丽水电业局受省电力公司委托，代管全区县电力(供电)局8个。“十五”期间，全市打造城乡电网，投资20亿元，新建220千伏变电所3座，110千伏变电所11座，投资运营500千伏输电线路3条。“十一五”期间，全市实行电网建设与改造，投资39.05亿元，首个500千伏变电所投资运营。2008年1—2月，丽水电网遭受冰灾影响后，全市出动电力职工4000多人、外援人员2000多人，抢修46天，全部恢复供电。2009年1月，丽水电网再度遭受冰灾影响，出动电力抢修人员1000多人，抢修3天，全部恢复供电。2010年，全市发电装机容量250.48万千瓦，发电量247201.86万千瓦时。全社会用电量572812.76万千瓦时，其中110千伏及以上输电线路95条2324千米，110千伏及以上变电站40座，变电容量5695.5兆伏安，基本形成以500千伏为依托、220千伏为主网架的丽水电网。

第一章 发 电

民国9年(1920),丽水普明电灯公司成立,仅供应丽水县城夜晚照明,是丽水最早的电力企业。历经20年曲折。艰难发展,到民国27年9月,浙东电力厂在丽水建立分厂6家,装机总容量293千瓦。民国30年,丽水县太平汛水电站建成发电,装机容量14千瓦,开丽水小水电发电之先。民国31年,日本侵略军入侵丽水时,丽水电厂遭受沉重打击,相继关停。至 民国38年,全区仅丽水、龙泉及缙云县壶镇等几家小火电厂发电,装机容量113千瓦。

1949年5月丽水解放后,丽水发电厂建设速度较快,中华人民共和国成立后,全区恢复发展火电。20世纪70年代,国家资金扶持小水电建设,开发小流域梯级电站,转向建设坝后式骨干电站。1979年底,全区水电装机容量8.51万千瓦,年发电量1.03亿千瓦时。此后,全区出现大机组、大容量电站。1986年6月,水利电力部投资兴建紧水滩电站下闸蓄水,装机容量30万千瓦,位居全省第二。1989年,石塘电站全部机组发电,装机容量7.8万千瓦,位居全省第五。1990年,全区水电站556座,总装机容量53.96万千瓦,年发电量9.71亿千瓦时。20世纪90年代,丽水地区采用合资股份制模式,建成谢村源二级电站、上标二级电站、玉溪电站及白鹤电站,投产装机容量1万千瓦以上。至2000年年底,全市总装机容量79.19万千瓦,年发电量16.51亿千瓦时。

2003年1月,滩坑水电站开工,装机容量60万千瓦。2004年8月,景宁畲族自治县建成小水电站116座,投资11.61亿元,总装机容量20.55万千瓦,人均1.15千瓦;在建电站37座,装机容量9.32万千瓦。9月,景宁畲族自治县被国家水利部命名为"中国农村水电之乡"。2009年,滩坑水电站3台机组全部建成发电。至2010年年底,丽水市发电装机容量250.48万千瓦,发电量247201.86万千瓦时。

第一节 火力发电

民国9年(1920),丽水普明电灯公司成立,丽水始有火力发电。此后,龙泉、松阳、青田、缙云等县相继建厂,均以380/220伏低压线路直供。民国22年,全区民营电厂7家,总装机容量101.8千瓦。民国27年,浙江省建设厅创办浙东电力厂,下设分厂7个,其中丽水6个。民国28年9月,丽水分厂6家全部投资运营,装机总容量293千瓦。民国31年,日本侵略军入侵时,关闭丽水、松阳、小顺分厂3家;民国32年,青田继日电气股份有限公司遭日本侵略军两度破坏而关闭。1949年4月,丽水解放前,全区仅丽水、龙泉及缙云县壶镇等几家小火电厂发电,装机容量113千瓦。

1949年10月中华人民共和国成立后，丽水专区恢复发展火电。1953年，丽水各县均建有火电厂。1962年，各县火电厂发电量307万千瓦时，占总发电量的73.27%。此后，遂昌县长濂、丽水县桃山、云和县崇河、龙泉县河村火电厂相继投资运营。1969年，全区火电厂发电量988万千瓦时，占全区总发电量的36.32%。20世纪70年代，全区减缓火电建设速度，缙云县、庆元县逐渐停发火电机组。20世纪80年代，全区逐步停止建设及运营小火电。1988年，全区全部停止运营火力发电厂。

2004年，浙江省经贸委先后批复同意建设纳爱斯热电厂和凯恩热电站，建设规模分别为二炉二机和二炉一机，装机容量均为6000千瓦。这是丽水市继小火电厂停机后，再次新建热电厂项目。2010年，全市火电发电量1260万千瓦时，占总发电量的0.5%。

丽水普明电灯股份有限公司

民国8年（1929）秋，丽水乡绅郑宝琳等人筹集1万银元，在丽水县囿山北麓创办普明电灯股份有限公司，采用股份制。民国9年6月，普明电灯股份有限公司开始发电，厂房5间120平方米，26千瓦直流发电机组1套，以薪代炭。民国13年，购立式40马力（29.44千瓦）柴油机1台，替换原木炭车。民国20年，发电量3.49万千瓦时，用户148户。民国27年，普明电灯公司作价发供电设备，转让给浙东电力厂丽水分厂。7月15日，公司停业。

龙泉普耀电灯公司

民国13年（1924），瞿守先在龙泉城内五粒（砝）创建普耀电灯公司，自任经理，置40马力（29.44千瓦）32千瓦柴油机发电机组1套。民国15年，普耀电灯公司开始发电，采用220伏线路，直供县府机关、学校及部分商店，供应16瓦灯头400盏左右。民国28年11月，公司用户有限，经营维艰，将土地、房产、发供电设备折价5500元法币，转让给浙东电力厂龙泉分厂。

青田继日电气股份有限公司

民国17年（1928）年初，李友薪等人筹集9450银元，创办青田继日电气股份有限公司，厂址县城崇道观①右侧山脚，厂房3间，置24马力（17.66千瓦）18千瓦柴油发电机组1套。5月，采用220伏出线，直供县府机关及部分商店、股东等用户。民国21年9月，公司获发营业执照，用户275户。民国22年5月15日，日本侵略军飞机（简称日机）轰炸青田县城时，厂房、线路遭损坏，被迫停止发电。7月17日，日本侵略军入侵县城，掠走紫铜导线等材料，被迫倒闭。

民国时期丽水部分民营电厂一览

表8-1-1-1

名　称	创办人	投资运营年份	简　　况
松阳华阳电灯公司	叶虎城等人	民国15年（1926）	民国14年秋创办，民国15年开始发电，安装12马力（8.83千瓦）6千瓦卧式柴油机发电机组1套。民国19年，阙宗清买下公司并更名正大电灯公司，后增40马力（29.44千瓦）立式柴油发电机组一套，因亏损被松源银行接管，更名电灯公司，民国27年12月停业

① 2010年青田县第二中学的前身。

续表 8-1-1-1

名 称	创办人	投资运营年份	简 况
缙云光明电灯公司	李怀新等人	民国18年(1929)	位于五云镇仙岩巷,投资运营时安装25马力(18.40千瓦)10.30千瓦柴油发电机组1套。民国21年,更名缙云县和记光明电灯公司,民国25年又更名光明电灯股份有限公司,民国34年关闭
缙云壶镇电灯砻碾磨股份有限公司	吕略三等人	民国19年(1930)	位于壶镇节孝祠,投资运营时安装24马力(17.66千瓦)9千瓦柴油发电机1套,以110线路向镇内用户直供,民国32年,与永康华记米厂合营,更名为壶镇公益电米厂
松阳县古市刘龙碾米发电厂	刘龙、阙桐斋等人	民国22年(1933)	位于古市镇,投资运营时安装16马力(11.78千瓦)7.50千瓦立式双飞轮木炭发电机组1套,民国32年夏,日本侵略军入侵松阳,电厂关闭
缙云壶镇公益米厂	徐连三吕约法等人	民国32年(1943)	安装24马力(29.44千瓦)9千瓦柴油发电机组1套,白天碾米,晚间发电照明。民国34年停业。同年,由吕约法等人接办,另购24马力(29.44千瓦)柴油发电机组1套。1949年春停业
龙泉光华电灯股份有限公司	柯祖福等人	民国36年(1947)	浙东电力厂分厂停办后,发供电设备移交柯祖福等人续办,有30千瓦、20千瓦机组各1套。1949年5月停业
丽水新生电力厂	黄元山梁复刚陈进三	民国36年(1947)	黄元山等3人合股创办新生电板厂,厂址在城内迎喜殿弄2号,装机容量33千瓦,白天碾米、锯板,晚间供处州中学及部分居民照明,1949年10月,更名为新生电力厂
丽水工联电厂	刘文奎刘嘉兴等人	1949年	位于城内梅山背,工联电厂为合资创办,置房20千瓦柴油发电机组1套,白天碾米,晚间发电照明。1950年7月,并入公私合营联工电

浙东电力厂

民国27年(1938)2月,浙江省建设厅筹建浙东电力厂,总厂设在丽水,赵曾钰任厂长,设分厂7个。民国28年5月,与国民政府经济部资源委员会签定合约,省政府投资25万元法币,资源委员会投资15万元法币,合营浙东电力厂。丽水设分厂6个。

碧湖分厂 位于丽水县碧湖镇。民国27年(1938)2月筹建,租用汤家祠堂作厂房,借宁波永耀电气公司卧式单缸40马力(29.44千瓦)旧柴油发动机,配20千瓦发电机。4月11日发电,以220伏出线直供用户67个及主要街道路灯照明。民国28年5月6日,机组发生故障,暂停发电。另选碧湖河口陶化公司基地建新厂,购买萧山临浦乾元电灯公司150马力(110.4千瓦)96千瓦旧柴油发电机组,新架输电线路,整改原有低压线路,民国29年11月1日,重新发电。民国31年,碧湖分厂遭日本侵略军破坏,修复后发电。民国33年,丽水县城沦陷,碧湖分厂停业。

丽水分厂 位于丽水县城岩泉门外利民垦殖场上侧。民国27年(1938)2月开始筹建,厂区占地面积1.3万平方米,置200马力(142.2千瓦)四气缸旧柴油发动机,配120千瓦交流发电机。7月15日开始发电。年末,用户从117户增至565户,容量从122千瓦增至1118千瓦,最高负荷从51千瓦增至108千瓦。民国28年2月,新建厂房16平方米,购入永嘉县光明火柴厂75马力(55.2千瓦)直立式二气缸柴油机,借宁波永耀电灯公司40千瓦2300伏60赫兹三相交流发电机配合使用。6月竣工发电。民国28年8月,日机轰炸丽水城,厂房及供电设施均受损坏,修复后发电。民国31年4月

11日，日本侵略军入侵丽水县城，厂房被焚、发电设备遭严重毁坏，被迫停业。

小顺分厂 位于铁工厂后背，厂区占地1300多平方米，厂房面积80平方米。民国27年(1938)10月，浙东电力厂动工兴建小顺分厂，解决浙江省铁工厂用电需要。置40马力(29.44千瓦)20千瓦柴油发电机组1套。民国28年1月1日发电，白天供铁工厂动力用电，晚间供工厂及小顺村居民照明。民国30年3月，购入上虞正大电气公司35马力(25.76千瓦)19.2千瓦旧柴油发电机组。6月修复后发电。民国31年，遭日机轰炸，发供电设备均受损坏。7月初，停止发电。

大港头分厂 民国28年(1939)2月，在丽水县河边村兴建大港头分厂，租用河边村王家祠堂，装36马力(26.5千瓦)14千瓦旧柴油发电机组1套。4月1日建成发电，供铁工厂及附近村民照明用电，用户27户。发电时间为天黑至24时止，照明灯头730盏。民国31年，日本侵略军入侵丽水，发供电设备受损，修复后继续发电。民国33年，铁工厂自备机组发电。4月10日分厂停业。

松阳分厂 民国27年(1938)12月，松阳县私营光明电灯公司因资金匮乏、经营困难，停止发电。民国28年1月，浙东电力厂筹设松阳分厂。分厂租用原光明电灯公司厂房及40马力(29.44千瓦)火冒立式单气缸柴油机，另购24千瓦交流发电机一台配合使用。8月10日正式发电，以220伏出线供98户及路灯20盏照明。民国30年，用户增至222户，路灯增至40盏。民国31年7月31日，日本侵略军入侵松阳县城，厂房被焚，发供电设备破坏而停业。

龙泉分厂 民国28年(1939)9月28日，龙泉分厂购买商办普耀电灯公司厂房及发供电设备，修复40马力(29.44千瓦)25千瓦柴油发电机发电。民国29年，另置50马力(36.8千瓦)单缸木炭机1台，配30千瓦交流发电机发电。同年末用户255户。因负荷增加，又在云岩社装36马力(26.5千瓦)20千瓦柴油发电机组供西区用电。民国36年4月，分厂移交龙泉光华电灯股份有限公司。

缙云电厂

1950年11月，筹建国营缙云电厂，前身为缙云电米厂，厂址在五云镇仙岩巷，利用汽车发动机配14.4千瓦发电机组，以木炭为燃料。1951年3月发电，同年发电量2.15万千瓦时。1954年1月，发电业务从电米厂分出。3月，私营缙云群力榨油厂以动力设备并入，更名公私合营缙云电厂，大蒙天发动机2台计35马力(25.76千瓦)，24千瓦发电机1台。1958年冬，购置35马力(25.76千瓦)24千瓦柴油发电机组1套。1960年6月，接管东门水电站，设水电、火电车间2个。1965年3月，扩建新厂房234平方米。1966年10月，更名地方国营缙云电厂。1969年年末，火电总装机容量319千瓦，年发电量32.92万千瓦时。1970年7月，缙云电厂在壶镇宫前景云寺装450千瓦柴油发电机组，解决壶镇棉纺厂用电。1977年，县电力公司成立，撤销缙云电厂。

石郭电厂

石郭电厂位于青田县城东侧瓯江南岸石郭上村鱼头山，厂区占地1516平方米。1960年4月工程开工。1961年2月，安装完成机电设备，有10-d350c型水管锅炉1台，TK-1.5型1500千瓦汽轮机1台，tqt-1616/4型1500千瓦发电机1台。3月进行试运行。1962年5月，石郭电厂风机发生故障而停役。1964年5月1日，石郭电厂移交给青田县续办。1967年，开工复建石郭电厂。1970年冬投资运营。1987年10月，110千伏温州慈湖至青田输变电工程投产，石郭电厂停止发电。

桃山电厂

桃山电厂位于丽水城西3千米处的大溪北岸。1963年11月4日，桃山火电厂开工，一期工程安装750千瓦旧汽轮发电机组及6500千克小时锅炉1套，主变压器1台1000千伏安；1965年元旦发电。二期工程安装750汽轮发电机组及6500千克/小时锅炉1套；主变压器1台1000千伏安；1968年10竣工发电。三期工程安装1500千瓦汽轮发电机组及1万千克/小时塑井煤粉燃烧锅炉1套；主变压器1台1800千伏安。1972年建成发电。1978~1979年，增加安装500千瓦柴油机组2套，电厂装机5台，容量4000千瓦。1981年7月，丽水县电网并入浙江电网，电厂停止发电。

重河电厂

重河电厂位于云和县城以西6千米的重河村。1964年5月筹建。8月，1号机组容量464千瓦发电；10月，2号机组288千瓦投产，以10千伏出线向新华机械厂等单位供电。1967年12月，调入1套旧柴油发电机组投资运营，容量272千瓦，装机总容量960千瓦。1973年，扩建2200马力（1619.2千瓦）1600千瓦柴油发电机组1套。1974年1月投资运营。1977年10月，运行多年的3号机组报废，电厂征地1386平方米，扩建总容量1450千瓦的柴油发电机组3台。1978年11月，3台机组全部投资运营后，6台柴油发电机组总容量3738千瓦。1982年，110千伏云和变电所投产后，陆续停机，转为备用。1984年，发电机组全部停役。

长濂电厂

长濂电厂位于遂昌县云峰乡长濂村300米外的山岙中。1965年2月开工，总投资80万元，安装750千瓦的汽轮发电机组2台。同时安装SL-1000/10油浸自冷式电力变压器2台，4回10千伏出线，2回直供利民化工厂。1966年7月投产。1966年8月，长濂电厂成为遂昌县电力总厂的发电车间。1977年2月，长濂电厂划给利民化工厂作自备热电车间。1984年11月，利民化工厂自备35千伏变电所投产后，改由浙江电网供电，机组停役。

若干年份丽水75千瓦及以上国营火电厂一览

表8-1-1-2

电厂名称	运营时间	停发时间	简　况
丽水县电力厂	1952年6月	1981年7月	安装24千瓦柴油发电机组1套，1956年底，虎啸门总厂建成，1964年桃山火电厂投资运营后，其它小机组全部停发。1980年，装机5台，计4000千瓦，1981年丽水电网并入浙江电网后停发
龙泉风箱弄火电车间	1959年1月	1966年12月	安装55千瓦柴油发电机组1套，1960年，调为160千瓦机组。1962年，装机3台，容量279千瓦，1966年停发
龙泉河村火电车间	1965年	1986年9月	厂址位于宏山乡河村，装机3台，计560千瓦。1972年扩建，1978年，1250千瓦柴油发电机组建成投资运营，1985年，龙泉县电网并入浙江电网，1986年停发
龙泉下湾火电车间	1966年11月	1988年	安装456千瓦柴油发电机组1套，至1988年停役

续表 8-1-1-2

电厂名称	运营时间	停发时间	简　况
青田县电力厂	1951 年 6 月	1965 年 6 月	安装18 千瓦柴油发电机组 1 套,1956 年，改为地方国营,1960 年,装机容量 170 千瓦,1965 年 6 月,火电机组停发,人员并入石郭水力发电站
青田西门火电车间	1958 年 11 月	1962 年 4 月	安装200 千瓦柴油发电机组 1 套,1962 年，瓯江水电站停建,机组停发
青田东门火电车间	1977 年 10 月	1987 年 11 月	厂址在鹤城镇杨府殿,安装 500 千瓦柴油发电机组 1 套,1987 年 11月,青田县电网并入浙江电网运行后停发
云和水电厂火电车间	1960 年 12 月	1961 年 8 月	安装 75 千瓦机组 1 套,1961 年 8 月停发
云和白洋墩电厂	1961 年 12 月	1964 年 11 月	安装 185 千瓦机组 1 套,1964 年 11 月停发
庆元电力厂	1952 年 1 月	1976 年	安装 25 千瓦木炭机组 1 套,1956 年建曹岭分厂。1967 年 7 月,机组停发。1976 年,分厂停役
庆元火电厂	1980 年 8 月	1984 年	安装 500 千瓦柴油发电机组 1 套
遂昌龙潭火电车间	1965 年 7 月	1967 年 9 月	安装机容量200 千瓦,同年底增至 384 千瓦,主要用于枯水期发电。1967 年 9 月停发
遂昌成屏火电车间	1977 年 9 月	1980 年 3 月	安装 1250 千瓦发电机组 1 套
景宁电厂	1953年 9 月	1982 年	景宁电力锯木碾米厂投资运营时安装 24 马力(17.66 千瓦)12 千瓦煤气发电机组 1 套,1956 年,更名地方国营景宁电力碾米厂,1966 年,装机 3 台,容量 410 千瓦,1982 年机组全部停发

1949 年 10 月中华人民共和国成立后,火力发电曾经有过进一步发展的历史。国营火力发电厂发展较快,管理逐步规范化。但随着电网设施的建设和水力发电的发展,20 世纪 80 年代,地方火力发电停止,火力发电厂被撤销。少数企业自行办理热电厂除外。

浙江纳爱斯热电厂

浙江纳爱斯热电厂位于浙江纳爱斯集团厂区内西南角。2005 年 9 月开工,安装循环流化床式锅炉 2 台;抽凝式和背压式汽轮机各 1 台,额定功率分别为 3000 千瓦;汽轮发电机 2 台,功率 3000 千瓦,出线电压 10.5 千伏。2006 年 5 月 20 日,2 台机组同时投产,年平均发电量 30.6×10^6 千瓦时,热电比 668.7%,热电联产,供热为主。1 号、2 号发电机接入 10 千伏母线,经厂内变压器升压至 35 千伏入水南变电所联网。变电站 2 台主变压器容量分别为 5000 千伏安、6300 千伏安,采用微机综合自动化保护,实现无人值守。

浙江凯恩热电站

浙江凯恩热电站位于遂昌县妙高镇源口村,站区占地面积 14500 平方米。2003 年,组织调研并编制热电联产项目建议书，厂区土建面积 3263 平方米，主要设备选用 35 吨中压中温锅炉 2 台,C6 抽汽凝汽式汽轮机 1 台,额定功率 6000 千瓦,配置 6 兆瓦汽轮发电机组 1 台,功率 6000

千瓦，额定电压 10.5 千伏。热电站分二期建设，一期工程完成土建项目及汽轮发电机组安装投资运营。2005 年 10 月 25 日，第一台锅炉安装施工，2006 年 3 月底供气。二期工程投产第 2 台锅炉，全部设备投资运营后年平均发电量 3600×10^4 千瓦时，年平均供热量 107.92×10^4 吉焦。厂房右侧处建升压站，安装主变压器 1 台，总容量 8000 千伏安，通过 1 千米电缆线路接入遂昌 35 千伏源口变电所并网。

第二节 水力发电

民国 30 年(1941)，丽水县太平汛水电站建成发电，装机容量 14 千瓦，开丽水小水电发电之先河。至 1949 年，丽水专区有水电站 2 座，容量 72 千瓦。此后，龙泉、遂昌、云和等县相继建设小水电站。1958 年，青田县兴建瓯江水电站，装机容量 105 万千瓦。1959 年，瓯江水电站配套工程青田县石郭二级水电站竣工发电，装机 2 台，容量 1600 千瓦，为当年全省最大的农村小型水电站。同年，丽水各县有水电站 52 座，装机容量 2179 千瓦，占全省水电站装机容量的 24.22%。同期，各县水电站多为农村生产大队所办，规模小，设备简陋。1962 年，青田县停止建设瓯江水电站。同年，龙泉大白岸、遂昌成屏二级电站竣工投产。1969 年年底，全区农村微型水电站以水轮泵为主要动力，装机容量一般在 1~10 千瓦，计有千座以上；水电站 431 座，总装机容量 1.65 万千瓦，年发电量 1732 万千瓦时。20 世纪 70 年代后期，丽水加快开展小流域梯级开发，其中缙云县盘溪电站被誉为“深山明珠”，成为全国小流域、小水头、小流量梯级开发小水电的示范电站。1983 年 10 月，紧水滩电站主体工程动工。1988 年建成发电。1985 年 7 月，石塘水电站开工建设。1990 年全部建成发电。2004 年 10 月，滩坑水电站开工建设。2008 年 8 月开始首发电。2010 年，全市建成水电站 784 座，总装机 247 万千瓦，年发电量 670.9 千瓦时，发电收入 38 亿多元，在建规模 16.44 千瓦时。

紧水滩水电站

紧水滩水电站位于云和县境内瓯江干流龙泉溪上，距县城 19 千米。1981 年，电站导流工程开工。1983 年 10 月 31 日截流，主体工程动工。1984 年 5 月，扩大装机容量 30 万千瓦。1987 年，1~4 号机组投资运营，完成发电量 3.44 亿千瓦时。1988 年 11~12 月，5 号、6 号机组并网发电，6 台机组全部投产。1998 年 2 月 10 月，实现梯调对紧水滩、石塘两站设备完全监控和日常生产管理。2005 年 5 月 28，实现电站调度自动化，日竣工投资运营。至 2010 年年底，电站发电量 117.61 亿千瓦时，上网电量 62.12 亿千瓦时。

石塘水电站

石塘水电站位于云和县石塘镇石塘村附近，距紧水滩电站 25 千米，是瓯江干流龙泉溪上第二级电站，容量 2.60 万千瓦的轴流转浆式水轮发电机组单机 3 台，装机总容量 7.8 万千瓦。1985 年 7 月 1 日，石塘水电站进点施工。9 月 13 日，电站主体工程动工。1989 年 7 月 2 日，电站 1 号机组投产。12 月 31 日，3 号机组投产。1990 年 6 月 5 日，2 号机组投产，工程总造价 1.98 亿元，单位造价 2544.4 元/千瓦。1992 年，更新改造电站设备。1997 年 12 月，完成更新改造 3 台发电机组推力瓦，将巴氏合金瓦更换为金属弹性塑料瓦。1998 年 10 月，实现计算机对发供电设备完全监控和日常生产管理。2000 年 8 月至 2004 年 1 月，完成改造 1—3 号发电机组开关，全部 110 千伏系统开关由少油量开关更新为 SF6 开关。2004 年 9—11 月，增容改造 1—3 号水轮发电机组，单机容量由 2.60 万千瓦增至 2.86 万千瓦，年均增发电量 9.60%左右，增加产值逾 600 万元。至 2010 年年底，石塘水电站发电量 34.08 亿千瓦时，上网电量 20.92 亿千瓦时。

滩坑水电站

滩坑水电站位于青田县境内瓯江支流小溪中游河段，是国家重点工程，属浙江省“五大百亿工程”之一，工程概算总投资 47.19 亿元，集旅游、生态、灌溉、防洪、供水为一体，以发电为主，装机总容量 60 万千瓦，年利用小时 1705 时，年发电量 10.23 亿千瓦时。厂房为地面式，安装单机容量 20 万千瓦水轮发电机组 3 台，厂房长 113 米，宽 47.7 米，高 59.8 米。2004 年 10 月 31 日，电站主体工程全面开工。2005 年 10 月 13 日，电站实现河道截流。2008 年 8 月 16 日，首台 20 万千瓦发电机组发电。2009 年 2 月 12 日，第二台 20 万千瓦发电机组发电。7 月 13 日，第三台 20 万千瓦发电机组发电。至 2010 年底，电站年平均发电 10.35 亿千瓦时。

云和水电厂

云和水电厂亦称瓦窑水电厂，位于距县城 1 千米的小徐乡瓦窑村。民国 31 年(1942)，浙江省政府机关迁驻云和县时兴建，利用浮云溪及支流雾溪的水力发电。民国 32 年元旦正式发电，采用 2 回 2.3 千伏线路，向县城送电。1953 年秋，改木质压力管为钢筋混凝土管，出口处建土堰以控制下游水位。1962 年秋，发电机换为 75 千瓦。1971 年 12 月停止发电。

马蹄岙电站

马蹄岙电站位于浙闽交界的闽江水系松源溪上，距庆元县城 12 千米。1966 年 8 月动工兴建。1970 年开始蓄水。1978 年 10 月，安装 4 号机组，容量 1250 千瓦。1979 年 1 月投产。1986 年，扩建电站，4 台发电机组全部调为 1700 千瓦。1988 年 1 月，4 台新机组全部投资运营，至此，装机总容量 6800 千瓦，承担庆元电网调峰任务。2010 年，马蹄岙电站年发电 2597.93 万千瓦时。

盘溪梯级水电站

盘溪梯级水电站位于缙云县盘溪中上游。1970 年 8 月，盘溪梯级电站开工兴建。1972 年 4 月，首先建成五级站发电。1986 年 8 月，梯级电站全部投入运营，总投资 1926 万元，装机容量 8930 千瓦。盘溪梯级电站 6 级电站利用水头 606.2 米，利用率 92.8%，是中国小流域、小水头、小流量梯级开发小水电的典型。1983 年，水利电力部小水电研究所确定盘溪梯级电站为全国小水电自动化、远动化试点。1987 年 10 月，盘溪梯级电站二、三、四级 3 座电站自动化装置正式投入运行。

上标水电站

上标水电站位于瓯江水系标溪上游景宁畲族自治县的东坑区境内，距景宁县城 68 千米。1985 年 8 月，正式开工建设上标水电站，主厂房安装 8000 千瓦的水轮发电机组 2 台，设计水头 498 米，为浙江省水头最高的水电站。1990年7月，上标水电站建成投产，装机容量1.6万千瓦，通过110千伏上云线送至云和变电所。1992年起，上标水电厂由浙江省电力工业局委托丽水电业局代管。2003年，上标水电厂管理职能由浙江省电力公司移交浙江省能源集团公司。至2010年，上标水电站发电量5345万千瓦时，上网电量5264万千瓦时。

玉溪电站

玉溪电站又称玉溪水利枢纽工程，位于莲都区大港头镇均溪村，坐落在瓯江干流龙泉溪下游河段，离上游石塘电站坝址约8.5千米，距丽水市区30千米。玉溪电站以发电为主，兼有灌溉、航运和改善环境等综合功能，设计发电水头10.5米，水库总容量1453万立方米。1992年1月14日，国家计划委员会批准兴建玉溪电站。1994年2月20日，开挖电站临时工程及一期基坑覆盖层。2000年6月，工程全部完工，总投资内资2.88亿元，外资1.77亿奥地利先令，折价3.88亿元，单位造价9688元/千瓦。2010年，玉溪电站发电13165万千瓦时。

大奕坑电站

大奕坑电站位于瓯江水系小溪支流大奕坑源上，距青田县城26千米，是大奕坑源水电梯级开发的第二级电站。1998年9月，青田县大奕坑水电发展有限公司成立，作为投资业主负责筹资和电站工程建设。1998年12月18日，大坝工程开工。2001年3月2日，建成引水隧道。3月5日，大坝下闸蓄水。2001年6月，2台机组投产发电，电力送至35千伏朱山变电所联入大网。工程总预算1.07亿元，实际造价8733.38万元，单位造价6931元/千瓦，是青田县首个民间筹资建设的装机超1万千瓦的股份制电站。2010年，大奕坑电站发电4586万千瓦时。

瑞垟二级电站

瑞垟二级电站位于龙泉市境内梅溪流域，距市区66千米。瑞垟一级电站发电尾水经隧洞引入二级电站水库。瑞垟二级电站是集发电、防洪为一体的水电枢纽工程，具有不完全年调节能力，多年平均发电量6799万千瓦时，平均流量6.35立方米/秒，有效库容1440万立方米，总库容1759万立方米，发电水头落差168米；装机2台，单机1.5万千瓦，机组型号为SF-J15-10/3000。瑞垟二级电站是丽水电网起调峰作用的主力电站之一，由大型民营企业华睿集团全资开发。1993年，完成瑞垟二级电站项目可行性研究设计。1995年6月，浙江省计划经济委员会批准立项。2001年10月25日正式开工。2003年12月28日，2台机组一次性并网发电成功，电力输出通过110千伏瑞宏1077线送至龙泉220千伏宏山变电所联入大网。2010年，瑞垟二级电站发电7900万千瓦时，工程概算总投资2.16亿元，实际投资2亿元，单位造价6650元/千瓦。

谢村源电站

谢村源电站又称谢村源水库和二级电站，位于瓯江支流松阴溪的谢村源。工程分三期建设，第一期为谢村源水库和二级电站工程；第二期为三级电站和水库跨流域引水工程；第三期为一级水库电站工程；三期工程总投资1.48亿元。1990年3月开工。2001年11月起，谢村源梯级电站分阶段完成基础自动化设备改造，建立以二级电站为调度中心，实现一、三级电站无人值班（少人值守)的运行方式。2004 年 1 月投入使用。2010 年,谢村源电站发电量 6041.31 万千瓦时。浙江松阳谢村源水利水电开发有限公司为电站业主单位,工程总投资 7764 万元,单位造价 4852.5 元/千瓦。

应村电站

应村电站又名应村水利枢纽工程,位于遂昌县灵山港桃溪上游,坝址在应村(乡)上游 1.5 千米处,电站厂址在北界(镇)下游 2 千米的下墅村。电站以发电为主,同时起到改善下游防洪、灌溉和供水条件的作用,装机 2 台,单机 1.6 万千瓦,总容量 3.2 万千瓦。1995 年 11 月 23 日,浙江省计划经济委员会批准立项。2000 年 4 月 21 日,应村电站工程列入浙江省重点建设项目。12 月 20 日正式开工。2004 年 5 月 10 日,2 号机组经过速和甩负荷试验率先发电。7 月 1 日,第二台机组正式进入运行期,所发电力通过 110 千伏应溪输电线路送至 110 千伏金溪变电所联入大网。工程总投资概算 20.9 亿元,实际造价 2.7 亿元,单位造价 8437 元/千瓦。2010 年,应村电站发电 9196 万千瓦时。

开潭电站

开潭电站又称开潭水利枢纽工程,位于瓯江中游,距莲都区城东南约 7 千米。坝址靠近 330 国道线。2002 年 12 月 15 日,土建单位下河施工。2003 年 3 月 31 日,工程一度停工。2004 年 2 月 11 日,项目业主重组,丽水市正阳水电发展有限公司投资开发经营。2004 年 10 月 1 日,主体工程正式开工。2006 年 10 月 8 日,第一台机组并网发电。2007 年 1 月 11 日,第二台机组并网发电;2007 年 4 月 17 日,第三台机组并网发电。2008 年 12 月,主体工程完工,总建设周期 50 个月。工程总投资概算 4.49 亿元,年设计发电能力 1.32 亿千瓦时。2010 年,开潭电站发电 51670.11 万千瓦时。

2010 年丽水市 6000 千瓦及以上小型水电站基本情况一览

表 8-1-2-1

名　称	站　址	机组数×单机容量（千瓦）	总装机容量（千瓦）	发电量（万千瓦时）
雅溪一级电站	莲都区	4×1800+1250	8450	3069.63
玉溪水电站	莲都区	2×20000	40000	13164.61
开潭水电站	莲都区	3×16000	48000	17147.81
瑞垟一级水电站	龙泉市	2×6000+3200	15200	5461.96
均溪二级水电站	龙泉市	2×5000	10000	2959.48
瑞垟二级水电站	龙泉市	2×16000	32000	7899.71
岩樟溪水电站	龙泉市	2×10000	20000	6081.78
巾惠口水电站	龙泉市	2×3200	6400	1713.09
雁溪水电站	龙泉市	2×40000	8000	745.30
沙铺砻水电站	云和县	2×12500	25000	6586.26
金坑口水电站	云和县	2×8000	16000	6056.31

续表 8-1-2-1

名　称	站　址	机组数×单机容量（千瓦）	总装机容量（千瓦）	发电量（万千瓦时）
马蹄岙水电站	庆元县	2×3600	7200	2597.93
大岩坑水电站	庆元县	2×18000	36000	12505.83
黄水水电站	庆元县	2×5000	10000	3419.36
贵南阳水电站	庆元县	2×3200	6400	1617.40
冯家山水电站	庆元县	2×3200	6400	1420.38
左溪一级水电站	庆元县	2×16000	32000	11594.10
南阳二级水电站	庆元县	2×4000	8000	3321.73
龙井水电站	庆元县	2×4000	8000	1794.58
兰溪桥水电站	庆元县	4×1600	6400	480.13
龙宫洞水电站	缙云县	1×10000	10000	4893.31
碧龙源水电站	遂昌县	2×6300	12600	3473.35
成屏水电站	遂昌县	4×2000+5000	13000	4191.81
应村水电站	遂昌县	2×16000	32000	9195.97
金竹水电站	遂昌县	2×3200	6400	65.30
周公源水电站	遂昌县	2×8000	16000	11441.79
谢村源水电站	松阳县	2×8000	16000	7253.44
安民水电站	松阳县	2×6300	12600	4402.61
裕溪水电站	松阳县	4×1600	6400	1584.66
上标一级电站	景宁畲族自治县	2×9500	19000	5344.95
上标二级电站	景宁畲族自治县	2×5000	10000	3645.44
白鹤二级水电站	景宁畲族自治县	2×4000	8000	2524.14
英川水电站	景宁畲族自治县	2×20000	40000	14530.44
英川三级水电站	景宁畲族自治县	2×1250+2×2500	7500	2522.66
龙川水电站	景宁畲族自治县	2×5000	10000	3202.27
景润水电站	景宁畲族自治县	2×3200	6400	2050.48
毛垟水电站	景宁畲族自治县	2×3200	6400	1928.97
三枝树水电站	景宁畲族自治县	2×6300	12600	4086.50
岭头桥水电站	景宁畲族自治县	2×3200	6400	2062.20
温头口水电站	景宁畲族自治县	2×4000	8000	3288.66

第二章 电 网

民国9年(1920),丽水建成第一条220伏配电线路。民国22年,龙泉、松阳、青田、缙云等县城及壶镇、古市两镇相继建成低压电网,主要街道均设线路。民国28年,丽水建成2.3千伏高压线路。1959年,青田建成全区第一条10千伏线路。1967年4月,龙泉县35千伏大白岸至金沙输变电工程投产,为全区首次35千伏网络。1971年,35千伏溪遂、永壶输变电工程先后投产,遂昌县电网与浙西电网联网,缙云壶镇电网与金华电网联网。1973年,新龙输变电工程建成,庆元电网与龙泉电网联网。1975年,35千伏缙丽输变电工程投入运营,实现缙云、丽水两县电网联网。1979年,35千伏云丽线投产,云和、丽水、缙云3个县并网运行。至此,全区形成35千伏网络,包括云和、丽水、缙云3县一片;龙泉、庆元2个县一片;遂昌县单独一片。1979年,全区35千伏变电所14座,变电容量5.31万千伏安,35千伏线路326千米。

1981年,衢遂紧输变电工程投入运营,丽水地区首次出现110千伏电压等级。1986年,紧丽金输变电工程投入运营,全区首次出现220千伏电压等级。1987年,全区电网均与浙江电网连接。1990年,全区初步形成35千伏网络框架,变电所47座,变电总容量18.74万千伏安;线路60条,877.98千米;110千伏变电所4座,变电容量8万千伏安,输电线路8回,长415.62千米;220千伏变电所1座,变电容量9万千伏安,输电线路5回,长232.5千米。2010年,丽水电网拥有500千伏变电站1座,220千伏变电站9座,110千伏变电站30座,110千伏及以上变电容量569.55万千伏安、线路2296.1千米。丽水境内接入丽水电网小水电站805座,总装机容量252万千瓦。

第一节 输变电工程

500千伏网络

2001年6月18日,双龙—瓯海线丽水段建成投入运营,线路长173.16千米,其中丽水电业局管理线路101.04千米,是丽水市首条500千伏线路。至2005年年底,全市500千伏线路3条。2008年5月27日,全市首座500千伏变电站——万象变电站投资运营,主变容量75万千伏安。2009年,二期工程投资运营,主变容量75万千伏安。2010年,全市500万千伏变电站1座,容量150万千伏安;500千伏线路6条。

双龙—瓯海线丽水段 线路代码5463,起点500千伏金华双龙变电所,终点500千伏温州瓯海

变电所。1999年10月开工。2001年6月18日投资运营。双瓯线丽水段自金华武义县进入丽水市莲都区西溪乡龚山村，跨越220千伏线路2处，经青田县油竹镇麻宅村进入温州境内。

福州北—双龙线Ⅰ回路丽水段　线路代码5906。2000年，华东电网与福建省网联络线，是三峡电站送电的配套工程，起点为500千伏福州北变，终点为500千伏金华双龙变电所，全长349.06千米，其中丽水段92.73千米。2000年12月15日动工，2001年11月7日正式投产。福双线Ⅰ回路丽水段，自泰顺县黄桥乡小燕村388号塔，经景宁、云和、松阳、莲都4县（区），到达莲都区丽新乡赤于村855号塔，进入金华市境内。

福州北—双龙线Ⅱ回路丽水段　线路代码5916，南起500千伏福州北变电所，北至500千伏金华双龙变电所，线路全长365千米，其中丽水段92.74千米。2002年3月开工。2003年1月10日投资运营。500千伏福双Ⅱ回路路径位于双福Ⅰ回路东侧，平行于Ⅰ回路约100—400米，线路设计输送容量100万千瓦。丽水段铁塔203基，跨越220千伏线路2处，跨越110千伏线路6处，其中542号塔跨越110千伏玉龙1088线高63米，塔总高度达76.2米，为当时全市境内最高输电铁塔。

双龙—瓯海线II回路丽水段　线路代码5464，起点500千伏金华双龙变电，终点500千伏温州瓯海变电所。其中丽水段杆塔225基，从103#到327#，全长101.79千米。2007年7月5日建成，2007年7月15日投入运营。设计单位为浙江省电力设计院，施工单位为浙江省送变电工程公司。

瓯海—万象线II回丽水段　线路代码5490，原500千伏龙瓯5464线开口，分为海象5490线及龙象5464线。起点500千伏温州瓯海变电所，终点500千伏丽水变电所。其中丽段杆塔180基，从54#到233#，全长780.9千米，双回路4.47千米。2008年6月23日建成投资运营。设计单位为浙江省电力设计院，施工单位为浙江省送变电工程公司。

瓯海—万象线I回丽水段　线路代码5489，起点500千伏丽水变电所，终点500千伏温州瓯海变电所，其中丽水段杆塔171基，从1#到171#，全长78.72千米。设计单位为浙江省电力设计院，施工单位为浙江省送变电工程公司。2008年5月27日建成投入运行。

500千伏变电站　500千伏万象变电所位于联城镇苏埠村。2007年3月开工，占地面积5.98公顷。2008年5月27日建成投产。这是丽水市第1座（浙江电网第23座）500千伏变电所，是全市电网和华东主网联系的枢纽。

220千伏网络

1986年，220千伏丽水变电所投资运营，丽水地区首次出现220千伏网络。1990年，全区220千伏变电所1座，变电容量9万千伏安输电线路5回，长232.5千米。2003年，丽水市第二座220千伏变电所——宏山变电所，主变容量15万千伏安，220千伏紧宏线投资运营，全长53.53千米。2010年，全市220千伏变电站9座，变电容量240万千伏安；220千伏线路22条，长773.7千米。220千伏遂昌、青田、仙都、鹤溪、睦田、北山等变电站先后投入运营。

输电线路　紧水滩—丽水—金华1回路自紧水滩电站，经丽水变电所，过武义县境，至金华变电所，全长125.38千米，是丽水地区第一条220千伏输电线路。其中，紧丽线起点紧水滩电站，终点丽水变电所，长47.7千米，同塔双回路1.18千米；杆塔126基，铁塔71基，ZV铁杆55基。1985年3月开工，12月竣工。丽金线起点220千伏丽水变电所，终点220千伏金华变电所，长77.7千米，丽水变电所出口同塔双回路0.56千米，金华变电所出口同塔双回路0.35千米，杆塔192基，铁塔139

基,ZV铁杆53基;1985年5月开工,1986年5月31日竣工。1986年12月10日,紧丽金1回路投入运营,全线产权按行政区划为界划分,丽水段81.4千米,归丽水电业局;金华段43.98千米归金华电业局。

紧水滩—宏山线线路,代码2394。起点紧水滩电站,终点220千伏宏山变电所。2003年10月23日投资运营,全长53.53千米,杆塔112基,其中耐张塔26基,直接塔86基。直线塔采用ZMS2、ZMS3、ZMS4三种猫头型全方位塔,转角塔采用GJS4、GJS5、GJS6三种干字型全方位塔。终端塔为SJ3双回路塔。全线交叉跨越71处(次),跨越范围为110千伏及以下电压等级输配电线路,通讯线、广播线以及公路、房屋、通航河流等。

双龙—遂昌线线路,代码2389。起点500千伏金华双龙变电所,终点220千伏遂昌变电所。2005年10月18日投资运营,全长74.03千米,其中丽水段杆塔27基,从140号到166号,长13.2千米。双遂线路多处交跨,其中穿越500千伏输电线路6处,220千伏线路1处,110千伏线路5处,35千伏线路3处,10千伏线路32处。

丽水—青田线线路,代码2333。丽青2333线和青楠2330线,线路开口前原名温丽2363线,起点温州电厂,终点220千伏丽水变电所。全长125.58千米,丽水段长70.04千米,杆塔147基,从106号到252号。1989年7月投资运营。2001年7月,温丽线50号、51号开口接入楠江变,更名楠丽2333线,起点220千伏楠江变,终点丽水变电所。2005年9月,楠丽线131号、133号塔开口接入220千伏青田变电所。2005年10月11日,220千伏楠丽线开口环入青田变电所工程投资运营。从220千伏青田出线门型架起至楠丽线开口点止的双回路输电线路,全长5.95千米,其中双回路长度5.02千米,单回路0.93千米,全线杆塔15基,双回路转角塔4基,双回路直线塔9基,单回路转角塔2基,全部采用定型铁塔。

遂昌—龙泉线线路,代码2Q66。起点遂昌变,终点宏山变,全长79.93千米,杆塔183基。2006年7月29日投入运营。220千伏遂昌变至220千伏宏山变为线路前进方向。遂宏线穿越龙泉市和遂昌县,其中龙泉段31.71千米,遂昌段48.22千米;山区77.53千米,占97%;平地2.34千米,占3%。

2010年丽水市220千伏输电线路一览

表8-2-1-1

序号	线路名称	线路代码	起点	终点	长度(千米)	导线型号	终点		投产年月	产权归属
							类别	基数		
1	紧丽线	2331	紧水滩	丽水变电所	47.73	LGJ-300	铁塔	123	1986年12月	电业
2	紧水线	2332	紧水滩	丽水变电所	47.17	LGJ-300	铁塔	123	1988年11月	电业
3	丽华线	2334	丽水变电所	金华变电所	33.74	LGJ-400	铁塔	76	1988年11月	电业
4	双丽线	2390	丽水变电所	双龙变电所	33.63	LGJ-400	铁塔	75	1986年12月	电业
5	丽青线	2333	丽水变电所	青田变电所	66.20	LGJ-400	铁塔	133	1989年7月	电业
6	紧宏线	2394	紧水滩	宏山变电所	53.53	LGJ-500	铁塔	112	2003年10月	电业
7	青楠线	2330	青田变电所	楠江变电所	16.08	LGJ-400	铁塔	39	2005年10月	电业
8	双遂线	2389	遂昌变电所	双龙变电所	13.20	LGJ-300	铁塔	27	2005年10月	电业

续表 8-2-1-1

序号	线路名称	线路代码	起点	终点	长度（千米）	导线型号	终点		投产年月	产权归属
							类别	基数		
9	象滩线	4P30	万象变电所	紧水滩	45.30	LGJ-300	铁塔	112	2008 年 5 月	电业
10	万丽线	4P19	万象变电所	丽水变电所	4.82	LGJ-400	铁塔	17	2008 年 6 月	电业
11	象紧线	4P29	万象变电所	紧水滩	43.73	LGJ-300	铁塔	114	2008 年 5 月	电业
12	万水线	4P20	万象变电所	丽水变电所	4.82	LGJ-400	铁塔	17	2008 年 6 月	电业
13	丽温线	2Q67	丽水变电所	温泉变电所	32.66	LGJQ-400	铁塔	75	1986 年 12 月	电业
14	仙洲线	2Q46	仙都变电所	安洲变电所	19.73	LGJ-400	铁塔	53	2006 年 7 月	电业
15	遂宏线	2Q66	遂昌变电所	宏山变电所	79.86	LGJ-400	铁塔	183	2006 年 7 月	电业
16	仙安线	2Q47	仙都变电所	安洲变电所	21.55	LGJ-400	铁塔	64	1982 年 11 月	电业
17	丽枫线	2Q68	丽水变电所	枫树变电所	15.50	LGJ-300	铁塔	35	2007 年 11 月	电业
18	骄滩线	2Q81	骄霞变电所	滩坑电站	35.86	LGJ-400	铁塔	75	2008 年 7 月	电业
19	滩文线	2340	滩坑电站	文武变电所	35.86	LGJ-400	铁塔	27	2008 年 7 月	电业
20	象鹤线	4P28	万象变电所	鹤溪变电所	64.10	LGJ-300	铁塔	162	2009 年 12 月	电业
21	睦溪线	2Q74	睦田变电所	鹤溪变电所	22.40	LGJ-300	铁塔	67	2009 年 12 月	电业
22	象睦线	4P27	万象变电所	睦田变电所	52.38	LGJ-300	铁塔	134	2009 年 12 月	电业

110 千伏网络

1981 年，衢遂紧输变电工程投入运营，这是丽水地区首个 110 千伏网络。1985 年，建成紧龙输变电工程。1987 年，建成温青输变电工程。1990 年，全区 110 千伏变电所 4 座，变电容量 8 万千伏安，输电线路 8 回，长 415.62 千米。

1993 年起，缙云、遂昌、景宁、岩泉 110 千伏输变电工程先后投入运营。1997 年 12 月，庆元输变电工程投入运营，丽水地区实现 110 千伏网络全覆盖。2000 年，全区 110 千伏变电所 11 座，主变压器 16 台，总容量 45 万千伏安。110 千伏线路 20 条，长 655.63 千米。2003 年，丽水电网缺电严重，加快电力建设步伐。2008 年，浙江省第一座“全寿命配送式”变电站——云和杨柳河变电站投入运营。2010 年，全市 110 千伏变电所 30 座，主变压器容量 179.55 万千伏安；110 千伏线路 85 条，长 1476.45 千米。

35 千伏网络

1967 年 4 月，龙泉县大白岸至金沙输变电工程投入运营，丽水专区首次出现 35 千伏网络。1971 年，溪遂、永壶输变电工程先后投资运营。1973 年，建成新龙输变电工程。1975 年，缙丽输变电工程投资运营。1979 年，云丽线投资运营。同年，全区 35 千伏变电所 14 座，变电容量 5.31 万千伏安，35 千伏线路 326 千米。1990 年，全区 35 千伏变电所 47 座，变电容量 18.74 万千伏安，其中用户自备变电所 9 座，变电容量 19650 千伏安；60 条线路计 877.98 千米。

“八五”计划期间，新建 35 千伏变电所 5 座、线路 6 条，长 48 千米。1996—2000 年“九五”计划期间，全区新建 35 千伏变电所 12 座、线路 30 条，长 143.16 千米。2010 年，全市 35 千伏变电所 83 座，总容量109.52万千伏安,其中用户自备变电所34座,容量49.8万千伏安;线路192条,长2007.7千米。

变电所

丽水变电所　位于市区城西吕埠坑村西侧,距城3千米。1986年12月10日投产。一期工程安装9万千伏安1号主变压器1台,220千伏出线2回至紧水滩水电厂和金华变电所,110千伏出线2回至石塘电站以及35千伏出线6回,是丽水首座220千伏变电所。1995年6月,2号主变压器扩建,容量12万千伏安,主型号OSFSZ7-120000/220。2号主变压器投产后与1号主变压器不能并列运行。2002年,更换1号主变压器,改造部分设备。9月2日,完成9组110千伏(SW-110)更换为SF6开关;9组35千伏多油开关更换为SF6开关;更换110千伏旁路间隔独立流变及2号录波器等设备。总投资583.84万元。1号主变压器更新及4台220千伏开关更换为SF6型,均列入技术改造项目,总投资850万元。12月28日,更换后容量为15万千伏安的1号主变压器投资运行,主变压器型号OSFPSZ9-150000/220。2005年9月4日,丽水变电所连续安全运行6000天,9月,开始启动综合自动化改造工程。2010年4月,进行全停改造。

宏山变电所　位于龙泉市龙渊镇宏山村,距市区约3千米,西北侧距龙庆公路250米,占地面积2.4公顷。2002年10月15日,土建工程开工,建筑面积1415平方米,其中主控制楼高2层700平方米,35千伏屋内配电装置室为单层结构400平方米,继电器室单层180平方米。2003年10月23日投入运营。

遂昌变电所　位于遂昌县城北云峰镇,占地面积2.52公顷。2004年9月20日开工,建筑面积1590.7平方米,主控楼及35千伏屋内配电装置楼采用钢筋混凝土框架结构。2005年10月18日投资运营。总投资4610.74万元。

青田变电所　位于青田县鹤城镇石臼村,距县城约4千米,占地2.1公顷,建筑面积2550平方米。2004年9月2日开工。2005年6月5日设备安装开工。10月11日投资运营。总投资5567.66万元。

睦田变电站　位于云和县城东睦田村,距县城约2千米,占地2.49公顷,建筑面积1203平方米。2009年11月15日正式投入运营。

2010年丽水市220千伏变电站一览

表8-2-1-2

序号	变电所名称	主变编号	型号	容量(万千伏安)	投资运营时间
1	丽水变电站	1号	OSFPSZ9-150000	15	2002年12月28日
		2号	OSSZ10-180000	18	2008年1月31日
2	宏山变电站	1号	SFPSZ9-150000	15	2003年10月
		2号	SSZ10-150000	15	2006年12月
3	遂昌变电站	1号	SFSZ10-150000	15	2005年10月
		2号	SSZ11-150000	15	2006年12月

续表 8-2-1-2

序号	变电所名称	主变编号	型号	容量(万千伏安)	投资运营时间
4	青田变电站	1号	SFSZ10-150000	15	2005年10月
		2号	SSZ11-150000	15	2007年4月29日
5	仙都变电站	1号	OSSZ10-150000	15	2002年12月28日
		2号	OSFPSZ10-150000	15	2008年1月31日
6	枫树变电站	1号	SSZ10-180000	18	2007年11月16日
		2号	SSZ10-180000	18	2009年11月20日
7	鹤溪变电站	1号	OSSZ10-150000	15	2008年11月22日
8	睦田变电站	1号	SSZ10-180000	18	2009年12月25日
9	松阳变电站	1号	SSZ10-180000	18	2010年12月26日

第二节　配　电　网

民国9年(1920),丽水县城建立全区第一个220伏低压网络。此后,龙泉、松阳、青田、缙云县城相继建成低压网络。民国28年,浙东电力厂丽水分厂架设2.3千伏高压线路,从城内至溪口长1.5千米。20世纪30年代初,缙云壶镇镇、松阳古市镇建有低压线路,农村电网开始出现。民国31年,全区各低压电网大多遭日本侵略军毁坏。同年,云和县建成瓦窑水电厂至县城、黄桥头2回2.3千伏线路,长3.1千米,配电变压器5台。次年元旦,投入运营。后延伸至沙溪、重河一带,供浙江省政府机关用电。民国34年,抗日战争胜利,浙江省政府机关迁回杭州,大部分线路拆除。1949年年末,仅保留丽水、遂昌、云和、龙泉及壶镇的低压配电网络,长20.25千米。

1956年,丽水电力厂兴建县城至水东桥头的5.25千伏农村专线,长4.5千米。次年,青田县电力厂架设县城至水南的5千伏线路,长2.3千米。1959年,青田县石郭二级水电站至瓯江水电站工地的10千伏线路建成投入运营。此后,各县的10千伏网络发展较快,并陆续将2.3—6千伏线路改成10千伏。1978年,丽水地区乡、村低压配电网覆盖率67.13%和47.24%,10千伏配电线路1179千米,配电变压器745台,容量42485千伏安。20世纪70—80年代,全区低压配电网络,特别是农村老线路开始整改,木杆加绑水泥接腿或更换成水泥杆,导线多更换为铝绞线,新架用户以用户自建为主。1990年,全区低压配电线路8718千米,10千伏线路6930千米,配电变压器5369台,容量27.64万千伏安。

1995年起,丽水各县(市)陆续兴建工业开发区,配电网络逐年扩大。2000年,10千伏线路增至853条,长9350.43千米,配电变压器8417台,容量75.03万千伏安。此后,全市同步实施城网改造规划。2000—2003年,丽水市区实施架空线路下地电缆化改造工程,花园路、囿山路、宇雷路、紫金路、人民路等街道路段28条,投资6400多万元,建成10千伏及低压电缆67.31千米。2001年起,全面改造低配电网中设备老化、年久失修、线损高、安全隐患多的小水电自供区域,投资1.21亿元。调换10千伏线路电杆6315支,调线1651.93千米;低压线路调线1703千米,调杆24594支。新建10千伏线路227.63千米,低压线路355千米。新增配电变压器及台区121台,改造配电变压器及台区

426台，改造户表73583只。2010年，全市10千伏线路863条，长12596.68千米；配电变压器9208台，容量115.7万千伏安；380/220伏线路17382条，长14772.5千米。

第三章　供　　电

1920—1970年，丽水各县电网独立运行，供电方式均由各县火电厂、水电站自供。1971年起，遂昌电网与龙游电网连接运行，补充部分负荷。1975年，丽水、缙云两县联网，形成跨县的地区性电网。至1979年，云和(含景宁县)县电网联入丽水电网。1986年，丽水电网出现220千伏电压等级。1987年，丽水地区八县一市全部连入浙江电网。1998年，编制《1998—1999年丽水电网暂态稳定的规定》。1999年起，全区小水电的迅猛发展和全社会用电需求趋平缓，出现电力供大于求的局面。2003年，供电缺口增大，编写丽水电网黑启动方案，实行分配电量，稳定电网运行。

2006年年底，丽水电网有220千伏变电所6座，主变容量138万千伏安，以220千伏为主供网架的供电网络基本形成。2008年，500千伏万象变投资运营，丽水电网跨入500时代，结构得到根本性改善。2009年，丽水电网的220千伏主供网架基本建成，形成以220千伏厂、站为中心的供电区域8个。2010年，500千伏万象变#2主变的投资运营使丽水电网的结构得到进一步完善。

第一节　电力调度

电力运行

1920—1970年，各县电网供电方式均由各县火电厂、水电站自供。1971—1974年，遂昌电网经35千伏遂黄线与龙游溪口35千伏黄铁矿变电所连接运行，向县网补充部分负荷。1971年，35千伏永壶线投资运营，壶镇的部分负荷经永壶线接入永康电网运行，其他县电网独立运行。1975年，丽水与缙云经35千伏丽缙线并网运行，缙云的多余电量向丽水输送。至1979年，云和(含景宁区域)县电网联入丽水电网，正常运行方式是雅溪一级电站通过35千伏云丽线与云和县小水电并列运行。35千伏丽缙线停运，缙云县电网独立运行。其他县电网仍独立运行。1981年，35千伏改为110千伏运行。正常运行方式是由衢州220千伏衢州变电所110千伏母线经衢古线、古云线向110千伏古市变电所、云和变电所供电。遂昌(含松阳区域)、云和(含景宁区域)、丽水等3个县与浙江电网联网。1985年，110千伏龙泉变电所经紧龙线支接于古云线运行。1986年，庆元县经35千伏新龙线与系统联网。同年，丽水电网220千伏丽水变电所主要向丽水、缙云两县供电；110千伏古市、云和、龙泉变电所向遂昌、松阳、云和、景宁、龙泉、庆元县供电。1987年，青田县电网经110千伏慈湖线与温州电网连接，由温溪变电所供电。至此，丽水地区八县一市全部连入浙江电网。

20世纪90年代起，调度所设运行方式组，配备专业人员。同时发挥上标、成屏两水电站的调节作用，减少省局对该地区的限电次数。1994年上半年，丽水电网正常运行方式分三块运行，即丽水市（县级）、缙云县、青田祯埠接丽水变电所35千伏母线运行；110千伏古市变电所、龙泉变电所、云和变电所由紧古1068线、紧龙1065线、紧和1066线接入紧水滩电厂110千伏母线运行；110千伏温溪变电所接温州220千伏慈湖变电所的110千伏母线运行。下半年，缙云110千伏输变电工程投入运营，缙云县的负荷由接丽水变电所35千伏母线运行改为110千伏母线运行。9个县（市）分丽水、缙云片，云和、景宁片，龙泉、庆元片，松阳、遂昌片，青田（温溪）片等5片运行方式。1999年起，全区小水电的迅猛发展和全社会用电需求趋平缓，出现电力供大于求的局面。编制、发布35千伏小水电拉闸线路名单，避免紧水滩电厂主变严重过载。2003年，供电缺口增大，编写丽水电网黑启动方案，实行分配电量，稳定电网运行。

2006年年底，丽水电网有220千伏变电所6座，主变容量为138万千伏安，以220千伏为主供网架的供电网络基本形成。与大网联接点有5处，分别为220千伏丽水变电所、220千伏紧水滩电厂升压站、220千伏遂昌变电所、220千伏青田变电所、220千伏方岩变电所110千伏母线。备用联接点有2处，分别为220千伏慈湖变电所110千伏母线和220千伏衢州变电所110千伏母线。

2008年，500千伏万象变投入运营，丽水电网跨入500时代，结构得到根本性改善。2009年，丽水电网的220千伏主供网架基本建成，形成以220千伏厂、站为中心的供电区域8个，分别是以220千伏丽水变电所、枫树变电所为中心的供电区域（莲都片）、以220千伏仙都变电所为中心的供电区域（缙云片）、以220千伏遂昌变电所为中心的供电区域（遂昌、松阳片）、以220千伏紧水滩电厂升压站、220千伏鹤溪变电所为中心的供电区域（景宁、云和片）、以220千伏青田变电所为中心的供电区域（青田片）及以220千伏宏山变电所为中心的供电区域（庆元、龙泉片）。2010年，500千伏万象变#2主变的投资运营使丽水电网的结构得到进一步完善。

电能质量

电压　20世纪50年代前，丽水各电厂都以独立小电网供电，电压普遍偏低，谷峰时段额定220伏照明线路电压通常低至180伏至150伏，灯光昏暗。20世纪60年代初，各电厂陆续采用高压线路供电，电压质量有所提高。但有些地方因负荷增长及发电出力不足，电压仍偏低。1975年，丽水、缙云安装并联电容器组，两县联网供电。1979年，丽水电力公司在路湾变电所装置两组并联补偿电容器，容量1400千伏。1981年，全区第一台110千伏有载调压变压器在云和变电所投资运营。各县电网陆续联入浙江电网后，电压质量有明显提高，但局部地区的电压上下波动大，仍不能稳定在标准值内。20世纪80年代，各县市供电部门都采取调整分接头档次。丽水电业局110千伏主变压器全部采用有载调压装置，但由于电网结构薄弱等原因，电压合格率时有达不到额定标准。

20世纪90年代起，丽水电业局设立无功电压管理部门生技科，设置专职工程师，其他县（市）局设兼职人员。1991年，10千伏母线电压合格率68.8%。1993年，成立丽水电业局谐波管理小组，负责丽水电网的谐波监督和测试工作。1994年12月1日起，执行《丽水电网电压质量和无功电力管理规定》。同年首次在温溪变电所安装电压无功综合控制器 1 台，此变电所电压合格率从 76.5%上升到 930.9%。此后，电压无功综合器在全区范围内逐步推广。同年，全年电压合格率 91.3%。

20 世纪 90 年代中期，大量非线性负荷如中频炉、电弧炉等设备投资电网运行，谐波污染成为影响丽水地区电网电能质量的主要问题之一。1996 年，丽水地区中频炉 193 台，配电变压器容量61740 千伏安，造成丽水电网电压合格率降低，10 千伏母线电压合格率仅 73.81%，地区关口力率合格率高峰 74.96%，低谷 48.24%。1998 年起，测试、分析电网的谐波超标情况，进而实施治理，逐步摸索出适合丽水电网的谐波治理模式，规模较大的谐波源用户要求用户就地治理；接有大量小型谐波源用户的母线实施集中治理；谐波超标不严重的母线处，无功补偿装置选用大电抗对谐波进行抑制。建立谐波管理网络，确定谐波管理工作流程，建立谐波准入制度，对入网运行的谐波源用户，根据谐波测试超标情况要求限期完成治理，按照用户工程的验收管理规定验收谐波治理工程。12 月 1 日起，实施《丽水电网电压监测点设置办法及电压质量标准》，规定安全生产文明达标标准：供电综合电压合格率大于等于 92%；网局一流标准：供电综合电压合格率不小于 97%。此后，使用电压无功综合控制器自动调压及投撤电容器、对各县市关口力率实施考核、按规定对水电厂下达电压、力率曲线等管理、技术措施，提高两率，至 2000 年，全区电压合格率 96.63%。

2001 年，丽水电业局电能质量领导小组成立，对全市电网电压、无功、系统谐波加强管理，建立全市无功电压、电能质量管理网络，各县（市）局配置兼职人员。2002 年，开始上报农网电压合格率季报、年报，同年，市局城网综合电压合格率 98.69%。6 月，投资 80 万元，研制和开发电压、谐波、无功与一体的“三十五域图”综合控制策略，综合治理试验景宁变电所电压、谐波、无功。先后在白龙变电所、云和变电所、缙云变电所进行多谐波源的集中治理。2004 年，城网综合电压合格率 98.66%。2005 年，缙云变电所、云和变电所、岩泉变电所安装电能质量在线监测装置，逐步建成电能质量在线监测网。所有变电所均安装无功电压综合控制器。9 个县（市、区）通过农网改造，缩小供电半径，加强无功电压、电能质量管理力度，无功配置更趋合理，提高自动化调压水平。2006 年，云和变、缙云变、岩泉变装设电能质量在线监测装置，根据电能质量在线监测数据分析，制定缙云变、云和变滤波电容器控制策略，将滤波电容器接入综控器，大大提高两变电所的电压合格率。2007 年，根据有关规定和电网发展重新调整电压监测点，A 类、C 类、D 类均有调整，更加全面反映城市电能质量。2008 年，制定《丽水电网谐波管理办法》，规范和明确谐波测试、谐波治理、谐波源用户接入电网等。2009 年，开展国网公司无功优化试点县建设工作。2010 年，全市城网综合电压合格率 99.91%。建成全省首家基于 GIS 的地县一体化电压合格率综合管理系统，实现平台集中建设、分布应用模式，在国网系统推广应用。

供电可靠性　20 世纪 50—60 年代，丽水各县独立小电网供电经常间断，用户只得备以油灯或蜡烛供停电时照明。1971 年，遂昌、缙云壶镇电网连入浙江电网，供电可靠性有所提高。20 世纪 70 年代后期，由于工农业用电增长快，电力供需矛盾日趋突出，特别在“双夏”用电高峰期，只能以拉闸限电保证系统安全运行。1981—1987 年，各县（市）电网相继并入浙江电网，供电可靠性有较大提高。各县供电部门陆续将无载变压器更换为有载调压变压器，减少停电次数。110 千伏衢古线、古云线、紧龙线和瓷青线安装重和闸装置，使 110 千伏线路在故障跳闸后无永久性故障情况下，能迅速恢复供电。1990 年，全区供电可靠率 97%。

20 世纪 90 年代初，供电可靠性指标一直徘徊在较低的水平，1991 年为 99.42%。此后，输变电可靠性管理小组成立，制定颁发《丽水电业局输变电可靠性管理办法》《加强可靠性管理工作的若干意见》《丽水电业局输变电可靠性考核办法》，实行量化管理，目标分解，经济考核。安排切换无载调压主变压器及有载调压主变压器的无载分头，每年2次，运行人员合理调整主变压器分接头和投切电容器，变电所逐步采用自动控制手段调整电压和无功。1997年，丽水电业局可靠性管理领导小组成立，落实提高供电可靠率措施。1999年，制定《用户供电可靠性目标管理考核办法》，修改停电作业流程，严格停电计划、审批制度。此后，各县（市）局也相继制定软硬件保证措施和对策，用计划指标来达到可靠性目标管理。同时，建立开闭所、分接箱，减少线路故障率和停电次数及停电范围。至2000年，全网供电可靠率提高到99.7%。2002年，颁发《丽水电业局供电系统用户供电可靠性管理办法》，规定检修、施工（基建、业扩、改造等）停电时间的界定与事故抢修停电时间界定。同年，莲都供电局率先使用车载发电机，提高供电可靠性。此后，严格落实配网停电计划刚性管理，加大配网建设与改造力度，打造坚强网架和智能配网。2007年，开展配网设备标准化、通用化工作，通过改造增强负荷转供和互供能力，提高配网线路绝缘化率。2009年，深化关口前移，全方位、全过程开展技术监督，确保设备“零缺陷”入网。2010年，全网加快推进配网带电作业。同年，全网城市供电可靠率99.85%，农村供电可靠率99.61%。

载波通信　1972年，丽水县学坑口电站安装ZDDF-1型载波机，开通丽水县电厂调度室至学坑口电站的载波通信，这是丽水地区10千伏系统开通的第一条载波通道。1975年，因丽水与缙云联网的需要，置ZS-3型载波机开通丽水至缙云通路。1977—1979年，全区先后开通至雅一、雅二电站的载波通道。此后，缙云、云和、遂昌等县相继使用载波通信。1981年，丽水电业局建成古市、云和载波室，设专人值班，购置ZJ-3型载波机10台，开通区调—云和变电所—古市变电所、区调—云和变电所—衢州变电所、区调—云和变电所—紧水滩水电站等载波通道，基本形成区调与110千伏变电所间载波通信网络。1982年起，各县局（公司）相继与县境内的110千伏变电所之间开通载波通道。1986年，220千伏丽水变电所载波室投资运营，使用ZDD-12型载波机及ZJ-5型地线载波机，首次开通区调至省调的载波通道。统一安排全区载波机频谱，逐步完善载波通信网络，各县局（公司）也改善35千伏系统载波通信条件。

20世纪90年代初，电力载波是丽水地区主要通信方式，220千伏丽水变电所为区调的载波终端，汇接所在县（市）的110千伏变电所到区调的通道，主要的载波通信转接站为110千伏云和变电所、110千伏古市变电所。1993年，220千伏线路及以上电力载波电路4条，载波机9台，话路千米数471.06千米；110千伏线路上电力载波电路6条，载波机19台，话路千米数619.88千米。主要型号为ZJ-3，ZDD-5、ZDD-12等。1994年，丽水220千伏载波站通过省局标准通信站验收。同年，实现110千伏及以上变电所至区调的通信双通道，为电网的运行提供保障。1997年，完成云和载波站搬迁。

20世纪90年代后期，微波与光纤通信投资运营，载波通信因可靠性差、速率低而成为辅助通信，至2000年，110千伏线上电力载波电路23条，载波机46台。2002年，农网改造期间，完成属辖各变电站通信电源改造及载波电路调整。同年起，实现110千伏以上变电所通信站无人值班，各载波站先后撤销。此后，丽水市光纤通信环网，载波通信主要应用于边远山区水电站接入系统的通信方式，全市各变电站载波通信全部退出运行。

调度通信

微波通信　1991年，丽水电力部门配合浙江省电力工业局杭温数字微波工程丽水段前期准备工作,220 千伏丽水变电所微波站编入设计方案。1994 年 11 月,丽水电力局大楼、220 千伏丽水变电所 2 个站点和浙南微波系统连接成功。1996 年 11 月起,微波通信起步,开始规划、选址、电测、电路设计、施工设计。1997 年 3 月,利用省调的 E1 链路,技术人员独立开通丽水变电所—局大楼 PCM·60 路 64K 通道,标志丽水电力通信人员第一次独立完成数字通信工作。

1998 年 12 月 2 日,丽水地区"一点多址"电力通信微波网开通,成为覆盖范围内综合业务数字网的主要通信方式。区域监控采用南京自动化研究所专门研制的监控系统,在丽水、松阳、遂昌、缙云境内组网。2005 年起,一点多址退出运行,只保留浙南陈寮山、黄降山微波站 2 个。

光纤通信　2000 年 5 月,丽水市针对 OPGW、ADSS 等特种光缆在电力系统的大量应用,SDH 等光传输系统的迅速普及,确定丽水电力通信网向"光传输、宽带化、多业务接入"的战略。2001 年 6 月,双瓯 5464 线 OPGW(架空复合地线光缆)引入丽水电业局,标志丽水电力通信网和省网的连接开始进入"高可靠性、高宽带"的光传输时代。2001 年 11 月,第一条国网干线 500 千伏双龙—福北 OPGW 光传输链路开通,由于直接传输距离长,景宁建设光传输中继站,至此,通信技术人员开始承担国网通信干线链路的运行任务。

2002 年,丽水电力系统第一条 SDH 光纤通信线路—丽水电业局—碧湖变电所—西屏变电所和丽水电业局—岩泉变电所的光纤通信线路开通,这是丽水电力系统第一条 SDH 光纤通信线路。2003 年,开通金—温 OPGW、福建—金华 OPGW 光纤通信,实现局与省局及各地区通信、数据、图像等传输,通道互为备用。此后,先后开通丽水—青田、丽水—云和、云和—景宁、松阳—遂昌—龙泉、龙泉—庆元、丽水—缙云等光纤通信项目。2004 年,9 县(市、区)全部实现光纤通信。伴随新建变电所投资运营,大量的接入网光缆投资运行,2007 年"丽水局电力通信 A 环增容改造工程",涉及丽水局、云和局、景宁局、庆元局、宏山变、遂昌变,组建丽水地区思科系列 A 环区域的县局环和 220 千伏变电所环。2010 年。实施"丽水地区通信基础网汇聚层改造工程",完成丽水局、莲都局的接入。至 2010 年,有光纤通信站 230 个,光纤通信线路 1715 千米,成为丽水电网管理现代化、生产自动化核心的基础支撑网络。

继电保护

20 世纪 60 年代初,各县小电网只有简单的反时限过流保护装置。1965 年 1 月,桃山火电厂 1 号汽轮发电机组投资运营,主变压器和发电机组投资运营。1972 年,永康至壶镇 35 千伏输变电工程投资运营,35 千伏线路使用电流速断方向过流保护装置。此后,遂昌、龙泉、庆元等县的 35 千伏线路都采用重合闸保护,主变压器设重瓦斯保护、差动保护和超稳信号装置。1976 年起,丽水、缙云县调开始继电保护整定值计算和调整工作。继电保护的校验设备由调压器、滑线电阻及指针仪表等单件设备接线组成。20 世纪 80 年代,丽水电业局相继贯彻《继电保护自动装置现场保安规程》和《电业安全工作规程》,制定丽水电业局继电保护技术管理制度。1981 年投资运营的 110 千伏变电所、线路均采用 PLH-11/BI 距离保护装置。1986 年,220 千伏线路的保护采用南京自动化设备厂生产的晶体管 C 型装置,有相差高频保护、高频闭锁、距离保护和零序保护。220 千伏母线和 110 千伏母线安装固定连接式母线差动保护,35 千伏母线装有相位比较式母差保护。1990 年止,各县均由生技科或调度室兼职人员管理。

1993 年,丽水地区电力局制定继电保护配置图板,将电压继电器全部更改为无振动电压继电器，此后，在各县（市）局开展新产品运用和技改工作，采用高精度时间继电器，缩短保护的级差时间，安装备自投及低周减载装置，提高继电保护运行水平。1997年，全年检修调试220千伏线路保护7条，110千伏线路保护26条，35千伏线路保护40条，10千伏线路保护65条。全年全部装置动作571次，正确动作率100%，故障录波器动作42次，正确动作率100%，荣获全国电力系统继电保护管理年优胜单位。1998年起，制定《继电保护及自动化装置检修管理规定》和《继电保护交界面的整定管理规定》，加强对县（市）调的专业指导，形成地、县二级继电保护管理体系。

至2002年，丽水投资800多万元改造继电装置，提高装置的完好率，确保高频保护及通道因缺陷停役时间控制在48小时之内，母差保护因缺陷停役时间控制在24小时之内。同年完成《110千伏继电保护整定及定值管理系统》软件开发，并通过上海市人民政府《2002年上海科技进步奖》评审。同年，220千伏丽水变电所继电保护全部实现微机化管理。2003年，制定《丽水电业局继电保护及自动装置三级验收管理规定》。2004年，加强继电保护日常保护运行、缺陷和事故分析，做好运行分析月报和技术监督月报工作；同年，丽水电网第一套分相光纤差动保护（丽阁1057线）顺利投资运营工作。2005年，以调度系统安全性评价为契机，规范专业管理流程和管理制度。与通信共同制定继电保护通道原则及管理办法，确保保护通道的可靠运行。运行和管理水平。获省公司继电保护技术监督先进单位。2007年，丽水电网110K及以上变电所均实现综合自动化、保护微机化，继电保护微机化率100%。2008年丽，水电网首座500千伏万象变继电保护验收、整定计算及启动投资运营。2009年，实现丽水电网220千伏变电所故障录波器联网工作。2010年，全面完成继电保护状态评价、验收工作，制定《丽水电业局继电保护状态检修管理规定实施细则》《丽水电业局继电保护状态检修运行实施细则》《丽水电业局继电保护状态检修运行实施细则》，基本构建较为完善的继电保护状态检修体系。2006—2010年，继电保护动作正确率100%。

调度自动化

1984年4月，在110千伏古市变电所安装启用JSC-3E型数据传输装置，简称小三路远动。1984年，确定盘溪二级电站实现遥控、遥调、遥测、遥信“四遥”及无人值班和三、四级电站实现遥测和遥信的设计方案。1985年，缙云县电力公司兴建载波楼，完成二级电站机组自动化设备的安装和调试。1986年，缙云电力公司完成美国SCADA系统引进设备的安装和调试。1987年4月初试成功，10月，自动化、远动化项目正式投资运营。

1985年，丽水电业局在35千伏路湾变电所安装JSC-3E型装置，在110千伏云和变电所安装YDZ-2型16路远动装置，将相关有功功率、无功功率数据（信号）送至调度室接线模拟屏显示。12月，丽水电业局与温州市微机开发中心共同研制成功WDJ-A型电网安全监测装置。1986年，220千伏丽水变电所投资运营时，安装一套调度自动化及负荷监控系统，型号为JS-MWY-DI。

1992年，完成所有地区关口脉冲电度表安装。同年，完成丽水变电所变送器更新改造。1993年6月1日，丽水地区电网调度自动化系统通过省局实用化验收。1993年11月20日起，正式启用自动打印所辖变电所、水电厂的负荷、电压等记录系统，以调度自动化系统打印的报表作为调度日报表。同年，RTU覆盖率90%。1994年，在全省较早建立电量与周波挂钩的考核功能，8月10日与省调系统同步投资运行。1996年，遂昌电力局第一个通过自动化验收。1999年，将YJD-300系统升级为YJD-500NT分布式实时监控系统，并实现与MIS的接口。10月15日，全区九县（市）县级电网调度自动化系统全部通过实用化验收。至2000年，系统接入遥测量1720个，遥信量2388个。2001年，丽水建成小水电实时信息系统。2002年，调度自动化EMS系统投资运营，在原有的SCA-DA四遥基础上，增加状态估计、潮流计算、负荷预测、动态着色等功能，为改变事后控制为事前控制提供科学依据。

2003年，建设变电站图像监控系统。2004年，丽水市电量计费系统投资运行，实施四级电力实时数据网，实现各县调SCADA系统间及地调SCADA系统之间实时任务与实时任务数据交换。同年12月，丽水电网EMS应用软件通过省公司实用化验收，投资运营网络拓扑、状态估计、调度员潮流、负荷预测等四个基本功能模块。2006年11月，实现对丽水地调直调220千伏变电站10座、110千伏变电站34座以及涉及关口的水电站62座的电量管理。2008年，建设水库群调度决策支持系统(水调自动化系统)，获浙江省电力公司科技进步二等奖。2009年，完成省公司科技项目仙都集控站AVC系统建设工作。至2010年，系统接入丽水电网所辖变电站45座和直调电站36座，形成比较完整的远动系统。

调度机构

1966年，遂昌、云和、龙泉县电力总厂相继建立电力调度室，调度联入县电网火电厂、水电站、线路及主要工业用户。1972年，丽水电力厂调度机构建立。此后，缙云、青田两县成立电力调度室。1976年，丽水地区电力调度所成立，调度35千伏路湾变电所和丽缙线，平衡丽水、缙云电网电能。此后，调度范围扩大至雅溪一级电站、雅丽线、雅溪二级电站和云丽线，调度丽水、缙云、云和三县电力。1979年，地区电力调度所迁至城北灯塔街办公楼，配置调度台、模拟盘及40门调度总机，开始实行操作票制度，除负责系统调度管理和操作外，还领导县电力调度室业务。1981年，地区电力调度所设调度组、通信组、继电保护组及运行方式专职，业务受浙江省电力中心调度所直接领导。调度范围为丽水、云和(含景宁区域)、遂昌(含松阳区域)三县及110千伏线路2条、110千伏变电所2条、110千伏变电所2座、35千伏线路8条、35千伏变电所1座及雅一、雅二电站。1985年，调度范围增至龙泉变电所及110千伏紧龙线、35千伏石塘变电所。同年，全区各县(市)均建立电力调度室(所)。1987年，地区电力调度所迁入调度大楼，使用全塑镶嵌式模拟盘。调度设备渐趋自动化，对古市、云和、龙泉、丽水4座110千伏及以上电压等级变电所施行遥测和遥信。同年，全区八县一市全部联入浙江电网运行，地区电力调度所成为全区电力系统调度管理和指挥中心。

1991年7月11日起，执行《浙江电网事故紧急拉闸表》，丽水地区按紧古1068线、紧龙1065线、紧和1066线、丽缙3503线、丽缙3501线顺序拉电，负荷4.2万千瓦。1992年，原属省电力调度所调度的丽石1061线、丽塘1062线、110千伏母线、1号和2号主变压器交给地区电力调度所管辖。1993年，制定《丽水地区调电网线路输送限额表》。1995年，丽水电网模拟市场投资运转。1997年，编写第二版《丽水地区电力系统调度规程》。1998年，调度运行人员持证上岗。此后，完善调度通信设施和自动化装置，健全各项调度管理制度，提高系统事故应对、处理能力。

2000年，市电力调度所调度操作票管理系统投资运行，包括操作票管理、数据管理、系统维护、系统操作等多项功能。2003年，丽水电业局调度通信中心实行有序供电，合理调度，采取拉闸限电措施，全年拉电4772条/次。同年，完成编制《丽水电网黑启动方案》。2004年，重新修订和颁布《丽水电力系统调度度规程》。调度EMS、DPMS系统相继投资运行。2005年，开展调度机构安全优质服务年活动，签订《并网调度协议》。

2008年年初，丽水电网遭受历史上最严重的冰雪灾害，损失极其严重。丽水调度完成遂昌、松阳电网的黑启动，并成功运行56个小时，同时完成景宁电网的脱网运行。2008年3月8日，丽水电网全面恢复。2009年，编制完成并执行第四版《丽水电力系统调度规程》。2010年，参加全市首次与地方政府联动的大面积停电演练策划工作。制定丽水水电调度两"十大"措施，规范水电送出。12月25日，丽水电业局全面完成县级调度调控一体化。

2010年，丽水电业局形成比较完整的远动系统，调度通信中心辖变电所500千伏变电站1座，220千伏变电站9座，110千伏变电所30座，所辖线路110千伏线路85条，直调水电站72座，装机容量75.5万千瓦，调度范围为丽水电网220千伏主变压器及以下全部110千伏输变电设备、35千伏联络线及局属变电所的所有间隔设备。至2010年12月31日，丽水电业局调度通信中心累计安全日4670天。

第二节　供电管理

运行管理

线路运行管理　1950年前，多以低电压供电，电网小，线路短，各电厂一般配外线工1人，进行不定期的巡视和维护。1957年，丽水县电力厂设内外线小组，配运行人员3人承担用户电气设备的安装与修理。20世纪60年代，随着10千伏、35千伏线路的出现，线路运行管理有所加强，但仍存在重事故检修、轻巡视维护的倾向。直至70年代中期，各县线路运行尚未制度化。1977年，丽水地区电力调度所设线路班，配专职线路运行工4人。1979年，区调管辖35千伏云丽线后，开始执行线路定期巡视制度。1981年8月，丽水电业局线路队成立。运行班分古市、云和、丽水巡视组3个，专职人员分段负责110千伏衢古、古云及35千伏丽缙、云丽线。110千伏线路每月巡视一次。同年，线路巡视率98%，并按"华东电网供电设备评级标准"进行设备定级。

1982年，丽水电力局建立群众护线网，聘任义务护线员。1983年，丽水电力局调入线路技工33人。次年起，线路运行执行定人、定线、定时制度。每月召开一次运行分析会议，建立缺陷故障跳闸、接地电阻测量、零值磁瓶、运行月报及检修等记录、报表12种。1986年，丽水电业局制定《线路运行责任制》。1987年，编制《线路运行现场工作规程》。规定对线路定期巡视、特殊巡视、登杆塔巡视、监察性巡视等几种巡视方式的具体要求。1989年，各县(市)局建立缺陷管理制度及防污技术档案。

1991年，丽水电力局管辖送电线路19条588.54千米，其中一类设备18条521.69千米，二类设备1条66.85千米。线路运行人员配置22人。运用"写字法"，保证巡视到位率。1997年，应用PDCA工作程序，强化线路巡视、检修、费用支出的监督管理。1998年，作出《丽水电网送配电线路通道高杆植物砍伐补充规定》，要求带电砍伐时必须使用"丽水电网送配电线路砍伐高杆植物作业票"。1999年，丽水地区有达到浙江省农电标准化线路条件线路44条。2001年，遂昌电力局与保险公司签订《供电责任保险投保单》，为辖区内高低压线路全部上了保险。2002年，莲都供电局投资4637.25万元实施电力架空线路下地电缆化工程。同年，联合开发送电线路智能巡线检测和送电管理系统，开展状态巡视线路28条。2003年，颁布《丽水电业局架空送电线路状态运行管理规定》，改进传统的以时间和电压等级来确定巡视周期的管理模式。2009 年，推行集中巡线模式，提高巡线效率。2010 年 5 月，输电线路状态监测系统项目按时顺利完成，按国网要求如期完成智能电网输电环节试点工程项目的实施工作。11 月，首次试行直升飞机线路巡检。至 2010 年年底，丽水电业局有运行班组 3 个，管辖送电线路 93 条，2274.36 千米线路完好率 100%，其中一类设备 91 条 2255.74 千米，二类设备 2 条 18.61 千米，按条统计一类达 100%，按千米统计达 100%。全年线路巡视率100%。

变电运行管理　1967 年，35 千伏金沙变电所投资运营。1971 年，遂昌、壶镇 35 千伏变电所的运行管理与金沙变电所大体相同。时值“文化大革命”，有的变电所值班纪律松弛，致使误操作及设备损坏事故屡发。1977 年，地区电力调度所接管 35 千伏路湾变电所后，着手完善各项制度，并建立设备台帐。1981 年 10 月，丽水电业局变电队成立，制定“变电岗位责任制”。

1991 年，丽水电业局制定变电所设备修试记录、设备缺陷记录、开关跳闸记录、班内问题记录、反事故演习记录等纪录簿册 20 种，加强变电所的基础管理工作。同年，颁发“变电所操作十二步实施细则”。1994 年，丽水电业局推广“龙泉变电所设备巡视到位挂牌法”。1996 年，执行《220 千伏变电所运行管理制度》，按交班准备、接班准备、站队交接、图板交接、现场交接、接班检查、签字交接等7 个程序进行交接班。1997 年 6 月 18 日，220 千伏丽水变电所实现连续安全运行 3000 天，受到省局的表彰，通过浙江省电力工业局第一批 220 千伏管理标准化变电所验收。1998 年，变电设备缺陷管理增加继电保护专职二次缺陷处理意见签发，形成全局变电设备缺陷管理大闭环和变电所内部管理小闭环。同时，采用红外线热电对设备过热点测温。1999 年起，实施《丽水地区变电所运行管理规范（试行）》标准，统一规范全区变电所日常和基础工作，启用新格式的变电第一种工作票。2001 年 1 月 1 日，220 千伏丽水变电所首套微机防误装置投资使用，基本实现开关、闸刀、扇门、地线闭锁，并配置全市首套“操作票专家系统”。2002 年 1 月 1 日起，取消变电所定时手工抄录负荷。2003 年 4 月 1 日，在全市供电系统中全面推广使用新格式的变电第一种工作票。2007 年 7 月 3 日，丽水电网 110 千伏变电所全部实现无人值班。2010 年 8 月 25 日，220 千伏变电站实现无人值班。至 2010 年，丽水电业局变电设备单元数 1191 个，110 千伏及以上设备单元数 394 个。

检修管理

线路检修　1962 年前，各县线路检修工作以木杆防腐，调换、加绑木以及处理倒线倒杆事故为主要内容。1963 年下半年起，丽水电力厂结合电网改造，在县城街道陆续改用水泥电杆，取代木杆和水泥腿绑木。此后，各县都开始整改城镇线路，电压逐步上升至 10 千伏及以上运行。1971 年 3 月，遂昌县电力总厂建立带电作业组，进行带电拆搭 10 千伏引线和 35 千伏带电测试零值瓷瓶等工作。1981 年，丽水电业局实行计划检修，以停电检修为主。8 月，丽水电业局组建带电作业班，开始对 35 千伏线路检测零值瓷瓶、更换拉线等作业。1984 年，首次在 110 千伏衢古线 103—104 号塔用地电位作业法，更换破碎瓷瓶。此后，推行运行与检修相互检查的工作方法。1987 年，编制《丽水电业局 110—220 千伏带电作业现场操作规程》。11 月，首次采用地电位作业法。

1991 年，线路队设检修班 2 个，设备完好率 100%。1993 年，石云 1064 线以盐密监测作指导适当延长清扫周期试点。1994 年起，丽水电网防污闪工作专业网建成，建立盐密监测点 56 个。

1996 年，在 220 千伏线路的 35 基杆塔上安装导体消雷器力。1997 年，作为浙江省电力工业局的第一个试点单位，采取增加绝缘子片数、普通绝缘子更换为合成绝缘子等办法，使线路绝缘由原来的1.7厘米/千伏提高到2—2.51厘米/千伏，增强线路防污抗污能力。

21世纪初，各县(市、区)供电局相继开展带电作业工作。2002年，莲都供电局首次配电网带电作业成功。同年，丽水电业局首次完成500千伏线路检修。2003年4月1日，颁发《送电线路检修现场操作规程》。同年，配备500千伏和110千伏声光火花绝缘监测仪。2005年，完成500千伏双瓯5463线路导体避雷器安装，这在浙江省尚属首次。2008年8月和2010年3月，分别完成北京奥运会及上海世博会输电线路保供电工作。2010年，送电线路年度检修27条，所辖线路跳闸次数37次，发现线路缺陷158条，消缺率100%。

变电检修　1967年，龙泉电力总厂设立修试组，负责35千伏金沙变电所的设备检修。1971年起，遂昌、缙云两县电厂亦建立变电修试组，检修35千伏及以下变电设备。1977年，遂昌电力总厂将高际头二级电站降压变压器改造升压变压器获成功。1978年，丽水地区电力调度所成立修试组，分变电检修和通信检修两部分。1982年，丽水电业局修试队成立，开始按计划进行检修。1986年，修试队设开关、保护、三变、高试、油化油务、直流、仪表等专业班组7个。次年，220千伏丽水变电所首次大修。

1993年，丽水电力检修公司成立，实行独立核算、自主经营、自负盈亏。1995年，变电所大修首次内部承包3个。1996年，对上标电厂110千伏1号主变压器断路器主瓷套加装呼吸器。此后，龙泉变电所、古市变电所、云和变电所7台开关推广这一成果。

1997年，实行大面积停电检修，减少重复性操作及人员交叉作业，缩短变电所检修时间。此后，开展安全“危险点”分析预控法。2002年，完成220千伏丽水变开关、110千伏8台开关、35千伏12台sf6开关的更换，保证主变安全运行。2003年，消除110千伏碧湖变电所35千伏开关柜在正常运行时放电声严重的重大隐患。2004年，首次对110千伏缙云变电所主变压器冷却系统进行改造。同年完成变电所弱电防雷技术推广应用。2005年，制定颁发《丽水电业局预防性试验规程》，将变电所预防性试验周期从每年1次调整为3年1次。2006年，首次实行变电站全停集中检修。2007年，110千伏碧湖变#1主变吊罩实施完毕。2008年，撤销检修公司，成立丽水电业局修试工区。2009年，参与完成500千伏万象变首次年检。2010年，首次提出D级检修和集中消缺。2010年，全市检修500千伏变电所1座，220千伏变电所8座，110千伏变电所30座，设备定检定试率100%，设备完好率100%。至2010年12月31日，变电检修安全日4568天。

线损管理

民国时期，多数电厂对供电线损无管理制度。民国32年(1943)12月，浙东电力厂碧湖分厂线损率高达47.59%。民国37年，龙泉光华电灯股份公司颁发“处理窃电章程”。20世纪50年代初，各地开展反窃电斗争。1954年，丽水电力厂线损率6%。同期丽水、青田、缙云、庆元等县平均线损率在8.7%—11.2%之间。20世纪60年代，电网缺乏统一规划，电网处于低电压、超负荷运行状态。1964年，云和、龙泉县线损率分别为52.75%和50.35%。1966—1976年“文化大革命”期间，冲击有效管理制度，线损率居高不下。1978年，缙云电力公司加强线损管理。1979年，缙云县政府颁发《关于保护电力线路和严禁窃电的布告》。此外，采取更换低质高耗配电变压器，取消包灯包费制，照明用户实行电度表计量计费。各县因地制宜采取降损节电措施，线损率开始下降。

1981 年起，丽水电业局实行线损率计划管理，按照管理权限分级下达计划指标。1984 年，丽水电业局成立线损管理领导小组，定期组织线损活动分析，研究降损节电措施，协调线损管理关系，制定线损管理制度。同年起，县级供电部门线损领导小组相继建立，整改线路，推广使用有载调压型变压器，促使线损率下降。1986 年，丽水电业局对 110 千伏、220 千伏变电所建立制度，设奖励制度、“电能平衡表”旬报制度，各变电所确定专人统计。1988 年，执行省电力局《关于趸售县供电部门线损节电奖励暂行办法》，丽水电业局线损率 2.6%，为历史最好水平。

20 世纪 90 年代初起，丽水地区建立市局、县（市）局、基层班组三级线损管理网络，落实线损管理责任制。1991 年，全区线损率 10.63%。1993 年，全区线损率 9.88%。90 年代末，开始线路改造工作，制定《丽水电业局线损管理标准》与《丽水电业局线损管理办法》，线损指标实行分级管理，定期开展月度、季度和年度线损分析。2000 年，全网线损 6.63%，节电量为 1726 万千瓦时，达到历史最好水平。“十五”计划期间，全市投资 20 亿元资金建设和改造城乡电网，新建 220 千伏变电所 3 座，110 千伏变电所 11 座，主网线损明显下降。2001 年起，开展对农村低压线损管理的试点工作。2002 年，地调运用 EMS 系统方便地进行电网实时潮流计算，进行最优潮流计算。同年底，全市有并联补偿装置 400.9 万千伏，其中电业 19.2 万千伏，无功补偿装置可投率 98.78%，年节电 20 万千瓦时。2003 年，全网站点 26 个的电能量自动采集、平衡、管理，做到在线实时平衡、实时监测。2010 年，全网供电线损电量 24902.63 万千瓦时，线损率 4.39%，部属线损率 1.85%。

安全管理

安全网络　1971 年前，丽水地区各县电厂、电站一般无专职安全员。1972 年，遂昌电力总厂设专职安全员 1 人，各县电力部门逐步建立和健全安全网络，陆续成立生技科（股），下属生产单位亦配备安全员。1981 年 4 月，丽水电业局设生技科，配兼职安全员 1 人。1982 年 6 月，设安监科，配员 2 人，专门负责安全监察工作，并在主要生产部门配备专职或兼职安全员，建成局、队（所）、班组 3 级安全网。1984 年，生技、安监两科合并为生技安监科。1985 年 10 月，全区电力系统安全生产委员会成立，形成全区安全网络，地、县电力部门一般每季召开一次安全分析会议，基层生产单位每月不少于 2 个安全活动日。1990 年，丽水电业局主要生产单位均设专（兼）职安全员，全网有专职安全员 14 人。

1991 年，丽水电业局安全生产委员会成立。1992 年，重新设立安监科。同年，调整组建全区三级安全网，做到局属基层单位配备专职安全员，班组配备兼职安全员。9 个县（市）电力部门均设专职安全员。此后，安委会每年制定安全目标，安全网络多次进行调整、充实。2000 年，设立安全生产保证体系和安全生产监督体系。2010 年，在变电、修试和送电三大工区设立安监科，强化稽查监督。同年，全市三级安全网有安监员 40 人（不包括班组一级）。

安全检查　安全检查始于 20 世纪 50 年代初。1952 年，龙泉县水电厂开展安全检查工作。1956 年，丽水电力厂开展以安全生产为主的竞赛活动，建立物质奖励制度。20 世纪 80 年代，恢复年度安全大检查。1980 年 11 月，丽水地区电力工业局首次对全区社会电工 580 人组织考试和发证工作。此后，丽水电业局与地区劳动局每隔 1—3 年组织社会电工考试和复审一次。1984 年，丽水电业局建立安全奖惩办法，把安全考核与经济责任制挂钩。

20 世纪 90 年代，丽水地区坚持一年一度的安全知识、安全规程考试及春、秋季安全大检查。1992 年，首次发行《电力安全简报》，举行电力安全知识竞赛。1993 年 3 月 29 日起，所有电力民工、临时工必须填写《民工、临时工现场安全教育记录表》。1994年，收集全区10年间典型事故案例进行巡回展览。1996年，分别到上标、成屏水电厂、云和、丽水、缙云、景宁、遂昌县（市）局及局属生产部门举办触电现场急救培训班14期。同年开展的安全隐患“四个一”①活动。此后，在全区范围内贯彻电力部《电力生产安全规定》《电力安全监察规定》《电力系统多种经营安全管理工作规定》，安全监察工作规范化、制度化。

2000年，丽水市开展“危险点的查找与控制”活动。2001年，颁布《丽水电力系统安全法规和规章制度考试规定》，建立职工安全考试档案。同年，设立安全性评价机构，陆续评价9个县（市、区）安全性。2002年，全市开展全国第一个“安全生产月”活动。2004年，民主评议安全管理工作，组织职工签订“四不伤害责任书”。同年，检修公司高试班获浙江省电力系统“安全生产无违章班组”称号。2008年，全局认真反思“7·2”和“8·30”电气误操作事故，制定安全生产“十项整改措施”和“七条工作意见”。2010年，丽水市举行首次大面积停电事件应急联合演练。

安全措施　1985年，丽水电业局编制并实施安全措施、反事故技术措施计划。1991年，颁布《丽水电业局领导和有关部门安全生产职责》。1992起，丽水地区统一建立“现场勘察纪录”“工作任务单”。1993年，颁布《安全帽使用管理办法》《习惯性违章条文和处罚规定》，发放丽水地区电力系统安全监察员证书，监察员持证上岗。

1995年，丽水电业局建立党政领导、中层干部周休息日值班制度。1996年，颁布丽水电业生产事故调查规定，规定事故报告、调查、分析程序，做到事故三不放过。同年，完成系列技改项目。1998年，执行《丽水电网建设外包工程（检修）和临时用工安全管理办法》。制定全区《送配电线路第二种工作票填写办法》，规范全区送、配电线路执行标准及办法。1999年，启用二次回路现场工作安全措施卡，印发《全区各县（市）电力局安全管理暂行办法》，规范县（市）供电企业安全管理工作。

2000年6月起，实施《丽水电业局违章作业处罚及试岗、离岗、内部待岗培训管理实施细则》，定期进行现场安全稽查。2001年，成立安全工器具检测中心，制定下发《丽水电力系统安全工器具管理办法》。编制《丽水电业局防止电力生产重大事故的二十五项重点要求》。同年，建成上标电厂压力钢管安全监控系统，填补国内高水头电站对压力钢管安全监控的空白。2002年，出台《丽水市供电系统2002年安全目标及保证措施》。11月，成立生产部门的二级违章稽查机构，定期稽查。2003年，全市各级安全稽查组稽查施工作业现场200多次。9个县（市、区）供电局均组建安全工器具检测分站。建立突发事件处置应急机制，制定《丽水电力系统突发事件应急预案》，应对台风等外部破坏事件，保证人身、电网和设备的安全。2009年，探索集中全停检修模式，推行“端口封闭”保障安全。

第三节　供电区划

莲都供电区

民国9年（1920）6月，丽水普明电灯公司开始以220伏线路在县城供电。民国27年，丽水兴建

① 四个一：指找一个隐患、提一条建议、献一份爱心、增一份安全。

浙东电力厂分厂。民国28年，丽水供电网开始独立供应丽水城区、碧湖镇和大港头供电区3个。丽水城区供电网通过2.3千伏线路向西郊溪口一带送电。民国31年，日本侵略军入侵丽水，城区电网被毁。民国36年起，丽水县城区先后建成低压独立电网若干个。

1952年，丽水电力厂改造低压线路。1956年，架设5.25千伏线路4回。1965年，市区非标准电压等级高压线路，全部改为10千伏标准电压，范围扩展至碧湖等地。1975年，35千伏缙丽线投资运营，从缙云电网输入电量。1977年，丽水电力公司成立。同年，雅溪一级电站投产，35千伏雅丽线投资运营。1978年，供电范围扩展至全县公社34个、大队310个，供电覆盖率为94.4%和88.5%。1979年，35千伏云丽线投资运营，丽水电网与云和、缙云电网联网运行。1981年，丽水县电网并入浙江电网。此后，10千伏配电网络迅速发展，农村小水电独立电网逐渐联网运行。1983年1月，丽水县电力公司参加全省电力联营。4月，成立丽水县电力工业局。1987年1月，35千伏城东变电所建成投资运营，市区电网结构渐趋合理。

1992年1月，丽水市（县级）实现村村通电。1993年1月，丽水市（县级）电力局进行体制划转，为浙江省电力工业局（公司）所属企业，委托丽水地区电业局代为管理。1998年7月，35千伏水南变电所建成投资运营，为丽水地区第一座35千伏综合自动化无人值班变电所。1999年11月，实施莲都区农网改造工程，历时3年7个月，投资8967.08万元。2000年7月丽水撤地设市，丽水市（县级）电力局更名莲都区供电局。2002年4月，莲都区实施城区电网改造工程，投资资金10132.04万元。2003年11月，全区城乡电价全面实行同网同价。2004年1月，全区全面实行城乡用电一体化管理。

2006年7—10月，莲都区实施农村“户户通电”工程，投资110.18万元。2008年12月31日，莲都供电区年供电量10.78亿千瓦时，首次突破10亿千瓦时大关。2009年12月8日，莲都区新农村电气化县建设通过考评验收。2010年1月16日，全市首条20千伏输电线路—南五路20千伏线路工程在莲都正式开工。6月2日，全市首套电费自助缴纳终端——银联金融POS机刷卡缴费系统顺利通过试运行，莲都区范围内全面推行该系统。

2010年，莲都区35千伏变电所8座，主变压器16台，总容量126700千伏安；35千伏输电线路19条，总长度232.7千米；10千伏配电线路147条，总长度1672千米；低压线1721.28千米；配电变压器3037台，总容量942583千伏安；供电区内电力用户167673户，总容量1759852千伏安。区网年供电量135901.96万千瓦时，最高负荷29.48万千瓦，线损率0.55%。配电系统供电可靠性99.88%（城区）。莲都供电局设职能科室9个，辖生产单位14个，职工317人，固定资产原值29689.92万元，固定资产净值19780.49万元。

龙泉供电区

民国15年（1926）4月，龙泉普耀电灯公司以220伏线路分4路向县城供电。民国28年，龙泉兴建浙东电力厂分厂，原供电业务由龙泉分厂接管。民国36年4月，省政府机关迁回杭州，龙泉分厂移交县政府续办。1950年4月，河村水电站至县城的2.3千伏线路投资运营，长5.6千米，供电范围扩展至城郊一带。1955年，八都乡建成独立电网，自发自供。此后，农村小水电站独立供电区增多，供电范围逐年扩展。1965年，龙泉县电力总厂成立。次年，城内非标准高压线路全部改造为10千伏标准电压。1985年，110千伏龙泉变电所及紧龙线投资运营，龙泉县电网联入浙江电网。1986年，龙泉县电力公司成立。1988 年 8 月，110 千伏瑞垟水电站至龙泉变电所输电线路建成投资运营。1989 年，35 千伏城镇变电所、大赛近区变电所、查田变电所及龙镇线相继投资运营，全县供电格局以 110 千网络为依托，35 千伏、10 千伏电网为基础。

1991 年，建成住龙 35 千伏线路。1993 年 1 月，建成龙浦 35 千伏线路。1992 年 1 月 23 日，龙泉市电力工业局成立。1997 年 6 月，龙泉电网自动化系统实用化投入使用。1999 年，龙泉市建成第一座综合自动化运行变电所——35 千伏南秦变电所。1 月 1 日起，县供电局由省电力公司委托丽水电业局代管。2002 年 4 月 28 日，龙泉市开工建设宏山 220 千伏输变电工程，总投资 1.2 亿元。次年 10 月投资运营。

2000 年 8 月 5 日，龙泉市启动一、二期农网改造，总投资 10614 万元（含小水电自供区 1200 万元）。2003 年 2 月 28 日全面竣工，全市执行同网同价政策。2004 年，龙泉实施城区电网改造工程，总投资 2680 万元。

2005—2010 年，“十一五”规划期间，龙泉市完成电网建设与改造投资 2.3 亿元。2006 年 5 月，35 千伏大沙变电所竣工。2007 年 12 月，龙泉第二座 110 千伏变电所安仁变竣工，总投资 4256 万元。2009 年 2 月，35 千伏道太变电所竣工，投资 866.5 万元。2010 年，开工建设 35 千伏兰巨输变电工程，投资 1372 万元。2011 年投资运营，投资 2600 万元，完成回归工程一期、二期工程，龙泉电网结构得到完善。

2010 年，龙泉市 35 千伏变电所 10 座，变电总容量 13.08 千伏安；35 千伏输电线路 32 条，391.66 千米；10 千伏配电线路 91 条，1587.33 千米；配电变压器 1467 台，容量 15.28 万千伏安；供电区设客服中心 1 个，乡镇供电所 9 个，电力用户 110700 户，容量 98.38 万千瓦；市网年供电量 23779.49 万千瓦时，供电最高负荷 7.88 万千瓦，线损率 3.51%。龙泉电力局设职能科室 9 个，辖生产单位 21 个，职工 823 人，固定资产 16474.62 万元。

青田供电区

民国 17 年（1928），青田继日电气股份有限公司采用 220 伏线路直供城内用户。民国 33 年，导线被日本侵略军掠夺，被迫停止供电。1951 年，公私合营青田县电力厂修复线路，重新供电。1956 年，电厂建成 5 千伏线路 2.3 千米，横垮瓯江，供电水南一带。1958 年，山口、舒桥相继建成独立低压电网，自发自供。1959 年，建成石郭二级站至瓯江水电站 10 千伏线路 6 千米，同时架设低压线路 24 千米，形成独立供电区，解决瓯江水电站施工用电。1961 年，全县供电量 265 万千瓦时。1964 年，县电力厂至温溪 10 千伏线路投资运营。1969 年，全县 6—10 千伏线路 37 千米。20 世纪 70 年代，重点建设 10 千伏网络。1979 年 12 月，县电力公司成立，年供电量 837 万千瓦时。1984 年，金坑电站投资运营，35 千伏朱山变电所和金朱线投资运营。1985 年，建成钼矿变电所和东钼线。1987 年 10 月，110 千伏温溪变电所和温州慈湖至青田线路投资运营，青田县电网联入浙江电网。1989 年，35 千伏祯埠变电所及丽祯线投资运营，全县供电格局以 110 千伏电网为主，35 千伏、10 千伏网络为补充。

1992 年 1 月，青田县供电局成立。1995 年 4 月，新建山口变电所 1 座，主变压器 1 台，容量 3150 千伏安；35 千伏线路 1 条，长度 13.33 千米。1996 年，实现村村通电。1997 年，新建 35 千伏船寮变电所 1 座，主变压器容量 4000 千伏安。1999 年 1 月起，县供电局由省电力公司委托丽水电业局代管。1991—2000 年，投入运营配网线路 21 条，长度 899.22 千米。至 2000 年，全县供电量 14206.65 万千瓦时。

2002年7月，完成第一期农网改造工程（含自供区农网改造工程），其中，10千伏及以下工程农改项目，投资7658.53万元；35千伏及以下农网工程，投资11117.42万元。2003年7月，第二期农网改造工程，完成10千伏及以下农网改造项目，投资3527.8万元。2005年5月，完成县城电网建设与改造工程施工任务。2006年，完成35千伏农网建设与改造补充项目，投资1551.55万元；10千伏及以下滩坑移民及滩坑复建改造项目，投资2570.21万元；35千伏及以下配网建设与改造项目，投资1456.42万元。2007年，完成35千伏及以下配网建设与改造项目，投资4681.92万元。2008年，完成35千伏及以下配网建设与改造项目，投资2832.49万元。2009年，完成35千伏及以下配网建设与改造项目，投资4221.15万元。2010年，完成110千伏电网建设，投资4202万元；完成35千伏及以下配网建设与改造项目，投资4505万元。

2010年，青田县并网小水电站92座，总装机容量10.23万千瓦；500千瓦以上小水电55座，装机容量9.16万千瓦；220千伏变电站1座，主变压器2台，容量30万千伏安；110千伏变电站4座，主变压器6台，容量25.15万千伏安；35千伏变电站9座，主变压器19台，容量20万千伏安；35千伏线路24条，长度269.4千米；10千伏线路92条，长度1685.81千米；配电变压器2601台，容量53.13万千伏安。青田电网初步建成以220千伏青田变为支撑点，连接110千伏变电站5座为主网架，经35千伏变电站9座供应全县。同年，全县小水电发电量29977.01万千瓦时，供电量111261.84万千瓦时，供电最高负荷21.25万千瓦，全年线损率1.83%。青田供电局设职能科室9个，辖生产单位19个，职工236人，固定资产28214.63万元。

云和供电区

民国27年（1936），浙东电力厂至小顺架设220伏线路2条，长2.65千米。民国38年，供电浙江省铁工厂及小顺村。民国31年，日本飞机轰炸小顺，停止供电。民国32年，云和水电厂架设2.3千伏线路2回，元旦开始供电。后延伸至沙溪、重河一带，供电城郊。民国34年，省政府回迁杭州，部分线路拆除，供电范围缩小。20世纪50年代初，修复供电线路，扩大供电范围。1961年，白洋墩火电厂至县城10千伏线路投资运营。此后，梅垄口电站至县城的10千伏线路建成，与白洋墩电厂联网运行。1964年，雾溪二级站出线与梅垄线联接，并入县电网运行。1969年年末，10千伏电网覆盖至小徐、沙溪、梅源、局村等公社。此后，大力发展10千伏网络，逐步把农村独立电网联入县电网运行。

1978年，35千伏瓦窑变电所和云景线投入运营，从景宁输入电能。同年，县电力公司成立。1979年，35千伏云丽线建成，与丽水电网连接，10千伏电网延伸至云坛、沈村等边远乡村。1981年，110千伏云和变电所投资运营，云和电网联入浙江电网运行。1992年1月12日，云和县电力工业局成立。1993年4月，35千伏紧水滩输变电工程投资运营，7月，35千伏石塘变电所投资运行。此后，规划改造县城高低压电网。1996年2月，实现村村通电。1999年1月1日，云和县电力工业局由浙江省电力工业局委托丽水电业局代管。2000年8月，启动一、二期农网改造，投资5500多万元。2003—2004年，城区电网建设与改造，投资2200万元。2005—2006年，投资1560万元，完成35千伏石塘变无人值班改造、35千伏黄源变电所增容改造和紧水滩变电所综合自动化改造，新建35千伏黄岗输变电工程。2008年，全省第一座全预制装配式（全寿命配送式）变电站——110千伏云和杨柳输变电工程投资运营，35千伏赤源线投资运营。2009年，全县首座220千伏变电站——220千伏睦田输变电工程竣工投资运营，完成35千伏崇头输变电工程的建设。2010年，35千伏瓦窑变电所正式退役。2010年，全网有35千伏变电所7座，主变压器容量83500千伏安。35千伏线路123.7千米，10千伏线路683.7千米，配电变压器1058台，总容量226600千伏安；用电客户51327户，全年供电量39000万千瓦时，最高负荷71900千瓦，线损率2.45%。云和电力局设职能科室9个，辖生产单位12个，职工299人，固定资产10659万元。

庆元供电区

1952年元旦，庆元电灯厂采用220伏线路供电县城。1956年，线路延伸至周墩村，供电城郊。同年底，曹岭分厂供电小梅等地。1958年，庆元撤县改区，属龙泉县管辖。1963年，电灯厂至后田3.3千伏线路投资运营。1966年，架设庆元水电站至县城10千伏线路。1967年，蓬桥至菊水10千伏线路投资运营，形成独立的10千伏电网2个。1969年，县城至菊水10千伏线路投资运营，两个独立电网联成一片。20世纪70年代初，35千伏新窑变电所及马新、新化、新龙线投资运营，供电竹口、小梅、龙泉等地。后建成至福建松溪的10千伏线路，丰水期供电松溪。1975年，新窑至庆元10千伏线路投资运营，新窑、竹口片并入县电网运行。同年，庆元恢复县级建制。1978年，全县公社全部通电，村通电率81.8%，年供电量1407.2万千瓦时。1980年，县电力公司成立，大力建设35千伏网络。1984年，35千伏庆元变电所和庆新线、庆兰线投资运营。1986年，35千伏蓬桥变电所和庆蓬线建成。1985年，35千伏荷地变电所和庆荷线建成，与浙江电网运行，年供电量4536.8万千瓦时。

1993年11月，建立35千伏黄田变电所，主变压器容量4000千伏安，10千伏出线5条；10千伏左溪开关站竣工投入运营。1994年，新建改造10千伏线路22.4千米，接管小水电自供区乡（镇）4个、村89个。1995年，35千伏庆元变电所（1997年更名白象变电所）主变压器容量从3150千伏安增容为4000千伏安，35千伏荷地变电所新增主变压器1台3150千伏安。1999年7月16日，庆元县电网调度自动化系统投入使用。12月17日，浙江省海拔最高变电所、庆元县首座少人值守小型化变电所——35千伏百山祖变电所投入运营。一期主变压器1台容量2000千伏安，百山祖、合湖、五大堡等乡供电质量及输送容量有所提高。1991—1999年，新建35千伏线路18.1千米，新建和改造10千伏线路170.71千米，低压线路64.02千米，新增配电变压器434台，容量24185千伏安。

2000年8月，启动第一期农网建设与改造工程，投资7662万元，其中农村小水电自供区电网改造投资3000万元。至2001年12月，全部完成建设与改造农网项目。2002年1月，启动二期农网建设与改造工程。2003年1月全面竣工，投资2462.29万元，新建10千伏线路102.74千米，改造10千伏线路239.17千米，新增与改造10千伏配电变压器153台6390千伏安，新建与改造低压线路156.21千米，更换户表8859只。农网建设与改造后，全县城乡用电实行同网同价。

2003年年底，实施城网建设与改造工程，投资3551万元，新建35千伏城北变电所1座，扩建35千伏白象、新窑变电所；新增主变压器容量16200千伏安，新建35千伏线路2条15.25千米；改造35千伏线路2条，17.53千米；10千伏线路建设与改造35.31千米。2004年，县城供电可靠性99.91%，比2003年提高0.02%，居民客户端电压合格率93.84%，比2003年提高2.7%。

2006年，110千伏荷地输变电工程竣工投入运营，110千伏庆元至龙泉输电线路复线工程建成投入运营。完成110千伏左溪电站送出工程建设，投资1055万元，提高县域东部地区的供电可靠率和电能质量。全面完成“户户通电”工程，为最后无电居住点10个、无电户87户送去光明。此后，新农村电网建设进一步加快，如期完成隆宫、中村、朱村、下际村、水塘村的电气化村建设和命名工作。2009年，庆元县供电局积极争取电网建设资金，完成投资1630万元，建成运营35千伏线路32.5千米，新增变电容量8000千伏安。

2010年，庆元县110千伏变电所2座，主变3台，容量12.15万千伏安，110千伏线路7条，线路总长228.09千米，其中电站专线2条/38.3千米；35千伏变电所8座，主变16台，容量8.08万千伏安；35千伏线路22条，长277.63千米，其中电站专线7条，线路长102.19千米；10千伏线路58条，长1178.84千米，其中用户专线6条，长16.37千米，变压器1250台，配变容量1.41万千伏安；并网水电站64座，装机容量20.83万千瓦，其中地调调度并网电站13座，装机容量13.14万千瓦，县调调度并网电站51座，总装机容量7.69万千瓦。供电区内设城郊、菊隆、竹口、荷地和左溪营业所5个，供电客户67321户；供电量1.58亿千瓦时，线损率8.18%。庆元供电局设职能科室7个，辖生产单位2个，职工209人，固定资产10883万元。

缙云供电区

民国18年(1929)，光明电灯公司开始供电缙云县五云镇。民国19年，壶镇镇架设110千伏线路直供用户。民国34年，五云镇停止供电。1949年春，壶镇停止供电。10月，壶镇恢复供电。1950年11月，五云镇恢复供电。1958年，仁岸电站至舒洪镇架设低压线路，形成独立供电区。新建镇低压电网开始供电，五云、壶镇、新建、舒洪形成独立供电区4个，年供电量5万千瓦时。1959年，县电厂至农机厂兴建一条6千伏高压线路，五云电网开始供电城郊。1962年，浣溪二级站至壶镇10千伏线路投资运营，壶镇供电区供电范围扩大至农村。1964年，新建、碧河、东川、城北等公社电网联成一片，由白马电站供电。此后，电厂(站)建设规模扩大，供电范围不断扩大。1971年12月，35千伏壶镇变电所和永壶线投入运营，壶镇电网与永康电网相联。1973年，35千伏缙云变电所和盘城线建成。1975年，35千伏缙丽、城壶线相继建成。至此，缙云电网北与金华电网衔接，南与丽水电网相联，电力相互调剂、结构布局较为合理。1973—1979年，缙云电网输送金华电网、丽水电网电量584.36万千瓦时、1688.78万千瓦时，从金华电网输入976.13万千瓦时。

1977年，缙云县电力公司成立。1982年，全县乡镇全部通电，年供电量2576.7万千瓦时。1985年，范围扩至行政村的96.4%。1986年，35千伏双溪、新建变电所相继投入运营，电网布局趋向合理。1987年，缙云电网联入浙江电网。1991年11月30日，缙云县电力工业局成立。1992年10月，全县村村通电。此后，35千伏东方、新碧、舒洪、杜桥变电所陆续建成，实行无人值班。1999年1月起，缙云电力局由省电力公司委托丽水电业局代管。

1999年8月，缙云县启动一、二期农网建设与改造工程，投资11975.39万元。2001年11月，全县生活用电全部实现城乡同网同价，平均电价从每千瓦时的0.75元降到0.53元。2003年9月9日起，实施城区电网改造工程，投资3083万元。2006—2010年，完成电网基建工程413项，完成投资6.39亿元。完成全市首个新农村电气化县建设。

2010年，缙云县35千伏变电所23座，主变压器62台，容量3323.4万千伏安；35千伏输电线路37条，长度306.28千米；10千伏配电线路110条，长度1310.65千米；低压线路1956千米；配电变压器1463台，容量293560千伏安，供电区内电力用户18.84万户，容量620.9万千伏安；区网年供电量10.89亿千瓦时，最高负荷29.4万千瓦，线损率3.39%。配电系统供电可靠性99.68%；小水电

45 座，装机容量 53313 千瓦；发电量 1.75 亿千瓦时。缙云电力局职能科室 9 个，辖生产单位 21 个，职工 332 人，固定资产 3.47 亿元。

遂昌供电区

民国 35 年（1946）5 月，遂昌龙潭水电厂采用 220 伏线路供电县城。1949 年初，升压 2.3 千伏运行。1957 年，升压为 5 千伏运行，范围仅限于城内。4 月，湖山水电站投资运营，农村电网出现。此后，北界、苏村等乡村建成低压小电网，自发自供。1965 年 7 月，县城至金岸 10 千伏线路投入运营。1966 年，县电力总厂建成，统一管理、调度县电网。1971 年，35 千伏遂昌变电所和溪遂线投入运营。此后，大力发展 10 千伏配电网，农村独立电网逐步并入县电网。1981 年，县电力总厂参加全省电力联营。1982 年，县电力局成立。1983 年，110 千伏古市变电所投入运营，35 千伏古遂线建成，成为遂昌电网与浙江电网联接的主通道。1985 年，建成 35 千伏遂拓、拓湖线和大拓变电所。10 千伏配电网扩展至较边远的乡村。20 世纪 90 年代中期，35 千伏云峰、黄沙腰、垵口等变电所陆续建成运营。1995 年 1 月 27 日，蔡源乡并网，实现乡乡通网电。12 月，遂昌县第一个 110 千伏金溪输变电工程投资运营。1996 年，焦滩乡大横岗行政村通电，遂昌实现村村通电。1999 年 1 月 1 日起，由浙江省电力公司委托丽水电力局代管。

2000 年 6 月起，实施农网改造，投资 4716 万元。2001 年起，实施小水电自供区改造工作，投资 895.25 万元。2002 年 6 月，启动二期农网改造工程，投资 3195 万元，完成项目 184 项。2003 年 7 月起，启动城网建设与改造工程，投资 3200 万元，完成项目 59 个。

2007 年起，开展新农村电气化村建设。至 2010 年，完成建设村 52 个、乡镇 2 个。同年，遂昌争取省公司农维专项资金，整改低压线路及相关设备的村 76 个。“十一五”期间，遂昌电网建设投资总额 3.7 亿元。

2010 年，遂昌电网 35 千伏变电所 12 座，主变 20 台，容量 146.25 兆伏安；用户 35 千伏变电所 9 座，容量 115.95 兆伏安；35 千伏线路 29 条，长 265.67 千米；10 千伏线路 71 条，长 1323.18 千米；辖区设城关、黄沙腰、王村口、石练（原大柘）、北界、云峰、湖山供电营业所 7 个，电力用户 91334 户；全社会用电量 4.56 万千瓦时，年最高负荷 9.13 万千瓦。遂昌电力局设职能科室 9 个，辖生产单位 15 个，职工 327 人，固定资产 13105.94 万元。

松阳供电区

民国 15 年（1926），松阳华阳电灯厂采用 220 伏线路为县城供电，后又从北门增设一条 220 伏线路至电厂。民国 22 年，古市镇建成 220 伏电网，自发自供。民国 28 年，松阳创办浙东电力厂分厂，采用华阳电灯公司的线路。民国 31 年 7 月，日本侵略军入侵松阳，城内电网被毁，供电停止。1950 年，松阳力民电厂重新供电县城西屏镇。1951 年，古市镇亦恢复供电。1963 年，西屏镇至望松电灌站建成 6.6 千伏线路。1968 年，至青蒙建成第一条 10 千伏线路。1971 年，遂昌长濂火电厂至松阳青蒙火电车间 10 千伏线路投入运营，供电范围扩大至沿线社、队。此后，又建成 10 千伏港口线，陆续延伸至大东坝和靖居等公社 7 个、大队 87 个。1978 年，松阳供电区通电公社 11 个、大队 197 个，供电覆盖率分别 44%和 66%。

1981 年，110 千伏古市变电所投入运营，松阳开始发展 35 千伏网络。11 月，35 千伏变电所和古松线投入运营，松阳电网联入浙江电网运行。1982年，松阳恢复县级建制，成立县供电局。1986年，35千伏靖居变电所和松靖线投入运营，10千伏配电线路105.5千米，农村小水电独立电网陆续联入县电网运行。1989年，35千伏玉岩变电所和古玉线投入运营，玉岩区电网并入县电网供电。1991年，新建35千伏大东坝变电所。1995年，全县行政村实现村村通电，供电量6119.6万千瓦时。1998年，新建35千伏象溪变电所。至此，实现镇镇设变电所。1996年，调度自动化工程启动。1999年1月1日起，松阳县供电局由省电力公司委托丽水电业局代管。

2002年3月，第一期电网改造工程通过省电力局验收。投资3237.7万元，35千伏项目7个，10千伏项目36个，农村台区改造311个，低压电网改造行政村167个，改造“一户一表”39606户。2003年上半年，第二期电网改造工作，投资2943万元，建设和改造10千伏线路163千米；新增和更换配电变压器190台，容量7946千伏安；新建和改造低压线路350千米；新建和改造台区302个，改造户表33187户。同年，松阳县供电量1.1亿千瓦时，首次突破亿千瓦时大关。2005年，松阳县投资2595.6万元，建成35千伏望松变电站，年供电量1.66亿千瓦时。2006—2008年，松阳县投资10261.56万元，提升全网供电水平。2009年，松阳县投资25310万元，建成220千伏北山变电站、35千伏叶村变电站，年供电量2.62亿千瓦时。

2010年，松阳县220千伏变电所1座，110千伏变电所3座，35千伏变电所8座；主变压器总容量78850千伏安；35千伏线路114.38千米，10千伏线路1020.36千米，低压线路785.8千米；配电变压器1524台，容量244.66千伏安，供电量20.9亿千瓦时；并网水电站60座，装机容量62755千瓦；供电最高负荷6.74万千瓦，供电量20.9亿千瓦时，线损率3.45%。松阳县供电局设职能科室9个，辖生产单位6个，职工189人，固定资产17045.28万元。

景宁供电区

1953年9月，景宁电力锯木碾米厂建成一条220伏直配线路，供电县政府一带。1956年，景宁电力厂成立，范围扩展到全城。1959年，扩展到城郊农村。沙湾、英川等地建有独立的低压电网，就近供电。1960年，景宁撤县设区，属丽水县管辖。1962年，划归云和管辖区。1966年，建成大赤坑一级电站到景宁电厂10千伏线路。1968年，大赤坑二级站至一级站10千伏线路投入运营，形成景宁至大赤坑片10千伏供电网络。此外，还有各自独立的小水电供电区20多个，自发自供。1970年，东风水电站至沙湾、南坑下至交见圩10千伏线路建成。1974年，鸬鹚水电站投入运营，35千伏景宁变电所和鸬景线建成，沙湾片并入景宁电网运行。1978年，35千伏景宁至云和线路投资运营，供电云和。1981年，景宁电网并入浙江电网运行。1984年，设立景宁畲族自治县，县电力公司成立。1986年，雁溪、渤海35千伏线路2座投入运营。1988年，35千伏东坑、景宁城关变电所投资运营。1990年，35千伏英川变电所和上雁、鸬英35千伏线路投资运营。各区电网连成一体。1991年12月29日，设立景宁畲族自治县电力工业局，与电力公司合署办公。

1992年8月31日，景宁35千伏城关枢纽变电所投资运行。1995年7月，景宁变电所110千伏升压工程投资运营。1996年10月16日，110千伏景宁变电所归属丽水电业局管理所有。1999年1月1日起，由省电力公司委托丽水电力局代管。同年，35千伏毛洋变电所投入运营。2001年1月，福州至金华500千伏输电线路工程在鹤溪镇附近（J13、J14）预留开断环入点，景宁畲族自治县小水电输出无后顾之忧。

2002年4月，景宁畲族自治县一期农村电网建设与改造工程通过省政府竣工验收，工程投资4022万元，其中小水电自供区改造工程投资917万元；景宁畲族自治县二期农村电网建设与改造工程全面铺开，投资2502万元。至2003年4月，全县农网建设与改造工程全面完工，历时3年，投资6524万元。2004年年初，景宁畲族自治县城电网建设与改造工程实施，投资2228万元。其中35千伏工程投资780万元，10千伏及以下工程投资1448万元。2004年，建成电站189座，投资36.2亿元，装机容量60.95万千瓦。

2006年8月，35千伏外舍输变电工程投资运营，运营线路2.8千米，主变压器1万千伏安。2006年，220千伏鹤溪输变电工开工建设，投资1.38亿元。2008年11月投资运营，容量150000千伏安。2007年12月，35千伏渤海输变电工程投资运营，运营线路24.7千米，主变压器5000千伏安；35千伏九龙输变电工程投入运营，运营线路9.6千米，主变压器3150千伏安。2005—2007年，投资滩坑复建项目资金4088.2万元，增加变电容量8150千伏安，增加35千伏输电线路39.5千米，增加及改造10千伏线路244.5千米，建设改造台区35个，增加变压器35台，容量2155千伏安，低压线路51千米。2009年11月，35千伏雁溪变扩建工程投入运营，主变压器5000千伏安。2010年5月，35千伏梧桐输变电工程投入运营，运营线路27.8千米，主变压器12600千伏安。至2010年年末，景宁畲族自治县全网拥有220千伏变电所1座，主变容量15万千伏安；110千伏变电所1座，主变容量63000千伏安；35千伏变电所(升压站)10座，主变总容量87650千伏安；35千伏输电线路16条，长194.46千米；10千伏配电线路56条，长1267.71千米；全县用户数53352个，容量341254千瓦，发电量33016.74万千瓦，年供电量12736.2万千瓦时，最高供电负荷2.34万千瓦，线损率10.24%。景宁电力局设职能科室9个，辖生产单位20个，职工301人，固定资产11100.16万元。

第四章　用　电

民国9年(1920)到1949年5月前，丽水用电水平有升有降，极不稳定，仅供少数用户作生活照明用电。此后逐步面向社会并发展到工厂动力和农村灌溉用电。1949年5月，丽水解放。同年，全区用电量8.2万千瓦时，人均用电量约0.07千瓦时。

1949年中华人民共和国成立后，丽水用电范围扩大到周边县。1953年，各县均有电力照明。随着国民经济建设和工农业生产发展，特别是1978年改革开放后，工农业用电、城市商业用电、科技教育用电、农用电器多样化用电等，使用电负荷、用电量急剧上升。1978年，全区用电量8513.43万千瓦时，农村电网覆盖到2741个大队。1981年，丽水电网并入浙江电网。此后，乡镇企业兴起，各类家用电器普及，用电量大幅度增加，1985年，全区用电量2.23亿千瓦时。“七五”期间，用电量年均递增率 20.35%。至 1990 年，全区拥有设备容量 50.26 万千瓦，全社会用电量 5.63 亿千瓦时，但仍低于全省人均用电水平。1994 年，实现丽水地区所有乡镇通电，1996 年，实现村村通电，丽水地区用电量首次突破 10 亿千瓦时大关，为 104891.47 万千瓦时。“十一五”计划期间，用电量年平均递增率 13.7%。至 2010 年，丽水全社会用电量 57.28 亿千瓦时。

第一节　电量负荷

用电量

民国 9 年（1920），丽水县城年用电量约 2 万千瓦时，均为照明用电。此后，龙泉、松阳、青田、缙云等 4 县主要城镇相继用电，至民国 22 年，全区用电量近 10 万千瓦时，民国 30 年，社会用电量 50 万千瓦时。民国 31 年，浙江省政府迁驻云和，云和县用电量急剧上升。民国 34 年，照明用户 338 家，灯头 3517 盏，用电量近 10 万千瓦时，占全区总用电量的 80%以上。1949 年，全区用电量 8.2 万千瓦时，人均用电量约 0.07 千瓦时。

1953 年，丽水各县均有电力照明。1957 年，全区用电量 63.1 万千瓦时，人均用电量 0.46 千瓦时。1958 年瓯江水电站施工用电急增，1961 年，用电量 501.63 万千瓦时。1962 年，瓯江水电站工程停建，用电量降至 212 万千瓦时，仅为上年的 42.26%。1966 年，一批军工企业投资运营，用电量上升至 857.2 万千瓦时，其中，遂昌、龙泉、云和 3 县用电量 542.5 万千瓦时，占用电量的 63.3%。20 世纪 70 年代，农村用电迅速发展，用电量年均递增率 16.1%。1978 年，全区用电量 8513.43 万千瓦时，农村电网覆盖到 2741 个大队，大队通电率 79.2%。1981 年，丽水电网并入浙江电网。此后，乡镇企业兴起，各类家用电器普及，用电量大幅度增加，1985 年，全区用电量 2.23 亿千瓦时。“七五”期间，用电量年均递增率 20.35%，至 1990 年，全区拥有设备容量 50.26 万千瓦，用户 7.42 万户，全社会用电量 5.63 亿千瓦时，是 1949 年的 6862 倍，但仍低于全省人均用电水平。

1994 年，丽水地区所有乡镇通电。1996 年，实现村村通电，丽水地区用电量首次突破 10 亿千瓦时大关，为 104891.47 万千瓦时。之后，用电量增长速度减缓，至 1999 年上半年，丽水地区及区内大部分县（市）用电均呈负增长。2000 年，全市新增电力用户 18730 户，增加用电容量 12.27 万千瓦。社会用电量 133334.94 万千瓦时。“十五”计划期间，用电量年平均递增率 19.58%。2002 年，用电量 17.05 亿千瓦时。2003 年，丽水用电量突破 20 亿千瓦时，同比增长 28.58%，增长率居全省第二。2004 年，全社会用电量 26.7 亿千瓦时，增长 21.79%，增长率居全省首位。“十一五”计划期间，用电量年平均递增率 13.7%。2009 年，丽水用电量首次突破 50 亿千瓦时，达 50.43 亿千瓦时，至 2010 年，丽水全社会用电量 57.28 亿千瓦时。

负　荷

丽水电力初创时，最高负荷仅 10 千瓦，民国 22 年（1933），最高负荷升至 70 千瓦左右。民国 30 年，负荷分布在丽水、碧湖、大港头、小顺、龙泉、松阳等地，最高负荷近 400 千瓦。民国 31 年，丽水、小顺、松阳等电厂的发供电设备遭日本侵略军破坏，用户骤减，负荷下跌，至 1949 年，最高负荷约 75

千瓦。20世纪50年代初，负荷主要集中在各县城及郊区，一般用于生活照明。1952年，丽水最高负荷约150千瓦。此后，工业动力用电及农村排灌用电兴起，1957年，最高负荷400千瓦。随着工农业生产的发展，部分县实行全日供电，负荷逐年上升。1965年，全区最高负荷2000多千瓦。1966年，龙泉、云和、遂昌3个县一批军工企业投入运营，工业用电负荷剧增，陆续开始负荷平衡调节工作。

20世纪70年代，丽水地区农村用电逐渐普及，用电面日益扩大。1976年，全区最高负荷1.1万千瓦，其中，工业负荷居首位，农业负荷次之，市政生活、交通运输负荷分别居第三、第四位。1980年，全区最高负荷2.71万千瓦。1981年丽水电网并入浙江电网后，负荷急剧上升，1985年，全区最高负荷5.7万千瓦，1990年，升至8.89万千瓦，负荷密度5.14千瓦/平方千米。

1992年，丽水地区全网部属最高负荷11.1万千瓦，平均负荷密度6.43千瓦/平方千米，9个县(市)中，丽水县最高，为23400千瓦，松阳县最低，为8950千瓦。1996年，实现全区行政村3662个全部通电目标，乡村居民生活用电负荷成为新的增长点。1997年，庆元县电网并入丽水大电网，全网部属最高负荷达16.53万千瓦，其中，工业负荷居首位，城乡居民生活用电负荷次之。此后，用电负荷增长速度减缓，2000年，最高部属负荷18.89万千瓦，比上年减少9600千瓦。

2001—2005年，“十五”计划期间，丽水城乡居民生活用电和工业用电剧增。2003年，全网部属最高负荷37.27万千瓦，负荷缺口高达20万千瓦。丽水市实行计划用电，合理平衡负荷，同时加大电力基础建设，增强电网供电能力。“十一五”计划期间，负荷增速加快，2009年，丽水电网用电负荷首次突破100万千瓦。至2010年，全网最高用电负荷108.2万千瓦。

第二节　用电结构

工业用电

民国13年(1924)，丽水普昌火柴梗片厂开始用电力锯木，为丽水最早的动力用户。此后，浙东电力厂致力于动力用电的推广。民国30年，有省电话局、龙泉天益工业社及小顺、大港头铁工厂等主要动力用户，年用电量近2万千瓦时。之后几年，日本侵略军数度入侵丽水，动力用户所剩无几。至1949年末，全区无动力用户。中华人民共和国成立后，丽水工业用电恢复较快。1952年，全区有厂矿企业50家，工业用电主要是粮食加工业。此后，造纸、纺织、机械等行业陆续开始用电，至1957年，全区工业用电量约20万千瓦时，占总用电量的30%。1958年起，钢铁、黑色金属工业用电猛增，1960年，工业用电量207.63万千瓦时。由于国民经济困难，工厂大批倒闭，工业用电量逐年下降。1961年起，经过三年的经济调整，工业用电有所上升。1965年，全区工业用电量略超过1960年的水平。20世纪60年代中后期，遂昌等县一批军工企业及缙云棉纺织厂、丽水塑料厂、龙泉铅锌矿等骨干企业先后投入运营，工业用电量上升。1969年，全区工业用电量1543万千瓦时，占社会总用电量的74.57%。

20世纪70年代初，丽水化肥厂、缙云棉纺织厂为用电量最多的企业。1974年后，丽水地区部分工厂停工，工业用电量略有下降，1976年起，工业用电量开始回升，至1979年，全区工业用电量6920.74万千瓦时，其中化工行业占19.97%，比重最大；其次是造纸行业，占12.58%，再次是金属加工行业，占 9.94%。1976—1979 年，工业用电年均递增率 16.96%。20 世纪 80 年代，黑色金属、有色金属、建材等行业用电发展较快，1985 年，全区工业用电量 1.6 亿千瓦时，占社会总用电量的 71.8%，9 个县（市）中，以丽水市（县级）工业用电量最大，占 20.5%。此后，乡镇工业用电量比重逐年上升，至 1990 年，全区工业用户 6779 户，用电设备容量 31.46 万千瓦，工业用电量 3.85 亿千瓦时，占社会用电量的 68.42%。用电比重中，重工业用电量占 68.91%，轻工业用电量占 31.09%。乡镇工业用电比重上升 9.4%。工业总产值 18.84 亿元，每千瓦时电能创工业产值 4.89 元。

20 世纪 90 年代初，丽水工业用电主要集中在化学、建材、黑色金属冶炼等行业。1991 年，丽水地区工业用户数 6779 户，同年底用电设备容量 314604 千瓦，用电量 38479 万千瓦时，占总用电量的 65.59%。1991—1995 年，“八五”计划期间，相继投资运营遂昌钢铁厂、地区木材厂等企业，工业用电量逐步上升，至 1995 年，全区工业用电量 59017 万千瓦时，9 个县（市）中，缙云县工业用电量最大，占 15.02%。“八五”计划期间，发展最快的是有色金属冶炼、压延加工业，用电量年平均递增 11.28%。

1996—2000 年，“九五”计划期间，工业用电量年平均递增 7.05%，增长速度缓慢，1998 年，工业总用电量首次出现负增长。1999 年后，工业总用电量开始回升，至 2000 年，丽水地区工业用电 90551.5 万千瓦时，占社会总用电量的 67.91%。2001 年，工业用电量首次突破 10 亿千瓦时，10.12 亿千瓦时，主要的用电大户有遂昌钢铁厂、日用化工厂等。2003 年，工业用电量增加到 14.97 亿千瓦时。2006—2010 年，“十一五”期间，工业用电量年平均递增 14.11%。至 2010 年，总用电量 406404.64 万千瓦时，其中，丽水市工业用户 31458 户，设备装接容量 256.56 万千瓦。

农、林、牧、渔业用电

民国时期，壶镇、古市、碧湖、小顺、大港头等集镇有少量照明用电。民国 30 年（1941），丽水太平乡利用水电进行农副产品加工。民国 26—34 年抗日战争期间，古市、碧湖等电厂倒闭。1949 年，只剩缙云壶镇、云和瓦窑两地有少量照明用电。20 世纪 50 年代初，丽水农村用电还仅限于各城郊农村的照明用电。1955 年，庆元、青田两县农村用电量 1.87 万千瓦时。1956 年，丽水县农业排灌首先应用电力，1958 年，龙泉八都乡林化厂开始用电，乡村工业用电起步。1961 年，全区农村用电量 8.37 万千瓦时，占社会总用电量的 1.67%。此后，各县配合农业水利建设，兴建电力排灌站、农副产品加工站，农村用电有很大发展。1972 年，全区社、队通电率分别为 96.2%和 43%。1978 年，全区农村用电量 931.78 万千瓦时，占社会总用电量的 10.94%。1978 年后，乡镇企业用电迅速上升，家用电器进入农家，用电量随之增加。1981 年，全区拥有农村用电设备容量 3.93 万千瓦，农村用电量达 1511.08 千瓦时。1985 年，全区农村用电量增至 3278.05 万千瓦时，比 1981 年增长 1.16 倍；农业人口平均用电 15.94 千瓦时，为 1981 年的 1.12 倍。此后，农村用电按新口径统计。

1991 年，丽水地区农、林、牧、渔业用电量 1825 万千瓦时，同年底用户数 4167 户，用电设备容量 40859 千瓦，主要集中在丽水、松阳产粮区，两县的农、林、牧、渔业用电占 52%。实现乡乡通电后，1995 年上升至 2363 万千瓦时。此后，农、林、牧、渔业用电在 1500 千瓦时左右浮动呈现下降趋势，2002 年，农业用电量 962.28 万千瓦时。至 2005 年，全市农、林、牧、渔业用电量 1980.94 万千瓦时，用户 3419 个，设备容量 33546 千瓦。1991—2005 年，农、林、牧、渔业用电量仅增加 156 万千瓦时。此后，农、林、牧、渔业用电量在 2000 万千瓦时左右徘徊，至 2010 年，农、林、牧、渔业用电量 2432.79 万千瓦时，其中排灌用电量152.13万千瓦时。用户8220户，设备装接容量79703千瓦。

交通运输、仓储、邮电通信业用电

丽水地区交通运输用电始于民国24年(1935)，用户仅龙泉交通工务段一家。20世纪50年代，丽水、遂昌两县交通系统开始用电。1961年，全区交通运输用电量7.73万千瓦时，占总用电量的1.54%，主要用户有汽车运输公司、公路段等。1966年，温溪港务局开水路交通用电之先河，全区交通运输用电量约18万千瓦时。此后，交通运输用电虽有增加，但较缓慢，至1976年，全区交通运输用电量20.32万千瓦时，占社会总用电量的0.38%。此后3年，用电量增长速度较快，年均递增率62.13%。1979年，交通运输用电量86.6万千瓦时，是20世纪70年代用电高峰年。

20世纪80年代初，交通用电略有下降，徘徊在50万千瓦时。1984年，用电量开始上升，次年，达124.14万千瓦时。“八五”计划期间，丽水地区交通运输用电仍然以汽车站、公路段为主，公路建设向乡村沿伸，至1995年，公路通车里程达4365.2千米，交通运输用电量增至468万千瓦时。1998年，首次出现管道运输用电。“九五”计划期间，交通运输用电发展缓慢，呈下降趋势。随着金丽温铁路及高速公路的投资运营，用电量随之增加，2003年，交通运输用电量达485.15万千瓦时，比2002年同比增长7.56%。“十五”期间，交通运输、仓储、邮电通信业用电年递增14.34%。至2010年，丽水市交通运输、仓储、邮电通信业用电5136.92万千瓦时，用户1440个，设备容量73522千瓦。

城乡居民生活用电

民国9年(1920)，丽水城内机关、学校、商店、居民开始使用电灯照明，有灯头600盏，另有路灯60盏。民国30年，全区有电灯用户3000多户，路灯230多盏。此后，因日本侵略军数次入侵，丽水、松阳、青田等县城镇发供电设备遭日本侵略军破坏，先后停电。1949年，全区生活用电约8.2万千瓦时。1952年，全区生活用电量约15万千瓦时，其中丽水占30%以上。随着工业用电量的增加，生活用电所占的比例开始下降。1961年，生活用电量129.85万千瓦时，占总用电量的25.89%，次于工业用电位居第二。1965年，自来水等公用设施开始用电，生活用电量逐年增加。1979年，全区生活用电量1105.65万千瓦时，其中生活照明占84.36%，上下水道占11.26%。

20世纪80年代初，丽水地区路灯业务由电力部门移交城建部门管理，开始使用高压汞灯，并架设路灯专用线。1980—1985年，用户数及用电量分别从1.96万户、924.44万千瓦时增到2.97万户、2869.89万千瓦时。随着用电范围的扩展以及家用电器的普及，城乡居民生活用电呈现稳步攀升趋势，1994年，实现全区所有乡镇通电，城乡居民生活用电20636万千瓦时，其中乡村用电11236万千瓦时。“八五”计划期间，城乡居民生活用电年平均增长11.28%。之后，增长势头趋缓，“九五”计划期间年平均增长2.08%，至2000年，全区城乡居民生活用电28255.13万千瓦时，占社会总用电量的21.19%，其中乡村居民用电占48.79%，城市居民生活用电占51.21%。进入21世纪，城乡生活用电发展迅猛，2002年，用电量34404.34万千瓦时，2003年，用电量44562.43万千瓦时，比2002年增长29.52%，增长幅度为历史最高。“十五”计划期间，城乡居民生活用电进入高速发展期，年平均增长12.27%。至2010年，全市城乡居民生活用电91981.26万千瓦时，占社会总用电量的16.06%。用户数883216个，设备容量4879203千瓦。9个县(市、区)中，莲都、青田、缙云等县的城乡居民用电量居前。

第三节　用电平衡

计划用电

1949年中华人民共和国成立前，丽水电力供应根据机组出力安排用电。20世纪50年代，丽水工业用户少，主要为照明用电，多数电厂供需平衡。20世纪60年代初，用电逐渐普及，超负荷引起的停电事故频繁。1962年，仅丽水县停电36次，直接经济损失2.16万元。1963年，国务院颁发《关于加强煤电管理，节约煤电消耗的16项措施》后，缙云等电厂开始按次序安排用电，夜间保证照明用电，禁止动力用电。抗旱季节，重点保证农村排灌用电。1970年8月，龙泉县电力总厂率先开展计划用电工作，综合平衡全县负荷，进行合理调整。此后，各县电力部门根据本地用电实际，分别采取大用户轮休制、线路轮流停电及用电高峰期对大用户限负荷等不同办法，缓解电力供需压力。

1977年，丽水地区成立“三电”①办公室，配有专职人员。各县相继设立“三电办”，普查重要工厂、线路用电，开展定负荷、定电量、定用电时间、定产品单耗等工作。按保证重点、择优供应、统筹安排的原则分配电量。1982年，地区“三电”办公室首次将用电指标分解下达遂昌、丽水、云和等并网县，实行计划用电包干。各县则按系统考核和管理所属企业。1984年，全区执行负荷率考核及奖惩方法，地区“三电办”每年下达考核指标。各县为提高负荷率，加强有库容水电站的调峰出力，合理安排动力用户班次，挖掘低谷用电潜力。1985年起，电力供应更趋紧张，地区及各县电网均制定超计划拉闸顺序表，并逐步推广安装电力定量器，以控制用电负荷。1988年，丽水电网对大用户实行峰、谷分时用电的经济考核。1989年，推行“三电”目标管理，按服务质量、计划用电、节约用电、其他等4个方面进行考核，建立各县（市）用电数据库，应用计算机处理信息。同时，开展技术手段和行政手段相结合的综合管理办法，1990年年末，全区装置电力定量器23台、定时开关钟218台、智能监控仪12台，控制负荷30018千瓦。由于全区用电增长速度快，电力供需矛盾仍很突出，同年，全区拉闸限电61条•次，少送电量6.46万千瓦时。

1991年，首次在云和电力公司完成远方负荷控制器试点，逐步向各县推广。同年，丽水地区省网用电量的峰谷比为63:37，峰谷负荷差合格率76.4%，全区农村保证率98.35%。1995年1月1日，丽水电网模拟市场投资运转，按照电网商业化营运方式，改进核算方式，建立电网结算中心，进行电力商品交换，通过对电网周波（频率）和日用电曲线合格率的考核，进行经济上的奖罚。同年，成立丽水地区电力负荷管理系统领导小组，通过建设电力负荷的动态管理，逐步实现用电管理现代化。此后，全区用电负荷急剧上升，最高负荷超出计划指标1倍，各县（市）局均制定《超计划用电限电序位表》，地区三电办实行负荷率考核。

1998年，丽水地区用电指标宽裕，鼓励企业用电，以电价为杠杆，以小水电就地平衡为目标，达到增供促销的效果。2002年起，丽水市经济快速发展，新一轮缺电局面相继呈现，为稳定全区供用

① “三电”：就是指安全用电、节约用电和计划用电。“三电办公室”是政府部门，它具有管理计划用电、节约用电和安全用电的职能部门，是每个地方都有的常设机构。

电秩序，对于容量超1000千瓦的业扩要报市电业局备案，重点关注工业园区的建设。加大小水电调度管理力度，按调度曲线运行，保障区域日负荷的均衡。各县相继成立用户管电机构，制定用电的宽、松、紧三套供电方案，严格执行《超供用电能力拉限电序位表》。同年，莲都供电局开始城镇居民生活用电峰谷电价试点工作，实现峰电转移，低谷用电量提高，缓和高峰供用电矛盾。此后，其他县（市）电力（供电）局也根据丽水电业局下达的计划户数进行推广。

由于干旱等自然因素加剧用电的紧张，2003年，丽水市最高负荷突破43万千瓦，负荷缺口高达20万千瓦，各县（市、区）工业负荷以及直供用户全部采取错峰用电和拉限电措施，并对路灯限半使用、广告灯箱全停。全市执行A、B、C、D错峰方案4种，将四方案指标具体分解，按“缺多少，错多少”的原则，分别对应执行相应的错峰方案，夏季用电高峰期全市实行按指标控制用电负荷。2004年，成立丽水市人民政府有序用电领导小组，下设办公室，出台《丽水市市直及莲都区有序用电检查处理办法》《丽水市市直及莲都区夏季空调使用管理办法》，监督落实各项有序用电措施。实施《丽水电网统调用电指标分配办法》《丽水电网统调用电曲线考核办法》。同年，实行用电缺口分级预警制，根据负荷缺口多少分为A、B、C、D、E预警等级5个，分别用绿、黄、橙、红、深红5种颜色的状态标志表示，并根据此启动相应级别的用电方案。丽水市夏季用电始终保持在A级至B级响应，全市拉电条次较上年同期减少78.66%，为全省除舟山地区外，供电最为稳定的地区。2005年，完成电力负荷管理系统建设，实现用户用电的可控在控，提高需求侧管理水平。2006年，丽水梳理电网“卡脖子”情况，按“四定”①原则，科学制定机动负荷错避峰方案，努力缓解局部电网供电瓶颈问题。2007年，进一步扩大负荷管理系统监控面，实践运用技术监控手段督促错避峰措施的落实，提高机动负荷的响应速度。2008年，印发《丽水电网2008年有序用电方案》，全面布置全市迎峰度夏有序用电工作，提出加强有序用电工作的措施7项。2009年2月25日，丽水电业局“2009电力助企春风行动”启动，全面实施助企措施28条，携手企业积极应对金融危机。2010年8月13日，启动全市有序用电B级预案，错避峰10万千瓦，最终丽水市用电平稳过渡。

节约用电

民国37年（1948），云和水电厂为节约用电，采用逾量累进计价法限制用电。20世纪50年代，开始提倡、宣传节约用电，张贴节电宣传画，制定熄灯制度，安排人员定时检查。1970年，缙云县实行包灯用电由全夜供电改为供电到晚上十时半。1971年，丽水县停止包灯制，照明用电一律安装电能表计费。1978年，丽水地区电力调度所在路湾变电所装设容量1680千伏的电容器，以提高功率因数。此后，缙云县率先控制变压器安装容量，对撤除多余容量变压器的企业实行节电奖，每千伏安奖励1元。1981年，推行节电目标管理。地区“三电办”将节能指标分层下达各县电力部门，并推广应用远红外线加热及硅酸铝耐火保温材料等节电技术，至年末，全区万元产值耗电量2642.39千瓦时。

丽水地区产品单耗管理始于1982年，地区“三电办”与松阳供电局考核产品单耗6个，年节电约80万千瓦时。此后，各县陆续建立单耗管理制度，产品单耗考核范围逐年扩大。1983年，开始改造、淘汰高能耗变压器，遂昌造纸厂、农机厂等变压器8台经改造，年节电6.8万千瓦时。1984年，制

① 四定：定企业、定设备、定负荷、定时间。

定节电奖惩制度，各县用户根据企业实际情况自行制定具体奖惩办法。1986年，成立机泵测试小组，全年改造机泵容量2208千瓦，节电45万千瓦。1988年，全区投资补偿电力电容器4.8万千伏，单耗节电433.88万千瓦时。万元工业产值耗电量2419.06千瓦时。1990年，开展水泥行业节电竞赛，改造工业炉窑8台，容量372千瓦。全区单耗考核企业110家，考核产品150种，单耗考核面45%。

1991年，节电工作以节能新技术的应用为主题，首次开展新光源的推广，丽水地区节电量2082万千瓦时。1992年，全区考核100千伏以上的企业143个的产品175个电单耗统计。同年，取消电炊用电的优惠政策。1995年，在全省率先制定出台《丽水地区节电工作若干规定》，各县(市)制定细则，加强考核力度。1997年，丽水地区三电办组建地区负荷控制规划领导班子和工作班子，在丽水市(县级)落实负荷系统组建试点，完成中心站和用户终端站20个的安装调试，可监控容量7155千伏安，可控负荷6305千瓦。

1998年，节能工作重点为新型节能灯具的推广应用，丽水地区推广节电灯具52143只，全年完成全社会净节电量2963.29万千瓦时。1999年，相继推广应用蓄能式电锅炉、冰蓄冷空调和城市居民用电峰谷电价政策，挖掘低谷电力市场潜力。2002年，全市节电380万千瓦时。2003年起，社会用电日益紧张，次年1月，丽水市委办联合发出通知，号召“少开一盏灯，节约一度电”，做好节约用电工作。

2005年，莲都供电局成为全国县局电能损耗管理试点单位，推出“县级供电企业电能损耗管理模式”试点方案。6月，完成市级集中式主站建设，至同年底，各类终端安装运行1962台，实现监控容量102万千伏安，实际最大监控负荷41.6万千瓦。2009年5月，丽水电力客户服务监控中心成立，属全省首创，成为浙江省电力公司试点单位。2006年，推进大型企业先进接电、移峰填谷技术，丽水第一台600千瓦冰需冷空调投资运行。2007年，推动工业和生活锅炉及系统改造，建筑节能，照明节能技术逐步推广。2009年，开始致力于谐波治理工作的综合整治，实施政府主动、电力推动、企业互动、补助资金撬动的“3+1”模式，至2010年，全市有完成谐波治理用户235家，共计318200千伏安，占总非线性负荷比重95.37%。

集资办电

1985年，丽水地区先后参加由省政府组织的多种集资办电，主要形式有征收电力建设资金、购买集资电、购买电力债券等3种。1986年，丽水电网向网内用电的所有企业及行政事业中营业性附属单位征收电力建设资金，每千瓦时电量(包括统配电、债券电、购买用电权)征收人民币0.02元。同年，全区征收电力建设资金54.3万元。1987年，丽水地区认购浙江省第二期集资电22股，每股10万元，计220万元。1987—1989年，每股每年可分到集资电量5万千瓦时。1989年，浙江省电力工业局发行电力建设债券，全区除庆元、景宁两县外，有7个县(市)及遂昌金矿和地区“三电办”参加购买，认购200万元。1990年，全区认购省第三期集资办电150股，集资额1500万元。至年末，全区征收电力建设资金422.97万元，集资返回电量576万千瓦时，电力债券分得电量461万千瓦时。1991年全区认购150股(1500万元)，1993年，认购462万元。1993年，全区集资电量13312万千瓦时。

1993年，浙江省发行用电期限为1年的用电权。1994年，丽水电业局新增第三期集资电150股，分得电量1500万千瓦时。1996年，全区组织1600万元资金购买1996年短期用电权，得到1.6亿千瓦时集资电量。

2000年，浙江省实行统一电价后，取消各类集资电、用电权、电力债券等。

第四节　电　　费

电费价格

民国时期，多以照明电价为主，灯价分包灯、表灯和路灯3种。电价由各电厂自定，官营电厂电价申报国民政府经济部核准，民营电厂由县政府核准。民国31年（1942），日本侵略军数次入侵丽水，电价上调频繁。20世纪50年代初，电价沿袭旧制。50年代中期至60年代，丽水各县电价政策统一由县人民政府核定，标准不一，火电因成本高，电价略高于水电。1965年，丽水地区执行电价有照明电价、普通工业电价、农业生产电价等3类。随着小水电的发展，成本不断降低。20世纪70年代，各县电价不断降低，包灯制逐步淘汰，出现多种电价。1981年，遂昌（含松阳）、云和（含景宁）、丽水等县电网联入浙江电网，开始执行浙江电网统一电价，此后，龙泉、庆元、缙云、青田等县也相继执行。在改革开放中，为缓解电力供需矛盾，执行集资办电的浮动电价、燃料及运输加价和加工电电价，与单一电价制、两部制电价并存。1998年，取消其他地方性的加价电费。2000年1月1日起，根据《关于全省实行统一销售电价的通知》，丽水市全面实行统一的销售电价。2004年8月1日起，执行全省新的电价，实施阶梯式电价。

照明电价　民国9年（1920），丽水普明电灯公司的照明用户，电费以“定额制电价”结算，包灯18瓦每盏每月收1.2银元。此后的各民营电厂的照明电价，与普明电灯公司相差不大。民国27年，浙东电力厂表灯电价每千瓦时收取法币0.24元；包灯15瓦、25瓦、40瓦月收费分别为法币1元、1.3元、2元；共用路灯按同功率包灯半价收取。民国32年，柴油价格飞涨，浙东电力厂呈准省建设厅及经济部于1月1日、6月1日、11月1日连增电价3次，各类电价提高3倍。民国34年5月，表灯价格每千瓦时增至法币200元，比民国27年增加832倍。抗日战争胜利后，电价跟不上物价上涨，龙泉光华电灯公司、遂昌龙潭电厂均改用实物计价，包灯15瓦折大米2.5千克或折柴油1.5公升；表灯每千瓦时折大米1.5千克或折柴油6.6公升左右，此种电价光华电灯公司一直沿用至20世纪50年代初。

20世纪50年代，各县电厂发电成本不等，电价不一。1955年，火电厂表灯每千时0.7—0.8元；水电厂表灯每千瓦时0.6元左右。此后几年，随着设备更新，油耗、煤耗下降，电价逐步调低。1961年，表灯每千瓦时0.5—0.7元，1966年，下调至0.3元左右。70年代起，各县供电以小水电为主，成本降低，电价下调，至末期，照明用电每千瓦时0.22—0.29元。1981年后，丽水、遂昌、松阳、云和、景宁均执行浙江电网统一电价，照明电价每千瓦时0.15元，高压计量0.15元；其余各县电价略高。1986年，龙泉、庆元两县开始执行浙江电网统一电价，1987年，青田县开始执行。1990年，除青田、缙云每千瓦时分别为0.17元、0.16元外，其他县均0.15元；高压计量丽水、景宁两县均每千瓦时0.15元，其他县域低压计量价格相同。

1993年，丽水地区照明电价由每千瓦时0.15元调整到每千瓦时0.3元。由于电价结构和电力供需矛盾突出，小水电上网价未全部按省定政策到位和工业企业电费负担过重的问题长期得不到解决，直接影响丽水地区的经济发展，1996年3月份起，城乡居民生活用电到户结算价格由每千瓦时0.3元调整为0.45元；农村居民用户用电到配变的结算价格由每千瓦时0.29元调整为0.44元。2000年1月起执行全省统一电价，城镇不满千伏电度电价0.53元，城镇1—10千伏0.51元，农村居民生活用电0.46元。

2004年8月1日起执行新的电价，"一户一表"用户实施阶梯式累计电价，执行峰谷电价的居民用户以总电量与阶梯基数对比进行计算。居民合表用户和学校等集体用户的电价每千瓦时上调0.02元。2009年11月20日起，居民生活用电依据《浙江省物价局关于提高省电力销售电价有关事项的通知》〔2009〕285号执行。

动力电价　民国27年(1938)，浙东电力厂积极推广动力用户，签订合同，电价予以优惠。20世纪50年代，动力电价由各县自拟，价格不等，一般按同期照明电价50%左右计价。1950年，遂昌县动力电价每千瓦时0.21元。1956年，丽水电厂动力电价每千瓦时0.32元。至60年代，动力用电开始分非工业动力、工业及农业排灌等3种。1966年，各县的工业动力电价每千瓦时0.1—0.21元；农业排灌电价0.05—0.1元，非工业动力每千瓦时0.38元。

大宗工业电价开始于1970年8月，缙云棉纺厂的工业用电每千瓦时0.11元。1979年后，丽水地区各县对大宗工业用电实行两部制电价，由电度电费、基本电费、力率调整电费组成。1990年，丽水等5个县执行省网统一电价，基本电费每月每千伏安4元。低压普通工业电价每千瓦时0.09元，高压普通工业电价每千瓦时0.08元，农村排灌电价每千瓦时0.04元。龙泉等4个县稍有不同，均高于大网统一价，其中庆元县大工业电价每千瓦时0.15元，低压普通工业电价每千瓦时0.12元，高压普通工业电价每千瓦时0.15元，农村排灌电价每千瓦时0.05元。

1993年起，执行国家新的目录电价，丽水电网工业电价调整为非工业、普通工业、不满1千伏每千瓦时0.31元；1—10千伏每千瓦时0.3元；35千伏及以上每千瓦时0.29元。大工业1—10千伏每千瓦时0.22元；35千伏及以上每千瓦时0.21元。1996年，动力电价再一次调整，非工业、普通工业、不满1千伏每千瓦时0.37元；1—10千伏每千瓦时0.34元；35千伏及以上每千瓦时0.32元。大工业1—10千伏每千瓦时0.25元；35千伏及以上每千瓦时0.23元。2000年起，工业用电实行峰谷电价，非工业、普通工业不满1千伏由每千瓦时0.35元调整到每千瓦时0.9元；大工业1—10千伏由每千伏0.38元调整为每千瓦时0.51元。2003年，丽水市315千伏安及以上大工业用户、315千伏及以下的普通工业用户和执行普通工业电价并选择执行峰谷电价的旅游宾馆饭店用户开始实施新的峰谷电价，调整后的峰谷电价从两时段两费率变为六时段三费率，峰谷电价比最高达3:1。2004年，丽水电网动力电价每千瓦时平均上调4分。2009年11月20日起，依据《浙江省物价关于提高省电网销售电价有关事项的通知》，大工业用电1—10千伏电度电价每千瓦时0.66元，20千伏电度电价每千瓦时0.64元，35千伏电度电价每千瓦时0.63元，110千伏电度电价每千瓦时0.61元；一般工商业用电不满1千伏电度电价每千瓦时0.9元，1—10千伏电度电价每千瓦时0.87元，20千伏电度电价每千瓦时0.85元，35千伏及以上电度电价每千瓦时0.84元（单一制：其中中小工商业不满1千伏电度电价每千瓦时0.38元，1—10千伏电度电价每千瓦时0.34元，35千伏及以上电度电价每千瓦时0.31元）；非工业用电不满1千伏电度电价每千瓦时0.92元，1—10千伏电度电价每千瓦时0.88元，20千伏电度电价每千瓦时0.86元，35千伏及以上电度电价每千瓦时0.85元。

趸售电价　20世纪80年代，丽水电网形成后，丽水电业局对并网县供电实行趸售。丽水、遂昌、松阳、云和、景宁等5个县，按县平均售电单价的70%计算全年趸售价，1988年起，改以季为单位，核算方法照旧；龙泉、庆元、青田、缙云等4个县趸售电价每千千瓦时80元。县以下趸售电价各县核定，每千瓦时高于地区电网趸售价10元左右。

1993年4月起，随着统配电价的调整而变化。1995年1月1日起，依据《关于颁发浙江省全口径峰谷分时电价考核试行办法的通知》规定，从对各趸售用户实行峰谷电价，丽水地区除云和、景宁、青田3个贫困县外，其余均执行峰谷电价结算。10月起，景宁畲族自治县主动申请要求执行全口径峰谷电价。4个直供用户中，遂昌金矿同时执行全口径峰谷电价，其余3个均执行国家1994年、1996年目录平均价。2001年，平均结算趸售电价莲都0.41元/千瓦时，缙云0.38元/千瓦时，龙泉0.33元/千瓦时，其他6县均0.32元/千瓦时。2003年作出调整，平均结算电价莲都0.4元/千瓦时，缙云0.38元/千瓦时，龙泉、遂昌、青田0.33元/千瓦时，其他3个县均0.3元/千瓦时。县以下自供区的分类到户销售电价由当地物价局会同有关部门测算后，报市（地）物价局审定，丽水市仅有青田、景宁两个县有自供区。2010年起，依据《浙江省物价局浙江省电力工业局关于调整趸售电量结算电价的通知》，明确平均结算电价缙云0.45元/千瓦时，遂昌0.29元/千瓦时，松阳0.25元/千瓦时，景宁0.22元/千瓦时，云和0.26元/千瓦时，龙泉0.26元/千瓦时，庆元0.2元/千瓦时，青田0.43元/千瓦时。

并网小水电电价　1981年前，联入电网的小水电一般自发自供，电价由各县政府自定，每千瓦时0.04—0.08元。1981—1984年，各县送浙江电网小水电按50元/千瓦时计价。1985年起，小水电送浙江电网电量实行互供抵消，互抵后送大网小水电电价每千瓦时0.05元。1988年4月，丽水地区经委、物价局、电业局、水利局联合颁发《关于丽水地区小水电上大电网电量实行议价销售的通知》，小水电电量参与市场调节。区内调节的代销小水电电量，由丽水电业局办理代销手续，实行分时期，分时段电价。跨区调节的小水电电量，由丽水地区“三电办”联系办理代销手续，按照合理的利润原则协商议定售电价格。

20世纪90年代初，并网小水电电价按省定价及定价原则，由地区物价局核准，执行峰谷电价，1995年4月1日起，调整丽水地区小水电上大电网电量购销价，实行分时期分时段电价，丰水期综合电价格0.32元/千瓦时，平水期综合电价格0.4元/千瓦时，枯水期综合电价格0.5元/千瓦时。1998年，地区行署出台对1997年4月以后投资运营的小水电执行0.46元/千瓦时的保护价，对以前投资运营的电站，按省物价局有关投资运营年限分别执行0.3元/千瓦时、0.39元/千瓦时等不同电价。2001年，全市地方小水电上网电价正式出台，全市9个县（市、区）中，莲都、庆元、缙云3个县（区）的电价实行省指导价，松阳、云和、青田3个县部分实行指导价，景宁、遂昌、龙泉3个县（市）不实行指导价。2005年9月再次调整小水电上网电价。2010年，依据《浙江省物价局关于调整非省统调公用水力发电机组最高上网电价等事项的通知》，1993年年底以前投资运营的电站，上网电价执行0.4元/千瓦时，1994—1996年年底以前投资运营的电站，上网电价执行0.43元/千瓦时，1997年及以后投资运营的电站，上网电价执行0.45元/千瓦时。

电费缴收

民国9年（1920），普明电灯公司实行包灯制，每月由职员1人负责收费业务，收费后在用户台帐上核收。20世纪30年代末，浙东电力厂派员定期上门抄表，坐收电费，逾期由专人追缴欠费，追缴不成则停电。停电后7日内不缴清欠费，拆回电度表销户。因措施得力，电费回收率较高。民国31年后，日本侵略军入侵，丽水物价上涨，电费回收困难，欠费较普遍。

20世纪50年代初，各县电厂仅设业务员1—2人，承担表灯、包灯和临时灯的抄表、开票和上门收费的全部任务。1955年，部分电厂实行滞纳金制度，按延付电费兑额的比例和延付天数计算滞纳金。1957年，丽水等县的单位电费通过银行办理同城托收。20世纪60年代初，城镇用户收费大多改为坐收，农村用户仍以走收为主。1964年，云和电厂对大用户实行每月分期收费，月末结算。1973年，恢复电费滞纳金制度，每月按电费总额的万分之五征收。

1981年后，丽水地区各县供电部门抄、核、收工作由业务组担任，各类用户抄表时间固定，收费方式有走收、坐收、代收、托收4种。1985年，为方便山区农民交纳电费，对已建立乡电管站的，由乡农电管理员负责管辖区内的抄表、收费，后陆续由区供电所（或区农电联站、乡站）负责农村收费。1988年，丽水电网逐步应用电子计算机开展电费计算和收费、开票工作。1990年，全区有抄表、收费人员183人，承担全区抄表收费任务7.42万户，人均405户。

1992年11月，丽水电业局自动分时计费系统投资运营，工程总投资32.66万元。1993年10月，“一户一表集中抄表系统”首先在丽水市（县级）投资运行，具备抄录电量、最大负荷、数据远程传输和参数设置等功能。1994年，丽水地区实行电费预收实施办法，同年预交电费额500多万元。1995年，丽水市（县级）电力局推行银行代收电费，电脑联网通存通兑，首批2000多户用电户6月正式实施，9月在全市居民用户逐步推行。此后，其他县（市）局相继推出此举方便用户缴费。6月，丽水地区全部取消农村电费承包。1996年，具有全省先进水平的丽水电力系统第一个用电管理自动化科研项目——丽水市研究开发的NOVELL网用电管理信息系统通过验收，使用电营业工作逐步走上规范化、现代化轨道。此后，遂昌电力局也启动NOVELL网项目。

1997年，丽水地区成立丽水电业局电费回收领导小组，制定《丽水地区催收电费管理办法》，建立用户电费回收信誉等级，综合运用法律、行政、技术、经济等手段，遏制欠费增长，化解电费风险。丽水供电局与邮政局联网，由邮政局将催费通知单或停电通知单及时送交用户并签收返回，提高催费效率。1998年，推行“三公开”①、“四到户”②、“五统一”③、“一上墙”④，全区全口经回收电费59386.12万元，目录电费回收率99.11%，其他电费回收率94.41%，陈欠电费清欠2186.75万元，实现同年电费“结零”，同年，首次兑现电费收缴奖励39600元。同时，丽水电业局用电管理全部计算机化，遂昌电力局全部用户电费进入微机管理。

1999年，改变过去以集体为单位申请的模式，制定《丽水地区一户一表实施意见》，推行丽水地区城乡居民“一户一表”改造，改造“一户一表”用户79621户。7月26日，丽水市（县级）电力局用电管理所开通丽水地区第一家168电话查询电费业务。

2002年9月，莲都供电局首家电力营销客户系统投资运行并通过省公司的实用化验收，系统覆盖和管理莲都供电局4.6万用户，实现工作传票的电子化，电力营销各项业务的有效监控和闭环管

① 三公开：公开电量、公开电价、公开电费。

② 四到户：抄表到户、管理到户、服务到户、销售到户。

③ 五统一：统一电价、统一发票、统一抄表、统一核算、统一考核。

④ 一上墙：电费公布栏上墙。

理。其余8个县也相继启动，总投资一千多万元。次年，丽水电业局对各县（市、区）电力（供电）局的电费收缴按月度累计回收率99%及以上，年度回收率99.98%及以上，清欠率5%及以上等指标进行考核，加强电费回收力度，同时实行大用户每月电费多次结算，减少大用户电费回收风险，同年全口径清欠电费646.2万元，清欠率18.77%。此后，逐步推广集抄、远程抄表覆盖面，其余客户推广使用掌上抄表器，并逐步过渡到红外线自动抄表。2004年，全口径电费回收率创截至当时的历史最好水平99.75%。

2005年，丽水市银行联网电费结算系统建成，莲都区范围的电力用户首先开通，该系统可在所有联网银行网点向电力用户提供实时电费现金交纳、电费代扣和特种托收的电费交纳服务，同时也能提供电费查询、电费银行账户变更等相关业务服务。5月，丽水成为全省电力系统首个全面建成县级供电企业电费中心的地市，实现"统一账户、统一核算、统一管理"的三统一要求，实现与全市6家银行的联网。2007年10月11日，浙江电力"95598"网上营业厅在丽水率先开通。2008年，与银行联合建立客户征信系统，开展电力客户信用等级评价工作。2009年，丽水电业局荣获省公司营销抄核收技术比武团体和个人第一名。2010年，首次实现全口径电费回收双结零。

第五节　农村用电

农电结构

排灌用电　1956年，丽水城关水东村兴建全区第一座电力排灌站。此后，缙云、遂昌两县亦兴建电灌站。1961年，全区有电灌站3座，用电设备8台计93千瓦。至20世纪60年代后期，各县主要产粮区多建有电灌站。1971年，龙泉大沙畈梯级电灌站建成，3级装机8台计390千瓦，可灌溉农田200多公顷，为当时全区装机容量最大的电灌站。1977年，庆元县余村乡为发展柑橘种植业建造喷灌站。同年，全区排灌用电量107.13万千瓦时，占农村用电量的21.8%。此后2年，排灌用电激增，1979年359.58万千瓦时，占农村用电量的29.17%，在农村用电中居第一。

20世纪80年代，丽水地区柑橘、茶叶等旱地经济作物发展较快，喷灌站建设加快，但联产承包到户后，排灌用电减少。1982年，全区排灌用电量209.42万千瓦时，比1979年减少41.76%。1988年，旱情较重，排灌用电急剧上升，达361万千瓦时，比上年增长66.36%。1990年，全区排灌用电设备容量12933千瓦，排灌用电量356万千瓦时，占同年农村用电的3.04%。1991年，丽水地区排灌用电541万千瓦时，以电灌站用电为主，其次为喷灌站及临时水泵用电，用户数801个，用电设备容量12933千瓦，主要集中在丽水、龙泉两县（市）。此后，农村排灌用电呈下降趋势，至1995年，丽水地区排灌用电231万千瓦时，比1991年下降43%。"九五"计划期间，全市排灌用电在200万千瓦时左右。2001年后逐年下降，2003年、2004年旱情严重，排灌用电略有上升。至2005年，全市排灌用电设备容量4746千瓦，用户数418户，年用电量99.42万千瓦时，占农林牧渔水利业用电量的5%。此后，排灌用电徘徊在100万千瓦时左右，至2010年，排灌用电量152.13万千瓦时，占农林牧渔业6%。

农副产品加工用电　民国31年（1942）初，丽水县太平汛水电站利用电力榨油、碾米，4月，日本

侵略军入侵，设备拆除转移，停止加工。1957 年，遂昌县湖山乡开始电力加工农副产品。1962 年，缙云县壶镇关昌塘沿建电力碾米加工站，装 2 台 10 千瓦的电力碾米厂。此后，各县相继使用电力加工农副产品，1966 年，各县均建有电力加工站。随着农村电网发展，1976 年，丽水地区加工用电量91.92 万千瓦时，占农村总用电量的 15.77%。1979 年，上升到 288.22 万千瓦时，比 1976 年增长 2.13 倍。

20 世纪 80 年代，电力加工的农副产品种类增多，从粮食、饲料加工发展到烘茶、香菇、木耳等。用电设备容量、用电量稳步上升。1981 年，丽水地区农副产品加工用电设备容量 11594 千瓦，加工用电量 394.57 万千瓦时，1985 年，上升到 16359 千瓦，616.75 万千瓦时，年均增长率分别为 8.99%、11.81%。但在农村用电中所占比重却从 1976—1984 年的第二位，降至第三位。1986 年起，统计口径变化。1987 年，全区加工用电量仅 488 万千瓦时，比 1985 年下降 20.88%。1990 年，全区加工用电设备容量 15095 千瓦，加工用电量 549 万千瓦时。

1991 年，丽水地区农副产品加工用户数 1813 个，设备容量 15085 千瓦，用电量 879 万千瓦时，主要集中在松阳产粮区。1993 年，农副产品加工用电逐年下降。1997 年起，各县农副产品加工用电不再单独统计，全区农副业加工用电下降到 665.75 万千瓦时。2000 年，农副产品加工用电略有回升，为 771.6 万千瓦时。此后，农副产品加工用电不再享受优待电价，用电量锐减，至 2005 年，全市农副产品加工用户数 323 户，用电量 386.42 万千瓦时，占农林牧渔水利业用电量的 19%。此后，全市农副产品加工用电量略有回升，至 2010 年，达 928.87 万千瓦时，占农林牧渔业的 38%。

乡村工业用电　1958 年，龙泉八都林化厂开始用电。1962 年 6 月，缙云壶镇农机厂使用 0.5 千瓦电动机，进行农机具加工修理。到 20 世纪 70 年代初，丽水地区各县乡村工业用电主要是农机设备维修，农具加工修理及锯木加工等用电。1976 年，全区乡村工业用电量 143.2 万千瓦时，占农村用电量的 24.57%，居第一位，年产值 2229 万元。1978 年，用电量达 259.14 万千瓦时，产值 4020 万元。此后，乡村工业扩大到建材、机械、纺织、化工、采矿、服装皮革制品和竹木加工等行业，用电量稳步上升。1985 年，乡村工业拥有用电设备容量 19380 千瓦，用电量 805.83 万千瓦时，占农村用电量的 24.58%，居第二位，产值 1.49 亿元，占全区工业产值的 20.02%。1978—1985 年，用电量年均增长率 17.59%，产值年均增长率 27.43%。1986 年后，乡村工业继续保持高速发展，1990 年，全区乡村工业用电设备容量 43900 千瓦，用电量 3619 万千瓦时，是 1985 年的 4.5 倍，年均增长率 35.04%。因乡村工业的高速发展，用电高峰期，部分企业出现因缺电而开工不足的情况。

1991 年，全区乡村工业用户数 1963 个，设备容量 43900 千瓦，用电量 3889 万千瓦时。1995 年，乡村工业用电首次突破 1 亿千瓦时，为 10334 万千瓦时。“九五”计划期间，乡村工业用电年平均递增 27.68%。至 2000 年，首次突破 2 亿千瓦时，为 21464.02 万千瓦时。“十五”期间，乡村工业用电发展减缓，年平均递增为 12.34%。2003 年，乡村工业用电量突破 3 亿千瓦时，为 34365.67 万千瓦时。2005 年，乡村工业用电不再单独统计。

农村生活用电　民国 19 年(1930)，缙云壶镇有照明用电。此后，松阳古市镇，丽水碧湖、大港头，云和小顺等地先后用电照明。民国 30 年，日本侵略军数次入侵，仅剩壶镇尚能用电。民国 33 年，云和瓦窑水电厂附近农村开始用电照明。1949 年，丽水专区农村用电仅壶镇、瓦窑两地有照明用电。

20 世纪 50 年代，丽水各县广大农村尚未通电，照明用电仅限于各县城郊少量的农村。1957 年，农村结合兴修水利，建造水电站，遂昌湖山电站附近农村开始用电照明。此后，随着农村小水电站的兴建，农村照明用电逐年增加，1976 年，全区网内农村照明用电量 44.41 万千瓦时，占同年农村总用电量的 7.62%，1978 年为 110.76 万千瓦时，比 1976 年增长 1.49 倍。

1981 年，丽水地区网内生活照明用电量 511.03 万千瓦时，占同年农村总用电量的 33.82%，居第一位，比 1978 年增长 3.6 倍，年均增长率 66.48%。1985 年，全区网内生活用电量 1421.5 万千瓦时，比 1981 年增长 1.78 倍，年均增长率 29.14%。1986 年后，农村生活用电仍保持高速发展。1990 年，全区生活用电设备容量 47268 千瓦，年用电量 7186 万千瓦时，比 1985 年增长 4.05 倍，年均增长率 38.29%。

1994 年，丽水地区实现乡乡通电，丽水地区农村生活用电首次突破 1 亿千瓦时。1996 年，丽水地区实现村村通电，农村生活用电增加到 13957 万千瓦时。此后，农村生活用电增长速度减慢，“九五”计划期间用电量年平均递增 8.82%。随着农村电网改造的完成，实现城乡同网同价，农村生活用电迅猛发展，2003 年，激增到 19449.77 万千瓦时。至 2005 年，农村生活用电设备容量 1686822 千瓦，用户数 493984 户，用电量 21079.41 万千瓦时，农村人均生活用电 100.68 千瓦时，占城乡居民生活用电量的 42%。随着农村电气化县的建成，农村呈稳步增长趋势，至 2010 年，乡村居民用电 38392.66 万千瓦时，占城乡居民生活用电量的 42%。

农网改造

20 世纪末，丽水地区贯彻国务院“两改一同价”①的指示精神，分两期实施农村电网建设和改造工作。

一期农网改造工程 1999 年，开始第一期丽水地区农网改造工程，可研总投资 71997 万元。丽水市(县级)电力局先行启动，首期投资网改资金 263.7 万元。2000 年 9 月 1 日起，莲都区第一批网改村 17 个成为“两改一同价”政策的首批收益者，从原来执行不同档次的农村居民生活用电到户电价，统一下降到每千瓦时 0.6 元，非普工业用电从每千瓦时 0.95 元下降到 0.85 元，农业生产用电到户电价每千瓦 0.48 元。

2001 年，丽水市投资 1.24 亿元资金全面改造全市小水电自供区电网。全市小水电自供区涉及 9 县（市、区）行政村 540 个、农户 73580 户、275187 人口。全市小水电自供区有 10 千伏线路调线 1651.93 千米、调杆 6315 支，新建 10 千伏线路 227.63 千米。低压线路调线 1703 千米，调杆 24594 支，新建低压线路 355.05 千米，新增配变及台区 121 台，改造配变及台区 426 台，改造户表 73583 只。2001 年 9 月 26—29 日，遂昌、莲都、缙云农网改造工程通过浙江省人民政府验收，成为全市第一批农改竣工县、区。第二批于 2002 年 4 月 15—24 日分别验收龙泉、庆元、云和、景宁、青田和松阳等 6 个县(市)。一期农网改造全市审查批复设计项目 25 批 2800 个，批复项目资金 3.36 亿元，完成 110 千伏新建、扩建及改造工程项目 13 个。

二期农网改造工程 第二期农网改造主要是针对 10 千伏以下的农村电网和一期农网改造未涉及的村庄和农户，完成决算总投资 28500.08 万元。

2002 年，丽水电网履行完成，达到提高安全运行水平载荷能力，用电量增长明显。2002 年 6 月 1 日，丽水市所有完成电网改造的农村统一执行 0.53 元/千瓦时的居民生活用电到户价。2003 年，全市供电量、售电量实绩分别为 21.76 亿千瓦时和 19.7 亿千瓦时，与上年同期相比分别增长 29.27%

① 两改一同价：改革农电管理体制，改造农村电网，实现城乡同电同网同电价。

和 25.16%；全市各县（市、区）电力部门合计供电量、售电量实绩分别为 18.48 亿千瓦时和 17.02 亿千瓦时，同比分别增长 25.75%和 26.41%。

1999—2003 年丽水农网建设与改造效益分析一览

表 8-4-5-1

类别		1999 年	2000 年	2001 年	2002 年	2003 年
综合线损率	比重（%）	9.04	9.05	9.13	8.42	7.94
	年节约电量（万千瓦时）	392.00	397.00	—	1043.00	887.00
	年节约费用（万元）	165.00	167.00	—	439.00	374.00
农村低压线损率	比重（%）	27.06	24.10	18.50	16.80	12.77
	年节约电量（万千瓦时）	307.00	742.00	1216.00	1295.00	1398.00
	年节约费用（万元）	218.00	531.00	872.00	892.00	925.00
县城用电	用电量（万千瓦时）	118249.00	133335.00	147297.00	170509.00	219239.00
	年增长（%）	9.86	12.75	10.47	15.76	25.75
农村用电	用电量（万千瓦时）	1708.00	16641.00	1556.00	1667.00	1632.00
	年增长（%）	1.37	−2.61	−6.51	7.10	−2.08
乡镇工业用电	用电量（万千瓦时）	19304.00	21464.00	22116.00	27547.00	34366.00
	年增长（%）	17.40	11.19	3.04	24.55	24.75
农村生活用电	用电量（万千瓦时）	13179.00	13786.00	13449.00	15763.00	19450.00
	年增长（%）	−7.55	4.60	−2.45	17.20	23.39
农村生活到用户电价	价格（元/千瓦时）	0.79	0.75	0.73	0.60	0.53.00
	年减少费用（万元）	—	607.00	256.00	2112.00	1283.00
非普工业到用户电价	价格（元/千瓦时）	1.06	0.94	0.93	0.85	0.75
	年增长（%）	9.86	12.75	10.47	15.76	25.75
	年减少费用（万元）	—	53.00	59.00	705.00	796.00
市（地区）内生产总值	数额（万元）	1221704.00	1367613.00	1589669.00	1837900.00	2180000.00
	年增长（%）	8.20	11.20	12.80	13.20	14.60
财政收入	数额（万元）	100010.00	128348.00	179450.00	209194.00	256300.00
	年增长（%）	24.00	28.30	39.80	13.70	22.50
规模以上工业产值	数额（亿元）	540000.00	750000.00	960000.00	1250000.00	1670000.00
	年增长（%）	21.40	39.30	28.80	29.70	33.80

农电安全

百日安全竞赛　浙江省电力工业局于 1981 年发出通知，每年 6 月 21 日至 9 月 30 日为全省农电百日安全竞赛时间，缙云、云和、遂昌 3 个县参加竞赛。此后，各县电力部门相继参加，每年由丽水电业局统一布置，并组织检查、评比、总结。

1983 年 6 月，缙云等县电力部门采取加强安全宣传、派支农小分队下乡帮助农民整改三类线路、安装漏电保护器、拆除配电变压器中性点接地等措施，无触电死亡事故。缙云县电力公司被评为全省农电百日安全竞赛活动先进单位，名列全省第三。此后，各县逐步建立区、乡、镇农电管理站，加快农村电网整改。

1991年，丽水地区开展第11次农电百日安全竞赛，竞赛内容为考核各项农电指标、整顿农村电费、电价和标合村建设，全区整改三类线路70千米。同年，缙云县电力公司被评为全省农电百日安全竞赛活动先进单位。丽水电业局根据浙江省电力工业局要求，统一部署，活动期间组织支农小分队深入农村，分片包干，安全检查不留死角。1995年，扶贫上电工程解决行政村36个的通电，丽水电业局被评为全省农网安全生产竞赛先进单位。1996年，在丽水、缙云、遂昌、松阳、龙泉5个县开展标准化乡站试点工作。

1998年起，丽水地区百日安全竞赛以加快农村标准村建设，降低农村电价，切实减轻农民的电费负担为重点，推进农电体制改革，农村电网安全系数增大。2002年，“百日安全竞赛”活动结束。

漏电保护器推广　1981年，丽水电业局在丽水县的堰头、城南等村，缙云电力公司在新建、壶镇、城东等地安装部分电流型漏电保护器试点。因漏电保护器动作灵敏可靠，可以分路安装，分级保护，试用效果较好。1982年，缙云县在全县推广。1983年，遂昌县开始试点。1984年，丽水电业局召开推广使用漏电保护器的现场会，此后其它县相继推广。1985年，遂昌县云峰乡湖边村农户250户全部安装“户保”，茶场等厂安装单机保护，村配电盘安装总保，成为全区第一个三级保护的安全村。

1990年年末，丽水地区安装漏电保护器107478台，其中总保1874台，总保护面98.2%；分支单机2478台，保护面84.5%；单相家用103126台，农户保护面24.1%。

1992年，丽水地区新装总保261台，流动分支保护724台，农用漏电保安器26567台，全区保安器安装合计164159台，总保护面、流动保护面、农户保护面分别达81.62%、930.9%和39.4%。1995年，丽水地区总保护面、流动保护面、农户保护面分别为67.8%、95.8%和52.3%，其中遂昌县的总保护面、流动保护面均达到100%。此后，家用电器触电事故基本杜绝。2010年，全市各县安装总体保护8225台，家用农户保安器701339台，保证农村用电安全，避免和减少农村触电死亡事故的发生。

安全培训　20世纪60年代，各县农电工一般经过低压线路安装实践后上岗。1972年，丽水、云和两县举办第一期农电工培训班，学习用电常识、触电急救法等内容，参加培训160人。1975年5月，缙云县电力公司在仙都举办为期30天的电工培训班。1978年，挑选各乡电工1—2人，到各供电所实习，由有经验的老师傅传、帮、带。

1983年起，丽水电业局对农村电工的培训、考核作统一部署，各县有计划地组织农村电工进行理论学习和实际操作。1990年，全区经考试合格领取电工合格证的有2678人。

1991年，丽水地区开展村级农电工职称评审，申报308人，评出技师1人，助师2人，技工114人，助技134人，电工251人首批获取职称。同年，培训乡电工439人次，村电工1550人次。同年，以缙云县芦堂乡为试点，进行村电工“三落实”“四统一”。此后，各县（市）供电部门培训、考核进网作业电工，并建立档案资料，进一步完善进网作业电工管理。2000年，农网改造工程开始后，各县（市）及时举办乡镇、村电工培训班，全区全年培训人员1500多人次，合格率100%。2002年，开展农村电工技能与知识竞赛，提高农村电工业务能力。2003年，全市举办首次农电工技术比武，各县（市、区）供电局选拔出来的选手36人参加应知考试、杆上作业、配电屏接线、室内故障排查等项目的比赛。

此后，农电工的培训注重实用性，2004 年，莲都供电局开展乡镇电管员、农村电工急救巡回培训。

2005 年 4—12 月，代理制农电工 1701 人接受农电从业人员服务"十个不准"、供电服务承诺、有关制度章程、农电安全生产、农电经营管理、优质服务及法律法规知识等培训。2010 年，举办农网营配工中级工培训班 3 期，通过培训参加鉴定 226 人，通过鉴定 183 人，合格率 81%，至年末，丽水市进网作业电工人数 3684 人。

农村电气化县建设

第一批全国农村电气化县试点　1983 年 11 月，国务院批转水利电力部《关于积极发展小水电，建设中国式农村电气化试点县的报告》，庆元、缙云、云和、景宁、龙泉被批准为全国农村电气化试点县。各县成立农村电气化领导小组，下设办公室，抽调专人负责具体工作，制定《农村电气化建设规划》，各区、乡、镇也建立和健全管电机构。

1983—1989 年，该 5 个县用于电气化建设资金 1.18 亿元，兴建瑞垟、龙宫洞、长坑、五倍坑、好溪、盘溪六级水电站及改造马蹄岙、大白岸等一批水电站，新增水电装机容量 3.08 万千瓦。35 千伏变电所新建 15 个，改造 4 个，增加变电容量 3.73 万千伏安；新建 110 千伏输电线路 39.87 千米，35 千伏线路 279 千米，新建和改造 10 千伏配电线路 2198 千米，低压线路 1236 千米。同时，各县发展以电代柴户，年用电煮饭烧水时间 6—7 个月不等。电价实行定量优惠。

1988 年 1 月，庆元县按照水利电力部颁发的《一百个农村电气化试点县初级阶段验收条例》验收合格。1989 年 12 月，缙云、云和、龙泉、景宁 4 个县均先后验收合格。

1988—1989 年丽水地区农村电气化试点县电气化水平一览

表 8-4-5-2

县别		龙泉县	云和县	庆元县	缙云县	景宁畲族自治县
验收合格时间		1989 年 7 月	1989 年 3 月	1988 年 1 月	1988 年 2 月	1989 年 12 月
基本情况	村数（个）	439	170	343	640	274
	户数（户）	62331	27626	38670	114035	41595
	人口（人）	257291	110333	179192	408847	172256
电源状况	装机容量（处/千瓦）	130/24329	34/5938	95/15614	46/17009	92/12182
	人均装机（瓦）	94.56	53.82	87.14	41.60	70.70
电网状况	35 千伏变电所（座/千伏安）	5/15200	3/9900	4/13850	4/16200	5/19850
	35 千伏线路（千米）	112.88	81.50	90.12	139.10	114.70
	10 千伏配电变压器（台/千伏安）	583/36455	337/27780	432/17760	729/32631	385/22605
	10 千伏线路（千米）	1271.70	543.10	767.25	786.79	785.30
	0.4 千伏线路（千米）	1810.19	669.50	891.00	793.82	859.10
用电状况 通电面 通电村	村数（个）	402	169	329	639	262
	占总村（%）	91.57	99.41	95.91	99.84	95.62
用电状况 通电面 通电户	户数（户）	58887	26380	36400	112898	38682
	占总户（%）	94.47	95.49	94.13	99.00	93.00

续表 8-4-5-2

县别			龙泉县	云和县	庆元县	缙云县	景宁畲族自治县
	以电代柴	代柴户(户)	13339	4923	8694	18106	8852
		占总户数(%)	21.40	17.82	22.18	15.86	21.28
用电量	总用电量(万千瓦时)		4421.57	3495.88	3479.23	6701.81	2550.97
	人均用电量(千瓦时/人)		171.85	316.85	194.16	163.92	148.09
	生活用电	电量(万/千瓦时)	1093.31	795.89	973.38	1751.33	869.27
		户均用电量(千瓦时/户)	175.40	288.09	251.71	153.58	208.98
		用电保证率(%)	94.80	97.88	98.41	99.36	97.10

省级农村电气化县试点　1998 年，丽水市(县级)和缙云县被列为丽水地区第一批农村电气化县建设试点县(市)。创建期间，抓安全生产落实，开展标准化达标活动，实现农村 35 千伏标准变电所 3 座，占 60%，农村 35 千伏标准化线路 5 条，占 62.5%；农电总站筹集资金 700 多万元，改造农村用电标准化村 50 个，整改农村低压线路 60 多千米，消灭三类线路 30 多千米，使全市农村用电标准化数达到 160 个，占 43.8%；抓管理服务到位，新装和改造"一户一表"1.3 万户。

1998 年 3 月，缙云县成立农村电气化领导小组，县电力局下设高压、低压、经营管理、综合 4 个专业小组。5 月，全县召开农电站电管员会议，把政府的计划和意见分解落实，责任到人。创建期间，投资 2700 多元建设 110 千伏壶镇输变电工程，投资 120 万元架设双溪至大源 35 千伏线路，兴建 35 千伏东方变电所；投资 790 多万元，整改 10 千伏、低压线路 140 多千米，配变压器 62 台，35 千伏城关变电所增容 3150 千伏安，全县新增 10 千伏配变压器 30 台 3670 千伏安，县内五云、壶镇等集镇增设真空联络开关 8 台，形成环形供电网络；新建 35 千伏标准化线路 44 千米，新建整治标准(合格)用电村 49 个。

1999 年 2 月，丽水市(县级)、缙云县通过浙江省农村电气化验收委员会达标验收。通过创建，丽水市(县级)实现乡通电率 100%；村通电率 100%；户通电率 99.94%；排灌用电保证率 100%；乡村居民生活照明用电保证率 99.81%；全市人年均用电量 534.36 千瓦时；农业人口年人均用电量 230.15 千瓦时；农业人口年人均生活用电 113.12 千瓦时；变电事故率 0 次/台•年；送电事故率 0 次/百千米；配电事故率 1.59 次/百千米•年；送电主设备完好率 100%，其中一类设备占 87.5%；变电设备完好率 100%，其中一类设备占 96.47%；配电主设备完好率 100%。缙云县实现乡村通电率 100%；户通电率 99.94%；排灌用电、乡村居民用电供电保证率分别为 100%和 92%；人均年用电、农业人口年平均用电、农业人口年均生活用电分别为 307 千瓦时、182 千瓦时、88 千瓦时；电力系统全年没有发生人身死亡和重大设备事故，电力局安全运行 470 天次；农电 35 千伏标准变电所、35 千伏标准线路、用电标准(合格)村分别为 100%、50%、48.97%；送电、变电、配电、低压装置设备完好率 100%，一类设备分别为 75%、88.5%、89.3%、81.6%；送、变电事故率为 0，配电事故率 0.6 次/百千米•年；县电网电压合格率 90.8%，线损率 7.77%。

第五章　管　　理

1949年10月中华人民共和国成立前，丽水发供电合一经营，机构体制、隶属关系屡经变更。中华人民共和国成立后，丽水发供电单位分开建制，成为全民所有制企业，实行集中管理。随着国民经济建设和电力系统发展需要，发供电、设计施工、设备制造、科研教育等单位机构和管理体制多次进行整顿、调整、改革，日臻完善。同时，丽水电力职工队伍人数迅速增加，政治思想和文化、技术素质不断提高。

1978年，中共十一届三中全会后，丽水成立农村电力管理机构。农电总站既是县级农电管理职能机构，又是农村用电的服务部门，属集体所有制事业性质与县电力部门用电科合署办公。20世纪90年代，农电管理总站站长由县（市）供电局分管局长兼任，并由市（地）电力局任命。1993年起，由总站编制定员定编方案。1994年，农电总站的工资总额与农电总站的总收入挂钩。2000年，丽水市电力局用电管理所与丽水市农村电力管理总站实行合署办公，有关职能与业务归口到局用电管理所管理。此后，其他县（市）均相继进行改革，至2002年农电体制改革后，全市均撤销农电总站。

第一节　管理机构

电力管理机构

20世纪50—60年代，丽水各县电力部门的行政、业务均由县人民政府领导和管理。1970年，经丽水地区批准，设立丽水地区水利电力局，全区电力建设和管理工作归口该局，其业务、技术由该局电力组具体负责，行政仍隶属县政府。

1975年，丽水至缙云35千伏输变电工程建成投入运营。为统一调度，管好电网，1976年8月，中共丽水地委批准成立地区电力调度所，地区水利电力局为主管单位。1979年，丽水至云和35千伏输变电工程投资运营。缙云、丽水、云和（含景宁）的35千伏电网连成一片运行。为加强管理，平衡电力，安全供电，成立地区电力公司，撤销地区电力调度所，隶属关系不变。由于各县电力建设和地区电网的迅速发展，全区的安全生产、技术管理和行业管理需要加强，1980年10月，地委决定建立地区电力工业局，隶属地区行署，为地区行署管电职能机构，同时撤销地区电力公司。

随着衢州经遂昌古市至云和的110千伏输变电工程建设的进展，丽水地区电网将与浙江电网联网。为有利于统一管理，浙江省电力工业局与丽水地区行署商定，经电力工业部批准，1981 年 4 月 1 日成立丽水电业局。全局职工 57 人划归省电力局，为电力工业部部属企业编制。电业局受省电力局和地区行署双重领导，既是省电力直属供电企业，又是地区行署管电职能部门，对各县电力部门实行行业管理。

因各县(市)电力部门属县(市)所有的地方企业，县电网与省电网仅在电量上发生互供关系。1981 年后，丽水电业局每年根据省电力局下达的电力生产计划，制定县(市)全年全社会发电量和线损率指标，下达各县(市)计划经济部门和电力以作参照。自 1988 年起，各县(市)线损节电奖由丽水电业局审核，县电力主管部门和县财政局认可。

遂昌(含松阳)、丽水两县电力部门分别于 1981 年 9 月、1983 年 1 月参加浙江省电力联营。丽水电业局代表省电力联营委员会先后与该两县人民政府签订联营协议。县电力部门参加省联营后，成为省电力联营企业的基层单位，亦是县人民政府的职能机构，受省电力联营委员会(委托丽水电业局)和县人民政府双重领导。行政领导人由丽水电业局任免，党群领导人由县委及有关主管部门任免。1982 年 7 月，松阳电力分厂从遂昌电力局分出，成立松阳县供电局，成为省电力联营企业的一个单位。1984 年，省电力局将电力联营下放到地区级，其中劳动工资划给地区劳动人事局统一管理，财务下放到县级财政统一管理，干部管理权限不变。

1992 年，除丽水、松阳和遂昌成立电力工业局外，丽水地区其他县(市)均挂牌成立电力工业局，由丽水电业局直接实行行业管理，全面负责全县(市)电力规划、建设和行业管理。行政仍隶属当地政府领导和管理。同年，浙江省电力工业局委托丽水电业局代管上标水电厂，作为该局下属的独立经济核算单位。1993 年，丽水市电力工业局(县局)划转为省属电力企业，浙江省电力工业局委托丽水电业局管理，属经济独立核算。1997 年 2 月，经电力工业部划型办审查并公布，认证丽水电业局为中型二档工业企业。1999 年，丽水电业局受浙江省电力公司委托，对全区 8 个趸售县实行代管。通过代管，逐步实现"一县一公司"制。同时，全市乡(镇)电管站进行改制，将电管站的职能合并到县(市、区)乡(镇)供电所，由各县趸售县(市、区)供电企业实行直接管理。

1998 年和 2000 年，国务院先后转发《国家经贸委关于深化电力工业体制改革有关问题的意见》和《关于电力工业体制改革有关问题的通知》，逐步实现政企分开、主辅分开，建立完善的现代企业制度，丽水电力的改革逐步深入。2000 年 7 月，根据丽水撤地设市、撤市设区引起的党政体制变化，撤销丽水市电力工业局，设立丽水电业局用电管理所，负责城区供用电管理职能；设立莲都供电局，负责莲都区供用电管理职能。2001 年起，推动多种经营企业改制，逐步实现主业与多种经营企业的体制性分离。2002 年 1 月 1 日起，成屏电站正式交由遂昌县人民政府管理，丽水电业局不再履行代管职责。2003 年 11 月 1 日起，上标水电厂管理职能由浙江省电力公司移交于浙江省能源集团公司，丽水电业局不再履行对该电厂代管职能。2005 年，根据《关于大中小型工业企业划分标准》的规定，丽水电业局的各项指标符合大型供电企业划分标准，跨入国家大型工业行列。丽水电业局对所辖企业实行统一管理、统一调度、统一电价、统一技术标准和制度，完善经营体制，提高行业的竞争能力。2006—2010 年，体制没有变化。

农村电力管理机构

县(市)农村电力管理总站　20 世纪 80 年代，缙云、遂昌两县部分乡建立农电站。1985 年，两县先后成立县农村电力管理总站(以下称农电总站)。此后,各县相继成立,1990年,9个县市均设农电总站。

20世纪90年代,农电管理总站站长由县(市)供电局分管局长兼任,并由市(地)电力局任命。1991年,丽水地区有农电总站9个。1993年起,电管员由总站招聘,村电工由乡站招聘,聘期一般不超过2年。

1994年,农电总站的工资总额与农电总站的总收入挂钩。1998年,丽水、缙云两县率先应用微机进行站务管理和电费操作。1999年,庆元县加大农电体制改革,率先撤销农电总站。至2002年,均撤销农电总站。

区电力管理联站　1985年,缙云县在各区设立电力管理联站(下称联站),作为县农电总站的派出机构,属集体所有制性质,人员从各乡镇电管员中挑选。行政属区公所领导,技术业务归县农电总站及县电力公司用电科领导。站长由区长兼任,副站长由供电所所长兼任。联站的设置,各县视实际情况而定。1986—1988年,缙云、丽水、遂昌、庆元4个县先后在较边远的区设立联站,其他县均不设联站。1990年年末,缙云等4个县建有联站12个,配电管员39人。主要负责区属各乡的计划、节约、安全用电,低压电网的发展规划、建设、整改及抄表收费等工作。联站经费统一由县总站集中管理,统筹安排。此后,随着农电体制改革,联站陆续取消。

乡镇农电管理站　1981年,缙云县东方、雁岭乡西北建立农电管理站(下称乡站)。同年,遂昌县云峰、成屏和大柘3个乡亦建乡站。这是丽水地区建立的第一批乡站。

乡站属集体所有制单位,既是当地乡人民政府的农电管理职能机构,又是全乡用电的服务部门。实行双重领导、分级管理,行政属乡政府领导,业务技术属县电力部门领导,并服从上级农电站管理。各站一般配电管员2—3人,主要负责安全用电、低压电网建设及运行管理、回收电费等工作。

缙云县在试点的基础上,从实际出发,按便于管理的原则,一般两乡建一站,个别的三乡联站,1984年,建立乡站6个,负责11个乡的农电管理工作,乡站站长由乡长兼任。1985年起,丽水、云和等县开始建立乡站。1990年年末,全区建乡站163个,配电管员271人。管理范围扩大至线损管理、用电监察、电费回收及对村电工培训等。

1991年,丽水地区建区乡站188个,有乡站电管员283人。1992年,重建乡站150个,调整乡电管员321人,农电建乡站面81.2%。管理模式仍是条块结合、以条为主。1998年年底,丽水市电力局(县局)撤销偏远或小的乡镇站13个,在7个镇所在地成立农电联站8个。2001起,电网实施"两改一同价",至2004年,全市均与乡镇电管员解除合同,乡镇电管站编制撤销,组建直接隶属于县级供电企业的供电营业所,管理农村10千伏及以下电压等级的供用电业务、服务。供电营业所作为县级供电企业的派出机构,其人、财、物由县级供电企业统一管理,电费收入全额上交县级供电企业;设置按照"方便管理、方便用户、经济合理"的原则,采取营配合一的管理模式。至2010年年底,全市有供电所55个,电管员430人。

村管电小组　缙云县城西公社七里等大队5个于1974年建立管电小组,由大队主要领导任组长,配有电工2人,成为丽水地区首批村级管电组织。其报酬发误工补贴或记工分,年终兑现。20世纪70年代后期,丽水、松阳等地也建立一批村管电小组。20世纪80年代,各县农村用电先后建立管电小组,成员少则3人,多则6人。村电工视用电量多少配1—3人,负责行政村的抄表收费、维护户内线路、处理用电故障等,业务受乡农电站指导。

20世纪90年代初，丽水地区有由村领导、电工、会计组成的管电小组2000多个，负责该村范围内低压电网运行、维护和用电设备检查以及电费收取等工作。1991年，丽水地区有村电工2367人。1993年，对农村用电征收农电维修费，逐步对村电工补助实行统筹，劳动待遇、养老保险得到落实。2001年，农网改造完成后，村电工纳入供电局统一管理，村电工的报酬由供电划拨各供电营业所代为发放。此后，村管电小组陆续撤销，其职能由电工服务组替代。

2005年1月，丽水各县（市、区）完成农电体制改革，电管员和农村电工均实行劳动和社会保障事务代理的用工形式。至2010年年底，全市有电工服务组80个，专职电工624人，兼职电工647人。

第二节　电力企业管理

企业“双达标”

1991年8月，以“以设备为基础、以管理为关键、以提高人员素质为保证”，开展安全、文明“双达标”工作。1993年6月8日，丽水电业局“安全文明生产达标”工作通过浙江省电力工业局考评验收。1994年11月8日，“双达标”工作通过复查。1996年因“4·27”事故，“双达标”被摘牌。1997年6月23日，通过浙江省电力工业局、华东网局验收，恢复网局级“双达标”企业。

1997年6月，丽水市电力局（县局）、上标和成屏3个省企业的“安全文明生产达标”工作通过省局验收。从1999年12月起，全区8个代管县全面开展安全文明生产“双达标”工作，抓住“设备、管理、人员”三个环节开展活动。2002年，缙云电力局、庆元供电局通过丽水电业局“双达标”验收。至2003年，所有县（市）局均完成“双达标”工作。

企业“创一流”

1999年11月，丽水电业局提出创建国家一流供电企业的目标，成立“创一流”领导小组，抽调人员成立“创一流”办公室，分安全生产、经营管理等专业小组7个，负责统一组织、协调和指导“创一流”工作。丽水电业局五届五次职代会审议并通过《丽水电业局创一流供电企业规划》《丽水电业局创建国家一流企业工作目标分解实施计划》，先后组织召开“创一流”动员会、经验交流会、阶段总结布置会15次，采取听、看、查、评核召开座谈会形式26次，按照“高、严、细、实”的要求，全面检查、指导和考核局属生产单位、班组、各处室工作。2001年，制定《丽水电业局创建国家一流供电企业工作动态考核办法》，建立监督检查考核体系，设立“创一流”奖励基金，制定“创一流”单项奖考核办法，根据计划目标实施情况进行严格考核，并与月度经济责任制挂钩奖惩兑现。

2003年年底，莲都、缙云、遂昌电力（供电）局通过省一流县级供电企业考评验收。2005年11月，青田供电局、景宁供电局、庆元供电局3个县局进入省一流企业行列。至2010年，全部县（市、区）局完成省“创一流”工作，莲都、缙云、遂昌、青田、景宁、庆元等6个县（市、区）局进入国家一流企业行列。

丽水市志

丽水市地方志编纂委员会 编

第二册

方志出版社
Publishing House of Local Records

总 目 录

Lishui Municipal Annals
Contents

目　录

（第二册）

第九篇　交通运输

第十篇　邮政电信

第十一篇　经济总情

第十二篇　农　　业

第十三篇　林　业

第十四篇　工　业

第十五篇　工艺美术业

第十六篇 商贸服务业

第十七篇　旅　游　业

第九篇
交 通 运 输

概　　述

丽水自古受山地自然条件的影响，交通发展迟缓。20世纪10—30年代，处州境内交通主要依赖水路和古道。古道有陆路47条，包括通京大道、省际通道、州府大路和县乡大路。水路6条，主要为瓯江干流及诸多支流。

民国21年（1932），丽水开始兴建丽温公路。此后，丽水公路事业发展，古道逐渐被公路替代。1949年10月中华人民共和国成立后，丽水公路建设进入新时期，逐渐形成公路交通网络，先后建成国道、省道、县乡公路。2005年12月，金丽温高速公路建成并通车。2007年，龙（泉）丽（水）、丽（水）龙（游）高速公路建成通车。21世纪初，丽水市全面实施"康庄工程"，乡村公路建设进展较快，同时保护一大批古桥古道。2010年，丽水市进入高速公路时代。同年，全市有高速公路4条，长328.77千米，其中国家级高速公路2条，长229.68千米；省级高速公路2条，长98.77千米。

1998年6月金丽温铁路建成并通车后，丽水结束没有铁路的历史。2010年1月，金丽温铁路扩能工程启动。通车后丽水迈进高铁时代。

自处州建州至民国，丽水一直无交通管理专设机构和官员，修建道路、设置驿站，均由府、县派员督管。丽水民间对交通也有约定规矩或不成文的交通规矩。1949年10月中华人民共和国成立后，丽水设立交通管理机构加强管理，完善机制，推进改革，逐步完善相关交通法律法规同期，丽水现代物流逐渐取代传统货运，成为多行业、复合型服务产业，在拉动内需，促进经济增长中居于重要地位。至2010年，一个全新的丽水交通格局逐渐形成，推动丽水经济、社会的全面发展。

第一章 古 道

古时，丽水境内道路分干路、支路。干路，即驿道，亦称官马大道，通京大道。唐代，处州古道一般5里设亭，10里设铺，30里设驿，非通途大道设馆。宋代，处州古道一般20里设一驿，10里设一递铺。元代，处州古道一般70—80里设一站赤。干路一般宽2米以上，山路最宽超过3米，路面铺石板为多。栝瓯古道[①]同"西交三衢[②]"的通济古道联成一线，合称永嘉官道。省际古道除栝瓯古道、栝苍古道等通京大道外，遂昌、龙泉、庆元、景宁到福建的古道10条，其中陆路9条，水路1条。州(府)际大路，除栝苍古道、稽勾古道、梅田古道、曳岭古道经缙云县、宣平县、武义县至婺州外，处州境内尚有通州大道5条，其中陆路3条，水路2条。

支路，即步行道路，遍布处州城乡各村庄，一般平丘铺卵石，越岭砌石级，宽1—2米。与县际、州府际、省际和通京大道一起，形成古代处州独有的交通路网。

第一节 通京大道

栝瓯古道

秦二十六年(公元前221)，屠睢率兵50万，平定百越。"秦军从余干[③]水，越过武夷山而达闽江、瓯江之地"，开辟出一条从江西信州[④]，越武夷山入闽境浦城的通道，再分兵两路。其中东北一路，逾柘岭经龙泉、丽水[⑤]，沿瓯江到达温州永嘉，以其地置闽中郡。东汉建武元年至建安五年(25—200)，开辟处州、龙泉逾柘岭入闽的浙闽古道，山高路狭，行路艰险。唐乾符五年(878)，黄巢起义军"乃刊山开道七百里"，从江山县南仙霞岭山路到福建。此路，即处州最早的通京[⑥]大道，史称栝瓯古道。

唐上元二年(675)，于永嘉置温州。唐贞元二年(786)，全国普设驿站时，栝瓯古道成为从长安经

---

① 括瓯古道：又称浙闽古道。

② 西交三衢：衢州因边界毗连闽、赣、皖3省而得名。

③ 余干：2010年属江西省上饶市。

④ 信州：2010年属江西省上饶市。

⑤ 丽水：古称括苍县。

⑥ 通京大道：指通陕西省西安市的道路。

汴州[①]、扬州，渡长江经润州[②]、苏州到杭州经睦州[③]、婺州[④]、栝州至温州之重要驿站。清顺治八年(1651)，栝瓯古道同通济古道联成一线，合称永嘉官道。栝瓯古道，全程长135千米，其中丽水境内12.5千米。

栝苍古道

东汉建武三十二年(56)，栝苍古道拓建。南朝陈天嘉三年(562)三月，司空侯安都破留异于桃花岭。此道由善士冯大杲所凿，亦称冯公岭。唐贞元二年(786)，唐政府在全国普设驿馆。栝州因不是通途大道，仅设馆。唐代，栝苍古道是栝州、婺州、睦州至杭州的通途大道。南宋建都临安[⑤]，政府全面整修重要驿道，铺筑卵石、青石路面、石板蹬级。路面宽约2米。南宋时期，栝苍古道辟为通京大道，元更改为栝苍驿道。明至清代，栝苍驿道被称为官马大道。清嘉庆九年(1804)，浙江巡抚阮元在丽水县银场岩壁上题有“栝苍古道”四字，摩崖石刻尚存至今。民国23年(1934)，金(华)丽(水)温(州)公路建成通车，古道逐渐被取代。

栝苍古道中有一段被称为丽缙复线，起点为莲都区岩泉街道坑口村[⑥]，越坑口岭至大岭行政村[⑦]，经沈山、叶平头、徐庄、黄畈、沈村，抵三望岭，与栝苍古道会合，上桃花岭，出桃花洞，去缙云，达省、京。该古道位于330国道丽缙复线和栝苍古道右边，建造年代距今500多年，因人居渐多成村而建。除平坦路段是泥路，上坡下岭均是岩石砌就的梯级路。其中坑口至大岭村的坑口岭路宽2米许，石铺路面宽1米余，路边常年修理。来往这条古道的人比走栝苍古道的人多，保存也较完整。

通济古道

隋开皇九年(589)，建处州，置栝苍县[⑧]，基本贯通“西交三衢”通济古道。通济古道因通济堰而得名，为官修古驿道，成为永嘉官路的重要一段，是处州城通向松、遂、云、景、龙、庆6个县的干线。起自栝苍县城(处州衙门驻地)栝苍门，过济川桥到坢店、石牛、碧湖至保定村。保定村岔道口交步亭路碑刻有“南—云和、龙泉、浦城道，西—松阳、遂昌、南昌大道”。通济南道自保定渡大溪至大港头，出丽水县境，与云和境内的石塘铺相接，经龙泉入浦城，是通济古道中最早开辟的丽水向外通道，境内段古道35千米。通济西道自丽水县保定村经松阳、遂昌，过龙游，直至衢州，可达闽、赣、皖三省，县境内段28.5千米。

稽勾古道

始创于隋代，因经稽勾岭而得名，旧称“古栝苍道”。据清道光《丽水志稿》卷一载，稽勾山，栝苍县西北50千米，与武义龙门山对峙，势极险峻，盘绕10多千米，自丽阳门经龙门坳，至武义县

① 2010年属河南省开封市。
② 2010年属江苏省镇江市。
③ 核心区2010年属浙江省建德市。
④ 2010年属浙江省金华市。
⑤ 2010年属浙江省杭州市。
⑥ 古代起点岩泉，经灵山寺脚至坑口，此段路后被330国道所代。
⑦ 2010年属莲都区岩泉街道，古属丽水县银岭乡。
⑧ 后改称丽水县。

壶山镇，全长 80 千米，为瓯、栝达都会通衢。隋开皇九年（589），开辟从栝苍县城往北的稽勾古道，建立处州与京都长安之间的通道，这是通往京师最近的一段古道。清光绪《处州府志》载："为瓯栝达婺之间道。"

梅田古道

梅田古道约建于宋元时期。因稽勾古道岭峻峰险，通行艰难，于是百姓又开辟一条"梅田古道"。梅田古道自丽水县城往北至太平村与稽勾古道同线。从太平村经枫树岭头，至梅田村，再翻越青塘岭，入缙云县境。其中丽水县境内 32.5 千米。据清光绪《处州府志》载："梅田山，县北四十里，旧为缙云官道，乡民立市焉，古驿废址尚存。"梅田古道代替稽勾古道峻险的一段，也成为通京大道的一段通道。

曳岭古道

曳岭古道始建于隋代之前。最初为松阳县通临海郡治章安的官路。唐宋时期，曳岭古道成为军事争夺的重要路线。丽水境内 35 千米。明景泰三年（1452）宣平县设立后，曳岭古道为处州府至宣平县驿道。自丽水县城西北门①，经溪口、桃山、路湾、张村街、茭坑②、界牌，入宣平县③，经武义至婺州。

好溪水路

自处州城，经好溪至缙云，再从缙云新建溪入永康溪至婺州，可达省会和京城。

第二节　省际通道

省际古道除栝瓯古道（亦称浙闽古道）、栝苍古道等通京大道外，遂昌、龙泉、庆元、景宁通福建的古道 10 条，其中陆路 9 条，水路 1 条。

龙泉至福建

龙泉至浦城　龙泉县城西去福建浦城之干道，全长 90 千米。起自西圈门（一名奉直门），过观音桥，经新岭、沙溪、八都、木岱口、塘上、石坑接福建浦城县界，龙泉境内 32.5 千米。

龙泉至松溪　自县城南 15 千米至石玄湖，32 千米至查田，40 千米至小梅，自小梅至庆元之竹口、新窑，抵闽之松溪，亦为浙闽要道。

遂昌至福建浦城

自县城西南 50 千米之王村口，经西滩入龙泉县，达福建浦城，长 100 千米。

自县城西南出大柘、石练、黄沙腰，到柘岱口，经尹家至石示下，入福建浦城，亦为闽浙相通之要道。距浦城县城 130 千米。

① 亦称通惠门或左渠门。
② 2010 年属丽水市莲都区联城镇高坑。
③ 2010 年属丽水市莲都区联城镇高坑。

景宁至福建寿宁

自景宁县城南门出，经慕岭头、大漈、鱼漈，越青草隘抵寿宁县治，全长90千米。

庆元至福建

庆元至松溪　自县城经八都、马蹄岙、蜈蚣岭入福建松溪县城，长20千米。

庆元至政和　自县城经五都、淤上、安溪，翻越岭腰入政和县境，长25千米。

庆元至寿宁　自县城经应岭、五大堡、岭头、竹坪、江根入寿宁县境，长75千米，或从岭头经八炉入寿宁县境，长45千米。此线还可以由寿宁出西溪至泰顺，或由寿宁经斜滩至福建福安。2010年被菊（水）寿（宁）公路代替。

庆元至浦城　自庆元县城经柏渡、洋砻至浦城官庄界55千米，至浦城县城85千米。

庆元竹口至松溪　水路从竹口沿竹口溪经黄坛、新窑入福建松溪至松溪县城，长30千米。

第三节　州府大路

州（府）际大路，除通过栝苍古道、稽勾古道、梅田古道、曳岭古道经缙云、宣平、武义至婺州外，境内尚有通州大道5条，其中陆路3条，水路2条。

栝瓯古道

自处州府城行春门至下河、渡瓯江至中岸，经叶村、高头庵、主洞坑、界牌入青田至温州，全长135千米。

苍岭古道

始建于东汉末年。东通仙居，西连永康，南接缙云县城。长60千米，南至处州。清道光年间（1821—1850），邑人胡芬创建缙云至仙居间险阻地段的蹬道。行人称便。后为临（海）石（永康石柱）公路和台金（台州至永康前仓）高速公路替代。

永嘉官道

又称温州官道。清顺治八年（1651），闽浙总督驻衢州，辟温州官路，由衢州、龙游越云岭至遂昌、松阳，经丽水至永嘉①。

瓯江水路

瓯（温州）栝（丽水）交通赖瓯江舟楫，起自丽水大水门，从风化入青田至温州，全长135千米。其中丽水至温溪瓯江溪流段90千米。同时也有沿江而筑的行道。

---

① 2010年属浙江省温州市。

乌溪江水路

乌溪江属钱塘江水系，发源于福建省浦城县大福罗东坡[①]，经龙泉、遂昌二县，于衢州东 8 千米的章滩镇汇入衢江，主流长 1550.9 千米，丽水市境内河段长 86.87 千米。古时，3000—5000 千克小木船和竹木排筏，自遂昌县王村口直抵衢江，至衢州，达省城。

第四节　府县大道

古时，处州境内，府县之间与县县之间均修大路，以通往来。据清乾隆《浙江道里图》载，处州府[②]各县主要大路有 53 条，其中陆路 47 条，水路 6 条。如今这些古道大路，除个别路段仍为山民行走外，多数被铁路、公路、简易公路所替代。

处州府大路

东北栝苍古道、梅田古道通缙云县陆路 45 千米，西南通济古道自碧湖、木寮入景宁畲族自治县陆路 70 千米，通云和县陆路 55 千米，通松阳县水路 55 千米，西北曳岭古道通宣平县[③]陆路 60 千米，东栝瓯古道入青田县 75 千米。

龙泉县大路

北通松阳、遂昌县 100 千米，东经道太、赤石至云和县 60 千米，南经宏山、查田通庆元县 100 千米，经瞿源、岱根岭至景宁畲族自治县。水路沿瓯江至处州，转道杭州。

青田县大路

东北通仙居县 170 千米，东南通瑞安县陆路 125 千米，西北经石溪、石帆到处州府(丽水)75 千米。据清光绪《青田县志》载："东从前仓至港头到温州府 120 里，东南过油竹、白沙岭到瑞安县陆路 250 里，西从湖口渡经岭根入景宁县 100 里，北从石溪经季宅到缙云县 160 里。"

庆元县大路

东北经桐梓、新村入景宁畲族自治县 50 千米，北经上庄、双港潭入龙泉县 30 千米。水路从曹岭沿龙泉溪、大溪至处州。

云和县大路

东北经小顺、石塘入丽水县治 55 千米，西经赤石至龙泉县治 60 千米，南经沈村至景宁畲族自治县治 30 千米，北自双港经朱村、金村至松阳县治 70 千米。水路沿龙泉溪上至龙泉，下至丽水。

---

① 浙闽交界之仙霞岭北麓。

② 2010 年属浙江省丽水市。

③ 2010 年属浙江省武义县。

缙云县大路

东入苍岭古道至仙居县92.5千米，西南栝苍古道入处州府45千米。清乾隆《缙云县志》载：“自县达府九十里，达省六百七十里，达京师五千一百五十里。”境内有两条驿道穿过，一曰栝苍道，一曰苍岭道，计长102.5千米。栝苍道自缙云经永康县至婺州85千米。东南自县城经五里牌、舒洪至南溪入永嘉县，县城经金谷、严鸟至石笕入青田县，东北自壶镇经双溪入磐安县。水路从县城经好溪至丽水。

遂昌县大路

东北出县城至北界入龙游县60千米，东通宣平县70千米，南出县城西过源口，经根竹口至徐村入龙泉县90千米，西从县城至黄沙腰、上西坑入江山县115千米，北从县城到金竹至茶树坪入衢州府53.5千米，从县城经社后至门阵入金华县。

松阳县大路

东从县城经王田铺至处州府水路60千米，南从县城经石仓，越方山岭入云和县70千米，西南从县城至玉岩入龙泉县100千米，西北从县城经古市至界首入遂昌县30千米，北从县城越寨头岭入宣平县30千米。水路沿松阴溪上至遂昌，下至丽水。

景宁畲族自治县大路

西南经沙湾、毛垟，越山头岭至庆元县治60千米，称高洋驿道；西经沙湾、蛟洋至龙泉县治75千米；东经渤海、大顺至青田县治60千米，称渤海驿道；东南至泰顺县城80千米；东北经外舍、大顺、高沈入丽水县治60千米；自西北门出经外舍、泗洲岭至云和县治30千米，沿小溪下经青田可达温州。

第二章　公　　路

民国21年(1932)5月1日，寿昌—温州公路缙云至温州段动工。此后，政府又先后动工兴建丽水—浦城公路、龙游—丽水南山公路。1949年5月，丽水专区公路里程500多千米，其中有保养、勉强能通车的公路里程303千米。

1949年10月中华人民共和国成立后，丽水加快公路建设，建成国道、省道、县道、乡道若干条。1990年，丽水地区公路长4022.39千米。21世纪，丽水公路交通建设进入跨越式发展时期，特别是“康庄工程”建设，给乡村交通带来极大便利。2002年12月28日，金丽温高速公路缙丽段建成通车，使丽水进入“三小时交通圈”。2005年12月24日，金丽温高速公路建成通车，其中丽水段长128.35千米。2007年，龙丽和丽龙高速公路建成通车。2008年1月26日，台金高速公路缙云段壶镇互通至永康前仓段建成通车。2010年，全市建成高速公路4条，进入高速公路时代。

丽水境内通乡公路始建于20世纪30年代。部分乡村或景区连接干线公路的支线开始建造。如缙云黄碧街至仙都，丽水县城至三岩寺、南明山支线，龙南线金岸至遂昌县城支线。2001年12月，丽水市区绕城公路开工。另有专用公路及简易公路，也称机耕路。

至2010年，丽水市高速公路、国省道干线网络进一步完善；3452个行政村中，通公路的行政村3431个，通村率99.4%。为丽水全市的经济社会持续稳定发展奠定基础。

第一节　高速公路

截至2010年，丽水境内建有高速公路4条，长328.77千米，其中国家高速公路2条，长229.68千米，省级高速公路2条，长98.77千米。

2010年丽水市高速公路一览

表9-2-1-1

县 别	国家高速公路		省高速公路	
	公路(条或段)	里程(千米)	公路(条或段)	里程(千米)
莲都区	2	65.16	1	3.60
龙泉市	1	31.78	—	—
青田县	1	67.30	—	—
云和县	1	43.90	—	—
庆元县	—	—	—	—
缙云县	1	21.55	1	13.72
遂昌县	—	—	1	28.99
松阳县	—	—	1	52.78
景宁畲族自治县	—	—	—	—
合 计	2条①	229.68	2条②	99.09

说明：①指市境内国高网
②指市境内省级高速

金丽温高速公路丽水段

金丽温高速公路丽水段是由长深线(编号G25)缙丽段和温丽高速公路(编号1513)青丽段组成，这是丽水市建成的第一条高速公路，长128.35千米。起于永康与缙云交界处，终止于温州市与青田县交界之花岩头。长128.35千米，途经缙云县、莲都区、青田县乡镇15个。自缙云往青田方向互通出口8个。桥梁155座、44075米，占里程34.3%；隧道47座、25627米；棚洞7座、857米；明洞1座、460米；涵洞248道；高边坡78处、9984米；高挡墙12处、1245米；高路堤104处、38508米。1999年12月8日，缙丽段开工建设。2002年12月28日，缙丽段建成通车，投资9亿元。2002年12

月28日，青丽段动工。2005年12月24日，青丽段建成通车。金丽温高速公路丽水管理处为业务管理单位，下设收费所7个、隧道管理所3个、服务区2个、养护工区2个。

长深线［编号G25］丽龙段（丽龙高速公路）

起于莲都区富岭枢纽互通立交与长深线缙丽段相接，途经莲都、云和、龙泉3个县（市、区）乡镇7个，终止于龙泉市剑池街道周际村大猫亭K2715+521，与S229省道①连接线相衔接。长102.3千米。其中，新建路段长26.3千米，改建路段长76.06千米，大中小桥86座、10951米；隧道44座、44872米；互通式立交8处。枢纽互通3处。2006年12月底，龙游经莲都区北埠至龙泉段建成贯通，长199千米。投资46亿多元②。2001年3月29日，丽龙高速公路莲都段动工建设，2007年12月25日竣工，自此丽龙高速公路全线建成通车。

龙丽温高速公路［S33］

起于龙游吕塘角枢纽互通立交，与杭金衢高速公路和杭新景高速公路龙游支线相接，途经龙游、遂昌、松阳、莲都县（区），止于莲都区北埠，设北埠枢纽与丽龙高速公路相接，长157.22千米③，其中新建路段长380.9千米，改建段长800.9千米④。丽水段起于遂昌县与龙游县交界之北界镇渡船头，止于莲都区北埠村，途经遂昌、松阳、莲都3个县（区）乡镇14个。主线长85.37千米。桥梁136座、12540延米；隧道11座，单洞长13088延米。设北界、新路湾、遂昌、遂昌东、古市、松阳、象溪互通立交7处。投资概算36.6亿元。2003年1月开工，2007年1月1日正式通车。2010年7月，高速公路更名，龙丽高速更名龙游—丽水—温州高速公路，简称龙丽温高速公路，为省级高速公路编号S33。

台金高速公路［S28］缙云段

东起台州临海杜桥，接甬台温高速公路，西至金华市永康市前仓，接G25国高网长深线金丽段，长152.68千米，跨台州、丽水、金华3市，途经临海、仙居、缙云、永康等县（市）。设计时速80—100千米。双向四车道，全封闭，全立交，整体式路基宽24.5米。2004年1月1日，缙云段动工建设，总投资10.97亿元。长19.65千米，其中主线长13.72千米，起点苍岭，止点岩腰，匝道及连接线5.93千米。沿线经过壶镇镇、东方镇、前路乡。全段有大、中、小桥18座、1316.42千米；隧道4座、7817米。2008年1月26日，缙云段壶镇至永康前仓段建成通车。12月31日，台金高速公路全线通车，自此，缙云壶镇至台州可缩短里程38千米。

龙丽温（泰）高速公路［S33］云景段

起于接丽龙高速云和枢纽，终止于景宁畲族自治县城北鸭蛋坑。主线长12.16千米⑤，临时连接线长0.93千米，将云和、景宁两县城相连接。双向四车道，设计时速80千米。项目概算总投资14.61亿元。桥梁7座，长2567.5米（以右线计）；涵洞通道6道；隧道两座，长8008米，全线构造物占90%

---

① 原称54省道。
② 含一级公路投资。
③ 含龙游支线37.11千米。
④ 建成通车一级公路改建段26.5千米。
⑤ 按右线计。

以上。2008 年 11 月 15 日，景宁段工程正式开工建设。2009 年 8 月 18 日，云和段开工。建成后，云景高速南端与规划中的景泰高速公路相连接。

长深线[编号 G25]龙庆段

龙庆高速公路是丽龙高速公路的延伸线，与福建省松溪至建瓯高速公路相衔接。起自龙泉市剑池街道周际村大猫亭，顺接建成通车的长深线丽龙段（丽龙高速公路），经龙泉市兰巨乡、查田镇、小梅镇、庆元县黄田镇、竹口镇，止于庆元县新窑（浙闽界），全长 53.96 千米，全线在龙泉、梅垟、查田、黄田、新窑设置互通式立交 5 处。路基宽 26 米，双向四车道，设计时速 100 千米。庆元连接线为一级公路标准，长 25.36 千米，投资 17.5 亿元。龙庆高速项目总投资概算 45.67 亿元。2010 年 1 月 18 日开工建设。龙庆高速公路在龙泉白马畈枢纽与即将动工建设的龙（泉）浦（城）高速公路相衔接。

第二节　国　道

330 国道—温寿公路

温州至寿昌公路，简称温寿线，原称金丽温公路。起点寿昌，经金华、永康、丽水、青田至温州。1982 年，编号 330 国道。1989 年，更名温寿线，自温州西站经永嘉朱涂入境，过青田、丽水、缙云出境去永康、金华过兰溪至寿昌，全长 317.27 千米。其中丽水市境内初建时里程 145.04 千米。历经多次改建，至 2010 年全长缩短为 290.89 千米，丽水市境内长 130.34 千米①。民国 21 年（1932）5 月 1 日，缙云至温州段动工兴建。民国 23 年 10 月竣工。民国 26 年 12 月 24 日，日本侵略军占领杭州，民国 27 年 1 月，浙江省会南迁丽水。6 月，第三战区司令长官顾祝同下令破坏公路。民国 34 年日本投降，9 月，开工抢修丽（水）缙（云）永（康）段 71.88 千米。民国 35 年 7 月修复通车。缙云低水位未修桥，设渡拖运。

1951 年 8 月起，丽水拓建修复丽温段公路。1953 年 10 月 1 日修通，耗资 449 万元。1954 年 4月，浙江省公路局投资 2 万元，重点拓宽缙丽段。9 月 10 日完成。1964 年，浙江省公路局再次拓宽缙丽段，使路基宽度 7.5 米，投资 26.73 万元。1973 年、1975 年、1977 年和 1986 年，丽水地区投资 137.53 万元和 650 万元，重新拓宽改造 330 国道缙丽青段。1977 年 7 月起，330 国道铺筑沥青渣油路面。1987 年，中华人民共和国交通部将 330 国道丽水段改造列入“七五”计划建设项目，投资 1.21 亿元。5 月 7 日，丽水地区行政公署成立金温公路改建工程指挥部负责实施。1988 年，330 国道全线实现路面高级、次高级化。

330 国道改建工程

青田段改建工程　1987 年，丽水地区先后分 3 期拓宽改建 330 国道青田段。起于永嘉县花岩

① 起点桩号 K38+378，止点桩号 K168+721。

头，止于莲都区之风化村，长 81 千米。按山岭重丘二级公路加宽和二级公路标准改建。鹤城东路段避免一个大拐弯，开凿塔山弯隧道，长 209.5 米。祯埠乡高沙岭路段，改线沿瓯江边，开凿高沙岭隧道，长 168 米，为避免汽车爬坡越岭，降低高差 60 米，缩短里程 400 米。

1993 年，青田县城过境公路鹤城临江大桥开工建设，长 1930 米、净宽 9 米。1995 年 5 月 5 日，建成通车。截至 1995 年 12 月，历经多次拓宽改建，青田段弯道减少，缩短里程 3 千米，全段长 78 千米。

1996 年 3 月，330 国道瓯青公路及其延伸线工程建设动工。东起青田县小峙村，终点在船寮镇黄言村，长 30.81 千米。按山岭重丘加宽二级公路标准建设，设计时速 40—80 千米，路面宽 9 米，大桥 16 座，7328.08 延米，中桥 6 座 317 米，桥梁与路基同宽。桥涵设计荷载汽—20，挂—100。投资 3.44 亿元，分期分段建设。2004 年 12 月 17 日，通过验收。此段路被评为丽水地区段文明建设样板路。后改为 330 国道。

莲都段改建工程　起于青田交界之风化村，经塔下、好溪水东大桥、丽水市区开发路、凉塘、上岗背、银场，至桃花岭隧道口入缙云县境，长 29.72 千米，其中水泥路面 3.51 千米，沥青路面 26.21 千米。路基宽 12 米，路面宽 9 米。系山岭重丘二级加宽公路标准。1988 年 8 月，330 国道丽水塔下隧道开工。11 月验收通车。1990 年，丽水市(县级)冷水地段开凿冷水隧道，长 693.1 米、宽 11 米、高 5 米。1995 年 1 月通车。2003 年 10—12 月，330 国道 K116+109—K117+309 路面大修，实施塔下隧道降坡工程，投资 150 万元。2003 年 11 月至 2005 年 12 月，对 330 国道丽水 K114—K115 段弯道实施改善工程，投资 413 万元。2006 年 10 月至 2007 年 4 月，对 330 国道莲都段进行大中修，投资 1300 多万元。2008 年，330 国道丽缙复线莲都段路面大中修，长 4 千米，投资 350 万元。2009 年，对 330 线 K123+600—K139+899 沥青砼路面实施中修工程，纤维封层，长 6 千米，投资 300 万元，莲都段成为二级公路标准国道。

缙云段改建工程　1993 年 10 月动工，改造缙云境内 20.2 千米(K156+000—K176+200)地段，实施兰(兰口)黄(黄碧街)“四自”工程①。路基宽兰口至东渡桥头 42 米，东渡桥头至金弄 18 米，金弄至界牌②24 米，双向四车道，单向路面宽 15 米，水泥混凝土路面，分隔带各 1 米。1996 年 10 月竣工。1996 年 4 月 23 日，330 国道丽缙复线工程开工建设。南自丽水市(县级)九里村(330 国道 K125+775.7)，北至缙云县东渡镇(330 国道 K157+100)，全长 31.32 千米，路基宽 12 米，路面宽 9 米，沥青混凝土路面。途经丽水市、缙云县乡镇 6 个、行政村 26 个。按山岭重丘二级公路加宽标准建设。设计行车时速 60 千米。工程预算 26134.4 万元。1998 年 1 月 5 日建成通车。同年，丽缙复线创建文明建设样板路 27—46 千米。2002 年 10 月 16 日，丽缙复线调整更名 330 国道线。

第三节　省　　道

丽水市境内省道 12 条，总长 839.24 千米。遂龙线全部在丽水市境内，其他 11 条均与省内其他地市及与福建省公路相连，是丽水连接外地的重要通道。

---

① 四自：自行贷款，自行建设，自行收费，自行还贷。

② 2010 年属缙云县与永康县交界处。

磐安—缙云公路

磐安—缙云公路简称磐缙线，收编浙613省道。2001年，全国公路普查改编号为S219（原称42省道）。自磐安县城安文镇起，过双溪口、深泽、冷水、壶镇，与临石公路接合，至胡宅口转仙都达缙云县城，长172.21千米，其中丽水市缙云境内长44.38千米，不含重复线2.55千米。1955年动工，1966年全线通车。1980年，缙云段改建工程动工，起点缙云县白竹乡上东岸，终点缙云县五云镇，全长44.38千米，投资5000多万元。2008年3月，磐缙线及平黄公路仙都景区段改线工程动工，起点仙岩村，经上岗背、白岩村、陈弄口村、红狮水泥厂、碧川，止于官店，与42省道相接，是连接磐安、台州、永康3个县市交通干线的节点，长16千米，总投资3.23亿元，2010年12月竣工。8月，磐缙线缙云段仙都景区改线工程动工，起点五云镇官店村，与磐缙线及平黄公路仙都景区段改线工程终点相衔接，终点与330国道K158+000相衔接。全长4.4千米，工程投资92010.9万元。经多次改建，至2010年，全线里程缩短至72.13千米，缙云境内44.38千米，为一、二级公路。

上茭道—松阳公路

上茭道—松阳公路简称上松线，收编浙615省道，2001年，全国公路普查改编号为S220（原称44省道）。自武义县上茭道起，与G330国道连接，经武义（壶山镇）王宅、柳城，越竹客岭（又称寨头岭）、四都，至松阳县城，长98.05千米，其中松阳境内21.72千米，为二级公路。1978年10月，上松线松阳段工程开工建设，起点为松阳县城西屏镇，与S222省道（原称50省道）连接，终点为与武义县交界处（K75+897），与武义段衔接，长21.72千米。1984年9月完工。造价193.75万元。1997年3月18日，松阳段改建工程动工。长12.07千米，路基宽8.5—12米。投资7300万元。2000年10月11日工程竣工。经过改造，松阳段比原公路降低高差283米，减少弯道200多处，缩短里程9.63千米，长度从21.72千米缩短到12.07千米。2007年，创松阳段文明公路。经历次改建，全线里程缩短至86.35千米。

龙游—丽水公路

龙游—丽水公路简称龙丽线，原称龙南线，收编浙619省道，2001年，全国公路普查改编号为S222（原称50省道）。起点龙游（与兰贺线相接），至遂昌北界入境，经新路湾、过洋条隧道、上江、金岸、古市、西屏，过碧湖大桥，至莲都区南山，与53省道相连。原建时终点丽水县上南山，全长144.46千米，丽水督察区境内104.66千米。

民国22年（1933）12月动工。民国24年5月，松阳至遂昌段建成通车。民国28年10月，全线贯通，称龙南线。民国31年，日本侵略军占领丽水，为阻日本侵略军，公路被破坏。民国34年，日本侵略军投降，龙南线确定为省府返杭路线。民国34年9月1日开工。9月21日，土路便桥抢修通车。民国35年3月初步修复。

1962—2010年，丽水、松阳、遂昌等路段多次改建、改线。2010年，龙游至丽水公路里程缩短到132.11千米，其中丽水段96.28千米。2010年9月7日，浙江省重点建设工程—龙丽线松阳县赤寿至象溪段改建工程开工。起点赤寿乡三里亭，终点象溪镇雅溪口村，与原50省道连接。主线长26.5千米，其中拓宽段20.6千米，新建段50.9千米。概算投资5.86亿元，工期30个月。工程按一级公路标准设计，双向四车道，路基宽24.5米（加宽段28米），设计时速80千米。主线改建段（长20.63千米）采用老路拼宽设计，全线设大中小桥16座，长隧道1座。工程完成后，自三里亭至雅溪口可缩短里程6千米。2010年12月12日，省重点建设工程龙丽线莲都段改建工程开工。起点莲都区碧湖镇保定村附近，终点位于丽水市区教工路与城北街交叉口，总里程27.32千米，分段建设，为一、二级公路。总投资12.02亿元。

遂昌—龙泉公路

遂昌—龙泉公路简称遂龙线，收编浙620省道，2001年，全国公路普查改编号为S227（原称51省道）。起点遂昌县上江，向西经遂昌县城、三墩桥、黄磁口，越桂义岭，至坝头入龙泉市境，经东书、城北、村头、牛门岗至东大桥塔下，与丽浦线K122+200相接，长107.34千米。2010年8月，经GPS重新测设，起点改为上江，终点调整至龙泉市环城东路国际大酒店，与丽浦线K123+400相接，长108.61千米。

民国23年（1934），建成金龙公路（遂龙线）遂昌段金岸至遂昌县城，长6.58千米，民国29年建成县城至三墩桥，长6.22千米。

1958年2月，遂昌县城至黄磁口（桂洋）段开工，长42千米。8月，因“大办钢铁”停工。1959年5月3日复工。1966年4月，三墩桥至龙泉县梧桐口分段建成通车。1969年7月至2008年，遂昌、龙泉段进行改建、扩建工程，按山岭重丘三级公路、二级公路、一级公路及城市次干道Ⅱ级、Ⅲ级进行改扩建，路面实施砂改油、沥青砼路面或水泥砼路面，实施安保工程，修建水泥砼护栏和钢质护栏。2006年，创建遂龙线文明公路。

2010年5月和9月，省重点交通工程遂龙线改线工程分别在遂昌和龙泉境内动工。起点遂昌县王村口西侧（接三墩桥至王村口公路），经西坑口、老虎跳、龙泉市住溪、至牛头岭与丽浦线二期改建工程相衔接。长51.36千米，隧道7座、6108延米；桥梁23座、2638.8延米；涵洞111道。按二级公路标准建设，设计时速60千米，路基宽10米，路面宽8米。计划于2013年建成通车。工程概算9.6亿元。

云和—寿宁公路

云和—寿宁公路简称云寿线，收编浙621省道，2001年全国公路普查改编号为S228（原称52省道）。起自云和县大徐隧道南口，经武垟、景宁畲族自治县外舍、鹤溪镇、东坑，过童岭头，入泰顺县境至福建省寿宁县，长162.11千米，其中丽水市境内88.35千米。投资209万元。1956年3月动工建设，分三期建设。1964年4月，全线通车。为四级公路、砂石路面、坡陡、弯道多、高差600米、通行能力差、安全隐患多。1965年，景宁、云和段经多次改建、扩建、改线。1996年10月18日，景宁畲族自治县城至泰顺县四级改二级公路工程动工，长69.10千米（改造前老路长126.64千米），按山岭重丘二级公路技术标准建设。2004年1月5日，通过竣工验收。公路新建隧道2.5座3578延米，分别降低高差46米、202米、346米。新建中小桥9座320延米，缩短里程13.8千米，总投资1.97亿元。至2009年，改造成二、三级文明公路。至2010年，全线里程缩短至99.96千米，其中丽水市境内63.78千米。

2010年12月25日，岚头岭改建工程动工。起点云和县沈庄，终点景宁汇田大桥，长6.7千米，其中云和境内2.67千米，景宁境内4.03千米，按二级公路标准建设，设计时速60千米。概算投资

2.52亿元。计划工期36个月，项目建成后，云和至景宁缩短里程1.8千米。

龙泉—后山桥公路

龙泉—后山桥公路简称龙后线，收编浙623省道，2001年，全国公路普查改编号为S229(原称54省道)。起自龙泉市城南、丽浦线K125+107处，经查田、小梅、黄田、竹口、新窑，翻越蜈蚣岭到菊水，经蓬桥、安溪至后山桥，与福建省政和县政岭公路衔接。长97.53千米。该线原为龙泉至庆元公路(简称龙庆线)。民国27年(1938)，修筑龙泉至小梅段，长44千米。民国28年4月8日完成。民国29年6月，完成小梅至菊水段，长51.27千米，其中新窑至蜈蚣岭段路基宽1.8米，其余路基宽5米，投资104.3万元。民国33年，日本侵略军再扰丽水，省府后撤，拓宽新窑段，建成单车道。民国35年3月完成。7月，水毁弃养。

1951年，丽水地区专署拨大米1.5万千克，龙泉、庆元两县建设科组织修复。1952年，又遭水毁阻车。1953年8月，龙泉、庆元两县分别成立龙庆公路修建委员会，组织修复。1954年3月完成，4月6日通车，投入民工84110工，耗资17.21万元。1956年1月，投资3万元，重点改善K54—K94急弯、狭路。2月动工，7月完工。1990年起，龙泉、庆元段分别进行多次改扩建工程。1990年8月13日，龙后线、菊寿线(54、55省道)交叉地带拓宽工程(四级改三级)开工。1997年6月竣工验收。1991年，改造龙泉境内段43.47千米的路基路面，1994年完成，缩短里程3.7千米，总投资2100万元。1994年，龙后线菊水至后山桥段改建工程动工，起点庆元县菊水，终点与福建交界之后山桥(四级改三级、三级改二级)。全长17.3千米，投资2100万元，2000年10月15日竣工验收。2004年12月29日，小梅过境段进行工程改建，2006年10月30日竣工，总投资5089.08万元。2006年3月，对龙泉城区至小梅段改建工程动工，2007年9月完工，缩短里程3.1千米，总投资1.23亿元。2009年11月30日，菊后段由三级改为二级工程动工，投资概算总金额2.65亿元，2010年仍未完工。在改建中，路基路面进行截弯取直、改造降坡、砂石路面改沥青砼路面结构，由原初建时的四级改为二、三级文明公路。至2010年，龙庆段里程缩短至88.23千米。

青田—岱口公路

青田—岱口公路简称青岱线，收编新浙57省道，2001年，全国公路普查改编号为S230(原称57省道)。起于青田县塔山大桥(石郭村)，与330国道相交，经油竹、山口、汤垟、小佐、周村，越十字路口，出境至温州市文成县境，经瑞安县大藏、高楼，过渡到石龙达平阳县岱口。长106千米，青田县境内37.34千米。1957年9月，青田县腊石矿山口村至魁市专用公路建成。1971年9月起，逐段修建至汤垟，长38.02千米，青(田)汤(垟)公路建成。1985年，向世界银行贷款117万元，继续修筑汤垟向文成县延伸公路，长15.26千米。1989年12月，青岱公路全线贯通。

1999年1月20日，青岱线青田段改建工程动工，起点330国道瓯青复线，桩号K38+300米处，终点汤垟乡将军岩(桩号K37+343)，长32.62千米，按山岭重丘二级公路加宽或山岭重丘二级公路标准改建。全线分三段三期改建，2001年1月和2004年7月25日，起点至汤垟一、二期分别完工，决算投资2.04亿元。2006年10月17日，第三期工程汤垟乡政府附近至将军岩开工，工期30个月。工程概算1.02亿元。改建后，青岱线全长112.01千米，其中青田境内37.34千米，为二级公路。2010年年底，尚未竣工。

临海—石柱公路

临海—石柱公路简称临石线，收编浙606省道，2001年，全国公路普查改编号为S322（原称35省道）。自临海市留贤起，经仙居入境，翻越三溪岭，经过缙云壶镇，越打鼓岭出境至永康石柱，全长142.32千米，二、三级公路。其中丽水市缙云县境内长34.65千米。

1956年11月，35省道缙云段工程动工建设，起点缙云县平坑口与仙居交界处（K92+530），经三溪乡、东方镇、壶镇镇，越打鼓岭，至缙云与永康交界处（K126+450）。1957年11月竣工，1958年5月1日通车，投资32.5万元，投工79万工。1973年，因修建岭头方水库，公路改线延长0.5千米。1986年年底，缙云公路段投资，壶镇新车站段铺筑水泥混凝土路面，长1千米。1988年春，投资13.86万元，铺筑车站至医院块石路面，长1.07千米。

1993年，K119+832—K126+450路段改建工程动工，长6.62千米。1995年竣工。1998年，K92+530—K93+580路段改建工程动工，长1.05千米。2000年竣工，投资347万元。2005年5月，K92+580—K119+832路段改建工程开工，全长27.25千米。2008年竣工，投资1300万元。2010年，全线长137.34千米，其中缙云境内31.34千米。35省道是连接台州、丽水、金华3地市的重要省道。

2010年，创建文明公路，并通过省级验收。

丽水—浦城公路

丽水—浦城公路简称丽浦线，收编浙622省道，2001年，全国公路普查改编号为S328（原称53省道）。起于丽水市区九里，过桃山大桥、水阁、大港头、小顺、云和县城（走改线），越赤石岭（1991年12月10日开通隧道），入龙泉市境，经武溪、安仁、龙泉市区，越牛头岭、新岭、八都、上垟、木岱口到花桥，出境至福建省浦城县，长224.35千米，其中丽水境内185.05千米。

民国21年（1932）10月动工。民国24年11月竣工。民国29年，交通部将其列为东南运输干线。民国30年，浙江省加征养路费10%，改善该线赤石岭、新岭、牛头岭等处急弯、陡坡。民国31年，又拨款加宽赤石至武溪段开山狭路，并添建赤石渡浮桥。工程刚结束，浮桥便被洪水冲毁。民国31年5月和民国33年6月，日本侵略军先后侵犯丽水2次。为阻击日本侵略军，公路遭受破坏2次，民国34年修复。民国36年，大白岸渡改为跳板式木桥。1949年初，因该线木质桥梁霉变阻车而停车养护。

1949年10月中华人民共和国成立后，丽水县政府多次组织修复改造。1951年，丽水专区公署组织修复丽龙段。1952年1月10日恢复通车。1970年，建丽水桃山大桥，撤栝苍渡。1972年，丽水城关段浇筑水泥混凝土路面1.5千米。1975年，投资15.41万元，拓宽大港头至规溪亭段路基。1984—1988年，投资154.87万元，铺筑沥青渣油路面，提高公路等级，其中丽水市（县级）境内31.5千米，云和县境15千米，龙泉县境15千米。1992年3月，丽水市（县级）管养的九里至均溪段33.74千米工程动工。工程按城市主干道和一级公路技术标准改建，2004年6月完工，其中九里至浙少师（溪口）一段为丽水城区丽阳街，全长4.16千米，宽42米，机动车道15米，两侧绿色带各2米，非机动车道各6.5米，人行道各5米。另一段为水阁工业园区坪店至均溪段按一级公路技术标准改建，双向4车道，设计行车时速80千米，车辆荷载汽—20，挂—100。从1990年起，莲都、云和、龙泉段进行多次改扩建和改线，为创建一、二级文明公路而努力。1992年3月，丽水市（县级）管养段九里至均溪改造工程动工，长度33.74千米。按城市主干道和一级公路段技术标准改造。2004年6月，工程完工，其中九里至浙少师(溪口)全长4160米，宽42米，机动车道15米，两侧绿化带各2米，非机动车道各6.5米，人行道各5米，即丽阳街。水阁工业园区垟店至均溪段按一级公路技术标准改造，双向4车道，设计行车时速80千米。2008年，创建文明公路并顺利通过省交通厅检查组验收。至2010年，在改扩建和改线中，丽水市段里程缩短至168.01千米。

菊水—寿宁公路

菊水—寿宁公路简称菊寿线，收编浙264省道，2001年，全国公路普查改编号为S329(原称55省道)。起于庆元县菊水，与龙后线相交，经庆元县城，过五大堡、荷地、左溪、江根，至福建省寿宁县坑底村，长109.65千米，庆元境内104.4千米，是浙闽两省省际的交通要道。

民国27年(1938)，菊水至庆元县城段动工。民国29年6月完成。庆元县城至寿宁坑底，分期分段施工。1958年2月动工，1987年10月20日竣工，菊寿公路全线贯通。1995年3月，菊寿线庆元段拓宽改造工程动工，长92千米。起点菊寿线K9+200，经五大堡、荷地、左溪、江根等乡镇，与福建寿宁县相接。按山岭重丘三级公路标准改造。1997年11月，竣工验收通车。工程概算8983.1万元。2005年7月1日，54、55省道庆元段拓宽改善工程(三级改二级)动工。其中54省道起于庆元曹岭，止于庆元菊水，全长30.14千米，55省道改建工程起于菊水，止于庆元县松源镇阁门岭桥头，全长8.36千米，按二级公路技术标准建设。设计时速60千米，投资1.13亿元。2007年6月20日完工。2007年12月，全段改造完工。至2010年，全线长105千米，其中庆元境内长103.84千米，为二、三级公路。

瑞安—东坑公路

瑞安—东坑公路简称瑞东线，收编浙625省道，2001年，全国公路普查改编号为S330(原称56省道)。起于瑞安市飞云镇，于瑞安市飞云江大桥南(G1951+300处)与104省道相交，经马屿、营前、文成县城、西坑、石垟，在干坑岙(K123+250)进入景宁畲族自治县境，经扬斜、章坑，到东坑，与云寿线相交，全长144.42千米，景宁境内长22.05千米。1963年4月，西坑至东坑段44.2千米动工建设。按当时六级甲乙混合公路技术标准建设。1965年8月15日竣工。10月1日通车。2004年，景宁段22.05千米进行沙改油，投资912万元。2005—2006年，分期增设钢质护栏与其他安全设施。改造以后，全线里程1310.1千米，其中景宁段缩短至21.81千米。

六岙—东渡公路

六岙—东渡公路简称六东线，2001年，全国公路普查改编号为S333(原称49省道)。起点为温州六岙，终点为缙云东渡。全长139.57千米，其中丽水市境内长115.99千米。途经温州、青田、莲都、缙云。此段线路原为330国道，330国道复线(包括丽缙复线、瓯青复线及其延伸线)建成后，复线改称330国道，而此段原330国道于2002年改称49省道。划定49省道时，全长115.99千米。2001年，青田县船寮镇黄言村至莲都区上岗背段仍为330国道。49省道丽水境内段由2段线路组成，第一段从永嘉县朱涂入境，经温溪、青田县城，至船寮镇黄言村，长34.96千米；第二段起点莲都区上岗背经大庭至缙云县东渡镇，长27.76千米，两段合计62.71千米，包括温州境内段共计86.09千米。1999年8月、2009年12月，全线进行改扩建，铺设水泥砼水面，或将沥青路面改造为水泥砼路面，公路等级提升为二级至三级。

1970—1990年丽水地区公路建设一览

表9-2-3-1　　　　单位：千米

年份	丽水		龙泉		青田		缙云		遂昌		松阳		云和		庆元		景宁		丽水地区	
	新建	累计	新建	累计	新建	累计	新建	累计	新建	累计	新建	累计	新建	累计	新建	累计	新建	累计	新建	累计
1970	—	—	—	—	18.06	18.06	—	—	—	—	—	—	—	—	—	—	—	—	18.06	18.06
1971	11.00	11.00	24.80	24.80	38.99	57.05	7.32	7.32	—	—	—	—	18.64	18.64	—	—	—	—	100.75	118.81
1972	3.00	14.00	26.40	51.20	40.00	97.05	—	—	35.54	35.54	—	—	—	—	4.10	4.10	—	—	109.04	227.85
1973	—	—	—	—	—	—	13.41	20.73	21.93	57.47	—	—	—	—	22.37	26.47	—	—	57.21	285.56
1974	4.92	18.92	37.87	89.07	—	—	17.40	38.13	33.28	90.75	—	—	—	—	11.40	37.87	—	—	104.87	390.43
1975	37.08	56.00	11.64	100.71	—	—	—	—	54.27	145.02	—	—	2.00	20.64	8.78	46.65	—	—	113.77	504.20
1976	6.06	62.06	13.62	114.33	—	—	—	—	11.44	156.46	—	—	15.95	36.59	9.50	56.15	—	—	56.57	560.77
1977	—	—	38.80	153.13	44.41	141.46	—	—	—	—	—	—	42.44	79.03	9.17	65.32	—	—	134.82	695.59
1978	6.34	68.40	58.19	211.32	25.26	166.72	24.28	62.91	39.66	196.12	—	—	25.02	104.05	41.80	107.12	—	—	221.05	916.64
1979	23.02	91.42	24.55	235.87	—	—	30.38	93.29	6.83	202.95	—	—	—	—	22.50	129.62	—	—	107.28	1023.92
1980	20.44	111.86	14.67	250.54	11.24	177.96	3.91	97.20	35.72	238.67	—	—	6.70	110.75	54.90	184.52	—	—	147.58	1171.50
1981	4.91	116.77	65.15	315.69	18.76	196.72	10.23	107.43	—	—	—	101.01	53.39	164.14	25.21	209.73	—	—	177.65	1349.15
1982	7.24	124.01	—	—	23.63	220.35	7.60	115.03	35.15	215.85	18.37	119.38	—	—	51.06	260.79	—	—	143.05	1492.20
1983	6.15	130.16	17.60	333.29	13.35	233.70	—	—	10.36	226.21	—	—	3.45	24.34	31.53	292.32	—	157.13	139.36	1631.56
1984	7.10	137.26	14.60	347.89	13.45	247.15	20.63	135.66	11.14	237.35	7.30	126.68	3.00	27.34	10.05	302.37	10.46	167.59	97.73	1729.29
1985	—	—	4.92	352.81	—	—	14.06	149.72	—	—	17.30	143.98	9.05	36.39	—	—	2.16	169.75	47.49	1776.78
1986	9.44	146.70	36.58	389.39	7.92	255.07	4.52	154.24	31.26	268.61	15.59	159.57	4.64	41.03	12.85	315.22	21.50	191.25	144.30	1921.08
1987	—	146.70	56.88	446.13	2.52	257.59	—	154.24	9.35	277.96	11.55	171.12	4.83	45.86	25.90	341.12	15.10	206.35	126.13	2047.21

续表 9-2-3-1

年份	丽水		龙泉		青田		缙云		遂昌		松阳		云和		庆元		景宁		丽水地区	
	新建	累计	新建	累计	新建	累计	新建	累计	新建	累计	新建	累计	新建	累计	新建	累计	新建	累计	新建	累计
1988	9.84	156.54	27.31	473.58	6.48	264.07	8.86	163.10	42.78	320.74	19.34	190.46	12.50	58.36	12.50	353.62	1.52	207.87	141.13	2188.34
1989	—	—	30.07	503.65	8.46	272.53	—	—	—	—	—	—	—	—	8.70	362.32	5.50	213.37	52.73	2241.07
1990	8.62	165.16	—	503.65	11.40	283.93	8.49	171.59	—	320.74	—	190.46	6.70	65.06	—	362.32	3.50	216.87	38.71	2279.78
1990(1)	—	155.74	—	503.07	—	250.08	—	185.53	—	320.74	—	175.30	—	57.41	—	298.95	—	223.44	—	2170.26
1991	—	155.61	—	503.65	10.93	252.78	12.38	183.97	—	320.74	—	175.59	3.30	58.86	6.06	298.25	8.60	223.31	41.27	2172.76
1991(1)	—	155.70	—	503.10	—	249.10	—	185.50	—	320.74	—	175.40	—	57.40	—	306	—	223.40	—	2176.30

说明：1. 1990 年年底县乡道公路养护里程 2279.78 千米，1991 年新线接养 41.27 千米，划给专业养护 148.29 千米。实际上从 1970 年至 1991 年年底，总共建有新公路里程 2340.78 千米，1990 年路况登记时，调整为 2170.26 千米，1991 年年报 2176.3 千米

2. 1990 年止，县乡公路登记时（不含专业养护县乡路）有大、中、小桥 448 座，累计 11506.74 延米。公路隧道 5 座（注：8 座），累计 366.7 延米（1673 米），过水路面 12 道，累计 1.15 延米，道班房 195 座，累计 30003.45 平方米，机轮渡口一处

3. 松阳县 1981 年前县乡路由松阳公路段代管，101.01 千米，所以表上不反映新线接养里程

4. 景宁县 1984 年分县时，由云和县划给 139.8 千米，另新建 17.33 千米，所以分县时里程 157.13 千米

5. 上表为 1992 年 10 月资料

6. 1990(1)为路况登记数据，1991(1)为当年年报数据

1990 年丽水地区乡镇通公路情况一览

表 9-2-3-2

县(市)别	未通乡镇个数(个)	1990 年年底未通公路情况 乡/里程(千米)	1990 年可开发情况 乡/里程(千米)
丽水市(县级)	—	乡乡通公路	—
龙泉市	—	乡乡通公路	—
青田县	9	垟心/7、万阜/40、坑底/8、张口/3、岭根/22、石盖/6、祯旺/12、金田/4、吴坑/10、计 9 乡/112 千米	孙坑/4.80
云和县	5	安溪/9、沙铺/10、大湾/20、库北/7、大源/197、计 5 乡/65 千米	雾溪/4.80
庆元县	1	合湖/12、计 1 乡/12 千米	—
缙云县	—	乡乡通公路	—
遂昌县	—	乡乡通公路	—
松阳县	—	乡乡通公路	—
景宁畲族自治县	6	叶桥/12、隆川/6、大地/15、梅岐/35、郑坑/15、葛山/14、计6 乡/97 千米	陈村/3.50

说明：1. 乡镇数，根据地区民政局 1989 年底资料统计。全区 8 个县 1 个市，区 48 个，乡镇 334 个，其中乡 29 个，镇 41 个

2. 丽水市(县级)乡镇 35 个(乡 29 个、镇 6 个)。青田县乡镇 54 个(乡 48 个、镇 6 个)。云和县乡镇 22 个(乡 19 个、镇 3 个)。景宁畲族自治县乡镇 37 个(乡 35 个、镇 2 个)。龙泉市乡镇 44 个(乡 36 个、镇 8 个)。庆元县乡镇 38 个(乡 35 个、镇 3 个)。缙云县乡镇 46 个(乡 42 个、镇 4 个)。遂昌县乡镇 31 个(乡 25 个、镇 6 个)。松阳县乡镇 27 个(乡 24 个、镇 3 个)

3. 已通公路乡镇 313 个，占丽水乡镇 93.71%，公路密度 0.23 千米/平方千米。16.16 千米/万人(按 1989 年年底人口计算)

4. 缙云、丽水、遂昌、松阳、龙泉 5 个县(市)，前后分别实现乡乡通公路，青田已通 83.3%，云和已通 77.3%，景宁已通 83.8%，庆元已通 97.4%

1990—2010年丽水市公路一览

表 9-2-3-3

年份	年末通车里程（千米）	养护里程（千米）	按行政等级划分（千米）					按技术等级划分（千米）						高级、次高级路面（千米）	高级、次高级路面铺装率(%)
			国道	省道	县道	乡道	专用道	高速公路	一级公路	二级公路	三级公路	四级公路	等外		
1990	3914.74	3837.90	140.87	888.21	2673.82		211.84	—	—	—	—	—	—	—	—
1991	3996.70	3858.70	140.90	888.20	1992.20	837.40	138.00	—	—	75.50	237.90	1065.00	304.00	394.00	10.17
1992	4056.20	3918.20	140.90	879.60	2098.10	799.60	138.00	—	—	92.00	254.60	3139.60	570.00	468.90	11.97
1993	4123.70	4123.70	140.90	875.20	2112.30	857.30	138.00	—	—	92.00	254.60	3207.20	569.90	557.40	13.52
1994	4162.40	4162.40	140.90	875.20	2147.10	861.30	138.00	—	—	121.10	286.00	3185.30	569.90	656.30	15.77
1995	4365.20	4242.50	139.00	869.20	2231.90	864.40	138.00	—	—	231.10	306.80	3156.90	547.70	879.00	20.70
1996	4397.00	4303.30	135.71	867.82	2273.80	888.00	138.00	—	—	265.00	359.60	3133.50	545.20	976.00	22.70
1997	4329.20	4329.20	135.70	866.90	2299.20	889.40	138.00	—	—	293.30	357.20	3133.50	545.20	1012.00	23.40
1998	4365.35	4365.30	136.91	865.89	2347.55	887.52	127.48	—	—	365.50	381.40	3143.00	475.40	1208.20	27.70
1999	4390.70	4390.70	136.91	861.03	2370.51	894.78	127.50	—	—	371.60	403.40	3140.30	475.42	1295.64	29.50
2000	4387.82	4387.82	136.91	851.40	2384.09	887.94	127.50	—	—	394.84	448.93	3082.71	461.34	1520.00	34.60
2001	4585.96	4585.96	176.53	782.17	2710.78	754.74	161.74	—	22.41	591.00	342.20	3334.00	296.40	1838.50	40.09
2002	4702.00	4702.00	130.80	879.80	2774.50	754.70	161.80	51.90	26.30	606.00	350.90	3370.10	296.40	2063.90	43.89
2003	4707.00	4706.50	130.80	879.70	2782.40	751.70	161.80	51.90	29.30	604.50	371.60	3376.80	272.40	2242.40	47.60
2004	4726.00	4726.00	129.75	895.46	2787.90	751.20	161.80	51.90	46.20	626.10	386.50	3342.80	272.50	2853.00	60.40
2005	4809.20	4809.20	129.77	971.16	2793.80	752.70	161.80	127.60	46.20	641.90	388.10	3348.60	256.80	4323.20	89.90
2006	9640.80	5281.20	129.80	1135.30	2984.00	876.00	156.20	291.40	35.50	688.40	443.20	3652.50	170.20	8168.20	97.90
2007	10685.00	5327.40	129.70	1158.00	3006.10	877.40	156.20	314.60	48.40	705.90	442.20	3662.30	154.00	9372.90	98.00
2008	11697.10	5368.61	130.34	839.02	3037.90	877.40	156.20	328.30	54.30	794.40	389.20	3875.40	95.80	10809.40	98.50
2009	12681.70	5417.40	130.34	839.02	3059.70	904.40	156.20	328.30	66.80	825.90	424.80	3853.30	74.50	11845.70	98.50
2010	13939.86	5430.67	130.34	839.24	3077.44	899.66	156.20	328.77	72.49	884.74	372.04	3920.83	29.39	12934.82	98.60

说明：1. 2007 年，村道 5357.63 千米；2. 2008 年，村道 6328.46 千米；3. 2009 年，村道 7264.3 千米；4. 2010 年，村道 8508.19 千米；5. 2008 年，准四级公路 6159.7 千米；6. 2009 年，准四级公路 7108.2 千米；7. 2010 年，准四级公路 8331.62 千米

2010 年丽水市国省道分布一览

表 9-2-3-4

县(市、区)别	330 国道		省　道	
	条数(段)	里程(千米)	条数(段)	里程(千米)
莲都区	1	29.72	3	61.07
龙泉市	—	—	3	171.25
青田县	1	72.78	2	72.31
云和县	—	—	2	66.71
庆元县	—	—	2	153.87
缙云县	1	27.84	3	86.75
遂昌县	—	—	2	85.54
松阳县	—	—	2	69.54
景宁畲族自治县	—	—	2	72.21
合　计	市境内国道 1 条	130.34	市境内省道 12 条	839.24

第四节　县乡公路

处州境内通乡公路始建于 20 世纪 30 年代。金丽温(即 330 国道温寿线)公路、龙(游)南(丽水县南山)公路、丽(水)浦(福建浦城)公路动工建造,部分乡村或景区连接干线公路的支线也开始建造。如缙云黄碧街至仙都,丽水县城至三岩寺、南明山支线,龙南线金岸至遂昌县城支线。

1949 年 10 月中华人民共和国成立后,丽水人民政府采取国家投资和民办公助方式,大办交通。至 1990 年,丽水地区建有县道 90 条、2075.56 千米;乡道 114 条、280.37 千米;专用公路 27 条、137.38 千米。

20 世纪 90 年代,丽水地区公路建设速度加快。2000 年后,丽水市公路建设进入跨越式发展时期。2003 年 6 月,丽水市实施"乡村康庄工程",2007 年,实施"乡村康庄工程"达 5 年,全市实现乡乡通公路。通村公路 5357.63 千米。2010 年,全市县道 183 条、3077.35 千米,乡道 129 条、899.66 千米,专用公路 156.22 千米,通村公路 8508.2 千米,全市行政村 3452 个,通公路行政村 3431 个,通村率 99.4%。

2010 年丽水市县乡道公路统计一览

表 9-2-4-1

县(市、区)别	县　道		乡　道	
	条数(段)	里程(千米)	条数(段)	里程(千米)
莲都区	29	322.72	12	70.42
龙泉市	23	5677	21	138.69

续表 9-2-4-1

县(市、区)别	县道		乡道	
	条数(段)	里程(千米)	条数(段)	里程(千米)
青田县	18	300.43	16	95.44
云和县	6	122.47	12	86.44
庆元县	33	353.60	16	102.68
缙云县	19	271.35	9	54.08
遂昌县	27	601.24	13	101.69
松阳县	15	228.49	16	95.45
景宁畲族自治县	13	310.13	14	154.77
合　计	183	3077.44	129	899.66

第五节　通村公路

乡　道

20 世纪 60 年代，丽水各县拓宽手拉车道成拖拉机路。20 世纪 90 年代，丽水地区拓宽拖拉机路成简易公路进而建成通村公路，也有新开建的通村公路。

2003 年 4 月，乡村公路建设列入浙江交通建设新的跨越式发展的“交通六大工程”之一，通称乡村康庄工程。8 月 16 日，浙江省交通厅出台《关于实施乡村康庄工程的意见》，成立省、市、县三级乡村康庄工程办公室，制定康庄工程的任务、要求和技术标准。

2003 年 9 月 29 日，丽水市政府下发《关于印发丽水市乡村康庄工程实施意见的通知》，全面实施康庄工程，开展通村公路建设。2003—2007 年，丽水市有乡镇 195 个(含街道办事处 8 个)，行政村 3587 个(含居民区 110 个)，完成农村公路投资 29.73 亿元，完成通乡公路建设 1133.23 千米，其中通乡公路路基 114.4 千米，路面 1018.83 千米；完成通村公路建设 10551.66 千米，其中通村公路路基 5809.4 千米，路面 4742.2 千米；全市通上等级公路行政村 2944 个，等级公路通村率 84.6%，较 2002 年提高 48.5%；实现公路硬化行政村 2669 个，通村公路硬化率 76.7%，较 2002 年提高 50.3%，初步改变山区人民“路难行，山货难外运”的状况。至 2010 年，全市投入“康庄工程”建设资金 55.79 亿元，完成通乡公路建设 1306.3 千米，其中通乡公路路基 148.8 千米，路面硬化 1159.5 千米；完成通村公路建设 174990.9 千米，其中路基 8700.4 千米，路面硬化 8799.5 千米；全市农村公路总里程 12641.5 千米，占全市公路总里程的 93%。2002—2010 年，全市新增通等级公路行政村 2108 个，等级公路通村率从 2002 年 360.9%提高到 99.4%，全市行政村通上等级公路 3431 个，通村公路硬化率从 2002 年的 24.6%提高到 99.4%。

2010年丽水市通村公路一览

表9-2-5-1

县(市、区)	通村公路(条数)	里程(千米)
莲都区	185	684.67
龙泉市	288	1380.08
青田县	331	1409.25
云和县	117	526.14
庆元县	206	836.22
缙云县	372	849.76
遂昌县	292	747.51
松阳县	261	849.49
景宁畲族自治县	217	1225.06
合　计	2269	8508.19

2003—2010年丽水市“康庄工程”完成情况一览

表9-2-5-2　　单位：千米

年　份	路基	路面	里程	里程
2003	433.20	154.00	587.20	9057.00
2004	1278.80	941.40	2220.20	85770.00
2005	1527.40	1193.00	2720.40	69784.00
2006	1562.60	1338.50	2901.10	68453.00
2007	1122.50	1071.10	2193.60	64280.00
2008	961.20	1300.60	2261.80	78801.00
2009	1206.20	1213.90	2420.10	87667.00
2010	844.30	1786.70	2631.00	94115.00

说明：其中包括部分乡道

2003—2010年丽水市通行政村公路建设一览

表9-2-5-3

年　份	行政村(个)	通公路村(个)	里程(千米)	公路通村率(%)	投资(万元)
2003	3479	1508	433.20	43.35	15033
2004	3477	1858	1712	53.40	57551
2005	3477	2277	3239.40	65.49	66323
2006	3476	2663	4359.60	76.60	68964
2007	3480	2944	5357.60	84.60	57102
2008	3481	3109	6238.50	89.30	65782

续表 9-2-5-3

年　份	行政村(个)	通公路村(个)	里程(千米)	公路通村率(%)	投资(万元)
2009	3482	3284	7264.30	94.30	87034
2010	3452	3431	8508.20	99.40	87633

1991—2010 年丽水市通乡镇村公路一览

表 9-2-5-4

年份	公路通乡镇情况			公路通村情况			
	乡镇(个)	通公路乡镇(个)	通达率(%)	行政村(个)	通公路行政村(个)	公路通村率(%)	公路、简易公路通村率(%)
1991	334	315	94.30	—	—	—	—
1992	194	182	93.80	—	—	—	—
1993	194	186	95.90	3662	1737	47.40	—
1994	194	189	97.40	3662	1779	48.50	—
1995	194	194	100.00	3661	1704	46.50	—
1996	194	194	100.00	3661	1680	45.90	71.60
1997	194	185	95.40	3661	1680	45.90	87.30
1998	194	185	95.40	3662	1680	45.90	87.30
1999	194	187	96.40	3663	1680	45.90	87.30
2000	194	187	96.40	3663	1680	45.90	91.60
2001	194	187	96.40	3664	1683	45.90	84.80
2002	180	183	96.30	3664	1664	46.20	—
2003	187	181	96.79	3479	1508	43.35	—
2004	187	183	97.86	3477	1858	53.40	—
2005	187	180	99.50	3477	2277	65.49	—
2006	187	187	100.00	3476	2663	76.60	—
2007	181	181	100.00	3480	2944	84.60	—
2008	170	170	100.00	3481	3109	89.30	—
2009	170	170	100.00	3482	3284	94.30	—
2010	170	170	100.00	3452	3431	99.40	—

说明：1. 1996—2000 年简易公路包括机耕路，2001 年不包括机耕路；2. 1991—2000 年为市公路局编《丽水市公路史实资料汇编》资料；3. 2001—2010 年为市交通局编《丽水市交通统计资料汇编》资料

简易公路

简易公路，也称机耕路，供拖拉机或小型汽车行驶的乡村公路。民国 24 年(1935)，缙云县修筑五云镇至壶镇的手拉车道路，是丽水第一条简易公路。此后，丽水其他各县相继仿效，修筑手拉车道路。中华人民共和国成立后，政府鼓励发展民间交通，采取国家补助、民众自办的办法筹建手车道，

解决农用物资和农产品、木材等林产品的运输问题。20世纪70年代，出现轮胎式拖拉机、手扶拖拉机行驶公路，“手拖”也用于耕田、运送肥料及稻谷等农作物。此后，开始修筑村庄通往田间以及村与村之间的拖拉机路，原有手车道及农村古道被拓宽建成拖拉机路。1978年，丽水地区农村商品经济发展，迅速发展拖拉机路，拖拉机作为小型、轻便、价廉的运输工具大量进入运输市场。在林区修筑大量拖拉机路。至1990年，全区拖拉机路有4000多千米。

1997年4月24日，浙江省提出加快全省山区公路建设，全面实现“九五”期末全省乡乡通公路、行政村基本通简易公路的目标。同时，加大扶持力度，把拖拉机路拓宽，裁弯取直，改善成简易公路。2003年4月，丽水市深入实施乡村康庄工程，拖拉机路和农村简易公路的地位、建设标准和管理都发生变化，相当一部分拖拉机路（包括林区拖拉机路）和简易公路改造成通行政村的准四级公路，而且实行路面硬化。丽水市原有拖拉机路、简易公路除一部分林区专用拖拉机路和村庄通往田间的拖拉机路外，凡通村简易公路，能够打通村与村之间的拖拉机路、简易公路均改造成准四级通村公路。

第六节　其他公路

环城公路

2010年，丽水市区环城公路长26.4千米，起点溪口大桥南端桥头，接金丽温高速公路（长深线缙丽段）丽水西出入口进城连接线，终点水阁街道垟店，接开发区石牛大道。绕城公路按一级公路标准设计，工程总投资约70.9亿元。工程建设分三期实施。

绕城南线（一期工程）

起点自城区溪口大桥南桥头，接金丽温高速公路（长深线）丽水西出入口进城连接线，沿瓯江南岸东下，经丽南、水南、牛岭头、中岸等村，终点至塔下大桥接330国道，全长6.54千米。2001年12月29日举行开工典礼。2002年6月正式开工。2006年12月投入使用。

绕城东线和北线东段（二期工程）

起点塔下大桥北端至丽阳段，左线起于丽浦线丽水市延伸段（桃山至塔下）K6+540，右线起于330国道塔下隧道金华方向出口，两线合并后沿330国道经前山村、芦埠村、水东桥头，再折向好溪东岸防洪堤内侧北上，跨好溪社后特大桥，直到上岗背与330国道设互通立交，之后经白门口村、望城岭村、弄和村、上吉寺村，到丽阳终点K15+360，接丽水至白云森林公园公路，全长8.82千米。2003年10月31日举行开工仪式。2004年3月18日正式开工。2008年12月投入使用。

绕城西线（即绕城西线和北线一部分，三期工程）

起点接二期工程、终点丽阳，经五里亭、花街、周处、官桥、苏埠、白岩等村，终点水阁开发区垟店，接开发区石牛大道，全长11.04千米，宽24.5米。2007年年底开工。2012年10月27日正式通车。

专用公路

丽水各县建造专用公路始于20世纪50年代后期。各县厂矿、大中型水电站、企事业单位自建、自用、自养公路。1958年，遂昌县建成源口至一级电站公路，长8.65千米。1959年，松阳县湖溪林场砍伐木材运输需要，由林业部门投资兴建古市至湖溪公路。起点古市镇下街，经塘头、湖溪、源口至七都源口，全长4.71千米。1960年建成。至1990年，全区专用公路27条，137.38千米。1991年起，特别是2003年实施乡村康庄工程，部分专用公路整条或其中一段改建为乡道或村道。

1990年和2010年丽水市专用公路一览

表9-2-6-1

1990年			2010年		
县、市	条数(条)	里程(千米)	县、市	条数(条)	里程(千米)
丽水市(县级)	2	18.96	莲都区	3	30.25
龙泉市	7	43.42	龙泉市	7	36.01
青田县	—	—	青田县	—	—
云和县	1	10.53	云和县	2	12.67
庆元县	2	4.14	庆元县	2	4.63
缙云县	—	—	缙云县	—	—
遂昌县	11	39.73	遂昌县	12	57.61
松阳县	4	20.60	松阳县	4	15.06
景宁畲族自治县	—	—	景宁畲族自治县	—	—
合计	27	137.38	合计	30	156.22

说明：上表以地区(市)公路管理部门统计为准

2010年丽水市专用公路一览

表9-2-6-2

单位：千米

县(市、区)	线路名称	长度	总计
莲都区	Z001331102 路湾—变电所	1.22	30.25
	Z002331102 丽阳坑—电视台	18.63	
	Z003331102 丽阳坑—庵堂	10.39	
龙泉市	Z101331181 吴林—209矿	2.72	36.01
	Z102331181 八都—硑矿	1.40	
	Z103331181 瑞垟—小梅	24.11	
	Z104331181 溪口—矿区	6.86	
	Z105331181 临江—油库	0.17	
	Z106331181 河村—电厂	0.16	
	Z107331181 丁埠头—管村	0.59	

续表 9-2-5-2　　单位：千米

县(市、区)	线路名称	长度	总计
云和县	Z301331125 王山头—沙铺砻电站	10.28	12.67
	Z302331125 箬溪—垃圾场	2.38	
庆元县	Z401331126 源头—石灰矿	2.90	4.63
	Z402331126 黄坦—新窑	1.73	
遂昌县	Z601331123 后葛口—天堂	4.71	57.61
	Z602331123 高碧街—十三都	3.73	
	Z603331123 大柘—塘根	4.10	
	Z604331123 治岭头—金矿仓库	0.22	
	Z605331123 湖山—莹石矿	2.71	
	Z606331123 源口—一级电站	8.26	
	Z607331123 黄沙腰—黄石玄圩	5.02	
	Z608331123 溪口—小岩	4.02	
	Z609331123 王川—坞里源坑	1.31	
	Z611331123 上马头—苏庄滩电站	5.75	
	Z612331123 岩坑口—马头山	10.06	
	Z613331123 大坞坑—金田寺	7.68	
松阳县	Z701331124 古市—湖溪	3.66	15.06
	Z702331124 叶村—东坞水库	3.01	
	Z703331124 上方—梧桐源水库	4.67	
	Z704331124 和仁桥—六都水库	3.72	
合　计	30 条	30.00	156.22

2010 年丽水市县乡道、通村公路里程一览

表 9-2-6-3

县　别	里程合计（千米）	县　道		乡　道		通村公路	
		条数(条)	里程(千米)	条数(条)	里程(千米)	条数(条)	里程(千米)
莲都区	1108.06	29	322.72	12	70.42	177	684.67
龙泉市	2121.78	23	567.00	21	138.70	278	1380.08
青田县	1805.12	18	300.43	16	95.44	239	1409.25
云和县	747.73	6	122.47	12	86.44	94	526.14
庆元县	1297.14	33	353.60	16	102.68	182	836.22
缙云县	1175.19	19	271.35	9	54.08	333	849.76
遂昌县	1508.05	27	601.24	13	101.69	267	747.51
松阳县	1188.49	15	228.49	16	95.45	242	849.49

表 9-2-6-3

县 别	里程合计（千米）	县 道		乡 道		通村公路	
		条数（条）	里程（千米）	条数（条）	里程（千米）	条数（条）	里程（千米）
景宁畲族自治县	1689.96	13	310.13	14	154.77	173	1225.06
合 计	12641.52	183	3077.44	129	899.66	1985	8508.19

第三章 航 道

丽水水运主要有瓯江航道和乌溪江航道，瓯江干流自上游到下游有松阴溪、宣平溪、好溪、小溪一级支流 4 条，曾在城乡物资交流，发展对外经济文化交往以及人民生活方面发挥过重要作用。1949 年，丽水境内航道总长 1029.5 千米，其中可通木帆船航道长 560.5 千米，可通竹筏航道长 469 千米。20 世纪 50—80 年代，丽水河道水土流失较多，河床抬高，通航里程缩短。至 1985 年，丽水境内瓯江支流仅小溪可通航。2010 年，丽水境内瓯江干流航道长 221.77 千米，瓯江支流小溪航道长 141 千米；支流松阴溪航道长 41.77 千米；支流乌溪江水库遂昌湖山库区航道总长 65.5 千米。

2006 年 10 月 8 日，浙江省发改委、省交通厅批复《瓯江中上游航运规划》，主要建设“一干两支两港①”。1979 年 1 月，乌溪江湖南镇水电站大坝建成下闸蓄水，形成乌溪江水库遂昌湖山库区航道。至 2010 年，丽水市政府投资 14.2 亿元，引进社会投资 28.3 亿元。在瓯江干流先后建成紧水滩、石塘、玉溪、开潭、五里亭、外雄、三溪口（在建）梯级电站水库 7 座；形成串珠状库区航道 7 条，主要航道包括紧水滩库区航道、石塘库区航道、玉溪库区航道、开潭库区（南明湖）航道、五里亭库区航道、外雄库区航道、三溪口水利枢纽库区（在建）航道，另有乌溪江库区、滩坑库区（千峡湖）航道。紧水滩、石塘电站大坝各建有过坝船筏道。瓯江干流玉溪至三溪口段电站大坝 5 座均建有过坝船闸。海港码头温溪港、青田港，还有各大库区改造和新建上百座内河码头及渡口、埠头。丽水港拟建中。瓯江航运初现雏形。

第一节 内河航道

丽水瓯江干流自上游到下游有松阴溪、宣平溪、好溪、小溪一级支流 4 条。古时，丽水瓯江干流曾发挥重要航运作用。历代政府重视瓯江航道疏浚和整治。唐大中九年（855），段成式任处州刺史，

① 一干两支两港：“一干”即瓯江干流航道，“两支”即瓯江支流小溪和松阴溪；“两港”即青田港和丽水港。

主持丽水县东面“恶溪”垒石围堰工程，发动疏溪治滩，开渠引水，既利于灌田，又通舟筏，人们遂以“好溪”称之，舟筏从好溪可直通瓯江干流。宋元祐七年(1092)，龙泉县疏浚龙泉溪浅滩、险滩80多处。同年，处州各县相继仿效，瓯江水路交通得以改善，昼夜行舟无覆没之忧。清康熙二十二年(1683)，缙云知县霍维腾主持重疏好溪水道，捐俸禄置木材，造船10艘，建埠头，缙丽再复通舟。

民国18年(1929)，云和县政府筹款，疏浚瓯江干流云和县城至局村浮云溪7千米。疏浚后，小船自龙泉溪沿浮云溪，可上溯至云和县城。

1949年，丽水航道总长1029.5千米，其中可通木帆船560.5千米，通竹筏469千米。20世纪80年代，丽水瓯江干流水土流失严重，泥沙淤积，河床抬高，通航里程缩短。1985年起，丽水境内瓯江除小溪外，松阴溪、宣平溪、好溪均不通航。1990年，丽水地区航道通航里程421.2千米，其中大溪航道203.5千米，小溪航道141千米，乌溪江航道76.7千米。2010年，丽水瓯江干流航道长221.77千米，支流小溪航道长141千米，支流松阴溪航道长41.77千米，支流乌溪江水库遂昌湖山库区航道总长65.5千米。

瓯江航道

瓯江，古称慎江，蜃江，系浙江省第二大江，总长384千米，丽水市境内长309.4千米，流域面积13105平方千米。其中瓯江干流丽水段自源头至莲都区大港头段称龙泉溪，长195.5千米，为瓯江上游段。龙泉溪会松阴溪后，自大港头至青田湖边村河段称大溪，长94.6千米，即干流中游段。大溪与小溪在青田县湖边村汇合后至河口称瓯江，长920.9千米，即干流下游段。干流流经云和、莲都、青田及温州市的永嘉、瓯海、鹿城、乐清等县(市、区)，出温州湾入东海。20世纪50—70年代，木帆船可上溯至龙泉小梅，沿八都溪可上溯至八都。

龙泉南大桥[①]至丽水大水门段　20世纪70年代、龙泉南大桥至丽水大水门段航道长135.45千米，落差130米，险滩120多处，其中碍航较大的有65处。一般可通航0.28亿千克舴艋船，正常水位上行需7—8天，下行2—3天。

丽水至温溪花岩头航段　20世纪70年代，丽水至温溪花岩头航段航道长86.32千米，落差42米，有险滩60处，滩险处水深一般为0.6—0.8米，流速一般为1—1.2/秒。20世纪90年代起，瓯江段采砂业发展迅速，特别是温溪至鹤城河段，多处浅滩砂石被采挖，致使河道加深，感潮河段逐步上溯至鹤城镇，使该段通航能力得到较大的提高，航道定级为内河Ⅳ级，3米等深线全程贯通，乘潮150万千克级海轮(桅杆改造)可抵达温溪港区，温溪至鹤城段疏浚后，100万千克海轮可达鹤城港区。

下花门(温溪港)至河口航段　20世纪70年代，下花门至河口航段航道长76.2千米，完全处于冲积平原地带，河底为淤泥，河面正常水面宽度1500米左右，为感潮河段，候潮150万千克海轮可抵达温溪港。

瓯江支流航道

松阴溪　松阴溪发源于遂昌县垵口乡北园岙村东面，流经遂昌、松阳、莲都区，在莲都区大港头汇入龙泉溪，干流全长120.12千米，流域面积1985.02千米，平均年径流量20.3亿立方米，河道天

① 2001年复名济川桥。

然落差854米，古时，木帆船可上溯至遂昌县金岸。1985年起，松阴溪河床淤积抬高，不再通航。

松阴溪松阳县西屏至莲都区大港头段航道是其支流航道，定级为Ⅶ级，长41.73千米，航道宽度25.6米，水深0.7米，沿线有水电站大坝3座，拦砂坝1座，桥梁7座，其中碍航桥梁4座，通航孔径最大45米，最小20米；通航净宽高度最高5.39米，最低1.59米，规划通航5万千克级，待条件具备后开发通航。

宣平溪[①] 宣平溪发源于武义县柳城镇顶头岗，流经武义、松阳、莲都3个县（区），于武义县三港乡章湾流入莲都区境，至港口注入瓯江中游段大溪，干流长77千米，其中莲都段长37.92千米。1985年起，宣平溪不再通航。

好溪 好溪旧名恶溪，发源于磐安县大盘山（仁川镇）溪上村北之仰曹尖，流经缙云县入莲都区境，至丽水市城区古城村注入大溪，干流长125.8千米。1985年起，好溪不再通航。2005年，好溪下游青林至古城段被南明湖覆盖，成为南明湖东北端蓄水湖。

小溪 小溪发源于庆元县鱼树坑山尖西麓（洋溪村大毛峰），干流长225.65千米，流经景宁畲族自治县，至青田县石溪乡湖边村汇入大溪，年降水量1600—1700毫米。景宁段航道长120千米，自秋炉乡下圩到九龙乡鹤口，为Ⅵ级航道，长90.5千米，从鹤口入境青田，经岭根、北山、巨浦、仁宫等乡镇村，至湖边汇入大溪，全程48.11千米。

2003年5月，滩坑水电站工程动工。2005年10月，滩坑水电站小溪截流成功。2008年，滩坑电站下闸蓄水，回水至景宁畲族自治县大均乡大赤坑，水位160米，深水航道长90千米。

乌溪江航道

乌溪江属钱塘江水系，发源于福建省浦城县大福罗东坡，由南向北流经龙泉市、遂昌县，于衢州市8千米处的樟滩镇汇入衢江，长1550.9千米，其中丽水市河段长86.87千米，是衢江的支流。1949年10月，中华人民共和国成立初，3000—5000千克小木船和竹木排筏，从遂昌县王村口直抵衢江；竹木排筏从龙泉住龙直抵衢江。1978年，乌溪江水电站大坝建成，上下游航道中断。

第二节 库区航道

湖山库区航道

湖山库区航道位于乌溪江上游遂昌县境内。1979年1月，乌溪江湖南镇水电站大坝建成蓄水，正常水面总面积4133公顷，其中遂昌县域2067公顷，航道长99.5千米，流经遂昌县琴圩、湖山、金竹、焦滩镇，遂昌境内库区，航道总长65.5千米。

紧水滩库区航道

紧水滩库区航道位于瓯江上游，龙泉市和云和县境内。1981年10月动工。1983年10月截流。1986年6月下闸蓄水成为库区，Ⅶ级航道长66.3千米，坝高102米。

① 又名午溪、宣平港。

石塘库区航道

石塘库区航道位于云和县紧水滩至石塘河段，与紧水滩库区坝下水位相衔接。1987 年 11 月 29 日截流。1988 年 12 月 31 日，下闸蓄水成为库区，Ⅶ级航道长 25 千米。

玉溪库区航道

玉溪库区航道位于莲都区均溪村附近，跨云和县和莲都区。1994 年 2 月，工程动工建设。2000 年 6 月，竣工验收。上游有紧水滩、石塘两个大中型水库作保障，多年平均水库水量 35.6 亿立方米，Ⅶ级航道长 11 千米。

开潭库区（南明湖）航道

开潭库区航道位于丽水城区下游 7 千米的瓯江干流，贯穿丽水城区。2006 年 10 月 1 日，大坝蓄水，回水至丽水市环城西路白岩大桥上首 600 米处，Ⅳ级库区航道长 14.12 千米。

五里亭库区航道

五里亭库区航道位于青田祯埠乡岭下村。2003 年 11 月 3 日动工。2006 年，电站建成蓄水，库区航道长 17.8 千米，与开潭电站库区坝下水位相衔接。

外雄库区航道

外雄库区航道位于青田县高市乡雄溪村北侧，与五里亭电站库区坝下水位相衔接。2005 年 9 月 1 日开工。2009 年年底建成，库区航道长 11.67 千米。

三溪口水利枢纽库区

三溪口水利枢纽库区航道位于青田县城上游约 6 千米处，南邻湖边村，北靠溪口村和 49 省道。2009 年 11 月 27 日动工建设。建成后，三溪口水利枢纽库区航道将形成Ⅳ级库区航道长 23.14 千米，航道底标高 15.25 米，水面宽 200—400 米。

滩坑库区（千峡湖）航道

滩坑库区航道处于青田、景宁两县境内的瓯江支流小溪中游河段。2008 年 4 月 29 日下闸蓄水，160 米水位，库区长 90.5 千米，成为深水航道，滩坑水利枢纽不设船闸，小溪航道因滩坑电站大坝拦截分为两截，大坝至景宁库区近 71 平方千米，通航条件极好；原有航道为大坝至湖边，长 48.11 千米，电站发电放水，将缩小航道洪水期与枯水期水位变化差异，通航便利。

至 2010 年，丽水市政府投资 14.2 亿元，引进社会投资 28.3 亿元。丽水市区至青田温溪段规划建设的开潭、五里亭、外雄、三溪口、青田水利枢纽五级电站水位衔接并同步建设船闸。开潭、五里亭、外雄三级电站建成，形成梯级库区高等级航道约 46 千米，开潭、五里亭电站船闸通水试航成功；三溪口电站 2009 年 11 月动工；青田港港头港区一期工程 50 万级（兼靠 100 万千克级）海轮泊位 2 座建成投入营运，瓯江航运初现雏形。

第三节　航道设施

港　口

2008 年 8 月 21 日，丽水市政府出台《关于加快丽水市交通事业发展的意见》，加快瓯江港航建设，“打通一条出海大通道”。2006—2010 年，丽水市政府投资 35078 万元，新建复建码头 57 座，渡埠改造 120 处，撤渡建桥（路）33 处，渡船更新 64 艘，以及候船亭等配套设施。

温溪港　温溪港位于青田县温溪镇东 3 千米的下花门，20 世纪 70 年代，温溪港是全国 25 个主要港口之一。1972 年 12 月，丽水地区革委会生产指挥组投资 30 万元，建成 50 万千克级 360.9 米×9 米×2.11 米浮码头和 50 万千克级 40×8 米高桩码头各 1 座，可停靠 100 万千克级船舶作业。同时在其上游右侧建有驳岸式小船码头。1977 年 1 月，第一期工程竣工开港通航。1978 年 4 月 18 日，温溪航运公司“浙海 901”号轮首驶上海港。1990 年，港口吞吐量 0.92 亿千克，操作量 1.29 亿千克。

1977 年 2 月，温溪港务管理处设立温溪码头至梅岙大桥段航标 17 座。1987 年 1 月，温溪码头梅岙瓯江大桥段航道航标重新配置，航标增至 21 座，其中过河标 13 座，沿岸标 4 座，测石标 3 座，示位标 1 座。1994 年，丽水地区实施“撤航简港”工作，航标仍由温溪港务管理处管理。2004 年，温溪港管理权移交至青田县港航所。2007 年，温溪港管理权移交至温州市地方海事局航标管理处。温溪港码头堆场 8217 平方米。1988 年，温溪港扩建前方堆场 1000 平方米；仓库 2 座，面积约 3000 平方米；油库油罐 2 只，容积 100 立方米。

至 2010 年，温溪港已成为一个集河口港、深水海港为一体，大中小泊位配套的综合性港口。码头和堆场有 8000 千克吊机 1 台，5000 千克吊机 2 台，6000 千克叉车 1 台，4000 千克叉车 2 台，3000 千克铲车 2 台，柴油平板车 6 辆，皮带输送机 1 套长 40 米，斗容抓斗 1 个。主要吞吐物件为杂货物、散装水泥和柴油。海运航线南可至广西，北达山东青岛，西向入长江可达重庆。公路转驳主要覆盖浙西南各县（市、区）。

青田港　青田港位于瓯江干线下游，是浙江省七大重点内河港之一，具有内河、沿海两大功能，由温溪港区（原温溪港）、港头（原在高岗）港区、鹤城（平演）港区组成，实行“一港管理，三区作业”，有码头泊位 21 个，仓库面积 4000 平方米，堆场面积近 26000 平方米，港口机械 18 台。

2009 年青田港主要港区一览

表 9-3-3-1

港口名称	所在航道	吞吐量(亿千克)	设计年吞吐能力(亿千克)	泊位	
				数　量(个)	最大靠泊吨级(亿千克)
温溪港区	瓯江干线	22.50	25	5	100
港头港区	瓯江干线	19.50	37	9	100
鹤城港区	瓯江干线	28.00	10	7	10
其他泊位	瓯江干线	15.60	16	—	—

2010 年青田港主要码头一览

表 9-3-3-2

码头名称	码头位置	功　能	泊位数（个）	靠泊能力（亿千克）	库场面积（立方米）
温溪港码头	温溪花岩头	散货石油	2	50	16027
燃料公司码头	温溪镇马湾	矿建煤类	3	10	7000
温溪村 2 号码头	温溪镇	矿　建	3	10	3500
港头码头	温溪镇港头村	矿　建	5	10	—
鹤城码头	鹤城镇平演	矿　建	4	10	—
塔山客运码头	鹤城镇塔山下	客　运	1	10	—

2007—2010 年青田港客货运输量一览

表 9-3-3-3

年　份	货物吞吐量（亿千克）	旅客运送量（万人）
2007	14.40	11.00
2008	14.00	12.00
2009	8.56	12.10
2010	10.53	6.51

紧水滩库区码头

瓯江是丽水水运大动脉，干、支流流经的重要城镇均建有码头或埠头。

龙泉码头　龙泉码头位于龙泉市区南大桥下游 200 米处。1966 年，经浙江省航管局批准建造水泥浆砌块石货运码头 1 座。1967 年竣工，造价 2 万元。1993 年拆除。

安仁码头　安仁码头位于龙泉市安仁镇东北约 200 米处。1989 年，投资 62 万元，按简易码头设计建造。2003—2007 年，浙江省港航局和龙泉市交通局共同投资 262.62 万元，扩建改造码头，泊位 5 万千克级，年吞吐量 4.2 万人次。

大白岸码头　大白岸码头位于龙泉市道太乡政府驻地大白岸村紧水滩库区边。20 世纪 80 年代中期，龙泉市投资建造，主要承担当地 1000 多人口的水上出行，年客运量 1 万人次。

赤石码头　赤石码头位于云和县赤石乡政府驻地黄岗村（原称黄岗码头）、紧水滩库区南岸。1988 年 11 月动工，1990 年 12 月建成。2008 年 1 月，云和县交通局投资 505 万元改建，结构为斜坡道轮渡码头，泊位 5 万千克级。2009 年 2 月完工。

建源码头　建源码头位于云和县紧水滩库区北岸，赤石乡建源村口。1988 年，云和县投资 4.4 万元建造。1991 年 12 月，云和县投资 5.88 万元，建成水泥砼结构码头。2007 年 12 月，云和县政府投资 306 万元改造码头，5 万千克级泊位。2009 年 2 月完工。

紧水滩电站上码头　紧水滩电站上码头位于电站大坝上游南岸，系岸壁式立式码头，为电站过

坝通航设施，供船、排过坝待运使用。1986年建。2007年5月，投资5.15万元，改造成斜坡道码头。

石塘库区码头

紧水滩电站下码头　紧水滩电站下码头位于石塘电站水库上游南岸，紧水滩大桥下游50米处，与紧水滩电站南岸护坡相接。1986年建成。

石塘电站上码头　石塘电站上码头位于石塘电站水库南岸，斜坡式砼结构，为石塘电站过坝通航码头。1988年建成。

小顺码头　小顺码头位于石塘水库小顺库湾南岸，云和县石塘镇小顺村口。1989年，云和县移民办公室投资1.4万元建成。2001年11月，云和县移民办公室投资4.75万元，拓建斜坡道。

玉溪库区码头

石塘电站下码头　石塘电站下码头位于云和县石塘镇石塘村、电站护坡中段，是石塘电站船筏道通航设施，供船舶停靠和过坝竹、木排整装待运使用。1988年建成。

朱村码头　朱村码头位于云和县朱村乡埠头村、玉溪水库北岸。1980年，丽水县建成1万千克级泊位。1988年，孙家地至朱村口公路建成通车，双港至朱村车渡码头改为航运码头。

瓯江中游码头

大港头码头　大港头码头位于莲都区大港头镇，和通济堰隔江相望。旧时，大港头无水运专用码头，船只装卸货物利用民间埠头或自然坡岸。1988年冬，国家投资30.9万元，当地群众集资4000元，建成一条宽5米、长93米的石砌水泥混凝土路面新码头，前沿水深1.5米，可供10—18吨位船舶装卸作业，可通拖拉机。2010年，有钢质机动船2艘，可供群众通行或货物运输。

碧湖码头　碧湖码头位于莲都区碧湖镇采桑村口。1979年3月始建，系石砌水泥砼路面斜坡码头。1983年，加建高、中、低3个货物装卸平台。1994年1月，碧湖大桥竣工通车，码头失去作用，常年失修，仅少数渔船停靠。

开潭库区（南明湖）码头

大水门码头　大水门码头位于市区大水门外，大水门码头历来为货物运输水水中转、水陆中转的集散地，汽车可以直达，系丽水市区的中心码头。抗日战争时期，丽水、青田、云和、龙泉、松阳、温州等各线木帆船都在此停靠或装卸货物。中华人民共和国成立初，始建齿型简易码头，方便舴艋船装卸货物。1972年，丽水县投资2.5万元，丽水航管站主持改建成纵25米、横100米、厚15厘米、前沿水深2.5米的水泥混凝土斜坡码头。1988年，地区航管部门投资3.3万元，增建长97米，宽6米的深水码头1座，日吞吐能力50万千克。2006年10月1日，开潭电站下闸蓄水，形成南明湖，码头被淹没。

下河码头　下河码头位于市区东南2.2千米处的下河村。丽水通公路前，是重要渡埠兼水运装卸埠。据清雍正《处州府志》《下河渡埠记》载："郡城之东五里，有下河埠头，河通青田出温州，陆路多山麓，崎岖狭小，唯水路捷，官民无不从舟行者。而温州入省亦唯此西路为尤便。故斯埠为二郡往来，乘舟登岸必繇之地。他郡自宁绍台而外，凡有事于温州者亦不能舍是他之。"民国时期，下河村设有盐行、旅店、运输行、埠班等。缙云、宣平一带的食盐大多在此转运，南岸中堂村盐库较大。民国31年（1942），日本侵略军飞机轰炸破坏殆尽。1990年，交通部门资助1万元，重建下河码头。当年10月完工，为交通渡埠。2006年1月25日，紫金大桥建成通车，下河渡口码头功能消失。

南明湖游船码头　南明湖游船码头位于市区中部大溪北岸防洪堤亲水平台迎水侧河道内，面积4181平方米。2005年11月10日开工建设。2006年4月下旬竣工，置客船1艘、客位32个，供各地游客游览南明湖。

塔下码头　塔下码头位于市区东南水路5千米的紫金街道塔下村。1992年5—6月开工，丽水市航运公司筹资40万元建设。1993年1月8日竣工验收。2000年，建设防洪堤时码头被拆。

开潭码头　开潭码头位于市区东南7千米处，码头对面为莲都区开潭村。1993年1月扩建原码头，用于渡船和货运。2005年11月16日，开潭电站蓄水将淹没原码头，省交通厅同意在开潭水利枢纽上游原开潭渡口码头处（向岸侧右移）改建码头，左右岸泊位各1个，靠泊能力10万千克。

松阴溪松阳码头

松阴溪松阳码头位于松阳县西屏镇南，松阴溪北岸。历史上利用自然坡岸泊船。1965年，经省航运局批准建设，系水泥混凝土码头。2005年，松阳城区段松阴溪筑坝成湖，码头消失。

滩坑库区码头

汇头码头[①]　汇头码头位于景宁畲族自治县外舍管理区汇田，为景宁畲族自治县海事码头和海事搜救中心。2008年2月16日，景宁畲族自治县投资559.41万元，动工建造汇头码头。2009年9月11日，景宁畲族自治县建成客、货运码头10万千克级，长54米，宽25.5米。

新长汀码头　新长汀码头位于景宁畲族自治县九龙乡新长汀村，是新青景公路和水上交通、旅游（九龙地质公园）交汇地。2008年5月15日，新长汀码头动工。5月20日，景宁畲族自治县政府建成5万千克级客运和海事码头。

湖边码头、绿草码头　湖边码头、绿草码头位于景宁畲族自治县外舍管理区（原金钟乡）杨桼湖村湖边、绿草。2008年1月，景宁畲族自治县政府分别投资206.15万元和177.91万元，动工建设湖边码头、绿草码头。2008年6月，建成10万千克级车渡客运对江渡码头。2009年，渡运量分别为6.2万人次和5.8万人次，居景宁畲族自治县29座码头渡运量之首。

泉山客货码头　泉山客货码头位于青田县北山镇泉山村老鹰山上旁，距北山镇政府约1千米。2007年8月，泉山客货码头开始施工。2008年12月，建成10万千克级车渡客货运码头。

井坪车渡码头　井坪车渡码头位于青田县岭根乡井坪村。2007年8月，井坪车渡码头开始施工。通过码头连接线与岭根乡政府连接，与黄岭头车渡码头形成对渡，属10万千克级车渡。

湖山库区码头

湖山码头　湖山码头又称香炉岗码头，位于遂昌县湖山乡香炉岗。2001年6月，遂昌县新建香

---

① 又称汇田码头。

炉岗码头，地点移至水库南岸湖山大桥下游500米处，有30客位客运码头泊位2个。2006年6月，湖山码头建成并投入使用。

埠头

源口埠头　源口埠头位于龙泉市道太乡源口村紧水滩库区旁。1985年兴建。1989年，龙泉县政府投资2.5万元，加以维修。

道太埠头　道太埠头位于龙泉市道太乡道太村紧水滩库区旁。1985年建造。1989年，龙泉县航管所投资2万元，加以维修。

高山岭足埠头　高山岭足埠头位于云和县紧水滩镇饭甑砻村、紧水滩水库饭甑砻库湾。1986年建造，浆砌块石结构。1997年10月和2000年4月，云和县政府投资3.8万元扩建2次。

大牛埠头　大牛埠头位于云和县大源乡大牛村朱坑、紧水滩库区。1988年建成。2000年8月和2007年11月，投资125.1万元改建2次，后方与通村公路连接。

大源口埠头　大源口埠头位于云和县石塘镇大源口村、石塘水库北岸。1989年，云和县政府投资40.9万元建置。2001年4月，投资2.05万元改造扩建，建路亭1座。

温溪埠头　温溪埠头位于青田县温溪镇马弯、瓯江下游。1986年9月，青田县政府投资60万元，开始施工。1987年12月建成长216米，宽(平均)34.3米，总面积7420平方米，前沿水深6—12米，舶位4个，可供停靠装卸47.5万千克级货轮，建有简易仓库4间，配备3000千克吊机1台，皮带运输机1台，地磅及供电配套设施。

琴圩埠头　琴圩埠头位于遂昌县琴圩乡画眉丘村，乌溪江湖山库区。

焦滩埠头　焦滩埠头位于遂昌县焦滩乡焦滩村，乌溪江湖山库区，系石级阶梯埠头。

2010年丽水市码头一览

表9-3-3-4

<table>
<tr><th>库区、河流</th><th>县别</th><th>数量(座)</th><th>具体情况</th></tr>
<tr><td rowspan="2">紧水滩库区</td><td>龙泉市</td><td>4</td><td>其中龙泉码头已拆</td></tr>
<tr><td>云和县</td><td>13</td><td>—</td></tr>
<tr><td>石塘库区</td><td>云和县</td><td>3</td><td>—</td></tr>
<tr><td>玉溪库区</td><td>云和县</td><td>4</td><td>—</td></tr>
<tr><td>瓯江中游
(含南明湖)</td><td>莲都区</td><td>8</td><td>大水门、下河埠、塔下、湾岙已不存在</td></tr>
<tr><td>松阴溪</td><td>松阳县</td><td>1</td><td>松阳码头已消失，需重建</td></tr>
<tr><td>湖山库区</td><td>遂昌县</td><td>3</td><td>—</td></tr>
<tr><td rowspan="2">滩坑库区</td><td>景宁畲族自治县</td><td>29</td><td>—</td></tr>
<tr><td>青田县</td><td>22</td><td>—</td></tr>
<tr><td rowspan="3">瓯江下游</td><td rowspan="3">青田县</td><td>温溪港区4</td><td rowspan="3">海港码头兼内河码头</td></tr>
<tr><td>港头港区9</td></tr>
<tr><td>鹤城港区8</td></tr>
</table>

2010年丽水市埠头一览

表9-3-3-5

库区	县别	埠头(座)
紧水滩库区	龙泉市	13
	云和县	53
石塘库区	云和县	13
紧水滩库区	云和县	19
湖山库区	遂昌县	2
瓯江中下游	青田县	83
—	合　计	183

说明：紧水滩库区1991年后未改造埠头

第四节　渡　口

据清光绪《处州府志》载："括地皆阻溪，急流断岸，舆马难道，匪桥渡，人且望崖而返。"

据清光绪《处州府志》载："渡口经费来源系个人捐资，或民户捐募集资，购置田产，以田租收入建造渡船和渡工生活之需，不收渡费，称为义渡，人们视为善举。"

1949年10月中华人民共和国成立后，丽水通过土改，田租废除，渡口由所在村管理，集体供给渡工口粮，收取外地乘客渡费。丽水各县交通局拨款，帮助经济困难的乡村，建造渡船或维修渡船。1980年开始，丽水地区大部分渡口征收过渡费。

1990年年底，丽水地区渡口243处，渡工306人，人力渡船220艘，机动渡船73艘。

2002年7月17日，丽水市政府出台《丽水市渡口安全管理办法》，加快撤渡建桥工作。2010年，全市渡口减少到115处，渡船120艘，完成年渡运量316.4万人次。

民间渡口

莲都区大港头渡　莲都区大港头渡位于莲都区大港头镇大溪边，与该渡北保定村通渡。据清同治《丽水县志》载："在县内五十里，康熙四十八年(1709)，宝定吕宗志捐田以给渡费。"1980年起，改人力渡船为机动渡船。2008年，有机动渡船2艘，渡工2人，可渡运拖拉机，日均渡运1000人次。

莲都区厦河渡(下河)　莲都区厦河渡位于丽水市区厦河村。建于明嘉靖初年。清同治《丽水县志》载："在城东五里，自括达瓯，此为要津。"1990年，有机动船2艘，日均渡运600人次。2006年1月，紫金大桥建成通车，莲都区厦河渡停止运营。

龙泉市大沙渡　龙泉市大沙渡位于龙泉市东稽圣潭大沙岭下。明宣德五年(1430)建成。1979年，水南至林垟公路建成，自此城东郊区群众取道公路过南大桥进城，龙泉市大沙渡停止运营。

龙泉市通济渡　龙泉市通济渡位于龙泉市济川大桥下。清咸丰六年(1856)，龙泉市通济渡建成。1964年，南大桥建成通车，通济渡停止运营。

龙泉市道太渡　龙泉市道太渡位于龙泉市道太乡供村片(原供村乡)。1988年，龙泉市道太渡购置木质渡船1艘，渡工1人。1999年，龙泉市道太渡更换为钢质机动船，客位25人，设渡工1人，年渡运量1万人次。

青田县石门洞渡　青田县石门洞渡位于青田县高市乡练岙村。有渡船3艘，渡工4人，客位83座。节假日和双休日，到石门洞游客较多，日渡运800—2500人次。

青田县温溪渡　青田县温溪渡位于青田县温溪镇温溪村。青田县温溪渡有渡船4艘，渡工4人，115客位，日渡运500—1000人次。

遂昌县赤山渡　遂昌县赤山渡位于遂昌县湖山乡赤山岭头。2009年，遂昌县赤山渡有钢质人力渡船1艘，渡工1人，渡客4万人次。

遂昌县桐梗渡　遂昌县桐梗渡位于遂昌县湖山乡桐梗村。2009年，遂昌县桐梗渡有钢质人力渡船1艘，渡工1人，客运量1.2万人次。

松阳县谢村水库渡　松阳县谢村水库渡位于松阳县谢村乡谢村水库大岭里村。1996年，4位村民投资建造木质机动船4艘，进行收费渡运。2002年，4艘木质机动船停运。谢村乡政府集资8万多元，购置20马力钢质机动船，核定载额30人，免费常年渡运沿库学生、村民。

云和县田铺渡　云和县田铺渡位于云和县大源乡潘山头西北桃子坑库湾。1986年，云和县田铺渡建成，有机动木质船1艘，渡工1人，日均渡运150人次。1992年6月，云和县田铺渡添置钢质船1艘，定员50人，持证渡工2人，日均渡客230人次。

云和县大源口渡　云和县大源口渡位于云和县石塘库区北岸大源口村。1988年，云和县田铺渡建成，有机木船1艘，1990年11月，添置钢质船1艘，定员30人，持证渡工2人，日均渡运170人次。

云和县朱村口渡　云和县朱村口渡位于玉溪库区云和县朱村乡埠头村。清乾隆四十二年(1777)，本里吴宗培等村民建成，是埠头通往渡船头之渡口。1997年，云和县朱村口渡更新钢质渡船1艘。石塘、石汶、滩下3座大桥建成，日均渡运量减至14人次。

景宁畲族自治县大均渡[①]　景宁畲族自治县大均渡位于景宁畲族自治县大均乡大均村西隅。相传唐时已有此渡。1990年，景宁畲族自治县财政拨款0.9万元，修缮大均渡，设渡工1人，最高日渡运1000人次以上。2007年，大均桥建成，大均桥停止运营。

景宁畲族自治县绿草渡　景宁畲族自治县绿草渡原名金钟渡，位于景宁畲族自治县外舍管理区，建于清嘉庆年间(1796—1820)。滩坑水库开始蓄水后，县移民办增设绿草渡，租借50客位渡船一艘，解决附近村庄村民4000多人出行问题。2009年7月，绿草渡投入运行，年渡运量24500人次，年载运车辆14900辆次。

景宁畲族自治县梅花圩渡　景宁畲族自治县梅花圩渡位于景宁畲族自治县大均乡新庄村梅花圩自然村。2008年，梅花圩渡改建为水泥码头，有12客位人力钢质渡船1艘，渡工1人，年渡运4000人次。

---

① 又名浮伞渡。

1991—2010 年丽水市渡口渡船一览

表 9-3-4-1

年份	渡口(处)	渡船(艘)	渡工(人)	钢质渡船(艘)	木质渡船(艘)	年渡运量(万人次)
1991	240	311	—	15	296	—
1992	235	297	—	16	281	—
1993	230	287	—	27	260	—
1994	222	279	—	35	241	1824.00
1995	222	278	—	53	224	—
1996	215	274	—	69	205	—
1997	211	260	—	77	183	1126.00
1998	204	251	—	92	159	1097.80
1999	186	232	—	99	133	1130.60
2000	186	232	—	119	113	912.00
2001	193	234	235	126	108	902.00
2002	197	248	267	145	103	1097.80
2003	187	236	249	176	59	923.00
2004	179	223	236	164	27	1013.37
2005	165	183	199	148	35	849.20
2006	139	175	183	132	36	813.05
2007	131	139	153	114	25	652.70
2008	123	131	148	106	25	580.52
2009	117	121	148	96	25	528.99
2010	115	120	142	120	—	316.40

1990 年和 2010 年丽水市民间渡口一览

表 9-3-4-2

县别	1990 年年底				2010 年年底				
	渡口(处)	渡工(人)	渡船		渡口(处)	渡工(人)	渡船		年渡运量(万人次)
			人力船(艘)	机动船(艘)			人力船(艘)	机动船(艘)	
莲都区	44	70	37	23	12	9	5	6	7.10
龙泉市(县级)	27	27	27	—	18	17	4	8	21.00
青田县	68	95	48	43	32	45	12	25	177.20
云和县	28	34	10	24	15	25	2	20	54.20
庆元县	—	—	—	—	—	—	—	—	—
缙云县	—	—	—	—	—	—	—	—	—

表 9-3-4-2

县别	1990年年底				2010年年底				
	渡口(处)	渡工(人)	渡船		渡口(处)	渡工(人)	渡船		年渡运量(万人次)
			人力船(艘)	机动船(艘)			人力船(艘)	机动船(艘)	
缙云县	—	—	—	—	—	—	—	—	—
遂昌县	12	12	11	1	14	17	4	13	17.50
松阳县	27	32	27	4	4	4	3	1	22.00
景宁畲族自治县	50	36	43	7	20	25	4	15	17.40
合　计	256	306	203	102	115	142	32	88	316.40

说明：2010年，云和县有2艘属拖驳船

汽车渡口

民国21年（1932）5月开始，丽水兴建公路，曾设栝苍渡、碧湖渡、缙云渡、安仁渡、龙泉渡、豫章渡、大白岸渡、赤石渡、局村渡、西汇渡、港口渡、三塘汇渡、西门渡。公路桥梁建设后，相关渡口停止运营。1990年，全市仅保留青田县西门渡、三塘汇渡和丽水市（县级）碧湖渡。1999年7月，青田腊口大桥建成，丽水地区已无汽车轮渡。

第五节　船闸及设施

船、排道

紧水滩水库过坝船道　紧水滩水库过坝船道位于电站大坝排道右侧。船舶货运过坝采用高低斜面式升船机。船道总长855米，承船车长16米，宽8米，高8米，由牵引机牵动。在坝顶上采用摇摆轮转向。最小通航流量50立方米/秒。升船机通过船只30吨位。1986年9月动工。1988年4月29日建成试运行。2010年，紧水滩水库过坝船道年过坝船只50艘左右。抵石塘库区再返回，均未通过石塘船道。

紧水滩水库过坝排道　紧水滩水库过坝排道位于电站大坝右岸，与船道中心轨距25米处，钢筋混凝土结构，排道总长644米，运载车长25米，宽16米，高8米，由牵引机牵动，在坝顶上用摇摆轮三角转向。筏道设计年最大通过排筏能力29.74万立方米。1989年动工，1990年竣工。未过竹木排筏。

石塘水库过坝船道　石塘水库过坝船道位于石塘水电站大坝右端排道外侧，与排道中心线相距20米，采用高低斜面式升船机，船道长283.09米，过坝由牵引机牵动，在坝顶上用摇摆轮转向。近期年过坝运量1.5亿—3亿千克，可改建通过50吨位船舶，年过坝运量5亿千克。1990年建成。

石塘水库过坝排道　石塘水库过坝排道位于石塘水电站大坝南船道内侧，货筏过坝采用斜坡卷扬道型式，排道总长273.85米，过坝采用牵引机牵动，在大坝顶以摇摆轮转向。近期年过坝量20万—25万立方米，远期年过坝量30万立方米。1990年建成。未过竹木排筏。

船闸

玉溪电站船闸　玉溪电站船闸位于大坝泄洪闸左侧，上游最高通航水位 79.1 米，最低通航水位 77.6 米；下游最高通航水位 68.19 米，最低通航水位 66.8 米。通航保证流量每小时 50 立方米。上闸首钢闸门、下闸首钢闸门均由液压启闭机启闭。近期通航 3 万千克级船舶，远期通航 5 万千克级。年过木(竹)量近期 15 万立方米，远期 30 万立方米。1994 年 2 月 20 日动工。2000 年 6 月，玉溪电站船闸竣工，通航标准Ⅶ级。

开潭电站船闸　开潭电站船闸位于莲都区开潭村。通航能力 30 万千克级，兼顾 50 万千克级船舶。设计洪水 50 年一遇，洪水位 51.03 米；校核洪水 200 年一遇，洪水位 52.49 米。上游最高通航水位 47.5 米，最低通航水位 46.5 米；下游最高通航水位 38.1 米，最低通航水位 37 米；船闸通航净空 5.5 米。2004 年 10 月，开潭水利枢纽动工建设。2006 年 10 月 1 日，开潭水利枢纽下闸蓄水，航道通航标准Ⅳ级。

五里亭电站船闸　五里亭电站船闸位于青田县祯埠乡岭下村北。电站库区水位和开潭电站坝下水位相接。设计洪水 50 年一遇，校核洪水 100 年一遇，建有船闸，通航标准为Ⅳ级，净空不少于 5.5 米。通航能力 30 万千克级，兼顾 50 万千克级。2003 年 11 月 3 日，五里亭电站船闸开工建设，工程概算总投资 43117 万元。2009 年建成。

外雄电站船闸　外雄电站船闸位于青田县高市乡雄溪村北侧、瓯江中游河段。电站库区水位与五里亭电站坝下水位相接。船闸闸室按 10 年一遇洪水设计。长 160 米，净宽 12 米，通航净空大于 5.5 米。级别Ⅳ级，通航能力 30 万千克级，并兼顾 50 万千克级货船通航要求。2005 年 9 月动工。2009 年年底建成。

三溪口水利枢纽船闸(在建)　三溪口水利枢纽船闸位于青田县石溪乡石溪村附近。船闸布置在枢纽泄洪闸右端。整座船闸尺度 260 米×12 米×3.5 米。单向设计年过闸货运通过能力近期 56.7 亿千克、远期 7.46 亿千克。船闸等级为Ⅳ级。主要建筑物设计洪水标准为 100 年一遇，校核洪水位 500 年一遇。2009 年 11 月动工建设，船闸工程概算 29992.09 万元。

青田水利枢纽船闸(在建)　青田水利枢纽船闸位于青田县四都源注入瓯江汇合口下游 185 米处。船闸布置在水利枢纽左岸。船闸尺度 260 米×12 米×3.5 米，为Ⅳ级航道，单向设计年过闸货运量近、远期通过能力分别为 64.3 亿千克、78.1 亿千克。主要建筑物设计洪水为 50 年一遇，校核洪水标准为 200 年一遇。该工程枢纽部分与船闸部分同步建成，同时发挥发电和通航效益。

第四章　铁路与航空

金丽温铁路是中国第一条吸收中国香港地区资金建设的地方铁路，标准设计地方铁路 I 级，自金华市新东孝站接轨浙赣铁路，至温州市龙湾港前站，全长252.29千米。金温铁路的建造在孙中山的《建国方略》中就提出。20世纪50—60年代，金温铁路建设再次被提及，但因国家财力有限而搁置。20世纪80年代，金温铁路建设第三次被提出。1984年，浙江省政府向国务院申请修筑金温铁路。1985年4月6日，国家计划委员会立项金温铁路建设项目。1990年10月，国务院正式批准金温铁路合资建设项目，列入国家"八五"计划。1996年4月21日，金华至缙云段客车临运开通。1997年6月26日，金温铁路丽水至杭州客车临运开通。1997年5月29日，金温铁路青田段铁轨铺通。1998年6月11日，金温铁路全线建成通车。

2010年1月19日，金丽温铁路扩能改造工程启动。从金华南站引出，进武义、永康、缙云、丽水（莲都）、青田、温州市瓯海区及鹿城区。在丽水境内设缙云西、丽水、祯埠（预留）、青田等火车站8座。金丽温铁路丽水段正线长100.3千米，占全线总长的53%，境内有大中桥梁30座，隧道26座，桥隧总长89.2千米，占正线长度的880.9%。概算总投资110亿元。计划2015年建成投入运营。

民国23年（1934）9月，在丽水城东天皇畈动工兴建丽水飞机场，面积85公顷。1949年10月中华人民共和国成立后，南京军区空军接管扩建丽水飞机场。2008年1月，丽水新机场规划新建，机场地址莲都区碧湖镇南山。

第一节　金温铁路

前期谋划

民国16年（1927）6月，据刘贻燕文《新浙江建筑轻便铁路之我见》[①]载："（丽水）至闽为一线，自杭经宁波、台州、温州至闽又为一线，再由温州经处州（丽水）联络杭（浙）贡（赣）线。"终无实践。民国26—34年（1937—1945），全面抗日战争期间，日本侵略军占领金华，曾修金华至武义简易铁路，抢运萤石，后废。1958年，金温铁路金华至永康段开工，后因国民经济困难暂停。1969年，曾全面勘测设计金温铁路，后因国家财力有限未动工。

1984年1月中旬，浙江省委书记王芳实地考察金温铁路沿线，确定金温铁路的建设方案。并由浙江省政府向国务院申请修筑金温铁路。3月28日，丽水地区行署建立金温铁路丽水地区段建设领导小组和办公室。4—5月，缙云、青田、丽水市（县级）相继建立铁路建设指挥部。10月，浙江省重点工程建设领导小组副组长丁世祥在温州市主持召开金温铁路筹建领导小组第一次会议，商议集资修建金温铁路事宜。1985年3月10日，铁四院派队进入现场，开展初步勘测设计工作。1985年4月6日，国家计划委员会下发《关于金华至温州地方铁路项目建议书的复函》，批复浙江省人民政府和铁道部："经研究，为适应温州市对外开放，搞活地方经济和利于沿线的经济开发，同意兴建金温铁路。"5月下旬，完成全线初勘任务。1989年，浙江省地方铁路公司与香港联盈兴业股份有限公司签订合资建设金温铁路意向性协议书。1990年2—9月，铁四院按1级

① 载于《浙江建设》月刊第1期。

标准重新勘测设计金温铁路地方铁路。10 月，国务院正式批准金温铁路合资建设项目，列入国家“八五”计划。1991 年 9 月，国家计委批准合资建设金温铁路可行性研究报告。1992 年 1 月，副省长柴松岳率团到中国香港地区洽谈合同，完成签约。8 月，经贸部正式批准。11 月，浙江金温铁道开发有限公司成立。12 月 18 日，金温铁路金缙段开工建设。

建　设

金温铁路是中国第一条吸收中国香港地区资金建设的地方铁路，标准设计地方铁路 I 级，自金华市新东孝站接轨浙赣铁路，至温州市龙湾港前站，全长 252.29 千米，途经金华、丽水、温州 3 个市(地)10 个县(市、区)，其中经过丽水地区缙云县、丽水市(县级)、青田县，金温铁路丽水段沿线设新碧、缙云、长坑、小处、丽水、石帆、祯埠、南岸、良岸、芝溪、船寮、青田、温溪等车站 13 个。工程总投资 180.9 亿元，其中浙江省出资 45%，铁道部 30%，香港联盈兴业有限公司 25%。合资 3 方设立董事会，下设浙江金温铁道开发有限公司，负责金温铁路运营管理。

1995 年 3 月 5 日，金华至缙云段试通车成功。1996 年 4 月 21 日，金华至缙云段客车临运开通。1997 年 6 月 26 日，金温铁路丽水至杭州客车临运开通。1997 年 5 月 29 日，青田段提前 66 天全线铺通。1998 年 6 月 11 日，金温铁路全线建成通车。金温铁路贯穿浙西南、浙南地区，受益范围 4.3 万平方千米，总人口 1450 万人。

金丽温铁路扩能工程建设

2010 年 1 月 19 日，金丽温铁路扩能改造工程建设正式启动。2015 年 9 月 29 日，中国铁建电气化集团承建的金温铁路扩能改造“四电”集成工程静态验收报告顺利通过专家组评审，进入联调联试阶段，12 月 8 日开始全线送电，12 月 26 日，金丽温铁路正式载客运行。

金丽温铁路扩能改造工程，是打造浙江省 2 小时高速铁路交通圈，是杭州往浙江南部和西南部金、丽、温 3 市及连接浙南沿海地区的主通道。全长 188.81 千米，全封闭、全立交的双线电气化国家 I 级铁路。项目投资估算总额 174 亿元，铁道部和浙江省共同出资。

金丽温铁路从金华南站引出，进武义、永康、缙云、丽水(莲都)、青田、温州市瓯海区及鹿城区。从金华到温州沿途设东孝、金华南、武义北、永康南、缙云西、丽水、祯埠(预留)、青田等火车站 8 座。进入温州市区后和温福铁路、甬台温铁路汇合于瓯海区潘桥镇的新温州站。开行动车组列车后，温州至杭州仅需 2.5 小时，丽水到杭州只需 1.5 小时。金丽温铁路丽水段正线长 100.3 千米，占全线总长的 53%，境内有大中桥梁 30 座，隧道 26 座，桥隧总长 89.2 千米，占正线长度的 880.9%。概算总投资 110 亿元。

管　理

浙江金温铁道有限公司负责管理金温铁路，业务上接受上海铁路局指导。上海铁路局统一管理和审批境内铁路货运计划、客运计划。

1998 年 6 月，金温铁路自投入营运后，坚持从服务质量、客、货运输、行车安全、搬运装卸安全等方面制定应对措施。安全教育、培训、考核职工，确保行车安全、人身安全、货物运输安全和机具设备安全。各车站每年进行一次规章考试，并颁发考试合格证，凭证上岗。劳动安全方面重点抓好“八防”，防车辆伤害，防高处坠落，防触电伤害，防起重伤害，防物体打击，防机具伤害，防炸药、锅炉压力容器爆炸伤害，防中毒窒息。货物运输安全实行进货验收和装车前、后“三检”制（检查车辆状况、货物状况、机具设备状况），对货物捆绑加固予以保障。机具设备安全由车站每季强制进行自检和上级单位每年检查2次，对特种机械设备，必须有相应的操作资质证才能上岗。所有人员上岗前由单位、车间和班组进行三级教育，合格后上岗。每年春运、防暑降温、防寒过冬进行专门的季节性安全教育。各车站分别建立安全责任制、安全分析例会制、事故分析例会制、机械设备检查维修制、安全奖励制等铁路安全管理制度。至2010年年底，丽水站管辖范围实现行车安全4214天，人身安全5406天；缙云站和青田站均实现行车安全4586天。

第二节　丽水机场

民国时期丽水飞机场

民国时期，丽水飞机场选址丽水城东天皇畈，距城3.5千米。属航空补给站（场）。民国23年（1934）9月28日，丽水飞机场开工兴建，占地面积1275公顷。民国28年10月完工。

全面抗日战争期间，机场成为日本侵略军重要轰炸目标。民国27年（1938）2月6日，日本侵略军飞机3架首次袭丽，投弹飞机场6枚，炸死海潮村农民1人。民国29年3月8日，日本侵略军飞机18架先投照明弹8枚，后在飞机场投下大量炸弹，炸毁崔公祠监狱，炸死囚犯数十人。

民国36年（1947），民国丽水县政府要求机场复垦。民国浙江省政府未予批准。1952年11月，民国华东空军司令部派人勘察，决定原机场向外扩展成长2500米、宽2000米。扩修前，准予农民耕种，但不准建造任何新的建筑物。1962年起，人民公社陆续耕种除跑道以外的土地。1966年，丽水县政府修复临时跑道，起降飞往缙云林区喷药治虫的运5飞机。1964年和1983年，南京空军部队与丽水县政府签订旧机场委托代管协议2次，明确土地面积98.96公顷，所有权归属南京军区，可借给各乡和农场种植，但不准新建扩建构筑物。

丽水机场建设

2008年1月，丽水机场项目列入《全国民用机场布局规划》。12月9日，丽水机场项目前期工作领导小组成立，下设办公室，负责新机场项目前期和旧机场区块土地处置。

2010年5月7日，浙江省人民政府与南京军区空军签订《关于新建丽水机场和易址空军丽水旧机场的协议》，同意易址旧机场，地方政府投资新建丽水军民合用机场；机场建成后，地方政府向南京军区空军提供一期飞行区国有土地使用权证，南京军区空军将旧机场土地产权交地方政府。同年8月3日，丽水机场开发建设有限责任公司成立，作为市政府的国有独资公司，负责丽水旧机场地块的置换和新机场建设运作。

第五章　桥梁与隧道

宋至民国时期，处州境内建有古桥多种，如廊屋桥、石拱桥、石梁桥（又名石板桥）、浮桥等。丽水是全国廊桥最集中的区域之一。如龙桥是全国有确切纪年、现存寿命最长、保存最完整的木拱廊桥，是全国木拱廊桥中最早公布的全国重点文物保护单位。同时，还有八字拱廊桥、平梁廊桥（又称木梁廊桥）、石拱廊桥、石拱桥、石梁桥（又名石板桥）、浮桥等。石梁桥（又名石板桥），石板桥又有碇步桥、石板八字型桥之分，以缙云县为多。碇步桥在碇步上铺以石板，桥面距水面高一般为0.3米至1米，成直线型建造，有双柱双梁和单柱单梁两种结构。有莲都区五铢桥、河桥，松阳县杉溪桥，缙云县鼎湖峰桥、上东岸桥、马迹桥等80座。

至1990年，丽水地区留存民间桥梁3044座。1991—2010年，丽水市新建民间桥梁1886座。至2010年年底，全市民间桥梁4930座；公路桥梁2886座，长1794790.9米；互通立交桥21座，1259.27米；特大桥14座，42082.23延米；大桥289座，69671.18米；中桥554座，32763.7延米；小桥2007座，33703.6米。其中1000米以上多孔跨径的特大桥14座、42082.23延米。

1965年5月，缙云县修建五里牌至木栗公路凿蛟坑隧道，为全省最早开凿的公路隧道。至1990年，丽水地区竣工公路隧道8处，长1673米，机耕路隧道1处，长103米。至2010年，全市公路隧道219座、145256.81千米。

第一节　桥　　梁

丽水古桥数量众多，类型丰富，分布广泛。据全市9个县（市、区）志书记载，自宋至民国时期，处州境内建有古桥2495座，保存至今仍有重要影响的近400多座。2010年，全市各类廊屋桥现存数量239座，其中庆元境内至今仍保存风格各异的古廊桥近百座。丽水是全国廊桥最集中的区域之一，其中木拱廊桥36座，约占全国木拱廊桥总数的1/2。

木拱廊屋桥

2010年，丽水市木拱廊屋桥有庆元举水乡月山村的如龙桥、景宁沙湾大地桥村的莲川大地桥等木拱廊屋桥26座。

如龙桥　如龙桥位于庆元县举水乡月山村南侧，南北走向，横跨举溪。始建于明初，明天启五年（1625）重新修造。其建筑风格颇具宋代遗风。系双臂起拱廊屋桥，其结构主要由木拱架和廊屋两部

分构成，由数十根粗大圆杉木纵横组合铆接而成。桥长28.2米，宽5.09米，高6.8米，单孔，净跨19.5米。廊屋9间，面阔3间，明间为桥之通道，两侧设长木凳供行人小憩。梁架各缝用9檩4柱。桥北端建三重檐歇山顶钟楼，南端设桥亭。桥上悬有明、清及民国时期的修缮题志和“如龙桥”三字古匾，顶部施斗拱藻井。桥身外壁鳞叠挡雨博风板。屋面施方椽、望板、小青瓦合铺。如龙桥是全国有确切纪年、2010年现存寿命最长、保存最完整的木拱廊桥，是全国木拱廊桥中最早公布的全国重点文物保护单位（2001年国务院公布）。

莲川大地桥　莲川大地桥位于景宁畲族自治县沙湾镇莲川村东南侧。始建于清嘉庆八年（1803），为贯木拱伸臂廊屋桥。桥长51.35米，宽5.65米，拱跨31.1米，廊屋18间，屋面两坡歇山顶，单层，廊屋面宽3间，当心间为桥之通道，两次间施长木凳供行人小憩。被列为省级保护文物。

八字拱廊桥

2010年，丽水市保存有景宁畲族自治县章坑怀胜桥、龙泉市双溪桥、青田县卧虹桥等八字拱廊桥10座。

卧虹桥　卧虹桥位于青田县章村乡坑根村，重建于清同治十二年（1873），桥长25米，宽4米，人行部分2.1米，高7米，单孔，净跨14.45米，廊屋7间。桥两端各用圆木12根上下交叉支撑。桥两侧铺风雨板，全用木板封闭，上架木梁铺设木板，桥面为穿廊式楼层，两旁设条凳供人憩息。桥西立有“卧虹桥”碑。

双溪桥　双溪桥位于龙泉市小梅镇孙坑村，始建于清同治十年（1871）。民国21年（1932）重建。桥长32.6米，宽4.5米，桥拱采用八字简支、悬臂结合式起拱。两端桥台条石砌筑。廊屋11间。桥面当心间地面用条石，屋顶正脊正中塑饰7层一小塔。灰瓦阴阳合铺。

平梁廊桥①

2010年，丽水市有龙泉市永和桥，松阳县普济桥等平梁廊桥125座。

永和桥　永和桥位于龙泉市安仁镇，跨安仁溪。建于明成化元年（1465），原名永宁桥。清顺治年间（1644—1661），永宁桥毁于火。清康熙五十七年（1718）重建。民国4年（1915），永宁桥又重建，改名永和桥。桥长125.7米，宽7.5米，高13米，五墩四孔，石木结构，是浙江省保存至2010年最完好最长的廊桥之一。为悬臂式廊桥，有廊屋42间。桥两端屋檐斗拱层叠，作门楼式，东端踏垛26级，西端踏垛27级，用条石砌筑桥墩5座，桥墩间最大跨距18.4米，桥基护石坡长86米，宽57米，桥内两侧设栏杆板凳供人小憩。雕梁画栋，造型美观，保存完好。为省重点文物保护单位。

普济桥　普济桥位于松阳县玉岩镇。建于明正德年间（1506—1521）。为双孔石墩木伸臂廊桥。桥长27米，宽7米，高4.1米。廊屋9间。中墩石砌，迎水面作出分水尖，以杀水势；墩上悬挑木伸臂两层，架主梁7根，木梁部分用鱼鳞板封护。普济桥是浙江省留存记载的最早的木伸臂梁式廊桥。为省重点文物保护单位。

顺德廊桥　龙泉顺德廊桥位于龙泉市屏南镇。为木拱廊桥，建于清道光二十年（1840），东西向横跨垟顺溪，全长35米，宽4.5米，由木拱架和廊屋两部分组成。木拱架由“三节苗”“五节苗”两套拱架系统构成，结构复杂；上架廊屋16间，硬山屋面。顺德桥桥拱架糟朽，部分拱苗腐烂，大、小牛头

① 又称木梁廊桥。

腐烂，拱架“之”字形扭曲十分严重，廊桥随时有倒塌的危险，桥东端曾因建公路拆除一间桥屋，并于东立柱外侧砌筑一堵挡墙。增添部分小青瓦，顺德桥几乎落架大修。维修后的顺德桥以原有的古桥风貌出现在世人面前，具有较高的研究和文物价值。

石拱廊桥

有缙云县慕义桥，松阳县夫人桥，庆元县外村桥等石拱廊桥 78 座。

慕义桥　慕义桥位于缙云县前路乡前路村西侧，跨漳溪上。清道光十二年(1832)，慕义桥建成，系古代永康、缙云壶镇通往仙居、温州方向的行道桥梁。块石拱桥，横联石砌筑。桥长 53 米，宽 3.5 米，高 8.1 米，3 孔，单孔净跨8.6 米。桥上两侧施望柱高 1.4 米，栏板高 0.78 米，东西两端有引桥，东端引桥长 6.15 米，置 2 台 12 阶，西端引桥长 13.7 米，置 3 台 33 阶。建有桥亭，水底至桥亭高 11.22 米。有开间 6 个，南北两侧由一过廊相连。慕义桥系迄今发现有确切纪年并保存完好的石拱廊桥。

古溪桥　古溪桥位于龙泉市小梅镇黄南村。为单孔石拱廊桥。清道光十八年(1838)，古溪桥重建。桥长 29.3 米，宽 5.6 米，廊屋 9 间。上覆斗八藻井，两侧轩廊。为省级保护文物。

石拱桥和石板桥

2010 年，丽水市境内保存有民国末年前建造的石拱桥、石板桥 400 多座。

石门桥　石门桥位于云和县城新华街东段、康复桥下首，跨黄溪，建于北宋时期。据清康熙《云和县志》载，石门桥是云和镇唯一保存完好的石梁石板拱桥。长 13 米，宽 4 米，高 3.3 米，单孔，净跨径 11 米。无栏杆，两端各建石阶 8 级。昔时有桥屋，已拆除。民国元年(1912)夏，云和县洪水横溢，淹没县城，唯此桥尚存，为城镇居民留下一条逃生路，故被誉为“救命桥”。1949 年 10 月中华人民共和国成立后，云和县政府保护该桥，是省级文物保护单位。

贤母桥　贤母桥在缙云县壶镇西隅。始建于清嘉庆二十二年(1817)，由里人吕氏载杨、载修、载驯、载希兄弟以其母蔡太孺人“*必成是桥，以遂吾志*”之遗训而合力修建。该桥为半圆石拱，系 13 孔，长 67 丈，宽丈余，桥面铺石板，两侧石板护栏，两端石阶为引。工程历时二十一个月，清嘉庆二十四年(1819)完工，初名“永济桥”。后由督学朱士彦更名“贤母桥”。是桥耗白银 3 万多两。后改造为公路桥，并更名“壶镇大桥”。

兢爽桥　兢爽桥在缙云县南 5 千米，十一都东渡。清道光七年(1827)，该县人吕建始独资建造，为条石拱桥，长 142 米，宽 4.55 米，高 9 米，耗用白银 2.8 万两。后改造为公路桥，并更名为“东渡大桥”。

南明桥　南明桥位于松阳县城南直街，下跨白龙堰。始建年月失考，上架木板水涨即漂。清同治十二年(1873)，南明桥改造为双孔石拱桥。桥长 21.5 米，高 8 米，桥面净宽 4 米，每孔净跨 7 米，两边各 20 厘米×55 厘米条石栏杆，桥面铺条石，桥两端有石级阶梯。至今仍坚固实用。为县级文物保护单位。

永济桥　永济桥位于缙云县新建镇南隅，跨新建溪。民国 7 年(1918)，永济桥开工兴建。民国 8 年落成。大桥为 7 孔八字形石板拱桥，每孔净跨 7.8 米，桥面铺石板，两侧各有 1.4 米高的石板护栏，南北两端分设 10 级和 14 级石级。大桥正中拱顶刻有楷书“永济桥”三字。北端建有桥亭，桥碑已毁，桥完好无损。为省级文物保护单位。

石梁桥(又名石板桥)

石板桥又有碇步桥、石板八字型桥之分，以缙云县为多。碇步桥在碇步上铺以石板，桥面距水面高一般为0.3米至1米，成直线形建造，有双柱双梁和单柱单梁两种结构。有莲都区五铢桥、河桥，松阳县杉溪桥，缙云县鼎湖峰桥、上东岸桥、马迹桥等80座。

杉溪桥　杉溪桥又名散溪桥。位于松阳县城东阁街东端，跨古湖坑，建于元延祐六年（1319）。杉溪桥长19.5米，宽2.1米，七孔六墩石板桥，桥墩立方形石柱3根，中置卯梁石，两桥墩间平铺石板5条，全桥略呈弓形，东西方向。桥头石上勒有建桥年款、捐资者姓名，铭文称“延祐六年□月□日吉建钟一新恩宅捨财独资鼎造”。

河桥　河桥位于莲都区永丰乡梁村水口，三边形拱，俗称八字撑石桥（石板八字形）。建于明嘉靖四十五年（1566），桥长11米，宽1.7米，高4米，桥柱每边4根条石，八字形撑于河中，桥梁三排，每排四块条石，呈三边形拱于河上。1988年7月，丽水市（县级）人民政府定为县级文物保护单位。

鼎湖峰桥　鼎湖峰桥又名矴步桥，位于缙云县仙都风景区鼎湖峰畔，跨好溪，始建于明代，1974年7月被洪水冲坏。1980年缙云县政府拨款修复，其结构仍为45孔双柱双梁石板桥，全长72米，宽0.8米，高1米。

浮　桥

据清光绪《丽水县志》载，丽水曾在境内曾搭建浮桥3处，贯通瓯江南北两岸架，其一在碧湖，建于民国33年（1944）8月，日本侵略军二次侵扰丽水时拆除。其二在石牛，名通济桥。明万历《括苍汇纪》有载。清康熙十三年（1674）毁于寇（耿精忠叛乱），后置二船以渡。其三是架设在丽水城南的“括苍带郭浮桥”，即济川桥。

济川桥　济川桥又名平政桥。“维舟为梁，联以铁絙，为处州七邑孔道，浙闽通津”。浮桥创始年代不详，因城南水势关系，历经修废变迁，并曾三易其址。宋乾道四年（1168）范成大实始改作，“为舟七十二，联续架舟为梁三十有六……”桥成，名之曰“平政”。自此，从县城跨大溪，能“踏渊若衢”。元大德七年（1303），栝苍门外上流筑防护县城的水障，使南明门外的水势趋疾。因而，“在明祖称吴国公时（1359—1365），参军胡深把浮桥改建于上流桃溪下，旋以水势漂疾，徙括苍门外”。

浮桥自明代改建在栝苍门外之后，虽在万历二十八年（1600），知府李淳因民请，曾将桥复建于南明门外故址，但终因上流筑水障之后，水势“则括苍较缓而南明为驶”，故万历三十五年（1607）知府陈见龙重建时，又迁回栝苍门外。自明至清，水荡兵毁，历尽修废沧桑，其中以雍正八年（1730）知府曹抡彬主持修复的记载最为具体：“计溪宽八十一丈，需船四十八只，长四丈。面板四十八节，每节阔一丈二尺，长一丈六尺。余船六只，以备溪涨添用。锁链二条，铁重五千五百八十余斤；铁箍一百八十个，每个重二斤。两岸建亭，北亭曰‘绿波’。置桥夫三十二名，季给工食银取于丽水地丁存留项下。”

民国33年（1944）8月，日本侵略军第二次侵占丽水时浮桥被拆除。中华人民共和国成立后，1952年丽水县人民政府重建，12月11日动工，31日竣工，1953年1月11日通行。重建的浮桥19孔，每孔5米，全长95米、宽3米。两端筑桥台用跳板，北端用长7.5米、宽4.5米、厚0.1米的跳板两块；南端用长、宽均4.5米、厚0.05米的跳板10块，架设在4只分别为0.6米、0.7米、0.8米、0.9米高的跳板凳上，用启闭跳板方式，通行船只。20世纪60年代，改跳板凳为钢筋混凝土悬臂梁，使来往船只自由从下通过。此次修建的浮桥，延用至1984年瓯江小水门大桥建成通车后才拆除。

2010年丽水市古桥一览

表 9-5-1-1　　　　　　　　　　　　　　　　　　　　　　　　　　　　单位:座

县别	木拱廊桥	八字拱廊　桥	木(平)梁廊桥	石拱廊桥	石拱桥	石平桥(石梁桥)	备　　注
莲都区	—	2	—	2	4	3	浮桥1座,1984年拆除
龙泉市	2	1	21	16	10	—	—
青田县	—	2	6	6	52	15	—
云和县	—	—	—	1	17	1	—
庆元县	13	3	37	43	32	1	其中迴龙桥毁于2006年台风“桑美”
缙云县	—	—	—	2	37	41	已毁不计在内
遂昌县	—	—	13	1	50	10	—
松阳县	—	1	23	4	21	10	—
景宁畲族自治县	14	1	34	3	—	—	其中木拱廊桥迁建2座;迁建北京1座
合　计	26	10	125	78	223	81	—

现代民间桥梁

至1990年,丽水地区尚存民间桥梁3044座,2002年7月17日,丽水市政府出台《丽水市渡口安全管理办法》,加快撤渡建桥工作。至2010年,丽水市新建民间桥梁1886座,丽水市民间桥梁共计4930座。

怀仁桥　怀仁桥位于青田县与景宁畲族自治县、文成三成县接界的青田县岭根乡林坑村,系单孔,长33.5米,净跨29.54米,桥面宽5米。上建桥屋9间,中间人行道宽2.8米,两边走廊各宽1.1米。上部系木梁八字撑式,左边桥台利用天然岩壁加工,右边利用块石及卵石砌筑。1963年9月建成。

东溪桥　东溪桥位于缙云县东溪村好溪河面上。为钢筋混凝土双曲拱桥,6孔,其中1孔净跨16.1米,5孔等跨18米,桥全长124米,宽4.5米。1981年3月,由缙云县交通局投资3.8万元、村民集资0.1万元建成。

碇步桥　碇步桥位于松阳县岗寺乡岗下村[①]西,跨松阴溪分流灌溉农田的官口圳河,通黄圩村,桥长15.6米,桥面宽1.3米,桥高5米,1985年冬建成,全桥分6孔,利用原干砌块石新水碓圳顶为桥基,均匀分布流水地段,碇步上覆以钢筋混凝土平板,以便人畜和手拉车通行。

下岙大桥　下岙大桥位于丽水市太平乡下岙村,跨小安溪至竹舟与丽水至葛畈公路相接。钢筋混凝土T梁桥,桥宽4.5米,全长160米,1989年5月建成。总投资28万元,其中政府补助13万元,地方集资15万元。

飞龙桥　飞龙桥位于龙泉市城北乡陂川村,建于1997年,木梁屋桥,单孔,净跨15米,桥长20米,宽5米,高10米,仿古代廊桥艺术建造的当代木梁廊屋桥。

① 2010年属松阳县古市镇。

大均浮伞渡桥　大均浮伞渡桥位于景宁畲族自治县大均乡大均村浮伞渡口，跨小溪。2005年建成，T型钢架桥，投资232万元。可通行汽车。

对寅桥　对寅桥位于遂昌县黄沙腰镇对寅村，跨周公源。2005年8月动工。桥长55.04米，宽3米，3孔。系后张法预应力砼空心板桥。设计荷载汽—20，挂—100。2006年10月竣工。

濛洲桥（现代）濛洲桥位于庆元县松源镇东部，横跨松源溪，南接横城北路和溪沿路，北连县道反洋线。采用仿古木拱廊桥传统工艺建造，设两墩三跨，全长114.67米，净跨80.8米（中跨29.6米，边跨23.4米），桥宽5.4米。中部设三重檐歇山顶楼阁，桥两端桥墩设石拱门通溪沿路，形成桥路立交，石拱门上设重檐歇山顶桥亭。九檩四柱两面坡屋顶，廊屋39间。2006年11月30日动工，2008年8月31日竣工，投资953万元，其中社会各界捐款167万元。

1990年、2010年丽水市民间桥梁一览

表9-5-1-2

县（市、区）	1990年年底		2010年年底			备　注
	总数（座）	总长（延米）	总数（座）	总长（延米）	其中古桥（座）	
莲都区	320	4799.70	138	—	20	其中廊桥4座
龙泉市	190	5342.13	121	—	50	其中廊桥40座
青田县	249	5142.54	382	—	81	其中廊桥14座
云和县	274	4633.05	112	—	21	其中廊桥1座
庆元县	400	7286.95	328	—	132	其中廊桥96座
缙云县	222	8350.52	295	—	154	其中石拱廊桥2座
遂昌县	453	10354.62	241	—	171	其中廊屋桥14座
松阳县	567	4795.30	151	—	76	其中廊桥28座
景宁畲族自治县	369	8932.50	118	5692.50	96	其中各类廊桥40座 铁索桥9座
合计	3044	59336.90	1886	—	801	有廊桥239座

说明：铁索桥未计古桥在内

公路桥

民国时期，公路桥梁多数为木架木梁木面轨道式桥，少数为半永久性低水位桥。1949年10月中华人民共和国成立后，重建、新建、撤渡建桥原有公路桥梁，改临时性、半永久性桥梁为永久性石拱桥或钢筋混凝土桥，改低水位桥为高水位桥。至2010年，丽水市公路桥梁2886座，计1794790.9延米（含互通立交桥）。其中1000米以上、多孔跨径的特大桥14座、42082.23延米。

鹤城临江桥　鹤城临江桥位于青田县鹤城镇临江城墙和沿江防洪大堤外侧，将原330国道贯穿青田县城街道的一段线路迁移到瓯江边沿江过境的重要工程，为六东线的一段。桥长1930米，跨径总长1920米，单孔最大跨径16米，桥宽12米，桥面净宽9米。采用二级汽车专用公路标准建设。总投资4133万元。1993年8月8日开工。1995年1月30日竣工通车。

石塘大桥　石塘大桥属丽浦线桥梁，位于云和县石塘镇，跨玉溪水库库弯。桥长1380米，跨径

总长1375米，单孔最大跨径25米，桥宽9.5米，桥面净宽8.5米，荷载汽—20，挂—100。2001年6月开工。2004年11月30日通车。

圩地后沿江桥（左、右）　圩地后沿江桥属温丽高速公路桥梁，位于青田县海口镇。桥长2346米，跨径总长2340米，单孔最大跨径30米，桥宽24.5米，净宽21.5米。设计荷载公路—1级。2003年4月5日动工。2005年12月26日建成通车。

海口—戈溪沿江桥（左、右）　海口—戈溪沿江桥属温丽高速公路桥梁，位于青田县海口镇。桥长10296米，跨径总长10290米，单孔最大跨径30米，桥宽24.5米，净宽21.5米。设计荷载公路—1级。2003年4月8日动工。2005年12月26日建成通车。

锦水—小群沿江桥（右）　锦水—小群沿江桥属温丽高速公路桥梁，位于青田县祯埠乡。桥长4815米，跨径总长4790米，单孔最大跨径35米，桥宽12.5米，净宽11米，设计荷载公路—1级。2003年4月10日动工。2005年12月26日建成通车。

锦水—小群沿江桥（左）　锦水—小群沿江桥属温丽高速公路桥梁，位于青田县祯埠乡。桥长4793米，跨径总长4790米，单孔最大跨径35米，桥宽12.5米，净宽11米，设计荷载公路—1级。2003年4月10日动工。2005年12月26日建成通车。

温溪沿江桥（左、右）　温溪沿江桥属温丽高速公路桥梁，位于青田县温溪镇。桥长3680米，跨径总长3580米，单孔最大跨径35米，桥宽24.5米，净宽21.5米，设计荷载公路—1级。2003年4月19日动工。2005年12月26日通车。

芝溪沿江桥（左、右）　芝溪沿江桥属温丽高速公路桥梁，位于青田县境。桥长1866米，跨径总长1860米，单孔最大跨径30米，桥宽24.5米，桥面净宽21米，设计荷载公路—1级。2003年4月21日动工。2005年12月26日建成通车。

博瑞沿江桥（左、右）　博瑞沿江桥属温丽高速公路桥梁，位于青田县境。桥长3545米，跨径总长3535米，单孔最大跨径35米，桥梁全宽24.5米，净宽21.5米，设计荷载公路1级。2003年4月28日动工。2005年12月26日建成通车。

雷石—东岙沿江桥2（右）　雷石—东岙沿江桥2属温丽高速公路桥梁，位于青田县境。桥长1174米，跨径总长1155米，单孔最大跨径35米，桥宽12米，净宽11米，设计荷载公路—1级。2003年7月2日动工。2005年12月26日建成通车。

雷石—东岙沿江桥1（左）　雷石—东岙沿江桥1属温丽高速公路桥梁，位于青田县境。桥长1128米，跨径总长1110米，单孔最大跨径30米，桥宽12米，净宽10.5米，设计荷载公路—1级。2003年7月2日动工。2005年12月26日建成通车。

沙湾沿江桥（右）　沙湾沿江桥（右）温丽高速公路桥梁，位于青田县境。桥长2033米，跨径总长1995米，单孔最大跨径35米，桥宽12米，净宽11米，设计荷载公路—1级。2003年5月9日动工，2005年12月7日建成通车。总投资3540万元。

沙湾沿江桥（左）　沙湾沿江桥（左）温丽高速公路桥梁，位于青田县境。桥长2033米，跨径总长2025米，单孔最大跨径35米，桥宽12米，净宽10.5米，设计荷载公路-1级。2003年10月30日动工。2005年12月26日建成通车。

社后桥　社后桥位于连都区岩泉街道。丽水市绕城公路桥梁，跨好溪，全长1063延米，跨径总长1050米，桥宽25.5米，桥面净宽17米，双向四车道，中间设防撞隔离带，35孔，每孔11米，设计防洪标准为300年一遇，按一级公路标准设计建设，设计时速60千米。2004年3月18日开工，2009

年12月1日竣工通车。概算投资4557.5万元。

2010年丽水市公路特大桥按线路分一览

表9-5-1-3

线　　路	座数(座)	桥长(米)
G1513温丽高速	11	37709.00
S328丽浦线石塘大桥	1	1380.00
S333六东线青田鹤城沿江桥	1	1930.00
X023331101丽水市区社后桥	1	1063.23
合　　计	14	42082.23

紫金大桥　紫金大桥位于丽水市区南端，横跨瓯江，是连接丽水市区南北区块的重要桥梁。全长736.7米，其中桥梁长526.7米，桥宽30.5米为车道，道路等级为城市主干道一级，设计时速40千米，路基宽48米，桥宽30.5米。洪水频率为百年一遇，抗震按7度设防，通航净空按V级航道要求设计。大桥设计年限100年。总投资1.26亿元。2003年4月1日动工兴建。2006年1月25日建成通车。

石牛大桥　石牛大桥起自丽水市经济开发区主干路进城连接线与水阁中二路交叉口，跨越瓯江。长1408.38米，其中主桥长328.04米，东岸接线长460.98米，西岸接线长619.36米，道路等级采用城市主干道，设计行车时速50千米，路基宽33米，桥梁宽度按六车道建设。2004年1月开工，2007年11月完工。工程概算6492.2万元。

2010年丽水市公路桥梁一览

表9-5-1-4

县(市、区)	桥梁												其中危桥	
	互通立交		特大桥		大桥		中桥		小桥		总计			
	座	米	座	米	座	米	座	米	座	米	座	米	座	米
莲都区	17	518.23	1	1063.23	64	15317.18	80	4686.73	262	4375.63	424	25961.00	0	0
龙泉市	0	0	0	0	24	3704.10	87	5137.60	258	4574.10	369	13415.80	2	138.60
青田县	0	0	12	39639.00	44	15188.92	60	3550.84	197	2934.98	313	61313.74	0	0
云和县	2	132.00	1	1380.00	40	12713.60	46	2687.30	116	2122.53	205	19035.43	3	35.80
庆元县	0	0	0	0	7	1004.14	33	1937.08	200	3267.60	240	6208.82	0	0
缙云县	2	609.04	0	0	38	7557.12	56	3759.54	336	5336.64	432	17262.34	0	0
遂昌县	0	0	0	0	30	4623.00	97	5674.64	256	4765.55	383	13921.79	4	167.00
松阳县	0	0	0	0	34	8213.32	64	3728.42	284	4759.14	382	16700.88	7	351.50
景宁畲族自治县	0	0	0	0	9	1349.80	31	1601.50	98	1567.40	138	4518.70	0	0
合　计	21	1259.27	14	42082.23	289	69671.18	554	32763.65	2007	33703.57	2886	179479.90	16	692.90

第二节　隧　道

1965年5月，缙云县修建五里牌木栗公路凿蛟坑隧道，为全省最早开凿的公路隧道。至1990年，丽水地区竣工公路隧道8处，长1673米，机耕路隧道1处，长103米。至2010年，全市公路隧道219座、145256.81千米。

高速公路特长隧道

温丽高速公路阳山隧道　温丽高速公路阳山隧道位于青田县境内。右线长3790米，左线长3742米，净宽均15米，人行道2×1米，净高5米，沥青砼路面，全部照明，机械通风。2003年3月9日动工。2005年12月26日通车。

高速公路长隧道

G1513温丽高速公路隧道（温溪隧道）　G1513温丽高速公路隧道位于青田县温溪镇境内。左线(右线为短隧道)长1188.5米，净宽7.5米，人行道宽2×0.5米，净高5米。沥青砼路面，全部照明，机械通风。2003年4月30日动工。2005年12月26日通车。

风门亭隧道　风门亭隧道位于青田县鹤城镇境内。右线长1253米，左线长1504米，净宽均7.5米，人行道宽2×0.5米，净高5米。沥青砼路面，全部照明，机械通风。2003年5月1日动工。2005年12月26日通车。

鹤城隧道　鹤城隧道位于青田县鹤城镇境内。右线长2380米，左线长2550米，净宽均7.5米，两侧人行道宽2×0.5米，净高5米。沥青砼路面，全部照明，机械通风。2003年5月14日动工。2005年12月26日通车。

石溪隧道　石溪隧道位于青田县石溪乡境内。右线长1548米，左线长1495米，净宽均7.5米，人行道宽2×0.5米，净高5米。沥青砼路面，全部照明，机械通风。2003年5月1日动工。2005年12月26日通车。

东岙隧道　东岙隧道位于青田县石溪乡境内。右线长1567米，左线长1553米，净宽均7.5米，人行道宽2×0.5米，净高5米。沥青砼路面，全部照明，机械通风。2003年6月30日动工。2005年12月26日通车。

大梁山隧道　大梁山隧道位于莲都区境内。右线长2066米，左线长2057.5米，净宽均10米，人行道宽2×0.5米，净高5米。沥青砼路面，全部照明，机械通风。2003年5月22日动工。2005年12月19日通车。

牛廷岭隧道　牛廷岭隧道位于缙云县境内。长1507米，净宽10米，人行道宽2×0.75米，净高5米。水泥砼路面，全部照明，自然通风。2000年1月27日动工。2002年12月28日通车。

马岭头隧道　马岭头隧道位于云和县石塘镇至小顺之间。右线长1875米，左线长1848米，净宽均8米，人行道宽2×0.75米，净高6.72米，复合式路面结构。2001年7月动工。2004年12月1日通车。

朱岭头隧道　朱岭头隧道位于云和县小顺至陈村之间。右线长2256米，左线长2297米，净宽均8米，人行道2×0.75米，净高6.72米。复合式路面结构。2001年6月动工。2004年12月1日通车。

庵基头隧道　庵基头隧道位于云和县境内。右线长1645米，左线长1659米，净宽均8米，人行道宽2×0.75米，净高6.72米，沥青砼路面。2005年9月开工。2006年12月30日通车。

赤石岭隧道　赤石岭隧道位于云和县境内。右线长2781米，左线长2784米，净高6.72米，净宽均8米，人行道宽2×0.75米，行车道宽2×3.75米，高5米，复合式路面结构。2004年6月动工。2006年12月30日通车。

碗窑岭隧道　碗窑岭隧道位于云和县境内。右线长1396米，左线长1340米，净宽均8米，人行道宽2×0.75米，净高6.72米，沥青砼路面。2003年6月开工。2006年12月30日通车。

黄岗隧道　黄岗隧道位于云和县境内。右线长1995米，左线长2078米，净宽均8米，人行道宽2×0.75米，净高6.72米，沥青砼路面。2004年9月开工。2006年12月30日通车。

严山岭隧道　严山岭隧道位于龙泉市境内。右线长2285米，左线长2275米，净宽均8米，人行道宽2×0.75米，净高5.5米，水泥砼路面，全部照明，自然通风。2003年12月22日开工。2006年12月30日通车。

五贤门隧道　五贤门隧道位于龙泉市境内。右线长1240米，左线长1144米，净宽均8米，人行道宽2×0.75米，净高5.5米，水泥砼路面，全部照明，自然通风。2006年12月12日通车。

枣槐岭1#隧道　枣槐岭1#隧道右线位于龙泉市境内。长1045米，净宽8米，人行道宽2×0.75米，净高5.5米，水泥砼路面，全部照明，自然通风。2002年4月2日开工。2006年12月12日通车。

塔石岭隧道　塔石岭隧道位于龙泉市境内。右线长1203米，左线长1386米，净宽均8米，人行道宽2×0.75米，净高5.5米，水泥砼路面，全部照明，自然通风。2003年1月19日开工。2006年12月12日通车。

青云岭隧道　青云岭隧道位于遂昌县境内。右线长2130米，左线长2180米，净宽9.88米，人行道宽2×0.5米，净高6.85米。沥青砼路面，全部照明，机械通风。2003年3月6日动工。2005年12月1日通车。

东田隧道　位于松阳县西屏镇境内。右线长1240米，左线长1245米，宽均9.6米，人行道宽2×0.5米，净高6.8米，沥青砼路面，全部照明，射流式通风。2003年7月19日动工。2006年12月30日通车。

国、省道长隧道

330国道隧道（余岭隧道）　余岭隧道位于莲都区境内。长1203米，净宽11米，人行道宽2×1米，净高4.94米，水泥砼路面，全部照明，自然通风。1996年9月开工。1997年8月19日竣工，同年12月12日通车。

大湾山隧道　大湾山隧道位于莲都区境内。长1610.1米，净宽11米，人行道宽2×1米，净高5.32米，水泥砼路面，全部照明，自然通风。1996年9月开工。1997年12月12日通车。

桃花岭隧道　桃花岭隧道位于莲都区境内。长1415米，净宽11米，人行道宽2×1米，净高5.32米，水泥砼路面，全部照明，自然通风。1996年9月开工。1997年12月12日通车。

S220（44）省道上松线隧道（寨头岭隧道）　寨头岭隧道位于松阳县境内。全长2343米，宽10.5

米，高5米，水泥混凝土路面，全部照明，自然通风。1997年3月18日开工。1999年12月20日通车。

S228(52)省道云寿线隧道(岚头岭隧道) 岚头岭隧道位于云和县和景宁畲族自治县交界处。全长1062米，净高5米，宽7米+2×0.75米，全部照明，机械通风。总投资1829.51万元。1992年6月景宁段开工建设。1994年10月17日通车。

马岭头隧道 马岭头隧道位于景宁畲族自治县境内。长1200米，净宽8.5米，人行道宽2×0.75米，净高5米，水泥砼路面，全部照明，机械通风。1997年1月动工。2000年10月10日通车。

张山岙隧道 张山岙隧道位于景宁畲族自治县境内。长1333米，宽8.5米，人行道宽2×0.75米，净高5米，水泥砼路面，全部照明，机械通风。2000年12月动工。2005年3月通车。

龙井隧道 龙井隧道位于景宁、泰顺两县交界境内。长1910米(景宁段1065米)，净宽8.5米，人行道宽2×0.75米，净高5米，水泥砼路面，全部照明，机械通风。2001年4月动工。2002年8月竣工。

S328(53)省道丽浦线隧道(赤石岭隧道) 赤石岭隧道位于云和县境内。长1239.8米，行车道宽7.5米，人行道宽2×0.75米，净高6.31米，水泥砼路面，洞内采用高压钠灯照明，自然通风。1990年3月开工。1992年4月竣工，1993年5月3日通车。

严山岭隧道 严山岭隧道位于龙泉县安仁镇境内。长1037米，宽8.5米，净高6.2米，灯光照明，覆被30—60米，水泥砼路面，进出洞光差处理，洞口浇筑水泥混凝土拱架，覆盖绿色玻璃钢瓦，自然减光。1982年9月动工。1985年10月11日通车。总投资259万元。

坑岭底隧道 坑岭底隧道位于龙泉市石达石乡境内。长1323米，宽10.5米，人行道宽2×0.75米，净高5米，水泥砼路面，全部照明，自然通风。1997年6月28日开工。1999年7月竣工。总投资3601万元。

S329(55)省道菊寿线隧道(龙山隧道) 龙山隧道位于庆元县城松源镇境内。长1325米，净宽10.5米，净高5米，按二级公路标准建设，水泥砼路面，全部照明，自然通风。2003年9月1日开工。2007年4月27日竣工通车。投资3738万元。

S230(57)省道青岱线隧道(石郭岭隧道) 石郭岭隧道位于青田县鹤城镇。长1179米，宽12米，车行道9米，人行道2×1.5米，净高7.36米，水泥砼路面，全部照明，自然通风。1999年1月20日开工。2000年12月30日通车。总投资7716万元。

县乡道长隧道

飞石岭隧道 飞石岭隧道位于遂昌县石练镇，石练—王村口公路隧道。长1435米，宽10.5米(含人行道)，高5米。2001年7月动工。2005年11月30日通车。

坑头隧道 坑头隧道位于景宁畲族自治县鹤溪镇，三枝树—严村公路隧道。长1103米，净宽3.7米，无人行道，净高4.5米。2002年12月30日通车。

十八欠隧道 十八欠隧道位于县道青景庆复建公路青田和景宁鹤口交界处，全长1101米，其中景宁境内长530米，青田境内长571米，净宽8.5米(人行道0.75米×2)、净高5米，2005年开工。2007年建成。总造价783.76万元。

天堂隧道 天堂隧道位于县道青景庆复建公路景宁畲族自治县九龙乡炉西坑、大顺境内，全长1352米、净宽8.5米(人行道0.75米×2)、净高5米，高压钠灯照明，采用自然通风。2006年11月动工建设。2007年4月建成通车，造价2376.6万元。

中隧道、短隧道

至 2010 年，丽水市公路中隧道 36 条，247465 米，短隧道 129 条，27811.31 米。

2010 年丽水市公路隧道一览

表 9-5-2-1

路线代码	路线名称	隧道名称	隧道所在地点	隧道长度（米）	隧道净宽（米）	隧道净高（米）	通车时间
G1513	温丽高速	温溪隧道（右）	青田	630.00	7.50	5.00	2005.12.24
G1513	温丽高速	剑石隧道（左）	青田	556.00	7.50	5.00	2005.12.24
G1513	温丽高速	雷石隧道（左）	青田	550.00	7.50	5.00	2005.12.24
G1513	温丽高速	雷石隧道（右）	青田	540.00	7.50	5.00	2005.12.24
G1513	温丽高速	大洋隧道（左）	青田	640.00	7.50	5.00	2005.12.24
G1513	温丽高速	大洋隧道（右）	青田	630.00	7.50	5.00	2005.12.24
G1513	温丽高速	船寮 2 号隧道（左）	青田	528.00	7.50	5.00	2005.12.24
G1513	温丽高速	船寮 2 号隧道（右）	青田	537.00	7.50	5.00	2005.12.24
G1513	温丽高速	船寮 1 号隧道（左）	青田	857.00	7.50	5.00	2005.12.24
G1513	温丽高速	船寮 1 号隧道（右）	青田	832.60	7.50	5.00	2005.12.24
G25	长深高速	双港桥隧道	缙云	964.00	9.00	5.00	2002.11.19
G25	长深高速	独山隧道左线	云和	584.00	8.00	6.72	2006.12.30
G25	长深高速	独山隧道右线	云和	584.00	8.00	6.72	2006.12.30
G25	长深高速	黄林源隧道左线	龙泉	620.00	20.00	5.50	2006.12.12
G25	长深高速	黄林源隧道右线	龙泉	605.00	20.00	5.50	2006.12.12
G25	长深高速	枣槐岭 1# 隧道左线	龙泉	990.00	20.00	5.50	2006.12.12
G25	长深高速	章田岭隧道左线	龙泉	610.00	20.00	5.50	2006.12.12
G25	长深高速	章田岭隧道右线	龙泉	620.00	20.00	5.50	2006.12.12
S33	龙丽高速	章坑岭隧道右线	松阳	795.00	19.60	6.80	2006.12.30
S33	龙丽高速	夹坑隧道左线	松阳	588.00	19.60	6.80	2006.12.30
S33	龙丽高速	夹坑隧道右线	松阳	705.00	19.60	6.80	2006.12.30
S33	龙丽高速	靖居口隧道左线	松阳	600.00	19.60	6.80	2006.12.30
S33	龙丽高速	靖居口隧道右线	松阳	627.00	19.60	6.80	2006.12.30
S222330000	龙丽线	洋条隧道	遂昌	638.00	8.50	5.10	1991.12.31
S229330000	龙后线	下堡岭隧道	龙泉	510.00	9.00	5.00	2007.12.31
S229330000	龙后线	马蹄岙隧道	庆元	778.00	8.50	5.00	1996.08.07
S328330000	丽浦线	西山隧道	龙泉	900.00	9.00	5.00	2000.12.30
S329330000	菊寿线	菊隆隧道	庆元	580.00	10.00	5.00	2007
S333330000	六东线	冷水隧道	莲都	693.10	11.00	5.00	1995.01.15

续表 9-5-2-1

路线代码	路线名称	隧道名称	隧道所在地点	隧道长度（米）	隧道净宽（米）	隧道净高（米）	通车时间
X218331121	六东线支线	平阳隧道	青田	888.00	11.50	5.00	2009.12.30
X429331126	坝大线	庆寿隧道	庆元	692.80	8.50	5.00	2009
X603331123	三墩桥—砾下	西岭隧道	遂昌	769.00	8.50	5.00	1997.12.30
C106331181	溪下—小岩	小岩隧道	龙泉	800.00	3.50	4.50	2008
C126331181	大坝—下乾	下乾隧道	龙泉	800.00	4.00	4.00	2008.12
C281331181	53 省道 K 141.7—际下	际下隧道	龙泉	605.00	3.50	4.50	2005.12.30
C515331122	安岭—双坑	安郑隧道	缙云	900.00	4.00	4.50	1990.01.01

2010 年丽水市公路隧道、涵洞一览

表 9-5-2-2

单位	编号	按水陆隧道分类				按隧道长度分类								涵洞
		陆上隧道		水下隧道		特长隧道		长隧道		中隧道		短隧道		
		道	延米	道	延米	道	延米	道	延米	道	延米	道	延米	道
市辖区	2	39	12703.40	0	0	0	0	3	4228.20	1	693.10	35	7782.10	1310
莲都区	3	5	4318.50	0	0	0	0	2	4123.50	0	0	3	195.00	3415
龙泉市	11	35	23148.80	0	0	0	0	9	12938.00	10	7060.00	16	3150.80	7294
青田县	4	41	36584.31	0	0	2	7532	10	16217.50	11	7188.60	18	5646.21	4095
云和县	8	24	28512.60	0	0	0	0	13	25193.80	2	1168.00	9	2150.80	4061
庆元县	9	7	4129.80	0	0	0	0	1	1325.00	3	2050.80	3	754.00	6356
缙云县	5	28	7147.80	0	0	0	0	1	1507.00	2	1864.00	25	3776.80	430
遂昌县	6	16	9343.80	0	0	0	0	3	5745.00	2	1407.00	11	2191.80	6404
松阳县	7	15	9824.00	0	0	0	0	3	4828.00	5	3315.00	7	1681.00	5039
景宁畲族自治县	10	9	9543.80	0	0	0	0	7	9061.00	0	0	2	482.80	4094
丽水市合计	1	219	145256.81	0	0	2	7532	52	85167.00	36	24746.50	129	27811.31	42498

拖拉机路隧道

瀑泉隧道位于丽水市水东乡瀑泉村，长 102 米，宽 3.5 米，高 4 米，能通拖拉机和小汽车。内壁无衬砌，自然采光，覆被 30 米。该隧道系瀑泉村集资，村干部带领群众艰苦创业而成。总造价 10.5 万元。1988 年 12 月 1 日建成通车。此后，未再建拖拉机隧道。

第六章　运　　输

古时，丽水无公路、铁路等现代交通基础设施，陆上运输主要靠手拉，肩挑背扛和牛马驮；水路的运输主要靠船和筏、排，也有直接放水漂移，比如放木头。汽车成为现代交通运输工具后，公路运输崛起，客、货两运，加快和改变运输方式。始建于民国22年(1933)11月的丽水汽车运输公司，即后来的丽水市汽车运输集团有限公司，一直是丽水公路运输的骨干企业。

1992年，丽水汽车运输有限公司创成立，主营客货运输，兼营旅游客运。丽水市从事旅游客运企业15家，旅游汽车135辆。1994年11月，丽水地区出租汽车有限公司成立。1995年1月18日，丽水城区投放出租汽车18辆，车型为黄色五菱面包车，市民称为"面的"，后变成为"捷达""富康"，再到畅达、东风爱丽舍轿车和上海大众3000型。

1997年6月25日，丽水市区首次开通南明山至火车站的2路和溪口至火车站的3路两条公交线，投入中巴车运营16辆。

1998年6月，金温铁路建成通车，丽水市境内有公路运输、水路运输和铁路运输。运输业的发展，有力地推动全市经济社会的发展。至2010年，全市有县(市)汽车客运站(客运中心)9家，全市有班线29条，营运客车121辆，日发班次220个，年发送旅客490万人次。全市客车2390辆、44036客位，完成客运量5697万人次，客运周转量242371万人千米，分别比1990年增长2.62倍和3倍。

第一节　运输方式

公路运输

货运和客运是公路运输中的主要两个方面。民国22年(1933)，缙(云)、永(康)、丽(水)、云(和)公路建成，浙江省公路管理局开始经营客运。民国31年，省政府迁到云和。由于沪杭铁路、浙赣铁路中断，金华经丽水至温州的公路运输量剧增，丽水成为物资集散中心。同时部分省营、商营汽车到丽水避难。车辆和货物增多，运输市场渐显繁荣。民国34年，省政府机关迁返杭州。民国35年，丽水商营汽车同业公会成立，规定由同业公会统一受理货源，统一按次序调派车辆、统一运价，统一处理业务、商务纠纷。

1949年5月10日，丽水县解放。6月，丽水恢复丽水至永康客运班车。1950—1966年，丽水公路运输历经曲折发展之路。1966—1976年“文化大革命”期间，运输业受冲击较大。1978年12月中共十一届三中全会后，丽水实行改革开放方针。特别是2000年丽水撤地设市后，丽水市公路运输发生重大变革。班车客运、出租车客运、旅游客运、城市公交客运、货运等运输方式、运输工具及运输场所都发生重大变化，运输企业发展加快。

公路客运　丽水班车客运历史悠久，民国时期曾有较快发展。民国22年(1933)11月，省公路管理局雪佛兰小客车2辆在丽水至云和公路从事客运。民国23年，有营运客车6辆。民国24年，平均每天行车班次41个，月平均载客4.13万人次。

民国31年(1942)6月，日本侵略军进攻丽水。丽水公路遭破坏，仅丽浦线龙泉至福建浦城段勉强维持客运。民国34年8月，浙江省交通管理处丽水办事处成立。民国36年3月，更名浙江省公路联营运输处第五运输段，商营龙南线丽水碧湖至龙游段客运。

1949年5月，丽水督察区人民政府抓紧恢复交通运输。6月，恢复丽水至永康客运班车。1953年11月11日，丽水调度室成立，统一调度客货车辆。1954年7月，省汽车运输公司丽水运输段满足旅客需要，采取增设站点、延伸营运线路、增开客运班次。至1966年，公司有营运线路2495千米，与1949年5月相比，净增营运里程1115千米，站点从3个增加至278个。1971年9月16日起，开展旅客联运。丽水、景宁县东坑、龙泉、遂昌、缙云、青田、云和各站都开始发售有关中转线的车票(有控制数)，到站办理签票手续，方便旅客。

1980年11月，丽水地区交通局与丽水县交通局组建金丽温汽车运输联合服务公司、丽水汽车客运服务公司，集资贷款购置客车3辆，经营客运。此后，丽水、青田、松阳、云和等县运输公司相继购买客车，经营客运。1983年，个体联户购置客车、面包车、简易机动车开始从事客运。1985年，个体联户有客车5辆、198座，面包车6辆、68座，简易机动车550辆，成为山区短途客运的重要工具。1990年，个体联户有客车163辆、3041座，面包车87辆、1017座，简易机动车2410辆，全年完成客运量631万人次，客运周转量12915.8万千米。1990年，全区完成公路客运量2162.25万人，客运周转量80460.54万人千米。1992年12月，丽水客运中心创办，有大小客车200多辆、座位6000多。跨省班线有江苏南通(隔日1班)、盐城(隔日1班)、上海(1日/班)以及跨地(市)班次20多个，跨县班次30多个，始发班次90个。1998年6月26日，丽水汽车客运中心(汽车东站)投入运行，客运覆盖7省市，班线17条，省内跨市班线44条，地区内跨县班线15条。

2000年，丽水市私营及个体载客汽车354辆、6345座，其中班车客车348辆、6315座。2003年起，全部加入客运企业，统一实行企业化管理。至2004年后，全市不再有个体联户经营班车客运。2001年2月，浙江省政府出台《浙江省道路客运管理办法》，明令禁止小三轮农用运输车从事客运。市运管处、市交警支队、市安监局联合行动，采取置换措施，允许转换中巴车或面包车投入营运。各县(市)小三轮先后退出客运市场。2003年6月28日，丽水客运西站投入试运行。同年，有进站车辆243辆、座位5102座，平均日发班次432.69个。同年7—12月，发送旅客150.7人次。

至2010年，丽水市公路运输有班线29条，营运客车121辆，日发班次220个，年发送旅客490万人次。同年，全市客车2390辆、44036客位，完成客运量5697万人次，客运周转量242371万人千米，分别比1990年增长2.62倍和3倍。

1990—2010 年丽水市公路客运量一览

表 9-6-1-1

年份	客运量		客运周转量	
	人数(万人)	年均增长率(%)	周转量(万人/千米)	年均增长率(%)
1990	2162.25	—	80460.54	—
1991	2556.90	18.25	102245	27.07
1992	2485.20	-2.80	102445.50	0.19
1993	2350.40	-5.42	97750.00	-4.58
1994	2920.00	24.87	143461.00	46.76
1995	2452.00	2.15	149600.00	26.23
1996	2629.00	5.54	176200.00	13.13
1997	2532.00	-6.46	164400.00	-20.21
1998	2551.00	-0.88	154690.00	5.22
1999	2846.00	11.45	140500.00	-9.42
2000	3297.00	5.17	151053.00	0.08
2001	3202.00	-2.88	152354.00	-4.13
2002	3300.00	3.06	152497.00	-0.09
2003	3267.00	-1.00	150210.00	-1.52
2004	4291.00	31.34	172045.00	12.69
2005	4634.00	7.40	182591.00	6.13
2006	4658.00	0.51	194511.00	6.53
2007	4976.00	6.83	213962.00	9.99
2008	5586.00	12.26	228685.00	6.88
2009	5614.50	0.51	237630.40	3.91
2010	5697.00	1.46	241949.00	1.82

说明：表中数据录自《丽水(地)交通统计资料汇编》

丽水出租车客运始于20世纪90年代。1994年11月，丽水地区出租汽车有限公司成立。1995年1月18日，丽水城区投放出租汽车18辆，车型为黄色五菱面包车，市民称为“面的”。同年，增加到30辆。春节过后，地区汽车运输联合总公司、丽水市(县级)运输公司及个体工商户都相继开展出租车业务。至5月，丽水地区出租车368辆，其中丽水地区出租汽车有限公司80辆，丽水地区长运出租汽车有限公司110辆，丽水地区侨声旅游有限公司6辆，丽水地区汽车运输公司50辆，丽水地区外事旅游汽车有限公司40辆，个体82辆。与此同时，各县(市)城区出租车相继出现。至同年底，丽水地区客运出租汽车专业公司6家，投放客运出租汽车487辆，其中丽水城区有客运出租汽车专业公司5家，出租汽车368辆。此后，丽水市区出租汽车一直保持367辆。

2000年9月28日，丽水市区367辆黄色昌河“面的”全部更新为“捷达”“富康”小轿车，颜色为紫色，实行公司化管理。同年9月，丽水地区出租汽车有限公司更名丽水市大通联运有限公司，丽水市(县级)运输公司并入丽水市长运出租汽车有限公司,侨声旅游公司和个体出租车并入丽水市外事旅游汽车有限公司。从此,丽水市区经营客运出租车3家。2004年11月,市政府批准市区残疾人营运的108辆载客三轮车以2.5:1置换成42辆出租车。至此,丽水市区出租汽车409辆,分属3家出租汽车公司。2008年7月29日,丽水市区更新出租车324辆,车型捷达、畅达和东风爱丽舍轿车和上海大众3000型,颜色为苹果绿。2010年,大通联运公司112辆、丽水市长运出租汽车有限公司178辆、丽水市外事旅游汽车有限公司119辆。全市从事(兼)出租车营运企业18家,其中客运出租汽车760辆、3772座位。

丽水旅游客运开始于20世纪末。20世纪90年代前,丽水地区没有专营旅游客运的运输企业。1992年,处州汽车运输有限公司创办,主营客货运输,兼营旅游客运。2004年4月,成立丽汽集团控股企业——丽水市旅游集散中心有限公司。2006年3月,成立丽水市杭外旅旅游有限公司。至2010年,全市从事旅游客运企业15家,旅游汽车135辆、4966座位。其中丽水市区旅游运输公司3家,旅游汽车63辆、2454座位。2006—2010年,运送旅游客人374.62万人次,其中2010年运输旅游客人92.24万人次。

2006—2010年丽水市区旅游客运公司运送旅客一览

表9-6-1-2

年份	处州汽运公司			市旅游集散中心			杭外旅旅游公司		
	车辆数（辆）	座位（个）	运送人数（人）	车辆数（辆）	座位（个）	运送人数（人）	车辆数（辆）	座位（个）	运送人数（人）
2006	15	585	73440	—	—	480882	8	256	44803
2007	15	585	92616	16	462	471351	8	298	77119
2008	16	624	148104	18	561	547022	8	338	60744
2009	20	810	184824	20	647	568424	11	427	74432
2010	25	1045	207672	23	776	604549	15	633	110191
合　计	—	—	706656	—	—	2672228	—	—	367289

2010年丽水客运兼营旅游客运企业一览

表9-6-1-3

	公司名称	成立时间	2010年旅游车(辆)
1	丽水市处州汽车运输有限公司	1992月	25
2	丽水市旅游集散中心有限公司	2004年4月	23
3	丽水市杭外旅旅游有限公司	2006年3月	15
4	龙泉市长运公司	1992年10月	4
5	青田县茂源长运有限公司	2001年5月	15
6	缙云县汇通汽车运输公司	2001年12月	5
7	缙云县长红客货运输公司	1999年9月	12
8	遂昌县华通汽车运输公司	2001年1月改制	8

续表 9-6-1-3

	公司名称	成立时间	2010年旅游车(辆)
9	遂昌捷利达运输公司	2000年9月	1
10	松阳县长运公司	1998年10月改制	4
11	云和县恒通汽车运输有限公司	2000年9月改制	4
12	庆元县汽运总公司	1992年10月更名	6
13	庆元县濛州汽车运输公司	2003年3月	7
14	景宁畲族自治县长运公司	1992年10月更名	4
15	景宁畲族自治县汇丰汽车运输有限公司	2005年9月	2

丽水城市公交客运开始于20世纪90年代。1997年6月25日,丽水城区首次开通南明山至火车站的2路和溪口至火车站的3路2条公交线,投入运营中巴车16辆,由私人购车,采用由私人车主挂靠市公交公司的经营模式,公司收取管理费。1998年6月,增开6路军分区至火车站、1路大水门至白云山脚(地区实验林场)、8路厦河门至灵山寺等公交线路。1999年1月,开通5路公交线,同6路公交线一起采取承包租赁的经营模式。

2000年,丽水市公交公司先后开通7路、9路、10路公交线。7路公交线采取承包租赁的经营模式。2001年,公司直接经营新增的4路、9路、10路和承包租赁经营期满后收回的5路、6路、7路公交线路,彻底解决挂靠经营和承包租赁经营问题。2003年,市政府倡导经营城市理念,采用公开向社会招投标的形式择优选择营运主体,分别将原经营合同期满的2路、3路和1路、8路公交线路营运权推向市场,实现法人市场化经营。10月1日,2路、3路首先推向市场,其中2路由处州公共交通营运有限公司经营;3路由顺达公共交通营运有限公司经营。2004年7月1日,8路、1路经营权拍卖,其中8路由丽汽集团经营,1路由华通公共交通营运有限公司经营。此后,丽水市经营公交营运公司有5家。至2010年,开通丽水市区公交线路17条,其中丽水市公交公司有营运线路13条。线路总长148.15千米,公交车146辆,其中民营公交车38辆,全年运送旅客2000多万人次。

丽水市区城乡公交客运开始于21世纪。2008年12月22日,丽水市城乡公共交通有限公司成立,主营丽水南城城市公共交通,向中心镇延伸。同月30日,开通第一条城乡公共交通K201路(府前—富岭办事处)公交线路,投放公交车4辆。2009年3月16日,城市公交公司原K17路、18路公交线路划转给城乡公司经营。至2010年年底,市区营运线路9条,长224.4千米,营运车辆54台,输送旅客909.81万人次。

2010年丽水市各县(市)城市公交客运一览

表 9-6-1-4

县别	开通线路(条)	营运里程(千米)	停靠站点(处)	投放车辆(辆)	班次/日
龙泉市	9	160.00	42	15	57
青田县	8	148.00	79	53	403
云和县	3	37.00	14	4	30
庆元县	9	154.00	78	19	92
缙云县	—	—	—	—	—

续表 9-6-1-4

县别	开通线路(条)	营运里程(千米)	停靠站点(处)	投放车辆(辆)	班次/日
遂昌县	1	20.00	—	6	48
松阳县	—	—	—	—	—
景宁畲族自治县	3	49.50	18+循环	6	26

丽水学生运送开始于20世纪90年代初，丽水地区中小学校开始调整学校布局，中小学生就读学校有变动。各县(市)运管、教育部门和客运企业协商开通接送学生客运班车，解决家住农村的学生周末回家乘车难问题。有渡口的县(市)，由所在县乡镇和渡口管理办公室、渡工协商开通学生渡运。

1991年9月，松阳县在全区首先开通学生周末班车。至2006年，松阳县中小学22所，开通周末接送学生线路70条，接送班车120辆次。此后，其他8县(市、区)陆续开通学生周末接送学生线路。据松阳、遂昌、景宁、莲都4个县(区)统计，开通接送学生线路近200条，接送班车320多辆次。遂昌、云和、景宁三县还开通"水上学生专渡"，在湖山库区、云和湖和滩坑库区开通"水上学生专渡"航线21条，钢质渡船21艘。至2010年，全市9县(市、区)均实现安全接送学生，每周水陆运送学生3万多人次。

公路货运　古时，丽水地区陆上运输货物，主要靠人力肩挑背负。民国22年(1933)，缙(云)永(康)公路建成，始有独轮车(单角车)、手拉车承担货运。民国23年11月，缙丽公路两合公司在缙云至丽水等地运营零担业务。20世纪30—40年代，丽水汽车运输发展缓慢，货运不多。民国26—34年(1937—1945)，全面抗日战争时期，丽水成为物资集散中心，货运业务繁忙。但公路通阻无常，货运时盛时衰。

民国34年(1945)8月，抗日战争胜利，丽水私商货运汽车发展较快。同年，全区有私商货运汽车20多辆。民国35年，丽水商车同业公会成立，统一受理转运行货源，按报到次序调派商车，实行统一运价，联系码头搬运装卸等。民国35年，国共内战爆发，丽水汽车货运又趋萧条。

1949年5月10日，丽水县解放时，丽水县私商货运汽车仅20多辆。省公路联营处第五运输段(丽水)只有陈旧货运汽车8辆。10月，省公司联营处改为浙江交通公司，修复国民党军队丢弃在丽水的军车经营货运。1951年，丽水专区从外地调入汽车200多辆，满足粮运需要。1952年5月，第5运输段接收经营，接收军政机关汽车27辆。1953年3月，丽水县汽车运输专业部门开展"安全行车，定引擎寿命，定材料消耗，定燃料消耗"运动，促进生产。1953年5月8日，浙江省运输公司从第二修理厂调拨给丽水保养场吉斯货车22辆。5月22日，吉斯车队配备0.15亿千克挂车6辆，试行拖挂运输，取得成功。

1966—1976年，"文化大革命"期间，未按计划完成运输任务有7年。

1978年，丽水地区工农业生产迅速发展，汽车货运业务剧增。国营、集体、个体(联户)一起搞运输，同时出现大量拖拉机、简易机动车投入货运，运输市场发生根本变化。1990年，全区大小货车3183辆、15393.1吨位，全年完成公路货运量45.45亿千克吨，货物周转量43341.27万吨千米，分别比1978年增长5.34倍和4.45倍。1994年6月16日，地区长途货车运输公司成立(简称货长运公司)，有货车81辆、705吨位，承担丽水城区相当一部分货运量。1995年，全区公路货物运输专业运输企业 16 家，营运货车 520 辆、3856 吨位；社会货运单位 19 家，营运货车 2708 辆、14569 吨位；个体运输户 1989 户，营运货车 1764 辆、8635 吨位。全区大小货车 4992 辆、27060 吨位，全年完成公路货运量 185.1 亿千克，货运周转量 1.76 亿吨千米，其中交通运输部门完成货运量 7.1 亿千克，货运周转量 7760 万吨千米，分别比上年增长 36%和 37.7%。1999 年 5 月 27 日，组建丽水市公铁联运有限公司，主营公铁联运零担快运货运配载、货运信息服务、危险品运输和出租车货运业务。2002 年 3 月，丽水货长运公司并入公铁联运公司。至 2004 年，开辟丽水至广州、福建、上海、杭州、宁波、瑞安、柯桥、路桥、义乌、金华及丽水市属 8 县(市)货运专线 18 条，货车 111 辆、843.73 吨位，全年完成货运量 2.94 亿千克，货运周转量 419.47 万吨千米。2005 年，全市拥有营业性载货汽车 6926 辆、29177 吨位。其中个体工商户营运货车 4375 辆、11400 吨位；专用载货汽车 623 辆、3888 吨位；厢式货车 568 辆、1542 吨位。全年完成全社会货运量 266.45 亿千克，货物周转量 199431 万吨千米。

20 世纪 90 年代，丽水地区货运站场经营(即货运集散、货运配载、货运代理、仓储服务)业户不到 30 家。至 2010 年，全市有货运企业 382 家，其中丽水市区与专线快运等物流相关企业 90 家。专线运达单位直达上海、广东、海南、山东等 10 多个省、市、区大中城市 50 多个。同年底，全市营运载货汽车 13896 辆、64497.47 吨位，其中个体工商户 8975 辆、20631 吨位。专用载货汽车 81 辆、2346 吨位；集装箱运输车 169 辆、TEU；危货运输车 402 辆、2023 吨位，全年完成货运量 702.8 亿千克，货运周转量 8.5 亿千米。

1990—2010 年丽水市公路货运量一览

表 9-6-1-5

年份	货运量(亿千克)	年均增长率(%)	货运周转量(亿千克·千米)	年均增长率(%)
1990	45.50	—	4334.10	—
1991	50.90	11.87	5195.60	19.88
1992	60.60	19.06	6238.10	20.07
1993	90.40	48.17	10753.10	72.38
1994	176.40	95.13	11421.30	6.21
1995	18.10	4.83	16600.40	45.35
1996	197.80	6.86	19066.10	14.85
1997	157.20	-20.53	17518.80	-8.16
1998	187.70	19.40	17108.90	-2.34
1999	215.60	14.86	17532.60	2.48
2000	221.00	2.50	15945.20	-5.68
2001	225.90	4.43	16841.70	1.84
2002	231.00	-08.67	16856.20	0.09
2003	233.00	0.87	16890.00	2.00
2004	256.00	9.87	19631.00	16.23
2005	266.40	4.06	19943.10	1.59
2006	274.00	2.85	19810.60	0.66

续表 9-6-1-5

年份	货运量(亿千克)	年均增长率(%)	货运周转量(亿千克·千米)	年均增长率(%)
2007	295.90	7.99	21602.20	9.04
2008	626.10	111.59	75153.40	247.90
2009	654.60	4.60	79907.90	6.33
2010	702.80	7.36	84995.60	6.37

说明：1. 1990—1999 年为公路全行业货运量，2000—2010 年为公路营业性货运量。 2. 资料来源：《丽水市(地)交通资料统计汇编》

铁路运输

客运　1996 年 4 月 21 日，金温铁路金华至缙云段客车临运开通。6 月 26 日，丽水至杭州客车临运开通。同日，金华至丽水普通快客临运开通，330 国道客运压力缓解。

1998 年 6 月，丽水—杭州火车东站 1 对/日、丽水—金华南站 2 对/日的旅客列车开通。6 月 11 日，金温铁路全线通车，杭州东站—温州 2 对/日、金华南—温州 2 对/日旅客列车开通，。7 月 1 日，上海—温州 1 对/日旅客列车开通。10 月 1 日，北京—温州、南京西—温州、温州—常州、阜阳—温州、汉口—温州 5 对/日旅客列车开通。至年底，全区开通 10 对/日旅客列车。1999 年，丽水地区新开通和增加南昌—温州、杭州—温州 2 对/日旅客列车，全区开通 12 对/日旅客列车。

2000 年，金温铁路新开通温州—广州 1 对/日旅客列车，开通旅客列车 13 对/日，丽水、缙云、青田 3 个中心站全年发送旅客 107.85 万人次。2007 年，丽水市日办理温州经丽水至哈尔滨、北京、广州、汉口、贵阳、南昌、南京、阜阳、镇江、亳州、上海、杭州、金华旅客列车 13 对。同期，丽水市根据节假日到达站旅客人数的变化及旅游发展的需要，调整列车运行线路，但日经丽水的旅客列车一直保持 16 对。

货运　1999 年 6 月 20 日，丽水、缙云、青田 3 个中心站先后开办全国货运整车到达发送业务，开通货车 5 对，结束丽水货物运到金华火车站转运的历史，当年货运量 0.3 亿千克。2000 年，货列增加 1 对，货运量 1.7 亿千克。2001 年，货列增加 2 对，总数 8 对，年货运量 9.2 亿千克。由于货运量增加较快。2002 年，货运列车增加到 12 对。运出肥皂、洗衣粉等大宗化工产品及当地工业品、农副产品、矿产品等；运入柴油、汽油及煤、粮食、化肥、工业品、食盐等。

2006 年，丽水市货运列车增加到 15 对。2006—2010 年，丽水市货运列车均保持 15 对，基本能满足货物运输。

1997—2010 年丽水市铁路客货运输一览

表 9-6-1-6

年份	开通客列(对)	客运量(万人)	开通货列(对)	货运量(亿千克)
1997	3	11.00	—	—
1998	10	59.18	—	—
1999	12	110.60	—	0.30
2000	13	107.84	6	1.70

续表 9-6-1-6

年份	开通客列(对)	客运量(万人)	开通货列(对)	货运量(亿千克)
2001	13	112.00	8	9.20
2002	13	112.00	12	12.20
2003	13	94.00	12	12.90
2004	13	110.00	12	17.60
2005	13	117.00	12	16.90
2006	13	128.00	15	16.30
2007	16	131.00	15	15.90
2008	16	132.00	15	15.10
2009	16	126.00	15	13.00
2010	16	125.44	15	13.40

说明：1. 1997 年 6 月 26 日，丽水至杭州客车临运开通；2. 1998 年，丽水先后开通共计 10 对/日旅客列车；3. 1999 年，丽水地区 3 个中心站先后开办全国货运整车到达发送业务

水上运输

内河客运　到明代，瓯江航道无专用客船。清代时，丽水—青田—温州渐有客船通航。据民国 7 年(1918)《大中华浙江地理志》载："由永嘉溯瓯江而上一百二十里，水深二丈，浅处九尺，自瓯至青，一潮可达，故航运畅行。"民国 8 年，济瓯轮船公司开办，置"运德利"号轮船和"盘汤"(乘客的木制驳船)2 艘。民国 20 年，西安轮船公司创办，又置"西安""江利""云龙"号轮船。此后，温州至温溪间由轮船拖带客运航船。民国 28 年，永青快船公司成立，客船 32 艘，行驶于青田至温州，日夜两班。同年，丽青快船公司成立，客船 20 艘，航行于丽水至青田段。

历史上，青田瓯江小溪段白岩以上乡村及景宁等地旅客到青田，搭乘载货木帆船。民国 28 年(1939)，白岩至青田有客运航船 1 艘对驶，每天朝发夕至。民国 28 年 4 月，仁宫至青田有客船 2 艘，定期对驶。1972 年 7 月，青田至北山公路建成，客船停，其上游旅客搭乘货船至白岩。

民国 26—34 年(1937—1945)，全面抗日战争初期，丽水水路客运开始出现，初用小船，运载 8—12 人。民国 29 年(1940)，丽青温交通船办事处①成立，设丽水大水门总站，温州朔门设分站，以大舳艇运客，从事经营。大舳艇多达 20 艘。同年，丽水县詹凤友兄弟三人组织"丽温客船"，有舴艋船 60 艘。继而，丽碧松快船办事处成立，丽水设总站，松阳设分站，碧湖、大港头设支站。由船户 4 户专开碧湖区间船，每晨对开 2 艘，大港头每晨对开 1 艘，丽水至松阳视客源开行。抗日战争期间，日本侵略军占据瓯江下游，瓯江民船公会，瓯江交通联营公司从永嘉迁至龙泉，"新龙""温龙""安飞""永龙"等快船公司竞相营运。抗日战争胜利，省级各机关返回原籍，客船业务趋向萧条。

1949—1953 年，丽水至温州"小客船"一直在营运。1953 年 10 月，丽温公路通车，水路旅客减少，"小客船"停开。1972 年，丽水县航运公司试制成小马力机动船。1974 年 12 月 1 日起，机动船客班开始经营，由丽水开往青田、温州，受到旅客青睐，由 2 艘迅速增至 13 艘(其中 4 艘为拖船)，计

① 也称丽青温快船公司。

413 座位。1975 年,水上客运量 6.02 万人次。

1979 年 1 月,乌溪江电站建成,衢县乌溪江航运公司抽调柴油机木质客船 2 艘,入水库营运,大坝至焦滩、大坝至香炉岗,每日往返 1 次,因常遇水位降低,船不能按航程行驶而停开。1990 年,丽水地区内河客运量 11.6 万人次,客运周转量 264.17 万人千米。1991 年,瓯江航道有客运船舶 18 艘、700 多客位,客运量 16.28 万人次,客运周转量 233.69 万人千米,客源主要来自瓯江、乌溪江库区周边的群众。1995 年,客运量 19.74 万人次、客运周转量 559.08 万人千米。1997 年,从事乌溪江水库遂昌湖山库区客运货船 18 艘。2002 年,取缔简易客船,客运资格停止。

2000 年前后,瓯江水上旅游观光业兴起,以水上旅游观光为主的客运市场形成,旅游客运船舶逐渐增多。2002 年,有客船 82 艘 1371 客位,客运量 42 万人次,客运周转量 816 万人千米。2005 年,有客船 42 艘 504 客位,客运量 28.04 万人次,客运周转量 239.8 万人千米。2009 年,丽水水上客运情况基本维持在 2005 年的水平。2010 年,全市全年有机动客船 45 艘 684 个客位,客运量 42.56 万人次,客运周转量 421.76 万人千米,分别比 2005 年增长 52%和 0.76%。

内河货运　南宋(1127—1279),处州龙泉成为全国最大的瓷业中心。据清雍正《处州府志》记载:“瓯江上游瓷窑林立,烟火相望,江上运瓷船只往来如织。”据清雍正《龙泉县志》载,到元代,龙泉瓷窑继续发展,畅销国内外的青瓷产品大都由瓯江水运经温州入海运往各地。瓯江沿岸各县的山货和土特产,全部通过水上航线运输。

清末至民国初期,金华到龙泉货运除部分棉布逆钱塘江而上,中途在兰溪设“窝”,再沿乌溪江到遂昌王村口,然后肩挑到龙泉外,龙泉、云和、缙云、景宁、松阳、丽水、青田等县的海货、食盐等均由温州溯瓯江船运。

民国26 年(1937),日本侵略军侵入浙江,浙赣铁路中断,龙游、衢州、常山、江山、江西玉山、弋阳一带的食盐由温州溯瓯江运至松阳,再转运各地。衢县一带的方纸亦经松阳转运温州,年运量 0.15 亿千克。运量急剧上升,船筏发展迅速,松阳县竹筏由 200 张增加到 500 张,木帆船 1000 多艘(松阳 250 多艘,外县 700 多艘),在松阳设立驿运站和筏夫运输大队。运出烟叶、桐油、柴炭、木材、土特产,到温州转口上海、福州、广州等地。运进食盐、明矾、石膏、豆饼、南杂货、日用品等。民国 26—34 年,丽温公路遭破坏,龙泉、云和、松阳等地的土特产经瓯江运往温州,再转运上海或出口。

1949 年前,遂昌县王村口、湖山、黄沙腰、大柘、石练等主要通过乌溪江水运进出口物资。民国 26 年(1937),运量 740 万千克。民国 32 年,日本侵略军侵占浙江内地,浙赣铁路运输中断,两浙盐务管理局开辟浙西南盐道,从乐清盐场发盐,循瓯江水运至龙泉、遂昌金岸,再以人力肩挑至王村口、大溪边中转,从乌溪江水运至衢县集散浙西各地。当时王村口、大溪边两埠停船 120 多艘。

中华人民共和国成立后,乌溪江货物运输由衢县船民协会统一经营。1968 年,遂昌县琴圩公社成立木帆船运输队,木船 13 艘。1973 年增至 30 艘。1974 年,增加副业船 79 艘,年运量 0.14 亿千克,主要运输岩麻、茶叶、柴、炭和建电站大坝所需的砂石料。1979 年 1 月,电站封坝后,乌溪江货运至大坝中转。1950—1953 年,丽水公路尚未完全修复通车,瓯江航运仍是交通运输主体,有专业木帆船 5000 多艘。华东联运公司丽水分公司大水门中心站,设有中转仓库,大水门码头货物堆场数万平方米。温州专区货物的进出口运输以及解放沿海岛屿的支前物资,大多由瓯江水运。

20 世纪 70 年代,瓯江中上游开始用机动船。至 20 世纪 90 年代,逐步取代木帆船运输。汽车运输比水路更为方便，公路交通迅速发展，绝大部分物资弃水走陆。

1986年，紧水滩、石塘库区周围农民、个体运输户开始购置机动木帆船，在紧水滩至安仁口经营水运，紧水滩库区机动船发展到135艘，石塘库区发展到42艘，主要承运竹、木、柴、炭和日常生活用品。1990年，丽水地区内河水上货运量1.88亿千克，货物周转量3675.6万吨千米。均高于1978年的记录。1991年，货运船舶662艘、10102载重吨，货运量2.88亿千克、货运周转量5712.12万吨千米。1993年，水上运输市场开放，多种经济成分、多种行业参与市场竞争，全区全年货运量6.05亿千克、货运周转量18993.72万吨千米。1995年起，瓯江中下游水域挖沙船及钢质船增多，部分货运船舶开始装载砂石料，运往温州方向。全年货运量6.92亿千克、货运周转量10105万吨千米。

2001年，丽水市船舶平均吨位6.02亿千克。2009年，增加到10.8亿千克。2001年，货物运输量27.4亿千克，货物周转量15210万吨千米；2007年增加到37.87亿千克，货物周转量17556.5万吨千米。2008年，砂石料需求开始下降，船舶运输量明显下降。到2010年，货物运输量、货物周转量204万吨千米和11408万吨千米，分别比上年下降0.26%和增加1.2倍。

木、竹排放运　宋元祐年间（1086—1093），温州造船业兴盛，所需木材，均从瓯江上游水运至温州。北宋政和年间（1111—1118），青田县有木材交易。明、清时期，青田县鹤城镇是浙南木材集散地。民国22年（1933），丽水从事木、竹排放运人员1231人，竹、木放运量20多万立方米。至20世纪50年代，木材都从瓯江水运至温州，再由温州转运台州、舟山、杭州、上海、南通等地，年运量50万立方米。1960年起，木材逐渐由水运转为水陆兼运，但瓯江主流及小溪仍为木材水运的主航道。1975—1984年，林业部门通过瓯江水运运出的木材144.93万立方米，占木材总运出量的45.93%。其他部门每年约有5万立方米和150万支毛竹。1983年10月，紧水滩电站大坝截流，瓯江上游木材全部改为陆运。

龙泉县住龙、遂昌县王村口、湖山、黄沙腰等林区的木材，历来都沿乌溪江放运至衢县。1979年1月，乌溪江电站建成，库区木排由遂昌县林业局乌溪江木材转运站用轮船拖至大坝交库。

沿海运输　丽水地区沿海运输，主要是货运。1976年3月23日，设丽水地区温溪港务处、温溪航运公司。1977年3月19日，浙江省交通局同意温溪港为省开征港口之一，是丽水地区第一个出海港口，开始沿海运输。至年末，吞吐物资980万千克，操作量1890万千克。1978年4月18日，浙海901轮装载叶蜡石、黄沙首航上海，运载煤炭返航。同年，货运量480万千克，货物周转量303.2万吨千米。1979年1月，更名浙江省航运公司温溪分公司、温溪港务处，两块牌子，一套班子。

1978—1981年，省航运公司先后调拨台州、宁波、钱江分公司15万千克级木质货轮各1艘，分别编号为“浙海902”“浙海903”“浙海904”，行驶上海航线。1984年，淘汰旧船只，增加温州造船厂新建钢质33千克级货轮4艘，分别编号为“浙海905”“浙海906”“浙海907”“浙海908”，开辟浙江椒江和江苏扬州，长江中下游黄石、铜陵、南京、镇江、江阴、南通诸港口航线。1986年，续添“浙海909”“浙海910”“浙海911”钢质货轮参与营运。1988年，开辟海南岛航线，货轮远航厦门、蛇口、广州、海口诸港口，货运量增至0.95亿千克。主要出口货物有叶蜡石、黄砂、花岗岩制品、矿粉等。进口货物主要有煤炭、钢材、化肥、食盐等。1990年，港口货运量6560万千克，货运周转量5380.76万吨千米。

1994年，丽水地区推行“撤航简港”改革，温溪海运公司完全退出海运市场，仅保留部分海运公司经营资质。

若干年份丽水地区水上客货运一览

表 9-6-1-7

年份		货运量（亿千克）	比上年增减（%）	货运周转量（万吨千米）	比上年增减（%）	客运量（万人）	比上年增减（%）	客运周转量（万人千米）	比上年增减（%）
1949		0.32	—	6.00	—	—	—	—	—
1952		0.65	103.13	7.00	16.67	—	—	—	—
1957		1.05	61.14	1459.00	20742.00	1.16		58.00	—
1962		1.58	59.90	1367.00	-6.31	1.65	42.24	234.00	303.45
1965		0.79	-50.22	1898.00	38.84	0.58	-64.85	16.00	-93.16
1970		1.54	95.18	1536.00	-19.07	6.41	10.50	87.00	443.75
1975		1.17	-23.99	885.00	-42.38	6.02	-6.08	257.00	195.40
1978		1.52	29.85	1054.00	19.10	3.30	-45.18	100.00	-61.09
1980		1.94	27.47	1533.00	45.45	3.77	14.24	100.00	—
1985	专业	2.21	—	3002.00	—	6.23	—	224.00	—
	两户	1.82	—	965.00	—	5.80	—	155.00	—
	合计	4.03	—	3967.00	—	12.03	—	379.00	—
1990	专业	1.29	—	3080.90	—	5.20	—	165.10	—
	两户	0.59	—	594.70	—	6.40	—	99.10	—
	合计	1.88	—	3675.60	—	11.60	—	264.20	—

说明：1. 专业指专门从事水上运输的集体企业

2. 两户指水上运输个体工商户或个体联户

1991—2010年丽水市水上客货运输一览

表 9-6-1-8

年份	货运量（亿千克）	比上年增减（%）	货运周转量（万吨千米）	比上年增减（%）	客运量（万人）	比上年增减（%）	客运周转量（万人千米）	比上年增减（%）
1991	3.54	88.40	10229.38	178.30	16.28	40.34	234	-11.43
1992	4.30	21.40	13432.10	31.31	13.00	-20.15	223	-2.14
1993	7.24	68.37	26811.30	62.38	17.00	30.77	236	3.06
1994	8.80	21.55	22235.00	1.94	15.00	-11.76	382	61.86
1995	6.92	-21.40	10105.00	-54.55	20.00	33.33	559	46.34
1996	11.53	66.70	15496.00	53.35	20.00	0	559	0
1997	20.00	73.40	11469.00	-26.00	18.00	0.10	624	11.63
1998	16.45	-19.30	9578.30	-16.49	18.00	0	628	0.32
1999	19.63	21.60	11528.70	20.36	35.00	94.44	706	12.42
2000	20.60	5.00	11622.00	0.81	42.00	0.20	816	15.58
2001	27.40	33.00	15210.00	30.87	36.00	-14.29	706	-13.48

续表 9-6-1-8

年份	货运量（亿千克）	比上年增减（%）	货运周转量（万吨千米）	比上年增减（%）	客运量（万人）	比上年增减（%）	客运周转量（万人千米）	比上年增减（%）
2002	35.10	28.00	19696.00	29.49	30	-16.67	369	47.73
2003	37.90	8.00	17939.00	-8.92	28	-6.67	255	-30.89
2004	38.20	0.79	17733.00	-1.15	28	0	252	-1.18
2005	36.43	-4.60	16675.00	-5.97	28	0	240	-4.76
2006	38.00	4.31	17143.00	2.81	28	0	248	3.33
2007	37.90	0.26	17556.50	2.41	31	10.71	267	7.66
2008	36.20	-4.50	16297.00	-7.20	30	3.23	262	-1.87
2009	21.80	-39.80	9799.10	-39.87	30	0	261	-0.38
2010	20.40	-6.42	11409.00	16.43	43	43.33	422	61.69

说明：1994 年(含 1994 年)前包括沿海货运量

联合运输

民国 29 年(1940)4 月 26 日，丽水顺大总公司专办省际水陆联运，兼售各种汽车材料、油料，以应需要。民国 36 年 5 月 1 日，浙江省公路联营运输处丽水段与丽温快船公司合办车船联运。缙云、松阳、遂昌、云和、龙泉等站，均可购直达温州的联运票。5 月 25 日，浙江省公路联营处丽水运输段举办丽水、永康、东阳、义乌联运车，便利浙南各地旅客与火车时间衔接。

1949 年 10 月中华人民共和国成立初，国营华东联运公司浙江省公司，实行省际和省内联运，开展“一次托运、一次结算、一票到底、全程负责”。1953 年 5 月，因管理不善而撤销。1971 年 9 月 16 日，丽水地区汽车运输段，扩大客运联运范围，增辟联运线站，丽水、龙泉、遂昌、缙云、青田、云和、东坑(景宁)各站都开始发售有关中转线的车票，到站办理签票手续，方便行旅。

1988 年 11 月，丽水地区联运服务部成立。1989 年 6 月，改为联运公司，开展铁、公、水联合运输业务，开通丽水至金华衔接铁路的集装箱运输。1995 年 4 月 23 日，丽水地区汽车运输联合总公司组建“丽水地区货物联运有限公司”，扩大货物联运范围，实行货物公路与公路、公路与铁路联运。

2006 年 1 月，丽水市公铁联运有限公司并入南明物流公司。2009 年 10 月 16 日，凯瑞物流公司成立，与南明物流公司合署办公，开辟省内外货物联运专线 10 多条，主营公铁联运、铁路零担、铁路集装箱、危险品运输和货运信息服务等，成为丽水市区最大的、全方位服务的物流联运企业。

搬运装卸

古时，丽水搬运、装运始于埠班搬运。瓯江和乌溪江上游沿岸埠头均有埠班或“埠夫”，以驮、背、扛、挑，从事货物搬运装卸。20 世纪 30 年代，丽水开通公路，手拉车为部分人从事搬运谋生的主要手段。

1953 年，丽水各县组织搬运装卸工人成立搬运服务站。1958 年，各县都改成地方国营运输公司。1961 年，仍恢复搬运站名称，为集体所有制。

1981 年，丽水地区推行农村经济体制改革，部分农民购进机动三轮车或小型货车从事搬运装卸。1982年起，丽水地区集体运输公司除从事大件物品装卸外，也改为购进客货汽车，扩大营运范围。全市搬运装卸单位从1995年的65家下降到2004年的32家，而且不是单纯的原来意义上的搬运、装卸，整套货运运作过程由物流企业包装。2010年，交通运输业从事搬运装卸工人仅11人，其中公路运输5人，改制企业及其他6人。

第二节　运输工具

陆路运输工具

篼(滑杆)　篼也叫椅轿或三板轿(靠、座、蹬各一块板)，古时处州载人工具。是民间、特别是山区百姓通用的代步工具。轿座形似躺椅，左右两边穿扎直径8厘米，长丈余(约4米)毛竹杠，轿夫2人抬之。中华人民共和国成立前，供妇幼老弱走亲访友，士绅富商游山玩水时乘坐。根据乘坐人的身份及要求，篼也有不同的种类。

小轿　小轿亦称便轿，处州木制轿壳，四周幔帘，左右有布窗，前帘可掀起，以便出入，外型深色，为民间富商、乡绅、医生、妇孺乘坐。普通人家婚娶新娘也有坐小轿的。民国期间丽水各县城设有“轿行”，供人租用。中华人民共和国成立后，轿舆淘汰。

花轿　花轿系豪富人家婚娶供新娘乘坐的轿子。木竹精制，装饰华丽，一般以4人抬行，少数2人抬之，个别豪绅富户为显耀门庭，以8人抬扛。中华人民共和国成立后鲜见。

官轿　官轿为古时处州文职官员乘坐的交通工具，以官职大小分2人、4人、8人抬行。也有富商、豪绅乘坐。中华人民共和国成立后绝迹。

手推独轮车　手推独轮车俗称“羊角车”。民国元年(1912)，缙云出现手推独轮车，开始车架和车轮均用硬木制作，载重约150千克。后木轮被钢圈橡胶充气轮胎所代，载重300千克。手拉车出现后，逐渐被淘汰。

手拉车　民国23年(1934)，金丽温公路缙云段通车，在缙云五云镇、黄碧街等地出现手拉车，开始以木为轮，后改为钢圈橡胶充气轮胎。民国23年，松阳县城商民阙桐斋购进双轮钢圈橡胶充气手拉车12辆，经营公路货运。此后，遍及丽水全区，是民间通用的轻便运输工具。1962年，全区有手拉车7907辆，1988年有127488辆。20世纪90年代，因摩托车及电动三轮车发展，手拉车减少。

自行车　20世纪20年代，丽水各县出现自行车。民国时期，增至数百辆，城内有自行车出租店。20世纪50年代，政府机关和企事业单位置办公用。20世纪80年代，成为城乡居民代步的普通工具。2010年，据不完全统计，丽水市区有自行车10万多辆，自行车销售商店20多家，年销售5000—10000辆左右，逐渐被摩托车、电动车代替，自行车数量减少。

黄包车　黄包车为手把式人拉二轮车，有车座和车棚，因装上活动黄包以遮风雨而得名，可乘1人。民国时期，丽水区域各县有出现。中华人民共和国成立后消失。

三轮车　三轮车用人力脚踏，分载客、装货两种。装货三轮车多用于为机关团体食堂购菜、运粮或为个人运货；载客三轮车也称黄包车，可乘2人，曾一度盛行，“文化大革命”期间被淘汰。改革开放后，有人以三轮车在车站接送旅客，群众称便，继而不断发展，尤以丽水市区为多，车数逾千，其他各县相继发展。2010年，丽水市区1742辆。

轮椅　轮椅主要供残疾人、年老步行不便或病人护理用的交通工具，有人推、手摇、电动三种类型。1995年起，丽水市残联筹措资金，购买轮椅无偿赠送给残疾人。至2010年，全市赠送轮椅4524辆。

客车　民国22年(1933)11月，丽水至云和公路修通，省公路管理局开始营运丽水至云和客运。至民国26年，省建设厅交通处第三区(丽水)管理处，有客车43辆。民国31年6月，日本侵略军侵占丽水，车辆毁于战乱，仅存丽水车务处客车2辆。民国38年5月10日，丽水解放时，仅有废旧客车5辆。中华人民共和国成立后，经济发展，汽车数量增加。至1966年，省汽车运输公司丽水运输段有客车40辆。

1979年起，丽水地区国营、集体、个体(联户)一起搞汽车运输。1985年，全区有大型客车366辆，小型客车599辆。

1990年，丽水地区有大型客车425辆，小型客车(含轿车)1039辆，吉普车266辆。其中丽水地区汽车运输公司有客车295辆、12845客位。1995年，全区有载客汽车3452辆。2010年，全市有客运汽车2390辆、44036客位，其中班车1387辆、32888客位；出租车760辆、3772座位；旅游车129辆、4966客位，其他客车114辆、2410客位。

货车　民国23年(1934)11月，浙江省公路管理局与缙云、丽水商民合组成立“缙丽公路汽车两合公司”，配有客车2辆，货车1辆，从事客货运输业务。至民国26年，丽水有载货汽车2辆。1949年，丽水解放时，有破旧货车8辆，另有商人货车20多辆。

1952年，丽水专区有货车82辆、265吨位。1965年，全区货运汽车增加到161辆、606.5吨位。1985年，全区有大型货车2337辆，小型货车365辆。1990年年底，全区有大货车2765辆、16442吨位，小货车761辆。2010年，全市有普通货车13896辆、64497吨位，其中个体8975辆、20631吨位；厢式货车3752辆、9573.31吨位，专用车297辆、4940.89吨位，集装箱车76辆、2298.38吨位。

专用车　1990年年底，丽水地区有各种专用车477辆(特种车)。20世纪90年代以后，专用车辆快速增加。至2010年，全市各种专用车中，有罐车达188辆，载重2753吨位。

摩托车　20世纪40年代，丽水少数富商从外埠购进两轮摩托车。20世纪60年代后，公安、交通、邮电部门开始分配购置作为公务用车。20世纪80年代后，摩托车遍及各县(市)城乡，进入家庭。至2010年，全市有摩托车320.9万辆，其中市本级的摩托车从2005年的49105辆增加到2010年的76546辆，净增27441辆。

拖拉机　丽水各县最早出现于20世纪50年代后期，有方向盘式和手扶式两种。20世纪60年代，手扶拖拉机多为农田耕作。20世纪60年代起，逐渐驶上公路运输，成为公路运输工具。至2010年，全市有轮式拖拉机6153台，手扶拖拉机731台。

简易机动车　简易机动车即小四轮和机动三轮车，机动三轮车分客、货两种。1984年起，丽水地区运输个体工商户装棚改成载客，从事短途客运。1990年，全区有此类客运工具3153辆。2004年有简易机动车860辆、119吨位。至2010年，全市有简易机动车(三轮汽车)494辆，其中营运货车235辆，非营运259辆。

电动车　电动车包括轻便型、摩托型和电动三轮车。由蓄电池、电动机组成。可以随时充电，由于轻便、快捷、省力，深受城乡群众欢迎。

轻便型电动车　轻便型电动车即双轮电动车。20世纪90年代，进入丽水地区各县(市)，由于比摩托车更价廉、轻便、环保，充电方便，此类电动车的数量超过摩托车。至2010年，全市有电动车近50万辆，其中丽水市区近10万辆。

残疾人营运专用车　一种三轮摩托车，顶篷左右和后面围有布，可挡风雨，乘座两人，出现于20世纪90年代，是从事市区短途客运的交通工具。初期，丽水市区此类营运车二三十辆。2004年，增加到108辆。11月20日，市政府批准108辆载客三轮车按2.5:1的比例，置换成出租车42辆，进入市区出租车市场。至此，丽水市区不再存在残疾人营运专用车。

水路运输工具

竹筏　竹筏又称竹排，为最古老的水上运输工具。以隔年生毛竹24—28根，立冬后砍下，断根去梢，截取6—8米长，削去青皮以防暴裂，贴水部分从头至尾保留四分之一青皮以增强牢固度和光滑，制成主副两筏。运货时主副两筏前后相联，一人操作。竹筏自重轻，吃水浅，成本低，适宜浅水溪流运输，是小溪、小港的主要运输工具，也是渡口、池塘、水库养殖户渡运、养鱼、捕鱼的水上工具。21世纪，水上旅游业兴起，新制竹筏，供水上旅游者乘坐观光或乘排筏漂流。

舴艋船　东晋永和、升平年间（355—361），书法家王羲之溯瓯江而历好溪。北宋天禧五年（1021），处州奉命打造航船605艘，为各地造船额之首位。王羲之所乘之船和北宋奉命打造的航船应类似舴艋船（木帆船）。当时处州造船业相当发达。舴艋船又称木帆船或民船，头尾尖，舱肚大，备大桨、椤桨、竹篙、风帆，浅水用篙，深水用桨，顺风扬帆。20世纪70年代以前，一直是瓯江主要水运工具。20世纪90年代末，一些航运公司仍使用这种船作水上运输工具。21世纪初，作为水运工具，退出历史舞台，有少量舴艋船被改装成旅游船在紧水滩、石塘等库区供旅游者游湖观光之用。

大岀船　大岀船又称大岀艇。头尖、尾翘、底平，装货舱宽1.7米，高0.9米，船长15米。有桅杆、风帆、船舵，船员2人，需结队航行。原出于文成县大岀，航行于飞云江。抗日战争时期，迁入丽温航道航行。由于材料耗量大，航速慢，效益差，境内绝迹。

舢舨船　舢舨船也叫三板船，头尾略小平直、船舱略大、底平，船舱无隔板，备有木桨、竹篙。用途广泛，既可运货也可载人，船员一人操作，深浅水域均可行驶。20世纪90年代前，舢舨船是瓯江流域、渡口、水上养殖户运输、渡运和捕鱼的主要水上运输工具。现存无几。

小马力机动船　小马力机动船是丽水地区内河主要水运工具，操作船员1—2人。1990年有机动船1123艘，其中货船1105艘、17120吨位；客船18艘、716客座。木帆船186艘。2010年，全市有机动客船45艘、684座位；有机动货船339艘、40597载重吨。

水泥船　水泥船有钢筋水泥混凝土船和钢丝网水泥船两类，安装8.8千瓦的落舱座机。20世纪80年代，在瓯江、江、溪、水库等一度曾少量替代木质渡船。2000年之后被淘汰。

钢质船　钢质船用各种规格的钢板和型材焊接而成，由船底、两舷、艏艉和甲板组成的水密空心结构。1990年，丽水境内民间渡口陆渡购置钢质“三防”①渡船。20世纪90年代后，逐步代替木质货船和渡口渡船。2010年，全市全部渡船实现钢质化。

挖砂船　挖砂船始见于20世纪70年代末。是集挖砂、筛砂、输送于一体的柴油机动船，经常固定在瓯江河床及其支流内作业。2010年7月28日，莲都段河道中合同到期砂场的最后一艘采砂船

① 三防：防沉、防翻、防超载。

正式切割、转移上岸，也不再有运砂船。

运砂船 运砂船系配合挖砂船在瓯江水域运送砂石料至码头的散装机动船舶，有木质和钢质两种。

捕鱼船 捕鱼船酷似舴艋船，但船体较小，机动与手撑并用，调头转身灵活，用于库区捕鱼作业。

纤维增强塑料旅游船 纤维增强塑料旅游船又称玻璃钢旅游船，丽水市区南明湖游船码头和莲都区大港头码头有此类旅游船。大港头码头玻璃钢旅游船长16.1米、宽4.1米，满载吃水深度0.6米。可载客49人。

钢质旅游船 自2000年起，在乌溪江水库、遂昌县湖山水库以及丽水各县、市、区的库区都有钢质旅游船。船型大小不等，载客人数多寡不同。龙泉市"丰荷"号旅游船长27.1米，宽9.3米，船高4.5米，满载吃水0.9米，排水量13.11亿千克，载客150人。

沿海货轮 1978年4月，丽水地区交通局投资25万元，购买15万千克级水泥船1艘，这是丽水地区第一艘沿海运输货船。当月18日，首航上海港。至1981年6月，有15万千克级旧木质轮船3艘。1983年开始更新为钢质轮船。1990年有钢质轮船7艘、2430吨位。1991年，丽水地区有沿海货轮24艘、6728载重吨，开始往外运送蜡石粉、钼矿石等货物。1992年8月，丽水地区加速发展沿海船舶运输座谈会召开，此后，沿海船舶由24艘增加到40艘，运力12000多载重吨。1993年，沿海船舶增加到78艘，运力37790载重吨。1995年，由于当年水运市场及外部各种因素的影响，沿海船舶从78艘减少到48艘，运力从37790载重吨减少到25000载重吨。1996年上半年，发生沿海船舶"永芳8号"沉船死亡10人的重大水上安全事故后，丽水地区航运管理处加强沿海船舶安全治理整顿，对全区不具备海船代管能力的航运企业8家停止代管权，全面强制清退属代管性质的沿海船舶48艘，至此，丽水境内无沿海船舶。

1991—2010年丽水市水上运输工具一览

表9-6-2-1

年份	木帆船		机动船									
			客船			货船			合计			
	艘	载重（万千克）	艘	座位	马力（千瓦）	艘	载重（万千克）	马力（千瓦）	艘	座位	载重（万千克）	马力（千瓦）
1991	92	230	17	683	157	1032	1827.70	14869	1044	683	1827.70	15026.00
1992	13	32	19	752	171	1014	2268.50	15657	1033	752	2268.50	15828.00
1993	33	83	9	286	73	1366	6247.80	33962	1375	286	6247.80	34035.00
1994	—	—	15	592	223	1135	4769.60	32870	1150	592	4769.60	33093.00
1995	—	—	17	674	246	1129	4058.20	37201	1146	674	4058.20	37447.00
1996	—	—	25	985	362	765	1412.30	20067	790	985	1412.30	20429.00
1997	—	—	24	743	364	603	1164.80	18622	627	743	1164.80	18986.00
1998	—	—	49	910	657	526	937.40	18289	575	910	937.40	18946.00
1999	—	—	96	1685	1031	417	1861.70	18699	513	1685	1861.70	19729.00
2000	—	—	82	1371	913	458	2547.30	26807	540	1371	2547.30	27720.00

续表 9-6-2-1

年份	木帆船		机动船									
			客船			货船			合计			
	艘	载重（万千克）	艘	座位	马力（千瓦）	艘	载重（万千克）	马力（千瓦）	艘	座位	载重（万千克）	马力（千瓦）
2001	—	—	84	1407	980	422	2467.10	32389.00	506	1407	2467.10	33369.00
2002	—	—	72	1166	716	460	2913.30	28886.00	532	1166	2913.30	29602.00
2003	—	—	47	707	518	496	3368.80	31072.00	543	707	3368.80	31590.00
2004	—	—	40	480	359	472	4014.60	31716.00	512	480	4014.60	32075.00
2005	—	—	42	504	377	463	4090.40	31878.00	505	504	4090.40	32255.00
2006	—	—	44	556	539	481	4233.20	32864.00	525	556	4233.20	33403.00
2007	—	—	38	484	484	416	4045.20	30218.00	454	484	4045.20	30702.00
2008	—	—	37	472	475	416	4291.20	30767.00	453	472	4291.20	31242.00
2009	—	—	42	656	1047	379	4091.20	28254.00	421	656	4091.20	29301.00
2010	—	—	45	684	962	339	4059.70	27641.50	384	684	4059.70	28603.50

第三节　运输站场

丽水市区汽车客运站

丽水客运站　丽水客运站位于丽水市丽阳路2号。始建于民国22年(1933)11月，民国27年5月26日，被日本侵略军飞机炸毁，迁址中山街52号。1955年12月，又迁址中山门外82号(丽阳街2号)。1968年，在丽阳路2号建新站房，建筑面积4328平方米。1981年9月，丽水汽车站占地面积11900平方米，房屋建筑面积6295平方米，其中站房建筑面积4328平方米，办公室、驾驶员公铺等辅助房屋建筑面积1967平方米，候车室491平方米，售票室433.44平方米。1990年，丽水客运站营运客车67辆，始发班车96班次，其中跨省5个，跨地(市)26班次。跨县39班次。社会车辆在站发车班次3个。农村过夜点5个。2002年8月7日，丽水客运站顺利通过ISO 9001:2000国际质量管理体系认证。

丽水客运中心　丽水客运中心位于丽水日报社东边，南邻丽阳街。创建于1992年12月。中心场地租用丽东村丽东旅馆，主要从事客运业务。车辆由本地区客运车辆、社会个体车辆和外地挂靠车辆200多辆车组成。有跨省班次3个，跨地(市)班次20余个，跨县班次30多个，始发班车90个班次，均由丽水客运中心营运。1998年6月26日，丽水公路客运中心(汽车东站)开业，丽水客运站和丽水客运中心的班线班车进行调整整合，凡经丽青路上330国道的班线、班车划归东站经营，其他班线班车归丽水客运站经营。丽水客运中心工作人员划归汽车东站，丽水客运中心撤销。

丽水公路客运中心(汽车东站)　丽水公路客运中心位于丽水市丽青路399号。1995年4月，由丽水市(县级)汽车运输公司、丽水地区汽车运输联合总公司、丽水地区交通投资开发公司3家共同筹建“丽水公路客运中心”(简称“客运中心”)。1998年6月26日投入使用。由丽汽联合总公司和丽水市汽车运输公司共同经营①。2001 年 12 月 4 日，更名为丽水公路客运东站，是地区重点工程之一。投资 2800 多万元，占地面积 3.66 公顷，主站房 12222 平方米，其中候车大厅 1870 平方米，停车场可同时停靠大客车 200 辆，为二级客运站。2010 年，有职工 110 人，进站班车 213 辆，班线 85 条，日发客运班车 382 班，年发送旅客 143.23 万人次，最高日发送旅客近万人次。客运班线覆盖山东、河南、江苏、安徽、福建、广东、广西等 7 个省(区)，省内各地级市、市内缙云、青田两县以及莲都区部分乡镇村，是外省、市(地)出入丽水的主要交通枢纽。2002 年 8 月，丽水公路客运中心顺利通过 ISO 9001 国际质量管理体系认证。

2010 年 12 月丽水客运东站客运班线一览

表 9-6-3-1

年份	跨　省	跨　市	跨　县	莲都区内	班线
2010	郑州、苏州、南京、淮安、无锡、南通、盐城、太仓、济南、青岛、福州、石狮、定远、石台、合肥、湛江、深圳、广州、钦州	南浔、萧山、桐庐、千岛湖、新安江、嘉兴、宁海、镇海、观城、余姚、石浦、沈家门、绍兴、柯桥、嵊州、上虞、新昌、诸暨、椒江、路桥、温岭、玉环、临海、仙居、天台、衢州、三门、瓯北、虹桥、乐清、龙港、瑞安、桥头、龙湾、苍南、水头、文成、永嘉、永康、东阳、磐安、武义、义乌	青田、缙云、壶镇、双溪口、蛟坑、坑根、黄放口、石平川、方山、北山、温溪、海溪、祯旺、王岙、腊口、吴坑、汤垟	黄畈、严鸟、仙渡、莲房、石蒙圩、双源	85

2010 年 12 月丽水客运东站班线里程一览

表 9-6-3-2

	序号	起讫地点	里程（千米）		序号	起讫地点	里程（千米）		序号	起讫地点	里程（千米）
跨省班线	1	丽水—钦州	2006	跨市班线	33	丽水—镇海	368	跨市班线	65	丽水—永嘉(上塘)	137
	2	丽水—南京	632		34	丽水—石浦	337		66	丽水—乐清	159
	3	丽水—苏州	440		35	丽水—宁海	247		67	丽水—虹桥	174
	4	丽水—盐城	753		36	丽水—宁海	344		68	丽水—温岭	265
	5	丽水—无锡	502		37	丽水—观城	323		69	丽水—路桥	244
	6	丽水—太仓	494		38	丽水—沈家门	413		70	丽水—缙云	36
	7	丽水—南通	578		39	丽水—诸暨	205		71	丽水—壶镇	68
	8	丽水—淮安	812		40	丽水—绍兴	262		72	丽水—蛟坑	61
	9	丽水—济南	1331		41	丽水—上虞	257	市内班线	73	丽水—双溪口	64
	10	丽水—青岛	1245		42	丽水—嵊州	200		74	丽水—青田	68
	11	丽水—合肥	745		43	丽水—新昌	211		75	丽水—腊口	16
	12	丽水—定远	780		44	丽水—柯桥	268		76	丽水—王岙	30
	13	丽水—石台	639		45	丽水—仙居	131		77	丽水—海溪	44

① 后丽水市汽运公司并入丽汽集团。

表 9-6-3-2

	序号	起讫地点	里程（千米）		序号	起讫地点	里程（千米）		序号	起讫地点	里程（千米）
跨省班线	14	丽水—广州	1508	跨市班线	46	丽水—三门	221	市内班线	78	丽水—坑根	39
	15	丽水—普宁	1184		47	丽水—临海	178		79	丽水—祯旺	41
	16	丽水—湛江	1971		48	丽水—天台	209		80	丽水—石平川	72
	17	丽水—深圳	1510		49	丽水—玉环	292		81	丽水—黄放口	66
	18	丽水—福州	535		50	丽水—椒江	242		82	丽水—温溪	82
	19	丽水—石狮	754		51	丽水—路桥	227		83	丽水—方山	88
	20	丽水—郑州	1402		52	丽水—永康	71		84	丽水—汤洋	101
	21	丽水—上饶	357		53	丽水—磐安	110		85	丽水—北山	113
跨市班线	22	丽水—衢州	223		54	丽水—武义	103		86	丽水—吴坑	108
	23	丽水—萧山	262		55	丽水—东阳	129		87	丽水—严鸟	30
	24	丽水—千岛湖	250		56	丽水—义乌	150		88	丽水—大庭桥	22
	25	丽水—新安江	198		57	丽水—瑞安	169		89	丽水—黄畈	23
	26	丽水—桐庐	266		58	丽水—龙港	198		90	丽水—雅溪	36
	27	丽水—南浔	428		59	丽水—文成	151		91	丽水—莲房	
	28	丽水—湖州新站	394		60	丽水—水头	218		92	丽水—石蒙圩	
	29	丽水—嘉兴	365		61	丽水—苍南	212		93	丽水—双溪	
	30	丽水—平湖	406		62	丽水—桥头	96		94	丽水—仙渡	
	31	丽水—海盐	393		63	丽水—瓯北	121				
	32	丽水—余姚	312		64	丽水—龙湾	142				

丽水公路客运西站　丽水公路客运西站位于丽水市区西南吕埠坑下村、市南环西路 109 号。2001 年 12 月 29 日动工，2003 年 6 月 28 日建成投入试运行，原设在汽车东站内的丽汽集团快客公司迁到西站。9 月 17 日，正式投入运行，总投资 6500 万元。占地面积 8.15 公顷，总建筑面积 18363 平方米。停车场可同时停放大型客车 220 辆。候车厅 2146 平方米，售票厅 377 平方米。8 月，丽水公路客运西站获 ISO 9001:2000 国际质量管理体系认证证书。2009 年 11 月 30 日，丽水公路客运西站开通网上售票。2010 年，车站有班线 29 条，营运客车 121 辆，职工 106 人，主要担负着丽水市西南方向 7 个县（市）和上海、杭州、宁波、金华、温州、苏州、龙游、武义、泰顺、建阳、松溪、政和、南平及市郊农村班线日发班次 220 个的旅客运输任务，可满足年发送旅客 490 万人次，日均发送旅客 13500 人次的需求。

2010 年 12 月丽水客运西站班线里程一览

表 9-6-3-3

起讫地	里程（千米）	班次
跨省班次		
丽水—上海	510	对开 3/日
丽水—上海浦东	522	单开 1/日

续表 9-6-3-3

起讫地	里程（千米）	班次
丽水—江苏苏州	440	单开 1/日
丽水—福建政和	235	对开 2/日
丽水—福建建阳	328	对开 1/日
丽水—福建松溪	208	单开 1/日
丽水—福建南平	396	单开 1/日
跨市班次		
丽水—杭州	296	对开 12/日
丽水—宁波	396	对开 6/日
丽水—金华	129	对开 12/日
丽水—温州	125	对开 18/日
丽水—龙游	152	单开 1/日
丽水—武义	112	对开 2/日
丽水—泰顺	148	对开 2/日
市内跨县班次		
丽水—云和	59	对开 24/日（快客）12/日（慢客）
丽水—景宁	80	对开 22/日
丽水—松阳	65	对开 24/日
丽水—遂昌	96	对开 18/日
丽水—龙泉	119	对开 18/日
丽水—庆元	208	对开 11/日
丽水—景宁 岳口	128	单开 1/日
丽水—景宁 毛垟	140	单开 1/日
丽水—松阳 板桥	43	单开 2/日
丽水—龙泉 小梅	162	单开 1/日
丽水—龙泉 八都	146	单开 1/日
丽水—龙泉 住龙	168	单开 1/日
丽水—庆元 岭头	175	对开 2/日
丽水—缙云 新建	52	对开 1/日
丽水—莲都 庞山	53	对开 5/日

县（市）客运站（客运中心）

2010 年，丽水市有县（市）汽车客运站（客运中心）9 家。

2010 年丽水市汽车客运站一览

表 9-6-3-4

名　称	位　置	营运线路(条)	日发班次(次)	日发送旅客(人次)	具体情况
龙泉客运中心	龙泉市区剑池东路 300 号	跨省 7 条、跨市 15 条、跨县 6 条、市内 63 条	384.00	年全社会客运量 592.00 万人次	另有 42 条由乡镇通行政村班线
青田客运东站	鹤城镇鹤城东路 26 号	跨市 2 条、跨县 10 条、县内 25 条	477.00	日发送 5000.00 人次	2004 年 10 月改建后投入使用
青田客运南站	鹤城镇江南大道 108 号	跨省 5 条、跨市 9 条、县内 9 条	132.00	日发送旅客 1284.00 人次	1999 年 7 月建成投入使用
庆元客运中心	松源镇大济路与 S329 省道交汇处	跨省 9 条、跨市 10 条、跨县 6 条、县内 46 条	112.00	日发送旅客 3300.00 人次	2005 年 12 月建成投入使用
缙云客运中心	五云镇迎晖路 28 号	跨省 9 条、跨市 16 条、市内 4 条，县内 19 条	715.00	年客运量 120.15 万人次	1999 年 7 月建成投入使用
遂昌客运中心	妙高镇平昌路 1 号	跨省 1 条、跨市 17 条、跨县 4 条、县内 41 条	392.00	年客运量 472.00 万人次	1995 年 12 月建成投入使用
松阳客运中心	西屏镇长虹中路 48 号	跨省 1 条、跨市 12 条、跨县 4 条、县内 19 条	230.50	年发送旅客 220.00 万人次	1987 年 1 月建成投入使用
云和客运中心	云和镇城东路 160号	跨省 1 条、跨市 5 条、跨县 6 条、县内 12 条	199.00	年客运量 295.40 万人次	2006 年 9 月建成投入使用
景宁客运中心	鹤溪镇环城西路 151 号	跨省 2 条、跨市 7 条、跨县 9 条、县内 20 条	112.50	年发送旅客 209.00 万人次	1989 年建成投入使用

各县(市)客运站(客运中心)除龙泉客运中心为一级站外，其余 8 家为二级站(青田东站为三级站)。站内均设有微机售票系统、条型码微机检票，危险品安全监测仪，检票口安装有电子显示屏等现代高科技产品。

乡镇客运站又称准四级客运站，港湾式停靠站有的称回头站。2010 年年底，丽水市建准四级客运站 64 座，行政村回头站和港湾式停靠站 611 个，占全市行政村的 17.5%和通客车行政村的 21.10%。

2010 年年底丽水市乡镇客运站和农村港湾式停靠站一览

表 9-6-3-5

县别	乡镇客运站	数量(座)	港湾式停靠站(回头站)(座)	具体情况
莲都区	老竹	1	53	简易站 2 个
龙泉市	安仁、住龙、八都、龙南、小梅、锦溪、宝溪	7	103	小梅、锦溪为客、货一体站
青田县	仁庄、温溪	2	57	简易站 4 个
云和县	龙门、张家地、小顺、包山	4	46	—
庆元县	左溪、黄田、安溪、岭头、隆宫，客运回头站江根、官塘	7	52	招呼站 56 个
缙云县	壶镇、新建、舒洪、前村、大源、岩沿	6	46	—

续表 9-6-3-5

县别	乡镇客运站	数量（座）	港湾式停靠站（回头站）（座）	具体情况
遂昌县	应村、北界、三仁、根竹口、柘岱口、濂竹、龙洋、马头、焦滩、三井（白马山）、平昌、大柘、高坪、红星坪、蔡源	15	88	—
松阳县	新兴、樟溪、叶村、斋坛、赤寿、象溪、安民、大东坝、板桥、裕溪、四都、三都、谢村、新处、竹溪、枫坪、古市	17	106	农村货运站 15 所
景宁畲族自治县	东坑、上标、沙湾、英川、九龙	5	60	招呼站 4 个
合　计	—	64	611	—

说明：景宁畲族自治县 2010 年新建农村 5 级客、货一体站 4 个

火车站

金温铁路丽水段设中心站 3 个和中间站 9 个，中心站带中间站。管辖里程为丽水段 123.56 千米，承担站辖内的客货运输和安全生产。

丽水火车站　丽水火车站位于丽水市区东部水东村附近。系二等客货运站，兼管辖小处、石帆、祯埠、南岸中间站 4 个。车站占地面积 38.66 公顷，站房建筑面积 6300 平方米，造价 1100 万元，为二层框架水泥结构大厦。一层北首为出口、行李房，中间供商业用房，南首为售票厅；二层北端为旅客候车室，可同时容纳 2000 人候车。工程总投资 5700 万元。

丽水中心站下设运转、客运、货运、小处站、石帆站、祯埠站、南岸站及运输服务分公司作业区 8 个，2010 年，丽水火车站有在编职工 65 人，包括分公司临时用工、装卸工等，有 170 人，管理人员 5 人。

1997 年 6 月，丽水火车站办理丽水至金华南站的客运业务。2007 年，开始日办理温州经丽水至哈尔滨、北京、广州、汉口、贵阳、南昌、南京、阜阳、镇江、亳州、上海、杭州、金华旅客列车 16 对，其中含节日增开临客 3 对和货物列车 15 对的客、货运输业务，年运输收入超亿元。2003 年 4 月，获省级文明单位称号，2007 年 1 月，丽水火车站被评为市级文明示范窗口。

青田火车站　青田火车站位于鹤城镇水南回头山和郑岙山两山脚之间，系三等客货运站。1996 年，建成站台 2 条，占地总面积 8080 平方米。2001 年 2 月 10 日，位于鹤城镇江南新区一侧的火车站站房正式动工兴建。占地面积 3900 平方米，5 层，总建筑面积约 7031 平方米。2002 年 10 月完工，12 月 24 日，青田火车站对外营业。2010 年，青田火车站有正式在编员工 50 人，包括服务公司临时用工、货物装卸工，有 72 人。车站管理人员 2 人。下辖良岸、船寮、芝溪 3 个中间站。日办理旅客列车 16 对、货物列车 15 对的客、货运输。

缙云火车站　缙云火车站地处缙云新区仙都大道和旭山路交汇处。系三等客货运站，下辖长坑、新碧两个中间站。车站占地总面积 11.7 公顷，建筑面积 3200 平方米；候车室设有近 500 个座位，可同时容纳 1000 人候车；车站有客运站台两座，长 500、宽 6 米，站线 5 股道。缙云中心站下设运转、客运、货运、新碧站、长坑站作业区 5 个，2010 年，缙云火车站有在编职工 40 人，分公司职工 12 人，装卸工 40 人，共计 92 人。车站于 1996 年 4 月开办客运业务，1999 年 10 月开办货运业务。2007 年，缙

云火车站开始日办理旅客列车 16 对和货物列车 15 对的客、货运输，年发送旅客近 25 万人次。

加油站

加油站是公路交通运输的重要设施之一。2010 年，丽水市有加油站（店、点）159 座，供应油品各有侧重点，主要油品有 90# 汽油、93# 汽油、95# 汽油、97# 汽油、0# 柴油及润滑油。除丽水市区（含莲都区）加油站基本情况列表，各县（市、区）加油站分县（市）以统计数字列表。

2010 年丽水市区（莲都区）加油站一览

表 9-6-3-6

县（市、区）	名称	坐落地点	所在线路	供应油品名称					
莲都区（中石化经营）	三岩寺	市区三岩寺叉路口	丽阳街 212 号	90# 汽油	70# 汽油	—	—	0# 柴油	润滑油
	凉塘	岩泉街道凉塘村	330 国道 K122	90# 汽油	70# 汽油	—	—	0# 柴油	润滑油
	奚渡	紫金街道奚渡村	330 国道 K121	90# 汽油	70# 汽油	—	—	0# 柴油	润滑油
	风化	紫金街道风化村	330 国道 K114	90# 汽油	93# 汽油	95# 汽油	97# 汽油	0# 柴油	—
	330 国道	岩泉街道铁丁桥	330 国道 K123	90# 汽油	93# 汽油	95# 汽油	97# 汽油	0# 柴油	—
	九里	岩泉街道九里村	丽浦线 K1	90# 汽油	93# 汽油	95#汽油	97# 汽油	0# 柴油	—
	南明	市区丽青路 399 号	—	90# 汽油	93# 汽油	95# 汽油	97# 汽油	0# 柴油	—
	丽汽集团	市区丽阳街 86 号	—	90# 汽油	93# 汽油	95# 汽油	97# 汽油	0# 柴油	—
	南山	水阁街道南山	龙丽线K132.11	90# 汽油	93# 汽油	95# 汽油	97# 汽油	0# 柴油	—
	碧湖	碧湖镇环西路 1 号	—	90# 汽油	93# 汽油	95# 汽油	97# 汽油	0# 柴油	—
	城南	丽水客运西站附近	—	90# 汽油	93# 汽油	95# 汽油	97# 汽油	0# 柴油	—
	丽青	市区丽青路 38 号	—	90# 汽油	93# 汽油	95# 汽油	97# 汽油	0# 柴油	—
	紫金南路	市区囿山路 629 号	—	90# 汽油	93# 汽油	95# 汽油	97# 汽油	0# 柴油	—
莲都区（中石油经营）	沙溪	53 省道丽水水阁收费站旁	—	90# 汽油	93# 汽油	95# 汽油	97# 汽油	0# 柴油	—
	水阁 2 号	水阁街道	—	—	—	—	—	—	—
	北苑	市区北苑路口与城北路交叉北侧	—	—	—	—	—	—	—

2010 年丽水市加油站数一览

表 9-6-3-7

县别	加油站数量（座）	县别	加油站数量（座）
莲都区（含丽水市区）	16	缙云县	25
龙泉市	24	遂昌县	31

续表 9-6-3-7

县别	加油站数量(座)	县别	加油站数量(座)
青田县	12	松阳县	18
云和县	8	景宁畲族自治县	9
庆元县	13	合计	156

2010 年丽水市高速公路加油站一览

表 9-6-3-8

站名	地址	投入使用时间	加油机(台)加油枪(支)	主管单位
G1513 温丽高速公路青田加油站	位于青田服务区两侧	2005 年 12 月	两侧各有加油机 4 台、加油枪 24 支	省交通投资集团实业公司
G25 长深线缙(莲)段丽水加油站	位于丽水服务区两侧	2007 年 12 月	两侧各有加油机 4 台、加油枪 16 支	省交通投资集团实业公司
G25 长深线丽龙段(丽龙高速)莲都加油站	丽水市水阁经济开发区宅塘村	2007 年 12 月	两侧各有加油机 4 台、加油枪 16 支	省交通投资集团实业公司
G25 长深线龙庆段(龙庆高速)龙泉加油站	位于龙泉市兰巨乡蜜蜂岭村,龙庆高速龙泉服务区两侧	2013 年 6 月	两侧各有加油机 4 台、加油枪 20 支	省交通投资集团实业公司
G25 长深线龙庆段庆元加油站	位于庆元县黄田镇黄坞村,庆元服务区两侧	2013 年 6 月	两侧各有加油机 4 台、加油枪 16 支	省交通投资集团实业公司
S33 龙丽温高速遂昌加油站	位于遂昌停车区两侧	2007 年 8 月	两侧各有加油机 4 台、加油枪16 支	省交通投资集团实业公司
S33 龙丽温高速松阳加油站	位于龙丽温高速松阳服务区两侧	2007 年 8 月	两侧各有加油机 4 台、加油枪24 支	省交通投资集团实业公司
S34 云景高速公路畲乡加油站	位于景宁畲族自治县鹤溪镇人民北路 275 号	2013 年 4 月	有加油机 8 台加油枪 16 支	省交通投资集团实业公司

说明：上述加油站主供油品 93#、97# 汽油、0# 柴油,部分兼供润滑油

收费站(所)

国省道收费站　国、省道公路、“四自工程”等重要路段经省交通部门批准,设立收费站,依据国家有关法律法规对过往车辆,收取过路费,实行以路养路。由市交通部门管辖的收费站、“四自工程”收费站有 4 个，洋条隧道管理收费站位于遂昌县洋条村。经省人民政府同意自 1992 年 7 月 10 日起,征收车辆通行费。为副科级自收自支事业单位。于 2003 年 12 月 5 日 12 时起停止收费并撤销。

严山岭隧道管理收费站位于龙泉市与云和县交界处,在龙泉县安仁镇境内。1986 年 8 月设站收取车辆通行费,由龙泉公路段管理,1989 年由地区公路管理处接管。1999 年 12 月 7 日,并入龙云收费站,2000 年 3 月停止收费并撤销。

龙云隧道管理收费站位于云和县临海垟村。自 1993 年 8 月 10 日起,收取车辆通行费,收费标准为甲类。1999 年 12 月 7 日,更名“龙云隧道管理收费站”。2003 年 12 月 5 月 12 时起停止收费并

撤销。

330国道缙云收费站位于缙云县东渡。缙云县兰(口)黄(碧街)段“四自”工程建成通车。1997年2月8日省人民政府办公厅同意,收费时间自1996年12月16日至2021年12月25日,共25年,收费标准均按省交通厅、省物价局核准,省府办批准规定标准执行收取。

高速公路收费站　丽水市在9个县(市、区)都设有高速公路收费站。到2010年,除个别收费站,丽水市各县(市、区)收费站均设有ETC不停车收费车道;各收费站均安装有GPM监控系统,监控本区段道路及安全通行情况。

2010年丽水市高速公路收费站一览

表9-6-3-9

站　名	地　址	开通时间	进出车道	管理单位
G1513温丽高速公路收费站				
温溪收费站	青田县温溪镇沙埠村	2005.12	二进二出4条车道	温溪收费管理所
青田西收费站	青田县船寮镇	2005.12	二进二出4条车道	船寮收费管理所
海口收费站	青田县海口镇	2005.12	二进二出4条车道	船寮收费管理所
石帆收费站	青田县腊口镇石帆村	2005.12	二进二出4条车道	石帆收费管理所
G25长深线丽水市段收费站(缙云—莲都—云和—龙泉—庆元)				
缙云收费站	缙云县新建镇宅基村	2002.12	三进四出7条车道	缙云收费管理所
洪渡收费站	莲都区雅溪镇	2002.12	二进二出4条车道	丽水西收费管理所
丽水西收费站	莲都区水阁街道垟店	2002.12	三进五出8条车道	丽水西收费管理所
丽水(富岭)收费站	莲都区富岭街道	2007.12	三进四出7条车道	丽水(富岭)中心收费所
南山收费站	莲都区南山	2007.12	二进二出4条车道	丽水(富岭)中心收费所
石塘收费站	云和县石塘镇西滩头	2006.12	二进二出4条车道	云和中心收费所
云和收费站	云和县城东	2006.12	二进二出4条车道	云和中心收费所
安仁收费站	龙泉市安仁镇	2002.12	二进二出4条车道	安仁中心收费所
石达石收费站	龙泉市碰石乡	2002.12	二进二出4条车道	安仁中心收费所
龙泉主线收费站	龙泉市剑池街道大猫亭	2006.12	二进二出4条车道	安仁中心收费所
龙泉收费站	龙泉市剑池街道松溪弄	2013.06	三进三出6条车道	龙泉中心管理所
龙泉南收费站	龙泉市兰巨乡	2013.06	二进二出4条车道	龙泉中心管理所
查田收费站	龙泉市查田镇	2013.06	三进三出6条车道	龙泉中心管理所
黄田收费站	庆元县黄田镇	2013.06	三进三出6条车道	庆元收费管理所
庆元收费站	庆元县竹口镇新窑	2013.06	三进三出6条车道	庆元收费管理所
G25主线收费站	庆元县黄坦(浙闽界)	2013.06	六进八出14条车道	庆元收费管理所
S33龙丽温高速公路丽水市段收费站(遂昌—松阳—莲都—云和—景宁)				
北界收费站	遂昌县北界镇大谷岭	2006.12	二进二出4条车道	遂昌中心收费所
新路湾收费站	遂昌县新路湾镇小马步	2006.12	二进二出4条车道	遂昌中心收费所
遂昌收费站	遂昌县妙高镇株树窟	2006.12	二进二出4条车道	遂昌中心收费所

续表 9-6-3-9

站 名	地 址	开通时间	进出车道	管理单位
遂昌东收费站	遂昌县妙高镇金岸	2006 年 12 月	二进二出 4 条车道	遂昌中心收费所
古市收费站	松阳县古市镇	2006 年 12 月	二进二出 4 条车道	松阳中心收费所
松阳收费站	松阳县西屏镇	2006 年 12 月	二进二出 4 条车道	松阳中心收费所
象溪收费站	松阳县象溪镇	2006 年 12 月	二进二出 4 条车道	松阳中心收费所
景宁收费站	景宁畲族自治县鹤溪镇鸭蛋坑	2013 年 4 月	三进三出 6 条车道	景宁中心管理所
S28 台金高速公路缙云段收费站				
壶镇收费站	缙云县壶镇镇姓汪村	2008 年 1 月	二进二出 4 条车道	壶镇收费管理所

丽水市区停车场

丽水市区车辆　2005—2010 年，丽水市本级汽车净增 25339 辆，近 5 年快速增长。市本级的摩托车从 2005 年的 49105 辆增加到 2010 年的 76546 辆，净增 27441 辆。

2005—2010 年丽水市区车辆一览

表 9-6-3-10　　单位：辆

年份/车辆	2005	2006	2007	2008	2009	2010
汽　车	27806	35618	42690	56724	64899	53145
摩托车	49105	56975	65412	71834	71834	76546

市区车位（库）资源情况　2010 年，丽水市区（不包括城中村）有车位（库）27744 个，其中车位 15249 个，车库 12495 个。在不被摩托车、电动自行车、三轮车占用的情况下，平均 2.34 辆车拥有一个车位（库），导致市区停车难。

2010 年丽水市区车位车库一览

表 9-6-3-11　　单位：个

项　目	停车位	停车库	合　计
居住小区	3708	11588	15296
公共停车场	1280	—	1280
机关企事业单位	6502	907	7409
城市道路	3759	—	3759
合　计	15249	12495	27744

丽水市区道路车位　2010 年，丽水市区城市道路划停车泊位线近 18800 米，临时泊位 3759 个，占市区停车位（库）总量的 13.5%，其中丽阳街、中山街、大洋路、花园路 5 条道路有临时泊位 2197 个，占路边临时泊位总数的 58%。

21 世纪，丽水市区道路停车步入“咪表时代”。2010 年 10 月 15 日试运行，28 日正式实施。收费区域为丽阳街以南，括苍路（含）以东，花园路以西，囿山路以北。收费标准为前 15 分钟免费，超过 15 分钟 2 元/半小时。收费时段为 8:00—22:00。

2010 年丽水市区公共停车场一览

表 9-6-3-12

位　置	用地面积（平方米）	停车泊位（个）	具体情况
城西菜场停车场	1836	70	现状不变
中山街灯塔街交叉口西北角	1724	50	现状位置，原有车位 50 个，立体改造增加 150 个
经贸委临时停车场	1362	30	现状位置，原有车位 30 个，新增 15 个
纳爱斯健身广场对面	2200	48	现状位置，原有车位 48 个，新增 27 个
括苍路临时停车场	3186	72	现状位置，原有车位 72 个，新增 38 个
囿山路西停车场	791	19	现状位置，原有车位 19 个，新增 11 个
囿山路东停车场	651	13	现状位置，原有车位 13 个，新增 12 个
溪口停车场	3500	60	现状位置，原有车位 60 个，新增 60 个
丽南停车场	24000	300	现状位置，原有车位 300 个，新增 500 个
牛岭头停车场	3000	50	现状位置，原有车位 50 个，新增 50 个
凉塘停车场	6000	150	现状不变
丽阳街上岗背停车场	8750	250	现状不变
城东路与继光街交叉口停车场	700	30	现状不变
丽水中学门口	1800	60	现状不变
体育场西南角	10000	250	现状不变
丽水市平安高速公路车辆施救有限公司	4000	20	隶属丽水市高速公路路政管理大队
合　计	69500	1452	—

2010 年 10 月 27 日，丽水市发改委下发《关于丽水市区机动车停放收费管理的实施意见》，规定机动车停放服务收费实行政府定价和市场调节价两种定价形式。政府投资配建的公共停车场、城市道路停车泊位的停车服务收费，车站、码头、旅游景点等配套停车场所实行政府定价。政府定价外的商场、娱乐场所、宾馆酒店、写字楼、物流园区、专业市场等配套停车场，以及社会投资建设的专业停车场的停车服务费，实行市场调节价。同时，鼓励商场等服务场所的配套停车场所免费停车。

2010 年丽水市高速公路服务区公共停车位一览

表 9-6-3-13

高速公路	坐落地点	面积或停车位	投入使用时间	主管单位
温丽高速公路青田服务区	位于温丽高速 G1513K89+100 处、距青田县城 20 千米	大车位 209 个 小车位 124 个	2005 年 12 月	省交通投资实业公司

续表 9-6-3-13

高速公路	坐落地点	面积或停车位	投入使用时间	主管单位
G25 长深线缙(莲)段丽水服务区	位于 G25 长深线 K2600+800 处、距丽水市区 8 千米	大小停车位 168 个	2002.12	省交通投资实业公司
丽龙高速公路莲都停车区	位于长深线丽龙段 K2620+500、莲都区水阁街道大源村	小车位 11 个 大客车位 11 个 货车车位 11 个 货车位 3 个	2006.11	省交通投资实业公司
丽龙高速公路云和服务区	位于长深线丽龙段 K2653+775 处、云和县云坛乡陈村	大小车位 297 个，其中小车位 143 个	2006.11	省交通投资实业公司
S33 龙丽温高速公路遂昌停车区	位于龙丽温高速 K93+572 处、介于遂昌东收费站和古市收费站之间	大小停车位 53 个	2006.06	省交通投资实业公司
S33 龙丽温高速公路松阳服务区	位于龙丽温高速 K118+372 处、介于古市收费站和松阳收费站之间	大车位 136 个 小车位 206 个	2006.06	省交通投资实业公司

第四节　运输企业

丽水市的运输企业有公路、水路两大类，市、县(市)均有客货运输企业，在人流、物流、促进经济社会发展发挥强有力的杠杆作用。

陆路运输企业

丽水市汽车运输集团有限公司　丽水市汽车运输集团有限公司位于丽水市大洋路 192 号，系股份制企业，是丽水市规模最大的道路运输骨干企业。始创于民国 22 年(1933)。2001 年 11 月，由国有企业——丽水市汽车运输联合总公司改制而成。具有交通部二级客运经营资质和三级货运经营资质。获得 2002 年 8 月 7 日 ISO 9001:2000 北京世标质量管理体系认证证书。公司下属单位有汽车客运东站、旅客长运公司、快客公司、长运出租车公司、汽车技术学校、汽车修理厂、物业管理公司、燃料经营公司等分公司 12 个；拥有丽水市公路客运西站有限公司、丽水市公铁联运有限公司、丽水市车辆综合性能检测站有限公司、丽水市南明宾馆有限公司、丽水市旅游集散中心有限公司、缙云县运发汽车运输有限公司、缙云运发公铁联运有限公司、庆元县南明汽车运输有限公司等控(参)股公司 11 个。至 2010 年，丽汽集团有营运客车 171 辆、运送旅客 299.25 万人次；货车 66 辆，完成货运量 36 万千克。营业收入 43400 万元，比 2001 年增长 6.83 倍。利润 9820.9 万元，比 2001 年增长 2.97 倍。税金 2079.32 万元，比 2001 年增加 9.17 倍。

丽水市大通联运有限公司 丽水市大通联运有限公司前身为丽水地区联合运输指挥部办公室，全面指挥丽水地区的货物联合运输业务。1988 年 11 月，成立国营丽水地区联运服务部。1989 年 6 月，更名国营丽水地区联运公司。同年开通金华至丽水的“门到门”铁路集装箱运输业务。1999 年 5 月，金温铁路开通，丽水地区联运公司和丽水地区汽车运输联合总公司联合成立“丽水地区公铁联运有限公司”。双方将原有的货运联运业务全部划入地区公铁联运有限公司统一经营。2000 年 2 月 16 日，国营丽水地区联运公司改制为私营丽水市大通联运有限公司。2006 年，大通联运公司的股份从丽水市公铁联运有限公司退出，停止货运联运业务，改为主要经营城市出租汽车、汽车修理、水路客运及旅行社业务。2010 年，该公司从事城市出租汽车业务，有出租小轿车 112 辆，是丽水市区 3 大出租车公司之一。

丽水市处州汽车运输有限公司 丽水市处州汽车运输有限公司位于丽水市括苍路 163 号。1992 年创建。2010 年，有营运客货汽车 66 辆，其中客运汽车 56 辆、2284 座；货运汽车 10 辆、180 吨位，主营县内班车客运、县际班车客运、市际班车客运、省际班车客运；县内包车客运、县际包车客运、市际包车客运、省际包车客运；普通货运；货运站（场）经营（货运配载、货运代理）；汽车维修等，有在职员工 95 人。有跨市班线 11 条、日发 10.5 个班次，跨县班线 8 条、日发 44 个班次；2010 年，有市际包车（旅游车）25 辆、1045 座，运送旅游客人 207672 人。

丽水市公共交通有限公司 丽水市公共交通有限公司坐落丽水市区清远街 1 号公交中心站场。1997 年 6 月 13 日成立，属国有独资企业。6 月 25 日，首次开通南明山至火车站 2 路和溪口至火车站 3 路两条公交线路。2008 年，丽水市公共交通有限公司新公交中心场站落成，站场总建筑面积 3335 平方米，改善办公条件，扩大停车场地。至 2010 年，丽水城区有公交线路 17 条，其中市公交公司经营的 13 条。总里程 148.15 千米，有公交车 146 辆，其中属民营企业 4 家 38 辆。形成 5 家公司共同经营市区公交的格局。所有营运公交车均配有公交 IC 卡刷卡系统，车载电视，语音报站，车载监控录像系统。公交网络基本覆盖城区，方便广大市民出行。

丽水市旅游集散中心有限公司 丽水市旅游集散中心有限公司位于丽水市大洋路 192 号，2004 年 4 月 23 日成立。下设办公室、市场部、计财科、旅游汽车分公司等部门，从业人员 92人。2010 年，丽水市旅游集散中心有限公司有旅游汽车 23 辆、774 个座位，运送旅游客人 604549人。

丽水杭外旅游汽车有限公司 丽水杭外旅游汽车有限公司位于丽水市西站路 95 号，是杭州外事旅游汽车公司控股的子公司。2006 年 3 月 31 日成立，资产总额 702 多万元。至 2010 年，丽水杭外旅游汽车有限公司有员工 25 人，其中专职驾驶员 18 人，各种旅游客车 15 辆，座位 633 个，全年运送旅游客人 11.02 万人次。

丽水市城乡公共交通有限公司 丽水市城乡公共交通有限公司位于丽水汽车客运西站主站房三楼。2008 年 12 月 22 日，丽水市城乡公共交通有限公司位成立，为国有控股专业公交营运企业，主营丽水南城城市公共交通，并逐步向四周中心镇延伸。至 2010 年，丽水市城乡公共交通有限公司位有营运线路 9 条、224.4 千米，主要经营 17 路、18 路、201 路、202 路、203 路公交车及丽水至富岭、310 路、311 路、312 路农村班线，有各类营运车辆 54 台，日发班次 659 班，2010 年输送旅客 909.81 万人次。

2010年丽水市辖各县(市、区)主要陆路运输企业一览

表 9-6-4-1

	名称	地址	成立时间	企业性质	资金与职工数	备注
莲都区	丽水市(县级)运输总公司	多次搬迁	1950年	集体	职工165人	2000年12月,并入市汽车运输联合总公司
龙泉市	龙泉市长途汽车运输公司	龙泉市剑池东路300号龙泉新建汽车站	原地区汽运公司分公司(国营)	国营	固定资产4183万元就业员工近1000人	1992年10月下放县管,未改制,客运
青田县	青田县茂源长运有限公司	青田县汽车客运东站大楼	原地区汽运公司分公司(国营)	股份制企业	有资产1.50亿元职工950人	2001年5月改制,客运为主,兼营其他
	青田县泰源运输有限公司	鹤城镇临江东路68号	1988年	民营股份制企业	固定资产3000万元职工100人	2002年3月改制,客运
	青田县迅达汽车运输租赁有限公司	鹤城镇青岱路28号	1995年10月	民营股份制企业	注册资金60万元职工120人	客运
	青田县顺达汽车客运有限公司	—	2001年	民营	—	客运
	青田县平安汽车运输有限公司	温溪镇安定东路176号	2002年3月	股份制有限责任公司	—	客运
云和县	云和县恒通汽车运输有限公司	云和镇城东路160号	原地区汽运公司分公司(国营)	股份制	注册资金600万职工(含聘用)148人	2000年9月改制,客运
	云和县恒运旅游有限公司	云和镇车站路29号	2001年8月	股份制	注册资金50万元职工35人	出租车客运等
	云和县仙宫城市公交客运有限公司	云和县客运中心二楼	2008年11月	国有独资组建	资金200万元职工36人	主营城市公交
庆元县	庆元县汽车运输总公司	松源镇大济路166号	原地区汽运公司分公司(国营)	县交通局属下国有企业	2009年营业收入1545万元,职工151人	未改制,客运
	庆元县通达运输有限责任公司	松源镇霞岐路15号	2003年2月	民营企业	注册资金50万元员工40人	客货兼运
	庆元县濛洲汽车运输公司	松源镇石龙街242号	2003年3月	民营企业	注册资金100万元员工108人	客货兼运

续表 9-6-4-1

	名　称	地　址	成立时间	企业性质	资金与职工数	备　注
缙云县	缙云县汇通汽车运输公司	缙云县客运中心大楼	原地区汽运公司分公司(国营)	国有独资专业汽车运输企业	—	客货兼运
	缙云县长红客货运输公司	五云镇电力路 99 号	1999 年 9 月	股份制个私企业	从业人员 260 人	客运
遂昌县	遂昌县华通汽运有限责任公司	妙高镇平昌路 1 号	原地区汽运公司分公司(国营)	股份制企业	注册资本2000 万元在册员工 79 人	2001 年 1 月改制,客货兼运
	遂昌县捷利达汽车运输有限公司	妙高镇君子路 276 号	2000 年 9 月	民营有限责任公司	资本 151 万元	客运
松阳县	松阳县长运集团有限公司	西屏镇金田小区 18–1 号	原地区汽运公司分公司(国营)	股份制	2010 年有资产 1.50 亿元职工 265 人	1998 年 10 月改制,客货兼运
	松阳县第三运输有限公司	西屏镇长虹中路 141 号	1993 年 12 月	民营(联户)企业	—	2009 年 12 月，县长运公司受让该公司 90%股权,货运
景宁畲族自治县	景宁畲族自治县汽车长途运输公司	鹤溪镇环城西路 151 号	原地区汽运公司分公司(国营)	县交通局属下国有企业	在册职工 102 人	未改制，客运为主,兼营其他
	景宁畲族自治县汇丰汽车运输有限公司	鹤溪镇环城西路 150 号	2005 年9 月	民营企业	—	客运

丽水市邮政运输站车队 丽水市邮政运输站车队位于莲都区岩泉街道九里村。全站占地面积5175平方米，房屋建筑面积2560平方米，属丽水市邮政局领导，为全民所有制单位。1974年12月16日，丽水地区邮件转运站建立，归省邮政运输总站领导。1985年7月1日，丽水市邮政运输站车队更名浙江省丽水邮政运输站，业务由省、地邮电局双重领导。初建时职工22人，邮运车3辆。至1990年，丽水市邮政运输站车队有职工194人。载货汽车、邮运车21辆，配有各种汽车修理专用设备。始建时，承担丽水、缙云、云和、龙泉4县邮件转运出口任务，有丽水至金华、丽水至龙泉自办邮路2条，平均日行程524千米。1976年，丽水至龙泉邮路延伸至庆元。1977年3月1日，开通丽水至龙游邮路；1988年5月15日，调整为丽水至遂昌。1978年，开通丽水至温州邮路，承担丽水地区各县(市)邮件及温州市乐清、柳市、清水埠、桥头等地部分邮件的转运出口任务。2010年，丽水市邮政运输站车队有邮运车41辆，其中速递车30辆；员工130多人，其中速递人员70多人。有干线邮路8条，包括丽水—云和—龙泉—庆元2条，丽水—松阳—遂昌2条，丽水—杭州1条，丽水—景宁2条，丽水—青田1条。其余为委办或自办投递邮路。

水路运输企业

民国期间，瓯江民船分散经营。1949年10月中华人民共和国成立后，丽水曾建立民船工会、船民协会等组织，由船民自己管理。1952年12月起，青田、丽水、云和、龙泉、松阳等县瓯江民船业开展民主改革运动，先后成立木帆船运输合作社，继而成立高级社，船民将船只折价计股入社，年终分红。20世纪80年代以后，由于航道淤堵和公路运输迅速发展，许多货主弃水从陆，水运货源锐减，业务停滞，一些水运组织开始转行，同时兴起一批个体水运专业户。

2010 年丽水市水运企业一览

表 9-6-4-2

名　称	地　址	成立时间	企业性质	资金与职工数	备　注
温溪海运公司	青田县温溪镇东 3 千米下花门	1976 年 3 月	归属于浙江省海运集团有限公司	—	1994 年实施撤航简港，保留部分海运公司资质
丽水市南明湖船舶运输有限公司	丽水市区丽阳街 877 号	2005 年	私营企业	注册资金 150 万元船员8人	从事南明湖旅游客运、船上餐饮
南明湖管理处	丽水市区南明湖游船码头	2006 年 10 月	事业编制	32 客位游船 1 艘员工10 人	从事南明湖旅游客运
丽水古堰画乡开发建设管理委员会	丽水市区人民路 649 号	2006 年	国有企业	注册资金 2000 万元，有旅游船舶 5 艘	从事古堰画乡旅游客运
丽水市（县级）航运公司	丽水市区大水门	20 世纪 60 年代	市交通局属集体企业	—	2002 年破产
龙泉县航运公司	龙泉城区东街龙泉溪北岸	1958 年 1 月	县交通局属集体企业	—	1993 年解体
青田县航运公司	青田县城新大街 41 号	1954 年	县交通局属集体企业	—	2001 年撤销
青田县航务公司	鹤城镇水南新区	1993 年	1999 年 12 月起变更为民营企业	—	经营船舶、货物代理业务
青田县温溪通达船务有限公司	温溪镇下花门温溪港务处内	2002 年	国有企业	注册资金 50 万元员工8 人	经营船舶代理、货物运输代理业务
青田县东瓯船运有限公司	鹤城镇临江东路 147 号	2003 年 5 月	民营企业	注册资金 50 万元员工11 人	经营普通货物、砂石运输业务
青田县江往达运输有限公司	鹤城镇工商巷 5 弄 2 号	2006 年 9 月	民营有限责任公司	注册资金 50 万元管理员8 人	经营瓯江内河普通货物运输
云和县瓯江老艄公旅游有限公司	云和县新华街 42 号	2009 年	私营企业	注册资金 50 万元职工 14 人	从事紧水滩、石塘库区旅客运输
景宁畲族自治县运输公司（又称航运公司）	外舍乡汇头	1951 年	集体企业	—	2009 年 12 月，采取破产形式进行改制
青宁旅业有限公司	景宁畲族自治县鹤溪镇建设路23号	2010 年 10 月	民营有限公司	注册资金 1000 万元员工16 人	从事县境内千峡湖客运
浙江丽水云水旅游投资管理有限公司	景宁畲族自治县大均乡大均村	2010年 7 月	民营有限公司	注册资金 100 万元职工100 多人	从事小溪大均段水上漂流业务

第七章　物　　流

丽水现代物流是利用先进的信息技术和物流装备，整合传统运输、储存、装卸、搬运、包装、流通加工、配送、信息处理等物流环节，实现物流运作一体化、高效化营运的先进组织方式。20 世纪 90 年代前，丽水地区物流业基本上是传统货运形式。20 世纪 90 年代，丽水地区逐渐出现货运站场。

2000 年起，丽水市加快培育物流业，建设城乡物流配送体系，建设大物流中心，重视仓储和信息平台建设，促进全市物流业发展。2002 年 12 月 8 日，浙西南农贸城建成开业，同步建设电子信息平台，建成农贸城网络商务中心，作为农贸城的信息管理中心，全面实现农贸城商务电子化，推动商贸物流发展。

2010 年，丽水市较大物流企业和货运站 18 家，堆存面积 81700 平方米，其中室内堆存面积 18867.2 平方米，仓储面积 43328 平方米，输送车 232 辆。仓储公司具有储存、保管、理货、包装、信息传递、配送之物流功能。

第一节　发展概况

1978 年 12 月中共十一届三中全会后，丽水地区国营、集体、个体（联户）一起进行道路和水上运输，全区公路、水路运输均有快速发展。至 1990 年，丽水地区大货车 2765 辆、16442 吨位，小货车 761 辆。水运方面，丽水地区有货运船舶 1105 艘、17120.5 吨位、13504.1 马力。1990 年，全区货运量 479.81 万千克，货物周转量 5239.8 万亿千克/千米。21 世纪，丽水市综合性专业市场开始兴起并发展壮大。

综合性市场

2002 年 12 月 8 日，浙西南农贸城开业，总面积 54000 平方米，有店铺 530 间，仓库 8000 平方米，停车场 800 平方米，分茶叶、食用菌、中药材、粮油副食品、参茸滋补品、水产等专业市场。市场内还有快运业户 2 家，有多条快运专线，充分发挥物流服务作用。2010 年，丽水市年交易额 1 亿—10 亿元的市场有 11 家，年交易额 10 亿—20 亿元的有浙西南农贸城、丽水粮油副食品市场、府前农贸市场、松阳浙南茶叶市场、庆元香菇市场等。

城乡物流配送体系

20 世纪 90 年代，丽水地区货运站市场经营（即货运集散、货运配载、货运代理、仓储服务）业户不到30家。2000年起，全市货运行业发展快速货运、培育现代物流业，推进全市小件快运标准化作业。2010年，丽水市有物流服务23户，货运代理205户，信息配载54户。丽水市区物流相关企业90家。

2007年，丽水市南明物流有限公司与市内9个县(市)签订合作协议，以市内客运站行包房11座为基础，充分发挥客运班线网络的优势，9个县(市、区)境内快速货运网络基本建成，9县(市、区)全部加入浙江快运小件网络，入网率100%，市级网点实现"门到门"服务，县级小件快运网络向各乡镇扩展延伸，与放心食品配送站点联盟，设立农村物流配送站点，发展农村物流配送体系。2008年6月27日，丽水市交通部门在缙云县召开全市发展快速货运网络工作会议，引导和扶持运输企业向小件快运网络化方向发展。2010年8月，松阳浙江天虹物流有限公司通过ISO 9001质量管理体系标准认证，成为丽水市市级物流龙头企业；9月，经中国物流与采购联合会考核专家组考核评估，被授予丽水市首家国家AAA级物流企业。

至2010年，丽水市乡镇170个，建立农村物流网络服务站乡镇132个，覆盖率77.64%。完成农村货运站(客、货运一体站、农村货运网络站)29个，其中货运站22个(客、货运一体站)，农村货运网络站7个(网点67个)。全市行政村3452个，建立农村物流配送点(含放心食品配送站点)3430个。全市有高速公路、国省道、县乡道、通村公路13939.86千米，境内金温铁路123千米。有载货汽车13942辆、64552.63吨位，汽车货运业户9404户，从业人员23104人。有厢式货车3752辆、9573.3吨位。有货运站场(有形市场)16个，货运服务业户225家。完成公路货运量702.8亿千克，货物周转量84995.6亿千克。

第二节　物流中心

2008年，丽水市交通局制定《丽水市建设大物流行动计划》《丽水市建设大物流工作思路》《丽水市物流基地布局规划》，确定丽水市南明物流有限公司、缙云县路网物流中心有限公司、浙江绿通物流有限公司、松阳长运有限公司货运分公司、庆元超大运输有限公司5家市级培育龙头企业和龙泉市交通运输物流中心、缙云县物流中心、丽水水阁物流园区、庆元超大物流配送中心、遂昌县货运物流中心、松阳县工业园区物流中心6家市级重点扶持交通物流基地。2009年，向浙江省交通厅上报龙泉市交通运输物流中心、缙云县物流中心等丽水市级物流基地建设项目，并投入建设。市公路运管处印发《丽水市2010年交通大物流建设工作意见》，明确2010年全市交通大物流建设的总体要求和重点工作7项，项目32个，其中市级物流基地建设有龙泉物流中心、缙云物流中心；龙头企业建设项目有松阳浙南茶叶市场物流中心、丽水南明(凯瑞)物流有限公司信息平台建设；乡镇货运站(含客货一体站)21个；农村货运网络站7个。

2010年5月22日，丽水市运管处印发《关于推进我市交通大物流试点示范扶持项目建设工作的通知》，在全市推出松阳、景宁2个农村物流配送网络建设试点单位，推出丽水南明(凯瑞)和浙江天虹公司2个甩挂运输试点单位，推出浙江光年物流有限公司为制造业联动试点单位，推出庆元超大汽运公司集装箱软件安装试点。10月26日，省运管局携手龙泉市政府共建物流中心，推进龙泉成为浙西南一大物流节点。同年，市运管处印发《丽水市2010年发展农村物流工作方案》，并在松阳县召开农村物流配送网络建设的省县共建的签约仪式，积极发展农村物流配送网络。同时市运管处把景宁畲族自治县作为市级农村物流配送网络建设试点单位，通过试点，以进一步推动全市农村货运物流配送网络的发展。

第三节　仓储中心

1978年，中共十一届三中全会前，丽水地区商业、供销、物资、粮食、林业等部门各自成立车队，并建有仓储用房（仓库）或露天堆场，暂时用于储存。随着商贸流通领域全面开放，个体（含联户）和私营商贸企业迅速发展，原国营、集体商贸企业的车队解散或改行，仓储库房利用率低，大多改作他用。

2000年起，丽水市经营规模较大的物流企业都十分重视货运站场、堆存面积和仓储的建设。2002年，浙江光年物流有限公司创办，有货物堆存面积3000平方米，其中室内堆存面积2000平方米，仓储面积1000平方米。松阳县长运有限公司物流中心有堆场51000平方米；2003年1月，浙南茶叶市场兴建，同时兴建仓储用房，分两期建成，至2008年8月竣工验收，建筑面积3万平方米，交易仓储用房198间；2009年10月，物流仓储和金融服务中心开工建设，建筑面积4825平方米，物流12间、仓储13间、金融服务中心5间，总投资6000万元。2006年，丽水市南明物流有限公司投入上百万元，改造建设仓储13624平方米，货物堆存面积5600平方米，其中室内堆存面积4717.2平方米。2006—2008年，缙云鸿金、武业、华石3家物流有限公司建成仓储面积8100平方米。2007年，浙江路网物流有限公司成立，开始筹建缙云路网物流中心，占地总面积30000平方米。仓储中心分1#、2#、3#3座楼，占地总面积5519.7平方米，总建筑面积156169.4平方米。至2014年，1#楼、2#楼、3#楼主体工程建成。

2010年，据统计，丽水市较大的物流企业和货运站18家，有堆存面积81700平方米，其中室内堆存面积18867.2平方米；仓储面积43328平方米；吊车3台、叉车12台、铲车5台、起重车2台、输送车232辆。物流企业（物流中心）经营范围广，物流专线多，其仓储具有储存、保管、理货、包装、信息传递、配送之功能。

第四节　信息平台

2002年12月8日，浙西南农贸城建成开业，同步建设电子信息平台，建成农贸城网络商务中心，作为农贸城的信息管理中心，为店铺300多家安装“中国·农贸在线”，全面实现农贸城商务电子化，推动商贸物流发展。

2008年，丽水市级培育物流龙头企业——缙云县路网物流中心有限公司成立。2010年，公司投资筹建松阳县工业园区物流中心，项目总投资8000万元，占地总面积约6.6公顷，建筑面积5万平方米。2010年，丽水市南明物流有限公司物流信息平台动工建设。总投资400万元，能提供专线服务、货物配送、零担等物流信息发布。同年10月，浙江省运管局携手龙泉市政府共建物流中心，总投资1.6亿元。

2010年丽水市主要物流企业一览

表 9-7-4-1

县市	名　称	成立时间	法人代表	地　址	经营内容	车辆（辆）	从业人员（人）
丽水市区	丽水市南明物流有限公司	1989年成立、2006年1月更名南明物流公司	叶龙慧	丽水市区南环西路109号	货运、仓储、配送、装卸中转、信息服务	46	49
	丽水市凯瑞物流公司	2009年10月	张仲初	丽水市区南环西路109号	危货运输、货运站、信息服务	2014年有车23辆	与南明物流公司合署办公
	浙江鑫联缙物流有限公司	2000年	王海丰	莲都区水阁街道龙石村49号	货运、货运服务	8	7
	浙江光年物流有限公司	2002年	徐光年	市区人民路与开发路交叉附近	货运、储存、保管、中转、信息服务等	50含挂靠	43
	浙江鸿汇医药物流有限公司	2006年	王培衡	丽水市水阁工业园区垟店路5号	货运、货运配载、货运代理、仓储、理货	12	—
	浙江齐利物流有限公司	2006年	刘君勇	丽水市水阁工业园区垟店路	零担、整车、配载、仓储、海运	23含挂靠	20
	浙江天虹物流有限公司丽水分公司	2010年	徐卫平	市区丽阳街891-2号	货运、货运配载、站场经营等	67	—
	丽水市远大汽车信息服务有限公司	—	朱永龙	市区吕埠坑村	货运、货物专线	303含挂靠	—
龙泉市	龙泉市南丰物流有限公司	—	周南明	剑池东路9号	配载、代理、仓储	39	75
	龙泉市金义物流有限公司	1999年12月	周茂培	剑池街道龙福路51号	仓储、快递	8	44
	浙江龙鑫化工有限公司运输分公司	—	姜　鑫	杨林龙鑫化工有限公司	化工、危险品物流专运，仓储	—	56
	龙泉市民用爆破器材有限公司	—	王善才	中山路东路与后沙路交叉口	危险、爆破品专运，仓储	—	13
	龙泉市通达货物托运经营部	—	杨少云	同心花园A6幢C15室	货物代理	—	12
	龙泉市中信托运部	—	蒋兆付	剑池东路11号	配载、代理	—	14
	浙江佳信物流有限公司	—	陈　贵	龙泉市环城西路17号	配载、仓储、代理	—	12
	龙泉市安达物流经营部	—	徐少明	龙泉市环城东路F幢1室	配载	—	13
	龙泉市运通物流公司	—	季金元	龙泉市大沙老木材市场668号	配载、仓储、代理	—	27

续表 9-7-4-1

县市	名　称	成立时间	法人代表	地　址	经营内容	车辆（辆）	从业人员（人）
青田县	青田县速达快运有限公司	2010年	—	鹤城镇水南村山水嘉苑内	货运、配送、仓储	10	50
	浙江省邮政速递物流有限公司青田分公司	2010年1月	—	温溪镇安定东路安康小区A幢	快递、仓储	转运车7 电瓶车6	40
缙云县	缙云县华石物流有限公司	2006年	麻秋钟	缙云县五云镇仙岩村	货动、仓储服务等	20	40
	缙云县武业物流有限公司	2008年	吕兆武	缙云县壶镇镇贤母西路	货运、仓储服务等	60	120
	缙云县鸿鑫物流有限公司	2010年成立，后更名	胡周亮	缙云县壶镇镇胡宅口村	整车、零担货运、仓储、货运代理服务	63	32
遂昌县	浙江遂昌凯运物流有限公司	2003年4月	吴周云	妙高镇平昌路16弄1支弄8号	货运、货运调度、汽车咨询服务	300含挂靠	管理人员15
	浙江省绿通物流有限公司	2003年7月	黄剑飞	妙高镇牡丹亭中路7号	货运、物流配送、危险货物运输	64	380
	浙江遂昌神剑物流有限公司	2008年10月	姜慧勤	妙高镇平昌路16弄1支弄6号	危货运输、汽车咨询服务、货运调度	9	24
松阳县	浙江天虹物流有限公司	2003年4月	徐卫平	松阳长虹中路116号	货运、仓储、物流信息	70	70
	松阳县路路发物流有限公司	2006年8月	王春福	西屏镇望松岭3号	快递、物流专线、电子发物、农产品专业合作社	17	40
	浙南茶叶市场有限公司物流集散中心	2007年4月	宋火星	松阳县西屏镇长虹中路155号	各种货运、仓储	12	管理人员12，从业人员200
景宁畲族自治县	景宁畲族自治县东川商贸有限公司	2006年	赵东川	鹤溪镇新人民南路111号	货运配送、站场经营	8	100
	景宁畲族自治县畲乡物流有限公司	2009年9月	苏承波	鹤溪镇团结东路19号	快递、配送、仓储、站场经营	13	100
	景宁畲族自治县任一物流有限公司	2009年9月	任文忠	鹤溪镇李宅路2号	货运、配送、零担、货物代理、配载	15	30
	景宁畲族自治县顺达物流有限公司	2009年9月	李光有	鹤溪镇鹤溪中路113—117号	货运、配送、零担、专线、货运站场、仓储、理货	20	70
	景宁畲族自治县晨丰物流有限公司	2009年12月	许　涛	鹤溪镇胜利路28号	站场、货运、配送、仓储	10	8

第八章　交通体制改革与管理

清代，丽水交通管理未设专门机构和吏员，修道路、设驿站由府、县派员督管。民间对交通也多有不成文的约定和规矩。20 世纪 30 年代，丽水境内始筑公路，交通由行政督察区专员公署建设科兼管。

公路交通安保设施建设是确保车辆行驶安全、减少交通事故的重要设施。1949—1976 年，丽水公路交通安保设施建设由交警部门参与、交通管理部门负责，依据国家有关法律法规设立和管理。1988 年后，丽水地区加快交通安全设施建设，增加科技投入。有效地保护人民的生命财产安全。

在水运方面，民国前期，丽水督察区境内瓯江航运、航政、船舶、船员由各县自设机构管理。民国 19 年（1930）1 月，丽水县大水门设船舶管理站管理船舶。民国 20 年 7 月，浙江省船舶管理局在永嘉设第四区管理船舶事务所，瓯江境内舴艋船进行登记、查验、核发牌照等管理，并在青田县设立第三管理船舶事务分所，青田始有水上运输管理专设机构。

陆路交通，主要是公路交通，民国时期，交通行政管理属行政督察区专员公署建设科。民国 21 年（1932）11 月，省公路工程处成立，隶属省建设厅，负责公路建设计划安排。中华人民共和国成立后，公路和水路交通的法律法规日臻完善规范，设立专门管理机构，收取专门费用，明确管理职责、管理范围和内容，并制定一系列相应的法律、法规。使交通部门各司其职，确保水陆交通运输畅通无阻。

1988 年 3 月，丽水地区交通行业体制改革开始，主要实施公路管养、交通勘察设计、交通规费征收和交通运输企业等方面。改革后，公路管理由以条为主，改为条块结合，以块为主，打破公路管理方面受条条框框的束缚，消除公路管养混合、企业事业混编、机构重叠、办事效率不高的弊病，建立公路管理与养护分离、事业与企业分开的新的管理与养护机构。交通运输企业实行股份制运行。

2002 年，丽水市交通规划设计院作为丽水市第一批事业单位改制试点，进行改制。2010 年，丽水市取消公路规费稽征职责。

第一节　体制改革

公路管养机构体制改革

1989 年 5 月，丽水地区公路总段更名丽水地区公路管理处，公路管理由以条为主，改为条块结合，以市（地）为主的管理体制。公路管理机构降为副县级，隶属地区交通局，由省公路管理局与地区交通局双重领导。公路管理处经交通局授权，负责丽水地区专业公路具体行政管理工作，各县（市）公路段[①]为地区公路管理处派出机构，直属公路管理处管理。1999 年 11 月 26 日，根据省交通厅和省公路管理局的要求，公路管理“条块结合，以县（市）为主”，各公路段（正科级事业单位）成建制划归各县（市）管理，下放后相当于副科级事业单位。地区公路管理处负责业务指导，计划管理。2002 年，根据省交通厅《浙江省公路管理体制与运行机制改革的指导意见》精神，实施市公路管理处与市县乡公路管理处合并，县（市）公路管理段与县（市）县乡公路管理所、路政大队合并，不再设立其他县乡公路管理机构；事企分开和管养分开，把原属公路管理机构的工程公司、生产单位，与公路管理处（段）分开，把养护生产作业从公路管理处（段）剥离出来，组建具有独立法人资格、自主经营、自负盈亏的企业性质的养护公司（中心）；加快改革进程（简称“两合并，两分开，一加快”改革）。至 2004 年，9 县（市、区）先后建立养护公司（养护中心），下设养护站，负责辖区内路段的养护。公路管理处原设科室 8 个，整合为科室 6 个，人员 68 人，精简为 53 人，实行全员聘任制，公开考核，竞争上岗，双向选择，择优聘用。

公路运管稽征处体制改革

1987 年 9 月，根据国务院《关于交通道路体制改革的通知》及省政府指示精神，地区交通监理处原车辆监理职能成建制划归公安部门，成立丽水地区公安局交通警察支队，恢复地区公路运输管理处；养路费征收划出，新建公路稽征处，两处合署办公，隶属于地区交通局。1988 年，升格为副县级事业单位，内设办公室、运管科、征收科、汽修科、稽查科，各县（市）设公路运输管理所、公路稽征所，两所合署办公，为副科级事业单位。

2000 年 7 月，丽水地区公路运管稽征处更名丽水市公路运管处、公路稽征处。根据丽水市委、丽水市人民政府《关于市本级与莲都区部分事权划分的决定》要求，将丽水市公路运管所、稽征所、车辆购置附加费征收管理办公室改为直属所，成为丽水市公路运管稽征处的内设机构。丽水市公路运管稽征所房产划入丽水市公路运管稽征处。2001 年，丽水市公路运管处设立驾培科，驾驶员培训行业纳入道路运输行业管理。2005 年 1 月 1 日起，撤销丽水市车辆购置附加费征收管理办公室机构，丽水市车辆购置附加费征收管理办公室职能划转给丽水市国税局。2009 年 1 月 1 日起，停止征收公路养路费、公路运输管理费等 6 项规费。2009 年为补征、清缴公路规费年。同年 4 月，经市人劳社保局批准为监督管理类事业单位。

2010 年，丽水市取消公路规费稽征职责。同年，市运管处内设机构实施“四分离改革[②]”，做到一个中心窗口集中办理行政审批服务，全处所有行政审批事项向一个科室集中。

企事业单位体制改革

丽水市公路水路工程监理咨询公司　位于丽水市中东路 616 号紫金新村 1 幢东二楼，1998 年 4 月成立，为丽水地区交通局下属国有企业。2006 年 4 月，公司进行改制。4 月 26 日，改制为隶属于

---

① 2010—2011 年，陆续更名为公路管理局。

② “行政许可、法制监察、业务指导、市场分离”相互分离的改革（简称“四分离改革”）。

市交通局独立核算、自负盈亏的股份制企业，公司更名丽水市丽通工程监理有限公司，下设行政部（办公室）、监理部、经营部、财政部、丙级中心实验室。公司由丙级企业提升为甲级企业，通过北京世标认证中心有限公司的ISO现场认证审核。

丽水市汽车运输联合总公司　是丽水市国有道路运输企业。2000年1月4日，公司进行改制。2001年11月3日，通过《丽水市汽车运输集团有限公司章程》《股权管理办法》。选举组成第一届董事会和监事会，产生第一届董事长、监事。2001年11月27日，更名丽水市汽车运输集团有限公司。12月16日，挂牌营运。至2010年，有单位23个，其中分公司12个、控股公司10个、参股公司1个。

丽水市汽车改装厂　是丽水市汽车运输联合总公司下属的二级法人单位，为市直国有企业。2000年9月，企业启动改制。改制后，由国有企业全额置换成股份制企业，更名丽水市南明专用汽车有限公司，是浙江省专用车生产经营最具有规模和实力的企业，同时还经营汽车维修。内设行政部、财务部、技术部、生产部、质检部、营销部、安全部、一分厂、二分厂及修理厂。

第二节　公路管养

工程建设管理

民国21年（1932）11月，浙江省公路工程处成立，隶属省建设厅，负责公路建设计划安排。民国26—34年全面抗日战争期间，省公路工程处撤销，与省公路管理局合并，先迁至金华，后迁到丽水。境内战时交通规划由省公路管理局直接管理。战后，根据光复计划，修复丽水境内部分干线公路。

20世纪50年代初，以修复原有公路为主。1953年起，陆续制定公路网建设规划，公路建设纳入地方经济建设规划，干线公路按国家、省统一规划执行。1993年3月，地区交通局设工程管理科具体负责政策处理、经费筹措、项目管理、招投标管理、施工管理、竣工验收、工程监理、工程决算审计等管理工作。1996年9月3日，成立丽水地区交通工程质量监督站，受地区交通局委托，依据国家有关法律、法规及相关文件精神，负责全市公路、水运工程的质量与安全监督管理。

1990—2000年，丽水地区交通局先后编制交通建设"八五""九五"规划。2000年，丽水市制定交通建设"十五"规划（2001—2005）。2005年，丽水市制定《丽水市公路水路交通"十一五"规划（2006—2010）》，提出"实施公路畅通战略，实现公路网络现代化"等六大目标。2003年，根据国务院提出的交通扶贫计划，开始实施"乡村康庄工程"，丽水市公路建设进入跨越式发展时期。

2010年，丽水市组织工程建项目竣工质量鉴定（含大中修工程）40个，受监工程质量优良率83.3%。

路政管理

民国21年（1932），丽水督察区始有公路。民国25年，民国政府实业部编发《公路植树须知》和《全国公路植树监督规则》，规定公路机关或承办人及当地政府、地方自治人员均应负保护之责。

1949年10月中华人民共和国成立后，丽水专区道路管理分别由公安和交通两个部门负责，车辆监理由省公路管理局直接负责。1963年11月，丽水专区交通监理所成立，开始负责全区道路交通事故处理、行车安全等工作。1974 年 9 月，丽水地区交通局成立，负责公路建设、运输、路政管理和公路规费稽征等工作。

1985 年 4 月，丽水地区公路总段组建公安派出所。12 月，公安科成立，负责全区路政管理。1987 年 9 月 3 日，丽水地区执行国务院《关于改革道路交通管理体制的通知》，将地区和各县交通监理部门成建制划归公安部门管理，成立丽水地区公安局交通警察支队。各县（市）分别成立公安交通民警队。1990 年，更名公安交通民警大队（简称交警大队）。11 月，丽水地区公路管理处和地区县乡公路管理处联合组成公路路政管理大队，在全区所属各县（市）设公路路政管理队，根据各级交通部门制发的路政法律法规，实行依法治路。公路路政管理开始步入专业化、规范化轨道。1999 年 6 月 28 日，丽水地区编委批复同意丽水地区公路路政大队更名丽水地区公路路政管理支队，各县（市）公路路政管理队更名公路路政管理大队，相继成立路政中队。2002 年 2 月 21 日，设立金丽温高速公路路政管理大队。2006 年9 月 21 日，更名丽水市公路路政管理支队高速公路大队。

2004 年，丽水市公路路政管理部门设立莲都区紫金街道塔下村“治超”站点，检查超限运输车辆。同年 6—12 月，丽水市出动交通执法人员 25791 人次，交警执法人员 7155 人次，检查车辆 21189 辆，其中“双超”车辆 4090 辆（超限 3322 辆），卸载 3829 辆，卸载吨位 4278 万千克，处罚 1629 辆，罚款金额 137.34 万元，报停车辆 534 辆，复驶车辆 462 辆，大吨小标车辆恢复 2501 辆。

2008 年，丽水市公路路政管理部门设立风化村 330 国道丽水超限运输监测站，330 国道 197KM+500M，是浙江省人民政府首次批准的全省 21 个超限运输检测站之一。2008 年 1 月 27 日，该站运行，依法检测及查处丽水 G330 线公路违法超限运输车辆。检测站占地面积 20 亩，总建筑面积 2482.96 平方米，绿地面积 3937 平方面。设综合办公室 1 个，治超中队 2 个，机动中队 1 个。检测站设正式在编人数 20 名，协管员 12 人，执法车辆 6 辆，高低速结合智能检测系统、OA 办公自动化系统、治超监控系统等装备齐全。

2004—2010 年丽水市公路治理“双超”一览

表 9-8-2-1

年份	检查超限车（辆）	其中超限（辆）	卸载车辆（辆）	卸载吨位（万千克）	超限车辆比例（%）
2004	21189	3322	3829	4278.00	15.67
2005	76571	7578	6221	6029.81	6.00
2006	87428	4205	4117	4153.95	6.00
2007	23161	1512	1480	2626.78	<6.00
2008	16862	1081	1079	1875.62	<4.50
2009	23200	1117	1095	1210.00	<4.00
2010	30487	1100	1097	875.20	不足 4.00

2010 年，丽水市路政部门出动执法人员 56180 人次，发现违法案件 4512 件，查处违法案件 4509 件，拆除违法建筑 9444 平方米，清理堆积物 94709.7 立方米，拆除非公路标牌 1455 块，整治马路市场 267 个，缴纳赔补偿款 4585651.8 元，行政处理案件 913 件。

1991—2010年丽水市路政管理一览

表9-8-2-2

年份	查处案件（件）	拆违建（立方米）	清堆积物（立方米）	拆非公路牌（块）	治马路市场（次）	查超限案件（件）	查超限车（辆）	超限车（辆）	卸车（辆）	卸载吨位（万千克）	缴赔罚款（万元）
1991	—	9237.00	48348.00	—	—	—	—	8	—	—	22.10
1992	1621	12158.00	8154.00	—	—	—	—	7	—	—	42.70
1993	1534	14267.00	9456.00	—	—	—	—	—	—	—	47.50
1994	1464	2509.00	21091.00	—	—	—	—	950	—	—	68.30
1995	1593	10438.00	—	—	—	—	—	—	—	—	84.60
1996	1657	40543.00	56646.00	—	18	—	—	—	—	—	87.80
1997	—	5345.00	43090.00	780	5	—	—	—	—	—	149.30
1998	—	10237.00	61116.00	3481	—	—	—	—	—	—	176.70
1999	—	7631.00	34212.00	2643	4	—	—	293	—	—	196.10
2000	—	4385.00	34987.00	1237	—	—	17011	14499	—	—	414.50
2001	—	949.00	16209.00	660	—	32178	54314	32178	9975	—	475.75
2002	9648	673.00	54760.00	689	—	8392	14785	9736	3678	—	382.55
2003	5987	9174.50	113361.80	1443	288	752	752	752	454	—	355.96
2004	4519	7768.00	104571.00	1311	114	3796	7769	3776	3527	3943.32	304.21
2005	2822	4944.00	104592.00	2127	120	7121	70148	7121	5832	5748.36	1465.78
2006	2600	7489.00	76802.00	1059	142	4205	87428	4205	4179	4153.95	1396.80
2007	2073	6948.70	62938.00	659	214	1512	23161	1512	1480	2626.78	802.40
2008	3869	7473.00	79817.30	1822	200	1081	16862	1081	1079	1875.62	859.28
2009	4487	7504	93700.00	1628	358	1117	23200	117	1095	1210.00	613.24
2010	4509	9444	94709.70	1455	267	959	26610	959	959	875.20	719.30

2003—2010年丽水市高速路政大队路政管理一览

表9-8-2-3

年份	查处违章案件（件）	行政处理案件（件）	拆除违建（平方米）	清理堆积物（立方米）	拆非公路牌（块）	缴纳赔（补）偿款（元）	查超限车（辆）	查处超限车（辆）	卸车（辆）	卸载吨位（万千克）	罚款（万元）
2003	29	321	559	1300	8	1252716	—	—	—	—	—
2004	4	130	1034	1306	—	526203	5992	1149	1149	9078.71	—
2005	4	185	8	1420	1	1167690	29479	2092	1859	18474.11	403.31
2006	6	438	213	45	—	1886782	17766	1066	1010	18428.24	453.73
2007	55	785	277	11205	—	2963666	9348	561	559	15420.35	325.59

续表 9-8-2-3

年份	查处违章案件（件）	行政处理案件（件）	拆除违建（平方米）	清理堆积物（立方米）	拆非公路牌（块）	缴纳赔（补）偿款（元）	查超限车（辆）	查处超限车（辆）	卸车（辆）	卸载吨位（万千克）	罚款（万元）
2008	12	754	60.00	6259.00	0	3220793	2982	141	141	5135.68	120.41
2009	12	506	100.00	5115.00	0	2102017	252	6	6	280.50	6.05
2010	21	613	501.50	2717.90	0	2633167	1979	80	79	1336.41	21.02

公路养护

小修保养　丽水市公路养护始于民国 22 年（1933）5 月。公路都是等级较低的砂石路面，由于日本侵略军进犯和国民党坚持内战，已建公路大都失养。1949 年 5 月，丽水解放，丽水专区专业养护里程 322.62 千米，为全区公路总里程 500 多千米的 64%。1964 年，养护里程增加到 1146.78 千米，其中专业养护 1018.3 千米，农工养护 128.4 千米。1967 年，农工养护转为专业养护。

1990 年，丽水地区公路 243 条、4022.39 千米，其中高级次高级路面 342.72 千米。养护里程中专业养护 1680.57 千米，县乡养护 2203.88 千米。

2002 年，丽水市公路养护里程 4701.6 千米，其中高速公路养护里程 510.9 千米，一、二、三、四等级公路养护里程 4353.3 千米，等外公路养护里程 296.4 千米。2010 年，全市公路养护里程 13989.86 千米，其中高速公路养护里程 328.8 千米，一、二、三、四等级公路养护里程 5073.5 千米，等外公路养护里程 29.4 千米。

1991—2010 年丽水市公路养护里程一览

表 9-8-2-4

年份	国道（千米）	省道（千米）	县道（千米）	乡道（千米）	专用道（千米）	高速	一级	二级	三级	四级	等外	公路养护里程（千米）	高级、次高级路面铺装率（%）	好路率（%）
1991	140.90	888.20	1992.40	837.40	138.00	—	—	75.50	248.50	3033.40	639.30	3996.70	9.60	77.80
1992	140.90	879.60	2098.10	799.60	138.00	—	—	92.00	255.20	3139.00	570.00	4056.20	10.11	80.10
1993	140.90	875.20	2112.30	857.30	138.00	—	—	92.00	254.40	3207.20	569.90	4123.70	13.53	82.80
1994	140.90	875.20	2147.30	861.00	138.00	—	—	121.00	286.40	3185.00	570.00	4162.40	14.94	84.30
1995	139.00	869.20	2231.90	864.40	138.00	—	—	231.10	306.80	3157.00	547.60	4242.50	20.72	37.80
1996	135.70	867.80	2273.80	888.00	138.00	—	—	265.00	359.60	3135.00	543.70	4303.30	22.61	45.70
1997	135.70	866.90	2299.20	889.40	138.00	—	—	293.30	357.20	3133.50	545.20	4329.20	23.37	46.00
1998	136.90	865.90	2347.50	887.50	127.50	—	—	365.53	381.40	3143.00	475.40	4365.30	27.68	50.40
1999	136.91	861.03	2370.51	894.78	127.48	—	—	371.65	403.49	3140.15	475.42	4390.71	29.50	53.50
2000	136.91	851.40	2384.09	887.94	127.48	—	—	394.84	448.93	3082.71	461.34	4387.82	34.60	56.40
2001	176.53	782.17	2710.78	754.74	161.74	—	22.41	591.00	342.22	3333.96	296.38	4585.96	40.09	60.10
2002	130.80	879.80	2774.50	754.70	161.80	51.90	26.30	606.00	350.90	3370.10	296.40	4701.60	43.89	62.40

续表 9-8-2-4

年份	国道（千米）	省道（千米）	县道（千米）	乡道（千米）	专用道（千米）	高速	一级	二级	三级	四级	等外	公路养护里程（千米）	高级、次高级路面铺装率(%)	好路率(%)
2003	130.80	879.70	2782.50	751.70	161.80	51.90	29.20	604.50	371.50	3376.70	272.50	4706.30	47.60	64.40
2004	129.75	895.46	2787.90	751.18	161.74	51.94	46.24	626.12	386.46	3342.75	272.53	4726.00	60.40	69.90
2005	129.77	971.16	2793.84	752.73	161.74	127.64	46.24	641.89	388.14	3348.55	256.78	4809.24	89.90	76.08
2006	129.80	1135.30	2984.00	876.00	156.20	291.40	35.50	688.50	443.10	3652.50	170.20	9640.80	97.90	76.30
2007	129.80	1158.00	3006.10	877.40	156.20	314.60	48.40	706.00	442.20	3662.30	154.00	10685.60	98.10	76.80
2008	359.33	937.79	3037.83	877.40	156.20	328.30	54.30	793.80	389.20	3737.10	65.90	11697.06	98.50	不评好路率
2009	359.30	937.80	3059.70	904.40	156.20	328.30	66.80	825.20	424.80	3723.00	49.40	12681.70	98.80	不评好路率
2010	360.00	938.40	3077.40	899.70	156.20	328.80	72.50	884.70	372.10	3744.20	29.40	13989.86	98.60	不评好路率

说明：2006 年起，全市公路里程包括村道纳入统一养护

大中修工程　1965—1990 年，丽水地区公路大中修包括部分改建工程投资 4356.92 万元。20 世纪 90 年代，全区公路养护分专业养护和县乡养护两种管理体制。国道、省道和少数县乡道由地区公路管理处专业养护，县乡道由地区交通局及各县（市、区）交通局设养护机构管养。地区交通局设县乡公路管理处、县（市、区）设县乡公路管理所管养。2002—2003 年，各县（市、区）公路段改革公路管理体制，实行“管养分离，事企分开”，建立养护中心，负责县境内国省道、县乡道管养。专用公路自建自管自养。2002 年，市境内高速公路部分路段建成通车，高速公路由丽水市高等级公路养护中心管养，采用招投标方式确认养护单位和所负责养护路段。2006 年起，全市公路养护里程包括村道，纳入统一养护。1991—2010 年，全市公路大中修工程投资 15.8 亿元。

工程维护　民国 29 年（1940）5 月，浙江省政府加征改善工程费，改善丽浦公路和金丽公路。次年，拨款改善金丽线丽水境内的冷水、马头山和丽浦线的赤石岭、新岭、牛头岭等处急弯、陡坡、狭路，拓宽“瓶颈”地段。

民国 31 年（1942），浙江省政府新建丽浦线的赤石渡浮桥，加宽赤石至武溪开山地段的狭路以及将局村渡改为低水位桥等。

1949 年 10 月中华人民共和国成立后，丽水专署采取国家投资和民办公助建设公路的方针，境内公路进行修复、拓宽、改建等大中修及改善工程。1951—1990 年，投资 1.78 亿多元，多次拓宽、改线、裁弯取直 330 国道温寿线、53 省道丽浦线、50 省道龙丽线以及 54 省道龙后线、55 省道菊寿线、51 省道遂龙线、52 省道云寿线等国省道丽水境内段，开凿隧道，改砂石路面为沥青路面、水泥混凝土路面；建造新桥，改低水位桥为中、高水位桥，基本解决“瓶颈”问题。

20 世纪 90 年代初，丽水地区行署改扩建境内国省道和部分县乡道 13 条，提升公路等级，提高通畅能力。21 世纪，丽水市公路管理部门主要负责公路施工现场的“三度一排”[①]、车辆安全通行管

① 三度一排：长度、宽度、平整度和排水工作。

1991—2010 年丽水市公路大中修改建工程经费一览

表 9-8-2-5

年份	中修(万元)	大修(万元)	改建工程(万元)
1991	100.70	127.10	1346.00
1992	80.80	342.40	3003.10
1993	111.10	332.00	4103.10
1994	102.10	456.50	582.60
1995	105.50	903.50	445.50
1996	117.40	1656.80	664.00
1997	119.50	1284.00	102.90
1998	101.70	806.60	1736.90
1999	148.30	2001.10	3336.30
2000	53.70	1909.90	2277.00
2001	55.30	1496.30	1999.60
2002	—	4761.40	3689.00
2003	—	3837.50	200.00
2004	—	687.10	13126.50
2005	—	13837.50	27910.70
2006	—	16946.00	7334.10
2007	—	18833.80	166.00
2008	—	19746.50	150.00
2009	—	30744.30	—
2010	—	36173.20	—
合计	1096.10	156883.50	72173.30

说明:根据公路养护会计年报,从 2002 年起大中修合为一项;1991—2003 年是专业养护大中修改建经费,不包括县乡道大中修经费;不包括高速公路

理及施工质量监督等职责。1991—2010 年,全市改建工程投资 7.22 亿元。

抗冰雪、保畅通　2010 年 12 月 15—16 日,丽水市 7 个县(市、区)下暴雪,其中缙云积雪深度 18 厘米,导致全市交通中断线路 199 条,其中国省道 9 条,县乡道 190 条。15 日起,丽水客运西站停运班次 47 个,客运东站停运班次 37 个。全市公路系统投入抢险人员 5400 多人次,机具 1110 台次,工业用盐 50.9 万千克,防滑料 980 立方米,投入抢险经费 940 万元。16 日,丽水东、西两站至各地班车陆续恢复正常运行。

水毁防治,雨季养护　民国 24 年(1935),丽浦线赤石大桥刚刚竣工,还未验收就遭到特大洪水破坏,2 个桥墩和 3 孔钢桁架冲坍,被迫改设临时渡口。1965—2010 年,丽水全市养护、抢修水毁公路 95921.76 千米(含重复养护)。

公路绿化　民国 23 年(1934),缙丽、丽温、丽浦、遂松公路陆续竣工通车,民国 24 年春,即由养

路部门负责，开始栽植行道树。民国 26 年，丽浦线种柳树、杨树、桐树 28299 株，丽长路种植栗树、松树、杨树、枫树 11330 株。民国 30 年，因日本侵略军侵扰，公路大量破坏，植树工作停止。

1953 年，丽水、松阳、云和、缙云等县人民政府发动金丽、龙南、丽浦等路沿线群众开始植树，一些机关干部及学校师生也参加植树，其中松阳县发动 2533 人，种植行道树 14802 株，栽植里程 62.5 千米。1955 年，公路部门拨款 1400 元，遂昌县新路湾工区组织道工，在龙南线植树 4400 株。次年，当地政府发动沿线群众，植树 26433 株。1957 年，公路部门补植 12000 株。1959 年，建立松阳县破樟树村苗圃，创丽水专区公路部门自行培育树苗的先例。此后，先后建立丽水桃山苗圃、松阳潘村苗圃和丁旺山苗圃、缙云仙都苗圃。1960 年，全国养路会议把公路绿化纳入"养路六化"之一，促进公路绿化工作的开展。1964 年，公路沿线群众植树由公社发动群众进行绿化。

20 世纪 90 年代，各级政府把公路绿化作为建设生态公路的重要举措，被列入新建、改建公路建设项目。1965—2010 年，投资绿化 5704 万元。

1991—2010 年丽水市公路绿化一览

表 9-8-2-5

年份	资金投入（万元）	新植（千米）	补植（千米）	植树（株）	花灌木（千米）	绿篱（平方米）	草坪（平方米）	边坡荒地绿化（平方米）
1991	10.90	13	—	9000	—	—	—	—
1992	12.70	18	196.00	—	—	—	—	—
1993	13.60	23	—	9000	—	—	—	—
1994	14.80	17	245.00	—	—	—	—	—
1995	20.80	30	50.00	30000	—	—	20000	—
1996	23.20	48	36.00	—	—	—	—	—
1997	28.30	52	70.00	40450	—	—	—	—
1998	110.90	103	53.00	—	—	—	—	—
1999	69.70	—	76.78	11340	—	—	1050	—
2000	79.70	4	46.40	1125	—	—	3518	—
2001	95.80	12	191.00	35202	—	—	834	—
2002	175.00	103	75.00	74800	—	1022	680	—
2003	279.40	77	687.00	129500	—	310	1034	—
2004	580.20	155	471.00	458000	—	—	12000	—
2005	1301.40	177	418.00	—	—	—	—	—
2006	525.80	309	253.00	—	16	—	—	—
2007	494.30	265	—	—	—	15950	—	—
2008	386.30	307	254.00	40000	8	—	60000	—
2009	766.20	12	84.00	119600	86	—	139063	—
2010	628.00	17	—	—	—	—	—	44400
合计	5617.00	1742	3206.18	958017	110	17282	238179	44400

高速公路养护管理单位

G25长深线金丽(莲)段小修保养项目经理部　位于金华市武义县武义收费站内。隶属于浙江顺畅高等级公路养护有限公司,下设金华、丽水养护工区2个。

G1513温丽高速公路小修保养项目经理部　位于青田县船寮镇大洋村。隶属于河南省高远公路养护技术有限公司。下设温州、船寮养护工区2个。

丽龙高速公路小修保养项目经理部　位于丽龙高速公路碧湖收费站内。隶属于浙江交工高等级公路养护有限公司,下设碧湖、安仁养护工区2个。

S33龙丽温高速公路小修保养项目经理部　位于龙丽温高速公路遂昌东收费站内。隶属于浙江交工高等级公路养护有限公司,下设溪口(龙游境)、遂昌东养护工区2个。

龙庆高速公路小修保养项目部　2013年5月成立。位于龙庆高速公路(G25长深线龙庆段)查田收费所内。隶属浙江交工高等级公路养护有限公司。下设工程科、安全科等。

国省道文明公路创建　1996年,丽水地区公路管理部门开展文明公路创建活动。同年,创建330国道丽水地区段文明建设样板路。1997—1998年,进一步巩固创建成果。

1998年,330国道丽缙复线创建文明建设样板路27—46千米。1999年,丽水地区创建S328(53)省道丽浦线大港头至龙泉段104千米文明建设样板路。

2002年,丽水市巩固330国道青缙段和丽浦线丽龙段文明建设样板路创建成果。2006年,丽水市创建S227(51)省道遂龙线文明公路。2007年,创建S220(44)省道上松线松阳段文明公路。2008年,创建S328(53)省道丽浦线文明公路。2009年,创建S228(52)省道云寿线云景段63.74千米文明公路。2010年,打造S322(35)省道缙云段五型公路。

1996—2002年,丽水地区(市)创建文明样板路投资2166万元,至2010年,创建文明公路投资2715.5万元。

文明高速公路创建　2003—2004年,丽水市创建金丽温高速公路丽水市段文明建设样板路51.94千米。2008年,丽水市创建丽龙高速文明公路。同年,创建龙丽高速文明公路。

第三节　安保设施

1949—1976年,丽水公路交通安保设施建设由交警部门参与、交通管理部门负责。1986年12月3日,丽水城区第一座交通指挥红绿灯在丽阳门交叉路口启用。1987年,丽水地区交通管理体制实行大改革。1988年开始,丽水地区加快交通安全设施建设,增加科技投入。1989年,全区完成境内省道634千米悬臂式标杆和标牌的设置任务,并在危险地段增设导向标志,设立行车紧急避险带。

安保设施管理机构

1949—1976年,丽水公路交通安保设施建设由市交警部门参与、交通管理部门负责。

1987年，丽水地区改革交通管理体制，明确规定公路交通标志、标线的设置和日常维护，由公安机关负责；公路地名、分界标志、百米桩、里程牌、护栏等，仍由交通管理部门设置和维护。1998年7月1日起，公路标志标线管理工作由公路管理机构接管，丽水地区公路和交通部门正式办理交接手续后，商定新建、改建公路的交通标志标线设置统一由公路管理部门规划设计，涉及公路交通禁令标志的经县、市公路、交警部门会审后实施；公路交通禁令标志的设置和更改由县级以上公安交警部门提出书面意见，会同同级公路管理部门实地勘察后，由地区公路管理处审批并组织实施，公安交警部门参加验收。

安保设备

1949—1988年，丽水城区公路安保设施不多。1986年12月3日，丽水城区第一座交通指挥红绿灯在丽阳门交叉路口启用。1988年起，全区加快交通安全设施建设，增加科技投入。1989年，全区完成境内省道634千米悬臂式标杆和标牌的设置任务，并在危险地段增设导向标志。1993年，丽水地区完成53省道丽龙段100多千米标志线和缙云、龙泉、松阳、云和等县(市)公路的指路牌、道口柱桩等设置。

2002年，丽水市投资260多万元，漆划公路标线10万多平方米。投资170多万元，增设国省道标志牌900多块，县道指路标志90多块，一般标志1220块。投资51.9万元，增设和更新县乡公路沿线学校标志37副、落实标志169副、连续弯道标志457副，禁止夜间客运标志272副。投资200多万元，加强危桥险路的防护。2003年，漆划标线87208.5平方米；增设标志牌4000多块。2005年，全市公路沿线新增各类标志、警告标志235块、禁令标志63块、指路标志68块、界牌41块，新增软体分道标679块、隧道立面标志26块、道钉8000只、示警桩560根。重新漆划公路标线474.5千米，漆划热熔标线250891平方米，冷漆标线46680平方米，震荡标线2179平方米，除旧线7116平方米。标志标线工作投入经费600多万元。2006年，增设交通标志牌746块，道口标柱589块，漆划交通标线82169平方米，减速带1395平方米。实施护栏墩91372米、连续护栏1675米，投资1321万元；根据交通部下达丽水市县道安保工程的任务，实施墙式连续护栏140米，墙式间断护栏44340米，投入经费456万元。省下达丽水市2006年危桥改造计划9座，省补助251.4万元，至同年底全面完成。2007年，全市公路安保工程投入经费2173万元。其中，中央投资463万元，省投资1710万元。此外，先后在7处省级临水临崖危险路段安装钢质护栏13.3千米，在8处县乡道临水临崖危险路段完善交通安全设施，其中墙式间断护栏13.7千米，墙式连续护栏30.9千米。初步完成桥梁限载标志的设置工作，并出台《丽水市公路系统预防和处置桥梁事故突发事件应急预案》，真正使公路安保工作实现“消除隐患，珍爱生命”的主题。

2008—2009年，丽水市公路增设各类标志2290块，道口标柱1107块，附着式轮廓标2304个，柱式轮廓标2693根，反光镜11套，橡胶减速带1327米，反光道钉2846只，重划交通标线186163平方米。

危险路段排查整治

2005年，丽水市公路路政部门积极开展消除事故多发点(段)工作。全年投入资金80万元，整治全市省定12处和市定17处事故多发点段。2006年，投入经费236万元，对省政府提出的丽水市临江临崖高危路段12处增设安全设施。2007年，投入资金462.2万元，整治省市两级事故多发路段21处。2008年，全市有事故多发点段8处、临水临崖危险路段11处列入省级挂牌督办整治，事故多发点段8处、临水临崖危险路段13处列入市级挂牌督办整治。青田县政府下拨隐患整改经费，完善330国道、S333（49）省道、S230（57）省道隐患点段16处的交通安全设施。2009年年初，全市有事故多发点段9处、临水临崖危险路段13处列入省级挂牌督办整治，11处事故多发点段、21处临水临崖危险路段列入市级挂牌督办整治，至同年底全部治理到位。增设一大批反光标志、标志标线、减速带，其中市区水东大桥安全隐患路段新安装中心隔离护栏1500米；省级13处、市级21处临水临崖危险路段，安装钢质护栏、浇筑水泥护墩323千米。

2010年，丽水市有事故多发点段10处、临水临崖危险路段15处列入省级挂牌督办整治。其中省级挂牌的事故多发点段10处投入资金103万元，增设警示牌14块，浇筑混凝土护栏100米，安装减速带19条，漆划交通标线2357米，封闭护栏6处。省级挂牌的临水临崖危险路段15处投入治理资金6011万元，其中省补资金4807万元，增设钢质护栏573.8千米，钢筋混凝土连续护栏8.7千米，至12月全部治理完毕。全年全市安保工程（临水临崖）实施总里程857.97千米，实施护栏长度5400610米，其中钢质护栏531691米，钢筋砼连续护栏8370米，投资10633.8万元，省补资金8507万元，至12月25日，工程全部完成。

2005—2010年丽水市公路安保工程（临水临崖）一览

表9-8-3-1

县别	实施里程（千米）	实施内容					招标进度（%）	工程实施进度		投资完成情况（%）
		钢质护栏（米）	钢筋砼连续护栏（米）	护栏柱（根）	总投资（万元）	省补资金（万元）		护栏长度（米）	形象进度（%）	
莲都区	32.35	24210	28	—	508.40	406.70	100	24238	100	82.00
龙泉市	234.62	134468	—	—	2796.20	2236.90	100	134468	100	91.10
青田县	42.68	31710	3160	—	634.90	507.90	100	34870	100	50.00
庆元县	28.11	15920	—	—	323.50	258.80	100	15920	100	80.00
云和县	69.87	50273	1342	—	1099.40	879.60	100	51615	100	75.00
缙云县	24.78	14346	964	—	334.10	267.30	100	15310	100	100.00
遂昌县	235.91	174638	—	—	3143.50	2514.80	100	174638	100	57.00
松阳县	28.44	20286	32	—	370.40	296.30	100	20318	100	73.00
景宁畲族自治县	161.20	65840	2844	—	1423.40	1138.70	100	68684	100	66.00
合计	857.97	531691	8370	—	10633.80	8507	—	540061	100	—

避险车道建设

330国道枫树湾避险车道　2006年年底，丽水公路部门筹资340多万元，在330国道丽缙段枫树湾路段，建设全市首条避险车道，车道长约110多米。2007年2月建成投入使用。2010年7月，为该避险车道安装出险救援监控系统，实行24小时监控并快速出警。至2010年，该避险车道成功避险车辆10多辆，保障生命安全20多人。

上松线避险车道　2009年5月，松阳县投资347万元，在S220省道上松线松阳段K82+450处建设一条85米长的避险车道。2010年1月1日投入运行。

龙丽线洋条岭避险车道　2009年，遂昌县投资250万元，在S222省道龙丽线洋条岭处设置避险车道，避险车道全长220米。2010年4月投入使用。同年4月，又安装出险救援监控系统，实行24小时监控。至2010年12月，成功避险失控汽车22辆。

青岱线避险车道　2006年10月，青田县公路部门在改建S230省道青岱线汤垟至将军岩路段设置避险车道。避险车道总长205米，总宽8米，车道外侧设置波型防撞护栏。投资90万元。计划在2011年投入使用。

高速公路安保设施

丽水境内高速公路为双向四车道，中间建隔离带，全封闭，全立交，道路两旁设置钢质护栏，混凝土护栏，活动护栏（其中有普通波形护栏、插拔式护栏）。还有各种类型包括限速、指路方向等标志标牌，构成比较完整的安保设施。

2010年长深线缙丽段和温丽高速青丽段交通安保设施一览

表9-8-3-2

序号	设施名称	数量（套）	序号	设施名称	数量（米）
1	单柱式标志	223	11	二波+二波形护拦	18484
2	双柱式标志	256	12	混凝土护栏	104180
3	单悬臂标志	76	13	活动护栏	2189
4	双悬臂标志	11	14	插拔式护栏	367
5	门架式标志	19	15	普通波形护拦	221438
6	隧道内标志	430	16	可变情报板	44
7	标线	7	17	旅游区标志	12
8	防眩板	78	18	禁令标志	107
9	爆闪灯	14	19	指路标志	567
10	—	—	20	警告标志	74

说明：其中7标线数量单位为万平方米，8防眩板数量单位为千米，9爆闪灯数量单位为盏，16可变情报板、17旅游区标志、18禁令标志、19指路标志、20警告标志数量单位均为块

2010年S33龙丽高速公路丽水段交通安保设施一览

表9-8-3-3

序号	设施名称	数量（套）	序号	设施名称	数量（块）
1	单柱式标志	622	4	双悬臂式标志	28
2	双柱式标志	122	5	门架式标志	40
3	单悬臂式标志	86	6	隧道内标志	164

续表 9-8-3-3

序号	设施名称	数量(套)	序号	设施名称	数量(块)
7	标线	11	14	诱导标	196
8	爆闪灯	6	15	禁令标志	138
9	轮廓标	16200	16	警告标志	45
10	突起路标	17062	17	钢质护栏	396
11	可变情报板	44	18	隔离栅	201
12	旅游区标志	19	19	防眩板	17
13	指路标志	307	20	其他	

说明：其中7标线数量单位为万平方米，8爆闪灯数量单位为盏，9轮廓标和10突起路标数量单位为个，17钢质护栏、18隔离栅、19防眩板数量单位为千米

2010年G25长深线丽龙段(丽龙高速公路)交通安保设施一览

表 9-8-3-4

序号	设施名称	数量(套)	序号	设施名称	数量(块)
1	单柱式标志	406	12	LDS 线型轮廓标	13684
2	双柱式标志	114	13	突起路标	31585
3	单悬臂式标志	71	14	附着式交通标志	48
4	双悬臂式标志	9	15	轮廓标	20822
5	门架式标志	28	16	警示桩	24
6	隧道内标志	1041	17	爆闪灯	12
7	立面可移动临时标志	86.80	18	防撞筒	177
8	标线	58650.72	19	隔离墩	19
9	钢质护栏	192.79	20	可变情报板	131
10	隔离栅	147.52	21	缓冲垫	54
11	防眩板(千米)	10.07	22	诱导标	648

说明：其中7立面可移动临时标志和8标线数量单位为平方米，9钢质护栏、10隔离栅和11防眩板数量单位为千米，12LDS线型轮廓标数量单位为片，21缓冲垫和22诱导标数量单位为块

第四节　运输管理

1949年5月至1956年，丽水各县国营、私商汽车运输均得到发展。人民政府协调双方，统一运价，自找货源，开展运输市场上的相互竞争。1956年，实行公私合营，丽水各县运输市场上只保留政府办的专业汽车运输公司。1962年，丽水、龙泉等县建立手拉车运输管理站，维持运输市场秩序。20世纪70年代起，非交通部门的社会车辆除自货自运外，允许揽货营运进入运输市场。

1978年，浙江省革命委员会批准各地(市)县建立公路运输管理机构。1979—1982年，丽水地区

和各县相继建立公路运输管理处、所。1992年3月24日,丽水地区交通局下发《关于施行运输行业经营行为规则的通知》,提倡合法经营,维护运输秩序,避免不合理竞争,使运输市场进一步规范化。1997年,审批规范丽水地区货运信息交流中心和丽水地区公铁联运有限公司等专业货运服务企业2家。

2000年4月20日起,丽水地区运管处开展全区道路运输市场管理年活动,制定《丽水地区道路客运车辆“进站证”管理规定(试行)》,规定凡从事境内道路运输的班车都必须办理“进站证”,由当地运管部门统一安排规定的车站(中心)经营,一车一证,每年年审一次。2010年,开展联合整治专项行动6次,出动执法人员13528人次,检查车辆62210辆次,查处运政违法违章车辆3429辆。办结行政执法案件1355件,全市无行政败拆案件。

运价管理

1962年,《浙江省公路汽车货物运输规则实施细则(摘要)》颁布,对汽车货运价格、行包运价、客车运价制定具体规定。1987年3月、1989年1月、1992年8月,丽水地区物价局、地区交通局先后调整汽车客货运价。

1995年年初,丽水城区首批投入营运面包车30辆,起步价5元,营运范围为当时的城区,无计价器,乘客每辆5人,一次性计价。1997年6月25日,丽水市区首次开通2路、3路公交车及此后开通的公交线路,投入中巴车运营,全程票价1元/人,后改为空调车,全程票价1.5元/人;城乡公交车因营运线路长,分段计价,有全程1.5元/人、3元/人等。

2000年起,丽水市完全放开公路货运运价,运价由货主和运输单位(含个体运输户)协商定价。对汽车客运运价根据油价上涨情况、保险费用、人员工资增加等因素,因时予以公布。2000年,出租车经营成本上升较快。2004年10月,市物价局规定市区客运出租车运价起步价由1997年的3元/1千米调整到5元/2.5千米,超过1千米后,每千米1.4元调整到2元。2006年7月20日,再次调整运价,从5元/2.5千米调整到5元/2千米,其他收费保持不变。2009年9月,经市人民政府批准,实行油运价格联运机制,市区客运出租车每天加收燃料附加费1元。

出租车行业管理

1995年前,丽水地区尚无有组织的专业客运出租车企业,对出租车客运管理权限未作明确规定。1995年1月,丽水城区客运出租汽车起步,客运出租汽车迅猛增加。至同年6月,从18辆增加到368辆。地区交通局制定《关于加强全区客运出租汽车发展宏观管理的通知》,实行额度管理,宏观调控,做到先审批,后购置。

1996年,丽水地区出租车14辆被省交通厅评为“文明营运出租车”。1997年3月2日,丽水地区行署制定《丽水地区客运出租汽车管理办法》,规范全区客运出租车行业管理。

2000年8月19日,丽水市交通部门委托产权交易所,采取公开拍卖方式向社会出让客运出租汽车20辆的经营权,整体拍卖19辆。9月28日,丽水市区经营陈旧的“面的”出租车367辆,全部更新为捷达、富康2种国产中档轿车。2001年11月27日,市政府颁发《丽水市客运出租汽车管理办法》,进一步规范出租汽车的管理。同年,丽水城区客运出租汽车运力暂停增长。2002年6月,市区旧货运出租车70辆分期分批更换成“长城”皮卡型小货车30辆,实行经营权和产权合一,承包经营。8月,丽水市外事旅游汽车有限公司出租车43辆全部更新为捷达轿车出租车。2004年起，经市政府批准，客运出租车出城实行登记，在市区西站、塔下、330国道收费站设立登记点，2008年，增加富岭出城登记点。2005—2008年，查处无证经营的"黑车"及超范围经营车辆200多辆次，纠正并查处出租汽车各类违章经营案件600多件。2006年，市运管处组建出租车文明车队，连续四届坚持组织"3·5"学雷锋免费乘车、重阳节免费接送老人、"3·15"答谢消费者活动、组织高考志愿者车队免费接送考生活动、评比文明出租车和文明驾驶员、爱心送考应急服务等公益和评先进活动。2008年，省评出丽水市省级优秀服务明星8人，评出市级优秀服务明星10人，优秀驾驶员10人。2008年6月25日，市政府出台《丽水市客运出租车管理办法》，从2008年7月1日起施行。同年，市区324辆出租车经营权平稳更新。2009年，全市开展联合"打黑"专项整治行动。到3月21日，全市投入稽查人员1564人次，出动稽查车辆302台次，设置固定检查点11个，流动检查点22个，检查车辆7561辆次，查处无证营运车辆109辆，异地驻点营运车辆17辆，拒载11辆次和其他道路运输违法违章车辆221辆。同年，评选出服务明星10人和优秀驾驶员9人，丽汽集团长运出租车公司下属"阳光文明车队"被评为省级文明车队。评出丽水市省级优秀服务明星14人，绿谷文明车队被评为省级文明车队。

道路运输站(场)管理

丽水地区道路运输站(场)经营者应向所在地(市)县级道路运输管理机构提出申请，经批准后向工商行政管理部门领取营业执照后方可开业。

机动车修理业管理

1986年12月13日，国家经委、交通部、工商行政总局颁发《汽车维修行业管理暂行办法》。2002年，丽水市取缔无证车辆维修业户47户。

2003年4—5月，按照统一标准、统一评分，逐户考核验收丽水各县(市、区)二类以上维修企业143户，取缔无证经营者；对经营条件不达标的49户企业，发出限期整改通知书。加强车辆维修人员业务培训，截至2010年，运管部门举办各种类型、不同内容的培训班近30期，培训4669人次，合格者，发给合格证书。

2010年，丽水市164家2类以上维修企业，挑选出优秀企业18家，成立丽水汽车快修网络，实行24小时全天候施救服务。2008—2010年，平均每年完成机动车修理、维护110万辆次左右，基本上能满足广大机动车用户不同层次的维修需求。"96520"服务热线电话能为车辆用户维修排忧解难。

1995—2010年丽水市机动车维修一览

表9-8-4-1

年份	统计数	汽车维修企业(户)(含机动车)				摩托车		完成修理量(辆次)					
		一类	二类	三类	专业维修类	维修户(户)	年修理量(辆)	整车大修	总成大修	二级维护	专项修理	维修救援(辆次)	合计(万辆)
1995	835	23	133	—	517	162	—	—	—	—	—	—	21.70
1996	796	—	—	—	—	—	—	—	—	—	—	—	—
1997	1601	18	125	—	806	652	—	—	—	—	—	—	35.30

续表 9-8-4-1

年份	统计数	汽车维修企业(户)(含机动车)				摩托车		完成修理量(辆次)					
		一类	二类	三类	专业维修类	维修户(户)	年修理量(辆)	整车大修	总成大修	二级维护	专项修理	维修救援(辆次)	合计(万辆)
1998	1225	18	125	810	—	272	—	—	—	—	—	—	37.60
1999	1266	18	125	810	—	313	—	—	—	—	—	—	39.36
2000	1312	18	131	818	—	345	—	—	—	—	—	—	—
2001	1183	15	115	586	—	467	—	33408	16272	51747	228471	—	32.99
2002	575	23	141	51	—	360	—	550	5350	543000	902000	—	145.09
2003	1114	24	147	580	—	363	—	615	5270	543900	903500	—	145.33
2004	1104	25	128	503	—	448	—	905	6387	530160	904762	—	144.22
2005	1185	28	136	502	快修 9 家	519	—	2663	3996	403202	835531	—	124.54
2006	2120	44	217	883	快修 9 家	976	945028	3662	7604	446433	1054603	19701	247.70
2007	1157	31	118	554	—	454	627773	4450	8189	84988	277136	18708	102.12
2008	1157	33	120	515	快修 17 家	489	676530	3877	7530	81970	282732	19209	107.18
2009	1195	38	122	557	—	478	639007	4900	10372	94475	387053	16024	115.18
2010	1306	41	133	618	快修 19 家	514	643828	5098	11046	97027	399474	1171978	155.05

说明：1. 1999 年以前系《丽水地区年鉴》刊登数字；2. 2000—2010 年系《丽水市交通统计资料汇编》数字；3. 2005 年以前专项修理包括摩托车修理量；4. 1991—1994 年维修户及维修量材料缺；5.修理量包括摩托车修理

驾驶员培训管理

1964 年 1 月起，浙江省试行交通部颁发的《机动车驾驶员考试暂行规定》，明确规定机动车驾驶员必须经过培训和考试合格，才能办理执照。

1971 年 6 月，浙江省汽车驾驶技工学校丽水分校（又称小梅汽校）创办，后更名丽水地区汽车驾驶中等技术学校。1974 年，省交通部门颁发《机动车驾驶操作禁令》（简称十大禁令），是驾驶员年度审验的主要内容。20 世纪 80—90 年代，各县相继创办驾培学校。1975 年起，拖拉机驾驶员的审验工作交由农机监理部门负责。

1992 年 3 月 27 日，公安部、交通部等单位 5 个联合发出《关于清理整顿汽车驾驶员出车所带证件的通知》。

至 2010 年，丽水市有驾校 26 家，其中市区 8 家、龙泉 3 家、青田 3 家、缙云 4 家、遂昌 2 家、松阳 2 家、云和 1 家、庆元 2 家、景宁 1 家；一级驾校 1 家，二级驾校 8 家，三级驾校 17 家。教练车辆 613 辆。其中大客车 4 辆、大货车 35 辆、小车 574 辆。教练场地 236229.6 平方米。教室 6125 平方米，管理人员 206 人，理论教员 48 人，操作教员 670 人，年培训能力 30000 多人。

公路交通安全管理

民国期间，丽水督察区没有专门机关或专职人员从事交通安全管理，出问题临时派员处理。1949 年 10 月中华人民共和国成立后，人民政府重视交通安全工作。1953 年 12 月，丽水建立车辆监理小组，后机构遍及全区 9 个县（市），地区成立交通监理处、航运管理处。

1978 年 12 月，浙江省汽车运输公司丽水分公司建立安全科，把安全质量提到议事日程。1981 年，丽水分公司举办驾驶员学习班 15 期，组织路检路查车辆 3351 辆次，行车事故次数比 1980 年同期下降 18%，安全间隔里程增长 60.9%。1983 年 9 月，丽水分公司成立分公司安全质量管理领导小组，建立安全员队伍，并受全面安全质量管理（简字为 TQC）知识培训。1986 年，交通监理成建制移交公安部门。20 世纪 90 年代，地区（市）运管处制定《车辆安全技术管理制度》等规章制度 10 多项。1996 年春运，全区配备危险品检查人员 43 人，上岗 1817 人次，查出煤气瓶 137 只，炸药 50 箱，导火线 200 米，硫酸 900 升，福尔马林 207 瓶，酒精 485 瓶，烟火、鞭炮 69161 筒、串、封、支以及汽油、油漆、香蕉水等危险货物并堵截在车下，全区未发生因危险品携带上车而发生意外事故。

2000 年，丽水市专门培训道路危险货物运输企业的从业人员 124 人，全市危险品从业人员持证上岗率 98%以上。2002 年起，市运管处在丽水汽车东站建立执勤点。2003 年，丽水汽车西站建成投入运营后又在西站建立执勤点，监管，加强车站车辆进出站安全工作的管理，监管营运秩序，处理旅客投诉等项事宜。2005 年，丽水市危险品货物运输单位 388 家所有危运车辆安装 GPS 卫星定位系统和投保危险货物运输承运人责任险，GPS 安装率和投保率均 100%；运管部门还制作“道路危险货物安全卡”，发到每辆危运车上，随车携带；举办危运企业法人代表、押运员、装卸员、安全管理人员培训班 2 期，参加上岗前培训 172 人，组织企业进行应急救援演练，进一步完善事故应急救援预案和应急救援的作战能力和水平。2009 年春运，全市运管机构出动稽查人员 3686 人次，检查车辆 28462 辆次。2010 年春运，丽水客运东站利用危险品检测仪，检查行包 119592 件。丽水客运西站检查行包 115352 件，丽水火车站对所有旅客携带物品做到严查细检不漏网。

到 2010 年，丽水市营运客车除农村客运班车未安装 GPS 卫星定位系统，旅游包车 132 辆全都安装 GPS，营运客车 1600 多辆悉数安装行驶记录仪；全市危险货物运输车 374 辆均安装 GPS 和行驶记录仪。2010 年年底，全市运输企业在道路运输安装高科技安保设施投入上千万元资金。

2010 年丽水市客运站配置危险品检测仪一览

表 9-8-4-2　　　　单位：个

<table>
<tr><th rowspan="2">辖区</th><th>合计</th><th colspan="3">一级站</th><th colspan="4">二级站</th><th colspan="4">三级站</th></tr>
<tr><th>已配危险品检测仪</th><th></th><th>已配危险品检测仪</th><th>在县（市）城的</th><th></th><th>已配危险品检测仪</th><th>在县（市）城的</th><th>在乡镇的</th><th></th><th>在市城区的</th><th>在县（市）城的</th><th>在乡镇的</th></tr>
<tr><td>市　区</td><td>2</td><td>1</td><td>1</td><td>1</td><td>1</td><td>1</td><td>1</td><td>0</td><td>0</td><td>0</td><td>0</td><td>0</td></tr>
<tr><td>龙泉市</td><td>1</td><td>1</td><td>1</td><td>1</td><td>1</td><td>0</td><td>0</td><td>0</td><td>0</td><td>0</td><td>0</td><td>0</td></tr>
<tr><td>青田县</td><td>1</td><td>0</td><td>0</td><td>0</td><td>0</td><td>1</td><td>1</td><td>0</td><td>1</td><td>0</td><td>1</td><td>0</td></tr>
<tr><td>云和县</td><td>1</td><td>0</td><td>0</td><td>0</td><td>0</td><td>1</td><td>1</td><td>0</td><td>0</td><td>0</td><td>0</td><td>0</td></tr>
<tr><td>庆元县</td><td>1</td><td>0</td><td>0</td><td>0</td><td>0</td><td>1</td><td>1</td><td>0</td><td>0</td><td>0</td><td>0</td><td>0</td></tr>
<tr><td>缙云县</td><td>1</td><td>0</td><td>0</td><td>0</td><td>0</td><td>1</td><td>1</td><td>0</td><td>1</td><td>0</td><td>0</td><td>1</td></tr>
<tr><td>遂昌县</td><td>1</td><td>0</td><td>0</td><td>0</td><td>0</td><td>1</td><td>1</td><td>0</td><td>0</td><td>0</td><td>0</td><td>0</td></tr>
<tr><td>松阳县</td><td>1</td><td>0</td><td>0</td><td>0</td><td>0</td><td>1</td><td>1</td><td>0</td><td>0</td><td>0</td><td>0</td><td>0</td></tr>
</table>

续表 9-8-4-2

辖区	合计	一级站			二级站				三级站			
	已配危险品检测仪		已配危险品检测仪	在县(市)城的		已配危险品检测仪	在县(市)城的	在乡镇的		在市城区的	在县(市)城的	在乡镇的
景宁畲族自治县	1	0	0	0	0	1	1	0	0	0	0	0
合计	11	2	2	2	2	8	8	0	2	0	1	1

说明：1 家在乡镇的三级客运站未配危险品检测仪

航运安全管理

中华人民共和国成立前，丽水境内无专设航运安全管理机构。中华人民共和国成立后，人民政府重视航运安全管理工作，设立航运安全管理组织。

1962 年 4 月，丽水各县在经常发生触礁、碰撞、沉船、翻船的险滩设立临时安全生产检查组，对经过险滩的船舶作出具体规定，凡过往船只必须服从检查，听从指挥，遵守规定。1964 年 4 月 30 日，丽水专区航管所制定《安全航行草案》和《防洪措施》，要求所属木帆船和境内行驶的外地木帆船都必须遵照执行。1977 年规定，丽水地区货运船未经航管部门许可不得擅自搭载乘客。严禁超载、超高，严禁篷背、船头、船尾、船舷边站人坐人。航运管理部门是船舶管理机构，任何组织和个人必须服从航管部门的统一管理。

1988 年 12 月，丽水地区渡口安全管理委员会成立。丽水地区除缙云、庆元两县没有渡口外，其余 7 个县(市)的许多乡镇亦建立渡口安全管理小组。至 1990 年，丽水地区民间渡口 243 处，渡工 306 人，人力渡船 220 艘，机动渡船 73 艘。1991 年，丽水地区航管部门调查全区所有渡口渡船历年航行情况，绘制渡口事故概况图，通过调查分析针对性地提出整改意见。1992 年，地区行署发文给各县(市)人民政府，对渡口安全管理工作提出要求，并列入乡镇干部年度政绩考核。航管部门加速对三、四类渡船和开口渡船的更新改造。1995 年，突击检查重点渡口和库区的安全管理，严把渡口、渡船、渡工 3 个关。全区发放通知书 68 份。景宁畲族自治县的渡口、渡船 40 年安全无事故。1996 年，狠抓渡口定期检查和节假日的重点检查，全年全区投入渡口检查人员 772 人次、车船 160 辆(次)、检查渡口 1761 个次，培训渡工安全知识。1997 年 9 月 4 日，省政府发布《浙江省渡口安全管理办法》，明确县级人民政府指定的部门负责本辖区内的渡口安全监督管理工作，海事管理机构负责渡船和渡船船员的安全监督管理工作，船舶检验机构负责渡船的检验、发证工作。渡口安全实行谁经营、谁管理、谁负责的原则。1999 年，云和航管所定期给渡口签证，并与学校 3 所共建水上交通安全关系。

2000 年，排查丽水市渡口 186 处渡船、娱乐船、简易客船 232 艘以及危险品码头，查出事故隐患 26 处；全市上航检查 548 人次，查船舶 460 艘次，查处船舶违章 23 艘次，落实整改单位与责任人。还开展“2000 年水上统一执法行动”。检查船舶 432 艘次，行政处罚案件 6 起(艘次)，还对所(站)船检人员资质进行审查，集中培训，提高业务水平。2001 年，航管部门每季全面检查全市渡口 192 个、渡船 233 艘一次。在全市推广云和县的“学生平安过渡”做法，通过乡镇政府和学校签定责任书，由学校组织护送学生过渡，确保渡运安全。2002 年 7 月 17 日，市政府制定《丽水市渡口安全管理办法》。全市农村撤渡建桥、改造渡口进入快速发展时期。2004 年，全市撤渡 8 处，建造民间桥梁 4

座。同年，市港航处改造局域网，在机房配置安全设备。与电信协作采用VPN连接方式建立全市内部虚拟网，开通青田港航所。2005年，投资600万元，改善渡口安全条件，全年建桥4座，撤渡6处，改造简易渡埠41处；投入20多万元，购置内部安全管理设备，改善安全管理各项硬件设施。市港航部门组织人员认真修改市、县两级水上安全应急预案，内容涵盖组织机构、应急人员、应急装备、完善救助要求以及相应程序等，基本形成符合丽水市水运实际的应急体系，并在全年多次防台、抗台中得到印证。全年启动应急救助程序5次，出动人员150多次，抢救和协助转移人员700多人次，基本达到应急求助要求。同年，市港航处设立航道视频监控点，重点监控青田至温溪航道船舶航行情况。

2006年，丽水市港航处组织开展“文明渡口”达标评比活动。并落实年度渡埠改造和建桥撤渡计划，下发《关于加快已立项造桥撤渡及渡埠改造项目实施进度的通知》，全年完成渡埠改造38处。同年，制定和完善《丽水市水上交通安全发展规划》《水上应急救助预案》等，并利用抽查形式综合评估和检验青田、市港航处直属港航所的应急反应情况，使应急救助预案更加完善、科学，更具有实际操作性。2007年7月6日，在云和县云和湖龙门水域举行水上交通事故应急处置演习。12月，在青田举行一次水上应急抢险演练，在全市开通水上应急救助报警电话“12395”。2008年，全市投入渡口安全基础设施建设资金超过3000万元，实现建桥撤渡项目5处，完成渡口码头改造23处。2009年3月27日，市政府发布新《丽水市渡口安全管理办法》。4月，市港航处印发《丽水市港航三防预案》。6月，丽水市第一家水上应急安全指挥中心通过项目一期工程验收。同年，完成撤渡建桥3处，渡船改造18艘，渡埠改造5处，新建候船亭3处。

至2010年，丽水市民间渡口115处，比1990年年底减少128处；渡工136人，比1990年年底减少170人，全部渡船实现机动化。渡运更加安全，水上事故大幅减少。

1991—2010年丽水市改造与更新渡船一览

表9-8-4-3　　单位：艘

年份	改造三、四类渡船	修复渡船	新建		改进渡船	备注
			木质	钢质		
1991	28	57	—	—	41	占应改进数50%
1992	14	改造开口渡船82艘	—	9	—	—
1993	—	38	3	8	—	—
1994	—	—	—	—	—	—
1995	—	52	—	9	—	—
1996	—	—	—	—	—	—
1997	—	—	—	—	17个渡口渡船实现钢质化	—
1998	—	—	—	—	—	—
1999	—	—	—	—	莲都区原有30艘渡船85%实现钢质化	—
2000	消除四类渡船	—	—	—	全市一、二类渡船达92%	—
2002	50	—	—	—	—	—
2003	88	—	—	—	—	更新率100%

续表 9-8-4-3

年份	改造 三、四类渡船	修复渡船	新建		改进渡船	备　注
			木质	钢质		
2004	—	—	—	—	渡船钢质化从原来的 57%提升到 75%	—
2008	23	—	—	—	—	—
2009	18	—	—	—	—	—
2010	更新渡船 20 艘	—	—	—	全市渡船基本达到安全运营要求	—

若干年份丽水市水运安全检查一览

表 9-8-4-4

年份	上航检查人次(人)	检查船舶艘次(艘)	纠正违章船舶艘次(艘)	补交规费(万元)	备　　注
1991	—	22162	457	—	—
1992	3357	8355	760	—	—
1993	3941	20274	1097	12.25	其中含检查竹木排 2800 条次，补交违章2 万元
1994	—	—	—	—	清退船舶 33 艘、8161 载重吨
1995	1485	5568	666	—	—
1996	2603	9199	—	—	检查渡口 1761 个次
1997	—	1036	133	—	教育船员 2633 人次
1999	2451	3160	126	—	发违章通知书 31 份
2003	110	2500	航道巡查 50 多次	—	发整改通知书 14 份 发通航通告 6 份
2004	1361	2706	查处违章 96 次	罚款 12.71	—
2005	2452	7086	查出事故隐患 152 处	—	整改 148 处，整改率 97%
2006	882	2302	—	—	监管人员
2007	850	2200	—	—	监管人员
2008	1561	2952	120	处罚 14.76	—
2009	1354	1664	—	—	—
2010	—	2370	—	—	—

第五节　港航监管

民国前期，丽水督察区境内瓯江航运、航政、船舶、船员由各县自设机构管理。民国 19 年(1930)1 月，丽水县大水门设船舶管理站管理船舶。民国 20 年 7 月，浙江省船舶管理局在永嘉设第四区管理船舶事务所，管理(登记、查验、核发牌照等)瓯江境内舴艋船，并在青田县设立第三管理船舶事务分所，青田始有水上运输管理专设机构。民国 25 年 11 月，根据省制发的《编联水上保甲法》，将登记船只编成大队、中队和小队，中队长由县长兼。民国28年，抗日战争期间，为适应战争需要，船舶由军政部门控制。民国32年2月，第三战区司令长官部会同浙江省政府，设立瓯江司令部，由驻丽水县碧湖之三十二集团军总司令李默庵兼运输司令，全面管理瓯江航船。

民国34年(1945)8月，抗日战争胜利后，省政府迁回杭州，瓯江港航为地方势力、霸头、帮头所把持。

1949年7月，丽水专署公安处丽水县大水门分驻所所长吴学增发起组织"瓯江民船工会"，对船只实行登记编号，统一掌握货源，统一调派船只。10月中华人民共和国成立后，丽水专区境内瓯江船舶管理逐步走上正规有序的轨道。1950年6月1日，丽水航务管理站设立，接管航运管理工作，对船舶统一发放"航行簿""水上户口簿"。"航行簿"除注明船舶、船员基本情况外，用于每次航行进出口过境、违章、奖惩等记录与签证，无证船舶一律不准航行。

1952年，丽水专区瓯江航运各项事务由温州航管处设丽水航管所管理，各县设航管或有关机构施行具体管理。1964年6月3日，丽水专区航运管理所成立，全区各县航运管理归其所辖。1984年更名地区航运管理处。2000年7月丽水撤地设市后，更名丽水市航运管理处。2003年9月，更名丽水市港航管理处，指导各县(市、区)港航所开展工作。

航政管理

丽水水运市场管理始于民国时期，各县自设机构对航运、航政、船员等进行粗放管理。抗日战争期间，为适应战争需要，于民国32年(1943)2月，第三战区司令长官会同浙江省政府设立瓯江司令部，颁发《瓯江船舶管理实施办法》，对瓯江上的船员登记、编队、调派、运量、运价、运输周期及维修，均作出具体规定，实行全面管理。

1949年10月中华人民共和国成立后，丽水专署对瓯江水运市场加强管理。1963年，执行省交通厅水运月度计划，把支农物资运输放在首位，由航运部门统一安排，禁止船民私拉客货。1978年改革开放以后，国营、集体、个体(含联户)一起搞水运，水运市场一度出现抢货源、忽视安全等混乱局面。1988年，开始执行国务院于1987年5月12日发布的《中华人民共和国水路运输管理条例》和交通部于1987年9月22日发布的《水路运输管理条例实施细则》。1991年，航管部门加强管理水运市场并整顿逃避规费行为。

1992年，丽水地区航管部门开展对经营者经营行为自查、鉴定、处理工作，发放自查表632份，回收598份。1994年，丽水地区航管处直属航查队上航检查1680人次，检查船舶6950艘次，纠正违章船舶857艘次，补收规费6.85万元。1997年12月7日，浙江省交通厅颁发《浙江省水路运输审批工作规程》，对水路客货运输的开业、变更、新增运力、新开航线的审批作出严格规定6条。同年，地区航管处对乡镇船舶的安全管理逐步规范化，乡镇船舶进行年审，审验船舶708艘、13289载重吨。1998年4月起，执行交通部发布的《关于修改〈水路运输管理条例实施细则〉的决定》。

2001年，丽水市整顿和规范水路运输市场秩序，对不符合经营资质条件的船舶运输经营人25人签发整改通知书，责令限期整改。责令个体客运船舶13艘通过合作、股份制，实行企业化经营；个体客运船舶10艘被取消经营资格。同年，开展全市乡镇船舶普查工作，查明全市有乡镇船舶898艘。

2002 年 7 月 17 日，丽水市政府颁布《丽水市渡口安全管理办法》，境内紧水滩、石塘、玉溪、开潭、湖山、滩坑、五里亭、外雄等库区中航行的船舶照此执行。同年，解决乌溪江水库遂昌湖山库区简易客船 18 艘经营资质不符规定的问题，取缔个体简易客船 18 艘，报废老旧运输船舶 32 艘、392 客位、560 载重吨。2006—2007 年，受理船舶新建、改建、过户申请 116 份，批准新建、改建、过户船舶 110 艘，受理水路船舶营业运输证、许可证申领表 386 份，办妥 386 本。2008 年，市港航处受理经营资质审批、审核上报事项 100 件。2009 年，丽水市港航部门受理经营资质审批、审核上报事项 282 件。

2010 年，丽水市受理经营资质审批、审核上报事项 281 件。

1999—2010 年丽水市水路运政检查一览

表 9-8-5-1

年份	出动车船（辆艘）	上航检查（人次）	检查船舶（艘次）	查处违章船舶（艘）	办理航政案件（件）	补缴规费（万元）	罚款（万元）
1999	—	387	494	61	6	—	—
2000	28	187	432	—	—	—	—
2002	—	135	590	59	—	1.01	3.45
2003	37	106	1808	106	106	—	1.23
2004	97	285	水运企业 12 家、4650	210	—	8.28	15.56
2005	40	139	316	20	—	2.50（含罚款）	—
2006	72	350	773	68	—	12.49（含罚款）	—
2007	86	478	1031	112	—	15.78（含罚款）	—
2008	75	218	839	91	—	5.19（含罚款）	—
2009	78	228	710	43	—	5.30（含罚款）	—
2010	43	154	165	28	—	3.93（含罚款）	—

2010 年，丽水市港航部门对营运船舶开展运政检查，重点是瓯江水系青田段砂石运输及紧水滩、南明湖、滩坑库区旅客运输。全市出动车船 43 辆（艘）次，上航检查 154 人次，检查运输、服务企业 9 家，检查运输船舶 165 艘，查处违章 28 艘次，补征规费及处罚金额 39344 元。

2000—2010 年丽水市水运行业年审一览

表 9-8-5-2

年份	水运企业（家）	服务企业（家）	船舶			企业年审率（%）	全体船舶年审率（%）	备　注
			艘	载重吨（万千克）	客位（位）			
2000	—	—	—	—	—	100	93.00	—
2001	—	—	—	—	—	—	—	—
2002	2	2	487	2473.50	1146	100	94.40	批准企业开业 1 家，批准新建、改建船舶 56 艘，办妥船舶运输证申请表 206 份

续表 9-8-5-2

年份	水运企业（家）	服务企业（家）	船舶			企业年审率（%）	全体船舶年审率（%）	备　注
			艘	载重吨（万千克）	客位（位）			
2003	2	3	465	3003.70	448	100	98.30	—
2004	3	3	501	—	—	100	92.30	其中取消水运企业经营资格 1 家
2005	2	3	492	3894.10	438	100	96.10	—
2006	2	3	491	3951.00	444	100	95.70	—
2007	4	3	465	38000.90	508	100	—	—
2008	4	3	434	3839.60	472	100	95.20	—
2009	3	3	421	4037.20	472	100	96.00	—
2010	5（含服务）	—	382	4004.60	460	100	100.00	—

船舶管理

1949 年 5 月，丽水解放后，丽水专区管理瓯江航运船舶。1953 年，丽水专区撤销后，归温州航管处管理。

1964 年 6 月 3 日，丽水专区航运管理所成立，全区港航管理归其管辖。1965 年 12 月，具体规定船舶买卖，客班航线，客船按规定限期配齐倒车、救生、消防器材装备，船舶换补发证的收费，水上运输市场管理，水上交通秩序整顿，船舶检验，船舶发证等各项事宜。

1982 年 5 月 1 日，丽水地区恢复船舶办理各项登记或申请换补发证书的收费。1984 年 6 月，整顿全区经营客运船舶，发船舶牌照 1860 副。1985 年 10 月，浙江省船舶检验处丽水检验站改为浙江省船舶检验处丽水检验所，增设浙江省船舶检验处青田检验站。1985 年，地区航管处和县航管站组织航查组，检查 35 次，参加人员 245 人次，检查 7892 船次，加强船舶管理。

1991 年，丽水地区有乡镇船舶 551 艘，换发“两证”（船舶登记证、船舶营业运输证）470 艘，发证率 83.2%。同年，全区船舶进出口签证 8000 多艘次，发现并纠正船舶违章 2000 多艘次，建立船舶签证台账。开展船舶登记号授予工作，全区船舶 1130 艘全部授予船号，建立授予号台账。1994 年，地区航管处下发《关于换发船舶营运运输证的通知》，积极做好船舶登记证、船舶检验证、船舶营运证、船员适任证换发工作。9 月底顺利完成，换证率 100%。1995 年，实施内河船舶、国籍证书及所有权证书制度。1996 年，专项治理整顿挖砂船，要求限期配备安全设施和申请船舶检验发证，指定区域采挖。全区有挖砂船 51 艘，检验发证 46 艘。1997 年，丽水地区航管部门培训船舶业主和从业人员运输、安全生产、法制知识和业务知识，登记检验挖砂船 53 艘，发放采砂许可证。1999 年，航管部门拟定《瓯江航区水运市场秩序整治方案》，报省航运局批准印发。与温州市航管处联手，开展水运市场秩序整治。同年，全区办理进出口签证 2466 艘次，定期签证 374 艘次。

2000 年，丽水市与温州市航管处联合颁发《关于加强瓯江水系砂石运输市场管理的联合通知》，要求采砂石企业凭货单装载砂石，船主必须按时缴纳规费。同年，全市办理船舶进出口签证 3457 艘次，定期签证 2875 艘次，现场签证 787 艘次。2002 年，丽水市按照省港航局《关于开展工程船技术状况检查》的通知，重点检查整治青田、莲都采砂、碎石等工程船，完善 35 米以上船舶的船检档案。

1991—2010 年丽水市船舶检验一览

表 9-8-5-3

年份	营运检验			制造船检			收取检验费（万元）	备注
	艘	总吨位（万千克）	功率（千瓦）	艘	总吨位（万千克）	功率（千瓦）		
1991	992	—	—	—	—	—	—	其中客、渡船 330 艘
1992	1229	—	—	—	—	—	—	—
1993	1018	3902.60	33214098.00	—	—	—	—	—
1994	927	3408.30	32417029.00	—	—	—	40.00	—
1995	1136	—	—	—	—	—	30.00	—
1996	973	1909.39	23955.50	24	44.90	999	—	另检验客渡船 330 多艘
1997	748	1204.90	24523.22	—	—	—	—	—
1998	—	—	—	—	—	—	—	—
1999	485	1043.20	16995.60	—	—	—	—	—
2000	810	3482.30	33623.97	—	—	—	—	其中制造检验 38 艘、初次检验 50 艘次，特别检验 130 艘次
2001	619	2534.70	23113.00	42	146.60	—	59.00	—
2002	896	4826.60	49837.67	—	—	—	—	—
2003	—	—	—	—	—	—	—	—
2004	855	4515.70	233221.72	30	—	—	64.50	—
2009	521	4211.70	—	15	74.30	—	68.00	—
2010	491	3914.60	—	12	123.20	—	—	—

2003 年 4 月，丽水市港航处制定《丽水市船舶修造和检验管理规定》，加大对船厂的造船技术、质量监督力度，严格把好船舶建造检验关。2004 年，整顿瓯江水系青田航区砂石运输船舶，完成标注船名、船员、船籍港、载重线勘划和船舶载货参考吨复核 326 艘，换发证书 652 本。查获违章船舶 41 艘，处罚 37 艘。2006 年，全市挖砂船舶 71 艘进行水工审批，完成水工审批 45 艘，审批率 65%。2008 年，开展打击船证不符专项整治，打击、杜绝擅自新建改建和滩涂建造船舶的行为，取缔并改建船证不符船舶 26 艘，纳规船舶近 5000 总吨。2009 年，丽水市贯彻国家海事局《国内航行船舶图纸审核管理规定》《国内航线船舶船体建造检验管理暂行规定》，把好船舶建造检验审图质量关。

船员管理

历史上，木帆船和渡船船工驾驶船只的技术，依靠家传师教，无需考核。

1970 年后，瓯江中上游航道始用机动船，并进行驾机船员考核管理。持有船员合格证书者，方可任职。并逐年举办机动船员培训班，提高机驾船员操作技术，经考核合格，发给证书。

1986 年后，丽水地区执行省航运管理局公布的《浙江省内河 40 马力及以下小机船船员配额规定》。船员考试与船舶检验40马力及以上的由地区航管处负责,40马力以下的由县(市)航管所办理。1996年,省航运管理局发文规定200总吨以下(四等、五等船员)的考试,发证工作下放到市(地)级港航部门,200总吨以上(三等以上船员)由省级港航部门考试、发证。

2004年5月,丽水市港航处指导丽汽集团汽车技术学校建立船员培训中心。7月,经省港航局查验合格,开始承担对船员的业务培训。2005年3月,根据交通部海事局规定,考试与培训不能由同一单位进行。海事部门专门负责船员的考试与发证,培训由专业培训机构负责。莲都区范围的船员培训工作由丽水市汽车运输集团有限公司汽车技术学校担负。2006年,根据省港航局要求,市港航部门全面开展新版船员证书换发工作,发放从业人员服务簿1073本,换发新版证书630本,换发率超过70%。2007年10月30日止,换发新版船员适任证书794本,内河船员簿1230本。2008年8月24日,市港航处下发《丽水市内河船员强制性培训管理办法》,举办内河船员安全知识培训班,参加培训276人。2009年,市港航处举办培训班10期,参加培训和考试的船员564人,换发、注册船员证书1028本,顺利完成换证、注册任务。

2010年,举办船员培训班1期,参加培训63人,全部合格。

若干年份丽水市船员培训一览

表9-8-5-4

年份	培训班期数	培训内容及对象	参加人数(人)	合格人数(人)	备注
1991	1	200总吨培训班	36	36	发给适任证书
1992	1	近海未满200总吨位船长、值班驾驶员,海船300马力以下轮机长、值班船员	73	73	发给证书
1992	1	内河船员培训	112	112	发给证书
1993	5	船员培训	289	合格率98%	合格者发给证书
1995	15	船员适任培训	589	—	换发证书634本
1999	多期	船员培训班,其中四等大副111人,四军大轮管119人	233	建立档案	发给适任证书
2000	多期	—	153	四等船员43人,五等船员110人	发给适任证书
2001	多期	船工、筏工	200	190	发给相应等级适任证书
2002	2	船员培训	361	—	合格者发给四等船员证书
2004	1	内河船舶船员轮机、驾驶专业	72	62	发给合格证书
2006	1	船员培训	47	44	合格率94%
2006	2	水上摩托艇船员培训	64	64	适应南明湖旅游业发展
2007	2	船员培训	83	79	合格率95%发给合格船员证书
2008	1	滩坑库区船员培训	70	58	合格者发给适任证书
2008	3	内河船员安全知识培训	276	—	—
2009	10	航员培训	564	—	换发、注册船员证书1028
2009	多期	内河客渡船船员特殊培训	183	—	合格者发给证书
2010	1	船员培训	63	63	合格者发给证书

第六节　规费稽征

公路养路费稽征

民国29年(1940)5月，处州征收公路养路费。民国37年8月，丽水督察区开始统一征收丽(水)金(华)线养路费。

1949年10月开始，国家、省、市(地区)有关部门按汽车种类，挂车、轮式拖拉机、手拖等机动车，制定统一路费及车辆过渡费收费标准，按不同年份，燃油价格的变动，丽水各县及时制定补充规定或发文调整收费标准。

1952年10月28日，《华东区公路养路费征收办法实施细则》。11月18日，浙江省公路局制定补充规定，分按次(趟)交纳与按月交纳。1953年12月24日，浙江省交通厅公路局在丽水成立交通监理小组，规定公路养路费统一由监理部门征收。

1963年7月18日，执行《浙江省公路养路费征收和使用实施办法》，规定专业运输汽车、畜力车和企事业、合作社等非营业运输单位的自用车的养路费征收按吨(座)位计征。

1985年6月1日起，浙江省交通厅、省计委、省财政厅、省物价局发文对各种车辆的养路费作调整，对天目山等手把式后三轮机动车养路费标准也作规定。1986年1月1日起，手扶拖拉机养路费由各县(市)交通局负责办理征收业务及全额留成使用。手扶拖拉机养路费标准按省统一规定执行，不得自行提高和降低费额。1987年，丽水地区各县(市)先后建立公路稽征所，地区建立公路稽征处，建立起一套完整的公路养路费稽征制度。

1990年11月1日起，开征摩托车养路费。1992年12月25日，丽水地区公路运管稽征处制定《丽水地区公路养路费定额征收标准》，规定营业性客车不再征收养路费附加费。从1993年1月1日起执行。此后，公路养路费征收标准中均已含养路费附加费或不再征收养路费附加费（营运客车)，客货运输附加费称为公路建设专用基金。

1993年1月1日起，丽水地区对专业运输企业的营运客车的养路费，改为按费率核定定额计征。营运货车与社会车辆同样按吨计征。1998年1月1日起，《中华人民共和国公路法》施行。规定“公路养路费用采取征收燃油附加费的办法”。同时规定“燃油附加费征收办法实施前，仍实行现行的公路养路费征收办法”。1998年10月1日起，《浙江省公路养路费征收管理条例》施行。结束养路费征收管理工作无法可依的历史。

2004年8月28日，第十届全国人大常委会第十一次会议第二次修订《中华人民共和国公路法》。10月13日起，全省对县(市)区域范围内，以及专门用于接送小学生的农村客运班车，养路费、公路客运附加费实行全免；对县(市)范围内由县城始发至乡镇、行政村的亏损或保本经营的班车，养路费、公路客运附加费实行减半征收。

2008年12月22日，国家财政部、发展改革委、交通运输部、监察部、审计署联合下发《关于公布取消公路养路费等涉及交通和车辆收费项目的通知》，从2009年1月1日起，实施燃油税费改革，在全国范围内统一取消公路养路费、航道养护费、公路运输管理费、公路客货运附加费、水路运输管理费、水路客货运附加费。

公路建设专用基金

公路建设专用基金包括公路客、货运输附加费和公路养路费附加费。

公路养路费附加费 1988年7月1日起，丽水地区执行浙江省人民政府《关于征收公路建设专用基金的批复》，开始按费额计征养路费的车辆，征收公路养路费附加费，作为公路建设专用基金。丽水地区由公路稽征处及其所属各县(市)公路稽征所负责征收；手扶拖拉机养路费附加费由各县(市)公路稽征所代征。养路附加费征收额度为原养路费标准的23.81%。所得的养路费附加费如数解入浙江省高速公路筹建领导小组办公室。高速公路建设基金专户，任何部门、任何单位均不准截留、挪用、借用或转移。

公路客货运输附加费 1988年8月6日，丽水地区公路运管稽征处根据《浙江省公路建设专用基金征收实施办法》有关规定，经测算，首次核发丽水地区"客货运输附加费定额收费标准"，从1988年8月10日起执行。

1990年10月，浙江省政府调整部分车辆养路费征收标准。

1992年12月25日，丽水地区公路运管稽征处下发《丽水地区公路养路费定额征收标准》，标准规定营业性客车不再征收养路费附加费；货运车辆养路费定额征收标准中已含养路费附加费。此后，公路养路费征收标准中均已含养路费附加费或不再征收养路费附加费(营运客车)，征费项目中不再另列养路费附加费一项。客货运输附加费即为公路建设专用基金。

1992年5月12日，丽水地区物价局、交通局联合发出《关于公路建设专用基金定额征收标准的通知》，根据省定征收标准，制定丽水地区公建金征收标准。从1992年5月起执行。1992年12月25日，丽水地区公路运管稽征处根据省政府《关于加快省交通基础设施建设的通知》，下发《关于下发丽水地区公路养路费、公建金定额征收标准的通知》，调整丽水地区公建金定额征收标准，从1993年1月起执行。

1997年1月10日，省交通厅、财政厅、物价局联合制发《关于调整公路客货运输附加费征收标准的通知》，决定从1997年起，各地征收的客货运输附加费部分，专项用于山区县公路和机耕路建设。1月21日，丽水地区公路稽征处制发《关于贯彻执行省交通厅、财政厅、物价局〈关于调整公路客货运输附加费定额征收标准〉的通知》，丽水地区从1997年2月开始统一执行新的定额标准。

2005年5月31日，丽水市发改委颁发《关于调整部分客货运输附加费和管理费定额征收标准的通知》，调整全市公路客货运输附加费，取消农村班线客运附加费和运管费和在城区营运出租车的客货运输附加费。从2005年7月1日起执行。2006年12月31日，丽水市发改委、财政局、交通局联合颁布《关于重新公布公路客货运输附加费和管理费定额征收标准的通知》，免收农用拖拉机客货运输附加费，从2007年1月1日起执行。

公路运输管理费

公路运输管理费是根据国家规定，向从事公路运输及公路运输服务单位或个人征收用于公路运输行业管理和服务的事业费。公路运输管理费由地区公路运输管理处和县(市)公路运输管理所负责征收,分级管理,专款专用,并接受财政部门和审计机关的监督、稽查。

1988 年 12 月 24 日,丽水地区运管处发通知,对全区公路运输管理费定额征收标准作调整,从 1989 年 1 月 1 日执行。

1991 年 3 月 19 日至 2008 年,丽水地区(市)交通局,物价局对公路运输管理费征收标准在不同的年份都作出调整。

2005 年 5 月 31 日,丽水市发改委发文,取消乡村班车和出租车的运管费征收,2006 年 12 月 31 日,市发改委、财政局、交通局又发文,调整市运管费定额征收标准,并免收农用拖拉机运管费。从 2007 年 1 月 1 日起执行。

车辆购置费(税)

1985 年 4 月 2 日,国务院颁发《车辆购置附加费征收办法》,决定自 1985 年 5 月 1 日起,征收车辆购置附加费(以下简称车购费),作为公路建设专用基金来源。办法规定车购费的征收管理工作由交通部门负责,并由本办法所列单位代征收。在国务院颁发《关于改革道路管理体制的通知》前,车购费由交通监理部门管理与征收。1987 年起,根据省政府《关于认真做好交通管理体制改革的通知》精神,车购费由地、县(市)运管稽征部门负责管理与征收。

2000 年,国务院颁布《国务院批转财政部国家计委等部门〈交通和车辆税费改革实施方案〉的通知》,车辆购置附加费改为车辆购置税(下称车购税)。10 月 22 日,国务院颁布《中华人民共和国车辆购置税暂行条例》,确定车辆购置税由国家税务局负责征收,税率与车购费同,从 2001 年 1 月 1 日起施行。12 月 20 日,国家税务总局、交通部联合发文《关于做好代征车辆购置税工作有关问题的通知》,为有利于车购费改车购税工作的平稳过渡,在车购费稽征机构未移交前,车购税暂由交通部门所属车购费稽征机构负责代征。丽水市车购税代征工作至 2004 年年底结束,从 2005 年 1 月 1 日起,车购税移交市国税局征收。公路稽征部门“车购办”自然撤销。

2004 年 12 月 8 日,丽水市公路运输管理处、公路稽征处下发《关于做好车购税移交工作的通知》,强调做好移交人员名册及财产业务等的档案移交工作。

1983—1990 年丽水地区公路养路费征收一览

表 9-8-6-1　　单位:万元

年份	金额
1983	835.26
1984	910.53
1985	1249.27
1986	1266.37
1987	1756.54
1988	1916.00
1989	1956.50
1990	1996.87

1986—1990 年丽水地区手扶拖拉机养路费征收一览

表 9-8-6-2　　单位：万元

年份	金额
1986	123.38
1987	137.79
1988	165.51
1989	167.77
1990	153.54

1991—2008 年丽水市公路规费征收一览

表 9-8-6-3　　单位：万元

年份	汽车养路费	摩托车、拖拉机养路费	客货运输附加费	养路费附加费	车辆购置附加费	公路建设基金	公路运输管理费
1991	2807.57	269.38	—	360.52	115.32	1068.62	279.59
1992	2895.00	291.00	—	421.00	206.00	946.00	318.00
1993	3648.20	372.40	1887.90	535.70	332.90	—	450.70
1994	4328.00	502.00	2048.00	589.00	1856.00	—	556.00
1995	4714.00	594.00	2207.00	629.00	2644.00	—	771.00
1996	4340.40	617.00	2358.70	607.80	2528.00	—	774.70
1997	4896.00	690.00	3270.00	602.00	2665.00	通行费	790.00
1998	6145.00	706.00	3634.00	598.00	2528.00	14103	765.00
1999	6679.00	847.00	3809.00	624.00	3422.00	14194	775.00
2000	8231.00	1004.00	3760.00	—	4474.00	—	795.00
2001	8348.00	1215.00	3860.00	—	5046.00	高等级基金 790	863.00
2002	9679.00	1362.00	4122.00	—	8064.00	1000	988.00
2003	9577.00	1581.00	3490.00	—	—	—	929.00
2004	12762.00	1705.00	4042.00	—	—	—	1057.00
2005	14517.00	1862.00	3469.00	—	—	—	1203.00
2006	18310.00	2215.00	3461.00	—	—	—	1726.00
2007	22678.00	2301.00	3547.00	—	—	—	1826.00
2008	25021.00	2352.00	3613.00	—	—	—	1858.00

说明：1. 2009 年 1 月 1 日起，实施燃油税费改革，在全国范围内统一取消公路养路费等规费征收

2. 资料来源：《丽水市交通统计资料汇编》

1987—2009 年丽水市公路稽征处本级公路规费征收一览

表 9-8-6-4　　单位：万元

年份	汽车养路费				公路建设基金			运管费	车购费	手拖、摩托养路费			驾驶员培训结业鉴定费	营运驾驶员考试费	合　计
	公路养路费	高等级基金	康庄基金	小计	客运	货运	小计			手拖	摩托	小计			
1987	819.20	—	—	819.20	—	—	—	—	—	—	—	—	—	—	819.20
1988	898.20	36.80	—	935.00	—	—	—	—	—	—	—	—	—	—	935.00
1989	946.80	93.10	—	1039.90	—	—	—	—	—	—	—	—	—	—	1039.90
1990	1054.90	83.20	—	1138.10	513.00	175.60	688.60	89.00	43.30	30.00	-	30.00	—	—	1989.00
1991	1318.00	89.70	—	1407.70	526.66	188.78	715.44	97.22	46.40	43.70	4.43	48.13	—	—	2314.89
1992	1240.30	111.80	—	1352.10	352.00	142.60	494.60	100.85	88.10	54.80	7.51	62.31	—	—	2097.96
1993	1079.10	161.30	—	1240.40	289.50	220.20	509.70	158.28	180.30	69.60	6.00	75.60	—	—	2164.28
1994	1273.80	205.90	—	1479.70	303.70	289.70	593.40	147.10	1428.40	96.50	12.29	108.79	—	—	3757.39
1995	1497.50	241.41	—	1738.91	402.05	338.29	740.34	225.10	2164.34	117.26	21.24	138.50	—	—	5007.19
1996	1650.98	234.70	—	1885.68	466.08	325.45	791.53	232.71	1961.31	123.04	25.46	148.50	—	—	5019.73
1997	1948.79	243.31	—	2192.10	639.26	384.34	1023.60	235.02	1589.59	106.92	50.55	157.47	—	—	5197.78
1998	2004.73	243.59	—	2248.32	835.79	413.05	1248.84	231.61	1733.22	80.81	55.69	136.50	—	—	5598.49
1999	2178.02	270.49	—	2448.51	920.76	459.31	1380.07	220.11	2512.33	70.59	68.94	139.53	—	—	6700.55
2000	2701.84	340.32	—	3042.16	795.35	567.06	1362.41	246.91	3449.59	90.33	100.58	190.91	—	—	8291.98
2001	3259.06	430.06	—	3689.12	749.09	680.52	1429.61	294.60	3827.79	64.67	203.27	267.94	—	—	9509.06
2002	4158.63	588.55	—	4747.18	735.34	877.89	1613.23	381.92	6794.65	75.87	189.95	265.82	—	—	13802.80
2003	4280.88	662.80	—	4943.68	557.87	832.25	1390.12	361.86	10850.89	83.73	223.57	307.30	47.36	11.18	17853.85
2004	4734.75	736.70	1031.38	6502.83	718.19	765.68	1483.87	418.58	10070.26	90.43	246.40	336.83	72.56	15.36	18812.37
2005	5702.86	907.97	1271.15	7881.98	685.76	684.72	1370.48	450.76	—	113.98	280.62	394.60	49.33	17.06	10097.82
2006	6637.22	1079.07	1510.69	9226.98	568.58	786.58	1355.16	676.69	—	114.40	373.63	488.03	—	26.96	11746.86
2007	7828.08	1287.83	1802.97	10918.88	560.50	739.03	1299.53	667.89	—	78.38	314.32	392.70	—	16.56	13279.00
2008	7751.94	1275.87	1786.22	10814.03	572.01	684.23	1256.24	639.85	—	108.02	335.41	443.43	—	21.79	13153.55
2009	16.19	1.85	2.59	20.63	—	1.24	1.24	3.70	—	—	−0.02	−0.02	—	21.16	25.55
合　计	64981.77	9326.32	7405.00	81713.09	11191.49	9556.52	20748.01	5879.76	46740.47	1613.03	2519.84	4132.87	169.25	130.07	159214.20

说明：1987—1988 年地区本级征收任务由原丽水市（县级）公路稽征所承担，1989 年开始丽水地区公路稽征处征收科开始征收原地区单位车辆规费

2002—2010 年丽水市运管稽征处车主违规行政处罚案件一览

表 9-8-6-5

年份	案件(件)	金额(万元)	年份	案件(件)	金额(万元)
2002	436	37.35	2007	552	163.35
2003	290	19.28	2008	558	251.18
2004	168	8.84	2009	227	155.81
2005	274	20.14	2010	136	39.60
2006	120	31.93	—	—	—

说明：2009 年前(含 2009)罚款金额含偷逃养路费金额

水运规费征收

水运规费包括航道养护费、货物港务费、船舶港务费、运输管理费、船舶检验费、港航监督费、水建费、证书工本费及其它规费。

航道养护费 1965 年 10 月 1 日起，丽水专区航管所执行省财政厅、交通厅颁发的《浙江省内河航道养护费征收和使用试行办法》，将航政费更名航道养护费，费率为运费的 4%，经营运输的农村副业船，按每月载重吨 0.5 元征收，由省航运局统收统支。

1971 年 1 月 1 日起，丽水地区内河航道养护费从现行 4%提高为 6%。1979 年 9 月 18 日，地区航管所重申内河航道养护费征收范围及费率的若干规定。规定指出，森工部门流放的木排暂不征收航道养护费，但森工部门轮拖的木排应缴纳航道养护费。1983 年 10 月起，对从事水上运输船舶实行按吨位、定期定额计征，并发给“缴讫证”。1998 年 4 月 17 日，丽水地区物价局、财政局、交通局联合发文《关于重新核定丽水地区公路、水路运输管理费定额征收标准的通知》，规定内河航道养护费每月按载重吨征收，此标准自 1998 年 5 月 1 日起执行。

2008 年 11 月 19 日，浙江省人民政府制定下发《关于第二批取消暂停征收部分行政事业性收费项目和降低部分收费标准的通知》，从 2009 年 9 月 1 日起取消航道养护费征收。

货物港务费 1979 年 12 月 11 日，省革委会批准省交通局(厅)《关于征收航运货物港务费的报告》，规定从 1980 年 1 月 1 日起，征收航运货物港务费。1980 年 4 月 30 日，丽水地区航管所制发《关于征收货物港务费的通知》，对经过丽水地区境内各港埠出口的货物，征收港务费的标准、征收单位、收据(运票)、免征范围等作具体规定。

2005 年 8 月 25 日，丽水市港航管理处下发《转发省物价局、财政厅关于调整货物港务费征收标准的通知》，决定自 2005 年 9 月 1 日起实行新的货物港务费征收标准，一直执行到 2010 年。

水路运输管理费 1990 年 3 月 5 日，交通部、财政部下发《关于发布全国统一的〈水路运输管理费征收和使用办法〉的通知》。自 1990 年 4 月 1 日起施行。

1998 年 4 月 17 日，丽水地区物价局、财政局、交通局联合发文《关于重新核定丽水地区公路、水路运输管理费定额征收标准的通知》，新的标准自 1998 年 5 月 1 日起执行。

2004 年 12 月 23 日，浙江省物价局、财政局发出《关于调整部分内河交通规费标准的通知》，规定标准船型船舶的水路运输管理费在现行收费标准的基础上统一降低 30%，挂桨机船的水路运输管理费标准可在不超过国家有关规定的费率基础上适当提高相应的定额标准。具体为 2005 年 1 月、2006 年 1 月和 2007 年 1 月起分别在现行定额标准的基础上加收 10%、20%、30%；其他各类船舶的水路运输管理费仍按现行收费标准执行。

船舶港务费　1988 年 10 月 1 日起，丽水地区执行省交通厅和省物价局颁发的《浙江省船舶港务费征收办法》，对事业运输单位的船舶港务费按该单位拥有的船舶总载重吨，每月每载重吨 1 元计征，并按月（季）3 元缴。

1994 年 8 月 18 日，浙江省物价局、省交通厅发布《浙江省港口收费规则》，对船舶港务费率标准，船舶、排筏和水上设施的进出港收费等作出规定。

2004 年 12 月 23 日，浙江省有关部门又作出《关于调整部分内河交通规费标准的通知》，对挂桨机船的船舶港务费标准和其他各类船舶的港务费收费作出调整。

乡镇船舶管理费　1988 年 1 月 1 日起，征收乡镇船舶管理费。征收范围凡属本省乡镇船舶均应缴纳乡镇船舶管理费。费率标准，拖轮每月每马力 0.3 元；其他机动船每月总吨 0.8 元（无总吨的按载重吨计算），非机动船每月每载重吨 0.3 元，专用于农业生产的船舶及客渡船免征；该项费收由省、地、县（市）分成，用于乡镇船舶的安全管理。

船舶检验费　丽水地区所辖航区的内河、沿海的船舶检验收费按国家船检局〔1982〕船检字 425 号文规定执行，自 1984 年开始实行这一计费规定。

1998 年 2 月 8 日，国家发展计划委员会颁发《关于发布船舶及船用产品检验计费标准的通知》。自 1998 年 6 月 1 日起执行，过去有关船舶检验计费规定与通知不一致，以通知为准。

事业性收费标准　2006 年 12 月 31 日，浙江省财政厅、物价局发出《关于重新公布交通系统行政事业性收费项目和收费标准的通知》，进一步加强全省交通系统行政事业性收费，规范收费行为。

2008 年 10 月 23 日，浙江省政府发出《关于取消、暂停征收部分行政事业性收费项目和降低部分收费标准的通知》。

1965—1990 年丽水地区水运规费收入一览

表 9-8-6-6　　单位：万元

年份	航养费	航政费	货港费	联运业务收入	船检费	船港费	其　他	合　计
1965	7.31	3.62	—	—	—	—	0.02	10.95
1966	8.96	2.30	—	—	—	—	—	11.26
1967	6.67	—	—	—	—	—	—	6.67
1968	3.86	—	—	—	—	—	—	3.86
1969	6.76	—	—	0.89	—	—		7.65
1970	8.97	—	—	1.14	—	—	0.12	10.23
1971	8.31	—	—	0.04	—	—	—	8.35
1972	11.46	—	—	1.08	—	—	0.03	12.57
1973	10.14	—	—	1.27	—	—	0.01	11.42
1974	5.41	—	—	1.19	—	—	0.02	6.62
1975	4.54	—	—	0.99	—	—	0.02	5.53
1976	4.32	—	—	1.04	—	—		5.38

续表 9-8-6-6

年份	航养费	航政费	货港费	联运业务收入	船检费	船港费	其 他	合 计
1977	8.04	—	—	1.33	—	—	0.02	9.39
1978	10.52	—	—	0.99	—	—	1.00	12.51
1979	11.75	—	—	1.00	—	—	0.07	12.82
1980	11.83	0.41	1.34	1.36	—	—	0.46	15.40
1981	11.28	0.04	1.48	1.12	—	—	0.84	14.76
1982	12.37	0.05	1.59	1.13	—	—	2.41	17.55
1983	11.83	0.43	1.23	0.97	—	—	0.69	15.15
1984	10.15	0.16	1.35	1.16	—	—	1.29	14.11
1985	17.31	0.09	3.58	—	4.05	—	2.08	27.11
1986	20.21	0.13	4.85	—	2.18	—	1.13	28.50
1987	18.71	1.54	5.23	—	2.35	—	0.83	28.66
1988	18.68	3.82	8.85	—	2.49	1.42	1.34	36.60
1989	21.09	4.52	8.93	—	2.48	8.67	1.95	47.64
1990	23.26	9.52	9.49	—	3.01	1.70	3.82	50.80

说明：其他栏包括违章罚款、滞纳金、港监收入等

1991—2010 年丽水水运规费收入一览

表 9-8-6-7　　单位：万元

年份	航道养护费	航政费	货物港务费	船舶港务费	船舶检验费	其 他	合 计
1991	21.53	19.20	9.79	10.76	1.75	2.23	65.26
1992	23.10	14.28	10.37	11.27	4.37	0.94	64.33
1993	35.57	43.48	14.11	21.43	17.92	2.98	135.49
1994	43.11	84.31	17.04	39.11	40.56	4.86	228.99
1995	36.52	64.35	18.62	34.84	28.65	2.83	185.81
1996	30.79	26.26	15.78	23.31	18.20	6.47	120.81
1997	26.05	6.30	34.33	12.28	16.08	7.80	102.84
1998	22.72	3.7	32.54	11.04	19.57	5.22	94.79
1999	50.65	3.09	67.86	17.55	35.51	16.59	191.25
2000	122.94	—	40.05	22.53	45.83	29.37	260.72
2001	151.06	17.63	46.59	25.82	63.15	80.22	384.47
2002	143.83	21.27	60.69	38.18	138.65	43.91	446.53
2003	168.62	26.10	73.84	62.33	85.39	8.04	424.32
2004	185.50	28.08	81.16	87.56	64.56	9.05	455.91
2005	184.19	30.56	110.09	74.21	68.88	7.08	475.01

说明：其他规费包括乡镇船舶管理费、船舶油污检验费、船用产品检验费、水上交通事故调解费、船舶登记费、船员考试发证费、水运许可证工本费、船舶营运证工本费、违章罚款、滞纳金、港监收入、水运管理费、水路交通建设费等

第七节　组织机构

丽水市交通局

民国时期,交通行政管理属行政督察区专员公署建设科。抗日战争期间,浙江省政府迁到丽水,丽水督察区的交通由省交通管理处直接管理。抗日战争胜利后,省交通管理处迁回杭州,在丽水设办事处。1949 年 5 月,丽水督察区解放,交通行政属专区专员公署建设科。各县政府成立建设科。1952 年 1 月 23 日,丽水专区撤销,交通管理分属温州、金华、衢州 3 个专区。1963 年 5 月 9 日,恢复丽水专区专员公署,设工交办公室管理全区交通行政。1970 年 10 月 4 日,丽水地区革命委员会设生产指挥组工交办公室,管理工业交通。1971 年 2 月 28 日,地区设交通邮政局,管理交通、邮政。1974 年 9 月,邮政划归邮电,交通单独设局,称丽水地区交通局。负责管理全地区交通行政、公路工程、公路管理、公路养护、公路运输、公路稽征、航道养护、码头建设、航运、航政、港监及航养费征收等工作。局机关内设办公室、工程科(原称道路科)、县乡公路管理处(对外单独挂牌)、运输科、计划财务科,并附设交通勘察设计室、交通战备办公室、渡口安全管理办公室以及《浙江交通报》丽水记者站;局下设地区公路管理处、地区公路运输管理处、地区公路稽征处、地区航运管理处、温溪港务管理处和地区汽车运输公司、温溪海运公司、地区汽车配件公司、地区联运公司等企事业单位。1991 年,全区交通干部、职工 8394 人,其中地属全民所有制单位干部、职工 5593 人,地区交通局 37 人。办公地址丽水市大洋路 262 号。

2000 年 7 月 1 日,丽水地区交通局更名丽水市交通局,为主管全市公路和水路交通的行政机构。2010 年,局机关设办公室、法制处、建管处、计财处、运安处、纪检检察室等处室;在编职数 26 名、借用 9 人、临时工 11 人。局下设丽水市公路管理局•公路路政管理支队、丽水市运管稽征处、丽水市港航管理处•丽水市地方海事局、丽水市交通规划设计院、丽水市紧石电站船筏过坝管理处、丽水市交通工程质量监督站、330 国道丽水收费管理处、S328 省道丽水水阁公路征费管理站等局属事业单位。下属县交通行政机构有莲都、龙泉、青田、缙云、遂昌、松阳、云和、庆元、景宁畲族自治县(市、区)交通局。

丽水市交通战备办公室

1987 年,丽水市国防动员委员会交通战备办公室(简称市交通战备办公室)成立,办公地址在市交通局大楼。1999 年,根据国家交通战备办公室《关于结合地方政府机构改革调整健全交通战备办事机构有关问题的意见》和中央编办的意见,省、地、县三级交通战备办公室是国防动员委员会的办事机构,也是政府主管这项工作的办事机构,统一挂靠在政府交通行政主管部门。其党务、行政工作接受挂靠单位领导,与设在单位为挂靠关系,不是其内设机构。

市交通局直属事业单位

丽水市公路管理局　位于丽水市区灯塔街 194 号,系全民所有制副县级事业单位。前身是丽水养路段。建于1952年7月。1964年10月，成立丽水养路总段。1971年2月28日撤销。1977年11月，设立丽水地区公路总段，全民所有制副县级事业单位。1989年5月19日，交通体制下放。7月1日，更名丽水地区公路管理处，负责全区主要干线公路和部分县乡公路的专业养护管理工作。1991年初，全区有专业养路职工1243人，其中处机关69人。1999年11月，改革管理体制，实行条块结合，以县为主，原地区（市）公路管理处下属丽水（县级）、龙泉、青田、庆元、云和、缙云、遂昌、松阳、景宁公路段，下放各县（市）管理，隶属县（市）交通局。2000年，丽水市（县级）公路段更名市公路管理处直属公路段，保留莲都区县乡公路管理所，市公路局进行业务指导。

2000年7月1日，更名丽水市公路管理处。根据省交通厅浙交〔2001〕295号文件精神，市公路管理处增挂“市公路路政管理支队”牌子，实行两块牌子，一套领导班子，合署办公。

2010年6月4日，丽水市编委正式批复同意丽水市公路管理处更名丽水市公路管理局，为全民所有制副县级事业单位，和市公路路政管理支队合署办公，两块牌子，一套领导班子。领导职数设局长1人，党委书记1人，副局长2人，纪委书纪1人。内设职能科室有办公室、政工（监察）科、财务（审计）科、养工（设备）科、县乡道路科、路政（公安）科、安全科、纪检检察室8个。7月15日正式挂牌。2010年年底，全市在编公路系统干部职工1030人，其中局机关工作人员53人。

丽水市公路运输管理处　位于丽水市区中东路616号（紫金新村1号），为全民所有制副县级事业单位，与公路管理处实行两块牌子，一套领导班子，合署办公。1979年10月，丽水地区跨省运输管理办公室成立，与地区交通局综合运输组合署办公。1981年4月，更名市公路运输管理处，为科级事业单位。1985年9月，与地区车辆监理所合并，成立丽水地区交通监理处。1987年9月，地区交通监理处“车辆监理所”成建制划归公安部门，成立交通警察支队；恢复丽水地区公路运输管理处，划出养路费征收职责，新建丽水地区公路稽征处，两处合署办公。1988年，丽水地区公路运输管理处升格为副县级。1990年年底，全区运管稽征人员214人，其中机关26人。2000年7月，更名丽水市公路运管处（公路稽征处），隶属丽水市交通局。2010年，内设职能科室有办公室、计划财务科、法制监察稽查科、行政审批科、客运安全管理科（莲都区城乡客运管理科）、货运物流管理科、维修业管理科、驾培业管理科、出租车管理科、运政稽查大队等10个。机关在编64人，领导职数设处长1人、书记1人、副处长3人。下属县运管部门有龙泉、青田、缙云、遂昌、松阳、云和、庆元、景宁畲族自治县运管稽征所8个，丽水市（县级）运管稽征所并入市运管稽征所。

丽水市港航管理处　位于丽水市中山街683号。前身为丽水专区航运管理所，1964年6月3日成立。1984年7月4日，更名地区航运管理处。同年，成立浙江省船舶检验处丽水检验所。1987年，成立丽水地区航运监督所，实行3块牌子，一套班子，合署办公，为科级全民所有制事业单位，隶属省航运管理局和地区交通局双重领导。内设科（室）有运管、港监、船检、航道、办公室等5个，下设温溪港航监督。1990年，全区航管干部职工273人，其中本部23人。

2000年7月1日，更名丽水市航运管理处。2003年9月8日，按市交通局《关于市航管处更名并增挂牌子的通知》精神，更名丽水市港航管理处，挂丽水市地方海事局、丽水市船舶检验处、丽水市航道管理处3块牌子，实行4块牌子，一套班子，合署办公。有关县（市）水上安全监督机构相应进行更名及挂牌工作。

2008年4月22日，丽水市港航管理处升格为副处级全民所有制事业单位，隶属省港航管理局和市交通局双重领导。2009年1月22日，市编委下发《关于印发丽水市港航管理处（地方海事处、船舶检验处、航道管理处）职责配置、内设机构和人员编制规定的通知》，同意内设科（室）办公室、港航监管（航道）、运政港政（港航执法大队）、海事（水上应急指挥中心）、船舶检验、计划财务6个，下设船闸管理所，派出机构温溪海事处与青田港航机构整合；下属县港航部门有龙泉、青田、遂昌、松阳、云和、景宁畲族自治县港航管理所。2000年，丽水市航管所改设市航管处直属航管所，负责莲都区境内港航管理职责兼管缙云县境内港航事务。2010年，全市港航干部职工76人，处本部干部职工37人。配置小车6辆，小型巡逻艇2艘。

丽水市交通规划设计院　位于丽水市区中东路616号紫金新村1幢东首4—6楼，1985年1月22日，成立丽水地区交通勘察设计室。1989年10月6日，确定为地区交通局属下事业单位，定编8名。1991年，编制增至18名，实有技术人员9人。1995年4月26日，地区编委办同意丽水地区交通勘察设计室更名“丽水地区交通勘察设计所”，其单位性质、设计业务范围和隶属关系仍然不变。2000年5月29日，更名“丽水地区交通规划设计院”。7月，更名“丽水市交通规划设计院”。2002年，丽水市交通规划设计院作为丽水市第一批事业单位改制试点，进行改制。改制前为自收自支事业单位，在职职工29人，注册资本金200万元，具有公路工程乙级设计资质。2003年10月10日，市交通规划设计院改制为企业单位“浙江佳途勘测设计有限公司”。改制后，是一家包括公路工程设计甲级、岩土工程及工程测量乙级的综合性设计单位，负责全区公路工程勘察设计、工程质量监理、工程定额管理、公路工程前期工作。注册资本金300万元，全部由股东出资。

丽水市紧石电站船筏过坝管理处　位于云和县云和镇新华街42号。1991年8月成立。为科级事业单位，隶属市交通局。内设办公室、生产科、财务科，下设紧水滩港监站，紧水滩过坝站及石塘过坝站。2010年年底，有干部职工84人，固定资产476万元。

330国道丽水收费管理处　位于原330国道丽水市（县级）平沙村。具体负责收费站的收费管理工作，为市交通局属下自收自支事业单位，有职工90人。内设办公室、征收科、稽查科、财务室和征费班组5个，实行五班三运转工作制，通行费收入采用“统收统支”的管理模式。前身为330国道冷水隧道公路收费站。1995年2月8日，对通过“四自”工程330国道冷水隧道的机动车辆双向收取通行费。1997年12月，330国道丽水至缙云段复线公路竣工通车，站址迁移至330国道上岗背。1998年1月18日起，对通过330国道丽水至缙云段（复线）公路的机动车辆双向收取通行费，同时撤销330国道冷水隧道收费站，由于冷水隧道贷款尚未还清，冷水隧道与丽缙复线合并收费。2010年2月28日，取消收费并撤销收费站。

丽水市交通工程质量监督站　位于丽水市区中东路616号紫金新村1幢东首3楼。前身为丽水地区交通工程质量监督站。1996年9月3日成立。2000年，更名丽水市交通工程质量监督站。内设机构有办公室、质量监督科、造价管理科、安监科，资质管理科，在编人员14人。主管全市交通公路、水运工程的质量与安全监督管理；组织重点工程的竣工质量鉴定，参与工程竣工验收。组织或参与质量与安全事故调查处理，行政处罚质量与安全违法行为。

S328省道①丽水水阁公路征费管理站　位于莲都区水阁镇垟店村。具体负责收费站的收费管理工作，为市交通局属下自收自支科级事业单位，暂定控制编制数62名，科级职数3名，设管理站党支部书记1人。下设办公室、稽查科、征收科、收费班组4个。前身为53省道丽水水阁公路收费站。

① 原称53省道。

2002年7月5日起，对过往53省道丽水桃山至大港头公路的机动车辆双向征收通行费。2004年10月13日，收费站由53省道水阁镇垟店村迁移至水阁镇上沙溪村。移址后收费站名和收费车道不变。

高速公路管理处

金丽温高速公路丽水管理处 位于丽水市莲都区水阁街道垟店。2005年4月成立，隶属于浙江金丽温高速公路有限公司。担负着北起缙云县新建镇，东至青田县温溪镇，全长127.7千米的原金丽温高速公路丽水市段的收费、营运、道路养护、机电设备维护、路产路权维护、故障车辆施救等管理工作。全处有员工309人。内设办公室、财务、营运、养护、设备职能科室6个和桥检组1个；收费管理所5个，管理收费站7个；服务区2对；隧道管理所3个。

丽龙高速公路丽龙管理处 位于云和县城东高速公路出口处。2006年11月28日成立，隶属于浙江龙丽丽龙高速公路有限公司。2010年4月，全处有职工296人。管理处下设中心收费管理所3个、收费站7个；隧道管理所3个和停车区1个，服务区1个。

龙丽高速公路龙丽管理处 2006年12月31日成立，隶属浙江龙丽丽龙高速公路有限公司，龙丽高速公路龙丽管理处位于浙江省丽水市松阳县西屏镇新溪村。负责龙丽段车辆通行费收取、路产路权维护、道路养护、营运管理、设备维护等任务。下辖中心收费管理所3个、收费站9个；服务区2对，停车区1个；隧道管理所3个。2010年，全处职工257人。

第十篇

邮政电信

概　　述

古代，处州境内通讯手段原始。驿站担负着政治、经济、文化、军事等方面的信息传递任务。驿站一般5里设一亭，10里设一铺，30里设一驿，驿道亦称官马大道、通京大道。隋至清代处州都设驿站。民国11年（1922），处州设二等邮局3处，三等邮局4处，代办所14处。民国20年，浙江邮务管理局更名为浙江邮政管理局。同年，交通部邮政总局公布全国各县邮局新旧名称对照册，册中处州更名为丽水。1949年5月21日，丽水县军管会接管丽水邮局。1951年10月，丽水邮电局成立。1952年1月，丽水专区邮电督导组专设。1963年7月，丽水专区邮电处成立，为浙江省邮政局派出机构。1978年10月中共十一届三中全会后，丽水地区邮电部门贯彻“改革、开放、搞活”的方针，邮电通信事业进入新的发展阶段。1983年，丽水地区邮电部门实行市（地）管县体制，设立丽水地区邮电局。1984年进行企业整顿。1987年，地区邮电局实行经营承包制。1988年实行局长负责制。1998年，国家信息产业部作出决定，将全国邮电部门邮政和电信分开经营，分别设立各级邮政局和电信局。同年9月，经浙江邮政管理局批准，丽水地区邮政局、电信局分别正式挂牌成立，实行分营。电信、移动、联通等通讯机构得到较快发展，取代很多邮政业务。2010年1月，浙江省邮政速递物流有限公司丽水市分公司成立，邮政速递、物流专业从邮政部门剥离，实行专业化经营。网络、电信、邮政在新时期得到新的发展。

第一章　邮政业务

处州自隋至明代都设驿站。清代，处州邮传通信仍以驿站为主，步递通信为辅。清光绪二十六年(1900)6月，处州开办邮政业务，收寄公众信件。民国时期，处州邮政局成立，开展邮政业务。1949年5月，中国人民解放军丽水县军管会接管邮政局。1950年，丽水恢复航空信函、保价信函、收寄包件、报刊发行业务。1953年，丽水邮局开展私人汇兑业务。1960年，丽水邮局增办特种挂号信函业务。1986年8月，丽水邮局开办邮政储蓄业务，1990年年末，年收储余额224.68万元。1995年，丽水邮件处理中心建成。1996年，丽水地区完成邮政业务总量1979.21万元，邮政储蓄3.68亿元。1997年，丽水地区有邮电局、所286处，固定资产原值8.27亿元。1998年，全国邮电系统实施邮电分营。9月10日，丽水地区邮电局挂牌。1998年9月13日，国家邮政局明确规定邮政的主要业务有国内、国际函件业务；邮送广告业务；企业明信片业务；国内、国际包件(含直递包裹)业务；国内、国际汇兑业务；国内报刊发行业务；国内、国际特快专递业务；机要业务；各类邮资凭证的销售和发行，以及国务院通信主管部门决定在全国范围开办的符合邮政基础业务特征的其他指定业务。1999年是邮电分营后邮政独立运行的第一年，全年全区完成业务总量2930.72万元，业务总收入5530.36万元。2000年7月丽水撤地设市后，丽水邮政业务有新的拓展。2004年，丽水市有邮政局(所)190处，开通丽水—杭州特快邮路“全夜航”速递业务、开办邮政金融业务、水费代缴业务、新包件业务及其他业务。2010年，丽水市邮政企业完成业务总收入13469.62万元，全市有邮政局(所)184个，其中农村局(所)150个。全市邮储余额39.03亿元。浙江省首家以企业名称冠名的邮政支局——缙云壶镇晨龙邮政支局成立。

第一节　函　件

平常函件

清光绪二十六年(1900)六月，处州开办邮政业务，收寄公众信件。民国时期，处州邮政局代办所收寄平信、明信片、新闻纸、书籍、印刷品、贸易契、商务传单、读者文件、货样等品种。民国37年(1948)，丽水邮政局出口平常函件26万件，进口平常函件25万件，居各类邮政业务之首。

1950年，丽水全面恢复邮政业务，与全国解放区邮局、所，开办国内互寄平常信函和印刷品业务。1951年，全区可收寄国内航空信件，办理寄件人总付邮资业务；寄件人可“整寄整付”“整付零寄”,也可办理收件人总付邮资业务,即报刊信函或向新闻单位交寄的新闻稿件,可不贴邮票,按月向收件单位收取邮资。1957年,丽水各县执行邮电部《军人免费寄信办法》,明确解放军战士交寄平信,加盖“军人免费”三角戳记即可免费收寄。1958年4月1日,丽水各县取消军官免费交寄优待政策,士兵寄信照常免费。1969年4月,丽水地区现役军人交寄平信,按制度执行收费。1984年10月1日起,丽水地区恢复义务兵免费邮件业务,义务兵从部队邮寄平信,20克之内免费交寄。1984年10月,全区试办国内货样邮寄业务,准许寄件人业务性宣传品可夹寄小件非纸片性货样,方便收件人看样订货。1986年,全区停办国内货样邮寄业务。1985年5月16—18日,全区开展出口函件用户构成情况调查,调查出口函件15456件,其中居民35.77%,机关团体17.64%,文教卫生单位17.46%,财政金融单位10.82%,商业服务业9.96%,工交建筑业7.83%,其他0.52%。1986年7月,全区执行邮电部调整部分邮件分类范围规定,明确经出版行政机关批准,印有统一书号、证号的书籍、报纸、期刊和教材等,才能作为印刷品邮寄;各种事务性通知、稿件、提货单、请柬、征订单、协议、合同、票据、入场券、照片、报表、印有“内部”字样的资料,一律作信函交寄;各种广告按代发广告办理。1987年,全区执行《信封国家标准》,明确普通信封、航空信封和大型信封规格4种,统一有填写收、寄件人邮政编码的框格。

1990年,丽水地区邮电局出口函件1219.81万件,业务收入220.11万元,占邮政总收入的31.5%。其中,丽水市(县级)出口函件272.55万件,业务收入45.59万元。1995年,全区出口函件1212.85万件,国内函件业务收入207.56万元,国际及中国港澳台地区函件收入240.74万元,函件收入占邮政总收入的20.7%。其中,丽水市(县级)出口函件225.74万件,国内函件业务收入55.21万元,国际及中国港澳台地区函件业务收入5.90万元,函件业务收入占邮政总收入的17.52%。1998年,全区出口国内函件943万件,出口国际函件27.3万件,函件业务收入350万元,占邮政总收入的21%。其中丽水市(县级)出口国内函件267.5万件,出口国际函件2.51万件,函件业务收入77万元,占邮政总收入的22.20%。2000年,全市出口国内函件788.52万件,出口国际函件23.54万件,函件业务收入1313.81万元。2004年,全市邮政业务总收入10195.85万元,其中函件收入1320.75万元,邮电业务总量9844.99万元,其中国内函件777.94万件,国际函件17.18万件。2010年,全市邮政业务总收入13469.62万元,其中函件业务完成2314.6万元。

给据函件

普通挂号　清光绪二十六年(1900)六月,处州开办函件挂号业务,分单挂号和双挂号,其中双挂号函件有收信回执,均另加收费。民国36年(1947)1—3月,丽水收寄挂号0.71万件/月。

1950年起,丽水专区邮电局、邮电支局、邮电所均可办理邮件挂号业务,如信函、明信片、印刷品和盲人读物等。1959年,丽水各县邮电挂号业务停办。1966年9月,全区一律按挂号寄递收寄毛泽东著作、语录、诗词等物品。

1957年4月,丽水各县办理机要邮件业务。1958年11月,丽水各县扩大收寄投递范围,延伸到区、社。同年,各县寄发机要邮件0.72万件。1984年6月,全区县以下机要邮件业务停办。1990年,全区出口机要邮件2.51万件。其中丽水局1.48万件,业务收入1.32万元。

保价信函　民国15年(1926),处州开办保险信函。民国25年,更名为保价信函,在营业窗口交寄,可寄有价契纸,如纸币、债票、股票等;禁寄钱币、金银珠宝等贵重物品,保险价值最高1000元;

保价信函除收普通邮资、挂号费外另加收保险费。民国36年2月,开办保值挂号信函业务,收取保值费为保值金额的30%。

1951年4月,丽水保价信函除邮寄有价证券外,可装寄现钞。1961年8月,停办保价信装寄现钞业务,继续办理装寄有价证券业务。1976年,办理保价印刷品业务,准寄储蓄存单、存折、支票、证据和特准外币等票证,轻小贵重物品和重要文件,每件保价函件最高保价额300元。1980年9月,全区保价函件最高保价额5000元,须使用信封邮寄,在营业窗口收寄,窗口点验投交。

特种挂号　丽水各县准寄粮票、布票、油票、户口迁移证、粮油转移关系和共青团组织关系。1960年10月1日,丽水各县开办特种挂号业务,实行亲投到户。1961年,各县改用营业窗口投交。1963年8月,全区规定每封信装寄粮票不超过30千克。1985年12月起,浙江省范围内互寄粮票票面不超过75千克/件,寄往省外仍按原规定,在营业窗口当面点验无误后,在清单及相关处盖戳验章,封口加贴封志;机关单位交寄特种挂号须在封口封志骑缝处加盖寄件单位公章,在封面和单据上加盖"自封"戳记。

快递信函和特快专递　民国15年(1926),丽水开办快递信函。1937年11月,丽水恢复办理国内快件信函,各县邮电局陆续恢复办理快件信函业务,但只能在开办快件业务邮电局之间互寄,用邮局专用信封按挂号办理。除照收普通挂号邮资外,另加收快递邮资,以专据贴于快件上。邮局选用有效的车、航班次,按时限要求组织递送,用户在寄件时就可以知道邮件到达时间。如未能按规定时限寄达邮件者,可以退还快件费。1953年1月,停办国内快递业务。后又恢复此项业务。1988年,全区快件4.37万件,其中丽水局1.69万件。

1989年1月20日,青田县开办国际国内特快专递业务,可以寄递各种文件、图纸、帐单、报表、合同、商品、货样及电子机械零部件等物品,在营业处设专营窗口,有专用汽车专人递送,每天青田送至金华,上午、下午各一班,由金华局转递;邮件起重200克,收邮资8元。1989年,青田县收寄特快专递邮件211件。1990年,青田县收寄特快专递839件,业务收入0.71万元。5月,丽水地区邮政快件业务范围扩大,明确逐日班邮路通达的农村支局均可办理快件业务。同年,全区快件36.7万件,其中丽水局9.51万件。1990年,全区快件52.03万件,业务收入30.91万元。其中丽水局快件业务10.26万件,业务收入6.14万元。

1992年8月10日,丽水地区开办国际国内特快专递业务。1995年9月1日起,龙泉、庆元、遂昌、松阳、景宁、云和局陆续开办邮政国际国内特快专递代办业务,使用国内普通袋封发,并拴挂袋牌(邮1215),但必须在袋牌上加盖"特快"字样红色戳记,总包方发"丽水局邮政营业班"重新处理后发出。1997年7月1日,丽水市(县级)碧湖、丽云支局开办特快专递代办业务。

1998年7月1日,丽水地区取消邮政总局邮政快件(包括快汇)业务。同年,全区邮政快件业务量11.67万件,其中丽水市(县级)3.35万件。1998年,全区国内特快专递49853件,其中丽水市(县级)17900件;国际特快专递8051件,其中丽水市(县级)1301件;业务收入147万元,其中丽水市(县级)32万元。

2003年,丽水市名址库商函首次投放国际市场,依托名址信息库开展营销活动。2008年,特快专递业务55.1万件,比2007年增长20.09%。收入1646.08万元,比2007年增长21.3%。2009年,全市开展邮政贺卡项目营销,速递物流业以单、证、照业务为重点,做优同城特快业务,实施组建大同城网。

有声信函　1987年1月，丽水地区开办有声信函业务，准寄邮局特制的信函录音磁带，可附寄不超过20克的书面通信或说明等纸片性物品，超过部分按信函收费，但不准夹寄非纸片性物品，普通录音磁带只能作包裹寄递。有声信函按国内挂号信函处理，并可办理改寄、撤回、退回、查询和补偿。交寄时信函磁带必须装入邮局特制信封内。丽水此项业务量较少。

国际及中国港澳地区函件　20世纪30年代，丽水、青田局办理国际信函业务。民国33年（1944）7月，丽水、青田、碧湖、龙泉、云和均开办国际快递函件业务。1976年5月，丽水地区出口国际信函均直封杭州邮局转口至互换局；出口国际包裹、小包邮件和印刷品直封温州局经转。1979年，青田县出口国际函件3.43万件，包件0.1万件，进口函件5.23万件。

1985年2月，青田县开展进口国际平信处理特别业务，采取双人拆袋、清点、登记、重新套封的方式，按挂号信投送到户，收工本费0.15元/件。1988年，丽水地区出口国际函件9.53万件，进口9.26万件；出口国际包裹674件，进口153件。1988年2月，全区恢复国际快递函件业务。1989年2月，青田县开办国际特快专递业务，每日下午专送温州转发。同年，青田收寄国际特快专递446件。1990年，青田收寄国际及中国港澳台地区特快专递函件1603件，业务收入15.25万元。

1990年4月，丽水地区邮电局开办新业务，要求进口国际平信加封套按挂号邮件投递。同年，全区出口国际函件17.68万件，国际包件0.41万件，国际邮件业务收入46.07万元。1996年，丽水地区函件1245.14万件，国际函件增长0.13%。1998年，国际特快专递函件8051件，比1997年增长65.11%。2004年丽水邮政系统国际函件17.18万件，比2003年减少6.78%。国际特快专递1.22万件，比2003年增长5.17%。

2008年，全市邮政局各类函件业务达507.14万件，比2007年增长2.25%。函件收入1861.66万元，比2007年增长16.82%。2010年，完成各类函件业务2134.6万元。

函件资费

国内函件资费　清光绪二十二年（1896），处州执行《邮政开办章程》，将邮资分为岸资（通商口岸间寄递）、内资（口岸与内地间寄递）、外资（往来外国信件照万国邮联所定）3种。清光绪二十五年，首次颁布寄费清单，将邮资分为8种，后减为5种，第一种就地投送界内；第二种国内各处互寄；第三、四、五种国外及中国港澳台地区等。

清光绪二十八年（1902），官邮局采取大幅度降低平信资费办法，有效应对民信局向寄件人收取半费的局面。3月起，国内平信由四分降为一分，本埠平信降为半分，导致资费骤减，邮政经济入不敷出。清光绪三十年七月，民信局恢复纳费制度后，官邮局平信资费增为二分。清宣统二年（1910）七月，官邮局平信资费增为三分。大清邮政时期，信函资费调价6次；信函计费重量初定15克。清宣统二年，信函计费重量改为20克。民国期间，邮资仍为5种。民国21年（1932）5月1日，第一种为银2分，第二种为银6分。同年5月20日起，第二种降为银5分。民国29年，第一种为法币4分，第二种为法币8分。民国29—38年，全国战争频繁，社会动荡，物价飞涨，邮资随物价变动而调整。民国时期，邮资变动33次。

民国26—37年(1937—1948)丽水平信邮资与物价增长比较情况一览

表10-1-1-1

邮资调整年月	平信邮资(分)	邮资比率(%)	物价比率(%)	平信邮资折合1936年币值(元)
1937	5	100	100	—
1939	5	100	233	—
1940.10	8	160	682	0.0106
1941.11	16	320	1898	0.0082
1942.12	0.5	1000	6146	0.0088
1943.06	100	2000	14100	0.0077
1944.03	200	4000	26400	0.0059
1945.10	2000	40000	212000	0.0136
1946.11	10000	200000	531700	0.0123
1947.07	50000	1000000	3116800	0.0124
1948.04	500000	10000000	33835400	—
1948.07	1500000	30000000	287700000	—

说明：物价系以1937年1—6月平均物价指数为100

1949年5月初，丽水各地解放时间不一，手续制度各成一套，资费标准也不统一。同年6月4日，丽水邮局执行《华东解放区各类邮件资费表》，停止使用银元、银角、金元券，一律改收人民币。1950年1月10日，政务院财政经济委员会决定，国内平信资费，每重20克，以小米12两(每千克为32两)为标准，物价涨落20%—25%时调整一次。1950年3月，改用当年发行的“人民胜利折实公债”分值牌价的4%为标准核订，邮资分值牌价涨落20%—25%时调整一次。1950年上半年，邮资变动4次。

1950年7月1日，丽水邮电局执行全国统一邮件资费，函件分为本埠、外埠两种，每种重20克，本埠0.04元，外埠0.08元；明信片资费按平信减半收取；挂号费、回执费按3个平信资费核订；快递费按1个平信资费核订。1955年3月1日，使用新人民币，平信资费折合新人民币本埠4分，外埠8分。至1990年，历经40多年未作变动。

1973年4月，丽水国内函件资费历经简化、归并，仅保留信函、名信片、印刷品、盲人读物4项。1981年7月，丽水地区特殊资费主要有函件航空费、挂号费、回执费、存局候领费、代收货价手续费、保价费、查询费等。1990年7月31日，全区国内邮件资费调整为平信每件20克，本埠0.1元，外埠0.2元；机要邮件、机要刊物在原计费标准基础上加收150%，丽水至省内互寄每件20克为0.55元，省外互寄0.6元；撤销回执邮件回执费、代收货价手续费、收取回件手续、快递小包、航空快递小包等业务。

2010年4月10日起，丽水市国内标准型特快专递邮件、国际及中国台港澳地区邮政特快专递邮件和中速快件实行新的资费分区和标准。

国际及中国港澳台地区函件资费　清光绪年间(1871—1908)，处州邮政资费分为5类，第一类就地投递；第二类国内互寄；第三类国际邮政资费；第四类日本、朝鲜地区邮政资费；第五类中国港澳地区邮政资费。民国34年(1945)11月，第四类并入第三类，第五类并入第二类。

清宣统二年(1910)，处州国内及国际各类邮件，一律改用万国邮政公约规定的计重单位公分，国际信函每重20公分收银元10分；中国港澳地区4分。民国24年(1935)11月，信函资费改用法币计收。民国25年2月，平信每重20公分收法币25分。民国29年9月，平信每重20公分收法币50分。民国30年11月，平信每重20公分收法币1元。民国36年，法币贬值严重，邮资调整频繁。12月30日起，邮政总局执行《国际邮资金法郎基数表》。民国37年4月，改用邮资电码，调整国际邮资。3月20日，国际平信每重20公分收法币30万元。8月23日，信函资费改用金圆券讲收，国际平信每重20公分收金圆券0.35元。民国38年4月，国际平信每重20公分收金圆券1.1万元；5月10日，国际平信每重20公分收165万元。

1949年10月中华人民共和国成立后，丽水专区参照万国邮政公约规定基本资例制定的国际邮资。至1976年，全区信函资费变动不大。1977年1月，丽水地区参照万国邮政联盟第十七届大会通过的资费标准，调整信函资费。

1981年7月和1986年1月，丽水地区参照万国邮政会议确定的国际函件基本资费，水陆路运费和终端费，两次调高国际函件资费标准。1988年5月，全区参照人民币对各种外币汇价的变化，人民币对金法郎的比价调整为1.6:1，调整国际邮政资费，执行新《国际邮政资费表》《亚太地区减低资费表》。

1990年，人民币与金法郎比价提高25%。同年2月，丽水地区调整国际、中国港澳台地区的函件资费。1996年12月1日，丽水地区根据《国际邮政资费表》《亚太地区减低资费表》及国内邮资变动情况，及时调整并实施国际、中国港澳台地区邮政资费标准。

第二节　包　　件

包件业务

处州包裹业务包括普通包裹、快递包裹和直递包裹。符合包件准寄范围，按一般时限规定传递处理的物品，可按普通包裹收寄。

普通包裹　清光绪二十六年(1900)七月，丽水办理寄递普通包裹业务。各县邮局均开办包裹寄递业务。大清邮政章程规定，包裹必须到邮政局、所营业处交寄。包裹尺寸长不超过2尺，宽厚不小于2寸；长形包，长不大于3尺，宽厚不大于8寸，每包以4千克为准。清宣统元年(1909)，修订包裹尺寸重量，国内火车轮船通达处互寄包裹每件可重至8.5千元；火车轮船不通达处可重至2.4千克。民国时期，各县邮局继续办理国内包裹寄递业务，部分修订业务规定。民国34年(1945)，丽水邮局收寄包裹3500件，图书小包11000多件。

1949年10月中华人民共和国成立后，丽水专区邮政寄递包裹手续办法逐步完善，包裹尺寸重量限制和禁寄、限寄物品屡有变动，包件寄递业务量不断增长。1953年，停办图书小包业务。1958年，使用三联复写包裹单。1962年，县邮局简化处理手续，改用单页包裹单，加盖“国内包裹邮资已付”戳记。1979年，全区执行包裹逾期保管费。

1980年12月，丽水地区邮电局扩大收寄工业品包裹。1981年，全区工业品包裹增加迅速，包裹积压严重，丽水、青田邮局实行临时限量收寄，规定限寄工业品包裹10袋/天。1985年2月，丽水城区范围实行代送商品包裹和大件印刷品业务，分别收取代送费0.5元/件和0.1元/件。

1986年7月1日起，包件分“民用包裹”和“商品包裹”，其中尺寸长60厘米，横周90厘米以内，重量在5000克以内，内件属非经营性个人零星物品的包裹，均按民用包裹交寄，不能按“便函”“代发广告”寄递的印刷品也作纸质民用包裹交寄；凡尺寸重量超过民用包裹规格、内件属经营性物品的包裹，一律按商品包裹交寄。同时，增办大件包裹业务，体积以装满4号邮袋为限，重量25千克以上30千克以内。

1987年，规定各类包裹包装一般物品者，每件限重15千克；包装脆弱易碎或流质易溶物品者，限重10千克；禁寄爆炸性、易燃性、放射性、酸性和毒性等各种危险品和容易腐烂、妨碍公共卫生的物品，以及反动淫秽物品；包内不准夹寄信函，限寄国家规定限制流通或寄递的物品。

1990年，丽水地区收寄包裹19.45万件，收寄国际及中国港澳地区包件4128件，收入20.3万元，其中商品包裹11.62万件，商品包裹占59.74%；业务收入140.78万元，占邮政收入20.15%。丽水市（县级）收寄包件4.02万件，其中商品包裹2.64万件，业务收入25.41万元；收寄国际及中国港澳地区包件198件，收入1.4万元。

1998年，丽水地区收寄国内国际包裹14.69万件，其中国际包裹4030件，业务收入143万元。其中，丽水市（县级）收寄包裹2095万件，其中国际包裹122件，业务收入18万元。2000年，全市包裹收入324.71万元。2005年，全市包裹收入1383.45万元，比2004年增长5.25%。2010年“爱心包裹”增势明显，代表速递物流业务保持稳定发展，发挥网点渠道优势，实现收入602.84万元，比2009年增长24.8%。

保价包裹　原称保险包裹。民国25年（1936），更名为保价包裹。民国15年，办理保险包裹业务，每件保险额最高为法币500元，保险价值不得超过包内物品实值。民国25年，办理代收货价包裹业务，每件保险额最高为法币500元。

1949年中华人民共和国成立后，丽水专区邮局可办理国内保价包裹业务和代收货价包裹业务。1951年，增办代购货物业务。1953年5月，停办代购货物业务。1959年，停办代收货价包裹业务。1979年，保价包裹分甲、乙两类，其中凡个人交寄物品之价值在30元以上者，应按保价交寄，此种保价称乙类；原定贵重物品保价称甲类。交寄甲类保价物品时，应由邮政营业员验明内件及包装情况，当面封固，骑缝加贴保价封志，封志由交寄者和营业员共同盖章。保价包裹一律到邮局领取，当面开拆点交。

快递小包　1950年9月，丽水开办快递小包业务，限重500克，按信函类处理，随同信函运输投递，可按保价或代收货价交寄。1990年7月，快递小包和航空快递小包业务停办。

2008年，各类包件业务总计22.1万件，比2007年增长26.94%；包件收入2124.19万元，比2007年增长12.13%；

2009年3月11日，丽水市邮政速递物流公司成立，青田县邮政速递物流分公司和龙泉、缙云、遂昌、松阳、景宁、庆元、云和县邮政速递物流经营部相继成立，实行一体化经营。

包件资费

国内包件资费　清光绪二十九年(1903)，国内包件重量1磅以内，收银元10分；1—2磅收15分/件；2—11磅收20分/件；11—22磅收40分/件。民国时期，包件资费调整10多次。民国37年(1948)，包裹及小包算资费由金圆券1.8元/件调至6万元/件，图书及图书小包资费由金圆券0.45元/件调至1.5万元/件。

1949年中华人民共和国成立后，丽水地区包裹资费根据寄递里程核定，按包裹重量、体积、种类、寄达地点距离和交通条件，统一颁布包裹资例表。同时按照运输部门收运包裹的平均运价、邮电企业内部处理费用和应纳税金来核定。1950年10月，全区包裹及小包资费不低于旧币800元/千克，15千克以下小包不低于2400元。1952年8月1日，全区小包资费每5千克不低于2000元；代办所收寄外省或外县小包，不低于2000元/件；收寄本县不低于1000元/件。

1958年1月1日起，丽水各县执行航空包裹资费和全国互寄普通包裹资费，快递小包加收0.16元/件，重量5千克及以下的，收取处理费0.2元/件；重量超过5千克以上的，收取处理费0.4元/件；包裹投递费从0.08元/件调整为0.05元/件。保价包裹保价最高额1000元/件；快递小包保价最高额500元/件；每保价1元收保价费0.01元，每件最低保价费0.2元。

1969年4月1日起，丽水地区调整收寄包裹和快递小包起算重量，以100克为单位；规定用户领取包裹期限7天，逾期按天收取保管费0.05元/件。1985年2月1日起，全区用户领取包裹期限调整到3天，其中商品包裹逾期，头两天每天收保管费0.2元/件，超过两天至保管期满(两个月)之内，每天收取保管费0.5元/件；民用包裹自第四天起，每件每天收保管费0.05元。1986年7月1日，全区凡包裹内件属于经营性的物品和超过民用包裹标准的作为商品包裹收寄。其资费按民用包裹资费加收50%。1988年12月21日全区各县邮电局开始收取打包费，大包收1.5元/件，中包收1元/件，小包收0.6元/件。

1990年7月31日起，丽水地区执行全国统一国内邮件资费标准，包裹资费按寄递里程分区核定，起算单位由100克恢复到500克，资费调整为原资费的250%，商品包裹资费为原资费的150%；包裹处理费由0.2元/件调整到0.5元/件，大件商品包裹处理加收1元/件；省内互寄的纸质品包裹按《国内包裹资例表》实有计费区的资费标准计收；省际间互寄的按《国内包裹资例表》各省第一计费区的资费标准计收，超过2.5元/千克的按2.5元/千克计算。

国际及中国港澳地区包件资费　清光绪年间(1871—1908)，处州开办国际邮政业务，国际包裹分段计费，其中国内段按国内包裹资费收费，国外段按邮寄国资费标准加收。

民国时期，丽水执行全国国际包件资费标准。民国37年(1948)3月，国际包件50克收取资费法币3万元。民国38年2月，中国至美国航空包裹航空费3500元(金圆券)/千克。同年4月，中国至美国航空包裹航空费16.6万元(金圆券)/千克。

1949年10月中华人民共和国成立后，丽水专区执行中国参照万国邮联国际包裹资费标准制定的国际及中国港澳台地区包裹资费表。1974年11月30日起，执行新《国际包裹资费表》。1976年1月1日，调整《国际包裹资费表》；1979年2月15日，再次调整《国际包裹资费表》。1979年9月18日，修订部分国际包裹资费。

1988年5月10日起，丽水地区全面调整国际包裹资费，根据新金法郎对人民币比价，从1:1.4

调整为1:1.6。1990年3月1日起，重新调整国际、中国港澳地区包裹资费，按普通包裹资费标准，加收脆弱包裹资费50%。1991年1月1日起，执行重新制定的国际及中国港澳台地区包裹资费表。2005—2010年，大力拓展国际物品类包裹市场，开展国际包裹邮寄营销活动。

第三节 汇 兑

业务类型

清光绪三十年(1904)，处州邮政分局开办小额汇兑业务。办理汇兑的甲类局每张汇票限寄50元，乙类局每张汇票限寄10元，丽水为乙类汇票局。汇款人交寄汇款时，由邮局发给汇银执据一张，收款人凭执据到当地邮局取款。

中华邮政初期，甲类局汇票每张限寄100元，乙类局每张限寄50元。民国7年(1918)7月，丽水、龙泉、青田局为甲类汇票局。民国15年，丽水、龙泉、青田局开发兑付汇票限额500元银圆/单；松阳、遂昌、云和限额100元银圆/单。

民国20年(1931)7月，执行《邮政国内汇总法》，分为普通、电报、小款三种票。民国25年7月，丽水、龙泉局开办电报汇票业务。民国27年，丽水局开发国内汇票2.8万张，兑付汇票365张，业务收入4300元。民国32年1月，龙泉电报汇票转汇局成立，管理云和、景宁、庆元、八都局的电报汇票业务。

民国34年(1945)7月，丽水执行《修正汇兑办事细则》，汇票分普通、高额、定额汇兑，其中普通汇票每张最高限额法币500元，金额以汇兑印纸表示；定额汇票面额有5元、10元、15元、20元、50元、100元6种；汇票各局均可办理普通和定额汇兑。民国36年9月，丽水、龙泉、青田、遂昌局为高额汇票局。

1949年10月中华人民共和国成立后，丽水各局清理金圆券汇票。1949年6月5日，普通汇兑业务资费改用人民币。丽水最高汇票限额20元。开发汇票2600张。同年，仅办理预送“押密”邮电局所在地的电报汇款，汇兑制度改革后，电报汇款全国通汇。

1953年，银行与邮局汇兑进行分工，明确银行办理工商企业、机关单位汇款业务；邮局办理个人汇款业务。1954年12月，邮电部重新规定汇票种类，分为票汇、电汇，其中票汇包括普通汇票和定额汇票。

1955年3月1日，丽水各县局废止旧式三联汇票，改用两联汇票，按汇款金额剪格竖写，一联以挂号信寄收款人，一联内走发往兑付局，收款人收到挂号信后，持汇票到指定邮电局取款，汇票最高限额为人民币300元/张。1955年9月，各县局停办定额汇票。1958年，全区改用两联复写式普通汇票，收汇局按照寄款人填写的汇款通知单上收款人的地址，将汇票及汇款通知单寄往兑付局。收款人凭汇款通知单到指定邮电局取款。1965年4月1日，全区取消专用汇套，汇款通知单改为信封式，汇票装入汇款通知单内寄往兑付局，兑付局抽出汇票将通知单投送收款人，凭证到邮电局取款。

1980年，银行、邮局汇兑分工办法调整，银行可办理个人高额汇款。1981年8月，邮电部通知邮局每张汇票汇款限额由人民币300元提高到5000元。1988年5月，丽水和各县局相继开办快件汇票业务，快件汇票加收快件费0.5角。2000年，汇票收入179.89万元，比1999年增长10.69%。2004

年，汇票收入 183.65 万元，比 2003 年增长 13.41%。

汇兑业务量

民国期间，汇兑业务通汇面小，手续繁琐，汇费昂贵，业务发展较慢，业务量较少。1949 年，丽水专区开发汇票仅 3.18 万张，汇费收入 0.34 万元。1949 年，中华人民共和国成立，汇兑业务有新发展，私人汇款和个体工商户、专业户的高额汇款较多。1980 年，全区开发汇票 21.06 万张，进口汇票 24.27 万张，汇费收入 9.28 万元。1998 年，全区开发汇票 26.6 万张，平均每百人汇票量 10.8 张。其中丽水市（县级）开发汇票 6.7 万张，每百人平均汇票量 19.7 张。1999 年，汇票收入 162.79 万元，2000 年，汇票收入 179.89 万元，2003 年，汇票收入 161.94 万元，2004 年，汇票收入 183.65 万元，2005 年，汇票收入 246.68 万元。2008 年，汇票业务 35.01 万件，比 2007 年增长 32.99 万件，汇兑收入 290.39 万元。比 2007 年下降 24.04%。

汇兑资费

大清邮政时期，国内汇款每元收取汇费 0.02 元。中华邮政时期，国内汇款汇费按 2%收取，回执费 0.1 元/张。民国 34 年（1945），国内汇款 5 元以下汇费以 5 分起算；5 元以上以 1 角起算，回执费降为 0.05 元/张。民国 36 年，小额汇票汇费按 6.5%收取。民国 37 年，普通汇票汇费按 4.8%收取。1958 年，各县执行全国统一邮资，国内普通汇票汇费一律按 1%收取，汇票最低汇费 0.1 元/单，航空费加收 0.02 元/单。电报汇款汇费，除收普通汇费外，每笔加收电报费，电汇电报费初定 0.75 元/单，后改为 0.5 元/单。1983 年，电汇电报费改为 1 元/，附言电报费 0.03 元/字，后改为 0.08 元/字。1985 年，撤回汇款手续费 0.1 元/单；查询费 0.2 元/单；退汇改汇费 0.2 元/单；使用电报办理有关汇兑事项申请的电报 0.6 元/单；烈士遗款免收汇费。1990 年 80 月，汇款汇费仍按 1%收取，汇款最低汇费 0.3 元/单。

第四节　邮政储蓄

创　办

民国 8 年（1919）7 月 1 日，中国邮政储金创办，经营方针为“人嫌细微，我宁繁琐；不争大利，但求稳妥”，存款储蓄种类有存簿（即活期）、定期、支票、零存整付、甲种节建、公库、公益基金等。民国 10 年，丽水邮政储金业务开办，办理存簿储金，可在通储区内办理储金的邮局续存或支取。民国 25 年 7 月，丽水、龙泉邮局增办定期储金。此后，其它各县邮局先后开办存簿和定期储金。民国 27 年，丽水局收储余额 5.3 万元。民国 28 年 2 月，丽水碧湖分局开办储金业务。民国 31 年 6 月，丽水局开办美金节建储券业务。民国 35 年，丽水局储户 226 户，其他各县储户 268 户。1958 年 9 月，全区停办邮政储金业务。1986 年 4 月 1 日起，邮电部与中国人民银行签订《关于开办邮政储蓄的协议》。8 月，邮电部门邮政储蓄业务恢复开办。8 月 23 日，丽水邮政储蓄业务开办。此后，各县邮电局相继开办邮政储蓄业务。

业　务

邮政储蓄为代办业务，也是邮政机构经营的主要业务之一，实行“存款自愿、取款自由、存款有息，为储户保密”的原则，按银行的利率标准支付储户利息；银行利用邮电机构点多面广、营业时间长和节假日照常营业为群众储蓄提供方便的优点，按存款金额的累计日均余额2.2%的标准支付手续费。1986年12月10日，丽水地区活期异地存取业务开办，可在全国各地办理此项业务的邮局取款，便利储户出差、旅游、探亲、购物需要。同年，全区邮政储蓄网点逐步向自办邮电支局发展。全区储蓄网点27处，储户6.38万户，存款余额389.68万元。1987年，全区邮政储蓄余额776.2万元。1988年，全区储蓄网点43处，受全区银行竞争激烈拖累，邮政储蓄业务下降幅度较大。1989年，各县邮电局鼓励揽储，组织有奖储蓄和实物摸奖储蓄，避免邮政储蓄滑坡。

1990年，丽水地区邮政储蓄网点51处，储户258733户，储蓄业务种类有活期储蓄、整存整取定期储蓄、零存整取定期储蓄、定活两便储蓄、有奖储蓄、活期异地存取储蓄、汇转储和代发工资业务，储蓄余额1967.07万元，储蓄业务收入64.53万元。1991年，全区邮电系统号召职工协储揽储，并按存款额给予一定比例的奖励。1995年9月起，全区邮电系统职工工资由邮政储蓄代发。1995年，全区邮政储蓄余额2.93亿元。1998年，全区邮政储蓄点95处；开办邮政储蓄乡镇70个，储蓄余额5.71亿元，市场占有率7.27%。当时，全国邮政储蓄成为覆盖全国城乡网点面最广、交易金额最多的个人金融服务网络，拥有储蓄营业网点3.6万多个，遍布全国3000多个县市，其中三分之二分布在县及县以下农村地区，逐渐成为被商业银行“遗忘”的农村金融服务的重要力量。邮政储蓄绿卡凭借免年费、小额账户管理费、开户工本费，手续费低（简称“三免一低”）的资费优势，解决农民的缴费难问题。2004年，储蓄业务收入4635.02万元。2005年，建立农村邮政储蓄网络，新增邮政储蓄网点4个，建立邮政储蓄大额可疑交易报告制度。2006年，逐步开展小额质押贷款项目，服务最广大“低端”的农村客户。

2007年3月20日，中国邮政储蓄银行成立，同时代理金融业务。2008年4月23日，中国邮政储蓄银行浙江省丽水市分行开业。5月27日，中国邮政储蓄银行浙江省青田县支行、缙云县支行、遂昌县支行、松阳县支行挂牌成立。5月29日，中国邮政储蓄银行浙江省龙泉市支行、庆元县支行挂牌成立。5月30日，中国邮政储蓄银行浙江省景宁畲族自治县支行、云和县支行挂牌成立。2010年，邮政代理金融业务规模发展，丽水市完成7087.42万元，比2009年同期增长21.09%。参与“新农保”项目，全市有取得新农保项目局5个，代发放权铺面60%，发放62.91万户，占全市代发总户数的73%，发放1.02亿元。全市邮储余额39.03亿元，比2009年年底净增7.48亿元。

第五节　报刊发行

业务发行

民国时期，处州邮局未办理过报刊发行业务。民国20年（1931），丽水创办《处州民国时报》，民国23年停办；民国29年创办《民生日报》，民国30年停办。后来丽水还先后创办《浙南日报》《东南日报》《浙江日报》《正报》《申报》《大公报》等数种报刊，统由私营商贩向报社预购批销，由报贩自销自投。部分由报社立卷成束，交邮局作印刷品邮寄给订户。民国 38 年，丽水局代销《浙江日报》59份。

1949 年 12 月，丽水把报刊发行业务作为邮局的主要业务之一。1950 年 3 月，丽水专区各县邮局实行“邮发合一”，开始办理报刊发行业务。同年，丽水订销全国邮发报刊代号的报纸 59 种，杂志 82 种。

1951 年 5 月 1 日，丽水发行《展望》杂志成绩突出，受到邮电部邮政总局嘉奖。同年，全区发行报纸有《人民日报》《解放日报》《浙江日报》《工人日报》《劳动报》《工人生活》《农民大众》《中国青年报》《青年报》《新儿童报》等 10 多种，同时各代办所也办理报刊发行业务。同年，丽水组织私营派报业 4 人，报刊发行业务量逐步上升。全区报纸期发份数 0.89 万份，杂志 0.32 万份。1953 年 1 月起，各县邮电局实行报刊计划发行和预订制度，预收报刊费，废止报刊随时起订，随时止订办法。1954 年 8 月，邮电部又补充规定订户错过预订期者，报纸可破月起订，杂志可破季起订。各邮电局配备专职报刊发行员，负责报刊发行的宣传推广收订和汇总要数。一些机关团体、学校、工厂相继建立报刊发行站，协助邮电局做好本部门的报刊收订和分送工作。

1958 年，景宁县邮电局党报发行全年累计份数达到 247.62 万份，省地在景宁召开党报发行现场会，奖励景宁局吉普车 1 辆。此后，全县报刊发行量大幅度上升，在农村出现“压任务，搞摊派”，规定大队订四级党报，生产队订三级党报，造成报刊延误积压欠费无法收回。1962 年，全县纠正报刊盲目扩大发行，报刊发行量有所下降。1964 年，《参考消息》等报刊实行定额凭证订阅。

1966 年“文化大革命”开始，全县报刊停刊很多，发行业务量随之下降。1969 年 5 月，地区创办《新丽水报》，由丽水邮电局发行。1972 年 3 月《新丽水报》停刊。

1980 年起，丽水地区报刊发行量增加。1982 年，丽水各县局逐步取消报刊限额收订。1984 年 5 月，《丽水报》复刊(周二报)，由丽水邮电局在省内发行，日发行量 1.66 万份。1985 年 6 月 16—18日，丽水局调查报刊用户构成情况。同年，丽水及各县邮电局先后设立报刊零售亭，办理报刊零售业务。

1987 年 10 月，丽水地区开始报刊发行体制改革试点，成立报刊发行分局，实行报刊发行专业管理。1988 年 1 月，丽水市区实行报刊与信件分开投递，报刊实行“收投合一”“上门收订”。6 月 30 日，丽水报刊零售经理部成立，负责全区报刊零售批销业务。12 月，《丽水报》改刊为《丽水日报》，日发行量 1.92 万份。

1990 年，丽水市本级有报刊门市部 1 处，报刊零售亭 5 处，社会报刊发行站 43 处，订销报纸期发份数 3.97 万份，累计 671.2 万份；杂志期发 3.55 万份，累计 46.32 万份。报刊发行业务收入 44.34 万元。全区发行报纸 512 种，订销报纸期发份数 17.5 万份，累计份数 3401.53 万份；发行杂志 2213 种，订销期发份数 14.33 万份，累计份数 189.05 万份。报刊发行业务收入 166.92 万元。

20 世纪 90 年代，丽水地区有的报刊社开始尝试自办发行，报刊发行出现多元化经营局面。

1998 年，丽水地区订销报纸 2900 多万份，杂志 123 万份，报刊流转额 1800 多万元；报刊收入 266 万元，其中丽水市(县级)72 万元。2000 年，丽水市订报纸 3117.32 万份、杂志 188.67 万份。2003 年，丽水市订报纸 3185.72 万份、杂志 170.72 万份。2004 年，在丽水学院安放报刊亭 2 座，实现报刊亭进校园目标，订报纸 2970.93 万份，杂志 169.4 万份。2005 年，丽水市订报纸 2916.14 万份、杂志 183.18 万份。2010 年，报刊业务坚持常年收订，加强专业营销，实绩 896.32 万元，同比增长 10.45%。

报刊发行费

民国时期，全国报刊发行费率不统一。1953 年起，丽水邮电部门报刊发行费率统一为 25%。

1980年，丽水地区调整部分报刊发行费率，发行费分成比例为订销局20%，发报刊局5%。同年上半年以前接办的邮发报刊发行费率仍为25%；同年下半年起，《人民日报》和《浙江日报》报刊发行费率调整为20%；其他报刊为25%；零售报纸为30%；零售杂志为26%。

《丽水日报》发行费率分本埠和外埠两种，丽水市区范围内为本埠，郊区和各县均为外埠。1990年《丽水日报》发行费率本埠28%，其中订销局25%，发报刊局3%；外埠36%，其中订销局25%，发报刊局11%。报刊中途提价，邮电部门不向订户补收差价，损失由报刊社负担，涨价的差价部分，邮电部门还要计收发行费，由订销局列收。报刊中途停刊或降价，邮电部门负责向订户退款，按退款总额15%向报刊社收取退款手续费，由订销局列收。订户要求办理改寄或退订，每次收手续费0.2角。

1989—1990年，因报刊提价导致发行量急剧下降。报刊发行分局改善服务，使发行量走出低谷，家庭、生活、健康类报纸增长最快，《现代家庭报》居首位，同比增长74.6%；《参考消息》，增长30.2%。1991年，代办《丽水青年报》和《丽水工商报》发行，费率35%，其中发报刊局5%，订销局30%。1997年1月1日起，《丽水日报》开始自办发行。1998年，丽水地区订销报纸2900多万份，杂志123万份，报刊流转额1800多万元。1999年1月1日，温州分印点承担印刷分销到丽水地区的《浙江日报》（缙云县除外），丽水邮政局新增丽水到温州汽车干线邮路，除庆元县、景宁畲族自治县外，全区大部分县（市）读者实现当日阅读《浙江日报》的愿望。

2000年1月，丽水邮政局报刊公司成立。2001年3月13日，丽水邮政局报刊批销中心成立，负责经营和管理报刊批销中心及各邮政报刊亭。2002年5月13日，丽水邮政局取得《丽水电视报》零售经销权。5月15日，丽水市邮政局获《出版物发行许可证》。7月，丽水邮政局183网上报刊订阅业务开通。2004年5月11日，丽水邮政局府前邮政营业大厅开辟报刊零售专柜，开始试营业；6月1日，正式营业。2005年8月15日，省发行局对丽水局市区《人民日报》建立本直封口，采用长途快客委办，进行装袋封发，赶发杭州至丽水的快客，实现市区当天投递《人民日报》。2006年11月23日，省委组织部、省委宣传部、浙江日报报业集团共同出资，帮助丽水市贫困乡镇、行政村，订阅2007年度《人民日报》、《求是》杂志和《浙江日报》各1份，由丽水市邮政局代为发行。2009年1月，《丽水广播电视报》正式回归邮政发行。

2010年1月4日，浙江省委宣传部和人民日报社浙江分社，向衢州、丽水两市所辖12个县（市）的老共产党员、市级及以上劳动模范、三八红旗手、五一劳动奖章获得者和优秀教师中未订阅《人民日报》的先进个人，每人订阅《人民日报》1份，其中丽水市600份，由丽水市邮政局代为发行。

第六节　特别业务

机要通信

民国10年（1921），中共中央根据斗争的需要，建立党的秘密机要通信交通。1949年中华人民共和国成立后，党内交通经历全国性的组织变动3次。1951年，党内交通与军事邮政合并，列入国防军建制，对外统称“军邮局”。1952年，军邮进行分设，“机要交通”成立，专门负责传递党和国家的秘密载体。1957年，机要交通再次分拆为机要交通和机要通信，其中机要交通机构设到省一级，只负责传递少数特定的绝密文件；机要通信隶属邮电部门，设置自上而下，至县一级，主要传递县团级以上党、政、军机关、大型企事业单位的秘密文件。同年4月1日，“机要通信”机构成立，将机要交通的8588人中的8088人全部划入机要通信。当时，机要通信主要是党政机关的机要交通。

丽水沿袭的是国家机要交通和机要通信发展模式。最初的机要交通所辖温州专区，为丽水机要交通站。1957年4月1日，丽水县委机要通信班成立，将政府部门承担机要交通任务的人员整体转入。此后，扩编为丽水地委机要分局、机要局。1958年11月，丽水县机要通信班收寄投递范围延伸到区、公社一级。同年，全县寄发机要邮件0.72万件。1960年9月，执行《机要通信工作十大纪律》。1975年5月1日起，实行机要干线双人押运，双人投递，双人接站制度。1984年6月，县以下机要邮件业务停办。

1990年，丽水地区出口机要邮件2.51万件，进口4.76万件，业务收入2.19万元。1999年，机要通信收入17.32万元，比1998年增长17.32%。2000年，机要通信收入23.85万元，比1998年增长38.15%。2005年，机要通信收入22.82万元，比2004年增长7.39%。2010年，丽水市机要通信业务实现“二十四连冠”。

集　邮

集邮票品　清光绪四年(1878)十二月，发行大龙邮票，面值为一分、三分、五分，是中国最早发行的邮票。大清邮政时期，处州发行各类普通、纪念邮票26套，172种。

民国2年(1913)，处州发行中华邮政定制的光复和共和纪念邮票两套。民国10年，发行第一套航空邮票。民国21年3月，使用欠资邮票，面值有半分、1分、2分、4分、5分、1角、2角、3角8种。民国38年，发行无面值邮票一套4枚，第1枚印火车轮船图案，供平信贴用；第2枚泰山南天门图案，供挂号邮件贴用；第3枚印飞机图案，供航空邮件贴用；第4枚印邮递员骑摩托车图案，供快递邮件贴用，这套无面值邮票可随物价变动而临时给邮票定面值。中华邮政时期，发行普通邮票62套、纪念邮票29套、航空邮票10套、慈善邮票3套、军邮邮票2套、欠资邮票18套、快信邮票5套。

1949年6月5日，丽水发行淮海战役胜利纪念邮票。11月，发行庆祝中国人民政治协商会议第一届全体会议和开国大典纪念邮票。1950年6月22日，中国邮政总局发行全国统一的中国人民邮政标志邮票。9月1日起，丽水各县停用华东地区发行的分区邮票，一律贴用全国统一新邮票。1955年6月，发行新人民币值邮票。1956年4月1日起，丽水地区各种旧面值邮票停止使用。1949—1990年，邮电部发行邮票613套。

1988年1月，丽水地区发行丽水风光邮政明信片一套12枚。1991年，邮电部全面接轨万国邮政联盟，决定1991年底发行的贺年(有奖)明信片“中国人民邮政”铭记改为“中国邮政”。1992年起，中国邮票“中国人民邮政”铭记改用“中国邮政”，增加英文国名“CHINA”。3月10日，邮电部发行《庆元百山祖冷杉》特种邮票一套，这是丽水地区历史上第一套本地题材的邮票。12月15日，发行《青田石雕》特种邮票一套4枚，在青田县举行盛大首发式。1998年1月1日，浙江省邮票局和龙泉市邮电局联合发行龙泉青瓷邮政明信片一套。10月13日，邮电部发行《中国陶瓷—龙泉窑瓷器》特种邮票一套4枚。同年，“中国邮政”成为国家邮政局的企业标识。2000年7月，丽水市人民政府与丽水市邮政局联合制作发行《秀山丽水》丽水撤地设市系列纪念邮品，邮品包括《秀山丽水》纪念邮册一册、纯银珍藏版彩色纪念章一套两枚、纪念封一套两枚和邮资明信片一套四枚，作为礼品馈赠各地来宾。

2003年9月，遂昌县邮政局和县委宣传部联合设计制作《钱瓯之源、江南绿海—遂昌》邮票珍藏册，首批发行2000册。12月，浙江省邮政局、景宁畲族自治县联合设计制作《百乡扶贫攻坚成果·畲乡景宁》邮品纪念册，发行量770册。2004年，开发以《瓯兰神韵》为主题的礼品册800册，制作《2004中国·丽水国际摄影文化节》个性化邮册500本，纪念封5000枚。2005年，丽水市邮政局承制丽水电视台建台20周年、刘英纪念馆、紧水滩电站等个性化邮票2600版；制作《中国丽水》邮票珍藏册500册；《瓯兰神韵》集邮册参加“全国最佳集邮品评选”，获全国优秀奖。

2010年2月，庆元县邮政局开发《中国廊桥之乡—庆元》高档邮票专题册100册，普通500册，实现收入30万元。4月，浙江首届体育大会邮资封发行，规格有7号和6号两种信封，面值120分。9月，云和邮政局开发云和县中秋“木制邮册”面世，实现业务收入4万多元。11月，龙泉市邮政局开发《龙泉市撤县设市二十周年青瓷·宝剑个性化邮票暨珍藏册》，实现业务收入30多万元。

特种邮票　1998年，龙泉市隆重举行《中国陶瓷——龙泉窑瓷器》特种邮票首发式，这是第三套以丽水内容为题材的邮票，一套4枚，面值4元，图案分别为北宋·五管瓶、南宋·凤耳瓶、元·葫芦、明·刻花三果执壶。2004年，庆元发行《华南虎》特种邮票2150万枚。2005年10月13日，在景宁畲族自治县举办《金钱豹》特种邮票首发式暨发展民族医药经济洽谈会。《金钱豹》特种邮票一套2枚，每枚面值80分，版张规格128×194毫米，整张8枚。2010年6月12日，遂昌县邮政局举办《昆曲·牡丹亭》特种邮票首发式，开发《牡丹亭》系列邮票品种12个。

集邮活动　民国时期，丽水没有集邮组织，集邮爱好者之间也几乎没有往来。1952年6月，丽水邮电局执行邮电部《开展集邮业务暂行办法》，在邮政营业窗口兼售纪念邮票和特种邮票，但无专人办理集邮业务。1959年10月1日，丽水县启用“中华人民共和国成立十周年”纪念邮戳一枚。同日，丽水县邮电馆举办庆祝中华人民共和国成立十周年伟大成就展览，展出集邮爱好者徐联方提供的解放区邮票500多枚和中华人民共和国成立后的纪念邮票和特种邮票，这是丽水历史上第一次县一级邮展。

1963年，丽水各县停办集邮业务。1964年10月1日，丽水县启用中华人民共和国成立十五周年纪念邮戳一枚。1979年10月1日，丽水地区启用中华人民共和国成立三十周年纪念邮戳一枚。“文化大革命”期间，集邮被认定为资产阶级生活方式而受到批判，集邮爱好者或将多年收集的珍贵邮票付之一炬，或被迫上交给造反组织。

1978年，丽水地区集邮活动重新焕发生机，成为广大群众的业余文化活动。1980年2月，浙江省国内集邮业务恢复。1981年10月1日，丽水集邮门市部成立。1982年5月，丽水县文化局、邮电局联合向丽水县政府呈报《关于成立丽水县业余集邮协会的报告》。9月26日，青田县举办“中国邮票展览”。10月16日，丽水县举办“莲城首届中国邮票展览”，展出中国早期邮票(复印件)，中华人民共和国成立后发行的邮票、首日封、邮折，中华人民共和国成立三十年最佳邮票，407套3956枚，其中本县集邮爱好者提供的解放区邮票、文艺、花卉、动物等邮票1960枚。1983年7月8—17日，丽水县徐联方和钟丽生等邮品参加浙江省个人集邮藏品展览，其中徐联方参展《解放战争时期区票》邮集获优秀奖。同年11月29日至12月8日，丽水县徐联方《解放战争时期的华东区票(部分)》邮集，参加中国美术馆举办的中华全国集邮展览，获纪念奖，这是丽水集邮爱好者邮集第一次参加全国集邮展览。

1984年3月24日，丽水县集邮协会成立，首批会员56人。同月25日，丽水地区邮电局、群艺馆、丽水县集邮协会联合举办丽水县个人集邮藏品展览。1985 年 5 月 4 日，青田县集邮协会成立。5 月 11—13 日，地区邮电局、青少年宫和丽水县集邮协会联合举办丽水教育系统个人集邮藏品展览，展出专题 67 个、邮票 2758 枚。1986 年 5 月，丽水地区举办丽水地区首次集邮知识竞赛。8 月 14—18 日，丽水参加浙江省首届青少年集邮展览，参展 4 部。11 月 9 日，缙云县集邮协会成立。1987 年 1 月 1 日，龙泉县集邮协会成立。5 月 3 日，丽水地区在青田举办四县一市个人集邮藏品展览，展出邮集 49 部，贴片 882 张。1998 年 6 月 15—16 日，庆祝金丽温铁路全线通车集邮联展在丽水展出，展出邮集 21 部，国际标准展框 100 个，贴片 1600 张，其中有专题类、传统类、邮政史类、邮政用品类、极限类、青少年类等 6 类。

2003 年，丽水市受“非典型性肺炎”冲击，邮票预定和发行数量大幅减少。市邮政局推出邮票的个性化服务，开展邮资票品管理系统的安装、调试工作，实现发货单式电子化、业务管理信息化。2004 年，丽水市邮政局开发集邮者群体和礼品类市场，利用地方节庆或假日经济，开发不同类型的礼品册。

2010 年，丽水市集邮业务发展注重集中化、效益化，实现收入 1254.48 万元，同比增长 8.42%，完成年计划的 104%。举办丽水撤地设市十周年暨集邮协会成立二十周年专题集邮展，扩大集邮影响力。

代办业务

代售印花税票　民国 2 年（1913）3 月，处州各县邮局及所属代办所均办理代售印花税票业务。印花税票按面额出售，售出后概不收回或退换。民国 18 年 2 月，处州各县邮局奉令停办。民国 23 年 11 月，处州各县邮局恢复代售，邮局可按实售票款数额提扣 6%。1954 年 1 月停办。

代办国库业务　民国 31 年（1942）3 月，丽水、云和、遂昌、景宁、青田、庆元、龙泉、缙云等邮局为浙江地方银行代理国库、支库、代办国库业务以及代募救国公债、兑换法币小钞及代付陆军退役俸金等业务。民国 34 年停办。

代购书籍　民国 24 年（1935）1 月起，处州邮局、代办所均可办理代购书籍业务。代购书目由邮政总局汇刊，每月或每季刊一次，邮局张贴公布，购书人按书目所列预交书全价、邮费（包括挂号费、快递费）、汇费。代购书刊到达后，邮局通知购书人来局凭据领取。1953 年 5 月停办。

代购货物　1951 年，丽水各县邮电局开办代购货物业务，主要是药物、日用品、地方土特产品等，以按邮章能作包件交寄为限。托购人向邮局托购货物时，应先付足全部货价、包裹费、邮包费、汇费，所需税款由售货人交纳。邮局收到代购货物后，通知托购人到邮局领取，并收取手续费。货价在 100 元以内收取 2%手续费；超过 100 元至 200 元，超过部分收取 1.5%；超过 200 元至 300 元，超过部分收 1%。货物收妥后，代购局将货款、包装费、邮费汇给经购局转交售货人，汇出托购货款按代收货价办法划拨，货物不符可免费查询。代购货物无法投递又无法退还时，按无着邮件处理。1953 年 5 月停办。

代发广告　1950 年，丽水各县邮局开办代揽代发广告业务。1957 年停办。1980 年 7 月，恢复代发广告业务，包括商务性广告、传单、征购征订启事等商业性宣传品。广告邮寄时每包大小尺寸、重量、包装办法和分拣封发办法，均按印刷品的规定办理。代发广告邮费每包 500 克或其零数收 0.5 角。代发广告申请费每次 2 元。手续费每包每 100 份或零数、广告尺寸报纸 16 开及其以下收 3 元，报纸 16 开以上收 6 元。

代办简易寿险业务　民国 25 年（1936）7 月，丽水、龙泉开办简易寿险业务。民国 32 年，各县邮局及碧湖、壶镇邮局均代办简易寿险业务。同年，龙泉承揽简易寿险业务 500 多件。1949 年停办。

2008年起，丽水市实行邮银、邮速分营，邮政代理业务逐渐增多，分别有代理储蓄、代理汇兑、代理速递物流以及代理信息业务。代理信息专业和代理储蓄专业一直保持强劲发展势头，其中代理信息专业2009年和2010年连续两年增幅超过70%。

国际邮政业务

1949年10月中华人民共和国成立后，丽水按传递时限分普通邮件和特快专递邮件。普通邮件分函件和包裹。函件分信函、明信片、航空邮筒（统称LG）、印刷品、盲人读物和小包（统称AO）。邮局在收寄时不给收据，投递时不要收件人签收，不接受查询，不承担补偿责任的国际邮件，称平常邮件。邮局在收寄时编号、登记、出给收据，投递时需收件人签收，可接受查询，承担补偿责任的国际邮件，称给据邮件。国际给据邮件包括挂号函件、保价函件、普通包裹、保价包裹和特快专递邮件。国际给据邮件按邮局所承担补偿责任的范围分保价邮件和非保价邮件。对保价邮件邮局承担按照保价金额补偿的责任，对非保价邮件邮局承担按万国邮联规定标准补偿的责任。但在各种情况下，邮局对造成的间接损失不承担责任。

民国时期，处州旅外侨胞与家乡亲友有书信来往。中华人民共和国成立后，丽水专区各县进出口国际函件由杭州邮电局经转，包件和印刷品由温州海关检验经转。1979年，青田县出口国际函件34313件，包件1030件；进口函件52251件，包件789件。1985年3月，青田县开办进口国际平信套封特别业务，同年，全区出口平常函件8.97万件，进口平常函件9.26万件，出口包件674件，进口包件153件。1990年，出口函件17.68万件，包件4128件。特快专递1603件，国际邮政业务收入46.07万元。1998年，国际函件27.3万件，国际特快专递8051件。2004年，国际函件17.18万件，国际特快专递1.22万件。

第二章　邮件运递

中华邮政曾规定处州城镇达到一定的营业额，方可设置最低级别的分支机构。民国元年（1912），处州府所属各县通邮网络基本形成，主要邮差邮路6条。民国27年，有平信分拣、封发1次。1974年12月，丽水县被邮电部确定为全区邮件分拣中心。

1949年年底，丽水专区有委办汽车邮路311千米，自行车邮路113千米，步班邮路1124千米，帆船邮路155.5千米，合计1703.5千米。1990年，丽水地区有邮路279条，1995年，全区有邮路247条，总长6552单程千米。1991年1月起，各县市之间互寄都有详细要求，大致2—4天不等。2010年，丽水市邮路226条，总长（单程）6625.8千米。

第一节　服务网点

中华邮政时期，处州城镇规定每月营收200元左右，开发汇票1000元左右，方可设置最低级别的邮局；城镇不够标准，只能根据收入多少，分别设置邮政代办所、村镇信柜或邮票代售处。

1900—1915年处州府邮政服务网点一览

表10-2-1-1　　单位：个

年份	分局	二等邮局	代办支局	信柜	办理汇寄银钞的乙类局	年份	分局	二等邮局	代办支局	信柜	办理汇寄银钞的乙类局
1900	1	—	—	—	—	1908	1	—	9	—	1
1901	1	—	—	—	—	1909	2	—	9	1	2
1902	1	—	—	—	—	1910	2	—	10	1	2
1903	1	—	2	—	—	1911	2	—	14	1	2
1904	1	—	5	—	1	1912	3	—	13	1	3
1905	1	—	5	—	1	1913	3	—	13	1	3
1906	1	—	5	—	1	1914	—	—	14	—	3
1907	1	—	7	—	1	1915	—	3	14	—	3

1932—1948年丽水行政督察区邮政服务网点一览

表10-2-1-2　　单位：个

年度	二等邮局	三等邮局	四等邮局	代办所	信柜	邮票代办处
1932	3	5	—	—	—	—
1933	3	5	—	—	—	—
1934	3	5	—	—	—	—
1935	3	5	—	22	13	2
1936	3	7	—	23	—	—
1937	3	7	—	—	—	—
1938	3	7	—	—	—	—
1939	3	7	—	—	—	—
1940	3	10	—	—	—	—
1941	3	10	—	—	—	—
1942	4	4	2	46	—	17
1943	9	4	1	—	—	—
1944	9	6	1	108	30	6

续表 10-2-1-2

年度	二等邮局	三等邮局	四等邮局	代办所	信柜	邮票代办处
1945	8	9	1	125	—	—
1946	8	9	1	—	—	—
1947	3	10	1	147	143	18
1948	3	9	1	136	139	17

1949 年中华人民共和国成立后，丽水专区根据各地政治、经济、文化发展和人口分布密度、邮政业务发展需要，设置邮电局所采取自办和代办相结合的方式。1955 年，丽水各县贯彻执行邮电部颁发的《邮电企业网发展的暂行标准》，局所网点建设稳步发展，在县设置邮电局；县以下设置邮电分支机构，按业务收入和间隔距离，合理布局，方便用户；对不够设置自办机构的地方，设置邮政代办所或邮票代售处。1957 年，全区各县有邮电局所 215 处。1962 年，丽水各县有邮电局所 235 处。

1979 年，丽水地区邮政新业务开办。1986 年，全区新增邮政储蓄点 34 处。1987 年 10 月，全区设立报刊发行分局，实行报刊专业经营管理。1990 年，全区有邮电局 9 个，邮电支局 48 个，邮电所 27 个，邮政所 1 个，邮电代办所 211 个，邮票代售处 574 个，农村售报站 45 个。其中丽水市（县级）有局、所 34 个（其中自办局所 8 个），邮票代售处 68 个，农村信报站 1 个。1998 年，邮电分营前，丽水地区有地、县邮电局 9 个，邮电支局 55 个，邮电所 34 个，代办所 188 个，其中农村 263 个，提供邮政全功能服务的 6 个，电子化支局、所 6 个。2004 年，丽水市有邮政局（所）190 个，其中农村局（所）152 个，全功能局（所）63 个，电子化局（所）78 所。2010 年，丽水市有邮政局（所）184 个，其中农村局（所）150 个，电子化局（所）86 所。

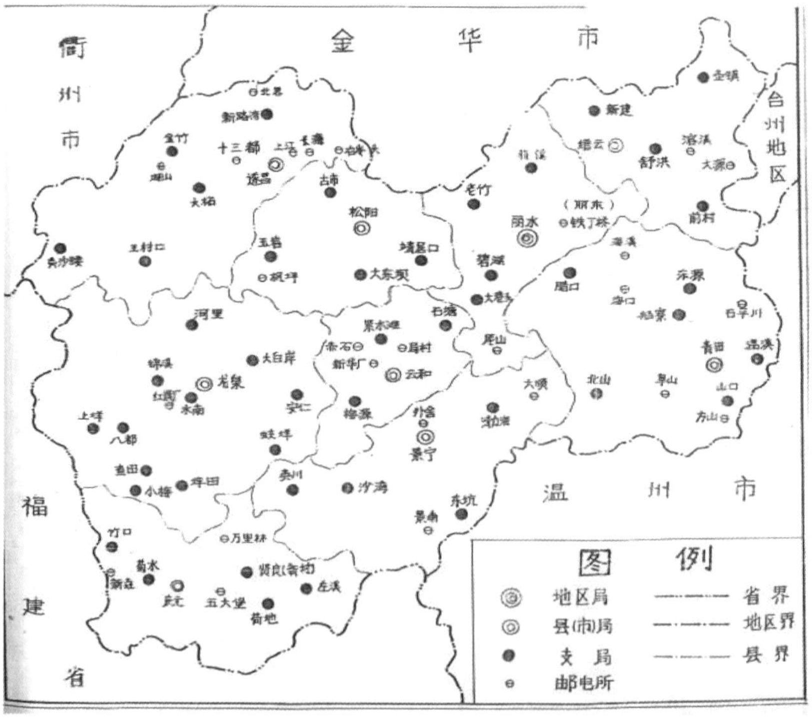

图 10-2-1-1 1990 年丽水地区邮电服务网点示意图

若干年份丽水市(县级)邮电服务网点情况一览

表 10-2-1-3　　　　单位:个

年份	邮电局所	其中:自办局所						其中:代办所				其他服务点					信箱信筒
		邮局	电信局	邮电局	邮电支局邮/电	邮电所邮/电	合计	邮电代办所	邮政代办所	电信代办所	合计	邮票代售处	报刊门市部	报刊零售亭	邮政储蓄点	农村信报站	
1940	29	1	1	—	—	—	2	—	27	—	27	21	—	—	—	—	3
1952	39	—	—	1	1	—	2	—	37	—	37	69	—	—	—	—	69
1957	24	—	—	1	1	3	5	—	19	—	19	13	—	—	—	—	43
1962	32	—	—	1	4	2	7	22	3	—	25	24	—	—	—	—	64
1965	23	—	—	1	2	4	7	16	—	—	16	49	—	—	—	—	104
1970	20	1	1	—	4/4	1/2	6	—	14	16	14/16	50	—	—	—	—	59
1975	25	—	—	1	4	2	7	18	—	—	18	67	—	—	—	—	76
1980	30	—	—	1	4	2	7	19	—	4	23	72	1	—	—	—	80
1985	33	—	—	1	5	2	8	20	5	82	25	78	—	4	—	5	95
1988	34	—	—	1	5	2	8	19	—	7	26	60	—	10	2	5	96
1989	34	—	—	1	5	2	8	19	—	7	26	67	—	4	5	1	77
1990	34	—	—	1	5	2	8	19	—	7	26	68	1	5	5	1	78
1991	35	—	—	1	6	2	9	26	—	—	26	68	1	4	5	1	78
1992	32	—	—	1	5	2	8	19	—	5	24	73	—	5	5	1	83
1993	32	—	—	1	5	2	8	19	—	5	24	73	—	5	6	—	83
1994	30	—	—	—	—	—	8	19	—	3	22	—	—	—	7	—	82
1995	30	—	—	—	—	—	8	19	—	3	22	—	—	—	10	—	82
1996	31	—	—	—	—	—	8	—	—	3	23	—	—	—	10	—	82
1997	32	—	—	1	4	4	9	—	—	3	23	—	—	—	10	—	106
1998	9/30	1	1	—	5/4	3/2	9/7	—	—	/23	/23		—		12		106

说明：表内邮/电，表示为邮政局/电信局数字

若干年份丽水地区邮电服务网点一览

表 10-2-1-4　　　　单位:个

年份	邮电局所	其中:自办局所						其中:代办所				其他服务点					信箱信筒
		邮局	电信局	邮电局	邮电支局邮/电	邮电所邮/电	合计	邮电代办所	邮政代办所	电信代办所	合计	邮票代售处	报刊门市部	报刊零售亭	邮政储蓄点	农村信报站	
1949	179	8	7	—	1/0	0	16	—	—	—	163	21	—	—	—	—	—
1952	365	—	—	9	2	1	12	—	—	—	353	71	—	—	—	—	276

续表 10-2-1-4

年份	邮电局所	其中:自办局所						其中:代办所				其他服务点					信箱信筒
		邮局	电信局	邮电局	邮电支局邮/电	邮电所邮/电	合计	邮电代办所	邮政代办所	电信代办所	合计	邮票代售处	报刊门市部	报刊零售亭	邮政储蓄点	农村信报站	
1957	215	—	—	9	15	40	64	—	—	—	151	50	—	—	—	—	275
1962	235	—	—	6	39	15	60	—	—	—	175	171	—	—	—	—	419
1965	245	—	—	6	26	36	60	—	—	—	177	249	—	—	—	—	540
1970	228/196	6	6	—	34/35	27/20	67/61	—	161	135	161/135	260	—	—	—	—	423
1975	241	—	—	7	43	25	75	—	—	—	166	300	—	—	—	—	585
1980	253	—	—	7	51	27	85	146	21	6	173	392	—	—	—	—	667
1985	285	—	—	9	48	36	91	158	25	11	194	531	7	18	—	95	943
1988	295	—	—	9	48	31	88	174	21	12	207	531	2	28	47	75	1047
1989	295	—	—	9	48	28	85	174	23	13	210	566	3	26	50	48	1005
1990	296	—	—	9	48	28	85	178	21	12	211	574	3	22	51	45	1012
1991	296	—	—	9	49	28	86	185	21	4	210	604	4	18	55	43	1068
1992	297	—	—	9	49	28	86	176	21	14	211	618	26	—	57	42	1077
1993	298	—	—	9	50	28	87	176	22	13	211	623	28	—	59	44	1076
1994	292	—	—	—	—	3	89	164	28	11	203	—	—	—	71	—	1058
1995	297	—	—	—	—	3	93	164	29	11	204	—	—	—	105	—	1059
1996	296	—	—	—	—	2	92	174	19	11	204	—	—	—	110	—	1059
1997	286	—	—	9	55	34	98	—	27	3	188	—	—	—	92	—	1082
1998	161/200	9	9	—	57/49	29/13	95/71	—	66	101	66/129	—	—	—	95	—	1052

说明：表内"/",表示为邮政局/电信局数字

1999 年，丽水地区有邮政局（所）181 个，其中农村局（所）153 个。2000 年，丽水地区邮政局更名丽水市邮政局。同年，全市有邮政局（所）186 个，其中农村局（所）153 个，全功能局（所）44 个，电子化局（所）77 个。2003 年，全市有邮政局（所）188 个，其中农村局（所）152 个，全功能局（所）63 个，电子化局（所）77 个。2005 年，全市邮政局（所）增至 193 个，其中农村局（所）151 个，全功能局（所）63 个，电子化局（所）78 个。2010 年，全市有邮政局（所）184 个，其中农村局（所）150 个，电子化局（所）86 个，书报刊亭 78 个、信筒信箱 1120 个。2010 年，全市有邮电局 9 个，邮电支局 72 个，邮电所 37 个，代办所 75 个。其中设在农村的支局、所 150 个，电子化支局、所 95 个；其中丽水设有邮电支局 10 个，邮电所 10 处。其中设在农村的支局、所 7 个，电子化支局、所 19 个。

1998—2010 年丽水市邮政局网点一览

表 10-2-1-5　　　　单位：个

年份	丽水市		莲都区		龙泉市		青田县		云和县		庆元县		缙云县		遂昌县		松阳县		景宁畲族自治县	
	总计	代办	总计	代办	总计	代办	总计	代办	总计	代办	总计	代办	总计	代办	总计	代办	总计	代办	总计	代办
1998	161	66	9	0	16	3	44	31	10	1	23	12	29	17	13	0	8	2	9	0
1999	181	84	11	0	46	34	44	30	9	1	23	13	12	0	20	3	8	2	8	1
2000	186	88	16	3	46	34	44	30	8	2	25	13	12	0	19	3	8	2	8	1
2001	189	84	16	3	45	33	44	30	11	0	24	13	13	0	19	3	9	1	8	1
2002	188	86	17	3	45	33	44	32	9	0	24	13	13	0	19	3	9	1	9	1
2003	188	86	17	3	45	33	44	32	9	0	24	13	13	0	19	3	9	1	8	1
2004	190	85	19	2	45	33	44	32	9	0	24	13	13	0	19	3	9	1	8	1
2005	193	81	20	0	45	33	44	30	9	0	26	13	13	0	19	3	9	1	8	1
2006	184	77	18	0	42	30	44	30	8	0	24	13	13	0	19	3	9	1	7	1
2007	193	77	23	0	42	30	44	30	10	0	24	13	13	0	19	3	10	1	8	0
2008	187	77	23	0	42	30	44	30	8	0	24	13	9	0	19	3	10	1	8	0
2009	186	76	22	0	42	30	44	30	10	0	24	13	9	0	19	3	10	3	6	0
2010	184	75	20	0	42	30	44	30	10	0	24	12	9	0	19	3	10	0	6	0

丽水邮政自成立之日起，经营业务范围，按其自办局、所或代办所不同情况分别确定。民国时期，处州各县邮局仅办理出售邮票、收寄信函、印刷品、包裹、汇兑和储金等业务。

1949 年 10 月中华人民共和国成立后，丽水邮政业务功能逐渐扩大，除办理函件、挂号、快件、特挂、印刷品、包裹、汇兑、邮政储蓄、报刊发行、集邮和机要通信外，同时还办理国际挂号、包裹等国际邮政业务。邮政电信合营后，邮电局、所同时办理电报、长途电话、市内电话和农村电话以及国际电报、电话等业务。

第二节　邮　　路

清光绪二十九年（1903），处州邮路仅有丽水—缙云—金华、丽水—青田—永嘉邮路 2 条。清光绪三十一年，处州邮路新增丽水—松阳—遂昌—龙游；丽水—云和—龙泉—福建浦城邮差邮路 2 条。民国元年（1912），处州府所属各县通邮网络基本形成，主要邮路有 6 条，分别为丽水—青田—温州；丽水—缙云—金华；丽水—碧湖—松阳—古市—遂昌—龙游；丽水—碧湖—云和—龙泉—八都—福建浦城；丽水—碧湖—云和—龙泉—小梅—庆元；丽水—碧湖—云和—景宁—泰顺。

民国23年(1934)10月，金华—丽水—温州公路和丽水—云和—龙泉—浦城公路建成通车。民国24年5月，松阳—遂昌公路通车，委托汽车带运来往邮件。同年，处州主要委办丽水至各县汽车邮路5条，包括丽水—缙云—永康—金华；丽水—青田—温州；龙泉—浦城；丽水—云和—龙泉；遂昌—松阳。

民国26年(1937)8月，日本侵略军进犯上海，沪甬轮船停航，永嘉(温州)至上海邮件改由丽水经转。民国27年10月，浙江邮政管理局丽水办事处设立丽水运邮汽车管理处，负责非沦陷区的邮件运输，自备汽车运邮路线3条，分别为丽水—缙云—永康—东阳—嵊县—新昌—溪口—鄞县，单程321千米；丽水—缙云—永康—金华，单程122.5千米；丽水—青田，72千米。丽水邮局负责丽水—龙游、丽水—浦城沿线邮件运输工作，主要是委办汽车邮路。当时，前线局和冲要局常受敌机骚扰、轰炸，局址经常变动，邮路阻断时有发生。民国29年7月1日，丽水邮政运输汽车站成立，增开丽水—淳安—威坪—安徽歙县邮路2条，单程326千米。

民国30年(1941)5月，丽水邮政运输汽车站迁址龙泉八都，开通临时干线邮路9条，分别为八都—龙泉—云和—碧湖—丽水—缙云—仙居—临海邮路，为步差分段接力邮路，需7天；八都—遂昌—龙游—寿昌—建德—桐庐—分水—于潜邮路，除建德—分水段为航运外，余为步差，需10天；八都—丽水—青田—永嘉—乐清—黄岩—临海邮路，为差、船及轮运混合邮路，需9天；八都—遂昌—龙游—寿昌—威坪—深渡—歙县—屯溪邮路，为步差邮路，需11天；龙泉—浦城—江山—衢县—龙游—汤溪—金华邮路，为车、船、差混合邮路，需7天；龙泉—浦城—江山—常山—淳安邮路，为车、差混合邮路，需6天；龙泉—浦城—南平为汽车邮路，需2天；碧湖—松阳—遂昌—龙游为步差邮路，需3天；浦城—龙泉—云和—丽水为委办汽车邮路，需2天。

民国36年(1947)，处州主要委办汽车邮路有5条，分别为丽水经云和至龙泉，丽水至义乌，丽水至松阳，松阳至遂昌，遂昌至龙游；民船邮路有1条，丽水至永嘉；自行车和步班邮路有7条，分别为云和至石塘，龙泉至浦城，丽水至石帆，丽水至水阁，龙泉至竹口，庆元至竹口，云和至小顺，邮路单程长度1975千米。民国38年5月，丽水邮局委办汽车邮路1条，丽水至永康72千米；步班邮路有2条，分别为丽水至龙泉137千米，丽水至松阳60千米；快递邮路有1条，丽水至永嘉135千米；另有乡村邮路4条，分别为丽水至岩泉，丽水至腊口，丽水至前垟，丽水至北乡。

1949年10月中华人民共和国成立后，处州邮路迅速发展。1949年年底，丽水专区有委办汽车邮路311千米，自行车邮路113千米，步班邮路1124千米，帆船邮路155.5千米，合计1703.5千米。1953年11月，丽水至温州公路修复通车，邮件改由公路部门客车带运。1957年8月，云和至景宁公路通车。1958年7月，首次开通自办吉普车邮路两条，分别为丽水至景宁、丽水至龙泉(1960年停办)。同年，丽水、缙云、青田等局邮件均由温州邮局邮运汽车带运。1961年，丽水有委办汽车邮路4条，分别为丽水—温州，逐日班135千米；丽水—金华，逐日班132千米；丽水—龙泉，逐日班138千米；云和—温州，逐日班197千米。

1969年9月，云和县邮电局开办摩托车邮路17千米。1970年3月，丽水县邮电局开通丽水至石蒙圩、老竹、琯头等地农村摩托车邮路。此后各县相继开通县城至部分区摩托车邮路。

1973年1月15日，金华邮电局开通金华至龙泉自办汽车邮路。1975年1月，丽水邮运站开通丽水至金华、丽水至龙泉邮路。1976年延伸至庆元，原金华邮电局开通的金华至龙泉的邮运汽车停开。1977年3月，开通丽水经松阳、遂昌至龙游邮路。6月，开通丽水至温州邮路。1981年12月，原丽水至温州邮路调整为金华经丽水至乐清隔日班邮路。1982 年 5 月，调整为每日一班。1985 年 1 月，开通丽水至景宁邮路。1986 年 3 月，原丽水经乐清至金华邮路调整为丽水经乐清至金华（隔日）和丽水经柳市至金华（隔日）邮路。1988 年 5 月，丽水至龙游邮路调整为丽水至遂昌。1989 年 7 月，邮运体制改革，自办汽车邮路相应调整。

1990 年，丽水地区有邮路 279 条，单程总长度 6856 千米。其中自办汽车邮路 637 千米，委办汽车邮路 2338 千米，摩托车邮路 143 千米，其他机动工具邮路 20 千米，自行车邮路 2822 千米，步行邮路 896 千米。

1995 年，丽水地区有邮路 247 条，总长 6552 单程千米。其中省内二级邮路 4 条，581 单程千米；自办汽车邮路 1245 单程千米，其中二级邮路 581 单程千米；委办汽车邮路 1839 单程千米；其他邮路 3468 单程千米。丽水市（县级）邮路 30 条，1130 单程千米，其中省内二级邮路 4 条，581 单程千米。自办汽车邮路 681 单程千米，其他邮路 422 单程千米。

1998 年邮电分营时，丽水地区有邮路 229 条 6113 单程千米，其中省内二级邮路 5 条 687 单程千米。自办汽车邮路 1301 单程千米，委办汽车邮路 2065 单程千米。丽水市（县级）有邮路 28 条，1188 单程千米，其中省内二级邮路 5 条 687 单程千米。自办汽车邮路 776 单程千米，其中二级邮路 687 单程千米，委办汽车邮路 126 单程千米，其他邮路 286 单程千米。

1999 年，丽水地区邮政独立运行的第一年，邮政撤并业务量少、投入大、效益差的邮路 31 条，普通邮路改快速邮路 2 条（丽水—遂昌，丽水—龙泉），降低运行成本，提高网络运行效益和车辆利用

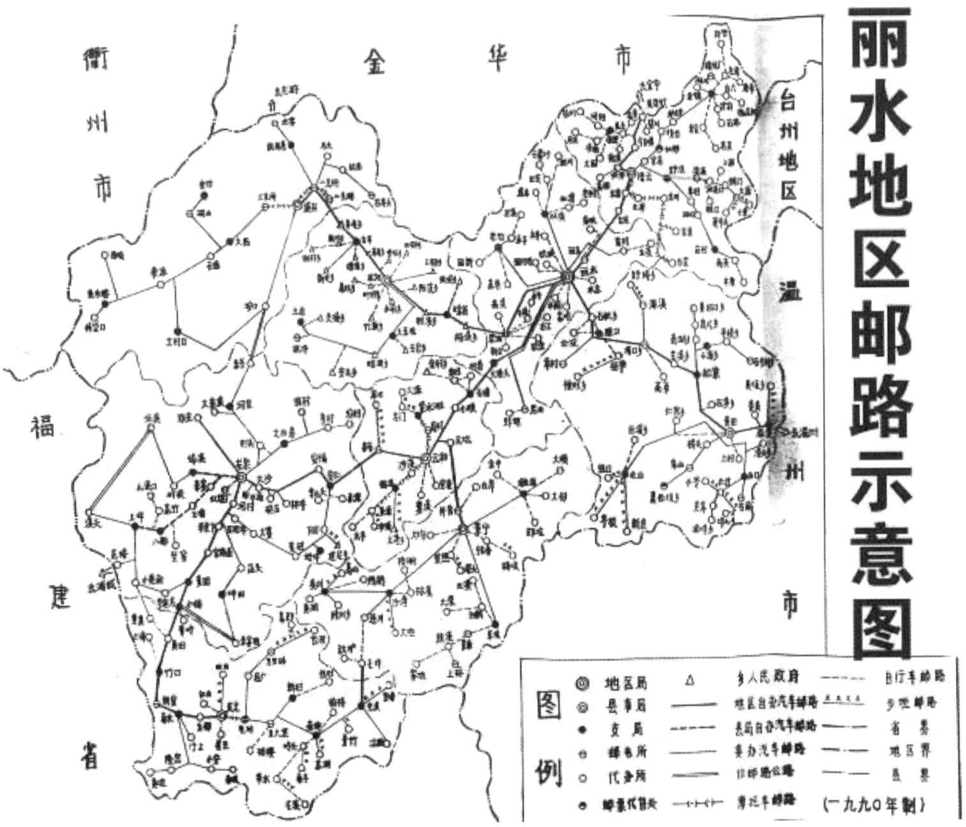

图 10-2-2-1

率。1999年1月1日，丽水地区筹资40多万元，新增丽水至温州汽车干线邮路，全长150千米，解决大部分县市(除庆元、景宁畲族自治县外)多年来《浙江日报》不能当日见报问题。同年4月15日，丽水至青田邮路、丽水至温州邮路合并。2004年，丽水市有邮路195条，总长(单程)5268千米。2008年，邮路增至231条，总长(单程)达6949.8千米。邮政、速递分营后，邮路又发生新的变化。2010年，丽水市有邮路226条，总长(单程)6625.8千米，其中自办邮路4条，日行驶里程1058千米，分别为丽水至庆元往返(沿途经过龙泉、云和)每天一班；丽水至遂昌往返(沿途经过松阳)每天一班；丽水至景宁往返每天一班；丽水至青田往返每天一班。莲都区内邮路有2条，日行驶里程100千米，分别为市区至雅溪每天一班；市区至老竹每天一班。通过客车委办邮路有1条，大港头至庞山每天一班，邮路70千米。实现全市各县全覆盖，缙云由金华至丽水邮路带运，青田由温州邮路带运。进出口紧密衔接金华、杭州、温州邮车。

第三节　邮件接发转运

分拣封发

分拣、封发是邮件传递过程中的重要工序，所有进、出、转口邮件都集中在分拣、封发部门处理，邮政初办时，每天封发邮件1次。民国27年(1938)，处州有平信分拣格眼15个，每天晚上封发1次。抗日战争期间，丽水进、出、转口邮件增多，分拣格眼随之增多，每天封发1—2次。

民国36年(1947)丽水邮件封发关系一览

表10-2-3-1

局名	运输工具	单程所需日数(天)		每日封发次数(次)	经转路线	局名	运输工具	单程所需日数(天)		每日封发次数(次)	经转路线
		最少	最多					最少	最多		
丽水	汽车火车	1天	1天半	1	与杭州直封	云和	汽车	1天半	2天	1	直封发丽水邮局转
缙云	汽车火车	1天	1天半	1	与杭州直封	景宁	早班汽车	2天	3天	1	直封发云和转丽水再转杭州
壶镇	汽车	1天半	2天半	1	直封发永康邮局转	龙泉	汽车	2天	3天	1	直封发丽水转
碧湖	汽车	1天半	2天	1	直封发丽水邮局转	庆元	汽车自行车	3天	4天	1	直封经龙泉转丽水再转杭州
松阳	汽车	1天半	2天半	1	直封发丽水邮局转	八都	早班汽车	3天	4天	1	直封经龙泉转丽水再转杭州
遂昌	汽车	2天	3天	1	直封发龙游邮局转	青田	民船汽车	2天	3天	1	直封丽水邮局转

1949 年 10 月中华人民共和国成立后，丽水邮件封发关系有所调整，城区至所属各县和城区至杭州等市县均建立直属关系，逐步增加直属口子和封发频次。

1949 年 8 月丽水邮局邮件封发时间一览

表 10–2–3–2

邮路名称	运输工具	距离（千米）	班期	封发时刻	开行时刻	封发何处邮件
丽龙线	汽车	137	逐日	晚9时	次日上午 6 时	碧湖、云和、景宁、龙泉、庆元、八都等局
丽松线	汽车	60	逐日	晚9时	次日上午 6 时	松阳、宣平、遂昌等局
丽永线	汽车	72	逐日	晚 9 时	次日上午 7 时	金华、台州、宁波、绍兴、湖州等局及京、沪、杭、浙赣铁路沿线以及长江以北各地邮件
丽温线	快船	135	逐日	晚 9 时	次日上午 7 时	青田及温州一带邮件

1974 年 12 月，丽水县被邮电部确定为丽水地区邮件分拣中心。1976 年 5 月，丽水出口国际信函均直封杭州邮政局转口至互换局；出口国际包裹和印刷品均直封温州局转口至互换局。1978 年 9 月 5 日，丽水地区建立直封关系的城市有北京、宁波、绍兴、临海、东阳等 11 个。1988 年 1 月 1 日，丽水地区调整地（市）局封发关系，外省封发增加省会局及地市局直封格口，结束外省邮件北路发上海、南路发金华经转的历史，加快邮件传递速度。同年，建立直封关系的还有青田县腊口、温溪、船寮等 12 个邮车经过的支局。11 月，执行邮电部封发时限的新规定，出口信函在局内最大时限为，11 点以前收寄的不超过 10 个小时；20 点以前收寄的不超过 16 小时；出口或进口包件、印刷品的处理时限都比原订时限延长半天至一天；分拣封发的作业时间改为每日下午。1989 年 5 月，丽水地区恢复晚上封发作业，每天封发 2 次，早上开拆处理分拣封发包件；晚上分拣封发函件、快件。机要邮件的分拣封发、处理手续和时限规定与给据邮件相同，由机要业务部门处理。

1990 年，丽水地区贯彻执行邮政总局“平十挂三”的规定，增加直封关系，设立平常函件直封格眼 44 个，给据邮件直封格眼 49 个；国际邮件封杭州经转；全国指定转口局 256 个实行邮政快件直封直发。

1991 年 1 月起，丽水地区邮电局对时限作出具体要求，规定丽水到杭州快件 2 天，普件 3 天。到金华快件 1 天，普件 2 天。到临海快件 3 天，普件 3 天。到温州快件 2 天，普件 3 天。到宁波快件 2 天，普件 3 天。到衢州快件 2 天，普件 3 天。到嘉兴快件 2 天，普件 3 天。到绍兴快件 2 天，普件 3 天。到湖州快件 2 天，普件 3 天。到舟山快件 3 天，普件 4 天。丽水本地区各县市之间互寄都有详细要求，大致 2—4 天不等。

1993 年 6 月，丽水地区邮电局贯彻执行邮电部修订邮件、报刊传递频次、时限规定，明确出口信函营业终了的邮件从原来的内部处理 16 小时改为省会局不超过 12 小时，地市局不超过 8 小时，县市局不超过 4 小时；县市局出口快件、信函分别规定在邮车开行前 2 小时、4 小时必须全部封发交运；中央级、省级日报、周六报等报刊，报社如数交齐于邮局发报地点，在 3 小时内分发完毕交发当天有效车次，其他报纸于次日发运，丽水地区出版的中央级、省级日报和周六报，在当日6点前如数交齐于邮局发报地点的，应于当日上午投递，12点以前如数交齐于邮局发报地点的，当日下午投递，非上述指定的报纸顺延一班，中央级、本省省级日报和周六报，当日5点以前到站的，当日上午投递，10点以前到站的，当日下午投递，非上述指定报纸顺延一班；国际邮件指定转口局，支局所11点前收寄的，局内全部作业时间最大时限17小时，20点前收寄的，局内全部作业最大时限23小时。1994年10月1日起，丽水地区邮电局又增加出口频次，上午11点前收寄的邮政快件、信函、印刷品和国际函件赶发当日出口有效车次；市内趟车应在15时将邮件送至转运部门发运。

20世纪90年代初，邮电部就确定丽水为全国256个邮区中心局之一。1995年，丽水邮件处理中心建成，邮件的内部处理开始逐步按照中心局体制进行运作。1998年，浙江省邮电局规定从7月1日起，杭州、宁波、温州、金华4个二级中心局分别承担所属三级邮区中心局出省平信的集中处理工作，金华负责衢州、丽水邮区。新增丽水至温州邮路，加快丽水的航空邮件和报刊运递速度。为落实省局意见，地区邮电局规定丽水中心局自1998年8月1日起对丽水邮区范围内收投点57个建立平常信函直封直发关系，各收投点同日起将出口平常函件直封丽水中心局集中处理，不再发县市局经转（本县市范围内的平信发县市局），其他邮件封发关系暂维持不变。丽水地区各县（市）局原则上取消对本省其他邮区的直封关系，特殊情况可酌情处理。本邮区内县市局互寄的平常函件，各局应依据邮件的运递时限来确定相互间是否保留封发关系。

邮件运输

清代邮政时期，处州邮件运输均为邮差肩挑步行。清光绪十年（1884）七月十八日辰时排单，从浙江省城杭州钱塘驿始发，经浙江驿、会江驿、桐江驿、富春驿、濑水驿、双溪驿、华溪驿、丹峰驿、栝苍驿；七月二十四日，到达温州（永嘉）象浦驿，历时6天。

中华邮政时期，处州邮件运输有所改善，增加两轮手拉车、自行车和汽车若干。民国23年（1934）起，处州干线邮差邮路逐步调整为委办汽车邮路；丽水邮电局碧湖南山邮件中转站成立，负责转运云和、龙泉与松阳、遂昌等局的邮件。

民国27年（1938）10月，浙江省局运邮汽车管理处建立丽水局备汽车班，汽车5辆，负责非沦陷区的邮件运输任务，日行程736.1千米。每日发往各地出口邮件平均67袋、42套；每日接收各地进口邮件平均54袋、40套；每日经转各地邮件平均50袋、65套；每日经转各地重件平均60袋。

民国26—34年（1937—1945）全面抗日战争时期，丽水道路经常遭毁坏，邮运车辆常遭敌机骚扰袭击，邮件运输十分艰难。民国29年11月，丽水自办运邮汽车仅有丽水至奉化、溪口和丽水至威坪两日一次；丽水至金华和丽水至浦城，为不定期邮运班次；丽水至永嘉为车、船混运。抗日战争胜利后，丽水邮件运输逐渐恢复，以委办汽车邮运和步行为主，以自行车、双轮手拉车为辅。

1949年10月中华人民共和国成立后，丽水邮件运输条件逐步改善，乡村邮路以自行车邮运为主。县际间邮件由委办汽车运输。1975年1月，丽水邮件转运站负责丽水、缙云、云和、龙泉4个县邮件进出转运工作。

1990年，丽水邮件转运站转运邮件量43.62万袋，车船邮运量6053.58万袋。1995年，丽水地区有邮车 42 辆，二级干线邮路 4 条内通丽水地区内 9 个县（市）。1997 年，增开丽水至龙泉、丽水至遂昌第二频次二级干线汽车邮路，增加 0.25 亿千克邮车 4 辆。1998 年 10 月 1 日，首列挂有邮政车厢的南京—温州 655 次旅客列车驶进丽水，标志着丽水邮运史上首次接发火车邮件。2004 年，丽水市邮路 195 条，单程总长 5268 千米，城区投递道段 91 条，邮政车辆 75 辆。2010 年，丽水市邮路 226 条，单程总长 6625.8 千米，城区投递道段 111 条，邮政车辆 65 辆。

邮件接发、转趟

丽水局邮件接发、转趟，主要是接收外地运来的邮件总包，送交分拣封发处理，车站和邮运站发运出口、转口邮件总包。民国 29 年（1940），丽水局日平均接发进出口邮件约 495 千克。

1949 年中华人民共和国成立后，丽水邮件接发工作环境、条件逐步改善。1960 年，丽水局每天平均接发来往车辆 18 次，日接发进出口邮件总包 140 袋。1981 年，全区接发邮件条件改善，使用三轮摩托车。1987 年，全区转趟接发邮件条件再次改善，使用汽车。1988 年，全区接发进出口邮件总包 16.55 万袋，日平均接发邮件 453 袋。1988 年，遂昌至龙游段自办汽车邮路停开。1990 年，全区邮件接发转趟每日 3 次，每天 12 时、17 时、22 时各 1 次。

信箱、信筒设置

1949 年，丽水城内信箱（筒）每日开 2 次，10:00 和 19:00。1990 年，丽水地区市内信箱（筒）23 只，农村 78 只，其中市郊 18 只，农村 37 只，市区每天开 3 次的信箱（筒）3 只，开 2 次的信箱（筒）17 只，开 1 次的信箱（筒）21 只。

1993 年 1 月 1 日，遂昌县局至龙游二级自办汽车邮路开通，县城居民可看到当天的《浙江日报》。1994 年，此段邮路再次停开。1993 年 8 月 1 日起，丽水加快《浙江日报》的传递速度，丽水至金华早班邮车返程，增加缙云交接点，直接卸交《浙江日报》。

1996 年 12 月 1 日起，浙江省局调整金华至丽水干线邮路派押关系，新增金华至丽水一、二级干线汽车邮路，每天组开 2 班，当日往返，由金华邮运局派押；同时撤消丽水局邮路的派押任务。

1997 年 6 月 20 日起，丽水地区新增汽车邮路，增设丽水至龙泉第二频次逐日班干线，保证云和、龙泉局的快递邮件运递速度。1997 年 12 月 1 日起，增设丽水至遂昌二班逐日班干线汽车邮路，为邮政业务发展提供网络保障。

1998 年，丽水地区有邮路 229 条，邮路总长度（单程）6113 千米，其中二级邮路单程 687 千米；自办汽车邮路 1301 千米，其中二级邮路 687 千米，委办汽车邮路 2065 千米，其他邮路 2747 千米，农村投递单程路线总长度 10588 千米。丽水市（县级）有邮路 28 条，邮路单程总长度 1188 千米，其中二级邮路单程 687 千米；自办汽车邮路单程 776 千米，其中二级邮路单程 687 千米，委办汽车邮路单程 126 千米，其他邮路单程 286 千米，农村投递单程路线总长度 1386 千米。

1998 年，丽水邮区中心局分发体制改革。8 月 1 日，丽水邮区内平常信函中心局成立，实行各自办局所一级收投点直封关系；10 月 18 日，出省平常函件发往金华集中分拣；10 月 26 日，部分出省挂号函件（除北京、上海、广州外）发往金华集中分拣。丽水邮区中心局属三级中心局，是全区各类邮件进出的集散地。2010 年起，丽水邮区中心局每天 6—22 点，有金华、杭州、温州及本区各县进出丽水各类邮件班次 28 个，日处理 4000 多袋件。

第四节 投 递

条件与方式

投递条件 丽水规定新建企事业单位、居民住宅的产权单位到当地邮政部门办理邮件投递登记手续;邮政部门予以登记并自登记之日起7日内安排投递。

投递方式 丽水有按址投递和局内投交两种,其中局内投交的邮件有:保价信函;投交邮政专用信箱(自取方式)的邮件;单包不符、封皮或内件破损,重量短少、有违反规定寄递禁寄物品或有拆动嫌疑,需要收件人到局会同拆验的;有补收资费等其他原因需要收件人到邮局办理手续的;经按址投递因故无法投交的。

投递频次 丽水城区日投二频次为上午、下午普投,乡邮段日投递一频次。偏僻山区投递频次根据地区情况和邮路条件分设周五班、周三班和周二班。

投递深度 丽水市单位邮件,不分城市与农村,一般投交到单位设在地面层或院落门口的传达(收发)室或指定的接收邮件人员。多单位同在一幢楼或一个院内,由所在单位地面层总入口处或院门口指定统一的传达(收发)室接收邮件,或分别在地面层总入口处及院门口设置接收邮件的场所。住宅楼房(包括单位院内的宿舍楼)的邮件,设有传达(收发)室的,一般投交传达(收发)室;设有信报箱(群、间)的,一般实行插箱投递。住宅平房的邮件,按门牌号投递到院落门口。住户较多的大院在大院总入口处设置信报箱(群、间),实行插箱投递。也可以设置传达(收发)室或代收点接收邮件。农村地区的邮件报刊投递到村邮站,大的城镇且有街道门牌号码的按址投递。

城市投递

民国21年(1932),丽水城内邮件步行投送2次/天,第一次出局上午11时,回局14时30分;第二次出局16时,回局19时。民国27年,城内设投递段4个,投送2次/天,出局上午8时50分,出局15时,平均投送平信3074件/天,其中邮件352件。民国34年,设投递段3个,投递2次/天,出局投送为6时和16时,平均投递信件2096件/天。民国38年,城内和城郊设投递段3个,投送2次/天。

1949年10月中华人民共和国成立后,丽水城区邮件投递设投递段2个,步行投递。1953年,丽水城区投递使用自行车,投送邮件、报刊2次/天。1964年,丽水城区设投递段4个,投送2次/天,规定12时前到达的函件和15时前到达的《人民日报》和《浙江日报》,都要当天投送。1979年,丽水城区增加投递段6个,另设一段专送地、市机关和师专等用邮大单位的邮件报刊。1980年,市区划设投递段10个。1988年1月,丽水城区邮件与报刊分开投送,邮件投递调整为投递段6个,报刊投递为投递段8个。1989年9月,全区开展报刊投递"迅速、准确、安全、礼貌"文明优质服务,提前出班时间,确保订户早看到报刊。1989年4月,丽水市区高层住宅楼安装信报箱。1990年,丽水城区高层楼房11幢,设置信报箱15只,服务用户168户。同年,丽水市内设邮件投递段

7个，报刊投递段3个，行程166.4千米/天，投递邮件6938件/天，服务面积26.38平方千米，服务人口8.27万人。1993年，丽水各县（市）城区投递段数丽水21个、龙泉6个、云和4个、缙云6个、遂昌5个、松阳5个、青田5个，景宁4个、庆元4个。2000年，丽水市邮政改革投递体制，组建投递公司，实行专业化经营。1月1日，市邮政局对城区内安装单户信报箱用户实行上楼投递，实行信报合投。实行新的邮件传递时限规定，10月1日起，城内包裹实现投递到户。2004年，丽水市城区投递道段91条。2010年，丽水市城区投递道段111条。3月22日，龙泉市城区投递摩托化正式启动，首期投入资金20万元。

农村投递

丽水山区地广人稀、交通不便，农村投递线长、点多、量少，投递困难较多。民国期间，农村投递一般在药店或小商店设置代办所，将邮件插在柜台显眼处，由过往行人、顾客认领捎带；挂号信件则写在黑板上挂在店门口，由村民招领。

1950年10月，丽水专区配合农村土改，改进农村投递工作。1951年，各县设立农村通信站91处，投递村落802个，投送里程1633千米。1956年，各县试行农村合作社邮递员制度，配合农业合作化运动，撤销农村通信站。1957年，丽水县农业合作社190个，邮电局自己投递86个，雇用乡邮员投递33个，代办所投递5个，捎转或其它办法投递66个。1958年，丽水各县农村投递路线延伸至行政村。1959年，各县逐步改步行班为自行车投送。1964年，全区整顿农村投递路线，加强投递深度，人民公社34个，其中逐日班27个，隔日班7个。同时，推行投递员随带邮票、浆糊、信封信纸，出班免费代送小包、汇款、揽收信件，方便用户。1966年，丽水各县推行委办投递员制度，负责农村投递工作，邮电局支付委办投递员劳动酬金。

“文化大革命”期间，丽水地区农村投递工作受冲击，班期不正常，邮件延误、积压时有发生。

1980年，丽水地区乡镇企业、专业户用邮量增多，增加农村投递自办和委办投递力量，建立信报接转点，扩大投递面。10月，恢复送包、送汇、送特挂业务。1982年，青田县试行承包农村投递业务，开设农村投递承包线路3条，单程长度61千米。1983年，全面落实平信、报刊投递到点、挂号邮件亲投到户。同年，丽水山区投递面广、量少、线长，使用摩托车投递费用高，亏损增加，恢复使用自行车投递。1990年，丽水地区农村投递路线单程长度1447千米，其中摩托车79千米，自行车482千米，步班886千米。丽水地区农村投递路线9589千米，其中摩托车131千米，自行车3485千米，步班5973千米；承包农村投递路线线路4条，单程长度83千米。1993年，丽水地区各县（市）行政村通邮面，丽水98.3%、青田84.8%、云和94.7%、龙泉93%、庆元92.2%、缙云99.8%、遂昌96.1%、松阳97.5%、景宁65.7%。1998年，丽水地区各县（市）邮路和农村投递路线（单程）总长度丽水2574千米、青田2239千米、云和781千米、龙泉2999千米、庆元1883千米、缙云1593千米、遂昌1801千米、松阳1160千米、景宁1671千米。2000年，丽水市重新划分农村投递道段，对投递员实行计件工资制。2003年之后，丽水市调研和开发农村支局的包裹业务，启动农村、乡镇包裹市场。

第三章　电信运营

电信运营包括电报和电话内容。电报通信包括有线电报和无线电报。国内公众电报根据不同服务对象和业务性质分为普通电报、天气电报、水情电报、公益电报、礼仪电报、鲜花礼仪电报等。20世纪，丽水的电报业务因简便快捷又具备文字依据性而广泛应用于公众通信领域，成为电信业务的重要组成部分。公众电报以字数为基本计费单位，故每份电报文字都极简约，大多字数在数十字之内，少有数十字及以上者。由于互联网等新的先进通信技术的广泛应用，传统电报业务日渐式微。

民国22年(1933)3月，金华经永康、缙云至丽水段电话线路架通，全线为木杆线路，架挂2.6毫米径铜线一对。这是境内较早的一条长途电话线路，开启丽水城乡电话业务。丽水各县架设长途电话线路，配置长话传输设备，使固定电话走进千家万户。

1989年5月18日，青田开通国际电话直拨业务。1990年9月25日，丽水电信营业处开通国际电话直拨业务。同年，全区国际及中国港澳地区电话去话26657张。

国内电话分城市电话和农村电话，农村电话原称乡村电话。中华人民共和国成立后，更名县内电话。1960年，更名农村电话。农村电话是以县城为中心(市话用户除外)，联通县至乡(镇)和广大农村用户的电话。经营方式有邮电局经营，乡(镇)村经营和私人经营3种，其中区镇以上一般由邮电局经营，人、财、物纳入省管，为地方国营；乡办电话交换所为集体所有，归乡政府管理，自负盈亏，业务上受邮电局指导。乡村邮电代办所自负盈亏，各自为政，发展不平衡。1982年，各县(市)成立乡村电话联营站，属自负盈亏、独立核算的集体所有制企业，接受县邮电局和区、社(乡)双重领导，原丽水县(莲都区)乡办电话联营站由地区邮电局(丽水电信分公司)代管。

第一节　电　　报

有线电报

清光绪二十八年(1902)，杭州至永嘉架设电报线路。4月，兰溪至缙云段架通电报线路，缙云设立电报子店。11月，缙云至永嘉段架通电报线路，缙云电报线路可通达兰溪、永嘉(温州)。

民国9年(1920)，丽水至缙云架设7号铁线45千米电报线路1条。4月，丽水设立电报局。丽水至兰溪、永嘉电报分别由缙云经转。民国22年12月，丽水至永嘉(温州)、龙泉至浦城、遂昌、庆元，云和至景宁电报线路开通。民国26年7月，青田至永嘉电报线路开通。同年，全区有电报线路

8路。

民国27年(1938)，丽水至碧湖电报线路开通，增设碧湖电报收发处，丽水至缙云加挂8号铁线1条，龙泉至松阳架设电报线路1条。民国30年，浙江省电政管理局撤迁云和，开通龙泉、江山莫尔斯机直列式工作，景宁开放古鳌头[①]、福安与云和直达。丽水、龙泉各一线开放丽水至福建南平直达电报线路。民国31年1月，丽水至大港头电报线路开通，增设大港头电报收发处。因龙、丽间报务繁忙，将江山、龙泉、云和改为江山、龙泉、云和、丽水直列式莫尔斯机同线工作，减轻转报手续。5月，浙江电政管理局从云和迁龙泉下堡村，形成以龙泉电报局为中心的省内后方临时电报网，龙泉电报线路激增。电报线路有龙泉至庆元、松阳、云和、景宁、丽水、缙云、永嘉、临海和福建浦城、南平等地临时电报线路9路，后又开通龙泉至江山直列式电报线路，龙泉至福建松溪以及八都、小梅等电路。云和至丽水、碧湖改设双工电报线路，开放云和至温州直达电路，疏通官军电报。6月24日，日本侵略军占领丽水后，丽水局撤至云和局村，各地发至云和电报积压甚多，特急重要官、军电报发福建南平经福安、福鼎、永嘉辗转传递；其余电报则采取邮寄或专送传递。8月，龙泉查田报房改为收发处，电路由查田经龙泉至云和、由云和转接至缙云、景宁至泰顺、丽水至松阳查田至庆元等。

民国32年(1943)3月，处州各县电报局与电话局合并为电信局。云和至龙泉，龙泉至浦城，丽水至仙居、临海等地，均在电话线路上增加幻象线电报线路。5月29日，丽水水阁报房部分人员到碧湖汤村设临时报房，开通碧湖至松阳、云和，碧湖经丽水城里至缙云、青田等临时电报线路。6月，云和至永嘉电路日夜双工，并与南平、永嘉同线工作，云和至景宁、泰顺同线工作。民国33年4月，部分电路调整，原丽水至仙居电路，改为丽水—仙居—临海同线工作。云和至丽水、松阳同线电路，改为松阳—丽水电路。9月，原永嘉—云和—南平韦斯登机(简称韦氏机)电路改为永嘉—龙泉—南平电路，原龙泉—永嘉莫尔斯机(简称莫氏机)电路，改为龙泉—景宁电路。民国34年2月，龙泉—永嘉幻象线报路试通，龙泉至永嘉恢复通报。

民国34年(1945)，抗日战争胜利后，原撤迁到丽水、云和、龙泉一带的省级机关单位陆续迁回原地，临时电报线路停用。10月，缙云至永嘉开放直达报路。民国38年2月停开。民国35年，丽水有电报线路9路，分别通达永嘉、金华、临海、青田、缙云、云和、龙泉、松阳和碧湖。

1949年10月中华人民共和国成立后，丽水电报线路经过整修，陆续恢复通信。10月15日，龙泉至温州开通直达电报线路，加速龙泉木材至集销口岸的通信。同年，丽水至温州、金华及各县有线电报线路13路。

1950年，丽水专区有龙泉至浦城电路1路、至云和电路2路。10月，景宁至瑞安铁报线拆除。1952年1月，丽水专区撤销。5月，丽水、龙泉、云和、景宁等县电报线路均由温州局指挥调度。同年，丽水至本省各地有线电报线路16路，龙泉至福建浦城省际二级电路1路。

1958年，云和、庆元、松阳撤县，丽水至各县电报线路减少。1963年5月，丽水专区复设，电报线路有所调整、增加。11月1日，丽水至杭州开放电传电路。1964年，丽水至金华开通载报电路，丽水至温州开通单工快机电路。1968年，开通丽水至龙泉单工快机电路。1969年，开通丽水至遂昌单工快机电路。1971年，开通丽水至缙云单工快机电路。1972年，开通丽水至云和单工快机电路。1974

① 2010年为鳌江。

年，开通丽水至青田单工快机电路。1975年，开通丽水至庆元单工快机电路。1982年，开通丽水至松阳单工快机电路。1985年，开通丽水至景宁电传电报线路。

1970年，丽水至龙泉开通单路插报机电路。1972年，丽水至遂昌开通单路插报机电路。1978年2月，丽水至杭州、金华开通载报电路8路；丽水至云和、庆元开通插报机电路；丽水至青田、缙云为幻线电路。同年，丽水有载报电路19路，实用为5路。1979年11月，增开丽水至温州载报电传电路。

1980年，丽水至温州增加载报电路8路，增开遂昌至衢州电传电路1路。1981年11月，丽水至庆元幻线报路改开载报电传电路，原幻线电路改作备用电路。1983年12月29日，丽水至杭州电报线路并入杭州64路程控自动转报系统。1987年1月15日，改接入杭州256路程控自动转报系统。3月，青田、云和、龙泉、庆元、缙云、遂昌、松阳、景宁等县有线电报线路均并入杭州256路自动转报系统。原丽水至各县直达电报线路，除龙泉、遂昌外均停止开放，作为备用电路。1989年4月，丽水至碧湖、丽云分别开通电传电报线路。

20世纪80年代后期，公众电报设备开始用电子电传机代替机械电传机。1990年，丽水地区有载报机20部，插报机14部，电传打字机81部，传真机15部。1990年，全区有有线电报线路36路，其中电传电路26路，内有自动转报电路10路；省内二级电路15路，县(市)内电路21路。1995年，全区有公众电报业务电路61路，其中省内二级电路44路，县市内电路17路。当年，有用户电报集中器160线，公众电报分集器64线，载报终端设备234线，电传机53部，分组交换节点机端口138个。2000年，光缆开通，各种电路大量增加，没必要单独设置公众电报线路。同年有公众电报分集器容量68线，分组交换节点机端口482个。

1950年，丽水出口电报2.36万份，进口电报无统计。1960年，出口电报27.67万份。1970年，出口电报10.2万份。1980年，出口电报29.79万份，进口电报20.56万份。1990年，全区出口电报50.05万份，进口电报50.7万份。之后由于各种先进通信技术的应用，电报业务量逐年递减，至1995年，全区内地出口公众电报下降到23.14万份，国际、中国港澳台地区公众电报157份。用户电报国内3271份，国际339份，全部为丽水所发。国内传真8806份，国际传真2772份。内地分组交换通信1125千字段。2000年，内地公众电报83852份，国际、中国港澳台地区38份。用户电报内地1296份，国际及中国港澳台地区0份。传真电报内地26395份，国际及中国港澳台地区10483份。由于互联网等新的先进通信技术的广泛应用，传统电报业务日渐式微，至2005年，内地公众电报降至24346份，鲜花礼仪电报39份，国际及中国港澳台地区公众电报3份。国内用户电报18份，国际用户电报0份。内地传真31343份，国际及中国港澳台地区传真15366份。至2010年，丽水市各种电报业务可以忽略不计。

无线电报

民国17年(1928)3月，浙江省建设厅设立浙江广播无线电台，丽水、青田、龙泉、庆元、缙云、遂昌、松阳、景宁等县政府内装置收音机，配专职收音员，收听各项重要消息、传达政情。

民国19年(1930)8月，庆元、龙泉分别设置短波无线电分台，解决浙江边陲军政通信需要，属省广播无线电台管理。民国21年3月，归并浙江省电话局。

民国23年(1934)5月，丽水设无线电分台，分别与杭州、永嘉、泰顺、衢州、龙泉联络，每天8:

00、10:30、17:00 时通报三次。同年,庆元无线电分台移交龙泉,景宁设无线电分台。民国 28 年 3 月,遂昌设无线电分台。同年,丽水有无线电报线路 5 路。

抗日战争时期,杭州沦陷后,浙江省级机关单位纷纷迁址丽水、云和、龙泉等县,无线电报成为丽水对外联络的主要通信手段。民国 30(1941)年 1 月 22 日,丽水装设 TR600 电台 1 座;8 月 8 日与江西曲江开通无线电报线路,不久即停止。2 月 16 日,装设 TR800 电台 1 座。6 月 11 日,云和装设 15 瓦电台 1 座。6 月 24 日,龙泉装设 TA100 电台与重庆和淳安通报。8 月 9 日,指定丽水电台与曲江通报。民国 31 年 1 月 22 日,丽水装设 TR250 电台,23 日与重庆通报。2 月,与贵阳试通人工单工通报,呼号 XSA,波长 30 米,每天工作 5 小时,不久停止开放。7 月 12 日,浙江战局吃紧,龙泉 100 瓦电台移设庆元。8 月 5 日,云和电台移设景宁。8 月 16 日,庆元在新窑黄渡设无线电台,开办新窑电报收发处。9 月 7 日,松阳 25 瓦电台移设丽水。9 月 27 日,迁回龙泉,不久停止开放。10 月 25 日,又移设永嘉。

民国 32 年(1943)1 月 15 日,龙泉设 TA100 瓦电台,4 月,龙泉至重庆通报 281 次,龙泉至淳安通报 694 次。民国 33 年 7 月,云和设 100 瓦电台与贵阳通报。9 月 1 日,景宁设 25 瓦电台。民国 34年 6 月,龙泉至重庆开通韦氏快机无线电报线路。民国 35 年 4 月,丽水无线电台与金华每日 11:00—15:00 时通报 4 次,呼号 XIL,波长 35 米,丽水至吴兴每日 16:00—17:00 时通报 1 次,呼号 XLW,波长 60 米,丽水与长兴每日 9:00—11:00 时通报 1 次,呼号 XLW2,波长 60 米。

1949 年中华人民共和国成立后,除龙泉无线电台作为应急备用外,丽水其他各县无线电台均停止使用。1952 年 12 月 31 日,龙泉为传递气象电报,与南京开放无线电报线路,每日发天气电报 8 次。1954 年 5 月,省局在遂昌王村口设防汛抗洪电台与衢州通报。1957 年,丽水恢复使用无线电台与温州通报。1959 年,缙云、遂昌与金华开通无线电报线路。同年,全区有无线电报线路 4路。

1961 年 5 月,丽水各县执行国务院《关于设置和使用无线电台的管理办法》,青田至温州开通无线电报线路。1963 年 8 月,调整无线电报线路,原温州至丽水、青田、龙泉和金华至缙云、遂昌电路停开,改丽水至杭州和丽水至青田、龙泉、遂昌、缙云无线电报线路 5 条。

1964 年 3 月,丽水专区实行《设置和使用无线电台管理细则》。10 月 1 日,换发新中华人民共和国无线电台执照。1965 年 3 月,发放《浙江省无线电台工作人员执照》,凭证上岗工作。7 月,丽水至杭州电路每周一至周六 10:30、16:30、20:30 定时通报 3 次,每次半小时;丽水至龙泉每周二、四通报 6 次。

1966 年 2 月 26 日,邮电部规定凡通有线的地方,无线电路一律暂停开放业务。1978 年 2 月 14 日,无线电台启封使用。1979 年,增加丽水至庆元无线电报线路。1980 年,丽水地区有无线电报线路 13 路。其中丽水有无线电报线路 7 路,分别通达杭州、青田、云和、龙泉、庆元、缙云、遂昌。

1982 年,松阳县复设,松阳装设无线电台。1984 年,景宁成立畲族自治县,装设无线电台。1987 年,丽水对各县短波无线电台组织汛前和汛后电路巡查,保证设备和电路正常。1988 年 6 月 17—20 日,庆元、龙泉暴雨成灾,丽水至龙泉、庆元有线电路全部阻断,无线电路迅速开通传递电报业务。民用无线电报一般只用于应急及气象水文等,不作为公众通信工具使用。1990 年,丽水地区有无线电报线路 17 路,有短波无线发信机 20 部、收信机 5 部。至 1993 年后,无线电台除按规定保持定期、定时联络外,基本退出电信经营业务。

公众传真电报

丽水开办电报之初，只办理普通电报。民国 11 年(1922)1 月，国内电报分为政务、公务、特种、寻常 4 类。民国 13 年，丽水官电来报 51 次 3300 字，商电来报 770 次 14078 字，去报 693 次 23799 字。民国 25 年，电报业务分为政务、公务、私务、公益、特种 5 类。抗日战争期间，丽水、云和、龙泉电报业务激增。同年 6 月，丽水办理旅行电报业务。

1949 年 10 月中华人民共和国成立后，邮电部公布国内电报分防空、事故、军政、新闻公务、天气、水情、公益、普通、汇款等 10 类，特别业务 15 种，1963 年，改为 9 种。1970 年，电信部门划归军队领导。1971 年 10 月，电报种类改为 6 类，1977 年，重新分为 11 类特别业务 3 种。

1978 年 8 月，丽水地区计划委员会租用邮电局电话线路，使用传真机传送文件、图表等，是丽水最早使用传真业务的单位。其时，用户传真业务接入市话网，须向邮电局提出书面申请，利用长途直拨电话与对方传真机连接后方可传送。1986 年以后，丽水地委、市委、公安、法院、银行、粮食、财税、商业、供销及部分工厂用户陆续安装使用传真机，利用优点通信网进行传真通信。同年，青田、龙泉县邮电局开放公众传真业务。12 月 10 日，根据邮政储蓄异地存取业务的需要，首先在邮电局储汇台安装 TX—20 电子电传机，开通用户电报电路。1989 年 10 月 1 日，丽水电信营业处对外开放公众传真电报业务，此后，各县先后开放公众传真电报业务。1990 年，丽水公众传真电报出口 165 份，进口 205 份，用户传真 19 户。全区邮电系统有传真机 15 部，其中丽水局 2 部，全区出口传真业务 431 份。1995 年，国内传真 1858 份，国际 259 份。2000 年，内地传真 7085 份，国际及中国港澳台地区 1535 份。2005 年，内地传真 5743 份，国际及中国港澳台地区 2781 份。随着互联网的迅猛发展，再加上用户自备传真机的普及，公众传真业务逐年减少，至 2006 年，传真正式退出电信业务范围。

第二节　电　　话

长途电话线路

丽(水)—金(华)线　民国 21 年(1932)4 月，杭(州)—处(州)干线杭州至金华段架通。民国 22 年 3 月，金华经永康、缙云至丽水段架通，全线为木杆线路，架挂 2.6 毫米径铜线一对。抗日战争期间，线路屡遭破坏。1949 年 5 月，仅以单线维持报话通信。1950 年 11 月，丽金线路重建，全线为杉木杆路，架设 2.6 毫米径铜线一对；4 毫米径铁线一条。丽水地区管辖段从丽水至缙云黄碧街 47.38 对千米。1958 年 10 月，架挂 2.5 毫米径铜线 47.38 对千米。1978 年 12 月，丽水至缙云段架挂 7/1.8 毫米径钢芯铝绞线 37.34 对千米。1990 年，丽水—缙云黄碧线杆路 49.18 杆千米，有水泥电杆 1023 极，线条 196.71 对千米。

丽(水)—温(州)线　民国 20 年(1931)2 月，龙(游)—温(州)干线，从龙游经遂昌、松阳、丽水、青田至温州全线架通，架挂 2.6 毫米径铜线一对，全程 289.91 杆千米。民国 23 年 5 月，丽水至青田、温州在原杆路上加挂 2.6 毫米径铜线一对，计 131.31 对千米。抗日战争期间线路遭破坏。1950 年 11月，丽温线路改造重建，全线为木杆杆路。1958 年 10 月，加挂 2.5 毫米径铜线一对。1972 年和

1979 年，分别进行两次大修，部分木杆更换为水泥杆。1980 年 7 月，小群至温溪段改换水泥杆 53.93 杆千米；丽水至青田架挂 7/1.8 毫米径钢芯铝绞线 74.09 对千米。1990 年，丽温线丽水至青田温溪段 84.03 杆千米，有水泥电杆 1809 根，线条长度 323.52 对千米。

丽（水）—云（和）线　民国 20 年（1931）11 月，丽水至云和、龙泉线路架通，丽水至云和段架挂 2.6 毫米径铜线一对，全线为木杆杆路。1972 年和 1979 年 6 月，云和至丽水线路两次大修。1985 年 6 月，部分木杆改换成水泥杆。1986 年，建设石塘水电站，进行线路改道。1988 年 6 月，完成云和至石塘段线路改道，改换水泥杆 19.25 杆千米。12 月，丽水至云和段架设 7/1.8 毫米径钢芯铝绞线56.22 对千米。1990 年 3 月，新架挂 7/1.8 毫米径钢芯铝绞线 56.22 对千米。同年，丽水至云和线 56.22 杆千米，有水泥电杆 1157 根，线条 338.94 对千米。

龙（泉）—云（和）线　民国 20 年（1931）11 月架通，全线为木杆杆路，架挂 2.6 毫米径铜线一对。1972 年和 1979 年，龙泉至云和线路两次大修。1984 年，云和建设紧水滩电站，水库淹没杆路，线路改道。1985 年 6 月，完成龙泉至云和线路改道，木杆线路部分改筑水泥杆，拆除铜线一对，改架 7/1.8 毫米径钢芯铝绞线一对。1989 年 9 月，云和至重河段木杆改换水泥杆。1990 年 3 月，龙泉至云和新架挂 7/1.8 毫米径钢芯铝绞线 59.33 对千米。同年，龙泉至云和线 59.33 杆千米，有电杆 1216 根，线条 177.99 对千米。

龙（泉）—浦（城）线　民国 23 年（1934）架通，全线木杆杆路，架挂 2.6 毫米径铜线一对。1978 年，龙泉至花桥段木杆线路大修改造。1990 年，龙浦线龙泉至花桥段 43.5 杆千米，有木电杆 886 根，线条 87 对千米。

文（成）—云（和）线　民国 20 年（1931）10 月架通，全线木杆杆路，架挂 2 毫米径铁线一对。1962 年 9 月，文成至云和线架挂 2.5 毫米径铜经一对。1970 年 11 月，木杆杆路改筑水泥杆杆路，架挂 7/1.8 毫米径钢芯铝绞线一对。1990 年，云和至景宁官坑岙段 7.36 杆千米，有电杆 1531 根，线条 199.35 对千米。

泰（顺）—云（和）线　民国 22 年（1933）12 月，景宁往东坑至泰顺段完工。云和至景宁东坑段与文云线同杆，架挂 2.6 毫米径铁线一对。1962 年 9 月，泰云线东坑至上地段架挂 2.5 毫米径铜线 10.7 对千米。1985 年 9 月，泰云线在景宁开口进景宁局。1990 年泰云线东坑至上地段 10.7 杆千米，有木电杆 253 根，线条 21.4 对千米。

遂（昌）—丽（水）线　民国 19 年（1930）11 月，龙（游）温（州）干线遂昌至丽水段架通，全线为木杆杆路，架挂 2.6 毫米径铜线一对。1968 年 3 月，遂昌至丽水南山段线路大修，架挂 2.5 毫米径铜线 30.66 对千米。1977 年部分木杆改筑水泥杆，挂设遂昌至丽水 7/1.8 毫米径钢芯铝绞线一对。1985 年 2 月，松阳至碧湖段木杆改筑水泥杆 45.02 杆千米，架挂松阳至丽水 7/1.8 毫米径钢芯铝绞线 64.3 对千米。1990 年，遂丽线路 74.89 杆千米，有电杆 1518 根，线条 194.8 对千米。

遂（昌）—金（华）线　民国 19 年（1930）11 月架通，全线木杆杆路，架挂 2.6 毫米径铜线一对。1990 年，遂金线遂昌至渡头段 28.74 杆千米，有木杆 626 根，线条 57.48 对千米。

遂（昌）—龙（泉）线　民国 23 年（1934）2 月，遂昌至王村口线路架通。1956 年 12 月，龙泉至王村口线路架通。1967 年 5 月，遂昌至王村口垵下线路改造重建木杆线路 48.03 杆千米。1968 年 12 月，王村口垵下至龙泉架挂 7/1.8 毫米径钢芯铝绞线 47.78 对千米。1973 年 1 月，垵下至龙泉线路大修，架挂 4 毫米径铁线 41.4 对千米巡房线。1981 年 5 月，王村口至龙泉线并杆，木杆改筑水泥杆；拆除1969年建设的龙泉至江山张村备用线路部分杆路①。1990年，遂龙线89.39杆千米，有电杆1920根，线条220.15对千米。

龙(泉)—庆(元)线 民国22年(1933)11月，杭处干线延伸龙泉至庆元段线路架通，全线为木杆杆路，架挂2.6毫米径铜线一对。1958年，庆元撤县，龙庆线改为农话线路。1973年，庆元县复县。1976年11月，龙庆线大修改造，架挂2.5毫米径铜一对；4毫米径铁线一对。1990年，龙庆线88.71杆千米，有电杆1841根，线条179.02对千米。

杭(州)—福(州)小同轴电缆 1985年4月，丽水境内段开工建设。1986年9月29日，全线竣工，途经丽水、青田境内计长138.58皮长千米。

1990年，丽水地区长途电信线务站所辖杆路总长655杆千米，其中水泥杆路431杆千米，木杆路224杆千米。架空明线总长度1997对千米。其中铁线691对千米，铝线740对千米，铜线566对千米。长途电缆总长度146.5沟千米，其中小同轴电缆115.5沟千米，对称电缆31沟千米。1992年12月8日，丽水至温州光纤电缆开工建设。1993年7月竣工。10月，丽水至金华段光纤电缆竣工。全区内架空光纤电缆陆续建成，形成一个高效完善的数字传输网。

1998年6月，丽水地区SDH(光传输设备)工程竣工，投资2500多万元。11月，丽水地区本地网光缆工程投入运行，投资1400万元。同年，全区中央国有长途电缆长度1576皮长千米，地方国有电缆长度4330.9皮长千米。长途明线全部拆除。

2000年6月，缙云等5个县埋设光缆竣工。9月，通过验收正式投入运行，丽水地区国防通信光缆工程竣工，经过丽水、松阳、遂昌、缙云、龙泉、庆元、云和、景宁等县市，总投资2800万元，全长256.18千米。丽水市初步建成由丽水至各县(市)直埋光缆为第一路由，以农话架空光缆为第二路由的网状网传输系统，累计光纤物理网总投入3075万元，铺设G652光缆970皮长千米、22943纤芯千米。同年，全市有电缆2375皮长千米；接入网光缆856皮长千米、接入网光缆纤芯长度5661芯千米；中继光缆1971皮长千米、中继光缆纤芯长度15718芯千米。2005年，全市主干电缆4278皮长千米、641690对千米，接入光缆线路1076千米，接入光缆1471皮长千米，接入光缆纤芯长度18971芯千米。2010年，全市主干电缆7069.25皮长千米、872099.53对千米，接入光缆8263.53皮长千米，接入光缆纤芯长度108822.86芯千米。

长话网路

民国17年(1928)3月，浙江省长途电话筹备处成立，计划建设全省长途电话网路，确定全省长途电信省中心和区中心。丽水为全省7个区中心之一，可直达青田、松阳。杭处干线建成后，增加丽水至云和、龙泉至云和至景宁电路。民国22年3月和12月，分别增加丽水至缙云、龙泉至庆元长话电路。同年，丽水为电话交换中心，丽水至青田、云和、龙泉、松阳、遂昌、缙云、庆元、景宁均可直通长途电话。

民国26年(1937)12月，杭州沦陷，丽水至杭州长途电路阻断，长途电话只能通达钱塘江南岸各郊县。12月1日，丽水碧湖电话代办所改为临时电话支局，增加丽水至碧湖长途电话电路。民国23年3月3日，丽水至黄岩开通单路载波电话电路。民国31年6月，浙江省电话局从丽水迁云和，云和遂成为浙江后方长途电话交换中心。6月24日，日本侵略军占领丽水县城，丽水至云和长途线路

① 1989年10月，龙江线全线拆除。

被毁。9 月，县城克复后线路修复通话。民国 32 年 4 月 6 日，增加云和至福建建阳载波电话电路。8 月，云和为省政府主席办公厅开通专线电话电路。民国 33 年 6 月，增加云和至江西铅山载波电路。8 月 26 日，丽水在规溪亭设临时长途台(12 月 12 日撤销)。12 月 11 日，在大港头设长途台，开通大港头至丽水、云和、松阳、小顺、碧湖等电路。民国 34 年 3 月，增开云和至江西南丰长途电路。

民国 34 年(1945)9 月，撤迁至丽水的省级机关单位陆续迁回原地，丽水、云和、龙泉等地电话电路随之减少。1949 年，中华人民共和国成立初，长途电话线路年久失修，电路通话质量低劣。1949 年 9 月，丽水直达长途电话电路仅有丽水至缙云、云和、青田等电路。

1952 年 12 月，温州至金华长途线路进行改造，温州至青田报话电路延伸到丽水。1955 年 9 月 30 日，丽水至温州、丽水至金华分别开通单路载波长话电路。1956 年 3 月，原丽水—温州—黄岩载波电路，开放丽水至杭州直达；丽水至温州铜线直达，温州—青田—丽水区间单线工作。同年，新增庆元至温州电路；云和至温州经丽水转接，每日 9:00 至 10:30 时和 14:00 至 15:30 时定时开放长话电路，不久后停开。

1958 年 6 月 25 日，云和县邮电局并入丽水县邮电局；10 月 1 日，松阳县邮电局并入遂昌县邮电局；12 月 30 日，庆元县邮电局并入龙泉县邮电局，长途电话电路作相应调整，原云和、松阳、庆元长话电路改为农话电路。同年，增开丽水—金华—杭州载波电话电路和丽水—云和、丽水—龙泉载波直达电路。丽水至各地长途电路增加 19 路。1959 年 9 月，新开龙泉至温州长话人工电路 1 路；青田至温州长话电路增加到 3 路；丽水至温州长话电路为 3 路。1960 年 2 月 16 日，景宁县邮电局并入丽水县邮电局，丽水至景宁长话电路改为农话电路。1961 年 5 月 25 日，因在青田建设瓯江水电站，丽水县邮电局迁云和镇办公，丽水至各地长话电路减少为 10 路。因瓯江水电站停建，1962 年 4 月 25 日，云和县邮电局恢复，丽水县邮电局从云和迁回丽水城关镇，丽水至云和长话电路恢复。同年，全区有长途电话电路 42 路，其中省内二级电路 41 路，省际二级电路 1 路。1964 年 4 月 1 日，丽水长途台迁城郊白云山脚 303 机务站，丽水至温州电路，因长话业务量少，由原来 3 路减为 1 路。1968 年 12 月，开通龙泉至江山长途电话迂回备用电路。1970 年 8 月，青田至温州拆除幻线电路，保留实线电路 2 路。1973 年，开通云和至温州直达电路 1 路。1975 年 11 月 6 日，庆元县邮电局恢复，开通丽水至庆元长话电路 2 路。同年，丽水至各地长话电路 28 路。全区有长话电路 77 路，其中省际二级电路 2 路，省内二级电路 75 路。

1977 年 4 月，青田至温州长话电路增加为 3 路，全部改为载波电路。1978 年，丽水至温州长话业务量回升，长话电路又增为 3 路。1980 年 1 月，龙泉至温州长话电路增加为 2 路。6 月，开通庆元至温州长话人工电路。同年，丽水地区有长途电话电路 103 路。

1982 年 5 月 1 日，恢复松阳县邮电局，丽水至松阳开通长话电路。1984 年 10 月 1 日，成立景宁畲族自治县邮电局，开通丽水至景宁长话电路。1985 年 3 月 30 日，丽水安装 DD14 长途半自动对端设备，开通丽水至杭州、金华、温州半自动电路，丽水长途电话进入全国长途自动拨号交换网。1986 年 9 月 29 日，杭州经丽水至福州小同轴电缆工程竣工，开通丽水至杭州、金华、温州长话电路 60 路；开通青田至杭州、丽水长途电路 24 路。1989 年 10 月 30 日，杭州至福州小同轴电缆 960 路扩容，新增丽水至杭州、温长话电路 60 路；丽水至青田 24 路。

1990 年，丽水地区有长途电话电路 511 路，其中省际二级电路 6 路，省内二级电路 505 路。1995 年，全区有长途电话业务电路 2691 路，有公众网话路 2326 路，国际及中国港澳地区专用话路15路；党政网专用话路2路；移动通信网话路330路；寻呼网话路3路。2000年，有中继电路11005路；有长途业务电路7810路，其中全自动电路3840路；党政专网电路30路。2005年，长话业务电路端口184个，党政专网长途电路端口2个，数据网长途电路端口14个。2010年，光纤到户建设成为市话网络建设的重点。在三网融合的背景下，各分公司迅速扩大光纤到户在城市的网络覆盖。

长话设备

传输设备　民国时期线路质量很差，大多是铁线甚至单线，大多采用加装转电线圈的幻象线和实线传输。比较先进的是载波设备。民国28年（1939）3月，安装丽水至黄岩载波机。民国32年，安装云和至建阳载波机并在丽水、龙泉设置帮电机以增强通话质量。民国34年，安装龙泉至福建浦城载波机1端。

1951年，丽水有载波电话增音机1部，开放金华—丽水—温州长话电路。1955年9月30日，丽水装设德国制TFC单路载波电话终端机2部，分别开放丽水至温州、金华电路。同年，增设增音机1部。1957年，再增加增音机1部。1958年，安装丽水至金华、丽水至龙泉电路3路载波机2部；遂昌至龙游单路载波1部。1959年，丽水至金华电路改装载波机12路、青田至温州开通单路载波；开通丽水至龙泉3路载波。1960年，开通龙泉至庆元3路载波。1961年，丽水至温州电路改装载波机12部；增加单路载波机1部，分别通达杭州、温州、金华、文成、龙泉、云和等地。全区有载波机11部，增音机3部。1966年12月，遂昌至金华、丽水开通3路载波。1967年4月，龙泉青坑底设载波机务站，开通龙泉至江山开化、龙泉至福建浦城3路载波。

1979年后，丽水地区各县均使用载波机来增加长途电话电路。1980年，全区有长途电话载波机35部，其中3路20部，12路5部；增音机3部。

1986年9月29日，杭州至福州小同轴电缆全线竣工，丽水安装300路电缆载波设备，有基群调线转接架1架，预调通路架1架，中间遥测遥信业务架1架，远供电源架1架，60路分路调制架2架，300路音频终端架1架，300路中间有人增音机1部，24路载波终端机1部、四线试验架1架，二、四线试验架1架。

1989年1月，丽水北郊303机务站载波电话设备和电源设备迁城内大众街综合电信大楼。4月4日，杭州至福州小同轴电缆扩容960路通过验收，丽水安装960路有人增音机1部，960路远供电源架1架，960路遥测架1架。120路分路机调制架1架，300路预调通路架1架，960路音频终端架1架，二、四线试验架1架，24路载波机1部，减少60路分路架1架。

1990年初，长途传输基本上都以载波设备为主。1990年，丽水地区有载波电话终端机89部，设备容量1173路，实占容量316路。随着1993年全区光纤电缆网的建成，技术相对落后的模拟载波设备和电路逐步停开。1997年7月起，全区模拟载波设备和电路全部从C3传输网中退出，载波通信完成历史使命，全部改用光端机传输。2005年，长途2Mbps传输端口总数1229个；长途155Mbps传输端口总数78个；长途2.5Gbps传输端口8个。2010年，长途2M传输端口156207+126个；长途100M传输端口8个，GE端口1个，2.5G传输端口1890个载波机房。

交换设备　民国时期，丽水长途电话规模很小，没有独立的长途电话系统，大多采用长、市、农合一的交换机。民国20年（1931），龙泉安装20门交换机1台，22年，丽水安装105门交换机1台。

民国25年，缙云安装10门交换机1台。民国32年，大港头安装10门交换机2台，龙泉宏山装30门交换机1台，云和有30门、50门及小顺20门交换机各1台。民国34年，龙泉县城有长途交换机10门、安仁5门，查田30门。民国36年，丽水、龙泉各有50门交换机1台，缙云、云和、松阳各有20门交换机1台，庆元、景宁、遂昌、宣平、青田各有10门交换机1台。

1949年中华人民共和平国成立初，丽水长话、市话、农话合设1处，有50门磁石人工交换机1台，龙泉、云和各有20门交换机1台。1958年，长、农话与市话交换机分设，长、农话有交换机3台，容量70门，设座席3个。1962年，丽水、青田、云和、龙泉、缙云、遂昌设有磁石长途交换机，总容量180门。

1972年2月，丽水局长途电话交换设备由磁石改为共电交换机，有长途共电交换机4台，容量80门，设座席4个。同年，全区有磁石交换机5台100门。1980年后，长途电话机械设备不断更新，新设备逐步增加。1981年，丽水长途交换设备改用JT—2A共电式长途电话交换机，设座席8个。同年，全区有磁石长途交换机10台，总容量470门，其中共电交换机80门。

1988年11月19日，丽水长途人工交换设备迁至新建电信大楼，安装JT—14D共电式人工长途交换机，设长途接续台16个，记录台4个，班长台1个，同时设173立即接通无绳台2个，总容量483门，丽水地区合计总容量1303门。1990年，丽水局人工交换设备有共电长途交换机120门，中继器（包括长途线、市话线、记录线、专线）3架360回线，信号器1架，电源器1架、子母钟1套。全区有共电长途交换机810门，磁石长途交换机130门。同年，有长途自动交换机容量300路，长途对端设备容量384路。1992年，全区有长途人工交换机910门，其中共电式830门，磁石式80门。1998年3月20日，丽水地区人工长途台撤除，人工长途电话全部改由杭州人工长途台转接。

半自动、自动交换设备　1985年3月30日，丽水安装开通第1架DD14长途半自动对端设备。1987年4月25日，安装使用DD16全自动长途对端设备。9月1日，安装第2架DD14长途半自动对端设备，丽水长途电话进入全国长途电话自动交换网。1986年，全区各县局先后安装使用DD14长途半自动和DD16全自动对端设备。

1988年10月29日，丽水安装开通JT-801长途电话自动交换机，容量为300线，市话有权用户可与全国大中城市直拨通话。1990年，全区有长途自动交换机容量300路，长途对端设备容量384线。

1993年起，长途电话全部由数字程控所取代，进入全国自动网，其区号为丽水0578、缙云05881、青田05882、云和05883、庆元05884、龙泉05885、遂昌05886、松阳05887、景宁05888，丽水地区C4网建成。丽水为C3局，C3局辖C4局。1994年12月，地区局开通可视会议电话。1995年1月15日，丽水地区C3网开通，全区长途区号统一使用0578，取消各县长途区号，电话号码升为7位。9月，全区所有县市局同时开通可视会议电话。至2000年，全市长途电话交换机总容量18030路端，其中实占5120路端。长途数字终端复用设备总容量123390路，实占63840路。长途业务电路7810路。2003年，分三批完成交换、接入设备新建、扩容工程，新增交换设备8568线，扩容23646线；新增交换端口8568个，扩容33740个；新增接入设备4096线，扩容3872线。至2005年年底，全区有长途电话交换机容量17910路端，实占容量12420路端；2010年底，长途电话交换机容量24180路端，实占容量13206路端程控电话开通前，会议电话由汇接机汇接。

长话业务

丽水长途电话创办初期，仅办理普通长途电话业务。电路较少，业务量不多，丽水至杭州等地电路每天仅定时开放1小时直达通话。民国22年(1933)6月，交通部公布长途电话业务通则，长途电话分为普通电话、加急电话、传呼电话、预告电话等4种。通话时间单位分3分钟1次和5分钟1次两种。同年，各县均开办长途电话业务。民国24年6月，丽水开办夜讯电话业务。同年丽水长途电话平均每次通话时间4.92分钟。民国32年5月，长途电话种类分为防空电话、特约电话、定时电话、加急电话、紧急公务、紧急业务、寻常电话、寻常公务、寻常业务、夜间电话。6月，云和设中心局长途台。

民国34年(1945)10月，军政长官使用长途电话接续顺序表为28类。民国35年，开放特快电话业务，限时接通军政电话。新闻电话、加急电话限一小时内接通。民国36年3月，对加急电话守候1小时以上、寻常电话2小时以上仍未通话者，作免费退号办理。同年，交通部重订长途电话限时接通办法，A级军话限5分钟，B级军话限10分钟，特快电话限10分钟，C级军话限40分钟，直达加急商务电话限2小时，直达寻常电话限3小时。

1949年10月，执行电信总局暂行规定的业务种类，接续顺序分为10类，并规定接通时限要求。1950年4月，长途电话业务种类修正，增加加急公营企业电话、寻常公营企业电话。接通时限普遍缩短1小时。同年，丽水专区出口长话2.25万次。1958年5月1日，邮电部颁发新规定，新增特设军政专线电话、特种电话、特急业务电话；取消紧急防空电话、防空公务电话和特快电话。1960年，出口长话9.45万次。1978年3月1日，执行邮电部《长途电话业务规程》，新规定长话业务种类为8类，此外还有预约电话和会议电话两项特别业务。1979年5月，试行人工电话值机操作法，提高工作质量和接通率。1980年，全区出口长话48.03万次。1983年5月。全区试行《长途电话通信质量统计办法》，增加办理预约电话、预告电话和会议电话等特别业务。同年，丽水地区局会议电话业务量2570张。1986年8月，丽水开放长途电话立即接通业务(173)。11月，开放长途电话直拨有权用户业务，发展长途直拨有权用户71户。1988年4月9日，丽水电信营业处新增公众长途电话直拨业务。1990年，全区出口长途电话218.98万次，长途直拨有权用户1250户。1993年程控电话开通后，长途电话业务量激增。1995年，全区出口内地长途电话1420.85万次，国际电话7.92万次，中国港澳台地区电话1.19万次。2000年，全区出口内地长途电话增至2634.17万次，出口国际电话增至38.1万次，中国港澳台地区电话增至4.2万次。2005年，内地长途电话总通话量达到3394.02万次，国际及中国港澳台地区总通话量68.27万次。2010年，内地长途电话总通话量9728.5万分钟，国际及中国港澳台地区通话量113.34万分钟。

国际及中国港澳台地区电话

1977年11月起，丽水地区各县均办理国际长途电话业务。青田国际电话经温州至杭州国际台接转；其他各县均直接由杭州接转。1978年10月，华侨归国探亲访友逐渐增多，丽水、青田开放受理中国港澳地区同胞和华侨在参观访问及侨胞亲属居住地，可挂发国际及中国港、澳地区电话。1979年3月，可受理挂发中国台湾地区长途电话，经转路由为上海、北京至中国香港地区和上海、北京至东京接转。只开放普通叫号、叫人和传呼电话。其他业务暂不开放。

1983年10月，青田至杭州开通国际电话电路1路。1984年12月，根据邮电部调整国内报话业务种类及服务范围的要求，将国际电话在国内长途电路上接续顺序安排为国际遇险电话列入第二类；国际政务电话列入第四类，国际加急业务、加急私务电话列入第五类；国际业务私务电话列入第六类。1985 年，丽水地区国际及中国港澳地区电话去话 2961 次，来话 293 次。1989 年 5 月 18 日，青田开通国际电话直拨业务。1990 年 9 月 25 日，丽水电信营业处开通国际电话直拨业务。同年，全区国际及中国港澳地区电话去话 26657 次。

程控电话开通后，国际及中国港、澳、台地区电话激增。1995 年，国际去话 79232 次，中国港澳台地区 11946 次；通话时长国际 44022519 分钟，中国港澳台地区 39596 分钟。2000 年，国际去话 380973 次，中国港澳台地区 42187 次，通话时长国际 36012963 分钟，中国港澳台地区 115524 分钟。随着各种增值业务的开办以及通信手段的多样化，传统长话业务初现分流，至 2005 年，国际去话 628922 次，中国港澳台地区 53820 次；通话时长国际 1843283 分钟，中国港澳台地区 151361 分钟。2010 年，传统国际去话通话时长 1021178 分钟，中国港澳台地区去话通话时长 104334 分钟。

城市电话

市话线路 民国时期，丽水全区除丽水、龙泉、云和、缙云设有城镇电话外，其他各县均无专门的市内电话系统，市话机线设备数量少，质量差。

抗日战争期间，省级单位大举内迁云和、龙泉等地。民国 32 年（1943），云和采取明线、胶皮线混合以及架空电缆交替的方式接续，给国民党浙江省主席安装专线电话。民国 33 年，云和有架空明线 10.92 对千米，架空电缆 1 皮长千米，市话杆路 274 根；龙泉有架空明线 11.28 杆千米，97.68 条千米；架空电缆 0.05 皮长千米。民国 34 年（1945），民国浙江省政府机关回迁，龙泉市话亦迅速萎缩。

1949 年，丽水专区仅有市话线路 4 杆千米，架空明线 49 对千米，架空电缆 0.49 皮长千米。1956 年三季度，遂昌首次架设市话电缆 50 对和 30 对各 290 米；龙泉架设电缆 1.6 皮长千米。1958 年 8 月 15 日，丽水首次架设市话电缆，从大众街出局至三坊口架设电缆 1.4 皮长千米。同年，丽水专区话线路有 9 杆千米，36 对千米。1960 年 11 月，缙云架设市话电缆计 200 对 0.77 皮长千米。

20 世纪 50—70 年代初，丽水地区市话线路建设缓慢。1960 年，建成 52.5 杆千米，架空明线 191 对千米，架空电缆 6.3 皮长千米。1970 年，建成 130 杆千米，架空明线 394 对千米，市话电缆 27.1 皮长千米。

1971 年 7 月，丽水地区本级市话线路从大众街出局至三坊口埋设 6 孔地下电缆管道 447 米。1972 年 1 月，配套安装自动电话线路，调整扩容市话线路，扩充总配线架出局地下管道 12 孔 20 米，出局电缆 1450 对，形成三个配线区，经城东路至地委方向以 280 对电缆出局（一条 80 对，一条 200 对）；走大众街方向以 700 对电缆出局（一条 200 对，两条 100 对，一条 300 对）；走红旗街（继光街）方向以 450 对电缆出局（两条 200 对，一条 50 对）。1980 年，市话装机用户激增，出局地下管道增加为 18 孔，市话电缆总长度 33.5 皮长千米，线路 63 杆千米，238 对千米。同年，在用户线上使用 1+1 线路载波机，解决用户装机线对不足的困难。1982 年 6 月，埋设解放街四牌楼至中山街地下管道。1985 年 5 月，延伸至括苍路文艺会堂。1986 年 5 月，括苍路经灯塔街至城东路地下电缆管道建成。1988 年，大洋路地下管道和大洋路中段至城东路菜场地下管道建成，丽水市（县级）主要街道的市话线路引入地下。同年，丽水本级（县级）市话线路达到 65 杆千米，市话电缆长度 56 皮长千米，其中地下管道电缆 6.3 皮长千米，管道长度 25.47 孔千米；全区市话杆路 197 杆千米，市话电缆 235.5 皮长千米。

1989 年，丽水地区市话线路扩容，建成大洋路南段地下电缆管道。1990 年 2 月，布放地下电缆 1.78 皮长千米，架空电缆 2.82 皮长千米。3 月，敷设中山街北段地下管道 9.95 孔千米。5 月，架设解放街、中山街、灯塔街西段、三岩寺、灯塔住宅小区、丽阳路、丽青路、海潮方向地下电缆 4.1 皮长千米；架空电缆 8.43 皮长千米，市话出局电缆从 3000 对扩容到 5000 对。1990 年，全区有市内电话杆路 214 杆千米，电缆长度 272.5 皮长千米，其中地下电缆 34.1 皮长千米。实际使用的长市中继线 1277 对，1+1 环路载波机 43 部。1995 年，全区有市话电缆 795.7 皮长千米。

20 世纪 90 年代后期，光纤电缆逐步运用于市话通信。2000 年，丽水市有市话电缆 2375 皮长千米，本地中继光缆 1971 皮长千米，纤芯长度 15718 芯千米，出局用户线对 274730 对，中继电路 33476 路。2005 年，主干电缆长度 4278 皮长千米，641690 对千米。本地中继光缆长度增加到 4672 皮长千米，本地中继光缆纤芯长度 42335 芯千米，本地管道孔长度 2296 孔千米。2010 年，光纤到户建设成为市话网络建设的重点。在三网融合的背景下，各分公司迅速扩大 FTTH（Fiber To The Home）——光纤到户在城市的网络覆盖。

市话交换设备 民国 22 年（1933）10 月，浙江省电话局筹设城镇电话[①]，丽水安装 105 门交换机，实装 48 门。民国 25 年，龙泉有长、市合一 20 门交换机 1 台，实装 10 门，缙云设 10 门长、市合一交换机 1 台，实装 5 门。

民国 26 年（1937）12 月 24 日，杭州失守，浙江省会机关及商号纷纷撤迁丽水，丽水城内电话相应发展。民国 28 年 2 月，丽水市内电话有 100 门磁石交换机 4 部，总容量 400 门。龙泉交换机由 100 门增加到 300 门，话务员增加到 10 人。民国 31 年 9 月，云和安装西门子 100 门交换机 1 台，电话用户 67 户。6 月 24 日，日本侵略军侵犯丽水，市话交换室连同 400 门交换机被毁。9 月，电话交换室改租陈诚街[②]复业，安装 20 门磁石交换机。民国 32 年，龙泉城区宏山设临时交换机 30 门 1 台。民国 33 年，龙泉交换机容量 100 门、云和 105 门。云和除电话局的交换机外，尚有省级机关及企业单位小总机 5 台 70 门。

1945 年，抗日战争胜利后，省会机关单位回迁杭州，市话用户锐减。1949 年，丽水全区有市话交换机 7 部，总容量 170 门。

1949 年，中华人民共和国立初，市话交换设备均为人工磁石交换机。1960 年，丽水各县市话交换机总容量 810 门，用户话机 718 部。1970 年，市话交换机容量扩容至 1600 门，用户电话机 1569 部。

1972 年 2 月，丽水市区首先实现市内电话交换自动化，市内电话由人工磁石电话改为自动电话，安装开通 HJ905 型纵横制 400 门自动电话交换机，拆除 400 门人工磁石交换机。1975 年 11 月，丽水再安装 HJ905 型纵横制自动电话交换机 400 门，装机容量扩大为 800 门。

1978 年 4 月 26 日，云和安装 HJ905 纵横制自动交换机 400 门 1 台。10 月 1 日，龙泉安装 HJ905 纵横制自动交换机 600 门。1979 年 11 月，临时在城东路设市内电话分局，安装 551 型复式共电人工交换机 140 门 1 部，缓解丽水市区市话紧张状况。1980 年 9 月又加装 1 部，280 门。

20 世纪 80 年代初，丽水地区市内电话不能适应经济发展和社会各界需求的情况更为突出。

① 2010 年改称市内电话。

② 1951 年改称解放街。

1982年1月，丽水安装开通HJ921型纵横制2000门自动电话交换机，原1080门旧设备拆除；缙云开通HJ905型纵横制自动交换机800门。1983年11月19日，遂昌安装HJ905型纵横制自动交换机1000门。1985年，全区市话自动交换机总容量5400门。1987年9月26日，松阳安装纵横制HJ921型自动交换机2000门；10月10日，青田安装纵横制HJ921型自动交换机2000门。1988年11月，丽水府前路新电信大楼安装纵横制HJ921A型3000门自动电话交换机，原旧机房2000门自动机停止使用。1989年11月25日，景宁安装纵横制HJ921型自动交换机2000门，全区市话交换实现自动化。1990年7月10日，丽水地区市话继续扩容，在新电信大楼机房拆迁安装停用的2000门，与3000门并网开通使用，使区内电话总容量达到5000门。同年，全区有市话自动交换点9处，市话交换机总容量25160门，其中自动交换机23600门，电人工交换机760门，磁石人工交换机800门，实装容量16944门（自动），市话电话机19819部，市话普及率每百人7.2部。1992年4月26日，青田邮电局率先开通程控电话5000门。12月12日，丽水开通程控电话5000门。1993年，全区各县相继开通程控电话，实现交换程控化、传输光缆化。同年，全区市话交换机总容量49960门。2000年，全市有市话交换机总容量342860门，实占251375门。2005年，本地交换设备总容量805252门，其中局用交换机容量489860门。2010年，本地交换设备总容量813266门，其中局用交换机容量477876门。

用户交换机　1963年4月，丽水专署复设，军分区和专署设置专用交换机。1979年开始，机关单位和大中型企业装设用户交换机逐渐增多。1980年，丽水、云和、龙泉、缙云、遂昌计有用户交换机830门。1990年，丽水地区有市话用户交换机2050门，其中自动交换机490门，用户交换机中继线167对。2000年，用户交换机总容量14921门，接入用户交换机的话机8148部。2005年，丽水市用户交换机总容量降为1271门。之后，用户交换机逐渐被虚拟网所取代。

市话业务　城市电话开办之初，用户甚少。民国25年（1936），丽水有用户48户，其中机关军政14户，商号、银行、工厂等22户，住宅4户，其他8户；龙泉有用户10户，其中军政机关6户，住宅1户，其他行业3户；云和只有用户3户，军政、住宅、其他各1户；缙云5户。同年，丽水专区各县亦开办城市专机电话业务，专机用户有龙泉6户，丽水、庆元各2户，遂昌、松阳、云和、景宁各1户。

民国32年（1943），根据省电政管理局“丽水城区专线不足10户接入城内收费处，20门总机不作市内电话处理”查验决定，浙区仅云、龙二地各六七十户，系按市内电话章程办理由省电政管理局管理。1945年，抗战胜利后，省、市机关单位回迁杭州，市话用户锐减。1948年，丽水有专线用户25户，1949年，接入市话交换机的电话机93部，计费用户58户。

1949年10月，中华人民共和国建立初，丽水市内电话业务量较少，市话用户发展较慢。1949年，丽水全区市话用户66户。1960年，711户。1970年1349户，其中计费用户1245户。

1972年2月，丽水开通自动电话，其时电话号码为三位数，同时设特种业务电话号码。1981年，丽水市内电话特种业务仅开放“112”障碍受理台，“113”长途电话挂号台，“114”市内电话查号台，“116”长途（农村）电话查询台，“119”火警电话。1982年1月，丽水市内电话号码升位为四位数。1986年8月，增设“173”长途电话立即接续台。1987年4月，电话号码升位为五位数，1988年增设“120”，为丽水急救中心电话。

1988年3月，丽水地区执行邮电部新《市内电话业务规程》，市内电话业务分普通电话、电话副机及附件、同线电话、合用电话、用户交换机、分机、中继线、普通专线、临时电话和专线、公用电话、无绳电话、复用设备、租杆挂线、租用管道、代维设备和程控电话新服务项目等种类16个。

1990年，丽水地区电话用户16787户，其中计费用户16137户，住宅电话5732户，累计待装用户647户。开通程控电话后，电话用户激增。1995年，全区电话用户有71507户，其中住宅电话用户51947户，增长近10倍。全区有公用电话1606部。2000年，全市有城市电话用户165377户，其中住宅电话130644户。2005年，全市有本地电话用户611219户，住宅用户352243户，其中城市住宅电话用户147641户。2010年，全市本地电话用户降至473922户，住宅用户293789户，其中城市住宅用户149569户。

2002年3月，丽水市本地网投入运行新特服号码“1000”号。该系统将原各专业特服单位“112”“114”“189”“170”等功能进行整合、归并，统一纳入客户服务中心管理。2003年9月1日，“1000”号客服热线升级为“10000”号。2010年7月，省公司改变各市分公司分散管理方式，集中运营“10000”号，将区域中心设点为杭州、台州、丽水。丽水的“10000”号服务覆盖到浙江省大部分地区，区域中心设坐席340个，招员500人，承接嘉兴、绍兴、金华、舟山、衢州和丽水的话务。

农村电话

农话线路 民国21年(1932)12月，浙江省建设厅饬督各县政府筹办乡村电话。民国20年，龙泉县乡村电话线路开始架设。民国22年，龙泉至道太、安仁、查田、小梅、八都线，丽水至碧湖、岩泉、大港头、太平、南明山和碧湖至沙溪线相继架通。民国23年，庆元至江根、竹口线架通。民国25年，农村电话线路架通丽水至太平、岩泉、南明山、沙溪、松坑口、碧湖、大港头线；云和经贵溪后山、重河、垟背、竹园山、三望栏至崇头线；松阳至古市线；遂昌至金岸、大柘线；景宁至外舍、东坑线；龙泉至道太、安仁、查田、小梅、八都线；庆元至荷地、八都、江根、竹口线。民国26年，缙云至胪膛、壶镇、大�、新建、舒洪及壶镇至大皿、新建至夏家畈、丹址鱼仓、舒洪至小章、石笕、前村线建成。民国27年，云和至崇头、赤石、小顺线建成。民国28年，农村电话网四通八达，基本满足浙江省抗战后方的通信需要。丽水延伸至龙庙、柿树垟陈村、陈山坳接青田贞巷；缙云延伸至章村、胡村、堰头、严溪；龙泉延伸至周山头、蛟垟、黄庄桥、东书、花桥、束畲、锦旦、住溪、五都楼；景宁经外舍至云和、由北溪经东坑上标达泰顺；由大均梧桐而至沙溪、由北溪经梅歧至青田、经外舍、金钟、渤海至小顺；遂昌北界、新路湾、金岸、大柘、王村口接上定、石练、湖山接中淤通衢县接通金楼、里高二乡；青田至玉岩、岭根、南田、西坑、鳌重、王宅、雅美，港头、港口、二外、山口、方山、四外、四内、吴岸，章旦、阜山。

民国34年(1945)，抗日战争胜利后，丽水大部分乡村电话经费入不敷出，杆路无力维修，木杆腐烂，铁线锈蚀严重，部分杆路被毁，音质音量很差。1949年5月，全区农话线路仅有331对千米，且质量差，仅有少数乡村电话能勉强维持通话。

1949年10月中华人民共和国成立后，丽水县政府设立电话所。1951年2月，浙江省局工程队到丽水协助架设雅溪区乡村电话线路，整修丽水至碧湖、大港头、雅溪农村电话线路。1953年，龙泉至吴岱、松阳至石仓、青田至北山、缙云舒洪至小章、前村线架通。1954年，庆元荷地至江根、新村；云和至云东；景宁至渤海、大顺、沙湾至英川、珊溪线架通。

1955年，丽水各县都规划架设覆盖全县的农话网，配合农业合作化高潮。同年，全区农话杆路735杆千米，农话线路1142对千米。

1956年12月，丽水至丽东、富岭、杉树坑、双黄，曳岭至丽新线路架通。同年，丽水县邮电局与县广播站共同组织施工队，架设 101.74 杆千米电话线；龙泉八都至瀑云、山溪、塘上至溪头、至南窖、查田至半边月、至大梅、小梅、均溪、均山、横坑头、后岭至桐山、大赛、县城至大沙、秋畈、秦溪漠线架通。1957 年，丽水碧湖至高溪、平原、龙江线；龙泉至剑湖、兰巨、新民、双平、茶丰、龙南、凤鸣、岱垟、坪田等线架通。1958 年 12 月，丽水至曳岭新架 3 毫米径铁线一对，18.13 杆千米。同年，全区农话杆路 2506 杆千米，线路 2808 对千米，基本实现乡乡通电话的目标。

1962 年 7 月，庞山至郑地、丰源线路架通。1965 年 3 月，丽水至碧湖杆路架通。1972 年，丽水农村电话出局线开始使用电缆。1973 年，丽水至丽东架设电缆 4 皮长千米。1979 年 6 月，雅溪至雅一电站线路架通。1980 年，全区有农话杆路 2768 杆千米，架空明线 9870 对千米，架空电缆 63.8 皮长千米。

1982 年，缙云至仙都、长坑、雁门、栝苍、前路，云和至紧水滩，龙泉至龙南线路架通。1983 年，丽水至金村线路架通。

1985 年 10 月，丽水至碧湖线路架通 7/1.8 毫米径钢芯铝绞线一对、18 杆千米。1987 年 6 月，丽水至云和 4 毫米径铁线长途线改为丽水至大港头和云和至大港头，归农话使用，1990 年 11 月，丽水至雅溪架设 7/1 毫米径钢芯铝绞线一对，23 杆千米。

1990 年，丽水地区农村电话线路杆路总长度 5663 杆千米，其中邮电局经营 2768 杆千米，乡镇村经营 1500 杆千米，联营 1359 杆千米；明线线路总长度 10637 对千米，其中邮电局经营 6759 对千米，乡镇村经营 2065 对千米，各种联营 1751 对千米，私人经营 30 对千米，其他经营 32 对千米；农话电缆总长度 220.9 皮长千米，其中邮电局经营 201.9 皮长千米，乡镇村经营 9.9 皮长千米，各种联营 8.4 皮长千米，其他经营 0.7 皮长千米。1998 年，邮电分营后，全区农村电话明线线路 1902 对千米，电话电缆长度 4330.9 皮长千米；本地中继光缆 1490.9 皮长千米，纤芯长度 8096.2 芯千米，接入光缆 615 皮长千米。2000 年，丽水市地方国有中继光缆线路 1789 千米，光缆长度 1897 皮长千米，纤芯长度 14531 芯千米；接入光缆线路长度 712 千米，接入光缆长度 746 皮长千米，纤芯长度 3778 芯千米。其后，由于光纤网的不断完善壮大，不再有单独的农村通信线路系统。

农话交换设备　民国 20 年（1931），丽水地区各县始建乡村电话，其形式大多在农村安一电话机与县城直接通话，少有在农村设交换机者。民国 28 年，云和小顺安装 20 门交换机 1 部，碧湖设临时电话支局，安装 10 门磁石交换机 1 部。民国 33 年，云和局村、赤石各安装 10 门交换机 1 部，丽水碧湖增设 10 门交换机 1 部。民国 34 年，抗战胜利后，农村电话业务萎缩。1949 年，中华人民共和国成立初，农村电话业务凋零，机线设备失修，形同虚设。

1951 年 8 月，大港头安装 8 门磁石交换机 1 部。1952 年 10 月，碧湖安装 20 门磁石交换机 1 部，后又加装 12 门 1 部。1953 年，缙云壶镇有私营电话公司，设有 10 门交换机 1 台；龙泉吴岱安装 5 门交换机 1 台。1954 年 4 月，碧湖改装 30 门磁石交换机，原 12 门和 20 门交换机拆除。1955 年，丽水全区有农话交换机 19 部 317 门。

1956 年 5 月，丽水雅溪、黄村，龙泉安仁、道太、八都、后岭，缙云前村，云和梅源、赤石、庞山，遂昌社后、新路湾等分别安装 20 门磁石交换机；碧湖安装 100 门、丽东 60 门交换机。1957 年，根据广播站利用邮电局农村电话线路开放有线广播的要求，邮电局在机房装置广播电话双刀双端倒换闸刀，在广播时间内关闭电话功能供广播使用。1958 年，丽水各县部分公社开始设交换机，开办乡村电话交换所，适应农业“大跃进”和“人民公社化”通信需要。同年，全区农话交换机总数增至 74 部

1603门。农村电话以前仅靠实线传输，1959年后逐步采用单路、多路载波设备传输。1960年，交换机227部，总容量4711门。

1973年8月，雅溪安装100门磁石交换机。1970年，丽水地区农村电话交换机217部，总容量5516门。1980年，曳岭安装50门磁石交换机。同年，全区农村电话交换机277台，总容量9131门。

1981年，丽水农话台改用JT2A型共电长途接续台6个座席。1982年3月，碧湖安装551型复式共电人工交换机2台240门。1986年6月，丽水农村电话安装使用NDD01型半自动对端设备。1988年2月，大港头安装100门磁石交换机。1989年5月，龙泉八都支局与县局联网，开通500门自动电话，成为丽水地区第一个开通自动电话的农村支局。1989年12月，青田温溪支局开通HZ4001型1000门自动电话与县局联网。

1990年，丽水地区农村电话交换机总容量18980门，实占容量8144门，其中有自动交换机3500门，全部为邮电局经营；有电话机7679部，其中接入邮电局交换机上的3975部，接在用户交换机上的707部；用户交换机总容量1780门，实占749门，用户交换机中继线59对。全区有电话待装户121户。

1993年程控电话开通后，全部采用数字传输，载波设备关闭。1994年，丽水地区各邮电支局多采用远端模块技术相继开通程控电话。1995年，全区农村电话交换机总容量达51278门，其中数字程控47748门，实占23967门。2000年，交换机总容量147676门，实占102076门。农村电话交换全部由母局完成，不再设农村电话交换机。

农村电话业务　民国时期，农村电话没有独立的业务系统。中华人民共和国成立后，按不同服务对象和服务性质，规定其业务种类。乡村电话建立初期，无完善之规章，业务量亦甚少。据统计，1957年，丽水各县农话去话18.6万次，1960年增至209.9万次。1962年12月，《浙江省农村电话使用规则》规定农村电话业务种类为8类，与长途电话无大差别；用户种类分甲、乙两种。1965年，去话124.83万次。1970年，124.71万次。1975年，134.63万次。

1980年12月，执行《浙江省农村电话业务规程实施细则》，通话分为代号电话、特种电话、紧急调度电话、首长电话、军政电话、普通电话6种。同年，农话去话255.41万次。

1981年8月，雅溪区公社以下电话交换点实行联营。1982年7月，丽水公社以下电话交换点实行全县联营，成立丽水县社办电话联营站，实行独立核算，自负盈亏，由区、乡政府直接管理，县邮电局业务指导。遂昌、龙泉、云和、缙云、景宁等县也相继建立乡办电话联营站。1985年，去话295.23万次。

1985年11月、1986年11月和1987年12月，省局鼓励发展农村乡（镇）代办电话交换点，先后三次对丽水、云和、松阳、青田、缙云、庆元、遂昌、景宁等县新建农村电话交换点给予经费补助，共计人民币9.7万元。

1986年8月，丽水地区执行邮电部《农村电话业务规程》，区内电话用户分甲、乙两种；区间电话按照不同服务对象和业务性质、业务种类分为代号电话、特种电话、紧急调度电话、政务电话、普通电话、业务电话。农村区间电话排列顺序分六类，并规定长途电话在农村电话电路上接续时，挂号时间相同的应提前在同类农村电话之间接续。1990年，全区农村电话通话张数423.89万张，其中计费402.18万张，有效接通率97.49%，年末达到户数3857户。程控电话开通后，1995年，通话量1790.57万次，其中计费1691.22万次；年末达到户数23809户，其中住宅电话用户17363户，公用电话 289 部。2000 年，本地网通话量 11715.6 万次；期末达到户数 118171 户，其中住宅电话用户 106039 户。2005 年 11 月，完成全市未通电话行政村 257 个的通信建设，实现全市所有行政村都通程控固定电话。同年底，全市通固定电话行政村 3477 个；乡村住宅电话用户达到 204602 户。随着通信手段的多样化，固定电话始现下降趋势，2010 年，通固定电话行政村 3453 个，乡村住宅电话用户 144220 户。

移动电话

1992 年，丽水地区启动移动电话建设。1993 年 12 月，全区邮电局同时开通移动电话。初期建成 900 兆模拟蜂窝移动交换机容量 8000 户，基站 10 个，信道 110 个。由于建设初期移动成本高，个人手持机费用昂贵，每只需 3 万元左右，首批用户仅 187 户，时称"大哥大"，一时成为身份的象征。1995 年 6 月，地区邮电局成立移动分局，同年期末移动用户增至 5335 户。1997 年年末，全区有移动用户 16283 户，其中数字移动电话用户 5430 户，移动电话普及率 0.66 部/百人。

1997 年 10 月 1 日起，浙江省邮电管理局决定全省移动业务及从事移动业务的工作人员全部从邮电局剥离出去，划归省移动通信部门领导和管理，移动公司与邮电局在财务上彻底分离，实行独立核算。丽水地区邮电系统不再经营移动业务。

2008 年 9 月，中国电信并购中国联通 CDMA（Code-Divisio Multiple Access）网的移动业务成功，电信部门重新经营移动业务。10 月 1 日，中国电信正式承接 C 网业务，丽水市各电信分公司营业厅迎来首批移动用户。2009 年 3 月，电信移动天翼 3G 正式运行。2010 年，全市有 C 网移动用户 209572 户，其中天翼 3G 用户 20830 户。

第四章　电信设施

电信设施主要有有线传输、无线传输和网络三部分。有线传输网络主要有 PDH、SDH、DWDM 以及后续发展的 IPRAN 网络等。PDH1 称为"准同步数字序列"，一种早期的通信传输制式。民国 9 年（1920），丽水就架设电报线路，设立电报局进行电报业务。民国 17 年，丽水开始长途电话业务，至 1998 年，全区有电话线路 2922 路。民国 22 年，丽水开设城镇电话（即市内电话）。1951 年，丽水有长话载波设备设备、人工交换设备，1985 年 3 月，开通 DD14 长途半自动对端设备，1986 年，安装使用 DD16 全自动对端设备。1990 年，开通丽水会议电话设备及国际及中国港澳台地区电话。

SDH2"同步数据序列"是在 PDH 的基础上发展起来的一种数字传输技术体制。SDH 方式能够提供高速率的传输通道，兼容两种不同的 PDH 标准，采用统一的传输速率标准，易于网络的互连互通。在 SDH 帧结构中，具有丰富的监控和管理比特，提供网络管理功能。密集型光波复用（DWDM3）是能组合一组光波长用一根光纤进行传送。这是一项用来在现有的光纤骨干网上提高带宽的激光技术。1993 年，丽水地区电信公司就投资建成诺基亚设备为主的 PDH 网络，成为 2M 到 34M 的传输通道。

无线传输(Wireless transmission)是指利用无线技术进行数据传输的一种方式。分为模拟微波传输和数字微波传输。网络则包括电信线路工程、网络建设和网络服务。因特网、宽带、互联网、城域网是网络建设的重要内容。电子政务、电子商务、国际互联网是网络服务的重要内容。2001 年，省公司先后批复丽水、青田、缙云、云和、龙泉、庆元、遂昌、松阳、景宁畲族自治县无线市话工程并开始实施。

第一节 有线传输

有线传输网络主要有 PDH①、SDH②、DWDM③以及后续发展的 IPRAN 网络等。1993 年，丽水地区电信投资建成诺基亚设备为主的 PDH 网络，连通市本级及 8 个县市重要机房网络，提供从 2M 到 34M 的传输通道。

1997 年，丽水地区电信采用爱立信 SDH 设备建成第一张 C3 网络，市本级城东机房、城中机房以及 8 县市机房，采用 SNCP 保护，环一由丽水城中、丽水城东、云和、庆元，景宁和龙泉 2 个中继站组成；环二由丽水城中、丽水城东、缙云和青田组成；环三由丽水城中、丽水城东、松阳、松阳城东和遂昌组成。这张网主要是以 2Mb/s 电路为主，兼有一些 155Mb/s 电接口为辅，2M 电路总数 1948 条。

1999 年，丽水地区电信投资 1486 万元建设全市 SDH C4 网络，全市大部分乡镇部分华为 SDH 设备，汇聚层为 2.5G 环网，共计 14 个 2.5G 环，大大小小的 155 环有 100 多个，70%的网元都成环形成保护。环网采用 SNCP 保护方式，可提供 2M 电路 4000 多条。

2004 年，采用中兴 10G MSTP 设备组网第二平面 C3 网络，分东环和西环，东环是由丽水城中、丽水城东、缙云和青田组成的二纤双向复用段保护的、具有 MSTP 功能的 10G 环；西环由丽水城中、丽水城东、云和、龙泉、遂昌和松阳组成的四纤双向复用段保护的、具有 MSTP 功能的 10G 环，同时在龙泉和云和分别带有庆元和景宁的 2 个二纤双向复用段保护的、具有 MSTP 功能的 2.5G 环。东环和西环通过一台 S390 设备连接起来，方便东环和西环间通信。中兴网主要开放 155Mb/s、FE 和 GE 等大颗粒为主的业务，同时也开放 2Mb/s 电路以分担爱立信网的业务，以防止网络瘫痪。

2006 年，丽水电信采用华为公司 OSN 9500、OSN 7500 和 OSN 3500 等 SDH 设备组建第三平面 C3 网络，由三个环组成，环一由丽水城中、丽水城东、龙泉和云和组成二纤复用段 10G 环，同时在龙泉带有庆元二纤复用段 10G 环，在云和带有景宁二纤复用段 10G 环。环二由丽水城中、丽水城东、缙云和青田组成二纤复用段10G 环，环三由丽水城中、丽水城东、松阳和遂昌组成二纤复用段 10G 环。设备配置：丽水城中、城东 OSN9500 这张网主要开放 155Mb/s 等大颗粒数据业务，且留有升级空间，为日后更高业务需求留有余地。

2008 年，丽水电信收购 CDMA 网络，自己组建 C 网传输网，采用中兴 ZXMP S385 和 ZXMP S330

① PDH：Plesiochronous Digital Hierarchy 的简称。

② SDH：Synchronous Digital Hierarchy 的简称。

③ DWDM：Dense Wavelength Division Multiplexing 的简称。

设备组成汇聚层，采用ZXMP S200设备作为基站业务传输接入设备。丽水市组建2.5G环19个，接入1200多个CDMA基站业务。

2009年，丽水电信采用华为公司OSN 8800和OSN6800设备组建第一个波分OTN平面，系统容量为40×10G。丽水城东、丽水城中、缙云和青田组成链状网，采用光线路保护（OLP）方式组网；丽水城东、丽水城中、松阳、遂昌、龙泉、云和组成环网，波分光路也采用OLP保护，其中龙泉和云和分别带庆元和景宁，光路OLP保护。提供any、GE、2.5G、10G和10GE等多种类型的业务接入能力。

第二节　无线传输

丽水2000—2005年间，因村村通工程新建数字，微波通信设备12套承载部分大灵通基站业务。

2001年3月14日，省公司批复丽水、青田、缙云无线市话工程可行性研究报告，作为省内西部经济发展一般地区、中小城市无线市话工程项目的试点定位于固定电话网的补充和延伸。建设规模投资无线端口约524个，无线端口控制器27个、容量2.8万线，投资3026万元。2001年年初进行施工安装，同年6月开通投产。同时批复云和、龙泉、庆元、遂昌、松阳、景宁畲族自治县无线市话工程可行性研究报告。投资无线端口约501个、无线端口控制器28个、容量2.5万线，总投资2936万元。同年，丽水电信开始建设PHS（小灵通无线市话）网络，首期站点约500个，主要覆盖各县市城区，标志着丽水电信从传统的固话业务提供商开始向移动业务提供商发展。到2003年，丽水PHS网络站点1200个，丽水电信开始PHS网络朗讯基站换网工作。到2005年，共三期替换工程，丽水PHS网络成功完成替换任务，所有PHS基站更换为UT斯达康站点，同年进行核心网改造工程，PHS网络成功演进为iPAS网络。丽水电信的小灵通网络初步具备3G网络的功能，能提供128K上网业务，当时称iPAS网络为2.5G网络。

2007年，iPAS网络从建网初期的500个站点发展到3000多个站点，出账用户数13万，网络覆盖大部分重要乡镇，着手高速、国省道网络的建设工作。2007年后，由于国家有3G网络发展规划，各通信运营商都着手3G网络的筹备工作，小灵通网络发展告一段落。

2008年，中国电信获工信部颁发的全业务运营牌照，同年，中国电信斥巨资收购联通CDMA网络，标志着中国电信正式进入全业务运营时代。2009年，在中国电信完成CDMA网络资产普查和网络交接之后，随即开展CDMA网络的升级和扩容工作。通过对核心网络的升级，电信EVDO网络下载速率从153.6Kbps提升到3.1Mbps，CDMA网络特有的安全性能，电信移动网络用户发展迅速。

第三节　网　　络

电信线路工程

丽水地区SDH传输网建设工程由设备和线路工程两部分组成。工程决算2532.4万元，其中设备投资1486万元，线路投资1046.4万元。1996年12月，线路工程开始施工，1997年4月竣工。1997

年，实施“村村通电话”项目。1998 年 3 月，设备工程开始施工，1998 年 6 月，全部竣工。1999 年 6 月，通过终验正式投入运行。丽水设备投资 660.32 万元，线路投资 96.92 万元。青田设备投资 96.77 万元，线路投资 63.83 万元。云和设备投资 164.5 万元，线路投资 118.97 万元。龙泉设备投资 96.13 万元，线路投资 83.69 万元。庆元设备投资 101.07 万元，线路投资 129.32 万元。缙云设备投资 87.82 元，线路投资 85.56 万元。遂昌设备投资 92.12 万元，线路投资 286.31 万元。松阳设备投资 92.12 万元。景宁设备投资 95.15 万元，线路投资 181.81 万元。

1999 年 1 月 28 日，丽水地区电信局第二电信枢纽楼工程初步设计在丽水进行会审并经省局批准。建筑面积 23420 平方米，其中电信枢纽楼地上 15 层，地下 1 层 16 层 16400 平方米，调度中心 7030 平方米。工程概算投资 8500 万元。2000 年 3 月 22 日，丽水第二电信枢纽楼土建工程签订合同，由浙江省第三建筑总公司承建。2002 年 1 月，丽水新电信大楼营业厅开业。

1999 年 12 月 20 日，沪金南穗光缆干线浙江段设备安装工程竣工。是邮电部“九五”计划重点建设项目之一，也是浙江省重点工程。本工程省内干线全程装一个 2.5Gb/s 系统，在杭州、绍兴、金华、丽水设置分路站，温州为支线终端站，其余为中继站。

2000 年 9 月 19 日，丽水地区国防通信工程（即缙云等五段埋设光缆工程）验收会议在丽水举行。该工程由丽水市电信分公司和丽水军分区合作建设，全长 256.18 千米，经过丽水、松阳、遂昌、缙云、龙泉、庆元、云和、景宁等县市，总投资 2800 万元。1999 年 11 月 17 日开工，2000 年 4 月 14 日竣工，历时 5 个月。国防通信网工程的实施完成，使丽水市的中继光纤网形成由丽水至各县（市）直埋光缆为第一路由，以农话架空光缆为第二路由的网状网。丽水、缙云、云和、龙泉 4 县（市）的主干层光纤网初步形成。全市光纤物理网总投入 3075 万元，铺设 G652 光缆 970 皮长千米、22943 纤芯千米。

2001 年，丽水市基本完成电信建设项目 160 项，投资 2.88 亿元，本地网建设投资 1.19 亿元，占总投资的 27.5%。2001—2003 年，完成丽水市政府网工程一期单位联网。2004 年，同市政府正式签订全面联网协议。2005 年，建成“中国丽水”门户网站 1 个，县（市、区）副网站 9 个和部门子网站 67 个。政务信息报送系统维护工作正常有序进行，实现省、市、县三级政府信息传输通畅、便捷、高速。

2005 年 11 月 15 日，丽水电信完成全市通信建设的未通电话行政村 257 个，实现全市所有行政村都通程控固定电话。完成全市村村通电话工程，为推动丽水市农村通信发展作出长期而卓有成效的努力。

2010 年，根据省公司“10000”号集中运营专题会议精神，杭州、台州、丽水三地为“10000”号区域中心集中点。10 月，完成丽水分公司系统预言及上线割接。

因特网及宽带

1995 年 6 月 28 日，丽水 Chinanet（中国公众计算机互联网）业务开通，DDN 网用省内电路 90 路、分组交换网用省内电路 1 路。同年年底，有分组交换用户 16 户，业务量 1125 千字段。1997 年 5 月，开通 lnternet（国际互联网），建成“163”网、“169”网接入点，用户可直接拨打“163”、“169”特服号访问 lnternet 和 Chinanet 多媒体信息网，同时向公众开放宽带和窄带业务。1999 年，电信宽带 ADSL①正

① ADSL：Asymmetric Digital Subscriber Line 的简称，指非对称数字用户环路。

式商用。

至 2000 年，IP[①]网端口总数 1630 个、中继电路总带宽 21.55Mbps；宽带业务网端口总数 72 个、中继电路总带宽 155Mbps。丽水市有因特网拨号注册用户 10428 户，非注册用户 10895 户，专线用户 42 户。互联网迅速发展，至 2005 年，互联网窄带接入用户 31429 户、宽带接入用户 70561 户，其中住宅用户 54693 户，办公用户 4738 户，网吧 61 户。宽带接入 ADSL 端口容量 76625 个，DSL[②]端口容量 3208 个，LAN[③]用户端口容量 9099 个；本地 2Mbps 传输端口 21654 个，本地 155Mbps 传输端口 80 个，帧中继/ATM 网端口容量 100 个，互联网拨号服务器/VPDN 64K 折算端口 7812 个，互联网路由器专线 64K 折算端口 8896 个，互联网拨号服务器/VADN 端口 7652 个。局域网同城高速互联端口 275 个，其中 10M 端口 255 个，100M 端口 8 个，其他速率端口 12 个。城域网中继带宽 85G，宽带接入服务器 BRAS[④]11 台，宽带接入服务器 BRAS 并发用户 38000 个。2010 年，宽带接入端口容量 304632 个，其中 ADSL 端口容量 222425 个，LAN 端口容量 82207 个。本地 IP 网中继端口等效 155M 端口 30226 个，专线接入用户端口 10381 个，专线接入用户接入端口带 3035412M。互联网拨号服务器 64K 折算端口 390 个，拨号服务器端口 13 个。宽带接入服务器 BRAS17 台，宽带接入服务器 BRAS 并发用户 304000 个。互联网专线接入城域网带宽 90612M。宽带接入平台接入城域网带宽 224146M，窄带接入城域网带宽 20M。软交换（NGN）接入城域网带宽 300M。城域网接入 CHINANET 国内长途网带宽 20000M，城域网接入 CN2 骨干网带宽 7168M。宽带接入用户 208856 户，窄带接入用户 12385 户。

城域网

2002 年 3 月，CMNET 浙江省网一期工程主要为 CMNET 省骨干层以及各地区的接入，丽水地区主要包括核心 7609 路由器汇接到省网骨干层，开启地区城域网建设的里程碑。

2003 年 3 月，CMNET 浙江省网二期工程划分为 CMNET 省骨干层和地区 IP 城域网两个层面，丽水城域网工程包括城域核心层、城域汇聚层的建设。核心层扩容升级原来的 7609 路由器，连接到省网。汇聚层在市区、缙云和青田分别配置 NE08 路由器 1 台，提供省网服务，开展固定拨号用户上网、专线用户上网、LMDS 接入以及 IP 电话等业务。

2004 年 3 月，CMNET（浙江省网）三期工程划分为 CMNET 省骨干层和地区 IP 城域网两个层面，丽水城域网工程包括城域核心层、城域汇聚层的建设。核心层在原来 7609 路由器汇接到省网骨干网基础上进行软硬件升级，并增设 ESR8825 交换机 1 台作为地区集中的 BRAS 设备。汇聚层在市区和各县市采用多台 Quidway 6503 三层交换机，实现不同区域 10/100M 专线用户的接入，加快用户发展和业务量增长。

2006 年 2 月，CMNET 浙江省网骨干网四期扩容工程，扩容丽水出口上联带宽，7609 上增配 1 块 8 端口 GE PIC，1 块 48 端口百兆板，以及 1 块长距 GBIC，合理调整系统网络结构，消除网络带宽瓶颈，提高网络的稳定性和可靠性，承载普通上网业务，包括专线和拨号方式，以及大客户 MPLS

---

① IP：Intenet Protocil 的简称，指网络之间的互连协议。

② DSL：Very-high-bit-rate Digital Subscriber Ioop 的简称，指甚高速数字用户环路。

③ LAN：Local Area Network 的简称，指局域网。

④ BRAS：Broadband Remote Access Server 的简称，指宽带远端接入服务器。

VPN 互联、会议电视、IP TV、固定语音数据综合接入等固网 NGN 业务。

2006 年 8 月，浙江移动 CMNET 五期建设方案，丽水新增 1 台城域核心路由器设备华为 NE80，与原有的城域核心路由器设备 Cisco7609 构成设备物理上的双机备份，并实现负载均衡，用于各县市及市区数据流量的汇聚，为 CMNET 城域各业务网提供高可靠的接入和高性能的包转发。扩容华为 ESR8825 板卡，新增 1 个 GE 端口实现与 NE80 设备连接。

2007 年 3 月，浙江省网六期城域网，实现 CMNET 城域网的核心层、汇聚层的优化及建设。核心层扩容 Cisco7609 路由器和华为 NE80 路由器板卡，能够实现丽水城域范围内 PE（华为 NE40E）路由器的接入。汇聚层鉴于丽水地区裸纤资源不够丰富，各县市新增的 PE 路由器通过 MSTP 与城域核心交换机连接，丽水市新增 8 台 PE（华为 NE40E）路由器和 12 台 6503 交换机。

2009 年 3 月，浙江省网七期工程，考虑到 Cisco7609 城域核心路由器都始运行于浙江移动 CMNET 网络建设初期，设备也将进入相对的不稳定运行期。考虑到这些设备对业务开展的重要性，浙江移动有必要新增替换或冗余备份这些设备，为城域网提供高可靠的骨干接入保证。核心层丽水新增 1 台 NE80E，汇聚层随着丽水公司 PON 网络的迅速发展，丽水部分地区有大量的 OLT 设备需要接入丽水城域网的城域汇聚交换机 S6503 设备。本工程新增 S6503 设备 10 台、扩容板卡 4 块和单模短距 GE 光模块 39 个，以满足 PON 网络接入的需求。网管网络建设丽水增加 3552P 网管接入交换机 1 台，为实现网管动环监控增加 S2403 交换机 2 台。

2010 年 10 月，浙江省网八期工程，丽水原有城域核心机房集中设置的 BRAS 出现容量不足，控制过度集中等问题，需将 BRAS 设备下放到各县市节点，实现对个人宽带用户的分区分片控制，促进浙江移动 CMNET 数据业务发展和业务量增长。核心层新增高性能大容量核心路由器 CR NE5000E 设备 2 台，替换原城域网核心路由器 cisco7609 和 NE80，扩容一台市区 SR 设备 NE80E，在市区和县市节点部署 SR/BRAS，新增 16 台 SR/BRAS 综合设备 ME60-8。网管 DCN 新增 S3352P 交换机 3 台和 S9303 交换机 1 台。

网络服务

电子政务　2001—2003 年，丽水市政府网工程一期单位联网完成。2004 年，与市政府正式签订全面电子政务合作协议以及各县（市）合作协议，完成网络互联的政府机关、企事业单位 200 多家。2005 年，丽水市信息中心建成全市统一的电子政务内外网网络平台。起草完成《丽水市电子政务网络平台建设方案》，为全市网络平台做好准备建设。2007 年，基本建成从市、县到乡镇、街道办事处完整、统一的电子政务网络体系。至同年底，有 3 个部门的纵向专网纳入统一的电子政务网络平台。2009 年，推进协同办公系统二期项目建设和推广工作，办公自动化水平浙江省领先。完成《信息化建设》丽水专刊编辑出版，9 月，成立丽水市电子政务学会。市本级和 9 个县（市、区）分别启动协同办公系统二期建设，全年新推广单位内部办公系统 312 家，完成年度目标 156%，公文交换子系统发文 33 万多份，收文 505 万次；单位内部通用办公系统实现网上处理发文近 6 万份，处理收文 68 万多份；办公助手子系统开户近 2 万人。自 2007 开通至 2009 年年底，发送手机短信约 380万条。

2010 年，完成灾备中心机房改造、市电子政务灾备中心、网络安全加固、协同办公系统三期推广项目建设。至同年底，丽水市使用公文交换子系统单位 1427 个，发文 12.4 万份，收文 212.7 万次，全市推广使用单位内部 0A[①]226 家，用户 18338 个，实现网上处理发文 4.3 万份，处理收文 72.6 万份，办公助手用户数 2.5 万个，发送手机短信数 850 万条。网站群访问量稳步提高，日均访问量 17 万多次，市政府网站总浏览量 6221 万次。市长信箱来信回复 2396 条，市政府网站发布信息 20716 条。与丽水网、丽水在线网共同进行网络视频直播 30 次，在线访谈 20 次，设立"90000"热线，提升网络运行维护服务能力。

丽水电信作为网络运营商提供有线网络和无线宽带网络。将政府机构分散在城市、郊区、农村的分支机构或办公大楼之间建立链路；无线宽带可以解决政务人员离开自己固定的办公环境后无法正常使用电子政务办公内网的问题，使网络性办公可以随时随地进行。

电子商务　互联网以开放、平等、共享为特征，通过互联网在各行业的渗透、融合、颠覆，成为既能改造传统产业，实现升级，也能催生新型产业实现转型。网络化是潮流，就是互联网和物联网，核心的信息是使经济赢得发展。1997 年，浙江和信玩具集团，利用互联网拓展国际贸易。1999 年，丽水电商举农村旗，布商圈局，走丽水路，实施"电子商务进万村工程"。丽水行政村 2568 个建立乡镇村级信息点，通过电信、广电、网络、实现"互联网"，安装固定带宽农民 19 万户，普及率 60%以上，因信息巨大，网售越来越多，为电商丰富产业资源提供帮助。2000 年，电子商务产生产值 1744 亿元。2002 年 2 月 8 日，丽水科技信息化工作（网）开通，发信息 3363 条，丽水科技 720 条，科技信息 820 条，图片信息 203 条，农业科技 642 条，高新技术 613 条，科普知识 220 条，实用技术 147 条，点击 10 万人次。"食用菌信息网"，青田县、景宁畲族自治县信息发 6700 条，入网注册 2000 个。"浙江网"丽水市场开通，上网企业 536 个，招商引资 194 项，科研成果 1196 项，经费 5427 万元。9 月 26 日，浙江网上技术市场，丽水市场开通，信息发 3641 条，上网企业 536 个，招商引资 194 项，科研成果 1196 项，经费 5427 万元，省创新项 21 项，资助 400 万，建绿色农产品示范基地 74 个，国家级 1737 项，有机品牌 2 项，省级 3 项。2003 年，开发云和木制玩具电子商务平台，实现供求信息上平台单位 200 多家，达到高峰，订单是 2002 年的 4 倍。同年，浙西南电子商务网络公司网上店铺有 3285 户。

2004 年，丽水市创"木玩世家品牌"。2005 年，木玩世家品牌成为"淘宝网"上第一个淘品牌。2006 年，云和木制玩具电子商务平台成中国电子商务应用 50 强，有加盟店 200 多家，直营店 203 家，成立杭州木制玩具基地，衍生产品 50 多项。

2004 年，丽水市电信分公司在政府网、教育网建设、电子商务应用平台等信息化助推项目中获得 100%的市场占有率和主导地位。8 月，与缙云县政府、缙云灯管业合作，共同开发缙云灯管业电子商务平台。2005 年，缙云县启动商务领航业务，年末签约商务领航客户 29 户发展商务领航业务 46 项，走在全市前列。2006 年，北山村推行龙头带动+政府推动+部门联动+青年互动的农村电子商务模式，农民真正过上"放下锄头、卷下裤头、转上交易的新生活"。2010 年 3 月 18 日，客户服务支撑系统的商务领航模块上线，实现原一站式系统割接。丽水电信作为网络运营商从 1997—2010 年，为电子商务提供有线网络和无线宽带网络服务。

国际互联网　国际互联网，也称万维网，意思就是"世界范围内的网络"。把每个英文单词的第一个字母提出来，就变成英文简称 WWW。20 世纪 90 年代初，在欧洲的一个试验室里，最先使用 WWW 这个名称。表示网络提供多媒体信息资源的方式。由于它操作方便，容易记忆，所以，很快就

① office automation 的简称，指办公自动化系统。

被广泛的使用，到 1994 年，WWW 成为网民们查询互联网、获取信息最为流行的手段。2003 年 11 月，在遂昌县开通首家“全球通医院”，提高公司在当地的品牌形象。2004 年，浙江移动丽水分公司根据客户对品牌的需求，提升增值服务，成立全球通•浙商俱乐部、全球通•新女士会所等，提高 VIP 服务的深度和广度。2010 年 1 月 15 日，全球通 VIP 俱乐部暨市信息化创业创新示范基地启用。

第五章　邮电管理

邮电企业管理包括邮政管理、电信管理和无线电管理等方面。民国期间，丽水邮局、电信局从行政到业务，均实行垂直领导管理体制。中华人民共和国成立后，邮电企业实行邮电部、省邮电管理局和县（市）邮电局三级管理，通信业务仍实行邮电系统垂直管理体制。1956 年，邮电企业实行党委领导下的局长负责制。1959 年 1 月邮电企业管理体制下放，实行当地领导为主的体制。“文化大革命”期间，成立丽水县邮电局革命委员会。“文化大革命”结束后，重新恢复党委领导下的局长负责制。

丽水地区无线电管理委员会成立于 1972 年 4 月，原与丽水军分区通信科合署办公。1984 年 11 月，行署与军分区联合发文，地区无线电管理委员会的工作划归地区行政公署管理。1989 年 12 月，成立丽水地区无线电监测计算站。1991 年 8 月，丽水地区无线电监测站成立，为科级自收自支事业单位，1997 年 10 月 14 日，撤销丽水地区无线电管理委员会，成立浙江省无线电管理委员会办公室丽水地区管理处，负责承办丽水地区内除军队系统外的无线电管理的日常工作。1998 年 6 月，丽水地区电信局成立，邮、电分营和寻呼、移动剥离，实行企业化管理。

邮政、电信、无线电企业的内部管理，经历从简单管理到复杂的规范化管理过程，1955 年 5 月，根据邮电部第四次邮电工作会议、丽水邮电局开始建立健全邮电业务管理制度。1956 年，实行邮电部《业务监督制度》。加强邮电、电信、无线电各企业的内部业务监督。随着社会主义市场经济体制的建立和完善，邮电、电信和无线电科技的发展，网络技术管理的加强，邮电、电信、无线电各企业不断调企业自身的组织结构，落实工作职责，加强管理，促进邮电、电信、无线电企业各项工作的顺利开展。

第一节　邮政管理

企业管理

民国期间，丽水邮局、电信局从行政到业务，均实行垂直领导的管理体制。1949 年 10 月中华人民共和国成立后，邮电企业实行邮电部、省邮电管理局和县（市）邮电局三级管理，通信业务仍实行邮电系统垂直管理。1952 年 5 月，丽水邮电归温州邮电督导组领导。1956 年，实行党委领导下的局长负责制。1959 年 1 月，邮电企业管理体制下放，实行当地领导为主的体制。1962 年 11 月，调整邮电企业的隶属关系，县以上邮电企业恢复由省邮电管理局为主和地方党委、人民委员会的双重领导，县以下分支机构一律收回由县邮电局统一领导。“文化大革命”期间成立丽水县邮电局革命委员会。1976 年 10 月，“文化大革命”结束，重新恢复党委领导下的局长负责制。

1998 年 6 月，丽水邮政局成立，邮、电分营后邮政独立运行。企业改革进一步深化，实行减员增效，合理配置劳动力。制定考核办法，实行奖金分配与业务收入成本费用挂钩，对农村各支局实行优化劳动组合，实行承包经营。开展优质服务活动，提高邮政质量。2000 年，进一步加强企业管理，抓财务成本费用，制定《费用切块包干管理办法》，开展投递体制改革。2002 年，继续推行承包经营责任制。2004 年，成立行业管理办公室，与工商等部门开展联合执法行动。2006 年，实行信息化、规模化、和现代化“三化”改革，突破传统邮区中心局生产管理模式，构建“三化”邮政中心局生产管理平台。2008 年，建立以岗位职级为基础，一岗多薪的宽带薪酬体系，完善企业用工制度，丽水市邮政劳动合同签约率及劳务派遣率均达 100%。2010 年，继续完善配套改革，完善薪酬改革后的配套机制，建立市、县两级财务预警体系促进财务管理从结果管理向过程管理转变。

生产管理

清光绪二十六年（1900），始设处州邮政分局时，生产管理简单，仅设副供事 1 人管理局务，下设信差、邮差各 1 人。中华邮政时，局长直接管理生产，下设会计、事务及封发、投递和营业班组。民国 31 年（1942），丽水电报局设局长、业务长、下设报务班、机务线务班等。抗日战争时期由于业务增多，生产管理得到加强。

1949 年，丽水电信局设生产班组，有话务班、报务班。1951 年 10 月，电信生产方面设电话、电报、机线班组 3 个，邮政方面设投递、封发、营业班组 3 个。1954 年 12 月，推行“一长制”和生产区域管理，制定生产岗位责任制，生产班子调整为电报、电话、机线、营业、邮政、投递班组 6 个。1957 年 4 月，增设机要通信组。1971 年 2 月，丽水邮局实行二级管理，设办公室、财务，生产班组 5 个和邮政支局 4 个。1978 年，丽水地区邮电局设政工秘书科、计划物资科、邮政科。1981 年 6 月，增设市话科和农话科。1984 年 4 月，地区邮电局设科室 12 个、生产班组 15 个并实行三级管理，7 月，增加机要科。1988 年 3 月，丽水地区邮电局实行局长负责制，进行组织机构调整，调整后设科室 15 个。6 月 30 日，成立报刊零售经营部。1990 年，地区邮电局设生产经营管理科室 9 个、职能科室 8 个、生产班组 32 个，有邮政支局 24 个。1995 年，丽水邮件处理中心建成。1996 年，丽水邮电综合大楼建成，邮政、电信新营业大厅 2 个开张营业。1997 年 7 月，全区移动通信改制基本完成清产核资工作，9 月，全部完成移动通信资产剥离工作。1999 年 10 月 19 日，丽水地区建成邮政储蓄绿卡系统平台，并与金华绿卡中心实现联网。在全国率先推出代缴税款业务。新增丽水至温州汽车干线邮路。2000 年，调整组织机构和工作职能，把市场经营部划分成部室 2 个，并成立投递、报刊、速递、信函、广告、集邮专业化公司 6 个，强化专业管理。2002 年，继续推行专业承包责任制。出台《离岗退养办法》，实行减员增效。2005 年，丽水市邮政局投入 30 多万元数字化改造模拟录像系统，新购置一辆送款车，确保储汇资金安全。建立邮政储蓄大额可疑交易报告制度。开展“提高服务质量，让用户满意”专项活动，开展礼节礼仪培训、职业道德教育、窗口录像回放教育，6月16日，丽水市邮政局被国家邮政局评为全国邮政系统用户满意企业，是浙江省邮政系统唯一获此荣誉的单位。

2008年，丽水市安全事故零发生。丽水、庆元、缙云等局开展消防应急处置预案宣传活动。开展安全生产专项整治活动，落实安全生产责任制。开展提高员工应急事件处理能力活动。推进金库运钞、邮储网点规范管理、规范操作工作，并在全市推广网点标杆管理、金库标杆管理工作。11月10日，丽水市邮政局在全市城区范围内（除庆元县外）及部分重点乡镇实施大同城网络，开办同城速递业务，实现限时承诺服务，使该区域内的速递邮件实现当日投递或者次日上午送达，提升邮政速递物流业务在当地同城寄递市场上的竞争力。在运能配置上，采取邮政网络与社会资源相结合的办法。

2010年，丽水市邮政局开展安全生产年隐患排查和整改活动，落实安全生产责任制。推进金库运钞、邮储网点规范管理、规范操作工作，并在全市推广网点、金库标杆管理工作。抓好车辆交通安全，组织开展邮政车辆巡检活动。组织人员开展"上海世博会"期间邮政寄递渠道安全保卫检查活动。市邮政局开展"加强基础管理，创新服务理念，创建示范窗口"和"2010年浙江省营业投递、基础管理劳动竞赛"活动，组织评比营业网点规范化服务明星、服务支行活动，城东支行被评为全省服务明星支行。开展规范化服务活动，制定《规范化服务考核细则》，组织各类礼仪培训等等，改善全市邮政窗口服务质量明显。强化督查力度。落实"八条禁令[①]"，规范市场经营秩序。完善服务监督体系，明确服务管理标准，建立质量定期检查报告制度。充分发挥市、县两级视检和社会监督员的作用，开展明查暗访和服务互查活动，重点解决用户反映的热点难点问题，加强对违规经营等方面的考核，完善服务投诉受理机制。

业务管理

民国期间，丽水邮局、电信局执行全国统一的规章制度。1950年9月，执行邮电部颁发的《土改电报及土改长途电话暂行办法》，丽水邮电部门配合土地改革。1955年5月，根据邮电部第四次邮电工作会议、丽水邮电局开始建立健全邮电业务管理制度。1956年，实行邮电部《业务监督制度》。1957年，丽水邮电局贯彻《长话业务规程》《邮件处理规则》等各项规章制度，改善邮电通信服务工作。1964年，丽水邮电局学习推广鹤岗邮电局管理经验，发动职工讨论制定值班岗位责任制、包机责任制、质量检查责任制、交接班责任制及业务档案管理制度制定"五好"职工规则。1966—1976年"文化大革命"期间，削弱邮电通信业务管理。1980年1月1日，根据《电信通信指挥调度制度》，丽水县邮电局为本地区业务领导县间中心局，负责本地区邮电业务管理和电路调度，确保全程全网通信畅通，同时执行《农村电话业务规程》。1984年，建立支局长班组长工作日志。1988年，建立各生产班组岗位责任制、交接班制度、考勤考绩制度、安全保密制度等各种制度。1999年，丽水制定出台《投诉电话管理办法》《邮政服务工作首问责任制》，重新修订《公开服务项目》《邮政规范服务实施办法》和《邮政通信服务质量规格时限考核办法》等办法，开展优质服务活动，处理用户投诉做到事事有记录，件件有回音。实施"户箱工程"，逐步实行上楼服务，推行投递员名片制。城区内增设营业网点、邮筒，开办夜市储蓄，方便用户用邮。

① 八条禁令：是关于改进工作作风、密切联系群众的八项规定。

2000年，丽水市实现业务收入6356.33万元，比上年增长17.2%。丽水市邮政局开通EMS查询系统，与公安、法院合作开办身份证、法律文书EMS专递业务；庆元县抓好香菇、木耳商包业务发展，上门揽收服务，商包业务增长率位居浙江省第二；云和县推出“恭贺新禧”贺岁邮品；青田县邮政局在所有农村支局开办国际包裹业务，正式开办中国速递国际快件业务。2007年，丽水市邮电局与各部门签订安全生产责任书。出台《邮政服务规范及考核办法》，建立健全质量管理岗和监控岗等监督检查体系，落实管理岗、监督岗职责，规范生产现场管理规范服务和检查标准。2008年，加强业务结构调整，全市开办公司业务网点11处。

2010年8月初，丽水市启动全市空白乡镇邮政所补建工作。根据国家和省里要求，计划将用3年时间完成空白乡镇邮政局所补建工作。邮政代理金融业务规模发展，全市完成7087.42万元。

技术管理

民国期间，丽水邮电通信设备简陋，技术管理简单。1949年10月中华人民共和国成立后，全国统一制定颁布技术维护规程和电路指挥调度办法后，丽水邮电通信技术管理逐步完善。

1956年丽水邮电局有技术人员2人。1958年，丽水邮电局开展技术革命和技术革新运动，提出革新项目76项。1960年1月15日，王书文等3人参加浙江省技术革新表演评比展览大会提出革新项目137个，实施94个。1965年，丽水邮电局开展“五好”[2]设备活动，加强技术维护管理。1977年6月，丽水邮电局设置电路技术员，负责报话电路管理。1978年7月，执行《农村电话机线技术维护规程》，加强农村电话技术管理。1988年3月，丽水地区邮电局设总工程师，负责处理本单位通信、科研和生产建设中的重大技术问题和新技术的应用，实施科技项目和工程会审验收，收集整理科技档案。1990年2月，丽水地区邮电局电信设备整治领导小组成立，3月，成立地区邮电通信网路管理小组。11月，制定《丽水地区邮电局合理化建议和技术改进奖励办法实施细则》。1996年1月，成立丽水地区电信设备维修中心，负责全区各局主要通信设备，包括程控交换、光缆传输、通信电源、通信机房空调。1999年，丽水地区邮政局全面完成储蓄小联网系统的绿卡改造工程，建成全区邮政储蓄绿卡平台，实现与金华中心联网。完成综合网机房装修，交换机及路由器安装，开通丽水至杭州、丽水至宁波两条电路。2002年，论证局所网点电子化技术方案，以最低的成本实现电子化支局、电子汇兑、绿卡设备复用。EMS跟踪查询系统在省内率先实现全市联网，提高特快反馈及时率和准确率。积极配合金华中心做好省大处理迁移。做好185、办公自动化县（市）局延伸工程。完成银证通与省中心联网工作。

2008年，按照省公司的安排，启用电子化支局报刊投递子系统，完成统版、汇兑前置省集中，趋势防病毒软件部署、绿卡通业务上线等项目。实施网络优化改造和速递信息平台的二期工程，提高信息网运行质量。

2010年，丽水市邮政局强化技术支撑管理，完成中心机房迁建，更新UPS电源供电系统，搭建使用U盾作为身份认证手段的VPN远程办公接入系统，解决管理人员远程办公问题。成功上线邮储系统2.00版本改造工程第二阶段、个人网上银行、新ATM机前置、票据等系统，提升业务竞争力。

① 五好：维护保养好、技术状况好、完整清洁好、技术资料好、运转使用好。

第二节 电信管理

企业管理

1998年6月，丽水地区电信局成立，邮、电分营和寻呼、移动剥离，开始企业化管理。9月10日，丽水地区电信局挂牌。丽水地区电信局深化企业内部改革，进一步调整精减管理机构，妥善安置转岗人员，加强财务管理，及时调整全区统计传输网络，抓好运行维护体制改革。1999年，是丽水电信继邮电分营和寻呼、移动剥离后新的工作体系独立运作的第一年。丽水地区电信局坚持适度超前发展的方针，改善通信能力提高发展水平。全年完成业务总量2.73亿元，比1998年增长16.15%。2000年7月8日，丽水地区电信局更名浙江省电信公司丽水分公司并揭牌。同年，省公司下发《关于组建浙江省电信实业集团公司的通知》，完成全市电信实业公司的主附、主辅资产剥离，人员划分工作。电信实业公司从电信剥离，更名中国通信服务公司。2001年，浙江省电信实业集团丽水有限公司成立。主要经营受省电信公司委托的电话装移机、线路维护、通信工程设计施工、信息服务、代办公话、114查号、电报投递等业务。3月1日，公司完成注册登记，领取营业执照。

2002年，中国电信股份有限公司在中国香港地区、纽约上市，丽水电信更名中国电信股份有限公司丽水分公司。2003年，丽水电信首次被省政府命名为省级文明单位。公司开展薪酬制度改革、推行绩效管理体系、BPR流程重组等企业内部利益格局的调整、改革工作。实现从国企到上市公司的转型。2004年，公司加强内控制度建设推进并完成BPR流程重组，反复细化绩效考核办法，深化薪酬制度改革改进经营模式，营销工作深入市场贴进用户。2007年6月，浙江省电信有限公司丽水市分公司更名中国电信丽水分公司。

2008年，丽水电信完成CDMA网络收购，中国电信成为全球最大的固定电话网、有线宽带网、3G、4G移动网络运营商。

2010年，围绕“调结构、抓管理、促发展”目标，以移动、宽带、增值及综合信息应用和固网语音四大支柱业务为重点。在企业转型上取得新突破，全面完成经营目标和省公司下达的任务。

生产管理

20世纪末，丽水地区加强国防建设，与驻丽水部队首次共同建设丽水地区国防通讯网，圆满解决计算机2000年问题。2010年，丽水市加强安全生产管理工作，全面落实安全生产责任制，层层签订《安全生产责任书》，列入绩效考核。

业务管理 2002年，丽水电信完成国企到上市公司转型，客户满意度逐年提高。丽水电信向社会公开承诺，固定电话故障处理时限为24小时内。丽水市区宽带用户维修服务为7×24小时。2002年，丽水电信荣获中国电信集团公司“服务创新模范集体”荣誉称号，下属的两个营业厅被评为全国“巾帼文明示范岗”、省级“巾帼文明示范岗”。2003年，丽水电信公司获省级文明单位荣誉称号。

2005年，丽水电信牵头，与铁通、移动、联通、网通5家电信运营企业共同签署《关于规范丽水公用电话市场的联合自律协议》，促使公话业务的价格回归、禁止恶性抢夺用户群。

2008年，丽水电信顺利完成CDMA网络收购、割接以及运营。按照5月24日三部委联合发布的《深化电信体制改革通告》，在6月24日，丽水电信正式启动C网交易，7月25日，与联通签署CDMA业务、资产详细协议，8月1日，与联通开始过渡期内CDMA业务联合运营，9月7日，丽水电信迎来第一批“新伙伴”——联通划归人员。10月1日，丽水电信C网正式开始承接、运营133/153CDMA网络。12月22日，丽水与全省统一开始189号段试运营放号。

2009年，丽水电信推出五个一服务举措，即“一张账单，明白消费；一点查询，订退自如；一键即达，便捷服务；一站服务，首问负责；一声提醒，温馨关怀”。同年1月7日，中国电信获准经营CD-MA2000第三代移动通信业务经营牌照。至此，丽水电信进入固话、宽带、移动手机业务的全业务运营时代。丽水电信旗下拥有“天翼”“我的e家”“商务领航”“号码百事通”等知名品牌，具备电信全业务、多产品融合的服务能力和渠道体系。同年4月1日，丽水电信在全市率先推出3G业务，“天翼”189号段正式对外放号，标志着移动互联网时代的到来，为丽水市民开启移动互联网时代。

2010年，丽水市固定电话用户达到80万户、宽带23万户、CDMA用户28万户，其中3G用户3.5万。

网络技术管理　1998年11月，丽水地区开通第一台数字交换机，1999年1月丽水地区完成HLR的割接。2月，完成OMCR设备并完成电路的紧急扩容。7月，完成GSM网络的升位。2000年，公司加强丽水地区国防建设，与驻丽部队首次共同建设丽水地区国防通讯网。解决计算机2000年问题。2001年1月，全市邮政储蓄实现全国联网，活期业务实现全国实时通存通兑。9月21日，市邮政局顺利建成办公自动化系统，并通过邮政综合网与省邮政局实现互联。2007年3月，完成9县(市、区)端到端光缆的接收维护工作，接收本地网光缆9316.86千米。制定本地网光缆工作流程和制度、光缆分等级维护办法、光缆抢修实施流程、重要客户光纤故障抢修流程、线路动态防障流程、线路资源变更流程等。2008年，建成并进一步优化完善以“中国丽水”市政府门户网站为龙头，以各县(市、区)、各部门网站为基础的全市“1+9+N”的门户网站体系，扩大信息采集面，加快信息更新速度提升网站管理水平。2010年，全年移动网络建设规模翻一翻，实现网络优化建设，加强C网3G网络覆盖和农村重点区域信号覆盖，继续保持3G网络覆盖优势。

运营管理　2003年，丽水电信完成网管监控物理平面建设，建立集交换、传输、数据和动力等多专业监控于同一物理层面的综合网管监控系统。全地区六百多个网点，形成故障“一点受理，闭环处理”的维护体系，实现7×24小时无微不至的监控，包括网点机房内的温度、湿度。集中监控维护使丽水电信的网络实力、维护水平和综合服务能力都提升到新的高度。

2005年，丽水电信提速骨干层的互联网出口带宽，出口带宽达到5G，分别为丽水城中到杭州的2.5G电路和丽水城东到温州的2.5G电路，解决在业务繁忙时出现的数据转发瓶颈问题和网络拥塞现象。

2006年8月14日，景宁标溪乡的电信宽带网络正式接通。丽水全市乡镇182个实现乡乡通宽带。

2006年2月28日，丽水电信经过四次网络割接和两次业务割接，完成固网智能化改造项目。是丽水电信继1992年电话交换从纵横制向程控交换转变后又一次历史性的网络改造项目。预示人们使用20多年的程控电话，进入智能化时代。2008年5月，中国电信斥巨资收购联通133/153CDMA网络之后，中国电信着手对网络实施全面升级改造，一是确保网络质量达到国内先进水平；二是把以话音为主的移动网络改造为以宽带互联网为主的移动平台；三是实施第三代移动网络的建设和升级(3G),从第二代网络升级为第三代网络。2009年5月,升级改造工程完成。

新业务

小灵通　“小灵通”乃俗称,其正式名称为“个人手持电话系统PHS”(Personal Handy-phone System),是固定网络的补充和延伸,也称为无线市话。随着移动电话的强势冲击,电信固定电话用户初现颓势,而国家规定中国电信无移动电话经营权。“小灵通”是界于移动与固话之间的通信方式。2001年4月,丽水电信投资718万美元引进PHS系统,建设基站679个,可覆盖丽水9个县市区的城区及部分乡镇。5月,安装开通。“小灵通”以其方便、可靠、低辐射、低资费为其卖点与移动电话展开竞争,初期用户13093户。2005年年底,建成基站1991个,11991个信道,用户数153243户。

2009年2月3日,工信部发文,明确要求所有1900—1920兆赫兹频段无线接入系统应于2011年前完成清频退网工作,以确保不对1880—1900兆赫兹频段的TD-SCDMA系统产生有害干扰。丽水电信公司妥善处理2011年前小灵通退市的相关工作。因小灵通仅是市话的延伸,覆盖面小,在复杂环境下使用信号偏弱,至2010年,用户数39230户。2011年1月1日起,小灵通业务正式退市,所有用户升迁为3G移动用户。

无线寻呼　1991年10月1日,丽水地区邮电局开通无线寻呼(俗称BP机)业务,是一种单向的初级移动通信系统。同年底,用户151户。1992年末,全区所有邮电局全部开通无线寻呼业务。1995年,无线寻呼建成以丽水地区邮电局为中心的“127”寻呼网,在全区建成129全省邮电联网寻呼台,并在全区实现同播呼。至同年底,全区所有邮电寻呼台都实现全区、全省和全国联网。同年,全区邮电寻呼用户27012户。公安、安全等部门也涉足寻呼业务,市场出现激烈竞争局面。1996年4月17日,浙江省邮电局决定成立浙江省邮电移动通信总公司,同时撤销浙江省无线通信局。7月16日,丽水邮电无线寻呼“127”台开通150.73新频点,解决原“127”台无线寻呼设备容量严重不足的问题。新频点设备容量6万户,实现全区9县(市)同播全区建有发射基站32个。1997年,邮电寻呼用户63973户,其中丽水8468户,全区寻呼业务收入1521万元,其中丽水252万元。同年,信息产业部决定把邮电无线寻呼业务资产从大网中剥离,重组独立核算、界面清晰的专业化无线寻呼运营公司。对全国无线寻呼实行股份制改造,剥离出的无线寻呼资产注入无线寻呼公司。1998年,全区邮电寻呼用户99392户,其中丽水17132户。全区无线寻呼系统容量24万户,其中丽水21万户。基站108个。1998年6月1日,浙江省无线寻呼公司丽水分公司成立。1999年6月,国家信息产业部将全国邮电无线寻呼业务成建制划归中国联通公司经营,电信部门不再经营无线寻呼业务。2000年,中国联通丽水分公司寻呼业务收入3005万元。

第三节　无线电管理

1972年4月18日,丽水地区革命委员会决定成立丽水地区无线电管理委员会,内设办公室。与丽水军分区通信科合署办公。

1984年11月3日,丽水地区行署与丽水军分区联合下发《关于调整无线电管理委员会组织机构的通知》,地区无线电管理委员会的工作划归地区行政公署管理,下设办公室,办公地点设在行署办公室。1989 年 12 月 12 日，根据丽水地区行署办公室下发《关于同意成立地区无线电监测计算站的批复》，成立丽水地区无线电监测计算站。1991 年 8 月 18 日，丽水地区无线电监测站成立，为科级自收自支事业单位，核定自收自支事业编制 2 名，归地区行署办公室管理。1996 年，丽水地区编委会核定无线电委员会办公室行政编制 2 名，监测站事业编制 2 名，办公地点设在行署办公室。

1997 年 10 月 14 日，撤销丽水地区无线电管理委员会，成立浙江省无线电管理委员会办公室丽水地区管理处，负责承办丽水地区内除军队系统外的无线电管理的日常工作。10 月 15 日，启用新印章，开始挂牌办公。

2002 年 6 月，丽水市贯彻执行省编制委员会《关于省无线电管理派出机构设置有关问题的通知》，丽水市无线电管理机构调整为省信息产业厅派出机构，更名浙江省信息产业厅丽水市无线电管理处，为副县（处）级单位；丽水地区无线电监测站更名浙江省丽水市无线电监测站，调整为丽水市无线电管理处下属事业单位，为正科级单位。12 月 9 日，正式启用“浙江省信息产业厅丽水市无线电管理处”和“浙江省丽水无线电监测站”印章。2003 年，丽水无线电监测站增加技术人员 2 人。

2007 年 11 月，丽水市贯彻执行《浙江省人事厅关于同意省信息产业厅无线电监测机构参照公务员法管理的函》精神，浙江省丽水市无线电监测站参照公务员法管理。

2008 年 1 月，浙江省信息产业厅下发《全省无线电监测机构参照公务员法管理实施意见》，市无线电管理处、无线电监测站实行合署办公，实行人、财、物、事集中领导统一管理，无线电管理处领导班子由主任 1 人、副主任 2 人组成，其中副主任 1 人兼无线电监测站站长。

2009 年 10 月，浙江省信息产业厅丽水市无线电管理处，更名浙江省经济和信息化委员会派驻丽水市无线电管理局。12 月，启用丽水市无线电管理局印章及钢印。

2010 年，国务院、中央军委下令组建浙江省预备役电磁频谱管理大队，丽水市无线电管理局部分人员加入预备役，负责所在地监测站工作。12 月，浙江省电磁频谱管理大队成立。

第六章　邮电与通讯机构

唐代，处州出现邮驿通信。宋至元、明、清代，处州仍设邮驿站。清代，还在各县四境设有急递铺。清光绪二十六年（1900）6 月，大清邮政处州分局成立（也称内地局或内地支局）。清光绪二十八年，设立电报局。清宣统三年（1911），辛亥革命后，大清邮政改组，更名中华邮政，相继裁撤原有驿站、铺舍。

民国 3 年（1914），统一更名邮局。邮局开始划分等级，分为一、二、三等，处州邮局核定为二等邮局。邮政管理、转运机构逐渐完善。民国 19 年 11 月，松阳县设长途电话支局，民国 25 年，丽水设电话分局，民国 32 年 2 月，浙江省电话局并入浙江省电政管理局。丽水电报局与电话局合并，更名交通部丽水电信局。

1949年5月，丽水县军管会接管丽水邮局。1951年9月，丽水邮局与电信局合并，设立丽水邮电局。1952年1月丽水专区撤销，1951年，丽水地区各电信局与邮政局合并，设立邮电局。从此邮电局就成为丽水邮政通信的职能部门。1963年5月，丽水专区恢复，7月12日，丽水专区邮电处成立。“文化大革命”期间邮电事业受到冲击。1978年1月，中共丽水地区邮电局党组建立。1983年12月丽水县邮电局撤销并入丽水地区邮政局。1998年9月，国家信息产业部决定全国撤销邮电局建制，邮政、电信分开经营。9月10日，丽水地区分别成立地区邮政局和地区电信局。1997年3月30日，中国联合通信有限公司丽水市分公司成立。同年，丽水移动从邮电系统剥离，成立浙江移动通信有限公司丽水市分公司。2000年5月，丽水撤地设市。7月，浙江省电信公司丽水市分公司成立。从此，丽水邮政、电信企业从政企合一模式开始企业化运营。丽水撤地设市后，丽水市所辖9个县(市、区)即莲都区、龙泉市、青田县、庆元县、云和县、缙云县、遂昌县、松阳县、景宁畲族自治县，与原丽水县一样从古代就建立驿站开始，邮政事业就一直延续并不断地发展。

根据中国电信集团公司《关于中国电信集团浙江省电信公司组建方案和公司章程的批复》，变更原电信运营机构，丽水地区电信局变更为浙江省电信公司丽水市分公司。除移动、联通等电信集团公司外，还先后成立铁通、网通等电信公司，丽水的邮政、电信跟上时代的步伐，为促进丽水经济、社会的发展作出贡献。2010年1月，浙江省邮政速递物流有限公司丽水市分公司成立，邮政速递、物流专业从邮政部门剥离，实行专业化经营。

第一节 通 讯

电 信

电报局 清光绪二十八年(1902)，缙云设电报子店，民国5年(1916)10月，升为三等电报局，民国9年3月，缙云至丽水电报线路架通。4月，丽水电报局成立。民国11年，瓯海道电政由温州电报局兼管，丽水、缙云电报局隶属温州电报局。民国17年，丽水为三等乙级电报局。同年6月，根据电政训令，三等和三等以下电报局应与邮局合设，丽水、缙云电报遂与邮局合设。民国19年8月，庆元、龙泉分别设立无线电台。民国21年6月，松阳设电报收发处。12月，龙泉设电报营业处。民国22年11月，遂昌设电报收发处；12月，云和、庆元、景宁电报局成立。民国26年12月，青田设立电报局，全区各县全部设立电报通信机构。

民国26年(1937)，杭州沦陷，省级机关、企业、学校内迁丽水，丽水成为浙江省电报转报中心之一。民国32年2月，龙泉为一等电报局，丽水、云和为二等电报局，松阳、景宁为三等电报局，缙云、庆元为四等电报局，青田为五等电报局，遂昌为电报收发处；县以下的电报机构在碧湖、小顺、石塘、新窑、壶镇等地设电信收发处，大港头、查田、小梅、安仁、八都、古市等地设电信代办处。

电话局 民国19年(1930)11月，松阳县设长途电话支局。12月，丽水、遂昌设长途电话支局。民国20年2月，青田成立电话支局。12月，龙泉、云和设长途电话支局。景宁设长途电话代办处。民国22年10月，丽水开办城镇电话(市内电话)，丽水电话支局升为电话分局。民国23年4月，为浙江省7个电话交换中心之一。同年3月，缙云开设电话代办所。

民国25年(1936),丽水设电话分局,松阳、遂昌、云和、龙泉、庆元、青田设电话支局,丽水县的太平、岩泉、南明山、沙溪、松坑口、碧湖、大港头、丽阳门、莲城,松阳县的古市、玉岩、靖居,遂昌县的金岸、大柘,龙泉县的道太、安仁、查田、小梅、八都,庆元县的荷地、八都、江根、竹口,云和县的小顺,景宁县的外舍、东坑,缙云县的壶镇等29处设电话代办处。民国28年12月,丽水碧湖适应军政通信需要,成立临时电话支局。

电信局 民国32年(1943)2月,浙江省电话局并入浙江省电政管理局。丽水电报局与电话局合并,更名交通部丽水电信局,级别为二等电信局;云和、缙云、龙泉、庆元、松阳、景宁等电报局与电话支局亦相继合并,更名电信局;遂昌长途电话支局与电报收发处合并为松阳电信局遂昌报话营业处,民国36年,升为遂昌电信局。

民国35年(1946),丽水电信局降为四等电信局。同年,丽水有四等电信局2处,五等电信局3处,报话营业处5处,代办处18处。民国36年,电信局按业务成分计算划定等级,丽水为三等乙级电信局。

1949年5月10日,丽水解放。5月21日,丽水县军事接管委员会派军代表接管丽水电信局。6月,丽水为三等甲级电信局。青田县、云和县、龙泉县、缙云县、遂昌县、松阳县、景宁县为三等乙级电信局,庆元县为报话收发处。丽水县碧湖、大港头,云和县局村,龙泉县小梅、安仁、道太、住溪、查田、八都,庆元县荷地,缙云县壶镇,遂昌县大柘、石练、湖山、王村口,松阳县古市、玉岩,景宁县大均、外舍、沙湾、渤海、岭根、东坑等23处为代办处。

1998年9月,国家信息产业部决定全国撤销邮电局建制,邮政、电信分开经营。9月2日,丽水地区所属8个县(市)邮电局全部分拆完毕,成立相应的县(市)邮政局和电信局。9月10日,地区邮电局分拆完毕,分别成立地区邮政局和地区电信局。地区电信局统一行使本辖区内电信规划建设、财务核算、班子建设、通信调度、设备选型等管理职能,办公地点迁至丽青路466号。县(市)级电信局逐步向营销和服务职能过渡。同年,全区有地区电信局1处,县(市)电信局8处;电信所属邮电支局49个,邮电所13个,代办所101个。

邮电局 1951年,丽水地区各电信局与邮政局合并,设立邮电局。其中,县级以上设邮电局,县以下根据需要,在区、镇设邮电支局,乡(镇)设邮电所,实行由省邮电管理局垂直领导体制。8月15日,成立丽水专区邮电督导组,管理和督察全区邮电通信。同年,全区有邮电局、所287处,其中除县级邮电局外,有邮电支局1处,邮电所1处,邮电代办所276处。1952年5月1日,丽水专区撤销,邮电督导组亦随之撤销。丽水、龙泉、庆元、云和、景宁县邮电局划归温州专区邮电督导组领导;松阳、宣平县邮电局划归衢州专区邮电督导组领导;缙云县邮电局划归金华专区邮电督导组领导。1958年6月25日,云和县邮电局并入丽水县邮电局。10月1日,松阳县邮电局并入遂昌县邮电局。12月30日,庆元县邮电局并入龙泉县邮电局。1959年1月,邮电管理体制由省局垂直领导改为由驻地县委、县人委和省局双重领导,以地方领导为主;县以下农村邮电支局、所下放到人民公社。1960年2月16日,景宁县邮电局并入丽水县邮电局。同年,全区有邮电局、所278处,除县级邮电局外,有邮电支局47处,邮电所32处,邮电代办所81处。1961年5月25日,因在青田境建设瓯江水电站,丽水县邮电局迁云和镇办公。1962年4月25日,因瓯江水电站停建,云和县邮电局恢复,丽水县邮电局从云和迁回丽水城关镇。1963年5月9日,丽水专区恢复,成立丽水专区邮电处,为省局派出机构,负责督导检查本辖区各县邮电局以及长途电信线务站的工作,并反映专区机关对邮电

通信的需求。

1969年，国务院、中央军委决定撤销邮电局建制，分别成立电信局与邮局。电信局划归军队领导，实行半军事化管理。1969年11月，撤销丽水专区邮电处。12月6日，成立丽水地区电信局，归属丽水军分区领导，不设丽水县电信局；各县成立县电信局，归属人武部领导。1973年3月6日中共中央和5月22日国务院、中央军委通知："电信工作由军事部门领导，给开展业务和对外交往带来很多不便，邮政、电信分开增加机构和人员，也不方便群众，因此决定调整体制，再次予以合并"。同年10月24日，撤销丽水地区电信局和各县电信局、邮局，分别成立地区邮电局和各县邮电局。1975年11月6日，庆元县邮电局恢复。同年，全区有邮电局、所241处，其中县以上邮电局9处，邮电支局43处，邮电所25处，邮电代办所166处。1983年12月，根据浙江省邮电管理局"同一城市只设一个邮电机构"的要求，丽水本级地、县邮电局合并，撤销丽水县邮电局建制，成立新的丽水地区邮电局，担负丽水县范围内的生产经营和领导管理全地区各县邮电局工作以及地区长途电信传输局政治领导的双重职能。地区局局址设在府前大众街3号。1984年10月1日，成立景宁畲族自治县邮电局。至1997年，全区有自办邮电局、所286处，其中地区邮电局1处、县邮电局8处。分支机构有自办邮电支局55处、邮电所34处。邮电代办所188处。

电信公司　2000年7月，根据中国电信集团公司《关于中国电信集团浙江省电信公司组建方案和公司章程的批复》，变更原电信运营机构，丽水地区电信局变更为浙江省电信公司丽水市分公司。县(市)级电信局变更为浙江省电信公司××县(市)电信局。县(市)级电信运营机构保留"电信局"称谓，不作为独立财务核算单位。县(市)电信局的工作重点是进行市场营销、运行维护、综合服务。县(市)电信局在经营活动中，有相对的独立自主权。同年，丽水市全区有自办营业网点44个，租用营业网点28个，电信业务委代办点88个，电信业务缴费点229个。2001年1月1日起，实行分公司县(市)财务一体化管理，以丽水市分公司作为基本核算单位，分公司对县(市)局采取收支两条线的财务管理模式。2002年10月，浙江省电信公司丽水市分公司更名浙江省电信有限公司丽水市分公司，各县(市)电信局更名浙江省电信有限公司××县(市)分公司。2005年，全区有县分公司及市话分局10个，支局所52个。

2008年4月，根据中国电信法人体制调整的总体部署和安排，中国电信股份有限公司以吸收合并方式注销浙江省电信有限公司，新设中国电信股份有限公司浙江分公司。原浙江省电信有限公司的分支机构亦变更为股份公司的分支机构，完成股份公司母子公司体制向总分公司体制的调整。所属丽水市各电信分公司名称亦由浙江省电信有限公司的分公司更名为中国电信股份有限公司丽水分公司，简称"中国电信丽水分公司"。各县(市)分公司名称亦作相应变更。各分公司的基本职能不变，丽水分公司在集团公司和浙江分公司的委托和授权下管理本辖区内电信分公司及其下属分支机构。

2010年，中国电信丽水分公司围绕"调结构、抓管理、促发展"的工作目标，以移动、宽带、增值及综合信息应用和固网语音四大支柱业务为重点，全面完成经营目标和省公司下达的任务。全年中国电信与中国联通共建共享基站136个，电信负责96个。共享联通基站30个，共享移动基站17个。完成小区的光小区改造89个，光宽带覆盖用户4.3万户。

移　动

发展概况　1997年，丽水移动从邮电系统剥离，成立浙江移动通信有限公司丽水分公司(简)。

丽水移动公司下辖龙泉、庆元、青田、缙云、云和、景宁、遂昌、松阳及莲都、南城等10个县(市)分公司，员工1000多人，用户约200万户。有“全球通”“神州行”“动感地带”、TD-CDMA、3G业务等客户品牌为客户提供信息服务。

21世纪，丽水移动响应市委市政府建设“数字丽水”的发展战略，为政府和企业提供移动信息化解决方案，形成涵盖政府、金融、电力、交通、旅游、公安和教育等行业23个的成熟信息化产品。2000年6月20日，丽水移动客户超10万。7月1日，公司实行全面电子流审批。9月，天宁工业区移动机房投入使用，开通割接G2交换机，交换总容量达35万。2002年1月，实行动力值班制度及包机责任制，青田第一个合作营业厅——温溪营业厅开业。2003年5月21日，丽水府前营业厅开业。6月6日，丽水移动公司莲都区营业部正式成立。7月21日，丽水移动综合楼正式启用。7月26日，丽水中山街营业厅开业。12月1日，丽水公司原市场部“数据中心”更名“新业务推广中心”。2004年1月16日，丽水“1860”客服系统顺利归集省公司，实现全省集中。3月31日，通过ISO14001评审。4月，外呼中心成立。5月9日，缙云分公司成立移动手机公司。5月17日，丽水水阁营业厅、青田新大街营业厅、景宁渤海乡镇服务中心等多家新设的区域服务中心和新建营业厅开业。莲都区设立丽水市第一家移动超市。7月23日，“全球通新女士会所”成立。8月11日，“全球通·浙商俱乐部丽水分会”成立，这是全省第5个浙商俱乐部分会暨企业信息化高峰论坛活动。10月27日，市首家区域营销中心——壶镇区域营销中心正式开业。11月1日，丽水市场部的“电话经理远端”正式更名“客户服务室”，由电话经理和投诉处理两个班组组成。

2005年6月，丽水移动营业厅重新进行功能划分，专门设立全球通客户服务专区，开辟中高端客户绿色通道。8月5日，丽水第一家和超市合作的大型手机大卖场在解放路世纪联华超市正式对外营业。营业面积400多平方米，手机品牌40多个。2006年起，丽水移动承担“村村通工程”建设任务，累计投入资金8亿多元，完成覆盖农村的基站近2000个，实现无线网络行政村一级100%覆盖，消除移动信号的“盲区”。11月，公司维护中心QC小组获得由中国质量协会、中华全国总工会、共青团中央、中国科学技术协会联合授予的“全国质量信得过班组”称号。2007年4月，丽水分公司花园路旗舰营业厅正式营业。

2010年1月，丽水市信息化创业创新示范基地暨丽水移动VIP俱乐部正式启用。8月30日，丽水移动开发区(南城)分局成立。11月，中国移动丽水分公司搬迁至中山街2号综合大楼。12月，莲都分公司入驻丽阳街517号办公。

通信技术及业务　1993年12月26日，丽水开通第一部模拟移动电话，标志着丽水开始步入“移动时代”。1996年12月，丽水开通第一部数字移动电话，实现浙江省全面覆盖。1998年11月13日，开通第一台数字交换机。1999年4月，全区开办第一批移动电话代办销售点66家。1999年5月12日，“1861”话费语音查询系统开通；10月15日，1860免费咨询电话开通。1999年12月15日，全区推出实时计费系统。

2001年2月11日，丽水第一个室内分布系统——罗马大厦地下室联华超市开通。2月20日，开始城区管道建设。2月底，丽水市基站监控设备启用。2001年3月19日，模转数开始。4月9日，代销管理系统正式启动。4月24日，市政府牵头召开模拟转网协调会。6月28日，330国道丽水—缙云复线实现全覆盖，成为浙江省最早投入使用的自建传输线。9月7日，丽水天宁工业区移动机房启用，开通G1、G2交换机，容量达35万。11月3日，HLR3割接入网。11月17日，G3交换机割接入网，GSM 的交换设备和莲都区的 BSS 设备全部搬迁割接到天宁机房。11 月 30 日，GPRS 开通。12 月 30 日，关闭模拟网所有信道和基站。2002 年 1 月 10 日，丽水市完成 CMNET 一期工程。4 月 29 日，GPRS 开始进入试商用。6 月下旬，方正电机实现信息化全面解决，为非移动话音领域跨出第一步。8 月 25 日，完成全网调测工作，C3 本地网全线贯通。8 月底，丽水移动 C3 本地网全网成环。9 月 1 日，丽水“校园网”启动。9 月 27 日，DCN 系统补充程序开发完成。10 月初，C3 本地网通过初验。10 月 26 日，彩信业务开通。10 月 28 日，GPRS 三期扩容，全部 BSC 实现 GPRS 功能。12 月 19 日，对丽水的吕步坑基站开启 HR 功能，阿尔卡特公司在国内率先使用。2003 年 1 月，丽水市完成金温铁路丽水段一期信号覆盖解决方案，金温铁路覆盖率 95.3%。3 月 27 日，丽水第一个移动电话村在遂昌县大茂坑建成。4 月，丽水校园动感地带全面启动。6 月初，改革对账单，启用短信帐单新形式。12 月 5 日，丽水首家“全球通医院”在遂昌县西畈乡揭牌开业。12 月 26—27 日，丽水运建部扩容 HLR2，HLR2 的容量从 30 万增加到 40 万，扩容完成后，丽水 HLR 的容量达到 80 万的用户数容量。

2004 年 1 月 1 日，丽水市推出自由卡 B 套餐。2 月，在全市启动黑名单功能。4 月 28 日，推出神州行本地卡 B 套餐。5 月，G2/G3 交换机开启 IMEI。同月，完成凯恩小区的 RAIUS 服务器安装，结束丽水对个人用户没有认证的历史。6 月，开展虚拟网封顶工作，完成无线的 MR6 升级。同月，完成中兴 MF 安装测试及话务台测试，解决 ONU 不能出即时话单的问题。8 月，完成 LSHHLR02 扩容工程，动态容量扩容 20 万。9 月，完成与联通、铁通互联传输设备分离和扩容的硬件安装，完成与电信第二机房传输路由的互联共建。9 月 15 日，公司与丽水电信签定互联备忘录。10 月 19 日，市慈善总会、丽水日报社、丽水移动三家联合签署“募捐短信平台合作协议”。11 月 9 日，丽水 9 个县市全部完成 BOSS 系统终端进行高可用性配置的更改。12 月，丽水分公司召开 3G 规划启动会。2005 年 2 月 3 日，移动商城丽水专区正式开通，用户登录 www.zmshop.com/0578 就可以访问。5 月，丽水高端用户预警平台开发完毕并投入试运行。7 月，完成话费直通车附加服务功能开发，话费直通车增加预缴查询，预缴定制等服务，为客户方便、清楚的查询帐务情况提供新的有效途径。7 月 8 日，丽阳街营业厅试用电脑自动排队叫号系统。8 月，省公司审核确定丽水 G12.2 新建基站 106 个，新增载频 200 个。8 月中旬，丽水 9 个县市均完成分县卡升级。10 月 22 日，渠道管理系统割接完成。12 月 23 日，丽水小区短信功能开通。2006 年 5 月 22 日，丽水传输机房完成对试点基站传输 3G 整改，并完成对莲都区 3G 站点 56 个的传输扩容和 DDF 架整改。11 月 14 日，LSHSD1/2 新关口局割接入网启。2008 年 8 月 5 日，温州机场丽水西站候机厅暨中国移动全球通贵宾候车厅正式启用。10 月 16 日，铁通公司的营业受理窗口进驻丽水分公司营业厅，正式对外受理铁通宽带、固话等业务。

2009 年 2 月 13 日，丽水移动召开 3G 启动运营新闻发布会，向现场领导和嘉宾展示视频通话、CMMB 手机等 3G 业务，取得良好效果。5 月 6 日，浙江移动与丽水市政府成功签订《全面合作框架协议》，丽水移动与丽水市政府信息办签订《信息化具体合作协议》。

2010 年 1 月 14 日，丽水移动与莲都区人民政府举行《全面战略合作框架协议》签约仪式。6 月 10 日，丽水移动与中国建行丽水分行举行战略合作框架协议签约仪式。6 月 13 日，丽水移动与丽水职业技术学院签订战略合作框架协议。12 月 28 日，丽水移动与丽水市人民政府办公室签订《丽水市人民政府市直单位政务外网机房集中租用项目合作意向协议》。12 月 29 日，丽水移动与丽水市工商业联合会（总商会）共同签署战略合作框架协议。

G3 技术　1998 年，G3 提交提案。2000—2001 年，TD-SCDMA 标准确认为第三代移动通信国际标准之一。2004年，初步形成产业链。2006年，规模网络技术应用试验。2007年，扩大规模网络技术应用试验。2008年4月1日，正式启动TD试商用放号。2009年1月22日，丽水市首个TDSCDMA试点基站开通，进行可视电话等3G业务演示，标志丽水市正式迈入3G新时代。3月7日，开通全市TD实验网。3月31日，完成浙江省首个视频监控项目——缙云公安视频监控项目一期工程。5月，TD网络覆盖9个县(市、区)城区及主要乡镇。9月实现中国移动无线信号在所有行政村的全覆盖。11月6日，丽水移动合成革在线监控系统数据采集项目完工，标志着丽水信息化项目建设进入环保行业。2010年，丽水移动运营收入达9亿元，同时加快网络转型，至同年底网络容量超过250万门基站超过3000个，行政村覆盖率100%，有线网络覆盖90%以上。

联　通

机构　丽水联通下辖有莲都、龙泉、青田、缙云、遂昌、松阳、云和、庆元、景宁9个县(市、区)分公司，负责丽水市WCDMA、GSM移动通信和固定电话、IP电话、数据通信、互联网接入应用等多种业务的建设和经营管理。

中国联合网络通信有限公司丽水市分公司是由中国联合通信有限公司丽水市分公司(简称原丽水联通)和中国网络通信有限公司丽水分公司(简称原丽水网通)融合重组成立。1997年3月30日，中国联合通信有限公司丽水市分公司成立，办公地点设在丽水市(县级)灯塔街118号处州大酒店。7月底，开始筹建，1998年4月挂牌。1999年3月5日，对外试运营，营业厅设在解放街268号。2000年8月8日，丽水联通与浙江国信通信丽水分公司①融合。2001年2月16日，丽水联通县级分公司更名县级经营部。2003年8月13日，设立莲都区经营部，营业厅搬迁到大洋路588号。2004年6月28日，各县(市、区)经营部更名分公司。10月1日，丽水联通营业办公大楼落成启用，地址为丽水大洋路489号。

2008年6月3日，国家电信体制改革，中国联通公司与中国网通公司融合重组，组成中国联合网络通信集团公司。11月30日，丽水联通与原丽水网通融合重组，成立中国联合网络通信有限公司丽水分公司筹备组。12月30日，完成机构设置、人员配备、工商登记、办公区域调整工作。2009年5月20日，中国联合网络通信有限公司丽水市分公司正式成立，注册资金1亿元，分公司设丽水市区(县级)大洋路489号。2010年12月，丽水联通拥有员工570人，固定资产原值99419.44万元。拥有30.29万移动用户，4.16万宽带互联网用户，3.91万固定电话用户，年收入18017.19万元，收支差-7016.86万元。

企业发展　1998年，丽水联通GSM首期工程动工，投资5000万元。同年底，建成控制器1个，基站10个，光缆线路350千米，网络覆盖(龙泉、云和、遂昌、松阳、青田、缙云、丽水)7个县(市)。1999年2月15日，对外放号试营业。3月5日，正式开业。同年，建成GSM网基站31个，交换局1个、架设120千米光缆，搭挂20千米光缆、建龙遂线100千米杆路。与电信局签订2000年建成接口局协议。

2000年3月，浙江数字移动通信GSM网四、五、六共三期丽水工程竣工通过验收。8月7日，丽水GSM网五期工程的12个基站陆续开通，8月16日，实现并网。2000年，新建基站44个，新

① 浙江国信通信丽水分公司系原丽水邮电局的无线寻呼公司，1998年6月1日，成立浙江省无线寻呼公司丽水分公司；9月更名“浙江国信通信有限公司丽水分公司”，下辖8个县市分公司，莲都由市公司直辖。

建光缆干路线500千米。完成2.5G省干网和本地网传输工程，建成PSTN接口局，完成一系列数据工程、“130”计费系统、客户服务系统工程建设任务。新增交换机容量4.5万门（累计7万门），完成130与寻呼直连工作；完成与移动公司互联转接“165”、“17910”、紧急特服号。11月28日，开通“13004691001”客户服务热线。

2001年3月1日，浙江数字移动通信GSM四、五期丽水工程通过省公司初验。9月4日13时，开通首个CDMA电话。10月19日，开通丽水G网七期和C网一期基站。建GSM900、DSC1800和CDMA网络3个。GSM基站累计交换容量29万门，基站总数250个，建CDMA基站40个，容量2万门。新增光纤杆路900千米，累计光缆线路2000千米，建管道315孔千米，建SDH传输网形成环路保护，确保光缆受阻时业务不受影响，完成丽水市8县（市）营业系统联网和数据VOIP三期、ATM二期、UMNET互联网扩容工程。实现1001客户服务系统升级、全省联网。“193”、长途“17910”、“17911”、“165”互联网开通运营。“1001”客户服务热线每日24小时开通，以“闭环处理”流程模式，解决客户各种投诉问题。同年底，“130”网络覆盖全市90%乡镇。手机用户过10万户，寻呼用户过12万户。实现收入突破1亿元，收支差额1700万元。

2002年3月14日，丽水分公司室外微基站“争光工程”建设经验得到专家、同行认可。5月，中国联通浙江数字移动通信丽水GSM六期工程和联通新时空浙江数字移动通信CDMA网一期丽水工程竣工通过验收。8月，中国联通浙江数字移动通信丽水GSM七期工程竣工通过验收。完成CDMA网络割接、移动交换局动力机房改造、综合网管系统、七号信令监测系统、运维专网在内的运维支撑系统工程。至同年底，拥有GSM基站320个，CDMA基站230个。两网交换容量31万门，HLR容量45万门。新建光缆杆路750千米，地下管道123孔千米。3月8日，试放133CDMA网号。8月16日，联通寻呼兼并“八一”台。10月21日，中北台决定退出丽水寻呼市场，完成丽水社会寻呼台兼并工作。11月13日，完成省分公司下达的发展CDMA业务任务。12月28日，与浙江广播电视集团丽水记者站、浙江人民广播电台交通之声联合举办“金丽温高速公路丽水段顺利通车”大型现场直播，展示中国联通CDMA网风采。2002年，实现全年业务收入1.38亿元，GSM、CDMA两网净增用户8.4万户（用户总数累计20万户），市场份额从上年33%提高38%；移动收入份额从17.5%提高到18.8%，超全国平均水平。

2003年，丽水市成立数据部，县市设立数据专管员，启动数据互联网和IP卡重点业务，推出“集信通、秘书台、如意邮箱”业务。同年，建立大客户星级俱乐部，增强客户服务中心及各县（市、区）营业厅力量，改善前台服务条件，形成“后台为前台、前台为客户、上下协同配合”机制，提升服务质量，促进转型“品牌服务”。同年，建成光缆2000千米；10月，位于大洋路489号丽水市分公司新大楼开工。

2004年3月19—20日，丽水市完成动力机房电池扩容。8月，浙江数字移动通信GSM网八期丽水工程竣工通过验收。10月1日，丽水联通综合营业大楼落成启用，总投资1100万元，工期1年，建筑面积3800多平方米。一楼莲都营业厅暨手机大卖场同日隆重开业。同月，新时空浙江移动通信CDMAC3网一期丽水工程竣工通过验收。11月，中国联通浙江本地传输接入网二期丽水工程竣工通过验收。10月16日至11月30日，开展系列活动，服务市场，提升公司形象。

2005年1月，本地传输网一期工程竣工通过验收。2月，浙江数字移动通信GSM网九期丽水工程竣工通过验收。8月，本地传输网二期丽水工程竣工通过验收。全年承建、新建和续建大小工程项目16项，总投资2亿元。新建、搬迁GSM、CDMA站点172个，室内分布系统40套，建杆路138.9千米，铺设光缆381.1千米。推广"农民信箱"，为农民、农业生产提供便利。开设完善查费、计费、缴费和客户投诉等多种服务创优平台。向客户作4项承诺"话费误差，双倍返还""短信差错，先行赔付""坚决制止消费陷阱、服务协议公平诚信""话卡余额、妥善处理"，保障用户利益。

2006年，丽水市基本完成G13、G内5、C内5、06本地网工程、C3.2遗留工程；完成G9、G10、04本地网、室内分布三期工程竣工验收；完成G11、05本地网、省干六期、室内分布四期等工程初验和金温铁路、丽龙、龙丽高速公路覆盖工程。开展G14工程前期工作。完成G网十一期、接入网三期等工程项目30个竣工财务决算编制及资产转固工作。完成营业厅装修、土建施工等项目18个招（议）标工作。5月26日，开通浙江省首家县（市）级数字城市管理系统，实现"万米单元网格管理法"和"城市部分管理法"的精确、高效、全时段、全方位城市管理。公司全年不间断开展系列劳动竞赛、技能比武，设立每季度专题培训计划，每月确立学习重点，每周进行业务测试，提升客服人员服务意识。完善内外监督体系，拓宽社会监督渠道，聘请社会各界担任"服务质量监督员"。

2007年1月16日，丽水市成立网上商城建设工作小组。3月5日，落实G/C两网专业化经营工作部署，两网经营部各司其职，推动CDMA和GSM业务持续健康、有效发展，提升两网专业精细化管理水平，增强企业综合竞争力。4月1日，网上商城上线，27日，放"153"号段号。9月4日，开放156号段号。同年，完成C/G两网宏基站521个；微蜂窝基站662个；G、C两网无线总容量77万门，其中GSM有53.7万门、CDMA，有23.3万门；累建省内干线光缆258千米皮长；本地网光缆4800千米皮长；完成G15、G16、本地网6期、骨干层优化、室内分布和C5、C6零星工程。

2008年，丽水市完成移动GSM工程G16、G17、G18三期工程和GSM工程传输项目、前期遗留工程项目验收清理工作，完成G15期、G16期工程验收；新建GSM、900M基站185个，GSM1800M基站40个，主设备替换200个，搬迁基站10个。3月15日，中国联通网上营业厅开通，陆续推出网上话费查询、交费充值、购买全国"一卡充"充值卡、办理3G套餐、购买3G终端、网上积分兑换等功能，成为中国联通全业务销售的重要渠道。5月24日，国家深化电信体制改革，鼓励中国电信收购中国联通CDMA网（包括资产和用户）。6月24日，启动C网交易尽职调查工作。7月20日，完成尽职调查、资产清查。7月25日，与丽水电信签署CDMA网业务、资产详细协议。8月1日，与丽水电信联合运营过渡期间CDMA网业务。9月30日，联通、电信启动CDMA网络割接，10月1日，完成C网出售。同月，丽水联通与丽水电信成立"共建共享"小组，开展电信基础设施共建共享工作。1—30日，双方合力完成各县（市、区）（宏、微）基站19座选址及基础建设任务。11月5日，《人民邮电报》刊登报道丽水联通实施批量共建共享基站站点情况，年末，原联通有员工398人，固定资产原值67754.55万元，拥有移动用户27.52万户，宽带互联网用户0.24万户，固定电话用户0.32万户，年收入180052.97万元，收支差-4474.54万元。

2009年3月，丽水市启动DCN整合工程，11月27日，完成DCN网络主备平面倒换应急测试，DCN整合工程结束。整合后，DCN网利用VPN技术划分不同业务子网，统一互联网出口与集团出口，双平面备份保护，实现安全分层控制。10月10日，丽水联通在丽水飞达大酒店举办3G业务正式商用发布会，WCDMA3G业务正式推出。11月，开始推行部门联系县（市、区）分公司试点工作制度。2009年，完成档案目标管理达标。

2010年，丽水市完成集中客服热线、运维响应市场、税务筹划、C网产权过户等工作。

其他通信企业

铁通　中国铁通的前身是铁道通信信息有限责任公司，于2000年12月20日成立。2002年1月16日，中国铁通集团有限公司丽水分公司成立，是中国铁通集团有限公司的地级市分公司。分公司经营除移动业务以外所有的电信业务。2004年1月20日，铁通公司由铁道部移交国资委管理，更名“中国铁通集团有限公司”，是国有大型基础电信运营企业。8—9月，成立中共中国铁通丽水分公司支部。实现与电信、移动、联通的互联互通，开始对外放号。分公司下设综合办公室、财务部、市场部、网运部、建设部、莲都区城东经营部和城西经营部、青田经营部、温溪经营部、缙云经营部、壶镇经营部。公司拥有固定资产近亿元。同年，公司拥有固定电话1.2万户、宽带2000户，经营收入550万元，接入网点35个、语意端口3.5万线、宽带端口6000线。公司接入网主要分布在莲都、青田、缙云三县(区)。2005年，收入1034.13万元，新增固定电话1万台，新增宽带2333线，全年网络建设立项投资总额1569万元。语音端口增加56.6%、宽带端口增加61.3%。

网通　丽水网通前身是浙江省通信股份有限公司丽水分公司，2002年12月25日，开始筹备，12月28日，丽水网通公司位于九里邮件运输站的母局机房装修改造工程开工。2003年1月17日，完成工商登记。1月23日，设立办公地点在丽水市区解放街399号(中国银行大洋支行七楼)。2003年2月10日，九里母局机房传输与交换设备开通。5月18日，公司LAN方式宽带开通使用。5月23日，与市有线广播电视传输中心签订宽带互联接入网合作协议，共同发展丽水市莲都区内住宅用户的宽带接入业务。5月28日，丽水通信与广电合作营业厅开始正式受理宽带业务。7月18日，浙江省通信股份有限公司丽水市分公司正式成立。

2004年2月25日，丽水分公司青田筹备组成立。4月29日，丽水分公司松阳筹备组成立。9月24日，浙江省通信股份有限公司丽水分公司更名中国网络通信集团公司丽水分公司，同时完成工商注册登记。同年，推出语音导航业务和新互动v电话(不漏接)业务，推出网通门户网站。新增网点40个，光缆1000米，固定电话交换能力5万门，完成固定资产投资1000万元。10月15日，成立中国网络通信集团公司丽水分公司青田经营部和松阳经营部。

2005年1月28日，网络超级传真业务正式推广。2月25日，增开丽GW/LS至杭州天极峰IP语音接入网关的1×2M测试电路。5月18日，丽水本地核心路由拨号路由正式启用；6月20日，瓯江影院加入省公司流媒项目工程(CDN)，有效缓解流媒体服务器瓶颈问题，面向浙江省全省网通用户开放。7月2日，设立“电脑急救中心”，开通服务热线“2500990”，接受市区所有电脑用户咨询和排除电脑软件故障；7月6日，与丽水市联邦公司合作开展的网上查号平台“0578114”项目正式启动。9月13日公司网站中文域名由“丽水网通网站”正式更名“瓯江在线”；并进行vod.zjlscnc.com新页面测试。11月6日，电信关口局与新建独立关口局割接，公司新建S1240独立关口局与本地其他通信运营商的割接工作全部完成。12月5日，数据三期扩容，增加华为85系列交换机一台，BRAS设备一台。12月29日，青田温溪本地网组环，增强青田温溪的语音本地网安全性。同年，完成智能网二期割接工作；新建接入网点30多个。

2006年1月6日，完成水阁接入点5个和青田温溪接入点7个的传输环路保护割接工程。4月22日，丽水分公司异地移动电话主叫号码显示加零功能顺利升级。7月27日，炎黄互动—瓯江影院正式上线，片源30000多部。11月30日，丽水网通宽带用户突破万户大关，达到10036户。12月26

日，经松阳县政府批准并授权松阳县公安局、县城建监察大队与公司正式签定“平安松阳城市综合管理监控项目”框架协议。

2007年2月19日，边锋游戏网通服务器正式上线运行。2月28日，松阳平安县城视频监控项目经省公司批复下达，该项目总投资500万元，摄像点接入80个，可容纳1000个点平台，年内完成。4月18日，新开温州方向数据2.5G。6月8日，为满足业务发展需要，新增丽水—金华2.5G电路。8月15日，部分至北方十省的省际长途话务割入骨干软交换网；9月18日，作为浙江省试点单位，成功实现华为DSLAM设备与端口的绑定功能。9月23日，NGN试验网割入ENIP平台。10月9日，成功签约浙江泰隆银行台州至丽水电路2M/MSTP和10M/SDH各1条，年收入约16万元。11月1日，正式启动网格化营销。

2008年1月10日，调整市场部组织架构，撤销营销中心，建立4个商企客户销售团队，正式推行组团营销。2月29日，分公司LS局顺利割接至ENIP平台。4月17日，分公司与浙江艾莱依羽绒制品有限公司签定通信接入协议，受理电话约200门。6月3日，原丽水联通与丽水网通重组成的丽水联通。年末网通有员工101人，固定资产原值12865.29万元，拥有宽带互联网用户2.17万，固定电话用户3.03万。年收入2765.45万元，收支差-841.15万元。6月20日，本地网10G新建工程。

丽水网通于2004年完善薪酬机制，实行岗位、绩效挂钩，保障有序运作。2005年，实施代维体制改革，全面预算管理、监控重点成本项目管理。实现“工程”“市场”行为规范，改善企业环境。实行收支两条线管理，实现“网银”划账，减少“在途”资金，月收入上缴率达95%。推行绩效考核，做好薪酬分配，提升业绩优秀的10%员工，黄牌警告业绩较差的5%员工。制定《丽水市分公司2005年各部门经营业绩考核办法》，提高各部门管理水平。定期组织安全生产工作检查(7次)，督促整改办公场所、母局机房、各接入网点等重点防范区域出现的隐患，实现安全生产工作从被动防范向源头防堵转变。建立绩效薪酬模式和绩效考核机制。建立晨会制度、案例剖析制度、走访客户日志制；实行公开竞聘上岗工作，完成公开竞聘岗位34个。每月评选“优秀营销团队”“营业窗口营销能手”，调动销售人员积极性。

2006年，实行片区经理负责制、产品经理负责制，流程化管理产品。注重关键用户的管理。建立大客户档案制度、案例剖析制度，完善一线营销员、代理商考核机制。规范工程管理，利用PMS建设管理系统实现客户工程计划的实时监控管理。建立健全贯彻落实工程相关制度，注重工程设计、施工、监理、结算全过程精细化管理，实现结果导向与过程并重，工程项目规范率大于90%。推行价值管理，以全面预算管理为中心，有效分解和考核办法延伸企业目标任务，注重EBPPDA持续改善和不断优化现金流。加强资产精细化管理，制定固定资产管理办法，实现资产条形码管理。开展不良资产清查效能监察和治理商业贿赂专项整治。执行与省公司签订的《网通铁津承诺书》。加强法律风险防范管理，清理和法律审查既往重点合同，实行合同电子化流转。建立健全《营业员岗位职责》《服务公约》，建立学习和奖惩制度。

2007年，实行重大项目执行经理负责制和报备制。制定终端管理办法、建立终端月报表制度、设兼职岗，专项管理、及时收集整理所有故障终端，从源头制止乱赠送、乱更换、更换无记录、更换后原故障终端不收回等不良习惯。全年终端(猫、话机、计算器)三大件节约成本30万元。建立固定资产问质制、循环盘点制，实现资产信息网络化管理。8月，新增固定资产粘贴条形码标签，编制《固定资产循环盘点表》，确保固定资产的“账、卡、实、标签”四相符。严格执行欠费管理办法、停拆机流程，加强宽带套餐用户管理和收费渠道建设，降低逾期欠费率。整治母局、接入网点的安全隐患和凌乱状况制度上墙，配备相应仪器仪表、工具等设施加强管理。对运维纪律、例会、值班、维护技表、交接班制度落实检查监督；规范应急预案、割接管理办法、业务开放、资源管理、台账管理等各项业务流程。12 月，通过省公司“维运班组标准化”验收。

第二节　邮电机构

邮电管理机构

古代邮驿　丽水四周皆环山，道路崎岖。隋代建州设县后，州县通路相继拓辟，逐步形成南通闽北、北达台婺、东引瓯地、西交三衢的古道。唐代，处州出现邮驿通信，成为中国古代最初的邮电管理机构。唐开元年间（713—741），丽水东北 20 千米桃花岭，为跨越丽缙二邑之通京驿道，自杭州经西北行约 157.5 千米，至睦州（淳安），80 千米至婺州（金华），130 千米至处州（丽水），135 千米至永嘉（温州）。

宋代，邮驿沿袭唐制，每二十里设一驿，非通途大道设馆，每十里设一递铺。据史书载，处州设驿站 6 处，邮亭 1 处。缙云县设二驿一馆，其中五云馆[①]位于县北 25 千米[②]，东通台郡，西北接永康；隘头驿位于县南 15 千米桃花岭；云塘驿，位于三里街附近。龙泉县设四驿一亭，其中云水驿位于县北绿绮坊；梧桐驿位于县东北 7.5 千米；荆言驿位于县东观光门外；大石驿位于县东二十都；邮亭位于龙泉县浮桥东偏街书亭之南。

元代，称驿站为“站赤”，按市镇座落位置设立，每 35—40 千米置一站赤，内设驿令或提领主其事。至元十三年（1276），处州路（府）置站赤 5 处，其中马站 3 处，水马站 1 处，水站 1 处。

明洪武初年，总制孙炎重建，设驿丞、驿吏各 1 人。青田县芝田驿，位于瓯江南岸滨溪。县尉司改建，设驿丞、驿吏各 1 人。明代中期，处州设驿站 11 处。栝苍驿，位于府治西。明嘉靖三十六年（1557），处州知府高超重建，设驿丞 1 人，驿吏 1 人。

明代处州各县铺舍一览

表 10-6-2-1

县名	铺 舍 名 称	铺数（个）
丽水	府前铺、九曲、岩前、俞岭、刘山、茭青、峡山、周瑞、九龙、碧湖、保定、玉溪、均溪、厦河、金村、白善、茭坑	17
龙泉	县前铺、临江、白雁、杨梅、独山、朱均、蛤湖、大石、武溪、井水、豫樟、独田、青坑、藤滩、查田、大梅	16
青田	县前铺、携仁、沙埠、北岸、东岙、雷石、小洋、腊溪、戈溪、练岙、海口、小群、金水、腊口、古竹	15

① 原名缙云馆。

② 2010 年属缙云县黄碧街。

续表 10-6-2-1

县名	铺　舍　名　称	铺数(个)
云和	县前铺、柘下、云坛、临海、小顺、七赤、石塘、锦川	8
庆元	县前铺、金村、水寨、黄荆、梓亭、大泽、枫树	7
缙云	县前铺、东渡、荆坑、隘头、黄龙、龟溪、黄碧、仙岩、深渡、胡陈、马面、冷水	12
遂昌	县前铺、杭头、资口	3

清代初，处州有驿站4处，养膳应差夫138人。丽水县驿，配驿夫61人。栝苍驿，配水夫14人，运夫7人，驿皂2人。清康熙元年(1662)，归并县典史兼摄。同年，青田县芝田驿裁并，更名青田县驿，由县典史兼管，配驿夫14人。缙云丹峰驿裁并，更名缙云县驿，由县典史兼管，配驿夫42人。清同治五年(1866)，海关邮政出现，这是中国近代邮政机构。清光绪三十二年(1906)，邮传部成立，但被外籍洋人所控制。清宣统三年(1911)，辛亥革命后，大清邮政改组，更名中华邮政。相继裁撤原有驿站、铺舍。

民国邮电管理机构　民国元年(1912)12月1日，邮政局改为邮务局。民国3年，统一更名邮局。杭州邮政总局更名为浙江邮务管理局，统辖全省邮政业务。民国11年，处州设二等邮局3个，三等邮局4个，代办所14个。民国20年，浙江邮务管理局更名浙江邮政管理局。同年，交通部邮政总局公布全国各县邮局新旧名称对照册，册中旧名称处州，更名丽水。1949年5月21日，丽水县军管会接管丽水邮局。丽水邮电管理机构正式替代邮政驿站。同年6月，全区设二等甲级邮局1个，二等乙级邮局2个，三等甲级邮局2个，三等乙级邮局6个，代办所152个，信柜117个，邮票代售处10个，邮站98个。其中，丽水为二等甲级邮局。青田、龙泉为二等乙级邮局，缙云、松阳为三等甲级邮局；碧湖、云和、庆元、壶镇、遂昌、景宁为三等乙级邮局。

清代至民国时期丽水各县邮政机构设置一览

表 10-6-2-2

初办邮政时名称	开办邮政业务时间	改升邮局时间
处州邮政分局	清光绪二十六年(1900)六月一日	民国3年(1914)1月为二等邮局
青田邮政代办支局	清光绪二十九年(1903)闰五月二十七日	宣统元年(1909)12月29日改升邮政分局
缙云邮政代办支局	清光绪二十九年(1903)七月二十八日	民国18年(1929)2月14日改升三等乙级邮局
松阳邮政代办支局	清光绪三十年(1904)五月十五日	民国5年(1916)3月29日改升三等邮局
龙泉邮政代办支局	清光绪三十年(1904)六月十四日	民国元年(1912)10月13改升邮局
遂昌邮政代办支局	清光绪三十年(1904)五月二十四日	民国9年(1920)6月改升三等邮局
云和邮政代办所	清光绪三十四年(1908)七月一日	民国9年(1920)10月14日改升三等邮局
庆元邮政代办所	清宣统元年(1909)十月八日	民国24年(1935)2月15日改升三等乙级邮局
景宁邮政信柜	清宣统元年(1909)五月十八日	民国13年(1924)改为邮政代办所，22年改升为三等乙级邮局

当代邮电管理机构　1949年10月，中华人民共和国成立。1951年8月15日，丽水专区邮电督导组成立，管理和督察全区邮电通信，县邮电局局长兼任组长。1952年5月1日，丽水专区撤销，专

区邮电督导组随之撤销。1963年5月9日，丽水专区恢复，下辖丽水、青田、缙云、遂昌、云和、龙泉6县。7月12日，丽水专区邮电处成立，为省局派出机构。“文化大革命”期间，专区邮电处工作陷于瘫痪。1969年12月6日，丽水地区邮、电分设，撤销丽水县邮电局，成立丽水邮政局和丽水地区电信局；电信局归丽水军分区领导，县邮政局归地区交通邮政局领导。1974年9月11日，丽水地区邮电局革命领导小组成立。1983年12月19日，贯彻浙江省邮电管理局“一城一机构”的指示，丽水地区邮电局、丽水县邮电局合并，统称为丽水地区邮电局。1988年3月，丽水地区邮电局实行局负责制。1998年，信息产业部做出邮政、电信分营的决定，丽水地区分别成立地区邮政局和地区电信局。2000年7月，浙江省电信公司丽水市分公司成立，从此，丽水电信企业从政企合一模式开始企业化运营。2001年，浙江省电信实业集团丽水市有限公司成立。2007年，浙江省电信有限公司丽水市分公司更名中国电信丽水分公司。

邮电转运机构

古代邮件转运机构 中国古代通过驿站转运、投递信件等业务。元代，缙云县胡陈站①，配马10匹；缙云站，配马44匹。丽水县刘山站，配马30匹；丽水在城站，配马20匹，船5只。青田县戈溪站，配船5只，作为驿站转运、投递信件工具。

明洪武十四年(1381)，知县董大本建竹隆公馆，位于浙闽地界，为上司驻节之所。明代却金馆，官斯土著所建，立坊揭书于道左。明宣德年间(1426—1435)，吏部尚书何文渊守温郡时，朝觐赴京道经丽水东北20千米冯公岭，夜宿旅邸，永嘉县丞于建遣子怀金相赠，文渊笑却之。缙云县丹峰驿(旧名云塘驿)，位于县南200步，就记述驿站的情况。明嘉靖年间(1522—1566)，知县陈泽上请鼎建。明万历六年(1578)，知县钟宇淳创建古楼公馆，位于景宁县渤海驿。明正德七年(1512)建，客通青田驿路。高洋驿，位于四都黄垓隘②，客通庆元驿路。明代中叶，处州商品经济逐渐兴起。明代，处州急递铺很普遍，府州县四境都有，凡十里一铺。处州十县设铺舍97处。其中，丽水县17处，青田县15处，缙云县12处，松阳县9处，庆元县7处，遂昌县3处，龙泉县16处，云和县8处，景宁县3处，宣平县7处。

清顺治年间(1643—1661)，遂昌县置偏僻3铺，铺司兵9人；宣平县有7铺，铺司兵21人。清雍正年间(1722—1735)，撤销抵达宣平县的白善、茭坑2铺；青田县置冲要15铺，铺司兵78人；缙云县置冲要7铺、偏僻5铺，铺司兵51人；松阳县置冲要7铺，偏僻4铺，铺司兵47人；龙泉县置冲要16铺，铺司兵73人；庆元县置偏僻7铺，铺司兵11人；云和县置冲要7铺，偏僻1铺，铺司兵38人；景宁县置偏僻3铺，铺司兵7人。清乾隆七年(1742)，复建遂昌县饭堂公馆，公馆位于十四都，去治45千米，界接龙泉。瞻华公馆，北邑20千米界接龙游。

清光绪二十二年(1896)，大清邮政成立。清光绪二十六年六月一日，大清邮政处州分局成立(也称内地局或内地支局)，隶属温州邮政总局，副供事叶鸿遇管理局务，租用民房办公，局址在丽水城内牛厂③。当时地方混乱，条件较差，工作困难。七月，处州分局暂时关闭。九月第一周，处州分局重新开局营业。

---

① 2010年属缙云县壶镇镇。

② 2010年属龙泉市蛟垟一带。

③ 2010年位于囿山路附近。

清光绪二十六年(1900)6月19日《温州海关报告》载，处州置全泰协民信局1所，设永康、金华和兰溪分局3处，信件可以经兰溪转到杭州、绍兴、宁波。处州与兰溪、宁波、杭州等地均有商业往来。处州民信局派人每月往返兰溪9趟，每封信资费为制钱30文。

清代，各县四境都有急递铺，每十里设铺一处，配铺兵4人(偏僻铺2人)，铺长1人。凡公文一到即刻递送，昼夜兼程；稽留者分别治罪；公文损坏沉匿拆动原封者亦分别治罪。处州置铺舍99处，铺司兵418人，其中丽水县置冲要9铺，偏僻8铺，铺司兵83人。

民国邮电转运机构　民国元年(1912)邮局开始划分等级，分为一、二、三等，处州邮局核定为二等邮局，下辖碧湖代办所一处。民国8年，规定所有邮件须交邮局经转。当时许多民信局对官府“限令”置之不理。处州全泰协民信局也未挂号登记。民国17年，全国取缔民信局。民国21年4月20日，丽水邮局迁址酱园弄，租用民房办公。同年，丽水邮局调整为二等乙级邮局。民国23年6月，丽水邮局与电报局合署办公，迁址槐花树下[①]，租用民房办公。12月，浙江民信局全部停业。民国24年9月，丽水行政督察区设二等乙级邮局3处，三等乙级邮局5处，代办所22处，信柜13处，邮票代售处2处。民国27年1月，杭州部分机关、学校、商店、工厂迁入丽水、云和、龙泉等地，丽水邮政通信业务激增。民国28年2月，浙江邮政管理局设立丽水办事处。6月1日，丽水邮局调整为二等甲级邮局。民国31年6月23日，日本侵略军侵犯丽水，丽水邮局迁入俞村、陶庄。8月19日，再迁大济村。8月28日，丽水县城克复。9月1日，丽水邮局回迁丽水县城复业，原址遭日本侵略军焚毁，改租耶稣堂。同年，丽水(第九)行政督察区所属各县设二等甲级邮局1处，二等乙级邮局3处，三等甲级邮局4处，四等邮局2处，代办所46所，邮票代售处17处。民国32年6月，丽水调整为小区代表局。民国33年8月24日，日本侵略军第二次侵犯丽水，丽水邮局再次搬迁俞村。9月29日，再次回城复业。同年，丽水(第九)行政督察区所属各县设二等甲级邮局5处，二等乙级邮局4处，三等甲级邮局2处，三等乙级邮局4处，四等邮局1处，代办所108处，邮票代售处6处，信柜71处。其中，丽水、碧湖、云和、龙泉、景宁为二等甲级邮局；青田、缙云、壶镇、松阳为二等乙级邮局；庆元、遂昌为三等甲级邮局；小顺、盖竹、查田、古市为三等乙级邮局；八都为四等邮局。民国34年9月，抗日战争胜利，撤到丽水、云和、龙泉等地的省级机关及杭州地区单位相继回迁杭州，丽水邮政业务随之下降。10月18日，丽水邮局迁至府前农民银行原址办公。民国35年3月1日，再次迁址西园庙[②]，租用民房办公。

当代邮电转运机构

丽水市邮电局　1951年8月15日丽水、龙泉、庆元、云和、景宁县邮电局划归温州专区邮电督导组；松阳、宣平县邮电局划归衢州专区邮电督导组；缙云县邮电局划归金华专区邮电督导组。

1963年5月9日，丽水专区恢复，下辖丽水、青田、缙云、遂昌、云和、龙泉6个县。7月12日，丽水专区邮电处成立，为省局派出机构，负责督导检查下辖各县邮电局、长途电信线务站的工作，办公地址在继光街132号。

“文化大革命”时期，专区邮电处工作陷于瘫痪。1968年11月，根据省革委会生产指挥组批示，

---

① 2010年处莲都区政府附近。

② 2010年在市防疫站后面。

专区邮电处并入县邮电局，各县邮电局革委会统一领导下开展斗、批、改。1969 年 12 月 6 日，成立地区邮电局临时领导小组，撤销专区邮电处。1974 年 9 月 11 日，丽水地区邮电局革命领导小组成立。12 月 16 日，丽水地区邮件运输站成立，隶属丽水地区邮电局。

1977 年 12 月，丽水地区邮电局下设职能科室 3 个。1978 年 7 月，丽水地区邮电局迁址灯塔街 78 号新办公楼房。8 月 23 日，浙江省邮电技工学校丽水分校成立。1981 年 10 月，丽水地区邮电职工训练班成立，浙江省邮电技工学校丽水分校撤销，隶属丽水地区邮电局。1982 年 2 月，丽水地区邮电局增设教育科。承担双重职能，既是生产经营的专业局，又负责领导下辖 8 个县邮电局；实行局、科、班、组（支局）三级管理，设科室 11 个，生产班组 15 个，邮电支局 5 处（农村 4 处，城市 1 处），邮电所 2 处。同年底，丽水地区邮电局大众街 3 号新办公楼房建成启用。

1988 年 3 月 22 日，丽水地区邮电局实行局长负责制，调整科室，设置科室 15 个，增设精神文明建设、安全保卫保密工作、职工教育、劳动竞赛、全面质量管理、防汛工作、计划生育、农村支局标准化、房屋管理等领导小组 10 个。1989 年 10 月，丽水地区邮运管理体制改革，丽水地区邮运站划归地区邮电局领导管理。

1990 年，丽水地区邮电机构有地县邮电局 9 处，报刊分局 1 处，邮电支局 47 处，邮电所 28 处，邮电代办所 211 处。其中地区本级有地区局 1 处，报刊分局 1 处，邮电支局 4 处，邮电所 2 处，邮电代办所 26 处。1992 年 1 月 1 日起，丽水地区邮电局设立生产科室 4 个，职能科室 12 个。1998 年 9 月，丽水地区邮政局内设机构为四部一室[①]，有自办局（所）95 个，代办所 66 个，邮运汽车 58 辆。1999 年全区有邮政局（所）181 个，其中农村局（所）153 个。2000 年，丽水市有邮政局（所）186 个，其中农村局（所）153 个，全功能局（所）44 个，电子化局（所）77 个。2001 年，丽水市有邮政局（所）187 个，其中农村局（所）153 个，全功能局（所）56 个，电子化局（所）77 个。2002 年，丽水市有邮政局（所）188 个，其中农村局（所）153 个，全功能局（所）59 个，电子化局（所）77 个。2003 年，丽水市有邮政局（所）188 个，其中农村局（所）152 个，全功能局（所）63 个，电子化局（所）77 个。2004 年，丽水市有邮政局（所）190 个，其中农村局（所）152 个，全功能局（所）63 个，电子化局（所）78 个。2005 年，丽水市有邮政局（所）193 个，其中农村局（所）151 个，全功能局（所）63 个，电子化局（所）78 个。2006 年，丽水市有邮政局（所）184 个，其中农村局（所）146 个，全功能局（所）71 个，电子化局（所）86 个。2007 年，丽水市有邮政局（所）193 个，其中农村局（所）150 个，全功能局（所）71 个，电子化局（所）88 个。2008 年，丽水市有邮政局（所）185 个，其中农村局（所）149 个，全功能局（所）82 个，电子化局（所）8 个。2010 年，丽水市有邮政局（所）184 个，其中农村局（所）150 个，电子化局（所）86 个。

驻地邮电机构　1974 年 12 月 16 日，浙江省丽水地区邮件转运站成立，职工 22 人，汽车 3 辆，隶属丽水地区邮电局。1975 年 1 月 2 日，丽水—金华、丽水—龙泉自办汽车邮路开通，平均日行程 524 千米。1975 年 1 月 13 日，浙江省丽水地区邮件转运站革命委员会成立。1976 年，丽水至龙泉邮路延长到庆元。1977 年 3 月 1 日，丽水—遂昌—龙游邮路开通。6 月 1 日，丽水—温州邮路开通。7 月 8 日，浙江省邮政运输总站成立，丽水转运站划归省邮运总站领导。1978 年 1 月，丽水转运站九里职工宿舍建成使用，面积 647 平方米。3 月 20 日，丽水地区邮件转运站更名邮政运输站。11 月，丽水至云和、龙泉、庆元机要邮件调整为邮车递送。同年，邮政运输站汽车修理车间建成，开展汽车修

---

① 办公室、党群工作办公室、计划财务部、人力资源部、市场经营部、运行维护部和质量服务中心。

理作业。1979 年 7 月，邮政运输站实行普邮、机要合押。1981 年 7 月，丽水至金华邮路增开。1982 年 5 月 1 日，金华—丽水—乐清邮路调整为每日一班，满足温州、乐清等县商包业务量增长需要。1985 年 1 月 6 日，丽水—景宁邮路开通。12 月，丽水城区新建职工宿舍 1613 平方米。1986 年 6 月 5 日，金华—丽水—清水埠邮路开通。1987 年 11 月，丽水地区邮政运输站实行站长负责制。1988 年，丽水地区邮政运输站下辖修理车间、驾驶、转运、押运班组各 1 个，邮路开通 9 条，日平均行程 2820 千米，邮件转运任务包括全区和温州、乐清、柳市、清水埠、桥头等地；日平均处理邮件 1634 袋捆，年转运邮件总量 59.6 万袋捆，年行程 33.37 亿千克千米。

1988 年，丽水地区邮政运输站占地面积 7515 平方米，房屋面积 5229 平方米；汽车修理车间配有曲轴磨床、液压磨缸机、车床等通用设备和发动机试验台、吊车、后桥托架等专用设备，完成大修汽车 10 辆。1989 年 5 月，全区调整邮运管理体制。10 月 21 日，丽水地区邮政运输站划归丽水地区邮电局领导，为科级事业单位；邮路调整为 4 条，单程 581 千米，平均日行程 1406 千米，其中丽水至金华每日 2 班，丽水至庆元，丽水至遂昌，丽水至景宁为每日 1 班。1990 年，丽水地区邮政运输站有邮路 4 条，单程 703 千米，日平均行程 1500 千米。

丽水县邮电局　1949 年 5 月，丽水县军事管制委员会分别接管丽水邮局和丽水电信局。1950 年 12 月 1 日，浙江邮政管理局与邮电部杭州电信管理局合并，成立浙江邮电管理局。1951 年 8 月 12 日，丽水邮电行政管理、财务、营业、工会合并，机线不动，长途台、报房留原址。9 月 1 日，丽水邮局与丽水电信局合并，更名丽水邮电局，实行两级管理，下设主办财务、文书、人事和班组 11 个，办公地点从西园庙弄迁至营房弄 42 号。同年，丽水设代办所 60 处，通信站 27 处。1949—1951 年，丽水邮电通信发展较快。1952 年 10 月，丽水县碧湖邮电支局成立。同年，全区邮政代办所 63 处。

1953 年 10 月 20 日，丽水县政府电话所并入丽水邮电局。1954 年 1 月，丽水县大港头邮电所成立。1956 年 5 月，丽水县双溪、黄村邮电所成立。12 月，丽水县庞山邮电所①成立。1957 年 4 月，丽水县机要通信组成立，丽水县邮电局接收县政府机要通信业务和人员。同年，丽水县设县局 1 处，支局 1 处，邮电所 3 处，代办所 19 处。

1958 年 6 月 25 日，云和、丽水两县合并，云和县邮电局并入丽水县邮电局，更名丽水县邮电局云和邮电支局。8 月 15 日，宣平县撤销，宣平县曳岭区邮电所划归丽水县邮电局。1959 年 1 月，邮电企业管理体制改革，省局垂直领导改为当地政府与省局双重领导，以地方为主；县以下农村邮电支局、所管理权下放到人民公社。同年，丽水县公社邮电局有云和、碧湖、丽云、雅溪、梅源、信孝、曳岭 7 处；公社邮电所有赤石、庞山、局村、小顺 4 处；社办邮电所有仙渡、太平、平源、巨溪 4 处。

1960 年 2 月 17 日，景宁县邮电局并入丽水县邮电局，更名丽水邮电局景宁邮电分局。1961 年 5 月 25 日，瓯江水电站筹建，淹没区范围包括丽水县城。丽水县邮电局迁址云和，丽水县邮电局原址改设丽东邮电支局。1962 年 4 月 25 日，瓯江水电站停建；恢复云和县建置（含景宁县境），丽水县邮电局回迁丽水县城。6 月 1 日，县以下分支机构管理权限收归县邮电局，碧湖、丽云、雅溪、曳岭 4 处明确为邮电支局，庞山明确为邮电所，其余明确为公社办邮电所，自负盈亏。9 月，丽水县丽东区政府迁入岩泉，增设丽东邮电所。同年，丽水县自办邮电局所 7 处，其中县局 1 处，支局 4 处，邮电所 2 处；代办所 25 处。

---

① 原属云和县。

1964年4月，丽水县丽阳坑设立303机务站1座，实行两级管理，下设营业、邮件、机要各1组，电报、长话、市话、长市机线、农话机线各1班，载波机务站1座。1965年4月，调整部分支局所，雅溪、曳岭、丽东、庞山被定为邮电所。

“文化大革命”开始后，党政机构陷于瘫痪。1967年12月，雅溪、曳岭更名邮电支局。1968年11月20日，丽水县邮电局革命委员会成立。1969年12月6日，丽水地区邮、电分设，撤销丽水县邮电局，成立丽水邮政局和丽水地区电信局；电信局归丽水军分区领导，县邮政局归地区交通邮政局领导；设立碧湖、大港头、雅溪、曳邮政支局，代办所14处，邮票代售处60处。1973年3月6日，贯彻执行中共中央和国务院文件通知，调整邮政电信体制，决定合并两局。1973年10月24日，地区邮电局临时领导小组成立，合并丽水县邮局和地区电信局。1974年9月11日，丽水县邮电局革命委员会成立。

1978年1月，丽水县邮电局革命委员会实行三级管理，下设邮政、电信等科室5个。1979年11月，丽水县城东路临时设立电话分局。1982年1月撤销。1983年12月，丽水县邮电局撤销，并入丽水地区邮电局。同年，丽水县有自办局1处，自办所6处，代办所26处。

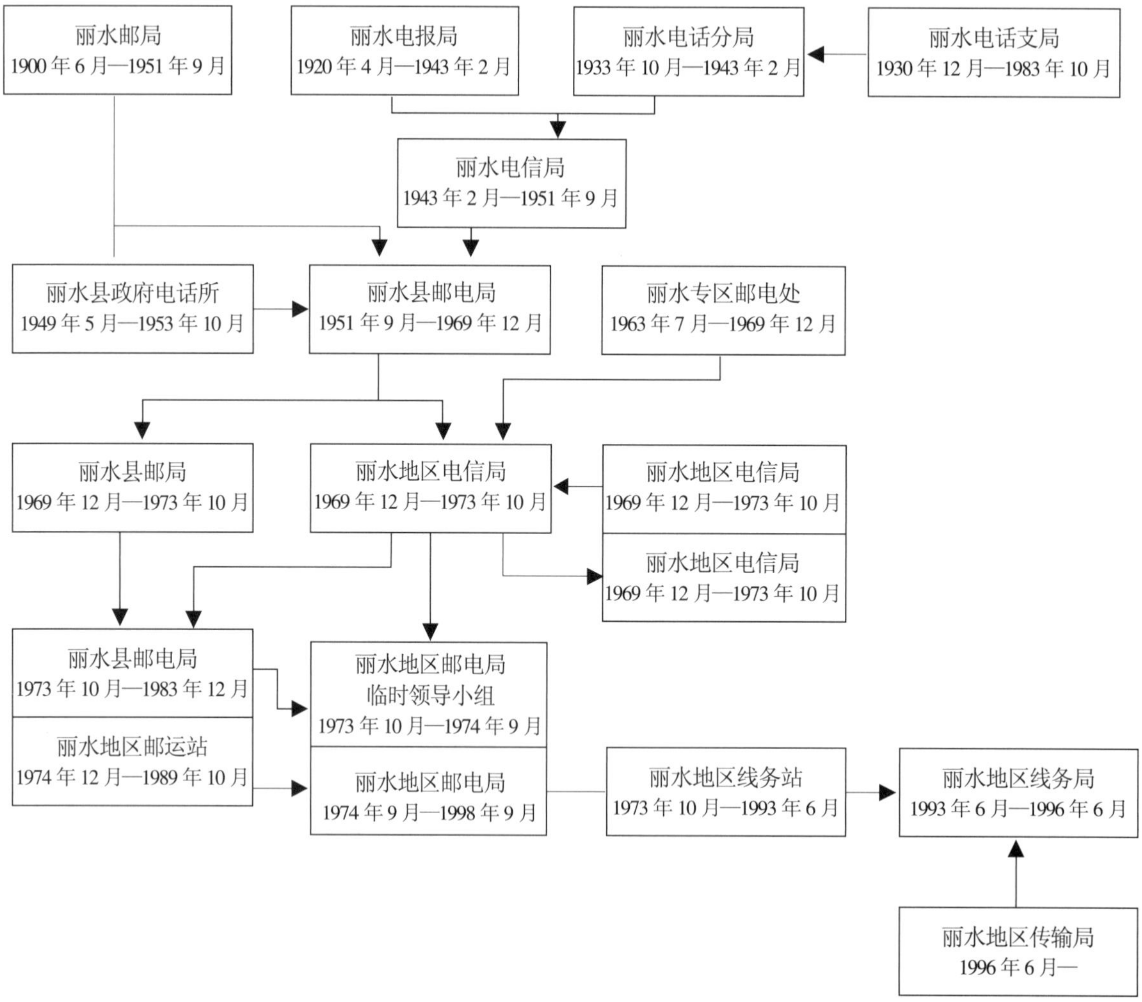

图10-6-2-1　**丽水地区邮电机构沿革示意图**

邮电体制改革

1998年，中国邮电系统实施邮电分营，7月29日，信息产业部批复同意《浙江省邮电分营工作实施方案》。7月30日，丽水地区成立邮电分营工作领导小组，启动邮政、电信分开经营工作。9月2日，丽水地区邮电局下辖县（市）邮电局全部分拆为县邮政局和县电信局。9月10日，丽水地区邮电局分拆成立地区邮政局和地区电信局。至此，全区地区邮政局1个，地区电信局1个。县市邮政局8个，县市电信局8个。地区邮政局下属邮电支局57个，邮电所29个，代办所66个；地区电信局下属邮电支局49个，邮电所13个，代办所101个。

丽水市邮政局　1998年8月底，丽水地区邮电系统完成分营工作。9月10日，丽水地区邮政局正式挂牌成立，开始按企业模式独立运作。9月15日，丽水地区邮政局内设办公室、党群工作办公室、计划财务部、人力资源部、市场经营部、运行维护部和质量服务中心等处室机构；邮政职工984人，占原邮电职工总数的42.3%，其中内设机构人员224人；自办局（所）95处，代办所66处；自办邮路229条，邮路总长度6113千米；邮运汽车58辆，资产总额3.09亿元，其中固定资产2.26亿元，资产负债0.58亿元。1999年，全区邮政系统有邮政局（所）181处，邮路201条。全区完成业务总量0.29亿元。

2000年7月，丽水地区邮政局更名丽水市邮政局。同年，全市邮政系统有邮政局（所）186个，邮路203条；开通EMS查询系统、与公安、法院合作开办身份证、法律文书EMS专递业务，完成业务总量0.35亿元。2001年，全市邮政系统有邮政局（所）187处，邮路203条；邮政储蓄实现全国联网，建成邮政办公自动化系统，优化调整邮运网络，完成业务总量0.71亿元。2004年，全市邮政系统有邮政局（所）190个，邮路195条；开通丽水—杭州特快邮路“全夜航”速递业务；完成业务总量0.98亿元。2005年，全市邮政系统有邮政局（所）193处，邮路192条；增设和培育农村骨干邮政储蓄网点；完成业务总量1.11亿元。

2008年4月23日，中国邮政储蓄银行浙江省丽水市分行（以下简称“丽水邮储银行”）成立。5月27—30日，丽水邮储银行相继成立各县（市）支行，邮政储蓄所更名支行或营业所的103个，其中划归邮储银行管理和经营21个，划归邮政82个。

2009年2月5日，丽水市邮政局大客户部成立，负责管理商函公司、集邮公司和综合营销部。同年，全市邮政系统有邮政局（所）186处，邮路228条；完成业务总量2.05亿元。

2010年1月，浙江省邮政速递物流有限公司丽水市分公司成立，邮政速递、物流专业从邮政部门剥离，实行专业化经营。

浙江省电信公司丽水市分公司　1999年，丽水地区电信局开始独立运作，剥离寻呼、移动业务。同年，全区电信系统有电信局（所）153处，职工1329人，固定资产原值10.13亿元。2000年7月8日，浙江省电信公司丽水市分公司挂牌成立，开始企业化运营，从政企合一模式向真正现代化企业转变。2001年，浙江省电信实业集团丽水有限公司成立，主要经营受省电信公司委托的电话装移机、线路维护、通信工程设计施工、信息服务、代办公话、114查号、电报投递等业务。2003年，公司内部进行改革，推行薪酬制度、绩效考核和竞争上岗。2004年，公司调整梳理和完善各项业务管理流程，改进经营模式，加强内控制度建设，完善岗位上下流动渠道，改进工作方式，提高企业管理效能。

2010年，加强人力资源工作，建立全员绩效考核体系，优化人力资源配置，公司人员整体结构向年轻化、高学历化方向发展。加强职工培训，全年组织培训159人次，员工培训率100%。

第十一篇

经 济 总 情

① 经济体制改革

② 经济发展

③ 经济比较

④ 经济结构

概　　述

丽水地处山区，历史上交通不便。早在新石器时代，就形成部落。4000年前，好川文化时期，丽水先民从采集、渔猎到原始农业的出现，从粗糙的石器制作到各种质地的陶豆制作，其中陶豆型式丰富，形制演变轨迹清晰，发展序列明确，并出现少量的拍印条纹、曲折纹陶器和青灰色硬陶器，先民创造的原始文化，是丽水开发的肇始。

三国两晋时期，丽水农业生产技术具较高水平。隋置处州，统辖栝苍、松阳、临海、永嘉四县，为历史上处州区域面积最大时期。其间，开发瓯江水运，奠定丽水发展和繁荣的基础。此后，丽水经济稳步发展。南宋定都临安后，全国经济中心南移，丽水经济发展开始加快。南宋中晚期，龙泉窑发展进入鼎盛时期。民国时期，丽水开始出现近代工业，兴起一批近代民族工业，主要有棉纺、针织、火柴等轻工企业。民国27—35年（1938—1946），全面抗日战争期间，浙江省政府机关一度迁至丽水，丽水经济较为繁荣。民国35—38年，丽水金融业处于瘫痪状态，民族工业遭受沉重打击。1949年5月丽水解放，开始恢复经济，先后完成农业、手工业和资本主义工商业的社会主义改造。此后，丽水经济在计划经济体制下曲折徘徊、发展缓慢。

1978年中共十一届三中全会后，丽水地区逐步推进改革，推行对外开放，发展社会主义市场经济。丽水改革从计划经济的薄弱环节入手，在农村全面实行家庭联产承包责任制，在城市从国有企业放权让利试点开始，推行企业承包经营责任制。1985年后，丽水地区经济发展经过“上升—调整—再上升—再调整—增长较快”的发展过程，结构日益改善，逐渐形成符合丽水实际的产业发展格局。

1988—1990年，丽水地区经济发展速度有较大回落，进入调整时期。1991—1995年，丽水地区经济发展再次加速，特别是1992年邓小平南方谈话发表后，丽水进入一个经济发展的高速增长期。丽水地区计划、投资体制改革进入以建立社会主义市场经济体制为主要内容的制度创新阶段，生产力得到较大解放。随着经济快速发展，丽水市场商品供应丰富，城乡居民购买力逐步提高。

1996—1999年，丽水随全国形势一样出现经济过热，特别是投资规模增长过多、过快，客观上要求经济有所调整，实现经济“软着陆”。进入21世纪，丽水市经济发展进入健康、平稳发展的轨道，经济总量不断扩大，产业结构趋向优化，金融、保险、房地产、旅游、会展、社区服务等新兴的第三产业加快发展，经济发展呈现出二、三产业双轮驱动、互相促进的格局，形成与新兴城市相适应的产业体系。2010年，丽水地区生产总值641.93亿元，工业产值1328.08亿元，社会固定资产投资320.38亿元，财政总收入76.84亿元，地方财政收入44.94亿元，城镇居民人均可支配收入21093元，农村居民人均收入6537元。

第一章 经济体制改革

1978年中共十一届三中全会后，丽水经济体制改革逐步实现从计划经济体制到社会主义市场经济体制的转变，历经小农经济和商品经济混合的初级阶段、完全的计划经济阶段、有计划的商品经济条件下的推进阶段、向社会主义市场经济转变的深化改革阶段和完善社会主义市场经济体制的改革攻坚阶段。范围涵盖农业体制改革、林业体制改革、工商业体制改革和其他综合经济体制改革。

丽水经济体制改革始于20世纪80年代，首先在农村全面实行家庭联产承包责任制，农民成为自主经营、自负盈亏的商品生产者。1986年开始，丽水地区农村进入改革农产品流通体制、大力发展农村商品经济的第二阶段。随着土地资源配置方式与经营制度改革的深入，生产效益不断提高，农业人口非农化和乡镇企业合作股份化现象逐渐增多，生产要素在小城镇聚集，奠定农村城镇化发展经济基础。城市经济体制改革从国有企业放权让利试点开始，调整探索传统体制下的利益结构。从扩大企业自主权、推行企业承包经营责任制，到建立现代企业制度，国有企业改革逐步适应市场经济要求，步入制度创新阶段。

1993年11月中共十四届三中全会后，丽水地区改革计划、投资体制，进入以建立社会主义市场经济的新型计划、投资体制为主要内容的制度创新阶段。计划工作的重点、内容和方式朝着适应社会主义市场经济的方向转变，计划的科学性得到加强；投资主体多元化，资金来源渠道增多，不断健全投资主体服务的市场服务体系，投资管理方式改革不断深化。丽水财税体制改革突破旧的统收统支、高度集中的模式，从放权让利转向制度创新和机制转换，实行分税制，全面调整税制和改革征管体制，实现从计划经济税收向市场经济税收的转变。金融体制改革从分设专业银行起步，分离政策性金融与商业性金融。后改革信贷资金管理制度，丰富银行贷款产品，开办票据贴现业务和金融机构同业拆借业务，加强资金横向交流。开放和发展金融市场，把部分融资活动推向市场，传统金融体制改革有重大突破。同时银行积极参与宏观调控，保证经济稳定协调发展。

21世纪，丽水流通体制改革促进市场的发育与形成。商品购销价格放开，供求规律与价值规律得到充分体现，商品经营主体多元化，垄断被打破，引进一批中外合资、独资商业企业，形成市场竞争；加快有形市场建设步伐，开设期货市场，培育与发展批发市场、零售市场和要素市场，促进整个市场体系的发育与发展。

第一节　农业体制改革

土地改革

民国24年(1935)7—8月,龙泉、松阳、遂昌等县游击区,曾开展土地革命。民国26—34年,全面抗日战争期间，丽水地区开展“二五减租”。1949年5月丽水解放后，各县农村实行减租减息。1950年6月,中共丽水地委开始实行土地改革,选择丽水市(县级)海潮乡为土地改革试点乡。10月,丽水专区土地改革试点扩展至18个乡,组建土地改革工作队开展工作。丽水专区分期分批铺开土地改革。1952年4月土地改革基本结束后,开展土地改革复查。

农业合作化

民国27—29年(1938—1940),浙江省政府组建战时经济建设实验区8个,涵盖丽水县太平、青田县海口、松阳县古市、龙泉县八都等地,一批中国共产党员担任实验区指导员,组织垦殖、蚕桑、妇女等生产合作社,发展农业生产。其中太平、八都实验区垦荒3026.67公顷。民国35年解放战争爆发后,丽水战时经济建设实验区终止。

1949年10月中华人民共和国成立后,经过土地改革,贫苦农民分到土地,生活有所改善,具备一定的生产条件,但农村又出现两极分化。1951年12月,丽水专区执行中共中央《关于农业生产互助合作的决议》精神,组织农民走互助合作道路。

农业互助组　1950年1月,丽水县城区六分会缪章余伴工组成立。农忙时劳动互助,以工换工,参加贫农3户、中农2户,农田1.11公顷,旱地0.41公顷。后各县相继成立一批临时互助组。1952年2月,缙云县靖岳乡上东方村张林然常年互助组成立,开展农田基本建设,推广一熟改两熟、两熟改三熟,参加农民15户,耕地5.97公顷;改良土地0.89公顷,粮食平均产量3338千克/公顷。同时,张林然常年互助组还建立农忙托儿所、粉干加工厂和集体养猪场。1952年,丽水专区互助组农业生产普遍丰收。同年,丽水专区临时互助组13316个、74903户,常年互助组5816个、42409户,参加互助组农户数占总农户数36.88%。1954年,各县临时互助组10039个、74953户,常年互助组10263个、80229户,参加互助组农户数占总农户数47.1%,互助组平均户数7.6户。

初级农业生产合作社　1953年2月,松阳县新兴乡横溪村廖达富初级农业生产合作社成立,入社自愿、退社自由,土地入股,统一经营,收入按土地和劳力4∶6比例分配;参加农户18户、72人,耕地10.58公顷,耕牛5头。同年,廖达富初级农业生产合作社按劳动力强弱评定底分,平时按底分记工,农忙按定额计酬。粮食产量232.4千克/亩,比全乡平均亩产高出16%,比亩产最高的温樟德互助组高出4.4%。同年,各县相继试办初级农业生产合作社13个,入社农户183户。1954年,各县派出专职办社干部,试办初级农业生产合作社。同年,各县成立初级农业生产合作社1076个,入社农户24733户,占总农户数7.5%。其间,有些乡村出现未经批准的“自发社”,社内问题较多。1955年春,各县落实省委“全力巩固,坚决收缩”的整社方针,开展“整社”运动,动员一批不具备条件的初级农业生产合作社转为互助组。据遂昌、庆元、青田、缙云、云和、松阳县调查,上述六县初级农业生产合

作社转为互助组277个、9655户，允许一部分社员自愿退社。其中，丽水县海潮、和合两乡“整社”前有初级农业生产合作社26个、723户，“整社”后保留初级农业生产合作社22个，转为互助组4个、69户，退社社员153户。1955年7月，毛泽东发表《关于农业合作化问题》后，各县批判“小脚女人走路”的“右倾”思想和“坚决收缩”的整社方针，再次掀起农业合作化高潮。同年，各县初级农业生产合作社6013个，入社农户191882户，占总农户数57.6%。

高级农业生产合作社　1954年8月，缙云县长坑乡胡村高级农业生产合作社成立，取消土地分红，实行按劳分配、多劳多得；建立包工包产包肥到组责任制，从事粮食生产，也发展林业、畜牧业和副业生产；处理好国家、集体和社员三者关系，总收入23275元，提取公积金、公益金1759元，分红值1.08元/劳动日，增加收入社员91%；入社农户131户，耕地17.27公顷，山林274.67公顷；山林、耕牛、农具折价入社。1955年，各县试办高级农业生产合作社31个，入社农户4605户，占总农户数1.38%。1956年，各县执行《全国农业发展纲要》，普遍实行“升级并社”，高级农业生产合作社发展到2379个，入社农户311297户，占总农户92.4%。同年，缙云县壶镇区发展高级农业生产合作社145个。当时，一部分社建立时间仓促，政策处理不当，经营管理不善，财务帐目不清，社员收入减少，导致不少社员要求退社。1957年，青田县湖边乡南岸村高级农业生产合作社发生粮荒退社伤人事件。后各县执行中共中央《关于整顿农业生产合作社的指示》，开展农村社会主义教育运动，建立包工包产包肥和超产奖励生产责任制，健全财务管理制度，巩固和发展高级农业生产合作社。同年底，各县高级社2970个，入社农户占总农户数98%，基本实现农业合作化。

人民公社化

1958年8月29日，青田县石溪人民公社建立。9月起，各县以区为单位建立人民公社，乡改建管理区，原高级社或行政村改建生产队，下设若干生产小队。同年底，各县全面人民公社化，实行政社合一，工农商学兵五位一体；推行组织军事化、行动战斗化、生活集体化，大兵团作战，无偿调用劳动力。同年，各县人民公社57个，入社农户398577户，平均社员6993户；建成公食堂9416个，用餐125.75万人，掀起一股共产风、浮夸风、命令风、干部特殊风和生产瞎指挥风（简称“五风”），挫伤群众生产积极性。1959年3月，各县权力下放，实行队（大队）为基础，三级所有，重新划分社员自留地，算帐退赔，初步纠正“共产风”。

1959年8月中共八届八中全会后，各县开展“反右倾”①斗争，一些干部在“反瞒产”②“反右倾”“整风运动”③中受到批判；有的干部受到处理。1960年1月起，各县执行“大跃进、反右倾”路线，重新刮起“共产风”，无偿调用劳动力、房屋、物资，提出从基本队有制向基本社有制过渡，大办工业、大

① 反右倾：1959年在全国各地普遍开展的一场“反对右倾机会主义”的运动。运动重点是党政军机关。这次运动在政治上它使中国共产党内从中央到基层的民主生活遭到严重损害。在理论上，使阶级斗争扩大化理论进一步发展。在经济上，打断郑州会议以来纠正“左”倾错误的进程，使中国共产党内有所克服的“左”倾思想和“左”的行动再次泛滥，并延续更长时间。

② 反瞒产：“大跃进”后，每个生产队据实上报产量，公社、县里、地区的领导干部不同意，一级一级往下批评，认为没有抓好农业生产，生产队瞒产少报产量，因而在夏秋两季收粮后，县委和公社派工作组进驻大队，把下放在生产队的干部、老师组织起来，开展查产反瞒产运动。1959年，中央很快刹住房“反瞒产“这股风。

③ 整风运动：中国共产党在全党范围内进行普遍的马克思主义教育运动。曾在1942年、1950年、1957年进行过3次，其中以1942年的延安整风运动最有名。本篇专指1957年整风运动。

办水利、大办养猪场等。8 月，各县抽调大批干部，充实农业第一线，大办农业，大办粮食。

1960 年 11 月 3 日，各县执行中共中央《关于农村人民公社当前政策问题的紧急指示信》，人民公社规模从“一区一社”调整为“一乡一社”，实行“队为基础，三级所有”，以生产队为基本核算单位，土地、劳力、耕牛、农具固定给生产队使用，将各县 57 个人民公社，重新划分为 297 个人民公社。同时，开展算账退赔，纠正“一平二调”①的错误。据统计，青田、云和、龙泉、缙云、遂昌等县停办公共食堂，恢复社员私人养猪，划分社员自留地，允许社员开荒扩种和搞家庭副业，农村经济开始恢复和发展，一批建成的水库、电站和工厂，也在工农业生产中发挥效益。同期，上述五县退赔人民币 1337.56 万元，房屋 68750 间。

1964 年始，丽水专区开展“农业学大寨”运动。1968 年 4 月，丽水地区先后组织 1800 多人到山西省昔阳县大寨大队参观学习，抓农田基本建设，兴修小(一)型以上水库 20 个，开展植树造林，农业生产条件得到改善。同期，有些地方出现“左”的倾向，批判“工分挂帅”，推行“政治评分”“并队升级”。同年，各县由生产队核算调整为大队核算的大队 1063 个，占大队总数 29.17%。1975 年 11 月，地、县农业学大寨工作队分头到农村搞农田基本建设。1977 年 3—4 月，地、县工作队继续开展“农业学大寨”。12 月，地委主要领导带头到丽水县平原公社办公，地区机关干部到农村继续开展农业学大寨。

家庭联产承包责任制

1979 年 7 月，丽水县平原公社章塘大队率先划分小生产队。1980 年 9 月，丽水地区执行中共中央《关于进一步加强和完善农业生产责任制的几个问题》，青田、丽水、缙云等县相继实行联产承包到户。1981 年 4 月，地委召开工作会议，研究落实农业联产承包责任制。1982 年，丽水地区生产队 24397 个，其中包产到户生产队 993 个，包干到户生产队 21576 个，小段包工、定额计酬生产队 1099 个，专业承包联产计酬生产队 97 个，统一经营、联产到组生产队 405 个，统一经营、联产到劳生产队 227 个。1983 年，丽水地区生产队 24460 个，全部实行联产承包责任制。1984—1985 年，地、县进行延长土地承包期试点，先期选择 14 个乡 346 人进行试点，然后全面铺开，土地承包期普遍延长到 20 年。同期，丽水地区经济作物生产也实行联产承包，专业承包茶叶 14446.67 公顷，柑橘 5986.67 公顷，蚕桑 1233.33 公顷以及山塘水库若干。

1998 年，中共中央办公厅、国务院办公厅《关于进一步稳定和完善农村土地承包关系的通知》和中共浙江省委办公厅、浙江省政府办公厅《关于搞好第二轮土地承包工作，稳定家庭联产承包责任制的若干意见》下发后，丽水地区执行“大稳定、小调整”政策，开展二轮土地承包工作。4 月，丽水地区在遂昌县开展二轮土地承包试点工作。1999 年年底，丽水地区全面启动二轮土地承包工作。2000 年 7 月，丽水市基本完成二轮土地承包工作。完成二轮土地承包工作乡镇 98 个、行政村 2442 个、村民小组 16303 个，因故暂缓推行的行政村 477 个。其中以村民小组为单位推进的行政村 2202 个，以行政村为单位推进的行政村 240 个，土地不作调整的行政村 400 个，承包期直接顺延 30 年、土地小调整的行政村 1439 个，土地大调整的行政村 603 个。丽水市预留机动农田 777.53 公顷，签订土地承

① 一平二调：指平均主义和无偿调拨的简称。“一平”是指在人民公社范围内把贫富拉平，搞平均分配；“二调”是指对生产队的生产资料、劳动力、产品以及其他财产无代价地调动。

包合同 475656 份，签订率 95.1%；核发土地承包权证 468364 本，发证率 93.7%，达到省里规定两个 90%以上的目标。

2003 年，丽水市落实二轮土地承包期 30 年不变政策，完善二轮土地承包工作，纠正“小调整”做法，指导规范土地承包经营权流转，妥善解决农村土地承包纠纷，规范农村土地承包档案。截至2004 年 11 月 30 日，丽水市补签农村土地承包合同 83475 份，新发放农村土地承包经营权证 115615 份，换发或变更权证 8166 份，收回权证 2494 份，签订土地流转合同 2049 份，涉及农户 2262 户，土地流转合同面积 623.67 公顷，解决土地承包纠纷 543 起。2004 年 12 月，丽水市二轮土地承包工作通过省级验收。

土地经营权流转

20 世纪 80 年代，丽水地区农村实行联产承包责任制后，就出现承包土地经营权流转现象。部分农户长年外出从事二、三产业，将责任田转租给他人耕种或经营。

2000 年丽水撤地设市后，二、三产业迅速发展，农业龙头企业、农民专业合作社、专业大户的经营规模迅速扩大，土地需求增加。越来越多的农村劳动力外出务工经商，走出农村，走进城市，进入工厂，使土地的流转成为可能。一些工商企业（业主）将资金投向农业，发展效益农业，从而也加快丽水农村土地经营权流转的进程。同期，丽水市执行土地经营权流转政策时，个别地方出现过急、过快、过大的情况。2001 年，莲都区碧湖镇生态农业示范园区成立，首期流转租赁碧湖镇白口、下圳、任村和联城镇港口村耕地 78.67 公顷。同期，莲都区碧湖镇处置土地流转不当，引起部分媒体关注。

2004 年，丽水市稳定农村土地承包经营权，流转农村土地经营权，推行“三权分离”“稳制活田”政策，加快农村土地规模化、集约化，克服小规模家庭经营局限，促进农业结构的调整，加快农业产业化进程。

2006 年，丽水市流转土地 7653.33 公顷，比 2000 年增加 6373.33 公顷，土地流转率 9.58%。2007 年，丽水市土地流转率 14.06%；流转有出租、转包、转让、互换等形式，以出租为主；流转期限以短期为主，主要集中在 5 年以下，占 89.02%；每公顷租金为 6000—7500 元。农业龙头企业、农民专业合作社、专业大户、工商企业、科研机构、城镇居民等租地、承包地开发农业，成为租赁农村土地承包经营权、投资经营农业的新生力量。

2008 年，遂昌县土地流转率为 11%。2009 年，遂昌县乡镇全部建立农村土地流转服务中心，行政村设立土地流转信息员。2009 年，遂昌县土地流转率 15.6%。2010 年 3 月，遂昌流转土地有 1333.33 公顷。

2009 年，浙江三禾农业发展有限公司和黄桑南村签订土地租用协议，开发优质油茶。2009 年，缙云县东渡镇小仙都村村民卢玉德按照土地流转合同规定，流转给缙云县采山涧蔬菜专业合作社耕地 0.2 公顷，用于种嫩姜。他不仅收取土地租金，还在合作社上班。

2010 年 12 月，丽水市政府制定《关于加快农村土地承包经营权流转促进农业规模经营的实施意见》，明确在保持现有土地承包关系稳定并长久不变的基础上，按照依法、自愿、有偿的原则，引导和鼓励农民采取转包、出租、互换、转让、股份合作等形式流转土地承包经营权，发展多种形式的农业适度规模经营；两年内，地级市、县（市、区）财政按 1:1 配套比例安排扶持资金，用于推进丽水市区土地流转和规模经营；对丽水市新增集中连片流转土地面积 3.33 公顷以上、流转期限 5 年以上和新增集中连片流转土地面积6.66公顷以上、流转期限10年以上并用于粮食、蔬菜生产的，一次性奖励农户1500—2250元/公顷。同年，丽水市家庭承包耕地流转面积5897公顷，其中经中介服务组织流转的1127公顷，签订流转合同21988份，流出农户112956户，流入农户58664户，流入专业合作社30733家。

第二节 林业体制改革

明清时期，丽水山林分官山、民山两类，山林多为私有。民国时期，丽水山林分为国有林、公有林、私有林，私有林占绝大部分，大多数私有山林被地主、豪绅所占有，多数农民拥有山林很少。1949年中华人民共和国成立后，山林权属制度历经5次大的调整。第一次为土地改革时期，分山分林到户。第二次为农业合作化时期，山林入社。第三次为人民公社化时期，山林集体所有，统一经营。第四次为改革开放时期，开展林业"三定"[①]。第五次是21世纪初，明确山林产权关系，建立林权流转制度。

土地改革前林权

民国元年(1912)，民国政府农林部颁布《林业纲领十一条》，其中规定除已属民有者由民间自营外，其余均定为国有，由部直接管理，仍仰各该管地方官就近保护，严禁私伐。民国21年，公布《中华民国森林法》。民国37年，民国政府农林部公布《中华民国森林法实行细则》，将森林所有制分为国有林、公有林和私有林三种，规定领域内一切无主天然林为国有林，设立国有林场经营管理；各级地方政府或公法人所有的森林为公有林，由各地方主管部门或自治团体经营管理。自然人或私法人所有的森林为私有林。

1950年，土地改革前，私有林大多数为地主、豪绅所占，广大贫雇农所占很少，其情况与土地占用情况类似。龙泉住溪村张雨亭家，拥有山场56处，林地面积3814.13公顷，分布龙泉、遂昌、浦城3县，占龙泉县林地总面积的1/60、住龙乡林地总面积的1/6。景宁县私有林地13.33万公顷，其中地主占35%，农民占15%，其余为祠堂山、寺庙公山。1951年，遂昌县林业用地22.19万公顷，其中国有、公有林地20093.33公顷，占林地总数的9.34%，私有林地195106.67公顷，占90.66%，其中，地主、富农、资本家占人口总数的10.46%，林地106086.67公顷，占有私有林地的49.3%，人均8.36公顷；中农、小土地出租者、小商贩占人口总数的36.8%，林地为48673.33公顷，占有私有林地的22.62%，人均1.09公顷；贫、雇农，手工业者和其他群众占人口总数的52.69%，林地为40346.67公顷，占私有林地的18.75%，人均0.63公顷。遂昌县石练乡大茂坑村山林2533.34公顷，地主占林地总数的90%；中农6户，林地面积253.34公顷，仅占10%；贫农74户，没有山林。其余各县乡村情况

① 林业三定：是指中共中央、国务院在1981年3月8日发布的《关于保护森林发展林业若干问题的决定》中确定的稳定山权林权、划定自留山、确定林业生产责任制的林业发展方针。根据决定规定，国家所有、集体所有的森林、林木和林地，个人所有的林木和使用的林地，凡是权属清楚的，均应稳定不变，由县或县以上人民政府颁发林权证书予以确认；凡有条件的地方，都要划给农民一定数量的自留山(或荒沙荒滩)植树种草，长期使用；全民所有制林场和农村集体经济组织，都要根据林业生产的特点，认真落实林业生产责任制。

也与此相似。

无山或少山的农民，向地主豪绅租山耕种，主要形式有3种，第一种是租山种粮。比例分成为一九、二八、三七不等，租户得大头，三至五年后，插杉苗还林，收益分成地主得大头，租户得小头；第二种是插杉还山。农民租山种杂粮、油桐，初收益归农民，三至五年后退耕还林，插杉苗还山，林木全部归山主所有；第三种是交死租。农民租山三年，头一年种玉米，次年栽桐，不管丰歉，向地主交四五成租额，第三年插杉苗还山，规定成活率85%以上。给地主看管山林，只准砍杂柴烧饭，不准砍杉木，违者重罚。其他还有典押、卖青苗等形式。清光绪八年(1882)始，遂昌县石练乡大茂坑村吴苗魁为地主种山，靠种地主山地糊口。至1949年，长达66年，造林34.67公顷；其子吴有才为地主种山20年，造林8公顷。据《龙泉市林业志》(2009年版)载，住溪乡山林巨户张雨亭租山形式两种，一种是租山烧炭，曾建有炭窑12座；另一种是租山种粮造林，凡连片砍伐的山场，都要重新开山整地，然后插苗育林，开山投劳造林、抚育幼林、护林防火，均由山佃负责。

山林到户改革

1950年，丽水推行山林改革，没收地主富农的林地分给农民。依据《中华人民共和国土地改革法》《中央人民政府关于适当处理林权，明确管理保护责任的指示》《浙江省土地改革中山林处理办法》和中共中央华东局批转《福建省土地改革山林处理办法》，推行山林改革。截至1952年，丽水基本结束山林权属登记发证，山林140万公顷，其中国有山林7万公顷，占5%；乡村公有制机动山林2.1万公顷，占1.5%；私有山林130.9万公顷，占93.5%。至此，丽水专区各阶层山林占有情况发生根本性变化，贫雇农占有山林的比重由土地改革前的3.67%，上升到55.34%；人均占有山林面积由0.014公顷增加到0.25公顷。

但山林改革并未如土地改革那样全面彻底，国有林概未登记发证。缙云县仅鱼川、江川、新马、谷川、黄店等乡推进山林改革，没有推进的乡有69个。其他县有村庙山、桥会山、宗祠山、无主柴山、荒山等未作分配，权属不清，给以后各县山林纷争留下隐患。

1953年丽水各县土地改革后山林占有情况

表11-1-2-1

阶层	户数(户)	占有山林面积(公顷)	占山林总数(%)
地主	941	2677.65	3.20
富农	588	4016.48	4.80
中农	7743	33638.02	40.20
贫农	15050	39830.10	47.60
其他	5569	3514.42	4.20
合计	29891	83676.67	100

1953年始，各县执行政务院《关于发动群众开展造林、育林、护林工作的指示》和中共浙江省委农村工作部《关于浙江省山区土地改革中山林分配遗留问题的处理意见》规定，国家所有面积不足33.33公顷以下的山林，有计划地划给互助组、生产合作社长期经营使用，133.34公顷以上的用材林

山和 66.67 公顷以上的特种经济林山，由国家设立专业机构管理经营。

山林入社改革

1952 年，丽水开始山林入社改革。遂昌县川溪乡上江村建成全县第一个农林业生产初级合作社，社员 23 户，山林 36.67 公顷，全部入股统一经营。

1953 年 7 月 4 日，中共浙江省委批转省委农村工作部《关于互助合作运动情况及主要政策意见》，规定山林不宜勉强入社。若生产发展需要必须入社时，应给予合理代价。但政策未能有效贯彻，各地不同程度发生山林入社违背自愿、互利原则，折价不合理，甚至无偿归集体等问题，引发普遍性滥伐林木现象。

1954 年，龙泉县委工作组在凤鸣乡村头村进行山林入社改革试点。历时数月，历经调查研究、实地勘察，测定材积，本着"自愿互利、酬劳合理、有利生产、有利团结"的原则，采取"林木私有、统一经营、砍谁分谁"的办法，以山片远近、交通难易、树种不同确定林主、劳动报酬比例，计算到户。后龙泉县 74 个合作社大多依此法进行山林入社。1955 年"整社"期间，龙泉县凤鸣乡凤一社[①]，全部兑现入社林主报酬，入社山林 166.67 公顷，折价 2718 元。

同年 3 月，各县执行浙江省委《关于山区合作化运动中处理山林问题的指示》，强调保护林主的正当权益，妥善解决山林入社的合理报酬。9 月 2 日，各县执行省委《关于处理农业合作社内部经济关系若干问题的补充意见》，对山林自愿入社、作价入社办法之规定甚为具体。但多数县仅作一般布置，只有部分乡村执行，未落到实处，作价入社的也只是压低材积和山价。

1956 年 6 月，全国人民代表大会通过的《高级农业生产合作社示范章程》，其中第十八条规定社员私有林木的处理原则，零星树木仍属社员私有，幼林和苗圃由合作社偿付本主一定的工本费，转为合作社集体所有；大量的成片的果树、茶树、桑树、竹子、桐树、漆树和其他经济林，根据今后收益的大小、经营的难易、本主所费工本和所得收益的多少，作价归合作社集体所有，价款从林木的收益中分期付还。但部分合作社在山林入社时政策处理简单粗糙，损害林主利益，再次引发乱砍滥伐林木。同年，丽水县雅溪区仙渡乡张山后农林高级社处理山林入社政策时，认为爱社如一家，评产折价少算也是社里的，社里也是大家的，将所有零星树木全部归社所有，导致盗剥棕榈树 2000 多株，致死过半。

山林经营改革

1958 年，全国兴起"大跃进"和农村人民公社化运动，农业合作社所有山林权并入人民公社集体所有，统一经营。

1959 年，各县执行浙江省委农工部《关于本省山林所有制问题的处理意见》，纠正"共产风"，各县实行队（大队）为基础，三级所有政策。规定原属国家的，仍归国有；原属高级社的，仍归相当于原来高级社的基本核算单位所有；小片林木，便于生产队经营的也可以划给生产队所有；原属社员私人所有的房前屋后的零星树木，仍归社员私人所有；风景林、风水林、桥会林、茶亭林，以及祠堂庙宇林木，原属谁所有的，仍归谁所有；尚未确定所有权的大片荒山，原则上应归国有，无偿地交给所在地的生产队、管理区或公社固定使用，由他们负责造林，谁造，收益归谁有；造林贯彻"谁造谁有"的

---

① 凤一社：龙渊街道村头村。

方针，不能无代价归公社所有。同年12月，省林业厅推广社队办林场。后各县纷纷兴办社队林场，加快造林绿化速度。

1961年，各县执行中共中央《关于确定林权、保护山林和发展林业若干政策规定(试行草案)》(以下简称《林业十八条》)决定，开展山林确权工作。1962年前后，颁发山林所有权证，在人民公社化以前划归国有的山林仍为国家所有；高级合作社时期划归合作社、生产队集体所有的山林和社员个人所有的山林仍然归生产大队、生产队集体所有和社员个人所有；高级社时期确定归社员个人所有的零星树木，社员在房前屋后、路旁水旁和自留地上种植的树木都归社员个人所有。对人民公社化以后新造的各种林木，执行国造国有、社造社有、队造队有的"谁造谁有"政策。划给社员一定的自留山，长期归社员经营使用。

1962年，继续贯彻三级所有、队为基础政策，山林固定给生产队经营，林木折价入社的归还林主报酬，但由于资金缺乏，没有全部兑现。庆元县黄真、竹口、三际公社19个生产队，兑现50%以上生产队6个，占32%；兑现20—40%的生产队10个，占52%；没有兑现生产队3个，占16%。多数林场、林畜场、林果场停办。4月，遂昌县有237个大队划分自留山，户均0.33—0.53公顷不等。这种以生产队为单位经营林业的体制，一直延续到20世纪80年代。

1966年，丽水专区山林复遭乱砍滥伐。社员的自留山收归集体，包括房前屋后的零星林木。1968年，各县革委会成立后有所好转。1972年，丽水开始重建社队林场。1977年，有社队林场和林业专业队856个，7370人，经营山林5.97万公顷，其中社办林场147个，2411人，经营山林1.57万公顷；队办林场664个，4683人，经营山林4.18万公顷；林业专业队45个，276人，经营山林0.22万公顷。

林业"三定"改革

1978年中共十一届三中全会后，丽水地区农村逐步推行联产承包责任制。20世纪80年代，丽水地区启动林业改革。

1981年，中共中央、国务院下发《关于保护森林，发展林业若干问题的决定》和中共浙江省委、浙江省人民政府《关于稳定山权林权和落实林业生产责任制若干问题的规定》后，丽水地区启动林业"三定"工作，通过发放山林权属证书，核清国家、集体和社员个人的山林、树木权属，解决历史遗留林业产权归属问题。同年，丽水地委成立林业"三定"工作领导小组，在遂昌县新溪公社和龙泉县茶丰公社开展试点工作。其间，遂昌县和龙泉县按照浙江省山林定权发证办公室提出的6条标准，建立组织，上山踏勘，定界立标，确定山林权属，并根据当地山林多少，划分社员自留山(一般多为荒山、疏林山)；查清插花山，各方权属主体现场认定，签订山林权属认定书，调处山林权属纠纷。试点工作完成后，遂昌县和龙泉县分别颁发山林权属证和自留山证。

1982年春，丽水地区林业"三定"办公室成立，全面开展林业"三定"工作。截至1983年，丽水地区林业"三定"工作结束，完成林业"三定"任务的公社312个，核准山林面积1378733.34公顷，其中国有山林面积95533.34公顷(包括国有林场46666.67公顷、小片零星国有山托管48866.67公顷)，占6.90%；集体山林面积1283200公顷，占93.1%；划定社员自留山[①]面积178200公顷，占集体山林

① 自留山：山权归集体所有，由社员长期使用的山林，主要是荒山、疏林山，有的平原地区划分植树地段，每人3.3—6.6米。

面积的13.9%，人均333—667平方米；划定责任山①面积488133.34公顷，占集体山林38%；确认统管山②面积616866.67公顷，占集体山林面积48.1%。龙泉县通过林业“三定”查明土地改革时无证山1536片，面积2533.34公顷；双方重复登记山294片、面积4846.67公顷；合作化时未入社山林711片、852.2公顷；重复入社山林103片、100.6公顷。青田县“三定”后新增社队林场9个。

1983年丽水地区林业“三定”完成情况一览

表11-1-2-2

县别	工作队（人）	山林面积（公顷）	其中		自留山		责任山		统管山	
			国营（公顷）	集体山林（公顷）	面积（公顷）	（%）	面积（公顷）	（%）	面积（公顷）	（%）
丽水县	1107	121733	9466	112267	18667	17	71066	63	22533	20
龙泉县	900	259067	20400	238667	18400	8	38000	16	182267	76
青田县	2190	200067	13400	186667	24067	13	50733	27	111867	59
云和县	2703	222933	16267	206667	46667	23	86200	42	73800	36
庆元县	1300	160000	6667	153333	20667	14	68667	45	64000	41
缙云县	300	108000	14667	93333	13067	14	18667	20	61600	66
遂昌县	1397	211200	8000	203200	20000	10	152400	75	30800	15
松阳县	1500	95733	6667	89067	16667	19	2400	3	70000	78
合计	11397	1378733	95534	1283201	178202	14	488133	38	616867	48

说明：1.统计截至1983年12月3日，山林面积由各县自已申报；2.国有山林包括小片托管；统管山以后大部分转责任山；3.松阳县前期与遂昌县合并

1983年，丽水地委落实浙江省山区工作会议精神，落实和完善山林承包责任制，先后抽调干部6332人，组建工作队347个，落实农村责任山面积668000公顷，其中用材林面积549333.34公顷，经济林面积60000公顷，竹林面积58666.67公顷，占集体山林面积60.5%。

1984年，丽水地区继续完善山林承包责任制，减少统管山，扩大自留山、责任山。同年，丽水地区自留山面积扩大到249240公顷，占山林面积18%；统管山减少到291200公顷，占山林面积的21.12%；责任山扩大到777133.34公顷，占山林面积56.37%。其中用材林54.93万公顷，经济林6万公顷，竹林5.87万公顷。

1985年，景宁畲族自治县将自留山、责任山、统管山“三山”并“一山”，统称“自营山”，颁发自营山证12222份。后景宁畲族自治县执行浙江省委文件规定，宣布“自营山”证作废。

1989年10月起，丽水地区稳定、完善和发展林业生产责任制工作。1990年，丽水地区完善林业生产责任制面积140.43万公顷，其中国有山林15.11万公顷，集体山林125.32万公顷。集体山林中社员自留山19.27万公顷，责任山64.76万公顷，统管山41.29万公顷。至1991年3月底，丽水地区完善林业生产责任制工作通过验收，埋设“三山”界标223.8万处，调处山林纠纷31803起，补发自留

① 责任山：由社员承包荒山和疏林山造林，或承包经营经济林和竹林，其收益与集体按比例分成。

② 统管山：由集体统一经营，建立护林组织，制定护林公约，划片包干，定人定片，落实护林员责任制。

山证79472份，完善山林承包合同193543份，收缴集体提留款、林木折价款2124.3万元，建立护林防火组织4039个，落实护林员20798人，处理毁林案件712起，建立林业档案17654卷，新办村级林场(包括茶果、特产场)915个，经营面积58186.67公顷。

2006年1月13日，丽水市山林延包工作在第一轮林业生产责任制基本到期后，规定自留山上的林木，一律归农户所有；承包到户的责任山继续由原承包户承包，承包期再延长50年，对未满法定承包期的责任山，原则上一并延长承包期至2055年12月31日，农户不愿继续承包的，由农户提出书面申请后，可交回村集体经济组织另行发包；明确集体统管山的经营主体，进一步加强分类指导，规范经营行为，探索良性循环、可持续发展的经营方式，防止掠夺式开发等短期行为，经营权的流转应依法、有偿、公开进行，对通过招标等形式依法实行有偿流转的，如合同尚未到期，仍按原合同执行，不得任意更改；加强承包合同的管理，规范山林承包合同的格式和条款，明确承包期限、合同双方的权利、义务、变更和解除条件、违约责任等内容，对签订的合同，凡是不规范、不完善的，加以修订和完善。加强承包合同的鉴证工作，山林承包合同可以由发包方所在乡(镇)政府鉴证，也可以由公证机关公证；在坚持山林承包延长期稳定和不改变林地用途的前提下，允许森林、林木和林地使用权依法、自愿、有偿流转，各种社会主体都可以通过承包、租赁、转让、招标、协商、拍买等形式参与流转，依法取得的森林、林木和林地使用权可依法继承、抵押、担保、入股和作为合资、合作的出资或条件。截至2007年4月，丽水市基本完成延长山林承包期工作，发放林权证570478份，发放率99.20%；签订责任山承包合同280475份，签订率99.5%；林地变更及注销登记482宗，变更及注销登记率100%；调处山林纠纷4654起，调处率95.90%。

林权流转改革

2006年开始，丽水市深化林权体制改革(以下简称林权改革)，建立林权流转制度，开展林权抵押贷款服务，实行林木火灾联保，建立"林权IC卡"，为全国林权改革工作"探路子、出经验、作示范"。

2006年6月至2007年3月，丽水市人民政府和市金融、市林业部门先后发布《国有和集体森林、林木、林地流转招标拍卖挂牌办法》《关于推进森林资源流转工作的意见》《关于推进森林资源资产抵押贷款业务发展的意见》《丽水市森林资源资产抵押贷款管理暂行办法》，初步形成深化林权体制改革的政策体系。

2007年3月28日，丽水市第一家林权管理中心在莲都区林业局挂牌，开展林权初始、变更和注销登记业务。4月11日，庆元县在隆宫乡发放第一笔林权抵押贷款。5月23日，丽水市利来森林开发专业合作社董事长张根火，从莲都区林权管理中心领到丽水市第一本森林资源流转后的变更林权证。后逐步开展林地租赁、抵押、股份合作、互换、反租倒包、有偿转让、政府赎买等山林流转方式。同年，丽水市开展林权勘界、森林资源评估作业工作。丽水市政府与浙江农林大学信息工程学院合作，建设丽水市林权信息管理系统，录入电脑林权相关信息林权证48.5万本。

2008年，国家全面推进集体林权制度改革，集体林权使用权时间延长至70年，集体所有的林地可以流转和抵押。8月，丽水市人民政府制定《关于加快金融业发展改革的若干意见》，规定银行对林权抵押贷款和农村住房抵押贷款等实行优惠利率，利率上浮幅度原则上不超过50%，市区对利率优惠部分给予50%的财政贴息；对低收入农户小额贷款和2万元以下的林权抵押贷款执行基准利率，市区给予基准利率50%的财政贴息，各县（市）参照执行。同月，中共丽水市委、丽水市政府制定《关于落实〈中共中央、国务院关于全面推进集体林权制度改革的意见〉的实施意见》；市政府制定《丽水市深化集体林权制度改革工作方案》。截至8月，丽水市所有县（市、区）建立“三中心一机构”[①]服务平台，设立森林资源流转服务大厅，提供林权管理、登记、交易、发证的全程服务。同年，全市实行林木火灾联保，投保面积138.2万公顷，覆盖全部有林地。

2009年，庆元县建立“林权IC卡”与金融部门贷款联网并授信，以林权证信息为数据基础，通过“勘界调查、评估建库、制卡授信”三个步骤，把林农山场绘画到地形图上，并调查评估森林资源资产情况，建立农户森林资源资产信息数据库，制成智能信息卡。同年，丽水市林权流转42077宗，面积171466.67公顷，金额66.7亿元。

2010年2月，丽水市委办公室、市政府办公室发出《关于全面推广“林权IC卡”，进一步深化金融支持集体林权制度改革的若干意见》。缙云县林业部门与金融系统推出“林贷通”惠农贷款新模式试点。缙云县双川乡丹址村村民代表会议决议，将244.47公顷统管山的集体林权作为抵押，向缙云县邮政储蓄银行贷款600万元。各地相继推出“林贷通”担保贷款，以农户自有林权、宅基地或农房等资产作为担保，约定贷款农户出现逾期，由村委会代为还款，村委会有权处置其林权，破解农村融资难的问题。4月11日，《人民日报》第7版刊登《“山林”撬活农民融资难　林权抵押贷款使浙江丽水的活树变活钱》文章，介绍丽水市林权抵押贷款“林贷通”新模式。5月24日，联合国粮农组织支持中国集体林权制度改革项目龙泉市办公室成立。12月20日，中央电视台经济频道《经济半小时》栏目播出《丽水：林改标本》，全面介绍丽水市林权抵押贷款工作。同年底，丽水市建立“林权IC卡”38.4万户，资产总额186.4亿元，林权抵押贷款余额18.2亿元。同年，全国各地到丽水考察学习林改经验62批次。2010年10月，遂昌县入选全国“100个林权制度改革典型县”。

第三节　工业体制改革

发展沿革

民国时期，丽水工业基础薄弱。1950年，在全国工业手工业完成社会主义改造并实行计划经济体制后，丽水地区工业经济结构与全国一样，分为国有（营）工业、集体工业（包括二轻工业、乡镇集体工业）。企业的生产计划由国家下达，生产的产品由国家按计划分配和销售，产品价格由国家统一制定，包括企业的领导体制。职工的劳动报酬、生活福利、劳动用工等，全部按国家计划执行，形成政府直接经营管理企业，企业没有自主权，过度依赖政府的状况。企业领导体制权属不明、责任不清；生产经营上出现企业办社会或成为政府的附属物，大而全、小而全；职工全面依赖企业，企业管理落后；各种生产要素分割、封闭、呆滞，优不胜、劣不汰的局面，使工业企业经营机制与社会发展明显不适应。

1978年中共十一届三中全会后，丽水地区逐步推行落实企业承包责任制。20世纪80年代，丽

① 三中心一机构”：指林权管理中心、森林资源收储中心、林权交易中心、森林资源资产评估机构。

水工业企业改革开始扩大企业经营自主权。1986年，丽水地区落实《国务院关于深化企业改革增强企业活力的若干规定》，所有权与经营权分离，寻找适合丽水地区不同企业特点的经营形式，改革和完善企业经营机制，搞活企业特别是大中型企业。

20世纪90年代，中国经济发展进入新阶段，非国有经济发展迅速，国有企业陷入困境。1992年，丽水地区执行中共中央、国务院颁发的《全民所有制工业企业转换经营机制条例》和《浙江省全民所有制工业企业转换经营机制实施办法》，工业企业在产权制度改革的同时，进行企业经营机制的转换。政府进行职能转变，实行政企分开，政府不再包揽企业事务，对企业放权成为丽水地区企业经营机制转换的前提。1985年前，国家对企业扩权，调整企业和国家的分配关系，实行"利改税"。明确企业享有资产经营权，生产经营决策权，产品、劳动定价权，产品销售权，物资采购权，财产处置权及劳动用工、人事管理、工资奖金分配、企业内部机构设置等权力16项，为企业经营机制的转换提供法律依据和具体内容。国家从对企业的直接管理转为为企业服务，如不分所有制性质的行业管理成为一种形式。

1993年11月，国有企业改革进行制度创新，建立以股份制为主要形式的现代企业制度。1994年始，丽水地区逐步建立健全现代企业制度，健全企业法人制度，健全适应市场经济要求的企业财务会计制度，建立新的企业内部劳动人事制度，实行政企分开，建立新型的政企关系，同时，企业分别按3种类型改制，多元股东持股的有限责任公司和股份公司，国有独资的集团公司，国有投资控股公司。1999年，丽水地区整顿印刷业、包装装潢印刷业，实行生产许可证制度。1999年年底，丽水地区经省主管部门批准获得包装装潢印刷业生产许可证的企业有78家。2001年，丽水市规模企业342家，其中股份制企业63家，私营企业178家，企业经营机制逐步转换。2003年，丽水市工业企业开展招商引资工作，全年引进外资企业29家。围绕工业化、城市化和新农村建设的目标，加快工业园区建设，促进区域经济发展和产业集聚，巩固工业企业经营机制转换的成果。

社会主义改造

手工业合作化 民国时期，丽水手工业有纺织、造纸、印刷、雕刻、陶瓷、宝剑、砖瓦、土烟、缝纫、制鞋、草席、雨伞、弹棉、串棕、酿造、肥皂、矿产采冶及竹、木、铁、石加工等行业。

民国初期，丽水县城个体手工业者经营分散，仅有林益顺、戴宝兴、王宗勋、谭如亨、王承元等手工店铺60多家。20世纪50年代丽水土地改革后，城镇手工业者按行业组织走合作道路。1950年1月，龙泉县龙泉人民木匠工会(工会形式的手工业合作小组)成立；云和县云和镇熬硝合作社和云东乡熬硝合作社相继成立。2月，遂昌县建立金岸造纸生产合作社；3月，庆元木工生产合作社成立。7月，丽水城关铁业合作社成立。同年秋，丽水县成立铁器联营工厂。1951年，丽水专区手工业职工2065人，大部分在丽水县。

1952年，丽水专区工业企业开展"两个运动"(指"三反""五反"[①])和"两种改革"(指民主和生产)工作。同时，各县推进手工业互助合作，开展手工业合作化试点，建立手工行业生产合作社或合

① "三反""五反"：是1951年年底到1952年10月，中华人民共和国在党政机关工作人员中开展的"反贪污、反浪费、反官僚主义"和在私营工商业者中开展的"反行贿、反偷税漏税、反盗骗国家财产、反偷工减料、反盗窃国家经济情报"的斗争的统称。

作小组。1952年，各县努力推进手工业互助合作活动，建立行业生产合作小组或合作社，促进丽水专区工业经济的恢复和发展。在手工业合作化过程中，逐步形成以制造家具、办公用具、生产用具为主的木制品企业。7月，丽水城关铁业社成立，生产锄头、草刀等农具。11月，缙云县五云木业生产合作社成立。青田县、缙云县供销合作社设立生产合作股，指导手工业合作化工作。同年底，丽水专区手工业产值1325万元，比1950年增长79.3%。1953年，各县执行党在社会主义过渡时期总路线，开始实施手工业"一化三改造"[①]，通过合作化道路，绝大部分城乡个体手工业者纳入集体所有制企业。1955年，遂昌、庆元、青田、缙云等县缝纫或服装生产合作社先后成立。后各县逐步把绝大多数城乡个体手工业者纳入集体所有制企业。

1956年10月，丽水地区五金制品、机械修理等个体手工业作坊，组建手工业生产合作社27个，生产锄头、犁头、铁锅、铜壶、刀、钳等传统产品和打稻机、插秧机等农业机械。同年，私营粮食加工厂实行公私合营。1956年，酿造饮料企业公私合营，建立丽水酱油厂、庆元玉源酒厂以及缙云、龙泉、云和、遂昌等公私合营的酿造厂等。在森工、食品、皮革、塑料、医药、造纸、印刷、建材、化学、矿产、工艺美术、文教用品等行业开展对手工业的社会主义改造。同年底，丽水地区（不包括景宁县）基本完成手工业的社会主义改造，建立手工业合作社（组）599个，职工23078人。

工业社会主义改造　1949年5月丽水解放。8月3日，浙江省人民政府第七专员公署成立，下设实业科，后更名生产科。浙江省人民政府第七专员公署落实浙江省军管会恢复生产和发展经济的要求，重点接管国民政府遗留的官僚资本企业，如浙江汽车股份有限公司丽龙办事处和浙保修械所大港头办事处等；同时建立一批新企业，如丽水新华印刷厂（丽水印刷厂前身），是丽水第一家地属国营企业。在此基础上，浙江省人民政府第七专员公署改造私营企业，接收部分私营企业，组建国营企业。如1950年，丽水县接收益民米厂，建立国营企业，新建大米加工厂；松阳县政府接管旧政府印刷设备厂，建立国营松阳印刷厂；龙泉县改组墨林印刷社等印刷社7家，建立国营龙泉印刷厂。1951年，先后采用和平赎买濒临倒闭的丽水益民锯板厂等私营锯板厂多家的方式，组建丽水新华第一、第二、第三锯板厂，创办丽生锯板厂和公私合营荣华锯板厂。1951年，丽水地区动力企业50家，职工907人，其中国营企业21家、私营企业26家、合营企业3家；粮食加工企业21家，电业企业10家，火柴企业7家，锯板企业7家，汽车修理企业4家，翻砂企业1家。

1952年，丽水专区企业增加到52家，并对酒坊实行加工订货，统购包销。1953年，丽水木材加工总厂成立。同年，各县人民政府接管和自建企业，鼓励集资私营并实行联产联销等办法，努力生产自救。同期，接管倒闭的私营黄梅记修理厂，并吸收一些私营企业的技工，组建丽水新华机器修理厂(原丽水动力厂前身)，是丽水首家国营机械企业。

1953年，各县实行私营工业资本主义改造，对私营工业按"利用、改造、限制"的方针，先采取委托加工、计划订货、统购包销等措施，并执行"赎买"政策，将私营企业转为公私合营企业，分批社会主义改造资本主义私营工业。至1956年1月，丽水县私营工厂22家全部实行社会主义改造，普昌、

① 一化三改造：中国共产党在1953年提出过渡时期的总路线，是以"一化三改造"为核心内容的总路线，又称为公有化改造，包括两个方面的内容，中共中央提出要在一个相当长的时间内，一是逐步实现社会主义工业化，是总路线的主体；二是逐步实现对农业、手工业和资本主义工商业的社会主义改造，是总路线的两翼。这两个方面互相联系，互相促进，互相制约，体现发展生产力和改革生产关系的有机统一，是一条社会主义建设和社会主义改造同时并举的路线。

大东华、燧昌等私营火柴厂合并为公私合营丽水火柴梗片厂；丽水生产救济院更名公私合营丽水棉织厂；私营伦章印刷文具纸张号、同文印刷号、联业印刷号等企业，组建公私合营丽水印刷厂；机器修理厂等并入丽水铁工厂。同年，丽水县工业企业9家，公私合营4家，职工685人，其中私营企业主担任正、副厂长9人。青田县对私营企业主量才录用，安排职务人员31人；经济上实行定股、定息，按年利率5%分季付息。同年底，各县私营工业企业全部实现社会主义改造，成为国家社会主义企业。1957年，经工业手工业社会主义改造后，各县工业企业348家，其中国营企业70家、集体企业278家，工业产值7691万元，占工农业产值的25.74%，比1949年增长8.28倍，初步形成森工、食品、造纸、纺织、机械等行业。

“升级并厂”改造

1958年，全国全面推动“大跃进”，各县搞“解放思想，破除迷信”“一大二公”，大办地方工业，急于搞升级过渡，把公私合营企业升级过渡为国营企业，部分骨干手工业企业并入或过渡为国营企业。至1958年年底，各县国营企业由1957年的70家增到131家，工业产值超亿元。1960年，各县国营企业有159家，职工人数从1957年的9244人增加到1959年的27478人，增长近2倍，国营工业产值11068万元，比1957年增长1.32倍。同时，大部分农村和小集镇的手工业社（组）下放给人民公社，转制为公社办的集体工业，各县乡办工业从无到有。1958年，各县公社办集体企业130家。1960年，各县公社办集体工业151家。各县大搞“小、土、群”炼铁运动，工农业生产出现比例失调，导致农副产品和轻工产品供应紧张。

1961年1月，各县贯彻中央“调整、巩固、充实、提高”八字方针，落实《工业七十条》和《手工业三十五条》，调整和关停并转一批企业，精减下放一批亦工亦农的职工。1962年，各县工业企业439家，其中国营工业企业由1960年的159家减至1962年的92家；工业产值降至6354万元；职工人数从25477人减至18324人，其中城镇集体工业企业职工降至9639人。1964年，各县工业企业跌至低谷，工业企业367家，工业产值5542万元。1964年，丽水专区执行贯彻“备战备荒为人民”战略方针，掀起“抓政治工作、学习解放军、学大庆经验”的热潮，并开展增产节约运动。同期，又有升级并厂一批，如丽水县晶体管厂升格为县属合作工厂，青田食品厂从集体所有制升格为国营企业。1965年，丽水专区工业生产回升，工业企业384家，其中新建工厂17家；工业产值5920万元，比1964年增长6.82%。1966年，丽水刚刚兴起的工业生产受到严重的干扰和破坏。据丽水军分区生产办公室《1967年1—9月全地区工交、基建、手工业系统生产简况》载：“46家国营工厂中有9家停产6家半停产，1968年工业产值下降到1956年以来的最低水平，仅5465万元。”“文化大革命”后期，工业生产略有回升和发展，但未能发挥应有的效益。一些县将地方小集体企业升格为大集体企业，将大集体企业升格为全民所有制企业。1972年，丽水县城关鞋业合作社改制为县属企业，丽水县皮革橡胶厂、丽水织染厂从集体所有制企业升格为全民所有制企业。1976年，丽水地区工业企业783家，其中全民所有制企业156家；工业产值15235万元，比1965年增长1.57倍，其中全民所有制企业工业产值8940万元，比1965年增长1.09倍。

工业企业经营体制改革

两级承包　由企业主管部门向地方政府财政部门承包，工业企业再向主管部门承包。工业企业主管部门对财政承包主要实行利润包干超额分成的办法，具体形式有利润分成、利润包干超收分成、亏损包干减亏留用和自负盈亏等。1981 年 10 月，丽水地区执行国家经委、国务院体制改革办公室《关于实行工业生产责任制若干问题的意见》精神，明确工业企业实行承包经营责任制。同年，青田县、遂昌县率先实行县工业局向县财政实行利润包干超额分成和企业向主管局承包的做法。1982—1983 年第一季度，丽水、龙泉、云和、庆元等县工业局也推行这一做法。至 1983 年年底，丽水地区预算内国营企业普遍落实承包经营责任制，超过 1/3 的"二轻"集体企业，包括自负盈亏的小企业和县工业局统负盈亏的大集体企业，调整为独立核算、自负盈亏的经营实体，实行定额承包奖赔等形式的责任制。

多形式承包　1983 年初，青田县、松阳县工业局对国有企业不再实行两级承包的做法，实行企业与县财政局直接承包，县"二轻"企业仍采取两级承包。1985 年，各县"二轻"集体企业向县主管局进行年度承包仍占 3/4。1986 年年底，国务院下发文件，提出搞活企业的八条意见，明确企业改革的重点是探索企业所有权与经营权分离并继续推行企业承包经营责任制，逐步转变企业经营机制。1987 年初开始，丽水地区普遍推行多形式企业承包及其他经营形式的试点工作。同年，丽水地区主要采取企业集体承包、招投标承包、租赁承包等形式，承包期限大多为 3 年。3 月，龙泉青瓷包装装潢厂与县有关部门签订租赁经营合同，为期 4 年。4 月，龙泉制药厂实行资产经营责任制，为期 4 年；丽水毛巾厂、缙云整流器械厂、松阳机械厂、丽水工具厂等企业先后落实集体承包合同。8 月，丽水糠醛厂实行招标承包。9 月，地区行署组织工业、商业、建设、交通等调研小组 10 个，到各县（市）企业，协助搞好企业承包，按照"包死基数、确保上交、超收多留、欠收自补"原则，纠正少数县（市）仍实行"两级承包"的做法，调整为县财政部门、县企业主管部门与企业直接确定分配关系的"一级承包"。9—10 月，地区经委、体改办、财税局、企业管理协会联合举办深化企业改革研究班。1987 年，2/3 的工业系统国营企业，承包中引入竞争机制，开始向社会实行招标承包。同年底，丽水地区实行招标承包企业 31 家，仍实行企业内部承包的"二轻"企业超过 40%。

1988 年 4 月，落实国务院《全民所有制工业企业承包经营责任制暂行条例》和《中华人民共和国全民所有制企业法》，根据浙江省政府对推行承包提出的"配套、完善、深化、发展"的要求，承包经营的主要形式是上交基数递增，超收分成。同年底，地区经委系统工业企业承包率 85%；预算内国营企业实行承包或租赁企业超过 90%，其中实行招标承包国有企业 44%，抵押承包国有企业 46%；"二轻"系统实行承包或租赁企业超过 75%，其中实行招标承包的企业占 14%。

1990 年，执行省政府《关于全民所有制工业企业继续推行和完善承包经营责任制的通知》精神，下发《地区体改办关于推行新一轮承包的若干补充意见的通知》，在一轮承包的基础上，落实二轮承包责任制，将固定资产增值及生产经营的有关指标列入考核内容，对经营者的奖励限额作进一步的规定。截至 1990 年，丽水地区工业局系统和二轻系统企业 214 家，完成二轮承包的企业 196 家，占 91.59%；全员承包的企业从第一轮的 4 家增加到 38 家。在二轮承包中，仍有部分县（市）实行两级承包。

企业联合　1949 年中华人民共和国成立前企业间经济联合就已经存在。但真正意义上的企业联合则始于中华人民共和国成立后。丽水普昌火柴梗片厂是丽水燧昌火柴公司的配套企业，生产火柴梗和盒片，供应上海、宁波等地火柴厂。1962—1963 年，浙江省先后召开全省工业企业固定协作、定点供应会议 2 次，促进专业化协作发展。当时建立比较固定协作关系的企业有遂昌造纸厂为温州等地腊纸厂提供打字腊纸原纸、丽水羽绒厂为外商提供羽绒、遂昌木浆厂为遂昌造纸厂提供纸浆。

1980年7月，国务院颁发《关于推动经济联合的暂行规定》，促进企业间的经济联合。1981年4月，地区行署在丽水地区工业座谈会上提出10个适销对路产品通过联合上批量的目标，如计度器、缝纫机摇杆、电扇、童车、收音机、服装等。1981年，缙云县仪表厂、县农机厂、县整流器械厂、县摩托车配件厂等企业14家，成立缙云县计度器生产联合委员会，按所有制性质不变、隶属关系不变、资产所有权不变和财政渠道不变等原则，组织生产DD28型计度器联合体，使计度器生产能力从1980年的100万只提高到500万只。至1981年7月底，丽水地区组织各种不同形式的经济联合体22个，参加企业50多家。后逐步发展跨地区、跨行业和原料、技术、资金等多种联合形式。1984年11月至1986年6月，从上海引进协作项目34个，占全地区引进项目的1/3。同时，推动外商到丽合资办企业。1985年，丽水地区内联外引项目57项，其中技术转让43项、内联6项、外联8项。1985年3月，丽水羽绒厂与省畜产品进出口公司联营，成立工贸联营“华兴羽绒有限公司”；缙云缝纫机厂与上海缝纫机研究所联营；缙云橡胶厂与南京金陵橡胶厂技术联营。

1986年1月，丽水金笔厂与上海英雄金笔厂联营，增挂“上海英雄金笔厂丽水分厂”牌子，联合生产“英雄”牌金笔。1986年，丽水地区内联外引项目投产47项；1987年，丽水地区签订内联外引联合项目79项，其中内联14项，以优质名牌产品合资经营和参加企业集团的10项。1987年4月，丽水化工厂与上海制皂厂联营，增挂“上海制皂厂丽水分厂”牌子，联合销售香皂产品；12月，与西安日化公司联销洗衣皂。同年，丽水毛巾厂与上海萃众毛巾厂技术联营；云和无线电厂与慈溪微型轴承厂联营；庆元木器家具厂与中国标准缝纫机集团公司联营。至1987年10月底，丽水地区横向经济联合促进地区及所属县（市）与全国各地建立的友好合作关系，内联外引联合项目177个，其中投产120个，占67.8%。1988年8月，青田希美瑞化妆品有限公司成立，注册资金15.7万美元，其中意大利商人投资10万美元。1989年12月，青田县星迅工艺品有限公司成立，注册资金240万港元，其中中国香港地区商人投资120万港元。1989年，丽水玻璃纤维厂与上海天原化工厂、上海上航蓄电池厂实行原料供应和技术联合。1990年年底，丽水地区外商投资企业5家。到1990年，丽水地区工业、“二轻”系统企业与外地区的主要技术经济横向联合项目41个，其中产品联合占39%、技术联合46%、工贸联合15%，实现产值35570万元，利润3350万元。

工业企业产权体制改革

兼并与破产 1986年，丽水地区落实《国务院关于深化企业改革增强企业活力的若干规定》，提出企业改革重点，所有权与经营权分离，逐步改革和完善企业经营机制，搞活企业特别是大中型企业。后丽水地区国有、集体企业相继开展兼并、出售、破产、解散、组建企业集团等产权体制改革。1988年4月，丽水地区行署到金华市兰溪市学习企业改制经验后，在遂昌医疗器械厂、浙南制药厂、丽水啤酒厂进行企业综合配套改革（时称“超前改革”）试点，放开经营，推出企业综合配套改革措施10条。丽水市（县级）、青田县确定放开经营试点企业4家。同年11月，丽水地区股份制试点工作指导小组成立，在青田电控厂、遂昌医疗器械厂、青田密封件厂、丽水制鬃厂等企业率先开展股份制试点。

20世纪80年代后期，在推行企业横向经济联合和企业承包制的同时，开展企业兼并、破产和企业放开经营等改革。1986—1988年，丽水市（县级）“二轻”系统企业兼并8起。1990年年底，丽水地区重组企业17家，兼并企业18家，其中被兼并企业是亏损或微利企业超过30%；跨所有制兼并企业4起；有偿兼并企业8起。1992年，中共十四大后，转换企业经营机制，加快推进国有企业改革，把企业推向市场，鼓励兼并、规范破产，促进企业在市场经济新形势下的优胜劣汰。一批市场经济适应性差、自我发展能力较弱、管理不善、亏损严重、经营困难的国有、集体企业，处于停产半停产状态，被迫实行破产、解散、重组。1993年5月，丽水塑料总厂经营不善，被丽水市人民法院裁定破产清算，成为丽水市（县级）首家破产的“二轻”企业。1994年，丽水市（县级）轻质建材厂解散，丽水建材厂被油泵厂兼并、丽水丝厂被皮革厂兼并。1995年，丽水棉织厂被天帆毛巾集团兼并；丽水火柴厂被丽水金笔厂兼并。

到2001年，莲都区“二轻”集体企业从1990年的21家，经改制、破产、兼并后，仅保留3家，丽水市（县级）二轻集体企业与国有企业一样，也被市场竞争淘汰。其他县（市）的国有、“二轻”企业也处于同样的境遇。丽水无线电厂更名丽水无线电厂有限责任公司，全部产权出售给职工；丽水动力机厂、丽水市第二农机厂亏损严重，被丽水市人民法院裁定破产。1997—2002年，莲都区破产改制国有或二轻集体企业15家、解散改制企业7家。2004年8月，安托油泵公司和碧湖啤酒公司破产。至此，莲都区国有工业企业全部退出市场。

组建企业集团　20世纪90年代，丽水地区部分工业企业以行业为主或以其他形式组建工业企业集团，成为市场经济体制下工业企业的主要架构。1990—1993年，丽水地区国有企业在二轮承包中进行分配制度和人事制度的改革，同时开展以组建公司制企业为模式的产权体制改革。1994年1月，国营丽水化工厂改制为纳爱斯股份有限公司，由国家股、法人股、个人股组成，是丽水地区首家股份制企业。2001年，纳爱斯股份有限公司组建成为纳爱斯集团有限公司，公司“雕牌”商标被国家工商行政管理总局商标局认定为中国驰名商标。1995年，国营丽水羽绒厂、国营丽水油嘴油泵厂相继改制为股份制公司，国营丽水无线电厂产权出售后改制为丽水无线电厂有限责任公司。“二轻”集体企业、乡镇办工业企业也先后进行产权体制改革。1997年年底，丽水地区乡镇办工业企业1159家，采取股份合作、有限责任、拍卖、兼并、破产、租赁等多种形式，实现转型、改制工业企业1124家，转型、改制率96.98%；组建有限责任公司和股份有限公司141家。

1998年5月，纳爱斯集团有限公司、上海英雄金笔厂丽水有限公司、天帆毛巾集团有限公司、浙江飞雁羽绒有限公司、碧湖啤酒有限公司被重新公布为浙江省“五个一批”重点骨干企业。除纳爱斯集团有限公司等企业外，浙江利民化工有限公司、浙江遂昌凯恩集团有限公司、缙云寿尔福化学有限公司都成为省级工业骨干企业。截至2001年，丽水市新组建的集团公司35家。纳爱斯集团、浙江元立金属制品（集团）等20家企业集团成为丽水市20强工业企业，其中“二轻”集体企业改制重组为企业集团的有丽水玻纤厂破产重组为天华玻纤股份有限公司，与上海玻纤企业联营；丽水五金总厂解散重组为丽水五金公司，成为股份制企业。一批新成立的“非公有制企业”、私营企业组建企业集团和外商投资企业集团被引进，为丽水市企业集团增加新成员。1998年7月，浙江温州医药商业集团公司丽水医药采购供应站实行承债式零资产兼并，成立浙江温州医药商业集团丽水医药站有限公司，是浙江省首家医药系统内兼并成功的企业。1998年，丽水地区工业企业327家，完成产权改制工业企业272家，改制率83.18%，其中国有企业改制率88.4%，集体企业改制率77.4%；股份合作工业企业改制率18.01%，有限责任公司工业企业改制率15.07%，破产工业企业改制率21.32%，租赁工业企业改制率10.66%。同年，完成处州化纤厂、地区化工总厂、处州针织厂的破产工作。在地区经委直属国有工业企业中，全系统实现转改制企业58家，转制率72.5%，组建有限责任公司和股份有限公司30家。同年，丽水地区"二轻"企业61家，完成改制32家(租赁11家)，正在改制9家，待改制20家。丽水地区乡镇企业中，产权明晰的集体、股份合作企业628家，个体私营企业19380家。丽水地区林业企业中，独立核算的工业企业14家，完成产权制度改革工业企业12家。

1999年，丽水地区本级企业改制加快进度，地区轨枕厂、丽水地区电子公司、丽水地区丝绸公司、丽水地区二轻供销公司、丽水地区农药厂完成改制。同年，丽水地区开工生产的"二轻"工业企业49家，完成改制30家，其中改制为有限责任公司5家、股份合作制12家、整体内部出租2家、租赁11家，改制中和尚未改制的19家。同年底，丽水地区完成产权改制国有、集体工业企业占86.5%；"二轻"企业减少80家，"二轻"企业改制率85.27%。

2000年，丽水市完成产权改制的国有工业企业173家，改制率96.6%，城镇集体工业企业142家，改制率90.44%。同年，丽水市化学工业企业产权制度改革开展较早而且较彻底，其中医药工商企业改制主要采取将国有股全部出让，重新配置股权。11月，缙云县医药公司完成改制工作。至此，丽水市除1家国有医药商业企业尚未改制外，其余医药企业全部改制完毕。至2000年年底，丽水市工业企业产权制度改革基本完成，建立以公司制企业为主要形式的企业架构，基本实现产权关系明晰，成为享有民事权利，承担民事责任的法人实体；权责明确，成为依法自主经营、自负盈亏、照章纳税，并对出资者承担资产保值增值责任的经济实体。2002年，浙江丽水工业园区成为丽水市工业集聚地，是企业集团汇集的载体，也是区域特色经济培育、引导和特色产业集聚推动的载体。

现代企业制度建立

丽水地区现代企业制度形成于20世纪90年代。1993年11月，中共十四届三中全会提出，国有企业改革要进行制度创新，建立以股份制为主要形式的现代企业制度。1994年，丽水地区国有企业进行产权制度改革试点。至2000年年底，丽水市国有、集体工业企业基本完成产权制度改革，成为产权关系明晰，享有民事权利，承担民事责任的法人实体。依法自主经营、自负盈亏、照章纳税，并对出资者承担资产保值增值责任的经济实体；改变计划经济时期企业与政府职能合一，企业成为政府附属物，"大而全，小而全"，企业办社会的状况。企业内部组织合理化，领导体制、生产管理、质量管理、供应管理、人事管理等更加科学化。

领导体制　计划经济时期，丽水地区国有、集体工业企业实行党委领导下的厂长负责制。改革开放后，开始改革领导体制。1984年，丽水地区进行领导体制改革试点工作，第一批试点工业企业7个。1985年3月，丽水动力机械厂成为丽水地区首家实行厂长负责制的工业企业。同年6月，丽水五金电镀厂进行厂长负责制试点，是丽水地区第一家实行厂长负责制的"二轻"集体企业。11月，丽水地区召开厂长负责制试点座谈会。1985年年底，丽水地区预算内国营企业中试行厂长负责制占30%。1986年，丽水地区全面推行厂长负责制。1987年，丽水地区推行厂长负责制的国有工业企业占60%。至1988年年底，丽水地区工业企业领导体制基本完成从党委领导下的厂长负责制到厂长负责制的转变。后丽水地区工业企业以公司制企业形式存在，按照现代企业制度的要求，多数企业建立起股东大会、董事会、监事会、经理层，明确企业的决策权、经营管理权、执行权、监督权；企业党组织在贯彻党的方针政策上发挥监督作用，使企业的领导体制真正适应市场经济所要求的格局。纳爱斯集团有限公司、浙江利民化工有限公司、浙江遂昌凯恩集团公司、缙云寿尔福化学有限公司等成为丽水市现代企业领导体制改革成功的范例。

企业分配制度　1978年，丽水地区及各县内务局先后批准一些企业恢复试行奖金工资制度。1979年，丽水地区全面实施国有企业奖金工资制度，“二轻”企业则实行超定额计件或全额计件工资制。1984年，缙云县仪表厂进行“工效挂钩”①分配制度试点。1985年，丽水火柴厂、遂昌造纸厂等企业5家，经国家批准实行“工效挂钩”分配制度。1986年，缙云县、丽水市(县级)、青田县试行各种形式的“工效挂钩”或“奖金、加班费与效益挂钩”的分配办法。1987年，丽水地区全面推行厂长负责制，开始推行企业承包制，在国家规定的工资总额(包括增资指标)和政策范围内，由企业自主决定分配办法和具体形式，如缙云县沸石化工厂实行全员风险担保股份责任制，丽水油嘴油泵厂实行“四包”增利分成制等。1988年，丽水地区国有企业、县以上“二轻”企业全面推行“工效挂钩”分配制度，实行效益工资制。同年，丽水地区工业、“二轻”、矿产、医药局系统所属企业职工41343人，其中生产工人实行全额计件、超定额计件、基本工资加奖金、结构工资的分别占22.5%、33.2%、36.1%和6.1%；非生产人员实行基本工资加奖励、结构工资、单项承包的分别占84.6%、7.6%和2.1%。2000年，丽水市贯彻实施现代企业制度，推行企业产权制度改革，普遍建立公司制企业，形成新型的企业分配关系，企业产权明晰，拥有包括国家在内的出资者投资形成的全部法人财产权，承担资产保值增值的责任，合理区分和确定企业所有者、经营者、劳动者的权利和责任，企业对职工不再承担无限责任；股份制企业通过股东大会、董事会和监事会讨论处理企业的分配；职工通过签订个人劳动合同，工资专项集体合同和由工会代表职工与经营者荟订集体合同，保障劳动所得，浙江纳爱斯化工股份有限公司、浙江利民化工有限公司、浙江遂昌凯恩集团有限公司、浙江寿尔福化学有限公司等集团公司，通过这些方式，较好地完成企业利益分配。

劳动人事制度　计划经济时期，企业领导由国家任命，职工则由国家分配。1983年，开始改革劳动人事制度，各县国营工业及县以上集体企业对新招收工人试行劳动合同制。1986年，新招收工人普遍实行合同制。1990年年底，地区工业局、二轻局企业人事制度实行优化组合，多数企业干部由任命制转向聘任制，工人多数实行合同制。同年底，丽水地区(缺庆元县)工业、“二轻”系统工业企业合同制工人9571人，占职工总数的25%。同时，工业企业陆续实施企业待业保险制度和职工养老保险制度。1985年，遂昌县工业系统工业企业推行厂长负责制、企业实行内部招聘制度，招聘录用企业中层管理干部。1988年，地区工业、“二轻”系统招标和聘任厂级领导职务干部258人。1985年，丽水地区多数工业企业进行劳动优化组合，重新定员定额，采取“增人不增资、减人不减资”的办法，调整企业劳动组织，采取厂内退休、停薪留职、厂内待业、离岗培训等措施，自行消化企业富余人员。企业产权制度改革后，所有权和经营权分离，出资者按投入企业的资本享有企业所有者的权利，即资产受益、重大决策和选择经营管理者的权利；出资最多者成为企业主要负责人，如私营企业主；在股份制公司，拥有最多股权的成为公司主要负责人，在私营企业和股份制公司中，经营管理者、中层管理人员和职工由主要负责人聘用和招收；企业在招收职工时订立劳动合同，在劳动合同中规定双方的权利义务，保障双方的合法权益。

---

①工效挂钩：指企业工资总额同经济效益挂钩也称作绩效考核。工效挂钩办法是国家管理国有企业工资总额的一种形式。具体做法是，企业根据劳动保障部门、财政部门核定的工资总额基数、经济效益基数和挂钩浮动比例，按照企业经济效益增长的实际情况提取工资总额，并在国家指导下按以丰补欠、留有结余的原则合理发放工资。

第四节　商业体制改革

商业计划经济改革

商业社会主义改造　1949年年初，丽水县商店3419家。1949年10月中华人民共和国成立后，丽水逐步开展资本主义工商业社会主义改造。1950年，丽水县社会商品销售2283万元。同年8月，国营丽水贸易分公司成立，加强管理和发展商业，开始对私营工厂实行原料供应，订购成品。1950年4月，撤销国营丽水贸易分公司，成立土产、粮食、油脂、百货、花纱布、盐业、专卖公司和专区供销合作总社，在各县设立各专业公司办事处、营业所或经营组。1951—1952年，丽水地区开展个体工商户登记。1952年，丽水专区个体工商户9039户，其中私营商业4014户，小商贩2900户，手工业兼商业者2125户。

1951年，丽水地区社会福利救济事业和贫困居民创办的手工纺织业，组建联购联销处，由花布公司提供棉纱，产品由花布公司收购和联购联销处自销。8月，丽水专区食盐行业实行统销制度。同年，山货行组建土特产联销处。1952年，丽水专区组建酒坊联营处，实行加工订货，产品由国家统购专卖，零售酒店组成合营酒店，向酒坊联营处进货。同年，丽水专区实行部分卷烟批购代销。1953年，各县实行卷烟全行业经销代销。11月，各县实行粮食统购统销，部分私营粮油商店改制为代销店。1954年9月，各县实行棉花棉布统购统销，各县城私营棉布店改制为中国花布公司经销店，小集镇棉布店和摊贩改制为供销社经销店；百货、南货、文具、烟、酒等零售商店向国营公司批购进货，按统一牌价出售。制定饮食、酱油、猪肉、豆腐行业统一规格，按规定价格出售。1955年9月，百货、文具、南货、西药等私营商店改制为经销店。到1956年1月，丽水县率先完成商业社会主义改造。6月，各县基本完成商业社会主义改造，改造私营商业户3567户，其中直接过渡为国营或供销社的商户310户，参加公私合营的商户1231户，组织合作商店或合作小组的商户2026户。

国营商业与供销社经营分合　1958年始，撤销国营商业公司，实行政企合一体制，合并商业行政与企业经营，合并国营商业与供销社，大部分公私合营商店过渡为全民所有制商业企业。建立国营商业独家经营体制，采取“关、停、并、转”合作商店、合作小组的办法，合并饮食、服务行业，取消个体商业户，关闭自由市场，造成商业经营网点减少。1961年，各县执行中共中央《关于改进商业工作的若干规定（试行草案）》（商业四十条）和《商业工作条例（试行）草案》（商业一百条），国营商业与供销社分开经营，恢复供销合作社。1962年上半年，各县国营商业与供销社进行城乡分工和商品分工，形成以国营商业和供销社为主渠道的流通体制。同期，恢复一批公私合营商店、合作商店和合作小组，放开农村集市贸易，城乡物资交流逐渐活跃。1966年，丽水专区国营商业与供销社第二次合并，商业部门归口管理的合作商店部分互相合并，部分并入国营公司，成为国营商业门市部；基层供销社归口管理的合作商店过渡到供销社，合作小组改制为代购、代销、代营商店（以下简称“三代店”）；关闭集市贸易，取消个体商贩，再次回归国营商业独家经营体制。1978年，丽水地区国营商业与供销社再次分开，并逐步开始商业体制改革。

商业经营制度改革

前期商业经营体制　1949年中华人民共和国成立后，丽水开始建立国营商业，控制商品批发、抛售物资，采取多种形式组织物资交流，疏通流通渠道，活跃城乡经济，平抑物价。1953年，各县统一经营粮、棉、油，主要商品购销活动纳入国家计划轨道，国营商业、供销社系统成为商业流通的主渠道。1959年后，一批国营商业公司相继成立。各县物资综合公司成立。1964年，丽水专区物资综合公司成立。1968年，建立丽水地区物资局。1965—1979年，丽水地区农机公司、丽水地区木材公司、丽水地区金属材料公司、丽水地区化工建材公司、丽水地区机电设备公司、丽水地区水产公司先后成立。供销社系统的地区商业二级站同期成立。1966—1978年，全地区国营商业独家经营，管理机构瘫痪，经营混乱。至1988年，丽水地区国有商业机构有商业、粮食、物资、外贸、医药、烟草、木材、水产等1023个，其中管理机构209个，经营机构796个，仓储机构18个，干部职工10648人。同年，丽水地区供销社机构1789个。其中，管理机构104个，经营机构1632个，仓储运输机构53个，干部职工7871人；社会商业零售额占社会商品销售的22.35%。同年，丽水地区集体商业网点513个，从业人员2011人，社会商业零售额占社会商品销售10.61%。

丽水地区商业经营体制几经变动。1956年，私营商业进行社会主义改造。1958年，部分个体商业并入国营商业和供销社。1966年，丽水专区推行割资本主义"尾巴"后，再次并入国营商业和供销社。1983年，丽水地区放宽政策和经营范围，个体商业开始重新发展。同年，丽水地区个体商业户27215户，从业人员35118人，社会商业零售额占社会商品销售26.93%。

1949年中华人民共和国成立后，丽水集市贸易几度兴衰，以农副产品交易为主。1966年，国营商业独家经营，关闭粮食交易所，集市贸易缩减。1978年，再度开放粮油市场，集市贸易激增，加速发展农副产品交流。1990年，丽水地区集市贸易市场159个。

商业承包经营体制　1978年中共十一届三中全会后，国家改革商业经营体制，逐步建立起多渠道、少环节的开放流通体系，形成以国营商业和供销合作社为主体，集体、个体商业为补充的社会主义市场体系。1979年，国家试行国营商业利润留成，恢复综合奖金。1980年，又实行增长利润分成，奖金与利润挂钩，计分计奖；一些企业划小核算单位，实行柜组核算；试行门市部主任(经理)、柜组长职务补贴。4月，丽水县百货公司和遂昌县五金交化公司开展扩大企业经营自主权试点工作。1981年，丽水地区开展商业零售企业经营责任制试点工作，实行小组承包制度，主要形式有包交定额、全奖全赔；定额到人、超额分成、奖赔结合；定工资，定营业额，超额分成，缺额赔补；个人承包、定额上交等。同年底，丽水地区试行经营责任制的国营商店40个，占国营商店总数的22%。1983年6月，实行商业企业经营承包责任制，利润包干，超额分成，层层承包，责任到人。同年，丽水地区试行商业企业经营承包责任制的商业企业249个，占核算单位的84%。

1984年7月至1985年6月，丽水地区实行改、转、租的国营商业小型企业165个，占总数的94.8%，其中改制为国家所有、集体经营、照章纳税、自负盈亏的国营商业小型企业103个，转为集体所有制的国营商业小型企业9个，租赁给个人经营的国营商业小型企业53个。1987年，丽水地区采用包死基数、确保上交、超收多留、欠收自补的办法，开展国营商业中型企业承包经营责任制试点工作。1988年6月，丽水地区实行承包经营责任制和经理任期目标责任制的中型商业企业54家，占总数的87.1%。同年下半年，丽水地区实行工效挂钩的商业企业70家，利税基数1340万元，工资总额基数 567 万元，人均工资总额基数 1405 元。

1990 年 4—7 月，丽水地区开展地区所属国营商业企业二轮承包工作，采取包利润、包企业发展、包社会效益、工效挂钩（以下简称“三包一挂”）的形式。同年底，丽水地区实施二轮承包的国营商业 54 家，占应承包企业数的 78.3%；实行经营责任制的国营商业企业 13 家。同期，地区物资部门也开展二轮承包。1991 年，地区物资部门承包基数为 192 万元。后承包基数每年递增 8%。

供销经营体制改革　供销社与国营商业三分三合。1977 年，恢复供销社组织观念。1980 年，丽水地区供销社实行开放搞活，扩大供销社的经营范围和服务领域。普遍推行所得税目标承包以及联销联利计酬（奖）、定额承包、超收分成、大包干等形式的经营责任制，部分山区商店试行租赁经营。1982 年始，恢复供销社的群众性、民主性、灵活性（简称“三性”）原则，恢复社员代表大会制度。各县供销社和基层供销社恢复社员代表大会制度，选举产生理事会和监事会。推行主任（经理、厂长）负责制、任期目标责任制和经济审计制。同年，丽水地区供销社扩权试点工作由点到面分批铺开，明确供销社集体所有制的性质，采用扩股、集资、分红等多种形式，吸引广大农户积极参加。1982 年，丽水地区加入供销社的农户从 1980 年的 52%上升到 86%，股金从 1980 年的 76 万元上升到 320 万元。1988 年，丽水地区基层供销社普遍建立社务委员会，采取联购分销、分购联销、代购代销等经营方式，不断扩大经营业务。实行工效挂钩的供销社 52 家，占总数的55.91%。1990 年，丽水地区基层供销社广泛推行联销联利计酬，根据季节和业务特点，分别推行分阶段经营承包和单项经营承包。

商业产权制度改革

国营商业企业的改革与国有工业企业的改革时间基本同步。1988 年开始的国营商业企业三年承包期到 1990 年年底结束。1991 年始，进一步转换商业企业经营机制，除承包外，相继出现租赁经营、企业合并、合资经营。1995 年，丽水百货公司、丽水地区五金交电公司、丽水地区糖酒副食品公司相继进行产权制度改革，改制为股份有限公司，营业场地大部分向社会大众招租，开拓外部市场。

1997 年，丽水地区全面深化商业企业产权制度改革。同年，丽水地区粮食系统独立核算企业 85 家，通过撤并改制、转产、拍卖、租赁等形式，完成产权改制企业 51 家，占总数的 60%。同年底，丽水地区实行改制重组的物资系统企业 14 家，破产企业 10 家。1998 年，丽水地区实行产权制度改革的国有商业企业有 31 家，其中建立有限责任公司 7 家，占改制企业的 23%；实行建立股份合作制企业 6 家、破产企业 7 家、兼并企业 6 家、拍卖解散企业 5 家。同年，丽水地区供销社以产权制度改革为突破口，全面开展企业改制，其中对政策性经营企业和骨干支柱型企业，采取由供销社控股、持大股的形式改制，如松阳县供销社改制松阳茶厂；对资产质量尚可、政策性经营不强，但经营状况不佳的企业，采取供销社参股，或者由职工一次性买断的形式改制，使其成为市场竞争的主体，如改制丽水地区土特产公司；对经营困难、长期处于亏损和资不抵债的企业，采取兼并、解散、破产、歇业、租赁等形式进行资产重组，使资产发挥效益。同年底，丽水地区完成改制的供销社企业 38 家，占县以上供销社企业总数的 52%。

1996 年开始，地区物资局对地区本级商业企业 13 家，采取破产、重组、停业等形式，进行产权制度改革。1998 年，丽水地区国有医药商业企业产权改制面 60%。同年底，丽水地区破产商业企业 2 家，改制商业企业 6 家，无资产、无经营企业停业 4 家。1999 年，丽水地区应改制国有、集体商业企业72家，改制和正在改制69家，改制率95.83%，其中建立有限责任公司22家，股份合作制企业6家，破产企业12家，兼并企业5家，拍卖、解散企业6家，同时，做到国有资产全部退出，职工身份全部置换。丽水地区县以上供销社系统完成产权改制企业50家，占应改制企业的64%；粮食系统应改制的附营企业77家，完成产权改制企业45家，改制中企业23家，两项相加占总数的88.3%；物资系统应改制的国有企业96家，完成改制企业81家，改制率84%，其中破产、解散企业40家，组建股份制企业23家，其他18家。同期，丽水地区实行改制不彻底的商业企业第二次改制，置换国有资产，转换国有企业职工身份。丽水地区粮油发展公司完成股份合作制改革，注销丽水地区粮油总公司和地区粮油贸易公司。

2000年，丽水市全面改革国有、集体商业企业，退出国有资产，推进商业企业改革工作，改制完成国有集体商业企业67家，占应改制企业的92%。同年，丽水市基本完成县以上供销社企业产权改制工作，应改制的供销社企业73家，改制企业64家，正在改制企业7家，两者合计占总数的95%。同年，丽水市粮食流通系统附营企业77家，完成改制企业74家，仅保留莲都区粮食总公司、莲都区粮油副食品批发市场管理处和景宁畲族自治县粮食国有资产营运公司3家国有独资公司。同年底，丽水市物资企业96家，完成国有资产退出，职工国有身份"双置换"的企业82家，改制率85.4%，其中组建成立股份制企业33家，占改制企业总数的40.24%；正在改制企业14家。

2001年，丽水市本级供销社加快产权制度改革，转换企业经营机制，彻底置换职工身份。同年底，丽水市全面完成直属企业的改制工作。同时，实现社企职能分开和职工身份置换，组建丽水市兴合商贸有限公司，切实管好改制后收回的剩余资产。2002年，丽水市粮食企业进一步开展职工减员增效改革。

转换商业企业经营机制

计划经济时期，丽水地区商业经济结构分为国营商业、供销合作社、集体商业、个体商业和集市贸易，经营机制完全按计划经济的模式运作，体现出计划经济的特点；经营计划由国家下达、商品由国家按计划调拨，商品价格由国家统一制定；全部按国家计划执行职工的劳动报酬、生活福利、劳动用工等，形成政府直接经营管理企业，企业没有自主权，企业依赖政府，职工全面依赖企业的状况，造成企业管理落后。各种生产要素分割、封闭、呆滞，优不胜、劣不汰的局面，商业企业经营机制与社会发展、市场需求不相适应。20世纪50—70年代，特别是在国家三年困难时期①，物资匮乏，一度实行凭证或凭票供应和购买商品。

1992年始，丽水地区执行中华人民共和国商业部《全民所有制商业企业转换经营机制实施办法》，完成产权制度改革的商业企业依法自主经营、自负盈亏、自我发展、自我约束，成为独立享有民事权力和承担民事义务的企业法人，享有经营决策权，选择购销渠道自主权，资产处置权，劳动用工、人事管理、工资奖金分配、内部机构设置等权力。同时政企分开，政府不再直接包揽商业企业各种事务并积极参与商业企业产权制度改革，建立完善社会商品流通体制。1998年，丽水地区国有、集体商业企业83家，完成转制的企业31家，占总数的37%；完成清产核资与资产评估工作、正在改

① 三年困难时期：也称"三年自然灾害"，指中国从1959—1961年期间由于大跃进运动以及牺牲农业发展工业的政策所导致的全国性的粮食和副食品短缺危机。

制的企业 38 家，为商业企业经营机制转换创造条件。1998 年，是深化粮食流通体制改革之年。5 月 10 日，执行国务院《关于深化粮食流通体制改革的决定》，地区、县（市）两级成立粮食改革领导小组，制定粮改实施方案，9 个县（市）粮食收储公司相继成立，受政府委托负责粮食收购、储备等政策性业务及附营业务。同期，粮食系统附营企业设立单独法人，建立独立核算，成为自主经营、自负盈亏、自我发展、自我约束的经济实体。同年底，丽水地区粮食系统附营企业改制率 70%，其中庆元县 11 家附营企业全部完成改制任务。

1999 年始，丽水地区产权改制后的商业流通企业积极调整经营态势，采用连锁经营、总经销、总代理等新的营销方式，开展经营活动，开拓农村市场。同年，丽水地区供销系统转换经营机制，培育和发展农业龙头企业，在参与和推动农业产业化中起龙头作用；加强建设农产品市场的各项配套工程，提高市场辐射功能；办好专业合作社，以合作社的形式与农民结成利益共同体。丽水地区粮食系统加强粮食市场管理，提高服务质量，方便农民售粮，与种粮大户建立联系制度，落实粮食收购"三优先"[①]政策，粮食供应采取多品种、增设施、优服务等措施，送货上门。2001 年，丽水市深化粮食流通体制改革，取消粮食定购任务；全面打破国有粮食企业垄断收购经营的局面，全面放开粮食经营。凡有能力经营的，都允许经营。同年，丽水市区粮食经营户 200 多家。后粮食收购主要采取 3 种办法，代省收购，即以省委托协议价收购；按订单收购；按市场价收购，随行就市，涉及缙云、云和、龙泉、庆元、景宁、青田等县。2002 年，丽水市连锁经营、电子商务、物流配送等新型流通业发展势头加快，形成丽水现代商业流通企业新的经营模式，建成浙西南农贸城网络公司农贸在线平台，同时上海联华超级市场发展有限公司、丽水家友超市有限公司、温州民丰控股集团有限公司等一批外地连锁企业进驻丽水。同年，丽水市供销社深化改革，创新体制，立足"三农"，参与和推进农业产业化经营，重组经营服务网络，以参与农业产业化经营改造基层社，以实行产权多元化改造社有企业，以实行社企分开和开放办社改造联合社，以发展现代流通和经营方式改造供销社传统网络，全面加快开放办社进程。同年底，丽水市新办农村专业合作社 14 家。2003 年，新办农村专业合作社 18 家。

2002 年，丽水市粮食系统成立粮食行业协会。2005 年，丽水市初步形成新型流通体制，实施"千镇连锁超市"工程，本地连锁店扩大经营规模提高竞争力，外地连锁商贸企业纷纷进驻。2006 年，丽水市商贸流通企业采取连锁经营模式，扩大企业竞争力，连锁经营范围从传统零售业、餐饮业领域拓展到服务业和农业生产资料等领域。2007 年，丽水市加快建设市区中山街等五大商业区块。重点建设专业市场如岩泉汽车市场。逐步发展拍卖、典当行业。同年，市供销社系统坚持服务"三农"，参与农业产业化经营，加快发展农村新型合作经济，构建农村新型流通网络，继续发挥农资商品主渠道作用，发展农村连锁经营。同年底，丽水市各连锁超市龙头企业 178 个，在行政村 299 个，开设连锁便利店 487 家，完成年度目标 137%。市供销合作商业参与农村现代流通网络建设，各县（市区）供销社领办、参办农业龙头企业 16 家，成立农资连锁经营直营店、加盟店 387 家。2008 年，丽水市商贸工作重点是开拓农村商贸市场，扩大行政村连锁便利店覆盖面。同年底，丽水市开设连锁便利店的行政村 613 个，其中新开连锁便利店的行政村 136 个；创办农村日用消费品、农资商品经营与农村文化、卫生、老年活动、农技服务场所等为一体的农村综合服务社 40 家，其中新增 9 家。

---

① 三优先：优先支持粮食储备企业增储、轮换及政策调控收购资金需求；优先支持产业化龙头企业、粮食加工企业和其他粮食企业提高收购份额；优先支持风险承受能力强的国有及非国有粮食购销企业收购。

第五节　综合体制改革

1978年始，丽水地区进行一系列综合性体制改革，逐步实现由传统的计划经济体制向社会主义市场经济体制的转变。随着改革措施的落实，政府对经济的管理逐步由直接管理为主向间接管理为主转变。

计划体制改革

生产与物资供应计划　1952年，丽水地区开始实施计划经济体制，统一计划，分级管理，省下达国民经济控制数，各县上报计划数，由省平衡后下达计划，地区负责汇总上报。1956年始，国家直接计划安排国营企业生产、全民所有制基本建设和财政收入；间接计划管理集体与个体农业、手工业和私营工商业。1958年，国民经济调整期间，基本建设、财力、劳动力等方面部分权力下放到县，国营企业固定资产无偿调拨，并按照"大计划、小自由、大集中、小分散"原则，统配物资由计划委员会统一分配。1961年，各县贯彻国民经济调整、巩固、充实、提高的方针，扩大计划管理范围，省里重新收回原下放给县的部分权力。

1963年4月恢复丽水专区建置后，专署计划委员会负责各县年度计划草案的综合平衡和省下达计划的监督实施。1966年开始，丽水专区计划工作处于无政府状态。1973年，丽水地区恢复计划管理。1977年，除地区教育局直接下达分配计划外，高等学校招生考试制度恢复后，毕业大学生(师范类学生除外)均由地区计委负责全地区综合平衡，编报高等学校毕业生需要及各县(市)分配、调配计划；省里切块安排地区直属单位的大学毕业生，由地区计委协同地区教育局下达分配计划。同年，省里将统配计划化肥分配权下放给地区。

1978年改革开放后，随着经济体制从计划经济到有计划的商品经济，再到社会主义市场经济体制的演进，丽水地区计划管理体制历经从传统指令性计划到计划经济为主市场调节为辅，再到市场对资源配置起基础性作用，加强宏观调控和制定指导性计划的发展历程。

1979年始，丽水地区实行以计划经济为主、市场调节为辅的经济管理体制。同年，市场调节41种(类)三类农副产品和部分工业品。1980年5月，实行指令性计划、指导性计划和市场调节性计划相结合的管理形式，管住管好大的方面，放开搞活小的方面。1981年，丽水地区实行计划管理与市场调节相结合，计划工作重点抓日用消费品的生产、企业整顿、落实经济责任制。1983年，丽水地区以经济效益为中心，开始编制经济效益计划，包括劳动生产率、产值综合能耗、流动资金周转天数、百元产值及百万资金提供税利、可比产品成本降低率、优质产品比重、上缴利润等指标。1984年10月始，计划体制改革主要针对原有体制集中过多、管得过死、忽视价值规律和市场作用等弊端展开。计划管理体制，继续按照缩小指令性计划、扩大指导性计划及适当下放计划管理权限进行改革，生产与物资供应计划放开步伐加快。1985年，丽水地区继续减少指导性计划比重，黄金、铅、锌、木材及部分电机设备等指令性计划产品5种约占工业产值的11%；纱、布、丝、机制纸、塑料制品、啤酒、配混合饲料、原煤、发电量、铁矿石、合成氨、化肥、化学农药、医疗器械、人造板、水泥等指导性计划产品16种约占工业产值的17%；市场调节产品约占工业产值72%。1986年，丽水地区将关系人民生活的肥皂、火柴重新纳入指令性计划。同年，全省能源分配计划由原来直接到县（市）调整为切块下达到地区，再由地区切块下达到（县）市，其中省计划统配的煤炭、成品油、电力等分配权下放地区。1987 年，外贸出口产品视同指令性计划管理。

1988 年始，国家计划分配物资逐年减少。1990—1991 年，丽水地区加强重要生产资料计划管理，应对物资供应计划放开过程中价格上涨过快问题。1990 年，对国家和省指令性计划产品及省调产品所需主要物资，实行指标分配或直供分配，并按照物资分配与产品收购调拨挂钩的原则组织产需衔接。同年，将农业人口转非农业人口纳入计划管理。1991 年后，物资分配体制和生产资料价格改革不断深化，国家和省直接掌握可分配的资源逐年减少，市场调节范围不断扩大，计划调节体制逐步深化。1992—2000 年，生产与物资供应计划加快放开步伐，逐步取消指令性计划。至 2000 年，农业生产指令性计划全部取消，工业生产中指令性计划占全部工业产值比重不到 3%，商业、物资和其他领域的指令性计划也大大减少。到 2010 年，丽水初步建立新型计划管理体制，重点解决事关国民经济和社会全局性问题，运用经济杠杆综合协调宏观经济基础，注重法制化建设和完善宏观调控目标体系。

宏观调控　1986 年，丽水地区针对前两年经济过热情况，采取集中审批权限、控制投资规模、降低建设标准等措施，严格控制基本建设的规模和投资规模，严格控制外汇使用。加强对计划内、外基建投资规模控制，削减一些非生产性的建设项目，严格控制新开工项目。加强消费基金管理，控制集团购买力，制止部分企事业单位滥发奖金、实物、补贴和私设“小金库”等不正之风，控制消费基金膨胀。直接调控措施对计划控制范围内项目效果明显，固定资产投资增长速度有所减缓。但不纳入计划考核的投资继续膨胀，在建项目总规模仍然过大。投资结构不够合理，一般加工工业和非生产性建设比重过大，楼堂馆所建设偏多、标准过高。

1988 年，丽水地区根据中央“治理经济环境、整顿经济秩序、全面深化改革”方针，开始治理整顿。至 1991 年，丽水地区国民经济从过热状态中冷却下来，并在调整中有发展。1992 年邓小平南方谈话后，丽水地区掀起改革开放、加快发展的热潮。同年，逐步建立监测、预测国民经济运行指标体系、经济景气分析指标体系和月度、季度、半年、全年宏观经济形势分析及预测报告制度，提出对策建议，形成分析报告或会议纪要，供决策参考，或由各经济职能部门执行。经过两年高速发展，到 1994 年，丽水地区在经济持续快速增长的同时，物价升幅较大，通货膨胀成为困扰经济发展的突出问题。丽水地区贯彻国务院加强宏观调控、抑制通货膨胀的一系列措施。在新一轮的宏观调控中，注重采用税收、信贷物价等宏观经济政策，并取得一定的成效。调控中还继续采用一些行政手段，通过行政审批压缩固定资产投资规模，清理审核在建项目，从严控制新开工项目，国家定价商品范围有所扩大，比重有所上升。

1998 年，亚洲爆发金融危机，国民经济发展面临不利的外部环境。丽水地区贯彻国务院精神，采取积极的货币和财政政策，拉动经济发展。2000 年丽水撤地设市后，丽水市对固定资产保持高强度投入，保证重点建设项目的顺利开展。后按照市政府要求，地级市、县（市、区）完善经济形势分析工作制度，编制季度经济形势分析报告，开展经济分析、工业监测、楼市监测、投资监测及物价监测等。

财政体制改革

1950 年 1 月，国家建立新税制，统一财经工作和财政收支管理，有关税收制度、财政收入秩序、供给标准、行政人员编制以及国家征收的公粮、代金、盐税、货物税、工商业税，均归中央统一调度。1953年，建立县级财政，修正税制，试行商品流通税。同期，各县贯彻过渡时期总路线，财政税收积极支持促进农业、手工业合作化和对私营工商业社会主义改造。1958年，各县农业税调整为地区差别比例税制，下放工商税收部分管理权限。1961年，各县面临经济困难时期，财政收入急剧下降。1963年，各县落实“调整、巩固、充实、提高”八字方针，财政收入逐步回升。1966—1976年，丽水地区经济受到破坏，财政收入急剧下降。

1978年中共十一届三中全会后，实行“划分收支、分级包干”财政体制，扩大地方财权，财政体制由“高度集中、统收统支”，转变为“统一领导、分级管理”，基本形成以预算收支为主导、国营企业财务为基础、预算外资金为补充、财政信用为调剂的财政体制，建立以流转税和所得税为主体的税收体系。同期，开展财政信贷，实行有偿使用；国营企业实行企业基金、利润留成、利改税、承包经营责任制，完善国家和企业分配关系。

1986年始，丽水地区财税体制改革以“分权式”为主轴，以放权让利为主要内容，包括上下级政府之间实行财政包干、“分灶吃饭”，对国有企业实行利改税等。1994年始，以“分税制”改革为主，在原包干体制地方上缴和中央补助基本不变的情况下，实行“两分一返”①。税种设置由原来37个减少至23个。1988—1990年，针对财政体制长期实行统收统支、“吃大锅饭”，以致资金使用不讲效益等弊端，省政府对丽水地区及所辖各县（市）实行“递增上缴、超收分成”办法。为适应省市财政体制的变化，各县财政体制也得到局部调整，各县（市）留用的财力都比原体制有所增加。

1992—1995年，开始实行分税制改革。实行国家税务总局垂直管理体制，丽水地区和各县（市）税务局分拆为国家税务局和地方税务局。1994年，省对地区、县和地区对县（市）以分税制为核心的财政管理体制改革方案基本实施到位，国税局和地税局的分设基本完成。

1995年，省对丽水等欠发达市（地）、县（市）实行“两保两挂”②财政体制。市（地）、县（市）在确保完成中央“两税”（增值税、消费税）任务③和确保当年收支平衡前提下，省财政对市（地）、县（市）补助、奖励与市（地）、县（市）地方财政收入增长率、增收额挂钩。后省多次完善欠发达市、县财政体制。1995年始，丽水地区及所属县（市）当年财政收支基本平衡。1997年，根据省委、省政府关于全省税务机构进一步分设的决定，丽水地区基本完成国、地税人员、财产、资金划分。同年底，国税、地税按各自征管范围分别征税，独立运作。1998年10月起，社会保险费五项费种逐步改由地方税务部门征收。

2000年7月丽水撤地设市后，撤销原县级丽水市国家税务局和地方税务局，相关人员分别上划到丽水市（地级）国家税务局和地方税务局，市本级税收由丽水市税务机构统一征管。2001年，建立市对莲都区财政体制，实行核定收入、超收分成、差额补助、两保两挂财政体制，后几经调整完善。2002年，丽水市实行所得税分享改革，以2001年为基期年，中央和地方2002年按“五五”比例分享，

① 两分一返：“两分”，即按税种划分中央和地方财政收人，中央和地方分设税务机构，分别收税“一返”，即中央集中大部分财力，然后对地方实行税收返还和转移支付，并推行以增值税为主体的流转税制度，统一规范内资企业和个人所得税制度。

② 两保两挂政策：在两个“确保”（确保实现当年财政收支平衡、确保完成各项职责任务）的前提下，实行两个“挂钩”（省补助与地方财政收入增长挂钩，奖励与地方财政收入增收额挂钩），将经济发达县市的财力由省集中一块，转移支付给经济相对欠发达县市，以实现浙江全省经济社会的平衡发展。

③ 1997年后改为确保完成逐步消化滚存赤字任务。

2003年起按“六四”分享。2003年，建立市对开发区财政体制，实行核定收支、挂钩补助、开发单列、自求平衡财政体制，后几经调整完善。2004年，实行“减、调、免、稳”农村税费改革，停止征收农业税，取消屠宰税、“五统筹”，减轻农民负担。2004年始，建立出口退税中央和地方共同负担机制，出口退税超基数部分由中央和地方分别按75%和25%比例负担。2005年，比例负担调整为中央和地方为92.5%和7.5%。

2001—2010年，丽水市财税管理改革步伐加快，推进会计集中核算、部门预算、基本建设预算、国库集中支付制度、政府采购制度、社会保障制度、“收支两条线”和非税收入管理、国有资产管理、财政支出绩效评价、税收征管、社保费“五费合征”等改革，加强政府性债务管理，强化财政监督机制，逐步形成预算编制、预算执行与预算监督三者相互制约的预算管理运行新机制，公共财政体系不断完善。

税务体制改革

税种改革 1949年5月丽水解放初，暂时沿用旧税法，废除部分旧税法中不当条款。1950年1月，政务院颁布《统一全国税政的决定》，规定中央及地方除农业税、契税外，设立工商税种14个。同期，丽水相继开始征收货物税、工商业税（包括营业税和所得税）、利息所得税、印花税、交易税、屠宰税、房产税、地产税、特种消费行为税，使用牌照税等。6月，房产税和地产税合并成城市房地产税。

1953年1月，修正工商税收制度，生产环节应纳货物税、营业税、印花税、商业批发环节和零售环节交纳的营业税、印花税和棉纱统销税，合并为商品流通税，由出厂环节征税；工业环节和商业批发环节应纳税货物营业税及其附加和印花税，统一并入货物税，粮食、土布交易税改征货物税；工商业应缴纳营业税及其附加和印花税，并入营业税征收。已纳货物税商品，商品零售时缴纳营业税。不纳商品流通税和货物税商品，工厂销售或商品零售，缴纳营业税，免征商业批发营业税，舞场、筵席、冷饮、旅馆并入营业税；电影戏曲及娱乐业改征文化娱乐税，税率不变；保留牲畜交易税；屠商应纳的营业税及附加、印花税并入屠宰税。

1953年，各县征收的工商税收有商品流通税、货物税、工商业税、营业税、印花税、屠宰税、牲畜交易税、城市房地产税、文化娱乐税、车船使用牌照税、利息所得税、盐税等12种。1958年10月，货物税、商品流通税、营业税和印花税合并为工商统一税，从工商业税中分拆出工商所得税。1959年4月，停止征收利息所得税和牲畜交易税。1962年6月，开始征收集市交易税。1965年9月，停止征收集市交易税。1967年1月，停止征收文化娱乐税。1969年，试行国营企业综合税。1973年1月，工商统一税及附加、城市房地产税、车船使用牌照税、盐税、屠宰税，合并为工商税。对个人征收城市房地产税、屠宰税、车船使用牌照税。国营企业缴工商税，集体企业缴工商税和工商所得税。

1980年10月，开始征收中外合资经营企业所得税和个人所得税。1982年1月，开始征收外国企业所得税。1983年1月，试行增值税。3月，恢复牲畜交易税。6月，开始征收国营企业所得税。10月，开始征收建筑税。1984年6月，开始征收国营企业奖金税。10月，开始征收资源税，工商税分解为产品税、增值税、营业税和盐税。1985年，工商所得税调整为集体企业所得税和城乡个体工商业户所得税。1月，开始征收城市维护建设税。7月，开始征收国营企业工资调节税。8月，开始征收集体企业奖金税。9月，开始征收事业单位奖金税。1986年10月，开始征收房产税、车船使用税。1987年1月，开始征收个人以省委托协议价收购调节税。

1988年1月1日起，开始征收私营企业所得税；10月1日起，开始征收印花税；12月1日起，开始征收筵席税。1989年，开始征收特别消费税。1991年1月，停止征收建筑税，开始征收固定资产投资方向调节税。1993年，停止征收牲畜交易税。1993年，国家开始征收的工商税收有32种，对外资企业继续征收工商统一税、城市房地产税、车船使用牌照税，农业税收有契税、农业税、耕地占用税、农林特产税4种。

1994年始，税制改革重点是流转税制和所得税制的改革，也包括其他一些税种的改革，这些改革奠定社会主义市场经济要求的税收体制基本框架。流转税制改革是税制改革的关键，按照充分体现公平、中性、透明、普遍和保持总体税负基本不变的原则，参照国际上流转税制的一般做法，改变原流转税按产品分设税目、分税目制定差别税率的传统做法，确定在生产和流通环节普遍征收增值税，在此基础上选择少数产品再征收一道消费税，对提供劳务、转让无形资产和销售不动产保留征收营业税的模式。改革后的流转税由增值税、消费税和营业税组成，统一适用于内资企业和外资企业，取消对内资企业征收的产品税、对外商投资企业和外国企业征收的工商统一税。原征收产品税的农林牧水产品，改为征收农业特产税和屠宰税。所得税制的改革包括企业所得税和个人所得税的改革。企业所得税的改革目标是理顺并完善国家与企业的利润分配关系，创造一个各种不同经济性质企业的平等竞争环境。改革的主要内容是取消按企业所有制形式设置所得税的做法，将国有企业所得税、集体企业所得税、私营企业所得税合并，实行统一的企业所得税。个人所得税改革的基本原则是调节个人收入差距，缓解社会分配不公的矛盾。个人所得税主要对较高收入者征税，对中低收入者少征或不征。改革的目的是将个人以省委托协议价收购调节税、适用于外籍人员的个人所得税和城乡个体工商业户所得税合并，建立统一的个人所得税制。

其他工商税制也改革 扩大资源税征收范围，开始征收土地增值税，适当调节房地产交易中的过高利润；调节税，将特别消费税并入消费税，将盐税并入资源税，将屠宰税、筵席税征与不征的权利下放给地方。

农业税制改革的重点是农业特产税。为更好地适应农林牧副渔生产发展的实际情况和体现分税制财政体制的改革要求，增强税制改革的协同效应，将原农林特产农业税、原产品税和原工商统一税中的农林牧水产品税目合并，改为农林特产农业税，扩大征收范围，适当降低部分产品的税率，明确减免税范围，规定扣缴义务人等。

1994年年底，全部实施新税制，以统一内资企业所得税率、以增值税为主体，逐步解决税制衔接过程中的突出问题。适应分税制需要，税务机关分设为国家税务局和地方税务局。

2001年1月，车辆购置附加费改车辆购置税，停止征收固定资产投资方向调节税；对个人独资和合伙企业停止征收企业所得税，改征个人所得税；2002年7月，取消屠宰税。2006年1月，废止1958制定的《农业税条例》。2007年1月，车船使用税和车船使用牌照税合并为车船税。2008年1月，内外资企业统一执行《中华人民共和国企业所得税法》，同时废止《外国投资企业和外国企业所得税法》《企业所得税暂行条例》。

2008年年底，丽水市国家税务局在征税种有增值税、消费税、企业所得税（中央企业、外商投资企业和外国企业的企业所得税及2001年1月1日后新办工商企业所得税）、个人所得税（存款利息）、车辆购置税。丽水市地方税务局在征税种有营业税、企业所得税、个人所得税、城市维护建设税、车船税、房产税（包括城市房地产税）、资源税、城镇土地使用税、土地增值税、印花税、烟叶税、契税和耕地占用税。

税收征收管理改革 1988年3月，落实国务院《关于严肃税收法纪加强税收工作的决定》，地区财税部门提出加强税收征管10项措施。1989年，适应治理整顿和深化改革的要求，地区财税局提出“在财税统管的前提下，内部职能分开，强化专业分工，实行征、管、查分离，干部定期轮换”的征管改革原则，并在财税系统由点到面逐步贯彻。

1994年，丽水区发展社会主义市场经济，相应改革税收征收管理制度，改变征管制度不严密、征管手段落后局面，建立科学、严密的税收征管体系。建立普遍纳税申报制度，积极推行税务代理制度，加速推进税收征管计算机化的进程，建立税务稽查制度，适应实行分税制的需要，组建中央和地方两套税务机构，加强税收法制建设，逐步建立税收立法、司法、执法相互独立、相互制约的机制。1995年，普遍设立征收大厅，实行纳税户窗口申报纳税，全面推行计算机税务登记开票征收，并实现财税数据全面联网。大力发展税务代理事业。

1998年，丽水地区税收征管体制改革全面推进，各级征管部门加强办税服务厅建设，开展争创最佳办税服务厅活动，优化服务措施，规范办事程序，推动国税部门的形象工程建设。1999年11月，根据省政府部署，原由社会保险部门征收的丽水地区企业基本养老保险基金改由地税部门征收，并由差额征收改为全额征收。催缴清欠尚未入库的企业分别采取电子催缴、委托催缴等多种方式，对个别缴费大户、重点户督促入库。

2000年，丽水市实施税收征管改革。浙江地税征管信息系统软件全面运行，实现四级广域网连接，配合新征管模式的实施，做好延伸服务工作。市本级所辖企业逐步推行企业联系人制度。丽水市国税部门征管体制改革，申报纳税方式从单一的上门申报扩展为代理申报、邮寄申报、电子申报等多种申报方式；缴纳税款采用方便、快捷的预储账户和以卡纳税等方式，提高纳税申报率和入库率；建立以数字数据网（DDN）为主干网的广域网，浙江国税税收征管软件（ZT97）和中国税收征管信息系统（CTAIS）征管软件全面应用。

金融体制改革

金融机构准入和所有制 1972年11月，从地区财政局金融局划出基本建设拨款及监督业务，成立建设银行丽水地区中心支行。后恢复中国农业银行丽水地区中心支行；划出中国人民银行丽水地区中心支行承办的相关业务，成立中国工商银行丽水中心支行、中国人民保险公司丽水地区中心支公司；成立中国银行股份有限公司丽水市分行、中国邮政储蓄银行有限责任公司浙江省丽水市分行。

1977年11月，丽水农村信用社定位为集体金融组织，归属农业银行基层机构。1979年开始，恢复和建立国家专业银行、保险机构，由国家单独投资或控股。1984年12月，丽水辖区内第一家县级联社龙泉县信用联社成立。1992年，成立缙云县新建镇农村合作基金会，为丽水地区首家农村合作基金会，2000年清理整顿缙云县新建镇农村合作基金会时关闭。

1993年11月，丽水地区首家证券交易营业部“中国银河证券股份有限公司丽水证券营业部”成立。后浙商证券有限责任公司丽水花园路证券营业部、中信金通证券有限责任公司丽水寿尔福路营业部、财通证券有限责任公司丽水北苑路营业部相继成立。

2002年始，丽水市相继成立天安保险股份有限公司丽水中心支公司等财险股份制保险公司10家、中国太平洋人寿保险股份有限公司丽水中心支公司等寿险股份制保险公司7家，分别占同期股份制保险公司总数的91%和88%。2005年10月10日，丽水市首家按照农村合作银行模式改革试点的浙江丽水莲都农村合作银行成立。2007年10月24日，丽水市第一家股份制城市商业银行浙江泰隆商业银行股份有限公司丽水分行成立。同年12月27日，浙江稠州商业银行第一家异地分行浙江稠州商业银行丽水分行成立。2008年12月25日，丽水市第一家全国性股份制商业银行分支机构上海浦东发展银行股份有限公司丽水支行成立。2010年5月7日，中信银行股份有限公司丽水分行成立。

金融监管体制改革　1949年中华人民共和国成立后，金融业长期实行"大一统"国家银行制度，中国人民银行既是金融业务管理机关，又是存贷款和结算业务办理机构。1970年，中国人民银行丽水中心支行被撤销，与财政合并为财政金融局，金融监管职能随之转移。1977年4月3日，中国人民银行从财政部分离出来后，银行的独立体系和基本职能得到恢复和发展。1979年10月，启动金融体制改革，恢复和建立国家专业银行、保险机构。同时，原属中国人民银行的农村金融、城镇金融、保险业务相继划出，组建中国农业银行、中国工商银行、中国人民保险公司。1984年11月，中国人民银行丽水地区中心支行开始专门行使中央银行职能。1994年，国务院下发《关于金融体制改革的决定》后，中国人民银行分支行及时转换职能，工作重点为执行货币政策，强化金融宏观调控和金融监管，防范金融风险；国有专业银行积极向商业银行转轨，分离政策性与商业性金融业务，以安全性、流动性、效益性为经营原则，建立资产负债比例管理和风险管理机制，扩大存款，增强实力，增加信贷有效投入。同时，成立中国农业发展银行，承担国家规定的农业政策性金融业务；实行外汇改革新体制，改善外汇管理，扩大开放，推动外汇贸易和投资便利化；深化农村金融体制改革，完成农村信用合作社与农业银行脱钩工作；整顿城市信用合作社、农村合作基金会。同时，合理调整金融网点布局，使之与丽水地区经济发展相适应。

1996年9月，执行《国务院关于农村金融体制改革的决定》，成立丽水市农村金融体制改革领导小组及其办公室（以下简称"市农金改办"），加强对农村信用社监督管理，丽水地区农村信用社与中国农业银行丽水市分行脱离行政隶属关系，调整为市农金改办具体承担对丽水地区农村信用社的管理、指导、协调和服务职能。1999年9月，经过清产核资、分类处理、政府注资等阶段，丽水地区合并划入农村信用社的农村合作基金会83家。2002年12月，撤销市农金改办，中国人民银行丽水市中心支行设立农村信用合作管理办公室，负责对丽水市农村信用社和县联社的领导及管理、指导、协调、服务等工作。2004年10月，浙江省农村信用社联合社丽水办事处挂牌成立，根据浙江省农村信用社联社授权，负责丽水市农村信用社的行业管理，推动全市农村金融体制改革工作。

2003年前，丽水市银行业监督管理工作由人民银行丽水市中心支行负责实施。2004年，丽水市银监分局成立，按照"管法人、管风险、管内控、提高透明度"的监管要求，负责全市银行业金融机构业务活动的监督管理，维护全市银行业的合法、稳健运行。主要监管手段有市场准入（含高管准入、机构准入、业务准入）、现场检查、非现场监管等，还包括案件防控、不良贷款等。根据职责授权，证券业监管、保险业监管职能均在浙江省证监局、省保监局。

社会信用体系建设　1997年始，中国人民银行丽水地区中心支行引导、鼓励商业银行查询、使用中小企业信用信息，利用中小企业信用档案信息挖掘优质客户，进行信贷营销，增加对中小企业的信贷投入，有效缓解中小企业融资难问题，构建和谐的信用环境。在推进社会信用体系建设过程中，丽水市以农村信用体系建设为切入点和突破口，采取"政府支持、人民银行主导、多方参与、共同受益”的模式，通过县、乡、村组织和金融机构，综合评估农户的信用状况，依据农户的收入来源、房产、林权、种养殖数量、贷款和担保情况、其他资产负债等指标要素，确定农户信用等级，授信贷款农户，丽水农村信用体系建设工作成为全国样板。2010 年 8 月 24—25 日，中国人民银行等中央部委 18 个联合在丽水市召开全国农村信用体系建设工作现场交流会，总结推广丽水农村信用体系建设的做法和经验，农村信用体系建设“丽水模式”开始走出全省、推向全国。《丽水市农村信用等级评定暂行办法》在全省推广。2010 年，丽水市农村信用体系建设工作，被评为丽水撤地设市 10 周年 20 个创业创新样本之一，获浙江省 2010 年度“十大民生工程”评选提名奖。截至 2010 年，丽水市开展农户信用评价工作行政村 3453 个，行政村评定率 100%；建立农户信用信息档案 38.03 万户，占全市应评农户数的 91%，评出信用农户 32.79 万户，获金融机构授信信用农户 31.83 万、授信 89.17 亿，其中获金融机构贷款信用农户 10.03 万、贷款金额 62.59 亿元。同年，丽水市成为全国第一个所有行政村完成信用评价的地级市。2010 年年底，丽水市中小企业贷款余额 359.12 亿元，同比增长33.12%。

农村金融产品创新　丽水市运用农户信用信息，创新金融服务产品、方式，加大对“三农”经济的金融支持力度，破解新农村建设信贷资金瓶颈制约，创新开发林权抵押贷款、农房抵押贷款、村级互助担保组织贷款等金融产品。

21 世纪初，丽水市在推行集体林权制度改革中，推出林权抵押贷款。在各县（市、区）建立林权管理中心、森林资源收储中心、林权交易中心和森林资源调查评价机构（以下简称“三中心一平台”）的森林资源流转服务平台，设计符合丽水实际的“林农小额循环贷款、林权直接抵押贷款、森林资源收储中心担保贷款”三种林权抵押贷款方式，有效拓宽林业贷款渠道。2009 年 4 月 28—29 日，中国人民银行、中华人民共和国财政部、中国银行业监督管理委员会、中国保险监督管理委员会、国家林业局联合在龙泉市召开全国金融支持集体林权制度改革与林业发展现场会，肯定丽水市创新开展的“林权抵押贷款”工作实践和探索。截至 2010 年，丽水市开展林权抵押贷款业务的金融机构 11 家，发放林权抵押贷款 4.43 万笔，金额 25.55 亿元，贷款余额 18.06 亿元，三项指标均居全省首位。

21 世纪初，丽水市各金融机构有效缓解农村危旧房改造、农民异地转移和创业创新的融资需求，开展农房抵押贷款，贷款模式分“农房直接抵押”“农业担保公司担保+农房反担保”“保证+农房抵押”“林权+农房抵押”等 4 种。截至 2010 年，丽水市发放农房抵押贷款 2660 笔，贷款余额 6.53 亿元，同比增长 42.58%。

21 世纪初，丽水市继续畅通金融机构与“三农”信贷合作渠道，缓解贷款抵押难、担保难，探索农村合作金融创新，发展村级互助担保组织（基金），采取“村民入一点、集体出一点、能人助一点、政府补一点”的方式，先后开展“以村为单位设立基金、以合作社为单位设立基金、以村为单位设立村级担保组织”等农户贷款担保模式试点。通过建立村级互助担保组织，引导金融机构创新开展反担保模式的农房和农村土地流转经营权抵押贷款业务，有效盘活农村资产，实现农民资产变资本。截至 2010 年，丽水市组建村级担保组织 33 家，提供农户担保贷款 1.85 亿元。

价格体制改革

1949—1952 年，政府价格管理品种起初为面粉、纱布和煤炭（以下简称“两白一黑”）。后政府价格管理品种逐步扩大到食盐、煤油、生猪和主要经济作物以及大宗工业品。1953 年 11 月开始，粮食、油脂油料实行统购统销。1956 年，对农业、手工业和私营工商业社会主义改造完成后，粮、油、棉、木材等主要农副产品价格纳入国家计划管理，主要工农业生产资料、日用工业消费品以及交通运价、电价、邮电资费等实行国家统一定价，若干小土特产品和手工业品价格实行统一管理，即一、二类农副产品价格由国务院和省人民政府管理，三类点名农副产品由省主管厅局管理，但为数众多的小宗工农业品价格仍然由市场形成。1953—1957 年，国家管理价格物资占到社会商品购销总额的 2/3，定价权主要由中央政府掌控。1978 年，中央和省管理的价格品格 1336 种(类)，各类产品价格按照行政隶属关系，层层上报审批制定，价格结构长期扭曲，形成“两低两高”的畸形结构，即农产品价格偏低，工业产品价格偏高；基础产品价格偏低，加工产品价格偏高。

1978 年中共十一届三中全会后，价格改革成为改革开放的关键环节，进行长期、反复、艰难的改革。到 20 世纪 90 年代末，丽水地区基本建成以市场形成价格为主的社会主义市场经济价格体制。

1978—1984 年，根据中共十一届三中全会和十二大“计划经济为主，市场调节为辅”方针，从提高农产品收购价格开始进行改革。先后数次较大规模提高粮、棉、油等主要农产品收购价格，提高肉禽、水产品、牛奶等消费品的销售价格，降低部分支农产品销售价格，放开部分农副产品价格，初步改变严重扭曲的价格结构，促进农业、农村经济发展。1980 年，丽水地区进一步调整部分农产品收购价格，着手调整工业品价格，提高部分以农产品为原材料的工业品价格，提高部分医疗服务价格和中小学校杂费。1982 年，国务院放开第一批 197 种工业小商品价格，由工商自行协商定价。1983 年 11 月，国务院放开第二批 350 种(浙江省补充 532 种)工业小商品价格。1984 年，电子产品、机械产品和部分化工、冶金产品推行浮动价格。6 年间，丽水居民消费价格年均上涨 3.4%，市场价格运行较为稳定。

1985—1991 年，丽水地区执行中共十二届三中全会通过的《中共中央关于经济体制改革的决定》，从“调放结合、以调为主”转为“调放结合、以放为主”，不同形式、不同程度开放价格，先后采取放开大部分农产品价格、工业消费品价格，放开计划外生产资料价格在调整价格的同时，逐步缩小国家统一定价范围，扩大浮动价格和自由价格的范围，使价格反映社会劳动生产率和市场供求关系。1985 年开始，除国家合同定购的粮食、棉花、油料、糖料等少数品种以外，放开绝大多数农副产品购销价格。中药材除因保护自然资源必须严格控制的少数品种外，全部放开自由购销。放开食糖、搪瓷制品、民用絮棉、卷烟等工业消费品价格，放开全部工业小商品价格，扩大一般消费品市场调节价格范围。生产资料价格实行“双轨制”，企业超产和计划内允许自销产品可以自由定价销售，加价不受原先国家定价 20%内的限制。多次调整粮食、棉花、糖料等主要农产品的国家定购价格，以及毛巾、火柴等日用品价格，较大幅度提高邮资、自来水等价格，基本完成由高度集中的政府定价向市场定价的过渡。1987 年，贯彻国务院《价格管理条例》，国家对价格管理采取直接管理和间接控制相结合的原则，实行国家定价、国家指导价和市场调节价三种价格形式。1986 年、1987 年、1988 年、1989 年，丽水市区居民消费价格大涨，涨幅分别为 5.8%、10.9%、25%、17.8%。1989 年，丽水地区贯彻国务院稳定物价指示精神，以治理整顿、深化改革、改革价格调控机制为重点，严格控制物价总水平，加强对放开价格的综合治理。同时，积极疏导一些不合理价格的客观矛盾。1990 年，丽水地区实施“47 工程”，对 47 种人民群众基本生活必需品和服务实行综合调控，严格控制地方调价项目，控制物价上涨；颁布《丽水地区企业定价许可证制度暂行规定》，建立企业定价许可证制度，从管价位转化到管行为和价格服务。1990 年和 1991 年，丽水地区物价涨幅平稳回落，居民消费价格总水平分别上涨 2.7%和 4.5%，涨幅与改革初期相当。

1992 年，丽水地区执行中共十四大建立社会主义市场经济体制和 1992 年邓小平南方谈话精神，逐步理顺价格关系，改革的重点定位在建设社会主义市场价格机制和管理新体制，建立和完善调、放、管三者有机结合的物价管理制度和各项相应措施，建立起以市场形成价格为主的价格机制。1992年，放开省管轻工商品38种和化工商品37种价格，放开一批第三产业价格和收费标准。1993年，落实企业定价权，放开一批工业品价格，并按重工、轻工商品价格管理目录，明确工业品的政府定价范围。放开粮油购销和价格。生产资料价格实行计划内外"并轨"，价格全面放开。零售商品市场中市场调节价的比重达92%左右，市场形成价格为主的价格机制基本形成。1992—1996年，在投资过热、货币超发等多种原因作用下，丽水地区物价再次上涨，年均上涨15.1%，市区年均上涨15.7%，其中1994年丽水地区上涨25.9%、市区上涨24.3%。1994年始，地区行政公署再次采取措施，治理通胀，稳定物价。监审生活必需品价格，建立居民生活必需品价格监测网络、粮食风险基金、副食品价格调节基金和部分重要商品储备制度，价格调控由单一的行政手段转向经济、法律和行政手段综合运用。1996年，丽水物价涨幅回落至7.9%，市区涨幅回落至9.1%，实现"软着陆"。1997年，丽水市区居民消费价格涨幅迅速回落至3.1%和1.7%，出现通货紧缩现象。

1998年，丽水地区执行《中华人民共和国价格法》，价格工作重心转移到落实价格政策、法律规章制度、宏观调控措施，维护公平竞争的市场价格秩序。2002年，贯彻实施《浙江省定价目录》，执行17类商品和服务价格的政府定价、政府指导价。2000年后，推进资源环境价格改革，推行居民生活用电、用水阶梯式价格、峰谷分时电价、燃煤机组脱硫加价、高耗能行业差别电价。

1998—2002年，丽水市价格水平持续低位徘徊，物价指数分别为99.3、97.6、101.2、99.5和98.1，出现罕见的连续4年负增长。

2003年，"非典型肺炎"[①]疫情爆发，引起局部有关药品抢购现象，带动部分商品供应紧张，价格上涨。4月，丽水市政府执行省政府指示，对防治非典型肺炎中药处方所需的中药材以及口罩、消毒液、口腔体温计等商品价格和粮食价格实行干预，加强动态监控和市场巡查，及时抑制违规行为。到2005年，丽水市市场机制在商品和服务价格形成中起到主导作用，价格结构趋向合理生产要素价格市场化的改革也取得成效，适应市场经济要求的政府价格调控体系初步形成。

2006年年底起，丽水市猪肉价格出现三轮大涨，带动食品价格上涨。2007年，加大医药价格和教育收费改革力度，丽水市药品集中采购制定临时零售价格，医疗服务价格改革坚持"总量控制、结构调整、分步实施"，适当提高反映医务人员劳务价值的医疗服务价格，同时降低大型仪器检查费、治疗费和化验费，加强医疗机构销售药品进销差率管理，实行顺加作价政策和差比价规则，整治虚高药价；全面规范教育收费，取消义务教育杂费、课本费，实行高中择校"三限"政策，推行高校学分制收费改革。建设价格应急机制，应对突发公共事件引起的价格异动，建立价格监测预警制度，设置粮食零售价格警戒线，制定价格异常上涨事件应急预案。2007年5月26日起，丽水市加强粮油肉禽蛋等生活必需品市场价格监管工作。2008年，丽水市出现全面通货膨胀迹象，根据国家发展改革委浙江省物价局精神，对全市实施临时价格干预，推行调价备案制度。2009年年初，在国际金融危机影响下，丽水市物价急剧下滑，各项价格临时干预措施取消。截至2010年，中央和省管理的价格（包括政府定价和政府指导价）由1978年的1336种（类）减少为16种（类），其中浙江省增加4种（类）。

① 非典型肺炎：该病为呼吸道传染性疾病，主要传播方式为近距离飞沫传播或接触患者呼吸道分泌物。2003年4月16日，世界卫生组织根据包括中国内地和香港地区，加拿大、美国在内的11个国家和地区的13个实验室通力合作研究的结果，宣布重症急性呼吸综合征的病因是一种新型的冠状病毒，称为SARS冠状病毒。

第二章　经济发展

古时，丽水地处山区、交通不便，经济落后，工业基础薄弱，自然灾害频繁，人民生活贫困。1949年中华人民共和国成立后，丽水人民经过六十多年的艰苦奋斗和不断探索，克服前进中的艰难险阻和各种困难，逐步改变丽水落后面貌。丽水市经济发展主要经历三个阶段：

1949—1978年，中华人民共和国成立到中共十一届三中全会前。由于政府和企业财力有限，丽水投资建设力量量力而行。这一阶段丽水经济发展有起有落，主要以农业为主，工业、贸易等发展滞后，交通、运输和邮电通信等基础设施建设薄弱。丽水经济在曲折中缓慢发展。1978年，丽水地区生产总值仅4.77亿元。

1979—1999年，这一阶段丽水经济发展富有活力。随着经济实力逐步增强，工农业生产和城市建设投入资金快速增加。丽水实现由计划经济向市场经济的转变，工业快速发展，经济总量快速扩大，产业结构逐步调整。地区生产总值增长较快，从1979年的5.62亿元增加到1999年的122.17亿元，年均增长9.42%。三大产业结构从57.7:23.1:19.2调整为28.2:35.5:36.3。

2000—2010年丽水撤地设市以后。这一阶段丽水市经济发展最快，综合实力明显增强，固定资产投资有质的飞跃。2001—2005年，丽水市固定资产投资691.72亿元，其中限额以上投资485.89亿元；项目投资391.4亿元；房地产开发投资124.72亿元。随着投资建设力度加大，丽水市基础产业的生产能力和技术装备水平有发展，产业体系、产业结构不断优化升级，城市面貌、交通网络、环境质量大为改善。城市网络"一心三带多点"[①]，"一江双城"城市新格局基本形成，市域化建设取得新进展，丽水城市交通圈、经济圈初步形成。地区生产总值从2000年的136.76亿元增加到2010年的641.93亿元，年均增长13.59%，比第二阶段年均增长高出4.17个百分点，2010年三大产业结构调整为9.5:47.3:43.2，丽水进入崭新的发展时期。

第一节　经济增长

古代经济

距今3000—4000年前，新石器时代晚期，丽水境内有人类在劳动生息，繁衍后代。据遂昌好川

① 一个中心城市、三个城镇带和多点分布的城镇网络：一个中心城市，指即丽水中心城市，包括以大溪与南明山为界发展的北城、南城；三个城镇带，指丽缙青城镇带，龙丽温高速公路松遂及云和、景宁城镇带，丽龙（泉）庆（元）高速公路龙泉、庆元城镇带；多点分布的城镇网络，指遍布全市的重点城镇。

文化等遗址出土文物考证，祖先以渔猎经济为主。春秋战国时，丽水地处边远山区，受制于山区环境，生产力低下，经济文化发展较内地缓慢。两汉时期，丽水经济水平较前提高，开发区域逐步扩大，与外地交往开始增多。

南朝，丽水开始第一个重要经济发展历史阶段。北方战祸连绵，人民躲避战乱大量南迁，不仅增加大批劳动力，而且引进北方先进的生产技术，加速南方经济发展。同期，丽水地区发展较快，靠近瓯江的碧湖平原和丽水城区发展尤为迅速，修筑通济堰和发达的碧湖平原农业生产是主要标志。

隋代，丽水置处州，成为郡级政区治所，为丽水区域经济发展和繁荣奠定良好的基础。唐代，丽水种桑养蚕相当普遍，纺织业已有发展，并初具规模。据唐代韦纾《古郡厅壁记》载，处州“茧丝之税，倍于他郡”。

北宋时期，丽水青瓷业初具规模，哥窑为五大名窑之一，龙泉渐为中国南方瓷器重要产地。南宋龙泉瓷业进入鼎盛时期。明宋应星《天工开物》载，宋代龙泉仅小梅大窑村的瓷窑就有 40 多家。

南宋，丽水继南朝之后又进入一个重要发展阶段。南宋建都临安，浙江成为全国政治中心区域，瓯江沿岸的城关一带及碧湖平原，开发进一步加快，人口亦日渐增多。

元代以前，丽水至金华须翻越险峻的稽勾山。元代时，建成由银场山经桃花岭以达缙云、金华之官道，提高浙南与外地的经济沟通以及运输银矿税。清代，浙江巡抚阮元将官道更名为“栝苍古道”。元至元二十七年(1290)，宋处州城旧址改筑府城，加强管理和防范。

明代，丽水内河航运比较发达。丽水城郊厦河村地处瓯江与好溪汇合处，是重要船码头。自温州溯瓯江而上的货船在此停泊，货物经水路转至缙云等地。丽水厦河是盐运码头，温州运盐船在此中转，设置专门机构管理。处州青瓷盛极一时，主要是龙泉青瓷。庆元、云和、景宁、丽水、松阳、遂昌、缙云等县均有青瓷生产。

清代，丽水红花布与靛青布开始流行。清乾隆年间(1736—1795)，商业发展，集市贸易点增多，除城关和碧湖两地外，苏埠、九龙、石牛、保定、厦河、均溪、青林、太平、官桥、岩泉、葛渡等地也辟为市集，百姓进行贸易活动，物资交换更为方便。同期，丽水腰机布织造极为普遍。

1840 年鸦片战争后，中国外患内灾不止，经济濒于崩溃，丽水百业萧条，农村凋敝。清光绪三十一年(1905)，实行“维新”新政后，丽水地区新兴工业开始兴起。丽水织布公司成立，招女工 300 人，产品质量较高，产品曾获南洋劝业公会奖、巴拿马赛会奖。

民国元年(1911)，丽水普明电灯厂、普昌火柴梗盒厂①、普生冶铁厂、鼎丰石灰厂、燧昌火柴公司先后成立。后又建成群益软席厂，就地取材，生产浙南名产软席，年产软席 2 万多张。当时，这批私营工厂受帝国主义和官僚买办资本双重压榨，内外交困，经营艰难，又相继破产倒闭。1949 年 5 月丽水解放初，丽水仅保存处州利用公司、普昌火柴梗盒厂、燧昌火柴公司。

现代经济

1949 年，中华人民共和国成立初，丽水采取措施恢复和发展国民经济，医治战争创伤，经历曲折、艰辛的发展道路。

1949—1957 年，丽水经济发展较快。1949—1952 年，各县进行土地改革，没收官僚资本，安抚民

① 普昌火柴梗盒厂是浙江省成立最早的火柴梗盒厂。

族工商业，稳定市场和物价，实现财政收支平衡，恢复和发展国民经济。广大农民分到田地，成为当家作主的劳动者，生产热情空前高涨，生产力得以恢复。1952年，丽水专区实现地区生产总值11379万元。1952—1957年，丽水专区组织农业互助合作，社会主义改造农业、手工业和私营商业，发动群众兴修水利、修筑公路，着重发展农业、轻工业和手工业，国民经济呈现高增长。1957年，实现地区生产总值1.67亿元，是1949年的2.11倍；人均地区生产总值124元，是1949年的1.82倍。

1958—1962年，各县经济工作思想上急于求成，强迫命令和瞎指挥，盲目"跃进""赶超"，刮起"共产风"和浮夸风，经济严重受挫，人民群众生活水平极度贫困。加上连续三年困难时期，工农业生产遭受严重破坏，物价大涨，财政收入急剧下降，经济发展和人民生活陷入极度困难境地。1962年，实现地区生产总值1.7亿元，仅是1949年的2.15倍。人均地区生产总值122元，是1949年1.79倍。

1963—1965年，丽水专区执行中共中央"调整、巩固、充实、提高"政策，全面恢复工农业生产，调整工农业结构，协调经济比例，平衡财政收支，物价回落，有效扭转国民经济衰退和人民生活水平下降的局面。1965年，丽水专区实现地区生产总值2亿元，是1949年的2.53倍；人均地区生产总值132元，是1949年的1.94倍。

1966—1976年，丽水地区经济遭受重创。其间，实行"以阶级斗争为纲""以粮为纲"和"备战""备荒"的方针，全民搞阶级斗争，"政治运动压倒经济""冲击一切"，导致刚刚恢复的国民经济急剧恶化，经济社会发展徘徊不前。1975年，丽水地区实现地区生产总值3.5亿元，是1949年的4.42倍，1966—1976年均增长4.6%；人均地区生产总值175元，是1949年的2.57倍。

1976—1978年，国家拨乱反正，丽水地区生产秩序恢复正常，国民经济逐渐复苏。1978年，实现地区生产总值4.77亿元，是1949年的6.02倍。1976—1978年，丽水地区生产总值年均增长14.6%；人均地区生产总值226元，是1949年的3.32倍。

1978年中共十一届三中全会后，丽水开始改革开放。1979—1999年，丽水地区执行解放思想、实事求是思想路线和以经济建设为中心的指导思想，全面落实改革开放的经济发展之路，开创20世纪以来经济发展最快的时期。1999年，实现地区生产总值122.17亿元，年均增长9.42%；人均地区生产总值5593元，年均增长9.24%。

2000年丽水撤地设市后，中共丽水市委、丽水市政府深入实施"三市并举"发展战略，加强经济管理和宏观调控的职能，经济持续快速发展，综合实力明显增强。2002年，丽水市人均地区生产总值首次突破1000美元；2006年，人均地区生产总值突破2000美元；2007年，人均地区生产总值突破3000美元；2010年，人均地区生产总值4474美元。2010年年底，丽水市地区生产总值由2000年的136.76亿元增加到641.93亿元，翻近两番，按可比价计算，年均增长13.59%；人均地区生产总值(按常住人口计算)从2000年的6304元增加到30287元，增长3.8倍，年均增长13.86%。

若干年份丽水市地区生产总值情况一览

表11-2-1-1

年份	地区生产总值(万元)	其中					人均地区生产总值(元)	
		第一产业	第二产业	工业	建筑业	第三产业	户籍	常住
1949	7921	—	—	—	—	—	—	—
1952	11379	—	—	—	—	—	—	—

续表 11-2-1-1

年份	地区生产总值（万元）	其中					人均地区生产总值(元)	
		第一产业	第二产业	工业	建筑业	第三产业	户籍	常住
1957	16712	—	—	—	—	—	—	—
1962	17027	—	—	—	—	—	—	—
1965	20037	—	—	—	—	—	—	—
1970	25410	—	—	—	—	—	—	—
1975	35016	—	—	—	—	—	—	—
1978	47693	27754	10270	—	—	9669	226	226
1979	56156	32399	12966	—	—	10791	263	263
1980	64445	35303	16080	—	—	13062	298	298
1981	71628	39148	17617	—	—	14863	327	327
1982	79843	43244	19900	—	—	16699	360	360
1983	88192	47034	22008	—	—	19150	393	393
1984	101934	52657	26674	—	—	22603	450	450
1985	135901	70754	36358	—	—	28789	593	593
1986	146206	70892	40308	—	—	35006	632	632
1987	174059	80481	52795	—	—	40783	745	745
1988	217560	95094	65212	—	—	57254	920	920
1989	233439	98858	71574	59694	11880	63007	977	977
1990	264543	103301	74323	59944	14379	86919	1114	1114
1991	317190	116586	92947	75009	17938	107657	1319	1356
1992	404864	132741	137216	113795	23421	134907	1680	1748
1993	556251	181422	217217	186258	30959	157612	2303	2424
1994	775075	258104	278865	223185	55680	238106	3200	3365
1995	944315	327563	340360	279490	60870	276392	3886	4188
1996	1065645	341680	383777	317002	66775	340188	4364	4759
1997	1128234	347671	399899	325204	74695	380664	4598	5073
1998	1160536	345826	405310	330745	74565	409400	4718	5267
1999	1221704	345123	433113	352873	80240	443468	4951	5593
2000	1367613	352851	511103	404513	106590	503659	5515	6304
2001	1589669	367370	626571	506719	119852	595728	6393	7302
2002	1851028	375713	745906	599760	146146	729409	7434	8532
2003	2202878	390086	912802	726032	186770	899990	8835	10184
2004	2618851	407076	1154639	882899	271740	1057136	10474	12141
2005	3190004	438300	1454828	1157519	297309	1296876	12708	14834
2006	3609289	435317	1661793	1334192	327601	1512179	14325	16846

续表 11-2-1-1

年份	地区生产总值（万元）	其中					人均地区生产总值(元)	
		第一产业	第二产业	工　业	建筑业	第三产业	户籍	常住
2007	4406837	500877	2087238	1727145	360093	1818722	17400	20651
2008	5143399	546571	2536400	2150400	386000	2060428	20193	24176
2009	5466330	575029	2606823	2204512	402311	2284478	21319	25748
2010	6419304	612910	3039075	2537123	501953	2767319	24831	30287

第二节　经济效益

固定资产

1950—1962 年，各县完成社会固定资产投资 5529 万元，重点投资工业、农业、交通和邮电通讯。1963 年，丽水完成社会固定资产投资 1237 万元，重点投资电力、城市供水、森林资源开发、农机和农田水利建设，其中全民基建投资 868 万元，更新改造投资 369 万元。1964—1967 年，丽水专区完成社会固定资产投资 5883 万元，重点投资工业建设，其中丽水专区基建投资 3906 万元，年均 976.5 万元，更新改造投资 1977 万元。1968—1977 年，丽水地区完成社会固定资产投资 28938 万元，投资重点以农业为基础，交通、电力为主，发展轻纺加工工业和农副产品加工工业，加快资源开发，其中全民基建投资 19134 万元，年均投资 2429 万元，更新改造投资 9804 万元。

1978 年改革开放后，丽水地区固定资产出现较快增长。1978—1985 年，丽水社会固定资产投资 120235 万元，重点投资电力工业，其中全民基建投资 69045 万元，更新改造投资 15497 万元；农村私人投资 14891 万元。1986—1990 年，丽水社会固定资产投资 208882 万元，重点投资电力和轻纺工业。其中全民基建投资 88960 万元，更新投资 25017 万元；农村集体投资 16554 万元；农村私人投资 44214 万元。1991—1995 年，社会固定资产投资 559029 万元，重点投资电力和信息通信建设，其中全民基建投资 188523 万元，更新投资 70950 万元，农村集体投资 61372 万元；房地产开发投资 77553 万元；农村私人投资 101681 万元。1996—2000 年，丽水地区完成社会固定资产投资 1446422 万元，重点投资水利、交通和通信建设，其中全民基本建投资 676798 万元，更新投资 160852 万元；房地产开发投资 201386 万元；农村集体投资 95078 万元；农村私人建房投资 181415 万元。

2001—2005 年，丽水市完成社会固定资产投资 6917226 万元，重点投资电力、交通和工业建设。基础设施投资 3485262 万元，其中交通运输、仓储和邮政业投资 1537108 万元；房地产开发投资 1247198 万元；工业投资 2201729 万元，其中制造业投资 1304268 万元。2006—2010 年，丽水市完成社会固定资产投资 13078445 万元，重点投资电力、交通和工业建设。基础设施投资 5337635 万元。其中交通运输、仓储和邮政业投资 1658620 万元，水利、环境和公共设施管理 1580877 万元；房地产开发投资 2287921 万元；工业投资 4242367 元，其中制造业投资 3058731 万元。

1950—2000 年丽水市社会固定资产投资情况一览

表 11-2-2-1 单位：万元

年 份	全社会投资总额	基本建设	更新改造	房地产开发	其他	农村集体	城镇工矿区私人建房投资	农村私人投资	国有经济
1950—1977	41587	29437	12150	—	—	—	—	—	41587
1978—1980	14940	12447	1947	—	546	—	—	—	14394
1981—1985	105295	56598	13550	—	8407	9674	2175	14891	73996
1986—1990	208882	88960	25017	3119	21747	16554	9271	44214	122560
1991—1995	559029	188523	70950	77553	37457	61372	21493	101681	282325
1996—2000	1446422	676798	160852	201386	47063	95078	35687	181415	670128

2001—2010 年丽水市社会固定资产投资情况一览

表 11-2-2-2 单位：万元

年 份	社会固定资产投资	限额以上投资	项目投资	房地产开发投资
2001—2005	6917226	4858911	3914069	1247198
2006—2010	13078445	12187226	9899305	2287921
2001—2010	19995671	17046137	13813374	3530775

投资结构

基础设施投资 1978—2010 年，全地区完成基础设施投资 961.68 亿元，占社会固定资产投资总额 43.07%，年均增长 33.8%。其中，用于电力及水的生产和供应业投资 240.68 亿元，年均增长 28.6%；交通道路完成投资 342.28 亿元，年均增长 35%；通信设施完成投资 39.88 亿元，年均增长 42.4%；水利、环境及公共设施投资完成 229.95 亿元，年均增长 32.5%；教育设施投资 55.38 亿元，年均增长 31.90%。

房地产投资 1990—2010 年，全地区完成房地产开发投资 381.72 亿元，年均增长 33.1%，占社会固定资产投资的比重 17.3%；完成房屋施工面积 4320.76 万平方米，房屋竣工面积 1142.53 万平方米，房屋销售面积 1152.85 万平方米。

工业投资 1978—2010 年，丽水市完成投资 715.21 亿元，年均增长 29.6%，占社会固定资产投资的比重 32.03%。其中完成制造业投资 469.69 亿元，年均增长 32%，占工业投资的比重 65.67%。全市工业产值从 1978 年的 2.33 亿元增加到 2010 年的 1328.08 亿元，年均增长 21.9%。

1978—2010 年丽水市社会固定资产投资情况一览

表 11-2-2-3 单位：万元

年 份	全社会投资总额	基础设施投资	水利、环境和公共设施管理业	电力和水的生产和供应业	交通运输、仓储和邮政业	电信和其他信息传输服务业	教育设施	工业投资	制造业
1978—1980	14940	6812	1155	3440	1026	0	450	8341	3704

续表 11-2-2-3

年　份	全社会投资总额	基础设施投资	水利、环境和公共设施管理业	电力和水的生产和供应业	交通运输、仓储和邮政业	电信和其他信息传输服务业	教育设施	工业投资	制造业
1981—1985	105295	54319	2045	39210	2719	58	1773	55955	12005
1986—1990	208882	88093	4302	58358	8382	2154	7286	102813	41133
1991—1995	559029	142917	6690	43546	29693	31212	16240	172668	119318
1996—2000	1446422	586143	28958	201418	185277	100771	41196	368181	157756
2001—2005	6917226	3485262	675492	888833	1537108	136071	166788	2201729	1304268
2006—2010	13078445	5337635	1580877	1172016	1658620	128528	320075	4242367	3058731
2000—2010	19995671	8822897	2256369	2060849	3195728	264599	486863	6580990	4427077
1978—2010	22330239	9701181	2299519	2406821	3422825	398794	553808	7152054	4696915

第三章　经济比较

历史上，丽水经济发展受自然地理、交通、投资和行政体制等因素制约，总体发展水平慢于杭州、宁波、台州等地区。1949 年，丽水专区生产总值仅 0.8 亿元。经过国民经济三年恢复和社会主义改造，丽水各县生产总值与杭州、宁波地区差距不断拉大。1965 年，丽水专区生产总值 2 亿元，分别只占杭州市、台州地区、金华地区的 15.7%、47.3%、48.4%，并被衢州地区赶超，仅为衢州地区的 74.6%。

1978 年中共十一届三中全会后，丽水周边地区发展较快。丽水由于受传统观念及地理环境影响，经济总量增长缓慢，经济发展速度落后于全省，经济总量占全省的比重呈下降趋势，人均 GDP、城乡居民人均收入等平均指标低于全省平均水平，经济发展逐步边缘化，与杭州、金华、台州等周边地区的差距愈拉愈大。“八五”时期，丽水地区国民经济发展速度有所加快，年均增长 17.7%，超过衢州地区 5.9%，但仍低于杭州、台州和金华 5.7%、5.1%和 3.3%。2000 年丽水撤地设市后，经济开始快速发展，与全省差距逐步缩小。

第一节　全省权重比较

1978 年改革开放后，丽水地区经济发展速度落后于全省，经济总量占全省的比重呈下降趋势，人均地区生产总值、城乡居民人均收入等平均指标低于全省平均水平。

2000 年丽水撤地设市后，经济发展水平与全省差距逐步缩小。2010 年，丽水市人均地区生产总值占全省比重 59.25%，比 2000 年提高 12.44%；社会消费品销售占全省的比重呈下降趋势，占比由

1978 年的 3.63%下降到 2010 年的 2.62%；财政总收入占全省的比重也呈下降趋势，占比由 1978 年的 2.08%下降到 2010 年的 1.57%。

若干年份丽水市各项指标占浙江省份额比较情况一览

表 11-3-1-1　　单位：%

指　标	1978	1985	1990	1995	2000	2005	2010
土地面积	16.99	16.99	16.99	16.99	16.99	16.99	16.99
总人口	5.67	5.71	5.67	5.57	5.52	5.46	5.46
地区生产总值	3.86	3.17	2.92	51.39	2.23	2.37	2.39
人均地区生产总值	68.28	55.58	52.10	47.69	46.81	56.45	59.25
农业产值	5.62	5.19	4.58	5.14	5.24	4.75	4.46
规模以上工业产值	—	—	—	—	1.13	1.37	2.24
社会固定资产投资额	1.51	3.69	2.00	1.53	2.17	2.96	2.57
社会消费品销售	3.63	3.52	3.50	3.02	2.80	2.77	2.62
出口总额	—	—	—	1.09	0.71	0.57	0.75
实际利用外资	—	—	—	0.19	0.14	0.14	0.34
财政总收入	2.08	2.16	2.15	1.88	1.95	1.65	1.57
地方财政收入	—	—	—	2.10	2.22	1.88	1.72
财政支出	3.44	4.36	4.28	4.02	3.83	3.63	4.21
金融系统人民币存款余额	3.44	3.64	2.55	2.60	2.12	1.77	2.08
城乡储蓄存款余额	3.49	4.55	3.41	3.26	2.64	2.15	2.59
金融系统人民币贷款余额	2.97	2.42	1.89	2.37	1.71	1.68	1.76
城镇居民人均可支配收入	90.96	84.73	82.25	83.39	85.79	91.90	82.22
农村居民人均纯收入	79.39	75.41	59.33	63.32	60.88	53.63	57.83

第二节　五地指标比较

地区生产总值

1949 年，丽水专区生产总值仅 0.8 亿元，分别占杭州市、台州地区、金华地区的 31%、59.6%、57.7%，略高于衢州地区，是衢州地区的 127.4%。经过国民经济恢复时期、社会主义改造时期和国民经济调整时期的曲折发展，丽水地区生产总值与邻近地区相比较，发生较大变化，其中与台州地区、金华地区差距有所拉近，占其比重的 47.3%、48.4%；被杭州市远远甩在身后，仅占其比重的 15.7%。被衢州地区反超，仅占其比重的 74.6%。后丽水地区生产总值与周边地区的差距不断拉大，在全省的比重更加偏低。2000 年，丽水市地区生产总值分别相当于杭州市、台州市、金华市、衢州市的 9.8%、22.3%、26.85%和 88.1%，与 1949 年相比，分别下降 21.2%、38.31%、

30.85%和39.3%。2000年丽水撤地设市后，经济发展速度有所加快，但由于底子薄、基数低，与各市经济差距仍难以缩小。2010年，丽水市地区生产总值分别相当于杭州市、台州市、金华市、衢州市的10.61%、26.18%、30.55%和85.35%，与2000年相比，分别提高0.81%、3.88%、3.7%和2.75%。

若干年份丽水市与周边四地地区生产总值总量对比情况一览

表11-3-2-1

年份	项目	杭州市	台州市	金华市	衢州市	丽水市
1949	GDP(亿元)	2.60	1.32	1.40	0.60	0.80
	丽水占比(%)	31.00	60.61	57.70	127.40	—
1965	GDP(亿元)	12.80	4.23	4.10	2.70	2.00
	丽水占比(%)	15.70	47.28	48.40	74.60	—
1970	GDP(亿元)	16.70	5.45	5.50	3.70	2.50
	丽水占比(%)	15.20	45.87	46.40	68.30	—
1975	GDP(亿元)	18.60	6.65	7.00	4.40	3.50
	丽水占比(%)	18.80	52.63	50.10	80.10	—
1978	GDP(亿元)	28.40	10.13	9.85	9.90	4.77
	丽水占比(%)	16.80	47.09	48.43	48.40	—
1980	GDP(亿元)	40.65	14.82	14.25	8.20	6.44
	丽水占比(%)	15.84	45.10	45.19	78.70	—
1985	GDP(亿元)	90.49	33.78	30.96	16.26	13.59
	丽水占比(%)	15.02	40.23	43.90	83.58	—
1990	GDP(亿元)	189.62	78.91	74.64	36.81	26.45
	丽水占比(%)	13.95	33.52	35.44	71.86	—
1995	GDP(亿元)	762.01	380.84	319.64	112.17	94.43
	丽水占比(%)	12.39	24.80	29.54	84.18	—
2000	GDP(亿元)	1395.67	613.31	509.35	155.23	136.76
	丽水占比(%)	9.80	22.30	26.85	88.10	—
2005	GDP(亿元)	2973.74	1256.11	1072.07	329.14	319.00
	丽水占比(%)	10.73	25.40	29.76	96.92	—
2010	GDP(亿元)	6049.56	2451.68	2101.13	752.12	641.93
	丽水占比(%)	10.61	26.18	30.55	85.35	—

发展速度

“六五”计划时期，丽水地区生产总值发展速度有所加快，年均增长9.87%，分别低于杭州市、台州地区、金华地区、衢州地区4.8%、4.23%、4.14%、0.83%。“七五”计划时期，丽水地区生产总值发展速度严重滞后，年均增长5.34%，分别低于杭州市、台州市、金华市、衢州市1.39%、7.73%、

5.38%、1.82%，差距进一步拉大。“八五”计划时期，丽水地区出现历史上国民经济发展最快的阶段，年均增长13.67%，领先于衢州市1.85%，但仍分别低于杭州市、台州市和金华市9.71%、10.16%和5.85%。“九五”时期，丽水经济增长速度又开始放缓，年均增长8.89%，领先于衢州市0.53%，分别低于杭州市、台州市和金华市3.01%、2.37%和1.25%。2000年丽水撤地设市后，丽水市经济加快发展速度。“十五”时期，丽水市经济发展速度年均增长14.4%，首次领先杭州市、台州市、金华市和衢州市，分别超出0.65%、0.53%、0.87%和0.85%。“十一五”时期，丽水市经济发展速度继续保持领先，年均增长12.8%，分别高于杭州市、台州市和金华市0.41%、0.84%和0.5%，低于衢州市1.8%。1978—2010年，丽水市经济发展速度年均增长10.8%，分别落后杭州市、台州市、金华市和衢州市3.07%、3.76%、2.60%、0.1%。2000—2010年，丽水市经济发展步入快速道，发展速度开始领先于周边兄弟地市，年均增长13.59%，分别超出杭州市、台州市、金华市的0.52%、0.68%、0.67%，与衢州市持平。

1981—2010年丽水市地区生产总值年平均增长速度对比情况一览

表11-3-2-2　　单位：%

地　区	“六五”时期	“七五”时期	“八五”时期	“九五”时期	“十五”时期	“十一五”时期	1978—2010年	2000—2010年
杭州市	14.67	6.73	23.38	11.90	13.75	12.29	13.87	13.07
台州市	14.10	13.07	23.83	11.26	13.87	11.96	14.56	12.91
金华市	14.01	10.72	19.52	10.14	13.53	12.30	13.40	12.92
衢州市	10.70	7.16	11.82	8.36	13.55	13.98	10.90	13.80
丽水市	9.87	5.34	13.67	8.89	14.40	12.80	10.80	13.59

产业结构

1990年，丽水地区第一产业增加值占GDP比重最高，占39%，比杭州市、台州市、金华市分别高出22.68%、8.73%、10.56%，仅比衢州市低3.06%；第二产业比重明显偏低，占28.1%，分别比杭州市、台州市、金华市、衢州市分别低22.62%、12.33%、11.85%和10.51%。1992年，丽水地区第二产业增加值占GDP比重首次超过第一产业，分别为33.9%和32.8%，但第三产业比重下降为33.3%。2000年，丽水地区首次出现第二产业、第三产业增加值占GDP比重超过第一产业，显示出丽水经济发展进入新阶段。

2005年，丽水市第一产业增加值占GDP比重低于衢州市1.27%，显示经济发展结构优化速度加快。2010年，丽水第一产业增加值占GDP比重为9.5%，比杭州市、台州市、金华市和衢州市分别高6.11%、3.07%、4.51%和1.17%，比2005年下降4.2%，第二产业增加值占GDP比重为47.3%，比2005年提高1.7%，而同期衢州市第二产业高速发展，第二产业占GDP的比重52.91%，比2005年提高6.86%。2010年，杭州市第三产业比重49.31%，高于第二产业比重2.01%，三大产业结构由2005年的“二三一”转变为2010年的“三二一”，台州市、金华市、衢州市和丽水市三大产业仍然属于“二三一”结构。

1990—2010 年丽水市与周边四地地区生产总值产业结构对比情况一览

表 11-3-2-3　　单位：百分比

地　区	1990 年	1995 年	2000 年	2005 年	2010 年
杭州市	16.32:50.72:32.96	9.09:53.80:37.11	7.45:51.44:41.11	4.72:51.26:44.02	3.39:47.30:49.31
台州市	30.27:40.43:29.30	21.82:49.23:28.95	13.79:52.56:33.64	8.17:52.96:38.87	6.43:52.13:41.44
金华市	28.44:39.95:31.61	15.97:53.55:30.48	9.92:54.75:35.33	6.07:53.24:40.69	4.99:50.19:44.82
衢州市	42.06:38.61:19.33	27.85:46.00:26.15	21.29:42.90:35.81	14.97:46.05:38.98	8.33:52.91:38.76
丽水市	39.00:28.10:32.90	34.70:36.00:29.30	25.80:37.40:36.80	13.70:45.60:40.70	9.50:47.30:43.20

说明：表中为第一、二、三产业比重

人均指标

1990 年，丽水地区人均地区生产总值与杭州市、台州市、金华市和衢州市差距较大，仅分别占其比重的 33.3%、71.8%、62.5%、69.63%。1995 年和 2000 年，丽水市人均地区生产总值与杭州市、台州市、金华市和衢州市差距进一步拉大。

2000 年始，丽水市人均地区生产总值占杭州市、台州市、金华市的比重逐年提高，差距逐渐缩小。2005 年，人均地区生产总值与杭州市、台州市、金华市和衢州市差距，比 2000 年分别提高3.59%、7.44%、5.49%、9.05%。2010 年，丽水市人均地区生产总值只相当于杭州市 2001 年水平，相当于金华市、台州市 2005 年水平，相当于衢州市 2009 年水平。

1990—2010 年丽水市人均地区生产总值对比情况一览

表 11-3-2-4

项　目		杭州市	台州市	金华市	衢州市	丽水市
1990 年	人均 GDP(元)	3310.00	1534.00	1761.00	1600.00	1114.00
	丽水占比(%)	33.30	71.80	62.50	69.63	—
1995 年	人均 GDP(元)	12797.00	7214.00	7349.00	4756.00	3886.00
	丽水占比(%)	30.40	53.90	52.90	81.70	—
2000 年	人均 GDP(元)	22554.00	11257.00	11436.00	6415.00	5515.00
	丽水占比(%)	24.45	49.00	48.20	86.00	—
2005 年	人均 GDP(元)	45327.00	22515.00	23671.00	13370.00	12708.00
	丽水占比(%)	28.04	56.44	53.69	95.05	—
2010 年	人均 GDP(元)	88154	42211.00	45169.00	30369.00	24831.00
	丽水占比(%)	28.17	28.83	54.97	81.76	—

说明：表中各市人口按户籍人口计算

城乡居民收入指标

1995 年，丽水地区城乡城镇居民收入和农村居民收入分别为 5188 元、1878 元，与杭州市、台州市、金华市和衢州市相比，分别占其比重的82.33%、75.51%、97%、97.7%和62.4%、57.8%、75.8%、99.05%。2000年，丽水市城乡城镇居民收入，与杭州市、台州市、金华市和衢州市相比差距有所缩小，但农村居民收入却增长乏力，差距拉大。2010年，丽水市城镇居民收入，与杭州市、台州市、衢州市占比差距，比2005年分别提高7.15%、3.1%、2.37%，领先金华市，占比优势提高0.74个百分点。

1995—2010年丽水市与周边四地城乡居民收入对比情况一览

表11-3-2-4

地 区	类 别	1995年		2000年		2005年		2010年	
		城镇	农村	城镇	农村	城镇	农村	城镇	农村
杭州市	人均(元)	6301.00	3012.00	9668.00	4894.00	16601.00	7655.00	30035.00	13186.00
	丽水占比(%)	82.33	62.35	82.33	52.92	77.38	46.70	70.23	49.58
台州市	人均(元)	6871.00	3253.00	9176.00	4296.00	18313.00	6689.00	28583.00	11307.00
	丽水占比(%)	75.51	57.80	86.75	60.30	81.80	53.40	78.70	57.80
金华市	人均(元)	6020.00	2480.00	9223.00	3725.00	15378.00	5516.00	25029.00	10201.00
	丽水占比(%)	86.18	75.73	86.31	69.53	83.53	64.80	84.27	64.10
衢州市	人均(元)	5979.00	1896.00	7592.00	2949.00	13006.00	4850.00	21881.00	8270.00
	丽水占比(%)	86.77	99.05	104.85	87.80	98.77	73.60	96.40	79.00
丽水市	人均(元)	5188.00	1878.00	7960.00	2590.00	12846.00	3572.00	21093.00	6537.00

第四章 经济结构

1949年5月丽水解放初期，丽水经济落后，农业占据绝对地位，工业基础薄弱。1949—1978年，丽水地区经济发展有起有落，总体滞后。经济发展主要以农业为主，工业、贸易等发展滞后，交通、运输和邮电通讯等基础设施建设薄弱，经济结构极不合理，生产力受到极大破坏，丽水经济在曲折中缓慢发展。经过近30年的发展，到1978年，丽水地区实现地区生产总值仅4.77亿元。

1978年改革开放后，丽水地区经济体制结构日趋合理，所有制结构的调整以国有经济比重下降和民营经济比重上升为主要特征；产业结构的优化表现为第一产业比重的持续下降、第二和第三产业比重的稳定上升；市场构成则由单一的封闭式经济转变为国内外市场并重。

21世纪，丽水人民创业热情迸发，经济发展速度加快，经济体制结构发生改变。2010年，丽水第一产业的份额由1978年的半壁江山，降低至9.5%；第二产业持续发展，份额由1978年的21.5%，上升到50%左右，占据龙头地位；第三产业持续发力，潜力巨大，份额由1978年的20.3%，提升至41%。

第一节　三大产业结构

历史上，丽水是典型的农业经济区域，经济基础较薄弱。1949—1978 年，丽水产业结构变化不大，地区生产总值中的第一、二、三产业增加值所占比重基本上稳定在 60:20:20，1978 年，农业占据国民经济的主导地位，三大产业结构为 58.2:21.5:20.3。农村从业人员的比重为 83.8%。

1979—1992 年，丽水地区乡镇工业异军突起，产业结构发生深刻变化，第三产业加快发展。1992 年，丽水地区生产总值中三大产业比例调整为 32.8:33.9:33.3，二、三产业比重首次超过第一产业比重。与 1978 年相比，以工业为主要成分的第二产业占据较优位置，逐步成为国民经济发展的主导产业，第一产业下降 25.4%，第二、三产业分别上升 12.4%和 13%。1992 年，从事一、二、三产业的人员结构调整为 71.4:10:18.6。

1993 年始，丽水地区工业经济发展迅猛，逐步建立多种经济成分共同发展，行业较为齐全的工业体系，国民经济总量增长主要由第二产业带动。1999 年，丽水地区实现工业增加值 35.29 亿元，占地区生产总值的 28.9%，比重首次超过第一产业；地区生产总值三大产业结构为 28.2:35.5:36.3；从事一、二、三产业的人员结构调整为 63.8:14.6:21.6，从业人员的结构调整不断趋向合理。1993—1999 年，丽水地区生产总值年均增长 10.3%，高于同期地区生产总值，年均增速 1.7%。

2000 年始，丽水加快推进工业化进程，工业化和新型城市化步伐加快，社会经济全面发展。丽水市优先发展工业、加强基础产业、基础设施建设同时，大力发展第三产业。三大产业结构呈现农业比重不断下降、第二产业比重稳步提高、第三产业比重逐渐提升的趋势。2010 年，三大产业结构占比为 9.5:47.3:43.2，与 2000 年相比，第一产业下降 16.3%，第二、三产业分别上升 9.9%和 6.4%。从事一、二、三产业人员结构为 42:24.6:33.4，从业人员结构趋向合理。

1978—2010 年丽水市地区生产总值构成一览

表 11-4-1-1　　单位：百分比

年　份	地区生产总值	第一产业	第二产业			第三产业
			第二产业	工　业	建筑业	
1978	100	58.20	21.50	—	—	20.30
1979	100	57.70	23.10	—	—	19.20
1980	100	54.80	25.00	—	—	20.20
1981	100	54.60	24.60	—	—	20.80
1982	100	54.20	24.90	—	—	20.90
1983	100	53.30	25.00	—	—	21.70
1984	100	51.70	26.20	—	—	22.10
1985	100	52.00	26.80	—	—	21.20
1986	100	48.50	27.60	—	—	23.90
1987	100	46.20	30.40	—	—	23.40

续表 11-4-1-1

年 份	地区生产总值	第一产业	第二产业			第三产业
			第二产业	工 业	建筑业	
1988	100	43.70	30.00	—	—	26.30
1989	100	42.30	30.70	25.60	5.10	27.00
1990	100	39.00	28.10	22.70	5.40	32.90
1991	100	36.80	29.30	23.60	5.70	33.90
1992	100	32.80	33.90	28.10	5.80	33.30
1993	100	32.60	39.10	33.50	5.60	28.30
1994	100	33.30	36.00	28.80	7.20	30.70
1995	100	34.70	36.00	29.60	6.40	29.30
1996	100	32.10	36.00	29.70	6.30	31.90
1997	100	30.80	35.40	28.80	6.60	33.80
1998	100	29.80	34.90	28.50	6.40	35.30
1999	100	28.20	35.50	28.90	6.60	36.30
2000	100	25.80	37.40	29.60	7.80	36.80
2001	100	23.10	39.40	31.90	7.50	37.50
2002	100	20.30	40.30	32.40	7.90	39.40
2003	100	17.70	41.40	32.90	8.50	40.90
2004	100	15.50	44.10	33.70	10.40	40.40
2005	100	13.70	45.60	36.30	9.30	40.70
2006	100	12.10	460.00	36.90	9.10	41.90
2007	100	11.30	47.40	39.20	8.20	41.30
2008	100	10.60	49.30	41.80	7.50	40.10
2009	100	10.50	47.70	40.30	7.40	41.80
2010	100	9.50	47.30	39.50	7.80	43.20

第二节 经济所有制结构

1949 年，丽水地区仅有 7 家国有企业和一些手工业作坊。1951 年，丽水完成对私营工业企业的社会主义改造后，形成第一批国有企业。1957 年，各县工业企业 348 家，其中国有企业 70 家，集体企业 278 家，国有和集体企业产值占全部工业产值的 92.2%。1960 年，各县工业产值 1.11 亿元。1971 年，丽水地区工业产值才超过 1960 年水平，达到 1.12 亿元。1978 年，丽水地区工业企业 994 家，其中国有企业 170 家，集体企业 824 家，工业产值 2.33 亿元，首次突破 2 亿元，比 1952 年增长 7.12 倍，年均增长 8.4%。

1978 年中共十一届三中全会后，随着改革开放和经济体制转型，工业经济得到长足进步，乡镇企业异军突起，经济类型逐渐打破国有集体一统天下的格局，个私经济逐渐成为工业发展的重要力量，经济类型逐渐多元化。1984—1988 年，丽水地区乡镇企业进入发展时期。1988 年，丽水地区工业企业 14430 家，比 1978 年增加 13436 家，其中国有企业 257 家，集体企业 1569 家，个私和其他经济类型企业 12604 家。1992—1995 年，丽水乡镇企业进入快速发展的重要时期。1995 年，丽水工业企业 31214 家，实现工业产值 116.55 亿元，其中国有企业 286 家，集体企业 1013 家，个私及其他类型企业 29915 家，实现产值 72.27 亿元，占全部工业产值的 62%。1997—1998 年，受亚洲金融风暴影响，丽水地区工业发展速度有所放缓。2000 年，丽水市工业企业 14351 家，其中国有企业 59 家，集体企业 463 家，个私及其他类型企业 13829 家，其产值占全部工业产值的 59.5%。

2001 年始，丽水市经济进入发展的时期，企业数量与质量均有质的飞跃。2010 年，丽水市基本形成多种工业经济成分共同发展的格局，工业企业 18853 家，其中国有企业 41 家，集体企业 76 家，分别比 2000 年减少 18 家和 387 家，个私企业及其他类型企业 18736 家，其产值占全部工业产值的 70.1%。

若干年份丽水市工业企业所有制结构情况一览

表 11-4-2-1

年份	工业企业单位数（家）						全部工业产值（亿元）				
	国有企业	集体企业	私营企业	个体经营户	其他类型工业	合计	国有企业	集体企业	私营企业	个体经营户	合计
1949	7	—	—	—	—	7	—	—	—	—	0.07
1952	36	16	—	—	—	52	—	—	—	—	0.21
1957	70	278	—	—	—	348	—	—	—	—	0.59
1962	92	347	—	—	—	439	—	—	—	—	0.55
1965	94	290	—	—	—	384	—	—	—	—	0.54
1970	113	231	—	—	—	344	—	—	—	—	0.82
1975	149	551	—	—	—	700	—	—	—	—	1.57
1978	170	824	—	—	—	994	—	—	—	—	2.33
1980	179	1060	—	—	—	1239	—	—	—	—	3.37
1981	185	1124	—	—	—	1309	—	—	—	—	3.81
1982	194	1104	—	—	—	1298	—	—	—	—	3.99
1983	206	1143	—	—	—	1349	—	—	—	—	4.36
1984	214	1286	—	—	—	1500	—	—	—	—	5.24
1985	249	1567	—	—	—	12324	—	—	—	—	8.00
1986	248	1616	—	6425	4348	12637	4.18	3.31	—	0.69	9.16
1987	253	1627	—	7718	4026	13624	6.06	4.22	—	0.92	12.39
1988	257	1569	—	8762	3842	14430	7.76	5.72	—	1.15	16.09
1989	258	1505	—	9109	2679	13551	9.25	6.17	—	1.30	18.10
1990	269	1472	—	9251	2767	13759	9.17	6.64	—	1.59	18.84

续表 11-4-2-1

年份	工业企业单位数(家)						全部工业产值(亿元)				
	国有企业	集体企业	私营企业	个体经营户	其他类型工业	合计	国有企业	集体企业	私营企业	个体经营户	合计
1991	265	1616	—	11301	2054	15236	10.74	8.68	—	2.93	24.08
1992	254	1823	—	15660	1971	19708	14.20	13.70	—	9.19	40.01
1993	261	1365	—	25034	2324	28993	18.60	16.83	—	25.87	62.78
1994	271	1050	—	25693	1522	28536	20.07	18.20	—	36.72	91.62
1995	286	1013	—	27118	2797	31214	20.19	27.15	—	32.78	116.55
1996	247	763	—	12807	1685	15502	18.85	16.61	—	50.23	120.03
1997	189	447	—	15175	696	16507	18.58	15.23	—	70.70	130.33
1998	118	659	3564	15275	268	19884	12.31	14.75	47.35	35.69	132.00
1999	81	533	3374	11233	386	15607	9.26	15.06	55.52	35.24	144.26
2000	59	463	2728	10576	525	14351	8.00	15.33	52.69	49.22	171.40
2001	50	378	2716	11037	439	14620	5.19	11.25	73.76	45.26	201.59
2002	44	315	2942	10765	376	14442	5.84	8.70	93.12	46.35	232.38
2003	37	263	3130	10781	361	14572	6.77	8.13	130.09	43.32	275.71
2004	35	170	3216	12181	260	15862	7.52	2.91	182.40	49.85	337.99
2005	30	167	3268	12181	235	15881	26.73	2.92	237.73	47.79	423.10
2006	38	158	3210	11859	291	15556	32.14	2.41	317.34	58.94	535.38
2007	35	119	3422	11501	319	15396	37.75	1.83	449.80	58.53	704.12
2008	34	119	3676	11501	360	15690	42.56	1.79	618.62	66.19	920.29
2009	43	78	3705	13761	517	18104	45.60	1.11	591.39	83.81	1018.43
2010	41	76	4029	14272	435	18853	64.54	1.29	831.17	99.62	1328.08

说明：1. 1996 年工业产值按工普新口径计算；2. 工业产值按当年价格计算，指数按可比价格计算

第三节　劳动力结构

1978 年，丽水地区从业人员 73.47 万人。1983 年，丽水地区从业人员 95.33 万人，其中第一、二、三产业人员构成占比分别为 80.8%、10.4%、8.8%。1985 年，丽水地区从业人员 114.46 万人，其中第一、二、三产业人员构成占比分别为 67.8%、15.1%、17.1%。1993 年，丽水地区从业人员 136.92 人，其中第一、二、三产业人员构成占比分别为 67.2%、11.9%、20.9%。2002 年，丽水市从业人员 139.02 万人，其中第一、二、三产业人员构成占比分别为 54.7%、19.6%、25.7%。2010 年，全市从业人员 137.62 万人，其中第一、二、三产业人员构成占比分别为 42%、24.6%、33.4%。

1978—2010年丽水市全社会从业人员构成情况一览

表 11-4-3-1

年 份	全社会从业人员(万人)	产业类别(%)			构成比例(%)		
		第一产业	第二产业	第三产业	第一产业	第二产业	第三产业
1978	73.47	—	—	—	—	—	—
1979	74.84	—	—	—	—	—	—
1980	77.81	—	—	—	—	—	—
1981	87.83	—	—	—	—	—	—
1982	87.58	—	—	—	—	—	—
1983	95.33	77.03	9.87	8.43	80.80	10.40	8.80
1984	98.63	72.80	14.90	10.93	73.80	15.10	11.10
1985	114.46	77.55	17.32	19.59	67.80	15.10	17.10
1986	114.57	80.57	18.04	15.96	70.30	15.80	13.90
1987	117.26	83.05	18.83	15.38	70.80	16.10	13.10
1988	119.90	84.93	19.26	15.71	70.80	16.10	13.10
1989	122.28	87.70	13.49	21.09	71.70	11.00	17.30
1990	126.07	90.93	14.01	21.13	72.10	11.10	16.80
1991	133.21	95.03	13.31	24.87	71.30	10.00	18.70
1992	135.19	96.57	13.56	25.06	71.40	10.00	18.60
1993	136.92	92.07	16.30	28.55	67.20	11.90	20.90
1994	137.44	91.98	19.21	26.25	66.90	14.00	19.10
1995	139.64	89.60	21.13	28.91	64.20	15.10	20.70
1996	137.31	88.94	19.64	28.73	64.80	14.30	20.90
1997	137.86	89.12	20.11	28.63	64.60	14.60	20.80
1998	136.84	89.00	19.50	28.34	65.00	14.30	20.70
1999	137.23	87.51	20.05	29.67	63.80	14.60	21.60
2000	139.43	85.67	21.79	31.97	61.40	15.70	22.90
2001	139.28	82.27	22.51	34.49	59.00	16.20	24.80
2002	139.02	75.99	27.26	35.77	54.70	19.60	25.70
2003	138.28	71.42	28.20	38.66	51.70	20.30	28.00
2004	136.53	69.89	28.71	37.93	51.20	21.00	27.80
2005	134.99	65.39	30.59	39.01	48.40	22.70	28.90
2006	134.45	62.92	31.45	40.08	46.80	23.40	29.80
2007	135.58	60.82	32.39	42.37	44.90	23.90	31.20
2008	135.71	58.42	32.67	44.62	43.00	24.10	32.90
2009	137.42	57.77	33.83	45.82	42.00	24.60	33.40
2010	137.62	57.74	33.89	45.99	42.00	24.60	33.40

第四节　工农业产品

农业产品

中华人民共和国成立至改革开放前，由于农村生产力水平低下，科学技术缺乏，加上政治运动等各种因素的影响，全地区农产品极度匮乏，许多商品皆需凭票购买。1978年前，丽水专区水果、蔬菜等经济作物多由农户在自留地和房前屋后零星种植，几乎没有商品供应市场。1978年，丽水地区粮食产量6.56亿千克，猪牛羊肉类产量0.21亿千克，分别比1949年增长1.89倍和3.4倍，年均增长3.7%和5.2%。

1978年始，丽水地区优化农业产业结构，解放农业生产力，稳步提高农业产出水平，持续、快速、稳定发展粮食生产，实现总量平衡和丰年有余。1984年，丽水地区粮食产量9.26亿千克，达到历史最高峰，彻底扭转粮食生产水平长期低下徘徊和缺粮的局面。1985年，丽水地区取消农产品统购统销政策，迈出农业市场化改革步伐。2000年，丽水市粮食产量7亿千克，油料产量0.11亿千克，水果产量13.69亿千克，分别比1978年增长6.7%、450%和500%。蔬菜产量8.33亿千克。同期，随着粮食生产能力的逐步提高，推动畜牧业生产的快速发展。2000年，丽水市猪牛羊肉产量6.12亿千克，比1978年增长187.5%，年均增长4.9%。

2001年，国家全面放开粮食市场，允许多种所有制主体参与粮食经营，粮食价格随行就市，进一步调动农民对农业产业结构调整的积极性。2010年，丽水市粮食产量5.31亿千克，比2000年下降24.1%，油料产量0.17亿千克，水果3.94亿千克，分别比2000年增长51.3%和188%。2010年，丽水市猪牛羊肉产量6.52亿千克，比2000年增长6.5%；水产品产量0.20亿千克，比2000年增长84.1%；蔬菜产量11.19亿千克，比2000年增长34.3%。除农村集市和城市蔬菜市场外，还建成农资和农产品等大型专业市场，农产品产量大幅度增加，优化农业产业结构。

若干年份丽水市主要农产品产量情况一览

表11-4-4-1　　单位：万千克

年份	粮食	油料	蔬菜	茶叶	水果	水产品	竹笋干	油茶籽	干香菇	猪牛羊肉产量	牛奶
1949	22668	—	—	37	—	14	—	—	—	4834	—
1952	30839	210	—	58	—	18	44	561	5.00	6708	—
1962	36491	46	—	57	—	27	2	576	—	4607	—
1965	38829	58	—	67	—	26	8	726	0.40	16692	—
1970	20668	69	—	79	—	27	6	636	5.00	16394	—
1975	53372	160	—	146	279	60	13	1266	0.20	25016	—
1978	65587	208	—	240	226	39	3	1339	0.20	21297	—
1979	72562	292	—	279	428	47	9	1689	0.30	26249	—

续表 11-4-4-1

年 份	粮食	油料	蔬菜	茶叶	水果	水产品	竹笋干	油茶籽	干香菇	猪牛羊肉产量	牛奶
1980	75210	334	—	327	516	61	12	887	2	26699	—
1981	78377	397	—	405	569	84	19	1761	0.70	30429	224
1982	86326	536	—	508	769	115	62	1113	4	35279	289
1983	89590	496	—	467	1062	145	400	755	8	35579	389
1984	92594	563	—	425	950	193	107	923	25	37186	591
1985	83257	624	38272	403	1485	298	156	1584	10	41068	692
1986	79875	615	—	474	2293	305	185	427	26	44008	721
1987	82003	444	36699	528	3068	367	168	839	43	41991	693
1988	73264	590	30666	547	1750	324	181	785	50	45748	672
1989	78171	499	32542	531	4686	430	304	1099	73	48323	624
1990	78018	744	37266	534	6655	408	289	992	157	45571	565
1991	84002	877	38495	557	9288	418	300	1139	391	48418	324
1992	81063	1039	34695	529	6328	395	305	878	674	51616	179
1993	74696	889	38248	596	10756	496	493	678	1536	59287	320
1994	72536	884	49691	689	14064	556	447	1111	2628	61584	335
1995	74279	924	50496	625	17431	595	728	10120	2967	63054	288
1996	79749	1121	53828	674	18012	667	621	960	3394	60883	312
1997	77975	1204	51205	566	25038	753	783	1144	4152	60890	313
1998	77276	1174	58547	617	196030	805	734	870	3174	65320	299
1999	77107	1187	66975	613	28779	982	772	102	3599	63110	537
2000	69976	1134	83297	687	136910	1068	949	1158	4141	61228	644
2001	61524	1220	116809	821	27417	1154	1070	1075	3033	63119	435
2002	59366	1297	110667	1026	29949	1342	989	1117	3529	64185	512
2003	50975	1296	114564	1166	32242	1485	1041	1209	3643	64774	623
2004	58158	1320	104977	1299	35378	1634	941	1415	3842	64547	876
2005	57729	1453	110068	1409	32357	1688	1083	1660	3142	65122	984
2006	57559	1426	110825	1525	35883	1769	1084	1387	3296	67831	705
2007	57406	1440	109399	1749	35602	2063	1078	1751	3645	64446	596
2008	62282	1511	111665	1930	42840	2079	1135	1770	3333	63364	595
2009	56375	2021	109259	2190	40395	1885	1496	1958	3242	63217	364
2010	53140	1717	111859	2263	39425	1970	1681	1350	3227	65186	361

工业产品

1949 年，丽水国有企业、手工业作坊主要生产手工业品和少数轻工业品，如火柴、棉布、陶瓷、土纸、饮料酒等；工业产值675万元，仅占工农业产值的6%。1957年，丽水工业企业348家，实现产值0.59亿元，初步形成森工、食品、造纸、纺织、机械等行业。1960年，丽水工业产值达1.11亿元。此后连续10年，工业产值停滞不前，一直没有超过这一历史高点。直到1971年，丽水工业产值1.12亿元。1978年，丽水地区工业行业主要有机械、食品、森工、化学、纺织、造纸、建材、电力等，工业产值2.33亿元，首次突破2亿元，比1952年增长7.12倍，年均增长8.4%。2000年，丽水市工业产值171.4亿元，是1978年的73.6倍，年均增长18.7%，初步形成化学原料及化学制品制造业、竹木制品业、金属制品业、电力及水的生产供应业、交通运输设备制造业、文教体育用品制造业、电械及器材制造业、机械制造业、专用设备制造业、皮革毛皮羽绒制品业等产业群，为丽水工业发展打下较好的基础。2000年始，丽水撤地设市，丽水工业进入新的历史发展机遇，工业经济突飞猛进，经济总量迅速扩大，行业结构调整，基本形成多种经济成分格局。2010年，丽水市实现工业产值1328.08亿元，是2000年的7.7倍，逐步形成黑色金属冶炼及压延加工业、金属制品业、化学原料及化学制品制造业、通用设备制造业、塑料制品业、皮革毛皮羽毛(绒)及其制品业等主导行业。

第十二篇

农　　业

概　述

丽水农业生产历史悠久。早在三四千年前的新石器时代，丽水已出现原始农业。人们用石制刀、斧等种稻、养蚕，兼营捕猎。三国时期，丽水境内已有种植茶叶记载。隋唐时期，丽水山区实行稻麦复种，种茶技术日趋精湛，粮食、茶叶生产达到一定水平。丽水农民早期使用的传统铁、竹、木制农具，如：锄头、犁、耙、耖等，用于平整土地。唐代，处州有蚕丝业。清代初期，处州境内开始种植烟叶。民国26—38年（1937年至1949年9月30日止），丽水农业遭到破坏，但松阳等个别县因民国省政府机关迁入而有所发展。1950年，丽水农村实施土地改革，开展互助合作运动，提出"以粮为纲"，粮食产值占农业产值的80%以上。1956年，丽水各县完成对农业的社会主义改造，生产力得以解放。1958—1965年，经历三年"大跃进""人民公社化"和后五年的调整，丽水农业呈现"高—低—高"的马鞍形发展态势。1966—1976年"文化大革命"期间，丽水农业调整后出现的大好形势又遭逆转。

1978年中共十一届三中全会后，丽水地区开始调整农业结构，提出"决不放松粮食生产，积极发展多种经营"的农业发展方针，大力发展养殖业、茶叶、蚕桑、水果和食用菌，逐步建立起以家庭联产承包为基础的农村基本经营体制。1979年，全区多数生产队采取分组作业、小段包工、按定额计酬、超额完成任务给予一定奖励的办法。1980年，丽水地区实行定人员、定任务、定成本、定工分和超产奖励制度。1984年，全面推行家庭联产承包责任制，农民生产经营自主权逐步扩大，生产积极性提高，粮食产量92594万千克。20世纪80年代中期，地区行署加大改革农业经济结构改革力度，引导农业走农、林、牧、副、渔综合经营道路；扶持专业户、重点户发展商品生产，允许适当发展个体经济；扶持发展农村个体商业和服务业，允许农民个人或联户经营运输业等。乡镇企业崛起，非农产业发展迅速，"农业一统天下"局面被打破，出现农林牧副渔全面发展、农工商综合经营新局面。

20世纪90年代，丽水地区农村经济改革全面铺开，从实施联产承包生产责任制开始，到扩大农民生产经营自主权，改革农村土地经营制度和统分结合的双层经营制度，建立起与生产力发展相适应的农村经济体制，初步形成优质高产高效益的大农业格局。1990年，丽水地区开展农业综合开发，以市场为导向，以项目为纽带，以基地为重点，以技术为支柱，以实体为依托，提高农业综合效益。1995年，丽水地区把农业综合开发作为扩大经济总量的主攻方向之一，提出在山上"再造一个丽水"的口号，全力支持农业综合开发。20世纪90年代中期，丽水地区调整经济作物结构，放慢茶叶和蚕桑发展速度，调整食用菌品种结构，保持水干果和蔬菜的良好发展势头，加快笋竹两用林基地的发展步伐。至2000年，农、林、副、渔产值比重调整为71.8%、12%、14.3%、1.9%。2000年始，丽水市开始发展效益农业，种植业重点发展季节差栽培蔬菜和高山蔬菜、笋竹林、名优茶和花卉等；养殖业重点发展食草养殖和特种养殖。2005年，丽水市农村三大产业比重为14.3%、44.8%、40.9%。2009年，丽水市农林牧副渔业产值90.15亿元。2010年，丽水市农林牧副渔业产值96.67亿元，其中食用菌、茶叶、水果、蔬菜、畜牧五大主导产业产值83.64亿元。

第一章 农业经济发展条件

丽水自然条件优越，农业宜种品种多，适宜生产粮食、蚕桑、茶叶、蔬菜、水果和杂粮等作物，但农业生产也有先天不足，山多田少，古有“九山半水半分田”之说，冷水田、烂糊田多，优质田少。中华人民共和国成立前，丽水大部分农田是“靠天田”，雨即涝，晴则旱；灌溉主要靠堰渠，引溪坑水自流，辅以水车提水、木桶戽水，也有少量水塘。地主、富农占有大部分耕地，大多数农民以租种地主耕地或出卖劳力为生。耕作器具多为锄头、犁、耙等铁、竹、木制传统农具，辅之以少量耕牛。

1949年5月丽水解放后，丽水农村实行土地改革，农民分得田地，大搞农田水利基本建设，发展农业机械化，农业生产条件不断改善。同时，开展农民扫盲运动，普及科学种田知识，推广良种和农药。20世纪70年代，丽水地区推广插秧机、收割机、机动喷雾(粉)器。后因质量差，多数不能使用，被束之高阁。1978年后，随着农业农村改革的深入，丽水地区实行家庭联产承包责任制，调动广大农民生产积极性，农业人员素质提升；土地整理、开发和建设用地复垦取得较大突破，部分粮食作物生产机械化；农业结构实行调整，农、林、牧、副、渔全面发展，农业生产条件得以改善。

1980年，丽水地区实现拖拉机全覆盖，确保公社有中型拖拉机1台，大队有手扶拖拉机1台，农机总动力172739千瓦。1989年，丽水地区农村15岁至40岁青壮年人口105.38万人，9个县(市)均为基本无文盲县(市)。20世纪90年代中期，丽水地区农机品种新增联合收割机、割晒机、农用运输车等。1996年，丽水地区基本完成扫除青壮年文盲任务。1997年，丽水地区基本普及九年义务教育。2000—2005年国家“十一五”规划时期，丽水市基本普及高中教育，初中升高中比例为94.97%。2007年，制定《丽水市政府关于加快丽水市农业机械化发展的实施意见》。同年，丽水市引进农业机械996台套，其中联合收割机9台、耕作机械283台、植保机械695台、插秧机6台、播种流水线3套、育秧盘13500只。2010年，丽水市农机总动力102.99万千瓦，有力改善农业生产。

第一节 耕 地

唐开元十四年(726)，栝州人均田地2.32公顷。宋元丰六年(1083)，处州户均田地1.79公顷，人均1.23公顷。明万历七年(1579)，处州官民田地山塘22346.2公顷，人均0.61公顷。清光绪三年(1877)，处州田12664.2公顷，地1078.67公顷，沙地12.33公顷，山3373.47公顷，塘荡134.8公顷，人均田地0.1公顷。民国24年(1935)，处州耕地面积10.47万公顷，其中水田7.73万公顷，旱地2.74万公顷，人均耕地0.08公顷。1949年，耕地10.71万公顷，人均0.1公顷。

1949 年 10 月中华人民共和国成立后，国家鼓励农民开田造地，增加耕地。1955 年，各县耕地面积 11.68 万公顷。后各县社会主义建设事业加快，城镇建设、农村建房、修公路、造电站等占用不少耕地，耕地面积有所降低。20 世纪 60 年代中期至 80 年代，各县开展农业学大寨运动，大搞农田水利基本建设，劈山造田，围滩造田，但建设用地需求更大，耕地面积仍不增反减。1990 年，丽水地区耕地面积 9.92 万公顷，比 1955 年净减少 1.76 万公顷，平均每年减少 0.05 万公顷。

20 世纪 90 年代开始，地区行署采取严格土地管制措施，执行占补平衡政策，奖励土地整理、开发和建设用地复垦，千方百计增加耕地。随着丽水城市化、工业化进程加快，政府进行城市建设、交通建设、水电建设、工业开发区建设和房地产开发，需征用大量耕地，耕地不断减少的趋势并未逆转。2003 年，丽水市耕地面积 8.92 万公顷，处于历史最低点。此后，丽水市土地整理、开发和建设用地复垦有较大突破。同时，完善统计方法，降低田埂系数。2010 年，丽水市耕地面积 16.53 万公顷，处于历史最高水平。

1949—2010 年丽水市耕地面积统计情况一览

表 12-1-1-1　　单位：万公顷

年份	面积	年份	面积	年份	面积	年份	面积	年份	面积	年份	面积
1949	10.71	1960	11.04	1971	10.63	1982	10.38	1993	9.70	2004	8.99
1950	10.65	1961	11.04	1972	10.58	1983	10.36	1994	9.60	2005	8.97
1951	11.60	1962	11.11	1973	10.58	1984	10.27	1995	9.54	2006	8.98
1952	11.69	1963	11.09	1974	10.57	1985	10.13	1996	9.51	2007	9.20
1953	11.62	1964	10.99	1975	10.54	1986	10.06	1997	9.55	2008	14.67
1954	11.65	1965	10.96	1976	10.55	1987	10.02	1998	9.55	2009	16.47
1955	11.68	1966	10.78	1977	10.54	1988	9.97	1999	9.43	2010	16.53
1956	11.63	1967	10.76	1978	10.51	1989	9.95	2000	9.31	—	—
1957	11.54	1968	10.70	1979	10.44	1990	9.92	2001	9.14	—	—
1958	11.20	1969	10.73	1980	10.41	1991	9.87	2002	8.97	—	—
1959	11.04	1970	10.67	1981	10.40	1992	9.80	2003	8.92	—	—

第二节　劳 动 力

数　量

清康熙二十年(1681)，处州有纳税和服徭役成年男子 118189 人。清雍正九年(1731)，处州有纳税和服徭役成年男子 123664 人。民国 31 年(1942)，处州有壮丁 284178 人，占男子总数 37.27%。

1949 年，丽水有男女劳动力 36.57 万，占总人口 33.77%。1953 年，各县有劳动力 38.81 万人，占人口 33.08%。1958 年，各县有劳动力 46.82 万人，占人口 38.09%。后劳动力占人口比例逐年减少。1965 年，各县有劳动力 46.37 万人，占人口 32.72%。1975 年，丽水地区有劳动力 60.12 万人，占人口

32.08%。

1978 年，丽水地区有劳动力 61.59 万人，占人口 31.45%。1980 年，丽水地区实行家庭联产承包责任制。1984 年，丽水地区劳动力增至 84.89 万人，占人口 41.12%，其中男劳动力 55.87 万人，女劳动力 29.02 万人。1990 年，丽水地区有劳动力 107.7 万人，占人口 50.33%，其中男劳动力 64.93 万人，女劳动力 42.77 万人。

2000 年，丽水市农村劳动力 122.11 万人，其中从事农业生产劳动力 84.92 万人。后工业化步伐加快，大量农民进城打工、经商，农村劳动力逐年递减。至 2003 年，丽水市农村劳动力减至 115.58 万人。其中，从事农业生产劳动力 72.67 万人，比 2000 年减少 12.25 万人。2004 年始，丽水市采取措施，加快转移农村劳动力。2005 年，丽水市农村劳动力转移就业 49 万人。2009 年，丽水市实现农民转移就业 52929 人，帮助解决农民就业岗位 16234 个。2010 年，丽水市农村劳动力 104.45 万人，其中男性 56.59 万人，女性 47.86 万人；第一产业 53.94 万人，第二产业 18.44 万人，第三产业 32.07 万人。

文化结构

民国 37 年（1948），丽水有初小以上教育人口 124979 人，占总人口 15%；文盲半文盲 833193 人，占总人口 71.35%。

1949 年始，丽水专区人口文化素质逐年提高。1964 年，丽水专区有小学以上教育人口 461561 人，占总人口 31.68%；文盲半文盲 595230 人，占总人口 40.85%。1982 年，丽水地区有小学以上教育人口 1308893 人，占总人口 58.57%；文盲半文盲 643103 人，占总人口 28.78%。其中 15 岁及以上文盲半文盲 538386 人，占 15 岁以上人口 37.48%。1989 年，丽水地区农村 15 岁到 40 岁青壮年人口 105.38 万人，其中文盲、半文盲人口 84829 人，文盲、半文盲率 8.05%，9 个县（市）均为基本无文盲县（市）。1988—1991 年，丽水地区开展农民技术人员职称评定工作，获技术职称农民 9202 人，其中技师 923 人，助理技师 2449 人，技术员 4239 人，助理技术员 1591 人。

1990 年，丽水地区有小学及以上文化人口 1683423 人，占总人口 71.66%；文盲半文盲 441365 人，占总人口 18.79%。其中 15 岁以上文盲半文盲 383927 人，占 15 岁以上人口 22.23%。1996 年，丽水地区基本完成扫除青壮年文盲任务。1997 年，丽水地区基本普及九年义务教育。1990 年后，丽水地区出生人口中，受过高中以上教育的人口占绝大多数，大学毕业生也有较高比例。2000—2005 年，“十一五”规划时期，丽水市基本普及高中教育，初中升高中比例为 94.97%。

第三节　农业机具

发展演变

历史上，处州农民使用铁、竹、木农具，最普遍是铁头木柄锄头，种类有板锄、齿锄、三角锄等，以适应不同地形和土质；另有犁、耙、耖，靠牛牵引，用于深翻和平整土地。所有农具或自制、或购买，或请工匠加工。旱地中耕管理农具草削，水田中耕管理农具铁耙、圈耙，灌溉中耕管理农具戽桶、龙骨水车、高架筒车，稻麦收割有蓑衣剑、镰刀，脱粒打稻有稻桶，内置桶梯、外围桶簟，打麦有木枷，稻麦分选有筛箩，稻麦去瘪有木风扇。运输有竹箩；晾晒农有竹簟、竹列。舂米、磨麦农有捣臼、手磨，大型舂米、磨麦农有水碓、水磨。

民国13年（1924），丽水县城、碧湖一带开始使用动力碾米机。民国37年，龙泉县农业推广所开始使用单人打稻机。

1949年丽水解放后，丽水专区逐步使用抽水机、手动喷雾（粉）器、手推胶轮车、农用木船。1952年，丽水县、青田县各有抽水机1台。1955年始，各县推广双轮双铧犁、插秧机、收割机、打稻机、番薯刨丝机、玉米脱粒机。当时要求过高过急，双轮双铧犁等无法使用，造成浪费。1957年，丽水县雅里村使用茶叶初制机，是丽水第一次出现机器制茶。1959年，青田县有20千瓦拖拉机1台，是丽水最早出现的农业机械运输工具。1963年，丽水专区农机总动力2265千瓦。1969年，丽水地区农机总动力9757千瓦。

20世纪70年代，丽水地区推广插秧机、收割机、机动喷雾（粉）器。后因质量差，多数不能使用。1980年，丽水地区实现拖拉机全覆盖，每个公社有中型拖拉机1台，每个大队有手扶拖拉机1台，农机总动力172739千瓦。20世纪80年代，丽水地区农业实行家庭联产承包责任制后，国家、集体、农户多种形式经营农机。1990年，丽水地区农机总动力379182千瓦。20世纪90年代中期，丽水地区农机品种新增联合收割机、割晒机、农用运输车等。2000年，丽水市农业机械总动力67.98万千瓦。

21世纪以后，丽水市拨付财政补贴农机购置，增加茶叶、食用菌机械，塑料大棚、冷藏保鲜库等农业设施。2006年，丽水市农业机械总动力94.8万千瓦，其中柴油机动力63.28万千瓦。2007年，丽水市政府制定《关于加快丽水市农业机械化发展的实施意见》。同年，丽水市引进农业机械996台套，其中联合收割机9台、耕作机械283台、植保机械695台、插秧机6台、播种流水线3套、育秧盘13500只。2009年，丽水市以水稻机插技术为代表，推进粮食作物生产全程机械化。同年，丽水市农业机械总动力963114千瓦，其中茶叶机械16623台，食用菌机械55224台；机作稻田面积4.4万公顷，机插稻田面积431公顷，机收稻田面积4000公顷。2010年，丽水市农机总动力102.99万千瓦，其中耕作机械9.3万千瓦，收获机械4.26万千瓦，植保机械2.52万千瓦，排灌机械9.13万千瓦，农副产品加工机械14.06万千瓦，运输机械28.69万千瓦，其他机械35.02万千瓦。

20世纪50—60年代，国家尚没有发放农机化补贴资金。1971年，国务院和省政府两级开始财政支持地方农业机械化。1971—1980年，国务院和省政府两级支援丽水地区农机化经费1098.8万元。2004年，浙江省政府对购置大中型农业机械实行财政补贴。2006年，丽水市新增农业机械281台，投资217.75万元。2008年，丽水市接受财政补贴资金521.48万元，其中国家财政补贴资金456.97万元，省级补贴资金38.85万元。2009年，丽水市接受国家财政补贴资金1566万元。2010年，丽水市接受国家农机化等补贴资金2324万元。

农机管理

农机示范　20世纪90年代，丽水地区开始推进农机化示范建设。1996年，丽水市（县级市）农机管理站建立碧湖镇里河村农机化示范基地110公顷，辐射500公顷。2005年，省农业厅颁布第一批省级农机化生产示范基地，松阳县上安茶叶农机化生产基地、缙云县麻鸭养殖机械化示范基地、龙泉市金针菇生产机械化示范基地入选。2007年，丽水市新增市级农机示范基地25个。2008年，丽水市建成省级“强龙兴农”农机化示范基地3个，市级农机化示范基地16个。

农机培训　20 世纪 50 年代，各县农机操作人员选送到省里培训。1963 年，丽水专区恢复后，农业部门组织各县农机手培训，但长期无固定场所。1976 年，丽水地区建立农机培训基地，选址地区农校隔壁，各县也分别建立农机培训基地。1992 年始，丽水地区农机培训基地统一更名农业机械化技术培训学校，农机培训纳入成人教育管理，以培训拖拉机手和农用运输车驾驶员为主。1995 年，丽水地区举办农机训练班 44 期，培训学员 4606 人。

农机安全管理　1984 年，地区农机管理服务站增挂农机监理牌子，各县也设立农机监理机构，加强农机安全管理。逐步控制拖拉机性能年度检验，驾驶员驾驶技术年度审验，农机维修网点逐家逐户审核。农机事故发生、伤、亡直接经济损失四项指标。2010 年，丽水市拖拉机交通事故 25 起，伤 29 人，死 9 人。

若干年份丽水市农机具拥有量一览

表 12-1-3-1

项　目	1965 年	1971 年	1975 年	1978 年	1980 年	1990 年	2000 年	2010 年
大中型拖拉机（台）	—	—	3	—	17	76	76	11
手扶拖拉机（台）	48	563	1253	1234	1886	14538	17912	9736
柴油机（台）	—	—	—	3095	2421	946	—	—
农用电动机（台）	—	—	442	769	688	159	—	—
农用水泵（台）	—	—	145	1449	857	6454	14944	47149
喷雾器（架）	5532	7422	11286	11266	14127	14063	—	—
中小农具（百件）	—	—	9264	10922	—	—	—	9606
农用薄膜（万千克）	—	30.60	30.40	49.90	—	—	—	68.60

管理机构

1963 年，丽水专区各县先后成立农机公司。1975 年，地区农业机械公司成立，经营拖拉机、内燃机、农用水泵、钢管、水管、拖斗、脱粒机、粉碎机、喷灌机以及各种农机配件等农机产品。20 世纪 80 年代，丽水地区农村实行联产承包责任制，出现农机服务专业户。1984 年 2 月，丽水地区农机管理服务站成立，与丽水地区农机服务公司合署办公。6 月，增挂丽水地区农机监理所牌子。1995 年，丽水地区农机管理单位 1170 个，人员 2234 人，其中县级以上农机管理单位 10 个，人员 94 人，其中科技人员 72 人；县级以下农机管理服务单位 1160 个，人员 2228 人。同年，丽水地区农机专业户 35485 户。1997 年 2 月，丽水市（县级）碧湖镇平二村农机服务队建立，集机耕、育秧、抛秧、机械值保、机收等多种服务于一体，为丽水地区首创。2004 年，《中华人民共和国道路交通安全法》颁布实施后，丽水市农业（农业机械）主管部门行使对上道路行驶的拖拉机发牌发证、考试考核、年检审验及驾驶员培训机构的资格管理等职权。2005 年，缙云县仙都农机服务专业合作社成立，开展机耕、机收、植保、运输等业务，参加有农户 130 多户，是丽水市首家股份制农机服务组织。2006 年，丽水市农机专业户 38323 户。2007 年，丽水市新增农机合作社组织 5 个。2008 年，丽水市新增农机合作社组织 8 个。2010 年，丽水市农机服务专业合作社 25 个。

第四节　农业肥料

有机肥

旧时，丽水“燔茂草以肥田”，使用麦稻或稻豆轮作、沤田休闲以恢复地力。1949年，中华人民共和国成立初，各县使用农家肥料为主，如割青蒿、烧焦泥灰、牲畜圈养积肥和人粪便等。常用草木灰或焦泥灰与人粪便搅拌，做成丸球状，水稻等植物移植时放在株脚作基肥，俗称粪泥。

绿肥　民国35年(1946)，龙泉县农业推广所试种推广紫云英(俗称“草子”)、苜蓿。1963年，丽水专区推广缙云等县稻田养萍和种植紫云英作肥料。1974年后，丽水地区绿肥面积逐年减少。1978年，丽水地区引进细绿萍，既肥田又作养猪青饲料。1982年，丽水地区引进旱地绿肥大荚箭舌豌豆。1985年，丽水地区推广桑园、桔园套种大荚箭舌豌豆；各县少量种植苜蓿、田菁、柽麻、印尼大绿豆等绿肥品种。2010年，丽水市实施“沃土工程”，发展绿肥生产，建立冬绿肥示范基地27个，其中推广紫云英示范基地70多个，推广面积1万公顷，蚕豌豆等经济绿肥0.33万公顷，500公顷以上的园地套种白三叶草示范基地1个，果园套种三叶草等绿肥666公顷。

秸秆还田　20世纪60年代，各县提倡稻草还田。20世纪70年代，丽水地区普遍推广稻草还田。20世纪80年代，丽水地区推广稻草、麦秆、油菜秆、西瓜藤等多种作物茎秆还田。1990年，丽水地区秸秆还田面积59.75万公顷。2009年，丽水市实施“沃土工程”，推广秸秆还田技术，建立示范田52个，示范面积1.31万公顷，秸秆还田面积14.74万公顷。2010年，丽水市秸秆还田面积2.94万公顷。

商品有机肥　2000年后，有些养殖规模较大的农业企业，使用烘干机等设备，将猪粪、鸡粪制成颗粒有机肥，供应市场，主要用于蔬菜、水果种植。2009年，丽水市增施农田有机肥，推广畜禽粪便及商品有机肥8000公顷。2010年，丽水市增施商品有机肥4500万—5000万千克。

化　肥

民国时期，丽水农民种田主要靠农家肥料，化肥极少施用。庆元、龙泉等山区县，保留用食盐作肥料的习惯。民国19年(1930)起，丽水农民施用“肥田粉”[①]，但施用很少。1950年，各县供销社供应肥田粉、饼肥等肥料。1951年，各县推广肥田粉。1952年，各县供销社采取发放贷款、技术辅导、种试验田示范等措施，逐步推广使用化肥。1953年，各县开始使用过磷酸钙。1959年始，各县使用硫酸钾。

2001年，丽水市制定《生态示范区建设总体规划》，要求综合防治、合理使用化肥农药。同年，制定《丽水市测土配方施肥实施方案》《丽水市主要农作物测土配方施肥技术指导意见》，推广测土配方施肥技术。缙云、青田、庆元等5个县被列入农业部测土配方施肥项目县。2010年，丽水市推广测土配方施肥16.57万公顷，每公顷农田节省肥料43.5千克，节本增收1.74亿元。

① 肥田粉：肥料俗称，指硫酸铵。

若干年份丽水市化肥施与农药用量一览

表 12-1-4-1　　单位:万千克

项　目	1965 年	1971 年	1975 年	1978 年	1980 年	1990 年	2000 年	2010 年
化肥实物量	1981.50	5654.60	4479.30	9542.00	14070	14372.90	—	20263.70
化肥折纯量	—	700.00	664.90	1639.80	2874.70	3800.90	5652.50	6171.00
化学农药	105.00	307.00	356.30	514.30	467.00	231.50	342.10	311.30

微量元素

1964 年开始,各县种植紫云英,增施“钼肥”[①],钼酸铵由青田化工厂生产。1974 年,丽水地区推广油菜喷硼,有效解决只开花不结籽的问题。1979 年,丽水地区农民种植蚕豆施用钼酸铵,增产 10%—15%。20 世纪 80 年代中后期,丽水地区种植柑橘、杨梅、小麦、大豆、花生、玉米等作物,也施用硼、钼、锌等微量元素。

第二章　粮食作物

丽水山多田少,自古缺粮。民国之前,处州粮食一直处于紧缺状态,荒年缺口更大。民国 21 年(1932),处州粮食种植面积 13.89 万公顷。1949 年,丽水粮食种植面积 14.53 万公顷,占农作物播种面积的 92.69%。1978 年中共十一届三中全会后,丽水地区调整种植结构,发展多种经营,重点发展经济作物,粮食种植面积仍占农作物播种面积的一半以上。1991 年是中华人民共和国成立以后丽水地区粮食种植面积最高年份,为 18.63 万公顷,占农作物播种面积的 78%。2003 年,丽水市粮食种植面积 10.04 万公顷,比 1991 年减少 8.59 万公顷,但仍占农作物播种面积的 53.6%。2010 年,丽水市粮食种植面积 10.23 万公顷,占农作物播种面积的 57.82%,亩产水平提高,实现农业增效、农民增收的目标。

明代,处州境内粮食作物有稻、黍、大麦、小麦、荞麦、豆、稷、粟、芝麻。清代,处州相继引进玉米、红薯、马铃薯等作物。1949 年中华人民共和国成立后,丽水粮食作物品种以水稻为主,最高年份栽培面积 13.37 万公顷,稻谷产量占粮食产量 85%以上;其次是小麦、大麦、番薯、玉米、大豆、荞麦、高粱、粟子、绿豆、赤豆、白扁豆、乌豇豆等杂粮,最高年份种植面积 4.67 万公顷,是浙江省杂粮重要产区。20 世纪 90 年代开始,丽水地区扩大鲜食玉米、鲜食毛豆、鲜食蚕豌豆等粮经兼用型作物面积,

① 钼肥:指钼酸铵。

玉米、大豆、番薯、蚕豌豆等杂粮生产渐成规模，成为丽水山区特色粮食品种，在全省占有一定市场比重。

丽水农业耕作制度，由古时的撂荒制度逐步发展成稻麦、稻肥等轮作制度等多种形式。民国之前，处州农业耕作复种指数低，平均亩产在150千克以下，虽大部分耕地用于种粮，但仍不能自给。民国《浙江通志稿》载："民国22年(1933)，原处属十县产粮米2021900石，所需口粮3279500石，除松阳县略有盈余，其余九县均严重缺粮，以杂粮抵补外，尚缺1262740石。"1949年中华人民共和国成立后，历经两熟制、三熟制、多熟制等种植制度。并通过沤改旱、旱改水田的途径，逐步发展机耕和免少耕的土壤耕作制，有效地推动农业生产的发展。1949年，丽水专区人口1172106人，粮食产量22668万千克，人均仅193.4千克。

1949年始，各级政府采取多项措施，增加粮食产量。20世纪80年代初期，实行农业联产承包责任制，推行杂交水稻技术，终于完成粮食自给的历史任务。1981年，丽水地区粮食产量78377万千克，人口220.22万人，人均355.9千克。1984年，丽水地区粮食产量92594万千克，达到历史最高年份。20世纪90年代，国家取消粮食征购任务，实行合同订购，加上居民粮食消费减少，粮食种植面积和产量逐年下降。2003年，丽水市粮食产量48148万千克，降到20世纪70年代以来的历史最低点。2004年起，丽水市采取农资综合直补、农作物良种补贴、种粮大户补贴、农机购机补贴、病虫统防统治补贴、订单稻谷奖励、稻谷最低收购保护价等措施，鼓励农民生产粮食，粮食种植面积和产量开始恢复性增长。2010年，地级市、县(区、市)两级财政补贴粮食生产资金1230万元，粮食种植面积10.23万公顷，产量53140万千克，产值10.87亿元。

第一节　粮食产量

民国21年(1932)，丽水粮食总产29000万千克，平均亩产139千克(按播种面积计算，下同)。民国30年，丽水粮食产量25000万千克，平均亩产132千克。

1949年10月中华人民共和国成立后，丽水专区大搞农田水利基本建设，改善农业生产条件，增加粮食产量。1949年，丽水专区粮食产量22668万千克，平均亩产104千克。1949—1958年，各县粮食产量连续9年增产。1958年，各县粮食产量37229万千克，比1949年增加64.24%；平均亩产135千克，比1949年增加29.8%。1959—1961年，各县粮食生产出现负增长，粮食产量连续3年减产。1961年，各县粮食产量32943万千克，比1958年减少11.51%；平均亩产128千克，比1958年减少5.19%。1962年，政府及时采取扶持和发展农业生产的政策后，粮食作物生产下滑得到遏制。1963年，丽水专区粮食产量41518万千克，亩产164千克。1962—1976年，各县粮食产量连续15年徘徊。1976年，丽水地区粮食产量49519万千克，比1963年增加19.27%；亩产191千克，比1963年增加16.46%。

20世纪80年代开始，实行家庭联产承包责任制，粮食产量连续增长。1977—1984年，丽水地区粮食产量持续8年增产。1984年，丽水地区粮食产量92594万千克，为历史最高年份；平均亩产341千克；人均占有粮食449千克；全区确定人均占有耕地0.07公顷以上，年提供商品粮50万千克以上的商品粮基地乡镇53个；商品粮基地耕地3.2万公顷，占全区耕地面积31.3%；年提供商品粮6877.5万千克，占全区粮食订购任务77.72%。1985年始，丽水行政公署调整种植结构，稳定粮食生产，重点发展经济作物。1988年，丽水地区粮食产量73264万千克，产量比1984年下降20.88%；亩产282千克。亩产量比1984年下降17.3%；人均占有粮食345千克。1990年，丽水地区粮食产量78018万千克，平均亩产283千克，人均占有粮食365千克，农民人均口粮318千克。同年，丽水地区实施水田吨粮田工程的乡47个，行政村182个，耕地6300公顷，其中水田1462.47公顷，平均亩产1054千克；实施旱地吨粮工程的乡46个，行政村157个，耕地1605.67公顷，其中旱地316.87公顷，平均亩产1070千克。缙云县盘溪区旱地2.2公顷，实行春马铃薯—春玉米—番薯三熟套种，平均亩产1558.81千克，其中旱地0.2公顷，亩产2033.09千克。1996年，丽水地区粮食产量79750万千克。1997年，连遭洪涝和台风影响，丽水地区粮食产量77970万千克，比上年减产2.22%。

1998年，丽水地区调整农业生产结构，粮食作物种植面积缩减16.9万公顷。遭春季冻害、夏季洪涝等灾害影响，春粮、早稻大幅减产。同年，丽水地区狠抓秋粮生产，晚稻单产403千克，超过历史最高水平；粮食产量77280万千克，比上年减少0.9%。2000年，丽水市继续调整农业生产结构，缩减粮食作物面积15.24万公顷，比上年减少8.2%，其中春粮减少7.4%、早稻减少31%、秋粮减少2.8%；粮食产量69980万千克，减少9.2%；粮食与经济作物种植比为70.6:29.4。

2001年，浙江省在全国率先取消定购粮生产任务后，丽水市粮食作物播种面积12.48万公顷（不含马铃薯面积），较上年减少1.28万公顷，调减9.3%；粮食产量61500万千克，较上年减少5030万千克，减幅7.56%；粮食与经济作物种植比调整到66.5:33.5。2003年，丽水市粮食作物面积继续缩减，粮食产量48150万千克，比上年下降15%。无法满足当地需求，从外地购入38350万千克。2004年始，丽水市实行免征种植粮油农户农业税，减轻农民农业税负担2500万元。同年，丽水市政府直补配套种粮大户50万元。4月7日，市政府制定《丽水市政府关于切实抓好粮食生产的若干意见》，各县（市、区）政府也制定相应政策和措施。同年，丽水市粮食市场价格上扬，粮食作物播种面积11.55万公顷，比上年增加1.51万公顷，增长15%；粮食产量55430万千克，增加7290万千克，增长15.13%。

2006年，丽水市遭受冻害影响耕地2.09万公顷，台风影响耕地2.41万公顷，洪灾影响耕地1.51万公顷，旱灾影响耕地2.91万公顷，病虫害影响耕地3.87万公顷，粮食产量减产1044000千克。2007年，丽水市相继发生台风、洪涝、干旱、病虫灾害影响，粮食产量减少1901000千克。2008年，丽水市粮食专业合作社37个，入社社员比非社员年收入人均增加1600多元。丽水市投入粮食生产扶持资金352万元；粮食作物播种面积12.22万公顷，比上年增加1.29万公顷，增长11.84%；粮食产量62282万千克，增加7660万千克，增长14.02%；粮食与经济作物种植比重为63.6:36.4。2009年，丽水市继续调整产业结构，粮食作物种植面积进一步压缩，粮食作物播种面积11.02万公顷，粮食产量56400万千克，比上年分别下降9.8%和9.5%；经济作物面积增加，粮食与经济作物种植比重为60:40。2010年，丽水市继续落实粮食生产扶持政策，建立粮食高产示范点199个，耕地面积0.47万公顷；粮食种植面积10.23万公顷，产量53140万千克；粮食单产344千克，比上年增加3千克。

若干年份丽水市粮食种植面积和产量

表 12-2-1-1

年份	农作物面积（万公顷）	粮食种植面积（万公顷）	粮食产量（万千克）	其中谷物产量（万千克）	年份	农作物面积（万公顷）	粮食种植面积（万公顷）	粮食产量（万千克）	其中谷物产量（万千克）
1932	—	13.89	28950	—	1979	23.88	17.63	72562	60089
1941	—	12.63	25000	—	1980	23.35	17.53	75210	63390
1949	15.60	14.53	22668	17242	1981	24.90	17.93	78377	66348
1950	—	—	24947	19633	1982	24.23	18.26	86326	72884
1951	—	—	27864	21570	1983	24.03	18.08	89590	76423
1952	—	—	30839	24119	1984	23.71	18.12	92594	78562
1953	17.45	15.86	31034	23827	1985	23.20	17.57	83257	69484
1954	—	—	34077	25970	1986	23.30	17.00	79875	67531
1955	—	—	35793	26436	1987	23.69	17.57	82003	72191
1956	—	—	33366	23761	1988	22.78	17.33	73264	62252
1957	—	—	35773	25279	1989	23.16	18.03	78171	65591
1958	19.73	17.84	37229	23632	1990	23.68	18.38	78018	63936
1959	—	—	35520	23327	1991	23.88	18.63	84002	70117
1960	—	—	32902	22312	1992	23.34	18.08	81063	76060
1961	—	—	32943	20558	1993	21.75	16.75	74696	72995
1962	—	—	36491	22932	1994	21.27	16.17	72536	66673
1963	17.44	16.45	41518	27988	1995	21.75	16.54	74279	64002
1964	—	—	38557	28795	1996	22.17	17.00	79749	65204
1965	—	—	38829	29610	1997	22.38	1710	77975	69431
1966	18.60	15.19	39728	30374	1998	22.38	16.90	77276	70117
1967	—	—	37679	29842	1999	22.03	16.60	77107	76060
1968	—	—	39258	29992	2000	21.16	15.24	69976	72995
1969	—	—	44874	33849	2001	20.26	12.48	61527	66673
1970	21.81	16.42	50668	39755	2002	19.20	11.60	56620	64002
1971	—	—	51687	40731	2003	18.73	10.04	48148	65204
1972	—	—	58431	45163	2004	19.63	11.55	55435	69431
1973	—	—	55946	44397	2005	19.54	11.31	54917	45248
1974	—	—	56654	45344	2006	19.27	11.18	54812	44699
1975	24.00	17.01	53372	43909	2007	18.90	10.93	54622	44268
1976	—	—	49519	40731	2008	19.21	12.20	62282	46647
1977	—	—	58911	46835	2009	18.38	11.02	56400	41942
1978	24.48	17.93	65587	53722	2010	17.69	10.23	53140	40086

说明：1979 年以前，社员自营部分粮食不分品种，故产量不等于品种之和

第二节 耕作制度

一熟制 两熟制

古时，处州人民改良耕作品种，提高复种指数、农作物产量。民国时期，丽水大部分水田只能种植一熟单季稻，小部分种植“春粮—水稻”或“水稻—秋杂粮”两熟制，种植三熟制面积很少。民国21年(1932)，丽水粮食种植面积13.89万公顷，复种指数128.68%。1949年，中华人民共和国成立初，丽水专区粮食种植面积14.53万公顷，复种指数137%。

三熟制

1949年10月中华人民共和国成立后，丽水不断改善农业水、肥、土生产条件，改善耕作制度，减少冬闲田，扩大冬种面积，瘦田种绿肥，肥田种粮油，单季稻改双季稻，逐步出现“肥、双季稻”与“麦、稻”两熟并存；改两熟制为三熟制，出现“肥—稻—稻”“麦—稻”两熟制和“麦—稻—稻”“油—稻—稻”三熟制并存。大多安排两熟制，少数安排三熟制，解决季节、肥料、劳力之间矛盾；安排三熟制中实行“二水一旱”为“二旱一水”。1950年始，丽水专区河谷平原地区扩大“老三熟”耕作制，改“稻—豆”两熟为“麦—稻—豆”三熟；低山地区改一熟稻为“稻—豆”两熟。1953年，缙云县正美乡应寿廷互助组试种成功连作晚稻后，开始逐步推广。1955年，各县粮食种植面积17.51万公顷，复种指数159.95%。1958年，各县粮食种植面积18.34万公顷，比1955年增加0.84万公顷，复种指数176.14%。同年，各县逐步扩大三熟制面积，秋大豆由1954年1.04万公顷减至0.42万公顷；玉米由1954年0.42万公顷增至1.03万公顷；海拔600米以上山区连作稻歉收。1961年始，各县连作稻面积下降。

新三熟制

1963年始，丽水专区河谷平原地区推广“春粮(或绿肥)—连作稻”为主的“新三熟”耕作制度，山区推广“早稻—秋玉米”。1967年，丽水专区粮食种植面积14.45万公顷，复种指数150.09%。1972年始，丽水地区连作稻面积基本稳定在3.8万公顷左右，约占耕地面积的1/3。1976年，丽水地区开始推广杂交稻，减少早稻及早中稻面积，增加晚稻、迟中稻和春粮面积。1978年，丽水地区粮食种植面积17.93万公顷，复种指数190.08%。

轮作制

20世纪80年代，丽水地区耕作制度相应调整，开始扩大经济作物面积，逐步减少水稻栽培面积。三熟制面积占耕地面积23.2%，两熟制面积占37.8%，一熟制面积占39%。海拔400米以下河谷平原、丘陵低山耕地8.24万公顷，以三熟制为主，主要有“绿肥(或麦、油菜)一稻一稻”“麦(或油菜)一西瓜一稻”“麦一夏季制种一秋菜”“绿肥一早稻—秋玉米”“春粮一早稻一秋大豆”等；海拔400米至800米的中山区，耕地1.39万公顷，实行一年一熟或两熟，少数地区实行三熟耕作制度。

1986年开始，丽水市推广水稻栽培高产模式。1987—1989年，丽水地区参加粮食作物高产模式栽培有区27个、乡110个、农户5.66万户，种植春粮、水稻面积6.67万公顷，中心示范畈面积0.45万公顷。1990年，丽水地区水稻模式化栽培面积4.14万公顷。同年，丽水地区粮食作物高产模式栽培面积5.05万公顷，中心示范畈503个、面积0.42万公顷。其中水稻面积4.14万公顷，旱粮高产示范面积0.9万公顷。

20世纪90年代，丽水地区全面调整农业结构，推广种植"粮—经""粮—饲""粮—肥"等多熟制度。2000年始，丽水市深化调整农田种植结构，粮食生产格局发生变化，推广应用新型农作制度，增加晚稻中单季稻面积，年均5.47万公顷以上，比1980年增加2万公顷，减少连作晚稻面积。2004年，丽水市推广种养结合、粮经结合，采用农业新技术，实行"稻鸭共育""稻鱼鸭共育""稻菜（果）轮作"耕作制度。丽水市普遍应用"黑木耳—单季稻""香菇—单季稻""蚕豆/玉米—晚稻""蚕豆/玉米—玉米""鲜食大豆—单季稻—萝卜""花生/玉米—单季稻""烟草—单季稻""蚕豆/西瓜—单季稻""长豇豆—水稻—菜""蚕豆/芋艿—晚稻"等高效种植模式；部分山区、半山区采用"粮、饲、牧"结合新技术和"五园"养殖新技术，实行"水稻、玉米、饲草"轮作，用玉米秆和饲草发展奶牛、波尔山羊，或利用竹园、茶园和疏林养鸡。同年，丽水市晚稻中单季稻面积仅0.82万公顷，不足1984年的1/5。2010年，丽水市推广"菌—稻（豆、薯）"轮作模式，轮作耕地面积0.41万公顷，栽培食用菌7.59亿袋，产值28亿元，实现亩产"千斤粮万元钱"，效益较好。

第三节　粮食品种

水　稻

水稻是丽水主要粮食种植品种，最高年份栽培面积13.37万公顷，稻谷产量占粮食产量85%以上。

品种　历史上，处州境内有水稻品种92个。其中籼稻有仰天齐、老鼠牙、黄胖稻、高树晚京、矮树晚京、百廿掼、大叶青、细叶青、温州青、红银秋等54个，粳稻有野猪芒、松阳粳、龙泉粳、大齐粳、八月黄等15个；糯稻有寒糯、野猪糯、观音糯、乌壳糯、草鞋糯、早糯等23个。

20世纪30年代，丽水改良稻种。民国24年（1935），处州各县设立推广改良稻办事处，推广改良稻种。民国25年春，遂昌县三仁乡石板桥村兰云章首次领取省稻麦改良场改良稻（俗称"纯系稻"）浙农"中籼1号"、浙农"中籼10号"、浙农"中籼2194号"、浙农"中籼3613号"、浙农"中籼2191号"、"中籼龙凤尖"和浙农"晚粳129号"品种稻种2.5千克，试种面积0.33公顷。最终，浙农"中籼1号"表现最为优良，增产825千克/公顷，与农家稻种相比优劣立现。后处州各县相继引入试种。历经五六年，试种筛选品系50多个，早稻以浙农"早籼5575号"、浙农"早籼5441号"为主，亩产可分别增加9.3%和20.2%；中稻以浙农"中籼1号"、浙农"中籼10号"、浙农"中籼2194号"和"中籼龙凤尖"为主，可比农村土种增产12%；晚稻以浙农"晚籼9号"和浙农"晚粳129号"为主，浙农"晚籼9号"可比农民土种增产14%—34.3%，平均增产930千克/公顷，成为20世纪50年代晚稻当家品种；浙农"晚粳129号"抗螟力最强，较本地"文谷"增产450千克/公顷。

中华人民共和国成立后，丽水专区农业部门推广优良品种。1951—1952年，全省评选优良农家品种98个，其中丽水专区农家品种7个被评为优良，分别是“松阳金华稻”“松阳细叶青”“松阳老鼠牙”“丽水大叶稻”“丽水齐头黄”“丽水老农场稻”“丽水高树细叶青”。这些优良农家品种，一般要比其他品种亩产高50千克，被当地农民称作“翻身种”。20世纪50年代中期，以早熟、高产、抗病为目标，陆续引进推广改良稻种早籼“南稻”，中籼“胜利籼”，晚籼浙农“晚籼9号”“龙山京”“硬头京”“6506”，晚粳“新太湖青”及晚糯“红糯2号”等。其中早稻以“南稻”为主，晚稻以浙农“晚籼9号”当家。20世纪50年代末期，改良品种逐渐取代农家品种。

20世纪60年代，各县开始引进推广矮秆、高产、抗病良种。1961—1962年，试种推广广东矮秆早稻品种“矮脚南特”。后又引进晚稻矮秆品种3个，分别是“金珠矮”“广场矮”“九矮中”。20世纪60—70年代，不同熟期矮秆品种齐备，水稻生产基本实现矮秆化，早籼以迟熟品种“珍龙13号”为主，早熟品种“二九青”为辅，粳稻以“祥湖48”“加湖4号”“矮粳23”为主，糯稻以“双糯4号”“丽水糯”“京引”为主。

1976年，丽水地区开始种植杂交稻。丽水地区农业局组织农技干部和农民265人，到海南岛陵水县长城公社繁殖杂交水稻种子3多万千克。同年，丽水本地试种早季杂交稻0.53公顷，扩大试种晚季杂交稻31.33公顷，以“南优2号”“汕优2号”和“矮优2号”为主。1977年，丽水地区加速推广丽水市杂交水稻，培训农业技术骨干1000多人。20世纪80年代，丽水地区每年杂交水稻栽培面积稳定在5.67万公顷左右。1987年，丽水地区杂交水稻栽培面积超过6.67万公顷。1999年，丽水地区推广杂交稻面积7.97万公顷，为历史之最。1976—2004年，丽水地区推广杂交水稻栽培面积173.98万公顷，增加粮食总产量21.4亿千克；平均亩产392千克，比常规稻亩产增加82千克。2004年，丽水市实现水稻生产杂交化，杂交水稻推广面积占水稻面积84.9%。

古代，丽水即有种植香稻记载。20世纪80年代开始，丽水地区推广优质特色水稻品种。1987年，丽水地区收集、示范、推广水稻名特优品种5个，即早籼“红突31”，中籼杂交稻“协优46”，晚粳“秀水27”和“秀水11”，晚糯“香糯4号”。1993年，丽水地区陆续引进优质早籼米米品种“嘉兴香米”“舟优903”“中优早2号”“湘早籼”“四喜粘”等，试种示范面积5.57万公顷。1993—2004年，丽水地区示范推广“舟优903”面积4.62万公顷。2001年，丽水市引进优质、超高产杂交稻“中浙优1号”，一般平均亩产600千克，高产田块可达750千克，适合丽水市单季中晚稻栽培。2001年，丽水示范推广的“中浙优1号”获浙江省籼型杂交稻食味品尝总分第一。2001—2004年，遂昌县、松阳县、莲都区示范推广“中浙优1号”0.62万公顷。2005年始，丽水市推广主导粮油品种生产。2010年，丽水市水稻主导品种推广面积3.32万公顷，占水稻播种面积61%，其中中浙优1号、中浙优8号、甬优九号、两优培九等超级稻组合推广面积3.15万公顷。

育秧　古时处州多为水育大秧。1953年，各县推广盐水选种和半旱秧田育秧。1964年，丽水县农场使用塑料薄膜保温育秧，提早早稻插秧季节。1978年，丽水地区推广杂交水稻两段育秧，从连作晚稻扩大到早稻，从杂交水稻发展到常规品种。20世纪80年代初，丽水地区开始采用地膜覆盖育秧，地膜用量少，育秧成本降低，迅速取代塑料薄膜保温育秧。后又不断改进育秧技术，全面提高地膜保温育秧使成秧率和秧苗素质，采用地膜覆盖进行浸种不催芽育秧，或采用地膜打孔平铺覆盖，逐渐从平铺覆盖向低棚架转换。1985年，丽水地区引进多效唑栽培技术，化学调控试验，矮化、增蘖连晚秧苗，效果显著。但多效唑使用浓度较难控制，同时秧田残留难以去除。因此要两段育秧或稀播相结合。20 世纪 80 年代，丽水地区形成适应不同茬口、不同熟期的水稻育秧技术体系。一般绿肥田早稻以地膜保温育秧为主，搭配稀播秧；春花田早稻以稀播秧为主，搭配部分两段秧；晚稻以两段育秧为主，搭配稀播大秧，并与多效唑化控技术紧密结合。20 世纪 90 年代中期开始，旱育秧技术大面积应用。2010 年，丽水市推广应用旱育秧技术 1.84 万公顷。

插秧　历史上，处州插秧大丛稀植，株行距 0.33 米左右。1953 年，各县推广小株密植。1958 年，各县提倡 0.17×0.11 米、0.17×0.22 密植。20 世纪 60 年代，各县贯彻“农业八字宪法”，推广合理密植，株行距 0.2×0.2 米或 0.17×0.2 米，晚稻 0.26×0.23 米，山区单季稻 0.26×0.28、0.3×0.3 米。1965 年，缙云县雁门乡下潜大队农民应松登试验小苗带土移栽成功，节省秧田，不烂秧，转青快，迅速在全区推广。江苏省、上海市和湖南省等 27 个县到缙云县参观学习 3000 多人次。后由于秧苗素质差和运秧不便而逐步淘汰。20 世纪 50 年代和 70 年代，曾两度推广插秧机，都因技术不成熟、效果不佳弃之不用。20 世纪 80 年代，分蘖成穗逐渐为人们所认同，水稻高产从增加穗数为主，转向提高每穗粒数和结实率，强调穗粒兼顾。水稻种植密度综合考虑品种（组合）分蘖特性、穗型。移栽中每公顷丛数不减，而每丛苗数下降。常规早稻每公顷插秧苗 30 万—37.5 万丛，落田苗 10 万—12 万丛；杂交早稻 2 万—1.8 万丛，落田苗 8 万—10 万丛；杂交晚稻 1.8 万—1.5 万丛，落田苗 6 万—8 万丛。

20 世纪 90 年代中期，丽水地区大面积应用直播、抛秧等轻型栽培技术，改变传统的拔苗移栽方式。直播常规稻一般公顷播种 45—75 千克种子，基本苗 5—万 10 万丛；单季杂交稻公顷播种 22.5 千克种子，基本苗 3 万—4 万丛；抛秧常规稻落田苗 8 万丛左右，杂交稻 6 万丛左右。20 世纪 90 年代末开始，丽水地区调整农业产业结构，开展强化栽培技术的试验、示范，秧龄控制在 15 天以内，小苗移植每公顷插 15 万丛以下，加强肥水管理，效果理想。2005 年始，丽水市全面推广水稻机插为主的水稻全程机械化生产。2010 年，丽水市建立水稻全程机械化技术示范基地 13 个，应用水稻机插面积 526.67 公顷。

施肥　20 世纪 50 年代，各县施肥一般采取重前轻后一轰头方法，基肥一般占用肥量 60%—80%，以多穗夺高产。20 世纪 80 年代初，丽水地区施肥改用前重、中稳、后补的平稳促进法，提倡控氮、适磷、增钾，以攻大穗与保大穗并重。早稻每公顷施标准肥 2000—3000 千克，其中基肥 50% 左右。

耘田　耘田之法始于北魏，宋、元大备，沿袭至今。除草之外，耘田还搅乱田土氧化层、还原层，补充土壤空气，消除土壤中还原有毒物质，加速肥料分解，从而促进水稻分蘖、减轻中毒发僵。处州旧时耘田工具为“田耙”，即前端是一个宽 4 厘米左右、长 15—18 厘米的铁片，两端连接铁条，铁条未端是铁箍用作固定竹、木棒，使用时从前向下向后拉动，稻苗行间泥土随即被翻转，杂草被覆盖，因用力不同田土翻转深度不同，一般泥田深翻，沙田浅翻，杂草多或大时深翻，杂草少或小则浅翻。此法除草效果好，表土搅动大，耘田效果好。20 世纪 70 年代，丽水地区推广密植栽培，“田耙”耘田操作不方便，开始显现劳动强度大问题；缙云县农民改用“圈耙”耘田，即用宽为 3 厘米左右的铁片做成直径 16.67—26.67 厘米不等的铁圈，铁圈前端打一小洞，后端上缘留一根似针状铁，选用长 4 米左右的细竹杆，将铁圈固定在竹杆基部，耘田时稍向下前后推拉，这样可起到除草、搅动作用。丽水地区大多采用两次耘田，第一次在移栽后 5—7 天，稻株活棵扎根稳苗，结合施用追肥进行；第二次在移栽后半月左右，杂草刚出芽时，结合烤田进行。耘田一般在有效分蘖期末结束。20 世纪 80 年

代，逐渐广泛使用除草剂，耘田减少，不复耘田。

灌水　民国时期，多为串灌漫灌。中华人民共和国成立后，推广勤灌浅灌。20世纪60年代，遂昌县垵口乡根竹口村采取开避水沟做法，改串灌漫灌为沟灌，效果良好。后逐渐在丽水山区推广。20世纪70年代，丽水地区着重抓烤田。20世纪80年代，丽水地区提倡湿润灌溉，提高水浆管理水平。1987年，龙泉县剑湖、龙南乡引进四川省水稻垄畦栽培技术，进行垄畦改良试验，选择5公顷单季晚稻冷浸烂糊田试种，亩产增加51千克。1988年，丽水地区推广冷水田垄畦栽培技术。1990年，丽水地区垄畦栽培面积0.67万公顷，据典型调查和对比试验，垄畦栽培平均亩产458.6千克，比原来增产55千克。

旱杂粮

大小麦　20世纪50年代，丽水小麦良种有丽水白(红)壳三月黄、天台麦、和尚麦等。后又引进新品种矮洛阳、矮粒多等。20世纪60年代，各县推广吉利、矮杆红、阿夫、南大2419等品种。20世纪70年代，丽水地区推广扬麦1号、2号、4号、浙麦1号、2号等品种。1990年，丽水地区推广种植浙麦1号、2号，面积1.75万公顷，占小麦面积76.8%；后又推广新品种丽麦16号、丽恢4号等。

玉米　明末清初传入，玉米等山地作物传入，加快丽水山区开发。丽水农家品种主要以“60日”“80日”、山苞萝等为主，产量低而不稳。20世纪70年代初，丽水地区开始推广杂交玉米，主要品种有浙单1号、旅曲、虎单5号、丹玉6号、丹玉13号、苏玉1号、中丹2号等。1990年，丽水地区推广种植苏玉1号，种植面积0.09万公顷，占玉米面积22.95%。

番薯　明末清初传入，番薯等山地作物传入，加快丽水山区开发。民国时期，主要品种有“红皮白心”“广东白”“铁钉红”“青田红”等。20世纪50年代，各县推广新品种有“常种胜利百号”“红头8号”“红红1号”“徐薯18号”“浙薯1号”等。

大豆　丽水主要品种有“九月黄”“大连豆”“青皮豆”“兰溪大白豆”“江苏339”“五月拔”“矮脚早”“广东豆”“立夏黄”“浙春2号”“贼勿要”等。

1949—1990年丽水地区旱、杂粮产量一览

表12-2-3-1　　单位：万千克

年份	春粮	其中小麦	番薯	玉米	杂粮	大豆
1949	1860	829	25699	302	337	359
1950	1978	6489	2518	240	276	380
1951	1979	762	2846	405	627	518
1952	2169	829	2805	457	751	539
1953	2690	1212	2604	512	842	637
1954	2419	908	3072	608	1121	593
1955	2961	1415	3791	833	869	593
1956	3762	1650	3596	915	683	378
1957	2918	1180	4944	955	686	514

续表 12-2-3-1

年份	春粮	其中小麦	番薯	玉米	杂粮	大豆
1958	3659	1323	7119	1332	1141	294
1959	3276	1116	5944	1442	950	287
1960	3265	1423	5260	1098	720	216
1961	2817	1186	5248	1467	434	233
1962	2422	1012	5422	1443	455	297
1963	2171	948	5395	1735	495	451
1964	1738	1263	3424	1332	44	424
1965	1434	1075	3706	1116	48	355
1966	1063	815	3894	1425	133	366
1967	1370	979	2759	1149	62	331
1968	1821	1116	3236	1444	169	466
1969	1941	1147	4365	1915	261	598
1970	1963	1077	4334	2059	306	726
1971	2493	1371	3675	2184	329	63
1972	2722	1460	5422	2278	338	76
1973	1891	1208	4316	2355	227	527
1974	2494	1587	4377	1753	280	636
1975	1344	876	3962	1396	245	427
1976	1442	1002	3436	1240	188	478
1977	1445	1017	5521	2111	431	797
1978	2608	1924	4392	1776	276	796
1979	2900	2250	43556	1701	262	875
1980	3600	3023	5073	1396	398	1355
1981	3967	2988	5033	909	407	1714
1982	5265	4094	5091	876	366	1845
1983	5223	4171	5280	665	374	1626
1984	6355	5113	4961	621	369	1727
1985	6239	5069	4899	605	355	1675
1986	6196	4860	3919	461	238	1531
1987	2720	2195	4755	445	306	1585
1988	5564	4159	3388	408	276	1376
1989	6098	4317	4245	452	308	1478
1990	7723	5406	4163	447	281	1648

说明：据《丽水地区志》载，1979 年前，社员自营部分粮食不分品种，所以产量不等于品种之和

1949—1990年丽水地区旱杂粮播种面积一览

表 12-2-3-2 单位：万公顷

年份	春粮	其中小麦	番薯	玉米	杂粮	大豆
1949	2.48	1.17	1.04	0.29	0.45	0.76
1950	2.56	1.09	1.06	0.23	0.50	0.80
1951	2.57	1.17	1.02	0.36	0.84	0.94
1952	2.65	1.20	1.01	0.45	0.69	1.02
1953	2.72	1.26	0.98	0.44	0.97	1.05
1954	2.91	1.16	1.25	0.42	1.15	1.04
1955	3.19	1.57	1.39	0.76	1.07	0.99
1956	3.95	1.84	1.25	0.94	0.81	0.76
1957	3.43	1.54	1.41	0.80	0.81	0.77
1958	3.70	1.46	1.98	1.03	0.93	0.42
1959	3.33	1.24	1.70	1.11	0.74	0.49
1960	3.67	1.59	1.88	0.89	0.55	0.43
1961	4.15	1.71	1.54	0.88	0.50	0.40
1962	3.14	1.32	1.38	0.90	0.40	0.47
1963	2.55	1.16	1.3	0.90	0.43	0.60
1964	1.69	1.09	0.93	0.79	0.06	0.59
1965	1.33	0.95	0.99	0.68	0.06	0.50
1966	0.95	0.69	1.03	0.89	0.16	0.47
1967	1.78	0.82	0.93	0.89	0.10	0.46
1968	1.35	0.82	0.86	0.95	0.15	0.49
1969	1.38	0.80	0.92	1.02	0.25	0.60
1970	1.43	0.81	0.99	1.25	0.28	0.64
1971	1.36	0.74	0.82	1.46	0.32	0.55
1972	1.49	0.80	0.91	1.43	0.29	0.69
1973	1.46	0.85	0.85	1.48	0.22	0.72
1974	1.46	0.90	0.82	1.35	0.22	0.64
1975	1.34	0.87	0.81	1.02	0.30	0.58
1976	1.22	0.84	0.80	1.05	0.22	0.52
1977	1.31	0.94	0.97	1.28	0.25	0.60
1978	1.59	1.15	0.90	1.15	0.18	0.54
1979	1.65	1.29	0.79	0.98	0.16	0.64
1980	1.69	1.38	0.66	0.70	0.12	0.67

续表 12-2-3-2

年份	春粮	其中小麦	番薯	玉米	杂粮	大豆
1981	2.08	1.59	0.97	0.55	0.14	0.98
1982	2.31	1.75	1.03	0.45	0.14	1.04
1983	2.45	1.93	0.94	0.33	0.12	0.88
1984	2.64	2.04	0.92	0.30	0.12	0.89
1985	2.69	2.06	0.93	0.29	0.11	0.88
1986	2.69	2.02	0.91	0.27	0.11	0.87
1987	2.77	2.02	0.96	0.28	0.12	0.89
1988	2.82	2.03	0.97	0.32	0.13	0.95
1989	2.09	2.17	1.02	0.35	0.18	0.93
1990	3.44	2.28	1.09	0.38	0.18	1.00

说明：1980 年前未包括社员自营部分

第三章　经济作物

丽水地处亚热带地区，气候温暖，雨量充沛，适宜多种经济作物生长。经济作物主要包括茶叶、烟叶、油菜籽、中药材、蚕桑、水果、蔬菜等。1949 年，丽水经济作物面积 713.33 万公顷，占农作物播种面积的 6.86%。

1949—1952 年，丽水实行土地改革，强调以粮为纲，重点发展粮食生产，经济作物占种植业面积 10%以下。1953 年，各县经济作物面积 1060 公顷，占农作物播种面积 9.11%，比 1949 年增长 49%。1958—1961 年，丽水各县受“大跃进”运动和国家三年困难时期影响，粮食减产，农民生活陷入困顿，许多地方将经济作物改种粮食作物，经济作物种植面积大为减少。1958 年，各县经济作物面积 1260 公顷。1963 年，丽水专区经济作物面积 660 公顷，比 1958 年减少 48%。1975 年，丽水地区经济作物面积 1993.33 公顷，占农作物播种面积 12.46%。

20 世纪 70 年代后期，丽水农村经济体制改革，粮食持续大幅度增长，出现结构性过剩，丽水地区行政公署着力于种植业结构调整，发展优质、高效农业，经济作物发展逐步加快。1978 年，丽水地区经济作物面积上升到 4340 公顷，占农作物播种面积 26.59%，比 1949 年增长 60.8%。20 世纪 90 年代后，农产品购销制度改革，社会主义市场经济逐步建立与完善，丽水地区经济作物进入快速发展阶段。1990 年，丽水地区经济作物种植面积 3533.33 公顷，占农作物播种面积的 22.38%。

2000年始，丽水市采取措施，推进绿色食品的生产，充分开展无公害食品、绿色食品、有机食品（简称“三品”）认证工作。2001年，莲都区筹资100万元，启动“农产品绿色行动计划”，制定《无公害茶叶、迎庆桃、稻米、柑橘、甜玉米、生猪等生产技术规程》《莲都区农药经营使用管理办法》，健全农作物病虫测报网，推广阿维菌素及复配剂等生物农药和各类低毒、高效、低残留农药，推广应用长效复合有机肥；制定《绿色食品开发奖励办法》，技术培训生产绿色农产品企业和个人，对获认证企业予以奖励。松阳县投资1.9亿元，创建西屏镇绿色食品工业园区37.4公顷。同年，丽水市“三品”生产和认证首先从茶叶领域突破。5月，莲都区梅峰茶叶公司大姆山茶场生产“梅中田”茶叶，经中国农业科学院茶叶研究所有机茶研究与发展中心颁证委员会审定，符合有机茶标准，获全国有机茶原料生产证书，是丽水市第一个获有国家有机食品认证的农产品。后景宁畲族自治县农业开发总公司严坑坞茶场的“惠明玉簪”等茶叶，通过国家农业部茶叶检测中心农残检测，符合欧盟茶叶农残控制新标准，被授予“丽水生态名茶”证书和生态茶基地称号；景宁畲族自治县“奇尔”惠明茶，遂昌县“龙谷丽人”茶，庆元县“百山”“瓯源”绿茶，龙泉市“龙渊贡茶”“凤阳春”，松阳县“青谷绿帝”“松阳银猴”“观音露”“五龙春玉”“绿谷龙剑”“碧云天”，云和县“仙宫雪毫”“云河绿羽”，青田县“太鹤御茶”，缙云县“鼎湖”“仙都笋峰”，莲都区“亿品云”茶先后通过有机茶、绿色食品认证。同时，水干果、蔬菜、粮油类绿色农产品生产成果颇丰。

2001年，丽水市经济作物种植面积上升到5186.67公顷，占农作物播种面积的38.4%。2002年，丽水市农产品通过国家绿色食品认证8个，通过国家有机食品标志认证10个，获省绿色农产品认证19个。通过丽水市级绿色农产品认证若干。认证产品可以使用相应标志，并有一定使用年限，每年需年检复核，保证产品品质。期满后需经原认证部门复查换证，方可继续使用。

2005年，丽水市经济作物种植面积5486.67公顷，占农作物播种面积的42.12%。2010年，丽水市经济作物种植面积4973.33公顷，占农作物播种面积的42.17%，广大农民从中获得显著的经济效益。至2010年，丽水市获国家无公害食品认证产品238个，获国家绿色食品认证产品66个，获国家有机食品认证产品119个。

第一节　茶　　叶

丽水自古产茶，素有“世界绿茶看浙江，浙江绿茶丽水香”美称。清同治至光绪年间（1862—1908），处州境内名茶有龙泉云雾茶、景宁惠明茶等品种。2010年，丽水市打造茶产业区域品牌，申报国家商标局注册“丽水香茶”集体商标及国家农业部农产品地理标志产品，境内有莲都梅峰茶、龙泉云雾茶、青田石门御茶、缙云仙都笋峰茶、遂昌龙谷丽人茶、松阳银猴茶、景宁惠明茶等。

发展历程

三国时期，丽水境内已有种植茶叶记载。唐代，各县皆种茶叶。南宋，种植渐盛，宋代朝廷设置多处茶业征管机构，统一管理茶叶。据《宋史》载：“崇宁元年，诸路措置茶事官置司，处州即其州及遂昌、青田设置。”

明代，处州茶叶每年入贡朝廷。《栝苍汇纪·食货纪》载，“处州府贡：每岁额贡茶芽三十三斤。”明万历《栝苍汇记》载："缙云物产多茶""缙云贡茶三斤。"清代，"茶户"专门种植、采办茶叶，创制名茶龙泉云雾茶、景宁惠明等。清光绪《缙云县志》载："外赋荐新芽茶银，每岁叁斤，每斤价银壹钱陆分，凡银肆钱捌分，茶户出办。"清同治《景宁县志》载："茶，随处有之，以产惠明寺、大漈者为佳"。清光绪《龙泉县志》载："县西南二都出云雾芽茶，每年于清明后、谷雨前分头前往采办。额定贡茶二十四斤，禀解抚宪衙门投纳，领价银捌两，并分呈各宪样茶。自咸丰八年粤匪扰后，茶树被燬，现虽补种，尚未足额，奉抚宪批示暂准缓解。"

民国4年(1915)，景宁惠明茶获巴拿马万国博览会一等证书及金质奖章。民国18年，松阳茶叶获首届西湖博览会一等奖。民国25年，青田有茶园40公顷，年出口23000千克。民国28年，浙江省农业改进所在松阳横山村设立省茶叶调整实验场，费工千余，垦植茶园3.33公顷，栽植茶苗30000多株，并在横山创办制茶厂，仿制龙井茶。民国29年，松阳年产茶叶25000多千克(自用茶除外)，约值8000多元①。

1949年5月丽水解放，丽水有茶园700公顷，产茶叶36.7万千克。1957年，各县有茶园2300公顷，产茶叶97.1万千克。丽水县雅里村建成茶叶初制厂，使用机器制炒青茶。1959年，各县有茶园173.33公顷，产茶叶135.8万千克。1960年始，部分地方毁茶种粮。1962年，丽水茶叶种植面积和产量均降到解放后最低点，茶园面积仅93.33公顷，产茶叶56.6万千克。1963年，各县茶叶种植逐步恢复增长。1964年，遂昌赤寿公社红连大队首次利用荒坡地开辟茶园5.2公顷，是丽水解放后开发的第一块集中连片茶园。1969年，丽水地区茶园面积2113.33公顷，茶叶产量73.8万千克。1970年，丽水地区学习绍兴县上旺大队经验，大办茶场，发展茶园。同年，丽水地区茶园面积5900公顷，茶叶产量79.2万千克。1972年，丽水地区茶叶产量101.8万千克；首次突破千吨大关。1974年，遂昌县成为全国100个茶叶生产基地县之一，年产量50万千克以上。1975年，丽水地区茶叶产量145.9万千克。1980年，丽水地区茶园面积16300公顷，茶叶产量405万千克。1982年，丽水地区茶叶产量508.2万千克。1983年，丽水地区茶叶严重滞销积压，部分茶园抛荒失管，茶叶产量缓慢下降。1985年，丽水地区茶叶产量降至402.9万千克。1986年始，丽水地区茶叶产量开始回升，茶叶品质有较大提高。1988年，松阳茶厂精制的"眉茶"获世界第24届食品博览会棕榈奖。1990年，丽水地区茶园面积1.31万公顷，年产茶叶534万千克，其中名茶1.37万千克。1995年，丽水地区茶叶产量624.6万千克。

1996年1月，丽水地区推进农业综合开发，开发茶叶基地3.33万公顷。1999年，丽水地区大力发展无性系良种茶园。遂昌县妙高镇枫树宊村依靠良种无性系茶苗繁育，生产银猴名茶，销售收入410万元，人均收入6890元。2000年，丽水市茶园面积11.3万公顷，茶叶产量687.1万千克，产值1.21亿元，其中名优茶224.1万千克，产值9966万元，分别增长13.16%和13.02%。

2001年始，丽水市成立茶叶产业化办公室，促进茶叶产业化。遂昌县大柘、石练两镇以"龙谷丽人"品牌为主导，建成"无公害"茶叶示范园区666.67公顷。2002年，松阳县引进日本御茶村茶业有限公司投资2000多万元，发展蒸青茶，没有成功。同年，丽水市茶叶产量1026.1万千克，首次突破万吨大关。2003年，松阳县、遂昌县茶叶产值突破亿元。2005年，丽水市茶叶产业协会成立。2006年，浙江银猴茶叶有限公司成立，投资1000万元；宁波瑞龙茶业有限公司成立遂昌精诚

① 指民国30年(1945)币值。

茶业有限公司，投资1800万元。2007年，制定《丽水市政府关于加快茶产业发展的若干意见》。同年，丽水市茶产业年销售收入1000万元以上农业龙头企业26家，遂昌县、松阳县被省政府评为茶叶单项强县。2008年春，松阳县举办“开茶节”，举办制茶状元大赛，培训松阳茶师1010人。2009年，松阳县新兴乡建成现代茶叶观光示范园区66.67公顷，开发精品茶乡旅游线路。2010年，丽水市茶园面积2.99万公顷，茶叶产量21.5万千克，产值14.58亿元。截至2010年，丽水市茶叶形成松古丘陵茶园、中低山茶园、高山茶园三条带状优势产区，其中松阳县、遂昌县、景宁畲族自治县、龙泉市、庆元县为浙江省茶叶优势产区，主要生产青茶、福鼎、大白茶、福云、杂交、毛蟹、鸠坑、水仙等茶叶品种24个。

名茶培育

景宁惠明茶　又称景宁惠明，简称惠明茶，因产于景宁畲族自治县惠明寺而得名。成茶外观紧细、稍卷曲、色绿润，回味甜醇、浓而不苦、滋味鲜爽、耐于冲泡、香气持久，是浙江传统名茶、全国重点名茶之一。唐龙朔年间(661—663)，景宁开始种植茶树。据清光绪《处州府志》载，明成化十八年(1482)，即为贡品，年贡芽茶1千克，“人京马上争矜贵，黄封红裹呈枫宸”。惠明茶名冠全球，人们称其为“金奖惠明”。国民政府时期，茶园荒芜，金奖惠明茶名存实亡。1973年，重新试制惠明茶获成功。1979年，惠明茶正式投产。1979—1982年，景宁惠明茶与西湖龙井同列为浙江省七大名茶之一。1982年、1986年，被商业部评为全国十大名茶之一。1991年，被评为中国文化名茶。1999年，被中国国际农业博览会确认为名牌产品，获金质奖。2004年，被评为浙江省十大名茶。2005年，被国务院机关事务管理局确定为特供专用茶。2009年，蝉联浙江省十大名茶称号。2010年，景宁惠明茶成为中国国家地理标志保护产品。同年，金奖惠明茶经中国国际茶文化研究会评定，授予“中华文化名茶”称号。

青田御茶　又称国师茶，传明代开国元勋刘伯温进贡给朱元璋品尝用茶，遂被钦定为“御茶”，产自青田县石门洞的西山麓一带。成茶茶形卷曲，弯勾略圆，有“色绿、香郁、味甘、形美”四绝。2002年，获中国精品名茶博览会金奖。2003年，获浙江省名茶证书。2007年，获(杭州)国际名茶暨第二届浙江绿茶博览会金奖和中国有机茶证书。

松遂银猴茶　主要产于松阳县和遂昌县。成茶条索紧结肥壮，色泽翠润，银毫显露，栗香持久，滋味浓鲜。1980年春季，松阳县赤寿乡半古月村茶场，继承松阳茶文化遗产，采用福云池边三号无性系茶树品种，研制成功银猴茶。同年，松阳银猴茶在浙江省名茶评比中被评为一类优质名茶。1982年和1984年，银猴茶先后两次被评为浙江省一类优质名茶。1985年，遂昌银猴茶获中华人民共和国农牧渔业部优质产品奖。1988年，被评为省级名茶。1991年，被杭州国际茶文化节评为中国文化名茶。2004年和2009年，银猴茶蝉联两届浙江省十大名茶称号。

仙都笋峰　因仙都石笋而得名，有1000多年历史，主要产于缙云县仙都一带，成茶以色绿、形美、香高、味鲜而闻名。1984年，缙云县杜桥茶场研制仙都笋峰茶叶，其外形浑直，芽峰挺秀，满披白毫，色泽翠绿。1986—1989年，仙都笋峰茶连续四年被评为浙江省一类优质名茶。2010年，仙都笋峰获浙江十大旅游名茶和浙江名牌农产品称号，成为上海世博会比利时欧盟馆官方指定用茶。

莲都梅峰　主要产于莲都区和缙云县交界海拔600—900米大姆山。20世纪80年代，由丽水市

(县级)梅峰茶叶公司创制。1992年始,梅峰茶园停止施用农药和化肥,采用以虫治虫、以园养茶和以茶养园的有机仿生良性科学管理。2000年9月,大姆山茶园"莲城龙凤茶"和"莲城雾峰茶"被第二届国际茶叶博览会评为国际名茶金奖。2001年5月,缙云大姆山20公顷茶场获中国农业科学院茶叶研究所"有机茶"认证。2002年7月,获中国农业科学院茶叶研究所"中国有机茶"标志准用证。同年10月,梅峰茶叶公司生产的"梅中田"茶叶获浙江省名牌农产品称号。2006年,缙云大姆山茶场通过"浙江省无公害农产品产地"认证。2010年,有机茶业成为莲都区大力发展的六大主导产业之一。

龙谷丽人　主要产于遂昌县,成茶条形浑直似眉,香气清幽持久,冲泡杯中,嫩芽直竖,亭亭玉立,似丽人起舞,故名"龙谷丽人"。早在南宋时就是贡品。明代成为御用名茶。明代剧作家汤显祖任遂昌知县时,曾作诗《竹屿烹茶》:"君子山前放午衙,湿烟青竹弄云霞。烧将玉井峰前水,来试桃溪雨后茶(即遂昌龙谷茶)",并留下"龙谷"二字的真迹。2001年,龙谷丽人获济南第三届国际茶博会国际名茶评比金奖。2003年,龙谷丽人获得国家绿色食品认证。2004年,遂昌县被国家命名为中国龙谷丽人名茶之乡。2005年,龙谷丽人被认定为浙江省著名商标产品。

丽水香茶　主要产于丽水市莲都区、松阳县、遂昌县、龙泉市和云和县等地,浙江优质绿茶典型代表。丽水香茶以香得名,条索细紧、色泽翠润、香高持久、滋味浓爽、汤色清亮、叶底绿明,是针对国内消费的半烘炒优质绿茶。20世纪90年代后期,丽水香茶开发成功,畅销国内省(市)20多个。2010年,丽水香茶茶园面积3万公顷,年产量2150万千克,香茶产量占丽水市茶叶的70%以上,产值14.68亿元。其中,香茶产值占丽水市茶叶50%。

凤阳春茶　产于江浙第一高峰凤阳山北麓天堂山。据《龙泉县志》记载,早在三国、五代时龙泉已产茶。唐时龙泉置县,所产的茶叶因色味双绝而被朝廷列为贡品,到明清时期就更明确额定龙泉须向朝廷进贡名茶。凤阳春茶采摘精细,嫩度均匀,形似松针,紧直浑圆,锋苗挺秀,茸毫隐露,色呈墨绿。冲泡后,香气浓郁,滋味鲜醇,汤色清澈,叶底嫩亮,芽芽直立,上下浮沉,犹如翡翠,清香四溢,品饮一杯,沁人肺腑,齿颊留芳,是优质有机高山茶。2002年,获国际名茶评审委员会评选的国际名茶优质奖。2001年5月,通过农业部质量监督检验测试中心的农残检测,达到欧盟标准。2003年,通过有机茶认证、绿色食品认证和无公害茶认证,获第二届全国农业博览会金奖。2004—2007年,获浙江农业博览会金奖,并获得浙江名牌产品、浙江著名商标称号,凤阳春茶因品质独特被中国茶叶博物馆收藏。

金观音茶　产自国家级自然保护区龙泉凤阳山北麓。龙泉金观音茶外形呈螺钉形,紧结重实,深绿鲜润,汤色蜜绿明亮,滋味鲜醇;以其独具"香、活、甘、韵"特色,馥郁鲜爽,浓醇清活,生津回甘,虽浓饮却不见苦涩,胜似兰花郁香而深沉持久著称于世。龙泉历来有研制乌龙茶自用的习俗。民国31—34年(1942—1945),中国茶叶公司浙江分公司迁至龙泉,在离城2千米的黄灌村设立茶厂,收购茶青制作珠茶和乌龙茶。龙泉金观音系铁观音与黄金桂人工杂交选育品种。2004年,龙泉从福建引入金观音品种进行试种,传承了轻发酵型乌龙茶加工技术,试制出了质量上乘的金观音茶。2006年,通过省科学技术新产品鉴定。2008年,获杭州第七届国际名茶评比金奖。2009年,获第八届"中茶杯"评比一等奖。2010年,获上海豫园国际茶文化艺术节中国精品名茶和2010年浙江绿茶博览会金奖。

第二节　水　　果

产量与面积

元代《仙都志》载，处州有梨、枣、石榴、栗、桃、梅、柿诸果。民国21年(1932)，处州水果产量363.28万千克。民国28年，处州水果产量474.05万千克，其中梨234.17万千克，桃175.77万千克，枇杷30.86万千克，柚21.03万千克，橙6.99万千克，橘5.23万千克。1958年毁果种粮。

1963年，各县果园面积1100公顷，水果产量298.2万千克。1971年，丽水地区果园面积1026.67公顷，水果产量241.9万千克。1982年，丽水地区果园面积7066.67公顷，水果产量769万千克。1987年，丽水地区果园面积15093.33公顷，水果产量3068.1万千克。1988年，丽水地区果园面积17713.33公顷，水果产量1750.2万千克。1990年，丽水地区果园面积19886.67公顷，水果产量6654.5万千克。1995年，丽水地区果园面积37.48万公顷，水果产量20391.7万千克。同年，丽水市(县级)被评为"全国水果百强县"。2000年，丽水市果园面积25286.67公顷，水果产量18947.4万千克。2010年，丽水市水果产业成为农业九大主导产业之一。丽水市果园面积32446.67公顷，水果产量314.5万千克，产值8.52亿元；果园面积超过1万公顷的乡镇30个，超过1000公顷的乡镇93个，专业村200个，果农超过40万人；水果有柑橘、甜橙、柚、金橘、枇杷、杨梅、梨、桃、柿、杏、李、梅、枣、花红、苹果、石榴、葡萄、猕猴桃、樱桃、山楂、无花果等种类20多个，其中以柑橘、桃、杨梅、梨为主，基本达到四季鲜果年供应；水果县域特征明显，莲都区以柑橘、桃、枇杷为主，青田县以杨梅、柑橘为主，缙云县以桃、杨梅、梨为主，松阳县以早熟梨、柑橘为主，庆元县以柑橘(甜橘柚)为主，云和县以梨、李为主，遂昌县以欧亚葡萄为主，龙泉市以早熟梨为主。

品　种

柑橘　明成化《处州府志》载，明代处州已开始种植柑、橘、橙。民国28年(1939)，处州橘产量62300千克，橙产量70400千克，柚种植210300千克。民国36年，丽水橘产量2000千克。1949年5月丽水解放后，水果种植经历比较曲折的路。

1950年，丽水橘产量4000千克。1956年，丽水县在碧湖苗圃试种水果，引进温州蜜柑、瓯柑少量。1964年始，丽水县在芦埠、水东、塔下等村试种水果，引进黄岩、温州两地蜜柑、椪柑、瓯柑6万株。20世纪70年代，丽水地区开始重点种植柑橘。丽水地区农民中流传顺口溜，"要想富，茶叶、柑橘、长毛兔"。1971年，丽水地区柑橘面积38.2公顷，柑橘产量27000千克。1977年，丽水地区柑橘面积上升到577.07公顷，柑橘产量284000千克。丽水县水东公社塔下生产队有温州蜜柑果园0.4公顷，树龄11年，亩产3308.5千克，其中丰产果园0.07公顷，亩产4837.5千克，最高株产量189千克。1979年，丽水县被评为全国柑橘基地县，青田县和遂昌县被评为全省柑橘重点县。1982年，丽水地区建立柑橘场、公社柑橘办60个，大队柑橘办438个，生产队柑橘办3803个。1987年，丽水地区柑橘面积10986.67公顷，柑橘产量2645.3万千克。1989年，庆元县余村蜜橘和丽水市(县级)丽南椪柑参加全国柑桔质量评比，获农业部优质产品证书。1990年，丽水地区柑橘面积13246.67公顷，柑橘产量5721万千克。2000年，丽水市柑橘面积16393.33公顷，柑橘产量10712.3万千克。2008年，松阳县"梦阳"牌脐橙分别获中国国际柑橘文化节金奖，浙江省农博会金奖、中国特产之乡农产品交易会金奖。2009年，莲都区"山水"牌椪柑获浙江省十大名牌柑橘称号。2010年，莲都区柑橘面积12040公顷，柑橘产量18636.4万千克，其中温州蜜柑种植最多，占柑橘面积的86.86%；椪柑其次，占柑橘面积的12.68%；甜橙最少，占柑橘面积的0.12%；柑橘早熟品种有宫川、兴津，中熟品种有山田、尾张等。

梨　明景泰三年（1452），云和县有种植梨记载。清光绪三十二年（1906），光复会领导人之一魏兰从日本回国后，在云和县西山峰、凤凰山等地栽种雪梨。中华人民共和国成立后，云和县雪梨种植曾一度衰落。

1979年，云和县恢复发展雪梨。1984年，云和县种植细花、粗花雪梨面积5.22公顷。1988年，云和县雪梨面积86.67公顷，雪梨产量25.5万千克。1990年，丽水地区梨产量202.2万千克，其中云和县雪梨产量32.2万千克。2003年，云和县雪梨被中国果品流通协会评为中华名果，景宁畲族自治县"英川"牌高山蜜梨被评为浙江省优质早熟梨金奖。8月，浙江省委书记习近平考察云和县重河湾果园，指示要"继承和保护传统品牌，挖掘、引进、改良雪梨品种"。2008年，丽水市梨园面积1786.67公顷，梨产量367.8万千克。松阳县"翠沁"牌梨获浙江省十大名梨称号。2010年，丽水市梨园面积4080公顷，梨产量2789.4万千克；主要品种有细花雪梨、粗花雪梨、真香梨、甜梨、红梨等。

枇杷　明成化二十二年（1486），丽水县、青田县、景宁县有种植枇杷记载。民国28年（1939），丽水县小木溪、大门楼、下坳和青田县塔山湾等地开始种植成片枇杷，年产量30.86万千克。中华人民共和国成立后，丽水县、青田县开始发展枇杷园。1980年，丽水县"小木溪9号"枇杷被评为全省优良单株第一名。1984年，丽水地区枇杷面积121.4公顷，枇杷产量19.4万千克。1985年，丽水县下坳村"小树10号""大树9号"和"小树1号"枇杷，分获浙江省早熟枇杷优良单株第一、二、三名。1988年，丽水地区枇杷面积192.4公顷，枇杷产量17.6万千克。1990年，丽水地区枇杷面积273.2公顷，枇杷产量20.9万千克。2000年，丽水市枇杷产量103.2万千克。2010年，丽水市枇杷产量175.1万千克，主要品种有红种、黄种、白肉种等。

杨梅　明成化二十二年（1486），龙泉县有种植杨梅记载。民国21年（1932），丽水县杨梅产量16万千克，龙泉县0.18万千克。1949年中华人民共和国成立初，丽水农村零星栽种，品种多为本地梅。20世纪80年代，丽水地区调整农村经济结构，杨梅面积与产量快速增加。1984年，丽水地区杨梅面积281.4公顷，杨梅产量56.18万千克。1988年，丽水地区杨梅面积1625.33公顷，杨梅产量78.7万千克。1990年，丽水地区杨梅面积1781.4公顷，杨梅产量120.7万千克。2000年，丽水市杨梅面积3058公顷，杨梅产量432.3万千克。青田县"山鹤"牌杨梅最为有名，其早熟、果大、紫黑色、肉柱充实、无肉刺、肉质细软、汁多、核小，果大如乒乓球，单个重量72克，平均个重25克以上。2001年，青田县"山鹤"牌杨梅被浙江省农博会评为浙江省农产品金奖。2010年，丽水市杨梅面积7858公顷，杨梅产量2258.3万千克，主要品种有仙居梅、茶山梅、白炭梅、魁市梅、下坑梅、本地梅、东魁梅、荸荠梅等。

桃　旧时，处州农村普遍零星栽种，品种有白桃、毛桃和苋菜桃。20世纪60年代初，缙云县山前、兆岸、碧虞、靖三、谢岭等村出现成片种植，有玉露、白凤、盘桃、黄金桃等品种。20世纪80年代，缙云县上周、双溪口、靖岳等乡大力推广黄桃，种植面积开始增多。20世纪90年代，迎庆桃因果形中大、色泽鲜艳、外观优美、肉质松脆、味甜有香气，一般在8—9月成熟，产量高，耐贮运，深受种植户喜爱。1992年，丽水市(县级)联城镇九坑村种植迎庆桃，面积13.33公顷。1998年，全国人大常委会副委员长费孝通考察丽水市(县级)联城镇九坑村，题词“九坑桃”。2010年，莲都区夏、秋季硬质桃统称九坑桃，种植面积2666.67公顷，产量3000万千克，产量仅次于柑橘，为第二大水果产业。同年，丽水市桃园面积4645公顷，产量5741.4万千克。

猕猴桃　俗称陈梨、藤梨。丽水市野生资源丰富，主要产于庆元县、龙泉市、云和县。20世纪70年代，庆元县、龙泉市、云和县野生猕猴桃年产约75万千克。1978年后，庆元县、龙泉县开始开发猕猴桃，猕猴桃走入千家万户。1979年，庆元酿造厂、庆元罐头食品厂、龙泉酒厂先后试制成功猕猴桃果酒、罐头、果脯、蜜饯、果酱、果汁、果汽酒、果啤酒等食品。1982年，庆元县菊隆区、龙泉县查田乡开始人工试种猕猴桃，面积3.42公顷。1989年，丽水地区人工种植猕猴桃面积179公顷，产量2.45万千克，主要品种有“秋翠”“824”“791”“海沃德”“阿利森”“布罗”“龙1”“开4”“龙52”“龙8”等。

糖蔗　旧时，处州农民有种植糖蔗习惯。民国30年(1941)，处州糖蔗面积97.53公顷，糖蔗产量21.66万千克；甘蔗(果蔗)102.4公顷，甘蔗产量123.3万千克。1950年，丽水专区糖蔗面积89.27公顷，糖蔗产量219.5万千克。1958年，各县糖蔗面积减少至58.4公顷，糖蔗产量124万千克。1962年，各县引进良种“台糖108”“东爪哇2878”“印度290”等，种植面积144.87公顷，糖蔗产量248.5万千克。1979年，丽水地区糖蔗面积266.67公顷，糖蔗产量117.85万千克。1986年，丽水地区糖蔗面积366.67公顷，糖蔗产量1639.8万千克。后种植面积逐年缩减。1990年，丽水地区糖蔗面积100公顷，糖蔗产量347.7万千克；甘蔗面积60公顷，甘蔗产量213.5万千克。2000年，丽水市甘蔗面积130公顷，甘蔗产量566.8万千克。2005年，丽水市糖蔗统计与烟叶合并，称作“其他经济作物”，种植面积19500公顷，产量402万千克。

西瓜　民国21年(1932)，丽水境内西瓜产量80万千克。民国30年，丽水、遂昌、缙云、松阳四县种植西瓜面积115.13公顷，西瓜产量85.2万千克。1979年，丽水地区引进“中育一号”“浙蜜一号”“华东24”等品种。1986年，丽水地区调整农业生产结构，西瓜面积发展到2073.33公顷，西瓜产量4700万千克。1988年，丽水地区西瓜面积1393.33公顷，西瓜产量3080万千克。1990年，丽水地区西瓜面积800公顷，西瓜产量1600万千克。1991年7月，丽水市(县级)“浙蜜2号”西瓜被评为农业部优质产品。2000年，丽水市西瓜面积1960公顷，西瓜产量5256.5万千克。

第三节　蔬　　菜

品　种

据明万历《栝苍汇纪》载，旧时，处州境内蔬菜有姜、薯、蒿、葱、蒜、薤、茄、蒲、苋、芥、韭、芹、笋、芋、荇、冬白、九心、菠薐、莴苣、苦荬、莙荙、萝卜、黄瓜、丝瓜、冬瓜、稍瓜、藜豆、刀豆、扁豆、胡荽、蕨菜、茭白、白笋等品种33种，其中冬白、芥菜、韭菜3种蔬菜种植最为普遍。龙泉白笋则列为“货”类，成为商品。

民国时期，先后增加马铃薯（俗呼“洋芋”）、蕹菜（俗呼“空心菜”）、百合、老鸦子（俗呼“三十六桶”）、草石蚕（俗呼“地蚕”）、南瓜（俗呼“金瓜”）、苦瓜、蔠葵（别名“木耳菜”）、盘菜、鼎瓜蔬菜品种10种。据清代《景宁县续志》载：“洋芋西餐用之，向为本邑所无，明元后种子传入，种者甚多。”

1949年中华人民共和国成立后，各县农业部门陆续引进新品种。1985年，丽水县城关镇试种茄果类蔬菜优良品种12个，并在全区推广。1991—1993年，浙江省农业科学院实施“浙江省蔬菜地方品种调查、搜集、引进及利用研究”项目后，丽水地区农业局完成地方种质资源的调查、搜集和整理370多份，列入《浙江省蔬菜品种志》地方蔬菜品种20多个，并推广地方蔬菜品种一批。

据1993年版《丽水地区志》载，1949—1990年，各县主要有萝卜、大头菜、油冬菜、白菜、大白菜、黄芽菜、甘蓝、花椰菜、芥菜、雪里蕻、莴苣、芹菜、菠菜、苋菜、芫荽、空心菜、葱、洋葱、大蒜、韭菜、荞头、番茄、甜椒、辣椒、黄瓜、冬瓜、南瓜、丝瓜、蒲瓜、苦瓜、菜豆、豇豆、毛豆、豌豆、蚕豆、扁豆、马铃薯、芋艿、生姜、莲藕、茭白、竹笋、绿笋、黄花菜等蔬菜品种44个。

1994—1995年，丽水地区农业科学所主持“秋菜引种试验、筛选及推广”项目，引进“早熟大白菜”等秋菜品种50多个。后经过试种筛选，在全区推广优良秋菜品种5个。1999年，丽水地区农业局引进试种成功甜百合、甜豌豆、甜玉米、樱桃番茄、日本大葱、春萝卜、槟榔芋、彩色椒、彩色甘兰等优良品种9个。2000年，丽水市蔬菜主栽品种良种覆盖率90%。同年，丽水市甜百合种植面积33.33公顷。2009年，丽水市蔬菜良种覆盖率95%以上；主要蔬菜种植面积12866公顷，其中四季豆播种面积3800公顷，产量7400万千克；长豇豆播种面积4266公顷，产量12200万千克；茭白面积2800公顷，产量8300万千克；花菜面积2000公顷，产量3900万千克。

2010年，丽水市生产蔬菜品种有白菜（含油冬菜、黄芽菜等）、大白菜、萝卜、甘蓝（含包心菜、花椰菜、大头菜等）、芥菜（含雪里蕻等）、莴苣、芹菜、空心菜、苋菜、黄瓜、番茄、辣椒、冬瓜、南瓜、丝瓜、蒲瓜、豇豆、洋葱、马铃薯、芋艿等；细菜品种主要有菠菜、甜椒、苦瓜、菜豆、毛豆、豌豆、蚕豆、扁豆、莲藕、茭白、竹笋、黄花菜、草菇、平菇、芫荽、葱、大蒜、韭菜、荞头、生姜等。同年，丽水市城镇常年蔬菜基地以生产大宗蔬菜为主、细菜为辅。

特色蔬菜

黄花菜　又名金针菜、南菜。元代，缙云县就有黄花菜记载。清代，各县均有种植。1969年，缙云县被列为省黄花菜重点产区。1980年，丽水地区种植黄花菜面积1233.33公顷，产量27.5万千克（干产，下同）。1981年，国家对外经济贸易部授予缙云县黄花菜品质优良出口荣誉证书。1985年，丽水地区种植黄花菜面积3966.67公顷，产量300万千克，其中缙云县种植黄花菜面积2846.67公顷，产量269.4万千克，产量居全国第二位，品种以蟠龙种、湖南种为主。1988年，丽水地区种植黄花菜面积1140公顷，产量110万千克。1990年，丽水地区种植黄花菜面积893.33公顷，产量35.9万千克。2001年，缙云县黄花菜获浙江省农博会金奖。后因销售不畅，丽水市种植黄花菜面积、产量逐步缩小。2010年，缙云舒洪镇尚有螺蛳岩黄花菜基地33.33公顷。

笋干　又名玉版笋、明笋干。北宋初期，庆元县已将竹笋加工成笋干。民国19年（1930），庆元县曹岭水运码头土产山货行生意兴隆，运销外地绿笋干85万千克。1949年中华人民共和国成立后，丽水专区笋干销量常有起伏。1950年，丽水专区笋干产量14万千克。1954年，各县笋干产量增加到61.1万千克。1956年始，各县强调留笋养竹，笋干产量下降明显。1974年，丽水地区笋干产量仅7.76

万千克。1979年开始，丽水地区合理利用次笋和深山竹笋加工绿笋干。1982年，丽水地区笋干产量61.6万千克。1990年，丽水地区笋干产量288.7万千克。2010年，丽水市笋干产量1681万千克，并根据质量、形状，分凤尾、羊角、黄片、副尖等分类品级。

处州白莲　莲子为丽水传统历史名产，有高杆、矮杆两个品系，每蓬结莲子15—20粒，中早熟，有粒大而圆、饱满、色白、肉绵、味甘五大特点。南朝萧梁年间(502—557)，丽水已有种植莲子记载。南宋时期，处州荷塘环城，有“莲城”之称。1979年始，丽水县恢复发展白莲，主要产地富岭、水阁、新合，石牛等乡，以富岭乡最多。1984年，丽水市(县级)种植莲子面积33.33公顷，产量3万千克。1985年，丽水市(县级)种植白莲面积46.67公顷，产量3.5万千克，其中富岭乡3万千克。21世纪初，莲都区重点扶持白莲产业，以莲为主题发展观光农业，新开辟老竹、碧湖、大港头处州白莲基地，老竹镇和大港头镇利山村成为品莲、赏莲旅游胜地。

蔬菜生产

古时，蔬菜以农家自给性生产为主。民国26—34年(1937—1945)，全面抗日战争期间，民国浙江省政府迁址云和县，建立云和县蔬菜示范农场，并在景宁县林场建成省会菜圃。1956年开始，各县逐步建立城郊常年蔬菜基地，为县城生产商品蔬菜。1964年，丽水专区人均蔬菜消费量126千克。1978年，丽水地区常年商品蔬菜基地面积112.53公顷。1990年，丽水地区蔬菜播种面积8613.33公顷，蔬菜产量33660万千克，其中城镇常年蔬菜基地面积282.67公顷，播种面积806.67公顷，复种指数为2.85，蔬菜产量2080.2万千克。1990年，各县人均蔬菜消费量145千克，比1964年增长15.08%。1999年，丽水地区蔬菜种植面积0.67—36.67公顷的规模经营农户和龙头企业19家。1999年，丽水地区推广有机和准有机栽培蔬菜技术，提高蔬菜产品质量。

21世纪初，丽水市蔬菜生产从城郊逐步向山地和高山区域发展，形成块状优势产区格局，以莲都区碧湖长豇豆、遂昌县四季豆为主的豆类蔬菜产业块，以莲都碧湖、仙渡、青田船寮为主的瓜果类蔬菜产业块，以缙云大洋前路、景宁大际、松阳三都为主的水生蔬菜产业块，涌现出缙云浙大科技园、缙云县天野生态有限公司、景宁大自然食品有限公司等市、县级蔬菜龙头企业。同时，丽水市推广配方施肥、杀虫灯、粘虫板、性诱捕获器、生物农药等无公害生产技术。2000年，丽水市商品菜基地面积28000公顷。2001年，丽水市蔬菜基地面积46800公顷。2002年，丽水市绿溢农业科技开发有限公司选址碧湖镇白口村，建立省级农业高新技术示范园区，建成绿色蔬菜现代化生产示范基地面积5.13公顷。同年开始，丽水市农产品质量监督检验测试中心实行全年监控全区的蔬菜生产质量。2003年，丽水市无公害果蔬基地面积2533.33公顷，无公害长豇豆获国家无公害农产品质量认证。2005年，缙云县建立东渡镇出口蔬菜基地。2007年，莲都区被评为浙江省蔬菜生产强县。2009年，丽水市种植蔬菜面积0.67公顷以上专业大户621户，蔬菜设施大棚5个以上农户347户，年销售收入1000万元以上的蔬菜业农业龙头企业7家。2010年，丽水市种植蔬菜面积44933.33公顷，产量112870万千克。截至2010年，丽水市获浙江省农产品金、银奖蔬菜产品和蔬菜加工品18个，其中缙云山啦牌茭白、庆元松花菜、莲都长豇豆、松阳四都萝卜、云和甘蓝等产品获浙江省农产品优质奖。

大棚蔬菜　1980年冬，丽水县蔬菜公司、云和县农业局、缙云县糖烟酒菜公司引进毛竹棚培育蔬菜大苗技术，实现上市早春蔬菜提早近半个月。1982年春，丽水县、缙云县引进地膜覆盖栽培技术，采用毛竹棚育大苗技术，提高蔬菜产量和品质，上市早春蔬菜提早20多天。1983年冬，丽水县城关镇引进钢管大棚栽培春夏菜技术，上市春夏蔬菜提早一个多月。1984年，丽水县城关镇和农业局合作引进蔬菜基地管网灌溉技术，减轻农民种菜挑水之累。1988年，丽水市（县级）农业局引进遮荫网栽培蔬菜技术，实现平原地区的蔬菜季节差栽培。20世纪90年代中期，丽水地区塑料大棚发展迅猛，普遍使用大中小棚、地膜、遮阳、避雨等设施栽培，部分农户建成连栋大棚温室，推广微喷滴灌，二氧化碳气肥、防虫网、小型耕整机等配套技术。2001年，丽水市投资350万元，扶持蔬菜生产，建成连栋温室和大、中、小棚、地膜、遮阳、避雨、微喷滴灌等设施栽培蔬菜面积2.06万公顷。后丽水市推广配方施肥、嫁接、长季栽培等技术。2008年，丽水市实施浙江省蔬菜产业提升国家项目，投资3500多万元，建成大棚设施蔬菜种植面积5206.67公顷，产量20120万千克，产值2.98亿元。2010年，丽水市大棚设施蔬菜种植面积5666.67公顷，产量20700万千克。

高山蔬菜　丽水高山地区夏季气候凉爽，有利于夏季蔬菜延后栽培。20世纪70年代末开始，丽水地区利用当地高山气候条件和生态优势，发展高山蔬菜。1979年，云和县率先在海拔500—900米山区种植高山蔬菜，丰富夏菜供应。20世纪80年代，云和县高山蔬菜技术逐步推广到全区、全省。1995年，丽水地区高山蔬菜面积1000公顷，产值近2000万元。缙云县大洋镇、景宁畲族自治县大漈乡分别创出高山茭白品牌。遂昌县和龙泉市在夏季凉爽的高山地区生产四季豆，种植面积3333.33公顷，经济效益较高，成为特色优势蔬菜，产品畅销杭州、上海、江苏市场。2008年，丽水市高山蔬菜播种面积9066.67公顷，产量24600万千克，产值4.26亿元。2010年，丽水市山地蔬菜播种面积22600公顷，产量50600万千克，产值9亿元，其中高山茭白播种面积3266.67公顷，高山松花菜2000公顷。

第四节　蚕　桑

唐代，处州已有蚕丝业。明万历年间（1573—1620），各县岁贡本色绢136匹。清光绪年间（1871—1908），处州知府陈璚购买湖桑10万多株，劝民种桑。清宣统元年（1909），处州府设立蚕业讲习所。高等小学堂增设蚕业科，教授栽桑、养蚕、制丝要义。民国19年（1930），丽水蚕茧产量1800万千克。民国26—34年，全面抗日战争时期，浙江省农业改进所先后建成松阳县、丽水县、缙云县蚕繁殖场和蚕种场。民国37年，丽水桑园面积57.33公顷。

1949年中华人民共和国成立后，丽水年蚕茧产量1000千克。1958—1960年，各县“大跃进”运动期间，蚕桑生产发展较快。1957年，各县桑园面积728.53公顷，蚕茧产量19000千克。1960年，各县桑园面积946.67公顷，蚕茧产量81150千克。1961—1962年，各县推行毁桑种粮。1963年，丽水专区桑园面积仅13.33公顷，蚕茧产量8800千克。1969年，云和县利用自然资源试养柞蚕成功。1974年，丽水地区蚕茧生产开始回升，建起桑苗生产基地14.67公顷。1975年，丽水地区桑园面积673.07公顷，蚕茧产量119000千克。1982年，丽水地区建起公社蚕桑场7个，大队蚕桑场207个，生产队蚕桑场139个。1988年，丽水地区桑园面积1114.53公顷，养蚕23606张，蚕茧产量796000千克。其中丽水市旭光村养蚕专业户420户，蚕茧产量101350千克，蚕茧销售收入86.67万元，户均收入2064元。1990年，丽水地区桑园面积1670.87公顷，养蚕27842张，蚕茧产量912000千克。

20世纪90年代初，丽水地区调整农业产业结构，蚕桑发展较快。1995年，丽水地区桑园种植面积4663公顷，饲养蚕种78528张，产蚕茧271万千克，蚕桑生产规模达到历史最高。同年，全国茧丝绸市场疲软，茧价大跌，蚕种、农资等价格却大涨，蚕桑生产、收购环节普遍亏损，丽水地区蚕桑生产严重受挫。丽水地区供销社为地区丝绸公司代收蚕茧20100千克，亏本33万元。各县蚕农纷纷毁桑改种或弃桑不管，丽水市(县级)水阁、大港头、老竹等蚕桑重点乡镇80%的桑园被毁。

1996年，丽水地委实施农业综合开发，发展蚕桑面积33333.33公顷。后丽水地区蚕桑生产随市场价格波动，蚕桑生产面积、产量时有反复，但总体趋势一路下滑。2003年，丽水市蚕桑生产跌至历史最低谷，种植桑园面积1818公顷，饲养蚕种46668张，蚕茧产量1830000千克。同年，丽水市蚕桑生产由“扩量增效”转向“提质增效”，农技部门选育推广能抗黄化型萎缩病、适宜丽水山区土壤条件的桑树良种“农桑8号”，推广方格簇新技术。松阳县推广竹丝蜈蚣簇养蚕新技术，在斋坦乡小石村进行桑、茶间作试验，增效明显。缙云县室外大棚养蚕试验成功，扩展养蚕场地空间。2003年后，丽水市仅缙云一县恢复发展，其他各县蚕桑生产基本未恢复。2004年，浙江省农业厅实施“蚕桑西进”工程，缙云县、淳安县等8个县(市)推广高产优质桑树新品种和先进实用技术，实施规模化养殖。同年，缙云县桑叶种植面积和蚕茧产量占丽水市的90%以上，列全省第11位；从事蚕桑生产乡(镇)22个、村376个、农户13000多户、农村劳动力3万多人，龙头企业2家，分别为缙云县蚕业专业合作社和缙云县蚕业丝绸有限公司。2005年，丽水市桑园面积2048公顷，饲养蚕种51571张，生产蚕茧2021000千克。2010年，丽水市桑园面积2415.07公顷，饲养蚕种38524张，生产蚕茧1554000千克。

第五节　烟　　叶

生产概况

清初，处州境内始种烟叶，松阳、遂昌、庆元、龙泉、景宁、云和等县商品生产规模较大，多为农户自产自用。松阳县以晒红烟为主，传统品种有尖刀叶、小叶烟、蒲扇叶、牛舌尖等4个。庆元县以烤烟为主。清乾隆年间(1735—1796)，松阳县岗寺乡山下阳村张起云兼事烟商。清道光十七年(1837)，松阳县晒红烟销到上海等地。民国4年(1915)，松阳县晒红烟获巴拿马博览会金奖。民国18年，松阳县晒红烟获西湖博览会优等奖。民国32年，松阳县政府实行“扩种冬种，限种烟叶和糯稻”，增加战时所需粮食。但松阳农民传统种植习惯一时难以改变，加上品种单一，结果成效甚微。民国35年6月，浙江货物税局丽水分局会同松阳县政府制定《管制土烟暂行办法》。松阳县烟叶同业公会强烈反对，实行罢工。

中华人民共和国成立后，丽水烟叶生产一度中断，仅有少数自供烟叶。20世纪70—90年代，松阳县烟叶种植采用豆饼等有机肥为主，采用以“烟叶—晚稻”二熟制轮作为主，以芋艿、豆类等作物间作为辅，选育成功“松选3号”“松选4号”“松选5号”“松选14号”“松选87号”等品种，其中“松选3号”为龙头品种。

20世纪90年代，丽水地区调整农业产业结构，烟叶生产又在部分县开始兴起。1997年，庆元县被列入全省优质烤烟重点发展县。2001年,在庆元召开丽水市烤烟生产现场会后,云和、景宁、龙泉等县(市)开始种植烤烟。2004年,丽水市主要烤烟产区举办培训班,并参加浙江省卷烟工业公司举办烟叶国标培训班。

面积与产量

民国21年(1932),丽水种烟面积19846.13公顷,烟叶产量126万千克。民国25年,遂昌县种烟面积160公顷,烟叶产量3.6万千克。

1949年,中华人民共和国成立初,松阳种烟面积420公顷,烟叶产量50.5万千克。1952年,松阳种烟面积971.13公顷,烟叶产量124.5万千克。1975年,松阳种烟面积降至340公顷,烟叶产量36.5万千克。1984年9月,松阳晒红烟被列为全国名晒烟。1985年,松阳种烟面积回升到593.33公顷,烟叶产量142.1万千克,亩产159.7千克。1986年,松阳种烟面积8400公顷,烟叶产量159.4万千克,亩产189.4千克。1988年,松阳种烟面积460公顷,烟叶产量117.1万千克。1990年,松阳种烟面积226.67公顷,烟叶产量59.7万千克,亩产175.6千克。1996年,丽水地区烟叶产量58.4万千克。1997年,庆元县淤上、黄田、竹口三乡试种优质烤烟,面积41公顷,烟叶产量0.51万千克,产值5.2万元。同年,松阳县烟叶种植面积回升到356.6公顷。2000年,庆元县种植烤烟面积3680公顷,产量44.4万千克,平均亩产值1346元。同年,松阳出口晒红烟20.43万千克。2001年,丽水市种植烟叶面积674.2公顷,收购烟叶148.66万千克,平均亩产值1530元,其中烤烟种植面积554.2公顷,收购烤烟叶112.84万千克,平均亩产值1690元。2004年,丽水市种植烤烟面积775.4公顷,收购烟叶183.15万千克,产值1606.38万元;晒红烟面积116.67公顷,收购烟叶43.32万千克,产值319.14万元。同年,庆元县种植烤烟乡镇12个,农民1000多户,烤烟房2000多座。2005年,景宁畲族自治县种植烟叶面积106.08公顷。

第六节　油 菜 籽

油菜油俗称香油,常作调味品。清代年间(1636—1912),处州各县种植油菜,用于榨油。清同治《云和县志》载有“滥冬油菜旱冬麦”的农谚。据清同治《云和县志》载,“山乡僻壤更有用为燃料者,所榨油饼又可肥田及饲畜之佳料,故种植颇广”。1949年中华人民共和国成立后,丽水油菜年产量500万千克以上。20世纪90年代起,丽水地区油菜年产量稳定在1000万千克以上。

油菜发展

民国21年(1932),丽水种植油菜面积1533.33公顷,油菜籽产量128.85万千克。1949年,各县种植2280公顷。1952年,各县种植3313.33公顷,产量561万千克。1965年,各县种植产量726万千克。1970年,丽水地区种植油菜产量636万千克,1980年,丽水地区种植油菜产量887万千克。1990年,丽水地区种植油菜产量992.2万千克。1997年,丽水地区种植油菜面积8140公顷,产量1143.09万千克,平均亩产93.7千克,种植面积、总产、单产三项均创历史新高。2000年,国家鼓励油菜生产,对种植0.33公顷以上的农户根据核定面积直接发放补贴,加大高产技术推广示范力度。同年,丽水市种植油菜面积7160公顷，产量1158.3万千克。2005年，丽水市油菜籽产量1660.1万千克。青田县小舟山乡以种植“花样”油菜花而闻名。2008年，龙泉市小梅镇和遂昌县三仁乡“双低油菜高产示范基地”被评为浙江省粮油优秀示范基地。2010年，丽水市种植油菜面积8226.67公顷，油菜籽产量1349.9万千克。

油菜品种

丽水油菜品种均为冬油菜，适宜播种期为10月中上旬，稀播匀播，每亩播种量0.5千克以下。水田油菜—早稻—晚稻3季连作，旱地油菜—玉米/甘薯2季连作。20世纪60年代以前，各县油茶品种以白菜型油菜和矮大秆品种为主，亩产4千克左右。1955年，各县引进甘兰型油菜——胜利油菜（原名日本油菜）。1960年，各县引进“油菜480”品种。1968年，丽水地区引进“铁杆青”油菜品种。20世纪70年代中后期，丽水地区普遍使用“甘兰型”油菜新品种，以“480”“铁杆青”“九二”3个油菜品种为主，普遍推广喷硼技术，提高结实率，亩产提高到50千克左右。20世纪80年代，丽水地区推广“九二—13系”油菜，亩产提高到75千克左右。20世纪90年代，丽水地区引进“浙双72”“浙油18”“浙油50”“浙大619”等品种。21世纪，丽水市推广免耕直播技术、油菜苔籽两用配套生产技术，亩产提高到80千克以上。

若干年份丽水地区油菜籽产量情况一览

表12-3-6-1　　单位：万千克

年份	产量	年份	产量	年份	产量	年份	产量
1952	561	1982	1113	1992	878	2002	1117
1956	1096	1983	755	1993	678	2003	1209
1962	576	1984	923	1994	1111	2004	1415
1965	726	1985	1584	1995	1012	2005	1660
1970	636	1986	427	1996	960	2006	1387
1975	1266	1987	839	1997	1144	2007	1751
1978	1339	1988	785	1998	870	2008	1770
1979	1689	1989	1099	1999	1042	2009	1958
1980	887	1990	992	2000	1158	2010	1350
1981	1761	1991	1139	2001	1075		

第七节　花　　卉

发展历程

古时，处州有在园林、宅第、衙署、寺院种植观赏花卉传统。北宋政和年间（1111—1118），丽水县禅智寺有“紫牡丹一株，高丈余，每开五百余花，花各十二瓣”。南宋绍兴十七年（1147），龙泉县主簿韩元吉厅前遍地开双头莲花，故建堂名“双莲”。明万历《栝苍汇纪》载有花名49种，牡丹、芙蓉、芍药、木槿、蔷薇、水栀、桂、山丹、剪竹、丁香、鸡冠、瑞香、茉莉、兰、川鹃、莺粟、凤仙、玫瑰、玉簪、子午、菊、矮桃、郁李、紫荆、紫薇、剪春萝、黄地棠、月月红、美人蕉、夹竹桃、观音莲、玉绣球、金盏银台、金丝蝴蝶、荷、葵、蘐、茶、蕙、佛桑、水仙、红梅、千瓣李、木笔、天竹、鹤顶红、百合、翠柏、珍珠。《浙江省农业志》载，丽水花卉特色品种281种。

20世纪80年代，丽水地区开始种植商品花卉。20世纪90年代中后期，花卉种植成为新兴产业。1999年，丽水地区花卉种植面积80公顷，以绿化苗、盆花盆景为主，有少量草皮和切花切枝叶生产。同年，青田县黄垟乡峰山村和丽水市城关镇引进荷兰香水百合品种，试种成功23个，销到上海、杭州、无锡。

2001年，《浙江省丽水市生态示范区建设总体规划》将花卉基地建设纳入其中。同年，丽水市格丽雅蔬菜花卉有限公司生产香水百合花获第五届中国花卉博览会铜奖。“东方百合种球苗脱毒繁育技术中试”项目获中华人民共和国科技部“农业科技成果转化基金”资助。2002年，丽水市格丽雅蔬菜花卉有限公司生产“香水百合”获浙江省首届花博会特色产品奖、浙江省农博会金奖。2003年，丽水市花卉生产、经营企业159家，其中大中型业主57家，花农192户，从业人员600人。

2004年，丽水市政府编制《丽水市优势农产品区域布局规划》，把花卉苗木列为9类优势农产品之一，优先规划，重点培育。同年，丽水市花卉生产、经营企业165个，成立丽水市花卉协会和4个分会，举办首届花卉博览会。丽水市格丽雅蔬菜花卉有限公司“东方百合种球种苗脱毒繁育技术中试”项目通过国家科技部验收。2005年，丽水市把高山花卉种植列为农业发展主导产业。10月，松阳县凝碧苑兰花合作社被第六届中国花卉博览会评为全国诚信兰园；松阳县凝碧苑兰花合作社生产的家兴梅与下山寒兰分获中国兰花精品展栽培奖和优育奖。2007年，丽水市实地调查龙泉市昴山、庆元县五岭坑、缙云县大洋山、莲都区大山峰、景宁畲族自治县秋炉等地，记录野生花卉95种，其中观叶类28种、观花类65种、观果类12种、乔木类8种、灌木类36种、草本类51种、木质藤本8种、草质藤本6种；海拔500米以下38种、500米至1000米区域71种、1000米以上16种；阳生性花卉23种，耐荫花卉37种，中生性花卉35种；陆生花卉84种，湿生花卉8种，水生花卉3种。同时移植野生地黄、臭牡丹、朱雀根、黄芹菜、紫珠、赤楠、各类兰花等多种野生花卉。

面积与产量

2000年，丽水市花卉种植面积666.67公顷，生产绿化苗、盆景、盆花等1000万株（盆），切花、切枝叶350万支，种球11.5万个。2001年，丽水市投资1220万元，启动花卉基地开发工程项目，面积1334公顷。2002年，丽水市花卉苗木面积1485公顷，生产鲜切花、切枝叶1150万支，绿化苗木2500万株，盆花盆景20万盆，种球种苗300万粒，食用花卉2万千克，田间蓄积值1.83亿元，销售收入0.72亿元。同年，丽水市花卉生产、经营企业127个，其中大中型企业43个，花农182户，从业人员500人。2003年，丽水市花卉生产面积提高到2015公顷，生产鲜切花、切枝叶1615万支，绿化苗木3217万株，盆花盆景19万盆，种球种苗118万粒，食用花卉2.5万千克，田间蓄积值2.35亿元，完成销售产值1.02亿元，其中东方百合面积75.87公顷，推广到龙泉等5个县（市）。2004年，丽水市花卉生产面积增加到3459.1公顷，总产鲜切花、切枝叶2031.7万枝，绿化苗木1570万株，盆花盆景264.7万盆；种球种苗380万粒，食用花卉3.69万千克，田间蓄积值2.85亿元，销售收入2.39亿元。同年，丽水市推广“东方百合”县（市）7个，种植面积增加到90.5公顷。2007年，丽水市繁育野生花卉种苗(种籽)5多万苗(粒)。

第八节 中药材

品 种

古时,处州人民采用野生中药材抵御疾病。据明万历《栝苍汇纪》载,处州中药材83种,茯苓、白芷、仙茅、茱萸、厚朴、槐角、射干、艾、丹参、苦参、荆芥、乌药、五味子、桑白皮、黄连、黄栀、半夏、甘草、五加皮、牵牛子、芍药、前胡、地榆、商陆、青箱子、天南星、薄荷、紫苏、红花、紫草、威灵仙、石昌蒲、陈皮、枳壳、木香、淡竹、刘寄奴、枸杞子、枳实、粟、青皮、黄蘗、天门冬、地骨皮、茴香、桔梗、苍术、香附子、金银花、车前子、瓜蒌、天花粉、唐求子、何首乌、麦门冬、香薷、益母、苍耳、冬葵子、旋覆花、松脂、乾漆、连翘、薏苡仁、旁子、千金子、海金沙、泽兰子、水萍、风藤、甜葶苈、当归、常山、百合、黄精、青蒿、葛根、牡丹皮、黄柏、土芎、茵陈、干菊。

据1993年版《丽水地区志》载,丽水地区野生中药材5000多种,其中国家收购200多种。2006年,据市农业部门调查证实,丽水市中药材资源丰富,野生药材繁多,蕴藏量大,发现中药材资源2033种,占浙江省85.24%,其中植物药1813种,占全省1850种98%;中草药主要品种251种(全国中草药主要品种363种),占全国中草药主要品种69.1%,珍稀名贵药用植物近100种,其中国家一级重点保护植物有银杏、南方红豆杉等,国家二级重点保护野生药材有凹叶厚朴等,国家三级重点保护野生药材有天冬、龙胆草等;中药材种质资源中优势品种有500多种,蕴藏量较大的有厚朴、野山楂、虎杖、鱼腥草、土茯苓、金樱子、益母草、黄精、茵陈、南沙参、车前草、金银花等品种。且特色药材种类繁多,开发价值较高。

1949年,丽水人工种植药材主要有元胡、白术、白芍、吴芋、白芷、浙贝、元参、菊花等10多种。1972年,丽水地区栽种中药材面积836.27公顷,收购药材150种,产量1743300千克。1976年,丽水地区栽种中药材面积5016公顷,收购药材265种,产量1482700千克。1980年,丽水地区栽种中药材面积304.87公顷,收购药材205种,产量1986100千克。1985年,丽水地区栽种中药材面积1142.27公顷,收购药材183种,产量1083700千克。1988年,丽水地区栽种中药材面积5403公顷,收购药材203种,产量1944700千克,收购金额2397万元。1990年,丽水地区栽种中药材面积320公顷,收购金额1035万元。

厚朴　1962年,丽水地区林场庵堂林区开发中药材基地面积13.33公顷,种植厚朴中药材。1971年,云和县高演林场①采集野生厚朴种子育苗造林,但出苗率低,大部分种子不出苗。丽水地区医药科研小组进行育苗攻关,攻克人工育苗关,找到厚朴种子外包油蜡层影响出苗的原因——育苗前种子须脱蜡,将野生种子水浸20小时,拌入粗糠或沙子,脚穿草鞋反复踩踏,擦去外层蜡质,洗净后播种育苗。每亩播15千克鲜子出苗1.7万株,出苗率提高10倍以上,为丽水地区厚朴人工造林作出贡献。同年,遂昌县小马埠村开发中药材基地面积66.67公顷,种植厚朴、杜仲和三七等中药

① 2010属景宁畲族自治县。

材。1986年，龙泉凤鸣乡村头村吴细妹开发厚朴林面积40公顷。1989年，云和县雾溪畲族乡水竹垟村柳官阳等开发中药材基地面积200公顷，种植厚朴、杜仲等中药材。1998年，“龙泉厚朴”获浙江省农业展览会金奖。1999年，云和县新开发厚朴林面积211.53公顷。2001年，景宁畲族自治县被中国经济林协会评为“中国厚朴之乡”。2003年，景宁畲族自治县推出“畲山牌”厚朴产品，获浙江省农业博览会优质奖。2005年10月，景宁畲族自治县完成“畲山牌”厚朴标准化生产示范项目，通过浙江省林业局验收，被授予“浙江省厚朴生产标准化示范区”称号。2010年，丽水市种植厚朴面积6686.67公顷，其中景宁种植厚朴面积4000公顷。

元胡　又名玄胡、延胡索。清道光二十八年(1848)，缙云县为全国元胡重点产区之一。1949年，丽水专区种植元胡面积93.33公顷，产量77000千克。1956年，各县种植元胡面积140公顷，产量141750千克。1962年，各县种植元胡面积26.6公顷，产量21000千克。1965年，缙云药物场推广宽幅条播技术，扩大元胡种植面积。1969年，各县元胡产量185800千克。1981年，缙云县发生元胡霜雪病，丽水地区仅收购元胡114100千克。1984年，丽水地区推广硬板田直播技术。1986年，丽水地区元胡产量150000千克，收购元胡112300千克，其中缙云县68100千克，松阳县15700千克。1988年，丽水地区收购元胡103800千克。1990年，丽水地区收购元胡8万千克。1998年，丽水地区种植元胡面积490.53公顷。同年，缙云元胡获浙江省农业展销会金奖。2000年，丽水市元胡面积524公顷，产量72万千克。2010年，丽水市种植元胡面积293.33公顷。

米仁　又名薏苡。元代有记载。1949年，缙云县种植米仁面积2公顷，产量1500千克。1959年，各县米仁种植面积4.13公顷，产量3850千克。1969年，缙云县新建区在水沟、溪滩种植米仁成功。1971年，丽水、云和、松阳、青田四县在水沟、溪滩推广栽种米仁。1973年，丽水地区收购米仁153400千克。1975年始，丽水地区种植米仁面积减少。1986年，丽水地区仅收购米仁4500千克。1988年，丽水地区收购米仁16900千克。1990年，丽水地区收购米仁34000千克。2000年，丽水市种植米仁面积100公顷，收购54250千克。2010年，丽水市种植米仁面积233.33公顷。

白术　民国21年(1932)，遂昌县种植白术面积66.67公顷，产量1万千克。1949年，缙云县种植0.8公顷，产量6500千克。1957年，各县种植白术面积76公顷，产量79800千克。1962年，各县种植白术面积仅4.2公顷，产量43500千克。1973年，丽水地区白术收购量回升到133900千克。后因多渠道收购，国营医药公司收购量下降。1984年，丽水地区收购白术6000千克。1988年，丽水地区收购白术28900千克。1990年，丽水地区收购白术13000千克。2000年，丽水市种植白术面积27.2公顷，收购25000千克。2005年，龙泉市龙南乡龙井村残疾青年吴克余，投资16万多元，种植白术、元参等中药材面积13公顷，效益良好。2006年，龙泉市惠民中药材专业合作社成立，上网推销产品，带动周边农民发展药材种植。2010年，丽水市种植白术面积260公顷。

白芍　1949年，缙云县种植白芍面积1.47公顷，产量12500千克。1962年，各县种植白芍面积17.47公顷，产量27000千克。1972年，丽水地区收购白芍218800千克。后白芍收购量下降。1986年，丽水地区仅收购白芍3000千克。1988年，丽水地区收购白芍量回升到19600千克。2000年，丽水市种植白芍面积0.67公顷，收购量2000千克。

吴芋　又名吴茱萸。清末，缙云县有种植。1949年，丽水专区吴芋产量200千克。1962年，各县吴芋产量19100千克。1972年，丽水地区收购吴芋3400千克，1988年，丽水地区种植吴芋面积33.33公顷。因多渠道收购，国营医药公司收购吴芋仅400千克。1990年，丽水地区收购吴芋1000千克。

菊米　清代已有采用。清代药学家赵学敏所著《本草纲目拾遗》载:“菊米,处州出一种山中野菊,土人采其蕊干之,似半粒绿豆大,甚香而轻圆黄亮,云败毒、散疔、去风、清火明目为第一,产遂昌石练山。”1996年,遂昌县开始研究人工栽培技术,开发菊米生产基地。1999年,遂昌县开发石练菊米生产基地面积近133.33公顷,年产菊米2万千克,产值320多万元。2002年,遂昌县被中国经济林协会授予“中国菊米之乡”称号。2003年7月,遂昌县菊米产业协会参与制定《无公害菊米浙江省地方标准》。2006年,“遂昌菊米”经国家商标局核准,注册地理标志证明商标。同年,“遂昌菊米”被评为浙江省著名商标。2009年,石练菊米生产基地被浙江省工商局认定为浙江省专业商标品牌基地。2010年,丽水市种植菊米面积434公顷。

产量与面积

1997年,丽水地区种植中药材面积5933.33公顷,其中缙云县中药材面积160公顷。1998年,青田县新发展中药材基地面积33.33公顷。1999年,云和县新开发厚朴林面积211.53公顷。2000年,丽水市中药材产值2923万元。2002年,丽水市政府把中药材生产列入《农业产业化经营“十五”发展规划》,中药材生产成为丽水市重点培植和发展支柱产业之一。2003年,丽水市草本药材种植面积2602公顷,产量481.8万千克,产值7599万元。庆元县合湖乡药材产销专业合作社被评为省级示范性农民专业合作社。2005年,丽水市推进农业综合开发项目,重点扶持发展中药材,新增中药材面积128.9公顷。同年,丽水市中药材产值9003万元。2007年,丽水市农业科学研究院完成《畲药山蜡梅生产质量管理规范(GAP)的研究》,形成山蜡梅快繁技术体系,建成山蜡梅基地面积27.33公顷。

2010年,丽水市中药材种植面积13486.67公顷,中药材基地40多个,产值5.15亿元,其中木本药材7853.33公顷,产值1.44亿元;草本药材5473.33公顷,产值2.31亿元;菌药160公顷,产值1.4亿元。景宁畲族自治县种植面积为丽水市最大,面积5133.33公顷。遂昌县1606.66公顷、庆元县1580公顷、缙云县1406.67公顷、龙泉市1400公顷、松阳县1173.33公顷、莲都区633.33公顷、云和县326.67公顷、青田县226.67公顷,主要有厚朴6686.67公顷、红豆杉620公顷、杜仲300公顷、山栀66.67公顷、五加皮66.67公顷、吴茱萸、银杏、雷公藤、肿节风、山苍子等。草本药材有栝楼3613.33公顷、菊米433.33公顷、元胡293.33公顷、白术260公顷、薏苡233.33公顷、浙贝母213.33公顷、金银花200公顷,还有百合、山药、西红花、处州白莲、鱼腥草、香茶菜、石斛、太子参、桔梗、前胡、姜黄、地兰花、玄参等;菌类药材主要有灵芝53.33公顷、灰树花106.67公顷,以及茯苓、猴头菇、北冬虫夏草等。

2010年丽水市主要中药材品种种植情况一览

表12-3-8-1

类型	名　称	面积(公顷)	产值(万元)	主要分布区域
木本药材	厚　朴	6687.47	4413.70	各县(市、区)均有分布,其中景宁畲族自治县种植面积4000公顷
	红豆杉	620.20	9303.00	龙泉西街街道、兰巨乡、龙南乡等(400公顷);青田舒桥、章村等(100公顷)
	杜　仲	302.47	217.78	景宁梧桐乡、标溪乡(200公顷);龙泉屏南镇;庆元合湖乡等地

续表 12-3-8-1

类型	名　称	面积(公顷)	产值(万元)	主要分布区域
	山　栀	67.47	202.40	景宁澄照乡(667 公顷)等地
	五加皮	66.67	200.00	青田仁庄乡、方山乡等地
草本药材	栝　楼	3614.00	11655.15	各县(市、区)均有分布,其中庆元县种植面积 1133.47 公顷,松阳县 800 公顷
	菊　米	434	1640.52	遂昌石练镇、大柘镇、金竹镇、湖山乡、云峰镇等地
	元　胡	291.73	2188.00	缙云壶镇、东方镇(143.07 公顷);景宁大均乡、沙湾乡(100 公顷)等地
	白　术	259.53	2335.80	景宁标溪乡、英川镇(133.33 公顷);缙云壶镇、东方镇(53.73 公顷);庆元黄田乡;龙泉安仁镇(45.33 公顷)等地
	薏　苡	3520.00	422.40	缙云大源、双溪口、舒洪等地
	浙贝母	3151.00	1575.50	缙云壶镇、东方镇(123.40 公顷);莲都仙渡乡(40 公顷);景宁大均乡等地
	金银花	2959.00	1479.50	景宁大均乡、梧桐乡(100 公顷);龙泉安仁镇天平季山头(35.33 公顷)等地
	百　合	830.00	705.50	庆元黄田(40 公顷);景宁英川(15.33 公顷)等地
	山　药	752.00	270.72	景宁畲族自治县各乡镇
	西红花	380.00	380.00	遂昌云峰镇(23.33 公顷);龙泉安仁镇天平季山头,李登(1.33 公顷);缙云前路南弄村(0.67 公顷)
菌药	灰树花	1631.00	3262.00	庆元黄田镇、岭头乡、竹口镇等地
	灵　芝	757.00	10658.33	龙泉宝溪乡、住龙镇、道太乡等(35.13 公顷);景宁鹤溪、澄照乡(13.33 公顷)等地

说明:各品种产值计算参考各县(市、区)上报平均数据以及市场信息

2010 年丽水市重点中药材基地一览

表 12-3-8-2

基地名称	隶属企业	种植品种	规模(公顷)	地　点	经营模式
景宁畲族自治县梧桐乡高演厚朴基地	景宁梧桐乡高演村村委	厚　朴	53.33	景宁梧桐乡高演村	集体
景宁畲族自治县澄照金山厚朴基地	景宁金山厚朴专业合作社	厚　朴	20.00	景宁澄照乡杨山村	合作社
中药材种植基地	浙江绿峰农林科技有限公司	红豆杉	400.00	龙泉西街街道、龙渊街道、锦溪镇、龙南乡等	公司
松阳县棋盘山金银花基地	松阳县棋盘山金银花专业合作社	金银花	100.00	松阳玉岩镇	合作社
天平中药材规范化种植基地	浙江金贝生态农业发展有限公司	金银花	23.33	龙泉安仁镇天平季山头村	公司
缙云县壶镇杨梅园元胡基地	缙云县希望中药材专业合作社	元　胡	3.33	缙云壶镇杨梅园	合作社

续表 12-3-8-2

基地名称	隶属企业	种植品种	规模（公顷）	地　点	经营模式
景宁畲族自治县标溪乡何庄白术基地	景宁标溪何庄中药材专业合作社	白 术	30.00	景宁标溪乡何庄村	合作社
景宁畲族自治县毛洋陈坪吊瓜基地	景宁毛洋陈坪吊瓜专业合作社	栝 楼	46.67	景宁毛洋陈坪村	合作社
缙云县大源镇稠门等村薏苡基地	缙云县康来特米仁发展有限公司	薏 苡	100.00	缙云大源镇稠门等村	公司+农户
遂昌县规范化菊米种植基地	浙江省石练菊米有限公司	菊 米	20.00	遂昌石练镇大茂坑村	公 司
遂昌县伊儿西红花产业基地	遂昌伊儿西红花专业合作社	西红花	23.33	遂昌云峰镇	合作社
庆元县兴林合作社	庆元县兴林合作社	食药两用百合	40.00	庆元黄田镇	合作社
景宁畲族自治县英川百合基地	景宁和顺百合专业合作社	食药两用百合	22.00	景宁英川、董川	合作社
龙泉市住龙镇西井村灵芝基地	浙江纳富特生物科技有限公司	灵 芝	6.67	龙泉住龙镇西井村	公 司
景宁畲族自治县澄照灵芝基地	景宁博士园灵芝专业合作社	灵 芝	13.33	景宁澄照乡金丘村	合作社
景宁畲族自治县城北桔梗基地	景宁何庄中药材专业合作社	桔 梗	10.00	景宁鹤溪城北	合作社

第九节　食　用　菌

食用菌是丽水市传统农业支柱产业。丽水食用菌 324 种，其中食用真菌 281 种，食药兼用真菌 43 种。主要有香菇、黑木耳、白木耳、灰树花、处州茯苓、灵芝、长裙竹荪等品种。香菇栽培技术长期领先全国。宋代，处州境内有香菇人工栽培。庆元、龙泉、景宁三县是世界香菇人工栽培发源地，先后被命名为“中国香菇之乡”“中国灵芝之乡”。元代，处州菇民陆续到福建、江西、安徽等省种植香菇。明万历《栝苍汇纪》载，庆元县、龙泉县的香蕈、朱蕈列为货类，菌、珍稀食药用菌、野生菌等特色菇类增加。民国 26—34 年（1937—1945），全面抗日战争时期，受战时影响和洋菇倾销冲击，丽水食用菌生产形势恶化，产量萎缩。

1949 年中华人民共和国成立后，处州香菇生产逐步恢复与发展。1957 年，庆元、龙泉、景宁 3 个县分别成立菇民协会，下设驻外分会。1958 年始，种植食用菌被视为搞“资本主义”，生产受到限制。1959 年，各县开始用段木接种法生产香菇。1985 年 12 月，丽水地区召开食用菌生产会议后，食用菌生产入选国家级“星火计划”，香菇产量逐年上升。庆元县被誉为“华东第一菇市”。21 世纪，丽水市加强食用菌产业化步伐，参与制定生产标准，推广设施栽培和发展季节差生产，调整、优化品种和品质。

2001年5月，成立中国鲜香菇出口协会。2002年，庆元香菇被国家质监总局列为原产地域产品保护地。同年，丽水市政府制定《庆元香菇原产地域产品保护管理办法》。2006年12月1日，丽水市编制实施《代料香菇生产技术规程》。2010年，丽水市人工栽培食、药用菌20多种、7.4亿袋，产量53000万千克，产值19亿元，占全国总量的45%左右。食用菌加工企业和加工户650多家，相关产业从业人员25万人，为国内最大的香菇、木耳菌种产销地，食用菌原材料设备生产和集散地。全县开发食用菌产业4万多人，遍及全国200多个县、市。

香　菇

香菇又名香蕈。宋建炎四年（1130），庆元县斋郎乡龙岩村吴三公首创香菇种植“砍花法”。后该技术普及庆元、龙泉、景宁三县，为当时大宗商品。清康乾年间（1681—1796）间，龙泉、庆元、景宁三县香菇从业人数15万人。庆元县全县9万人口，菇民6万人，外出种菇，遍及全国，被称为“菇民之乡”。

清代，龙泉、庆元、景宁三县均建有菇神庙，仅庆元一县就不下百处，可见当时菇业之盛。龙泉下田菇神庙，建于清康熙五十六年（1717），规模宏大；庆元西洋殿（又名“松源殿”），扩建于清乾隆三年（1738），是全国现存最大的菇神庙，成为“香菇之源”的地标性建筑。清乾隆年间（1736—1796），龙泉、庆元、景宁三县菇民共同出资，建成龙泉凤阳山菇神殿。清道光十九年（1839），龙泉、庆元、景宁三县菇民合建景宁县英川金坑口菇帮公所，又称三合菇神庙，集议事、协调、贸易与祭神于一体。

民国元年（1912），庆元、龙泉、景宁三县菇民联合闽、赣、皖、桂等省130多个县，成立“浙江同乡会”“菇业公会”，在福建省南平市设立菇业公会中心机构——浙江会馆。民国36年，浙江会馆解体，庆元竹坪人胡睦臣在福州组建“浙江菇业公会”，会员15万多人。

民国19年（1930），处州香菇产量110万千克。民国25年，处州香菇产量55万千克。1937—1945年全面抗日战争期间，处州香菇产量萎缩。民国26年，处州香菇产量50万千克。民国28年，龙泉县李师颐推行孢子粉技术栽培香菇。1945年，抗日战争胜利结束，受洋菇倾销冲击，丽水菇业形势更加恶化。民国37年，庆元县香菇产量降至5万千克。

1949年开始，丽水恢复与发展香菇生产。1950年，庆元县香菇产量10万千克。1957年，庆元县香菇产量上升到42.9万千克，比1953年增长3倍多。同年，龙泉、庆元、景宁3县加强菇业领导，分别成立菇民协会，下设驻外分会。1958年始，种植香菇遭到批判，被视为搞“资本主义”，生产受到限制。1959年，各县开始用段木接种法生产香菇。1970年，各县产量恢复到48000千克。1971年，香菇生产再次受限制。1975年，丽水地区仅收购香菇2000千克，产量跌至历史最低水平。

1979年开始，云和、遂昌、松阳、青田、缙云、丽水6个县先后开始种植香菇，香菇产量得以恢复。1980年，丽水地区出口香菇3420千克。1983年，丽水地区收购香菇77000千克。1985年12月，丽水地区召开食用菌生产会议，食用菌生产入选国家级“星火计划”，引进推广福建省古田露地木屑袋栽香菇技术，香菇产量逐年上升。1989年，庆元县香菇市场年销售量1051000千克，成交额4000多万元，被誉为“华东第一菇市”。

1992年始，庆元县举办首届香菇文化节。至2010年，连续举办香菇文化节8届。1993年，庆元县食用菌科研中心研发成功层架式花厚菇栽培技术，提高代料香菇品质，结束代料香菇不能产花菇的历史。同时，单位土地面积栽培量提高3—4倍，有效缓解生产用地紧张问题。1995年，丽水地区栽培香菇2327万袋，其中花菇1100多万袋。1996年，丽水地区种植香菇13319万袋，增加到5.7

倍。1996年，丽水地区栽培香菇4.5亿袋，其中花菇1.35亿袋。庆元县和景宁畲族自治县参加“中国名特产之乡”评审，被评为“中国香菇之乡”。1997年，丽水地区栽培香菇5.93亿袋，产量4150万千克，再创历史最高记录。1998年，丽水地区栽培香菇4.66亿袋；花菇收购价每千克26—28元，鲜菇收购价每千克6元左右，为常年价格的1—2倍。1998年2月21日，庆元县香菇博物馆建成开馆。

2000年，丽水市攻关推广“季节差高温香菇栽培”与“香菇周年栽培”技术。2003年，丽水市香菇实现“四季可栽培、周年能出菇”，突破香菇生产春、秋接种，秋、冬出菇传统模式，解决出菇上市时间过于集中问题，满足市场全年需求，提高丽水市香菇产业效益和市场竞争力。

2001年5月，中国鲜香菇出口协会成立。2002年，“庆元香菇”被国家质监总局列为原产地域产品保护地，范围包括庆元县、龙泉市、景宁畲族自治县所辖行政区域。同年，丽水市政府制定《庆元香菇原产地域产品保护管理办法》。2003年，庆元县百山祖香菇合作社被评为第三批省级示范性农村专业合作社。2006年12月1日，丽水市编制实施《代料香菇生产技术规程》，是中国首个较完整、可操作性代料香菇生产技术规程。2007年，丽水市供销系统发展“订单”农业，采取公司加农户方式组织菇农进行香菇标准化生产，实行最低保护价收购。2010年，丽水市建成标准化生产基地6个，培植香菇4.71亿袋，产量3230万千克，产值13.33亿元。

木　耳

丽水市木耳分黑木耳、白木耳2个品种。其中黑木耳又名木耳、光木耳、云木耳，古称木菌、木檽、树鸡、木蛾；白木耳又名银耳。明清时期，处州山民采食野生木耳。民国末期，庆元、龙泉2县开始人工段木接种生产木耳。民国20年（1931），龙泉县菇民李师颐编写《银耳香菇繁殖律》载：“龙泉、奉化、宣平三县，亦有银耳生产，其色泽与成分同四川。”

1964年，庆元县万里林区和新村区一带，恢复用段木人工接种生产银耳。20世纪70年代起，龙泉、景宁、云和、遂昌、丽水、缙云6个县先后生产银耳。1975年，丽水地区收购银耳30100千克。1978年，云和县供销合作社引进外省菌种，采用段木打孔接种法在东坑公社试种木耳，生产木耳400千克。后其他各县陆续生产木耳。1979年，利用木屑栽培银耳技术获得成功，丽水地区产量比段木接种法提高2.3倍。1982年，推广衢州科委范世新发明的塑料袋装压块栽培法。1983年，丽水地区出口黑木耳9030千克。1987年，丽水地区收购木耳102800千克，云和县被列为浙江省木耳生产基地县，山兰牌木耳远销国外。1989年，丽水地区收购黑木耳134800千克，其中云和县43800千克。1990年，丽水地区收购黑木耳93000千克。1995年，景宁畲族自治县生产的“山山”牌黑木耳、云和县生产“山兰”牌黑木耳，分获第二届中国农业博览会金奖和银奖。这两个品牌木耳属同一品系，肉厚、质松脆、膨胀系数大，是浙江省木耳主要出口产品。

2002年，云和县大塆乡农民技术员郑云隆发明袋棒栽培技术，试种代料木耳80段，所产黑木耳品质与段木栽培相仿。袋棒栽培技术大幅度降低劳动强度和生产成本，处于国际领先水平。2005年，丽水市栽培代料黑木耳5258万袋，段木黑木耳0.28万立方米。2006年始，丽水市林业科学研究院与浙江省农业推广基金会丽水执行部合作，开展代料栽培黑木耳品种、基质配方、栽培模式系列配套技术研究，选育露天仿段木栽培优良品种“新科”“916”。创新发明黑木耳露天仿段木栽培模式，核心技术是露天无棚、刺孔催耳、定量微喷，制定实施《无公害代料黑木耳生产技术操作规程》。2006—2008年，丽水市推广黑木耳露天仿段木栽培22914.55万袋（棒），生产干耳13641200千克，产值8.26亿元，农民增收5.16亿元，减少阔叶林资源消耗9.1万立方米。2010年，丽水市建成标准化生产基地6个，栽培代料黑木耳2.06亿袋，产量20200万千克，产值7.66亿元。龙泉市被中国食用菌协会授予“中国黑木耳之乡”。国家质检总局保护云和县黑木耳实施地理标志产品。

茯　苓

茯苓又名松柏芋、松木薯、松茯苓，古称茯灵、茯菟、不死曲、不死面等。明成化《处州府志》载，景宁、云和、丽水、松阳四县所产茯苓被列入药类。1951年，丽水专区生产茯苓11150千克。1965年前，各县农民种植茯苓大多采用“木引”法，以长满茯苓菌丝的小筒木为种源。1965年，采用段木窖种法，接种茯苓。段木窖种法有“木引”“肉引”“菌引”三种。1966年始，丽水专区大多采用“肉引”法，以新鲜的茯苓核（苓肉）为种源。同年，丽水专区种植茯苓1.01万窖，收购茯苓16700千克。1973年始，丽水地区采用“菌引”法，以纯菌丝为种源，逐年扩大茯苓栽培数量。同年，云和县药用真菌研究所引入湖南地方品种太苍白，纯菌种接种栽培茯苓试验成功，产量比窖种法接种提高40%以上。该品种菌核大，近圆形，表皮薄，棕褐色，干鲜比为1.5:2.1，每50千克松木可产鲜茯苓10—15千克。1975年，云和县药用真菌实验站成立，推广纯菌种栽培茯苓，产量逐年上升。1979年，丽水地区收购茯苓816700千克。

1985年，处州茯苓被列为国家名特优产品，收购价格猛涨。同年，丽水地区种植茯苓204万窖。1986年，丽水地区茯苓产量150万千克，超过浙江省原定计划的4倍，产品积压严重。1987年，丽水地区农民种植茯苓热情锐减，种植量骤降至6万窖。1988年，丽水地区收购茯苓仅127000千克，产品又出现供不应求。1992年，丽水成为全国最大的茯苓生产基地之一，云和县、龙泉市、景宁畲族自治县等山区县为主产地，投料栽培茯苓26万立方米，生产干苓15445000千克，产值7040万元，茯苓产量、产值仅次于香菇，居食用菌类第二位。1996年，地区直属机关单位90个与景宁畲族自治县、云和县、青田县的贫困乡镇48个结成挂钩扶贫定点单位，扶持发展茯苓3000窖。1998年，云和县生产的“大仓白茯苓（块）”获浙江省名特优新农产品展销会金奖。2010年，莲都区种植茯苓1公顷，龙泉市种植茯苓3.33公顷。

灵　芝

1981年，龙泉县开展凤阳山资源普查，发现灵芝、紫芝、树舌芝等灵芝种属多个。1989年，龙泉县人工栽培灵芝试验成功。1993年，龙泉市宝溪乡人工种植段木灵芝1万千克。1994年，丽水市林业科学研究院和浙江寿仙谷生物科技有限公司联合开展灵芝新品种选育、生态高效栽培、精深加工技术与产业化研究，成功选育出灵芝优良品种“仙芝1号”，通过浙江省新品种审定，成为国内首个通过省级审定的灵芝品种。1995年，龙泉市被国务院经济发展研究中心授予“中华灵芝第一乡”称号。龙泉灵芝被评为全国食药用菌双交会优质产品，获1996年第三届国际各行业畅销产品博览会金奖。2002年，龙泉市制定《灵芝地方生产标准》。2005年，龙泉市平均年投放段木3000立方米以上，生产干灵芝15万千克，占全国灵芝产量的1/4。2008年，丽水市培植灵芝12公顷。同年，浙江益圣菌物发展有限公司生产“圣益圣”牌灵芝胶囊获中国·义乌国际森林产品博览会金奖。2009年，浙江博士园生物技术有限公司生产的“硕园”牌灵芝破壁孢子粉获中国·义乌国际森林产品博览会金奖。

21 世纪初，灵芝栽培及深加工成为龙泉市、景宁畲族自治县等地农民增收主渠道之一。丽水市 3 家集灵芝种植、加工、销售于一体的农业龙头企业浙江森芝宝生物科技有限公司、浙江龙泉佳宝生物科技有限公司、浙江国镜药业有限公司，先后研制发成功灵芝片、灵芝冲剂、灵芝精、灵芝酒、灵芝胶囊、灵芝孢子粉、灵芝抗皱蜜、灵芝润肤露等深加工产品 20 多个，其中获国产保健食品批准文号的产品 7 个，产品畅销韩国、日本、新加坡、美国、法国等国家。2010 年，丽水市栽培灵芝 4460 立方米，其中龙泉市 4000 立方米，景宁畲族自治县 410 立方米，云和县 50 立方米；灵芝产量 474800 千克，灵芝产值 3479 万元。同年，国家质检总局保护龙泉市灵芝实施国家地理标志产品。

其他食用菌栽培

20 世纪 50 年代始，庆元县采用稻草栽培草菇。1962 年，庆元县成功培育平菇。后各县又引进和发展蘑菇、草菇、灵芝、平菇、猴头菇、长裙竹荪、灰树花、蜜环菌、金针菇和冬虫夏草等食用菌 10 种。1985 年，丽水地区栽培食用菌种类增加到 14 种。除香菇外，蘑菇、平菇、金针菇等品种产量也大增。1998 年，丽水地区姬松茸、鸡腿蘑、杏鲍菇、球盖菇、蘑菇、猴头菇等新品种形成一定规模。1999 年，丽水地区蘑菇栽培面积 38 万平方米，其中松阳县栽培面积 14 万平方米，位居各县(市、区)之首位；云和、缙云、遂昌三县也有较大发展。同年，庆元县栽培灰树花 1200 万袋。

21 世纪，丽水市香菇规模稳定在 5 亿袋左右。发展较快的珍稀品种有杏鲍菇、秀珍菇、金针菇、双孢蘑菇、灰树花、蘑菇、草菇、球盖菇、鸡腿蘑等。2002 年，丽水市农业科学研究所研发成功食用菌工厂化栽培研究技术，通过省级验收。同年，丽水市农业科学研究所发明的草菇六面出菇技术领先国内，生物转化率 30%以上。2003 年，浙江双益菇业有限公司(庆元县)生产的盛益牌金针菇通过国家有机食品认证。2005 年，丽水市桑尼食用菌有机农场生产"大球盖菇"通过国家有机食品认证。2010 年，丽水市栽培蘑菇面积 7.43 公顷，产量 843000 千克，产值 640 万元；大球盖菇面积 23.33 公顷，产量 1400000 千克，产值 840 万元，产地全部在景宁；秀珍菇 450 万袋，产量 162 万千克，产值 1345 万元；杏鲍菇 460 万袋，产量 1385000 千克，产值 1155 万元；金针菇 1100 万袋，产量 170 万千克，产值 1600 万元。庆元县、景宁畲族自治县、莲都区和云和县栽培其他食用菌 1577 万袋，产量 13632500 千克，产值 6279 万元。

草　菇　又名兰花菇、美味草菇、美味卷脚菇。20 世纪 50 年代，庆元县引入山区推广种植，以稻草为培养料，露地栽培。后未能量产。

平　菇　又名平茸、糙皮侧耳、杨树菇。古称"天花蕈"。1962 年，庆元县庆元人民公社北门生产大队草菇试验场试种平菇成功，实行段木栽培，从野生菇中分离培育出平菇，以梧桐树为原料。1980 年，庆元县从福建省引入平菇菌种，以稻草为原料，经 1%石灰水或开水浸泡 2—3 小时后栽培平菇。1981 年，全省推广以棉籽壳为主料的生料露地栽培技术。2010 年，丽水市栽培平菇 243 万袋，其中莲都区最为突出，栽培 200 万袋，产量 2407500 千克，产值 1103.75 万元。

灰树花　又名云蕈、舞茸。一般在春、秋两季生产，以代料栽培为主，主要产地在庆元县。1982 年，庆元县食用菌研究所引进日本灰树花菌种试种。1983 年，庆元县食用菌研究所灰树花栽培成功后，在庆元县推广，成为全国灰树花商品重点生产区之一。1987 年秋，丽水地区投料 2500 千克，生产灰树花 1100 千克。1990 年，丽水地区生产灰树花 68000 千克。1991 年，丽水市与浙江医科大学合作，提取灰树花中的多糖，制成"保力生"抗癌药物，投入市场，销路较好。1993

年，丽水地区生产灰树花鲜品50万千克，其中出口1/3，内销1/3，用于提取“多糖”1/3。2005年，丽水市栽培灰树花1080万袋。2010年，丽水市栽培灰树花1405万袋，产量4553750千克，产值3100万元。

竹　荪　又名竹参、竹笙、竹鸡蛋、面纱菌、网纱菌。1982年，云和县药用真菌实验站、云和县微生物研究所和云和县食用菌厂联合考察野生竹荪资源。1983年5月，云和县分离、驯化野生长裙竹荪。1984年，云和县竹荪驯化试验成功。1985年，云和长裙竹荪通过省级技术鉴定，被誉为“雪裙仙子”“山珍之花”“真菌皇后”“植物鸡”等，名列竹荪、猴头、香菇、银耳“四珍”之首。同年，云和县开始采用纯菌种栽培技术生产长裙竹荪。1988年，丽水地区改用生料栽培技术，主要培养料为半腐熟的竹片。同年，丽水地区栽培长裙竹荪1200平方米，产量300千克。后由于技术不成熟，加上生长条件相当苛刻等原因很快退出历史舞台。1990年起，丽水地区栽培长裙竹荪逐渐被弃用。2008年，云和县金农珍稀菇专业合作社从山上找到一颗野生长裙竹荪菌蛋，重新进行菌种培育，完善长裙竹荪的制种和栽培技术。

2003—2010年丽水市获国家无公害食品(产品)认证单位一览

表12-3-9-1

序号	申请人全称	产品名称	注册商标	生产规模(公顷)	年产量(万千克)	有效期
1	遂昌神龙绿谷高山蔬菜发展中心	四季豆	神龙绿谷	666.70	1500.00	2003年12月—2005年12月
2	遂昌新路湾镇三井明贡茶产销合作社	茶叶	明贡	143.30	6.00	2003年12月—2006年12月
3	遂昌县高山食品有限公司	茶叶	黄沙腰	320.00	30.00	2003年12月—2006年12月
4	浙江省遂昌县茶叶产销有限公司	茶叶	遂绿	18.90	2.00	2003年12月—2006年12月
5	遂昌县华茗茶行	茶叶	珍华	25.90	3.50	2003年12月—2006年12月
6	遂昌县农家人农产品产销合作社	菊米	农家人	86.70	3.80	2003年12月—2006年12月
7	遂昌素兰无公害茶厂	菊米	素兰	15.70	1.80	2003年12月—2006年12月
8	遂昌县华昊特产有限公司	菊米	遂白	92.00	3.50	2003年12月—2006年12月
9	遂昌素兰无公害茶厂	茶叶	素兰	15.70	1.80	2003年12月—2006年12月
10	遂昌县高山食品有限公司	菊米	黄沙腰	320.00	30.00	2003年12月—2006年12月
11	缙云县栝苍大集茶果业有限公司	茶叶	鼎湖牌	33.30	2.00	2003年12月—2006年12月
12	缙云县食用菌产销技术协会	香菇	仙都	106.70	1240.00	2003年12月—2006年12月
13	缙云县高山绿色水果发展有限公司	高山梨	高山绿谷	13.30	10.00	2003年12月—2006年12月
14	缙云县南隆果业有限公司	水蜜桃	南隆	72.00	65.00	2003年12月—2006年12月
15	缙云县雪峰茶蔬业有限公司	茶叶	鼎湖	33.30	2.00	2003年12月—2006年12月
16	缙云县岩下蔬果合作社	菜豆	仙都	26.70	60.00	2003年12月—2006年12月
17	缙云县仙都果蔬有限公司	黄花菜	仙都牌	13.30	2000.00	2003年12月—2006年12月
18	缙云县螺蛳岩黄花菜产销协会	黄花菜	川野丽人	26.70	40.00	2003年12月—2006年12月
19	缙云县高山绿色水果发展有限公司	高山桃	高山绿谷	34.00	26.00	2003年12月—2006年12月
20	云和县逢春茶厂	茶叶	云河绿羽	333.30	50.00	2003年12月—2006年12月

续表 12-3-9-1

序号	申请人全称	产品名称	注册商标	生产规模（公顷）	年产量（万千克）	有效期
21	浙江省松阳县绿色食品厂	山茶油	箬寮	666.70	10.00	2003年12月—2006年12月
22		茶叶	箬寮	66.70	12.50	2003年12月—2006年12月
23	丽水六江源绿色食品有限公司	山茶油	六江源	66.70	10.80	2003年12月—2006年12月
24	莲都区碧湖农副产品产销合作社	长豇豆	山水	666.70	2500.00	2003年12月—2006年12月
25	庆元县百山祖香菇合作社	香菇	百山祖	500.00①	30.00	2003年12月—2006年12月
26	庆元县沁园茶业科技开发有限公司	花椰菜豌豆	三江源	300.00	350.00	2003年12月—2006年12月
27	龙泉市林场	柑桔	剑池	74.50	167.70	2003年12月—2006年12月
28	龙泉市顶峰生态农业开发有限公司	桃	品然	26.70	8.20	2003年12月—2006年12月
29	龙泉市新升香菇保鲜厂	鲜香菇	山真	1000.00	130.00	2003年12月—2005年12月
30	龙泉市双益菇业有限公司	金针菇	盛益	8.00	100.00	2003年12月—2005年12月
31	浙江瓯江生态农业发展有限公司	梨	瓯源	24.00	85.00	2003年12月—2005年12月
32	龙泉市凤阳春有限公司	茶叶	凤阳春	173.30	32.80	2003年12月—2005年12月
33	景宁畲族自治县农业开发总公司	梨	农发牌	33.30	10.00	2003年12月—2005年12月
34	青田县山鹤农业有限公司	豌豆	山鹤	666.70	430.00	2003年12月—2006年12月
35	青田县山鹤农产品有限公司	柑桔	山鹤	666.70	1500.00	2003年12月—2005年12月
36	丽水市山水果业有限公司	椪柑	山水	6666.70	10000.00	2003年12月—2005年12月
37		九坑桃	山水	333.30	300.00	2003年12月—2005年12月
38		西瓜	山水	133.30	350.00	2003年5月—2006年04月
39	云和县绿谷农产品产销合作社	甘蓝	碧田	266.67	1000.00	2003年5月—2006年04月
40	松阳县天草端午茶厂	苦丁茶	天草端	666.67	25.00	2004年4月—2006年11月
41		端午茶	天草端	666.67	270.00	2004年4月—2006年11月
42	松阳县森尔食用菌经营服务部	香菇	森尔	2500.00②	187.50	2004年4月—2006年11月
43	遂昌县林业开发公司	食用笋	小忠藏龙	1333.33	10000.00	2004年4月—2006年11月
44	遂昌农特产品开发公司	烤薯	丰	266.67	18.00	2004年4月—2006年11月
45	景宁畲族自治县农业开发公司	李	农发	33.30	8.00	2004年4月—2006年11月
46	云和县绿谷农产品产销合作社	香菇	颐养园	500.00③	350.00④	2004年4月—2006年11月
47	景宁畲族自治县营林公司	畲山	畲山	80.00	11.00	2004年4月—2006年11月
48	浙江瓯源生态农业发展有限公司	食用笋	瓯源	50.00	150.00	2004年4月—2006年11月
49	庆元县营林公司	锥栗	金蜜果	666.00	150.00	2004年4月—2006年11月
50	云和县仙宫果业有限公司	云和雪梨	仙宫湖	667.00	500.00	2004年4月—2006年11月
51		板栗	仙宫湖	667.00	75.00	2004年4月—2006年11月

① 庆元县百山祖香菇合作社的香菇生产规模单位为万袋。
② 松阳县森尔食用菌经营服务部的香菇生产规模单位为万袋。
③ 云和县绿谷农产品产销合作社的香菇生产规模单位为万袋。
④ 云和县绿谷农产品产销合作社的为新采摘的鲜香菇年产量。

续表 12-3-9-1

序号	申请人全称	产品名称	注册商标	生产规模（公顷）	年产量（万千克）	有效期
52	云和县农业综合开发有限公司	黑李	仙宫湖	200.00	100.00	2004 年 4 月—2006 年 11 月
53		翠冠梨	山水	40.00	80.00	2005 年 2 月—2008 年 2 月
54	丽水市山水果业有限公司	藕	山水	33.30	125.00	2005 年 2 月—2008 年 2 月
55	丽水莲都区庄稼人农产品产销合作社	四季豆	乡草	100.00	200.00	2005 年 2 月—2008 年 2 月
56	丽水市绿溢农业科技开发有限公司	小西瓜	绿溢莲湖	8.70	26.00	2005 年 2 月—2008 年 2 月
57	丽水六江源绿色食品有限公司	茶叶	六江源	33.30	0.20	2005 年 2 月—2008 年 2 月
58	庆元县益农综合开发有限公司	香菇	益农	150.00[1]	100.00	2005 年 2 月—2008 年 2 月
59	庆元县江源菇品有限公司	香菇等	卓牌	1.33	100.00	2005 年 2 月—2008 年 2 月
60	云和县绿谷农产品产销合作社	黑木耳	颐养园	70.00	66.00	2005 年 2 月—2008 年 2 月
61		葡萄	碧田	33.00	100.00	2005 年 2 月—2008 年 2 月
62	龙泉市凤阳山绿色食品开发公司	辣椒	凤阳山	186.70	420.00	2005 年 2 月—2008 年 2 月
63	浙江省庆元县百山茶厂	茶叶	百山	211.00	108.00	2004 年 7 月—2007 年 7 月
64	缙云县仙都蓬莱家禽果蔬合作社	桃	仙水谷	30.00	65.00	2005 年 12 月—2008 年 12 月
65	缙云县仙都杨梅合作社	杨梅	鼎湖峰	30.00	20.00	2005 年 12 月—2008 年 12 月
66	遂昌县绿山沟果业有限公司	提子	绿山沟	33.00	75.00	2005 年 12 月—2008 年 12 月
67	庆元县三江源农业发展有限公司	茶叶	三江源	38.00	2.85	2006 年 2 月—2009 年 2 月
68		香菇	三江源	90.00[2]	4.90	2006 年 2 月—2009 年 2 月
69	龙泉市阳光农业有限公司	梨	品然	133.40	10.50	2006 年 1 月—2009 年 1 月
70	青田县绿林农工商经贸有限公司	桃	万山绿	70.00	210.00	2006 年 9 月—2009 年 9 月
71	龙泉市绿谷果菜专业合作社	稻米	凤阳湖	200.00	150.00	2006 年 9 月—2009 年 9 月
72	丽水莲都区丽新乡黄岭上茶场	茶叶	—	17.50	0.25	2006 年 9 月—2009 年 9 月
73	丽水市莲都区毛田生态茶研究所	茶叶	天堂顶峰	66.67	2.50	2006 年 9 月—2009 年 9 月
74	云和县白鹤尖高山蔬菜专业合作社	杨梅	颐养园	40.00	—	2006 年 9 月—2009 年 9 月
75	缙云县稆生粮油合作社	富硒稻米	仙都稆圣	186.67	106.40	2006 年 9 月—2009 年 9 月
76	浙江省缙云县种籽公司	富硒稻米	仙都稆圣	166.67	81.68	2006 年 9 月—2009 年 9 月
77		早稻米	仙都稆圣	2500.00	852.50	2006 年 9 月—2009 年 9 月
78	缙云县舒洪镇农业技术综合服务站	小麦	川野丽人	67.00	25.50	2006 年 9 月—2009 年 9 月
79	缙云县康莱特米仁发展有限公司	薏苡米	绿仁	13.67	30.00	2006 年 9 月—2009 年 9 月
80	缙云县珍稀食用菌产销合作社	秀珍菇	风景山	2.00	20.00	2006 年 9 月—2009 年 9 月
81	缙云县舒洪镇农业技术综合服务站	稻米	川野丽人	67.00	53.52	2006 年 9 月—2009 年 9 月
82	缙云县大洋山啦蔬果有限公司	香菇	山啦	23.33	350.00	2006 年 9 月—2009 年 9 月
83	缙云县壶镇镇绿源种养园	番茄	绿归源	10.00	20.00	2006 年 9 月—2009 年 9 月

① 庆元县益农综合开发有限公司的香菇生产规模单位为万袋。

② 庆元县三江源农业发展有限公司的香菇生产规模单位为万袋。

续表 12-3-9-1

序号	申请人全称	产品名称	注册商标	生产规模（公顷）	年产量（万千克）	有效期
84	缙云县东魁果业合作社	杨梅	紫水晶	200.00	300.00	2006年9月—2009年9月
85	缙云县浣溪果业合作社	梨	浣溪	67.00	150.00	2006年9月—2009年9月
86	缙云县仁岸杨梅产销合作社	杨梅	仙仁	200.00	480.00	2006年9月—2009年9月
87	缙云县江沿茶叶专业合作社	茶叶	鼎湖	33.33	2.50	2006年9月—2009年9月
88	遂昌县林业技术推广总站	板栗	早霞	894.00	240	2006年9月—2009年9月
89		葡萄	早霞	27.00	50.00	2006年9月—2009年9月
90	遂昌县叶子果蔬产销合作社	葡萄	叶子	13.00	25.00	2006年9月—2009年9月
91		油桃	叶子	20.00	40.00	2006年9月—2009年9月
92	青田县山鹤农业有限公司	稻米	山鹤	70.00	60.00	2006年9月—2009年9月
93	松阳县松剑茶厂	茶叶	银猴	233.33	20.00	2006年6月—2009年12月
94	丽水市梅峰茶叶有限公司	茶叶	梅中田	334.00	12.50	2007年4月—2010年4月
95	丽水市绿谷茶业有限公司	茶叶	山水龙剑	333.00	12.00	2007年4—2010年4月
96	丽水市绿溢农业发展有限公司	黄瓜	绿溢莲湖	33.33	150.00	2007年4月—2010年4月
97	丽水飞鸟农产品产销合作社	鲜笋	—	333.33	370.00	2007年4月—2010年4月
98	丽水秀山农副产品产销合作社	甜玉米	—	50.00	119.00	2007年4月—2010年4月
99	莲都区碧湖农副产品产销合作社	鲜蚕豆	碧湖绿源	333.33	250.00	2007年4月—2010年4月
100	遂昌县黄沙腰烤薯合作社	烤薯	黄沙腰	534.00	71.00	2007年4月—2010年4月
101	景宁畲族自治县营林公司	竹笋	胖胖冬笋	667.00	75.00	2007年4月—2010年4月
102	景宁畲族自治县沙湾镇政府	辣椒	雪松	20.00	35.00	2007年4月—2010年4月
103	缙云县仙都稆生粮油合作社	玉米	仙都稆圣	33.33	22.50	2006年10月—2009年10月
104	云和县雾溪乡云雾专业合作社	竹笋	—	43.33	6.50	2007年10月—2010年10月
105	丽水市山水果业有限公司	瓯柑	山水	135.00	300.00	2008年2月—2011年2月
106	松阳县水车杨梅合作社	杨梅	—	157.00	255.00	2008年2月—2011年2月
107		李	—	200.00	372.50	2008年2月—2011年2月
108	丽水市莲都区庄稼人蔬菜合作社	毛豆	乡草	133.73	131.70	2008年2月—2011年2月
109	丽水市森老大板栗产销合作社	板栗	森老大	134.00	25.00	2008年2月—2011年2月
110	丽水莲都区汇菇食用菌专业合作社	鲜香菇	爱绿森	100.00①	85.00	2008年2月—2011年2月
111	丽水市莲都区西达开农产品合作社	大米	爱绿森	33.33	20.00	2008年2月—2011年2月
112	松阳县清之源香米合作社	稻米	—	300.00	200.00	2008年2月—2011年2月
113	景宁畲族自治县大漈雪松茭白专业合作社	茭白	雪松	130.00	375.00	2008年2月—2011年2月
114	松阳县石马板栗合作社	板栗	—	33.33	80.00	2008年2月—2011年2月
115	云和县神农高山蔬菜合作社	脱水花菜	—	66.67	24.00	2008年2月—2011年2月
116		脱水马铃薯	—		24.00	2008年2月—2011年2月

① 丽水莲都区汇菇食用菌专业合作社鲜香菇的生产规模单位为万袋。

续表 12-3-9-1

序号	申请人全称	产品名称	注册商标	生产规模（公顷）	年产量（万千克）	有效期
117	龙泉市安青山茶厂	茶叶	绿谷安青茶	200.00	6.00	2008年2月—2011年2月
118	龙泉市金龙茶叶专业合作社	茶叶	—	20.00①	4.50	2008年4月—2011年4月
119	龙泉市龙之玉优质米合作社	大米	龙之玉	30.00②	140.00	2008年4月—2011年4月
120	遂昌县林业技术推广总站	油茶籽油	金竹	8.50③	2.00	2008年7月—2011年7月
121	缙云县采山涧蔬菜专业合作社	荷兰豆	采山间	—	45.35	2008年8月—2011年8月
122		芦笋	采山间	66.67	56.35	2008年8月—2011年8月
123	浙江省云和县山里人茶叶合作社	茶叶	—	266.67	3.50	2008年8月—2011年8月
124	莲都区郎奇农家乐农产品专业合作社	茄	山水	333.00	480.00	2009年1月—2012年1月
125	龙泉市安仁食药用菌专业合作社	秀珍菇	新安仁	—	11.00	2009年1月—2012年1月
126	龙泉市朝阳食用菌专业合作社	秀珍菇	禾艺	43.00	12.00	2009年1月—2012年1月
127	龙泉市倚天木槿花开发有限公司	木槿花	龙雪莲	62.60	150.00	2009年1月—2012年1月
128	丽水市山水果业有限公司	杨梅	山水	33.33	450.00	2009年1月—2012年1月
129	青田县山鹤农业有限公司	杨梅	山鹤	3.00④	200.00	2009年1月—2012年1月
130	松阳县山菌食用菌种业专业合作社	香菇	森尔	200.00⑤	10.00	2009年1月—2012年1月
131	松阳县绿福茶厂	茶叶	—	66.67	7.00	2009年1月—2012年1月
132	松阳县谢村茶叶专业合作社	茶叶	—	66.67	2.80	2009年1月—2012年1月
133	缙云县仙水谷油桃专业合作社	油桃	仙水谷	35.00	60.00	2009年1月—2012年1月
134	松阳县江南绿茶厂	茶叶	—	66.67	7.50	2009年1月—2012年1月
135	松阳县鸿冠有机果业合作社	早熟梨	鸿冠	173.30	260.80	2009年1月—2012年1月
136	松阳县绿茗峰茶厂	茶叶	—	66.67	7.10	2009年5月—2012年5月
137	松阳县雪峰云尖茶业有限公司	茶叶	—	72.00	8.30	2009年5月—2012年5月
138	松阳县兴星茶厂	茶叶	—	66.67	7.50	2009年5月—2012年5月
139	松阳县四都村姑农家种养专业合作社	竹笋干	—	113.33	2.00	2009年5月—2012年5月
140	松阳县松珍果蔬专业合作社	芙蓉李	—	78.60	106.80	2009年5月—2012年5月
141	松阳县新兴食用菌专业合作社	香菇	森尔	400.00⑥	30.00	2009年5月—2012年5月
142	浙江凤阳山食品有限公司	南瓜	凤阳山	33.33	75.00	2009年5月—2012年5月
143	龙泉市丽源姜业专业合作社	泉姜	山灵泉	133.40	9.20	2009年5月—2012年5月
144		香菇	山灵泉	16.50⑦	1.30	2009年5月—2012年5月

① 龙泉市金龙茶叶专业合作社茶叶的生产规模单位为万公顷。
② 龙泉市龙之玉优质米合作社大米的生产规模单位为万公顷。
③ 遂昌县林业技术推广总站油茶籽油的生产规模单位为万公顷。
④ 青田县山鹤农业有限公司杨梅的生产规模单位为万公顷。
⑤ 松阳县山菌食用菌种业专业合作社香菇的生产规模单位为万公顷。
⑥ 松阳县新兴食用菌专业合作社香菇的生产规模单位为万公顷。
⑦ 龙泉市丽源姜业专业合作社香菇的生产规模单位为万公顷。

续表 12-3-9-1

序号	申请人全称	产品名称	注册商标	生产规模（公顷）	年产量（万千克）	有效期
145	松阳县绿轩茶业农机化生产专业合作社	茶叶	—	67.00	7.80	2009年9月—2012年9月
146	松阳县茗春茶叶农机化专业合作社	茶叶	—	210.00	22.00	2009年9月—2012年9月
147	松阳县金绿果蔬茶叶专业合作社	茶叶	—	267.00	20.00	2009年9月—2012年9月
148	缙云县德强蔬菜专业合作社	辣椒	—	167.00	240.00	2009年11月—2012年11月
149		四季豆	—	—	200.00	2009年11月—2012年11月
150		生姜	—	—	125.00	2009年11月—2012年11月
151	龙泉市惠民中药材专业合作社	生姜	—	50.00	75.00	2009年11月—2012年11月
152	青田县守良农业合作社	柑桔	山鹤	133.33	300.00	2009年11月—2012年11月
153	松阳县香红脐橙专业合作社	脐橙	—	67.00	151.00	2009年11月—2012年11月
154	松阳县上安茶叶专业合作社	茶叶	—	165.00	23.00	2009年11月—2012年11月
155	松阳县松古果业专业合作社	脐橙	—	6.67	20.30	2009年11月—2012年11月
156		椪柑	—	13.33	50.70	2009年11月—2012年11月
157	松阳县森田水果专业合作社	脐橙	—	40.00	90.50	2009年11月—2012年11月
158	浙江大富地农业发展有限公司	脐橙	—	64.00	106.00	2009年11月—2012年11月
159		椪柑	—	142.67	225.00	2009年11月—2012年11月
160	松阳县新高农业开发有限公司	黑木耳	—	100.00①	7.00	2009年11月—2012年11月
161	松阳县新兴食用菌专业合作社	黑木耳	—	100.00②	7.00	2009年11月—2012年11月
162	松阳县新高农业开发有限公司	香菇	—	120.00③	9.00	2009年11月—2012年11月
163	松阳县玉岩花菇专业合作社	干花菇	—	300.00④	23.00	2009年11月—2012年11月
164	松阳县山山食用菌专业合作社	香菇	—	100.00⑤	12.00	2009年11月—2012年11月
165	松阳县山菌食用菌种业专业合作社	黑木耳	森尔	150.00⑥	10.00	2009年11月—2012年11月
166	缙云县雁门果业专业合作社	水蜜桃	—	133.33	350.00	2010年1月—2013年1月
167	龙泉市尖峰蔬菜专业合作社	南瓜籽	欣荣	66.67	1.00	2010年1月—2013年1月
168	上海大山合集团有限公司	香菇	大山合、太然	1000.00⑦	300.00	2010年1月—2013年1月
169		滑子菇	大山合、太然	100.00⑧	10.00	2010年1月—2013年1月
170		茶树菇	大山合、太然	100.00⑨	10.00	2010年1月—2013年1月
171		黑木耳	大山合、太然	300.00⑩	100.00	2010年1月—2013年1月

① 松阳县新高农业开发有限公司黑木耳的生产规模单位为万公顷。
② 松阳县新兴食用菌专业合作社黑木耳的生产规模单位为万公顷。
③ 松阳县新高农业开发有限公司香菇的生产规模单位为万公顷。
④ 松阳县玉岩花菇专业合作社干花菇的生产规模单位为万公顷。
⑤ 松阳县山山食用菌专业合作社香菇的生产规模单位为万公顷。
⑥ 松阳县山菌食用菌种业专业合作社黑木耳的生产规模单位为万公顷。
⑦ 上海大山合集团有限公司香菇的生产规模单位为万公顷。
⑧ 上海大山合集团有限公司滑子菇的生产规模单位为万公顷。
⑨ 上海大山合集团有限公司茶树菇的生产规模单位为万公顷。
⑩ 上海大山合集团有限公司黑木耳的生产规模单位为万公顷。

续表 12-3-9-1

序号	申请人全称	产品名称	注册商标	生产规模（公顷）	年产量（万千克）	有效期
172	上海大山合集团有限公司	银耳	大山合、太然	100.00①	10.00	2010 年 1 月—2013 年 1 月
173		猴头菇	大山合、太然	50.00②	10.00	2010 年 1 月—2013 年 1 月
174	浙江龙泉山食品有限公司	香菇	龙泉山	300.00③	15.00	2010 年 1 月—2013 年 1 月
175		灵芝	龙泉山	6.70	5.00	2010 年 1 月—2013 年 1 月
176	龙泉市佳宝生物科技有限公司	灵芝	滢宝	6.70	10.00	2010 年 1 月—2013 年 1 月
177	龙泉市顶峰生态农业有限公司	金观音	凤阳山	33.30	3.00	2010 年 1 月—2013 年 1 月
178	龙泉市贵旺果菜专业合作社	香菇	贵旺	600.00④	300.00	2010 年 1 月—2013 年 1 月
179	龙泉市雪芽茶叶有限责任公司	绿茶	住龙春	66.67	4.50	2010 年 1 月—2013 年 1 月
180	浙江省云和县天源板栗专业合作社	板栗	—	266.67	60.00	2010 年 1 月—2013 年 1 月
181	浙江省云和县上品果业专业合作社	甜桔柚	—	30.00	15.00	2010 年 1 月—2013 年 1 月
182	缙云县春旗茶蔬专业合作社	茶叶	—	33.30	3.70	2010 年 1 月—2013 年 1 月
183	遂昌县金色食品有限公司	野小竹笋	好川	667.00	8.00	2010 年 1 月—2013 年 1 月
184	浙江省云和县珍禾优质米专业合作社	大米	—	333.33	200.00	2010 年 1 月—2013 年 1 月
185		红米	—	—	200.00	2010 年 1 月—2013 年 1 月
186	浙江省丽水天恩茶业有限公司	茶叶	圣恩缘	166.67	17.00	2010 年 1 月—2013 年 1 月
187	松阳县金秋农产品专业合作社	玉米	—	24.00	43.50	2010 年 1 月—2013 年 1 月
188	松阳县源茗春有机茶专业合作社	茶叶	九云凤凰	160.00	20.00	2010 年 1 月—2013 年 1 月
189	松阳县兴农脐橙产销专业合作社	脐橙	绿优	80.00	181.00	2010 年 1 月—2013 年 1 月
190	松阳县桃花源果品专业合作社	鲜李	梦桃源	40.00	91.50	2010 年 1 月—2013 年 1 月
191	松阳县金岭头农林产品专业合作社	茶叶	—	60.00	5.10	2010 年 1 月—2013 年 1 月
192	松阳县禾花香粮油专业合作社	稻米	—	30.00	14.20	2010 年 1 月—2013 年 1 月
193	松阳县板桥畲族有机茶合作社	茶叶	—	140.00	18.00	2010 年 1 月—2013 年 1 月
194	松阳县会发毛竹专业合作社	鲜竹笋	—	40.00	22.00	2010 年 1 月—2013 年 1 月
195	景宁畲族自治县惠明茶行业协会	茶叶	惠明	2667.00	130.00	2010 年 1 月—2013 年 1 月
196	丽水市金田园果蔬产销专业合作社	番茄	—	13.00	40.00	2010 年 1 月—2013 年 1 月
197	莲都区郎奇农家乐农产品专业合作社	鲜玉米	山水	201.00	422.80	2010 年 1 月—2013 年 1 月
198	景宁亿龙杨梅专业合作社	杨梅	畲佳红	60.00	20.00	2010 年 1 月—2013 年 1 月
199	龙泉市古来峰茶叶专业合作社	茶叶	茶丰春	133.33	4.00	2010 年 1 月—2013 年 1 月
200	松阳县昌旺农产品专业合作社	蚕豆	—	68.40	77.00	2010 年 1 月—2013 年 1 月
201	丽水市莲都区处蕈食用菌专业合作社	鲜香菇	—	100.00⑤	85.00	2010 年 1 月—2013 年 1 月

① 上海大山合集团有限公司银耳的生产规模单位为万公顷。
② 上海大山合集团有限公司猴头菇的生产规模单位为万公顷。
③ 浙江龙泉山食品有限公司香菇的生产规模单位为万公顷。
④ 龙泉市贵旺果菜专业合作社香菇的生产规模单位为万公顷。
⑤ 丽水市莲都区处蕈食用菌专业合作社鲜香菇的生产规模单位为万公顷。

续表 12-3-9-1

序号	申请人全称	产品名称	注册商标	生产规模（公顷）	年产量（万千克）	有效期
202	龙泉市翠峰茶叶专业合作社	绿茶	瀑云翠峰	80.00	6.00	2010年1月2013年1日
203	浙江五龙山茶叶有限公司	金观音	五龙云间	80.00	18.00	2010年1月2013年1日
204	缙云县康丰果蔬专业合作社	西瓜	—	33.33	300.00	2010年1月2013年1日
205	缙云县三溪蔬菜专业合作社	鲜食玉米	—	73.33	65.00	2010年1月2013年1日
206		青豆	—	2.70	4.00	2010年1月—2013年1日
207	缙云县惠民果蔬专业合作社	茄子	—	2.00	1.50	2010年1月—2013年1日
208		番茄	—	3.00	1.60	2010年1月—2013年1日
209		辣椒	—	5.00	3.00	2010年1月—2013年1日
210		花菜	—	3.00	1.00	2010年1月—2013年1日
211		木耳菜	—	2.00	1.30	2010年1月—2013年1日
212	松阳县四都村姑农家种养专业合作社	萝卜干	—	16.67	0.40	2010年3月—2013年3日
213	景宁县原野食品有限公司	茄子	至美	—	9.60	2010年4月—2013年4日
214		辣椒	至美	—	12.00	2010年4月—2013年4日
215		苦瓜	至美	—	9.00	2010年4月—2013年4日
216	缙云县五莲星农牧有限公司	肉鸭	五莲星	50.00①	90.00	2004年4月—2006年11日
217		肉鸡	五莲星	60.00②	108.00	2004年4月—2006年11日
218	缙云县均得利有限公司	肉鸡	均得利	100.00③	150.00	2004年4月—2006年11日
219	缙云县绿生园农牧开发有限公司	鸭蛋	绿生园	2.00④	18.00	2004年4月—2006年11日
220	丽水市绿园禽业有限公司	香鸡	绿园香	50.00⑤	80.00	2004年4月—2006年11日
221	青田县现代生态养殖有限公司	猪肉	青野	0.70⑥	70.00	2004年4月—2006年11日
222	龙泉市绿农家禽养殖有限公司	肉鸡	绿腾	50.00⑦	14.00	2005年9月—2008年8日
223	缙云县顶佳田园有限公司	鸡蛋	顶佳田园	—	60.00	2006年6月—2009年6日
224	遂昌科农畜牧有限责任有限公司	猪	青山源	0.50⑧	50.00	2008年1月—2011年1日
225	遂昌县梅溪生态养殖场	鸡	梅溪	20.00⑨	14.00	2008年2月—2011年2日
226	浙江省龙泉市绿康生态养殖有限公司	肉鸡	山咯咯	30.00⑩	45.00	2008年2月—2011年2日
227	遂昌县龙谷神凤养殖场	鸡	龙谷神凤	8.50	12.00⑪	2008年2月—2011年2日

① 缙云县五莲星农牧有限公司肉鸭的生产规模单位为万羽。
② 缙云县五莲星农牧有限公司肉鸡的生产规模单位为万羽。
③ 缙云县均得利有限公司肉鸡的生产规模单位为万羽。
④ 缙云县绿生园农牧开发有限公司鸭蛋的生产规模单位为万羽。
⑤ 丽水市绿园禽业有限公司香鸡的生产规模单位为万羽。
⑥ 青田县现代生态养殖有限公司猪肉的生产规模单位为万头。
⑦ 龙泉市绿农家禽养殖有限公司肉鸡的生产规模单位为万羽。
⑧ 遂昌科农畜牧有限责任有限公司猪的生产规模单位为万头。
⑨ 遂昌县梅溪生态养殖场鸡的生产规模单位为万羽。
⑩ 浙江省龙泉市绿康生态养殖有限公司肉鸡的生产规模单位为万羽。
⑪ 遂昌县龙谷神凤养殖场鸡的生产规模单位为万羽。

续表 12-3-9-1

序号	申请人全称	产品名称	注册商标	生产规模（公顷）	年产量（万千克）	有效期
228	浙江绿园禽业有限公司	百草鸡	绿园香	50.00①	50.00	2008 年 2 月—2011 年 2 月
229	缙云县城西禽业生产合作社	鸡蛋	少灵	3.00②	37.00	2008 年 10 月—2011 年 10 月
230	松阳县绿谷牧业发展有限公司	生猪	—	10000.00③	125.00	2009 年 9 月—2012 年 9 月
231	遂昌峰源生态科技有限公司	鲜鸡蛋	峰源生态	—	30.00	2010 年 1 月—2013 年 1 月
232	青田县海林行农业开发有限公司	活鸡	鹤之园	—	0.60	2010 年 5 月—2013 年 5 月
233		鸡蛋	鹤之园	—	3.80	2010 年 5 月—2013 年 5 月
234	丽水市禾意牧业有限公司	猪肉	山水	—	100.00	2010 年 5 月—2013 年 5 月
235	缙云县金谷禽蛋专业合作社	鲜鸡蛋	—	—	21.00	2010 年 5 月—2013 年 5 月
236	遂昌绿成养殖场	鲜鸡蛋	绿成	—	60.00	2010 年 5 月—2013 年 5 月
237	遂昌县畜牧业协会	土鸡	黄泥岭	—	8.50	2010 年 7 月—2013 年 7 月
238	遂昌县绿健畜牧专业合作社	绿壳鸡蛋	绿达	—	19.20	2010 年 7 月—2013 年 7 月

2001—2010 年丽水市获国家绿色食品认证单位(产品)一览

表 12-3-9-2

序号	申报单位	产品	注册商标	认证规模（公顷）	年产量（万千克）	认证时间
1	丽水市极峰矿泉水饮料厂	矿泉水	碧湖白桥	—	1000.00	2001 年 11 月
2	丽水市森宝菇业有限公司	香菇	爱绿森	100.00④	—	2002 年 11 月
3	丽水市山水果业有限公司	天草(柑桔)	山水	10.00	12.00	2002 年 11 月
4		瓯柑	山水	15.00	25.00	2005 年 11 月
5	丽水市城西园艺丁	红晶李	山水	—	11.00	2002 年 11 月
6	丽水市丽华板栗科技实验场	板栗	森老大	66.46	—	2003 年 4 月
7	丽水市绿溢农业科技开发有限公司	厚皮田瓜	绿溢莲湖	20.00	—	2003 年 4 月
8	丽水高山农夫农副产品有限公司	豇豆干	高山农夫	133.33	—	2003 年 4 月
9	丽水市莲都区亿品云茶场	绿茶	亿品云	12.33	—	2005 年 10 月
10	丽水市咏林食品有限公司	油焖小笋	咏林	33.00	5.00	2006 年 12 月
11	丽水处州山茶油开发有限公司	山茶油	处州	966.66	72.50	2007 年 12 月
12	浙江绿园禽业有限公司	土鸡蛋	处州绿园	1.00⑤	5.00	2008 年 12 月
13	浙江丽水膳尔康食品有限公司	马齿苋袋泡茶	膳尔康	103.00	2.25	2009 年 8 月
14	丽水市森老大板栗专业合作社	板栗	栗老大	66.46	20	2010 年 4 月

① 浙江省龙泉市绿康生态养殖有限公司肉鸡的生产规模单位为万羽。
② 遂昌县龙谷神凤养殖场鸡的生产规模单位为万羽。
③ 浙江绿园禽业有限公司百草鸡的生产规模单位为万羽。
④ 丽水市森宝菇业有限公司香菇的认证规模单位为万袋。
⑤ 浙江绿园禽业有限公司土鸡蛋的认证规模单位为万羽。

续表 12-3-9-2

序号	申报单位	产品	注册商标	认证规模（公顷）	年产量（万千克）	认证时间
15	浙江聚珍园食品有限公司	秀珍菇（干）	禾艺	50.00①	4.50	2006 年 10 月
16		茶树菇（干）	禾艺	120.00②	11.00	2006 年 10 月
17		杏鲍菇（干）	禾艺	80.00③	75.00	2006 年 10 月
18		干香菇	禾艺	300.00④	25.00	2006 年 10 月
19		银耳（干）	禾艺	60.00⑤	5.00	2006 年 10 月
20		黑木耳（干）	禾艺	2100.00⑥	8.40	2006 年 10 月
21		木槿花	禾艺	53.30	8.00	2006 年 10 月
22		干萝卜	禾艺	133.30	40.00	2006 年 9 月
23		豇豆干	禾艺	26.70	100.00	2007 年 11 月
24		儿菜干	禾艺	17.30	120.00	2007 年 11 月
25		溪鱼干	禾艺	—	1.00	2007 年 11 月
26		花菇（干）	禾艺	200.00	25.00	2009 年 3 月
27		冬菇（干）	禾艺	20.00	25.00	2009 年 3 月
28	青田县山鹤农业有限公司	杨梅	山鹤	200.00	100.00	2002 年 8 月
29		田鱼（活）	山鹤	33.30	1.75	2006 年 8 月
30		杨梅	山鹤	133.30	100.00	2008 年 11 月
31	青田绿谷伯温茶业有限公司	绿茶	绿谷伯温	133.30	2.50	2010 年 11 月
32	庆元县志东果业有限公司	甜桔柚	志东牌	20.00	50.00	2003 年 12 月
33	庆元县小林果业有限公司	余村蜜桔	金蜜果	20.00	50.00	2004 年 5 月
34	庆元县森龙菌蔬果业有限公司	鲜香菇	鲜润	—	20.00	2005 年 12 月
35		干香菇	鲜润	—	2.50	2005 年 12 月
36		甜桔柚	鲜润	33.33	50.00	2006 年 7 月
37	庆元县齐圣水干果专业合作社	甜桔柚	齐胜	10.00	17.50	2009 年 4 月
38	缙云县大洋山啦蔬果有限公司	茭白	山啦	238.00	700.00	2004 年 6 月
39	缙云县顶佳田园有限公司	鲜鸡蛋	顶佳田园	1.00⑦	17.00	2007 年 1 月
40	缙云浙大科技农业示范基地有限公司	蜜梨	黄龙农庄	10.00	16.50	2007 年 12 月
41		提子	黄龙农庄	8.00	25.50	2007 年 12 月

① 浙江聚珍园食品有限公司秀珍菇（干）的认证规模单位为万袋。
② 浙江聚珍园食品有限公司茶树菇（干）的认证规模单位为万袋。
③ 浙江聚珍园食品有限公司杏鲍菇（干）的认证规模单位为万袋。
④ 浙江聚珍园食品有限公司干香菇的认证规模单位为万袋。
⑤ 浙江聚珍园食品有限公司银耳（干）的认证规模单位为万袋。
⑥ 浙江聚珍园食品有限公司黑木耳（干）的认证规模单位为立方米。
⑦ 缙云县顶佳田园有限公司鲜鸡蛋的认证规模单位为万羽。

续表 12-3-9-2

序号	申报单位	产品	注册商标	认证规模（公顷）	年产量（万千克）	认证时间
42	缙云县日月盛开发有限公司	蜜梨	日月盛	15.00	40.00	2007年12月
43		水蜜桃	日月盛	15.00	50.00	2007年12月
44	缙云县南弄果业专业合作社	水蜜桃	南隆	16.00	50.00	2008年11月
45	缙云县浣溪果业专业合作社	翠冠梨	浣溪	133.33	60.00	2010年5月
46	浙江石练菊米有限公司	石练菊米	石练	200.00	10.80	2001年12月
47	遂昌县龙谷名茶开发中心	茶叶	龙谷丽人	33.33	0.90	2002年2月
48		垂柳茶	龙谷丽人	140.00	—	2005年8月
49	遂昌县林业开发公司	竹笋	小忠龙藏	133.00	111.10	2006年9月
50	遂昌县黄沙腰烤薯合作社	烤薯	黄沙腰	68.68	36.00	2007年9月
51	遂昌县绿都竹笋产销专业合作社	油焖鲜笋	羽峰	123.33	4.50	2010年7月
52		泡笋	羽峰		5.00	2010年7月
53	遂昌县恒溢菌业有限公司	双孢蘑菇	神龙绿谷	20.00	62.50	2009年2月
54	遂昌县绿跃高山蔬菜专业合作社	四季豆	汤公	21.00	67.50	2012年6月
55	松阳县农业发展有限公司	脐橙	梦阳	102.00	—	2002年12月
56		茶叶	银猴	113.33	—	2002年12月
57		干香菇	森尔牌	13.33	—	2004年3月
58	浙江卖油翁油品有限公司	山茶油	绿谷油	13.33	16.00	2009年9月
59	浙江奇尔茶叶有限公司	奇尔茶叶	奇尔牌	201.00	4.00	2001年12月
60	景宁县英川食品有限公司	高山蜜梨	英川牌	66.60	200.00	2002年8月
61	景宁畲族自治县中信实业有限公司	干香菇	金信牌	360.00①	36.00	2007年12月
62	浙江博士园生物技术有限公司	硕园虫草	SOYE	13.00	2.00②	2009年3月
63		硕园虫草	SOYE	0.50	0.50③	2009年3月
64		灵芝饮片	SOYE	0.50	1.00	2009年3月
65		破壁灵芝孢子粉	SOYE	2.00	0.80	2009年3月

说明：绿色食品有效期为3年，到期前3个月提出续期申请，经检验合格方可续期使用绿色食品称号与标识

2001—2010年丽水市获国家有机食品（产品）认证单位一览

表 12-3-9-3

序号	申报单位	产品	注册商标	生产规模（公顷）	年产量（千克）	认证年份（年）
1	缙云县宝来丽食品有限公司	鲜生姜	宝来丽	6.67	150000.00	2007
2	缙云县褚氏果业专业合作社	水蜜桃	—	6.67	96000.00	2010

① 景宁畲族自治县中信实业有限公司干香菇的认证规模单位为万袋。
② 浙江博士园生物技术有限公司硕园虫草的年产量单位为鲜。
③ 浙江博士园生物技术有限公司硕园虫草的年产量单位为干。

续表 12-3-9-3

序号	申报单位	产品	注册商标	生产规模（公顷）	年产量（千克）	认证年份（年）
3	缙云县古大亚果蔬专业合作社	水蜜桃	—	2.93	12600.00	2010
4		油桃	—	2.50	7600.00	2010
5		李	—	0.70	50.00	2010
6		杨梅	—	0.93	70.00	2010
7	缙云县金坑杨梅专业合作社	杨梅	—	10.00	99000.00	2010
8	缙云县老百姓茶叶水果专业合作社	茶叶	—	20.00	2500.00	2008
9		绿茶	—	20.00	10000.00	2010
10	缙云县龙溪果蔬合作社	板栗	珠峰	10.00	10000.00	2007
11		竹笋干	珠峰	10.00	1350.00	2007
12	缙云县龙溪果蔬专业合作社	鲜茶叶	—	6.67	50000.00	2008
13	缙云县仁岸杨梅专业合作社	杨梅	—	3.33	6000.00	2008
14		杨梅	—	3.55	800000.00	2009
15	缙云县日月盛农产品开发有限公司	茶叶	—	20.00	10000.00	2006
16		茶叶	—	20.00	2500.00	2010
17	缙云县山里人茶叶专业合作社	茶叶	—	10.00	1000.00	2010
18	缙云县山川绿野笋业专业合作社	竹笋	—	343.33	773000.00	2010
19		油焖笋	—	343.33	247000.00	2010
20	缙云县山里人茶叶专业合作社	茶鲜叶	—	9.20	1000.00	2010
21	缙云县石笕茶油加工厂	油茶籽油	石笕	666.67	75000.00	2007
22	缙云县笋峰茶叶有限公司	茶叶	笋峰	19.33	—	2003
23	缙云县桃花岭专业合作社	茶叶	—	12.33	4000.00	2006
24	缙云县仙都山茶油有限公司	鲜山茶籽	—	2.13	250000.00	2008
25	缙云县仙都杨梅专业合作社	杨梅	—	3.57	320000.00	2009
26	缙云县雁岭联合果蔬茶专业合作社	茶叶	仙都笋峰	19.67	2000.00	2006
27	缙云县珍稀食用菌专业合作社	秀珍菇	风景山	10.00①	30000.00	2007
28		杏鲍菇	风景山	8.00②	16000.00	2007
29	景宁畲族自治县惠明茶叶有限公司	金奖惠明茶	金奖惠明	33.33	—	2003
30	景宁畲族自治县大自然食品有限公司	竹笋蕨菜	南野牌	800.00	—	2003
31		罐头笋、蕨菜	南野牌	800.00	—	2003
32	景宁畲族自治县农业开发茶叶有限公司	茶叶	玉簪	16.67	—	2002
33	景宁畲族自治县奇尔茶叶有限公司	茶叶	奇尔	201.00	—	2002

① 缙云县珍稀食用菌专业合作社秀珍菇的生产规模单位为万段。

② 缙云县珍稀食用菌专业合作社杏鲍菇的生产规模单位为万段。

续表 12-3-9-3

序号	申报单位	产品	注册商标	生产规模（公顷）	年产量（千克）	认证年份（年）
34	丽水缙云番薯有限公司	番薯	—	63.33	2900000.00	2009
35	丽水六江源绿色食品有限公司	茶叶	六江源	26.45	—	2004
36		鲜笋	六江源	80.00	—	2008
37		油焖笋	六江源	33.33	—	2008
38		油焖笋衣	六江源	33.33	—	2008
39		笋干	六江源	33.33	—	2008
40		鲜笋	六江源	33.33	—	2008
41	丽水市飞鸟农产品产销合作社	茶叶	—	33.33	—	2006
42	丽水市莲都区小子阳茶场	茶叶	庆兰香	13.33	—	2004
43	丽水市林森山茶油专业合作社	山茶籽	—	66.67	—	2010
44	丽水市绿谷茶叶有限公司	茶叶	山水龙剑	17.00	—	2002
45	丽水市梅峰茶叶有限公司	茶叶	梅中田	67.93	—	2001
46	丽水市桑尼食用菌有机农场	大球盖菇	—	0.40	—	2005
47	丽水市森宝菇业有限公司	香菇	爱绿森	34.17①	—	2005
48		黑木耳	爱绿森	25.30②	—	2005
49	丽水市五龙茶叶有限公司	茶叶	五龙春玉	13.53	—	2002
50	丽水市榆林工贸有限公司	天然饮用水	榆林冷泉	—	6000000.00	2004
51	丽水仙人源农业发展有限公司	端午茶	—	4000.00	4440.00	2009
52	龙泉佳宝生物科技有限公司	灵芝	仙芝谷	0.24	—	2010
53	龙泉市凤阳春有限公司	茶叶	凤阳春	13.33	—	2002
54	龙泉市金福茶叶有限公司	茶叶	龙渊贡茶	11.33	—	2001
55	龙泉市科达农副产品有限公司	灵芝	—	0.04	—	2010
56		黑木耳	—	0.04	—	2010
57	青田县山鹤农业有限公司	茶叶	太鹤牌	18.00	—	2002
58	庆元恒寿堂野生珍稀植物科技开发有限公司	铁皮石斛	—	1.67	—	2009
59	庆元县百山茶厂	绿茶	百山牌	10.27	—	2001
60	庆元县百兴食品有限公司	干香菇	百兴牌	—	80000.00	2003
61	庆元县高山农产品种养基地	鲜香菇	百兴牌	100.00③	—	2003
62		水煮笋	百兴牌	800.00	—	2003
63	庆元县宏建有限公司	田螺	—	6.67	5000.00	2005

① 丽水市森宝菇业有限公司香菇的生产规模为万袋。
② 丽水市森宝菇业有限公司黑木耳的生产规模为万袋。
③ 庆元县百兴食品有限公司鲜香菇的生产规模单位为万袋。

续表 12-3-9-3

序号	申报单位	产品	注册商标	生产规模（公顷）	年产量（千克）	认证年份（年）
64	庆元县宏建有限公司	干香菇	宏建牌	10.00①	—	2003
65		干蘑菇	宏建牌	—	10000.00	2003
66	庆元县龙溪茶叶专业合作社	绿茶	—	3.87	—	2007
67	庆元县绿尔佳食品有限公司	灵芝、香菇、灰树花	—	4.10	—	2009
68	庆元县清源高山茶业发展有限公司	茶叶	—	1.07	—	2010
69	松阳县安民乡厚朴产销合作社	厚朴	—	80.00	90000.00	2008
70	松阳县大坪山农业发展有限公司	鸡蛋	大坪	—	17580.00②	2005
71		早熟梨	—	13.30	62500.00	2008
72	松阳县福运生态茶业有限公司	茶叶	—	19.73	10500.00	2006
73	松阳县富农农产品专业合作社	猕猴桃	—	66.67	30000.00	2008
74		板栗	—	13.33	20000.00	2008
75	松阳县根下笋竹专业合作社	竹笋	—	73.87	227000.00	2010
76	松阳县观音露有机茶合作社	绿茶	观音露	19.73	—	2002
77	松阳县绿色食品厂	茶鲜叶	箬寮	16.67	87500.00	2006
78		绿茶	箬寮	16.67	17500.00	2006
79		山茶油	箬寮	133.33	50000.00	2006
80		鸡蛋	箬寮	9000.00③	16.00④	2006
81	松阳县山菌食用菌种业专业合作社	花菇、黑木耳	—	6.67	170000.00	2008
82	松阳县山农香榧专业合作社	冬笋	—	20	30000.00	2008
83		鞭笋	—	13.33	20000.00	2008
84	松阳县神农农业开发有限公司	茶叶	—	7.67	9560.00	2010
85	松阳县生态农业发展有限公司	绿茶	绿谷青帝	5.67	—	2001
86	松阳县卧龙湾农业开发有限公司	茶鲜叶	—	36.67	21800.00	2010
87	松阳县玉峰茶场	茶叶	—	7.67	9200.00	2008
88	松阳县玉泉香榧专业合作社	香榧	—	20.00	—	2010
89	松阳县越玉兰茶叶有限公司	茶叶	—	25.47	15500.00	2006
90	松阳县早上好鹊山鸡养殖场	鸡蛋	早上好	666.67	200.00⑤	2006
91	遂昌文泰山茶油厂	山茶油	—	66.67	37500.00	2010
92	遂昌县北京江南村茶叶有限公司	绿茶	江南村	9.80	—	2002
93	遂昌县金诚茶叶有限公司	茶叶	—	13.53	—	2005

① 庆元县宏建有限公司干香菇的生产规模单位为万袋。
② 松阳县大坪山农业发展有限公司鸡蛋的年产量单位为枚。
③ 松阳县绿色食品厂鸡蛋的生产规模单位为羽。
④ 松阳县绿色食品厂鸡蛋的年产量单位为万枚。
⑤ 松阳县早上好鹊山鸡养殖场鸡蛋的年产量单位为万枚。

续表 12-3-9-3

序号	申报单位	产品	注册商标	生产规模（公顷）	年产量（千克）	认证年份（年）
94	遂昌县九绿绿色食品开发农庄	菊米	九绿	—	2000.00	2004
95		食用仙人掌	九绿	1.33	40000.00	2004
96	遂昌县龙谷名茶开发中心	绿茶	龙谷丽人	7.60	—	2001
97	遂昌县乌溪江渔业有限公司	花白鲢	湖山源	566.67	—	2005
98	遂昌县叶子果蔬产销专业合作社	东魁杨梅	—	0.47	—	2010
99	遂昌县羽峰食品厂	白马玉笋	羽峰	—	100000.00	2004
100	遂昌县种子加工中心	稻谷	—	0.46	—	2010
101	遂昌宪余吊瓜合作社	东魁杨梅	—	10.00	45000.00	2010
102	云和县农业综气开发有限公司	云和黑李	仙宫湖	85.00	—	2004
103	云和县水产开发管理站	淡水鱼	—	3430.07	—	2002
104	云和县仙宫湖茶叶研究所	茶叶	仙宫雪毫	33.33	—	2002
105	云和县仙宫湖雪梨开发有限公司	云和雪梨	仙宫湖	3.33	—	2004
106	浙江聚珍园食品有限公司	香菇	禾艺	66.67	—	2007
107		黑木耳	禾艺	66.67	—	2007
108		萝卜	禾艺	180.87	—	2007
109	浙江卖油翁油品有限	茶籽/茶籽油	—	103.33	570000.00/125400.00	2010
110	浙江升达农业开发有限公司	山茶油	金山龙牌	—	7500.00	2005
111		板　栗	毛板红牌	—	60000.00	2005
112		茶叶	鼎湖	26.67	12000.00	2006
113		板栗	上光	13.33	30000.00	2006
114		笋干	碧野山川	53.33	10000.00	2006
115	浙江省百兴食品有限公司	牛肝菌	—	—	600000.00①/60000.00②	2005
116		羊肚菌	—	—	300000.00③/30000.00④	2005
117		鸡油菌	—	—	300000.00⑤/30000⑥	2005
118		干黑块菌	—	—	30000	2005
119	浙南茶厂（庆元）	绿茶	庆兰香	10.53	—	2003

① 浙江省百兴食品有限公司鲜牛肝菌年产量。
② 浙江省百兴食品有限公司干牛肝菌年产量。
③ 浙江省百兴食品有限公司鲜羊肚菌年产量。
④ 浙江省百兴食品有限公司干羊肚菌年产量。
⑤ 浙江省百兴食品有限公司鲜鸡油菌年产量。
⑥ 浙江省百兴食品有限公司干鸡油菌年产量。

第四章　畜 牧 业

丽水家畜以猪为主，家禽以鸡为主，牧业以牛和山羊为主。丽水发展畜牧业的自然条件较好。在长期生产实践中，丽水培育出有地方特色的优良品种。在传统经济社会里，发展十分缓慢。大多数农户饲养畜禽是为换点“油盐钱”，商品量极少。民国时期，由于战争频繁，畜牧业备受摧残。

1949年中华人民共和国成立后，丽水畜牧业有所恢复，但增长不快。1949年，丽水专区畜牧业产值1317万元，占农业产值10.13%。1957年，各县贯彻“公养私养并举”方针，家畜饲养数量有所增长，饲养量上升至51.19万头。1978年中共十一届三中全会后，丽水地区放宽政策，加强副食品基地建设，扶持养殖业专业户、重点户，大力发展商品生产，畜牧业进入较快发展时期。1988年，丽水地区畜牧业产值11757万元，占农业产值18.71%。1990年，畜牧业产值，按1980年不变价12283万元，占农业产值17.67%；按1990年不变价33645万元，占农业产值18.69%。1995年，丽水地区畜牧业产值按1990年不变价33645万元，占农业产值18.69%。2000年，畜牧业产值79397万元，占农业产值28.75%。2004年，阻击高致病性禽流感。2005年，丽水地区畜牧业产值103014万元，占农业产值22.23%。

2007年，丽水市政府制定《关于促进生态畜牧业发展的若干意见》。2008年，丽水市政府编制完成《丽水市生态畜牧业规划》。2010年，丽水市创建标准化生态养殖场，推进畜禽良种化、养殖设施化、生产规范化、防疫制度化、粪污处理无害化和监管常态化（简称“六化”）。2010年，丽水市饲养生猪137万头，禽类1880万羽，羊19万只，肉类产量8730万千克，禽蛋产量880万千克，猪肉、禽肉、牛羊肉所占比重分别为70.58%、24.83%、4.12%。畜牧业产值140595万元，占农业产值22.84%。

第一节　畜禽饲养

家　畜

猪　民国21年（1932），丽水生猪饲养量17.98万头，户均0.63头。民国30年，丽水生猪饲养量19.4万头，户均0.67头。1949年，丽水专区生猪饲养量28.01万头，户均0.98头。1952年，丽水专区生猪饲养量38.43万头，户均1.2头。1957年，各县执行“公养私养并举”方针，饲养量上升到51.19万头，户均1.5头。其中集体养猪场60个，养猪1645头；公有养殖户218户，养猪417头。1961年，受国家困难时期影响，粮食减产严重，家猪饲养量降到 21.19 万头，户均 0.61 头。1962 年，国家纠正“五风[①]”错误，调整经济政策，鼓励社员发展家庭养殖业，社员养猪实行饲料地、饲料粮和奖售政策，对农副产品实行派购、换购，养殖业得到较快回升。1964 年，各县猪饲养量回升到 77.33 万头，户均 2.19 头。1967 年，各县猪饲养量降至 58.5 万头，户均 1.6 头。1971 年始，丽水地区落实养猪政策，饲养量逐年回升。1974 年，丽水地区生猪饲养量 115.48 万头，户均 2.79 头。1978 年，丽水地区生猪饲养量 103.64 万头，其中公社、大队、生产队兴办猪场 4380 个，存栏 80.71 万头。

1979 年始，丽水地区提高生猪收购价格，生猪饲养量快速上升。1980 年，丽水地区首次出现养猪专业户；生猪饲养量 131.77 万头，存栏 80.11 万头。1985 年，丽水地区生猪饲养量 13401 头，存栏 86.48 万头，养猪专业户 653 户。1988 年，丽水地区生猪饲养量 160.5 万头，户均 2.89 头，存栏 85.7 万头。其中养猪专业户 702 户，饲养量 58460 头。1990 年，丽水地区生猪饲养量 167.44 万头，户均 2.88 头，存栏 86.72 万头，其中母猪 4.35 万头。1995 年，丽水地区生猪存栏 86.73 万头。后丽水地区生猪饲养以规模化养殖为主，散户养猪逐步萎缩，饲养量和存栏数同步减少。1997 年，丽水地区规模化养猪场户 938 户，出栏 10.10 万头，存栏 6.48 万头。2000 年，丽水市生猪存栏 85.98 万头，年出栏 50 头以上的猪场场户 792 户。2002 年，青田县现代生态养殖有限公司成立，年出栏肉猪 7000 头；“青野”牌肉猪通过浙江省绿色农产品认证，获浙江省无公害农产品基地认证。2003 年，遂昌县水阁养殖场“金茶牌”肉猪通过浙江省绿色农产品认证。2004 年，青田“青野牌”肉猪通过国家无公害农产品认证。2005 年，丽水市生猪存栏 71.57 万头。2006 年，龙泉市大发生态养殖场养猪场、松阳县绿谷牧业发展有限公司小石养殖基地、青田县现代生态养殖有限公司、丽水市禾意牧业有限公司生猪养殖区，被评定为第一批省级现代畜牧生态养殖示范区。

2008 年，丽水市生猪年出栏 50 头以上规模养猪户 1240 户。2009 年，丽水市养殖规模化比重占 62%。2010 年，丽水市生猪存栏 57.33 万头。

丽水猪种本地传统品种有“碧湖黑猪”“庆元黑猪”“龙泉黑猪”“缙云小溪乌”“壶镇花猪”等。

牛　旧时，处州宣平产牛，养牛主要用于耕地。丽水山地广阔，牧草资源丰富，草场可利用面积 73.33 万公顷，年产草量约 400000 万千克，理论载畜量 40 多万头黄牛单位。民国 30 年（1941），丽水牛存栏 6.28 万头，其中黄牛 3.21 万头、水牛 3.07 万头。1949 年，丽水专区牛存栏 9.4 万头。1951 年，丽水专区实行耕牛保险，促进耕牛发展。1957 年，各县实行农业合作化，耕牛折价入社，存栏 11.98 万头。1958 年，丽水县乳品厂建起奶牛场，饲养奶牛 42 头。1961 年，各县牛存栏数降至 9.03 万头。1962 年 9 月，各县执行浙江省人民委员会《关于大力保护和繁殖耕牛的布告》，奖励养牛户繁殖小牛。1970 年，丽水地区牛存栏数恢复到 12.17 万头。1974 年，遂昌、缙云、丽水、云和 4 个县建起养牛基地。1980 年 3 月，丽水地区集体牛场 628 个，饲养牛 7219 头。同年，青田县华侨乳品厂成立，实行以奶换粮政策，发展奶牛 350 头。1980 年，丽水地区实行家庭联产承包责任制，集体耕牛折价归户。后丽水地区发展农业机械化，牛肉价格提高，黄牛发展较快，逐渐向役肉兼用或肉用方向发展。1990 年，丽水地区牛存栏 12.64 万头，其中黄牛 99966 头，水牛 26194 头，奶牛 289 头；耕牛 89479 头；母牛 37362 头，年出栏肉用牛 3775 头。1995 年，丽水地区饲养牛 11.78 万头，存栏 10.2 万头。2000 年，存栏 7.91 万头，其中奶牛存栏 5 头以上的 10 户。2001 年，丽水市牛存栏奶牛 179 头，存栏 5 头以上

---

① 五风：指“一平二调”的共产风、浮夸风、强迫命令风、瞎指挥风和干部特殊化风。

的7户。2005年，丽水市牛存栏5.24万头，其中奶牛162头，肉牛出栏1.41万头。2008年，庆元县贤良镇肉牛项目通过浙江省山区海岛特色畜牧业项目建设验收。2010年，丽水市牛饲养5.48万头。

羊 民国21年(1932)，丽水羊存栏1.6万只。1949年，丽水专区羊存栏1.02万只。1955年，各县引进湖羊3000多只，新疆半细毛羊、考力代羊1000多只。1963年，各县羊存栏6.29万只。1974年，丽水县引进皮用青山羊300只。1976—1981年，青田等县引进奶山羊1500只。1979年，丽水地区羊存栏10.43万只。1988年，丽水地区羊存栏3.87万只。1990年，丽水地区羊存栏3.52万只。1995年，丽水地区饲养羊6.84万只，出栏2.44万只，存栏4.4万只，肉产量25.7万千克。1997年，丽水地区饲养羊7.58万只，出栏2.39万只，存栏5.19万只。其中养羊专业户471户，饲养1.63万只，出栏1.16万只。1998年，丽水地区发展规模养羊户105户。龙泉市种草养畜项目人工种草1484.2公顷，其中草山草坡种草337.53公顷；养羊12180只，出栏7130只，存栏5050只。同年，龙泉市种草养畜项目通过农业部验收。2000年，丽水市羊存栏8.4万头；存栏20头以上的场户961户，存栏4.56万头，出栏2.83万头。同年，龙泉市波尔山羊繁育基地和龙泉市江南黄羊种羊场建成。2001年，龙泉市波尔山羊繁育基地和龙泉市江南黄羊种羊场获浙江省农业厅核发《种畜(禽)生产经营许可证》。2001年，庆元县发展山地竹山养羊、高山稻田养鱼等特色生态养殖。2003年，遂昌县水阁养殖场金茶牌肉猪获浙江省绿色农产品认定。2005年，丽水市羊出栏10.88万只，存栏9.46只；其中年出栏30头以上规模养羊户987户，出栏7.77万头。2008年，青田县北山镇，云和县雾溪畲族乡，景宁畲族自治县东坑镇、鹤溪镇，龙泉市龙南乡山羊项目通过省山区海岛特色畜牧业项目建设验收，引进山羊5011只。2010年，丽水市山饲养羊19.29万只。

兔 民国时期，丽水县、龙泉县引进力克斯、安哥拉等兔种。1949年，丽水专区兔存栏2.26万只。1957年，各县引进青紫兰、力克斯兔，存栏7.21万只。1959年，各县粮食紧张，提倡发展食草动物肉兔。1961年，各县兔存栏41.94万只。20世纪60年代，各县引进长毛兔。1973年，丽水地区长毛兔存栏14.6l万只。1980年，丽水地区引进纯种西德长毛兔5046只，兴办兔种场19个。1981年，丽水地区兔存栏97.55万只，为历史最高年份。后国际市场兔毛价格下跌，丽水地区养兔逐渐减少。1988年，丽水地区兔存栏27.19万只，其中长毛兔22.19万只；养兔专业户286户，饲养17700只，户均62只。1990年，丽水地区兔出栏9.88万只，存栏26.17万只，其中长毛兔20.55万只。1995年，丽水地区饲养兔36.78万只，出栏10.97万只，存栏25.81万只，产兔肉17.5万千克，兔毛8.9万千克。1997年，青田县政府把发展长毛兔列为短平快扶贫项目，引进良种长毛兔4112只，存栏5.82万只，其中规模化养兔102户，存栏2.98万只。2000年，丽水市兔出栏12万只，存栏22.94万只；存栏50只以上的场户865户，比上年增5.27倍，存栏13.73万头，出栏9.56万头。2005年，丽水市兔出栏12.27万只，存栏12.56万只，产兔肉53.9万千克，兔毛7417千克。2010年，丽水市饲养兔38万只，出栏26.16万只，存栏11.84万只。

獭兔 1982年，云和县、缙云县引入饲养。1988年，丽水地区獭兔存栏179只。1990年，丽水地区獭兔存栏9600只。2000年，莲都区饲养獭兔9万只。2010年，丽水市仅零星养殖獭兔。

鹿 鹿茸是珍贵的中药材。民国时期，丽水县生生堂、致中和中药店，每逢“三月三”年会都拉鹿游街进行广告宣传。民国15年(1926)，龙泉县饲养鹿20头。缙云县五云镇东门李姓医家有鹿园，弄堂称“鹿园巷”。1949年始，丽水专区养鹿曾一度绝迹。1983年，龙泉、庆元、丽水、青田、景宁5个县开始养殖梅花鹿。1988年，丽水地区梅花鹿存栏40头。1990年，丽水地区梅花鹿存栏51头。2010

年，丽水市仅零星养殖梅花鹿。青田县石门洞林场鹿场存栏30只。

水貂、貉　系珍贵皮毛动物。1983年，缙云县引进安徽水貂8只。1986年，丽水地区引进佳木斯乌苏里貉40只。1988年，丽水地区水貂存栏400只、貉存栏480只。1990年，丽水地区水貂存栏450只，貉存栏510只。2010年，丽水市仅零星养殖水貂。

家　禽

鸡　旧时，处州农家多以自养自繁为主。1972年，龙泉县食品公司建起电孵坊。1973年，丽水地区引进洛岛红、红色考尼什、澳洲黑、来航鸡、萧山鸡等鸡种。1979年，丽水地区出现养鸡专业户。1982年，丽水县食品公司开始养殖肉用鸡。1983年，丽水县城关镇灯塔村建起蛋鸡养殖场。后丽水县城关镇灯塔村蛋鸡养殖场陆续引进星波罗、新浦东、罗斯、伊沙等良种。1988年，丽水地区孵坊64家，其中电孵坊24家，年孵化能力1243.8万羽。种鸡场6个，父母代种鸡11570羽；养鸡专业户出栏肉鸡63.63万羽，存栏蛋鸡2.8万羽。1989年，缙云县养鸡专业户25户，其中杨宝钟的新碧东山肉鸡场，年产6批，运销上海肉鸡2多万羽。1990年，丽水县食品公司养鸡场出栏商品鸡39993羽。1998年，丽水地区出栏2000羽以上的规模肉鸡饲养场户有534户，出栏肉鸡314.55万羽，产鸡蛋190万千克，存栏蛋鸡14.05万羽。1999年，丽水市(县级)、缙云县、云和县建起优质麻鸡、三黄鸡养殖基地，采用果园、山地饲养优质麻鸡、三黄鸡。2000年，丽水市规模肉鸡饲养场户630户，出栏肉鸡342.94万羽；存栏数500羽以上的蛋鸡饲养场户56户，存栏蛋鸡8.44万羽。

2002年，丽水市绿园禽业有限公司畜禽养殖基地，通过浙江省无公害农产品基地认证，年产80万羽。同年，“山水牌”肉鸡通过浙江绿色农产品认证。2003年，丽水市绿园禽业有限公司生产的“绿园香牌”本鸡、“绿园香牌”香鸡、缙云县五莲农牧有限公司生产的“五莲星牌”肉鸡、浙江均得利饲料种禽有限公司生产的“均得利牌”肉鸡、缙云县绿生园农牧开发有限公司“绿生牌”麻鸭，缙云县绿生园农牧开发有限公司“绿生牌”鸭蛋分别通过浙江省绿色农产品认证。同年，浙江均得利饲料种禽有限公司均得利牌肉鸡、缙云县五莲农牧有限公司五莲星牌肉鸡、浙江均得利饲料种禽有限公司均得利牌肉鸭、缙云县五莲农牧有限公司五莲星牌肉鸭、缙云县绿生源农牧开发有限公司绿园生牌麻鸭、缙云县绿生源农牧开发有限公司绿园生牌鸭蛋获丽水绿色农产品认定。

2003年，丽水市绿园禽业有限公司生产“绿园香牌”香鸡、缙云县五莲农牧有限公司生产“五莲星牌”肉鸡、浙江均得利饲料种禽有限公司生产“均得利牌”肉鸡通过国家无公害农产品(畜牧)认证。同年，松阳鹊山鸡养殖场被认定为浙江省无公害畜牧业产地。2004年，“山水牌”肉鸡通过浙江绿色农产品认证。

2005年，丽水市出栏肉鸡854.53万羽。2006年，浙江四都农业发展有限公司放养鸡养殖区、缙云县均得利禽业有限公司种鸡养殖区，被评定为第一批省级现代畜牧生态养殖示范区。2007年，丽水市出栏肉鸡1062.25万羽。

2008年，丽水市出栏肉鸡1261.5万羽。遂昌云峰镇绿壳蛋鸡项目、松阳县板桥畲族乡绿壳蛋鸡项目、龙泉市屏南镇土鸡项目，分别通过浙江省海岛特色畜牧业项目建设验收，引进饲养绿壳蛋鸡、土鸡87560羽。

鸭　旧时，处州以当地麻鸭、番鸭居多，尤以缙云县养殖最多。缙云县养殖麻鸭历史悠久，因全身羽毛浅棕灰色似麻雀而得名，俗称草子鸭、水鸭。90日龄开始产蛋，每只年产蛋260—270

枚，多者300枚以上。清光绪初年，缙云县出现小群放养，每群数十只至百多只，放牧于溪边、水渊和冬闲田。民国时期，缙云县鸭农游牧于丽水、松阳、遂昌、武义、永康、东阳等周边县，至次年春耕时返乡。

20世纪50年代，缙云县西乡一带新建20多个村，每年有四五百户鸭农外出游牧，最远到福建省松溪县。20世纪60—70年代，缙云县鸭农远牧至上海市、广东省。20世纪80年代，缙云县鸭农遍及全国各地。20世纪80年代，丽水地区引进金定鸭、北京鸭、龙岩鸭、法国番鸭等品种。1985年始，缙云县麻鸭与福建省龙岩地区鸭混养杂交，体形略变小，抗热力增强，产蛋期提前10—20天，产蛋周期延长。1989年始，缙云县改单一养鸭为综合经营，实行鱼鸭共养，以鱼补鸭。同时，缙云县养殖从业者自办孵坊，联办饲料厂和蛋品加工厂，提高经济效益。1990—1992年，缙云蛋鸭养殖年收入10元/只。缙云县养殖户楼云金承包鱼塘43.91公顷，从事养鱼、养鸭、兼办孵坊，年获利40多万元。

1997年，缙云、丽水、景宁、庆元、云和、青田6个县(市)推广番鸭规模化饲养项目，出栏番鸭108.83万羽，存栏31.16万羽，其中饲养300羽以上的农户315户，饲养量万羽以上5户，出栏番鸭69.73万羽，存栏20.31万羽。1998—1999年，丽水地区推广缙云麻鸭规模化饲养项目，获1999年度丽水地区农业丰收计划一等奖，推广饲养麻鸭2947.88万羽。2000年，丽水市年出栏2000羽以上的肉鸭场户312户，出栏142.9万羽，存栏500羽以上的蛋鸭场户147户，存栏16.38万羽。云和县石塘镇长汀村每户养鸭数千羽，每羽获利3—5元。同年，缙云县异地鸭农4万人，养鸭1500万羽，年创产值20亿元。2001年，缙云县麻鸭良种繁殖场获省农业厅核发的种畜(禽)生产经营许可证。2003年，缙云县绿生园农牧开发有限公司“绿园生牌”麻鸭获省绿色农产品认证，存栏2万羽麻鸭的生产基地获浙江省无公害农产品生产基地认证。2004年，“绿生园牌”鸭蛋与缙云县五莲农牧公司“五莲星牌”肉鸭，获浙江省绿色农产品认证。2005年，丽水市出栏肉鸭300.16万羽。2006年，缙云县绿生园农牧开发有限公司蛋鸭养殖区、缙云县五莲农牧有限公司SM3樱桃谷肉鸭(种鸭)养殖区被评定为第一批省级现代畜牧生态养殖示范区。

2007年，丽水市出栏273.93万羽。2008年，丽水市出栏267.91万羽。同年8月，缙云麻鸭通过国家地理标志认证，成为全省首个通过认证的畜禽品种。

鹅　历来以农家自养自食为主，数量很少，有灰鹅、白鹅两种，宣平县较多。1984年，丽水地区引进狮头鹅、太湖鹅、浙东白鹅等新品种，发展商品鹅，饲养鹅3万羽。1988年，缙云县饲养鹅41.74万羽，其中缙云县新碧乡上湾村形成华东地区最大鹅鸭集散地。1989年，丽水地区市场成交鹅、鸭140万羽。1990年，丽水地区饲养鹅73.6万羽，其中缙云县58万羽。2002年，丽水市出栏鹅12.88万羽。2005年，丽水市出栏鹅13.16万羽。2007年，丽水市出栏鹅19.01万羽。2008年，丽水市出栏鹅13.98万羽。

鹌鹑　1982年，云和县、龙泉县、丽水县引进蛋用鹌鹑，养殖户饲养多的有上万只。1987年，丽水市(县级)引进肉用鹌鹑。后养殖户饲养鹌鹑经济效益不佳，丽水市养户逐渐减少。

鸽　1982年，丽水县引进肉鸽。1988年，丽水市(县级)陈善云办起鸽场，饲养落地王种鸽100对。1999年，青田县高市乡练岙村建成养鸽专业村，饲养肉鸽，规模超1000只。2000年，莲都区肉鸽养殖渐成规模。同年，丽水市绿园禽业有限公司肉鸽养殖场注册“青野牌”商标，年出栏1万羽。2003年，丽水市绿园禽业有限公司肉鸽养殖场通过市绿色农产品基地认证。

第二节　养殖推广

1949年中华人民共和国成立后，丽水专区行署执行《禁宰耕畜暂行条例》，保护耕牛。1951年，国家开办耕牛保险，保护农民养牛。1953年，各县农业合作化，耕牛作价入社，成为集体财产。1956年，各县实行生猪派养派购政策，食品公司统一经营肉禽蛋。1958年，各县人民公社成立，集体兴办养猪场、畜牧场、良种场，提倡禽畜公养，限制私人养殖。1962年，各县执行“三级所有、队为基础”经济体制，实行“公养私养并举，以私养为主”，分配猪饲料地、饲料粮。对肉牛、肉羊、家禽收购实行奖售政策，社员领养生产队耕牛，成牛每天按半劳力记工分。20世纪60年代中后期，各县畜禽存栏量达到高峰。20世纪70年代，丽水地区革委会成立后，再次推动社队办集体猪场，鼓励禽畜公养。1978年，省、地食品公司拨款扶持各地生产大队新建、扩建养猪场30个。后各养猪场效果不佳，未能持久，全部停办。

1979年，丽水地区大幅度提高畜禽产品收购价格，鼓励养殖，其中猪肉提价50%，牛肉提价72.7%，鸡蛋提价31.6%。1980年，丽水地区肉牛基地127个，肉羊基地20个，存栏肉牛7928头。20世纪80年代初，国家扶持专业户养殖，开始办理生猪、鸡、鸭等财产保险；引进联邦德国良种，配备养兔辅导员，鼓励农户多养长毛兔；机耕面积扩大，推广免耕法，耕牛数量减少。1982年，丽水地区相继实行议购议销肉牛、肉羊。1983年，国营商业采取合同定购办法，扶持养猪专业户。1985年，丽水地区调整农业产业结构，活跃农村经济；国营公司接受浙江省粮食局平价饲料，用于换购生猪，调节农村市场，形成养殖业高潮。1987年，丽水地区拨贴息贷款，扶持养羊。1988年，丽水市（县级市）、云和县、缙云县、遂昌县、松阳县被列为浙江省商品猪基地。20世纪80年代末期，国家鼓励规模化养猪，丽水地区实施“星火计划”，提供养殖配套技术，鼓励种草养鹅。1990年，国家财政补贴商业部门，发展商品猪基地，合同订购商品猪。

20世纪90年代末，丽水地区发展生态畜牧业，鼓励立体养殖、循环养殖、山地养殖。21世纪初，丽水市壮大生态畜牧业，开展无公害养殖基地和绿色农产品认证。2000—2005年国家“十五”计划期间，丽水市畜牧业产值首次突破10亿元。2005年11月，丽水市政府印发《关于丽水市区畜禽养殖禁养区限养区划分方案》，明确划定禁养区范围。严格执行禁养区和限养区，解决禽畜排泄物污染问题。

2007年，丽水市政府制定《关于促进生态畜牧业发展的若干意见》，调动广大农民发展农牧结合生态循环型畜牧业的积极性和主动性。丽水市新建扩建标准化规模猪场19个，新建农牧结合生态养猪场19个，建成山区特色畜牧业项目12个，养殖小区4个，畜禽规模场治理场53个。市“新农村新农业惠民工程”对养殖户给予政策倾斜，促进生态畜牧业发展。遂昌、云和、庆元、龙泉等县（市）相继制定产业扶持政策措施。2008年，丽水市编制完成《丽水市生态畜牧业发展规划（2008—2012）》，制定《丽水市生态畜牧业补助项目申报指南》，编印《丽水市生态畜牧业材料汇编》《丽水市生态畜牧业用地图册》，明确丽水市生态畜牧业发展方向和目标，优先安排畜牧业用地，利用草山草坡、三园、疏林地、荒地、荒滩兴建生态养殖场，落实畜牧业规划用地390块，畜牧业规划面积3180公顷，确认绿园禽业生态养殖场等20家，发放以奖代补资金40万元。2007—2008年，丽水市推广应用农牧结合、生态循环、环保健康的养殖方式，通过实施国家、省、市畜牧业项目 138 个。

2009 年，生态养殖成为丽水畜牧业升级发展的方向，丽水市按照“六化”① 要求，推进创建标准化养殖场。同年，丽水市采用生态循环养殖模式养殖场 30%以上；废菌棒发酵床养猪技术推广到县(市、区)7 个、养猪场 10 个，建立废菌棒发酵床 8000 平方米，成为全省变废为宝生态循环养猪的一大亮点。积极倡导就地和异地推广农牧结合养殖模式，解决种植业缺肥和养殖有机肥利用不足的矛盾。龙泉市、松阳县、莲都区推动农牧结合生态循环畜牧业快速发展，开展“三沼”综合利用多品种多模式试验，建立示范场 362 个。丽水市继续改造水产养殖塘，实施百万亩养殖塘建设改造工程，推进水产养殖规模化、标准化、生态化，完成建设改造养殖塘 353.4 公顷。其中，建设改造鱼塘 206.4 公顷，维修鱼塘 147 公顷，超额完成 7.16%。省级示范项目鱼塘标准化改造 122 公顷，省补助资金 93.4 万元。

2010 年，丽水市建立原生态养殖基地 163 家，家畜存栏 2.7 万头，家禽存栏 22 万只。同年，丽水市创建标准化生态养殖场。青田县欣宏源公司、龙泉市竹垟畲族自治乡猪场和遂昌县绿成蛋鸡场通过农业部标准化示范养殖场创建认定；发挥山区海岛项目带动效应，创建原生态养殖基地 163 家，家畜存栏 2.7 万头，家禽存栏 22 万羽；开发利用优质畜禽资源，举办“七山头土猪节”、缙云麻鸭推介会，新增农村户用沼气池 3073 户、3.2 万户，年产沼气 1280 万立方米；完成建设规模养殖场排泄物综合治理工程 353 家和畜禽粪便处理中心 2 个，建成雨污分离设施 3.29 万米，沉淀池 861 立方米，储粪池 4928 平方米，厌氧池 1.36 万立方米，年产沼气 99 万立方米，配套农田果园 0.16 万公顷，年粪便收集 2500 万千克，年加工有机肥 2000 万千克。

第三节 污染治理

20 世纪 80 年代前，丽水地区禽畜养殖规模较小，禽畜排泄物大多作为农家肥有效消化。20 世纪末，丽水地区开始发展规模化养殖，种植业普遍使用化肥，农家肥使用率降低，导致养殖场有的污水、粪便或直排河流，污染水体，或直接排入山地造成土壤富营养污染。

2004 年，莲都区富岭乡富岭村大塘后自然村、联城镇林宅口村平阳岗开展生态养殖示范试点，推广“猪—沼—果”和“猪—沼—鱼”生态养殖模式，防治规模化畜禽养殖污染，成效较明显。

2005 年年初，丽水市与浙江省环保污染整治工作领导小组签订《浙江省环境整治重点工程项目任务书》，在农业面源污染整治方面重点抓养殖业污染。11 月，丽水市政府制定《关于丽水市区畜禽养殖禁养区限养区划分方案》。12 月，丽水市重点整治丽水市畜牧良种场、龙泉市安仁大型瘦肉型基地、景宁畲族自治县生源良种养殖场等规模养殖场 11 个，采取“四同”② 措施，全部整治到位，通过验收。同年，丽水市建成用沼气户村 100 多个，农户 6500 户；遂昌县、松阳县、庆元县被列为国债项目试点县，开展户用沼气工程建设，消化禽畜粪便。

2006 年，丽水市政府制定《丽水市规模猪场排泄物治理实施方案》，完成污染治理规模养殖场

① 六化：畜禽良种化、养殖设施化、生产规范化、防疫制度化、粪污处理无害化和监管常态化。

② 四同：指治理方案相同、设计相同、施工工程队相同、组织验收相同。

10 家，其中猪存栏 1000 头以上、牛存栏 100 头以上的规模化养殖场 6 家，实施畜禽养殖污染防治示范工程，被列为浙江省“811”重点项目。11 月，10 家规模养殖场整治工作通过市级验收。同年，丽水市建成用沼气户村 150 多个，农户 9000 户。

2007 年，丽水市召开规模畜禽养殖场排泄物治理工作会议，制定《丽水市 2007 年规模畜禽养殖场排泄物治理工作方案》。10 月，丽水市投资 85.9 万元，全部完成治理工程并通过验收。11 月，丽水市开展第一次农业污染源普查。

2008 年 4 月，丽水市政府印发《“811”环境保护新三年行动实施方案》。同年，丽水市治理存栏 300 头以上规模养猪场 113 家，建成粪便集中处理中心 2 个；年存栏 200 头以上规模畜禽养殖场355 户，建成雨污分离沟渠 95555 米、沼气厌氧池 31206 立方米、储粪池 11264 平方米，配套农田果园等消纳面积 3193.33 公顷、鱼塘 15.1 公顷。

2009 年，丽水市完成第一次农业污染源普查工作，普查乡镇 187 个、规模化养殖场 95 个、专业养殖户 1518 户。该普查结果表明，丽水市农业污染对水体影响较大的是畜禽养殖业。

2010 年 7 月，丽水市环保局和市农业局联合印发《关于进一步深化畜禽养殖污染防治加快生态畜牧业发展的实施意见》。同年，丽水市新增农村户用沼气池 3073 户、累计 3.2 万户，年产沼气 1280 万立方米；全面完成规模养殖场排泄物综合治理工程 353 家，畜禽粪便处理中心 2 个，建成雨污分离设施 3.29 万米，沉淀池 861 立方米，储粪池 4928 平方米，厌氧池 1.36 万立方米，配套农田果园 1566.67 公顷，年粪便收集 0.25 亿千克，年加工有机肥 2000 万千克。

第五章　渔　业

商、周时期，丽水已有从事原始捕渔业。三国时期，丽水已出现从事捕捞渔夫和渔船。唐代以前，瓯江支流小溪上游景宁县鸬鹚乡一带，已有养鸬鹚以捕鱼的活动。1949 年中华人民共和国成立前，处州水产品产量极少，长期存在吃鱼难问题，除少数渔民从事江溪捕捞外，传统渔业生产在高山地区仅有少量的稻田养鱼。

旧时，丽水渔民长期以捕捞为生。中华人民共和国成立后，政府引导渔民走互助合作道路，实现机构化捕捞，促进渔业发展。同时，成立国有养殖场，组织农民利用原有水面养鱼。1949 年，丽水专区水产品年产量 5 万千克。1978 年中共十一届三中全会后，丽水地区加强渔政机构建设，加大执法力度，开展渔业资源保护工作，捕捞产量稳步增长。1988 年，紧水滩电站建成后，推进渔业养殖，落实水面使用权，调整水产品购销政策，推行生产责任制，加大财政投入，发展塘库养鱼、稻田养鱼、江溪水面放流增殖，稳步增加常规品牌产量，发展名特优新水产品养殖；稳步提高小水体产量，开发大中型水库及其他宜渔资源；开发渔业垂钓、旅游、观赏功能，提高渔业经济效益。2010 年，丽水市水产品产量 1970 万千克，渔业产值 2.49 亿元。

第一节 塘库养鱼

山塘养鱼

民国时期，丽水山塘1.8万多口，以自然繁殖鲤鱼、鲫鱼、泥鳅、黄鳝等鱼类为主，少数山塘人工饲养田鲤鱼。20世纪50年代初期，农业合作化时期，各县开始引进草鱼、鲢鱼、鳙鱼等种苗，在塘库放养。1958年，各县塘库养殖面积233.33公顷。1960年，各县塘库养殖面积1626.67公顷。1970年，丽水地区塘库养殖面积1860公顷。因塘深捕捞困难，溢洪逃鱼严重。20世纪70年代中期，丽水地区部分塘库进行网箱养鱼和流水养鱼试验，并引进荷包鲤、团头鲂(武昌鱼)、日本鲫鱼、非洲鲫鱼、革胡子鲶等品种。

1984年，丽水地区山塘总水面1596.33公顷，可利用水面1249.6公顷，已利用水面799.2公顷，占可利用水面的64%，鱼产量626000千克，平均单产为48.2千克，其中龙泉县单产最高，为107.7千克；青田县最低，为22.9千克。丽水地区水库总水面190处，面积3532.2公顷；可利用水面187处，面积2534.27公顷；已利用水面167处，面积947.4公顷；鱼产量235400千克，平均单产15.3千克，其中遂昌县单产最高，为25千克；云和县最低，为1.8千克。丽水地区塘库养鱼面积1993.33公顷，鱼产量861400千克，平均亩产28.8千克。

水库养鱼

1973年冬，浙江省淡水水产研究所搞赶、拦、刺、张联合捕鱼试验，在云和县梅垄等4座水库，采取赶、拦、刺、张联合捕鱼办法，突破深水捕捞关。在15座水库溢洪道设置拦鱼网，解决逃鱼问题。20世纪80年代，乌溪江、紧水滩、石塘电站水库建成后，塘库养鱼重心向大水面转移。1985年，省淡水水产研究所试验开发乌溪江水库湖山库湾渔业梯级，采取精养与粗养结合，放鱼种苗136万尾。1988年，乌溪江水库湖山库鱼产量125000千克，平均亩产17.8千克。1986—1987年，紧水滩电站水库投资50万元，投放鱼种苗955.87万尾。1987年，紧水滩电站水库鱼产量129000千克。1988年，紧水滩电站水库产鱼236780千克。1990年，塘库养鱼6460公顷，鱼产量2975000千克，平均计亩产30.7千克。

1991年，农业部水产司与美国大豆协会合作，引进小体积高密度网箱养鱼技术，较好地解决大水面精养高产高效技术问题。20世纪90年代后期，丽水地区大中小型水库面积约6000公顷，占总养殖水面的80%，水库网箱养鱼成为水库渔业发展的一个重要增长点。1996年，丽水地区建立水库深度开发示范点15处，其中网箱试点水库5个。1998年，丽水地区养殖网箱150多只，面积1200平方米。1999年，丽水地区养殖网箱0.48公顷，产量80000千克。龙泉市增加网箱12只，养4.2万尾田鱼种苗。2000年，龙泉市安仁库湾网箱试养彩鲤、银鲫取得成功，养殖网箱300只，初具规模。同年，丽水地区水库网箱养鱼产量198000千克。2001年，丽水市水库渔业开发面积5552公顷，比上年增加94公顷，渔业产量1542000千克，增加92000千克；水库网箱养鱼3915平方米，新增网箱养鱼面积1542平方米，鱼产量308000千克，比2000年增长56%。2002年，丽水市网箱养成鱼面积 14.47 公顷，比上年增加面积 8.67 公顷。2002 年，云和县“仙宫牌”有机鱼获国家有机食品标志使用权；青田县云山水产养殖有限公司“山鹤牌”田鱼、龙泉市瓯江彩鲤原种场“瓯江牌”瓯江彩鲤获浙江省绿色农产品标志使用权。2003 年，丽水市网箱养成鱼面积 57690 平方米，比上年增加 47923 平方米，增长近 4.5 倍；鱼产量 167.2 万千克，增加 1165000 千克，增长 229.78%；网箱养殖品种 10 多个，主要有鳜鱼、斑点叉尾鮰、倒刺鲃、鲈鱼等。2004 年，水库养殖面积 6899 公顷，鱼产量 5202000 千克；水库网箱养鱼 58707 平方米，鱼产量 2508000 千克，其中，引进山东枣庄养殖户 11 户，发展网箱 350 只，鱼产量 140 万千克；发展罗非鱼养殖，鱼产量 724000 千克。

2005 年，丽水市政府编制《紧水滩、石塘水库网箱养鱼可持续发展规划》，划分两水库的渔业功能区。2006 年，丽水市水库网箱养鱼发展迅猛，网箱面积 6.3 万平方米，鱼产量 3148000 千克。其中云和县新增斑点叉尾鮰养殖网箱 300 多只，面积 1 万平方米，投放 4 万多千克鱼种苗，成为全省最大的斑点叉尾鮰养殖基地。2010 年，丽水市完成生态型标准鱼塘改造 353 公顷。2006—2010 年，国家“十一五”规划期间，丽水市建成生态型标准鱼塘 1252 公顷，获浙江省补助资金 243.8 万元。

1995—2010 年丽水市淡水养殖水域面积一览

表 12-5-1-1　　单位：公顷

年份	鱼苗种塘	塘库养殖						稻田养鱼
		内塘	山塘	坑塘	水库	其他	总计	
1995	115	180	1047	—	5112	373	6844	7433
1996	—	181	1047	133	5114	388	6863	8442
1997	116	216	1083	126	5160	415	7000	11268
1998	117	214	1087	119	5385	418	7223	10558
1999	121	229	1138	121	5427	485	7400	17660
2000	129	209	1144	132	5458	502	7445	20919
2001	—	243	1152	135	5552	492	7574	24981
2002	—	208	1200	142	5729	505	7783	30742
2003	—	398	1274		5812	398	7882	28149
2004	—	475	1205		6899	303	8882	26786
2005	—	540	1173		6961	318	8992	26134
2006	—	479	1379		7066	313	9237	25304
2007	—	489	1165		7128	285	9067	24907
2008	—	1237			7206	400	9222	7799
2009	—	1571			12172	308	14089	19258
2010	—	1473			12300	330	14103	17978

若干年份丽水市水产养殖情况

表 12-5-1-2

年份	水产品产量(千克)	淡水捕捞产量(千克)	渔业产值(万元)	渔业劳动力(人)	养殖面积(公顷)
1949	50000.00	50000.00	—	—	—
1950	—	—	20.00	—	—
1954	20000.00	—	25.00	—	60.00
1955	20000.00	—	33.00	—	66.60
1956	30000.00	30000.00	44.00	—	93.30
1957	90000.00	—	55.00	—	93.30
1958	250000.00	—	59.00	81.00	233.30
1959	550000.00	—	72.00	271.00	913.30
1960	710000.00	—	139.00	302.00	1626.60
1961	465000.00	—	55.00	278.00	480.00
1962	265000.00	—	55.00	148.00	580.00
1963	575.00	—	33.00	137.00	706.60
1964	290.00	—	40.00	127.00	786.60
1965	260.00	—	34.00	40.00	613.30
1966	340.00	—	40.00	45.00	751.50
1967	150.00	—	38.00	45.00	555.80
1968	175.00	—	45.00	105.00	570.60
1969	190.00	—	40.00	97.00	—
1970	265.00	165.00	39.00	158.00	—
1971	225.00	—	39.00	182.00	1347.10
1972	425.00	190.00	55.00	351.00	1623.90
1973	580.00	240.00	79.00	344.00	2090.30
1974	565.00	240.00	73.00	269.00	2113.20
1975	595.00	330.00	87.00	336.00	2080.10
1976	556.00	330.00	—	216.00	2103.70
1977	547.00	220.00	—	219.00	2074.90
1978	391.00	180.00	54.00	226.00	2004.80
1979	475.00	235.00	58.00	219.00	1805.80
1980	606.50	165.00	55.00	209.00	1961.40
1981	834.50	205.00	77.00	266.00	1509.80
1982	1148.40	265.00	165.00	336.00	1405.70
1983	1447.30	305.00	222.00	1036.00	1760.00

续表 12-5-1-2

年份	水产品产量(千克)	淡水捕捞产量(千克)	渔业产值(万元)	渔业劳动力(人)	养殖面积(公顷)
1984	1930.00	343.00	354	—	1993.00
1985	2976.00	—	902	—	2989.00
1986	3046.00	384.00	1019	619.00	5844.00
1987	3665.00	—	1334	807.00	5811.80
1988	3235.80	—	1482	8649.00	5824.00
1989	4303.00	—	1969	10648.00	6451.00
1990	4076.00	462.00	1803	11320.00	—
1991	4176.00	—	2177	12118.00	6509.80
1992	3954.00	—	2589	12672.00	6296.00
1993	4960.00	—	3657	15095.00	6427.00
1995	5950.00	—	4311	16001.00	6844.00
1996	6670.00	508.00	4827	16878.00	6863.00
1997	7529.00	512.00	7155	13547.00	7000.00
1998	8047.00	547.00	9093	13660.00	7223.00
1999	9823.00	—	10745	—	7400.00
2000	10683.00	—	10605	—	7445.00
2001	11541.00	689.00	11547	19486.00	7574.00
2002	13416.00	730.00	12692	21115.00	7783.00
2003	14846.00	933.00	13707	22433.00	7882.00
2004	16343.00	950.00	14441	22330.00	8882.00
2005	16882.00	1013.00	15142	22258.00	8992.00
2006	17686.00	1063.00	15587	24554.00	9237.00
2007	20631.00	1113.00	16391	—	9067.00
2008	20792.00	1152.00	17287	—	9222.00
2009	18849.00	1278.00	18252	—	14089.00
2010	19703.00	1206.00	20522	—	14103.00

说明：养殖面积中不含稻田养殖面积。

第二节　稻田养鱼

处州境内山区农民有稻田养鱼传统。1949 年，丽水专区稻田养鱼乡 101 个，面积 33020 公顷，亩产仅 2—3 千克。中华人民共和国成立初，丽水专区稻田养鱼一度兴旺。1951 年，丽水专区实行农业合作化，稻田养鱼受限制。20 世纪 50—60 年代，丽水年稻田养鱼产量徘徊在 6000 千克。

1980年，丽水地区实行农业联产承包责任制，稻田养鱼发展迅速。1983年9月，浙江省水产局在青田县小舟山乡召开稻田科学养鱼现场会。1984年，青田县小舟山乡被评为浙江省稻田养鱼先进单位。1984年，丽水地区水稻田面积94133.33公顷，可养鱼水稻田面积49866.67公顷，稻田养鱼1033.33公顷，鱼产量623000千克，分布在青田县、云和县、龙泉县和庆元县，其中青田县养殖面积为4666.67公顷，占全区养殖面积的46%；鱼产量42万千克，占全区产量66.5%。丽水地区稻田养鱼平均单产为4.1千克，单产最高为6千克。1985年，稻田养鱼列入丽水地区星火计划，创造高产一批典型。1987年，丽水地区稻田养鱼面积8533.33公顷，产量1134000千克，平均亩产8.9千克。

20世纪90年代，丽水地区加强稻田养鱼技术宣传、培训指导工作，稻田养鱼单产普遍提高。1996年，丽水地区建成省级示范点4个，地区和县级示范点与联系点29个，示范面积84.53公顷。景宁畲族自治县澄照乡和遂昌县云峰乡建起稻田养鱼县示范点。1997年，丽水地区调整稻田养鱼品种结构，试验推广稻田养虾、蟹、田螺、泥鳅等水产品。青田县、景宁畲族自治县、云和县和缙云县稻田养鱼结构调整通过验收。青田县稻田养鱼高产示范点亩产鲜鱼133.67千克；一般示范点亩产鲜鱼96千克。云和县稻田养鱼、泥鳅混养示范点亩产鲜鱼100千克、泥鳅养殖成活率70%，稻谷600千克。同年，丽水地区推广稻田养鱼面积11133.33公顷，比上年增加2800公顷，增长33.48%，稻田养鱼产量1535000千克，比上年增加351000千克，增长29.65%。1999年，丽水地区稻田养鱼面积17660公顷，鱼产量3197000千克。其中建立稻田养鱼示范基地259.8公顷。2000年，丽水市稻田养鱼面积20919公顷，鱼产量4199000千克。稻田养鱼产量占丽水市渔业产量39.31%，成为丽水市渔业发展的一个主要增长点。

2001年，推广稻田养鱼面积24981公顷，居全省第一，产量4503000千克，占丽水市水产品产量的39.01%。2001年，电视片《稻田养殖田鱼》摄制完成，在中央电视台“少儿·军事·农业频道”和浙江电视台教育频道播放，获浙江省政府科教兴农电视片三等奖。2002年，丽水市稻田养鱼面积30741.67公顷，比上年增加5760.67公顷。2005年5月11日，青田县方山乡龙现村稻田养鱼，经联合国粮农组织农业遗产保护委员会投票表决，被列入首批世界农业遗产保护项目。同年，丽水市稻田养鱼面积26134公顷，鱼产量4555000千克。2010年，丽水市稻田养鱼面积17978公顷，鱼产量3795000千克。

第三节　江溪放养与捕捞

瓯江渔业捕捞活动古已有之。唐代以前，瓯江支流小溪上游景宁畲族自治县鸬鹚乡一带，有养鸬鹚以捕鱼的活动。缙云好溪仙都一带，还出现休闲旅游渔业，当客人到时，现捕现卖现烹。

1949年，中华人民共和国成立初，丽水专区从事江河捕捞的专、兼职渔民，用刺网、擂网、手网、滚钩及鸬鹚捕鱼，以圆吻鲴、鲤鱼、喀氏倒刺鲃、光唇鲃、鮠类、鳗鲡等各种山溪性鱼类为主要捕捞对象。江溪沿岸的村民还有鱼帘、鱼笼、鱼牢、鱼罾、鱼钩、四角吊网、鱼管、虾篓、捞兜、鳗剪等捕鱼工具，几乎家家备有。也有人用茶子饼、雷公藤毒鱼。

1953年，社会主义改造运动时期，丽水城关渔业生产合作社和青田渔业生产合作社成立，还成立丽水碧湖渔业小组。1962年，国家经济困难，各县压缩商品粮供应规模，丽水县江海渔业生产合作社和青田县永青渔业生产合作社解散，除12户丽水县城关渔民仍由国家供应口粮外，其余渔民分别下放到沿江各农业社、队。由于这些渔民历代都是以捕鱼为生，从未种过田，农业社队也不欢迎他们落户。大部分渔民仍以船为家，长年累月在瓯江飘流，从事渔业生产；部分渔民改行从事航运与建筑，处于无人管理的单干状态，成为社会管理上的“死角”，生活无保障，子女没学上，渔民生活全靠购买私粮度日。丽水碧湖渔业小组渔民按政策规定可购买生产队粮食50千克，除交议价粮款外，还要加交管理费7元钱；青田县渔民每人平均全年口粮只有50千克。

1966—1976年，各县生产秩序混乱，民众食物困乏，溪流偷鱼、炸鱼、电鱼、毒鱼现象时有发生，江溪渔业资源锐减。1971年，丽水地区革委会保护江溪渔业资源，发展渔业生产。同时，丽水地区开展瓯江水产资源调查，制定瓯江渔业资源增殖规划，在瓯江放养花鲢、白鲢、荷包鲤、团头鲂等鱼种，渔业资源逐渐回升。1972年，丽水地区执行中央“关于淡水连家船渔民社会主义改造”的指示，将1962年下放的专业渔民重新组织渔业社。1972年，丽水县成立城关、水阁、碧湖、港和4个渔业队，渔民36户；青田县成立渔业队1个，渔民33户。后国家陆续拨款10多万元，帮助建设生产、生活基地，建起陆上渔村，实现陆上定居，推行机械船作业。1973年，丽水地区革委会成立丽水地区瓯江渔业生产管理委员会，颁布《瓯江渔业资源繁殖保护暂行规定》，开辟禁潭、禁滩，禁止鸬鹚捕鱼和密网作业。1979年，丽水地区渔业社渔民口粮全部转为国家供应。

20世纪80年代，丽水地区水利部门开展瓯江河蟹人工增殖活动，在大溪、好溪、松阴溪、龙泉溪河段投放蟹苗，取得一定效果。20世纪80年代，紧水滩、石塘等大中型水库建成，瓯江中段溪流变成大库区，大库区捕捞成为渔业捕捞的重要组成部分。21世纪，丽水市淡水捕捞业稳步发展，紧水滩、石塘等大中型水库渔业资源保护增殖效果显著。2006年12月20日，丽水市紧水滩水产养殖合作社成立，社员130人，是丽水市第一个渔业专业合作社。

1950—2000年丽水市瓯江流域捕捞作业情况一览

表12-5-3-1

类别	渔具名称	渔具规格	渔期	作业地段	捕捞对象
拖网	裤 网	翼网长68米，网袋长15米。	全年	青田以下	刀鲚、白鲢、草鱼、鲤鱼、鲶囱等
刺网	鲤鱼网	目大8—10厘米	8—10月	青田以上	鲤、鲫、草鱼等
	石斑网	目大2.50—3厘米，高18—20目，长2000目	4—6月	青田以上	光唇鲴、大眼华鳊，粒唇拟鮈等
	鲴鱼网	目大4—4.50厘米，高14—16目长1750目	7—12月	青田以上	圆吻鲴、喀氏倒刺鲃、中国台湾地区突吻鱼、鲮等
	扒网	目大1.50厘米	4—5月	青田以上	宽鳍鱲鱼
钓具	滚钩	每盆钓钩700—800枚，钩间距14厘米	—	温州—丽水	青鱼、鲢、鳙、鲤、鼋等
	鲶鱼钩	每盘钓钩245枚钓，钩间距5米	3月、10月	青田以上	鲶
	鮠鱼钩	每盘钓钩1000枚，钩间距1.70米	2—5月	青田以上	鮠类、鳗鲡、鳖等
	石斑钓	每盘钓钩400—500枚，钩间距1.70米	5—7月	青田以上	光唇鲃、黄颡鱼等

续表 12-5-3-1

类别	渔具名称	渔具规格	渔期	作业地段	捕捞对象
	鲤鱼卡	每盘卡 1200 枚，卡间距 2.50 米	5—11 月	青田以上	鲤鱼、草鱼、喀氏倒刺鲃
	小卡	每盘卡 500—1000 枚，卡间距 1.70 米	—	青田以上	大眼华鳊、小鲤鱼、小鲫鱼

数 量

1949 年，中华人民共和国成立初，丽水专区从事江河捕捞的专、兼职渔民 1500 多人，其中专职渔民 150 多户、700 多人，年捕捞产量 2—3 万千克。1956 年，丽水县江海渔业生产合作社渔民社员 108 户，青田县永青渔业生产合作社渔民社员 39 户。2 个渔业生产合作社由国家供应口粮，有大小渔船 65 只，捕获鱼虾全部上交出售给县水产公司，所得收益渔民自留 65%，上交渔业生产合作社 35%。1970 年，丽水地区江溪渔业捕捞产量 165000 千克。1971 年，丽水地区江溪渔业捕捞产量降至 12.5 万千克。

1972 年瓯江部分渔业队（户）捕捞主要鱼类及产量一览

表 12-5-3-2

作业单位	捕捞日期	捕捞地点	捕捞工具	主要鱼类	渔获量（千克）
青田渔业队	1972 年7 月 1 日至 9 月30 日	永嘉梅岙至青田	裤网船 2 对	鲢、鳙、草鱼、鲤等	6186
丽水渔民组（一组4 户）	1972 年 5—6 月	丽水港和至青田船寮	刺网75 片 钓钩 2200 枚	喀氏倒刺鲃、鳗鲡、光唇鲃、宽鳍鱲	1567
丽水渔民户（1 户）	1972 年8、10、11 月	丽水港和至青田船寮	刺网 20 片 钓钩600 枚	圆吻鲴、喀氏倒刺鲃等	624

1990 年，丽水地区江溪捕捞产量 462000 千克。其中河蟹产量 5 万多千克，捕捞专业渔民 89 户，365 人，兼职渔民 617 人，机动渔船 115 只。2003 年，丽水市捕捞渔船 524 艘。其中机动渔船 284 艘，286 吨位，功率 2522 千瓦；非机动渔船 240 艘，121 吨位。2004 年，丽水市江溪渔业捕捞产量 95 万千克。2005 年，丽水市江溪渔业捕捞产量 1013000 千克。2006 年，丽水市江溪渔业捕捞产量 1063000千克。2006 年 12 月 20 日，丽水市紧水滩水产养殖合作社养殖网箱 1500 只，规模 37500 平方米，池塘水库面积 133.33 公顷，年产淡水鱼 350 万多千克。2010 年，丽水市江河捕捞产量 1206000 千克。

第四节　渔政管理

概 况

民国之前，丽水渔政管理主要靠乡规民约，许多地方设禁潭、放生潭，保护江溪鱼类资源。20 世纪50年代，各县不少地方出现偷鱼、炸鱼、电鱼、毒鱼等破坏渔业资源现象。1973年，丽水地区革命委员会成立丽水地区瓯江渔业生产管理委员会，颁布《瓯江渔业资源繁殖保护暂行规定》。

1982年3月，丽水地区行政公署颁布《瓯江渔政管理和水产资源繁殖保护暂行规定》《渔民守则》。同年，中、上游各县(市)人民政府发布保护渔业资源规定、通告，规定每年自清明至端午节，季节性封禁瓯江干、支流重点产卵滩36个，常年封禁母鱼越冬潭7个。

1985年，撤销丽水地区瓯江渔业管理委员会，设立地区渔政管理站和各县渔政管理站，配备专职渔政和兼职渔政管理干部，维护水产资源和渔业生产的正常秩序。

1995年，丽水地区水产行政事业单位25个。其中行政主管机关10个，渔政管理机关10个，其他事业单位5个；干部职工138人，其中科技人员38人。2001年，丽水市开展全国首次渔政执法机构和人员普查。同年，丽水地区渔政执法机构11个，实有执法人员55人。

渔业许可证制度

1973年，丽水地区水利局颁布《瓯江渔业资源繁殖保护暂行规定》，对专业和副业渔民登记发证，禁止无证捕捞。1990年，丽水地区发放专业渔民捕捞证167件，副业渔民捕捞证385件。2002年，丽水市开始实施水产种苗生产许可证管理制度，发放种苗生产许可证13本。2004年，丽水市养殖证制度开始实施，规范养殖生产。丽水市发放养殖证4本。2005年2月27日，市政府制定《关于实施水域滩涂养殖证制度意见》。同年，丽水市发放养殖证406本，发证养殖面积6420公顷。

春季禁渔期制度

2003年，丽水市率先在浙江省实施内陆地区春季禁渔期制度，规定丽水市范围禁渔期，时间为每年3月20日至6月20日。2004年，丽水市建立新禁渔区16个。

珍稀水生动物保护

丽水市珍稀水生动物国家一类保护动物有鼋，二类保护动物有大鲵[①]、花鳗鲡等。“瓯江三苗”(蟹苗、虾苗、鳗苗)、香鱼、甲鱼闻名全国。

鼋主要生活在深潭。据20世纪70年代调查，瓯江大鼋约150只。1985年12月31日晚，青田县城关镇湖口村深潭捕获一只大雄鼋，背壳长90厘米，宽55厘米，周长2.1米，重31.5千克，当天即放回瓯江。1990年，丽水市(县级)苏港乡港口村捕捞承包户误捕32.5千克重产卵鼋1只。丽水市(县级)渔政站依法收回，放在丽水地区良种场饲养。2000年12月，浙江省政府批准设立浙江省青田县鼋省级自然保护区。1996年，丽水地区水利局联合省淡水水产研究所调查鼋、大鲵、花鳗鲡等珍稀水生动物资源现状和生态环境等，并试养、观察。1998年，丽水电视台、浙江电视台和中央电视台分别播出专题片，宣传成鼋、幼鼋和娃娃鱼救护、试养情况，介绍丽水地区野生动物保护情况。2008年8月18日，庆元县大鲵研发基地运用管理权，到金华某农业研发公司以4.6万元的价格回收一条13年前被卖出的大鲵，放回老家庆元县贤良镇小溪。据测算，这条大鲵有40多岁，重23千克，体长146厘米，宽26厘米，在金华繁育数代子孙，堪称“浙江第一鲵”。

---

①大鲵：俗称娃娃鱼。

第六章　种子种苗

丽水植物良种引进和培育主要是粮食作物品种。作物品种以水稻为主，其次是水果、花卉等经济作物品种。1958年，丽水县在原飞机场建立良种场，繁育种畜。庆元县在松源镇市场路2号建立县种畜场。

1964年11月14日，龙泉县原公安系统河村劳教农场改建的良种繁育场划归县属，建立县良种场和校场结合的农业中学繁育种畜。1988年，丽水地区农垦场养殖种禽、种畜。1989年，丽水市在碧湖镇河口建立畜牧良种场繁育种畜。1994年，浙江均得利禽业有限公司成立，是一个集种禽培育、饲料生产、农业定单生产、禽制品生产等为一体的省级骨干农业龙头企业。公司通过"企业+合作社+基地+农户"的经营模式，利用公司技术资源，采取"统一供应苗鸡、饲料、药物；统一饲养规程；统一技术服务；统一回收包装；统一商标销售"的方式，先后在县及周边地区建立标准化规范养殖示范基地26个，面积20多公顷，年饲养能力200多万羽。

1995年，丽水市畜牧良种场种猪场承担地方良种碧湖猪保种与选育工作。7月4日，地区农业局依据《种畜禽管理条例》《浙江省种畜禽管理办法》，复查验收丽水市畜牧良种场种猪场，确定为一级种猪场。该场有碧湖猪核心群母猪32头，基础群母猪74头，公猪家系6个。

21世纪，丽水养殖场开始向规模化、规范化、标准化发展，形成一批有一定规模的标准化养殖基地，并先后获"浙江省扶贫龙头企业"及"浙江省农业科技企业"称号。

第一节　植物良种培育与引进

水稻良种

引种　20世纪30年代，各县引进试验改良稻种。民国24年（1935），浙江省政府分设各县推广改良稻办事处，改良稻麦品种。民国25年春，遂昌县三仁乡石板桥村兰云章试验种植省稻麦改良场培育改良稻①，包括"浙农中籼1号""浙农中籼10号""浙农中籼2194号""浙农中籼3613号""浙农中籼2191号""浙农中籼龙凤尖"和"浙农晚粳129号"7个品种2.5千克，种植水稻面积0.33公顷。结果改良稻与农家稻种判若天渊，"浙农中籼1号"表现极为优良，亩产增加55千克。后经各

① 改良稻：俗称纯系稻。

县试种筛选，早稻品种以“浙农早籼5575号”“浙农早籼5441号”为主，亩产分别可增加9.3%和20.2%。中稻品种以“浙农中籼1号”“浙农中籼10号”“浙农中籼2194号”和“浙农中籼龙凤尖”为主，其中前三者以米质佳、成米率特高、耐旱力强而著称，因秆基和稃尖均现红色，故本地俗称“两头红”，亩产可比农民土种增加12%，后者穗大粒密，秆粗抗倒，后熟可播马料豆。晚稻以“浙农晚籼9号”和“浙农晚粳129号”为主，以米质特优、分蘖极强、丰产抗倒而取胜。“浙农晚籼9号”试种平均亩产增加58千克，民国28年，试种亩产403千克，亩产比农民土种增加24.2%。浙农“晚粳129号”抗螟力最为强盛，较本地“文谷”亩产增加30千克。20世纪50年代，“浙农晚籼9号”成为丽水晚稻的当家品种。据遂昌县统计，民国34年，全县推广改良稻2071.4公顷，亩产205.73千克，比农民土种亩增23千克。其中“浙农中籼龙凤尖”“浙农中籼2194号”“浙农晚籼9号”种植面积2046.47公顷，占改良稻面积的98.8%。1936—1947年，遂昌县推广改良稻面积15686.67公顷，平均每年增长125.7%，产量增加540万千克。

20世纪50年代，丽水重点引进早熟、高产、抗病改良稻，先后推广早籼“南稻”，中籼“胜利籼”，晚籼“浙农晚籼9号”“龙山京”“硬头京”“6506”；晚粳“新太湖青”及晚糯“红糯2号”等。其中早稻种植以“南稻”为主，晚稻种植以“浙农晚籼9号”当家。

20世纪60年代，随着稻作生产发展，施肥水平提高，原有早、晚稻高秆品种容易倒伏和诱发病虫害，不适应新形势，丽水重点引进推广矮秆、高产、抗病良种。1956年，广东省朝阳县灶浦乡东仓村洪春利、洪春英成功选育出全国首个水稻矮秆品种“矮脚南特”。1961—1962年，各县相继试种“矮脚南特”。后丽水地域不断增加种植全矮秆品种，其中早稻以“矮脚南特”为主；中、晚稻以“三矮”（金珠矮、广场矮、二九矮）和“农垦58”为主，“农虎6号”等为辅。

20世纪70年代，丽水地区合理搭配不同熟期品种，早籼以迟熟品种“珍龙13号”为主，早熟品种“二九青”等为辅；粳稻以“祥湖48”“加湖4号”“矮粳23”为主；糯稻以“双糯4号”“京引”为主。

1981—1985年，丽水地区引进主栽品种“竹科2号”“广陆矮4号”，占早稻播种面积60%以上。20世纪80年代中后期，丽水地区引进早稻主栽品种“早熟二九丰”，年均栽培面积12200公顷。20世纪90年代，引进早稻主栽品种“浙733”，搭配优质品种“舟优903”“浙农8010”等。

21世纪，丽水市引进优质、超高产杂交稻10个。2001年，丽水市引进“协优9308”。2004年，丽水市引进“中浙优1号”，稻米外观、内质好，煮饭时清香四溢，适口性好，适合于单季中晚稻栽培，平均亩产600千克，高产田块亩产750千克。

培育　1967年，丽水农科所与省科技局联合培育常规早稻品种。1975年，丽水地区正式开展常规晚稻育种。1976年，丽水地区试种杂交稻成功，主要品种为“南优2号”“汕优2号”和“矮优2号”。同年冬，丽水地区农业局到海南岛陵水县长城公社繁殖杂交水稻不育系种子3万多千克。1977年，丽水地区农业局参加浙江省科研协作组，培育杂交水稻。1981年，杂交水稻培育项目正式列入浙江省科委攻关课题。1990年，丽水地区地、县（市）种子公司10个，国营良种场10个，杂交水稻特约繁育基地61个，制种面积612.6公顷，平均亩产124.08千克。后丽水地区重点选育籼型杂交晚稻，并开展杂交水稻恢复系测交、聚合回交法、转基因育种等技术的研究和实验，选育成功水稻新品种（组合）15个，推广面积60万公顷。1999年，丽水生物转基因技术走到全省前列，丽水地区农业科学研究所完成《转基因超级杂优新组合选育》（浙江省“九五”计划项目），培育成杂交水稻新组合Ⅱ优G8和Ⅱ优G476。

1965年，丽水地区农业科学研究所开始常规高产早稻育种。截至2009年，丽水地区农业科学研究院通过系统选育，成功培育早稻新品种“二选早”“幸选矮”“高朗选”“矮科早”“春秋1号”5个，推广面积较大。

1965年，丽水地区农业科学研究所开始常规高产中晚稻育种，在进行农家和地方品种的整理、利用研究的基础上，采用系统选育，成功选育常规高产中晚稻新品种2个。1973年始，进行常规杂交育种，成功育出常规高产、多抗、优质杂交新品种2个，解决当地褐稻虱、稻瘟病等病虫害严重发生的难题，推广面积较大。

1976年始，丽水地区连续25年参加浙江省杂交水稻科研协作和浙江省杂交水稻选育联合体，负责承担高产、多抗、优质晚杂新组合的育种任务；引进、试种、示范推广、培育水稻籼型杂交晚稻杂交组合优良品种，成功选育杂交水稻新组合“汕优862”“汕优6216”“II优6216”，推广应用面积33.33万公顷，创造经济效益3亿多元。1993年，水稻籼型杂交晚稻杂交组合品种培育项目获丽水地区科技进步四等奖。1996年，水稻籼型杂交晚稻杂交组合品种培育项目获丽水地区科技进步三等奖。1998年，水稻籼型杂交晚稻杂交组合品种培育项目获丽水地区科技进步二等奖、浙江省农业科技进步二等奖。

丽水山区怕旱。1998—2004年，丽水地区农业科学研究所主持实施“山区抗旱型杂交稻新组合选育及产业化工程”项目(浙江省“星火计划)，成功选育出节水型杂优新组合选育新稻种“Ⅱ优628”“沪旱优628”。其中“Ⅱ优628”与“汕优63”在雨水正常条件下产量相仿，在严重缺水下，“汕优63”全部枯死，“Ⅱ优628”亩产仍有300千克以上。2005年，全国旱稻区试种“沪旱优628”，平均亩产394.06千克。同年，“沪旱优628”参加浙江省新品种展示试验，亩产量位居第一。

1981—2000年，丽水地区农业科学研究所建立稻瘟病菌实验室，开展稻瘟病菌生理小种、稳定菌株筛选、水稻品种的抗谱分析、水稻品种抗瘟性鉴定筛选等抗稻瘟病育种研究，成功选育出杂交稻新组合“Ⅱ优6216”“汕优6216”“汕优862”及常规稻“处州粇”“春秋1号”“浙丽2号”“丽晚1号”等抗瘟性强的新品种，为全省粮食增产作出重要贡献。

旱杂粮食作物良种

小麦　1965年，丽水地区农业科学研究所开始小麦育种研究。截至1989年，丽水地区农业科学研究所先后育成高产、抗病新品种(系)“丽麦16”“丽恢4号”“丽麦1号”“丽麦683”“丽麦79”等10多个，获浙江省、丽水地区科技进步奖3项。1991—1995年，丽水地区农业科学研究所主持承担《小麦品种抗赤霉病遗传动态及其在育种上应用研究》项目，解决长江中下游麦区历年受赤霉病严重危害的生产实际问题。丽水地区农业科学研究所以复合杂交为主，选用国内外知名的抗源及较抗病品种(如“苏麦3号”“代139”等)，和农艺性状较优良的地方品种(如“丽水白壳三月黄”“八都立夏黄”等)，配制组合1000多个，选育出一批抗赤霉病品种(系)“丽麦16”“丽麦77”“丽麦153”“丽麦331”“丽麦4—7—10”“丽麦8l—9”“丽麦384”等，其中大多数入选国家品种资源库，“丽麦16”被列为浙江省重点推广的抗赤品种。

大豆　1960年始，丽水地区农业科学研究所(以下简称地区农科所)开展大豆引种和高产栽培研究工作。1964年，地区农科所引进夏大豆“贼勿要”，一度成为丽水地区田埂豆的当家品种。1975起，地区农科所从事秋大豆新品种选育工作。1979—1995年，秋大豆新品种参加浙江省秋大豆品种资源征集工作，征集、鉴定秋大豆品种资源 457 份。截至 2004 年，地区农科所成功选育出秋大豆新品种“丽秋 1 号”与“丽秋 2 号”；成功引进秋大豆新品种“秋 7—1”，并大面积推广。

蔬菜作物良种

1989—1996 年，地区农科所主持实施“秋淡蔬菜引种及推广”和“豌豆新品种引种推广”项目，筛选出一批适应丽水山区、平原季节气候、产量高、品质优的早熟大白菜、秋豇豆、秋黄瓜、秋四季豆等秋淡蔬菜品种，并示范推广。1990 年，“秋淡蔬菜引种及推广”项目获浙江省农业系统科技成果二等奖。1996 年，丽水地区推广秋淡蔬菜面积 3979.67 公顷，增加蔬菜产值 8214.85 万元，农民增收 895.43 万元。

1994—1996 年，地区农科所主持实施“名优蔬菜新品种选育及栽培技术研究”项目，引进大量叶菜类、茄果类、豆类、根茎类、早熟茭白进行试种，从中筛选出叶菜类“早熟 5 号”；茄果类的“杭茄 1 号”“杭茄 2 号”；豆类“之豇 28—2”“特早 30”“高产 2 号”“高产 4 号”“秋豇 512”“紫秋 305”；甜、辣椒类“海丰一号”“海花 3 号”“湘椒”“中椒”等。

2001—2003 年，丽水市农业科学研究所主持实施“丽水市种植种苗引进、生态产品开发及推广应用研究”项目，引进南瓜、小西瓜、网纹甜瓜、樱桃蕃茄、大蕃茄、菜用大豆、茄子、夏大白菜、夏萝卜、西葫芦、辣椒、黄瓜、豇豆、欧亚葡萄、甜玉米等，筛选出一批新品种进行中试示范。如南瓜品种“南瓜 201”“南瓜 203”，西瓜品种“西春 00l”“西春 003”“西秋 002”“西秋 004”，网纹甜瓜“网春 1 号”“网秋 2 号”，夏萝卜“夏萝 1 号”“夏萝 2 号”，建立中试和示范基地 7 个，提供农民增收增效示范样板。其间，丽水市农业科学研究所开展四季豆品种引进与育种工作；莲都区科技局立项开展“长豇豆无公害生产技术研究与推广”，通过引进、试验，成功筛选出符合当时消费与当地条件的长豇豆品种“早生王”“宁豇 4 号”等。

2004—2008 年，市农科院承担省科技厅“丽水市高山茭白‘美人茭’品种改良”项目和“茭白新种质新及早熟单季茭新品种选育”项目。2008 年，丽水市农业科学研究所选育出早熟单季茭新品种“丽茭 1 号”，通过浙江省非主要农作物品种认定委员会认定。

2000 年始，丽水市农业科学研究院与浙江省农业科学研究院蔬菜所合作选育与推广长豇豆新品种“之豇 108”，通过浙江省非主要农作物品种认定委员会认定。2009 年始，长豇豆新品种“之豇 108”成为丽水市夏秋长豇豆主栽品种。2006 年，丽水市农业科学研究院实施“蔓生四季豆种质创新和新品种选育”项目。2008 年，丽水市农业科学研究院通过杂交配组和系谱筛选，培育出新种质“丽芸 1 号”。2009 年 7 月，蔓生四季豆“丽芸 1 号”通过浙江省非主要农作物品种认定委员会认定。

水果作物良种

1964—1965 年，地区农科所引进杭州钱江果园梨品种“八云”“菊水”“明月”“今春秋”“黄蜜”“晚三吉”“早生长十郎”“二十世纪”等，引进浙江农业大学、杭州大观山果园葡萄品种“玫瑰香”“龙眼”“西子绿”“金皇后”“白香蕉”“甲洲三尺”“康拜尔早生”等，以及桃品种“仁圃盘桃”“砂子早生”“雨花露”“大观 1 号”等。

1964—1966 年，丽水科委开展“丽水地区名优水果资源普查”，从丽水县小木溪、塔下和青田县塔山弯山地 10 公顷 2000 多株枇杷中，筛选出枇杷单株“小木溪早红”“白沙枇杷”“大红袍”“夹脚”等10多个，建立丽水县塔下村枇杷良种种苗繁育基地。

1966—1975年，地区农科所开展北果(苹果)南移研究，建立缙云县大洋区前村、壶镇宫前村、丽水丽阳村等苹果南移试验示范基地，引进苹果品种“辽伏”“祝光”“金帅”，产量较高，抗病性强。

1966—1976年，地区农科所引进“广东红皮果蔗”，在丽水县、青田县、遂昌县、缙云县推广种植面积6.67公顷，一般亩产4000千克以上，比当地品种“青皮果蔗”产量高，而且质地疏松，含糖量高，无效分蘖少，节间均匀，株高2米以上，耐贮藏，久贮皮不开裂，无变红腐烂等现象。

1966—1978年，地区农科所引进温州地区农业科学研究所品种（品系)“龟井”“宫川”“兴津”“胁山”“市文”“山田”“南柑20号”“林温州”“大叶尾张”“小叶尾张”“本地早”等18个；引进山东省烟台地区苹果品种“辽伏”“红玉”“祝光”“元帅”“金帅”“红星”“秦冠”“表香蕉”“国光”等。

1985—1999年，地区农科所引进杭州市、湖南省新宁县、江西省赣南县、湖北省秭归县等地柑橘品种“纽荷尔”“清家”“朋娜”“丹下”“雪柑”“哈姆林”“439”“脐血橙”“马尔太斯血橙”等，桃品种“砂子早生”“岗山早生”“白风”“塔桥”“花玉露”“丰黄”“罐桃5号”“撒花红蟠桃”“陈圃蟠桃”等，梨品种“八云”“新世纪”“翠优”“青云”“黄花”等。其间，丽水地区农业科学研究所进行葡萄良种的引种和栽培技术研究。1985年开始，丽水地区农业科学研究所通过对比试验引进24个良种，筛选出适宜于当地优良品种5个，以“巨峰”为主。

1990—2000年，地区农科所建立葡萄、桃、柑桔等水果种质资源圃和种苗繁育圃，培育水果种苗“京亚”“迎庆桃”“新川中岛”“纽荷尔脐橙”等。

1992—1996年，地区农科所引进脐橙品种“新日”“美系”等10多个。经试种后，发现“朋娜”“纽荷尔”“大三岛”“丹下”“清家”为丽水适栽品种。

2001—2005年，丽水市石牛省级农业科技示范园区引进山东、江苏等省欧亚（欧美）葡萄品种“红地球”“美人指”“魏可”“粉红亚都蜜”“高妻”等10多个。经试种，发现“粉红亚都蜜”“高妻”等表现较好。

2003年，丽水市林业科学院选育出“翡翠柚”，通过浙江省良种认定。

2006—2008年，丽水市农业科学研究院开展“白砂枇杷引种及栽培技术研究”，通过试种对比，推选出综合性状优良的白枇杷良种“宁海白”“太平白”。

2002—2009年，丽水市农业科学研究院引进桃品种36个、梨品种3个、枇杷品种5个。经试种，桃类“大珍宝赤月”“春蜜”“中油7号”，枇杷类“宁海白”“冠玉”“梨类初夏绿”“代号518”等表现较好。

2002—2010年，丽水市农业科学研究院种子种苗中心推进丽水果业结构转型升级，建立丽水市石牛生态农业示范园区水果良种繁育基地，培育良种苗木柑桔、枇杷、杨梅、桃、李、梨、柿、枣、果桑等九大类，面积2公顷，年均提供优质水果种苗“丽椪2号”“丽油3号”“核瓯柑”“大分1号”等40多万株。

花卉植物良种

1998年，丽水地区农业科学研究所园艺中心有计划引进和示范推广适宜丽水发展名优花卉品种。经多年实施，引进大花蕙兰、一品红、新几内亚凤仙、凤梨、观赏睡莲、虎尾兰等名优花卉20多种，繁育种苗80多万苗，辐射农户花木400公顷，新增产值3500万元，带动花卉苗木从业人员3000多人。

2002年，丽水市农业科学研究所园艺中心开展野生花卉品种调查与驯化栽培研究。

2003年5月，丽水市省级现代农业示范园区引进新、奇、特观赏果蔬新品种，进行栽培试验，成功栽培形态各异的微型南瓜、巨型南瓜、葫芦瓜、飞碟瓜、茄子等20多个。丽水市观赏农业、艺术农业开始起步，建成观赏长廊200多米，有花果1000多盆(株)。

浙南山区野生花卉驯化繁育 2006年，丽水市农业科学研究院以浙南山区野生花卉为主体，进行野生资源驯化繁育和开发利用研究。收集药百合、铁线蕨、特色寒兰、紫珠、梨头草、紫荆、香花崖豆藤、红凉伞、兰科植物、蕨类植物等野生花卉品种40多个，成功驯化寒兰、香花崖豆藤、紫珠等10野生花卉品种多个，建立野生花卉资源圃3处，繁殖盆栽野生花卉品种2多万盆(株)，应用园林绿化，示范面积23.33公顷；引进大花蕙兰、一品红、凤梨、新几内亚凤仙、瓜叶菊等名优花卉品种10多种；通过植物组织培养繁育各类种苗50多万苗，并推广应用，辐射农户种植花木330.67公顷，新增产值2466.6万元，带动丽水山区花卉苗木从业人员2000多人。2007年，市农科所调查龙泉昴山、庆元五岭坑、缙云大洋山、莲都大山峰、景宁秋炉等山地，记录野生花卉物种95种。

植物非试管快繁 2003年6月7日，省科技厅组织专家鉴定丽水市(县级)农业科学研究所"植物非试管快繁技术研究与应用"项目。该技术是计算机控制技术与快繁技术的有机结合，有效地解决传统技术存在的繁殖系数低、周期长、受季节限制等难题，是植物繁殖技术的一大突破，有广泛的应用价值和开发前景，综合技术水平居国内同类研究的领先水平。"植物非试管快繁技术中试及在特色植物上的应用研究"项目，实施繁育曼地亚红豆杉、红叶石楠等各类特色植物种苗110万株，实现产值218万元。"畲药山蜡梅生产质量管理规范(GAP)的研究"项目建立山蜡梅快速繁殖技术体系，解决山蜡梅扦插繁殖成活率低的难题，制定山蜡梅生产标准操作规程(SOP)，明确山蜡梅叶提取挥发油的最佳采收季节和山蜡梅茶的最佳制茶时期，制定制茶工艺流程，申请专利3项，建立山蜡梅基地27.33公顷。2004年，"植物非试管快繁技术研究与应用"项目获丽水市科技进步奖一等奖。

饲料和绿肥

1986—1988年，丽水地区农业科学研究所联合遂昌县科委引进推广黑麦草栽培。1987年，丽水地区黑麦草种植和利用技术领先全省，播种300公顷。黑麦草不仅作食草畜、禽及鱼饲料，还大量作猪饲料。

第二节 禽畜种苗培育与引种

家 畜

猪 缙云县本地猪种有"小溪乌""壶镇花猪"。其中"小溪乌"体大、皮细、脚小，肉质肥美，为制作"金华火腿"的优良猪种，主产地为缙云县新建、城郊等地，仔猪销到丽水地区和金华地区永康、武义等地。莲都本地猪种有"碧湖猪"。

民国29年(1940)，丽水县推广所引进浙江省农业改进所培育的中型"约克"公猪1头，与丽水土种母猪交配，繁殖杂交仔猪。中华人民共和国成立后，丽水先后引进浙江省农业科学院、金华地区等种畜场中型"约克"种猪，为杂交亲本外地品种。1956年，各县引进"约克夏"猪。1960年，各县引进肉脂型"苏白"猪。20世纪70年代，丽水地区引进"长白""杜洛克""汉普夏""大约克"良种公猪与本地黑母猪杂交，其中以"大约克""长白"公猪品种最佳，大大提高仔猪品质。1973年始，丽水地区推广母猪本地良种化、公猪外来纯种化、肉猪杂交一代化的（简称"三化"）繁育方针。20世纪80年代初，丽水地区基本实现良种化。1981年，丽水地区引进瘦肉型"长白"公猪，成为当家品种，逐渐取代"大约克"和"苏白"猪。

1980—1982年，丽水地区农业局将碧湖猪选育项目列入丽水地区科委计划，调查4503头母猪的体测及产仔率，测定碧湖猪的屠宰率，挑选母猪群，选出优良母猪60多头，公猪4头，形成碧湖猪繁育体系。1985年始，丽水市（县市）良种场生产出口中猪"杜长金""汉长金""三元"。1988年，丽水地区农业局转入有系统、有计划核心群世代选育，建起碧湖猪繁种扩群的基础群。

牛　民国时期，丽水牛品种有黄牛、水牛2种。其中黄牛属古老的浙南黄牛品系，水牛属温州水牛品系。1957年始，各县引进外地牛品种10多个，与本地牛杂交配种。1956—1958年，各县引进秦川牛，荷兰奶牛。1977年始，丽水地区引进和自制冷冻精液，进行人工配种，改良品种。1980年，云和县畜种站采用西门塔尔良种公牛冷冻精液，进行人工授精改良少量黄牛，尚有遗种。1987年，部分县（市）引进黑白花奶牛，供应市场鲜奶。

羊　以本地山羊为主，体型较小，善爬山、耐粗食，繁殖力强。其中部分杂交羊，毛较粗、体型较大。20世纪50年代，各县引进湖羊，为皮毛羊，后因羔皮质量退化，产毛量低遭淘汰。1958年，缙云县引进杭州市和文成县考力代半细毛羊、山西省奶山羊，因效益不佳遭淘汰。1978年，丽水地区引进新疆细毛绵羊。1979年，丽水地区引进临海沙能奶山羊。1981年，景宁县良种场引进临海萨能奶山羊31头。1982年，因羊奶销路不畅，丽水地区基本停养临海沙能奶山羊。1986—1987年，景宁畲族自治县引进衢县、富阳县马头羊55头。因气候和饲养管理不适应，引进羊种发展缓慢。2000年，龙泉市建成波尔山羊繁育基地和江南黄羊种羊场。

兔　当地土种兔俗称"月兔"，均为白色肉用短毛兔，繁殖力强。1957年，各县引进灰色力克斯、青紫兰肉用兔。1959年，各县引进安哥拉长毛兔，与本地兔杂交改良后，逐步取代肉用兔。1970年，丽水地区引进日本大耳长毛兔、西德长毛兔和喜马拉雅长毛兔，出现一代杂交兔。1980年，丽水地区引进西德纯系长毛兔，既保持纯种繁育，也与本地兔进行杂交改良，受农户欢迎。1989年，丽水地区引进美国皮用獭兔。

家　禽

鸡　1970年代，丽水地区开始引进"来航"鸡、"洛岛"红鸡、"白洛克"鸡、"三黄"鸡、火鸡、萧山鸡、白毛乌骨鸡、"芦花"鸡和"希塞斯"鸡，但农家仍以本地土种鸡为主。

1980年，丽水地区引进少量"红育""星波罗""新浦东""白羽乌骨鸡""红宝"等新品种，多数散落农户，与土种鸡杂养。1982年，丽水地区农业科学研究所创办禽类养殖场，配备种鸡场和孵坊，引进优良鸡品种"罗斯""S220蛋鸡""新浦东""星布罗""红波罗"肉鸡等，年养殖1万羽以上。1985年，缙云县建立种禽基地，引进蛋用鸡种"依沙"鸡，肉用鸡新品种"AA鸡""海佩科""红宝"等。

鸭　番鸭、麻鸭为主。其中番鸭有黑、白羽两种，肉用为主，白羽居多；麻鸭，又称"草鸭"，产蛋为主，土种居多。缙云麻鸭与福建省龙岩鸭混养杂交后，体形略变小，抗热力增强，产蛋期提前10—20

天，产蛋周期延长。1985年，丽水地区引进福建金定鸭1325羽，比一般麻鸭体大、蛋大、产蛋多。雌麻鸭与雄番鸭杂交后代“木鸭”，生长较快，体型大，专作肉食，不能繁殖，经济效益较高。

鹅　缙云县引进狮头鹅、太湖白鹅和浙东白鹅等品种。1984年，丽水地区引进太湖鹅。1992年，缙云县家畜良种场引进辽宁省昌图县黑眼鹅推广养殖。黑眼鹅体型小，体重轻，全身羽毛洁白；眼三角形，上眼睑有明显豁口；产蛋多，无季节性差异，年产蛋12—13千克。耐寒，耐粗饲，抗病力强，合群性好，四季均可放牧。从育雏开始，一年补饲混合精料仅10千克，逐渐成为当家品种。

第三节　菌种培育

引　种

香菇　“7402”菌株，原名“中叶”。1974年，从日本农林种菌株式会社引入“中叶”。1979年，庆元县科委资源利用厂引入上海市农业科学院食用菌研究所“7402”菌株，是代料压块栽培法的主要品种。1986年，浙江省种植业服务一站、江山市微生物研究所、文成县农业局、庆元县食用菌研究所及龙泉、开化县农科所组成“浙江省人造菇木高产栽培香菇技术研究及应用”课题组，引入福建省三明真菌研究所经杂交选育的“Cr02”。20世纪80年代后期，“Cr02”分布在全省各地香菇产区。20世纪90年代，“Cr02”主要分布在丽水地区缙云县。20世纪80年代后期，庆元县食用菌研究所引入上海市农业科学院选育的“沪农1号”，为段木栽培的香菇品种，属中温型。“沪农1号”在庆元县和龙泉县栽培较多。20世纪80年代后期，丽水地区菇农引入福建省三明真菌研究所选育的“L04”。1980年，庆元县科委资源利用厂引入云南省昆明食用菌研究所选育的“241”，为段木栽培品种，属中温偏低型。1992年始，缙云县还引进“苏香1号”“L—26”“Cr04”“夏菇931”“花菇939”等品种20多个。

茯苓　1973年，云和县药用真菌研究所引入湖南地方品种“太苍白”，主要分布在丽水地区。

黑木耳(包括毛木耳)　1978年，云和县药用真菌研究所从外省引入品种中选育而成“Au新科”，主要分布在云和、景宁两县。1987年，桐乡县真菌研究所引入上海市农科院选育的“沪耳1号”，属中温型，适宜代料栽培，分布在浙北产区。1988年，丽水地区农业科学研究所引入江苏省靖江县科委上海市农科院育成的“AP—4”，主要分布在丽水地区。20世纪80年代末，丽水地区引进福建省三明真菌研究所培育的“AP—48”系毛木耳，主要分布在浙南山区。

竹荪　20世纪80年代末，丽水地区农业科学研究所从福建省古田县科技协会食用菌厂引入棘托竹荪，主要分布在龙泉、庆元、景宁3个县。

灰树花　1982年，庆元县食用菌研究所日本引入灰树花1号，属中温型，主要分布在庆元县。此外，还先后引进灵芝类的赤109、药赤B、蜜环菌1号等。2000年，丽水市实施《丽水市草菇种业建设》项目，完成草菇引种对比试验和栽培技术试验。

育　种

浙江食用菌育种工作始于20世纪80年代。主要有野生种驯化、自然分离选育、杂交育种和诱变育种等方法。

野生菌驯化　20世纪80年代，浙江野生食用菌驯化工作开始。其中长裙竹荪和虫草菌得到开发利用。1982年，云和县药用真菌实验站、微生物研究所和云和县食用菌厂等单位合作采得野生长裙竹荪标本，经分离、纯化和不断的驯化培养“长裙竹荪”。1985年，人工栽培“长裙竹荪”成功。1984年，省中药研究所将采自青海省野生鲜虫草标本，经分离、培养，获得虫草头孢菌“虫草菌”。

自然分离选育　原始种主要来自引入新品种和当地的老品种，在特定环境条件下，经多年栽培，不断筛选、繁育而成新品种。浙江食用菌应用自然分离选育方法较广，选育的品种也较多，其中庆元县食用菌研究所与上海市农科院联合从福建省古田县的鲜香菇样品中，经组织分离选育而成的“香菇82—2”，种植面积较大，主要分布在庆元、龙泉两县。1993年，庆元县食用菌研究所从段木品种“241”中分离选育的“香菇241—4”，主要分布在庆元县及其邻县。2000年，庆元县食用菌科研中心选育的香菇菌株“庆元9015”，获中国菌协“六项十佳”。2005年，庆元县食用菌科研中心选育成功的香菇新品种“庆科20”，通过省级品种认定，认定编号为“浙认菌2005001”，为浙江省第四个通过认定的香菇品种。该品种适宜在浙江省高棚层架栽培花菇和低棚脱袋栽培普通菇模式推广运用。

繁　种

浙江食用菌人工繁种较食用菌人工栽培要迟。元皇庆二年(1313)，《王祯农书•菌子篇》第一次提出“种”概念和原始组织繁种方法，“经年树朽，以蕈碎锉，匀播坎内”“采讫遗种在内，来岁仍复发”。龙泉、庆元、景宁三县菇民将这种繁殖方法传遍各地。

民国时期，浙江省第一个菌种场兴起寄主和孢子繁殖法。民国18年(1929)3月，龚厥民在《蔬菜园艺》中介绍粉末状寄主种源的制作过程和使用方法。民国29年，李师颐在《银耳香菇繁殖律》中介绍块状寄主种源的制作方法。民国28年，李师颐在龙泉县城内创办“龙泉香菇实验场”，发展香菇生产，一边栽培段木香菇，一边采收香菇孢子，自产自用，并制成小包装，出售给当地菇民。20世纪50年代起，丽水食用菌繁种工作有进步。

专业菌种场　1959年，龙泉县财贸部建立第二个菌种场——龙泉县食用菌实验场。1962年，庆元县城北草菇试验场建立。20世纪70年代，丽水地区蘑菇生产迅速增加。20世纪80年代后期，丽水地区食用菌生产全面发展，不同规模、不同类型的菌种场陆续成立。

制种、繁种　民国28年(1939)，李师颐创办第一个菌种场时，制种工具极简单，采收孢子时，只用“杯、碗”盛子实体，于“密闭木箱或木桶”内培养，用笔涂孢子，没有专用设备。20世纪50年代后期，微生物设施被用之于食用菌制种业。1959年，龙泉香菇实验场就拥有显微镜、医用高压灭菌锅、玻璃仪器及专用接种箱等。20世纪80年代后期，丽水地区制种设备逐渐规范化、制度化。1987年，浙江省农业厅、省工商行政管理局联合印发《浙江省食、药用菌菌种场审批领证办法》，规定各级菌种场必须具备的基本设备，包括“高压或常压灭菌锅(灶)、接种室和接种箱、菌种培养室、栽培房(场)；母种场还须有冰箱、恒温箱等母种保藏设备，显微镜等检测设备，母种提纯复壮和菌种分离设备。后各级农业部门批准的菌种场均具备这些基本条件。

2002年，庆元县食用菌科研中心研制建成国内一流菌种生产线，包括恒温结净室和恒低温培养室两部分。其中恒温洁净室专为菌种生产和其他无菌作业设计，由外过滤系统、内过滤系统、制冷系统、空气循环动力系统、控制系统、辐射杀菌系统及封闭保温壳7个部分组成，净化等级100级，比成活率普通接种方法提高15%以上；恒低温培养室由制冷系统、控制系统及保温壳3个部分组成，可提高对发菌速度的调控能力，延长菌种储存时间，便于小批量珍稀菌种的生产供应。

2007年，丽水市农业科学研究院通过验收（鉴定）或品种认定项目有4个；分2年建成“丽水市食用菌种质资源库建设”项目，改建完成标本陈列室、接种室、冷却室、常规培养室等400平方米；建成长期保藏菌种库，保藏香菇等种质资源112种293份。其中生产用30种201份，野生种82种92份，采集野生菌586种，制作鲜标本506瓶，干标本103个，成功分离82种野生菌；购置超低温冰箱、OLYMPUS成像显微镜等仪器设备；建立室内和室外两种环境控制食用菌栽培房（棚）、菌种检测中心和育种实验室40平方米；建成冷库30平方米；开展香菇、木耳等种质资源提纯复壮和虎皮香菇、盾形木耳、皱褶木耳、蝉花等野生菌驯化工作。

菌种定型　2001年8月7日，庆元县食用菌办公室移植试验成功食用菌定型菌种，菌种生产规范、菇棒接种操作简便，可取消接菌箱、用接种室接种。2004年，庆元县食用菌办公室在原定型菌种的基础上，借鉴日、韩先进技术，研制成功胶囊菌种。

菌种繁育销售　2001年，市政府制定《丽水市食用菌菌种管理办法》，明确丽水市农业局统一管理丽水市的菌种工作。进一步明确菌种生产、经营及使用者的责任、义务；细分假劣菌种认定；限定自产自用菌种行为；进一步完善食用菌菌种生产经营许可证的申领、发放的程序规定。

第四节 鱼种培育

丽水山区历来有孵化鱼苗传统。每年清明至谷雨期间，选择健壮雌雄亲鱼，放在稻桶或鱼塘内，再放入柳杉枝、过山藤和棕片，用竹爿引活水从高处向下冲流，使亲鱼活跃追逐，产卵受精。产完卵，捞出亲鱼。经过5—7天，便孵出形如针尖幼苗，称为“水花”，饲养15—25天，鱼苗长至1市寸以上称为“夏花”。民国时期，丽水有少量鱼种自繁、自育、自养，鱼苗种主要靠邻近地区及湖南、江苏等省调入。

家常鱼

20世纪50年代后期，丽水县和缙云县建成鱼种场2个，区、乡鱼种场8个，每年培育夏花150万尾，鱼种74万尾。后因粮食紧张，填塘种粮，两县停办区、乡鱼种场。1970年始，龙泉、青田、云和、遂昌四县先后建成鱼种场，面积增至13.33公顷，年培育鱼种100多万尾。同时完善各鱼种场人工孵化设施。1973年，缙云、丽水、云和三县鱼种场人工孵化成功白鲢、花鲢、草鱼和瓯江圆吻鲴，部分实现四大家鱼种苗自给。20世纪80年代，丽水地区建成松阳、庆元、景宁鱼种场，涌现出鱼苗种生产专业户一批，其中松阳县专业户能人工孵化花鲢、白鲢；青田县田鲤鱼繁殖专业户携带亲鱼到外地搞孵化，推广田鲤鱼生产到外省。

1984年，丽水地区鱼种场12个，其中丽水、青田、缙云、松阳四县各2个。同年，丽水地区生产鱼种699万尾，鲤鱼苗1.6亿尾，家鱼苗（花、白鲢）260万尾，调入外地鱼苗2000多万尾。1990年，丽水地区鱼种场缩减至10个，但库区自建鱼种场有所增加，鱼种塘68.37公顷。同年，丽水地区孵化田鲤鱼苗1.5亿尾，培育草鱼、花鲢、白鲢等鱼种1587万尾；购买金华、温州等地鱼苗688万尾，实际放养鱼种2275万尾，鱼种自给率为80%—90%。

银鱼

1995年，丽水地区引进太湖银鱼鱼苗孵化，鱼苗生产同比增长32.23%，生产鱼苗19096万尾。主要鱼种生产2349万尾，基本与上年持平；放养鱼种2439万尾，比上年减少5.02%，因放养规格比上年大，重量比上年增长4.09%。后部分养鱼户在成鱼塘中套养夏花，鱼种供第二年养殖。1998年，缙云县大洋水库制育池沼公鱼受精卵3800多万粒，先后在青田县、松阳县、遂昌县、龙泉市水库进行增殖试养，成为中国南方地区池沼公鱼引种基地；投放太湖银鱼受精卵560万粒，在云和县紧水滩水库、遂昌县乌溪江和成屏水库进行增殖试验。2004年，银鱼增殖取得突破性进展，紧水滩水库捕获银鱼2万千克；乌溪江、成屏水库也发现银鱼。

中华鳖稚鳖和家鱼苗

20世纪90年代后期，松阳县大量增加生产中华鳖稚鳖和家鱼苗。1998年，丽水地区淡水鱼苗生产23988万尾。其中生产稚鳖104万只，催产孵化家鱼苗14500万尾。1995年，丽水地区养殖中华鳖幼鳖20万只。2000年，丽水市各类苗种生产28834万尾。2005年，丽水市倒刺鲃、唇鱼骨、斑鳜等溪流性鱼类育苗取得初步成功。成功繁殖倒刺鲃鱼苗1万多尾，唇鱼骨苗40万尾，为丽水市溪流鱼类的养殖开发提供条件。

罗非鱼

20世纪80年代初，丽水地区引进优良品种罗非鱼。罗非鱼越冬温度要求在摄氏零度以上，缙云县鱼种场曾利用防空洞设施和小池加温越冬试验，虽获成功，但成本高未能推广。丽水碧湖鱼种场，利用碧湖啤酒厂废水余热进行罗非鱼越冬试验成功，投放越冬罗非鱼苗123千克、17646尾。1982年，丽水地区水产科技人员考察丽水市（县级）郎奇村温泉开发时，测定水温常年保持在18℃左右，水质好，适宜罗非鱼越冬。1985年，丽水地区建成丽水地区水产良种场，投资40多万元。1995年，扩建丽水地区水产良种场，投资200多万元。新建良种场面积1.53公顷，其中罗非鱼越冬池2000平方米，年生产罗非鱼种100多万尾，年越冬罗非鱼2500千克。

瓯江彩鲤

俗称龙泉田鲤，养殖始于唐代，距今有1200多年。2000年春，丽水市按国家级标准建设建设瓯江彩鲤良种场，选址龙泉市兰巨乡桐山畈，投资1039万元，占地面积12.33公顷，建设亲鱼池1公顷，后备亲鱼池3公顷，苗种池1.33公顷，商品鱼池2.47公顷，试验池2000平方米。2001年始，瓯江彩鲤先后获第一届浙江省渔业博览会金奖、浙江省国际农业博览会金奖、丽水市农业知名品牌、浙江省绿色食品等称号。2002年7月26日，丽水地区质监局制定《彩鲤种质地方标准》。12月27日，瓯江彩鲤良种场通过省级良种场资格验收。2004年，瓯江彩鲤良种场全面投产运行，年产亲鱼3000组（雌:雄=1:2），后备亲鱼1.26万千克，产品方案为年产鱼苗5000万尾，夏花鱼种500万尾，一龄鱼种5万尾，商品鱼1.9万千克。

第七章　农业科技

明清时期，各地县官负责劝农，少有农业科技推广。民国时期，各县开始设立农业改良机构和推广机构，但农业新科技仅在个别农场内试验、示范，零星推广。

中华人民共和国成立后，政府重视农业科技推广工作。20 世纪 50—60 年代，各县农业科技推广机构由点到面逐步建立。1974 年开始，丽水地区落实全国四级农业科学实验经验交流会精神，整顿基层农技推广组织，逐步建立县、人民公社、生产大队、生产队四级农业科学实验网，农业科技教育进入快速发展阶段，初步形成农技推广体系。20 世纪 80 年代起，加大成人教育投资，地区、县（市）成立农业干部学校和农业广播学校，乡（镇）农业技术推广站建立农业科技学校，形成成人教育培训网络，农业科教进入稳步发展阶段。乡（镇）农技站由集体性质改制成为全民事业单位，服务领域逐步拓展。教育培训由单一实用技术培训，发展成为学历教育、继续教育、转岗培训等多种形式。2005 年，丽水市执行《浙江省人民政府关于改革和加强基层农业技术推广体系的通知》，在莲都区开展农技推广体系改革试点，建立新型责任农技推广制度。2008 年 6 月，丽水市构建市级新型农业技术推广组织，整合农技推广资源，建立市农业技术推广中心和市农业技术推广分中心。2009 年 5 月，市政府与浙江大学共建新型农业技术推广平台——浙江大学丽水市浙西南现代农业技术合作推广中心。

第一节　农技推广机构

发展沿革

明万历二十一至二十五年（1593—1597），汤显祖任遂昌县令。每年立春前一日，汤显祖率僚属迎春于东郊，祭春神鞭土牛，向士民赠“春鞭”，向邑人颁布“春耕令”。据汤显祖诗《班春二首》载：“今日班春也不迟，瑞牛山色雨晴时。迎门竞带春鞭去，更与春花插几枝。”“家家官里给春鞭，要尔鞭牛学种田。盛与花枝各留赏，迎头喜胜在新年。”汤显祖名著《牡丹亭·第八出劝农》民俗背景也取材于遂昌。

清嘉庆十一年(1806)，云和知县陈治策作《劝力穑文》，推广水稻密植技术。清光绪年间（1875—1908），处州知府陈谲购湖桑 10 万株，劝民种植。

民国 19 年（1930），原处属各县被定为第十一农业推广区。民国 27 年 1 月，浙江省农业改进所迁入松阳县，内设推广股，建立阳溪乡稻麦试验场、樟溪乡种畜繁殖场、赤寿乡蚕种原种场、水南乡横山村茶叶试验场。在云和县建立浙江省农业推广所、浙江省农场;在丽水县碧湖镇建立有机肥料厂。同年,浙江省农业改进所先后建立丽水、云和、龙泉、遂昌、青田、景宁、庆元、松阳、缙云九县中心农场,各县分别成立农业推广辅导中心。云和县抗日治虫委员会举办"农事讲习会",讲授农、林、牧生产基本知识。至民国29年,丽水农业科技推广业务日益扩大,浙江省农业改进所推广股扩建为农业推广委员会,成员为该所秘书、会计主任、各科科长、各系主任。

民国31年(1942)年初,中华民国行政院颁布《县农业推广所组织大纲暨县农林场组织章程》后,丽水、松阳、遂昌、龙泉、云和等县农场先行扩充组建县农业推广所,统筹县级农技推广,所内附设农林场,繁殖优良种子、种畜、种苗,开展新技术的试验。同年,云和县成立第九农业推广辅导区。民国32年,第九农业推广辅导区迁至丽水县碧湖区。民国32年5月,丽水县成立第九农业推广区。民国33年,云和县推广合式秧田、换种、堆肥、防治病虫害、马铃薯摘心摘花等农业科技新技术。民国34年,浙江省农业改进所在云和县设农业推广所。

1949年5月18日丽水解放后,杭州市军事管制财经部实业处接管浙江省农业改进所,在松阳县成立第六农业推广辅导区。1950年5月,丽水专区成立浙江省种子公司种子管理站。1951年,丽水专区成立浙江省农林厅兽医防疫组、病虫防治组。1952年,丽水专区撤销后,云和县建立温州农科所云和试验站。1953年5月,丽水县建立农业技术指导站。1954年,松阳县设立农业技术推广站。后各县陆续设立农业技术推广站,行政关系直接隶属各县人民政府,业务指导归浙江省政府农林厅。各乡镇(公社)成立农业技术推广委员会,县、区、乡干部和科技人员种试验田,应用新技术。1957年,云和县成立温州专署农业试验站分站,后更名浙江省云和薯类研究所。1959年,丽水县、青田县分别建立农业科学研究所。1962年,云和县建立农业科学技术研究所,后更名良种场。1963年,青田县委书记袁长泽上报的《五年来干部坚持种实验田的体会》,作为浙江省七个干部参加劳动的典型材料上报中共中央,获毛泽东批示,"这七个材料都是很好的",这便是著名的"五七"批示。1964年丽水专区恢复后,撤销青田、云和、丽水三县农科所,建立丽水专署农业科学研究所。12月,丽水专区成立浙江省植物检疫总站分站。1974年开始,丽水地区贯彻全国四级农业科学实验网经验交流会精神,着手整顿基层农技推广组织,逐步建立县、人民公社、生产大队、生产队四级农业科学实验网。各人民公社(乡镇)农科站,选拔有一定文化水平和科学种田经验的农民技术员,经过短期培训后,推广农业技术工作。

1978年中共十一届三中全会后,全国实行改革开放,丽水地区民办机构逐步参与其中。每年举办各种短期农业技术培训班,印发技术资料。1978年,各县改革农技推广体系。1983年3月25日,缙云县率先建立县农业技术推广中心。后各县陆续建立县农业技术推广中心,逐步形成以县(市、区)为中心、乡(镇)为纽带、村(组)为基础,国家、集体和农民相结合的基层农业技术推广服务网络。

1990年,丽水地区县属农业科研所8个,分别是缙云、青田、松阳、龙泉、庆元县农科所,庆元县食用菌研究所,龙泉市真菌研究所和云和县药用真菌研究所。1993—1994年,丽水地区各县开展乡镇农业机构的定性、定编、定员、定职能、定经费"五定"工作,建立乡(镇)农业技术推广综合服务站194个,性质为基层全民事业单位,实行条块结合的管理体制。1996年,丽水地区各县开展创建"五有[①]"乡镇农技站的活动。1998年2月,丽水地区通过验收的农技综合服务站9个。

① 五有:特指有一支服务队伍,有工作场所,有服务设施,有服务实体,有试验示范基地。

2001 年 10 月，浙江省农业技术推广基金会丽水执行部成立。截至 2005 年，浙江省农业技术推广基金会丽水执行部资助推广农技项目 96 个，资助经费 243.5 万元；同时引进农技推广项目多个，争取省、市扶持资金 1261.7 万元。2005 年，《浙江省人民政府关于改革和加强基层农业技术推广体系的通知》发布，丽水市在莲都区开展农技推广体系改革试点，建立新型责任农技推广制度。2008 年 6 月，市政府办公室发布《关于落实基层农技推广人员工作责任，加快构建新型农技推广体系的通知》，构建市级新型农业技术推广组织，整合农技推广资源，建立市农业技术推广中心和市农业技术推广分中心，其中市农技推广各分中心下设粮油、蔬菜、食用菌、茶叶、水果、畜牧兽医、水产养殖、竹木、林业生态、林业综合（干果、油茶、种苗花卉等）、农业机械、灌排工程、农村饮水专家组。同时，设立县级农业技术推广中心、分中心及乡（镇）综合性农技推广机构或区域性农技推广机构。2009 年 5 月，市政府与浙江大学共建新型农业技术推广平台——浙江大学丽水市浙西南现代农业技术合作推广中心，在市农业主导产业下设食用菌、茶叶、蔬菜、水果、畜牧专家组 5 个，每个专家组由双方专家 3—5 人组成。2010 年，丽水市建立乡（镇）级农技推广机构（农业综合站及种植业专业站）179 个。

科研机构

1964 年 6 月，丽水地区农业科学研究所建立。1979 年，丽水地区农业科学研究所隶属浙江省农业科学研究院。1985 年，地区农科所行政关系划归丽水地区。2008 年 8 月，丽水地区农科所升格为丽水市农业科学研究院，拥有农业科技园、石牛农业科技示范园区、高山蔬菜基地、茶叶基地和高山花卉基地等重要科技示范基地，优势学科设施园艺技术、生态农业技术、农产品加工技术、植物快繁技术、食、药用菌等，内设食药用菌研究所、茶叶科学研究所、农作物研究所、园艺所等研究所 4 个。

第二节　农技推广队伍

民国 16 年（1927），各县设农业指导员 1 人、副指导员和农业合作指导员若干，指派主任 1 人。民国 19 年，各县配备农业推广指导员 1 人，助理指导员若干人。民国 26 年，各县农业推广区（所）办事处设主任 1 人、总干事 1 人、指导员若干人。民国 29 年，各县农业推广所设主任兼任农事指导员 1 人；合作指导员、家政指导员、青年指导员各 1 人；农家副业指导员 1 人或 2 人、事务员 1 人或 3 人。民国时期，各乡镇无专职农技推广员，乡镇长兼任农业推广干事；各村没有农业推广人员，保、甲长兼任农业推广助理干事。

1950 年 5 月，丽水专区种子管理站建立。1951 年，丽水专区兽医防疫组、病虫防治组建立。1952 年，温州农科所云和试验站建立。1953 年 5 月，丽水县农业技术指导站建立。1954 年，松阳县农业技术推广站设立。后各县陆续设立农业技术推广站，乡镇（公社）设立农业技术推广委员会。1964 年 6 月，丽水地区农业科学研究所干部职工 37 人，其中科技人员 15 人。1974 年，丽水地区各县选拔有一定文化水平和科学种田经验的农民技术员，经过短期培训后，从事复杂农技推广工作。1988 年，丽水地区农民技术员经乡镇推荐，县农业局、人事局负责考核合格，全部聘用为全民事业编制农业技术干部。

1987年，国家恢复专业技术人员职称评定和聘任制度，丽水地区获高级技术职称的农业技术人员14位。后每年开展评审和聘任工作。1990年，地区农科所职工76人，其中高级技术职务5人，中级技术职务14人，初级技术职务18人；用房面积1.1万平方米，耕地7.67公顷，水果母本园2.47公顷，柑橘园0.63公顷；实验室、化验室、温室、图书资料室等科研设施齐全；昆虫标本3多万号；研究课题107项，其中获省、地科技成果奖45项。截至2000年，地区农科所先后承担完成国家、省、市科研项目250多项，选育成功农作物新品种24个，成功研究或引进农作物高产高效生产技术100多项；获国家、省、市各类科研成果奖140多项；发表重要科技论文600多篇；编辑出版发行《丽水农业科技》20多万册，专著30多册。1988—1991年，丽水地区首次开展农民技术职称评定，分农业、牧医、农机、特产、农经、林业、水利、电业、水产、土管、农电，农村能源等专业12个。同年，丽水地区申报农民技术职称评定11254人，获农民技术职称9202人，其中技师928人，助理技师3449人，技术员4289人，助理技术员1691人。同年，丽水地区各乡镇陆续建立农业推广综合服务站，性质为基层事业单位，开展“五定”工作（定机构、定编制、定人员、定职能、定经费），核定编制3235名，其中农技专业934名，畜牧兽医专业869名，农机专业708名，农经专业724名。经考核转编定员1272人，其中农技专业446人、畜牧兽医专业327人、农经专业240人。

1991—1995年，丽水地区开展各类农业技术培训，投资41.5万元，参训农民15208人，获农业技术服务“绿色证书”农民3570人。1997年，浙江省农业厅开展首届十佳农技推广工作者评选活动。景宁畲族自治县农业局吴建华、庆元县食用菌科研中心吴克甸被评为“十佳”农技推广工作者。1999年，丽水地区乡（镇）农技干部1817人，其中行政干部6人、技术干部1665人、其他146人；中级职称31人、助理级530人、技术员579人；农民技术职称333人；无职称344人。

2001年，共青团丽水市委实施农村星火计划，培养农村青年星火带头人，推广农业技术和生产项目。同年，丽水市获“农村青年星火带头人”称号850人。10月，丽水市农村青年星火带头人协会成立，首批协会会员包括种养殖、加工、销售能手（大户）和农业科技专业人员80人。2003年，丽水市接收省下派科技特派员38人，专项经费（俗称特派员经费）419万元，实施农业科技项目38项，分配到欠发达乡镇38个。2005年，丽水市农业科学研究院选派农村工作指导员2人、科技特派员8人，技术培训农民，建立乡镇示范基地8个。2007年，丽水市接收省下派科技特派员74人，选派市级科技特派员50人、县（市、区）科技特派员63人，实施科技开发项目212项，引进新品种436个、新技术284项，扶持农业企业18家。2008年8月，丽水市农业科学研究院，有在编人员85人，教授级高级工程师1人，高级农艺师25人，中级农艺师23人，初级农艺师13人。

2009年5月，市政府聘请浙江大学专家5人，分别担任“浙江大学丽水市浙西南现代农业技术合作推广中心”食用菌、茶叶、蔬菜、水果、畜牧专业的首席专家。同年，丽水市获中级职称农业科技人员72人，获副高级职称14人，获正高级职称1人。截至2010年，丽水市核准全额拨款农业科技推广队伍编制数1211名，实际在岗人数1002人，其中种植业技术人员391人、农机技术人员141人、畜牧业技术人员107人、农经人员287人、其他76人。

第三节　农技推广项目

1980年始，丽水地区农业技术推广实行项目管理。1984年，丽水地区贯彻《农业技术重点推广项目管理试行办法的通知》文件精神，规范农业技术推广的项目管理，把花钱少、见效快、收益大的新成果和新技术作为农业技术推广项目，内容涉及良种、植保、肥料、设施、饲料以及综合生产技术等方面。推广经费以各级财政投入为主，多渠道筹措为辅。丽水农业部门搞好农民产前、产中、产后服务，确保农业技术推广项目的实施。

1985年开始，丽水地区农业科学研究所研究推广浙西南山区单季稻病虫综合防治技术。至1990年，丽水地区推广单季稻区2.87万公顷，每公顷增产600千克，节约农药工本5元，稻谷农药残留大大下降。

1986年，丽水地区首先推广国家级项目“袋料栽培香菇高产技术”，省级项目“食用菌机械成套设备”“植物香料开发技术”，地级项目“笋用竹高产”“白鹅养殖及综合利用技术”，效果良好。1991—1995年，丽水地区推进星火计划项目，实现产值58亿元，税利近6亿元。1987年，丽水地区推广粮食作物综合防治、连晚免耕配套技术、早稻配方施肥等项目3个。1988年，全国农牧渔业“丰收计划”实行后，浙江省建立配套的省级农业“丰收计划”，设定项目，大规模推广农业新技术。同时，丽水地区和部分县（市）也分别建立地、县级农业“丰收计划”。丽水地区实施山区“双杂优”推广、汕优63引种推广、旱粮三熟高产技术、春粮双季杂交稻高产模式栽培技术、早晚稻配方施肥、早稻配方施肥、五千头瘦肉型猪场创办、水稻配方施肥、大面积梯级茶园丰收、稻杆蝇准确测报及规范化防治、农田灭鼠技术、多效唑在水稻上的应用、山区稻瘟病简化综合防治、双晚良种汕优64推广等地级“丰收计划”项目14个，面积6666.67公顷。1989年3月，制定《浙江省丽水地区农牧业“丰收奖”实施办法（试行）》，设立地区农牧业“丰收奖”，对在实施农业丰收计划，推广农业科技工作中成绩突出的单位授予“丰收奖”。凡是达到、超过本地区“丰收计划”项目提出的具体指标，经济效益显著、成绩突出的县级项目，均属本办法奖励范围。其所得的奖金应主要发给主持人和具体实施人员。同年，丽水地区实施地区级“丰收计划”项目31个。

1990年，丽水地区研究、试验、引进和推广效果较显著的农业科技项目有133项，主要集中在选育引进和推广良种、农业应用技术、病虫防治三个方面。选育、引进和推广良种方面有水稻类浙丽一号、丽水糯、庆元二号、丽晚一号、竹科二号、春秋一号等。小麦类处麦一号、丽麦十六号及啤酒饲料大麦等。果菜类蔬菜、黄花菜、温州蜜柑中晚热晶系、桃子、葡萄、西瓜。畜禽类三元杂交猪、瘦肉型猪、黄牛、鸡、鸭。经济特产类茶叶、晒红烟“松选三号”，以及薯类，豆类和牧草、旱地绿肥等44项。1976年，试种杂交水稻。1989年开始，大面积推广。至1990年，丽水地区累计播种杂交早稻3.09万公顷，杂交晚稻65.56万公顷，占同期水稻播种面积28.7%，比常规水稻平均每公顷增产1039.5千克。尤以杂交晚稻“汕优64”“仙优63”效果最佳。1990年，丽水地区种植杂交晚稻“汕优64”“仙优63”4.88万公顷，占杂交晚稻面积72.55%，比常规品种每公顷增产1350千克。

20世纪90年代起，“星火计划”与科委的各类科研计划、教育部门“燎原计划”、农业部门“丰收计划”等结合，一直延续至今。2010年，丽水市被列为国家级星火计划项目6个，分别是浙江金福茶业有限公司承担的“龙泉金观音茶优质高效生产体系建设和产业化推广”，庆元县菇得力生物科技有限公司承担的“灰树花两季出菇栽培技术大面积推广应用”，青田绿谷伯温茶业有限公司承担的“茶园生态立体种养与茶叶精加工技术产业化”，浙江披云食品股份有限公司“基于茶叶提取物茶黄素的系列茶产品生产”，浙江丽水膳尔康食品有限公司承担的“马齿苋超临界 CO_2 萃取法提取活性成分研究开发”，遂昌县林业技术推广总站承担的“竹炭生产关键技术集成与产业化”。农业丰收计划业一直延续实施。截至2010年，丽水市实施“丰收计划”项目153个，其中国家级计划项目6个。

1980—1993年丽水地区推广省级农业技术项目情况一览

表12-7-3-1

类别	成效
植物良种类	1980年，推广杂交水稻和杂交玉米、高产优良品种（早籼青秆黄、竹科2号、晚粳矮粳23、双糯4号等新品种）。1982年，推广连作晚粳稻种子改用单季晚稻田留的种子；柑橘良种（温州蜜柑、宫川、兴津早熟晶系、少核本地早等）。1988年，推广稻麦优良品种繁育、特早熟晚粳品种试验示范、杂交早稻、桑茶果良种。1989年，推广稻麦优良品种、水稻杂种优势利用、低硫油菜开发利用。1990年，推广早熟耐热大白菜良种（早熟5号、小杂56等）。1993年，推广中优质早籼品种示范、旱粮新品种示范
栽培技术类	1980年，推广尼龙育秧、两段育秧、三秧配套等多种育秧方式，培育壮秧。1982年，推广常规晚稻秧田套种杂交水稻、杂交晚稻秧田“抽龙筋”、“一扩两降”（扩大秧田面积、降低播种量和大田用种量）、“三秧”配套（早稻采用保温育秧、小苗带土秧、稀播大秧，晚稻采用小苗带土秧、稀播大秧、两段育秧）、油菜收获打堆；棉花高产栽培技术；密植速成桑园。1988年，推广粮食作物高产模式栽培、旱粮高产片示范、稻田冬作免耕栽培、湖桑简易硬枝扦插育苗技术、柑橘计划密植栽培技术。1989年，推广蔬菜保护地高产高效益栽培技术、油菜综合高产技术、茶叶大面积高产优质丰产方示范、柑桔优质高产栽培技术。1990年，推广水田吨粮工程、旱地吨粮工程、南方稻区杂交粳稻试种示范和开发利用、多效唑培育水稻壮秧技术。1990年，推广红黄壤丘陵椪柑优质丰产栽培综合技术。1992年，推广优质油菜综合增产技术、“双吨桔”综合技术。1993年，推广吨粮优化模式、优质早籼开发及综合栽培技术、玉米和大豆高产技术、优质啤酒大麦高产技术、补淡蔬菜优质高产高效综合技术、猴头菇优质高产高效栽培综合技术
土肥类	1980年，推广细绿萍、提倡稻田套种田菁和稻草还田，增加土杂肥；推广科学用肥、化肥深施、分层施肥、根外施肥。1982年，低产田综合改良(解决排、灌水问题，提高土壤肥力，调整作物布局，合理轮作，加深耕作层)、化肥深施、药剂倒萍；棉花施用硼肥。1988年，推广早晚稻配方施肥、微量元素肥料、低产田土壤改良、柑橘配方施肥。1989年，推广以水带氮化肥深施、增施有机肥料。1990年，推广农作物应用增产菌、微肥大面积应用。1992年，推广多效唑化学调控技术、绿肥高产良种、农作物应用多效菌和增产菌。1993年，推广水稻优化配方施肥技术、经济绿肥开发
排灌溉	1980年，推广合理灌溉、科学用水；开好水稻田排水沟，实行三沟配套；改造冷水田、烂糊田、坡耕地等低产田地。1992年，推广垄畦法改良冷浸田技术
植保类	1980年，推广建立植保队合作防治病虫害。1982年，推广科学施用农药防治主要农作物病虫害技术、稻瘟病和白叶枯病综合防治技术。1988年，推广水稻病虫及鼠害综合防治、无公害蔬菜病虫害综合防治、农田化学除草。1990年，推广旱粮鼠草害优化防治技术
耕作制度	1980年，推广旱粮三熟制。1982年，推广旱地多熟制、水田两旱一水复种制。1989年，推广大麦—西瓜+玉米—稻间套

续表 12-7-3-1

类 别	成 效
设施农业类	1982 年，推广地膜覆盖技术、尼龙薄膜打洞育秧。1990 年，推广棚菜配套栽培技术
养殖类	1982 年，推广山区养殖利用细绿萍、家蚕蔟具改革、免疫酶技术(直接法)诊断猪瘟、牛冷冻精液人工授精枝术、湖羊种羊后裔测定和登记、畜牧兽医联站管理办法、嘉兴黑猪较佳杂交组合(大约克×嘉兴黑猪、防止蜜蜂茶花中毒、中蜂新法饲养。1988 年，推广高产肉鸡、蛋鸡和种鸡饲养配套技术，法国番鸭和肉鸽，春蚕杂交种饲育，方格簇养蚕、优良蚕种(菁松 x 皓月、浙蕾×春晓、新杭×科明、诸花×朝霞、蓝天×白云)。1989 年推广太湖 3 号饲料添加剂、家蚕优良品种繁育、蚕茧丰产技术、瘦肉型猪及配套技术、提高商品猪瘦肉率和出栏率、海佩科黄羽肉鸡、伊莎褐蛋鸡、王浆高产蜂种。1990 年，推广优良肉鸡品种及综合配套饲养技术、养鹅综合增产增收技术。1992 年，推广肉羊增产配套技术、奶牛高产配套技术。1993 年，推广高产蛋鸭及其配套技术
食用菌类	1989 年，推广代料栽培食用菌。1990 年，推广桑条粉料香菇、木耳高产栽培技术
农机类	1988 年，推广采茶机及 4ZCJ-A 型采茶铁。1989 年，进行机械化采茶技术试验推广、水稻生产过程机械化综合增产技术推广。1992 年，推广麦子机械化综合增产技术、旋耕埋草机的应用
收储类	1988 年，推广柑橘常温简易贮藏技术
生态农业类	1988 年，推广生态农业示范。1989 年，推广无公害蔬菜
农村能源类	1988 年，推广沼气及发酵残余物综合利用、省柴灶、太阳能热水器

2010 年丽水市农业丰收计划项目一览

表 12-7-3-2

名称	成 效	单位	干部
丽水香茶等多茶类生产技术集成及示范推广	推广名茶+(香茶+乌龙茶+红茶)1 加 3 组合多茶类产销模式。选用龙井 43、白茶、金观音等品种；根据茶厂自身情况配备扁形名茶、螺形名茶、香茶及乌龙茶、红茶等多茶类生产线或机具；根据市场需求，春茶早期生产扁形、螺形名优茶绿茶、春茶中后期及夏秋茶生产半烘炒机制丽水香茶为主体，根据茶园品种和市场订单适时生产部分乌龙茶和红茶。建立生产示范基地；开展技术培训；制定标准化生产规程，强化品牌市场营销建设。丽水市推广生产技术集成示范基地 10 个、示范茶厂 10 个。范应用面积 2 万公顷，比实施前公顷增 6000 元，核心基地公顷增收 9000 元以上	丽水市农作物站	潘建义
农村沼气技术推广与综合利用	结合“改圈、改厕、改厨”，发展农村户用沼气池 3200 户。受益农户年节支增收 1200 多元，直接产生经济效益 500 多万元。畜禽养殖场沼气工程 150 处，开展“三沼”综合利用，推广“猪—沼—作物”技术模式，发展高效生态农业，开发利用农村可再生能源，减少农业面源污染。社会效益显著	丽水市农村能源办公室	潘文飞
丽水市农作制度创新与示范推广	收集丽水市农作模式 100 例，总结整理成书出版，筛选出高效优越农作制度模式，加以创新示范推广。推广应用面积 2 万公顷	丽水市农作物站	何建清

续表 12-7-3-2

名称	成　效	单位	干部
水稻机械化育插秧技术推广应用	丽水市新增插秧机 60—100 台以及育秧等设备，制定并完善技术标准，良种良法相配套的技术路线，推进水稻机械化育、插秧技术应用。开展统一育插秧、统一机插、统防统治等经营服务，强化示范培训，全面提高水稻生产全程机械化。3 年内丽水市实施水稻机插面积 1.70 万公顷，增产 750 千克，可增稻谷 1275 万千克，节省秧田 102 公顷，节省人工 33150 个（折合人民币 265.20 万元）机手，每公顷增收 225 元，增收节支 580.50 万元	丽水市农业机械管理站	何启华
农作物病虫绿色防控技术集成示范推广	建立主要农作物病虫绿色防控示范区 5.33 万公顷次，推广应用优化集成绿色防控技术，实施病虫统防统治，应用农药残留降解技术，减少化学农药使用 20%以上，病虫危害损失率控制在 5%以下，公顷均节本增效 2250 元以上，增加经济效益 1.20 亿元以上	丽水市土肥植保站	李小荣
柑桔提质增效综合技术应用与推广（报省项目）	发挥丽水的气候优势和地方特色优势，调整品种结构。推广应用优化技术 0.47 万公顷，提高果品品质和安全性。推广运用低产低效柑桔园改造技术，改造低产低效园面积 200 公顷；产量达到 5000 万千克，实现产值7000 万元，增收 2000 万元	丽水市农作物站	周晓音
丽水市动物防疫示范场建设和规模畜禽养殖场排泄物综合治理	畜禽规模养殖场采取“一灯两池三化”综合疫病防控措施。安装人员消毒用紫外灯，建车辆消毒池和家禽笼具消毒池（家畜建无害化处理池），落实消毒白化、免疫强化和管理优化等综防措施。确保畜牧业健康发展和公共卫生安全。创建动物防疫示范场 500 个，其中市级示范场 60 个，带动县（市、区）建设示范场 440 个；安装消毒灯 1000 只，消毒池面积 4000 平方米，养殖建档率 100%，动物防疫示范场的免疫密度100%，“瘦肉精”等检测合格率 100%，病死动物无害化处理率 100%，重大动物疫病抗体合格率 70%以上；动物防疫示范场家禽病死率下降 5%，猪下降 5%，综合增效 3000 万元。丽水市年存栏 100 头以上规模畜禽养殖场排泄物治理 700 家，新建、改建雨污沟 11 万米；沼气池 47000 立方米，年产沼气 470 万立方米。丽水市畜禽粪便利用率 95%，沼气节能 235 万元，畜禽粪肥 1 亿千克及沼液 2 亿千克，灌溉茶果园、林地面积 0.43 万公顷，鱼塘 23.33 公顷，减少茶果园、林地等农药化肥投入 550 万元，实现项目节本增收 1700 万元	丽水市畜牧兽医局	李国强
山区稻鱼生态种养集成技术推广应用	在丽水市 9 个县（市、区）、重点乡镇，推广应用稻田生态种养技术面积 0.47 万公顷。项目以“稳粮、丰鱼、提质、减排降耗、增效增收”为目标，利用稻鱼共生集成技术和全球重要农业文化遗产品牌，推动稻田养鱼的产业化，促进农民增收和农村经济的发展。1.稻鱼生态种养技术模式推广，以稻鱼共生理论为基础，改进和优化稻鱼生态种植、养殖技术。2.“稻田精养田鱼以饵增（代）肥”应用模式示范。3.稻鱼产业化，稻鱼无公害产品开发、品牌建设、生态旅游开发等	丽水市水产技术推广站	姚子亮
水生蔬菜品种引选、配套技术研究及产业化	引进茭白、莲藕、莲籽和荸荠等水生蔬菜品种 3—7 个；建设核心示范基地 5—8 个，开展适应性试验，研究适栽品种的配套技术；培训农民 5000 人次以上，示范推广茭白“一季二茬”技术、高山茭白栽培技术、双季茭设施栽培技术和其他水生蔬菜品种栽培技术。推广水生蔬菜品种种植面积 0.53 万公顷，公顷产值 0.50 万元以上，比种植基它蔬菜品种公顷增 12000 元以上	丽水市农作物站	丁潮洪

续表 12-7-3-2

名称	成　效	单位	干部
长豇豆精深加工技术示范与推广	脱水、腌制长豇豆，加工休闲食品，形成大规模的长豇豆精深加工产区。1.建立专用品种生产基地 66.67 公顷。2.建设产值 100 万元以上的加工示范点 5—7 个，发展产值 20 万元以上加工点 50 个。3.应用“公司(合作社)+加工点+基地”运行模式进行示范与推广	丽水市农业科学研究院	李伟荣
生猪人工授精技术的推广应用	内容包括种猪的科学饲养管理，种公猪的调教；采精技术；猪精液稀释液的配制；精液品质的检查、保存、运输；输精技术。主要技术措施有 3 种：(1)科学饲养种公猪，改公猪圈养为放养，提高精子成活力。(2)探讨、研究使用长效精液稀释剂，延长精液储存时间以及减少猪场中精液浪费。(3)采用子宫内输精，减少精液回流；减少每次输精的精子数、精液量、时间和公猪的头数；降低种猪成本。当年工作目标，丽水市母猪推广应用人工授精技术配种 18000 头(次)，普及率达到55%以上。通过生猪人工授精技术推广应用 3 种：(1)丽水市减少公猪 120 头，节约引种费 66 万元。(2)节省公猪饲养费 48 万元。(3)商品猪可提前出栏 10 天，每头仔猪饲养到出栏，可节约饲养成本 60 元；9000 头(次)母猪进行人工授精，产仔猪9 万头，合计可节约成本 540 万元	莲都区畜牧兽医局	朱祝荣
莲都区柑桔平衡施肥指标体系建设	技术措施主要包括柑桔测土配方施肥技术，包括柑桔“3414”试验，柑橘肥效矫正试验、基地配方肥示范应用，养分指标对比试验、完熟栽培技术、控水栽培技术等。 工作要求推广高效生态施肥模式示范区配方专用肥推广应用 0.03 万公顷，带动 0.47 万公顷柑橘采用综合科学施肥技术，每公顷增加产量 750 千克、节约肥料 52.50 千克，合计增效 680 多万元	莲都区土肥站	纪伟锋
莲都区农作制度创新—“新三熟制”推广应用	“新三熟”分别为：(1)蚕豆—早稻—长豇豆模式；(2)蚕豆—甜玉米—晚稻模式；(3)长豇豆—晚稻—冬菜模式。 项目实行水旱轮作、粮经结合综合技术。蚕豆、长豇豆提倡覆盖与设施栽培；甜玉米采用育苗、套种与强化管理；晚稻结合粮食功能区建设，超级稻实施“五改”与强化栽培；早稻以金早 47 为主与轻型栽培。 2009—2010 年，丽水市推广实施“新三熟”模式 697.33 公顷。预计能为农民增收 1250.70 万元，还可提供大量有机肥，减少化肥、农药用量，能取得显著社会效益与生态效益	莲都区粮油站	王立明
龙泉市标准农田地力培育技术推广	选用宁波大桥紫云英品种，在二等标准农田区块种植绿肥，实施秸秆腐熟还田，培肥地力。同时采取绿肥“带磷、带钼、带菌”播种和测土配方施肥等技术措施。改善土壤肥力和结构，减少面源化肥污染	龙泉市土肥站	刘美菊
龙泉市代料黑木耳标准化生产技术推广	(1)黑木耳标准化基地建设；(2)黑木耳标准化菌种场改造；(3)节水设施建设与推广；(4)机械化生产技术试验示范；(5)耳—稻轮作技术推广 计划推广 4400 万袋(折 366.67 公顷)，产干耳 220 万千克，创产值 11000 万元，净产值 4840 万元，带动农户 5500 户	龙泉市食用菌协会	何建芬
单季稻高产创建技术集成与示范推广	建设2 个“单季稻高产创建万公顷示范片”。集成组装高产技术，推广应用主导优良品种，主推水稻强化栽培、单晚“五改”技术，综合防控病虫草害，提高农机作业水平等，推进粮食功能区建设。目标创建万公顷集中连片单季稻公顷产 8700 千克，比创建前三年平均公顷增 1200 千克，年平均公顷粮食产值 17400 元以上，产值 2320 万元，公顷增粮食产值 2400 元，示范片增产稻谷 160 万千克，增加粮食产值 320 万元	龙泉市农作站	毛美珍

续表 12-7-3-2

名称	成　　效	单位	干部
山区农作物绿色防控技术推广与应用	围绕山区水稻、杨梅等主要农作物推广应用病虫害绿色防控技术，提高防治效果，降低化学农药用量，保证农产品质量和环境安全。(1)推广农业、物理、生物防治措施。推广抗病虫良种、优化栽培技术，降低病虫发生程度；推广示范实用灯光等诱杀害虫；推广稻鱼共生技术，生物农药应用技术。(2)积极开展高毒农药取代品种筛选。(3)建立绿色防控示范方 10 个，示范基地 333.33 公顷，推广应用绿色防控技术 1666.67 公顷，增效 15%	青田县农业技术推广中心	吴敏芳
浙西南山区茄子高效栽培技术示范与推广(报省项目)	(1)茄子设施育苗技术示范推广，通过营养钵、穴盘等容器护根育苗，包括适期播种、苗期肥水、温度、湿度、光照管理、病虫防治等方面的示范应用。(2)茄子优质高效规范化栽培技术体系建设，种植密度、肥水、植株调整、病虫综合防治等技术的示范应用。(3)示范推广优质高效茄子新品种"紫秋"。目标建设标准化的茄子新品种及新技术示范基地 10 公顷。在丽水及周边地区计划实施 800 公顷，公顷产 57000 千克，对比照平均增产 10%，增加社会经济效益 1200 万元	青田县农业技术推广中心	徐旭芬
青田县苦麻菜丰产技术示范推广应用	该项目通过开展苦麻丰产技术推广应用示范，进行科学育苗、施肥、病虫综合防治等各项规范化生产技术，生产大量无公害的蔬菜供应市场，带动全县苦麻高效生产。主要技术措施有 5 种：(1)环剥苦麻皮、浸水技术；(2)防冻技术；(3)测土配方施肥技术；(4)大棚栽培技术；(5)病虫害防治技术。目标推广面积 20 公顷，增产 16%，增加总效益达 57 万元	青田县农技推广中心	单新艳
山区单季稻肥药减量增效技术推广应用(报省项目)	(1)推广应用测土配方施肥技术；(2)推广秸秆还田，增施有机肥，种植绿肥；(3)推广应用农田土壤酸化调节技术；(4)推广稻田养鱼、杀虫灯等病虫绿色防控技术；(5)推广应用单季稻病虫综合防治技术；(6)示范推广病虫统防统治技术；实现单季稻生产节本增效。目标推广应用面积 0.60 万公顷，公顷节本增效 2475 元，公顷增稻谷产量 10%以上，增效 15%以上	青田县土肥站	饶汉宗
青田县山地西瓜丰产技术示范推广	由于山地西瓜品质好、经济效益显著，近年在青田县发展较快，全县有 333.33 多公顷。在高市乡、石溪乡、船寮镇等乡镇推广。主要技术措施有 2 种：1.播种前准备。(1)土地选择；(2)整地施肥。2.育苗。(1)选用良种，选用高产、优质、抗病的浙蜜 2 号、浙蜜 3 号、秀芳等为主栽品种；(2)采用小苗带土移栽；(3)苗床管理；(4)定植；(5)田间管理；(6)病虫害防治。当年工作目标，公顷产达到 45000 千克，公顷产值 6 万元，产值达 2000 万元	青田县粮油作物站	陈利芬
深化新型农民培训，提高农民整体素质，推进特色产业发展	整合农民素质教育培训资源，组建农民教育培训网络；分级签订实施责任状，明确目标任务和相关的责权利，规范管理，提升培训质量；筹措资金，加强基地建设；培育造就大批有文化、懂技术、会经营的新型农民和有专业特长的"云和师傅"；促进主导和特色产业发展，实现农业增效、农民增收、农村发展。2006—2010 年，教育培训农民 5 万人次，其中 2010 年教育培训农业专业技能 3200 人，新型农民 2000 人，职业技能 1700 人，农民工 3300 人，转移就业 3 万人，实现农村劳动力转移和异地综合开发经济收入 2.50 亿元，同比增幅达 8%	云和县农业局	董益坤

续表 12-7-3-2

名称	成　效	单位	干部
香菇安全生产管理技术措施的应用推广	(1) 选育和确定花厚菇当家品种 2—3 个，普通菇当家品种 2 个。(2)制定菌种质量标准,保质保量供应菌种。(3)宣传、培训投入品的选择,确保投入品的安全;全县菇农受训率 100%。(4)香菇优质高效安全培育技术的集成与示范,包括菌棒安全越夏、菌棒培育、催蕾催花技术、菌棒保水、场地控湿等关键集成与示范。(5)制定香菇安全生产技术规程，全面推广安全生产管理措施。通过以上措施，香菇接种成活率达 95%以上,菌棒成品率 90%以上,香菇质量达到绿色食品标准;棒产干菇 0.07 千克。全县推广 5000 万袋,产量达 350 万千克,产值达 1.75 亿元,投入产出比 1:2	云和县农业局	王伟平
甬优系列水稻优质高产栽培技术应用与推广	引进甬优等系列新组合 5 个,建立高产示范方;加强技术培训、示范推广新品种、新技术;提高农业科技进村入户到位率和效益。实行适时播种,培育壮秧、肥水协调、科学管理、综合防治为主要内容技术措施,确保丰收。示范推广面积 666.67 公顷,平均公顷产 7500 千克,建立示范点 3 个,面积 23.33 公顷,平均公顷产 9000 千克,公顷均增产节本效益比非项目区增 1500 元	云和县种子管理站	徐小燕
紫番薯产业化开发	(1)全县推广播种紫番薯 133.33 公顷,公顷产 22500 千克,公顷产值 3 万元。(2)开发紫番薯的紫薯酒、年糕、薯片等,年推广紫薯酒开发 0.30 万千克,年糕 1 万千克,薯片 0.50 万千克,加工产值达 50 万元	云和县农业局	蓝月相
水稻种衣剂“旱育保姆”推广应用	通过示范、培训,推广应用水稻种衣剂“旱育保姆”及其配套高产栽培技术 6676.67 公顷,使其成为提高庆元县水稻单产的主推技术。平均单产增幅 8%—10%,产值600 万元,新增产值 80 万—100 万元	庆元县农业产业服务中心	廖必长
生猪生态养殖技术推广	(1)养殖场选址符合城镇总体发展规划和环保功能要求,采取农牧结合方式。(2)采用分段分区、全进全出饲养等科学方式。(3)采取综合防疫技术。建立健全防疫制度,应用免疫、消毒、隔离、疫情监测等为主要内容的综合防疫技术。(4)建档。建立兽药、饲料和饲料添加剂、免疫等生产免疫档案,定期或不定期监测投入品质量安全状况。(5)生猪粪便无害化处理和资源化利用。全年计划推广生态养猪 1 万头规模,产值达到 1500 万元,实现经济效益 200 万元,生态效益 30 万元	庆元县畜牧兽医局	姚庆荣
代料香菇轻型栽培技术集成与应用推广	代料香菇轻型栽培技术集成包括香菇菌棒半生料灭菌技术、开放式接种技术、胶囊菌种应用技术、免割袋出菇技术、高棚脱袋管理技术等关键技术集成。通过示范、培训等措施,推广应用 3000 万袋,菌段成品率提高 5%—10%,提高工效 20%。实现产值 9000 万元、效益 5000 万元,增收节支 1000 万元	庆元县食用菌科研中心	吴应淼
千公顷高山茭白田鱼立体共育技术示范推广	引进适合庆元高山气候的茭白品种和田鱼种苗，在庆元东部高山推广茭白——田鱼立体共育技术,达到茭白和田鱼互利双增收的目的,促进高山茭白、田鱼养殖产业化。推广面积 133.33 公顷,平均公顷产茭白 24000 千克、田鱼 375 千克以上,实现产值 900 多万元,新增效益 200 多万元	庆元县岭头乡农业技术综合服务技站	吴兴元
缙云县优质肉鸡标准化生产技术示范与推广	实施缙云县质量技术监督局和畜牧兽医局制定并发布的“肉鸡生产技术规范”[浙丽农标 113],推进缙云县肉鸡规范化养殖,提升肉鸡产业化水平和饲养效益,确保鸡产品安全。创建示范场(户)100 个,年出栏优质肉鸡 126 万只;实现产值 2306 万元,养殖户获利润 189 万元	缙云县畜牧兽医局	陈力诵

续表 12-7-3-2

名称	成　　效	单位	干部
道地中药材生产集成技术与示范推广	开展中药材规范化栽培技术和病虫无害化综合治理技术研究与推广，筛选出抗虫、抗病性较好的中药材优良品种，总结出厚朴、杜仲、白术、元胡、吊瓜等道地中药材的规范化栽培技术和病虫害无害化防治技术，通过大面积推广应用，提升畲乡中药材产业发展水平。(1)引进新品种、新技术，开展试验示范；(2)开展农技培训 20 期，召开现场会 2 次，促进新品种、新技术的大面积推广应用；(3)年建立示范方 4 块，高产攻关田 7 块以上。通过三年的实施，项目实施面积达到 6000 公顷以上，平均公顷产值达到 52500 元，新增产值达到 4500 万元；新增面积达到 533.33 公顷，新增产值达到 1600 多万元。通过该项目实施二项合计新增产值 6100万元	景宁县农作物站	何伟民
五千公顷“美人茭”公顷产超六千元高山栽培技术推广	(1)建立高效种植“美人茭”示范基地 333.33 公顷。开展产前、产中、产后系列服务。(2)3333.33 公顷示范基地产值 3000 万元，平均公顷产值 9 万元，比非示范片公顷均增收 20%以上	缙云县大洋镇农业技术综合服务站	邓建平
缙云县农村鼠害持续治理技术推广	全县统一灭鼠的耕地面积和农户在 90%以上；农田鼠密度控制在 3%以下，农户居住区在 2%以下，防治效果在 85%以上；鼠口夺粮 100 万千克，对农作物危害及鼠传染疾病有明显下降	缙云县植保站	潘远勇
单季茭收二茬高效模式示范与推广(报省)	单季茭白通过栽培、肥水调控等技术措施，促进提前结茭，头茬茭旺收期控制在双季茭区夏茭将结束，单季茭区未上市的 6 月，再经科学肥水管理，于 9 月收获第二茬茭白。确定 4 个示范点，示范面积 133.33 公顷。推广应用面积 666.67 公顷。示范区二茬茭比单季茭公顷增产 900 千克、增收 1800 元，推广应用区公顷增产 12000 千克、公顷增收 24000 元，总增收 1640 万元	缙云菜篮子工程办公室	周　杨
蔬菜绿色生态防控技术示范推广	引进频振式杀虫灯、性诱剂、植物源农药等新技术防治蔬菜害虫。中心示范面积 2000 公顷；推广面积 666.67 公顷；单产增产 5%以上。蔬菜基地减少化学农药的使用量 20%，减少使用次数 3 次，有效控制农药残留，保障农产品质量安全	遂昌植物保护检疫站	陈月仙
甘薯新品种引进筛选及高产示范	引进筛选优质高产甘薯新品种 2 个。建立高产示范方 533.33 公顷，推广甘薯旱地轻型栽培技术、覆盖栽培技术、测土配方施肥技术。公顷产鲜薯 37500 千克，平均公顷增产量 10%	遂昌种子管理站	尹设飞
养殖机械在规模猪场的推广应用	选择规模养殖场 2 个，推广应用养殖机械技术 11 项：(1)产哺栏高床技术。(2)湿帘风机温控技术。(3)机动喷雾消毒技术；(4)精子冷藏技术；(5)定位保育栏技术；(6)自动饮水技术；(7)猪粪清理和集中处理技术；(8)沼气加温技术；(9)饲料加工技术；(10)自动喂料技术；(11)杀虫灯诱捕害虫技术。养猪场 2 个，规模 7000 头，产值 840 万元，节约成本 42 万元，增加效益 33 万元，净增经济效益 75 万元	遂昌县农机管理站	华　威
松阳县茶园高效施肥模式推广	(1)完善松阳县茶园土壤档案库和数据库。推广配方肥 150 千克，使用面积 666.67 公顷，推广施肥模式 4000 公顷。根据茶园土壤养分资源现状，探索茶园高效生态施肥模式，实现因土、因茶、因产量施肥。(2)开发、生产和推广应用茶叶专用肥。减少化肥的施用量，减轻农业面源污染。(3)实现公顷节本增收 6000 元，节本增收 2400 万元以上	松阳县植保土肥站	李贵松

续表 12-7-3-2

名称	成　　效	单位	干部
景宁县珍稀食(药)菌引进与推广	⑴引进大球盖菇、杏鲍菇、金福菇、茶树菇、北冬虫夏草、灵芝等珍稀食(药)用菌品种5个。⑵示范推广珍稀食用菌500万袋、大球盖菇20公顷、灵芝13.33公顷,实现产值2400万元,增加经济效益1400万元。3.北冬夏草地方标准研究和制定	景宁县食用菌科	夏建平
"松阳香茶"生产加工机械化技术推广	⑴应用机械化修剪及统防统治技术,全县推广应用茶园7万公顷,节本增效1650万元。⑵建设机械化采摘技术应用中心示范区140公顷,公顷节本增收3000元。⑶推广应用"松阳香茶"机械化加工及分级技术,实现机械化加工"松阳香茶"600亿千克,节本增收1320万元。4.缓解劳动力紧张局面,提高茶农收入	松阳县农业机械管理站	杨必林
种质资源赤峰稻保护与示范推广	赤峰稻是景宁的地方改良品种,在景宁有100多年的栽培历史,是浙江省宝贵的种质资源。种子站利用自身优势,变投入性保护为开放性保护,采用适宜的播种期、薄膜半旱育秧、做好种子处理、加强肥水管理、无害化栽培等技术措施,提高单产。2007—2010年,在大漈彭村、茶林等村每年建立赤峰稻示范基地13.33公顷,在全县高山乡镇推广基地66.67公顷。基地平均公顷产量达到4800千克,比种其他稻谷公顷增效益2250元	景宁畲族自治县种子站	吴向东
山区发展畜禽生态养殖与排泄物资源化利用技术推广应用	推广应用农牧结合生态循环畜禽养殖模式,运用生态规模养殖场"三沼"综合利用等配套技术,推进畜禽养殖排泄物治理和资源化开发利用,达到减排增效和可持续发展。建立发展农牧结合生态规模猪场12个、生态规模养禽10个和养羊场户100个,新增出栏生猪1.50万头、出栏家禽5万羽、出栏山羊1000只,销售收入2400多万元,新增效益300多万元。推广规模场建设沼气工程2000多立方米,带动农村散养户建沼气池2500个,2万多立方米,直接新增经济效益350多万元	景宁畲族自治县畜牧兽医局	刘志锋

第四节　农业科技成果

1977年始,丽水地区开展农业科学研究成果和科学技术推广成果评奖工作,鼓励农业科学研究和农业技术推广工作,推动农村经济向专业化、商品化、现代化发展。农业科技成果管理工作,形成鉴定评审、登记上报、统计分析、评价奖励、推广交流、保密管理、档案管理等制度和做法。1977—1990年,丽水地区获奖农业科技成果504项,其中全国科学大会奖3项、发明奖1项、国家科技进步奖2项;国家部(委)科技进步奖16项;浙江省人民政府科学大会奖24项、科技进步奖90项;省厅、委、局(公司)科技进步奖75项;地区行政公署科学大会表彰成果117项、科技进步奖176项。截至2010年,丽水市获奖农业科技成果38项,其中全国科学大会奖3项;浙江省科学大会奖和省科技进步奖35项。

1977—2010年丽水市农业科技成果获奖情况一览

表12-7-4-1

年份	名　　称	获奖单位及主要人员	奖　项
1977	水稻秧苗带土移栽	缙云县雁岭公社、壶镇公社	省科技工作会议奖
1978	水稻秧苗带土移栽	缙云县雁岭公社、壶镇公社	全国科学大会奖
1978	龙泉山区气候与连作稻、杂交水稻布局研究	协作单位龙泉县气象站等4家	省科学大会二等奖
1978	山区冷山田改造	庆元县隆宫公社连湖生产大队第7、第8生产队	省科学大会二等奖
1982	杂交水稻气象科研成果推广应用	协作单位丽水地区气象台等44家	国家科委、农委推广奖
1982	认真办好植保公司促进增产增收效果显著	丽水县农业局主持完成	国家科委、农委推广奖
1983	粮食作物主要害虫天敌资源调查与利用	缙云县农科所主持完成;参加者徐加生等4人	省科技进步二等奖
1987	代料栽培香菇高产技术开发	协作单位庆元食用菌研究所等4家	省星火先进集体二等奖
1987	推广全年粮食高产模式	协作单位松阳县农牧特产局等4家,参加者周炎生等10人	省农牧渔业丰收二等奖
1988	多效唑控制连晚秧苗徒长技术及作用机理研究	中国水稻研究所主持,协作单位丽水地区农业科学研究所,参加者王熹等8人	省科技进步二等奖
1988	山区推广“双杂优”6666.67公顷大增产	协作单位丽水地区农牧特产局粮食生产科等10家,参加者刘梦熊等19人	省农牧渔业丰收二等奖
1989	水稻“三病三虫”综合防治技术研究	协作单位浙江省农科院植保所等2家,参加者黄次伟等6人	省科技进步二等奖
1989	丽水山区水稻病虫综合防治	协作单位丽水地区植保站等10个,参加者丁德葆等19人	省农牧渔业丰收二等奖
1990	推广垄畦栽培6666.67公顷,水稻大幅度增产	丽水地区土肥站主持完成,参加者潘振刚等30人	省农牧渔业丰收一等奖
1990	遂昌县万公顷牧草公顷产75000千克	协作单位遂昌县畜牧兽医站等10家,参加者俞德珍等15人	省农牧渔业丰收二等奖
1991	杂交水稻高产优质低耗制种技术应用	丽水地区种子公司主持完成,参加者何建清等24人	省农牧渔业丰收一等奖
1991	缙云县推广综合配套技术实现年产万担茧	缙云县农业局特产站主持完成,参加者徐周良等10人	省农牧渔业丰收二等奖
1993	浙江省蝴蝶种类研究	丽水地区农业科学研究所主持完成,参加者童雪松、潜祖琪	省科技进步二等奖
1993	缙云县推广养鹅综合利用增产增收技术	缙云县畜牧兽医站主持完成,参加者李慧明等19人	省农牧渔业丰收二等奖
1996	袋料栽培花菇技术	庆元县食用菌科学技术研究所完成,参加者吴学谦等10人	省科技进步二等奖
1996	厚朴丰产栽培及经济性状研究	景宁畲族自治县营林公司主持完成,参加者潘心平等6人	省科技进步三等奖

续表 12-7-4-1

年份	名　称	获奖单位及主要人员	奖　项
1996	瓯江淡水虾苗种资源开发利用研究	丽水地区水产技术推广站完成，参加者黄富友等7人	省科技进步四等奖
1996	山区中低产区单季稻“一优两高”栽培技术推广	丽水地区农业科学研究所完成，参加者潘永年等7人	省科技星火二等奖
—	垄畦法稻田养鱼综合利用	青田县土肥站主持完成，参加者张强康等5人	
1997	浙西南马铃薯发展途径和高产高效技术研究	景宁畲族自治县农业局主持完成，参加者吴建华等15人	省科技进步三等奖
1998	益菇粉	缙云县科学技术委员会主持完成，参加者陈环钦、吕爱月、施丽方、樊桂亮	省科技进步优秀奖
1998	水稻“三省二高”栽培技术开发与推广——垄畦免耕直播早稻高产栽培技术推广	缙云县农业局完成，参加者祝才兴、陈济福、邓曹仁、施瑞强等10人	省星火二等奖
1998	废菌棒再利用	庆元县食用菌科学研究所完成。参加者吴克甸等7人	省星火三等奖
1999	香菇新菌株“庆元9015”选育与推广	庆元县食用菌科学技术研究所完成。参加者吴克甸等9人	省科技进步三等奖
1999	景宁县中药材规模开发	景宁畲族自治县科技服务部完成，参加者斯金平等9人	省星火三等奖
2005	丽水市特色柑橘良种选育与开发利用研究	丽水市林科所完成。参加者斯金平等5人	省科技进步三等奖
2007	经济作物免疫增产蛋白农药研发与示范推广	丽水市(县级)农业科学研究所完成	省科技进步三等奖
2007	丘陵山地果园立体生态护理研究与科技示范	丽水市(县级)农业科学研究所完成	省科技进步三等奖
2008	无核椪柑品种选育及栽培技术研究	丽水市(县级)农业科学研究所完成，参加人员叶伟其等15人	省科技进步三等奖
2009	牛肝菌仿生栽培技术研究	丽水市林科所完成，丽水市食用菌研究开发中心、中国林科院亚热带林业研究所、庆元林场协作。参加者应国华等13人	省科技进步三等奖
2009	食用菌质量安全及标准化生产关键技术集成与示范	丽水市食用菌研究开发中心完成；参加者吴学谦等15人	省科技进步三等奖
2010	无公害代料黑木耳集成配套技术研究与标准化生产示范	浙江省农业技术推广基金会丽水执行部、云和县农业局主持完成。参加者王伟平等14人	省科技进步二等奖
2010	丽水市食用菌珍稀菇品种引进及产业化	丽水市农业科技开发公司主持完成，上海市农科院协作。参加者苏朝安等16人	省科技进步三等奖
2010	浙西南森林野菜产业化关键技术研究推广	丽水市林科院主持完成，协作单位浙江省林科院等5家	省科技进步三等奖
2010	食用菌产业信息化服务体系构建与应用	丽水市中菌网科技信息有限公司主持完成。参加者周炜坚等15人	省科技进步三等奖

1989—2010年丽水市农业丰收奖获奖情况一览

表 12-7-4-2　　单位：项

年份（年）	丽水市（地区）				浙江省					农业部
	一等奖	二等奖	三等奖	合计	一等奖	二等奖	三等奖	四等奖	合计	—
1989	2	5	9	16	—	1	5	9	15	—
1990	3	4	6	13	1	1	3	9	14	—
1991	2	5	8	15	1	1	1	9	12	—
1992	2	6	8	16	—	—	1	—	1	—
1993	2	4	8	14	—	1	1	—	2	—
1994	2	2	5	9	—	1	3	—	4	—
1995	3	5	8	16	1	1	2	—	4	—
1996	2	6	10	18	1	1	3	—	5	—
1997	3	5	7	15	1	—	4	—	5	—
1998	2	4	9	15	1	1	3	—	4	—
1999	2	5	7	14	1	1	4	—	6	—
2000	2	7	11	20	1	—	4	—	5	—
2001	2	6	8	16	—	2	2	—	4	—
2002	3	6	22	31	—	1	2	—	3	—
2003	3	7	18	28	2	2	3	—	7	—
2004	4	8	22	34	1	—	—	—	1	—
2005	5	8	21	34	1	1	4	—	6	—
2006	5	6	9	20	1	—	—	—	—	二等奖1项
2007	5	9	15	29	1	2	—	—	—	—
2008	5	9	14	28	1	1	1	—	—	—
2009	5	10	10	25	—	2	—	—	—	—
2010	5	10	10	25	—	—	—	—	—	三等奖2项

第五节　农业科技教育

全日制学校教育

清光绪三十三年(1907)，云和县创办公立蚕桑女学堂。清宣统二年(1910)，各县高等小学堂设农业科，讲授种桑、养蚕、缫丝知识。处州府创办处州种植学堂。民国元年(1912)，处州种植学堂更名处州农业学校，校舍设在旧左营游击署。民国20年，再次更名丽水处属联立初级农业职业学校。民国25年，丽水处属联立初级农业职业学校停办。

民国12年(1923),省立第十一初级中学兼设职业科,男生习农业、工艺,女生习家事、缝纫、园艺等。民国29年5月,省立第十一初级中学迁到云和。民国35年,省立第十一初级中学回迁原址重建。民国29年,缙云县农林场与胪膛镇公所联合创办战时农业学校,招收农村青年40人。民国32年,龙泉县设立浙江大学农学院分校。缙云县创办应刘村建国农业职业学校。民国33年,永康私立崇实初级农业职业学校躲避日本侵略军,迁址遂昌县石练乡,招收农桑科班5个,学生187人。民国34年,永康私立崇实初级农业职业学校迁回原址。

民国34年(1945)秋,省保安处创办私立武德农业学校,选址丽水县西郊桃山,招收农科1个班,学制五年,学生51人。民国35年春,私立武德农业学校迁址丽水县碧湖三峰村,更名私立武德农工职业学校,增招畜牧科班1个,学制三年,学生13人。民国36年,私立武德农工职业学校迁到杭州。民国35年2月,浙江省处属联立农工职业学校创办,招收高级农艺科新生50人,各县选送报考,学制三年;校址丽水城内高井弄口;经费处属10县共同分担。民国36年,浙江省处属联立农工职业学校迁址松阳县西屏省农业改进所旧址,更名省立处州高级农业职业学校。至民国38年上半年,省立处州高级农业职业学校毕业2届,学生44人。

1949年秋,省立处州高级农业职业学校迁回丽水县,与处州师范学校合并,更名处州农业师范联合学校。1950年,两校再次分设,更名浙江省立处州农业技术学校,迁址碧湖镇,行政关系隶属省农业厅。1951年,浙江省立处州农业技术学校招收五年制2个班,三年制1个班。1952年秋,浙江省立处州农业技术学校增设森林科,招收五年制新生2个班。1953年,浙江省立处州农业技术学校迁址丽水北郊白云山脚,更名浙江丽水林业学校。1956年,景宁县道化农业中学创办。1958年,缙云县初级农业技术学校创办。1961年,各县进行学校整顿,停办大部分农业和职业学校,部分调整为业余学校。1964年,浙江丽水林业学校实行全日制和半农半读两种教育制度、两种劳动制度并存。1966年,各县农职业学校停办。1970年,浙江丽水林业学校更名丽水地区中等专业技术学校,举办农、林、牧医、卫生、财务等培训班16期。1971年秋,丽水地区中等专业技术学校招收农业、牧医、农机专业班3个,学制1年。1972年,丽水地区中等专业技术学校更名丽水地区农林学校。1978年6月,丽水地区中等专业技术学校恢复原名浙江丽水林业学校。

1978年11月,浙江丽水林业学校分出农学专业,单独建立丽水地区农业学校,校址丽水县天宁寺。1988年,丽水地区农业学校实行教育改革,注重实践教学,成立以学生为主体、专业教师为指导的"农技服务中心",以校联系乡、班联系村、组联系户的形式与附近乡村建立科教兴农点,建立长期联系农户670多个。1995年,丽水地区农业学校教职员工94人,在校学生1264人。1999年12月,丽水地区农业学校与丽水工业学校合并,成立丽水职业技术学院。

1983年8月,缙云县创办农业技术学校,开设省柴灶、果树专业2个,招生80名,校址原城郊中学。同时,各县部分普通中学高中部开办农业和职业高中班,普通中学附设农业和职业班。1990年,丽水地区农业和职业技术学校24所,教职工444人,在校学生4570人;附设农、职业班的普通中学9所;专业有种植、养殖、食用菌等。1990年8月,地区行署颁布《关于实行农科教结合,大力发展农村职业技术教育的决定》。2001年5月,缙云县职业中等专业学校通过国家级重点中等职业学校的评估验收。2001年,遂昌县职业教育园区建成,投资7400万元,占地面积15公顷。截至2010年,丽水市职业高中17所,其中国家级重点中等职业学校5所、均设农学专业。(参见第三十一篇　教育)。

成人、业余教育

1980年，丽水地区建立农业部主办的农业广播电视学校分校。2002年，丽水市建立农函大讲师团的县(市、区)6个，乡镇农函大辅导站131个，农函大辅导小组48个，兼职办学干部190人，辅导老师137人。龙泉市、缙云县农函大分校被评为省农函大先进分校。2003年，缙云县、云和县分校被评为省农函大先进分校。2003年，莲都区被省委组织部、省科技厅列入全省农村科技远程教育试点单位。

农业广播电视学校

丽水地区农业广播电视学校分校建于1980年。1999年，丽水地区农业广播电视学校分校98级在校生12人，99级在校生132人。2005年，丽水市招收学员525人，其中中专学员404人、大专毕业学员54人、本科学员67人。2006年，丽水市农业广播电视学校分校中专毕业生80人，中专后继续教育毕业生67人。2007年，省农业厅评估首批申报的农业广播电视学校分校，龙泉市分校、莲都区分校、松阳县分校、庆元县分校被评为优秀。2008年，丽水市农业广播电视学校分校在校生1220人。2008年，丽水市农业广播电视学校分校招生568人，为历年最多，超过省农业厅招生任务数的18.34%，其中蔬菜、果树等种植专业259人，畜禽养殖专业招生228人，农村经营管理和专业合作社专业招生81人。云和县、缙云县分校通过省级合格评估，建成卫星接收平台项目。

远程教育

2003年，莲都区委组织部远程教育站点被省委组织部、省科技厅列入全省农村科技远程教育试点单位。同年，莲都区委组织部远程教育站点采用网络可视系统授课和现场直播，以及科技信息网多媒体课件教学等形式，实现专家一地授课，各培训点同时接受培训的效果，培训农民5万人次，拍摄丽水产业农村实用技术专题片20部，陆续发布在丽水农村科技信息网上。2004年，莲都区委组织部远程教育站点建设远程培训点13个、工作站21个，国家级农民科技培训基地9个。同年，举办农村科技远程培训20次，发放VCD6000多张，受训农民20万人次。

第八章　现代农业

1949年5月丽水解放后，废除沿袭2000多年封建土地私有制，建立社会主义公有制，探索和完善农村土地公有制，生产关系逐步适应生产力发展，确立农业国民经济基础地位，并逐步发展成为现代农业。丽水地域农业经营制度经历土地改革、农业合作化、人民公社化运动和实行家庭联系承包责任制的发展过程。1966—1976年，丽水农村广大干部群众抵制“极左”思潮，全面贯彻农业“八字宪法”[①]，创建高产、稳定农田，实行耕作制度改革；积极推广抗病、高产优良品种，扩大双季稻、绿肥种植，促使粮食增长。

1978年中共十一届三中全会后，国家实行改革开放政策，废除人民公社体制，普遍推行以家庭联产承包责任制为主的统分结合的双层经营体制。同时，逐步推行农产品派购制度，建立市场价格机制，调整种植业结构，大力发展经济作物，确保农民收入稳定增长；优化作物品种结构，建设特色品种生产基地；以科技为先导，推进生产力发展，增强农业持续发展后劲。20世纪90年代，丽水地区逐步调整、优化农业经济结构，大力发展高产、优质、高效农业，稳定和完善农村家庭承包制，建立土地流转机制，推行农业标准化生产，加快发展农业产业化经营，初步构筑适应社会主义市场经济的农业新体制。

2000年始，丽水市发展效益农业，种植业重点发展设施栽培、季节差栽培蔬菜和高山蔬菜、笋竹林、名优茶、花卉等，提高现有水果品质，逐步更新中熟温州蜜柑，扩大脐橙、椪柑的优质果规模，发展一批“万元高效田”和“万元高效园”；养殖业重点发展食草养殖和特种养殖，提高养殖业在农业中的比重；食用菌从量的扩张向质的提高转变，开发珍稀类和草腐类食用菌，由单一的香菇生产向多菇类、多菌类发展。2010年，丽水市农林牧渔业产值96.97亿元，其中食用菌、茶叶、水果、蔬菜、畜牧五大主导产业产值83.64亿元。

第一节　农业结构调整

20世纪50年代，丽水农业生产“以粮为纲”，完成土地改革，组织农民走农业合作化道路，开展农田基本建设，扩大两熟制面积、增施自然肥，农业生产出现恢复性发展，粮食产值占农业产值80%以上。

1966—1976年，丽水执行农业“八字宪法”，创建高产、稳定农田，实行耕作制度改革；积极推广抗病、高产优良品种，扩大双季稻、绿肥种植，促使粮食增长。

1978年，丽水地区开始调整农业结构，提出“决不放松粮食生产，积极发展多种经营”农业方针，大力发展养殖业和茶叶、蚕桑、水果、食用菌。同年，丽水地区农、林、牧、渔业产值之比为75.8:10.8:13.3:0.1；其中种植业中粮食和经济作物播种面积之比为73.2:26.8。20世纪80年代中期，丽水地区“农业一统天下”的局面发生改变，乡镇企业崛起，二、三产业发展迅速，出现农林牧副渔全面发展、农工商综合经营新局面。20世纪90年代初，丽水地区初步形成优质高产高效益的大农业格局。20世纪90年代中期，丽水地区调整经济作物的结构，放慢茶叶和蚕桑的发展速度，调整食用菌的品种和菌种结构，保持水干果和蔬菜的良好发展势头，加快笋竹两用林基地的发展。到2000年，丽水市农、林、牧、渔产值之比为71.8:12:14.3:1.9，农业比重比1978下降4%；农作物播种面积中粮食与经济作物之比为72:28。

---

① 八字宪法：指1958年，在“大跃进”和人民公社化运动中，提出必须抓好“土、肥、水、种、密、保、管、工”等8个方面工作。

2000年始，丽水市开始发展效益农业，种植业重点发展设施栽培、季节差栽培蔬菜和高山蔬菜、笋竹林、名优茶、花卉等，提高水果品质，逐步更新中熟温州蜜柑，扩大脐橙、椪柑优质果规模，发展一批“万元高效田”和“万元高效园”；养殖业重点发展食草养殖和特种养殖，提高养殖业在农业中的比重；食用菌从量的扩张向质的提高转变，开发珍稀类和草腐类食用菌，由单一香菇生产向多菇类、多菌类发展。

2004年，第一产业经济收入55.06亿元，占农村经济总收入的比重为22.35%；第二产业经济收入147.72亿元，占农村经济总收入的比重为59.96%；第三产业经济收入43.56亿元，占农村经济总收入的比重为17.68%。2005年，丽水市农村第一产业经济收入57.11亿元，比上年增长3.72%，占农村经济总收入的比重19.46%；第二产业经济收入187.71亿元，增长27.07%，所占比重提高到63.98%；第三产业经济收入48.54亿元，增长11.43%，所占比重下降到16.54%；农村一、二、三产业之比为14.3:44.8:40.9。2008年，丽水市粮食与经济作物种植面积比重为63.6:36.4；粮食作物播种面积12.22万公顷，粮食产量6.23亿千克。2009年，丽水市农林牧渔业产值90.15亿元，其中食用菌、茶叶、蔬菜、水果、畜牧业等五大主导产业产值61.23亿元，占农林牧渔业产值67.92%；种植业中粮食作物种植面积进一步压缩，相对收益较好的经济作物种植面积进一步增加；粮经种植面积比重为60:40，粮食作物种植面积下降3.6个百分点；同年，粮食作物播种面积11.02万公顷，粮食产量5.64亿千克。2010年，丽水市农林牧渔业产值96.97亿元，其中食用菌、茶叶、水果、蔬菜、畜牧五大主导产业产值83.64亿元。1978—2010年，丽水农业生产能力不断提高，产能放大，农业产值按可比价格增长2.7倍，年均增长6.1%。

若干年份丽水市农林牧渔业产值结构情况一览

表12-8-1-1　　单位：万元

年份（年）	产值	农业产值	林业产值	牧业产值	渔业产值	相关服务业产值
1952	12294	8743	2295	1236	20	—
1957	15911	10537	3489	1830	55	—
1962	16576	11728	3327	1466	55	—
1970	24212	17206	3888	3079	39	—
1975	31121	21211	4978	4845	87	—
1980	45934	30991	8543	6345	55	—
1985	90421	51724	22076	15719	902	—
1990	151969	87645	32895	29626	1803	—
1995	446892	218119	159679	64783	4311	—
2000	553540	276173	187365	79397	10605	—
2005	678745	463298	88168	103014	15142	9123
2010	969687	649575	151379	140595	20522	7616

第二节 农业生产标准化

1984年，丽水地区标准化管理机构成立，推行标准化生产，主要以工业领域生产为主，农业领域生产较少涉及。1989年，丽水地区开始推行农业生产标准化，制定香菇生产标准，是全区第一个农业标准化生产的农产品标准。2003年，丽水市农产品质量安全和标准化协调机构成立。后各县（市、区）也成立相应机构。同年，丽水市政府制定《关于加强丽水市农业名牌和农业标准化建设的意见》《关于加快品牌培育与质量提升的若干意见》《关于实施标准化战略的若干意见》，加快推进农业生产标准化建设，培育农业品牌。2006—2008年，丽水市加快推进农业标准化生产，投入农业标准化财政资金1300多万元。2003—2009年，丽水市建立无公害产地191个、森林食品基地43个，建立各类标准化示范项目64个（其中国家级8个、省级56个），受益农户12多万户，增加农业收入47705.3万元。2010年，实施省级农业标准化栽培示范项目12个。

农作物生产标准

1989年，丽水地区制定香菇生产标准。1998年始，丽水地区主动参与制定香菇国家行业标准《香菇》（GH/T1013—1998）。2007年，参与制定县级地方农业规范《庆元香菇标准化生产工艺技术规范》。2008年，参与制定国家标准《地理标志产品庆元香菇》（GB/T19087—2008）和省级地方标准《香菇安全生产技术规范》（DB33/T676—2008），以及灵芝孢子粉、菇类破壁产品等一系列深加工企业产品标准。同年，在全国首率先推行食用菌领域标准化生产。

2001年，云和县制定“山兰牌”黑木耳地方标准。2002年，丽水市制定龙泉市香菇、灵芝生产和青田县瓯江彩鲤生产等农业地方标准31个。2004年，丽水市新制定农业标准26个，其中地方标准15个（省级标准3个、市级标准5个、县级标准7个），企业标准11个；莲都区“山水”牌翠冠梨等农产品标准8个；庆元县肉用山羊饲养羊规程地方标准5个。景宁畲族治县制定的《浙江省无公害厚朴标准》，填补国内同类标准空白。丽水市重视制定优势主导产业茶叶的地方标准，先后制定松阳香茶、龙谷丽人茶、景宁惠明茶、凤阳春茶、遂昌银猴茶地方标准。丽水市参与制定的省级农业地方标准《香菇安全生产技术规范》，为全省香菇产业突破技术贸易壁垒起到重要作用。景宁畲族自治县制定的省级地方农业标准《北冬虫夏草栽培技术规程》，是全省北冬虫夏草栽培行业的唯一通用标准。

截至2010年，丽水市制定农业地方标准和标准规范124项，其中省级地方标准10项（农业地方标准6项、林业地方标准3项、渔业地方标准1项），市级农业标准规范12项，县级农业标准规范102项；内容包括产品标准、生产技术规范、安全技术规范、基础建设规范等；涵盖粮食、水果、食用菌、茶叶、蔬菜、家禽、竹制品、养殖鱼类、畜牧等行业。同时，丽水市农产品生产经营组织制定备案企业标准近300项，初步形成以国家标准、行业标准为主体，地方标准及规范为基础，企业标准为补充的丽水特色地方农业标准体系框架。

标准化生产示范区

2003年，庆元县建成庆元香菇（干菇）标准化栽培示范区。11月，庆元香菇（干菇）标准化栽培示范区被国家标准化管理委员会列为第四批全国农业标准化示范项目。

2004年，丽水市通过省级验收农业标准化示范项目7个，包括丽水市绿园禽业有限公司生产绿香本鸡，青田县农业发展有限公司生产的杨梅，庆元县百山祖香菇合作社生产的香菇，遂昌县产业协会和遂昌县竹子科技创新有限公司生产的竹笋，青田县浙南茶油开发有限公司和青田县林业技术推广站生产的山茶油，庆元林业技术推广站生产的锥栗和丽水市水产技术推广站生产的罗非鱼。

2005年，景宁畲族自治县“畲山牌”厚朴标准化推广项目通过省级验收。2006年，丽水市通过省级验收标准化推广实施示范项目7个，包括丽水市梅峰茶叶有限公司、青田县现代生态养殖有限公司等7家企业生产的茶叶、水果、养殖、蔬菜等项目。2007年，丽水市省级验收的标准化示范项目5个，《无公害椪柑标准化种植推广示范项目》《灰树花标准化种植推广示范》《无公害优质土鸡标准化养殖推广示范》《无公害蛋鸡标准化养殖推广》《无公害茶叶标准化种植推广实施示范》。截至2008年，丽水市国家级农业标准化推广示范项目8个，省级示范项目56个。2010年，丽水市创建富硒米、四季豆、早熟梨、甜桔柚、黑木耳、毛竹等省级农业标准化栽培示范项目12个，接受省财政资金168万元，实施面积4400公顷，辐射面积13600公顷，项目增效1.18亿元，直接受益农户1.68万户，人均增收1239元。

农产品检测监督

2002年7月16日，丽水市农产品质量监督检验测试中心成立。2004年，更名丽水市农产品质量检验检测中心，内容涵盖农业生产环境检测、农业投入品检测、初级农产品检测、农产品加工检测等。同年，各县（市、区）农产品质量检验检测站相继建立，部分主要农产品产销乡镇也建立速测检测点。截至2010年，丽水市农产品质量检测机构16个，其中省级机构1家、市级机构4家、县级机构11家，农贸市场、龙头企业和生产基地等速测室若干，初步形成以市级为中心、县级为骨干、基地检测站点为依托、流动检测车和快速检测仪为补充的农产品质量安全监测网络。

第三节　农业社会化服务

20世纪80年代，丽水地区实行农村联产承包责任制，农户小规模生产经营的市场风险和自然风险很高，小规模与大市场的矛盾相当突出。同时，乡（镇）、行政村建置多次分合撤并，原有社队农业服务体系基本瓦解失效。各级政府主动培植新型农业服务组织，建立新型农业社会化服务体系，推进农业生产专业化、商品化和社会化，引导农户将分散生产经营调整为相互联结的协同行动，有效对接大市场，降低市场风险。20世纪90年代初，各乡镇普遍建立国家事业单位性质的农业综合服务站，出现碧湖镇平二村农机服务队等影响力较大的农业社会化服务组织。2000年开始，丽水市农业龙头企业和农民专业合作社在农业社会化服务中发挥主要作用。

公共服务

1981 年 8 月 8 日，浙江省政府批转省农业厅《关于试行农业技术责任制的情况和意见的报告》后，丽水县、缙云县和庆元县率先开展试点工作；所辖公社农技站推行农业技术承包责任制，开展技术承包服务，加速推广先进技术。公社农技站技术承包有形式 4 种，单项技术承包责任制①，有偿技术服务责任制②，综合技术承包责任制③，建立健全农技人员“定、包、奖”岗位责任制④。联产提成的收费比例，一般控制在增产部分 5%—15%，最多不超过 20%；承包收入分配坚持多劳多得，合理分配、兼顾各方人员利益，一般由承包单位和承包者获多数报酬，所在单位工作人员获少部分报酬，对有特殊贡献工作人员，实行重奖。

1983 年 4 月，庆元县乡镇兽医站实行有偿服务责任制，推行“三包四定⑤”办法。1984 年 7 月，丽水地区建成乡镇经营管理服务站 78 个，提供农业联产承包单位财务会计、统计、审计和承包合同兑现结算等服务。

1991 年，丽水地区普遍建立乡镇农业服务总站（公司），下设农技、农机、林果、畜牧、植保、水管等专业站（分公司）。同年，丽水地区建成农业服务站、专业服务队（机耕队、植保队）2560 个，农业生产资料服务网点 596 个，庄稼医院（诊所）25 个，坐堂医生 83 人，农药配药站 45 个，零星供应化肥 230.7 万千克，农药 0.17 万千克。1993—1994 年，丽水地区开展乡镇农业机构“五定”⑥工作，建立乡（镇）农业技术推广综合服务站，性质为基层全民事业单位，实行条块结合的管理体制，乡镇政府负责行政领导，县农业部门负责业务指导。同年，丽水地区建立乡（镇）农业技术推广综合服务站 194 个。1996 年，丽水地区开展乡镇农技站活动“五有⑦”创建工作。1998 年 2 月，丽水地区通过“五有”达标验收农技综合服务站有 9 个。

2004 年，松阳县成立农业局农技推广、种子加工、配肥及农作物病虫测报服务中心，下设茶叶、脐橙、特种养殖、食用菌 4 个产业化办公室。2005 年，云和县成立浙南早熟果业省级区域科技创新服务中心。2010 年，丽水市政府制定《关于全面推进基层农业公共服务体系建设的实施意见》，明确丽水市基层农业公共服务站的区域设置、定编定岗、工作职责；实行“条块结合、以条为主”管理体制，理顺选人、管人、用人和开展技术推广服务工作关系，允许单招单考补充农技推广队伍人员。同年，丽水市加大农业公共服务体系建设投入，建设基层农业公共服务站，改善农技推广人员待遇。莲都区等 5 个县（区）成立农产品质量安全监管科室，增加事业编制 6 名。

---

① 单项技术承包责任制：定产定酬技术承包责任制，承包技术性较强的常规技术和新技术，或者是一家一户干不了、干不好的某些农活和技术措施，采取定产定酬、定额收费、减产免费、事故赔偿的办法。

② 有偿技术服务责任制：联效联质技术承包责任制，技术辅导生产重要环节，采取联效联质、定额收费、减产免费、事故赔偿的办法。

③ 综合技术承包责任制：联产提成技术承包责任制，负责一种、几种或全部农作物全过程的技术指导，采取综合承包、联系产量、超产提成、减产赔偿的办法。

④ 建立健全农技人员“定、包、奖”岗位责任制：实行农技人员考核和浮动工资办法，在实行技术承包中，坚持自愿互利原则，把增产增收的绝大部分归农民所得。

⑤ 三包四定：指包上交利润、包防疫、包流动资金、定技术指导、定发展专业户。

⑥ 五定：指定性、定编、定员、定职能、定经费。

⑦ 五有：指有一支服务队伍，有工作场所，有服务设施，有服务实体，有试验示范基地。

社会服务

1978年中共十一届三中全会后，丽水地区农技机构兴办经济实体，开展经营性技术承包服务，为农民提供物资、技术、信息、购销等优质低偿服务。县、乡、村三级建立技术服务公司或技术咨询服务部，涵盖植保、农机、蚕桑、茶叶、果蔬、家畜、家禽等行业。经营范围包括推销化肥、农药、农机具、农作物优良品种、家畜良种、家禽良种、优良苗木等，为农民提供有偿技术服务。1979年，丽水县碧湖植保公司成立，为生产队承包水稻提供病虫防治，成为远近闻名的社会服务公司，全国先后到碧湖参观学习11个省(市)700多人。1981年8月，缙云县三联公社农业服务公司成立，下设种子、植保、土肥、农机、沼气站和门市部，为农户提供机耕、植保、种子、土壤速测、机修和肥料供应服务。同年，丽水地区植保公司32个，承包防治面积5333.33公顷。1984年，丽水地区植保公司、植保服务站、植保专业户312个(户)，承包防治面积28333.33公顷。

1984年4月，丽水地区农工商联合公司成立，经营粮豆加工食品、经济特产、禽蛋肉类、牛奶及奶制品等商品。1986年，丽水地区开展清理整顿公司工作，撤销丽水地区农工商联合公司。1988年，云和镇农业经营服务公司成立，为农民开展社会化服务。

1989年9月，地区农业开发总公司成立，下设食药用菌技术产品开发中心，生产经营食、药用菌种和食用菌辅料，核定事业编制16名。后丽水市(县级市)、青田县、缙云县、景宁畲族自治县、庆元县、遂昌县、松阳县农业开发公司相继成立。

1989年10月，地区农科所成立，建立丽水地区饲料添加剂厂，实行经费自筹，独立核算的企业管理体制。主要生产经营畜禽系列预混合饲料添加剂，产品有“强力三号”系列畜禽饲料添加剂预混料等。1994年，饲料添加剂厂更名浙江省丽水市浙南动物药厂，除经营原有项目外，增加从事研究和推广畜禽养殖技术项目，产品畅销本省及福建省浦城县和松溪县。1989—2004年，浙江省丽水市浙南动物药厂销售收入近1000万元。2004年，浙江省丽水市浙南动物药厂进行企业改制。

1998年5月，省政府制定《关于“九五”期间深化科研院所体制改革的决定》后，地区农业科学研究所进行改制，由科研事业型单位转向科技经营型单位。创办丽水地区农业科技开发公司，为集体所有制经营单位，实行独立核算，自主经营，自负盈亏，开展农业社会化服务。公司内设办公室、农作物开发部、食用菌开发部、园艺开发部、农资开发部。

2002—2004年，丽水市农科所成立农业科技型股份有限公司，农科所科技人员出资组建绿溢农业科技开发公司、丽水市果源农业科技有限公司、丽水市咏林食品有限公司、丽水市桑尼食用菌科技开发有限公司、丽水市丽卉园艺科技开发有限公司、丽水市圣山科技养殖有限公司(由原浙南动物药厂改制重组)，实行科研、技术服务、农贸一体化生产和经营；与当地农业重点龙头企业及农民专业合作社合作，转化农业科研成果，进行面上推广和产业化开发。2010年，丽水市参与社会化服务的市级农业龙头企业209家。

互助服务

1997年2月，丽水市(县级)碧湖镇平二村农机服务队成立，建成农机仓库和检修用房140平方米，管理用房108平方米，成为一支集机耕、育秧、抛秧、机械值保、机收等多种服务于一体的村级实体型农机服务队。配置湖州-130型联合收割机2台，RL-50顺风割捆机1台，泰山-18型机动喷雾器2台，工农-12手扶拖拉机2台，2ZPY-C抛秧机1台及其他配套机具。1997—1998年，丽水市（县级）碧湖镇平二村农机服务队服务农户水田面积133.33公顷，机械抛秧农户水田面积13.33公顷，机械植保农户水田面积213.33公顷，机械收割农户水田面积106.67公顷，总收入16万元，节约农户成本156万元。

2000年始，丽水市专业合作社逐步成为新型农业社会化服务体系的主导力量。2005年，缙云县仙都农机服务专业合作社成立，从事机耕、机收、植保、运输等业务，参社农户130多户，是丽水市首家股份制农机服务组织。2009年，丽水市植保专业化防治合作组织103个，参与植保专业化防治合作队1838人，配置机动喷雾器1113台（其中担架式78台、背负式1035台），服务农户34082户；实施统防统治水稻面积6880公顷。

2010年，丽水市社会化服务的农民专业合作社1469家，其中产、加、销一体化服务的农民专业合作社1151家，生产服务为主的农民专业合作社228家，以生产资料采购为主的农民专业合作社17家，仓储为主的农民专业合作社3家，运销服务为主的农民专业合作社34家，加工服务为主的农民专业合作社36家。开展农业专业技术服务的农民专业合作社129家，其中农机类25家，植保类36家，土肥类11家，金融类10家，沼气能源类5家，休闲观光类1家，其他涉农服务41家。农民专业合作社多由村干部、基层农技人员和供销合作社职员组织创办。

第四节　农村能源建设

民国时期，处州农村几乎无能源建设。1949年中华人民共和国成立后，各县农村先后推广节柴灶，推广小水电、沼气、太阳能等清洁能源。1958年，丽水县、缙云县建成沼气试验池，使用沼气替代木柴。1973年，丽水地区建成沼气池22只。丽水县丽阳公社①凉塘大队第三队建成沼气池1只，容积50立方米，可供100多人蒸饭。1974年6月，全省沼气现场经验交流会在丽水县召开，推广丽水县凉塘、石牛沼气使用经验。1978年，丽水地区实现沼气化大队2个，建成沼气池1594只。丽水县碧湖镇红旗大队建成沼气发电站，沼气池容积120立方米，装机3千瓦，马力12匹，每晚发电4—6小时。1979年，丽水地区建成沼气池3106只。其中可使用沼气池2274只；户用沼气池3003只，集体沼气池103只；沼气化大队17个。沼气化生产队101个。后因使用比较麻烦，进料出料不便，多数沼气池停止使用。

1981年始，丽水地区农村推广省柴灶，平均热效率20%，比老式柴灶提高9%。同年，丽水地区推广省柴灶5299户。1982年，丽水地区组织省柴灶参加全国测试评比，缙云县炉芯灶热效率36.63%，被列为全国14种优秀省柴灶之一。1984年始，各县制定改灶合同。1984—1990年，丽水地区除青田县外，其他8县（市）改灶合同指标均验收合格，推广省柴灶38.44万户（个），占总农户数67%。按每年节柴0.15万千克/户计算，每年可节柴57660万千克；按用材林每公顷产柴7500千克计算，相当于封山育林7.69万公顷。

2006年，丽水市建成户用沼气行政村150多个，农户9000多户。2007年，丽水市新增农村户用沼气池6600户，建成沼气池总容积3038立方米；推广农村生活污水净化沼气工程10处，年处理生活污

① 2010年称岩泉街道。

水3亿多千克；建成畜禽养殖场沼气工程77处，建成“猪+沼+作物”生态农业示范点若干；推广太阳能热水器面积2.5万平方米，面积12万平方米，年节约标煤2160万千克。同年，松阳县建成家乐农村沼气合作社，成为远近闻名的沼气合作社，全国31个省的县级领导到松阳参观学习40多人。

2008年，丽水市综合利用“三沼[①]”，推广“猪+沼+作物”生态农业模式，完善沼液沼渣利用设施，促进种养业有机结合。同年，丽水市推广太阳能热水器2.58万平方米，累计14.58万平方米，年节约标煤1750万千克，安装太阳能路灯10盏、太阳能杀虫灯3盏、水锤泵40台；新增农村沼气专业合作社1家，建成乡村沼气服务网点50多个，配备沼气维修、检测、出料等设备。

2009年，丽水市开展试点示范生物质气化（沼气）、固化工作，建成秸秆沼气示范工程1处，农村生态校园1座。

2010年，丽水市新增乡村沼气服务网点29个，新增户用沼气池3073户，累计3.2万户。年产沼气1280万立方米。新增农村生活污水处理沼气池3220立方米，畜牧养殖场沼气设施年产沼气99万立方米。截至2010年，丽水市建成沼气合作社3家、县级沼气服务站1个、乡村服务网点274个；农村生活污水处理沼气池1.56万立方米，年处理农村生活污水10多亿千克；推广太阳能热水器21万平方米，太阳能路灯85盏、杀虫灯148盏。

第五节　农业综合开发

政　策

1982年，丽水地区执行“坚决不放松粮食生产，积极发展多种经营”政策，加快发展经济作物和林果业生产，开始农业综合开发之路。1990年始，丽水地区开展以市场为导向、项目为纽带、基地为重点、技术为支柱、实体为依托的农业综合开发，提高农业综合效益。同年，成立地区农业综合开发领导小组，下设办公室，组织实施中低产田改造，积极争取国家农业综合开发项目。

1995年，丽水地区开设农业综合开发支出类财政科目，支持农业综合开发项目，将农业综合开发作为扩大经济总量的主攻方向之一，提出在山上“再造一个丽水”口号。同年，丽水地区农业综合开发项目财政支出778万元。1996年，丽水地区开垦农荒地项目列为国家农业综合开发项目区，实行“国家引导、配套投入、民办公助、滚动开发”资金投入机制，范围包括丽水市（县级）、缙云县、遂昌县、松阳县、云和县。1997年始，丽水地区开垦农荒地项目更名改造中低产田项目和土地治理项目，范围调整为缙云县、遂昌县、松阳县、龙泉市、景宁畲族自治县。1998年，恢复丽水市（县级）为国家农业综合开发项目县。2001年和2004年，庆元县、青田县、云和县先后被列为省级农业综合开发项目县。2008年，云和县被列为国家农业综合开发项目县。

1999年3月，丽水地区农业综合开发坚持自力更生为主、国家扶助为辅和的原则，实行专户存储、专款专用、专人管理、专账核算。农业综合开发资金包括5个部分，中央和省级财政投入[②]，市、县

① 三沼：指沼气、沼液、沼渣。

② 中央和省级财政投入：国家立项项目包括中央、省财政投入，地方立项项目为省级财政投入。

(市、区)财政、乡镇财政配套投入资金，农业综合开发专项贷款，农村集体和农民自筹资金[①]。农业综合开发资金使用范围包括土地治理项目的水利、农业、林业等方面有关措施费用，包括建设灌渠、排水渠、排灌站，建设机耕道路、桥梁，营造防护林带，购置农业机械，科技推广和勘测设计等方面的费用支出；农业产业化项目的设备购置、厂房建设，以及材料购置和技术组织措施费用等支出。

2002年开始，全省农业综合开发用于土地治理项目的财政资金，实行全部无偿投入。2003年开始，全省产业化项目财政有偿资金全面推行委托银行贷款，推出财政贴息资金，专项用于符合农业综合开发产业化经营项目扶持范围和立项条件的银行货款利息。申请财政贴息资金，限于有一定规模的固定资产贷款项目，并按项目所属不同地区，一般要求落实银行贷款在500万元以上的方予贴息，期限1年，不超过2年，年贴息率为5%。同年始，农业综合开发资金来源增加农民投工投劳(按劳折资)、企业自身投入的资金和经法定手续筹集的其他资金，由各县(市、区)财政部门按规定负责筹集资金。2003年10月，省财政厅对配套资金作出规定，土地治理项目以各市、县(市、区)地方财政收入为主要依据，确定各县(市、区)地方财政资金占省以上财政资金配套比例，其中丽水市大部分县(市、区)配套比例都确定为20%。2004年始，市、县(市、区)财政配套资金全部由市、县(市、区)财政承担，乡镇财政不再负担。

机　构

1990年9月，丽水地区农业综合开发领导小组成立，下设办公室，统筹协调中央、省和市农业综合开发项目资金和项目实施，办公室设在丽水地区农经委员会。1996年3月，丽水地区农业综合开发领导小组调整成员，办公室改设在丽水地区财政局。

2001年11月，丽水市农业综合开发领导小组调整成员单位。2008年6月，丽水市编制委员会印发《关于同意市财政局农业综合开发办公室单独设置的批复》，批复同意丽水市农业综合开发领导小组办公室调整为丽水市财政局内设处室。

资　金

1996—2010年，丽水市实施农业综合开发项目319个，投资145707万元，其中中央财政资金29519万元，省财政资金40606万元，市、县(市、区)财政配套资金12811万元，村集体、群众和企业自筹资金52174万元，银行贷款10597万元；市本级实施项目39个，投资20898万元，其中中央财政资金4880万元，省财政资金4418万元，市(区)财政配套资金1613万元，村集体、群众和企业自筹资金8032万元，银行贷款1955万元。1997—2010年，丽水地区(市)发放农业综合开发项目有偿资金16121万元，收回10427万元，核销1032万元，未收回有偿资金4662万元。同年，丽水市贷款贴息项目21个，财政贴息1114万元，吸引企业向银行贷款资金56887万元。

开发项目

土地治理项目　1996—2010年，丽水地区(市)国家级、省级农业综合开发土地治理项目217

① 农村集体和农民自筹资金：农村集体经济组织及农户投入开发项目资金和实物折款。

个，完成土地治理面积123万公顷，总投资85457万元，其中中央财政资金22949万元，省财政资金33290万元，市、县(市、区)财政配套资金11133万元，村集体和群众自筹资金18085万元。市本级列入国家级、省级土地治理项目18个，完成土地治理面积15.46万公顷，总投资8690万元，其中中央财政资金2939万元，省财政资金2748万元，市(区)财政配套资金1134万元，村集体和群众自筹资金1869万元。

农业产业化经营项目　1997—2010年，丽水地区(市)列入国家和省级农业综合开发产业化经营项目102个，其中财政有偿和无偿资金项目、财政补贴(助)项目81个，贷款贴息项目21个；总投资60250万元，其中中央财政资金6570万元，省财政资金7316万元，市、县(市、区)财政配套资金1678万元，企业自筹资金34089万元，银行贷款10597万元。市本级列入国家级和省级产业化经营项目21个，财政有偿和无偿项目、财政补助项目20个，贷款贴息项目1个；总投资12208万元，其中中央财政资金1941万元，省财政资金1670万元，市(区)财政配套资金479万元，企业自筹资金6163万元，银行贷款1955万元。

1996—2010年丽水地区(市)农业综合开发情况一览

表12-8-5-1　　单位：万元

年份(年)	项目(个)			中央资金	省级资金	市县财政配套资金	村群企业自筹资金	银行贷款	总投资
	产业化经营	土地治理	总数						
1996	—	12	12	676	472	229	690	—	2067
1997	2	13	15	954	671	283	1504	—	3412
1998	1	8	9	809	566	260	1692	—	3327
1999	2	8	10	958	672	317	1021	—	2968
2000	3	9	12	1143	952	391	1366	—	3852
2001	4	10	14	1459	1462	544	1465	790	5719
2002	5	9	14	1495	1607	633	3050	1155	7940
2003	3	10	13	1405	1601	600	1570	550	5726
2004	5	13	18	1942	2398	798	2706	1350	9194
2005	7	17	24	1855	3575	915	2387	600	9332
2006	7	20	27	2780	4402	1308	3388	850	12728
2007	10	25	35	2773	5245	1426	5723	840	16007
2008	12	22	34	3612	5263	1606	8855	2751	22087
2009	22	27	49	4375	6551	1926	11928	1711	26491
2010	19	14	33	3283	5169	1575	4830	—	14857
合计	102	217	319	29519	40606	12811	52174	10597	145707

第六节　农业产业化

农业龙头企业

1980年始，丽水地区落实家庭联产承包责任制，全面发展多种经营，出现一批专业户和新经济联合体。1985年1月，丽水地区召开首次农村专业户代表会议。同年，丽水地区专业户42044户，占总农户8.49%，其中种植、养殖业2543户，运输业6485户，购销业4823户，采掘业2935户，商业5587户，家庭工业7280户，建筑建材业7137户，服务业4806户，其他448户，经济联合体1654个。1988年，丽水地区专业户5552户，其中种养业1783户，运输业1652户，建筑业206户，饮食服务业1189户，家庭工业523户，其他259户。有雇工或带徒弟的家庭经营户1458户，其中1—7人1294户，8—15人100户，16人以上64户。1987年，遂昌县妙高镇养猪专业户陈金茶出售肉猪414头；1988年，出售肉猪518头；1990年，饲养量1395头，出售肉猪894头。云和县云和镇农民肖龙儿承包土地1.53公顷，连续5年均提供商品粮5000千克以上。

20世纪80年代中后期，食用菌等生产经营领域首先出现一批农业龙头企业。1985年，乡镇企业庆元县食用菌开发公司创立，拥有香菇生产基地2个、烘干设备5台，年营销量35万千克，营销额2000万元。1988年，乡镇企业龙泉市食用菌开发公司创立，经营香菇、竹荪、木耳、茯苓等品种四大类20多个，产品除内销外，还远销东南亚等地区，年营销额300多万元。1992年，庆元县新兴果品有限公司成立，经营食用菌产品干鲜果品和香菇木耳等，是全区第一家股份制农业企业。

1994年，丽水地区执行省政府《关于扶持农业龙头企业发展若干政策问题的通知》，开展“百龙工程”活动，制定扶持政策10条，培育发展龙头企业。1995年，丽水地区评定农业龙头企业180多家，有的以农产品加工为主，有的以外贸为主，有的提供良种技术和产品回收服务，有的以专业批发市场为中心。其中庆元县食用菌开发总分司集种养加工、产供销于一体，为菇农提供产前、产中、产后服务。

1996年10月，丽水地区入选浙江省百家先进农业龙头企业9家（丽水市丽屏万顺食品保鲜厂、庆元县食用菌开发公司、景宁畲族自治县农业开发总公司、景宁畲族自治县大自然食品有限公司、缙云县外贸肉联厂、缙云县雪峰绞股蓝厂、遂昌县名茶开发服务公司、遂昌县水阁养猪场，国营龙泉市林场）。丽水市丽屏万顺食品保鲜厂厂长陈钦贵、庆元县食用菌开发公司经理吴智青、景宁畲族自治县大自然食品有限公司经理张晓荣、缙云县雪峰绞股蓝厂厂长施松南、遂昌县水阁养猪场场长陈金茶被评为百名农业龙头企业家。

1997年，丽水地区编制“九五”计划和2010远景目标纲要，提出建设基础雄厚、带动能力强、辐射面广，集农副产品生产、加工、销售、科技开发于一身的农业龙头企业100家，形成政府抓龙头、龙头带农民、农民进市场的格局。同年，丽水市供销社系统采取倾斜扶持政策，培育年销售收入500万元以上加工（销售）型农业龙头企业7家，其中超过1000万元5家。后丽水市供销社系统领办、参办成功的农业龙头企业多家。

2002年，市政府制定《关于扶持农业龙头企业发展的意见》，在资金、用地、用电、信贷、农产品运输绿色通道等多方面予以扶持，向银行推荐信用度高的农产品加工型龙头企业28家，获银行信用贷款7000多万元。同年，丽水市年产值超千万元农业龙头企业73家，年销售收入21.15亿元，创税利2.49亿元，带动农户38.18万户，联结农产品基地89018公顷。

2003年，丽水市富来森绿色产业集团有限公司、丽水市绿园禽业有限公司、浙江省天和食品有限公司、浙江省纳富特生物科技有限公司、浙江均得利饲料种禽有限公司、遂昌县种子加工中心、松阳绿色食品厂、云和县仙宫果业责任有限公司、浙江梦天木业有限公司、景宁大自然食品有限公司获评丽水市“十佳”农业龙头企业。后每年都开展评选和表彰“十佳”农业龙头企业活动。

2004—2007年，丽水市引进省内外农业龙头企业多家。嘉兴碧云花园有限公司到遂昌县高坪乡发展高山花卉，嘉善县浙北果蔬批发交易中心商户李新等到遂昌县长期进行高山蔬菜订单生产，浙江恒坤生物科技有限公司投资2000万美元，到莲都区大港头镇玉溪村从事大花蕙兰生产。

2006年，丽水市农业龙头企业普查，年销售收入500万元以上农产品加工企业132家，经工商注册登记、以批发农副产品为主并有固定交易场所的专业性和综合性农产品批发市场10家。同年，丽水市动态管理重点农业龙头企业，实行优胜劣汰。

2009年，丽水市省级骨干农业龙头企业25家，市级重点农业龙头企业171家，其中竹(笋)木业49家，食用菌业38家，茶产业36家，畜禽业25家，水干果业17家，蔬菜业7家，花卉苗木、粮油加工及水产养殖等类型48家；年销售收入1000万元以上农业龙头企业220家；年销售收入0.5亿至1亿元农业龙头企业的28家，1亿元以上的农业龙头企业21家。

2010年，丽水市省级骨干农业龙头企业29家，市级重点农业龙头企业209家。同年，丽水市新培育年销售收入1000万元以上的农业龙头企业25家，年销售3000万元以上的7家。

庆元江海经贸公司　1996年，庆元县供销社出资创办。公司每年从外地组织香菇等食用菌生产所需的原辅材料2000万千克以上，以保本微利供应当地菇农，同时每年将当地香菇销售到外地市场40万千克以上。1996年始，相继在深圳、广州、上海、宜兴等地设立分公司、经营部或加工厂。1998年，江海经贸香港分公司设立，被评为省级农业龙头企业。

缙云茧丝绸公司　1997年创办，以产供销一条龙、贸工农一体化机制带动缙云县蚕桑生产。2000年，新发展桑园面积266.67公顷，收购蚕茧1051450千克，商品销售收入2881万元，创税利244.6万元。2001年，公司改制重组，推进该县蚕桑产业化经营，建成高效示范丰产桑园面积332.9公顷，新发展桑园480公顷；以现金贴补农民，发放蚕种4.38万张，收购蚕茧1263420千克，支付茧款2468万元。2002年，带动蚕农13000多户，建成桑园面积到1900公顷，发放蚕种48010张，收购鲜蚕1332000千克，实现销售收入2759万元，利税70万元，为农民增收2461万元，被评为省级农业龙头企业。

龙泉金泰竹业有限公司　1999年创办，发展笋竹产品的精深加工，生产外贸优质产品。1997年，被评为浙江省“百龙工程”农业龙头企业。1999年，投资360万元，引进竹胶板生产流水线，每年可消化原竹100万支，占丽水市毛竹采伐量的40%。1999年，带动农户1.2万户，办起竹制品加工厂100多家，连接笋竹基地1.03万公顷，推销毛竹49万支，生产竹胶板10.07万平方米，耗竹25万支，实现产值506万元，利税47万元。2001年，完成销售总额1.21亿元，比上年增加1197万元，增长11%，实现利税2418万元。同年，被省政府评定为有特色、有基础、有前景，能带动区域特色农业发展的骨干农业龙头企业。

2010年丽水市省级农业龙头企业一览

表 12-8-6-1

县(市、区)	企业名称	主要产品	法人代表
市本级	浙江绿园禽业有限公司	本地鸡、香鸡、禽制品	应林翠
	浙江丽人木业集团有限公司	"丽人"牌、"OAK"牌中、高密度纤维板	徐梦璋
莲都区	丽水处州山茶油开发有限公司	山茶油	杨和明
	丽水市浙西南农贸城开发有限公司	经营市场	王智威
	富来森绿色产业集团有限公司	食用菌、竹醋液	王正郁
	浙江六江源绿色食品有限公司	糖水橘子罐头、油焖笋	陈　凌
	浙江梅峰茶业有限公司	"梅中田"牌绿茶	梅献山
龙泉市	浙江聚珍园食品有限公司	蔬菜、菇耳类农副产品	季炳臣
	浙江天和食品有限公司	干香菇、黑木耳等食用菌	吴子敬
	浙江纳富特生物科技有限公司	灵芝、香菇、木耳及其精深加工产品	陈其和
	浙江晨光食品有限公司	香菇、黑木耳等	季於长
	龙泉市金泰竹业有限公司	"山宝牌"竹胶板系列产品	吴舟海
青田县	浙江欣宏源养殖有限公司	猪	赖建兵
云和县	浙江新云工艺品有限公司	木制玩具	廖复新
庆元县	庆元县香菇市场	食用菌	叶　飞
	浙江大山合菇业有限公司	食用菌及其精深加工产品	吴新建
	浙江双枪竹木有限公司	竹木制品(筷子、砧板、牙签等)	郑承烈
	浙江百兴食品有限公司	食用菌及其精深加工产品(百山祖菇酱等	吴其耀
	浙江江源菇品有限公司	食用菌	叶文生
缙云县	浙江南方竹木制品有限公司	竹材柔软面料、竹纤维、竹地毯、竹衣等	赵子群
	浙江均得利禽业有限公司	琥珀仙鸡、御鸭、五谷土鸡蛋(卤蛋)等	麻朝阳
	缙云县蚕业丝绸有限公司	蚕茧	蒋小雄
	浙江五莲农牧有限公司	缙云麻鸭及其制品	虞永亮
松阳县	浙江振通宏茶业有限公司	茶叶及其加工品,科研开发、技术推广	范振荣
	浙江碧云天茶业有限公司	茶叶种植、加工、销售、科技推广	潘樟军
	松阳县良种繁育场	龟、鳖、鱼养殖	叶泰荣
	浙南茶叶市场股份有限公司	茶叶加工、销售	洪建明
	浙江绿谷牧业有限公司	商品猪养殖、猪肉销售、饲料生产	王根亮
遂昌县	遂昌县文照竹炭有限公司	竹炭制品	陈文照
	遂昌精诚茶业有限公司	茶叶	毛海斌
	浙江石练菊米有限公司	"石练"菊米	蓝章铭

续表 12-8-6-1

县(市、区)	企业名称	主要产品	法人代表
景宁畲族自治县	浙江奇尔茶业有限公司	茶叶	叶有奇
	景宁畲族自治县惠明茶业有限公司	茶叶	蓝育明
	浙江景宁大自然食品有限公司	香菇、木耳及其制品	夏小庆
	景宁畲族自治县中信实业有限公司	香菇、黑木耳等食用菌	林佩英
	浙江博士园生物技术有限公司	灵芝,北冬虫夏草,食用菌超微粉、提取物	刘　卿

农民专业合作社

发展概况　1997年,丽水地区供销社系统按股份合作制形式,注册登记创办农民专业合作社2家,入社农户176户,社员股金21.28万元。2002年,丽水市供销社编制《丽水市农民专业合作社发展规划(2002—2004年)》。7月中旬,丽水市召开供销社专业合作社经验交流会,云和县农产品产销专业合作社、龙泉市竹业产销专业合作社、庆元百山祖香菇专业合作社、遂昌绿保果蔬专业合作社、缙云蚕业生产专业合作社、莲都恒源果蔬专业合作社介绍经验。2003年,丽水市农村专业合作经济组织193家,其中新发展39家,入社会员25503人,带动农户36.7万户,连接基地2.53万公顷;经营总收入12亿元,纯收入5060万元。对社员二次返利的专业合作社占50%,金额1519万元。

2004年,市政府制定《关于加快发展农村专业合作社的意见》,加快发展农村专业合作社。2005年,市政府下发《关于切实加强我市农民专业合作组织规范化建设工作的通知》《丽水市农民专业合作组织试点工作实施方案》和《丽水市农民专业合作组织示范章程》,将合作社发展情况纳入各级政府目标责任制考核。缙云县、云和县财政每年安排50万元,扶持发展专业合作社,突破传统村、乡、县、省社区边界,进行跨区域合作。龙泉市专业合作社6家联合组建龙泉市诚合专业合作社联合社。云和县渔夫有机鱼专业合作社与山东省合作社联合开发紧水滩库区水产品。缙云县美中药材专业合作社与天津市中新药业有限公司联合开发厚朴基地567公顷。龙泉绿谷果蔬专业合作社与杭州市果品公司联合在龙泉开发水果基地60公顷。2006年,省政府下发《关于进一步加快发展农民专业合作社的意见》后,丽水市突出重点扶持,“培育一批、改造一批、规范一批、提升一批”,规范化农民专业合作社132家。云和县农产品合作社、丽水市恒源果蔬合作社、缙云县春光果业合作社、缙云县茧业合作社、遂昌县黄沙腰烤薯产销合作社、庆元县百山祖香菇专业合作社被全国供销合作总社评为“千社千品”专业合作社。

2007年,市人大二届四次会议提出发展一批较大规模农民专业合作组织和专业大户。同年,丽水市农民专业合作经济组织562个,其中省级示范性农民专业合作社20个,市级规范化农民专业合作社192个,会员4多万人,带动农户45.44万户,占丽水市农户69.26%,联结基地3.33万公顷,经营总收入14.15亿元,向社(会)员“二次返利”2261万元,股金分红1075万元。

2008年,丽水市农民专业合作社716个,经营种植、养殖、林业、农机、加工、储运等产业,其中种植业417个(粮食产业32个),占58.2%;林业82个,占11.5%;畜牧业111个(生猪产业34个),占15.5%;渔业27个,占3.8%;服务业28个(农机服务业14个),占3.9%;其他行业51个,占7.1%。执行农产品质量标准化合作社210个,建立产品质量追溯制度合作社263个,拥有注册商标合作社

159 个，获农产品质量认证合作社 194 个，认定无公害农产品 89 个，绿色食品 47 个，有机食品 25 个，森林产品 17 个。2009 年始，市财政补助每家省级示范性农民专业合作社 10 万元、市级示范性农民专业合作社 5 万元。2010 年，丽水市落实省政府下发的《关于促进农民专业合作社提升发展的意见》。2011 年，丽水市农民专业合作社 1378 家；争取中央、省、市和县扶持项目 289 个，扶持资金 3498.39 万元；农民专业合作社 62 家获信用联社（合作银行）贷款余额 2247 万元，其中莲都区、云和县两家供销社农信担保公司为农民专业合作社融资担保业务。

重点专业合作社　1999 年，香菇流通企业 5 家、香菇生产企业 3 家、农户 378 户联合成立庆元县百山祖香菇专业合作社。合作社带动农户 7000 多户，科研、生产、病虫技术顾问和流通顾问 8 人，统一制定《百山祖香菇标准化生产技术规程》，印发《香菇标准化生产"十个不"规定》，开展社员和菇农的技术培训，实施名牌战略，推出"百山祖"绿色品牌，生产仿原木香菇生产、干花菇、光面菇、仿原木鲜花菇等特色基地 4 个，推广"241""135"和"939"品种。2002 年，生产干香菇 76 万千克、鲜花菇 28 万千克，销售香菇 122 万千克。

2000 年 6 月，莲都区碧湖绿源农副产品合作社成立。2001 年，公司走"市场+合作社+会员和农产"的路子，带动农户 1.5 万户，连接基地 2000 公顷，新增社员 130 户，扩展股金 18 万元；建有保鲜库、分级车间等，主营"碧湖绿源"牌蔬菜长豇豆等，销售温州、杭州、上海、北京等地。2007 年，公司会员 320 人，股金 71 万元，资产 350 多万元，交易场所 2 万多平方米，销售量近 6000 万千克，销售收入 6500 多万元。同年，被评为浙江省示范性农村专业合作社。

2001 年 7 月，遂昌县黄沙腰烤薯产销合作社成立，以生产烤薯、茶叶为主，生产经营中统一品种，统一种植标准，统一病虫害防治，统一收购，统一分级包装，统一使用"黄沙腰"品牌，统一销售。2006 年，带动黄沙腰镇、柘岱口乡、西畈乡 2700 农户，合作社会员 109 户；建成烤薯基地 533 公顷、茶叶基地 320 公顷，生产烤薯、茶叶 80 多万千克，销售产值 900 多万元。浙江省无公害农产品产地认定"黄沙腰"为丽水市著名商标。2006 年，合作社获省质检局 QS 生产许可证，为省内首家获得此证的农民专业合作社，产品通过 ISO9000 质量价格体系认证，被评为浙江省示范性农民专业合作社。

2005 年 5 月，缙云县蚕业专业合作社成立，入股农户 510 户，供应社员蚕药、蚕用物资等 30 多万千克，桑树复合增效肥 25 多万千克，带动农户 1 多万户，增加蚕农收入 350 多万元，实现社员股金分红和效益返利 11 万元。2006 年，社员发展到 3279 户，成为浙江省农民社员最多的专业合作社之一。同年，合作社桑园基地面积 565.2 公顷，年养蚕 29833 张，占全县饲养量 46%；蚕茧产量 132.28 万千克，占全县蚕茧产量量 49%；实现利润 100 万元，社员二次分红所得 30 万元。

2010 年丽水市省级示范农业合作社一览

表 12-8-6-2

序号	总投资	单　位	主营产品	经营收入（万元）	带动非成员农户(户)
1	莲都区	丽水市莲都区亿隆养殖专业合作社	肉鸽	856	630
2	龙泉市	龙泉市宏远山珍果专业合作社	苦槠干	837	680
3	龙泉市	龙泉市锦龙食用菌专业合作社	灵芝、黑木耳、香菇	1627	1600
4	龙泉市	龙泉市尖峰蔬菜专业合作社	蔬菜	826	1238

续表 12-8-6-2

序号	总投资	单 位	主营产品	经营收入（万元）	带动非成员农户（户）
5	龙泉市	龙泉市肖庄竹笋专业合作社	笋制品	1150	980
6	龙泉市	龙泉市贵旺果菜专业合作社	香菇	1217	1010
7	龙泉市	龙泉市朝阳食用菌专业合作社	秀珍菇、香菇、木耳	822	1000
8	青田县	青田县层林禽业专业合作社	鸡、鸡蛋、桃、板栗、时令蔬菜	649	265
9	青田县	青田县小舟山田鱼专业合作社	田鱼、稻米、猪、山茶油、水果	1130	1000
10	云和县	云和县天源板栗专业合作社	板栗	803	580
11	云和县	云和县山里人茶叶专业合作社	茶叶	917	503
12	云和县	云和县山都农产品专业合作社	茶叶、食用菌	49	518
13	云和县	云和县临海垟花卉苗木专业合作社	花卉苗木	724	82
14	云和县	云和县咱家人生态种养殖专业合作社	绿壳鸡蛋、金银花	830	560
15	云和县	云和县农产品专业合作社	山兰黑木耳	2371	663
16	云和县	云和县高山阿婆农产品专业合作社	蔬菜	850	685
17	云和县	云和县华兴食用菌专业合作社	鲜香菇	1208	650
18	云和县	云和县正凯地产中药材专业合作社	中药材	911	580
19	庆元县	庆元县森海吊瓜专业合作社	吊瓜籽	159	2350
20	庆元县	庆元县瓯源渔业合作社	高山田鱼	578	370
21	庆元县	庆元县永益养殖专业合作社	山鸡、野兔	496	628
22	庆元县	庆元县齐圣水干果专业合作社	甜桔柚	827	512
23	庆元县	庆元县上余锥栗专业合作社	锥栗	823	3800
24	缙云县	缙云县姥姥家番薯专业合作社	红薯片	2058	2068
25	缙云县	缙云县景禾畜禽专业合作社	缙云麻鸭	1530	385
26	缙云县	缙云县山川绿野笋业专业合作社	竹笋	924	1000
27	缙云县	缙云县宏烽笋竹专业合作社	竹笋	713	1000
28	松阳县	松阳县鸿冠有机果业专业合作社	早熟梨	815	655
29	遂昌县	遂昌宪余吊瓜专业合作社	吊瓜杨梅	826	1200
30	遂昌县	遂昌县绿跃高山蔬菜专业合作社	蔬菜	696	1980
31	遂昌县	遂昌县叶子果蔬产销专业合作社	杨梅葡萄蔬菜	835	1500
32	松阳县	松阳县茗春茶叶农机化专业合作社	茶叶、农机服务	812	350
33	松阳县	松阳县金秋农产品专业合作社	谷物、蔬菜种植，销售	964	8000
34	松阳县	松阳县松友口福养猪专业合作社	生猪、鲜肉	1508	500
35	松阳县	松阳县山菌食用菌种业专业合作社	食用菌干鲜品、菌种	814	8000
36	松阳县	松阳县昌旺农产品专业合作社	水稻、蚕豌豆、玉米、蔬菜	3029	10500

续表 12-8-6-2

序号	总投资	单　位	主营产品	经营收入（万元）	带动非成员农户(户)
37	景宁畲族自治县	景宁畲族自治县畲农茶叶专业合作社	茶叶	832	710
38	景宁畲族自治县	景宁利农生态养殖专业合作社	鸽子	815	350
39	景宁畲族自治县	景宁畲族自治县大漈雪松茭白专业合作社	茭白	1390	1865
40	景宁畲族自治县	景宁畲族自治县香香茶叶专业合作社	金奖惠明茶	915	750
41	景宁畲族自治县	景宁畲仙高山蔬菜专业合作社	蔬菜	1083	1400
42	景宁畲族自治县	景宁畲族自治县自强稻田鲤鱼养殖专业合作社	田鱼干	2058	3563
43	景宁畲族自治县	景宁畲族自治县敏湖渔业养殖专业合作社	鱼种、成品鱼	871	715

农产品市场

古代，处州多为日中为市、日暮而散的“露水市”，在府县城、集镇或交通要道设立市廛，设官收税，定期集聚，交易农副产品和手工业品。汉末，松阳建县初期，县治设在旌义乡之旧市。唐代，栝苍县令之下，设有市承一员，管理市场。处州刺史杨亿《西亭即事诗》载：“桃李成蹊春尽后，鱼盐为市日中时”。北宋绍圣时期(1094—1098)，著名词人秦观监处州酒税，曾有诗云：“市区收罢鱼豚税，来与弥陀共一龛”。元代，处州城内有东市、大市、梨园市。据《明史•地理志》载：“龙泉南有查田市”。《栝苍汇纪》载：“葛渡南梅田山，旧为缙云官路，乡民立市于此。碧湖，乡人立市于此，以丑辰日集诸货物交易而退，邑西一都会也。沙溪至新亭，有湖埠渡，溪次立市，以子卯日集。隆庆三年，县令孙烺立市于南明门下，以三七日集。松阳县治西一里为望松岭，岭之上为通衢，设市，集以一六日为期。旧市，乡人立市于此，以二七日集。”

清代至民国时期，庆元县上管有举溪市，九都有竹口市，每岁十月，卜日迎神，四方商旅聚货，贸易三日而退，谓之赛会。龙泉县有县市、查田市、小梅市、黄弯市、浆溪市。遂昌县城月逢二七日为市，凡大乡镇别有日期。松阳县每月城中以一六日为市期，旧市以四九日为市期。景宁县除县市之外，还有渤海、大均、沙湾、茶亭、莲埠头诸市。丽水在郡城、碧湖二市之外，还有南明、九龙、苏步、石牛、宝定、均溪、官桥、下河、青林、堰头、太平、岩泉、葛渡诸市。缙云县治前市每月以三八日为市期，壶镇以四九二日为市，另有西乡小溪市，东乡胪膛市，南乡东渡市、舒洪市，北乡三岭头市、界牌市。市中所陈惟米、粟、布、缕、鸡、豚、鹅、鸭之属，至期四民①咸集，交易而退，犹古者日中为市之意。

1949 年中华人民共和国成立后，丽水专区集市日仍以农历计算，每月逢一逢六为松阳县西屏镇、丽水县碧湖镇，逢二、逢七为遂昌县妙高镇，逢三、逢八为丽水县城关镇、缙云县五云镇，逢四、逢九为缙云县壶镇、云和县云和镇、松阳县古市镇，逢四、逢十为缙云县新建镇。庆元县松源镇则以十二生肖牛马日为小猪交易日。缙云县壶镇每年农历五月二十八日为大市，前后 3 天，四方商贩、民众云集，亦市亦娱。

1952 年，各县开展“五反运动”②，市场一时停滞。丽水、青田、云和、龙泉、庆元、缙云 6 个县重要

① 四民：指士、农、工、商等四类人。

② “五反”运动：指建国初期在资本主义工商业者中开展的反行贿、反偷税漏税、反盗骗国家财产、反偷工减料、反盗窃国家经济情报的斗争。

集镇举办城乡物资交流大会15次，其中丽水县举办物资交流会4次，参加人数17万人次，交流金额95亿元(旧人民币)，国营公司占40.49%，供销社占11.38%，私营商业占48.13%。1953年，各县实行粮食统购统销，取消粮食集市贸易，限制农副产品上市。1954年6月，各县建立农村集镇粮食市场81个，集市贸易趋向活跃。1957年8月起，各县农村集镇粮食市场关闭。1961年9月，各县再度开放小杂粮、小油料交易。1964年7月，各县设立粮油交易所60个。12月，各县取消粮食集市贸易。1966年下半年，各县粮油交易所关闭，国营企业独家经营，集市贸易缩减。

1978年12月，丽水地区再次开放粮油市场，加速交流农副产品，集市贸易激增。20世纪80年代，各县陆续建起集镇菜市场和综合性农副产品市场，涌现出香菇、茶叶、中草药材等专业农产品市场。1985年，丽水地区农产品市场138个，建设面积188145平方米。

1990年，丽水地区竹木家具市场13个，耕牛市场9个，仔猪市场16个，粮食市场6个，水产市场2个，干鲜果市场3个。其中青田县温溪镇木竹市场、青田县祯埠乡小群木折椅市场、缙云县壶镇镇中草药市场、缙云县新碧镇上湾鹅市场、丽水市(县级)城关镇蔬菜水果市场、丽水市(县级)碧湖镇小猪市场、庆元县松源镇香菇市场、遂昌县妙高镇茶叶市场、龙泉市福源乡茯苓市场等较有名。

1995年，庆元香菇市场被评为全国文明市场。同年，丽水地区交易市场交易额超亿元农副产品4个，分别是庆元县香菇市场成交量7519万千克，销售收入8.76亿元，税收1200万元；丽水市粮油副食品批发市场销售收入602亿元，税收66万元；景宁畲族自治县山珍市场销售收入300万千克，成交额2.42亿元，税收190万元；丽水市(县级市)府前菜市场销售收入1亿元，税收118万元。

2000年，各县(市、区)县城中心菜市场全部实现室内化经营。1996—2000年，国家"九五"计划期间，缙云县五云镇蔬菜交易中心、丽水市莲都区府前菜市场、云和县农贸市场、青田县鹤城中心菜市场、庆元县菇城农贸市场、松阳县综合市场、景宁中心菜场、遂昌中心市场、龙泉市农贸市场都进行改建扩建，全部改简易棚顶为房屋结构。

2005年，丽水市年销售收入超亿元的农贸市场15个。分别是龙泉市香菇市场、龙泉市农贸市场、遂昌县中心市场、庆元县香菇市场、庆元县菇城农贸市场、青田县鹤城中心菜市场、松阳县浙南茶叶市场、松阳县综合市场、云和县农贸市场、景宁畲族自治县绿色食品市场、景宁畲族自治县中心菜市场、丽水市莲都区粮油副食品批发市场、丽水市莲都区府前菜市场、丽水市莲都区浙西南农贸城、缙云县五云镇蔬菜市场。2006年，丽水市9个县(市、区)全部被列入商务部"万村千乡市场工程"试点县。

2010年，丽水市商品交易市场98个，其中年销售收入超亿元的农副产品市场15个，超10亿元的市场5个。新增网上交易中心5个，其中丽水市莲都区绿谷购物网上交易市场、丽水市莲都区浙西南农贸城网上交易市场、遂昌县惠农生态农特产品网上交易市场较为活跃。同年，丽水市加速推进农贸市场改造，成立丽水市区农贸市场改造建设提升工作领导小组，完成丽水市莲都区府前农贸市场二期改造工程。松阳县浙南茶叶市场、庆元县香菇市场进行物流配送中心、金融服务中心、物流冷链改造，投资1.86亿元。

庆元县香菇市场　庆元县香菇市场位于庆元县城新建路95号。1992年1月，庆元县工商管理局创办，市场占地面积3万平方米，建筑面积4.1万平方米，店面230间，标准仓库和低温冷库1.25万平方米，总投资1200万元。经营香菇、木耳、灰树花、牛肝菌、草菇等食用菌30多种及其加工产品。产品销到全国各省(市)以及中国港、澳、台等地区外，还销到日本、美国、法国、韩国及东南亚30多

个国家和地区。年均销售干菇650万千克，销售收入12亿元。先后被评为“全国百强市场”“全国文明市场”和“全国食用菌先进市场”。

云和县香菇市场　云和县香菇市场位于云和县城中山东路17号。1995年，云和县供销社举办。1997年6月，启动云和县香菇市场改造提升工程，投资394万元。10月，云和县新香菇市场改造完工投入使用。市场占地面积11800平方米、建筑面积8500平方米，其中鲜菇市场占地面积4500平方米，钢架大棚2座，面积1500平方米；干菇市场占地面积7000平方米，店面73间。主要经营食用菌香菇、木耳等。产品出口日本、韩国、马来西亚等10多个国家和地区，并销往全国各地。2003年，市场销售收入1.3亿元。

丽水市莲都区府前农贸市场　丽水市莲都区府前农贸市场也称府前菜场，位于丽水市莲都区文昌路和府前街交叉处。1984年，丽水县工商局创办丽水市（县级）府前菜市场，为半露天简易集贸场地。1987年，丽水市（县级）府前菜市场改建为棚屋，面积3000平方米。1996年，投资3000万元，再次改建为七层钢混框架结构室内农贸市场，下三层为农贸市场交易摊位，交易面积1.5万平方米，摊位410个，经营户431户，年销售收入15.2亿元；上四层为商品房。1997年，主办单位调整为丽水市（县级）市场开发服务中心。2001年，主办单位又调整为莲都区国资公司。2009年，丽水市政府注资将其改造为批发零售兼营的综合性农贸市场。2010年元旦，丽水市莲都区府前农贸市场开业。

缙云县杜桥茶叶市场　缙云县杜桥茶叶市场位于缙云县五云镇杜桥村。1997年，杜桥村委会投资25万元建立。2006年和2008年，先后两次进行改建，摊位200个，用房38间，办公用地100平方米，总投资80万元。2001年，新建冷藏仓库4个，可一次性存贮茶叶4万千克。市场管理人员15人，经营户165户，茶农参与交易日最多5300多户，日最高销售量1.2万千克，销售收入255万元，占全县茶叶交易的83%。产品销到北京、天津、山东、辽宁、上海、浙江等省、市。2009年，市场销售茶叶81.3万千克，销售收入9239万元。

青田县海口药材交易市场　青田县海口药材交易市场位于青田县海口镇。1998年，依托当地农民种植杜仲、茯苓等中药材的传统，创办青田县海口药材交易市场。2001年，市场经营户108户，销售网络遍布全国10多个省（市），年销售收入约2.5亿元。2003年，投资230万元，建成海口镇综合参茸市场，带动药材加工、运输、餐旅等行业发展，占地面积4300平方米，建筑面积6200平方米。

景宁畲族自治县绿色食品市场　景宁畲族自治县绿色食品市场位于景宁畲族自治县鹤溪镇。2001年12月成立，投资3400多万元，集食用菌、土特产的零售、批发、加工、包装、仓储、信息服务等功能于一体，占地面积14757平方米，建筑面积32087平方米，配套用房105间，一层交易大厅店面200多间，市场交易大厅4个，摊位142个，摊位面积8000多平方米，产品销往全国各地，并出口日本等20多个国家和地区，年出口干（鲜）品1000万千克。2004年，被评为丽水市农业龙头企业。

丽水市莲都区浙西南农贸城　丽水市莲都区浙西南农贸城位于丽水市莲都区丽青路531号。2002年，莲都区供销社参股建成丽水市莲都区浙西南农贸城，集批发零售、加工包装、商贸转运，冷库仓储、远期交易，技术培训，对外出口贸易、农副产品超市、电子信息网络、名优特新产品展销展示、餐饮、娱乐、休闲等多功能为一体。农贸城店铺518间，配备加工、仓储用房面积2万多平方米，大型停车场面积6800平方米。经营绿色食品，食用菌系列，南北干货、水果蔬菜、茶叶、海鲜水产、禽蛋、中草药、参茸滋补品、粮油副食品、农资辅料、进口农副产品等。

遂昌县惠农生态农特产品市场　遂昌县惠农生态农特产品市场位于遂昌县城牡丹亭中路80

号。2007 年 5 月，遂昌县惠农生态农特产品市场成立，是大型农特产品展示销售与专业配送公司，采用与农民专业合作社、农业龙头企业、种养大户的农产品直接销售和与基地签订订单、统一销售相结合的经营模式，严格市场准入制度、定期检测制度及质量安全责任追究制度，实现农产品“从源头到市场”的全程监控，占地面积 1000 多平方米。2010 年，市场资产 350 多万元，建成养殖基地 2 个，种植基地 5 个。与企业和农民专业合作签订销售合同 50 多家、农户 400 多户；年销售收入 500 万元以上。

云和县大庄畜禽交易市场 云和县大庄畜禽交易市场位于云和县城梅垄口。1993 年，云和县家畜良种推广站创办。主要经营仔猪、菜牛等肉制品，占地面积 1000 平方米，营业面积 400 平方米，市场商位 98 个。

浙闽赣食用菌交易中心 浙闽赣食用菌交易中心以龙泉市地处浙闽赣三省交界命名，位于龙泉市剑川大道 318 号，为国家发改委扶持重点项目。2009 年 3 月 21 日，浙闽赣食用菌交易中心开业，总投资 1 亿元，占地面积 2 万平方米，建筑面积 2.3 万平方米，店面 398 间，交易大棚 486 平方米，信息中心和产品检测中心各 1 个；经营户 200 多家，购销人员 1500 多人，经营食用菌及加工品 20 多种；设计年交易量 1600 万千克，销售收入 8 亿元。

浙江浙南茶叶市场 浙江浙南茶叶市场原名松阳茶叶交易市场。1993 年，在松阳县城太保庙附近街道两边建起马路市场。1998 年，在松阳县城客运站边建起第二代茶叶市场，占地面积 4000 平方米，店面 30 间。2000 年，改建成第三代茶叶市场，占地面积 7933 平方米，店面 60 间。2001 年，省工商局核准名称为浙江浙南茶叶市场。2002 年，被评为浙江省重点农副产品批发市场。2003 年，重新规划建设浙江浙南茶叶市场，总投资 2000 多万元，选址松阳县西屏镇，规模扩大 7 倍，占地面积 5.4 万平方米。2004 年 10 月，浙江浙南茶叶市场一期工程竣工投入使用，商铺 1.45 万平方米。2008 年 12 月，被评为农业部定点市场，联结茶园 6666.67 公顷，带动周边县市茶园 26666.67 公顷、茶农 20 多万户，辐射邻近省份茶园 66666.67 公顷。产品销到北京、上海、江苏、山东、广东、陕西、甘肃等 20 多个省（区、市）以及中国香港、澳门地区，还远销欧美、东南亚各国。每年 2 月初，市场开市交易，清明季节最旺，高峰日交易人次超 1 万多人，日销售收入 2000 多万元。2009 年，市场销售收入 14 亿多元。

云和县绿色农产品网上交易市场 2010 年，云和县绿色农产品网上交易市场开业，主要经营农副产品，为农副产品网上市场。

2010 年丽水市成交额超亿元农产品贸易市场一览

表 12-8-6-3

市 场	市场类型	年成交额（万元）	经营户（家）
浙闽赣食用菌交易中心	农产品专业市场	21387	198
浙江浙南茶叶市场	消费品批发	178000	3000
松阳县综合市场	消费品综合	87607	1200
青田县中心菜市场	综合市场	14120	138
遂昌县府前中心市场	消费品综合市场	16631	350
遂昌县龙谷名茶市场	农副产品市场	32000	655
缙云县五云镇蔬菜交易中心	农贸市场	30106	160

续表 12-8-6-3

市　场	市场类型	年成交额(万元)	经营户(家)
缙云县壶镇菜市场	农贸市场	25400	305
丽水市莲都区浙西南农贸城	农副产品市场	177400	339
景宁畲族自治县绿色食品市场	农副产品市场	58800	142
景宁畲族自治县中心菜市场	农副产品市场	11458	250
庆元县香菇市场	农产品专业市场	140300	515
庆元县菇城农贸市场	农贸市场	30700	93
丽水市粮油批发市场	农副产品	350000	297
丽水市莲都区府前农贸市场	消费品综合市场	102376	884
合计		1276285	8526

若干年份丽水地区(市)农产品集市贸易成交额一览

表 12-8-6-4　　单位:万元

类　别	1985 年	1990 年	1995 年	2000 年	2005 年	2008 年	2009 年	2010 年
粮食	457	1155	7105	28407	21888	23028	23242	34920
油脂油料	62	325	4910	9055	7305	12301	10663	12594
棉烟麻	62	29	674	3957	—	—	—	—
肉食禽蛋	1939	7938	43273	151799	153421	21118	278713	289147
水产品	1055	2961	18782	66756	126110	155279	185624	166177
干鲜菜	2034	3837	154789	269105	231881	140337	271811	319154
干鲜果	1037	3323	10886	49177	110335	166839	56788	54901
畜牧幼禽	1520	2947	8865	10325	9097	—	—	—
工业品	1345	8891	102079	255154	158797	152191	140773	277276
其他	1410	3462	—	57798	266615	469007	649472	620312

说明：2010 年干鲜菜类特指蔬菜

第九章　动植物疾疫防控

民国时期，丽水猪瘟、猪丹毒、猪肺疫危害严重。1949 年 5 月丽水解放后，政府重视消灭畜禽疫病，组建专门机构，加强畜牧家禽防疫检疫。1954 年始，各县对屠宰场实行猪宰前检疫，宰后检验，并对仔猪交易市场实施检疫。1985年，丽水地区贯彻国务院颁布《家畜家禽防疫条例》，实施交通检疫、牲畜市场检疫、收购检疫、农贸市场检疫。2000年开始，丽水市的种畜禽场、规模养殖场、畜禽重点产区一类重大动物疫病的免疫注射密度达到或接近100%；建立和完善动物疫病应急和监测预警体系，颁布防治高致病性禽流感等重大疫情应急预案；建立市、县两级动物疫病监测网络；推进生猪定点屠宰、集中检疫。2005年，丽水市加强畜禽疫病的市际联防，对畜禽及畜禽产品的生产、加工、运输、流通、消费等各个领域实行规范化管理。2009年，全球范围内甲型H1N1流感大规模流行，丽水市进行重点防控，建立数据库，完成生猪屠宰检疫率100%，家畜产地检疫率100%。

民国时期，丽水病害虫主要有稻瘟病、纹枯病、稻曲病等，政府随田赋加征15%治虫捐，却不组织治虫，群众讽之为"饲虫捐"。1950年，丽水专区植物病虫防治技术指导站成立，在丽水县高溪乡设立测螟站。1951年7月4日，丽水专区设病虫防治组。1981年11月，遂昌县农业局病虫测报站获农业部"病虫测报做出优秀成绩"称号。2000年始，丽水市建成现代化重大病虫害监测预警体系，测报对象由单一的水稻病虫扩大到蔬菜、果树、茶叶、烟叶等经济作物病虫。2007年，丽水市首次发现省内重要检疫性害虫——红棕象甲。2009年，丽水市植保专业化防治合作组织103个，服务队人数1838人，机动喷雾器1113台(其中担架式78台、背负式1035台)。开展"统防统治"服务，实施水稻统防统治面积6880公顷，服务农户34082户。

第一节 动物疾疫防控

畜牧兽医机构与队伍

民国时期，畜牧兽医无专门管理机构。1950年5月5日，丽水专区兽疫防治工作组建立。1951年7月13日，丽水专区畜牧兽医站建立。1993年，丽水地区畜牧兽医站干部职工9人，其中高级职称2人、中级职称4人；县(市)畜牧兽医站10个，干部职工147人，其中高级职称4人，中级职称52人；区、乡(镇)基层畜牧兽医站227个，职工431人，其中技术员407人；畜牧兽医农民技术员123人。

2005年，丽水市执行《中华人民共和国国务院关于推进兽医管理体制改革的若干意见》和《浙江省人民政府关于推进畜牧兽医体系改革切实加强动物防疫工作的通知》，启动畜牧兽医体制改革。2007年，丽水市畜牧兽医站率先完成改制，更名丽水市畜牧兽医局，增挂"动物防疫监督所"牌子。2009年，动物防疫监督所更名"动物卫生监督所"，规格由科级升为副县级，为全额拨款监管类事业单位，内设综合处、畜牧处、动物防疫监督处。干部编制由9名增加至14名。截至2010年，9个县(市、区)畜牧兽医站全部完成改制，更名畜牧兽医局，为全额拨款监督管理类事业单位，规格除庆元县外升格为副科级单位；设立动物卫生监督机构，核定编制101名，参照公务员管理；各乡镇设立基层兽医站，为全额拨款事业单位。除遂昌县委托乡镇管理外，其余为县(市、区)畜牧兽医局的派驻机构。乡(镇)兽医站(所)人员核定编制198名。

动物疫病防治

1954年始，各县对屠宰场实行猪宰前检疫、宰后检验，对仔猪交易市场实施检疫。1985年，国务院制定《家畜家禽防疫条例》后，丽水地区实施交通检疫、牲畜市场检疫、收购检疫、农贸市场检疫。1990年，丽水地区实施检疫仔猪市场41个、牛市场10个、农贸市场121个，检疫生猪33.6万头，白肉14.4l万头，发现病猪539头；检疫牛4595头，发现病牛2头。1997年12月，《中华人民共和国动物防疫法》颁布，丽水地区举办宣传月活动，落实动物防疫法。同年，丽水地区发生牲畜五号病，推广牲畜五号病疫苗12万毫升。1998年，丽水地区农业执法部门查处违反《中华人民共和国动物防疫法》《中华人民共和国兽药管理条例》《中华人民共和国兽药管理条例种畜禽管理条例》案件119起，销毁病害肉5101千克，没收销毁假劣兽药价值1万多元，罚款42950元，责令赔偿经济损失8500元。

2001年，丽水市畜牧兽医站组织普查丽水市奶牛结核病、布氏杆菌，检查奶牛193头，受检率97.47%，查获结核病牛19头，全部作淘汰处理。2004年年初，全球爆发禽流感疫情，丽水市成立市、县(市、区)、乡镇三级防治禽流感工作领导小组，制定《丽水市高致病性禽流感防治应急预案》，组成五道防线阻击。拨付禽流感防治专项经费73万元，储备免疫器械448套、消毒药品4100千克、消毒器械95套、防护用品3987套、密封袋2200个。处置各种疫病276件，紧急出动人员963人次。缙云县、景宁畲族自治县分别获省政府集体二等功、三等功。

2006年，丽水市普查禽畜养殖场1591个，采集样本12528个，检测结果禽流感平均免疫合格率72.7%，家畜口蹄疫平均免疫合格率83.1%，超过免疫合格率70%的国家规定。2007年，丽水市推行养殖场流通“一灯两池三化”防范措施。2009年，全球范围内甲型H1N1流感大规模流行，丽水市开展生鲜乳及饲料生产经营情况调查，建立数据库。进行重点防控，完成生猪屠宰检疫29.57万头，牛羊0.28万头，家禽25.35万只，屠宰检疫率100%；完成家畜产地检疫20.03万头，家禽产地检疫583.19万只，牛羊产地检疫0.62万头，产地检疫率100%。

动物防疫设施

1951年7月，丽水专区兽医防疫组建立。1984年，丽水地区家畜检疫站建立。后各县家畜(禽)防疫检疫站先后建立。1990年，丽水地区兽医卫生监督员56人，检疫员305人。2001年11月，丽水市在莲都区举行首届动物检疫员技术比武大赛，选派检疫员参加首届浙江省动物检疫员技术比武大赛，其中林春福获个人二等奖，被评为浙江省动物检疫操作能手。2008年，丽水市开展动物检疫员技能大比武，并在全省比武中获浙江省动物检疫员技术比武团体一等奖，被评为全省动物检疫能手3人。

2006年，丽水市利用国债资金500万元，完成市本级和景宁、龙泉、云和、松阳、青田5县动物防疫机构基础设施建设和实验室仪器设备购置。2008年，丽水市新建动物防疫示范场280个，其中通过考核验收示范场20个，每个奖励3000元。同年，动物防疫示范场建设列入丽水市动物防疫目标责任制考核。2009年，丽水市执行“一灯两池三化”防控模式，推进规模养殖示范场建设，建成示范场200多个。2010年，浙江欣宏源养殖有限公司、龙泉市竹垟畲乡伟俊黄羊养殖专业合作社、遂昌绿成蛋鸡标准化养殖场通过农业部标准化示范养殖场创建认定。

第二节 植物疫病防控

病虫害预测预报

民国28年(1929),遂昌县治虫委员会设立,采用"松明"火灯诱螟蛾测报,确定治虫专员1名。民国29年始,遂昌县不定期出版《治虫月刊》。同年,遂昌县大柘里长吴继周治虫卓有成效,获浙江省建设厅嘉奖,县长杨兴烈题赠"去彼螟蛾"匾额一副。

1950年,丽水县高溪乡测螟站设立。1951年7月4日,丽水专区病虫防治组设立,主要测报水稻螟虫。1970年冬,丽水地区农业局海潮大队病虫观察站建立。后相继建立各县病虫观察站以及公社和大队病虫测报防治组织,培训生产队植保员,初步形成县、社、大队、生产队四级病虫测报防治网。测报对象由水稻螟虫扩大到稻瘟病、纹枯病、白叶枯病、稻飞虱、稻纵卷叶螟等水稻主要病虫害。病虫测报站建立固定观察点,进行定期人工田间调查,结合品种感病程度、施肥水平、历史病情资料和气象预报资料,综合分析制定病虫发生预报和防治意见,并利用印发病虫情报和县、乡、队的广播站进行病虫情报宣传,直接指导病虫害防治工作。

1980年,丽水地区推行土地联产承包责任制后,原社、队病虫测报防治队伍自行解体,由部分科技示范户承担指导植保工作。相继出现治虫专业户,以按亩计酬或承包形式,为农户提供有偿治虫。1981年11月,遂昌县农业局病虫测报站获农业部"病虫测报做出优秀成绩"奖状。1984年,丽水地区病虫测报站9个,情报点35个。

2000年始,丽水市建成现代化重大病虫害监测预警体系,测报对象由单一的水稻病虫扩大到蔬菜、果树、茶叶、烟叶等经济作物病虫。同年,遂昌县农业局植保站被全国农业技术推广服务中心评为农作物病虫测报先进集体。2007年,丽水市农业信息网站利用农民信箱系统平台,发布病虫情报信息18.44万条。

植物检疫机构

1964年12月,浙江省植物检疫总站丽水植物检疫分站建立,预防植物的危险性病、虫、杂草传播蔓延,保护农业、林业生产安全。1983年1月3日,国务院发布《中华人民共和国植物检疫条例》,规定"县级以上地方各级农业主管部门、林业主管部门所属的植物检疫机构,负责执行国家的植物检疫任务"。1986年,地区和各县植物检疫站先后建立。

2007年,丽水市开展产地检疫、市场检疫及"绿色通道"签证工作。同年,丽水市首次发现省内重要检疫性害虫——红棕象甲。2009年,丽水市植物检疫站10个,在岗专职检疫员58人,兼职检疫员235人。

病虫害防治机构

民国27年(1938),民国浙江省政府迁入丽水后,浙江省昆虫局并入浙江省农业改进所,设立病虫害股。后各县每年随田赋加征15%治虫捐,但多数只管收捐,却未见组织领导治虫,被农民讽刺为

“饲虫捐”。

1950 年，丽水专区植物病虫防治技术指导站成立，设立丽水县高溪乡测螟站。1951 年 7 月，丽水专区植物病虫防治组成立。1979 年，丽水县碧湖植保公司成立，防治生产队承包水稻病虫。1981 年 8 月，缙云县三联公社农业服务公司成立，下设种子站、植保站、土肥站、农机站、沼气站和门市部，提供农户机耕、植保、种子、土壤速测、机修和肥料供应等服务。1984 年，丽水地区植保公司、植保服务站、植保专业户 312 个（户），承包防治面积 28333.33 公顷。1988 年，丽水地区配药站 461 个，综合防治示范点 40 多个，综合防治面积 3.5 万公顷。

1991 年，丽水地区乡镇农业服务总站（公司）成立，下设农技、农机、林果、畜牧、植保、水管等分公司。同年，丽水地区乡镇农业服务站、专业服务队（机耕队、植保队）2560 个，农业生产资料服务网点 596 个，庄稼医院（诊所）25 个，病虫害防治医生 83 人，农药配药站 45 个，拆零供应化肥 2307000 千克、农药 1730 千克。1997 年，丽水地区各级供销社规范建设庄稼医院。

2002 年 7 月，丽水市农产品质量监督检验测试中心成立。2009 年，丽水市有植保专业化防治合作组织 103 个，服务队人数 1838 人，机动喷雾器 1113 台（其中担架式 78 台、背负式 1035 台）。同年，开展“统防统治”服务，实施水稻统防统治面积 6880 公顷，服务农户 34082 户。

防　治

古代，处州病虫害防治大多采用火光诱杀、捕杀掩埋、冬季烧毁稻桩和清理田边杂草、施土农药、稻田养鱼等简单办法。

1950 年年初，丽水专区执行“防重于治，农业防治为主，辅以人工捕杀”政策，提倡治早、治少、治了，使用油滴梳落幼虫、灯光诱杀、网捕螟蛾、木板拍毙、摘除虫苞卵块、稻颈瘟用拔穗清除等人工捕捉办法，采取冬季农田稻根挖光、稻草处理光、田边杂草铲光（简称“三光”）的措施。1955 年始，各县贯彻“人工防治为主，药剂防治为辅”的防治策略和“土洋结合，重点肃清”的植保方针，开展“人人动手，家家除虫”的群众运动，推广有机氯农药治虫、用汞制剂农药防病、选育抗病农家品种，防治效果较好。

1958 年，各县开始进入单虫单病综合防治时期，实行综合防治稻螟，初步走上化学农药防治和农业防治相结合的综合防治轨道。20 世纪 60 年代初，各县总结治螟经验，纠正 1958 年提出的螟虫“消灭、肃清”论，提出“防、避、治”相结合的治螟策略，即冬春耕沤预防、调节播种期避害、药剂防治发生前一代的治螟策略。1964 年，各县组织治螟歼灭战，走上依靠化学农药治虫的单一防治途径，大量使用有机氯农药，致使螟虫对“六六六”产生抗药性。同年，采取抗病品种和栽培防治为主、重点施药保护的综合防治措施，防治水稻白叶枯病和稻瘟病。20 世纪 70 年代，丽水地区普遍重视生物防治，利用赤眼蜂和其他微生物农药防治病虫害，扭转单一依靠化学农药防治的局面。丽水的水稻病虫害防治从单一技术的应用转向多项技术的结合，大大提高整体防治效果，蝗虫灾害有所减弱。

20 世纪 90 年代，丽水地区重视农药残留和环境污染问题，提出以保护生态、生产安全农产品为中心，利用农业、生物控害为主，药剂防治为辅的农业病虫综合防治策略，将有害生物的控制与食物安全、生态环境保护相结合，形成比较完善的农业有害生物综合治理体系。

2000 年始，丽水市建设绿色防控示范区，对水稻、蔬菜、水果、茶叶等主要农作物绿色防控技术加强集成研究与示范，推广生物防治技术、物理诱控技术、生态调控技术、科学用药技术及应用农药残留降解技术，改善农产品质量安全状况。2009 年，丽水市推广灯光诱杀技术、性诱技术等各项绿色防控技术，建立绿色防控示范基地 13 个，实施绿色防控技术 569.53 公顷；建立抗病虫品种、稻田养鸭、养鱼、性诱技术等技术可应用面积 53.62 万公顷，实际应用面积 34.78 万公顷次，占可推广面积 64.86%。

农　药

民国时期，丽水主要利用茶籽饼、烟茎、辣蓼、草木灰、雷公藤、桐油、青油等土农药和生石灰、硫磺等矿物农药防治水稻病虫害。1949 年 5 月丽水解放后，丽水专区防治病虫害逐步以化学农药为主。

20 世纪 50 年代，丽水开始使用“滴滴涕”“六六六”等农药除虫。20 世纪 60 年代中期，各县推广“敌百虫”“乐果”“氧化乐果”“敌敌畏”“马拉松”等杀虫剂。20 世纪 60—70 年代，各县广泛使用“六六六”“滴滴涕”，防治螟虫、稻虱、稻苞虫等水稻主要害虫，连续使用 30 年。20 世纪 70 年代，丽水地区开始推广应用“甲基对硫磷（甲基 1605）”“甲胺磷”“杀螟松”“杀虫脒”“叶蝉散”“速灭威”“呋喃丹”等杀虫剂，其中“甲基对硫磷（甲基 1605）”杀虫效果很好，大量用于防治水稻螟虫等，但因急性高毒特性，对施药者的毒害作用也非常大，常有中毒事件发生。

20 世纪 80 年代中期，丽水地区推广水稻使用“杀虫双”“拟除虫菊酯类”杀虫剂。后有机氯农药“六六六”“滴滴涕”因为高毒、高残留农药，对环境和农产品的污染都很严重，逐步被有机磷农药所取代。1984 年，国家通过立法全面停止生产和禁止使用有机氯农药“六六六”“滴滴涕”。20 世纪 80 年代后期，丽水地区推广高效、低毒、低残留农药，安全用药，引进以防治稻飞虱、叶蝉等同翅目害虫为主的、有高选择性的扑虱灵新农药。1995—1996 年，浙江省农业科学研究院和丽水地区农业科学研究所共同成功研制“虱病净”农药，较大面积应用于双季晚稻和山区单季稻的穗期病虫防治，起到病虫兼治、一药多治的效果，经济效益和生态效益显著，推广面积 1333.33 公顷。2000 年以来，防治稻虱的主要农药，以“扑虱灵”为主；防治螟虫、稻纵卷叶螟等鳞翅目害虫的农药，“吡虫啉”“乐斯本”“锐劲特”唱主角，并逐步减少有机磷农药的使用量。

2001 年 7 月 1 日起，全省禁止销售并在各类作物禁止使用“甲胺磷”农药（包括混配制剂），水稻等水田作物禁止使用所有“拟除虫菊酯类”杀虫剂及复配产品，在螟虫对“杀虫双”有抗性地区控制使用“杀虫双（含杀虫单）”。2004 年 6 月 30 日起，全国禁止销售和使用含有高毒有机磷农药的复配产品“甲胺磷”“对硫磷”“甲基对硫磷”“久效磷”和“磷胺”。2005 年 1 月 1 日起，丽水市保留原药生产企业 5 种高毒有机磷农药的制剂产品“甲胺磷”“对硫磷”“甲基对硫磷”“久效磷”“磷胺”，明确农药使用农作物范围缩减为棉花、水稻、玉米和小麦。2007 年 1 月 1 日起，丽水市禁止农业生产使用“甲胺磷”“对硫磷”“甲基对硫磷”“久效磷”“磷胺”。

早期，丽水主要使用“西力生”“赛力散”等有机汞农药，防治稻瘟病。20 世纪 60 年代，各县广泛使用有机汞农药，但这类农药残留严重，极易引起亚急性和慢性中毒。1971 年始，全国停止工业生产和进口有机汞农药。1974 年始，丽水地区防治稻瘟病禁止使用有机汞农药，改用“多菌灵”“异稻瘟净”“稻瘟净”“克瘟散”“三环唑”“三唑酮”“稻瘟灵”等农药。20 世纪 60 年代，各县防治纹枯病主要使用“稻脚青”“稻宁”等有机砷农药和“退菌特”等，但“稻脚青”“稻宁”存在农药残留问题，只能使用在水稻拔节前。1972年，全省禁止使用“稻脚青”“稻宁”。1975年开始，丽水地区使用“井岗霉素”防治纹枯病主等。因“井岗霉素”高效、低毒、低残留、无药害，仍作为防治纹枯病的主要农药。

早期，丽水主要应用“叶青双”“叶枯净”，防治白叶枯病。20世纪70年代，丽水地区农业水田开始使用除草剂，以“除草醚”“二甲四氯”为主，少量使用“五氯酚钠”等。后丽水地区逐步推出“丁草胺”“杀草丹”“敌稗”“乐草隆”“草克星”“灭草王”“直播净”等除草剂。使用除草剂省工、省力、除草效果好，所以除草剂推广面积迅速扩大。20世纪90年代后，“叶青双”“叶枯净”使用多年，药效下降，逐步被“新植霉素”“龙克菌”“杀菌王”等替代，消毒种子使用“抗菌素402”。1980年，丽水地区除草剂使用面积2万公顷。后丽水地区水稻生产基本以化学除草代替人工耘田除草，杂交稻制种主要应用植物生长调节剂“赤霉素”和“三十烷醇”，促进父母本花期相遇和晚稻受低温影响促进抽穗扬花授粉，减少包颈率，提高结实率；晚稻秧田主要应用“多效唑”“矮壮素”，抑制秧苗生长，促进分蘖，培育矮壮秧；采取散毒土、泼浇、喷粉、喷粗雾、喷细雾和浸种消毒等的施药方式，使用农药防治水稻病虫。

第十章　农业场圃

丽水农业场圃出现于民国初期。民国5年（1916），云和县在县城北郊眠犬山麓建立农事试验场。民国27年，杭州沦陷后，民国浙江省政府迁到丽水，相关场圃领导机构随政府迁至松阳县。民国27年1月，浙江省农业改进所繁殖场等迁至松阳县；处属各县建立中心农场，示范推广先进农艺、农作物良种和三熟制栽培试验。由于国民政府忙于内战，无暇顾及场圃管理，加之社会动荡，农村经济萧条，场圃培育的新品种和新技术难以推广，功效甚微。

1949年5月丽水解放后，丽水专区军事管制委员会接管国立农业场圃，相继创办各县国营场圃。1949—1952年，丽水专区龙泉、丽水、云和、遂昌、景宁5个县先后建立农场，繁育原（良）种、种苗和种畜。1949—1999年，丽水地区国有农业场圃经过创建开拓、受挫复苏、改革发展、改制前进的历程，逐步形成多行业多层次多种经济成分的企事业群体，在示范农村、服务城市、稳定社会等方面起到积极作用。20世纪90年代后，国营农场改称为国有农场，加快二、三产业发展。1994年始，农场企业深层次问题日益显露，整体实力不强，应变能力差，产销不畅，生产滑坡；经营机制不活，管理水平不高，有些决策项目失误，经济效益严重滑坡。面对困境，农场加大改革力度，着力改革经营体制，全面推行家庭农场。同时，抓住国家对国有企业改革给予的倾斜政策规定，实行资产重组，兴办第三产业，搞活商品流通，实行产前、产中、产后服务，成为农场农、工、商综合经营的亮点。2010年，丽水市农业良种场12个，在编员工176人，从业人员132人，产值783万元，土地面积526.48公顷，其中耕地面积105.99公顷，主要生产茶叶、蔬菜、水果、花木、粮食等。同年，丽水市通过省验收认定的现代农业综合区 15 个、主导产业示范区 26 个、特色农业精品园 38 个。

第一节 农 场

民国 5 年(1916),云和县农事试验场建立,场址在城北郊眠犬山麓,后更名云和县中心农场。民国 17 年,再更名云和县农林事务所,下设农业改良场、种子交换所、苗圃、畜牧场、蚕桑指导站。民国 27 年 1 月,浙江省农业改进所繁殖场建立,场址在松阳县;处属各县建立中心农场,示范推广先进农艺、农作物良种和三熟制栽培试验。民国 31 年 7—9 月,日本侵略军进犯丽水,松阳、遂昌等地农业场所遭受严重破坏。1949—1952 年,丽水专区龙泉、丽水、云和、遂昌、景宁 5 个县先后建立农场,繁育原(良)种、种苗和种畜。

1958 年,各县人民公社建立,开始大办农场、林场、畜牧场、茶场、果场等。1962 年,各县实行人民公社"三级所有、队为基础"体制,多数农、林、牧场停办。1970 年始,丽水地区大力发展茶叶、蚕桑、柑橘和林业基地,兴办社队茶场、果场、林场一批。1984 年始,丽水地区农场推广"四定一奖"生产责任制。1987 年,丽水地区实行职工承包农场,多数农场发展场办工业。

1990 年,丽水地区农业茶场、果场、林场 16 个,固定职工 563 人,土地面积 895.27 公顷。其中茶园、果园 227 公顷,产值 1284.56 万元;粮食产量 101.78 万千克,其中良种 19.75 万千克,茶叶 13.95 万千克,水果 65.58 万千克,肉类 100.7 万千克。

1990 年丽水地区国营农场基本情况一览

表 12-10-1-1

场名	场址	建场时间	土地面积(公顷)	职工(人)	固定资产原值(万元)	产值(万元)	粮食产量(万千克)	存栏生猪(头)	茶园果园(公顷)
丽水市(县级)良种场	飞机场区块	1950.04	34.80	23	74.60	160.28	5.35	3317	5.67
丽水市(县级)种畜场	碧湖	1962.08	15.80	13	29.20	102.62	—	1000	2.87
丽水市(县级)特产场	碧湖	1962.08	16.20	22	15.30	17.57	—	14	13.40
青田县良种场	赤岩	1979.02	13.53	14	17.20	12.10	4.62	132	2.00
青田县峰山茶场	峰山	—	339.67	27	55.87	20.11	0.35	20	48.80
龙泉市农场	中山路	1949	37.93	49	72.50	60.94	6.82	696	6.47
龙泉市良种场	宏山	1964.11	192.87	181	183.00	301.07	36.47	695	63.40
云和县良种场	梅垄	1952.03	30.00	59	111.90	264.25	17.80	274	7.73
庆元县良种场	洋心桥	1977	30.33	18	22.20	42.30	2.76	13	9.67
庆元县种畜场	周焰	1958.05	9.13	22	24.00	14.00	2.11	216	6.87
庆元县农垦特产场	黄新乡	1990.07	85.47	21	52.69	27.73	3.20	2	24.80
缙云县良种场	金梅亭	1960.07	15.00	29	35.50	57.31	8.91	615	2.07
遂昌县良种场	三川	1952.03	21.47	34	25.70	23.48	4.47	360	4.87
松阳县良种场	叶村乡	1938	7.47	25	49.30	31.27	6.00	190	1.33

续表 12-10-1-1

场 名	场 址	建场时间	土地面积（公顷）	职工（人）	固定资产原值（万元）	产值（万元）	粮食产量（万千克）	存栏生猪（头）	茶园果园（公顷）
景宁畲族自治县良种场	金仙寺	1951.01	7.07	10	30.60	33.03	2.92	112	2.40
地区农垦场	丽水水东	1988.12	38.53	16	109.00	116.50	—	100	24.67
合 计	16 个	—	895.27	563	908.56	1284.56	101.78	7756	227.00

1995 年，缙云县开发县城新区时，缙云县良种场撤销，土地全部被征用。2000 年，青田县开发油竹新区，青田县良种场撤销，土地全部被征用。2003 年，龙泉市良种场撤销，土地划拨为滩坑水库移民安置地，安置库区移民 2000 人。2008 年，云和县农场经营不善而破产。2010 年，丽水市农业良种场 12 个，在编员工 176 人，从业人员 132 人，产值 783 万元，土地面积 526.48 公顷，其中耕地面积 105.99 公顷，主要生产茶叶、蔬菜、水果、花木、粮食等。

第二节 农业科技园

20 世纪 90 年代中期起，丽水地区创建农业科技示范园区，示范和推广农业高新技术，推广农业节地、节水、节肥、节药、节能等生态循环技术，诱虫灯、防虫网、生物农药、生草栽培等无公害生产技术，温室育苗、大棚蔬菜、微滴灌溉等设施农业技术，测土配方施肥、秸秆还田、增施有机肥等沃土工程技术，农牧结合、粮经结合和水旱轮作等新型农作模式和集成配套技术。

1992 年，丽水市梅峰茶叶公司创建大姆山生态茶园，运用有机仿生科学方法管理茶园，以虫治虫，不施农药和化肥，生产无污染、无公害茶叶，建成丽水市（县级市）第一个绿色农产品基地。

1996 年，景宁畲族自治县创建农业科技示范园。1997 年，云和县创建重河湾农业综合开发示范园区，由县农办等 10 家单位合资，租赁农民山地 80 多公顷，租期 30 年，栽种美国加州李面积 53.33 公顷，早香柚面积 26.67 公顷，银杏面积 3.33 公顷。

2001 年，丽水市启动创建省级农业科技示范园，园址在莲都区碧湖镇石牛白口村。核心区面积 73.33 公顷，其中石牛生态园有限公司投建新型优质无公害水果栽培示范区面积 13.33 公顷，杨树与放养鸡立体种养示范区面积 17.06 公顷，钢管大棚 200 个，总投资 630 万元；格丽雅蔬菜花卉有限公司投建脱毒香水百合园区 5.33 公顷，钢管大棚 18 个，管理房 1 座（含组培房）投资 l20 万元；绿溢农业科技开发有限公司投建绿色蔬菜基地 5.13 公顷，钢管大棚 65 个，投资 120 万元；丽农茶树良种引繁中心投建良种圃，承担中科院土壤所和中国茶科所有关应用试验等课题，投资 10 万元；富农菌业技术有限公司投建珍稀食用菌工厂化示范厂 2 座，投资 165 万元。同年，云和县重河湾现代农业示范园区、松阳县斋坦京梁现代农业示范园区、莲都区平二现代农业示范园区、缙云县东方现代农业示范园区、遂昌县妙高金岸现代农业示范园区、龙泉市剑湖现代农业示范园区、龙泉市龙上现代农业示范园区通过省级验收。

2002 年，丽水市建成无公害农产品基地 118 个，面积近 1 万公顷；农业示范园区 33 个，面积 2000 多公顷。2003 年年底，丽水市获省级以上无公害、绿色、有机农产品生产基地认证 55 个，获市级认证基地一批。云和县重河湾黑李基地和长田云和雪梨基地通过有机转换认证。遂昌县水阁养殖场、丽水市果业有限公司、缙云县五莲农牧有限公司、浙江均得利饲料种禽有限公司获省年度无公害养殖基地称号。龙泉市天和食品实业有限公司、青田县现代生态养殖有限公司、遂昌县农牧产品开发公司获丽水绿色农产品(畜禽)基地称号。

2003年,丽水市省级农业科技示范园引进鸿飞白羽王乳鸽种鸽养殖、红叶石楠苗木项目2个。

2004年,丽水市绿溢农业科技开发公司、庆元县益农综合开发有限公司、云和县绿谷农产品产销合作社等农产品基地19个,通过省级无公害农产品基地认证。莲都区和遂昌县通过全国无公害水果、茶叶生产示范基地县创建达标验收。丽水市依据《丽水市绿色农产品管理办法》,通过市级绿色农产品基地认证21个,面积736.6公顷,认定产量香菇170万袋,禽120万羽、蛋18万千克。2004年,丽水市省级农业科技示范园引进丽水市绘景园林发展有限公司投建的朱砂根规模化栽培示范项目。同年,莲都区江花生态提子示范园区、松阳县玉峰生态农业园区通过省级验收;庆云县新建黄田中际竹子科技示范园区,面积33.35公顷,新建锥栗园区,面积460多公顷。2005年,引进丽水市绿园禽业有限公司2.5万套种鸡场及年产300万只苗鸡项目;新建农业观光园1公顷,种植丽水特色珍稀植物。2008年,丽水市引进以色列农业技术,创建遂昌县高山蔬菜农业技术实验园和青田县山地果蔬农业技术实验园。截至2010年,丽水市通过省验收认定的现代农业综合区15个,主导产业示范区26个、特色农业精品园38个。

2005年,丽水市绿色农产品基地通过市级认证39个,无公害农产品基地通过省级认证38个,水果绿色无公害生产面积67万公顷,其中松阳县早熟梨基地,莲都区椪柑基地、青田县杨梅基地,缙云县桃、梨基地等规模较大。

2006年,莲都区成为全国无公害农产品基地县(区),庆元县成为全国首批有机产品生产试点县。2007年,丽水市申报省级无公害农产品产地基地23个,通过认证21个;通过省级无公害农产品产地认证148个,其中种养面积3.18万公顷、畜禽626.8万只、食用菌6310万袋。后丽水市每年均有新基地通过认证。至2009年,丽水市通过省级以上认证的有机食品基地94个,绿色食品基地47个,省级无公害农产品产地认证209个。通过市级认证的绿色农产品基地认证253个。

2010年丽水市省级现代综合农业园区情况一览

表12-10-2-1

名　称	地　点	面积(公顷)	主导产业	年产值(万元)	建成年份
缙云县小仙都省级现代农业综合区	舒洪镇和东渡镇	42155	蔬菜、水果、经济林、农产品加工	8551.80	2010
缙云县三溪现代农业综合园	三溪乡	64000	油茶、茶叶、毛竹、香榧、板栗	—	2010
莲都区碧湖平原省级现代农业综合区	碧湖、联城、太平、仙渡、大港头	44000	蔬菜、水果、茶叶	17050.00	2010
景宁畲族自治县鹤澄省级现代农业综合区	鹤溪镇、澄照乡	28000	惠明茶叶、食用菌、山地蔬菜、生态畜牧、草本药材与水干果	9680.00	2009

续表 12-10-2-1

名　称	地　点	面积（公顷）	主导产业	年产值（万元）	建成年份
龙泉市兰巨省级现代农业综合区	兰巨乡、西街街道和剑池街道	1993	特色茶叶、食用菌、畜禽生态养殖	10000.00	2010
遂昌县省级现代农业综合区	大柘镇	8815	茶叶、笋竹、油菜、生猪	18065.00	2010
松阳县松古盆地省级现代农业综合区	古市镇、新兴乡、樟溪乡、斋坛乡、叶村乡	47300	茶叶、食用菌、蛇鳄龟、中华鳖、生猪	—	2010
庆元县丰乐省级现代农业综合区	屏都	23545	食用菌、甜桔、温州蜜柑、茶叶、烟(菜)、畜禽	—	2010
青田县栖霞山省级现代农业综合区	—	6089	杨梅、山地蔬菜、稻田养鱼、油茶、茶叶	—	2010
云和县崇云省级现代农业综合区	—	11000	食用菌、水果、珍稀苗木、农业休闲观光	—	2010

第十一章　农业机构与管理

丽水农业系统行政机构，为各级人民政府农业行政职能部门，尽管机构名称多次变更，其主要职责始终是主管农业，服务农业，发展农业经济。1949 年 5 月起，地委加强农业行政、农业科技建设，建立行政主管、农业科研、农技推广机构，形成统一领导、科技助农、全面服务的机制。同时，强化队伍建设，培养、招引各类专业人才，逐步形成一支勇于实践、勇于创新的农业科技队伍。

第一节　农业机构

1949 年冬，丽水专署下设实业科，具体分管工农业生产事务。1951 年 5 月，丽水专署改设生产科。1963 年 6 月，恢复丽水专区行政建置，下设农业办公室。1970 年 10 月，丽水地区革委会生产指挥组设农林办公室。1971 年 2 月，丽水地区革委会生产指挥组撤销农林办公室，设立丽水地区农业局。1977 年 10 月，设立丽水地区农业局党组。

1983 年 9 月，丽水地区农业局更名丽水地区农牧特产局，内设办公室、经营管理科、土地管理科、粮油作物站、种子站、土肥站、植保站、经济作物站、畜牧兽医站、农机管理站、农机培训学校。同年，丽水地区农牧特产局党组设立。

1989 年 3 月，丽水地区农牧特产局复名丽水地区农业局。2000 年丽水撤地设市后，丽水地区农业局更名丽水市农业局，行政编制21名，内设机构4个，办公室、科教科、农村经营管理科（增挂丽水地区农民负担监督管理办公室、丽水地区农村合作基金会管理办公室两块牌子）、农业法制科（增挂丽水地区植物检疫站牌子）；下属事业单位8个，粮油作物站、经济作物站、畜牧兽医站、农业机械管理服务站（增挂农机监理所牌子）、种子站（对外称种子公司，增挂种子管理站牌子）、植物保护站、土肥站、农机化技术培训学校。同年，丽水市农业局党组设立。

2001年2月，丽水市农村工作办公室与丽水市农业局合署办公。2005年1月，丽水市农村工作办公室分出，与丽水市委政策研究室合署办公。同年，丽水市农业局内设职能处室5个，办公室、科教处、经管处（市农民负担监督管理办公室）、产业处、农政处，行政编制20名（含机关后勤服务人员）。2010年，市农业局内设职能处室5个，办公室、科教处、经管处（市农民负担监督管理办公室）、产业处，农业行政执法支队。事业单位3个，分别为农产品销售管理中心、农业信息服务中心、农产品质量检验检测中心等。下属事业单位5个，分别为农作物站、畜牧兽医局、农机管理站、土肥植保站、农村能源办公室。

第二节　农业执法

1984年6月，丽水地区农机监理所建立，依照《中华人民共和国交通法》开展农机监理执法。后地区及各县陆续建立农业行政执法机构。

1995年，丽水地区农业部门举办执法培训班，组织执法检查组，开展专项执法检查，包括植物检疫、种子管理、农机监理、农民负担监督管理、食（药）用菌管理、兽医卫生、兽药、种畜禽监督管理等。同年，丽水地区查处销毁带有溃疡病的橘苗11.78万株；及时扑杀2个县（市）8个乡镇21个行政村的牲畜病害。丽水市（县级）查处丽水市种子公司职工倒卖紧缺杂交水稻种子案，罚没收入1.4万元。1998年，丽水地区除丽水市（县级）和云和县外，其余县（市）都建立农业法制股。建立涉农收费项目登记制度，登记、审核涉农收费项目325项，取消收费项目125项，降低收费标准2项。同年，9个县（市）全部建立农村集体经济审计站，健全审计机制；龙泉市、缙云县、青田县建立农业行政执法大队。

2002年4月，丽水市政府制定依法护农行动实施方案。2003年6月，丽水市农业行政执法支队成立，与市农业局农政处合署办公，依照公务员管理，编制6名，为市农业局直属全额拨款事业单位，依法承担丽水市农业行政执法工作。2003年，丽水市实施“绿剑”打假保农业行动，专项整治活动内容有7项，开展毒鼠强专项整治、种子市场专项执法检查、兽药饲料和饲料添加剂、种畜禽市场专项整治、卫生杀虫剂市场专项整治、农药化肥市场专项整治、植物检疫执法大检查。同年，丽水市开展兽药饲料、畜产品、种子质量抽检工作。2004年，丽水市开展卫生杀虫剂专项整治、禽流感预防、食品安全专项执法、禁种铲毒等集中执法行动9次，抽检种子、农药 、饲料和肥料样品146个，查处农业违法案件547起，涉案金额72.17万元，罚没收入33.78万元，挽回经济损失246万元。同年，丽水市普查柑橘面积13212公顷，查出并全部挖除黄龙病病株286527株；开展行政许可清理，办理各类许可179项。

2005年，丽水市落实10支农业执法队编制，参照公务员管理，执法工作经费均列入同级财政预算。2008 年，丽水市开展农业投入品质量监管、“三品基地”专项检查、食用菌安全专项治理、瘦肉精专项整治、奶牛场和饲料质量安全专项监管等专项执法行动。2009 年，丽水市开展农产品质量安全整治暨农产品质量安全执法年活动，重点打击食用农产品中违法添加非食用物质和滥用食品添加剂，查处非法兽药，抽检农业投入品质量，检查种养业生产基地，规范主体生产行为。2010 年，丽水市开展绿剑执法、农药市场监管年、兽药经营规范年、种子执法年和农产品质量安全月等专项活动。

第三节　农技“110”信息服务

1999 年 10 月 8 日，丽水市（县级）农技“110”成立，开通热线电话。2000 年，缙云、云和、青田、景宁、松阳、遂昌、庆元县和龙泉市相继成立农技“110”。2001 年，丽水市推广实施丽水“一号工程”——农技“110”网络建设，市、县、乡（镇）相继建立农业信息服务组织，开通农技“110”热线电话，配置计算机等硬件设备，开展较为系统的农业信息服务工作，初步形成一个以市级为龙头、县级为骨干、乡镇为补充的上下联动的农技“110”信息服务体系框架。同年，丽水市建立农业信息服务组织县（市）8 个（莲都区与市本级合办），乡镇 191 个，全部开通农技“110”热线电话，配置硬件设备。创办丽水农技“110”网站。

2002 年，丽水市农技“110”采集各类农业信息 2.26 万条，发布市场供求信息 1.69 万条，网上营销农产品 550 多批次，销售收入 8100 多万元。2003 年，丽水市农技“110”系统重点推广应用农业信息，以市农技“110”中心为龙头，通过网站、视频、电话、专家系统等多种方式为农民服务，网上发布农业信息 22528 条，接受来人来电咨询 76988 人次，发放信息资料 15.49 万份；市、县、乡三级开展网上农产品交易 515 批次，销售收入 2705 万元。丽水市农业信息服务中心主持并组织实施的“农业信息化技术推广与应用”农业丰收计划项目，获 2003 年度丽水市农业丰收计划一等奖。

第四节　农产品安全检测

2002 年 7 月 16 日，丽水市农产品质量监督检验测试中心成立，指导农产品质量监督，农作物生长全过程农残监测，优质农产品评选，新肥料、新农药审验以及农产品质量标准的制定修订和对县（市、区）级农产品质检体系建设。2004 年，丽水市农产品质量监督检验测试中心更名为丽水市农产品质量检验检测中心，负责农产品农残检测、土壤养分及肥料成分分析、农作物种子质量鉴定三大部分检测。莲都、松阳、缙云、青田、遂昌、庆元 6 个县（区）建立农产品质量监督检测站，主要农产品产销乡镇建立农产品质量监督速测点。

2005 年，丽水市农产品质量检验检测中心被列为浙江省 30 个无公害农产品基地监控试点单位之一。同年，市区主要蔬菜基地 20 个被列为农药残留监控点，检测蔬菜、水果样品 2594 个，合格率 91.48%。6—9 月，丽水市蔬菜质量安全风险较大，加强监控，每周检测种类 10 多个、样品 80—90 个，通过丽水电视台和丽水广播电台，定期向社会公布检测结果。

2007年，丽水市开展农林水产品专项整治行动，涵盖市内生产基地、农贸市场农产品农药残留日常检测，“三品”专项检查，无公害农产品、绿色食品、有机农产品获证生产单位及其产品检查。同年，丽水市政府网站按季度通报各县农产品质量安全监测结果。

2009年，丽水市开展香菇产销大县的食用菌产品质量安全整治，采取政府回购原料，销毁有质量安全隐患菌棒等措施，整治成效明显。同年，丽水市开展生鲜乳、饲料、兽药及畜产品三项整治，无害化处理病死猪1094头，家禽8139只，动物产品695千克；签订《质量安全责任书》《质量安全承诺书》奶牛养殖户27个，畜禽养殖场960个。

2010年，丽水市推进100个省、市、县三级农产品质量动态监控基地建设，全面强化生产基地监管。同年，丽水市抽检种植产品1万批次、养殖产品2万批次。蔬菜、生猪等主要农产品省级例行监测合格率96%。

第十三篇

林　业

1. 森林资源
2. 林业生产
3. 林业产业
4. 林业开发
5. 林业场圃
6. 林业保护
7. 林业科技
8. 古树名木
9. 森林公园与湿地公园
10. 林业机构与管理

概　　述

丽水是浙江林业大市。

晋代，丽水已有人工造林和果树栽培记载，大多是抚育油茶、毛竹、用材林等树种。北宋时期(960—1127)，遂昌县出现用杉木根部萌条扦插造林。宋代，龙泉青瓷烧制业兴盛，消耗大量林业资源。清康乾年间(1662—1796)，外地大批人口迁入丽水境内，大量林地被开垦为耕地。至清代末年(1911)，丽水境内除名山寺院、庆元百山祖和遂昌县九龙山等交通不便的山区尚保存有一定面积的原始天然林以外，绝大多数地区植被被次生林和人工林所替代。

民国11年(1922)8月，浙江省第四苗圃从温州地区迁至丽水县水东村，苗圃面积1.5公顷。后各县相继成立县立苗圃、公有林场，开始繁殖培育各类苗木，其中遂昌县农会植物园内设有森林苗圃，培育油茶、油桐苗并搜集少量其他珍稀树木种子育苗，丽水人工造林有一定规模，荒山造林成效明显。民国12年，浙江省第四苗圃育苗1.34公顷，产苗521350株。民国27—34年，全面抗日战争期间，民国浙江省政府迁入丽水，人口剧增，毁林毁茶毁果，伐木烧火、开荒种地，导致林、桑、茶、果遭受严重破坏，林地面积急剧下降。

1950年6月初，丽水专区行政公署接管、兴建一批国营林场、果园和茶场，成为重要林业生产基地。1954年，丽水农业合作化，实行“自采种、自育苗、自造林”，实行引种、繁育相结合，由重点造林转向普及造林。1956年，各县完成社会主义改造后，全部山林入社，多次变更产权，森林频遭破坏。1958年开始，各县大办钢铁，大办食堂，大办伐木场，乱砍滥伐林木，严重破坏山林资源。1959年，对集体荒山造林和幼林抚育实行粮钱补贴办法，初步制止“人民公社”内部实行“一平二调”①的做法，恢复和发展林业生产。1957—1986年，丽水地区林业用地面积减少6.25万公顷，年均减少0.21万公顷，杉木林减少10.07万公顷，年均减少0.35万公顷。1978年中共十一届三中全会后，丽水地委开展稳定山林权，妥善解决山林权属纠纷。20世纪80年代后期，丽水地区代料香菇快速发展，消耗大量灌木资源，每年林木消耗仍然超过合理采伐量，林木蓄积量逐步递减。

20世纪90年代初期，丽水地区调整林业生产结构，重点开发果、茶、药材为主的经济林。2006年始，丽水市开展生态示范区建设，实施生态公益林政策，实现林业生态与森林资源、林业产业协调发展，获“中国生态第一市”“浙江绿谷”等美誉。2009年，丽水市活立木蓄积量5899.8万立方米，占全省总蓄积量的四分之一。

① 一平二调：指平均主义和无偿调拨的简称。“一平”是指在人民公社范围内把贫富拉平，搞平均分配；“二调”是指对生产队的生产资料、劳动力、产品以及其他财产无代价地调动。

第一章　森林资源

丽水属亚热带季风气候，四季分明，温和湿润，雨量充沛，光照充足，无霜期长，地形小气候类型复杂，为林木生长和森林动物繁衍提供有利气候条件。良好自然条件，孕育丰富森林资源。距今2500万年前，新生代第三纪时，丽水境内形成与今相似地貌轮廓，主要植被为常绿、落叶阔叶混交林和针叶林。距今258万年前，新生代第四纪，全球冰期和间冰期相互交替，植物群落变化很大，庆元县百山祖冷杉即是冰期的孑遗种。距今1500万年前，第四纪冰期后，丽水亚热带森林自然植被水平分布大致与今相似，再未发生过大规模自然更替，地表为高大茂密的亚热带森林所覆盖。

古代，处州森林资源丰富，林木茂盛，但少有植树及林木方面的准确记载，仅见于古诗文中的描述。清代末期，处州出现林木流通交易，一部分经瓯江运至温州销售，一部分经乌溪江运抵萧山、杭州销售。民国27年（1938），浙江省政府机关迁至丽水后，人口剧增，建筑用材浩繁，烧垦之积累，森林破坏严重。民国29年，经浙江省农业改进所调查处属十县林业概况，丽水林业“凡交通便利之处，所有未达伐期之林木，亦竟被砍伐利用”，“除浙闽交界之龙泉、庆元、景宁三县与松遂一隅运输不便之处，尚有木材蓄积，以及崇山峻岭之间，寺庙墓地四周时有少数高大之林木外，余几摧残殆尽”。

1949年5月丽水解放后，丽水专区开展群众性绿化造林，开始建设林场和封山育林，造林树种以针叶类树种林为主，兼营造松、栎混交林和板栗林以及油茶、油桐等林木，森林资源得到一定程度的恢复。1956年，各县全部山林入社，多次变更产权，森林频遭破坏。1957—1989年，丽水地区开展森林资源二类调查①4次，初步查清丽水地区林森资源较为丰富，树种繁多，不乏珍贵树木。据1986年调查，丽水地区森林资源以天然林为主，面积75.61万公顷，占全区林地面积的69.5%；针叶林最多，面积68.74万公顷，占63.2%；混交林面积55.8万公顷，占51.3%；单位面积产量较低，乔木林平均每公顷蓄积量3立方米；丽水地区森林资源分布不均衡，主要分布于西部和西南部的遂昌县、龙泉县、庆元县、景宁畲族自治县等山区，而中部和东北部的丽水县、缙云县森林资源相对较少。森林资源中，混交林比重小，纯林比重大；成熟林比重小，中幼龄林比重大。1971—1990年“四五”计划至“七五”计划期间，丽水地区森林资源一直徘徊在4200多万立方米。1989年，丽水地区活立木总蓄积量4235万立方米。20世纪80年代后期，丽水地区代料香菇快速发展，人造板工业异军突起，消耗大量灌木资源，菇木用材、工业原料消耗多数没有纳入采伐限额，再加上建设用地增加等因素，导致每年林木消耗超过合理采伐量，林木蓄积量逐步递减。1994年，丽水地区活立木总蓄积量降到3994万立

① 二类资源调查是为查清资源，进行营林规划、设计服务。调研精度到市、县（区）、乡（镇）三级。

方米。1999 年，丽水地区活立木总蓄积量再降到 3811 万立方米，虽然减幅有所遏制，资源下降趋势仍未解决。20 世纪 90 年代后期起，丽水采取退耕还林措施，林业用地开始增加，森林覆盖率不断提高，林业成为丽水地区国民经济和社会发展中一个重要行业。

丽水森林资源是“中国生态第一市”的底色和支撑。21 世纪初，丽水市开展生态示范区建设，实施生态公益林等政策，逐步恢复森林资源，林业用地面积和活立木蓄积量得到较快增长。2007 年，丽水市林业用地面积 146.24 万公顷，活立木蓄积量 5899.8 万立方米，林业用地面积和活立木蓄积量均达到 1949 年以来历史最高水平。同年，丽水市林业用地面积 1462.4 千公顷，活立木蓄积量 5899.8 万立方米。2010 年，丽水市坚持走开拓进取，走科教兴林、依法治林之路，继续发挥林业资源优势，大力开发以茶、果为主的经济林，把丽水建成一个环境优美、人民富裕的“浙江绿谷”。截至 2010 年，丽水市林业用地 146.24 万公顷，林木蓄积量 5899.78 万立方米，森林覆盖率 80.79%，林木绿化率 81.62%。2010 年，丽水市森林覆盖率 81%，森林面积和蓄积量均居全省11 个市第一位。

第一节　资源分布

林地面积

清至民国时期，丽水没有林业资源分布和数量记载。1957 年，部分地区以一万分之一比例尺实测成图，大部分地区用五万分之一地形图实地勾绘。林业用地 146.32 万公顷，其中有林地 91.88 万公顷，疏林地 13.01 万公顷，无林地 41.43 万公顷。有林地中，松木 43.82 万公顷，杉木 32.01 万公顷，阔叶树（简称杂木）5.87 万公顷，竹林 5.65 万公顷，油茶 4.25 万公顷，油桐 0.07 万公顷，其他 0.01 万公顷。森林覆盖率 53%。

1975 年，龙泉县用抽样法，其他县以二点五万分之一地形图实地勾绘，小班最小面积 6.67 公顷，地类、树种组成以百分比估测。林业用地 138.08 万公顷，其中有林地 106.67 万公顷，疏林地 12.24 万公顷，无林地 19.11 万公顷。有林地中，松木 40.16 万公顷，杉木 25.83 万公顷，杂木 19.13 万公顷，竹林 6.37 万公顷，油茶 6.59 万公顷，油桐 0.13 公顷，其他 8.45 万公顷。森林覆盖率 61.8%。

1986 年，丽水地区据以航测照片为主、采用抽样调查方法分类统计，林业用地 140.07 万公顷，其中有林地 108.77 万公顷，疏林地 8.38 万公顷，无林地 15.03 万公顷。有林地中，松木 46.79 万公顷，杉木 21.95 万公顷，杂木 21.39 万公顷，竹林 8.63 万公顷，油茶 7.55 万公顷，油桐 0.24 万公顷，其他 21.33 万公顷；天然林 75.61 万公顷，人工造林 33.16 万公顷。森林覆盖率 65.7%。

1989 年，丽水地区据以万分之一和部分二点五万分之一地形图实地勾绘、小班复位法调查，林业用地 140.43 万公顷，其中有林地 113.08 万公顷，疏林地 8.2 万公顷，无林地 10.28 万公顷。有林地中，松木 45.33 万公顷，杉木 25.03 万公顷，杂木 22.78 万公顷，竹林 9.35 万公顷，油茶 7.88 万公顷，油桐 0.14 万公顷，其他 2.57 万公顷。森林覆盖率 68.9%。

1999年，据丽水地区森林资源二类调查统计，丽水地区林业用地面积从1994年的126.77万公顷，增加到130.33万公顷，净增3.56万公顷，森林覆盖率从76.3%，增加到79.1%，净增2.8%。

2007年，据丽水市森林资源二类调查，丽水市林地面积1341.9千公顷，森林覆盖率80.79%。其中龙泉市所占全市面积最大为254.2千公顷，云和县最小为75.5千公顷。截至2010年，丽水市林业用地146.24万公顷，林木蓄积量5899.78万立方米，森林覆盖率80.79%，林木绿化率81.62%。

2007年丽水市各县(市、区)林地面积分布一览

表13-1-1-1

政区	有林地					疏林(公顷)	四旁树(百株)	散生木(百株)
	乔木林地(公顷)			竹林(公顷)	面积合计(公顷)			
	纯林	混交林	小计					
丽水市	797413	402808	1200220	141662	1341882	2456	614	1182
莲都区	72769	23811	96580	9987	106567	10	26	121
龙泉市	142255	75215	217469	36717	254186	105	55	233
青田县	140654	39654	180308	8774	189082	4	188	236
云和县	61544	8709	70253	5220	75473	51	17	68
庆元县	76667	60798	137465	26133	163599	32	86	159
缙云县	91843	2125	93968	11567	105534	160	85	86
遂昌县	77191	104867	158058	17570	199628	1513	20	62
松阳县	54209	33807	88016	9484	97500	99	30	139
景宁畲族自治县	80282	53820	134102	16211	150313	481	107	774

林种分布

1986年，据丽水地区森林资源二类调查统计调查和收集，丽水地区主要林种资源有杉木林成片林面积21.95万公顷，其中遂昌县7.15万公顷，占3337%；丽水地区乡329个，其中无杉木林的乡6个，占1.82%；面积0.03万公顷以下的乡173个，占52.58%；面积667—3333公顷的乡68个，占20%；面积667—2000公顷的乡58个，占17.6%；面积2000公顷以上的乡24个，占7.3%；集中在龙泉县、遂昌县、松阳县毗连的仙霞岭地区的乡21个，遂昌县龙洋乡面积最多，面积0.75万公顷。

松木林成片林面积46.8万公顷，其中青田县、龙泉县、缙云县面积23.01万公顷，占49.18%；面积667公顷以下的乡84个，占25.5%；667—2000公顷的乡187个，占56.8%，2000—3333公顷的乡44个，占13.4%；3333公顷以上的乡14个，占4.3%，龙泉县住龙乡最多，面积0.79万公顷。

油茶林成片林面积7.58万公顷，其中青田县面积2万公顷，占26.49%；面积66.67公顷以下168个乡，占51.1%；67—200公顷66个乡，占20.1%；200—333公顷26个乡，占7.9%；333—667公顷31个乡，占9.1%；667公顷以上38个乡，占11.6%，青田县章村乡最多，面积2616

公顷。

毛竹林成片林面积 8.56 万公顷，其中龙泉县、庆元县 3.95 万公顷，占 46.2%；面积 67 公顷以下的乡 121 个，占 36.8%；67—200 公顷的乡 84 个，占 25.5%；200—333 公顷的乡 47 个，占 14.3%；333—667 公顷的乡 45 个，占 13.7%；667 公顷以上的乡 32 个，占 9.7%，龙泉县四源乡最多，面积 2291 公顷。

若干年份丽水地区主要林种面积一览

表 13-1-1-2　　　　单位：万公顷

项　目			1957	1975	1986	1989
土地面积			173.23	172.61	172.93	172.97
林业用地	有林地	松木	43.82	40.16	46.79	45.33
		杉木	32.01	25.83	21.95	25.03
		杂木	5.87	19.13	21.39	22.78
		竹类	5.65	6.37	8.63	9.35
		油茶	4.25	6.59	7.58	7.88
		油桐	0.27	0.13	0.24	0.14
		其他	0.01	8.45	21.33	2.57
		小计	91.88	106.67	108.77	113.08
	无林地	荒山	41.43	18.21	14.06	8.93
		开垦山	—	0.66	0.39	0.17
		采伐迹地	—	0.07	0.33	0.87
		火烧迹地	—	0.26	0.25	0.32
		小计	13.01	12.24	15.03	10.28
	疏林地		41.43	19.11	8.38	8.20
	灌木林		—	—	4.56	6.05
	新造林未成林地		—	—	3.33	2.82
	合　计		746.32	138.08	140.07	140.43
非林地			26.92	3453	32.85	32.53
森林覆盖率(%)			53	61.80	65.70	68.90

1996—1999 年，“九五”计划期间，丽水地区加大竹林、经济林、工业原料林造林比重，从单一以用材林为主，转向多林种、多树种造林。丽水地区竹林面积从 1994 年的 9.91 万公顷，立竹量 16548 万株，增至 1999 年的 11.67 万公顷和 18852 万株，竹林净增 1.76 万公顷，立竹量净增 23.4 万株；经济林面积从 11.18 万公顷增到 11.28 万公顷，干水果、药用林面积增加较多，而油茶林面积减少。

2007 年，据丽水市林地功能特点分类调查统计，丽水市用材林面积和蓄积量最大，面积为 91.15 万公顷，其下依次为防护林面积 34.21 万公顷，经济林面积 10.11 万公顷，特种用材林面积 5.53 万公顷，薪炭林面积 0.64 万公顷。

2007年丽水市功能林种面积和蓄积量一览

表 13-1-1-3

政区	用材林		防护林		经济林		薪炭林		特种用材林	
	蓄积量（立方米）	面积（公顷）	蓄积量（立方米）	面积（公顷）	蓄积量（立方米）	面积（公顷）	蓄积量（立方米）	面积（公顷）	蓄积量（立方米）	面积（公顷）
丽水市	40105712	911457	13919209	342054	128037	101079	1830	6364	3957533	55255
莲都区	1933343	61070	919189	28808	15381	25544	—	2390	392450	4451
龙泉市	9819586	175012	3082252	60532	7574	3890	—	159	1197464	17817
青田县	4597858	134999	1600460	50739	9395	15213	—	761	29162	426
云和县	1920486	43563	1093799	33282	10124	3388	—	62	25946	861
庆元县	5908699	119224	1485024	30011	9307	5223	130	1171	988753	11398
缙云县	3034460	71350	827499	17129	22156	13541	1488	1925	511249	11473
遂昌县	4975447	140439	1748343	50124	17779	15475	212	816	487703	5709
松阳县	2714365	63264	1091155	27056	12250	14731	1830	6364	43632	740
景宁畲族自治县	5201468	102537	2071488	44372	24071	4075	—	1470	281174	2379

第二节　林木蓄积

活立木蓄积量

1957年，各县松、杉木直径6厘米活立木蓄积量3329.7万立方米。其中松木1470.4万立方米，杉木1660.8万立方米，杂木198.5万立方米；幼龄林417.8万立方米，中龄林1235万立方米，近熟林1053.6万立方米，成熟林623.3万立方米。毛竹立竹量8791.9万株。

1975年，丽水地区计算方法与1957年相同，活立木蓄积量4223.1万立方米。其中松木1293.4万立方米，杉木1569.5万立方米，杂木1360.2万立方米；幼龄林301.7万立方米，中龄林1366.4万立方米，成熟林2154.9万立方米，其他400.3万立方米。毛们立竹量7263.6万株。

1986年，丽水地区松、杉、杂木直径4厘米起算，活立木蓄积量4273.4万立方米。其中松木2121.9万立方米，杉木944.8万立方米，杂木1206.7万立方米；幼龄林594.3万立方米，中龄林1471万立方米，近熟林843.8万立方米，成熟林1148.9万立方米，其他215.4万立方米。毛竹立竹量12966.1万株。

1989年，丽水地区计算方法与1986年相同，活立木蓄积量4234.5万立方米。其中松木1903.4万立方米，杉木967.8万立方米，杂木1363.2万立方米；幼龄林5537万立方米，中龄林1657.3万立方米，近熟林675.8万立方米，成熟林1080.4万立方米，其他267.3万立方米。毛竹立竹量14401.3

万株。

1999年，据丽水地区森林资源二类调查统计，丽水地区活立木蓄积量3810.5万立方米。其中松木1542.8万立方米，杉木1383.5万立方米，柳木22.1万立方米，柏木1.1万立方米，硬阔847.7万立方米；幼龄林626.1万立方米，中龄林1571.3万立方米，近熟林697.7万立方米，成熟林528.6万立方米，过熟林143.2万立方米。毛竹立竹量18689.9万株。

2007年，丽水市活立木蓄积量5899.8万立方米，其中乔木林占绝大部分，为5810万立方米，另疏林地、四旁树、散生木也有一定数量。毛竹31915万株。

1989年丽水地区林业用地和林木蓄积量一览

表13-1-2-1

项目				丽水	龙泉	青田	云和	庆元	缙云	遂昌	松阳	景宁	合计
林业用地面积(万公顷)				11.10	26.60	19.90	7.90	16.00	10.90	21.50	10.90	15.60	140.40
森林覆盖率(%)				64.70	71.00	68.90	62.00	71.70	65.80	75.10	65.60	66.10	68.90
有林地	面积合计(万公顷)			9.60	20.50	16.90	5.40	13.30	9.60	17.70	8.70	11.40	113.10
有林地	乔木林	小计	面积(万公顷)	6.50	17.00	14.00	3.90	11.20	8.00	15.50	6.90	10.10	93.10
有林地	乔木林	小计	蓄积量(万立方米)	186.70	1313.80	189.70	130.00	618.30	245.10	558.80	272.30	452.50	3967.20
有林地	乔木林	松木	面积(万公顷)	4.20	4.20	9.50	2.00	5.70	7.00	5.10	3.10	4.50	45.30
有林地	乔木林	松木	蓄积量(万立方米)	117.00	336.70	158.20	68.50	338.50	220.80	216.00	118.60	209.10	1783.40
有林地	乔木林	杉木	面积(万公顷)	1.30	6.40	1.50	0.90	2.40	0.80	7.00	2.40	2.30	25.00
有林地	乔木林	杉木	蓄积量(万立方米)	35.20	291.40	22.90	24.80	85.80	18.90	234.30	85.40	84.70	883.00
有林地	乔木林	杂木	面积(万公顷)	1.00	6.40	3.10	0.90	3.10	0.30	3.40	1.40	3.30	22.80
有林地	乔木林	杂木	蓄积量(万立方米)	34.50	685.70	8.60	36.70	194.00	5.40	108.50	568.30	158.70	1300.00
有林地	毛竹	面积(万公顷)		0.60	2.60	0.50	0.30	1.80	0.80	1.00	0.80	0.90	9.30
有林地	毛竹	立竹量(万立方米)		971.40	3076.00	1616.00	429.00	2795.00	1482.00	1422.00	1187.00	1423.00	14401.00
有林地	经济林面积	小计(万公顷)		2.40	0.90	2.40	1.20	0.20	0.80	1.20	1.00	0.40	106.00
有林地	经济林面积	油茶(万公顷)		1.90	1.60	2.10	1.10	0.10	0.30	0.80	0.80	0.20	7.90
有林地	经济林面积	油桐(万公顷)		0.10	0.07	0.10	0.10	0.01	0.01	0.01	0.01	—	0.10
有林地	经济林面积	其他(万公顷)		0.50	0.20	0.30	0.10	0.20	0.40	0.40	0.30	0.20	2.60
灌木林面积(万公顷)				0.10	1.10	0.20	0.70	0.30	0.20	1.40	0.50	1.50	6.00
疏林面积(万公顷)				1.00	2.40	0.50	0.50	0.80	0.60	1.00	0.60	0.80	8.20
未成林造林地面积(万公顷)				0.10	0.80	0.10	0.30	0.40	0.10	0.50	0.30	0.20	2.80
无林地面积(万公顷)				0.40	1.80	2.00	1.00	1.10	0.50	0.90	0.80	1.70	10.30

2007年丽水市林木蓄积量一览

表 13-1-2-2

地 域	活立木总蓄积（立方米）	乔木林地蓄积（立方米）			疏林（立方米）	四旁树（立方米）	散生木（立方米）	竹林（立方米）
		纯 林	混交林	小 计				
丽水市	58997797	38945027	19155220	58100247	12074	248180	637296	3191502
莲都区	3354645	2438685	821678	3260363	0	17509	76773	273183
龙泉市	14559463	9220057	4886547	14106604	272	107355	345232	692916
青田县	6327866	5254454	982274	6236728	147	37119	53872	260352
云和县	3067302	2673132	375307	3048439	1916	6981	9966	151583
庆元县	8462551	5251597	3140060	8391657	126	14878	55890	545204
缙云县	4426527	4283985	111927	4395912	940	18275	11400	329229
遂昌县	7296198	2875539	4350209	7225748	3654	17114	49682	357033
松阳县	3888606	2375962	1485134	3861096	518	8586	18406	179640
景宁畲族自治县	7614639	4571616	3002084	7573700	4501	20363	16075	402362

近熟、成熟林与杉木蓄积量

1957年，各县近熟、成熟林面积1676.9万立方米，1975年2154.9万立方米，增加478.4万立方米。1957年始，由于过量采伐，可采伐近熟、成熟杉木林，蓄积量逐年下降。1957年，各县近熟、成熟杉木林蓄积量1422万立方米；1975年，丽水地区近熟、成熟杉木林蓄积量1078.1万立方米。1986年，丽水地区近熟、成熟杉木林蓄积量546.8万立方米。1986年，丽水地区近熟、成熟林面积1992.7万立方米，比1975年减少162.2万立方米。1989年，丽水地区近熟、成熟林面积1756.2万立方米，又比1986年减少236.5万立方米。同年，丽水地区近熟、成熟杉木林蓄积量仅464.9万立方米。

1957年，各县杉木蓄积量1660.8万立方米。1975年，丽水地区杉木蓄积量1569.5万立方米，比1957年减少91.3万立方米。1986年，丽水地区杉木蓄积量944.8万立方米，比1975年减少624.7万立方米。1989年，丽水地区杉木蓄积量967.8万立方米，比1986年增加23万立方米。

若干年份丽水市不同龄期林木蓄积量一览

表 13-1-2-3　　单位：万立方米

项 目		1957年	1975年	1986年	1989年	1999年	2007年
总蓄积量	幼龄林	417.80	301.70	594.30	553.70	626.10	1015.20
	中龄林	12350	1366.30	1471.00	1657.30	1571.30	1837.30
	近熟林	1053.60	—	843.80	675.80	697.70	1413.00
	成熟林	623.30	2154.90	1148.90	1080.40	528.50	1388.10

续表 13-1-2-3

项　目		1957 年	1975 年	1986 年	1989 年	1999 年	2007 年
	其他	—	400.20	215.40	267.30	386.90	246.20
	合计	3329.70	4223.10	4273.40	4234.50	3810.50	5899.80
松木	幼龄林	398.30	193.90	492.00	401.30	368.50	203.30
	中龄林	923.90	519.50	804.00	902.90	736.20	853.30
	近熟林	82.80	—	363.70	220.20	259.90	730.00
	成熟林	65.40	408.10	343.10	259.00	93.10	503.80
	其　他	—	171.90	119.10	120.00	85.10	27.60
	合　计	1470.40	1293.40	2121.90	1903.40	1542.80	2318.00
杉木	幼龄林	2.50	28.10	48.90	78.70	97.80	30.80
	中龄林	236.30	309.30	287.40	339.90	572.50	715.50
	近熟林	927.10	—	189.80	142.20	269.20	596.60
	成熟林	494.90	1078.10	357.00	322.70	259.30	838.00
	其　他	—	154.00	61.70	84.30	184.70	120.20
	合　计	1660.80	1569.50	944.80	967.80	1383.50	2301.10
杂木	幼龄林	17.10	79.70	53.40	73.80	159.80	781.10
	中龄林	74.70	537.60	379.60	414.40	262.60	268.50
	近熟林	43.70	—	290.30	313.40	168.60	86.40
	成熟林	63.00	668.50	448.90	498.70	176.10	46.30
	其　他	—	74.40	34.50	62.90	117.10	98.40
	合　计	198.50	1360.20	1206.70	1363.20	884.20	1280.70

说明：1. 其他蓄积量包括疏林、四旁木、散生木；2. 2007 年统计分类格式与之前年份不同，疏林、四旁木、散生木计蓄积 897550 立方米，未分树种，计入该表中杂木其他栏

第三节　森林消长

距今 2500 万年前，新生代第三纪进，处州境域形成与今相似的地貌轮廓，主要植被为常绿、落叶阔叶混交林和针叶林。距今 1500 万年前，第四纪冰期后，处州境域亚热带森林自然植被水平分布大致与今相似，再未发生过大规模自然更替，地表为高大茂密的亚热带森林所覆盖。距今 258 万年前，新生代第四纪，全球冰期和间冰期相互交替，植物群落变化很大，百山祖冷杉即为冰期孑遗种。

距今 4000 多年前，丽水境内开始有人类活动，先民刀耕火种，并善于制陶、冶铁，这些活动消耗大量薪炭能源，一定程度上改变原始森林植被。

汉初，东瓯国和东越国北迁江淮后，丽水虚空数百年，植被修复较好。汉末，松阳立县时，境内不

乏密林巨木。据《舆地广记》载:“(松阳)县东南临大溪有松阳树,大八十一围,腹中空,可容三十人坐,故取此为名,王右军尝往看之。”

中唐至五代时,浙地出现屯垦,沿浙江(钱塘江)及其支流,以及灵江、瓯江等,分别迁移繁殖,河谷平原如碧湖平原等处自然植被被破坏,开垦为耕地,但山区森林资源仍保持较好。

宋代起,龙泉青瓷生产兴起,消耗大量森林资源。南宋,青瓷烧制技术兴盛,龙泉县有窑场260多处。元代,龙泉县有窑场330多处。明崇祯十四年(1641),龙泉青瓷3万件,经船舶97艘运抵日本长崎。

明代,大批畲民迁入丽水境内,结庐海拔500米以上山地,刀耕火种,垦山筑田,大量自然植被被破坏,一些开垦耕地或者插树还山,成为人造林地。

清康乾年间(1662—1796),大量外地人口迁入丽水,引入玉米、番薯等山地作物以及靛青等经济作物,更多森林被开垦为耕地。至清代末(1911),境内除名山寺院附近和遂昌县九龙山等交通不便的中山地区尚保存有一定面积原始天然林以外,绝大多数地区植被被次生林和人工林所替代。

20世纪30年代,抗日战争爆发前,龙泉县(含庆元县)、云和县、松阳县、遂昌县交界地区保存有大面积林相较优之森林,其中尚有部分林相整齐、蓄积丰富的天然林。

民国25年(1936),据侯杰著《瓯江水源林之调查》载:“大溪沿岸,自小梅至龙泉县城会秦溪、樟溪、锦川诸水,为浙森林最发达之处。其林相之整齐与林木材积之丰实,实为东南诸省所鲜见。人工杉林自十余年至三四十年者,遍山都是。茂竹修林,蔚为大观”,“自云和县赤石以下,山林普遍不很整齐,到青田县境,欲求十年以上松林,已不多见,当地薪柴紧张,植被缺乏,有渐呈不毛之象”。

民国26年(1937)全面抗日战争爆发后,民国浙江省政府南迁丽水,境内人口骤增,建筑用材需求量大,烧垦之风更加兴盛,森林遭到严重破坏。民国39年,据浙江省农业改进所《浙江省旧处属十县林业概况调查报告》载:“凡交通便利之处,所有未达伐期之林木、亦竟被砍伐利用,复以各县耕地缺乏,民生艰苦,烧垦之风弥炽,原有野生稚树,多付劫灰,无复成林之机会,现除浙闽交界之龙泉、庆元、景宁三县与松遂一隅运输不便之处,尚有木材蓄积,以及崇山峻岭之间,寺庙墓地四周,时有少数高大之林木外,余凡摧残殆尽。”“处属一带,森林蓄积,素称丰厚……则已童山濯濯,不复当年盛况”。

1949年中华人民共和国成立初,丽水专区执行省人民政府《奖励育苗造林及保护山林暂行办法》,发动群众,组织护林队,家家户户订立爱国护林公约;对盗伐滥伐者分别情节轻重,给予批评、赔偿或罚款,森林资源得到一定恢复。1950年6月30日,丽水专区执行《中华人民共和国土地改革法》第18条规定,大森林收归国有,由人民政府管理经营。同年,还落实《关于禁止砍伐铁路沿线树木的通令》《各级部队不得自行采伐森林的通令》。1956年社会主义改造后,各县全部山林入社,多次变更产权,森林频遭破坏。

1958年,各县实行人民公社化,取消林木业主报酬,侵犯林农利益。后各县大办钢铁,大办食堂,大办伐木场,乱砍滥伐林木,严重破坏山林资源。1957年,缙云县木材蓄积量185万立方米,毛竹613万株。1958年,缙云县木材蓄积量降至71万立方米,毛竹降至48万株。1959年,各县贯彻中共中央批转福建省委《关于山林所有制问题意见》后,初步制止人民公社内部实行“一平二调”[①]的做

① 一平二调:指平均主义和无偿调拨的简称。“一平”是指在人民公社范围内把贫富拉平,搞平均分配;“二调”是指对生产队的生产资料、劳动力、产品以及其他财产无代价地上调。

法，情况有所好转。

1961年，各县粮食连年减产，普遍推行毁林种粮，山林资源再遭严重破坏。据1962年《遂昌县大茂坑村调查》："1961—1962年，毁林种粮80多公顷，烧掉林木7000多立方米。"1963年，各县贯彻国务院《中华人民共和国森林保护条例》，制止毁林开荒。浙江省为加强林业工作领导，恢复丽水专区建制，将整个林业厅机关迁到丽水组建丽水地委和专署，林业工作得到加强，山林得到保护。

1966年，各级护林组织瘫痪，山林破坏严重。

1980年，由于木材供需矛盾突出，挂牌价格与市场价格相差悬殊，出现严重乱砍滥伐情况。1982年，丽水地区贯彻国务院《关于制止乱砍滥伐森林的紧急通知》，地、县组织重点林区清理整顿工作组46个，干部99人，查处森林违法案件112起，逮捕28人，拘留38人，罚款24.29万元；关闭木材市场21个，清理木材4万多立方米。

1985年1月，丽水地区取消木材统购，开放木材市场后，管理工作没有跟上，木材市场从1980年的2个发展到36个，购销点100多处。同年，丽水地区销售木材95.4万立方米，比常年增加40%。1957—1986年，各县林业用地面积减少6.25万公顷，年均减少0.21万公顷，杉木林减少10万公顷，年均减少0.35万公顷。后丽水地区实行限额采伐措施，严格控制采伐量，情况有所好转。

1984—1985年，据《各县森林资源调查》汇总，丽水地区林木年生长总量301.4万立方米，平均生长率7.05%，年消耗总量312.7万立方米，森林赤字11.3万立方米。当年合理采伐量为206.73万立方米，其中松木77.01万立方米，杉木60.6万立方米，阔叶树42.92万立方米，疏林散生木10.17万立方米，抚育间伐16.47万立方米。

20世纪80年后期，丽水地区代料香菇快速发展，人造板工业异军突起，消耗大量灌木资源，建设用地增加，每年林木消耗仍然超过合理采伐量，林木蓄积量逐步递减。1999年，丽水地区林木蓄积量降到历史最低点，活立木总蓄积量为3810.5万立方米。21世纪后，丽水市开展生态示范区建设，实施生态公益林等政策，逐步恢复森林资源，林业用地面积和活立木蓄积量得到较快增长。2007年，丽水市林业用地面积146.24万公顷，活立木蓄积量5899.80万立方米，林业用地面积和活立木蓄积量均达到1949年以来历史最高水平。

若干年份丽水市林业用地面积一览

表13-1-3-1

调查年份	有林地（万公顷）		疏林地（万公顷）	灌木林地（万公顷）	未成林造林地（万公顷）	苗圃地（万公顷）	无立木林地（万公顷）	宜林地（万公顷）	辅助生产林地（万公顷）	森林覆盖率（%）	林业用地合计（万公顷）
	竹林	小计									
1957	5.65	91.88	13.01	—	—	—	41.42	—	—	53.50	146.31
1975	6.37	106.67	12.24	—	—	—	19.10	—	—	61.50	138.01
1985	8.63	108.78	8.38	4.56	3.33	—	15.02	—	—	65.70	140.07
1989	9.35	113.08	8.20	6.05	2.82	—	10.28	—	—	68.90	140.43
1994	9.91	126.77	1.85	5.08	3.54	—	3.43	—	—	76.30	140.67

续表 13-1-2-3

调查年份	有林地(万公顷)		疏林地(万公顷)	灌木林地(万公顷)	未成林造林地(万公顷)	苗圃地(万公顷)	无立木林地(万公顷)	宜林地(万公顷)	辅助生产林地(万公顷)	森林覆盖率(%)	林业用地合计(万公顷)
	竹林	小计									
1999	11.67	130.32	1.90	6.49	1.37	—	2.71	—	—	79.10	142.79
2004	11.65	124.03	0.99	13.59	2.05	0.01	1.83	0.91	0.01	77.60	143.42
2007	14.17	134.19	0.24	7.19	2.46	0.01	1.36	0.76	0.03	80.80	146.24

说明：1 .1985 年前数据来源于《丽水地区志》和《丽水地区林业区划》，1989 年以后数据来源于现存林业局档案。2. 1999 年以前，经济林作为有林地地类调查；2004 年，浙江省制定《浙江省森林资源规划调查技术操作细则》，灌木经济林按灌木林地中的特灌林调查。3. 1989 年以前的调查，林木郁闭度>0.3 为有林地，郁闭度 0.1—0.3 为疏林。1994 年，全国实行新标准，郁闭度>0.2 为有林地，郁闭度 0.1—0.2 为疏林

若干年份丽水市林木蓄积数量一览

表 13-1-3-2　　单位：万立方米

年份	活立木总蓄积	林分蓄积						其他蓄积			
		幼龄林	中龄林	近熟林	成熟林	过熟林	小计	疏林	散生木	四旁木	小计
1957	3329.70	—	—	—	—	—	—	—	—	—	—
1975	4223.10	301.70	1366.40	—	2154.70	—	3822.80	—	—	—	400.30
1985	4273.30	594.30	1471.00	843.80	1149.00	—	4058.10	—	—	—	215.20
1989	4234.50	553.70	1657.30	675.80	1080.40	—	3967.20	110.30	146.00	11.00	267.30
1994	3993.80	566.30	1455.30	884.00	918.50	—	3824.10	16.80	143.00	9.90	169.70
1999	3810.50	626.10	1571.30	697.70	528.60	143.20	3566.90	15.60	210.60	17.40	243.60
2004	4424.60	792.90	1716.30	943.10	658.90	100.60	4211.80	7.70	169.10	36.00	212.80
2007	5899.80	1015.10	1837.30	1412.90	1388.10	156.60	5810.00	1.20	63.80	24.80	89.80

说明：1. 1957 年调查方法和技术标准与之后各时期调查不一致，分类蓄积难以比较。2. 1989 年和 1994 年，成熟林与过熟林合并统计

第四节　种质资源

重点原生林木种质资源

新分布植物　短梗大参 Macropanax rosthornii (Harms ex Diels) C.Y.Wu. ex. Hoo；天目琼花 Viburnum sargentii Koehne。

国家一级保护植物　百山祖冷杉 Abies beshanzuensis M.H.Wu、红豆杉 Taxus chinensis (Pilger) Rehd、南方红豆杉 Taxus mairei (1emee et Levi.) S.Y.Hu ex Liu、伯乐树 Bretschneidera sinensis Hemsl.、银杏 Ginkgo biloba Linn(以上种类分布、价值等参见古树名木一章)。

国家二级保护植物　福建柏 Fokienia hodginsii (Dunn) Henry et Thomasds、白豆杉 Pseudotaxus chienii (Cheng) Cheng、榧树 Torreya grandis Fort、长序榆 Uimus castaneifolia Hemsl.、凹叶厚朴 Magnolia offcinalis Rehd.et Wils.ssp、鹅掌楸 Liriodendron chinense (Hemsl.) Sarg.、浙江楠 Phoebe chekiangensis C.B.Shang、闽楠 Phoebe bournei (Hemsl.) Yang、花榈木 Ormosia henryi Prain、红豆树 Ormosia hosiei Hemsl. et Wils、毛红椿 Toona Ciliata var Pubescens Hand.-Mazz.、香果树 Emmenopterys henryi Oliv、榉树 Zelkova schneideriana、杜仲 Eucommia ulmoides、连香树 Cercidphyllum japonicum Sieb. et Zucc.(以上种类分布、价值等参见古树名木一章)。

长叶榧 Torreya jackii Chun。生于海拔 200—1200 米的悬崖陡壁、沟谷、山坡灌丛或疏林中。丽水市资源 6200 多株,其中莲都区 3010 株、松阳 2000 株。

长柄双花木 Disanthus ceridifolius Maxim. var. longipes H.T.Chang。分布于龙泉市住龙镇水塔村吴大源一带,面积 7.75 公顷,种群数量 940 丛。

其他珍稀植物　主要有九龙山榧 Torreya grandis var.jiulongshanensis、乳源木莲 Magnolia yuyuanensis Law、深山含笑 M.maudiae Dunn、浙江红花油茶 Camellia chekiangoleosa Hu、乐东拟单性木兰 Parakmeria lotungensis (Chun et c. Tsoong) Law、蓝果树 Nyssa sinensis Oliv、景宁木兰(Magnolia finostellata T.L.Chiu et Z.H.chen)、猴头杜鹃(Rhododendron simjarum Hance)、青钱柳(Cyclocarya paliurus (Batal.) Iljkinsk)、银鹊树(Tapiscia sinensis Oliv)等。

小径竹　主要有刚竹 Phyllostachys viridis (Yong) Mcclure、桂竹 P. bambusoides Sieb.et Zucc、水竹 P. heteroclada Oliv.、云和哺鸡竹 P. yunhoensls S.Y.Chen et C.Y.Yao.、方竹 Chimonobambusa quadrangularis (Fenzi) Makino 等。

2010 年丽水市人工种质资源一览

表 13-1-4-1　　单位:个

类别		科数	属数	种数	品种数	引进品种数			农家品种数量			
						浙江省	外省	计	农家品种	优树	优树	计
经济林	干水果	10	15	22	330	144	122	266	46	46	46	64
	油料植物	1	1	1	16	11	2	13	3	3	3	3
	中药材	4	4	4	110	22	43	65	—	—	—	45
	合计	15	20	27	456	177	167	344	49	49	49	112
花木类		26	46	79	92	70	22	92	—	—	—	
用材林、生态林		18	35	92	158	29	126	155	—	—	—	3
杉木		1	1	1	1272	—	—	—	—	—	—	—
总计		60	102	199	1978	276	315	591	49	49	49	115

说明:1. 经济林品种包含品种、无性系、种源;2. 花木类品种包含种、变种、品种;3. 用材林、生态林品种包含种、变种、种源、无性系。4. 杉木类品牌为龙泉和庆元两个杉木良种基地收集的资源

经济林木种质资源

用材林、生态林树种　2010 年,丽水现存用材林、生态林树种种质主要是杉木、高山树种和速生工业原料林树种。树种有杉科、松科、柏科、杉科及枫香、南酸枣、杨树、柳树、翅荚木、桉树、闽粤栲、

复叶槭、中国台湾桤木、东京野茉莉、连香树、天竺桂、青花椒等。其中杉木收集种源78个、无性系1194个。如龙泉市良种基地有杉木种源39个、无性系697个；庆元县良种基地有杉木种源39个、无性系497个。高山树种收集保存高山树种101种，隶属18科37属，绝大多数保存在景宁畲族自治县林场草鱼塘、遂昌县白马山林场、莲都区峰源林场、丽水市实验林场保存少量。枫香收集种源20个，其中，从外省引进种源11个、省内引进种源8个、丽水市种源1个，保存在龙泉市林科所林木良种基地。南酸枣收集种源26个，其中，从外省引进种源20个、省内引进种源4个、丽水市种源2个，保存在龙泉市林科所林木良种基地。杨树收集无性系10个。2003年，从浙江林学院引进由江苏林科院选育的A65/27、A65/31、A61/186、S7C3、102/74、T120、S371、35/66等品种9个，营造试验林13.33公顷，保存在丽水市林科所试验基地。2004年，从四川林科院引进中山青杨，营造试验林1.33公顷。柳树收集无性系4个。2004年，从四川林科院引进阿根廷柳，营造试验林3.33公顷。2005年，从江苏引进苏柳172、795、799等品种3个，营造试验林各0.33公顷，保存在丽水市林科所试验基地。翅荚木收集种源10个。2003年，从贵州、广东、广西、湖南引进，营造试验林1.33公顷，保存在丽水市林科所试验基地。桉树收集品种4个。2003年，从云南林科院引进史密斯桉、直干桉，营造试验林0.53公顷。2004年，从福建、台州引进赤桉、邓恩桉，营造试验林0.53公顷；保存在丽水市林科所试验基地。其他还收集有闽粤栲、复叶槭、中国台湾桤木、东京野茉莉、连香树、天竺桂、青花椒等。

干水果　截至2010年，丽水市收集保存干水果种质330个。其中从外省引进品种122个，省内引进的品种144个，丽水市的农家品种46个、优树(无性系)18个。隶属10科15属22种，以科为单位分析，品种数量最多的是蔷薇科，有5属8种121个品种，其中外省引进33个，省内引进79个，丽水市的农家品种9个；其次是芸香科，有品种、优树2属5种50个，其中外省引进22个，省内引进15个，丽水市的农家品种8个、优树5个；第三是柿树科，有品种1属1种45个，其中外省引进28个，省内引进2个，丽水市的农家品种15个。

2010年丽水市干水果人工种质资源一览

表13-1-4-2　　单位：个

科名	属数	种数	品种数	引进品种数			农家品种数量		
				浙江省	外省	计	浙江省	外省	计
银杏科	1	1	2	—	2	2	—	—	—
葡萄科	1	1	29	19	10	29	—	—	—
蔷薇科	5	8	121	79	33	112	9	—	9
杨梅科	1	1	19	15	—	15	4	—	4
鼠李科	1	1	5	3	2	5	—	—	—
芸香科	2	5	50	15	22	37	8	5	13
猕猴桃科	1	1	7	3	3	6	1	-	1
壳斗科	1	2	41	8	11	19	9	13	22
柿树科	1	1	45	2	28	30	15	—	15
石榴科	1	1	11	—	11	11	—	—	—
合计	15	22	330	144	122	266	46	18	64

中药材　2010年，丽水市现收集保存厚朴、雷公藤、肿节风、鱼腥草等树种4个、种质110个。其中，从外省引进的种源43个，省内引进的种源22个，丽水市的种源19个、优树26个。

2010年丽水市中药材人工种质资源一览

表13-1-4-3

科名	属数	种数	品种数	引进品种数			农家品种数量		
				浙江省	外省	计	农家品种	优树	种源
木兰科	1	1	39	1	9	10	29	—	26
雷公藤	1	1	28	9	11	20	8	—	—
鱼腥草	1	1	22	5	12	17	5	—	—
肿节风	1	1	21	7	11	18	3	—	—
合　计	4	4	110	22	43	65	45	—	26

花木类　2010年，丽水市收集种质92个。其中外省引进70个，省内引进22个，隶属26科46属79种。以科为单位分析，品种数量最多是柏科，有6属19种，其中外省引进5个，省内引进14个；其次是蔷薇科，有品种6属9种16个，都是省内引进；第三是木兰科，有3属10种，其中外省引进6个，省内引进4个。

油料植物　20世纪70年代，丽水地区开展油橄榄引种试验，几年中只有一年开花结果，油橄榄在丽水能正常生长，不能正常开花结果。21世纪后，丽水市开始引种油茶良种，从亚林所实验中心引进由江西选育出的长油1号、3号、4号、5号、7号、8号、9号、11号、14号、18号等无性系10个，从湖南引进薄壳香油茶和湘油9639号无性系。另外收集嫦娥彩、粉红彩、五色茶花等农家品种3个。

第二章　林业生产

历史上，丽水林农就有林木抚育习惯。唐代，处州开始点桐插杉造林。北宋时期(960—1127)，遂昌县出现用杉木根部萌条扦插造林。明清时期(1368—1911)，遂昌县、龙泉县开始盛行“插杉点桐”。丽水竹子栽培历史悠久，地处中亚热带，是散生竹生态分布中心区域。清乾隆《龙泉县志》有毛竹生产记载。民国时期(1912—1949)，丽水农民自采自育自用大部分林木种苗，在集市出售极为少数。同期，丽水县建立省立苗圃，各县也相继成立县立苗圃，成为农民造林的主要苗源。丽水人工造林有一定的规模。民国6—38年，遂昌县造林6.97万公顷；民国1—38年，龙泉县保存杉木、毛竹、油茶、油桐等人工林6.67万公顷。

1950年开始，丽水专区各县落实营林“自采种、自育苗、自造林”方针，开展大规模的农村山林绿化造林和封山育林行动，形成集体、群众、国营场圃采种育苗三足鼎立格局。20世纪50年代，丽水各县竹产区大力推广奉化县石门大毛竹丰产培育技术和安吉县双一农业合作社毛竹增产“八字经验”。20世纪50年代中后期到20世纪60年代，各县大力发展油茶林。1958年始，各县“大炼钢铁”，林木遭受严重损失。1966—1976年，丽水营林生产基本处于停滞徘徊状态。1967年，丽水开始飞播造林。20世纪70年代开始，丽水地区实施主要竹产区毛竹商品基地建设。

20世纪80年代，丽水地区适应市场经济需求，推行专用竹林的经营方式，采种主体由社队集体、群众转变为专业户采种为主，育苗逐渐向专业化方向发展，出现毛竹笋用林、毛竹材用林、毛竹笋竹两用林、菜竹笋用林、杂竹笋竹两用林、笋干竹林等。同期，丽水地区开始大规模发展基地造林，包括杉木基地，油茶、油桐基地和毛竹基地。1989年始，丽水地区实行统一采种、良种育苗制度；育苗树种由杉、松为主向多品种、多规格、多色调、多品位的多元化发展；珍稀树种和城市绿化苗木的比例大幅提高。20世纪90年代，丽水地区开展工程造林，包括世界银行贷款造林、“名特优”工程造林等项目和灭荒造林工程。1967—1990年，丽水地区飞播造林54131.34公顷。21世纪后，丽水市竹林培育向优质、高效、产业化方向发展。到2010年，丽水市市竹产业产值74305万元，其中毛竹产值43502万元、鲜笋产值30803万元。

第一节 种 苗

民国之前，处属各县少林木采种、育苗记载。民国4年(1915)，民国浙江省政府提倡造林，各县陆续建立起育苗场圃，开始繁殖培育各类苗木，其中遂昌县农会植物园内设有森林苗圃，培育油茶、油桐苗并搜集少量其他珍稀树木种子育苗。民国12年，省第四苗圃育苗1.34公顷，产苗521350株。处属各地苗圃育苗工作进行断断续续。

采 种

中华人民共和国成立前，各县采用杉木插条或萌芽更新、松木飞籽成林、阔叶树萌芽繁殖，经济林“三籽”以留种直播为主，采种数量较少。

20世纪50—80年代初，境内正常年份每年采集马尾松种子1万—1.5万千克，黄山松0.2万—0.3万千克，杉木2万—2.5万千克，柳杉0.1万—0.2万千克，木荷、红豆树、枫扬、香樟等500—1000千克。

1956年，各县执行“自采种、自育苗、自造林”的方针，发动群众采种，以针叶树为主，重点是杉木、柳杉、马尾松、黄山松；其次是油茶、油桐、乌桕、板栗、柿等；松类种籽处理方法用“脱脂法”，杉类、阔叶树种籽处理方法一般翻晒取籽。1970年后，少数种籽处理方法用球果烘干机或摇种法取籽，经济林种籽在采果时选留。

1970年始，丽水地区建设良种基地，各县建成杉木良种基地28处、168.6公顷；母树林202.2公顷，采穗园12.2公顷，良种实验林79.3公顷。1971年，丽水地区采种量26.19万千克。同年，丽水地区开展飞播造林，发动群众大量采集马尾松、黄山松种子，其中龙泉县采松树球果175万千克，为各县最多。

1975年，丽水地区开展林木良种选育工作。1975—1988年，丽水地区选育杉木优树284株，复查合格178株。经10年子代测定，筛选出优良家系丽55、丽13、龙15、龙28等品种20多个。同年，丽水地区还开展柳杉、马尾松、黄山松、油茶、油桐、乌桕等选优工作。1976年，丽水地区开展良种与普通种育苗造林对比试验。1977年，丽水地区杉木采种9.76万千克。

1982年是中华人民共和国成立后丽水采种数量最多的一年，丽水地区采集杉木种籽4万多千克，其中自用1万千克，外调3万千克。1983年，龙泉县林科所、庆元县林场种子园产量分别为764.1千克和880千克。1984年，丽水地区林木种籽冷库建成，容积471.6立方米，容量11万千克。后丽水地区松、杉种杆冷藏，能杀死病菌，增强抗病力，提高发芽率4.6%，消除气象因子对种籽质量的不良影响。1989年，丽水地区采集马尾松籽11245千克，黄山松籽3600千克，杉木种籽4753千克。1990年开始，丽水地区群众性大量的林木采种从此结束，对马尾松、黄山松、黑松及杉木等树种不发动群众自采种，所需种子由省厅种苗站提供，群众只采集一些乡土树种、绿化树种和经济林砧木种子供育苗之用。1956—1990年，丽水地区采集林木种籽37.37万千克。

2000年，丽水市采集杉木种子园种籽2420千克，采集杜英、木荷、青冈等阔叶树种籽1060千克。2010年，丽水市采集杉木种子园种籽4550千克，采集砧木用油茶、榧树种籽6230千克，采集红豆树、青冈类、苦槠、山玉兰、刨花楠等乡土珍贵、绿化树种种籽1370千克。

育　苗

民国5年(1916)，丽水县建成小校场苗圃，培育桑苗。民国12年，省立第四苗圃培育马尾松、乌桕、白杨等树苗。民国17年，各县建成苗圃，育苗6.47公顷。同年，丽水县富岭乡等地农民培育马尾松苗，少数上市出售。

1950年，各县育苗3.7公顷，其中国营苗圃3.3公顷，农民育苗0.4公顷。1953年，各县育苗14.9公顷，其中国营苗圃5.3公顷，农民育苗9.6公顷。1954年.丽水林场杉木人工育苗试验成功，苗床育苗0.1公顷，亩产杉木苗32万株。

1955年，各县杉木苗床育苗2.7公顷，其中0.7公顷平均亩产33万株；杉苗高20厘米，粗0.08厘米，获林业部嘉奖。1956年2月，林业部推广丽水林场杉木人工育苗经验。

1955年，各县育苗21.1公顷，其中缙云县城北乡白峰湖村农民培育杉苗0.3公顷，产苗100万株。1957年，各县建立民办苗圃多处，育苗34公顷。1960年，各县育苗367.4公顷。1961年后，各县民办苗圃开始减少。1962年，各县育苗22.2公顷。1970年，各县育苗开始增多，回升到80.4公顷。

1972年始，丽水地区贯彻“当地造林，当地育苗”的原则。20世纪70年代末，丽水地区调整山地育苗为良田育苗措施，改高山苗圃为平地、丘陵苗圃，改春播育苗为冬播育苗，改分散育苗为成片育苗，改荫棚遮荫为种蓖麻遮荫。

1978年，丽水地区苗地试用化学除草剂。1984年，丽水地区苗地试用氟乐灵化学除草成功。1987年，丽水地区通过省级鉴定，获省人民政府四等奖。1978—1989年，丽水地区苗圃使用化学除草剂面积473.5公顷，占育苗面积80.9%，节约劳动力39.15万人。

1980年始，丽水地区建立骨干苗圃，规定凡用农田或坡度15度以下粮地育苗、面积0.2公顷以上者，每公顷补贴粮食3750千克，各县予以不同程度的经济补助。同年，遂昌县获林业部颁发“南方集体育苗先进县”称号。1982 年，省林业厅实施村民育苗经济补偿制度，规定对 0.3 公顷以上育苗基地，每公顷补助原粮 3750 千克，人民币 100 元。1987 年，丽水地区骨干苗圃 49 处，其中 6.7 公顷以上育苗专业村 1 个，2—6.7 公顷育苗专业村 5 个，0.7—2 公顷苗圃 13 处，0.3—0.5 公顷苗圃 30 处。

1989 年，丽水市执行浙江省政府“两年准备，五年消灭荒山，十年绿化浙江”目标，加大育苗力度，开始增加国营育苗单位。1990 年，丽水地区国营育苗单位 13 个，其中林场 11 个，苗圃 2 个；苗地面积 8.3 公顷的集体或个体骨干苗圃近 500 处，苗地面积 131.7 公顷。1950—1990 年，丽水地区育苗 0.4 万公顷。

2000 年后，浙江省提出“建万里绿色通道、创千亿林业产值、造浙江秀美山川”，丽水市提出“生态立市、绿色兴市”作为发展战略，种苗花卉产业被列入丽水市九大农业支柱产业之一，绿色通道工程、长江防护林工程、沿海防护林工程、阔叶林发展工程、三沿景观林工程等生态建设和“兴林富民”工程等林业项目不断推进，境内造林面积每年 1 万—1.3 万公顷，年需苗量 2000—3000 万株。各县（市、区）推行“订单育苗”和指导性育苗计划。松阳、遂昌县林业局按照“当地育苗，当地造林”的原则落实育苗订单，实行用苗通知单、调拨单、出圃验收单、运输单和种苗标签的“四单一签”制度，到田头地块开展苗木质量验收的制度。同年，丽水市育苗面积 67 公顷。

2001—2004 年，丽水市本级生态经济树种良种基地、遂昌花卉场、缙云森怡种业、云和县浙西南果树良种繁育基地入选浙江省骨干苗木基地，龙泉林科所珍稀苗木基地被评为第一批“全国特色种苗基地”，景宁畲族自治县营林公司厚朴苗木基地、云和县浙西南果树良种繁育基地、庆元县浙南花木园种苗生产基地被评为第二批“全国特色种苗基地”，开发成功山杜英、乐东拟单性木兰、细柄阿丁枫、深山含笑、中国香港地区秀丽四照花等乡土珍稀观赏树种苗木品种，以及青田优质杨梅、翡翠柚、处州早红柚、无籽瓯柑、云和雪梨、松阳脐橙、中晚熟桃、景宁中药材等特色经济林种苗。其中，红晶李、翡翠柚、无籽瓯柑、处州早红柚等特色经济林品种通过国家级和省级良种审定或认定。2004 年，丽水市苗圃 401 处，其中国有苗圃 18 处、集体苗圃 3 处、私营及个体苗圃 380 处；主要培育木兰科（深山含笑、乐东拟单性木兰、乐昌含笑、乳源木莲等）、杜英、香樟、厚朴、马褂木、南方红豆杉、桂花、南酸枣等树种，育苗 1209 公顷，产苗 1.28 亿株，苗地产值 1.8 亿元。

2007 年，丽水市新培育苗地面积 113 公顷，其中用于浙江省林业重点工程容器苗 196 万株，营养袋容器苗 92.5 万株，无纺布轻基质容器苗 81 万株，营养杯容器苗 22.5 万株。2008 年，丽水市培育容器苗 956.3 万株。2008 年，省林业厅开展“千万珍贵树木发展行动”，由省种苗站委托调控苗圃培育珍贵树种容器苗无偿赠送各地造林。同年，丽水市培育无纺布网袋轻基质（俗称“香肠段”）容器苗 956.3 万株，其中列入省调控苗圃的龙泉林科所、庆元营林公司珍贵树种容器育苗 111.2 万株。2009 年，丽水市加大对油茶产业支持力度，大面积推广营造良种油茶基地，加强油茶采穗圃、良种繁育基地的建设和管理。同年，丽水市经省种苗站认定油茶良种繁育基地 7 处，面积 12 公顷。市、县两级做好油茶种苗生产和调剂，努力促进油茶种苗生产供应的品种良种化、育苗容器化、质量标准化、保障订单化，提高全市油茶技术管理和育苗质量水平。

2010 年，省林业厅把林业重点工程中使用容器苗比例提高到 70% 以上后，丽水市容器育苗加快发展。同年，丽水市育苗面积 1119.2 公顷，其中新育苗面积 170.6 公顷，产苗 15211.3 万株；容器苗 3203.1 万株，良种苗 7122.8 万株，主要培育油茶、光皮桦、红豆杉、红豆树、黄檀、浙江楠、闽楠、紫楠、刨花楠等树种。

第二节　造　林

1949年5月丽水解放后，丽水人工造林规模呈波浪式起伏，质量呈螺旋形逐渐向上。20世纪50年代，各县造林规模逐年扩大，造林12.98万公顷，四旁植树309万株。20世纪60年代初期，各县造林规模缩小。1963年，各县造林规模恢复发展。1967年，各县造林陷入停滞阶段，造林面积仅15.6万公顷，四旁植树361万株。1970年开始，丽水地区重新重视基地造林，再掀造林高潮。20世纪70年代，丽水地区人工造林22.01万公顷，更新造林0.68万公顷，四旁植树1093万株。1980年开始，丽水地区荒山造林规模逐年缩小，城镇绿化造林逐年增加。20世纪80年代，丽水地区人工造林12.68万公顷，更新造林0.54万公顷，四旁植树1780万株。1994年，丽水地区基本消灭荒山，进入巩固造林成果和林种结构优化阶段。20世纪90年代，丽水地区人工造林6.44万公顷，更新造林5.07万公顷，四旁植树2975万株。21世纪，丽水市林业结束长期以来以木材生产为主的经营模式，进入以建设生态林为主时期。2000—2010年，丽水市人工造林2.45万公顷，更新造林4.2万公顷，四旁植树3318万株。1950—2010年，丽水市人工造林75.76万公顷，更新造林10.48万公顷，四旁植树9837万株。

人工造林

民国5年(1916)，丽水知事陈赞唐购苗10万株，栽种琵琶圩、西山背等地。民国17年，各县栽种中山林面积24.3公顷。民国18年，各县造林面积1158.5公顷，其中中山林25.1公顷。民国19年，各县造林面积2197.4公顷，其中中山林25.8公顷。

1950年春，各县开展城镇街道、公共场所、庭院宅基地和农村“四旁”(村、路、宅、水旁)绿化工作，植树1.1万株。1952年，各县实行“民造公助，谁造谁有”的政策，采取“择伐为主、少数小片皆伐和迹地更新”措施。后逐步实行轮番种植，烧山后两年种粮，第三年插杉点桐还林。1953年，各县造林面积0.7万公顷。1956年，实行农业生产合作社，各县集体造林面积2.1万公顷。1958年，各县造林面积2.3万公顷。1960年2月，景宁林业总场王木坑林区生产队长林业贵获林业部奖状。1961年，各县造林面积下降至0.4万公顷。1970年始，丽水地区贯彻毛泽东主席“浙江要发展66.66多万公顷油茶”的指示精神，开展以油茶为重点的造林工作。1970—1972年，丽水地区造林面积10.2万公顷，其中油茶4.4万公顷。据1976年丽水地区造林保存面积调查，1950—1976年，各县造林面积46.3万公顷，保存面积9.7万公顷，保存率20.97%，年均保存0.4万公顷。

1986年，丽水市(县级)计划造林800公顷。1984—1986年，丽水地区实际完成造林2239.8公顷，封山育林9446公顷，其中瓯江防护林44.6公顷，四旁植树65万株，涌现一批林业专业户。1950—1990年，丽水地区造林面积69万公顷，其中用材林42.4万公顷，经济林17.6万公顷，毛竹1.6万公顷。1994年，丽水地区人工造林计划7333.33公顷，确保丽水市(县级)、云和县、青田县提前一年消灭宜林荒山，其余6个县(市)“灭荒”后探索采伐迹地更新和森林资源管理新课题。1996年，丽水市(县级)完成更新造林1072.8公顷，完成年度计划的229.2%，其中用材林174.73公顷，占造林总数的16.3%；经济林898.07公顷，占造林总数的83.7%；124.33公顷火烧迹地全部还林，避免荒山再现。

1996—2000年，“九五”期间，丽水地区加大竹林、经济林、工业原料林造林比重，从单一以用材林为主，转向多林种、多树种造林。2000年，丽水市造林更新面积11406公顷，其中造林4015公顷，迹地更新3977公顷，低产林改造3414公顷。2001—2005年，丽水市完成造林更新面积4.19万公顷，九县（市、区）绿化主要指标都达到《浙江省县绿化标准》，顺利通过省级核查，如期完成绿化达标任务。

2010年，丽水市造林更新面积15773公顷，其中造林1303公顷，迹地更新4419公顷，低产林改造10051公顷。

合作造林

20世纪50年代初，各县出现合作造林。1951年，丽水林场与丽水县太平区仙渡乡、芦南乡合作造林，由丽水林场出苗木，两乡村民出劳力，收益按3:7分成。1963年，政府投资20万元，与云和县大均、标溪、毛垟、澄照、梧桐、沙湾、莲川、沙铺、大垮、云丰等乡合作造林，面积0.3万公顷。1976年，丽水地区合作造林下放给生产大队。1973年冬，龙泉县八都林业站租借乡、村山地进行造林。1977年后，随着林业双层经营体制的建立，出现乡村联合造林、村户联合造林、联户合作造林等形式。庆元县、龙泉县、遂昌县和景宁县推行国营单位与集体合作造林制度，主要采取两种形式，一是国营林场、营林公司、林业站、木材公司提供资金、技术，乡村提供山地进行合作造林，收益主要归国家；二是国营单位提供资金投资，乡村提供山地和劳力，进行合作造林，收益主要归乡村。1972—1995年，丽水地区合作造林面积2.6万公顷。

基地造林

1972年，丽水地区开展以杉木为主的用材林基地建设，以乡村林场为主，连片造林面积33.3公顷以上，政府每亩补助6元（毛竹10元）、粮食17.5千克、化肥5千克。1972—1980年，丽水地区基地造林面积6.5万公顷，其中用材林5000公顷，经济林1133公顷。1979—1981年，据丽水地区136个乡普查，丽水地区基地造林保存率72.6%，其中生长好的一二类林65.6%，三类林34.4%；由于硬性要求33.3公顷一片，导致部分基地造林质量较差。

1981年，龙泉、庆元、遂昌、松阳、云和、丽水6个县117个乡基地造林质量检查符合标准，被省林业厅划定为重点用材林基地建设乡，获基地造林补助，每亩获政府无偿补助资金15元。1984年，浙江省政府取消基地造林补助，龙泉、庆元等县实行基地造林补息贷款，每公顷20—30元。同年，丽水地区抽查乡30个，基地造林232片，平均合格率79.8%。

1985年，丽水地区开始建设商品材基地和速生丰产林基地。龙泉县、庆元县、遂昌县、松阳县、云和县、景宁畲族自治县被列为林业部“七五”计划速生丰产林建设重点县，规划速生丰产林基地5.4万公顷，其中新造基地林3.3万公顷，幼林培育2.1万公顷。有偿补助龙泉县、庆元县、遂昌县、松阳县、景宁畲族自治县速生丰产林基地每亩50—65元，商品材基地每亩有偿补助20—35元；无偿补助丽水、云和、缙云县基地造林每亩10—15元。1986年。林业部华东设计院检查龙泉县速生丰产林160公顷，合格率96%。1987年，检查龙泉县商品材基地，合格率87%。1990年，丽水地区速生丰产林、商品材基地检查，平均合格率94.7%，居全省之首。1972—1990年，丽水地区基地造林17.6万公顷，其中用材林15.6万公顷、经济林1.7万公顷、竹林0.3万公顷。1988年，省林业厅授予丽水地区县级基地造林达标第一奖杯。1989年后，地区开展基地造林和速生丰产林竞赛，庆元县营林公司实验林场一年生幼林平均高 85.5 厘米，竹口林业站当年幼林平均高 108.1 厘米。

飞播造林

20 世纪 60 年后期，丽水开展飞机造林。1967 年，缙云县对交通不便、人口稀少、人工造林困难的山地，实行飞机播种工作，播种马尾松、黄山松 0.2 万公顷，占造林面积 10%。1972 年，丽水地区飞机播种造林 1.69 万公顷，占造林面积 36.7%。1967—1990 年，丽水地区飞机播种造林 55 次，造林 5.41 万公顷，其中青田县 3.93 万公顷，保存率 64%，居全省首位。1986 年，青田县林业局被林业部评为全国飞机播种造林先进单位。

若干年份丽水地域飞播造林情况一览

表 13-2-2-1　　　　单位：公顷

年份	飞播次数	青田	景宁	缙云	遂昌	松阳	龙泉	庆元	合计
1967	1	—	—	2000.00	—	—	—	—	2000.00
1972	2	4813.33	1400.00	—	—	1200.00	920.00	8613.34	16946.67
1973	3	16593.33	—	—	651.33	—	—	—	17244.66
1980	4	4613.33	—	—	—	—	—	—	4613.33
1983	5	2333.33	—	—	—	—	—	—	2333.33
1984	6	2360.00	—	—	—	—	—	—	2360.00
1986	7	2466.67	—	—	—	—	—	—	2466.67
1987	8	1406.67	—	—	—	—	—	—	1406.67
1989	9	1380.00	—	—	—	—	—	—	1380.00
1990	10	3380.00	—	—	—	—	—	—	3380.00
合计	55	39346.66	1400.00	2000.00	651.33	1200.00	920.00	8613.34	54131.33

说明：遂昌县飞播地点在里高公社 5 个大队；松阳县飞播地点在樟溪、斋坦

第三节　育　林

历史上，丽水林农对油茶、毛竹、用材林等树种的抚育，最主要的方式为封山育林。山区群众用松土、施肥、打枝、间伐、套耕套种等方式抚育幼林。1996—2000 年，丽水市封山育林 30.98 万公顷，四旁植树 1761.5 万株，林木抚育 35.01 万公顷。2000 年，丽水市封山育林面积 226856 公顷。2006—2010 年，丽水市封山育林面积 31.5 万公顷。2010 年，丽水市完成更新造林 1.02 万公顷，约占全省面积 30%；完成高效林业基地建设 0.95 万公顷，封山育林 0.65 万公顷、林木抚育 2.09 万公顷，林木更新苗 34.3 万公顷，四旁植树 280.8 万株，超额完成国土绿化任务。2010 年，丽水市参加全民义务植树 146.5 万人，新建义务植树基地 106 个，总植株 547.3 万株；平原区域林木覆盖率 21.7%，城市建成区绿化覆盖率从 32%提高到 40.39%，绿地率从 28.3%提高到 35.84%，人均公共绿地面积从 6.09 平方米，提高至 10.36 平方米。

生态公益林

1999年开始，丽水地区试点公益林建设。2000年，丽水市全面开展公益林建设。2001年9月，丽水市政府成立林业分类经营工作领导小组，办公室设市林业局。落实《浙江省森林分类经营区划界定操作细则(试行)》，各县(市、区)开展森林分类区划界定，采用生态重要性等级和生态脆弱性等级两个指标，将林业用地划分为生态公益林地和商品林地。2002年1月，开展各县(市、区)森林分类区划界定成果评审验收，并通过省级评审验收。2003年、2004年和2007年，进行生态公益林区划界定调整3次，丽水市区划界定生态公益林面积523160公顷，其中国家级生态公益林241713.33公顷，省级生态公益林244686.67公顷，市、县级生态公益林36753.33公顷。2005年，执行国家森林生态效益补偿制度，省级以上生态公益林每亩每年发放补偿金8元。后补偿标准逐年提高，到2010年，每亩提高到17元。2008年，国务院、省政府审定批准丽水市国家级公益林208986.67公顷、省级公益林202793.33公顷。2009年10月，丽水市生态公益林管理总站成立，与市林业技术推广总站(竹产业发展中心)合署办公，负责指导全市重点公益林建设、管护工作。庆元县、遂昌县、莲都区、景宁畲族自治县、松阳县也设立公益林专门管理机构。2010年，浙江省加强钱塘江、瓯江、太湖等主要流域源头地区生态保护，建设“森林浙江”，批准丽水市增加省级生态公益林363773.33公顷。丽水市重点公益林775553.33公顷，其中国家级208986.67公顷、省级566566.67公顷。

生态景观林

2006年，丽水市开始建设市区生态景观林，涉及丽水开发区、九龙国家湿地公园、市白云山林场、区林场，以及紫金、万象、岩泉、白云、富岭、水阁等街道6个行政村(林区)115个，面积30243.07公顷，分城区景观林和瓯江景观带两个区域。

丽水城区生态景观林按“一江、一环、双城、二廊、三山、三沿、四园、五线、六区、八大工程、多片、多点、百村绿化”①结构分布。面积25048.53公顷。2006—2010年，开展金丽温、丽龙高速公路、330

① 一江，指瓯江及其支流沿岸绿化带。瓯江市区段景观长廊自玉溪水电站大坝，至开潭水电站大坝止，长40多千米，包括松阴溪、宣平溪、小安溪和好溪沿岸绿化带。

一环，指围绕丽水城区第一道山脊线内的生态绿色屏障。

双城，指以瓯江为轴的南、北“双城”市区的绿化。

二廊，指沿330国道，50、53省道公路沿线的绿化。

三山，指白云山省级森林公园、南明山省级风景区、万象山公园范围的生态景观林。

三沿，指沿江、沿路、沿城生态景观林。

四园，指路湾晋樟园、九龙国家湿地公园、七百秧城市森林公园、丽水市绿博园“名人名树苑”。

五线，指过境公路(金丽温、丽龙高速公路、330国道)、铁路(金丽温铁路、衢丽温铁路)沿线两侧第一道山脊线内的生态绿色通道。

六区，指城北生态屏障区、城东生态经济林区、联城特色经济林区、宣平港水源涵养林区、城中绿心区、大梁山生态屏障区。

八大工程，指环城生态绿屏景观工程(位于丽水城区以工业为重点的南城)、生态风景林工程(白云山森林公园、南明山风景区、三岩寺风景区)、江河水系生态景观带工程(瓯江、好溪、宣平溪的开潭春莲、花海松涛、丽沙艳夏、双溪英红、玉溪晚风)、生态绿色通道工程(金丽温高速公路、丽龙高速公路、330国道公路、金丽温铁路、衢丽温铁路的百果迎宾、红豆松影、水阁染秋)、路湾古樟保护工程、金丽温高速公路城区西入口处裸岩喷坡复绿工程、城区西大门溪口废弃采石场复绿工程、九龙国家湿地植被修复保护工程(一期)及其他工程。

多片，指沿线的农田片、乡村集镇区片、沿线两侧第一道山脊线内的山林片等。

多点，指村庄、岛屿、公园、旅游风景点等景观视线交融处，人流车流集中处的绿化景观。

百村，2008年始，开始实施百村绿化。

2010年丽水市重点公益林按生态区位分布汇总情况一览

表 13-2-3-1　　单位：公顷

区域	面积	国家公益林按区位划分							省级公益林按区位划分												
		国家级面积	江河源头	江河两岸	国家级自然保护区	湿地和水库	国防林	国家级其他	省级面积	省级自然保护区	下山移民区	城镇周边	河流源头及两岸	干线两侧	36度以上生态脆弱区	1000万平方米以上水库湖泊	饮用水源保护地	森林公园、风景名胜区	自然、人文遗产地	连片阔叶或针阔混交林	省级其他
丽水市	775553	220542	3732	47913	30986	108011	5892	24008	554403	5005	23599	17655	111050.87	31704	8490	20986	178282	17933	1055	125934	12710
2009年扩面前	47913	30986	108011	5892	24009	190629	4406	—	955	111051	13208	8490	4102	19770	17933	1055	4191	5459	47913	30986	108011
2010年扩面部分	363773	—	—	—	—	—	—	—	363773	599	23599	16700	—	18496	—	16883	158502	—	—	121743	7251

国道生态绿色通道工程建设，白云山森林公园、南明山风景区、三岩寺风景区生态风景林工程建设，环城生态绿屏景观工程等面上生态景观林建设。至2010年，丽水城区和莲都区建成市级以上绿化示范村75个，区级绿化示范村13个。

瓯江景观带面积5194.53公顷。2006—2010年，完成生态景观改造1237.87公顷，交通干道绿化64千米，建成生物防火林带64千米，堤岸防护林98千米，山地景观节点5个，道路景观节点8个，滨河景观节点15个。

生态绿色长廊

民国23年（1934），缙丽、丽温、丽浦、遂松公路陆续竣工通车。民国24年春，由养路部门负责种植行道树，在公路两旁栽种杨柳、梧桐、楝树、枫树、水杉等树种，以达到“道路林荫化”。民国26年，丽浦线种植柳树、杨树、桐树28299株，丽长路种植栗树、松树、杨树、枫树11330株。民国28年，省公路局及运输公司与丽水合办公路行道树苗圃，民国30年，因日本侵略军侵扰停办苗圃。民国36年，省政府要求绿化省道干支线1477千米，并责成省农业改进所与公路局重新订立合约合作培育苗木，在丽水建苗圃一处，于次年开始供应绿化用苗。

1949年10月，中华人民共和国成立，公路绿化主要由各养路段及公路公司负责。1953年，丽水、松阳、云和、缙云等县人民政府发动金丽、龙南、丽浦等路沿线机关干部、学校师生及群众植行道树。松阳县2533人参加，种植行道树14802株，栽植里程62.5千米。1955年，公路部门拨款1400元，由遂昌新路湾工区组织道工，在龙南线植树4400株。次年，当地政府发动沿线群众，由各乡乡长负责，植树26433株。1957年，公路部门补植12000株。1958年，由公路部门供应部分树苗，地方政府发动沿线群众植树。1963年，丽温公路丽水境内有37.6千米绿树成荫。1971年，浙江省委在丽水召开山区工作会议，对公路绿化政策作出具体规定，公路分段包给附近社队造林，收益归社队；专业养护部门与社队合作造林，收益按比例分成；专业养护部门自己造林，收益归国家。

1979年，丽水干线公路绿化里程210千米，占全部干线里程的24%，行道树16万株，支线公路也植树1.7万株。1980年10月，地区公路总段在丽水上岗背建立公路苗圃。1991年，实施公路标准化、美化工程，在公路两旁及中间隔离带栽种冬青、香樟、广玉兰、桧柏、红枫、紫薇、棕榈等乔木，夹竹桃、四季桂、茶花、茶梅、杜鹃、龙柏球等花灌木。在泥石护坡、边坡上栽种香根草，在山岩下、边沟外普栽爬山虎，既能披绿又能防止小块砾石坠落，减少事故发生。1998年，丽水地区执行《浙江省公路绿化办法》《浙江省公路绿化设计标准》，在新建、改建的国、省道干线公路和主要县道公路宜林路段两侧，征用1.5米绿化植树带，与工程同步设计、同步实施绿化。1999年，地区交通、林业部门联合实施千里绿色长廊形象工程。

截至2002年，丽水市绿色长廊建设总里程2509千米，其中铁路131.8千米，主河道448.6千米，公路1928千米。2003年，省交通厅下达给丽水市2003—2007年“公路绿色通道工程建设”计划1362.78千米，其中高速公路43.1千米、国省道476.68千米、县乡道843千米。2004年3月，市政府成立领导小组，印发《丽水市公路绿色通道工程建设实施意见》，开展丽水市公路绿化现状调查，编制《丽水市公路绿色通道工程建设五年规划》，制定详细年度工作方案，组织实施。2004年3月8日，在莲都区联城镇风鸣村举行“金丽高速公路绿色通道工程建设启动仪式”。2007年，丽水市完成公路绿色通道工程建设 1715.51 千米，完成省计划的 125.88%。其中高速公路 43.1 千米，国道公路 56.14 千米，省道公路 485.27 千米，县乡道公路 1131 千米。种植乔灌木 59.8 万株，藤本 23 万株，新建花坛 2.4 万平方米，种植香根草 45 万平方米，投入 4000 多万元。提前超额完成省定任务。

2010 年，丽水市美化丽水城区西出入口，是金丽温高速公路出入口，丽浦公路、龙丽公路进入市区的主入口，投资 600 万元，建设标准为 30—100 米，范围是公路两边第一层坡面的山地，根据不同位置设计“流霞飞彩”“岩嶂叠翠”“层林尽染“山花烂漫”等主题，配置深山含笑、红花木莲、香港秀丽四照花、香樟、香花槐、合欢、马褂木、黄山栾树、紫薇、杜英、木荷、刨花楠、秀丽槭、无患子、枫香等珍贵树种，公路的裸露岩体得到有效保护，两侧山体得到全面绿化和美化。

2003—2007 年丽水市公路绿色通道工程建设完成情况一览

表 13-2-2-2

年份	公路等级	项目名称		计划数（千米）	实施里程（千米）	完成率（%）	质量等级
		线路名称	路段、桩号				
2003	国道公路	330 国道	—	7.00	7.00	100.00	合格
	省道公路	青岱线	—	10.00	10.00	100.00	合格
	县乡公路	—	—	143.00	173.00	120.98	合格
	小计	—	—	160.00	190.00	118.75	—
2004	高速公路	金丽温高速公路	缙云段 61k—81k	11.10	11.10	100.00	优良
			莲都段 81k—113k	32.00	32.00	100.00	合格
	国道公路	330 国道（复线）	缙云段	7.10	7.10	100.00	合格
			莲都段	17.90	17.90	100.00	合格
	省道公路	丽龙一级公路	云和段 30k—50k	7.50	7.50	100.00	优良
		53 省道丽浦线	云和段 68k—88k	19.33	19.33	100.00	合格
			龙泉段 155k—168k	11.00	11.00	100.00	优良
			龙泉段 147k—155k	6.66	6.66	100.00	合格
		54 省道龙后线	龙泉段 24k—39k	8.00	8.00	100.00	合格
		52 省道云寿线	景宁段 18k—64k	45.85	45.85	100.00	优良
		50 省道龙丽线	遂昌段 35k—62k	12.88	12.88	100.00	合格
			松阳段 62k—120k	25.20	25.20	100.00	
			莲都段 120k—130k	2.73	2.73	100.00	
		55 省道菊寿线	庆元段 32k—55k	22.55	22.55	100.00	优良
			庆元段 55k—75k	20.00	20.00	100.00	优良
	县乡公路	—	—	250.00	250.00	100.00	合格
	小计	—	—	499.80	499.80	100.00	—

续表 13-2-2-2

年份	公路等级	项目名称		计划数（千米）	实施里程（千米）	完成率（%）	质量等级
		线路名称	路段、桩号				
2005	国道公路	330 国道	莲都段 112k—118k	6.14	6.14	100.00	优良
	省道公路	49 省道六东线	莲都段 117k—128k	16.70	16.70	100.00	优良
			缙云段 128k—138k	10.74	10.74	100.00	优良
			青田段 53k—108k	54.50	54.50	100.00	合格
		55 省道菊寿线庆元段	松源至五大堡	20.45	20.45	100.00	优良
			左溪至上店	—	30.28	—	合格
			庆元绕城线	—	8.45	—	优良
		52 省道云寿线	云和段 4k—14k	9.94	9.94	100.00	优良
		44 省道上松线	松阳段 76k—88k	12.07	12.07	100.00	优良
	县乡公路	—	—	150.00	280.00	186.67	合格
	小计	—	—	280.54	449.27	160.14	—
2006—2007	国道公路	330 复线	青田段 39—59k	18.00	18.00	100.00	合格
	省道公路	53 省道丽浦线	云和段 40k—58k	18.33	18.33	100.00	合格
			龙泉段 88k—154k	35.00	35.00	100.00	合格
		54 省道龙后线	庆元段 41k—75k	31.11	31.11	100.00	优良
		临石线	缙云段	20.00	20.00	100.00	合格
		遂龙线	龙泉段	—	26.00	—	合格
	县乡公路	—	—	300.00	428.00	142.67	合格
	小计	—	—	422.44	576.44	136.45	—
总计	高速公路	—	—	43.10	43.10	100.00	—
	国道公路	—	—	56.14	56.14	100.00	—
	省道公路	—	—	420.54	485.27	115.39	—
	县乡公路	—	—	843.00	1131.00	134.16	—
	合计	—	—	1362.78	1715.51	125.88	—

用材林、公益林

历史上，丽水境内杉木人工林抚育多采用林粮间作、以耕代抚方法。中华人民共和国成立前，丽水杉木造林主要采用头三年林粮间作、以耕代抚，第四年起停止套种，七八年后下层修枝，做到“桠打伏，无节疤，去枯桠，打老桠，劈弱桠”。整枝高度“头年留一半，二去三股一”。松类林木大多飞籽成林，抚育措施在一些深山区以自然整枝为主，低山丘陵区八年左右进行第一次打枝，此后每隔 2—3 年打枝一次，顶端仅留 4—5 盘松枝。

1951—1952 年，丽水林场分别裁剪成林马尾松枝条 33 公顷和 41 公顷。1953 年，丽水林场成立林木抚育专业队，在全省率先开展有组织幼林抚育，裁枝抚育大面积马尾松，民国 19 年(1930)开始选留目的树种、调整郁闭度间伐抚育笔架山等处阔叶杂木林，当年完成各类成林抚育153.7公顷，其中阔叶杂木林抚育14公顷。1954年，丽水林场开始间伐抚育马尾松林，弱度疏伐和卫生伐下层林木，并采伐被压木、枯立木、双杈木及病腐木，采伐强度在15%。同年，幼林抚育面积210.1公顷，其中栎类193.5公顷，油茶16公顷，杜仲0.6公顷。1955年，丽水林场杉木幼林进行林间套种、以耕代抚等方式抚育。

1972年开始，丽水地区进行用材林基地建设，特别重视杉木基地的幼林抚育，有抚育时间和次数的规定，特意强调"除萌抚苗"和保护"顶端优势"。杉木幼林通常在造林后，连续3年抚育，第一年2次，第二年2次，第三年1次，主要是松土除草、整枝施肥。规定幼林生长高度指标第一年50厘米，第二年90厘米，第三年150厘米。在基地建设之初，省人民政府就对杉木幼林抚育采取经济补助，即抚育验收合格后，每亩每年补助1元，鼓励山农及时开展幼林抚育。

1979年1月，省林业局转发国家林业总局《国有林抚育间伐、低产林改造技术试行规程》后，龙泉县小梅林场开展林木间伐试验，间伐面积40.8公顷，间伐林木34135株，获间伐材244.11立方米，间伐强度为23.2%，收入51405.9元。1979年，省政府对大片基地造林每亩增补原粮17.5千克，幼林抚育补原粮2.5千克。1980年3月，省政府对符合基地标准的基地造林，每亩补助原粮由过去的17.5千克提高到25千克，一年抚育用材林6.67公顷以上，每亩补助原粮2.5千克。

1981年8月，龙泉县竹垟公社盖竹大队9年生杉木基地，应用中国林科院编制杉木密度管理图及南京林学院树冠幅与胸径相关关系表，开展下层抚育间伐试点成功。同年11月，省林业厅颁发《省用材林基地幼林抚育暂行管理办法》《省用材林基地幼林抚育技术要点》，材林幼林抚育工作走上规范化、制度化。

1990年，丽水地区抚育林木9.2万公顷。1994年，继续开展封山育林、加强林木抚育工作，封山育林面积计划新增24000公顷，森林抚育74666.67公顷。1995—1998年，部分县（市）制定林木抚育补助政策。如遂昌县每年制定林木抚育补助政策，补助标准从每亩15元提高至每亩25元。1999年，遂昌县实行奖励和有偿扶持相结合政策，奖励标准为每亩10元。

21世纪，国家对生态建设和环境保护日益重视，造林树种中乡土阔叶树种如木荷、杜英、枫香等的比例逐年提高，人工造林中公益林的比例也逐渐增大，林木抚育得到更多重视，成片造林后坚持抚育3年。2000年开始，丽水市每年抚育面积稳定在2万公顷以上。

油茶林

旧时，丽水山民素有"七月挖金、八月挖银"传统，大多在七八月份挖山、铲山、劈草，但抚育面积不大。

1949年中华人民共和国成立后，政府经济补助农民，鼓励抚育油茶。1955—1957年，丽水县和青田县开展保水、保土、保肥的"三保地"建设，组织"油茶抚育运动月"，每年7—9月间都有数万人上山，搞油茶抚育会战，其中坡度15度以下油茶林，全垦、深挖、覆草、保湿，建立丰产片、丰产山；15度至20度油茶林，修筑水平梯地或水平带，作竹节沟，种草皮护坡；25度以上油茶山，做到"头戴帽，腰系带，脚穿鞋"，有的修建蓄水谷坊、挖掘鱼鳞坑。

1958年8月，召开全国林业现场会，林业部副部长惠中权带领南方油茶产区代表136人，参观丽水县联合乡联济村、青田县章村乡黄山头村油茶生产。丽水县和青田县分别被林业部评为油茶生产先进集体，丽水县联济农业社被评为油茶生产红旗单位。1964年，省政府对抚育油茶每公顷补助折合布票5米，粮食0.5千克。同年，各县完成抚育面积3.8万公顷。1966—1976年，各县林业生产处于低潮，群众仍然没有放松油茶抚育管理，一些重点油茶产区还是坚持抚育油茶。20世纪80年代初，由于油茶经济效益低，丽水地区逐步放松抚育管理，部分地方毁油茶种柑橘，产量连年下降。

1981—1985年，丽水地区平均每年油茶抚育面积0.9万公顷，占油茶面积11.8%，其中1985年占6.29%。1985年，青田县油茶抚育面积126.93公顷，占全县油茶面积的0.63%。

1990年，丽水市(县级)、云和县被林业部列为油茶低产林改造工程启动县，第一期工程改造低产油茶面积0.3万公顷。截至1991年，丽水市(县级)、云和县改造低产油茶面积1.2万公顷，占计划70.4%。

2000年后，丽水市开展油茶良种基地建设和油茶低产林改造项目建设，油茶抚育结合油茶良种造林和低产林改造。

2010年，丽水市油茶良种造林和低产改造完成0.5万公顷。

竹　林

中华人民共和国成立前，丽水毛竹隔年抚育，多在出笋小年，进行劈山抚育；但挖山抚育者少，基本处于荒芜状态。1961—1970年，丽水地区毛竹造林面积0.5万公顷。1972年始，丽水地区推行毛竹基地造林。1972—1979年，丽水地区建成毛竹基地面积0.3万公顷。1973年始，丽水地区推行竹林垦复。1975年，丽水地区推广安吉县、余杭县竹林垦复经验，“春抓留笋养竹，夏抓防治病虫害，秋抓竹林抚育，冬抓合理砍伐”。同年，省土产公司和省林业厅给予粮食、布票补助，鼓励竹林抚育，但丽水地区抚育者仍少。1981年，丽水地区实行稳定山权林权、划定自留山、确定林业生产责任制政策(以下简称林业“三定”政策)，把大部分竹林分给农民作自留山或责任山，抚育管理有所加强。1985年，丽水地区学习宁波市“深挖、施肥、加土”培育高产笋用竹经验。1986—1987年，丽水地区竹林抚育面积2.1万公顷，占竹林面积的25%。1986年，丽水地区实施笋用林“星火计划”。1986—1990年，丽水地区建成笋用林基地面积3922.9公顷，亩均笋产量615.1千克，鲜笋增产幅度201.5%。据丽水地区抽样调查，立竹密度从平均每亩88.2株，增加到119.4株，净增35.4%；毛竹胸径从平均8厘米增加到9.1厘米。

2000年，丽水市毛竹林面积1.7万公顷，立竹量1.87亿株，比1985年分别增长36.7%和45%，立竹密度每亩130株。2008—2009年，丽水市实施省级《现代农业——竹产业生产发展项目》，产生效益4000多万元。

20世纪90年代起，丽水地区开展菜竹笋基地建设，主要竹种有雷竹、黄甜竹、云和哺鸡竹、水竹等小径竹。据丽水市林业局2002年12月至2003年5月调查，丽水市小径竹林面积5785.5公顷，分布于9个县(市、区)、169个乡(镇)、1103个行政村和19个国有林场。

2010年，丽水市毛竹林面积14.2万公顷，立竹量31915万株。

若干年份丽水市育苗、造林、育林面积一览

表 13-2-2-3

年份	育苗（公顷）	造林面积（万公顷）	项目名称						四旁植树（万株）	抚育（万公顷）
			用材林（万公顷）	其中		经济林（万公顷）	其中			
				杉木（万公顷）	毛竹（万公顷）		油茶（万公顷）	油桐（万公顷）		
1957	34.00	1.63	0.80	0.66	22.21	0.74	0.19	0.04	1.89	2.42
1958	237.27	2.35	1.08	0.74	321.33	0.99	0.29	0.04	10.73	3.88
1959	96.27	3.12	1.13	0.72	611.73	1.34	0.44	0.12	2.88	3.66
1960	367.40	1.82	0.81	0.86	727.07	0.64	0.32	0.03	0.90	1.39
1961	37.13	0.42	0.27	0.14	241.93	0.11	0.06	0.02	0.55	0.63
1962	22.20	1.00	0.53	0.39	510.20	0.41	0.23	0.04	2.54	1.62
1963	33.33	1.42	0.78	0.52	1357.13	0.51	0.23	0.09	4.45	2.67
1964	87.40	1.88	0.93	0.43	684.07	0.75	0.49	0.13	3.07	3.86
1965	101.40	2.15	0.98	0.75	191.27	0.61	0.18	0.04	4.37	3.78
1966	130.53	3.30	1.65	0.67	587.13	0.65	2.51	0.17	2.09	3.61
1967	51.53	1.95	0.90	0.64	126.13	0.35	0.16	0.02	1.12	1.10
1968	19.67	0.52	0.11	0.08	36.47	0.07	0.04	—	0.91	0.69
1969	19.87	1.16	0.26	0.21	360.93	0.34	0.34	—	4.05	1.35
1970	80.40	2.24	0.42	0.28	443.13	1.04	1.03	—	4.39	2.28
1971	147.60	3.44	0.62	0.44	1024.67	2.46	2.39	—	7.36	4.75
1972	219.20	4.49	3.06	0.68	1981.80	1.15	1.01	—	10.29	5.21
1973	121.27	3.85	3.27	1.11	173.30	0.46	0.38	—	10.07	4.29
1974	174.67	1.14	0.93	0.73	433.07	0.11	0.10	—	12.67	4.49
1975	137.13	1.40	1.01	0.86	242.47	0.07	0.07	—	8.48	4.38
1976	116.60	1.22	1.04	0.86	599.93	0.09	0.05	0.01	45.10	4.50
1977	99.33	0.76	0.57	0.46	46.53	0.06	0.02	0.01	3.81	5.46
1978	217.67	1.60	1.09	0.86	319.27	0.32	0.21	0.01	4.25	7.01
1979	189.07	1.89	1.48	1.09	340.07	0.44	0.31	0.02	6.45	7.62
1980	160.60	2.51	1.90	1.23	817.73	0.44	0.34	0.05	6.38	6.79
1981	152.20	1.86	1.45	1.17	267.20	0.33	0.10	0.19	7.81	6.07
1982	113.73	1.64	1.26	0.89	119.33	0.29	0.09	0.16	16.49	6.89
1983	169.40	1.86	1.41	0.98	183.73	0.22	0.04	0.15	14.60	7.63
1984	173.27	1.98	1.55	1.30	169.47	0.14	0.03	0.11	14.79	7.00
1985	140.93	1.50	1.40	1.16	21.07	0.30	0.01	0.02	10.60	6.65
1986	100.47	1.48	1.35	1.09	2.73	0.06	0.01	0.01	14.67	7.34

续表 13-2-2-3

年份	育苗（公顷）	造林面积（万公顷）	项目名称						四旁植树（万株）	抚育（万公顷）
			用材林（万公顷）	其中		经济林（万公顷）	其中			
				杉木（万公顷）	毛竹（万公顷）		油茶（万公顷）	油桐（万公顷）		
1987	108.13	1.50	1.36	1.12	613.33	0.06	—	—	10.99	7.35
1988	105.93	1.36	1.25	1.25	2.07	0.06	—	—	10.23	7.69
1989	123.73	1.06	0.98	0.79	632.00	0.03	—	0.01	9.36	8.66
1990	140.07	1.60	1.50	1.49	13.00	0.09	—	0.01	15.28	9.17
1995	57.00	0.13	—	—	—	—	—	—	—	8.65
2000	67.00	0.40	—	—	—	—	—	—	—	6.22
2005	1289	0.38	—	—	—	—	—	—	—	4.72
2010	1155	0.16	—	—	—	—	—	—	—	2.23

第三章　林业产业

林业是一项重要的公益事业和基础产业，承担着生态建设和林产品供给的重要任务。1949年中华人民共和国成立后，丽水林业产业逐步从原料林业迈向生态富民阶段，林业产业由单一产品向多种产品转变，由原料提供向深度加工转变，由依赖资源向依靠科技和市场转变。1996—2000年，丽水市林业产业快速发展，实施省“四个一”工程①，新发展名特优经济林0.56万公顷，培育毛竹丰产林0.93万公顷，笋竹两用林1.32万公顷，改造毛竹低产林1.49万公顷，建成笋竹林基地49889公顷，历年巩固面积44642公顷，基地巩固率89.5%，实现林业产值390380万元，其中一产230448万元，二产125266万元，三产34666万元。1995年，全市林业系统林产工业产值22273.53万元。2000年，全市林业系统林产工业产值增至52071.9万元，增长133.8%。

2000—2005年，丽水市开展“八大基地”为主的林业产业项目体系建设，林业产业快速发展，木材工业重新崛起，竹产业成为新经济增长点，森林食品基地稳定发展，森林旅游业开始起步，种苗花卉种植规模扩大。2005年，丽水市林业产业产值944915万元，比2000年的390380万元，净增554535万元，增长142%，完成2010年达到80亿元规划目标。

① “四个一”工程：指100万亩名特优经济林、100万亩毛竹丰产林、100万亩笋竹两用林、100万亩毛竹低产林改造工程。

2008年，丽水市建立起以森林资源培育为主，加工、综合利用门类比较齐全的林业大产业；实施林业市场主体培育工程，培育市级以上林业重点龙头企业81家、林业示范性专业合作社36家、林业观光园区34个、森林食品基地40个、星级特色森林旅游基地13个，实现林业产值158.47亿元，是1998年的5.7倍。林业一、二、三产业比重调整优化为32:45:23，丽水市农村人均林业收入3003元，人均林业纯收入1907元，占农村居民人均纯收入的37.8%。5个林业重点县林业人均收入2497元，占农村人均纯收入的51.5%。从产业链角度来看，丽水林业产业链条中的营林业、加工制造业和第三产业仍然相对割裂，上下游产业间还亟待进一步相互延伸，产业链中的企业、消费者、行业中介以及政府等不同主体间缺乏有效协同。尤其是林业产业发展中的原料、产品、技术以及政策供需结构性矛盾突出，例如原料上的林木资源匮乏与木材加工业高速发展、木材利用率低下之间的矛盾，林产品单一与市场需求多样化之间的矛盾，林业企业的大量技术需求无法满足与科技成果转化不畅之间的矛盾，以及林业分类经营中商品林建设与现有采伐限额政策、林木产权不明之间的矛盾等，成为影响丽水林业产业进一步发展壮大的主要瓶颈。

第一节 产业结构

自古以来，丽水林业主要来自林木的采伐销售，一次产业占主导地位。1978年，丽水地区改革开放后，丽水林业产业结构发生很大变化，林产品加工制造业逐渐占据主导地位。21世纪，丽水市森林探险旅游等服务业有长足发展，产值逐渐增加。1988年，丽水地区林业产值中第一、二、三次产业比例为82.58:9.3:8.04。2010年，丽水市林业产值中第一、二、三次产业比例为29.03:43.5:27.47，其中第二、三次产业异军突起，成为林业经济发展主力军。1994年，丽水地区继续调整和优化林种、树种结构，重点发展名特优水干果、药用林、菇木林、笋竹林及工业原料林，人工造林中经济林比重占50%以上。

2010年，丽水市林业产值201.66亿元，其中龙泉市、庆元县、云和县超过27亿元，遂昌县、松阳县超过20亿元，莲都区、缙云县超过18亿元。

1988—2010年丽水市林业行业产值一览

表13-3-1-1 单位：亿元

年份	产值	一产	二产	三产	年份	产值	一产	二产	三产
1988	5.97	4.93	0.48	0.56	1994	18.94	15.12	2.09	1.73
1989	5.46	3.77	0.64	1.05	1995	22.20	17.73	2.56	1.91
1990	5.14	3.50	0.71	0.93	1996	24.70	19.87	3.19	1.64
1991	6.12	4.29	0.83	1.00	1997	24.86	19.87	3.60	1.39
1992	7.55	5.36	1.03	1.16	1998	27.79	19.84	6.78	1.17
1993	11.84	8.97	1.64	1.23	1999	35.47	22.51	9.85	3.11

续表 13-3-1-1

年份	产值	一产	二产	三产	年份	产值	一产	二产	三产
2000	39.04	23.04	12.53	3.47	2006	117.26	41.02	51.99	24.25
2001	48.22	25.38	18.11	4.73	2007	141.04	45.51	64.16	31.37
2002	59.23	27.15	26.18	5.90	2008	158.47	50.61	71.15	36.71
2003	67.42	30.70	30.00	6.72	2009	175.14	54.70	73.13	47.31
2004	85.04	33.19	41.48	10.37	2010	201.66	58.54	87.72	55.40
2005	94.49	35.41	46.52	12.56	合计	1383.10	571.01	556.37	255.67

说明：数据来自于丽水市林业局统计年报

第二节　林业市场

发展沿革

清咸丰二年（1852），龙泉商人在温州、青田等地开设木行26家。民国初期，丽水县城园木业、小木店10多家。民国13年（1924），丽水县集资创办私营普昌火柴梗片厂。民国16年，丽水私营林场12个。民国27年，宁波商人徐维通创办龙泉县通记松香厂。中华人民共和国成立前，丽水林业市场主体以私营个体为主，专业生产企业为数不多、规模较小。1949年，丽水地区在温州地区开办木商号100家。同年，丽水城区私营锯板厂5家。

20世纪50年代，各县社队林场成为林业第一产业经营主体。截至1979年，丽水地区社队林场发展到995个，固定人员9575人，经营面积81400公顷；国有企业成为林产工业经营主体，如各县木材收购站（组）、遂昌纤维板厂、龙泉林化厂、丽水糠醛厂等。

20世纪80年代，丽水地区林业专业户、重点户、家庭林场成为林业种植业主体。1984年，丽水地区林业专业户和重点户9345户，基地造林面积5941公顷。21世纪，丽水市林业股份制企业逐步成为林业市场主体。2005年，丽水市林业专业合作社46家。2008年，丽水市林业专业合作社发展到118家。

林业企业

1988年，丽水地区国营森工企业31家，林业所属集体森工企业5家，从业人员3925人。2005年，浙江丽人木业集团有限公司、丽水富来森绿色产业集团有限公司、浙江新云工艺品有限公司等企业17家成为丽水市首批省级林业重点龙头企业。2005—2010年，丽水市被评为省级林业重点龙头企业59家。2006年8月，丽水市开展市级林业产业化重点企业认定工作。至2010年，除市本级和庆元外，其他8个县（市、区）森工企业改制全部完成，仅保留丽水市林业建设发展有限公司1家。同年，丽水市认定市级林业重点龙头企业106家。

2010 年丽水市省级林业重点龙头企业一览

表 13-3-2-1

序号	县别	认定年份	企业名称	主营产品	负责人
1	市本级	2005	浙江丽人木业集团有限公司	纤维板	徐梦璋
2		2005	丽水富来森绿色产业集团有限公司	竹炭制品、竹醋液制品、森林食品	王正郁
3		2007	浙江富来森中竹科技股份有限公司	竹炭、竹醋液和新型炭素材料等	王正郁
4	龙泉市	2005	龙泉金泰竹业有限公司	竹制品	吴舟海
5		2006	浙江能福旅游用品有限公司	太阳伞	李能福
6		2006	浙江南天木业有限公司	杉木涂装集成材	骆　伟
7		2007	浙江振宏伞业有限公司	竹、木制太阳伞及家具	吴正树
8		2007	浙江欧力木业有限公司	竹木地板、复合地板、墙板	廖洪成
9		2008	浙江绿峰农林科技有限公司	红豆杉、红叶石楠、金森女贞等林木及绿化苗木	叶石根
10		2008	浙江永鑫席业有限公司	竹凉席、竹木地板	苏士真
11		2009	浙江凯森板业有限责任公司	竹胶板	罗伟鸣
12		2009	浙江龙声工艺玩有限公司	木制玩具	叶志明
13		2009	龙泉市盛宏竹业有限责任公司	竹凉席、竹胶合模板	周盛真
14		2010	浙江翔泰工艺品有限公司	木制玩具、小型家具	丘文荣
15	青田县	2006	浙江新天地家私有限公司	实木门、家具	吴秀丽
16		2009	浙江腾鹤农特产品有限公司	山茶油	杨孟君
17	云和县	2005	浙江新云工艺品有限公司	工艺品	廖复新
18		2005	浙江木佬佬玩具工艺品有限公司	工艺品	廖灵飞
19		2006	浙江振鹏工艺品有限公司	工艺品	何玉林
20		2007	浙江忠协工艺品有限公司	木制玩具	练巧忠
21		2007	浙江正艺玩有限公司	木制玩具	吴永贵
22		2008	浙江和信玩有限公司	木制玩具	何尚清
23		2008	云和县金马工艺品有限公司	木制玩具	马裕光
24		2009	云和县绿林工艺品有限公司	木制玩具	董凌宇
25	庆元县	2005	浙江双枪竹木有限公司	筷子	郑承烈
26		2005	浙江梦天木业有限公司	木门、门套、线条	余静渊
27		2005	浙江天竹工贸有限公司	筷子、砧板	吴生锡
28		2005	浙江节节高炭业有限公司	竹炭制品	叶新军
29		2005	浙江三禾竹木有限公司	环保竹筷竹砧板	何品才
30		2005	庆元香菇市场	香菇	—
31		2006	浙江新天下竹业有限公司	竹地板、竹砧板	兰华姿

续表 13-3-2-1

序号	县别	认定年份	企业名称	主营产品	负责人
32	庆元县	2007	浙江吉安木业有限公司	工艺木门	吴静安
33		2008	浙江佳缘竹木有限公司	竹地板、竹砧板及其他竹制品	吴泽平
34		2009	浙江浙南竹木有限公司	工艺竹木筷、菜板	周碎海
35		2009	浙江可信竹木有限公司	竹胶合板模板	李　倩
36		2010	浙江鑫光工贸有限公司	工艺竹木筷、砧板、竹家具	沈绍光
37		2010	浙江安南炭业科技有限公司	竹炭	夏支龙
38		2010	浙江九川竹木有限公司	竹砧板、竹地板、工艺品	周松珍
39	缙云县	2005	浙江南方竹木制品有限公司	竹木制品	赵子群
40		2005	浙江顶峰竹业有限公司	竹胶板竹凉席	吴丽光
41		2008	缙云县森帅竹业有限公司	竹木制品	杨国胜
42		2009	缙云县仙都山茶油有限公司	山茶油	潜土焕
43	遂昌县	2005	遂昌文照竹炭有限公司	竹炭	陈文照
44		2005	遂昌绿源木业有限公司	高档中密度纤维板	徐　兵
45		2005	浙江天元板业有限公司	竹胶板	吴　江
46		2006	遂昌卖炭翁生态开发有限公司	竹炭制品	方云剑
47		2006	浙江省遂昌县名康炭业有限公司	竹炭制品	张跃庆
48		2007	浙江遂昌天马有限公司	太阳伞、沙滩椅	王祖平
49		2007	浙江映山红木业有限公司	细木工板、集成板	刘爱媛
50		2009	浙江晨峰模板有限公司	竹胶板、高档桥、梁板	王岳剑
51	松阳县	2006	松阳县绿色食品厂	山茶油、水果、茶叶	高　峰
52		2007	松阳县绿野木业有限公司	杉木芯细木工板	蒋连松
53		2008	松阳县玉新峰竹制品厂	竹胶板	叶帮新
54		2009	浙江卖油翁油品有限公司	精炼山茶油系列产品	林在芸
55		2010	浙江凯尔泰竹业有限公司	竹木门、竹地板	刘叶青
56		2010	丽水古力竹业有限公司	竹胶板系列竹制品	吴晓金
57	景宁畲族自治县	2005	浙江景宁大自然食品有限公司	食品	叶国斌
58		2006	景宁畲族自治县中信实业有限公司	干香菇、黑木耳	林佩英
59		2009	景宁畲族自治县富利达木制工艺品有限公司	木制玩具	陈利平

林业专业合作组织

2006 年 7 月，丽水开展省级林业示范性专业合作社认定工作。同年，丽水市有缙云县春光果业专业合作社等合作社 6 家被认定为省级林业示范性专业合作社。2010 年年底，经丽水市林业局培育和申报获认省级林业示范性专业合作社 24 家。

2007 年 4 月，开始市级林业示范性专业合作社认定工作。同年，确定丽水市森老大板栗产销合作社等合作社 22 家为首批丽水市林业示范性专业合作社。2010 年年底，丽水市认定市级林业示范性专业合作社 55 家。

2008 年，庆元县组建庆元县安泰竹笋产销专业合作社，是浙江省第一个跨行政区域合作社。庆元县组建庆元县安泰竹笋产销专业合作社，联合安南乡和福建省政和县岭腰乡农产品经纪人、农户、运输户等社员 300 多户，其中本地社员 280 多户，吸收福建省政和县岭腰乡竹笋产销大户 20 户，竹林基地面积 200 公顷。至 2010 年，据林业部门统计，丽水市林业专业合作社 154 家，社员 12322 人，经营面积 22853.33 公顷，年销售收入 5.41 亿元。

第三节　林业品牌

国家级品牌

丽水市推进林业产业化，重视林业品牌建设，成效明显。2007—2009 年，丽水市林业企业获国家工商总局认定为中国驰名商标 9 个。

2010 年丽水市林业类中国驰名商标名单一览

表 13-3-3-1

序号	县别	认定年份	商标名称	核定使用商品(服务)	企业名称
1	龙泉市	2007	欧力	地板	浙江欧力木业有限公司
2	云和县	2008	比好	玩具	浙江和信玩有限公司
3		2009	一点	28 类/玩具 1941303 号	浙江新云工艺品有限公司
4	庆元县	2007	双枪	筷子	浙江双枪竹木有限公司
5		2008	梦天	木门、实木复合地板	浙江梦天木业有限公司
6		2008	天竹	竹木工艺筷 1933202 号	浙江天竹工贸有限公司
7		2009	节节高	1 类/活性炭商品 3289472 号	浙江节节高炭业有限公司
8		2009	吉安	19 类/非金属门框 3362182 号	浙江吉安木业有限公司
9	遂昌县	2009	碧岩	—	遂昌碧岩生态资源开发行

说明：中国驰名商标属个案认定，长期有效

省级品牌

浙江省著名商标　丽水市特别是重点林业大县加强企业内部规范化管理，加强企业品牌建设，取得较明显成效。2008—2010 年，丽水市林业企业被评为浙江省著名商标 11 个。

2010年丽水市林业类浙江省著名商标名单一览

表 13-3-3-2

县别	认定年份	商标	核定使用商品(服务)	企业名称
莲都区	2009	处州	29类/食用油、干食用菌、豆腐制品	浙江丽水处州山茶油开发有限公司
	2010	六江源	29类/干食用菌、食用油、蔬菜罐头	丽水六江源绿色食品有限公司
龙泉市	2010	能福	18类/伞、雨伞、遮阳伞	浙江能福旅游用品有限公司
青田县	2009	腾鹤	29类/精制坚果仁、加工过的瓜子、食用油	浙江腾鹤农特产品有限公司
庆元县	2008	吉安	19类/木质门、木质门套	浙江吉安木业有限公司
	2009	三月三	21类/厨房用切菜板、筷子、搓衣板	浙江三禾竹木有限公司
	2010	可可竹木	19类/胶合板、木地板、三合板	浙江可信竹木有限公司
	2010	卓	29类/干食用菌、香菇、木耳	浙江江源菇品有限公司
遂昌县	2009	羽峰	29类/蔬菜罐头、笋干、腌制蔬菜	遂昌县羽峰食品厂
	2010	金竹	29类/食用山茶籽油、食用菜子油、干食用菌	遂昌文泰山茶油厂
松阳县	2008	箬寮	29类/食用油、腌肉、干蔬菜	松阳县绿色食品厂

浙江省名牌产品　丽水林业生产企业加大名牌申报力度，涌现出一批名牌产品。2008—2010年，丽水市有16家企业的产品通过浙江省名牌产品认定。

2010年丽水市林业类浙江名牌产品名单一览

表 13-3-3-3

序号	县别	认定年份	申报企业名称	商标	产品名称
1	市本级	2010	富来森集团有限公司	富来森	香菇、黑木耳
2		2010	浙江丽人木业集团有限公司	丽人	中密度纤维板
3	龙泉市	2008	浙江能福旅游用品有限公司	能福、nf	竹木制太阳伞
4	云和县	2010	浙江新云工艺品有限公司	一点	木制玩具
5	庆元县	2008	浙江天竹工贸公司	天竹	工艺竹木筷
6		2008	浙江双枪竹木公司	双枪	工艺竹木筷
7		2009	浙江三禾竹木有限公司	三月三	竹砧板
8		2009	浙江节节高炭业有限公司	节节高	竹炭制品
9		2010	浙江可信竹木有限公司	可可竹木	竹胶合板模板
10		2010	浙江吉安木业有限公司	吉安	木门系列产品
11		2010	浙江梦天木门有限公司	梦天	木门系列
12	遂昌县	2008	遂昌碧岩生态资源开发行	碧岩	竹炭制品
13		2010	遂昌县地理标志产品保护管理委员会	地理标志产品	遂昌竹炭
14		2010	遂昌县文照竹炭有限公司	文照	竹炭制品
15		2010	遂昌县竹炭厂	名康	竹炭制品
16		2010	浙江绿源木业股份有限公司	绿源	中密度纤维板

说明：浙江名牌产品有效期为三年，到期复评

浙江省名牌林产品　丽水林业生产企业注重林业深加工，严格产品质量，出现一批浙江省名牌林产品。2008—2010 年，丽水市通过浙江省名牌林产品认定 10 家。

2010 年丽水市林业类浙江名牌林产品一览

表 13-3-3-4

序号	县别	认定年份	申报产品名称	注册商标	申请人名称
1	市本级	2008	中密度纤维板	丽人	浙江丽人木业集团有限公司
2		2008	竹炭	炭博士	浙江富来森中竹科技股份有限公司
3	云和县	2010	木制玩具	一点	浙江新云木业集团有限公司
4	庆元县	2008	竹木筷	双枪	浙江双枪竹木有限公司
5		2010	竹胶合模板	可可竹木	浙江可信竹木有限公司
6		2010	木质门	吉安	浙江吉安木业有限公司
7		2010	竹砧板	三月三	浙江三禾竹木有限公司
8	遂昌县	2008	中密度纤维板	绿源	浙江绿源木业股份有限公司
9		2008	竹炭	文照	遂昌县文照竹炭有限公司
10	松阳县	2010	山茶油	绿谷油翁	浙江卖油翁油品有限公司

市级品牌

丽水市著名商标　丽水市重视企业品牌建设，提升企业质量，为企业规范生产保驾护航。2008—2010 年，丽水市通过丽水市著名商标认定 18 家。

2010 年丽水市林业类丽水市著名商标一览

表 13-3-3-5

序号	县别	认定年份	商标名称	核定使用商品(服务)	企　业　名　称
1	市本级	2008	欧科	纤维板等	丽水欧科人造板有限责任公司
2	丽水开发区	2008	佰心	非金属门框架等	浙江佰心木业有限公司
3	莲都区	2008	处州	食用油、干食用菌、豆腐制品等	浙江丽水处州山茶油开发有限公司
4	龙泉市	2010	森亚龙	19 类/成品木材	龙泉市森源木业有限责任公司
5	云和县	2009	木玩世家	28 类/玩具、象棋	浙江木玩世家玩具有限公司
6		2009	Wa(图)	20 类/竹木工艺品、软木工艺品	云和县金成工艺礼品厂
7		2010	wooka	28 类/玩具、棋、游戏机	浙江忠协工艺品有限公司
8	庆元县	2008	三月三	。厨房用切菜板；筷子；搓衣板等	浙江三禾竹木有限公司
9		2008	冷杉	铅笔；文具等	浙江攀首文有限公司
10		2008	可可竹木	胶合板等	浙江可信竹木有限公司
11		2009	鑫树	27 类/竹席、枕席、席	浙江永鑫席业有限公司
12		2010	攀首	16 类/铅笔、炭笔、文具	浙江攀首文有限公司
13		2010	天堂山	29 类/糖炒栗子、干制栗子、精制坚果仁	庆元县天堂山锥栗专业合作社

续表 13-3-3-5

序号	县别	认定年份	商标名称	核定使用商品(服务)	企业名称
14	遂昌县	2009	碧岩	5类/冰箱除臭剂(去味剂)、竹炭内裤、非个人用除臭剂	遂昌碧岩生态资源开发行
15		2009	叶子	31类/鲜水果、鲜葡萄、杨梅	遂昌县叶子果蔬产销专业合作社
16		2009	金竹	29类/食用山茶籽油、食用菜籽油、芝麻油	遂昌文泰山茶油厂
17	松阳县	2008	绿阳牌	胶合板、三合板、纤维板等	松阳县绿阳木业有限公司
18	景宁畲族自治县	2010	南野	29类/蔬菜罐头、干蔬菜、干食用菌	浙江景宁大自然食品有限公司

说明：丽水市著名商标有效期三年，到期复评

丽水市名牌产品　丽水市突出名牌战略，引导企业提升产品质量。2008—2010年，丽水市通过丽水名牌产品(林业类)认定22家。

2010年丽水市林业类丽水名牌产品一览

表 13-3-3-6

序号	县别	认定年份	企业名称	产品名称	商标
1	市本级	2009	丽水富来森绿色产业集团有限公司	香菇、黑木耳	富来森
2		2008	浙江佰心木业有限公司	木质门	佰心
3	龙泉市	2009	浙江欧力木业有限公司	木地板	欧力
4		2010	浙江凯森板业有限公司	竹胶板模板	凯森
5	青田县	2008	浙江腾鹤农特产品有限公司	山茶油	腾鹤
6		2009	青田浙南油茶开发有限公司	山茶油	瓯江源
7	云和县	2009	云和县金马工艺品有限公司	木制玩具	大木匠
8		2009	云和县农业综合开发有限公司	云和雪梨	仙宫湖
9		2010	浙江大森林工艺品有限公司	木制玩具	优木
10		2010	浙江木佬佬玩具工艺品有限公司	木制玩具	笑灵猴
11		2010	云和县绿林工艺品有限公司	木制玩具	Green Forest
12	庆元县	2008	浙江节节高炭业公司	竹炭制品	节节高
13		2008	浙江吉安木业公司	木门系列产品	吉安(图形)4
14		2009	浙江三禾竹木有限公司	竹砧板	三月三
15		2009	浙江可信竹木有限公司	竹胶合板模板	可可竹木
16		2010	庆元县齐圣水干果专业合作社	甜桔柚	齐圣
17		2010	浙江浙南竹木有限公司	竹木工艺筷	周宇
18		2010	浙江佳缘竹木有限公司	佳缘	竹砧板
19	遂昌县	2008	浙江卖炭翁生态开发有限公司	竹炭制品	卖炭翁
20		2008	遂昌县林业开发公司	毛竹笋	小忠龙藏
21		2010	遂昌县映山红细木工板厂	细木工板	映山红
22	松阳县	2010	松阳湖溪林场	脐橙	卯山

说明：丽水市名牌产品有效期三年，到期复评

第四章　林业开发

丽水是林业大市，林业产品丰富。民国时期，林业产品以锯木板和做家具用品为主，木材加工业兴盛，并有木炭出口记载。20世纪50—80年代中期，丽水林业生产时紧时松，林业产品开发时断时续，没有形成规模效应。20世纪80年代末，丽水地区重视林业产品开发，实施生态建设为主的林业发展战略，依托林业重点工程，突出木材、竹材、林化产品、林特产品四大林业产品，加强干果经济林基地和能源林基地建设。1996—2000年，“九五”期间，丽水市林业开发速度加快，人造板工业发展迅猛，运出木材214.4万立方米。2000年，丽水市人造板生产规模40万立方米。同年，遂昌木业有限公司和丽水人造板有限公司，分别为16053.1万元和12007.8万元，销售收入28767.53万元，实现利润9600.2万元，税收617.87万元，成为全省人造板企业的佼佼者。2001—2005年，“十五”期间，丽水通过企业改制，资源整合，林业开发速度加快，形成人造板、木制玩具、太阳伞为主导产品的木材加工业。2005年，丽水市木业产值39.6亿元。

古时，丽水林业开发以锯材为主。宋代，处州出现以锯木板和做家具用品为生的手工业者。清末至民国初期，处州出现木业作坊及木材加工业。民国34年(1945)，丽水出现首家锯板厂——公利锯板厂。1949年丽水解放后，木材加工厂增加迅速，锯材产量稳中有升。1978年，丽水地区开始生产人造板，纤维板迅速增加。20世纪80年代，丽水地区生产更高级、附加值更高的刨花板、胶合板，细木工板、木地板和集成材，木材产品更趋多样化。2010年，丽水市纤维板产量360449立方米，刨花板产量2.11万立方米，胶合板产量16.09万立方米，细木工板产量6.99万立方米，木地板产量150.29万立方米，集成材产量80万扇。

丽水市是省内重要产竹区，竹林面积约11.6万公顷。竹材是一种天然再生能力非常强的资源，丽水辖区竹制品出口势头猛。20世纪90年代后期，开始生产竹胶板。1997年，龙泉市建成竹胶板生产线2条。2003年，龙泉市竹胶板生产企业发展到9家、生产线11条。2001—2005年，丽水市着力培育竹产业为农业支柱产业，竹林资源培育普遍得到加强，建成毛竹高效经营林6000公顷，笋材两用林53333.33公顷，毛竹立竹量从每亩106增加到120株。竹产业2007年，丽水市竹胶合板产量134465立方米。2010年，丽水市竹胶板生产企业23家，其中龙泉市16家。

丽水历来为浙江省木炭主产区，以白炭、乌炭为主。20世纪，龙泉市重视保护生态环境和乌冈栎资源，木炭产业逐渐萎缩，代之以竹炭和活性炭，形成较大规模炭产业。2010年，丽水市开发竹炭和竹醋液2个系列7个大类200多个品种，占居国内市场份额三分之一；活性炭生产企业9家，产量1039000千克。处州历来有采松脂制作松香的习惯，主产区分布于遂昌、松阳、龙泉、云和等县。还有松节油、松焦油、松针活性物质、芳香油等产品，产量均不大。

丽水油本植物有油茶、油桐、乌桕、山苍籽、油橄榄。丽水有900多年栽培抚育油茶历史，为浙江省重点产区，面积、产量占全省40%。木本干果有板栗、锥栗、银杏、香榧。木本药材有厚朴、杜仲、吴茱萸、南方红豆杉。龙泉县曾是野生厚朴主要产区，景宁畲族自治县为丽水地区厚朴新主产区。竹类特产有鲜笋、笋干 箬竹，成为遂昌等县农民兴林富民的重要途径。

第一节 木　　材

丽水林木经初步加工后，锯成圆木、方料和板材运销各地。2000年，丽水市木材采伐量89.86万立方米。2010年，丽水市木材采伐量76万立方米。

锯　材

宋代，处州出现木材手工业者，以锯木板和做家具用品为生。清末至民国初期，处州各地有木业作坊及木材加工业，境内所产木材大部分在温州制成板方材外运销售。20世纪20年代，处州木材加工量最高一年40多万立方米。

民国34年(1945)，缙云籍吕氏在丽水城水南建立公利锯板厂，职工20多人。民国36年，丽水县建立益民锯板厂，白天锯板，晚上发电，厂址丽水县城区大猷街。民国37年，丽水县建立永茂锯板厂，同时老板还与他人合股开设木行，职工7人，兼营碾米业务，厂址丽水县城区黄家弄。同期，丽水县还有新民、盛森锯板厂，开办时间早于永茂锯板厂，年生产能力5万立方米。

1949年，丽水县城区私营锯板厂5家。1951年4—7月，丽水专署生产科收购益民、永茂、新民3厂，更名新华第一、第二、第三锯板厂，直属专署生产科。同年，浙江省第七军分区(丽水)生产科兴办丽生锯板厂，丽水专区劳教院兴办公私合营荣华锯板厂。同年，丽水煤建公司接收新华第一、第二、第三锯板厂及浙江省第七军分区所属丽生锯板厂，改建为第一、二、三、四锯板厂，资本1.74万元，生产设备有153匹马力发动机4台，42寸带锯机7台，删边机6台、滚锯机4台、接锯机4台，职工130人。同年，公私合营荣华锯板厂资本1.8万元，50匹马力发动机1台，带锯机3台，职工24人；私营公利锯板厂资本1.08万元，24匹马力发动机1台，42寸带锯机1台；盛森锯板厂资本1万元，18匹马力、20匹马力发动机各1台，园锯3台，职工7人。

1952年，丽水煤建公司所属四厂，生产板方料20317立方米，产值187.8万元。1953年2月，浙江省森林工业局接收煤建公司4个厂，更名浙江省森林工业局丽水木材加工总厂及下属第一、二、三分厂。5月，二、三分厂撤销，浙江省煤建公司所属“遂昌第一锯木厂”迁址衢州地区，全年平均职工94人，生产板方材15416立方米，产值143.6万元。同年，据浙江省森林工业局调查，丽水木材加工厂5家，锯台9台，年加工能力5万立方米。同年开始，丽水锯材产量开始回落。1954年，丽水木材加工总厂一分厂带锯机3台、发动机1台、职工31人；衢州木材厂，全年平均职工57人，生产板方材13269立方米，产值120.4万元。1955年5月，丽水木材加工总厂一分厂机器及厂房调拨给丽水电力厂。同年7月，丽水木材加工总厂大猷街房产调拨给中国油脂公司丽水经营处。同年6月，丽水木材加工总厂只剩丽水木材加工总厂继续生产，职工25人，产值53.2万元，加工原木7426立方米，锯板方材6203立方米，14公分原木总出材率78.4%，16公分原木83.7%，18公分原木高90.1%。除丽水木材加工总厂外，丽水县城区仅存地方国营新生锯板厂，全年加工原木 5006 立方米，私营公利锯板厂年加工原木 1923 立方米。1956 年 2 月 28 日，公利锯板厂实行社会主义改造，并入浙江省森林工业局丽水木材加工厂，接收私方从业人员 4 人、生产工人 5 人，42 寸带锯机 1 台、删边机 1 台、24 匹马力木炭发动机 1 台。同年 4 月，私营公利锯板厂全部人员和设备调拨给安微省森林工业局芜湖木材加工厂。1957 年，丽水木材加工总厂下放给温州地区森林工业分局。同年，丽水锯材加工完成 6257 立方米。1958—1960 年，丽水林区龙泉县交溪、芝谷桥，丽水县外舍、峰源，遂昌县城关、垵口等地建立木材加工厂。1959 年 3 月，龙泉县建成吴湾木材加工厂（车间）。同年，遂昌县建成国营第一木材加工厂，厂址县林业局内，工人 31 人，年加工板方材 2004 立方米。1967 年，更名遂昌县林业局林化厂。

20 世纪 60 年代，各县锯材产量单边下降。1960 年，各县锯材产量 15937 立方米。1969 年，各县锯材产量 2600 立方米。20 世纪 70 年代，丽水地区木材加工企业迅速增加，锯材产业恢复发展。1971 年，丽水地区木材公司木制品厂成立，集体性质，厂址丽水城区桃山。1972 年，国营龙泉县木材厂成立。1973 年，庆元县林业局日用木制品厂成立，归属庆元林化厂。1975 年，龙泉县木材综合加工厂成立，厂址龙泉城区上凉亭；云和县木材综合加工厂成立，后改名云和县纺织配件厂。社队建办以木材为原料的加工厂急剧增加，据龙泉、云和两县统计，1973 年，外运车木产品和半成品 2454.6 万件，木制家具、圆木制品、竹制品 100 万件，云和县木材小加工产值 259 万元。据丽水地区林业局估计，当时丽水地区木材小加工厂每年耗用木材在 5 万立方米以上。1970 年，丽水地区锯材产量 4885 立方米。1979 年，丽水地区锯材产量 23692 立方米，创历史最高记录。

20 世纪 80 年代，丽水地区锯材年产量开始回落。1980 年，丽水地区锯材年产量 16410 立方米。1984—1988 年，松阳县木材厂生产包装箱、板方材 6532 立方米。1988 年，丽水地区锯材年产量 7816 立方米。

20 世纪 90 年代初期，丽水地区锯材年产量开始恢复上涨。1990 年，丽水地区锯材年产量 4998 立方米。1993 年，丽水地区锯材年产量 29914 立方米。1996 年，丽水地区锯材年产量开始回落，产量下降到 3173 立方米。1997 年，丽水地区锯材产量又开始猛涨，产量增加到 140396 立方米。1998—1999 年，丽水地区锯材产量年产量维持在 10 万立方米左右。

21 世纪，丽水地区锯材产量快速增长。2000 年，丽水市锯材产量 144300 立方米。2008 年，丽水市锯材产量 423276 立方米，创历史最高产量。2010 年，丽水市锯材产量 361104 立方米。1952—2010 年，丽水市生产锯材 3790347 立方米。截至 2010 年，丽水市锯材、木片加工企业 1057 家，其中龙泉市 350 家、青田县 150 家、莲都区 135 家、遂昌县 114 家、缙云县 103 家。

人造板材

纤维板　1978 年，省林业厅投资 349 万元，建设遂昌县纤维板厂。1984 年 8 月，遂昌县纤维板厂建成试产。1985 年 9 月，遂昌县纤维板厂通过竣工验收。同年，遂昌县纤维板厂生产纤维板 1883 立方米。

1988 年，丽水地区木材厂湿法硬质纤维板车间建成，年产 2000 立方米，1989 年投产。

1995 年 10 月，遂昌县纤维板厂 3 万立方米中密度纤维板技术改造项目完成投产。1996 年，丽水市人造板有限责任公司技改成功，生产中密度纤维板。

2002 年，丽水市人造板有限责任公司设立江苏省扬州市高邮市建成子公司——丽邮人造板有限责任公司，投资 2350 万元，建成中密度纤维板生产线，年产 5 万立方米。同年 5 月，丽水市人造板有限责任公司改制，更名浙江丽人木业集团有限公司。2007 年，丽水市纤维板产量 529134 立方米，其中莲都区产量221608立方米，遂昌县212673立方米，龙泉市94853立方米。2010年，丽水市纤维板产量360449立方米。

1985—2010年丽水市纤维板产量一览

表13-4-1-1　　单位：立方米

年份	产量	年份	产量	年份	产量	年份	产量
1985	1883	1992	31311	1999	210393	2006	525715
1986	3436	1993	36789	2000	348600	2007	529134
1987	4930	1994	42178	2001	445200	2008	434538
1988	6015	1995	54662	2002	425400	2009	418239
1989	11501	1996	78758	2003	249700	2010	360449
1990	14492	1997	122548	2004	488800	合　计	5541574
1991	15347	1998	143092	2005	538464	—	—

说明：仅统计丽水区域内生产的纤维板产量

刨花板　1981年，中华人民共和国工业部和浙江省二轻工业厅联合投资创建国营杭州制材厂龙泉刨花板厂竣工投产，建有刨花板、胶合板生产线各1条，年产刨花板2283立方米。1981—1988年，杭州制材厂龙泉刨花板厂生产刨花板32189立方米，贴面板8.16万平方米，松木胶合板1331立方米；产品行销省（自治区、直辖市）20多个。

1988年12月，庆元木材厂单层平压4×8英尺刨花板生产线竣工投产，年产2000立方米。1989年，丽水地区刨花板企业2家，产量7364立方米。2010年，丽水市刨花板产量2.11万立方米。

胶合板　1987年，龙泉县生产胶合板552立方米，庆元县生产胶合板327立方米。1995年，遂昌县木材公司兼并遂昌县胶合板厂，生产胶合板121.6立方米，胶合板门扇1.2万平方米。

1997年，龙泉市建成竹胶板生产线2条。2003年，龙泉市竹胶板生产企业发展到9家、生产线11条。2007年，丽水市胶合板产量177368立方米，创历史最高水平，其中竹胶合板产量134465立方米、普通胶合板42903立方米。2010年，丽水市普通胶合板生产企业26家，竹胶板生产企业23家，其中龙泉市竹胶板生产企业16家、生产线18条。

1987—2010年丽水市胶合板产量一览

表13-4-1-2　　单位：立方米

年份	胶合板	年份	胶合板	年份	胶合板	年份	胶合板
1987	879	1994	158	2001	25400	2008	176886
1988	—	1995	149	2002	31300	2009	159222
1989	—	1996	725	2003	50200	2010	160977
1990	—	1997	4714	2004	65900	合　计	1093491
1991	—	1998	5291	2005	86697	—	—
1992	—	1999	8633	2006	130431	—	—
1993	61	2000	8500	2007	177368	—	—

细木工板　1999年，遂昌县林化厂与嘉善市个体老板合资创办细木工板生产线，生产细木工板5000片。2000年3月，遂昌县木业有限公司联合遂昌县林业产业公司7家、林业工作站4家，筹建遂昌县富丽人造板有限公司，生产细木工板2.26万片，产值152.4万元。2004年，龙泉市森源木业有限公司生产细木工板6135立方米，年产值1000多万元。

2000—2010年，丽水市生产细木工板650602立方米。

2000—2010年丽水市细木工板产量一览

表13-4-1-3　　单位：立方米

年份	产量	年份	产量	年份	产量	年份	产量
2000	1000	2003	64200	2006	76681	2009	91419
2001	13400	2004	74600	2007	75626	2010	69973
2002	29500	2005	68777	2008	85426	合　计	650602

木地板　1987年，松阳县木材厂新增木地砖车间。同年，松阳县木材厂木地砖车间产量4224平方米。1988年，松阳县木材厂木地砖车间产量30647平方米。1997年，丽水地区竹木地板产量148633平方米。2010年，丽水市木地板生产企业72家。其中竹地板生产企业50家，木地板生产企业22家。庆元县25家、青田县25家、龙泉市8家、遂昌县6家、其他8家。1997—2010年，丽水市生产竹木地板12271499平方米。

1997—2010年丽水市竹木地板产量一览

表13-4-1-4　　单位：平方米

年份	产量	年份	产量	年份	产量	年份	产量
1997	148633	2001	206500	2005	1136585	2009	991514
1998	25832	2002	302500	2006	1287964	2010	1502977
1999	23287	2003	489900	2007	2890193	合　计	12271499
2000	26500	2004	391500	2008	2847614	—	—

集成板材

1989年9月，庆元县浙江梦天木业有限公司成立，主要生产经营“梦天牌”木制工艺门、集优地板、装饰线条、橱柜门、壁柜门、家具等产品系列16个款式350多种。2004年，龙泉市万森木艺有限公司、浙江南天木业有限公司成立，生产经营“万森牌”杉木集成材涂装、木制工艺门、竹木地板、装饰线条等木艺产品，拥有德国引进的杉木脱脂、烘干、指接、成型、涂装、表面装饰处理等成套设备，产品远销加拿大、美国、日本等国家。2007年，龙泉市集成材产量10854立方米。2010年，丽水市木门生产企业50家，年产值5亿元，产量80万扇，主要生产工艺木门、竹制工艺门、竹木复合门等。

第二节 竹 材

丽水竹产业是新经济增长点。毛竹加工从传统的物理利用，走向现代物理化学利用，企业的科技含量和新产品档次不断提升中，资源利用率提高，竹炭、竹醋液等高科技产品，在国内居领先地位。丽水市竹产业被列为浙江省区域支柱产业重大科技攻关第一批试点。2005 年，丽水市竹产业产值 20.8 亿元，比 2000 年的 6 亿元增长 246.7%。

毛竹原材

1949 年中华人民共和国成立后，各县森工站、供销社等公营机构收购农民采伐的毛竹外运。1953 年，各县森工站、供销社等公营机构收购 90.87 万支。1957 年，各县实行毛竹计划管理，收购毛竹 432.1 万支。1958 年，各县推进“大跃进”运动，指山买竹，收购毛竹 616.71 万支，资源遭受严重破坏。1959 年，各县收购毛竹 737.9 万支。1962 年，各县实行毛竹派购。1969 年，丽水地区收购毛竹 59.73 万支。1978 年，丽水地区毛竹收购量开始回升，收购 200 万支。1983 年，丽水地区收购毛竹 263 万支。同年 10 月，紧水滩电站瓯江截流后，毛竹水运过坝困难，毛竹水运外销逐步改为陆运。1985 年，丽水地区开放毛竹市场。1988 年，丽水地区收购毛竹 307.1 万支。1990 年，丽水地区收购毛竹 224.49 万支。21 世纪，丽水市毛竹收购量再次回升。2000 年，丽水市收购毛竹 1296.07 万支。2010 年，丽水市收购毛竹 3498 万支，创历史最高。

竹胶板

20 世纪 90 年代后期，开始生产竹胶板。1997 年，龙泉市建成竹胶板生产线 2 条。2003 年，龙泉市竹胶板生产企业发展到 9 家、生产线 11 条。2007 年，丽水市竹胶合板产量 134465 立方米。2010 年，丽水市竹胶板生产企业 23 家，其中龙泉市 16 家。

第三节 林化产品

木 炭

丽水历来为浙江省木炭主产区，以白炭、乌炭为主。民国时期，丽水县城关镇木炭店 32 家，专事木炭购销。

据《中国实业志》(民国 22 年版)载：“浙江南部瓯江上游盛产木炭，自 1898 年清光绪时，温州辟为对外通商港埠，即时已从永加港(即温州港)出口木炭，时值白银 3877 两。”据民国 20 年(1931)外销记录，产自瓯江上游木炭，出口日本 0.27 亿千克，龙泉县约占总量 30%。

民国 27 年(1938)，据浙江省农业改进所调查，“丽水县产乌炭 183 万千克，产值 2013 元；松阳县产木炭 12.5 万千克，产值 3000 元；庆元县产木炭 300 万千克，产值 60000 元；青田县产木炭 915

万千克，产值91500元；龙泉县产木炭400万千克，产值60000元；云和县产木炭35万千克，产值7000元；遂昌县每年输出木炭价值2万元。大多用于外贸出口或运往大城市销售”。

1958年，各县开始“大办钢铁”，木炭需求量猛增，各地积极发展炭窑。国营林场亦建立一部分炭窑，资源多的地方建5000千克、10000千克窑，其中丽水县最大一只炭窑一次烧出75000千克。同年，龙泉县木炭窑（厂）89个，烧炭人员1000多人，木炭销量4675000千克。1960年6月，龙泉县第二、三木炭厂建立。同年，龙泉县第一、第二、三木炭厂炭农1136人，其中调拨乐清、平阳炭农400多人，炭窑500座，年产木炭104万千克。1978年年底，遂昌县和龙泉县被省供销社列为发展666.7公顷木炭生产基地试点县，签订木炭购销合同，每公顷补助资金105—150元，凭木炭投售卡付款。

1990年开始，龙泉县烧制白炭窑，年产白炭10万千克，销售收入100多万美元，每年平均要“吃”掉乌冈栎1.04万立方米。1998年，龙泉市保护生态环境和乌冈栎资源，关闭白炭窑100多座。2010年，丽水市各类炭窑基本消失。

竹　炭

1996年12月，遂昌炭商成功烧制出第一窑合格竹炭。1997年3月，遂昌县竹炭产品形成自己独特烧制工艺技术，符合出口标准。同年10月，遂昌县竹炭产品小批量出口日本。1998—2000年，遂昌县竹炭产品快速发展，先后开辟韩国、马来西亚及中国台湾、中国香港等地区。1998年，遂昌县竹炭产品出口量13万千克、创汇100万元。2000年。遂昌县竹炭产品出口量300万千克、创汇3000万元。

2001年，遂昌县竹炭企业18家，从业人员1500多人，产值6500万元，税收580万元。同年11月，遂昌县被浙江省林业厅授予“竹炭之乡”称号。2002年，遂昌县竹炭工业园区成为集炭艺文化、科研、生产为一体的现代竹炭工业园区，面积扩展到6万平方米。遂昌县被中国经济林协会命名为“中国竹炭之乡”。同年，位于庆元县的浙江节节高炭业有限公司成立。2007年，丽水竹炭企业开发产品有竹炭和竹醋液系列2个大类7个品种200多个，建立全国主要城市销售代理商3000多家、国内连锁经营加盟商2000多家，占居国内市场份额的三分之一。2010年，遂昌县拥有国家地理标志产品三大区域品牌“中国竹炭之乡”“中国竹炭产业基地”“遂昌竹炭”。

活性炭

丽水是中国最早生产活性炭的地区之一。1958年下半年，丽水林校开展勤工俭学，建起闷烧法活化土炉10多只，生产活性炭。1959年下半年，丽水林校活化土炉停产。1970年，遂昌县林化厂活性炭车间投产，年产粉状物理炭5.1万千克，为全省第二大活性炭厂家。1977年，云和县林化厂研制闷烧法炉形生产活性碳成功，建有闷烧炉17只，年产活性炭10万千克。1976年，龙泉县林化厂建成活性炭车间，年产15万千克。1977年，龙泉县林化厂试制成功301和303糖用活性炭，出口新加坡、泰国等国。20世纪70—80年代初，全省活性炭生产大多集中丽水地区，云和、景宁、龙泉、丽水、缙云、青田、松阳等县乡镇企业都生产过活性炭，其中缙云县五云镇化工厂采用木屑生产活性炭，年产量10万千克，有一定规模。2010年，丽水市活性炭生产企业9家，其中龙泉市6家、遂昌县3家，产量103.9万千克。

1971—2010年丽水市活性炭产量一览

表 13-4-3-1　　单位：千克

年份	活性炭	年份	活性炭	年份	活性炭	年份	活性炭
1971	51000	1981	257000	1991	1624000	2002	13000
1972	53000	1982	337000	1992	2270000	2003	16825000
1973	55000	1983	405000	1993	2112000	2004	24109000
1974	60000	1984	552000	1994	1893000	2005	49855000
1975	57000	1985	602000	1995	1179000	2006	4301000
1976	64000	1986	494000	1996	830000	2007	4380000
1977	116000	1987	506000	1998	526000	2008	1771000
1978	222000	1988	505000	1999	661000	2009	547000
1979	191000	1989	555000	2000	900000	2010	1039000
1980	228000	1990	592000	2001	950000	合计	121687000

油　脂

历史上，处州很早就有采松脂制作松香的生产活动，主产区分布遂昌、松阳、宣平、龙泉、云和等县。宋代，处州知州张常督造大船，用“松脂腊、麻嵌填之，防以漏水”。据明成化《处州府志》载：“遂昌每年的贡品有松香三十三斤十两。”

民国27年(1938)，宁波人徐维通创办龙泉“通记”松香厂。民国29年，相继建成松阳县、庆元县松香厂。民国33年，温州商人创办龙泉小梅松香厂，生产“巨龙”牌松香，供应军需和市场需要。

1950年，丽水地区松脂产量414000千克。同年，温州商人创办松阳西屏松香厂。1951年，丽水专区推广苏联下降式采脂法。松阳县工商联建成航船头松香厂，职工18人，日产量2500千克。同年，丽水专区松脂产量988000千克。1952年，国营杭州建新化工厂投资4431元，创办庆元县曹岭松香厂，采用直接火蒸馏土法，生产松香。1954年，庆元县曹岭松香厂采用“滴水法”工艺，品质显著提高。1956年始，各县推广新法采脂，提高产量。但因松脂资源不足，产量一蹶不振。1958年，各县掀起兴办林产化工热潮。同年，龙泉新建松香厂5家，成为省内松香主产区。1959年，丽水县建成重河松香厂，日产松香1500千克。1960年，龙泉县生产松香322200千克。

1969—1972年，丽水地区松树资源有所恢复，年产量稳定在60万千克以上。1973年，丽水地区实验林场在丽阳坑建立小型松香厂。1973—1978年，丽阳坑松香厂生产松香235700千克。1979年，丽阳坑松香厂停产。1975年，龙泉县林业局林产化工厂采用间歇蒸汽法，生产松香。1976年，庆元林化厂松香车间建成投产。1979年，龙泉县金沙林场、遂昌县三仁公社上田大队等地，采用亚硫酸盐酒糟醪液(酸法造纸废液)作刺激剂，进行化学采脂，比常法增产36%。1979—1983年，龙泉、庆元、云和、遂昌等县建立松脂基地59个，固定中、成熟松林面积3240公顷，确保松脂稳产高产。1983年，龙泉、庆元、云和、遂昌等县松脂基地生产松脂851000千克。1989年，松阳县湖溪林场曾采用昂山用a-奈乙酸等生物生长激素进行采脂，增产效果在30%以上。2009年，丽水市松脂产量

15000千克。

1950—2009年丽水市松脂产量一览

表13-4-3-2 单位：千克

年份	松香	年份	松香	年份	松香	年份	松香
1950	414000	1966	292000	1982	3598000	1998	125000
1951	988000	1967	533000	1983	3252000	1999	111000
1952	1763000	1968	278000	1984	2652000	2000	198000
1953	550000	1969	1074000	1985	1064000	2001	137000
1954	630000	1970	964000	1986	799000	2002	175000
1955	562000	1971	664000	1987	1119000	2003	181000
1956	649000	1972	621000	1988	796000	2004	264000
1957	672000	1973	1991000	1989	847000	2005	42000
1958	579000	1974	2148000	1990	1312000	2006	8000
1959	194000	1975	2147000	1991	916000	2007	—
1960	419000	1976	1159000	1992	437000	2008	—
1961	211000	1977	979000	1993	378000	2009	15000
1962	155000	1978	1267000	1994	175000	合计	50859000
1963	246000	1979	2512000	1995	42000	—	—
1964	635000	1980	2640000	1996	222000	—	—
1965	360000	1981	3685000	1997	14000	—	—

1981年，遂昌县林化厂生产松香90.01万千克。同年，丽水地区产松香285.53万千克、松节油40.59万千克，创历史最高纪录。1982年，丽水地区林业部门对林化产品实行产、供、销统一经营、集中管理。同年，丽水地区松香产量245.6万千克。1983年，遂昌林化厂蒸汽法松香生产车间正式投产，年生产能力200万千克，由于设备先进，优级松香达到95%以上，其中特级80%，软化点达到76度，出香率85.08%，全年生产松香824050千克。同年，遂昌林化厂松香被评为浙江省优质产品。

1985年开始，丽水地区松香产量大幅下降，产松香87.4万千克。1987—1988年，丽水地区实行松脂、松香许可证管理办法。1992年，龙泉林化厂、松阳木材厂生产松香深加工产品12.93万千克；遂昌县林化厂生产松香22.5万千克。1961—2005年，丽水市松香产量3331.6万千克。2010年，丽水市松香产量315.1万千克。

1961—1996年丽水地区松香产量一览

表13-4-3-3 单位：千克

年份	松香	年份	松香	年份	松香
1961	242000	1963	249000	1965	282000
1962	155000	1964	365000	1966	286000

续表 13-4-3-3

年份	松香	年份	松香	年份	松香
1967	469000	1977	801000	1987	855000
1968	292000	1978	956000	1988	704000
1969	903000	1979	1773000	1989	580000
1970	497000	1980	2530000	1990	1067000
1971	543000	1981	2855000	1991	768000
1972	820000	1982	2456000	1992	516000
1973	1211000	1983	2658000	1993	663000
1974	1423000	1984	2116000	1994	126000
1975	1148000	1985	874000	1995	58000
1976	1165000	1986	668000	1996	130000

丽水生产松节油始于20世纪50年代。各松香产地同时产松节油。1959年，各县松节油产量19.2万千克。1971年，丽水地区松节油产量124.74万千克，创历史最高水平。1973年10月，龙泉县林化厂以松节油为主要原料，合成松油醇。1977年，龙泉县林化厂生产“松醇油”(2号浮选油)，用于有色金属矿山。1986年，龙泉县林化厂引进松油醇深度加工工艺，生产“氢花萜松醇”。2010年，丽水市松节油类产品342.1万千克。

1964—2005年丽水市松节油产量一览

表 13-4-3-4　　单位：千克

年份	松节油	年份	松节油	年份	松节油	年份	松节油
1964	50000	1975	180000	1986	36000	1997	—
1965	40000	1976	181000	1987	99000	1998	—
1966	47000	1977	116000	1988	89000	1999	755000
1967	86000	1978	138000	1989	67000	2000	—
1968	45000	1979	280000	1990	129000	2001	—
1969	154000	1980	378000	1991	63000	2002	—
1970	82000	1981	406000	1992	37000	2003	427000
1971	145000	1982	348000	1993	58000	2004	—
1972	201000	1983	290000	1994	21000	2005	—
1973	279000	1984	242000	1995	—	合计	5766000
1974	203000	1985	94000	1996	—	—	—

松焦油　20世纪50年代后期，各县出现松焦油生产。1958年，各县部分社、队办林化厂开始生产松焦油。同年，各县产松焦油10万千克。20世纪60年代初，全省仅龙泉林化厂生产松焦油少量。1964年，各县松焦油产量4.2万千克。龙泉林化厂首创“内热双室罩式干馏窑”，开始松焦油机械化生产，同时，以松焦油为主原料，研制生产出“44”“55”农药杀虫剂。1973年，龙泉林化厂以松焦油为

主要原料，试制成新农药——“灭蚧”。后“灭蚧”通过省农林局鉴定，投入批量生产。浙江省衢县、黄岩县、临海县、兰溪县等地橘区试用“灭蚧”三年，效果显著。

1978年，云和县林化厂采用松焦油联产品松馏油作主要原料，试制成“克癣灵”油膏和药水，通过地级鉴定，但未投建厂生产。同年，丽水地区松焦油产量99.3万千克，为历史最高水平。20世纪80年代后期，丽水地区改用价格低的煤焦油，松焦油产量逐渐减少。1991年始，丽水地区基本不再生产松焦油。

1958—1990年丽水地区松焦油产量一览

表13-4-3-5　　单位：千克

年份	松焦油	年份	松焦油	年份	松焦油	年份	松焦油
1958	1000	1966	221000	1974	33000	1985	8000
1959	23000	1967	299000	1975	272000	1986	616000
1960	56000	1968	137000	1976	300000	1987	41000
1961	2000	1969	158000	1977	479000	1988	1000
1962	5000	1970	255000	1978	993000	1989	8000
1963	13000	1971	446000	1979	746000	1990	14000
1964	42000	1972	574000	1980	258000	合计	7792000
1965	153000	1973	366000	1981	304000	—	—

松针活性物质

1979年6月，中国林科院林化所、浙江省木材公司和龙泉县林化厂联合开展以马尾松针叶制造维生素叶粉和提取生物活性物质的研究，试制产品在北京市、江苏省、福建省、浙江省畜牧兽医研究所、良种繁殖场、畜牧场应用，对猪、鸡、鹅等禽畜的生长、抗病、产蛋、受精、孵化率均有明显促进作用，产品质量达到苏联同类产品质量标准。1980年9月21日，以马尾松针叶制备维生素叶粉和提取生物活性物质的研究成果通过中国林科院鉴定，获国家林业科技进步三等奖。

芳香油　民国28年（1939），遂昌县生产樟脑和樟油。同年，遂昌县阴樟源村、黄垵村生产樟脑850千克，樟油1800千克。

1957年春，温州商人林穆元创建遂昌县天然植物芳香油厂，绍兴商人任夏生创建遂昌县友联两植物芳香油厂。1958年，遂昌县天然植物芳香油厂被遂昌县人民政府接收，筹建地方国营芳香油厂，设立黄沙腰、王村口、大田、前山村、独山等地加工点，生产山苍子油、乌药叶油、松针油、香附子油、樟脑油、大蒜油、月桂油、南叶油、石凉茶油、野菊花油、柏木油等芳香油20多种。同年，地方国营芳香油厂产量5110千克。1959—1961年，遂昌县垵口伐木场生产芳香油，有松针油、柏叶油、柳杉叶油等品种。

1986年，遂昌县香料办公室成立，开始建设香料基地，生产芳香油。1988年，遂昌县林业局成立遂昌香料开发公司，引种、开发研究香根草、留兰香、山苍籽等天然植物香料，协调全县香料生产。同年，遂昌香料开发公司先后引进河南省等地薰衣草、玳玳、欧洲薄荷、玫瑰等品种20多个，在牛头山、湖山、桂洋、白马山等国营林场试种。1993年，遂昌香料开发公司开发的“天然植物香料生产”项目获埃及"金字塔"奖。截至1994年,遂昌香料开发公司发展香料基地面积356.66公顷,生产香料油13.71万千克,产值955.95万元。21世纪,丽水市香科生产逐渐式微。

第四节 林特产品

林特产品向来是丽水的重要农产品。21世纪初,丽水市森林食品基地逐步形成。2005年,丽水市森林食品产值25.2亿元(不包括笋),在建省级无公害林产品基地22个,完成面积13066.67公顷,其中省级特色基地5个,省级森林食品基地14个、省级森林食品7个、浙江绿色农产品27个,省林业特色之乡3个。松阳县万亩脐橙示范基地、遂昌县小忠冬笋特色基地被浙江省林业厅命名为浙江省效益林业十大示范基地,云和县重河湾万亩雪梨基地被省林业厅命名为浙江省效益林业十大精品基地。

木本油料

油茶　丽水有900多年栽培抚育历史,面积、产量约占全省的40%左右,其中青田县素有"浙南油库"之誉。主要有浙江白花油茶和红花油茶2个品种。

民国27年(1938),丽水县产茶油42万千克,产值21万元。民国29年,处属10个县产茶油424.45万千克,其中丽水县238.5万千克、缙云县58.25千克、松阳县2.5万千克、龙泉县79.66万千克、景宁县1.57万千克、云和县9.7万千克、青田县27.79万千克、庆元县2.25万千克、遂昌县4.24万千克。民国32—34年,遂昌县栽培油茶林面积7.75万株,产茶油11万千克。

1950年,丽水专区油茶籽产量251.5万千克。1954年,各县油茶籽产量1231万千克。1955年,青田县章村区油茶大丰收,区收购站粮库油茶籽堆积如山。时有村民说,"如果这么多茶籽榨成油倒进腊溪坑,会变成一个大油库,可以撑船"。1956年1月11月,《浙南大众报》以《今日的浙南油库——章村》为题,报道这一丰收景象。从此青田一带便有"浙南油库"美称。1960—1969年,各县油茶籽产量6662万千克。1976年后,丽水地区相继引进华南油茶、广东省肇庆市广宁县红花油茶、广西壮族自治区玉林市博白县大果油茶、湖南省株州市攸县油茶(薄壳香)、广西壮族自治区梧州市岑溪市软枝油茶、广南葡萄油茶等品种,主要推广到青田县、丽水县、遂昌县、松阳县、云和县、缙云县的瓯江中段和松阴溪沿岸各乡村。1970—1979年,丽水地区油茶籽产量1.06亿千克。1980—1999年,丽水地区油茶籽产量2亿千克。2007年,丽水市油茶林面积3.63万公顷。2000—2010年,丽水市油茶籽产量1.59亿千克,其中2009年为历史最高年份,产量1957.8万千克。

1950—2010年丽水市油茶籽产量一览

表13-4-4-1　　单位:万千克

年份	产量	年份	产量	年份	产量	年份	产量
1950	281.50	1953	965.50	1956	551.00	1959	886.00
1951	351.50	1954	1231.00	1957	1095.50	1960	1055.50
1952	561.00	1955	782.50	1958	1121.50	1961	523.50

续表 13-4-4-1

年份	产量	年份	产量	年份	产量	年份	产量
1962	576.00	1975	1265.50	1988	784.50	2001	1075.40
1963	606.00	1976	326.50	1989	1098.60	2002	1116.50
1964	650.50	1977	677.00	1990	992.20	2003	1209.00
1965	726.00	1978	1338.50	1991	1138.80	2004	1423.30
1966	723.50	1979	1689.00	1992	878.10	2005	1646.00
1967	447.50	1980	887.00	1993	677.50	2006	1412.20
1968	533.00	1981	1761.00	1994	1080.80	2007	1762.40
1969	820.50	1982	1112.50	1995	1011.90	2008	1786.30
1970	636.00	1983	755.00	1996	960.20	2009	1957.80
1971	799.50	1984	923.00	1997	1143.90	2010	1349.90
1972	1559.50	1985	1583.50	1998	869.80	合计	60924.10
1973	1128.50	1986	426.50	1999	1041.70	—	—
1974	1153.00	1987	838.50	2000	1158.30	—	—

油桐　丽水有500多年油桐栽培抚育历史，传统生产方式以点桐插杉为主，种植后第三年结果，七八年后衰败；有三年桐和千年桐2类品种，杉桐套种以三年桐为主，遍及丽水各县，具体有五爪桐、少花吊桐、多花吊桐、对岁桐、葡萄桐、少花单生满天星等品种。

民国30年（1941），丽水油桐面积8693.33公顷，主要分布于丽水县太平区及青田县海口区。民国22年，丽水县桐油产量15万千克，青田县7.5万千克，缙云县12万千克，每50千克价26元。民国23—26年，丽水县一般年份桐油年产量24.05万千克，产值19.24万元。民国27年，庆元县产桐油20万千克，价值14万元；缙云县15万千克，价值12万元，运销温州、上海。民国36年，丽水地区桐油产量193万千克，其中丽水县32.5万千克，缙云县50万千克，云和县20万千克，龙泉县22万千克，遂昌县37.5万千克，景宁县10万千克，青田县6万千克，松阳县15万千克。民国37年，龙泉县油桐林面积不足0.07公顷，桐油产量不足2.5万千克。

1949年，中华人民共和国成立初，丽水县桐白产量7.65万千克。1950—1959年，各县桐油产量1303.5万千克。1960—1969年，各县桐油产量659万千克。20世纪70年代开始，杉木林套种油桐面积逐年减少。1970—1979年，各县桐油产量616.5万千克。1980年始，相继引进浙江林学院选育的浙林选5号、7号、8号和米林8号等优良家系品种。零星种植以千年桐为主，20世纪80年代，青田、龙泉、遂昌等县的公路、行道树及房前屋后多有种植。1985年，丽水地区油桐纯林面积2443.93公顷，其中青田县1185.6公顷。1980—1985年，丽水地区桐油产量274.5万千克。1990年，丽水地区桐油产量27.9万千克。2000年，丽水市桐油产量0.1万千克。2010年，丽水市桐油产量无统计数据。

乌桕　据《龙泉市林业志》（2009年版）载：“明代，龙泉县林农就在溪边、田边、路旁及房前屋后、零星隙地普遍栽植乌桕。丽水乌桕栽培品种主要有鸡爪桕、葡萄桕两类，种植方式以散生为主。”民国17年（1928），龙泉县苗圃开始培育乌桕树苗。同年，龙泉县苗圃产乌桕树苗9514株。民国27年，丽水县乌桕面积1001.33公顷。民国30年，处属10县乌桕面积112.67公顷，桕籽产量188.5万千克，产青油68.31万千克、皮油59.9万千克。1950—1959年，各县产乌桕籽2127.5万千克。1960—

1969年，各县产乌桕籽1808万千克。1970—1979年，丽水地区产乌桕籽1285万千克。1980—1989年，丽水地区产乌桕籽719.4万千克，1999年，丽水地区产乌桕籽3.4万千克。2000年，丽水市产乌桕籽0.3万千克。2010年，丽水市产乌桕籽6.8万千克。

山苍籽　20世纪30年代，丽水开始采集野生山苍籽土法蒸煮炼油，但数量很少。1958年，各县山苍籽油产量2.1万千克。1959年，各县山苍籽油产量0.3万千克。1963年，庆元县人工试种山苍籽成功。后各县陆续开始人工种植。1960—1969年，各县山苍籽油产量8.2万千克。20世纪70年代，丽水地区野生山苍籽采收量增加。1970—1979年，丽水地区山苍籽油产量53.1万千克。20世纪80年代，遂昌县开始大规模建设山苍子纯林基地。截至1994年，遂昌县建成山苍子纯林基地100公顷。1980—1989年，丽水地区山苍籽油产量231.8万千克。1990年，丽水地区山苍籽产量50.7万千克。后丽水地区山苍籽产量逐渐减产，未作统计。

油橄榄　1974年2月，丽水地区实验林场、遂昌县林村林场、庆元林场、景宁林场引进广西壮族自治区柳州地区卡林、米札、佛奥、贝拉等油橄榄品种150多个、1088株。1980年，丽水地区油橄榄种植面积11.67公顷。1980—1985年，丽水地区油橄榄平均单株产果11.25千克，最高单株产果29千克。1985年后，由于产量不稳，产值较低，多数油橄榄种植场改种柑橘。2010年，丽水市林科院仍保存部分油橄榄品种。

木本干果

板栗　历史上，处州板栗以实生、分散、零星种植为主，也有小面积成片板栗林。栽培品种主要有上光栗（又名社光栗）、油栗、通栗等10多种。据《丽水地区志》（1993年版）载："明成化二十二年（1486），各县产栗。"民国时期，处州主要产区缙云县长溪乡至双峰乡、舒洪区兴贤乡岭下出产最多，其中龙门乡下坑板栗粒大而肥甘，品质最佳，驰名浙江省，年均出产4000千克。此外，缙云县金峰乡年均出产1.25万千克，兴贤乡岭下村年均出产150千克。民国27年（1938），缙云县板栗产量8万千克，产值1.28万元。1971—1985年，丽水地区板栗产量329.5万千克。1986年，全省推广传统良种上光栗，缙云县被列为浙江省板栗基地试点县。20世纪90年代，丽水地区大规模发展板栗基地。1998年，丽水地区板栗种植面积7727公顷，有板栗种植面积超万亩县7个，其中景宁畲族自治县板栗种植面积1387公顷、遂昌县板栗种植面积1313公顷、云和县板栗种植面积1207公顷、丽水市（县级）板栗种植面积1180公顷、缙云县板栗种植面积1033公顷、松阳县板栗种植面积867公顷、青田县板栗种植面积740公顷。1994年，丽水地区板栗产量107.9万千克。2004年，丽水市板栗产量1301.5万千克。2007年，丽水市以板栗为主面积12789公顷，种植956.48万株，其中良种覆盖率超过85%。2009年，丽水市板栗产量1990.8万千克，创历史最高纪录。1971—2010年，丽水市板栗产量16446.3万千克。2010年，丽水市板栗产量1768.4万千克。

1971—2010年丽水市板栗产量一览

表13-4-4-2　　单位：千克

年份	产量	年份	产量	年份	产量	年份	产量
1971	116000	1973	212000	1975	152000	1977	126000
1972	164000	1974	441000	1976	108000	1978	92000

续表 13-4-4-2

年份	产量	年份	产量	年份	产量	年份	产量
1979	149000	1987	333000	1995	1219000	2003	9166000
1980	116000	1988	323000	1996	1699000	2004	13015000
1981	697000	1989	331000	1997	1954000	2005	15445000
1982	337000	1990	362000	1998	2528000	2006	15920000
1983	251000	1991	456000	1999	3349000	2007	17956000
1984	150000	1992	596000	2000	4467000	2008	18323000
1985	184000	1993	599000	2001	5702000	2009	19908000
1986	286000	1994	1079000	2002	8468000	2010	17684000

锥栗　丽水有两个锥栗品种，一是天然实生锥栗，各地均有分布，但资源甚少；二是人工嫁接锥栗，为浙江省所特有，集中分布在庆元县，以果大、味甜糯、耐藏而著名。据《庆元县志》（1996 年版）记载："庆元嫁接锥栗种植始于清代，系和山乡[①]天堂山村张伯高氏从福建省松溪县引进，故世称'天堂山锥栗'。初传至五都坪洋村，1959 年后传至千岗坑、山头垟、林后、岙后、杨楼、阴头等村。"民国时期，缙云县曾出产锥栗。据民国 27 年（1938）浙江省农业改进所对缙云县林业概况调查载："缙云县除盛产板栗外，尚有一种粒小而形似大栗者，乡人名曰锥栗或称小栗，味似大栗而稍逊，价格亦低，产量虽丰，但行销只限于境内，鲜有向外输出者。"

1985 年，庆元县嫁接锥栗面积 112 公顷，年产锥栗产量超 2 万千克。1989 年，庆元县年产锥栗产量 3.4 万千克。20 世纪 90 年代，庆元县掀起锥栗基地建设热潮，丽水市（县级）、青田县、龙泉市均少量引种栽培人工嫁接锥栗。2001 年，庆元县"三江源牌""金蜜果牌"天堂山锥栗基地被列为浙江省首批 43 个林业特色基地之一。同年，庆元县加大扶持开发锥栗力度，规定对发展 1 公顷以上的农户，每亩补助 130 元；制定并全面推广实施锥栗无公害生产地方（省级）标准。同年，庆元县建成黄坛、富楼源、杨楼无公害锥栗标准化生产示范园区；投资 3290 万元，开发面积 1067 公顷，建成集中规模 20 公顷以上的锥栗园区 40 个，建成 3.5 米宽的园区配套道路 237 千米。

香榧　丽水市是浙江省香榧分布区之一。品种多为大圆榧，又名草榧。据民国 27 年（1938）浙江省农改所对松阳县林业概况调查载："该邑出产草榧，区域系在玉岩区之何山头，数量亦不甚多，常年出产仅 200 千克，每 50 千克价值 5—6 元。榧子经加工后出售市上，每千克自 7 元半至 8 元不等。大年时每千克可售（购）至 11—12 元"。20 世纪 70 年代，龙泉县龙渊街道石马村、城北乡陂川村、东书村引种诸暨香榧数千株。20 世纪 90 年代，丽水地域开始引进细榧栽培。1990—1993 年，松阳县林业局引进诸暨林科所香榧（品种为细榧）苗木 100 株，在余叶村进行试种。后又陆续引进诸暨林科所细榧 1600 多株。1995 年，遂昌县种植香榧面积 3.8 公顷，产量 14000 千克。1999 年，遂昌县种植香榧面积发展到 6.8 公顷，产量 1.76 万千克。2006 年，松阳县政府把香榧基地建设列入综合开发（经济林）项目。2006—2007 年，松阳县香榧基地引种香榧 534 公顷，保存基地面积 466.7 公顷，获国家和浙江省综合开发项目资金 180 万元。2009 年，丽水市新发展香榧面积 1066.67 公顷，其中松阳县 286.67 公顷（包括零星造林 115.34 公顷）；缙云县 200 多公顷。2010 年，丽水市野生榧树总量约

① 今属松原镇。

3 万株。

银杏　丽水地域是浙江省银杏天然分布区之一，野生资源遍及 9 个县(市、区)66 个乡镇，其中树龄百年以上的古银杏树 179 株，大多散生于海拔 300—1000 米的山地和村旁。缙云县东渡镇隘头村 7 株树龄 150 年以上的古银杏树连根而生，被当地村民誉为“七姐妹”。

20 世纪90 年代，龙泉市林科所开发上圩龙床湾种植银杏 0.67 公顷。1994 年，遂昌县林业局发展连片银杏基地，在湖山乡牌坊门种植银杏面积 8.53 公顷。1996 年，丽水地区林业局从江苏省泰兴市引进银杏良种苗 3 万多株。1996 年，景宁畲族自治县林业局营林公司开发外畲乡营造银杏基地 5.3 公顷。1998 年，景宁畲族自治县林业局营林公司扩大开发外畲乡营造银杏基地 1.3 公顷。1997 年，云和县林业局开发重河湾种植银杏 0.67 公顷，多以行道树的形式种植，处于散生状态，保留不多。2000 年，景宁畲族自治县家地乡石碧村 12 户村民从江苏引进银杏良种，开发银杏基地 16.4 公顷。2006 年，景宁畲族自治县家地乡石碧村银杏基地银杏开始结果，产银杏 6000 千克。

木本药材

厚朴　丽水地域厚朴天然林资源主要分布龙泉市。据清顺治《龙泉县志》载，龙泉县素有“厚朴之乡”之誉。龙泉县厚朴按山地土质，有泥山厚朴和岩山厚朴之别。泥山厚朴剥皮易，卷成筒状不易破裂；岩山厚朴剥皮难，易破裂。厚朴皮油质有紫油厚朴和黄油厚朴，前者质优，多产于岩山。龙泉厚朴大部分经瓯江从温州港出运外销，又称为“温朴”(内产于龙泉一带的称“大溪货”，产于景宁一带的称“小溪货”)，以别四川所产的“川朴”。

清代，龙泉县厚朴运销各地，采用 50 年生以上的厚朴根皮，经精细加工后作为贡品“贡根”而誉满全国。龙泉八都乡后排岭和屏南梧树洋的厚朴，尤以紫油足、香味浓、质细厚，搓起能成丸而为最上品。丽水地域是全国最重要的厚朴产区，产量约占全国产量的 40%—60%。民国 24 年(1935)，遂昌县产厚朴 2.5 万千克。民国 27 年，龙泉县产厚朴 10 万千克，松阳县 5 万千克。据《龙泉县民国三十年土特产产销情况》载：“(龙泉县)产厚朴 5000 箱(每箱 100 斤)，零售单价 30 元。”

1950 年，庆元县厚朴产量 10 万千克。1954 年，各县厚朴产量 24.78 万千克。20 世纪 50 年代，龙泉县每年厚朴产量 15 万千克以上，其中 1956 年收购厚朴 55.5 千克；1959 年收购厚朴 320 千克。1965—1969 年，各县厚朴产量 2467.7 万千克。同期，龙泉厚朴产量 231.9 万千克。20 世纪 70 年代，丽水地区厚朴产量回调，年产量一直徘徊在 10 万—20 万千克。1971—1979 年，龙泉县厚朴花收购量 1.78 万千克。

20 世纪 80 年代，丽水地区过度采伐厚朴，厚朴天然林资源毁于一旦。后丽水地区厚朴产量来源由天然林为主转变为人工林为主，景宁畲族自治县替代龙泉市成为丽水地区厚朴新主产区。1980 年，丽水地区厚朴收购价格每千克 0.56 元，厚朴产量 14.09 万千克，其中龙泉县产量 11.8 万千克，厚朴花收购量 9766 千克。1981 年，全国厚朴价格上涨，厚朴收购价每千克 0.84 元。丽水地区厚朴产量急剧上升，产量 37.06 万千克，其中龙泉县产量 33.3 万千克，厚朴花收购量 2.64 万千克。1982 年，全国厚朴价格再次大幅上调，其中龙泉厚朴收购价格提高到 1.74 元。同年，丽水地区厚朴产量猛增到 194.91 万千克，厚朴花收购量增长到 2.7 万千克，创历史最高纪录。1983 年，由于厚朴资源大量减少，丽水地区厚朴产量仅 51.89 万千克，其中龙泉县厚朴产量 31.8 万千克，厚朴花收购量 2220 千克。1984 年，丽水地区厚朴收购价提高到 1.52 元。同年，丽水地区厚朴产量

118.14 万千克，其中龙泉县 105 万千克，为历史第二大纪录，厚朴花收购量 0.8 万千克。1985 年，丽水地区医药公司厚朴皮各等级牌价收购价又在 1984 年的基础上提高 30%，而云和县议价厚朴皮收购价比牌价高 60%，厚朴花高 40%，种子高一倍。但经前几年毁灭性采剥，产量却急剧下跌。同年，丽水地区厚朴产量 323300 千克。其中龙泉县 25 万千克，厚朴花收购量 0.52 万千克。同年，景宁畲族自治县梧桐乡高演村建成全国最大的凹叶厚朴纯林基地，面积 212.33 公顷。1986 年，丽水地区厚朴产量减少到 21.3 万千克。其中龙泉县 3.4 万千克，厚朴花收购量 0.17 万千克。1988 年，丽水地区厚朴市场管理失序，抬价抢购厚朴盛行，龙泉县爆发震惊全省的滥砍乱剥、购销失控的“厚朴大战”，全县预计当年被砍、剥厚朴 370 万株，仅龙泉医药系统就收购 72 万千克，其他系统收购及偷运外流的尚未统计。同年，丽水地区厚朴收购量 109.4 万千克，其中龙泉县厚朴产量 99.8 万千克。1989 年，丽水地区厚朴可采剥资源已近枯竭，产量急剧减少到 4.8 万千克，其中龙泉县无产量。

2001 年，景宁畲族自治县被评为浙江省厚朴之乡。据 2007 年丽水市森林资源清查载，丽水市种植厚朴为主林地面积 0.41 万公顷。2009 年，丽水市厚朴产量 250.6 万千克，创历史最高纪录。2006—2010 年，丽水市厚朴产量 7124000 千克，其中景宁畲族自治县厚朴产量 699.2 万千克，占全市厚朴产量的 98.15%。

南方红豆杉　丽水地域是浙江省南方红豆杉天然资源主要分布区域，主要生长于海拔 300—1500 米的村宅旁、山坡、谷地林中、河边。龙泉市凤阳山等高海拔地区还分布有红豆杉，其紫杉醇含量较高。2010 年，丽水市南方红豆杉总量 9898 株，其中大树 6977 株，百年以上的古村 2534 株。

20 世纪 90 年代，发现红豆杉树皮中的紫杉醇有抗癌功效后，其经济价值暴涨。丽水地区相继开展红豆杉苗木的培育和基地建设。21 世纪初，丽水市利民红豆杉苗木繁育种植场基地与浙江大德药业集团合作，建成莲都区的陈寮、大港头镇、遂昌县等地产业化栽培基地，面积 133.3 公顷，人工种植商品苗 50 万棵。2005 年，龙泉市龙渊、西街、查田、小梅、住龙、锦溪、兰巨等乡镇(街道)7 个营造南方红豆杉混交林面积 198.53 公顷。2010 年，丽水市利民红豆杉苗木繁育种植场培育成功南方红豆杉苗木 65 万株，其中地径 1—5 厘米的南方红豆杉苗木 50 万株，5—10 厘米的南方红豆杉苗木 10 万株，10 厘米以上的南方红豆杉苗木 5 万株。2008—2013 年，龙泉市绿峰农产品开发有限公司营造南方红豆杉 533.33 公顷。龙泉市鑫达红豆杉有限公司在龙南乡的叶村、羊尾村、底村、兴源村、上田村等地建立南方红豆杉基地，面积 133.33 公顷。

吴茱萸　缙云县是吴茱萸主要产地。民国 27 年(1938)，据浙江省农改所缙云县调查纪录，“吴茱萸在该邑壶镇区自壶镇起至双峰乡之大皿止，沿溪村落，均有栽培”。1949 年，缙云县吴茱萸产量 200 千克。1962 年，缙云县吴茱萸产量 1.91 万千克。1988 年，缙云县种植吴茱萸面积 33.33 公顷，收购 400 千克，大部分流往外地。后丽水地区没有具体统计。

杜仲　各县均有天然资源分布。1976 年，遂昌县引进外地杜仲苗木，在云峰乡、牛头山林场等地栽培。1995 年，遂昌县有杜仲最大树胸径 18 厘米。据《丽水地区志》(1993 年版)载：“1989 年，杜仲收购量 2000 千克，1990 年，收购量 900 千克。品种有粗皮和光皮两种，以光皮为优。”龙泉县医药公司对杜仲多为“以销定购”，年收购量 500—600 千克。1995 年，遂昌县林业开发公司在湖山乡三归村种植杜仲面积 16.67 公顷。1996 年，遂昌县种植杜仲面积 45.27 公顷。1999 年，遂昌县种植杜仲面积 71 公顷。2004 年，遂昌县种植杜仲面积缩小到 50 公顷。

竹类特产

鲜笋 龙泉县、遂昌县、庆元县、松阳县产量最多。据民国时期《龙泉县新志稿》载:“本县产竹极多,种类亦杂,故笋之产量亦富。”丽水地区主要有春笋、冬笋,鞭笋等鲜笋种类,其中春笋类品种繁多,有毛竹笋和小径竹类的早竹笋、雷竹笋、刚竹笋、黄甜竹笋、哺鸡竹笋等,以毛竹笋数量最多。

清光绪年间(1875—1908),遂昌县西乡小忠村龙藏自然村的冬笋被列为珍品,远销朝鲜等国。民国1—38年(1912年至1949年9月30日止),遂昌县三仁乡小忠村龙藏冬笋运销杭州、嘉兴、上海、中国香港地区较多。民国30—34年,遂昌县三仁乡小忠村龙藏冬笋运销冬笋10万千克。据《浙江农业改进所对处州十县林业概况调查》载:“民国27年,遂昌县冬笋产值约2万元;青田县产竹笋1.25吨,产值250元;庆元县产春笋5万千克,产值2000元,冬笋10吨,产值800元。”

1959—1984年,遂昌县收购冬笋85.6万千克。1989年,遂昌县鲜笋产量450万千克。1990年,遂昌县鲜笋产量240万千克。1993年,遂昌县鲜笋产量658万千克。1994年,遂昌县鲜笋产量558万千克。其间,遂昌县年产雷竹、刚竹等小竹笋20—40万千克。2005年,遂昌县冬笋产量450万千克,产值3150万元;春笋产量275万千克,产值4400万元(其中鞭笋20万千克,产值80万元;小竹笋100万千克,产值300万元)。2010年,丽水市鲜笋产量7693.35万千克。

笋干 明末,庆元县笋干最高年产量50万千克。清赵学敏《本草纲目拾遗》(1765)载:“处笋片,俗名‘素火腿’,以毛笋微汤煮熏干而成。味甘微咸,性平,利血化痰。”处州是浙江笋干主产区。1968年前,龙泉、庆元一带就开始加工笋干。清顺治《龙泉县志》有对制作笋制品的记载:“龙泉、庆元笋干以体大扁干,玉色黄亮,短嫩肉厚,水浸易发,味道鲜美著称,质量最好的称‘羊角尖’。”

民国19年(1930),龙泉、庆元等县销到全国各地笋干100万千克,其中庆元县曹岭运销上海箓笋干85万千克。民国27年,据浙江省农业改进所调查,“龙泉产笋干300吨,产值84000元。庆元县淤上、荷地等地产笋干50吨,产值8000元,主要销到金华、绍兴等地”。20世纪40年代,龙泉市笋干销量居全省之首,逢大年销量100万千克,其中邻县经龙泉县转销85万千克(庆元县约20万千克,福建省松溪县20万千克,福建省政和县45万千克)。庆元县笋干年产量50万千克以上,与木纸齐名。20世纪50年代,各县年均笋干收购量31.9万千克。1960—1980年,丽水地区收购笋干产量89.88万千克。2000年,丽水市收购笋干产量167.6万千克。2010年,丽水市收购笋干产量384万千克,产值0.97亿元。

箬竹 丽水地域各地均有分布,尤以遂昌王村口、松阳玉岩、龙泉城北一带为最多,主要生长于海拔300—1400米的山坡路旁和靠溪流、小河岸边等处。遂昌县箬叶以叶大、片薄而驰名中外,远销新加坡、马来西亚,是传统出口产品。民国25年(1936),遂昌县出口箬叶7.5万千克。1961—1971年,遂昌县收购箬叶419.2万千克,年均收购38.1万千克,居全省首位。其中1966年最多,产量52.7万千克。1991年,遂昌县出口箬叶0.6万千克,销售收入2.6万元。1994年,遂昌县出口箬叶5万千克,销售收入30万元。20世纪70年代,丽水地区箬叶常年采集量5万千克以上。据丽水地区供销社统计,1978年,丽水地区收购箬叶最多,产量20.35万千克,每万千克售价4万—5万元。2000年,丽水市箬叶产量31.3万千克。21世纪初,丽水市箬叶市场萎缩,产量少有统计。

第五章　林业场圃

丽水市林场主要有国营林场、集体林场和私营林场，在林业发展中发挥骨干、示范和带动作用，特别是在森林培育和保护方面成就较大。但是，在长期发展过程中也积累一些困难和问题，如有的林场发展后劲不足。

丽水境内国有林场始于民国元年(1912)。民国 11 年 8 月，浙江省第四苗圃自迁至丽水县。民国 17 年 2 月，扩建浙江省第二造林场，即浙江省丽水县林场的前身。同期，各县国有林场和苗圃相继建立。1949 年 5 月丽水解放后，人民政府接管民国政府、教育界、资本家办的林场(公司、农林牧试验场、苗圃)，后都改为国有林场。后又在国有宜林荒山面积较大的无林少林地区陆续兴办第一批国有林场。截至 1966 年，各县建立国有林场 26 个。20 世纪 80 年代，丽水地区国营林场发展循环林产业起步较晚，绝大多数林场面临严重的生存危机，林场的发展几乎停滞。20 世纪 90 年代，丽水地区改革林权制度，国有山林在所有制不变的前提下，国家不再统一经营，实行多种形式的经营承包责任制。

丽水集体林场包括乡办、村办和组办林场，属农村集体经营林业组织。1955 年 3 月，龙泉县凤鸣乡梧桐口村农业生产合作社山林入社 166.67 公顷，建立林业专业队，是中华人民共和国成立后建立的丽水境内第一个集体林场。1957 年始，各县把林业专业队改组为社队林场。20 世纪 60—70 年代，政府鼓励全社会义务造林、联合造林、封山育林，集体林场出现高峰。1979 年，丽水地区社队林场发展到 995 个，固定人员数 9575 人，经营面积 8.14 万公顷，达到历史最高水平。20 世纪 80 年代，丽水地区农村联产承包责任制普遍推行，社队林场、面积也大幅减少。1986 年，丽水地区社队林场 414 个，固定人员数 1113 人，经营面积 3.75 万公顷。后集体林场基本稳定发展。

民国时期，处州曾有私营林场。民国 25 年(1936)年，丽水县林业合作社 6 所，社员 238 人，认股 709 股。20 世纪 50 年代初，丽水兴起农业合作化运动，山林入社，农村土地归集体所有，私营林场消失。20 世纪 80 年代，丽水农村实行山林家庭联产承包责任制后，林业专业户、重点户开始悄然兴起。1981 年冬，遂昌县高坪乡茶树坪村民黄培松承包山林进行适度规模造林，是丽水地区改革开放后承包山林第一人。1982 年，丽水地区林业专业户、重点户 2186 户。21 世纪初，丽水市深入开展林权制度改革，民营林场逐渐增多。2005 年，丽水市山林托管公司 281 个，委托管理山林户数 4343 户，管理面积 9206.47 公顷。2009 年 12 月，能福营造林专业合作社经营森林通过“FSC”森林认证，成为全国首家通过 FSC 认证的林业专业合作社。

第一节 国有林场

机 构

民国元年(1912),丽水境内开始创办和经营国有林场。20世纪90年代,丽水地区改革林权制度,国有山林在所有制不变的前提下,国家不再统一经营,实行多种形式的经营承包责任制。

民国5年(1916),处州知事陈赞唐禀设苗圃于城内旧小校场,置模范桑园于旧丽水营。民国6年,处州知事陈赞唐购置松苗数十万株,垦植于琵琶洲、旧县仓、旧中营署、万象山、西山背、营盘山、紫荆山、皇华亭山,种茶子、桐子于水东,合计林场10所。民国7年,处州知事涂贡琳进行林场合并,第一、第二林场并为第一区,第三、第四、第五、第六林场并为第二区,第七、第八、第九、第十林场并为第三区,每区设置管理员1人。

民国11年(1922)8月,省立第四苗圃从温州地区迁至丽水县水东村。民国17年2月,省立第四苗圃移交丽水县后,扩建省第二造林场,面积133.33公顷,其中北山林区66.67公顷①,水东林区66.67公顷;职工14人,其中技术员1人、助理员2人、事务员2人、林工6人、公役2人。同年3月,庆元、松阳、丽水、缙云、青田、遂昌、龙泉等县相继建立县立苗圃。

民国18年(1929)3月,云和县立苗圃建成,面积0.8公顷。11月,省第二造林场改组为浙江省立第三林场,场址丽水县,山林面积1.03万公顷。民国19年1月,景宁县立苗圃成立,面积0.33公顷。同年,省建设厅设立龙泉县省立第三林场龙泉分场。

民国21年(1932),丽水第三林场更名省农业改良总场丽水林场。民国22年,省建设厅设立温处两属青田县保安林办事处。民国23年,温处两属青田县保安林办事处开始造林。民国24年2月,温处两属青田保安林办事处更名瓯江保安林青田事务所。2月,省农业改良总场撤销后,省农业改良总场丽水林场更名浙江省丽水林场。民国25年,瓯江保安林青田事务所更名省农林改良总场青田分场。

民国26年(1937),浙江省丽水林场更名浙江省林场丽水分场。民国27年,全面抗日战争规模扩大,丽水林场更名丽水林业改进区,由省农业改进所管理。民国28年,龙泉县在水南狮子岩建成中山林场,同时规定每年3月12日为植树节,机关全员参加营造中山林。

民国29年(1930年),丽水林业改进区更名浙江省农业改进所丽水林业改进区丽水林场,职工4人,林警5人,租用民房办公。民国33年,省农林改良总场青田分场裁撤,并入浙江省农业改进所丽水林业改进区丽水林场。同年,浙江省农业改进所丽水林业改进区丽水林场山地面积6646.4公顷,其中青田林场5220.67公顷(造林546公顷);丽水林场1425.73公顷,苗圃地9.08公顷(据实测为7.33公顷),育苗植树642218株,大树树龄19年,小树树龄2年。民国36年,浙江省农业改进所丽水林业改进区丽水林场植树12.98万株。

1949年5月丽水解放后,浙江省农业改进所丽水林业改进区丽水林场更名丽水专署林场。1950

① 即2010今庵堂、丽阳坑、白云山林区部分。

年4月，更名浙江丽水林场。1954年再次更名浙江省丽水县林场。

1955年，丽水地域新建庆元林场，青田国营林场分场、遂昌国营林场分场。1956年年初，丽水地域建有丽水、庆元省立国营林场2个。

1956年，龙泉、庆元、景宁、青田、遂昌、松阳建立国有林区森林经营所。5月，丽水地域新建景宁县林场、缙云县林场、松阳县湖溪林场和云和林场。10月，龙泉县造林站更名浙江龙泉梅寮森林经营所，干部职工10人。

1957年9月18日，丽水地域建立遂昌牛头山林场、松阳县林村林场。11月，龙泉县梅寮森林经营所扩建为林场，把龙泉县中心农场600公顷荒山划归林场经营。同年底，龙泉县梅寮森林林场更名龙泉县金沙林场，林场场部迁至金沙寺，接管龙泉城郊高级社山地、农田面积1733.33公顷。同时，接受城镇(1—9村、宫头、岭坤)、城郊(水南、松溪漠、松溪弄)、大沙(芳野、大沙)等大队无偿赠送、与国有山连片的大面积荒山，林场经营面积5333.5公顷，其中荒山、疏林地面积2756.6公顷。

1958年1月，庆元县林场扩建，管理南坑、小安和隆宫3个公社国有林场，场址在安溪。12月，改革国营林场体制，全部下放国营林场管理权限，划归所在县人民政府管理，包括林场人事调配、物资供应等管理权限，业务指导归属省林业厅，包括营林计划、林区基建、木材采伐、基建“三材”(钢材、木材、水泥)供应和招工指标等管理权限。同年7月，庆元县万里林场、丽水县峰源林场建立。8月，缙云县林场建立。同年，青田县石门洞林场建立。

1959年，景宁县设立上标伐木场。

1962年，省立青田县国有苗圃建立，圃址鹤城镇西门山。1963年，浙江省丽水县林场更名丽水林场。1964年8月，省立缙云县国有苗圃建立，圃址缙云县城北乡黄龙寺。

1966年，丽水地委把丽水林场划分为两个，一为地区林场，辖北山林区和水东苗圃；二为丽水县林场。1966—1967年，各县人民政府先后新建缙云栝苍山林场、青田县八面湖林场(1966年6月建)、青田县大洋山林场(1966年3月建)、青田县金鸡山林场(1967年4月建)、青田县石门洞林场(1966年扩建)、青田县峰山茶场(1967年建)。1972年3月，省革命委员会生产指挥组批准各县人民政府新建和扩建国有林场。

1970年，丽水地区林场更名浙江林校附属林场。1973年9月20日，浙江省革命委员会批准建立遂昌县白马山林场1976年，浙江林校附属林场更名丽水地区实验林场。1978年，龙泉县苗圃建立，圃址蜜蜂岭，划拨龙泉红旗良种场农田3.53公顷，征用山地面积7.67公顷。

1995年1月，云和仙宫湖林场、遂昌湖山林场、龙泉市山坑林场(原龙泉市山坑林木经营场)获省政府批准建立。1999年9月28日，青田县国有苗圃获省林业厅批准撤销。

1998年，景宁畲族自治县(上标)伐木场改制为上标国有林场。

2000年，丽水地区实验林场更名丽水市实验林场。

2007年11月20日，景宁畲族自治县上标国有林场(原森工林场转为国有林场)、遂昌县桂洋林场(原林木经营场转为国有林场)获省林业厅批准建立，其中上标林场更名望东垟高山湿地省级自然保护区。同年，丽水市编制委员会批准撤销丽水市实验林场，同时成立丽水市白云山生态林场。2009年1月，庆元县营林公司更名庆元县实验林场，获浙江省林业厅批准转制为国有林场。

2010 年丽水市国有林场概况

表 13-5-1-1

序号	国有林场名称	场址	创办时间	面积（平方米）	林地面积（平方米）	总蓄积（平方米）	森林覆盖率（%）	职工人数		机构成立文件
								干部（人）	工人（人）	
1	丽水市白云山生态林场	莲都区丽阳坑 1 号	1928 年 2 月	39448	38645	234000	97.40	10	65	民国 16 年（1927），苗圃改建面成；1949 年由当地人民政府接收
2	莲都区林场	莲都区城关镇银苑小区 202 幢301 室	1963年 3 月	20269	18014	55136	93.50	2	8	1966 年，地委从地区林场分建面成
3	莲都区峰源林场	莲都区峰源乡夏庄村	1964 年	41709	39684	251134	95.60	4	41	1958 年 7 月 16 日，省整编办〔58〕浙编字 558 号批建
4	云和县云和林场	云和县人民路 22 号	1956 年	32284	28738	103710	89.10	4	6	1956 年 5 月 4 日，省农工部总号 2388 号批建
5	云和县仙宫湖林场	云和县仙宫湖	1993 年	19383	—	—	—	—	—	1995 年 1 月 14 日，省政府浙政发〔1995〕17 号批建
6	景宁畲族自治县总场	景宁县府前西路 2 号	1965 年 12 月	88572	81505	569509	92.70	5	58	1956 年 5 月，省农部 2388 号文批建景宁林场，1965 年 12 月，云和县人委员会林字第 310 号同意景宁林场和东坑林场合并建景宁总场
7	景宁畲族自治县上标林场	景宁县景南乡上标	1956 年	33049	30257	198810	98.80	1	41	1956 年，成立森工伐木组。1969 年，改称上标伐木场。1998 年，景宁畲族自治县政府更名为上标林场（景政发 1998〔25〕号）
8	龙泉市林场	龙泉市剑池路 132 号	1957 年	3420	3396	16051	91.80	2	14	创建于民国 17 年原名浙江省第三林场龙泉分场。1958 年 8 月 22 日，省整编办〔58〕浙编字 664 号批建
9	龙泉市山坑林场	龙泉市锦旗双河口	1954 年	18092	16243	99216	89.80	4	20	1995 年 1 月 14 日，省政府浙政发〔1995〕17 号批建
10	庆元县庆元林场	庆元县屏都镇	1955 年 3 月	87534	84938	815261	98.00	11	52	1955 年 3 月，省林业厅批准正式成立
11	庆元县万里林场	庆元县百山祖乡	1958 年 10 月	57337	55910	467579	99.10	9	45	1958 年 7 月 16 日，省整编办〔58〕浙编字 558 号批建
12	庆元县实验林场	庆元县松源镇新建路 140 号	1982 年 3 月	121642	117337	947700	96.50	9	46	2009 年1 月，庆元县营林公司转为国有林场，并命名为庆元县实验林场（浙林造批〔2009〕1 号文件）

续表 13-5-1-1

序号	国有林场名称	场　址	创办时间	面积（平方米）	林地面积（平方米）	总蓄积（平方米）	森林覆盖率（%）	职工人数		机构成立文件
								干部（人）	工人（人）	
13	遂昌县湖山林场	遂昌县湖山乡	1979 年 4 月	52324	47909	137781	91.80	6	26	1995 年 1 月 14 日，浙政发〔1995〕17 号批建
14	遂昌县白马山林场	遂昌县新路湾镇	1973 年 9 月	12204	11020	65928	90.70	6	17	1973 年 9 月 20 日，浙革计〔1973〕178 号批建
15	遂昌县牛头山林场	遂昌县云峰镇	1957 年 10 月	42771	40145	103169	94.20	6	42	1957 年 9 月 18 日，省人委〔57〕浙编字 2321 号批建
16	遂昌县桂洋林场	遂昌县垵口乡	1956 年 10 月	10274	9688	50093	94.30	6	19	2007 年 11 月 20 日，浙林造批〔2007〕51 号批建
17	松阳县湖溪林场	松阳县古市镇	1956 年 5 月	17953	16508	62185	94.70	2	40	1956 年 5 月 4 日，省农工部总号 2388 号批建
18	松阳县林村林场	松阳县西屏镇	1957 年 9 月	17871	13622	44231	76.50	6	30	1957 年 9 月 18 日，省人委〔57〕浙编字 2321 号批建
19	青田县石门洞林场	青田县石门洞	1958 年	63684	58682	352628	92.30	—	32	1958 年 8 月 22 日，省整编办〔58〕浙编字664 号批建
20	青田县大洋山林场	青田县季宅乡	1966 年	11735	11181	64292	99.60	—	13	1972 年 3 月 29 日，浙革生计〔1972〕45 号批建
21	青田县金鸡山林场	青田县汤洋乡	1966 年	21267	20761	62959	97.60	—	6	1972 年 3 月 29 日，浙革生计〔1972〕45 号批建
23	青田县八面湖林场	青田县章村乡	1966 年 3 月	22439	21934	119946	97.00	—	12	1972 年 3 月 29 日，浙革生计〔1972〕45 号批建
24	青田县苗圃	—	1963 年	150	—	—	—	□⊟	—	1999 年9 月 28 日，省厅林种批〔1999〕79 号批准撤销
25	缙云县苗圃	缙云县五云镇黄龙寺	1964 年	96	93	286	95.00	1	11	—
26	缙云县林场	缙云县五云镇	1958 年 8 月	78313	71804	287008	92.00	6	57	1958 年 8 月 22 日，省整编办〔58〕浙编字664 号批建
27	缙云县栝苍山林场	壶镇镇	1966 年 12 月	40993	35297	249896	90.30	6	36	1972 年 3 月 29 日，浙革计〔1972〕45 号批建
	合计	—	—	963621	881249	5292911	—	106	749	—

生产活动

营林生产　民国18年(1929)，丽水林场造林面积1133.33公顷，树种为马尾松纯林以及为数很少的杉木林几片。民国18—19年，浙江省第三林场龙泉分场完成造林面积533.2公顷(据财政预算推算的造林面积)。民国22年，丽水林场补充种植树木88.94万株。民国23年，丽水林场造林面积82公顷、78.25万株。民国24年，丽水林场造林面积213.53公顷。民国25年，丽水分场苗圃面积9.27公顷，山场面积1400公顷。民国33年，浙江省丽水林场山地面积9.97万公顷，其中青田县0.52万公顷，丽水县0.14万公顷；圃地9.08公顷；植树64.2万株。民国17—38年，丽水林场造林面积0.33万公顷。截至1950年，丽水林场保存面积0.14万公顷，育苗4163万株。

1951年，丽水林场育苗359.5万株，其中马尾松300万株。1952年6月，丽水林场苗圃9个，面积7.1公顷，育苗5.68公顷。1956—1957年，龙泉县林场完成直播油茶258.6公顷，营造麻栎14.13公顷，杉木28.67公顷，水菖花16.87公顷，迹地更新120公顷，培育苗木204万株，开防火线20千米。1958年，龙泉县林场造林158.73公顷，抚育296.3公顷，育苗0.59公顷。1975年，地区实验林场引进国外松种籽50千克，进行育苗试验。1976年，地区实验林场造林面积66.67公顷。1983年后，丽水地区引进国外柏(日本扁柏、日本花柏、大叶香柏、细叶香柏、日本冷杉)分别在景宁草鱼塘林场、庆元万里林场、丽水峰源林场试种，生长良好，表现速生，是高山造林的优良树种。1983—1990年，丽水地区引进培育国外柏苗木数十万株，除满足丽水地区造林外，支援宁波、台州、温州等地造林。1970—1990年，丽水地区国营林场造林3.46万公顷，其中经济特产林853.53公顷，林木抚育11.58万公顷，采种31.8万千克，育苗654.7公顷；生产木材37.63万立方米，毛竹61.09万支，油茶籽1188150千克，桐白45350千克，松脂249050千克，柑橘1602400千克，茶叶940600千克，干果、棕片、笋干等若干。1985年，丽水地区国营林场销售收入767.22万元，利润238.13万元。1980—1990年，丽水地区国有林场营造油茶林、茶叶园地，发展柑橘水果经济特产13892000千克，建成果园面积200多公顷。

1990年，丽水地区国营林场19个，国营苗圃2个，职工1487人，其中干部121人，高级职称1人，中级职称19人，初级职称137人；经营林地面积4.7万公顷，其中用材林3.72万公顷，经济林0.09万公顷，竹类0.05万公顷；林木蓄积量254.6万立方米，毛竹立竹量89.3万支，销售收入1424.22万元。1979—1994年，遂昌县湖山林场发展柑橘、板栗、油桐等经济林59.53公顷。1999年12月至2002年1月，丽水国有林场区划界定省级以上重点生态公益林面积3.74万公顷。2010年，丽水市国有林场区划界定生态公益林面积4.69万公顷。同年，丽水市国有林场获省财政森林生态效益补偿金1160.66万元。

综合开发　1975年8月，龙泉山坑林木经营场创办木材加工厂和茶叶加工厂，年加工木材2000立方米，年产干茶叶750千克，年纯利润10万元以上。1979年，龙泉县林场建设食用菌实验场，以生产香菇菌种为主，供应龙泉县、庆元县及省内各县菇民，解决部分女职工就业。1980年，龙泉县林业局拨款1.6万元，用于龙泉县食用菌实验场实验仪器设备及建房。1982年，龙泉县林场投入1.16万元，建起龙泉县食用菌实验场厂房。1979—1983年，龙泉县食用菌实验场生产菌种10万瓶。1984—1987年，龙泉县食用菌实验场生产菌种19.2万瓶，鲜菇1.6万千克，干菇125千克，产值15万多元。

1980年，丽水地区实验林场投资100万元，新建白云楼。1985年，白云楼建成，开设商店、饭店、旅店、冷饮、副食品供应、夜间茶室等服务。1989年，白云楼收入300.5万元。1981—1985年，青田县6个国营林场、苗圃多种经营销售收入210.1万元，利润61.75万元。1987年，遂昌县白马山林场、牛头山林场、湖山林场投资建设遂昌县翠云楼旅馆，开展旅馆服务业。

1988年，丽水地区国有林场林工商企业收入133.86万元，占国营林场总收入8%。1987—1988年，龙泉县林场生产柑橘28000千克，西瓜89500千克，花生41000千克，黄豆4100千克。1988年，龙泉市林场大规模建畜牧场，猪舍由1984年两幢扩建至20幢。年产商品猪4487头，产值114.35万元，同时产菜鸡1.85万只，产值24.8万元，提供果园栏肥550万千克。10月，龙泉县林场第三、四果区进行改制，实行自主经营，独立核算，自负盈亏，是龙泉县第一家股份经营的企业。2002年始，第三、四果区实行租赁经营，承包人每年上交股份制果园3万元。1988年，丽水地区国营林场木材加工厂17个，以加工板方材为主，收入335.44万元，利润29.98万元。1990年，丽水地区国营林场林工商企业收入30.1万元。

1957—1994年，遂昌县桂洋林木经营场生产木材2.81万立方米，收购附近社队木材7.68万立方米，产值1350.6万元，税收433.62万元。1984—1994年，遂昌县牛头山林场生产木材16062立方米，产值702.6万元，税收209.93万元。1986—1994年，遂昌县白马山林场生产木材6543立方米，产值328.4万元，税收35.88万元；遂昌县湖山林场生产木材15360立方米，产值654.8万元，税收64.96万元。1998年，丽水地区国有林场营业销售利润9533万元，亏损林场(圃)减至8个。

2002年，遂昌县牛头山林场投资5万多元，把荷花地林区茶园改建为有机茶园。2005年，遂昌县牛头山林场荷花地林区有机茶园生产名茶200多千克。2003年，龙泉市山坑林木经营场修建场部至龙井潭瀑布休闲便道，龙泉市青云山庄招待所；扩建青云山庄饭庄，建立容纳100人的会议中心。1955—2005年，龙泉县林场开展多种经营，创收870.81万元，盈利244万元；生产木材1万多立方米；以柑橘为主的水果250万千克。

1970—2010年，丽水市白云山生态林场建成水电站1座，加工厂1个；发展茶叶面积16.13公顷，种植柑橘等水果12.53公顷，生产木材76.3万立方米，毛竹74.7万株，油茶籽15658担，桐白620担，松脂4485担，柑橘2620000千克，茶叶754750千克，其他干果、棕片、笋干等若干。2010年，丽水市国有林场批建森林公园11个，其中国家级4个，省级7个(参见森林公园一节)。

基建设施

1956—1978年，遂昌县桂洋林木经营场修建林区机耕路15千米，开辟防火线路13.5千米，建筑林场生产、生活用房3幢、3973平方米，建成木材加工厂1座，建成贮木场一个2190平方米，购置运输车辆2辆。

1972年，龙泉山坑林木经营场建立山坑外垟场部，筹资开通双河口至外垟小马路，建成职工宿舍1200平方米，修建畜牧场400平方米，建成晒场200平方米。1974年10月，龙泉山坑林木经营场建成双河口200平方米校舍，在读学生50人，解决职工子女读书难问题。1975年10月，龙泉山坑林木经营场投资10万元，安装场部电话总机，全部安装8个护林点手摇电话。1985年，丽水地区国营林场有房屋11.53万平方米、晒场20149平方米、林区公路60.1千米、手车道162.8千米、通讯线路608.5千米、防火线1679千米、水电站10座装机401千瓦，拥有汽车21辆、拖拉机27台、割灌机4台、喷灌机21台、油锯5台、带锯34台、机动喷雾器12台、机动船一艘；开通21个场圃电话、广播，除大洋山、金鸡山、八面湖林场外，都通汽车。截至1990年，丽水地区国营林场投资4970.54万元。1970—1990年，丽水地区实验林场、青田县石门洞林场、云和县林场、庆元林场等建设空中索道5条，总长度8860米。1992年6月，遂昌县牛头山林场开工建设岩马公路，即岩坑口至马头山公路，全长10.14千米，总投资190万元。2001年，岩马公路通过竣工验收。

第二节 集体林场

1955年3月，龙泉县凤鸣乡梧桐口村农业生产合作社贯彻自愿互利、林劳结合、有利于团结中农和发展生产的原则，166.66公顷山林入社，建立林业专业队，被树为全县典型。同年5月，毛泽东对《凤鸣乡山林入社调查报告》作批示："这是一个普遍性问题，一切有成林林木的山区，都应该迅速地按照党的政策，处理林木是否入社的问题。浙江省龙泉县凤鸣乡的做法可供各地参考。"1957年，各县学习湖北省黄梅县经验，把林业专业队改组为社队林场。

1958年，温州专署林业局为探索山区如何管好现有森林，实行合理采伐，开展林区多种经营路子，派工作组到龙泉县竹垟乡红旗农业合作社进行专题调查，并帮助试办全县第一个社（村）办林场。林场造林实行"三包三定"（包造、包活、包管护；定山片、定面积、定质量）；油茶林培育管理实行包工数、包成本、包产量；用材林抚育根据不同山片抚育的难易定工数、定质量。生产所需的大型工具由农业合作社购买，小型工具由场员自备。林场场员按照出勤天数、完成生产定额到合作社领取报酬。1963年以后，各县贯彻"调整、巩固、充实、提高"八字方针，提出"国社合作造林"，云和县派干部与林丰公社①联合建设造林站1个，造林0.33公顷，其他各县只作规划，未付诸实施。

1972年开始，丽水地区开展林业基地建设，学湖南、广东等省办林场、林场管基地经验，发展基地造林，建立一批社队林场。至1973年，丽水地区社队林场发展到475个，固定人员数3885人，经营面积2.59万公顷，专业队247个，专业队人员2035万人。1979年，丽水地区社队林场发展到995个，固定人员数9575人，经营面积8.14万公顷，达到历史最高水平。

1982年，全国调整行政管理体制，人民公社、大队、生产队三级调整为乡、村、村民小组，社队林场也相应调整为乡办、村办、村民小组办（或联办）合作林场。后农村联产承包责任制普遍推行，丽水地区社队林场开始相应调整。至1986年，丽水地区只剩下社队林场414个，固定人员数1113人，经营面积3.75万公顷。1988年，丽水地区乡村林场438个，经营面积4.2万公顷，其中乡办场141个，经营面积1.94万公顷；村办林场29个，经营面积2.74万公顷。1992年，丽水地区乡村林场个数700个，固定人员数2404人。1994年，据遂昌县对部分乡村林场经营状况调查，遂昌县20个乡村林场经营面积3645.4公顷，其中林地面积3495.53公顷，林木蓄积234510立方米，毛竹蓄积3.17万株，年收入88万元，职工人数118人。21世纪，丽水市乡村林场基本稳定。

① 2010年属大湾、沙铺乡。

1972—2001年丽水市乡村合作林场基本情况

表 13-5-2-1

年份	林场个数（个）				固定人员数（个）				经营面积（万公顷）				有林地面积（万公顷）				总蓄积量（万立方米）				本年造林（公顷）				木材采伐量（立方米）			
	其中			合计	其中			合计	其中			合计	其中			合计	其中			合计	其中			合计	其中			合计
	乡办	村办	联办		乡办	村办	联办		乡办	村办	联办		乡办	村办	联办		乡办	村办	联办		乡办	村办	联办		乡办	村办	联办	
1972	—	—	—	823	—	—	—	6855	—	—	—	38013.33	—	—	—	—	—	—	—	—	—	—	—	—	—	—	—	—
1973	—	—	—	475	—	—	—	3885	—	—	—	25874.80	—	—	—	—	—	—	—	—	—	—	—	—	—	—	—	—
1974	—	—	—	493	—	—	—	4778	—	—	—	13041.06	—	—	—	—	—	—	—	—	—	—	—	3702.60	—	—	—	—
1975	60	465	—	525	993	5260	—	6253	9789.20	39752.53	—	49541.73	3718.47	20723.40	—	24441.87	—	—	—	—	586.20	5326.07	—	5912.27	2942	550	—	3492
1976	78	428	—	506	—	—	—	4003	7283.47	24695.47	—	31978.93	—	—	—	22912.47	—	—	—	—	—	—	—	5434.60	—	—	—	670
1977	147	664	45	856	2411	4683	276	7370	15716.40	41766.53	2185.07	59668.00	—	—	—	—	—	—	—	—	—	—	—	—	—	—	—	—
1978	149	747	1	897	3080	6824	52	9956	11552.73	31572.67	666.67	43725.40	—	—	—	—	—	—	—	—	3749.60	2906.47	—	6656.07	—	—	—	—
1979	172	823	—	995	2868	6658	—	9526	21022.80	60403.73	—	81426.53	—	—	—	—	—	—	—	—	1892.73	5462.00	—	7354.73	—	—	—	—
1980	162	724	1	887	2523	6607	7	9137	17214.87	49115.80	133.33	66464.00	13828.47	41070.60	126.67	55025.73	—	—	—	—	1014.60	3781.20	—	4795.80	2946	8855	—	11801
1981	158	681	2	841	2118	4710	17	6845	16752.67	50460.60	193.33	67406.60	14445.13	41378.33	146.67	55970.13	—	—	—	—	432.07	1923.93	3.33	2359.33	2105	6273	—	8378
1982	171	564		741	1452	2979	—	4511	16773.33	40617.93	—	58839.80	14596.13	34379.00	—	50137.00	—	—	—	—	330.93	682.33	—	1036.60	2115	6404	—	8619
1983	159	370	—	529	1166	1430	—	2596	16726.53	32935.53	—	49662.07	14300.13	29128.60	—	43428.73	—	—	—	—	559.40	603.47	—	1162.87	1649	1757	—	3406
1984	153	336	—	489	938	1067	—	2005	16235.13	28882.13	—	45117.27	14518.47	24999.27	—	39517.73	—	—	—	—	334.13	317.27	—	651.40	4112	2755	—	6867
1985	141	297	—	438	740	956	—	1696	14603.73	27377.93	—	41981.67	12595.67	20912.60	—	33508.27	148529	277193	—	425722	153.60	231.93	—	385.53	5363	3404	—	8767
1986	143	271	—	414	589	524	—	1113	14909.73	22619.87	—	37529.60	13192.27	18536.53	—	31728.80	371578	377749	—	749327	149.87	126.27	—	276.13	5011	1958	—	6969
1987	138	317	—	455	529	652	—	1181	16318.40	25667.07	—	41985.47	14428.60	21266.33	—	35694.93	439648	513383	—	953031	76.33	63.13	—	139.47	4412	3504	—	7916
1988	156	394	—	550	654	830	—	1484	17545.60	30516.93	—	48062.53	15472.40	26029.13	—	41501.53	588816	803724	—	1392540	560.67	288.53	—	849.20	7492	10374	—	17866
1989	144	383	—	527	614	968	—	1582	17709.13	31111.00	—	48820.13	15369.40	25160.80	—	40530.20	563689	847986	—	1411675	320.87	257.00	—	577.87	2628	2881	—	5509
1990	165	530	—	695	675	1509	—	2184	18119.27	44795.27	—	62914.53	16075.67	38139.53	—	54215.20	757568	1230969	—	1988537	554.60	549.07	—	1103.67	10175	15928	—	26103

续表 13-5-2-1

年份	林场个数（个）				固定人员数（个）				经营面积（万公顷）			
	其中			合计	其中			合计	其中			合计
	乡办	村办	联办		乡办	村办	联办		乡办	村办	联办	
1991	146	482	53	681	714	1442	193	2349	14882.20	54177.73	8107.33	77167.27
1992	137	521	42	700	648	1609	147	2404	25587.00	121042.00	5347.00	151976.00
1994	130	427	40	597	533	1004	102	1639	13699.00	41517.00	3866.00	59082.00
1995	177	397	44	558	323	1030	111	1464	12240.00	39701.00	6576.00	58517.00
1996	111	394	48	553	439	894	118	1451	12854.00	38451.00	4313.00	55618.00
1997	108	408	61	577	394	910	211	1515	30705.00	45129.00	11787.00	87621.00
1998	92	375	99	566	392	800	232	1424	10886.00	36894.00	12562.00	60342.00
1999	76	250	48	374	211	611	118	940	6761.00	19858.00	6442.00	33061.00
2000	95	302	62	459	361	623	203	1187	14212.00	30798.00	15196.00	60206.00
2001	109	329	75	513	271	624	153	1048	10066.00	25047.00	6602.00	41715.00

年份	有林地面积（万公顷）				总蓄积量（万立方米）				本年造林（公顷）				木材采伐量（立方米）			
	其中			合计	其中			合计	其中			合计	其中			合计
	乡办	村办	联办		乡办	村办	联办		乡办	村办	联办		乡办	村办	联办	
1991	14182.33	50427.33	6743.93	71353.60	537813	1549787	69510	2157110	196.33	1795.73	1315.40	3310.80	8675	15685	2448	26808
1992	24145.00	105936.00	4049.00	134130.00	594998	1778842	57539	2431379	372.00	2291.00	258.00	2921.00	7450	20638	504	28592
1994	12745.00	38063.00	3094.00	53902.00	580213	1396565	48061	2024839	402.00	1698.00	24.00	2124.00	8433	14227	1598	24258
1995	11379.00	35955.00	6040.00	53374.00	625197	1083455	45940	1754592	15.00	341.00	—	356.00	15534	15221	4548	35303
1996	11898.00	34432.00	3341.00	49671.00	543801	1148842	57853	1750496	28.00	110.00	8.00	146.00	10601	9819	300	20720
1997	26758.00	41838.00	9540.00	78136.00	532198	1233206	349607	2115011	35.00	107.00	59.00	201.00	7884	13229	2703	23816
1998	10384.00	32795.00	11252.00	54431.00	444778	1300486	384072	2129336	146.00	87.00	33.00	266.00	5171	18697	3325	27193
1999	6516.00	18236.00	6029.00	30781.00	293612	787236	62077	1142925	130.00	139.00	27.00	296.00	3994	16451	0	20445
2000	13404.00	28543.00	14087.00	56034.00	605118	931291	438357	1974766	316.00	233.00	62.00	611.00	7372	12122	9402	28896
2001	9503.00	23661.00	5998.00	39162.00	482141	961215	191343	1639259	139.00	237.00	104.00	484.00	4047	14372	5839	24258

第三节　民营生产组织

林业合作社

民国15年(1926),据《丽水县志》(1975年版)载:"丽水有12个私营林场。"民国16年,处州庶政革新,凡林业组织均以合作社方式出现。至民国25年,丽水县林业合作社6所,社员238人,认股709股。20世纪50年代初,丽水兴起农业合作化运动,山林入社,农村土地归集体所有,集体统一经营,私营林场消失。

林业专业户、重点户

20世纪80年代,丽水农村实行山林家庭联产承包责任制后,林业专业户、重点户开始悄然兴起,为私营林场的雏形。1981年冬,遂昌县高坪乡茶树坪村民黄培松承包蕉川乡夹路畈村、桐川村山林面积9.33公顷,用收益分成办法承包邻村荒山、疏林山进行适度规模造林,是丽水地区改革开放后承包山林第一人。1981—1994年,遂昌县高坪乡茶树坪村民黄培松营造杉木等基地林101.40公顷,其中杉木速生丰产林39.6公顷,一般杉木基地林61公顷,青梅、黄桃等果木0.8公顷,质量均佳。1984年,遂昌县高坪乡茶树坪村民黄培松营造杉木面积5.33公顷。1994年,遂昌县高坪乡茶树坪村民黄培松营造杉木郁闭成林,树高平均8米,胸径12厘米,最高达10米,胸径18厘米,进入间伐期。1982—1989年,遂昌县高坪乡茶树坪村民黄培松获政府造林补助费、护林费,小材小料和抚育套种收入5万多元。1982年,丽水地区林业专业户、重点户2186户。1984年,丽水地区林业专业户和重点户9345户,基地造林5941.26公顷,其中龙泉县林业专业户、重点户825户,造林面积1172.73公顷,占全县造林面积的32.55%。1988年,龙泉县造林专业户和重点户发展到1474户,造林面积2551.53公顷,占全县造林面积的82.9%,其中100亩以上大户18户。

家庭林场、股份制林场

1999年,龙泉市八都林业工作站股份制林场成立,由八都林业工作站职工投资兴办,通过承包八都镇林场经营、购买毛竹山、租赁农户山林进行比例分成等方式经营,是龙泉市最早注册的股份制林场。截至2005年,龙泉市八都林业工作站股份制林场经营面积发展到106.67公顷,林场资产300万元。2005年,龙泉市家庭林场、股份制林场32家,经营面积5333.33多公顷。同年,丽水市山林托管公司281个,委托管理山林户数4343户,管理面积9206.47公顷。2007年7月,浙江能福旅游用品有限公司成立能福营造林专业合作社,龙泉市住龙镇周调、碧龙、白岩3个行政村340多户、农民1245人,以林地7533.33万公顷、蓄积量47.5万立方米作为股资,参加合作社,联合经营山林。

第六章　林业保护

丽水是“浙江绿谷”，森林资源丰富，全省林区面积最大，林业用地面积146.66万公顷，活立木蓄积量6000万立方米，森林覆盖率81%，林木绿化率81.62%。境内村民历来保护林业意识较强。丽水封山育林记载始于清代，遂昌县、龙泉县等地设立封山护林碑。民国初期，处州各地普遍设立“林业公会”“合作社”“禁山会”组织，加强林业资源保护。1949年丽水解放后，政府林业部门依据实际情况进行封山育林，保护公路两旁、江河两岸水土流失严重地段的植被，做好林木混交，促进森林系统的完整发育，改善生态环境。2005年，丽水市封山育林面积31.5万公顷。同时，开展退耕还林工作，特别是2000年，丽水市开始实施退耕还林项目，采取分类区划，探索退耕还林模式，其中以庆元县、龙泉市、遂昌县为重点，退耕还林面积3111.66公顷。2001—2005年，丽水市退耕还林面积6727.31公顷。

丽水森林灾害防治逐步走上法治化轨道。古时，丽水民间护林形式和方法多样。许多寺院都有寺僧常年巡山护林。民国时期，丽水尚无统一防火组织及机制。中华人民共和国成立后，丽水乡村一级成护林主力。各县通过举办森林火灾肇事者法制学习班、发布《野外用火管理方法》、实行野外用火许可证制度等办法加强防火管理。2007年开始，丽水市政府建立森林防火目标考核、责任追究、重点管理“三项制度”，新建市森林防火指挥中心和丽水市“一体化”防火指挥系统，远程监控重点区域和重要目标，建立县级专业消防队、乡镇半专业消防队和村级护林员为主体的森林消防体系，并与各县(市、区)政府每年签订森林消防责任状，实行森林消防目标责任制考核。至2010年，丽水市准专业、半专业森林消防队276支，消防队员7708人；义务扑火队1487支，消防队员22371人。20世纪50年代后，各地开展跨政区合作联防护林，建立省际联防、县乡联防、乡村联防等组织。

21世纪，丽水市森林病虫害防治坚持“预防为主，科学治理，依法监管，强化责任”，推进由重除治向重预防、由化学防治向无公害防治、由治标向治本的“三个转变”。

第一节　封山育林

村规民约

清嘉庆二十五年(1820)，遂昌县北乡高坪庄石姆岩东侧山道旁崖壁下就立有一块禁碑，上书“奉县殷、咸二太爷，严禁採騆菻树木等件，嘉庆廿五年秋月公立”。清道光十二年(1832)4月，龙泉县安仁镇花庵村柳、游、刘三姓村民，专立187个字的禁示石勒(碑)，规定挖泥、盗砍者，罚银3两6

钱，赏银6钱给于报者之后，其余3两入社公用等禁示，保护水口馒头凸、社殿后来龙高岗树木。清光绪十九年（1893）2月，遂昌县王村口村立有一块封山护林碑。清末民初，处州各地设立“林业公会”“合作社”“禁山会”组织，龙泉县、庆元县、青田县民间“禁山会”极为普遍。

民国19年（1930），丽水在笔架山区域封山育林。民国24年4月，遂昌县政府发布《关于禁止损害沿溪荫木的布告》。民国25年4月，封禁唐山翠峰寺山场。民国26年4月，对官私荒山造林实行封山护林。民国27年2月14日，政府发布告，“含晖洞为吾遂名胜，附近灵泉洞、石船亭亦均系远年古迹，本政府为维护名胜起见，将附近寺山森林，加意培养，以资保护风景，合亟布告周知，嗣后附近民众毋许再在该山任意樵采开垦，如违严惩不贷，仰各凛遵！”据《庆元县志》（1996年版）载：“民国时期，民间有禁山会，专管祠、族、庙、校、桥、路、山和村头水尾风景林的封山，禁山会订出《禁约》、出《告示》，违者按章处罚，称之‘散规’，管理甚严。”在缙云民间，若发生盗伐公常山林或火烧山，除罚款外，还要罚请戏班演戏。

1950—1957年，各县封山育林面积12.67公顷。1959年，各县对公路两旁、江河两岸水土流失严重地段进行封山，面积9.28万公顷。1960年，各县封山育林面积2.25万公顷。1974年，遂昌县石练公社大茂坑大队村划出从龙门岭至桃树坞沿公路两侧的533.33公顷山林为一级封山区。1983年8月，遂昌县石练公社大茂坑大队村一级封山区又扩大为从公路两侧向后延伸300米，面积增加到1201.07公顷，连封10年，封山区大部郁闭成林。

政府管理

1978年，龙泉县城北区分三类封山育林，连续封山5年，1.97万公顷封山区林木郁郁葱葱。1983年开始，丽水地区各县与省林业厅签订封山育林计划合同，经省林业厅检查合格，每公顷省财政补助7.5元。同年，丽水地区封山育林面积8.13万公顷。1985年，丽水地区封山育林面积16.79万公顷。1990年，丽水地区封山育林面积18.75万公顷。1995年，丽水地区封山育林面积15.02万公顷。2000年，丽水市封山育林面积22.69万公顷。2005年，丽水市封山育林面积31.5万公顷。

第二节 退耕还林

2000年，丽水市实施退耕还林项目，采取分类区划，探索退耕还林模式，规划2001—2005年退耕还林6200公顷，其中坡耕地25度以上的4333公顷，25度以下的1867公顷，其中以庆元县、龙泉市、遂昌县为重点，退耕还林面积3111.66公顷。2001—2005年，丽水市退耕还林面积6727.31公顷。2006年，因政策原因，没有继续实施“退耕还林”项目，仅有一些零星退耕，没有单独统计。

2000—2005年丽水市退耕还林统计情况一览

表13-6-2-1 单位：公顷

政区	2000年	2001年	2002年	2003年	2004年	2005年	合计
莲都区	62.00	343.00	122.00	216.93	67.07	—	811.00

续表 13-6-2-1

政区	2000 年	2001 年	2002 年	2003 年	2004 年	2005 年	合计
龙泉市	140.00	97.00	277.00	368.06	48.86	2.67	933.59
青田县	413.00	59.00	85.00	103.20	30.40	13.00	703.60
云和县	35.00	79.00	75.00	68.27	47.13	—	304.40
庆元县	72.00	65.00	342.00	301.03	313.71	27.53	1124.34
缙云县	94.00	166.00	243.00	150.80	136.80	—	790.60
遂昌县	194.00	118.00	276.00	262.40	141.07	62.26	1053.73
松阳县	20.00	24.00	221.00	93.74	89.13	2.00	450.60
景宁畲族自治县	182.00	103.00	102.00	81.65	80.27	6.53	555.45
合计	1212.00	1054.00	1743.00	1646.08	954.44	113.99	6727.31

第三节　森林联防

乡村联防

古时，丽水民间护林形式和方法多样。许多寺院都有寺僧常年巡山护林，故寺院周围茂林修竹大多得以保存。民国 27 年(1938)，处州民间有合作社、林业公会等护林组织。中华人民共和国成立后，丽水乡村一级成护林主导力量。20 世纪 50 年代后，各地开展跨政区合作联防护林。1986 年，遂昌县三仁公社十三都大队建立大队护林站，配专职护林员，张贴《严禁乱砍滥伐森林保护山林的通告》，每隔半个月或一个月，大队干部和护林员一同上山巡回检查一次。全村 1066.67 公顷的山林保护较好，森林覆盖率 85.6%。

省际联防

1957 年 2 月，林业部统一部署，在丽水县召开闽、浙、赣三省毗连地区护林防火联防区成立大会，制定《毗连地区护林防火联防组织实施办法》。后庆元县、福建省宁德地区寿宁县、南平市政和县采取调换、托管等办法，基本解决长期存在的插花山纠纷。庆元县与福建省南平市松溪县利用护林联防会议，反复研究协商，成功解决省际山林纠纷 6 起。

县乡联防

1956 年 5 月，遂昌县濂竹、垵口、桂阳、成屏、三川等乡村与松阳县部分乡村建立护林联防组织。同年 6 月，遂昌县与衢县县、江山县、龙游县召开首次护林防火联防会议，建立县际联防组织，制定县际联防公约。后又与江山、常山、建德、龙游毗邻的区、乡之间，单独建立县际联防组织，每年召开会议 1 次。1957 年 4 月，丽水、青田、缙云、松阳、云和、武义、宣平 7 个县成立联防组织，制定《护林防火暂行办法》。同年 5 月，召开丽水县泄川乡、武义县菊溪乡、缙云县双川乡(缺席)3 个乡护林防火联防会议，建立联防组织。同年，遂昌、龙游、浦城 3 个县建立护林联防组织。

20 世纪 80 年代，遂昌县的西坂乡、琴淤乡与衢县洋口乡、举村乡成立联防组织。1986 年 5 月 10 日，丽水市（县级）与武义县召开护林联防会议，确定两县（市）毗邻的 4 个区 11 个乡为联防区域。6 月，丽水市（县级）与武义县召开护林联防委员会柳城分会会议，商讨两县（市）毗连 6 个乡的护林工作，改一家一户护林为统一规划联合护林。1987 年，凤阳山、百山祖毗连地区护林联防委员会成立，涉及保护区毗连的行政村 26 个。1987 年年底，遂昌县以国营林场为主体建立乡村护林联防组织 9 个，人数 104 人。1989 年，龙泉县成立锦旗地区护林联防组织，把与山坑林场毗连的 8 个行政村列入联防区。

第四节　森林消防

森林火灾

两晋时期，北方人口大量南迁至丽水境内，丽水人口剧增，农民迫于生计，上山入林，焚林垦种。据清光绪《处州府志》载："明天顺二年（1458）3 月，雷火焚缙云仙都独峰顶，七日不息……"民国 25 年（1936），龙泉县屏南、瑞垟、小梅毗邻琉华山发生山林火灾，因地处偏僻，连烧三天四夜无人扑救，大片森林化为灰烬。民国 35 年，龙泉屏南、小梅毗邻琉华山再次发生森林火灾，因地处偏僻，连烧三天四夜无人扑救，大片森林毁于山火。1962 年，各县因山林火灾，烧毁面积 6684.87 公顷，损失林木 200 万株，占当年造林面积的 40%。1958—1962 年，龙泉县发生森林火灾 393 起，过火面积 0.55 万公顷，损失林木 91.7 万株。1963 年，丽水专区发生森林火灾 241 次，烧毁面积 7773.40 公顷，损失大小林木 584.11 万株，为当年造林面积的 55.40%，其中缙云与青田交界的大洋山森林火灾，连烧四天四夜，过火面积 2400 公顷，是丽水地区历史上燃烧时间最长、损失面积最大的一次森林火灾。1972—2009 年，丽水地域发生森林火灾 5348 起，受害森林面积 3.73 万公顷，损失林木 45 万立方米，损失幼林 4475.96 万株。2010 年，丽水市发生森林火灾 92 起，受害森林面积 561.93 公顷，损失林木蓄积 28790 立方米，幼树 33.28 万株。

火灾预防

火源管理　丽水山民焚林垦种习俗由来已久。民国 20 年（1931），遂昌县政府制定《烧山处理办法》。民国 32 年 7 月，遂昌县政府令各区署、乡镇公所严禁烧山，保育林木。1953 年，中共龙泉县委倡议开展山区森林无火灾竞赛，经中共温州地委互助合作部批转给各县开展竞赛。

1956 年，中共浙江省委推广景宁县景南乡开辟防火线、修建防火林带，以及龙泉县开展无森林火灾竞赛运动等经验。1986 年春，丽水市（县级）公安局、市林业局联合举办森林火灾肇事者法制学习班，58 起森林火灾案件的当事人全部参加学习；造林还山面积 20.8 公顷，抚育幼林面积 5 公顷，处理森林火灾肇事者 46 人，兑现赔偿经济损失 1.62 万元，收容审查 1 人，等待处理 11 人。1988 年，龙泉县在全省率先发布《野外用火管理方法》。1989 年冬季开始，丽水市（县级）实行野外用火许可证制度。1990 年 11 月 13 日，龙泉、庆元、遂昌、松阳、景宁、青田、缙云、云和、莲都区等县级单位 40 个被浙江省森林防火指挥部办公室列为全国重点森林火险县级单位。1996 年，浙江省森林防火指挥部公布《浙江省森林火险县级单位等级名录》，遂昌、龙泉、庆元、青田四县被列为1级火险等级，松阳、丽水、缙云、景宁被列为2级火险等级，云和被列为3级火险等级。2005年，龙泉市启动森林灾害远程视频监控项目。2007年开始，丽水市政府与各县(市、区)政府每年签订森林消防责任状，实行森林消防目标责任制考核。2008—2010年，丽水市政府连续三年实行森林消防目标责任制考核。

防火林带建设　20世纪50年代，丽水开展营建生物防火林带试验，普遍推广国营林场，沿山脊线和林场界址，营建木荷为主的防火线。1962年，各县在全省率先营建木荷、红花油茶、柑橘等3种类型防火林带。1968年，丽水地区专员公署拔款7800元，新建龙泉县凤阳山防火线4万米，维修防火线6万米。

1987年，丽水地区新建自然保护区和部分国营林场防火线，长32.3万米，宽12米。截至1992年，丽水地区新建自然保护区和部分国营林场防火线170万米。1987—1990年，丽水地区开展防火线化学除草和营造生物防火林带专项行动，丽水地区建成森林防火线500万米。1991年始，遂昌县与省林业科学研究所、省森林防火指挥部办公室共同开展生物防火林带营造技术研究。在遂昌县营造以木荷为主的生物防火林带8.42万米。2007—2010年，丽水市分别新建生物防火林带60.45万米、53.47万米、33.1万米和19.7万米。截至2010年，丽水市开辟防火隔离带530.3万米，其中生物防火带292.3万米，机耕带189万米。

预测预报　1986年10月，缙云县在全省率先进行森林火线预测，选用连晴天数、日月最大相对湿度、日最大风速、火源引然因素等火线因素。1987年，地区气象局开展林区未来24小时森林火险等级预测预报，准确率83%—86%。1999年始，丽水地区开展森林火灾综合治理工程，龙泉市、缙云县、松阳县乡镇根据森林火险天气预报，在主要道口、居民点、公共场所悬挂森林火险特制信号旗。

消防组织

旧时，处州民间曾建有为数不多的禁山会、林业公会等护林组织，一旦发生森林火灾，会员义务上山扑火。1949年5月丽水解放后，政府逐渐重视森林防火工作。1956年，景宁县护林防火指挥部成立。后各县护林防火指挥部相继成立。1978年6月，遂昌县森林防火委员会成立。

1986年，丽水地区森林防火指挥部成立。1986年，缙云县、丽水市(县级)和庆元县组织义务森林消防队。1988年，龙泉县组建半专业森林消防队，消防队员168人，来自林业企事业单位。

1991年，丽水地区组建县、区、乡、村4级民兵扑火队，以及国营林场、自然保护区及乡村林场民兵扑火队。1993年，丽水地区乡级森林消防队309支，村级民兵消防队1500支，消防队员3万多人，其中经过森林防火专门技术培训3779人。1995年，龙泉市建立森林消防队3支，消防队员62人，其中龙泉市公安消防大队森林扑火队队员24人，龙泉市武警中队森林消防队队员20人，龙泉市人民武装部森林消防队队员18人。1999年，龙泉市组建半专业扑火队，消防队员489人。

2006年4月，中国人民武装警察部队丽水市支队森林消防队成立，下设3个中队，消防队员100人。2009年5月，丽水军分区成立森林消防民兵应急分队，队员100人。市林业局投资14.2万元，森林消防民兵应急分队按标准配备森林消防装备。截至2010年，丽水市准专业、半专业森林消防队276支，消防队员7708人；义务扑火队1487支，消防队员22371人。同时，丽水市配设专职护林员2771人、义务护林员1310人。

消防设施

扑火工具　长期以来，丽水扑火工具简陋，多为松树枝或耐燃阔叶树枝。中共十一届三中全会后，丽水地区开始配备专业扑火装备。1978 年，遂昌县率先为消防队员配备防火服、背包、水壶、手电、柴刀、毛巾、解放鞋等消防装备。后丽水地区国营林场、自然保护区及部分县、乡(镇)森林消防队开始配备风力灭火机、二号扑火工具及无线电对讲机等消防设备。1995 年，龙泉市公安局林业分局获浙江省森林防火指挥部支持，统一配发森林消防队队员消防服装和扑火工具。2005—2010 年，市本级、莲都区、龙泉市、遂昌县、缙云县、松阳县相继设立国家级森林消防物资储备库分库，储备各类扑救工具 7541 台(个、把、套、件)，其中国家级森林消防物资储备库丽水分库储备风力灭火机 60 台、油锯 50 台、灭火水枪 50 把、二号工具 300 把、阻燃服 300 套、砍刀 300 把、消防铲 100 把。

运输装备　1988 年，龙泉县森林防火指挥部购置森林消防专用指挥车 1 辆。

瞭望台　1987 年始，丽水市重点国营林场、自然保护区选择制高点开始建设永久性森林防火瞭望台，各县(市)开始架设有线电话或无线电台设备，配置专人，昼夜值班看守。1988 年，景宁畲族自治县建立敕木山顶防火瞭望台，龙泉市建立凤阳山自然保护区凤阳庙后山防火瞭望台。1987 年冬至 1994 年，遂昌县建立九龙山和白马山森林防火瞭望台 2 座，瞭望覆盖森林面积 6.66 万公顷。2009 年，丽水市砖瓦瞭望台 9 座。

远程视频监控　2006 年始，丽水市分五期列入全省森林灾害远程视频监控系统建设。第一期为遂昌县、青田县和龙泉市；第二期为市本级、凤阳山和百山祖自然保护区；第三期为松阳县和缙云县；第四期为莲都区、云和县、景宁畲族自治县和庆元县；第五期为九龙山自然保护区。

2006—2010 年，丽水市投资森林灾害远程视频监控系统建设 710.13 万元，建成森林灾害远程视频监控指挥中心 10 个、视频前端 32 个，其中利用云台运转的监控前端 23 个，设有云台运转的固定监控点 7 个(凤阳山 4 个，百山祖 3 个)。

通讯设施　1989 年，丽水市在全省率先建立森林防火无线电通讯网络，配置基地台 2 个、车载台 2 个、对讲机 22 部。1995 年，丽水地区基本建成森林防火无线电通讯网络。

第五节　病虫防治

机　构

1974 年 2 月，丽水地区革命委员会向省革命委员会请示建立丽水地区林业科学研究所。1975 年 6 月，丽水地区林业科学研究所成立，下设用材林、经济林、林产化工、林业机械、森林病虫防治研究组 5 个机构。地区森林病虫害防治站与丽水地区林业科学研究所合署办公，两块牌子，一套班子，所址在地区实验林场。

1982 年 12 月，丽水地区林业科学研究所与地区森林病虫害防治站分开办公，单独设立地区森林病虫害防治站。1984 年 2 月，丽水地区森林植物检疫站设立，与地区森林病虫害防治站合署办公，两块牌子，一套班子。2001 年 10 月，丽水市机构编制委员会重新核定市林业局直属单位机构编制，丽水市森林病虫害防治站（丽水市森林植物检疫站）为正科级全额拨款事业单位，编制10名、领导职数2名。

2003年8月，市林业局设立丽水市竹产业办公室，核减丽水市森林病虫害防治站（丽水市森林植物检疫站）编制2名。2005年12月，市机构编制委员会调整市林业局归口及所属事业单位，并确定丽水市森林病虫害防治站（丽水市森林植物检疫站）为监督管理类事业单位。2007年4月，市机构编制委员会同意市森林防疫检疫站增挂丽水市木材运输巡查支队牌子，加强森林资源管理工作。2008年6月，市森林防疫检疫站更名市林业有害生物防治检疫总站，仍挂木材运输巡查支队牌子。

防　治

植物检疫　1984年12月，龙泉县开始签发植物检疫证书。1989年，丽水地区开展森林植物检疫对象普查，检疫对象确实存在，但危害不严重。1993年2月，龙泉市查处县良种场等4个单位从黄龙病疫区调进脐橙苗木4086株，并集中烧毁。1994年3月，龙泉市查处从舟山市、南京市、象山县疫区调进电缆盘39件，集中公开烧毁电缆盘松木包装箱材料。1996年，丽水地区再次开展森林植物检疫对象普查，确定检疫对象危害不严重。2000年3月28日，丽水市查处安徽马鞍山市无证调运存在大量松材线虫和松褐天牛幼虫的钢丝线松木盘21只，烧毁全部钢丝线松木盘，对安徽马鞍山市泰属制品销售公司罚款9000元。2002年8月和9月，连续两次查处浙江通用电缆厂从湖州运至龙泉的电缆盘没有植物检疫证，对违规单位分别罚款1000元、2000元，烧毁调入的松木板，并进行电视曝光。2008年10月，丽水市清除丽水至龙泉高速公路沿线石塘段、云和服务区、梅山大桥、赤石岭隧道、碗窑岭隧道、麻垟岭隧道等地段场的“加拿大一枝黄花”。

监测测报　1983年，龙泉县在宏山村和大沙乡翁仁村建立马尾松毛虫临时测报点2个。1994年，遂昌县建成县、区、乡（镇）及重点村四级测报网络。2000年，缙云县建立国家级森林病虫害中心测报点，专职测报员11人，兼职测报员66人，主测对象为马尾松毛虫，建立固定标准地30块，全年测报4次。2002年12月，龙泉市建立国家级森林病虫害中心测报点，主测对象为竹子病虫。截至2003年，丽水市建立国家级森林病虫害测报中心4个，其中缙云县测报马尾松毛虫、松材线虫；青田县测报马尾松毛虫、柳杉毛虫；遂昌县测报板栗病虫害、竹子病虫害；龙泉市测报竹子病虫害、马尾松毛虫。

物理防治　1998年5月，缙云县安装综合防治区黑光灯600盏，平均日诱成虫519只/盏，诱杀成虫220多万只。

人工防治　1983年，龙泉县收购松毛虫价格为每千克幼虫0.2元，成虫0.75元、茧0.75元、卵5元，发动群众防治松毛虫。

化学防治　1949年中华人民共和国成立以来，缙云县对马尾松毛虫进行3次飞机防治。1966年8—10月，缙云县耗资20万元，调用飞机4架，参加防治100多人，防治壶镇、城郊、盘溪等区马尾松毛虫，面积1333.33公顷。1983年9—10月，缙云县耗资12.5万元，调用国产运五型飞机两架，历时27天，飞行171.24小时，参加防治128人，防治壶镇、新建、盘溪、城郊等4个区24个公社224个大队发现的第二代松毛虫，防治面积23666.67公顷，松毛虫平均死亡率96%。1989年3月17日至4月18日，缙云县耗资19万元，调用沈阳民航局辽阳飞行二十二大队运五型飞机一架，参加防治72人，作业17天，飞行21架次，103.12小时，使用药剂有杀灭菊酯和菊乐合酯，防治壶镇、新建、盘溪、城郊等4个区23个乡镇飞机防治松毛虫，防治面积15620公顷。1995—2005年，遂昌县森林病虫害化学防治面积15710公顷，耗资263万元，其中松毛虫化学防治1953公顷，耗资6.97万元；柳杉毛虫化防927公顷，耗资4.52万元；竹类害虫化防6127公顷，耗资97.14万元；板栗病虫害化防6700公顷，耗资154.27万元；白蚁3公顷，耗资1000元。

生物防治　据《遂昌县林业志》(2007年版)载："民国22年(1933)遂昌县发生柳杉毛虫大面积危害，县政府张贴《驱除榅毛虫办法》的布告，提倡保护山坑蛤蟆和各种寄生蝇、寄生蜂，利用天敌抑制柳杉毛虫的蔓延。"1995—2005年，遂昌县森林病虫害生物防治面积1851.27公顷，耗资4.92万元。

1973—1989年，丽水地区生产和调入白僵菌4.65万千克，其中外地调入2万多千克，防治面积7466.67公顷。1977—1982年，地区森防站生产白僵菌粉10268.5千克。1974—1983年，丽水地区生产赤眼蜂蜂卡15.9万张，防治面积5420公顷，寄生率66.8%—96.2%。1978年，青田县油茶研究所陈祝安研制的"油茶煤污病的防治"(黑缘红瓢虫、刺绵蚧多毛菌治刺绵蚧)项目获浙江省科技进步一等奖。1980年，丽水地区人工助迁瓢虫1800公顷，当年自然控制煤病2666.67公顷。1979—1981年，丽水县、青田县人工助迁黑缘红瓢虫防治油茶煤病3066公顷。2000年，缙云县人工巢箱招引益鸟防治松毛虫15.93公顷。

工程治理　2004年始，云和县、庆元县板栗(锥栗)病虫害治理，龙泉、遂昌毛竹病虫害治理，莲都松毛虫治理，松阳杨树病虫害治理等工程治理项目6个。2004—2007年，云和县、庆元县治理板(锥)栗、毛竹、杨树等病虫害面积21.33万公顷次，治理区主要森林病虫发生率下降20.2%，每亩增产18.8%。2001年始，龙泉市实施竹子害虫工程治理工程，治理八都、竹垟、上垟、查田、小梅、兰巨、锦溪、西街街道等8个乡镇2.09万公顷毛竹林。2001—2005年，龙泉市组织竹农综合治理竹林面积65691.53公顷次，其中营林措施44864.87公顷次，生物措施300公顷次，化学农药措施15469.73公顷次，物理防治5056.93公顷次；直接挽回经济损失4300万元，增加毛竹林产值5465.57万元。

第七章　林业科技

民国时期，丽水地区专业林业科研单位偏少，仅个别县有专业科研机构。如民国4年(1915)，遂昌县农会植物园成立，负责选种育苗工作。是丽水最早从事林业科学研究的县级机构。后林业科学研究如龙泉县香蕈培养场、香菇试验场，松阳县浙江省农业改进所森林股、木本油料植物系和林产制造示范场相继成立。1949年中华人民共和国成立初，丽水专区仍无统一林业推广机构。直到1975年，丽水地区林业科学研究所成立，才有第一个丽水地区林业科研机构。2008年，丽水地区林业科学研究所升格为丽水市林业科学研究院，成为地方林业科研、科考、科普中心。

丽水境内林业科技推广始于民国时期，但林、茶、果技术推广工作薄弱，专业技术人员少。民国五年(1916)，处州知事陈赞唐稟设苗圃和模范桑园，是丽水林业推广的最早记载。民国12年，浙江省第四苗圃迁至丽水县，开始人工育苗造林的示范和推广，加快林业开发的力度。1949年中华人民共和国成立后，丽水专区加快林业科技推广的进度。1954年，丽水林场在全省率先进行杉木实生苗造林试验成功并推广。同期，各县大规模推广油茶“三保地”建设技术和毛竹种植技术。20世纪80年代，丽水地区推广杉木速生丰产栽培技术和笋用林经营技术。1989年10月，丽水地区林业推广专业机构——林业技术指导站成立。2006年7月，丽水市林业局制定《丽水市兴林富民示范工程实施意见》，提出总体目标。2008年6月，丽水市构建市、县、乡(镇)新型农技推广组织网络，建立市首席农技推广专家及农技指导员队伍。1996—2010年，市林业科学院林业科技推广项目21项。截至2010年，丽水市创建四批市级兴林富民示范乡(镇)51个、示范村154个。四批省级兴林富民示范村镇14个、示范村102个。

第一节　林业科研

科研机构

遂昌县农会植物园是丽水最早从事林业科学研究的县级机构。据《遂昌县林业志》(2007年版)载：“民国4年(1915)，负责选种育苗工作的遂昌县农会植物园成立”。民国19年，龙泉县建立香蕈培养场1所。民国27年，松阳县浙江省农业改进所成立，内设森林股。后增设木本油料植物系和林产制造示范场。民国28年，龙泉县李师颐建立香菇试验场，开展人工栽培香菇新途径研究。

1958年，青田县创办青田章村油茶科学研究所，进行油茶高产和病虫防治的研究。是丽水地域第一个区级林业科研机构。1960年4月，龙泉县林业科学研究所成立，所址龙泉县林业局内。1975年2月，丽水地区林业科学研究所成立，隶属地区林业局领导。1978年1月，松阳林业科学研究所成立，技术人员和工人5人，所址遂昌县西屏镇阳溪。1979年4月，遂昌县林业科学研究所成立，科技人员9人，所址阳溪公社林村村。1980年，全省调整地、县级林科所，保留丽水地区级林科所，为区域性、有特色的林业科研机构；保留松阳县、龙泉县级林科所2个。1999年7月，龙泉市福泉科技实验林场建立龙泉市福泉竹笋研究所，从事菜竹笋高产栽培技术与竹笋加工利用试验研究。

2004年5月，龙泉市杰超木制品有限公司建立龙泉市南方红豆杉研究所。2008年，丽水地区林业科学研究所升格为丽水市林业科学研究院，成为地方林业科研院所、全国林业科普基地、浙江省重点林木良种基地、浙江省丽水食用菌技术创新服务平台栽培技术研发中心、浙江省丽水中药产业科技创新服务平台种质资源研究中心。2010年，丽水市林业科学研究院编制28名，内设中药材研究所、森林资源与环境研究所、果树研究所、食用菌研究所、竹类研究所和办公室。

科研成果

1954年，丽水林场在全省率先进行杉木育苗造林试验，面积0.13公顷，产苗19.2万株。1957—1990年，庆元林场营造杉木丰产林面积793.33公顷，每公顷年平均材积生长量12.3立方米，获1991年度浙江省科技进步三等奖。

20 世纪 60 年代，青田县油茶研究所陈祝安发现并利用刺绵蚧的天敌黑缘红瓢虫进行防治，又从刺绵蚧虫体上分离得到并提纯出刺绵蚧多毛菌，杀虫效果 90%左右，该成果获 1978 年度省科学大会优秀科技成果一等奖。

1963 年，庆元县吴鸣翔发现百山祖冷杉，获 1988 年度浙江省科技进步三等奖。1970 年，云和县景宁林业总场协作参与国外柏等树种引种试验。1979 年，筛选出日本扁柏、日本冷杉、日本花柏、细叶花柏、大叶香柏 5 个耐寒、抗风、抗雪压、生长快、病虫害少、易繁殖，适于浙江高海拔山地造林的树种，获 1993 年度省科技进步三等奖。

1974—1977 年，丽水地区林科所、丽水地区实验林场开展杉木良种选育技术研究，获 1979 年度浙江省科技进步三等奖。1974—1978 年，龙泉县林科所建立浙江省杉木初级种子园。1976 年，首批杉木初级种子园开始投产，结束浙江省用材树种无良种的历史，获 1979 年度浙江省科技进步三等奖。

1973—1985 年，龙泉县林科所协作参与杉木种子园亲本选择测定研究，提出杉木综合育种程序，选育出龙泉 15 号等 20 个优良亲本家系和 5 个优良双亲本家系，材积增益在 38%以上，获 1985 年度浙江省科技进步二等奖。1973 年，龙泉县林业局林产化工厂以松焦油加烧碱试制成新柑橘杀虫剂——“灭蚧”，获 1979 年度浙江省科技进步三等奖。

1977—1982 年，松阳县林科所、庆元县林科所协作参与乡土树种发掘利用及其造林技术研究，筛选出深山含笑、巨紫荆等树种 11 个，总结出其采种育苗造林技术，获 1983 年度浙江省科技进步二等奖。

20 世纪 80 年代，云和县化工厂协作参与“山苍子核仁油烷醇酰胺的开发”项目，获 1988 年度浙江省科技进步三等奖。1981—1991 年，遂昌县桂洋林木经营场协作参与“以杉木为主的混交林营造技术及效益研究”项目，总结出杉木与木荷、柳杉、檫树、拟赤杨、光皮桦、马褂木、香樟、马尾松等 8 个优良混交类型及配套的技术关键，获 1993 年度省科技进步三等奖。

1984—1987 年，丽水地区林业局应用氟乐灵除草剂，进行针、阔叶树种苗圃化学除草，对以禾本科为主的杂草的除草效果 80%以上，苗木质量明显提高，获 1987 年度省科技进步四等奖。

20 世纪 80 年代后期，丽水地区林业局、丽水地区林科所主持研究立地条件与杉木生长相关关系，编制丽水地区立地类型表和用材适地适树方案以及杉木林每公顷断面积、蓄积量标准表和杉木人工林潜在生产力预测表，获 1991 年度浙江省科技进步三等奖。20 世纪 80 年代末，遂昌县林业局等单位开展遂昌县杉木人工林生长和经营技术的研究，获浙江省 1992 年度科技进步三等奖。

1985—1990 年，龙泉县林科所协作参与“杉木育种程序系列研究”项目，获 1990 年度浙江省科技进步二等奖。1989—1995 年，景宁畲族自治县营林公司、景宁畲族自治县科技开发服务部等单位系统地研究厚朴采种、育苗、造林、抚育、间伐等厚朴优质丰产配套技术，获 1995 年度省科技进步三等奖。

1990—1994 年，丽水地区实验林场、丽水地区林业局协作参与杉木人工林采伐迹地更新技术研究，揭示杉木连栽生长量下降甚至死亡的重要限制因子在土壤腐殖质层，获 1994 年度省科技进步三等奖。

1991 年，龙泉市林科所协作参与“杉木速生优质种源和家系选育的研究”项目，评选出优良种源 8 个，获 1994 年度浙江省科技进步三等奖。1990—1995 年，庆元县庆元林场、龙泉市林科所协作参与杉木一代种子园丰产技术及遗传效益研究，获 1995 年度省科技进步三等奖。1991—1994 年，遂昌县林业局协作参与“毛竹营林技术经济效果研究”项目，获 1994 年度浙江省科技进步三等奖。1991—1994

年，庆元县庆元林场协作参与杉木幼林套种大豆良种选育的研究，选育出适宜杉木幼林套种的优良品种 9 个，获 1995 年度浙江省科技进步优秀奖。

20 世纪 90 年代初，松阳县林业局、松阳县林科所协作开展马褂木人工林育苗技术研究，获 1996 年度浙江省科技进步三等奖。

20 世纪 90 年代，遂昌县林业局（第四完成单位）协作参与乡土笋用竹可持续经营原理和技术研究，获 1999 年度浙江省科技进步三等奖；遂昌县林业局（第三完成单位）协作参与毛竹笋用林丰产结构调控技术研究，获 2000 年度浙江省科技进步二等奖；庆元县林业局（第二完成单位）协作参与锥栗优良新品种选育研究，选出优良无性系 5 个，优良类型 7 个，获 2004 年度浙江省科技进步二等奖。

1994—1995 年，龙泉市林业局协作参与遥感技术在森林资源清查与环境监测中的研究，获 1995 年度浙江省科技进步三等奖。1995—2004 年，遂昌县林业局（第三完成单位）协作参与实施毛竹笋竹林高效经营关键技术集成与产业化项目，获 2004 年度浙江省科技进步一等奖。

21 世纪，龙泉市林业科学研究所（第三完成单位）协作参与实施南方红豆杉和三尖杉药用种质选择及高效栽培项目，提出配套的短周期高产高效栽培和采收利用技术体系等，获 2008 年度浙江省科技进步三等奖。21 世纪中期，丽水市林业科学研究院等单位开展森林野菜资源调查及产地环境质量评价研究，获 2009 年度浙江省科技进步三等奖。

2000—2010 年，浙江省龙泉市林业科学研究所（第三完成单位）协作参与研究红豆树、木荷等 6 个珍贵用材树种品种选育和高效培育技术。2002—2006 年，遂昌县林业局（第六完成单位）、龙泉市林业局（第七完成单位）、庆元县林业局（第八完成单位）协作参与阔叶树采种基地营建、优树选择和主要树种种实丰产、采收、贮藏以及育苗造林技术研究，获 2006 年度浙江省科技进步二等奖。丽水市林业科学研究所（第三完成单位）协作参与厚朴、肿节风、雷公藤三种木本药材种质资源评价与利用研究，选育出肿节风、雷公藤、厚朴优良种源 3 个，培育优良种苗 2382 多万株，2007 年度浙江省科技进步二等奖。

20 世纪 90 年代，云和县林业局（第二完成单位）、丽水市林业科学研究院（第三完成单位）协作参与山地果树优新品种选育及产业化关键技术研究，选育有自主知识产权“红晶李”“丽油 3 号”国家级良种 2 个，“无籽瓯柑”“翡翠柚”“处红柚”等省级良种 3 个，获 2008 年度浙江省科技进步三等奖；龙泉市林业科学研究所（第三完成单位）协作参与构建杉木高世代育种群体，利用优良杂交组合的杂种优势营建双系种子园，获 2011 年度浙江省科技进步三等奖。

截至 2010 年，市林业科学院获国家、省、市级科技成果奖励 51 项，其中 2010 年获省科学技术三等奖 1 项、省科学技术三等奖 2 项、省科技兴林二等奖 3 项、省科技进步三等奖 3 项、市科技进步一等奖 1 项、市科技进步三等奖 1 项。

科学考察

1978 年，遂昌县林科所工作人员进山考察林业，附近群众反映有野人出没，引起有关方面的兴趣。1979 年秋，丽水地区科委组成考察队，深入九龙山开展首次科学考察，发现九龙山仍保存林相较好的大面积天然林和比较丰富的森林植被及野生动物资源；发现“具腺红丝线”和“九龙山无叶莲”2 个新种；发现“华西枫杨”等 9 个种和“九龙山长序榆”的新分布。1980 年，成果获浙江省科技进步二等奖。

1980 年 4 月，丽水地区科委、地区林业局联合多学科综合科学考察龙泉凤阳山自然资源，收集大量资料，撰写《凤阳山综合科学考察报告》，为凤阳山自然保护区的建立奠定基础。1982 年，成果获浙江省科技进步三等奖。

1981 年，丽水地区林业局组织开展杉木基地造林技术考察，包括杉木林环境和生态特性、栽培技术、人工林生态系统等方面。1981 年 8 月，丽水地区林学会组织百山祖自然资源综合考察，为百山祖保护区的建立提供基础资料。

1982 年 7 月至 1983 年 8 月，缙云县科委组织开展大洋山野外综合性科学考察，采集植物标本 2920 多号、1.16 万份；鉴定种子植物 136 科 540 属 1126 种，其中有国家保护植物 18 种；查明常用中草药 200 多种，撰写《大洋山自然资源综合科学考察报告》。

1985 年 8 月，丽水地区科委、科协组织对九龙山外围大西坑地区生物资源的调查考察，证实九龙山生物的多样性，丰富九龙山自然保护区的基础材料。1985 年 9 月，庆元县科委、县林业局联合组织综合科学补充考察百山祖自然保护区，揭示该区生物物种数量位居全省之冠，以本地模式标本定名的植物 70 多种；列入《中国植物红皮书》的珍稀植物有 39 种，被列为中国保护的野生动物和昆虫有 60 多种。

1993 年，浙江省凤阳山——百山祖国家级自然保护区管理处组织野外考察队，先后专项考察百山祖昆虫区系 5 次，采集昆虫标本 5 万多号，初步查清百山祖昆虫有 22 目 256 科 1364 属 2203 种，其中发现新属 9 个、新种 250 个，还发现中国新记录科 1 个、属 19 个、种 40 个。

第二节　科技推广

科技推广机构

民国 12 年（1923），省立第四苗圃开始人工育苗造林示范和推广。民国 27 年冬，浙江省农业改进所建立松阳县竹溪区[1]横山试验茶场。民国 29 年 3 月，遂昌县竹纸示范场成立，负责竹纸业技术推广。

1960 年 4 月，龙泉县林业科学研究所成立，开展林业技术推广工作。1982 年 9 月，遂昌县林业技术推广站成立，科技人员 7 人，站址遂昌县妙高镇眠牛山。1989 年 10 月，丽水地区林业技术指导站成立。1993 年，龙泉市林业科技推广中心成立。

2000 年，丽水地区林业技术指导站更名丽水市林业技术指导站。2007 年，丽水市林业技术指导站更名丽水市林业技术推广总站。2008 年 6 月，市政府全面构建市、县、乡（镇）新型农技推广组织网络。市级新型农业技术推广组织，设立丽水市农业技术推广中心、分中心、专家组；县级新型农业技术推广组织，设立县级农业技术推广中心、分中心，分设技术指导组若干个；乡（镇）综合性农技推广机构或区域性农技推广机构，建立责任农技员队伍；建立市首席农技推广专家及农技指导员队伍。

① 竹溪区：2010 年称西屏镇。

科技推广活动

民国时期，丽水出现林业科技推广。民国5年(1916)，处州知事陈赞唐置模范桑园于旧丽水营，以为地方所观摩。民国27年冬，浙江省农业改进所建立松阳县竹溪区①横山试验茶场后，松阳县被定为农业推广实验县；举办种茶、制茶训练班多期，指导松阳农民更新、整枝老茶树，复兴荒芜茶园，更新茶叶揉捻、烘培及产品包装等技术。

1954年，丽水林场在全省率先进行杉木实生苗造林试验成功，并进行推广。20世纪50年代后期，各县推广奉化石门毛竹丰产经验和安吉县双一毛竹丰产"八字"经验。同期，各县油茶产区大规模推广油茶三保地建设技术。

20世纪70年代初，丽水地区推广杉木用材林基地造林技术。1970年始，云和县景宁林场草鱼塘分场率先在全省引种推广日本扁柏等高山柏类树种。此后20多年，高山柏类树种推广到40个县(市)，成片造林面各3333.33公顷，绿化高海拔历史性荒山若干。20世纪70年代后期，丽水地区开始选育和推广"龙优15号"杉木良种。同时，开始推广育苗新技术，以冬播育苗、化学除草、蓖麻遮阴为重点。

1980年，丽水地区大面积推广杉木冬播育苗技术。1986—1988年，丽水地区推广杉木速生丰产栽培技术，新造速丰林面积12765.6公顷。1986—2000年，丽水地区大力推广笋用林经营技术。

1980—1996年丽水地区林业科技成果推广项目一览

表13-7-2-1

序号	项目名称	承担单位	起止时间
1	杉木第一代无性系种子园建立技术(林业部重点项目)	省林业厅、龙泉县林科所、天台宝华林场等	1980—1996
2	樟子松球果烘干机的推广(林业部重点项目)	中国林木种子公司、浙江省林业厅、庆元林场等9家单位	1983—1996
3	*林业化学除草	丽水地区林业局、新安江开发公司	1987—1989
4	*混交林营造技术	缙云县林技站	1988—1992
5	*以胡枝子为主薪炭树种推广	缙云县林技推广站	1988—1992
6	*优良野生菌高产栽培	丽水地区林科所	1989—1992
7	*杉木速生丰产模式栽培	丽水地区林技指导站	1989—1991
8	*优质甜柿种质资源推广	松阳县林科所	1990—1994
9	*杉木速生高产模式栽培	临安、景宁、龙泉、遂昌、庆元、开化、诸暨县(市)林业局	1990—1995
10	菇木林基地经营技术	丽水地区林科所	1991—1995
11	优良经济林示范及林科教	丽水地区实验林场	1991—1995
12	厚朴、马褂木母树园	松阳县林科所	1991—1995
13	赤霉素促进杉木开花结实	浙江林业学校	1991—1995
14	方竹及华丝竹开发利用研究	省林科所、景宁畲族自治县林业局	1992—1996
15	毛竹免耕作业技术研究	省林科所、遂昌县林业局等	1992—1996

说明：1.*为省财政专项资金安排的科技成果推广项目；2.资料引自《浙江省林业志》

① 2010年称西屏镇。

1996—2010 年，市林业科学院林业科技推广项目 21 项，其中代表性项目为浙西南森林野菜产业化关键技术研究推广、特色山野菜有机化栽培示范与推广、浙江省大型野生真菌资源研究及良种选育与产业化推广、无籽瓯柑产业化技术集成与示范、香榧高效栽培技术示范与推广、黄甜竹引种栽培关键技术研究与示范等。

兴林富民示范工程

2006 年 7 月，丽水市林业局制定《丽水市兴林富民示范工程实施意见》，提出总体目标，兴林富民示范乡镇、示范村、绿化示范村建设标准、建设重点，并规定列入市级示范乡镇、示范村，达到建设标准，经市林业局验收合格，分别给予 2 万元和 1 万元的以奖代补资金。2006 年 11 月，丽水市创建第二批兴林富民示范乡(镇)3 个、示范村 26 个。丽水市创建浙江省首批兴林富民示范乡(镇)3 个、村 26 个。其中遂昌县三仁乡、庆元县隆宫乡、松阳县枫坪乡为浙江省首批兴林富民示范乡(镇)。莲都区大港头镇河村、黄村乡岭根村、丽新乡马村，遂昌县金竹镇王村、应村乡里村、三仁乡十三都村、垵口乡根竹口村，庆元县竹口镇大泽村、黄田镇中际村、黄田镇朱黄村、安南乡上余村，龙泉市查田镇横坑村、小梅镇郑边村、上垟镇丁源村，松阳县枫坪乡斗潭村、裕溪乡潘山村，青田县鹤城镇白浦村、章坦乡章坦村、章村乡黄里村、仁宫乡孙前村，景宁畲族自治县景南乡东塘村、大均乡大赤坑村，缙云县新川乡马岭村、东渡镇株佑村，云和县石塘镇岭足村、赤石镇建源村为浙江省首批兴林富民示范村。

2008 年 1 月，丽水市创建第二批兴林富民示范乡(镇)14 个、示范村 41 个。同年，丽水市创建省级兴林富民示范乡(镇)4 个、示范村 28 个。2009 年 1 月，丽水市创建第三批兴林富民示范乡(镇)13 个、示范村 40 个。创建浙江省第三批兴林富民示范村镇 4 个、示范村 28 个。2010 年 1 月，丽水市创建第三批兴林富民示范乡(镇)15 个、示范村 40 个。丽水市创建浙江省第四批兴林富民示范村镇 3 个、示范村 23 个。

2006—2010 年丽水市省级兴林富民示范乡镇、村名单一览

表 13-7-2-2

批次	乡镇、村数	县、市(区)	乡镇、村
1	乡镇(3 个)	遂昌县	三仁乡
		庆元县	隆宫乡
		松阳县	枫坪乡
	村(26 个)	莲都区	大港头镇河村、黄村乡岭根村、丽新乡马村
		龙泉市	查田镇横坑村、小梅镇郑边村、上垟镇丁源村
		松阳县	枫坪乡斗潭村、裕溪乡潘山村
		景宁畲族自治县	景南乡东塘村、大均乡大赤坑村
		缙云县	新川乡马岭村、东渡镇株佑村
		云和县	石塘镇岭足村、赤石镇建源村
		遂昌县	金竹镇王村、应村乡里村、三仁乡十三都村、垵口乡根竹口村
		庆元县	竹口镇大泽村、黄田镇中际村、黄田镇朱黄村、安南乡上余村
		青田县	鹤城镇白浦村、章坦乡章坦村、章村乡黄里村、仁宫乡孙前村

续表 13-7-2-2

批次	乡镇、村数	县、市(区)	乡镇、村
2	乡镇(4个)	遂昌县	应村乡
		景宁畲族自治县	景南乡
		庆元县	黄田镇
		青田县	章村乡
	村(25个)	莲都区	碧湖镇联济村、黄村乡下郑村、黄村乡金鸟村
		龙泉市	竹垟乡山溪口村、八都镇白水村
		云和县	安溪乡黄处村、雾溪乡西坑村
		遂昌县	应村乡东源村、湖山乡三归村、金竹镇上古楼村、垵口乡石仓村
		庆元县	隆宫乡隆宫村、淤上乡长砻村、
		松阳县	裕溪乡小槎村、竹源乡小竹溪村、大东坝镇牛角圩村、象溪镇石马源村
		景宁畲族自治县	景南乡忠溪村、东坑镇深洋村、英川镇黄洋口村
		青田县	章村乡黄肚村、章村乡黄山头村、章村乡颜宅村
		缙云县	新川乡里村、双川乡陈宕村
3	乡镇(4个)	青田县	祯旺乡
		缙云县	新建镇
		云和县	安溪乡
		景宁畲族自治县	梧桐乡
	村(28个)	莲都区	太平乡横岗村、黄村乡黄村村、仙渡乡滴水岩村
		龙泉市	宝溪乡龚岭村、锦溪乡岭根村、上垟镇上源村
		青田县	季宅乡季宅村、舒桥乡交洋村
		云和县	安溪乡东岱村、云坛乡李山前村
		缙云县	新建镇鱼川村、新建镇、栗坑村、东方镇横塘岸村
		庆元县	竹口镇黄坛村、五大堡乡杨楼村、黄田镇姚村村
		遂昌县	高坪乡湖连村、湖山乡姚岭塘村、金竹镇叶村村、龙洋乡赤枝村
		景宁畲族自治县	英川镇金林村、大漈乡潘宅村、鹤溪镇滩岭村、标溪乡东车村
		松阳县	枫坪乡高亭村、安民乡李坑村、板桥畲族乡大毛科村、谢村乡李山头村
4	乡镇(3个)	莲都区	大港头镇
		龙泉市	上垟镇
		缙云县	东方镇
	村(23个)	莲都区	大港头镇西坑口村、大港头镇利山村
		龙泉市	城北乡东书村、上垟镇小黄南村
		缙云县	新建镇周岭村
		云和县	崇头镇岩下村、石塘镇小顺村
		青田县	章村乡小砩村、祯埠乡兆庄村
		景宁畲族自治县	东坑镇罗山村、外舍乡岭北村、澄照乡金丘村

续表 13-7-2-2

批次	乡镇、村数	县、市(区)	乡镇、村
		松阳县	谢村乡南坑村、裕溪乡徐山村、西屏镇水车村
		遂昌县	妙高镇后江村、垵口乡桂洋村、湖山乡湖坊村、金竹镇夏东村
		庆元县	松源镇范源村、隆宫乡黄坑村、黄田镇良官田村、举水乡荐坑村

2007—2010 年丽水市兴林富民示范乡镇、村名单一览

表 13-7-2-3

届次	个数	县、市(区)	乡镇、村
1	乡镇(9 个)	莲都区	丽新乡
		龙泉市	上垟镇
		青田县	鹤城镇
		云和县	雾溪乡
		庆元县	隆宫乡
		缙云县	新川乡
		遂昌县	三仁乡
		松阳县	枫坪乡
		景宁畲族自治县	景南乡
	村(32 个)	莲都区	大港头镇河村村、丽新乡马村村、黄村乡岭根村
		龙泉市	查田镇横坑村、小梅镇郑边村、八都镇白水村、上垟镇丁源村
		青田县	章旦乡章旦村、鹤城镇白浦村、仁宫乡孙前村、章村乡黄里村
		云和县	石塘镇岭足村、雾溪乡西坑村、赤石乡建源村
		庆元县	黄田镇中济村、竹口镇大泽村、黄田镇朱黄村、安南乡上余村
		缙云县	新川乡马岭村、东渡镇珠佑村、舒洪镇下园村
		遂昌县	三仁乡十三都村、金竹镇王村村、金竹镇上古楼村、应村乡东源村、应村乡里村
		松阳县	枫坪乡斗潭村、裕溪乡潘山村、枫坪乡南胜村
		景宁畲族自治县	景南乡东塘村、景南乡忠溪村、大均乡大赤坑村
2	乡镇(14 个)	莲都区	黄村乡、峰源乡
		龙泉市	八都镇、锦溪镇
		缙云县	双川乡
		青田县	章村乡
		云和县	石塘镇
		景宁畲族自治县	东坑镇
		庆元县	黄田镇、安南乡
		松阳县	竹源乡、裕溪乡
		遂昌县	金竹镇、应村乡

续表 13-7-2-3

届次	个数	县、市(区)	乡镇、村
2	村（42 个）	莲都区	峰源乡夏庄村、黄村乡下郑村、碧湖镇联济村、黄村乡金鸟村
		龙泉市	竹垟乡山溪口村、八都镇白角村、查田镇泉坑村、锦溪镇下锦村、岩樟乡坑源底村
		云和县	安溪乡黄处村、云坛乡沈岸村、赤石乡担布坑村、朱村乡金村村
		青田县	章村乡颜宅村、章村乡黄山头村、章村乡黄肚村、季宅乡南坑村、祯旺乡谷甫村
		庆元县	屏都镇官山头村、安南乡陈村村、隆宫乡隆宫村、隆宫乡连湖村、淤上乡长砻村
		景宁畲族自治县	东坑镇深垟村、东坑镇根底岘村、大均乡大均村、景南乡忠溪村、英川镇黄垟口村
		遂昌县	垵口乡石仓村、妙高镇黄源村、金竹镇上古楼村、应村乡东源村、湖山乡三归村
		缙云县	新川乡里村村、双川乡陈宕村、双川乡鱼川村、石笕乡石一村
		松阳县	大东坝镇牛角圩村、象溪镇石马源村、象溪镇石鼓村、裕溪乡小槎村、竹源乡小竹溪村
3	乡镇（13 个）	莲都区	仙渡乡
		龙泉市	西街街道、查田镇
		青田县	祯旺乡
		云和县	安溪乡
		景宁畲族自治县	梧桐乡
		缙云县	石笕乡
		松阳县	板桥畲族乡、安民乡
		庆元县	竹口镇、淤上乡
		遂昌县	湖山乡、白马山林场
	村（40 个）	莲都区	太平乡横岗村、黄村乡黄村村、仙渡乡滴水岩村、仙渡乡南源村
		龙泉市	锦溪镇岭根村、宝溪乡龚岭村、上垟镇上源村、住龙镇建平村、兰巨乡独田村
		青田县	舒桥乡交洋村、万山乡孙阔村、章旦乡兰头村、季宅乡季宅村
		景宁畲族自治县	大漈乡潘宅村、标溪乡东车村、鹤溪镇滩岭村、英川镇金林村
		缙云县	新建镇栗坑村、新建镇丰山村、新建镇周岭村、东方镇横塘岸村
		云和县	安溪乡东岱村、赤石乡临海垟村、大源乡田铺村、云坛乡李山前村
		松阳县	板桥乡大毛科村、安民乡李坑村、枫坪乡高亭村、谢村乡李山头村、新处乡山甫村
		庆元县	竹口镇黄坛村、黄田镇姚村村、隆宫乡生水塘村、五大堡乡杨楼村、江根乡水寨村
		遂昌县	高坪乡湖连村、湖山乡姚岭塘村、金竹镇叶村村、龙洋乡赤枝村、云峰镇清水源村

续表 13-7-2-3

届次	个数	县、市(区)	乡镇、村
4	乡镇（15 个）	莲都区	大港头镇
		龙泉市	竹垟乡、兰巨乡
		景宁畲族自治县	大漈乡
		云和县	赤石乡
		庆元县	屏都镇、荷地镇
		缙云县	东方镇、县林场
		松阳县	谢村乡、新处乡
		遂昌县	垵口乡、牛头山林场
		青田县	祯埠乡、八面湖林场
	村（40 个）	莲都区	大港头镇西坑口村、大港头镇利山村、雅溪镇西溪村、双黄乡贾坑村
		龙泉市	兰巨乡炉岙村、西街街道新岭村、住龙镇西井村、城北乡东书村、上垟镇小黄南村
		云和县	安溪乡上村村、石塘镇小顺村、崇头镇岩下村、朱村乡双岭村
		景宁畲族自治县	东坑镇罗山村、外舍乡岭北村、澄照乡金丘村、草鱼塘森林公园
		青田县	章村乡小砩村、祯埠乡兆庄村、舒桥乡西武头村、北山镇李坑村
		缙云县	舒洪镇仁岸村、新建镇石臼坑村、胡源乡庄坑村、石笕乡栋头村
		松阳县	谢村乡南坑村、裕溪乡徐山村、西屏镇水车村、新处乡朱山村、象溪镇村头村
		遂昌县	妙高镇后江村、垵口乡桂洋村、湖山乡湖坊村、金竹镇夏东村、王村口镇突头村
		庆元县	松源镇范源村、隆宫乡黄坑村、举水乡荐坑村、黄田镇良官田村、贤良镇富林村

第八章　古树名木

丽水地处浙江省西南部，属亚热带常绿阔叶林区域，境内木本植物资源丰富，南北树种兼有，种类繁多。据 2002 年古树名木普查统计，丽水市古树名木隶属 55 科 116 属 197 种。其中裸子植物有 8 科 19 属 24 种 17727 株，被子植物有 47 科 97 属 173 种 22495 株；国家重点保护植物 21 种 7868 株，占全市古树名木总数的 19.6%，其中国家Ⅰ级保护植物 5 种 2870 株，Ⅱ级保护植物 16 种 4998 株，珍稀生物资源居全省首位，有“华东古老植物的摇篮”之称。

古时，国家基本没有保护古树名木举措，仅凭地方自发保护。1949 年中华人民共和国成立后，丽水对古树名木的认识走过一条曲折的道路。丽水解放后相当长一段时间内，人们对保护古树名木的重要意义认识不足，一些地方政府和部门不能正确处理经济建设与保护古树名木的关系，古树名木被砍伐事件屡见不鲜。1958年，“大炼钢铁”时期，各县古树名木损失惨重。1966—1976年，各县古树名木再遭重创，如清光绪《龙泉县志》记载的4株古樟，即被砍伐2株。20世纪80年代，丽水地区逐渐重视古树名木保护工作。其中龙泉县、遂昌县相继开展古树名木调查和保护工作。1996年、1999年、2002年先后开展古树名木调查3次。据2002年丽水市普查资料统计载，丽水市古树名木40222株，其中国家重点保护植物21种7868株（国家Ⅰ级保护植物5种2870株，Ⅱ级保护植物16种4998株）。丽水市有世界上最濒危12种植物之一的百山祖冷杉，国内罕见的景宁和龙泉的柳杉王、松阳千年南方红豆杉、庆元福建柏王、遂昌九龙山猴头杜鹃长廊；堪称浙江之最的莲都樟树王，庆元的杉木王、红豆树王、罗汉松王，龙泉的甜槠王、金桂王，遂昌鹅掌楸王，景宁古刺柏王，松阳千年古榧等。2010年，丽水市已知的植物资源有种子植物、蕨类植物、苔藓植物等3500多种；列入国家重点保护植物42种，其中一级保护植物有百山祖冷杉、红豆杉、南方红豆杉、伯乐树、长喙毛茛泽泻、中华水韭、莼菜等7种，二级保护植物有长柄双花木、福建柏、七子花、香果树、鹅掌楸、华东黄杉、长序榆、白豆杉等35种。百山祖冷杉，特别珍贵，全世界仅3棵。

第一节 种　类

据2002年古树名木普查统计，丽水市古树名木40222株，其中一级保护古树880株，树龄500年以上，占总株数2.19%；二级保护古树5836株，树龄300—499年，占总株数14.51%；三级保护古树33505株，树龄100—299年，占总株数83.3%；名木1株。丽水市处于群状分布古树群968片，古树23233株，占总株数的57.76%，其中一级保护古树群4片、75株，二级保护古树群113片、2169株，三级保护古树群851片、20989株；属散生分布的古树名木16989株，占总株数的42.24%。丽水市古树名木隶属55科、116属、197种，其中裸子植物有8科、19属、24种、17727株，被子植物有47科、97属、173种、22495株。从各科数量分析，株数在1000株以上的科有6个，36464株，占总株数的90.7%，其中株数最多是壳斗科，有6属29种，11135株，占总株数的27.7%；第二是松科，有6属7种，8056株，占20%；第三是金缕梅科，有5属6种，4985株，占12.40%。从树种分析，丽水市古树名木集中树种31个，占总数的94.2%的，其中有2个树种株数在5000株以上，13074株，占总株数32.5%；有6个树种株数在1000—5000株之间，18070株，占总株数44.9%；有23个树种株数在100—1000株之间，6749株，占总株数16.8%；有57个树种株数在10—100株之间，1994株，占总株数5%；有109个树种株数在10株以下，335株，仅占总株数0.8%。

2002年丽水市古树名木种类与个体数量一览

表13-8-1-1

序号	树种	项目名称	科名	属名	株数	序号	树种	项目名称	科名	属名	株数
1	马尾松	Pinus massoniana	松科	松属	6791	2	苦槠	Castanopsis sclerophylla	壳斗科	栲属	6283

续表 13-8-1-1

序号	树种	项目名称	科名	属名	株数	序号	树种	项目名称	科名	属名	株数
3	枫香	Liquidambar formosana	金缕梅科	枫香树属	4480	18	江南油杉	Keteleeria cyclolepis	松科	油杉属	257
4	柳杉	Cryptomeria japonica	杉科	柳杉属	4148	19	缺萼枫香	Liquidambar acalycina	金缕梅科	枫香树属	201
5	樟树	Cinnamomum camphora	樟科	樟属	2843	20	柏木	Cupressus funebris	柏科	柏木属	188
6	甜槠	Castanopsis eyrei	壳斗科	栲属	2725	21	银杏	Ginkgo biloba	银杏科	银杏属	178
7	南方红豆杉	Taxus mairei	红豆杉科	红豆杉属	2534	22	罗汉松	Podocarpus macrophyllus	罗汉松科	罗汉松属	178
8	榧树	Torreya grandis	红豆杉科	杉木属	1340	23	枫杨	Pterocarya stenoptera	胡桃科	枫杨属	165
9	黄山松	Pinus taiwanensis	松科	栲属	921	24	红豆杉	Taxus chinensis	红豆杉科	红豆杉属	154
10	木荷	Schima superba	山茶科	栲属	664	25	锥栗	Castanea henryi	壳斗科	栗属	138
11	杉木	Cunninghamia lanceolata	杉科	楠属	605	26	黄檀	Dalbergia hupeana	蝶形花科	黄檀属	132
12	钩栗	Castanopsis tibetana	壳斗科	栲属	522	27	香榧	Torreya grandis cv. merrillii	红豆杉科	榧树属	121
13	米槠	Castanopsis carlesii	壳斗科	栲属	433	28	铁冬青	Ilex rotunda	冬青科	冬青属	114
14	闽楠	Phoebe bournei	樟科	楠属	409	29	红豆树	Ormosia hosiei	蝶形花科	红豆树属	107
15	青冈栎	Cyclobalanopsis glauca	壳斗科	青冈属	405	30	黄连木	Pistacia chinensis	漆树科	黄连木属	104
16	蓝果树	Nyssa sinensis	蓝果树科	蓝果树属	364	31	福建柏	Fokienia hodginsii	柏科	福建柏属	101
17	细柄蕈树	Althingia gracilipes	金缕梅科	蕈树属	288	合计	—	—	—	—	37893

说明：此表仅统计株数 100 株以上古树名木种类与个体数量统计

第二节　分　　布

县　域

据2002 年古树名木普查，丽水市各县均有古树名木，但县域分布不够均匀。景宁畲族自治县古树最多，8085 株，占全市总株数 20.1%，其中一级古树 260 株，占全市一级古树总数的 29.55%，二级古树1041株，占全市二级古树总数的17.84%，三级古树6783株，占全市三级古树总数的20.24%；青田县6703株列第二，占全市古树总数的16.67%；遂昌县6275株列第三，占全市古树总数的15.6%。

2002年丽水市古树名木分县汇总

表13-8-2-1　　单位：株

县别	古树和名木					散生古树				古树群			
	一级	二级	三级	名木	计	一级	二级	三级	计	一级	二级	三级	计
莲都区	64	279	1630	—	1973	64	255	842	1161	—	24	788	812
龙泉市	169	1383	3904	—	5456	153	722	1434	2309	16	661	2470	3147
青田县	198	803	5702	—	6703	198	597	2605	3400	—	206	3097	3303
云和县	27	68	2734	—	2829	27	68	278	373	—	—	2456	2456
庆元县	40	352	2894	—	3286	40	238	710	988	—	114	2184	2298
缙云县	32	221	2847	—	3100	32	173	1628	1833	—	48	1219	1267
遂昌县	44	1126	5105	—	6275	44	598	1782	2424	—	528	3323	3851
松阳县	46	563	1906	—	2515	46	464	1368	1878	—	99	538	637
景宁畲族自治县	260	1041	6783	1	8085	201	552	1869	2622	59	489	4914	5462
合　计	880	5836	33505	1	40222	805	3667	12516	16988	75	2169	20989	23233

据2002年古树名木普查，丽水市古树名木城乡分布不够均匀，其中农村占绝大多数，38664株，占全市古树名木总数的96.13%；其他依次为城市739株，占1.84%；保护区672株，占1.67%；森林公园147株，占0.36%。

2002年丽水市古树名木分布区域汇总

表13-8-2-2　　单位：株

县　别	合　计	城　市	农　村	保护区	森林公园
莲都区	1973	24	1930	—	19
龙泉市	5456	20	4981	435	20
青田县	6703	131	6529	—	43
云和县	2829	7	2822	—	—
庆元县	3286	4	3061	156	65
缙云县	3100	172	2928	—	—
遂昌县	6275	287	5950	38	—
松阳县	2515	76	2439	—	—
景宁畲族自治县	8085	18	8024	43	—
合　计	40222	739	38664	672	147

位　置

据2002年古树名木普查统计，丽水市古树名木具体位置村旁分布最多，20567株，占全市古树名木总数的51.13%；其他依次为路旁7182株，占17.86%；山坡5872株，占14.6%；田旁2456株，占6.11%；水旁1847株，占4.59%；寺院1550株，占3.85%；宅院289株，占0.72%；庭院227株，占0.56%；公园158株，占0.39%；其余74株，占0.18%。

2002年丽水市古树名木分布位置汇总

表13-8-2-3　单位：株

县　别	庭院	宅院	寺院	公园	村旁	路旁	水旁	田旁	山坡	其他	合计
莲都区	14	2	108	8	836	253	39	80	625	8	1973
龙泉市	11	44	701	20	2251	1192	291	309	629	8	5456
青田县	22	155	256	126	2048	1906	220	286	1662	22	6703
云和县	2	—	62	—	1626	392	512	23	209	3	2829
庆元县	1	1	132	3	1673	381	180	560	351	4	3286
缙云县	18	10	130	—	2077	67	194	199	397	8	3100
遂昌县	21	67	81	—	2949	1218	223	590	1123	3	6275
松阳县	36	6	33	—	1624	222	58	117	419	—	2515
景宁畲族自治县	102	4	47	1	5483	1551	130	292	457	18	8085
合　计	227	289	1550	158	20567	7182	1847	2456	5872	74	40222

第三节　数　量

丽水市古树名木有很高的保护价值。据2002年古树名木普查统计载，丽水市古树名木中国家重点保护植物21种7868株，占全市古树名木总数的19.6%。其中国家Ⅰ级保护植物5种2870株，Ⅱ级保护植物16种4998株。一级保护古树名木，树龄500年以上的881株；1000年以上的12个树种45株，其中银杏3株、江南油杉1株、柳杉16株、圆柏1株、刺柏2株、罗汉松1株、南方红豆杉5株、樟树11株、钩栗2株、米槠1株、兴山榆1株、茶树1株，许多古树为全省之最，甚至全国之最。中国特有的百山祖冷杉，是中国东南沿海唯一残存的冷杉属植物，列为国家一级珍稀濒危植物，野生百山祖冷杉仅存3株。

2002年丽水市国家古树名木种类与数量一览

表13-8-3-1

序号	树 种	学　名	科 名	属 名	株数	序号	树 种	学　名	科 名	属 名	株数
1	银杏	Ginkgo biloba	银杏科	银杏属	178	2	百山祖冷杉	Abies beshanzuensis	松科	冷杉属	3

续表 13-8-3-1

序号	树种	学名	科名	属名	株数	序号	树种	学名	科名	属名	株数
3	红豆杉	Taxus chinensis	红豆杉科	红豆杉属	154	13	闽楠	Phoebe bournei	樟科	楠属	409
4	南方红豆杉	Taxus mairei	红豆杉科	红豆杉属	2534	14	浙江楠	Phoebe chekiangensis	樟科	楠属	17
5	伯乐树	Bretschneidera sinensis	伯乐树科	伯乐树属	1	15	花榈木	Ormosia henryi	蝶形花科	红豆树属	22
	Ⅰ级保护植物				2870	16	红豆树	Ormosia hosiei	蝶形花科	红豆树属	107
6	金钱松	Pseudolarix amabilis	松科	金钱松属	17	17	长序榆	Ulmus elongata	榆科	榆属	81
7	福建柏	Fokienia hodginsii	柏科	福建柏属	101	18	榉树	Zelkova schneideriana	榆科	榉属	43
8	榧树	Torreya grandis	红豆杉科	榧树属	1340	19	杜仲	Eucommia ulmoides	杜仲科	杜仲属	2
9	鹅掌楸	Liriodendron chinense	木兰科	鹅掌楸属	7	20	毛红椿	Toona ciliata	楝科	香椿属	4
10	凹叶厚朴	Magnolia officinalis	木兰科	木兰属	1	21	香果树	Emmenopterys henryi	茜草科	香果树属	2
11	连香树	Cercidiphyllum Japonicum	连香树科	连香树属	2		Ⅱ级保护植物				4998
12	樟树	Cinnamomum camphora	樟科	樟属	2843		合计				7868

百山祖冷杉

丽水市特有树种。存古树 3 株，长于庆元县百山祖海拔 1700 多米的亮叶水青冈林中。百山祖冷杉是世界最珍稀孑遗物种之一，是丽水市独有物种，生长在庆元县境内被誉称“百山之祖、三江之源”的百山祖国家级自然保护区，海拔 1700 米的谷岙中。1963 年，庆元县林业工作者吴鸣翔发现 5 株与一般冷杉不太相似的树木。1976 年被确认为新种——百山祖冷杉，是第四纪冰川期世界最珍稀孑遗的物种。至 20 世纪 90 年代中期，百山祖冷杉仅存 3 株，最大一株高 14.5 米，胸径 44 厘米，树冠遮荫 35.7 平方米；最小一株树高 10.5 米，胸径 14 厘米，树龄都在 100 年以上。1987 年 2 月，国际物种保护委员会（SSC）发布世界上最濒危的 12 个物种名单和现状公报，其中之一就是百山祖冷杉。

银　杏

存古树 179 株，其中 500 年以上的一级古树 28 株，300—500 年的二级古树 67 株，100—300 年的三级古树 84 株。莲都区双黄乡贾坑村一株银杏古树是丽水市树体最大的银杏，树龄 1000 年，胸径 269 厘米，高 26 米，冠幅 22 米。

红豆杉

存古树 154 株，其中散生古树 4 株，群状分布古树 3 片 150 株。主要分布龙泉市风阳山自然保护区、屏南乡、岩樟乡、锦溪乡、宝溪乡和庆元县黄田镇、江根乡。庆元县黄田镇朱黄村一株红豆杉是丽水市最大，胸径 86 厘米，高 20 米，冠幅 9 米。

南方红豆杉

存古树 2534 株，分布面积 458 公顷，蓄积量 9127 立方米。松阳县玉岩镇海拔 800 米的大树后村的一株南方红豆杉为丽水市最大，树龄 1000 多年，树高 30 米，胸径 2.78 米，冠幅 10×11 平方米。

伯乐树

存 1 株，长于庆元百山祖保护区茶木淤保护站，树龄 110 年的古树，树高 12 米，胸径 18 厘米，冠幅 6 平方米。2009 年，中国科学院华南植物园专家开展国家一级保护植物伯乐树专题调查，在景宁望东垟高山湿地保护区渔际坑林区发现一株伯乐树，高 21 米、胸径 35 厘米，是迄今为止浙江省最高大的伯乐树。

金钱松

存古树 17 株，主要分布遂昌县、龙泉市和缙云县，其中龙泉市龙南乡上南坑村一株金钱松，丽水市树体最大，胸径 90 厘米，高 24 米，冠幅 22 米；遂昌县石练镇有 11 株金钱松古树成片分布。

福建柏

存古树 101 株，长于海拔 600—1500 米的山坡、谷地林中，主要分布在龙泉市龙南乡、宝溪乡、屏南镇、风阳山自然保护区，庆元县百山祖自然保护区、三堆、合湖、岭头、举水、万里等林场，遂昌县九龙山自然保护区、柘岱口乡，景宁畲族自治县东坑镇、英川镇及云和县云丰乡等地。庆元县海拔 1300 米的斋郎村村旁一株福建柏丽水市最大，树龄 600 多年，树高 27 米，胸径 1.27 米，单株蓄积 14.37 立方米。

榧　树

存古树 1340 株，主要分布在海拔 400—1400 米的村宅旁、山坡、谷地林中、河边。缙云县新建镇双港桥村的一株榧树，丽水市树龄最长，树龄 800 年，胸径 152 厘米，高 16 米，冠幅 18 米；松阳县新处乡竹垒村的一株榧树，丽水市树体最大，树龄 600 年，胸径 213 厘米，高 24 米，冠幅 10 米；莲都区仙渡乡坑里村的一株榧树，丽水市树高度最高，树龄 550 年，胸径 146 厘米，高 37 米，冠幅 8 米。

鹅掌楸

存古树 7 株，大多散生于海拔 700—1400 米的山坡、谷地常绿、落叶阔叶林中，主要分布在风阳山自然保护区、百山祖自然保护区、九龙山自然保护区及松阳县、云和县等地。遂昌县九龙山枫树洋海拔 1250 米的沟谷阔叶混交林中一株鹅掌楸，丽水市树体最大，树龄 200 多年，树高 31 米，胸径 1.48 米，冠幅达359平方米。

连香树

存古树2株，都长于在遂昌县黄沙腰镇村黄沙腰[①]。其中一株连香树，丽水市树体最大，树龄500年，高28米，胸径1.1米，冠径10米，另一株树高26米，胸径0.96米，冠径11米。

樟　树

存古树2843株，分布在丽水各个县（市、区），其中缙云县最多，有480株。丽水市莲都区联城镇路湾村公路旁一株大樟树，为浙江省樟树王，长于晋代，树龄1600年，树高21米，胸径4.58米，冠幅30×28平方米。

闽　楠

存古树409株。松阳县竹源乡黄下村一株闽楠，树体最大，树龄400年，胸径121厘米，高18米，冠幅13米；庆元县竹口镇黄坛村闽楠古树群1片，394株。

浙江楠

存古树17株，莲都区西溪乡大铺村一株浙江楠，树体最大，树龄280年，胸径83厘米，高19米，冠幅19米。松阳县竹源乡潘坑村1片浙江楠古树群，12株。

花榈木

存古树22株，主要分布在龙泉市，最大的一株生长于龙泉市锦溪镇黄山头村，村龄约400年，胸径116厘米，高31米，冠幅7米。

红豆树

存古树107株，其中庆元99株。庆元县黄田镇双沈村有株树龄300年，胸径150厘米，树高32米，冠幅14米的大树，堪称浙江红豆树王。

长序榆

存古树81株，仅以2片古树群分布在松阳县，其中枫坪乡粗砻自然村的古树群47株，最大树龄316年，胸径93厘米，高26米，冠幅10米；玉岩镇何山头村古树群34株，最大树龄280年，胸径97厘米，高21米，冠幅10米。

榉　树

存古树43株，主要分布遂昌县、莲都区、龙泉市和青田县。莲都区万象山公园一株榉树，树龄最大，树龄800年，胸径125厘米，高22米，冠幅18米；青田县山口镇雅陈村一株榉树，树体最大，胸径162厘米，高16米，冠幅7米；遂昌县王村口镇石笋头村古树群1片，38株。

① 黄沙腰：遂昌县当地人称“内阴坑”。

杜　仲

存古树 2 株，主要分布于遂昌县。遂昌县妙高镇谢山头村一株杜仲，树体最大，树龄 400 年，胸径 153 厘米，高 18 米，冠幅 14 米。

毛红椿

存古树 4 株。龙泉市锦溪镇一株毛红椿，树体最大，树龄 250 年，胸径 99 厘米，高 26 米，冠幅 14 米。

香果树

存古树 2 株，主要分布于龙泉凤阳山自然保护区。龙泉凤阳山自然保护区一株香果树，树体最大，胸径 52 厘米，高 14 米，冠幅 10 米。

第四节　古树名木选介

丽水市古树名木有很高的保护价值。据 2002 年古树名木普查统计，一级保护古树名木，树龄 500 年以上的 881 株；1000 年以上的树种 12 个 45 株，许多古树为全省之最，甚至全国之最。

庆元县福建柏

庆元县百山祖乡斋郎村和黄皮村福建柏巨木，胸径 127 厘米。其中斋郎村福建柏海拔 1300 米，树龄 600 多年，树高 27 米，单株蓄积 14.37 立方米，为国内罕见。

庆元县罗汉松“王中王”

位于庆元县东村，树龄 500 多年，树高 25 米，胸径 190 厘米，冠幅 15 米×17 米，为全国最大的罗汉松。

景宁畲族自治县大漈乡“浙江柳杉王”

位于景宁畲族自治县大漈乡大漈村古刹时思寺东侧斜坡上，名列全国同种胸径之冠，树龄有 1500 多年，胸径 447 厘米。该树原高 50 米左右，因遭雷击断梢，现高仅存 28 米，冠幅 15 米×17 米。从其断梢处直径在 100 厘米以上。树干空心，干基空心内径 460 厘米，胸高内径 300 厘米。

龙泉市龙南大柳杉

位于龙泉市龙南乡五星村后岙毛竹林中，树龄 1000 多年，树高 52 米，胸径 276 厘米，蓄积达 138.2 立方米。该树系当地吴姓第一代祖先所栽，至今有 30 多代。

庆元县落岭村莲花山杉树

位于庆元县落岭村莲花山一明代坟墓旁，人称“浙南杉树大王”，是浙江最大的杉树，树高 35 米，胸径177厘米，离地3.2米处分成两个的主干，大小相近，平行直上，单株蓄积39立方米。据树旁墓碑铭记，该株杉树树龄有500多年。

龙泉岩樟甜槠

位于龙泉市岩樟乡柳山头村，是浙江省最大的甜槠，树龄300多年，树高27米，胸径130厘米，树冠16米×22米，单株蓄积16.3立方米。

浙南鹅掌楸王

位于遂昌县九龙山国家级自然保护区枫树洋沟谷阔叶混交林处一明代坟墓旁，是浙江省最大的鹅掌楸，树龄200多年，树高31米，胸径148厘米，冠幅359平方米。

松阳县玉岩镇大树后村千年南方红豆杉

位于松阳县玉岩镇海拔800米的大树后村一明代坟墓旁，生长三株红豆杉，被村民称为“树神”。居中者，树高30米，胸径278厘米，是全省同种之最，冠幅10米×11米。古树树干基部空洞直径2米多，能放入八仙桌一张，同时围坐8人。另外两株，树高分别为26米与24米，胸径185厘米与162厘米。据传红豆杉长于北宋初年，树龄1000年左右，是中国美丽红豆杉家族中难得一见的红豆衫。

莲都区联城镇路湾村晋代古樟

位于莲都区联城镇路湾村公路旁，是浙江省最大的香樟树，树龄1600多年，树高21米，胸径458厘米，冠幅30米×28米。

松阳县千年古榧

位于松阳县新处乡竹垒村亭坛公路旁，是丽水市榧树之王，被村民称为“亭坛之处的护路神树”，树龄1500年以上，胸径2.13米，树高24米，冠幅10×10米。

遂昌县九龙山猴头杜鹃长廊

位于遂昌九龙山枫树坪海拔1500米左右的山岗上，长2000米、宽50米，平均树高7米，胸径8厘米，树龄100多年。其中最大一株树高9米多，胸径0.16米，冠幅5×4平方米，树龄300多年。周围形成一条高宽空间为2×3米左右的“绿荫长廊”，在全国罕见。

景宁畲族自治县大漈乡大漈村古刺柏王

位于景宁畲族自治县大漈乡大漈村，为梅姓村民所栽，一株胸径1.47米，另一株1.43米，树高均为15米，冠幅分别为8×11平方米和9×7平方米。

庆元县黄田镇双沈村红豆树王

位于庆元县黄田镇双沈村，树龄近1000年，胸径1.42米，树高30.5米，冠幅14米，被誉为“浙江红豆树王”。

龙泉市龙渊镇北清修寺金桂王

位于龙泉市龙渊镇北清修寺内，被村民称为“唐桂”。一株树高 16 米，胸径 0.82 米；另一株高 15 米，胸径 0.74 米，高粗均居省内前茅。据传为南唐时寺僧所植，树龄 1000 年左右，被誉为“浙江最古老的金桂”。2003 年 8 月 22 日，左侧一株因病虫危害后，风倒死亡。

遂昌福罗淤古樟树

位于遂昌湖山乡福罗淤村西南后龙山脚，树高 35 米，胸围 5.9 米，树龄 500 多年。树上会结一种“樟树梨”，此树被载入《本草纲目拾遗》。

弓桥头古樟树

位于遂昌县王村口镇弓桥头村大会堂门前沿溪路边，树高 20 米，胸围 10.6 米，冠幅 20 米，树龄 600 多年。树杆空如室，东北方向 1 米多高处有一水桶大小洞孔，近 60 年来这棵樟树枝杆向顺时针方向旋转，树洞的方向旋转约 20 度，十分罕见。

其　他

位于庆元县百山祖镇斋郎村的古檫木是浙江省最大的檫木，树高 23 米，胸径 188 厘米，冠幅 17 米×17 米，树龄 500 年；位于龙泉城北的苦槠树是丽水市最高的苦槠，树高 35 米，胸径 150 厘米，冠幅 11 米×11 米，树龄 500 年；位于龙泉市大舍村的苦槠树是丽水市最粗大的苦槠，树高 16 米，胸径 217 厘米，冠幅 16 米×16 米，树龄 800 年；位于青田县洋岙树苦槠树是丽水市树冠最大的苦槠，树高 18 米，胸径 118 厘米，冠幅 24 米×24 米，树龄 800 年。

第九章　森林公园与湿地公园

丽水自然资源丰富，如充足的林业资源、水资源、生物资源和矿产资源等，这在全国城市中不多见。

1975 年 3 月，浙江省革命委员会批准龙泉凤阳山为省级自然保护区。1980 年 7 月，凤阳山自然保护区管理机构成立。1985 年 8 月，浙江省人民政府批准庆元县百山祖为省级自然保护区。1992 年 10 月，龙泉市凤阳山、庆元县百山祖经国务院批准为凤阳山——百山祖国家级自然保护区。2007 年，浙江省政府批准设立“浙江省松阳县箬寮——安岱后风景名胜区”。

20 世纪 90 年代，丽水创建森林和湿地公园，但森林景观资源丰富且多样，森林旅游资源发展显著。1991 年 11 月，浙江省政府批准设立青田石门洞省级森林公园，是丽水地区设立的第一个省级森林公园。经过 20 年发展，丽水森林公园事业初具规模。截至 2010 年，丽水市森林公园实现 9 县(市、区）全覆盖，森林公园总数增至 11 处，其中国家森林公园 4 处，省级森林公园 7 处，占地面积 69864 公顷。2002 年，国家林业局批准设立遂昌县国家级森林公园，占地面积 23453 公顷。21 世纪，丽水森林公园以良好的森林自然景观为主体，融合自然景观与人文景观，经科学保护和适度合理开发，为人们提供游览、度假、观光、科学教育、保健疗养等活动的特定场所。

丽水具备湿地提需要的特地理环境和气候条件。截至 2010 年，丽水市湿地公园总数增至 3 处，其中国家湿地公园 1 处，占地面积 16.86 平方千米；省级湿地公园 1 处，占地面积 1194.8 公顷。

第一节　自然保护区

凤阳山自然保护区

凤阳山位于龙泉市境内洞宫山脉中段。民国时，当地村民叫“凤凰山”，据清嘉靖《浙江通志》载，称其为“黄茅山脉”。据清光绪《处州府志》之“龙泉县境全图”载，该地域为“八方源头”。民国 27 年(1938)，龙泉县政府制印的《龙泉县全图》中才见“凤阳山”这一名称。凤阳山是中国沿海自北而南面积较大的第一处中山地带，凤阳山保护区南部的锅帽尖是瓯江发源地，浙江省第一高峰黄茅尖（海拔 1929 米）及海拔 1800 米以上的山峰几乎都在这一区域。1951 年土地改革运动后成为国有山。1958年，建设为国有林场。1975 年 3 月，浙江省革命委员会批准龙泉凤阳山等 4 处为省级自然保护区。1980 年 7 月，建立凤阳山自然保护区管理机构，管理面积 4666.67 公顷，职工 22 人。1992 年 10 月，国务院批准建立浙江凤阳山—百山祖为国家级自然保护区，下设凤阳山、百山祖管理处。凤阳山管理处的管辖面积为 15171.40 公顷，其中国有山 4245.2 公顷，集体林 10926.2 公顷。

森林植被　凤阳山地处于北亚热带和南亚热带间，植被类型和区系成分有差异性、过渡性、多样性的特点。活立木总蓄积 114.68 万立方米，其中国有林蓄积 35.28 万立方米。森林覆盖率 96.2%。植被类型有针叶林、针阔混交林、阔叶林、竹林、灌丛、草丛等植被型组 6 个、植被型 11 个、群系组 21 个和群系 27 个。经多年保护，森林线逐年抬升，植被类型中的灌丛、草丛为针阔混交林所取代，灌、草丛面积明显缩小。稀有群落以珍稀或濒危植物为优势种或次优势种的稀有群落有福建柏、白豆杉、铁杉、黄杉、红豆杉、蛛网萼和香果树群落。

植物资源　凤阳山有大型真菌 256 种，苔藓植物 368 种，蕨类植物 203 种，种子植物 1464 种。以上植物种类中，根据国家、省及专业部门确定的珍稀濒危植物有 58 种，其中有国务院批准的第一批国家重点保护植物 21 种（红豆杉、南方红豆杉、钟萼木 3 种属一级保护，其余为二级保护）。红豆杉在浙江省仅凤阳山有分布，二级保护中的福建柏、白豆杉、厚朴、凹叶厚朴、香果树、花榈木等种，凤阳山是其重点分布区。同时该地还是一些种、属的分化变异中心。

动物资源　区内有昆虫 1690 种，鱼类 45 种，两栖类 32 种，爬行类 49 种，鸟类 121 种，兽类 62 种。是浙江省两栖类、爬行类、兽类重点分布区。众多动物中，有国家重点保护动物 36 种，其中昆虫 1 种、两栖类 1 种、鸟类 19 种、兽类 15 种。属一级保护的有黄腹角雉、豹、云豹、黑麂 5 种，二级保护有 31 种。

百山祖自然保护区

百山祖位于庆元县东北部百山祖乡境内，是一个典型的东南沿海季风区中山丘陵森林生态系统为主的生物多样性自然保护区。百山祖国家级自然保护区山体属洞宫山系，由福建戴云山脉向东伸展而成，境内山峰星罗棋布，地势陡峭，最高峰百山祖海拔为1856.7米，是江浙第二高峰，被誉为“百山之祖”。保护区为亚热带湿润季风气候，属“南岭闽瓯中亚热带”气候区，年平均气温12.8℃，年降雨量2300多毫米，年平均相对湿度84%。保护区的溪流呈放射状，分属瓯江水系、闽江水系和赛江水系，素有“三江之源”之称。百山祖国家级自然保护区环境清幽，山水神秀，森林生态类型多样性，生物群落地带特殊性，生物资源多样性，生物物种珍稀性和环境质量天然“本底性”，享有“天然珍稀动植物园”“华东古老植物的摇篮”之盛誉，为中外专家学者所瞩目，是《中国生物多样性保护行动计划》实施重点区域之一。其神奇原始风貌，优美自然景观与浓郁香菇文化融合成一幅幅意趣横生的画卷，有“幽、秀、雄、奇、古”特色，其中百瀑峡2002年被评为“浙江绿谷”十大峡谷之一。2005年，被列为浙江省首批“生态道德教育基地”和“生态环境教育示范基地”之一，是理想的旅游和避暑胜地。1958年6月，庆元县万里林场建立。1985年8月7日，浙江省人民政府批准百山祖为省级自然保护区。1992年10月27日，国务院批准将百山祖和龙泉市凤阳山两个省级自然保护区合并扩建，升格为浙江凤阳山—百山祖国家级自然保护区。1995年11月，设立浙江凤阳山——百山祖国家级自然保护区管理局，下设百山祖管理处和凤阳山管理处。

森林植被　百山祖国家级自然保护区面积10880.1公顷，由两块组成，一块位于庆元县百山祖乡境内，面积10440.8公顷；另一块位于庆元县安南乡五岭坑，面积439.3公顷。保护区核心区面积3939.3公顷，缓冲区面积1341.8公顷，实验区面积5599公顷。保护区森林资源丰富，2007年调查统计，保护区林业用地面积10502.3公顷，非林业用地面积377.8公顷；林业用地中有林地面积10392.9公顷，占林业用地99%；森林覆盖率96.3%，活立木总蓄积量96.8万立方米，毛竹立竹量100.65万株。

植物资源　百山祖国家级自然保护区生物资源丰富，有种子植物173科828属2005种；蕨类植物36科82属236种；苔藓植物62科149属326种，其中叶附生苔5科13属38种；大型森林真菌12目37科97属256种；保护区珍稀濒危动植物荟萃，分布有国家一级保护植物4种，国家二级保护植物20种。其中百山祖冷杉为本保护区特有物种，是第四纪冰川期孑遗的濒危植物，1963年由吴鸣翔发现，1976年定名发表，野生状态仅存3株，1987年2月，被世界自然保护联盟物种生存委员会(SSC)列为世界最濒危的十二种植物之一，被誉为“植物界的大熊猫”。

动物资源　脊椎动物4纲26目74科254种；昆虫22目247科1346属2192种；蜘蛛22科75种。国家一级保护动物8种，国家二级保护动物47种，浙江省重点保护野生动物43种。

九龙山自然保护区

九龙山地处浙、闽、赣三省毗邻地带的遂昌县西南部，属武夷山系仙霞岭的一个分支，与福建浦城、浙江龙泉接壤，其所处的浙闽山地地区是中国17个有国际意义的陆地生物多样性保护关键区域之一。山地陡峭，高峰群集。主峰海拔1724米，为浙江第四高峰。主峰周围簇拥着海拔1500米以上的山峰28座，1000米以上的山峰25座。1983年9月，省人民政府批准建立九龙山省级自然保护区，属森林生态和野生生物类型自然保护区；2003年6月，经国务院批准升格为国家级自然保护区，面积5525

公顷。九龙山气候属中亚热带湿润季风气候，四季分明，雨水充沛，光照适宜，相对湿度较高。区内山峦起伏，沟壑纵横。复杂的地形，构成丰富多样的气候环境。概括九龙山保护区的气候条件，有垂直地带性、雨季和干季明显、山顶部风大气候变化复杂、南北坡有较大差异4个特征。

森林植被 九龙山是钱塘江水系的最南端源头，水资源丰富，水体质量良好，溶解氧含量高，据环保部门监测，符合国家Ⅰ类标准。保护区森林植被担负着涵养水源、保持水土、调节气候等多种生态功能，其生态地位极端重要区。保护区内土壤有红壤、黄壤、水稻土3个土类。九龙山环境优美，资源丰富，有着神秘的“野人”传说。森林覆盖率98.8%，森林蓄积量47.39万立方米。

动植物资源 已知有高等植物244科869属2005种，脊椎动物29目82科203属314种，其中列入国家重点保护的野生动植物有黑麂、黄腹角雉、伯乐树、南方红豆杉等63种，是九龙山景天、九龙棘蛙、九龙山榧等45种动植物模式标本的原产地，区内还分布着中国东部最完整的最具代表性的原生状态的标准青冈林群落，罕见的猴头杜鹃长廊，以及银鹊树林、长序榆林、黑山山矾林等特有的森林植物群落。九龙山是黑麂最重要的分布中心和最大野生种群的集中分布区，也是黄腹角雉最重要的栖息地和最集中的分布地之一，对于拯救、维持和发展珍稀濒危动物种群有极大价值。

箬寮岘自然保护区

箬寮岘位于松阳县西南安民乡和枫坪乡境内，距离县城50千米，面积1583.86公顷，主峰箬寮岘海拔1502.3米，为松阳境内第一高峰，森林覆盖率95%以上。保护区以花艳、树奇、山险、岩怪、潭幽、泉清著称于世，是华东地区屈指可数的一座天然生物宝库。2000年8月开发建设，2001年5月对外营业，11月被评为国家AA级旅游景区。2006年12月，箬寮岘被评为国家AAA级旅游景区。2007年，省政府批准设立浙江省松阳县箬寮—安岱后风景名胜区。2010年10月，筹备建设国家AAAA级景区，以原生态自然景观为主，集养生休闲、探险观光、科考文教、会议商务和红色教育等为一体的综合性旅游景区。

植物资源 保护区生长着数百上千年树龄的各类树木千多种，野生名贵中草药700多种。据调查，景区内有蕨类植物38科69属152种，裸子植物7科18属23种，被子植物140科651属1441种，其中木本植物530多种，列入国家保护的有数十种。尤其是海拔千米以上的山坡，生长着二千多亩连片的、树龄上百年的原始猴头杜鹃林，枝干粗大，花形奇特。被称指为“华东地区水青冈王”的水青冈树径粗1.46米。景区内胸径0.5米以上、树龄超过300年的光叶青冈树就达数百株之多。2003年还发现世界濒危植物“东方水韭”，是迄2010年为止世界上首次发现的一个水韭新品种。

动物资源 保护区内野生无脊椎动物中，昆虫纲18目1100多种；脊椎动物中，鱼纲10目90多种，两栖纲2目15种，爬行纲3目49种，鸟纲18目220多种，哺乳纲7目60多种。其中列入国家一级保护的动物有10种，国家二级保护动物30多种。

第二节　森林公园

丽水是浙江省生态大市。20世纪90年代起，丽水地区森林公园建设开始起步。1991年11月，浙江省政府批准设立青田石门洞省级森林公园，是丽水地区设立的第一个省级森林公园。2002年12月，国家林业局批准设立遂昌县国家级森林公园，是丽水市第一个国家级森林公园。各县（市、区）也纷纷设立各级森林公园。截至2010年，丽水市建立森林公园11处，其中国家级4处，面积32089公顷；省级7处，面积37775公顷。

2010年，丽水市国家级自然保护区2个，省级自然保护区1个；国家级森林公园1个，省级森林公园9个；两级自然保护区和森林公园的面积近1000平方千米。丽水市森林覆盖率79.1%，比全省平均高19.7%。

2010年丽水市森林公园一览

表13-9-2-1

序号	名　称	区域	占地面积（公顷）	类　别	主管部门	批准机关	批准文号	批准日期
1	遂昌县国家森林公园	遂昌县	23953	国家级	遂昌县林业局	国家林业局	林场发〔2002〕274号	2002
2	石门洞国家森林公园	青田县	4295	国家级	青田县林业局	国家林业局	国函〔2003〕241号	2003
3	松阳卯山国家森林公园	松阳县	1385	国家级	松阳县林业局	国家林业局	林场许准〔2005〕914号	2005
4	庆元县国家森林公园	庆元县	2456	国家级	庆元县林业局	国家林业局	林场许准〔2010〕1832号	2010
5	龙泉市龙渊森林公园	龙泉市	369	省　级	龙泉市林业局	省林业厅	林造批字〔1992〕206号	1992
6	白云森林公园	丽水市	2848	省　级	丽水市林业局	省林业厅	林生批〔1992〕134号	1993
7	草鱼塘森林公园	景宁畲族自治县	1116	省　级	景宁畲族自治县林业局	省林业厅	林生批〔1993〕002号	1995
8	仙宫湖森林公园	云和县	22000	省　级	云和县林业局	省林业厅	林生批〔1993〕045号	1996
9	大洋山森林公园	缙云县	4906	省　级	缙云县林业局	省林业厅	林造批字〔2001〕120号	2001
10	大山峰森林公园	莲都区	5400	省　级	莲都区林业局	省林业厅	浙林造函〔2002〕96号	2002
11	括苍山森林公园	缙云县	1136	省　级	缙云县林业局	省林业厅	浙林造〔2006〕60号	2006

国家级森林公园

遂昌县国家级森林公园　位于遂昌县境内，总面积23953公顷，距浙赣铁路干线龙游站60千米，距杭州市3小时车程。2002年12月，国家林业局批准，整合遂昌县白马山省级森林公园、湖山省级森林公园、桂洋林场以及附近旅游资源，建立丽水市第一个国家级森林公园。公园内气候宜人，生态环境优越，集避暑、度假、会务、休闲、保健、疗养、游览、观光及爱国主义教育为一体，国家级保护植物有南方红豆杉、长叶榧、鹅掌楸、香果树、凹叶厚朴等植物11种，国家级保护野生动物有黑麂、豹、黄腹角雉、白颈长尾雉、黑熊、猕猴、小灵猫等23种。公园分白马山森林公园和神龙谷景区两大部分。白马山森林公园位于遂昌县西部，面积8497公顷，是浙南著名的避暑胜地，地势高险峻，夏季最高气温仅29.3度，主峰海拔1621米，山势巍峨耸立，融奇峰怪石、林海云雾、飞瀑流泉、珍禽异兽于一炉，可晨观日出，暮看晚霞，是登高远眺的最佳处所。景点有白马宝殿、白马湖、木鱼石、百丈瀑、水帘洞等60处，每个景点都有神奇的传说，明代朱元璋、汤显祖都曾慕名到进此地。1994年，白马山旅游区经浙江省林业厅批准设立，2001年12月，被省旅游局评为国家AA级景区，2002年6月，白马天庭景点被丽水市评为首批浙江绿谷十佳景点。神龙谷景区位于遂昌县西南部，面积7715公顷，天然植被广阔，保存完好的自然生态，依托乌溪江水库，境内峡谷、岛屿随处可见。主要景点有落差高300多米神龙瀑，云山雾海造就变化多端的头梳岩，大数十围、秀削天成的石柱，粟裕将军遂昌境内首战告捷的象岗要隘等30多个，森林、地貌、水体、人文景观把群山诸峰装扮得多姿多彩，富有神韵。

石门洞国家级森林公园　位于青田县境内，总面积4295公顷，森林覆盖率94.3%，距杭州市约320千米，距温州市约80千米。1991年11月，浙江省政府批准设立青田石门洞省级森林公园。2003年12月，国家林业局批准设立青田石门洞国家森林公园。公园核心景区石门洞位于青田县城西北35千米的瓯江南岸，素来与温州市雁荡景区、台州市天台景区、缙云县仙都景区齐名，被誉为"栝苍四胜"。横过石门渡，龙、虎两峰形似两道石屏，"石门洞"由此得名。公园由石门飞瀑、太子胜境、师姑草海三大景区组成，是浙南山水奇观。景区集山林苍翠之优，文物荟萃之胜，飞瀑壮观之美，气候宜人之适为一体，是一处有清、幽、灵、古、奇、险、野、趣之特色的"洞天仙境"。明代李谦赞石门风光为"高可眺，清可濯，邃可隐，幽可适，芳可采，奇可咏。"景区有千年古刹灵佑寺、观音阁、明代开国元勋刘基读书处、木鱼岩、鲁迅峰、催诗桥、藏书石、国师床、谢客堂、仙姑洞、九龙戏珠、透天洞、圣水洞等景点200多个。主景点石门飞瀑，第五级瀑布从落差112.5米的悬崖绝壁上飞泻直下，古人称之为"天泉""圣水"，唐代大诗人李白曾赞曰："直上泻银河、万古流不竭。"洞内现存摩崖石刻117处。1963年，被省政府列为省重点文物保护单位。师姑草海景区高山湿地海拔1127米，面积13多公顷，蔚为壮观。

卯山国家级森林公园　位于松阳县境内，总面积1385公顷，森林覆盖率96.40%，距松阳县城14千米。2001年5月，省政府批准设立卯山省级森林公园。2005年12月，国家林业局批准建立卯山国家级森林公园，成为丽水市第三个国家级森林公园。公园以优美的自然生态环境和独特的自然人文景观为特色，是集观光游览、休闲度假、会议科考、民族文化于一身的多功能生态型森林公园。公园由卯山、万寿山、七都3个景区和八都生态保护区组成。卯山山势平缓，状若覆盆，秀松如展，坚石鳞鳞，昔为唐名道士叶法善修炼之所。山顶原有通天宫、点易亭、试剑石、紫霞宫，久废。山腰道院、俭公祠、白鹤洞等古迹犹存。俭公祠为松阳叶姓后裔纪念始祖叶俭而建。旁为叶俭第17世孙叶法善道院，内有天师渠、浴丹池，泉清现底、水质甘冽，冬暖夏凉，终年不涸。万寿山位于松阴溪畔，景色优美，有金宝剑、水帘洞、悬棺洞等景点。公园气候宜人，环境优美，景区内千姿百态的奇峰异岩，峰岭对峙，危岩耸立，山势险峻，遍布在形态各异的峰峦谷壑之中。由于山势坡度各异，形成溪流景观。自源头溪水，蜿蜒逶迤而下，形如白练飞舞，构成姿态各异的瀑布景观。

庆元国家级森林公园　位于庆元县境内，总面积2456公顷，森林覆盖率99.5%，距庆元县城18千米。2000年11月，浙江省林业厅批准设立巾子峰省级森林公园。2010年12月，国家林业局批准建立庆元国家级森林公园。公园以巾子峰省级森林公园为基础，由巾子峰、白坎、百丈三个独立区块组成，巾子峰主峰海拔1563米，为庆元西部第一高峰。主景点千岗峡是丽水市十大峡谷之一，庆元古"濛洲八景”中的“巾子祥云”“百丈龙湫”“槎水春澜”均分布其中。公园内气候温和，四季分明，森林繁茂，古木参天，溪谷瀑潭，奇峰绝壁随处可见，拥有万亩天然阔叶次生林，自然风景资源50多处，植物物种1000多种。

省级森林公园

龙泉市龙渊省级森林公园位于龙泉市境内，总面积400公顷，其中森林200公顷，竹林66.66公顷，果园133.33公顷。1992年，省政府批准建立龙渊省级森林公园。公园由九姑山景区和果园区组成，以自然景观和名胜古迹为基础，融观光、品尝、娱乐、科普为一体，具备其他森林公园无法比拟的近郊优势，可以“吃住在市内，游玩在林园”。公园自然景观众多，风景独特，树木郁郁葱葱，环境幽静宜人，旅游开发价值较高，有龙城晴眺、阳春白雪、啸月幽径、百果争艳、金沙秋桂、栗林金秋、千步幽樟、桂香流溢、霄汉凭澜、叠嶂钟声等十大景点。

丽水白云省级森林公园位于丽水市区北面，总面积2848公顷，森林覆盖率97.2%。1992年12月，省政府批准建立北山省级森林公园。1993年7月，更名丽水白云省级森林公园。公园由丽阳峡谷、庵堂松海、白云竹海和太山度假村等四大景区组成。公园以奇山秘洞、怪石、幽林、古树、秀水等自然景观为主，兼有寺、观、庙、庵及动人神话、美妙传说等人文景观可供旅游观光、休疗康复、避暑度假、野营狩猎、森林沐浴和林中采奇，突出森林主题，面向丽水市民，集休闲、度假、娱乐、健身、科普为一体的综合型城市后花园，市民接待宾朋亲友的多功能会客厅，丽水市城区的自然生态屏障。景点有白云寺、灵山寺（灵鹫禅寺）、白云竹径、水帘藏宝、绿海万象、历史名人石雕群和人类利用森林铜雕群等人文、自然景观100多处。1993年，编制《丽水白云森林公园总体规划》。2007年，修编《丽水白云森林公园总体规划》批复实施后，森林公园突出森林主题，按照集休闲、度假、娱乐、健身、科普为一体的综合性、多功能的森林公园、城市公园、市民公园的定位和AAAA级景区标准进行开发建设，浙西南最具规模特色、功能最齐全、设备最完善的城市型森林公园。2008年、2009年，白云森林公园基础设施建设项目分别列入丽水市政府十大重点工程之一。2009年11月，丽水白云省级森林公园入口综合区免费向市民开放。截至2010年，政府投资1.78亿元，完成公园入口综合区建设，建成仿古建筑15幢，总建筑面积4800多平米，铜雕12座、石雕14座。

景宁草鱼塘省级森林公园位于景宁畲族自治县境内，总面积1116公顷，森林覆盖率97.3%，距景宁县城23千米。1995年2月，省政府批准建立草鱼塘省级森林公园。公园由蒲洋、汤夫人庙、柏树林、草鱼塘、桃树埔生态保护等五个景区组成，主要景点有敕峦霁雪、汤夫人庙、敕峰日出、草塘曲柳、摩岩石刻、流云飞雾、三跌涧、杜鹃坡、青岭秋色等40多个。公园内名贵树木众多，是全国21个名贵树木引种基地之一，建有柏树种源基地千亩，有日本冷杉、日本香柏、日本花柏、日本扁柏、北美香柏、细叶花柏等高山柏品种59个，还有其他珍贵树种100多种；陆生野生脊椎动物32目83科9319种，其中有云豹、黄腹角雉等国家重点保护动物40多种，被誉为“浙南小庐山”。园内还有摩岩石刻、流云飞雾、三跌涧、杜鹃坡、汤夫人庙等，融人文史迹与山林野趣为一体。1999年，编制完成《景宁畲族自治县草鱼塘省级公园整体规划》。2002年，被批准为国家AA级旅游区。

云和县仙宫湖省级森林公园位于云和县境内，总面积1600公顷，距云和县城10千米。1993年6月，省政府批准建立云和县仙宫湖省级森林公园。仙宫湖省级森林公园由紧水滩库区和石塘库区组成。仙宫湖亦称紧水滩水库，为瓯江干流上的一个大型人工水库，因其北靠仙霞岭，南倚洞宫山而命名为“仙宫湖”，两岸岗峦起伏，溪涧纵横，泛舟幽谷，如入画中。主景区云和湖仙宫景区沿山伴水而建，湖区景色变化多姿，湖光山色，相映成趣。湖区四周有“九潭十八湾”“夏洞天”“龙眼洞”等名山洞府；有元、宋代古窑遗址和战国时期的宝剑等古文化遗址；有两座电站大坝和两条长隧道等现代建设成果；有别具一格的少数民族风土人情。设有水电科普为主题的工业游览线，垂钓、水上运动为主题的仙宫渔乐游线，“瓯江帆影”、佛教文化和船帮文化为主题的“十里云河”游线。

缙云大洋山省级森林公园位于缙云县境内，总面积4906公顷，距缙云县城40千米。2001年9月，省政府批准建立缙云大洋山森林公园。公园地处栝苍山脉中段，主峰海拔1500.6米，是栝苍山脉的最高峰，也是东南沿海的最高点。大洋山是800里瓯江发源地之一，全年平均气温16度，极端高温不超过28度，山顶有日出、云海及野生猴头杜鹃花海等景观，保存有大片原始次森林，野生动植物资源丰富，森林覆盖率75%，为华东地区乃至全国生态植被保护最好的区域之一。公园人文历史底蕴深厚，出现过宋代忠烈侯王达，留有西殿遗迹；抗清义军将领王茂之、张日新曾在漕头寨背痛歼清兵，现存惠灵寺遗址。

莲都大山峰省级森林公园位于莲都区境内，面积5400公顷，森林覆盖率97.3%，距丽水市城区52千米。2002年7月，省政府批准建立大山峰省级森林公园。公园内平均海拔高度1000米左右，森林茂密，类型多样，野生动植物资源丰富，是难得的天然氧吧。林内幽兰飘香，野生菌蕈、野果俯首可拾；连片人工林整齐壮观，郁郁葱葱；万亩阔叶林形态万千，争奇斗艳，境内有瓯江支流——峰源溪；大山峰草海、葑垟湖如两颗明珠镶嵌在莲都顶峰，湖光山色，相映生辉；库坑岩石梁五泄，兼具天台石梁和诸暨五泄双重特色，别具一格；岭头垟有天狗思侣、鲸鱼搁浅、石蛙昂首等景点。

缙云县栝苍山省级森林公园位于缙云县境内，面积1136公顷，距浙南重镇——壶镇18千米。2006年10月，省政府批准建立缙云县栝苍山省级森林公园。公园地处武夷山系延伸的栝苍山脉，地貌为中低山，海拔在800米以上，最高峰“海临尖”，海拔高1196.5米。森林覆盖率93.2%，山上有小桃源、雁门山、龟山、珏峰、百丈岩、虎踏岩、老鹰岩、天仓洞、阮客洞等名胜。有雪景雾凇、天鹅栖松海、千亩速丰林、异国柏林木、高山云雾茶、浙江红花油茶、苍岭古道、抗倭点将台遗址和刘阮遇仙处等景观。

第三节　湿地公园

浙江丽水九龙国家湿地公园

浙江丽水九龙国家湿地公园位于莲都区境内，面积约1686公顷。2008年1月，省政府批准设立丽水九龙湿地公园，成为丽水市第二个获批的省级湿地公园。2008年11月，国家林业局批准设立浙江丽水九龙国家湿地公园，成为全国38个国家级湿地公园之一。公园湿地水质状况良好，自然景观秀丽多姿，人文景观底蕴深厚，是浙江省第二大江——瓯江的自然江段，是八百里瓯江的精华所在，分布大量的浅水河滩、泛洪湿地、水道等典型湿地，野生动、植物资源丰富，有鱼类84种，鸟类有白鹭、苍鹭、池鹭、白鹇、喜鹊、麻雀、乌鸦等，还有哺乳类、爬行类、两栖动物蛙类等野生动物资源，其中瓯江鼋为国家一级保护动物，香樟树属国家二级保护植物，还有上千年、上百年的老树多株。主要景点通济堰、大港头镇、庄舍清阴、保定古窑址、碧湖秋墅、樟荫古渡、碧溪鹭影、松坑绿渚、资福樟阴、水上森林、石牛镜潭、松堤撷翠、茵草柔风等15处。2008年，市林业建设公司负责，委托中国汉嘉设计集团股份有限公司园林设计院编制完成《浙江丽水九龙国家湿地公园总体规划》。8月，批准实施《浙江丽水九龙国家湿地公园总体规划》。2010年2月，丽水市政府和省林业厅联合举行浙江省第14个世界湿地日活动暨浙江丽水九龙国家湿地公园开工典礼，规划总投资18.5亿元，分三期开发建设，具体项目有廊桥、河道疏浚、通车小桥、生态停车场、园路及卫生环保设施等20多个。

景宁畲族自治县望东垟高山湿地自然保护区

景宁畲族自治县望东垟高山湿地自然保护区位于景宁畲族自治县境内，面积1194.8公顷，其中核心区面积636.5公顷，缓冲区290.2公顷，实验区面积268.1公顷，森林覆盖率为97%，距景宁县城65千米。2002年2月，景宁畲族自治县政府批准建立望东垟县级高山湿地自然保护区。2007年3月，省政府批准建立望东垟高山湿地省级自然保护区，是华东地区唯一一个以高山湿地为主要保护对象的自然保护区。2008年11月，景宁畲族自治县政府批准建立大仰湖高山湿地群县级自然保护区。保护区分布望东垟、见头垟、茭白塘、双桥圩、白云坪、畚斗团等省内罕见的典型的沼泽湿地。望东垟湿地生长着以江南桤木为主要树种的独特的山地湿地生态系统，面积40公顷，是华东地区最大的一块高山湿地，其类型典型、罕见，属于溪源湿地。保护区境内森林资源丰富，尚保留着200公顷的天然次生阔叶林和丰富的珍稀濒危植物，国家级保护植物有南方红豆杉和伯乐树等43种，国家级保护动物有云豹、金雕、黄腹角雉、白颈长尾雉等39种。2002年2月，景宁畲族自治县相继制定《景宁望东垟高山湿地自然保护区工程建设总体规划》《景宁望东垟高山湿地自然保护区科学考察报告》。2008年，景宁畲族自治县推进大仰湖高山湿地群县级自然保护区建设。2009年4月，丽水市丽编委批准设立景宁畲族自治县望东垟高山湿地自然保护区管理局，与林业总场合署办公。

第十章　林业机构与管理

1949年10月中华人民共和国成立后，丽水林业行政管理机构、技术推广机构及管理队伍，开始得到巩固和发展；林业行政管理方式、管理职能逐步由计划管理转向指导性管理，由目标管理、信息指导，走向法制管理的轨道。

21世纪初，丽水市深化改革林权制度，摸索走出一条从"林业三定"到"盘活变现"的新路子，实现"山定权、树定根、人定心"，达到"林农增收、林业发展、林区和谐"目的。2002年始，丽水市把深化集体林权制度改革作为全市三大改革创新之一和全市十件大事之首来抓，重点破解林业史上盘活森林资源资产和农村信贷史上以林权为抵押物两大难题。林权抵押贷款突破，在林业和金融部门的配合下，通过林权抵押、担保贷款和小额循环三种方式，面向千家万户林农提供信贷服务。2009年，丽水市发放林权抵押贷款 17683 笔、金额 7.16 亿元，森林资源流转取得突破。

2007 年始，丽水市公开招、拍、挂流转的集体森林资源 851 起、面积 1.33 万公顷，成交额 1.52 亿元，为国家和集体增加大量收入。同时在林木保险、减免税费上面也有很大的突破，丽水市林木从采伐到销售实现行政事业"零"收费。2006—2010 年，丽水市采用公开招标、拍卖或挂牌流转国有、集体森林、林木、林地1312 宗，流转面积 2.06 万公顷，实际成交额 2.40 亿元，高出标底价 0.67 亿元。

第一节　林业机构

市级机构沿革

民国 11 年(1922)秋，省立第四苗圃为第一个省直属机构，管理丽水地区林业行政事务。

民国 16 年(1927)，省政府颁布《浙江省造林场暂行规定》，把旧有苗圃一律裁撤，改设林场。12 月 12 日，丽水地区实验林场(时称浙江省第二造林场)成立。

1949 年 5 月丽水解放，各县人民政府相继成立。10 月，丽水专区专员公署成立，丽水专委下设农村工作部(简称"农工部")，林业归农工部管辖。

1950 年 11 月，丽水县木材收购站成立，受温州林业经营处与丽水专员公署双重领导。

1951 年 5 月 15 日，丽水木材收购站升格为丽水县支公司，受温州林业经营处领导。

1952 年 4 月 10 日，国务院撤销丽水专区专员公署，丽水、云和、龙泉、庆元、景宁 5 个县划归温州专区管辖；松阳、宣平县划归衢州专区管辖；缙云县划归金华专区管辖。同年 2 月，温州专员公署林业管理处丽水分处成立，负责管理丽水、云和、龙泉、庆元、景宁五县林业工作。1953 年年底，温州专员公署林业管理处丽水分处撤销。1953 年 4 月，丽水木材收购站改建为浙江省森林工业局丽水收购站。同时，丽水贮木场成立。

1963 年 5 月 9 日，国务院批准恢复丽水专区专员公署。6 月，丽水专区专员公署林业办公室和丽水专区森林工业局成立。同年，温州专区森林工业局撤销，按建制迁到丽水专区，扩建丽水专区森林工业局。

1965 年 5 月，丽水专区森林工业局和丽水专区专员公署林业办公室合署办公，管辖各县森林工业工作。

1967 年 1 月，丽水专区森工局再次恢复单独设置，管辖丽水地区各县森工业务，并经营丽水贮木场业务。

1968 年 3 月，丽水地区贯彻中共中央"抓革命，促生产"的指示，以军分区为主成立丽水军分区生产办公室，领导农林业工作，设林业干部 2 人。

1969 年 7 月，丽水专区森林工业局更名丽水地区森林工业局。10 月，丽水地区革命委员会成立后，革命委员会生产指挥组农林水办公室成立，领导林业工作，设干部 2 人。

1970 年 1 月，丽水地区革命委员会生产指挥组农林服务站成立，设干部 6 人，其中林业干部 2 人。10 月，丽水地区革命委员会生产指挥组农林办公室成立，主管林业、森工事业。

1971 年 2 月 28 日，丽水地区农林办公室撤销，分别成立丽水地区农业局和林业局，地区森林工业局并入林业局，负责下属各县的林业行政技术方面工作，并管辖地区贮木场和地区林场。下设林业组、森工组和秘书科，干部15人。同时，丽水地区林业局革命领导小组成立。

1975年2月，丽水地区林业科学研究所成立。

1978年12月，丽水地区林业局革命领导小组内设机构更名内设机构林业组、森工组分别更名林业科、森工科。1979年，丽水地区林业局革命领导小组增设内设机构国营林场科，下设营林科、国营林场科、森工科、秘书科，干部28人。

1981年4月，省公安局批准成立丽水地区林业局瓯江民警小队，队址在青田城镇湖口头，加强瓯江木材水运保安管理。10月，丽水地区行署处理山林纠纷领导小组和办公室成立。

1983年6月，丽水地区进行机构改革，地区林业局内设机构国营林场科并入营林科，增设林政科，干部51人。

1984年2月，丽水地区森林病虫害防治站成立。

1989年10月，丽水地区林业局实行政事分开，重新核定编制，核定机关行政编制26名；下属事业单位地区林业技术指导站事业编制3名，地区木材公司事业编制14名，地区农村能源办公室事业编制3名。

1992年10月，国务院批准设立浙江凤阳山—百山祖国家级自然保护区管理局。1995年，由省编制委员会核定相当于正县处级事业单位，与地区林业局合署办公，下设凤阳山管理处、百山祖管理处，为相当于副县处级事业单位，受浙江凤阳山—百山祖国家级自然保护区管理局和当地政府双重领导。

2000年5月，丽水撤销地区建制，设立地级市。7月，丽水地区林业局更名丽水市林业局。2001年8月，丽水市林业局调整机构设置，内设办公室、法制科（纪检监察室）、绿化造林科、资源林政科、森林公安科（市森林防火指挥部办公室）、综合科等科室6个，核定行政编制19名（含机关后勤服务人员，森林公安专项编制5名除外）。2002年3月，市林业局机关内设机构改科为处，机构及职能不变。2002年12月，批准莲都区农林局水阁林业站为全额拨款事业单位，划归丽水市林业局管理，核定事业编制5名，科级领导职数1名。2006年8月，市林业局增设内设机构山林纠纷调解处；同时，综合处更名产业综合处。12月，丽水市公安局森林公安处更名丽水市公安局森林警察支队。

2007年8月，丽水市编制委员会批准成立丽水市林业局丽水开发区分局，为丽水市林业局派出机构，行使丽水开发区辖区范围的林业管理职能。富岭林业站和水阁林业站合并，更名丽水开发区林业站，隶属丽水开发区分局管辖。

2010年，丽水市林业局内设8个处室，办公室、审批处、绿化造林处、资源林政处、产业综合处、法制处、监察室、森林公安处；下属事业单位11个，丽水市林业科学研究院、丽水市林业技术推广总站、丽水市森林生态环境和林业标准化检验检测站、丽水市竹产业发展中心、丽水市林业种苗管理站、丽水市生态公益林管理总站、丽水市林业有害生物防治检疫总站、丽水市林业局开发区分局、丽水市白云山生态林场、丽水市林业建设发展有限公司、浙江丽水九龙国家湿地公园管理处。

常设机构

丽水市绿化委员会　1982年2月，丽水地区绿化委员会成立，成员由地区政府有关领导和地区直属有关部门主要领导组成。丽水地区绿化委员会主任委员1人，副主任委员3人，委员若干人；下设办公室，为日常办事机构，林业局局长兼任办公室主任，副局长兼任副主任。2000年，丽水地区绿化委员会更名丽水市绿化委员会。

丽水市人民政府森林防火指挥部 1986年10月，丽水地区森林防火指挥部成立，成员由地区政府、军分区有关领导和有关部门领导组成。丽水地区森林防火指挥部设总指挥1名，副总指挥2名；下设办公室，为日常办事机构，林业局局长兼任办公室主任，副局长兼任副主任。2000年，丽水地区森林防火指挥部更名丽水市森林防火指挥部。2007年11月，丽水市人民政府森林防火指挥部更名丽水市人民政府森林消防指挥部。

丽水市处理山林纠纷领导小组 1974年，地区行署处理山林纠纷领导小组(临时机构)成立，加强对山林纠纷调处工作的领导。1981年10月，根据地区行署《关于调处山林纠纷工作若干问题的意见》，成立丽水地区处理山林纠纷领导小组，成员由地区行署有关领导和公安、司法、检察、民政等部门的领导组成。丽水地区处理山林纠纷领导小组下设办公室，为日常办事机构，林业局局长兼任办公室主任，副局长兼任副主任。2000年，丽水地区处理山林纠纷领导小组更名丽水市处理山林纠纷领导小组。

丽水市林业有害生物防控指挥部 2000年4月，丽水地区松材线虫病预防指挥部成立，成员由地区党委、行署有关部门的领导和各县(市)政府分管领导组成。丽水地区松材线虫病预防指挥部设总指挥1人，副总指挥3人；下设办公室，为日常办事机构，林业局副局长兼任办公室主任。同年，丽水撤地设市后，丽水地区松材线虫病预防指挥部更名丽水市林业有害生物防控指挥部。

县级机构沿革

丽水林场和遂昌林场是丽水最早设立的县立林业机构。民国5年(1916)，丽水县、遂昌县设立苗圃、林场。后各县相继设立林场和苗圃。

1949年5月，各县人民政府相继成立后，丽水、龙泉、遂昌、松阳、青田等县政府设置建设科，分管林业；景宁县和云和县设置农林科，分管林业；缙云县设置农建科，分管林业；庆元县设置实业科，分管林业工作。8月，浙江省政府撤销省建设厅，设立实业厅后，各县也相继撤销建设科，设立实业科。

1953年4月，龙泉、丽水、青田、庆元、遂昌5个县政府设置农林科。

1954年9月，省编委批准县级林业机构设置方案，同意龙泉、庆元、丽水等重点林区县成立林业科，核定林业干部7—9名。

1956年，各县开始大规模建设林业，“全山区”县和“半山区”县要求成立林业局，“少山区”县要求成立林业科。

1957年底，龙泉、庆元、遂昌、景宁、松阳五县设立县森林工业局，云和、青田、丽水3县仍设县木材收购站。

1958年，全国森林工业体制下放后，各县县级林业与森林工业机构进行合并，丽水、龙泉、庆元、松阳、景宁5个县森林工业局并入县林业局。5月，遂昌县人民委员会林业科与县森林工业局、县农业水利局特产股合并，成立遂昌县林业特产局。5月，撤销云和县建置，并入丽水县。11月，撤销庆元县建置，并入龙泉县；撤销松阳县建置，并入遂昌县。后各县县级林业机构、人员大幅度减少。

1960年1月，撤销景宁县建置，并入丽水县。2月，遂昌县林业特产局更名遂昌县林业局；撤销特产股，部分职能划归遂昌县农业局。

1961 年 5 月，青田县林业局与农水局合并，成立青田县农林水利局。1962 年 1 月，恢复青田县林业局。

1962 年，各重点林区县相继恢复和成立森林工业机构。4 月，景宁县并入云和县后，云和县林业局和县森林工业局成立。

1964 年 11 月，丽水县林业局与县农业局合并，成立农林水利局；丽水县森林工业站单列设立，各区林业站并入区农技站，成立森工组。

1968 年 11 月，缙云县农技站、林业站、水利站合并，成立县农业服务站，服务农业、林业、水业工作。

1972 年 8 月，龙泉县农林水利局、县森林工业局撤销，成立龙泉县革命委员会生产指挥组林业局（森林工业局并入林业局）。9 月，青田县森林工业站更名青田县林业局森林工业站。1985 年，全国行政体制改革后，青田县林业局森林工业站更名青田县木材公司，为县林业局下属国营企业，下设木材收购站 5 个。同年，缙云县农业服务站更名缙云县农林局，分管农业、林业工作。

1973 年 7 月，国务院批准恢复庆元县建制。1975 年 8 月，龙泉县和庆元县分开办公后，庆元县林业局成立。

1977 年 11 月，缙云县农林局拆分，成立缙云县林业局，缙云县森林工业站并入县林业局。

1980 年 1 月，丽水县森林工业站并入县林业局，增设基建股、森工股。

1982 年 1 月，国务院批准恢复松阳县建置。5 月，松阳县林业局成立，核定行政编制 17 名，森林派出所 7 名，林业检查科 2 名。

1984 年 6 月，国务院批准设立景宁畲族自治县。8 月，景宁畲族自治县林业局成立。至此，丽水地区 9 县林业局全部建立。

1986 年 3 月 1 日，国务院批准撤销丽水县建置，成立丽水市（县级），归属丽水地区领导。丽水县林业局更名丽水市（县级）林业局。

1990 年 12 月，国务院批准撤销龙泉县建置，成立龙泉市（县级），归属丽水地区领导。1991 年，龙泉县林业局改名龙泉市林业局。

2000 年 6 月 6 日，国务院批准撤销丽水市（县级）建置，成立莲都区后，丽水市（县级）林业局更名莲都区林业局。

2010 年，丽水市 9 个县（市、区）均成立林业局，为政府组成部门。同年，成立丽水市绿化委员会、丽水市人民政府森林消防指挥部、丽水市处理山林纠纷领导小组、丽水市林业有害生物防控指挥部等常设机构。

第二节　林权管理

旧时，政府无专门机构管理林权工作。1949 年中华人民共和国成立后，中央和省级政府制定一系列有关林地管理方面的法律法规，各县严格按照法律法规进行林地管理。1950—1953 年，龙泉县实行土地改革，成立专门机构管理（即龙泉山坑林场前身），接收龙泉县住溪乡地主张雨亭大枫砻山林面积约 1200 公顷。

1981—1984年，丽水地区执行《中共浙江省委、浙江省人民政府关于稳定山权林权和落实林业生产责任制若干问题的规定》，开展稳定山权林权、划定自留山和确定林业生产责任制的林业“三定”工作，确认集体山林权益，发放《山林所有权证》山林面积2026.8万公顷，占集体山林面积99.5%；把集体山林一部分以户为单位划定为自留山，向林农发放《社员自留山证》，丽水地区划定自留山面积28.71万公顷，占确权集体山林面积21.2%；把大队（村）、生产队（组）集体山林的一部分以户为单位分配给林农作为责任山，大队（村）、生产队（组）集体与农户签订《林业生产责任制承包合同》，丽水地区落实责任山面积75.58万公顷，统管山均股均利到户1.92万公顷，占确权集体山林面积的57.4%；丽水地区集体统管山面积28.91万公顷，占确权集体山林面积的21.4%。

1989—1991年，丽水地区完善承包合同、明晰经营山林界址、收缴责任山集体提留、解决发生的山林纠纷、建立健全村级护林组织、健全档案等方面查漏补缺，巩固和稳定林业生产责任制工作。

1996年1月，遂昌县制定《遂昌县林地管理实施办法》。

1997年开始，各县（市）相继开展征占用林地清查，查处非法征占用林地案件一批。如1998年，遂昌县清查征占用林地案件236起，面积90.38公顷；补办征占用林地手续37起，面积14.8公顷；查处毁林垦地面积477.69公顷。1999年和2000年，遂昌县全部落实退耕还林。2002年1月，龙泉市清查龙泉山开发办公室未经批准开展凤阳山自然保护区内旅游建设项目14处，施工面积13653.5平方米，折合1.36公顷，依法处罚龙泉山开发办公室20.48万元。

1996—2000年，丽水市森林资源管理由乱到治、从无序到有序，逐步走向规范化管理，林地管理建立审批制度，加强林木流转机制管理，按规定收缴规费，对1998年以前征占用的林地补办征占用手续，补缴林地流转费；严厉打击各种破坏森林资源的违法犯罪活动。

2001—2005年，丽水市坚持以生态优先原则，加强对森林资源的保护管理，规范林地林权管理，按规定收取林地规费，控制林地资源的无谓损耗，加大林业执法力度，严厉打击破坏森林资源违法犯罪活动。同时，做好山林纠纷调解处理工作，维护林区社会稳定。

2006—2007年，第一轮林业生产责任制基本到期后，丽水市开展延长山林承包期工作，对划定的自留山保持长期不变，对已承包到户的责任山承包期再延长50年，统一到期时间为2055年12月31日，重新签订承包合同；对集体统管山、到户的责任山和自留山统一换发国家局统一《林权证》。截至2017年，丽水市林权证发放率和责任山承包合同签订率均为99%以上，同时解决山林纠纷4700多起。

2006年6月底，市政府到福建林业考察团到福建三明永安市、南平邵武市学习考察林权制度改革。10月，全面启动丽水市集体林权制度改革，制定《中共丽水市委丽水市人民政府关于推进森林资源流转工作的意见》；市本级和县（市、区）成立林权管理中心、林权交易中心、森林资源收储中心和森林资产评估机构（简称“三中心一机构”），构建集林权确认、登记、抵押、评估、收储、交易等一条龙式的林改服务体系。同年，遂昌县、龙泉市、莲都区先行试点，引导林农将承包到户的林地，按照依法、自愿、有偿的原则，采取转包、出租、互换、转让、股份合作、林权出资等形式，向林业专业合作社、家庭林场、经营大户集聚。县（市、区）林改服务机构依托政府招投标平台，为林权流转提供政策咨询、流转合同审查、森林资产评估、林权交易信息发布等全方位服务。2007年始，市政府与各县（市、区）政府签订林权制度改革责任状。同年，龙泉市、遂昌县、庆元县获2007年度丽水市推进森林资源资产流转考核一等奖。

2007年1月，丽水市政府办公室转发《中国人民银行丽水市中心支行、丽水市林业局关于推进森林资源资产抵押贷款业务发展的意见》。3月，制定《丽水市森林资源资产抵押贷款管理暂行办法》。4月，庆元县信用联社向隆宫乡隆宫村村民吴成德发放3万元林权抵押贷款，是丽水市发放的第一笔林权抵押贷款。2007—2010年，丽水市发放林权抵押贷款4.5万笔、25.6亿元，贷款2.9万笔、18.1亿元。

2008年3月，丽水市延长山林承包期工作领导小组更名丽水市林权制度改革领导小组。

2008年8月，制定《丽水市人民政府关于加快金融业改革发展的若干意见》，规定银行对林权抵押贷款和农村住房抵押贷款等实行优惠利率，利率上浮幅度原则上不超过50%，市区对利率优惠部分给予50%的财政贴息；对低收入农户小额贷款和2万元以下的林权抵押贷款执行基准利率，市区给予基准利率50%的财政贴息，各县（市）参照执行。2008年，丽水市审批征占用林地251宗，面积902.64公顷，征收森林植被恢复费5032.41万元。2009年，丽水市审批征占用林地200宗，面积642.01公顷，征收森林植被恢复费3646.69万元。2010年，丽水市审批征占用林地180宗，面积714.83公顷，征收森林植被恢复费4192.06万元。

2006—2010年，丽水市采用公开招标、拍卖或挂牌流转国有、集体森林、林木、林地1312宗，流转面积2.06万公顷，实际成交额2.4亿元，高出标底价0.67亿元。

第三节　采伐与运输管理

民国30年（1941）10月下旬，遂昌县政府告示，“倘有盗伐滥伐及任意摧残林木，一经本府察觉或经人民举发，定予依法严办，决不宽待”。民国时期战乱频繁，在实施法律法规过程中，收效甚微。1949年中华人民共和国成立后，不同时期、不同树种林木采伐管理方法不同，主要有计划采伐、限额采伐和特殊林木采伐管理等方法。

采　伐

计划采伐　中华人民共和国成立后，森林采伐实行计划管理，经政府批准后方可入林砍伐，木材须报请批准单位查验后方可运输出境。

1951年，丽水专署规定林主采伐树木10株以下，林主申请，乡人民政府与农民协会或护林委员会（或林业合作社）同意后方可采伐；采伐11—3000株，向当地乡（镇）人民政府申请，转报县（市）人民政府核准；采伐3000株以上，则报省人民政府批准。1952年，丽水专署规定林主采伐木材30株以下，本人申请，乡人民政府证明，区人民政府批准；30株以上或超过2立方米，报县人民政府批准；60株以上或超过4立方米，报专署批准；100株以上或超过10立方米，报省人民政府批准。8月，丽水专署规定个体商人经营木材，工商行政管理部门登记，发给采购证；产区木管会准许，方可采购木材。

1954年1月，各县域实行“计划采伐，订约收购”。同年，浙江省森林工业局木材收购站与林农订立木材收购合同，林农砍伐木材必须按合约规定的材种、规格、数量进行投售，完成投售任务，龙泉等县开展设点试验，青山价每立方米2元，后逐年提高至7元。

1956年，丽水贯彻实施木材生产“深采远购”政策。

1966—1976年，丽水地区一直采用计划采伐管理办法。

1978年中共十一届三中全会后，家庭联产承包责任制开始推行，逐渐冲击林木采伐管理办法。

1980年9月，龙泉县计划委员会下发《关于毛竹生产、收购有关问题的通知》，规定毛竹生产任务实行包干，每年包干任务65万支，一定6年不变。是丽水地区首次出现林木采伐包干任务的管理办法。

1982年，丽水地区执行浙江省木材采伐证制度，根据木材采伐计划发放采伐证，凭采伐证规定地点、树种和数量进行采伐。1983年，下发《中共龙泉县委 县人民政府关于木材实施集中统一管理的规定》，木材管理采取“三个一、三个证、三个印”①办法。

限额采伐　1979年2月3日，《中华人民共和国森林法(试行)》实施，规定对森林实行限额采伐。1985年，国务院批准丽水地区1986—1990年列入限额采伐计划管理的年木材生产指令性指标后，丽水地区行署采取凭证采伐、凭印验收、凭票流通、凭出运证运输的管理办法，并下发《关于严格执行限额采伐的紧急通知》。同年，丽水地区实际采伐94.34万立方米，超过限额9.32%。

1986年始，丽水地区提倡联合护林、联合采伐、联合造林的管理办法，但此法实行不尽如意，造成林政管理混乱。后调整为采伐后及时进行验收打印，木材收购组凭验收印记和采伐证明进行收购，以取代木材票的做法，效果较好。

1987年，龙泉、庆元、遂昌、松阳、景宁等重点产材县由省林业部门统一管理和进山收购木材。

1996—2000年，丽水森林采伐限额管理不断加强，凭证采伐、凭证运输制度逐步规范，林木采伐实行伐前设计、伐中检查、伐后验收，木材经营加工、木材流通行业管理制度化。

2001—2005年，丽水市严格森林采伐限额管理，从总量上控制森林资源消耗，确保森林采伐量不大于用材林生长；强化森林资源源头管理，完善采伐管理制度，普遍推行“伐前设计、伐中检查、伐后验收”，不少县实现林木采伐网上发证。

2009年，丽水市龙泉市、松阳县、云和县被列为国家林业局集体林采伐管理改革试点县。

1988—2010年丽水市森林限额采伐计划一览

表13-10-3-1

五年计划	年限	年采伐限额指标(万立方米)		折合木材(材积)(万立方米/年)		毛竹(万支/每年)
		全社会	国营林场	全社会	国营林场	
“七五”	1988—1990	—	—	90.00	3.36	—
“八五”	1991—1995	201.59	8.35	100.80	4.18	779.00
“九五”	1996—2000	204.23	9.87	110.42	5.93	955.55
“十五”	2001—2005	206.86	10.22	133.77	5.62	1203.55
“十一五”	2006—2010	205.77	8.66	123.17	5.92	3024.17

① 三个一、三个证、三个印：三个一，指计划一本账、审批一支笔、采伐一把斧；三个证指采伐证、运输证、出口证；三个印，指农民自用材打钢印、社队企业加工材打收购组号印、国家派购木材打检尺印。

2006—2010 年，丽水市实际森林采伐 752.92 万立方米，占省政府实际下达森林采伐限额的 75.7%，呈现逐年下降的趋势。据 2010 年度丽水市林业局统计，丽水境内采伐原木 722988 立方米，其中特级原木 180 立方米，等内加工原木 485614 立方米，胶合板材 18815 立方米，杉原条 194353 立方米，其他原木 24026 立方米；加工成品或半成品 504429 立方米，占原木总量的 66.77%。

2006—2010 年丽水市实际森林采伐量一览

表 13-10-3-2

年份	主伐（万立方米）					按消耗结构分		按起源分		合计（万立方米）
	主伐（万立方米）	抚育采伐（万立方米）	更新采伐（万立方米）	低（效）林改造（万立方米）	其他采伐（万立方米）	商品材（万立方米）	非商品材（万立方米）	人工林（万立方米）	天然林（万立方米）	
2006	82.40	24.33	1.82	11.50	4.39	116.97	7.47	103.91	20.53	124.44
2007	91.18	23.32	1.40	13.97	5.00	127.20	7.67	115.45	19.42	134.87
2008	151.35	39.00	3.26	21.60	14.86	216.21	13.86	196.69	33.38	230.07
2009	101.63	16.65	1.43	6.92	4.95	125.38	6.20	113.69	17.89	131.58
2010	105.11	17.45	1.78	2.88	4.74	123.81	8.16	115.82	16.15	131.96
合计	531.67	120.75	9.69	56.87	33.94	709.57	43.36	645.56	107.37	752.92

说明：省下达年采伐限额为 198.83 万立方米

运　销

民国时期，处州木材运销都是私营，大多为行会、帮派把持。1949 年中华人民共和国成立后，主要实行凭证运输，加强检查监督。1951 年 9 月起，丽水专区颁发搬运许可证件管理木材运销，违者按偷运论处。1953 年，各县木材产区林农、合作社及木商可自由买卖，但运往销区须有交易所代发运输证，否则即为违法行为。1963 年，丽水山林遭受严重破坏，国家计划受到冲击，木材自由买卖，成批木竹成品、半成品长途贩运、投机倒把外流木材每年 4—5 万立方米，以木易物、集体单位非法采购的木材几万立方米。同年始，恢复采伐审批制度和运输管理制度。1971 年，丽水地区规定运输外地的木材及林产品，包括成品或半成品，需办理出运手续才可出运。1973 年 5 月，丽水地区建立省属木材检查站 4 个，配备干部 15 人，其中龙泉县 4 人、遂昌县 4 人、丽水县 4 人、云和县 3 人。1966—1976 年，丽水地域林业行政管理工作松弛，乱砍滥伐林木现象严重，木材自由买卖和投机倒把活动猖獗，木材运输管理制度受到冲击。

1981 年，丽水地区县供销社审批销到省内的计划外毛竹、毛篙竹及半成品；省供销社审批销到省外的计划外毛竹、毛篙竹及半成品。1985 年，丽水地区对木制玩具、棒冰杆、算盘、鸟笼、伞柄、骨灰盒、手杖、刷子等产品 8 种，以产定销，如数出运，运输手续委托丽水地区林业局代办；对木制工具柄、折椅、收音机外壳、缝纫机台板、洗衣板、雕花箱柜、仪器箱、纺织机械、包装箱、沙发椅、鞋楦等产品 11 种，按计划控制。

1987 年，庆元等重点产材县木材由林业部门统一收购和管理，多数县取消投售票（其中龙泉仍继续使用），凭木材公司发票、码单、调令办理出运手续。

1989年，丽水地区加强木材出口的管理，下发《丽水地区木材运输检查管理办法》《木材检查中几个具体问题处理办法》，规定运输木材出省，均由省林业厅资源林政管理处签发《出省木材运输证》；原来使用的《浙江省木材及其半成品运输证》和《浙江省毛竹运输证》限省内使用。

1991年，丽水地区根据“依法设站、合理布局、控制数量、提倡联合”原则，清理整顿公路检查站，保留18个。1992年3月3日，经省人民政府批准，丽水地区设立县道、乡道公路检查站11个。1993年1月起，丽水地区对出县木材运销证实行总量控制。

1996—2000年，丽水地区木材流通逐步走向规范化管理，开始推行凭证运输，木材经营加工、木材流通行业管理制度化。2001—2005年，丽水市严格木材流通管理，实行木材出县凭证运输制度，设专人管理。

第四节　木竹市场管理

市场管理

古时，处州私有山林多，木竹市场交易居多。民国时期，丽水私营木商成立木业同业公会，组建木材联营处多个，开展木材自购自销业务。

1949年5月丽水解放后，政府逐步加强木材市场管理。1951年，省、区、县木材采伐收购管理委员会（以下简称木管会）相继建立，对木材实行统一管理、统一计划（包括分配和价格）、统一采伐、统一收购。1954年，各县管理木材划分产区、销区，国家全面控制货源，杜绝长途贩运，大部分私人木商歇业，所有批发商、贩运商、代客买卖的行栈都被排挤，部分转营零售，部分歇业，部分转营其他行业。

1981年，丽水地区实行“木材派购任务，一定十年不变”的收购政策，完成派购任务后，木材可按议价卖给国家，也可委托林业部门代销。1981—1984年，丽水地区年均购销木材32.75万立方米。1985年，丽水地区设立木材市场36个；设立木材购销点100多个，其中松阳县玉岩区和大东坝区26个。

1985年始，丽水地区取消木材统购派购制度，开始多渠道经营木材，导致木材价格暴涨，乱砍滥伐现象愈演愈烈，极大冲击国家限额采伐计划。1985—1986年，丽水地区年均购销木材78.05万立方米，比1981—1984年每年多砍木材45.3万立方米。1987年7月，丽水地区林业部门统一管理重点产材县木材，进山收购，深采远购。1988年，丽水地区整顿木材个体购销户和个体木材加工厂。1987—1988年，丽水地区木材采伐量有所下降，销售木材104.57万立方米。1988年始，庆元县开设森林市场，开展折价转让、买卖活立木。1988—1989年，庆元县成交山林面积140公顷。后森林市场逐渐萎缩。

加工管理

1952年，丽水专区实行木材加工计划管理，加工木材须经当地工商行政部门审核批准，组织加工定货，或指定市场供应。1957年，各县加强木材加工管理力度，一般木制家具（包括木制圆件器具)、办公用具、文体用品、包装用品等纳入管理,放开木制农具及小件木制日用品(如洗衣板、木拖鞋、热水瓶底、算盘、伞柄等)管理。

1968 年,各县对森林资源丰富,又有健全的林业专业队的生产大队,经县工商行政管理部门和林业(森工)部门批准,可兼办次材小料加工厂,但产品只准由林业(森工)部门收购并计划供应,严禁自由贸易,自由议价。1973 年,丽水地区木制品加工厂、场纳入计划进行生产、收购,不允许擅自加工和自由经销。1979 年,丽水地区允许部分社队利用小材小料积极发展小加工,木制成品、半成品可上市贸易。

1990 年 12 月,地区下发《关于木珠生产协调会议纪要的通知》,纠正木珠生产过乱过热局面,要求无证企业停止生产,减少半成品产量,鼓励企业生产成品;森林资源贫乏地区,压缩生产计划,保护森林资源。

1992 年 2 月 17 日,龙泉市下发《关于 1992 年度白炭生产经营管理的通知》,规定外贸出口白炭由林业主管部门批准后实行定点生产,由外贸公司统一经销。1995 年,龙泉市拆除非法建造白炭窑 269 座,没收无证烧制白炭 6.2 万千克,罚款 29 多万元。

2001 年 2 月,龙泉市加强木竹加工业管理,对木竹加工业《核准证》申领、原料采购、加工范围、产品发货、年度审核、违规经营处罚等作出相应规定。2003 年,龙泉市全面调查木竹加工企业(包括特殊证企业 50 家),年检木材加工《核准证》500 多家。后木材加工管理力度不断加大,木材加工企业逐渐减少。

第五节　山林纠纷调处

民间协商

明、清时期,处州山林权属纠纷,多由宗族协商调定,或由官府依据契约、族谱、阄书、判批等判决。民国 30—32 年(1941—1943),遂昌县处理重大山林纠纷 45 起。

政府协商

1949 年中华人民共和国成立后,各县在很长一个时期都没有专门机构,处理山林权属纠纷工作。直到“文化大革命”后期,才出现处理山林权属纠纷工作临时机构。1974 年,丽水地区处理山林纠纷领导小组成立,下设办公室。后各县处理山林纠纷领导小组及办公室相继建立。1990 年,丽水地区处理山林权属纠纷工作专职干部 40 多人。

1981—1983 年,丽水地区开展林业“三定”工作,地、县抽调干部到重点林区,协助社队处理山林纠纷。同期,丽水地区查处山林纠纷 1.8 万起,查处率 88%。

1983 年,丽水地区主动与福建省宁德地区、建阳地区协商,联合制定《关于处理毗邻山林权属问题若干规定的双边协议》,达成《调处纠纷双边协议书》,解决省际山林纠纷多起。

1985—1990 年,丽水地区查处山林纠纷 1650 起,其中省际山林纠纷 652 起,地际山林纠纷 119 起,县际山林纠纷 515 起,核准山林四至面积 1.69 万公顷。据《丽水地区志》(1993 年版)载:“1990

年，丽水地区尚存山林纠纷1389起，涉及山林面积2.04万公顷，其中省际纠纷208起，地际纠纷77起，县际纠纷800多起”。

1990年12月，浙江省副省长许行贯主持召开5市(地)7县(市)山林纠纷调处会议，解决景宁畲族自治县与温州市文成县“鸡冠山”“蜂岩坑(三重漈)”“马鞍坑”山林权属纠纷、缙云县与台州市仙居县“天堂尖”纠纷等久拖不决的重大山林权属纠纷4起。

1993年，丽水地区主动与福建省宁德、建阳两地区协商，制定《关于处理毗邻山林权属问题若干规定的双边协议》，达成《调处纠纷双边协议书》，解决省际山林纠纷多起。

1995年，省政府在杭州主持召开调解会议，调解处理青田县与温州市永嘉县“野坑山”山林权属纠纷，缙云县与金华市永康县“面前山”山林权属纠纷2起。

1980—2002年，丽水市调解处理山林纠纷4875起。其中省际山林纠纷37起，市际山林纠纷29起，县际山林纠纷201起，县内山林纠纷4608起；政府裁决753起(省际2起，市际5起，县际20起，县内726起)；司法裁决62起，全部为县内山林纠纷。

2002年，丽水市开展山林矛盾纠纷排查工作，排查全市山林纠纷302起，其中省际纠纷54起，市际纠纷33起，县际纠纷54起，县内纠纷164起。同年，丽水市处理山林纠纷145起，其中专业机构处理山林纠纷85起，解决争议面积962.07公顷。

2003—2010年，丽水市调处山林纠纷6514起，争议面积13570.93公顷，其中省际山林纠纷6起，市际山林纠纷8起，县际山林纠纷20起，县内山林纠纷6480起。

2010年，丽水市调解处理山林纠纷积案559件，纠纷面积4192.4公顷，其中县际以上山林纠纷153件。

依法调处

2010年4月，丽水市中级人民法院公开开庭审理景宁畲族自治县家地乡坪坑村村民委员会诉丽水市人民政府山林权属纠纷复议决定一案，市林业局局长邝平正作为丽水市人民政府委托代理人出庭应诉。是丽水市林业系统领导人第一次以诉讼代理人的身份出庭参加诉讼。同年，丽水市调处山林纠纷417件，面积1304.4公顷；受理并全部办结山林纠纷行政复议案件22件，其中维持行政复议14件，撤销行政复议3件，撤回申请4件，不予受理1件。

第六节　野生动植物保护

动物保护

丽水野生动植物保护起步较晚。20世纪90年代，丽水地区动物保护意识增强，逐步走上法制化轨道。1990年，龙泉市林政部门查获龙泉县岩樟乡流坑村一村民到城镇出售黄腹角雉、白鹇7只，后将捕猎者公诉到法院，最终判处有期徒刑。是丽水地区违法捕猎、销售陆生野生动物资源被查处、定罪的第一案。1998年9月，遂昌县林业局在县政府大门口广场举办野生动物图片、照片展览。同年，遂昌县发放狩猎证217本，收缴费用1.3万元。1999年11月，龙泉市下发《关于禁止捕杀、经营蛙类的通知》。2000 年 5 月，龙泉市下发《关于开展严厉打击破坏陆生野生动物资源违法犯罪活动专项斗争的通知》。2005 年 1 月，龙泉市下发《严厉打击非法猎捕陆生野生动物行动的通知》。

2007 年 12 月，丽水市野生动植物保护协会成立。2009 年 1 月，松阳县设立中华秋沙鸭越冬保护地，选址在松阴溪古市镇十五里村至斋坦乡石门圩大桥（新）段的河道，是丽水市首个中华秋沙鸭越冬保护地。

1981—2010 年，丽水市森林公安机关查处各类森林及野生动植物案件 23369 起。其中破获刑事案件 2041 起，处理林业行政案件 20275 起，处理治安案件 1053 起，处理违法人员 33868 人，其中逮捕 771 人、行政拘留 578 人，罚款及追缴违法所得 4920.38 万元。2010 年，丽水市开展打击破坏野生动物保护专项整治行动，同年，丽水市组织打击破坏野生动物保护专项整治行动 80 次，出动林政、森林公安、工商等执法人员 650 人次，清查市场、窝点 35 个，清查宾馆、饭店 298 家，检查巡护鸟类活动区域 156 处，没收非法网鸟工具尼龙网 38 张、3000 多米，收缴或放生白鹭、黑鸢、黄麂等野生动物 53 头（只）。

植物保护

20 世纪 70 年代起，国家相继颁布一系列有关珍稀植物保护的法律法规。1975 年 12 月 10 日，中华人民共和国农林部颁发《关于保护、发展和合理利用珍贵树种的通知》，同时公布《关于一、二类珍贵树种的有关规定》。丽水地区列入二类的有花榈木、黄杉 2 种。1992 年 10 月，国家林业部公布《国家珍贵树种名录》，奠定保护珍稀植物法治基础。21 世纪，丽水市建设野生珍稀植物人工繁育基地，保护珍稀植物。截至 2010 年，丽水市建立野生植物人工繁育基地 154 个、面积 4146 公顷，人工培育植物种类有厚朴、金钱松、银杏、南方红豆杉、红豆树、香榧等 10 多个，总株数 2130 万多株，产值 11354 万元。

第七节 林业执法

机 构

据《浙江经济年鉴》载，民国 33 年（1944），丽水县林场有森林警察 5 人（职工总数 18 人），执行护林任务，政府支持不够，作用不显著。

1949 年中华人民共和国成立后，丽水地区在一个相当长时期内未单独设置森林警察机构，林业案件均由各地人民政府和公安派出所受理。

1964—1966 年，龙泉县、遂昌县、云和县 3 个木材主产县，先后成立县公安局森林派出所。其中龙泉县公安局增设水上派出所，保护所在地木材生产和森工企业之安全。1964—1966 年，龙泉、遂昌、云和成立森林派出所（水上派出所）4 个，核定干警编制 17 名。1966—1976 年，森林派出所、水上派出所的执法行政工作处于瘫痪状态。

1978 年中共十一届三中全会后，丽水地区重视林业执法工作。1978 年 12 月，龙泉县检察院成立林业检察科。1980 年 1 月，庆元县成立森林法庭。9 月，龙泉县成立森林法庭，编制 24 名。1981

年，遂昌县成立县公安局森林派出所，编制17名。

1981年6月，丽水地区林业局经济民警小队（地址青田县湖口头）成立，编制12名。12月，云和县成立云梅森林派出所、景泰森林派出所、景宁森林派出所、鸬鹚森林派出所，编制45名。同年，遂昌县人民法院成立森林法庭，检察院设置森林检察科，庆元县检察院成立森林检察科。1981年11月，龙泉县公安局森林派出所成立。1982年4—7月，青田县、松阳县、丽水县公安局森林派出所相继成立。1983年4月，庆元县公安局森林派出所成立。1984年6月，云和、景宁分县，同年10月，景宁畲族自治县公安局森林派出所成立。同年，缙云县公安局成立县林场派出所、编制7名，栝苍山林场派出所、编制5名；庆元县公安局县林场派出所、万里林场派出所相继成立，编制各4名。1985年，云和县云梅森林派出所更名云和县公安局森林派出所。同年7月，丽水县公安局成立丽水地区实验林场派出所，编制5名。

1986年3月，龙泉县森林法庭划归县人民法院。1988年，景宁畲族自治县公安局成立林业总场、上标林场两个派出所，编制分别为10名和5名。1988年10月，丽水地区开展《中华人民共和国森林法》和其他法规实施情况的专项检查，清理积案多起。遂昌县查获巫某甲、巫某乙特大林木盗伐案，判处两犯10年和3年有期徒刑。云和县查获金村乡南坑村特大滥伐案。

1989年，浙江省公安厅批复同意龙泉、松阳、庆元、景宁、遂昌县成立林业公安分局，核定各分局编制分别为35名、35名、40名、20名、35名；同时撤销龙泉、松阳、庆元、景宁、遂昌县公安局林业（森林）派出所；派出所人员划归林业公安分局，各分局实际增编人员分别为11名、21名、25名、10名、14名。1989年11—12月，缙云县公安局县林场派出所、景宁畲族自治县公安局上标林场派出所、景宁畲族自治县公安局林业总场派出所相继成立。

1991年12月，浙江省公安厅整顿林业、水利公安机构，理顺林业公安机构关系，规范林业公安机构名称。1993年7月，缙云县公安局林业公安科成立，编制6名。1994年8月，丽水地区公安局林业公安科成立，编制5名。1994年5月，龙泉市成立森林警察巡逻队，主要职责是维持木材检查站的工作秩序、打击木材流通领域的违法犯罪活动等。

1998年，国家机关精减整编，省编委同意增加森林公安编制280名，由原有654名森林公安编制增加至934名，全部为专项编制控制数，经费开支统一列入各级财政部门预算管理。丽水地区由原有160名森林公安编制增加至197名。

2000年8月，因撤地设市，丽水地区公安局林业公安科更名丽水市公安局林业公安科。同年，丽水市全部落实森林公安专项编制的森林公安机构17个，并办理公务员过渡手续，各单位经费开支列入各级财政部门预算管理。

2002年4月，丽水市公安局林业公安科更名丽水市公安局森林公安处。2007年1月，丽水市公安局森林公安处更名丽水市公安局森林警察支队。

2008年5月，省编办核定丽水市森林公安专项编制数191名，其中市本级11名、莲都区10名、龙泉市29名、青田县11名、缙云县16名、遂昌县26名、松阳县19名、云和县14名、庆元县26名、景宁畲族自治县29名。同时进一步规范机构设置，市、县（市、区）森林公安机关作为同级林业主管部门的内设机构，称“××局森林公安局”。同年，丽水市公安局森林公安处更名丽水市林业局森林公安局，并增挂丽水市公安局森林警察支队牌子。后莲都、青田等9个县（市、区）完成更名工作。

案件查处

1981—1985年，遂昌县林业检察科公诉森林刑事案件48起，被告75人，退回赃款17.12万元，免诉19起，挽回林木损失4319立方米，折价11.9万元。1985年2月起，森林案件由公安机关受理，各地方检察院林业检察科撤销。各地林业公安机关加大林业执法和打击破坏森林资源违法犯罪活动力度，侦破查处破坏森林案件611起。

1984—1986年，丽水市(县级)查处破坏山林案件200起，森林火灾36起，违章运输木材2685起，查扣木材1588立方米，罚款87547元，查补税金103518元，刑事判决10人，拘留处置15人，收容审查12人，震慑违法分子，发案率下降，林区秩序渐趋稳定。

1981—2009年，丽水市查处森林及野生动植物案件23369起，其中破获刑事案件2041起，处理林业行政案件20275起，处理治安案件1053起；处理违法人员33868人，其中逮捕771人、行政拘留578人，罚款及追缴违法所得4920.38万元。

2010年，丽水市开展“清火行动”“春雷一号行动”“禁种铲毒行动”“绿盾三号行动”“集中打击猎捕野猪专项行动”等林业综合执法行动。同年，丽水市森林公安机关受理各类森林案件267起，查处267起，其中刑事案件立案107起，破获案件107起，挽回经济损失200多万元。截至2010年，丽水市森林公安机关查处各类森林及野生动植物案件23596起，其中破获刑事案件2110起，处理林业行政案件20433起，处理治安案件1053起；处理违法人员34046人，其中逮捕778人、行政拘留583人，罚款及追缴违法所得4991.72万元，有力地打击各种破坏森林资源的犯罪活动，保卫森林资源安全，维护林区社会稳定，促进林业生产建设顺利发展。

1981—2010年丽水市森林公安案件查处情况

表13-10-7-1

年份	案件(起)	案件查处(件)	刑事案件(件)	行政案件(件)	治安案件(件)	处理(人)	逮捕(人)	拘留(人)	罚款及追缴数(万元)
1981	40	40	—	40	—	40	—	—	0.50
1982	337	332	11	262	59	595	10	30	4.63
1983	738	729	30	646	53	1577	10	26	17.05
1984	586	576	26	477	73	1330	4	22	17.33
1985	621	611	34	526	51	1373	15	32	21.70
1986	531	527	28	452	47	828	7	37	20.06
1987	751	749	115	591	43	875	52	27	22.56
1988	508	508	58	396	54	1351	64	38	35.94
1989	607	606	69	462	75	1504	42	29	71.71
1990	611	605	70	492	43	1159	43	27	53.96
1991	538	536	52	431	53	1062	38	40	57.01
1992	823	823	57	712	54	1231	30	79	127.45
1993	1017	1015	76	869	70	1476	43	25	147.40

续表 13-10-7-1

年份	案件（起）	案件查处（件）	刑事案件（件）	行政案件（件）	治安案件（件）	处理（人）	逮捕（人）	拘留（人）	罚款及追缴数(万元)
1994	1655	1645	69	1509	67	2151	36	26	308.25
1995	1665	1660	34	1573	53	2014	18	17	301.45
1996	1287	1114	54	1030	30	1679	16	12	282.10
1997	1394	1389	47	1304	38	1957	19	6	330.87
1998	1074	1068	34	1007	27	1351	9	5	290.10
1999	1023	1014	31	960	23	1244	14	13	263.27
2000	1072	1072	110	923	39	1468	53	19	309.60
2001	1227	1227	92	1112	23	1479	31	12	325.40
2002	932	930	93	827	10	1119	23	3	312.23
2003	873	872	86	775	11	965	28	12	260.87
2004	892	892	184	662	46	913	47	28	275.76
2005	640	631	104	518	9	689	44	9	220.14
2006	731	728	100	627	1	779	13	0	273.05
2007	624	624	122	501	1	688	19	2	263.27
2008	536	535	147	388	0	569	28	2	181.67
2009	312	311	108	203	0	402	15	0	125.05
2010	237	227	69	158	0	178	7	5	71.34
合计	23882	23596	2110	20433	1053	34046	778	583	4991.72

第十四篇
工　　业

1 化学工业
2 金属冶炼与压延加工业
3 森林工业
4 通用设备制造业
5 电气器材制造业
6 交通运输设备制造业
7 非金属矿物制造业
8 皮革羽绒制品业
9 塑料制品工业
10 纺织缝纫工业
11 食品工业
12 造纸与印刷工业
13 文教体育用品工业
14 医药工业
15 工业管理

概　述

古代，丽水长期处于小农经济和手工业状态，以能工巧匠为主体，利用本地资源，原始粗放经营，逐步形成个体手工业、手工作坊或工场，生产本地特色的产品。

距今4300~3700年前，新石器时期晚期，丽水手工业已有初步发展。据遂昌好川文化遗址出土的陶器表明，当时制陶工艺达到较高水平。三国至两晋时期（220—420），龙渊青瓷问世，并兴盛于南宋，成为当时全国最大制瓷中心。西晋时期（266—316），丽水制砖业较为普遍。南北朝时期（420—589），丽水出现陶瓷业、酿酒业、纺织业。青田石雕问世。隋唐时期（581—907），丽水、龙泉、遂昌、松阳分别有铜矿和银矿开采，遂昌设永丰银场。唐代（618—907），丽水已有家庭手工纺织业，生产纱、绢、绸、小绫、麻布、树皮布等；松阳开始采脂炼香。

南宋绍兴乾道年间（1131—1173），丽水、青田有产铁记载。宋元时期（960—1368），丽水制瓷业兴盛。青田石雕发展并蜚声中外。明清时期（1368—1912），金属冶炼业兴起。清光绪三十一年（1905），丽水利用织布公司创办，成为丽水新兴工业之先导。

民国时期（1912—1949），丽水传统手工业有所发展，主要集中于宝剑、石雕、陶瓷、造纸、纺织、酿造、矿产采冶、木材加工等。民国8年（1919），郑宝琳创办丽水普明电灯股份有限公司后，龙泉、松阳、缙云、青田相继开办火力发电。民国13年，丽水创办普昌火柴梗片厂，是全省规模最大的火柴梗片厂。民国15年，创建丽水燧昌火柴公司，普昌火柴梗片厂成为配套企业，为全省五大火柴厂之一。民国21年，除云和、景宁外，各县先后创办私营印刷厂。同年，丽水染坊70多家，其中缙云县24家。民国22年，丽水有民营火力发电厂7家。民国22年，丽水主要工业有棉织、丝织、漂染印花、火柴、印刷、造纸、陶瓷、石雕、爆竹、铁业、电气、酿造、制茶、榨油、卷烟、碾米等16种。据不完全统计，民国23年，丽水工业品生产工厂（场）205家。

民国25年（1936），浙江省政府建设厅经实业部批准青田钼矿正式开采。民国26—34年，丽水成为浙赣闽边区日用火柴生产基地。民国31年、33年，日本侵略军两度入侵丽水，丽水工业严重受挫，尤其电厂遭严重破坏，造成丽水5年无电、青田7年无电、松阳8年无电。民国34年，抗日战争胜利后，国民党又发动内战，通货膨胀日益严重，有些工厂外迁，有的倒闭，丽水工业一蹶不振。民国38年，丽水工厂陷入萧条，只有电力、造纸、陶瓷、石雕、铁器、火柴、肥皂、砖瓦等一些小型工厂和许多濒于断绝的手工业户，主要生产木材、炭、松脂、桐油、柏油、茶叶、烟叶、火腿、铁、钼、硫化铁、纸、靛青、宝剑、瓷器、印章石等产品。1949年，丽水专区工业产值829万元，其中私营工业产值406万元。

1949年5月丽水解放后，丽水工业艰难起步，历经恢复发展、社会主义改造、计划经济的曲折过程。1949年8月，浙江省政府第七专员公署成立，下设实业科，接管国民党政府遗留的官僚资本企业。9月，创建丽水新华印刷厂，是中华人民共和国成立后丽水第一家国营企业。1950—1952年，丽水历经工业经济三年恢复阶段。据1951年丽水行政专署工商科统计，“全区有动力的企业50家，其中国（公）营21家，私营26家，合营3家，职工907人，全区手工业职工2065人”。

1953年，国家实施国民经济第一个五年计划（简称“一五”计划），重点加强工业基础建设，在进行社会主义改造的同时，逐步实现工业化。同期，各县手工业通过合作化改造，转为公私合营企业。1956年，各县基本完成对工业手工业的社会主义改造，工业经济的所有制构成发生深刻变化，国有企业这种单一形态的公有制，在以后数十年间居于各县工业的主导地位。1957年，各县工业经济得到恢复和发展，初步形成森工、食品、造纸、纺织、机械等行业，工业企业348家，其中国营企业70家。此时，各县处于工业化的起步阶段。

1958年，各县开始执行国民经济第二个五年计划（简称“二五”计划），开局之初搞“大跃进”群众运动，结果造成国民经济和工业内部比例关系严重失调。各县全民所有制企业由1957年70家增到1960年的159家；职工数从1957年9244人增到1959年27478人，增长近2倍。同时，部分农村和小集镇的手工业社下放给人民公社转为社办集体企业，各县社办工业从无到有。

1961—1963年，国家实行三年经济调整，各县采取压缩建设规模，关、停低质高耗的“小土群”企业等措施，精简下放一批亦工亦农职工，各县工业经济全面好转。1961年1月，全民工业企业由1960年159家减至1962年92家，职工从25477人精简至8324人。1963年6月，丽水专署工业交通办公室成立。1965年，丽水工业经济渡过起落阶段。电力、建材、食品、化工、机械等行业有较大发展，食品工业产值在工业产值中跃居首位。龙泉、缙云、青田、云和等县创办农机厂，松阳、庆元、景宁等县创办造纸厂，同时还创办丽水羽绒厂、遂昌林化厂、青田水泥厂、龙泉纺织器材厂、松阳煤矿、青田铅锌矿厂、云和崇和电厂等企业。

1966—1976年，丽水工业遭受严重破坏，国民经济第三个五年计划（简称“三五”计划）、国民经济第四个五年计划（简称“四五”计划）的大部分指标未能完成。同期，丽水地区发展地方“五小工业”①。1969年，丽水地区工业生产开始回升。同年12月，丽水地区开展夺煤大会战。1972年底，“三年夺煤”遭受挫折。1969—1973年，丽水地区对工业投资7180万元，占总投资额64.1%，每年投资超千万元，新建地区化肥厂、地区机床厂、地区针织厂等骨干企业44家。1974—1975年，丽水地区工业生产连续下降，工业利润从1973年907万元降到1976年的79万元；工业基建总投资4020万元。

1976年10月，丽水地区开展工业学大庆活动，调动企业职工生产积极性。1978年中共十一届三中全会后，逐步实行社会主义市场经济体制，丽水工业进入全新发展时期，生产持续较快增长。丽水地区坚持“发展基础工业”“发展社队工业”理念，强化党委领导下的厂长负责制和各项基本制度，进行企业整顿，开展以增强企业活力为中心的扩大企业自主权的经济体制改革。1980年3月，制定《丽水地区工业十年规划（1981—1990）》，提出加快工业发展、改革的总体思路。1981年，丽水地区加速企业联合，建立第一家计数器生产联合体，由缙云仪表厂为主体的14家企业组成。1982年4月，制定颁布《丽水地区行政公署关于大力发展我区二轻集体工业的决定》。1984年5月，制定《丽水地区行政公署关于大力发展乡镇企业的试行规定》。6月，召开丽水地区乡镇企业工作会议。7月，

① 五小工业：指小钢铁、小煤窑、小水泥、小化肥、小农机工业。

执行《中共中央关于经济体制改革的决定》，坚持对内搞活经济、对外实行开放的政策，召开丽水地区国营工业厂长会议，制定《中共丽水地委关于改革国营工业经济管理的若干具体规定》《中共丽水地委关于大力发展我区个体私营等非公有制经济的若干意见》，选择丽水羽绒厂进行改革试点。20世纪90年代，企业发展遭遇瓶颈，丽水工业企业普遍进行改制工作。

2000年5月丽水撤地设市后，丽水市调整市、区两级工业部门管理归属。同年，中共丽水市委、市政府实施“生态立市、绿色兴市”战略，对工业采取抓企业改制，抓经济总量扩张，抓招商引资的“三抓”方针。同年，启动水阁工业区建设。同年底，丽水市完成改制工业企业173家，改制面96.6%；改制城镇集体工业企业142户，改制面90.44%。2001年，丽水市完成工业企业改制面98%，集体工业企业改制面95%。制定《丽水市人民政府关于扶持市直工业经济发展若干政策的意见》。2003年12月，丽水市委一届十次全体会议，提出“生态立市、工业强市、绿色兴市”发展战略，工业园区规划面积由2000年建市时的38平方千米调整到2003年的178平方千米。

2004年，丽水市引进工业类项目283项，投资额39.8亿元。6月17日，浙江凯恩特种材料股份有限公司成功上市，是丽水市首家上市的工业企业，是世界第二大、中国第一大电解电容器纸的生产研发企业，也是国家重点高新技术企业。9月25日，云和县参加第二届中国国际礼品展览会，被中国轻工业联合会评为中国木制玩具城。2005年，丽水市规模企业比上年增加87家，产值超亿元企业68家，其中市本级10家，市区工业产值突破百亿元。2006年9月，市政府全面加快推进开发区、园区建设工作。11月，丽水南城开发区被浙江省政府批准为全省首个低丘缓坡综合开发利用试点。同年底，丽水市有开发区（园区）10个，入园企业1400家，投产企业969家，规模以上企业306家。

截至2007年，丽水开发区引进企业287家，其中建成投产企业239家。12月12日，浙江方正电机股份有限公司成功上市，成为继浙江凯恩特种材料股份公司之后的丽水第二家上市公司。同年，丽水塑壳双绝缘缝纫电机和电子调速伺服电机，通过美国UL认证及德国莱茵公司TUV.CE.EMC认证。同年，丽水市13个乡镇工业年产值超过20亿元。2008年12月，中共丽水市委、市政府调整开发区管理体制，明确开发区管委会对区内企业实行属地管理。2009年8月，国务院总理温家宝到丽水市调研工业经济，考察纳爱斯集团有限公司和意尔康集团有限公司。同年，丽水市经济贸易委员会制定下发《丽水市工业转型升级重点产业产品导向目录》，组织实施省级技术创新项目15项，新认定市级企业技术中心12家。

2010年，丽水市工业产值超1328亿元，规模以上工业产值1141亿元，工业产值亿元以上企业数176家，富有地方特色的块状产业36个，其中青田县不锈钢冶炼及制品产业、遂昌县建筑五金产业、缙云县机床工模具产业、市区日用化工产业等产值总量均超过40亿元。同年，浙江元立金属制品集团有限公司进入全国民营企业500强行列，成为当时全国最大的钉、丝、焊材生产企业。截至2010年，丽水市国家级和省级开发区（工业园区）10家，入园企业3341家。

第一章　化学工业

化学工业是丽水相对有优势和潜力的重要产业。清代，遂昌县采掘黄铁矿石熔炼硫磺，其渣烧制红矾。民国时期，火柴和肥皂生产成为丽水化学工业最早的两大产业。

1949 年 5 月丽水解放后，化学工业开始复兴。1978 年中共十一届三中全会后，丽水化工企业逐渐发展，形成一定规模。1996—2000 年“九五”计划期间，丽水地区化学工业企业通过改组、改革、改造和加强管理，加大投入，注重科技进步，实行技术改造，取得速度和效益同步增长。

2000 年，丽水市化学工业初步形成以日用化学用品制造业为主，专项化学用品、基本化学原料、化肥农药、有机化学用品制造业共同发展的大化工行业。2000 年，丽水市化学工业产值 22.73 亿元，占全市工业产值的 13.26%。其中，丽水市销售收入 500 万元以上化学工业企业 16 家，总资产 14.39 亿元，从业人员 4494 人，工业产值 20.05 亿元，比 1995 年的 6.65 亿元增加 3 倍；销售收入 27.49 亿元，利税总额 5.37 亿元。

2005 年，化学工业成为丽水工业经济的主要行业之一，企业实施资源综合利用，节能节水。纳爱斯集团建立能源管理信息系统工程，开展企业能源利用审计和节能宣传周活动、节能技术服务。同年，丽水市化学工业规模以上企业实现工业产值 40.5 亿元，完成新产品销售收入 69.64 亿元，增长 10.84%，利税总额 7.73 亿元，增长 28.87%，其中利润 3.1 亿元，增长 6.13%。工业产值亿元以上企业承包 4 家，比 2004 年增加 1 家，继纳爱斯集团、浙江永新化工有限公司、青田新力材料有限公司后，浙江剑石化工有限公司产值首次达到 1.24 亿元。化工行业龙头企业纳爱斯集团实现工业产值 30.42 亿元，比上年增长 8.83%。

2010 年，化学原料及化学制品制造业是丽水工业经济的主要行业之一，在全部工业经济各行业中实现工业产值位居黑色金属冶炼及压延加工和金属制品业之后，列第三位。同年，丽水市化学原料及化学制品制造业规模企业 64 家，其中亏损企业 11 家，实现工业产值 92.62 亿元，增长幅度 15.6%，实现主营业务水平收入 151.5 亿元，增长幅度 13.7%；利税总额 17.97 亿元，增长幅度35.9%，其中利润总额 12.06 亿元，增长 52.5%；产值亿元以上企业实现工业产值 77.51 亿元，占本行业规模以上企业产值 83.68%。行业龙头纳爱斯集团、浙江闽锋化学有限公司、浙江有邦化工有限公司利润均保持大幅度增长。

第一节　日用化学产品制造

电　池

1965年5月，海宁培隆电池厂迁至丽水县，更名国营丽水电池厂。1984年，国营丽水电池厂生产电池1397万只。后国营丽水电池厂经多次扩建，生产交流三相异步电动机和缝纫机摇杆，开发冷饮机电机、冰箱压缩机和家用吸尘器等产品。1991年，丽水电池厂被丽水家电厂兼并。1995年，浙江省丽水市电池厂成立，生产各型号铅锌电池。1996年4月，丽水家电厂破产，电池停产。1999年，浙江凯恩电池有限公司在遂昌县成立，当年生产氮氢电池8000万节，工业产值2.04亿元。同年，丽水圣劲电池有限公司成立，专业生产铅锌电池。21世纪以来，汽车、摩托车、电动车发展迅速，对蓄电池需求大增，浙南蓄电池隔板有限公司、浙江坤恒电源科技有限公司、浙江正统电源有限公司、浙江天时电源有限公司、遂昌县满源电源有限公司等数家蓄电池制造企业先后创建。2010年，上述5家企业制造碱性电池5197万只、铅酸蓄电池548307千伏安时。

洗涤用品

民国27年（1938），龙泉县开办救济工厂，内设肥皂部，生产“双剑”牌洗衣皂。民国28年，松阳县古市镇成立农产合作社，试产“农工”“百合”牌肥皂。民国30年3月，遂昌县集资创办私营新运肥皂坊，生产碱水肥皂，年产400箱。同年，缙云县先后创办南和、九洲、大明等肥皂作坊，不久停业。1949年中华人民共和国成立前，丽水祥兴化工厂生产肥皂。1956年，丽水祥兴化工厂公私合营为丽水化工厂，生产“凤凰”牌肥皂，年产5000箱。1958年，丽水化工厂肥皂车间迁至兰溪，并入兰溪化工厂。

1968年，地方国营丽水“五七”肥皂厂成立，后更为丽水化工厂。1994年1月，丽水化工厂改制，成立纳爱斯股份有限公司，生产“纳爱斯”“雕”牌洗涤用品，被评为全国名牌产品，“纳爱斯”商标为全国驰名商标。2002年开始，纳爱斯股份有限公司试产“纳爱斯”牌牙膏。2008年，纳爱斯股份有限公司收购中国香港“百年润发”品牌，生产“百年润发”护发水。2010年，纳爱斯集团向市场主推“100润发”洗发水，新产品进入个人护理用品类，并在杭州滨江高新开发区立项建立国家级研发中心。同年，纳爱斯集团生产洗衣粉2.3亿千克，肥皂2亿千克，液洗剂2.5亿千克，牙膏20935万支。

火柴及其他

民国13年（1924），丽水县集资创办私营普昌火柴梗片厂。民国15年，创办私营燧昌火柴公司，生产“栝苍”“神州”“美人”“一本万利”牌火柴，年产1.5万箱，职工778人。1949年，中华人民共和国成立初，丽水地区有燧昌火柴公司、丽水普昌火柴梗片厂、新建盒片厂、大东华盒片厂、昌明盒片厂和丽水祥兴化工厂等企业6家。

1951年，丽水县没收官僚资本企业，组建碧湖新建盒片厂。1954年6月，丽水县民生火柴厂迁至遂昌县。1955 年 10 月，丽水县民生火柴厂公私合营为遂昌火柴梗片厂。1956 年，丽水县普昌、大东华、昌明等私营盒片厂公私合营为丽水火柴梗片厂。1963 年，遂昌火柴梗片厂扩建为遂昌火柴厂。1981 年，遂昌火柴厂获全国火柴质量检测总分第一名。同年，丽水火柴梗片厂和国营新建盒片厂合并，组建地方国营丽水火柴厂，年生产能力 100 万箱。1981 年后，丽水火柴厂扩建，年产火柴能力提高到 20 万件。1979—1981 年，丽水火柴厂"丽水牌"火柴获全国火柴评比质量第一名。1990 年，丽水火柴厂年产火柴 34.59 万件。1995 年 6 月，丽水火柴厂由丽水金笔厂兼并，改产金笔，火柴停产。

1984 年 9 月，建缙云沸石化工厂，年产洗涤助剂 300 万千克。20 世纪 80 年代末，缙云沸石化工厂改制停产。

第二节　专用化学产品制造

化　肥

民国 26—34 年（1937—1945）全面抗日战争时期，浙江有机化肥厂迁入丽水。民国 34 年，抗日战争胜利后迁回杭州，市场有少量化肥(俗称肥田粉)销售。1952 年，浙江有机化肥厂年销售量 25.4 万千克。20 世纪 50 年代，农业合作化和人民公社化时期，丽水县建立第一化工厂、第二化工厂和细菌肥料厂。景宁县建立张村化工厂。1965 年 2 月，遂昌县建国营利民化肥厂，年生产合成氨 2000 万千克。1969 年 2 月，丽水地区化肥厂创办，1977 年下放给丽水县，更名丽水化肥厂，年产合成氨 700 万千克、合成碳铵 280 万千克，1992 年停产。1978 年，云和磷肥厂建成，年产普磷酸钙 500 万千克。1979 年，缙云化肥厂建成，年产合成氨 300 万千克，1991 年停产。1986 年，庆元县化肥厂转产染料。2010 年，有化肥制造企业 1 家，工业产值 735 万元，年产尿素 2.7 万千克、磷肥 3.8 万千克、钾肥 25000 千克，合成复合肥料 244.1 万千克。

农　药

1966 年，在碧湖创办丽水农药厂，主要生产"六六六"粉。1969 年，产加甲、乙氯有机氯杀虫剂。后又生产有机磷、滴滴涕等，因环境污染严重，效益不佳，于 1981 年停办。1988 年 8 月，在丽水上岗背建立地区农药厂，生产混配农药，主要品种有 50%敌敌畏乳油、40%乐果乳油、40%甲磷乳油、40%增效甲胺磷等，年产农药 1500 万千克。1995 年改制，2001 年破产。

氧　气

1974 年，建立全民企业云和制氧站，年设计产氧气 25.5 万立方米。1980 年氧压机技改后，生产能力提高到 30 万立方米。1987 年停产。2002 年，丽水鸿运气体有限公司建立，专业生产医用氧气和工业用氧气。2004 年，缙云县创办长青气体有限公司，生产氧气、氮气、CO_2 和氩气。2006 年，遂昌县从温州引入正圆气体有限公司，投资 5000 万元，专业生产氧气、氩气、氮气，年产气能力 5000 万千克，成为浙江省内同行业规模最大企业。

炸　药

1965年，浙江省国防工办建成遂昌利民化工厂，生产乳化炸药。1987年8月，利民化工厂划归遂昌县。同年10月，转产硫酸。1998年，利民化工厂改制为利民化工有限公司，恢复生产炸药。2010年，生产炸药2575.6万千克，销售收入13375万元。

1965年5月，建成省属军工企业遂昌化工厂。2000年年初，企业改制更名浙江永新化工有限公司。2003年，工业产值1.22亿元，利润3096万元。2008年3月更名为浙江永联民爆器材有限公司。主要生产梯恩梯炸药，后又建成乳化炸药、铵油炸药生产线，注册“双力”牌民爆产品商标，省级名牌产品，年生产2500万千克当量。

胶粘剂

丽水合成化工材料（油漆等）主要兴起于20世纪80年代，主要有顺虎德邦有限公司等民营企业。丽水新光化工厂成立于1989年，位于莲都区，主要生产玩具专用胶，拼板胶，相框专用胶、木工胶、文教用品专用胶等产品。顺虎德邦有限公司创建于1994年，位于莲都区，系浙江省高新技术企业，年产量50万千克，产值200万元，该厂同时生产合成纤维单体，为纤维生产企业提供原料，年产30万千克，产值600万元。公司引进国内外先进技术配方和生产检测设备，采用进口优质原材料，主要产品为醇酸氨基类、丙烯酸类、聚氨酯类、塑胶类工业漆、聚酯类家具漆、无毒硝基类漆、粉末涂料、内外墙环保乳胶漆、隧道专用漆等10多个大类的高品质涂料。公司通过ISO 9001质量体系认证及ISO 14001环境管理体系认证，顺虎德邦商标被评为丽水市著名商标、市级名牌产品称号。丽水市三力胶业有限公司成立于2000年9月，位于莲都区，主要从事粘合剂制造，粘合剂原料、化工产品（不含化学危险品）销售。缙云县佰易文有限公司2007年成立，位于缙云县仙都，生产固体胶水。公司主要生产固体胶（PVA、PVP）、白胶、闪光胶、3D胶、纺织胶、液体胶等，是一家集研发、制造、销售为一体的文具办公胶水专业厂商。产品通过美国ASTM D-4236以及EN71、MSDS检测，2002年通过ISO 90001质量管理体系认证。

第三节　基础化学原料制造

无机酸

全面抗日战争时期，浙江省化工厂迁丽水堰头村，利用遂昌冶岭头黄铁矿制硫酸。1977年，遂昌利民化工厂建成日产0.2万千克浓硝酸车间，1981年停产。1978年5月，建遂昌硫酸磷肥厂，年设计能力产硫酸200万千克，1979年7月投产，1982年12月停办。1987年10月，遂昌利民化工厂转产硫酸，年产2000万千克。1990年投产，后因环境污染问题于2001年停产。1999年7月，创办龙泉六和化工有限责任公司，生产盐酸、硫酸、硝酸和磷酸。

精细化工

1982年，浙江寿尔福化学有限公司创立，主要生产含“-SH”基因医药中间体苯硫酚、硫醚、噻吩衍生物和光引发剂等产品。2000年始，浙江利民化工有限公司同浙江工业大学合作，企业投资3000万元，开发氯甲酰胺系列、咪唑烷酮系列、半合成青霉素原料系列等30多个产品，其中有产品10多个实现工业生产，有年产6万千克的咪唑酰氯生产线和1-2酰基-2-咪唑烷酮生产线各1条。2006年，丽水康力化工有限公司成立，年营业额5000万元，生产医药中间体。2001年4月，南明化工有限公司成立，生产6-已二醇，已二酸二甲脂，3-（1-氰乙基）苯甲酸。

其他化学原料

20世纪60年代，青田县提高钼矿的附加值，发展县域经济，组建青田县化工厂，作为钼矿的深加工配套项目，专业生产三氧化钼、钼酸铵、钼酸钠等化工产品。青田县化工厂产品在国内和欧洲市场拥有比较高的声誉。1998年2月，松阳县泡化碱厂成立，专业生产泡化碱。2003年，丽水市有朋化工有限公司创办，生产碳酸脂有机化工原料。青田县金科生物技术有限公司从天然植物提取物制造原料。缙云县博伊尔助剂有限公司专业生产ART皮革复鞣剂、SCF结合加脂剂。浙江鸿浩科技有限公司开发阻燃剂、阻燃剂助剂新产品。丽水市宝欣催化剂分子筛有限公司生产工业用分子筛催化剂硅酸钠。

第四节　涂料制造

1985年，缙云化肥厂研制成功光固化油墨。1989年9月，丽水市新光化工厂创办，从事涂料、胶水制造。1999年，丽水顺虎德邦有限公司创办，专业生产“顺虎德邦”涂料。2004年，浙江闽锋化学有限公司创办，专业生产PV树脂生产企业，年产PV树脂1亿千克，产品有湿式树脂、干式面层树脂、二椰皮树脂、特殊功能型树脂等。2005年10月，浙江华大树脂有限公司创办，专业生产聚氨酯树脂，产品有聚氨酯树脂、聚酯多元醇，聚醚型预聚体（CPU）、聚氨酯粘合剂、芳香族多元醇等。2006年4月，松阳县凯华化工有限公司创办，专业从事涂料生产，其产品有聚氯酯树脂、聚氯酯固化剂、工业漆、乳胶漆等，年产工业漆50万千克、乳胶漆60万千克、聚氯酯固化剂36.5万千克，聚氯酯树脂185万千克。2010年4月，云和县海洋涂料厂创办，生产无水溶性涂料。2010年，丽水顺虎德邦有限公司年生产涂料550万千克。

2010年丽水市化学工业基本情况一览

表14-1-4-1

类　别	企业数（家）	工业产值（万元）	产品销售收入（万元）	税 收（万元）	利润（万元）	固定资产净值（万元）	年底职工人数（人）
日用化学产品制造	1	511472	508177	716	87534	42920	7600
专用化学产品制造	36	145973	133941	768	13536	31925	2531

续表 14-1-4-1

类　别	企业数（家）	工业产值（万元）	产品销售收入（万元）	税　收（万元）	利润（万元）	固定资产净值（万元）	年底职工人数（人）
合成材料制造	10	220667	205831	272	13169	43333	1373
基础化学原料制造	7	13664	14711	49	760	5900	250
涂料燃料制造	8	17958	16717	33	1010	4220	232
化学肥料制造	1	735	735	5	26	33	29
合　计	63	910469	880112	1843	116035	128311	12015

第五节　企业选介

浙江纳爱斯集团有限公司

浙江纳爱斯集团有限公司是中国洗涤用品行业龙头企业，前身是1968年成立的地方国营丽水五七肥皂厂，生产肥皂。后相继更名丽水五七化工厂、丽水化工厂。1966—1976年，丽水化工厂管理不健全，原料无计划，连年亏损，在中国肥皂行业定点118家企业中排序倒数第二，后被列入关、停、并、转的对象。1978年，丽水化工厂开始扭亏为盈。1984年后，丽水化工厂采取横向联合办法，与上海制皂厂联营和承接外贸加工。1991年，丽水化工厂引进瑞士先进技术，开发纳爱斯香皂、雕牌超能皂，掀起肥皂革命。

1993年，丽水化工厂成功改制为浙江纳爱斯股份有限公司，成为中国肥皂行业的新秀。1994年，公司成为全国肥皂龙头企业。引进“日清”制度，通过ISO 9000:1994认证。1994—1998年，公司实行“双加”①工程，扩大生产规模，雕牌成为中国肥皂第一品牌。1999年，公司建成全国最大单塔洗衣粉联合厂房。2000年始，雕牌洗衣粉市场供不应求。同年，公司对外实行委外贴牌加工，其中包括汉高、宝洁等世界500强在华的生产企业，也为纳爱斯贴牌加工。2001年，经国家工商总局核准，浙江纳爱斯集团有限公司成立。2001—2005年。浙江纳爱斯集团有限公司建立湖南益阳、四川新津、河北正定、吉林四平、新疆乌鲁木齐五大生产基地，成为世界最具规模的洗涤用品生产基地。2006年始，公司产品从中低端走向高端。2006年11月，全资收购英属中狮公司麾下中国香港奥妮、裕暘、莱然三家公司和100年润发、西亚斯、奥妮三大品牌83只商标的所有权和独占使用权，进入个人护理用品市场。

2010年，浙江纳爱斯集团有限公司员工2万多人，总部位于浙江省丽水市，湖南益阳、四川成都、河北正定、吉林四平、新疆乌鲁木齐、江苏太仓，以及中国台湾地区分别设有驻外生产基地，建有销售分公司50多家和海外子公司3家。产品涵盖家具清洗、织物洗护、口腔护理、个人护理等多个领域，各项品牌均拥有自主知识产权，集团旗下的雕牌、超能、纳爱斯、健爽白、伢牙乐、100年润发、YOU R YOU我的样子、西丽、麦莲、李字、妙管家等品牌，面市即受到消费者喜爱。产品远销欧洲、非

① 双加工程：指国务院提出的“加快技改进度，加大技改力度”。

洲、大洋洲、东南亚、美国、新西兰等地区和国家。公司先后获“全国模范劳动关系和谐企业”“2006年中国工业企业排头兵企业”“中国科技名牌”“中国最具生命力企业”“中国肥皂标志性品牌”“中国洗衣粉行业标志性品牌”“中国消费者最喜爱标志性品牌”“全国重点保护品牌”等称号。

1999年3月，全国人大常委会委员长李鹏在九届全国人大二次会议期间接见总裁庄启传。2000年3月14日，中共中央总书记、国家主席江泽民在九届全国人大三次会议期间接见总裁庄启传。2006年3月5日，中共中央总书记、国家主席胡锦涛接见总裁庄启传。2009年8月，中共中央政治局常委、国务院总理温家宝在丽水考察纳爱斯集团。温家宝评价纳爱斯集团的“如水文化”，肯定“纳爱斯是服务于整个中国的建设和可持续发展的”。

浙江利民化工有限公司

前身为1965年创建的“小三线”军工企业。1998年，改制成立浙江利民化工有限公司。2007年，与浙江震凯化工有限公司重组，成立浙江凯特化工有限公司。浙江利民化工有限公司是国内最早从事乳化炸药开发与生产的民用爆破器材企业、全国民爆行业重点骨干企业、国家级高新技术企业、国家火炬计划重点高新技术企业，是中国爆破器材行业协会和工程爆破协会常务理事单位。下设技术中心和炸药厂、精细化工厂、包装材料厂及爆破工程有限公司（子公司）。主要产品有ML型乳化炸药、粉状乳化炸药、多孔粒状铵油炸药等民用炸药，以及2-咪唑烷酮、青霉素阿洛西林中间体系列产品。2010年，公司产值2.05亿元，上缴利税0.62亿元。

浙江永联民爆器材有限公司

前身为1965年5月建立的“小三线”军工企业遂昌化工厂，曾更名国营永新化工厂、浙江永新化工厂。2000年1月，公司改制，成立浙江永新化工有限公司。2008年3月，与浙江永进化工有限公司合并，更名浙江永联民爆器材有限公司。公司是国家定点的民爆产品生产企业，产品有胶状乳化炸药、多孔粒状铵油炸药和二、三级煤矿许可使用乳化炸药，年生产许可能力1800万千克。公司拥有“双力”牌注册商标，是浙江省级著名注册商标。至2009年，公司通过ISO 9002:1994质量体系认证、2000版标准质量体系认证和ISO 9001:2008版标准认证。2010年，公司产值0.92亿元，上缴利税0.16亿元。同年，公司通过AAA测量管理体系认证，占地面积36.6公顷，其中建筑面积2.55万平方米。员工300多人，专业技术人员80多人。

青田县新力复合材料有限公司

2000年，青田县新力复合材料有限公司成立，位于浙江青田经济开发区，专业生产经营各类不饱和聚酯树脂，年产量2000万千克，主要产品为191、196、208A、208C、108E等型号的不饱和聚酯树脂。2004年，青田县新力复合材料有限公司销售收入超1亿元，被评为丽水市民营企业50强。

青田剑石钼化工有限公司

青田剑石钼化工有限公司前身为青田县化工厂。1994年，青田县化工厂改制，组建股份制公司青田剑石钼化工有限公司，位于青田县鹤城镇新建岭，主要依托当地优良的钼精矿资源加工生产“剑石”牌钼酸铵、钼酸钠、三氧化钼等产品，远销欧美、澳大利亚、东南亚等国际市场。1998年3月，公司整体搬迁至鹤城镇平演村高湾。公司通过 ISO 9002 国际质量标准体系认证，是浙江省出口产品质量保证生产单位、法国科技质量评价委员会认定的高质量科技产品、中国贸促会向欧盟推荐产品，名列丽水地区 20 强企业和青田县十佳企业。2001 年，公司产值 4096 万元，销售收入 4060 万元，利润 85.2 万元，税收 338 万元。2007 年 3 月，青田剑石钼化工有限公司停产。

第二章　金属冶炼与压延加工业

丽水金属冶炼加工技术由来已久。春秋时期（前 770—前 476），龙泉欧冶子铸成龙泉宝剑。隋唐时期（581—907），丽水、龙泉、遂昌、松阳先后开采铜矿和银矿。其中遂昌设永丰银场。据《宋史·地理志》载，“遂昌有永丰银场”。宋代（960—1279），遂昌银矿采冶具相当规模。南宋绍兴乾道年间（1131—1173），丽水、青田有产铁记载。据《宋会要辑稿·食货》（清代徐松编纂）载，宋淳熙二年（1175），处州成全国重要产铜地，“岁收铜十万斤”。南宋开始炼铁、炼铅。明代，处州府成为当时全国最重要产银区之一，庆元、青田、云和、景宁等县也有银矿采冶活动。明清时期，各县盛行洗砂炼铁，尤以云和为最多，时“处铁”之名遍及全浙，市场扩至闽皖诸省。

民国时期，丽水普生炼铁厂创办。民国 27 年（1938），浙江省建设厅铁工厂在丽水县大港头创办，后并入浙江省铁工厂。民国 35 年，丽水县开办私营黄梅记机械修理厂。民国 37 年 5 月，在缙云县方溪乡外师姑村建立浙南人民解放军第三支队修械所。

1949 年 5 月丽水解放后，丽水金属冶炼及压延加工业经历黑色金属、有色金属冶炼和金属制品加工等发展过程。1951 年 7 月，专署接收私营黄梅记机械修理厂，建立地方国营丽水新华修理厂。1955 年，更名地方国营丽水铁工厂。1958 年，各县建立一批农机修造和机械五金企业。后金属冶炼及压延长期陷入低谷。1978 年中共十一届三中全会后，特别是 1992 年邓小平南方谈话后，丽水金属冶炼及压延加工发展较快，形成一定的产业规模。直到 21 世纪，丽水市金属冶炼及压延再度走强，涌现出浙江青山钢铁有限公司、浙江元立集团等大型钢铁加工企业。

第一节　金属冶炼

黑色金属冶炼及压延加工

冶　炼　丽水金属冶炼有悠久的历史。据《新唐书》载：“松阳有银出马鞍山。”宋代，遂昌县冶岭头永丰银场、梭溪局下银场，采用烧爆法采矿和吹灰法炼银，就地冶炼铸造银元。黄岩坑银矿，每年上交银 3—8 万两。南宋绍兴至乾道年间（1131—1173），丽水县和青田县产铁，龙泉县产铅。明代，处州银矿开采鼎盛时期，庆元县有银坑10个，岩壁凿有“成化十八年开采”字样。

景宁畲族自治县也是古代银矿开采重点区域。据清同治《景宁县志》载，景宁境内有废银坑11座，多为明代银冶遗址，其中渤海坑多处盛传为明代大银矿主——“银王”陈旭所留，有石磨盘等粉碎银矿工具。清代，云和县、丽水县、青田县有炼铁炉20座。清光绪年间（1875—1908），云和县年产铁七八万担至十余万担。民国12年（1923），丽水县在滴水岩建立普生冶铁厂。民国27年1月，丽水县大港头天后宫建立浙江省建设厅铁工厂，7月投产。民国27年9月，在云和县小顺建立浙江省铁工厂一厂，浙江省建设厅铁工厂更名浙江省铁工厂第二厂。后又增设头嘴、玉溪分厂。民国28年，中共中央军委副主席周恩来视察浙江铁工厂，发表“工人顶天立地”的著名演讲。同年，中共云和县委建立浙江铁工厂一厂党支部。民国28—31年，浙江省铁工厂每月平均生产步枪1000支，轻机枪50多挺，手榴弹和枪榴弹5万—6万枚。

1950年，丽水专区采冶工业产值9.19万元。1954年，创办遂昌黄铁矿。1957年，各县采冶工业产值75万元。1958年“大办钢铁”，发动群众找矿，土法上马炼铁，各县建立钢铁厂，其中缙云县建立钢铁厂6家，小高炉2000多座。1958—1960年，各县产铁2350万千克，黑色金属工业产值593万元。后因炼铁成本高，质量差而停办。1969年，建立云和县钢铁厂。1976年3月，更名丽水地区云和钢铁厂。

1978年，丽水地区国营矿产开采企业11家，其中矿山10家，冶炼厂1家，工业产值389万元，利润15.58万元。1979年，丽水地区云和钢铁厂金属化球团中试成功。1980年，丽水地区云和钢铁厂因故停办，保留包山铁矿。1984年6月恢复丽水地区云和钢铁厂，更名景宁钢铁厂。1981年，筹建庆元铁合金厂，1990年建成后产铁合金682.8万千克。同年，新建庆元铁合金厂。1988年，丽水地区国营矿产冶炼企业13家（不包括省属企业），其中矿山企业10家，冶炼企业3家，职工2771人，固定资产2632万元，年产铁矿石3560万千克，工业产值2614万元，比1978年增长4.2倍，利润868万元，税收344万元，全员劳动生产率0.96万元。1990年，丽水地区矿产采冶工业企业77家，工业产值9921万元，占乡办以上工业产值8.58%。2001年，青田县引进浙江青山钢铁有限公司，公司总投资5亿元，占地面积23.33公顷，专业从事不锈钢生产。1991年，建立遂昌钢铁厂，2001年改制组建为浙江元立集团，集矿山、炼铁、炼钢、轧钢及金属制品为一体，名列全国500强、浙江100强企业。2010年，集团销售收入180亿元，上缴税收7亿元。2008年，黑色金属冶炼加工钢材145470.9万千克，铁合金1396.6万千克。

压延加工　丽水黑色金属的压延加工业主要兴起于21世纪，黑色金属的压延加工企业主要有青山钢铁有限公司和元立集团等15家。压延加工企业主要产品为管坯、圆钢、线材、深加工银亮材等。青田县成为丽水市不锈钢产业基地，主要集中在温溪镇和船寮镇两地，其中温溪镇形成集冶炼、压延加工等比较完整的产业链，产品主要是不锈钢棒、线、板材，下游产品是各类不锈钢管。青田县不锈钢行业发展始于2003年浙江青山钢铁公司的建成投产。后相继建浙江青山钢铁有限公司等6家企业，成为青田县工业第一大产业。2007年，青田县不锈钢行业工业产值46.46亿元，同比增长53.41%。

2010年，丽水市黑色金属冶炼及压延加工业产值239.5亿元，利税24.47亿元，从业人员11720人。

2010年丽水市黑色金属冶炼及压延加工企业一览

表 14-2-1-1　　单位：万千克

企业名称	成立时间	主要产品	产量
浙江青山钢铁有限公司	2001年2月	不锈钢棒线材、管坯、深加工银亮材、圆钢、线材	—
浙江元立集团	1991年	金属制品母材、各种金属制品	—
浙江正圆不锈钢管业有限公司	2004年	不锈钢冶炼、管坯连铸、圆钢机制、无缝钢管	—
浙江新瑞薄板公司	2003年6月	金属薄板	—
浙江青山钢管有限公司	2005年	不锈钢无缝钢管	2000
浙江隆华特钢有限公司	2005年4月	不锈钢钢锭、圆钢、管坯、盘丝、成品管、线材等	2000
浙江强达钢管制造有限公司	2004年3月	粗钢、钢管	871
宝丰钢业集团有限公司	2007年1月	不锈钢钢管	995
松阳吉阳钢业有限公司	2009年8月	不锈钢无缝管	—
浙江隆达不锈钢有限公司	2005年8月	不锈钢无缝管	500
浙江隆兴不锈钢有限公司	2008年9月	不锈钢制品	400
浙江益大特钢有限公司	2005年8月	不锈钢无缝钢管	500
浙江恒源钢业有限公司	2007年11月	不锈钢钢管	600
浙江宏康不锈钢有限公司	2008年1月	不锈钢无缝管	515
缙云县东风工有限公司	1994年	特种冶炼、锻造、轧钢	—

说明：2010年浙江强达钢管制造有限公司粗钢年产量631万千克，钢管年产量240.1万千克

若干年份丽水地区黑色金属冶炼及压延加工行业经营情况一览

表 14-2-1-2

年份	企业数（家）	工业产值（万元）	主营业务收入（万元）	利润（万元）	资产（万元）	年平均从业人数（人）
1997	18	35200	32902	—	28383	—
2001	4	54547	58287	2060	43757	1358
2002	3	11290	10175	95	767	514
2003	20	37851	55963	279	10091	1291
2005	21	309112	291715	2258	166598	3782
2007	46	883879	804172	35481	458001	5776
2008	76	1522725	1336706	19681	640756	6836
2009	110	1848898	1647482	58266	1113548	10636
2010	123	2395028	2258953	193082	1493098	11720

其他金属冶炼及压延加工

唐宋时期，龙泉县采铜炼铜业发达。据《新唐书》（卷四十一地理五）载：“处州有铜，出豫章、孝义

二山……有银，出马鞍山。”唐代官方制定“凡天下出铜铁州府，可听人私采，官收其税”的政策，采铜业得到发展。宋熙宁二年（1069），处州“岁收铜十万斤”。丽水不仅有铜矿，处州探明的有色金属矿藏有遂昌金矿和龙泉铅锌矿。铜和金成为处州古代主要冶炼的金属，而这种冶炼大部分由加工企业承担。铜的压延加工是有色金属业最主要的产业，其次是铝金属。民国6年（1917），上海聚丰矿务公司在青田县开采钼矿，后因销路阻滞停办。民国18年，青田县开采叶蜡石矿14处，工人1000多人，年产量60万千克，产值约1.44万元。民国25年，省建设厅矿产勘查处招工123人，创办青田钼矿。民国27年，丽水县张村街、下林、高坑一带兴办萤石开采场。

1949年丽水解放后，丽水有色金属冶炼及压延加工发展缓慢。1956年10月，青田蜡石矿创办。1958年，青田县铅锌矿创办。1959年，松阳煤矿创办。同年11月，青田县蜡石矿林松标被国务院命名为全国先进生产者。1961年2月，青田钼矿创办。1966年，龙泉铅锌矿筹建，日采选矿石5万千克。1970年，丽水地区开展夺煤大会战，发现煤矿点206处，其中主要煤矿点39处，新办丽水县蔡坑、云和县杨家山、龙泉县花桥、龙泉县外童、松阳县枫坪国营煤矿和社队小煤窑42个，生产原煤5000万千克。1971年，丽水萤石矿创办。同年，丽水地区仅保留松阳煤矿，其他煤矿陆续停办。丽水地区夺煤大会战耗资255.48万元，生产原煤6820万千克，但多数属劣质煤，发热量低于1000大卡。1972年，龙泉县萤石矿创办。1973年，遂昌县萤石矿创办。1975年，缙云县726矿创办，开采加工沸石。

1978年中共十一届三中全会以来，特别是1992年邓小平南方谈话后，丽水市（县级）、缙云县、青田县有色金属冶炼及压延加工发展较快，形成一定的产业规模。

1981年始，龙泉金矿、松阳高岭土矿，扩建青田钼矿、龙泉铅锌矿、青田铅锌矿相继创办。1988年，丽水地区年产钼精矿40.2万千克、铅精矿282.7万千克、锌精矿285万千克、原煤850.7万千克、蜡石3611.5万千克。1990年，丽水地区年产原煤710.3万千克、钼精矿64.6万千克。2004年，浙江宏庆祥铜业有限公司成立，总投资7000万元，其中固定资产2950万元，引进国内先进的可逆轧机和成套流水线、罩式光亮退火炉，配备自动测厚仪和自动压制设备，主要生产H62、H65、H68黄铜带板，还可根据客户需求定制电器、眼镜、纽扣、灯具、装饰、烟具、电子配件等产品。公司占地2.33万平方米，年产量2500.28万千克黄铜带板，是丽水地区规模较大的有色金属冶炼及压延加工企业。

2004年始，青田县加大黄垟钼矿整治力度，成立恒新、鑫鸿、上横坑三家钼矿采选公司。2005年底，青田县非金属资源储量为钼金属量2590万千克，铅锌矿28800万千克。2006年，成立浙江联众矿业有限公司，通过公开出让，3.02亿元价格拍得矿体采矿权85处。

2010年，丽水市有色金属冶炼及压延加工业的规模以上企业有30家，其中压延加工企业25家，工业产值332518万元，利润总额22685万元。主要产品有黄金、铜制品、铝材、铜、铝线材、铜带等。

2010年丽水市有色金属冶炼及压延加工重点企业一览

表14-2-1-3　　单位：万千克

企业名称	设立时间	主要产品	产量
遂昌金矿	1976年7月	黄金	—
浙江佳和矿业集团龙泉市铜制品有限公司	2000年8月	铜制品	—

续表 14-2-1-3

企业名称	设立时间	主要产品	产量
松阳县浙江东方铜业有限公司	2001 年	黄铜带	15500
浙江宏庆祥铜业有限公司	2003 年	黄铜带板	—
松阳县宝隆铜业有限公司	2007 年 3 月	高精度黄铜带	1000
松阳县浙江宏峰铜业有限公司	2007 年 5 月	黄铜带	400
缙云县精美铝业有限公司	2005 年 3 月	超硬铝合金板、纯铝板、花纹铝板	—
丽水市东南合金铝有限公司	2000 年 10 月	铝丝材、铝板材、铝带材、铝箔材	—
缙云县中亚铝业有限公司	2007 年 12 月	铝型材及制品	—
缙云县恒心压铸有限公司	2003 年 1 月	铝制品压铸	—
松阳阡百秋有色金属有限公司	2006 年 1 月	铜包铝镁合金线	68.60
云和县华鼎金属材料有限公司	2006 年 8 月	0.12—12 毫米铜、铝、合金线材	—
浙江建国钛业有限公司(松阳)	2007 年 1 月	钛合金制品	—

第二节　金属制品业

清至民国时期，丽水加工打制金属制品以小作坊为主。1949 年 5 月丽水解放后，手工艺经营者、小作坊合作经营。1968 年，丽水五金厂创办，后更名丽水五金总厂，生产铝丝、铝窗纱布。丽水制钉厂生产圆铁钉。1978 年中共十一届三中全会后，丽水地区推行经济体制改革，五金工业开始发展。其中浙江元立集团是建筑五金行业的主要代表，产品有钉、丝、丝网、五金固件，钉、丝类产品生产总量占国内产量的一半，其生产的圆钢钉是浙江省名牌产品，远销全国各地和东南亚、中东、欧美等几十个国家和地区。其他企业生产的五金产品有闭门器、地弹簧、金属切削工具、锁具、焊材。缙云县浙江天喜实业集团生产厨房用品系列、门业、铝业、纺机罗轻等五金产品。2010 年，丽水市金属制品企业 98 家，从业人员 14373 人，工业产值 1075014 万元，主要产品分别为金属制门及其框架 14766 万千克、金属制窗及窗框 9 万千克、金属切削工具 5136 万件、机床可互换工具 30 万件、通用手工具 511 万把、日常用剪刀 4 万把、锁具 71347 万把、厨房用手动机械器具 297 万千克、焊条 2663 万千克及金属铸造制品 1642 万千克。

2010 年丽水市金属冶炼压延加工业基本情况一览

表 14-2-2-1

项目	企业数(家)	工业产值(万元)	产品销售收入(万元)	税收(万元)	利润总额(万元)	固定资产净值(万元)	年底职工人数(人)
黑色金属冶炼及压延加工	123	2395028	2258669	1546	193082	260272	11720
有色金属冶炼及压延加工	30	332518	319615	524	22685	44220	2902
金属制品业	98	1075014	1013230	934	68661	117010	14373
合计	251	3802560	3591514	3004	284428	421502	28995

第三节　企业选介

浙江青山钢铁有限公司

浙江青山钢铁有限公司是青山控股集团下属的子公司之一，跻身中国民营企业500强，专业从事不锈钢生产制造。公司坐落在青田县经济开发区小峙工业区青山工业园内。成立于2002年12月，2004年5月建成投产。公司注册资本1亿元，总投资5亿元，是丽水市引进的浙江省“山海协作工程”最大的一家民营企业，也是丽水最大的企业之一。公司占地面积23.33公顷，建筑面积10万平方米，其中主厂房75000平方米，职工2000多人，其中有高、中级职称者200多人，拥有一个中国合格评定国家认可委员会认可的国家检测实验室，并建有变电站、制氧站、探测中心、仓库、办公楼、招待所、职工食堂、职工公寓、娱乐室等生产和生活配套设施。公司先后获“全国民营企业500强”“浙江省百强民营企业”“浙江制造业百强企业”“浙江省‘山海协作工程’先进企业”“浙江省工商企业信用A级守合同重信用单位”“中国建设银行丽水市分行AAA级企业”“全国诚信企业”“浙江省最具成长力企业”“浙江慈善奖(机构奖)”“丽水市功勋企业”“丽水市纳税二十强企业”等殊荣。2008年上缴利税1.3亿元。

2004—2008年，浙江青山钢铁有限公司投资2000多万元，建设环保设施。2005年9月，公司通过ISO 9000:2000质量管理体系认证，并获CE认证、挪威船级社认证、ASME认证、ADWO认证、国家二级计量单位认证等证书。2007年7月，通过省级企业标准化管理体系验收，真正让企业从内部管理、生产、采购、质量控制、产品销售和售后服务一体化管理体系达到国际先进水平。2010年，升级换版为ISO 9001:2008质量管理体系，并获准通过环境、职业健康安全管理体系审核。公司产品先后获挪威DNV、美国ABS、法国BV、英国LR、德国GL、日本NK、韩国KR、意大利RINA多家国际著名船级社认可以及欧盟承压设备指令PED、德国莱茵公司ADW0、美国机械工程师协会ASME承压设备质量认可。

青山控股集团有限公司

青山控投集团有限公司是青山钢铁董事局下属一家主要从事不锈钢及相关产品生产和销售的全国无区域企业，起步于20世纪80年代，发展于20世纪90年代。1988年，浙江瓯海汽车门窗制造公司成立。1992年11月，浙江省丰业集团有限公司成立，是中国最早的民营不锈钢生产企业之一。1998年5月，浙江青山特钢有限公司成立，是当时中国最大的民营不锈钢生产企业之一。2002年12月，浙江青山钢铁公司成立，专业生产不锈钢棒线材。2003年11月，浙江瑞浦机械有限公司成立。2004年3月，青山控股集团有限公司成立。2004年5月，青山控股集团有限公司青田工业园建成投产，浙江青山钢铁有限公司、浙江瑞浦机械有限公司总投资5亿元，年产3亿千克不锈钢棒、线、管材。2005年，温州海通不锈钢有限公司成立，主要销售棒线材。2005年12月，青山钢研发中心投资运营。2006年，无锡市青山不锈钢有限公司成立。2008年4月，松阳青山不锈钢有限公司成立。2010年8月，浙江瑞浦科技有限公司成立，专业生产不锈钢五金线和紧固件。2010年9月，丽水市青山精线制品有限公司成立。2010年，集团公司下辖浙江青山钢铁有限公司、浙江瑞浦机械有限公司、河南青山金汇不锈钢产业有限公司、河南青浦合金材料有限公司、清远市青山不锈钢有限公司、松阳青山不锈钢有限公司等直属企业10多家。生产基地跨越浙江、上海、广东、河南等地，在广西、福建、江苏等地有多家合资或合作的与不锈钢生产关联企业。

2006—2010年，青山控投集团有限公司先后获“中国企业500强”“中国民营企业500强”“中国制造业500强”“中国黑色冶金及压延加工业500强”“浙江省百强企业”“浙江省制造业百强”“浙江省百强民营企业”。被评为“2008年中国民营科技企业500强”。企业注册并使用的“青特”商标被认定为浙江省著名商标。公司是中国金属协会不锈钢分会副会长单位和中华全国工商业务联合会冶金业商会会长单位。获“中国建设银行总行AAA级信用等级客户”“中国农业银行浙江省分行AAA级资信企业”“中国质量信用AAA级企业”“浙江省对外贸易守信合作单位”等称号。

浙江元立金属制品集团有限公司

浙江元立金属制品集团有限公司前身遂昌钢铁厂，创建于1991年4月15日。2000年3月，改制为股份制企业。2001年2月，更名浙江元立金属制品集团有限公司，是一家工贸结合的外向型金属制品生产企业，公司从炼铁、炼钢、轧材再深度加工各种金属制品，产业链之长为国内之最，也是国内钉、丝类生产总量最大的企业之一，企业总投资产45亿元。2008年，公司实现销售收入121.88亿元，上缴国家税5.38亿元，出口创汇8273万美元。2009年，公司产钢30亿千克、材26亿千克、金属制品6亿千克，销售收入超160亿元，上缴税收超7.6亿元，成为中国最大的金属制品生产基地。2010年，元立集团完成工业产值64.3亿元，实现利润1.14亿元，上缴利税1.14亿元。公司拥有衢州元立金属制品有限公司、遂钢金属制品有限公司、顺康金属制品有限公司、峰力金属制品有限公司、新立焊接材料有限公司、炼铁厂、炼钢厂、棒材厂、线材厂、拉丝厂、制钉厂、镀锌厂、四星级涉外旅游酒店等分公司和生产单位20多家。公司致力于发展循环经济，利用余热、余气发电，实现总电量85%自给。公司主要生产金属制品母材和各种金属制品，主要产品优质圆钢、带钢、螺纹钢、高速线材、镀锌铁丝、软质黑铁丝、冷拔产品丝、扁丝、切断丝、电焊网、六角网、CO_2气保焊丝、电焊条、普通元钉、瓦楞钉、水泥钉、卷钉、订书钉、U型钉、枪钉、螺栓、螺母、刺绳、打包铁皮、铁架子等品种规格300多个，其中，元立牌镀锌铁丝获“浙江名牌产品”“浙江省著名商标”称号，钢钉系列产品获“国家免检产品”称号。2010年，公司员工9000多人，是国家大型工业企业、“中国民营企业500强”之一及“浙江省‘五个一批’重点骨干企业”“浙江省百强企业”“省诚信示范企业”“浙江省文明单位”。遂昌县以元立集团为龙头，成功申报并命名遂昌县为“中国建筑五金产业基地”。

浙江省遂昌金矿有限公司

遂昌金矿素有“江南第一矿”之称，开采时间跨越唐、宋、明，而后中断数百年。1965年被重新发现。1976年恢复开采。浙江省遂昌金矿有限公司是省属国有黄金矿山企业，隶属于浙江冶金集团杭州钢铁集团公司，为上海黄金交易所首批会员单位。公司集采、选、冶炼为一体，日处理原矿30万千克。2006年始，浙江省遂昌金矿有限公司采取深度挖掘，开发建成主题为“探千古黄金谜，圆今夕淘金梦”黄金旅游项目——黄金矿山公园，实现矿山产业多元化转型升级，成为国内废矿治理的一个样板。2010年，总资产3.11亿元，在职职工728人，高级职称14人（其中正高级1人），中级职称74人。1976—2010年，公司生产黄金1.66万千克，白银25.65万千克。

浙江佳和矿业集团有限公司

浙江佳和矿业集团有限公司前身为浙江省龙泉铅锌矿（又名209矿），始建于1966年。2000年8月企业改制重组，2007年6月发展成为集团公司。公司"集探矿、采矿、选矿、矿产品贸易、金属制品等有关产业于一体，兼营房地产开发、小额贷款和担保等业务。2010年年底，公司有员工1260人，固定资产1.3亿元，工程技术人员93人，年产铅、锌、金、银金属产量3000万千克，年销售收入2亿元，利税3000万元。集团资产总额9.15亿元，母子公司注册资本总计29100万元（其中母公司注册20110万元）。集团公司拥有独资或控股公司15家。是浙商全国500强民营企业之一，连续2年被评为"浙商最具投资价值企业"。

丽水动力机械厂

1951年，私营黄梅记修理厂倒闭。1951年7月，地方国营丽水新华修理厂成立。1955年4月，更名地方国营丽水铁工厂。1956年2月，公私合营丽水机器修理厂并入。1957年，企业被列为省重点机械厂家之一，1958年，更名地方国营丽水动力机械厂，为全民所有制企业。1973年，企业批量生产S195柴油机。1981年，企业产品"云峰"牌S195柴油机获浙江省优质产品称号。1985年，企业产品S195柴油机获机械部节能产品称号。1989年，为浙江省三家S195柴油机厂家之一，属浙江省机械厅重点企业，产品S195柴油机被评为机械部优质产品。1995年企业破产。

第三章　森林工业

丽水是浙江省重点林区和木材重点产区，森林工业历史久远。战国时期，丽水有锯板的记载。宋代，处州知州张常督造大船手工锯板。清代，丽水县城大水门外，有木匠修造船只。民国时期，丽水县城内有圆木、小木店等10多家，其中林益顺、翁新顺圆木店和戴宝兴、应元兴小木店均兴办于此。民国30年（1941），省建设厅在十八都莲湖创办锯木厂。1950年，丽水县城内有竹业、林业经营户42户。同年，丽水木器业组织生产联营工场。1954年始，丽水县组织竹木手工业生产社组，木器社、圆木社相继合并为家具厂。1953—1957年，各县实施"一五"计划，每年提供国家商品材占全省总量的60%左右。

1995年，丽水林化工业产值22200万元，比1994年增长45.1%，税利839万元。12家骨干企业产销率92.14%。遂昌县林业局所属工业企业完成产值10300万元，首次突破亿元大关，且无一亏损。

21世纪，丽水市森林工业实现由单纯提供原木到生态富民的跨越，由原料提供到深度加工的转变，由依赖资源向依靠科技、绿色生态和市场转型发展。2000年，丽水市竹木林产工业总量居全市34个工业行业首位，主要产品有人造板、家具、地板、木门、竹炭、竹胶板、竹筷等大类10个品种300多个。龙泉木制太阳伞全部出口，占到全球市场40%份额。庆元开发"双枪"牌竹筷及系列竹制餐具，其中低端产品国内市场覆盖率40%。3家人造板工业企业的中密度纤维板占据浙江市场，打入上海市、广州市等市场。同年，丽水市竹木林产工业企业3100多家，从业人员3.18万人，工业产值26.9亿元，占全市工业产值15.69%。其中，500万元以上规模企业29家，总资产4.74亿元，工业产值6.73亿元，销售收入6.55亿元，利润1.36亿元，税收0.78亿元；林业系统内部工业企业产值5.21亿元，比1999年增长27.55%，利税1.32亿元，增长47.84%，利润1.18亿元，增长51.2%。

2005年，竹制品加工是引领丽水工业经济快速发展主导力量之一。丽水成为竹筷、竹炭、竹胶板生产中心，形成全省乃至全国有一定知名度的加工生产基地，丽水市竹木林产工业企业2100多家，从业人员4万多人，工业产值27.84亿元，比上年增长5.08%。其中省级林业重点龙头企业17家，500万元以上规模企业163家。林产工业产值中，人造板制造业11.12亿元，增长23.42%；竹、藤、棕、草制品制造业7.35亿元，增长25.43%；林产化工产品制造业2.81亿元，增长70.3%；木、竹、藤玩具、工艺品制造业10.87亿元，增长15.52%。同年，丽水市生产竹筷15亿双，约占全国总量的1/3；竹炭产品成功开拓国内市场，在全国建立竹炭加盟销售网点2000多个；竹胶板生产形势好转，部分企业由生产单一建筑模板转向开发冷冻舱板、车箱底板、竹地板等多个品种；开工兴建遂昌县竹炭工业园区，占地20公顷。

2010年，丽水市形成门类比较齐全、有一定规模和水平的竹木加工行业。丽水市竹木制品加工企业2922家，工业产值87.72亿元，占林业产值43.5%。

第一节　采　运

1949年中华人民共和国成立前，丽水木材采运由私人或木行经营，木材主要集散地为温州。据《温州海关史》载，清光绪四年至民国29年（1878—1940），丽水地区外运木板17672万平方英尺（折合500.45万立方米），原木62.98万株，其中1926年为最高年份，外运木板1486.53万平方英尺（42.1万立方米），原木1.2万株，木炭56.4万担（2820万千克）。20世纪30年代，丽水年产木材65万两（按龙泉码[①]计量），其中杉木16万两，松木35万两，杂木11万两，柳杉3万两。20世纪40年代，国内连年战争影响，丽水木材外运困难，产量锐减。

1949年丽水解放初，丽水木材由林农换工或雇工采伐，主要由私营木行和供销合作社通过水路运销各地。1950年，龙泉、景宁等县排业工会成立。1952年年底，浙江省森林工业局分别在龙泉县曹岭、庆元县后田建立省国营木材采伐队。1953年，各县运出木材20.19万立方米。1954年，各县成立排业服务站（组），固定排工1156人。1957年，各县建有伐木场7个，林业生产专业队323个，固定劳力5189人。同年，各县运出木材45.74万立方米，森林工业产值2749万元。1959年，浙江省林业厅批准招收各县木材采运工人6400人，其中用于安排复员军人2000人。截至1960年，各县国营伐木场17个，工人1.4万人。1959年，景宁县建成大均拦河埂。同年，龙泉县林业局水运站木材放运组组长洪妹儿被国务院命名

① 龙泉码：遂川古称龙泉，其检量办法因地而命名。明末重臣、遂川人郭维经及女儿郭明珠在自创的原木材积表的基础上，进而发明的简便原木材检量办法。她将六十种材积不同的杉木划分为八个码名，一百二十个等级，把木材计量浓缩为“斤、两、钱、分”，从而确定出码价的等级，创造出“龙泉码”。只要量出木材的围径，便可知道它的体积，这就是“龙泉码”的科学性和实用价值，因而在大江南北流行三百多年，成为世界上最早的原木材积表，直到1954年国家实行公制检尺才停止使用。

为全国先进生产者。1960 年 7 月，开工建设龙泉县小梅至干上森林铁路，全长 33 千米，实建路基 18 千米。后停建，调整为林区公路。同年 9 月，开工建设云和县赤石拦河埂，存材 2 万立方米，投资 45 万元。后被大水冲毁。1953—1960 年，各县运出木材 288 万立方米，年均 36 万立方米。1957—1962 年，各县国营伐木场采伐木材 119 万立方米，占同期采伐量 41.1%。1962 年下半年，各县先后撤销国营伐木场。

1976 年 3 月，浙江省农林局木材公司汽车七分队成立，派驻丽水地区林业局，属省、地双重领导。1983 年 10 月，紧水滩水电站施工期间，瓯江截流，部分木材改水运为陆运。1985 年，全国放开木材采购市场后，丽水地区采伐失控，林木过伐严重。同年，丽水地区运出木材 95.4 万立方米。1987 年 7 月，在庆元县召开丽水地区森林工作会议，提出稳定木材市场，林业部门实行“深采远购”，解决木材流通存在问题。1987—1988 年，丽水地区执行中共中央、国务院关于加强南方集体林区森林资源管理坚决制止乱砍滥伐指示，整顿木材流通渠道，木材市场步入正常轨道。丽水地区设立采购站 44 个，收购组 184 个，运出木材 104.57 万立方米，年均 52.28 万立方米。1989 年，丽水地区木材市场疲软，木材销价逐渐回落。1992 年，丽水地区木材市场回暖，木材价格稳定、产量回升，木材经营趋于稳定。至 2003 年，丽水市改制重点产材县（市）森工采运站企业。

2006—2010 年，“十一五” 规划期间，丽水市森林采伐限额商品材采伐计划 87.55 万立方米。2007 年，实际采伐运出木材 71.47 万立方米。2010 年，丽水市商品材计划 82.35 万立方米，实际采购木材运出 65.49 万立方米。

第二节　木材加工

制　材

宋代，丽水境内出现以锯木板和做家具日用品手工业者。丽水地处瓯江上游盛产杉木等优良造船材，为温州、宁波等沿海造船基地提供木材。北宋真宗年间（998—1022），全国官营造船场每年打造漕运船（粮船）125 艘。北宋哲宗年间（1086—1100），温州和明州[①]造船业发展快。

民国时期，丽水木材大部分运往温州锯成板、方料海运外销或内销。民国初期，丽水县城有林益顺、戴宝兴等圆木业、小木店 10 多家，由个体手工业者分散经营。20 世纪 20 年代，丽水地区锯材加工产量最高年产量 40 多万立方米。全面抗日战争时期（1937—1945），丽水县城有公利、益民、永茂、新民、盛森等私营锯板厂5 家。1949 年丽水解放后，手工业合作化，形成制造家具、办公用具等木制品企业。

1951 年 4—7 月，丽水专署生产科先后购买濒临倒闭的丽水私营益民锯板厂（1947 年开办）、水茂锯板厂（1948 年开办）和新民锯板厂，分别建立丽水新华第一、第二和第三锯板厂。同年，浙江军区第七军分区建成丽生锯板厂，丽水专区劳动教养院建成荣华锯板厂。同年 6 月，丽水煤建公司全部接收新华第一、二、三厂和丽生锯板厂和荣华锯板厂，改制为国有第一、二、三、四锯板厂，资本总额 5.62 万元，从业人员 161 人。1952 年，丽水生产板方料 2.03 万立方米，产值 187.8 万元。1953 年 2 月，丽水森工局负责木材采购全部业务，接收丽水煤建公司 4 个木材加工厂大部分人、才、物，组建

① 2010 年称宁波市。

丽水木材加工总厂及所属分厂。1954年后，4个加工厂人员和设备相继调往衢州木材加工厂等地。1956年，各县私营锯板厂并入丽水木材加工厂。

1958—1970年，龙泉县吴湾、交溪、芝谷桥，丽水县峰源，景宁县外舍，遂昌县城关、垵口等建立木材加工厂或车间，加工板方料产品，无其他制材工业。

1971年3月，丽水地区林业局成立后，森林工业有所发展。同年，地区木材公司木制品厂成立，各县社队小料加工厂、车木厂发展迅速。1973年，丽水地区外运车木制品和半成品2454.6万件，木制家具、圆木制品、竹制品百万件。同期，木材小加工厂设备简单，投资不大，建厂快，产品销路广，全国各地订货多，并有收购、包销单位，不少林区和非林区，出现盲目发展木材加工厂的状况，造成森林资源过量消耗，丽水地区木材小加工厂每年耗用木材超过5万立方米。1979年，丽水加工企业609家，产值2000万元。1979年后，丽水林业产业进入发展积累阶段，林业工业逐步形成木材加工和木材综合利用为主的林产工业结构体系。1974—1990年，丽水地区生产锯材61.47万立方米，年均3.62万立方米。1997年，生产锯材14万立方米。1998年始，丽水地区建材市场和家具生产行业广泛应用木材替代产品，进口木材和胶合板，质优价廉，冲击木材市场。1998年，丽水地区林业产值27.78亿元，其中林业工业产值6.78亿元，比1979年增长33.9倍。2000年，丽水市提出林业发展新战略，坚持“生态发展产业化，产业发展生态化”。2007年，制定《丽水市人民政府关于加快竹业发展的若干意见》。2008年，丽水市生产木材加工成品和半成品42.54万立方米，年产值71.2亿元。

2010年，丽水市木材加工企业2219家。其中锯材、木片加工企业1057家，木制品制造企业229家，木质家具制造企业144家，木制玩具工艺品制造企业918家，从业人员1.17万人。林业产值201.66亿元，其中森林工业产业87.72亿元，占林业产值43.5%。林产品商标5个获浙江省著名商标，林产品商标5个获丽水市著名商标，林产品10个被评定为浙江名牌产品，林产品9个被评为丽水名牌产品，林产品5个被评为浙江名牌林产品，林产品21个获中国义乌国际森林产品博览会金奖，林产品20个获优质奖。截至2010年，丽水市形成全国有一定知名度的竹木加工生产基地，随之形成云和玩具，龙泉太阳伞，庆元木门、竹筷、铅笔，遂昌森林旅游、竹炭等区域特色的竹木产业，生产中密度纤维板、细木工板、竹胶板、木制玩具、木制太阳伞、木制铅笔、木门及制品，年加工生产能力超过20万立方米，年产值超过60亿元。

人造板

丽水木材综合利用工业起步较晚。1976年开始，丽水出现刨花板为主的人造板工业。“二轻”系统在龙泉县建成刨花板厂，年产0.8万立方米，但质量不够好，发展缓慢。丽水地区本级和遂昌县、庆元县木材厂先后建立纤维板为主的人造板车间，年产刨花板、纤维板1万立方米，但量少质差，与板材市场对纤维板的需求日益增大不适应，产品供不应求。1978年12月，遂昌县林业局率先筹建纤维板厂。1987年2月，丽水木材厂、庆元林化厂、龙泉林业局相继建成纤维板厂。1988年，丽水地区生产纤维板0.53万立方米。1990年，丽水地区人造板厂（车间）5家，生产人造板2.01万立方米。1981—1990年，丽水地区生产人造板9.14万立方米，年均0.91万立方米。1995年，丽水地区纤维板产量5.47万立方米，刨花板0.39万立方米。2000年，丽水市纤维板产量快速提高到34.86万立方米，胶合板0.85万立方米，刨花板2.15万立方米，细木工板0.1万立方米，木地板2.65万平方米。同年，丽水市执行丽水“生态立市、绿色兴市”战略，保持企业持续发展，丽水市人造板龙头企业积极开展生产基地外移工作。丽水人造板有限责任公司在福建省建阳市建成第一个外地生产基地，筹建浦城和建瓯生产基地 2 个；遂昌木业有限公司签订在福建省邵武市生产基地建设协议。

截至 2010 年，丽水市人造板业成为林产工业的主要组成部分，主要产品纤维板、胶合板、刨花板、细木工板、木地板，生产企业 66 家，实现工业产值 14.24 亿元，产量 1227.15 万平方米。

木制玩具

（参见本篇第十三章第一节《文教体育用品工业·玩具》）

1950—1978 年丽水地区木材采购量一览

表 14-3-2-1　　单位：立方米

年 份	丽水地域	丽水县	龙泉县	青田县	云和县	庆元县	缙云县	遂昌县	丽水地区实验林场
1950—1958	2154146	194671	724476	48439	372970	341712	32218	439660	—
1959—1968	3751346	154752	1315600	52690	756787	634835	52683	783999	—
1969—1978	3149212	93074	1196763	16111	562475	387039	11011	876404	6335
1950—1978	9054704	442497	3236839	117240	1692232	1363586	95912	2100063	6335

1950—2010 年丽水市林业行业森林工业产值一览

表 14-3-2-2　　单位：亿元

年份	产值	年份	产值	年份	产值	年份	产值
1950	5	1966	0.09	1981	0.25	1996	3.19
1951	52	1967	0.10	1982	0.23	1997	3.60
1952	0.01	1968	0.08	1983	0.25	1998	6.78
1953	0.03	1969	0.10	1984	0.28	1999	9.85
1954	0.03	1970	0.11	1985	0.24	2000	12.53
1955	0.03	1971	0.16	1986	0.21	2001	18.11
1956	0.06	1972	0.17	1987	0.24	2002	26.18
1957	0.11	1973	0.16	1988	0.48	2003	30.00
1958	0.21	1974	0.15	1989	0.64	2004	41.48
1959	0.23	1975	0.14	1990	0.71	2005	46.52
1960	0.27	1976	0.13	1991	0.83	2006	51.99
1961	0.14	1977	0.15	1992	1.03	2007	64.16
1962	0.10	1978	0.17	1993	1.64	2008	71.15
1963	0.09	1979	0.20	1994	2.09	2009	73.13
1964	0.09	1980	0.20	1995	2.56	2010	87.72
1965	0.09						

说明：1950 年和 1951 年丽水地区林业行业森工产值单位为万元

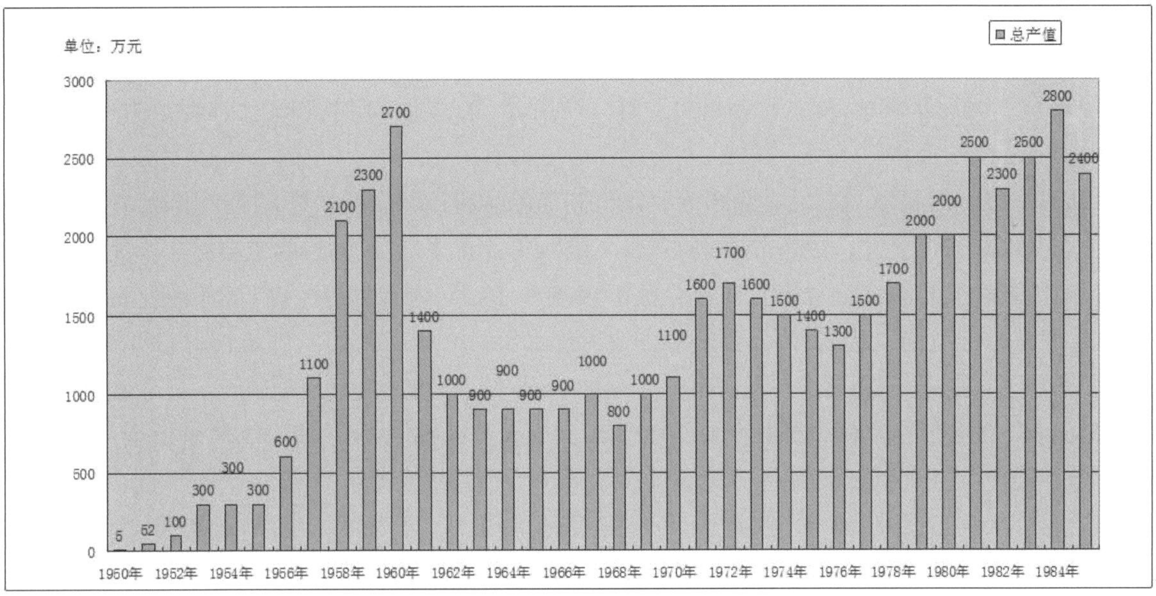

图 14-3-2-1　**1950—1985 年丽水地区林业行业森工总产值**

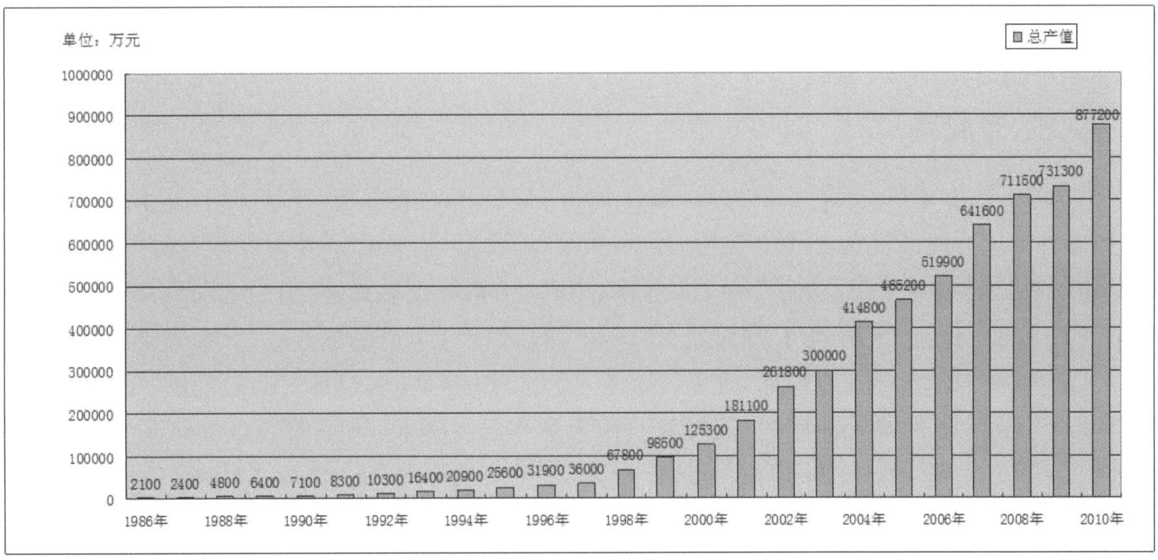

图 14-3-2-2　**1986—2010 年丽水市林业行业森工总产值**

第三节　竹加工与其他

竹制品

丽水自古产竹，竹资源丰富，竹子加工历史悠久，竹制品被广泛应用于生产工具、生活工具和工艺品制作中。清代，手工竹制器具及运输工具较为普遍。民国时期，手工竹制器具门类繁多，主要有竹床、竹席、竹椅、竹箱、竹篮、米筛、焙笼、篾簟、箩筐、簸箕、竹排、竹筏等。丽水县黄村、陈坑、水东等村盛产竹器。

1949年5月丽水解放，丽水竹制日用品有生产用具、家庭生活用具和文化体育卫生用品、纸浆等四大类。

1950—1970年，丽水竹制品产品多为手工竹制工艺品和日用品及纸浆。1985年始，使用竹材生产竹编胶合板和铁道垫片。1986年后，竹材加工进入工业化生产发展时期，主要标志产品是竹卫生筷、机制竹凉席、竹地板和高强度竹质胶合板。1996年10月，丽水地区生产竹炭，涉及衣食住行医等领域。竹炭产业发展以遂昌为强。竹胶板工业为丽水新兴产业。2004年，丽水市竹胶板产量4.4万立方米。

2010年，丽水市竹木林产工业企业2922家，从业人员5.13万人。其中规模以上企业262家，省、市级林业龙头企业106家，丽水市开发有原炭系列、活性炭系列、汽车用品系列、床上用品系列、日用品系列、工艺品系列、美容美肤系列、竹纤维系列等12个系列300多个品种。2010年，丽水市竹胶板产量11.79万立方米；竹产业产值35.49亿元。其中庆元县、龙泉市、遂昌县居多，三县产值占全市90.56%，庆元县产值则是最大，竹木制品生产单位499家，从业人员12672人，工业产值28亿元，占3个县(市)域块状产业产值45.4%，占庆元县全部工业产值59.54%；龙泉市竹木工业生产经营单位1100家，从业人员12869人，工业产值25亿元，占3个县(市)域块状产业产值41%，占龙泉市全部工业产值23.1%。

藤、棕、草制品

藤制品 天然藤是没有污染的材料。藤制品透气性极好，吸汗排湿，坚韧耐用。丽水藤制品以黄藤、白藤等为原料加工制成，主要有藤椅、藤床、藤箱包、藤篮、藤书架等，缙云县较为常见。

棕制品 棕榈树干挺直，可作亭柱、水槽、扇骨、木梳等工艺品。叶片纤维亦可制绳索，经漂白后可制草帽、书包、团扇；嫩花序可食。棕柄可制活性炭，亦是止血药原料，根亦药用。棕丝制品常见有蓑衣、棕绳、棕刷、棕床、垫褥、地毯、毛刷、扫帚等，以棕床、蓑衣、保温框、保温袋、棕绳为大宗。棕丝制品经久耐用、旧时农户雨天劳作必备蓑衣，许多农活必备棕绳。各县均有分布。

草制品 丽水市誉称“浙南林海”，众多森林、湿地孕育丰富的草本资源，种类繁多。

蒲草是广泛使用的工艺品编织加工材料，主要产品有储物篮、面包篮、水果篮、野餐篮、洗衣篮、储物箱、座箱、凳子、托盘、坐垫、脚垫、花盆、垃圾篓、纳物架、鞋架、电话架、婴儿储物架、书架、杂志架、屏风、草席、草帽、草鞋等。主要分布在缙云县。

箬叶俗称竹箬、箬皮，即箬竹叶子。丽水箬叶资源丰富，叶面宽大，柔软质韧，分布广泛，主要产地有龙泉、庆元、景宁、遂昌等地。用箬叶包粽子，清香可口。箬叶有良好的防潮、防风、防腐蚀等特性，可用于搭工棚、船篷、编斗笠等。主要分在布在遂昌、松阳、庆元等县。

芦苇有第二森林之称，多年生草本，质地细腻，纤维丰富，竹性强，用途广泛。既是造纸的优质原料，又是建筑的优质用材，还可以代替塑料等制造饭盒、餐具等多种日用品，是“白色污染”的克星。芦苇是上佳环保材料。不仅是重要建筑用材，可编织各种席、筐、篮、炊具、渔具和手提包等，并且可打成箔，刮编为宫灯、四扇屏、大屏风等。主要分布在缙云县。

第四节　松香加工

松　香

唐代，松阳县有采脂炼香生产。宋代，处州松香①生产和应用有相当水平。同期，松香作船板缝充填剂并称之为船香。处州知府张昌睿造大船中用“松脂腊，麻嵌填之，防止漏水”。松阳县水南乡横山村出土宋庆元元年(1195)古墓中，有条状松香125多千克用于防腐。明代，松香成为龙泉大宗林副产品，每年进贡松香25.47千克。明成化《处州府志》载，“遂昌每年贡品有松香三十三斤十两。”民国时期，温州人在松阳、龙泉、庆元兴办松香厂。据《浙江林业志》记载：“浙江松阳是松脂采集最早的主产地之一。民国28年，宁波人在龙泉开办通记松香厂。民国29年，松阳、庆元等县相继兴办松香厂；省农业改进所在松阳县塔寺下建立香樟油提炼厂。民国32年，浙江省农业改进所即在松阳进行箱式(美国式)、鱼骨式(德国式)、土式(处属本地土法)采脂试验，并发布松脂采集方法比较的试验结果，以鱼骨式较好，产脂量高，对松木损伤少。”

1950年，温州人在松阳县西屏镇开办私营松香厂。1951年，松阳县工商联在航船头建松香厂，日产松香0.25万千克。当时，松阳加工为土法，直接火蒸馏的生产方式，设备简陋，影响品质。1952年，国营杭州建新化工厂在庆元县曹岭建起松脂加工厂，同年，曹岭松脂加工厂生产松香178.1万千克。1953年，生产松香80万千克。1954年，松脂主要产地扩大到遂昌、松阳、云和、宣平4个县。同年，松香生产改为“滴水法”工艺，品质显著提高。采割由浙江省林业厅林产工作队指导，推广前苏联先进采脂法，采脂技术提高，丽水松脂产量63万千克。

1958年，丽水地域群众大办林化厂。1959年7月，中共浙江省委下发《关于切实抓紧松脂生产的通知》，松香是制造肥皂、纸张、火柴、油漆等轻工业品30多种的重要原料，浙江省松香生产远远不能满足工业生产的需要，必须大力发展松香生产。1978年，龙泉县、遂昌县、庆元县、云和县林化厂，职工398人，固定资产原值228.08万元，产值301.3万元，利润34.83万元。1980年始，松香属全购全调商品，由丽水地区五交化站(地区公司)统一收购、统一调拨，其他部门不得插手收购经营，工厂也不能自行处理、协调外调。1981年3月，省政府下达松脂、松香生产任务，并提出超产奖励、标准氮肥、原粮、日用工业品及让利补助等扶持政策措施。1981年，丽水地区松脂产量提高到368.5万千克，松香产量285.5万千克，分别比1961年增加16.4倍和10.7倍。1987年，执行国家计划委员会《关于加强松香管理的联合通知》，放开松香价格，丽水林产化学工业有较大发展。

松节油

20世纪50年代，丽水一些小作坊在生产松香、松焦油的同时，提炼出一定数量的松节油、轻油等产品。1979年，龙泉林化厂利用轻油配制二号浮选油试剂成功，作为铜等有色金属浮选剂，当年

① 松香：指松树树干内部流出的油经高温熔化成水状，干结后变成块状固体，其颜色焦黄深红，主要应用在电子电路焊接时的助焊剂，在乐器方面主要用来擦磨乐器的琴弦使其起到发涩的作用。

投产。1979—1988年，龙泉林化厂生产107.06万千克。1988年，龙泉林化厂与扬州合成化工总厂合作，引进松油醇深度加工产品——氢化萜松醇。7月，龙泉林化厂氢化萜松醇项目通过省级鉴定。同年，龙泉林化厂生产氢化萜松醇9.67万千克，并获省新产品三等奖。1988年，龙泉林化厂又引进蒽醌法双氧水生产项目，年产200万千克，投资500万元。同年，蒽醌法双氧水生产项目建成投产。1981—1990年，庆元、遂昌、云和县生产210树脂油漆原料、多品种活性炭(药用炭、针剂炭、味精炭、航标炭等型号10多个)。1981—1990年，丽水林化产业成为丽水森林工业中一个有一定规模的独立工业门类，固定资产增加1.73倍，产值增加1.3倍，利润增长1.62倍。1991—1996年，丽水地区大松树资源及市场需求锐减，松脂产量下降，产量仅217万千克，年均36.17万千克；松香产量226.1万千克，年均37.68万千克。1997年后，丽水松脂、松香生产政府部门未再统计。

第五节 企业选介

遂昌县林业局纤维板厂

1978年12月，遂昌县林业局纤维板厂开工建设。1981年，遂昌县执行省政府指示，一度缓建遂昌县林业局纤维板厂。1984年8月，续建遂昌县林业局纤维板厂。1985年9月，遂昌县林业局纤维板厂竣工投产。1989年10月，遂昌县林业局纤维板厂投资650万元，扩建硬质纤维板项目，并试车成功投产。2001年，遂昌县林业局纤维板厂更名浙江绿源木业集团公司，下设子公司5家。同年，生产中密度板33.34万立方米，产值3.01亿元，利润4945万元，纳税292万元。2005年，浙江绿源木业集团公司产量20.21万立方米，产值2.99亿元。2010年，浙江绿源木业集团公司中密度板产量19.51万立方米，产值3.07亿元。

浙江丽人木业集团有限公司

前身为丽水地区贮木场。创建于1968年。1985年，丽水地区贮木场转型搞木材加工，经营建材、木片等产品。1987年6月，丽水地区贮木场经浙江省林业厅批准，在木片车间的基础上，投资23万元，扩建成年产4500立方米湿法硬质纤维板生产线。1988年11月，湿法硬质纤维板生产线试车成功，走出经济低迷困境。1995年，丽水地区贮木场湿法硬质纤维板生产车间改造为丽水人造板有限责任公司。1996年，二分厂纤维板生产线技改为中密度纤维板。同年4月，公司正式投产中密度纤维板。1997年，丽水人造板有限责任公司减少湿法生产线，增加干法生产中密度板，产品质量提高，排污减少，中密度板产量上升为3.24万立方米，税利上升到955.54万元。1998年，丽水人造板有限责任公司完成企业改制，转制为民营股份制企业。2000年，投资4000万元，建成中密度生产线5万立方米，年产量10.02万立方米，从业人员增至800人，税收4282万元。2002年5月，组建为丽人木业集团有限公司，注册资本为6400万元，下辖丽阳人造板有限责任公司、丽平人造板有限责任公司、丽水欧科人造板有限责任公司、上海万象木业有限公司、建阳森岚木业有限责任公司、浙江江山丽人木业有限公司等子公司8家，分布于浙、闽、沪二省一市，年收入10.88亿元，利税2.3亿元，员工2000多人，成为国内同行中规模最大的生产企业之一。2003年，投资2.8亿元，建成中德合资瓯科人造板公司，引进超薄型HDF进口设备，产品质量标准化与国际接轨。2005年，丽人木业集团公司下设子公司6个，从生产到销售统一经营，从业人员2000人，中密度纤维板产量52.56万立方米，利润8894万元。2008年，福建森岚人造板厂投产，年产人造板20万立方米。2009年，浙江省江山丽人木业有限公司中纤板生产线投产，年产15万立方米。2010年年底，“丽人”中纤板年生产能力达68.5万立方米，“丽人”品牌为浙江著名商标，固定资产8.1亿元，税利1.47亿元，为市十佳林业企业之一。

遂昌文照竹炭有限公司

2002年2月，遂昌文照竹炭有限公司成立，位于上江工业园区，员工156人，主要生产竹炭制品、竹醋液，其中竹炭制品获浙江省名牌产品、著名商标、名牌林产品和国际竹籐博览会金奖、竹博会金奖、森博会金奖、浙江农博会优质奖、国家科学技术进步二等奖。2005年11月，公司被省林业厅评为浙江省专利示范企业。2008年8月，公司被评为浙江省科技型中小企业、浙江省农产品加工示范企业。2009年12月，公司被评为浙江省省级农业骨干龙头企业。2010年，公司产值999万元，销售收入890万元，上缴税收58万元。

遂昌绿源木业有限公司

2003年8月，遂昌绿源木业有限公司成立，属中外合资企业，由浙江绿源木业股份有限公司和中国香港富盈国际投资有限公司共同投资，注册资本1000万美元，专业生产“绿源”牌中、高密度纤维板。2010年，公司产值3.06亿元，实现利润1418万元，上缴利税242万元。同年，公司职工197人，有20万立方米以上中、高密度纤维板年生产能力。“绿源”产品获“浙江名牌”“国家免检产品”等称号。

浙江双枪竹木有限公司

浙江双枪竹木有限公司位于庆元县会溪工业区，集技术研发、生产、销售于一体，是省级国家高新技术企业，全国专利示范试点单位。1995年7月，浙江双枪竹木有限公司成立，主要产品有竹木工艺筷、砧板、牙签、竹制小家具等。企业内部研发中心被评为“浙江省农业科技研发中心”，国家竹子研究中心在双枪建有“国家竹子研究开发中心双枪研究所”，成为筷子、砧板、牙签行业的领军企业。公司在全国各地有销售办事处45个，在全国各大城市开设大型专卖店14家。2002年，“双枪”被评为省著名商标和省知名商号，“双枪牌工艺筷”被评为“浙江省名牌”。2007年，“双枪”商标被评为中国驰名商标。2008年，公司被浙江省科技厅认定为“浙江省科技型中小企业”、“浙江省骨干农业龙头企业”、浙江省专利示范企业。2009年，获“国家高新技术企业”称号。2010年，被评为“全国企事业知识产权示范试点单位”。

浙江九川竹木有限公司

浙江九川竹木有限公司位于丽水市庆元县，专业生产环保型竹制品、竹地板、竹砧板、竹制工艺品，注册资金2080万元，占地面积3公顷，员工360多人。2010年，实现工业产值1亿元，实现税利400多万元。公司通过ISO 9001质量体系认证和ISO 14001环境体系认证。在全国80多个城市建立销售网点，在北京、上海、杭州、广州、深圳等地设立办事处，与莲花、好又多、乐购、家乐福、麦德龙等国内外大型连锁超市有良好的合作关系，拥有自营出口权，产品深受欧洲及美国、日本、韩国等国家和地区消费者信赖。“九川”牌竹木系列产品被评为中国著名品牌获2010年浙江省森林产品博览会优秀产品奖。企业先后被评为“省级林业重点企业”“浙江省农业重点龙头企业”“浙江省优秀民营企业”。

遂昌名康炭业有限公司

公司前身是遂昌农林特产精制厂，成立于1994年。1996年12月，遂昌名康炭业有限公司开始从事竹炭、竹醋液专业开发、生产、销售，成为国内竹炭加工行业的重点龙头企业之一，竹炭制品的产量和销售位居全国前茅。经过多年的探索，在竹炭应用方面不断创新，开发出竹炭沐浴产品、竹炭家居制品、竹炭纤维、竹炭礼盒、竹炭玩具系列产品。2010年，企业建有先进加工生产线，开发竹炭制品有8大系列200多个品种，生产“名康竹炭”系列产品，主要出口日本、韩国等地，通过ISO9001国际质量体系认证和ISO-14000环境体系认证，被评为浙江省重点林业龙头企业。

第四章　通用设备制造业

丽水历史上通用设备制造业十分薄弱。民国以前，丽水通用设备制造业一直空白。1949年5月丽水解放初，丽水通用设备制造业少。1951年7月1日，丽水专署生产科接管倒闭的私营丽水黄梅记修理厂，吸收私营机修企业丽水恒华、丽水和济、丽水瑞工、丽水华胜以及原浙江省铁工厂的技术工人，创建丽水新华机器修理厂，是丽水地区首家国营机械企业。1967年开始，各县先后建立设备制造企业。1969年，地区机床厂成立，生产Z5040圆柱立式钻床。1970年，丽水动力机厂成立，专业生产S195柴油机。2010年，通用设备制造企业集中在缙云、莲都、景宁、云和、青田等县(区)，均有长足发展。

第一节　泵、阀门制造

泵制造

1954年，浙江省青田县喷射器厂成立，是丽水较早的泵制造企业之一，主营喷射器制造，兼营木制品、农机具制造、加工，厂址位于温溪镇水坎埠幸福巷15号。1979年，青田喷射器厂生产的ZSB型水喷真空泵，获省政府新产品开发三等奖。21世纪初，因经营不善而破产。20世纪50—90年代，丽水泵制造企业均属于小、散、弱，没有形成规模效应，也无龙头企业。

1996年3月，浙江尚贵泵业有限公司成立，厂址在青田县温溪镇汛呈南路21号，厂区面积占地

28000 平方米，建筑面积 18000 平方米，机械设备配套，加工能力齐全，是浙江省生产螺杆泵、内啮合齿轮泵、气动三通阀、高速剪切工业胶体磨机的高科技重点企业。公司主营产品有保温高黏度三螺杆泵、保温高黏度内啮合齿轮泵、热油泵、高速剪切工业胶体磨机、气动三通阀、3G 系列三螺杆泵、SN 系列三螺杆泵、2G 系列双螺杆泵、CNW 系列内啮合齿轮泵、CNH 型不锈钢材质内啮合齿轮泵、CNS 型碳钢材质内啮合齿轮。其中 3GN 系列保温螺杆泵（专利号：ZL200520114592.6）、内啮合齿轮泵（又称为沥青泵）为公路沥青库，搅拌设备配套多年，在全国公路建设用户中享有盛誉，市场占有率超 70%。1999 年 2 月，通过 ISO 9001 质量体系认证。“尚贵泵业”品牌被评为浙江省著名商标。公司被国内外 200 多家沥青加工设备、沥青搅拌设备等企业指定为定点供应商，先后在江苏无锡、新疆乌鲁木齐等地成立办事处。

2006 年，浙江尚贵泵业有限公司扩大规模，投资创办浙江威肯特泵业有限公司，主营产品有三螺杆沥青泵，内啮合齿轮泵，JMJ 型高速剪切胶体磨机、气动三通阀、导热油泵、双吸双螺杆泵、橡胶沥青泵等系列产品。

2007 年 9 月，丽水白云泵业制造有限公司成立，主要经营泵生产项目开发，船用立式离心泵、船用立式自吸泵、船用卧式离心泵、船用卧式自吸泵、自吸旋涡泵、喷射泵、船用粉碎泵、船用齿轮油泵、船用柴油机应急消防泵等系列产品，均获中国 CCS 船级社、国家船检局 ZC、国家渔检局 ZY、法国 BV 船级社型式认可，同时可根据需要提供美国 ABS、挪威 DNV、德国 GL、意大利 RINA、韩国 KR 等国船级社检验证书，产品覆盖民船、石油、化工、轻纺、制药、冶金、能源、城市建设、农田排灌。厂址位于莲都区碧湖镇古井新村 48 号 215 室。公司占地面积 2 万平方米，建筑面积 1.85 万平方米。在台州市经济开发区建有分厂 2 个，为第一批省级科技型企业、中国质量信用 AAA 级单位、国家船用消防泵通用技术条件起草单位、2010 年浙江省最大的船用泵生产单位。BAUYUN 牌商标由国家商标局登记注册，企业通过 IS0 9001:2008 质量管理体系国际认证。2010 年，丽水市泵生产企业 4 家，都为规模以下企业，年产工业泵 1 万台，其中浙江威肯特泵业有限公司年产沥青泵 3000 台。

阀门制造

阀门是丽水装备制造业的重要支撑产业，以青田县为主，云和县次之。20 世纪 70 年代初期，青田县阀门行业起步，多为家庭作坊式的小型铸造企业。后逐步发展成为丽水市主要阀门生产基地。2006 年，浙江青田超达铸造有限公司成立，位于青田县高湖镇，是一家熔模精密铸造生产企业，专业生产碳钢、高低合金钢、球墨铸铁和不锈钢等材质的阀门铸件和铁路配件 100 多种。同期，公司年生产能力 700 万千克，精密铸件单最大重量 470 多千克，承受最大压力 1500 磅。2007 年，浙江青田超达铸造有限公司成为中华人民共和国铁道部动车组货运列车电机传动端盖研制开发项目国内 3 家研发单位之一。端盖铸件生产难度大、成本高，主要从法国阿尔斯通公司进口，公司采用水玻璃精密铸造工艺解决这一难题。同年，浙江青田超达铸造有限公司铸件产量 300 万千克，实现销售 5500 万元，利润 390 万元，税收近 350 万元。8 月，通过德国公司 ISO 9009：2000 质量体系认证和欧盟 CE 质量认证，被评为全国“守合同、重信用”单位、浙江省诚信示范企业。

2010 年，丽水市有阀门制造企业 20 多家，年产阀门 3.4 亿千克，主要集中在青田县中部船寮、东源、高湖三个镇，从业人员 4000 多人。截至 2010 年，丽水市重点企业有豪迪斯阀门有限公司、青田双源阀门有限公司、浙江林家昌隆阀门精密铸造有限公司、青田保俐铸造有限公司。

第二节　机械制造

兵器制造

民国26年(1937)12月,杭州私营铁工厂内迁丽水。民国27年2月,浙江省政府投资约1.5万元(旧币),在丽水县大港头筹建浙江省建设厅铁工厂。同年3月,浙江省建设厅铁工厂开工。同年9月1日,浙江省铁工厂成立,云和小顺为第一厂,大港头设立第二厂,分别制造步枪和轻机关枪。民国28年5月,在大港头玉溪建立第三厂,专门制造弹药。同年10月,在小顺建立第四厂,专门制造普通农工生产机械。同期,浙江省铁工厂工人5000多人,为丽水工业史上规模最大的企业。民国30年5月,日本侵略军窜犯浙赣铁路时,国民革命军第三战区司令顾祝同下令除保留第四厂外,余均炸毁。同月,在缙云县方溪乡外西姑村创建中共处属特委浙南游击支队修械所,修理枪械。1949年6月,中共处属特委浙南游击支队修械所停办。1949年5月丽水解放后,在云和创办新华机械厂,制造枪支。

机器设备制造

民国35年(1946),丽水私营黄梅记修理厂成立,为丽水较有名气的机械修理厂之一。1951年7月1日,丽水专署生产科接收丽水私营黄梅记修理厂,建立地方国营丽水新华机械修理厂,职工27人。1955年4月,更名地方国营丽水铁工厂。1956年,私营和济汽车修理厂、恒华机器修理厂、金星电焊店并入地方国营丽水铁工厂,职工增加到128人。1957年,更名丽水动力机械厂,列为浙江省重点机械企业。1958—1960年,丽水动力机械厂小批量生产"1140"12马力和"1105"8马力柴油机及6呎车床、双击式水轮机等。同期,丽水动力机械厂试制成功小型拖拉机和龙门刨床。1966—1976年,丽水机械工业"二起二落"。同期,丽水建成一批省属国防军工机械企业和配套民用机械企业,机械工业初具规模,其中国家投资1300万元,相继新建和扩建丽水油嘴油泵厂、丽水机床厂、丽水通用机械厂、丽水农机厂、云和电机厂、龙泉工具厂、遂昌轴承厂、遂昌拖拉机修配厂(松阳县机械厂)、缙云摩托车配件厂等国营企业。"二轻"系统投资新建和扩建缙云轻工业机械厂、丽水五金厂、丽水工具厂、缙云五金厂、庆元标准件厂、云和东风农具修造厂等集体企业,完成技术改造的国营机械厂6家。

1969年,丽水地区锅炉机床厂成立。1971年更名地区机床厂,为丽水地区唯一机床整机生产厂家。1992年,丽水地区锅炉机床厂被丽水地区油泵厂兼并。

1978—1988年,丽水地区投资9000多万元,新建和改造一批企业,普遍进行机械企业技术改造,提高技术装备水平和产品质量,扩大生产能力。丽水动力机械厂建成1100柴油机汽缸盖加工自动生产线,年产4万台。丽水油嘴油泵厂建成油嘴等偶件毛坯自动机加工车间,引进瑞士、民主德国高精度外园磨床、双工位磨床等先进设备。遂昌轴承厂203G级轴承、φ4.76—14.4钢球、丽水机床厂Z5040固柱立钻、青田链条厂16A—1精密输送链、C212AH链板输送链等5种产品采用国际标准,S195柴油机等13种机械产品被评为浙江省优质产品。

1990年,丽水地区乡镇以上机械企业305家。1992年10月起,全区全面开展国有、集体企业改革。此后10年,国有集体工业企业全部实行改制,民营工业企业蓬勃发展,缝纫机带锯床制造,成为丽水工业经济的重要产业。2010年，丽水市生产制造金属切削工具4157万件，金属切削机床15582台，金属成形机床34台。

农业机械制造

1956年，国营丽水铁工厂生产打稻机、番薯丝刨丝机。1958—1960年“大跃进”和“大办农业”期间，各县建立一批直接为农业生产服务的国营农业机械修造厂及集体机械五金企业。1964年始，丽水、青田、云和、龙泉、缙云、遂昌等6个县国营农机厂从事半机械化农机具制造。1992年始，丽水地区全面实行市场经济，个体和私营农机制造厂逐渐取代国有农机制造厂。

其他机械设备制造

2001年，丽水市金鼎压滤机有限公司成立。2008年，青田瓯鹏机械制造有限公司成立。两公司都是生产压滤机、离心机、螺杠泵转鼓细格栅等通用机械。2010年，丽水市通用设备制造企业13家，生产风机、衡器、包装设备等，工业产值15.74亿元。

第三节　金属加工

铸　造

20世纪50—80年代，丽水民用工具设备铸件大多由各县农机厂铸造车间承担铸造。其中，丽水动力机厂和丽水机床厂分别建成铸造车间，规模较大。20世纪90年代，丽水动力机厂和丽水机床厂实行企业改制，停办铸造车间。2000年始，丽水市民营经济发展，在缙云县出现较多铸造企业（车间），制造摩托车配件和缝纫机配件铸件。

其他产品加工

1999年10月，松阳县链条配件有限公司成立，年加工链条小管料1298万千克，产品获浙江省科技创新优质产品。2003年，青田长茂五金压铸厂成立，生产铸件和加工其他金属材料。2003年，浙江龙鹰工贸有限公司成立，从事制锁、锁配件、五金工具、电力器材加工。浙江天力机床部件有限公司成立，年产标准紧固件3.5亿件。2007年，丽水欧宝安防科技股份有限公司成立，生产闭门器、安防锁等五金产品，年产量310万套，是浙江省“百家最具投资价值中小企业”之一。

2010年丽水市通用设备制造工业经营情况一览

表14-4-3-1

类　别	企业数（家）	工业总产值（万元）	产品销售收入（万元）	税收（万元）	利润（万元）	固定资产净值（万元）	从业人员（人）
泵、阀门、压缩机及机械制造	109	300983	286139	870	21539	64021	6397
金属加工制造	23	109314	100611	176	15165	18132	2011

续表 14-4-3-1

类　别	企业数（家）	工业总产值（万元）	产品销售收入（万元）	税收（万元）	利润（万元）	固定资产净值（万元）	从业人员（人）
金属铸、锻加工	84	162392	153281	194	14811	15023	3544
风机衡器、包装设备	13	157408	149696	133	20236	27400	2310
轴承、齿轮、传和驱动部件的制造	23	51409	48865	281	2713	15161	1556
通用零部件制造及机械修理	12	17973	17534	51	988	7330	520
锅炉及原动机制造	2	1365	1247	—	22	312	76
起重运输设备制造	2	1671	1628	35	127	379	62
合　计	268	802515	759002	1740	75602	14758	16476

若干年份丽水市通用设备制造工业经营情况一览

表 14-4-3-2

年　份	企业数（家）	工业产值（万元）	工业销售收入（万元）	利润总额（万元）	固定资产净值（万元）	从业人员（人）
1997	48	22300	16141	1015	13142	—
2000	36	47739	85307	657	27099	10585
2001	35	104166	—	—	35716	10750
2002	38	42408	37144	1343	39902	3757
2003	62	139433	139433	1597	47990	13056
2005	100	253753	230196	6515	105783	15619
2007	135	377381	342954	19687	241124	11313
2008	220	733274	543632	22925	389496	14463
2009	239	661834	535154	30107	402349	20555
2010	268	920667	759002	75602	147758	22706

第四节　专用设备制造

缝纫机

1970 年，缙云县白六乡综合厂成立，生产轴承壳、三线锁边机、三线、四线包缝机等产品。后更名缙云缝纫机厂。1994 年 8 月，家用缝纫机电机和工业缝纫机电机成为丽水商检局第一批接受报检并进行检验的出口商品。2010 年，丽水市有缝纫机整机及零配件制造企业 54 家，年产缝纫机 229 万台。其中，缙云缝纫机工业总公司出口三线包缝机 1200 台。缝纫机出口产品由最初的三线机发展为 JA 型家用缝纫机和 JH 型家用缝纫机等多种型号，出口地主要在中东、东南亚、南美，部分 JH 型家用缝纫机出口到欧盟。

起重机

21 世纪，丽水开始出现起重机生产企业。2008 年，浙江东亿磁业有限公司成立，地址在缙云县壶镇专业从事产品的研发、生产和销售，主要产品有干湿两用吸尘器、吸灰桶，永磁起重器、自动永磁吸盘、永磁捞铁器、便携式手提吸盘、电永磁吸盘等磁性吊具，是国内生产规模最大的吸尘器和永磁吊具厂家之一。2009 年 4 月，浙江威肯特起重设备有限公司生产起重机械、电动葫芦等。

第五节　企业选介

浙江锯力煌锯床股份有限公司

位于浙江省缙云壶镇，生产带锯床。前身为浙江缙云县锯床制造总厂，始创于 1987 年 9 月。2007 年 12 月整体变更设立为股份公司，是一家集设计研发、生产制造、销售服务为一体的综合型制造企业。公司建设有企业技术中心和研发中心，2009 年，被评为浙江省优秀企业技术中心，2010 年，被认定为省级高新技术企业研发中心，在全国设有销售服务中心 60 多个，与宝钢、首钢、太钢、武钢等多家国家大型钢铁企业和中兵集团、西飞公司等国家重点军工、航空航天企业都有密切合作，产品出口到日本、美国、德国等 19 个国家和地区。锯力煌成为中国数控带锯床、高端带锯床的优质供应商，国内锯床行业的龙头企业、国家重点高新技术企业、浙江省高新技术企业、浙江省 1146 家工业行业龙头骨干企业、浙江省专利示范企业、浙江省创新型试点企业和 AAA 级资信企业。“锯力煌”商标被认定为行业内首个“中国弛名商标”和浙江省著名商标。“锯力煌”牌带锯床是“国家重点高新技术产品”“浙江省名牌产品”。该公司研发制造全球最大金属带锯床（锯切直径 5 米），有自主知识产权。

浙江丽威油泵油嘴有限公司

1967 年，筹建丽水油泵油嘴厂。1970 年建成投产。生产 A 型汞出油阀和 ZS41 油嘴 8.03 万副，利润 3.6 万元。1971 年始，丽水油泵油嘴厂批量生产 110 出油阀和 ZS41A 油嘴。1974—1976 年，亏损 29.33万元。1977 年 8 月，兼并丽水通用机械厂。1980 年，丽水油泵油嘴厂生产三对偶件产量 93.88 万副，居全国第三位，职工 1050 人。同年，丽水油泵油嘴厂参加全国同行业质量检查，ZS4S1 喷油嘴被评为一等品，FZ5A1 出油阀被评为优等品；被浙江省政府命名为先进企业。1985 年，ZS4S1 油嘴偶件被评为浙江省优质产品，FZ5A1 喷油嘴、XZ8Ⅰ01 柱塞三偶件被评为部优产品。1990 年，ZS4S1 油嘴偶件再次被评为省优质产品，FZ5A1、XZ8Ⅰ01 两偶件被评为部优产品。1986 年，丽水油泵油嘴厂列入全国首批推行全面质量管理的 1300 个大中型企业之一。1987 年 10 月，丽水油泵油嘴厂被省政府命名为 1986 年度省级先进企业，产值物耗率被列为全国机械工业十佳企业之一，这也是全国油嘴油泵行业唯一的一家，指标数为 38.79%。1989 年 8 月，被评为国家二级企业。1990 年 6 月，兼并丽水机床厂①。1994 年 8 月，兼并丽水市建材厂。1995 年，实行企业公司制改造，更名为浙江安托油嘴油泵有限责任公司。至 2004 年 8月，浙江

① 建于 1969 年 4 月，生产 Z5040Q 钻床出口。

安托油嘴油泵有限责任公司被莲都区法院裁定破产。2004年，浙江丽威油泵油嘴有限公司成立，企业员工绝大部分为丽水油泵油嘴公司职员。2008年，公司搬迁至水阁工业区石牛路83号。2010年年底，公司年生产机车、油泵油嘴偶件3.7万副，农机油嘴、柱塞20万副，机车喷漆总成1万副，员工130多人。

浙江中广电器有限公司

2006年11月，浙江中广电器有限公司成立，是一家中德合资组建的高科技企业，专业从事空气能热水器家用机组、热泵热水器商用机组和太阳能热泵产品生产与研究。公司占地5.33公顷，建筑面积35000平方米，员工350多人。公司专业制造太阳能热水器，空气能热泵热水器、热泵热水商用机组，公司在空气热泵低温加热技术、热泵系统控制SBC热交换技术领域处于国际领先水平。公司投入巨资引进年产30万台的国际领先ZG太阳能高压发泡全自动流水线及两条年产10万台的新加坡LKA空气能热泵热水器专业生产线，建立先进的NCC环境模拟智能专来实验室，是国内大型的既能生产太阳能热水器又生产空气能热泵热水器的厂家，是国内大型的空气能热泵生产基地之一。公司获ISO 9001:2006质量管理体系、3C认证、节能认证、工业生产许可证，先后获“空气能行业十大品牌”“中国制冷协会会员企业”“浙商最具投资价值企业”“建设银行信用AAA级企业”等称号。引入世界先进管理咨询公司，管理体系与国际接轨。2007年，被中轻协会评为中国著名品牌及消费者信的过单位、中国著名品牌等。公司拥有健全的销售网络，有分公司5个，办事处18个，分布全国18个省(自治区、直辖市)。

浙江三辰电器(集团)有限公司

1978年12月，国营浙江青田电器控制设备厂成立。此后成为中华人民共和国机电部、电力部、冶金部、化工部定点企业，国家制定JB/T8456《低压直流成套开关设备》标准的副组长单位，浙江省高新技术企业。1994年，浙江青田电器控制设备厂改制，成立股份制企业浙江三辰电器(集团)有限公司。生产通过中华人民共和国电力部、省电力局的浙江省科委鉴定的PGD1镉镍电池直流屏、PGD2免维护蓄电池直流屏、PGD3通信电源屏、PGD6全程智能型直流屏、PGD7总线式智能型直流屏、SCPG系列葵数字变频恒压供水装置、SCR全数字软启动装置、SCWZ电站综合自动化系统、PDG-B智能高频开关壁挂电源和大功率UPS以及成套低压屏等。销售网点遍及全国31个省(市、自治区)，出大配套工程有俄罗斯MMK公司发电厂、尼泊尔波迪•科西水电站以及泰国、蒙古等20多个国家的水电站。公司投资6510万元的“年产88套矿山通风(安全预警)系统和500套智能化控制直流电源”的固定资产项目，被国家发展和改革委员会批准列入国债项目，同时列入浙江省重点工程建设项目。2007年，公司进入中国民营企业人力资本竞争力50强，被中国电器工业协会电控配电设备分会评为“生产规模及综合实力较强的企业”，在国内直流屏生产企业中有较大影响力。

丽水市神飞利益保安用品有限公司

1989年，浙江利益五金工业有限公司成立，位于青田县经济开发区，是一家闭门器专业生产厂家、浙江省公安厅消防局定点生产企业。公司主要生产“利益”“神飞”牌闭门器、地弹簧、防火锁、防盗锁、执手锁、管道井锁、IC卡电脑门锁等产品，拥有自营进出口权，并有完备的售后服务体系。拥有自动化闭门器壳体生产专机和28工位地弹簧生产自动线等现代化专业生产设备，质量管理通过CQC浙江评审中心ISO 9002质量保证体系认证，产品质量通过国家固定灭火系统和耐火构件质量监督检测中心检测，获国内专利18项。12月，被世界500强企业、居全球闭门器行业首位的瑞典ASSA ABLOY集团收购，成为外商独资企业，更名丽水市神飞利益保安用品有限公司。厂区占地2公顷，建筑面积1.6万平方米，职工350人。

中国·绿水分离设备有限公司

1975年，浙江青田特种设备厂成立，专业生产分离机械，尤以环保污水处理设备为特色。1994年，浙江青田特种设备厂改制，更名浙江青田特种设备制造有限公司。2005年，中华人民共和国发展和改革委员会批准公司为国家重点行业结构调整国债专项，使用国债资金补助或贴息贷款开发制造专用离心机的生产线技术改造项目。拥有精密磨床、车床、铣床等机械加工设备100多台，员工140多人。2008年，又更名中国·绿水分离设备有限公司，迁址扩建于浙江青田经济开发区，占地面积2.72万平方米，新增生产能力300台(套)。公司系中国环境保护产业协会理事单位、骨干企业和中国通用机械分离机械行业协会理事、浙江省明星企业、浙江省高科技企业、国家863计划项目承担单位，在全国同行业中排名居前。公司专业生产系列环保机械产品，通过ISO 9001国际质量体系认证和ISO 14001环境体系认证，GB/28001-2001职业健康安全管理体系认证，拥有专利多项。

第五章　电气器材制造业

丽水电气器材制造业兴起于20世纪70年代。1970年，云和县电机厂成立，生产电动机。1970年12月，缙云整流器厂成立，属全民所有制企业，是丽水地区最早的电气器材企业。20世纪90年代，丽水电气器材制造业开始步入正轨，发展提速，并形成一批规模企业。丽水首家上市公司方正电机股份有限公司成为汽车控制系统的领军企业。照明器具制造成为缙云县工业重要产业。浙江山蒲照明电器有限公司是全球最大的环形荧光灯和T5直管荧光光源制造厂、浙江省照明电器行业龙头企业和浙江省高新技术企业。后丽水地区开始出现输配电及控制设备制造类企业。21世纪，丽水电气器材制造企业具备电扇、普通电机、微电机、输配电控设备、电线电缆、电力器具、照明器具等生产能力，形成以方正电机、浙江山蒲照明电器有限公司为龙头的一批有较强竞争力企业。

第一节　电机、输配电与控制设备

电机制造

1970年始，云和县电机厂生产电动机。但生产时断时续，发展不顺利。1980年，丽水方正电机厂成立。1995年，丽水方正电机厂实行股份制改造，更名方正电机股份有限公司，是微电机及控制器、节能与新能源汽车驱动总成、汽车控制系统的领军企业。2007年12月，在深圳证券交易所挂牌上市，形成年产电脑高速自动平缝机8万台、工业缝纫机马达40万台、家用缝纫机马达400万套的生产能力。产品远销欧美、中东、东南亚等国家和地区70多个。

1992年，浙江华星电机有限公司成立，是集产品研发、设计、生产、销售及售后服务于一体的缝纫机及缝纫机电机的专业制造企业。公司位于丽水市天宁工业区，厂区占地18000平方米，建筑面积15000平方米，员工500人，其中专业技术人员78人，年产工业缝纫机电机、家用缝纫机电机、食物残渣处理机及其他专业电机150万台（套），其中90%以上的产品远销欧洲、美洲、亚洲等国家和地区。1998年，公司通过ISO 9000质量管理体系认证。2006年，通过ISO 14001和GB/T28001环境、职业健康安全体系认证。相关产品先后通过CCC、UL、CE、TUV、EMC等安全规范认证，其中SH63系列多功能家用缝纫机电机通过检测，符合欧盟环保ROHS指令要求，“JEGON捷工”GF135系列机械离合器工业缝纫机电机、SF系列伺服电机、SH63系列多功能家用缝纫机电机、HF63系列家用缝纫机电机被国家质量监督检验检疫总局授予“产品质量国家免检”证书。2003年，被省经贸委等九部委授予浙江省首批诚信示范企业。2005年，“JEGON捷工”获浙江省著名商标称号，2006年，被浙江省科学技术厅认定为浙江省的高新技术企业，并与电子科大合作成立浙江丽水市微电机产业技术研究中心。

2004年，丽水市浙江方德机电制造有限公司成立，生产电机、微电机、缝纫机和其他机械设备。2005年，丽水市微电机行业保持较快增长速度，家用缝纫机电机等传统产品逐步转向高端产品市场，并且向边缘新产品延伸，开发直流无刷电机及控制系统、汽车座椅马达、三自动伺服电机、直驱缝纫机电机、电剪刀、内置式驱动平缝机等机电一体化产品。同年，丽水市微电机行业实现销售收入8.04亿元，比2004年增长40.15%，出口交货值4.31亿元，增长20.41%；新产品产值1.95亿元，增长35.3%。方德电机公司斥巨资购置PE公司的GCMS气质联用色谱分析仪，专门设立分析测试中心，启动“绿色采购”计划，应对欧盟“双指令”壁垒。

2009年，丽水市微电机行业受国际金融危机影响，规模企业产值6.07亿元，同比下降15%；销售收入5.01亿元，下降17%；出口交货值1.9亿元，比2008年下降31%。方正、华星、速诚电机等产值分别下降9%、37%、49%。同年下半年，随着电子无刷电机、变频高速电机等新产品推广应用，新电机产品逐步得到认同，产业结构调整转换加快，期末产成品存货下降。同年5月，在莲都区碧湖成立浙江银凯科技有限公司，专门制造小型发电机，年产20万台。2010年年底，丽水市微电机生产及配套企业60多家，规模以上整机生产企业有18家，工业产值94600万元，产品销售收入9.63亿元，利润总额0.42亿元，职工3192人。产品以缝纫机电机为主，配以汽车风扇电机、摩托车用磁电机、发电用磁电机等。

输配电及控制设备制造

21世纪，丽水开始出现输配电及控制设备制造类企业。2003年11月，丽水市巨通机电设备有限公司成立，集电梯、中央空调的销售、安装、维修保养为一体，为巨人通力电梯、韦伯电梯丽水总代理，海尔中央空调青田总代理，并与美国约克、日本大金等空调厂商均有业务来往。

2004年，丽水水阁工业园区引进丽水万控电气有限公司，年产KYN28A-12高压柜15000台，

GCS、GCK 低压柜 17900 台。2008 年，丽水万控电气有限公司被评为全国优秀福利企业。2010 年，丽水万控电气有限公司工业产值 1.93 亿元，税利 0.25 亿元。

2006 年，正阳电力股份有限公司成立，生产输配电及控制设备，为丽水电业局下属企业。2009 年 8 月，缙云县安格电子科技有限公司成立，主要研制和生产各类中大功率半导体器件及附件，主导产品电焊机配件、整流器模块、桥式整流桥、工控自动化产品开发，公司自主品牌商标“安立格”功率半导体产品。2010 年，丽水市输配电及控制设备行业企业 10 多家，产品有配电开关控制设备、高低压电器成套设备、智能电气设备、高低压无功补偿设备、漏电开关等，工业产值 7.04 亿元。

第二节　电气与照明器材制造

电线电缆

20 世纪 90 年代，丽水地区出现电线、电缆及电器器材制造企业。1993 年 2 月，浙江兴乐电线电缆制造有限公司成立，位于松阳工业园区。1998 年，企业通过 ISO 9001:2000 质量体系认证，取得国家电信总局进网许可证。2005 年 10 月，与中国兴乐集团有限公司联手，组建浙江兴乐电线电缆制造有限公司，主要生产电力、交联、控制、通信、船用橡胶、耐火、阻燃、低烟低(无)卤、35 千伏及以上的高压电缆，主要生产设备及检测仪器均由德国进口，拥有电缆技术开发中心，产品远销东南亚、欧洲、非洲等国家和地区。公司采用先进的运行机制和现代化的管理模式，企业通过 ISO 9001:2000 质量体系认证，入网认证，CCC 认证等多个产品认证，系国家电力公司网络成员企业。2006—2009 年，入选丽水市制造业企业 50 强，年产电线电缆 11569 千米，电力电缆 5767 千米。2010 年，丽水市电线电缆生产企业 4 家，生产电力电缆 50863 千米，工业产值 3.8 亿元。

电器器材

1970 年 12 月，全民所有制企业缙云整流器厂成立，生产 2CZ25 塑封硅整流二极管，可控硅充电机、整流电源设备、调压器、电焊机、半导体内冷式冻干机等。1971 年，云和县无线电厂成立，生产医疗用电子高频仪器。1980 年，云和县无线电厂转产电风扇。1971 年，丽水广播设备修理厂更名丽水县无线电厂，生产电子测量仪器。1988 年，丽水市(县级)无线电厂开始生产 ABE 系列全自动触电保安器、冰箱保护器和微型电器脚踏开关等。1977 年 10 月，缙云仪表厂成立，生产电度表计度器、复费率电度表。1978 年 12 月，青田县电子仪表厂成立。1995 年 9 月，缙云县鼎立实业有限公司成立，专业生产摩托车点火开关，产品除提供国内主要摩托车生产企业配套产品外，还出口亚洲、欧洲和美洲等国家和地区。1999 年，在丽水水阁工业区创办浙江格雷电工有限公司，专业研制、开发、生产墙壁式开关。2001 年，浙江你好电器有限公司成立，位于青田县高岗工业区，从事闭门器研发、设计、生产、销售的外商独资企业，生产闭门器 8 个系列 80 多种。2003 年，缙云县博威特电器公司成立，生产多品种家用电器。2006 年 5 月，青田县浙江奥来电器有限公司成立，主要生产高电压电器智能断路器。2008 年，缙云县正宇仪表有限公司成立，专业生产电工仪器仪表及配件。同年，丽水高能电力设备有限公司投产，产品为高低压合成绝缘子、隔离开关、跌落开关、变压器及电器成套设备。青田县向东仪表厂成立，专业从事电工仪器、仪表生产。

照明器具制造

照明器具制造是缙云县工业的重要产业。1993 年，浙江山蒲照明电器有限公司成立，为全球最大的环形荧光灯和 T5 直管荧光光源制造厂、浙江省照明电器行业龙头企业和浙江省高薪技术企业。2005 年，公司新产品太阳能光伏路灯、“山蒲”牌单端荧光灯管被评为浙江省名牌产品。2008 年，浙江山蒲照明电器有限公司生产电光源 4.21 亿只，灯具及照明装置 90.59 万套(台、个)。2010 年，丽水市照明器具制造企业 15 家，产品包含无铅化 T5 荧光灯、环形荧光灯等，工业产值 94361 万元。

2010 年丽水市电气机械及器材制造工业情况一览

表 14-5-2-1

类　别	企业数（家）	工业产值（万元）	销售收入（万元）	税收（万元）	利润总额（万元）	固定资产（万元）	年底职工人数(人)
电机制造	18	94600	96326	380	4231	26098	3192
输配电及控制设备制造	12	70351	65952	99	5281	10002	1805
电线电缆、光缆及电工器材制造	7	78973	75520	98	4220	14788	658
照明器具制造	15	94361	87817	260	5998	38753	3730
电池制造	10	46182	39739	90	3740	13339	1522
家用电力器具制造	3	7295	7185	—	140	1853	301
非家用电力器具制造	1	1300	1000	—	-3	183	65
其他电器机械及器材制造	3	42745	39363	69	3458	11060	1315
合　计	69	435808	412902	997	27065	116076	12588

第三节　企业选介

丽水万控电气有限公司

2003 年，丽水万控电气有限公司成立，是民营高科技股份制企业。主要研发、生产、销售高压开关、绝缘件及成套开关柜壳体，是国内最大的高压开关柜制造商，也是丽水市最大福利企业。公司占地面积 3.33 公顷，总投资 5000 多万元，是丽水市工业企业 50 强企业之一，位列第 26 位。公司通过 ISO9001 质量管理体系认证和浙江省清洁生产审核验收。公司被评为“全国优秀福利企业”“浙江省劳动保障年度诚信单位”“丽水市重点工业企业”“丽水市纳税大户”“丽水市慈善之星”“丽水市扶残助残爱心企业”“丽水市劳动关系和谐企业”。2010 年，公司产值 2.2 亿元。

浙江方正电机股份有限公司

浙江方正电机股份有限公司坐落在丽水市天宁工业区及水阁经济开发区，是一家研制开发、生产、销售微型特种电机的省级高新技术企业。公司占地面积74700平方米，建有85200平方米的标准厂房。1999年7月公司系列产品通过德国莱茵公司的UL、TUV、CE、EMC安全技术标准认证，1999年被外经贸部确定为“扩大机电产品出口生产基地”，是国内同行中最大的外贸出口生产基地之一。2003年，公司省级高新技术研究开发中心自主研发的“缝纫机用变频调速伺服电机”项目填补国内空白。浙江方德机电制造有限公司和丽水方正东进机电有限公司为下属全资子公司。

2007年12月在深圳证券交易所成功上市，成为在深交所中小企业板第196家上市公司。公司主要产品为电脑高速自动平缝机及各类缝纫机马达、汽车马达，形成年产电脑高速自动平缝机8万台、工业缝纫机马达40万台、家用缝纫机马达400万套的生产能力，产品45%以上用于出口。产品远销欧美、中东、东南亚等区域，其中家用缝纫机马达产量及出口量均居全国第一，电脑高速自动平缝机产量及销售量居国内领先地位。

丽水家用电器厂

1971年，企业前身丽水电机厂成立，为全民所有制企业，主要生产发电机和农用电动机。1975年，更名丽水农机厂。1979年，工农机械厂并入。1983年，加挂丽水电扇厂牌子。1984年，更名丽水家用电器厂。1985年，与绍兴电器厂联营，生产“雪花牌”FLZ型电风扇。1988年，开发遥控FL18-FL20型落地扇及FC-1200m/m吊扇等新品种5个。20世纪90年代，企业严重亏损，资不抵债。2000年，企业破产。

丽水无线电厂

1969年9月，丽水县广播站建广播设备修理厂。1971年，更名丽水县无线电厂，属全民所有制，为浙江省电子工业总公司成员厂，生产150W扩音机的SBM-10A多用示波器。1982—1984年，企业试制成功SS—8001超小型示波器和82—1型伏安仪，获地区科技成果二、三等奖。1983年，企业被评为浙江省电子工业局科技工作先进集体。1995年年底，企业实行股份制改革，成立丽水无线电有限公司，主要生产脚开关。1998年，公司解散。

第六章　交通运输设备制造业

丽水交通运输设备制造工业起步较晚，规模不大。从建立汽车大修厂，扩大成汽车改装厂，再到形成全国专用汽车生产定点骨干企业的过程，同时也形成摩托车、电动车、人力自行车及其配件的生产能力。

1970年，缙云摩托车汽缸体厂成立。1973年，丽水县汽车配件厂成立，是丽水地区最早的交通运输设备制造企业，生产汽车驱动齿轮。1982 年，由丽水汽车大修厂扩建而成的丽水汽车改装厂，成为全国专用汽车生产定点骨干企业。20 世纪 80 年代，丽水地区开始出现童车制造企业。1985 年，缙云县沪东车业有限公司成立，是一家有出口经营权的缝制设备专业生产企业。1997 年 11 月，浙江雷克机械工业有限公司成立。

第一节　汽车与摩托厂车配件制造

汽车与汽车配件加工

1965 年，浙江省汽车运输公司丽水运输段建立丽水汽车保养厂。后相继建立龙泉、云和、遂昌汽运公司修理厂。1970 始，缙云县机械厂生产农用运输车，年产 500 辆，丽水最早生产摩托车配件厂家和全国专业生产摩托车汽缸体的厂家之一。1970 年，龙泉、云和、青田、遂昌汽车保修厂相继成立。1973 年，丽水县汽车配件厂成立，主要生产汽车驱动齿轮。

1982 年，丽水汽车大修厂成立。后扩大为丽水汽车改装厂，由交通部颁发生产许可证，成为全国专用汽车生产定点骨干企业。2001 年 3 月，丽水汽车保养厂实行改制，组建丽水市南明专用汽车有限公司，主要生产经营半挂汽车、箱式汽车、集装箱运输车、自卸汽车、散装水泥车、油罐车、低平板半挂车、摆臂垃圾车等专用汽车，具备年产 3500 辆专用汽车的能力，“南明牌”商标被认定为浙江省著名商标。21 世纪，龙泉市成为汽车配件生产企业集聚区，有汽摩配件生产企业 100 多家。浙江创新汽车空调有限公司、浙江博威汽车空调有限公司为主要生产企业，汽配产品种类 200 多种，产品涵盖压缩机、中冷器、冷凝器、蒸发器、气液分离器、空调管路总成、膨胀阀、截止阀、油冷器等，成为全国汽车（空调）零部件产业基地。2010 年，丽水市交通运输制造业 135 家，其中汽车制造业产值 301649 万元，产品销售收入 279383 万元，利润 25096 万元，职工人数 6847 人。

摩托车及配件制造

1970 年，缙云摩托车汽缸体厂成立，是丽水最早生产摩托车配件厂家和全国专业生产摩托车汽缸体的厂家之一。1984 年，缙云摩托车汽缸体厂生产的摩托车汽缸体被评为省优产品。21 世纪，丽水汽摩配产业形成较大的规模。1997 年 11 月，浙江雷克机械工业有限公司成立，从事摩托车制造及发动机、通用汽油机及零配件的研究、开发、制造，是浙江省重点工业企业、省市“五个一批”重点骨干企业，全国工商联民营企业 500 强单位。1999 年，“雷克牌”系列摩托车被列入公安部和国家机械工业局 99 年产品目录及光盘，通过 ISO 9001:2000 质量体系认证、ISO 14001 环保认证、3C 认证、E-MARK 认证、生产准入认证、欧 III 排放标准认证。2001 年，浙江雷克机械工业有限公司生产摩托车 21700 辆。2010 年，浙江雷克机械工业有限公司生产摩托车整车 48690 辆。同年，丽水市摩托车及配件制造销售收入 3.2 亿元，税收 797 万元。

第二节　自行车与童车制造

自行车

20 世纪，丽水市出现自行车制造企业。1997 年 11 月，浙江雷克机械工业有限公司成立，主要生产多种型号的摩托车及零配件。1985 年，缙云县翔远实业有限公司成立，是一家集技工贸一体的外向型产业公司，产品超过八大系列 30 多种产品，主要生产电动滑板车和气动滑板车、ATV、越野车，企业通过 ISO 9000:2000 国际质量管理体系认证，有自营进出口权。2004 年 1 月，浙江省缙云县丰成电动车有限公司成立，主要生产电动自行车、电动滑板车、汽动滑板车、电动摩托车，主导产品电动自行车畅销全国各省市，并远销欧美等国家。

2004 年，缙云华洋动力机械有限公司成立，主要经营特种摩托车、沙滩车、卡丁车、滑板车等各类场地运动车辆(包括二轮、三轮、四轮)、电动车、电瓶车、助力车、各类休闲游乐器材、健身器材、动力机械、发电机、摩托车配件的制造和销售。2006 年 6 月，浙江浩洋娇子电动车有限公司成立，后更名浙江浩洋娇子车业有限公司。公司位于遂昌县，是一家专业研发、制造、销售电动自行车、电动摩托车、电动滑板车及其他电能驱动车辆等系列产品的高科技企业，年生产电动自行车能力 50 万辆，设有电机厂、电池厂，产品质量严格按照 ISO 9000 质量管理和质量保证体系执行。2009 年，丽水市生产电动自行车 76673 辆。截至 2010 年，丽水市电动车、自行车制造企业 5 家，建成年产电动车 40 万辆、自行车 100 万辆生产线。2010 年，丽水市生产电动自行车 17.77 万辆，产值 6.92 亿元，工业产值 1.15 亿元。

童　车

丽水地区的童车制造企业始于 20 世纪 80 年代。1985 年，缙云县沪东车业有限公司成立，是一家有出口经营权的缝制设备专业生产企业，年产童车 8700 辆，产品通过 GS•CCC 认证，出口到中东、东南亚、非洲、南美、欧洲和美国等国家和地区 60 多个。

1992 年，遂昌童车厂建成投产，生产蜜蜂牌童车。2006 年，金儿登机电制造有限公司迁址丽水水阁工业区，更名丽水金儿登机电制造有限公司，专业生产儿童车，年产 13000 辆。

第三节　丽水地区汽车运输公司大修厂

1982 年，丽水地区汽车运输公司大修厂成立，是全国专用汽车生产的定点企业。2001 年 3 月，公司改制为丽水市南明专用汽车有限公司。公司是浙江省三优企业、浙江省诚信示范企业，丽水市“五个一批”重点骨干企业，丽水市民营企业 50 强，丽水市先进民营企业。“南明牌”商标被认定为浙江省著名商标。公司主要生产经营半挂汽车、厢式汽车、集装箱运输车、自卸汽车、散装水泥车、油罐车、低平板半挂车、摆臂式垃圾车等专用汽车。有数控等离子切割机、折弯机、剪板机、63 万千克压机和美国林肯牌埋弧焊机等大型设备100多台，公司产品上国家公告100多种型号。具备年产专用汽车能力3500辆，是全国专用汽车生产骨干企业和浙江省专用车生产经营最有规模和实力的企业。2001年，通过ISO 9001:2008质量管理体系认证。2003年4月“南明”系列专用汽车产品通过“3C”认证。

第七章　非金属矿物制造业

丽水非金属矿物工业主要有水泥、石灰、砖瓦、石材、建筑砌块和陶瓷制品，其中石灰、砖瓦、石材和陶瓷制品的生产历史较早。

丽水陶瓷业源远流长。南宋，龙泉县成为全国最大制瓷中心，龙泉县哥窑列为全国官、哥、汝、定、钧五大名窑之一，龙泉弟窑被誉为宋代名窑之巨擘。清代，龙泉青瓷生产逐渐衰弱。民国后期，龙泉青瓷濒临绝境。1949年10月中华人民共和国成立后，龙泉逐渐恢复青瓷生产。经过60年的恢复发展，龙泉青瓷步入一个全新的繁荣期。

明末清初，青田县温溪一带建窑烧制蛎灰，用于水稻肥料和腌纸。民国时期，青田县建有蛎灰窑数10座。民国5年(1916)，陈一新创办鼎丰石灰厂。民国29年，省建设厅手工指导所在丽水县沙溪龙石创办石灰窑1座，炼制石灰并进行炼制水泥试验。1958年7月，青田县水泥厂成立，是丽水地区最早的水泥厂。同年，丽水水泥厂成立。1971年，丽水水泥厂开始生产水泥。1968年，地方国营云和县玻璃厂成立，生产医药用玻璃管，并建有安瓶车间。20世纪70年代初，丽水地区陆续兴建发展水泥、玻璃、耐火材料企业。1994年后，国有、集体工业企业开展以产权改革为中心的企业改制工作，丽水水泥厂进行改制。同期，新创办浙江丽水嘉诚混凝土有限公司、丽水市处州混凝土有限公司等企业。截至2010年，丽水市非金属矿物制品企业68家，其中水泥、石灰制造企业5家，玻璃制造企业19家，砖瓦、石块、砌块企业14家，石墨及其他非金属矿物制品制造企业15家，耐火材料制品企业1家；工业产值26.41亿元，工业销售收入25.25亿元，利润总额1.64亿元，年底职工数5384人。

第一节　水泥与石灰制造

水　泥

1958年7月，青田县水泥厂成立。1970—1976年，遂昌、庆元、丽水、龙泉水泥厂相继建立小土窑、小磨机，年生产能力300万千克。1976年始，各厂相继进行扩建改造，改土窑为简易机窑，改小磨为大磨，改堆棚为简仓，年产水泥能力1000万千克以上。

1980年4月，丽水水泥厂研究利用缙云天然沸石作混合材成功。同年，丽水地区水泥厂5家，年产水泥0.47亿千克，工业产值237万元。1982年，缙云县水泥厂成立，采用液压传动塔式机立窑、电子皮带秤、高压静电除尘和机械倒库均化生料等先进设备和工艺，从原料处理到成品包装一条龙生产，年产水泥能力0.25亿千克。1990年，丽水地区国营水泥厂6家。1992年开始，丽水地区普通硅酸盐水泥因标号低，立窑生产被逐步淘汰出市场。

2000年9月，灵山水泥厂建立，地址在丽水市莲都区岩泉街道灵山脚下，主要从事熟料磨粉。后更名浙江申华水泥有限公司，采用国内唯一的"高细串选"先进生产工艺，成为一个生产工艺先进、机械设备精良、技术力量雄厚的大型水泥粉磨企业。公司生产的"生华""丽申"牌32.5、42.5级硅酸盐系列水泥被广泛应用在金温铁路、金丽温高速公路、温州人民路改造、丽水金牛大厦、丽水花园路改造等大型、特大型项目建设。公司通过国际标准化认证、ISO 9001:2000质量体系认证和计量检测体系认证，产品获丽水名牌、中国水泥著名品牌和中国市场著名品牌等称号。2003年，缙云红狮水泥有限公司成立，为全市最大水泥生产企业，拥有年产20亿千克和10亿千克高标号水泥磨粉生产线各一条，年产水泥25.35亿千克，在温州、丽水、台州地区享有知名度。2010年，丽水市水泥厂生产水泥28亿千克，工业产值8.09亿元。

石　灰

明末清初，青田县温溪一带利用瓯江运输之利，在瓯江两岸采用乐清湾蛎壳为原料建窑烧制蛎灰，供水稻肥料和腌纸用。民国时期，青田县港头、沙埠和温溪的航船埠、水坎埠、渡船埠等地建有蛎灰窑数10座，从业者100多人。民国5年(1916)，乡绅陈一新在丽水县南乡龙石庄创办鼎丰石灰厂，连续9年获省实业厅一等奖。庆元县隆宫乡源头村灰凹自然村早有乡民开采石灰石烧制石灰供腌纸、建筑、染布，一般年产7—18窑，每窑3.5万千克。民国31年，源头村石灰产量30多窑。民国35年，庆元县石灰厂12家。1949年5月，庆元县解放后，源头石灰矿成为庆元水泥厂的原料矿。民国时期，景宁县包山石灰矿每年临时雇工采烧石灰1—2次，产量甚微。1949年5月景宁解放后，曾兴办景宁石灰厂，"大跃进"时期又兴办包山石灰厂。20世纪60年代初，包山石灰厂下马。1958年，丽水县地质队探明丽水水阁镬灶门有石灰矿，曾组织开采。1959年，停止开采。1966年，恢复青田县水泥生产，投资20多万元，在温溪区金竹坑村开采石灰矿，修建汛桥至矿区公路14千米，购置运输车6辆，从事开采工人50多人，年采量1000万千克。

第二节　建筑制品制造

砖　瓦

东汉时，松阳已有耐火砖厂。西晋元康年间(291—299)，丽水产绳纹青砖。唐代，用砖筑城建塔砌坟。宋代，丽水碧湖已用砖砌塔。南宋时期，处州制瓦业达到鼎盛，青田县人郑汝谐倡导"造瓦易茅"。大溪南北设窑烧瓦，以船寮镇北岸村和北山镇银村为多。据清光绪《处州府志》载，明时处州有砖瓦窑11处。民国15年(1926),丽水县周边平原、保定、瓦窑埠、岚山头等村以烧制砖瓦著称,其中保定土质最佳。民国25年,龙泉城镇水南建成“炮台窑”2座,为李氏两兄弟开设。民国32年,云和县小徐乡瓦窑村建国瓦窑合作社成立。1949年5月丽水解放,各县乡瓦窑颇多,有销即产,无销则停。

1955年,龙泉县砖瓦窑20座,年产青砖50万块。1975年,松阳县赤寿砖瓦厂成立,建有20门轮窑1座,年产红砖能力1200万块,属乡镇集体企业。1982年,丽水县水阁砖瓦厂成立,建有18门轮窑1座,年产红砖能力900万块,属乡镇集体企业。1984年,云和砖瓦厂获浙江工学院、省科技情报站资助,投资32万元,研制免烧水泥化学压制砖成功,1985年12月,免烧水泥化学压制砖技术通过省级鉴定。1986年,云和砖瓦厂免烧水泥化学压制砖技术列入国家科委“星火计划”。1988年,云和砖瓦厂生产免烧水泥化学压制砖97万块。1983年和1985年,乡镇集体企业云和县景山建材厂①和龙泉县查田面砖厂相继建成,分别生产白釉面砖和白面砖。其中云和县景山建材厂建成电热辊道窑2条和多孔煤窑1条,能生产彩釉墙地两用砖花色品种54个。1988年,景宁畲族自治县景山建材厂产彩釉砖9.87万平方米,产品销到杭州、上海、西安、南京、成都、北京等城市,并进入美国市场。1990年,丽水地区生产砖15978万块、瓦333万片,其中村办企业生产砖5892万块和瓦268万片。

20世纪80年代,砖瓦制造企业生产建筑砌块,主要有蒸压加气混凝土砌块、沙石加气混凝土砌块。其间,个体户未经批准而从事建筑砌块生产现象较多。20世纪90年代,松阳县还建有耐火砖厂。

1997年,省政府制定《浙江省新型墙体材料开发利用管理办法》,限制粘土生产。2008年,省政府制定《浙江省发展新型墙体材料条例》,政府加强对发展新型墙体材料管理,将发展新型墙体材料纳入国民经济和社会发展规划,促进新型墙体材料的发展。丽水市砖瓦企业历经多次整顿,数量大为减少。2010年,丽水市砖瓦制造企业14家;生产烧结粘土砖16251万块,免烧砖3598万块,陶质砖116万平方米,瓦148万片,石棉水泥瓦87918平方米,工业产值23983万元。

建筑管桩

20世纪90年代开始,丽水城市化进程加快,以混凝土制品为主的建材行业快速发展。2001年3月,浙江东南管桩有限公司成立,位于青田县温溪镇沙埠工业园区,占地面积3万平方米。公司主要生产PC、PTC预应力混凝土管桩A型及AB型管桩,建有现代化的管桩生产车间2个,流水生产线5条,是丽水、温州及周边地区规模最大的管桩生产企业。公司设计年生产能力90万多米先张法预应力混凝土管桩,应用于工业及民用建筑、高架公路、铁路、港口、水利、桥梁等工程,有单桩承载力高、耐打性好、穿透性强、施工方便和适宜城市环保要求等特点。公司设计年生产能力160万多米先张法预应力混凝土管桩,年产值2.5亿元。通过ISO 9001质量管理体系、ISO 14001环境管理体系、OHSAS-18001职业健康安全管理体系认证。引进生产、检测设备均处于浙江省同行业领先位置,员工300多人,专业技术人员40多人。

① 云和县景山建材厂:1984年,景宁畲族自治县成立后,更名景宁县景山建材厂。

建筑石材

石材是最原始的建材，广泛运用于建房、建堤、建桥、铺路等。缙云县盛产凝灰岩、花岗岩，是丽水主要石材生产地。重点企业有丽水市恩沛新型建材有限公司、宋岩欣金燕石材厂、青田县碎巧石材加工专业合作社。

第三节　陶瓷与玻璃制品制造

陶瓷制造

丽水陶瓷业源远流长。距今4300—3700年，新石器时期晚期至夏商时期，丽水制陶业初步发展。遂昌好川文化遗址出土陶器762件，玉器98件，漆器26件，其中豆、鼎(三足盘)、簋、钵、罐、杯、鬶、盉为随葬陶器的基本组合。陶器数量多，且形态丰富多样，陶豆型式丰富，形制演变轨迹清晰，发展序列明确。器盘下发达的垂棱，器把上流行的圆形以及三角形镂孔是好川文化陶器显著造型特征，也是好川文化陶豆极具自身特点的装饰风格，表明手工业已见端倪。

隋唐时期，丽水县西乡沙岸一带烧造酒缸、染缸、罐缸瓦及瓶、罐、罇、钵等陶器，吕埠坑生产碗、盘、壶、钵、盆、灯盏、纺轮等瓷器。五代时期，龙泉开始生产碗、盆、壶等民间用瓷。北宋晚期，龙泉县金村、大窑、洋游一带有窑40多处，其中大窑、金村窑青瓷生产贡品。南宋继续发展，龙泉县成为全国最大制瓷中心，龙泉县从高际头至垟坳头村沿溪十里，有窑53处。哥窑为全国官、哥、汝、定、钧五大名窑之一，弟窑誉为宋代名窑之一。元代，青瓷产品遍及瓯江两岸，云和县赤石、龙门，丽水县规溪、高溪、碧湖等地有窑200多处。以龙泉为中心，丽水、庆元、云和、景宁、松阳、遂昌、缙云等县均有青瓷生产。明代，丽水、庆元、遂昌、云和、松阳、景宁等地都有制陶工业。清代，青瓷生产逐渐衰弱。

民国6年(1917)，龙泉县建立浙江省改良瓷器工厂。民国10年、11年，龙泉青瓷在美国费城、芝加哥博览会上分别获一等奖。民国26—34年，全面抗日战争时期，交通闭塞，氧化铝短缺，多数瓷窑停业。抗日战争后，龙泉青瓷濒临绝境。

1949年5月丽水解放后，青瓷逐渐恢复生产，丽水县高溪乡沙岸村手工艺人组织陶器生产合作社，后更名碧湖陶瓷厂。1957年，按照周恩来总理“要恢复青瓷生产”指示，浙江省八位专家组成仿古小组，在1958年春天恢复龙泉青瓷第一炉窑。经过50年发展，龙泉青瓷步入一个全新的繁荣期。

2010年，龙泉市有青瓷企业130多家，年产值2亿多元，从业人员3000多人，涌现出徐朝兴、毛正聪、夏侯文等国家级工艺美术大师。遂昌黑陶制作有上千年历史，工艺价值胜于实用价值。

同期，丽水非金属矿物尚有沸石粉、珍珠岩粉等矿石粉加工制造。1985年，缙云县创办东方日用化工厂，专业从事沸石粉、珍珠岩粉等矿石粉加工，产品有珍珠岩保温材料，沸石净水、沸石饲料添加剂，固定资产250万元，员工40多人。

玻璃制品

1968年，地方国营云和县玻璃厂成立，生产医药用玻璃管，并建有安瓶车间。1974年云和县玻璃厂停产。1987年11月，浙江新康药用玻璃有限公司成立，专业研究开发、生产、销售硼硅玻璃管制注射制剂瓶，产品全线覆盖1mi—100mi所有规格型号的硼硅玻璃管制注射剂瓶，管制硅化镀膜注射剂瓶、螺口瓶、凹凸口瓶、卡式瓶、安瓿瓶及各类异形瓶，年产量4亿多支，厂址缙云县壶镇。1988年，缙云县新华药物包装厂成立，专业生产药用玻璃瓶，年销售收入1000万元。1999年5月，丽水市江南艺玻装饰建材有限公司成立，主要生产和加工及销售各种规格工艺玻璃，产品有夹胶、夹丝玻璃、手工精雕玻璃、聚晶玻璃、彩雕玻璃、大理石纹玻璃、热熔玻璃、叠纹玻璃、罗马柱子、电脑车花玻璃、车花镜、热镕镜、特种玻璃等一系列装饰玻璃。2007年，浙江速诚特种玻璃有限公司成立，从事钢化玻璃、中空玻璃、夹胶玻璃、防弹玻璃的生产和销售。2010年，丽水市隆丰饰品有限公司成立，生产玻璃水钻。同年，丽水市江南艺玻装饰建材有限公司成立，从事玻璃加工。

第四节　企业选介

丽水水泥厂

1971年，企业前身丽水建筑公司石灰窑。1971—1980年，企业生产水泥2227万千克，亏损126.7万元。1977年，丽水水泥厂成立，为全民所有制企业，进行第一次技术改造，新建生料圆库2只，简易机窑1座，安装生料球磨机，年生产能力700万千克。1980年，企业研究课题《缙云天然沸石作水泥混合材料的研究》获浙江省人民政府优秀科技成果三等奖。1981年，企业扭亏转盈。1984年，企业进行第二次技术改造。1985年，企业研制成功425沸石彩色水泥(未经过鉴定)。1986年，企业建成彩色水泥车间。1987年，企业获全省水泥企业质量评比第18名(全省112家)。1995年，企业租赁给杭州闲林水泥厂经营。1996年，企业停产。1997年8月，企业破产。

丽水建筑材料厂

1983年，企业前身丽水钢窗厂成立，为浙南唯一专业生产钢门窗、卷帘门等建材厂家，地址设在丽水县水东乡水东村。1986年9月，企业更名丽水建筑器材厂。同年底，再次更名丽水建筑材料厂，生产高级铝镁合金百页窗帘新产品。1987年，与福华机械厂联营，成立铝合金门窗分厂。1988年，成立卷帘门分厂，生产高级铝镁合金百叶窗帘。同年，高级铝镁合金百叶窗帘获全国星火计划展览会评比铜奖和“星火计划”新产品研制三等奖。1994年8月，企业破产，被丽水油泵油嘴厂兼并。

第八章　皮革羽绒制品业

皮革羽绒制品产业是丽水传统特色产业之一。历经50多年的发展，丽水成为全国有影响力的合成革生产基地，皮革生产从手工制革发展到人造革、合成革生产，羽绒及制品从土法加工羽绒及制品生产到机器加工，不仅提高劳动生产率，同时产生“飞雁牌”“艾莱依”等羽绒著名品牌。

丽水制革业始于民国34年（1945）成立的丽水县皮箱店。1949年10月中华人民共和国成立后，皮革业发展缓慢。1978年12月中共十一届三中全会后，丽水皮革业发展较快。

1999年，青田县引进中国亚泰制革有限公司，是一家中外合资非公有制企业，专业生产二层家具皮革。公司位于青田县温溪镇8号工业园区，享有二层皮革业内“二层家具皮革专家”的称誉。2003年，丽水市丽峰制革有限公司建成投产，年产值1903万元。

2005年，丽水市羽绒制品产业规模以上企业工业产值23.41亿元，同比增长30.7%，占全市规模企业7.39%。其中产值超亿元重点企业有浙江艾莱依羽绒制品有限公司、意尔康鞋业集团有限公司、兽霸鞋业有限公司、大事利鞋业有限公司、浙江亚泰皮革有限公司和浙江格瑞斯鞋业有限公司6家，产值16.17亿元。

2010年，丽水市皮革羽绒制品产业规模企业44家，工业产值55.78亿元，比2009年增长19%；营业收入52.46亿元；税收3.91亿元。产值在亿元以上的龙头企业有意尔康鞋业集团有限公司、浙江亚泰皮革有限公司、兽霸鞋业有限公司、大事利鞋业有限公司、名典鞋业集团有限公司、浙江艾莱依羽绒制品有限公司、浙江格瑞斯鞋业有限公司、浙江飞雁羽绒制品有限公司、浙江新丽鞋业有限公司。“兽霸”“格瑞斯”“大事利”“名典”“意尔康”“艾莱依”先后被国家工商总局商标局认定为中国驰名商标。

第一节　皮革鞣制加工

民国元年（1912），丽水县城有大同鞋店和裕兴鞋店。民国3年，青田县鹤城第一家鞋店开业。民国8—9年，董益康鞋店开业，主要生产学生鞋。民国26—34年，全面抗日战争期间，丽水县城内温州商人创办四川鞋店。民国34年，丽水县皮箱店2家，青田县有皮鞋店3家。民国38年，青田县有皮鞋店16家。1950年，丽水城内有鞋店11家。1953年4月，丽水城关制鞋小组成立，生产皮鞋、布鞋。1956年,丽水城关区鞋业生产社成立,生产皮鞋、皮箱、布鞋,使用半机械生产技术。1965年,丽水开始制革生产。1972年,丽水城关区鞋业生产社改制为县属企业,更名丽水皮革橡胶厂。1980年,丽水皮革橡胶厂为省二轻工业厅定点企业,产值198.9万元,利润27.2万元。1984—1986年,丽水皮革橡胶厂与上海皮革协会、上海运动鞋总厂、上海皮鞋二厂、上海皮箱厂进行技术协作联营。1987年9月,更名丽水皮革厂,职工502人,是丽水地区最大皮革制品厂。1989年,与上海畜产品进出口公司联营,挂"申丽皮革制品工贸联营厂"牌子,生产"白云"牌工艺健身鞋。1988年、1989年,"白云"牌工艺健身鞋被评为浙江省优质产品。同时出口苏联、澳大利亚等国。1990年,丽水皮革厂职工449人,占地面积17229平方米,建筑面积11582平方米,固定资产243.08万元,产值303.73万元,利润7.8万元,出口交货值3.47万元。同年,企业被评为丽水地区先进企业。1994年,兼并国有企业丽水螺丝厂。1995年11月,丽水皮革厂被浙江省改革月报社兼并。2000年,丽水皮革厂破产。2000年,丽水成为全国最具影响力的合成革产业基地,初步形成以丽水经济技术开发区合成革产业集聚为核心,青田鞋革业以及合成革深加工为重要支撑的终端产业链,发展高档皮革面料,引进新工艺方法,顺应时尚化、个性化、精品化市场潮流。

皮 革

1965年,浙江省手工业联社投资10万元,扩建丽水城关区鞋业生产合作社皮革车间,开始制革生产。1954年,遂昌皮革厂成立。1966年,遂昌皮革厂扩建皮革车间,鞣制猪皮底革、带革、箱革、手套革、二层革等。1965年,丽水专区"二轻"系统皮革生产企业3家,职工82人。1966年,丽水专区制革(折牛皮)1.26万张。1970年,丽水地区制革2.64万张。1978年,丽水地区制革企业5家,年制革3.29万张。20世纪70年代末,遂昌皮革厂生产上皮革、胶粘皮革。1990年,丽水地区乡以上皮革企业24家,其中"二轻"企业4家,鞣制皮革4.62万张。同期,皮革有牛皮修面革、猪皮软面革品种2个。1993年,丽水市制革厂成立,生产猪皮革。2002年,丽水市制革厂破产。2002年,丽水市丽峰制革有限公司成立,加工牛、猪皮革鞣制。2008年8月,浙江亿欣达合成革有限公司成立,从事皮革鞣制生产,厂址在松阳县。2010年,丽水市从事皮革鞣制加工企业2家,生产轻革41万平方米。

合成革

21世纪,丽水合成革产业由单一的生产结构向制革与制品、皮件、皮革化料、皮革机械、皮革五金等完整的皮革工业体系发展,合成革品种有鞋革、箱包革、服装革、沙皮革和装饰革等,并在技术研发、设备更新、污染控制方面取得不少成效。2002年始,丽水经济技术开发区水阁工业园区引进众多合成革制造企业,有一定规模的产业集群优势,占地约150公顷,集聚合成革生产及上下游配套企业63家,生产线150多条,年产值达80亿元。2010年,丽水市规模以上人造革、合成革生产加工企业45家,工业产值8.03亿元,实现利税8.49亿元,从业人员1.06万人。主要合成革生产企业有浙江闽锋化学有限公司、浙江合力革业有限公司、浙江五洲实业有限公司、浙江联桥合成革有限公司、浙江先丰合成革有限公司、亚泰制革有限公司、浙江华都合成革有限公司、利马革业有限公司。

第二节　皮革制品

皮　鞋

1953年4月，丽水县城关镇制鞋生产合作小组成立，手工业者13人，手工生产布鞋、皮鞋。1956年，丽水县城关镇制鞋生产合作小组发展为鞋业生产合作社，生产皮箱、皮鞋。1956年，青田鞋革厂成立。1969年始，青田鞋革厂以生产皮鞋为主，年产皮鞋5000双。1978年，丽水地区鞋革企业5家，产皮鞋12万双。1984年，丽水皮革厂①先后与上海运动鞋总厂等单位联营，创新皮鞋、运动鞋、牛皮修面鞋、皮箱等生产技术，年产运动鞋16万双，皮箱2.65万只。1990年，丽水地区皮革企业24家，其中"二轻"系统4家，"二轻"企业产皮鞋27.42万双，主要产品有皮制运动鞋、粘胶皮鞋、注塑运动鞋、保暖鞋、公文箱等。1992年始，青田从事皮鞋制造的规模民营企业多家，皮鞋品种式样多，"意尔康""名典""大事利""兽霸"等皮鞋商标被浙江省工商行政管理局公布为浙江省驰名商标。2004年，"意尔康"被国家工商总局认定为全国驰名商标。

2010年，丽水市皮鞋生产企业30家，年生产皮鞋6789万双。主要企业有丽水万邦鞋业有限公司、意尔康集团有限公司、名典鞋业集团有限公司、格瑞斯鞋业有限公司等。其中，"意尔康"多次被评为全国驰名商标，格瑞斯鞋业有限公司相继被评为浙江省行业经营效益最佳企业、浙江省"双文明"企业、中国明星企业，浙江省"五个一批"重点骨干企业。

皮　衣

1988年开始，丽水地区出现从外地购皮加工皮衣出售的个体户。至2010年，丽水市规模以上皮革服装企业5家，青田宝兔皮件服饰有限公司生产天然毛皮服装，年生产皮革服装42.6万件，天然毛皮服装20.4万件。

皮箱及其他皮制品

2000年后，青田县率先出现皮箱及其他皮制品公司，形成皮革制品产业集群。青田钱氏皮件有限公司、青田欧融鞋业有限公司、青田科文鞋业有限公司、青田县国泰鞋材皮有限公司等企业延伸皮革产业链，扩大产业规模，研制生产旅游鞋、童鞋、皮箱、皮带、旅行箱、背包、电脑包、化妆包、拉杆箱等皮具。

第三节　羽绒加工与制品

羽绒加工

1958年，国营丽水羽绒厂进行土法羽毛绒加工，是浙江省首家羽绒加工厂。1980年，丽水羽绒

① 后改为丽水皮革总厂。

厂初具规模。1989年，丽水羽绒厂引进德国羽毛绒加工处理设备，制作羽绒被、羽绒服，年生产加工羽毛绒30万千克。1989年，“二轻”集体企业丽水服装厂更名万象制衣羽绒总厂，生产羽绒服。1995年始，丽水羽绒厂和万象制衣羽绒总厂停止生产羽绒服。1995年7月，丽水市羽绒有限公司成立，从事羽绒及制品生产。2001年，股份制企业浙江飞雁羽绒制品有限公司成立，年生产加工羽绒30万千克。

羽绒制品

1958年，地方国营丽水羽绒厂成立，利用本厂生产的羽毛绒，制作羽绒枕头、羽绒垫被及羽绒被。1974年，丽水羽绒厂生产羽绒被出口日本。1982年开始，丽水羽绒厂生产“天鹅”牌羽绒被、羽绒服装。其中丽水羽绒厂“飞雁”牌羽绒被评为中国名牌产品，畅销日本、韩国。1986年，丽水羽绒厂生产羽绒衣被评为浙江省化工优质产品。1988年，丽水万象制衣羽绒总厂从日本进口设备40多台，生产羽绒服装，获中华人民共和国轻工业部优秀出口产品铜质牌。1987年，丽水雁皇羽绒制品厂成立，以时尚羽绒裤为主产品，持续发展20多年，“雁皇”牌羽绒制品被认定为浙江省名牌产品。1997年，浙江艾莱依羽绒制品有限公司成立，是中国羽绒行业十大功勋企业之一，生产羽绒服装以时尚为主要特点，深受年轻人欢迎，年产羽绒被1.83万条，羽绒服36.16万件，“艾莱依”制品获中国名牌产品称号。同年，丽水雁皇羽绒制品有限公司也专业生产羽绒衣和羽绒被，年产羽绒服装20万件，羽绒被1.8万条。2001年10月，国有丽水羽绒厂破产，转制成为生产羽绒被、羽绒衣的股份制民营企业，更名浙江飞雁羽绒制品有限公司。

2005年，浙江艾莱依羽绒制品有限公司工业产值2.83亿元，比2004年增长145.49%，出口交货值1781万元，增长86.3%，主要产品羽绒服装产量由2004年56.35万件提高到111.22万件，增长108%。“艾莱依”被国家工商行政总局认定为中国名牌称号。

2010年，丽水市羽绒制品工业企业生产羽绒服272万件，产值2.89亿元，主营业务收入2.51亿元，利润0.16亿元。

2010年丽水市皮革羽绒制品工业经营情况一览

表14-8-3-1

类　别	企业数（家）	工业产值（万元）	产品销售收入（万元）	税收（万元）	利润总额（万元）	固定资产净值（万元）	年底职工数（人）
皮革制品制造	35	518047	509464	2515	47281	41382	18105
皮革鞣制加工	1	4042	3508	1	28	323	95
羽毛绒加工及制品	3	28855	25141	49	1554	3937	840
毛皮鞣制及制品加工	1	820	820	2	-12	259	25
人造革、合成革制造	45	802595	738850	17732	67202	188779	10635
合　计	85	1354359	1277784	20300	116054	234680	29700

第四节　企业选介

意尔康鞋业集团有限公司

意尔康鞋业集团有限公司创办于1992年10月，地址在青田县温溪镇。2000年6月升格为国家级无区域集团，从事鞋类生产、设计、开发和销售，员工6000多人。占地面积8公顷，建筑面积11万平方米，固定资产4亿多元，下辖全资子公司6家。公司有现代化生产流水线25条，年生产皮鞋能力1600万双，年开发新样品1万多款，意尔康技术开发中心被评为省级技术中心。建有各省（市、区）区域销售中心35个，开设专卖店或店中店3000多个，并全面导入CIS，实施CSZ程，完善客户服务体系，建立营销服务网络1个。“意尔康”系列皮鞋产品先后被评为“中国真皮标志产品”“浙江省名牌产品”“中国真皮名鞋”。企业为浙江省皮革工业协会理事单位、浙江省皮鞋行业重点骨干企业、浙江省“五个一批”重点骨干企业、首批“浙江诚信示范企业”。2004年11月，“意尔康”商标被评为“中国驰名商标”，2006年被评为“中国真皮鞋王”。2007年，意尔康运动系列和皮具系列商标先后被评为“中国驰名商标”。

浙江艾莱依羽绒制品有限公司

浙江艾莱依羽绒制品有限公司始创于1997年，总部设在浙江丽水。拥有浙江艾莱依羽绒制品有限公司、浙江艾莱依服饰有限公司、上海艾莱依服饰有限公司、上海艾莱依服装销售有限公司、上海艾莱依家用纺织品有限公司、艾莱依（安徽）服饰有限公司6家子公司。艾莱依羽绒制品有限公司拥有各类专业生产设备200多台，年产服装、床上用品45万件（套），产品主要出口到日本、美国、加拿大及西欧等国家。形成以羽绒服装、家纺、女装多品类发展的格局。被评为“中国驰名商标”“中国名牌产品”。艾莱依也是中国服装标准委员会成员，是国家羽绒服标准制定的核心成员之一。艾莱依羽绒服成为中国时尚羽绒服的第一品牌。作为中国羽绒行业十大功勋企业之一，艾莱依凭借突出的设计优势和品牌综合实力，建有2800家全国专卖网点，在沈阳、北京、济南、合肥、武汉、成都等地设立办事处17家。

浙江亚泰皮革有限公司

1999年，浙江亚泰皮革有限公司成立，坐落在青田县经济开发区8号工业园区，是一家中外合资企业，注册资金1060万元，占地面积799公顷，企业员工350人，管理人员39名，其中高级技术人员9人，中级技术人员27人，拥有多种现代化的制革设备和各种性能优越的检测仪器。2007年，公司注册资金增加到1.2亿元，总资产4亿多元，工业产值3.3亿元。公司生产的牛皮新产品声誉良好，是中国十大鞋业集团中的森达集团、哈森集团、金猴集团、长城集团、吉尔达集团、奥康集团的牛皮提供商。另外，公司生产的复鞣牛皮、蓝湿牛皮等产品出口泰国等东南亚国家。

浙江不知慢运动服装有限公司

前身为丽水白云时装厂，始创于1985年。起初从事来料加工，后从事“贴牌”制衣，最后拥有自主服饰品牌“不知”，走出民族品牌创新之路，集服装设计和生产、加工、销售、外贸及慢运动生活服饰为一体。1995年，企业注册“不知”商标，正式运作“不知”品牌。2005年，公司占地面积200公顷。2008年4月，“不知”生产基地正式启用，面积5万多平方米。“不知”商标获“中国知名品牌”“中国著名品牌”“国家免检产品”“浙江名牌”“中国驰名商标”称号，公司被评为“中国诚信企业”“浙江省工商AAA资信企业”。1994—2005年，公司连续12年被评为“浙江省农行AAA级资信企业”。

浙江闽锋化学有限公司

2004年，浙江闽锋化学有限公司成立，是一家专业生产PU合成革、PU树脂企业。公司注册资金6580万元，占地8.4公顷，总建筑面积63000多平方米，拥有四湿三干7条先进的流水生产线和全套合成革深加工设备以及从日本引进的树脂生产设备。公司连续4年产值和税收列丽水开发区首位。2008年，公司产值超6亿元。2009年，公司产值7亿元。2010年，公司产值超8亿元，上缴税收总额首次突破2000万元。公司先后被评为“省诚信企业”“2009—2010年浙江省纳税信用AAA级企业”“浙江省省优秀民营企业”“市节能先进集体”“市节能示范企业”。

浙江五洲实业有限公司

2005年1月，浙江五洲实业有限公司成立，专业生产PU合成革厂。公司注册资本3000万元，总资产2.23亿元，占地12.53公顷，员工700多人。公司拥有自动化程度较高的PU、PVC合成革生产流水线11条以及先进的全套后处理设备，五大系列产品涵盖鞋革、服装革、箱包革、沙发革、装饰革等，年产能力3000万米，年产值5亿元。公司获ISO 9001:2008质量认证、ISO 14001:2009环境认证和IQNet国际认证联盟标志认证。公司先后被评为“丽水市工业企业50强单位”“丽水市诚信企业”“丽水市纳税大户”。

浙江丽水羽绒厂

1958年春，丽水羽绒加工厂成立，属全民所有制企业，为浙江省第一家羽绒加工厂，地址在城关白塔头。1963年，企业迁址到丽水县海潮乡紫金山。1970年，更名浙江丽水羽绒厂，被列为羽绒制品生产定点厂。1974年6月，企业开展羽绒产品出口业务。1985年3月，与省畜产品进出口公司联营，建立工贸联营体华兴羽绒联合有限公司，产品“天鹅”牌羽绒被获浙江省优质产品称号。1986年，“飞雁”牌男、女式羽绒衣获浙江省优质产品称号。1987年，企业被评为省级先进企业，“天鹅”牌真丝绸羽绒获轻工业部优质产品称号，载入日本《世界一流产品大图鉴》。1988年，“天鹅”牌真丝绸羽绒被被中国丝绸博物馆列为馆藏珍品。1989年，企业被评为国家二级企业。1990年，“飞雁”牌羽绒服被评为部优产品。1995年，企业改制为股份制企业，成立浙江飞雁羽绒公司。2000年7月，因经营不善，企业破产。

第九章　塑料制品工业

丽水地区塑料制品业伴随着石油工业发展而诞生。丽水塑料行业始于20世纪60年代。1963年，丽水县城关文具用品生产合作社建成塑料加工车间。1964年1月，丽水县城关文具用品生产合作社塑料加工车间开始生产简单塑料制品。10月，丽水县城关文具用品生产合作社被列为浙江省塑料凉鞋定点生产企业。1965年5月，开始生产全塑料凉鞋。1966年，更名丽水塑料厂。1969年，浙江省遂昌县塑料厂成立，生产销售塑料成型加工、塑料原料调剂。1977年，青田县温溪镇鞋塑厂生产用于化工、电镀等行业液体过滤的微孔介质过滤管，为当时国内首创技术，品种PE和PAC两大类22多个，畅销全国各地。1978年，丽水塑料厂用聚丙稀波纹片代替铝合金片作冷却塔填料降低成本，为浙江省首创。1979年，遂昌塑料厂开始生产塑料管。1980年，丽水塑料厂利润100.01万元，成为丽水地区二轻系统第一家利润超百万元企业。1980年，丽水玻璃纤维厂建成生产流水线，开发新产品蓄电池微孔塑料隔板。1986年，丽水塑料厂兼并丽水第二塑料厂，更名丽水塑料总厂。1988年5月，丽水塑料总厂并入衢化企业集团。同年，丽水塑料总厂生产组装文具盒、清洁桶获国家专利，塑料凉鞋获中国首届鞋饰民意评选金鞋奖，儿童凉鞋被评为全国儿童优秀用品。1989年，儿童凉鞋参加在上海市举办的中国首届儿童用品“百花杯”评选，获优秀设计奖。1990年，“白鹅”牌凉鞋获部优产品。丽水塑料总厂被省二轻工业总公司评为浙江省科技进步优秀企业。1991年始，丽水塑料总厂产品滞销，亏损严重。1993年5月，被丽水市(县级)人民法院裁定破产。

2001年12月，莲都区引进浙江永邦包装有限公司。后塑料行业成为丽水市工业的一大产业。2010年，丽水市塑料制品工业企业制造塑料制品3亿千克。

第一节　日用品与型材制造

日用塑料制品

1963年年底，丽水县城关文具用品生产合作社引进上海塑料加工设备和技术，建成塑料加工车间，生产简单塑料制品。1964年1月，丽水县城关文具用品生产合作社更名丽水县塑料文具社，生产塑料纽扣、发夹、水车板、水车骨等塑料制品。1965年，生产全塑凉鞋。同年，丽水县塑料文具社拆分为丽水县塑料社与丽水县文具社。1966年，丽水县塑料厂成立，职工72人，自有资金9.22万元，生产塑料制品8.8万千克，其中全塑凉鞋11.61万双，实现产值60.1万元，利润16.9万元。1963年，青田塑料制品厂成立。1970年，遂昌城关竹器塑料厂成立。1979年，遂昌城关竹器塑料厂更名遂昌城关塑料厂后，停止生产竹器。

1978年，丽水地区二轻系统塑料制品企业8家，生产聚氯乙烯全塑料凉鞋99.3万双。1980年始，丽水塑料三厂生产文化用品，主要产品为塑料多用卷笔刀。1980年，丽水县塑料厂生产能力扩大到1342万千克，产值615.3万元，利润100.1万元。1983年5月，丽水县塑料厂水晶女童拖鞋获全国儿童生活用品优秀产品奖。1990年，丽水县塑料厂"白鹅"牌凉鞋获部优产品称号，年产塑料凉拖鞋409万双。1998年，丽水县塑料厂被丽水制革厂兼并，停止生产塑料制品。1993年5月，丽水市最大塑料制品生产企业——丽水塑料总厂破产。1998年后，丽水地区民营塑料制品企业逐渐增多。2001年，丽水市塑料制品企业6家，年工业产值24022万元，重点企业为缙云县鸿鑫塑胶制品有限公司、丽水奥圣日用品工贸有限公司。2008年，丽水市日用塑料制品企业15家，其中规模以上企业4家，年产日用塑料制品1923万千克。

2010年，丽水市塑料制品工业企业制造塑料制品3亿千克，其中，规模以上2家分别为丽水奥圣日用塑料制品企业、浙江鑫佳塑业有限公司，工业产值2487万元，从业人员75人。

塑料型材制造

1977年，青田县温溪镇鞋塑厂在上海医药工业研究院帮助下，以高分子聚乙烯为主要原料，生产用于化工、电镀等行业液体过滤的微孔介质过滤管，为国内首创技术，品种有PE和PAC两大类20多个，畅销全国各地。1979年，遂昌县城关塑料厂生产塑料绳、塑料管。1980年，丽水玻璃纤维厂建成生产流水线，摆脱作坊式手工生产，开发新产品蓄电池微孔塑料隔板。同年，丽水玻璃纤维厂投资115万元，扩大微孔塑料隔板生产线和新建电瓶车间。1980年，青田塑料制品厂生产的PE和PAC微孔过滤管获浙江省科技成果三等奖。1981年，丽水玻璃纤维厂电瓶车间投资批量生产。同年，丽水玻璃纤维厂电瓶隔板产量4654万片，比1980年增长15.6倍，产品行销企业500多家，涵盖省市25个。1983年，青田塑料制品厂PE和PAC微孔过滤管获国家经济贸易委员会新产品金龙奖。1987年，丽水塑料总厂投资40万元，与杭州新型建材设计研究院共同研制成功新型建筑用料PVC防水卷材，形成年产100万平方米生产能力，生产塑料水管5万千克。

20世纪90年代，丽水地区根据市场需求，塑料制品生产企业不断开发出新产品。1990年，丽水地区塑料制品企业24家，生产管材5万千克，板材11万千克。1994年，松阳县新兴塑料厂成立，是丽水地区塑料工业设厂时间较早企业，生产聚乙烯制品品种多，吹塑工艺成熟。1995年5月，青田县防腐阀门厂开发出全塑阀门，有防腐蚀、成本低、寿命长的特点，经国家经济贸易委员会鉴定，定位国家级重点新产品。2010年，丽水市塑料管、板、型材生产企业4家，主要生产企业有浙江浙南蓄电池隔板有限公司、青田青鹤塑料管材有限公司，工业产值1.02亿元。

2010年丽水地区塑料制品业工业经营情况一览

表14-9-1-1

类　别	企业数（家）	工业产值（万元）	产品销售收入（万元）	税收（万元）	利润总额（万元）	固定资产净值（万元）	年底职工人数（人）
塑料薄膜制造	5	17901	18781	3	875	5047	258

续表 14-9-1-1

类　别	企业数（家）	工业产值（万元）	产品销售收入（万元）	税收（万元）	利润总额（万元）	固定资产净值（万元）	年底职工人数（人）
塑料板、管型材制造	4	10153	9590	16	769	4490	227
塑料丝、绳及编织品的制造	2	11684	11044	23	705	3183	258
塑料包装箱及容器制造	4	4617	4489	10	485	1663	132
日用塑料制造	2	2487	2487	1	59	198	75
其他塑料制品制造	11	48875	45268	135	4856	15049	737
合　计	28	95717	91659	188	7749	29630	1687

若干年份丽水地区塑料制品工业经营情况一览

表 14-9-1-2

年　份	企业单位数（家）	工业产值（万元）	产品销售收入（万元）	利润总额（万元）	产品销售税收（万元）	从业人员年平均数（人）	固定资产净值（万元）
1997	8	5100	4626	132	610	—	610
2000	7	37922	35875	382	2842	2763	2842
2001	6	24022	23061	-180	6258	1778	6258
2002	6	5896	5538	594	5048	1373	5048
2005	7	14957	13479	289	124787	553	5173
2007	13	30472	23724	2263	303307	1025	7459
2008	20	46367	44179	3089	362960	1587	12083
2009	28	95719	91660	7755	—	1704	—
2010	63	690848	557854	16105	420830	11070	29629

第二节　塑料薄膜与包装袋制造

塑料包装袋制造

1969 年，浙江省遂昌县塑料厂成立，生产销售塑料成型加工、塑料原料调剂，工厂注册资本 60 万元。1980 年，青田玻璃纤维厂更名青田塑料厂，转产塑料制品。同年，青田塑料厂开始生产聚丙烯和编织袋。1985 年，景宁包装材料总厂成立，属民政系统福利企业。1986 年，景宁包装材料总厂工业产值 102 万元。1990 年，生产“三合一”编织袋 4 个大类 8 个品种，成为中国包装协会、中国塑料编织中心、中国北方塑料编织工业集团成员厂。1991 年第一季度，景宁包装材料总厂产值 171.4 万元，税利 17 万元。1990 年，丽水地区二轻集体企业生产编织袋 579.4 万只。2001 年 5 月，松阳县塑料化工厂成立，主要生产编织袋。2001 年，丽水市丽南包装有限公司更名浙江永邦包装有限公司。2007 年，浙江永邦包装有限公司迁址水阁工业区，专业生产塑料编织袋，年产塑料编织袋

7000万只，工业产值7005万元。2008—2010年，丽水市塑料编织袋生产企业2家，年产编织袋76.37万只。

塑料薄膜制造

1985年，青田塑料厂拆分部分资产和人员，建立青田县塑料薄膜厂。1986年，青田县塑料薄膜厂投资72.7万元，扩大薄膜生产能力70万千克。1990年，丽水地区二轻集体企业生产薄膜20万千克。1995年后，丽水地区逐步改制集体企业，集体塑料厂消失，民营经济进入塑料制品工业。2001年，庆元县食用菌塑料制品产值1亿元，占全国同类产品60%以上。2008年，丽水市塑料薄膜生产企业11家，年产薄膜489万千克。2010年，丽水市塑料薄膜制造工业产值17901万元，塑料薄膜制造企业5家，龙头企业为浙江天龙塑业有限公司。

第三节　丽水玻璃纤维厂简介

1970年，丽水玻璃纤维厂成立，属集体所有制企业，是全国微孔塑料隔板主要生产厂家。1971年投产。1985年，企业扩建年产1500万片塑料隔板、25万套塑料电瓶壳生产线，为省二轻总公司生产微孔塑料隔板唯一定点厂家。产品标准被定为省企业标准，产品性能载入《全国新型材料与专用材料》。1987年，与上海天原化工厂签订技术合作协议，建成原料供应基地。同年，与上海上航蓄电池厂联营。1988年，企业年产微孔塑料隔板5065.1万片，产品性能超过轻工业部颁标准，各项消耗达到国家二级企业标准。1990年，企业产品PVC烧结微孔塑料隔板被评为浙江省优质产品。同年，企业占地2.63万平方米，建筑面积0.93万平方米，产值1185.9万元，利润101.1万元。2002年，企业破产。

第十章　纺织缝纫工业

据好川出土陶纺轮表明，4000年前丽水境内已有缝制技术。唐代出现手工纺织品。清代较为发达。清宣统元年(1909)，丽水生产白粗布曾获南洋劝业会奖。民国时期，丽水缝纫业基本为手工作坊。全面抗日战争时期，外地纺织、印染厂随浙江省政府迁入丽水，促进丽水纺织、印染业的发展。

1949年5月丽水解放后，经过公私合营社会主义改造，丽水国营、集体纺织、印染业加速发展，纺织品品种增多。1950年，丽水利用织布公司更名丽水生产救济院，用手拉木机恢复生产。同年，缙云县创办福利社，安置军烈属，经营棉织业。1999年底，丽水地区纺织工业形成棉纺织、丝纺织、毛纺织、化纤纺织、纺织器材等五大类；主要产品有棉纱、棉布、毛巾、兔毛纱、白厂丝、针织服装、丝织品、化纤袜、纺织器材等12个大类。1992年，国家实行市场经济体制后，丽水民营纺织业迅速发展。2010年，丽水市主营收入500万元以上纺织业30家，工业产值438319万元。

丽水缝纫业起源于手工缝纫，后发展为使用机器操作，成为丽水的主导产业。清光绪三十三年（1907），青田县手工缝纫店开业，是丽水地区最早的缝纫店。民国13年（1924），青田县成信缝纫店购进德产"圣枷牌"缝纫机。1949年丽水解放后，缝纫业开始重新恢复生机。1952年，遂昌县成立缝纫生产合作社。后各县纷纷成立缝纫生产合作社。1978年，丽水地区各县服装厂成立后，开始从事代客来料加工，后逐步发展到批量生产服装。2010年，丽水市服装制造企业21家，产值86518万元。

第一节　纺织与印染

纺　织

纺织工业　唐代，处州就有麻布、树皮布，小绫纱、绢、丝绸等家庭手工业产品。清光绪三十一年（1905），处州留日学生在丽水城东隅意山南麓，创办丽水利用织布公司，占地面积5495平方米。有木织机130台、铁木机8台，手工操作生产白粗布，工人300多人。清宣统元年（1909），丽水利用织布公司产品获南洋劝业会奖。

民国3年（1914），龙泉贫民习艺所设织布作业组。民国4年，丽水利用织布公司产品参加巴拿马赛会获农商部奖。民国5年，缙云县五云镇创办厚生股份有限公司，有手拉木机80台，职工150人，经营棉织业，所产"爱国布"畅销城乡。民国11—12年，丽水普利织布厂成立。民国15年，丽水相继创办洽记织布厂、许得生织布厂、许寿珍织布厂和王子祥织布厂。民国21年，丽水县有染织厂65家，以染土布为主。其中，丽水利用织布公司生产布14000匹，仅次于嘉兴禾染织厂，在浙江颇有实力。民国27年，缙云县城及壶镇二处有织布厂10家，布机77架，年产布25000匹。同年，龙泉县开办难民生产自救工厂，设立织袜部，有制袜机20台，职工24人，生产男女袜及童袜。民国28年，丽水县创办永新袜厂。同年，青田县北山人叶成楷在天妃宫独资创办永和布厂，生产双桂花呢、双华达呢，年产9000匹，是最早的青田县机器织布企业。青田县海口创办妇女手工织布合作社，股金20.6万元，社员61人，兼营布鞋。同年，青田县经营土布数十家，其中，青田县生产青元布参加浙江省第五区举办奖赛会，获甲等奖。民国29年，遂昌县创办出征军人家属生产合作社，生产棉布和毛巾。同年，丽水县在梅山金钟庙，创办合作社联合毛巾织造部，生产毛巾。

1949年5月丽水解放后，丽水利用织布公司成为第一家国有工业企业，年生产白粗布8.04万米。1950年，丽水利用织布公司更名丽水生产救济院，用残存手拉木机恢复生产，当年产值15846元，利润563元，税收622元。同年，缙云县创办福利社，安置军烈属，职工46人，手拉木机21台，经营棉织业；云和县创办私营利民布厂，职工13人，铁木织机7台。同年，丽水专区纺织工业产值93万元，棉布产量46万米。1951年，青田县创办私营新兴织布厂；缙云县福利社扩股，更名公私合营缙云棉织厂。1952年，松阳县创办私营郭隆兴织布厂。1953年，公私合营缙云棉织厂拓宽生产新品种，由单一生产厂布和白布，发展到生产凤凰呢、斜条、元纱呢、首进呢等新品种12种。1954年，青田新兴织布厂创办，由旅日华侨柳玉春投资2000元，购置旧铁机12台，职工增加到40人。1954年，丽水生产救济院再次更名丽水生产教养院纺织部。1956年，丽水生产教养院纺织部合并丽水搬运染织厂、丽水生产自救社、祥记染织厂等小企业10家，组建公私合营丽水棉织厂，手拉木机32台，职工36人，增添染色设备，生产白土布、平条布、改良布、白斜纹等棉织品10多种，当年产值20万元。1956年，缙云县成立公私合营缙云棉织厂，由私营小棉织厂8家合并而成；松阳县公私合营郭隆兴织布厂更名松阳棉织厂；青田县成立公私合营新兴织布厂。同年，各县纺织工业产值164万元，棉布产量95万米。1959年，丽水棉织厂更名云和棉纺织厂。

1961年始，各县调整工业结构。1962年，云和棉纺织厂再次更名丽水手工业联社针织合作社，年底停产。同年，龙泉棉织工会转产，缙云棉织厂停办。1965年，丽水手工业联社针织合作社复厂，更名丽水县染织厂，为集体所有制企业。1965年，创建龙泉纺织器材厂，属龙泉县二轻集体企业，职工52人，当年产值6.32万元。1970年，丽水县染织厂转为全民所有制企业。1974—1978年，丽水县染织厂亏损16.72万元。

20世纪70年代后期，淘汰铁木织机，改换自动棉织机。1983年，丽水县染织厂新建织造车间。1986年，丽水县染织厂漂染车间并至丽水毛巾厂。1988年6月，丽水市（县级）染织厂接收龙泉木材厂全套针织设备，新建针织车间。1989年11月，龙泉住龙纺织器材配件厂成立。1990年，丽水地区规模以上纺织企业51家，其中全民所有制企业8家，职工人数6399人，工业产值11053万元，占全区工业产值的9.6%；生产棉布1527万米，棉纱287.7万千克，白厂丝9.1万千克，丝织品34万米。

1993—1995年，松阳县尝试建设浙南纺织城而未能成功。1994年2月至1999年12月，丽水地区新增纺织企业7家。1995年，丽水县染织厂被天帆毛巾集团兼并。

2000年始，丽水毛巾厂、丽水纺织厂、丽水棉纺厂、丽水纱厂、丽水针织厂相继改制，私营纺织企业快速崛起，成为丽水纺织行业主导企业。2010年，丽水市主营收入500万元以上纺织业30家，工业产值438319万元，大中型纺织业5个，工业产值133539万元。同年，丽水市纺纱758.8万千克，布10916.58万米。2000年3月至2010年，丽水市新增纺织业74家。

2000—2010年丽水地区纺织业情况一览

表14-10-1-1

内 容	2000年	2001年	2002年	2003年	2004年	2007年	2008年	2009年	2010年
数量（家）	3	5	6	5	18	25	29	28	30
产值（万元）	9874	15927	20183	31729	102500	198374	254675	305562	438309

印 染

清初，福建大批移民迁至丽水，在山区广泛种植靛青，促进印染业发展。19世纪中叶，机器织布业随西方文明进入丽水，靛青种植及印染业逐渐衰落。民国21年（1932），丽水染织厂、坊70多家，缙云县24家居首，均以染土布为主。民国28年，青田染坊30多家，先用靛青染色，后用化工原料染色。民国26—34年，全面抗日战争时期，浙江染织厂、浙东纺织公司第二厂、省赈济委员会难民染织工厂、省建设厅织布厂和丝绸厂、省地方银行毛巾厂、省手工业指导所染织改进场、龙昌利记线织厂等随浙江省政府迁至云和县、龙泉县、松阳县。同时，新创办丽水水南染织厂和丽水纺织示范场。1950年，龙泉县建立棉织工会，从事染织业。1965年，丽水棉织厂恢复生产，更名丽水染织厂。后纺织和印染逐渐融为一体，独立印染行业不复存在。

第二节　缝　纫

清光绪三十三年(1907)，青田开设手工缝纫店。民国13年，青田县成信缝纫店购进德产“圣枷牌”缝纫机。民国19年，温溪林万丰缝纫店购进日产“胜利牌”缝纫机，缝纫机渐趋普遍。民国20年，青田、缙云、松阳、遂昌、云和等县成衣铺910家，从业人员3635人，年产成衣34.54万件。

1949年5月丽水解放后，缝纫业开始重新恢复生机。1952年，遂昌县成立缝纫生产合作社，社员60多人。1953年，丽水城关区供销合作社缝纫小组改组为城关区服装生产合作社，同年，庆元县建立服装生产合作社，社员59人。1954年，青田县鹤城镇成立缝纫生产合作社，社员35人。同年，缙云县五云成衣生产合作社成立。1955年，云和县组建城关缝纫社。1959年，云和城关缝纫社改组为云和县服装厂。

1965年，丽水地区服装(缝纫)生产合作社25家，职工1048人，工业产值303万元(1957年不变价)，利润3.5万元。1968年11月，缙云县五云成衣生产合作社更名缙云县服装制帽厂。1972年，丽水城关服装生产合作社更名丽水县服装厂。1976年，庆元县服装生产合作社更名庆元县服装厂。1977年，遂昌县缝纫生产合作社第一、第二服装社合并，更名秀昌服装厂。1978年，庆元县机绣厂成立，生产绣花床上用品和绣花童装。同年，青田县鹤城镇缝纫生产合作社更名青田县服装厂。

1978年，丽水地区服装厂(社)17家，工业产值502万元，利润13.6万元。各县服装厂成立后，开始从事代客来料加工，后逐步发展到批量生产服装。1982—1983年，丽水县服装厂、缙云服装制帽厂相继生产出口服装。其中，丽水县服装厂主要生产衬衫、风衣、全毛军装、童装、羽绒服装等出口产品，外销美国、日本、英国、法国、德国、俄罗斯、沙特等国家和地区40多个；缙云县服装制帽厂生产短裤、游泳裤、运动裤、男女西裤、睡袍、阿拉伯袍、加拿大饭单、连衣裙、童装等出口品种23个，外销日本、美国、德国、荷兰、阿拉伯、科威特、瑞典、丹麦等20多个国家。1978年，缙云县服装制帽厂更名缙云县服装厂。1989年，丽水市(县级)服装厂更名浙江万象制衣羽绒总厂。

1990年，丽水地区乡(镇)以上缝纫企业23家，其中全民所有制企业2家，工业产值4076万元。2000年，丽水市服装、纤维品制造企业5家，产值4872万元。2004年，丽水市服装制造企业11家，产值21301万元。同年，丽水市外贸出口纺织服装10495万美元。2007年，丽水市服装业制造企业18家，产值66991万元。同期，丽水市外贸出口纺织服装14604万美元。2009年，丽水市纺织企业28家，产值305562万元，纺织服装制造企业21家，产值62354万元，其中针织、编织企业3家，产值23668万元。6月15日，丽水参加第20届哈尔滨国际贸易洽谈会，引进服装行业2项，投资总额1.1亿元。2010年，丽水市服装制造企业21家，产值86518万元，其中针织编织企业4个，产值24189万元；棉、纤维企业4个，产值3079万元。同年，丽水市服装制造业主营收入500万元以上服装、鞋、帽制造企业24家，缝纫机356.88万架，工业产值166081万元。

2010年丽水市纺织工业情况一览

表 14-10-2-1

单 位	工业企业数（家）	从业人员（人）	工业产值（亿元）	规模以上企业产值(亿元)	税收（亿元）
市 直	22	—	3.82	3.82	—
莲都区	88	2079	3.76	3.54	0.24
龙泉市	1	22	0.10	—	0.01
云和县	6	52	0.02	—	0.01
遂昌县	117	621	0.59	—	0.03
松阳县	121	2494	3.97	3.15	0.12
缙云县	62	1585	3.71	3.27	0.32
合 计	417	5053	15.97	13.78	0.71

第三节　企业选介

丽水棉织厂

清光绪三十一年(1905)，企业前身利用实业织布公司，属全民所有制，主要生产白细布一类低档棉织品。1949年，企业改建为生产救济院。1954年，更名生产教养院纺织部。1956年，合并搬运染织厂、生产自救社、祥记染织社等10家厂，建成公私合营丽水棉织厂，为全民所有制企业。1959年，更名云和棉织厂。1962年，再次更名丽水手工业联社针织合作社，年底停办。1965年，丽水手工业联社针织合作社复厂，更名丽水县染织厂，为集体所有制企业。1970年7月，企业转为国营企业。20世纪70年代后期，企业淘汰铁木织机，改换自动棉织机。1983年7月，企业新建织造车间。1986年，企业漂染车间并入丽水毛巾厂。1988年6月，接收龙泉木材厂全套针织设备，新建针织车间。1992年，丽水五金电镀厂并入。1995年，天帆毛巾集团兼并丽水棉织厂。

丽水毛巾厂

1969年，丽水地区针织厂成立，属全民所有制企业。1970年初投产，有织机48台，职工222名。1973年，数学家华罗庚到厂指导推广优选法。1977年3月，企业划归丽水县管辖。1979年，“3607”提花枕巾获浙江省、轻工业部优秀设计奖。1980年3月，更名丽水毛巾厂。1981年，“金鸡”印花毛巾获浙江省优秀设计奖。1982年，“双龙戏珠”印花枕巾获浙江省优秀设计奖。1984年，枕巾包装盒获华东地区包装装潢优秀设计奖。1987年，企业新增国内最先进的松式毛巾后处理联合机。“双帆”牌444中条巾，获浙江省优质产品称号。1888年，企业被评为省级先进企业，“双帆”牌444中条巾获轻工业部优产品称号。1995年，兼并丽水棉织厂，更名天帆毛巾集团。1998年，企业申请破产重组。1999年年初，企业解散重组，更名浙江丽水经纬家纺有限公司。2003年6月，公司解散。

第十一章　食品工业

食品工业曾经是丽水主要工业之一。民国前期，丽水城区有锦华馆等名菜馆。民国 26—34 年（1937—1945），全面抗日战争期间，聚丰园、香雪楼等中西式菜馆从外地迁入丽水，一时生意兴隆。1949 年中华人民共和国成立后，丽水食品工业从小到大，发展曲折。随着其他行业快速发展，食品工业位置逐步后移。2001 年，丽水食品工业产值占全部工业产值比重仅为 13.2%。

2005 年，丽水市规模以上食品工业产值 7.44 亿元，其中农副食品加工业产值 4.07 亿元，增长 20.52%；饮料制造业产值 2.66 亿元，增长 6%。作为浙江省食品百强企业之一的燕京啤酒（浙江仙都）有限公司工业产值 1.58 亿元，占饮料制造业规模以上企业产值 59.4%。9 月，丽水市组团参加在宁波市举办“2005·中国食品博览会”，参会企业 23 家，产品 100 多种，丽水参展团获最佳组织奖和最佳设计奖，被推荐参加“2005·第十四届中国国际（上海）食品和餐饮业展览会”。

2010 年，丽水市主营业务收入 500 万元以上农副食品加工企业 41 家，其中食品企业 16 个，饮料企业 25 个，工业产值 5.07 亿元。

第一节　食品加工制造

粮油加工

旧时，丽水舂米磨面，采用人力、水力或畜力，使用木碓、水碓、石碓等碾米工具。米店砻间手砻碾米。莲都区碧湖溪边排列水碓 7 座，俗称“七星碓”。民国 14 年（1925），丽水县潘作廷米厂成立，首次使用柴油机碾米。民国 15 年，缙云县壶镇电灯砻碾磨股份有限公司成立，兼营稻谷、小麦加工，数年后歇业。同年，松阳华阳电灯公司成立，主营供电晚上照明，兼营碾米业务。民国 22 年，松阳县创办古市碾米发电厂。民国 27 年 9 月，省建设厅在碧湖霞江埠创办富民磨粉厂 1 座，采用半机械化生产，是丽水第一家面粉厂。民国 31 年，全面抗日战争期间，古市碾米发电厂停办。民国 32 年，缙云县壶镇建公益碾米厂成立。民国时期，丽水县城内就有机器碾米厂 7 家。

1949 年，松阳县私营利生米厂成立。同年，庆元县私营民生米厂开业投产。1950 年，筹办缙云私营裕民碾米厂和国营缙云电米厂。7 月，丽水粮食支公司成立国营粮食加工部，接管私营利民米厂。1951 年，景宁县集资创办电力锯木碾米厂，庆元私营碾米厂成立。同年，丽水专区粮食加工厂 21 家，其中国营粮食加工厂 2 家，公营粮食加工厂 4 家，私营粮食加工厂 13 家，公私合营粮食加工厂

2家，资本46442万元（旧币），碾米设备9台，磨粉机3台。1952年10月，缙云县私营群力机器榨油厂成立。1953年，庆元私营新生米厂成立。1956年，各县私营加工厂实行公私合营，其中丽水县就相继建成丽水县油脂公司、丽水县榨油厂、丽水县豆制品厂，并在城内和碧湖建立公私合营米厂各1家。1957年，青田县榨油厂成立。后丽水、云和、龙泉、缙云县榨油厂相继建立。1958—1974年，各县先后建成小型面粉加工车间。1975年，遂昌面粉车间成立，年加工面粉能力500万千克。1976年，丽水地区大米加工厂24家，年加工大米能力11950万千克。1978年，丽水粮油化工厂建成味精车间，年产味精加工能力25万千克。1983年，丽水味精厂单独建成。1984年，丽水粮食加工厂建成面粉车间，年产面粉加工能力1000万千克。

1990年，丽水地区粮油加工企业28家，年产大米加工能力12500万千克，加工量4938万千克；年产面粉加工能力2860万千克，加工量1533万千克；年榨油生产能力2400万千克，油脂加工量170万千克，其中，食用植物油130万千克，非食用植物油38万千克。1992年7月，成立浙江纳富特生物科技有限公司成立，投资300万元。2006年7月，浙江丽水山茶油开发有限公司成立，开始加工制造植物油。

糖果、糕点和罐头加工

清道光三十年（1850），俞锦泰糕饼店成立。民国31年（1942），杭州、绍兴等地著名糕点茶食商店相继迁至云和县，仅云和县箬溪镇就吸纳"冠味园""稻香村"等合股及独资经营企业8家。

1956年，丽水县城内泰康、张天泰、沈颐和、莲城、赵新记、顺和斋、艾得斋、合和斋、昌林等糕点店9家合并为公私合营丽水食品商店。同年，遂昌、青田等县私营食品商店，通过公私合营，相继更名遂昌糕饼店和青田县鹤城镇食品复制生产合作社。庆元县筹建食品综合加工厂。1958年，缙云县食品厂、龙泉县食品厂、遂昌县第二食品厂相继成立，丽水食品商店、青田县鹤城镇食品复制生产合作社分别改制为国营丽水食品厂、青田县食品加工厂，改手工制作为半机械化生产。1962年，云和食品厂建成投产。20世纪60年代，各县食品厂生产糕点、糕饼，主要生产设备为大案板、成型木印模、木炭烘炉。

1978年，丽水细菌肥料厂转产水果罐头，生产糖水桔子、杨梅、梨、李子、黄桃和原汁鲜笋、清水马蹄等罐头。1985年，丽水细菌肥料厂更名丽水市罐头食品厂。1979年，龙泉食品罐头厂成立，生产酱酒和酱菜。1982年，庆元县罐头食品厂成立，为县属乡镇集体企业，生产清汁笋、草菇、桔子、猕猴桃等罐头，年生产能力200万千克。1988年，庆元县罐头食品厂"石龙"牌清汁笋获浙江省优质产品，当年出口创汇40万美元。同期，遂昌新路湾罐头食品厂、龙泉县罐头食品厂、缙云县罐头食品厂、处州罐头厂相继成立。1989年，丽水地区罐头产量创历史水平，产量799.7万千克。

1983年，丽水食品厂饼干中型机械化流水生产线建成投产。1990年，丽水商业局系统食品企业生产糖果20.7万千克，糕点60.7万千克，面包0.7万千克，饼干47.1万千克。1990年，全国食品市场疲软，丽水地区生产罐头333.7万千克，同比下跌58.3%。

1995年，浙江景宁大自然食品有限公司成立。1997年12月，浙江景宁大自然食品有限公司被批准为自营进出口企业，成为省级农副产品加工龙头企业、省级绿色企业。1997年12月8日，丽水市鸿达利食品有限公司成立。2002年12月，浙江六江源绿色食品有限公司成立，产品主要供应杭州市、上海市、丽水市等地。2002—2006年，浙江景宁大自然食品有限公司产品连续五年被评为浙江省农业博览会优质奖、金奖，“南野”牌产品被评为浙江名牌产品，产品主要出口日本、美国及欧盟、东南亚等国家和地区10多个。2010年，浙江景宁大自然食品有限公司新增产值5400万元，出口创汇367万美元。

肉蛋加工

1954年，缙云县食品经营组成立，加工生产火腿，年产火腿3000只。1957年，缙云县火腿厂成立。1963年，缙云县火腿厂生产出口火腿。1981年，缙云县火腿厂生产“金华火腿”获国家金质奖。1985年和1990年，缙云县火腿厂生产的“金华火腿”连续两次通过复审，获国家金质奖，年生产能力火腿7万只、23万千克，咸肉60万千克，香肠制品3.8万千克。1983年，丽水冷冻厂建成投产，每班屠宰能力500头，冷库容量50万千克，年加工冻猪肉185万千克。1990年，丽水地区商业系统加工冻猪肉88.3万千克，肉制品39.6万千克，蛋制品2.27万千克。后丽水地区深化市场经济，食品肉类企业进行改制，鼓励民营企业参与竞争，由市场调节数量。

食用菌加工

旧时，龙泉县、庆元县、景宁县采用天然木料加菌种培育香菇类食用菌，产量很低。1985年6月，庆元县人造菇木露地栽制香菇成功。1990年，庆元发展段木香菇736立方米，代料香菇30334万袋。1991年5月，庆元香菇市场动工兴建，当年销售香菇410.2万千克，销售收入1.72亿元。1993年，扩建庆元香菇市场第二期工程。7月，采用野竹荪和引进国外灰树花纯种，进行人工栽培成功。1994年11月，在庆元县举办国际香菇生产暨产品研讨会，20多个国家和地区参会。1998年，庆元县“百山祖”牌干香菇被评为浙江名牌产品。

1999年3月，浙江英标菇品有限公司成立，主要生产经营香菇、黑木耳、灰树花等食用菌。2005年，丽水市食用菌产值12.5亿元。2010年，丽水市生产冷冻食用菌食品50万千克。2006年10月，在庆元工业园区成立浙江大山合菇业有限公司。2010年7月，庆元大山合菌物科技有限公司成立，投资1000万元，从事食用菌产品出口，是一家从事种植加工提取的高科技企业。同年，庆元县被授予中国食品菌产业基地，食用菌行业产值47115万元，其中庆元大山合菌物科技有限公司出口创汇400多万美元。2010年年底，莲都从事食用菌生产1500户，种植300万袋，到外地开发1400户，种植5500万袋，产值4.05亿元。

蔬菜加工

20世纪80年代前，丽水蔬菜加工一直采用传统手工腌制蔬菜。后逐渐发展成蔬菜加工业。1992年，丽水地区制菜企业28家，产值6488万元。同年，丽水高山农夫农副产品开发有限公司成立，开发“高山农夫”品牌蔬菜制品，主要销到上海、杭州等地。2001年，丽水高山农夫农副产品开发有限公司销售产量90万千克，其中腌制品175万千克，烘干制品3.5万千克，销售产值900万元，带动种植专业户3000户，受益面积533多公顷，增收800万元。2009年5月，丽水市一草堂生物科技有限公司成立，投资80万元，生产饮料、冻菜产量140万千克，产值200多万元，产品销到浙江、福建等省。2010年，丽水市形成龙头企业带动市场运作的产业化格局，主要企业有富来森集团有限公司、天和食品有限公司、浙江纳富特生物科技有限公司等。遂昌、庆元、龙泉形成区域性的笋竹食品加工产业。莲都、云和、缙云、松阳、青田从原料收购到坯料加工到成品生产，形成系列化、专业化、聚点成块的产业发展格局。

第二节　酿酱制品与饮料

酿　酒

丽水民间有制曲酿酒传统。隋唐时期，丽水家庭酿制黄酒较为普遍，大多为自酿自用。后私人开办酱油作坊，酿酒兼制酱，自产自销。宋代，丽水名酒“金盆露”以醇著称，蜚声一时。宋田锡《曲本草》、元宋伯仁《酒小史》均有记载。民国22年(1933)，丽水生产黄酒35.8万千克，糟烧1.1万千克。民国28年12月，青田县抗日自卫会拨付1500元法币，在北山区妙后乡创办青田酒精厂，年产酒精4536千克。同年，青田酒精厂生产酒精参加浙江省第九区特产展览会，获甲等奖。民国31年，日本侵略军进犯青田县城时停产。

1950年，松阳县人民政府接管杨国书酒坊，改建为地方国营松阳酒厂。同年，云和县城镇酒业零售商集资筹建私营联大酒厂。1951年，丽水县碧湖新建火柴盒片厂增设黄酒车间。1952年6月，丽水县碧湖新建火柴盒片厂黄酒车间划归丽水县专卖事业分处，成立丽水县专卖事业分处丽水酒厂。1954年，更名国营丽水酒厂。同年，缙云县城关、壶镇、新建三镇酒业联营社成立。1955年，公私合营景宁酒厂成立。1957年，庆元酒厂成立，由庆元县二家公私合营酒厂合并而成。同年，青田县酱油加工厂成立，开始酿酒，后更名青田县酒厂。

1957年，各县经委系统酿酒企业9家，职工156人，固定资产5.93万元，产值138万元，税收11万元，利润9万元。1958年，公私合营企业转为地方国营，云和、景宁、青田和庆元等酒厂更名酿造厂。1959—1961年，各县粮食减产，原料紧缺，部分酒厂采用金刚刺①根、金樱子等野生植物酿制白酒。1960年，云和县私营联大酒厂公私合营。遂昌县私人联营的遂昌酒厂公私合营后，更名遂昌酒厂。庆元县开办公私合营玉源酒厂和曹岭酒厂。1977年9月，丽水酒厂啤酒车间投产，年产90万千克。1979年始，丽水酒厂啤酒车间连续扩建工程四期，年产啤酒能力3000万千克。1981年9月，丽水酒厂啤酒车间更名丽水啤酒厂。1982年，龙泉酿造厂新建花色酒车间，生产猕猴桃酒、特佳酿等瓶装酒10多种。1985年，龙泉酿造厂增建年产500万千克啤酒车间。1986年，松阳酒厂年产500万千克啤酒生产线投产。1987年，松阳啤酒厂成立。同年，丽水酒厂酿酒企业通过技术改造，采用液态法生产白酒，黄酒生产半机械化。1990年，丽水酒厂职工75人，固定资产原值84万元，产值131万元，税收5.6万元。1998年，丽水啤酒厂改制成为浙江碧湖啤酒有限公司。

1995年，景宁畲族自治县鹤泉酒厂成立，生产畲乡特产“山哈”酒。1997年3月，浙江省青田瓯中啤酒有限公司成立。1998年9月，丽水市酒厂成立。2000年9月，青田名光酿酒厂成立。2003年7月，青田鹤泉酒厂成立。同年9月，青田稼泷食品有限公司成立。2004年2月，松阳县万泉酒厂成

① 金刚刺：又名黑刺菝葜，短梗菝葜，为攀援状木质藤本。根茎块状，褐色。生于低山灌丛或山谷沟岸。金刚刺是医学中药名称，为百合科植物短梗菝葜的根茎，可除风湿，活血，解毒、镇惊、息风，抗癌。

立。2004 年，浙江碧湖啤酒有限公司被收购，改为燕京啤酒浙江丽水有限公司。2009 年 8 月，景宁百岁门酒业有限公司成立。1995—2010 年，丽水地区新增白酒制造业 10 家、黄酒 8 家、农副食品加工企业 7 家、啤酒企业 4 家。

酱制品

清咸丰年间（1851—1861），丽水县碧湖沈颐卿酱酒坊有酱缸 80 口。清光绪元年（1875），丽水县城内酱园弄有王氏允和、久和、万丰酱油作坊 3 家。清光绪二十年（1894），丽水县城三作坊有酱缸 100 多口，年产酱油约 2000 担（折合 10 万千克），销至各县。清光绪年间（1875—1908），龙泉县杨祥和生产的酱笋畅销上海、苏州。缙云县制酱业 7 家，兼营酱菜。民国 19 年（1930），丽水县碧湖老广和酱园酒坊雇工 20 多人，生产酱油和酒销至各县。民国 28 年，丽水县生产酱油 1 万担（折合 50 万千克）。

1956 年 2 月，缙云县新建酒业联营社并入县土产合营处酿酒部①，更名公私合营缙云酿造厂，设立酱菜车间，酱制蔬菜。1958 年，缙云酿造厂酱菜车间生产酱菜 1 万千克。同年，缙云城关成庆、应益泰、太乙酱作坊合并为公私合营成庆酱园酿造厂。1958 年 10 月，成庆酱园酿造厂投产后，更名公私合营缙云酱油厂，占地面积 13171.63 平方米。1960 年，龙泉县城镇酒联处、新生、源顺美、源泉酱酒作坊合并为公私合营龙泉酿造厂。

1963 年，丽水县建成公私合营丽水酱油厂，年产酱油 30 万千克，双缸酱油为传统产品。1964 年始，增加生产米醋、腐乳、豆豉、酱菜等品种。1979 年，龙泉食品厂成立，生产酱油和酱菜。1983 年，丽水酿造厂（商办）扩建酱油生产线，年产酱油 300 万千克。1998 年 10 月 14 日，缙云酱油厂破产。2001 年 2 月，丽水市鱼跃酿造食品有限公司成立。3 月 4 日，丽水市恒丰酿造有限公司成立，从事酱油、醋制造。2002 年 6 月，遂昌应村山珍笋有限公司成立。8 月 2 日，松阳县石笋泉酿酒厂成立。9 月，缙云宝来丽食品有限公司成立。2005 年 10 月，丽水市云然食品有限公司成立。2007 年 8 月，丽水市聚草堂参茸有限公司成立。20 世纪 90 年代，酱制品企业实行改制，由个体私营企业生产，具体情况无统计。

饮　料

1980 年，丽水罐头食品厂、龙泉县饮食服务公司成立，生产汽水。后丽水地区各酒厂建成汽水生产线，其中遂昌县蜜饯厂生产可乐姜晶、仙桃精、银耳精等固体饮料。1983 年 10 月，缙云县华新饮料厂成立，属区办乡镇集体企业，年产汽水、汽酒、可乐等饮料 100 万千克。1987 年，缙云啤酒厂成立。1990 年，丽水地区酿造和饮料企业 31 家，产值 2303 万元，生产饮料和酒 3830 万千克。

1992 年，丽水地区有饮料和酒生产企业 21 家，产值 5925 万元。其中饮料制造企业 60 家，产值 18065 万元；无酒精饮料制造企业 9 家，产值 515 万元；其他饮料制造企业 9 家，产值 516 万元。后丽水地区饮料制造企业逐年减少。2001 年，丽水市仅剩饮料制造企业 2 家，为历史最少，产值 12937 万元，工人 865 人。后丽水市饮料制造企业又开始增多。2004 年，丽水市饮料制造企业增加到 9 家，产值 25075 万元，增长 28.1%。同年 9 月 10 日，丽水食品行业协会成立，参加企业 50 家，各类食品、副食品企业 1300 多家。

---

① 原城关酒业联营社。

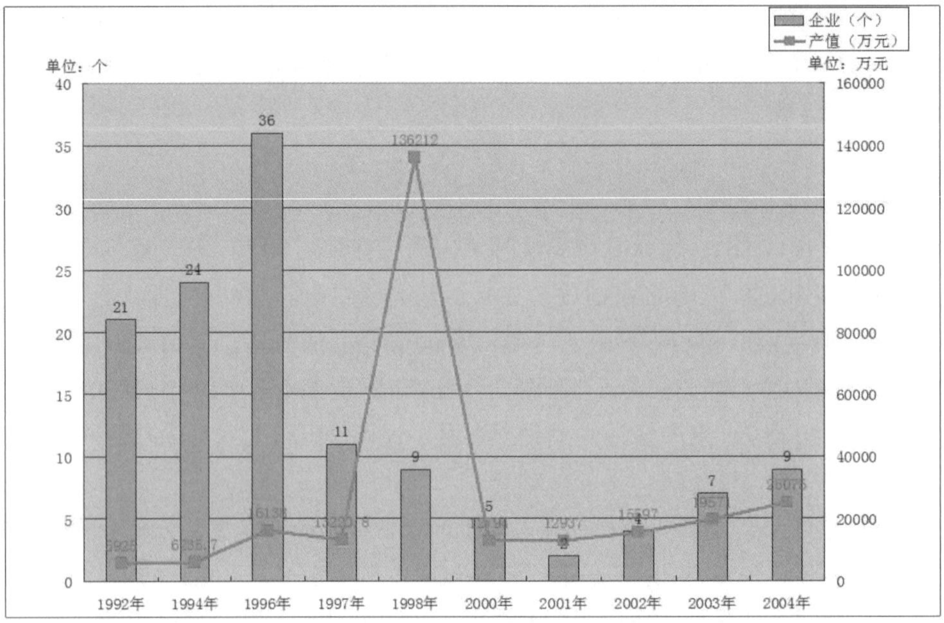

图14-11-2-1　　1992—2010 年丽水地区饮料和酒类制造企业生产情况

2005 年，丽水市饮料制造业产值 2.66 亿元，增长 6%。2006 年，燕京啤酒（浙江仙都）有限公司产值 1.58 亿元，占饮料业 59.4%，成为浙江食品百强企业。2007 年，丽水市饮料制造企业 12 家，产值 4.1 亿元，工人 1646 人。2008 年，丽水市饮料制造企业 17 家，产值 5.5 亿元，工人 1728 人。2009 年，丽水市饮料制造企业 21 家，产值 7.37 亿元。2010 年，丽水市饮料制造企业 25 家，产值 8.47 亿元，工人 2823 人。同年，丽水市啤酒产量 2.26 亿升。

2010 年，汇源（云和）饮料食品有限公司成立，总投资 4990 万美元，建成 18000 瓶/小时的纯净水生产线、36000 瓶/小时的克郎斯生产线、2000 包/小时乐惠生产线、43200 瓶/小时的 470 毫升无菌灌装生产线，年销售收入 10 亿元，税收 6000 万元，产品为果蔬汁、饮料、果汁奶、咖啡饮料植物蛋白饮料等，投资方为汇源北京控股有限公司。同年，青田县引进顶新国际集团“康师傅”品牌德国自动饮用水生产流水线，年产饮用水 1000 万箱，主要销到金华、丽水、温州、台州等地。

2010 年丽水市食品工业情况一览

表 14-11-2-1

县　别	工业企业数（家）	从业人员（人）	工业产值（亿元）	规模以上企业产值（亿元）	税收（亿元）
莲都区	187	1579	4.52	2.94	0.42
龙泉市	34	1700	5.30	4.70	0.31
青田县	1176	581	37.65	16.79	2.67
云和县	553	1397	0.83	0.28	0.49
庆元县	150	1357	6.21	4.99	0.39
缙云县	178	1648	3.40	2.60	0.14
遂昌县	242	886	1.20	0.18	0.07

续表 14-11-2-1

县　别	工业企业数（家）	从业人员（人）	工业产值（亿元）	规模以上企业产值（亿元）	税收（亿元）
松阳县	1145	6136	14.9	6.56	0.60
景宁畲族自治县	30	450	0.70	0.60	0.08

第三节　企业选介

丽水市鱼跃酿造食品有限公司

丽水市鱼跃酿造食品有限公司是丽水市的浙江老字号企业，也是丽水市规模最大的酱油、食醋、黄酒、白酒生产厂家。民国8年（1919），丽水实业家应德生在丽水县城西园庙弄10号创立“德生酱园”。民国25年，更名公孚化工厂，主要生产“三钟”牌酱油、酒类、酱菜和肥皂。民国37年，公孚化工厂更名祥兴化工厂，将“三钟”牌发酵产品更名为“鱼跃”牌，将“三钟”牌化工产品更名“凤凰”牌。1956年，祥兴化工厂与仁和酱油厂、李春茂酱油厂、洪孚作坊合并，成立公私合营丽水化工厂。同年，分离出“凤凰”牌化工车间，搬迁至金华地区兰溪县。1963年，丽水化工厂扩大规模，搬迁至丽水县海潮紫金山，更名丽水县酱造厂。后丽水县酱造厂一直从事酿造产品生产。1980年，丽水县酱造厂更名丽水县酿造厂。1985年，向国家商标局申请注册“鱼跃”牌商标。1986年，成功注册“鱼跃”牌商标。1987年，“鱼跃”牌酱油和米醋获浙江省工业展览会“玉兔”奖。2000年，丽水县酿造厂更名丽水市酿造厂。2001年，丽水市酿造厂改制，更名丽水市鱼跃酿造食品有限公司，保留原厂房、设备和员工。2005年，“鱼跃”商标被评为丽水市著名商标。2006年，公司搬迁至丽水市天宁工业区金笔街28号。2007年10月，公司完成技改，建成酱油、米醋、食醋、白酒、黄酒生产线重新投产。2009年，研发成功桔子果醋，获浙江省农业博览会金奖。2010年，公司拥有酱油、食醋、白酒、黄酒生产线4条，其中酱油、食醋年生产能力350万千克，白酒、黄酒年生产能力150万千克，年产值3017.6万元，税收41.3万元，利润488.9万元。公司是全国唯一一家同获酱油、食醋、黄酒、白酒4个产品QS认证的酿造企业，为浙江省调味品协会常务理事单位，丽水市首批通过QS认证的企业。鱼跃酿造技艺源自北宋秦观在处州任监酒税时传于民间的“十月缸”，传统酿酒技艺、酿醋技艺和制酱技艺被列入“莲都区非物质文化遗产名录”。丽水市鱼跃酿造食品有限公司为浙江省消费者信得过单位，浙江省农业科技企业，拥有省级酿造技术研发中心和浙江省农业企业科技研发中心。生产的鱼跃牌系列调味品曾获浙江省工业展销会玉兔奖和新产品开发奖。企业先后获浙江省首批食品安全示范企业、丽水市诚信企业单位、丽水市重点农业龙头企业等称号，并且通过ISO 22000和HACCP食品安全管理体系认证。

燕京啤酒（浙江丽水）有限公司

1951年，国营碧湖火柴盒厂兴建黄酒车间。1952年6月，黄酒车间划归丽水县专卖事业分处，更名丽水酒厂，年产黄酒97800千克，烧酒300千克，产值4.77万元。后数易其名，先后归属丽水县粮食局、县工交局管理。1956年，丽水县碧湖小作坊6家并入丽水酒厂。1969年10月，云和酒厂并入。1962年，云和酒厂又划出单设。1960年10月，公私合营碧湖酱油厂并入。同年，丽水酒厂用金刚刺、金樱子等野生植物试制白酒获成功。1961年，综合利用酒糟、豆腐渣、麦麸皮、玉米芯等代用品生产酱油、醋。1963年，丽水酒厂黄酒甲级品率从1962年的42%提高到98%。1966—1976年，丽水酒厂亏损10.95万元。1974年，丽水酒厂筹建年产90万千克啤酒车间。1978年11月投产。1979年始，丽水酒厂连续进行4期扩建，投资1902万元，形成年产啤酒3000万千克规模。1979年，金刚刺白酒获浙江省质量评比第一名，啤酒获第三名。1981年9月，兼并丽水农药厂，更名丽水啤酒厂。1987年，“碧湖”牌12度啤酒获普通啤酒一级品合格证、优级酒合格证。8月，“碧湖”牌啤酒被评为浙江优质产品。同年，丽水啤酒厂被评为省级先进企业，税收超400万元。1994年，国有企业开展改制工作，丽水啤酒厂被列为浙江省120家现代企业制度试点企业之一。1996年，丽水啤酒厂经过技术改造，新增啤酒罐装能力2000万千克，年生产能力5000万千克。1997年，生产啤酒2463亿千克，产值4007万元，利润160万元。1998年，更名浙江碧湖啤酒有限公司。2004年8月，碧湖啤酒有限公司被莲都区法院裁定破产。2004年，北京燕京啤酒集团公司整体收购浙江碧湖啤酒有限公司，成立燕京啤酒(浙江丽水)有限公司，公司注册资本8067万元，占地面积6.6万平方米，建筑面积3.1万平方米；总资产9052万元，主要从事生产、销售啤酒等。2010年，公司完成产销啤酒3800万千克。“燕京啤酒”“仙都啤酒”被评为“中国名牌产品”“中国驰名商标”。公司通过“清洁生产”审核、国家QS认证、ISO 9001质量管理体系认证和ISO 14001环境管理体系认证，被评为“浙江省绿色企业”“莲都区重点工业企业”“莲都区外来投资先进企业”和“丽水市节能工作先进集体”。2009年，燕京啤酒(浙江丽水)有限公司获“丽水市纳税二十强工业企业”称号。

浙江景宁大自然食品有限公司

前身为景宁笋罐头厂，属县供销社下属企业。1997年12月，经国家外经贸部批准为自营进出口企业。1998年，改制重组为股份制企业，主要生产脱水食用菌、保鲜蔬菜和食品罐头，为全国食用菌行业龙头企业、浙江省农业龙头企业、省林业龙头企业、省级绿色企业、省农业科技企业研发中心、省信用管理示范企业。公司占地面积19000平方米，固定资产1580万元。2001年，通过ISO 2001:2000版国际质量体系认证。2002年，承担国家星火计划项目《森林蔬菜系列产品深加工》。2003年12月，通过HACCP国际食品安全管理体系认证。公司产品有水煮笋、香菇、干蔬菜、咸菜等。在上海、江浙和日本、美国、欧洲、东南亚市场有较高的知名度和影响力。2002年，被评为省级农业龙头企业和省级农副产品加工龙头企业。2010年，销售收入突破亿元，在全国同行业中排名前十，全省排名前三。

丽水市粮食加工厂

前身丽水私营利民米厂。1950年，丽水私营利民米厂成立。5月，更名中国粮食公司丽水支公司粮食加工部，是丽水第一家国营性质粮食加工企业，厂址在丽水大毛弄57号。1953年6月，更名国营丽水县第一稻谷加工厂。1954年4月，更名国营丽水县第一碾米厂。1958年4月，国营第一、第二碾米厂及公私合营第一碾米厂面粉车间合并，成立国营丽水粮食加工厂。1977年，丽水粮食加工厂改建为榨油车间。1982年，丽水粮食加工厂改建为面粉车间。1988年5月，丽水粮食加工厂扩建成大米和面粉两个车间。20世纪90年代，企业改制后消亡。

丽水食品厂

1956 年，公私合营食品商店成立。1958 年，公私合营食品商店改建为食品厂，经营各种糕点、饼干、糖果。1958 年，企业转为国营企业，建成棒冰车间。1983 年和 1984 年，企业传统糕点杏仁酥、福来饼干、麻巧等 3 个品种分别被评为浙江省商业系统最佳产品。1998 年，企业改制为顺和斋食品有限公司。2001 年，企业停产。2008 年，企业解散。

第十二章　造纸与印刷工业

宋代，丽水出现手工造纸作坊。清道光年间（1821—1850），庆元县制作书写用毛边纸，纸质洁白柔软，在浙江省占有相当的市场份额。民国 26 年（1937），浙江省手工业指导所在遂昌新路湾创办竹纸示范场和皮纸示范场（公营），进行技术指导。后竹纸示范场和皮纸示范场（公营）开始生产新闻纸等高档纸。1949 年 5 月丽水解放后，造纸业成为丽水一大产业。2010 年，丽水市产值 500 万元以上造纸、纸制品企业 46 家，产值 16.61 亿元，其中产销 500 万元以上大中型企业 1 家，产值 5.35 亿元。

丽水印刷业兴起于民国。民国元年（1912），丽水县创办新华五彩石印局，是丽水最早印刷企业。民国 26—34 年，全面抗日战争时期，浙江日报社第二印刷厂等八大印刷厂相继迁到丽水，促进印刷业发展。1949 年 9 月，国营丽水新华印刷厂成立，是丽水解放后成立第一家国营印刷厂。20 世纪 80 年代，各县印刷厂相继技术改造，提高产品档次，拓宽业务范围。1990 年，丽水地区印刷企业 46 家。2010 年，丽水市印刷企业 30 家，产值 6.59 亿元。

第一节　造纸与纸制品

北宋时期，龙泉县采用毛竹、楮皮、芒秆等原料，制作书写纸，是丽水最早造纸记载。明崇祯年间（1628—1644），庆元县和青田县采用嫩竹为原料，手工生产土纸，俗称竹纸。清道光年间（1821—1850），庆元县从福建汀州等地引入生产技术，制作书写用毛边纸，纸质洁白柔软，行销浙江省各地，占有相当市场份额。清同治年间（1862—1974），青田县港头乡高岗村采用树皮生产皮纸。清光绪二十二年（1896）前，遂昌县采用山麻皮溃腐作皮纸，纸质柔软，用作雨伞用纸。清末至民国初期，庆元县纸坊 320 多座，工人 1600 多人，年产毛边纸 20 万千克，年产最高时产量为 25 万千克。

民国 21 年（1932），缙云、松阳、遂昌、庆元、景宁 5 个县有槽户 1096 户，从业人员 13698 人，纸槽 1187 槽，资本 15.1 万元，产值 76.8 万元，生产南屏纸、草纸、松纸、绵纸、油纸、黄笺、花笺、毛边纸等土纸。民国 24 年，中央实业部曾计划在青田县温溪镇筹建温溪造纸厂，是中国第一家新闻纸厂，日产量5万千克。

民国26—34年(1937—1945),全面抗日战争时期,浙江大部沦陷,销路受阻,纸坊陆续停业。民国26年,全面抗日战争爆发,停建温溪造纸厂,在国外订购磨木机、立式蒸煮锅全部迁往四川,转交给宜宾中国造纸厂。同年,新闻纸奇缺,浙江省手工业指导所在遂昌新路湾创办竹纸示范场和皮纸示范场(公营),年产新闻纸1080令,每令1000张。同年,省工业改进所创办省造纸实验厂龙泉分厂竹口纸厂。民国27年,省手工业指导所在龙泉县西门外宫头设立手工纸业改进场,是当时浙江省未沦陷地区手工纸业的技术示范和指导中心,生产报纸和图书印刷用纸。后更名浙江省造纸分厂。民国28年,松阳县组建上源、下源纸业合作社,职工91人,生产新闻纸。

民国29年(1940),浙江省政府在丽水县碧湖镇十八都创办浙江省造纸厂,是丽水第一家机器造纸厂。民国29年1月,浙江奉化县人王贤川,到遂昌县开办新业造纸厂和开成造纸厂,生产长城牌铁笔蜡纸和毛边纸。同月,上海开成文有限公司黄国元到遂昌县开办开成造纸厂,生产蜡纸原纸。同年,浙江省手工业指导所在缙云县白马乡谷雨前村创办纸业生产运输合作。民国31年,庆元县新窑造纸厂成立。民国31年,日本侵略军进犯丽水,浙江省造纸厂筹建工程中止。民国32年,复建浙江省造纸厂。

民国32年(1943),庆元县蔡寿创办竹口纸场,日产土报纸6000—7000张、拷贝纸200—300张。民国33年,浙江省造纸厂开始生产书写纸、印刷纸和牛皮纸。民国36年,浙江省造纸厂在内战中停办。民国34年,停办竹口纸场。同年,庆元县新窑造纸厂成立,工人50人,管理人员5人,年产米色、粉红、淡绿色新闻纸500令,每令2000张;书写纸200担,专供驻丽水、碧湖的浙江日报社和东南日报社使用。民国34年抗日战争胜利后,丽水地区恢复土纸生产,庆元县三济、黄真、隆宫、黄坑、小安等乡有作坊192所,年产毛边纸15000担。1949年中华人民共和国成立前夕,丽水土纸业复遭摧残,多数槽户歇业。

1949年10月,筹建遂昌县合作工厂,内设造纸车间。1950年,遂昌县建成私营万成造纸厂和文新造纸厂,生产蜡纸原纸。同年,丽水造纸工业产值40万元。1950年8月,遂昌县合作工厂更名遂昌国营造纸厂,生产蜡纸原纸,职工80人。1951年,浙江省手工业改进所在竹口建成毛边纸厂①,推广改良毛边纸生产技术。同年,遂昌县私营万成造纸厂转让给遂昌供销合作社总社,更名公营产丰造纸厂。1952年,遂昌国营造纸厂再次更名遂昌皮纸厂。1952年,松阳县造纸厂生产打字蜡纸原纸。1954年,松阳撤销县建置后,公私合营松阳县造纸厂迁并遂昌县。同年,遂昌开成造纸厂和公营产丰造纸厂合并,更名衢州人民造纸厂,后又再次更名衢州皮纸厂。1954年,遂昌新业皮纸厂②并入遂昌皮纸厂。

1955年,青田县彭括制纸生产合作社成立,生产制作雨伞用的皮纸。1956年,松阳县西屏造纸生产合作社成立,以山羊皮为原料生产雨伞纸。同年,遂昌县文新纸厂并入遂昌皮纸厂。1958年,衢州皮纸厂和遂昌皮纸厂合并,更名地方国营遂昌造纸厂。同年,浙江省商业厅拨款5万元,在庆元县竹口乡重建造纸厂,生产卫生纸。同年,景宁造纸厂成立;青田县彭括制纸生产合作社改制为地方国营青田华侨造纸厂。1960年,缙云造纸厂成立,投资5.5万元,同年投产。1962年,缙云造纸厂停办。

1960年,各县造纸工业产值662万元,机制纸产量32.8万千克。1961年年底,遂昌县木浆厂建成投产,固定资产1.5万元,日产硫酸盐木浆0.2万千克。1965年,遂昌县木浆厂更名地方国营

---

① 庆元造纸厂前身。

②原新业造纸厂。

青蒙造纸厂，新增单缸单网造纸机1台，生产书写纸和包装纸。1967年，地方国营青蒙造纸厂生产凸版纸，并列入全国25家小型凸版纸厂。1969年，地方国营青蒙造纸厂更名松阳县造纸厂。1976年，西屏造纸生产合作社更名为古市造纸厂，属二轻集体企业，以废纸为原料生产瓦楞纸和纸袋纸。

1978年，丽水地区造纸工业产值13.48万元，机制纸及纸板产量769.8万千克。1977年和1979年，龙泉县瀑云造纸厂和缙云县造纸厂成立，属乡办集体企业，生产瓦楞纸、箱板纸。1978年始，松阳造纸厂、景宁造纸厂和庆元造纸厂扩建，增加凸版纸和纸袋纸生产能力。1984年，遂昌造纸厂新增电解电容器纸车间，列入浙江省50大重点项目，建成长纤维军工用纸和文化用纸二大生产系统。1988—1989年，扩建景宁造纸厂、庆元造纸厂，投资1480万元。

1990年，丽水地区乡（镇）以上造纸及纸制品企业28家，产值3876万元，其中国营企业6家，造纸企业15家，年底职工2343人。1992年1月，龙泉盛龙纸箱厂成立。1993年9月，缙云第三造纸厂成立。1994年2月，龙泉新新纸箱厂成立。同年，丽水地区集体造纸、纸制品企业19家，产值3533.7万元。1996年3月，松阳第一造纸厂成立。12月，缙云壶镇碓园纸品厂成立。1996年10月，松阳晨晨纸业有限公司成立。1997年，丽水地区产值500万元以上造纸、纸制品加工企业11家，产值20945万元；印刷业5家，产值2282.6万元。1998年，丽水地区产值500万元以上造纸、纸制品企业7家，产值192290万元。1999年4月，松阳星星纸盒厂成立。3月，遂昌方正纸箱厂成立。1996—1999年，丽水地区新增造纸、纸制品企业21家，年产值500万元以上造纸、纸制品工业企业4家，产值21.26亿元；印刷企业4家，产值0.91亿元。

2000年，丽水市国有造纸、纸制品企业7家，产值3.16亿元。2001年，丽水市造纸、纸制业企业7家，产值3.16亿元，工人1468人。2002年2月，缙云三鑫纸箱厂成立，投资150万元。同年，丽水市国有造纸、纸制品企业12家，工人1720人，产值3.94亿元；集体造纸企业1家，产值732万元。2003年3月，丽水市恒力纸箱厂成立。12月，云和恒德纸业有限公司成立，投资50万元。同年，丽水市国有造纸企业15家，工人1988人，产值5.03亿元。2004年，丽水市国有造纸、纸制品企业19个，产值6亿元。2005年3月，景宁飞宏纸箱厂成立。6月，云和县方舟包装有限公司成立。2006年，丽水市新增造纸企业1家，投资270万美元。

2007年，丽水市产值500万元以上造纸、纸制品企业29家，产值8.44亿元。2009年，丽水市产值500万元以上造纸、纸制品企业39家，产值12.25亿元。2010年3月，丽水市华丰纸业有限公司成立。7月，缙云吉利纸业有限公司成立。8月，缙云明辉纸箱厂成立，投资150万元。同年，丽水市产值500万元以上造纸、纸制品企业46家，产值16.61亿元，其中产销500万元以上大中型企业1家，产值5.35亿元。

第二节　印　刷

民国元年（1912），丽水县商人李炳炎创办新华五彩石印局，后搬至温州。民国10年，松阳县西屏镇创办墨化石印局。民国11年，缙云县五云镇文华阁文具书纸店业主李怀新增加印刷业务，用平台石印机一台和木版手工印刷作业，印刷“迷信”用品、政府办公用品、书刊和学生簿记等。同年，温州地区商人黄子寿在丽水三坊口刘祠堂脚开办启明石印局，民国15年，改铅字印刷。民国13年，龙泉县绅士胡毓奇、蔡子珍等人在龙渊镇创办文华石印局。民国19年，温州商人包豪夫在青田鹤城镇上店街创办美达印刷厂；金华永康县商人胡喜文在遂昌县妙高镇东街创办益久印刷社，职工3人。民国21年，庆元县商人张学礼集资1500元银圆创办张骏兴号纸码店，从上海购得两台四开小型印刷机，经营简单公文、刊物、公告和修编县志出版等印刷业务。民国22年，丽水县姚松波创办黎明印刷厂，民国24年停办。同年，丽水县人章景禄、蔡伦山等人在龙泉县龙渊镇创办丽华铅石印刷局，有石印机、铅印机各1台。同期，丽水县人王寿权独资在龙泉开办文苑阁印刷纸店。

民国26—34年(1937—1945)，全面抗日战争时期，浙江日报社第二印刷厂、信大印刷厂、黎明印刷厂、集成印刷厂、大东书局印刷厂及《浙江日报》印刷厂、《正报》印刷厂相继迁到丽水，一度促进印刷业发展。丽水县新建浙东印刷厂、浙江印刷厂和城郊印刷厂，其中浙江印刷厂先迁至丽水县城白云山脚，后移至碧湖村上赵村，后又迁至龙泉县。同年，丽水外来和新建的印刷厂(店)14家。民国26年，耆神、赵明止等人在缙云壶镇后塘村开办家庭印刷。民国27年，浙江印刷厂迁入丽水县，后迁到龙泉县，工人2000多名，设备22台，经营课本、教育用品、报刊、杂志等，民国浙江省主席黄绍竑创办《浙江日报》在丽水出版，发行3000份。抗日战争胜利后，省级机关及外来企事业单位相继回迁，丽水印刷业渐趋萧条。民国34年，丽水县有伦章印刷文具纸张号①、同文印刷号、利达印刷号3家；龙泉城区有印刷企业6家，仍较浙南边陲各县发达。

1949年9月，浙江新华印刷厂抽调职工14人和调拨设备4台，由军队护送到丽水，建立国营丽水新华印刷厂，主印地委机关报和内部刊物。

1950年，创办地方国营松阳县印刷厂，接收民国政府破旧印刷设备。1951年10月，中共浙江省委第七地委宣传部加强丽水新华印刷厂力量，从庆元县调入职工1人、调拨设备2台及铅字若干。1956年，丽水私营伦章印刷文具纸张号、同文印刷号、联业印刷号广隆文具号、文周誊印店合并成为公私合营丽水县印刷厂，1957年并入地方国营丽水印刷厂。1956—1966年，青田、龙泉、景宁、云和、遂昌、松阳、缙云等县私营印刷厂，通过公私合营，先后转制为地方国营印刷企业。1961年，丽水新华印刷厂更名丽水县印刷厂。1962年，复建云和县印刷厂。1978年和1982年，复建庆元县印刷厂和松阳县印刷厂。1984年，松阳县印刷厂更名松阳县第一印刷厂。同年，景宁印刷综合厂转制为景宁县印刷厂，属二轻集体企业。

20世纪80年代，缙云、丽水、云和、龙泉、松阳、庆元等县印刷厂相继技术改造，新建车间、增添设备，改善条件，扩大规模，提高产品档次，拓宽业务范围。其中，缙云县印刷厂新建胶印、制版车间3个，增添卧立机和胶印机等设备，年印刷能力4亿印张。丽水印刷厂新增凸印、平印、彩印包装、书刊印刷等设备73台。1982年，青田县印刷厂购置四色凹版轮转印刷机1台，印刷塑料薄膜和玻璃纸。1985年，新建处州新华印刷厂，购置米勒机3台，承接省出版总社书刊出版任务，厂址设在丽水印刷厂内。1988年，松阳第一印刷厂承印立体几何课本，在全国书刊质量评比中评为优质产品。1990年，丽水地区印刷企业46家，其中全民企业8家，乡(镇)以上印刷企业38家；年底职工1113人，工业产值1097万元。1992年6月，丽水日报社印刷厂成立。1995年7月，丽水财进印刷厂成立。1996年6月，成立庆元龙辉印刷有限公司。1997年7月，云和县彩宏包装有限责任公司成立。同年9月，松阳县西屏印刷厂成立。1998年4月，缙云现代包装彩印厂成立。11月，庆元县第一印刷厂成立。

① 原启明石印局。

1999年12月,缙云仙都印刷厂成立。

2001年7月,丽水新时代教育印刷厂成立。同年12月,浙江中信包装印刷有限公司成立。2004年1月,丽水市飞鸿包装彩印有限公司成立。2005年1月,浙江天鸿包装有限公司成立。6月,云和县方舟包装有限公司成立。2006年8月,云和云彩彩印包装有限公司成立。2007年3月,丽水市启点印业有限公司成立。2008年7月,浙江丽水丰明印刷机械有限公司成立。2009年2月,庆元吉尔印业有限公司成立。2010年,丽水市印刷企业30家,产值6.59亿元。2000—2010年,丽水市新增印刷包装企业77家。

2010年丽水市部分县(市、区)造纸印刷工业基本情况一览

表14-12-2-1

县　别	工业企业数(家)	从业人员(人)	工业产值(亿元)	规模以上企业产值(亿元)	税收(亿元)
龙泉市	1	83	0.59	0.58	0.01
云和县	2	130	0.12	0.12	0.03
庆元县	10	401	1.07	0.36	0.06
缙云县	43	1242	6.70	5.70	0.09
遂昌县	22	1390	7.44	—	1.60
松阳县	9	257	0.89	0.79	0.07
景宁畲族自治县	1	20	0.11	0.05	0.01
合　计	88	3523	16.92	7.60	1.87

第三节　企业选介

浙江凯恩集团有限公司

前身为遂昌造纸厂。1996年6月,遂昌造纸厂改制,剥离部分国有资产,重新组建遂昌凯恩有限公司。1998年1月,浙江凯恩特种材料股份有限公司成立(简称凯恩特纸)。2000年,国有股份退出,凯恩集团有限公司成立。控股子公司分别为集团核心企业浙江凯恩特种材料股份有限公司、浙江凯恩纸业销售有限公司、浙江凯丰纸业有限公司、浙江凯恩电池有限公司、衢州八达纸业有限公司、浙江凯晟锂电有限公司以及浙江凯恩房地产有限公司、浙江凯恩旅业有限公司等。2000年3月,公司被评为国家级重点高新技术企业。2003年4月,被评为浙江省绿色企业。2004年7月5日,公司在深圳证券交易所中小企业板上市,成为丽水首家上市公司。同年,凯恩特纸成为国内最大、全球第二的电解电容器纸生产厂家,并在茶叶滤纸、无纺壁纸原纸、吸尘器中垃圾袋用纸等其他长纤维纸的研发制造方面有较强优势。2008年,凯恩特纸收购凯恩电池78%的股份,成为凯恩电池控股股东。2008年,公司旗下凯丰纸业和凯恩电池有限公司相继被列为国家级重点高新技术企业,2009年被列入浙江省工业行业龙头骨干企业。2010年,凯恩特纸实现产值5.35亿元,上缴利税4600万元,实现利

润9587万元，控股子公司5家，通过ISO 9001质量体系、ISO 14001环境体系、ISO 22000食品安全体系认证。

丽水印刷厂

1949年9月，企业前身新华印刷厂成立，主要印刷地委机关报和内部刊物。1957年1月，公私合营丽水县印刷厂并入。1958年8月，云和县新民印刷所并入。1960年4月，景宁印刷厂并入。1961年，更名地方国营丽水县印刷厂，为全民所有制企业。1962年5月，原云和新民印刷所和景宁印刷厂划归云和县。1964年，企业迁址文昌路。1968年，企业建成胶印车间。1980年，企业参加浙江省同行业质量评比，被评为零件印刷第二名。1982年，企业建成车间大楼。1985年，企业承接浙江省出版总社书刊出版任务。2000年，企业解散重组，更名新华印务公司。2004年5月，公司解散。

第十三章　文教体育用品工业

文教体育用品制造业是丽水传统工业特色行业之一。民国时期，丽水县城内有杨正和、吴一成、杨三和、孔元等著名制笔店4家。1949年5月丽水解放后，丽水文教体育用品工业开始快速发展，却有着自己特色。1956年，丽水县成立文化用品生产合作社，生产毛笔、粉笔。1964年，更名文具用品生产合作社。1966年开始，生产钢笔尖。1968年始，生产变通铱金笔。1974年，丽水中学创办教学模型厂。1981年，雅溪中学创办教模厂。1990年，丽水市(县级)有印刷、文教用品企业17家，生产铱金笔574.25万支。1995年后，丽水地区制笔行业发展较快，自来水笔生产规模和档次在全国有一定影响。

文具制笔业集中在莲都区和庆元县，主要产品包括铅笔、自来水笔、记号笔等。龙头企业有上海英雄金笔厂丽水分公司、丽水莱克制笔有限公司、庆元县浙南铅笔有限公司。2000年开始，丽水市制笔行业由单一生产自来水笔发展到自来水笔、圆珠笔、铅笔和文化体育用品共同发展。2000年，丽水文教体育用品制造业人员13040人，工业产值10.2亿元，占全部工业产值5.95%。其中国有及年销售收入500万元以上的非国有企业22家，从业人员3710人，工业产值3.36亿元，利税0.3亿元，出口交货值2.09亿元，主要产品有自来水笔、木制玩具、铅笔、网球等。

2005年，丽水市文教体育用品制造业主要产品有木制玩具、网球和文具制笔等。玩具生产企业500多家，从业人员2万多人，产值9亿多元，有专利和自主知识产权的产品十大类、近1000个系列，1万个品种，销到国家和地区30多个，成为亚太地区最大木制玩具生产和出口基地，形成原材料供应、造型设计、零部件加工，装配成型、包装装潢和产品销售、运输等专业分工协作的生产体系。规模以上企业实现工业产值11.62亿元，比2004年增长26%。2008年，丽水市年产值500万元以上文教体育用品工业企业113家，工业产值19.38亿元；民营文教体育用品工业企业298家；出口创汇民营企业 567 家，创汇 9.52 亿元。2009 年，丽水市年产值 500 万元以上文教体育用品工业企业 99 家，工业产值 20.14 亿元。其中，出口文教体育用品 9455 批，交货值 15362.4 万美元，成为丽水出口的第一大产品。

2010 年，丽水市文教用品制造业规模企业 116 家，实现规模工业产值 31.85 亿元，比 2009 年增长 44.9%。木制玩具是云和县最具区域优势和特色产业，云和县成为全国最大的研发生产和营销基地。2010 年，云和县木制玩具生产企业 758 家，其中规模以上企业 58 家；木制玩具工业产值 22.02 亿元，首次突破 20 亿元大关，比 2009 年增长 40.65%；从业人员近 3 万人；产品 10 多类 1000 多个系列；产品销到国家和地区 130 多个。

2010 年丽水市文教体育用品工业基本情况一览

表 14-13-0-1

区　域	工业企业数（家）	从业人员（人）	工业产值（亿元）	规模以上企业产值（亿元）	税收（亿元）
市本级	5	—	0.11	0.11	—
莲都区	53	1453	15.00	0.96	0.08
龙泉市	1	169	0.31	0.31	0.06
云和县	781	15973	22.09	14.88	1.94
庆元县	13	731	1.80	1.41	0.09
缙云县	31	872	2.62	1.81	0.30
松阳县	5	570	0.87	0.79	0.06
景宁畲族自治县	58	1200	2.00	1.60	0.24
合计	947	20968	44.80	21.87	2.77

第一节　玩　具

丽水木制玩具生产有 30 多年历史，以云和最为著名，在国内乃至世界上都有一定影响。其中云和县是全国最大木制玩具生产和出口基地，被誉为“中国木制玩具之乡”。

20 世纪 70 年代，云和县木制玩具工艺从零星家庭作坊式生产起步，生产工艺简单动物、积木等玩具。1972 年，云和县从上海轻工进出口公司接到第一个玩具样品，由云和县赤石农机厂何寿祯等人首先仿制出第一只木制玩具产品。1973 年，浙江省二轻工业厅根据上海轻工进出口公司意向，下达云和县生产计划玩具 15 万只，主要产品有小木鱼、小白兔、小积木、小秋千、木拎盒等品种 5 个。云和县赤石农机厂更名云和县赤石玩具厂，改产木制玩具。同年，中国进出口总公司上海分公司领导亲临云和考察玩具生产情况，云和木玩具首次列入上海轻工进出口公司产品目录。1977 年，召开全县木制玩具工作会议。同年，云和玩具企业代表到北京市参加全国工艺美术大会。

1978 年，遂昌县林业局创办遂昌玩具厂，生产出口玩具六面画、积木等。同年，遂昌玩具厂生产六面画 2 万多打、积木 2000 多打。其中六面画被评为全国儿童用品优质产品。1979 年，云和县草席社更名云和县玩具二厂，改产木制玩具。1980年，云和县进行企业扩权改革试点，扩大企业经营自主权，玩具行业产值突破100万元。1981年，云和竹器社更名云和县玩具三厂，改产木制玩具。同年，中共云和县委批准成立云和县玩具公司，属全民所有制企业，下辖集体所有制企业云和玩具一、二、三、四厂、赤石玩具车间和公司试验厂。同年，全县在册玩具企业职工447人。1982年，云和县玩具设计室成立，专业从事木制玩具设计。1983年，在云和县召开浙江省玩具出口工作会议。1984年，制定《云和县玩具公司木制玩具技术改造投资五年计划(1985—1990)》，项目总投资120万元。

1985年，云和二轻系统玩具企业全面落实承包经营责任制。1986年，云和县制定第一部地方标准《木制玩具通用技术条件》。同年，与中国轻工业进出口公司、浙江省轻工业进出口分公司签订三方联营协议，成立浙江省云和县玩具联营总厂；注册成立云和县振鹏工艺厂，是云和县第一家木制玩具私营企业。1988年，云和县玩具公司获中华人民共和国轻工业部"全国出口创汇先进企业"称号和木制玩具质量铜奖。同年，在云和县召开全国首届木制玩具标准化专业组会议，制定国家标准《木制玩具技术条件》。同年，云和县工艺美术总厂成立。

1981—1988年，云和县获国家级奖励产品12种。1990年，云和县玩具四厂与北京科晖技术研究所联合研制成功SK1型声控自助学习机。1990年，云和县玩具企业职工480人，固定资产原值240万元，主要产品有幼教、智力、拖拉、装拆、积木、音响等系列玩具，工业产值639万元，其中出口交货值620万元。1990年，遂昌玩具厂职工141人，固定资产47.4万元，生产玩具4819打，产值61.2万元，税收1.7万元，亏损10.2万元。同年，遂昌玩具厂并入遂昌纤维厂，停止生产玩具。

1991年，云和县木制玩具工艺编写小组成立，编成首套玩具生产工艺教材。1992年，云和县设立云和镇工业园区，面积3.2万平方米。同年，云和县木制玩具产值突破1000万元。1993年，第一批13家私营木制玩具企业入驻工业园区。

1994年，经对外经济贸易部批准，云和县取得木制玩具自营出口权；农业部、《中国特产报》等组织首届特产之乡评选，云和县被评为"中国木制玩具之乡"；全国人大常委会副委员长、民盟中央主席、著名社会活动家费孝通为云和题词"中国木制玩具城"；成立云和县玩具行业协会；成立外商独资企业——云和亮星工艺礼品有限公司。1995年，在北京人民大会堂举办首批百家"中国特产之乡"命名大会，云和县被农业部命名为中国木制玩具之乡。新云玩具厂获浙江省行业最大工业企业称号，被国家工商总局评为中国500家最大私营企业，排名第231位。同年，云和县首次组团参加北京世界玩具博览会和到美国考察木制玩具生产。

1995年，云和县生产企业200多家，工艺产值1.68亿元。1996年，轻工玩具成为云和县出口创汇支柱行业。云和县轻工玩具、工艺品企业170多家，个体玩具加工店400多个，从业人员9500多人，产品六大类，上千个系列品种，远销欧美、日本等国家30多个。玩具出口量占全省木制玩具出口量70%以上，年出口位居全国同类产品之首，故有"玩具城"之称。同年，云和县玩具产值1.87亿元，占全县工业产值29%，其中乡及乡以上玩具企业6家，产值1562.7万元。新云玩具总厂、木制工艺品有限公司、亮星工艺厂、振鹏工艺厂、宁波工艺品进出口公司玩具总厂有较大规模和生产能力，成为玩具行业的骨干企业。1996年，云和县首次组团到中国香港地区考察木制玩具生产。

1997年，轻工玩具成为云和县出口创汇骨干行业。云和县轻工玩具、工艺品工业企业200多家，个体玩具加工点有1000多个，从业人员15000多人，产品六大类、上千个系列品种。同年，云和县玩具出口总额占全县外贸出口总额65%，产值3.03亿元，占全县工业产值39.31%，比上年增长62.22%，其中乡及乡以上玩具工业企业5家，产值3372.4万元，比上年增长1.15倍。新云玩具总厂、宁波工艺品进出口公司玩具总厂、振鹏工艺厂、木制工艺品有限公司有较大生产规模和生产能力，是木制玩具行业龙头企业。

1998年，云和县组团到上海市参加首届中国玩具节；同年，通过招商活动引进瑞士汉佩控股公司与新云玩具厂合资，创办浙江云和新华工艺品玩有限公司，总投资550万元，其中，外方投资30万美元（折人民币250万元），中方投资300万元，资金全部到位，年前投资生产，是云和县首家中外合资企业；新云玩具厂厂长廖复新被评为全国乡镇企业优秀厂长。

1999年，云和木制玩具逐步从相对优势行业发展成为全县工业经济支柱行业，并向主导产业推进，形成规模生产的格局，是云和工业经济增长主要力量。同年，云和县玩具产值3.3亿元，比上年增长6.97%，占县内工业产值39.9%。新云玩具总厂、木制工艺品公司、振鹏工艺厂、宁波进出口公司云和分厂、忠协工艺厂、亮星工艺品公司、崇头竹木综合厂、兴业工艺厂、教学工艺厂、永灵玩具厂和信工艺厂同年产值在500万元以上龙头骨干企业，其中新云玩具总厂年产值5160万元，名列第一，在全国500家最大私营企业之中，排序第231位。至1999年，云和县木制玩具生产企业155家，职工年平均人数4403人。1999年，云和木制玩具生产企业参加广交会、深圳博览会，参加在新疆举行首届特产之乡文化节、中国香港地区展销会、德国纽约堡的玩具博览会。云和县首次参加在东京举行的世界玩具大会。9月中旬，又作为特色县应邀参加在上海市举办的全国工艺美术学会工作会议，被选为全国工艺美术学会常务理事。在全国唯一专业玩具杂志《玩具世界》，出版中国木制玩具城专刊。国家轻工局选定云和玩具产品26件参加中华人民共和国成立50周年成就展。同年，玩具企业开发国内市场，在北京、上海、杭州、广州、深圳、四川等地设立经销处和宣传窗口。同年，制定第一个行业自律规定《木质玩具样品设计管理暂行规定》，规范玩具行业竞争秩序，制止不正当竞争。

2000年，云和玩具从业人员3710人，产值3.36亿元，税收3029.7万元，利润1011.5万元，出口交货值2.09亿元。同年，云和县成功举办首届中国木制玩具节，云和县成为中国最大木制玩具生产和出口基地，出口量占浙江木制玩具出口的70%以上，位于全国同类产品之首。2000—2001年，云和县与中国轻工业信息中心、中国工艺美术学会相继举办首届“中国木制玩具节”、杭州乐园·云和木制玩具展销会、上海玩具博览会、深圳玩具博览会，产品销到30多个国家和地区。同期，云和拥有自己网站的玩具工艺企业20多家。木制玩具产品10个大类、1000多个系列、1万多个品种，中高档玩具产品超过全部产品的20%；获ISO 9000质量体系认证企业18家，一批在国内外市场享有一定知名度企业。直接在国外等地设立办事处，拓展国际市场。

2001年，云和县实施木制玩具特色工业园区，被列为省级特色工业园和省级乡镇工业专业区。5月1—3日，云和县举办杭州乐园·云和木制玩具展销会，参会木制玩具生产厂家50多家，国内外经销商70多家，吸引游客10多万人，签约项目10个，投资金额2.31亿元。2002年1—12月，云和县举办玩具企业参加中国香港（国际）玩具展、南京跨国集团国际采购会、上海中国国际玩具礼品展览会等大型活动8次，达成经销协议2.61亿元，引进外资近100万美元，建立商务关系国外客商10家。同年，云和县投入技改资金5000多万元，通过ISO 9000质量管理体系认证企业12家。同年，举办云和木制玩具展销会，云和木制玩具拥有专利246件，占全县专利总量96%。申请专利产品175

只，进行商标注册产品7只，全国“十佳”木制玩具企业云和县有5家。

2002年4月，云和县筹资30万元，建立木制玩具检测中心。7月7日，云和县木制玩具检测中心通过省级计量认证和审查许可，成为有出具法律效力大正检测数据的专业检测机构。同年，云和县新增通过ISO 9000认证木制玩具企业5家。浙江新云工艺品有限公司列入全国民营企业500强（第231位），产品被美国ISA等公司认定为免检产品。

2003年，中国轻工业联合会授予云和县“中国木制玩具城”称号。11月1日，云和县举办木制玩具产品展示展销会及网上交易会，签约项目14个，投资和贸易总额3.33亿元。同年，云和县举办第二届中国木制玩具节。参展企业103家，展位168个，吸引国内、外客商和本地观众超1.5万人次；征集玩具设计作品457幅；签约项目3类29个，其中投资类项目18个，总投资10.33亿元；贸易合同类项目10个，总协议定单3.88亿元。

2004年，“中国木制玩具城”网站在互联网上开通。2004年，遂昌万宝鸟笼公司成立，生产出口玩具鸟笼。龙泉市安仁镇创办玩具特色园区。2005年1月，云和木头人青年俱乐部成立，实现技术和信息上资源共享，销售携手协作。同年，丽水市规模以上文化体育用品制造企业产值11.62亿元，比2004年增长26%；其他企业500多家，从业人员2万人，产值9亿元。

2005年，云和县53家玩具企业成立“云和木头人青年俱乐部”，成立木制玩具协会、中国（云和）木制玩具技术中心、小企业贷款担保有限公司、木制玩具质量监测中心、木制玩具生产力促进中心。云和县木制玩具产业及一批重点企业带动下，龙泉市（安仁）、景宁畲族自治县木制玩具业发展较快。同年，浙江新云工艺品有限公司产值2.71亿元。

2006年，云和县木制玩具特色工业园区经国家发改委审核认定，被浙江省政府正式批准为省级工业园区。同年，与央视少儿频道异想天开合作拍摄《让木头也快乐》。4月7—9日，参加中国义乌（国际）文化产业博览会，设木制玩具展位15个。同年，参加中国香港地区玩具及礼品展、德国纽伦堡玩具博览会、广州国际玩具及礼品展等国内外各类展销会，参会玩具企业20多家。同年，丽水市规模以上文化体育用品制造企业60家，产值13.88亿元，主营业务收入11.01亿元，利税1.26亿元，利润8135.2万元，其中省、市级名牌产品企业10家，亿元以上知名企业2家。

2007年3—4月，浙江省展览馆举办丽水文化精品展，展销云和木制玩具。同年4月29日，参加2007中国义乌（国际）文化产品交易博览会展销活动，展销云和木制玩具。9月，云和县被命名为“中国木制玩具城”。同年，云和县被教育部教育教学仪器研究所授予“教育玩具研究开发基地”称号。成立云和县玩具内销企业联合会。浙江省科技厅为玩具企业量身定做三维模型软件程序，在云和县上机调试。与央视少儿频道异想天开合作拍摄《木玩合家欢》。11月1—3日，云和县举办第三届中国木制玩具节，开设木制玩具展示展销、文化踩街、文艺演出、合作项目签约、休闲旅游观光等项目，还举行木制玩具文化发展史展、木制玩具创新设计大赛、木制玩具大比拼、幼教与玩具开发高峰论坛等活动，达成投资和贸易10.3亿元，签定合作项目投资协议29个。2008年，木制玩具业完成投资3820万元，占云和县技改投资的11.8%。云和县经济贸易局组织企业4家上报2008年浙江省建设先进制造业基地财政专项资金，浙江木姥姥玩具工艺品有限公司的木制玩具资源管理信息系统（ERP）申报2008年度浙江省企业信息化重点推进项目。2008年，云和县与教育部教学仪器研究所、浙江幼儿教育杂志合作社合作，共同开展“幼儿教育玩具的设计及其在游戏活动中有效应用”课题研究。

2009 年 5 月，浙江云河教玩具开发有限公司成立，参加骨干玩具企业 12 家，开发幼儿教育玩具。同年，云和木制玩具对外贸易预警点成立。8 月，云和县与杭州市滨江区动漫区动漫企业 40 家开展合作，开发生产云和动漫产品，并和浙江工业大学，广东商学院开展科研合作。

2010 年，编制并启动《木制玩具产业升级三年行动计划》，加快推进云和县木制玩具与幼教、旅游、动漫产业融合。同年，云和县形成以工业园区为龙头、云和镇、赤石乡、崇头镇等乡镇和福兴村等一批专业村为重点的玩具生产基地，从事木制玩具工艺生产企业 400 多家，拥有规模以上企业 160 家，产值超 500 万元以上骨干企业 20 多家，涌现出浙江新云工艺品有限公司、忠协工艺品有限公司、振鹏玩具厂等一批产值超千万元的大型玩具工艺生产企业，入选全国“十佳木制玩具企业”，从业人员 2 万多人，生产能力 15 亿元，占全县工业产值的三分之二。浙江省计委和省经贸委确定为省级特色工业园区和省级乡镇工业专业园区。云和工业园区木制玩具成为特色区，工艺品生产企业 124 家，产值占木制玩具产值 75%。2010 年 11 月 29 日至 12 月 1 日，成功举办“中国(云和)玩具文化与儿童教育高峰论坛”，建立首个教育玩具研究开发基地，云和木制玩具在全国幼儿教育界知名度得以提升。

2006—2010 年，“十一五”规划期间，云和县木制玩具工业产值 91.16 亿元，年均增长 21.7%，出口创汇 2.23 亿美元，年均增幅 16.9%，开创新产品 3000 多个，商标注册总量由 2003 年 21 件发展到 150 件，被省商务厅、财政厅公布为第一批 50 个浙江省出口基地之一。

1998—2002 年丽水市木制玩具产值占全国比重一览

表 14-13-1-1

年份	全国产值(万元)	云和县产值(万元)	云和县占全国比重(%)
1998	66411	30889	46.51
1999	70049	33042	47.17
2000	92374	43988	47.62
2001	116021	56328	48.55
2002	143027	74919	52.38

第二节　制　笔

民国时期，丽水县城内有杨正和、吴一成、杨三和、孔元等制笔店 4 家。1949 年 5 月丽水解放后，丽水制笔工业开始起步。丽水市(县级)金笔行业的兴起，在丽水制笔工业上起到重要作用。1974 年，丽水中学创办教学模型厂，制作化工流程模型、分子结构模型等。1981 年，雅溪中学创办教模厂，生产立体几何模型、“电子型”杂化轨道分子结构模型等产品。1990 年，丽水市(县级)印刷、文教用品企业 17 家，员工 1107 人，固定资产 630 万元，产值 2234 万元，生产铱金笔 574.25 万支。

1995 年始，丽水地区制笔行业发展较快，特别是自来水笔生产规模和档次在全国有一定影响力。1997 年，丽水地区产值 500 万元以上制笔企业 8 家，工业产值 1.73 亿元。1998 年，丽水地区产值 500 万元以上制笔企业 9 家，工业产值 15.08 亿元。1999 年，丽水地区产值 500 万元以上制笔企业

18个，产值24.28亿元。

2000年开始，丽水市制笔行业由单一生产自来水笔发展到自来水笔、圆珠笔、铅笔和文化体育用品共同发展。2001年，丽水市制笔企业25家，工业产值3.94亿元。2002年，丽水市国有制笔企业41家，工业产值70971万元；集体制笔企业2家，工业产值3919万元。2003年，国有制笔企业53家，工业产值11.89亿元。2004年，丽水市国有制笔企业49家，工业产值9.22亿元。2005年3月，丽水市被中国轻工业联合会和中国制笔协会评为中国制笔生产基地。2006年，丽水市外资制笔企业6家，投资资金351万多元。2007年，丽水市年产值500万以上制笔企业87家，工业产值13.88亿元。

2008年，丽水市制笔企业（含个体户）59家，其中规模以上制笔企业25家，以金笔、铅笔制造企业为主，工业产值3.59亿元。2009年12月，丽水市通过中国笔制协会“中国制笔生产基地”复评。2007—2009年，丽水市制笔企业发展到180多家。

水笔制作企业

1956年，丽水县城关镇文具生产合作社成立，生产毛笔、粉笔。1964年，更名文具用品生产合作社。1966年始，丽水县城关镇文具用品生产合作社生产钢笔尖。1968年始，生产变通铱金笔。1970年，丽水县城关镇文具生产合作社改制为丽水金笔厂，属集体所有制企业，生产“明星”牌金笔，获部级、省级优质产品称号。1985年，丽水金笔厂与上海英雄金笔厂联营，主要生产国画铱金笔、小刀圆珠两用笔、剪刀笔、儿童两用笔、台笔、芳香铱金笔、漆笔等，连续5年位居全国同行业第三位，评为国家二级企业。1987年，丽水金笔厂开展“三废”治理工程迁扩建，投资532.4万元。同年，丽水金笔厂“明星”牌750型国画高级铱金笔获部优质产品。1988年，丽水金笔厂投资250万元，扩建铱金笔生产线，年产量610万支。1990年，丽水市（县级）印刷、文教用品企业17家，员工1107人，固定资产630万元，产值2234万元，生产铱金笔574.25万支。

1995年始，丽水地区制笔行业发展较快。1999年12月，丽水市（县级）制笔行业协会成立，会员161家。其中集体企业27家，民营企业53家，个体企业81家；生产成笔企业50多家，拥有自主品牌企业12家。

2000年，丽水市制笔从业人员1205人，生产自来水笔1.5亿支，工业产值1.4亿元。2002年，上海英雄金笔厂丽水分公司被评为中国制笔王。2003年，“英雄金笔”“传人笔业”“莱克制笔”等3个企业产品被中国制笔协会评为全国制笔行业名牌产品。2004年10月，丽水正翔笔业公司成立。2008年，上海英雄金笔厂丽水分公司、丽水法人笔业有限公司、丽水莱克制笔有限公司成为丽水制笔企业龙头。

铅笔和记号笔制作企业

1980年，浙南铅笔厂成立，是浙江省建厂最早、丽水市第一家国有铅笔专业生产企业。1988年，浙南铅笔厂被批准为国家二级企业。1994年，莲城铅笔制造有限公司成立，工业产值3000万元，其中1/3产品出口东南亚地区。1994年，丽水地区集体文教体育用品业42个，工业产值7894.2万元。1995年10月，丽水铅笔和记号笔产品有铱金笔、铅笔、记号笔、圆珠笔等六大类近1000多个品种，通过商检局检验，出口美国、日本及欧洲、东南亚等30多个国家和地区。1999

年，丽水地区制笔企业增加到 160 多家。2000 年，浙南铅笔厂出口阿根廷铅笔的销售收入 80 多万元。

2003 年，丽水莱克制笔公司被评为中国记号笔王，“宏志制笔”“光辉文教”被中国制笔协会评为全国制笔行业名牌产品。2009 年，丽水市铅笔（主要是木杆铅笔）年产量 25 亿支，约占全国规模以上铅笔企业生产总量 20%，占全省 68%。庆元县形成铅笔杆、笔芯、橡皮头、软化板印刷和包装生产产业链。2010 年，庆元县被中国轻工业联合会和中国制笔协会评为中国铅笔生产基地。

第三节　企业选介

浙江新云木业集团有限公司

前身为云和县玩具公司实验厂。1984 年 6 月，云和县玩具公司实验厂成立。1990 年 12 月，更名云和县新云实验厂。1993 年，更名浙江新云玩具总厂。1994 年，被评为浙江省行业最大工业企业。1996 年，浙江新云玩具总厂挂牌中国工艺美术学会玩具专业委员会木制玩具研究所。1998 年，浙江新云玩具总厂改制，成立浙江新云工艺品有限公司，被评为“非公经济双文明企业”。2001 年，被评为浙江省农业林业龙头企业，是云和县首家通过 ISO 9001 质量管理体系认证企业，系“中国玩具协会副会长单位”。2003 年，组建浙江新云木业集团。2003 年 7 月，组建浙江新云木业集团有限公司。同年，“一点”牌被评为丽水市名牌产品。2004 年，浙江新云木业集团有限公司网站成立。同年，被评为全国诚信守法乡镇企业；“一点” 牌商标被评为浙江省著名商标。2005 年，通过 ISO 9001、ISO 14001、OHSMS-18001 三合一体系认证，并且通过 FSC 森林监管链认证。11 月，集团成立云和县峰源进出口有限公司。2006 年，被确认为“浙江省木业协会会长单位”。2008 年，获浙江省企业信用 AAA 等级证书。集团下设的嘉善云嘉工艺品有限公司成立。成立“浙江省企业技术中心”。2009 年，获出口工业产品一类管理证书。通过 ICTI 国际商业行为准则认证。产品远销欧美及日本、韩国等国家和地区 100 多个。2010 年，新云集团作为中国玩具协会副会长单位，成功举办第五届中国玩具协会会长会议，占地面积 12 万平方米，建筑面积 7 万平方米，职工 3000 多名，主营木制玩具、工艺品，产品分为幼教玩具、儿童家具、场景游戏、智力拼板、工艺饰品、马房鸟笼、火车轨道、儿童木屋八大系列上万个品种。

浙江忠协工艺品有限公司

浙江忠协工艺品有限公司是浙江云和工业园区内专业生产竹木制玩具工艺品，集竹木制玩具工艺品开发、生产、贸易为一体。公司创始于 1996 年。公司生产竹木制玩具工艺品、工艺礼品，品种繁多，拥有火车轨道、拼图、积木、拖车、游戏、教学、智力等几大类 3000 多个品种，产品获国外专利 2 个，国内专利 30 多个，国家发明专利 1 个，美国专利 1 个，法国专利 2 个，注册商标“吾凯”。2010 年，公司占地面积 22000 多平方米，厂房面积 18000 平方米，员工 200 多人，资产 3000 多万元，年产值近亿元。企业先后通过标准化认证、ISO 9001 质量管理体系、FSC 森林监管链体系、C-TPAT 反恐、ICTI（国际玩具工艺理事会商业运作规范）认证、BSCI（商业社会标准）认证。

浙江振鹏工艺品有限公司

浙江振鹏工艺品有限公司是云和县最早玩具创始企业之一，也是中国木制玩具行业规模最大企业之一。振鹏工业园进驻企业以浙江振鹏工艺品有限公司为首，包括云和联发木制工艺厂、鹏程工艺厂、鹏富工艺厂、三和工艺厂等10多家。园区占地面积10万多平方米，固定资产600万美元，员工3000多人，有自己研制开发、生产制造的能力。2010年，振鹏工业园年生产能力2100万美元以上。企业通过ISO 9001:2000（国际质量管理体系认证）、ISO 14001:1996（环境管理体系认证）和GB/T28001-2001（职业安全管理体系认证）和ICTI认证的考核，并获取合格证书。产品远销美国、加拿大、日本、澳大利亚及欧洲、东南亚等国家和地区。

浙江遂昌万事德工艺制品有限公司

浙江遂昌万事德工艺制品有限公司前身为遂昌鸟笼厂，创办于1978年。公司一直专业生产各种竹、木制鸟笼。中国浙江万宝牌鸟笼，历史悠久，是中国传统出口商品，选用上等材料制作而成，花式品种繁多，工艺精致。有画眉笼、相思笼、百灵笼、知时笼、山麻笼等。产品出口到国家和地区30多个。

上海英雄金笔厂丽水有限公司

前身为文化用品生产合作社，始建于1956年，生产粉笔、毛笔。1958年，更名综合一厂。1964年，更名文具用品生产合作社。1966年开始，生产钢笔尖。1968年始，生产普通铱金笔。1970年，省轻工业厅定点生产铱金笔，列入中华人民共和国轻工业部自来水笔生产定点厂，更名丽水制笔厂。1978年，兼并丽水日用工艺厂。1980年，生产铱金笔18.73万支，利润46.68万元。6月，被省政府命名为浙江省先进企业。1981年，丽水制笔厂由刘祠堂脚搬迁至囿山路，与上海涂料研究所联合开发彩绘国画铱金笔，并开始批量生产。1984年，750#国画笔被评为省优产品。1985年，与中国老牌制笔企业上海英雄金笔厂开始联营生产“329”高级铱金笔，增挂“上海英雄金笔厂丽水分厂”牌子。同年，被评为浙江省企业管理先进企业。1987年，公司注册资本1050万元，设立控股企业浙江达克斯文具礼品有限公司。1987年，750#国画笔被评为部优产品，343#国画笔、253#漆笔、810#国画笔被评为省优产品，公司被命名为浙江省先进企业。1989年，被命名为国家二级先进企业。

1990年，迁址花园路，占地2.08万平方米，建筑面积0.89万平方米，职工461人，固定资产320万元，产品30多种，产值1162.4万元。1996年，与上海英雄金笔厂合资成立上海英雄金笔厂丽水有限公司，迁址丽水开发区水阁工业园区，是中国制笔协会副理事长单位和丽水市文具制笔协会会长单位。2002年，公司改制为股份有限公司，由上海英雄（集团）有限公司授权在中国市场生产和销售“英雄”“HERO”商标笔类产品。公司生产“英雄”“HERO”“达克斯”“DUX”“明星”“佰事得”“PESD”等品牌金笔、铱金笔、美工笔和宝珠笔等笔类产品以及笔记本、墨水、铅笔等各类文具产品。

浙江省浙南铅笔有限公司

浙江省浙南铅笔有限公司位于庆元县黄田镇，前身为浙南铅笔厂，创始于1980年，是浙江省建厂最早、设备最先进最齐全、规模最大的铅笔专业生产企业，年生产能力3亿多支。1988年，浙南铅笔厂被批准为国家二级企业。2000年，出口阿根廷铅笔80多万元。公司主要产品有“茹城牌”“双同牌”和客户定牌的各种书写铅笔，以及彩芯铅笔、木工铅笔、绘图铅笔、特种工艺笔和“爱沃玛”牌眉笔、唇线笔、眼线笔等彩妆系列笔，几十个品种100多种款式，笔的外观采用沾头、滚金、移印、镭射等先进生产工艺。产品符合ASTM-D4236、EN71、F963检测标准，通过GB/TL9001-2000质量认证。公司在浙南铅笔有限公司基础上成立宁波双同文具有限公司，生产“双同牌”铅笔，远销多个国家和地区。

第十四章　医药工业

清顺治六年(1649)，金华地区兰溪县商人吴肇麟在缙云县创办回生堂药店，自制丸、散、丹、膏180多种。清嘉庆年间(1796—1820)，丽水县生生堂药店创办，前店后场，生产中成药200多种。清嘉庆末年(1820)，龙泉县小梅乡创办三和堂中药店，附设制药场，生产中成药100多种。

民国期间，丽水县城内生生堂、致中和、天德堂、济生堂、回生堂、回春堂等中药铺20多家，其中生生堂是闻名处州十县的百年老店。民国18年(1929)，民国政府废止“旧医”，中药业一度萧条。民国20年，龙泉县城镇药店(房)10多家，全部兼制中成药，其中春生堂药店自办养鹿场，制作全鹿丸。

民国38年(1949年9月30日止)年初，丽水有中药店616家，其中丽水县71家。1949年5月丽水解放后，丽水医药工业进入发展时期。1955年7月，建立丽水县供销合作社中药材采购供应站，收购加工中药材。1969年，云和县鹤溪镇医疗器械厂成立，专门制造医疗用不锈钢器械，品种30多种，为浙江省卫生厅定点生产企业。1986年，浙南制药厂景宁分厂成立，初期生产空心胶丸，后经新昌药厂、浙南制药厂联营扶持，生产胶囊制剂，具备一定生产规模。1990年，丽水地区有国营制药厂3家。

1995年，丽水地区医药行业企事业单位133家，其中药品生产企业4家，医疗器械生产企业3家，药品包装材料生产企业5家，药品经营企业119家，事业单位2家。同年，丽水地区医药工业生产出现滑坡，产值1.25亿元，税收854万元。其中，化学药品工业产值8717万元，中成药产值2337万元，医疗器械产值1473万元。浙南制药厂景宁分厂更名浙江鹤威特制药厂，并经省医药局和省卫生厅验收合格，获发药品生产企业合格证、药品生产企业许可证。

2000年，丽水市医药行业稳步增长，工业产值、工业增加值、工商利税均有不同程度的增长，医药工业产值2.42亿元，工业增加值1.02亿元。2005年，丽水市规模以上医药工业产值3.66亿元。丽水市中药现代化工程项目申报10个，其中中药技术创新项目3个、中药材种植项目7个，总投资6400多万元，新增厚朴、香茶菜、缰豆杉等中药种植600多公顷。11月，景宁畲族自治县举办发展民族医药经济洽谈会，召开全省医药企业发展座谈会，沈阳康桥、杭州原华、杭州佳诺3家医药企业分别与景宁畲族自治县政府签订投资意向书，投资金额2400多万元。

2010年，丽水市医药工业规模企业10家，产值8.04亿元，比2009年增长43.3%；主营业务收入5.98亿元，增长27.4%；利税5131.5万元，增长7.7%。产值亿元以上企业4家，实现工业产值6.21亿元，增长32.97%，占医药工业规模企业总额77.24%，其中浙江国镜药业有限公司2.36亿元，浙江寿尔福化学有限公司1.55亿元，浙江丽水众益药业有限公司1.19亿元，浙江新康药用玻璃有限公司1.11亿元。

2010年，丽水继续实施中药现代化工程项目，帮助企业编写中药现代化工程项目报告，组织企业项目中期评估和项目验收结题，上述4家企业获省中药现代化工程专项补助资金90万元。2006—2010年，"十一五"规划期间，丽水中药现代化工程项目获省中药现代化工程专项资金补助26个，补助资金475万元。

第一节　药品与器械生产企业

药品企业

国有药企　1949年，遂昌县合作工厂成立，开设制药工场。1950年停办。1955年7月，丽水县供销合作社中药材采购供应站成立，开展收购加工业务。1958年，丽水县、庆元县中药饮片加工场成立。

1966年6月，杭州胡庆余堂制药厂伤膏车间迁移松阳，称一分厂，即今处州中药厂。1971年，杭州中药厂一分厂下放遂昌县，更名遂昌中药厂。1982年5月，再次更名处州制药厂，生产外用膏药、口服液、丸剂、片剂、三糖浆、药酒等中药制品42个。1985年，处州制药厂产品"伤湿止痛膏"被评为省优产品。

1966年10月，云和县局村乡建成杭州制药厂云和分厂。1969年6月，杭州制药厂云和分厂下放给丽水地区，更名工农制药厂。1980年，更名浙南制药厂。

1970年12月，龙泉医药公司制药厂成立。1972年，更名龙泉制药厂，兼产中西药剂，主要生产药酒、片剂及肌苷、柠檬酸原料药等。1971—1972年，丽水县医药公司制药厂、云和县医药公司制药厂、缙云县医药公司制药厂相继成立。1983年，丽水县医药公司制药厂、云和县医药公司制药厂、缙云县医药公司制药厂全部停办。1986年，景宁县胶丸厂成立。

1988年，丽水地区国营制药厂3家，职工2992人，工业产值3592.5万元。1989年，浙南制药厂医药工业研究所成立。1990年，丽水地区乡（镇）以上医药工业企业9家，其中全民所有制企业3家；年产化学药品四环素碱8.3万千克，大输液281万瓶，伤湿止痛膏1772.6万张，中成药52.87万千克。同年始，丽水地区从事医药相关产业的乡镇企业兴起。1990年，丽水地区从事医药乡镇企业20多家，主要有药用包装材料和医疗保健产品，龙泉商业局制药机械厂生产胶囊灌装机。1992年，浙江寿尔福化学有限公司成立，主要从事含"-sh"基团医药中间体、硫醚、噻吩衍生物和光引发剂等的研究、开发和生产。1998年，处州制药厂生产的可达灵片被浙江省医药管理局评为年度高质量医药产品，其中"松阳牌"可达灵片被中华人民共和国卫生部批准为国家中药保护品种。1999年，丽水地区工业医药企业 10 家，其中新增 3 家；产值 3.92 亿元，开发国家四类新药品 1 个。同年，龙泉市辰龙药业有限公司被评为浙江省医药行业优秀工业企业。2000 年，景宁畲族自治县胶丸厂改制后，更名景宁瓯江胶囊有限公司。

民营药企　2000 年，丽水市改制医药工业企业，全额出让国有股份。同年底，景宁鹤威特制药厂、处州制药厂、松阳县医药有限公司完成二次改制工作。2000 年 2 月，景宁鹤威特制药厂被杭州维康贸易公司收购，成立浙江维康药业有限公司。8 月，处州制药厂国有股由国有企业浙江英特药业有限公司收购，成立浙江英特制药有限公司。9 月，松阳县医药有限公司的国有股转让给松阳县长运公司，股权得到重新配置。11 月，缙云县医药公司完成改制工作。至此，丽水市仅剩 1 家国有医药商业尚未改制。

2001 年，龙泉市辰龙药业有限公司投资 1500 万元，建成 1500 万瓶玻璃瓶输液生产线和 6000 万枚氨苄青霉素钠栓剂生产线，成为丽水市医药行业龙头企业。2002 年，丽水市医药工业技改投资 6000 万元。同年，浙江寿尔福化学有限公司成为浙江扬帆控股集团下属全资子公司，试制苯硫酚系列产品近 200 种，形成批量生产 100 多种。

2003 年 5 月，浙江英特制药有限公司被浙江金华康恩贝生物制药有限公司收购，更名浙江松寿堂中药有限公司。2003 年 6 月，杭州胡庆余堂制药厂松阳分厂由康恩贝集团收购，更名浙江英诺珐医药有限公司。2004 年，庆元博瑞药业有限公司成立，成为浙江省第一家以食用菌为原料的药品生产企业，获国家食品药品监督管理局颁布《药品生产许可证》、药品生产企业 GMP 证书和灰树花胶囊生产许可证。2009 年，丽水市医药工业规模企业 10 家，产值亿元以上企业有浙江国镜药业有限公司、浙江丽水众益药业有限公司、浙江寿尔福化学有限公司 3 家。

2010 年，丽水市医药工业规模企业 10 家，产值 8.04 亿元，主营业务收入 5.98 亿元，利税0.51 亿元。同年，浙江新康药用玻璃有限公司工业产值 1.11 亿元，成为第四家医药工业产值超亿元企业。

若干年份丽水市医药制造业情况一览

表 14-14-1-1

年份	企业（家）	工业产值（万元）	工业销售收入（万元）	利润（万元）	固定资产（万元）	从业人数（人）
1997	4	7600	6096	400	5741	—
2000	7	21706	15393	684	10602	1163
2001	8	22579	17108	94	24206	1131
2002	8	22311	17144	543	22565	1017
2003	7	21373	18821	3817	24862	1136
2005	7	37482	30780	1140	44311	1463
2007	10	41090	36685	1865	56749	1451
2008	12	50279	45174	2267	61950	1482
2009	11	59520	46904	2752	66874	1578
2010	12	90223	65756	6914	21364	1870

2010年丽水市医药工业基本情况一览

表 14-14-1-2

类　别	企业数（家）	工业总产值（万元）	产品销售收入（万元）	税收（万元）	利润总额（万元）	固定资产净值（万元）	年底职工人数（人）
化学药品原药制造	3	17996	15742	48	2770	2863	315
化学药品剂制制造	3	42746	31130	138	3121	11295	780
中成药制造	3	18312	17493	31	766	6868	401
生物、生化制品制造	1	1376	1392	1	257	338	29
合　计	10	80430	65757	218	6914	21364	1525

器械企业

1959年5月，浙江卫生厅投资创办遂昌医疗器械厂，为杭州医疗器械厂分厂，是国家医疗管理部门定点生产厂家，属全民企业，厂址位于县城车站路。主要生产手术刀片、手术剪刀、手术刀柄和各种器械器具，产品远销东南亚的美国。下设刀片、剪刀、电镀、金工车间4个，有80万千克精压机、100万千克油压机及通用机械设备200多台（件）。1980年，手术剪刀获国家优质产品奖。1982年，手术刀片获国家银奖。1990年，遂昌医疗器械厂占地3.3万平方米，职工406人，产值530万元，税收112.7万元。2002年，遂昌医疗器械厂改制，资产被遂昌县国有资产有限公司收购。同年，浙江省遂昌双剑医疗器械有限公司成立，由原遂昌医疗器械厂部分职工创办，主要生产手术刀片、无菌手术刀片、手术刀柄、无菌塑柄手术刀、医用胶带及输液贴。公司通过CMDC认证，产品多次获省优质产品和国家银质奖。

第二节　化学药品制造

头孢菌素系列

2002年，浙江寿尔福化学有限公司开始制造苯硫酚、茴香硫醚、安吉苯硫酚、氟苯硫酚、甲基苯硫酚、苯硫醚、2—乙醚噻吩、澳（氯）噻吩等原药中间体，奥沙拉泰纳、枸橼酸铋钾、氯氧化铋、氧化铋、碳酸铋、沉水杨酸铋、沉没食子铋、碱式硝酸铋、5—硝酸水杨酸、3—硝酸水杨酸、3—氨基—6—甲磺酰氧苯甲酸甲酯。2003年10月，遂昌惠康药业有限公司成立，主要生产原料药甘油，年产量100万千克。2006年，浙江丽水众益药业有限公司成立，生产奥沙拉泰纳、枸橼酸铋钾。2007年，浙江国镜药业有限公司成为原料药生产重要厂家，孢子粉等原药畅销全国。

制　剂

2010年，浙江丽水众益药业有限公司、浙江国镜药业有限公司、龙泉市辰龙药业有限公司从事化学药品制剂制造。

片剂　阿奇霉素片、氯霜素片、布洛芬片、众益速克氨咖黄敏片、谷维素片、琥乙红霉素片、镁加铝咀嚼片、众益今典西地碘片、格列齐特片、吡嗪酰胺片、必诺片、头孢克罗泡腾片等。

胶囊　莫帕尼盐酸噻氯匹定胶囊、氧氟沙星胶囊、盐酸环丙沙星胶囊、必诺胶囊、萘普生胶囊、头孢氨苄胶囊(先锋 IV 号)、诺氟沙星胶囊、复方氯喘胶囊、增效黄连素胶囊、盐酚洛口辰丁胺胶囊等 10 多种。

针剂　龙泉市辰龙药业有限公司是浙江省医药行业优秀企业，产品有氨苄青霉素钠栓剂和玻璃瓶输液、弗罗沙星葡萄糖注射液。

第三节　中成药制造

中成药是中华民族医药宝库组成部分，历代皆有。清顺治六年(1649)，金华地区兰溪县商人在缙云县创办问松堂中药店，自制丸、散、丹、膏 180 多种。清嘉庆年间(1796—1820)，丽水县创办生生堂药店，前店后场，生产中成药 200 多种。民国 1—38 年(1912 年至 19499 月 30 日止)，丽水城内中药铺有致中和、天德堂，济生堂，回生堂，回春堂等 20 多家。1955 年 7 月，丽水县供销合作社中药材采购供应站，收购加工中药材。1990 年，丽水地区国营制药厂 3 家。2000 年，丽水市中成药制造企业主要有浙江康恩贝中药有限公司和浙江维康药业有限公司。2010 年，丽水市规模以上中成药制造企业 3 家，工业产值 1.83 亿元。其中，维康药业有限公司研制生产的“骨刺胶囊”获国家专利，庆元县博瑞药业有限公司生产的“灰树花胶囊”在治疗癌症病人方面，有良好的社会和市场评价。

饮　片

饮片加工原来都由医药公司下属药厂、仓库加工。2008 年，浙江回生堂保健品有限公司成立，从事中药材初加工，为医疗机构及药店加工饮片，品种不定。1999 年 3 月，在景宁畲族自治县设立浙江康宁医药有限公司中药饮片加工厂，是丽水地区唯一专门从事中药饮片加工企业。

丸　剂

俗称中药丸，易于携带和服用。2010 年，丽水市药品工业企业生产的丸剂产品有维康药业全国独家丸剂“银黄滴丸”“斑秃丸”“归脾丸”“玉屏风滴丸”“肿节风滴丸”“八珍丸”。其中浙江松寿堂中药公司生产“六味地黄丸”。

胶　囊

2010 年，丽水市药品工业企业生产胶囊产品有“开胸顺气胶囊”“阿奇霉素软胶囊”“穿心莲胶囊”“前列泰胶囊”“金刚藤软胶囊”“固元胶囊”“益母草软胶囊”“骨刺胶囊”“灰树花胶囊”。

片　剂

2010 年，丽水市药品企业生产片剂产品有松寿堂中药公司制造的“牛黄解毒片”“可达灵片”“枫蓼肠胃康分散片”“血塞通分散片”“七叶神安分散片”“降脂灵分散片”“肿节风分散片”“护肝片”“益母草分散片”“复方石淋通片”“人参健脾片”。

其他中成药

2010年，丽水市药品企业生产其他产品有“复方鱼腥草合剂”“麝香解痛膏”“生物新药”“灵芝破壁孢子粉”和“感冒清热颗粒”“一清颗粒”等颗粒状中成药。

第四节 企业选介

浙江国镜药业有限公司

浙江国镜药业有限公司前身为龙泉市制药厂。创建于1969年。2010年，公司成为有10个剂型、60个国药准字号产品，以大输液为中心、多品种全面发展的中西药综合性制药企业，总资产1.198亿元，占地9.6万平方米，年销售收入上亿元，职工310人，专业技术人员超过员工总数的30%，是全市医药行业龙头企业。公司主导产品为大输液系列，产品远销省(市、自治区)20多个。公司拥有规范高效的质量保证体系，公司大容量注射剂车间、小容量注射剂车间、中药提取车间、头孢类固体制剂车间通过国家GMP认证。11月，被全国大输液行业龙头企业科伦药业承包，通过股权转让形式收购85%股权，注资2.5亿元。依托科伦药业的管理体系和营销网络，缓解公司在高端输液产品的产能瓶颈，形成新的生产规模和利润增长点。

浙江瑞新药业股份有限公司

浙江瑞新药业股份有限公司位于丽水市天宁工业区，由浙江丽水浙南药业股份有限公司组建。公司有冻干粉针剂车间、小容量注射剂车间、固体口服制剂车间、化学药合成车间、生物合成车间，主要生产西药原料、小容量注射剂、片剂、硬胶囊剂(含头孢菌素类和抗肿瘤药)、冻干粉针剂及菌种发酵提取。2003年5月，公司通过GMP认证，编号E2517。公司现有小容量注射剂、固体口服制剂(片剂、胶囊)、冻干粉针剂、原料药等生产车间4个。所有剂型和原料药都通过国家药品GMP认证。2007—2008年，公司投资400万元，进行GMP硬件改造。公司员工300人，技术人员72人，拥有药品批准文号95个。年生产能力片剂12亿片、小容量注射剂为2亿支、冻干粉针剂180万支、普通胶囊7000万粒、头孢菌素类胶囊2000万粒、抗肿瘤药胶囊500万粒。2008年，公司销售收入6500万元(含税)，利税500万元，销售收入和税收年增长15%以上。

浙江丽水众益药业有限公司

浙江丽水众益药业有限公司位于丽水水阁工业园区，集研发、生产、销售于一体，是浙江省级高新技术企业。2006年，浙江丽水众益药业有限公司开始投产，占地面积5.6万平方米，总投资1.6亿元，是以化学药、天然药物为主各种药物新剂型并举的创新型医药企业。公司建有通过GMP要求的片剂、胶囊剂、颗粒剂等固体制剂生产车间及冻干粉针、无菌粉针、小容量注射剂等注射剂车间。

浙江新康药用玻璃有限公司

浙江新康药用玻璃有限公司位于缙云县壶镇。1987 年 11 月，浙江新康药用玻璃有限公司成立，注册资本 1000 万元，花园式工厂占地面积 31000 平方米，建筑面积 1 万平方米。公司通过 ISO 9001:2000 质量体系认证。公司生产的管制瓶有中华人民共和国药品装材料和容器注册证。主要产品有无色透明和棕色管制注射剂瓶、管制口服液瓶、管制玻璃螺口瓶、诊断试管、管制注射剂瓶和硅化镀膜管制注射剂瓶及其他各类型管制瓶、异形瓶。公司核心产品是硼硅玻璃管制注射剂瓶，是国内最大的隐形眼镜包装瓶制造商，产品销到韩国、新加坡等国家和地区。浙江新康药用玻璃有限公司为中国医药包装协会会员，国家包装标准委员会玻璃容器分技委委员，是国内规模最大的生产高档医药包装玻璃容器专业制造商之一，年产各类管制瓶 4 亿支。

浙江康恩贝中药有限公司

浙江康恩贝中药有限公司前身为浙江省处州制药厂，地址在松阳县环城西路。2000 年 10 月改制，更名浙江英特制药有限公司，生产片剂、丸剂、颗粒剂、合剂、酒剂、糖浆剂、胶囊剂等剂型 10 个。配备洗瓶机 4 台，灌封机 2 台，灌装机 1 台，灭菌机 2 台，切片机 5 台，制膏机 8 台，涂布机 1 台及其他设备。2003 年 5 月，被金华康恩贝生物制药公司兼并，公司占地面积 57757 平方米。2010 年，公司年产麝香解痛膏 2796.19 万片，复方鱼腥草合剂 341.24 万瓶/盒，工业产值 10397.5 万元，税收 2520 万元，是“浙江省高新技术企业”“重点中成药生产企业”“丽水市 2010 年最佳成长型企业”，松阳县历年工业 20 强企业之一。

瓯江胶囊有限公司

瓯江胶囊有限公司成立于 1986 年，位于鹤溪镇鹤溪路。2010 年，公司占地面积 3976 平方米，建筑面积 3996 平方米，是一家药用空心胶囊专业制造企业。公司拥有胶囊全自动生产线 4 条，年生产空心胶囊 15 亿粒，生产技术、产品质量走在国内同行前列。产品销到全国各地制药企业。公司现代企业管理制度和激励机制健全，坚持“质量第一、信誉至上”，确立“高技术、高质量、严管理”目标。2001 年始，连续 5 年被评为“AA”级信用企业。2008—2010 年，先后被评为“丽水市劳动关系和谐企业”“丽水市节能示范企业”“丽水市创业新星”。2010 年，公司产值 1002 万元。

第十五章　工业管理

丽水地处山区，交通不便，工业发展滞后，与杭嘉湖地区差距明显。民国时期，丽水工业经济薄弱，生产经营等完全由企业负责，对企业管理主要是税收管理。1949 年 5 月丽水解放后，政府开始加强工业生产管理工作。1950—1953年，国民经济恢复时期，对国民经济实行统一计划，分级管理体制。1956—1984年，丽水国营工业企业管理实行计划经济体制，集体工业实行间接计划管理。1987年中共十三大后，计划经济向商品经济和市场经济过渡，减少计划管理，加强市场调节，改变管理手段，逐渐放松管理权限，促进经济发展。1992年邓小平南方谈话发表后，国家对工业进行宏观管理，引导企业经营决策，丽水地区工业开始进入新的发展阶段。

第一节　管理机构

工业管理部门

1949年8月至1951年3月，丽水专署实业科兼管工业、手工业。1951年3—5月，丽水专署工商科内设工业股，管理工业、手工业。1951年至1952年1月，丽水专署生产科兼管工业、手工业。1952年1月至1963年5月，丽水专署撤销期间，缙云县划归金华专区，松阳县、宣平县划归衢州专区，丽水县、云和县、景宁县、龙泉县、庆元县划归温州专区，各县工业归相关专区职能部门管理。

1963年6月，丽水专员公署恢复。同月，成立专署工业交通办公室、省手工业联社丽水地区办事处和手工业管理局。1964年10月，专署工业交通办公室和专署计划经济委员会合署办公，一套班子，两块牌子。1966年，专署管理机构陷于瘫痪。1967年3月，丽水军分区生产办公室成立，下设工交组，具体管理专区工业、手工业。1968年11月，建立丽水地区革命委员会，下设生产指挥组，负责管理工业、农业和手工业生产，丽水军分区生产办公室停止工作。1970年10月，生产指挥组下设工业交通办公室，负责管理工业和手工业生产。1971年2月，生产指挥组工业交通办公室拆分为工业局和交通邮政局。1975年3月，工业局拆分为工业局和手工业局。1977年3月，恢复建立工业交通办公室。7月，撤销生产指挥组，保留工业局和手工业局。

1978年8月，丽水地区行政公署社队企业局成立。同年12月，手工业局更名二轻工业局。1979年3月，撤销工业交通办公室。同年12月，地区医药管理局成立。同年，森林工业由地区林业局管理，粮食工业由地区粮食局管理，商业工业由地区商业局管理。1980年7月，地区经济委员会成立。10月，地区电力工业局成立。11月，地区经济委员会与地区工业局合署办公，一套班子，两块牌子。1983年9月，撤销地区经济委员会和地区工业局，建立地区工业办公室。11月，地区医药管理局更名地区医药公司；撤销地区社队企业局，建立地区社队企业联合社临时领导小组；地区二轻工业局更名地区二轻工业公司，与刚恢复的地区手工业联社合署办公。1984年4月，地区计划委员会和地区工业办公室合并，建立计划经济委员会，恢复地区工业局。5月，恢复地区二轻工业局，建立地区乡镇企业局。1987年5月，地区计划经济委员会拆分为地区计划委员会和地区经济委员会，撤销地区工业局机构，保留牌子，与地区经济委员会合署办公。

2001年7月，撤销地区经济委员会，建立丽水市经济贸易委员会。撤销地区商业局和地区物资局，相关职能并入市经济贸易委员会；撤销地区乡镇企业局，保留牌子，并与经济贸易委员会合署办公。后丽水市经济贸易委员会机构一直延续到2010年，各县(市、区)工业管理机构基本与市里一样。同年，地区商业局并入市经贸委，商业工业由市经贸委管理，电力工业由市电力工业局（电力公司）管理，民政工业由市民政局管理，校办工业由市教育局管理。

地区工业局、地区经委、地区经贸委都是政府在不同时期设立的工业经济管理部门，代表政府行使管理权。地区二轻工业局是政府管理二轻工业的行政机关，长期和手工业联社合署办公。2001年，政府机构改革时，撤销地区二轻工业局，企业管理职能归入经贸委；乡镇企业局工作职责为指导乡镇企业生产经营管理，统计乡镇企业生产经营报表，并上报省乡镇企业局。

科技管理部门

科研机构　1978年春，丽水地区工业科学研究所成立。1982年8月，丽水地区工业科学研究所升格为丽水地区工业设计所。1984年5月，丽水地区二轻工业科研所成立，挂丽水地区二轻工业科技咨询服务公司牌子。1989年，浙南制药厂建有地区医药工业研究所。

20世纪70年代后期开始，各县（市）陆续办起一批科研小组、科研室、科研所等厂办科研机构。1976年12月，龙泉瓷器总厂成立龙泉青瓷研究所。20世纪80年代中期，丽水地区厂办科研机构发展迅速，缙云县成立厂办研究所6家。1990年，丽水地区工业研究所17家，其中专业研究所2家，厂办研究所15家。同年，丽水地区民办工业研究所8家。

1984年，国家实行社会主义市场经济后，逐步撤销事业性质的科研所，企业自办科研机构开始增多，浙江利民化工有限公司等12家企业，设立高新技术研发中心等技术研发机构，获浙江省公布认可。后丽水地区各级政府年均安排工业扶持资金4000多万元。

技术改造　各县技术改造工作始于1964年，项目安排及资金分配由省直接下达。1967年，省人委办公厅、财政厅颁发固定资产更新、技术改造资金管理办法（草案）后，丽水专区开始掌握部分两项资金的分配使用权。同年3月，专署工办、专署财办、专署计委联合下达企业技术改造项目10个，资金21.1万元。1968年，丽水军分区生产办公室下达工业企业技术改造项目7个，补助经费24万元。1980年5月，下发《丽水地区行政公署关于加强工业企业挖潜、革新、改造工作领导的通知》。1982年1月，下发《丽水地区行政公署关于切实加强我区工交企业技术改造工作的通知》，成立地区技改项目审批领导小组。同年3月，地区经委编报丽水地区1982—1985年工业企业技术改造规划项目90个，总投资7493万元。1987年5月，省政府下达《关于加强企业技术改造管理工作的通知》，实行全社会技术改造计划管理。

20世纪90年代，工业企业技术改造工作由企业自己管理。2000—2005年，“十五”计划期间，丽水市实施工业技术改造项目2742项，完成企业技术投资139.5亿元，比“九五”计划时期增长4.05倍。2002年，丽水市狠抓项目库建设，项目入库320项。2003—2006年，丽水市工业技改项目2430项，完成工业技改投资129.4亿元。2007年，丽水市完成工业技改投资53亿元，同比增长17%。2008年，丽水市大力推进企业技术中心建设，省级企业技术中心10家，其中新增省级企业技术中心3家，新认定市级企业技术中心7家。2010年，丽水市省级企业技术中心30家，市级企业技术中心50家。

若干年份丽水市工业企业技改情况一览

表 14-15-1-1

年　份	1997	1998	1999	2000	2001	2002	2003	2005	2006	2008
项目数（个）	447	439	487	619	496	562	590	532	—	—
完成投资额（亿元）	4.64	4.73	5.56	14.44	10.60	17.83	30.14	64.16	45.39	64.65

成果表彰　据不完全统计，1978—1990 年，丽水地区主要科技获奖项目 157 个（有些项目多系统重复获奖），获科学大会奖 15 个，其中全国科学大会奖 2 个，机械工业部科学大会奖 1 个，省科学大会奖 12 个；获全国星火计划成果奖 23 个，其中金奖 10 个，银奖 13 个；获省、部科技进步（成果）奖 38 个，其中一等奖 1 个，二等 2 个，三等奖 16 个，四等奖 19 个；获地区科技进步（成果）奖 81 个。

1990 年始，丽水地区科技进步成果加快涌现。龙泉市工具厂被评为 1995 年度浙江省技术进步优秀企业，青田三辰电气有限公司、遂昌造纸厂、地区汽车改装厂、纳爱斯化工股份有限公司、缙云仪表厂被评为丽水地区 1995 年度技术进步优秀企业。后丽水地区有 5 家企业 5 个产品获浙江省首届工业设计大奖赛银奖和铜奖。2000 年，遂昌甘油厂微生物好氧发酵法工业化生产丙三醇（甘油）获国家技术发明二等奖，遂昌 S2 型由解电容低和 PGD6 程控高频开关电源获浙江省科技进步二等奖。2006 年开始，丽水市实行以奖代补制度，对有直接经济效益，企业投资为主的科技项目实行以奖代补政策。

科技资金　计划经济时期，国营企业工业技术进步所需资金，由国家直接拨款。20 世纪 80 年代中后期，丽水地区试行拨改贷，实行有偿使用，集体企业技改资金由企业自筹。20 世纪 90 年代，逐步实行社会主义市场经济体制，企业技改资金由企业自筹，省、市、县（市、区）按政策规定给予技改资金贴息补助支持。

第二节　企业分类

企业行政隶属分类

中央直属工业企业　浙江省电力公司紧水滩水力发电厂位于云和县紧水滩镇境内，在瓯江上游干流龙泉溪，是浙江省电力公司唯一大型发电厂，担负系统调峰和事故备用任务。全厂装机 9 台，下辖紧水滩水电站和石塘水电站，两站相距 25 千米。上游紧水滩水电站，是国家“七五”重点工程，装机 6 台，总装机容量为 30 万千瓦。1981 年 10 月动工建设，1988 年 12 月 31 日，6 台机组全部投入运行，总装容量 30 万千瓦，仅次于新安江水电站，居全省水电站第二位，工程总投资 55400 万元。2010 年，水电站完成发电量 10.62 亿千瓦时，年产值 38400 万元，实现安全生产 2172 天。（参见第五篇水利第一章水利设施建设）。

省属工业企业　1965—1968 年，浙江省国防工业办公室在龙泉县、云和县、遂昌县建立红旗机械厂、新华机械厂、解放机械厂、永新化工厂、浙江仪表厂、利民化工厂等军工企业 6 家。1976 年，浙江省冶金工业局在遂昌县建立遂昌金矿。省水利厅在遂昌县建成成屏一级电站。1984 年，成屏电站行政隶属关系划归遂昌县政府。1990年后，红旗机械厂、新华机械厂、解放机械厂进行外迁；永新化工厂、利民化工厂、浙江仪表厂改制后，划归遂昌县政府。2010年，丽水市省属工业企业仅遂昌金矿1家，年产黄金500千克，白银400千克。

市属工业企业 市属工业企业分为国营工业企业、股份制工业企业和其他工业企业三类。1966年10月，杭州制药厂云和分厂成立。1969年，杭州制药厂云和分厂划归丽水地区行政公署，更名浙南制药厂。

1968年，丽水五七化工厂成立。1972年，丽水地区茶厂、丽水地区木材厂、丽水糠醛厂、地区农药厂、处州针织厂、丽水县电力工业局、遂昌县电力工业局、松阳县供电局等国有企业11家相继成立。1976年，云和钢铁厂成立。20世纪80年代初，浙南制药厂迁址丽水，更名浙南药业有限公司。同期，丽水地区化工厂和丽水地区轨枕厂相继成立。1979年，云和钢铁厂完成回转窑金属球团中试后停办，保留包山铁矿。1984年恢复云和钢铁厂，更名景宁钢铁厂，生产生铁和硅铁。1984年，丽水糠醛厂停产。同期，各县电力工业局在建起不久均划归各县。1987年，筹建地区化纤厂，1989年建成投产，1998年破产。20世纪90年代，国营工业企业经营陷入困境，纷纷停产、破产或改制。20世纪90年代末，丽水糠醛厂破产，地区茶厂被地区运输段兼并，处州针织厂划归丽水市（县级）管理。1994年1月，丽水化工厂实行改制，更名浙江纳爱斯化工股份有限公司。1997年，艾莱依羽绒制品有限公司成立。1998年，处州针织厂和地区化工总厂相继破产。1998年，地区木材厂改制为股份制企业丽水人造板有限公司。1999年，地区农药厂、地区轨枕厂实行改制。1995—2001年，除保留电力工业外，其他国营工业企业全部实行改制和破产。2002年5月，注册成立丽人木制集团公司。2010年，市属国有企业仅丽水市自来水厂1家。

截至2010年，市属股份制企业仅浙江纳爱斯化工股份有限公司、浙江丽人木业集团有限公司和艾莱依羽绒制品有限公司3家。

20世纪90年代起，丽水地区工业产业投资主体呈多元化。特别是2000年丽水撤地设市后，调整市本级与莲都区工业管理范围，丽水开发区划归丽水市政府直接管理，市属工业企业所有制开始多元化。截至2010年，丽水开发区私营企业198家，外商投资企业10家；不在开发区的原市属改制企业方正电机、丽水市汽车改装厂、华星电机公司等工业企业106家，原丽水县城关镇划归市属私营企业258家。

县（市、区）属工业企业 1949—1978年，国家计划经济时期，各县（市）属工业均为公有制工业企业，包括全民（国有）工业企业和集体工业企业，其中全民工业企业主要集中在丽水经委系统，粮食、商业、林业系统也有部分存在，集体工业企业主要集中在二轻系统。

1990年，丽水地区县属全民工业企业269家，工业产值56757万元；集体工业企业1472家，工业产值58486万元。1996年，丽水地区县（市）属国营工业企业216家，工业产值1.59亿元；集体工业企业298家，工业产值9.45亿元。1996年始，由于企业改制，各县（市、区）属全民、集体工业企业破产、兼并、解散、拍卖租赁等，企业数和工业产值逐年减少。2000年，丽水市县（市、区）属国营工业企业51家，工业产值57630万元。同年，行政隶属于县（市、区）股份制企业、外商投资工业企业及其他民营、个体私营工业企业逐年增多。2010年，丽水市县（市、区）属工业企业18420家，产值1104.08亿元，占全市工业产值83%，其中国有企业27家，工业产值64.29亿元。

乡镇工业企业 1958年，各县人民公社兴办工业企业130家。1961年3月，各县停办小工业企业。1969年，丽水地区乡镇集体工业只剩4家。1970年，丽水地区兴办地方“五小”①工业，行政关系隶属人民公社管理。1976年，丽水地区乡镇属工业356家。1978年8月，丽水地区和各县社队企业管理局成立。1984年3月，丽水社队企业统称乡镇企业，社队企业局更名乡镇企业局。20世纪90年代，丽水地区实行市场经济体制后，一些乡镇管理的企业发展后，逐步脱离乡镇归属，而新的乡镇企业仍不断发展。

工业企业所有制分类

1956年年底，各县私营工业和手工业社会主义改造基本完成后，所有制结构发生重大变化，城乡手工业绝大部分纳入集体所有制企业或公私合营企业。后各县实行计划经济体制，工业所有制结构几乎只有国营工业和集体工业。1978年中共十一届三中全会后，实行经济体制改革，私营经济在政策允许下逐步进入工业领域。1987年，丽水地区按照所有权经营权分离原则，加快和深化经济体制改革，一些小型国营工业企业产权，或有偿转让给集体或个人，或改制为有限责任公司。1992年，丽水地区建立社会主义市场经济体制，除公有制经济外，私营工业企业和个体工业企业发展更快速。

若干年份丽水企业所有制结构情况

表14-15-2-1　　　　单位：家

年份	国有企业	集体企业	私营企业	个体企业	其他经济类型工业	合计
1949	7	—	—	—	—	7
1952	26	16	—	—	—	52
1957	70	278	—	—	—	348
1962	92	347	—	—	—	439
1965	94	290	—	—	—	384
1970	113	231	—	—	—	344
1975	149	551	—	—	—	700
1978	170	824	—	—	—	994
1980	179	1060	—	—	—	1239
1981	184	1124	—	—	—	1309
1982	191	1104	—	—	—	1298
1983	203	1143	—	—	—	1349
1984	214	1286	—	—	—	1500
1985	249	1567	—	—	—	12324
1986	248	1616	—	6425	4348	12637
1987	253	1627	—	7718	4026	13624
1988	257	1569	—	8762	3842	14430
1989	258	1505	—	9109	2679	13551

① 指小钢铁、小煤窑、小农机、小化肥、小水泥。

续表 14-15-2-1

年份	国有企业	集体企业	私营企业	个体企业	其他经济类型工业	合计
1990	269	1472	—	9251	2767	13759
1991	265	1616	—	11301	2054	15236
1992	254	1823	—	15660	1971	19708
1993	261	1365	—	25034	2324	28993
1994	271	1050	—	25693	1522	28536
1995	286	1013	—	27118	2797	31214
1996	247	763	—	12807	1685	15502
1997	189	447	—	15175	616	16507
1998	118	659	3564	15275	268	19884
1999	81	533	3374	11233	386	15607
2000	59	463	2728	10576	525	14351
2001	50	378	2716	11037	447	14620
2002	44	315	2942	10765	376	14442
2003	37	263	3130	10781	361	14572
2004	35	170	3216	12181	260	15862
2005	30	167	3268	12181	235	15881
2006	38	158	3210	11859	291	15556
2007	35	119	3422	11501	319	15396
2008	34	119	3676	11501	360	15690
2009	43	78	3705	13761	277	18104
2010	41	76	4029	14272	208	18853

国营工业企业　1949 年年底，丽水专区国营企业 7 家，工业产值 234 万元。1953 年开始，各县贯彻中共过渡时期总路线，工业发展速度较快。1957 年，国营企业 70 家，职工 9244 人，产值 4763 万元。生产棉布、打稻机、肥皂、火柴、黄酒、日用陶瓷等产品。1961 年，各县贯彻"调整、巩固、充实、提高"方针，对工业企业进行裁减、合并、转化、撤销等措施。1962 年，各县国营企业 92 家。1965 年，各县国营企业 94 家。1966 年，部分工厂停工停产。1968 年，丽水地区国营工业产值降至 3228 万元，为 1956 年来最低谷。1971 年后，丽水地区新建棉纺、化工、医药等企业 62 家。1977 年，丽水地区国营企业 170 家，职工 2.25 万人。

1978 年，丽水地区国有企业推行经济责任制。1980—1988 年，丽水地区先后新建丽水棉麻纺织厂等国有企业 90 家。1991 年，丽水地区国有企业 265 家，分布在电力、采冶、机械、化工、建材、纺织、造纸、羽绒服装、印刷、食品、医药、工艺美术、制革、自来水生产等行业 10 多个。1992 年，丽水地区国有企业转换经营机制，实行政企分开，落实企业自主权。1994 年，丽水地区先后开展兼并、出售、破产、解散、租赁等形式的企业改制。2000 年年底，丽水市除丽水化工厂、遂昌钢铁总厂、利民化工厂、遂昌造纸厂、松阳制药厂、缙云东方工具厂、龙泉铅锌矿等企业，改制为股份有限公司或有限责任公司外，绝大部分企业都采取破产、拍卖、兼并、解散等形式完成改制工作。截至2001年，丽水市国营工业企业改制面98%。2010年，丽水市国营工业企业27家，工业产值6.43亿元，主营业务收入67.07亿元，利润6.39亿元，职工5860人。

若干年份丽水市国营工业经营情况一览

表14-15-2-2

年　份	企业数（家）	工业总产值（万元）	产品销售收入（万元）	利润（万元）	税收（万元）	从业人员年平均数（人）	固定资产原值（万元）
1949	7	234	—	—	—	—	—
1952	26	1427	—	—	—	—	—
1965	94	4268	—	509	236	6100	1610
1975	149	8986	—	79	—	16900	11054
1980	179	20361	20429	3941	1280	26600	19637
1987	253	48394	63847	7478	4017	39700	70742
1990	269	56757	77896	6011	4087	—	131927
1997	189	185800	173510	-3397	—	27264	233741
2000	59	80039	82775	604	—	8905	276847
2004	58	251745	249959	-3246	1364	7764	524598
2007	35	277473	376659	13347	—	5604	168079
2008	69	375639	373273	12921	7985	8118	548122
2009	43	455995	464493	-10167	—	5421	804618
2010	41	645400	642799	66607	—	5860	1028352

集体工业企业　丽水地区集体工业企业主要包括二轻工业①和乡（村）镇集体工业②两类。20世纪90年代前，二轻工业为丽水地区城镇集体工业主体，源于古代个体手工业。1949年5月丽水解放后，城镇手工业者逐步走上合作化道路。1952年年底，丽水专区成立手工业合作组织19个，社（组）员252人，产值17万元。1956年，各县基本完成手工业社会主义改造，建立各县手工业联社。1957年，各县手工业合作社（组）466个，职工15211人。1958年，各县手工业社（组）合并升级，丽水县手工业社（组）升为厂占总数90%。1959年8月至1961年6月，各县贯彻中央《关于迅速恢复和进一步发展手工业生产的指示》和《手工业35条》③，部分国营企业转归集体企业，大集体企业转为合作

① 二轻工业：是中华人民共和国特定历史时期的一个工业门类，是手工业发展的继续，轻工业的组成部分，在地方工业中具有重要地位和作用，范围包括塑料制品、皮革、服装、竹木家具、五金制品、衡器、家用电器修理和工艺美术等行业。

②乡（村）镇集体工业：小集体企业的一种形式，小集体企业是指财产属于劳动群众集体所有、实行共同劳动、在分配方式上以按劳分配为主体的社会主义经济组织。生产资料归集体所有，工资福利由企业负担，自负盈亏。

③《手工业35条》规定，在整个社会主义阶段，手工业的主要所有制形式应是集体所有，前几年改为全民所有制的，一般仍应恢复原来的手工业合作社或者合作小组。个体手工业是社会主义经济的必要补充和助手，应当积极发展城市家庭手工业，允许个体手工业者自产自销，自由支配个人的收入。

社，精简下放来自农村的亦工亦农手工业者。1960 年至 1962 年 8 月，缙云县精简职工 1124 人，占全县二轻系统职工总数的 58.9%。1965 年，丽水专区二轻系统企业 206 家、职工 7226 人。1966—1976 年，丽水地区二轻工业深受其害，宝剑、石雕、青瓷等传统工艺手工业停工停产。1972 年，丽水地区贯彻浙江省《关于当前手工业几个问题》，稳定城乡手工业。

1975 年 3 月，地区手工业局成立，加强城镇集体手工业领导。1978 年中共十一届三中全会后，二轻工业进入新发展时期。1987—1993 年，丽水地区推行承包经营，实行企业厂长（经理）负责制，加快改制工作步伐。20 世纪 90 年代中期，丽水地区取消二轻工业管理机构。企业按照所有制的不同，改建为企业集团或者合作联社，自主经营。2002 年，丽水市二轻工业企业改制面 98%。2010 年，丽水市二轻工业全部完成改制工作。

乡（村）镇集体工业为乡镇企业的重要组成部分。1949 年 5 月丽水解放前，丽水专区有个体经营竹、木、铁、石及油坊、铸剑、鞭炮制造等农村手工业。1958 年，各县大办钢铁和大搞农业机械化，农村和小集镇的手工业社组大部分下放给公社成为社办集体工业。同年，各县社办工业企业 130 家。1961 年，各县调整停办或合并社办工厂。1966—1976 年，丽水地区部分国营、集体企业停工停产，社队集体企业[①]发展较快。1970 年，丽水地区队办“五小”企业 518 家，职工 1330 人，产值 355 万元。1976 年，丽水地区社办集体企业 356 家，产值 1000 万元，占全区乡以上工业产值的7.5%。1976 年，丽水地区社队工业继续发展。1978 年，丽水地区社办集体企业 572 家，职工14871 人，产值占全区乡以上工业产值的 11%。1978 年中共十一届三中全会后，社队工业进入新发展时期。1979 年后，丽水地区在信贷、税收、价格等政策方面对乡镇企业进行优惠。同时，逐步推行经营承包责任制。

1983 年，丽水地区社办企业 737 家，职工 13472 人，产值 4363 万元，其中村办工业产值 3046 万元。1984 年年初，丽水地区社队集体企业更名乡镇企业。同年，丽水地区乡办工业企业 801 家，职工 18130 人。1990 年，丽水地区乡镇集体工业企业 2943 家，其中产值在 100 万元以上的乡镇企业 82 家，工业产值占全区乡以上工业产值的 24.4%。1990 年后，丽水地区经济体制改革，个体、私营经济迅速发展，集体工业企业逐渐被出售或转制。1992 年后，丽水地区乡镇集体工业逐步被乡镇私营个体企业所取代。

私营工业企业　民国时期，丽水私营工业以城镇私营手工业生产居多，主要有丽水利用织布公司、丽水燧昌火柴公司、丽水普昌梗片厂、丽水普明电灯公司、缙云厚生股份有限公司、缙云裕生染织厂、遂昌新业造纸厂、遂昌开成造纸厂、青田倡林梗片公司、龙泉普耀电灯公司、松阳正大电灯公司稍具规模。1949 年，丽水专区私营工业产值 139 万元，占全区工业产值 16.8%。

1949 年 5 月丽水解放初，国家采取扶持私营工业发展政策，组织工人恢复生产，支持新建一批私营企业。1953 年，各县私营工业逐步实行社会主义改造。10 月，各县实行粮油棉统购统销，贯彻“扩大加工订货、统购包销、收购经销”方针，私营工业企业逐步纳入国家计划控制轨道。1956 年，各县城镇私营工业企业基本实行公私合营。同年，各县公私合营工厂 45 家。

1958—1960 年，各县城乡个体工业均加入集体企业，三年无私营工业产值统计。1961 年，各县实行调整政策，私营工业开始回升。1964 年，丽水专区城镇私营工业产值 5 万元。1965—1977 年，丽水地区城镇私营工业企业基本不存在。

---

① 社队集体企业：小集体企业的一种形式，小集体企业是指财产属于劳动群众集体所有、实行共同劳动、在分配方式上以按劳分配为主体的社会主义经济组织。生产资料归集体所有，工资福利由企业负担，自负盈亏。

1978 年中共十一届三中全会后，丽水地区城镇私营工业重获生机。1979—1983 年，丽水地区城镇私营工业平均增长速度约 10%。1983 年，丽水地区个体私营工业企业 181 家。1984—1988 年，丽水地区个体私营工业进入高速增长时期，年均增长 115%。1988 年，丽水地区个体私营工业企业 9671 家。1990 年，丽水地区农民联户工业企业 855 家，个体私营工业企业 9029 家。1992 年 10 月，中共丽水地委、地区行署把个体私营经济发展作为发展战略中三个主攻方向之一，制定一系列优惠政策。1992—1996 年，丽水地区个体私营企业发展加快，年均增长 101%。1998 年，丽水地区个体私营工业企业 18839 家，工业产值 83 亿元，占全部工业产值的 62.87%，入围地区“五个一批”名单私营企业 9 家，销售产值超千万元个体私营工业企业 48 家，涉足微电机、金笔等 8 个大类、308 个行业。2000 年丽水撤地设市后，中共丽水市委、丽水市政府提出“三市并举”“工业强市”发展战略，吸引省内外投资者。2003 年，丽水市个体私营工业产值 173.41 亿元，占工业产值的 74.41%。2010 年，丽水市私营工业产值 930.79 亿元，比 2000 年增长 8.13 倍。

若干年份丽水市私营与个体工业情况一览

表 14-15-2-3

年份	私营工业(家)	私营工业产值(万元)	个体工业(家)	个体工业产值(万元)
1986	—	—	6425	6900
1989	—	—	9109	13000
1992	—	—	15660	91900
1995	—	—	27118	327800
1996	—	—	12807	502300
1998	3564	473500	15275	356900
1999	3374	555200	11233	352400
2000	2728	526900	10576	492200
2001	2716	737600	11037	452600
2003	3130	1300900	10781	433200
2005	3268	2377300	12181	477900
2006	3210	3173400	11856	589400
2007	3422	4498000	11501	585300
2008	3676	6186200	11501	661900
2009	3705	5913900	13761	838100
2010	4029	7311700	14272	996200

2000—2010 年丽水市年销售收入 500 万元以上私营工业企业一览

表 14-15-2-4

年　份	企业数(家)	工业产值(万元)	销售收入(万元)	固定资产(万元)	利润(万元)	税收(万元)	年平均从业人数(人)
2000	125	187589	163480	43177	6255	8796	15160

续表 14-15-2-4

年　份	企业数（家）	工业产值（万元）	销售收入（万元）	固定资产（万元）	利润（万元）	税收（万元）	年平均从业人数（人）
2001	178	281250	250027	62982	9531	10556	21048
2002	251	431270	385086	96103	19335	16894	28674
2004	499	1278722	1178104	308528	51263	41633	62686
2005	598	1835863	1691959	505427	71169	134912	79019
2007	842	3884802	3541055	220025	159142	109315	105312
2008	1140	5614382	4917176	1134053	151743	125810	114826
2009	1224	5913900	5357261	1335673	220157	118515	114261
2010	1435	7568367	7119284	1853784	584179	10770	42866

其他工业企业　1994 年 1 月，丽水化工厂改制为浙江纳爱斯股份公司。1997 年，遂昌县凯恩纸业有限公司改制为浙江凯恩特种材料股份有限公司。2010 年，丽水市股份制工业企业 15 家，股份合作制工业企业 20 家。

若干年份丽水市股份制和股份合作制企业经营情况一览

表 14-15-2-5

年份	企业（家）	产值（万元）	销售收入（万元）	利润（万元）	年平均从业人员（人）
1996	67	92000	—	—	—
1997	40	138304	163441	12324	7192
2000	395	296514	319290	52394	12437
2001	22	362327	639597	61725	10817
2007	50	90277	87024	59594	4896
2008	37	104362	86412	7722	3167
2009	35	95303	86892	7445	2343
2010	35	149855	136740	16107	2717

2010 年，丽水市有限责任公司 124 家，工业产值 259.78 亿元；外商投资企业 64 家，工业产值 44.53 亿元；个体经营工业 14272 家，工业产值 99.62 亿元；联营企业 4 家，工业产值 0.96 亿元；其他企业 208 家，工业产值 1.12 亿元。

村镇企业

乡镇企业是工业经济重要组成部分。民国时期，丽水有个体经营竹、木、铁、石、泥水“五匠”，磨坊、粉坊、油坊、豆腐坊和造纸、雕刻、铸剑以及鞭炮制造等农村工副业。1949 年 10 月中华人民共和国成立后，丽水通过农业合作化，诞生社队企业。1966—1976 年，丽水社队企业被作为“资本主义尾巴”而被取缔。中共十一届三中全会后，社队企业进入新发展期。1984 年，社队企业改为乡镇企业。改革开放后，乡镇企业发展速度加快，成为丽水工业重要组成部分。

社队企业　1949年5月丽水解放后，随着农业互助合作化开展，社队企业诞生并曲折发展。1955年，缙云县胡村高级农业社集体做土纸837担，炼生铁125担，替供销社榨油等副业收入4438元，户均40.3元。1958年，人民公社普遍办农机厂，大搞农业机械化，农村中半工半农的个体手工业者全部进入社组，其大部分成为社办工业。1961年调整中停办或合并一些工厂，其中也有许多社队办工厂。1966—1976年，社队企业一度发展较快。1970年，丽水地区有社办工业企业130家，职工2818人，产值49万元。队办小煤炭、小水电、小化工、小机械、小铁矿等企业518家，职工1330人，产值355万元。后被扣上“弃农经商”“挖社会主义墙脚”等帽子，社队工业发展趋缓。1976年，丽水地区社办企业356家。1978年，社办企业572家，8月，建立地区社队企业管理局。1978年12月中共十一届三中全会后，丽水地区社队工业进入新发展时期。1983年，丽水地区有社办企业737家，主要产品有包缝机、中低压阀门、汽车起动机驱动、农机具配件、电风扇、砖瓦、家具、木地砖、罐头食品等。

乡镇企业　乡镇企业由社队企业过渡和发展而来。1984年初，社队企业改为乡镇企业，5月，建立地区乡镇企业局。6月，在青田召开丽水地区乡镇企业工作会议，放宽政策，提倡多种形式办厂。同年，有乡办工业企业801家，职工18130人，乡、村办工业产值10360万元，其中乡办工业产值5882万元，占全区乡以上工业产值12.3%。1988年，有企业230家，乡镇工业产值52650万元，占全地区工业产值39.63%。

1990年，丽水地区乡办1069家(含镇办)，村办1874家，职工42638人。同年，缙云县彩印厂复合塑料形盆获国家银奖。1992年邓小平南方谈话发表后，丽水乡镇个体私营经济发展迅速。1995年，丽水地区乡镇企业坚持“多轮驱动，多业并举”发展，乡镇工业产值792800万元，占工业产值63.96%。浙江晨龙橡胶集团有限责任公司、浙江新云玩具总厂、青田金聚利皮件有限公司被评为全省“八五”时期规模经济效益先进企业。同年乡镇工业技改投资3.1亿元，技改投资中，自筹资金占70%，出现云和木制玩具、青田鞋革、缙云包缝机等规模化生产企业。丽水地区1159家乡镇集体工业企业，完成改制1113家，改转制率96%。9月1日，丽水地区第一家乡镇企业集团——浙江晨龙鞋业集团组建成立。1998年，丽水地区初步形成有丽水地区特色的十大行业经济和区域加工群体，乡镇工业企业20008家，从业人员12.88万人，工业销售收入86.79亿元。浙江宇雷包装集团公司、缙云金属制品厂、龙泉市旅游服务用品公司3家企业获省乡镇企业局表彰。

21世纪，乡镇工业成为丽水工业最主要的部分。2000年，意尔康鞋业有限公司、丽水方正电机和松阳雷克机械有限公司三家企业年产值超亿元。2002年，丽水市县(市、区)乡镇企业局并入经济贸易局，撤销各乡镇企业办公室。同年，遂昌利民化工有限公司、丽水南明专用汽车有限公司等5家企业被浙江省乡镇企业局授予“三优”企业称号，浙江梦天木业有限公司等企业11家被省乡镇企业局命名为省级农副产品加工龙头企业。同年，浙江绿源木业有限公司、方正电机有限公司等企业14家年营业收入超亿元。2003年、2004年、2005年，乡镇工业分别完成工业产值240.44亿元、294.27亿元、394.93亿元，占全市国内工业产值的87.2%、87.06%和93.34%。2004年，丽水天宁工业区被列入全省10个小企业创业基地试点，遂昌云峰金属制品区被列入浙江省100个重点培育提升的行业集聚区块。

2005年，缙云县湖川村创新发展思路，突破“一村一品”，创办缝纫机、锯床等工业企业30多家，工业产值2.6亿元。2007年，丽水市金属制品、黑色金属冶炼及压延加工，竹林加工及制品，塑料制品业、皮革羽毛绒，有色金属冶炼及压延加工等行业中，有13个乡镇企业年产值超过20亿元。2008年，丽水市乡镇工业有14个行业产值超过20亿元。2010年，丽水市乡镇工业企业17729家，其中规模以上企业1579家，从业人员16.5万人，产值11665亿元，利润71.99亿元，税收28.98亿元。从2000年撤地设市以来，丽水市乡镇工业规模企业发展较快，乡镇工业产值由2000年12.13亿元增加到2010年的116.65亿元，是2000年的10倍。2002年丽水市乡镇规模企业320家，2005年690家，2007年946家，2008年1161家，2010年1579家。

若干年份丽水市乡镇工业情况一览

表14-15-2-6

年 份	企业（家）	工业产值（万元）	销售收入（万元）	利润（万元）	税收（万元）	年平均从业人数（人）	固定资产（万元）
1958	130	1058	—	—	—	—	—
1963	—	40	—	—	—	116	—
1970	648	404	—	—	—	4148	—
1976	356	1000	—	—	—	—	—
1978	1982	3753	—	—	—	27945	—
1979	2019	5520	—	—	—	35892	—
1980	3046	6926	—	1434	304	40495	4346
1981	3198	7133	—	1148	400	38490	4909
1982	2805	7552	—	1137	468	35230	5029
1983	2578	8697	—	1304	604	35398	6489
1984	10169	14218	—	1610	973	64987	8158
1985	9858	24744	—	2607	1783	69307	10529
1986	11789	32691	—	2353	1992	82631	14681
1988	13718	52650	—	3339	3512	88306	25696
1989	12602	51002	—	2274	3013	75094	22384
1990	12827	55999	—	1922	3871	75199	24100
1995	86213	792800	735600	37600	18900	273700	—
1997	15506	884000	812900	32200	25900	115600	—
1998	20008	953800	867900	38500	26300	128800	—
2000	16595	1213900	1118600	55100	25300	136412	—
2001	15373	1430000	1210000	58000	34000	148643	—
2002	15963	1846000	1658100	102700	54733	166000	—
2003	16097	2404400	2239600	112800	73576	1843000	—
2004	16787	2942700	2713900	141800	87900	198600	—
2005	16703	3949300	3622200	189200	112100	219700	—

续表 14-15-2-6

年份	企业（家）	工业产值（万元）	销售收入（万元）	利润（万元）	税收（万元）	年平均从业人数（人）	固定资产（万元）
2006	16000	4620000	4249000	228000	147000	232000	—
2007	16000	6470000	5980000	320000	190000	299300	—
2008	16757	8038779	7198600	368763	243718	261416	—
2009	17072	8891000	7844000	367600	215100	269500	—
2010	17729	11665000	10806300	719900	289800	165000	—

若干年份丽水市乡镇工业经营情况一览

表 14-15-2-7

年份	企业（家）	产值（万元）	销售收入（万元）	利润（万元）	税收（万元）	年平均从业人数（人）	固定资产（万元）
1963	7	4	—	—	—	116	—
1978	1982	3753	—	—	—	27945	—
1980	3046	6926	—	1434	304	40495	4346
1983	2578	8697	—	1304	604	35398	6489
1984	3951	12300	—	1291	910	48268	8158
1985	4755	17893	—	1704	1258	52596	10529
1990	2943	35267	—	445	2531	42638	20503
1995	86213	792800	735600	37600	18900	273700	—
1998	20008	953800	867900	38500	26300	128800	—
2000	16595	1213900	1118600	55100	25300	136412	—
2002	15963	1846000	1658100	102700	54733	166000	—
2005	16703	3949300	3622200	189200	112100	219700	—
2007	16000	6470000	5980000	320000	190000	299300	—
2008	16757	8038779	7198600	368763	243718	261416	—
2010	17729	11665000	10806300	719900	289800	165000	—

若干年份丽水市工业产值情况一览

表 14-15-2-8

年份	工业产值（亿元）	国有企业产值（亿元）	集体企业产值（亿元）	个体私营企业产值（亿元）	规模以上企业产值（亿元）	规模以下企业产值（亿元）
1957	0.59	—	—	—	—	—
1962	0.55	—	—	—	—	—
1965	0.54	—	—	—	—	—
1970	0.82	—	—	—	—	—

续表 14-15-2-8

年　份	工业产值（亿元）	国有企业产值（亿元）	集体企业产值（亿元）	个体私营企业产值（亿元）	规模以上企业产值（亿元）	规模以下企业产值（亿元）
1975	1.57	—	—	—	—	—
1978	2.33	—	—	—	—	—
1980	3.37	—	—	—	—	—
1981	3.81	—	—	—	—	—
1982	3.99	—	—	—	—	—
1983	4.36	—	—	—	—	—
1984	5.24	—	—	—	—	—
1985	8.00	—	—	—	—	—
1986	9.16	4.18	3.31	0.69	—	—
1987	12.39	6.06	4.22	0.92	—	—
1988	16.09	7.76	5.72	1.15	—	—
1989	18.10	9.25	6.17	1.30	—	—
1990	18.84	9.17	6.64	1.59	—	—
1991	24.08	10.74	8.68	2.93	—	—
1992	40.01	14.20	13.70	9.19	—	—
1993	62.78	18.60	16.83	25.87	—	—
1994	91.62	20.07	18.20	36.72	—	—
1995	116.55	20.19	27.15	32.78	100	100
1996	120.03	18.85	16.61	50.23	98	109
1997	130.33	18.58	15.23	70.70	106	119
1998	132.00	12.31	14.75	83.04	92	128
1999	144.26	9.26	15.06	90.56	112	132
2000	171.40	8.00	15.33	101.91	156	141
2001	201.59	5.19	11.25	119.02	200	154
2002	232.38	5.84	8.70	139.47	260	164
2003	275.71	6.77	8.13	173.41	348	165
2004	337.99	7.52	2.91	232.25	464	159
2005	423.10	26.73	2.92	285.52	572	149
2006	535.38	32.14	2.41	376.28	730	158
2007	704.12	37.75	1.83	508.33	986	166
2008	920.29	42.56	1.79	684.81	1301	164
2009	1018.43	45.60	1.11	675.17	1564	211
2010	1328.08	64.54	1.29	930.79	1980	253

企业规模分类

全市工业企业分大型企业[①]、中型企业、小型企业和规模以下企业4类。2010年年底，大型企业3家，中型企业102家，小型企业1549家，规模以下企业17199家。

大型工业企业　丽水历来工业基础薄弱，缺乏大企业支撑。1995年，浙江纳爱斯集团有限公司成为全区第一家大型企业。2010年，丽水市大型企业发展到3家，分别是浙江纳爱斯集团有限公司、青山控股集团有限公司和浙江元立金属制品集团有限公司。同年，青山控股集团有限公司进入中国民营企业500强，排序第75位，营业收入140.9亿元；浙江元立金属制品有限公司进入中国民营500强企业，排序第448位，营业收入39.5亿元。浙江纳爱斯集团有限公司是中国洗涤用品行业的龙头企业，洗衣粉、肥皂、液洗剂三大产品全国销量第一。

若干年份丽水市大型工业经营情况一览

表14-15-2-9

年　份	企业（家）	工业产值（万元）	销售收入（万元）	利润（万元）	税收（万元）	年平均从业人数（人）	固定资产（万元）
1995	1	10900	—	—	—	—	—
1996	1	6900	—	180	—	—	83976
1997	1	17200	289951	334	—	—	80996
2000	1	17105	—	—	—	658	106886
2001	1	10880	—	—	—	487	85391
2002	1	15619	—	496	—	493	86144
2003	2	392443	660348	50415	24218	6011	102798
2004	2	438483	715909	27165	1399	5622	106287
2005	2	423195	727561	26120	40699	5591	106486
2007	2	545212	903019	44888	32996	5424	122318
2008	3	819733	1279627	88839	2717	12893	128469
2009	4	1039219	1492496	79732	49900	15042	152571
2010	3	957196	921116	124191	4577	16314	63499

中型工业企业[②]　2010年，丽水市中型企业102家。工业产值3911726万元，占全部工业产值的29%；主营业务收入3570408万元，利润总额335387万元，从业人员60193人。

2010年丽水市中型工业企业分布情况一览

表14-15-2-10

县　别	企业（家）	工业产值（万元）	县　别	企业（家）	工业产值（万元）
莲都区	9	375851	龙泉市	5	167590

① 大型工业企业：指从业人数2000人以上，年销售额30000万元以上，资产总额40000万元以上的工业企业。

② 中型工业企业：指从业人员300人—2000人，年销售收入3000万元—30000万元，资产总额400万—40000万元的工业企业。

续表 14-15-2-10

县　别	企业(家)	工业产值(万元)	县　别	企业(家)	工业产值(万元)
青田县	14	1044031	遂昌县	8	396871
云和县	4	131840	松阳县	3	37270
庆元县	7	109676	景宁畲族自治县	1	20173
缙云县	29	917666	丽水开发区	22	710760

若干年份丽水市中型工业经营情况一览

表 14-15-2-11

年　份	企业(家)	工业产值(万元)	销售收入(万元)	利润(万元)	税收(万元)	从业人员年平均数(人)	固定资产净值(万元)
1996	19	133600	133362	13625	—	—	38988
1997	18	166100	187963	15627	—	—	43344
2000	14	239441	310248	36531	21694	8905	84529
2001	14	314425	583473	55884	29364	8888	115905
2002	13	374143	613570	55955	26413	9049	123036
2003	38	547344	573171	4644	30856	23677	313086
2004	47	827347	774678	24624	5461	28945	474839
2007	78	2030904	1873144	89871	70841	50154	439418
2008	86	2802605	2438436	182353	17328	52659	654954
2009	87	2852429	2529576	82285	—	48355	1218450
2010	102	3911726	3683752	335387	18864	60193	917172

说明：1996 年利润含税收

小型工业企业① 2010 年，丽水市小型企业 1549 家，工业产值 6536113 万元，占全部工业产值 49%。

2010 年丽水市小型企业分布区域一览

表 14-15-2-12

县　市	企业(家)	工业产值(万元)	县　市	企业(家)	工业产值(万元)
莲都区	61	180577	缙云县	343	1543652
龙泉市	233	709501	遂昌县	101	334482
青田县	190	86900	松阳县	154	827077
云和县	101	287443	景宁畲族自治县	76	123961
庆元县	101	242465	丽水开发区	189	1418055

① 小型工业企业：指从业人员少于 300 人，销售额少于 3000 万元，资产总额少于 4000 万元的工业企业。

若干年份丽水市小型工业经营情况一览

表 14-15-2-13

年 份	企业（家）	工业产值（万元）	销售收入（万元）	利润（万元）	税收（万元）	年平均从业人数（人）	固定资产（万元）
1995	—	399700	—	—	—	—	—
1996	1140	320300	282249	—	—	—	202549
1997	697	317700	289951	8008	12266	—	206173
2000	280	491118	469825	23641	29925	38543	353648
2001	327	637554	664389	13279	35270	48735	467164
2002	393	859090	885654	24814	49437	55651	601580
2003	481	731383	690269	28111	35678	53723	602909
2004	321	1214279	1124376	46905	5350	63066	693821
2005	700	1621928	154514	78386	146472	71667	—
2007	941	3211799	2831546	140937	—	88359	—
2008	4172	4862122	4408257	584875	26867	140063	2178752
2010	1549	6536113	6175445	514255	32999	111724	2245498

规模以下企业①

2010 年，丽水市规模以下企业 17199 家，其中个体私营工业 16866 家，工业产值 187.58 亿元，占全部工业产值的 14%。

2010 年丽水市规模以下工业企业产值一览

表 14-15-2-14

县 市	企业（家）	工业产值（万元）	县 市	企业（家）	工业产值（万元）
莲都区	1500	195864	缙云县	3022	351009
龙泉市	2402	205646	遂昌县	2158	140773
青田县	2330	394825	松阳县	2425	151260
云和县	1599	122553	景宁畲族自治县	401	87648
庆元县	1140	115000	丽水开发区	222	111203

① 规模以下工业企业：指销售额少于 500 万元以下的工业企业。

第十五篇

工艺美术业

1. 青田石雕
2. 龙泉宝剑
3. 龙泉青瓷
4. 丽水根雕
5. 黑陶

概 述

工艺美术工业是一个集艺术与产业为一体的产业，有其独特的经济价值。丽水工艺美术历史悠久，工艺技术独特，有深厚历史和文化内涵。丽水是浙江省工艺美术重点产区，虽然占丽水市工业经济比重不大，但地位十分重要。在浙江省认定传统工艺美术品种15个，其中丽水市3个，占全省1/5。浙江“三雕”（青田石雕、黄杨木雕、东阳木雕），丽水市占其一。浙江省被授予国家工艺美术大师称号20人，丽水市有5人，占全省1/4。2009年12月，丽水市人民政府授予全市首届工艺美术大师称号117人。

丽水市工艺美术业主要产品有石雕、青瓷、宝剑、木制玩具、根雕、木雕、鸟笼、竹工艺品以及金银首饰等产品，其中石雕、青瓷、宝剑、树根雕、黑陶等以历史悠久、工艺精湛、制作精美、品种独特而驰名中外。木制玩具产品品牌繁多、式样新颖、制作精细，集知识性、趣味性、装饰性于一体，产品远销欧美、日本等国家和地区30多个。截至2004年，丽水市有工艺美术生产企业2358家，工艺美术学校1所，石雕专业市场2个，建有青瓷宝剑园区和木制玩具园区，直接从业人员6万多人，工业产值20多亿元。

丽水工艺美术历史可追溯到数千年前。丽水能工巧匠利用当地资源，通过手工制作，生产出有本地特色、精美绝伦的工艺美术产品。相传龙渊宝剑有2500多年历史，春秋时期，欧冶子铸成龙泉宝剑，后铸剑工艺在龙泉历代相传，鼎盛于清末民国初期。民国4年（1915），美国旧金山举办巴拿马万国博览会，龙泉宝剑被列入获奖工艺品。六朝时期，青田石雕问世。南宋时，主要生产文房雅具、石章、小件玩物等实用品。元代，由实用品转为艺术品。清代及民国时期，石雕艺术日趋成熟，涌现出一大批享誉海内外的民间艺人和作品。三国魏晋时，龙泉青瓷开始生产。南宋进入繁荣时期，为当时全国最大的制瓷中心。除此以外，丽水市民间生产的还有碑石雕刻、木雕、竹编、草编、金银首饰等工艺美术产品。

1949年中华人民共和国成立后，特别是1978年改革开放以后，丽水传统工艺品的石雕、青瓷、宝剑等生产等得到迅速发展，工艺水平不断提高。同时，陆续恢复和开发生产木制玩具、黑陶、鸟笼、根雕等新的工艺美术品种。龙泉青瓷、宝剑，云和木制玩具、青田石雕成为当地特色产业。

21世纪，丽水市工艺美术品形成一定的生产规模和较完整的生产配套体系，工艺品生产重点县（市）政府制定一系列鼓励工艺美术品生产的优惠政策规定，采取保护工艺美术行业发展的措施，优化工艺美术行业发展环境。

龙泉市建成青瓷宝剑工业园，入园青瓷宝剑企业83家。从2000年始，连续4年分别在杭州市、上海市、北京市、沈阳市举办龙泉宝剑精品展示会。举办全国第七届陶瓷艺术设计创新评比大赛和龙泉青瓷邮票首发式等活动，从政策和资金上鼓励企业积极采用高新技术，改造传统工艺美术产业，使青瓷宝剑生产技术、制作工艺和外包装改进等方面取得突破。2004 年，龙泉青瓷生产企业 128 家，从业人员 5000 多人，工业产值 1.20 亿元。龙泉宝剑品种从剑、刀，发展到剑、刀、戟、枪、钩等兵器品种 18 类 30 多个。

青田县政府引导石雕行业健康发展，专门设立石雕行业管理办公室，成立石雕研究中心，建设中国石雕城和中国石雕工艺品市场。两大市场坚持“以石会友、以人为本”的石文化经营理念，吸引四方客商。据 2000 年不完全统计，中国石雕城日交易额 60 多万元，日接待客商近千人次，为全国最大石雕工艺品集散地和中国石文化观赏地。2004 年底，境内有石雕加工场 1000 多家，从业人员 3 万多人，石雕工艺品产值 4.3 亿元，成为浙江省工业经济重要区域传统特色产业之一。2006 年，青田石雕博物馆开馆，占地面积 5512 平方米，建筑面积 11648 平方米，总投资 2818 万元。馆藏项目囊括青田石雕各种史料、作品实物、石头种类等，进一步推动石雕行业和旅游业发展。

此外，缙云县碑石雕刻和木雕也有悠久历史，在省内有一定影响。2010 年，缙云县工艺品企业 108 家，产值 3000 多万元，建有工艺美术学校 1 所。松阳县、遂昌县黑陶，遂昌县鸟笼远销国内外。丽水市的工艺根雕初具规模，企业遍布全市，产品远销西班牙、杭州市、宁波市等国内外市场。

第一章　青田石雕

青田石雕历史悠久，享有“在石头上绣花”美誉，是工艺美术宝库一颗璀璨明珠。青田石雕刻工序分相石、打坯、放洞、修细磨光、上蜡等，技法有圆雕、镂雕、浮雕、平刻等。这些工序和特色技艺历经代代石雕民间艺人传承，巧夺天工。千百年来，青田石雕艺人因材造型、依质布局、因色取俏、巧妙构思，让一块块石头变成一件件精美绝伦艺术作品。1995—1996年，青田县先后被文化部、国务院发展研究中心农村发展研究部授予“中国民间艺术之乡”和“中国石雕之乡”称号。2002年，青田石雕取得全国首家石刻类原产地证明商标。2006年，青田石雕被列入第一批国家级非物质文化遗产名录，获“十大地理标志区域品牌”称号。浙江省发展改革委员会将青田石雕列入省“四个一批”重点文化产业。青田现代工艺美术大师及石雕艺术家有林如奎、周百琦、倪东方、张爱廷、林福照等。其中周百琦的《春》、林如奎的《高粱》、倪东方的《花好月圆》、张爱廷的《丰收》作为中国特种邮票图案，在全国公开发行。另有青田石雕精品被国家博物馆珍藏100多件，被省级博物馆收藏1000多件。

第一节　石雕发展沿革

石雕渊源

南北朝时期，青田石雕流传于世，多为殉葬、宗教和祭祀用品，造型简练。浙江博物馆收藏六朝时殉葬用品青田石镌刻卧猪多只，形制分为两类，一类为高1.8厘米、长7.9厘米、形态生动；另一类高1.5厘米、长6.5厘米，雕刻粗犷。

宋代，青田石雕制品实用兼赏玩，主要有文房用品、石章、小件玩物等。元至明代，据青田县人韩锡胙（1716—1776）《滑疑集》载：“赵子昂始取吾乡灯光石作印，至明代而石印盛行。”同期，开始雕刻石雕实用及陈设品，如笔筒、墨水池、石碑、香炉、佛像等。青田县山口村首龙溪庙一只石雕香炉，重约100千克，上刻“明景泰壬申年”春立，三足齐腹鼎立，炉腹圆角和三足均分精确。浙江博物馆收藏“大明鱼篮观音”一尊，高20厘米，青田紫岩雕成，姿态生动，线条流畅，有较高圆雕技艺。

清代，青田石雕出现大批陈设艺术品，并远销海外。据清康熙《青田县志》载，青田石称为“图书石”，列入《物产志•货类》。青田县石雕厂保存有清乾隆年间（1736—1795）的三脚狮球香炉，炉腹三面有荷花浮雕，三脚上端饰以虎面纹，下端呈虎爪状，腹底刻一只立体左狮，雕工精细。清咸丰年间（1851—1861），青田石雕壁饰“五福临门”。清末，青田县石雕艺人有1000多人。

青田石雕作为江南名产，曾屡被选为贡品。清乾隆五十五年(1790)八旬万寿节时，浙江巡抚献青田石雕“宝典福书”“元音寿牒”印章，每套60枚，共120枚，作寿礼。收藏于北京故宫博物馆。

民国4年(1915)，美国旧金山举办巴拿马太平洋博览会上，青田县艺人周艺山作品梅鹤大屏等12件、金兼三(也称“鍼三”)作品“小屏风”，均获银奖。后青田石雕开拓海外销路，促进石雕生产迅速发展。至民国20年，青田县石雕艺人发展到2200多人，采石工匠100多人。山口镇山口村597户、2700多人。其中，石雕从业者有1000多人。民国23年，青田县石雕作品“冻石图章”参加在英国伦敦举办的中国艺术国际博览会。民国26年全面抗日战争爆发后，青田石雕销路受到严重影响，几乎断绝外销，大多艺人被迫改行转业，有的流落异乡，石雕创作艺人寥寥无几。

1949年10月中华人民共和国成立后，青田政府关心青田石雕艺术，坚持“保护、发展、提高”原则，组织石雕艺人归队就业，恢复和发展石雕生产。1953年，青田县石雕从业人员35人。1954年6月至1956年9月，山口、城镇、油竹、方山等乡镇相继成立石雕小组和生产合作社。1956年，青田县石雕从业人员增加到486人，产值22万元。

1958年，青田石雕厂选送艺人、艺徒10多人，到浙江美术学院进修。1958年12月，青田县石刻生产合作社4个，转制为地方国营企业，建立青田县石雕厂，下设分厂4个。1960年，青田县纠正“转厂过渡”错误，青田县石雕厂重新转为县属集体企业，职工368人。1966年，青田县传统石雕作品被斥为“复古”“倒退”。1967—1969年，青田县城镇石雕厂成为斗争据点，多数时间停工停产。1970年6月青田县革委会成立后，青田县城镇石雕厂恢复石雕生产，创作题材强调“突出政治”。

1971年，周恩来总理指示“要加速发展工艺美术品生产，扩大出口”。1971—1972年，青田县石雕产销出现好势头。1972年2月，青田石雕作品《石雕小象》500只，作为国礼，赠送美国总统尼克松。1973年2月，青田县工艺美术公司成立，统一管理石雕供、产、销工作。同期，招收大批青年学徒。成立青田县石刻小组50多个。同年，青田县石雕出口产值106万元。1974年，受极“左”思潮影响，青田县工艺美术生产和出口被看作“复辟倒退”，石雕生产遭到严重破坏，石雕产值急剧下降。1975年，青田县石雕出口产值仅34万元。

1976年，青田石雕进入新的发展时期。1978年春，全国工艺美术展览会展出青田石雕作品20多件。其中张梅同作品《葡萄山》《咏梅》，林如奎作品《高粱》入选大型画册《中国工艺美术》。同年，邓小平参观倪东方作品《谷子》时赞扬，“俏色用得好”。1977年，青田县石雕产业产值63万元。1978年5月，中共中央主席华国锋访问朝鲜民主主义共和国，赠送林耀光作品“群马”给金日成。1979年后，青田县出现许多石雕专业户。1980年，青田县石雕产业产值325万元。1984年，青田县山口镇山口村村民965户，其中从事石雕业、叶蜡石开采的居民920户，占总户数96%，年产值200多万元。1985年，青田县石雕产业产值622万元。据青田县二轻局、乡镇企业局统计，1988年青田县石雕产业产值1218万元。同年，石雕礼品作为国礼赠送日本首相田中角荣。

20世纪90年代，青田县逐步形成享誉海内外石雕产业。21世纪，青田县石雕工艺高、中级专业技术职称艺人100多人，从业人员2万多人，产品远销100多个国家和地区。

石雕艺人

1956年7月，石雕艺人张仕宽、林如奎、朱正普、吴如乾被评为青田县石雕名艺人。1957年7月，张任宽、林如奎、朱正普、吴如乾到北京市参加全国第一次手工业艺人代表大会，受到中共中央副主席朱德接见。1959 年，张仕宽应邀到北京市参加中华人民共和国成立 10 周年观礼。同年，老艺人朱振良被推举省第四届政协委员；林耀光被推举为省第五届政协委员并当选为第六、七届全国人大代表；林如奎、倪东方被评为省劳动模范；徐永丽当选为省第十一届人大代表，县第六、七、八、九届政协副主席。1979 年 8 月，林如奎参加全国工艺美术、创作设计人员代表大会，获工艺美术家称号。1988 年，工艺美术家更名中国工艺美术大师。1988 年，周百琦被评为中国工艺美术大师。1993 年，倪东方、张爱廷被评为中国工艺美术大师。2005 年，林伯正、张爱光、陈小甫、林观博、徐永丽、叶品勇、张海政、林爱平、裘良军，先后被评为浙江省工艺美术大师。张爱廷人物传略入选中央电视台《东方之子》。2006 年，林福照、林汉立、周金甫被评为中国工艺美术大师。

青田石雕博物馆

青田石雕博物馆坐落青田火车站广场西南角。2003 年 1 月 8 日，投资 5000 万元，青田石雕博物馆动工建设，占地 2159 平方米，总建筑面积 11648.5 平方米。2006 年 11 月 26 日，石雕博物馆落成并对外开放。石雕博物馆集青田石雕的创作、收藏、研究、交流、展示会鉴赏于一体，有综合性教育和科研功能，为青田石文化标志性建筑。建筑 6 层，其中第一层为销售区，第二、三层为展示区，第四层为办公区，第五、六层为档案管理区。馆内藏品 500 多件，有中国工艺美术大师林如奎、周百琦、倪东方、张爱廷、林福照、林汉立、周金甫及名艺术作品 50 多件。馆内厅廊宽敞明亮，楼层设计大方，有郭沫若 1964 年参观青田石雕题咏，有清代寓意“五福”的蝙蝠 5 只造型装饰。

第二节　青　田　石

形　成

青田石因中高温溶液与火山岩互起变化，由流纹岩与凝灰岩蚀变而成。民国 18 年（1929），地质学者叶良辅、张更到青田县山口镇实地考察，采集样本，写成《浙江青田县之印章石》论文。青田石矿脉距今约 1.4 亿年的晚侏罗纪。据《山海经南次二经》载：“又东南五百里，曰会稽山下，四方，其上多金玉，其下多夫石。”“夫石”，“石之似玉者”。据乾嘉学派著名考据学家郝懿行的《山海经笺疏》载：“夫石即处州青田灯光石。”早在《山海经》成书前，青田石就被世人发现。据青田石雕发源地山口镇《林氏宗谱》载：“此石之出于何时，宜可稽而讨之，乃杳不可得。则从吾姓之徙此者犹后，而此石出于先，或元或宋，无人摩崖而刻载之，故不可知也。惟老人流传云，此山之始曾有两白鹤来栖，飞鸣旬日后舍去，好事者陟而按之，遂得此石，为图书印章之用。青田石来由可见一斑”。

性　质

青田石是一种优质叶蜡石，混生少量刚玉、蓝线石、红柱石、蓝晶石、黄铁矿等，有丰富的玉相学特征，有蜡质感，凝滑、质块状，摩氏硬度 1—2 度，是工艺石雕和印材的理想石料。青田石的化学成分以三氧化二铝（Al_2O_3）和二氧化硅（SiO_2）为主，两者约占总含量的 90%，其他组分有氧化钾（K_2O）、氧化钠（Na_2O）、氧化钙（CaO）、氧化镁（MgO）、三氧化二铁（Fe_2O_3）等，约占 10%。

若干年份青田矿石化学成分含量分析一览

表 15-1-2-1

样品	分析年份	成份及含量（%）							
		SiO_2	Al_2O_3	Fe2O_3	MgO	CaO	Na_2O	K_2O	TiO_2
青田石	1928	62.57	32.02	—	0.46	1.30	1.32	—	—
山口白石	1930	64.30	28.94	0.68	—	0.33	—	—	0.45
白垟黑石	1930	57.10	23.60	14.21	—	—	0.14	0.22	0.51
季山冻石	1930	58.37	31.47	0.64	痕	0.26	1.20	2.40	—
季山紫岩	1930	65.70	28.82	0.63	痕	痕	—	—	—
旦洪石	1985	74.09	20.89	0.33	—	0.20	0.06	0.04	0.30
白垟石	1985	62.61	29.78	0.19	—	0.17	0.15	0.06	0.25
封门石	1985	57.83	32.47	0.01	0.20	0.16	0.56	1.35	0.14

说明：痕指极小量，亦叫痕迹量

开　采

六朝，青田石已有利用记载。宋代，青田石开采较多。清代，青田石矿开采已具相当规模。清光绪《青田县志》载：“枫（封）门洞，岩穴深广，可容百余人。”民国元年，据冒广生《疚斋小品三种》载：“所产之区有脉可寻，矿工寻得脉线，凿破岩皮，逐层深入，每开一洞，需八九到十人，秉烛蛇行而入，一人在前开挖，余人在后传递。得有石料，抱而伏行，至障碍处，仰身转辗而出。常年作业有千余人，任役极为艰苦”。

民国18年（1929），青田县石矿开采场所14处，尤以山口、方山、周村等地最为著名，大多由石匠与山主合采或矿商出资向山主购凿。矿石采出之后，挑到山口，细石每元可20千克。质佳者以块计价，数元至百元不等。同期，青田石年产量约60万千克，工业产值约14400元。

1949年10月中华人民共和国成立后，青田县开始大规模开采青田石。1953年8月，青田县山口蜡石生产合作社成立。1956年10月，地方国营青田蜡石矿成立，下设旦洪、封门、白垟、尧土、老鼠坪等工区5个，转向以开采生产工业用蜡石为主，产量开始逐年增长，但后来雕刻石产量在起伏中有所下降。1957年，青田县开采石雕石62万千克。1960年，开采93.20万千克。1965年，开采116.8万千克。1970年，开采57.20万千克。1980年，开采36.1万千克。1988年，开采29.6万千克。

计划经济时期，青田石价格由中华人民共和国轻工业部统一规定。20世纪50年代，青田石定价标准为特级（50千克以上）每万千克1500元，一级（30千克以上）每万千克1060元，二级（10千克以上）每万千克800元，三级（2千克以上）每万千克600元。1973年10月，青田石价格标准调整为特级每万千克2300元，一级每万千克1500元，二级每万千克1100元，三级每万千克800元。私采青田石价格则由买卖双方根据质量面议商定。

品　类

青田石产地宽广，色彩丰富，花纹奇特，品类繁多，有10类100多种。其中较名贵石料有灯光冻、封门青、蓝青田、蓝星、黄金耀、五彩青田等。青田县东 20 千米的封门洞石料最为珍贵，冻石温润如玉，价重如金。

2001 年 10 月，据北京专家综合分析论证，青田石在“两玉[①]”“四石[②]”阶段性成果的国石评选中，被推荐为国石。

第三节　石雕技艺

工　具

凿子　凿子分方口凿和圆口凿两大类。凿口阔度 0.3 厘米、0.6 厘米至 3 厘米。木柄下部呈锥状，上部呈蘑菇状，总长约 35 厘米。凿子用于打坯、戳坯、镂空及铲平、修光。打粗坯有 0.5—1 厘米阔的专用方口凿，俗称“砍凿”。凿身较厚实，木柄特别粗短。0.6 厘米以下的狭口凿，凿身细长，一般用作镂空；0.6—1 厘米的狭口凿，用作雕细坯；1 厘米以上的阔口凿，一般用于铲平、修光。圆口凿用于雕刻一定弧度的面积，可根据需要选择凿口的阔狭。

雕刀　雕刀中间粗两头细，中间部分是刀身，状如纺锭，两头是刀头和刀口。长约 25 厘米，刀口阔度一般 0.6—1 厘米。雕刀分平口刀、圆口刀和钭口刀三大类。平口刀主要用于刨、戳或镂；圆口刀用以雕刻带弧度的较小面积；钭口刀可用刀刃刮，用刀尖刻、剔。

车钻　车钻由钻帽、钻杆、钻绳、钻担、铜管、木榫、钻头组成。钻头固定于木榫上，可在相应的铜管上装卸使用。钻头大小类型繁多，大的直径达 2 厘米，小则细如针尖。大号车钻需用两手按于钻担上，钻身垂直，上下揿动，用于钻大的放空洞。中、小号车钻可单手操作，用于钻较小的洞。20 世纪 50 年代起，青田县石雕厂增设电动台钻。后艺人多以手电钻代替车钻。

刺条　刺条由刺身与手柄组成。刺身长的约 25 厘米，短的在 10 厘米以内。刺身形状有圆形、扁形、椭圆形、扁圆形和扁方形。

锯　构造与木工锯基本相同，用以解石、锯坯。1958 年始，青田县石雕厂锯料车间用电动带锯解石、锯坯。后艺人也都使用电动带锯和圆盘锯。

工　序

选料和布局　选料主要考虑石料是否结实、脆软，并就作品要求作针对性选择，其中雕刻人物作品要求石色纯净，花鸟作品以绚丽多彩为佳，山水作品最好形态突兀多变，精雕作品要求石质优良，石色丰富。布局时艺人根据题材，面对石料作出设计。精雕作品需要石料形态、质地、色彩，精心构思。

打坯、戳坯　打坯时用坯凿大刀劈斧地劈削出作品外轮廓、景物大块面，以最简练概括的手法将构思变成视觉形象。打坯特别强调整体观念，艺人称其为“四从”，从整体到局部，从大到小，从主

① 两玉：指和田玉、岫岩玉。

② 四石：指青田石、寿山石、昌化石、巴林石。

到次，从表及里。戳坯时用阔凿戳出景物较小的分面。小件作品也有不用打坯而直接戳坯的。打坯和戳坯都留有余地，以备必要的修改调整，同时又要尽量接近实体。艺人留传“打坯不留料，雕刻无依靠；打坯打彻底，雕刻省力气”的口诀。

放洞、镂雕　放洞为镂雕创造条件，一般都在景物本身的间隙和景物之间的间隔处进行。放洞得当可使作品形态确切，层次丰富，精巧耐看，严密结实。镂雕是放洞的继续和深入，放洞在石料上留下许多大小不同的圆洞，而镂雕则是改造圆洞，使之成为实体之外形态多变的空洞。青田石雕艺人把雕刻过程概括为“运用减法，求得实体”。

精刻、修光　精刻，着重刻划景物细微之处，传神之点。如通过刻划眼睛、嘴角，表现人物丰富的内心世界；精雕叶筋、花瓣、藤须，表现花卉的蓬勃生机。修光时刮去作品上不必要的刀痕凿迹，使作品光洁可爱。但修光不一味追求“光”，而从结构、质感出发，适当保留“刀触”。

配垫、装垫　石雕作品一般由上身（主体）和座垫组成。座垫对主体起衬托、充实、补充作用，是作品的有机组成部分。设计装垫以主体为依据，做到形式协调，大小相称，色调稳重，繁简适度，充实内容，弥补缺陷。座垫有石质、木质两类，分岩头垫、树根垫、水波垫、云垫、莲花垫、几何形垫等。一般山水作品用岩头垫，花鸟作品用树根垫，水生动植物作品用水波垫、岩头垫，人物、炉瓶作品用几何形垫，神仙佛像用云垫、莲花垫。装垫时，一般大型作品及高档作品用木螺丝，稍小的作品用竹钉，小件作品采用粘合。

打光、上蜡　打光用的材料有粒度80—120砂布、280—1000水砂纸，以及糠灰、打光粉、打光油等。打光从粗到细，循序渐进，先纱布打磨，再用小刷、软布磨揩作品凹部，然后用各号水砂纸磨揩，最后用软布蘸打光油、打光粉揩试作品。上蜡先洗刷作品干净，置火盆上慢烤至100℃左右，把黄蜡均匀涂刷作品上，待作品慢冷留有余热时，用麻布轻揩擦，仅留一层很薄的黄蜡，以保护作品。

技　法

表现形式　青田石雕有圆雕、镂雕、浮雕、线刻、镶嵌数种表现形式，以圆雕、镂雕最常见，镂雕最具特色。

圆雕又称立体雕，构图比较单纯，不追求丰富的层次，可以四面观赏，广泛应用于石雕人物、动物、炉瓶、印钮等作品。

镂雕有单面镂雕、透空镂雕、立体镂雕。单面镂雕作品呈扁形，正面精雕细刻，背面略而不刻，石雕书夹、插屏、普通山水、花山、葡萄山都用此法。透空镂雕，在“体身”上镂出一些洞，以增加层次，增强立体感。立体镂雕把“体身”化成局部存在的岩石、树桩，使其成为作品的有机部分，可四面观赏。

浮雕有高浮雕、浅浮雕、薄浮雕三种，高浮雕常用于石雕炉瓶的纹饰。艺人遇有料薄而石色绚丽、花纹奇特的石料时，常用浅浮雕手法创作成插屏。薄浮雕亦称薄意，主要用于石章的印身雕刻。

线刻是以刀代笔，在石雕景物上刻划出阴线。诸如人物的须发、服饰图案，动物皮毛、鳞片，山水的屋宇瓦楞，花卉的叶筋，炉瓶印盒上的装饰图案，都广泛应用。

镶嵌有以石嵌石和以玻璃制品嵌石两种。一般用于表现动物的眼睛。

表现手法　青田石雕有写实、写意两类表现手法，尤以写实见长。但青田石雕不乏写意之作。艺人通过变形，夸张、装饰等手法，使作品别具一格。如炉瓶印钮上的仿古动物，造型奇拙，古朴浑厚。人物中的“九老”，动物中的小猴、小狮等，都不强调形似，而追求艺术情趣。

石雕中大部分作品追求形似、色象。艺人利用多层次镂雕技艺精心刻划景物的细部及丰富的层次。因材施艺，因色取巧，根据石料天然色彩，进行构思、构图、雕刻，使作品自然逼真，栩栩如生。

第四节　石雕产业

石雕产销

清道光二十二年(1842)，青田县侨民到俄罗斯彼得堡、明斯克一带售卖石雕作品。清同治四年(1865)，青田县方山乡邵山村人杨灿勋，横渡印度洋，绕道好望角，过大西洋到英国销售石雕作品。清光绪元年(1875)，青田县山口镇山口村人林茂川，改良石雕作品，销到欧洲，颇受欢迎。山口村著名艺人林茂祥，雕刻作品惟妙惟肖，到美国旧金山销售石雕作品，深受外国人赞赏。清光绪十八年(1892)，青田县山口村人季兆鋆等7人，携石雕作品到南洋群岛及印度销售，并辗转到法国，营业日见发达。后青田县石雕从业人员群相效法，足迹遍及五大洲。到2010年，青田县华侨分布国家和地区120个，人口20多万人，其中有相当部分从事销售石雕作品。

民国时期，青田石雕遍及国内各大城市，上海专营商店有“金玉相图书店”“奇石斋”“冻石公司”。温州地区有专营商店20多家，其中打锣桥“金南金石刻画社”(在美国芝加哥设有分店)，规模是当时最大，营业颇盛。舟山地区普陀山横街有石雕商店数家，其中金精一创办的“斐然斋”生意最为兴隆。据民国20年(1931)《工商半月刊》载：“民国18年自温州运上海转销美国的青田石雕，共计2500箱，每箱头等货值银圓100元，国内外贸易总额约100万银圓。”

1949年中华人民共和国成立后，相当长一个时期，由青田县手工业联社与上海进出口公司签订供销合同，将石雕产品按时发货到合同单位，进行计划营销。

1976年，青田县石雕产品基本上由青田县工艺美术公司按供销合同营销。1978年10月中共十一届三中全会后，青田县逐步建立与完善多渠道营销机制，石雕产品年产值逐年提增，石雕产品自产自销较为活跃。青田县城关镇、山口镇、方山乡及北京市、上海市、杭州市等地，陆续开张各种名目石雕产品销售店。2006年，青田县石雕产品产值为52534万元。2007年，青田县石雕产品产值为64827万元。2010年，青田县石雕产品产值为7亿多元。

专业市场

中国石雕城　1999年，青田县开工建设中国石雕城，位于石雕发源地青田山口镇。2001年10月，中国石雕城竣工开业，集石雕生产、交易展示、信息交流、石材集散和旅游购物等多功能为一体的石雕交易集散中心，沿街有石雕作坊，有琳琅满目的石雕工艺品，可欣赏选购，可亲自动手参与雕刻，建筑面积2万多平方米，高5层，店面101间，年营业额5000多万元。

青田县水南石雕工业园区　2006年，青田县投资1.2亿元，在水南火车站西侧兴建青田县水南石雕工业园区，占地3.31万平方米，总建筑面积7.19万平方米。2007年5月，园区竣工使用，集销售、展示、工场和宿舍于一体，同周边名目繁多的“石雕专买店”组合在一起，构成侨乡石雕文化独特风景线，展现青田石雕产业集群繁荣景象。

石雕收藏及文化

民间收藏　青田县石雕民间藏品丰富，有石雕大师个人陈列室，如林如奎“石耕苑”、倪东方“惜石斋”等，收藏青田名石、奇石和石雕精品，招徕国内外游客慕名参观，为青田石文化旅游亮点。

石雕文化　青田县山口镇东南山谷中，有千丝瀑、千丝岩等自然景观，新建千丝岩石雕文化园。倪东方以“瀑、潭、崖”背景空隙地，创设石雕作品“观音听瀑”“十八罗汉”“碑林”等，通过错落有致的艺术布局，使之成为千丝岩旅游景点亮点。

第五节　作品选介

民国4年(1915)，周芝山作品《竹林七贤图像》(12件)，参加在美国举办的巴拿马太平洋博览会，获银牌奖章。

民国4年(1915)，金兼三(缄三)作品《小屏风》参加在美国举办的巴拿马太平洋博览会，获银牌奖章。

周旭卿作品《天堡山之役》人物众多，场面壮观，雕刻精细，石料重450多千克，表现辛亥革命时国民革命军攻打南京天堡山的战斗情景。金精一作品《梅桩瓶》利用黑白相间的季山夹板冻雕成，淡青色的梅花，黑褐色的梅桩，相互对衬，极为巧妙。收藏于浙江博物馆。

1957年4月，吴如乾作品《花瓶》由浙江省人民政府赠送给到访的苏联最高苏维埃主席团主席伏罗希洛夫。

1957年7月，张仕宽作品《葡萄山》在全国工艺美术艺人代表会议期间，受到朱德副主席的赞扬、代表们的高度评价。

1972年，杨楚照作品《更喜岷山千里雪》参加全国工艺美术展览，《人民画报》《红旗》杂志等载文予以高度评价。

1978年，林耀光作品《群马》参加全国工艺美术展览。5月，作为国礼赠送给朝鲜主席金日成。

1982年，林如奎作品《高粱》获中国工艺美术品百花奖优秀创作设计二等奖。1985年，被轻工业部评为珍品，由中国工艺美术馆收藏。

1982年，倪东方作品《秋》获中国工艺美术品百花奖优秀创作设计二等奖。

1982年，周百琦作品《春》获中国工艺美术品百花奖优秀创作设计二等奖。

杨楚照作品《西游记》重236千克，运用多种雕刻技艺，刻划《西游记》中主要场景。1983年，在中国香港地区展出，收藏于宋城。

1984年，林耀光作品《千里雄风》获中国工艺美术品百花奖优秀创作设计二等奖。

1985年，留秀山作品《葡萄山》获中国工艺美术品百花奖优秀创作设计一等奖。

1986年，倪东方作品《秋菊傲霜》获中国工艺美术品百花奖优秀创作设计一等奖。被轻工业部评为珍品，由中国工艺美术馆收藏。

1987年，张梅同作品《葡萄山》参加全国工艺美术展览。被轻工业部评为珍品，由中国工艺美术馆收藏。

1987年，倪东方、倪伟仁作品《俏色印雕》参加全国工艺展览。被轻工业部评为珍品，由中国工艺美术馆收藏。

中国工艺美术大师林福照作品《花果篮》《锦绣河山》；林汉立作品《万里河山》《枯木逢春》；周金甫作品《独占金秋》《心系千家》等，亦为传世精品。

第二章 龙泉宝剑

龙泉宝剑制作有2500多年历史。春秋时期，欧冶子铸成龙泉宝剑。铸剑工艺开始在龙泉历代相传，鼎盛于清末民国初期。民国4年(1915)，在美国旧金山举办的巴拿马万国博览会上，龙泉宝剑被列入获奖工艺品，蜚声于世。龙泉宝剑是中国传统名剑和传统工艺美术品之一，素以“坚韧锋利，刚柔并寓，寒光逼人，纹饰巧致”誉驰中外。龙泉宝剑被作为国礼，多次馈赠外国元首和友人。党和国家领导人毛泽东、邓小平、杨尚昆等曾收藏由龙泉名师所铸龙泉宝剑。

第一节 发展沿革

宝剑渊源

春秋战国时期，制剑术以吴越地区最著。古书载：“吴粤(越)之剑，迁乎其地弗能为良，地气使然。”又载：“夫有干越之剑，柙而藏之，不敢用也，宝之至也。”龙泉产铜、铁，以制剑名师欧冶子为始祖的龙泉宝剑乃铁剑之魁。北宋咸平元年(998)，翰林学士兼史馆修撰杨亿在《金沙塔院记》中载：“缙云西鄙之邑曰龙泉，实欧冶铸剑之地。”南宋嘉定二年(1209)，何澹撰《龙泉县志》载：“近境有剑池湖，世传欧冶子于此铸剑，其一号龙渊，以此乡名。”元至正十七年(1357)十月，宋濂《龙渊义塾碑》载：“龙渊即龙泉，避唐讳，更以今名。相传其地乃欧冶子铸剑处，至今有水号剑溪焉。”明万历《栝苍汇纪·地理》记龙泉县“山南为秦溪，剑池湖在其阴，周围数十亩。湖水清冽，时有瑞莲挺出。旁有七星井，为欧冶子铸剑之所，今为官田，井尚在，夏日饮其水，寒侵齿骨”。今古井犹存一口，旁有欧冶子将军庙及剑阁①。

剑在古代，始为兵器。龙渊(泉)剑在中国冷兵器史上有着重要地位。中国古代史学名著《战国策·韩策》载：“龙渊、太(泰)阿，皆陆断马牛，水击鹄雁，当敌即斩。”东汉著名学者王充《论衡》载：“世称利剑有千金之价，棠谿、鱼肠之属，龙泉、太(泰)阿之辈，其本铤山中之恒铁也，冶工锻链成而铦利，岂利剑之，锻与链乃异质哉，工良师巧，链数至也。试取东下，直一金之剑，更熟锻链，足其火，齐其铦，犹千金之剑也。”唐代学者虞世南《北堂书抄》载：“古有龙渊太(泰)阿，至今擅名天下。”唐代大诗人李白诗句：“宁知草间人，腰下有龙泉”“万里横戈探虎穴，三杯拔剑舞龙泉”等，历来为人们所乐道。

① 剑阁：1966年，“文化大革命”初，剑阁被毁，重建。

汉代，环柄铁刀出现后，宝剑逐渐演变成官员佩饰和将领防身武器，成为权力和地位象征。19世纪晚期，枪炮代替刀剑，宝剑成为武术器具、道教法器、舞台道具和观赏工艺品。龙泉剑形质兼优，广为武术爱好者和艺术鉴赏家青睐。

欧冶子制剑业在龙泉世代相袭。清乾隆十三年（1748），铁匠郑义生于龙泉城镇东街开设剑铺，招徒授艺，运用"灌钢"[①]冶炼法制作刀剑，所炼刀剑不易生锈，剑刃锋利。清道光十年（1830）前后，龙泉廖太和剑铺精于镂刻工艺，继承战国时期装饰风格，名噪一时。清咸丰八年（1858），太平军驻扎龙泉旬日，需补充大量刀剑武器，剑匠郑义生第四代孙郑三古的千字号剑铺，剑质上乘，应接不暇。清光绪初，周国华（乳名六儿）、周国荣（乳名五儿）、周国贵（乳名老九）拜千字号剑铺郑文轩（郑三古之子）为师。学成出师后，周国华单独开设万字号剑铺。

清末至民国初期，龙泉县城沿溪北岸一条街，从天妃宫[①]至官仓巷口，剑铺相连，叮咄之声，昼夜不绝。剑铺有千字号、万字号、壬字号（沈广隆）、金字号（吴继德，万字号徒弟）、永字号（潘显明，千字号徒弟）、禾字号（徐春德，千字号徒弟）、周国贵7家。其中，千字号（郑志成）、万字号（周子望）和沈广隆（沈庭璋）被称为龙泉宝剑三大名家。

各家剑铺除炼剑有专门技师外，还聘请装潢师镂刻剑身图案，制作剑柄、剑鞘，使宝剑从剑质到外观相得益彰。晚清至民国时期，著名的装潢师先后有张老头、季高、季上元、周国彩、姜宝华。民国4年（1915），周国彩雕刻作品，在巴拿马太平洋万国博览会上获奖，"沈广隆壬字号"宝剑列为获奖工艺品，蜚声于世。据民国《重修浙江通志稿》载："当时龙泉剑所采用的原料有三，毛铁、钢、花梨木。毛铁的全年需用量，约为17500斤。钢全年需用量约5600余斤。花梨木为制剑鞘之用，产本县西南乡一带。其制作工艺为先以毛铁、钢锻炼成剑坯，后以铁锉锉平，然后题款和七星纹饰，嵌以铜质。再经淬火后磨砺，并以铁砂擦至光耀夺目，配以花梨木鞘即成宝剑。普通一剑之成，须经三四日。"

民国18年（1929）年初，浙江省国术馆馆长张人杰委托教务长杨澄甫向沈广隆号订制龙泉剑12把，鉴定后，认为剑质上乘，续订70把。民国19年秋，全国国术馆在南京举行国术比赛，龙泉剑30把被评为最佳剑，列为奖品，赠给武术表演优胜者。剑铺由7家增至11家，新增徐振昌、何同兴、茂字号、徐显庆剑铺，是民国时期制剑业鼎盛期。民国26年，全面抗日战争爆发后，沪杭等地商贾和省级机构内迁龙泉县，手杖剑（时称"司的克"）成为士绅官贾时髦必携品，剑铺经营颇为兴隆。民国34—38年，抗日战争胜利至解放前夕，经济萧条，宝剑产销大减。民国36年，龙泉县仅剩剑铺3家，尚需兼造铁制农具方可勉强维生。

1949年中华人民共和国成立后，政府重视传统工艺品生产。1956年，龙泉县个体剑铺组建宝剑生产小组，隶属铁器生产合作社。1961年，龙泉县宝剑生产合作社成立。1966年，宝剑被视为"四旧"，生产一度停顿。1971年，恢复生产宝剑。1977年，龙泉县宝剑生产合作社改建为龙泉宝剑厂。1984年前，全县宝剑生产仅此一家，产品式样为龙凤七星长短剑，质量稳定，但产量有限，不能满足中外顾客需求。后龙泉县增加集体、个体厂铺。1984年4月，龙泉万字号宝剑厂聘请"万字号"剑铺传人周子望，率先复建剑铺。随之，原龙泉宝剑厂职工陈阿金、周家强等人，分别创办陈记阿金剑铺、龙泉武术器械厂等个体剑铺（厂）；沈午荣、沈新培兄弟恢复老字号沈广隆剑铺。1988年年底，全县剑铺（厂）70多家，其中轻工系统集体所有制3家，其他为乡镇企业、个体联营和家庭个体作坊。

---

① 灌钢：中国传统的熔化生铁灌注熟铁的冶炼办法。

② 2010年新华电影院。

1984 年，中国兵器专家吴运铎致信龙泉宝剑厂，“贵厂艺人无愧铸剑之名师良工，匠心独运，堪称当代绝技。龙泉宝剑艺振今古，誉满中外，此乃我民族之骄傲。”同年，国务委员、国防部长张爱萍，题写电视剧《龙泉剑》片名。1986 年，全国人大常委会副委员长楚图南题书沈广隆剑铺“剑气冲宵汉，青光照人间”匾联。1988 年 11 月，国家主席杨尚昆为龙泉宝剑厂题写“龙泉宝剑”。1993 年，中共中央原副主席李德生题词“国粹龙泉，千古神剑”。

1999 年 10 月，开工建设龙泉青瓷宝剑苑，集产品制作、技艺展示、精品展销和剑文化宣传一体化，规划面积 13 公顷。2003 年年底，龙泉青瓷宝剑苑建成，入园宝剑企业 40 多家。后龙泉青瓷宝剑苑发展成为 AAA 旅游景区、浙江省特色旅游文化一条街。同期，金(精)龙刀剑厂、蒋氏刀剑厂和郑氏刀剑厂等，将传统工艺与现代科技相结合，生产外贸特色工艺刀剑，成为龙泉宝剑产业规模企业。

2000—2002 年，龙泉市委、市政府先后在杭州市、上海市、北京市举办“中国龙泉青瓷宝剑精品展示会”。2005 年 10 月，龙泉铸剑名师周正武作品“八面汉剑”“光复剑”等，在中国台湾科学工艺博物馆和中国澳门艺术博物馆展出，并被博物馆收藏。2006 年，中国台湾海峡两岸铸剑师首次交流剑文化。同年年初，龙泉宝剑研究专家吴锦荣，应邀到中国台湾地区在“台北故宫博物院”和科学工艺博物馆作“三尺青锋话龙泉”主题讲座 2 场。同年 9 月，中国台湾地区铸剑名师郭常喜、著名刀剑研究专家林智隆到龙泉，参观考察陈阿金剑铺、正武刀剑锻造所、金龙刀剑厂、龙泉宝剑厂等。2006 年 5 月，龙泉宝剑锻制技艺被列入首批国家级非物质文化遗产代表作名录，沈新培被评为国家级非物质文化遗产项目代表性传承人，陈阿金被评为浙江省非物质文化遗产项目代表性传承人，季长强、张叶胜、周正武、郑国荣被评为丽水市首批非物质文化遗产项目代表性传承人。

至 2010 年，龙泉市形成传统手工高档剑、全钢机锻礼品武术剑、产业化外贸工艺刀剑，传统产品与创新产品共同发展新格局，宝剑生产企业 243 家，从业人员 9720 人。有中级以上工艺美术师 50 多人，高级工艺美术师 9 人。陈阿金获中国工艺美术大师称号；沈新培、季樟树、季长强、张叶胜、叶新华、周康有、郭家兴获浙江省工艺美术大师称号。国家贸易部授牌命名沈广隆剑铺、万字号宝剑厂、千字号剑铺和龙泉宝剑厂为“中华老字号”。浙江省经贸委授牌命名金字号剑铺为“浙江老字号”企业。在历届西博会百花杯中国工艺美术精品展、浙江省经贸委的“浙江省工艺美术精品评审”、首届中国•浙江工艺美术精品博览会，以及在北京、天津、深圳等地举行的中国工艺美术精品展上，有几十种龙泉剑作品获金、银奖。2010 年，广州“拔刀斋”、中国香港“万剑山庄”等古兵器收藏家，还保存有宋、元、明、清及民国元年龙泉宝剑。

龙泉宝剑博物馆

龙泉宝剑博物馆坐落在龙泉市九姑山公园，建筑面积 2000 多平方米，展览面积 800 多平方米。1989 年，龙泉博物馆建成，设龙泉青瓷、龙泉宝剑、龙泉生态展厅。2010 年，在丽龙高速公路北侧、剑川大道西侧建成龙泉青瓷博物馆后，龙泉博物馆老馆舍改建成龙泉宝剑博物馆。

2010 年 11 月 15 日，龙泉宝剑博物馆开馆，集收藏、科研、宣传、教育等功能于一体，系统展示和介绍中国宝剑文化的专题博物馆。收藏有春秋战国以来各历史时期中国宝剑和龙泉宝剑，陈列当代领袖和名人收藏宝剑(复制品)，以及在世界各项评比中获奖宝剑精品。介绍龙泉宝剑的制作工艺。馆设展厅 6 个和长廊 1 个，馆藏展品 300 多件。采用实物结合文字说明、图片展版、多媒体影像等手段，展示龙泉宝剑历史文化。

2009年，龙泉铸剑师郑国荣、汤汝平、蒋小龙、黄季俊铸造镇馆之宝“兰、竹、梅、菊”四剑，剑身长66厘米、柄长23厘米。外饰铜件图案出自全国人大常委会原副委员长李铁映之手，体现国画与铸剑两种中华传统艺术的传承结合。

第二节　宝剑工艺

旧时，宝剑作为道家法器或为道教徒所爱好，故在剑身上常见镂刻八仙、八卦和敕符等图案。民间传说龙泉宝剑是吉祥之物，家中悬挂龙泉剑，可镇宅避邪，带来吉祥。有的喜欢在剑上镂刻喜好铭言、诗词或吉祥图案，供自己收藏或赠亲友传世。人们购剑，往往因职业、文化素质和志趣不同，选择文饰亦异。据明代著名剧作家、收藏家高濂在《遵生八笺》中载：“我辈放置一剑于书斋，即使不能用它来御暴抵强，也足可以壮怀志勇。悬挂于高堂，也足可以使丰城剑气化作紫电白虹，再点蜡烛三台，可令夜光荧荧，其闪烁发光纵令彗星掠过，也不敢横焰逞色。”明人张潮也说：“胸中小不平，可以酒消之，世间大不平，非剑不能消也。”龙泉宝剑是人们用于武术健身喜爱之物，太极剑、武当剑、龙形剑、三才剑等流行剑术套路，无不以龙泉宝剑为剑器，挥擢飘洒，剑气凌厉。

构　造

龙泉宝剑由剑身、剑鞘两部分组成。

绪结　又称剑穗，在剑首的剑眼处系彩色丝绦。其作用，在古代作为兵器是与剑身配合使用，以左手二指夹住绪结，便于发射与收回。

剑首　与剑眼相连，一般用铜制，高贵者则用金、银、玉石等，镶嵌在剑柄顶端的装饰品，扁圆形。

剑柄　亦称剑茎，作手握用。采用花榈木或黄杨木、牛角等。

剑格　亦称护手。古代作战格斗时，既作自己护手用，又可格挡对方之剑，其上有纹饰。材料与剑首同。

剑身　从剑格结合部至剑端（锷），统称为剑身，亦称为腊、剑条，包括剑脊、剑刃。其剖面形状常见有四面（菖蒲形）、六面、八面3种。如带槽剑身则有单槽、双槽之分。材料用铁，进而用夹钢，后多用中碳钢。

剑鞘　防水气和汗气浸入剑身上锈，用花榈木或黄杨木、乌木、红木、紫檀、鸡翅木、铜合金、皮革等材料制成。花榈木（鄂西红豆杉），龙泉西南乡所产居多，木质坚韧，不变形，纹理细密庄雅，纹理有如波涛汹涌，有如鳞甲羽翼，色泽褐黄，不加髹漆，原色自然，且使用摩挲愈久，其色彩纹愈明，愈显古朴庄重。按剑的形制大小取材，开片，开槽，胶合，刨削外形符合设计要求。鞘口与鞘尾包箍铜圈，两个中环木配以铜骨梁，打有圈眼，便于系绳悬挂与佩带。

工　序

宝剑剑体，从原料到成品，须经过打坯、热锻、铲、锉、镂花、嵌铜、磨光、装璜等工序28道。其中关键是锻炼。龙泉剑的冶炼，从初期的青铜剑转化为铁剑演变到夹钢剑，再发展到纯钢剑。夹钢剑锻造过程有锤打、刨锉、磨光、镶嵌、淬火、钢磨、装配、检验等工序。

锤打　将铁块在炉中烧熔，经渗碳工艺制成剑坯，反复多次，其程度视所制剑质（硬剑、软剑或武术剑）而定。

刨锉　用钢刀削锉，使剑身厚度适中，剑脊与剑刃之间呈一定坡度，剑脊须居剑身正中，并成一直线。

磨光　将已锉之剑置于厝石上磨光。用金钢沙布裹铁尺均匀摩擦。先用粗沙布粗磨，再用细沙布细磨。磨光之工倍于锤打与刨锉。

镶嵌　磨光后，在剑身上用钢针镂刻图案、剑名、店号及定制者嘱题之字，鎏上赤铜，经化工处理，使青光剑身上呈现金色，产生色彩对比，有灵光宝气感。工匠镂刻图案，不用描图，只凭一支钢针在宽仅寸余的剑身两面运针自如，镂刻黄龙金凤，栩栩如生，奔腾欲飞。七星如北斗行天，光耀夺目，极具艺术构思。

淬火　俗称"蘸火""强锻"后，使用特殊淬火剂作"柔化"处理，使剑身刚韧并寓，能屈能伸。属高精工艺，非一般匠工所能得心应手。剑质优劣，除锻炼技术外，还与淬砺水质、淬火剂、气候等都有关系。

钢磨　将已具弹性之剑，再经钢块磨砺，或用钢尺紧扎剑身，置于厝石上磨，直至平整光亮，脊线笔直，槽线标准。龙泉北乡有座山，特产厝石，俗名"亮石"。剑经"亮石"磨后，不用镀镍，剑身青光照人。

装配　将剑身、剑鞘、装具组装成整剑，剑首系彩色剑穗，挂环上系佩带，套上剑袋装入剑盒（匣）。

检验　剑身形制、规格、重量符合要求。剑身平直光洁，剑脊明显，表面无凹痕或裂痕等瑕疵，光泽呈青光，有弹性（长锋剑的剑尖至380毫米这段弯曲弧度90度，仍可弹回，恢复如初）。铭文、图饰清晰，鎏铜饱满。剑鞘外型标准，表面平正光滑，不开裂、不变形。剑身入鞘松紧适宜，鞘口与剑格吻合。装配牢固，剑柄绝无松动现象，所有金属装具应紧贴剑鞘，配合紧密；剑梁或挂环的定位适宜，悬挂时剑的倾斜度在30度—45度之间。

特　色

异光花纹　异光花纹指剑刃上呈若隐若现的岩状纹或松针状纹或珍珠状纹或流泉状纹或云朵状纹等等。这种花纹，非钢针镂刻、化工侵蚀或锤击磨砺而成，乃剑身经百炼淬火自然炼就，磨之不去。据杨泓《中国兵器史稿》载："龟文漫理，龙藻虹波""扪之无垠，可视而不能触及，可摄影而不能拓摩"。据《吴越春秋》载：龙泉宝剑"龟文漫理，龙藻虹波，异光花纹，肉眼可见"，又载"龙泉太阿，干将莫邪，带以自御，煜煜吐花"。据中国香港剑术传人赵从武在1986年6月15日中国香港地区《新晚报》《绝世的艺术品》载："古代花纹宝剑的价值，在世界上有甚于其他艺术品。铸炼花纹宝剑，是东方民族的独特秘密。几个世纪以来，一直迷惑了西方冶金家。东方的花纹宝剑，十分坚韧锋利，非西方刀剑可以相比，难得的是剑刃上有美丽多姿的花纹，西方专家一直想仿制花纹剑，以今天的科技，还是不能成功。"

文饰　龙泉剑的独特传统文饰是剑身上镂刻蛟龙七星。据东汉赵晔《吴越春秋》载："伍子胥过江，解其剑与渔父，曰：'此剑中有七星北斗，其值千金'。"宋濂在元至正十六年（1356）前所作《古剑》诗称，"英英匣中剑，三尺秋水明。上有七星文，时作龙夜鸣。铸此双雌雄，云是欧冶生"。

民国元年（1912），辛亥革命后，龙泉宝剑剑身七颗圆点改为七颗五角星，无联线，排列尤规整。除镂刻龙凤呈祥、双龙吐珠外，还有丹凤朝阳、凤采牡丹、青龙吐珠、鸳鸯戏水、白鹤飞舞等图案。剑鞘装饰常以平板铜箍，精细者有云勾纹、花草纹等传统浮雕图案。剑格有倒锅形、虎头形、荷花瓣形、荷叶形等，并在剑眼处系以彩色丝绦绪结。

1956年，中共第八次代表大会前夕，龙泉制剑艺人赠给毛泽东主席一把精制宝剑，剑长28寸，一面铭“献给伟大领袖毛主席”，一面镂刻斗牛七星和龙凤呈祥图案。此剑由沈焕文、沈焕武、沈焕周制作剑身，老艺人季火荣制作剑鞘，老艺人张仙路设计包镶银箍。

1980年，安徽省巢湖市文物管理所发掘出铭记龙泉“千字号”宝剑一把，剑身一面镂刻龙纹，一面镂刻凤纹，采用镶铜法；剑身尾部则用嵌铜法透注北斗星形，每颗星为圆点，有联线；除木质剑柄腐烂外，剑身仍然完整，文饰清晰，从星形图案鉴定，应是清咸丰前后所产。1984年，温州市永嘉县桥头镇出土龙泉剑一把，剑刃无缺，剑口锋利，剑面用黄铜细纹镂刻蛟龙吐珠，蛟龙上首镂刻七星；另一面镂刻金字楷书“龙泉剑”，龙纹纤细，字迹清晰。经鉴定为清代太平天国运动期间太平军所佩之剑。

品　种

龙泉剑刃长以鲁寸[①]为单位，一般为28寸(77厘米)。最长者为32寸(87.5厘米)，最短者8寸(22厘米)。武术家之剑则常定制，不受此限。2001年，打造“世纪金龙剑”1把，为最长龙泉剑，长285厘米，重32千克。

龙泉宝剑按剑质分为硬剑、软剑和传统武术剑。其中，硬剑钢质坚韧，宽厚沉重，其精品开刃后能“削铁如泥，穿铜如粢”，叠铜元5—10多片剁开不卷刃，但不能弯曲。软剑又称腰带剑，以柔韧著称，弹性特佳，能作360度弯曲，松开复原如故。传统武术剑，剑质刚柔并寓，可舞可刺，剑身前部可弯90度，一般不开刃，以免伤人。按现代武术竞赛规则规定，武术用剑长度一般为反手垂臂持剑时，剑尖达到耳的上沿；成年男子剑重量不得轻于0.6千克，成年女子剑不得轻于0.5千克，少年不受限制。

龙泉宝剑按剑型分为长锋剑、短锋剑、双剑(雌雄剑、鸳鸯剑)、母子剑、腰带剑、青光剑(指剑身两面无图案)、云花剑、手杖剑等。20世纪90年代后，龙泉市各宝剑厂依典故研制鱼肠剑、越王剑、美女剑、龙骠剑和桃木剑等。龙泉铸剑师将传统与创新结合，研发汉剑、唐剑、狮剑、玄天剑、玄武剑、螳螂剑、游龙剑、白龙剑、天子剑、三友剑、九龟剑、福寿剑、百辟剑、紫电剑、九龙尚方剑、风云剑，以及金蛇剑、孙权剑、依天剑、周瑜剑等配制专用剑。此外还进军影视界和网络游戏，先后为《碧血剑》《赤壁》《三国》《水浒》《孔子》等影视剧，制作道具刀剑。

龙泉宝剑按功能分为武术健身剑、工艺礼品剑和艺术品收藏剑3类。武术健身剑和工艺礼品剑，剑身采用中碳钢锻制，其工艺为机械与手工相结合。艺术品收藏剑，则按照传统手工工艺制作，为龙泉剑中精品。

产品选介

双剑　又称雌雄剑、鸳鸯剑。两剑合于一鞘。相传春秋时代，干将与妻莫邪善铸剑。干将所铸称雄剑，莫邪所铸称雌剑。干将进雄剑给吴王，而藏雌剑。雌剑思念雄剑，常作悲鸣。据《史记·贾生传〈吊屈原赋〉》载：“莫邪为钝兮，铅刀为铦。”据唐代韩翃《送刘侍御到陕州》诗载：“金羁映骕骦，后骑佩干将。”诗中的“莫邪”即雌剑，“干将”即雄剑。双剑历来为武术家所爱用，近代以来亦作为贺送亲友结婚礼物，寓意“夫妻恩爱长相守，儿女情深永依恋”。

桃木剑　桃木，古人称为仙木。据《淮南子·诠言训》载：“羿死于桃棓(帮)。”中国民间视桃木为

---

① 1鲁寸约合2.75厘米。

御凶祛邪得福的圣物。同时，在晋代曾流行木剑代铁剑，称班剑。据《云谷杂记》载："近世官府持假剑，以木为之，号曰木剑。"据《晋志》载："贵者犹用玉首，贱者用蚌、金、银、玳瑁为雕饰。"1980 年 6 月，万字号宝剑厂满足中国华侨及东南亚国家和地区的客户要求，开发生产桃木剑。桃木弯曲多丫，取制剑的木料不多，木质坚硬，有弹性，但易开裂、变形，在制作时须经特殊工艺处理，并在剑身上刻印吉祥图案，剑柄与剑鞘则用花榈木配套。桃木剑有长剑与短剑、双剑与单剑等规格。

龙骠剑　1987 年，万字号宝剑厂应中国香港地区《新武侠》杂志总编、赵宋皇室后裔赵仲君（字从武）要求，并据赵氏提供的宋太祖留传武学文献，仿制宋太祖赵匡胤使用的长剑——龙骠剑。此剑刃长 99 厘米，阔 3.45 厘米，比普通龙泉剑长、厚亦重。剑身柔中有刚，前柔后刚，兼有普通龙泉剑硬、软两剑之优点，钢锋能断铜板。剑身中部起，弹性特佳，能以手屈之，弯成大弧形而又能弹直，刃上呈若隐若现的岩状纹或松针状纹，被誉为"绝世艺术品"。剑柄、剑格镂刻浮雕兽头和菊花瓣图案。1988 年，仿制龙骠剑获国家专利局批准为专利产品。

第三节　宝剑产业

民国前，龙泉宝剑产销量无从稽考。民国初，龙泉宝剑经传教士外销至加拿大、英国等地。据民国 22 年（1933）版《中国实业志》载，龙泉宝剑年产 2000 把，总价值 8000 多银元，视制工质量和规格，每把 1 银元至 100 多银元不等。另据民国 24 年《浙江青年》载，龙泉宝剑年产 1 万把以上，单剑每把 1500 元法币，双剑每把 2000 多元法币。民国 31 年，剑杖每把 50 元法币。

1949 年 5 月丽水解放后，龙泉宝剑作为传统工艺美术品，恢复生产发展，产销量增加，有作为国礼赠送给外国友人，有用作武术健身器械，有供人们居家装饰吉祥物、馈赠亲友和鉴赏收藏艺术品。传统手工制龙泉花纹宝剑，其花纹、锋利、弹性被称为"名刃三绝"，是中国制剑技术中精粹。此类剑销售单价少者几千元、多者 10 多万元，最高超 20 万元。1963 年，生产龙泉宝剑 420 把。1990 年，生产龙泉宝剑 12 万多把，每把售价 50 元—100 元，特制剑每把千元以上。

21 世纪后，龙泉市宝剑产业快速发展，品种增加，质量提高，有传统手工高档剑，也有全钢机锻礼品武术剑、外贸工艺刀剑。2003 年，龙泉市生产各类刀剑 100 万把，产值 1.4 亿元。2010 年，生产各类刀剑 250 多万把，产值 5.7 亿元。2010 年，龙泉市宝剑生产初步形成专业化分工协作，有的从事锻剑坯、磨剑；有制木剑鞘、金工配装具，也有做剑盒等等。宝剑销售渠道扩大，在全国各大中城市都有龙泉宝剑专卖店，许多企业还设立网站，从事网上销售的企业或个人就有 300 多家（人），通过物流公司发往海内外的客户，外贸工艺刀剑销到美国、澳大利亚、欧洲等地区。

第四节　企业选介

龙泉宝剑厂

龙泉宝剑厂是集体所有制企业，隶属龙泉县二轻局，下辖一、二、三分厂，厂址龙渊镇环城东路。

1956年，龙泉县组建城镇宝剑生产小组。1966年，龙泉宝剑被当做“四旧①”，停止生产。1971年，恢复生产龙泉宝剑。同年，龙泉宝剑厂生产宝剑827把。1972年，龙泉宝剑厂工艺美术大师季樟树，参与制作赠送尼克松总统宝剑4把。1977年，更名龙泉宝剑厂。

20世纪80年代，龙泉宝剑厂扩建厂房，增加设备，生产普通传统武术剑、软剑、礼品剑、仿古剑、雌雄剑、硬剑、手杖剑等不同规格品种70多个，年生产宝剑2万—3万把。1983年，季樟树为国防部设计制作国礼剑250把。同年，参加中国国际旅游纪念品评比，“龙泉宝剑”“云花剑”获优秀奖。1987年，龙泉宝剑厂受省标准计量局委托，制定出《宝剑质量标准》（浙Q/SG45-84标准），是第一个宝剑质量标准。同年，龙泉宝剑厂获浙江省优质产品称号。1988年，参加全国武术器械评比，龙泉宝剑厂生产的单剑、双剑分别获“武龙杯”金奖和“金狮杯”银奖；“鱼肠剑”“牛角佩剑”获中华人民共和国轻工业部“百花奖”二等奖。1988年，龙泉宝剑厂职工176人，固定资产原值111.1万元，生产各类宝剑26809把，产值103.33万元，税收8.5万元，利润9.2万元。龙泉宝剑厂除生产宝剑外，还生产月牙铲、虎头钩、双戟、春秋大刀、统镖、斧钺等古兵器，成为古代系列兵器仿制厂。1988年，季樟树设计花榈木软剑，获第22届全国旅游优秀产品奖；28寸双、单剑分别获全国旅游商品研究会银奖。同年，季樟树为杨尚昆主席设计制作高档龙泉剑一把。1990年，龙泉宝剑厂生产“鱼肠剑”获全国“武龙杯”金奖与“天马旅游”金质奖，被列为第十一届亚运会标志产品。同年，季樟树作品母子剑获轻工业部、商业部、国家旅游总局天马金奖。

龙泉万字号宝剑厂

龙泉万字号宝剑厂是龙渊镇办企业。1984年，聘请“万字号”剑铺传人周子望复建。1985年，龙泉万字号宝剑厂与杭州钢铁厂联营，由杭钢投资50万元，每年提供优质钢材4万千克。龙泉万字号宝剑厂在恢复传统名剑同时，不断创新，从单一传统宝剑发展到47个品种，其中龙骠剑和桃木剑在海外享有声誉，产品销到欧美、东南亚国家等地。1986年，龙泉万字号宝剑厂生产的龙骠剑、桃木剑、鸳鸯剑、手杖剑、腰带剑和宝刀等品种9个，获浙江省计划经济委员会名优特新产品金鹰奖。1987年，龙泉万字号宝剑厂被评为浙江省乡镇企业出口创汇先进单位。1988年，龙泉万字号宝剑厂职工58人，固定资产原值61.5万元，年产宝剑9949把，产值44万元，其中出口产值9.3万元，实现税利7万元。1990年，龙骠剑和桃木剑列为北京第十一届亚运会纪念品。

沈广隆剑铺

沈广隆剑铺是个体企业，系清末沈庭璋创建的百年老剑铺。1956年，加入龙泉县宝剑生产小组。1972年，沈新培参与制作赠送尼克松总统宝剑4把。1974年，沈新培研制“多次高速加温淬水法”新工艺获成功，提高剑身的刚性和弹性。1978年，沈新培制作云花剑、鱼肠剑，分别获中国国际旅游奖和浙江省创新设计奖。1978年经济体制改革后，沈广隆剑铺第三代传人沈午荣、沈新培恢复老铺名号自营。1981年，沈新培被评为浙江省工艺美术大师、高级工艺师。1985年、1986年，参加全县铸剑业质量检查评比，分别获第一名。1988年，沈广隆剑铺生产宝剑2000把，产值10万元。1993年，沈广隆剑铺研制的日月乾坤剑、日月乾坤刀和民间习武剑，获国家武院、国家武协评比一等奖。近年研

① 四旧：是指旧思想、旧文化、旧风俗、旧习惯的统称。

制的仿古龙渊剑，剑身刚韧兼备，深受顾客喜爱。

陈记阿金剑铺

陈记阿金剑铺是龙泉第一家私营剑铺。1984年，陈阿金成立“陈记阿金剑铺”，铺址龙渊镇杨弄。1988年，陈记阿金剑铺工人24人。1990年，张爱萍将军题赠“龙泉神工”。该剑铺年产宝剑2500把，产值12万元。10月，28寸武术剑获十一届亚洲运动会锦旗。1991年10月，武术剑获第一届武术锦标赛“金字匾”及证书。1993年7月，百寿百福剑获全国武术器械鉴定评选会一等奖，并被国家武术研究院作为国宝收藏。10月，28寸武术剑获中国舟山国际武术比赛组委会一等奖。1994年，制作中国人民解放军仪仗队专用指挥刀。1995年9月，陈阿金获中国民间工艺美术家称号。1996年，陈阿金被联合国教科文组织授予民间工艺美术家称号。1996年，百福龙泉剑获中国民间艺术展览会金奖。1998年，陈阿金剑铺在龙泉青瓷宝剑园区选址建新厂。2001年，参加首届浙江省工艺美术精品评审，三角纹尚方断马剑获精品奖。2003年，陈阿金剑铺网站建立。2004年8月，陈阿金单独注册“金”字商标作为品牌名称。同年，“秦王剑”获浙江省工艺美术精品奖、“百福百寿剑”获浙江省工艺美术精品奖。同年，陈阿金被授予浙江省工艺美术大师称号。2005年，百福百寿剑获浙江省民族民间传统工艺最高奖“天工奖”。2006年，陈阿金被授予“中国国家工艺美术大师”称号。

2007年5月，“龙泉金字号剑铺”，经注册登记恢复老字号，陈阿金成为“金字号”的第五代传承人和掌门人。2007年，“百福百寿剑”被中国国家博物馆收藏。2008年，陈阿金被评为浙江省第一批非物质文化遗产代表性传承人。2008年，“金字号剑铺”被浙江省经济贸易委员会评为“浙江老字号”。2008年，“玄天剑”“百寿百福银剑”获中国传统工艺美术金奖与精品奖。2010年，云龙剑获中国（义乌）文化产品交易博览会金奖。2010年4月，“宝剑锻制技艺——云龙剑”获浙江省非物质文化遗产精品馆金奖。

第三章　龙泉青瓷

龙泉青瓷源于三国魏晋时，盛于宋。有“青如玉、明如镜、声如磬”的美誉。窑址遍及境内沿溪地方及周边县，据考古发现，龙泉窑遗址500多处，龙泉境内有370多处。20世纪50年代，龙泉青瓷恢复生产，全国各地陶瓷专家、工艺美术家接踵来厂，开展技术研究和艺术创作，同时为龙泉培养一批陶瓷工艺人才。20世纪60年代，中央工艺美术学院教授梅健鹰，带领学生驻龙泉瓷厂半年，设计新产品260多件（套），并研制青瓷加彩，独有特色。其中，“哥窑”葵花盘获中华人民共和国计划经济委员会优秀设计奖。龙泉青瓷件件工艺品都是经过艺人们巧妙构思、手工拉坯、精心雕镂塑造、施釉、炉窑烧制而成，蕴含着工匠们创造智慧，造就徐朝兴、毛正聪等现代工艺美术陶艺大师和出类拔萃青年陶艺家一批，同时也使龙泉青瓷成为中国对外经济、文化交流的世界性商品。

2010 年，据不完全统计，丽水市先后有青瓷精品获国家级新产品奖 200 多件，“龙泉”牌青瓷获国家部优产品奖，珍品哥窑 61 厘米迎宾盘、52 厘米挂盘被誉为当代国宝，7 寸精嵌“哥窑”艺术挂盘被国务院定为国家级礼品，哥窑紫光盘、紫光瓶等珍品 51 件被中南海紫光阁收藏陈列。许多青瓷作品送展国际博览会 30 多个，被国际各大博物馆收藏，有的被国家领导人作为出访国礼赠送。

第一节　青瓷发展沿革

青瓷渊源

据国际著名陶瓷学家、日本贸易陶瓷研究会会长三上次男博士所著，天津人民出版社 1983 年胡德芬译本《陶瓷之路》载：“中国……经过 10 世纪前期的五代以至宋代(公元 960—1279)，社会安定了下来，于是就迎来了陶瓷生产在量和质方面都飞跃发展的时期。从此，世界上生产的陶瓷之中，就出现了品质最佳和最美的产品。具体地说，进入这个时期，生产青瓷的中心就转移到浙江省的龙泉地方。这种瓷器的青色，其清澈犹如秋高气爽的天空，也如宁静的深海，这就是名闻世界的龙泉青瓷。”

南朝，龙泉利用当地优越自然条件，吸取越窑、婺窑、瓯窑的制瓷经验，开始烧制青瓷。据龙泉县查田镇下堡村挖掘发现南朝永初元年(420)墓，出土的青瓷随葬品有“鸡首壶”“鸡冠壶”“莲瓣碗”等 8 件，皆灰胎青黄釉。这为龙泉青瓷始作年代提供可靠例证。龙泉窑业规模不大，操作简单，制作粗糙，产品单一，多为碗、钵、瓶、罐等，器物平底。

五代至北宋早期，龙泉窑业初具规模，大窑、金村、安福等地发现当时窑址 49 处，仅大窑(琉田)村就发现北宋中后期窑址 12 处。金村窑址最下层为北宋早期产品，皆淡青色釉青瓷。胎壁薄而坚硬，质地细腻，呈淡淡灰白色。该时期以烧制民间用瓷为主，但也有部分上等瓷器被征为贡品。据宋代庄季裕《鸡肋篇》谓：“处州龙泉县……又出青瓷器，谓之秘色，钱氏所贡，盖出于此。”太平兴国七年(982)，宋太宗派殿前承旨赵仁济监理越州窑务兼理龙泉窑务。宋元祐七年(1092)，龙泉至青田的大溪大规模疏浚整治。水上交通的开发，使龙泉窑沿大溪从南区向东区延伸，奠定龙泉青瓷业发展基础。

南宋，中国政治、经济中心南移，政府为解决财政困难，鼓励外贸，加之北方汝窑、定窑遭战争破坏和越窑、婺窑、瓯窑相继衰落，故龙泉窑进入鼎盛阶段，其时大量涌现新的制瓷作坊，产品质量不断提高，窑场达 260 多处，遍布县境南区和东区沿溪一带。窑场最多最密、产品质量最优为大窑、金村与查田溪口一带，仅大窑村周围发现南宋窑场 28 处，大窑村后有土名“官厂”地，民间传当时有“京官”住此督烧青瓷。城东梧桐口村至武溪村有南宋窑址 40 多处。其时，龙泉青瓷产品远销国内外。烧制出薄胎厚釉和粉青釉青瓷，其中精美瓷器专供皇室或达官贵人。

元代，青瓷生产规模继续扩大，产品品种增多，器型增大。从韩国新安海底沉船及非洲发掘资料证明，此时龙泉青瓷外销量比宋时大幅度增加。龙泉境内窑场发展到 330 多处，大窑村仍为龙泉窑工艺造诣最高之地，是龙泉窑的支柱和骨干。在东区上严儿等村的元代窑址，还发现仿“哥窑”产品。从元大多遗址发现的元代龙泉青瓷和琉田(大窑村)、绿(之尧造一字)、源口、安仁口等窑址的元代残器釉下刻划纹饰中，有元代官府用文字“八思巴文”，说明除大量民窑外，有部分官办或半官办窑场，烧制供奉朝廷器皿。元后期，随着阶级矛盾和民族矛盾加剧，严重影响着青瓷生产。其时，青瓷器的胎骨逐渐转厚且较粗糙，多数瓷窑在坯体成型后未经用功修整，釉层减薄，器品釉色青中泛黄，造型亦不及以前优美。

明代，上述诸窑中多数仍在烧制。据《格古要论》载，明洪武年间(1368—1398)，“龙泉窑在今浙江处州府龙泉县，盛产处器(青瓷)。”当时供奉皇宫、贵人用的器皿仍由“饶①、处②等府烧造”。明永乐至宣德年间(1403—1435)，郑和七下西洋，海外贸易促进青瓷生产。明正统年间(1436—1449)，以著名匠师顾仕成为代表的作品，形制端正，釉厚色青，不少大型瓷品仍为国内外艺术鉴赏家所收藏。明成化、弘治年间(1465—1505)，青花瓷兴起，加之中国航海事业衰落，海上贸易之路变为西方殖民者及海盗侵略之路。明王朝实行海禁，青瓷外销量锐减。龙泉县大窑村、溪口村一带瓷窑纷纷关闭，大白岸村至安仁口村一带瓷窑改烧民间通用青瓷，造型、烧制都不及以前精致。窑数减至160多处。

清初，龙泉县窑场所剩无几。清中叶，龙泉县窑场仅剩南窑、瀑云埠头村、青溪孙坑村等地70多座。产品胎质粗糙，釉色青中泛黄。唯孙坑村范姓窑技艺家传，坚持烧制至民国初期。至此，盛极几个朝代的龙泉青瓷之花凋零。

清末民国初，日本、德国、美国先后有人到龙泉搜罗古青瓷，继之，国内大批古董商纷至沓来。由此引发龙泉挖掘古窑址和盗掘古墓之风，引起一批民间制瓷艺人开始研制仿造古青瓷。时有县城廖献忠、宝溪乡张高礼、李君义、龚庆芳、陈佐汉等。民国18年(1929)，宝溪乡车盂村龚庆芳制作仿古龙泉青瓷，获第一届西湖博览会甲等奖。民国24年，陈佐汉曾将宝溪诸家仿制弟窑产品“牡丹瓶”“凤耳瓶”等70多件，邮寄国民政府实业部请功，获蒋介石题赠“艺精陶仿”匾。为庆祝斯大林70寿诞，1950年，陈佐汉又将“云鹤盘”仿古青瓷等3件，通过外交途径寄往苏联。此时，宝溪一带民间窑厂虽能沿袭传统工艺，仿制古龙泉青瓷，但人数不多，成品率较低，釉色优劣不稳。

1956年6月，公私合营龙泉瓷厂组织仿古青瓷艺人李怀川、李怀德、张高岳、张高文、张照坤、龚庆平等研制青瓷。10月，第二次全国陶瓷会议入选陈列瓷18件，其中龙泉仿古青瓷2件。1957年，国务院总理周恩来指示有关部门恢复生产青瓷。轻工业部下发《关于恢复历史名窑的决定》。1959年，浙江省龙泉青瓷恢复委员会成立，投资龙泉瓷厂60万元。省轻工业厅厅长翟翕武，率科研、生产、艺术、文物考古等部门专家教授10多人，到龙泉县进行考古发掘和科学研究。1961年，省长周建人主持龙泉青瓷科技工作总结会议，部署全面恢复龙泉青瓷生产。20世纪60—80年代，轻工业部及各级地方政府先后投资1600万元，进行青瓷技术改造，发展、创新古老的龙泉青瓷。

1988年，龙泉县地方国营青瓷厂5家，青瓷研究所1家，乡镇办陶瓷厂40家，青瓷经销公司1家；建有煤烧隧道窑4座，倒焰窑7座，龙窑48座；企业职工2343人，年产量2069万件(套)，产值1337万元。

20世纪90年代，龙泉市提出“振兴龙泉青瓷”战略，深化青瓷企业改革，个体、私营瓷厂遍及城乡。1998年10月13日，龙泉市政府协同邮电部发行“中国陶瓷——龙泉窑青瓷”邮票1套4枚。12月8日，地方国营龙泉瓷厂经营困难，宣告破产。

2000年，龙泉市政府规划建设青瓷宝剑苑，规划面积12.53公顷，总投资1.5亿多元，青瓷企业入驻100多家。2010年，青瓷宝剑苑发展成为集青瓷生产、文化展示、旅游购物和工艺体验为一体的文化创意园。

---

① 2010年称江西省景德镇市。

② 2010年丽水市。

2000—2002 年，龙泉市相继在杭州市、上海市、北京市、沈阳市等地，举办中国龙泉青瓷展示会。2002 年 10 月，龙泉市举办全国第七届陶瓷艺术设计创新评比大会暨首届中国龙泉青瓷节。2007 年始，恢复举办青瓷宝剑节，举办“中国龙泉青瓷•龙泉宝剑节”，每年一届。

2008 年，启动中国龙泉青瓷城建设项目，规划占地面积 12.85 公顷，设置龙泉青瓷博物馆、大师创作区和国际陶艺村功能区。2010 年，龙泉青瓷博物馆建成开馆。青瓷城集青瓷艺术研究、学术交流、技艺展示、观光旅游于一体，成为青瓷艺术的创作传承基地，分为大师创作区和国际陶艺村功能区。2010 年年底，龙泉有青瓷企业 280 多家，从业人员 13760 人，有高级工艺美术师 51 人，工艺美术师 98 人，助理工艺美术师 276 人。被评为中国工艺美术大师 3 人（徐朝兴、夏侯文、毛正聪），中国陶瓷艺术大师 6 人，浙江省工艺美术大师 16 人，丽水市工艺美术大师 25 人。年产值 6 亿多元。

青瓷人才

龙泉青瓷艺人得到社会尊重。1981 年，李怀德参加全国第二届工艺美术艺人、专业技术人员代表大会，并载入《中国名人辞典》(1988 年版)；徐朝兴当选为全国人大第八、第九届代表。1986 年，被编入《中国职工自学成才者辞典》。1988 年 4 月，参加全国第三届艺代会，被授予全国优秀美术专业人员称号，获全国“五一”劳动奖章。夏侯文、毛正聪，被授予“有突出贡献的科学技术专家”称号，享受国务院特殊津贴。2004 年，梅红玲，被共青团中央授予“全国乡村青年民间工艺能手”称号。2005 年，夏侯文获“中国工艺美术终身成就奖”，毛正聪被推举为省第七届政协委员。

浙江省龙泉青瓷研究所

浙江省龙泉青瓷研究所址设龙渊镇南秦，占地 4200 平方米，是中国唯一一家专门研究龙泉青瓷历代工艺与现代工艺，集科研、生产、经营一体化的龙泉市属国有企业。1975 年 8 月，在上垟创建龙泉青瓷研究所，隶属龙泉青瓷总厂研究所，承担青瓷新技术、新工艺、新产品等研究试制任务。1985 年 2 月，龙泉青瓷研究所进行改制，成为独立核算单位，隶属龙泉县工业局。主要产品有哥、弟窑系列挂盘，花瓶系列，文具系列，茶具系列，灯具系列，人物，动物礼品，仿古瓷，陈设瓷，国家级省级对外交往的礼品瓷、旅游瓷等。1989 年，龙泉青瓷研究所搬迁至龙渊镇南秦村。1996 年，产量 11 万件，出口 5000 件，远销新加坡、日本、韩国及东欧等国家和地区 20 多个。产品被浙江省进出口商品检验局认定免检产品，企业被省旅游局、商业厅等 5 单位授予“浙江省旅游产品定点生产企业”称号。历年来有 260 多件产品获国家级、省级奖项。其中，《52 公分迎宾大挂盘》《1.3 米迎春大花瓶》被陶瓷专家誉为“当代哥窑国宝”，分别陈列在中南海紫光阁和人民大会堂。

浙江龙泉青瓷博物馆

浙江龙泉青瓷博物馆，坐落在龙泉市城南剑川大道旁，为龙泉青瓷文化创意基地的灵魂建筑，世界上唯一系统专题介绍龙泉窑发展历史和龙泉青瓷传统烧制技艺，集收藏、研究、展示、教育、宣传、娱乐、购物功能于一体的青瓷博物馆，总投资 1.03 亿元，建筑面积 1 万平方米，展览面积 4000 平方米。主体建筑由著名建筑设计师、中国工程院院士程泰宁教授设计。造型以考古发掘青瓷器物在层叠的匣钵中破土而出，自然地放置在田野之中为灵感，以“瓷韵——在田野上流动”为创意，抽象表达青瓷。工艺采用国际领先的单、双曲面清水混凝土，属国内首个清水混凝土风格博物馆。

2010年11月16日，浙江龙泉青瓷博物馆对外开放，推出专题展览“青瓷的记忆”“瓷海明珠”“火与土的交响”等。在展览形式设计和内容策划上，深入发掘和展示展品背后的非物质属性，做到器物欣赏与场景结合。在表达方式上，采用抠像、幻影成像、电子拼图、电子触摸屏、三维立体、雕塑等多媒体高科技手段结合，拓展视觉空间，还原历史，充分展示龙泉窑的发展历史、龙泉青瓷恢复和走向中兴的全过程。在展线上设计专题13个，选择各时期典型的器物形成展览的节奏与韵律，保持观众持续的兴奋与新鲜感，使观众在不同的主题展览中清晰、真切、系统地了解龙泉窑各时期的艺术特色，以及龙泉窑在中国陶瓷史乃至世界陶瓷史上的地位和影响。

青瓷声誉

龙泉青瓷美丽釉色，阿拉伯国家称为“海洋绿”，波斯哲学家爱尔托西神秘地宣扬青瓷，“如果在青瓷餐具里盛放有毒食物，青釉就能起作用，变为无毒；青瓷碎片碾成碎末，还可以医治牙病，能抑止鼻血。”世界著名陶瓷学家三上次男博士在《陶瓷之路》中详细记载自日本至印度洋到非洲各国遗址发掘的龙泉青瓷碎片及各国博物馆珍藏的龙泉古青瓷。

16世纪，龙泉青瓷开始传入欧洲，身价竟和黄金一样贵重，一般人不敢问津，王公贵族都以摆设和供用龙泉青瓷作为炫耀华贵之物。欧洲萨克森国王奥古斯特二世，不惜重金购买龙泉青瓷，还特地建造一座宫殿，专门珍藏中国青瓷。其邻国普鲁士王威廉的妃子，亦珍藏有大量瓷器。清康熙五十六年(1717)四月十九日，萨克森王国与普鲁士王国经外交谈判，达成协议，萨克森国王以强壮士兵600人，换来普鲁士王国中国瓷器127件，其中包括龙泉青瓷花瓶。欧洲各国文献称龙泉青瓷为“雪拉同”，将龙泉青瓷的色泽风韵与欧洲名剧《牧羊女亚司泰来》男主角雪拉同的美丽服饰媲美。世界各地博物馆和陶瓷收藏家，都将龙泉青瓷视为珍品，以拥有龙泉青瓷为荣。据记录西方对中国瓷器贸易情况的《葡萄牙王国记述》载，称龙泉青瓷“是人们所发明的最美丽的东西，看起来要比所有的金、银或水晶都更可爱”。

1949年中华人民共和国成立后，龙泉青瓷重新成为世界性商品和礼品，声誉日增。日本京都贸易株式会社代表，一定要求青瓷产品底部印上“中国龙泉”“浙江龙泉”“龙泉青瓷”或“龙泉”印记。在日本，赠送印有“龙泉”的青瓷产品给亲友，显得情谊厚重。市场出售印有“龙泉”的青瓷可得高价。一位美国女客商在广州交易会上看到青瓷“凤鸣壶”和“平心杯”时，连声赞叹，并要求大量订货，当得知数量无法满足时，感到很惋惜。1973年，广州春季交易会上首次出现龙泉青瓷产品“青瓷玲珑”，立即受到各国客商青睐与追捧。1994年，龙泉市汉龙青瓷艺苑引进龙泉第一座液化气窑。1996年，汉龙青瓷艺苑研究开发保健品包装瓷瓶，获国家药监局药用瓷瓶生产许可证。2007年11月，国际陶协主席珍尼特·孟斯菲尔德在龙泉参加会议时表示，“龙泉青瓷釉色是被全世界公认为最好的一种釉色”。

第二节　青瓷工艺

原　料

龙泉青瓷生产原料，除制模具用石膏粉外，瓷土、紫金土、耐火土、石灰石、石英石、糠灰等都就地取材。据地质勘察调查表明，龙泉八都镇的溪头、木岱、源底、野窖，道太乡的杨梅岭，安仁镇的安福，锦溪镇的锦旦及大窑、溪口、孙坑，新岭、周村、梧桐口等地有瓷土资源及耐火材料资源40多处。

烧制

龙泉青瓷传统烧制技艺包括窑炉窑具、原料加工、成型装饰、高温烧成等工序。明代，据陆容《菽园杂记》载："泥则取于窑之近地，其他处皆不及。油（釉）则取诸山中，蓄木叶烧炼成灰，并白石末，澄取细者，合而为油。大率取泥贵细，合油贵精。匠作先以钧运成器，或模范成型，俟泥干，则蘸油涂饰。用泥筒盛之，置诸窑内，端正排定。以柴篠（此字为竹头下面一个'条'字）日夜烧变，候火色红焰无烟，即以泥封闭火门，火绝而后启。"

烧制成型　器物成型采用拉坯、模压和捏塑方法。所谓"钧运成器"，就是推动辘轳圆轮旋转，用手拉坯，制成碗、盘等粗坯，晾或烘半干后，再修坯、挖足。器型高大、腹壁曲折者，须分段拉坯，再镶接成器。方型、棱型器物，则用模范(具)压成两半或数块，再黏合而成。人物、动物塑像由手捏或雕塑而成。

入窑烧制　瓷器入窑烧制须置垫具（三足丁或垫饼）上，盛入泥筒（匣钵）内。碗、盘、碟等凹底匣钵，瓶、觚、鬲等高形器用平底匣钵。龙窑中段火力强，大匣钵一般装入窑中段，亦有大小匣钵间隔混装。为增加釉层厚度，须多次素烧、多次上釉，最后正烧，烧成温度在1250—1300℃。烧炼温度、冷却、窑内气体成分及其浓度变化对釉色的呈现极为敏感，古今龙窑均用火照法观测温度和气氛。

窑炉　窑炉因瓷土捣炼依赖水碓，淘洗亦需水流，故窑场多选溪流沿岸。窑炉的构造多为长条形龙窑，依山坡建造，窑身斜度在10—18°之间，前缓后陡。窑体一般长40—50米，最长97米，最短30米，宽1.85—2米，一般一次可装烧1万—2万件。至元代，出现分室龙窑，窑体前宽后窄，室与室之间有横隔墙两堵，把龙窑分成多室，将窑室内火焰由龙窑的平焰变成倒焰，使室内温度均匀，并延长火焰与坯体的接触时间，适宜烧成要求和烧制大件器物。室内挡火墙的长期使用和改进，产生阶梯窑，使窑炉结构又进一步。

创新

1949年5月丽水解放后，龙泉县瓷业职工继承龙泉青瓷独特技艺，吸取引进国内外先进技术，在原料加工、成型工艺、釉色研究、造型艺术、烧成技术等方面，都进行大量研究改进。1973年，吸取青花玲珑瓷特色，运用刻花镂空和浮雕技艺，制作青瓷玲珑品，如玲珑孔雀灯、双龙戏珠花瓶、玲珑餐具等。1975年，浙江省龙泉青瓷研究所上百次研究、试制"青瓷薄胎"和"青瓷釉下彩"，终获成功，使每只杯重减轻30%，碗重减轻20%。釉下彩则可在器物上绘制不同色彩纹样，龙泉青瓷加彩绘成功。1977年，浙江省龙泉青瓷研究所承担省轻工业厅下达青瓷"哥窑"产品象形开片研究任务。经反复试验，掌握"哥窑"产品开片规律，能在瓷面上开出似龙、凤、蟹、虾等纹片，浑然天成。象形开片工艺的成功，使"哥窑"青瓷跃入新的发展境界。浙江省龙泉青瓷研究所还先后研制成功青瓷釉中白，影青成套餐具和半铅质黏土匣钵。瓷器二厂研究成功乌金釉等。

龙泉青瓷生产从原料、配方加工、成型、烧制成到成品需经数十道工序。历代操作全靠手工，劳动强度大，产量低，成品率不高。解放后，逐步形成科学、规范的生产工序流程。

成　型

龙泉青瓷成型工艺逐步改为机械压模和注浆法。压坯成型是将石膏模置于压坯机上，压制盘、碗、杯、碟等大宗日用瓷。注浆成型是利用石膏模吸收水分的特性，将泥浆注入预制的模型内，使泥浆中分散的颗粒黏附于模型上而形成一层均匀的泥层，时间延长，泥层增厚，按不同产品确定所需厚度，将多余泥浆倒出，待泥层水分被石膏模吸收，硬化，体积收缩后脱模，得半成品泥坯。此法主要制作壶类和大型产品。对易于变型产品，则采取高压注浆法。器物外饰的花鸟、龙凤、手柄、脚等先压模成型，而后粘接。毛坯整修，由手工操作改为半自动机械，使器形更趋均匀、光洁和端正。70年代后，对大宗日用瓷碗、盘等，用压坯、干燥一次完成的链式烘干机生产流水线作业，采用浓缩釉，改重复施釉为一次上釉，多次素烧为一次素烧，部分产品不素烧。

釉　色

20世纪50年代末，轻工业部硅酸盐研究所李国桢、浙江省轻工业厅叶宏明等科学研究龙泉青瓷釉色。20世纪60年代，龙泉瓷厂成立青瓷试制组，研究和试验青瓷坯料、釉料，并鼓励老艺人自配方试烧，先后研制出配方225个，烧成产品400多件，经中国科学院上海硅酸盐研究所和北京硅酸盐研究所鉴定，确定其中6个配方为继承粉青、梅子青传统和创新釉色。并研究出颜色配方35个，有高温黑色、紫铜色、虎斑色、茶叶末色、赭色和乌金釉等，同时研究成功青中带蓝的“天青釉”。浙江省青瓷研究所建立后，建立化验室，对青瓷釉色的研究更趋科学化。

烧　炼

龙窑是龙泉青瓷生产的传统窑具。1960年，新建煤烧倒焰窑，改木柴为煤炭作燃料。20世纪70年代初，龙泉瓷厂建造第一条煤烧隧道窑62平方米，可科学地控制青瓷烧成过程中的氧化、还原、冷却程度，提高瓷品产量和质量。20世纪80年代，在龙泉瓷厂、瓷器二厂、瓷器三厂、青瓷研究所相继建成倒焰窑3座，隧道窑3座，使80%的青瓷产品改柴烧为煤烧，年产量由1960年548万件提高到1988年1191万件。成品一级品率由1960年20.24%提高到1988年84.67%。2006年6月，龙泉青瓷烧制技艺被国务院列入首批国家级非物质文化遗产名录。2009年9月，龙泉青瓷传统烧制技艺成功被联合国教科文组织列入人类非物质文化遗产代表作名录，是全世界唯一入选的陶瓷类项目。

第三节　瓷器品类

品类发展

宋元时期，龙泉青瓷进入鼎盛时期，瓷器品种丰富，有碗、盘、碟、杯、钵、执壶、灯盏、渣斗、熏炉等实用瓷；笔筒、笔架、瓷砚、笔洗、印色池、镇纸等文具瓷；花瓶、人物、挂盘等陈设瓷；香炉、烛台、佛像等供瓷；鸟食罐、象棋等娱乐瓷，以及冥器等一应俱全。每类产品又有多种规格和式样，如碗有莲瓣碗、盖碗、束口碗等；瓶有琮式瓶、尊式瓶、弦纹瓶、贯耳瓶、龙瓶、虎瓶、龙凤瓶、多管瓶、觚式瓶、葫芦瓶、鱼耳瓶、凤耳瓶等。

据清光绪《龙泉县志•卷一》载："哥窑器中可入清赏、供文房之用者有：哥窑瓶、三山五山笔格、彝炉、乳炉、八角把杯、蟠螭镇纸、瓷印、方印色池、八角委角印色池、方圆壶、立瓜卧瓜壶、双桃水注、双莲房水注、牧童卧牛水注、笔格内储水作注；水中丞有瓮肚圆式、钵盂式、仪棱肚式；笔洗有元洗、葵花洗、磬口洗、元肚洗、四卷荷叶洗、卷口蔗段洗、长方洗。龙泉窑有：细花水中丞，笔洗有双鱼洗、菊花瓣洗、钵盂洗、百折洗。俱极精工，为世所贵。"

1949年中华人民共和国成立后，龙泉县瓷业职工继承龙泉青瓷独特技艺，引进国内外技术开发瓷器新品类。1973年，吸取青花玲珑瓷特色，运用刻花镂空和浮雕技艺，制作青瓷玲珑品，如玲珑孔雀灯、双龙戏珠花瓶、玲珑餐具等。1975年，龙泉青瓷研究所上百次研究、试制"青瓷薄胎"和"青瓷釉下彩"，终获成功，使每只杯重减轻30%，碗重减轻20%。釉下彩则可在器物上绘制不同色彩纹样，由此开发龙泉青瓷加彩绘的品类。1977年，开发青瓷"哥窑"象形开片产品。经反复试验，掌握"哥窑"产品开片规律，能在瓷面上开出似龙、凤、蟹、虾等纹片，浑然天成。

1992年邓小平南方谈话发表后，龙泉市深化改革开放，各私营青瓷厂家大力开发青瓷品种，在沿袭传统器形和胎釉的基础上，创新举措前所未有，生产出绞胎工艺系列、哥弟窑结合系列、冰裂纹系列、金丝铁线系列、灰釉系列、跳刀系列等各种器形产品。其代表作品有《冬的思绪》绞胎罐、《天与地》哥弟窑结合罐、冰裂纹双耳炉、金丝铁线问天壶、灰釉大盘《秋声赋》、跳刀大洗《忆江南》等。

哥窑与弟窑

南宋，龙泉窑有两大突破，分别是黑胎开片和白胎青釉，与文献哥窑与弟窑相符。哥窑与弟窑，史书记载颇多。据清康熙《浙江通志•物产》(卷一百零七)载："处州……龙泉县南七十里曰琉华山……山下琉田，居民多以陶为业。相传旧有章生一、生二兄弟，二人未详何时人，主琉田窑造青瓷，粹美冠绝当世，兄曰哥窑，弟曰生二窑……。"据《七修类稿续编》载："哥窑与龙泉窑皆出处州龙泉县。南宋时，有章生一、生二兄弟各主一窑。生一所陶者为哥窑，以兄故也；生二所陶者为龙泉，以地名也。其色皆青，浓淡不一；其足皆铁色，亦浓淡不一。旧闻紫足，今少见焉。惟土脉细薄、釉色纯粹者最贵。哥窑则多断纹，号曰百圾碎。"据清光绪《龙泉县志•生二章•青器条》载："凡瓷器之出于生二窑者，极其精莹、纯粹、无瑕，如美玉然。今人家鲜存者，或一瓶一钵，动博数十金。厥兄名章生一，所主之窑，其器皆浅白断纹，号百圾碎，亦冠绝当世，今人家藏者尤为难得。世人称兄之器曰哥窑，称其弟之器曰生二章云。"另外，《稗史类编》《南窑笔记》《遵生八笺》《陶说》《景德镇陶录》《燕闲清赏》《博物要览》等书不仅有哥、弟窑详实记载，且说，"官窑品格，大率与哥窑相同。"据朱伯谦著《龙泉青瓷简史》载："证之以实物，南宋官窑和龙泉黑胎青瓷确有许多共同点，特别是那种粉青釉瓷器，真是形神相似，难分'官''哥'。"

经龙泉县古窑址发掘，确证文献所载属实，龙泉境内窑址中不仅有"哥窑"产品存在，而且可分二路，其一是如文献所描述"胎薄如纸，釉厚如玉，釉面布满纹片，紫口铁足，胎色灰黑"，其二是胎厚釉薄，釉面布满纹片，胎色黑。前者多出于龙泉县南区，为南宋中期至元初产品，与南宋"官窑"难分彼此；后者多出于龙泉县东北，多为元代产品。龙泉窑系其他县份的窑址中不存在"哥窑"产品。"弟窑”又称“龙泉窑”。其基本特征是釉面无纹片，胎白，底足呈朱砂色，釉色青润如玉，釉色以梅子青和粉青为极品。梅子青，色如挂枝初梅，青翠碧绿，莹澈剔透，粉青，色似淡青湖水，柔和明净。

第四节 瓷器贸易

宋代开始，龙泉青瓷成为世界性商品。龙泉青瓷对中国对外经济、文化交流有较大贡献。据历史地理学家、杭州大学教授陈桥驿在《龙泉县地名志•序》载：“一千多年以来，就是这个县份，以它品质优异的大量青瓷器，在世界各地为我们换回了巨额财富，赢得了莫大的荣誉……从中国东南沿海各港口起，循海道一直到印度洋沿岸的波斯湾、阿拉伯海、红海和东非沿岸……无处没有龙泉青瓷的踪迹。这条漫长的‘陶瓷之路’，实际上就是中国陶瓷特别是龙泉青瓷开拓出来的。”

宋元时期，丽水水路交通方便，龙泉溪可直达温州，特别是宋、元朝廷重视外贸政策，加上龙泉青瓷品质优良，龙泉青瓷开始大量销到国外。龙泉青瓷通过海运，大量进入日本、菲律宾、印尼、泰国、印度、斯里兰卡、巴基斯坦及东非各国；还有部分龙泉青瓷通过陆路贸易，进入阿富汗、伊朗等国。据《岛夷志略》载，记述宋元时期与外国交易中，提及处器、处瓷、青器、青碗的国家和地区有20处。从亚、非各地遗存、发掘的龙泉青瓷和韩国新安海底沉船捞出的1万多件瓷器中，龙泉青瓷占一半以上，足以证明当时龙泉青瓷外销产量之巨大。

明代，朝廷虽有海禁，但海外各国对中国瓷器需求量仍非常之巨大，龙泉青瓷仍源源不断运销海外。明初，郑和七下西洋，每次率领商船60多艘，其商品中有大量龙泉青瓷。据《大明会典》第一百九十四卷载，当时外销青瓷盘每只价格为150贯。

16世纪以后，欧洲开辟从大西洋、经印度洋到达广州航道，欧洲商人开始直接向中国订购瓷器，龙泉青瓷大量销到欧洲。明正德十二年（1517），葡萄牙商船队第一次驶入广州湾，贩运大批龙泉青瓷到欧洲，获利颇丰。后荷兰东印度公司见有利可图，亦积极从中国购买瓷器；法国创办瓷器公司，并派遣“安菲特里特号”商船驶入广州港，装运中国瓷器167箱；英国、德国、丹麦、瑞典等国商人相继设立公司，从事贩运中国瓷器。明万历四十二年（1614），荷兰克德兰号船装运碗、碟、盘等青瓷68057件。明崇祯十四年（1641）七月，经福州运往日本的中国瓷器27000件。同年10月，有大小船舶97艘在日本长崎上岸，运出龙泉青瓷3万件。据美国霍蒲孙和海索林顿合著的《中国陶人艺术》载：“中国古今名瓷，分布在全世界各个角落里，即印度、菲律宾、爪哇、苏门答腊、婆罗洲、波斯、阿拉伯以及非洲的埃及和赞稷巴都大量使用中国浙江青瓷，尤其是龙泉青瓷。”民国时期，特别是抗日战争爆发后，龙泉青瓷发展一度中断，贸易量急剧降低，青瓷从业者大多破产或转行，仅有少数青瓷从业者苦苦支撑。

1949年10月中华人民共和国成立，龙泉青瓷得以恢复生产和发展。1964年始，龙泉青瓷重新进入国际市场，参加历届广州商品交易会，设立交易大厅专柜。1988年年底，龙泉县出口青瓷产品1100万件（套），产品主要输往日本、马来西亚、印尼、泰国、印度、斯里兰卡、新加坡、沙特阿拉伯、伊拉克、伊朗、也门、叙利亚、意大利、英国、北爱尔兰、冰岛、摩洛哥、阿尔及利亚、埃塞俄比亚、澳大利亚、新西兰、加拿大、美国、巴西、斐济等40多个国家和地区。21世纪，随着汽车零部件产业、金属制造企业的兴起，青瓷产业在工业产值中的份额逐渐变小，但仍对加快农民致富、扩大农民就业有重要意义。

第五节　企业选介

龙泉瓷厂

龙泉瓷厂是地方国营企业，址设上垟镇。占地面积125542平方米，建筑面积74119.5平方米，职工641人，固定资产382.8万元。主要生产设备有煤烧隧道窑2座，倒焰窑1座，链干机4台，备用柴油机组2套计350千瓦，原料加工、成型机械200多台，大小汽车9辆，年生产能力1000万件；以生产青瓷中西餐具、酒具、茶具等成套瓷和工艺陈设瓷为主；有产品300多件(套)在部、省、地评比中获奖。1988年，龙泉瓷厂产值500.82万元，利润50.06万元，产值与出口量均为全行业之首。

龙泉瓷器一厂

龙泉瓷器一厂是地方国营企业，址设上垟镇木岱口寨门。占地面积16496平方米，建筑面积15619平方米，职工175人，固定资产85.4万元，生产设备有原料加工、成型机械50多台，备用50千瓦柴油机组1台，汽车、拖拉机6辆，龙窑3座。20世纪80年代后期，经技术改造，厂房改建，设备更新，基本实现机械化、半机械化生产。主要产品有日用瓷碗、杯、装饰灯具、装潢酒具等40多种。

龙泉瓷器二厂

龙泉瓷器二厂是地方国营企业，址设八都镇黄岭头，占地面积13000平方米，建筑面积7758平方米，职工165人，固定资产88.8万元，主要生产设备有龙窑3座，原料加工、成型机械50多台和60立方米煤烧倒焰窑1座，主要产品有日用花碗、杯和艺术瓷花罐。1986年，龙泉瓷器二厂开发乌金釉新产品，获丽水地区“四新”产品奖。

龙泉瓷器三厂

龙泉瓷器三厂是地方国营企业，址设上垟镇木岱村，占地面积29950平方米，建筑面积13325平方米，职工165人，固定资产271万元，原料成型设备有水碓6座，大石擂、炼泥机、球磨机、滚压机等60多台。1987年，龙泉瓷器三厂新建69米煤烧隧道窑1座，生产能力600万件。除生产日用瓷杯、碗外，擅长生产各类花瓶。“七号双环瓶”“大梅瓶”和“凤耳龙瓶”曾获轻工业部和浙江省优质产品称号，出口数居青瓷行业第二位。

龙泉艺术瓷厂

龙泉艺术瓷厂是地方国营企业，址设龙渊镇环城西路，占地面积94000平方米，建筑面积49720平方米。1985年11月试产，主要生产设备有72.8米煤烧隧道窑1座，60立方米倒焰窑1座、链干机、大石擂、炼泥、球磨、滚压等机械设备100多台，职工486人。生产品种有艺术瓷、仿古瓷、陈设瓷和包装容器瓷等。为外贸出口基地之一，生产能力可达500万件(套)，产品多次获轻工部和省级评比奖。

第六节　代表作品

1979年，邓白设计的《七号大双环瓶》获中华人民共和国轻工业部优质产品奖。

1982年，徐朝兴与李怀德共同设计的《52公分迎宾大挂盘》获全国陶瓷评比总分第一名，被中南海紫光阁收藏。

1982年，徐朝兴的《中美友好玲珑灯》，被美国白宫收藏。

1982年，毛松林与徐朝兴、李怀德共同设计的《1.3米高迎春哥窑大花瓶》，陈列在北京人民大会堂浙江厅。

1982年，毛松林的作品《45头金鱼西餐具》获全国陶瓷评比一等奖。

1986年，毛正聪设计的直径61厘米"哥窑"大挂盘，获全国美术设计创作评比总分第一名。

1986年，毛正聪与张守智合作研制的"紫光瓶"，被中南海紫光阁收藏。

1988，徐定昌的作品《61厘米紫光盘》，被中南海紫光阁收藏。

1988，陈爱明的作品《富贵牡丹》《泉》《秋到龙泉》，被中南海紫光阁收藏。

1994年，徐朝兴的作品《65公分哥弟混合梅瓶》，陈列于北京人民大会堂浙江厅；《66厘米万邦昌盛吉庆瓶》《吉祥如意瓶》，被北京人民大会堂收藏。

1999年，徐朝兴的作品《万邦昌盛》，被北京人民大会堂收藏。

2000年，陈根的作品《80厘米哥窑大盘》，被中南海紫光阁收藏；《大吉瓶》被北京人民大会堂陈列收藏。

2000年，杨建琴的作品《山花灿烂》，被中南海紫光阁收藏。

2002年，夏侯辉的作品《9寸双鱼洗》，被中南海紫光阁收藏。

2002年，梅红玲的作品《飞来峰十八罗汉》，被中南海紫光阁收藏。

2002年，丁绍杰的作品《梅子青50厘米挂盘》，被中南海紫光阁收藏。

2002年，吴小萍的作品《壶》，被中国历史博物馆收藏。

2002年，陈显林的作品《壶韵》《归雁》，被韩国博物馆收藏。

2002年，毛丹阳的作品《龙狮布雾熏炉》，被中南海紫光阁收藏。

2002年，胡兆雄的作品《江南春》，被中南海紫光阁收藏。

2002年，徐淩的作品《秋韵》，被中南海紫光阁收藏。

2002年，夏侯文的作品《仿哥窑龙纹小口瓶刻花双鱼》，被国家博物馆收藏。

2002年，毛正聪的作品《云龙盘》《千峰翠》等作品13件，陈列于中南海紫光阁总理接待厅。

2002年，毛松林的作品《龙狮布雾》，被中南海紫光阁收藏。

2002年，徐定昌的作品《云鹤梅瓶》，被中南海紫光阁收藏。

2003年，陈先明的作品《米黄52厘米哥窑挂盘》《米黄纹片盘》，被中南海紫光阁收藏。

2003年，叶小春的作品《冰裂折边洗》，被中南海紫光阁收藏。

2003年，叶小伟的作品《龟心荷叶碗》，被中南海紫光阁收藏。

2005年，徐峻清的作品《粉青六管瓶》《梅子青水纹双鱼荷叶碗》《粉青葵口云纹瓶》，被中国陶瓷博物馆收藏。

2006年，陈善林的作品《飘》，被中南海紫光阁收藏。

2007年，卢伟孙的作品《鱼盘》《青釉瓶》，被中国美术馆收藏。

2007年，毛伟杰的作品《将军罐》被中南海紫光阁收藏；《鱼纹尊》《点彩洗》被龙泉市博物馆收藏。

2008年，李邦强的作品《哥窑鱼瓶》，被英国珍宝博物馆收藏。

2009年，毛丹阳的作品《双鱼尊》，被首都博物馆收藏。

第四章　丽水根雕

丽水根雕，是以树根、树桩、树瘤、枯木、竹根的自生形态或畸变形态为审美对象，因材施艺，磨砂上光，配座命题而成的树根雕艺术品。1987年8月7日，丽水地区树根艺术研究会成立。2000年7月，丽水地区树根艺研究会更名丽水市根艺（石艺）美术学会，成为中国根艺（石艺）美术学会团体会员单位。2005年，丽水根雕被认定为浙江省第二批传统工艺美术品种。2006年4月27日，丽水市被中国根艺美术学会授予"中国根艺之乡"称号。2007年，缙云根雕被列入第二批浙江省非物质文化遗产名录。2010年，丽水市根艺（石艺）美术学会有研究所、博览园、精品馆实体3个，县（市）根艺（石艺）美术学会5个，在册会员240多人，根雕艺术（石艺）从业和爱好者数千人。2010年年底，丽水市工艺根雕初具规模，工场作坊遍布，在国内外业界有一定影响。

第一节　根雕发展沿革

丽水枯木断根资源丰富，根雕历史可追溯至元代。民间保留作品有《奔月》《送子观音》等多件。其中《送子观音》，高29厘米，宽23厘米，厚11.4厘米，底部刻有"根道人刁作至元四年花月"。明清时期，根雕作品大多仍为佛像、神仙、灵禽瑞兽及花架、笔筒等。民国以来，丽水遭兵燹、火灾等大多作品毁坏，传世作品不多，根雕工艺艰难挣扎。

20世纪80年代，丽水根雕艺术事业重获发展。1980年始，丽水县、青田县相继创办根雕创作室。2010年年底，全市各类根雕艺术个体企业、加工厂、创作室200多个。

1987年8月，丽水树根艺术研究会成立。20世纪90年代，丽水根雕协会创作氛围及参展屡获大奖，跻身全国前列。2004年，举办中国·丽水国际摄影文化节大型根雕艺术石艺展览，并在白云山森林公园建成大型根雕艺术（石艺）博览园。占地4000多平方米，展馆面积1300多平方米，长期向市民开放。同年9月23—25日，中国根艺美术学会主席马驷骥、副主席张二滨到丽水考察根雕艺术。2010年，丽水市根艺（石艺）美术学会下属有研究所、博览园、精品馆实体3个，县（市）根艺（石艺）美术学会5个，在册会员240多人，其中中国根艺工艺美术大师4人、省级根艺工艺美术大师2人、高级根艺美术师9人、根艺美术师30多人，根艺（石艺）从业和爱好者数千人，获国际优秀论文奖1篇，全国艺术家“世纪杯”论文一等奖1篇，年销售收入4000多万元。

第二节　根雕工艺

丽水根雕技艺主要脱胎于传统木雕，利用自然界各种树木、竹、藤的根茎及枯木等材料进行艺术加工和依势造型。不同于其他造型艺术的材料、工具和技法，采用根的自然形态，因材施艺，巧借天然，表现自然形态和人工造型的和谐。

分　类

根雕造型，包括树根雕、竹根雕、根贴画、根书、木纹画、树瘿作品、根艺饰品以及根雕床饰、屏风壁饰、花架、盆景等。根雕实用品，包括拐杖、毛筒、画筒、家具等。

工　序

根雕创作须经过选材、去皮去污、构思、裁剪、造型、雕琢、磨光、拼接、组合、消毒杀菌、复原、配座、上色、油漆、上蜡等工序。

去皮　突显根材的自然纹理、色泽和质感，增强作品美感。除少数作品根据需要故意留皮外，采用各种圆锤、钢丝刷、刀具等工具，不伤及木质和纹理为宜。还有水泡法、自然脱皮法等。

脱脂防虫　防止根材在抵抗物理、化学以及生物等因素作用可能受到的损害，有利作品长期保存和不变型。脱脂防菌防虫处理采用高温蒸煮、化学药物熏杀等。

雕琢与造型　是根雕艺术创作重要部分，是艺术构思与手工技术在根雕艺术作品的综合体现。根雕艺术求大似、神似。妙在似与不似之间。须遵循顺其自然，仿造自然，雕而不雕的法则进行艺术加工，少留匠气，点到为止。

上色　色泽灰暗沉闷的作品一般用天然染料、化学颜料着色。颜色以棕红、黄褐、灰褐、仿古董色为主，优先考虑保持根材的天然色泽来体现作品自然美。

打磨　对根雕艺术表面光洁度加工，先用较粗的砂纸打磨均匀，后用较细的砂纸打磨。一些高要求作品采用“水砂磨”“油砂磨”，力求手感滑润。

上漆、上油、上蜡　大多根雕艺术作品表面使用透明漆喷、刷几道即可，能达到防潮、防霉、防裂变形要求。对上好红木类的高档材质或材料自身油性较大的类型作品，采用细软的棉、麻布上油和上蜡，反复擦拭，直到作品体表透现光亮，突显材质的天然纹理和色泽。其他配座、命名等，讲究搭配合理，名副其实。

第三节　根雕贸易

2010年年底，丽水市各类个体企业、加工厂、创作室200多个，展销馆9个，销售网点100多处。丽水灵山寺、缙云仙都、青田石门洞等景点举办多次根雕展销。同时，在普陀山、东阳横店影视城、杭州河坊街、宁波南山及安徽九华山、江苏无锡、同里等景区开设展馆、举办展销，作品远销几十个国家和地区。

2010年，市直、莲都根雕艺术年销售1000多万元，其中孙伟祥“父子根艺”(2003年注册商标)年销售600多万元；“叶崇甫根雕加工厂”年销售近200万元；“韩新青根艺”销售十几万元。庆元县年销售2000多万元，其中“三山根艺”500万元，“周宇根艺”480万元，“阿真根艺”330万元，“板桥根艺”320万元，“天工根艺”300万元，“安溪根艺”200万元，“淤上根艺”130万元，“振庆根艺”80万元，“巧夺根艺”50万元。龙泉市根雕艺术年销售500万元，其中“恒盈奇木根雕工艺厂”年销售300多万元；“根友奇木根雕厂”80万元。松阳县根雕艺术年销售500多元。缙云县“丁根根艺”年销售50万元，“周斌根艺”“诸鹤麟根艺”10多万元。云和县“饶英溪根雕厂”年销售100万元，“艺琢春秋工作室”10多万元。遂昌县根雕艺术年销售100多万元。景宁畲族自治县根雕艺术年销售100多万元。

第四节　作品选介

1989年，丽水地区根雕艺术名作品有朱金兴作品《阿Q求吴妈》，苏子可《师岩》、胡文《蛇鹰》、李陈标《荷花》等。1990年，李陈标根雕艺术作品《桌椅》、林于增作品2件，分别入选中国根艺美术学会主办刊物《中国根艺》。1991年，胡文有根雕作品《惊梦》等。1993年10月，丽水根雕艺术作品，首次批量走出国门。

1994—2010年，丽水地区优秀根雕艺术作品有胡文的《惊梦》、林于增的《亭亭玉立》、李陈标的《观音》、孙伟祥的《幻境》《要知松高洁　待到雪化时》、韩新青的《卧佛》《弥勒百态》、李陈标的《雄狮》、叶崇甫的《四大美女》、郑万标的《灵芝》等。另有大型根雕组合《500罗汉》《十八罗汉戏大鹏》及《历史名人》等作品。

第五章　黑　　陶

丽水黑陶艺术品平滑光泽，有“黑如漆、亮如镜、薄如纸、坚如瓷、声如磬”特点。黑陶作品被古人看成镇妖、避邪、消灾、祈福之效能，被当代社会各界誉为“土与火的艺术，力与美的结晶”。丽水黑陶产地主要集中在遂昌县和松阳县，重点生产企业主要有遂昌九龙工艺厂、遂昌华艺黑陶厂、松阳县博古黑陶工艺厂和松阳县旭日黑陶工艺厂等企业。

第一节　黑陶发展沿革

黑陶渊源

遂昌黑陶胎质细腻、造型纯朴庄重、古色古香、有独特的审美价值，是东方陶瓷艺术的瑰宝。1997 年，在遂昌县三仁乡好川发掘发现距今 4000 年的古墓葬群，出土各类陶器、石器、玉器和漆器等文物 1028 件(组)，其中陶器 762 件。其中就有黑陶，典型器物有黑陶豆、黑陶三足盆等。

黑陶发展

1990 年，遂昌县二轻工业局建立遂昌县九龙工艺厂，从事新产品研制开发工作。在对良渚黑陶研究基础上，试制不上釉而漆黑发亮、古色古香、叩之有声、质地细腻的黑陶，成功烧制出第一个黑陶瓶。同年 10 月，送展浙江省名优特产品展销会，得到省领导重视，省科委将良渚黑陶(遂昌产)列入省科研项目和省级新产品项目。经两年反复研制，完成项目开发。

1992 年 10 月，良渚黑陶产品通过浙江省科委新产品研发鉴定，认定良渚黑陶产品试制成功，达到国内先进水平，填补浙江省内陶瓷产品空白。它色泽均匀、造型规整、装饰适位、有甚高的观赏性和实用性。经试销，用户反映良好，是一种高档的艺术品。遂昌九龙工艺厂生产设备、工艺装备、检测手段齐全，产品质量稳定。随即，良渚黑陶开始批量生产及销售。

1993 年 7 月，良渚黑陶被列入浙江省出口商品质量保证生产企业名录。1996 年，良渚黑陶被列为浙江省旅游商品定点生产企业。2000 年 11 月，松阳县古陶艺研究所成立。2005 年 6 月，遂昌县黑陶研究所建立，经专家研究分析，现代遂昌仿古黑陶在配方、制作、烧结等基本环节上直接传承好川黑陶文化。2005 年，遂昌县九龙工艺厂产品被浙江省认定为传统工艺美术保护品种。

2007 年，黑陶烧制技艺被列入浙江省第二批非物质文化遗产名录，企业通过 ISO 9001:2000 产品质量管理体系认证。2010 年 12 月，经省政府批准为浙江省非物质文化遗产生产性保护名录。2010 年底，从业人员数百人，年产值千万元，黑陶品种 200 多种，具备年产各种规格黑陶工艺品数万件的生产能力。

第二节　黑陶工艺

黑陶是把陶制品放入窑内，烧到 900℃左右高温时，封窑门，隔绝空气，再从窑顶滴水渗入，使窑内产生大量浓烟，吸去坯体中氧气，其中碳元素渗透到坯体内。黑陶材料主要成分为氧化元素，其中氧化硅与氧化铝，分别占 66.32%和 14.9%。

黑陶烧制技艺独特，从选泥、淘泥到制坯、修坯、刻花雕镂等，多为手工制作，利用独特的传统封窑技术，进行渗碳工艺烧制，为民间制陶一绝。其中遂昌黑陶由于快轮制陶和烧陶技术得到普遍应用，制作器皿有黑（乌黑如漆）、薄（器壁很薄）、光（平滑光泽）、纽（造型上有鼻、耳、盖）以及流、足、扣手等各种饰件和功能件等特点。

制陶工具

制陶所用工有沥泥用的泥池、拉坯机[①]、游标尺、活动卡尺、刮板、锥刀、海绵、直尺、钢丝线等；修坯须用多种不同系列的刀形修坯工具，压光打磨塑料压光打磨工具，各种绘画工具，多种大小不一的雕刻刀。

制陶过程

制陶要经过选土、晾土、沥泥、揉泥、拉坯、修坯、雕绘、磨光、阴干和入窑烧制、出窑擦拭及检验等工序。

选土　选用小颗粒、无杂质的纯黏土。先将地表面1米以上表层土挖去，取土质细腻黏土。

晾土　置黏土于干净平整的硬质地面上，均匀摊平晾晒，拍碎较大土块，尽量使土粒大小均匀。可将土拢起，中间留出空隙，使空气流通，以加快晾晒速度，缩短晾晒时间。新土晾晒两三天时间，待泥土完全干透后即可。

沥泥　备一口水缸（水池），加入净水，水量占水缸（或水池）一半即可，将晾干泥土放入水缸（或水池）内与水混合，水、土比例为1:1左右。放置10分钟左右，使干泥充分吸水后，将其搅拌成泥浆，搅拌过程中须用力上下反复搅动，使块状泥团完全融化，揉稀程度能保证泥浆顺畅流动。再备一个泥桶并将泥筛架在桶上，把泥浆透过泥筛沥入桶中，滤去浆泥中杂质。要时常清理筛眼，避免筛眼被杂质堵塞，使其沥泥通畅，沥出泥浆干净细腻。待其沉淀一周时间，多余水分蒸发后，将桶或池内陶泥分切成块，全部取出存放泥库中待用。

如用池融化后进行淘洗，沉淀需高于地平面1米的水泥池1个，长与宽可以根据规模确定。在泥池底部留5厘米直径圆洞1个，方便过滤排放泥浆水。通过滤网使泥浆流入沉淀池，直到沉淀池满止。紧挨泥池有长15米、宽1米沉积池1个，存放搅拌过滤胶泥浆，上面专用设备纱窗盖1个，防灰尘杂质进入。等泥浆沉淀后，放掉池水，待水分蒸发后，沉积泥即成优质陶泥。

揉泥　也称炼泥。将陶泥从泥库中取出一定用量，置操作台上，人工进行反复揉压，使陶泥密度颗粒均匀，细腻。揉压过程以螺旋状走势，逐渐将里外轮翻滚动。要将陶泥揉匀、揉熟，二次分拣剔除泥中细微杂质，让陶泥手感绵软柔和、细腻光滑，会呈现像贝壳螺旋状揉压纹形，将陶泥揉成圆柱状放好待用。

拉坯　一般以全手工拉胚成型，随器形不同方法也不同。主要有简单笔筒器形，打开电源，转动拉坯机，在拉坯机盘面擦拭少量清水，用钢丝线切割适量陶泥，用力固定在拉坯机盘面中心位置，随拉坯机泥盘的快速转动，双手合力配合，将陶泥拉出雏形呈现一个碗状造型，从底部中心位置向外均匀按压，底部厚度要凭手感来掌握，大约1厘米为宜。随着泥坯转动，筒壁逐渐向上拉时，尽量保

① 拉坯机：以前用人力拉坯机，现用电动拉坯机。

持筒壁上下垂直和厚度均匀。筒壁厚度5—7毫米为宜,双手里应外合反复调整多次。随时添加少量清水,双始终保持手和坯体湿滑状态,以便操作。用刮板清理干净成型笔筒底部,由下而上处理筒壁表面至垂直光洁。用锥刀切割平整筒口毛边,向内轻轻按压筒口,平整收口。用钢丝线紧贴拉坯机盘面划过,分离取出坯体。

制作较复杂花瓶器型,取适量陶泥,同上步骤和方法,建立一个圆筒状造型。用双手内外配合筒壁逐渐上拉,控制筒壁厚度均匀。将坯体下半部分由内而外、由下而上均匀用力向外推移,使之呈现瓶肚形状。双手合拢,从坯体中部向上逐渐收缩,在坯体中部用刮板刮出腰线3道,瓶颈向内收缩到一定程度将瓶口向外扩张下压,用刮板修整坯体,使曲线流畅,表面光洁。如坯体各部位直径有严格尺寸要求,须用卡尺在直尺上量好具体尺寸,随时精确比对各部位后,取下坯体。生产大批量同一规格器形,则借助游标尺完成。经上下前后定位调整游标尺指针,分别对应坯体各关键点位上,使每个指针指向点都将定为后面批量生产参照点上。

修坯 坯体制品放置阴凉干燥处两三天,晾三成干即可修坯。拉坯盘面用海绵擦拭少量清水,置坯体于转盘当中,用修坯刀由外到内,由上到下依次均匀用力,去掉粗糙表面泥层,使之光洁平滑。对不同造型坯体,随时变换不同刀形修整后,用磨片工具初步磨光,初步绘制腰线及底线。

雕绘磨光 检查处理胚体表面沙粒或角质,按设计用绘画工具压出图案花纹,画出花卉等图案。用特制刻刀镂空或雕刻,突出凹凸有致层次感及镂空效果。通体磨光处理雕刻留下锯齿状痕迹,使坯体光滑润泽。如笔筒雕刻花纹,采用半雕刻法,防止刻穿筒壁花纹。吹奏乐器埙,则测量确定音孔位置、大小等后开孔,达到音准。

阴干 陶坯避免暴晒变型和开裂。应摆放阴凉干燥处,关好门窗,自然晾置10天左右,待坯体颜色发黄发白,坯体内水分彻底蒸发即可。

入窑烧制 半成品陶坯验收后装窑,坯体间距为5—10厘米。将足够引火柴放入火塘,点燃引火柴料,加入适量柴禾,为上煤作准备。此时,火塘口进气量大,上方窑顶口烟气充足,续加柴禾,成坚实火底。趁塘火旺盛时,加入少量煤,从小火到大火逐渐加煤升温。文火慢烧阶段,窑内温度达400℃左右。若干小时后加大火力,使窑内温度上升至850℃—900℃,此时坯体由黄变红。再烧若干小时后,封盖上窑顶口,并将窑的烟道封闭。在火塘口砌上墙砖,刷上泥浆,完全隔绝窑室内火与外面空气。从窑顶缓加适量水,熄灭木炭,产生大量浓重黑色烟气。再熏若干小时,烟气中碳分子慢慢渗透陶坯体,成通体乌黑。待窑内火完全熄灭,降至常温,逐渐冷却。拆去封闭墙,打开窑口出窑。

出窑擦拭及检验 从窑内有序取出陶品,用干抹布通体擦拭清除黑陶内外表面窑灰,再用毛刷刷除细小雕纹缝隙窑灰。检验陶品,表面光泽度应均匀亮丽,烘烧过程无变形,内外局部没裂痕。销毁不合格产品,经检验合格产品方可装盒,未经检验产品不得出厂销售。

第三节 黑陶品类

好川出土陶器大多属生产、生活品类的水陶、食陶、酒陶等,有鼎(三足盘)、簋、鬶、罐、杯、圈足盘、豆、三啄罐、印纹陶罐等。

遂昌黑陶厂先后成功复制出良渚黑陶、河姆渡猪纹陶钵等。后根据市场需求,不断开发增加品种，有陈设陶、礼品陶、仿古陶等。按系列分有花(梅)瓶、樽系列、筒(笔筒、卷筒)、挂件、罐、盒系列、香炉、杯、鼎等系列10多个，其中，花(梅)瓶品种近100个，樽、筒、挂件系列各有品种20个，罐、盒系列各有品种10多个；仿古系列有异形鬶、宽把杯、高足杯、双壁壶、鸭嘴壶、鼎、豆等，及为良渚博物馆和余姚河姆渡博物馆复制仿古黑陶。结合环保理念，又研发新一代遂昌碳陶，改变现代仿古黑陶工艺品单功能属性，延伸到日用品，有壶类、杯类、盘类、锅类、花盆类和室内装潢类的炭陶贴面墙砖及其他器物种类等，实现炭陶工艺品、日用品兼备多元价值。并结合汤显祖文化，成功开发影雕汤公盘、牡丹亭工艺瓶等。2010年，遂昌黑陶品种400多个，年产各种规格黑陶工艺品2万多件，规格大的高达90厘米，矮小的不足5厘米，除复制仿古良渚黑陶外，主要生产观赏陶、礼品工艺陶为主。

第四节　黑陶发展

遂昌黑陶

20世纪90年代，遂昌黑陶按照Q/SJG12.01—2006标准组织生产，企业通过ISO 9001:2000产品质量管理体系认证。固定销售网络有杭州天工艺苑、杭州旅游品市场等。1994年开始，遂昌黑陶产品批量出口德国、法国、荷兰、美国、加拿大、日本、新加坡等地，内销京、沪、杭等地。

1993年，遂昌黑陶被浙江省政府确定为馈赠礼品。1993年，遂昌县九龙工艺厂生产黑陶产品“梅瓶”，作为浙江省政府代表团访问美国礼品赠送给美国前总统尼克松。1995年，遂昌县九龙工艺厂生产遂昌黑陶24—5号产品成为浙大百年校庆礼品。

1997年，中国香港回归祖国时，遂昌县九龙工艺厂生产黑陶产品“双龙兽面樽”作为浙江省政府礼品赠送给中国香港特别行政区第一任行政长官董建华。后遂昌县九龙工艺厂生产多种品类黑陶产品被确定为浙江省人大、省政府礼品系列，其中曾把37-1、37-3赠送予巴基斯坦、奥地利等外国友人。良渚博物馆和余姚河姆渡博物馆展出的部分黑陶复制品均由遂昌黑陶复制。2008年，遂昌九龙工艺厂生产“双环樽”，被珍藏在丽水市城市意象区应星楼地宫内。2010年，遂昌生产黑陶产品2万多件，销售收入150万多元。

松阳黑陶

松阳县博古黑陶工艺厂厂长阙莉莉，运用浮雕、影雕、镂空、彩绘等工艺技法，获外观设计专利10多项。艺人阙美法，擅长大型壁塑和浮雕制作。1988年，松阳县博古黑陶工艺厂制作大型壁塑“吹箫引凤”，高18米，宽4.2米，被收藏在美国H.B.A公司上海静安希尔顿大酒店，被列为当年上海十大新闻之一。后相继制作宁波文艺宾馆壁塑“维纳斯诞生”(高8米，宽12米)、上海东方电视台“玫瑰女神”、上海金门人酒店宴会厅“浮雕”、上海老锦江印度餐厅浮雕文字6800个，并被摄成照片，发表在《人民日报》《解放军报》等报刊。1991年，“中华人民共和国成年人头型系列”CB2428—81仿真头研究，获国家科技一等奖。2002年，获国家专利13项。松阳旭日陶艺研究所所长刘法星，创制实用与陈设结合的四面、六面、八面高足、高手柄、长嘴壶系列，在胎体雕刻多色彩图与诗词。作品“仙果醉人”展示上海世博会中国元素馆和中国文化中心馆。

第十六篇

商贸服务业

1. 粮油贸易
2. 副食品贸易
3. 日用工业品购销
4. 燃料贸易
5. 供销合作商业
6. 物资流通业
7. 烟草专卖业
8. 生活服务业
9. 中介服务业
10. 商业场所与类型
11. 对外贸易与中国港澳台地区经济贸易
12. 会展
13. 组织机构

概　　述

丽水地处浙西南山区，自古多山少地，交通不便，村落闭塞。在漫长的自然经济社会里，工业元素微弱，资金无几。除青瓷、宝剑等工艺品和食盐等产品外，民间都是实物的互通。

东汉时，松阳、遂昌建立县行政建置，形成一定的商品贸易。隋唐，丽水旅馆业、典当业萌芽发展，自然促进贸易。人口聚居较多的集镇和村落先有一些米店、酱油店等小店。继后，又有猪行、粮行、木头行等。南宋时，龙泉青瓷名扬海外，随着龙泉青瓷远销海外，形成沿瓯江的商品贸易集中地。烟草是丽水早期进入贸易领域的商品。明万历年间（1573—1620），畲民从福建迁居景宁一带，带来抽烟习俗和烟叶种植技术。清代，各县城开始出现集市。清康熙年间（1662—1722），松阳有烟农从事烟叶购销。清嘉庆年间（1796—1820），丽水烟草销到杭州、上海等城市。清咸丰年间（1851—1861），烟草远销南洋一带。清光绪三十二年（1906），经温州出口烟叶 110 万千克，价值 24.3 万两海关银。

民国 17 年（1928），遂昌县首家消费合作社成立。民国 27 年春，民国浙江省政府迁驻丽水，创办战时乡镇合作社、消费合作社、交易公店、物品供应处、贸易特种股份有限公司等经营机构，收购土特产品，供应日用品。民国期间，壶镇集贸市场管理物价有两种管理方式，一为同行议价；二为市场物价评定委员会评定。同行议价和评价的价格为参照价，不是强制价，但一般都没有很大差距。

1949 年 5 月丽水解放后，政府整顿贸易市场，没收官僚资本的工商业为国家所有。同时，行政管理和经济措施双管齐下，以社会主义国营商业领导市场，严厉打击投机违法活动，平抑市场物价。为迅速恢复生产，安定市民生活，减少商人层层剥削，丽水专区人民政府在发展国营商业的同时，积极组织和发展合作社商业，以优待价格供应社员和市民生活必需品，合作社商业形成强大、独立系统，成为国营商业有力助手和商品流通的一条重要渠道。

1950 年，丽水专区通过调整公私关系，国营商业公司。对私营工商业采取加工订货、统购包销等形式，实行利用、限制、改造的政策。1952 年，开展“五反”① 运动，同时扩大批零差价，让出部分经营市场，组织物资交流，沟通城乡关系，促进市场繁荣。1953 年开始，对粮、油实行统购统销，凭证定量供应，逐步建立以计划分配调拨为主的物资流通体制。1954 年始，把一些大型私营企业转为公私合营，逐步将私营工商业纳入国家计划轨道。随着农业社会主义改造高潮到来，私营工商业也实行公私合营。1956 年始，对私营商业进行社会主义改造。私营商店并入国营或合作商店。主要生活资料和生产资料实行计划分配，开始形成粮食、物资、供销合作社为主的统购统销商品流通渠道。但是，在有些行业社会主义改造中，出现操之过急、集中度过高、核算单位过大和群众购买不便等问题，在分配上形成“吃大锅饭”，挫伤职工经营积极性，制约市场商品流通。1959—1961 年，国家三年

① 五反：反对行贿、反对偷税漏税、反对盗骗国家资财、反对偷工减料、反对盗窃国家经济情报。

困难时期，市场商品紧缺，对部分商品实行高价供应，同时发放各种券证，定量供应。1963年始，随着生产发展，集市贸易恢复开放，市场供应逐步好转，逐渐缩小凭票供应范围。1966—1976年，丽水社会经济受到严重冲击。其间，全面计划管理日益显示与生产力发展不相协调，计划供应范围又有所增加，商品生产和市场发育滞缓。

1978年中共十一届三中全会后，丽水流通领域改革从商品流通体制和商品管理体制两个方面展开，打破统收统支"吃大锅饭"局面，实行利改税，下放企业管理权限，逐步实现政企分开，实行"经理负责制""经营承包责任制"，废除"三固定"①办法，打破国营批发商业在流通领域一统天下的局面，逐步建立"三多一少②"开放型市场。积极引导私营、个体和其他非公有制经济发展。1978年，丽水地区社会消费品销售17043万元。到1990年，丽水地区形成"三多一少"流通格局业，从而告别长期凭证凭票供应时代，进入商业贸易稳定繁荣发展时代。

1992年邓小平南方谈话发表后，丽水地区进一步解放人们的思想，逐步确立社会主义市场经济，形成一批各具特色的商业街，业务逐步扩大到周边县(市)。2000年，丽水撤地设市，释放丽水商业流通的能量，基本建立消费品、生产资料和生产要素三大市场体系，形成一批规模大、辐射力强、层次高、经济效益和社会效益显著、在全省有一定影响力的大市场。2010年，丽水市全社会消费品销售266.13亿元。

① 固定：固定供应区域、固定供应对象、固定作价。

② 三多一少：多种流通渠道、多种经营形式、多种经济成分，少环节。

第一章　粮油贸易

丽水地处江南，粮食市场形成较早。明清时期，丽水采用粮食制曲的酿酒工艺有一定水平，发明由水力驱动的粮食加工工具——水碓、水磨、木砻，后多有沿袭。民国时期，由于战争不断，处州粮食生产遭受严重破坏，粮食市场波动起伏。

1949 年 5 月丽水解放后，丽水专区军事管制委员会建立粮食管理机构，组织粮源，平抑粮价，打击奸商，平定不法粮商囤积粮食、哄抬粮价的风潮。1953 年 12 月，中央人民政府政务院采取粮食统购统销，取消粮食自由贸易，实行计划分配，保障民食，稳定人心。1955 年 12 月，丽水各县完成对私营粮食工商业的社会主义改造，在国家计划经济体制指导下，以统购统销为基本政策，以保障供应为宗旨，以稳定市场为职责，严格管理，确保生产、生活对粮食的需要。粮食经营完全由国营粮食企业操作。1993 年 4 月，国家放开粮食市场，执行 40 年的粮食统购统销政策至此结束。

1978 年中共十一届三中全会后，丽水结合区情，坚持改革开放，农村实行联产承包责任制，极大调动农民生产积极性，逐步形成“一业为主、多业并举”经营格局，建立开放型粮食市场。现水地区水稻杂交推广，粮食形势根本改观。1984 年，丽水地区粮食产量 92600 万千克，产量超历史高峰；收购量 18630 万千克，也创历史新高。1993 年 1 月 1 日起，国家全面放开粮食购销后，省政府调节粮食市场供求平衡，建立起省、市、县(市)三级粮食储备体系，开启社会主义市场化粮食购销模式。2010 年，丽水市粮食总供给量 99820 万千克，其中丽水市生产 53320 万千克，县外购入 47500 万千克；粮食总消费 88810 万千克，其中口粮消费 52280 万千克，饮料用粮 3047 万千克。同年，丽水市签订粮食收购合同 1529 万千克，实际收购 1239.5 万千克，主要粮食品种最低收购价提高幅度明显下降。

第一节　粮食管理体制

1949 年 8 月，浙江省第七专员公署粮食局成立。10 月，更名丽水专员公署粮食局。1950 年 4 月，中国粮食公司丽水支公司和中国油脂公司丽水办事处成立，管辖丽水县、云和县、缙云县、景宁县、龙泉县、庆元县、松阳县、宣平县粮食工作。1951 年 4 月，更名浙江省丽水专区粮食局，内设秘书、仓储、会计 3 个股室，下属单位有独立核算直属粮库 1 个、粮食加工厂 1 个。1952 年 1 月，撤销浙江省丽水专区粮食局机构，仍保留中国粮食公司丽水支公司，下属粮库和加工厂划归丽水县粮食局管理。9 月，中国粮食公司丽水支公司划归丽水县粮食局；丽水县、云和县、景宁县、龙泉县、庆元县均与温州专署粮食局发生业务关系，其他各县粮食局随行政隶属关系变更，分别归金华专区、衢州专区粮食局管辖。

1963 年 5 月，恢复丽水专区建制，建立丽水地区专署财贸办公室粮食组。1968 年 11 月起，丽水地区革委会生产指挥组成立，配有专人，负责管理粮食工作。各县(市)、区(镇)建立粮食管理所，粮食主产地建立粮食收购站。

1971 年 7 月，丽水地区生产指挥组商业粮食局成立。1977 年 3 月，丽水地区商业粮食局更名丽水地区粮食局革命领导小组。1978 年 1 月，撤销丽水地区粮食局革命领导小组，更名丽水地区粮食局。

20 世纪 90 年代初，丽水地区建立系统化的粮食管理、购销、储藏、加工、运输等机构，保障城市粮油供应和农村粮油购销活动。同期，丽水地区粮食系统各类机构数和人员达到顶峰，机构网点486个，其中粮食购销机构 387 个，人员 4300 多人。

1993 年丽水地区粮食管理机构与购销网点数一览

表 16-1-1-1　　单位：个

县别	管理机构		经营机构					合计
	粮食行政部门	粮管所	议购议销公司	粮油购销站	零售网点	其他网点	小计	
地区本级	1	—	2	—	—	—	2	3
丽水市(县级)	1	6	1	25	13	3	42	49
龙泉市	1	10	1	44	35	—	80	91
青田县	1	7	1	36	15	—	52	60
云和县	1	4	1	14	14	1	30	35
庆元县	1	7	1	29	11	—	41	49
缙云县	1	5	1	13	10	1	25	31
遂昌县	1	7	1	27	6	—	34	42
松阳县	1	5	1	22	14	3	40	46
景宁畲族自治县	1	5	1	36	4	—	41	47
合计	10	56	11	246	122	8	387	453

1993 年，丽水地区放开粮食流通市场。1997 年始，丽水地区全面重组和股份制改造粮食购销企业 67 家。后丽水地区保留丽水地区粮食总公司 1 家；粮食收储企业 10 家，各县(市)和地区本级只保留粮食收储企业 1 家。2000 年 5 月，丽水市本级和各县(龙泉市除外)粮食局与发展计划委员会(局)合署。2005 年，龙泉市粮食局与龙泉市发展和改革局合署。

第二节　粮食购销

粮食统购统销

丽水解放初粮食贸易　1949 年 8 月，丽水国营贸易分公司成立，下设粮食收购组，委托各供销商店代购，大量收购稻谷，调剂市场，扶持生产，维护消费者利益。1950 年 4 月，中国粮食公司丽水支公司接管贸易分公司，负责粮食购销业务。5 月，中国粮食公司丽水支公司在缙云县、龙泉县、松阳县分别设立机构，委托丽水县、龙泉县、云和县、松阳县、缙云县、景宁县、宣平县供销合作总社和七分区合作社，代理部分粮食购销业务。此外，公司还委托丽水船业工会、人民福利社、农民合作社等 7 个单位，具体负责代售粮食。1951 年，中国粮食公司丽水支公司机构健全，人员 172 人；粮食收购点增加到 17 个，合作社代购点 19 个，粮食销售比重 61%。同年，浙江省粮食公司核定，中国粮食公司丽水支公司粮食年收购计划 1100 万千克，实际完成 1263 万千克；大米供应计划 1265 万千克，实际销售大米 1319 万千克。1952 年 10 月，中国粮食公司丽水支公司全部工作，由丽水县粮食局接管。

粮食统购　1953 年 11 月，中央人民政府政务院发布《关于实行粮食的计划收购和计划供应的命令》后，丽水县制定《1953 年粮食统购暂行办法》，规定粮食统购以户为单位，统购标准以农业税税率为基础，根据各地生活与消费不同情况，确定粮食统购比例，分甲、乙、丙三等，每等消费定额分别定为 240 千克、225 千克、210 千克。12 月 12 日和 15 日，丽水县、龙泉县实行粮食计划供应，停止自由供应大米；群众购买粮食，需凭介绍信，或定时、定点、定额购粮证（券）或临时购粮证。后其他各县也相继实行粮食计划供应。

1955 年 3 月，各县实现粮食收购、销售、调拨、库存“四统一”，供销合作社代理粮食购销业务职能，全部划归粮食部门统一管理和经营。8 月，国务院颁发《农村粮食统购统销暂行办法》，各县农村实行“三定”[①]政策。正常年份，“定产”“定购”任务三年不变，“定销”任务一年一定。同年，各县核定应征公粮（现粮）3559 万千克，粮食定购任务 5752 万千克，实际征购 8698.5 万千克；农村定销 2008 万千克，实销 2734 万千克。

1958 年，全省召开粮食会议，决定省对地县实行粮食购销差额管理、调拨包干制度。同年，各县包干指标在“三定”指标基础上，根据各县生产情况略加调整后确定，增产不增购，减产不减免，5 年不变。1959 年，各县包干指标改为一年一定。

1959—1961 年，各县粮食减产，征购过头粮，部分社员出现口粮困难。1961 年，各县实行工业品奖售政策。1962 年，各县恢复统一征购、统一销售、统一调拨、统一库存的管理体制。1965 年 10 月，各县执行中共中央批转国务院财贸办公室《关于稳定农民粮食负担，下苦功夫进一步做好粮食工作的意见》，全面调整粮食购销指标。1971 年 8 月，浙江省落实《中共中央关于继续实行征购任务一定五年的通知》文件精神，参照 1968—1970 年三年平均征购实绩，分配丽水地区一定五年征购基数 5850 万千克，比前三年均实绩 6107 万千克，减少 257 万千克，农村定销指标 1850 万千克。1973 年，丽水地区实行国内粮食收支平衡有节余政策，确定粮食征购计划 6800 万—7000 万千克。

1979 年，丽水地区征购任务调减到 4215 万千克，调减幅度 27.9%，减购面 86%；定销指标为 4350 万千克。1981 年，丽水地区粮食征购基数调减到 3750 万千克，其中稻谷集中产区的征购基数再次调减到 450 万千克。1982 年始，丽水地区实行新的粮食购、销、调包干办法，一定三年不变。丽水地区收购包干任务为 9500 万千克，比 1979 年增加 3000 万千克，其中征购基数 3750 万千克不变；农村定销从 4350 万千克调减到 3127 万千克。同时，丽水地区大幅度调整农副产品收购奖售政策和

① “三定”：定产、定购、定销。

各项生产补助粮。

合同定购　1985年4月1日,丽水地区取消粮食统购,改为合同定购,定购以外粮食可以自由上市。确定合同定购品种为小麦、玉米和稻谷,其余品种全部放开。同年,地区行政公署担心出现农民卖粮难和合同定购外的粮价低于定购价,向浙江省政府上报合同定购计划12500万千克,实际落实到户7867万千克。同年,丽水地区合同内收购粮食7676万千克。1986年,丽水地区把下达粮食合同定购任务计划数,由"合同定购任务书",调整为"定购任务通知单",确保完成定购(代购)任务。同年,丽水地区合同定购任务调整到9000万千克,国家委托代购任务1400万千克,农村定销任务3750万千克。同年,浙江省采取国家委托代购形式,安排换购生猪、鲜蛋用粮和基地造林、骨干苗圃等扶持产业结构调整用粮及山区以工代赈用粮,都由当地议价购入列为国家平价库存,转为平价供应。

1988年,浙江省对丽水地区实行购、销、调包干政策,一定3年不变,合同定购任务9000万千克,其中定购包干结算基数8300万千克,统销包干数9670万千克,包干调入1370万千克。1990年,从秋粮收购开始,国务院把粮食合同定购调整为国家定购,作为农民应尽义务,必须保证完成。1991年,国务院下发《关于进一步搞活农产品流通的通知》,规定粮食在保证完成国家定购任务前提下,长年放开经营;取消"大米由粮食部门统一收购,其他部门、单位和个人不得经营"规定。同年,省政府继续实行粮食购销调拨包干办法。1993年,国务院制定粮食收购采取保护价格措施,保护范围限于国家定购和专项储备粮食,保护价由国务院和省、自治区、直辖市人民政府制定。同年,全省收购计划为190000万千克,其中转为省、市、县三级储备100000万千克,丽水市收购计划为6500万千克。1996年,丽水地区定购任务6500万千克,其中农业税现粮1500万千克,调出950万千克,调入1425万千克。1997年,丽水地区定购任务6500万千克,调出500万千克,调入750万千克。

1998年,国务院制定《粮食收购条例》,实行粮食批发准入制,由县和县以上粮食局核发粮食批发经营资格证。2000年,省粮食局核减丽水市1999年定购任务考核基数120万千克。丽水市定购任务考核基数为1160万千克。2001年始,丽水市粮食定购调整为订单收购,由粮食收储企业与农户签订粮食收购订单,订单内按政府确定的收购价格收购,并享受政府补贴;订单外价格随行就市,如市场价低国家规定的最低保护价,按最低保护价收购。

议购议销　各县粮食议购议销业务始于1962年9月,由供销合作社经营。1963年9月1日起,省人民委员会决定粮食议购议销改归粮食部门经营。各县收购议价粮食94万千克。1964年9月起,各县对粮食议购实行限价,在规定的价格水平范围内随行就市,一般略低于市场价格。1963—1966年,丽水专区收购议价粮食418.5万千克。1967—1978年,各县个别年份收购议价粮食较多,如1970年议购441万千克;其他年份收购议价粮食很少,仅205万千克,其中1975—1977年无议购粮。

1980年始,各县相继建立粮油议购议销公司(也称粮油贸易公司),粮油交易所划归公司管理。同年,丽水地区执行粮食部《粮食和食用油料议购议销试行办法》,各粮油议购议销公司积极经营议价粮油,参于市场调节,随行就市,略低于市价,高进高出,略有利润。1983年始,丽水地区允许粮食多渠道经营,粮食部门发挥主渠道作用,组织外地省份大量议价粮,保证市场对议价粮的需求。1984年,丽水地区加速粮食转化,扩大粮食平转议销售,除完成平转议销售指标外,千方百计多销,实行不限计划、不限项目、不限对象供应,即在包干统销指标之外,凡需要扩大粮食消费的都可以通过平转议供应，并允许先销后转，按月统计比上一年度同期结报。同年，丽水地区平转议粮食38153万千克。1985年，丽水地区粮油议购议销公司与9个省（市）开展粮油贸易，年经营粮油2300多万千克，实现利润56.03万元。1986年，各县（市）部门和个人不得经营粮油贸易，确保完成国家定购任务。1989年，丽水地区粮食部门负责统一收购大米（稻谷）。1990年，丽水地区坚持常年开放集贸粮食市场，禁止私人从事粮食批发业务；允许大米在省际间地、市、县自行调剂。

居民粮食供应

农村粮食定销和生活安排　1953年11月，各县执行《中央人民政府政务院关于实行粮食的计划收购和计划供应的命令》，对农村除产粮缺粮生产队实行计划供应，供应点购粮。1954年1月1日起，各县实行“购粮券”制度，凭券定量供应，“三定”定销指标落实到户，分期分批发放证票，凭证票缴票，凭票供应。1972年，丽水地区规定产稻谷地区缺粮生产队人均口粮180千克；杂粮地区185千克以下予以定销。1993年4月1日起，全省全面放开粮食购销政策，取消农村缺粮人口粮食定销政策。

城镇粮食销售　1993年1月1日起，浙江省在全国率先全面放开粮食购销市场，粮食种植和收购不再是一种硬性任务，农民可以自行安排种植品种，粮食收购国有粮食部门通过合同形式与农民签订粮食收购订单，其他粮食经营企业（户）也可参与粮食市场收购。2010年，丽水市国有粮食企业收购粮食1231.7万千克。

第三节　油料与油脂购销

政　策

民国以前，丽水食用油实行自由购销。1953年11月15日，中共中央作出《关于在全国实行计划收购油料的决定》，结束全国自由收购食用油历史。对菜籽收购，省油脂公司曾规定采取定额统购办法，即按各农户生产菜籽数量确定留用标准，除每户或每人自留一定数量外，其余全部由国家收购。这种办法计算比较麻烦，实行过程中，多数县将菜籽和茶籽一样采取按比例收购，即在调查确定产量的基础上，确定一个统购比例，按比例收购。

1957年，各县油料收购调整为“比例留油，全购全销”，即全面控制加工，全部收籽，除少数油料留种外，全部由国家收购油料，国家再把油品和饼粕按一定比例退还给农民，保证国家尽可能多掌握油源。

1961—1963年，浙江省同地区、县实行食油差额包干政策，三年不变；食油品种包括菜籽、茶籽、棉籽、芝麻、花生5种。1961年，各县开始实行食用油料收购奖售政策，奖售棉布、粮食等品种。1971年，丽水地区实行食油统购包干任务一定五年不变，超购加价政策，即参照前期包干任务和实绩确定统购任务，对完成任务后出售的食油，实行加价奖励，超购加价幅度为菜油、茶油15%，棉籽10%，花生、芝麻30%。

1972年1月，丽水地区实行加价奖励政策，加价奖励没有食油统购任务生产队和社员个人零星出售油料（脂）。1973年2月，丽水地区食用油料（脂）超购加价幅度统一调整为30%。1977年，丽水地区除原粮奖售外，每收购茶油（茶籽按 25%折算）50 千克，增加奖售化肥 15 千克。1981 年，丽水地区再次调整茶籽（油）收购政策，把任务包干制调整为实行双轨制，统购价收购按实际投售量占 30%，按超购价收购占 70%，其中油菜籽按“倒二八”收购，即按统购价占 20%，超购价占 80%。1983 年，丽水地区计划内油菜籽按“倒四六”（40%按统购价，60%按超购价）收购，计划外收购部分按统购价作价。

1985 年，丽水地区食用油料（脂）实行合同定购，收购价格为“倒四六”（统购价 40%、超购价 60%）比例价。同年，丽水地区保留茶籽和菜油定购品种。20 世纪 90 年代后，丽水地区全面放开茶籽（油）收购政策，完全实行价格市场化。

经营活动

1953 年，各县实行计划收购油料的时候，因这种办法计算比较麻烦，在实行过程中，多数县将菜籽和茶籽一样采取按比例收购，即在调查确定产量的基础上，确定一个统购比例，按比例收购。同年，各县油料品种不同，统购比例不尽相同，其中茶籽统购比例丽水县 95%、青田县 75%、缙云县 60%；收购方法实行收籽为主，油籽兼收。1956 年，各县油料收购方法调整为收油为主，油籽兼收。

1957 年，各县油料收购“比例留油，全购全销”时，各县退油标准不一。其中青田县每收购茶籽50 千克，退油 2.75 千克。1959—1960 年，青田县调整留油比例标准，规定每收购茶籽 50 千克，退油1.75 千克；留油人均超过 2 千克者，在自愿的原则下少退部分留油；超额完成菜籽、茶籽、芝麻、花生等统购任务的，分品种单独计算奖励。其中超额完成任务 5%以内的，奖励超售部分总值的 5%；超额完成任务 5%—10%的，奖励超售部分总值的 8%；超额完成任务 10%以上的，奖励超售部分总值的 10%。

1961 年，各县贯彻“多产多得，少产少得”原则，鼓励各生产大队增产食油。开始实行以生产队为单位划分余缺油生产队，其中每年人均产油 1.5 千克以上为余油生产队，1.5 千克以下为缺油生产队。实行不同的购销政策，对余油生产队只购不销，对自给队与缺油生产队不购不销。1961—1963 年，各县调出食油总任务每年 61 万千克。1962 年，各县实际调出食油 58.1 万千克。1963 年，各县食油调出任务调减为 42.5 万千克。1971 年，丽水地区实行食油统购包干任务一定五年不变，超购加价的政策，即参照前期包干任务和实绩确定统购任务，对完成任务后出售的食油，实行加价奖励，超购加价幅度为茶油、茶油 15%，棉籽 10%，花生、芝麻 30%。同年，丽水地区丽水地区食油调出任务调减为 25 万千克；除上交省任务数 50 万千克，留给龙泉县 5 万千克，地区自留 2.5 万千克。

1977 年，丽水地区除原粮奖售外，每收购茶油（茶籽按 25%折算）50 千克，增加奖售化肥 15 千克。1979 年，丽水地区在调高购价的基础上，超购部分食用油料加价 50%。同年，丽水地区行政公署落实油茶产区口粮政策，规定人均提供商品油 5 千克以上的生产队，其口粮达到邻近余粮队水平；人均提供 5 千克以下的生产队，口粮不足的部分给予适当安排。同年，丽水地区茶籽收购 1122.5 万千克，创历史最高。

1982 年，丽水地区继续采用双轨制，按计划数收购，超出计划部分按统购价收购，但不能自行扩大加价收购数量，完成计划后实行加价收购。同年，丽水地区取消收购茶籽奖售成品粮政策，保留化肥奖售政策，奖售标准不变。1984 年，丽水地区茶籽（油）收购改双轨制为单轨制，取消计划内外之别，收购数量不封顶，油菜籽按“倒四六”比例价收购，茶籽按“倒三七”比例价收购。20 世纪 90 年代后，丽水地区全面取消茶籽（油）收购制度，实行市场经营。

第四节　粮油价格

粮食价格

1949年5月丽水解放初，丽水专区粮食市场受私商操纵，粮价波动较大。1949年10月中旬，丽水专区每50千克大米价格为1.03元。1955年3月起，改用人民币（1万元旧币等于1元人民币）。11月下旬，各县每50千克大米价格涨至63500元，上涨超过5倍。丽水国营贸易分公司稳定市场，低价抛售大米，打击投机商。1950年，丽水专区执行中央人民政府实施统一财经政策，财政收支趋向平衡，粮价逐步稳定。同期，中国粮食公司丽水支公司粮源充足，对市场起着调节作用，市价与收购价相仿。

统购统销价　国家实行粮食统购统销后，物价管理部门集中统一管理（少数品种由部、省管理）粮价，市场粮价只有在国家粮食市场中才得以体现。1955—1960年，各县粮食统购价格均作过小变动，有升有降，比价、品种差和地区差价趋向合理；粮食统销价格一般随统购价变动而变动，保持正常的购销差价。

1961年6月始，各县全面提高粮食统购价格。统销价格不变，第一次形成粮价购销倒佳。1963年9月，各县提高农村粮食统销价格，与农村粮食购价相同。1964年，丽水专区晚糯谷收购价格平均提高12.9%，其中青田县从每50千克9.8元提高到11元；丽水县、缙云县、遂昌县从每50千克（下同）9.7元提高到11元；云和县、龙泉县从每50千克9.7元提高到10.9元。10月起，各县糯谷收购价格不分对象（即不论城市、农村、行业），一律相应提高到与购价相同。1965年，丽水专区调高城镇粮食统销价格，与收购价格拉平；个别品种销价高于购价的，仍按原价执行。

1966年，丽水专区提高春粮上市统购价格，籼谷平均价格从每50千克8.1元提高到9.5元，糯谷从每50千克10.97元提高到12.6元。8月起，丽水专区调高粮食统销价格，粮食统销价格一律同统购价格拉平；各种成品粮统销价格，除面粉按小麦统购价格加工费、再多提1元上下外，都按照统购价格加加工费和同一折米率的原则进行安排。1967—1979年，丽水地区基本上没有调整主要粮食品种。1979年5月起，丽水地区全面提高粮食统购价格，幅度不低于17.5%，第二次形成粮价购销价格倒挂。后农村周转粮、借销粮、奖售粮、种子粮（不包括优良品种）、兑换粮、饲料粮、代队储备粮和过头粮退库等按新统购价作价。

1987年4月，丽水地区提高稻谷合同定购价格，按“倒三七”比例计算，调整后的定价格为，早籼谷每50千克12.45元、晚粳谷每50千克15.2元、晚糯谷每50千克17.8元。1989年4月起，丽水地区再次调整主要粮食品种的统购价格，调整后的价格分别为，早籼谷每50千克16.44元、晚籼（杂交）谷每50千克17.78元、早杂交谷每50千克17.04元、晚粳谷每50千克19.7元、晚糯谷每50千克23.48元、籼糯谷每50千克21.63元、玉米每50千克13.56元、小麦每50千克18.15元。7月起，丽水地区调整返销农村粮油价格，规定凡原按购销同价供应的粮食，执行调整后的定购价格，加适当费用，费用标准为原粮每50千克3元、成品粮每50千克4.2元；凡原按统购价供应的粮食，执行调整后的统购价；凡原按统销价供应的粮食，价格不变。1987年，丽水地区规定对常年供应国家蔬菜的专业菜队口粮，粮食调价时，未提价的，此次仍不提价；按比例供应口粮的对象，加收费用标准，也按上述规定执行。

1991年，丽水地区执行国家统销政策，提高粮食统销价格。1992年3月，丽水地区执行国务院粮食统销价格，口粮和军供粮实行购销同价。1993年，丽水地区执行国家定购和专项储备粮食保护价格制度。1993年12月，地区粮食局对早籼米和菜油实行最高限价，标一早籼米最高价为每50千克70元，菜油每50千克370元。1994年春节后，经省物价局批复同意，丽水地区菜油价格突破原来定价，菜油销售价调整为每50千克400元。1994年，丽水地区执行省政府制定定购政策，定购任务内的粮食收购价为早籼稻为每50千克44元，价外加价不变、晚籼稻每50千克53元、晚粳稻为每50千克54元、小麦为每50千克51元、玉米为每50千克46元。龙泉市、庆元县与福建省毗邻，稻谷收购价向上浮动10%左右。1995年，省政府制定定购粮食收购价，早籼谷为每500千克60元、晚籼谷为每50千克72元、玉米为每50千克62元。同年，省物价局和粮食局批复丽水市（县级）区粮食销售价格，标一早籼米销价为每50千克116元、标一晚籼米销价为每50千克134元。

1996年，省政府规定粮食定购价，早籼谷为每50千克64.26元、晚籼谷为每500千克74.26元、晚粳谷为每50千克79.26元，价外补贴为3.74元。同时调整定购粮销售价格，明确按“谁用粮、谁负担”原则，原粮价外补贴为每50千克3.74元，由各级政府财政承担，不得计入销售价格。后丽水地区大米零售价与市场价比较接近，品种和质量比不上市场粮食，国有粮食企业限价粮销量大幅下降。1997年始，丽水地区粮食主管部门没有制定粮食销售价格，国有粮站基本上不再供应限价粮，粮食价格根据市场供需来确定和调节。1999年，全省早稻谷库存过大，调低保护价，确定为每50千克51元，价外补贴提高到6元；具体收购价由各市、县政府确定。油菜籽收购价由各地自行定价。

2000年始，国务院决定南方地区早稻谷退出保护价收购范围。早稻是浙江省主打粮食品种，省政府仍保留早、晚稻谷的保护价政策，当年确定最低保护价为42元，价外补贴10元。丽水市落实浙江省政府政策规定，晚稻谷保护价定为每50千克56元，晚粳谷为每50千克60元；顶抵定购任务的晚稻谷继续实行价外补贴政策，标准为不高于3元。

2001年始，国家实行粮食收购订单制，省政府只制定省级储备粮收购价格和价外补贴政策。丽水市参照省级储备收购价格和价外补贴政策，确定收购价格和价外补贴政策。2010年，丽水市主要粮食品种最低收购价提高幅度明显减小。其中，早稻谷每千克1.86元，晚稻谷每千克1.94元，比2009年分别提高0.06元和0.1元；省级储备早稻谷（包括订单交售水稻种子）的订单奖励标准为种粮大户、粮食专业合作社社员每千克0.4元，最高每亩140元；一般农户每千克0.2元，最高每亩70元，全市订单内收购稻谷奖励仍按此政策执行。11月，全国粮食价格普遍上涨，影响粮食收购任务。庆元县市场管理到位，措施得力，完成晚稻收购计划；莲都区和龙泉市没有完成晚稻收购计划。

1954—1990年丽水地区粮食统购价格一览

表16-1-4-1　　单位：元/50千克

年　份	早籼谷	晚粳谷	晚糯谷	小麦	玉米	大麦	大豆	薯干
1954	6.10	7.90	8.20	8.50	6.60	6.20	11.20	5.20
1955	6.10	7.60	7.70	8.40	6.70	6.10	11.10	5.26
1956	6.30	7.60	8.10	8.10	6.70	5.90	11.30	5.90

续表 16-1-4-1

年　份	早籼谷	晚粳谷	晚糯谷	小麦	玉米	大麦	大豆	薯干
1957—1958	6.30	7.60	8.50	8.10	6.70	5.90	13.10	6.00
1959	6.30	7.50	8.50	8.10	6.70	5.90	13.10	6.00
1960	6.50	7.60	8.50	9.00	6.70	5.90	13.10	7.20
1961	8.10	9.50	9.70	11.30	8.50	7.60	15.00	8.80
1962	8.10	9.50	9.70	11.30	8.50	7.60	15.00	8.70
1963	8.10	9.50	9.70	11.30	8.50	7.60	15.00	80.00
1964—1965	8.10	9.50	11.00	11.30	8.50	7.60	15.00	8.00
1966—1977	9.50	11.30	12.60	13.00	9.60	8.80	15.80	9.10
1978	9.50	11.30	12.60	13.00	9.60	8.80	20.00	9.10
1979—1980	11.55	13.40	15.50	15.70	11.60	10.60	23.50	10.80
1981—1983	11.56	13.40	15.50	15.70	11.60	10.60	35.50	10.80
1984	11.56	13.40	14.50	15.70	11.60	11.20	35.50	10.80
1985—1986	11.56	13.40	15.50	15.70	11.60	—	—	—
1987	12.45	15.20	17.80	15.70	11.60	—	—	—
1988	12.45	15.20	17.80	17.00	12.80	—	—	—
1989—1990	16.44	19.70	23.48	18.15	13.56	—	—	—

1954—1992年丽水地区粮食统销价格一览

表 16-1-4-2　　单位：元/50千克

年　份	籼 米（标二）	粳 米（标二）	糯 米（标二）	标准粉	大麦	大豆	玉米	薯干
1954	9.55	13.80	14.70	17.50	7.60	13.70	8.30	5.50
1955	9.55	13.60	14.30	18.70	7.60	13.70	8.70	5.80
1956	9.80	13.60	14.30	18.70	7.60	13.70	8.70	8.30
1957	9.80	13.60	15.10	17.00	7.60	15.20	8.70	8.30
1958—1959	9.80	13.60	15.10	17.00	7.40	15.20	8.70	8.30
1960—1963	9.80	13.60	15.10	17.00	7.40	15.20	8.70	9.00
1964	9.80	13.60	16.60	17.00	7.40	15.20	8.70	9.00
1965	13.60	13.60	16.60	17.00	8.00	15.20	8.70	9.00
1966—1971	13.60	15.70	18.10	17.00	8.70	16.00	9.60	9.00
1972—1978	13.60	15.70	18.10	17.00	8.70	16.00	9.60	9.00
1979—1984	13.60	15.70	18.10	17.00	9.30	16.00	9.60	9.00
1985—1990	13.60	15.70	18.10	17.00	9.30	16.00	—	—
1991	25.00	29.00	34.00	27.00	17.00	37.00	16.00	16.50
1992	36.00	45.00	—	39.00	—	—	—	—

1993—1996年丽水地区粮食限价销售价格一览

表16-1-4-3　　单位：元/50千克

年　份	早籼谷	晚籼谷	面粉
1993	70	—	—
1994	82	95	101
1995	116	134	101
1996	126	141	101

食用油价格

1950年6月，丽水专区茶油、菜油平均收购价格分别为每50千克32.4和33.3万元（旧人民币）。后丽水专区收购价根据市场供求状况及时调整，购销差率4%—6%。1953年12月中旬，各县茶油收购价格与毗邻地区衔接，收购价格提高到50千克42.2万元。1954年，各县执行国家茶油收购政策规定，规定凡公司经营的油脂商，私商依照国营牌价出售。同年，各县油料油脂货源充足，价格趋于平稳。1961年夏收开始，各县提高油脂油料统购价格。5月起，各县提高油脂的统销价格，茶油(料)等油脂(料)9种购销价格有调整。1971年，丽水地区部分食用油(料)统购价格大幅度上调，其中茶油价格24.5%、芝麻价格31.3%、花生价格26.7%、油菜籽价格19.2%、净棉油价格9.9%。

1978年，丽水地区第二次提高茶油(籽)统购价格，茶油(籽)统购价格从每50千克90元调整至108元。1979年，丽水地区提高食用植物油统购价格，平均调整幅度24.4%。

1985年4月起，丽水地区茶油(籽)、菜油(籽)按"倒四六"比例收购，即原统购价40%，原超购价60%。

1956—1992年丽水地区食用油脂购销价格一览

表16-1-4-4　　单位：元/50千克

年　份	茶油		菜油		豆油		麻油(大车)	
	统购	统销	统购	统销	统购	统销	统购	统销
1956	48.90	—	46.80	—	—	—	51.00	—
1957	48.90	—	52.30	—	—	—	57.00	—
1958	48.90	—	52.30	—	—	—	57.00	—
1959	53.00	—	52.30	—	—	—	—	—
1960	65.00	—	65.50	—	—	—	—	—
1961	71.50	82.00	65.50	71.00	64.20	77.00	68.00	81.00
1962	71.50	82.00	65.50	71.00	64.70	77.00	68.00	81.00
1963	71.50	82.00	65.50	71.00	64.70	77.00	68.00	81.00
1964	71.50	85.00	65.50	71.00	64.70	77.00	68.00	81.00
1965	71.50	85.00	65.50	71.00	64.70	77.00	68.00	81.00

续表 16-1-4-4

年　份	茶油		菜油		豆油		麻油(大车)	
	统购	统销	统购	统销	统购	统销	统购	统销
1966	71.50	85.00	65.50	76.00	64.70	80.00	68.00	87.00
1967	71.50	85.00	65.50	76.00	64.70	80.00	68.00	87.00
1968	71.50	85.00	65.50	76.00	64.70	80.00	68.00	87.00
1969	71.50	85.00	65.50	76.00	64.70	80.00	68.00	87.00
1970	71.50	85.00	65.50	76.00	64.70	80.00	68.00	87.00
1971	90.00	85.00	65.50	76.00	64.70	80.00	68.00	87.00
1972	90.00	85.00	83.00	76.00	90.00	80.00	92.00	87.00
1973	90.00	85.00	83.00	76.00	90.00	80.00	92.00	87.00
1974	90.00	85.00	83.00	76.00	90.00	80.00	92.00	87.00
1975	90.00	85.00	83.00	76.00	90.00	80.00	92.00	87.00
1976	90.00	85.00	83.00	76.00	90.00	80.00	92.00	87.00
1977	90.00	85.00	83.00	76.00	90.00	80.00	92.00	87.00
1978	118.00	85.00	83.00	76.00	90.00	80.00	92.00	87.00
1979	118.00	85.00	106.00	76.00	116.00	80.00	120.00	87.00
1980	118.00	85.00	106.00	76.00	116.00	80.00	120.00	87.00
1981	118.00	85.00	106.00	76.00	116.00	80.00	120.00	87.00
1982	118.00	85.00	106.00	76.00	116.00	80.00	120.00	87.00
1983	118.00	85.00	106.00	76.00	116.00	80.00	120.00	87.00
1984	118.00	85.00	106.00	76.00	165.00	80.00	120.00	87.00
1985	153.10	85.00	138.00	76.00	165.00	80.00	120.00	87.00
1986	153.10	85.00	138.00	76.00	165.00	80.00	120.00	87.00
1987	153.10	85.00	138.00	76.00	165.00	80.00	120.00	87.00
1988	177.00	85.00	148.40	76.00	165.00	80.00	120.00	87.00
1989	188.70	85.00	158.40	76.00	165.00	80.00	120.00	87.00
1990	235.00	85.00	207.40	76.00	—	80.00	—	87.00
1991	235.00	85.00	207.40	76.00	—	—	—	—
1992	235.00	85.00	207.40	76.00	—	—	—	—

1993 年，丽水地区全面放开粮食市场，对国有粮食企业供应的菜油实行限价供应，菜油价格为 7.2 元/千克。1994 年，丽水地区菜油价格调整为 8 元/千克。后丽水地区粮食部门再没制定限价政策，菜油供应价格基本与市场持平。

第二章　副食品贸易

近代，丽水副食品商业规模小，但品类齐全。牛、猪、鸡、鸭、鹅、蛋均有行市，同时出现酱油、醋、腌菜等调味品商铺和酒店。民国时期，丽水酒馆遍布城郊。

1949 年 5 月丽水解放后，政府加强副食品生产和供应。1956 年，各县副食品公司成立，对肉、禽、蛋实行一条龙式管理，对所有经营部和流动摊贩进行社会主义改造调整布局，归口到国营统一核算网点。由于统得过死，核算店过粗过大、网点减少，群众购买不便，职工积极性也不高。1959—1961 年，国家三年困难时期，各县采取奖、购、换购等灵活性的收购办法，调动农民的养殖和交货积极性。1962 年，各县根据“八字方针”[①]进行调整，供应上采取“统筹兼顾、确保重点、照顾特需、安排一般”的政策规定，凭票限量供应。

20 世纪 60 年代后期，丽水副食品市场受到严重冲击，供应紧张。丽水地区采取统一协调，扶持禽畜繁殖，落实饲养收购政策，缓解供需矛盾。1984 年始，丽水农村实行经济体制改革，农副产品生产空前发展，副食品市场逐步放开，地区副食品公司也由职能型公司向经营型公司过渡。同期，又兴办政府“菜篮子工程”，以确保副食品供应。随着改革开放的深入，副食品货源日趋充足。截至 2010 年，国内外各类副食品，在丽水市场上均有供应。

第一节　肉禽蛋与蔬菜购销

肉禽蛋购销

清至民国时期，丽水肉禽蛋购销多为个体经营，但大多不成规模。1949 年，丽水肉铺组建猪肉合营处。1950 年，丽水专区基层供销社供应少量鲜猪肉。1953 年，各县国营商业开始经营生猪。1956 年，各县食品公司成立，统一经营肉禽蛋及其制品。1958 年，取消各县食品公司统一经营肉禽蛋及其制品。1960 年，各县实行卖猪留肉，凭票供应，猪肉供应紧张。1963 年，各县食品公司恢复经营主要产区肉禽蛋。1964 年 5 月，丽水专区实行猪肉平价供应。1976 年，丽水地区猪肉供应偏紧，恢复卖猪留肉和凭票供应办法。1979—1980 年，丽水地区建立省级菜牛基地 127 个、存栏菜牛 7928 头，菜羊基地 20 个。

① 八字方针：调整、巩固、充实、提高。

20 世纪 80 年代，丽水地区实行肉禽蛋及其制品交易市场化，丽水地区肉禽蛋及其制品大多由个体工商户私营户经营，政府经济部门只负责监管规划经营活动。1980 年，丽水地区恢复猪肉供应，收购生猪 30.06 万头。1984 年，实行饲料换蛋。10 月，丽水地区城镇猪肉凭票定量供应。1985 年 4 月，丽水地区取消生猪派购。同年，省政府调节市场，安排平价饲料换购生猪。1988 年，丽水市、云和县、缙云县、遂昌县、松阳县被列为省商品猪基地，年计划销售商品猪 4 万头。1996 年，丽水地区生猪存栏 100.98 万头，年内出栏 82.39 万头；牛存栏 101997 头；羊存栏 483 万只；家禽存栏 363 万只，出栏 358.82 万只，出售和自宰的禽畜肉 7776.5 万千克，其中猪肉 7125.6 万千克。1998 年，丽水地区肉类总产 7118.4 万千克，其中猪肉 6370.2 万千克，禽蛋产量 572.5 万千克。2000 年，丽水市畜禽规模饲养场户增多，其中猪年出栏 50 头以上的饲养场户 792 户，出栏 14.2 万头。同比饲养场户数增 71.43%，出栏数增 73.38%。

2002 年，丽水市猪肉产量占肉类产量比重开始下降，从 2001 年的 80.97%下降到 76.64%；牛、羊、兔等食草动物肉产量比重开始上升，从 2001 年 3.63%上升到 3.93%；禽肉产量比重也开始上升，从 2001 年的 15.28%上升到 18.74%。2004 年，丽水市发生禽流感，禽业遭受重大打击，但畜牧业发展势头良好，畜牧业产值 10.1 亿元，比上年增长 8.6%。2007 年，丽水市开展猪肉产品质量卫生安全执法检查。2008 年，丽水市实现畜牧业产值 13.38 亿元，比上年增长 12.34%。2009 年，丽水市肉类产量 9.23 万千克，其中禽肉产量 2220 万千克；畜牧业产值 15.58 亿元，跃居全市农林牧渔业产值的第二位。2010 年，丽水市建立原生态养殖基地 163 家，家畜存栏 2.7 万头，家禽存栏 22 万只；肉类产量 8730 万千克，其中猪肉产量 6160 万千克，增长 2.9%；禽蛋产量 1450 万千克，分别增长 5.5%和 1.33%。绿园禽业、新三和、青田县畜禽产业协会为龙头企业。

若干年份丽水市畜禽肉、蛋、水产销售一览

表 16-2-1-1

年　份	生猪年底存栏数（万头）	畜禽肉（万千克）	禽蛋（千克）	水产品（千克）
1995	103.60	79168	5892	5950
2000	89.98	71774	6445	10683
2005	71.57	81062	7894	16882
2008	51.65	87552	7614	20792
2009	55.50	87403	8174	18849
2010	57.33	87333	8824	19703

蔬菜购销

民国 25 年（1936），龙泉县城十井头菜市场成立。民国 31 年 10 月，云和县箬溪镇和南溪乡特约农户栽种蔬菜 6.67 公顷。民国 32 年，云和县箬溪镇郑家天井设立小菜场，解决浙江省政府机关吃菜问题。1949 年 5 月丽水解放后，丽水专区菜农以自产自销为主。1952 年，青田县鹤城镇个体菜贩 39 人。1956 年，丽水县城关公社建立蔬菜专业大队，蔬菜基地 21.33 公顷。1964 年始，各县相继成立国营蔬菜经营机构，建立蔬菜基地。1965 年，各县蔬菜基地 76.33 公顷。1980 年，云和县梅源乡海拔

600米以上高山夏菜试种成功。

1985年，丽水地区蔬菜产销全面放开，实行市场调节。1988年，丽水地区国营蔬（果）菜公司经营网店16个，高山蔬菜基地57.27公顷。1990年，丽水地区蔬菜产量37.27万千克，高山蔬菜基地166.47公顷。1995年，丽水地区蔬菜产量50.5万千克。1997年，丽水地区蔬菜大丰收，蔬菜播种面积2.8万公顷。1998年，丽水地区规模经营和蔬菜加工有所发展，蔬菜播种面积23360公顷，产量66980万千克，比上年增长14.4%；加工销售腌渍蔬菜810万千克；规模经营农产龙头企业19家。2000年，丽水市蔬菜播种面积2.85万公顷，产量83300万千克；销售蔬菜19700万千克，产值6.82亿元，其中加工销售腌渍蔬菜1500千克，加工销售野生菜11.9万千克，试生产休闲食品型蔬菜加工品0.08万千克。2003年，丽水市新成立蔬菜产业合作社17个，商品菜销售比上年增长19.66%。2004年，丽水市蔬菜生产、加工、销售龙头企业15家，新成立蔬菜产业合作社26个；蔬菜品种21个，丽水茭白、豇豆、四季豆、蚕豌豆、菜用毛豆等运销上海、南京、杭州、宁波等地。2005年，丽水市蔬菜产量110070万千克。

2006年，丽水市加快蔬菜的生产基地建设，拓宽农产品收购、加工、包装及营销工作，建立乡镇、村级蔬菜协会和蔬菜合作社60多个，从事蔬菜运销的农民1000多。2008年，丽水市蔬菜产量111660万千克。2009年，丽水市初步形成蔬菜生产豆类蔬菜产业块、瓜果类蔬菜产业块、水生蔬菜产业块。经营0.67公顷以上的蔬菜专业大户621家，蔬菜大棚5个以上经营户347家，涌现出缙云的大科技园、缙云县天野生态有限公司、景宁大自然食品有限公司等市县级蔬菜龙头企业；蔬菜良种覆盖率95%以上，蔬菜产量109260万千克；丽水市山地蔬菜被列入《浙江省区域优势农产品发展规划》。2010年，丽水市蔬菜播种面积4.49万公顷，蔬菜产量117040万千克，蔬菜产值17.65亿元；建立蔬菜专业村11个；市级蔬菜标准化基地12个。

1978—1990年丽水地区蔬菜基地面积和国营蔬菜商店经营情况一览

表16-2-1-2

年份	蔬菜基地（公顷）	地产菜收购（万千克）	县市外调入（万千克）	销售鲜菜（万千克）	收购混合价格（元/万千克）	销售混合价格（元/万千克）	经营亏损（万元）	财政补贴（万元）
1978	112.54	677.67	—	—	754.00	—	—	—
1979	107.73	796.03	—	—	746.00	878.00	2.20	—
1980	117.47	894.47	50.33	919.79	852.00	1006.00	3.10	—
1981	114.80	716.50	68.60	762.24	824.00	970.00	8.40	—
1982	158.60	862.64	69.16	904.66	802.00	948.00	15.50	—
1983	163.40	531.50	93.13	612.38	1168.00	1374.00	15.40	—
1984	163.20	783.29	97.32	868.01	944.00	1146.00	21.70	20.50
1985	159.73	224.38	121.33	341.09	1612.00	1918.00	15.50	16.30
1986	159.40	293.19	173.23	443.67	1850.00	201.80	20.20	24.60
1987	1185.73	305.94	177.82	444.99	2586.00	2738.00	24.70	27.40
1988	274.53	368.76	190.49	558.55	2940.00	3224.00	26.30	32.40

续表 16-2-1-2

年　份	蔬菜基地（公顷）	地产菜收 购（万千克）	县市外调入（万千克）	销售鲜菜（万千克）	收购混合价格（元/万千克）	销售混合价格（元/万千克）	经 营亏 损（万元）	财 政补 贴（万元）
1989	279.60	461.90	119.48	578.97	3204.00	3622.00	30.30	36.00
1990	296.07	466.89	80.48	511.45	2756.00	3116.00	32.60	35.50

说明：1991 年起产销全面放开，实行市场调节，国营蔬菜商店经营不再存在，因此 1991 年后国营蔬菜商店情况不作统计

第二节　水产品购销

经营单位

民国时期，丽水城区有春记、公记等水产行 10 家，批发销售温州咸水鱼。1949 年中华人民共和国成立后，丽水专区水产品归国营商业经营。1979 年，丽水县水产公司成立，下设门市部 3 个。1984 年始，丽水地区水产品大多由个体工商户经营。

经营活动

1997 年，丽水地区淡水产品产量 7529 千克，比上年增 85.9 万千克；淡水捕捞产量 51.2 万千克，比上年增 0.4 万千克；渔业产值 7155 万元，比上年增 55.57%。2000 年，丽水市淡水养殖面积 28493 公顷。其中稻田养鱼成为全市渔业发展的一个主要增长点，稻田养鱼 1394.6 公顷，比上年增 18.5%；产量 419.9 万千克，增长 31.3%；稻田养鱼产量占全市渔业产量的 39.31%。2006 年，丽水市淡水养殖面积 9237 公顷，水产品产量 1768.6 万千克；渔业经济产值 3.29 亿元，增加值 9209.41 万元。其中渔业养捕产值 2.12 亿元，比上年增长 7%，增加值 6447.91 万元；网箱养鱼面积 6.3 万平方米，产量 314.8 万千克，比上年增长 21%。2010 年，淡水养殖面积 14141 公顷，增加 52 公顷；水产品产量 19703 千克，增长 4.53%；渔业产值 4.17 亿元，增加值 1.21 亿元，比上年增长 22.94%，其中，渔业养捕产值 2.83 亿元，出口产值 247 万美元。

第三节　糖烟酒购销

经营单位

1950 年，食糖由各县百货公司经营。1958 年，各县烟酒专卖公司并入食品副食品公司。1963 年，丽水专区国营商业部门统一经营食糖议价购销业务。1969 年 9 月，丽水地区生产土产食品服务站成立，下设食品副食品组，经营糖酒商品。1973 年，地区食品副食品公司成立，负责计划调拨卷烟、酒类、食糖。1981 年 4 月，丽水地区糖烟酒菜公司建立，负责糖烟酒菜批发业务。1985 年 8 月，丽水地

区糖烟酒菜公司更名丽水糖烟酒菜批发公司。1986 年 7 月，丽水烟草分公司成立，各县(市)卷烟业务相继划归丽水烟草分公司经营。1988 年，丽水糖烟酒菜批发公司更名丽水糖酒菜采购供应站。

经营活动

1966 年，各县白糖销量占食糖 29%。1973 年，地区食品副食品公司实现糖烟酒销售金额 2292 万元。

1978 年 12 月中共十一届三中全会后，丽水地区白糖销量占食糖 77%，白酒销量增长大于黄酒。1985 年 8 月，丽水糖烟酒菜批发公司年销售金额糖烟酒 4047 万元。1990 年，丽水地区糖酒菜系统职工 598 人，销售金额 7973.5 万元，利润 95.2 万元。1997 年，丽水地区糖酒菜系统建立批发零售网点 6 个，从业人员 10 万人，社会消费品销售 42.62 亿元，比 1978 年增长 18.2 倍。2004 年丽水市第一次经济普查年鉴载：2004 年，“白酒(折 96 度)销售 826 千升，销售金额 407.6 万元；其中液态法白酒销售 347 千升，销售金额为 225.6 万元。熟啤酒销售 131320 千升，销售金额 18483 万元；生啤酒销售 6157 千升，销售金额 706.6 万元。黄酒销售 6849 千升，销售金额为 1469.9 万元。果酒销售 71 千升，销售金额 36 万元”。

2007 年，丽水市加强酒类市场监管工作，全面实施《酒类流通随附单》制度，完成规模以上酒类经营企业备案登记工作 100 家。据 2008 年丽水市第二次经济普查年鉴载，2008 年，“共销售饮料酒 230489 千升，销售金额 37878 万元。其中销售白酒(65 度)1295 千升，销售金额 634 万元；啤酒销售 224717 千升，销售金额 35199 万元；黄酒销售 4198 升，销售金额 1735 万元”。2010 年，丽水市限额以上批发零售贸易业销售金额比重上升，其中食品饮料烟酒类比上年增长 28.3%。

第四节　食盐专卖

机　构

民国时期，丽水城区食盐由政府专卖，供私商批购。1950 年，丽水专区盐管站专营食盐。1956 年，食盐由各县糖果公司专营。1964 年，各县糖烟酒公司经营食盐业务。1966 年 1 月，各县糖烟酒公司并入食品公司。1966 年 4 月，中国盐业公司丽水批发站成立，专营食盐。后又撤销，经营业务归食品公司。

1995 年，丽水地区设立盐务管理局县(市)4 个，盐业公司 9 家。2004 年，浙江省盐业集团丽水市盐业有限公司成立，属国有独资企业，执行国家指令性计划，专营食盐由省盐业集团公司下达每年的年度计划，由市分计划给各县。地市一级主要负责城区的食盐专营和行业管理工作，县和县级市负责各自辖区的食盐专营和行业管理工作。2005 年始，浙江省盐业集团丽水市盐业有限公司一直严格执行国家指令性计划。

经营活动

民国时期，丽水城区食盐供私商批购，盐店 40 多家。1956 年，各县糖果公司成立，食盐买卖纳入国家计划。1995 年，丽水地区盐业公司调入计划食盐 1736.4 万千克，完成计划 118.1%；年销售 1690.9 万千克，完成计划 115%。同年 4 月，召开丽水地区盐业、盐政会议，部署实行统一小包装供应碘盐。8 月底，丽水地区开展检查，加碘普及率 100%，碘盐合格率 96%。1998 年，丽水地区加强食盐专营工作，理顺食盐销售网络，落实各转批点责任，核发转批许可证 35 份，零售许可证 7000 份；购进食盐 1634.3 万千克（其中省外调剂工业精细盐 272.6 万千克），完成省盐业公司计划的 112.22%；销售食盐 16826 万千克（其中省外调剂工业精细盐 274.1 万千克），完成计划的 117.41%。

2005 年始，浙江省盐业集团丽水市盐业有限公司严格执行国家指令性计划。2010 年，丽水市下达年度计划 1540.9 万千克，实际销售 17591 万千克，完成年度计划 114%。

第三章　日用工业品购销

日用工业品在丽水商品流通占有举足轻重地位。1949 年 5 月丽水解放，中国人民解放军丽水专区军事管制委员会组建国营丽水贸易分公司，实行统一经营、统一管理、统一核算，一方面从产地调运和采购货源，一方面平抑市场物价，惩治投机商人非法活动。同年，各县成立一批消费合作社，经营日用品零售业务，成为当时国营商业的补充。1952 年，国营丽水贸易分公司成立，按上级单位批准的商品流转计划进行购、销、调、存活动，年终核算盈亏。1954 年 9 月，各县执行中央政务院颁布的命令，实行棉布统购统销，城乡居民凭每年定量发给的布票购买棉布及棉布制品。1958 年开始，受“大跃进”影响，各县城乡商业管理体制实行政企业合一，削弱国营商业的职能。同期，各县城乡经营日用工业品零售的供销社升格为全民经济，合作商店和合作小组，有的“一步登天”并入国营商业，未并入的也比照国营商业各项制度经营管理，原来多劳多得的内部分配制度改为固定工资制，原来“早开门、迟打烊”的便民传统和勤俭经商的特色全部消失。大批商业网点撤并，商品流通渠道单一，造成日用品购买不便，供应日趋紧张。

1961—1965 年国民经济调整时期，各县日用品商业部门执行“调整、巩固、充实、提高”八字方针，一面调整和增加商业网点，一面积极组织货源，改善日用品供应。经过几年的努力和调整，各县工农业生产有好转，市场供求矛盾逐步缓和。1966—1976 年，丽水市场出现混乱，日用品供应长期紧张，商业服务质量普遍下降，但商业部门职工坚守岗位，开门营业，并千方百计组织货源，供应居民生活需要。

1978 年中共十一届三中全会后，丽水地区流通领域改革从商品流通体制改革和商业企业管理体制改革两个方面展开。1979 年始，丽水地区打破国有商业统收统支吃“大锅饭”的局面。1983 年，丽水地区正式推行利改税（以税代利），把国家和企业分配关系稳定下来。同年，丽水行署进一步下放权力，为政企分开创造条件，使企业成为市场自主经营的主体，同时实行地属主要商业企业实行

“经理负责制”“经营承包责任制”。在企业内部普遍实行指标分解、层层承包，职工分配也由固定工资改为基本工资加奖励。与此同时，丽水地区积极鼓励、引导私营、个体和其他非公有制经济的发展，丽水地区开辟多处小商品市场。20 世纪 90 年代，丽水地区商品市场起显著变化，所有商品均敞开供应，从此告别商品长期凭票供应的时代，日用工业品行业进入一个稳定繁荣发展时期。

1992 年，丽水行署制定工业经营、物价、用工、分配“四放开”政策。国有日用品批发企业在“四放开”启动下，改变过去大而全的粗放经营理念和策略，树立起以市场为导向、以效益为中心的经营理念，采取专而精的经营策略，走专项商品规模经营承包、扩大市场占有率的路子。国有商业企业内部普遍推行全员劳动合同制、干部聘用制、内部待岗制和在岗、试岗、待岗的“三制”“三岗”制度，实现干部能上能下，干部、职工能进能出，打破“铁饭碗”。在分配上实行劳效挂钩，并向效益高、工作难度大的岗位和一线人员倾斜，拉开分配档次。同时，加快产权制度改革，促使企业快速发展，股份制企业不断崛起。

第一节　针织品与纺织品

机　构

1949 年 8 月，国营丽水贸易分公司成立，负责经营棉布。1950 年，丽水百货、花纱布支公司成立，各县百货经营机构相继建立。1952 年 2 月，丽水百货、花纱布支公司合并，更名丽水县百货公司。1978 年中共十一届三中全会后，实行市场经济体制，全部放开棉布和针纺织品，实行市场调节，私营商店也直接参与棉布和针纺织品经营。

经营活动

清光绪二十六年(1900)，云和县定兴花边厂成立，生产台布、桌围、门帘、窗帘、帐帘等产品，远销日本及南洋各国。民国时期，青田县鹤城镇有布店 13 家。1949 年，中华人民共和国成立初，棉布百货由私营绸布、杂货、广货店经营。1952 年 2 月，丽水县百货系统批发销售金额 1006.99 万元。1954 年 9 月，棉、布实行统购购销。丽水百货公司下设棉布和针纺织品组，按国家计划进行棉布和针纺织品供应。20 世纪 50 年代开始，凭票购买棉布类纺织品。后取消针织品与纺织品票证，敞开供应。

1997 年，丽水地区国家投资基本建设 3000 多万元，新增营业面积 4000 多平方米。其中丽水购物中心二期(东北区)棉布服装市场，总投资 700 万元，营业面积 2000 平方米，店铺 110 间。丽水购物中心西北区与东北区相连接，形成丽水市最大的棉布服装中心。

第二节　百　　货

1949 年，青田县鹤城镇有百货店 5 家。1957 年，各县百货批发销售金额 1395 万元。1964 年始，丽水专区逐步实行跨行业、跨地区进货。1965 年，国营商业与供销社百货经营实行城乡分工，丽水专区批发销售金额 2337.1 万元。1969 年 8 月，丽水地区日用工业品服务站建立。1970 年，各县百货公司经营产品相继划归服务站统一经营。1971 年，省二级站管理体制下放地区。1972 年，丽水地区百货公司成立。1973 年，丽水地区百货公司收归省百货公司管理。1975 年，煤炭、石油划归丽水地区燃料公司经营。1978 年，丽水地区百货批发销售金额 8653.5 万元。

1980 年 5 月，丽水地区取消工业品包购包销，采取统购统销、计划收购、订购、选购四种办法。丽水地区土畜产日用工业品公司成立，开展家电、纺织品、百货、日用杂品批发业务。1983 年，丽水地区百货公司与丽水金笔厂建立联合销售部。同年 11 月，丽水地区百货公司管理权下放，归地区商业局领导。1984 年，地区百货公司与丽水毛巾厂、丽水县第二塑料厂、塑料总厂、化工厂实行工商联营联销。1985 年 8 月，地区百货公司更名丽水百货批发公司。1988 年 1 月，丽水百货批发公司再次更名丽水百货采购供应站，职工 893 人，批发销售金额 15765.7 万元。1990 年，丽水百货采购供应站职工 849 人，批发销售金额 9789.2 万元，亏损 185.51 万元。1995 年年底，丽水百货采购供应站设立批发零售网店 5.09 万个，从业人员 8.67 万人；商品购进总额 5.97 亿元，比上年增长 10.8%；商品销售总额 6.2 亿元，增长 12%；上缴财政 989.5 万元，增长 36.5%。

1997 年，丽水地区国有商业系统大面积亏损，除丽水市（县级）、缙云县国有商业系统实现盈利外，其他 7 个县（市）和地区本级均亏损，亏损额 1671.5 万元，其中地区本级企业由盈转亏，亏损 533.2 万元。同年，丽水市百货大楼与杭州解百集团股份有限公司合作，实现连锁经营。2003 年，丽水市百货大楼有限公司实现销售总额 1.14 亿元，实现利润 83.01 万元，完成计划 60 万元利润指标的 138.35%。

2005 年，丽水市推进挂牌放心示范商店工作，推行“一村一店”行动，全市应建行政村 2376 个，完成省工商局年度任务 951 家，市政府年度任务 800 家，实际完成挂牌放心示范商店 1074 家，占应建村总数的 45.2%；完成省工商局年度任务的 112.93%，市政府年度任务的 134.25%。2006 年，丽水市实现社会消费品销售 145.65 亿元，比上年增长 13.7%；完成商品成交总额 114.3 亿元，比上年增长 5.3%，其中商品交易市场 131 个，成交额超亿元市场 6 个，超 10 亿元市场 3 个。

2006 年，商务部启动“万村千镇市场工程”。丽水市万客隆商贸有限公司等企业 8 家申报商务部试点企业，庆元县百大商业有限公司等企业 5 家被评为省级千镇连锁超市龙头企业。全市新增连锁超市乡镇 124 个，其中乡镇超市 153 家，放心店 2047 家。2007 年，丽水市连锁企业实现销售金额 24.7 亿元；连锁超市龙头企业开设全市乡镇及较大行政村连锁（便利）店 487 家，其中企业开设连锁门店 50 家以上 2 家，开设连锁门店在 30—50 家的 7 家。

2008 年，丽水市组织企业开展“浙江老字号”申报工作，龙泉官窑瓷器公司等企业 10 家获“浙江老字号”称号；实现社会消费品销售 202.98 亿元；开设连锁便利店的行政村 613 家，开设连锁便利店行政村覆盖率 22.21%，新开设连锁便利店的行政村 136 家，完成年度任务的 170%。2010 年，丽水市实现社会消费品销售 266.13 亿元，比上年增长 18.3%，其中批发零售业销售金额 233.23 亿元，比上年增长 19%。

第三节　五金交电化工

机　构

1950年4月，丽水百货支公司兼营五金交电化工商品。1956年8月，丽水县五金交电化工公司成立。1972年10月，丽水地区百货公司设五金交电化工组。1980年7月，丽水地区五金交电化工公司成立。1985年8月，丽水地区五金交电化工公司更名丽水五金交电化工批发公司。1988年，丽水五金交电化工批发公司更名为丽水五金交电化工采购供应站。20世纪80年代后期，五金交化交易实行市场化，取消专营体制。

经营活动

民国时期，青田县鹤城镇经营锡的杂货铺有王久华、广顺泰2家。1949年，中华人民共和国成立初，丽水专区有经营五金的铜、铁、锡、镴等加工销售作坊，有经营染料、颜料等化工商品的杂货铺。1965年，五交化公司销售金额172.7万元。1971年，丽水地区计划经营的化工商品176种。1972年10月，丽水地区百货公司五金交电化工组经营五金交电化工厂12家的产品。1973年，增加经营松香、松节油等林产化工产品。1978年，丽水地区五金交电化工销售金额1045.9万元。

1981年11月，丽水地区松香、松节油等产品5种划给林业部门经营。1983年，丽水地区五金交电化工公司管理权限下放，归地区商业局领导，经营商品缩减为10种。1988年，丽水五金交电化工采购供应站职工289人，销售金额6609万元，利润241.48万元。1990年，丽水五金交电化工采购供应站职工300人，销售金额4468.12万元，亏损55.19万元。1995年，丽水五金交电化工采购供应站总经销、总代理和特约经销20多家，其中，新发展总经销、总代理厂家6家，销售金额占公司销售总额的70%，比上年增长75%。

2002年，丽水市连锁（超市）经营企业156家，实现销售7.06亿元，比上年增长18.5%；规模商贸企业50家，实现商品销售36.5亿元，比上年增长72.6%；规模以下企业和个体经营者分别实现商品销售金额41.8亿和44.4亿元。2010年，丽水市注册五金交电化工批发企业46家，注册资金约2亿元。其中五金交电批发企业26家，注册资金1.5亿元；机械设备、五金交电及电子产品批发企业15家；家电电器批发企业15家。

若干年份丽水市限额以上批发零售业商品销售情况一览

表 16-3-3-1　　单位：万元

年　份	2000 年		2004 年		2006 年		2008 年		2009 年		2010 年	
	批发	零售	批发	零售	批发	零售	批发	零售	批发	零售	批发	零售
食品、饮料、研究类	99487	2125	122006	16224	215551	21091	1746003	20909	355304	49117	372484	80805
服装、鞋帽、针纺织品	27322	2359	63625	4988	65267	10454	334721	23929	78240	26701	89487	29257
日用品类	1869	664	2585	2224	5552	3904	—	5665	638482	10416	874101	11734
五金电料类	244	251	15978	243	7933	190	772996	279	22705	2233	18514	1193
家用电器、音响器材类	136	548	3520	12136	4604	12414	—	35326	1176	46491	3597	61670
家具类	—	—	—	—	13	10	9561	24	—	51	—	61
通信器材类	—	20	5324	4135	2481	2660	101	4151	—	405	130	886
木材及制品类	—	—	44018	—	49931	—	9237	—	4324	3661	36907	—
化工材料及制品类	513	—	9440	678	9943	—	24883	—	28798	—	16423	—
金属材料类	—	—	—	54	422	—	15696	—	7157	—	4092	—
机电产品及设备类	—	—	17536	4512	18561	2576	44459	1559	14717	7293	162741	1480
汽车类	—	1163	2710	18772	2219	31960	2440	96707	1824	175222	648	229798
棉麻类	2730	151	4389	—	5268	—	4369	—	4194	—	4690	—

第四章　燃料贸易

丽水历来缺煤少电无油，农村以薪柴作主要能源(燃料)。薪柴有木柴、毛柴之别。木柴源于松树薪炭林、次生杂木薪炭林和萌生灌丛薪炭林，有松柴、硬杂柴、枝柴、枪柴、茅柴、柴头等多种，一些山农靠卖柴度日。用作薪柴之杂木林，习惯称“青柴山”。

民国时期，丽水电能、石油和煤炭开始介入人民的生产生活之中。1949 年中华人民共和国成立后，丽水专区军事管制委员会开始对石油实施统购统销政策规定。1956 年，各县石油行业实行全行业公私合营，石油市场解体，成品油流通完全实行计划分配体制。20 世纪 80 年代，丽水地区柴炭被列为三类商品，实行议购议销，同时加强对各种能源的购销和管理。同期，丽水地区有计划地发展薪炭林，对扩大薪材资源、发展和保护森林资源起到一定作用。1980 年开始，丽水成品油流通体制历经计划分配、计划内和计划外相结合(即双轨制)、价格并轨三大变革。20 世纪 80 年代后期，丽水地区开始推广使用液化石油气，柴炭逐步退出家庭燃料主角地位。

20 世纪 90 年代开始，丽水地区城镇和农村柴炭用量更趋减少。生产普遍以电为能源、以煤为主要燃料，生活燃料大多以电能和液化石油气替代，木炭生产以出口为主。1994 年 5 月 1 日起，丽水地区成品油全部进入市场运行。2010 年，丽水石油分公司建有加油站 75 座，销售成品油 27380 万千克，发行油卡 30882 张，充值 7 亿元。

第一节　柴　炭

薪　柴

旧时，丽水农业经济，薪柴、木炭为百姓生活和生产用能的主要来源。隋至五代后周，遂昌境内出现大量伐薪烧炭业和竹木薪炭市贸活动。清康熙年间(1662—1722)，遂昌王村口成为县内竹木柴炭等林产品的主要集散地。明代处州人何镗的《栝苍汇纪》载:“缙云管溪官山，薪竹之烧。民利赖之。”民国时期，各地对柴炭多有记载。民国 19 年(1930)，丽水县薪柴上市量 474.1 万千克。

1949 年丽水解放初，薪柴仍然是村民主要燃料。丽水专区市场贸易活动以私商经营为主。后随着生产恢复，柴炭作为重要工业燃料，需求快速增加。1954 年始，各县供销社开始加强柴炭购销业务。1958—1960 年，各县推行“大办钢铁”“大办食堂”，车辆以炭代油，柴炭耗用量猛增。同时，大搞炭窑建设，致使森林被过度砍伐，木柴产量大幅度下降，森林资源遭受严重破坏。一些传统的木柴产区，一度也成为缺柴区。一些区域的机关、团体、学校、单位生活用柴无法解决，部分工业用柴炭发生困难。部分机关单位尽量用砻糠、泥炭和其他代用品，工业用柴改为用煤，从外省调入。

20世纪70年代初，丽水地区社会经济发展，交通运输发展，城镇居民逐渐以煤代柴。20世纪80年代，丽水地区薪柴收购量逐年减少，煤气和电逐步替代生产、生活用柴。后丽水地区有计划地发展薪炭林，扩大薪材资源，有效缓解农村燃料紧张、发展和保护森林资源。

1980年，省政府将木柴列为三类商品，实行议购议销。9月起，省政府取消木柴政策性亏损的规定。后丽水地区市场自由购销木柴，但销售数量下降幅度较大，遂昌等部分重点林区县仍有一定的收购量。木柴主要用于城镇居民和山农生活用柴。1980—1990年，遂昌县收购木柴166000万千克，年均150.7万千克。1991—1994年，遂昌县交易木柴230万千克。1988年，丽水地区实行限额采伐、严格控制采伐量制度，积极推广“改灶节柴”和沼气利用。1988年，丽水地区建成沼气池197只；推广改灶节柴农户30.38万户，占全区农户的60%；除青田县外，其他8个县（市）均被列为改灶节柴试点县。

20世纪90年代，丽水地区薪炭林主要用于纤维板、刨花板等工业生产。丽水地区农村燃料普遍使用煤、电，部分交通不便的农村，薪炭林仍作为生活用柴的补充，城镇燃料使用液化气95%以上，并在农村广泛推广。2010年，丽水市生活用柴逐步减少，城镇居民基本使用液化气或煤球，农村逐步普及液化气。

木　炭

清代至民国初期，丽水木炭业日盛。清光绪二十四年（1898），龙泉等县木炭经永嘉港出口日本，创汇时值白银3877两。民国时期，丽水城关木炭店32家，专事木炭收购。民国15年（1926），丽水外运木炭56.4万担。据民国20年外销记录，产自瓯江上游丽水木炭出口日本的2700万千克，其中龙泉县道太、城北两地约占总量的30%。民国25年，遂昌县外运木炭105万千克，销到衢州、杭州。民国34—38年，受国内战争影响，丽水海运不通，木炭一度滞销，价格下降，产量减少。

1949年中华人民共和国成立初，木炭作为重要工业燃料，实行多渠道经营，需求量增加，生产逐步恢复。1952—1983年，青田县木炭收购量年均14300万千克。1953年，城市用炭量增加，市场供不应求，私商深入遂昌县等产地抬价抢购。同年，各县供销社加强木炭货源控制和经营，首先服从城市工业和消费者需要，一般不对私商批发。1954年始，各县木炭列入国家计划，经营以供销社为主，生产采购量大幅度提高。同年，遂昌县木炭收购快速增长，产量3090万千克；龙泉建有木炭窑189个。

1958年开始，各县大炼钢铁，以木炭代替燃料，解决大批炼铁炉燃料供应不足。各地放宽原来木炭收购规格，扩大泡炭、碎炭、炭末等收购，解决木炭供应紧张状况。同时，加强木炭市场管理，规定不得向外推销，私商不得下乡采购。1958年，遂昌县收购木炭3090万千克；缙云县采取山山建窑烧木炭，木材蓄积量从上年的185万立方米降至71万立方米；龙泉县建成木炭窑（厂）89个，烧炭人员1000多人，收购木炭467.5万千克。

1960年，各县调整木炭基地管理体制，商业部门负责收购、上调和供应，商业部门木炭基地移交林业部门管理，林业部门负责生产销售。同年，龙泉建有木炭厂3个，烧炭人员1136人，年烧木炭1040万千克，竹炭经营人员2475人。1965年8月，根据市场发展需要，木炭从动力用炭转向化工、冶炼、民用为主，龙泉县、云和县、遂昌县、青田县逐步控制乌炭生产，改为生产青、白炭为主。1966

年9月27日，浙江省人民委员会批转成立木竹柴炭公司，确定龙泉、杭州等主产(销)地县、市18个，单独设立木竹柴炭公司。

1971年1月，丽水地区革委会决定竹炭、柴划归林业部门，木炭由二类产品升为一类产品。实行计划管理。1977年4月又划归供销社。1978年9月，省供销社下达建立木炭生产基地的通知，要求以大队为单位建立基地。条件是薪炭林面积在66.67公顷以上，蓄积量每公顷平均可烧炭1.5万千克以上，做到10年轮翻永恒作业。年底，确定遂昌、龙泉等县进行发展666.67公顷基地的试点，签订合同，每公顷补助资金105—150元，凭木炭投售卡付款。此外，省供销社还根据市场情况变化对木炭经营管理再次整顿，把原木炭中的乌炭、白炭、青炭、乌岗炭4个品种，简化为乌炭和白炭两个品种(遂昌县保留乌岗炭)，同时修订木炭的规格质量标准。产地外调木炭，要求逐步做到全部篓装，做到利于计重和提高装载率。

1981年上半年，丽水地区许多炭窑停止生产，严重影响当时化纤、粉末冶金工业和蚕桑生产。浙江省供销社下达紧急通知，要求各地迅速恢复木炭生产，积极组织收购，并加强市场管理。规定社队在完成国家木炭派购任务以后，凭收购单位出具的完成收购任务证明，允许上市；对没有完成派购任务的不准上市和议价出售，其他部门和单位未经批准，不准擅自进入林区建窑生产和收购，出县要经县供销社批准，出省要经省供销社批准。1984年，丽水地区逐步放开木炭市场，木炭从二类商品改为三类商品；烧炭须经林业部门批准，所需林木纳入采伐限额管理。

20世纪80年代中后期，龙泉县、遂昌县和临安县为浙江省重点产炭县，采购量约占全省采购量的45%。1985—1988年，龙泉县年均收购量683万千克，居全省第一。1985—1994年，遂昌县年均收购量200万千克。1995年9月，遂昌县政府实行白炭生产许可证制度，林业部门管理白炭生产，林业会同外贸部门管理出口销售。同年，遂昌县新遂炭业有限公司(属中外合资)成立，投资58万美元，其中外资方占60%，从事出口木炭生产经营。1990年，龙泉县开始烧白炭，年均生产白炭10万千克，创外汇100多万美元。林木资源陷入“越砍越少，越少越砍”的恶性循环，年均“吃”掉乌冈栎1.04万立方米。1998年，省林业部强力保护生产环境，保护乌冈栎资源，全省关闭白炭窑145座。20世纪末，电、煤炭、液化石油气等燃料成为居民和生产的主要能源，加上环境保护，柴炭基本退出主要能源领域。截至2010年，丽水市木炭市场交易很少见。

第二节　石　　油

销　售

供　油　1949年中华人民共和国成立后，全部实行计划供油。20世纪80年代后期，石油供应逐渐实行市场化经营。1994年开始，丽水石油分公司及下属9个县级公司销售管理，实行经营责任制。1996年，丽水石油分公司开拓经营，强化管理，改善经营方式，加强自采油项目。缙云县、景宁畲族自治县公司石油销售单位全部实行“四定一奖”经营责任制考核机制，下属加油站7个、油库2座、经营部1个，明确完成基数单位，发放基本工资和各种规定补贴；完成超基数的单位，按千克位定额奖励；完不成基数的单位，同步扣减。龙泉市管理实行租赁承包方式，遂昌经营管理以批发为主。

1989年，丽水石油分公司扩购自采油1022.8万千克。1990年，公司扩购石油12000万千克。1991年,公司扩购石油19500万千克。后逐年增加石油数量。20世纪90年代,丽水石油分公司增加经济效益,改善供油方法,解决供油矛盾,采取定点定时,增大配送频率,重点工段,重点工程直接配送,市场配送占有率从28%增到92%。2000年,丽水石油分公司配送1499.6万千克。2001年,丽水石油分公司配送19200万千克。2002年,丽水石油分公司配送23000万千克。2003年,丽水石油分公司配送17700万千克。

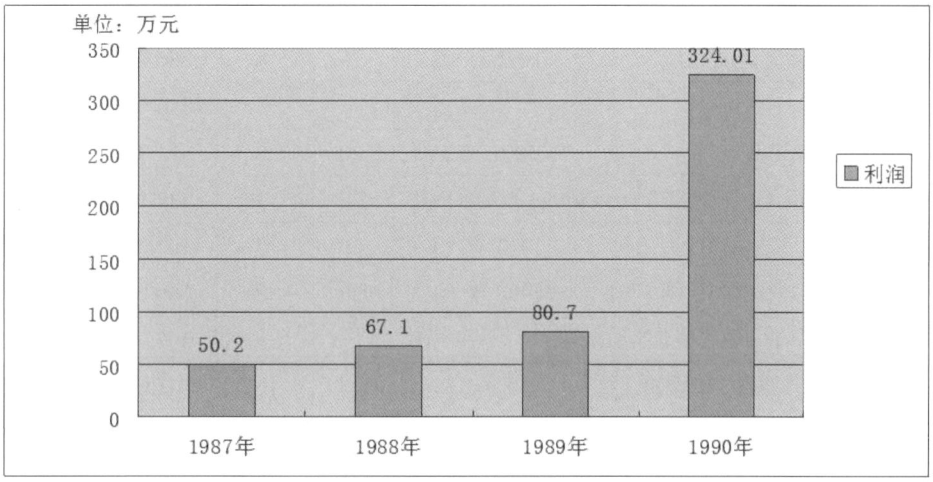

图 16-4-2-1　　1987—1990年丽水石油分公司销售利润

2000—2010年丽水石油分公司成品油销售情况一览

表 16-4-2-1

时间	销售(万千克)	汽柴油(万千克)	润滑油(万千克)	利润(万元)
2000	14404.60	8590.00	231.50	270.66
2001	18224.30	13083.00	182.60	321.79
2002	15370.00	15120.00	171.30	375.11
2003	19140.00	18780.00	218.80	823.93
2004	24030.00	23800.00	224.50	3316.00
2005	26112.60	25870.00	242.60	4521.00
2007	2950.00	27470.00	225.60	1153.98
2008	26800.00	25570.00	221.50	1240.00
2009	25250.00	25010.00	244.60	4717.00
2010	27380.00	27340.00	301.70	5807.00

建设加油站　20世纪80年代,丽水石油分公司拓宽经营门路,扩建加油站。1985年,丽水石油分公司建有加油站30座。1999年,丽水石油分公司建有加油站34座。2005年,丽水石油分公司建有加油站72座。2010年,丽水石油分公司建有加油站75座。

2000年丽水市加油站一览

表 16-4-2-2

加油站名称	坐落地点	建设时间	使用年限(年)	已使用年限(年)	销售量(万千克)	销售金额(万元)	职工人数(人)
丽水石油分公司	丽水市继光街7号	—	—	—	822.00	1516.28	35
凉塘加油站	330国道丽水凉塘村	1986年9月	30	14	430.00	759.89	16
风化加油站	330国道丽水风化村	1993年8月	30	7	120.00	258.00	7
龙石加油站	53省道线丽浦线龙石村	1993年7月	25	7	86.00	184.90	5
丽青路加油站	市区丽青路46号	1992年10月	25	8	786.00	313.50	7
丽水市公司	—	—	—	—	1050.40	2741.20	56
奚渡加油站	330国道奚渡村	1991年4月	20	9	512.30	1411.60	20
九里加油站	市区距330国道线1.50千米	1997年9月	20	3	338.10	869.60	14
南山加油站	53省道线丽浦线南山村	1993年10月	20	7	100.00	230.00	7
三岩寺加油站	市区丽阳街212号	1998年10月	20	2	100.00	230.00	15
缙云县公司	缙云县五云镇大桥北路167号	—	—	—	507.00	1038.45	36
三里加油站	缙云县城内330国道	1984年9月	25	16	103.60	233.10	7
舒洪加油站	缙云至仙居省道舒洪镇	1981年6月	25	19	108.50	217.00	6
长坑加油站	330国道东渡镇长坑村	1992年6月	25	8	16.00	31.78	4
金隆加油站	330国道缙云县城北5千米	1995年6月	25	5	79.20	155.79	6
兰口加油站	330国道东渡镇兰口村	1996年6月	25	4	123.70	244.70	7
新碧联营加油站	330国道线新碧镇黄碧街	1994年6月	25	6	76.00	156.09	6
遂昌县公司	遂昌县车站路29号	—	—	—	126.00	321.20	16
妙高加油站	遂龙线5千米处	1979年6月	25	21	54.00	140.00	6
北界加油站	龙丽线40千米处	1986年6月	25	14	12.00	31.20	3
上江加油站	龙丽线65千米处	1992年6月	25	8	60.00	1500.00	7
松阳县公司	松阳县紫荆路6号	—	—	—	—	86.14	26
古市加油站	松阳县古市镇	1985年12月	30	15	7.80	15.65	6
马桥加油站	望松乡马桥	1996年12月	30	4	14.50	33.10	10
白沙加油站	松阳县西屏镇白沙村	2004年	30	6	15.50	37.39	10
云和县公司	云和县云和镇城东路1号	—	—	—	156.70	329.14	39
后山加油站	云和县后山村	1995年1月	25	5	36.00	75.61	9
新加油站	云和县象山村	1986年1月	25	14	15.00	31.51	10
石塘加油站	云和县石塘镇	1991年1月	25	9	57.00	119.73	6
独山加油站	云和云章村	1995年1月	10	5	24.00	50.41	4
老加油站	云和象山村	1973年1月	25	27	24.70	51.89	10
龙泉市公司	龙泉市中山东路30号	—	—	—	79.20	181.93	24

续表 16-4-2-2

加油站名称	坐落地点	建设时间	使用年限(年)	已使用年限(年)	销售量(万千克)	销售金额(万元)	职工人数(人)
塔下加油站	龙泉市剑池东路	1991 年 6 月	30	9	79.20	181.93	14
大洋加油站	龙后线南大洋市郊	1995 年 6 月	30	5	—	—	10
景宁畲族自治县石油公司	景宁畲族自治县鹤溪镇	—	—	—	96.30	222.68	8
景宁畲族自治县公司加油站	景宁畲族自治县环城西路 196 号	1986 年 6 月	35	14	96.30	222.68	8
庆元县公司	庆元县新建路 128 号	—	—	—	—	—	10
城关加油站	庆元县新建路 128 号	1981 年 3 月	25	19	—	—	6
新窑加油站	庆元县黄坦村	1992 年 10 月	25	8	—	—	4
青田县公司	青田县鹤城镇校场路 51 号	1986 年 6 月	—	14	182.70	407.20	28
温溪加油站	青田县温溪安定东路	1987 年 4 月	35	13	44.20	98.77	8
船寮加油站	青田县船寮黄容村	1992 年 7 月	30	8	81.20	170.86	10
石帆加油站	青田县石帆乡	1992 年 12 月	30	8	—	—	
青田加油站	青田鹤城东路 162 号	1979 年 12 月	30	21	57.30	137.56	10
合　计	—	—	—	—	3020.30	6844.24	278

经销 IC 卡　2004 年开始，丽水石油分公司加强 IC 卡管理和经销，发卡 7531 张。2010 年，丽水石油分公司发卡 30882 张，充值 7 亿元。

机　构

民国元年(1912)，丽水源康商行经销美国美孚煤油，许德年商行经销美国亚细亚煤油。民国 26 年 10 月，丽水成立浙江省液体燃料统制委员会第六区分办事处，主管汽油、柴油支配，管理经营商号。民国 29 年 10 月，云和县芝石村建成汽油仓库。当时煤油主要用于照明，柴油、黄油、润滑油用于火力发电和机动车。1949 年 8 月，丽水贸易分公司经营石油。1951 年，百货公司经营石油。1959 年始，石油供应紧张，煤油供应中断。1965 年，丽水专区组建油库 4 个，容积 11900 立方米。1969 年 8 月，地区日用工业品服务站下设石油煤炭组，委托金华、温州石油公司代供石油货源。

1970 年，丽水日用工业品服务站(二级站)内设石油煤炭组，是丽水石油分公司早期机构。1971 年，云和县象山加油站建成投产。1972 年 10 月，地区百货公司经营管理石油。1973 年 3 月，丽水地区百货公司内设石油煤炭经营组，负责丽水地区计划分配和管理工作。1975 年 3 月，从地区百货公司划出石油煤炭业务，单独成立丽水地区燃料公司，以计划管理为主。1976 年 5 月，地区燃料公司财务核算与省燃料公司挂钩。1978 年 1 月，地区商业部门统一分配石油，凭证供应。1981 年，丽水地区清理整顿用油机具，封存汽车 242 辆。1984 年，地区燃料公司财务核算与省燃料公司脱钩。1985 年 5 月，浙江省石油公司丽水分公司成立，负责丽水地区石油计划的分配，指导管理所辖 9 个县(市)公司工作，供应小品种油料。职能科室下设秘书科、业务科、财会科，职工 15 人。6 月，省石油公司丽水分公司恢复为省属企业。1986 年，丽水凉塘加油站建立，是丽水地区第一个加油站。1月，省、地两级石油公司联合组成浙江省石油联营公司，组织供应市场计划外石油84.8万千克。1990年，丽水地区石油系统销售成品油49139千克，其中汽油2623.9万千克，煤油2957千克，柴油1793.6万千克；丽水地区汽油消费量1414.7万千克，柴油428.8万千克。

1998年6月，丽水地区石化销售企业整体重组，公司划转中国石化集团，实行“三分”[①]“三走”[②]“五个重组”[③]，并完成接收县(市)石油公司9个。1999年3月，丽水地、市(县级)公司进行资产重组，地区石油公司转让给分公司有效的经营性资产700万元，人员由分公司统一安排，保留处理债权债务工作3人。2000年4月，丽水石油分公司进行上市重组改制，组建中国石油化工股份有限公司浙江丽水石油分公司。全市除丽水市(县级)和松阳县石油公司整体不上市外，其余缙云县、遂昌县、景宁畲族自治县、庆元县、青田县、云和县、龙泉市石油公司全部上市，上市加油站30座，油库8座，石油商店与门市部29个，运输队与配送中心3个，职工515人。

第三节　液化天然气

20世纪80年代，丽水地区开始使用瓶装液化石油气，由于本地缺乏气源，充装站钢瓶充装要运到嘉兴市和江西省九江市等地。1986年8月，丽水市(县级)鸣东石油气充装站建成，是丽水地区第一座液化石油气充装站。1990年11月，丽水地区液化石油气储罐站建成，主要供气地有临海市、温州市、宁波市、上海市、江苏省南京市和江西省九江市，是丽水地区第一家供气设施。

1996年6月，丽水市三丰液化石油气储罐站建成，丽水市(县级)液化气供应得到基本保证，液化气逐渐成为丽水市民的基本燃料。1996年始，丽水市(县级)瓶装液化气年均增加用户1440户。2000年，丽水市发证用户6589户，用气人口4万人。2005年，丽水市发证用户110682户，用气人口21万人。2008年，丽水市区开始铺设管道液化气。相应减少瓶装液化气用户，但工业、商业用气有所增加。同年，丽水市区液化气公司5家，销售量仍有所增加。2010年，市区发证用户90030户，用气人口28万人，居民用气普及率100%。

1999年11月，丽水市(县级)城关镇囿山路建成液化气燃气管道，钢管管径为159毫米。2003年8月，丽水市花园路建设城市管道液化气燃气站，市区进入管道液化气燃气的时代，怡景花园成为全市首个开通管道液化气燃气的小区。2007年，丽水市建成40立方米气化站1座，撬装站4座，中压管网36.4千米，庭院管网82千米；接通管道户数18713户，通气用户9754户，日均用液化气1200立方米。2010年，丽水市有丽水新华联燃气有限公司、丽水市通海燃气化工有限公司、丽水液化石油气有限公司、丽水市白云液化石油气有限公司、丽水市三丰液化石油气有限公司等公司5家，供应站18个，储气能力336多千克，年供气量11097千克，液化气燃气管道131千米，管道燃气普及率40.5%。

① 三分：主业与辅业分离、优良资产与不良资产分离、企业职能与社会职能分离。
② 三走：人随资产走、工资总额随人走、社保费用交纳随工资总额走。
③ 五个重组：业务、资产、债权债务、机构、人员重组。

2000—2010年丽水市燃气供应情况

表16-4-3-1

年份	储气能力（万千克）	管道长度（千米）	供气量（万千克）	外购气量（万千克	用气户数（户）	用气人口（万人）
2000	10.00	—	—	6150	6589	—
2001	36.50	—	12807	12841	95546	19.39
2002	36.50	—	11419	20313	95596	19.00
2003	36.50	—	16708	17003	89000	19.70
2004	55.00	—	13566	13724	89500	19.96
2005	55.00	26.80	12791	12986	110682	21.00
2006	32.00	27.00	11039	10672	120000	18.52
2007	52.00	36.00	13668	13644	172200	42.92
2008	37.00	59.81	11584	11495	117006	35.19
2009	37.00	95.94	12478	11667	118121	31.28
2010	33.60	130.67	11097	11175	90030	28.11

第四节　煤　　炭

煤炭购销

丽水缺煤，历来依靠外地调拨，销售分别实行指令性计划和指导性计划。1961年，丽水县、云和县、龙泉县、遂昌县石油燃料公司成立，经营煤炭。1962年，各县销售煤炭3220万千克，用于生产性消费。1969年8月，丽水地区日用工业品服务站下设煤炭组经营煤炭。1970年，销售煤炭2290万千克。1975年，丽水地区燃料公司成立，销售煤炭4010万千克，主要用于合成氨、水泥生产和发电。1980年，销售煤炭11.68万千克，主要用于轻工造纸、合成氨、水泥生产和发电。1985年6月，丽水地区燃料公司经营煤炭、焦炭业务，销售煤炭12410万千克，焦炭260万千克。1986年，丽水地区燃料公司完成指令性计划和指导性计划，调入煤炭10333万千克，其中统配煤8380万千克，协作煤1230万千克，自营煤660万千克。1990年，销售煤炭17.35万千克，其中用于生产轻工造纸、日用陶瓷7.26万千克，生产合成氨2.41万千克，生产水泥1.47万千克，生产砖瓦3万千克。另外销售焦炭600万千克。公司还在金华开设煤场和经销点，添置装载机、地磅、化验等设备。

1991年，丽水地区实行政企业分开，地区计划经济委员会成为审批和管理企业的主管部门。同期，丽水地区燃料公司进行改制并破产，民营煤炭购销企业取代国有煤炭购销企业，成为自主经营、自我管理和自负盈亏的法人。2000年，政府职能部门行使管理调整为市经济贸易委员会，实行宏观管理，不具体经营煤炭业务。1991—2000年，丽水地区改革煤炭购销体制，煤炭购销由计划销售到逐步放开部分省指令性计划，再到全部放开市场，煤炭价格也由部分调控到全部放开。

2005年，丽水市调入煤炭72300万千克，煤炭经营企业20家。2006年，丽水市调入煤炭95680万千克，其中原煤93900万千克；洗精煤1054.5万千克，焦炭2006年726.7万千克，煤炭在全社会能源消耗构成中比重下降0.5%。同年，全市煤炭经营企业23家。2007年，丽水市调入煤炭103150万千克，其中原煤101500万千克，煤炭经营企业27家。2008年，丽水市调入煤炭103300万千克，煤炭经营企业30家。2009年，丽水市调入煤炭108000万千克，煤炭经营企业30家。2010年，丽水市调入煤炭115000万千克，煤炭经营企业30家。

2010年丽水市煤炭年检经营企业情况一览

表16-4-4-1　　单位：万元

企业名称	重要事项	法人代表	企业地址	注册资本
丽水市煤炭物资有限公司	—	章芳华	丽水火车站货运场内	500
丽水市物产燃料石化有限公司	—	朱卫钱	丽水市莲都区人民路403号	600
丽水市浙蒙燃料有限公司	年检提供假检定书	刘树军	丽水市丽阳街134号	500
浙江浙丽电力燃料有限公司	—	上官则仁	丽水市火车站货场内	500
丽水市海丰煤炭有限公司	—	叶少龙	丽水市银苑小区127幢14号	500
丽水市华源煤炭有限公司	转让50%	林其福	丽水火车站货场七道	500
丽水市华兴能源物资有限公司	—	纪月霞	丽水市莲都区联城镇敏河村	500
丽水市瑞丽物资有限公司	转让5.12%/储煤场变更	吴春弟	丽水市水阁工业区上沙溪	500
丽水市汇金商贸有限公司	—	邵祝林	丽水市水阁镇上沙溪村	500
龙泉市光明煤炭物资有限责任公司	转让20%	郭正明	龙泉市公园路4号	500
青田县恒丰物资有限公司	—	白浙东	青田县温溪镇红星街35号	500
青田县宏海燃料有限公司	—	单文丽	青田县温溪镇马湾	550
丽水意捷煤炭有限公司	—	吕富琴	缙云县五云镇东门村经济合作社	500
浙江镭达电力燃料有限公司	转让10%	王　虹	金温铁路缙云站内	500
缙云县兴达燃料有限公司	—	李佩珍	五云镇大桥南路306号	508
缙云县新区煤炭有限公司	—	汪晓光	缙云火车站内	500
遂昌县民丰燃料液化石油气有限公司	原始股份转让10%	李迎春	遂昌县妙高镇车站路196号	500
浙江遂昌物资经营部	—	傅惠民	遂昌县妙高镇北街0299号	500
浙江顺丰煤炭贸易有限公司	—	叶东平	遂昌县妙高镇洋条岭	1000
浙江威迪实业有限公司	—	郑伟迪	丽水市水阁工业区绿谷大道329号	2000
浙江三泰电力燃料有限公司	—	张积选	丽水市金温铁路丽水站货场	500
浙江裕昌冶金贸易有限公司	出租方厂名变更	涂艳丽	遂昌县妙高镇渡船头上溪滩12—12号	500
浙江驭通物资贸易有限公司	前期换证已单独提前办理	郑卫平	龙泉市大沙经济开发区	808
浙江乾通煤炭物资有限公司	转让30%	刘惠平	丽水市丽青路38号	2000

续表 16-4-4-1

企业名称	重要事项	法人代表	企业地址	注册资本
浙江康源煤炭有限公司	转让 30%	王巧义	松阳县西屏镇新华路 21 号	508
浙江龙基能源有限公司	—	李隆波	丽水市水东村	500
浙江伟霖煤炭有限公司	—	许伟文	丽水海关大院辅楼 101 室	500
浙江立强煤炭有限公司	年检提供假检定书	詹　俊	丽水市大洋路 252 号	608
丽水市盛鑫燃料有限公司	年检提供假检定书	朱国书	丽水市丽青路 138 号 215 室	500
浙江丽水市大博元电力燃料有限公司	—	陶文耀	景宁畲族自治县鹤溪镇团结路 22 号	1000
浙江和镁煤炭贸易有限公司	计量报名,煤场协议保证续签	张永杰	丽水市莲都区中山街 433 号东方宾馆 810 室	1000
浙江蓝丰能源有限公司	—	蔡民华	景宁畲族自治县鹤溪镇人民中路 208 号	1200
浙江智业燃料有限公司	—	沈从业	丽水市莲都区丽青路西段北侧农贸城 3 号房 402 室	500
浙江中秦能源有限公司	—	叶小勇	庆元县松源镇文昌苑 2—3 号	2000
浙江新元宝能源贸易有限公司	—	叶雪君	遂昌县妙高镇牡丹亭中路 9 号	500

煤炭消费

煤炭作为丽水市主要能源之一，在国民经济特别是实现生产总值的过程中的能源消费所占的比重变化较大。1949 年中华人民共和国成立后，丽水煤炭全部依赖外部调入。

2005 年，丽水市实现生产总值 305.98 亿元，全市能源消费总量为 235850 万千克标准煤。其中原煤及焦炭等 73780 万千克(折 53050 万千克标准煤)，占 22.49%。

2006 年，丽水市终端能源消费结构进一步优化，煤炭、石油制品、电力三种终端能源消费 264330 万千克标准煤，其能源消费比重分别为 18.4%、22.9%、47.5%。同年，全市能源消费总量 285450 万千克标准煤，其中煤炭 95680 万千克(折 68730 万千克标准煤)，占 24%，比上年下降 0.6%。2007 年，丽水市能源消费总量 317.25 万千克标准煤，其中全社会电力消费 41.25 亿千瓦时，煤炭 103.16 万千克；全市一次能源消费总量 169.4 万千克，同比增长 9.7%，其中原煤 101.5 万千克，同比增长 8.1%。

2008 年，丽水市能源消费总量 334.03 万千克标准煤，其中全社会电力消费 47.43 亿千瓦时，煤炭 103.32 万千克，石油制品 39.73 万千克，其他能源 29.6 万千克标准煤。全市终端能源消费中，煤炭、石油制品、电力比重分别为 16%、19.5%、52.4%，其他 12.1%。2009 年，丽水市能源消费总量 188.27 万千克标准煤，其中原煤 108000 万千克，同比增长 4.5%；其中全市水电发电量 31.75 亿千瓦时，同比增长 12.56%，分别占 41%和 59%。

2010 年，丽水市能源消费总量 356.71 万千克标准煤，其中全社会电力消费 50.43 亿千瓦时，煤炭 108000 万千克，石油制品 39.94 万千克，其他燃料 41.79 万千克标准煤。

第五章　供销合作商业

丽水地区供销合作社始于20世纪30年代初。1949年5月丽水解放后，丽水专区公署组织和发展合作社商业。1949年5月，景宁县供销合作商店成立，是中华人民共和国成立后丽水地区第一家县级供销合作商店。1950年4月，丽水专区供销合作总社成立。1951年10月，丽水专区各类供销合作社121个，其中消费合作社6个。至此，丽水合作社商业成为国营商业有益补充、有力助手和商品流通的一条重要渠道。国营商业对合作社货源优先供应，价格给予优惠。1954年7月，中华全国供销合作总社第一次代表大会通过《中华全国供销合作总社章程》，丽水供销社全面执行总社章程。

1956年，丽水各县国营商业与供销合作社业务进行第三次分工，按商品和城乡分工，供销合作社相应调整领导管理体制和经营机构，基层社建制由一乡一社，逐步调整为以集镇为中心，按经济区域设置。1958年4月开始，各县供销合作社与各县商业局合并，基层供销社改称人民公社供销部；归口供销社管理的公私合营商店、合作商店以及合作小组也随供销社合并到人民公社供销社。部分地方曾出现供销社的物资、财产、人员、资金被随便挪、借、调、用的混乱局面。中共浙江省委发现这一情况后，决定把基层供销社（公社供销社）改为由县商业局领导，使其变成为国营商店，供销社也由集体所有制变为全民所有制，变农村市场的多渠道为国营商业一条渠道。

1960年下半年开始，中共中央重新明确供销社为集体所有制性质，决定从上到下恢复供销社建制，同时归口到供销社内部的合营、合作人员划出，重新组成合营商店、合作商店、合作小组。1960年，各县商业局与各县供销合作社业务分开，供销社恢复为集体所有制。

1966年，丽水专区供销社集体所有制性质再次被否定，社员代表大会停开。1969年，丽水基层供销合作社推行“贫下中农管理农村商业”体制，贫下中农代表进驻基层供销社，组成贫下中农管理委员会（或小组），1976年停止。1966—1976年，丽水把农村副业当成发展资本主义进行批判，各供销社长期支持发展起来的农村副业生产受到严重摧残，农副产品愈统愈死，流通渠道仅有国营商业。

1978年中共十一届三中全会后，丽水地区供销合作社按照农村体制改革要求，同时进行体制改革，改革的核心是把供销社从全民所有制恢复为农民群众集体所有制合作商业区，改革目标是逐步把供销社办成农村综合服务中心。

20世纪80年代，丽水地区供销合作社深入进行劳动制度、农民入股、经营范围、分配制度、价格管理等方面的改革。各基层社普遍开展清理股金、落实股权、补发红利、扩大股金等工作。各基层供销社根据“入股自愿、退股自由”原则，扩大农民入股。各县基层社召开社员代表大会，民主选举理事会、监事会，民主性得到加强。供销系统基层社吸收职工，实行公开招收、统一考试工、双向选择、择优录用、签订合同，打破能进不能出“铁饭碗”。

1995年2月27日，丽水地区贯彻执行中共中央、国务院出台的《关于深化供销合作社改革的决定》，深化和完善供销社各项改革，把供销社办成农民合作经济组织，强化供销为农民服务功能。2010年，丽水市供销社系统净资产4.87亿元，实现经营收入29.2亿元。

第一节　经营体制

丽水地区最早的合作社始于20世纪30年代初期，主要经营业务是生活资料和土特产品等。民国18年（1929）12月，民国浙江省政府通过《浙江省合作社规程》。民国19年，遂昌县同人消费合作社成立。民国27年，浙江省政府建立丽水合作事业机构，中共党组织选派出一批党员直接参加工作。同年，丽水县合作社联合社成立，设立丽水太平、松阳古市、青田海口“经济建设实验区”。民国28年上半年，丽水相继设立遂昌大柘、龙泉八都、云和小顺经济实验区。同年，丽水乡镇430个（含宣平县），建立各种类型合作社440个。民国36年，丽水地区合作事业日趋衰退，合作社组织有名无实。

1949年5月，景宁县供销合作商店成立。后其他各县供销合作商店相继成立，并在城区和乡村设立批发和零售网点，在农村商业中心和土特产集散地组建供销合作小组，后更名基层供销社。1950年4月，丽水专区供销合作总社成立，各县供销商店更名县供销合作总社。后各基层供销社和消费合作社相继成立。1951年6月起，各县供销合作总社再次更名供销合作社。1951年10月，丽水专区各类供销合作社121个，其中消费合作社6个。随着供销社、消费合作社和农村合作社的发展，业务经营不断扩大，经营品种类别涵盖土纸、废品，供应布匹、日用杂品、百货、石膏、绿矾、草籽、煤炭、农药、小农具等多种。1952年1月，撤销丽水专区供销合作社，各县供销社分别划归温州专区、金华专区和衢州专区管辖。

1953年，国营商业与供销合作社业务首次分工，供销合作社负责手工业产品、农副产品、农业生产资料和农村生活资料购销业务。1954年7月，国营商业与供销合作社业务第二次分工，供销合作社负责农村市场安排、农副产品收购和农村私营商业改造。1956年，国营商业与供销合作社业务第三次分工，按商品和城乡分工，供销合作社相应调整领导管理体制和经营机构，基层社建制由一乡一社，逐步调整为以集镇为中心，按经济区域设置。

1958年4月开始，各县供销合作社与商业局合并，基层供销社改称人民公社供销部，供销合作社由集体所有制改为全民所有制。1960年，商业局与供销合作社业务分开，供销社恢复集体所有制。1963年恢复丽水专区后，建立丽水专区供销社。1964年，丽水专区供销社56个，其中县级供销社6个，基层供销社50个。1965年始，商业局与供销合作社业务第二次合并。1966—1976年，各县基层供销合作社推行“贫下中农管理农村商业”体制。1977年，商业局与供销合作社业务再次分开，丽水地区供销合作社和各县供销社相继建立，恢复调整丽水地区供销合作社商业网点。1978年，丽水地区供销合作社机构1789个，其中管理机构104个，经营机构1632个，仓储运输机构53个。

1995年，丽水地区供销合作社系统亏损单位73个，账面亏损金额1899万元。同年，丽水地区供销系统执行《中共中央国务院关于深化供销合作社改革的决定》，积极深化改革、改制，以农户入股的形式，按照自愿、民主、平等、互利和独立核算、自主经营、自负盈亏的原则，重组经营服务机构，组建农村专业合作社和农村综合服务社，参与农业产业化经营，把供销社真正办成农民合作经济组织。

2001 年，丽水市供销社系统扭亏为盈，实现利润 259 万元。2008 年，丽水市加快发展农村新型合作经济组织，推进建设新农村现代流通服务网络工程。2010 年，丽水市供销社系统进一步增强实力，新办农民专业合作社 11 家，创办和领办各类专业合作社 157 家；综合服务社 63 家，其中新创办综合服务社 9 家；净资产 4.87 亿元，实现经营收入 29.2 亿元，其中专业合作社销售收入 9.41 亿元，利润 628 万元；社会贡献总额 1.64 亿元，其中上缴税费 8717 万元。

民国 27—36 年（1938—1947）各县合作社情况一览

表 16-5-1-1

县别	时间	合作社总数（个）	县联社（个）	乡（镇）社（个）	股金总额（元）	社员（人）
丽水县	1938	62	1	61	16295.60	10965
龙泉县	1946	69	1	68	833863.00	40173
青田县	1945	107	1	106	12127.00	22379
云和县	1939	36	1	35	6385.40	12817
庆元县	1945	135	1	103	430626.00	9163
缙云县	1947	228	1	227	1127854.00	25157
遂昌县	1946	100	1	99	161401.00	20599
松阳县	1942	157	1	156	157640.00	20611
景宁县	1944	107	1	106	170004.00	32845
宣平县	1939	30	1	29	500.00	—
合计	—	1031	10	990	2916696.00	194709

1999 年和 2010 年丽水市供销合作社情况一览

表 16-5-1-2

单位	市、县（市、区）社						直属企业				基层供销社			
	内设机构（个）		人员编制（个）		经费来源		数量（个）		人员（人）		数量（个）		人员（人）	
年份	1999 年	2010年	1999 年	2010年	1999 年	2010年	1999 年	2010年	1999 年	2010年	1999 年	2010年	1999 年	2010年
丽水市	4	3	16	12	自筹	全额拨款	9	1	149	4	—	—	—	—
莲都区	4	3	29	12	自筹	全额拨款	8	2	309	17	7	1	385	17
龙泉市	5	3	23	10	自筹	全额拨款	8	5	270	—	10	2	566	97
青田县	5	3	26	13	自筹	全额拨款	4	1	74	6	7	1	298	6
云和县	5	4	18	12	自筹	全额拨款	7	7	120	—	3	2	115	52

续表 16-5-1-2

单位	市、县（市、区）社						直属企业				基层供销社			
	内设机构（个）		人员编制（个）		经费来源		数量（个）		人员（人）		数量（个）		人员（人）	
年份	1999 年	2010 年	1999 年	2010 年	1999 年	2010 年	1999 年	2010 年	1999 年	2010 年	1999 年	2010 年	1999 年	2010 年
庆元县	5	4	24	10	自筹	全额拨款	7	3	69	51	5	1	180	31
缙云县	6	6	21	22	自筹	全额拨款	10	6	413	61	6	5	448	167
遂昌县	5	3	23	15	自筹	全额拨款	6	4	222	3	6	5	308	8
松阳县	4	1	21	4	自筹	全额拨款	5	2	45	—	5	1	287	137
景宁畲族自治县	4	3	23	12	自筹	全额拨款	7	5	97	—	5	5	348	15
合 计	47	33	224	122	—	—	71	36	1768	142	54	23	2935	530

第二节 经 营

农副产品购销

购销政策 民国时期，农副产品经营是合作社主要业务之一。民国 28 年（1939），浙江省战时物产调整处、战时合作工作队在丽水县成立。民国 30 年，省合作社物品供销处松阳烟叶运销站在松阳县成立。丽水、云和、缙云、庆元、松阳、青田等 6 县合作社也先后开展大宗农副产品购销业务，如毛竹、茶叶、香菇、烟叶等，限于当时条件，业务量不大。

1949 年中华人民共和国成立初，丽水专区和各县供销合作总社积极恢复国民经济，保护农民利益，收购农副产品，采取预购、代购、结合合同、多渠道自由购销等政策。1953 年开始，各县实行统购统销政策，代替自由购销政策，各供销社在农村实行计划收购（统购），在城市实行计划供应（统销），主要收购农副产品有棉、麻、烟、茶叶、香菇、松香、苎麻、桐油、毛竹、绿笋、柴、炭、中药材、畜产品等。

1957 年 8 月，各县供销社统一收购农副产品，主要有粮食、油料、棉花、络麻、蚕茧、茶叶、毛竹、土纸、棕片、木柴、草籽、中药材等，其中重要中药材 38 种。1961 年 8 月，各县供销社将农副产品价格划分为三类，分别实行统购、派购（定购）和自由购销政策，规定一类产品棉花实行统购；二类产品蚕茧、黄麻、茶叶等产品 18 类实行订购；其余均作为三类产品实行自由购销。1963 年，丽水专区供销社将商品划分为三大类，第一类商品 36 种，由省主管部门集中管理；第二类商品 28 种，由省管购进和调拨；第三类商品 33 种，由省管调拨指标。1966 年，取消议购议销政策，农副土特产品购销被统死管死，农副产品收购额快速下滑。

1979 年，丽水地区调整和改革农产品购销体制，农副产品收购逐步放开搞活，放宽和调整政策，逐步建立起"三多一少"[①]开放式的商品流通体制。1980年，丽水地区购销品种范围进一步扩大，对重要农产品实行确定收购基数、超产分成、超购加价或议价等办法，提高棉花、络麻和部分畜产品等农副产品价格16种(类)。各县和基层供销社扩大农副产品收购，开展扶持生产、解决种子、种苗、种畜发放、扶持资金、做好生产技术辅导等工作，发展农副产品生产，促进农副产品的落差。1980年9月，丽水地区供销社贸易公司成立。11月，丽水地区畜产品公司成立。

1985年4月，取消国家统派购任务，供销社实行合同定购和市场收购办法。收购棉花、蚕茧等大宗农副产品，采用"划先顶点""预设投销"等方法，收购毛竹等产品，实行运费补贴、对毛料还采取到林收购，就地打捆运出等方式；对常年上市的农副产品，设置收购点，积极做好门市收购；对零量农副产品和一些交通不便的乡村，则组织职工走乡串户上门收购，同时广泛推行联营和代理制，为农民代销代购，组织产销直接见面，减少经营环节，还建立一批农副产品生产基地。同年，丽水地区农副产品采购额4554万元。

1992年，丽水地区基本放开农副产品市场，供销社市场比重下降。

1998年，丽水地区供销社积极参与农业产业化经营，以加工、销售企业为龙头，开展贸工农一体化、产供销一条龙服务，带动千家万户连片发展，兴办农产品商品基地和副食品基地。

2000年，丽水市农业和农村经济结构进一步调整。全市供销社积极实行农副产品经营，走出一条"市场牵龙头，龙头带基地、基地连农户"的路子。2002年，丽水市供销合作社大力发展新型的农村合作经济组织，发挥各类专业合作社、专业协会、农产品经纪人和综合服务社的作用。

经营活动 民国28年(1939)，浙江省战时物产调整处、战时合作工作队，经营桐油、茶叶、棉花、蚕茧等特产品业务，价值约200万元。

1950年，丽水专区供销社与私人木材行收购木材10万立方米。1951年，浙江省土产公司丽水支公司收购毛竹6.83万支，绿茶6950千克、香菇1521千克。1952年，丽水专区供销社收购茶叶420千克。1957年，各县供销社收购毛竹432.1万支，收购蚕茧17.55千克。1959年，各县供销社收购毛竹739.9万支，农副产品购销额4163万元。1961年，各县农副产品采购(推销)机构94个，职工188人；收购蚕茧5.2千克。1964年11月，丽水专区供销社实现农副产品采购价值1082.3万元，完成年计划的113.5%，比上年增长12.3%，其中棉花5607担[②]、烟叶11604担、茶叶10341担、蚕茧210担、毛竹129.64万支、木柴43.59万担、木炭19.54万担、土纸1.72万担。1965年11月，丽水专区供销社收购棉花3100担，烟叶10000担、茶叶10600担、毛竹130.82万支、木炭22.06万担、木柴44.6万担。1970年，丽水地区供销社农副产品收购额2959万元。1977年，省、地供销社组成调查组，调查松阳县农副产品落差情况。1978年，松阳县被列为全国重点产茶县之一。同年11月，丽水地区代销社采购农副产品2938.7万元，其中一、二类产品139639万元，三类产品1541.8万元。

1979年，丽水地区提高茶叶、蚕茧、毛竹等主要农副产品收购价格28种(类)，发放茶叶、蚕茧预购定金29.5万元；发放龙泉县香菇、笋干、长毛兔生产基地扶持资金6.2万元；完成农副产品购进3813.9万元。1980年，丽水地区长毛兔饲养量67.86万只，收兔毛6.25万千克。1981年，

---

① 三多一少：多种经济形式、多种经营方式、多条流通渠道和少环节。

② 担：旧时计量单位，1担为50千克。

丽水地区农副产品收购额 10153 万元，其中茶叶 355 万千克，兔毛 9 万千克，长毛兔存栏 100 万只。1983 年，丽水地区实现农副产品收购额 4256.3 万元，其中收购茶叶 3641.8 千克，兔毛54800 千克，烟叶 4938 担，蚕茧 532.95 千克，柑橘 1323.75 千克，黄花麻 1095.5 千克，毛竹 111.39 万支。1986 年，丽水地区农副产品收购额 4556 万元，其中，茶叶、兔毛、蚕茧、香菇、烟叶等都比上年有较大增长。

1990 年，丽水地区农副产品批发交易市场 2 个，销售金额 22 万元，发放生产扶持资金 150 万元；组织购销联营项目 2 个，购销金额 98 万元。1995 年，丽水地区供销社农副产品采购(供应)网点 154 个。1996 年，丽水地区供销社经营困难。1997 年，丽水地区农副产品经营机构开展代理、代销、联营、股份合作、分购联销、延伸服务网络、办市场、拓展服务领域等服务场，采购 1.08 亿元。1998 年，丽水地区供销社系统采购茶叶 3505.2 千克、蚕茧 1525.9 千克、毛竹 60.13 万支、苹果 6236.1 千克，采购金额 1.09 亿元；创办农副产品市场 9 个，成交额 5.81 亿元。1999 年，丽水地区农副产品市场竞争激烈，供销社系统成交额 8983 万元，比上年减少 17.17%。

2000 年，庆元县、云和县、莲都区、景宁畲族自治县、遂昌县农副产品批发市场交易额 2.46 亿元。2001 年，丽水市系统实现农副产品购销额 2.33 亿元。2004 年，丽水市供销合作社农副产品销售金额 4.7 亿元。2005 年，丽水市供销合作社发展农产品基地面积 2 万多公顷，农产品销售金额 5.25 亿元，农产品深加工产值 3677 万元。2006 年，丽水市供销合作社发展农产品基地面积 2.1 万公顷，农副产品销售金额 6.61 亿元。2008 年，供销合作社农副产品销售金额 6.72 亿元。10 月，丽水市绿谷农产品展示(销)中心成立，集中全市名优特农产品 1200 多种，年销售金额 320 万元。2009 年，丽水市绿谷农产品联送中心与嘉兴市供销社农产品营销中心对接丽水农产品，20 多个进入嘉兴市场；与景宁畲族自治县、松阳县、遂昌县建立新农产品营销配送连锁店。

2010 年，庆元县、缙云县、云和县城农产品展示中心成立。丽水市建立县级农产品展示中心 7 个，基本上形成农副产品现代购销网络；推销农产品 1341 万元。

农村生活资料经营

经营网点　民国 27—30 年(1938—1941)，民国浙江省政府机关南迁丽水，设立浙江省战时物产调整处，经营日用工业品 24 种。民国 27 年 1 月，丽水城区消费合作社成立，经营广货、布匹、南货、食粮、柴炭、饮食、茶叶、文具、书刊等 12 类。民国 30 年，丽水受日本侵略者经济封锁，食盐奇缺，丽水县、龙泉县、庆元县、遂昌县合作社实行“计口授盐”。

1949 年 5 月至 1950 年 4 月，丽水专区供销合作总社和各县供销合作总社相继成立，供应紧迫生活必需的粮食、布匹、油盐等。1956 年，各县国营商业与供销合作社进行三次分工，供销社经营蔬菜瓜果、食品调味品、手工艺品、日用杂品、陶瓷器品、炊事用具、手工纸类、中西药、医药器械等生活用品十大类 618 种。1963 年，丽水专区供销社恢复。同年 11 月，浙江省供销合作总社在丽水设立采购批发站。其间，丽水实行单一计划经济，生活必需品按人配给、凭票供应。供销社向下延伸，乡镇及中心村开设供应店。

1979 年，丽水地区流通领域经营体制开放搞活，供销社经营范围扩大。1982 年 6 月，根据国务院《关于疏通城乡商品流通渠道扩大工业品下乡的决定》，除一些紧俏商品外，开始打破城乡分工和国合两家经营的商品流通旧体制，形成“三多一少”流通新体制。1988 年，丽水地区国营商业与供销合作社分工被彻底打破，供销社系统调整经营结构和经营网点布局，实行综合经营，扩大经营品种，提高市场占有率。1990年，丽水地区商品购置率逐步流向集镇。各县供销社在县城和集镇创办一批商场和市场，扩大生活资料经营。

1998年，各县（市）供销社改革生活资料经营机构。2005年，丽水市供销合作社改造经营网络和基础设施，推进农村营销网络改造，参与建设“千镇连锁超市、万村放心店”工程。2006—2007年，遂昌县、云和县、庆元县、缙云县和景宁畲族自治县供销社与浙江供销超市对接，相继加盟浙江供销超市，形成连锁经营网络。

2010年，丽水市供销社系统初步形成上接大型超市、下联基层、连锁销售终端的日用消费品连锁经营体系。

经营活动　民国29年（1940），丽水城区消费合作社销售金额22.48万元。同年11月，丽水城区消费合作社机构扩大，更名丽水县消费合作社，兼营生产、供给、消费等。民国30年，丽水县消费合作社销售收入136.4万元。

1964年，丽水专区供销社生活资料营业收入3043.6万元。1968年12月，丽水采购批发站更名丽水地区综合站，内设日用工业品服务站。1978年，服务站生活资料销售金额6690万元。1979年，丽水地区生活资料销售金额9157.9万元，完成年计划118.47%。1980年，丽水地区生活资料销售金额11238.4万元；扩大计划外货源价值1400多万元；召开交流会32次，销售金额137万元。1983年，丽水地区供销社系统生活资料销售金额13496.5万元，占社会商品销售30.1%。1988年，丽水地区生活资料经营门类齐全，品种5000多种。1995年，丽水地区供销社系统综合商场29个，新增网点2个，销售金额2806万元。1997年始，丽水地区供销社系统农村市场生活资料经营业务份额下降；县以上公司的批发业务冲击很大。2001年，丽水市供销社系统生活资料销售金额1.28亿元。2005年，丽水市改造农村营业网点1.4万平方米，兴办农村连锁超市22家，开设村级放心店10家。2006—2007年，丽水市开设农村连锁经营门店520个。2010年，丽水市日用消费品经营连锁经营门店520多家。

农业生产资料经营

经营机构　民国30年（1941），浙江省合作社丽水县物品供销处、浙江省合作社缙云县物品供销处成立，负责经营肥料运销业务，具体运销明矾、煤灰、桐饼、青饼、麻饼、乌桕饼、茶饼、草子种等。丽水县、松阳县还销售少量硫酸铵等。

1949年中华人民共和国成立初，丽水专区和各县供销合作总社主要经营肥料，服务农业生产。各供销合作总社按照化肥品种，实行计划分配，按计划调拨供应。1951—1952年，丽水专区对贫苦农民实行赊销化肥，对社员实行优待供肥，先后拨发肥料贷款和赊肥订购款。

1953年始，各县供销合作总社对农民实行现售供肥，停止肥料赊销政策。1954年开始，优先供应组织起来的农民，适当照顾贫苦个体农民。1958年，“人民公社化”后，化肥直接分配到生产队，只供应集体，不供应个体。1963年11月，各县农业生产资料经营单位6个，生产资料经营市场41个，职工76人。1969年9月，丽水地区采购批发站更名丽水地区商业二级站，内设农业生产资料服务站。1972年10月，再次更名丽水地区农业生产资料公司。

1979年开始，丽水地区推行“以肥换粮”，氮肥1千克，换购原粮1千克。1981年，化肥供应改生产队集体购买为一家一户购买。丽水地区农资部门增设门市部，采取增加营业时间和人员、下队开票、送肥上门下田、定时定点供应等办法，扩大化肥供应，及时将化肥供应到户。1983 年，丽水地区农资供应部门和基层供销社与大队（村）联办“两站”①，开展咨询服务，举办培训班，开设庄稼医院，服务农民。1989 年 1 月，国务院实行化肥、农药、农膜专营，统一计划，分级管理，专营农资商品实行综合价格。

1995 年，丽水地区农资零售服务网点 1354 个。其中庄稼医院、配药站、农资供应站为主的综合服务站 100 多个，村级综合服务站 59 个，农资商店 330 多个。1996 年，丽水地区供销合作社贯彻国务院《关于进一步完善化肥流通体制的通知》文件，实行“四统一”②连锁经营。1998 年 11 月起，国家逐步放开农资市场，取消粮肥挂钩政策。同年，化肥生产企业生产化肥的零售价格，实行市场调节价，形成供销社农资公司、农业“三站”、农资生产企业三家竞争的局面。1999 年，国家实行化肥价格市场化机制，制定化肥价格政府指导价，市场零售实行市场价。

2001 年，丽水市化肥、农药价格全部实行市场调节。2006 年，制定《关于推进农资连锁经营和农资放心店建设实施意见》，明确全市供销合作社以资本或资产为纽带，整合农资经营网络，积极吸收农资经营大户、农业“三站”和农村能人加盟，发展区域性的农资连锁经营。同年，市供销合作社建立浙江丽水禾田农业生产资料有限公司，新增农资连锁超市 8 家。全市农资连锁门店 163 家，其中新增 70 家。

2007 年，丽水市供销合作社建立以集中采购、统一配送为核心的农资连锁经营网络体系。2007 年，丽水市农资连锁经营直营店、加盟店 387 家；市本级和莲都区、龙泉市、遂昌县、景宁畲族自治县、庆元县、松阳县、云和县供销合作社相继组建农资连锁配送经营公司。

2010 年，丽水市供销社系统成为农资供应主渠道。有农资经营企业 10 家，产业活动单位 340 个，供销合作社全部组建农资连锁配送经营公司，拥有农资连锁经营、直营店、加盟店 561 家，形成县域性农资连锁配送服务体系。实行“四个统一”③标准，建立覆盖全市的农资现代经营服务网络，建立淡季农资储备制度。

经营活动　1949 年，中国土产公司松阳办事处调入丽水支公司硫酸铵等化肥，年销售量不足 5000 千克。1952 年，丽水县、松阳县、缙云县供销合作总社分别销售化肥 254 千克、601.8 千克和 327.8 千克。20 世纪 60 年代，各县农业生产资料品种增多，销售量提高。供销合作社经营农业生产资料品种有杂肥、绿肥种子、化学肥料、菌肥、土农药、化学农药、中小农具、农药械、薄膜、油类等。同时，各县供销合作社收购农副产品，实行奖售化肥政策。

1965 年，丽水专区农业生产资料销售收入 892.7 万元，其中销售化肥 1987.5 万千克、草子种 118 万千克、化学农药 105.5 万千克，中小农具 70.4 万副。1977 年，丽水地区农业生产资料销售收入 1846 万元。1978 年，丽水地区农业生产资料销售金额 2694.8 万元，其中化学肥料 69961 千克、农药 5365 千克、农用薄膜 497.8 千克、中小农具 10030 百件、农药械 12983 架。

1979 年，丽水地区供销合作社农业生产资料销售金额 3552.2 万元，其中销售化肥 107236 千

① 两站：配药站、农资服务站。
② 四统一：统一管理、统一进货、统一价格、统一核算。
③ 四个统一：统一采购配送、统一质量标准、统一区域销售价、统一服务质量。

克、农药 4800 千克、农用薄膜 601 千克、中小农具 10109 百件、农药械具 13741 架、石膏 47882 担。1990 年，丽水地区供销社系统农资购销收入 10116.8 万元，包括购销化肥 14372.9 千克、农药 2315.7 千克、农膜 377.4 千克、中小农具 19.34 万件。

1995 年，供应化肥 15.78 万千克、农药 2606 千克、农膜 581.9 千克。1996 年，丽水地区销售化肥 15.33 万千克，化学农药 2496.3 千克，农用薄膜 494.7 千克，中小农具 2.73 万架。1998 年，丽水地区供销社继续实行联合（连锁）经营，农资销售收入 1.62 亿元。2005 年，丽水市供销合作社占农资市场份额 70%以上，其中景宁畲族自治县供销合作社占农资市场份额最高为 92%。2010 年，丽水市供应农资商品价值 3.19 亿元，其中化肥供应量占 90%以上。

再生资源回收利用

经营机构　1949 年中华人民共和国成立初，丽水专区供销合作总社主要收购废金属，如废铜、废铝、废钢铁、废铅等。1952 年，各县供销合作总社负责经营杂铜收购业务。后业务扩展到废铝、废镍、废纸等品种 20 多个。1955 年，各县供销合作社执行浙江省供销合作社制定《废品经营管理方案》，统一负责废旧物资收购业务，并相继设立废旧物资经营机构。1958 年始，各县供销合作社全面开展废旧物资收购业务，并扩大到废纸、废布、废玻璃、废塑料等品种 50 多个。1965 年，各县按上级废旧物资收购范围的规定，把废品用语改为废旧物资。

1985 年，执行商业部《关于供销社废旧物资系统经营范围的暂行规定》，明确供销社是废旧物资业务经营的主渠道，同时规定废旧物资的经营范围。丽水地区有 6 个县供销社建立废旧物资专业公司。1986 年，土特产、畜产品经营部从丽水地区贸易中心中剥离出来，成立丽水地区土特产（畜产品）公司，下设废旧物资收购点。

1990 年，丽水地区废旧物品市场竞争激烈，管理失控。20 世纪 90 年代中后期，各县（市）供销社实行废旧物资企业改革、改制，对一些经营困难、长期处于亏损和经营情况不佳的废旧物资企业，采取兼并、解散、歇业、租赁、破产等措施。2000 年，丽水地区土特产公司和缙云等县土特产公司停止废旧物资回收业务。丽水地区大部分废旧物品收购企业相继改制解体、破产，废旧物品收购业务逐步被个体经营户取代。2010 年，丽水市再生资源有限公司成立。

生产经营　民国时期，丽水再生资源有限，加工利用范围较狭，多由零星小商小贩走街串户流动收购，收换结合。1961 年，各县落实全国供销合作总社颁布《废品商业工作四十条》，废旧物资收购业务逐步实现正常化。1963 年，丽水专区供销合作社废旧物资收购单位 34 个，从业人员 75 人。1965 年 11 月，丽水专区供销社系统废旧物资收购额 13.4 万元。1971 年，丽水地区供销社系统废旧物资收购额 38 万元。1978 年 11 月，丽水地区供销社系统废旧物资回收金额 89.14 万元，其中废钢铁 1338.35 万千克。1980 年，丽水地区供销社系统废旧物资回收金额 57.7 万元，完成计划数的 88.77%。1983 年，丽水地区供销社系统废旧物资回收金额 101 万元。

1985 年，丽水地区供销合作社生产资料销售收入 14572 万元，废旧物资收购销售收入 130 万元，其中收购废钢铁 3134.9 万千克。1986 年，丽水地区供销合作社生产资料销售收入 13620 万元，废旧物资收购销售收入 140 万元。1990 年，丽水地区供销社系统废旧物品回收金额 394.8 万元，其中收购废钢铁 394.3 万千克，杂铜 50.4 万千克、废铝 40.6 万千克、废铅 13.4 万千克。1995 年，丽水地区供销社系统废旧物资收购网点 35 个。2010 年，丽水市实现废旧物资回金额 5.05 亿元，税收

7000多万元。

社办工业生产

民国27年(1938)，丽水县太平经济建设实验区创办肥皂生产合作社、鞋袜生产合作社、双源造纸合作社，生产加工肥皂、鞋袜和纸张等。同年，丽水雅溪区滴水岩、皂树、葛畈等地成立开荒生产合作社11个，社员600多人，种植油桐、油茶等667公顷，加工生产桐油20万千克。民国28年，遂昌县联合社制造部创办竹器、油墨、肥皂、洋烛、酱油等工厂，后因销路和质量问题停办。松阳县联合社及古市办事处生产部，在西屏、古市两地创办雪茄烟加工场，手工生产“明牌”雪茄烟，产品主销四川省和上海市。后因烟税事宜未妥而停办。松阳横山茶叶生产合作社曾收购当地茶青，加工生产龙井茶，品质颇佳。民国30年，省合作社物品供销处在丽水设印刷、日用品和纺织、碾米等合作工厂，后分别迁至龙泉县、云和县。战后，除丽水印刷厂迁到杭州市外，其余各厂均由当地合作社接办。

1949年5月丽水解放初，各县供销社因陋就简，利用土设备兴办各种加工厂，加工生产群众急需的生活用品。庆元县供销社投资734元，修建四源碗厂、五都染坊、新窖、淤上纸厂。1951年底，庆元县供销社社办企业生产土碗18担、毛边纸83担、土报纸273令、染布1094匹。松阳县供销合作社组织农村油车，为中国油脂公司浙江省分公司和省供销社代加工茶油、菜油、青油、桐油等。20世纪50年代，各县社办工业随着供销社兴衰而兴衰。1958年“大跃进”时期，各县供销社办工业种类繁多，包括食品加工、酿造，棉花加工，石灰、土纸、土农药、土化肥生产等。其中龙泉县供销社社办企业就有100多家，工业产值119万元。1958年后，各县合并国营合作商业，供销社社办工业划归国营商业部门。1961年，各县供销社恢复建制。原划归国营商业的工业企业重新划归供销社。1963年，丽水专区供销社办企业职工26人，年总产值10.3万元。

1966年，丽水专区供销社工业再次划归国营商业部门。1970年10月，丽水地区茶厂成立，加工烘茶坯、茉莉花茶。1972年，丽水地区茶厂投产，收购茶叶81万千克。1978年2月，丽水地区茶厂划归刚恢复的丽水地区供销合作社。同年，丽水地区收购加工茶叶206万千克，销售收入7728.6万元。1980年，丽水地区收购加工茶叶293万千克。1980年，遂昌、龙泉、缙云、松阳等县供销社相继创办精制茶厂，加工毛茶能力700万千克/年，产值42000万元。1981年，丽水地区茶厂收购毛茶1450万千克，加工60万千克，销售收入369.94万元。1983年，丽水地区茶厂产大于销，收购茶叶361万千克，产值21850.8万元。1984年，丽水地区茶厂库存积压严重，价值42000万元。1985年，丽水地区茶厂收购量下降。同年，缙云县茶厂生产的“五云牌”茉莉花茶获商业部“优质产品”称号，在国际茶文化节被评为“文化名茶”和“优质花茶”；遂昌茶厂生产的精制“天坑牌”特级珍绿茶，获第25届世界优质食品评选会金质奖。1989年，缙云供销合作社所属缙云啤酒厂①建成投产，生产啤酒101万千克。1990年，丽水地区茶厂收购茶叶49.8万元，产值769万元，销售收入184万元，库存价值639.8万元。同年，丽水地区供销社实现工业总产值3778万元。

1991年始，全国茶叶市场大起大落，丽水地区茶厂管理不善，库存积压严重，连年亏损。1995

① 1992年，更名浙江仙都啤酒发展公司。

年，丽水地区茶厂被丽水地区汽车运输总公司兼并。同年，丽水地区供销合作社所属工业企业15家，农产品加工机构37家，产值9690万元。

1997年，丽水地区年销售超500万元的加工（销售）型农业龙头企业7家，其中年销售收入超1000万元的5家。1998年，松阳县供销社松阳茶厂改制，更名浙江松阳骆驼茶叶有限公司，由浙江省茶叶进出品公司托管。8月，龙泉茶厂以资产出让形式改制。截至11月，全市工业总产值11072万元，销售收入10551万元，利税3800万元。

2001年，浙江仙都啤酒发展公司投资100万元，进行CIS改版升级。同年，生产啤酒7550亿千克，销售收入1.04亿元，实现利润0.38亿元，人均利税居全省啤酒行业第二位。2002年，浙江仙都啤酒发展公司投资2000万元，开发“金仙都”“小阳光”等啤酒新品种近10个，年产量9000万千克，销售8930万千克，利润836万元，税收4513万元。

2003年，浙江仙都啤酒发展公司与北京燕京啤酒集团总公司合资，组建燕京啤酒（浙江仙都）有限公司，投入技改资金6000万元，生产啤酒1.01亿千克，销售收入10600万千克，销售收入1.5亿元，税收0.55亿元。2004年，浙江仙都啤酒发展有限公司收购浙江碧湖啤酒有限公司。2006年，仙都啤酒发展公司生销售啤酒1.84亿千克，销售收入2.46亿元，利润1003.5万元。2009年，丽水市供销社有工业生产企业法人单位2家，产业活动单位3个，人员543人，工业总产值40.59万元，工业增加值13.8万元，销售收入38.19万元，利润1564万元，税收8445万元。

1998—2010年丽水市供销合作社经营业务情况一览

表16-5-2-1

年份	生活资料销售		农业生产资料销售			农副产品收购		废旧物资收购		社办工业		
	经营机构（家）	营业额（万元）	经营机构（家）	营业额（万元）	化肥（万千克）	经营机构（家）	营业额（万元）	经营机构（家）	营业额（万元）	生产企业（家）	总产值（万元）	销售额（万元）
1998	24	22153	19	16219	15684	7	10916	4	1589	17	—	—
1999	—	—	—	—	—	—	—	—	—	16	11401	12728
2000	—	17039	—	12198	12898	—	4356	—	176	—	—	—
2001	—	12834	—	7368	6977	—	3120	—	1373	—	—	—
2002	—	9498	5	4863	4647	1	3078	—	3896	5	13561	13447
2003	—	6915	4	4879	4809	6	7102	—	2744	4	16173	14752
2004	—	10426	3	13473	4101	4	7179	—	2005	6	19432	17867
2005	—	8936	6	5683	4816	20	7582	—	696	2	20740	19878
2006	—	22259	—	6576	4679	—	9419	—	39	2	26030	26046
2007	3	18809	9	17194	11015	—	16484	—	3	2	31913	31433
2008	4	27892	7	23554	10577	4	10782	4	3332	2	35289	35489
2009	5	27294	12	23795	10835	7	18440	4	12168	2	40558	38232
2010	7	24364	12	31872	11608	8	34779	3	53227	2	37971	34475

第六章　物资流通业

丽水物资流通随着商品生产出现而产生，并随着市场经济发展而发展，对工农业生产和城市发展起促进作用。古代，丽水所需木材、建材等物资多为商人自由购销。近代以前，金属材料、机电产品和化工产品也是一样。民国时期处属政府签发牙帖、营业执照和征收厘税等。行业管理工作多由帮会、行业承担。民国26—34年(1937—1945)，因应战事需要，一度对重要物资实行严格军政统制，形成战时特殊的物资流通体制。

1949年5月丽水解放，丽水专区军事管制委员会采取措施，保障供给，平抑物价，调节市场，打击投机倒把势力，整顿市场秩序。1953年，国家逐步建立以计划调配为主的物资流通体制，把工业品原材料、机电设备等重要物资实行分类分级管理，纳入计划管理轨道。丽水物资商业公私并存，实行直接计划和间接计划两种分配方式，物资呈现市场销售和计划分配并存的局面，既体现计划的统一性，又保留一定的市场灵活性，物资流通比较活跃和顺畅。这一时期，实行计划供应和市场销售相结合的管理体制。

1958—1965年，随着第一个五年计划实施和对私营工商业社会主义改造的基本完成，计划供应和市场销售相结合的体制演变为单一物资分配供给体制。此时，丽水物资市场基本消失，工农业生产和基本建设所需物资均由国有公司经营，并由各县计划委员会、县物资局及主管局实施计划管理。1964年，丽水专区工业品生产资料由各县物资部门归口统一管理，形成特定的独立行业。1966—1976年，统配、部管物资分配体制，经历又放又收的反复，物资流通体制也经历管理权限的下放、上收、分散、集中的变动。

1978年中共十一届三中全会后，随着经济体制改革不断深入，多渠道、少环节、开放的商品流通市场逐步建立。1979年开始，丽水地区实行有计划的商品经济，物资企业职责由管理执行调整为经营服务，由独家经营调整为多家经营，经济效益逐年提高。后丽水地区逐渐由单一物资协作，发展成为包括物资、资金、技术、人才四位一体的协作，由临时性协作逐步发展为中长期较为稳定的协作。

1994年下半年开始，物价大幅度回荡，物资经营量急剧下降，地区国有物资长期积累的结构性矛盾和历史包袱难以消化，加之自身改革滞后，在思想观念和经营机制、经营方式等方面尚不适应改革和市场经济的发展变化，导致全行业出现亏损。1995年8月，组建丽水地区物资集团总公司，探索物资流通代理制，建立新型的工商关系。后丽水地区私营和个体经济相继进入物资经营，国有和集体物资经营机构逐渐退出。丽水地区逐步形成一些有影响的生产资料市场，出现多渠道并存的流通格局。

第一节 物资流通体制

清末民国初，丽水物资经营有镬店、铜店、锡器店、铁店。20世纪20年代，丽水县杨荣顺杂货店成立，供应化工产品。抗日战争初期，丽水县华源五金综合店经营五金产品，兼营玻璃，浙东电力厂兼营电工产品。

1950年4月，丽水百货公司兼营生产资料。1952年开始，各县供销合作总社经营化肥农药。1953年，各县计委统一平衡调配中央分配下拨的重要物资。1959年，各县计划分配物资，财政统收统支。同年，丽水县物资综合公司成立。1963年，恢复丽水专区。1964年，丽水专区物资综合公司成立，财政拨款物资经营资金占60%，银行贷款物资经营资金占40%。1965年7月，丽水专区物资综合公司接管国家代管物资品种45个、规格125个、重量1500多千克。8月，丽水专署物资局成立，与专区农机公司、专区物资综合公司合署办公，三块牌子一套班子。1966年5月，丽水专署物资局执行省物资局文件精神，按工资基金的5%，提取计划奖金，其中70%计划奖金留企业，30%计划奖金上交省物资公司。8月，国家物资部征求改革奖励制度的意见，明确取消发放奖金政策。1967年8月，丽水专署物资局执行《国务院关于奖金问题的通知》，取消发放奖金制度，全面停发奖金。1966—1976年，丽水地区物资经营完全按计划调配安排，储存单位保管战备物资责任，但没有动用处理权。1971年，地区物资局调拨计划外物资，到省内外订货。

1979年开始，丽水地区实行有计划的商品经济，物资企业职责由管理执行调整为经营服务，由独家经营调整为多家经营，经济效益逐年提高。1988年，丽水地区物资系统利润1452万元。1990年，丽水地区物资企业77家，供应点96个。1991年，丽水地区开展物资部门二轮承包。1997年，丽水地区深化改革物资部门，改制重组物资企业14家，破产物资企业10家，地区本级分流职工100多人。1999年，丽水地区物资企业96家，转制物资企业81家，其中破产和解散物资企业各40家，组建股份制企业23家。后丽水地区私营和个体经济相继进入物资经营，国有和集体物资经营机构逐渐退出。

第二节 物资经营

金属材料

1959年，各县物资综合公司经营金属材料。1962年，各县物资综合公司销售钢材272千克，生铁238千克。1964年，丽水专区物资综合公司设立金属组，经营黑色金属、有色金属及金属制品。1979年，地区金属化建公司成立，经营国家控制的金属材料，除钢材、生铁、薄板、线材、焊管等材料外，其他材料只控制分配总量，敞开供应用户。1985年1月，地区金属材料公司成立。1985年，丽水地区物资系统销售钢材33830千克，生铁3866千克。1988年，地区金属材料公司经营钢材品种大类15类、规格型号150多种，有色金属、有色材料品种上百种。1988年，丽水地区物资系统销售钢材27732千克、生铁6063千克，有色原料247.98千克，有色材料20.5千克。1990年，地区金属材料公司销售钢材20416千克，生铁3525千克，有色材料4634千克。1995年，地区金属材料公司销售生铁875千克，钢材9.9千克，比上年分别减少61.8%和9.2%。1995年始，地区金属材料公司企业改制，实行市场竞争。1995—2010年，丽水市物资经销行业引入私营企业，有关数字较难统计。

化工建材

1950年4月，丽水百货公司兼营汽车轮胎、玻璃、纯碱、硝酸钾等生产资料。1959年，各县物资综合公司经营化工建材。1963年，丽水专区物资综合公司销售水泥2186千克，烧碱219千克，纯碱16千克。1964年，丽水专区物资综合公司化工建材组，经营化工、轻工原材料和建筑材料。

1979年，地区金属化工建材公司成立。1985年1月，地区化工建材公司成立。1985年，丽水地区化工系统销售水泥145006千克，烧碱6340千克，纯碱787千克。1988年，丽水地区化工建材公司成立，经营化工、轻工和建筑材料。同年，丽水地区化工建材公司销售水泥98431千克，烧碱8728千克，纯碱1219千克，轮胎24255套。1990年，地区化工建材公司销售水泥56831千克，烧碱7299千克，纯碱665千克，轮胎26292套。1995年，地区化工建材公司销售烧碱108千克，纯碱776千克，水泥2.4万千克。2010年，市化工建材公司企业改制，引入私营经济。1995—2010年，丽水市化工建材公司企业改制，加入私营经济，有关数字较难统计。

机电设备

1950年4月，丽水百货公司兼营电线等生产资料。1959年，各县物资综合公司成立，经营机电物资。1979年，地区机电设备公司成立，经营汽车、机床、工业泵、变压器、锅炉、导线、工业轴承、风机、布电线、电焊机、电工设备、电工仪器仪表等产品。1979年，丽水地区销售汽车33辆、钢芯铝绞线105千克、裸铝线37.5千克、工业锅炉4.5蒸千克、金属切削机床42台、锻压设备2台、电焊条93千克。

1980年，地区机电设备公司落实经济责任制，开展分摊核算，实行责任会计，改善经营管理。1988年，地区机电设备公司销售汽车636辆、钢芯铝绞线371千克、裸铝线20千克、工业锅炉35.3蒸千克、金属切削机床120台、电焊条241千克。1990年，地区机电设备公司销售汽车461辆，钢芯铝绞线591千克，裸铝线21千克，工业锅炉38.3千克，金属切削机床107台，电焊条359千克。1995年，地区机电设备公司销售汽车935辆，摩托车713辆。

2003年元旦，丽水市在火车站广场举办第一届汽车展览会，展销车辆110辆，合同交易额1459万元，其中现场成交67辆，销售金额988万元。同年，浙西南农贸城举办“绿色之春”年货展示展销会，参加企业100多家。同年9月21日，在宁波第五届浙洽会上，缙云野鹰电动车与德国客商签订销售合同520万元。

2005年，丽水市区岩泉区块汽车市场一期4S店4家开业。2010年，丽水市家电下乡销售186725台，成交金额4.17亿元；家电“以旧换新”销售64273台，成交金额2.26亿元；回收旧家电68034台；汽车“以旧换新“受理、审核、办结申请补贴汽车1408辆，国家专项补助1890多万元。2010年，丽水市微电机产业呈快速恢复性增长，规模企业产值8.5亿元，比上年增长39.9%；出口产值3.13亿元，增长65.86%。其中方正、华星、速诚、金茂等重点骨干企业产值增长率分别为36%、46%、36%、65%。

2008年丽水市第二次经济普查主要物资供应量一览

表16-6-2-1

品　名	销售量(千克)	销售收入(万元)
水泥	2130706	48175
生铁	1650	1058

续表 16-6-2-1

品　名	销售量(千克)	销售收入(万元)
粗钢	274324	457162
钢材	1190055	1067643
铜材	20309	49393
铝材	33568	63381

金属回收

1949年，丽水专区供销社系统主要收购废铜、废铝、废钢铁、废铅锡等废金属。1958年7月，各县供销社扩大收购业务，除收购废金属外，还收购废纸、布、废玻璃等50多种。1971年，各县供销社收购金额38万元。1983年，丽水地区供销社收购金额101万元。1988年，丽水地区供销社系统设立废旧物资收购点22个，职工53人，收购金额266万元。1990年，废旧物资回收金额393.2万元，加工废钢铁416千克。1984年，丽水汽车机电设备回收站成立，主要回收丽水地区行政企事业更新报废汽车、报废库存机电产品。1984年，丽水汽车机电设备回收站收购金额24万元。1988年，丽水汽车机电设备回收站更名丽水地区金属回收公司。1988年，丽水地区金属回收公司回收更新车辆120辆，废钢材1000千克，收购金额200万元，利税25万元。1998年，缙云县物资局建立县机电设备回收有限公司。

1990年，丽水地区金属回收公司金属回收金额337.6万元。1998年，缙云县机电设备回收有限公司销售金额6877万元，税收398万元，排名全省回收行业第五。1999年，丽水地区金属回收公司销售钢材20.5万千克，比上年增长29%；销售废钢铁6.1万千克，比上年增长240%。2000年，丽水市做好报废汽车回收（拆解）工作，回收报废汽车1123辆，比上年增长69%；销售废钢铁7.39万千克，比上年增长21%。

2007年，丽水市执行商务部《再生资源回收管理办法》，对市区再生资源回收企业和个体户60多家实行备案登记。同年，丽水市供销社配合工商部门，清理整顿市区废旧金属收购经营户100多家。2009年，丽水市家电“以旧换新”销售5466台，成交金额2136万元。2010年，丽水市注册废旧金属回收公司85家，注册资金近亿元。

第七章　烟草专卖业

烟草是烟株、烟叶及其制品的通称。旧称淡巴菰、淡巴姑等，均是西名译音。明万历年间（1573—1620），丽水境内始有烟草种植。清康熙年间（1662—1722），松阳开始有烟叶购销。清道光年间（1821—1850），丽水烟叶开始外销到南洋一带。清光绪年间（1875—1908），丽水烟叶出口外销有一定的规模。民国 4 年(1915),民国北洋政府公布《全国烟酒公卖暂行简章》,烟草购销开始进入政府管理层面,主要实行以税代管的政策。

1949 年 5 月丽水解放后,丽水境内烟草管理体制历经多次变动,烟草生产有很大发展。1949 年 8 月,国营丽水贸易分公司成立,经营卷烟批发业务。卷烟批发业务先后划归中国百货公司丽水支公司、中国土产公司浙江公司各县办事处、丽水专区专卖事业处、温州专区专卖事业处丽水分处经营。1963 年 5 月丽水专区恢复建置后,建立丽水地区生产土产食品服务站,管理各县卷烟、酒类、食糖的计划平衡工作。

1986 年 7 月,丽水地区烟草公司成立,负责烟草经营。1987 年,丽水地区烟草专卖局成立,确立专卖制度,实行统一领导、垂直管理、专卖专营。2000 年丽水撤地设市后,浙江省丽水地区烟草专卖局更名浙江省丽水市烟草专卖局。2008 年,浙江省丽水市烟草专卖局更名浙江省烟草公司丽水市公司。

第一节　烟草经营体制

民国初期,政府开始管理烟草购销事宜。民国 4 年(1915)5 月,北洋政府公布《全国烟酒公卖暂行简章》。7 月,北洋政府财政部核准公布《浙江省烟酒公卖局暂行施行细则》。10 月,浙江省政府全省 9 个行政区域全部设置烟酒公卖分局,其中丽水行政区为第九区烟酒公卖分局,实行烟酒公卖制度。同期,各县开展公卖烟叶、烟丝。民国 6 年,松阳烟类专局成立,是民国浙江省四大烟类专局之一。民国 7 年 7 月,松阳烟类专局并入第九区烟酒公卖分局。

民国 16 年(1927)5 月,浙江省政务委员会公布《浙江省卷烟公卖条例》。同年 7 月起,卷烟销售纳入公卖管理范围。同年,浙江省划分行政区 11 个,设立卷烟公卖分局 11 个,其中丽水行政区为第十一区卷烟公卖分局,下辖处属 9 个县(青田县归第十区卷烟公卖分局);建立丽水处州仓库,作为上海产卷烟中转调运处。同年 8 月,国民政府财政部颁布卷烟统税令,改由税务部门负责征税管理,浙江卷烟公卖宣告结束。民国 27 年 4 月,浙江省试办卷烟公卖,设立丽水卷烟公卖分处。10 月,浙江省停办卷烟公卖,丽水卷烟公卖分处改建为丽水战时卷烟管理分处。

民国 32 年(1943)8 月,中华民国财政部苏浙区烟类专卖局成立,驻丽水县城关镇西园庙弄 11 号;同时成立苏浙区烟类专卖局丽水区办事处,下设云和、龙泉业务所 2 个,景宁县、松阳县、庆元县、缙云县、宣平县、永康县和丽水县碧湖镇业务员办公处 7 个。民国 33 年 10 月,改组中华民国财政部苏浙区烟类专卖局,成立丽水专卖事业局,管理烟、火柴、食盐等专卖事务,下辖丽水、云和、景宁、龙泉、庆元、松阳、宣平、缙云、永康 9 个县办事处(分处),代管衢县、遂昌、龙游、汤溪、江山、常山、开化、寿昌、遂安 9 个县的办事处(分处)。民国 34 年 5 月,丽水专卖事业局撤销。

1949 年 5 月丽水解放。8 月,国营丽水贸易分公司成立,经营卷烟批发业务。1950 年 4 月,卷烟批发业务划归中国百货公司丽水支公司经营。6 月,中国土产公司浙江公司松阳办事处成立,经营烟叶购销业务。1951 年 9 月,丽水专区专卖事业处成立,仅限于经营酒类专卖业务。1952 年 1 月丽水专区撤销后,中国百货公司丽水支公司更名中国百货公司丽水商店。3 月,撤销丽水专区专卖事业处,改建为温州专区专卖事业处丽水分处,下辖丽水、云和、景宁、龙泉、庆元等 5 个县的烟酒业务。1953 年 1 月,调整卷烟业务经营机构,经营权由丽水百货商店划归温州专区专卖事业处丽水分处经营。1955 年,温州专区专卖事业处丽水分处更名丽水县专卖公司,不再兼管其他县烟酒业务。

1963年5月，恢复丽水专区建置，辖区内丽水县、青田县、云和县、龙泉县卷烟业务，仍归温州地区公司管辖，遂昌县、缙云县卷烟业务仍归金华地区公司管辖。1969年9月，丽水地区生产土产食品服务站成立，管理各县卷烟、酒类、食糖的计划平衡工作。1973年1月，撤销丽水地区生产土产食品服务站，建立丽水地区食品副食品公司。7月，各县卷烟业务划归丽水地区食品副食品公司经营。1981年4月，丽水地区食品副食品公司拆分为丽水地区糖烟酒菜公司和丽水地区食品公司，其中卷烟业务归丽水地区糖烟酒菜公司。1985年8月，丽水地区糖烟酒菜公司更名丽水糖烟酒菜批发公司。

1986年5月，浙江省烟草公司与丽水地区商业局、浙江省供销合作社丽水地区办事处签订《关于浙江省烟草公司丽水分公司组建交接协议书》，协调浙江省烟草公司丽水分公司组建交接事宜。7月，丽水地区烟草公司成立。1987年9月，丽水地区烟草公司更名浙江省烟草公司丽水分公司。1987年3月，浙江省丽水地区烟草专卖局成立，与浙江省烟草公司丽水分公司合署办公，实行两块牌子、一套班子，下辖所属各县(市)烟草专卖局、烟草公司，兼管云和县、景宁畲族自治县、庆元县糖烟酒公司卷烟购销业务和丽水市(县级)卷烟批发业务。

2000年7月，浙江省丽水地区烟草专卖局更名浙江省丽水市烟草专卖局。2008年，浙江省烟草公司丽水分公司更名浙江省烟草公司丽水市公司。

第二节　烟草收购

收购政策

1949年5月丽水解放后，丽水专区政府统一收购大宗烟叶。1950年11月，松阳县烟叶联购委员会成立，吸收私营商业代表参与，负责制定国营合作商业机构和私营烟商烟叶收购比例，统一烟叶等级价格，维护生产、销售方的合法利益。1953年7月，松阳县烟叶联购委员会召开烟叶收购协商会议，规定国营合作商业机构和私营烟商严格按确定的比例进行收购，不准为外地客商收购烟叶；各烟丝店、烟丝加工场收购烟叶仅限于自用，不得转售或代人收购。

1952年7月，丽水专区烟叶购销职责划归中国土产公司丽水支公司，任何单位不得收购；私营烟商、烟行经批准后，方可从事代为购销业务。1954年，各县供销合作社经营烟叶计划收购业务；烟农所产烟叶除留足自用外，均须出售给各县供销合作社。1978年，丽水地区行政公署规定烟农自留烟叶部分，核定烟农人数，每人每年自留烟叶不得超过4千克。1986年9月，丽水地区执行《中华人民共和国烟草专卖条例》，烟叶收购职责划归烟草公司。1992年，各县烟草公司与烟农签订产购合同，合同约定生产的晾晒烟叶，属烟草专卖管理品，必须由烟草公司按合同规定的数量、等级标准和价格收购，其他任何单位与个人不得收购；未签订合同的其他晾晒烟叶，不属烟草专卖管理品，可以在市场自由交易。

烟叶等级标准

晒红烟　清代时，晒红烟分大烟、二烟、三烟、脚叶、秋烟(二茬烟)等级5个。民国时期，晒红烟分全红、剥叶、秋叶、花庄等级4个。民国28年(1939)，浙江省合作批发部收烟处曾推行烟叶集中定级评定，后未能坚持。1949年中华人民共和国成立后，丽水专区晒红烟等级标准划分更为详细。1951

年，丽水专区晒红烟细分等级7个。1957年，各县晒红烟细分等级13个。1963年，各县晒红烟等级归并为9个。

烤烟　民国27年（1938），松阳县引进种植美国烤烟（美国烟），分为皮烟、二叶、三叶、花庄、红烟5个等级。1960年，各县引入种植其他烤烟分为等级5个。1992年，国务院颁布《国家标准烤烟》后，丽水地区执行新标准烤烟。后丽水地区烤烟收购评级采用国家法定标准。

卷烟收购

清光绪三十年（1904），卷烟传入处属各县。民国4年（1915），英美烟公司建立中国区销售网络，在温州设段，段辖销售处，货源由段提供。民国13年，英美烟公司设立处州仓库，提供处属各县经销处卷烟货源。民国16年，浙江省第十一区卷烟公卖分局在丽水设立处州仓库，中转调运处属各县卷烟。

民国31年（1942）6月，浙江省政府驻地从永康县方岩迁至云和县，上海、杭州、宁波、绍兴、金华、温州等地厂家、商店也纷纷迁入云和、龙泉、丽水等县。民国31—34年，丽水成为浙江抗日战争的大后方，龙泉县被誉为国统区“小上海”，成为浙江省卷烟集散地。民国34年，抗日战争胜利后，省级机关回迁杭州，相关工厂、商店回迁原籍，龙泉卷烟消费市场迅速萎缩，手工卷烟亦趋停顿，卷烟集散地从龙泉县转移至丽水县，市场货源均由私商采购调入。

1949年5月丽水解放，龙泉县商贩组织卷烟联购分销处，派专人到丽水、温州等地采购卷烟货源，然后开展分销业务。遂昌县亦有类似组织，从事联购分销业务，从兰溪县、衢县、龙游县采购卷烟货源。8月，丽水国营贸易分公司成立，经营卷烟购销业务。1950年4月，中国百货公司丽水支公司成立，负责经营卷烟，批发调拨所属各县分支机构的卷烟业务；私营卷烟批发商实行改行、转业。1951年，松阳县供销合作社分别与上海、中华、复兴卷烟厂和杭州利群卷烟厂，建立赊销、代销、经销业务；龙泉县爱华、万锡两家私营商店与宁波卷烟厂签订协议，代办卷烟批发业务，货源由厂家送达。

第三节　烟草营销

批　发

民国4年（1915），丽水县郑楚臣商店、遂昌县唐福盛商店成为英美烟公司经销处。民国9年，龙泉县叶宝伦棉布店兼营卷烟经营、批发、零售业务。民国10年，丽水县许德生、源大丰、丽康商店，缙云县程永大商店，缙云壶镇赵林兴、太和生商店，松阳县刘复兴、成福记、元兴商店，先后为南洋兄弟烟草公司、英美烟草公司、华成烟草公司、福新烟草公司经销卷烟，货源由各烟草公司分送。民国10年，丽水卷烟批发商店11家，其中龙泉县1家，丽水县4家，松阳县3家，遂昌县1家，缙云县2家。据民国28年《浙江农业》第12期刊登的浙江省农业改进所杨志复调查报告载，松阳县大烟行10家，运销总量930千克。

民国32年（1943）9月，苏浙区烟类专卖局丽水区办事处龙泉、云和业务处，分别开展卷烟批发业务，选择商户经销卷烟，其中龙泉业务处登记批发商22家。民国37年，松阳县烟行19家，运销总量1460千克，销到外省上海、福建、广东、江苏等地和省内温、台、金、衢、严属各县。

民国28年(1939)松阳县烟行运销调查一览

表16-7-3-1 单位:千克

烟行	行 主	地 址	开设年代	运销量	运销地点
处属烟叶运销处	何子明	西屏镇	民国27年	300	上海、厦门、温州、徽州、兰溪、龙游等
郭隆兴	郭载阳	西屏镇	清代前期	125	温州及中国台湾地区各县
金达三	金达三	西屏镇	清代前期	125	温州、厦门、中国台湾地区各县
协 茂	方锡沛	西屏镇	民国5年	25	中国台湾地区各县
徐德记	徐绍德	西屏镇	民国5年	50	温州、宁波、上海、厦门及中国台湾地区各县
罗萃泰	罗可茂	古市镇	清代前期	50	龙泉及金、衢、严①属各县
恒源兴	何美记	古市镇	清代前期	40	龙泉及金、衢、严属各县
同兴煌	叶竹书	古市镇	民国元年	80	金、衢、严属各县
李德盛	李起君	古市镇	民国16年	75	衢州、常山、兰溪、金华、义乌、温州、厦门
刘辅记	刘平一	古市镇	民国18年	60	金、衢、严属各县

民国37年(1948)松阳县烟行烟叶运销调查一览

表16-7-3-2 单位:千克

烟行名称	地 址	销售量	运销省份
方一成	西屏镇	12.50	福建省、广东省、浙江省
临天栈	西屏镇	15.00	福建省、广东省、浙江省
金达三	西屏镇	325.00	福建省、广东省、浙江省
郭隆兴	西屏镇	400.00	福建省、广东省、浙江省
裕 春	西屏镇	10.00	福建省、广东省、浙江省
同义和	西屏镇	30.00	福建省、广东省、浙江省
同春长	西屏镇	35.00	福建省、广东省、浙江省
协裕记	西屏镇	20.00	福建省、广东省、浙江省
隆 茂	西屏镇	25.00	福建省、广东省、浙江省
益 大	西屏镇	25.00	福建省、广东省、浙江省
荣 华	西屏镇	50.00	福建省、广东省、浙江省
仁 丰	西屏镇	40.00	福建省、广东省、浙江省
大 来	西屏镇	40.00	福建省、广东省、浙江省
兴 记	西屏镇	10.00	福建省、广东省、浙江省
杨德泰	古市镇	12.50	江苏省、浙江省
罗萃泰	古市镇	35.00	江苏省、浙江省
李德太	古市镇	50.00	江苏省、浙江省
蓝裕记	古市镇	150.00	江苏省、浙江省
同 兴	古市镇	175.00	江苏省、浙江省

① 2010年称建德市。

1949年8月，国营丽水贸易公司开始经营卷烟批发，同时存在私营商业批发。据1949年11月21日丽水县商业调查载，丽水私营工商业553家，其中烟业批零兼营商27家。1950年4月起，中国百货公司丽水支公司、各县分支机构或委托单位经营卷烟批发，停止各县私营商业卷烟批发业务，允许松阳县供销合作社代销上海、杭州两地烟厂委托业务（含批发），龙泉县两家私营商业代办宁波烟厂委托批发业务。1951年7月，松阳县烟叶交易所成立，专营烟叶交易，把烟叶分散交易调整为集中交易，对外实行有计划调拨销售松阳晒红烟，调拨供应省内杭州市、宁波市、桐乡县、三门县、兰溪县、临海县、仙居县、温州市、龙游县，省外福建省泉州市、厦门市，广东省恩平市、汕头市，安徽省蒙城县，辽宁省营口市和江苏省部分县市。

零 售

烟草传入早期，丽水民间自种自吸，属自然生产。后丽水吸烟人员增多，逐渐形成集市交易，销到外地，甚至出口国外。据松阳县岗寺乡山下阳村《麓阳张氏宗谱》载："张起云以力田之暇兼事烟商"。清嘉庆年间（1796—1820），丽水烟草交易兴盛，出现专事烟叶购销坐商和行商，一批连接产销的中介人"烟牙郎"也应运而生，各烟行聘请烟牙郎上烟农家看烟、评级、定价、过秤，凭烟牙郎条子向烟行投售结算，烟草主要销到杭州、上海。清咸丰年间（1851—1861），丽水烟草远销至南洋一带。

明清时期，丽水境内吸烟者普遍吸旱烟，烟丝生产相当兴盛。民国4年（1915），英美烟公司设立丽水县、遂昌县经销处，各县卷烟零售商，一般由较有名气的棉布店、南北货商店兼营。民国17—18年，丽水经销卷烟零售商178家，其中青田县20家、云和县24家、庆元县35家、松阳县51家、遂昌县48家。20世纪30年代，丽水开始兴起卷烟加工业，但未形成规模。民国27年开始，松阳县生产雪茄烟，一度成为松阳县支柱产业之一。丽水境内销售卷烟主要依靠向外购进。民国28年2月，浙江省战时卷烟管理处登记的处属10个县零售贩卖店、摊544家。

1949年5月，景宁县供销商店成立，兼营卷烟代批和零售业务。后各县供销商店相继成立。1950年4月，各县供销商店更名县供销合作总社。1950年10月，丽水专区供销合作社121个，消费合作社6个，都兼营卷烟零售。1956年，各县实行社会主义改造，执行商业部《关于村村有烟酒卖》的规定，把私营商业和小商小贩分别改造组建为公私合营、合作商店、合作小组，兼营卷烟零售。同年，各县供销合作社设立一批行政村烟草代销点，其中遂昌县266个，松阳县220个。

出 口

明清时期，烟草主要经上海、温州、厦门等港，出口日本、东南亚、亚非各国。清光绪三十一年（1905），松阳晒红烟经温州港出口国外241.85万千克。清光绪三十二年（1906），松阳烟叶经温州出口国外110多万千克，创汇24.3万两海关银（1.4银圆约合1海关两）。清宣统元年（1909），松阳烟叶主产区古市一带烟叶被日本三井洋行收购300万千克，经瓯海海关核准的"出口三联单"，自温州港封运出口。

1949年中华人民共和国成立后，上海进出口公司经营松阳烟叶出口业务，松阳县烟叶经营单位根据下达出口任务数，向上海进出口公司调拨出口晒红烟。

烟草公卖

民国4年(1915)5月，丽水地区执行北洋政府公布《全国烟酒公卖暂行简章》，实行官督商销为宗旨的烟酒公卖制度，对土烟叶、土烟丝征收公卖费。民国4年7月，财政部核准公布《浙江省烟酒公卖局暂定施行细则》，分区设置公卖分局，浙江省第九区(处属)公卖分局管理处属各县烟酒公卖并征捐税事务，招商组织各县烟酒公卖分栈、支栈。同时，实行公卖制仅烟叶和土烟丝。民国5年，浙江省第九区公卖分局管理处归并税厘各捐。

民国5年处属各县烟叶烟丝公卖费征率一览

表16-7-3-3　　单位:银元/50千克

烟类名称		公卖费	公卖价格	公卖费征率(%)	地产税
烟叶	上等	1.80	14.50	12.40	1.50
	中等	1.50	12.00	12.50	1.50
	次等	1.20	9.00	12.30	1.50
烟筋烟骨		0.50	4.00	12.50	—
烟丝		3.50	—	15.00	—

民国9年(1920)3月，浙江省烟酒公卖局更名烟酒事务局，第九区(处属)烟酒公卖分局更名为第九区烟酒事务分局。民国16年5月，浙江省政务委员会公布《浙江省卷烟公卖条例》。5月，浙江省政务委员会通过《浙江卷烟公卖筹备期间暂行办法》。6月起，实施《浙江卷烟公卖筹备期间暂行办法》。7月，财政部通令浙江改行统税，卷烟公卖条例没有实施。民国16年6月，财政部颁布《烟酒公卖暂行条例》，6章16条，废除税捐，归入公卖费率，烟酒公卖费率为定价20%；第九区烟酒事务分局下设支栈。同时，财政部公布《烟酒牌照费暂行条例》。民国18年8月12日，财政部修订公布《烟酒公卖暂行条例》，烟酒公卖费率仍为定价的20%，同时公布《烟酒公卖稽查规则》《烟酒公卖罚金规则》，撤销支栈，改建稽征所。民国20年7月，财政部公布《烟酒营业牌照税暂行章程》和实施细则，同年8月12日，丽青缙烟酒稽征分局、松遂宣烟酒稽征分局、龙庆云景烟酒稽征分局对所辖区域内卷烟商贩进行专项登记和核发烟类营业牌照。

民国时期卷烟各期公卖均重在征收，与公卖宗旨相去较远。民国22年(1933)7月，停止征收公卖费，改办土烟特税。民国27年4月，浙江省再次试办卷烟公卖，公布《浙江省试办卷烟公卖简章》，旧处属各县在卷烟货价内除去统税后，征收公卖费50%。9月，停止卷烟公卖。10月1日开始，实施《战时管理卷烟进口运输贩卖办法》，改为浙江省战时管理卷烟进口、运输贩卖办法，公卖处改为战时卷烟管理处；运销的卷烟，按批发价格，统税关税在内缴纳管理费35%。民国32年8月，财政部苏浙区烟类专卖局在丽水成立，实行烟类专卖管理。民国34年2月停止专卖，改为统税，民国时期卷烟公卖到此结束。

第四节　烟草专卖执法

烟草是特殊商品，营销方式也较为特殊。明清初期，烟草大多自产自销。民国时期相继推行公卖、专卖制度。1949年中华人民共和国成立后，实行烟草专卖制度。烟草买卖成为有别于其他商品的特殊营销方式。

法　规

民国27年（1938）前，曾实行烟草公卖制度。民国31年5月，国民政府公布《战时烟类专卖暂行条例》。民国32年8月，苏浙区烟类专卖局在丽水成立后，同时设立苏浙区烟类专卖局丽水区办事处，下设云和、龙泉业务所，其他各县和丽水县碧湖镇设业务员办事处，管理卷烟专卖，征收卷烟专卖税，税收标准为利润的3%。9月，龙泉业务所公布《烟类专卖管理办法》，规定卷烟销售商须知22条。民国34年1月，丽水卷烟停止专卖，改为统税。

1951年5月，中央人民政府财政部公布《各级专卖事业公司组织规程》，函发试行专卖事业暂行条例草案，其中酒类、卷烟被定为专卖品。9月，丽水专区专卖事业处成立。后各县专卖事业分支机构相继成立。

1983年9月，国务院建立国家烟草专卖制度，颁布《烟草专卖条例》。1983年11月起，实施《烟草专卖条例》，对全国范围内的烟草行业实行高度集中统一管理。1986年7月，浙江省烟草公司丽水分公司成立。1987年3月，丽水地区烟草专卖局成立。后各县烟草专卖局相继成立。

1991年6月，第七届全国人民代表大会常务委员会第二十次会议通过《中华人民共和国烟草专卖法》，于1992年1月1日起实施。

管　理

1987年4月，丽水地区烟草专卖局、丽水地区工商行政管理局联合下发《关于加强卷烟市场管理的联合通告》。6月，丽水市发放烟草专卖许可开始审批发放烟草专卖许可证，烟草专卖许可证有效期为5年，每年进行年检验证1次，五年换发新证。后各县相继开展发放烟草专卖许可证工作。10月，丽水市（县级）完成第一批烟草专卖许可证发放，发放批发许可证5本，零售许可证1116本。

2002年，市政府下发《丽水市烟草专卖零售许可证管理办法》。2006年，国家烟草专卖局开始规范烟草公司卷烟经营。2007年，市烟草专卖局制定《丽水市烟草制品零售点合理布局规划》。2008年1月1日起，实施《丽水市烟草制品零售点合理布局规划》。

2010年，国家烟草专卖局下发《关于进一步加强烟草专卖零售许可证管理有关事项的通知》，解决城乡零售户持证比例不平衡、农村零售户办证难问题。同年，市烟草专卖局重新修订《丽水市烟草制品零售点合理布局规划》。

收　费

1988年8月起，丽水市烟草专卖局执行省烟草专卖局、省财政厅、省物价局联合制定的《关于调整烟草专卖许可证种类及收费标准的通知》。1990 年 4 月起，丽水地区烟草专卖许可证变更登记收费按新开户标准执行。

1993 年 5 月起，执行国家物价局文件规定，调整每户烟草专卖许可证收费标准，烟草专卖生产许可证 200 元，烟草专卖批发许可证 60 元，烟草专卖零售许可证国营、集体户 24 元，个体户 12 元，特种批发许可证 100 元，烟草专卖特种零售许可证 50 元，烟草专卖临时零售许可证 10 元；烟草专卖许可证年检费不变。

经　营

中华人民共和国成立初，烟叶、卷烟为计划管理商品。1953 年 1 月 1 日，各县专卖事业分处开始经营卷烟批发业务，撤销松阳、龙泉县的上海、杭州、宁波等地烟厂代批点。1955 年，丽水、龙泉、缙云、遂昌、松阳县专卖事业分处更名县专卖公司。1956 年，青田、云和、景宁、庆元、宣平县专卖公司相继成立。1957 年，各县县级批发机构 10 个，农村卷烟批发仍委托区、镇供销合作社经营。1965 年，根据省商业厅、省供销社关于地区分工的精神，全省国营商业在县城以下集镇设置批发经营机构（含卷烟）38 个。1973 年 7 月，丽水地区食品副食品公司经营卷烟调拨业务。1986 年 7 月 1 日，浙江省烟草公司丽水地区公司接管所属各县卷烟调拨业务和丽水市（县级）卷烟批发业务，丽水市（县级）烟糖酒菜公司不再经营卷烟批发；龙泉、遂昌、松阳、青田、缙云县（市）烟草公司先后成立，经营卷烟批发业务；云和、景宁、庆元县委托烟糖酒公司继续经营卷烟批发业务。1995 年，云和、景宁、庆元县烟草公司成立。后丽水地区卷烟批发业务统归烟草公司经营。

2000—2010 年丽水市持证卷烟零售客户一览

表 16-7-4-1

年份	持证经营零售客户数(个)	城镇户数(个)	农村户数(个)	农村户数所占比重(%)
2000	12001	3450	8551	71.30
2001	11935	3426	8509	71.30
2002	12001	3577	8424	70.20
2003	11823	3547	8276	70.00
2004	12049	3374	8675	72.00
2005	12478	3619	8859	71.00
2006	13480	3807	9673	71.80
2007	14100	4482	9618	68.20
2008	14087	4357	9730	69.10
2009	14402	4509	9893	68.70
2010	14205	4867	10338	72.80

执　法

民国元年（1912），松阳县统捐分局成立，局址西屏镇天后宫，隶属丽水统捐征收局，对烟叶、烟丝以征代管。民国 10 年，遂昌县烟业专项登记 49 家。民国 26 年，各县设立县评价委员会，明确卷烟、烟丝为定期评价商品，要求商店遵照执行。云和县对不执行评价委员会评定价格，擅自提价的商人，处以站木笼示众的处罚，曾有违章商人被罚。松阳县单独设立烟叶评价委员会，规范烟叶市场交易等级价格等。同年7月，处属烟酒稽征分局函请松阳县政府协助管理烟叶烟丝市场，防止烟税漏税和抗税。

民国28年(1939)，各县开展烟酒业专项登记，松阳县年运销烟叶300担以上烟行10家(民国27年实有数)，遂昌县烟类商48家，云和县烟叶商贩86家。民国31年1月，苏浙区烟类专卖局丽水区办事处丽水、龙泉、云和、庆元业务所，管理卷烟专卖，开展城乡烟类专门登记，缉查走私贩私。丽水区办事处训令龙泉、云和业务所及业务员，不准填发外烟进口准运单。龙泉业务所核定当地烟厂成本，卷烟产品凭证领贴。据龙泉业务所不完全统计，民国31年9—12月，查获违章外烟529包，国产烟821包。

民国34年(1945)年初，苏浙区烟类专卖局丽水区办事处丽水、龙泉、云和、庆元业务所，开展查禁敌伪卷烟专项斗争。第三战区龙庆云警备司令部奉战区司令长官顾祝同电告“全禄牌香烟内附敌伪宣传品，游击区附近仍大量倾销，令仰查禁”。同年3月，浙江省政府主席黄绍竑再次代电通令各县县长称，金鹿、紫金山、白玫瑰、指南针、大吉祥等牌号香烟，系敌伪货，其封口或封口处大多附有敌伪宣传品，内容荒谬，前经本府电饬查禁在案，兹奉前因，今电各县县长严行查禁仇货在市场倾销。浙江省第九区(丽水)行政督察专员兼保安司令余森文亦向各县发出代电严行查禁敌伪香烟。民国36年抗日战争胜利后，松阳县仍然以征代管烟类市场交易。其他各县仍由税务部门以征代管。

1949年中华人民共和国成立初，松阳县工商科、县工商联和县市场管理委员会联合执行市场检查，单独设立松阳县烟叶市场管理委员会。1959年，卷烟被定为二类商品，浙江省政府特别指定松阳烟叶为三类商品，市场严禁自由交易。1966—1976年，各县打击投机倒把办公室相继成立，严厉打击卷烟、烟票和烟叶黑市交易等投机倒把行为，查处一批倒买倒卖非法经营卷烟、烟丝、烟叶案件。

1984年始，丽水地区改革城市经济体制，一些新创办的“中心”“公司”从事卷烟批发业务，各县卷烟出现多头批发现象。1986年1月，丽水地区执行省政府《关于对各类公司进行一次普遍的清理和整顿的通知》文件精神，开展清理整顿工作，扭转卷烟批发多头局面。1987年，丽水地区烟草专卖局全面整顿卷烟市场，加强卷烟市场专卖管理，严厉打击卷烟违法违章案件，重点查处贩卖走私烟、贩卖假冒伪劣卷烟、非法倒卖、无证经营和无证运输等案件。2006—2010年，丽水市查获违法假烟案件1351起，假烟数量3617件，假烟标值1795万元，查扣涉案车辆38台；追刑案件31起，其中假烟案件20起；追刑人数97人；破获国标和省标网络案12起，其中公安部督办和浙江省公安厅督办案件各1起，破获网络案假烟数量2407.71件，涉案金额31025.69万元，查获假烟叶8712.5千克，假烟丝1157.5千克，追刑人数66人。

2006 年 1 月至 2010 年 10 月丽水市卷烟案件办理情况一览

表 16-7-4-2

序号	单 位	查获追刑案件5 万元以上(起)			查获卷烟(件)	涉案金额(万元)	查扣车辆(台)	网络案(起)			行政拘留、劳教(人)	刑拘、逮捕未判(人)	判刑(人)	
		真烟	假烟	总数				部督	厅督	总数			总数	7 年以上
1	市本级	4	4	8	873.79	268.95	8	—	—	3	—	2	12	—
2	龙泉市	1	3	4	607.67	1439.82	3	1	0	2	0	6	16	2
3	青田县	1	2	3	807.66	159.05	4	0	0	1	0	4	3	—
4	云和县	0	1	1	10.02	11.38	0	0	0	0	2	1	3	0
5	庆元县	3	0	3	68.83	143.70	2	0	0	1	0	0	8	0
6	缙云县	1	3	4	724.43	22242	8	—	1	3	—	14	26	5
7	遂昌县	—	2	2	97.18	227.02	1	—	—	1	—	6	2	—
8	松阳县	—	4	4	292.91	6835.78	11	—	1	4	—	11	24	1
9	景宁畲族自治县	1	1	2	112.04	34.49	1	0	0	0	0	2	3	0
合计	—	11	20	31	3594.53	31362.19	38	1	2	15	2	46	97	8

第八章　生活服务业

丽水生活服务业包括旅馆业、餐饮、照相、美发、美容、浴室、修理、租赁等行业 8 个，规模不大，与人民生活息息相关。一些行业历史悠久，如旅馆业可追溯到隋唐。明清时期，丽水修有栝苍古道、苍岭古道、浙闽古道、永嘉官道、稽勾古道、梅田古道和曳岭古道等驿道 7 条，沿驿道设“驿馆”，供公差人员住宿休息。

民国初期，丽水男性发型发式改为剃光头或留短发，市面上流动理发担子逐步形成一个行业，理发店开始增多。民国时期，丽水修配行业，多是摆摊、挑担的流动点。丽水照相馆有十几家，逐步形成摄影行业。民国 26—34 年（1937—1945），全面抗日战争期间，特别是民国浙江省政府机关迁至丽水后，大批企事业单位随军政机关也迁至丽水，丽水市场开始繁荣起来，旅馆、理发、浴室、照相等店铺迅速增多，但卫生状况差，特别是旅馆、浴室、理发业尤甚，店面金字招牌，店内破旧不堪。抗日战争胜利后，大批民国政府及企业回迁原址，服务业转趋清淡。

1949 年 10 月中华人民共和国成立后，丽水服务从业人数一度减少。在国民经济恢复时期，丽水修理业成为城市日常生活中不可或缺的行业。1956 年开始，丽水各县服务业相继公私合营或合作。1958 年“大跃进”时期，服务业网点大撤大并。居民洗澡、理发、修理等十分不便，旅店住宿拥挤，供求矛盾突出。20 世纪 60 年代初，各县执行“调整、巩固、充实、提高”政策，分散经营，自负盈亏。1966—1976 年，丽水随意撤并网点和服务项目，下放行业人员，服务质量普遍下降。

1978 年中共十一届三中全会后，丽水地区服务业迅速发展。除国营服务企业外，各种经济成分进入，服务业网点和从业人员迅速增加。服务业改变传统技艺和服务方法，引进先进设备和技术，服务项目增加，服务方法翻新，满足各层次顾客的消费需求。浴室业有以洁身为主的经济型，也有桑拿、冲浪浴等高中档型。摄影业流行艺术写真和婚纱摄影，由以前单一的室内摄影，走向与室外自然环境摄影相结合，创意追求梦幻。理发扩展到美发美容、按摩等。旅馆业开展住、吃、游、购、娱等系列服务。修理业以修配家电、精密仪器为主。在激烈的市场竞争中，国有服务业遇到困难，产权制度改革后，逐渐走出困境。2010 年，丽水市个体私营企业成为服务业主力军。

第一节　旅 馆 业

经营单位

唐宋以后，在官道沿途每间隔一定路程修设驿、铺、馆等附属设施。清代末期，丽水只有宿店、客栈。民国23年(1934),丽青温公路通车,车站附近开设旅馆。民国26—34年,全面抗日战争时期,沪、杭一批酒家、旅馆迁入丽水,饮食服务业兴盛。1953年,各县有私营旅店285家,从业人员434人。1956年,各县私营饮食服务业改造为公私合营企业和合作小组。同年12月,遂昌县城关镇饮食服务业中心商店成立。1957年,各县有公私合营旅店12家,从业人员42人。1958年,丽水、青田、云和、缙云等县饮食服务总店或饭店相继建立。同年7月,青田瓯江旅馆开业,是青田县第一家国营旅馆。1960年,龙泉旅馆、云和旅馆、丽水环城旅馆、遂昌旅馆相继开业。1965年,丽水专区有国营旅馆18家,公私合营旅馆4家,职工168人。1973年,缙云旅馆、松阳旅馆、庆元旅馆、青田人民旅馆、遂昌旅馆、丽水饭店旅馆部、景宁商业大楼旅馆先后开业。

1981年始,丽水地区实行按部门或企业单独核算。1982年,丽水地区试行提成工资制或浮动工资制。1983年4月,省公安厅颁布《关于旅馆业管理暂行规定》,加强旅馆业的治安管理。1987年,丽水万象宾馆开业,有电话总机、锅炉房等,房间分标准间、普通房;标准间内有卫生间、彩电、沙发、电话等。1990年,丽水地区有国营旅馆18家,职工283人;供销社系统旅店49家,从业人员157人;个体旅馆业901家,从业人员2491人。

经营活动

1978年中共十一届三中会后,旅馆业稳步发展。1979年,丽水旅馆设备更新,普遍采用棕棚、棉花垫被、黑白电视机等;房间配备单人、双人间、配备木沙发等。1979年,龙泉县旅馆业实行定销售金额、费用、利润、超额奖励(简称“三定一奖”)责任制。

20世纪初,丽水地区城市化步伐加快,高档旅馆业集旅馆餐饮为一体。2001年,青田飞鹤山庄建成开业,是一家按国家四星级酒店标准设计,集吃、住、游、购、会议、商务、娱乐、美容等一条龙服务项目为一体的现代化度假山庄,占地面积10万多平方米。2007年,丽水市星级住宿业和限额以上的餐饮业法人企业55家,从业人员4806人,营业金额45041万元。2008年,丽水市有法人单位旅馆82家,其中限额以上的42家,限额以下的40家,就业人数3800个,营业金额34929万元,其中客房收入14367万元,餐费收入17829万元,商品销售136万元。

2009年,丽水华侨开元名都大酒店开业,是丽水首家按五星级标准设计建造的饭店,由浙江正达置业股份有限公司和丽水籍爱国华人华侨11人回报家乡、落实“华侨要素回流工程”而共同投资兴建的酒店;占地面积23196平方米,总建筑面积62995平方米。2010年,丽水市注册旅馆62家,注册资金7400多万元。

第二节　餐　饮　业

经营单位

清宣统元年(1909),缙云县五云镇麻福菊饮食店成立,供应面食和米饭。清末,松阳县西屏、古市饮食店25家。民国23年(1934),丽水县开设聚丰园、民乐园等菜馆。全面抗日战争期间,聚芳园、知味观、楼外楼、天香楼、新亚大酒家等杭州、上海名菜馆迁入丽水地区,供应苏杭风味菜肴。民国 31 年，龙泉县真善美冷饮店开业。民国 35 年，龙泉县剑园饭店开业，承办筵席。

1953 年，各县私营饮食服务业网点 426 个，从业人员 635 人。1957 年，各县国营、公私合营饮食网点 10 个，职工 112 人。1958 年 3 月，丽水食品厂成立，生产棒冰。1961 年，丽水食品厂手工制作冰淇淋。后各县饮服公司经营冷饮。1978 年，丽水地区国营饮食网点 27 个，职工 403人。

1980 年，龙泉县饮服公司成立，生产雪糕、汽水。1988 年，丽水地区饮食服务业网点 15247 个，从业人员 22923 人。1990 年，丽水地区饮食服务业管理机构 20 个，从业人员 145 人；经营网点 13392 个，从业人员 19956 人。1990 年，丽水地区饮食店 5368 家，从业人员 9129 人，其中国营饮食业 52 家，从业人员 397 人；供销社系统饮食业 56 家，从业人员 110 人；集体饮食业 114 家，从业人员 604 人；个体饮食业 5146 家，从业人员 8018 人。2009 年 7 月，法国拉斐西餐中国区总部正式进驻青田县，总投资 3000 万元，是该县迄今为止引进的首家国外餐饮业。

经营活动

1979 年，龙泉县饮食业实行“五定一奖”①制度。1990 年，丽水名菜香菇里脊、香菇炒冬笋、芙蓉白莲、稀卤鱿鱼等较为有名。20 世纪 90 年代开始，丽水地区餐饮业迅猛发展，营业额增长较快。1992 年，丽水地区餐饮业销售收入 1.04 亿元。1994 年，丽水地区餐饮业销售收入 1.95 亿元。1996 年，丽水地区餐饮业销售收入 3.59 亿元。1998 年，丽水地区餐饮业销售收入 3.6 亿元。2000 年，丽水市销售收入 5.08 亿元。2001 年，丽水市餐饮业社会消费品销售收入 7.1 亿元，增长 20.7%，增幅比批发零售贸易业高出 9.5%。2002 年，丽水市餐饮业销售收入 8.7 亿元，比上年增长 21.8%，增幅比批发零售业高出 11.8%，占全市社会消费品销售收入 9.3%。

2003 年，丽水市举办首届烹饪大师、名师评选活动，汤伟荣等 23 人被评为“丽水市首届烹饪大师”，杜丽美等 8 人评为“丽水市首届烹饪名师”。2004 年，丽水市餐饮业销售收入占社会消费品销售比重的 9.82%，比上年提高 0.72%，全市餐饮业销售收入增幅同比增长 10%。2005 年，丽水市餐饮业销售收入 14.1 亿元，占社会消费品销售收入的 11%，比上年增长 18.4%。1 月，肯德基连锁快餐店丽水分店开业。2001—2005 年，丽水市餐饮业成为丽水经济重要组成部分，年均增长 18.7%。2006 年，丽水市餐饮业销售收入 16.93 亿元，其中市区销售收入 5.74 亿元。2007 年，丽水市餐饮业销售收入 20.56 亿元。

2008 年，青田县“华侨总部经济”集群效应日益显现。青田华侨世界各地创业，带来异域休闲文化。仅鹤城街道浓厚欧陆风情一条街，就有酒吧、咖啡吧、西餐馆 120 多家，但规模普遍较小。同年，全市餐饮业销售收入 27.18 亿元。同年，全市注册餐饮业 66 家，其中限额以上 16 家，限额以下 50 家，年底就业人数 2000 人，销售收入 2.32 亿元。2009 年，丽水市住宿餐饮业实现销售收入 31.51 亿元。2010 年，丽水市住宿餐饮业销售收入 32.89 亿元，比上年增长 13.5%；注册资金上万元餐饮业 89 家，注册资金 1.55 亿元。

① 五定一奖：定营业、毛利、费用、利润、人员、超额奖励。

第三节 照相业

经营单位

民国15年(1926),青田县刘芝山创办天然照相馆。民国36年,青田县后街光明照相馆成立。后丽水县亦我轩、真吾照相馆,缙云县振记照相馆相继成立。1949年,丽水县照相馆5家,分别是天生、丽影、大地、长虹、露天照相馆。1956年,各县私营照相馆实行社会主义改造,组建公私合营或合作照相馆。1976年,龙泉县国营照相馆成立。

1990年,丽水地区国营照相馆5家,从业人员31人;供销社系统照相馆3家,从业人员3人;个体照相馆250家,从业人员369人。截至2010年,丽水市注册摄影行业法人单位10家,注册资金400万元。(参见第33篇《文化》)

经营活动

1978年始,丽水地区摄影照相馆重新树立健康美的观念,纷纷引进设备,扩大业务。1984年,丽水地区国营照相馆4家。1985年,国营丽水照相馆彩色照像中心成立,经营照相器材。后各县相继经营彩照业务。1999年始,丽水地区摄影作品参加国际、国内摄影比赛,屡获大奖。12月,丽水地区摄影家具乐部成立,中国摄影家协会秘书长刘榜、浙江省摄影家协会主席徐邦参席揭牌。同年,丽水地区行政公署举办第四届中国摄影艺术节,丽水地区被中国摄影家协会命名为中国摄影之乡。

2001年9月,丽水市政府举办世界摄影家看浙江活动,组织美国、希腊、日本、新西兰、泰国、瑞士等国家和地区摄影家、摄影爱好者到缙云县仙都景区、景宁畲族自治县鹤城镇双后岗畲族文化村景区、青田县石雕之乡采风,参加活动32人。2003年10月,丽水市政府举办中国第十届国际摄影艺术展评选活动。2004年2月,丽水市政府与中国摄影家协会共同举办第十一届到第十五届中国国际摄影艺术展览。10月,丽水市政府举办2004中国·丽水国际摄影文化节。2005年,丽水市政府第十一届中国国际摄影展,参加国家68个,参与人员4536人,参评作品35000多件。

2006年12月,丽水市政府举办中国摄影家协会成立50周年纪念大会暨中国摄影迎新联谊会,参展作品均为丽水籍摄影家取材于丽水自然风光和风土人情创作,是丽水摄影作品首次在北京人民大会堂展出。2007年3月,《丽水摄影》杂志创刊出版。同年,中国丽水摄影博物馆开馆,是全国首家摄影博物馆。2008年,丽水市摄影行业法人单位9家,固定资产690万元,营业收入1322万元。2010年,丽水市政府举办第十四届影展,参加国家88个,参赛7298人,参评作品72678幅,其中《鱼》《自由的阶梯》等作品11个获金奖,作品21个获银奖,作品28个获铜奖,作品4个获最高奖“金像奖”。

第四节　理发与浴室业

理　发

旧时，理发大多由理发师傅剃头担包揽。农村剃头担上门剃包头，城镇走街穿巷剃头担，也偶有理发店。民国35年(1946)，青田鹤城理发店有13家。全面抗日战争期间，丽水县城内方永隆、红玫瑰等理发店会做烫、卷、吹等发型。1949年，青田、龙泉、缙云、庆元、松阳县城私营理发店51家。1954年5月，青田县鹤城镇理发合作社成立。1956年，丽水县进行社会主义改造，理发行业公私合营，下设分店4个。云和、庆元等县理发行业成立合作社或合作小组。1978年，丽水地区国营理发店3家，职工20人。1979年始，丽水地区个体理发业恢复发展。1984年，丽水人民理发店实行改制，是丽水县最后一家国营理发店。1990年，丽水地区个体理发店2735家，从业人员2922人。1991年始，丽水地区改革开放深化，私营经济和个体理发业快速发展，美发美容专用工具应运而生，化学烫发工具、焗油机、美容室等开始增多，理发服务项目扩大，追求时髦发型。2008年，丽水市法人单位11家，固定资产622万元，营业收入745万元。2009年，丽水市农村小美容美发店558家，莲都区、松阳县、遂昌县、云和县、缙云县、景宁畲族自治县、庆元县开始规范整治小美容美发店。同年，丽水市规范农村小美容美发店556家。2010年，丽水市农村小美容美发店531家，规范率100%。2008年，丽水市理发店8175家，从业人员21476人。

浴　室

1953年，青田鹤城集资开办福利浴室，建共浴大池，可容10多人，工人4人。1958年，福利浴室更名人民浴室。后由青田县饮食服务公司接管扩大人民浴室，设有大池、盆池、淋浴等，每月接待宾客3000多人次。后其他各县先后建立浴室。1978年中共十一届三中全会后，丽水地区深化经济体制改革，国有、集体浴室先后承包或拍卖个体经营。

第五节　修理与租赁业

修理业

民国时期，丽水县城区有邹乾亨、大西洋、亨得利修表行3家，同昌、陈昌和、吴月亮、杨记自行车修理店4家。1956年，各县开展社会主义改造，私营修理店进入改造后加入综合社。1979年，丽水地区个体自行车修理店18家。1990年，丽水地区个体自行车修理店增加到179家。

1979年始，丽水地区恢复钢笔、晴雨伞、皮鞋、钥匙等修理行业；发展收音机、洗衣机、电风扇、电视机、电冰箱、计算器等修理行业。1990年，丽水县修理行业752家，从业人员921人。1990年，丽水市(县级)个体日用品修理行业2263家，从业人员2514人。1993年，丽水地区行政公署制定《关于促进个体私营经济发展的若干意见》后，修理行业迎来前所未有的发展良机。1997年，丽水地区个体私营商业及其他商业国民经济比重从1993年4.6%提高至75.1%。

2000—2007年，丽水市商业修理行业快速发展，家用电器和音响器材类、日用品类、汽车类等快速增加。2008年，丽水市修理与维护行业法人单位39家，固定资产1417万元，营业收入5570万元。2010年，丽水市登记注册汽车修理公司33家，注册资金3500万元；家电维修公司3家，注册资金60万元。

租赁业

1990年，丽水地区租赁业应运而生。20世纪90年代，丽水地区租赁业主要分布在汽车、建筑器材、机械、人力三轮车租赁以及儿童玩具等行业。1999年，丽水元通汽车租赁有限公司成立，是全市唯一一家注册的汽车租赁公司。据2004年丽水市第一次经济普查统计，全市机械设备租赁营业收入825万元，修理与维护行业收入743万元。2008年，丽水市汽车租赁公司发展到14家；机械设备租赁行业法人单位42家，固定资产原价3054万元，营业收入21122万元。2010年，丽水市登记注册汽车租赁公司30家，农机租赁公司1家，注册资金2300万元。

第九章　中介服务业

1978年中共十一届三中全会后，丽水地区人民生活水平不断提高，许多传统服务行业焕发青春，新兴服务行业如中介服务业发展迅速。21世纪，丽水市中介服务业连创新高，成为丽水市新的经济增长点。

20世纪90年代，丽水地区经济社会发展和人民生活水平进一步提高，群众对中介服务业需求日益迫切，保姆、清洁工、陪护人员紧俏。丽水外出务工、外出经商及出国人员逐年增多，劳务中介应运而生。市民改善居住环境意愿迫切，经济条件逐渐改善，催生房地产中介行业。丽水经济活动日益紧密和商业活动日益频繁，会计中介行业成为一个不可忽视的重要行业。

第一节　劳务与房地产中介

劳务中介

20世纪80年代，丽水地区出现求职咨询和劳务中介应运而生。1984年1月，丽水市(县级)人才交流中心成立，主要负责管理指导人才智力市场及日常事务工作，注册员工12人。后丽水地区人才管理服务局和丽水地区人才交流服务中心成立，从事人才管理服务及交流服务工作。各类私营劳务中介公司增长迅猛。婚姻介绍及家政服务大多组建私营劳务中介公司，成为政府劳务中介的有益补充。1996 年 3 月，浙江雷博人力资源开发有限公司丽水分公司成立，主要经营劳务合作交流组织、劳动和社会保障事务代理服务，属自收自支事业单位。2001 年 3 月 18 日，丽水市人才交流中心首次举办春季人才交流会，参加招聘省内外企事业单位 103 家，求职者 3000 多人，达成就业意向 587 人。2006—2008 年，市人才交流服务中心年均接待求职者 2 万人次，企业登记 2000 人。2008 年，丽水市注册劳务中介法人单位 20 家，营业收入 6689 万元。2010 年，丽水市注册劳务中介机构 9 家，注册资金 750 万元。

房地产中介

20 世纪 50—70 年代，各县城区房产交易甚少。20 世纪 80 年代起，丽水地区房屋交易日渐增多。1989 年 8 月，丽水地区城镇房屋所有权登记启动。1991 年，丽水市（县级）房地产交易所成立，具体负责房地产转让评估、办理房地产转移过户等手续。1997 年，丽水地区执行国家和浙江省房屋产权交易有关税收规定，明确单位和个人受让、购买、受赠、交换等方式取得土地、房屋权属，需缴纳契税3%。

1999 年，丽水地区执行国家调整房地产市场若干税收政策。1 月，丽水市（县级）房地产评估事务所成立，隶属丽水市（县级）房地产管理处。2000 年，丽水市恒信房地产评估有限公司交易登记存量房 2471 件。2002 年 7 月，丽水市房地产评估事务所改制，更名丽水市恒信房地产评估有限公司。2003 年 1 月，丽水市青云房屋置换有限公司、丽水市山水房屋置换有限公司、丽水市宏业房屋中介所和景宁畲族自治县龙翔房屋置换有限公司成立，是丽水市第一批批准资格登记的中介服务机构。同年底，全市有资质证书中介服务机构 12 家。2004 年 9 月，丽水市房地产评估机构 13 家，注册房地产估价师 35 人，其中市本级 5 家（含杭州机构设在丽水的分支机构 3 家），其余 8 个县（市）各 1 家。11 月，全市参加省房地产协会中介委员会的房产中介企业 9 家。12 月，制定《丽水市建设局关于房地产经纪机构备案管理工作的实施意见》，规范房地产经纪机构管理。2005 年始，丽水市规范房地产公司实行市场准入管理制度。2010 年，丽水市房屋中介公司 200 多家，其中市本级近 100 家；房地产评估机构 14 家，其中市本级 6 家（含杭州机构设在丽水的分支机构 3 家），其余 8 个县（市）各 1 家。2000—2010 年，丽水市区交易登记存量房 28503 件，建筑面积 316 万平方米，其中住宅 24461 件，建筑面积 267 万平方米。

第二节　会计与婚姻中介

会计中介

1999 年，丽水地区会计师事务所、审计事务所、税务师事务所开展脱钩改制工作。会计师（审计师）事务所 19 家、税务所事务所 20 家被依法注销终止。2000 年 1 月，经省注册会计师协会审查，省财政厅批准，依法设立会计师事务所 12 家，其中有限责任会计师事务所 8 家。新成立会计师事务所

14家，其中国税系统6家，地税系统8家。新成立会计师事务所、税务师事务所与原主管部门在名称、人事、业务、财务等方面彻底脱钩，不再承担行政管理职能，发挥中介服务机构作用。到2010年，丽水市注册会计审计中介机构25家，注册资金约500万元。

婚姻中介

古代，中国人婚姻遵循“父母之命，媒妁之言”，媒人介绍成婚占有很大比例。1949年中华人民共和国成立初，虽然提倡婚姻自由，但也需人撮合。20世纪90年代，丽水市各县(市)工会组织成立婚姻保姆介绍所，为有交友、婚姻意向的男女公民服务，解决职工婚姻，正式以组织的形式把婚姻介绍纳入工会组织工作范畴。

2000年3月，根据《中华人民共和国婚姻法》，鹊桥婚姻中介机构注册成立，结束丽水没有婚姻中介机构历史。2001年，知音婚介所成立。2005年5月，新天地婚介所成立。2008年8月，今生有约婚介所成立。2009年3月，侨知婚介所成立。2010年5月，久缘婚介所成立。至2010年，丽水市婚介所20多家。符合条件公民，可到婚介所报名登记、缴纳会费，注册加入婚姻中介成为正式会员。婚介所根据会员情况不同提供服务。鹊桥婚介所会员有5000多人，《鹊桥会员注册条款》有内容7项、《征婚登记须知》内容9项。会员收费标准分为银牌会员费1180元、金牌会员费1380元、贵宾会员费1680元、钻石会员费1980元等4种。其他婚介所一般在800—4000人。通过服务交友活动，使有情人终成眷属，婚介所成功率约在50—70%。

第三节　家政服务中介

20世纪80年代，丽水地区外出务工、外出经商及出国人员逐年增多，随着生活水平的提高，许多家庭开始对保姆、清洁工、陪护人员有需求。2000年始，各县均出现注册家政服务中介机构，民间保姆、陪护人员开展服务。2009年12月，丽水市心意保洁服务部注册成立。2010年2月，丽水市乐鑫保洁服务部注册成立。3月，丽水市建军家政服务部注册成立。

“96345”市民服务中心

市民服务中心由市政府主办，民政部门负责建设和管理。2007年6月，莲都区“96345”市民服务中心开始筹建。2008年3月7日，正式建成运行，是全市第一家为民服务中心。后各县(市)相继建立“96345”市民服务中心。“96345”市民服务中心采取“政府主导、企业参与、市场运作”模式，为市民提供生活服务类、咨询类、事务类等三大类服务，其中家政服务成为其重要服务项目之一。

搬　家

旧时，居民搬家都是自己搬迁，或临时雇佣人力三轮车、手拉车。2004年5月，丽水市“放心搬家”配送有限公司成立，员工50多人，设备有汽车、装修器材，吊装机械等。收费按起步价265元，并视楼层高低和路程远近而浮动。全年可提供服务家庭6000个、单位1000家。2008年12月，新居好搬家服务部成立，有汽车等搬家工具，年营业收入20万元，起步价为50米以内180元，随距离和楼层不同逐层提高。2010 年，丽水市区较大规模搬家公司 2 家。

保姆　保洁

2009 年，丽水市心意保洁服务部成立。2010 年，丽水市建军家政服务部、丽水市解放街巧手家政相继成立，服务内容为介绍月嫂、保姆，钟点工，疏通管道、装修清洁、单位保洁、空调清洗等，各项服务视工作性质不同采取不同的工资待遇，工资结算有按月结算，如月嫂、保姆。按时结算的有钟点工，也有承包或按件计酬的。

陪　护

陪护工主要陪护病人，集中在丽水市各大医院。他们主要工作是为丧失自理能力的病人从事陪伴护理工作，有的每天 24 小时陪护，工资有按日结算，也有按月结算，视病人病情和病人家属需求而定。陪护工一般以农村妇女为主。20 世纪 80 年代开始出现，21 世纪渐成规模。2010 年，丽水市各县级医院均有陪护工出现，但尚无专业陪护机构。

第十章　商业场所与类型

古时，丽水传统民间农产品交换、贸易大多采用城镇集市。专业市场起源于集市贸易，是专业化的贸易形式。集市贸易是互通有无的物品交易，时间短，半日即散，一般就上午半天，最长不超过一天，俗称“露水市”。集市贸易交易日有乡规民约或自然形成，使集市贸易能不断延续。城镇和乡村通过贸易场所交易，交换生产资料和生活用品，满足人们生产生活需求。20 世纪 80 年代，丽水城市化进程加快，政府重视城区老市场的改造提升、新市场的高起点建设工作，整合传统小规模、低档次、赶集式的农村马路市场、露天市场，各消费市场逐步向特色方向发展，一批富有时代特色的商业街区、专业市场逐渐兴起，展现丽水商品流通新面貌。2010 年，丽水市商品交易市场 98 个，新增网上交易市场 5 个，消费品市场 94 个，生产资料市场 4 个，成交额 178.14 亿元。

1949 年中华人民共和国成立前，丽水商业经营基本为个体户，网点多为小门店，也有各县、镇各专业行，如山货行、油行、猪畜行、米行等。1949 年 5 月丽水解放后，丽水专区设立统一经营网点。1958 年，各县取消个体商业户，关闭自由市场，形成国营商业独家经营商业的格局。1962 年，各县恢复一批公私合营商店、合作商店和合作小组，恢复集市贸易，城乡物资交流逐步恢复活跃。1966—1976 年，丽水地区第二次合并国营商业与供销社，撤并农村集镇商业网点，取缔自由市场，地区物流交流再次出现萧条。1978 年中共十一届三中全会后，丽水地区计划经济体制逐步向市场经济体制转变，改革流通体制，调整商业结构。20 世纪 80 年代，丽水地区商业逐步扩大经营网点，形成城乡畅通、跨地区的流通网络。1992 年邓小平南方谈话发表后，丽水地区商业组织出现较大发展，商业出现繁荣局面。1995年，丽水地区批发贸易机构468个，商业网点2010个，从业人员12861人。1997年，丽水地区批发零售网点6万个，从业人员10万人，消费品销售金额42.61亿元。2001—2010年，丽水市流通体制改革逐步深入，大小百货店和超级市场日益增多，各种专业店和专卖店增势强劲，经营网点遍布全市城乡，商业贸易更加旺盛。

第一节　商业场所

集市贸易

古代集市　据1997年考古学家对好川遗址考古发现，墓葬80处，石器、玉器、陶器、漆器等1000多件。这些墓葬品属于良渚文化晚期，即新石器时代末期，下限至夏末商初，约距今4200—3700年。考古研究表明，这里的许多玉器、漆器不是当地生产，而是经过“物物交换”得来。同样，在松阳县古市镇筏铺村阴岗山坡地、松阳县水南街道瓦窑头村营盘背山坡、松阳县叶村乡河头村占安山坡地等地，出土大量新石器时代石镞、石斧、三孔石钺、石环、石刀等生产工具及柳叶形石镞和圆柱形石锥等生活用具，还有大量席纹、网纹等纹饰商代印纹陶片等文物。据此可知，当时丽水周边地区出现固定场地和固定时间的集市。

春秋战国时期，随着生产力发展、人口增多、物质产品的丰富，丽水境内集市贸易有所发展。丽水先民或迁徙，或与外族融合。秦始皇统一六国之后，实行“迁虏”政策，在人口增多的同时，北方先进工具和技术促进丽水经济发展，进一步促进民族融合。

三国两晋南北朝时期，北方人口躲避战乱，纷纷迁入丽水。一些人口较多的村落，慢慢发展成为集市。官府在集市设立乡级机构，后又在乡的基础上另设立县，直至设立郡或州。

唐代官府规定非州县之所不得设市，浙西南地区除松阳外，只有遂昌、丽水、缙云有集市。但是正式的州县之市又不能满足老百姓交易的需要，于是出现许多定期集市，时称之为“草市”。

由于松古盆地土地肥沃，阡陌纵横，河网密布，灌溉便利，百姓精耕细作，松古盆地逐步成为农耕社会的富庶之地。松古盆地的亚热带季风气候以及长期水稻土的培育，有利于水稻生长，松阳成为浙西南地区“鱼米之乡”。唐武德四年(621)，松阳县升为松州。唐武德八年(625)，复为县。唐贞元年间(785—805)，因水患，松阳县治从旌义村迁入紫荆村。

随着生产力发展，社会剩余产品不断丰富，交易需求逐渐细化，以综合性为特征的集市出现专业分工，“行”市应运而生。明清时期，丽水集市多为“露水节”，半日即散。民国时期牙行种类很多。民国22年(1933)2月，丽水有牙行155家，营业额41.9万元(法币)，其中山货行39家，营业额15.7万元；油行6家，营业额2.7万元；牲畜行28家，营业额7.93万元；米行11家，营业额3.95万元；茶叶行9家，营业额0.37万元；木行62家，营业额11.25万元。

据《松阳县志》载：“松邑产米为独盛，是以闾阎常无籴贵之患”，“粟米羡余，每资他邑”。明成化年间(1465—1487)，松阳县赋米年外调温州、乐清等地8000多石，故有“松阳熟，处州足”之说。据清光绪《处州府志》载：“丽水地无珍产，商贾鲜通。每月郡城以三七日为市，碧湖以丑辰日为市。所陈诸物，率鸡、豚、米、粟之类。旸雨偶愆，则米价骤腾，质复滥恶，籴升斗者，深以为病。”

清末民初，丽水“行日”贸易开始长足发展。每逢“行日”及庙会，四方商贾云集，集市贸易兴旺。松阳县在大“行”中又细分专门小“行”。民国时期，丽水集市贸易种类很多。自然形成的专业“行”市有“牛行”“仔猪行”“鸡鸭行”“竹木行”“山货行”“土纸行”“烟行”及“米行”等。民国初期，松阳县经营粮食者187户，其中西屏镇80户、古市镇35户。两镇沿街前店后坊，部分南杂货店也兼营粮食，粮食交易兴盛。反映出作为“处州粮仓”的松阳县，在农耕社会曾有的繁华。除大米外，松阳晒红烟也十分兴盛。因经营烟叶获利颇丰，不独松阳县商人乐此，外地客商也到松阳设栈开“行”收购。民国19年(1930)，松阳县城商店266户、古市镇92户，其中烟纸杂货业户数最多为59家，西屏镇、古市镇都有“烟行”和“栈行”，有“烟行路”命名的街道，说明当时“烟行”繁荣。

民国22年(1933)年，丽水地区集市贸易155家，销售金额41.9万元法币。1949年5月丽水解放后，各县集市市日采用农历计算，其中松阳县西屏镇、丽水市碧湖镇为每月逢一逢六，遂昌县妙高镇为逢二逢七，丽水县城关镇、缙云县五云镇为逢三逢八，缙云县壶镇、云和县云和镇、松阳县古市镇为逢四逢九，缙云县新建镇为逢四逢十；庆元县松源镇小猪交易日为十二生肖牛马日；缙云县壶镇庙会市为每年农历5月28日。松阳西屏、古市两镇自然形成专业市场较为多样，先后出现牛行、仔猪行、米行、烟行、鸡行、柴行、山货行等。

计划经济主导时期集市　1949年中华人民共和国成立初，各县集市贸易和以往基本相同，把原有各种专业“行”市保留下来。1952年6月，在松阳县西屏镇举办首次物资交流大会，邀请遂昌、龙游、武义、金华、丽水等客商参加交易，成交额2.45万元(折新币)；后又在松阳县古市、靖居、玉岩、大东坝组织物资交流大会。8月，省财委发出通知，把农产品划分为三类管理，一类棉花、鲜茧为统购物资，由国家统购；二类麻、牛皮、木材、油漆、大米、出口桔子、烟叶、茶叶等，以国家经营为主，允许私商经营一部分；三类为除以上两类和国家另有规定外，鼓励私商经营为主。1953年，政府实现粮食统购统销，取消粮食“行”市贸易，限制农副产品上市。

1954年6月，政府开放农村集市贸易，市场又开始趋于活跃。同年，各县建立农村集镇粮食市场81个。随着社会主义改造的深入，私营工商业也实行公私合营。1957年2月，省人民委员会发出《关于开放国家领导的农村自由市场的指示》，就市场范围、行政管理、农民贸易、价格管理等问题作若干规定；8月，粮食市场再度关闭。1958年，主要农副产品和地方手工业品由当地国营商业收购包销，各地商业部门不得直接向产地采购。1959年7月，省委指示在全省范围内迅速建立初级市场，恢复农村集市贸易。各县“行日”逐步恢复。1961年，本着“管而不死，活而不乱”原则，允许和鼓励社会发展家庭副业，开放“行”市贸易。

1963年始，恢复开放集市贸易，市场供应逐步好转，凭证凭票计划供应范围逐渐缩小。1964年11月，省委、省人民委员会发出《关于加强市场管理、打击投机倒把活动的指示》，取消粮食集市贸易，取缔棉花集市交易，禁止商业性土纺土织发展，严禁票证买卖，农产品未完成统购派购任务前不许在集市交易，丽水“行日”萎缩。

1966—1976年，严重冲击社会经济，计划供应范围又有所增加，各县集市贸易消失。1966年，粮油交易由国家企业独家经营。1967年7月，省军管会发出《关于加强市场管理，严厉打击投机倒把活动的通知》，规定除主要农副产品不许上市、严禁票证买卖外，农村人民公社、生产队和社员不要长途贩运，不要弃农经商。1974年12月，省商业局发出《关于严禁机关、团体、部队、企业和事业单位自行到农村采购农副产品的通知》。1966—1976年，丽水地区“行日”交易萧条。

1978年中共十一届三中全会后，丽水市集市贸易重新活跃。1978年，恢复传统“行日”，开放粮油市场，“行日”交易日渐兴旺。1980年9月，丽水地区恢复集市贸易，大批农业劳动力转向第二三产业，农副产品大量上市，农贸市场得到迅速恢复和发展。同年，丽水地区集市贸易成交额2480万元。1985年4月，省人民政府发出《关于调整农副产品购销政策的通知》，规定国家不再下达农副产品统派购任务，按照不同情况分别实行合同定购、合同收购和市场收购。5月，省人民政府又发出《关于林业政策的补充规定》，取消木材、毛竹派购，开放木竹交易市场，提倡产销直接见面，允许多渠道经营，允许长途运销，价格由产销双方自行议定，按质论价。同年，丽水地区集贸市场138个，贸易成交额11555.9万元，其中新建市场18个，新增市场面积188145平方米。

1985年，丽水地区集市贸易成交额15430万元，其中新增集贸市场18个，市场面积3495平方米；扩建、改建市场9个，投资市场201.82万元。1987年，丽水地区集贸市场152个，市场面积24.7万平方米，成交额19154万元。1988年，丽水市集贸市场156个，市场面积为281319平方米，成交额72323.69万元，其中新增市场面积11866平方米，市场投资额275.6万元。

1989年，丽水地区城乡集贸市场162个，其中新建市场7个，扩建、改建市场8个，市场投资202万元，建设面积298423平方米；集贸市场成交额35697.38万元。1987—1989年，丽水市（县级）投资350多万元，先后建成市区府前菜场、市区大洋路小商品市场、碧湖镇小商品市场、大港头镇菜市场，建筑面积14000多平方米。1989年，丽水地区开展文明集贸市场评比活动，其中丽水市（县级）中山街小商品市场、丽水市（县级）府前菜市场、丽水市（县级）碧湖镇耕牛母猪市场、缙云县木材市场被评为“地级文明集贸市场”。

1990年5月，丽水市（县级）城西菜市场开业，投资120万元。11月，丽水市（县级）雅溪农贸市场开工，投资20万元；丽水地区蔬菜水果批发市场开业，投资43.8万元，由丽水市城关镇灯塔行政村、丽水地区蔬菜公司和丽水市（县级）农业局三家联办。1989—1990年，丽水市中山街小商品市场连续被评为全国文明集贸市场。1990年，丽水地区集贸市场159个，其中日用工业品市场19个，竹木家具市场13个，耕牛市场9个，仔猪市场16个，粮食市场6个，水产市场2个，干鲜果市场3个，废旧物资市场2个，综合市场60个，其他市场29个；建设面积296414平方米，其中棚屋市场面积46442平方米，室内市场面积36669平方米，专用露天市场和街道马路市场面积213303平方米；集市贸易成交额36348.4万元，其中城市集市贸易成交额5686万元，农村集市贸易成交额30663万元。同年，丽水地区有名的市场有青田县温溪镇木竹市场、青田县小群村木折椅市场、缙云县壶镇中草药市场、缙云县上湾鹅市场、丽水市城关镇蔬菜水果市场、丽水市碧湖镇小猪市场、庆元县松源镇香菇市场、遂昌县妙高镇茶叶市场、龙泉市福源乡茯苓市场。

市场经济主导时期集市贸易　1991年，丽水地区掀起市场建设高潮。同年，丽水地区集贸市场165个，其中工业品市场105个，农副产品76个，干鲜果市场2个，粮食市场8个，竹木市场9个，仔猪市场18个；新建市场22个，进场国营、集体企业170家，成交额4.52亿元。6月，丽水市（县级）雅溪镇综合市场开业。7月，丽水市仙渡兔毛市场开业。8月，丽水市金笔市场开业。9月，丽水市（县级）农贸市场开业。10月，丽水市副食品批发市场开业。12月，丽水市碧湖生猪市场开业。同年，庆元县香菇专业市场开业，是当时全国最大的多功能、永久型、高层次香菇专业市场；庆元县城告别无专业市场的历史。

1992年，丽水地区集贸市场190家，其中新建市场25个，扩建市场7个；集贸市场建设投资

883万元，集贸市场成效额7.8亿元，比上年同期增长74%。同年，丽水地区获国家级文明集贸市场2个，省级文明集贸市场2个，地级文明集贸市场6个。同年，庆元县香菇市场扩建工程完工开业，征用土地0.74公顷，投资310万元，成交额1.7亿元，税收收入530万元，占全县财政收入的1/3，成为庆元县最具特色的“龙头产业”；缙云县投资350万元，改建或扩建缙云县鹅鸭专业市场、缙云县五云镇小商品市场、缙云县黄龙棕竹木制品市场。

1993年，丽水地区集贸市场213个，其中农副产品市场91个，工业品市场27个，干鲜果市场4个，粮食市场6个，竹木市场13个，仔猪市场20个，废旧品市场3个，成交额12.28亿元；新建市场36个，扩建市场12个，总投资4122万元。1993年2月，庆元县香菇市场名列浙江省十大农副产品市场榜首。

1994年，丽水地区制定《关于进一步加强丽水地区商品市场培育建设的若干意见》，编制完成《丽水地区“九五”市场发展规划》。同年，丽水地区集贸市场213个，集贸市场成交额25.3亿元，比上年增长106.35%；新建市场12个，新建面积87555平方米，投资2886万元。4月，丽水粮油副食品批发市场开业，占地面积15000平方米。丽水粮油副食品批发市场成交额2.58亿元。5月，丽水市（县级）政府批准公开出售摊位使用权454个，筹集丽水市（县级）府前菜市场扩建资金948万元。8月，丽水市（县级）府前菜市场扩建工程启动。9月，丽水市（县级）曳岭综合市场开业，投资45万元，占地3500平方米；庆元县农贸市场工程动工。同年，丽水地区开展市场规范化达标活动，其中丽水市（县级）中山街工业小商品市场被浙江省工商局评为浙江省规范化小商品市场。

1995年，丽水地区集贸市场218个，成交额37.53亿元，比上年同期增长48.11%。同年，丽水地区前期调查摸底市场管办分离工作。庆元县香菇市场、丽水市粮油副食品批发市场、景宁山珍市场、府前菜市场成为丽水地区首批成交额超亿元市场。1996年，丽水地区集贸市场219个，其中改建、新建、扩建市场12个，列入第一批重点市场9个。同年，丽水地区集贸市场投资3850万元，成交额47.57亿元，税收收入3903万元。同年，全市9个县（市）机构“四分离”（机构、职责、财务、人员）基本到位；7个县（市）成立市场开发服务中心。10月，丽水城区星火综合批发商城开业。1997年，丽水地区集贸市场223个，超亿元市场8个，成交额65.56亿元；各县（市）农贸市场达到室内固定楼层式占88.9%；青田县、松阳县、景宁畲族自治县集贸市场投资2700多万元，新、扩建面积15492平方米。同年，丽水地区开展创星级市场试点工作，庆元农贸市场被评为三星级市场，庆元香菇市场、府前菜市场被评为二星级市场，云和农贸市场被评为一星市场。1998年，丽水地区集贸市场225个，其中消费品市场188个，农副产品市场70个，工业品市场34个；市场建设投资3375万元；成交额69.5亿元。1999年，丽水地区集贸市场196个，其中新建市场12个，星级市场9个，新创星级市场3个；成交额79.59亿元；市场经营户23069户。4月，丽水地区启动市场管办分离工作。6月，丽水府前菜市场部分资产划转给市工商局下属事业单位丽水市市场开发服务中心，包括一楼摊位108个和二楼摊位914个和城西菜市场内摊位，由其负责营运和保值增值。

2000年，丽水市集贸市场196个，其中星级市场12个，新创星级市场6个，成交额91.53亿元，市场经营户24595户。2001年，丽水市编制完成《丽水市区商品交易市场发展“十五”规划》，对庆元县香菇市场、景宁畲族自治县山珍市场、丽水市粮油副食品市场、青田县中国石雕工艺品市场等重点市场，实施“一场一策”制度，给予用地、税费方面优惠政策。同年，全市集贸市场196个，其中星级市场17个。2002年，丽水市集贸市场154年，其中农副产品市场78个，工业消费品市场21个；成交额98.94亿元。2003年，丽水市政府下发《丽水市区商品交易市场布局专项规划的通知》。同年，全市集贸市场145个，成交额110.84亿元，比上年增长9.69%，其中成交额超亿元市场16个。同年，景宁畲族自治县中心菜市场、青田县城东菜市场和丽水市浙西南农贸城被评为三星级市场，缙云县金属工具市场被评为二星级市场。

2004年，丽水市紫金菜市场改造项目完成改造任务，列为市政府“十件实事”之一。同年，全市集贸市场130个，其中成交额超亿元市场17个，成交额110.41亿元。3月，青田鹤城镇中心菜市场蔬菜残留农药检测中心成立，投资5万元。是丽水市首家农贸市场蔬菜残留农药检测中心。2005年，丽水市集贸市场132个，其中成交额超亿元市场16个，成交额108.55亿元。同年，松阳县浙江浙南茶叶市场被评为三星级市场。

2007年，丽水市集贸市场123个，其中成交额超亿元市场17个，交易额116.67亿元。同年，缙云镇东农贸市场和丽水市同泰装饰城被评为三星级市场，遂昌县龙谷名茶市场、青田县温溪城中菜市场和青田县大埠头菜市场被评为二星级市场。同年，全市完成招商汽车市场、建材市场、同泰装饰装潢材料市场等专业市场3个；建成青田油竹综合市场1个，改造提升菜市场2个；挂牌出让丽水市区岩泉区块汽车市场（一期），第二批4S店3家，同年底，开业4S店7家。

2008年，丽水市投入资金额、改造市场数量均为历年最多，集贸市场115个，其中超亿元市场17个；改造或新建市场14个，投资2.5亿元；完成改造松阳县浙南茶叶市场和庆元县香菇市场，启动改造浙西南农贸城和市粮油批发市场。12月，丽水市城西农贸市场改造完成，摊位数从47个增加到143个，市场摊位从一层扩大到两层，建筑面积从1500平方米扩大到3262平方米。

2009年，丽水市集贸市场106个，其中成交额超亿元的市场16个，成交额161.71亿元。浙南茶叶市场、庆元香菇市场和浙西南农贸城，分别改造提升物流配送中心、市场附属工程和农产品配送中心冷链物流项目，投资2300万元；青田县国石文化城改造项目启动；府前菜市场、龙泉八都农贸市场、庆元菇城农贸市场、青田山口农贸市场、云和文华农贸市场完成改造，符合《农贸市场建设技术规范》。同年12月，丽水市水阁龙石临时综合市场建成开业，投资300万元，建筑面积1466平方米；丽水市区汽车市场4S店一期工程完成，4S店开业7家。丽水市区汽车市场4S店二期项目和丽水市汽配机电市场正在招商建设丽水市建材市场开工。

2010年，丽水市商品交易市场98个，新增网上交易市场5个，消费品市场94个，生产资料市场4个；成交额178.14亿元，其中消费品市场成交额177.45亿元，生产资料市场成交额0.69亿元，网上交易额60万元。同年，丽水市岩泉街道汽车专业市场和浙南建材城建设进展顺利；丽水市国际汽车城、丽水市汽配机电市场等专业市场开工建设。

专业市场

丽水专业市场发育经历马路市场，到棚顶市场，再到室内市场阶段。市场种类由单一农贸市场向大型农产品批发市场，再到专业市场演变，市场功能由单一市场发展到多功能市场。20世纪80年代初期，丽水地区逐步放开农副产品，开始出现部分农产品交换的初级市场。20世纪80年代中后期，丽水地区生产资料市场实行“双轨制”，开始出现小量生产资料市场，但总体发展缓慢。20世纪90年代初期，丽水地区提出“沿水搞开发，沿路办市场”发展思路，倡导“路通促流通”“繁荣与市容，首先是繁荣”发展理念，专业市场开始快速兴起。1991—1992年，丽水地区新增市场47个。由于规划、资金、环境等影响，除庆元香菇市场等少数专业批发市场在省内外有一定辐射作用外，绝大多数市场层次低、规模小，都属于本地自求平衡的集贸市场。1994 年，《丽水地区行政公署关于进一步加强我区商品市场培育建设的若干意见》制定后，丽水商品市场进入专业市场与特色产业互为依存、共同发展的新轨道，出现浙南茶叶市场、浙西南农贸城等一批特色专业市场。

2000 年，丽水撤地设市以来，丽水市以市场带动产业，以产业推动市场成为丽水经济发展的重要特色，商品交易市场规模、档次、品位及运营能力有新提升，其中松阳县浙南茶叶市场被评为浙江省重点市场和四星级文明示范市场，庆元县香菇市场被评为浙江省重点培育市场，丽水市浙西南农贸城和青田县国石文化城被评为浙江省区域性重点市场。

2001 年，丽水市政府编制完成《丽水市区商品交易市场发展“十五”规划》，重点实施“一场一策”制度，给予商品交易市场用地、税费方面优惠政策。2003 年，成立丽水市专业市场建设协调小组，制定《丽水市人民政府关于加强市区有形商品交易市场建设管理的若干意见》。2005 年，制定《丽水市人民政府关于在丽水城市规划区范围内举办商品交易市场的若干意见》《丽水市人民政府关于加快市区商贸流通业发展的若干意见》，重点鼓励和扶持丽水市区新型流通业态建设。截至 2010 年，丽水市各消费市场逐步向特色方向发展，逐步淘汰小规模、低档次、赶集市的农村马路市场、露天市场，初步形成有绿色资源特色、依托传统工艺品产业的市场体系。

农副产品专业市场 浙西南农贸城、丽水府前菜市场、庆元县香菇市场、浙南茶叶市场、景宁畲族自治县山珍市场等较有代表性。

丽水府前农贸市场是丽水市莲都区府前菜市场的前身。1984 年，经丽水县政府批复，在原丽水县城镇中心临近文昌路和府前街交叉地域划定的一块较为固定、长期的简易集贸市场场地建成。1996 年，丽水市（县级）工商局投资 3000 万元，在原址兴建开办丽水府前农贸市场，占地面积 3000 平方米。2001 年，丽水府前农贸市场实行管办脱钩，市场整体移交给丽水市国资公司，更名丽水市莲都区府前菜市场，成为丽水市最大的批发兼零售的综合农贸市场，面积 1.5 万平方米。2008 年，丽水市莲都区府前菜市场销售收入 13 亿元。2009 年，丽水市莲都区府前菜市场改造工作列入丽水市区“十件实事”之一。2010 年 1 月 1 日，丽水市莲都区府前菜市场完成改造，重新开业。

1992 年，庆元香菇市场建成开业，占地 18393 平方米，建筑面积 22970 平方米，有营业店铺及仓储物流 370 多家，企业及个体经营户 513 家，从业人员 4703 人，年香菇交易额 10 亿元以上，产品辐射全国各地并出口美国、日本、韩国、新加坡等国家和地区 30 多个，是丽水市第一家省重点培育市场，成为全国最大香菇集散地、全国最大香菇及原辅材料市场。

1993 年，浙江浙南茶叶市场前身为马路市场。2002 年，松阳县政府落实市场用地，兴建而成。2002 年 1 月，经省工商局批准同意，马路市场变更为浙江浙南茶叶市场，占地面积 5.13 万平方米，交易店面 198 间，交易摊位近万个。2010 年，浙江浙南茶叶市场成交额 17.8 亿元，成为浙江省最大绿茶集散中心，全国最大绿茶产地市场。

1992 年 9 月，景宁山珍大市场成立，投资 400 万元，占地面积 7512 平方米，建筑面积 9275 平方米。1993 年 8 月，景宁山珍大市场开业，以经营香菇、黑木耳为主。1993 年，景宁山珍大市场商家 150 户，专营香菇、黑木耳经营户 57 家；成交额 16.8 万千克；成交额 672 万元。

丽水市粮油副食品批发市场为丽水市粮食总公司下属市场，是浙江省百强市场之一。创建于 1994 年 4 月，占地面积 1.5 万平方米，店铺 228 间，主要经营粮油及其制品、副食品、食品等品种 10

类2000多个。2010年，丽水市粮油副食品批发市场成交额35亿元。2010年年底，丽水市农副产品市场48个（含农贸市场），其中农副产品批发市场10个，成交额112.07亿元，农副产品批发市场成交额43.65亿元。

消费品综合市场　2010年，丽水市消费品综合市场33家，成交额46.73亿元，主要经营棉布、服装、小百货等。其中云和小商品市场、松阳小商品市场较为有名。云和小商品市场建于1992年7月，占地面积2764平方米。2002年，云和小商品市场重建，投资1200万元，摊位154个，主要经营服装、百货、布、鞋等商品。松阳小商品市场建于1991年12月，占地面积4500平方米，主要经营小百货、棉布等商品；1989—1990年，松阳小商品市场连续评为浙江省文明集贸市场。

工业消费品市场　缙云县竹木家具市场包括东渡木材专业市场、壶镇木材专业市场、新建木材专业市场。其中新建木材市场是缙云县最大的木材市场。1985年2月，缙云县新建木材市场成立，木材主要来自丽水地区各县林区，少量自用，大部中转外地，交易材种为松树、杉树、毛竹等。1985—1988年，缙云县新建木材市场年均上市量3000—4000立方米。20世纪90年代停业。

遂昌竹木市场位于遂昌县北界镇。1993年，遂昌县投资47万元，兴建遂昌县北界木材市场，占地面积5405平方米，建筑面积400平方米。20世纪90年代，遂昌竹木市场在省内外有一定影响，遂昌鸟笼远销国外，每年创汇近百万美元。至1999年，遂昌县木材交易日趋萎缩，最终停业。

松阳县古市竹木市场占地面积3635平方米，主要经营竹木批发兼零售业务，成交额最多年份为800万元。20世纪90年代后期，国家归口管理木材、毛竹，禁止自由上市，市场下滑。2002年3月，松阳县国资局收购松阳县古市竹木市场。2003年，松阳县国资局申请注销。

1999年8月，青田石雕工艺品市场开业，占地面积12000平方米，建筑面积6700平方米，内设石雕陈列馆、石雕工艺品商场和精品交易所，摊位200个，总投资1200多万元。2000年丽水撤地建市设区后，青田石雕工艺品市场逐步成熟。

2005年，丽水岩泉汽车市场建设启动。2006—2010年，丽水岩泉汽车市场4S区块土地陆续挂牌出让。2009年，岩泉汽车市场园开业汽车4S店7家，在建、待建汽车4S店7家。2010年上半年，丽水岩泉汽车市场汽车4S店7家销售轿车3999台，销售收入5.17亿元，税收657.34万元，吸纳就业555人。

2009年10月，动工建设浙南岩泉建材城，投资2.8亿元，用地面积为14.74万平方米，店面摊位2400多个。2010年9月，浙南岩泉建材城工程主体完成，成为丽水市规模最大的建材市场。

牲畜市场　丽水牲畜市场源于集体贸易，兴盛于20世纪80年代初期。丽水县碧湖仔猪市场、遂昌县仔猪市场依托当地种猪资源繁荣一时，辐射省内外。1982年，松阳县先后建成古市镇仔猪市场、西屏镇耕牛市场。21世纪，丽水市开始集约化饲养牲畜，农村散养牲畜户锐减，市场交易量逐渐减少，全市牲畜市场基本处于关停空置状态。

遂昌县妙高仔猪市场成立于1993年10月，为马路市场，逢集市交易。2007年9月，遂昌县妙高仔猪市场迁址妙高镇古院村，解决长期以来仔猪交易没有固定场所的难题。2010年，遂昌县妙高仔猪市场仔猪成交量8.2万千克，成交额180万元。

缙云壶镇小猪市场在民国时期由牙郎[①]管理。1954年，缙云壶镇小猪市场划归供销部门管理，调节仙居县、磐安县、武义县、丽水县、金华县、义乌县、龙游县的仔猪供求。20世纪80年代，缙云壶镇

① 牙郎：旧时指买卖中间人。

小猪市场交易逐渐萎缩，最终停业。1976 年，缙云县上湾鹅鸭专业市场形成。2009 年，缙云县上湾鹅鸭专业市场交易量 1440 多万只，成交额 4 亿多元，成为浙南最大的鹅鸭集散中心。

松阳县西屏仔猪市场成立于 1988 年 9 月，松阳县工商局投资兴建，面积 2000 多平方米，主要经营仔猪批发、零售业务，年均交易量 1000 多头左右，年成交额 1000 多万元。2007 年 12 月，注销松阳县西屏仔猪市场，场地被土地储备中心收储。1991 年 5 月，松阳县工商局开办松阳县古市仔猪市场，租用场地，年交易额高峰期 700 万元左右，是赤寿、新兴、樟溪、岗寺、谢村五乡和古市镇的仔猪集散地。2007 年，松阳县古市仔猪市场因无场地经营而注销。

云和县仔猪市场成立于 1950 年，选址云和镇小校场[①]。1982 年，云和县仔猪市场移址至云和县城南门路 23 号，占地面积 1332 平方米，为云和、景宁两县仔猪集散地。后因交易量下降，难以为继，最终注销。1998 年 2 月，云和县开办大庄牲畜交易市场，选址云和镇城西梅陇口。同年，云和县大庄牲畜交易市场交易仔猪 11000 头，菜牛 2000 头。后因交易量下降，政府保留市场名称登记。

粮食市场　1954 年 6 月，各县集市贸易趋向活跃，建立农村集镇粮食市场 81 个。1957 年 8 月起，各县粮食市场一度关闭。1961 年 9 月，各县再度开放小杂粮、小油料交易。1964 年 7 月，各县设立粮油交易所 60 个。12 月，各县取消粮食集市贸易。1966 年下半年，各县实行粮食市场国营独家经营，关闭粮油交易所，集市贸易大为缩减。1978 年 12 月，丽水地区重新开放粮油市场，加快农副产品流通，集市贸易开始激增。1990 年，丽水地区工商部门加强粮食市场监管和巡查力度，层层签订粮食管理责任书，推进粮食流通体制改革；查处非法收购粮食案件 146 件，没收粮食 60.9 万千克，涉案价值 155.3 万元。同年，丽水地区粮食市场 6 个。1994 年 4 月 8 日，丽水粮油副食品批发市场建立，经营范围逐步拓展为粮食、副食品、油脂油料、农副产品、百货、五金交电、化工产品、纺织品等品种。2010 年，市场交易额 35 亿元。

中药材市场　长期以来，缙云县农民有种植中药材的传统和基础，依托当地丰富的野生中药材资源，自发形成壶镇中药材市场。1985 年，缙云县工商局壶镇工商所将其“划行归市”管理。1987 年，缙云县开工兴建壶镇中药材市场，投资 80 多万元，征用土地 6670 平方米，选址壶镇贤母桥西。1988 年冬，缙云县壶镇中药材专业市场交付使用，2 层 30 间摊位，面积 1400 平方米，成为浙江省最大的中药材市场，年交易额 8000 万元以上，最高时 1 亿多元。2003 年，缙云县壶镇中药材市场交易萎缩，自然解散。

20 世纪 90 年代初，海口镇成为丽水地区药材市场的集散地，曾两度自发形成经营中药材“一条街”。青田县民间流传俗语，“十个海口人，九个药贩子”。1998 年，海口镇药材市场建成，开始形成规模经营，经营品种从单一中草药材扩大到国产西洋参、生晒参、红参等。1999 年，海口镇制定一系列优惠政策，面向苍南市场专向招商，中药材经营户扩大至 150 多家，年交易额 2.5 亿元，经营品种进一步多样化，主要有参茸、伏苓、金银花、元胡、夏枯草、菊米、白术、杜仲等。2002 年下半年，丽水农贸城面向海口地产药材市场针对性招商，海口市场出现一度波动，经营户锐减至 80 多家，交易额大幅度下滑。同年，省药品监督管理局原则同意海口地产药材市场经营参茸等原药材，各经营户工商、税务、卫生等证件齐全，逐步迈向规范化经营。2003 年 8 月，海口综合市场竣工交付使用，投资 180 万元，占地 5200 平方米，建筑面积 6200 平方米，市场经营户 81 家，日交易额 50 万元，主要经营国

① 2010 年称食品公司屠宰场。

产西洋参、红参、天麻及中草药材等。2010年后，海口镇药材市场只有销售主体，缺乏原药材基地生产供应、药材深加工两头延伸。经营户入场经营，为个体、独立行为，未能形成统一交易规模，缺乏公共信息交流平台；市场中心没有足够的仓储场所等多种因素，市场逐渐萎缩。

2002年12月，浙西南农贸城开业，是省骨干农业龙头企业，由浙西南农贸城开发有限公司投资建成。浙西南农贸城内设食用菌、南北干货、禽蛋、茶叶、中药材、蔬菜、水果等交易区7个。2009年，浙西南农贸城产品销到全国各地，交易额21.3亿元，成为浙西南较大的中药材集散中心。2010年，浙西南农贸城总资产1.2亿元，固定资产0.91亿元，经营户222户，交易额17.74亿元，初步形成管理规范，布局设置合理，配套及服务较齐全的综合性农产品交易批发市场。

第二节　商业网点

百货店

1950年，丽水百货支公司成立，各县百货经营机构相继建立。1952年2月，丽水百货支公司更名丽水县百货公司。1972年，丽水地区百货公司成立。1983年11月，丽水地区改革商业流通管理体制，丽水地区百货公司下放地区商业局领导。1985年8月，丽水地区百货公司更名丽水百货批发公司。1990年，丽水百货批发公司实行二轮经营承包责任制。1996年8月，丽水地区百货公司兼并丽水地区商业集团公司。1998年8月，丽水地区浙南百货有限公司组建。

1999年，丽水市（县级）实行国有商业企业股份制改制，丽水县百货公司改制成为一家股份制商业零售企业，更名丽水百货大楼有限公司，下设丽水市百货大楼有限公司、丽水市日化有限公司等子公司2个。1995年，丽水百货大楼有限公司二期扩建项目开工。1998年，丽水百货大楼有限公司二期扩建项目完工，年销售收入4567.06万元，成为丽水市（县级）集购物、休闲、娱乐、餐饮为一体、规模最大、设施最完善的综合性零售商业大厦。2009年，丽水百货大楼有限公司开设丽水百货大楼、丽百数码城、丽百晶都店等经营网点。

2000年12月至2009年，遂昌县永安百货有限公司、青田县百货大楼有限公司、青田县侨都百货有限公司、青田县龙津百货有限公司、龙泉县百货有限公司先后完成改制。2006年至2010年8月，缙云县安泰百货有限公司、缙云县百联商贸有限公司、缙云县运发百货有限公司、云和县博大商贸有限公司、浙江·中都百货有限公司、沃尔玛浙江百货有限公司、丽水市景文百货有限公司先后建立，营业面积平均1万平方米。

超　市

大型超市　19世纪末，开始出现大型超市。2002年始，丽水市建立一批大型超市。2002年6月，浙江世纪联华超市有限公司丽水分公司在丽水市区成立，营业面积7200平方米，是丽水市面积最大的超级市场，主要经营品种有食品、日用品、家居用品、男女服饰等。2009年4月，沃尔玛浙江百货有限公司丽水解放街分店开业，营业面积9669平方米，营业人员160人，超过浙江世纪联华超市有限公司丽水分公司，成为丽水市最大的超级市场。2010年，沃尔玛浙江百货有限公司丽水解放街

分店商品销售收入1.1亿元。截至2010年，丽水市县级大型超市24家，其中龙泉市2家，青田县3家，云和县2家，庆元县3家，缙云县4家，遂昌县4家，松阳县1家，景宁畲族自治县3家。除日用品、食品超市外，全市还出现药品超市，如丽水市区老百姓大药房，便民药店等。

连锁超市　19世纪末，丽水开始出现连锁超市。2002年，丽水市连锁超市企业156家，包括食品、生活用品和药品类连锁超市。2004年，市本级连锁超市销售收入增速较快、浙江家友超市有限公司丽水分公司、丽水市万家福商贸有限公司两大连锁超市销售收入同比增长21%。2005年，丽水市实施"千镇连锁超市"工程，开设连锁超市门店70家，其中省级连锁超市龙头企业——浙江万客隆商贸有限公司开设乡、村二级连锁超市门店22家。2006年，丽水市开设连锁超市行政村103个，其中丽水市供销合作社组建的浙江丽水禾田农业生产资料有限公司，开设农业生产资料连锁超市8家。2007年，丽水市开设生产生活资料连锁超市的乡镇178个，实现连锁超市乡镇全覆盖。2010年底，丽水市开设农村连锁超市便利店的行政村989个，占全市所有行政村的34.7%，已建村级连锁超市便利店1029个。

专业店

民国时期，丽水专业门店较少，主要是卖一种商品的小店，如酒店，酱油店，零星分散在各地。1949年5月丽水解放后，丽水专区实行社会主义改造，推行计划经济，逐渐形成一定规模的专业门店。

服　装　清光绪三十二年(1906)，青田县开设诚信服装店。民国13年(1924)，青田县诚信服装店购置德国生产的"圣枷牌"缝纫机后，开始生产机制服装。1949年，青田县鞋业铺16家，工人100多人。后由于计划经济等因素，服装专业市场一度中断。1978年中共十一届三中全会后，丽水地区逐步实行市场经济，城乡遍布各种小型的服装零售店，但服装专业市场却发展不顺畅。1997年10月，丽水购物中心(东北区)棉布服装市场开业，总投资700万元，营业面积2000平方米，商铺110间。丽水购物中心东北区与西北区相连接，成为丽水地区最大的棉布服装市场。截至2005年，丽水市服装批发机构仅4个，零售机构9个。2010年，丽水市服装批发机构23个，零售机构39个。

食　品　民国4年(1915)，丽水烟酒公卖分局设立。民国9年，丽水烟酒公卖分局更名烟酒事务分局；后更名浙江省第九区烟酒事务分局。同年，温州南阳烟草公司丽水办事处设立。同期，各县粮行、酒坊、南北货及杂货店经营糖、烟、酒商品。

1951年9月，丽水专区烟酒专卖事业处设立。同年，丽水专区各县烟酒专卖机构相继建立，统一管理烟酒。1953年，各县国营商业开始经营生猪，食品公司统一经营肉禽蛋及其制品。1958年，各县烟酒专卖公司并入食品副食品公司。1963年，各县国营商业部门统一经营食糖议价购销业务。1969年9月，丽水地区生产土产食品服务站成立，其中食品副食品组经营糖酒商品。1973年，丽水地区食品副食品公司成立，计划调拨卷烟、酒类、食糖、糖烟酒商品，为省属企业。同年，丽水地区食品副食品公司销售收入2292万元。1978年，各县糖烟酒公司扩大经营范围，不仅经营糖烟酒，还兼营蔬菜、水产、食盐、干鲜果品、调味品等商品。1980年，丽水地区食品副食品公司开展糖烟酒批发业务。1981年，丽水地区食品公司成立，固定职工21人，固定资产23.69万元。同年，丽水地区食品公司采购原料总额174.19万元，销售食品总额157.5万元，实现利润1.8万元。20世纪90年代初期，丽水地区县级商业局下辖食品公司只有1家。2000年，丽水撤地建市设区，食品批发零售经营网点发展较快。同年，全市食品批发机构10个，零售机构13个。2005年，丽水市商业系统食品批发机构23个，零售机构41个。2009年，丽水市组织团参加中国食品博览会，丽水市组织团参加企业42家、150人，现场销售产品60万元。2010年，丽水市食品批发机构68个，零售机构117个。

粮　油　丽水粮油自由交易由来已久。清光绪三十二年（1906），丽水城内米店21家。民国25年（1936），丽水城内米店72家，米店通常到集市或农家收购稻谷。1949年5月丽水解放，丽水专区粮食市场被私营粮商120家控制。8月，丽水贸易公司成立，收购粮食16.54万千克，食油2.74万千克；销售粮食1.08万千克，食油0.92万千克。1950年4月，中国粮食公司丽水支公司成立后，私营粮商逐渐减少。1951年11月，丽水城内粮食联营处7家，从业人员61人。

1953年11月，国家实行粮食统购统销，严禁市场交易，禁止私营粮商自由经营，对居民计划供应，凭介绍信或临时购粮证购买粮食。1955年，各县粮食供应发放票证，控制销售，以计划管理为主。1963年7月，丽水专区向县下达计划，按季度起省对县实行粮食包干制度。1982年3月，丽水地区各县废除季度粮食包干制度。1981年，丽水地区粮油议购议销公司成立。1985年开始，丽水地区取消粮食统购制度，调整为合同订购制度。1985年，丽水地区粮油议购议销公司更名丽水地区粮油交易公司。20世纪90年代，国家实行市场经济，粮油购销实行多渠道经营。1997年，丽水地区粮食系统独立核算企业85家。2001年，丽水市落实粮食应急供应网点88个，其中市区确定应急供应网点15个。2010年，丽水市粮食应急加工企业29家，粮食应急供应点152个，粮油批发零售经营网点28个。

1950年4月，中国油脂公司丽水办事处建立，油料购销业务大部分由供销社和私商经营。1953年11月，国家实行计划收购食用油料制度。1956年，中国油脂公司划归粮食部门专营。1962年始，国家实行农业人口不再供应食油制度。

摩托车汽车业　20世纪80年代，丽水地区兴起摩托车流通业。1979年，丽水地区机电设备公司成立，经营汽车。1988年，丽水地区销售汽车636辆。1990年，丽水地区销售汽车161辆。2000年，丽水市摩托车经营企业3家。2001年始，丽水市汽车销售进入市场。2003年，丽水市城镇居民对汽车需求量增加，汽车类经营网点开始增多。同年，批发零售业汽车类销售收入3.6亿元，其中批发额1.06亿元，销售收入2.55亿元。2005年，丽水市汽车类经营机构20个，其中批发机构6个，零售机构14个，年销售收入2.54亿元。同年，全市城镇每百户居民拥有汽车量3.1辆。2007年，丽水市汽车销售收入4.81亿元；城镇每百户居民汽车拥有量5.3辆。2008年，丽水市城镇每百户居民汽车拥有量9辆。2010年，丽水市汽车流通业迅猛发展，汽车类专业经营机构91个，其中批发机构15个，零售机构76个，汽车销售收入23.04亿元；城镇每百户居民拥有汽车量17.7辆。

专卖店

石油专卖　1998年9月，丽水地区调整石油专卖机制，丽水地区石油公司划归中国石油化工集团。2000年4月，中国石化集团实施重组上市改制后，丽水地区石油公司更名中国石油化工股份有限公司浙江丽水石油分公司，主要经营汽油、柴油、煤油、润滑油等成品油的批发、零售、配送业务。中国石油化工股份有限公司浙江丽水石油分公司是丽水市最大的成品油销售企业，内设科室11个和经营部门配送中心、专业运输车队等；下辖龙泉、青田、云和、缙云、遂昌、松阳、庆元支公司8个；石油营业零售网点78座，加油站经营网点遍布城乡各地。2002年，中国石油化工股份有限公司浙江

丽水石油分公司成品油销售量 15370 万千克，实现税收收入 1266.99 万元，资产总额 14510 万元。2004 年，中国石油化工股份有限公司浙江丽水石油分公司成品油销量 24050 万千克。2006 年，中国石油化工股份有限公司浙江丽水石油分公司营业零售网点 90 个。2008 年，丽水市建成和基本建成加油站 7 座，在建加油站 5 座。2010 年，丽水市编制完成《丽水市成品油分销体系“十二五”发展规划》。

机电专卖　1950 年 4 月，丽水百货公司兼营电线等生产资料。1959 年，丽水地区各县物资综合公司成立，经营机电物资。1979 年，丽水地区机电设备公司成立，具体经营机床、工业泵、变压器、锅炉、导线、工业轴承、布机、布电线、电焊机、电工设备、电工仪器仪表等产品。1980 年始，丽水地区机电设备公司落实经济责任制，改善经营管理。1988 年，丽水地区机电设备公司销售钢芯铝绞线 37.1 万千克、裸铝线 2 万千克，工业锅炉 3.53 万千克，金属切削机床 120 台，电焊条 24.1 万千克。1990 年，丽水地区机电设备公司销售钢芯铝绞线 59.1 万千克，裸铝线 2.1 万千克，工业锅炉 3.83 蒸万千克，金属切削机床 107 台，电焊条 35.9 万千克。1999 年，丽水地区机电经营企业仅 9 家。2000 年，丽水市建立专业公司经营汽车，不锈钢等机电物资产品；其他类产品由各县物资有限公司经营。2000 年，丽水市机电经营企业 13 家，其中新增 4 家。2003 年，丽水市机电经营机构 38 家。2004—2007 年，丽水市机电产品需求量大增，机电经营机构迅速增加。2007 年，丽水市机电经营机构增加到 117 家。2010 年，丽水市机电经营企业 154 家。

日用品专卖　1949 年 5 月，丽水私营绸布、杂货、广货店经营棉布百货。1949 年 8 月，国营丽水贸易分公司成立，开始经营棉布。1950 年，丽水百货公司成立。同年，日用品经营权划归百货公司或百货商店。该种体制一直延续至 1969 年。1964 年 8 月，丽水地区日用工业品服务站成立。1970 年，各县百货公司经营日用商品，相继划归地区日用工业品服务站统一经营。1980 年 5 月，丽水地区取消包购包销工业品政策，实行工业品统购统销、计划收购、订购、选购四种办法并行的政策。同年，丽水地区土畜产日用工业品公司成立，具体经营家电、纺织品、百货、日用杂品批发业务。1990 年始，丽水地区日用品流通业快速发展，日用品专营机构不断扩大。2000 年，丽水市日用品经营机构 29 个，其中日用品批发机构 12 个，零售机构 17 个。2005 年，丽水市日用品经营机构 47 个，其中日用品批发机构 14 个，零售机构 33 个。2010 年，丽水市日用品经营机构猛增到 126 个，其中日用品批发机构 45 个，日用品零售机构 81 个。

建材专卖　1959 年，各县物资综合公司经营建材。1964 年，丽水专区物资综合公司成立，经营化工和建筑材料。1985 年 1 月，丽水地区化工建材公司成立，经营原木、锯材、水泥、烧碱、纯碱等品种。1988 年，丽水地区化工建材公司经营品种增加到 1000 多个。1990 年，丽水地区化工建材公司销售原木 74355 立方米、锯材 18922 立方米、水泥 5683.1 万千克，烧碱 729.9 万千克，纯碱 66.5 万千克。20 世纪 90 年代，丽水地区取消建材化工经营专卖制度，建材经营机构开始快速增加。2000 年，丽水市建材经营机构 11 个，其中建材批发机构 6 个，建材零售机构 5 个。2005 年，丽水市新增建材批发机构 14 个，零售机构 10 个。2010 年年底，丽水市建材经营机构 95 个，其中建材批发机构 60 个，建材零售机构 35 个。

烟草专卖　参见第十七篇《贸易》第七章《烟草专卖业》第四节《烟草专卖执法》。

煤炭专卖　1961 年，丽水县石油燃料公司成立，经营煤炭业务。同期，云和县、龙泉县、遂昌县石油燃料公司先后成立。1969 年 8 月，丽水地区日用工业品服务站下设煤炭组，具体经营煤炭业务。1985 年 6 月，丽水地区燃料公司成立，经营煤炭业务。同年，丽水地区燃料公司销售煤炭 12396.7 万千克。1990 年，丽水地区燃料公司在金华市增设煤场和经销点。同年，丽水地区燃料公司销售煤炭 17351.8 万千克。2010 年，丽水城市化进程加快，煤炭经营网点快速扩大。

第三节　经营方式

独立店

旧时，丽水独立店一般为零售商店。1949 年 5 月丽水解放初，丽水专区独立零售商店 3419 家。1951 年，丽水专区独立商店 4014 家，小商贩 2900 户，商品销售收入 2440 万元。1958 年，各县社会商品销售收入 7064 万元。1960 年，各县商业系统零售业零售额 8746 万元。1961—1964 年，国家经济困难，人民生活水平下降。1964 年，各县社会商品零售额下降到 7607 万元。1965 年，各县社会商品销售收入 8801 万元。1970 年，丽水地区商业系统独立零售机构 660 个，职工 2598 人。1976 年，丽水地区社会商品销售收入 17408 万元。

1978 年 12 月中共十一届三中全会后，改革商业流通体制，独立零售网店开始增多。20 世纪 90 年代，丽水地区独立零售贸易增长加快。1996 年，丽水地区独立零售贸易业机构 588 个，经营网点 46280 个。2000 年丽水撤地建市设区后，丽水市社会消费品零售额快速增加。2001 年，丽水市零售贸易业销售收入 79.3 亿元。2003 年，丽水市独立零售贸易业法人单位 748 个，从业人员 7187 人。2004 年，丽水市实现社会消费品零售额 118.74 亿元。2005 年，丽水市限额以上商贸企业实现社会消费品销售 21.03 亿元。同年，丽水百货大楼有限公司，浙江世纪联华超市有限公司、丽水市万家福商贸有限公司成为大型独立店。2008 年，丽水市独立零售贸易业有机构 641 个，从业人员 9100 人，年销售收入 69.4 亿元。2010 年，丽水市零售贸易业销售金额 218.14 亿元。

连锁店

20 世纪 90 年代末，丽水地区开始兴起连锁店，总店承担连锁分店的批发和配送业务。1998 年，丽水地区思美家化公司设立连锁分店 7 家，成为丽水地区最早的连锁经营龙头企业。2002 年开始，丽水市先后建立缙云县万客隆商贸有限公司、丽水市当家人便利店连锁公司、丽水市十足便利店有限公司、丽水市菜篮子连锁配送公司、龙泉市世纪联华超市连锁有限公司等食品连锁总店 5 家；丽水地区思美家化公司、丽水市鹿恩堂商贸连锁管理有限公司、缙云县叶华家电连锁有限公司等百货连锁总店 3 家；丽水市便民药店连锁有限公司、缙云县老百姓医药连锁有限公司等药品连锁总店 2 家；农资连锁总店 16 家，其中市区 1 家，青田县 1 家，缙云县 2 家，松阳县 6 家，庆元县 2 家，龙泉市 2 家，景宁畲族自治县 1 家，云和县 1 家。

2002 年，丽水市连锁经营商店 156 家，物流配送重点商店 30 家，投入商务资金 4166 万元。2004 年，丽水市连锁企业实现销售收入11.45 亿元，比上年增长 38.6%，其中丽水市华商贸易有限公司联邦百货分公司、丽水市华商贸易有限公司联邦春天以品牌经营为主，销售收入保持稳定增长。

2005 年，丽水连锁经营发展较快，其中省级连锁超市龙头企业——缙云万客隆商贸有限公司新增乡村二级连锁门店 22 家，专业经营食品业务；浙江世纪联华有限公司丽水分公司新增市区连锁直营门店 2 个，销售收入 4865 万元；丽水市便民药店连锁公司新增连锁门店 22 家，销售收入超亿元。2007 年，丽水市连锁商店销售收入 24.7 亿元；乡镇及较大行政村新增连锁便利店 487 家，连锁商店 9 家，其中连锁门店超过 50 家的企业 2 家；连锁门店在 30—50 家的企业 7 家。同年，全市开设连锁超市（便利店）的乡镇 178 个，开设连锁便利店的行政村 299 个。2009 年，丽水市新增连锁便利店的行政村 155 个，生活资料连锁便利店的行政村 768 个。同年，全市连锁总店的销售收入 3.76 亿元。

2010 年，丽水市各县（除遂昌县外）供销合作社先后组建农业生产资料连锁经营直营店、加盟店 561 家；建立乡镇生活资料连锁店 181 个，建立村级连锁便利店 1029 个，其中莲都区 106 个、青田县 92 个、龙泉市 82 个、缙云县 150 个、遂昌县 70 个、松阳县 84 个、云和县 149 个、景宁畲族自治县165 个、庆元县 91 个，全市连锁总店销售收入 4.13 亿元，供应农资商品 3.19 亿元，比上年增长 34%。

网上购物

2001 年，浙西南农贸城筹建电子商务网络平台，与浙江大学计算机网络工程科技专业人才合作，投资 480 万元，建立计算机网络，建立起经营户的个人主页，逐步实现经营户数字化贸易。2002 年，浙西南农贸城网络公司建成农贸在线平台，网上店铺用户 300 多家，其中电子商务、物流配送重点企业 30 家，商务投资 4166 万元。

2003 年，丽水市电子商务快速发展，实现网上销售 4000 多万元，其中浙西南电子商务网络公司网上店铺用户增加到 1185 户；与正阳网联手推出丽水生活网和丽水社区网，搭建涵盖吃、穿、住、行、娱乐、购物本地化电子商务平台，加盟企业、商铺和知名品牌 2000 多户。6 月，云和县开通运行“中国木制玩具城”电子商务平台，对接企业 49 家，其中云和县和信工艺品有限公司电子订单 1000 万元。2004 年，丽水市电子商务稳步发展，其中浙西南电子商务网络公司网上店铺用户 8000 多户，网上销售收入增长 25%，销售收入 6500 万元。2010 年，丽水市新建电子商务企业 7 家，其中丽水市区 4 家，缙云县 1 家，云和县 1 家，遂昌县 1 家。

第四节　商业类型

唐、宋时期，丽水有酿酒、瓷器。元、明时期，盐运、漕运渐有发展。清代有农副产品、手工纺织品。清末民国初，出现煤油、食糖、百货、棉纱、水产品等买卖，逐步出现自由贸易市场，形成商品贸易机制。

民国 26—34 年（1937—1945），丽水实行战时经营机制。民国 27 年春，浙江省政府创办战时乡镇合作社和县合作社联合社、消费合作社、交易公店、物品供应处、贸易特种股份有限公司等，收购土特产品，供应主要日用品。

1949 年 5 月丽水解放初，丽水商品资源奇缺，奸商乘机囤积居奇，哄抬物价，牟取暴利，市场一片混乱。丽水解放后，丽水专区军事管制委员会没收官僚资本的工商业为国家所有，成立专区贸易总公司，粉碎不法粮商囤积居奇、哄抬物价的风潮，控制粮食市场主动权。同时，恢复生产，积极组织和发展合作社商业，供应社员和市民生活必需品，合作社商业形成强大、独立的系统，成为国营商业有力补充和商品流通重要渠道。

1949—1952 年，国民经济恢复时期，国家采取对私营工商业供应原料，订购成品，对食盐行业实行经销，酒坊实行订货，卷烟实行经销，对粮食、棉花实行统购经销等措施。

1956 年，各县开展对私营商业全行业的社会主义改造，实行计划调配，形成国营、集体为主渠道的统购统销经营体制。1958 年，开始“大跃进”，城乡商业管理体制实行政企合一，削弱国营商业职能，同时，城乡经营日用品零售的供销社升格为全民经济，合作商店和合作小组并入国营商业，未并入的比照国营商业的各项制度经营管理。大批商业网点撤并，造成日用品购买不便，供应日趋紧张。1961—1965 年，国民经济调整时期，各县商业部门执行“调整、巩固、充实、提高”八字方针，调整和增加商业网点，改善日用品供应，市场供求矛盾逐步缓和。1966—1976 年，丽水商业流通体制遭受严重破坏。

1978 年中共十一届三中全会后，丽水流通领域从商品流通体制改革和商业企业管理体制改革两个方面展开。至 1979 年，开始打破国有商业统收统支吃“大锅饭”局面。1983 年，国家正式推行利改税(即以税代获利)，把国家与企业的分配关系稳定下来。同时将企业经营、资金使用、物价管理、劳动人事、内部分配和奖惩办法的管理权限下放给企业。废除国有批发商业长期遵循“三固定”(固定供应区域、固定供应对象、固定作价办法)供应办法，打破国有批发商业在流通领域的一统局面。与此同时，积极鼓励、引导私营、个体和其他非公有制经济的发展。

20 世纪 90 年代，丽水地区商业经营实行市场经济模式，进行体制大改革，连锁商店成市场一支新劲旅。1995 年以后，连锁超市发展很快，一批超市遍布市区，并向效区延伸。合资、私营企业、个体等非公有制经济商业发展迅速，成为丽水市场的重要组成部分。外资也进入丽水，丽水商业街区更加繁荣，商贸中心区形成网络。2001 年以后，个体私营商业在全行业中占主导地位。

国有商业经营

民国时期，政府对商业管理主要是市场、物价和纳税管理，对商家正当经营活动不加干预。中华人民共和国成立后，国营商业诞生，政府不仅对商业进行市场、物价管理，而且要领导管理国营商业企业。1949 年 8 月，丽水地区行政专署在丽水县城关镇设立国营丽水贸易分公司，综合经营粮、棉、日用品、南北货等，是丽水国营商业之始。

1950 年 4 月，丽水地区行政专署撤销国营丽水贸易分公司，分别成立国营丽水土产、粮食、油脂、百货、花纱布、盐业专卖公司，同时成立丽水专区供销合作总社。1954 年，丽水消费合作社划归国营商业领导。1956 年，各县商业企业实行社会主义改造，主要商品纳入国家计划管理。后各县商业管理部门经营批发，设零售网点，组织分配货源，其中金属材料、机电设备、化工原料、农药化肥等生产资料及建筑材料不进入流通领域，实行统一分配，统一价格。

1958 年 5 月，各县取消个体商业户，第一次合并国营商业公司与供销社，大部分公私合营商店过渡到全民所有制商业公司，形成国营商业公司独家经营格局。后各县撤销国营商业公司，实行“政企合一”经营管理体制，设立人民公社供销部。1961 年，各县恢复国营商业专业公司。1962 年上半年，各县改革流通体制，国营商业公司与供销社实行城乡分工和商品分工，国营商业公司和供销社成为城乡商品流通主渠道。1963 年，丽水专区恢复，再次改革流通体制。1964 年 5 月，丽水专区物资综合公司成立，国营商业系统设立专业公司 23 个。后陆续设立丽水县石油公司、丽水县物资公司、丽水地区商业二级站、丽水地区水产供销公司、丽水地区木材公司。1968 年，丽水专区改称丽水地区，又进行流通体制改革。1977 年 3 月，中共丽水地委将地区商业粮食局进行拆分，分设为地区商业局和地区粮食局，其中地区商业局作为主管丽水地区国营商业管理机构，一直延续到 1996 年。1978 年中共十一届三中全会后，丽水地区逐步实行国营商业体制改革，建立统一的社会主义市场体系，形成以国营商业公司和供销合作社为主体，集体商业公司、个体商业经营户为补充的格局。

1985 年，丽水地区实行国营商业企业改革，改、转、租国营小型商业企业 165 个。1987 年，丽水地区实行国营商业中型企业经营责任制试点。1988 年，丽水地区国营商业机构有商业、粮食、外贸、医药、烟草、木材、水产等公司 1023 个，其中国营商业管理机构 209 个，国营商业经营部门 796 个，国营商业仓运机构 18 个。

1990 年，丽水地区开展国营商业二轮承包工作。同年，丽水地区实行二轮承包的国营企业 54 家。1990 年，丽水地区国营商业机构 1064 个，其中管理机构 206 个，经营机构 826 个，仓运机构 32 个。同年 7 月，丽水地区改革国营商业管理体制，地区商业局组建为地区商业集团总公司，负责管理丽水地区商业营运事宜。

1992 年 2 月，丽水地区开展“四放活”[①]改革试点工作，丽水地区烟糖酒公司、丽水地区百货公司、丽水地区五金交电化工批发公司为“四放活”改革试点单位。1993 年 6 月，丽水地区五金交电化工公司更名丽水地区五金交电化工总公司。1995 年，地区五金交电化工总公司发展总经销公司和总代理厂家 6 家，总数 21 家。同年，丽水地区思美家化公司被评为全国商业信誉企业。1996 年，地区百货公司兼并其他商业公司，更名地区商业集团公司。1998 年 6 月，丽水地区五金交电化工有限公司家电超市开业。1999 年，丽水地区全面开展国营商业公司改制，国有资产全部退出，职工身份全部置换。同年，丽水地区国营商业公司成功实行改制 61 家，其中建立有限责任公司 22 家、股份合作制公司 6 家、破产公司 12 家、兼并公司 5 家、拍卖解散公司 6 家。2001 年，丽水市基本完成商业经营体制改革，市经济贸易委员会下设内贸行业管理办公室，具体承担原商业物资单位承担的行政和行业管理职能。2003 年，丽水市国有商业批发零售业法人单位 38 个。2007 年，丽水市国有商业批发零售业有所发展。2009 年，丽水市批发零售业销售总额 209.83 亿元，其中国有商业销售金额 28.89 亿元。2010 年，丽水市国有商业限额以上批发零售业法人单位 3 个，销售金额 25.35 亿元，占销售总额的 9.29%。

供销合作经营

民国 28 年（1939）上半年，丽水（含宣平县）乡镇 430 个，消费合作社 440 个，交易公店 12 个，主要供应米、盐、油等日常生活用品。

1949 年 5 月丽水解放后，景宁县供销商店首先成立。后各县供销商店相继成立。1950 年 4 月，丽水专区供销合作总社成立。同期，专区各县供销商店更名县供销合作总社，各基层供销社和消费合作社也相继建立，经营模式为收购调拨和商品批发零售。1951 年 10 月，丽水专区基层供销合作社 121 个，消费合作社 6 个。1952 年 1 月丽水专区撤销后，撤销丽水专业供销合作总社，建立温州专区合作总社丽水办事处。1953 年，各县国营商业公司与供销社经营进行具体分工，其中各县供销社负

① 四放活：指放活经营、价格、用工、分配。

责手工业产品、农副产品、农业生产资料和农村生活资料购销业务。1954 年 7 月，各县改革供销管理体制，消费合作社划归国营商业领导，基层供销社负责农村市场安排，农副产品收购和农村私营商业的改造。1958 年 10 月，各县基层供销社更名人民公社供销部。1963 年 5 月，浙江省供销合作社丽水专区办事处成立。11 月，建立浙江省供销合作社丽水采购批发站。1968 年 12 月，浙江省供销合作社丽水采购批发站更名浙江省供销合作社丽水地区综合站。1969 年 9 月，再次更名丽水地区商业二级站，下设农业生产资料、土产、食品和日用工业品服务站。1972 年 10 月，丽水地区商业二级站农业生产资料服务站更名浙江省丽水地区农业生产资料公司。1973 年 2 月，丽水地区商业二级站土产服务站更名浙江省丽水地区土特产公司。

1978 年 2 月，恢复设立浙江省丽水地区供销合作社，辖丽水地区农业生产资料公司、丽水地区土特产公司和丽水地区茶厂。1980 年 9 月，丽水地区供销社贸易公司成立。1984 年 6 月，浙江省供销社丽水贸易中心成立。1986 年 4 月，撤销浙江省供销社丽水贸易中心，恢复设立丽水地区土特产公司、丽水地区畜产品公司、丽水地区副食品公司。同年，丽水地区供销社机构 1789 个，其中管理机构 104 个，经营机构 1632 个，仓储运输机构 53 个；基层供销社代购代销店 482 家，从业人员 484 人。1990 年，丽水地区供销社机构 1731 个，其中管理机构 113 个，经营机构 1584 个，仓运机构 34 个；基层供销社 59 个，供销分社 385 个，代购代销店 226 个。1995 年，丽水地区供销社系统独立核算企业 143 家，其中商业企业 121 家，工业企业 15 家，储运企业 4 家，其他 3 家；经营服务机构 1594 个，其中农副产品采购（供应）网点 154 个，工业品采购（供应）网点 51 个，废旧物资收购网点 35 个，仓储运输机构 18 个。

1998 年，丽水地区供销社企业实行改制。同年，丽水地区 59 个基层社调整为 54 个；完成供销社企业改制 38 家，建立基层社有限责任公司 3 家，抽资承包（或租赁）门店（柜组）1008 个。1999 年，丽水地区供销系统完成企业改制 50 家，占县以上企业总数的 64%。2001 年，丽水市供销社重组服务格局，参与农业产业化经营，实现利润 259 万元。

2003 年，丽水市供销系统牵头组建农村专业合作社 38 家。2005 年，丽水市新办专业合作社 28 家，发展农民专业合作社 89 家，入社农户 8162 户。2006 年，市供销社组建浙江丽水禾田农业生产资料有限公司，发展农资连锁超市 8 家。同年，全市设立农资连锁门店 163 家；连锁经营企业 15 家，其中新发展连锁经营企业 7 家。2007 年，丽水市创办农民专业合作社 115 家，入社农户 12266 户。2008 年 10 月，青田县农资连锁经营公司成立。后市本级及 9 个县（市、区）供销社全部组建成立农资连锁经营公司。2009 年，丽水市供销社新增经营网点 42 个。同年，全市农资经营直营店、加盟店 520 家，供应各类农资商品价值 2.38 亿元，年营业收入 19.43 亿元，实现利润 2428 万元。2010 年，丽水市创办、领办各类农民专业合作社 157 家，其中新增经营网点 41 个，农民专业合作社 11 家。

集体商业经营

1956 年，各县实行社会主义改造，对小商贩或建立统一核算，共负盈亏的合作商店，或建立分散经营、自负盈亏、提取公益金的合作小组。1957 年，各县有合作商店 59 个，从业人员 397 人；合作小组 434 个，从业人员 525 人。1958 年，各县改革商业流通体制，其中城镇合作商店和合作小组并入国营商业公司；农村合作商店和合作小组并入人民公社供销部。1961 年，各县再次改革商业流通体制，恢复集体经济性质，全部恢复曾并入国营商业、供销部的合作商店和合作小组。1964 年，各县集体商业网店677个，从业人员2594人。1968年，丽水专区第三次改革商业流通体制，合作商店、合作小组又并入国营商业和供销社。1977年，丽水地区第四次改革商业流通体制，合作商店、合作小组又从国营商业和供销社划出，恢复经营。1978年年底，丽水地区商品销售金额1448万元，占社会商品销售6.52%。1983年，丽水县、遂昌县、龙泉县、庆元县、云和县、缙云县综合公司先后成立，统一领导和管理合作商店。1986年12月，地区行署批转地区商业局《关于国营商业归口管理的集体商业的情况及其扶持措施的报告》，对集体商业在政策上给予扶持，集体商业经营困难局面有所好转。1988年，丽水地区集体商业网店513个，从业人员2011人。1990年，丽水地区集体所有制商业1013家，从业人员3131人。2000年，丽水市实行集体商业企业改制。同年，丽水市完成集体商业企业改制90%以上。2003年，丽水市批发零售业集体商业企业法人80个，其中限额以上1个，限额以下79个；从业人员756人，其中限额以上10人，限额以下746人；销售金额2.03亿元，占批发销售1.74%。2007年，全市集体商业限额以上批零业法人企业2个，产业活动单位10个，从业人员75人，销售金额0.77亿元。2010年，丽水市集体商业法人企业1个，从业人员23人，年销售金额0.45亿元。

个体商业经营

民国时期，个体私营商业一直在丽水商业结构中占主导地位。民国时期，丽水县碧湖沈氏家族设立商店10多处、工厂作坊9处，经营商品有酱油、南货、棉布、百货、烟草、纸张、糕点等14类，品种近1000个。丽水县碧湖阙氏家族设立酱油、棉布、中药、西药等商店12个，工厂作坊6处，还设有“一美火油公司”和“恒孚”钱庄。民国26—34年（1937—1945），全面抗日战争期间，丽水县大港头服务行业有饮食店13家，糕点店铺3家，水作坊5家，棉布店5家，百货商店6家，南杂货店10家，旅馆客栈12家，盐店、米店各1家，中药店4家，西药店1家，猪肉店4家，还有理发等。

1949年，丽水专区个体商业3419户。1951—1952年，丽水专区开展个体工商业户登记。1956年，各县对私营商业实行社会主义改造。1958年，各县部分个体商业并入国营商业机构、供销社和合作商店，大部分个体商业人员转为农业人员。1961年，各县恢复部分个体商业户。1966年，各县兴起割“资本主义尾巴”，个体商业再次并入国营商业和供销社。20世纪70年代，丽水地区逐渐兴起个体商业户。1980年，丽水地区个体商业567户，从业人员755人。1983年始，丽水地区调整商业网点，简化发证手续，放宽经营范围，允许长途贩运，个体商业快速发展。1988年，丽水地区个体商业户27215户，从业人员35118人。1990年，丽水地区个体商业户24906户，从业人员31044人。

1996年，丽水地区个体工商业95859户，从业人员121847人。2001年，丽水市个体私营企业主导全市消费品市场零售领域，实现社会消费品销售金额50.89亿元。2003年，丽水市限额以下及个体户批发贸易业实现社会消费品销售金额78.94亿元，占批发销售的87.1%。

2005年，丽水市个体工商业67577户，从业人员114498人，资金257634万元，销售总额274.48亿元。2007年，丽水市个体工商户64753户，从业人员116345人，注册资金18.3亿元；私营企业9814户，投资者33526人，雇工148471人。2010年，丽水市个体工商户67577户，从业人员114498人，注册资金25.76亿元。

① “资本主义尾巴”，特指农民自己偷偷种养的农副产品。

2010年丽水市个体工商业和私营企业情况一览

表16-10-4-1

县别	个体工商业主			私营企业				合计		
	工商户（户）	从业者（人）	注册资金（万元）	私营业主（户）	投资人（人）	雇工（人）	注册资金（万元）	产值（万元）	销售收入（万元）	消费品零售（万元）
全市	67577	114498	257635	12543	35165	133115	3731998	8788768	6876184	2453067
莲都区	11670	20793	44029	3739	10016	17684	1499175	3864584	3948701	1043840
龙泉市	7388	12236	34514	1263	3294	11034	340678	789970	311630	236471
青田县	13352	21515	33708	1598	4872	31088	519176	1186470	610490	319460
云和县	4135	10056	15366	803	1961	9797	122117	286814	123410	69561
庆元县	5521	8346	23224	728	1759	6738	152978	136942	144675	58880
缙云县	9019	16641	35049	1992	4219	39751	422028	2024500	336400	4832110
遂昌县	5696	9306	21032	833	2298	3716	176425	84970	129540	61080
松阳县	6628	8852	24346	949	2736	10544	293615	258135	365965	175975
景宁畲族自治县	4168	6753	26366	638	4010	2793	205809	156382	205371	6790

第十一章　对外贸易与中国港澳台地区经济贸易

丽水最早外销商品是龙泉青瓷。宋元时期出现大规模青瓷输出。最早记载龙泉青瓷出口为南宋赵汝适《诸蕃志》。元代汪大渊《岛夷志略》也记载有龙泉青瓷外销情况。明代，庆元香菇远销海外。清光绪元年(1875)，青田石雕销到欧洲各国，花样繁多。清光绪十三年，庆元县银屏茶外销。清光绪三十二年，海关出口松阳烟叶。清代后期，庆元笋干外销。民国元年(1912)，龙泉宝剑经传教士外销加拿大、英国等国。民国时期，丽水增加桐油、茶油、青油等外销产品。

1949年中华人民共和国成立后，丽水外贸由国家统一经营。除传统出口产品外，主要出口羽绒、玩具、炊具、国际象棋、火腿、晒烟、棉布等。1973年3月，丽水地区对外贸易局成立后，对外贸易交流和经济合作开始增多。1978年开始，外贸由中央高度集中逐步向地方放权，丽水实行外贸代理制和承包经营责任制。1979年6月，丽水地区对外贸易公司成立。1980年1月，从地区供销社分出地区对外贸易局，与地区外贸公司合署。

2001年年底，中国加入世界贸易组织(简称WTO)后，丽水市逐步形成机电、轻工、工艺品等出口产品优势。2005年始，丽水市利用外资水平提高，从以往较为单一的服装、皮鞋生产行业发展到电子、化工、机械、农副产品深加工等多个领域。至2010年，丽水外贸从早期的单纯出口，发展到进出口并举、利用外资、对外经济技术合作、国际服务贸易等领域齐头并进，对外交流日益频繁。

第一节　历史沿革

宋元明清时期，龙泉青瓷、庆元香菇、青田石雕、松阳烟叶先后出口海外。民国时期，丽水桐油、茶油、青油、茶叶等产品外销。中华人民共和国成立后，外贸由国家统一经营。1992年，丽水地区开始实行自营进出口业务。2000年丽水撤地设市后，外贸进入较快发展时期。

宋至民国时期对外贸易

宋代，出口日本京都等主要城市的龙泉青瓷有莲纹碗、云纹碗、金玉满堂铭文碗、双鱼洗、鬲式炉等产品。土耳其伊斯坦布尔萨拉博物馆收藏龙泉青瓷1300多件。考古发现表明，亚洲的朝鲜、日本、菲律宾、马来西亚、泰国、文莱、印度尼西亚、印度、巴基斯坦、伊朗、伊拉克、叙利亚、沙特阿拉伯、也门民主人民共和国，非洲的埃及、苏丹、埃塞俄比亚、索马里、肯尼亚、坦桑尼亚、津巴布韦和南非都有数量可观的宋元龙泉青瓷出土。1976—1979年，韩国从新安海沉船打捞龙泉青瓷3000件，经中外专家考证系元代产品。

明代，庆元香菇开始销到海外。清光绪元年(1875)，青田县山口村林茂川，更新石刻品种，销到欧洲，且产品花样繁多。清光绪三十二年，海关出口松阳烟叶22147担。光绪十八年，青田山口村季兆鋆等7人，到南洋群岛及印度一带销售石雕。清代后期，庆元竹笋开始外销。清光绪十三年，庆元银屏茶外销。清光绪三十二年，从温州海关出口松阳烟叶22147担。

民国元年(1912)，龙泉宝剑经传教士外销加拿大、英国等地。民国18年，自温州运往上海转销美国的青田石雕2500箱，每箱头等货值银元100元，次等值银元40—50元，国内外贸易总值约100万银元。民国时期，丽水外销产品还有桐油、茶油、青油、茶叶等产品。

中华人民共和国成立后对外贸易

1949年中华人民共和国成立后，国家统一经营对外贸易和港澳台地区贸易，丽水出口产品主要有羽绒、玩具、炊具和国际象棋、火腿、晒烟、棉布等。1958年，丽水羽绒厂加工出口羽绒0.65万千克。1964年，丽水出口青瓷51万件，主要品种有餐具、茶具等日用工业瓷和花瓶、人物等陈设工艺瓷。1971年，首批出口玩具、炊具和国际象棋。同年出口羽绒和羽绒制品63万元。

1973年，丽水地区对外贸易局成立，出口产品有粮油食品、土畜产品、纺织品、轻工业品、工艺品、五金矿产、医疗保健等7个大类、30多种，外贸收购金额940万元。1976年，龙泉县对外贸易公司建立。1977年，地区对外贸易公司建立。1978年开始，各县(市)对外贸易公司相继建立，开始外贸收购、自营进出口。

1979年6月，丽水地区对外贸易公司成立，并与丽水地区对外贸易局合署办公，从事外贸出口收购，产品主要调往杭州、上海、广东、福建、山东、江苏等口岸公司。丽水地区9个县相继成立外贸公司。1985年11月，根据政企职责分开的原则，丽水地区外贸公司与外贸局分设。1988年，丽水地区根据“自负盈亏、放开经营、工贸结合、推行代理制”的原则，打破外贸出口产品收购的区域垄断经营格局，并实行外贸承包经营责任制。1980—1991年，丽水地区外贸出口收购额由2408.39万元增加到2.37亿元，年均递增23%。1991年，丽水地区成立中外合资企业——浙江纳爱斯日用化工有限公司成立，利用外资取得突破。同年，丽水地区新批外资项目14个，实际利用外资金额157万美元。

1992年始，丽水地区加快对外开放步伐，外经贸发展开展起步。丽水地区外贸局执行浙江省外经贸“四上、三抓、二转”[①]政策，探索开展外贸自营进出口业务新路子。1992年年初，丽水地区外贸公司挂靠省外贸公司率先在丽水地区开展自营业务。同年，实现出口额102万美元。1993年2月，丽水地区9个县（市）建立地区进出口公司分公司。

1994年，国家改革财政、税收、投资、外贸等五大体制，对外贸易提出实现统一政策、平等竞争、间接调控、宏观管理、工贸结合、自负盈亏、放开经营、高效协调的新型体制。1995年，浙江丽水国际经济技术合作公司获对外承包劳务经营权，丽水的外经业务开始起步。1996年年底，地区本级和9个县（市）均成立拥有自营权的外贸流通公司。同时，自营生产企业起步发展，至年底有生产企业3家获自营进出口权，初步形成外贸流通公司、自营生产企业和外商投资企业互相配合的外贸出口新格局。1996年年底，丽水地区自营出口7601万美元，比1992年的196.99万美元增长38.59倍。

1997年，丽水地区开展外贸企业改制工作，启动丽水地区外贸公司改制工作，针对大部分丽水外贸公司经营管理不善、效益欠佳、资产质量低劣、自有积累少、抗风险能力弱等，丽水地区采取股份制、兼并、租赁、破产等各种改革改组改造措施，从1999年开始，丽水地区国有外贸流通企业进行全面改制，从而明晰产权，完善经营机制，增强企业活力。

2001—2005年，丽水市外贸进出口年平均增幅为26.3%，外贸出口年均增幅为26.9%。2005年，丽水市外贸进出口总额5.23亿美元，同比增长26.8%。其中自营出口4.41亿美元，同比增长18%。同时，外贸经营主体进一步扩大。在继续扩大原有出口主体的基础上，大力推动和支持中小企业，特别是推动民营企业开拓国际市场。出口商品进一步优化，逐步形成机电产品，轻工、工艺品等优势出口产品。在开拓美国、日本及欧共体等传统出口市场出口的同时，大力开拓中东、非洲、拉美市场，形成出口市场多元化。

2006年，丽水市外贸进出口总额5.7亿美元，同比增长8.7%，其中外贸出口5.5亿美元，同比增长24.3%。2006年后，丽水外经贸进入高速发展阶段。2010年，丽水市的外贸进出口总额与2005年比均实现翻番，增速名列全省前列。同年底，全市外贸总量占全省比重从2005年的0.49%上升到约0.6%。

2006—2010年，丽水外经贸发展历经出口退税制度改革、人民币汇率形成机制变革、国际金融危机等困难，但通过加大政策扶持力度，指导外经贸企业积极应对新形势的变化，实现快速发展。2010年，丽水市外经贸局备案登记的进出口经营权企业707家。

---

① 四上、三抓、二转，指省级外贸公司、市县外贸公司、自营出口生产企业、外商投资企业“四路大军”并驾齐驱扩大出口，外贸、外资、外经“三外”一起抓，转换企业经营机制、转变外经贸行政管理部门职能，一方面通过行署、省政府积极向外经贸部争取自营权；另一方面鼓励地、县外贸公司供船出海，探索开展外贸自营进出口业务新路子。

第二节　进出口贸易

1972—1998 年，丽水地区按照上级部门布置的收购计划组织各县采购产品出口，外贸收购总额近 15 亿元。1992—2010 年，丽水地区自营出口总额 59.26 亿元。1996—2010 年，丽水市自营进口总额 9.66 亿元。

外贸收购

丽水地区收购产品走出国门的最早档案记录始于 1972 年，由上级部门下达收购计划，收购火腿、晒烟、棉布等出口，全年外贸产品收购额 588 万元。1973 年增至 940 万元。1974 年始，丽水地区有丽水、青田、云和、龙泉、缙云、遂昌等 6 个县及地区公司收购，外贸产品收购额 935.15 万元。1977 年，丽水地区收购出口金额 792.35 万元，经国家和省两级出口公司出口。

1979 年，丽水收购产品主要调往杭州、上海、广东、福建、山东、江苏等口岸公司。1989 年始，丽水地区 9 个县（市）及地区公司均有外贸收购业务。同年，丽水地区总收购额 8528.14 万元。1978—1991 年，丽水地区外贸出口收购额由 1194.95 万元增加到 2555.45 万美元，丽水地区 9 个县（市）出口收购额均超过百万美元。1995 年，丽水地区推行从收购调拨转向自营出口。1999 年开始，丽水地区外贸商品基本通过自营出口渠道外销。

1972—1998 年丽水地区外贸收购情况一览

表 16-11-2-1　　单位：万元

年份	丽水县	龙泉市	青田县	云和县	庆元县	缙云县	遂昌县	松阳县	景宁畲族自治县	地区直属公司	合计
1972	—	—	—	—	—	—	—	—	—	—	588.00
1973	—	—	—	—	—	—	—	—	—	—	940.00
1974	62.73	266.73	135.98	98.56	—	328.10	73.61	—	—	9.44	935.15
1975	78.93	162.33	92.18	71.47	—	103.33	76.70	—	—	29.03	614.47
1976	70.49	80.50	87.60	53.86	25.23	53.29	84.19	—	—	17.90	473.06
1977	164.41	155.11	113.17	92.01	27.97	135.61	88.87	—	—	15.20	792.35
1978	209.34	210.77	143.56	99.58	25.13	371.97	88.20	—	—	46.40	1194.95
1979	371.77	248.26	332.67	115.07	29.57	513.00	108.18	—	—	2014	1720.66
1980	452.62	347.67	340.49	251.04	43.55	778.01	180.93	—	—	14.08	2408.39
1981	319.54	299.78	371.94	213.88	61.88	579.92	145.69	—	—	—	1992.58
1982	—	341.60	438.00	—	—	492.70	—	—	—	—	1936.00
1983	365.20	428.04	450.77	221.43	49.56	280.92	155.84	34.04	—	—	1985.80
1984	140.37	364.15	466.42	199.59	28.43	407.49	193.60	45.88	—	—	1845.53
1985	366.01	599.72	603.33	113.95	—	823.31	319.11	32.24	—	72.26	2899.93
1986	780.53	837.54	672.57	—	—	931.36	538.61	—	—	542.63	4303.24

续表 16-11-2-1

年份	丽水县	龙泉市	青田县	云和县	庆元县	缙云县	遂昌县	松阳县	景宁畲族自治县	地区直属公司	合计
1987	904.57	500.58	628.57	—	—	902.24	503.01	—	—	1022.03	4461.00
1988	1380.87	1434.21	849.41	1168.56	166.95	1309.73	1185.21	—	—	497.32	8135.85
1989	1238.69	982.78	803.53	984.89	407.03	1934.72	1401.67	44.73	171.72	185.65	8528.14
1990	1542.37	1719.15	966.64	1004.33	616.77	2623.28	1704.23	120.87	274.97	101.88	10674.5
1991	1745.51	2348.24	548.53	1885.83	881.38	2744.80	2319.01	1254.47	603.68	179.70	13602.66
1992	8764.37	5126.29	4587.44	2739.85	2445.74	2639.63	6185.20	1825.63	1253.90	189.92	35757.97
1993	10277.00	6116.00	4545.00	4094.00	9611.00	3953.00	4946.00	2547.00	2733.00	2166.00	50988.00
1994	14020.00	13238.00	12140.00	9073.00	15875.00	11070.00	8514.00	2042.00	5251.00	5993.00	98108.00
1995	24290.00	22827.00	18266.00	19966.00	29970.00	18312.00	21016.00	5120.00	10184.00	17812.00	185763.00
1996	28181.00	30031.00	30805.00	15410.00	8288.00	22886.00	31089.00	4210.00	10804.00	9985.00	191689.00
1997	31678.00	26047.00	33588.00	21788.00	10371.00	26683.00	31137.00	6002.00	12841.00	9933.00	210067.00
1998	18559.00	26999.00	48740.00	22231.00	12531.00	16993.00	22825.00	7102.00	16770.00	9064.00	201816.00

说明：1989—1992 年数据根据 2005 年汇率将万美元换算为万元

自营进出口

1992 年，丽水地区始有自营进出口。1993—2000 年，丽水地区自营进出口总额 47171 万美元。2001—2005 年，丽水市自营进出口额 162312 万美元，年均进出口增幅 26.3%。2006 年，丽水市实现自营进出口总额 5.7 亿美元，其中出口 5.5 亿美元，进口 2153 万美元。2010 年，丽水市外贸进出口总额 15.3 亿美元，其中出口贸易额 13.5 亿美元，进口贸易额 1.8 亿美元。全市外贸依存度从 2005 年年底的 13.7%上升到 2010 年底的 16.1%，提升 2.4 个百分点。

自营出口 1992 年，丽水地区外贸公司挂靠浙江省外贸公司，率先在全区开展自营业务，自营出口额为 102 万美元，首次突破百万美元。1993 年 2 月开始，丽水的对外贸易从真正意义上进入起步阶段。1994 年自营出口额 1900.08 万美元，首次突破千万美元。1996 年，丽水地区内资生产企业自营进出口开始起步，有浙江省瑞发(集团)公司、浙江万象羽绒制衣总厂和浙江飞雁羽绒制品有限公司等内资生产企业 3 家获自营进出口权，形成外贸流通公司、内资生产企业和外商投资企业“三路大军”一起扩大出口的外贸出口新格局。1996 年年底，丽水地区自营出口 7600.55 万美元，比 1992 年增长 73.5 倍。2000 年，突破亿美元，达 1.6 亿美元。

2001—2005 年，丽水外贸进出口逐步形成机电产品、轻工工艺品等优势出口产品，年平均增幅为 26.3%，外贸出口年均增幅为 26.9%。在开拓美国、日本及西欧诸国等传统出口市场的同时，开拓中东、非洲、拉美市场取得成效，出口市场进一步多元化。2005 年，青田县自营出口 12589 万美元，首次突破 1 亿美元。2007 年，青田县自营出口 19557 万美元。

2006—2010 年，丽水外经贸实现快速发展。2006 年，丽水市实现外贸出口 5.5 亿美元，而到 2010 年则达到 13.5 亿美元。丽水外贸依存度从 2005 年年底的 13.7%上升到 2010 年年底的 16.1%，提升 2.4 个百分点。同年，云和木制玩具出口基地(丽水第一个省级出口基地)建立。丽水自营出口的主要商品有不锈钢管、灯具灯饰、缝纫设备、汽车空调零部件、摩托车及全地形车、微电机、电线电缆、食用菌及蔬菜、鞋类、玩具等。出口产品涉及纺织、服装、轻工、机械、化工、农产品等。

1992—2010 年丽水市自营出口情况一览

表 16-11-2-2　　单位：万美元

年份	出口总值	出口商品									
		农副产品	香菇	水煮笋	纺织服装	轻工工艺品	鞋类	玩具	文体用品	机电产品	化工产品
1992	—	—	—	—	—	—	—	—	—	—	—
1993	—	—	—	—	—	—	—	—	—	—	—
1994	1900	—	—	—	—	—	—	—	—	—	—
1995	8384	—	4733	—	—	—	204	553	—	9	—
1996	7601	—	2214	—	851	—	920	450	—	100	—
1997	8138	—	752	—	1314	—	1756	228	809	363	—
1998	9116	—	697	—	1445	—	2301	200	131	294	—
1999	9341	1567	589	143	2463	2250	—	289	474	2668	394
2000	15700	938	670	162	3833	3404	1572	298	482	5421	108
2001	15058	798	564	95	3636	3842	1576	458	808	6375	413
2002	18231	1329	788	115	4329	4154	1908	317	839	7902	517
2003	26871	1191	805	106	6961	6663	2521	890	1022	11486	570
2004	37315	1405	965	86	10502	9731	3982	1939	1566	14912	765
2005	44063	1596	1034	50	11857	13241	6770	2669	1674	16463	906
2006	54721	2560	1270	36	12489	15328	7853	2390	2430	23226	1118
2007	74877	2827	1504	—	14604	18871	9008	2866	3108	37044	1530
2008	103116	2574	1347	—	15122	20128	7618	3907	4731	63290	2001
2009	83493	3398	1932	—	14290	22092	6992	5291	4872	51356	2358
2010	134881	4741	2306	—	18365	30942	10026	8149	5973	77903	2930

说明：1. 农副产品出口金额包括香菇、水煮笋；2. 1992—1994 年出口商品没有细分类别

自营进口　1996 年，丽水地区始有自营进口，同年进口额 56 万美元。1996—1999 年，丽水地区自营进口总额 1261 万美元。2000 年，丽水市自营进口额 3180 万美元，首次突破千万美元。2008 年，丽水市自营进口额 2.4 亿美元，首次突破亿美元。2010 年，丽水市自营进口额 13.5 亿美元，首次突破 10 亿美元。

1996—2010 年丽水市自营进口情况一览

表 16-11-2-3　　单位：万美元

年份	进口商品					进口总值
	农产品	纺织服装	轻工工艺	机电产品	化工产品	
1996	—	—	—	—	—	56

续表 16-11-2-3

年份	进口商品					进口总值
	农产品	纺织服装	轻工工艺	机电产品	化工产品	
1997	—	—	—	—	—	412
1998	—	—	—	—	—	114
1999	—	—	—	—	—	854
2000	—	—	—	—	—	3180
2001	—	—	—	—	—	4043
2002	—	101	125	1485	4	1715
2003	—	251	499	1939	0	2785
2004	162	178	993	2381	236	3951
2005	6316	217	737	501	504	8277
2006	120	455	792	385	401	2153
2007	7402	401	748	509	348	9407
2008	16511	471	1255	3575	1873	23685
2009	10505	540	1221	4557	739	17562
2010	12008	578	1232	3281	1305	18404
合计	53024	3192	7602	18613	5410	96598

说明：1996—2001 年进口商品没有细分类别

贸易案件

贸易摩擦　1993 年 11 月 7 日，美国商务部对原产于中国盒装铅笔进行反倾销调查，丽水地区所生产铅笔均提供给专业外贸公司出口，相关铅笔制造企业未直接涉及此案，美国所采取的反倾销措施致使丽水地区生产的铅笔产品被拒之美国市场门外。

2003 年，土耳其对童车产品提起反倾销诉讼。丽水市涉及企业 1 家。同年，美国对货运用手推车实施反倾销政策。2007 年，俄罗斯对中国不锈钢管采取保障措施调查，此为首例丽水市产品涉及保障措施，随后丽水市钢钉等出口产品又受来自印度尼西亚的保障措施调查。2009 年，各国对丽水市生产出口产品提起各类救济措施 8 起。

至 2010 年，丽水市发生贸易案件 24 起。其中，涉及反倾销调查 17 起；双反调查 4 起；保障措施 2 起；反规避调查 1 起，涉及产品有电机、不锈钢管等 16 种；涉及欧盟 9 起，涉及美国 6 起，涉及土耳其、埃及、俄罗斯三国各 2 起，涉及印度、土耳其、阿根廷和澳大利亚各 1 起。24 起贸易案件涉及金额不到 5000 万美元，其中涉案金额最大的为印度 2000 万美元；涉案金额最小的不到 1 万美元。

企业应诉　2001—2010 年，丽水市仅不锈钢管、电机等主要出口产品涉及两反两保案件，且大多涉案产品的主要出口市场并非提起贸易救济调查的国家或地区，企业涉案金额较小，而且涉案企业多为小企业，企业从应诉成本等方面综合考虑放弃应诉，舍弃该市场。在涉案企业中，2010 年有部分不锈钢管出口企业聘请律师应诉印度和欧盟对不锈钢管反倾销调查。丽水市有企业 4 家参与对印度反倾销应诉的集体抗辩，其中浙江青山钢管有限公司、浙江金信不锈钢有限公司、浙江鹏业不锈钢有限公司等出口大户3家聘请律师积极应诉，是辖区涉案企业首次参与反倾销应诉。全部涉案企业填写欧盟对中国反倾销的问卷调查，其中有企业1家聘请律师参与对欧盟反倾销应诉。

2010年1月12日，印度商工部启动对来自中国的无缝钢管的反倾销调查程序。调查产品范围包括含金或非含金的无缝钢管(材料不包括铸铁)、税号代码为7304410009项下的所有产品。中国政府确定由中国钢铁工业协会牵头，组织全国所有对印度有出口钢铁企业单位，对印度此次反倾销调查作行业无损害集体抗辩。1月29日，在温州举行中国无缝钢管反倾销调查情况研讨会，确定由北京天达律师事务所为丽水市企业3家向印度方面提出抗辩。11月18日，印度商工部反倾销调查局公布本次调查最终为无损害裁决。

若干年份丽水市辖区企业涉反倾销贸易案件一览

表16-11-2-4

发案时间	案　　件	涉案企业（家）	涉案金额（万美元）	应诉情况
2003年8月	土耳其对童车反倾销	1	1.50	放弃应诉
2003年11月	美国对运货手推车反倾销	2	2.00	放弃应诉
2005年7月	欧盟对鞋反倾销	10	9.00	放弃应诉
2005年7月	埃及对电机反倾销	1	1.40	放弃应诉
2005年8月	土耳其对电机反倾销	2	4.00	放弃应诉
2005年11月	埃及对灯泡反倾销	1	0.80	放弃应诉
2007年7月	美国对钢钉反倾销	1	5.00	放弃应诉
2007年10月	欧盟对钢铁紧固件反倾销	3	39.00	放弃应诉
2007年12月	俄罗斯对不锈钢管保障措施	2	50.00	企业提交有关建议书
2008年1月	欧盟对蜡烛反倾销	1	5.00	放弃应诉
2008年2月	欧盟对非合金钢丝、钢绞线反倾销	1	14.00	放弃应诉
2008年6月	欧盟对无缝钢管反倾销	5	690.00	禁止产品进口
2009年3月	阿根廷对不锈钢刀片反倾销	1	0.70	放弃应诉
2009年5月	美国对钢绞线双反调查	1	3.00	放弃应诉
2009年6月	美国对金属丝托盘双反调查	6	45.00	放弃应诉
2009年6月	澳大利亚对铝挤压材双反调查	1	8.00	放弃应诉
2009年8月	欧盟对铝合金轮毂反倾销	1	7.00	放弃应诉
2009年9月	欧盟对聚酯高强力丝反倾销	1	2.00	放弃应诉
2009年9月	俄罗斯对大口径管保障措施	2	20.00	企业提交有关建议书
2009年9月	美国对无缝精炼铜管反倾销	10	20.00	放弃应诉
2010年1月	印度对无缝钢管反倾销	9	2000.00	最终禁止产品进口
2010年4月	美国对铝积压材双反调查	6	25.00	放弃应诉
2010年9月	欧盟对不锈钢管反倾销	7	800.00	企业聘请律师
2010年10月	欧盟对紧固件反规避	1	2.00	放弃应诉

政府应对　2006年5月29日，日本实施《食品中残留农业化学品肯定列表制度》，严格控制食用菌输入日本，对丽水市食用菌出口造成严重冲击。丽水市政府立即采取应对措施，对食用菌企业和出口食用菌基地清理整顿，开展有毒有害物质监控。组织企业参加国家质检总局和商务部联合举办的应对“肯定列表”培训班，召开全市应对“肯定列表”专题工作会议，宣传肯定列表制度和检验检疫相关政策法规，提高企业自觉主动应对意识。加强出口食用菌农残监控，根据食用菌农药使用情况和日本重点关注项目，确定重点农残监控项目，严格实测；结合国内外风险预警信息和丽水实际，及时调整农残监控项目，提高农残监控的针对性和有效性。清理复查辖区内所有出口食用菌基地，取消不合格基地4个和基地5个的备案品种，对基地17个提出整改意见。2006年，丽水市食用菌产值16.48亿元，比2005年增长32.26%，食用菌出口总值增长30%。

对外贸易预警机制　2007年，丽水国际商会建立“食用菌农产品对外贸易预警机制”，是全市第一个对外贸易预警机制。随后，建立木制玩具、竹木旅游用品、金属管材等对外贸易预警点3个。

第三节　国际引资与中国香港、澳门、台湾地区资金

1949年中华人民共和国成立后，丽水全面实行计划经济，几乎没有利用外资。1978年中共十一届三中全会后，丽水地区开始出现利用外资情况。1978年始，丽水地区采取“走出去”“请进来”等方式开展对外招商引资。至1993年，引进外资企业71家，实际利用外资达626万美元。2000年年底，丽水市有“三资”企业116家，总投资10660万美元。2003年，丽水市制定《关于进一步加强招商引资工作的意见》，扩大宣传营造氛围，改善开放性经济的发展环境。2010年年底，丽水市引进外商直接投资企业413家，投资总额118149.6万美元，合同利用外资金额53282.51万美元，实际利用外资30614.31万美元。

引进外国和中国香港、澳门、台湾地区资金

1978年始，针对日韩、西欧和中国港澳台地区等招商目标市场，丽水地区采取“走出去”“请进来”等方式，举办境内外投资推介会、参加省外经贸厅组织“浙江周”等经贸活动，开展招商引资，开拓利用外资及中国港澳台资的渠道。

1988年8月，丽水第一家外商投资企业浙江希美瑞化妆品有限公司经浙江省外经贸厅批准成立。同年底，丽水地区共引进外资企业2家，实际利用外资4万美元。1991年，引进外资企业9家，实际利用外资111万美元。1993年，引进外资企业71家，实际利用外资626万美元。

1995年，丽水地区新批外商投资企业30家，总投资1436.27万美元。同年底，丽水地区“三资”企业144家，其中合资企业109家，合作企业3家，独资企业32家；总投资8980.61万美元。1996年，丽水地区新批外商投资企业15家，总投资额2612.62万美元。丽水地区开工投产“三资”企业64家，全年产值7.3亿元，比上年增长92.2%。自营出口生产企业16家，自营出口额911万美元，比上年增长1.73倍。同年，丽水、青田、景宁3个省级经济开发区按照“利用外资、出口创汇和发展工业”三为主方针，努力招商引资，兴办企业。同年底，丽水市3个开发区有外商投资企业23家。

1999年，丽水地区新批准成立“三资”企业15家，投资总额1547.84万美元。同年底，丽水地区有“三资”企业94家，总投资9294万美元；自营出口“三资”企业20家，出口额850万美元，占全区自营出口总额的9%。同年底，丽水地区3个经济开发区有各类企业806家，基础设施投资3.06个亿元，开发土地面积2.68平方千米，竣工建筑面积109.34万平方米。直接出口额1888万美元。

2000年，丽水市新批准成立“三资”企业22家，比1999年增加7家，投资总额1384万美元。2001年底，丽水市前置审批外商投资企业131家，总投资1.25亿美元。同年，丽水经济开发区引进荣泰日用工艺皮件有限公司项目投资800万美元，为丽水最大的外商独资生产性工业项目。

2002年，丽水市新批外商投资企业12家，总投资4407万美元；新批增资项目6个，总投资2001万美元。外商投资全部集中于生产性企业，包括电动工具、纤维板、光学玻璃、日用陶瓷、工艺礼品、鞋革、服装、食品、油茶开发等。部分有实力的华侨华人回乡投资意向增多，并由投资房地产项目逐步转向投资生产性项目。同时，中国台湾地区商人到丽水投资意向增多。

2003年，在第五届浙洽会上，丽水市签订投资合同和协议15个，合同外资4322万美元。同时，开展“以外引外”活动，排查外资企业，促进外资企业增加外资投入。2003年，丽水市新批外商投资企业29家，增资8家，总投资12798.4万美元。其中，有项目21个落户在开发区和工业园区，占新批项目总量73.6%。2004年，丽水市新批外商投资企业24家，实际利用外资突破2053万美元，增幅64.8%。其中，电子、休闲设备、服装、制鞋业、食品加工等第二产业20家，占合同外资总额55.6%，服务业、房地产业等4家。

2005年，丽水市政府投资促进处成立，集中精力抓市直利用外资。同时，聘请华人华侨做招商引资顾问，建立招商网站，实行网上招商，逐步形成多层次招商网络。通过日韩投资说明会、丽水在中国香港地区客商同乡恳谈会、浙洽会、厦洽会等平台，宣传丽水发展情况和投资环境。全年新批外商投资企业27家，投资总额1.81亿美元。其中，新批投资总额1000万美元以上项目6家，投资总额1.06亿美元。新批外资企业以第二产业为主，主要集中在制造业，包括玩具、眼镜、电池、纺织服装等。同年，丽水开发区引进浙江阿法列实业有限公司、大众阀门（丽水）有限公司等外资企业10家，实际利用外资取得历史性突破，实际利用外资562.58万美元。

2009年，全市新批外商投资企业8家，增资3家。同年底，丽水市审批外商投资企业134家，投资总额7.28亿美元。其中，投资总额1000万美元以上企业21家，总投资5.33亿美元。外资投资主体以华侨为主的格局有改变，由贸易伙伴转为投资合作伙伴，由在丽投资的外商带来客商比例在增加。非本地华人和真正的外籍人士（公司）投资设立的项目占年度直接投资项目80%以上。

2010年，丽水市与香港贸发等单位建立紧密联系。香港中华工商业总会组团到丽水投资考察，与丽水市外经贸局签订开展长期合作的框架协议。在浙洽会、厦洽会、香港中小企业国际博览会上，丽水均有不俗表现。全年新批项目12个及增资项目5个，合同利用外资金及中国港澳台资超过7000万美元，实际利用外资金近4000万美元。同年底，丽水市有参加年检的外商直接投资企业144家。其中，中外合资经营企业74家，实际利用外资7972万美元，占全市总额的31.6%；外商独资经营企业70家，实际利用外资17247万美元，占全市总额的68.4%。

1988—2010年丽水市引进外资项目一览

表 16-11-3-1　　单位：万美元

年份	企业个数(家)	投资总额(万美元)	合同利用外资(万美元)	实际利用外资(万美元)
1988	2	230.80	14	4
1989	1	30.70	15	16
1990	2	73.24	29	45
1991	9	602.16	264	111
1992	38	1708.60	798	107
1993	71	4630.00	3425	626
1994	24	1430.78	1061	512
1995	30	1436.00	878	294
1996	15	2611.62	1594	427
1997	10	446.41	176	533
1998	11	1746.58	919	1014
1999	15	1547.84	731	215
2000	22	1384.00	826	351
2001	15	1866.00	1567	807
2002	12	4407.00	1393	989
2003	29	12798.38	4863	1246
2004	24	8961.77	3025	2053
2005	27	18095.72	6525	1943
2006	11	6655.09	2529	1926
2007	15	9205.56	2817	2232
2008	10	23380.78	11989	8105
2009	8	3100.00	1973	2913
2010	12	12007.58	7373	3751
合计	413	118150.00	53283	30614

外资分布

1988年9月30日，浙江希美端化妆品有限公司成立，主营化学原料和化学制品制造业，公司地址在青田县鹤城镇鹤城西路82号，是丽水地区第一家合资企业。1988—2002年，全市外商直接投资较少，每年始终徘徊0.2亿美元内。2003年，丽水市利用外商直接投资0.4亿美元。2008年，丽水市合同利用外资突破1亿美元。2010年，丽水市合同利用外资7.06亿美元，注册资本4亿美元，实际到位外资2.68亿美元。1988—2010年，全市引进外资企业合计413家。2010年年底，丽水市实有外资企业114家，参加企业年检112家，其中投资总额1000万美元以上的外商投资企业有26家，总投资63805万美元。

行业分布　2010年年底，丽水市参加企业年检的112家外资企业按行业分，第一产业外商投资企业4家，投资总额为338万美元，注册资本286万美元，实际到位外资181.17万美元；第二产业外商投资企业99家，投资总额64714万美元，注册资本36603万美元，实际到位外资24355万美元；第三产业外商投资企业9家，投资总额5543万美元，注册资本3191万美元，实际到位外资2307万美元。

2010年丽水市外资企业行业分布一览

表16–11–3–2

分　行　业	企业数(家)	投资总额(万美元)	合同外资(万美元)	实际外资(万美元)
第一产业	4	338	221	181
第二产业	99	64714	28955	24355
非金属矿产选业	1	20	15	15
农副食品加工业	3	525	139	139
饮料制造业	3	5074	3025	475
纺织业	2	1698	719	681
纺织服装、鞋、帽制造业	13	3871	2427	2298
皮革、毛皮、羽毛(绒)及其制品业	8	3161	1260	1260
木材加工及木、竹、藤、棕、草制品业	6	4411	525	525
家具制造业	1	34	7.50	8
文教体育用品制造业	4	200	123	84
化学原料及化学制品制造业	4	3033	379	379
有色金属冶炼及压延加工业	2	1117	128	128
金属制品业	11	2335	954	824
通用设备制造业	14	11630	5259	3545
专用设备制造业	2	659	250	250
交通运输设备制造业	1	338	72	72
电气机械及器材制造业	1	2564	461	461
仪器仪表及文化、办公用机械制造业	5	221	188	188
工艺品及其他制造业	5	2248	939	939
电力、热力生产和供应业	12	21526	12049	12049
建筑装饰业	1	48	36	36
第三产业	9	5543	2307	2307
道路运输业	1	1560	424	424
住宿业	4	2888	1435	1435
房地产业	2	768	228	228
商务服务业	2	327	220	220

区域分布 丽水市外商投资分布主要集中在莲都、青田、遂昌、云和、缙云等县，前述地区合同外资金额分别占全市合同外资总额的25.9%、28.6%、17.6%、10%、8%。2010年年底，丽水市参加企业年检的外资企业103家，其中莲都区6家，龙泉市6家，青田县38家，云和县6家，缙云县16家，松阳县7家，遂昌县18家，景宁畲族自治县3家，庆元县3家，市本级41家。

2010年丽水市外资企业区域分布一览

表16-11-3-3

县 别	企业数(家)	总投资(万美元)	合同外资(万美元)	实际外资(万美元)
市本级	41	25132	11330	7108
莲都区	6	1023	434	163
龙泉市	6	3242	788	336
青田县	38	23455	9475	8194
云和县	6	6097	3335	788
庆元县	3	415	131	123
缙云县	16	9465	2676	3177
遂昌县	18	10729	5815	3229
松阳县	7	704	531	531
景宁畲族自治县	3	4551	2440	2495
合 计	144	84812	38935	26012

来源分布 丽水市外资来源于各大洲的国家和地区30多个，拉丁美洲、亚洲、欧洲占绝对大的比重，合同引进外资分别占全市的40.8%、28.2%和20.8%，其次是北美洲、大洋洲和非洲，合同外资分别占全市的7.4%、2.3%和0.5%。

2010年丽水市招商外资企业来源分布一览

表16-11-3-4

国家和地区	企业数(家)	总投资(万美元)	合同外资(万美元)	实际出资(万美元)
亚洲	14	5363.30	1021.91	982.06
韩国	4	4228.24	558.80	533.80
日本	5	473.07	193.18	193.18
泰国	1	105.00	100.00	100.00
阿拉伯联合酋长国	2	463.41	106.23	106.23
印度尼西亚	1	35.00	35.00	35.00
印度	1	58.58	28.70	13.85
欧洲	42	14611.96	6540.39	6313.48
奥地利	4	419.10	292.92	292.92
比利时	2	84.24	72.24	72.24

续表 16-11-3-4

国家和地区	企业数(家)	总投资(万美元)	合同外资(万美元)	实际出资(万美元)
斯洛伐克共和国	3	484.00	332.50	211.50
西班牙	6	142.62	87.41	79.56
匈牙利	3	210.00	150.00	150.00
意大利	7	1119.00	575.76	575.76
英国	2	5623.56	2772.16	2772.16
法国	2	870.00	450.00	450.00
德意志联邦共和国	3	2039.46	321.99	321.99
荷兰	3	615.29	395.37	395.37
罗马尼亚	3	1458.00	766.00	766.00
葡萄牙	1	421.00	35.40	35.40
捷克共和国	1	846.00	123.00	123.00
南斯拉夫联盟共和国	1	70.00	56.00	17.58
克罗地亚共和国	1	209.69	109.64	50.00
拉丁美洲	12	25326.81	12834.67	10284.70
巴西	4	264.89	138.49	138.49
开曼群岛	3	13041.06	8307.14	8307.14
英属维尔京群岛	5	12020.86	4389.04	1839.04
北美洲	9	5626.01	2354.04	2354.04
美国	7	2966.01	1457.61	1457.61
加拿大	2	2660.00	896.43	896.43
大洋洲	2	1380.00	735.00	735.00
澳大利亚	1	100.00	35.00	35.00
萨摩亚	1	1280.00	700.00	700.00
非洲	1	937.50	150.00	100.00
塞舌尔	1	937.50	150.00	100.00
合计	112	70595.60	31482.73	26843.70

截至 2010 年，丽水市投资总额超过 1000 万美元的外商投资企业 12 家，总投资 46455 万美元。

2003—2010 年丽水市投资额前十位外资企业一览

表 16-11-3-5　　单位：万美元

年份	国别	投资外方	公司名称	投资额
2008	开曼群岛	中华水电公司	青田五里亭水电开发有限公司	5891
2010	英国	汇源北京控股有限公司	汇源（云和）饮料食品有限公司	4990
2008	开曼群岛	中华水电公司	遂昌县九龙山水电开发有限公司	4384

续表 16-11-3-5

年份	国别	投资外方	公司名称	投资额
2008	开曼群岛	中华水电公司	景宁英川水电开发有限责任公司	4293
2007	希腊	希腊翁建朝	意本阀门有限公司	2700
2006	韩国	韩国宇中株式会社	浙江金宏照明电器有限公司	2500
2003	英国	富盈国际投资有限公司	遂昌绿源木业有限公司	2500
2005	英国	瑞威环保能源投资有限公司	瑞威环保再生能源(丽水)有限公司	2448
2004	美国、意大利等	华侨多人	浙江丽水华侨饭店有限公司	2416

2008年,丽水市神飞利益保安用品有限公司投资5310万美元,成为丽水市在中国港澳台地区投资额最大企业。2010年,丽水市招商中国香港地区企业22家,投资总额13757.64万美元,合同利用外资49863.89万美元,实际出资4477.64万美元;招商中国台湾地区企业10家,投资总额3592.38万美元,合同利用外资2859.83万美元,实际出资1596.78万美元。

投产经营

1988—1995年,丽水地区引进外国投资项目177个。至1995年,丽水地区实有开工投产"三资"企业63家,年产值3.8亿元;"三资"企业自营出口5家,出口额334.25万美元。外国和中国港澳台地区投资从工业、房地产为主转向能源、交通等基础设施项目,投资主体多元化,投资国别及地区有所增加。投资总额超过100万美元的"三资"企业18家,其中总投资超过200万美元9家。由巴黎长城房地产公司独资创办的浙江华厦房地产有限公司总投资5000万美元,成为丽水地区外国和中国港澳台地区投资总额最大企业。

1996年,丽水地区开工投产"三资"企业64家,全年产值7.3亿元,比上年增长92.2%;销售收入5.34亿元,增长89.8%;利润4096万元,增长2.27倍。自营出口生产企业16家,自营出口额911万美元,比上年增长1.73倍。

1999年,丽水地区开工投产"三资"企业51家,开工投产率54%。其中,自营出口"三资"企业20家,出口额850万美元,占全区自营出口总额9%。2000年年底,丽水市开工投产"三资"企业64家,开工投产率55%;销售收入296082万元,税前利润总额35177万元,分别比上年增加3.61倍和6.04倍;上缴增值税、营业税13516万元,所得税1593万元,分别比上年增长36.62%和3.8倍,销售利税率16%。外国投资企业的主要出口产品是机械产品、电动工具、纺织服装和轻工产品,产品主要销到美国、欧盟和拉美国家。

2005年,丽水市批准外国和中国港澳台地区投资企业182家,期满或撤销企业3家。投产开业企业100家,投产开工率54.95%。2010年年底,丽水市批准外国和中国港澳台地区投资企业144家,参加外国和中国港澳台地区投资企业联合年检的企业112家,投产开业企业为128家,占批准企业数的88.89%。同年底,全市外国和中国港澳台地区投资企业实现销售(营业)收入49.51亿元,利润10.09亿元,纳税总额3.18亿元,分别比2003年增长178%、2783%、515%。全年外国投资企业进出口总额为9017万美元,占全市对外贸易总额5.9%。

1999—2010 年丽水市外国和中国港澳台地区投资企业一览

表 16-11-3-6

年份	批准企业(家)	期满或撤销企业(家)	投产企业(家)	投产开业率(%)
1999	94	38	51	54.25
2000	116	0	64	55.17
2001	131	0	76	58.02
2002	143	0	99	69.23
2003	134	38	84	62.69
2004	158	0	97	61.39
2005	182	3	100	54.95
2006	136	57	88	64.71
2007	136	15	92	67.65
2008	128	18	103	80.47

第四节　技术合作

1987 年后，丽水地区企业开始承接境外工程业务和服务外包业务。1995 年始，丽水地区开展有组织的对外劳务输出。2005 年始，青田县侨务部门和国外侨团积极牵线搭桥，为当地农民出国就业构筑“绿色通道”。1991—2010 年，全市投资境外项目数 58 个，投资总额 4297.14 万美元。

劳务输出

1995 年 7 月 25 日，外经贸部批准浙江丽水国际经济技术合作公司开展国外经济技术合作业务。其对外经营范围，承包境外工程和境内国际招标工作；上述工程所需的设备、材料出口；对外派遣各类工程、生产及服务行业的劳务人员(不含海员)；按国家规定在海外举办各类企业。同年，丽水地区向美国、柬埔寨、东萨摩亚、阿拉伯联合酋长国、新加坡、日本等国家委派针织服装、化工、机械、电子、皮具箱包等方面工程技术人员和技术工人 80 人。

1997 年，丽水地区向美国、日本、新加坡、尼日利亚、菲律宾、俄罗斯、匈牙利、乌干达、乌克兰、保加利亚、罗马尼亚、南斯拉夫、斯洛文尼亚等国家，派出针织服装、服装管理、建筑、电工、厨师等方面工程技术人员和技术工人 100 人，其中因私就业占 64%，年底在外人数 192 人。同年，浙江丽水国际经济合作公司在丽水地区各县设立办事处，全方位开展对外劳务合作，完成合同额 92 万美元，完成营业额 40 万美元，外派劳务人员 65 人，年底在外人数 66 人。

1999 年 4 月，浙江丽水国际经济技术合作公司完成股份制改制工作，公司职工成为股东，给企业带来新的活力。全年向柬埔寨、土耳其、叙利亚、埃及、匈牙利、斯洛伐克、保加利亚、罗马尼亚、南斯拉夫、乌克兰等国家派出营业员、服装工等 360 人，比上年增长 35%；丽水地区年底在外 670 人，增长 68%，增长幅度名列全省前茅。浙江丽水国际经济技术合作公司获全省外经工作先进企业称号。

2000年，浙江丽水国际经济合作公司完成合同额566万美元，比上年514万美元增长10.1%；完成营业额459万美元，比上年289万美元增长58.8%；外派劳务483人次，比上年360人次增长34.2%；期末在外898人，比上年的592人增长51.7%。同年，国际劳务需求由普通劳务向高层次的智力劳务转变，国际劳务市场呈现出“两多一少”的特点，即对高技术劳务需求多，发达国家对脏、累、险劳务需求多，其他普通劳务需求量减少，丽水国际经济技术合作公司缺乏这方面劳务资源。全市国际劳务输出业务出现萎缩。

2002年，丽水市外派劳务179人，完成营业额428万美元，期末在外人数1675人。同年底，根据浙江省外经贸厅、丽水市政府深化国有外经贸体制改革和坚持“两彻底”精神，丽水国际经济技术合作公司改组为非公有制经济构成的有限责任公司。2004年年底，丽水国际经济技术合作公司劳务输出2634人，合同额2656.64万美元，营业额2528万美元。对外劳务合作以输出针织服装、服装管理、研修生、建筑工、技术服务、高级职员、电子、厨师、营业员、推销员、涉外文秘等方面工程技术和技术工人为主，外派的国家有乌干达、中非、斐济、美国、马里、日本、俄罗斯、阿尔巴尼亚、韩国、以色列等国家和地区51个。

2005年7月，企业改制后国有资本退出，丽水国际经济技术合作公司大量业务骨干流失，公司对外劳务合作业务难以为继，被撤销对外劳务合作经营资格。同年，青田县举办出国农民实用技术培训400多期，培训人员2万多人次。同时，青田县引导和鼓励农民出国打工，实施“外迁内聚”发展战略，县财政每年拿出专项资金，投入农民实用技术培训，并结合侨乡实际采取“部门联手、社会办学，政府买单”的办法，有针对性地开展厨师、服装等多项技术培训和外语等知识培训。县侨务部门和国外侨团积极牵线搭桥，构筑当地农民出国就业“绿色通道”。至2010年，青田县有华侨23万人遍布世界各地，形成一支境外劳务大军。

1995—2004年丽水市劳务输出情况一览

表16-11-4-1

年份	合同额（万元）	营业额（万元）	外派劳务工人数（人）	期末在外劳务工（人）	社会外派劳务工（人）	社会期末劳务工（人）
1995	—	—	—	—	80	80
1996	—	—	—	—	60	60
1997	92	40	65	65	100	192
1998	280	108	266	317	296	399
1999	514	289	360	592	360	670
2000	566	459	483	898	483	980
2001	881	568	927	1556	927	163
2002	216	428	179	1593	179	1675
2003	108	579	149	317	149	327
2004	—	57	—	—	—	55
合计	2657	2528	2429	5338	2634	6076

境外工程承包与服务外包

境外工程承包 1987年，浙江省国际经济技术合作公司承接援助斐济建设水电站2座、输电线路4条的任务。该工程分二期建设，一期工程建设里瓦河水电站一座、装机容量100千瓦，由丽水地区水电工程处、缙云县电力公司承建，建设工期为1987—1989年，工程营业额为700万元(折价189万美元)；二期工程为建设沙伍水电站1座，装机容量400千瓦，由丽水地区水电工程处、缙云县电力公司、丽水市电力公司承建，建设工期为1989—1991年，工程营业额为1600万元(折合431万美元)。

2007年，湖北葛洲坝建设工程有限公司承建巴基斯坦Neelum Jhelum水电项目。浙江利诚交通工程有限公司于2008年6月分包该项目的主变室、厂房段土建工程，合同金额16.8亿巴基斯坦卢比，折价美元2784万美元，工期3年。2007年6月，浙江省丽水市中电科贸咨询有限公司与中国电线电缆进出口有限公司签订尼日利亚NIPP132千伏输电线路项目的送电线路勘测、定位、施工图设计分包合同，合同金额160万元(折价20.6万美元)，施工3个月。

2008年，丽水市中电科贸咨询有限公司分别与南京万国电力技术咨询有限公司、中国电线电缆进出口公司、中国机械设备进出口总公司、中机中电设计研究院等公司签订境外工程项目承包合同。其中，1月与南京万国电力技术咨询有限公司签订埃塞俄比亚输电线路项目的断面复核测量、部分线路的改线测量、塔位桩确定、塔基断面测量、复测报告和相应图纸文件制作的分包合同，合同金额103.15万元(折价13.3万美元)，施工期半年；3月，与中国电线电缆进出口公司签订安哥拉马兰热中低压电网改造项目的中低压配电工程的勘测、定位、施工图设计的分包合同，合同金额180万元(折价23.17万美元)，施工期4个月；4月，与中国机械设备进出口总公司签订安哥拉Dundo和Saurimo电网扩建和改造项目中的勘测分包合同，合同金额9.8万元(折价1.26万美元)，施工期1.5个月；6月，与中国电线电缆进出口有限公司签订尼日利亚NIPP132千伏输电线路项目的送电线路勘测、定位、施工图设计分包合同，合同金额160万元(折价20.6万美元)，施工期3个月；8月，与中机中电设计研究院签订安哥拉栋多市和萨乌利姆市城市电网恢复和扩建项目中的勘测分包合同，合同金额80万元(折价10.31万美元)，施工期6个月；10月，与中国机械设备进出口总公司签订安哥拉罗安达郊区电网改造和扩建项目中的中勘测分包合同，合同金额20万元(折价2.58万美元)，施工期3个月。同年6月，辖区浙江利诚交通工程有限公司分包湖北葛洲坝建设工程有限公司承建巴基斯坦Neelum Jhelum水电项目的主变室、厂房段土建工程，合同金额16.8亿卢比(折价2784万美元)，该工程施工期3年。1987—2008年，全市承包或分包境外工程8项，合同金额24429万元。2009—2010年，丽水市没有承接境外工程承包业务。

服务外包 2009年，市外经贸局制定《关于启动丽水市服务外包工作的方案》和《关于发展丽水市服务外包工作的意见》，确定服务外包培育对象企业2家、服务外包培训基地资格企业1家。

2010年，丽水市引导外经贸工作服务外包，拓展境外承包工程等领域。丽水创嘉科技有限公司与安圭拉美索环球有限公司签订服务外包离岸接包合同100万美元。浙江讯唯网络发展有限公司与中国台湾地区客商签订网络动漫游戏软件开发合同，离岸合同金额3.5万美元。实现全市国际服务外包离岸业务零突破。

境外投资

1991年1月，丽水地区第一个境外投资项目中俄尤尼万斯有限公司经外经贸部批准设立，丽水企业“走出去”迈出第一步。1996年，丽水地区东方农业发展有限公司与美国LDT迈阿密进出口公司在美国佛罗里达州合作创办L&L农业发展有限公司，开始申报前的准备工作。该项目主要是利用丽水地区种植香菇、平菇、金针菇等食用菌的技术优势，到美国创办种植场，所生产的食用菌直接在美国销售。1997年10月6日，该项目获浙江省对外贸易经济合作厅批复同意。公司注册资本31.5万美元，其中中方出资28.35万美元，占90%，外方出资3.15万美元，占10%。项目经营范围为生产、加工、经营除白蘑菇外各种特种菇，水产品养殖、生产大豆制品及相关产品进出口贸易。

2001年，丽水市新批境外企业2家。其中，丽水市遂昌县山地发展有限公司与乌克兰金种子公司合作，在乌克兰顿涅次克室建立“乌克兰(吨特区)中国经贸城”；青田腊口木制品加工厂在德国法兰克福市设立“中国青田回龙贸易办事处”。2004年，丽水市开展企业境外投资意向调查，做好咨询和信息服务，帮助企业办理申报手续，获得国家政策扶持。同时，探索对外经济技术合作运作新模式，鼓励有实力企业拓展国际市场。全年有企业3家到境外设立贸易机构，带动企业投资1075万美元。同年底，丽水市有对外直接外资企业8家。2006年，丽水市对涉及企业境外投资、劳务合作、整理汇编外工程承包等外经政策法规，为“走出去”企业做好咨询服务。年内纳爱斯集团全资收购注册商标、商标许可100多个和该系列产品的技术、研发力量，从事知名品牌的研发和生产销售，提高洗涤用品的高端市场竞争力，为公司跨出国门创造自主品牌开辟新路。

2009年，丽水企业境外投资以办事处和贸易公司为主，企业以拓展市场、增加销售途径为主，在境外设立工厂少有涉及，并购、参股境外企业或设立研发机构等未有涉及。全年企业“走出去”项目11个，比2008年增长37.5%，境外投资总额262万美元，其中中方投资252万美元，增长75.7%。平均中方投资额22.9万美元，企业规模偏小。丽水企业在境外设点主要集中在越南、阿联酋、俄罗斯、尼日利亚等国家。企业“走出去”主要集中在莲都区、青田县、缙云县、龙泉市等外向型经济活跃地区。其中，缙云县年内新批境外投资项目6个，占全市境外投资项目54.5%，总投资占全市60%，中方投资额占全市62.3%。

截至2010年，丽水市境外投资项目数58个，投资总额4297.14万美元，其中中方投资4095.99万美元，投资国家和地区有美国、日本、俄罗斯等国家和地区22个。58个境外投资项目中，贸易性机构46家，占境外投资项目的7成以上，分布在国家和地区18个，投资总额2927.65万美元，其中中方投资2817.66万美元，境外贸易机构一般投资规模较小，大多在10万—20万美元之间，以国际贸易为主，这些中小型境外贸易机构为丽水市开拓国际市场，带动商品出口，发挥重要作用；非贸易性投资企业9家，投资总额1309.49万美元，其中中方投资1218.34万美元，分布在国家和地区5个，投资产品涉及服装、羽绒制品、食品、机械、电子、轻工等。

对外技术援助

20世纪60年代后期开始，丽水地区对外经济技术援助主要有医疗服务援助项目和农业援助项目两种形式。

医疗服务援助项目　1968年，浙江省向马里马格拉派出第一支医疗队，丽水地区卫生系统始派员参加援助。1978年，浙江省卫生厅承接国家援助中非医疗服务项目，丽水地区医院医生1人于1998年8月参加该项目，在境外援助服务两年。1972—2007年，全市参与援助9个批次29人，先后有丽水县医院、缙云县医院、丽水市中心医院（丽水地区医院）、丽水妇幼保健院、遂昌县人民医院、青田县人民医院等单位派出专家参与援助。后全市没有派专家参与该医疗援助项目。

若干年份丽水市援助马里医疗队一览

表16-11-4-2

年份	参加单位	参加人数(人)
1972	丽水县医院	1
1978	丽水县医院	1
1978	丽水地区医院	1
1983	龙泉县中医院	1
1985	缙云县人民医院	1
1990	丽水地区医院	3
1990	缙云县人民医院	3
1991	丽水地区医院	1
1992	丽水县人民医院	6
1992	缙云县人民医院	1
2000	丽水市人才交流中心	1
2000	丽水市中心医院	1
2007	丽水市中心医院	2
2007	丽水妇幼保健院	1
2007	缙云县人民医院	1
2007	丽水市中医院	1
2007	遂昌县人民医院	1
2007	青田县人民医院	1
2007	丽水市第二人民医院	1

农业援助项目　1972年11月，乍得与中国建交。中国台湾地区撤走援助乍得“农耕队”，丽水地区派员参加浙江省援助乍得“农耕队”。至2007年，丽水市派出农业专家4人，其中龙泉市和云和县各2人。

1983—1984年，国家安排浙江省农业厅作为援助中非共和国勃亚利农技站承建单位，丽水地区有多名农业技术人员参加该项目工作，其中丽水县农艺师刘梦熊和丽水酒家厨师高清云在1984年获“骑士勋章”（中非国家复兴荣誉勋章）。

第五节 服务与管理

1949年10月中华人民共和国成立后，丽水外贸由国家统一经营。1978年后，外贸由国家集中经营逐步向地方下放经营权。2004年7月，国家全面放开外贸经营权，丽水市加强外贸审批管理和主体培育，组织展会与招商活动，丽水市外贸进入较快发展阶段。

扶持政策

1993年，丽水地区进出口公司获对外贸易自营经营权，是丽水地区首家对外贸易自营经营企业。1994年，地区行署制定支持外经贸企业发展的鼓励政策，从出口奖励等方面对企业提供资助。后地区行署又多次补充完善政策。同年，企业申报并向上争取对外贸易自营经营权，浙江省瑞发(集团)公司成为丽水地区首家获外贸经营权的内资生产企业。后外贸流通公司、内资生产企业、外商投资企业逐步构成丽水地区对外贸易的主要经营主体。1998年，丽水地区首次组织出口企业申请省级贴息资金，获贴息资金95.45万元。

2000年，丽水市进出口实绩企业60家。2001年，丽水市出口企业首次申请国际开拓资金24.4万元，欠发达地区专项资金298.2万元；机电和高新技术出口企业首次申请部省两级技改研发补助资金134万元。

2005年，丽水市制定《关于加快市直开放型经济发展的若干意见》，引导企业用好用足政策杠杆，加大出口产品结构调整。同年，全市兑现支持外经贸发展资金1110万元，其中市直出口企业32家，补助金额276万元；省外经贸厅下达中小企业国际市场开拓资金计划321万元，比2004年增长129%，全市申报项目215个，增长81%；全年组织企业8家申报机电和高新技术技改贴息项目，申请人贴息784万元；组织企业4家申报机电产品和高新技术产品研发资金，申请资助金额310万元；组织企业7家申报省扶持丽水企业“走出去”专项资金补助7万元；组织企业165家申报省对欠发达地区一般贸易出口给予每美元0.02元的出口商品贴息，全市兑现2004年度贴息金额718万元。同年，全市有进出口业绩的企业245家。

2006年始，丽水市免费培训外贸企业从业人员，对企业开展应对贸易壁垒、外贸实务、报关商检等多方面培训。2006—2010年，丽水市免费培训企业相关从业者近2000人次。同年，全市首次组织有关企业申请“走出去”补助资金80万元。2009年，市政府修订支持外贸企业发展的鼓励政策，加大对企业参展、注册商标、应对贸易摩擦、品牌培育等资助力度，有效地应对金融危机对外贸出口企业的冲击。截至2010年，丽水市有进出口实绩的企业增加到521家。至2010年，丽水市出口企业获部、省两级补助资金1.6亿元。

举办展会

1985年开始，丽水地区每年都组织企业参加春季和秋季广州·中国出口商品交易会。截至2010年，丽水市组织参展进出品企业911家次，成交额76852万美元。1995年开始，丽水地区每年3月组团参展上海·华东进出口商品交易会。截至2010年，丽水市组织参展企业211家次，成交额13224

万美元。1996 年，丽水地区进出口公司等企业 4 家参加浙江省 1996 年巴西圣保罗贸易洽谈会，成交额 100 多万美元，是丽水地区自营出口企业首次到境外参展。

2007 年，丽水地区首次参加浙江出口商品日本大阪展，参展企业 3 家，成交额 100 万美元；截至 2010 年，丽水市参加浙江出口商品日本大阪展企业 10 家。2008 年，丽水市首次参加浙江出口商品迪拜展，参展企业 4 家，成交额 50 万美元；截至 2010 年，丽水市参加浙江出口商品迪拜展企业 6 家。2010 年 12 月，丽水市参加中国香港地区国际中小企博览会暨产品设计、创意展示会，专门设立丽水市外经贸局展位，参加中国内地经济转型升级研讨会，专题推介丽水市对外招商引资，达成部分合作协议。同年，全市首次参加中国香港地区亚太皮革展，参展企业 11 家，成交额 400 多万美元。2002—2010 年，丽水市参加中国国际日用消费品博览会，参展企业 295 家次，成交额 2282 万美元。

1995—2010 年丽水市参加广交会、华交会、消博会情况一览

表 16-11-5-1

年份	广交会			华交会			消博会		
	参展企业（家/次）	展位数（个）	成交额（万美元）	参展企业（家/次）	展位数（个）	成交额（万美元）	参展企业（家/次）	展位数（个）	成交额（万美元）
1995	5	2.50	700	4	4.00	400	—	—	—
1996	7	4.50	773	11	11.00	720	—	—	—
1997	7	6.50	826	9	11.00	732	—	—	—
1998	7	7.00	493	3	4.00	30	—	—	—
1999	11	7.00	1054	5	3.50	259	—	—	—
2000	15	12.00	1566	4	3.00	235	—	—	—
2001	22	13.50	2081	10	10.00	814	—	—	—
2002	35	36.00	3981	13	9.00	800	27	45	120
2003	45	38.50	4230	12	10.00	927	34	26	300
2004	64	67.00	8193	18	17.00	1190	40	47	464
2005	67	64.50	9806	20	19.00	1150	41	42	135
2006	69	72.00	9176	22	21.50	1175	35	39	260
2007	67	69.00	9784	21	22.50	1245	31	32	273
2008	151	180.50	9389	24	22.50	1405	31	32	330
2009	160	191.00	7000	20	22.00	1042	28	33	180
2010	179	194.00	7800	24	24.00	1100	28	40	220
合计	911	965.50	76852	221	214.00	13224	295	336	2282

1999 年开始，丽水地区每年组织各县（市、区）政府和有关部门、企业组成的代表团到宁波参加浙江投资贸易洽谈会，开展产业对接活动；截至 2010 年，丽水市签订外商投资项目 200 个，外资 48628 万美元。1999 年始，丽水作为浙江省代表团成员之一，参加中国国际投资贸易洽谈会，专门设立浙江省展区丽水投资环境展示板块，展示丽水投资环境。同时，每年投洽会筛选推出重点招商项

目，组织企业参与组委会安排的产业对接活动。

2004年6—7月，丽水市组织到日、韩经贸活动，举办日本丽水投资说明会，签约项目10个，总投资约4000万美元，协议外资2100万美元。是全市第一次组织境外招商活动。2005年1月，丽水市参加中国2005香港•浙江周活动，组织“丽水在港客商、同乡恳谈会”。

2005年7月，丽水市到韩国、日本开展招商引资和经贸考察活动。同期，丽水代表团在韩国首尔举行丽水市投资说明会、参加省政府举办的浙江企业与日本跨国公司交流会等经贸活动，签约项目3个，协议外资1450万美元。浙江山蒲照明电器有限公司与日本东芝公司举行照明技术合作签约仪式。丽水市聘请韩国韩中亲善协会副会长赵炳仁为丽水市人民政府顾问。市委书记楼阳生与韩国全罗南道丽水市市长金忠锡签订中国丽水市与韩国丽水市建立友好交流与合作关系的协议。

2006年9月，丽水市代表团到德国参加2006德国•浙江周活动。同期，参加浙江周开幕式、浙江—德国产业对接会、投资德国交流会等活动，签约项目1个，合同利用外资300万美元。同时，组织丽水在德乡贤恳谈会、丽水在匈牙利乡贤恳谈会。2007年，丽水市首次参加浙江出口商品日本大阪展，参加企业3家，展位3个，成交额100万美元。2008—2010年，丽水市参加浙江商品大阪展，参展企业10家，成交额数百万美元。2008年，丽水市首次组织企业参加浙江出口商品迪拜展，企业4家参加，有展位5个，成交金额50万美元。2009—2010年，丽水市参加浙江商品迪拜展，参展企业6家，展位10个，成交额近百万美元。

2010年1月11—16日，组成代表团参加中国港澳•浙江周的经贸活动。参加浙港服务业合作与展望及签约仪式、浙澳商贸旅游合作洽谈会及签约仪式、中华老字号暨浙澳名优商品展销会，全市1个项目在浙港服务业合作与展望及签约仪式签约，合同外资1000万美元。12月1—4日，到中国香港地区参加国际中小企博览会暨产品设计、创意展示会，专设丽水市外经贸局展位。参加中国内地经济转型升级研讨会，专题推介丽水市对外招商引资，达成部分合作协议。

认定名牌

2007年，丽水市首次组织认定“丽水市出口名牌”，认定市级出口名牌19个。2008—2010年，丽水市新认定市级出口名牌13个。2009年，浙江凯恩特种材料股份有限公司“KAN”牌参加浙江省出口名牌认定获通过，是全市首个省级出口名牌。截至2010年，丽水市省级出口名牌2个。

审批管理

1988—2010年，丽水市批准外商投资企业144家，投资84812万美元，合同利用外资金额38935万美元，实际利用外资26012万美元。2002年，丽水市外经贸局首次联网审批进料加工贸易合同，涉及出口合同金额23.92万美元。同年，全市通过网络系统转报全市首个机电产品进口申请，合同金额9.5万美元。2006年，丽水市首次组织摩托车、全地形车企业申请出口资质并全部获得通过。截至2010年，丽水市批准571批次进料、来料加工贸易合同，涉及合同金额1.42亿美元；转报机电产品进口合同275个，金额7000万美元。

外资企业管理

1995年，丽水地区外经贸局组织对丽水地区1994年年底以前批准设立的外商投资企业进行大检查，撤销外资长期不到位、名存实亡“三资”企业31家，促进企业出资到位和投产开工。地区外经贸局对外商投资企业10家进行“产品出口企业”考核。1996年，丽水地区开展“三资”企业合同、章程履约大检查工作，督促企业及时出资到位，引导企业参加出口商品交易会和申报确认“两类”企业。同年，丽水地区新确认产品出口企业8家，技术先进企业1家，确认“两类”企业19家。

2003年，制定《丽水市人民政府关于加快发展市直开放性经济的意见》，加大对开放型经济发展的扶持。2009年，丽水市建立信息资料库，以客商库、项目库和招商信息库为重点，收集全市社会经济发展情况、各项经济开发区（工业园区）主导产业、入园政策、土地供应情况等信息内容，根据客商需要组合成合适的投资指南。同年，全市“企业服务年”，建立重点外经贸企业联系制度，规定市外经贸局工作人员每人联系企业2家至3家；“一对一”帮扶企业，邀请省商务厅到丽水举办服务外包培训，收集贸易摩擦预警信息，发布各种预警信息。同年，市外经贸局通过沟通协商，解决全市食用菌出口退税地区差异问题，食用菌出口一改多年发展颓势，出现逆势增长。

第十二章　会　　展

丽水会展是现代服务业重要组成部分，也是连接生产与消费的桥梁和纽带，能够促进供需对接、畅通流通渠道，对区域和行业经济发展也有强大拉动作用。随着全球会展业的不断发展，丽水会展业对区域经济带动作用愈发明显。1949年中华人民共和国成立后，丽水会展事业开始出现，集市贸易成为相对固定的日子。20世纪50年代初，丽水地区及各县实行粮、油统购统销，举办城乡物资交流会，解决商品、物资相对短缺问题。1966—1976年，集市贸易萧条，会展一度中断。1978年中共十一届三中全会后，丽水会展事业开始得到发展。2000年，丽水撤地建市后，丽水市持续举办推介区域经济成果的重要会议和大型展览，会展事业进入全新发展阶段。截至2010年，丽水会展历经60年发展，产业规模逐渐增大，经济效益开始好转；专业化、国际化、市场化程度有一定提高；会展设施逐渐健全，会展就业人数持续攀升，会展业对经济带动作用开始显现，成为展示丽水形象、推动经济发展重大载体。

丽水文化艺术作品展览参见第三十四篇《文化艺术》，不再单独设节。

第一节　综合性会展

丽水会展萌芽于20世纪50年代初，发展于20世纪80年代，繁荣于21世纪，逐步走向专业化、国际化。

物资交流大会

明清时期，丽水物资交流多通过集市进行。民国时期牙行种类较多。1949 年中华人民共和国成立后，集市日逐渐形成较为固定日子，均以农历计日。

1951 年，缙云县政府举办五云镇和壶镇物资交流会。1953 年始，缙云县集市和会场逐渐衰退。1952 年春，丽水专区开展“五反”运动，市场一时停滞。同年，丽水、青田、云和、龙泉、庆元、缙云、遂昌县举办城乡物资交流大会 18 次。其中，丽水县举办物资交流会 4 次，参加人数 17 万人次，交流金额 95 万元，国营公司占 40.49%，供销社占 11.38%，私营商业占 48.13%，社会商品销售 3003 万元。6 月，松阳县西屏镇首次物资交流大会，成交额 24.5 万元。7 月，松阳县古市、靖居、玉岩、大东坝相继举办物资交流大会。10 月，景宁县举办首次物资交流大会。后景宁县沙溪、渤海、东坑、英川等地相继举办物资交流会。

1953 年，各县实行粮食统购统销，市场管理过严，取消粮食贸易，农副产品限制上市。1954 年 6 月，各县农村集镇粮食市场 81 个，集市贸易趋向活跃。1957 年 8 月起，各县一度关闭粮食市场。1961 年 9 月，各县再度开放小杂粮、小油料集市贸易。1964 年 7 月，各县粮油交易所 60 个。12 月，各县再度取消粮食集市贸易。1966 年下半年，丽水专区关闭粮油交易所，由国营公司独家经营粮油贸易，集市贸易大为缩减。1966—1976 年，丽水地区割“资本主义尾巴”，集市贸易萧条。1978 年 12 月，丽水地区再次开放粮油市场，集市贸易剧增。

1980 年 10 月，丽水县承办丽水地区物资交流大会。1984 年 6 月 3 日，在温溪镇举办青田县小商品交流会，成交额 24 万元。1984 年 10 月，松阳县举办物资交流会，成交额 52.82 万元。1985 年，缙云县保留农历“五月廿八”壶镇会展的基础上，增加农历“十月廿八”为物资交流会、将农历“十二月廿七”设为物资交流节。20 世纪 80 年代以来，丽水地区各县（市、区）城关镇及重点集镇，建立各类专业市场，进行物资交易。

生态经济博览会

中国·丽水首届国际生态经济博览会　2008 年 7 月初，成立中国·丽水首届国际生态经济博览会组织委员会。同年 10 月 28 日至 11 月 2 日，丽水市举行中国·丽水首届国际生态经济博览会，围绕“生态丽水、绿色经济”主题，推出展示及交流活动 10 项。10 月 28 日晚，举行开幕式暨“相约纳爱斯，走进丽水”大型文艺晚会，中央电视台《同一首歌》栏目携明星阵容走进丽水。博览会规格高、人数多、内容丰富、参展企业多。全国政协副主席王志珍、副省长陈加元、省政协副主席楼阳生参加，包括国内外科研院所专家学者、国内外客商和企业代表、长三角地区旅游界代表、国内外生态与环保方面专家和学者、省内外新闻媒体记者在内，参会来宾 800 多人，其中来自美国、俄罗斯、法国等国家和地区 30 多个华人华侨代表 120 多人。参展商家及观众、游客 30 多万人次。

10 月 29 日，举办丽水投资环境推介会暨投资项目签约仪式，集中签约项目 32 个，其中签订正式投资协议项目 23 个，引进外方投资金额 32.44 亿元；签订投资意向书项目 9 个，意向投资金额 26.8 亿元；推介对外招商项目 105 个，签订正式投资协议和投资意向书项目 32 个，其中工业投资项目 26 个，投资 31.86 亿元；旅游开发投资项目 6 个，投资 27.38 亿元。29 日上午，举行民间文艺大会，在市区江滨路进行踩街，遂昌县台阁、缙云县钢叉、景宁畲族风情等表演队 19 支，参演 1000 多人，参与群众1万多人。

10月29日至11月2日，举办丽水侨界先进典型代表表彰大会、丽水华侨与丽水房地产业高峰论坛、"情系家乡、报效桑梓"座谈会以及丽水华侨报效家乡、反哺家乡成果展。同时，举办"绿色论坛"，邀请日本东京农业大学教授、北京大学客座教授宫原继男，作绿色农业和绿色食品主题演讲。另有循环经济与可持续发展、清洁发展机制、能源和健康等领域理论前沿成果讲座、"丽水杯"全国老年大学摄影展。同期，组织龙泉青瓷、龙泉宝剑，青田石雕、丽水摄影、巴比松油画、根艺、剪纸、瓯江奇石、处州廊桥、景宁畲族歌舞及服饰等生态精品展示和生态产品展销活动，吸引市内外参展企业（产品）320家。其中精品馆展出企业（产品）3130家，生态产品展销区标准摊位252个，企业参展190家。茶叶、食用菌、水干果、菊米、茶油等丽水名优农副产品，受到来宾、市民的青睐和选购。10月30日，举办丽水市生态房产展示会，成交商品房80套，预订商品房79套，成交金额4798万元。博览会期间，参观精品馆人数达5.7万人次，客流量13.5万人次，销售收入510多万元。

中国·丽水第二届国际生态经济博览会　2010年11月9—11日，举办中国·丽水第二届国际生态经济博览会。主要活动有生态商品展销会、生态休闲养生经济发展论坛、生态旅游考察、市民网络摄影大赛、"相约瓯江、再创辉煌"焰火活动5项。吸引参展市内外企业（单位）290多家，展位数380个，特邀中国台湾地区商业企业14家，观展、洽谈28万人次。其中，生态商品展销会销售总额1090万元，签约华侨投资项目14个，总投资30.4亿元。9日晚，在南明湖南岸举行"相约瓯江 祝福丽水"大型音乐焰火晚会，燃放烟花六大类2万多种，现场观众16万人，丽水广播电视总台进行全程录播。

华侨大会

首届丽水华侨大会　2005年11月5—6日，丽水市举办首届丽水籍华侨华人大会，主题为"乡情亲情联谊发展"。参会国家和地区35个，国务院侨务办公室和驻外使领馆18个，华侨华人代表、国际友人、归侨侨眷200多人，发来贺电、贺信海外侨团28个。全国政协副主席、中国致公党中央委员会主席罗豪才宣布大会开幕，法国海外省圭亚那江浙沪华侨同乡会会长、省政协委员郭胜华代表华侨华人发言，全国侨联副主席李祖沛参加会议。活动包括组织恳亲和参观考察，举办华侨论坛、"华侨风采"摄影展，举行丽水市国际交流中心授牌仪式，市政府制定《华侨要素回流工程实施意见》，聘请意大利罗马市移民协会外籍议员潘永年等17人为市政府首批海外招商顾问。大会期间，举行开工奠基仪式侨资项目4个，合作签约仪式侨资项目12个，总投资10.75亿元，协议利用外资376万美元。

第二届丽水华侨大会　2010年11月8—10日，丽水市召开第二届丽水华侨大会，主题"乡情·发展"。参会国家和地区46个，华侨华人210人。全国人大常委会副委员长周铁农宣布大会开幕，华侨代表郭胜华向丽水籍海外华侨华人发出《弘扬赤子情怀共创繁荣发展》倡议，海外专家学者代表饶及人和获奖华侨代表严志照发言。互联网现场直播开幕式和华侨论坛，收看节目国家50多个，海外华侨近万名。主要活动有青田、庆元、松阳3个县组织恳亲和参观考察，举办"合作发展 共创繁荣"华侨论坛，表彰"华侨投资10大精品工程""华侨投资10大优秀企业""华侨助推新农村建设10佳代表"单位和个人；举行丽水学院华侨学院揭牌，举办浙江省首届体育大会开幕式，丽水市撤地设市10周年庆典和焰火晚会。会议期间，广大华侨华人参与投资医疗卫生、农业开发、新农村建设等领域，签约侨资项目 14 个，总投资 30.43 亿元。

第二节　农业产品会展

20 世纪 90 年代中后期，丽水地区开始参与各级、各类农业博览会，展示、推销丽水农产品。

组团参加全国农业博览会

1995 年，丽水地区组团参加第二届中国农业博览会，其中云和县“仙宫雪毫”茶叶，被评为优质农产品金奖。1997 年 10 月 21—23 日，丽水地区组团参加在北京市举办的第三届中国农业博览会，景宁畲族自治县“山山”牌黑木耳，被评为农业博览会金奖。1999 年 9 月，丽水地区组团参加在北京市举办中国国际农业博览会，丽水市(县级)“山水”牌椪柑，被评为中国名牌产品。

组团参加全国特产之乡农产品交易会　2000 年，参加中国特产之乡农产品交易会，松阳县“梦阳”脐橙，被评为金奖。云和县“山兰”牌黑木耳，被评为全国食用菌名牌产品。2001 年 11 月 8 日，参加 2001·中国国际农业博览会，景宁畲族自治县“惠明”牌茶叶，“山山”牌香菇、黑木耳，缙云县“仙都”牌啤酒，青田县“太鹤”牌杨梅，庆元县“百山祖”牌香菇，被评为农业博览会名牌产品。

组团参加全国旅游纪念品设计大会　2002 年，参加南京 2002·首届中国旅游纪念品设计大会，景宁畲族自治县“竹筒装·畲情酒”，被评为设计大会银奖。

组团参加全国花卉博览会　2005 年 10 月，参加第六届中国花卉博览会兰花精品展，松阳县凝碧苑兰花合作社“家兴梅”与“下山寒兰”兰花，分别被评为栽培奖和优育奖。

组团参加全国食品博览会　11 月 12—15 日，丽水市组团参加在宁波市举办的 2009·中国食品博览会，参会食品企业 35 家，采购商 7 家，食用菌、茶叶、农副食品、食品保健品、休闲食品、饮用水等参展产品 100 多个；现场销售 60 万元；签约采购商 7 家，金额 722 万元；达成意向合同 61 份，金额 1800 万元。

组团参加浙江省名特优新农产品展销暨农业招商洽谈会

1998 年 11 月 20—25 日，丽水地区农业局参加杭州举办 1998 年浙江省名特优新农产品展销暨农业招商洽谈会。签订投资项目和意向协议 18 项，协议金额 10 亿多元；丽水地区获农展会最佳组织奖和最佳招商引资奖；获首批省级优质农产品奖 60 只，其中省级优质农产品金奖 16 只，银奖 21 只，获奖总数位列全省第三位。庆元县“百山祖牌干花菇”获浙江省农产品名牌称号。丽水市“山水”牌脐橙、“山水”牌椪柑，景宁畲族自治县“惠明”牌茶叶、“山山”牌黑木耳、“山山”牌干花菇，庆元县“百山祖”牌干花菇、庆元县“金蜜果”牌温州蜜柑，缙云县“缙云高山茭白”“缙云元胡”“缙云夏季鲜香菇”，龙泉市“龙泉羊角尖笋干系列”“龙泉灵芝”“龙泉厚朴”，云和县“大仓白茯苓(块)”、“山蓝”牌黑木耳、“新云”牌木制玩具，获浙江省第一批省级优质农产品金奖。

组团参加浙江省精品水果展销会

2000 年，丽水市农业局参加浙江省精品水果展销会，云和雪梨获一等奖。11 月 30 日至 12 月 3

日，参加杭州世贸展览中心举行2001年中国浙江国际农业博览会，设展位20个，参展企业25家、农产品96个，获奖农业产品95只，其中金奖21只，银奖25只，优质奖49只；销售收入147.7万元，签订农产品开发合作协议800万元。“山水”牌椪柑、“山鹤”牌杨梅、“山山”牌黑木耳、“双枪”牌竹木工艺筷、“金蜜果”牌天堂山锥栗、庆元香菇、灰树花、牛肝菌获金奖。

组团参加浙江农业博览会

2002年，丽水市农业局组团参加浙江农业博览会，其中莲都区农产品获金奖2项、银奖3项、优质奖4项；龙泉市“纳富特”香菇获金奖；青田县获奖企业8个，产品11项，金奖3个、银奖2个、优质奖6个；缙云县获金奖4项、银奖4项、优质奖7项；松阳县“松阳银猴”牌绿茶获中国浙江国际农业博览会金奖；景宁畲族自治县“奇尔”茶叶和“惠明”玉簪茶，通过国家有机茶认证，成为全国唯一获ISO 9002国际质量保证体系、国家绿色食品、有机茶三认证的茶叶生产性企业。2003年11月28日至12月2日，丽水市农业局组织参加浙江农业博览会展销活动，参展企业92家，现货销售收入169.9万元，洽谈订货额1256.2万元；签定农业技术合作项目3个，项目金额500万元，其中引进外来项目资金350万元；上报优质农产品11类95个，获金奖28个，银奖15个，优质奖47个，同时获该届农业博览会最佳设计奖、优秀招商奖和优秀展销奖。

2004年11月26—30日，丽水市农业局参加杭州举行2004•浙江农业博览会，参展企业87家、优质产品300多个；签约订货合同或协议110项，金额2817.55万元；现货销售收入325.69万元；签约技术或投资合作项目9项，金额347万元；签约农产品进超市企业3家，金额480万元；通过网上农业博览会签约有合作意向订货企业12家，金额1256.5万元。

2005年11月26—30日，丽水市参加浙江农业展览馆举行2005•浙江农业博览会暨海峡两岸（浙江）农业合作交流会，设立展区面积1000多平方米，参展企业85家，参展农产品746个，有庆元锥栗、遂昌竹炭、缙云老姜汤、龙泉木槿花以及食用菌、竹制品、水果、茶叶等；现货销售收入258万元；现场订货50项，金额2000多万元；获金奖39个，优质奖53个。同年，丽水市农业局组织参加浙江省精品水果展销会评奖，参评单位11个，申报参评产品17个，获金奖和优质奖各6个，市农业局获优秀组织奖。同年，丽水市农业局组织参加浙江省优质早熟梨评比会，获金奖7个，松阳县“翠沁”牌、云和县“仙宫湖”牌、缙云县“浣溪”牌等。

2006年11月23—27日，丽水市组织参加浙江农业展览馆举行2006年浙江农业博览会，参展企业79家，农民专业合作社52家，农产品687个，其中新增特色产品108个；销售金额285万元；现场订货22项，签约金额2300万元；获金奖50个、优质奖37个。2007年11月30日至12月5日，丽水市组织参加杭州市举行2007年浙江农业博览会，参展企业92家，农民专业合作社49家，参会人员410人，参展产品600多个；参加网上农业博览会企业、农民专业合作组织、示范基地及种养销大户390家；参加土特农产品美食现场展销活动企业9家，展区营销额327万元，现场订货17项，签约金额5659万元；获金奖48个、优质奖50个。丽水展团获最佳组织奖，是丽水自1999年举办浙江农业博览会以来第一次获此殊荣。2007年，丽水市举办丽水市农业成就展，征集优质特色农产品125个。同年，参加浙江农业博览会“三新”成果展示，其中丽水市农科所“丽椪2号”等新品种，“芽苗菜智能化生产技术”等新技术，食用菌百菇园、世界农业文化遗产——青田稻鱼共生模拟系统、遂昌竹炭等高效生态农业发展成果展示，受到关注和赞赏。丽水展区获浙江农业博览会最佳设计奖。

2008 年 11 月 27 日至 12 月 2 日，丽水市组织参加浙江和平会展中心农展馆举行浙江农业博览会，参展企业 96 家，销售农产品 392 万元；现场签约、合同订货、网上订单 8420 万元。丽水展团获浙江农业博览会“最佳组织奖”。

组团参加在上海举办的农产品展示展销会

1999 年 10 月，丽水地区组织参加上海举办浙江省优质农产品展销会，参展“山水”果品供不应求。2003 年 4 月 12—15 日，丽水市组织参加第 10 届上海国际茶文化节暨中国精品名茶博览会，参会单位 10 个、200 多人（含茶艺表演），展位 15 个，展示“龙谷丽人”“银猴”“惠明”等品牌 10 多个、有机茶（绿色食品茶）10 个，遂昌“龙谷丽人”，松阳“银猴”，莲都“莲城雾峰”“梅中田”，景宁“玉簪”，缙云“鼎湖”，庆元“沁园春”“五龙春玉”被评为金奖。4 月 12 日，遂昌县、松阳县参加浙江精品名茶推介会，并进行茶艺表演。4 月 13 日晚，松阳县与上海人民广播电台举办“松阳银猴杯”中外茶道交流活动。2003 年 9 月 27—29 日，在上海国际体操中心，举办丽水投资环境推介暨名特优新产品展示展销会，吸引上海企业界、中国台湾地区商界代表 400 多人。丽水市政府与上海及周边地区签订项目 31 个，其中涉入工业、农业、物流、旅游、教育、水电等方面，超过亿元类项目 8 个，投资类项目 28 个，贸易类项目 3 个；投资和贸易金额 19.9 亿元，其中合同利用外资 5830 万美元。

2004 年，丽水市组织参加浙江（上海）名特优新农产品展销暨贸易洽谈会，参展农业龙头企业和农民专业合作社 135 家。2007 年 12 月 29 日，在上海市建立丽水农产品展示营销中心，举办 2007•浙江（上海）名特优新农产品展销会。其中莲都区“山水”牌瓯柑 3000 多千克，被组委会列入浙江省休闲观光农业（农家乐）推介会桌，用作会议专用水果和嘉宾馈赠礼品。2008 年 1 月，丽水市组织参加 2008•浙江（上海）名特优新农产品展销会，参展农业企业 52 家，食用菌、畜禽、蔬菜、水（干）果、竹木制品等参展产品 300 多种。同时，组织参加丽水市土特农产品品尝活动，参展企业 3 家，现场销售 110 万元，订货金额 360 万元。

组团参加国际农交会

2000 年始，丽水市开始参加国际农交会。2000 年 9 月 15 日，莲都区梅峰茶叶有限公司“莲城云雾茶”“莲城龙凤茶”，被评为第二届国际茶叶博览会“国际名茶”评比会金奖。2001 年 11 月 8 日，参加中国国际农业博览会“中国名牌”评比活动，景宁“惠明”牌绿茶，“山山”牌香菇、黑木耳，缙云“仙都”牌啤酒，青田“太鹤”牌杨梅，庆元“百山祖”牌香菇，被评为中国名牌产品。

2004 年 8 月 12—16 日，丽水市参加香港会议展览中心承办的中国香港国际美食节，新入选浙江省十大名茶的景宁惠明茶和松阳银猴茶参展，受到各国采购商团和中国香港地区各界人士关注。景宁畲乡茶艺表演队作为唯一的表演队展示浙江茶文化风采，获主办单位中国香港贸易发展局的肯定。中国香港地区媒体《文汇报》《信报》《明报》《都市早报》及亚洲电视、凤凰卫视等，特别报道丽水畲乡茶艺表演队。

2005 年 5 月 19 日，松阳浙南茶叶市场和济南茶叶批发市场缔结为友好市场。5 月 20—22 日，丽水市组织参加山东济南茶叶批发市场承办中国•济南第三届国际茶博会，参展茶叶企业 40 多家，参加泉城广场万人品茶、名茶拍卖、文艺表演等活动。同期，遂昌县投资 5 万元，获泉城之夜文艺晚会冠名权；举办“龙谷丽人”茶艺表演，参展企业 8 家，展位 8 个，其中“龙谷丽人精品陈列席”展示的用黑陶、青瓷等进行精包装的高档茶引人注目，龙谷香茶系列价格适中，吸引众多市民选购。景宁惠明茶业有限公司员工身穿畲族服饰推销茶叶，成为茶博会的一道亮丽的风景。

举办丽水市农副产品展销会

2000年，丽水市开始系统深入地举办丽水市农副产品展销会。2001年12月8日—12日，在杭州浙江展览馆举办丽水市名特优新产品展示(展销)会。其间，围绕“生态立市、绿色兴市”主题，组织贸易洽谈、项目招商与签约、经济和社会发展恳谈会和科技恳谈会暨丽水市经济建设专家咨询委员聘任仪式等活动。展示会设展面积3100平方米，参展企业200家，展品十大类、品种200多个，现场销售586万元，签订购销合同近7亿元；招商引资项目33个，签约金额19.52亿元，其中涉及水电、农业综合开发、轻工等行业及高科技领域的投资性项目27个，投资15.04亿元。省领导周国富、孙优贤、叶荣宝、程炜等参加开幕式，全国人大常委会原副委员长陈慕华，省领导张德江、柴松岳、李泽民、刘枫、吕祖善等参观展览。

到杭州举办“秀山丽水，茶香绿谷”品茗会

2005年4月16—18日，在杭州市武林广场举办“秀山丽水，茶香绿谷”品茗会。参展企业13家，现场销售30多万元，初步达成茶叶销售协议300多万元。同期，举办万人现场品茶会、生态茶文化发展研讨会、新闻媒体记者座谈会和茶叶展销会；景宁“惠明”、松阳“银猴”、遂昌“龙谷丽人”、莲都“梅峰”4支表演队现场进行茶艺表演。浙江省茶叶学会名誉理事长、浙江大学教授刘祖生即兴赋诗，“金奖惠明沁园春，青田御茶始于明。松阳银猴白天鹅，仙宫雪毫莲梅峰。龙谷丽水鼎湖茶，浓郁鲜醇凤阳春。丽水秀山冠全省，绿谷茶香飘九州”。

云和举办云和雪梨展示会

2006年7月14—15日，云和县举办云和雪梨展示会。颁发“中华名果”奖牌，表彰云和雪梨“10佳”科技示范户，评出云和雪梨金奖3个、优质奖6个。中国果品流通协会常务副会长傅秀泉，中国果品流通协会副会长、梨分会会长陆懋参加。同期，举行云和雪梨推介暨项目签约仪式，云和金秋果业有限公司、云和仙宫果业有限公司与嘉兴绿宝果品公司、杭州果品有限公司签订销售协议。浙南早熟果业省级区域科技创新服务中心与浙江大学果树科学研究所签订科技攻关协议。

2009年1月，北京市锦绣大地物流港设立浙江丽水名特优新农产品展示营销中心。9月，在哈尔滨设立丽水(哈尔滨)特色农产品展示营销中心；长春市举办“丽水特色农产品东北行”系列活动启动仪式暨丽水特色农产品展示推介会；丽水市与哈尔滨市、牡丹江市签订《关于建立农业合作交流的协议书》；举办2009•生态食品(农产品)进社区迎春展销会；参加第二届浙江农民信箱网上农业博览会，销售农产品2450万元。

到温州、宁波举办农业博览会、招商会

21世纪，丽水农产品逐步拓宽渠道，增加销路。2003年，丽水先后在宁波、上海、杭州等地举办农业招商项目推介会。其中，在宁波市举办丽水市农业招商项目推介会，推介种植业、养殖业和农产品加工业等农业项目68个，达成合作初步意向项目13个，涉及投资金额2.86亿元，外方投资0.78

亿元；签订协议2个，投资金额2.25亿元，外方投资0.4亿元。2004年，组织参加2004•中国(温州)特色农业博览会，参展农业龙头企业和农民专业合作社135家。

第三节 工业产品展销

20世纪90年代中后期，丽水地区开始组团参加工业产品展销，开展贸易洽谈和招商引资。

浙江省中国国际日用消费品博览会和浙江投资贸易洽谈会

1999年，丽水市组织参加在宁波第一届浙江投资贸易洽谈会，开展产业对接等活动。2002年，组织参加浙江省第一届中国国际日用消费品博览会(以下简称"消博会")，参展企业27家，展位45个，成交额120万美元。后丽水市组织企业参加消博会规模逐步扩大，成交额不断增加。

2003年9月22—26日，丽水市组团参加宁波市举办第五届浙江投资贸易洽谈会和第二届中国国际日用消费品博览会。设摊位26个，参展企业34家，推出涉及鞋革服装、电子机械、生态旅游、生态农业及基础设施等招商项目71个，达成外商投资签约项目15个，总投资5687万美元，合同利用利用外资4322万美元，达成意向成交额300多万美元。2004年6月8—12日，丽水市组团参加在宁波市举办第六届浙江投资贸易洽谈会和第三届中国国际日用消费品博览会。设摊位47个，参展企业40家，推出涉及工业、农业、旅游、城建等招商项目66个，其中外商投资项目1个，项目总投资1830万美元，合同利用外资1100万美元；成交贸易额464万美元。

2010年6月，丽水市组团参加宁波市第十二届浙洽会、第九届消博会。推出涉及工业、农业、旅游、商贸、物流等行业的对外招商项目48个，参加产业对接4场，参加对接企业18家。其中，中国"台湾大中华贸易有限公司"与丽水市青山控股集团有限公司签订合作项目，总投资4000万美元。参加克罗地亚、尼日利亚、加拿大等专场投资合作论坛及说明会5场，参加境外投资促进活动企业7家。同期，丽水市参加消博会企业28家，展位40个，同比增长21%，达成意向成交220万美元，同比增长22%。2002—1010年，组织参加历届中国国际日用消费品博览会，参会295家(次)企业，展位336个，成交额为2282万美元。2010年年底，丽水市参加浙江投资贸易洽谈会，签订外商投资项目200个，投资金额4.86亿美元。

2002—2010年丽水市参加浙江省中国国际日用消费品博览会情况一览

表16-12-3-1

年份	参加单位(家/次)	展位数(个)	成交额(万美元)
2002	27	45	120
2003	34	26	300
2004	40	47	464
2005	41	42	135
2006	35	39	260
2007	31	32	273

续表 16-12-3-1

年份	参加单位(家/次)	展位数(个)	成交额(万美元)
2008	31	32	330
2009	28	33	180
2010	28	40	220

中国华东进出口商品交易会(简称"华交会")

20 世纪 90 年代中期，丽水地区开始参加华交会活动。1995 年 3 月 1—5 日，丽水地区首次组织企业参加在上海市举办的第五届华东进出口商品交易会。2010 年年底，丽水市组织企业参加华交会 16 届，参展企业 211 家(次)，展位 214 个，成交额 1.32 亿美元。

1995—2010 年丽水市参加中国华东进出口商品交易会情况一览

表 16-12-3-2

年份	参展企业(家/次)	展位数(个)	成交额(万美元)
1995	4	4.00	400
1996	11	11.00	720
1997	9	11.00	732
1998	3	4.00	30
1999	5	3.50	259
2000	4	3.00	235
2001	10	10.00	814
2002	13	9.00	800
2003	12	10.00	927
2004	18	17.00	1190
2005	20	19.00	1150
2006	22	21.50	1175
2007	21	22.50	1245
2008	24	22.50	1405
2009	20	22.00	1042
2010	24	24.00	1100

中国进出口商品交易会(简称广交会)

1995 年，丽水市组织参加广州市第 75 届中国出口商品交易会。2009 年，丽水市参加第 106 届广交会第一期展会，参展企业 36 家，展位 44 个，涉及五金机械、电子电器、照明产品、建材、工具等，展区 12 个，商品主要销到中东、欧盟、东南亚、非洲、南美洲等地区，意向成交金额 1762 万美元。2010 年年底，参加春季和秋季广交会 32 届，参展企业 911 家(次)，展位 965.5 个，成交额 7.69 亿美元。

1995—2010 年丽水市参加广交会参展情况一览

表 16-12-3-3

年份	参展企业(家/次)	展位数(个)	成交额(万美元)
1995	5	2.50	700
1996	7	4.50	773
1997	7	6.50	826
1998	7	7.00	493
1999	11	7.00	1054
2000	15	12.00	1566
2001	22	13.80	2081
2002	35	36.00	3981
2003	45	38.50	4230
2004	64	67.00	8193
2005	67	64.50	9806
2006	69	72.00	9176
2007	67	69.00	9784
2008	151	180.50	9389
2009	160	191.00	7000
2010	179	194.00	7800

其他展销会

20 世纪 90 年代中期，丽水地区主动参加各类展销会。1996 年，丽水地区参加浙江省 1996 年(巴西圣保罗)贸易洽谈会。参展企业(包括丽水地区进出口公司)4 家，成交额 100 万美元，是丽水地区首次到境外参加展出。1999 年始，丽水地区作为浙江省代表团成员之一，参加中国国际投资贸易洽谈会(简称“投洽会”)，在浙江省展区专设丽水投资环境展示板块。后丽水市每年参加投洽会，推出重点招商项目。同时，组织企业参与组委会安排的产业对接活动。

项目推介会

2002 年 10 月 2 日，举办丽水(温州)投资环境暨项目推介会，参会温州市政府部门、企业界人士近 500 人。推出丽水项目 171 个，总投资额 68 亿元；洽谈成功项目 58 个，投资额 25.8 亿元。2003 年 10 月 28 日，举办丽水(温州)投资环境暨项目推介会，参会温州市政府部门、企业界人士 300 多人，丽水经济技术开发区、青田经济开发区、缙云新碧工业区等 13 个，向温州企业推介投资环境，开展企业项目合作，达成投资协议 8 个，投资额 1.99 亿元；合作意向项目 126 个，投资额 29.8 亿元。2003 年 8 月 29 日，举办丽水(宁波)投资环境暨项目推介会，参会宁波市政府部门、企业界人士近 300 人；推出项目 137 个，总投资额 50 亿元；达成洽谈项目 16 个，投资额 3.2 亿元。

第四节　旅游产品会展

组团参加省旅交会

2000年3月初，丽水地区组团参加首届省旅游交易会，展位10个。2001年，丽水市组团参加省旅游交易会，获最佳展台奖和优秀组织奖。2002年9月，丽水市参加省旅游交易会，突出“秀山丽水、浙江绿谷”形象，市旅游局获最佳展台奖、优秀组织奖。

2005年12月，丽水市参加浙江省旅游交易会。展位27个，其中形象展位20个，旅游商品展位6个，教育展位1个；参展旅游商品获金奖1个、银奖2个和优秀奖5个；丽水市旅游局获优秀组织奖、形象最佳展台奖，旅游商品最佳组织奖。2006年10月，组织参加浙江省旅游交易会，立体多方位展示丽水原生态山水风光、畲族民俗特色、民族歌舞、“秀山丽水·浙江绿谷·六江之源”的旅游品牌，全面展现“艺术之乡、浪漫之都、休闲胜地”的旅游地形象。其中，浙江金龙刀剑有限公司参赛商品天瀑剑获最佳创意奖，浙江省遂昌碧岩生态资源开发行提供的参赛商品遂昌竹炭系列获优秀创意奖。

2007年6月，丽水市组织参加第六届浙江省旅游交易会暨首届旅游产品特卖会。丽水展团接待观众8万人次，发放宣传品10万多份，赠送礼品5000多份；签订组团人数9500人次，签订合同72份；意向组团人数16000人次，达成意向性协议136份。市旅游局获浙江省旅游局颁发的最佳组织奖和最佳展台奖。莲都区畲族风情表演、遂昌县十番表演、龙泉市现场铸剑及青瓷手拉胚表演成为活动亮点。

2008年10月，丽水市组织参加第七届浙江省旅游交易会（嘉兴），市旅游局获最佳组织奖和最佳展台奖。2009年6月12—14日，参加浙江（上海）旅游交易会。市旅游局发放市民旅游惠民卡3万张；遂昌县赠送江、浙、沪旅行社1200套门票，每套门票30张，金额1830元。2010年5月28—30日，参加浙江省旅交会暨世博旅游主题展，打响“山水古文明，丽水好风光”的旅游品牌。2011年3月25—27日，参加浙江（江苏）旅游交易会。市旅游局获浙江省最佳展台奖、优秀组织奖；景宁畲族自治县旅游局、遂昌县旅游局获优秀展台奖。

组团参加其他各类旅游产品展销活动

1997年10月，地区旅游局组团参加大连中国国内旅游交易会，首次设展台参展。以“清纯的山水风光，独特的民俗风情”为主题，展示丽水风采和独具魅力，发放宣传资料5万份，签订合同30万份，组团800多人次，意向协议50份，1200多人次。1998年12月，地区旅游局组团参加1998·泉州中国国内旅游交易会，接待4万多人次，发放宣传品6万份，签订合同48份，合同金额250万元，组团人数3000多人次；达成意向性协议近100份，协议金额600多万元，意向组团人数8000多人次。1999年5月20—22日，组团参加1999昆明·中国国内旅游交易会，发放宣传品3万多份，接待4000多人次。

2000年3月28日至4月12日，丽水市首次组团到日本、韩国及东南亚等国家和地区开展境外促销，分发宣传品4000多套，推介秀山丽水。6月初，组团参加温州旅交会。7月中旬，组团参加全国第八届（温州）旅交会、中国（芜湖）旅游商品博览交易会。2002年4月，组团到南京、上海推介生态旅游。参加全国（南京）旅交会和上海旅游推介会，分发各类资料宣传品8万多份，接待旅行商及新闻单位近4万人次，签约组团人数约5000人次，签订合同80多份，金额100万元。意向组团人数约1万人次，达成意向性协议140多份，金额约160万元。

2004年6月，丽水市组织参加杭州全国旅游交易会，获优秀展台奖和优秀组织奖两个奖项。11月，丽水市首次参加上海中国国际旅交会，获优秀参与奖。2005年4月，丽水市旅游促销团到桂林市参加中国国内旅游交易会，市旅游局获优秀组织奖。2006年9月，畲族表演队参加上海旅游节，在上海南京路步行街上表演畲族歌舞。东西岩景区管委会与上海竹风文化咨询服务有限公司签订合作协议，在上海挂牌成立东西岩景区上海办事处。9月7日，参加第五届华东（衢州）旅游交易会。9月12日，到宁波市开展宣传促销活动。2007年11月16—17日，组织参加在宁波市举行的中国旅游投资洽谈会。制作《丽水市旅游项目招商手册》，各县（市、区）旅游局也制作相应的项目招商手册，推出项目50多个。12月中旬，组织人员到上海松江区参加首届中国休闲旅游论坛。与上海松江区旅委签订区域旅游合作协议。

2008年4月11—13日，丽水市参加中国国内旅游交易会（郑州），市旅游局获优秀组织奖。7月5日，丽水市在上海展览中心举办丽水文化精品展，内容包括“丽水三宝”大师精品展、丽水摄影展、丽水文化产品展销、丽水旅游形象展示、专家鉴宝等。邀请上海旅行商132家，发放宣传资料5万份，接待参观人员6.5万人次，丽水市旅游企业与上海旅游企业签订合作协议29个。11月，组织丽水“生态盛宴”——中国·丽水首届国际生态经济博览会暨生态旅游展。接待参观者51800多人，散发宣传资料10万多份，旅游小纪念品1万多份，发放免费游惠民卡300张。邀请江、浙、沪三地旅行社和各市旅游局负责人参加博览会，在旅游展馆开展现场旅游推介，组织开展遂昌县、龙泉市等地实地旅游踩线考察。

2009年4月，丽水市在市区纳爱斯健身广场、温州市松台广场分别举行“全国百城旅游宣传周”丽水—温州两市大型风情旅游互动推广动。丽水旅游惠民卡首次亮相，发放旅游消费券，总价值500万元。4月16—22日，参加全国（大连）旅游交易会。6月，参加2009年浙江（上海）旅游交易会。8月20日，组织召开旅游区域合作工作恳谈会，闽、浙、赣、皖四省九方经济区旅游界代表会聚丽水，共商旅游大计。9月22日，在上海市松江区举办（上海）丽水旅游招商推介会，推出两条精品旅游线路——“欢天喜地游”和“顶天立地高贵之旅”。推出丽水市旅游招商项目25个。10月，参加到东南亚开展的中国世博旅游宣传推广活动。11月，组团参加中国（昆明）国际旅游交易会。11月，参加湖州国际生态（乡村）旅游节活动。11月12—15日，组织参加中国（义乌）国际旅游商品博览会。

2010年4月20日，丽水市到上海举办迎世博丽水旅游推介会。5月，参加全国旅交会（重庆）。5月28—30日，组织全市旅游行业参加2010年浙江（上海）旅游交易会暨世博旅游主题展，获最佳展台奖、优秀组织奖。6月24—27日，参加2010中国义乌国际旅游商品博览会，参会企业42家，旅游商品品种近200个，当场销售40多万元，签订意向订单562.1万元。9月9—11日，到衢州参加第六届中国（衢州）华东旅游交易会。9月24—29日，到广东参加2010年广东国际旅游展览会。11月4—7日，到温州参加第二届中国温州网络旅游节。11月18—21日，到上海参加“2010中国国际旅游交易会”。

第五节　工艺美术产品会展

石雕展销

石雕参展　清光绪二十五年(1899),青田旅法华侨获准参加“巴黎赛会”,展示青田石雕作品。清光绪三十年三月三十日,青田华侨参加美国芝加哥举办“圣路易博览会”,展示青田石雕作品。清宣统年间(1909—1911),参加南京市举办“南洋劝业会”,展出青田石雕作品,获银牌奖。民国4年(1915)2月20日至12月4日,参加美国旧金山举办巴拿马太平洋博览会,展出青田石雕作品,其中作品2件获银质奖章。民国23年10月,参加英国伦敦中国艺术国际展览会,展出青田“冻石图章”。

1965年,参加全国工艺品新题材展览,展出青田石雕作品,周恩来总理高度评价青田石雕《咏梅》。1973年,参加喀麦隆等国的浙江省工艺品美术作品展,展出青田石雕作品《骏马奔腾》《长征》《赤道椰林》等。1978年,全国工艺美术展览会,展出青田石雕新作20多件。邓小平评价作品《谷子》,“*俏色用得好*”。

1980年,丽水地区首部电视纪录片《青田石雕》由浙江省电视台拍摄播映。同年,青田县工艺美术公司在广州举办青田石雕展销会。1982年4月2日至5月9日,浙江省在日本静冈举办工艺美术展览会,青田石雕厂艺人到日本作石雕工艺操作表演。同年8月13—19日,参加全国第二届工艺美术品百花奖评审会,青田石雕获国家银杯奖,石雕作品《高粱》《秋》《春》,获中国工艺美术百花奖优秀创作设计二等奖。

1985年4月30日至5月2日,青田县在北京举办首次青田石雕展销会,耿飚、陈慕华、王任重等党和国家领导人参加开幕式。石雕作品《葡萄山》获第五届中国工艺艺术品百花奖优秀创作一等奖。石雕作品《高粱》被轻工业部评为珍品,由中国工艺美术馆收藏。1987年,青田石雕作品《葡萄山》《俏色印雕》参加全国工艺美术展览,被轻工业部视为珍品,由中国工艺美术馆收藏。同年,参加浙江省工艺美术精英作品展览会,展出青田石雕作品60多件。1989年,参加中国工艺美术展览,展出青田石雕作品《杨梅》《舞狮》《人物印雕》等9件。

1992年12月15日,青田举行青田石雕邮票首发式暨首届石雕文化节。邮电部发行石雕特种邮票《春》《高粱》《丰收》《花好月圆》1套4枚。1994年9月,《松鹤同春》《梅花香自苦寒来》《钟馗》《知秋》《迎春》等石雕精品5件。参加中华人民共和国成立45周年中国社会发展成就展。江泽民、李鹏、邹家华等党和国家领导人参观展出,对青田石雕精湛技艺作高度评价。1997年9月,中共十五大召开期间,参加中共十四大以来两个文明建设成就展,展出石雕精品《野珍》《争艳》《天长地久》3件。1998年1月,参加浙江省中共十四大以来两个文明建设成就展,展出石雕精品《喜悦》《时熟捻丰》《高粱》《年有余》4件。1999年3月1日,中国青田石雕精品展在上海举行,展出各个时期石雕精品、珍品580多件,展期1个月。

2000年,参加杭州西湖博览会,青田石雕作品《钟馗嫁妹》《万里河山》获金奖。2001年9月1—5日,参加在北京举行的中国国石候选石精品展览会,参展石雕精品50件,获特别奖4项,金奖9项,银奖17项,名列10种候选国石之首。2001年10月6—9日,青田县举办2001年中国·青田石雕节，参会海外华侨和国内客商1万多人。举办2001中国·青田出口商品交易会、青田石雕精品展示会，新世纪石雕艺术论坛等活动。参加石雕节出口商品交易会的省内外企业330多家，交易额3000多万元。石雕作品销售收入近500万元。

2006年4月7—9日，义乌举办中国义乌(国际)文化产业博览会，青田石雕参加展销，设展位20个。同年11月26—27日，举办青田·中国石文化论坛开幕式暨青田石雕博物馆开馆仪式。举办首场青田石雕精品的拍卖会，竞拍成功36件，成交额1037.2万元，石雕作品《泰山》成交额136万元，为拍卖会上成交额最大的一笔交易。2007年3月3日至4月3日，浙江展览馆举办丽水文化精品展，承办青田石雕精品拍卖会。同年4月29日，参加2007年中国义乌(国际)文化产品交易博览会，展销青田石雕作品。

青瓷和宝剑展销

国际展出 自宋代起，龙泉青瓷就是世界性商品。民国23年(1934)，英国伦敦国际展览会，展出珍藏在北京故宫博物院宋代龙泉窑青瓷18件。1964年，龙泉青瓷重新进入国际市场。1964年，为轻工业部制作70个品种312件，为外交部制作74个品种977件产品，分别在日本、锡兰、摩洛哥、智利等亚非拉国家9个展出。1965年，到法国、肯尼亚、叙利亚、突尼斯、巴基斯坦、阿联酋等国展出青瓷珍品30件。1978年，参加法国举办的中国工艺品展览会，参展陈设瓷产品“玲珑大花瓶”“大双环牡丹瓶”等。同年，为日商举办龙泉青瓷展览，制作品种21个产品11052件。1978年，参加约旦等八国举办的经济贸易展览会和摩洛哥等十国的国际博览会。1980年，选送“双龙戏珠玲珑瓶”“熊猫玲珑瓶”“中美友好玲珑灯”精品3件，参加美国展览。1982年，参加意大利、巴拿马、哥斯达黎加三国的国际博览会，参展龙泉青瓷68件(套)。1983年，参加日本石卷市中国浙江工艺品展览，参展青瓷25件(套)。1984年，参加巴基斯坦博览会。1985年，参加日本筑波国际博览会和第四届亚太地区博览会，参展作品12件(套)。1986年，参加日本陶瓷博览会。1987年，参加巴西博览会。1989年5月，参加在美国夏威夷举办的中国出口商品展览，参展青瓷精品龙泉瓷厂百合花瓶、老寿星、双鱼挂盘等10个品种22件。1994年，到新加坡举办龙泉青瓷精品展。2010年9月，在法国巴黎杰拉勒(Celal)艺术中心举办“中国意境——人类非遗龙泉青瓷巴黎展”，展出龙泉青瓷作品39件。

国内展览评奖 1982年6月，参加全国陶瓷美术设计评比会，龙泉哥窑51厘米迎宾挂盘获总分第一，被誉为当代国宝。1985年，参加中国香港地区陶瓷展览会，参展作品160件(套)。1989年3月9日，龙泉瓷厂研制紫光瓶、61厘米大挂盘、朱雀瓶、武成尊、白虎尊、蒜式瓶、大鲜花钵等品种8个青瓷，陈列品51件送北京中南海紫光阁收藏陈列。同年7月，龙泉瓷厂生产的哥窑70厘米特大牛纹迎宾挂盘等青瓷精品6件获北京首届国际博览会银牌奖。1998年，龙泉青瓷大师毛正聪到中国台湾地区举办个人作品展。

2001年4月27日至5月4日，中国龙泉青瓷宝剑精品展在上海图书馆举行，展出龙泉青瓷博物馆馆藏龙瓶等4件，国家一、二级文物和北宋以来历代珍品300多件，丽水市厂家精品青瓷作品200多件。

2002年4月23—28日，2002年北京·中国龙泉青瓷宝剑精品展在首都北京民族文化宫举行，参展龙泉青瓷、宝剑企业50家、产品1万多件，包括北宋以来龙泉青瓷文物珍品300多件，龙泉近现代青瓷、宝剑名家精品若干件以及韩国康津郡、日本三田市青瓷精品40件，成交额212万元。其中龙泉青瓷参展精品20件，被中南海紫光阁收藏。全国人大常委会副委员长姜春云、布赫，全国政协副主席经叔平，中国轻工业联合总会副会长杨自海，浙江省副省长巴音朝鲁等参加。

2005年11月5—8日，丽水市举办中国第十一届国际摄影展览暨中国•丽水国际摄影文化节。同时，举办处州青瓷展，展出从三国、两晋到宋、元、明、清各个历史时期处州龙泉窑青瓷经典藏品1000多件。

2006年4月7—9日，义乌举行的中国义乌（国际）文化产业博览会，参会企业50家和行业协会1家，设龙泉剑瓷展位20个。10月19—23日，杭州世贸中心举办的第七届中国工艺美术大师作品暨工艺美术精品博览会，全国省级以上大师2000多人参会，参赛精品900多件，龙泉作品灰釉跳刀纹青瓷作品《遥远的记忆》获特别奖，青瓷作品《水中月》获金奖。10月31日，宜兴市举办第八届全国陶瓷艺术与设计创新评比，龙泉市参会企业48家，青瓷艺人80多人，参评作品178件，其中4件作品青瓷《春夏秋冬》《清凉》《春•秋罐》《粉青笔筒》获金奖，获银奖12个、铜奖17个、优秀奖22个、特别奖1个，获奖56个，占参评作品31.46%。

2007年3月31日至4月3日，浙江展览馆展出丽水文化精品展，展出龙泉青瓷、龙泉宝剑精品，并举办工艺美术大师精品拍卖会。4月29日，参加2007中国义乌（国际）文化产品交易博览会，展销龙泉青瓷、宝剑作品。11月15—18日，举办第二届中国龙泉青瓷•龙泉宝剑节，举行剑瓷节经贸金融科技洽谈项目签约仪式，签订项目50个。

木制玩具展销

1977年，云和玩具企业代表到京参加全国工艺美术大会。1995年，首次组团参加北京世界玩具博览会和到美国考察木制玩具生产。1996年，丽水地区首次组团到中国香港地区考察木制玩具生产。1998年，中国木制玩具城参展团到上海市参加“首届中国玩具节”；新云玩具总厂与瑞士汉佩控股有限公司合资创办浙江云和新华工艺玩有限公司，是云和县首家中外合资企业。

1999年，丽水地区组织云和木制玩具生产企业参加广交会、深圳博览会，参加在新疆维吾尔自治区举办的首届特产之乡文化节、中国香港地区展销会、德国纽约堡的玩具博览会。云和县代表中国玩具代表团成员，首次参加在东京举行的世界玩具大会。9月中旬，又作为特色县应邀参加在上海举行的全国工艺美术学会工作会议，被选为全国工艺美术学会常务理事。同时，在全国唯一的专业玩具杂志《玩具世界》上，出版中国木制玩具城专刊。国家轻工局选定云和玩具产品26件参加中华人民共和国成立50周年成就展。同年，玩具企业在拓展国际市场的同时，开发国内市场，在北京、上海、杭州、广州、深圳四川等地设立经销处和宣传窗口。

2000年，云和县举办“首届中国木制玩具节”。2001年5月1—3日，云和县举办杭州乐园•云和木制玩具展销会，参会木制玩具生产厂家50多家，国内外经销商70多家，吸引游客10多万人，签约项目10个，投资金额23070万元。2002年1—12月，云和县举办玩具企业参加中国香港（国际）玩具展、南京跨国集团国际采购会、上海中国国际玩具礼品展览会等大型活动8次，达成经销协议2.61亿元，引进外资100万美元，建立商务关系国外客商10家。2003年，云和县举办第二届中国木制玩具节。2003年11月1日，云和县举办木制玩具产品展示展销会及网上交易会，签约项目14个，投资和贸易总额3.33亿元。2004年，在互联网上开通“中国木制玩具城”网站。

2005年，云和县成立“云和木头人青年俱乐部”，参加玩具企业53家。2006年4月，参加中国义乌(国际)文化产业博览会，设木制玩具展位 15 个。同年，参加中国香港地区玩具及礼品展、德国纽伦堡玩具博览会、广州国际玩具及礼品展等国内外各类展销会，参会玩具企业 20 多家。2007 年 3—4 月，浙江省展览馆举办丽水文化精品展，展销云和木制玩具。同年 4 月 29 日，2007 中国义乌(国际)文化产品交易博览会展销活动，展销云和木制玩具。同年 11 月 1—3 日，云和县举办第三届中国木制玩具节，开设木制玩具展示展销、文化踩街、文艺演出、合作项目签约、休闲旅游观光等项目，还举行木制玩具文化发展史展、木制玩具创新设计大赛、木制玩具大比拼、幼教与玩具开发高峰论坛等活动，达成投资和贸易 10.3 亿元，签定合作项目投资协议 29 个。

根雕展销

1985 年前，丽水大多以个体参加展销根雕作品。1985 年，松阳县举办根雕作品展。同年，参加浙江省工艺美术展览，展出《济公》《疯僧戏秦桧》《岳飞》等作品。其中老艺人丁光作品《通天河》被日本艺术家收藏。1991 年 10 月，参加中国西湖美术节展览，其中浙江省入选中国西湖美术节展览集体银牌奖根艺作品 45 件，丽水占 23 件。11 月，参加全国根雕展览，缙云县胡文作品《惊梦》、章建明作品《情结》，分获金奖和铜奖。1992 年，参加浙江省民间文艺家协会举办全省民间美术大展，缙云县参展作品石雕、木雕等 81 件，获组织奖和收藏奖。1993 年 10 月，丽水根艺作品首次批量走出国门。1994 年，参加第四届中国根艺优秀作品展，入选作品 12 件，其中胡文作品《力》、林于增作品《亭亭玉立》，分获银、铜奖。同年，参加浙江省第三届根艺展览会，李陈标作品《观音》获神斧奖。1995 年，参加浙江省根艺美术活动日活动，孙伟祥作品《幻境》获开拓奖。1998 年，参加国际茶文化博览会暨浙江省根艺精品展，孙伟祥作品《紫壶绿茗》获金奖。1999 年，参加浙江省第六届根艺展览会，韩新青作品《卧佛》获金奖。

2001 年 12 月 8—12 日，杭州市举办丽水市名特优产品展示展销会。同年，参加浙江省根艺精品展，孙伟祥作品《要知松高洁，待到雪化时》获金奖。2002 年 12 月 7—12 日，在丽水职业技术学院举办首届中国丽水绿色食品节，展出丽水根雕奇石，客商来自 22 个省(市、自治区)。同年，参加浙江省首届花卉博览会，孙伟祥作品《孔雀开屏》获金奖。2003 年 10 月，省第八届根艺展览会，李陈标作品《雄狮》获金奖。2004 年 9 月，参加省首届根艺(奇石)博览会，获银奖 8 件、优秀奖 5 件，市根雕奇石学会被评为省学会唯一先进集体。同年，参加第九届中国根石艺术博览会，获银奖 2 件、铜奖 8 件、优秀奖 6 件。

2005 年 10 月，参加纪念中国根艺 20 年暨中国根石美术精品展，韩新青、李陈标、孙伟祥、叶文生、叶崇甫作品获金奖，另获银奖 5 件、铜奖 7 件、优秀奖 3 件，获奖数、得奖率列全省市(地)级之首。11 月 5—8 日，举办丽水根雕展和瓯江奇石展，参展作品 5000 多件。

2006 年 5 月，参加第六届(杭州)国际民间手工艺品展，韩新青作品《弥勒百态》、叶崇甫作品《四大美女》获金奖。参加纪念浙江根艺 20 年暨根艺根石精品展，韩新青作品《弥勒百态》获金奖。2007 年 3 月 31 日至 4 月 3 日，在浙江展览馆展出的丽水文化精品展，丽水根雕奇石精品参加展示，并举办拍卖。4 月 29 日，丽水根雕奇石精品参加 2007 年中国义乌(国际)文化产品交易博览会展销活动。11 月 21 日，参加北京军事博物馆举办“中国第十一届根艺石艺精品展”，丽水根艺石艺一举捧回金奖 8 个、银奖 9 个、铜奖 10 个。9 月，参加浙派根艺美术精品展，叶晓毅作品《十八罗汉》获金奖，另获银奖 3 件、铜奖 8 件。11 月，参加中国第十一届根(石)艺精品展，参展作品 192 件，其中获金奖作品 8 件，分别为韩新青、李陈标、孙伟祥、叶崇甫、陈良兴、陈其范、潘水良、叶夏寅作品，另获银奖 9 件、铜奖 10 件。

2009 年，参加中国第十二届根艺展，获金奖 5 件，分别为韩新青、李陈标、孙伟祥、叶文生、叶崇甫的作品，另获银奖 6 件、铜奖 6 件。2010 年，参加浙江省根艺美术展，获金奖 9 件、银奖 8 件、铜奖 10 件。

奇石展销

1998 年 1 月 15 日，在城区丽光村举办首届丽水奇石展，展品 258 件，观众 1000 多人次。2003 年 8 月，举办第二届丽水瓯江奇石展，展品 318 件，观众 1800 多人次。10 月，瓯江奇石作品参加省根艺奇石展。2004—2010 年，在中国丽水国际摄影节期间，先后同时举行瓯江奇石展 3 次，分别展出作品 108 件、330 件、390 件。2006 年 4 月，瓯江奇石博物馆开馆，开始在市万象山公园门楼长期展出奇石作品，参展作品有石刀、石棒、石钻、石锥、石镖等 900 多件。

畲族服饰展销

2004 年 10 月 17—19 日，景宁畲族自治县设立 20 周年庆祝活动暨第二届中国畲乡风情节期间，在景宁县城举办第二届中华畲族服饰风格设计大赛和畲族服饰展销。2005 年 11 月 5—8 日，在丽水国际摄影文化节期间，在丽水市行政中心大楼举办丽水畲族服饰展。2006 年 3 月 31 日，中国畲乡“三月三”暨景宁乡村旅游节期间，在景宁畲族自治县举办畲族服饰等展销活动。2009 年 3 月 3—4 日，景宁畲族服饰参加在浙江省展览馆举办丽水文化精品展，并举办展销。

第六节　文化艺术作品会展

参见第三十三篇《文化艺术》。

第十三章　组织机构

民国时期，丽水尚未形成独立物资流通行业。1949 年 5 月始，丽水生产资料流通逐步开始从商品流通中分离出来，国家实行集中统一、分级管理，以计划分配调拨为主的物资管理体制。1949 年 5 月丽水解放后，丽水重新组织合作社组织。20 世纪 50—80 年代初，丽水供销社组织机构由地级、县级、基层供销社和城乡办事处组成。在地区供销合作社统一经营管理下，形成国营商业与合作社商业城乡分工的格局。1965 年 8 月 2 日，丽水专署物资局成立，丽水开始有专门的物资管理机构。随之地区物资局相继成立专业公司，各主管局供销机构相继成立，各县都设有物资机构。至此，物资部门成为重要生产资料流通，从组织上保证国家计划物资调拨供应。1978 年中共十一届三中全会后，随着市场经济发展，丽水物资流通由计划分配逐步走上市场购销，物资管理机构与经营机构进入新的发展时期。丽水供销社也突破旧格局，出现多种经济成分并存、多种流通渠道、多种经营形式的局面，供销社在管理、经营上发生很大变化。

20 世纪 50—60 年代，丽水尚未设立对外贸易行政管理机构。1973 年 3 月，丽水地区对外贸易局成立后，丽水对外经济贸易交流和合作开始日益增多。后地区和县(市)两级政府逐步建立、健全对外经贸机构，统一管理辖区内外贸、外经工作。

第一节　商业系统组织机构

1949 年 8 月 29 日，国营丽水贸易分公司成立，始有国营商业经营石油。1950 年 4 月 11 日，撤销国营丽水贸易分公司，成立土产、粮食、油脂、百货、花纱布、盐业、专卖公司和专区合作总社，逐步形成商业网点和贸易布局。1954 年，各县消费合作社划归国营商业公司领导。1956 年，国家统一实行计划经济体制，主要商品购销活动纳入国家计划轨道。8 月，丽水县五交化公司成立。1958 年 5 月，国营商业公司与供销社合并，大部分公私合营商店过渡为全民所有制，取消个体商业户，国营商业公司独家经营。后撤销国营商业公司，建立人民公社供销部，实行"政企合一"。1961 年，恢复国营商业专业公司。1962 年上半年，国营商业公司与供销社进行城乡分工和商品分工，形成国营商业公司和供销社为主渠道的流通体制。

1977 年 3 月，丽水地区商业粮食局拆分为丽水地区商业局和丽水地区粮食局，其中丽区商业局管理国营业公司。同年，丽水石油公司成立，专营石油、煤炭。1978 年 12 月，中共十一届三中全会后，丽水地区逐步改革国营商业公司体制，形成国营商业和供销合作社为主体，集体、个体商业为补充的社会主义市场体系。同年，丽水地区商业局成立。1988 年，丽水地区国营商业公司有商业、粮食、外贸、医药、烟草、木材、水产等机构 1023 个，其中管理机构 209 个，经营部门 796 个，仓运机构 18 个。1989 年 2 月，丽水地区经济技术协作总公司成立。1990 年，丽水地区国营商业机构 1064 个，其中管理机构 206 个，经营机构 826 个，仓运机构 32 个。

1992 年 1 月，丽水地区土特产公司拆分为丽水地区土特产公司和丽水地区日用品公司。1993 年 1 月，丽水地区石油分公司、烟糖酒批发公司先后更名总公司。1993 年，丽水地区思美家化公司和丽水地区粮油总公司成立。

1995 年 8 月，丽水地区专业经济部门转为经济实体，不再承担行政管理职能"，丽水地区商业局更名丽水地区商业(集团)总公司。同年，丽水地区协作办公室转为行署直属事业单位，内设综合科、协作贸易科，核定全额拨款事业编制 8 名。1996 年 5 月，丽水地区商业(集团)总公司实行改制，正式成立丽水地区商业集团总公司，建立现代化企业管理体制，并成立董事会。5 月，丽水地区商业管理办公室成立，接受政府委托行使商业行政管理职能。1998 年 9 月，丽水地区协作办公室增挂地区招商局牌子。

2000 年，丽水市烟草专卖局与浙江省烟草公司丽水分公司合署办公，实行两块牌子、一套班子，下辖青田、缙云、遂昌、松阳、景宁、龙泉、庆元县烟草专卖局(公司、营销部)。2000 年 7 月,丽水地区经济协作办公室(地区招商局)更名丽水市经济技术协作办公室(市招商局)。2001 年 3 月,市经济技术协作办公室与丽水开发区管理委员会合署办公,实行一套班子,两块牌子,履行相应职能。2001 年,丽水市基本完成商业经营体制改革任务,撤销丽水地区商业集团总公司,所承担行政和行业管理职能划归丽水市经济贸易委员会下设的"内贸行业管理办公室"管理。同年,市粮食局挂牌成立,职能并入市发展计划委员会。2003 年,市经济技术协作办公室与丽水开发区管理委员会脱钩,改为与挂靠市经济贸易委员会,依照国家公务员制度管理,核定事业编制 5 名,内设机构对外协作处。

2009 年,丽水市对外经贸经济合作局更名丽水市商务局,承担市经贸委部分职责。除供销社没有归入商务局,其他职能都归入商务局。2010 年 10 月,丽水市商务局成立。

第二节　供销系统组织机构

民国 17 年(1928),遂昌县建立消费合作社。民国 27 年 10 月,丽水县建立城区消费合作社。同年,丽水有消费合作社 13 个。民国 28 年上半年,丽水有乡镇 430 个建立合作社 440 个,交易公店 12 个。

1949 年 5 月丽水解放后,景宁县供销商店率先成立。后各县相继成立供销商店。1950 年 4 月丽水专区供销合作总社成立后,供销合作社体制形成,各县供销商店更名县供销合作总社,各基层供销社和消费合作社也相继建立。

1951 年 10 月,丽水专区供销合作社 121 个,消费合作社 6 个。1952 年 1 月撤销丽水专区后,撤销丽水专业供销合作总社,建立温州专区合作总社丽水办事处。1953 年,国营商业公司与供销社经营实行分工,各县供销社负责手工业产品、农副产品、农业生产资料和农村生活资料购销业务。

1954 年 7 月,各县供销社负责农村市场安排,农副产品收购和农村私营商业的改造;消费合作社划归国营商业公司领导。1958 年 10 月,各县基层供销社更名人民公社供销部。1963 年 5 月,浙江省供销社丽水专区办事处成立。11 月,浙江省供销合作社丽水采购批发站成立。1968 年 12 月,浙江省供销合作社丽水采购批发站更名浙江省供销合作社丽水地区综合站。1969 年 9 月,再次更名为丽水地区商业二级站,分设农业生产资料、土产、食品和日用工业品服务站。1972 年 10 月,丽水地区农业生产资料服务站更名浙江省丽水地区农业生产资料公司。1973 年 2 月,丽水地区土产服务站更名浙江省丽水地区土特产公司。

1978 年 12 月中共十一届三中全会后,供销社逐步突破旧格局,在多种经济成分并存、多种流通渠道、多种经营形式的大环境下,在管理、经营上发生很大的变化。1978 年 1 月,恢复浙江省丽水地区供销合作社,下辖丽水地区农业生产物料公司、地区土特产公司和地区茶厂。1980 年 9 月,丽水地区供销社贸易公司成立。1983 年 10 月,浙江省丽水地区供销合作社更名浙江省供销社丽水地区办事处。1984 年 6 月,浙江省供销社丽水贸易中心成立。1986 年 4 月,撤销浙江省供销社丽水贸易中心,恢复丽水地区土特产、地区畜产品、地区副食品公司。同年,丽水地区供销社组织机构 1789 个,其中管理机构 104 个,经营机构 1632 个,仓储运输机构 53 个;基层供销社代购代销店 482 家,从业人员484人。

1990年，丽水地区供销社组织机构1731个，其中管理机构113个，经营机构1584个，仓运机构34个，有基层供销社59个，供销分社385个，代购代销店226个。1991年4月，浙江省供销社丽水地区办事处更名丽水地区供销社，内设办公室、人事监督科、财会审计科、计划统计业务科。1995年，丽水地区供销社退出地区行署工作机构序列。1995年，丽水地区供销社系统独立核算企业143家，其中商业企业121家，工业企业15家，储运企业4家，其他3家。1998年，丽水地区供销社企业进行改制，完成供销社改制企业38家，基层社建立有限责任公司3家，抽资承包（或租赁）的门店（柜组）1008个，59个基层社调整为54个。

1999年，丽水地区供销所需经费全额列入地区财政预算。内设办公室、人事监察科、计划业务产、财会审计科，核定编制22名。同年，丽水地区完成供销社改制企业50家，占县以上企业总数的64%。2003年1月，市政府发文明确市供销社为市政府正县（处）级直属事业单位，依照国家公务员管理。同年，全市供销系统牵头组建农村专业合作社发展到38家。2005年，丽水市新办专业合作社28家，发展农民专业合作社89家。2006年，市供销社组建浙江丽水禾田农业生产资料有限公司，发展农资连锁超市8家。截至2007年，丽水市供销社创办农民专业合作社115家。2010年，丽水市新办农民专业合作社11家，创办、领办农民专业合作社157家。

第三节　物资系统组织机构

1963年前，丽水没有物资系统正式机构。1963年10月9日，专办物资组成立。12月4日，更名浙江省物资驻丽水工作组。1964年元月，再次更名计委物资组。5月15日，丽水专委批准成立丽水专区物资综合公司。

1965年8月2日，丽水专署物资局和丽水专区农机公司、丽水专区物资综合公司成立，丽水县物资局、丽水县农机公司、丽水县物资综合公司分别并入专署物资局、专区农机公司、专区物资综合公司。丽水专员公署物资局、丽水专区农业机械公司、丽水专区物资综合公司合署办公，三块牌子，一套班子。1966—1976年，丽水物资系统机构陷于瘫痪。1967年1月25日，丽水专员公署物资局“接管会”接管物资工作。1968年12月25日，丽水地区物资公司革命委员会成立。1971年1月1日，丽水县物资局从丽水地区物资局拆分单设，重建丽水县物资局。2月28日，丽水地区物资公司革命委员会更名丽水地区物资局革命领导小组。3月5日，丽水地区物资局革命领导小组再次更名丽水地区革命委员会生产指挥组物资局。1975年3月6日，建立丽水地区农业机械公司，隶属丽水地区物资局领导。1977年3月18日，建立丽水地区物资局临时领导小组。1978年1月2日，撤销丽水地区物资局临时领导小组，建立丽水地区物资局。1979年1月26日，建立丽水地区金属材料化工建材公司、丽水地区机电设备公司、丽水地区物资局汽车队，隶属丽水地区物资局领导。

1983年11月14日，撤销丽水地区物资局，建立丽水地区物资综合公司。1984年5月7日，丽水地区物资综合公司更名丽水地区物资公司，保留丽水地区物资局名称。1993年1月，丽水地区物资系统下属农机公司、化轻建材公司、机电设备公司、金属材料公司、燃料公司均更名总公司。1993年6月，丽水地区五金交电化工公司更名丽水地区五金交电化工总公司。7月，丽水地区商业局组建为地区商业集团总公司，管理丽水地区商业营运。1995 年 8 月，撤销丽水地区物资局，丽水地区物资公司更名丽水地区物资（集团）总公司。后一直延续到至 2010 年。

2001 年 7 月 28 日，丽水市商业、物资等单位承担的政府行政和行业管理职能，划入市经济贸易委员会管理，下设“内贸行业管理办公室”。后物资系统职能及业务统归市经贸委行使。

第四节　集体商业组织机构

1956 年，各县对小商贩实行社会主义改造。建立统一核算，共负盈亏合作商店，或组成分散经营、自负盈亏、提取公益金的合作小组。1958 年，各县城镇合作商店并入各县国营商业公司、农村合作商店，各县城镇合作小组并入人民公社供销部。1961 年，恢复集体经济性质，把原先并入国营商业、供销部的合作商店和合作小组全部划出设立。1968 年，各县城镇合作商店、合作小组再次并入各县国营商业和供销社。

1977 年，各县合作商店、合作小组第二次从各县国营商业和供销社划出，恢复集体经济。1983 年，丽水、遂昌、龙泉、庆元、云和、缙云等县综合公司成立，实行对合作商店统一领导和管理。1986 年 12 月，丽水地区行政公署批转地区商业局《关于国营商业归口管理的集体商业的情况及其扶持措施的报告》，对集体商业在政策上给予扶持。1988 年，丽水地区集体商业网店 513 个。1990 年，丽水地区集体所有制商业 1013 家。2000 年，丽水市集体商业企业实行改制，改制面 90%以上。2010 年，丽水市集体商业法人企业 1 个，从业人员 23 人。

第五节　外贸组织机构

1973 年 3 月丽水地区对外贸易局成立后，对外经济贸易交流和合作逐渐增多。1978 年始，国家外贸集中经营逐步向地方放权，丽水进入对外贸易代理制和承包经营责任制阶段。1979 年 6 月，丽水地区对外贸易公司成立，与丽水地区对外贸易局合署办公。1980 年 1 月，丽水地区对外贸易局从供销社拆分单设，与丽水地区对外贸易公司合署办公。1983 年 10 月，丽水地区对外贸易局更名丽水地区对外经济贸易局。

1984 年 12 月，丽水地区经济协作办公室成立。1985 年 11 月，丽水地区对外经济贸易局与丽水地区对外贸易公司实行政企分开。同年，地区对外经济贸易局在庆元县、云和县、景宁畲族自治县、松阳县设立外贸工作组，统一管理人、财。1988 年 1 月，撤销各县外贸工作组。同年，执行“自负盈亏、放开经营、工贸结合、推行代理制”原则，推行外贸承包经营责任制，打破外贸出口产品收购的区域垄断经营格局。

1992 年 2 月，建立浙江省对外贸易公司丽水经营部。3 月，丽水地区推行内外贸结合，丽水地区对外贸易公司、浙江省对外贸易公司丽水经营部与丽水地区经济技术协作总公司署办公，实行三块牌子，一套班子，统一管理。同年，丽水地区对外贸易公司挂靠浙江省对外贸易公司，率先在丽水地区开展自营业务。

1993年2月，浙江省丽水地区进出口公司成立，有自营进出口权。同时，成立丽水地区进出口公司各县（市）分公司。丽水地区进出口公司成为全市首家拥有进出口经营权的企业。1996年年初，各县（市）外贸公司获进出口自营权。后撤销丽水地区进出口公司各县（市）分公司。6月，浙江省土产畜产进出口公司丽水分公司设立。1998年2月，经省外经贸厅批准，撤销省土产畜产进出口公司后，浙江省土产畜产进出口公司丽水分公司随着撤销。

1994年2月，丽水地区进出口公司外贸发展分公司成立，为丽水地区外经贸局下属企业。4月，丽水地区进出口公司工业品分公司成立，为丽水地区经委下属企业，业务挂靠丽水地区进出口公司。

1995年8月，丽水地区对外经济贸易局更名丽水地区对外贸易经济合作局。内设机构为办公室、财务企管科、外贸科、外资科、外经科，行政编制20名；下属事业单位1个，为中国国际贸易促进会丽水地区支会和中国国际商会办公室。同年，经外经贸部批准，浙江丽水国际经济技术合作公司获对外承包劳务经营权。同年底，丽水地区进出口公司进行内部改革，下属9个经营部相继设立9个独立核算的有二级法人资格的分公司，开展内外贸业务。1999年8月，丽水地区进出口公司亏损严重，资不抵债，经丽水地区中级人民法院裁定宣告破产。10月，丽水市国际经济技术合作有限公司获自营进出口权。

1996年，丽水地区9个县（市）和地区本级均有1家自营进出口权的外贸流通公司。同年，浙江省瑞发（集团）公司、浙江万象制衣羽绒总厂和浙江飞雁羽绒制品有限公司等内资生产企业3家获自营进出口权。同年，丽水地区初步形成外贸流通公司、内资生产企业和外商投资企业“三路大军”一起扩大出口的外贸出口新格局。

1999年始，丽水地区执行国家外贸体制改革指示，国有外贸流通企业陆续进行改制。2000年7月，丽水地区对外贸易经济合作局更名丽水市对外贸易经济合作局。后丽水地区对外贸易经济合作从较早时期单纯外贸出口，发展到涉及外贸进出口、利用外资、对外经济技术合作、国际服务贸易等领域。2000年始，各县（市）国有外贸公司陆续实行改制或破产清算。

2004年7月，国家改革外贸经营权管理，外贸经营权全面放开，取消外贸经营权门槛限制，审批制改为备案登记制，把对外贸易经营范围扩大到个人。后丽水外贸进入较快发展阶段。2005年10月起，丽水市可自行办理企业和个人自营进出口经营权，无需再到省外经贸厅报批。

2010年10月，丽水市商务局成立。

第十七篇

旅　游　业

1. 旅游资源
2. 旅游开发
3. 旅游设施
4. 旅游营销
5. 旅游服务
6. 旅游商品
7. 旅游线路
8. 节庆旅游
9. 机构与管理

概　　述

古代，丽水旅游伴随人们生产生活发展而萌芽。三国两晋时期，龙泉烧制青瓷，是当地劳动人民利用当地优越的自然条件开发的工艺品。龙泉查田下保村出土“永初元年”(420)墓葬品有鸡首壶、鸡冠壶、莲瓣碗等青瓷8件，皆灰胎青黄釉，为龙泉青瓷创始年代提供可靠例证。

隋开皇九年(589)建置处州后，名人游踪开始增多。宋代，丽水商业有较大发展，青瓷开始外销，提升处州美誉度。北宋元祐七年(1092)，承旨赵仁济监理越州窑务兼理龙泉窑务，大规模疏浚整治龙泉至青田的瓯江干流大溪，使龙泉窑沿大溪从南区向东区延伸，推动龙泉青瓷外销。南宋时期，龙泉窑进入鼎盛阶段，青瓷产品远销国内外，青瓷知名度大为提高。南宋乾道四年(1168)，范成大主持修整通济堰，作为南朝至清代古建筑，连同碑刻，是研究中国古代水利工程的珍贵资料。

明代，石门洞旅游人文资源丰富，与宋濂、高启并称“明初诗文三大家”的刘基，少年求学之所石门洞，留下大量历史人文遗迹和脍炙人口的故事、传说，如浣纱桥、木鱼岩、石门书院、刘基读书处、藏书石、刘基祠、乌龟岩、国师床、仙姑洞、白猿洞、道士冠等10多处；创制的菜肴菜名，如国师鱼、国师茶、国师家宴、国师酒、国师饼、国师豆腐汤、辅天粥等。明万历二十一至二十六年(1593—1598)，被誉为“东方莎士比亚”的遂昌知县汤显祖，勤政爱民，兴教办学，政绩显著。其创作的《牡丹亭》，成为丽水最有价值的旅游资源之一。

近代，处州受战争破坏和各种因素影响，旅游业一度沉寂。大量古民居、古建筑、古遗址被焚毁，自然景观、人文景观以及民俗文化遭受不同程度的伤害。

1949年5月丽水解放后，丽水处于百业待举、百废待兴的国民经济恢复时期，政府着力稳定政局，恢复经济，发展生产，关注民生，各县旅游事业未受重视。1966—1976年，阶级斗争占据主导地位，尚未把旅游事业列入政府工作重要议事日程，推行“破旧立新”运动，许多古民居，古遗址和民俗文化再次遭受严重破坏。

1978年中共十一届三中全会后，丽水旅游事业迎来发展转机。1982年，缙云县仙都风景区管理处成立。1984年9月，石门洞景区管理处成立。1993年，丽水地区最早成立的县级旅游主管部门缙云县仙都风景旅游管理局成立。20世纪90年代后期，丽水旅游业全新崛起，成为丽水经济发展重要产业，旅游收入逐年增长。1997年3月12日，丽水地区成立旅游局，制定《关于加快旅游业发展的若干意见》。

21世纪，丽水旅游进入快速发展时期，逐渐形成一批有丽水特色的拳头旅游产品及旅游精品线路，成为丽水经济发展的主导产业。2000年，丽水市成立丽水市旅游局，提出大力发展旅游业，制定《丽水市“十五”旅游规划及远景目标纲要》，编制《丽水市“十五”旅游发展规划》《丽水市“十五”旅游区规划》。2001年，丽水市提出“生态立市、绿色兴市”发展战略，明确生态产业发展定位。8月，丽水市召开《瓯江流域旅游开放专项研究》论证会，确立以“生态·休闲·养生”为主题、以瓯江流域为主线、以市为中心，优化整合山水、民族、文化和历史等资料要素，统一打造“秀山丽水、浙江绿谷”品牌。

2002年，丽水市整顿规范旅游市场，开展旅游行风评议。同年，丽水市旅游资源招商引资有突破性进展，接待国内旅游者215.3万人次，收入增长38.2%。2003年5—6月，丽水市开展旅游企业服务月活动，引导旅游行业经受住“非典型性肺炎”突袭的严峻考验。同年，全市接待国内旅游者241万人次，国外旅游者2.4万人。2004年，丽水市旅游行业开展以消防安全为重点的安全大检查。同年，全市接待国内旅游者317.65万人次，国外旅游者3万多人次。丽水市A级景区数量增加到31个，其中AAAA级景区增加到12个。悠久灿烂的农耕文化、人文历史文化，共同构成丽水璀璨夺目的文化要素，形成丽水旅游产业的鲜明特色。山峦连绵的地理环境和工业化进程的相对滞后，使丽水各地仍然保留着各具特色的传统乡村风俗习惯。特别是以景宁为中心、遍布各县（市、区）的畲乡风情，更是长三角地区最具特色和最有吸引力的人文旅游资源。

2005年，丽水市旅游业发展进入快车道。1月，丽水市召开旅游发展大会，开展市直旅游企业申报旅游专项资金奖励的材料审核，完成对饭店评星、评绿等工作。8月，中共丽水市委一届十三次全体（扩大）会议把提升生态文化旅游业培育成为丽水市文化产业发展最大的亮点。同年，全市全面启动“农家乐”旅游。

2006年，丽水市旅游事业再次出现飞跃，旅游产业由一般产业向重点产业升级。同年，全市旅游行业开展创建诚信旅游活动。2007年，丽水市政府加快农家乐休闲旅游业发展，明确农家乐的扶持优惠政策和行业管理，开展“巾帼建功”活动和创建“青年文明号”活动。同年，全市接待旅游者总人数863.42万人次，其中国内旅游者855.86万人次，国外入境旅游者7.56万人次；“农家乐”旅游接待222万人次。同年，丽水市旅游局被评为“2007年度浙江省旅游工作先进单位”。2008年7月，市政府明确对县（市、区）政府、市直旅游企业的旅游经济工作进行考核奖励。同年，全市接待旅游者总人数1203.5万人次，其中国外入境旅游者9.47万人次，“农家乐”接待旅游者301.2万人次，“红色旅游”接待旅游者25.61万人次。2009年，丽水市开展旅游行业行业精神文明创建工作。同年，丽水市接待旅游者总人数1550.13万人次。8月，丽水旅游网开通全市导游员综合信息查询系统，把全市范围所有登记在册的导游人员全部纳入。12月，丽水市获中国优秀旅游城市称号。

2010年，丽水市首次奖励外地旅行社给丽水市送团。同年，全市开展旅游服务质量提升年系列活动，创新招商方式，制定“旅游项目实行一项目一政策”“旅游项目可以搭房地产”等政策。2010年，丽水市旅游经济依然保持强劲增长态势，旅游接待量从2005年不到500万人次跃升到2078.22万人次，实现规划指标数的212%；旅游总收入从2005年不到30亿元跃升到116.55亿元，实现规划指标数的160%。“十一五”期间，丽水市用3年时间实现旅游接待人数和旅游总收入的两个翻番，提前超额完成规划预期指标，旅游景区的开发建设和乡村旅游的发展，直接解决农村就业劳动力1万多人，间接解决就业劳动力4万多人。2006—2010年，丽水市旅游接待人次和旅游总收入两大重要指标增长速度居全省地级市之首，年均增长率均超过40%。

第一章　旅游资源

丽水历史悠久，资源丰富，生态优良，人文荟萃，文化遗存价值较高，自古为游客向往的游览胜地。丽水市是浙江省乃至长三角地区的“生态高地”，拥有得天独厚的生态环境，素有“秀山丽水”美誉，是长三角地区少有的大面积拥有真山真水真空气的一块净土，是区域内山最高、发育河流最多的山之峰和水之源，境内自然资源丰富，集“清、峻、奇、幽”于一地，汇“峰、林、洞、瀑”为一域。剑瓷文化、石雕文化、仙都文化、畲乡文化、瓯江山水文化源远流长。

晋代开始，丽水成为文人墨客寓居旅游兴盛之地。他们或溯瓯江而上，游历支溪小溪、好溪、松阴溪，写下无数赞美丽水山水诗篇，成为丽水旅游文化宝贵财富。刘伯温、谢灵运、朱熹等历代文士墨客都在丽水寓居或游历，徜徉其中，题咏留刻，留下大量歌咏丽水风景名胜、传诵千古诗篇和游记。石门洞中南朝宋摩崖石刻，有的是历代开通、修复褒斜道、石门和山河堰工程情况的记载，有的是参观、游览留念题记，清代有人统计，约 40 种。丽水红色旅游资源丰富，革命遗址众多。丽水是全省唯一所辖 9 个县(市、区)都是革命老根据地的地级市。据 2010 年全国革命遗址普查结果显示，丽水有革命遗址 620 处，其中上报革命遗址 429 处，列入省级文物保护单位 16 个，省级爱国主义教育基地 4 个。

丽水境内有山地、盆地、平原、河湖等多种地貌类型，生态环境优越，被誉为“浙江绿谷”，生态环境质量位列全省第一、全国前列，生态环境质量公众满意度位居全省首位。2010 年，丽水对外开放旅游点 68 个，其中国家 AAAA 级旅游景区 12 家，分别是莲都东西岩风景区、龙泉山景区、中国青田石雕文化旅游区、青田石门洞、缙云仙都景区、缙云黄龙景区、遂昌南尖岩景区、遂昌金矿国家矿山公园、遂昌县神龙飞瀑景区、遂昌千佛山、中国畲乡之窗景区、景宁云中大漈；另有 AAA 级景区 7 家。国家级风景名胜区缙云仙都以山地峰岩景观著称，省级风景名胜区有丽水南明山——东西岩、景宁大漈、青田石门洞、松阳“箬寮—安岱后”和庆元“双苗尖—月山”等 5 个。市、县(市、区)级风景名胜区有遂昌南尖岩、松阳双童积雪等。风景区内广布奇峰、异洞、幽谷、流泉，还有众多的摩崖题刻、古建筑群、宗教寺观等人文景观。丽水市建有各级自然保护区(含自然保护小区)83 个，其中森林生态系统类型的有国家级自然保护区龙泉凤阳山—庆元百山祖、遂昌九龙山，省级自然保护区景宁望东垟高山湿地，县级自然保护区松阳箬寮岘。建有省级以上森林公园 11 个，其中省级森林公园有莲都白云山、大山峰，云和仙宫湖，龙泉龙渊，景宁草鱼塘，缙云大洋山、栝苍山，庆元巾子峰 8 个；国家级森林公园有遂昌九龙山、青田石门洞、松阳卯山 3 个。瓯江流域人工湖泊众多，景观如同天成。仙宫湖周围有“夏洞天”“八仙洞”“九潭十八湾”等景观；滩坑水库(千峡湖)拥有千峡环湖的壮丽景象。2010 年，丽水市摩崖石刻主要分布在青田县、缙云县、莲都区、遂昌县、松阳县、庆元县，现存430多处，占浙江古代摩崖遗存的1/3，位居全国前列。

第一节　自然景观

AAAA级旅游景区

莲都东西岩景区　该景区位于丽水市莲都区老竹畲族镇虎迹溪畔。景区面积9.04平方千米。景区内有东、西两座丹霞岩峰对峙而立，因此得名东西岩。景区景点100多个，以丹霞地貌、畲族文化、革命遗址闻名，历史名人秦观、陆游、刘基等人，对东西岩奇特的丹霞自然景观推崇倍至。景区所在地沙溪畲族村，每逢节假日，推出"三公主"迎宾、畲族婚嫁、祭祖、畲族歌舞等有浓郁畲族风情的表演节目，每年农历"三月三"举办畲族传统歌舞会以及不定期举行民俗风情风俗体验活动；黄弄村遗存中国军民抗日战壕3000多米，景区也是浙西南地区最早成立中国共产党区委的革命老区，粟裕将军在此留下革命足迹。1985年，莲都东西岩景区被评为浙江省首批省级风景名胜区。2009年，被评定为国家AAAA级旅游景区。

龙泉龙泉山旅游度假区　该景区位于龙泉市凤阳山•百山祖国家级自然保护区内。其主峰黄茅尖海拔1929米，为江浙第一高峰。年平均气温12℃，形成高原湖泊、高山草甸、云海雾凇等众多高原特有自然奇观，茂密植物和森林，形成天然氧吧，是长三角唯一拥有高原气候的旅游度假区。2010年，已开放龙泉大峡谷、绿野山庄、绝壁奇松、七星潭、黄茅尖、瓯江源等六大景区。龙泉山动植物资源丰富，被誉为"亚热带动植物宝库"。华南虎保护区和有关人熊、野人传说，使龙泉山平添神秘色彩，奇松异石、深潭飞瀑、云顶佛光和上千米高天成的龙泉大佛无不给人以震撼。2006年，龙泉山成为杭州世界休闲博览会的分会场。2008年，龙泉山旅游度假区被评为国家AAAA级旅游景区。

青田石门洞景区　该景区位于青田县城西北35千米的瓯江西岸，依山傍水，景色瑰丽，素来与雁荡、天台、仙都齐名为"栝苍四胜"。景区规划面积71.34平方千米，分石门飞瀑、太子胜景、师姑草海三区和瓯江景带、山林景带，景点200多个。石门洞景区以石门飞瀑、摩崖题刻、瓯江秀色、高山草甸为特色，融人文史迹与山村野趣为一体，集山林苍翠之幽、文物荟萃之胜、瀑布壮观之美、江水碧绿之秀、气候宜人之适，青山碧水，生态环境良好，是休闲观光、避暑度假理想去处。横过石门渡，那龙、虎两峰恰似两道石屏，"石门洞"由此而得名。据传明代开国元勋刘伯温幼年在石门洞内刻苦读书，感动白猿仙姑，从这巨石的柜内拿出18册兵书赠给刘伯温。从此，刘伯温辅佐朱元璋打天下。人们为纪念他，建有"刘文成公祠"。1985年，青田石门洞景区被浙江省确定为首批省级旅游景区。1991年，被评为省级森林公园。2001年，被评为全国AAA级旅游区。2003年，被评为国家级森林公园。2010年，被评为国家AAAA级旅游景区。

中国石雕文化旅游区　该景区位于青田县核心区鹤城镇和山口镇，由青田石雕博物馆、中国石雕城、千丝岩石文化公园、封门矿山公园等主要景点构成。其中青田石雕博物馆是中国唯一的石雕文化专业博物馆，展示青田石雕从开采到加工以及形成艺术品的过程，是6000年石雕历史的缩影，是青田石雕文化的窗口，也是青田石雕的精与神、魂与魄。山口千丝岩石文化公园是中国首个石文化主题公园，印石文化公园有自然石、图腾柱、石印等，集结中国历代优秀印石文化大全。景区多节点组合把青田石雕历史、文化有机融合。2009 年，中国石雕文化旅游区被评为国家 AAAA 级旅游景区。

缙云仙都景区　该景区位于缙云县城东。古称缙云山，与安徽省黄山、江西省庐山并列为轩辕黄帝的三大行宫——“三天子都”。仙都被道教典籍称为玄都祈仙洞天，属三十六小洞天之第二十九。隋代起，仙都闻名于世。据载，唐天宝七年(748)，缙云郡刺史苗奉倩以彩云仙乐出现于缙云山，上报于朝。唐玄宗赞：“真乃仙人荟萃之都也！”遂有“仙都”之名，沿用至今。仙都风景区位于练溪两岸，素有“桂林之秀、黄山之奇、华山之险”的美誉。东西约 10 千米，主要有婆媳岩、小赤壁、倪翁洞、鼎湖峰、芙蓉峡等景点，总计有奇峰 72 座，名胜古迹 18 处。境内九曲练溪，十里画廊，山水飘逸，云雾缭绕；黄帝祠宇前身为缙云堂，始建于东晋成帝时期，是缙云氏后裔祭祀先祖轩辕黄帝的场所，后成为江南人民朝圣问祖之所，与陕西黄帝陵并称“北陵南祠”。缙云仙都风景区自古就是文人墨客的寻访之地，仙都摩崖石刻甚多，计 125 处，成为国内影视剧外景拍摄基地。1994 年 2 月，仙都风景区被国务院批准为国家级风景名胜区。2000 年 12 月，仙都风景区被国家旅游局确定为丽水市首批国家 AAAA 级旅游景区。

缙云黄龙景区　该景区位于缙云县城北乡境内。景区规划面积 7.2 平方千米，由黄龙山游览区、休闲观光农业园区和户外拓展教育基地等区块组成。景区山水清奇，石岩险怪，四周叠峰列石嵯峨而独秀，万峰环翠远水逶迤以争奇。东、南、北三面有低丘环绕，惟有西北留一缺口的环形状山，集探奇问胜、朝佛进香、休闲观光、运动娱乐为一体。相传是东海龙王三太子奉命到缙云山黄帝祠宇朝圣，沿途见浙闽一带溪河断流，草木枯死，百姓苦难，顿生怜恤之心，私自降雨。上天闻知，雷霆震怒，命张天师将三太子镇在仙都附近的一块平地上。天长地久，这蛰伏盘卷的小龙，就渐渐变成山。人们为纪念富有善心的小龙，取此山名为黄龙山。黄龙寺后古松参天，浓荫覆地，几处石壁，壁纹似龙身鳞甲，形象逼真，是一道奇异独特的风景。2009 年，被评为国家 AAAA 级旅游景区。

遂昌金矿国家矿山公园　该景区位于遂昌县东北部，面积 33.60 平方千米。其中矿山展览区面积为 6.3 平方千米，自然生态景观优美，展示古代矿业文化、现代工业文明和丰富的黄金文化内涵。主要包括综合服务区、黄金博物馆、矿业遗迹保护区、古代黄金冶炼展示区、现代黄金工业展示区、山水休闲观光区、地域特色文化展示区和沙里淘金、金砖浇铸、拥抱金砖等互动娱乐区。矿区金银开采历史悠久，历代迭经兴废。早在唐代上元年间(674—676)，已有采冶活动。宋代设有永丰银场。明代永乐至宣德年间(1403—1435)，成为全国最大的矿银产地。其探矿、采矿、冶炼技术长期居世界领先水平。1976 年，成立浙江省遂昌金矿，从事金银矿的开采、冶炼，被誉为“江南第一矿”。2005 年 7 月，国土资源部批准建设浙江遂昌金矿国家矿山公园，更好保护和利用矿区特有的矿业遗迹资源。2007 年 12 月 18 日，揭碑开园，是首批国家级矿山公园，也是挂牌“中国黄金之旅”景区。2008 年被评为国家 AAAA 级旅游景区。2009 年 5 月 21 日，浙江省省委书记赵洪祝评价“绿洲中的黄金世界”。

遂昌神龙飞瀑景区　该景区位于遂昌县垵口乡。景区位于长约 5000 米、宽 300—600 米、深 400—700 米的地下箱式峡谷，是国家级生态森林公园。森林茂盛，山峦、飞瀑、幽谷、奇峰、异石各种景观丰富，尤以常绿阔叶原始次森林、瀑布峡谷景观为特色。神龙飞瀑落差高达 300 多米，一波三折，声传数里，被誉为“中华第一高瀑”。景区由遂昌怀古、游园惊梦、森林浴吧、汤公寻梦、藏龙卧虎、将军破壁、神龙出山、高山仰止八大分景区组成。据丽水市 17 个森林公园和旅游景点负氧离子监测显示，遂昌神龙飞瀑景区负氧离子115581个/立方厘米，位居榜首。景区在山水中融入以汤显祖《牡丹亭》为代表的中国爱情文化和粟裕将军革命事迹为代表的红军文化。2009年，遂昌神龙飞瀑景区被评为国家AAAA级旅游景区。

遂昌南尖岩景区　该景区位于遂昌西南部。景区面积6平方千米，海拔1100—1626米，主峰海拔1626米，最高气温不超过35℃，空气清新，富含负氧离子，全年平均有雾日约200天，形成奇独的云海、日落、长虹、雪景、雾凇、冰挂等天象景观。有景点30多个，主要由天柱峰、神坛峰、千丈岩、小石林、神龟探海等多处奇峰异石构成的地貌景观；霞归瑶池、九级瀑布、龙门飞瀑等构成的水体景观；竹海、林海、针阔混交林、古松为主的植物160多科，动物1100多种构成的生物景观；近133.33公顷高山梯田景观。景区所在地石笋头村民居土木建筑独特，民风纯朴，乡土气息浓郁，当年粟裕将军率领红军曾在此开展过游击战争，是遂昌县的红色根据地之一。2004年，遂昌南尖岩景区被联合国科教文组织授予"国际摄影创作基地"称号。2008年12月，被评为国家AAAA级旅游景区。2010年，被评为国家一级摄影基地。

遂昌千佛山景区　该景区原名飞石岭景区，位于遂昌县石练镇。位于两山夹峙的峡谷地带，峡谷清幽，林木茂密，清澈的山泉穿行其间，形成变幻无穷的瀑、池、湖、潭、泉、涧等各种迷人水景，享有"江南小九寨"之誉。明代遂昌县令汤显祖曾赞赏千佛山天然美景"朝日暮卷，云霞翠轩。雨丝风片，烟波画船"。清光绪《遂昌县志》载高达300米的天然石佛——弥勒山，"山上岩石怪异，可见千尊佛像""山是一尊佛，佛是一座山"。清代遂昌县令朱煌《过石佛岭》载："石佛高盘万仞山，昙花现处照溪湾。纵然色相空中现，只在非空非色间。"2010年，飞石岭景区更名遂昌千佛山景区。12月1日，遂昌千佛山景区被评为国家AAAA级旅游景区。

景宁"中国畲乡之窗"景区　该景区位于景宁畲族自治县城郊大均乡。畲族风味浓郁，自然风光旖旎，江南古村韵味别致，集自然与人文为一体，有"小溪明珠""江南第一漂""景宁最高学府""浙南芙蓉镇"之美称。景区内设有畲族婚嫁、激情漂流、篝火晚会、晓溪烧烤、洗井泼水节、火把狂欢节、浪漫对歌节等参与体验性节目，有唐樟浮伞仙迹、龙岗叠翠、浮伞祠、一门三进士、大均古街、畲族陈列馆等人文古迹景观，是融历史文化、民族风情和自然生态风光为一体的综合性景区。大均乡畲族人口占比33%，是全县畲族人口最多的乡镇之一。2009年，被评为国家AAAA级旅游景区。2010年，被评为浙江省非物质文化遗产传承经典景区。

景宁云中大漈景区　该景区位于景宁畲族自治县中南部。景区丘峦多姿，田园村落景致宜人，四周群山环绕，烟雾弥漫，被誉为"云中桃园"。地处高山盆地，海拔1030米，年平均气温13℃。景区内有建于南宋时期的全国重点文物保护单位时思寺、树龄1500年的亚洲之最柳杉王、"浙江绿谷十佳景点"之一雪花漈、景宁畲族自治县第一高峰上山头以及小佐梯田、护关桥、胡桥、银坑洞等。当地特色民俗"抢猪节""大漈罐""花鼓戏"等一直沿袭至今。有万亩冷水茭白核心基地。2003年，景宁云中大漈景区被评为国际民俗摄影创作基地。2010年，被评为国家AAAA级旅游景区。

AAA级旅游景区

丽水浙江民俗乐园景区　该景区位于丽水市区。景区规划总占地面积为23.33公顷，以休闲度假群体为主，兼顾民族宗教与家庭亲子游。主要包括民俗风情、综艺游艺、休闲度假、农业观光四大区块，各区块既各自独立成章，又在整体上有机结合，互相呼应。设计体现古今同构，科艺同构、中西同构的特色，形成一个民族特色鲜明，绿萌、水系环绕，动静结合的乐园整体。1999 年 12 月，浙江民俗乐园通过项目论证会，批准立项。2002 年 6 月，举行奠基仪式，2004 年，正式对外开放。

古堰画乡景区　该景区位于丽水市莲都区碧湖镇和大港头镇境内。以大港头、碧湖镇堰头村为中心，面积约 7.82 平方千米。20 世纪 50 年代起，吸引全国各地画家、摄影家、游客写生、采风、观光。2005 年 4 月，丽水市委市政府加快建设丽水绿谷文化，提出建设古堰画乡文化产业园区，按照“艺术之乡、浪漫之都、休闲胜地”城市形象定位和中心城市区块功能布局，定位为“三基地一中心”①。2006 年，编制完成古堰画乡总规划、旅游规划和项目策划，成立丽水油画院，修建古堰画乡展览馆，开设古堰画乡网站，开办古堰画乡分校和画工培训中心，启动古堰画乡旅游。2008 年，古堰画乡引进乡村酒吧。2009 年，成片推进古堰画乡景区建设，基本形成“三基地一中心”整体框架，景区各景点连片成形。2010 年，投资 1004.60 万元用于项目建设。接待游客 43.80 万人，其中写生人数 10 万多人次，旅游收入 1985 万元。

青田阜山清真禅寺景区　清真禅寺始建于宋代，原名“清真堂”，是为纪念唐代中叶大谋略家、白衣丞相李泌所建。1984 年，清真堂更名“清真禅寺”，中国佛教协会原会长赵朴初题写寺名，书坛泰斗沙孟海题赠“泽被侨乡”匾额。景区规划面积 51000 多平方米，中轴线依次为李泌文化广场、山门、钟鼓楼、放生池、一进门台、二进白衣丞相殿、三进大雄宝殿、配殿、夫人殿，雕梁画栋，富丽堂皇，有浓厚的宗教文化特色，寺内有保存完好的瓯塑作品，充分体现青田瓯越文化圈的特征。此外，建筑风格中西合璧的钟楼、鼓楼，千斤巨烛，堪称江南一奇、华夏一绝。清真禅寺名列全国百座名寺之一，被誉为“浙南第一寺”。

松阳箬寮原始林景区　该景区位于松阳县境内。景区面积 2667 多公顷，以花艳、树奇、山险、岩怪、潭幽、泉清、飞瀑、云海、佛光著称。气候凉爽，最热 7 月平均气温 23.7℃，主峰箬寮岘海拔 1502 米，为松阳境内第一高峰。据《松阳县志》载：“陟其巅可览七邑之胜。”景区有石人矶、小熊望松以及双龟探月、姑嫂岩、观音望海、隐泉、龙瀑等景点 30 多处。树龄千年的各类原始树木 1000 多种，野生名贵中草药 700 多种，野生动物 100 多种，其中国家一级保护动植物 30 多种。猴头杜鹃年代古远，绵延数千亩，有“十里花海”美誉。

第二节　人文景观

丽水山水灵秀，人文资源十分丰富。悠久的历史文化不仅孕育了无数名人贤士，也吸引无数文人墨客寻幽探胜，留下许多优美的诗词歌赋、摩崖石刻。

摩崖石刻

自晋宋以降，葛洪、谢灵运、李邕、李阳冰、叶清臣、苏舜元、沈括、米芾、刘泾、王十朋、郑汝谐、郑原善、夏浚、樊献科、龚勉、郑汝璧、李誌、谷应泰、阮元、何遂、楼村、端木国瑚等文士墨客都在丽水留下了石刻书迹。

① 三基地一中心：美术写生基地、创作基地、商品油画生产基地和生态休闲度假中心。

丽水南明山摩崖石刻群　浙南名山，“栝苍之胜推南明”，以人文景观著称，以摩崖石刻闻名，存摩崖石刻58处，主要分布于石梁、高阳洞和云阁崖3处，形成以葛洪、米芾、沈括为代表的历史名人摩岩崖石刻文化。石梁长达十数丈，凌空横悬，刻有题记“半云”“悬虹”等20处，其中，北宋元祐八年(1093)处州太守关景晖题刻“石梁”二字。石梁下另立明、清两朝名人记游南明山的诗刻碑石六方。上有宋天台县令丁大荣篆书“盖竹洞天”、明甘雨隶书“飞梁悬瀑”、石纶正书“大观”、陈橘“神龙掉尾”、王榭行书“星桥胜概”、清刘(王敖)“前度又来”、曹抡选隶书“万山关健”、康有为正书“石梁飞瀑”等。云阁崖石刻12处，其中“灵祟”二字，据传为东晋葛洪所书，为南明山年代最早的一处摩崖石刻。北宋大书画家米芾题写“南明山”三字，旁有北宋处州郡守刘泾“谒米芾元章，时使清涟侧，书之字奇崛，与山相高”题赞。高阳洞洞壁题刻15处，其中，宋神宗熙宁六年(1073)，沈括奉命察访农田水利，行经丽水，游览南明山时题刻：“沈括、王子京、黄颜、李之仪熙宁六年十二月十二日游。”1963年，南明山摩崖石刻被列为浙江省文物保护单位，是全市最早的省级文保单位。

丽水三岩寺摩崖石刻群　该景区以摩崖石刻闻名，题刻37处，主要反映士人行踪及活动，赞美和比喻三岩景致。如以垂悬的飞瀑为题的“雨花崖”“珠崖”“花雨”“岚脉涌珠”等。唐代著名书法家李邕在三岩寺的云洞前书“雨崖”二字，并署名。是三岩寺年代最久、价值最高、最为珍贵的题刻，此石现立于潭中，上承瀑布。另有三岩“如来甘泉”“三岩胜境”摩崖石刻。

青田石门洞摩崖石刻群　唐代，石门洞被列为道教名山36洞天之第12洞天，为浙江省摩崖题刻密度最高的景区之一。南朝景平元年(423)，永嘉太守谢灵运多次游石门洞并赋诗记之，并称之为“东南第一胜”。题有《石门最高顶》《石门新营》《夜宿石门岩上》诗3首。后石门洞声名远播，古代名人、学士、官员使臣纷至沓来。丘迟、李白、王安石、沈括、陆游、王十朋、郑复初、汤显祖、阮元、袁枚、朱彝尊等赋诗题咏，留下摩崖石刻117处。其中石门洞旗鼓两山25处，瀑布龙潭左边月洞63处。碑刻29方，正、隶、魏、行、草、篆书各体兼有。其中旗鼓山摩崖题刻有清文学家、书法家徐树铭的隶书“石门洞天”；民国浙江、江西省政府主席鲁涤平“山水清音”正(楷)书；清代书画家、顺治进士方亨咸的“石门”魏书；林惠臻的“泉分清浊”隶书，湖广、两广总督、体仁阁大学士、江浙巡抚阮元正书，清书画家宋作梅题的“登云槁”；大碑刻有明嘉靖四年(1525)进士王道的正书“飞泉”；明万历年间(1573—1620年)，温州知州刘正亨的“飞瀑”，书体潇洒豪放、雄浑壮观；清浙江巡抚使觉罗吉庆的“仙境”；清嘉庆都统德楞泰的“圣水”；现代文学家、历史学家、社会活动家、书法家郭沫若的草书“咏石门洞”等等。1963年，石门洞摩崖石刻被列为省文物保护单位。

青田太鹤山摩崖石刻群　该景点存50多处摩崖石刻。刘径、郑奎光、王崇铭、陈慕华、沙孟海、粟裕、傅杰、张爱萍等人先后刻字题记。题刻有“混元峰”“试剑石”“长松介石”；陈慕华题“烟雨松鹤”；沙孟海题“太鹤胜迹”；张爱萍题“山川孕秀”；粟裕题“装点关山”；艾青题“印月池”等。题名、题诗、刻像三种书体皆具正、行、草、篆、楷等。最具特色的是刻立混元峰东南面岩壁的“杨枝观音”线刻像，有“闽弟子郑奎光书”款，与普陀山杨枝寺刻立于明万历三十六年(1608)的杨枝观音像十分相似，如此庞大的杨枝观音刻像在全国都极为罕见。

缙云仙都摩崖石刻群　该景区存石刻125处，摩崖石刻数量之多在全国风景区内闻名。主要分布在5处，其一为小赤壁，存有林子方等题名及王埴题“小蓬莱歌”、陈本卿题记、印海“小赤壁”“云关”、郑汝璧“石舟”和“昆岩洞天”、欧阳忠浩刻袁枚《游仙都峰记》。初阳山存有李阳冰“倪翁洞”，刘长卿、虞似平、朱循道、留元刚、陈伯奇、赵立夫、陈绍若、丁一中、樊献科、许国忠等题记，刘正亨“半壁池”题字。鼎湖峰存有叶清臣题刻、毛维瞻题记。仙水洞存有孙沔、张子充、马寻、苏舜元、郝伯源、杨景略、赵抃、钱元之、张存宋、杨景奉、沈括、张仲远、赵性夫等题记28处。芙蓉峡，存有郝敬题字“铁城”。1989年，仙都摩崖石刻被列为省级重点文物保护单位。2001年，被列为全国第五批文物保护单位。

名人踪迹

轩辕黄帝踪迹 据传黄帝曾游历缙云山①，在仙都铸鼎、炼丹、觞百神和驭龙飞升。千百年来，仙都成为中国南方中华民族祭祀朝拜轩辕黄帝的重要场所。据司马迁《史记·封禅书》载，轩辕氏为中国远古时代华夏部落联盟首领，五帝之首，被尊为中华“人文初祖”。

计倪踪迹 春秋时期著名谋士、经济学家。博学无所不通，尤善计算，常游于海泽，师事老子，尝南游于越，越大夫范蠡尊之。晚年归隐仙都，其洞名倪翁。

葛洪踪迹 东晋道教学者、著名炼丹家、医药学家，葛洪少学神仙导养之法，从郑隐受炼丹术。他在《抱朴子·金丹》中称会稽有栝苍山。丽水南明山至今保留有炼丹井，人称“丹井”“葛仙翁井”“葛井”。缙云县有丹址、葛竹、葛湖等村，相传因葛洪炼丹而得名。葛竹山有“葛仙翁庙”。

谢灵运踪迹 南朝永初三年(422)，著名山水诗人谢灵运到任永嘉太守，途中过缙云。南朝永初四年(423)，称疾去职，溯长溪(恶溪)而上，再次畅游缙云。他是历代文人名士中最早游历仙都并留下诗文的。其《归途赋》载：“搜缙云之遗迹，漾百里之澄潭，见千仞之孤石。”《名山记》记鼎湖峰：“有孤石于云，高三百丈。”“顶有湖，生莲花。”曾先后游历缙云县南岩和鹁鸪山。后人纪念谢灵运，称鹁鸪山为康乐山，南岩为康乐岩，亦称谢公岩，崖顶建有康乐庙。据明代缙云县人陈盘《鹁鸪山记》载：“灵运次子麟趾者，由会稽避地而卜筑于山之阿，今聚庐而成族者，谢氏居也。”“即今之缙云谢山头村之谓也。”南朝永初四年(423)，游青田县石门洞，曾登“最高顶”，并山栖高馆，宿于岩上，夜赏明月。写有《登石门最高顶》《石门新营》《石门岩上宿》诗三首。题刻前两首诗于石门洞内。

白居易踪迹 唐长庆二年(822)七月，白居易出任杭州刺史，到任杭州刺史途中，游览缙云仙都。据南宋楼钥《北行日录》载：“人据上方(玉虚宫)……挥扫满壁……。诗榜栉比，盖自香山居士而下又不知几，阅十之三四不能尽读也。”元《仙都志·题咏》和明《栝苍汇记》均载有他的诗句：“黄帝旌旗去不回，片云孤石独崔嵬。有时风激鼎湖浪，散作晴天雨点来。”

沈括踪迹 宋熙宁六年(1073)，著名科学家和政治家沈括，受王安石保举，视察两浙水利农田和新法推进情况，曾到缙云、丽水、青田等地察访。途经缙云县，游览仙都，不仅留有石刻，还写诗一首：“苕封辇路上青山，鹤驭辽天去不还；唯有银河秋夜月，鼎湖烟浪到人间。”他还游览南明山高阳洞、青田石门洞，都留有题刻。

王十朋踪迹 宋绍兴三十一年(1161)五月，侍御史王十朋被贬官回温州，途经缙云县，游览仙都，写下著名诗句“皇都归客入仙都，厌看西湖看鼎湖”。

范成大踪迹 南宋杰出诗人范成大晚年退居故乡石湖。他素有文名，尤工诗，与陆游、杨万里、尤袤齐名，称“中兴四大诗人”。其游记《桂海虞衡志·志岩洞》对丽水仙都评价很高，“余生东吴，而北抚幽蓟，南宅交广，西使岷峨之下，三方皆走万里，所至无不登览。太行、常山、衡岳、庐阜，皆崇高雄

① 缙云山：指缙云县仙都山。

厚，虽有诸峰之名，政尔魁然大山峰云者，盖强名之。其最号奇秀，莫如池之九华，歙之黄山，括之仙都，温之雁荡，夔之巫峡”。

陆游踪迹　南宋爱国诗人陆游任职福建宁德主簿时，到任与返归都途经处州，与处州的南园结下浓厚情缘，留下《南园》诗作5首。他曾两次游览青田石门洞，留下《石门洞》《瓯江遇险转安》《忆石门》等诗作5首。

朱熹踪迹　据元《仙都志》载，宋淳熙壬寅年（1182），南宋著名教育家、理学家朱熹持常平节上疏劾台守（唐仲友）未报，徜徉于此山，以侍朝旨。留有“仙都山水似武夷”和于此“藏修为宜”之言，存诗一首，并滞留仙都、壶镇、金竹等地讲学。

刘基踪迹　元至正十二年（1352）和元至正十八年（1358），明代著名政治家、文学家刘基两次途经缙云，游览仙都。他曾两度寓居栝州城，从宦、漫游丽水数次。他赏玩紫虚观时，曾结识吴梅涧道士，与之结下深厚情谊。吴去世后，刘基亲自撰写《紫虚观道士吴梅涧墓志铭》，留有《题紫虚道士晚翠楼》等诗作多首。青田县石门洞石门书院旧址保留有“刘基读书处”碑碣、刘基当年读书与休息的“国师床”、来石门读书系舟青云梯边鹤溪中的“轩辕石”、与长老对奕品茗赋诗论文的灵佑寺及刘文成公祠、白猿洞、藏书石等故迹。

何镗踪迹　明嘉靖二十六年（1547）进士何镗任云南参政间，以亲老乞归养，获准。他在乡获升任广东按察使、河南布政使，后未到任，闲居在家数十年终老。生平著作甚多，采史记文集游览之文，被赞为“简而文，核而当，详而有体”，编有《古今游名山记》《中州人物志》；撰《修攘通考》《翠微阁集》等；总纂《栝苍汇纪》。他在《古今游名山记》载：“海内称十八洞天……惟青田石门为最胜，缙云仙都为最奇，而窜窿崛起，怪伟环峙，莫过于定宣邑之东西岩。”

郑汝璧踪迹　明万历七年至十九年（1579—1591），兵部右侍郎兼佥都御史郑汝璧居家其间，遍游缙云仙都、白云洞及处州南明、青田石门、温州雁荡等名山胜地，留下《仙都赋》《游仙都山记》《游白云洞记》《石门洞观瀑歌》等诗文10多篇。

汤显祖踪迹　明代杰出戏剧家、文学家汤显祖因劾首辅申时行，贬官雷州徐闻典事。后调任遂昌知县，又以忤权贵去职，著有《玉茗堂集》。他在遂昌知县任内，勤政爱民，兴教办学、劝农耕作、灭虎除害，政绩显著。著有代表作《牡丹亭》，几百年来享誉文坛，驰名海外。曾两次过缙云游仙都，存诗二首。其咏初阳谷诗载：“西望云霞近括苍，层峦洞壑拱朝阳。”游青田县石门洞时所写《石门泉》载：“春虚寒雨石门泉，远似虹霓近若烟；独洗苍苔注云壑，旋飞白鹤绕青田。”遂昌县城北街四弄建有汤显祖纪念馆。

徐霞客踪迹　明代大地理学家，从22岁开始，东渡普陀，北历燕冀，南涉闽粤，西北高攀太和之巅，西南远至云贵边陲。考察研究所至山川地貌，开辟中国地理实地考察、系统观察描述自然的新方向。著有《徐霞客游记》。明万历四十一年（1613）春，徐霞客东渡普陀，旋登天台华顶、乐清雁荡。四月中旬，徐霞客沿瓯江溯江而上，经青田石门，到达缙云仙都，留有日记。

袁枚踪迹　袁枚在《随园诗话》曰：“余壬寅（1782）春，游雁荡，过缙云县。见县官讼堂养猪，为之一笑。”游黄龙山，作《游黄龙山记》；游览仙都诸景，留有诗作《游仙都峰记》《仙都峰有鼎湖、响岩、仙榜岩诸色目》；游处州南明山、白云山等名胜，留有诗作《南明寺》《登白云山望处州城》。他在游览青田石门洞时，把石门瀑布与天台石梁瀑布、雁荡山大龙秋瀑布相媲美，所作《浙东三瀑记》载有，石梁瀑布的特点是“武”，表现自然雄奇之美；大龙湫以“无声”为特点，展示柔情恬静之美；而石门瀑布以石门之巧、瀑布之奇为“石梁、龙湫”所不及。他赞石门飞瀑：“其瀑在洞中，如巨蚌张口吞数百人。受瀑处宽百余米，深百丈，疑蛟龙欲起。激荡之声发寿钟、鼓于瓮内，此又石梁、龙湫所无也。”并作诗《观瀑石门谒刘青田像》记之。

第二章　旅游开发

1997 年，丽水地区旅游局成立，进入旅游资源开发新阶段。1997 年，丽水地区开始编制旅游规划，编制《丽水地区旅游业发展规划（1996—2010 年）》，建立旅游项目库，兴办经济实体，确定重点旅游项目建设和旅游资源招商引资，开发农家乐等，增强旅游发展实力，加速旅游产业化进程，旅游开发逐步走上科学化轨道。1999 年，丽水地区旅游局编印《丽水地区旅游招商项目》，对外招商引资有具体明确目标。

21 世纪初，丽水旅游产业发展还处在起始阶段向加速阶段迈进的关键时期，整体上处于转型期，产业基础比较薄弱，产业要素分布零散。同期，丽水资源、位置和行政等因素引发区内发展差异的扩大，局部地区在大规模投资驱动下开始呈现加速增长的迹象。2000 年，丽水加快发展旅游业，制定《“十五”丽水旅游规划及远景目标纲要》。2001 年，丽水市提出生态旅游城市的产业发展战略，编制和完善《“十五”丽水旅游发展规划》《瓯江流域旅游发展规划》，确立丽水以“生态•休闲•养生”为主题、以瓯江流域为主线、以市区为中心，优化整合山水、民族、文化和历史等资源要素，统一打造“秀山丽水•浙江绿谷”品牌，实现旅游业由先导产业向支柱产业的转变，最终把丽水建设成为生态旅游城市的产业发展战略。

2003 年，浙江省统一开展旅游资源普查，丽水市完成有史以来第一次比较全面的资源调查，初步摸清旅游资源家底。同年，丽水市基本完成编制《丽水市区旅游服务设施专项规划》，初步形成大港头区块和“卿卿世界”爱情主题公园概念性规划和总体规划，完成评审《大山峰森林公园总体规划》。2006 年始，丽水市加快推进旅游发展。遂昌县旅游发展异军突起，从零起步，实现“十一五”以来旅游经济指标每年翻一番，成为全市旅游发展标兵。2006 年，丽水市旅游产业发展从以往的战略重视转向重视旅游产业政策、体制机制、资金支持及景区建设、项目策划等具体举措。同年，完成《丽水市农家乐旅游发展规划纲要》，完成《丽水市旅游业发展“十一五”规划》报批，指导编制完成《古堰画乡旅游区规划》，提出对名人南明、生态河川及南明湖等规划的修改意见和建议。2009 年，重新编制丽水市旅游项目招商手册，推出招商项目 25 个。

2010 年，《丽水市旅游业发展“十二五”规划》通过专家评审。2010 年 9 月，浙江省政府正式批复同意设立浙江省丽水瓯江风情旅游度假区。莲都区完成度假区总体规划初稿编制。遂昌县湖山省级旅游度假区项目可行性研究报告和环评通过专家评审，送省政府审批。

第一节 旅游规划

1997年始，丽水地区旅游局编制并完善丽水地区旅游规划，统筹旅游产业发展。

综合旅游规划

丽水地区旅游发展规划(1996—2010) 1997年11月，地区行署召开评审会，专家评审通过《丽水地区旅游业发展规划（1996—2010)》。12月，地区行署批准实施《丽水地区旅游业发展规划(1996—2010)》。通过专家评审。分为总纲、丽水旅游业的优势与制约因素、市场与需求分析、开发布局与产品创意、综合配套工程、近中期项目建议及投资估算、政策措施等7章；丽水旅游业发展定位为生态旅游休闲度假胜地，丽水地区旅游资源划分为功能区块4个，分别为丽东山水风光旅游区、生态环境旅游区、仙宫湖休闲度假旅游区、景宁畲乡风情旅游区。规划本着长远规划、分期实施的原则，1996—2000年，“九五”计划期间全面启动阶段；2000—2010年，加快发展阶段；2010年后，为稳定发展阶段，21世纪中叶，成为浙江乃至全国旅游的热点地区之一。

《丽水地区旅游业“十五”发展规划》 2001年，丽水市政府开始编制《丽水地区旅游发展“十五”规划》。2002年，市政府编制完成《丽水地区旅游发展“十五”规划》。定位丽水市是“浙江绿谷”、全国生态示范区建设试点地区；目标以“生态·休闲·养生”为主题，把丽水建成中国养生胜地；构建以市区为旅游区域中心，瓯江源头生态养生旅游区、松阳古迹文化修身旅游区、小溪畲乡风情旅游区、好溪仙都怡情旅游区、瓯江养生休闲区、云和仙宫湖世外桃源度假区、青田瓯江石门石雕观光区七大区块为纽带的“生态·休闲·养生”旅游框架；开发以青田石雕，龙泉宝剑、青瓷，景宁畲乡文化，仙都黄帝文化为主题的礼品化、商标化旅游商品；利用天然独特的野生菜、真菌菇类，开发独具特色的养生食品系列；不断包装推出“中国养生节”“疗养专题游”“原始森林之旅”等特色旅游活动；计划“十五”期间建设重点旅游开发项目29个，投资23.9亿元，旅游产业增加值占国内生产总值的8%以上。

《丽水市旅游业“十一五”发展规划》 2005年，编制完成《丽水市旅游业“十一五”发展规划》。提出丽水市旅游业发展总体思路，坚持旅游资源严格保护、合理开发和永续利用相结合原则，围绕“艺术之乡、浪漫之都、休闲圣地”的目标和“生态·休闲·养生”的主题，按照“发展大旅游、开拓大市场、形成大产业”的要求，进一步整合旅游资源优势，扩大旅游产业规模，完善现代旅游设施和配套服务功能，打造“秀山丽水·浙江绿谷·六江之源”品牌，把旅游业培育成为丽水市第三产业中的龙头产业。发展总体目标，打造丽水市优势产业、浙江省旅游产业优势区。通过培育特色旅游城镇，打造强势旅游区点，构建精品旅游线路，打响生态休闲度假品牌，不断提升丽水旅游的市场知名度，加快实现旅游产业从市内一般产业向优势产业的转变，加快实现丽水市从全省旅游资源优势区向全省旅游产业优势区的转变，进一步体现旅游产业对市域经济增长、社会发展和生态建设的综合贡献率，进一步提高丽水在旅游强省建设中的地位与作用。品牌目标：打造长三角最有影响的生态休闲度假目的地。发挥整体生态环境的比较优势，培育各级城市特别是丽水市区的旅游集散和服务功能，加快开发上规模、上档次、有特色的休闲度假精品，把丽水市区建设成为长三角的生态休闲名城，把丽水市建设成为长江三角洲地区最有影响的生态休闲度假目的地。旅游城市目标：各级城市（城镇）是旅游业发展的集散和组织中心，旅游城市建设与管理是丽水市旅游产业发展最重要的基础工程和形象工程，争取在2010年前使丽水市成为中国优秀旅游城市。近期（2005—2010）目标：到2010年，丽水市旅游总人数981万人次左右，旅游总收入达到72亿元左右。丽水市建设乡村旅游点20个以上，旅游扶贫示范区1个以上。中远期（2011—2020）目标：到2015年，丽水市旅游总人数接近1728万人次，旅游总收入163亿元；至2050年，丽水市旅游总人数接近2425万人次，旅游总收入接近319亿元。

丽水市旅游发展规划（2008—2020）　2009年，编制完成《丽水市旅游发展规划（2008—2020年》，确定丽水旅游产业为第三产业的龙头、市域经济的支柱。旅游产业的发展思路是深入实施“生态立市、工业强市、绿色兴市”发展战略，坚持旅游资源严格保护、合理开发和永续利用相结合的原则，围绕“生态、休闲、养生”的主题，按照“发展大旅游、开拓大市场、形成大产业”的要求，进一步整合旅游资源优势，扩大旅游产业规模，完善现代旅游设施和配套服务功能，打造“山水古文明、丽水好风光”品牌，把旅游业培育成为丽水市第三产业中的龙头产业。旅游产业发展总体目标是成为丽水市优势产业、浙江省旅游产业优势区。通过培育特色旅游城镇，打造强势旅游区点，构建精品旅游线路，打响生态休闲度假品牌，不断提升丽水旅游的市场知名度，加快实现旅游产业从市内一般产业向市内优势产业的转变，加快实现丽水市从全省旅游资源优势区向全省旅游产业优势区的转变，进一步体现旅游产业对市域经济增长、社会发展和生态建设的综合贡献率，进一步提高丽水在旅游强省建设中的地位与作用。品牌目标是成为长三角最具影响的生态休闲度假目的地。旅游城市目标是各级城市（城镇）成为旅游业发展的集散和组织中心，争取尽快使丽水市成为中国优秀旅游城市。规划到2010年，丽水市旅游总人数1600万人次左右，旅游总收入100亿元，旅游产业直接就业人员12000人，争取建成省级生态旅游示范区1个，饭店达到浙江省绿色饭店标准10个以上。到2015年，丽水市旅游总人数超过2600万人次，旅游总收入170亿元。到2020年，丽水市旅游总人数接近3500万人次，旅游总收入接近250亿元。

专项旅游规划

瓯江流域旅游发展规划　2001年，编制完成《瓯江流域旅游发展规划》。确定以瓯江为纽带，以丽水市区为核心，以中国第一保健休闲养生基地为长期卖点，以“瓯江养生”为主题定位，围绕丽缙青、龙泉市两块区域，先期以重点建设市区三片两段为突破口。经过五到十年的努力，使丽水旅游业实现由先导产业到技术产业的转变，把丽水建设成为“山河美好，中国一流”的养生休闲胜地，到“十五”期末，瓯江流域旅游接待人数达到300万人次，旅游收入16亿元；“十一五”期末，瓯江流域旅游接待人数达到500万人次，旅游收入38亿元；至2020年，瓯江流域旅游接待人数达到800万人次，旅游收入100亿元。

其他专项旅游规划　2002年，编制完成《丽水市城市旅游设施专项规划》。在城市总体规划和全市旅游专项规划指导下，委托上海复旦大学旅游系编制《丽水市城市旅游设施规划》。本着抓大放小、重点发展的原则，着重抓好市本级旅游产品和项目的包装、立项与招商工作，完成瓯江流域市区段和市本级重要景区等7个旅游项目包装的前期工作。

2003年，编制完成《滩坑电站、瓯江梯级电站旅游规划》《丽水市“黄金旅游”开发规划》《丽水市瓯江旅游发展专项规划》《城市旅游设施发展规划》《“云中桃源”景区总体规划》《大港头区块旅游开发和爱情主题公园概念性规划》《麻雀湾公园总体规划》《大山峰森林公园总体规划》。

2004年，开始编制《丽水市区旅游事业发展总体规划》。基本编制完成《丽水市市区旅游服务设施专项规划》。初步形成《大港头区块旅游开发和“卿卿我我”爱情主题公园的概念性规划和总体规划》。编制完成《大山峰森林公园总体规划》。

2005年5月，编制完成《丽水市市区旅游发展规划》。6月中旬，市发展和改革委员会组织专家评审通过。同年，编制完成《丽水市东西岩景区建设项目规划》《莲都区老竹镇沙溪村建设规划》《浙江丽水瓯兰村控制性详细规划》《丽水市莲都区东西岩区域城镇总体规划》。

2006年，市旅游局委托浙江大学旅游规划研究中心编制完成《丽水市农家乐旅游发展规划纲要》。同年，编制《丽水市东西岩地质公园总体规划》《东西岩景区插花娘娘庙规划》《东西岩景区畲家寨规划设计》《东西岩景区酣居规划设计》《丽水市“名人南明”规划设计方案》《丽水市“古堰画乡”景区规划(暂定)》《丽水市南明湖区域空间规划》；编制完成《丽水市“古堰画乡”旅游区规划》。

2008年，编制完成《丽水市滩坑库区旅游开发总体规划》《海峡西岸旅游规划》。

2009年，编制完成《丽水市旅游发展总体规划》《丽水市旅游标准化规划》《丽水市自驾车（房车）营地建设规划》。

2009年9月，市旅游局委托浙江大学风景旅游规划设计有限公司和浙江悦景旅游规划设计有限公司编制《丽水市自驾车(房车)营地总体规划》。12月，《丽水市自驾车(房车)营地总体规划》通过专家评审。2010年9月，市发展和改革委员会批准实施《丽水市自驾车(房车)营地总体规划》。

2010年，编制完成《丽水市旅游业发展“十二五”规划》。11月，市发展和改革委员会组织省旅游局、浙江大学、浙江工商大学、浙江师范大学等专家评审通过《丽水市旅游业发展“十二五”规划》。规划立足丽水旅游产业基础和发展实际，前瞻性地谋划“十二五”期间丽水市旅游产业发展目标、旅游市场、旅游服务体系建设和旅游项目建设。

县(市、区)旅游规划

莲都区　2005—2010年，莲都区编制完成旅游发展规划3个，分别为《莲都区旅游空间布局战略规划》《莲都区农家乐乡村旅游总体规划》《莲都区乡村旅游发展规划》；旅游区规划4个，分别为《莲都区东西岩区域城镇总体规划》《古堰画乡旅游区总体规划》《丽水市莲都区峰源旅游区旅游开发总体规划》《丽水市莲都区“太极湾”旅游区开发概念性规划》。2010年，编制《丽水市莲都区旅游业发展“十二五”规划》。

龙泉市　2006—2010年，龙泉市编制完成旅游发展规划4个。其中2006年，编制完成《龙泉市旅游发展“十一五”规划》《龙泉市乡村旅游发展规划》；2007年，编制完成《龙泉市旅游发展总体规划》；2010年，编制《龙泉“十二五”旅游业发展规划》《龙泉市“农家乐”旅游发展规划》。2006—2010年，丽水市编制完成旅游区规划11个。其中2006年，编制完成《龙泉市凤阳山周边乡村控制性规划》《龙泉市瓯江文化度假村旅游景区策划方案》；2007年，编制完成《龙泉市仙宫湖水上陶瓷之路总体规划》《龙泉市瓯江水上乐园景区策划方案》《龙泉市灵芝养生度假景区(前期)概念性策划方案》；2008年，编制完成《龙泉市龙泉窑遗址公园旅游发展详细规划》《龙泉市棋盘山国际养生运动大本营概念性策划方案》《龙泉·章府会文化村策划方案》。2009年，编制完成《龙泉市龙泉山度假区一期改扩建规划方案》

《龙泉·昴山宗教活动主题景区总体规划》；2010年，编制完成《龙泉市龙渊街道石马村乡村旅游规划》。

青田县　1998—2010年，青田县编制完成旅游发展规划2个。其中1998年，编制完成《青田县风景旅游发展总体规划》；2002年，编制完成《青田县生态旅游规划》。2002—2010年，全县编制完成旅游区规划15个。其中2002年，编制完成《青田县石门洞风景旅游名胜区总体规划及详规》《青田县金鸡山景区旅游发展规划》《青田县阜山侨乡风情旅游线策划与开发规划》《青田县阜山清真禅寺详细规划和建设施工设计》《青田县石门洞风景区石门飞瀑景片详细规划》《青田县滩坑电站及瓯江梯级电站库区景观旅游规划》《青田县仁宫小奕旅游开发规划和景观设计》《青田县章旦生态农业示范区旅游规划与景观设计》《青田县山口方山特色文化休闲带旅游规划》；2004年，编制完成《青田县阜山清真禅寺旅游区施工设计》《青田章旦生态旅游示范区规划和景观设计》《青田县仁宫小奕青青田园旅游区规划和景观设计》；2005年，编制完成《青田县仁宫小奕区块旅游景观规划》《青田县山口方山特色休闲旅游发展规划》；2006年，编制完成《青田县滩坑电站及瓯江梯级电站库区旅游景观规划(规划调整)》。

云和县　2001—2010年，云和县编制完成旅游发展规划3个，其中2001年编制完成《云和县风景旅游发展总体规划》《浙西南休闲旅游基地总体规划》；2006年，编制完成《云和县旅游发展规划》(2006—2020)。2004—2010年，全县编制完成旅游区规划5个，其中2004年编制完成《云和县云和湖旅游开发规划》；2006年编制完成《云和县狮山公园区块详细规划》《云和县云和湖夜游项目整体运营策划》《云和县三望潭景观休闲带修建性规划》《云和县云和湖旅游度假区建筑规划设计案》《云和县小顺钓鱼岛度假规划》。

庆元县　2004年，庆元县编制完成《庆元县旅游发展总体规划》。2005年，编制完成《百山祖生态旅游规划》《巾子峰省级森林公园详细规划》。

缙云县　2003—2010年，缙云县编制完成旅游发展规划6个，其中，2003年，编制完成《缙云县旅游业发展战略研究》《缙云县旅游发展规划》；2005年，编制完成《缙云县旅游发展规划》。2010年，编制完成《缙云县乡村旅游发展规划》《缙云县旅游业发展"十二五"规划》《缙云县自驾游目的地规划》。1998—2010年，全县编制完成旅游区规划4个，其中1998年，编制完成《缙云县仙都景区总体规划》；2006年，编制完成《缙云县仙都九曲练溪两岸景观带方案设计》《缙云县仙都风景区核心景区保护规划》；2010年，编制完成《缙云县大洋旅游度假区概念性规划》。

遂昌县　2001—2010年，遂昌县编制完成旅游发展规划3个，其中2001年，编制完成《遂昌县旅游发展总体规划》。2004年，编制《全县旅游业五年发展规划》；2009年，修编制完成《遂昌县旅游业发展总体规划》。1998—2010年，全县编制完成旅游区规划25个，其中2003年，编制完成《遂昌县龙门旅游区总体规划》《遂昌金矿旅游开发实施方案》《遂昌县长濂村旅游规划》《遂昌县古院休闲旅游度假区》《遂昌县含晖洞旅游区规划》《遂昌县湖山水库旅游区开发总体规划》《遂昌县湖山温泉度假村控制性详细规划》《遂昌县大公坑旅游开发控制性详细规划》《遂昌县飞石岭景区旅游开发实施方案》；2004年，编制完成《遂昌县神龙谷——南尖岩区块总体规划》《遂昌县桂样林场核心区控制性详细规划》《遂昌县白马山——石姆岩区块总体规划》；2005年，编制完成《遂昌县南尖岩风景名胜区总体规划》《遂昌县南尖岩风景名胜区详细规划》2006年，编制完成《遂昌县南尖岩风景名胜区总规和修建性详细规划》《遂昌县神龙飞瀑景区修建性详细规划》《遂昌金矿国家矿山公园矿业展览区修建性详细规划》《遂昌县金石门旅游总规和修建性详细规划》；

2007 年，编制《遂昌县乡村旅游发展总体规划》；2008 年，编制《遂昌县长濂大明文化园修建性详细规划》；2009 年，编制完成《遂昌县王村口红色古镇修建性详细规划》《遂昌县湖山旅游度假区总体规划》《遂昌县石姆岩景区修建性详细规划》《遂昌县湖山旅游度假区可行性研究报告》《遂昌县湖山旅游度假区环境影响评估报告》。

松阳县　2004 年，松阳县编制完成《松阳县旅游业发展总体规划》。2003—2010 年，全县编制完成旅游区规划 5 个。其中 2003 年，编制完成《松阳县延庆寺旅游区规划》；2005 年，编制完成《松阳县卯山全国农业旅游示范点开发规划》；2008 年，编制完成《浙江松阳卯山国家级森林公园总体规划》；2010 年，编制完成《松阳县箬寮——安岱后省级风景名胜区总体规划》《松阳县箬寮原始林景区创建 AAAA 景区实施方案》。

景宁畲族自治县　2007—2010 年，景宁畲族自治县编制完成旅游发展规划 4 个，其中 2007 年，编制完成《全县旅游总规修编》；2010 年，启动编制《景宁畲族自治县旅游业“十二五”发展规划》《景宁畲族自治县旅游目的地规划》《景宁畲族自治县乡村农家乐发展规划》。2007—2010 年，全县编制完成旅游区规划 16 个，其中 2007 年，编制完成《景宁畲族自治县滩坑库区旅游发展规划》《景宁畲族自治县滩坑库区旅游开发总体规划》《景宁畲族自治县大漈省级风景名胜区规划》《景宁畲族自治县望东垟自然保护区规划》《景宁畲族自治县大均景区创 AAAA 规划》《景宁畲族自治县炉西峡景区旅游开发总体规划》《景宁畲族自治县炉西峡景区控制性详细规划》及《景宁畲族自治县炉西峡景区修建性详细规划》《景宁畲族自治县双后岗新农村建设发展规划》《景宁畲族自治县周湖新农村建设发展规划》《景宁畲族自治县深垟村村庄发展规划》；2009 年，编制完成《景宁畲族自治县大漈省级风景名胜区创 AAAA 规划》《景宁畲族自治县中国畲乡之窗景区创 AAAA 规划（含策划方案）》、《景宁畲族自治县杨山古居规划》《景宁畲族自治县外舍古传农业旅游观光区规划》《景宁畲族自治县环敕木山畲族风情省级旅游度假区规划》《景宁畲族自治县西汇民族风情度假村规划》。

第二节　资源普查

普查概况

1996 年，丽水地区旅游局筹建领导小组成立，开始调查摸底丽水地区旅游资源分布和开发情况，并分类整理。2003 年 8 月起，丽水市开展全面普查旅游资源工作。2004 年 7 月，召开丽水市旅游资源普查工作会议，成立丽水市旅游资源普查工作领导小组，部署全市各县（市、区）开展普查工作。同时，下发《丽水市人民政府办公室关于认真做好全市旅游资源普查工作的通知》，全面落实全市旅游资源分类、调查与评价工作。

2004 年，丽水市旅游资源数量较多，资源类型齐全，旅游资源单体 2365 个，其中自然类资源单体 1064 个，人文类资源单体 1301 个；五级旅游资源单体 25 个，四级旅游资源单体 58 个，三级旅游资源单体 270 个，二级旅游资源单体 747 个，一级旅游资源单体 1026 个，等外级旅游资源单体 239 个，旅游资源集合体 55 个；覆盖国家 8 个主类、31 个亚类旅游资源标准的 29 个，155 种旅游资源基本类型的 120 种。丽水市旅游资源单体空间县域分布差异较大，缙云仙都主景有旅游资源单体最多，为 111 个。

丽水市旅游资源状况基本情况一览

表 17-2-2-1　　单位：个

县　别	总　数	三至四级	五级	五级单体名称
莲都区	232	39	2	瓯江玉溪段、通济堰
龙泉市	258	38	4	龙泉宝剑、大窑青瓷古窑址、凤阳山、龙泉青瓷
青田县	278	43	2	青田石雕、青田侨乡文化
云和县	161	18	1	云和木制玩具
庆元县	270	25	4	庆元香菇、百山祖冷杉、百山祖、月山古廊桥
缙云县	386	61	5	鼎湖峰、凌虚洞火山口、仙都山、九曲练溪、仙都摩崖题记
遂昌县	321	56	4	遂昌竹炭、神龙飞瀑、遂昌九龙山、遂昌国家森林公园
松阳县	220	19	1	延庆寺塔
景宁畲族自治县	212	29	2	景宁畲乡风情、时思寺
总　计	2365	328	25	—

重点资源普查

瓯江丽水段　瓯江，古名慎江，曾以地取名为永宁江、永嘉江、温江。瓯江干流长 384 千米，流域面积 18100 平方千米，是浙江省第二大河。发源于庆元、龙泉两县交界的百山祖锅帽尖，干流经龙泉市、云和县、莲都区、青田县，支流覆盖所有县(市、区)，出温州湾入东海。流域旅游资源丰富，景点众多。丽水市有对外开放旅游点 68 个，其中国家 AAAA 级旅游景区 12 家。丽水市建有各级自然保护区(含自然保护小区)83 个，省级以上森林公园 11 个，国家级森林公园 3 个。瓯江流域人工湖泊众多，景观如同天成。瓯江物产丰饶，经济价值高，仅鱼类就有石斑鱼、军鱼、鲇鱼、黄颡鱼等 111 种。尤其是生栖着珍稀淡水生物——鼋，它与大熊猫、金丝猴等一样，属国家一级濒危珍稀保护动物，是名副其实的“国宝”。

通济堰　位于浙江省丽水市莲都区碧湖镇堰头村，是一个以引灌为主，蓄泄兼备的水利工程，距今有 1500 年历史，是迄今为止所知世界上最早的拱坝。大坝呈弧拱形，长 275 米，宽 25 米，高 2.5 米，初为木条结构，南宋时改为石坝。建于南朝萧梁天监年间(502—519)，自宋元至清，历代多次续建整修。通济堰现存历代碑刻十八处，主要集中在堰坝北岸的司马庙中。其中有南宋乾道五年(1169)范成大“重修通济堰规碑”。另有明洪武三年(1370)重刊宋碑两通，其中北宋元祐八年(1093)“丽水县通济堰詹南二司马庙记碑”，是现存最早的通济堰史料。通济闸至石函渠段两侧，留有千年香樟多株。临渠建有文昌阁、店铺、民居、牌坊等各类清代木石建筑物。1984 年，上海电影制片厂拍摄影片《女大当婚》《蓝天鸽哨》，部分景点就选在此地。历代皆比较重视修护和管理通济堰，有一套自成系统且完整的管理方法。南宋乾道四年(1168)，处州太守范大成所制定的堰规为最早，且独树一帜，科学而全面，堪为后人仿效，一直延用 600 多年。1962 年，被评为省级文保单位。2001 年 6 月，通济堰作为南朝至清代古建筑，被国务院列入第五批全国重点文物保护单位。

龙泉凤阳山 位于龙泉市南部，属洞宫山系，由福建武夷山脉向东伸展而成。面积1.52万公顷，境内最高峰黄茅尖海拔1929米，为“江浙第一高峰”。由于其独特的地理位置和自然条件，区内生物多样性突出。处于热带暖温带（海洋性）群落交错区内，地质古老，气候湿润，雨量充沛，森林植被有垂直带谱系列特点。植物资源极为丰富，自然植被保存好，保存有大批原始古老的生物种群，是中国主要模式标本产地之一。野生动物品种繁多，兽类有金钱豹、云豹、大灵猫、猕猴、苏门羚等；鸟类有黄腹角雉、赤腹鹰等，属于国家级保护动物的有66种，其中一级保护动物9种。被列入《中国珍稀濒危保护植物名录》20多种，是中国不可多得的生物基因库。凤阳山峰巍树怪，谷幽泉清，茂林蔽日，奇草遍地，有旅游风景点百余处，其中著名的有浙江省最高山峰黄茅尖，海拔1929米，登上顶峰，可极目四望，一览众山；凤阳湖，是瓯江发源地。还有绝壁奇松、大峡谷、七星潭等。

青田侨乡文化 青田县是全国著名侨乡，分布在世界国家和地区122个，华侨28万人，以欧洲为主，青田县侨眷26万人，占全县总人口的54.1%。距今有300多年的历史。青田华侨回国探亲、旅游、投资、参与公益事业，带回资金和人文理念，形成有浓郁异国风情的侨乡文化。主要表现为欧式生活方式和习俗、特色的华侨经济以及有欧洲风情的城市风貌。青田侨俗敦厚淳朴、重人情、重乡性，重视寄托对侨胞的美好祝愿，表达对乡亲的深厚情谊。

云和木制玩具城 木制玩具是云和县传统产业，起步于20世纪70年代初。1994年，云和县被评为“中国木制玩具之乡”。同年，云和县开始实施小县大城战略，创建中国木制玩具城，建成木制玩具特色工业园区，成立云和县玩具行业协会，设计中国木制玩具城城徽、城标和中国木制玩具城城门2座，使云和县城有鲜明的童话色彩。2000年始，云和县每年举办中国木制玩具节，是国内规模最大的国家级木制玩具展销会。2004年，云和县被中国轻工业联合会命名为中国木制玩具城。

庆元香菇城 庆元县是世界人工栽培香菇的发祥地，有800多年生产历史。庆元香菇生产的特殊要求以及菇民对技术的保密需要，历经长期的生产、生活，形成一种神秘而独特的古老菇乡文化。庆元菇乡文化包括香菇生产、菇民生活、菇民组织、宗教、语言、体育、戏曲等方面，二都戏、扁担功、菇民语言“山寮白”、菇乡谚语、菇民歌谣、菇民餐饮等，犹如一个古老民族的文化，其文化个性与少数民族文化一样鲜明而浑厚。1989年，联合国国际热带菌类学会主席张树庭题写庆元是世界“香菇之源”匾额。同期，国务院发展研究中心认定庆元香菇两项“中华之最”，一是世界人工栽培香菇历史最早；二是全国最大的香菇产地和集散地。2002年6月，庆元香菇获国家原产地域产品保护，庆元为“世界香菇之源”。2010年，庆元成为饮誉全球的“中国香菇城”。

百山祖 百山祖位于庆元县境内，属武夷山系洞宫山脉，主峰雾林山海拔1856.7米，被誉为“百山之祖”，是浙江省第二高峰。百山祖占地面积91.15平方千米，属于国家AAAA级旅游景区、国家级自然保护区。境内地形地貌复杂，山高雾多，有云海日出可观，环境清幽，年均温度为12.8℃，是夏日游览避暑胜地。沟谷众多，山峦起伏，溪流纵横，气候湿润，雨量充沛，自然条件十分优越，森林覆盖率91.6%，动植物资源极为丰富，已知种子植物2005种，蕨类植物236种，苔藓327种，大型森林真菌256种，其中国家保护的珍稀濒危植物有约40种，包括第四纪冰川时期的百山祖冷杉；动物资源有华南虎、黄腹角雉等国家一级保护动物8种、二级保护动物47种，被誉为“华东古老植物的摇篮”“昆虫的世界”“生物模式标本的产地”。

月山古廊桥 月山村位于庆元县境内，古称金乡、举溪、逢源镇、举水市，村后山形如半月，村前溪水曲似银钩，村庄坐落其间，如同山环水抱得一轮圆月，故名月山。建村历史悠久，明、清时期，月山一度人口繁衍，经济发达，商店林立，一派繁荣景象，曾更名逢源镇和举水市，2010 年属庆元县举水乡。月山拥有庆元县廊桥相对分布最为集中且品质最高的廊桥群。在沿村不到 1 千米处，就有如龙、来凤、步蟾、白云 4 座古廊桥。造型别致，名称极富诗意，与村落氛围意境契合。国家级文物保护单位如龙桥，始建于明初，明天启五年（1625）重建，因其势与后山山脊古松依稀相连，桥似龙首下倾，故名。由木拱架和廊屋两大部分组成。构造复杂，工艺精湛，融工程与艺术于一体，结构保存完整，系迄今发现的时代最早的木拱廊桥，是现存木拱廊桥中不可多得的典型范例，有一定的代表性和非常高的历史、艺术、科学价值。来凤桥、步蟾桥、白云桥形如长虹卧波，亭台楼阁错落有致，展现出一幅“小桥、流水、人家”的画卷，置身其中，宛如人间仙境，故有“二里十桥”美誉。庆元素有“三江之源”之称，历史上建于溪河之上的各类廊桥曾有 230 多座，2010 年，保存 50 多座，登记在册 39 座，其中木拱廊桥 26 座，石拱廊桥 13 座。

遂昌竹炭加工技艺　属于国家地理标志产品。遂昌竹炭因其优质原材料、独特加工工艺、特殊的地理气候及深厚的文化积淀。2002 年，遂昌县被中国经济林协会命名为“中国竹炭之乡”“中国竹炭产业基地”。2004 年，遂昌县制定《竹炭•浙江省重点农产品标准》。2006 年，遂昌竹炭获地理标志产品保护，竹炭产业成为遂昌县一大新兴产业。2010 年，遂昌县竹炭产品开发深度和广度居国际领先水平，开发出竹炭及竹醋产品两大系列、七大品系、十二大类一百多种，产品除远销日本、韩国及欧美、东南亚外，国内还建立连锁经营加盟商，加盟销售代理商 3000 多家，占居国内市场份额的 1/3。

延庆寺塔　位于松阳县境内。宋咸平五年（1002）建成，是一座唐代建筑风格的多层佛教建筑物。延庆寺塔是江南诸塔中保存最完整的北宋原物，有很高的历史价值、科学价值和艺术价值。1963 年，延庆寺塔被列为重点文物保护单位。延庆寺塔周边的云龙山及赤壁山等峰迤坡缓，径回谷幽，旧时为松阳十景之一“梅墩春色”。唐进士毛云龙曾炼丹于此，有炼丹泉；其上方山为宋状元沈晦致仕后隐居之处。赤壁山原有摩崖石刻“小赤壁”三字，隶书，径三尺，笔致妩媚，饶逸有神，为宋状元黄公度手迹，1978 年毁；临溪村庄黄公渡故名。东下百步，岩壁上刻有“放生堰”三字，径四尺，近看形迹杳无，远视隐约可辨。旁有“大花甲”三字已不可辨。云龙山西侧有一巨石酷似龙首仰天长啸，欲腾空而飞，相传京城司天监卜得松阳有真龙腾空之象，故建一塔镇之。延庆寺塔为国家级重点文物保护单位。

景宁畲乡风情　畲族是中国南方一个古老的少数民族。1984 年，景宁畲族自治县设立，为全国唯一的畲族自治县，华东地区唯一的民族自治县。景宁作为浙江和安徽两省畲族的发祥地，许多畲民聚居村落保留浓郁的民族风情，神秘而有趣。景宁畲族风情旅游主要有唯一性、丰富性、表演性、参与性、情景交融性等方面特点。1998 年，景宁畲乡风情旅游起步，经过挖掘加工建设，有鲜明民族特征的特色旅游。1987 年、1990 年，丽水电视台摄制畲乡专题片《畲乡风情》《畲乡风》，在中央电视台、浙江电视台播放。1992 年 12 月起，每年举办景宁畲乡文化节，展现丰富的畲族文化。2009 年，景宁畲族自治县被文化部命名为中华民族艺术之乡。

第三节　品牌建设

1998 年，丽水地区加快开发旅游资源，加快第三产业发展。同年 1 月 20 日，地区行署公布遂昌南尖岩、云和仙宫湖、景宁大漈风景区为首批地区级风景名胜区。同年 9 月，建立丽水市、龙泉市和遂昌县风景旅游局。后除庆元、松阳县外各县(市)都建立旅游主管部门。同年10月,地区旅游局和景宁畲族自治县政府联合举办“’98景宁畲乡风情节”。

1999年,丽水地区旅游项目建设得到加强,先后进行缙云仙都风景区基础建设,龙泉凤阳山凤阳湖旅游项目开发,云和仙宫湖开心岛景区开发,青田瓯江水域旅游项目、山口石雕山城和飞鹤山庄的开发,丽水瓯江漂流乐园、度假村等项目开发。同年3月,到温州旅游促销活动期间,地区旅游局、招商局联合举办丽水旅游项目说明会,青田瓯江游船公司等两个项目签订意向协议,协议资金1598万元。同年5月,在宁波举行“’99浙江经贸洽谈会”,青田、景宁畲族自治县达成协议项目2个。1999年12月,被国家环境保护总局确定为第四批全国生态示范区建设试点地区。

2000年3月24日,在丽水市第三次旅游工作会议上,丽水提出以办大产业的思路发展旅游业。全年新增旅游涉外饭店1家,评定星级旅游涉外饭店5家,现有旅游涉外饭店23家,其中星级饭店22家,星评率95.7%;新增省级旅游商品定点生产企业3家,总数16家;新批旅行社6家,总数21家;新批旅游涉外定点单位1家,总数32家;批复旅游定点商场1家,旅游定点餐馆3家。全年接待海外旅游者7908人次,比上年增长8.32%;外汇收入1510万美元,增长7.5%;接待国内旅游者132.7万人次,增长25.19%;国内旅游收入4.85亿元,增长38.57%。8月,丽水市确定景宁大均景区、青田石门洞——九门寨景区、松阳箬寮岘景区为市级生态旅游示范点,完成青田、龙泉等县(市)上报市级风景名胜区的评定工作。12月底,缙云仙都景区被评定为国家首批顶级AAAA级旅游区。

2001年5月,市委副书记焦光华调研莲都区瓯江流域旅游开发规划。同年7月,丽水籍省政协委员调研瓯江沿线生态旅游,为丽水旅游进言献策。同年12月13日,市委书记丁耀民参加杭州宋城集团云和湖(仙宫湖)奠基仪式。全年投入旅游业协议资金8亿多元,实际到位资金2亿多元,投资规模和档次较以往均有明显提高。2001年11月,青田石门洞获评首批国家AAA级旅游区,遂昌白马山、松阳箬寮岘和青田千丝岩、清真禅寺、太鹤山等获评国家AA级旅游区。

2002年,丽水市旅游行业围绕“生态·休闲·养生”主题,打造“秀山丽水、浙江绿谷”品牌,在“量”的扩张的同时,重点抓好“质”的提高。5月,市政府召开丽水市旅游产业发展工作会议,制定《丽水市人民政府关于进一步加快旅游产业发展的意见》《丽水市旅行社2002年度地接业务及入境旅游奖励办法》,拓展地接业务,发展入境旅游。各县(市、区)政府也积极制定产业发展扶持政策,引导社会投资,参与旅游业。6月,浙江民俗乐园开工建设,是丽水市首个主题公园,也是省重点旅游景点之一。第一期项目占地10公顷,投资7000万元。以丽水特有的奇山秀水、奇风异俗为重点进行合理规划,充分开发畲族风情旅游资源和浙江民俗旅游资源。内设山哈园、三月三广场、民俗舞台及卡通城等。2003年10月1日建成营业。

2003年,丽水市旅游业发展继续保持良好的态势,通过国家AA级旅游区点评定的旅游景区6个,如国家AAAA级旅游区缙云仙都风景名胜区;国家AAA级旅游区青田石门洞森林公园;国家AA级旅游区遂昌白马山森林公园、青田太鹤山景区、青田千丝岩景区、青田清真禅寺、松阳箬寮原始林景区、遂昌湖山森林公园、庆元百山祖国家级自然公园、龙泉市博物馆、云和江南畲族文化村、景宁草鱼塘森林公园、丽水市瓯江漂流景区。丽水市接待国内旅游者215.3万人次,比上年增长33.4%;国内旅游收入8.86亿元,增长38.2%;接待入境旅游者21782人次,比上年增长25.7%;外汇收入4174万美元,增长28.77%。

2003年,突出“秀山丽水·浙江绿谷”品牌,推动丽水人文山水旅游业的发展,支持申报旅游景区

(点)A级旅游区，制定“绿色丽水、健康畅游”旅游活动方案。6月，遂昌县与凯恩集团签订飞石岭生态旅游项目开发协议书，开发目标是国家AAA级旅游区，总投资1000万元；与丽水投资商签订焦滩龙门旅游项目开发协议书，总投资500万元；与武义投资商签订垵口乡大公坑旅游项目开发协议书，总投资2000万元。同年，缙云开展仙都景区环境综合整治工作，加强景区卫生管理。10月，仙都景区顺利通过省建设厅国家级重点风景名胜区标志、标牌及环境整治工作的验收。市旅游局建立旅游项目库，编印《丽水市旅游招商指南》，推介精品旅游项目26个，其中市本级有古堰文化休闲度假区、华侨宾馆等8个。云和县与杭州世界休闲博览园有限公司签订开发紧水山庄项目的意向协议。缙云县成功引进黄帝祠宇二期工程资金1500万元(其中美元100万元)，签订投资1000万元的仙都养生休闲园投资5000万元的仙都观光农业园项目意向书。丽水市A级旅游区15个，其中AAAA级1个、AAA级1个、AA级13个。

2004年6月，市委书记楼阳生到遂昌、松阳、莲都等县(区)调研旅游工作时，提出要发挥生态优势，做大做强丽水市的旅游产业，尤其要把旅游业作为发展第三产业的重点加以培育，不失时机地研究和发展全市旅游产业，努力提高旅游业在GDP中的比例。同年12月，市长刘希平率市政府代表团，到金华市浦江县、湖州市安吉县学习考察“农家乐”旅游，强调要利用丽水真山真水，通过“农家乐”促进旅游发展，聚集人气，增加客流量，掀起旅游发展高潮。

2005年，丽水市将市区古堰画乡、民间博物馆、名人南明、遂昌的黄金旅游、青田中国田鱼村等项目作为重中之重、全力突破，使之成为丽水文化旅游的主要标志性产品；挖掘民间摄影文化资源，打响摄影之乡品牌，推出有针对性的各种摄影线路。

2006年，丽水市委推进市区“风情东西、古堰画乡、名人南明、生态河川”四大旅游品牌项目，提升“艺术之乡、浪漫之都、休闲胜地”旅游城市形象，建成丽水市旅游集散中心旅游咨询服务中心，完成新建旅游公厕11座。莲都区设立东西岩景区管委会和古堰画乡管委会，开发风情东西景区和古堰画乡；缙云县改革缙云县旅游管理体制，争创全省十大旅游经济强县；遂昌提出“丽水旅游看遂昌”；庆元县提出建设华东区域性生态文化旅游胜地。2006年，丽水市旅游局直接参与建设市区风情东西、古堰画乡、民俗乐园等重点项目，跟踪指导服务华侨饭店、名人南明、生态河川及南明湖、辉煌大酒店等项目。2月，浙江省人民政府公布景宁云中大漈为第六批省级风景名胜区。2006年，缙云、仙居、武义、龙游4个县联合打造“江南仙境游”品牌。至2006年，丽水市建成旅游标识标牌80多块。同年，遂昌南尖岩、神龙谷、飞石岭等景区相继建成开放；云和湖、小顺休闲岛等项目建设有实质性的进展。2006年，在中国旅游投资洽谈会上推出丽水旅游招商引资项目库，全年旅游招商完成外资引进1792万元。

2007年，市区重点非工项目招商15个，其中所属行业为旅游类项目6个，占40%。瓯陆风情园、白云森林公园(经营性)、野生动、植物园、南明湖(爱情主题公园、水上旅游两个项目开发招商)、名人南明、古堰画乡等旅游开发项目6个被列入其中。丽水市非工项目招商会推出旅游项目49个，达成意向28个，签约6个，同时储备一批旅游招商项目。

2008年，丽水市推动生态旅游产业继续保持快速发展，制定《丽水市推进生态旅游经济考核办法》，新建、续建旅游项目78个，总投资68.84亿元，完成投资额13.64亿元，接待旅游总人数1203.5万人次，比2007年增长39.39%；旅游总收入68.48亿元，同比增长39.21%。完成风情东西、古堰画乡、滩坑旅游区、南明湖、遂昌南尖岩、金矿国家矿山公园、龙泉山、景宁炉西峡景区、云和小顺钓鱼岛等项目的前期规划设计、项目建设程序、A级旅游区标准把握和评定指导、争取上级资金扶持等工作。丽水华侨饭店、古堰画乡、白云森林公园入口综合区旅游项目3个被列入2008年全市重点建设项目。同年11月，南尖岩景区、金矿国家矿山公园、龙泉山旅游度假景区通过国家旅游局AAAA级景区验收评定。遂昌金矿填补国内矿山公园创建高等级旅游景区的空白。丽水市南尖岩旅游景区创建生态旅游示范区通过省生态旅游示范区检查验收组验收。

2009年5月，丽水市以瓯江为主轴，发散沿江两岸的资源进行开发，创建"山水古文明、丽水好风光"旅游品牌，形成"鱼刺骨"状瓯江城市休闲带。丽水白云森林公园、丽水东西岩景区、遂昌神龙谷景区、缙云黄龙景区、青田县石门洞景区、青田中国石雕文化之旅景区、景宁中国畲乡之窗景区、云中大漈景区8家景区开展国家AAAA级旅游景区创建工作。丽水东西岩景区、遂昌神龙谷景区、缙云黄龙景区、青田中国石雕文化之旅景区、景宁中国畲乡之窗景区5家景区通过国家级评定验收。庆元巾子峰森林公园、龙泉青瓷宝剑苑等AAA级旅游景区通过评定验收。同年，组织完成爱情主题公园、自驾车营地、紫荆城、中旅旅业分公司项目4个招商签约，总投资估算15.5亿元。同年，打好"四场硬仗"(旅游广告牌、旅游厕所、旅游信息化、旅游集散中心)。2009年，完成创建旅游缙云、大港头等经济强县、旅游强镇4个、青田方山乡龙现村等旅游特色村10个。2009年，下发《关于印发丽水市推进生态旅游经济发展考核办法的通知》，围绕创AAAA、旅游项目投入等重点工作，考核并兑现奖励县(市、区)政府旅游工作成效。遂昌县得到最高奖励26万元，9个县(市、区)兑现奖励64万元。5月，与市财政局联合下发《关于鼓励市直旅行社为创建AAAA级旅游景区送团的通知》，考核并兑现奖励创建AAAA级旅游景区送客市直旅行社，奖金20万元。全年发放农家乐发展补助资金40多万元，丽水市评定农家乐特色村9家，特色点12家，三星级农家乐经营户63家。2009年，农家乐接待游客386.42万人次，同比增长24.92%，红色旅游接待游客37.38万人次，同比增长45.97%。

2010年，丽水市旅游系统重点抓大景区建设，围绕"品质提升"推进行业监管。如市区环南明湖"一湖三山三岛六区十景"旅游项目。4月，市委常委(扩大)会议研究通过《市区重大旅游项目联系班子、领导及责任单位、总体形象进度目标》，同时建立市领导联系市区重大旅游项目制度。全年配合市委督查室对市区重大旅游项目14个进行月度报表进度情况汇总和项目进展情况督查。与市财政局联合制定《丽水市鼓励上海旅行社给丽水市AAAA级旅游景区送团的奖励办法》和《关于鼓励市直旅行社为创建AAAA旅游景区送团的通知》。同年11月，在丽水撤地设市10周年庆祝大会上，"成功创建中国优秀旅游城市"被列入"10件大事"、遂昌打造中国最佳生态旅游县被评为"20个创业创新样本"，丽水华侨开元名都大酒店、莲都古堰画乡、青田石文化主题公园、缙云仙都风景区、遂昌金矿矿山公园5家旅游项目5个被评为"30个精品工程"。2010年，丽水市完成旅游强镇5个创建和特色旅游村10个创建工作，遂昌县成为全市第二个浙江省旅游经济强县。丽水市完成旅游项目11项，投资18.03亿元，其中宾馆、景区景点等旅游项目投入12.34亿元；旅游相关交通项目投入5.14亿元；乡村旅游项目投入0.55亿元。全年全市大景区建设项目投入5.2亿元。2010年，青田石门洞、景宁云中大漈、遂昌千佛山(原飞石岭景区)景区通过国家AAAA级旅游景区评定。全年全市旅游接待2078.22万人次，同比增长34.07%；旅游总收入116.55亿元，同比增长34.17%。全市形成十大休闲旅游山庄、丽水特色美食、特色饮食街、特色娱乐街区，休闲度假旅游不断发展。十大休闲旅游山庄包括长濂鞍山书院(遂昌)、寨头摄影休闲园(松阳)、红罗山农业观光园(青田)、南明休闲农庄(缙云)、白天鹅山庄(龙泉)、龙门绿水山庄(云和)、龙溪休闲山庄(景宁)、大济山庄(庆元)、中国竹炭博物馆(遂昌)、通济山庄(莲都)。丽水市旅游局完成《处州菜谱》编制工作,收集丽水传统菜肴57个,梳理创新菜34个,挖掘地方风味小吃、风味特色的“处州菜”32个。形成特色饮食街——紫金路分布餐饮店30多家,有安仁鱼头、龙泉泥鳅、庆元酸菜鱼、鸭肠馆等,具备丽水本土饮食特色。特色娱乐街区包括景宁畲族自治县大均古街、青田县鹤城街道“欧陆风情一条街”龙泉市剑池街道青瓷宝剑苑、剑瓷一条街精品购物区块、剑瓷文化展示体验区、莲都区大港头古街。

第四节　项目开发

项目库建设

1997年,丽水地区旅游局成立,开始储备旅游开发项目。同年,丽水地区旅游局收集、整理旅游投资主要项目,按项目分类做好项目库的编制工作。1998年,丽水地区启动旅游项目库建设,收集、整理主要投资项目,按项目分类,开展编制项目库工作。1999年,丽水地区编制《丽水地区旅游招商项目》,印制《丽水地区旅游招商项目》宣传小折页,推介缙云县仙都风景区开发项目、龙泉凤阳山凤阳湖旅游开发项目、云和县仙宫湖开心岛景区开发项目、青田县瓯江水域旅游开发项目、青田县山口石雕山城开发项目、青田县飞鹤山庄开发项目、丽水市瓯江漂流乐园和丽水瓯江度假村开发项目。1999—2000年,全市编制旅游项目82个。同期,丽水地区实施项目25个,占编制项目总数的30%。

2001年,丽水市投资开发旅游项目,建立旅游开发项目库,编制旅游项目82个。2002年,丽水市旅游项目首次公开招标,引导投资开发丽水旅游项目,市区小白岩旅游开发项目(四星级园林式宾馆项目)实行公开招标。2003年,丽水市围绕“生态·休闲·养生”主题,编制完成《丽水旅游项目招商指南》,精心包装全市旅游项目26个。2004年,丽水市开展旅游资源普查。2005年,丽水市重新梳理和调整旅游项目库,开始建设全市旅游项目库,精选旅游重点项目33个,其中市本级旅游项目3个,龙泉市旅游项目4个,青田县旅游项目4个,云和县旅游项目2个,遂昌县旅游项目3个,松阳县旅游项目6个,庆元县旅游项目3个,缙云县旅游项目5个,景宁畲族自治县旅游项目3个。2007年,丽水市重点抓“非公”项目招商会,推出旅游项目49个,达成意向28个,签约6个,同时储备一批旅游招商项目。其中市区重点“非公”招商项目15个,旅游类6个,分别为欧陆风情园、白云森林公园(经营性项目)、植物园、南明湖(爱情主题公园、水上旅游)、名人南明、古堰画乡项目,占比40%。2008年,丽水市做好大景区旅游项目前期和招商工作,全市有旅游新建、续建项目78个。2009年,丽水市重新编制旅游项目招商手册,推出招商项目25个。2010年,丽水市推进重点旅游项目建设,建立市领导联系市区重大旅游项目制度,重点抓“一吻千年”项目和市区环南明湖“一湖三山三岛六区十景”旅游项目建设。

重点项目建设

丽水地区重点建设始于1998年。同年,丽水地区瓯江漂流有限公司成立,开发瓯江水上旅游项目“漂流乐园”。1999年,丽水地区投入旅游建设资金近亿元,重点投资缙云仙都风景区项目、龙泉风阳山风阳湖旅游项目、云和仙宫湖开心岛景区开发等七大项目。2000年，丽水市投资旅游项目协议资金8亿元，其中宋城集团投资6.3亿元建设龙泉山、云和湖开发项目；本土企业投资1.2亿元建设浙江民俗乐园项目。2003年，丽水市精选旅游项目26个，其中推进古堰文化休闲度假区、华侨宾馆等市本级项目8个。

2004年，市区华侨开元名都大酒店开工建设。同年，松阳卯山狩猎场完成项目审批。2005年，丽水市市区重点推进风情东西、民俗乐园、五星级华侨饭店等项目。同年，基本建成黄帝祠宇二期项目，启动仙都鼎湖大道建设后期绿化；龙泉山正式开园；遂昌飞石岭旅游区"五一"建成开放；遂昌金矿旅游开发公司开始试营业；遂昌启动南尖岩风景旅游区开发项目，投资7000万元；云和县启动云和湖项目游船投入使用，投资500万元。同年，全市奖励丽水旅游集散中心、浙江民俗乐园、白云山森林公园等项目资金40多万元。

2006年，全面启动重点旅游项目建设，其中确定重点旅游项目50个，投资35.65亿元，市区重点项目为"古堰画乡""风情东西"开发项目。同年，"风情东西"旅游景区正式开园；南尖岩、神龙飞瀑旅游区和长濂文化村初步建成开放。同年，启动的项目主要有"古堰画乡"旅游开发项目、黄金旅游区、金石门、湖山温泉度假旅游区开发项目；启动龙泉山旅游区龙泉山二期建设；开工建设云和县云和湖项目、小顺钓鱼岛度假旅游区、云和金源国际大酒店。庆元启动县域进入区景观整治和百山祖旅游开发。青田正达开元大酒店正式开业。2007年，松阳卯山狩猎场建成营业。2008年，丽水市推进大景区旅游项目前期和招商工作，重点指导风情东西、古堰画乡、滩坑旅游区、南明遂昌南尖岩、遂昌金矿国家矿山公园、龙泉山、景宁炉西峡、云和县小顺钓鱼岛的前期规划设计、项目建设程序、A级旅游区标准把握和评定指导、争取上级资金扶持等工作。同年，全市推进旅游新建、续建项目78个，总投资68.84亿元，完成投资额13.64亿元。2009年，丽水市推出招商项目25个。

2010年，"一吻千年"爱情主题公园项目及"优秀城市标志雕塑建设""'紫荆城'景区项目""一湖三山三岛六区十日景"被列为市重点旅游项目。同年，全市完成旅游项目建设投入18.03亿元，其中宾馆、景区景点等旅游项目投入12.34亿元，旅游交通项目投入5.14亿元，乡村旅游项目投入0.55亿元；大景区建设项目投入5.2亿元。

农家乐旅游

农家乐规划　2004年12月，丽水市长刘希平率市政府代表团到金华市浦江县、湖州市安吉县学习考察农家乐旅游，重点考察两地生态旅游、生态工业、生态农业，明确要在农家乐旅游上有突破。2005年开始，丽水市把发展农家乐作为旅游业发展的重点，成立农家乐旅游专门工作小组，指导推进农家乐旅游。12月，丽水市开展乡村旅游示范点评定活动，有一定典型性和示范带动作用的10家乡村旅游点被命名为丽水市首批乡村旅游示范点。同年，全市农家乐接待游客54.95万人次。

2006年，丽水市确定为乡村旅游年。4月，丽水市把发展农家乐旅游作为扩大产业规模、增强产业带动能力的有效载体，召开农家乐现场会，对农家乐旅游工作提出具体要求，全面提升吃、住、行、游、购、娱的综合配套水平，促使农家乐旅游向标准化、大众化、生态化方展。市旅游局与市农办联合制定《丽水市农家乐旅游规划大纲》《丽水市农家乐管理办法（暂行）》《丽水市加快发展农家乐旅游的若干意见》，重点扶持莲都区老竹畲族镇沙溪村、碧湖镇堰头村和联城镇九头村、西溪乡西溪村。

2007年，丽水市制定《关于促进农家乐休闲旅游业发展的若干意见》，明确农家乐休闲旅游业发展的指导思想和工作目标，明确农家乐的扶持优惠政策和行业管理。同年，市旅游局、市农办联合举办全市旅游行业烹饪技术大赛暨农家乐烹饪大赛。2008年，丽水市开展扶持农家乐休闲旅游系列工作，在遂昌县举办“旅游惠农送服务”活动；开通浙江省乡村旅游专题网站。2009年，丽水市加大农家乐发展资金补助力度，开展农家乐从业人员培训。同年，补助资金40多万元。2010年，丽水市确定为农家乐宣传营销年，开展“春暖农家乐”“快乐暑假乡村行动”等系列主题活动。

乡村农家乐开发　2005年，丽水市加快开发农家乐旅游。其中莲都区老竹镇沙溪村、庆元县百山祖乡车根村、松阳安民乡李坑村、青田方山乡龙现田鱼村、云和县云和镇大坪村、云和县云和镇平阳岗村等示范点10个、50多户、床位300多张开始接待游客。上半年，示范点10个接待游客80150人次，其中旅行社组织游客11720人次。

2006年年初，丽水市举办“乡村游”启动仪式，推荐全市乡村一日游线路，编印《丽水乡村游》手册。同年，全市评定莲都区老竹镇沙溪村、青田县方山乡龙现田鱼村、云和县云和镇大坪村、云和县雾溪畲族乡平垟岗村、云和县石塘镇小顺村、庆元县百山祖乡车根村、松阳县安民乡李坑村等为首批丽水市乡村旅游示范点。青田县方山乡龙现村被评为浙江省农家乐特色示范村；松阳县安民乡李村被评为首批省级一星级乡村旅游点。丽水市评定市级农家乐特色村12个，农家乐三星级旅游经营户50户，农家乐旅游示范村（点）12个。同年，全市乡村旅游区（点）农家乐经营户347户，从业人员1847人，接待游客158.6万人次，营业收入5482万元。

2007年，丽水市举办旅游研讨班，组织重点乡镇长参加培训；举办旅游行业烹饪技术大赛暨农家乐烹饪大赛，展示特色旅游行业风采。同年，遂昌县特色旅游异军突起，遂昌县获全市农家乐休闲旅游工作考核第一名，全县农家乐旅游接待游客17.5万人次，经营收入560多万元，带动农产品销售300多万元。遂昌县农家乐村（点）增加到14个，农家乐经营农户84户，农家乐接待床位1200多张，直接从业人员238人，其中新路湾镇三井村被评定为省级特色村，三仁乡竹海休闲山庄被评定为省、市特色点，应村乡小金竹村被评定为市级特色村；三井村、田铺村、石笋头村、竹海山庄均被评为市级林业观光园，农家乐经营户15户被评为三星级农家乐。

2008年，丽水市发展农家乐特色村7个，特色点11个，其中松阳四都乡寨头岭村创建全省10个特色乡村旅游点规划和创A工程；遂昌县农家乐休闲旅游村（点）增加到30个，新增省级特色示范村1个、省级特色示范点1个，新增市级特色村4个、市级特色示范点2个，新增县级农家乐特色村6个、县级特色点8个，农家乐经营户增加到146户；农家乐从业人员增加到475人，接待游客人数27.6万人、营业收入1200多万元。同年，遂昌县获省市农家乐休闲旅游工作考核第一名。2009年，丽水市农家乐休闲旅游村（点）194个，其中省级旅游村15个、市级旅游村20个，省级旅游点7个、市级旅游点27个，经营户（点）859家，75%以上为星级经营户（点）；五星级1家（松阳县四都寨头摄影休闲园）、四星级12家、三星级218家。丽水市投资规模5亿元，从业人员6562人，餐位73282个，床位5557个。

2010年是丽水市农家乐宣传营销年。丽水市乡村旅游项目投资0.55亿元，农家乐营业收入2.37亿元。同年，全市建成省级农家乐特色村15个、市级特色村25个，五星级经营户（点）1家、四星级12家、三星级270家；投资规模6.5亿元，可提供就餐位近9万个，床位7000多个，农家乐经营人员9900多人；农家乐接待游客380万人次，营业总收入2.37亿元。其中遂昌县发展势头最盛，经营户增加到203户，直接从业人员增加到615人，新增四星级农家乐3户，市级特色示范村（点）5个，农家乐接待游客46万人次，营业收入2624万元，增幅分别66.7%和109%。遂昌县再次获省、市农家乐休闲旅游工作考核一等奖。

第三章 旅游设施

丽水市是浙江省旅游业发展起步较晚的区域之一。20世纪90年代中前期，丽水地区旅游设施缺少，餐饮住宿利用社会上的客栈、旅馆、饭店，游客多为国内客人。

1997年丽水地区旅游局成立，加快推进景区建设、餐饮住宿、交通运输建设，初步形成旅游设施基本框架。2005年，丽水市有A级景区16个，其中进入AAAA行列景区1个，高等级景区数量处在全省末位；星级饭店47家，其中四星级饭店只有1家，高星级饭店数量处在全省末位且差距明显。

2006—2010年，丽水市把高等级景区建设作为旅游工作的重中之重，面对基础设施滞后、土地供给趋紧和市场投资动力不足的现实情况，各级政府及其职能部门采取一事一议、一项一策的办法克难攻坚、步步推进，确保完成一批景区建设。2010年，丽水市旅游业迎来前所未有的持续快速增长势头，AAAA级景区和AAA级景区成为旅游接待的主力军。A级景区数量增加到31个，其中AAAA级景区增加到12个。全市星级饭店52家，其中四星级饭店有缙云香溢大酒店、遂昌元立国际大酒店和青田正达开元大酒店等3家。与此同时，按照高星级饭店设计与配置的市区华侨开元名都大酒店、龙泉国际大酒店、松阳天元国际酒店等均已开业，云和湖度假大酒店、云和皇成国际大酒店、遂昌华侨大饭店和市区石牛温泉度假大酒店等项目都在加快建设中。一批高星级旅游饭店的建成，有效提升丽水市的旅游接待能力，为整个旅游业的发展提供更加坚实的支撑。

21世纪，丽水市政府根据市域"一心多点四轴四区"的旅游空间总体格局要求，在规划期内建设以市区莲都为中心、以所属八县市为节点，以公路为主、以铁路与水路为辅的现代化旅游交通运输网络，构建便捷的"2小时旅游交通网"。随着金丽温高速的全线贯通和龙丽高速、丽龙高速公路的相继建成，全市整体上融入省域高速公路体系，内外交通不断改善。已经开工和计划开工建设的龙庆高速（龙泉至庆元）、云景高速（云和至景宁）建成后，丽水市将实现县县通高速，全市对外交通条件将得到根本性的改善，偏离长三角核心客源市场的相对区位劣势也将被便捷的高速交通所抵消。与此同时，贯穿丽水东部南北的330国道、横贯丽水东西的53省道和54省道的道路等级都得到提升。2010年，丽水市基本完成"十一五"发展规划要求的"一纵三横一环多出口"的旅游交通网络系统，外地旅游车辆可以便捷地通达各县（市、区）。全市各地高度重视通景公路建设，为游客安全顺利地到达各重要景区特别是高等级景区创造更好的条件。

第一节　旅游交通

道路设施

古道　古代，丽水境内出行及旅游主要依靠古道。古道分两种，一种为干路，即驿道，也称官马大道、通京大道；另一种为支路，即民间步行道路，遍布境内乡村，通常平铺卵石，斜坡、台阶砌石条或石块，宽度一至两米，也有部分小道不铺卵石。古代，丽水境内干路主要有 7 条：栝苍古道、苍岭古道、浙闽古道、永嘉官道、稽勾古道、梅田古道和曳岭古道。

水路　1949 年，丽水境内航道主要为瓯江航道，里程 1030 千米，其中可通行木帆船的航道里程 561 千米。瓯江航道龙泉至丽水段长度 117 千米；丽水至温溪段里程 86.5 千米。1990 年，丽水境内航道通航里程 421.2 千米，其中大溪航道通航里程 203.5 千米；其他为瓯江支流及小溪航道。水路运输工具主要有竹筏、木帆船等。古代旅游走水路较少。2010 年，瓯江主航道多处水电站建成，基本不能全程通航。

公路　县、乡道、专用公路。县、乡道和专用公路是旅游不可忽视的交通道路。民国 21 年（1932）5 月起，开工兴建温州至寿昌公路，又称金丽温公路，也称 330 国道，为部颁标准二级公路，一直为丽水客货运输两用公路，途经金华市、永康市，通过丽水地区的缙云县、丽水市（莲都区）、青田县到达终点温州市。民国 21 年，建成缙云至温州段公路。1954 年、1964 年、1973 年和 1986 年，先后 4 次投资改建、拓宽公路。1987 年，投资 1.21 亿元，分期改建金丽温公路。1996 年 4 月，开工建设国道丽缙复线，投资 2.7 亿元。1997 年 11 月，国道丽缙复线完工。1998 年 1 月，国道丽缙复线通车。

民国 21 年（1932）10 月，兴建丽水至福建段公路（简称浦城公路）。民国 22 年 12 月，兴建丽水至龙游段公路。民国 27 年，兴建龙泉至庆元段公路。1949 年 5 月丽水解放，丽水通车公路里程 305.8 千米。1965 年，各县通车公路里程 1670 千米。1978 年，丽水地区通车公路里程 2548 千米。1985 年，丽水地区通车公路里程 3429 千米，1990 年，丽水地区通车公路 275 条、里程 4035.7 千米，其中国道 1 条、145.04 千米；省道 12 条、872.24 千米；县道 86 条、1609.76 千米；乡道 136 条、1220.83 千米。

1998 年年底，丽水公路养护里程 4365 千米，其中国道 136 千米，省道 865 千米，县道 2347 千米，乡道 887 千米，专用道 130 千米。同年，丽水没有高速公路和一级公路；高级、次高级路面铺装率 27.68%，公路通乡率 95.88%，公路通村率 48.81%；景宁、庆元两县没有通二级公路。1999 年，丽水地区重点建设金丽温高速公路和改造国道、省道。2000 年，丽水交通基础设施建设资金 252 亿元。2005 年 12 月 23 日金（华）丽（水）温（州）高速公路全线建成通车后，丽水正式进入浙江省 4 小时经济圈。2006 年 12 月 25 日丽（水）龙（泉）、龙（游）丽（水）高速公路全线建成通车后，浙西南山区腹地提前 10 年进入高速时代。同年，云（和）景（宁）高速公路、龙（泉））庆（元）高速公路开工。2007 年，丽水市公路总里程 10685 千米，其中国道 129 千米，省道 1158 千米，县道 3006 千米，乡道 877 千米，专用道 156 千米，村道 5395 千米；高速公路 314 千米，一级公路 48 千米，二级公路 706 千米，三级公路 442 千米，四级公路 3801 千米，准四级公路 5110 千米，等外公路 261 千米。同年，全市乡镇 187 个，行政村 3480 个，公路密度 6177 千米/平方千米，其中乡道以上路面全部实现硬化，高级、次高级路面占总里程的87.7%；等级公路通乡率100%，通乡公路路面硬化率100%；已通公路行政村2944个，等级公路通村率84.6%。

2009年，丽水实施旅游交通投资项目15个，投资4.94亿元。同年，全市改变长期存在的交通区位劣势，进入浙江省4小时交通圈，形成以3条高速公路为主骨架，以1条国道和12条省道的区域干线为纽带，以农村康庄公路为基础的公路网，实现“一纵三横一绕两线六通道”的主骨架布局。2010年，丽水市加快公路建设，推动旅游业的快速发展。同年，全市公路总里程13939.9千米，其中国道公路里程360.1千米，高速公路里程229.7千米；省道公路里程938.3千米；县道公路里程3077.4千米；乡道公路里程899.7千米；村道公路里程8508.2千米；专用公路里程156.2千米。

铁路　20世纪90年代起，丽水推进铁路建设，扩大旅游区域范围，方便游客外出旅游。1996年4月，金温铁路金华至丽水段开通试运营。1998年6月11日，金丽温铁路全线通车营运。

交通设施

民航交通设施　丽水境内无民航机场，民航运输出行较多到温州永强机场。温州永强机场距丽水市区150千米，距青田县70千米。2008年8月5日，丽水市旅游集散中心与温州机场联合设立温州永强机场城市候机厅正式启用，城市候机厅设在丽水客运西站。

铁路交通设施　丽水市铁路中心站设丽水、缙云、青田车站3个，途经金温线的列车都停靠3个车站；另设小站点9个，分布在浙赣线支线，连接上海市、广州市、温州市、杭州市等地。1999年，金丽温铁路开通“沪—丽”假日旅游列车和“丽水—无锡”假日旅游专列。同年，“沪—丽”假日旅游专列接待上海旅游者4000多人次。同期，旅游团队或零散游客搭乘金丽温铁路到丽水旅游人次有较大幅度增长。2003年始，丽水春节及“五一”(2008年改为小长假)、“十一”黄金周旅游期间，铁路运输都发挥很大的作用。

公路交通设施　1978年，丽水地区公路里程2548千米。1998年，丽水地区公路养护里程4365千米。2000年，丽水市交通事业进入大投入、大建设、大发展的阶段。2001—2005年，丽水市高速公路、农村公路建设初具规模，交通基础设施建设投资252亿元。

2010年，浙江省道公路贯穿丽水市各区、市、县，形成外接金华市、台州市、温州市、衢州市和福建省南平市、宁德市，内连各县(市、区)及主要乡镇的公路交通网。丽水到温州市区或金华市区都是1小时路程左右。丽水公路汽车客运站有东站(新客运中心)和西站(老车站)2个，班车每天开往上海市、深圳市、济南市、宁波市、金华市、杭州市等地。

高速公路交通设施　2005年12月24日金丽温高速公路丽(水)青(田)段建成通车后，相应建设配套工程青田船寮服务区、丽水服务区。2006年丽龙、龙丽高速全线建成通车后，建成云和服务区、松阳服务区、遂昌服务区。

水路交通设施　南明湖游船位于瓯江干流莲都段下游南明湖景区，其中水域范围为瓯江干流大溪上游至小安溪汇合口，下游至开潭大坝坝址，沿岸全长16千米，水域面积5.6平方千米，宽度200—400米不等。2006年10月，开潭水利枢纽正式下闸蓄水，位于丽水城东南6千米处，形成广阔湖面，湖区水质清纯，四周山峦起伏，环湖历史遗迹、人文景观丰富，与南明湖一起构成湖区景观的主体。12月，丽水南明湖游船(艇)首次试航，正式对游客开放；游船散客线路有大洋路或花园路南端至小水门、码头至厦河塔下两条；游览景点自码头—开潭村码头—码头—小水门—溪口大桥—桃

山大桥—高速公路桥—夫妻岩（千年一吻），全程游览时间两个小时到两个半小时。

第二节　旅游类型

生态旅游

1996 年丽水地区旅游局筹建领导小组成立后，开始重视旅游景区建设。1996 年，丽水地区经调查摸底，旅游资源丰富，是重要的旅游度假胜地，其中国家级风景名胜区 1 个，省级风景名胜区 2 个；国家级自然保护区 1 个，省级自然保护区 1 个；省级森林公园 7 个。国家级文物保护单位 1 处，省级文物保护单位 11 处；省级历史文化保护区 1 处。

2000 年，丽水地区参与浙江省旅游局旅游区质量等级评审工作。12 月，缙云仙都景区被评为全国首批 AAAA 级旅游区。2002 年，丽水市完成瓯江流域市区核心区段和市本级 7 个重要景点项目包装的前期工作。6 月，丽水市第一个大型主题公园一浙江民俗乐园开工兴建。同年，全市被评为国家 AA 级旅游区（点）6 个。2003 年，丽水市有国家质量等级 15 个，其中 AAAA 级旅游区（点）1 个，AAA 级旅游区（点）1 个，AA 级旅游区（点）13 个。2004 年，丽水市有国家质量等级旅游区 16 个，其中 AAAA 级旅游区（点）1 个，AAA 级旅游区（点）1 个，AA 级旅游区（点）14 个。2005 年，丽水市投资景区项目建设 1200 万元，主要用于景区供水工程、游步道工程、景区附属管理用房工程、环景区公路工程建设，其中投资景区各项配套工程建设 5655 万元。2007 年 9 月，市政府提出全市旅游大景区建设工作任务，即到“十一五”期末，建成国家 AAAAA 级旅游景区 1 个、国家 AAAA 级旅游景区或省级以上旅游度假区 15 个；启动国家 AAAAA 级旅游景区 2 个、国家 AAAAA 级旅游景区或省级以上旅游度假区 14 个。

2008 年，丽水市遂昌县南尖岩景区、遂昌金矿国家矿山公园、遂昌县神龙谷景区、龙泉市龙泉山旅游度假景区、缙云县黄龙景区创建国家 AAAA 级旅游景区，龙泉青瓷宝剑苑、庆元巾子峰森林公园创建国家 AAA 级旅游景区，邀请省旅游局专家到遂昌县南尖岩景区等相关景区现场指导工作；指导规划松阳县四都寨头岭创建全省 10 个特色乡村旅游点。11 月，遂昌南尖岩景区、遂昌金矿国家矿山公园、龙泉龙泉山旅游度假景区通过国家 AAAA 级旅游景区标准验收。

2009 年，丽水市重点组织丽水白云森林公园、丽水东西岩景区、遂昌神龙谷景区、缙云黄龙景区、青田县石门洞景区、青田中国石雕文化之旅景区、景宁中国畲乡之窗景区、云中大漈景区，开展创建国家 AAAA 级旅游景区工作。同年底，丽水东西岩景区、遂昌神龙谷景区、缙云黄龙景区、青田中国石雕文化之旅景区、景宁中国畲乡之窗景区等 5 家通过国家 AAAA 级旅游景区评定验收。庆元巾子峰森林公园、龙泉青瓷宝剑苑等 2 家 AAA 级旅游景区通过评定验收。

2010 年，丽水市重点推进“一吻千年”景区项目、“紫荆城”景区项目、环南明湖“一湖三山三岛六区十景”项目景区建设。同年，青田石门洞景区、景宁云中大漈景区、遂昌千佛山景区被评为国家 AAAA 级旅游景区；莲都瓯江风情旅游度假区被省政府批准为省级旅游度假区；丽水东西岩景区被评为省级生态旅游区。截至 2010 年，丽水市国家 AAAA 级旅游景区增加到 12 家。

城市旅游

2000年，丽水市地标建筑不断涌现，不仅成为丽水响亮的“城市名片”，也是市民、游客休闲、游玩的好去处。截至2010年，丽水市建成南明湖、江滨景观带、处州公园、大剧院、白云山森林公园等一批标志性项目。

南明湖景区　该景点位于市区南部瓯江边，是一个大型的人工湖。2006年10月，开潭水利枢纽正式下闸蓄水而成，面积5.6平方千米，相当于一个老西湖的面积。贯穿丽水城区，沿线自然风光旖旎，汇集大溪、好溪、琵琶圩、中岸圩、古城岛等众多的自然真山真水要素，湖区水质清纯，湖区的湾、港、汊、岛、堤、滩等各具水景形态，其自然风貌集隽秀、幽奇、旷清于一体，特别是水质的奇佳、环境的奇清、风光的奇秀，兼具湖光、山色、林木之美，较之华东地区水网平原湖区和浙江省湖区更富有个性特色，是以“湖、岛、山、城”风光为核心资源主体的景观构造载体。同时环湖又具丰富的历史人文资源。南明湖十景可以用10个字概括，“九牛画都吻，双白双城名”，分别是“九龙湿地”“石牛温泉”“古堰画乡”“四都健身”“一吻千年”“白云森林”“浪漫白岩”“处州府城”“栝苍水城”“名人南明”。

江滨景观带　该景点位于莲都区南明湖畔江滨路。2001年2月，江滨景观带全面动工。2010年全面建成，堤长19.1千米，堤顶高53.8米，总投资7.6亿元。江滨景观带沿南明湖防洪堤孕育而生，以瓯江为魂，历史为脉，水系为线，塑景造物，真正成为丽水的“外滩”。万象山公园、大水门广场、石雕广场、花园路滨江广场、紫金桥及其两侧城市绿地、琵琶圩生态湿地公园及其附属水上活动设施、中岸圩生态旅游公园、厦河湖、古城生态民俗公园等，还有图书馆、博物馆、科技活动中心、儿童活动中心等。

处州公园景区　该景点位于莲都区城北区块，在丽水市行政中心的正前方，面积为69898平方米，是全市规模最大、配套最全、功能最完善的大型多功能城市公园。处州公园设计布局为“一轴、一中心、两面、四区”，其中“一轴”是花园路的延伸，“一中心”为中心活动区，“两面”即公园的南北两个出入口，“四区”为“奇、峻、清、幽”四个主题景区。园区文化氛围浓郁处州公园内处处充满文化气息，徜徉其中仿佛在阅读处州大地的古文化。在公园南北两侧的入口处，耸立着反映丽水9个县(市、区)地域民俗文化、历史名人和山水美景的浮雕10块，有“处州刺史段成式治理水患”“青田石门洞刘基读书”“莲都通济堰泽及百世”“遂昌知县汤显祖遗爱百姓”“龙泉剑瓷名扬天下”。公园南边入口不远处，有一张石头雕成的大型古地图，为《处州府城图》，是清光绪三年处州的地理状况。

丽水大剧院景点　该景点位于丽水行政中心区。2007年，开工建设。2010年2月竣工。工程总投资约3亿元，总建筑面积约3.5万平方米，其建筑风格符合中国建筑格局理念及东方审美观，极具东方建筑特色，从空中鸟瞰似一架精致的钢琴，流线型线条优美流畅，层次分明，富有高雅的艺术感，不仅体现丽水依山傍水的地理环境和独特的人文风情，更象征丽水人民对高雅艺术的热情追求，是丽水文化的承载者和传播者。

白云山森林公园　该景点位于丽水市区北部，距城5千米，因时有白云涌出，可知晴雨，故名。白云山古时为丽水八景之一，境内丛篁无数，蔽日摇风，盛夏登临，清凉沁脾。1992年，批准建立白云山森林公园，面积2848公顷。园内以奇山秘洞、怪石、幽林、古树、秀水等自然景观为主，兼有寺、观、庙、庵及动人神话、美妙传说等人文景观。主要景观有灵山寺、灵鹫禅寺、钟鼓楼等景观，并开发白云竹径、水帘藏宝、绿海万象等。

特色街区

景宁大均古街　该街区位于景宁畲族自治县大均乡，古街长260米，宽3.5米。老街石板和鹅卵石铺设精巧，卵石泥墙质朴自然，砖雕门楼工艺考究，临街铺面旧式门窗，幽深小巷曲折相通，是畲乡之窗的文化底蕴体现和畲族风俗集中展示区域。还保存着清嘉庆年间（1796—1820）创建的明德书斋，明代为褒扬一门三进士而奉旨三门并开的李氏宗祠之墙门，建于晚清工艺考究的砖雕门楼等等，古村落“耕读可尚”成风的古老文化遗存。门前的牌坊门楼于2006年恢复，上悬当代书法家、中国美院博士生导师祝遂之的题匾“大均古街”。村头的观音阁、浮伞祠均有题咏。

青田“欧陆风情一条街”　该街区位于青田县鹤城镇临江路，成为侨乡青田的著名旅游景点，也是当地人社交、聚会、洽谈生意的好去处。分布“捷捷”“瓯洲之星”“本色”等咖啡吧、酒吧、西餐馆100多家，出售各种产自欧洲的各种红酒和纯正欧式调制的热咖啡，从装修到美食，都与世界同步。

龙泉青瓷宝剑苑　该街区位于龙泉市区西部，是龙泉市集中展示宝剑文化、青瓷文化的旅游景区，占地12.53多公顷，总投资约1.5亿元。景区集文化、观光、体验、商贸为一体，设3个区块，即宝剑遗址区块、剑瓷文化展示体验区块、剑瓷一条街精品购物区块。剑瓷一条街精品购物区块，开设龙泉剑瓷行业的中国工艺美术大师、省级工艺美术大师、祖传制瓷制剑名家及潜心研究青瓷宝剑的民间高手，展示自己剑瓷的精品店铺100多家。剑瓷文化展示体验区，可与大师品瓷、论剑，参观青瓷制作工艺，了解现代青瓷制作工艺，也可亲手制作青瓷作品。

莲都大港头古街　该街区位于莲都区西南部大港头，是古堰画乡核心景点和文化产业聚集区。古街临水而建，两边大多是明清建筑，小楼之间有众多的小埠头。2010年，古街画行企业和原创画廊近50家，街道临街门店内油彩飘香，商品油画琳琅满目，所产商品行画行销欧美。古街也是休闲一条街、酒吧一条街。古街保留民间文艺有打年糕、打草鞋、弹棉花、磨豆腐、竹编等民间手工艺和花灯、社戏等。

第四章　旅游营销

丽水市旅游宣传经历由省内到省际、由国内到国际的发展历程，目标客源市场定位为以省内市场（包括丽水本地和杭州、温州、台州等地）为基础客源市场，以长三角地区市场（包括上海市、江苏省）为重点客源市场，入境市场重点开拓以华侨为基础的欧洲市场和日韩及东南亚市场。

20世纪90年代末期，随着旅游事业的兴起，丽水逐步加强旅游宣传工作。1997年，丽水地区旅游局成立，旅游宣传促销开始成为一项有计划、有管理的经常性工作。21世纪初，丽水将旅游推介主题形象表述为“秀山丽水·浙江绿谷·六江之源”，通过政府和企业持续不断的宣传和推广，助力旅游市场开发，全方位、多层次地开展宣传营销活动，与国际接轨，采用广告、影视广播、摄影、文学创作、节庆活动等宣传手段，在海内外广泛开展宣传丽水市的旅游资源，丽水旅游的总体形象在包括中国港澳地区在内的国内市场上产生影响。

21世纪，丽水市开始制定旅游营销规划，实现营销定位的长期性与分阶段实施，使营销推广计划有更系统的整合效果，达到更高的营销效率。在丽水总的品牌框架下分时期、滚动性推出旅游子形象，即每年以各县的旅游资源特色推出一个促销主题，并针对不同的促销主题策划相应的配套活动和节事项目，推出相应的旅游线路，策划推出旅游宣传口号、导游图、旅游手册、旅游风光片、旅游歌曲，美化丽水旅游的对外形象。同期，丽水市在目标客源市场的重要报纸开辟丽水旅游专栏，每周一期，扩大影响面；充分发挥网络营销的作用，在丽水政府网原有网页的基础上，建立独立的旅游网站，完善网站的各项功能，发展旅游电子商务，建立友情链接，实现网站的实时可视查询，纳入中国目的地营销系统中，与各城市的旅游网站相互连接，实现旅游信息的共享和交换。

第一节　旅游宣传

媒体宣传

1997年，丽水地区把培育旅游业作为经济发展新的增长点。同年，开展系列宣传推介活动，依托《江南游报》丽水工作站，宣传丽水旅游业，推销旅游产品；编辑《丽水地区经济旅游交通图》。1998年4月，丽水地区旅游局组织旅游商品生产企业，参加浙江旅游工艺品、纪念品大赛。5月，丽水地区旅游局拍摄旅游电视专题片《秀山丽水》。12月，丽水地区旅游局编辑《丽水旅游指南》；首次把丽水地区旅游资源放到因特网。1999年，丽水日报社和浙江国信通信丽水分公司联合举办“1999杯”旅游征文比赛。同年，丽水地区旅游局举办“丽水人游丽水”新闻发布会；举办“春到丽水——丽水人游丽水”新闻发布会；举行丽水市区街头旅游公众咨询、资源展示会活动；开展各县（市）旅游宣传活动。

2000年，《江南游报》《华东旅游报》《丽水日报》刊发报道旅游文章420篇；上海电视台、江苏电视台播放《丽水旅游》新闻片和《秀山丽水行》专题片；联合省电视台举办中国电视吉尼斯大赛；制作旅游招贴画《秀山丽水行》VCD光盘和“丽水旅游专辑”网页。2001年，丽水市首次在中国香港地区《文汇报》专版宣传丽水旅游；中央电视台和上海卫视台现场直播首届仙都国际攀岩节；制作《浙江之旅》《飞越浙江》《江南之家》《丽水风光》等专题片，提升丽水旅游知名度和吸引力。同年，各媒体刊载宣传丽水旅游文章600多篇。2002年，丽水旅游在《浙江日报》开辟宣传专栏，每周一期。同年，全市参加《春满浙江》全国电视易地采访活动，摄制完成旅游专题片《畲乡风情》《瓯江行》和旅游综合片《新江南秀山丽水线》，在全国播发。2003年，浙江电视台影视文化频道挂牌缙云仙都景区天气预报；经济生活频道播放仙都风光宣传片，一天三次；体育健康频道《风景》栏目播放仙都景区专题片、广告片宣传，每天一次。同年，全市制作完成丽水风光片《丽水旅游摄影画册》《秀山丽水》；松阳县制作人文景观宣传片《石仓古民居》《望松黄宅》《箬寮峡谷》；缙云县与中央电视台联合摄制风光影碟片《中国仙都》，在全国公开出版发行；遂昌神龙谷景区制作“爱在神龙谷”MTV，作为《江南山水情》光碟中的歌曲之一，上市发行，是丽水首个景区自己制作的主题歌。

2005年9月，《秀山丽水的请柬》在《浙江游报》上整版宣传；丽水旅游在《温州日报》和《温州晚报》旅游版连续宣传。2006年，丽水旅游在杭州交通经济频道进行连续宣传，为期2个月；在浙江电视台《钱江都市》频道进行形象宣传，为期4个月。2007年1月，举办“相约丽水”全国电视易地采访活动，邀请中央电视台、北京电视台、上海电视台、天津电视台等电视媒体12家到丽水各地采访。2009年，丽水市继续在各地媒体上开设“丽水旅游”宣传专栏。统一制作新建成开放的A级旅游景区丽水旅游DVD宣传片、丽水旅游指南等旅游宣传品。2010年，《神游丽水》在交通音乐频率推出专题旅游栏目。浙江(上海)旅交会期间，丽水旅游在《中国旅游报》整版宣传形象；在《上海新民晚报》4个版面宣传丽水旅游；在《丽水日报》《华东旅游报》上推介丽水形象。

2010年，上海“世界博览会”浙江周期间，丽水旅游在《香港文汇报》整版宣传。列入2010年AAAA创建计划的景区，在丽水电视台新闻综合频道每天播出的5秒广告费用，全部由市旅游部门承担；创建成功的AAAA级旅游景区，在丽水电视台每天播出的5秒广告费用，由市旅游部门补助50%费用。

旅游宣传活动

1998年4月，丽水地区旅游局组织参加’98浙江旅游工艺品、纪念品大赛。1999年3月，丽水地区旅游局举办“春到丽水•丽水人游丽水”新闻发布会；开展丽水市区街头旅游公众咨询、资源展示会活动。

2000年，丽水地市旅游局组团参加全省工艺美术大师旅游商品恳谈会，参加浙江新优旅游商品评选活动并获奖；开展“我为丽水旅游献一计•金点子征集”活动。2002年，丽水市编制完成《丽水旅游新指南》。2月，举办“浙江绿谷•十佳旅游商品”评选活动。7月，“畲情酒”获首届中国旅游纪念品设计大赛银奖。9月，景宁畲族自治县作品“三月三挎包”获浙江省国际民间手工艺品展览会银奖。11月，举办“丽水市首届旅游商品设计大赛”，参赛作品229件。2003年，市旅游局制作完成风光片《丽水旅游摄影画册》《秀山丽水》；组织参加全省首届网上旅游交易会，获最佳组织奖。仙都风光图片在杭州特大型户外广告牌、镇江经上海至温州的每节列车车厢悬挂宣传。2004年，丽水市开展“百姓生活游”旅游年活动，推出秀山丽水风光IP电话卡；制作丽水旅游“一卡通”，举行丽水“百姓生活游”开游仪式暨旅游一卡通首发式。8月，制作完成丽水旅游光盘，推介丽水旅游资源及产品。9月，编制完成丽水旅游线路手册(中英文)，推介丽水旅游特色线路。

2005年1月，丽水市召开旅游发展工作会议，制定《关于进一步加快旅游产业发展的意见》，开展“红色之旅”，举办旅游经济培训班。5月，丽水市旅游局提出“黄金周，丽水旅游不涨价”的口号；联合温州八方旅游联合体、新概念旅游共同体推广丽水旅游产品，为期一个月；制作中国邮电报夹报2万份，在温州市区发放。11月，参与组织首届网络摄影大赛、摄影创作基地评选。同年，全市在高速公路两侧，设置丽水东西岩景区、缙云仙都景区、青田石门洞景区、云和仙宫湖景区、龙泉龙泉山景区、景宁民族风情景区、庆元生态旅游景区广告版7块；在云和县、龙泉市、缙云县和市区交通要道，设置旅游标识牌64块。

2006年1月，丽水市旅游局专题部署旅游宣传促销，以仙都、龙泉山、畲乡风情为龙头，以中国田鱼村、古堰画乡为特色，重点策划与温州市、宁波市、金华市、舟山市、衢州市开展区域合作具体方案。2007年，在市区开展“丽水人游龙泉”“丽水人游风情东西”“丽水人游茶乡(松阳)”“丽水人游遂昌”“丽水人游仙都”等主题活动。在全市开展“丽水市民出游意见有奖征集活动”；举行秀山丽水风光图片展，在市区星级宾馆设置资料宣传架，营造丽水“一日游”氛围。在全省11个兄弟市政府门户网站进行丽水旅游形象宣传。丽水市旅游局组织主客源地上海旅行者杂志社记者到丽水采风踩线；联合杭州新世纪旅行社、杭州日报社开展“丽水慈善之旅”活动，组织300多人，走进市旅游局扶贫结对村——遂昌梭溪村。2008年4月，市旅游局组织“关爱民工、共创和谐、畅游新丽水”，举办万名“新丽水人游新丽水”活动。6月，在遂昌县举办“省旅游局旅游惠农送服务”活动启动仪式。9月，丽水旅游网承办“东西岩杯”全国摄影大赛。2009年4月，市旅游局组织评选“十大绿色餐饮”和“十大旅游景(区)点”；组织参与“全国百城旅游宣传周”浙江省旅游宣传系列活动，开展温州旅游互动推广；推出“旅游惠民卡”30万张。

2010年3月，制定《丽水市鼓励上海旅行社给丽水市AAAA级旅游景区送团的奖励办法》，首次奖励为丽水送团的外地旅行社。5月，制定《关于鼓励市直旅行社为创建AAAA旅游景区送团的通知》；制作丽水旅游指南、丽水旅游折页、资料袋等。同年，丽水市举办世博旅游和浙江省体育大会期间，策划智慧创造财富幸福之旅线路和体育旅游线路；编印《山水古文明 丽水好风光》旅游画册，摆放在全市星级饭店客房中。

第二节　旅游推介

省内推介

1998年2月，丽水地区旅游局组织旅游企业24家，到温州开展旅游促销。4月，在《丽水日报》举办丽水地区旅游知识竞赛；5月，参加“1998华夏城乡游欣欣向荣”浙江活动，五云镇、山口镇、鹤溪镇、老竹畲族镇、安仁镇被推荐为百家旅游城镇；到上海市、杭州市举办“1998·丽水旅游”说明会。10月，组团参加全省旅游商品展示会(金华)。11月，缙云县首届仙都旅游文化节期间，举办旅游恳谈会。1999年1月，丽水地区召开旅游宣传促销工作会议。3月，丽水地区召开旅游工作会议，明确旅游业发展的具体目标和任务；组团参加温州旅游项目说明会。4月，开通首列沪—丽假旅游列车。丽水地区旅游单位22家联合组团，到宁波市、上海市、杭州市开展旅游宣传促销活动。5月，丽水市委、市政府制定《关于进一步加快旅游业发展的若干意见》；到宁波市举办丽水旅游项目促销说明会；到上海市、杭州市举办公众宣传展示活动。开辟“生态休闲游”“山水风光游”“民族风情游”等精品路线，发放旅游宣传品8万多份。

2000年年初，丽水市召开旅游宣传促销工作会议。2月，举办“春到丽水·丽水人游丽水”新闻发布会；举办旅游图片展示及咨询活动。各县(市)开展为期1个月的宣传促销活动。3月，市区旅游饭店举办“春到丽水”联欢晚会；组团参加全省首届旅游交易会，设置展位10个。4月，举办缙云仙都铁城景区“世纪之林”植树活动暨旅游宣传促销活动。5月，景宁畲族自治县举办畲乡风情旅游文化节活动。6月初，组团参加温州旅游交易会。9月，举办浙江省第二届龙泉山登山节。10月，缙云县举办缙云仙都旅游文化节活动暨中国首届黄帝文化学术研讨会。11月，云和县举办云和首届中国木制玩具节。11月中旬，假日旅游专列满载上海总工会组织的游客420人，到丽水观光旅游。

2001年，丽水市召开宣传促销专门工作会议，实行整体促销，县(市)联动，组团参加浙江省旅交会。同年，举办缙云仙都首届国际攀岩节和丽水风味美食节。2002年4月，联合金华市、温州市签订《金丽温旅游区域合作协议》。9月，丽水市获省旅游交易会最佳展台奖；市旅游局获优秀组织奖。12月，举办首届中国丽水绿色食品节。2003年3月，至嘉兴市、宁波市举办“丽水旅游推介会”。8月，到宁波市举办丽水投资环境推介活动，在宁波开元大酒店举行“山海携手 共沐风情”——丽水·宁波两地旅游合作恳谈会，签署合作交流协议。2004年7月，丽水市组织“温州千人团游丽水”活动。2005年年初，市旅游局制定《2005年丽水旅游宣传促销活动方案》。11月，举办国际摄影文化节，组织外地游客1000多人，为到丽水参加盛会的游客赶制“相约绿谷 聚焦丽水”的专门旅游帽、文化衫和手拎袋1000多套。12月，参加浙江省旅游交易会。

2006年1月，邀请温州旅行商和新闻媒体20多人，到丽水踩线、采风。3月，在温州奥林匹克大酒店举办丽水市和温州市旅游合作大会。2007年3—4月，丽水文化精品展在杭州展览馆举办，接待参观者2.5万人次，发放宣传品3万份，赠送礼品5000份。8月，金丽温区域旅游联合体成立大会暨“缤纷金丽温”旅游互动启动议式在温举行。11月，参加中国旅游投资洽谈会。2008年，丽水生态旅游展馆在杭州市举办，举行市民现场互动免费抽奖、组织团队等活动，发送莲都古堰画乡、风情东西、缙云仙都、遂昌南尖岩、遂昌金矿国家公园、飞石岭观光旅游市民门票近2000人，接待参观者5万多人次，发放旅游宣传品10万份。2009年6月，参加浙江（上海）旅游交易会、浙江（温州）山水旅游节和温州网络旅游节。2010年6月，参加2010·中国义乌国际旅游商品博览会，与会企业42家、旅游商品品种近200个；当场销售40多万元，签订意向订单562.1万元。

省际推介

1997年10月，丽水地区旅游局首次在'97大连中国国内旅游交易会设立展台，主题“清纯的山水风光，独特的民俗风情”，发放宣传品5万份，签订合同30份。2000年，开展旅游产品促销活动，到上海市、江苏省和北京市等地举办巡回宣传促销会。7月中旬，组团参加全国第八届温州旅交会。9月中旬，到上海市举办回访促销会。11月中旬，上海总工会组织假日旅游专列游客420人，到丽水市观光旅游。

2001年3月，到上海市长宁区举办促销推介会，发放宣传品6万多份，市民咨询6.5万多人次，接触旅游企业200多家，签订合作意向书90多份。7月中旬，组团参加全国第八届温州旅游交易会。2002年4月，组织丽水市旅游促销团，到南京市、上海市推介生态旅游，分发宣传品8万多份，签订合同80多份，金额100万元。同年底，在对上海市场推出金丽温精品游线路。2003年9月，组织参加“同游江浙沪 阳光新感受——‘十一’黄金周旅游咨询活动”，接待咨询近万人次，发放宣传品2万多份。9月，丽水投资环境推介暨名特优产品展示展销会在沪举行，与上海市旅游事业管理委员会签订双边旅游合作协议。2004年1月，到中国香港参加“香港·浙江周”活动。4月，参加上海龙华庙会旅游节庆活动。9月上旬，到无锡市、苏州市、绍兴市、嘉兴市等主客源市场举办巡回促销会，与无锡旅游局签订双边合作协议；到河南省、河北省、北京市及东北地区开展宣传促销活动。6月份，参加杭州市全国旅游交易会。11月，首次参加上海中国国际旅交会。同年，缙云仙都景区被评为浙江省十大最佳休闲度假胜地。2005年4月，到上海市、嘉兴市、湖州市等客源地，开展丽水旅游整体形象宣传；举行“浙江绿谷·秀山丽水”图片展暨咨询活动；举行“上海市民游仙都系列活动”发团仪式;举办丽水旅游推介会及旅洽谈会。到桂林参加“2005 年中国国内旅游交易会”。

2006 年 7 月,到福建省宁德市开展宣传促销活动。7 月,在北京大学百年大讲堂举行“江南仙境,浙江旅游创新精神”—浙江•北大旅游年启动活动。2007 年,组织参加云南国际旅游交易会和苏州全国旅游交易会;组织上海《旅行者》杂志社记者到丽水市采风踩线。2008 年 4 月,金丽温区域旅游联合体到南昌市、武汉市开展旅游宣传促销活动。7 月,丽水文化精品展在上海展览中心举办,邀请 132 家上海旅行社负责人参观旅游展区,签订两地旅行商友好合作协议 29 个,接待参观者 5.5 万人次,发放宣传品 5 万多份。10 月底,丽水市首届国际生态经济博览会期间,邀请 100 家江苏省、上海市和省内温州市、金华市旅行社总经理及旅游机构负责人,分两条路线到遂昌县、龙泉市开展旅游踩线活动。

2009 年 3 月,到山西省、河南省举办促销推介会。4 月,组织参加全国(大连)旅游交易会。5 月,参加 2009 中国海峡两岸观光博览会。6 月,组织参加“接轨世博、相约浙江”2009 浙江(上海)旅游交易会,向上海市民展示丽水旅游形象。7 月,到江苏省苏州市、南通市举办旅游促销活动;组织参与“全国百城旅游宣传周”浙江省旅游宣传系列活动;与温州开展旅游互动推广。9 月,到上海市举办旅游招商推介会,接轨世博,宣传丽水旅游形象。9 月,参加海峡(厦门)旅游博览会、到中国台湾地区举办旅游推介活动。11 月,参加中国义乌旅游商品博览会、中国国际(昆明)旅游交易会、湖州国际生态(乡村)旅游节。12 月,到湖南省、湖北省举办促销推介会。

2010 年 1 月,参加 2010 中国港澳浙江周旅游促销活动。4 月,到上海市举办“2010 迎世博•丽水旅游推介会”。5 月,参加全国旅游交易会(重庆)。5 月,组织参加“2010 浙江(上海)旅游交易会暨世博旅游主题展”。6 月,参加浙台旅游合作大会。9 月,到广东参加 2010 广东国际旅游展览会,是丽水市拓展广东客源市场的首次尝试。11 月,到温州市参加第二届中国温州网络旅游节。9 月,到衢州市参加第六届中国(衢州)华东旅游交易会。11 月,到上海市参加 2010 中国国际旅游交易会。同年,组织上海市、台州市等客源地旅行商及媒体等 45 人,参加丽水撤地设市十周年暨第二届中国•丽水国际生态经济博览会秀山丽水生态之旅踩点踩风活动。

国外推介

2000 年 3 月底,到日本、韩国及东南亚等国举办促销推介会,分发宣传品 4000 多套,是丽水市首次组团到境外促销。2004 年 4 月,到日本、韩国进行旅游宣传促销。2009 年 10 月,到东南亚国家参与中国世博旅游宣传推广活动。

旅游招商

1996 年 12 月,丽水地区首次组团到沪参加“1996•上海国内旅游交易会”,达成意向 30 多项,签订合同 12 份,金额 50 多万元。1997 年 10 月,丽水地区重点抓旅游宣传促销活动,组团参加“1997•大连中国国内旅游交易会”。1998 年,丽水地区开展旅游促销系列活动,其中 1998 年 10 月景宁畲族自治县举办畲乡风情节;11 月缙云县举办仙都旅游文化节;12 月,参加“泉州中国旅游交易会,签订合同 48 份,合同金额 250 万元,组团人数 3000 多人次。1999 年 3 月,丽水地区参加温州旅游促销活动,签订青田瓯江游船公司开发项目意向协议 2 个,协议资金 1597 万元。5 月,参加宁波“浙江经贸洽谈会”,青田县、景宁畲族自治县旅游项目签订协议 2 个。同年,全市完成百万人游丽水目标,其中接待海外旅行者7300人，外汇收入1405万美元。

2001年，丽水市继续开展旅游业外出招商引资工作，首次到上海长宁区，与当地旅游主管部门和企业尝试开展联合促销，达成合作意向90多份。2002年，市旅游局对市本级旅游产品与项目进行包装、立项等前期工作，包装瓯江流域市区核心区段资源，完成7个旅游项目包装前期工作，重点推介小白岩、园林宾馆、白云山开发项目。10月，组织丽水市首次旅游项目招标会。

2003年，丽水市制定《丽水市旅游局关于进一步加强旅游招商引资工作的实施方案》，参与上海、宁波等地招商引资活动，推出古城岛、东西岩等旅游招商引资项目6个。缙云仙都风景旅游管理局制作招商方案折页和碟片，制定缙云县旅游业发展优惠政策。同年，凯恩集团签订飞石岭旅游项目开发协议书，总投资1000万元；丽水投资商签订遂昌县焦滩龙门旅游项目开发协议书，总投资500万元；武义投资商签订安口大公坑旅游项目开发协议书，总投资2000万元；杭州世界休闲博览园有限公司签订紧水山庄项目开发意向协议；黄帝祠宇二期工程引资1500万元(其中美元100万元)；仙都养生休闲园引资1000万元。同年1—10月，全市招商引资签约4500万元。

2004年，丽水市推出“百姓生活游”线路，制定全年旅游开发和宣传促销方案，组织日韩经贸洽谈会和“山海协作”工程招商引资活动，包装市区华侨宾馆、大港头古堰画乡、爱情主题公园、麻雀湾公园、水阁宾馆等旅游项目的前期工作。同时，创办丽水旅游网，整合全市景区(点)、宾馆、旅行社、招商项目，开始实行网上推介。同年，中国香港添兴集团签订《遂昌国家森林公园白马山旅游区开发投资意向书》；旅居西班牙华人签订遂昌县金石门旅游度假区开发投资意向书；宁波绿客水务旅游投资有限公司签订神龙谷——成屏区块旅游开发经营投资意向书。2007年，组织参加全国旅游项目投资洽谈会(宁波)，推出招商项目16个；组织全市非工项目招商会，推出旅游项目50个，达成意向28个，签约6个。其中莲都区完成东西岩和老竹新镇、丽水石牛城市温泉度假中心旅游项目整体招商，协议引进投资23.35亿元。

2008年，丽水市五星级度假酒店等重点项目签约或达成投资意向多项，其中莲都“风情东西”爱情主题公园项目签订旅游开发建设意向书；遂昌县签订《遂昌石姆岩景区开发协议》，投资1.08亿元。2009年，丽水市完成招商签约爱情主题公园、自驾车营地、紫荆城、中旅旅业分公司项目4个，总投资15.5亿元。2010年，丽水市组织到上海“2010迎世博•丽水旅游推介会”，推介丽水良好的生态旅游资源和环境，介绍鼓励上海旅行社为丽水市AAAA级旅游景区送团的奖励办法，并与上海市有关单位签订一系列旅游合作协议。

第三节 旅游合作

省内合作

1997年，联合地区物价局、地区工商局、地区公安局、消防等单位，发文规范旅游业市场。1999年，制作编印《丽水地区旅游招商项目》宣传小折页。3月，举办丽水旅游项目说明会，签订协议资金1598万元。5月，参加宁波市•1999浙江经贸洽谈会，青田县，景宁畲族自治县分别签订协议。

2002年4月19日，在温州举行金丽温区域合作研讨会，丽水市、金华市、温州市旅游局签订《金丽温旅游区域合作协议》。2003 年 8 月，与宁波市旅游局，签订双边合作协议。2004 年 9 月，联合绍兴市、嘉兴市，举办主客源市场巡回促销会。2006 年 1 月，邀请温州旅行商和新闻媒体 20 多人，到丽水市踩线、采风。3 月，丽水市和温州市举办旅游合作大会，签署《关于进一步推进两地旅游友好合作与交流的协议》。缙云仙都景区、宋城集团龙泉山景区、青田石门洞景区、莲都风情景区、景宁畲乡之窗、景宁封金山景区、浙江民俗乐园与温州组团社代表，签署《景区（点）游客优惠政策承诺书》。

2006 年，缙云县与仙居县、武义县、龙游县联手推出“江南仙境游”。

2007 年 8 月，金华市、丽水市、温州市旅游局局长，共同签订《金丽温区域旅游合作协议书》；金丽温三地市旅游企业代表签订“金丽温区域旅游合作实施细则”等。

省际合作

2003 年，丽水市旅游局和苏州市旅游局签订友好合作与交流协议。9 月底，到上海市招商引资期间，与上海市长宁区旅游局签订双边合作协议。2004 年 9 月，到主客源市场无锡市、苏州市、绍兴市、嘉兴市开展巡回促销，与无锡市旅游局签订双边合作协议。2005 年，与中国香港添兴集团签订《遂昌国家森林公园白马山旅游区开发投资意向书》，旅游投资 1200 万美元，四年内投资额不少于 350 万美元。同年，遂昌县金石门旅游度假区规划通过评审，与旅居西班牙华人签约，总投资 500 万欧元。

2008 年，金丽温区域旅游联合体进入实质性操作阶段，到南昌市、武汉市、漳州市、厦门市、泉州市、福州市共同举办宣传促销活动。7 月，丽水文化精品展在上海展览中心举办，邀请到 132 家上海旅行社负责人，签订两地旅行商友好合作协议 29 个。2009 年，金丽温深化“缤纷金丽温”区域旅游合作，制定三地客源互送奖励政策，鼓励三地旅游客源的互送。7 月，金丽温旅游联合体到江苏省苏州市、南通市进行促销活动。8 月，金丽温旅游联合体参加福州海西旅游区域协作研讨会。8 月，举办闽浙赣皖九方经济区旅游区域合作恳谈会。

2010 年 7 月，金丽温区域旅游联合体组织参加“第二届中国宁夏国际文化艺术旅游博览会”活动。9 月，金丽温旅游联合体到广东省推介金丽温旅游产品。9 月中旬，举办金丽温区域旅游联合体工作大会。

第五章　旅游服务

古代，处州设有驿站招待往来官吏、传递公文人员住宿、换马，尚无专门旅游接待组织和机构。1949 年 5 月丽水解放后，丽水先后改造一批招待所和饭店。但这些招待所总体状况比较落后，功能单一，设施陈旧，大多属于事业性单位，几乎都是招待所型。

丽水市旅游接待活动始于 20 世纪 90 年代。1992 年成立的中外合资企业侨声旅行社，是丽水地区第一家旅行社。1996 年 10 月，丽水地区执行国务院出台的《旅行社管理条例》，明确推行丽水旅行社分类。1996年，处州宾馆、莲城宾馆建成开业，标志丽水饭店业的现代化正式起步。20世纪90年代后期，丽水地区宾馆迅速发展。1997年丽水地区旅游局和丽水地区旅游协会成立后，丽水旅行社有较快的发展。

20世纪90年代，丽水现代旅游从业人员涉及面广，其构成主体有旅游管理人员、导游人员、服务人员、驾驶员、厨师、财会人员、高级工程技术管理人员等。丽水加强对旅游人员的培养和管理，适应国际国内旅游发展的需要。1997年9月，丽水地区旅游培训中心成立，推行旅游服务行业岗位上岗制度，统一开展培训导游工作，使丽水地区导游人员纳入行业管理轨道。

21世纪初，丽水市旅游管理部门先后建立丽水旅游网和丽水旅游咨询服务中心，适应旅游业发展，增强城市旅游服务功能，更好地为游客服务，提升丽水旅游城市形象。丽水学院等高校陆续开办旅游专业教育，旅游职业培训工作也得到普遍重视。同时，多次组织和参加旅游、导游和宾馆服务等知识竞赛、技能比赛，提高从业人员的素质。2010年，丽水市旅行社63家，其中旅行社57家，旅行社分社6家。全市星级饭店52家，全市从事旅游人员4万人，举办旅游从业人员培训班次28期，参训人员2662人次。

第一节　旅行社与宾馆

旅行社

古代，没有专门为游客住宿的旅店。1949年5月丽水解放后，丽水境内没有一家正规接待游客的旅行社。1992年，侨声旅行社成立，属中外合资企业，位于城区解放街，是丽水地区第一家旅行社。

20世纪90年代后期，丽水地区旅行社开始增多。1997年，丽水地区国内旅行社5家。2000年，丽水市旅行社增加到21家。2004年9月，丽水市旅游集散中心成立，下设龙泉市、遂昌县、云和县等门市部8个。后庆元县旅游集散中心、青田县旅游集散中心、缙云县旅游集散中心、松阳县旅游集散中心先后成立。2007年，丽水市旅游集散中心位列全国国内旅行社第47名，成为丽水市首家全国百强国内旅行社。丽水市旅游集散中心、丽水旅行社、缙云县星辉旅行社和青田中青旅瓯江旅行社进入全省国内旅行社100强。2010年，丽水市旅行社63家，其中旅行社57家，旅行社分社6家。

2010年丽水市旅行社汇总情况一览

表17-5-1-1

序号	旅行社名称	许可证编码	审批时间	所在城市	县别
1	丽水旅行社有限公司	L-ZJ00672	1997年8月	莲都区	丽水市解放街89号国际大酒店13楼
	丽水旅行社有限公司第一门市部	L-ZJ-LS003	—	莲都区	丽水市灯塔街157号
2	丽水市莲城旅行社有限公司	L-ZJ00610	1997年9月	莲都区	丽水市灯塔街203号
3	缙云县星辉旅行社有限公司	L-ZJ01101	1997年8月	缙云县	缙云县新碧镇镇南路26号
	缙云县星辉旅行社五云门市部	L-ZJ-LS002	2009年12月	缙云县	缙云县缙中路8-6号

续表 17-5-1-1

序号	旅行社名称	许可证编码	审批时间	所在城市	县别
4	丽水市电力旅行社有限公司	L-ZJ00959	1999 年 2 月	莲都区	丽水市花园路 467 号
5	丽水市电力旅行社有限公司云和门市部	—	—	云和县	云和城东大道 79 号
6	景宁畲族自治县畲乡旅行社有限公司	L-ZJ00886	1999 年 3 月	景宁畲族自治县	景宁县人民中路 251 号四楼
7	龙泉市大地旅行社	L-ZJ00885	1999年 3 月	龙泉市	龙泉市清风路2 号
8	遂昌县含晖旅行社有限公司	L-ZJ00701	1999 年 4 月	遂昌县	遂昌县妙高镇东街 99 号
9	青田县旅游集散中心	L-ZJ00887	1999年 7 月	青田县	青田县鹤城东路 20 号
10	云和县云和旅行社有限责任公司	L-ZJ00605	1999 年 9 月	云和县	云和县府前路 8 号(云和大酒店一楼)
11	松阳县旅游集散中心有限公司	L-ZJ00619	1999年 11 月	松阳县	松阳县长虹中路 155 号
12	缙云县交通旅行社有限公司	L-ZJ01102	2000 年 3 月	缙云县	缙云县新区问渔路商住小区 1 号
13	缙云县仙都旅行社有限公司	L-ZJ01019	2000 年 7 月	缙云县	缙云县仙都景区仙都度假村 1 楼
14	丽水山水旅行社有限公司	L-ZJ00668	2000 年 7 月	莲都区	丽水市宇雷路503 号 2 楼
	丽水山水旅行社有限公司龙泉门市部	—	2008 年 2 月	龙泉市	龙泉市莱茵花园富景苑 B52 号
15	景宁畲族自治县旅行社	L-ZJ00883	2000 年 7 月	景宁畲族自治县	景宁县鹤城镇环城西路 151 号
16	庆元县旅游集散中心有限公司	L-ZJ00596	2001 年 4 月	庆元县	庆元县新车站路(大济路 166 号)
17	遂昌县华通旅行社有限公司	L-ZJ00888	2002 年 9 月	遂昌县	遂昌县妙高镇东街 96 号
18	松阳县南风旅行社有限公司	L-ZJ00588	2002 年 9 月	松阳县	松阳县西屏山脚 1 号
19	丽水市阳光之旅旅行社有限公司	L-ZJ00615	2002 年 10 月	莲都区	丽水市花园路 581 号)(阳光商务大厦)8 层
20	浙江百山祖旅行社有限公司	L-ZJ00629	2004 年 2 月	庆元县	庆元县松源镇龙洲西路
21	丽水市旅游集散中心有限公司	L-ZJ00600	2004 年 4 月	莲都区	丽水市大洋路 192 号
	丽水市旅游集散中心有限公司学苑门市部	—	2007年 5 月	莲都区	丽水市丽水学院教 5 楼 1 单元 5109 号
	丽水市旅游集散中心有限公司云和门市部	—	2006 年 10 月	云和县	云和县云和镇梨园路 39 号
	丽水市旅游集散中心有限公司遂昌门市部	—	2007 年 10 月	遂昌县	遂昌县妙高镇南门中路 69 号
22	丽水市灿烂旅行社有限公司	L-ZJ01026	2004 年 4 月	莲都区	丽水市教育局内
23	遂昌快乐假期旅行社有限公司	L-ZJ00631	2004 年 4 月	遂昌县	遂昌县妙高镇凯恩路 0042 号
24	丽水市蓝天旅行社有限公司	L-ZJ00880	2005 年 4 月	莲都区	丽水市花园路 826、828 号
25	丽水市飞扬旅行社有限公司	L-ZJ00879	2006 年 7 月	莲都区	丽水市莲都区金苑新村 5 幢 6 楼
	丽水市飞扬旅行社有限公司龙泉门市部	—	2008年 10 月	龙泉市	龙泉市华楼街华锦楼 3 幢二楼
	丽水市飞扬旅行社有限公司遂昌门市部	—	2009 年 2 月	遂昌县	遂昌县妙高镇南门中路 18 号

续表 17-5-1-1

序号	旅行社名称	许可证编码	审批时间	所在城市	县别
26	缙云县杉水旅游有限公司	L-ZJ00652	2006年12月	缙云县	缙云县香溢大酒店
27	景宁畲族自治县浙南民族风情旅行社有限公司	L-ZJ00891	2007年3月	景宁畲族自治县	景宁县鹤溪镇团结西路2号
28	青田县和平旅行社有限公司	L-ZJ00523	2007年8月	青田县	青田县鹤城中路57号
29	龙泉市旅游集散中心有限公司青田县塔山门市部	—	—	青田县	青田县塔山路90号
	龙泉市旅游集散中心有限公司	L-ZJ006021	2007年10月	龙泉市	龙泉市剑池东路300号
30	缙云县旅游集散中心有限公司	L-ZJ01501	2007年11月	缙云县	缙云县五云镇迎晖路28号
31	松阳县神州旅游有限公司	L-ZJ00591	2008年1月	松阳县	松阳县长松路212号
32	丽水中青旅旅游有限公司	L-ZJ01016	2008年1月	莲都区	丽水市花园路342号
33	浙江菇城旅行社有限公司	L-ZJ00645	2008年3月	庆元县	庆元县松源镇松源街160号
34	浙江省遂昌凯恩旅行社有限公司丽水门市部	—	2008年	莲都区	丽水市花园路480号
	浙江省遂昌凯恩旅行社有限公司	L-ZJ00477	2008年5月	遂昌县	遂昌县环城南路9号
35	缙云县欢乐假期旅行社有限公司	L-ZJ01050	2008年7月	缙云县	缙云县壶镇镇安居西路38号
36	缙云县致源旅行社有限公司	L-ZJ00749	2008年8月	缙云县	缙云县五云镇镇紫微北路72号
37	云和县中山旅行社有限公司	L-ZJ00889	2008年9月	云和县	云和县红光路5号
38	浙江省青田康盛旅游有限公司	L-ZJ00595	2008年10月	青田县	青田县温溪镇温中路50-56号
39	龙泉山水旅行社有限责任公司	L-ZJ00878	2008年11月	龙泉市	龙泉市环城东路与东茶路路口西侧
40	龙泉市阳光旅行社有限公司	L-ZJ00882	2008年12月	龙泉市	龙泉市环城东路201号
41	丽水市假日旅游有限公司	L-ZJ00898	2009年2月	莲都区	丽水市花园路422号1053室
42	遂昌县旅游集散中心有限公司	L-ZJ00378	2009年7月	遂昌县	遂昌县妙高镇青云小区6号楼1-15
43	遂昌县仙县旅行社有限公司	L-ZJ01378	2009年10月	遂昌县	遂昌县妙高镇牡丹亭西路31号
44	丽水市丽水日报飞达旅行社有限公司	L-ZJ001419	2009年11月	莲都区	丽水市中东路848号
45	浙江香溢国际旅行社有限公司缙云分社	L-ZJ-LS0001	2009年12月	缙云县	缙云县仙都路99号
46	遂昌盛大旅游有限公司	L-ZJ01443	2009年12月	莲都区	遂昌县妙高镇南门中路69号
47	龙泉市星光旅行社有限公司	L-ZJ01452	2009年12月	龙泉市	龙泉市新华街83号262幢四楼
48	浙江香溢国际旅行社有限公司丽水分社	L-ZJ-LS0004	2009年12月	莲都区	丽水市丽阳街438号
49	丽水浙商之家旅游有限公司	L-ZJ01460	2009年12月	莲都区	丽水市人民街555号
50	浙江菇城旅行社有限公司丽水分公司	L-ZJ-LS0010	2010年1月	莲都区	丽水市花园路480号
51	浙江中山国际旅行社有限责任公司丽水分公司	L-ZJ-LS0013	—	莲都区	丽水市宇雷路503号
52	遂昌绿谷旅行社有限公司	L-ZJ01517	2010年2月	遂昌县	遂昌县官碧路171号

续表 17-5-1-1

序号	旅行社名称	许可证编码	审批时间	所在城市	县别
53	遂昌中青旅旅游有限公司	L-ZJ01519	2010 年 2 月	遂昌县	遂昌县凯恩路 184-185 号
54	浙江省中国旅行社有限公司丽水分公司	L-ZJ-LS0017	2010 年 4 月	莲都区	丽水市大洋路 190-192 号
55	遂昌好当家旅行社有限责任公司	L-ZJ01549	2010 年 4 月	遂昌县	遂昌县妙高镇平昌路 218 号
56	景宁畲族自治县诗画畲山旅行社有限公司	L-ZJ01551	2010 年 4 月	景宁畲族自治县	景宁畲族自治县鹤溪镇建设路 16 号
57	浙江中旅旅业集团丽水有限公司	L-ZJ01565	2010 年 4 月	莲都区	丽水市大洋路 190-192 号
58	松阳县同乐旅游有限公司	L-ZJ01564	2010年 4 月	松阳县	浙江省松阳县西屏镇环城西路 106 号
59	浙江光大国际旅游有限公司丽水分公司	L-ZJ-LS0018	2010年 4 月	莲都区	丽水莲都区解放路 89 号
60	缙云县春秋旅行社有限公司	L-ZJ01567	2010 年 4 月	缙云县	缙云县五云镇问渔西路 614-1 号
61	缙云县浪漫之都旅行社有限公司	L-ZJ01609	2010 年 7 月	缙云县	缙云县新区同心华庭 1 幢 409 室
62	景宁畲族自治县旅游集散中心有限公司	L-ZJ01661	2010年 11 月	景宁畲族自治县	景宁县鹤溪镇环城西路 151 号
63	浙江青田华侨旅游有限公司	L-ZJ01688	2010 年 12 月	青田县	青田县鹤城镇书院路 3 号 1 幢 902 号

宾馆和饭店

发展历程 清代末，丽水境内只有宿店、客栈。民国 21 年(1932)起，丽水交通发展，旅店逐年增多。其中丽水县有莲城旅馆、萍依旅馆，松阳有朱山旅社、新新旅社；青田有迎春饭店、咸亨饭店。1953 年，各县私营旅店 285 家。

1949 年 5 月丽水解放后，接待参观者主体为个体旅馆。1956 年，各县私有旅馆全部改造成集体性质的旅店和政府机关招待所，明确涉外旅馆饭店只进行一般性的接待。1957 年，各县公私合营旅店 12 家。1960 年始，龙泉县、云和县、丽水县、遂昌县建起旅馆。1965 年，各县国营旅馆 18 家，公私合营旅馆 4 家。1973 年始，各县建起旅馆。

1978 年 12 月实行改革开放政策后，丽水地区开始建设商业接待设施和旅游饭店，建成旅社、招待所一批。20 世纪 80 年代开始，丽水地区宾馆饭店进行改制，事业单位招待所管理向企业单位经营型管理转变，宾馆、饭店档次发生明显变化。1990 年，丽水地区国营旅馆 18 家、供销社系统旅店 49 家、个体旅馆 901 家。1996 年，丽水地区开始评比星级宾馆饭店活动后，宾馆饭店环境、接待规格、档次都有明显提升，功能单一、设备陈旧的招待所，逐渐被舒适、多功能、高档次的宾馆饭店所取代。同年，处州宾馆、莲城宾馆和缙云仙都宾馆相继建成，丽水饭店业的现代化正式起步。

1997 年始，丽水饭店业进入有序管理、全新发展阶段。饭店规模扩大，数量增多，建筑和设施引进先进硬件标准，质量提高，设施向多功能方向发展，管理和服务日趋现代化，服务规范逐渐完善，服务质量不断提高。截至 2010 年，丽水市星级饭店 52 家，还有大量农家乐和私人宾馆饭店，促进丽水旅游业的发展。

星级宾馆饭店 1996 年，丽水地区加强管理涉外饭店，进行涉外饭店年度复核，复核涉外饭店

8家，新增涉外饭店3家，其中二星级饭店1家。1997年，丽水地区涉外饭店13家，其中二星级饭店3家；新增旅游涉外饭店5家，其中二星级饭店1家。1998年，丽水地区涉外饭店16家，其中二星级饭店6家，一星级饭店4家；新增二星级饭店3家，一星级饭店4家，旅游涉外饭店3家。1999年，丽水地区旅游涉外饭店22家，其中星级饭店18家；新增旅游涉外星级饭店6家，评定星级旅游涉外饭店8家。

2000年，丽水市旅游饭店23家，其中星级饭店22家；新增旅游涉外饭店1家，评定星级旅游涉外饭店5家。2001年，丽水市星级饭店34家；新增星级饭店13家，其中三星级饭店1家、预备三星级饭店1家、二星级饭店4家，一星级饭店7家。2002年，遂昌宾馆、遂昌白马大酒店被评为二星级饭店。2003年，丽水市新增紫薇•仙都度假村为三星级旅游饭店。同年，新世纪大酒店和翔龙宾馆开展创星工作。2004年，丽水市饭店星级评定委员会成立。12月，丽水市开展星级饭店复评。同年，全市复评合格星级饭店43家，其中三星级饭店5家、二星级饭店25家、一星级饭店13家。复评合格星级饭店陆续挂上新的星级标牌。

2005年，丽水市星级饭店47家，其中四星级饭店1家，三星级饭店9家，二星级饭店24家，一星级饭店13家；新增星级饭店6家，其中四星级饭店1家，三星级饭店4家(其中两家为二星级升三星级饭店)，二星级饭店1家。2006年，丽水市星级饭店53家，其中四星级饭店2家(含预备四星)，三星级饭店13家，二星级饭店27家，一星级饭店11家；新增星级饭店10家，其中预备四星级饭店1家，三星级饭店4家，二星级饭店6家。同年，全市完成2005年度星级饭店复核复评工作，莲城宾馆被省旅游局评为最佳三星级饭店，南明宾馆被评为最佳二星级饭店，新世界大酒店、紫荆花大酒店、龙泉大酒店等酒店5家被评为优秀饭店。

2007年，丽水新增星级饭店10家，其中四星级饭店1家，三星级饭店4家，有效提升旅游接待能力与水平。2008年，丽水市星级饭店51家，新增四星级饭店1家，三星级饭店1家，二星级饭店2家。2009年，丽水市继续深化星级饭店的品质管理。同年，全市星级饭店54家，新增星级饭店2家。2010年，丽水市星级饭店55家，其中按国家五星级标准设计建造的饭店1家，按国家四星级标准设计建造的饭店3家，按国家三星级标准设计建造的饭店16家。同年，龙泉南国花园酒店被新评为三星级酒店。

2010年丽水星级饭店汇总情况一览

表17-5-1-2

序号	饭店名称	地址	企业性质	客房数(个)	床位数(个)	星级	评星时间
1	丽水华侨开元名都大酒店	丽水莲都区丽阳街651号	—	—	—	—	—
2	缙云县香溢大酒店	缙云县仙都路99号	国有	98	178	4	2005年12月
3	遂昌元立国际饭店	遂昌县城东街95号	股份制	119	207	4	2007年10月
4	青田正达开元大酒店	青田县鹤城镇新大街8号	股份制	228	380	4	2008年6月
5	丽水市莲城宾馆	丽水市丽阳街254号	国有	80	136	3	2006年9月
6	丽水市紫荆花大酒店	丽水市丽阳街438号	国有	80	131	3	2005年11月
7	丽水市飞达大酒店	丽水市中东路848号	个体	106	160	3	2003年12月
8	丽水市新世界大酒店	丽水市丽青路219号	股份制	151	273	3	2004年11月

续表 17-5-1-2

序号	饭店名称	地址	企业性质	客房数（个）	床位数（个）	星级	评星时间
9	丽水市现代广场大酒店	丽水市大洋路 598 号	股份制	171	295	3	2005 年 11 月
10	丽水东方宾馆	丽水市中山街 433 号	外资	73	127	3	2005 年 12 月
11	丽水市嘉年华大酒店	丽水市大洋路 199 号	私营	157	304	3	2008 年 1 月
12	缙云县仙都度假村	缙云县仙都景区小赤壁	股份制	73	141	3	2003 年 1 月
13	缙云县仙都假日酒店	缙云县仙都风景区	股份制	76	145	3	2005 年 5 月
14	龙泉大酒店	龙泉市新华街 83 号	股份制	90	156	3	2005 年 12 月
15	龙泉山旅游度假区绿野山庄	龙泉市凤阳山	股份制	81	210	3	2006 年 3 月
16	龙泉香溢大酒店	龙泉市贤良路 218 号	股份制	80	135	3	2006 年 12 月
17	龙泉南国花园酒店	龙泉市剑川大道 155 号	股份制	66	109	3	2010 年 12 月
18	庆元县国际大酒店	庆元县松源镇濛州街	国有	72	122	3	2006 年 9 月
19	青田县飞鹤度假山庄	青田县石郭坑底	私营	143	245	3	2006 年 11 月
20	青田侨乡国际大酒店	青田县江南大道 108 号	私营	132	195	3	2007 年 12 月
21	丽水市南明宾馆	丽水市丽阳街 409 号	股份制	67	116	2	2004 年 11 月
22	丽水山水宾馆	丽水市解放街 177 号	股份制	60	111	2	2005 年 11 月
23	丽水市海潮宾馆	丽水市中东路 538 号	股份制	118	214	2	2006 年 9 月
24	丽水市新处州宾馆	丽水市灯塔街 172 号	股份制	68	122	2	2004 年 6 月
25	青田县华侨饭店	青田县临江东路 32 号	国有	80	145	2	2005 年 11 月
26	青田县天鹤宾馆	青田县新大街 2 号	股份制	71	123	2	2005 年 11 月
27	青田县新世界大酒店	青田县鹤城东路 26 号	个体	84	135	2	2006 年 1 月
28	青田县红沙龙会所	青田县圣旨路 19 号	私营	30	57	2	2006 年 8 月
29	缙云县星辉大酒店	缙云县新碧镇镇南路 26 号	股份制	64	118	2	2004 年 9 月
30	缙云县金都宾馆	缙云县迎晖路 28 号	个体	51	96	2	2007 年 12 月
31	云和大酒店	云和县府前路 8 号	股份制	53	96	2	2006 年 9 月
32	云和县东方宾馆	云和县城东路 161 号	个体	36	63	2	2006 年 12 月
33	云和县云泰商务大酒店	云和县中山街 44 号	个体	40	72	2	2008 年 1 月
34	景宁畲族自治县万福大酒店	景宁畲族自治县人民中路 84 号	个体	38	72	2	2007 年 2 月
35	景宁畲族自治县鸿宾大酒店	景宁畲族自治县人民中路 68 号	个体	24	40	2	2007 年 11 月
36	龙泉宾馆	龙泉市清风路 2 号	股份制	52	95	2	2006 年 9 月
37	龙泉市莱茵宾馆	龙泉市莱茵花园富景苑 H 座	股份制	42	83	2	2003 年 12 月
38	龙泉市鸿雁宾馆	龙泉市剑池东路 254 号	股份制	48	89	2	2004 年 12 月
39	龙泉市将军假日酒店	龙泉市中山东路 118 号	个体	41	62	2	2006 年 1 月
40	龙泉市信用宾馆	龙泉市农资路口	集体	36	72	2	2007 年 6 月
41	庆元香溢大酒店	庆元县濛州街 188 号	国有	29	55	2	2006 年 8 月
42	庆元县工贸大酒店	庆元县松源街 10 号	个体	47	90	2	2006 年 1 月

续表 17-5-1-2

序号	饭店名称	地址	企业性质	客房数（个）	床位数（个）	星级	评星时间
43	庆元县阳光大酒店	庆元县松源镇石龙街 28 号	个　体	35	59	2	2006 年 8 月
44	遂昌县白马大酒店	遂昌县妙高镇车站路 82 号	集　体	50	101	2	2005 年 11 月
45	遂昌宾馆	遂昌县东街 40 号	个　体	41	82	2	2007 年 11 月
46	松阳箬寮山庄	松阳县安民乡李坑村	股份制	50	130	2	2007 年 12 月
47	丽水市国税培训中心	丽水市灯塔街 175 号	国　有	29	54	1	2006 年 9 月
48	丽水市清华园宾馆	丽水市中山街北郭桥 19 号	个　体	36	50	1	2007 年 11 月
49	缙云县仙都宾馆	缙云县大桥北路 6 号	股份制	38	70	1	2005 年 5 月
50	龙泉市山城宾馆	龙泉市剑池西路 92 号	个　体	30	62	1	2003 年 12 月
51	龙泉市龙源大酒店	龙泉市剑池东路 299 号	个　体	39	70	1	2003 年 12 月
52	遂昌白马山庄	遂昌县白马山森林公园	国　有	48	96	1	2006 年 9 月
53	遂昌湖山渔歌宾馆	遂昌县湖山琴淤	国　有	29	58	1	2006 年 9 月
54	遂昌石马度假村	遂昌县妙高镇石马路 8 号	个　体	26	58	1	2004 年 7 月
55	松阳宾馆	松阳县新华街 18 号	股份制	55	109	1	2005 年 10 月

绿色饭店　2003 年，丽水市参与创建省、市两级“绿色饭店”工作。市旅游局引导、帮助旅游饭店学习贯彻旅游饭店新标准。2004 年，丽水市省级绿色饭店 4 家。2005 年，丽水市省级绿色饭店 7 家，其中新增省级绿色饭店 3 家。2006 年，丽水市省级绿色饭店 11 家。2008 年，遂昌元立国际饭店被评为省级“绿色饭店”。2009 年，丽水市绿色饭店 15 家。2010 年，丽水市绿色饭店 16 家，其中龙泉南国花园酒店被评为国家银叶级绿色饭店。

第二节　导游培训

技能培训

20 世纪 80 年代，丽水旅游刚兴起，没有专门的导游培训机构。1997 年 9 月，丽水地区设立旅游培训中心，实施旅游服务行业岗位上岗制度。11 月，丽水地区举办第一届旅游涉外饭店基层管理人员培训班。12 月，参加全国导游人员资格考试 55 人，考试合格率 63.63%。同年，丽水地区举办涉外饭店员工培训班 13 个，参训员工 520 人。1998 年 3 月，丽水地区开展新一轮旅游涉外饭店岗位培训工作，举办员工培训班 8 个、参训员工 329 人。8 月，举办丽水地区第一期导游资格证书考试，获“地陪”导游资格 29 本。10 月，举办丽水地区第二期旅游涉外饭店主管领班培训班，参训员工 24 人。同年，丽水地区参加全国导游人员资格考试 13 人，获导游资格 11 人；参加省旅游局考评员资格考试，获省旅游局考评员资格证书 12 人。1999 年，举办丽水地区涉外饭店培训班 8 期，参训员工 533 人；举办丽水地区定点导游员培训班 1 期，参训员工 45 人；举办主管领导班培训班 1 期，参训员工 24 人；参加全国导游资格考试 134 人，获导游资格 70 人。

2000年1月，举办丽水地区导游员年检培训班。6月，举办丽水市定点导游员培训班。9月，参加2000年全国导游员资格考试，报考278人。举办丽水市旅游饭店员工岗前培训班和主管领班培训班，参训涉外饭店8家，参训员工653人次。2001年6月，开展丽水市首届传统名菜和创新名菜评选活动，评选出传统名菜和创新名菜各10个。7月，丽水市开展旅游涉外饭店第四届岗位技能比赛活动。9月，举办丽水市首届导游演讲大赛；举办国家导游员年检培训班。2002年9月，丽水市举办旅游饭店岗位技能比赛；组织全国导游人员资格考试，参加考试364人。2003年，丽水市开展创建省、市级"绿色饭店"工作，指导旅游饭店熟悉旅游饭店新标准。10月底，举办丽水市首届导游大赛，优胜者参加浙江省导游大赛。2004年，参加浙江省优秀导游员大赛，并获佳绩。同年，举办全国导游考前培训班4期，参训人员523人；举办星级旅游饭店员工持证上岗培训班2次，参训68人；举办全市旅游行业烹饪技术大赛，参赛酒店27家，选手75人。

2005年，丽水市新办理导游证70张。截至2005年，全市专职、兼职导游315人。2006年，举办丽水市"十佳"导游员大赛。同年，全市举办导游人员旅游救护与消防逃生知识培训班，参训导游87人；举办全国导游考前培训班4期，参训导游565人；举办导游员年检培训班，参训导游198人。同期，全市开展导游从业人员学历教育，参加浙江省优秀导游员大赛，并获佳绩。2007年，丽水市举办旅游从业人员培训班次21个，参训人员5226人次。同年，举办丽水市旅游行业烹饪技术大赛暨农家乐烹饪大赛。云和县、庆元县、遂昌县积极探索旅游行业培训新模式，政府出资培训，旅游企业员工受益。

2008年，丽水市举办旅游从业人员培训班次16个，参训人员3000多人次。同年，参加浙江省旅游景区景点导游资格证考试，参考人员34人。2009年，丽水市举办旅游从业人员培训班次17个、参训人员2052人次。同年，全市规范导服中心服务与管理工作，挂靠导游57人；举办丽水市导游技能大赛，参赛导游64人。同年，全市创建优秀旅游城市，完成收集整理旅游教育培训类创优档案。2010年，丽水市举办旅游从业人员培训班次28期、参训人员2662人次。6月，参加浙江省旅游饭店技能大赛。10月，参加浙江省西湖杯导游技能大赛。同年，全市规范导服中心管理工作，挂靠导游59人。

学历教育

高等教育培养 丽水职业技术学院二级学院人文艺体分院开设旅游管理专业、旅行社管理专业。1994年，开始招收旅游管理专业中职生。1999年9月，丽水职业技术学院经贸系旅游管理专业开始招生。2001年，开始招收高职学生。2003年2月，旅游管理专业被浙江省教育厅批准为省重点建设专业。2004年，旅游管理本科专业开始招生。2004年5月，丽水职业技术学院与丽水师范专科学校合并，经教育部批准升格更名为丽水学院。2005年6月，丽水学院成立二级学院经济贸易与管理学院，下设旅游系，旅游管理专业教师15人，其中教授及副教授5人。2007年12月，经济贸易与管理学院通过验收。2010年，丽水学院旅游管理专业教师8人，其中有副教授3人，在校生483人。

中等教育培养 丽水旅游学校原名丽水南明旅游学校，为浙江省二级重点中等职业学校，民办学校。1998年4月成立。2009年4月，设立丽水市民族职业高级中学，与丽水旅游学校实行一套班子、两块牌子的管理模式。学校设有旅游服务与管理、导游与驾驶、铁路服务与管理、旅游表演、林业专业、数字旅游等专业，学制一般为3年。

丽水市职业高级中学是丽水市教育局直属公办国家级重点职业高级中学。2009年12月25日，学校整体搬迁到丽水市教育园区内。学校设有旅游服务与管理、饭店管理等专业12个。

第三节　旅游信息

丽水旅游网

2004年12月，丽水旅游网正式运营。2007年2月，丽水旅游网重新改版，设置栏目7个。同年，丽水旅游网发布信息2591条，访问量8万多人次。截至2008年11月，丽水旅游网接受访问51万人次，日均1380人次。

2008年10月至2009年9月，丽水旅游网接受访问760422人次，日均2083人次。2009年，丽水旅游网再次改版，引入全新系统引擎，新平台集新闻、图片、视频、信息、产品、问吧等功能模块一体，拥有碎片整理等门户级功能，采用Ucenter交换技术与社区等WEB2.0平台模块实现无缝链接，实现一站通行，解决架构瓶颈。后丽水旅游网推出全新丽水旅游指南频道，强化网站服务功能，向门户化方向发展。2009年10月至2011年2月，丽水旅游网接受访问1338960人次，日均3188人次。截至2010年，丽水旅游网发布稿件1321篇。

丽水市旅游咨询服务中心

2006年5月，丽水市旅游咨询服务中心成立，是丽水市旅游局与丽水市旅游集散中心联合主办的项目，设在丽水旅游集散中心内。营业厅配有丽水市唯一的多功能旅游信息自动查询触摸屏，提供游客投诉受理、免费旅游咨询等政府服务功能。商务、票务中心开设销售国际、国内飞机票，代订全国酒店，策划商务、会议旅游考察活动等多项业务。

第六章　旅游商品

旅游商品与旅行社、旅游交通、旅游饭店通称为旅游业的四大支柱行业。丽水旅游商品丰富，主要以工艺品、农副产品和土特产为主。久负盛名的丽水农副产品有青田杨梅、景宁山哈酒、处州白莲、庆元香菇、云和黑木耳；工艺品和新兴工业产品有青田石雕、龙泉宝剑、龙泉青瓷、遂昌黑陶、云和木制玩具、莲都羽绒制品、遂昌鸟笼、青田鞋革、畲族银饰等；土特产有景宁惠明茶、云和雪梨、遂昌薯脯、石练菊花米、松阳晒红烟、云和长裙竹荪、缙云黄花菜等。此外，莲都区是“中国椪柑之乡”，龙泉市是“中国青瓷之都”“中国宝剑之邦”“中华灵芝第一乡”，青田县是“中国石雕之乡”，云和县是“中国木制玩具之乡”，遂昌县是“中国竹炭之乡”“中国菊米之乡”，庆元县是“中国香菇之乡”，缙云县是“中国麻鸭之乡”。丽水的旅游商品有较高美誉度。1998 年，丽水地区举办首届旅游商品展销会。同年底，丽水地区省级旅游商品生产定点企业 13 家，地区级旅游商品生产定点企业 20 家。2000 年，丽水市新增省级旅游商品生产企业 3 家。2002 年，丽水市举办首届旅游商品设计大赛。

21 世纪，丽水市充分利用原有传统商品的知名度，突破商品单一的实用功能，在实用功能的基础上，向艺术性、收藏性、纪念性方向发展；利用丽水民俗文化的优势，开发特色旅游购物品，重点开发龙泉宝剑、青瓷、青田石雕、畲族服饰、畲乡银饰、遂昌黄金制品、竹炭制品、菊米、松阳黑陶制品、云和木制玩具、龙泉太阳伞以及河阳剪纸等传统特色工艺品；野生菜品、菇类食品、高山茶叶、田鱼干、溪鱼干、中草药材、四季果品等特色农林土特产品；加快研发体现畲族文化、黄帝文化和华侨文化的各类特色旅游购物品；积极开发有地域特色的标志性、纪念性旅游商品。开发面向大众旅游消费者的青瓷、宝剑等特色文化工艺品。

丽水各地多传统民间艺术，把这些艺术作品通过批量化生产转化为旅游纪念品。主要有莲都古堰画乡油画、缙云河阳剪纸、青田石雕和石章、遂昌竹炭和黑陶、松阳黑陶、云和木制玩具、龙泉青瓷和宝剑、景宁畲族手工服饰。此外，研发艺术新品，形成有丽水特色的旅游纪念品系列产品，丰富丽水旅游纪念品市场，提升旅游消费额。

青田石雕（参见第 15 篇《工艺美术业》第 1 章）、龙泉宝剑（参见第 15 篇《工艺美术业》第 2 章）、龙泉青瓷（参见第 15 篇《工艺美术业》第 3 章）、遂昌黑陶（参见第 15 篇《工艺美术业》第 5 章），均不再单独设目记述。

第一节　工艺品

青田石雕（参见第 15 篇《工艺美术业》第 1 章）

龙泉宝剑（参见第 15 篇《工艺美术业》第 2 章）

龙泉青瓷（参见第 15 篇《工艺美术业》第 3 章）

遂昌黑陶（参见第 15 篇《工艺美术业》第 5 章）

景宁畲族工艺品

景宁畲族服装崇尚青蓝色，传统畲族衣领、袖口和右襟多镶花边，有穿短裤裹绑腿的习惯。妇女的发式与汉族不同，少女喜用红色绒线与头发缠在一起，编成一条长辫子，盘在头上；已婚妇女一般都头戴凤冠，即用一根细小精制的竹管，外包红布帕，下悬一条长 0.33 米、宽 3.33 厘米的红绫。老、中、青不同年龄的妇女，发间还分别环束黑色、蓝色或红色绒线。冠上饰有一块圆银牌，牌上悬着三块小银牌；垂在额前，畲族称它为龙髻，表示是“三公主”戴的凤冠。冠上还插一根银簪，再佩戴上银项圈、银链、银手镯和耳环，显得格外艳丽夺目。畲族妇女服装“凤凰装”，上衣多刺绣。

景宁畲族妇女不但是生产能手，也是编织刺绣的能工巧匠。编织的彩带又称合手巾带，即花腰带，图案花纹多样，配色美观大方。编织的斗笠，花纹细巧，工艺精致，配以水红绸带、白带及各色珠子，更富有民族特色，是畲族妇女最喜爱的一件装饰品。畲族姑娘精心织绣的绣帕或彩带，送给心爱的情侣，是最好的定情物。1949 年 10 月中华人民共和国成立后，这种工艺品逐渐成为抢手的旅游产品和出口产品。

畲族银器有银牌、银铃、银镯、银锁等，特别是儿童贴上的银牌、银铃及胸前所挂的“银牌、银锁”还有避邪的作用。

景宁畲族的编织工艺还有竹编，畲族地区盛产石竹、斑竹、金竹、雷公竹等竹子，为竹编工艺品生产提供丰富的原材料。

遂昌竹炭系列产品

1996年，遂昌县成功烧制出国内第一窑合格的竹炭，率先开发出适合日本、韩国市场需求的竹炭产品。截至2010年，遂昌县成功研制开发出竹炭和竹醋液两大系列产品200多种，拥有竹炭生产专利22个，其中发明专利2个，新型实用专利20个，开发出原炭系列、日用保健系列、调湿除臭系列、洗涤用品系列、工艺手饰系列、竹炭纤维系列、竹醋液系列等7个品系，占据国内市场1/3份额，远销日本、韩国及欧美、东南亚。2010年5月29日，遂昌县被中国竹产业协会授予“中国竹炭产业基地”称号。

丽水竹木制品

丽水竹木制品主要日用商品有竹木工艺筷、竹砧板等，另有果叉、果篮、果盘等，工艺有纺漆、套花、移印、热转印、手绘、烙花、麻花、雕花、雕刻、琥珀等。庆元县曾被国家轻工联合会授予“中国竹制品生产基地”称号，遂昌县被授予“中国竹炭之乡”“中国竹炭产业基地”称号。

云和木制玩具

云和木制玩具是集玩乐、摆设于一体的精美工艺品，可分为成人型木制玩具、儿童型木制玩具、智力型木制玩具、实用型木制玩具等多种类型，90%以上远销欧、美、东南亚等国家和地区30多个，出口量占全国同类产品的70%以上，年出口值位居全国同行业之首。

遂昌鸟笼

选用上等竹木材料制作而成，花样品种繁多，如画眉笼、相思笼、百灵笼、知时笼、山麻笼，浙江遂昌系列鸟笼制作精细，工艺精湛，既可使用，又可作装饰观赏，极具收藏价值，是传统出口商品。

第二节　土特产品

水果和干果

莲都山水椪柑　丽水传统特色水果，产自丽水丘陵山地，果品鲜销鲜食为主。

处州白莲　丽水传统特色地方品种，因原产地处州而得名，“处州白莲”有粒大而圆、饱满、色白、肉绵、味甘五大特点，是名贵的药材和高级营养滋补品。

莲都九坑桃　莲都区水果产业第二大主栽品种，是优质秋季硬质桃，主栽品种有江南1号、迎庆桃、新川中岛、颐红水蜜、燕红等。

青田杨梅　青田杨梅栽培历史悠久，是中国杨梅生产大县，据清光绪《青田县志》载，杨梅有红、紫、白三种，红胜于白、紫胜于红，产季窟(季窟寮)者佳，享有盛名。

云和雪梨　浙江省12种传统名果之一，传统产地在云和县沈村乡，品种除雪梨外，还有真香梨，六月消、柿扁梨、枣梨等，果实松脆可口、清润留香，可作热症食疗。

云和荸荠　云和种植历史悠久，是特色优势产业产品，个头大，口感甜脆，质量上乘。

云和板栗　云和板栗远近闻名，盛产于石塘镇库区小顺一带，有良好的保健功能，被誉为"肾之果"。

庆元甜桔柚　1998年，庆元县志东杂柑试验场从日本引进的杂柑类新品种，综合性状良好，好种、好吃、好卖，深受果农和消费者喜爱。

庆元生态富硒莲　产于庆元县淤上乡，是一种低脂肪、高蛋白的纯天然绿色补硒食品。所产莲籽粒大圆润，色如凝脂，稍炖即熟，久炖不化，汤汁清甜，香醇爽，经常用能收到撤火补脑、滋阳补血、润肺养心、补脾益肾、强胃固精、延年益寿、排毒美容之功效。

松阳脐橙　松阳县是"浙江脐橙之乡"，脐橙果大、色艳、皮薄、质脆、肉化渣、汁液多、风味浓郁、耐储运，是丽水市"处州十珍"农产品。

景宁吊瓜籽　景宁畲族自治县吊瓜籽质脆肉满，香气浓厚，有健胃、润肺、化痰、散结、滑肠作用，主治痰热咳嗽、肺痰咳血、胸闷、消泻和便秘等症。

特色农产品

丽水食品有自己的地域特色，以纯天然食材为主，加上娴熟的加工技艺，美味可口。
油焖笋以纯天然山笋为原料，其肉厚味鲜，色美形佳，清香可口，保持山笋自然原味，有低脂肪、低糖、高纤维等特色，尊为山珍，是休闲旅游，馈赠亲友之上等佳品。

龙泉灵芝　丽水市传统特色农副产品，对癌症、脑溢血、心脏病、胃肠、肝脏、肾脏、白血病、神经衰弱、慢性支气管炎、哮喘、过敏等疾病均有显著疗效，经常服用会增加食欲、清神轻身、辅治百病、延年益寿，是滋补强壮、扶正固本的好药物。

青田海溪粉干　丽水市传统特色农副产品，因其独特的风味一直深受人们的喜爱，成为家喻户晓的美食和馈赠亲友的佳品。海溪粉干美观细质，色泽明亮，如银如丝，烧制简便，可煮可炒，柔软可口，不粘口，不糊汤。

青田北山索面　丽水市传统特色农副产品，俗称"长寿面"，采用优质面粉加适量食盐，经传统手工艺精制而成，食用方便，外观精美，经济实惠。

青田山茶油　丽水市传统特色农副产品，含有不饱和脂肪酸含量达85%、油酸含量超过80%，含有茶多酚、山茶甙及角鲨烷，被国际粮农组织认定是世界上最富营养与健康价值的食用油。

青田田鱼　丽水市传统特色农副产品，又名瓯江彩鲤，形似鲤鱼，味胜鲫鱼，鳞如鲥鱼，色若金鱼，为一种变种鲤鱼。其体态优美，色泽鲜艳，鳞片柔软可食，富含卵鳞脂，有较高的观赏价值和营养价值。

青田小舟山有机稻米　丽水市传统特色农副产品，产于海拔400米上下的青田县小舟山梯田，属本地晚粳、红米等品种，成熟有机稻米金衣玉粒，闻有芳香，食有甘味，口感松软，百食不腻，为米中极品。

长裙竹荪 丽水市传统特色农副产品，又称“雪裙仙子”“山珍之花”“真菌皇后”“植物鸡”等，名列“四珍”（竹荪、猴头、香菇、银耳）之首。长裙竹荪原系野生植物，历来被认为是珍奇稀罕之物，作为南方贡品。有很高的营养价值，所含的蛋白质、脂肪极高，还含有17种氨基酸和多种维生素，不仅能滋补健身，且对多种肿瘤、高血压、肥胖症均有较好食疗效果。

庆元冬笋 丽水市传统特色农副产品，冬笋肥厚、壮实、醇香，含有糖类、脂肪、蛋白质以及磷、铁、钙和其他各种元素、维生素等物质，有减肥和防止肠癌的功效。用笋作菜，既可作主料，也可作辅料，是纯天然的森林蔬菜。

庆元香菇 丽水市传统特色农副产品，又名香蕈，营养丰富，风味独特，是中国传统的土山珍之一。

缙云土面 丽水市传统特色农副产品，俗称爽面，选用本地产面粉，加食盐、水，由家庭手工制作而成。烧制时可拌可炒，也可烧汤，口感爽滑细腻，醇香宜人。

缙云麻鸭 丽水市传统特色农副产品，因其全身羽毛似麻雀，故称麻鸭，形成良种已有三百多年历史，是中国著名的蛋鸭地方品种。

缙云黄花菜 丽水市传统特色农副产品，又名金针，属百合科，萱草属，多年生宿根性草本植物。以缙云县蟠龙种为最佳，干品淡黄色或金黄色条状，肉质丰厚，营养丰富，含18种氨基酸，有清热解毒、安神健胃、活血利尿消肿等效用。

缙云高山茭白 丽水市传统特色农副产品，茭白鲜嫩脆口、质优味美，注册“山啦”“金水山”“仙都”等品牌。

遂昌薯脯 丽水市传统特色农副产品，采用传统工艺精制而成，色如琥珀，风味独特，含有丰富的纤维素和黏蛋白质，有防止胆固醇在血管壁沉积，防止动脉硬化，促进肠胃蠕动，防便秘，对预防直肠癌、乳腺癌有特殊效果。

松阳鹊山鸡蛋 丽水市传统特色农副产品，营养价值很高，活性钙含量高，胆固醇低，富含硒元素和谷氨酸，味道鲜美。

景宁木耳 丽水市传统特色农副产品，朵形大、肉质厚、颜色深、产量高，内含多种营养成分。

景宁黄米果 丽水市传统特色农副产品，采用山中一特种灌木烧成灰，沥取其汁，浸上等粳米至米色橙黄，冲净蒸熟，置石臼中捣成团，然后分切小块，趁热将其揉压成扁圆或长条形即成。黄中透绿，色泽晶莹，清香宜人，柔嫩可口。

茶及饮品

龙泉金观音 产自国家级自然保护区——“华东古老植物摇篮”龙泉凤阳山北麓。金观音系由铁观音与黄金桂人工杂交选育品种，为浙江乃至长三角地区第一只乌龙茶新产品，独具“活、甘、清、香”特色，馥郁鲜爽，浓醇清活，生津回甘，虽浓饮却不见苦涩；活色生香，沁人心脾，胜似兰花郁香而深沉持久。

青田御茶 因明代开国功臣刘伯温进贡朱元璋而被钦定为“御茶”，产于青田县境内海拔600米至900米的高山云雾地带，色泽翠绿、香高味醇、汤色清亮、叶底嫩黄匀整。

仙宫雪毫茶 产于仙宫湖森林公园，因生长环境独特优越，故茶芽儿肥壮鲜嫩无污染。其外形浑圆紧结，锋苗显秀，色泽绿翠多毫而得名，内质郁香清馨，幽雅持久，滋味鲜爽。

庆元茶叶 明清时期已为贡茶，色泽翠绿，形如银针，滋味甘醇爽，香气鲜醇。

遂昌龙谷丽人茶 因其冲泡杯中，嫩芽直竖，亭亭玉立，似丽人起舞，故名“龙谷丽人”，条形浑直似眉，色泽翠绿显毫，香气清幽持久，汤色嫩绿清澈，滋味甘醇爽口，叶底细嫩明亮。

石练菊米 性味苦寒，有清热解毒、消炎、杀菌、凉血、祛肿之功能。

松阳银猴茶 有“仙茶”之美誉，条索肥壮、多毫浑直、银绿隐翠、身形卷曲满披银毫，汤色嫩绿清澈，滋味鲜醇甘永，清香持久。

松阳端午茶 也称“百病茶”“万能茶”，有避邪解毒、强身健体、芳香化湿、散风消炎、清热解暑、解渴提神、祛积消食之功效，以天仙果、野菊、陈皮、桑叶等草药配制而成。

松阳白茶 外形细秀，形如凤羽；色如玉霜，光亮油润，风质香气，鲜爽馥郁；滋味甘醇。

景宁惠明茶 茶条肥壮紧结，色泽翠绿，银毫显露，汤色清澈明净，旗枪朵朵相列，滋味甘鲜爽口，形色味俱佳。

景宁山哈酒 采用畲山毛竹为包装材料精制而成，有竹香味，筒内竹膜含有人体所需要竹荪素，适量饮用可增强免疫力。选用景宁当地高山优质糯米和乌衣红粬为主要原料，用山泉水精心酿制，酒味甜醇和软，有止渴、解乏、提神、养颜、益寿之功效。

第三节　美食与副食品

丽水饮食文化历史悠久，菜肴风味独特。“处州菜”烹调讲究鲜嫩软滑，意在不变原味，有蒸、烤、炖、泡、炒、起浆等多种方法。处州菜系由两个流派构成。由莲都、青田、云和和缙云县的特色风味菜点、小吃组成的流派以保持主料的本色和原味为特点。注重口味清鲜细嫩、鲜咸适中，选料讲究、配料巧妙，烹饪法擅长炸、炒、烧、炖、煨、蒸等。如稀卤螟脯、炸烹知了、石衣炖石蛙等菜肴集中反映莲都等县（区）流派的风味特色。另一流派是由遂昌、景宁、龙泉、庆元、松阳的风味特色小吃组成的，其特点是注重调味，制作菜肴常用紫苏、辣椒等佐料，口味厚重、辣味突出，取料以食用菌、野菜、野味为主。其蔬菜干制品特别丰富，烹调方法擅长糟、腌、烧、炖、炒、酱、熏等。遂昌野山笋、高山田螺、捞汤菜等菜肴充分反映龙泉等县（市）流派的风味特色。

2008 年，丽水市旅游局编制完成《处州菜谱》，收集丽水传统菜肴 57 个，整理创新菜 34 个，挖掘地方风味小吃 32 个。丽水的四大名菜为稀卤鱿鱼、芙蓉白莲、炒麦冬、香菇里脊，被列入“中国菜谱”系列丛书。丽水独特的饮食成为吸引游客的重要功能。丽水地处山区，山高水冷，山村乡民在秋冬之际，好吃火锅。丽水的咸菜火锅、鱼头火锅都很有特色，尤其龙泉安仁鱼头火锅，富有盛名。同时丽水有许多独特的乡野食俗。他们采摘山上的蕨菜、水芹菜、鱼腥草等野菜及用辣椒、萝卜、芋头、鲜笋和姜等等做成的各种腌咸菜，品种数十种。丽水人懂得养生，讲究“医食同道”“医食同源”，认为大部分食物都可入药，民谚有“冬吃萝卜夏吃姜，不用医生开药方”之说。遂昌开发竹炭鸡、竹炭面条、竹炭花生等竹炭食品，成为游客喜爱的特色养生食品。

地方特色菜

龙泉安仁鱼头火锅 以龙泉安仁镇仙宫湖鳙鱼头为主料，配以当地农家豆腐、农家咸菜及姜、蒜、辣椒等，用柴木火烹制而成，味道鲜美。

龙泉茶丰泥鳅火锅　用本地泥鳅所烧的泥鳅火锅，没有泥腥味，味美而不油腻，香辣而不上火。

苦槠豆腐　用小锅烹调苦槠豆腐下饭，虽微带涩味却也细软适口，另有一番风味。把苦槠豆腐切片晒成”苦槠干”，细嫩而结实，爽口而柔韧，可荤可素，或煮或炒，无不随意适宜。

龙南老鼠爪　学名珊瑚菌，一种野生可食真菌之一，色泽金黄、外体酷似珊瑚，而外形个体又像老鼠的爪，故名老鼠爪，属姬松茸类。其味虽略带涩，却极其嫩脆爽口，芳香宜人，常为盛宴之山珍佳肴。

炒二冬　以冬笋和冬菇为主炒制而成，其特点是冬笋鲜嫩松口，冬菇香气浓馨。

青田铺蹄　取猪后腿瘦肉与肉皮及调料等放在锅中，先煮，后上笼蒸至酥透。特点是色泽红亮，酥软入味，醇香甜美。

山粉饺　以毛芋为原材料，味道既素又香，是青田群众传统节日招待远来客人的地道好点心。

庆元百菇宴　以食用菌及野味为主料，采用炸、熘、爆炒熏炖等多种手法，味道200多种，有清淡宜人之江南味，兼具鲜香咸辣之北味，极具营养保健之功效。

龙须菜　俗称“山稀”，系生长于深山灌木丛林地上的一种地衣类植物，学名石蕊。植株细小，状如丝，煮熟后去汁沥干，加糖醋凉拌，松软可口，味清而奇，列浙南酒宴四大冷盘之首。

缙云敲肉羹　此羹滑、爽、脆、鲜，四味俱全，很是美味。主要有敲肉羹、玉米粉羹、千张羹、海参羹、甜羹等，而以敲肉羹为最具特色。

龙凤呈祥　将童子鸡和蛇肉块放在滚沸的开水锅内旺火煮两三分钟取出，蛇肉圈放汤碗底，全鸡蹲放蛇肉上，周围铺放香菇、淡菜干、生姜片，加味精、食盐等调味品，放入蒸笼旺火蒸一小时，加入三小杯老酒即可上席。

油炸知了　知了掐头去尾去翅膀洗净后，放入热油里中炸，然后放入辣椒、大蒜、姜末及其他调位品，稍经翻炒，外壳酥酥脆脆，肉很鲜美。

泡精肉　泡精肉是一道传统名菜。大多作为冷盘上席，特点是外香脆、里鲜嫩，是酒宴不可缺少的菜肴。

风味小吃

缙云烧饼　揉好白面，以梅干菜、三层肉为馅，外敷芝麻，涂麦芽糖油，然后放到特制的陶桶用炭火烤熟。表脆内糯，色泽金黄。

黄米粿　用山中一特种灌木烧灰沥汁，浸梗米至米色橙黄，冲净蒸熟，置石臼中捣成团，然后分切小块，趁热将其揉压成扁圆或长条形即成。黄中透绿，色泽晶莹，清香宜人，柔嫩可口。

卷饼　卷饼皮薄，但又很有韧性。吃时卷进豆芽、油皮、笋、面筋、海带、酱肉、牛肉、青菜，咸菜等，与外地不同的是，油炸粉丝不可或缺，其余都可将就。

肉夹馍　肉夹馍由肉、生菜、洋葱三种主要的材料构成，把很多精肉和肥肉(精肉居多)串在一起烤，肉烤的很香，精肉和肥肉混合在一起，却一点都不油。

油老鼠　因形似老鼠而得名，一种颇有特色的丽水面粉油炸食品，口感奇香扑鼻，松脆爽口，清淳甘辣。

青糕　青糕是遂昌县民间传统名点，在制作过程中加入适量野生艾草，使其拥有特殊的色泽、香味和口感，有独特的青、香、韧、糯等特点。

麻糍　入夏新糯上市，蒸熟后，在石臼中打烂成饼。然后摘成小块，肉裹加红糖，外擦一层熟粉，以不见糖为合格。入冬，制成薄饼，平锅热烤。加入红糖，脆甜香糯。

辣椒糟　采用自酿的糯米酒糟拌辣椒酱腌而成。秋末冬初之际，将红辣椒采来，带蒂洗净，置阴凉通风处慢慢祛去水分，再去蒂切碎，拌入适量食盐及蒜头碎末，装入陶钵密封，十天半月后即可取食，保存时间越长，其香味越浓。

青田国师饼　青田县传统小吃，由萝卜丝、雪菜、肉、虾皮做馅。味道很好。

青田蛋面　把鸡蛋加到番薯粉里面加水适量调和煎成薄饼状，烧时切条即可，汤里可加青菜，肉末，田鱼干等味道会特别鲜美。

畲乡粽子　民间称粘角，用箬叶将糯米包成四角，再用龙草捆扎，十个一串，有的人家还要在包粽子时加菜、肉、红枣等做馅。煮粽常用灰碱水，粽子煮好后，色黄气香，可存放半月。

粉皮　景宁畲民喜欢将粉皮和豆腐娘和起来吃，加入小葱、香菜、酸菜等调料。一碗简简单单的粉皮却有着十足的美味，是一道健康的早餐。

山粉丸　也称山粉圆、满堂红。把上好毛芋煮熟剥皮，用搅拌器和成芋泥加上山粉，和上一定量水，再加点细肉，瘦肥均可以，油份足，可以增加口感，如能掺点虾皮则更香。

清明粿　清明粿是在清明前后制作的一种食物，原先是用来祭奠先人的。丽水民俗，清明食青粿，能驱邪避毒。清明粿做法分甜、咸两种，色泽翠绿，味道清新且带蒿香，食之别有风味。

社粿　将籼米、糯米混合磨成米浆，和入捣细的鼠麴草，加上红糖、葱蒜、肉丁、香菇等佐料，用铁锅烙制而成。其色翠绿诱人、味清香可口，还有止咳、理气、燥湿等药用功效。

庆元烧梅　庆元宴席上必不可少的点心。将蕃薯粉炒熟盛锅，撒上白糖，再加入纯猪油和匀，用手捏成小圆团，装盘上蒸笼蒸熟。烧梅蒸熟后表面形成光溜圆滑，里面酥软，香甜可口。

第七章　旅游线路

20 世纪 90 年代至 21 世纪伴随着现代旅游业的兴起和旅游方式的多元化，丽水旅游线路不断延伸，旅游特色项目不断推出，以满足多层次市场需求。

丽水市的旅游线路，开始按风景名胜资源的分布和交通条件形成，逐步向旅游企业经营的线路发展，形成辐射全省及长三角周边城市的线路网络。21 世纪初，丽水市旅游开发的战略方向是打造“长三角最有影响的生态休闲度假目的地”，注重旅游产品开发的品牌导向、文化导向和功能导向，逐步形成品牌目标清晰、文化特色浓郁、功能结构合理的市域旅游产品体系，分别推出“秀山丽水游”“畲族文化游”“休闲养生游”“文化探秘游”“红色文化游”等精品旅游线路。

丽水休闲度假产品开发，利用丽水市高海拔、生态环境优越、林相丰富、多云雾和物候景观等优势，以观光旅游为载体带动避暑度假、康体养生和科普探秘等旅游项目的发展，重点开发市区东西岩、龙泉凤阳山、庆元百山祖、遂昌南尖岩—神龙谷、景宁雪花漈、望东垟、松阳箬寮以及市区南明山、白云山、大山峰等；山水观光产品开发以名山、名水、名景为依托，把观光游览的对象从瀑布、陡崖、岩洞、古迹等稳定的物质景象扩展到云海、日出、星空、物候等时令性景象，把观光游览与登山健身、科普考察、探险猎奇、休闲娱乐等活动结合起来，形成内容丰富、功能多样的综合性旅游产品，重点开发瓯江沿岸、缙云鼎湖峰和九曲练溪、遂昌南尖岩—神龙飞瀑、青田石门洞等；特色旅游产品开发以畲乡文化、侨乡文化、剑瓷文化、黄帝文化和摄影文化为主要载体，开发有地方特色的文化旅游产品，综合开发畲乡自然风情、文化氛围和生活方式，增强旅游项目与活动的体验性和参与性，重点开发景宁中华畲族园、市区欧洲城和青田鹤城镇侨乡休闲风情街等；红色旅游以红军挺进师活动和抗日战争史迹为主线，与绿色旅游和文化旅游等紧密结合起来，重点开发厦河中共浙江省委机关旧址、王村口红色古镇、安岱后红色古寨和斋郎村，形成缅怀先烈游线和红军挺进师游线两条重点红色旅游线路。

第一节 秀山丽水游

1997 年，丽水开展推出旅游线路。1998 年，丽水推进旅游资源开发，有重点地发展旅游热线。1999 年，丽水比较成熟的旅游线 3 条，奇山异水风光线（缙云—丽水—青田）；绿色世界生态线（丽水—云和—龙泉）；民族风情民俗游（缙云—丽水—景宁）。同年，举办“畲乡风情旅游节”“仙都旅游文化节”“龙泉凤阳山登山节”“云和龙舟赛”，从而带动相关景点旅游热线。

2002 年，丽水市实施“大丽水、大旅游”，打造“秀山丽水、浙江绿谷”品牌，联合金华市、温州市，市县联动，整合推出金丽温区域旅游精品线，即推出秀山丽水行线路，丽水接团，游缙云仙都风景区—河阳古民居群，住丽水；早餐后游览南明山—东西岩景区或白云森林公园、通济堰；下午瓯江冲浪，游青田石门洞景区，住青田；早餐后游青田太鹤景区、千丝岩景区、清真禅寺。同年，形成农业观光游 2 条，A 线，丽水接团—到松阳参观卯山农业观光园、卯山打猎、采茶—送团；B 线，丽水接团—到青田游石门洞、逛石雕城、游中国田鱼村—送团。工业特色游 2 条：A 线，丽水接团—游览南明湖，参观防洪提、处州公园等，住丽水—第二天游览纳爱斯集团、水阁工业园区或云和木制玩具城—送团；B 线，丽水接团—到龙泉游龙泉山旅游度假区、住龙泉山—第二天参观龙泉宝剑厂、青瓷宝剑苑—送团。

2005 年，丽水市把发展农家乐作为推进丽水旅游业发展的重点，启动“农家乐”旅游。老竹镇沙溪村、庆元车根村、松阳李坑村、青田龙现田鱼村、云和小顺村、大坪村、平阳岗村等首批丽水市乡村旅游示范点 10 个、50 多户，床位 300 多张。2006 年年初，举办乡村游启动仪式，编印宣传手册《丽水乡村游》，推荐全市乡村一日游线路。4 月初，召开全市旅游工作会议暨农家乐现场会，编制《丽水市农家乐旅游规划大纲》《丽水市农家乐管理办法（暂行）》和《丽水市加快发展农家乐旅游的若干意见》，各县（市、区）有针对性地扶持发展重点村 2—3 个。2006 年，松阳县安民乡李坑村乡村旅游被评为首批省级一星级乡村旅游点（村）。推出农家休闲游线路 6 条：A 线，丽水接团—游云和小顺乡村旅游区（农家乐、瓯江帆影、休闲垂钓、瓯江夜游、渔家风情）—送团；B 线，丽水接团—游遂昌南尖岩、石笋头村—送团；C 线，丽水接团—到莲都游古堰画乡、堰头村—送团；D 线，丽水接团—到龙泉游白云岩景区、炉岙村—送团；E 线，丽水接团—到松阳游延庆寺塔、四都寨头村—送团；F 线，丽水接团—到景宁参观畲族文化陈列馆、游东坑镇深垟村—送团。

2007年，丽水市旅游局开展丽水本地人游丽水活动，先后推出“丽水人游龙泉”“丽水人游风情东西”“丽水人游茶乡(松阳)”“丽水人游遂昌”“丽水人游仙都”等项目。2008年，市旅游局启动奥运旅游年活动，开展“丽水人游丽水”“丽水游遂昌暨旅游直通车发车”“新丽水人游丽水”等活动，推出“丽水二日游”精品线路1条，丽水接团—到缙云游仙都景区、住丽水、晚夜游南明湖—第二天游东西岩、南明山、古堰画乡等景区—送团。

2010年，丽水市举办世博旅游和浙江省首届体育大会期间，整合旅游产品，策划智慧创造财富幸福之旅线路1条和体育旅游线路若干条，其中“智慧创造财富幸福之旅”线路，丽水接团—游中国青田石雕文化旅游区、刘基故里青田石门洞(智慧)、游黄帝飞升地缙云仙都景区(创造)、到遂昌游江南第一矿遂昌金矿(财富)、到景宁大均畲乡之窗景区感受畲族婚嫁表演(幸福)—送团。“顶天立地 高贵之旅”线路，丽水接团—到龙泉市游龙泉山景区，登江浙第一高峰黄茅尖—到遂昌县游金矿景区，探究“黄金是如何炼成的”(探千古黄金谜、圆往昔黄金梦)—送团。

第二节　处州文化游

2002年，遂昌县率先推出“龙谷探丽”二日游线路1条，把成屏水力一级发电厂、成屏库区、安口6636工程、银山古矿井、桂阳林场淤连山瀑布、原始天然林，王村口红色古镇，焦滩独山古寨、遂昌县南尖岩龙门瀑布、“石练十番”表演、大田龙谷丽人茶庄或好川民俗风情有机结合，形成集自然山水、人文文化于一体的旅游专线，引起上海市、南京市旅游界的广泛关注。2002年，丽水市旅游局推出文化探密游线路9条。

2005年，丽水旅游从山水观光型向文化修学型转变，通过把文化融入山水生态环境，提升丽水旅游品牌内涵。如缙云县建设“黄帝飞升地、天然影视城”品牌，龙泉市建设“江浙之巅、剑瓷龙泉”品牌，青田县建设“一江两石”品牌，遂昌县建设“金山林海、仙县遂昌”品牌。同时加强宣传汤显祖与昆曲文化、华侨文化、廊桥文化、摄影和巴比松油画文化等。规划一系列的“国”字号旅游线路，中国剑瓷文化之旅、中国石雕文化之旅、中国畲乡文化之旅、中国廊桥文化之旅、中国黄金文化之旅、中国摄影文化之旅等，以丽水特有的“山水古文明”，映衬“丽水好风光”，为丽水旅游注入丰富的内涵，丰富“山水古文明、丽水好风光”的旅游品牌内涵。2009年，丽水市整合A级景区，推出系列精品线路，策划“欢天喜地游”(遂昌金矿—缙云仙都)和“顶天立地高贵之旅”(遂昌金矿—龙泉山)旅游线路2条，“国”字号旅游线路6条，中国剑瓷文化之旅、中国石雕文化之旅、中国畲乡文化之旅、中国廊桥文化之旅、中国黄金文化之旅、中国摄影文化之旅。

龙泉剑瓷文化之旅

龙泉将剑瓷文化融入旅游景区建设，在白云岩景区规划龙泉问剑、剑川侠缘、七星濯井、桃花探源等1大文化分区，在龙泉宝剑厂开发游客中心、欧冶遗风景区、剑文化表演区、精品购物区等旅游设施；积极开展景区创建，青瓷宝剑苑被评为AAA景区，龙泉宝剑厂获“全国工业旅游示范点”称号，同时，积极举办青瓷宝剑旅游商品设计大赛和特色旅游商品展销会，推进文化旅游业发展。该市已开辟出一条由大窑龙泉窑遗址、仿古青瓷宝剑生产工棚、欧冶子公园、青瓷宝剑苑、青瓷博物馆、龙泉宝剑厂、白云岩景区等景观组成的剑瓷文化旅游线。中国剑瓷之旅线路，丽水市接团—到龙泉市，游龙泉山，登江浙第一高峰黄茅尖，晚上住龙泉市；第二天赏大窑青瓷古窑址、龙泉宝剑文化村、青瓷宝剑苑探密—送团。

青田石雕文化之旅

2009 年，中国石雕文化博物馆、石雕文化城、千丝岩景区三者结合而成的中国石雕文化旅游区，成功荣升为国家 AAAA 级旅游景区，实现国内组合旅游景区模式的创新。这种多节点、组合型的景区模式在全省乃至全国都鲜有先例，它的建成是景区模式的探索和创新，填补中国石文化旅游的空白。2010 年，中国工艺美术协会联合授予青田县“中国石文化之都”称号。中国石雕之旅线路，丽水市接团—到青田县参观青田石雕文化旅游区（即青田石雕博物馆、山口千丝岩石文化公园、中国石雕城）；第二天游石门洞景区或中国田鱼村—送团。

莲都古堰画乡文化之旅

莲都区是丽水“巴比松油画”的发祥地，有“丽水巴比松”画派和专业美术写生创作基地“在水一方写生创作中心”。大港头古街是古堰画乡核心景点和文化产业聚集区。古街临水而建，两边大多是明清建筑，小楼之间有众多的小埠头。现建有大小行画企业和原创画廊近 50 家，街道临街门店内油彩飘香，商品油画琳琅满目，所产商品行画行销欧美。古街也是休闲一条街、酒吧一条街。有打年糕、打草鞋、弹棉花、磨豆腐、竹编等民间手工艺和花灯、社戏等民间技艺展示。

中国廊桥之旅

A 线，至庆元县，赏西洋殿及兰溪桥、如龙桥、大济古民居、游百山祖景区—送团。B 线，丽水市接团—到庆元县参观获亚太地区文化遗产保护卓越奖的“后坑桥”，赏全国最长、跨度最大的仿古拱桥“濛洲桥”，至大济村赏全国有史料记载时间最早的木拱桥“双门桥”，后到百山祖景区参观菇神庙西洋殿及全国现存单孔跨度最大的木拱桥“兰溪桥”；第二天游廊桥之乡——月山村，参观全国现存寿命最长的木拱桥“如龙桥”及来凤桥、白云桥、步蟾桥等—送团。

第三节 休闲养生游

2002 年，丽水市旅游局推出“浙江绿谷”休闲养生二日游线路 2 条，其中 A 线，丽水接团，游龙泉市凤阳山国家级自然保护区、白云岩景区住龙泉；第二天游庆元县如龙桥、巾子峰森林公园或大济历史文化保护区、观百山祖日出；B 线，游松阳县箬寮岘原始林景区、松阴溪风景区、竹源峡景住松阳；第二天早餐后游遂昌县国家森林公园、南尖岩景区。

2003 年，丽水突出“生态•休闲•养生”主题，系统推出以国家 AAAA 级旅游区、国家级风景名胜区——仙都为龙头，以石门洞、东西岩省级风景名胜区为代表的观光型系列产品；以凤阳山—百山祖、仙宫湖、九龙山和箬寮岘优良生态环境为载体的生态休闲度假产品；以畲族风情、黄帝文化、剑瓷文化、良渚文化等为代表的文化型系列产品以及青瓷、宝剑、石雕、黑陶、木制玩具、竹炭制品等众多的旅游商品，制定系列优惠政策，推出以“绿色、生态、休闲、健康”为主题的一日游、二日游等一系列健康、安全的让利服务和产品，促进旅游市场的迅速复苏。

2004年年初，丽水市推出绿谷休闲养生游，突出“生态·休闲·养生”主题，宣传“秀山丽水、艺术之乡、浪漫之都、休闲胜地”的江南特色旅游品牌，提供特色自助游、科学考察游、绿谷养生游、野外生存训练游等产品。

2005年始，丽水市旅游开始从山水观光型向休闲度假型和文化修学型产品转变，观光游览对象从瀑布、陡崖、岩石等稳定的物质景象扩展到云海、日出、星空、物候等时令性景象，观光游览结合登山健身、科普考察、寻古访秘、探险猎奇、休闲娱乐等活动，形成内容丰富、功能多样的综合性旅游产品。同年，市旅游局重点开发市区东西岩、河川公园、龙泉凤阳山、庆元百山祖、遂昌温泉、南尖岩—神龙谷、景宁雪花漈、望东垟、松阳箬寮、云和湖、缙云九曲练溪、滩坑水库等景区项目，其中市区内休闲度假产品开发以瓯江为主轴，发散开发沿江两岸的资源，最终形成“瓯江城市休闲带”，推出“浙江绿谷”休闲养生游线路3条，其中A线，丽水接团—游东西岩景区、住丽水、晚夜游南明湖；第二天到龙泉，游览龙泉山景区—送团；B线，丽水接团—到松阳游箬寮原始林景区、住松阳；第二天游卯山狩猎场或延庆寺塔或四都寨头村、红色古寨安岱后等—送团；C线，丽水接团—到遂昌游千佛山、南尖岩、住遂昌；第二天游神龙谷或乘小火车游览遂昌金矿景区、遂昌温泉—送团。

2009年5月，丽水打响“山水古文明、丽水好风光”旅游品牌，创建“中国优秀旅游城市”，努力把丽水建设成为长三角地区独具魅力的生态文化休闲度假旅游目的地。丽水市区休闲度假产品的开发以瓯江为主轴，发散沿江两岸的资源进行开发，形成“鱼刺骨”状景点分布，最终形成“瓯江城市休闲带”。

2010年，莲都瓯江风情省级旅游度假区经省政府批准成立。至2010年，丽水市评定特色娱乐街区①、十大休闲旅游山庄②，编制《处州菜谱》，收集丽水传统菜肴57个，梳理创新菜34个，构成特色美食系列，形成丽水特色美食街区、特色饮食街区、特色娱乐街区。

第四节　畲乡风情游

丽水景宁是全国唯一的畲族自治县，华东地区唯一的少数民族自治县。莲都区的老竹镇、丽新乡分别为畲族镇和畲族乡。丽水市深入挖掘整理畲族原汁原味的婚俗活动，精心包装成婚俗表演，并在景区推出彩带、草鞋、篾竹、民族工艺品等手工艺表演，向世界各地游客展示传统的畲乡风情。2002年，中国旅游业促销主题为中国民间艺术游，丽水市推出畲族文化艺术游，让世界深

① 特色娱乐街区：莲都区紫金路特色饮食街、景宁畲族自治县大均古街、青田县鹤城街道“欧陆风情一条街”龙泉市剑池街道青瓷宝剑苑、剑瓷一条街精品购物区块、剑瓷文化展示体验区、莲都区大港头古街。

② 十大休闲旅游山庄：长濂鞍山书院（遂昌）、寨头摄影休闲园（松阳）、红罗山农业观光园（青田）、南明休闲农庄（莲都）、白天鹅山庄（龙泉）、龙门绿水山庄（云和）、龙溪休闲山庄（景宁）、大济山庄（庆元）、中国竹炭博物馆（遂昌）、通济山庄（莲都）。

刻领略丽水畲乡文化艺术的独特景观，感受丽水多姿多彩的民俗风情，促进丽水旅游业进一步扩大和发展。同年，丽水市旅游局推出中国畲族少数民族文化采风二日游线路 4 条，其中 A 线，丽水接团，到景宁畲族自治县，专业茶道表演，自采、自炒自品惠明名茶，大均竹筏漂流，观畲族古村落古街古木，传统婚礼、篝火晚会，晚上住景宁；第二天游草鱼塘景区或大漈景区；B 线，丽水接团，早餐后到云和江南畲旅文化村，参加畲族婚礼、对歌、尝畲族婚宴、品畲家米、尝畲族祭祖先等歌舞，晚上住云和。第二天早餐后游仙宫湖、木制玩具工业园区；C 线，丽水接团—到缙云游仙都景区、晚上住丽水、晚夜游南明湖；第二天到景宁畲族自治县感受畲乡风情、浙西南第一漂—送团；D 线，丽水接团—游风情东西景区—晚上住丽水—晚夜游南明湖；第二天到云和江南畲族文化村、游云和湖—送团。

第五节　农业观光游

松阳卯山农业观光之旅

2003 年，松阳县风景旅游局根据卯山特色资源，精心打造丽水市首个全国农业旅游示范点单位——松阳卯山农业观光园，有优美的自然景观，农业生态有机茶基地、千亩果园基地、甲鱼养殖场和旅游接待设施，成为一个以农业观光为主题的休闲旅游目的地。7 月，通过国家旅游局检查验收，被命名为全国农业旅游示范点。

青田农业观光之旅

2005 年 6 月，青田县举行 2005 年中国•青田杨梅节。围绕“尝青田杨梅、游瓯江山水、展侨乡特色、亮山鹤品牌”主题，举行种植经验研讨、名特优农产品展示、杨梅王评比、吃杨梅比赛、趣味竞赛等一系列活动，并把观光农业和旅游相结合，展示优质美味的青田杨梅及青田丰富的旅游资源。青田杨梅已经与青田石雕、青田田鱼一起成为青田县旅游的三大金名片。

第六节　红色文化游

2005 年 2 月，丽水市在全省率先启动“红色之旅”旅游，推出“红色之旅”经典线路 9 条。6—7 月，举办红色旅游月。6 月，举办红色旅游主题日活动，结合“红色”与“绿色”“农家乐”，重点开发厦河中共浙江省委机关旧址、王村口红色古镇、安岱后红色古寨和斋郎村等项目，推出“红色之旅”精品线路 3 条。

缅怀先烈游线路

丽水接团—厦河中共浙江省委机关旧址（刘英烈士纪念馆）、参观南明湖，游览名人南明，住丽水—到莲都老竹游览东西岩景区、三岩寺红军洞—送团。

挺进师之旅线路

丽水接团—到松阳游箬寮原始森林景区、住箬寮山庄—到安岱后革命根据地，重走红军路—送团。

红色古镇之旅线路

丽水接团—到遂昌王村口红色古镇、游览明代一条街、住遂昌—第二天游览大柘泉湖寺—送团。

第七节　生态探险游

丽水市拥有得天独厚的生态优势，其森林、水能、矿产、野生动植物等生态资源的总量居全省首位，是华东地区生态保存最完好的“绿色宝地”、长三角地区发展生态旅游宝地，有“中国生态第一市”、华东地区最大的“天然氧吧”、“秀山丽水、浙江绿谷”等美誉。九龙山是钱塘江的源头区，是浙江省重要生态功能区；龙泉山拥有江浙最高峰；百山祖有最濒危的动物华南虎和最濒危植物百山祖冷杉，极具探索和冒险性。

1997 年，《丽水地区旅游规划》将生态环境旅游区列为丽水地区旅游资源 4 个功能区块之一。1999 年 10 月 16 日，举办龙泉凤阳山登山节，加深旅游界人士对丽水旅游资源和旅游产业的发展和了解，也为旅游线路的深度开发、旅游资源的综合利用营造良好的氛围。2003 年 12 月 4 日，国家林业局正式批复凤阳山自然保护区功能区调整方案，调整出原核心区域中以次生林、人工林、灌木林和建筑用地为主的凤阳庙—凤阳湖—黄茅尖 577 公顷，划入实验区；将黄茅尖主峰北坡、东北坡的 903 公顷常绿阔叶林，凤阳山与百山祖连接区域作为生物廊道扩展华南虎活动空间的 1027 公顷划入核心区，使总体规划更为科学合理。2004 年，丽水市进一步打响“秀山丽水·浙江绿谷”，“六江之源”的旅游品牌，推出系列旅游线路。

第八章　节庆旅游

丽水节日庆典旅游，是丽水旅游业发展的重要推手，成为丽水名副其实的旅游旺季。20 世纪 90 年代后期，丽水地区旅游部门和有关旅游企业，推出各种旅游区节日庆典活动，吸引大批中外游客。旅游节庆越办越精彩，大节带小节，节中有节，节连节，节庆向综合性、系列化方向发展。节庆新产品不断升级，向全国性甚至国际性方向提升。旅游节庆融文化、体育、商贸易、舒展等活动于一体，产生良好的经济和社会效益。

丽水地区庆典旅游活动根据各县（市、区）不同的民俗开展不同的旅游活动，如畲乡风情旅游文化节、遂昌汤显祖文化节等。20世纪90年代，丽水地区各县(市)整合资源，举全县之力，创办有旅游、文化、商务等功能的大型综合性节庆活动，使其成为全面展示形象，迅速提升知名度，能够带来显著经济效益和社会效益的节庆盛会。2000年，丽水地区旅游局创办全市统一的大型旅游节庆活动——“秀山丽水旅游文化节”，整合丽水国际摄影文化节和各县(市、区)原有的旅游节事活动，如中国畲乡文化节、公祭黄帝仪式、青田侨乡文化节、龙泉剑瓷文化节、云和木制玩具节、松阳猴头杜鹃节等，增加活动内容，以重点节事活动整合全市相关资源，使旅游节事活动既有广泛的市场影响又有显著的经济效益和社会效益。节庆活动每年举办一届。节庆时间拟选在每年10—11月，结合丽水国际摄影文化节举行，为期约20天。主会场设在丽水市区，各区县市设立分会场。节庆活动从大型开幕式文艺表演开始，之后可安排开放式文艺表演和文化展示活动、会议展览活动、体育比赛活动、美食购物活动。在此期间，各区县市可穿插安排相应的节庆活动，成为旅游节的组成部分。

第一节　节日旅游

1999年，国务院公布新《全国年节及纪念日放假办法》，决定将春节、“五一”、“十一”的休息时间与前后的双休日拼接，从而形成7天的长假。2000年6月，国务院办公厅转发国家旅游局等九部委《关于进一步发展假日旅游的若干意见》，正式确立黄金周假日制度。

2000年，丽水抓住机遇，加快发展，开发假日旅游。同年，黄金周假日旅游市场开始升温。全市春节黄金周接待国内旅游者为3.21万人次，“五一”黄金周接待国内旅游者为7.3万人次，“十一”黄金周接待国内旅游者为6.58万人次。但同期无黄金周节日旅游收入的专项统计。2001年，丽水市假日旅游市场实现新的突破，假日旅游专列整体数量和规模稳步发展。4月，接待上海游客假日专列2趟、600多人次。黄金周假日旅游市场持续升温，春节、“五一”“十一”期间，全市接待国内旅游者分别为7.19万人次、8.8万人次和10.2万人次，比2000年分别增长124%、20.5%和52.2%。

2002年，“五一”黄金周期间，丽水市接待游客14.3万人次，比2001年同期增长幅度62.5%；实现旅游区收入3358.5万元，比2002年同期增长111.89%。“十一”黄金周期间，全市接待游客13.82万人次，旅游收入3219.2万元，分别比2002年同期增长35.5%和37.2%。

2003年，丽水市春节黄金周接待游客10.8万人次，旅游收入3829.5万元。其中，接待国内来丽游客1917人次，组团出游468人次，出境旅游30人次。A级景区接待游客5.79万人次。“五一”旅游黄金周接待游客3.28万人次，旅游收入441.42万元。“十一”旅游黄金周接待游客16.2万人次，旅游收入4130.58万元，其中市本级接待人数4.37万人次，旅游收入1462.8万元。2004年，丽水市春节黄金周接待游客12.7万人次，旅游收入4615.4万元。“五一”黄金周接待游客16.84万人次，旅游收入4852.2万元；“十一”黄金周接待游客16.8万人次，旅游收入5133.2万元。

2005年，丽水市春节黄金周接待游客13.96万人次，旅游收入5116.8万元，其中“五一”旅游黄金周接待游客21.6万人次，旅游收入6614.8万元；“十一”黄金周接待游客35.85万人次，旅游收入11506.34万元。2007年，丽水市“五一”黄金周接待游客54.28万人次，同比增长56.2%；实现旅游收入2.02亿元，同比增长69.16%。“十一”黄金周，丽水市接待游客78.59万人次，比2006年增长69.12%；旅游收入1.41亿元，比2006年增长43.93%，其中29家旅行社接团13595人次，组团人数

7212 人次，分别比 2006 年同期增长 29.58%、40.12%；63 个景点接待游客 71.78 万人次，比 2006 年增长 80.67%。

2008 年，全国调整节假日制度，“五一”黄金周改为小长假，增加清明节、端午节及中秋节等小长假日旅游后，乡村休闲游成为假日旅游一大热点。龙泉市接待总人数涨幅最大，为 50.18%；遂昌县旅游收入涨幅最大，为 60.12%。丽水市农家乐接待 20.52 万人次，其中莲都古堰画乡接待 5.1 万人次；新改造的龙泉山景区接待游客 3.57 万人次。同年，全市春节黄金周接待游客 57.27 万人次，旅游收入 2.12 亿元，其中市区接待总人数最多，为 26.93 万人次，旅游收入 8617.6 万元。“五一”小长假日旅游接待游客 32.63 万人次，首次突破 10 万人次，旅游收入 1.35 亿元。“十一”小长假日旅游接待接待游客 101.25 万人次，旅游收入 3.89 亿元。其中，市本级接待游客 52.36 万人次，旅游收入 1.93 亿元。2009 年，丽水市春节黄金周接待游客 68.36 万人次，旅游收入 2.57 亿元；清明节小长假日旅游接待游客 14.68 万人次，旅游总收入 0.58 亿元；“五一”小长假日旅游接待游客 40.64 万人次，旅游总收入 1.67 亿元；端午节小长假日旅游接待游客 17.63 万人次，旅游总收入 0.78 亿元；“十一”和中秋节小长假日旅游接待游客 140.5 万人次，收入 5.44 亿元，其中，市区接待游客 67.18 万人次，旅游收入 2.5 亿元。

2010 年“节假日”期间，丽水市景区周边家庭旅馆供不应求，农家乐接待主要以休闲及用餐的客人为主，丽水市节假日农家乐接待 40.13 万人次。同年，全市“五一”小长假日旅游接待游客 52.96 万人次，旅游总收入 2.2 亿元；“十一”小长假日旅游接待游客 169.93 万人次，收入 6.66 亿元，其中市区接待游客 76.43 万人次，旅游收入 28725.6 万元。

第二节 庆典旅游

丽水摄影艺术节

1999 年，第四届中国摄影艺术节在丽水地区所在地丽水市（县级）召开，丽水地区被中国摄影家协会命名为中国“摄影之乡”，这也是第一个被中国摄影家协会命名的中国“摄影之乡”。

2004 年，举办中国·丽水国际摄影文化节。是丽水市首次举办国际摄影节。本届摄影节在瓯江边上搭建一条 3000 多米的长廊，成为摄影节中最具特色的一道风景线。

2005 年 11 月，举办中国第十一届国际摄影艺术展暨 2005 中国丽水国际摄影文化节。2007 年，举办第十二届中国国际摄影艺术展览暨 2007 中国丽水国际摄影文化节，主题是“打造摄影品牌，扩大国际交流，展示丽水魅力，推动旅游发展”，主要活动有开幕式、“感受丽水”摄影大赛和摄影采风活动。其间，中国首家摄影博物馆——丽水摄影博物馆开馆，丽水摄影节向着更专业、更成熟的方向发展。

2009 年 11—12 月，举办中国第十三届国际摄影艺术展览暨 2009 中国·丽水国际摄影文化节。该届摄影节以“打造摄影名城，扩大国际交流，展示丽水魅力，推动旅游发展”为目标，主要突出六大活动。该届摄影节首次建立学术委员会，首次推出策展人制度，创下摄影节多个历史之最，也是丽水摄影节向学术型过渡的转型之年。丽水摄影节成为国内外最有影响力的摄影节之一，被摄影界称为实力派摄影节。

中国剑瓷旅游文化节

21世纪初开始，龙泉市不定期举办中国龙泉青瓷•龙泉宝剑节，主要内容有剑瓷专家研讨会、剑瓷展示（销）、“江浙第一峰”登峰竞技活动、组织探瓯江源头活动、大型歌舞表演等。2002年10月，举办第七届全国陶瓷艺术设计创新评比大会暨中国龙泉青瓷节，主要内容为中国龙泉青瓷节开幕式、中国龙泉青瓷发展研讨会、陶瓷艺术设计创新评比、大型文艺演出。陶瓷艺术设计创新评比入选作品1200多件（套）。2007年11月，举办第二届龙泉青瓷•龙泉宝剑节，纪念周恩来总理指示恢复龙泉青瓷生产50周年和中国著名陶瓷学家、考古学家陈万里115周年诞辰两大历史事件，展示龙泉青瓷走向中兴主题，主要活动有“青瓷之光”50年成就展、龙泉宝剑名剑展、龙泉获奖摄影作品展、“龙泉青瓷走向中兴”高峰论坛、经贸金融科技项目洽谈签约、“古今剑韵”论坛、龙泉特色商品展销会、奠基中国龙泉青瓷城、发表《龙泉宣言》、“剑风瓷韵•魅力龙泉”大型晚会。同年，举办第五届“绿城杯”龙泉山登山节攀江浙之巅活动，创挑战赛纪录；见证上海大世界吉尼斯新纪录的产生过程，23000人集体舞剑，气势恢弘。2008年11月，举办第三届龙泉青瓷•龙泉宝剑节。2009年12月18日，举办第四届龙泉青瓷•龙泉宝剑节。2010年11月，举办第五届中国龙泉青瓷•龙泉宝剑节。

中国青田石雕旅游文化节

20世纪90年代开始，青田县不定期举办中国青田石雕旅游文化节，主要活动有中国青田石雕旅游文化节庆开幕仪式，石雕精品展示会，浙江“三雕”文化研讨会，传统龙灯、鱼灯、采茶舞等表演，瓯江龙舟、帆船竞游比赛，游览青田石文化景区、石雕一条街等。1992年，举办首届中国•青田石雕文化节。2001年，举办第二届中国•青田石雕文化节。2008年11月，举办第三届中国•青田石雕文化节暨第四届中国名石雕刻艺术展，主要活动有18个项目。后每两年定期举办一届石雕文化节。

云和木制玩具节

20世纪初开始，云和县不定期举办木制玩具节活动，宣传推广云和木制玩具，提高中国木制玩具城知名度，拓展国内外木制玩具市场，促进云和旅游事业快速发展。2003年11月，举办第二届中国木制玩具节，主要内容为举办木制玩具论坛、木制玩具研讨会、木制玩具合作项目签约、文艺踩街活动、参观展览木制玩具产品、“群星走进中国木制玩具城”文艺晚会等，打响云和木制玩具品牌，提高中国木制玩具城知名度，拓展国内外木制玩具市场，促进云和旅游事业快速发展，云和县被中国轻工业联合会授予中国木制玩具城称号。2007年11月，举办第三届木制玩具节，主题是“打造中国木制玩具之都，建设山水家园童话世界”。

遂昌汤显祖文化节

21世纪初，遂昌县每年择期举办，主要活动有节庆开幕仪式、“班春劝农”典礼、遂昌昆曲文化表演、仙县遂昌健康之旅推介活动、新闻媒体记者采风活动、举办汤显祖文化论坛、汤显祖文化研讨会等，传承和弘扬汤显祖文化，挖掘整合生态、文化、旅游资源，使遂昌县山水、文化走向全国乃至世界，同时，促进文化惠民，努力实现节庆活动常态化、传统文化产业化和群众文化职业化，为全县经济社会又好又快发展增添活力。2006 年 9 月，举办中国·遂昌汤显祖文化节暨汤显祖国际学术研讨会，主要活动有汤显祖文化节开幕式文艺演出、汤显祖文化学术研讨会、遂昌县旅游资源推介会等 15 项，参与活动专家学者及嘉宾 800 多人，观众 15 万人次。2009 年 3—4 月，举办遂昌“汤显祖文化·劝农”节暨仙县遂昌休闲游活动，主要活动有“汤显祖文化·劝农”活动、仙县·遂昌休闲之旅推介活动两大板块等 12 项。2010 年 3 月，举办“2010·遂昌“汤显祖文化·劝农”节，主要活动有首届浙江省民俗文化保护传承研讨会、“班春劝农”典礼、“牡丹·遂昌卡”首发仪式、遂昌婺剧版《牡丹亭》展演、“飞向健康”之旅、数字电影《班春》新闻发布会、昆剧《临川梦影》首演新闻发布会、新闻媒体记者采风活动等 8 项。

松阳茶文化节暨茶商大会

21 世纪初开始，松阳县不定期举办松阳茶文化节，主要活动有松阳茶文化节庆开幕仪式、茶乡游、松阳茶文化展览、松阳茶文化研讨会、松阳茶文化合作项目对接洽谈会、松阳茶叶节文艺晚会、烟火晚会等，提升“松阳银猴”品牌，提高松阳“浙江生态绿茶第一县”“中国绿茶集散地”知名度，展示松阳雄厚的茶叶生产实力、深厚的茶文化底蕴，展示松阳茶业强县风貌，大力推进松阳茶文化旅游，促进松阳茶叶产业和旅游业和谐发展。2010 年 3 月，举办第三届中国茶商大会暨松阳银猴茶叶节，主要活动有中国绿茶产销对接会、中国绿茶产业可持续发展研讨会、全国知名专家做主要报告、全省茶艺师职业技能大赛颁奖、“松阳银猴”区域公用品牌授牌仪式及“全国重点产茶县”和“全国十大特色产茶县”授牌仪式、烟花晚会、品茶会等。

缙云仙都旅游文化节

1998 年始，每年“九九”重阳节期间在缙云仙都风景区举行的旅游节庆活动，内容包括黄帝祭祀典礼、攀岩竞技活动、摄影创作竞赛、影视文化博览、民间文艺表演、黄帝文化研讨会、参观游览景区以及其他参与性活动项目。同年 11 月，缙云县举办首届仙都旅游文化节，参加观众 10 万多人次。1999 年 4 月，举办首届民祭黄帝典礼。2000 年，举办中国首届黄帝文化学术研讨会，认同并确立缙云县仙都为中国南方黄帝文化的辐射中心，与会专家学者来自全国各地。2001 年，举办“中国·仙都首届国际攀岩节暨第四届仙都旅游文化节”，中央电视台体育频道和上海电视台首次进行现场直播，历时 2 小时。2004 年 10 月，在举办中国·仙都旅游影视文化节的同时，开展文化节开幕式暨迎宾晚会、公祭黄帝典礼、“影视星空”揭碑、《仙都影视博览》光盘首发式、国际黄帝文化学术研讨会、仙都影视作品大回放、经贸洽谈会、仙都啤酒狂欢节等活动，扩大“黄帝飞升地，天然影视城”的影响。

2006 年 10 月，丽水市政府和浙江省旅游局联合举办丙戌(2006)年中国·仙都公祭轩辕黄帝大典暨旅游文化节，主题“走进秀山丽水、弘扬黄帝文化”，进行现场直播或录播公祭大典媒体 40 多家，这次公祭轩辕黄帝大典规格首次升格为市级。2007 年 4 月，丽水市政府举办丁亥(2007)年中国仙都民祭轩辕黄帝大典，祭祀活动规格为“禘礼”(古代最高的礼祭)，采用传统与现代、礼与乐相结合，共同缅怀中华民族的伟大始祖——轩辕黄帝。2009 年，举办己丑(2009)年中国·仙都公祭轩辕黄帝大典暨旅游文化节，原全国人大常委会副委员长蒋正华参加活动，浙江卫视、浙江在线进行现场直播。中央电视台“新闻联播”以《华夏儿女祭拜中华“人文始祖”轩辕黄帝》为题，报道仙都公祭轩辕黄帝人典的实况。

庆元香菇节

1992年，庆元首次举办首届香菇节。2010年年底，庆元先后举办8届香菇文化节。庆元县以“寻梦菇乡、养生庆元”为发展战略，努力打造食用菌文化品牌和养生品牌，促进食用菌产业转型升级。1992年，举办首届香菇节暨香菇市场开业盛典，主题是“香菇引路，以菇会友，拓宽市场，发展经济”，主要活动有香菇市场开业典礼、花车游行，商贸洽谈会、文艺活动、烟火晚会等。其间，工商界人士与有关公司洽谈订货，成交额700多万元。1993年11月，举办第二届香菇节暨庆元复县20周年活动，主要活动有菇神庙西洋殿举行吴三公像的揭像仪式、国际香菇技术研讨会”，扩大庆元县及庆元香菇的知名度，对中国的食用菌业的发展影响深远。1994年3月，举办第三届中国香菇节国际香菇生产暨产品研讨会。2004年8月，举办《华南虎》特种邮票首发式暨第五届中国香菇文化节。其间，还举行“廊桥保护与开发研讨会”“香菇产业发展研讨会”。2005年10月，举办第六届中国(庆元)香菇节暨全国食用菌主产区县(市)长论坛。其间，还举行盛大的公祭香菇鼻祖吴三公典礼。2008年11月，举办第七届中国(庆元)香菇节。2010年12月，举办第八届中国(庆元)香菇文化节开幕式暨“绿韵菇乡 魅力庆元”大型原生态风情歌舞晚会，主要活动有开幕式、香菇文化国际研讨会、食用菌产业招商推介会、食用菌美食节、食用菌技术创新服务平台新闻发布会、香菇博物馆开馆、食用菌专业园区奠基、生态庆元全国摄影大赛、“绿韵菇乡魅力庆元”大型原生态风情歌舞晚会等。

畲乡风情旅游文化节

20世纪90年代后期开始，每年分别在景宁畲族自治县、莲都区老竹畲族镇两地择期举办畲乡风情节活动。

景宁“三月三”歌会　1998年10月，景宁畲族自治县政府举办畲乡风情节，是景宁首次举办县级畲乡风情节。2005年4月，举办中国畲乡景宁“三月三”歌会活动，展示畲族民歌手各地风格特点的畲族民歌。2006年3月，举办中国畲乡“三月三”暨景宁乡村旅游展活动，主要内容为农活竞技项锯木头、打年糕、夹泥鳅，体育竞技项顶杠、拧竹、操石磉，民族文化秀迎宾山歌、畲族服饰、山歌演唱、畲族舞蹈，民间绝活炼火、放焰火，畲族传说故事三公主抛彩球表演。2007年4月，举办中国畲乡“三月三”暨中央电视台“乡村大世界•走进景宁”活动，中央电视台第七频道《乡村大世界》《乡土》两大栏目，走进景宁节目录制现场。2008年，举办中国畲乡“三月三”活动，中央第四套频道与中国台湾电视台合作，多方位深层次报道畲乡民族文化、经济、生态、旅游等内容。2010年，举办中国畲乡“三月三”活动开幕式暨中央电视台《激情广场》走进景宁大型歌舞演出活动。

风情东西畲乡文化节　2006年3月，莲都区举办“风情东西”景区开园仪式暨浙江东西岩“三月三”畲乡风情节，主要内容为“风情东西”景区旅游推介会、文艺晚会、景区游览、畲乡风情表演、畲乡风俗活动、畲族研讨会、篝火晚会等项目。2007年4月，举办第二届风情东西“三月三”畲乡文化节，主要内容有“三公主”迎宾表演、畲族婚嫁表演、大型“风情东西”歌舞晚会、“畲乡狂欢”歌舞篝火晚会。2008年4月，举办2008•“三月三”风情东西畲乡文化节活动，主要内容有“三公主”迎宾、畲乡茶艺、畲族婚嫁、畲乡祭祖、畲乡欢歌、畲乡秋嫁等。2009年3月，举办丽水市风情东西第四届畲乡文化节，主要内容有俗农事体验、畲族风情表演、幸运大抽奖等活动，群众参与性强。这次畲乡文化节规格首次升格为市级。2010 年 4 月，举办丽水市风情东西第五届畲乡文化节，主要内容既有传统农俗农事体验、畲族风情表演，同时，还邀请全省乡镇歌手 17 人放歌东西岩，以歌会友，以歌促旅。

其他庆典活动

2004 年 9 月，丽水市召开“徐霞客与丽水旅游文化”学术研讨会，为期 5 天；10 月，龙泉市举办“龙泉论剑”暨浙江省第四届凤阳山登山旅游节。2005 年开始，云和县连续举办梯田开犁节活动 4 届。2005 年 6 月，青田县举办 2005•中国青田杨梅节，持续 9 天，接待上海市、杭州市、温州市等观光游客 40000 多人次，旅游总收入 14.4 万元；2006 年 7 月，青田县举办 2006 中国•青田刘基文化研讨会，纪念刘基 695 周年诞辰活动。2009 年 5 月 1 日，莲都区举办古堰画乡旅游节，历时 1 个月。

第九章　机构与管理

丽水旅游资源丰富，但开发较晚。古代，处州有官宦、文人游历处州美景，留下极为丰富的文化瑰宝，如名人碑刻题词遗存无数，但尚未开发，也无管理机构。

1978 年中共十一届三中全会后，丽水地区旅游业处于蓄势待发当中，虽仍未系统开发，但已经形成一些传统的旅游活动。如青田县石门洞、缙云县仙都在国内有一定知名度。

20 世纪 90 年代后期，丽水旅游业开始起步。特别是 1997 年丽水地区旅游局成立后，丽水地区旅游开始崛起，并迅速发展起来。同期，丽水地区商业、交通、航运系统相继成立接待国内游客的旅行社，成为丽水经济发展重要的主导产业。

21 世纪初期，丽水市旅游业进入全新的发展时期，旅游产业开始成为经济社会发展主导支柱产业；旅游业对市域经济的直接贡献在全省地级市中名列前茅；丽水市旅游产业保持高速发展，发展速度高于全省旅游业平均值和全市经济增长的平均值，在全省地级市和全市各产业中都名列第一；旅游业对市域经济其他各产业的全面拉动作用加大，增加城镇商业服务业客源，带动旅游景区和乡村旅游点周边农业开发与农林渔产品销售，促进青田石雕、龙泉青瓷宝剑、遂昌和松阳黑陶、云和木制玩具等区域特色产业发展，丽水市的旅游事业呈现前所未有的繁荣景象。

第一节　旅游管理

政策法规

1996 年 9 月，丽水地区旅游局筹建领导小组成立，启动旅游市场专项治理工作。10 月，丽水地区成立旅游局筹建领导小组　地区公安局和地区工商行政管理局联合下发《关于进一步加强旅游市场管理的通知》，规范管理丽水地区旅游市场。1997年7月，地区旅游局联合地区物价局制定《丽水地区旅游涉外（星级）饭店价格管理办法（试行）》；联合地区工商局下发《关于对旅游企业实行先行审批的通知》；8月，联合地区公安局下发《关于加强我区旅游行业治安、消防及公民自费出国旅游管理有关问题的通知》。9月，丽水地区旅游质量监督管理所和丽水地区旅游培训中心先后成立。

1998年，丽水地区制定《丽水地区旅行社考评标准》《丽水地区旅游涉外饭店考核办法》。

1999年5月，中共丽水地委、丽水地区行政公署制定《关于进一步加快旅游业发展的若干意见》；丽水地区旅游局制定《1999年度丽水地区旅行社考核评分标准》。

2000年，丽水市政府制定《丽水市旅游管理办法》。同时，废止《丽水地区旅游业管理暂行办法》。6月中旬，市旅游局召开丽水地区旅游行业管理工作会议，加强培训县（市）局管理人员。

2001年，丽水市修订《丽水市旅游业管理办法》；下发《在全市开展整顿和规范旅游市场秩序工作的通知》《关于规范丽水市目前出境游市场管理的通知》。

2002年，丽水市旅游局制定《丽水市整顿和规范旅游市场工作方案》。5月，相继制定《关于进一步加快旅游业发展的若干意见》《丽水市旅行社2002年度地接业务及入境旅游奖励办法》。

2005年，丽水市政府制定《关于进一步加快发展旅游业的意见》。市旅游局联合市财政局制定《丽水市市直旅游发展专项资金管理使用办法》。2007年1月，制定《丽水市人民政府关于促进农家乐休闲旅游业发展的若干意见》。

2008年7月，丽水市政府制定《丽水市推进生态旅游经济考核办法》。

2009年，丽水市旅游局下发《关于在全市开展旅行社品质等级评定工作的通知》《关于旅行社业务管理相关事项的通知》《关于对丽水市旅行社分支机构登记和备案的通知》《旅行社业务办理程序》。

2010年，丽水市政府制定《关于鼓励市直旅行社为创建AAAA旅游景区送团的通知》《丽水市鼓励上海旅行社给丽水市AAAA级旅游景区送团的奖励办法》。

行业管理

1996年，丽水地区执行《旅行社质量保证金暂行规定》，开展旅游行业专项治理工作，全面推行质量保证金制度。同年，丽水地区整顿旅行社12家，审查合格并补办手续4家。

1997年地区旅游局成立后，严格依照《旅行社管理条例》，丽水地区旅行社开展类别转换工作。同年，丽水地区有国内旅行社5家。

1998年，丽水地区旅行社8家，其中新增旅行社3家。1998年，丽水地区加强旅行社规范化建设和导游员管理，要求导游员持证上岗，无导游证不准带团和接团。

1999年，完成丽水地区旅行社年检工作。在全省旅行社、饭店开展“百优双十佳”活动，丽水地区旅行社被评为浙江百家优秀旅行社。同年，丽水地区旅行社16家，其中新增旅行社8家。同年，丽水地区旅行社21家，其中新增旅行社6家。

2000年6月，丽水市旅游局开展全市旅行社专项检查工作，查处超范围经营旅游业务违规行为的旅行社5家。

2002年，市旅游局鼓励各旅行社拓展地接业务，发展入境旅游；把生态、环保意识融入旅游线路中，推出“绿色之旅”精品旅游线路。2003年，丽水市重奖2002年度地接业务成绩突出的旅行社5

家。10月，举办全市导游大赛。2004年，开展“春雷”专项行动，清理整顿非法出入境中介。9月，丽水市汽车运输集团股份有限公司组建丽水市旅游集散中心有限公司。

2005年，丽水市完成旅行社年检和旅行社导游人员年检过卡工作，规范导游证办证程序。2007年，丽水市旅行社33家，其中新增国内旅行社5家；丽水市旅游集散中心有限公司、丽水旅行社股份有限公司、缙云县星辉旅行社股份有限公司和青田中青旅瓯江旅行社股份有限公司成为浙江省国内旅行社“100强”；丽水市旅游集散中心有限公司进入全国“100强”国内旅行社，位居47名，成为丽水市首家全国“百强”国内旅行社。

2010年，丽水市开展四项专项行动①。同年，兑现2009年度旅行社送团至创AAAA级旅游景区奖励，市区旅行社获奖金7.8万元。

宾馆饭店管理　民国时期，丽水客栈或宿店大多数为私人经营。1953—1956年丽水地域各县实行工商业社会主义改造后，公私合营的旅店、饭店开始出现，分别归属商业部门或供销社管理。1960—1965年，丽水地域先后建立国营旅馆18家，统一归商业部门管理。

1990年，丽水地区供销社系统管理旅店49家。1996年，丽水地区检查饭店13家，复核涉外饭店8家。1997年，开展丽水地区饭店星级评比活动，推动条件较好的酒店评定星级，提升酒店上水平、上档次。同时，增加旅游涉外饭店数量。同年，丽水地区“二星”级饭店3家，其中新增庆元菇城宾馆为“二星”级饭店；丽水地区旅游涉外饭店13家，其中新增旅游涉外饭店5家。

1998年8月，举办丽水地区第二届旅游涉外饭店岗位技能比赛，推动涉外饭店服务规范化发展；开展1998年度旅游涉外饭店复核工作，推荐饭店2家参加省旅游局组织“百优双十佳”评选。同年，丽水地区“二星”级饭店6家，“一星”级饭店4家，其中新增“二星”级饭店3家，“一星”级饭店4家；旅游“涉外”饭店16家，新增旅游“涉外”饭店3家。处州大酒店、南明宾馆、新华大酒店首次获评为“二星”级饭店，“山水宾馆”“花园大酒店”“仙都宾馆”“云和宾馆”首次获评为“一星”级饭店。

1999年，丽水地区旅游涉外饭店开展三大活动，即以“节能降耗、保护环境”为主题的“绿色饭店”活动，以“微笑、有声服务”为主题的“温馨饭店”活动，以“迎国庆、庆澳门回归”的“百日优质服务”活动。同时，组织市区旅游饭店签订行业协作与自律协定；举办丽水地区第三届旅游涉外饭店岗位技能比赛；举办旅游涉外饭店员工培训班8期次，参训533人次。同年，全市旅游涉外饭店总数22家，其中新增旅游涉外星级饭店6家；星级饭店18家，其中新增星级旅游涉外饭店8家。

2000年7月下旬，开展丽水市旅游涉外饭店第四届岗位技能比赛。同年，全市旅游饭店23家，其中星级饭店22家；新增旅游涉外饭店1家；新增星级旅游涉外饭店5家，新增“三星”级旅游涉外饭店1家。丽水香溢紫荆花大酒店由“二星”级升格为“三星”级旅游涉外饭店，终结丽水市无“三星”级以上旅游涉外饭店的历史。

2001年，丽水市开展饭店服务人员岗前培训和考核，参训515人次。同年，全市旅游饭店34家，新增星级饭店12家，其中“一星”级7家，“二星”级4家，“三星”及预备“三星”级各1家。2002年9月，举办全市旅游饭店岗位技能比赛。同年，全市新增星级旅游宾馆（饭店）8家，通过验收的市级

① 四项专项行动：指开展旅行社旅游服务质量专项检查活动，规范旅行社分支机构的管理、旅游合同、旅行社经营范围，出境旅游业务相关的广告宣传及产品推荐等活动。

“绿色饭店”宾馆(饭店)7 家。2003 年,丽水市组织开展贯彻旅游饭店新标准培训,帮助旅游饭店参与省、市级“绿色饭店”创建工作。

2004 年,举办全市旅游行业烹饪技术大赛,参加单位 27 家,选手 75 人;举办星级旅游饭店员工持证上岗培训班 2 期,参训 68 人。同年,开展饭店诚信经营、服务活动。丽水市飞达大酒店、新处州宾馆、锦江宾馆、遂昌县石马度假村有限公司、丽水市新世界大酒店、青田县聚龙山庄有限公司、龙泉市鸿雁宾馆被评为星级饭店。丽水市东方宾馆、莲城宾馆、新世界大酒店被评为省级绿色饭店。

2005 年,丽水市举办全市旅游饭店业服务技能大赛。同年,全市星级饭店 47 家,其中四星级饭店 1 家,三星级饭店 9 家,二星级饭店 24 家,一星级饭店 13 家;新评定星级饭店 6 家,新评定四星级饭店 1 家,结束丽水市没有高星级饭店的历史。全市省级绿色饭店 7 家,其中新评定省级绿色饭店 3 家,通过省绿色饭店复核 1 家。加大对各县(市、区)项目建设的指导,丽水市华侨开元名都大酒店破土动工,按五星级标准设计建设;龙泉香溢大酒店开业,按三星标准设计建设;龙泉国际大酒店破土动工,按四星标准设计建设;遂昌元立国际大酒店结顶,按四星标准设计建设,总投资 7000 万元。

2006 年,丽水市继续创建省级绿色饭店,举办饭店管理人员参加创绿培训班。青田正达开元大酒店在全市首次引入国内知名饭店管理公司参与经营管理。同年,全市星级饭店 53 家,其中新评星级饭店 10 家,“四星”级 1 家,“三星”级 4 家,“二星”级 6 家;新评为省级绿色饭店 4 家。2007 年,丽水市开展星级饭店业品质管理年活动,重点指导星级饭店创建绿色饭店活动。同年,全市新增星级饭店 5 家,其中四星级 1 家;新增省级绿色饭店 2 家。2008 年,丽水市继续有重点地开展创建省级绿色饭店活动。完成 2008 年度全市星级饭店复核复评工作,做好“2008 细节感动浙江”品质服务细节评选活动,开展 2006—2007 年浙江省饭店业发展调查,编制完成《处州菜谱》,收集丽水传统菜肴 57 个,梳理创新菜 30 个,挖掘地方风味小吃 32 个。9 月,开展全市饭店业服务技能大赛。同年,全市星级总数 53 家,新评四星级饭店 1 家,三星级饭店 1 家,二星级饭店 2 家。2009 年,丽水市深化星级饭店的品质管理,有重点地开展创建绿色饭店活动;继续做好星级饭店评定工作,完成星级饭店的复核复评工作。同年,全市星级饭店 54 家,新增星级饭店 2 家,绿色饭店 15 家。青田侨乡国际大酒店被评为省级绿色饭店。

2010 年,丽水市开展酒店个性化服务,指导新建酒店和待评星级酒店,并对星级饭店暗访检查活动。同时,全市继续开展饭店业节能减排工作。同年,全市星级饭店 52 家,其中四星级饭店 3 家,三星级饭店 16 家,二星级饭店 25 家,一星级饭店 8 家。龙泉南国花园酒店被新评为三星级酒店,“绿色饭店”创建工作通过国家银叶级绿色饭店验收。丽水市华侨开元名都大酒店、龙泉国际大酒店、松阳天元国际酒店正式营业,提升丽水市游接待能力和水平。

第二节　管理机构

市级旅游管理机构

1949 年丽水解放前,丽水旅游管理机构尚未见记载。丽水解放后,丽水地域一直没有建立独立分管旅游的组织和部门,由政府办公室或计划委员会兼管旅游工作。1996 年 6 月,随着旅游业向独立的经济产业发展，丽水地区成立旅游局筹建领导小组，对丽水地区旅游资源和旅游业的基本情况开展摸底调查。1996 年 12 月，丽水地区旅行社股份有限公司成立，属国营企业，承担丽水地区旅游业务。1997 年 3 月 12 日，丽水地区旅游局挂牌成立，为丽水地区行政公署直属正处级事业单位，是丽水地区出现的第一个管理旅游工作的专业机构。1997 年 2 月，丽水地区外事旅游汽车有限公司成立。同年，丽水地区旅游协会成立。后丽水陆续制定一些旅游行业管理的规定和措施，统一规划开发丽水的旅游资源，加强对景点、景区建设管理，强化旅游从业人员职业教育和培训工作及旅游教育、科研工作等。在加强旅游市场、旅游价格管理的同时，旅行社实行业务年检年审制度，旅游饭店、旅游餐馆、旅游车船公司和旅游商店，实行定点管理办法。

1999 年 1 月，丽水南明旅行社股份有限公司成立。2000 年 7 月，丽水地区旅行社股份有限公司、丽水地区外事旅游汽车公司完成改制工作。9 月，合并丽水地区旅游局和丽水市(县级)旅游局，组建成立丽水市旅游局。7 月 8 日，建立丽水市假日旅游工作协调小组，全面组织、指挥和协调假日旅游工作。7 月 28 日，设立丽水市假日旅游投诉快速处置中心，启用投诉电话“96118”。

2001 年，丽水市旅游局成为市政府组成部门，是市政府管辖全市旅游业务和职能部门，并负责重大旅游项目的规范、开发、建设及旅游资源保护；负责对全市旅游整体形象的宣传、促销；负责全市旅游管理普查、统计工作；监督、检查旅游市场和服务质量；指导旅游从业行业人力资源开发和规范管理。

2004 年，丽水市旅游发展协调领导小组成立。同年，丽水市饭店星级评定委员会建立，开展诚信经营、服务活动。

2006 年 8 月，丽水市创建中国优秀旅游城市工作领导小组成立，统一指挥协调创优工作。2008 年，丽水市“六城联创”工作领导小组成立，制定《丽水市创建中国优秀旅游城市工作任务分解表》，下发各县(市、区)政府、市直部门《创优工作任务书》。

2009 年，丽水市旅行社品质评定委员会成立，统一管理全市旅行社质量保证金，统一采购办理全市旅行社责任险和意外险。

2010 年，市旅游局内设职能处室 4 个，办公室、市场开发处、行业管理处、规划发展处；下属事业单位 2 个，丽水市旅游质量监督管理所和丽水市旅游推广中心。截至 2010 年，丽水市组建旅游景区管委会(管理处)6 个，高配副处级管委会(管理处)主任 5 人；除松阳、庆元两县外，其他县(市、区)均组建旅游开发公司。

县级旅游管理机构

1949—1982 年，各县一直没有建立独立分管旅游的组织和部门。1982 年，缙云县仙都风景区管理处成立，是丽水地区第一个县级旅游管理组织。1993 年，缙云县仙都风景区管理处机构升格为缙云县仙都风景旅游管理局，为丽水地区最早成立的县级旅游主管部门。1998 年 6 月，青田县风景旅游局正式成立，是丽水地区第一个县级旅游职能部门。1998 年 10 月，景宁畲族自治县风景旅游局正式成立。1998 年 12 月，云和县风景旅游局正式成立。1998 年 9 月，龙泉市风景旅游局建立。1999 年 5 月，丽水市(县级)风景旅游局、遂昌县风景旅游局和松阳县风景旅游局相继建立。2001 年，庆元县风景旅游局成立。2000 年 9 月，丽水市(县级)风景旅游局并入丽水市旅游局。2007 年，莲都区风景旅游局从丽水市旅游局分离出来，单独设立。

丽水市志

丽水市地方志编纂委员会 编

第三册

方志出版社
Publishing House of Local Records

总 目 录

Lishui Municipal Annals
Contents

目　录

（第三册）

第十八篇　金　融　业

第十九篇　财政税务

第二十篇　开 发 区

第二十一篇　经济综合管理

第二十二篇　中国共产党地方组织

第二十三篇　地方人民代表大会

第二十四篇　地方政府

第二十五篇　地方人民政协

第二十六篇　纪律监察

第二十七篇　民主党派与工商联

第二十八篇　中国国民党及其他党派丽水地方组织

第二十九篇　群众团体

第十八篇

金　融　业

1. 货币
2. 存款
3. 贷款
4. 货币信贷管理
5. 金融市场
6. 金融监管
7. 金融服务
8. 保险
9. 机构

概　　述

丽水金融业从古代当铺、钱庄开始，发展演变为职能定位清晰、专业分工明确的银行监管机构、政策性银行、商业银行、其他非银行金融机构。唐代，丽水典当业萌芽。明清时期，丽水钱庄随着经济发展而兴起。民国 26—34 年（1937—1945），全面抗日战争时期，浙江地方银行总行等省级金融机构迁至丽水，丽水金融业一度兴盛。抗日战争胜利后期，浙江省金融机构陆续回迁杭州，丽水金融业经历短暂的繁荣后，开始快速衰退。“国共内战”全面爆发后，民国政府军费开支浩繁，通货膨胀加剧，银行、钱庄仰赖军政存款，或经营投机生意，或利用金银和紧张物资操纵市场物价，以抵押或贴现方式发放高利贷，牟取暴利。典当业则因通货膨胀不断亏损，时开时闭或改营他业。

1949 年 7 月丽水解放后，中国人民银行丽水中心支行开业，开始限期收兑“金圆券”，取缔金银投机，扩大中国人民银行通汇网点，促进货币和物资交流，清理整顿官商合办银行和商业银行，实行公私合营，逐步淘汰经营方式落后、资本薄弱的私营钱庄。中国人民银行丽水中心支行行使国家赋予的金融管理和经营金融业务的双重职能，包括组织货币投放、回笼，调节货币流通，代理国家财政金库，管理金银外汇，对机关、团体、部队和企事业单位执行现金管理和工资基金管理，控制社会集团购买力，监督基本建设拨款，发展储蓄社会闲散资金，开展工商贷款、农业信贷和汇兑业务，调剂融通资金，对企业实行强制保险等。

1978 年中共十一届三中全会后，丽水金融事业发展加速。1984 年，国务院决定，中国人民银行专门行使中央银行职能，同时成立工商银行，由其承担原中国人民银行办理的工商贷款业务的储蓄业务。后丽水地区相继恢复和建立国家专业银行（保险公司），丽水金融业进入一个全新的历史发展时期。中国人民银行丽水地区中心支行转换职能，履行中央银行职能，监管和引导丽水金融业发展。

20 世纪 90 年代，丽水经济体制改革加快步伐，社会经济结构发生变化。1992 年邓小平南方谈话发表后，丽水银行、保险、证券、信托业又有新的发展。国内各类金融机构纷纷在丽水建立分支机构，开展以争取存款规模、占据市场份额为中心的服务竞争。银行机构按照国家产业、信贷政策，把握并逐步优化信贷投向，推行资产负债比例管理和风险管理，建立授信授权机制，金融服务水平提高。保险、信托、证券、典当等行业发挥各自的职能，开展直接或间接融资，为经济建设和社会发展提供支持。

进入 21 世纪，丽水金融电子化建设进展迅速，资金周转加快。各银行相继开通区域电子联行，同时开通同城票据交换资金清算系统。各商业银行和部分信用社还开通全国电子汇总系统，当日票据抵用率大大提高。基本实现储蓄存款全城通存通兑，并在全市各主要街道大型商场及重点消费场所安装自动柜员机，或转账终端设备。银行信用卡、借记卡形成网络，客户随时通过柜员机自助办理本埠或异地存取款及消费转账，缴纳电信、水电等费用。随着社会主义市场经济的发展，金融业有序竞争的局面基本形成。

第一章　货　　币

据丽水墓葬出土文物表明，古代丽水曾流通秦半两，汉代至隋代五铢钱和唐。宋时期的制钱。元代至民国初期，丽水流通的金属货币主要有银两、银元、制钱、铜元等。民国24年（1935）后，银元为纸币所代替。中华人民共和国成立后，人民币是丽水唯一合法的流通货币。

秦用半两统一钱币形制。汉立五铢钱制，沿行730多年。隋文帝稳定南北朝末年币值波动，经济高度富庶。隋炀帝糜费无度，财政枯竭，靠大量铸造轻小恶钱维持。民间私铸盛行，民不堪命，义军纷起，隋亡，五铢钱制随之结束。上述各朝虽有以金银为币，但大多作为帝王赏赐或宝藏之用。唐定开元通宝钱制，为以后各朝所采用。中唐以后，铸减重大钱，物价大涨，商贾不通。至晚唐，又兴“宝钞”和“飞钱”，白银作为货币普遍行使。北宋仁宗天圣三年（1025），发行官交子，为中国首先发行的纸币。明初行制钱，后立钞法，推行纸币“大明通行宝钞”。后期发行漫无节制，钞值一再下落，官民都用银钱。清代银钱并行，重银轻钱，银两制度大为发展。

民国24年（1935），国民政府改革币制，发行法币，币制逐步统一。民国26—34年，全面抗日战争期间，丽水市面上法币和旧银、铜币同时流通。民国34年秋抗日战争胜利后，丽水法币重新成为主要货币。由于国民党当局挑起内战，通货恶性膨胀，国民政府遂以金圆券替代，其贬值更甚。抗日战争胜利后的3年多时间，出现民国以来最严重的通货膨胀，对经济生活造成损害。

1949年5月丽水解放后，人民币成为丽水统一的本位货币。1955年3月，发行新版人民币，同时收回旧版人民币，丽水人民币流通得到完善。中华人民共和国成立后，丽水实行经济发行、计划发行和集中统一发行，人民币的流通与经济发展相适应，币值保持相对稳定。1978年中共十一届三中全会后，特别是社会主义现代化时期，丽水国民经济发展进入高速度，商品经济迅猛发展，出现多种经济成分，市场货币流通量大幅度增长。

第一节　币　　制

1949年5月丽水解放后，中国人民银行发行的人民币随部队进入丽水，成为统一的货币单位。1949年7月，中国人民银行丽水支行对外开业，发行第一套人民币（旧币），面额为1元、5元、10元、20元、50元、100元和200元7种，并通告丽水专区，收兑金圆券。人民币对金圆券比价逐日提高，将金圆券排除出丽水市场。第一个五年计划时，丽水专区人民银行贯彻经济发行、计划发行和集中发行3条原则，开始编制信贷、现金两大计划。随着经济建设的展开，贷款余额、基建投资总额猛增，货币发行相应增加。丽水流通人民币除初发行的7种面值外，继又增发人民币500元和1000元券；1950年，发行5000元和10000元券；1953年底又发行50000元券，12种票面，以100元以上7种为主。

1955年3月，人民币票券面额很大，单位价值很低，市面上没有标价1元商品，为消除过去通货膨胀留在人民币上的痕迹，健全和巩固新中国的货币制度，中国人民银行发行第二套人民币（新币），同时，收回旧人民币。新币面额主币有1元、2元、3元、5元、10元5种；辅币有1分、2分、5分、1角、2角、5角6种。之后，又发行金属分币1分、2分、5分3种，与纸币混合流通。折合比例定为新币1元兑旧币1万元。1958年，"大跃进"开始，各县基建投资大幅提速。以后几年，基建投资扩大，国民经济积累与消费失调，经济出现严重困难。国家严格信贷管理，严格控制货币发行。1962年开始，国家信贷收支逐渐平衡，略有回笼。1962年4月，中国人民银行发行第三套人民币。同期，全国零售物价指数下降，市场货币流通恢复正常。1966—1976年，各县基建投资与货币发行同步增长。

1978年12月中共十一届三中全会后，经济调整增长，职工工资奖金调增，对农副产品收购支付现金，货币流通量急剧增加。1979年，开始发行贵金属（金、银）币和流通纪念币。1987年4月，中国人民银行发行第四套人民币。1988年，国家经济再现过热，消费基金投放过猛，个人和集团购买力超常增长，价格波动过大，丽水出现抢购风，储户挤提存款过多，造成储蓄全面下降。1989年始，国家执行"控制总量、调整结构、保证重点、压缩一般、适时调节"的货币信贷政策，物价回落，货币回笼逐年增多。

1996年5月起，市场需求不旺，消费价格持续下滑，中国人民银行连续降低存贷款利率7次，刺激消费，扩大内需，推动国民经济的健康发展。国家多次提高离退休人员、政府机关和企事业员工工资，增加交通、能源、环境投资。1999年10月，中国人民银行发行第五套人民币。2000—2010年，中国人民银行未发行新版人民币。

第二节　货币流通

1949年丽水解放后，丽水经济总量逐步扩大，市场现金交易比重逐年提高，市场货币流通量逐年增大。中国人民银行每年都组织调查测算市场货币流通量分布状况。1998年始，中国人民银行停止调查测算工作。

1949年5月丽水解放初，金圆券和银元同时在丽水市面上流通，黄金、美钞公开买卖交易。同月，中国人民解放军丽水县军管会发布布告规定，中国人民银行所有的人民币为解放区统一流通的合法货币。自公布即日起，所有完粮纳税及一切公私款项收付，物价计算、账务、债务、票据、契约等，均须以人民币为计算及清算单位，金圆券为非法货币。在收兑金圆券结束后，丽水专区人民银行按军管会命令，收兑金银外币，配合有关部门禁止以银元为计价买卖，全面查禁银元，严厉打击金银黑市。同年，市场银元退出流通，人民币地位得以确立。

1950年3月，丽水专区执行政务院《关于统一财政经济工作的决定》，要求实现财政收支、物资和现金调度平衡。随着生产的恢复与发展，以及推行人民币下乡活动的开展，人民币流通量迅速扩大。1951年年初，贯彻中央财经委员会关于进一步实行货币管理的决定，实行划拨清算，保证现金收支平衡，以适应经济建设对资金的需要。同年冬，“三反”“五反”运动开始，银行收缩信贷，机关减少支出，银根转紧，货币发行量减少。1952 年，撤销丽水专区建制，各县配合经济政策，放宽信贷，对私营工商业投放贷款，通过城乡物资交流，进一步推动货币深入农村。1956 年年初，各县完成对农业、手工业、资本主义工商业的社会主义改造，过去私营企业为主的货币分布为公私合营企业为主所取代。在农村，生产、供销、信用合作社成为货币发行流通的主渠道。1965 年，丽水专区货币净流入 43 万元，净投放 56 万元，年货币流通量 937 万元，与商品销售比为1:9.39 元。1950—1966 年，丽水除 1955 年净回笼 80 万元以外，其余16 年投放大于回笼，净投放 2236 万元。1970 年，丽水地区货币净流入 223 万元，净回笼 403 万元，年货币流通量 1510 万元，与商品销售比为 1:7.7 元。1966—1970 年，国民经济大起大落，货币流通渠道增减交叉，全期投放、回笼，远远低于过去水平。1971—1975年，货币流通呈现逐步上升趋势，期末出现增长高峰。货币先由低而高，全期投放回笼大大高于前期。1967—1976 年，丽水地区除 1972 年净投放 182 万元外，其余 9 年回笼大于投放，净回笼 3073 万元。

1977 年，国务院重新颁布《关于实行现金管理的规定》。1978 年，丽水地区货币流通量 2900 万元，与商品零售额比为1:7.65 元。1980 年，丽水地区贯彻以调整为中心的“新八字方针”①，控制现金投放和信贷规模，但货币流通量仍然增长较多较快。1988 年，丽水地区货币流通量 24098 万元，与商品零售额比为 1:4.94 元。1986—1990，“七五”计划期间，随着经济体制改革深入的发展，市场对货币的需求越来越多。1977—1990 年，丽水地区有 7 年支大于收，净投放 10735 万元；有 7 年收大于支，净回笼 36846 万元，收支相抵净回笼 26111 万元。1950—1990 年，各县投放现金 1495821 万元，回笼现金 1527484 万元，收支相抵净回笼 31663 万元。其中投放大于回笼 23 年，回笼大于投放 18 年。投放主要是农副产品采购、农村财政信用和工资性支出，占投放数 53.6%。回笼主要是商品销售、税款和服务性收入，占回笼数 60.24%。

20 世纪 90 年代，市场货币流通量迅猛增长。1991 年开始，丽水地区发行库发行基金投放回笼数据分析，除 1991 年为净回笼 335.9 万元外，其余年份都为净投放。1993 年始，丽水地区净投放数超亿元，为 2.2 亿元。现金收支中，储蓄存款的收付均占很大比重；其他收入项目中，商品销售收入仍占首位，其次为服务业收入；支出项目中，工资性支出与行政事业费支出举足轻重，而农产品采购支出处于较次要的地位。在同一年的季节性分配上，1 月和 2 月工资性支出和行政事业费支出增加较多，商品销售收入相应增加，农产品采购支出由于规模较小，对全年现金投放的影响不大。1997 年，货币流通量 90863 万元，其中集团单位现金库存 9431 万元，农村人民手持现金 69326 万元，城镇居民手持现金 6508 万元，其他 5598 万元。

1999 年，国家现金收支继续实行稳健的货币政策，适时调节货币供应量，保证经济稳定增长，坚持扩大国内需求的方针。2003 年始，丽水市净投放数 12.2 亿元，首次超 10 亿元。2008 年，丽水市净投放数为历史最高点，为 30.4 亿元。除 2009 年受国际金融危机影响，投放同比趋势减缓外，其余年份投放都为逐年增长。

① 新八字方针：1979 年 4 月，中共中央召开工作会议，李先念代表中央作《关于国民经济调整问题》的重要讲话，确定“调整、改革、整顿、提高。边调整边前进，在调整中改革，在调整中整顿，在调整中提高”。1979 年 6 月，五届全国人大二次会议正式通过“调整、改革、整顿、提高”的方针。

第三节　货币管理

现金管理

1950年4月，政务院发布《关于实行国家机关现金管理的决定》，全国统一实行现金管理。中国人民银行制定《机关、公营企业、合作社现金管理实施细则》，对国家机关和公营企业、合作社实行现金管理。规定准予保留规定之限额，所有现金及票据必须于当日存入中国人民银行，必要时最迟须于翌日前存入。各单位除发工资、向农村采购及小额开支外，一律不用现金，用转账支票通过人民银行结算。工资、奖金支出是现金投放主要渠道之一，劳动工资计划是银行制定现金投放计划重要依据，工资、奖金管理长期以来构成现金管理的重要内容。银行任务是监督各单位工资支付，事后进行统计，超支需要报批。

1988年，丽水地区执行《现金管理暂行条例》，控制各单位现金使用，人民银行每年组织开展现金管理大检查。1990年，地区开展现金管理大检查，检查重点是大额现金审批制度的执行。1993年，地区组织货币回笼，压缩单位库存现金。1994年，控制消费基金增长，全面实行大额现金审批报备制度，报备内容除储蓄、工资性现金支出以外的大额现金支出，报备起点金额为10万元。

1997年，中国人民银行先后制定《大额现金支付登记备案规定》等一系列现金管理制度。严禁公款私存、控制信用卡提现、合理核定开户单位库存现金限额、推广便捷结算工具，引导企业减少现金使用。2000年，开始简化大额现金审批手续，人民银行不再直接审批大额现金，由开户银行负责审批，对5万元以上（含5万元）现金支付，按规定审批后支付；建立大额现金支付异常情况报告制度和报备制度，提高大额现金报备起点金额至50万元。

2001年前，国家现金管理重点是合理控制现金投放，严禁违规大额支现、严控消费基金增长，抑制通货膨胀。2001年始，现金管理重点转向以防范和打击利用现金结算从事违法犯罪活动、防范和化解现金结算风险。2001年年底，人民银行现金管理职责由货币信贷部门调整到货币金银部门。2006年开始，每年检查商业银行人民币收付业务。2007年9月，人民银行大额现金管理职责由货币金银部门划转到反洗钱部门。

反假货币

20世纪80年代后期，丽水地区出现假币，造假方式为手工描绘、木版、石版。后又出现照像制版、机器分次套印、复印机分色分次大量复印等造假技术，假币识别难度增加。1988年，收缴假币37张、币面价值676.5元。1990年，首次发现中国台湾版100券假币5张，1991年，丽水地区收缴假币币面价值44832元。1993年，收缴假币币面价值228043元，假币发案次数、金额、收缴数量均逐年快速上升，收缴假币主要是机制假币。2000年，收缴假币币面价值101万元，首次超100万元，其中收缴假美元9200元。2000年起发现的假币，采用现代化印刷机械生产，伪造水印、安全线等，针对验钞机具伪造机读特征，仿真度极高。

2007 年，丽水市政府建立反假货币工作联席会议制度，与公安、工商等部门协作，严厉打击假币案件，打击制贩假币，加大反假知识宣传、培训等工作。联席会议成员由市新闻宣传教育、公检法、金融机构等部门分管负责人组成。联席会议办公室设在中国人民银行丽水市中心支行。

2007 年开始，丽水市开展城市社区、农村反假货币网络建设，2009 年年底，丽水市反假货币宣传网络实现全覆盖，建立反假货币工作站 252 个，聘请反假货币宣传联络员 3900 人。2009 年，开展丽水市反假货币“双十佳”（十佳反假货币工作站、十佳反假货币宣传联络员）评选，普及全民反假货币知识，成效明显。2010 年，中国人民银行丽水市中心支行在全市部署开展“送反假货币知识进千村入万户”活动。活动包括走千村访万户、放心店宣传、收银员培训、讲师团技能比武、全员反假货币知识竞赛等内容。同时，依托“银行卡助农取款服务点”同步建设“丽水市农村反假货币工作点”，完善农村反假货币工作长效机制。2010 年年底，丽水市建立“农村反假货币工作点”1034 个，接受反假货币咨询 3.6 万人次。

第二章　存　款

清代，丽水就有公私存款寄存于典当行生息获利。清代中期，丽水钱庄吸收存款，经营放款。清末，丽水近代金融业兴起，由钱庄办理官商货款的存取、汇兑。

民国 6 年（1917）5 月，中国银行温州支行丽水县代理处成立，开始经营储蓄性质的商业存款。随着民族工商业的发展，商业银行开始注重吸收个人及民间存款，壮大经营实力。1937—1945 年，全面抗日战争期间，浙江地方银行总行、浙江省合作金库等省级金融机构 8 家，随浙江省政府机关迁至丽水、云和、龙泉、庆元等县，相继设立营业机构，存款及储蓄业务猛增。1949 年 5 月丽水解放前，丽水工业基础薄弱，资金多为外调。

1949 年 5 月丽水解放后，丽水县军管会动员和利用社会闲散资金平抑物价，发展生产，支持国营贸易机构收购物资，鼓励工商企业和居民在中国人民银行开立户头，办理存款和储蓄。各县人民银行分支机构相继开办各项存款业务。1950 年，丽水专区银行存款 33 万元。1953 年，各县开始大规模经济建设，银行成为结算、信贷和现金出纳中心，运用行政手段组织和管理单位存款，吸收居民储蓄。1978 年中共十一届三中全会后，丽水储蓄存款和企业存款快速增加，远远超过财政性存款的总额。1978 年，丽水地区银行存款 1.23 亿元。1999 年，丽水地区存款余额 137.12 亿元。2000 年始，丽水市存款以年均 20%速度递增。2010 年，丽水市金融机构人民币存款 1019.54 亿元，比 1999 年增长 6.44 倍；外币存款余额 16.41 亿美元，比 1999 年增长 6.29 倍。

第一节　财政性存款与机关团体存款

财政性存款

清末，丽水金融业兴起，典当行资本增多，业务有所扩大，既贷出款项，也吸收存款，叫生息银。1937—1945年全面抗日战争期间，浙江地方银行总行、浙江省合作金库等省级金融机构8家内迁至丽水、云和、龙泉、庆元等县，主要代理省金库，“分厘金军”当时是一种特权，于是各行之间，多有份额之争。

1949年5月丽水解放后，中国人民银行丽水专区中心支行代理财政金库，由此发生财政性存款。丽水财经制度尚未完善，机关、团体与人民银行建立业务往来关系不多。同年，丽水专区财政性存款余额只有3万元，主要是财政金库存款。1950年，政务院颁布《关于统一国家财经工作的决定》和《中央金库条例》，规定国家财政收入由经收机关按规定时间全部缴纳同级金库。同时规定“机关、团体、部队”等单位，除按保留一定数量现金以备日常支用外，其余一律存入国家银行统一管理，集中调度。单位均在银行开立账户，款项收付通过银行办理，存款逐步增加。1952年年底，财政性存款余额136万元，占同期各项存款余额50.18%。1949—1952年，国民经济三年经济恢复时期，丽水专区财政性存款年均递增256.57%。

1953—1957年“一五”计划时期，各县社会经济发展，财政收入增多，财政性存款增加。1957年，各县财政性存款余额277万元。1958—1960年，各县金融管理放松，银行支持各行业全面跃进，但财经纪律松弛，大量发放贷款，造成信贷失控，部分贷款被挪用于财政性支出，财政性存款迅速增加。1958年，各县财政性存款余额激增至1105万元。1958—1960年，各县年底平均余额870万元。1960年，各县人民银行执行《中共中央、国务院关于冻结、清理机关团体在银行的存款的指示》，从12月25日起，对机关、团体、部队、事业单位的专项存款、基建包干结余和自筹资金一律予以冻结。1962年12月，各县人民银行执行银行工作“六条决定”，加强现金管理，严格结算纪律，划清财政资金和信贷资金的界限，财政性存款余额明显下降，1962年，各县财政性存款余额796万元，比1961年下降22.27%。1958—1962年，“二五”计划期间，各县财政性存款年均增长23.51%。1963年始，国家继续调整国民经济。到1964年，丽水专区国民经济全面好转。1965年年底，丽水专区财政性存款余额1094万元。

1966—1976年，丽水地区国民经济徘徊不前，财经纪律遭受破坏，财政性存款增幅减缓。1976年年底，丽水地区财政性存款余额2686万元。1966—1976年，丽水地区年均递增率为7.8%。1976年，整顿银行机构，恢复信贷、结算和现金管理工作制度。1978年中共十一届三中全会后，丽水地区社会经济重新发展，财政性存款快速增加。1979—1984年，丽水地区年均财政性存款增速19.3%。

1984年11月，中国人民银行行使中央银行职能，改革信贷资金管理体制，金库存款、地方预算外存款、基本建设项目存款、机关团体存款等财政性存款全部上缴中国人民银行。同时规定，财政性存款由专业银行代理，按旬（月）进行调整，代理业务手续费由专业银行账号总行向中国人民银行总行清算。1985年，丽水地区对财政性存款除农业银行县以下机关、团体存款作为专业银行一般存款由其自行运用外，对原在一般机关、团体存款科目核算的非财政性存款转入单位其他存款，属专业银行一般存款。对其余财政性存款，凡在各专业银行开户的，由各专业银行代理收缴后划交人民银行。1985 年，丽水地区财政性存款余额 7338 万元，比上年底减少 1897 万元，同比下降 20.54%。

1988 年 7 月 1 日起，中国人民银行在财政性存款中开办定期存款业务，其期限、利率比照企业单位存款执行。1990 年，丽水地区财政性存款余额占存款总额比重下降到 8.93%。1997 年始，部队预算内、预算外存款不再列入财政性存款范畴，1998 年始，机关团体存款、地方基建存款和财政预算外存款划归金融机构一般存款。1999 年，丽水地区财政存款上升到 1.72 亿元，仅比 1990 年增加 0.34 亿元，财政存款余额占存款余额比例下降到 1.26%。

2000 年丽水撤地设市后，经济快速发展，税收来源扩大，财政收入增加，财政存款快速增长。同年底，丽水市财政存款余额 2.54 亿元，同比增长 47.36%。截至 2010 年，丽水市财政存款余额 23.62 亿元，是 2000 年的 9.3 倍。

机关团体存款

1997 年前，丽水地区机关团体存款归并到财政性存款。1998 年始，丽水地区机关团体存款划归金融机构的一般存款单独统计。1998 年，丽水地区机关团体存款余额 1.84 亿元。2000 年始，丽水市机关团体存款快速增长。截至 2010 年，丽水市机关团体存款余额 100.02 亿元，是 2000 年的 30.65 倍，年均递增 41.26%。

第二节　企业存款

明清时期，丽水工商业开始发展。清末，丽水出现少数钱庄，植根于民间，承揽工商业存汇。钱庄存款，发给存折，作为往来取款支息的凭据。利息高低，不独取决于存期的长短，还视存款时的季节而定。民国 22 年(1933)，国民政府“废两改元”，钱业紧缩，存款流失。后随着钱庄的衰落，商业银行趁势发展。但由于工商业基础薄弱，加上物价上升的幅度远远高于存款利率，企业存款来源极少。民国 35—38 年，解放战争期间，通货膨胀，法币贬值，正常工商业渐陷困境，商业银行的资金力量日益萎缩。

1949 年丽水解放初，丽水专区企业存款 2 万元。5 月，中国人民银行丽水中心支行对外营业，开办活期和定期存款。同年，对机关、公营企业和合作社办理定期折实储蓄。同时，军管会命令各级机关及公营企业存款，一律存入专区人民银行。其时物价不稳，私拆活跃，金钞带头活动，存款业务很少。1950 年，丽水专区人民币企业存款增至 12 万元。1951 年，银行普遍开展私营工商业业务，私营企业存款增长较快。1952 年，丽水专区企业存款余额 86 万元。1953 年开始，国家启动大规模经济建设，国营工业清产核资，实行经济核算，财政核拨各国营工厂的流动资金逐级到位，商业上取消贸易金库制，企业资金需求增加，企业存款增幅较国民经济恢复时期减缓，年均增幅 17.67%。1954 年，实行私营企业改造，存款公进私退。1955 年和 1957 年，各县企业存款出现负增长。1957 年年底，各县企业存款余额 194 万元，是 1952 年的 2.26 倍。

1958年“大跃进”运动中，受“浮夸风”影响，银行存款中“水分”很大。计划外建设项目大量增加使基建存款陡增，各县信贷投放总量比1957年增长102.66%，同期派生存款大量增加。1958年，各县企业存款余额735万元，是1957年的3.79倍。1960年12月，冻结机关团体在银行存款和企业专项存款后，基建存款和企业存款大幅下跌。1961年，各县执行中央“调整、巩固、充实、提高”的经济政策，企业存款稳步增长。1965年，各县企业存款余额1047万元。1960—1965年，各县企业存款年均递增19.7%。1966年，各县工业生产时停时续，企业存款增长速度放缓。1966—1970年，各县企业存款年递增率仅10.48%。1972—1975年，丽水地区企业存款缓慢回升。

1978年中共十一届三中全会后，扩大企业经营管理自主权，实行利润留成，间歇资金增多。同时，银行进行信贷资金管理体制改革，1980年，银行实行“存贷挂钩，差额包干”的信贷管理办法。同年还对企业专户存款恢复计息。1980年年底，丽水地区企业存款余额6227万元，比1978年增加2016万元，两年间增长47.87%。

1982年，丽水地区开办企业界、事业、机关、团体等单位的定期存款业务，存期分1年、2年、3年3种，相应利率为月息3‰、月息3.6‰、月息4.2‰。由于单位定期存款利息收入比往来户高，各单位把企业基金、利润留成以及其他提留等短期内不用资金存为定期存款，企业存款余额逐年增加。1982年年底，丽水地区企业存款余额6766万元。1983年，丽水地区企业存款增至7618万元。1984年，人民银行行使中央银行职能，对各专业银行实行“实贷实存”资金管理体制，提高各银行吸收存款的积极性。其中，金额大、成本低、效益好的企业存款成为银行筹措资金的首选目标。后丽水地区经济快速发展。1984—1985年，丽水地区工农业生产总值两年分别增长14.9%和35.02%，社会各类经营单位间歇性资金增多，银行企业存款大幅度增加。1984年和1985年，银行企业存款分别增加43.67%和78.65%。

1986—1990年，“七五”计划期间，丽水地区乡镇企业、个私经济快速发展，企业存款种类增加，单位定期存款、大额可转让定期存单、协议存款和通知存款等单位定期性存款大幅增加。除1988年因物价上涨过猛，企业存款与上年基本持平外，其余各年均有较大增长。1990年年底，丽水地区企业存款余额4.49亿元，比1985年增加1.3倍，年均增长18.11%。

1991—1995年，“八五”计划期间，丽水经济快速发展。1993年始，丽水金融机构开展利率大检查，逐一查处擅自提高利率、非法集资和违章拆借资金等行为，鼓励各银行向多元化经营发展。1994年，国家全面推进金融改革，各专业、商业银行实行对公存款工作机制，以贷吸存，以存定贷，普遍推行资产负债比例管理和风险管理的探索。丽水地区各银行大力发展中间业务和代理业务，发行各种信用卡，融入大量低价存款，降低筹资成本。1995年，丽水地区工业企业数是1991年的两倍多。企业存款余额19.52亿元，比1990年增加3.35倍，年均增长率34.15%。

1996年，丽水地区企业存款保持旺增势头，企业存款余额25.51亿元，同比增长30.65%。1997—1998年，受亚洲金融风暴影响，丽水经济发展速度放缓，企业存款增速趋缓。1997年和1998年，地区企业存款增速分别为11.92%和18.38%。1999年，地区金融机构进一步加强存款营销工作，优化人、财、物配置。同年，地区企业存款余额40.96亿元。

2000年丽水撤地建市后，实施“工业强市”发展战略，以工业园区为载体，加大投入，招商引资，企业经济实力逐年增强，企业存款迅速增加。2001—2003年，全市企业存款年均增幅24.11%。2004—2005年，受宏观调控政策影响，全市企业存款增长速度放缓，增幅均小于11%。2005年，企业存款余额106.29亿元。

2006年，丽水市企业经营效益普遍好转，企业存款增长21.19%。2008—2009年，受国际金融危机影响，国家推出适度宽松货币政策，全市经济开始走出低谷，企业在去库存的同时效益增长，可用资金明显增加。2009年年底，企业存款余额210.35亿元。2010年，全市企业存款余额262.56亿元，余额同比增长24.82%，增速高于全部人民币存款增速9.11个百分点。

第三节　城乡储蓄存款

民国26年（1937），丽水开办集团储蓄，为丽水储蓄兴起阶段。后相继开办节约建国储蓄、特种人寿储蓄、教育储蓄、乡镇公益储蓄、免缓兵役储蓄等。民国31年，丽水储蓄余额27.96万元（法币）。民国37年，丽水存款余额17840.29万元（金圆券）。

折实储蓄

1949年5月，丽水解放。6月，中国人民银行丽水中心分行试办折实储蓄存款，即储户存款时，按前一天中国人民银行丽水中心分行公布4种实物牌价（大米、面粉、白细布、煤炭）与储金额折成实物单位数量，取款时按前一天4种实物牌价换算成人民币支付本息。折实储蓄保障储户不受物价波动而蒙受损失。

保本保值储蓄

1950年年初，丽水专区物价尚有波动，折实储蓄在物价下跌时不能保本、在物价上涨时不能保值。7月，中国人民银行丽水中心分行开办保本保值储蓄。优点是在市场物价上涨时，按折实储蓄存款保值；物价平稳或下降时，按照存入货币储蓄保本。1950年年底，专区开办既保本保值又月月开奖的有奖储蓄业务，进一步调动群众存储的积极性。1952年7月，由于物价趋于稳定，专区停办保值储蓄，实行完全货币储蓄。

爱国生产有奖储蓄

1951年，丽水专区结合增产节约运动，开办爱国生产有奖储蓄。1952年，专区增加整存零付到期储蓄、整存整取储蓄、存本付息储蓄等，不仅满足多种存款需要，也有利于吸收闲散资金为储蓄存款，较好地支持工农业生产的恢复和发展。1952年年底，各县储蓄余额45万元（折新人民币）。

优待农民售粮储蓄

1954年，各县配合国家粮食、棉花收购，鼓励农民储蓄，开办优待农民售粮定期储蓄，以农民出售粮食和棉花给国家所得的款项为存储对象，期限分1—6个月6种，到期凭存单一次提取本息，优待利率为1—3个月的月息1.2‰，4—6个月的月息1.5‰，均高于其他储蓄利率。同时，规定该储蓄一律按国家收购粮价给予保本保值，消除农民对粮食季节性差价顾虑。

城乡储蓄

1956年，各县对资本主义工商业的社会主义改造基本完成，工业生产有新发展，改革机关、企业工资，储蓄来源有所增加。1957年年底，各县城乡储蓄存款余额281万元。1958年，受“浮夸风”影响，储蓄“摆擂台”，存款自愿原则受干扰。1963年，国民经济逐步好转，各县城乡储蓄存款开始回升。1970年，丽水地区城乡储蓄存款余额774万元。1966—1970年，丽水地区储蓄存款余额年均仅增长7.19%。1972年，中国人民银行修订储蓄章程，重申“存款自愿、取款自由，存款有息，为储户保密”的储蓄原则，储蓄存款有所回升。1978年，丽水地区城乡储蓄存款余额2689万元，是1972年的2.23倍。

1978年后，随着经济的快速发展，职工工资水平提高，丽水地区银行发挥利率杠杆作用。1979—1987年，国家先后调高储蓄存款利率5次，银行增加储蓄种类，增设储蓄网点，调整营业时间，充实人员，加强宣传，储蓄存款大幅度增长。1987年年底，丽水地区城乡储蓄存款余额54455万元，是1978年的20.25倍，年均增长39.6%。1988年，国家经济过热，物价上涨，储户支取存款抢购商品，储蓄存款严重滑坡。9月，国务院决定上调储蓄存款利率，开办保值储蓄，同时推出爱国定额定期储蓄和实物有奖储蓄，储蓄存款余额得以回升。1988年年底，丽水地区储蓄存款余额5.69亿元，较上年增长4.51%。1989—1990年，国家物价趋于稳定，城乡储蓄存款年均递增35.6%。1990年，丽水地区储蓄存款余额10.47亿元，首次突破10亿元。1991—1995年，丽水地区城乡储蓄存款余额44.86亿元，继续保持旺增势头。1995年始，丽水地区金融机构进一步树立“存款立行”的观念，加大宣传力度、调整网点布局、增加储蓄种类、优化服务环境、落实责任制等措施大力吸收存款。1998年，丽水地区城乡居民储蓄存款余额78.56亿元。1999年，国家连续降息7次、恢复征收利息税、规范财政预算外资金的专户管理、放宽证券市场的资金准入政策，城乡居民储蓄存款业务增幅放缓。2000年，居民储蓄存款通过国债、股市、房市等渠道继续分流，在第三季度出现负增长。同年底，全市金融机构居民储蓄存款余款94.78亿元，同比增长9.57%。

2001年始，丽水市经济快速发展，居民收入增加，但消费市场后劲不足，居民投资渠道相对缺乏，加上金融机构采取多种措施积极揽储，居民城乡储蓄持续增长。2009年，丽水市城乡居民储蓄余额497.23亿元。2010年，丽水市城乡居民储蓄存款余额533.75亿元。

若干年份丽水金融机构人民币各项存款年底余额情况一览

表18-2-3-1　　单位：万元

年　份	存　款	年　份	存　款
1949	5	1978	12331
1950	33	1980	24774
1952	271	1985	67607
1957	1005	1990	154530
1960	2167	1995	682828
1962	2352	1998	1192102
1965	3071	2000	1546386
1970	5036	2005	3743954
1975	9139	2010	10195405

第三章　贷　　款

唐代，丽水典当行业出现抵押放款业务。北宋时，王安石制定市易法和青苗法是抵押信用和农业信用的政府放款。清代晚期是钱庄的鼎盛时期，丽水沿用钱庄的做法，业务活动范围较窄。一般以信用放款为主。按《大清银行章程》规定放款分押款及借款两种，后者即为信用放款，占放款总额多数。民国初期，丽水银行对典当放款，通常以架存质特作为担保。国家银行中，以财政收入为还款来源的信用放款一直没有停止过，照例由政府权要出面保证。物价动荡时期，重物轻币，囤积居奇，小银行和钱庄，往往以纱布、五洋等物资，或以股票、生金银等现货为抵押，支持投机。商业票据通行后，因短期票据可以提前兑现，即出现贴现业务。

1949 年 5 月丽水解放后，中国人民银行丽水中心分行在稳定金融物价的同时，集中资金发放贷款，支持国营经济的恢复，支持农业生产和开展物资交流。在农业和私营工商业的社会主义改造完成后，丽水金融机构信贷业务扩大，贷款领域拓展，贷款种类增加，根据国家政策，有计划地增加工业特别是国营工业的贷款。1950 年，丽水专区贷款总量仅有 3 万元。1978 年，丽水地区贷款总量增加到 1.45 亿元。

1978 年，进入改革开放时代，丽水金融机构贷款总量快速增长，银行贷款进入固定资产领域和科技领域，工商流动资金贷款逐步扩大到非生产行业，诸如旅游、服务、科技、文教、卫生等事业，包括多种形式所有制在内的企业和个人贷款。随着农村经济结构的调整，农村信用贷款的主要投向，除积极支持粮食外，逐步扩大到农、林、牧、副、渔和农、工、商方面。20 世纪 90 年代，丽水金融机构支持经济结构、产业结构、新产品结构调整，重点投入交通、通讯、环境建设项目，大力发展消费信贷业务，重点促进住房、教育、汽车消费、耐用消费品、出国留学等信贷业务。1999 年年底，丽水地区贷款总量 82.33 亿元。1978—1999 年，贷款年均增幅 21.19%。2010 年年底，丽水市金融机构人民币各项贷款余额 809.11 亿元，外币各项贷款余额 1.86 亿美元。2000—2010 年，丽水市贷款年均增幅 24.16%。

第一节　工业贷款

1949 年 5 月丽水解放后，经过 3 年的经济恢复，中国人民银行丽水中心支行有计划地增加对工业特别是国营工业贷款，促成私营工业和手工业的社会主义改造。1978 年中共十一届三中全会后，新的金融体制建立，形成多层次、多方面的融资渠道，给多种形式的工业企业带来竞争，增加动力。中国人民银行丽水市中心支行及其他专业银行、综合性银行贷款领域发展到技术改造，重点支持能源、交通、原材料等基础工业，促进鞋革、机械、五金为主的较为完整工业体系的形成。

私营和工商业贷款

民国时期，丽水民族资本主义工业开始发展，出现一批私营轻工业和个体手工作坊，但成规模的较少。民国26—34年（1937—1945），厂房被炸毁或为日本侵略军攫夺，工业受到毁灭性打击。民国30年，浙江地方银行青田办事处和青田县合作金库发放商业、合作社信贷48万元。民国38年，丽水只有工业企业7家和少数手工业作坊。

1949年5月丽水解放初，中国人民银行丽水中心分行以折实贷款、收购产品的方法，稳定并巩固金融物价，协助部分私营企业恢复生产。1953年，各县生产规模较大的私营工业企业逐个实现公私合营。1978年始，银行贷款向非公有制经济开放，贷款余额逐步加大。21世纪初，丽水金融机构重点扶持民营科技企业，培育新的经济增长点。

国营工业贷款

1949年5月丽水解放初，丽水工业经济基础非常薄弱。1951年后，对私营工业企业的社会主义改造，形成丽水地区第一批国有企业。1953年，“一五”计划开始后，银行贷款首先投向重工业，促进丽水基础工业发展。但财政拨付较多，工商企业与银行建立信贷关系还不够普遍。1953年，各县工业经济发展，工业贷款逐年增加，工业企业数100家。1953年年底，各县工业贷款余额26万元。1954年，各县财政遵照规定将定额流动资金按最低需要量确定拨付给企业，国营工业普遍建立信贷关系。1957年，“一五”期末，各县工业企业数增至348家，贷款余额增加到108万元。

1958年，“大跃进”运动开始，各县大办工业、大炼钢铁，银行贷款片面强调充分供应，支持大办工业，疏于监管，导致贷款严重失控，年底余额497万元。1959年始，财政拨给企业的自有流动资金，划转人民银行作为企业向银行的借款，统一计算利息，实行“全额信贷”管理。同年，还将企业结算户与定额放款户合并，实行“存贷合一”，在核定的贷款额度内可以透支。1960年，各县工业贷款余额1864万元。1958—1960年，各县工业贷款年均增速158.43%。1961年7月1日起，取消全额信贷，实行国营工业企业定额内80%资金由财政拨款，20%资金由银行贷款。1962年1月1日起，银行不再参与发放20%的定额贷款，只发放超定额贷款。原先由银行参与发放20%定额贷款的企业，按1961年12月31日定额借款的账面数额，转作企业自有资金。1962年3月，各县严格执行中央银行工作“六条决定”，严格信贷管理，控制信贷投放。1965年，各县工业贷款余额下降到322万元。1966—1976年，银行资金管理不严，贷款上升，企业占用资金增大。1971年年底，各县工业贷款余额2103万元，比1965年增长5.53倍，6年间年均递增36.72%。1972年后，丽水地区改善资金管理，贷款增幅减缓。

1977年8月，国家整顿金融，正确发挥银行作用，促进国民经济发展，银行贷款连年增长。1978年，丽水地区工业企业994家，工业贷款余额2814万元。1979年，执行“区别对待、择优扶持”政策，将贷款企业划分成一、二、三类。贷款项目对一类企业优先支持，对二类企业适当支持，对三类企业实行限制。20世纪80年代初，银行开办技术改造贷款，把信贷杠杆作用扩大到发展地方经济、革新技术的新领域。后银行陆续发放中短期设备贷款和专项贷款，结合行业择优、企业择优、产品择优，推行按经济合同发放贷款。工业贷款开始逐步放弃单纯按计划发放贷款。1983年7月，银行开始统一管理国营企业流动性资金，而企业发展生产扩大流通资金，常得不到及时补充，资金供需矛盾更加突出。1984年，国家出现经济过热，银行改为实贷实存的信贷体制，曾发生年终突击放款情况。

1988年，丽水地区工业贷款余额27155万元。1989年，根据“控制总量，调整结构，保证重点，压缩一般，适时调节”货币信贷政策，集中解决一、二类企业流动资金。同年，工业贷款余额同比增长16.32%。1990年，市场疲软，生产滑坡，企业经济效益大幅下降，对亏损企业贷款作变通处理，分别不同情况给予适当支持，帮助企业渡过难关。

20世纪90年代初，丽水地区贷款向主导产业和大中型企业倾斜，采取“对症放贷”“商贷工用”等措施，弥补产销脱节状况，协助搞好产品结构调整。1990年年底，地区工业贷款余额39504万元。1991年，地区信贷政策向大中型骨干企业倾斜，地区确定骨干企业44家，在贷款规模和短期贷款的运用上实行倾斜政策。同年底，地区工业贷款余额48737万元，同比增长23.37%。1993年，金融形势严峻，资金供求矛盾突出，银行努力协调筹措资金，组织横向调剂，保证重点需要。1992—1995年，地区工业企业数量迅速增加，工业产值较快增长，工业贷款保持稳定增长。1995年，地区工业企业31214家，实现工业产值116.55亿元；工业贷款余额11.28亿元。1997年，针对企业效益下降等问题，金融机构落实“合力扶工”四条政策，支持省“五个一批”、地区“四个一批”等重点骨干企业。同年底，地区工业贷款余额16.28亿元，同比增长28.96%。1998—2000年，受亚洲金融风暴影响，地区工业发展速度放缓，工业贷款连续大幅下降。截至2000年，全市工业贷款余额10.52亿元，比1997年减少5.76亿元。

2000年丽水撤地设市后，丽水市金融系统响应“工业强市”发展战略，支持工业经济发展。2001年，中国人民银行丽水市中心支行制定《关于加强和改进对中小企业金融服务的指导意见》。同年底，全市金融机构增加工业贷款1.91亿元。2003年，金融机构加大信贷有效投入，构建新型银企关系，创新金融服务，推动地方经济发展。同年底，全市金融机构工业贷款余额16.59亿元，同比增长45.05%。2004—2005年，全市工业经济快速增长，工业贷款余额年均增长32%。2005年，全市工业贷款余额28.82亿元。2006年，中国人民银行丽水市中心支行编制《丽水市金融支持企业及项目推荐名录》，向金融机构重点推荐，推广小企业贷款风险补偿试点工作，工业企业贷款快速增加。2009年，全市工业贷款余额119.05亿元，比2005年增长3.13倍。2010年，全市实行新的金融统计制度，工业贷款统计口径调整，年底余额271.71亿元。

第二节　商业贷款

供销合作贷款

1949年5月丽水解放后，丽水合作总社成立，接管、整顿国民政府遗留的合作社组织，筹办消费合作社、生产合作社和农村供销合作社。1950年始，中国人民银行丽水中心分行对消费、供销、生产合作社放款，扶助合作经济的发展，用以购买粮食、生产及生活资料。20世纪80年代，银行对供销社的贷款发放上，重点支持农业生产资料、农副产品收购、副食品基地建设和人民生活日用品的需要。后随着粮棉油收购资金封闭供应管理、供销合作社在开放市场中作用日渐淡化，商业企业不再是信贷资金的主要投向。

国营及合营商业贷款

1949年5月，丽水国营经济力量薄弱，私商囤积居奇，造成粮食、纱布等主要物资价格出现多次较大波动。1950年，中国人民银行丽水中心分行积极组织资金，贷款支持国营商业公司收购工业品与农副产品，支持商业扩大贸易，扶持工农业生产，占领批发市场，保证市场供应，物价逐步得到平抑。同年，对消费、供销、生产合作社放款，扶助合作经济的发展，用以购买粮食、生产及生活资料。1952年底，丽水专区商业贷款余额110万元，占同期贷款余额的71.43%。

1953年始，商业贷款资金下放，各县国营公司与人民银行建立信贷关系，实行经济核算，发展国营商业。11月，国家实行粮油统购统销，对粮食、棉花、油料等实行计划收购和计划供应，银行把粮食作为国家控制重要物资，改进粮食信贷制度，保证资金供应。

1958年“大跃进”运动开始，贷款管理偏松，充分供应国营商业企业所需资金，助长企业盲目收购，造成大量质次价高的商品积压；同时实行“存贷合一”管理，县以上供销社并入国营商业。1958年底，各县商业贷款余额3140万元。1959年，各县扩大收购，国营商业企业流动资金改由人民银行统一管理，国营商业贷款实行“全额信贷”，商品积压进一步加剧。1959年年底，各县商业贷款余额3991万元，同比增长27.1%。1962年，对商业企业停止“全额信贷”，由国家核拨部分自有资金，实行“存贷分户”管理。同年，各县商业贷款余额3905万元。

1966年，各县取消“存贷分户”，生产下降，商业部门收购与库存减少。1970年，丽水地区生产形势好转，库存增加，但适销对路商品减少，资金运用不够合理，资金管理偏松，商业贷款大幅上升；粮食贷款比较平稳，商业贷款余额变化不大。1972年年底，丽水地区商业贷款余额6700万元。1973年，丽水地区执行《中国人民银行商业贷款办法》，贷款种类改为商品流转贷款、农副产品预付定金贷款和大修理贷款三种，规定对收购粮油充分供应资金，超计划收购可以边报边贷。同年，丽水地区商业贷款余额7424万元。

1978年中共十一届三中全会后，国家放宽和调整购销政策，建立多种流通渠道、多种经营方式的流通体制，银行逐步突破长期以来只能发放流动资金贷款的禁区，开始发放固定资产领域和饮食、服务、科技、旅游等行业的贷款。同时，突破对集体商业只办节日贷款，不向个体户贷款的限制，陆续开办商业网点建设和修理门面的贷款。国营商业贷款执行“区别对待、择优扶持”的信贷原则。一类企业正常资金周转需要，优先支持；二类企业正常资金周转需要，适当支持；三类企业不增加新贷款，原贷款收回。1979—1980年，商业信贷重点支持适销产品供销采购，增加市场供应。1981年，商业流通体制改革，银行贷款向国营批发和大中型零售商业企业倾斜，对日用消费品生产、技术改造等优先提供贷款。1982年，商业贷款实行“以销定贷”原则。1983年，国营商业企业流动资金改由人民银行统一管理，国营零售企业实行存贷分户管理。商业批发企业贷款按核定的流动资金周转指标确定贷款额度。

1985年，银行“以销定贷”支持国营商业部门扩大购销，掌握货源，对掌握重要生产资料和紧俏耐用消费品的批发业务给予重点支持。同年，对粮食系统企业全面实行“存贷分户”管理。1985年年底，地区商业贷款余额23838万元。1992年，国务院作出大力支持第三产业发展的决定。丽水地区商业贷款大力支持商业网点、旅游、运输、服务等第三产业的发展。1994年开始，地区加强信贷管理，针对商业企业转换经营机制过程中可能危及贷款安全的情况，普遍采取抵押或担保，防止贷款悬空。1999年，地区商业贷款余额12.34亿元，是1989年的3倍。1989—1999年，地区年均递增11.61%；商业贷款余额占各项贷款余额的比例为14.98%，比1989年下降24.2个百分点。

2000—2009年，丽水市商业贷款余额有6年出现负增长。截至2009年，全市商业贷款余额12.2亿元，占各项贷款余额的比例仅2%。2010年，全市实行新的金融统计制度，商业贷款不再作为金融统计指标进行统计。

第三节 涉农贷款

1950年丽水解放初，中国人民银行丽水中心分行开始发放农业、副业、生活贷款和集体生产费用贷款、以及灾区口粮和农机专项贷款。1955年，各县农业贷款余额155万元。1955—1957年，各县发放贫农合作基金118.47万元，利率月息4‰，期限5年。1961年，由于部分贫下中农无力归还，各县豁免贷款70.88万元(龙泉县除外)。20世纪60年代，各县增设集体生产设备、农田水利等贷款。1970年，丽水地区农业贷款余额1109万元。20世纪70年代，丽水地区增设乡镇企业、林业补息、小水电等贷款。1980年，丽水地区农业贷款余额2537万元。1990年，丽水地区农业贷款余额14775万元，其中集体农业和乡镇企业贷款13318万元(含农户个人贷款)，比1980年增长4.82倍。2000年，丽水市农业贷款余额70130万元，比1990年增长3.75倍。

2007年，中国人民银行和银监会联合发文对涉农贷款统计范围、口径作详细界定，涉农贷款分为农户贷款、农村企业及各类组织贷款、城市企业及各类组织涉农贷款三个类别。2007—2010年，丽水市涉农贷款余额分别为185.81亿元、200.72亿元、288.07亿元和389.57亿元，2008—2010年，丽水市涉农贷款年均递增27.99%。

林权抵押贷款

2007年，丽水市全面推行林业部门和金融机构参与林权抵押贷款①。中国人民银行丽水市中心支行、丽水市林业局制定林权抵押贷款配套政策制度，出台《关于推进森林资源资产抵押贷款业务发展的意见》《丽水市森林资源资产抵押贷款管理暂行办法》《丽水市森林资源资产收储管理办法》；各县(市、区)建立林权管理中心、森林资源收储中心、林权交易中心和森林资源调查评价机构等森林资源流转服务平台。2007年，丽水市发放林权抵押贷款602笔，金额3129万元。

2008年，林权抵押贷款工作被丽水市政府列为全市"十件实事"之一。同年，丽水市政府建立利率优惠、财政贴息、风险补偿、林业保险和税费减免等五项配套机制，为全面推广林权抵押贷款提供政策支持。同年，全市林权抵押贷款余额1.96亿元。2009年，林权抵押贷款被中共丽水市委、丽水市政府列为"农民六大增收目标"之一。同年，全市林权抵押贷款余额6.61亿元。

2010年，中国人民银行丽水市中心支行、丽水市林业局等部门联合制定《关于做好林权抵押不

① 林权抵押贷款：银行向借款人发放的以借款人或第三人依法拥有森林资源资产作抵押的贷款。森林资源资产包括森林、林木的所有权、使用权和林地的使用权。

良贷款资产处置变现工作的意见》，进一步完善林权抵押不良贷款资产处置制度，拓展生态公益林抵押贷款。同年，龙泉市被邮政储蓄银行总行列为全国首批林权抵押贷款试点地区。2010 年，丽水市开展林权抵押贷款业务的金融机构 11 家；发放林权抵押贷款 4.43 万笔，贷款金额 25.55 亿元，贷款余额 18.06 亿元，均居全省首位。

2008—2010 年丽水市林权抵押贷款发放情况

表 18-3-3-1　　单位：万元

年份	林权抵押贷款累放数		林权抵押贷款余额数		其中							
					小额循环贷款		林权直接抵押贷款		收储中心担保贷款		其他机构担保贷款	
	笔数	余额	笔数	余额	笔数	余额	笔数	余额	笔数	余额	笔数	余额
2008	4944	22753	4031	19644	2579	6584	750	6481	634	6279	—	—
2009	19167	87545	14065	66143	11022	35322	2026	23616	691	5561	322	1644
2010	44266	255500	29151	180576	22695	93162	4713	61051	899	9222	844	17503

说明：1. 其他机构担保贷款是指除收储中心以外的担保机构或组织、个人担保，并以林权提供反担保的贷款；2. 表中数据来源于中国人民银行丽水市中心支行货币信贷管理科

农房抵押贷款

2005 年，龙泉市、庆元县开展农村住房抵押贷款试点，选择县城区、城郊结合部以及中心镇，采取集体土地使用权与住房产权抵押分离，只办理房产抵押登记的做法。同年，龙泉市发放农村住房抵押贷款 250 多笔，金额 2000 多万元。

2008 年，丽水市政府制定《关于推进农村住房抵押贷款工作的意见》，推出配套扶持政策，推动辖区农房抵押贷款试点。后部分县（市）结合当地实际，制定农房抵押贷款实施细则、操作规程和贷款管理办法。同年，全市发放农房抵押贷款 1380 笔，余额 1.55 亿元。2009 年，丽水市扩大农房抵押贷款试点地区范围，缓解农村危旧房改造、农民异地转移和创业创新的融资需求。同年，全市发放农房抵押贷款 4818 笔、金额 5.18 亿元；贷款余额 4.58 亿元。2010 年，丽水市发放农房抵押贷款 5.06 亿元；贷款余额 6.53 亿元，同比增长 42.58%。

第四节　其他贷款

个人消费贷款

1998 年，中国人民银行丽水地区中心支行引导金融机构开办住房消费信贷业务。同年，中国工商银行丽水地区支行等支行 9 个开办个人住房贷款业务，发放贷款 1370 笔，金额 6046 万元。同年，中国建设银行丽水地区支行推出个人住房贷款业务，开发个人住房贷款代扣系统。

1999 年，丽水地区个人消费贷款增加 1.4 亿元，占全部贷款增量 10%以上。2000 年，丽水市新

增个人消费贷款5.71亿元。2001年，丽水市金融机构拓展消费信贷业务，重点扶持住房贷款、汽车贷款和助学贷款等。同年，全市个人消费贷款余额19.33亿元。2003—2005年，丽水市金融机构个人消费贷款成为优质贷款市场和资产业务新增长点。2005年，丽水市个人消费贷款余额72.68亿元。

2006—2010年，“十一五”规划时期，丽水市城乡居民购买力水平进一步提高，住房、汽车、IT产品、旅游等居民消费持续升温，个人消费贷款年均增速达25.02%，高于各项贷款年均增速1.97个百分点。2010年，丽水市个人消费贷款余额222亿元，占各项贷款余额的27.44%。

基本建设贷款

1949—1978年，各县基本建设资金靠财政拨款解决。1972年前，基本建设由当地财政部门分管。1973年，中国建设银行丽水地区支行开始办理基建业务，具体负责拨款和财务监督，实行限额管理，审查基本建设项目预算。同年，中国建设银行丽水地区支行办理基建项目170个，拨款金额1511万元。1973—1979年，丽水地区基本建设项目1429项，拨款金额12080万元。1980年，丽水地区对部分基本建设和技术改造项目试行银行贷款办法，改无偿占用为有偿使用，同年，丽水地区基本建设项目407个，金额4823万元，其中拨款项目393个，拨款金额4671万元；贷款项目14个，贷款金额152万元。1981年始，丽水地区对独立核算、有还款能力企业，基本建设由财政拨款改为银行贷款；对建筑安装施工企业，发放流动资金贷款。1985年始，丽水地区基本建设资金全部由银行贷款，发放城镇房地产综合开发贷款。1986年始，丽水地区对科研、学校、行政单位等没有还款能力的基本建设项目，恢复拨款办法。1990年，丽水地区基本建设项目742个，金额17853万元，其中拨款项目583个（包括零星拨款项目421个），拨款金额13711万元；贷款项目159个，贷款金额4142万元。1973—1990年，丽水地区基本建设项目8383个，金额207988万元，其中拨款项目7944个，拨款金额130165万元；贷款项目439个，贷款金额77823万元。1985—1990年，丽水地区城镇住房竣工商品房30万平方米，发放城镇住房贷款5500多万元。

1995年，中国建设银行丽水地区支行加大交通、水利等基本建设领域的信贷投入。同年，中国建设银行丽水地区支行办理基建和技改项目23个，贷款总量1.1亿元，重点支持重点项目如玉溪电站、金温铁路、330国道改造、兰黄“四自”公路、上标电站、谢村源水库等。1996年，中国建设银行丽水地区支行继续支持玉溪电站、金温铁路等涉及能源、交通、通信等丽水地区重点工程31个，发放重点项目贷款11232万元。中国工商银行丽水地区支行重点支持程控电话、地区医院外科大楼、金温铁路和330国道复线改造（丽缙段、青瓯段）等基础设施建设项目，发放贷款8060万元。中国农业银行丽水地区支行重点支持农村小水电建设，兴建电站5座，装机容量4275千瓦，发放农村小水电贷款0.28亿元。

1998年，中国工商银行丽水地区支行贷款投放重点向基础设施建设优势项目倾斜；中国建设银行丽水地区支行用于基础设施建设的新增贷款占70%；中国农业银行丽水地区支行对10座电站发放贷款11980万元，新增道路交通设施、邮电通讯、电力设施等贷款2550万元，大力支持水电、交通、通讯等基础设施建设。同年，丽水地区基本建设贷款余额40399万元，比上年增长30.32%。1999年，国家加大基础设施建设，加大对基本建设领域的投入。同年，丽水地区基建贷款余额7.45亿元，比1998年增长84.21%。

2000年丽水撤地设市后，丽水市进入大投入大发展新时期，金融机构着重加大城市建设和电力、交通的信贷投入，努力改善丽水投资硬环境。同年，全市新增基本建设贷款6.82亿元，同比增长91.68%。2002—2003年，丽水市基本建设贷款主要支持金丽温高速公路、英川电站等交通、能源和市政建设、房地产开发项目，极大地推进丽水市城市化建设进程。2002—2003年，丽水市基本建设贷款余额连续大幅度增长，增速分别为75.77%和69.66%。截至2003年，丽水市基本建设贷款余额65.63亿元。

2005—2008年，丽水市金融机构继续支持城市化建设，但受金丽温高速公路等大项目完成等因素影响，社会固定资产投资速度放缓，基本建设贷款余额连续4年负增长。2008年，丽水市基本建设贷款余额58.12亿元，比2003年下降11.44%。2009年，丽水市社会固定资产投资增速提高，基本建设贷款也相应大幅增长。同年，全市基本建设贷款余额97.52亿元，同比增长67.8%。2010年，实行新的金融统计制度，丽水市基本建设贷款不再单独统计。

1949—2010年丽水市金融机构主要贷款余额情况一览

表18-3-3-2　　单位：万元

年　份	贷款合计	其中				
		工业贷款	商业贷款	个人消费贷款	基本建设贷款	农业贷款
1949	0	0	0	—	—	—
1950	3	1	1	—	—	—
1951	18	3	12	—	—	—
1952	154	13	110	—	—	—
1953	245	26	169	—	—	—
1954	208	11	156	—	—	—
1955	1372	14	1204	—	—	—
1956	1869	72	1303	—	—	—
1957	2066	108	1645	—	—	—
1958	4187	497	3140	—	—	—
1959	5875	1458	3991	—	—	—
1960	6350	1864	3911	—	—	—
1961	5283	900	3922	—	—	—
1962	4816	530	3905	—	—	—
1963	4215	302	3465	—	—	—
1964	3761	214	3077	—	—	—
1965	4017	322	3087	—	—	—
1966	5240	421	4137	—	—	—
1967	5226	811	3484	—	—	—
1968	6605	1290	4302	—	—	—
1969	7640	1121	5445	—	—	—

续表 18-3-3-2

年份	贷款合计	其中				
		工业贷款	商业贷款	个人消费贷款	基本建设贷款	农业贷款
1970	8674	1390	6077	—	—	—
1971	9274	2103	6010	—	—	—
1972	10455	2456	6700	—	—	—
1973	11284	2638	7424	—	—	—
1974	10697	2993	6469	—	—	—
1975	11312	3272	6747	—	—	—
1976	11500	2929	7155	—	—	—
1977	13709	2692	9634	—	—	—
1978	14542	2814	10124	—	—	—
1979	16603	3262	10936	—	—	—
1980	19242	3800	12388	—	—	—
1981	22092	4224	13754	—	—	—
1982	26614	4656	15552	—	—	—
1983	30631	5743	18849	—	—	—
1984	38436	8219	20526	—	—	—
1985	51109	11237	23838	—	—	—
1986	65327	17608	25598	—	—	—
1987	89783	20739	28173	—	—	—
1988	92822	27155	35302	—	—	—
1989	105014	31586	41140	—	—	—
1990	116783	39504	41808	—	—	—
1991	139129	48737	48599	—	—	22911
1992	228770	61404	60422	—	—	30823
1993	291058	78438	59968	—	—	39323
1994	371468	91749	63865	—	—	18411
1995	498405	112790	85188	—	—	22820
1996	606618	126236	95462	—	—	28172
1997	657742	162796	104085	—	31001	28468
1998	716949	161408	110826	—	40399	48777
1999	823321	151188	123362	—	74419	60075
2000	929591	105167	121849	127895	142647	70130
2001	1159878	124303	90318	193303	220083	95551
2002	1587949	114365	77740	265198	386845	132460
2003	2308427	165888	99340	499799	656318	225854

续表 18-3-3-2

年　份	贷款合计	其中				
		工业贷款	商业贷款	个人消费贷款	基本建设贷款	农业贷款
2004	2581516	203914	88370	598641	783022	268025
2005	2868669	288235	46235	726820	765008	336248
2006	3337834	415743	41394	995940	637922	334839
2007	4094095	643121	52851	1428173	583344	447269
2008	4705265	829688	80770	1503358	581183	543474
2009	6660823	1190526	122035	1852636	975217	539252
2010	8091131	2717055	—	2220017	—	—

说明：表中数据来源于《丽水统计年鉴》《丽水60年光辉足迹——中华人民共和国成立60周年丽水经济社会发展成就》和中国人民银行丽水市中心支行金融统计年报

第四章　货币信贷管理

清末，户部银行章程规定，户部银行除经营一般银行业务外，还有发行纸币、收解官款、控制金融市场特权。民国时期，中央银行成立后，即以政府财务代理人的身份管理金融业务。国民政府财政部曾一度设立金融监理局，监理金融行政一切事宜，随后又授权中央银行对金融机构的设置、金融市场、金银、外汇交易和利率的管理，以及对金融业务的稽查。

1949—1978 年，丽水基本上实行的是单一的国家银行体系。1978 年中共十一届三中全会后，在改革开放的大环境下，出现多种经济成分的金融机构。中国人民银行丽水地区中心支行依据国家金融方针政策和中国人民银行总行的的有关规定，行使地方金融管理和货币发行职能。同时，又从事金融业务经营、实行高度集中的计划管理。1983 年 9 月，国务院规定中国人民银行专门行使中央银行的职能后，经营性金融业务从中国人民银行丽水地区分行划出。1986 年 1 月，国务院发布《中华人民共和国银行管理条例》，明确人民银行管理金融机构和金融市场的权利与责任。中国人民银行丽水地区分行执行国家货币信贷政策，监管利率执行，控制存贷规模，实施存款准备金等经济和行政手段，行使金融管理权，保护金融机构的合法竞争，促进国民经济的健康发展。1995 年 3 月 18 日，全国人大颁布《中华人民共和国人民银行法》和《中华人民共和国商业银行法》等一系列法规，以法律的形式确立人民银行作为中央银行的地位和职责。1997 年，中国人民银行丽水地区分行根据国务院、中国人民银行总行的通知，取消对商业银行贷款规模的限制。截至 1999 年，中国人民银行丽水地区分行加强对金融机构的监督和管理，规范金融机构经营，提高金融机构内部控制能力，防范和控制金融风险。

第一节 信贷资金管理

1949年中华人民共和国成立后较长时期内，信贷资金管理主要以银行综合信贷计划管理为主，各级银行按国家下达的计划组织和分配信贷资金，进行平衡和相互协调。1949—1999年，信贷管理机制先后经历统收统支、差额包干、指标管理、差额控制、实贷实存和资产负债比例管理等6个阶段；按管理的内容，先后经历计划指标管理（中华人民共和国成立至1997年）与资产负债比例管理（1997年起）两个阶段。

统收统支

1950年，中国人民银行总行颁布《关于统一资金运用与调拨制度》，规定信贷资金实行统收统支，存款一律上缴，贷款由上级银行逐级分配指标。1951年，中国人民银行丽水支行开始编制银行业务收支计划（后改为综合信贷计划），初步建立业务收支计划执行的检查分析制度，以稳定市场，抑制通货肿胀为目标，组织货币回笼，控制投放。1953年，中国人民银行丽水支行全面推行信贷资金计划管理，实行集中统一和逐级负责，各级银行编制综合信贷计划、现金出纳计划。收购粮食和农副新产品资金，实行专款专用；国营企业生产和销售所需定额流动资金，85%由财政拨款，15%由银行贷款。1954年12月，银行不再对国营企业发放定额流动资金贷款，只对企业季节性超定额资金和结算给予贷款。1956年，扩大地方信贷计划调节权限，适应社会主义改造和工农业生产发展。农业贷款在中国人民银行总行下达年度最高余额和年底余额两个指标的范围内，分别自行安排季度计划；地方国营工业、公私合营工商业、手工业等4项贷款，在总行年度指标范围内，分、支行根据需要安排季度计划；中央部属企业，每季由中国人民银行总行按系统下达贷款指标，相互不得调剂使用，而省市商业公司、供销贷款，中国人民银行总行只下达年度指标，季度计划由省人民银行核定，各项指标可以调剂使用。

差额包干

1958年，国家信贷计划管理权限下放，实行差额包干的信贷资金管理办法，对企业流动资金试行“小包干”，部分管理项目划归地、市实行差额管理，包干使用，多存多贷；对企业实行信贷包干，原由财政部门拨给企业的自有资金，全部转作银行贷款，企业需要增加的流动资金，由财政部门列入预算，拨给当地人民银行作为贷款资金，不得他用；下放信贷管理权限，除中央财政存款、中央企业贷款外，其余存款下放给地方管理，凡存款大于放款的差额上缴中央，放款大于存款的差额由中央补助，在计划包干差额范围内，多存可以多贷。但不久受“大跃进”的浮夸风影响，开始敞开供应资金。1961年，大量贷款挪用于基本建设和财政性开支，导致商品供应紧张，物价上涨，通货膨胀。

指标管理

1961年4月，中国人民银行出台《关于改变信贷管理体制的通知》，改变“存贷下放、差额包干”办法，并加强季度的计划管理。原属财政拨给企业的自有资金，陆续退还企业。自7月1日起，企业流动资金改为超定额贷款由银行发放；工业、交通、运输等部门所需定额流动80%，由财政部门拨给，并作为自有流动资金，其余20%由财政部门拨给银行。1963年，规定人民银行业务实行垂直领导，在信贷计划管理方面实行集中统一和分口分级相结合的指标管理办法。规定中央各部门所属总公司和采购供应站、省市专业公司的贷款指标，由中国人民银行总行下达；农业贷款、地方工业、手工业、其他商业和国营工业结算等贷款，由各地在总行、分行下达的指标范围内掌握分配；商业部门收购农副产品的贷款，可边办理追加，边发放贷款；农业贷款实行农贷基金制，即由各行按照贷款原则，多收多贷，少收少贷。通过加强管理，信贷收支趋于正常。1964年，丽水专区市场供应好转，物价趋于平稳，社会经济得到恢复和发展。

差额管理

1979年2月，国家试行“统一计划、分级管理、差额控制”信贷管理体制改革。各种存款（不包括中央所属商业存款）和贷款，各级人民银行按差额计划控制，多吸收存款，可多放流动资金贷款，也可用于中短期设备贷款；少收存款，少放贷款。工、商业贷款指标可以调剂使用。中国人民银行丽水地区中心支行，积极组织资金，推动丽水地区各项存款大幅增长。1981年，中国人民银行对差额控制办法再作改进，实行“统一计划、分级管理、存贷挂钩、差额包干”，即按国家批准的信贷计划，统一规定包干的差额，包给各省人民银行使用。存款与贷款挂钩；多吸收存款，可以增加贷款，少吸收存款，必须少放贷款；资金多余可以向其他银行拆借，存差必须完成，贷差不能突破。1983年，丽水地区各级银行积极推行信贷计划差额包干，大力组织存款，挖掘资金潜力。1984年，各专业银行的信贷收支全部纳入国家综合信贷计划，对工商企业流动资金贷款，实行多存多贷。专业银行发生超计划的资金需求，可在中国人民银行丽水地区中心支行申请临时贷款。由于各方面需求过旺，丽水地区各种贷款比上半年大幅增长，出现基本建设规模偏大，市场资金偏多，物价上涨。

实贷实存

1985年，国家实行“统一计划、划分资金、实贷实存、相互融通”信贷资金管理办法。信贷资金由各专业银行总行综合平衡，其自有资金和信贷资金，核定为营运资金。中国人民银行丽水地区分行按国家综合信贷计划，实行与专业银行及其他金融机构的信贷计划分类管理。中国人民银行对专业银行所需资金实行“合理供应、确定期限、有借有还、周转使用”。贷款分计划内贷款和短期贷款（包括用于日拆贷款、季节性贷款和再贴现）两类。1987年，中国人民银行总行进一步改革信贷管理制度，下放资金管理权，对专业银行实行“实贷实存、期限管理、到期收回、逾期罚息”的贷款管理办法，不再包揽专业银行资金供应。各专业银行积极帮助企业清仓挖潜，实行清贷挂钩，搞活物资，周转资金。1988年，中国人民银行丽水地区分行发放再贷款778笔，金额53320万元，对专业银行短期贷款余额7093万元；查出不合理贷款3627.7万元，占年底银行贷款数的3.9%。1989年，根据“控制总量，调整结构，保证重点，压缩一般，适时调节”的货币信贷政策，集中解决农副产品收购资金和一、二类企业流动资金；稽核贷款投向行、处19个，保证贷款投向正确。1991年，中国人民银行丽水地区分行在控制总量的前提下，采取地区集中调剂和县（市）调剂相结合的办法，调剂规模12390万元，周转5.7万次；调整信贷结构，加大对中型、骨干企业扶持，丽水地区切块规模中用于解决大中型和骨干企业生产急需的贷款占60%。

资产负债比例管理

1994年，中国人民银行制定关于资产负债比例管理和资产风险管理办法。中国人民银行丽水地区分行信贷资金管理工作重点转移到加强金融监管上。1995年，实施“按季监控，按月考核”，建立有关监督制度，将全部城市信用社列入资产负债比例管理考核范围，强化资产和负债的管理，增强资金运筹能力。1996年，中国人民银行丽水地区分行严格控制国有商业银行信贷总量，从以往单一对国有商业银行信贷总量监控转到规模监控与信贷结构调整相结合，按月考核。加强非银行金融机构的资产负债比例考核，建立月末主要指标完成情况快报制度和季度指标执行情况分析制度。全年对商业银行发放短期融通资金13.3亿元，收回专项贷款291.1万元。1997年，制定“合力扶工”四条政策措施，全年发放短期融通资金8.1亿元，其中用于支持农业生产7.1亿元，占85.5%；办理再贴现139笔，6659万元，集中支持名牌拳头产品效益好的企业。

1998—1999年，中国人民银行丽水地区分行根据中国人民银行规定，取消对国有商业银行的贷款规模限制，加强资产负债风险控制，推行贷款五级分类管理，对正常、关注、次级、可疑和损失的贷款，实施不同的监控和管理措施，引导商业银行重视和防范金融风险，按国家信贷政策支持经济结构调整要求，支持国有大中型企业生产进步和新产品升级，扩大出口，增加内需。1998年1月1日起，国家信贷管理取消指令性计划，实行指导性计划，在逐步推行资产负债比例管理和风险管理的基础上，实行“计划指导，自求平衡，比例管理，间接调控”信贷资金管理体制。中国人民银行丽水地区分行运用间接调控手段，发挥央行的窗口指导作用，加强货币信贷政策引导，确保各机构在合理的比例内用足用好资金。引导信贷资金支持重点企业、重点项目和效益农业；大力发展消费贷款，加强宣传引导，各金融机构推出汽车贷款、住房按揭贷款、电脑贷款、旅游贷款、助学贷款等。

2000年8月7日，中国人民银行丽水地区分行更名中国人民银行丽水市分行。中国人民银行丽水市分行落实稳健货币政策要求，改进金融服务，增加引导信贷投入，支持地方经济发展。2000年，引导金融机构加大城市建设和电力、交通信贷投入，新增基建贷款6.87亿元，形成基本建设贷款、中小企业短期贷款和个人消费信贷“三足鼎立”的信贷支持格局。2004年，成立辖区经济金融形势与货币政策分析和金融稳定协调领导小组，制定实施丽水市经济金融形势与货币信贷政策执行情况分析制度、货币信贷快速反应制度和房地产金融联席会议制度。

2005—2007年，中国人民银行丽水市中心支行引导银行重点支持丽水市的省“五大百亿”等重点项目、先进制造业基地、重点工业园区等项目建设，着力扩大对农业、中小企业、消费、增加就业等方面信贷投入。

2008年，丽水市制定《关于落实适度宽松的货币政策，加大金融支持地方经济发展的意见》。2009年，中国人民银行丽水市中心支行引导银行响应国家4万亿元投资计划，牵头衔接市本级政府性项目贷款77.79亿元，获审批贷款61.14亿元，实际发放贷款50.13亿元；牵头衔接市本级重点项目贷款70.22亿元，获审批贷款46.74亿元，实际发放贷款32.42亿元。

第二节　准备金与利率管理

早在明代，朝廷就制定关于利率管理法律规定。1949年中华人民共和国成立后相当长的时期，国家实行严格的现金管理和工资基金管理。1978年中共十一届三中全会后，随着中央银行体系的逐步形成，银行存款准备金开始纳入金融管理的内容。

存款准备金管理

1984年，中国人民银行专门行使中央银行职能，实行存款准备金制度。规定专业银行和其他金融机构吸收的企业存款、储蓄存款、信托存款等，要按规定的比例向中国人民银行缴存存款准备金。中国工商银行按企业存款20%、储蓄存款40%，中国农业银行按存款35%（包括信用社存款）向中国人民银行缴存。1985年始，对上缴存款准备金进行第一次调整，把中国工商银行、中国农业银行按存款种类核定缴存的比例，一律调整为10%。1987年四季度和1988年9月，存款准备金又分别调整到12%和13%。

1998年3月，在降低银行存款利率和降低银行存款准备金利率的同时，将存款准备金率由13%下调到8%，刺激消费，扩大内需，拉动经济增长。并规定商业银行一次增加的可用资金，主要用于购买特别国债，补充资本金。1999年，存款准备金再次下调到6%，增加的资金全部可自主使用，以扩大商业银行的贷款能力，改善商业银行经营效益，增强抵御和化解风险能力。1998—2003年，中国人民银行丽水地区分行负责监管辖区地方法人金融机构缴存准备金和准备金管理工作；各农村信用社系统存款准备金实行信用联社统一缴存制度，由各县联社在中国人民银行开立存款准备金账户，各农村信用社法人将准备金资金划转至信用联社，再由信用联社统一缴存至中国人民银行；存款准备金由各县（市）信用联社缴存。2004年，中国人民银行丽水市中心支行建立地方法人金融机构流动性监测制度。丽水市各地方法人金融机构在中国人民银行丽水市中心支行指导下，制定存款准备金内部操作规程，并在全市范围内开展存款准备金业务检查。

利　率

明代，《大明律》规定，“凡私放钱债及典当财物，每月收利不得超过3分，年月虽多，不过一本一利”。清户律仍照此规定。《中华民国民法典》规定利率不得超过周年2%。民国元年（1912），钱庄6个月期的存款，1月起息约五六厘，6月起息约七八厘，放款利息1分1厘至1分2厘。民国18年，存息最多9厘，最少3厘；放款利率由7厘半至1分6厘半不等。银行存款利率，活期为月息4厘左右，定期1年8厘左右。民国35年，国民政府颁布《银行存款利率管理条例》，规定存款利率最高限度由当地钱业同业公会根据市场行情逐日拟订，并报请当地中央银行核定后挂牌执行。放款利率一般为年利率二分以下，存款一般月息1厘2毫。

1949—1952年，全国逐步建立统一的利率管理体制，实行差别利率，存款利率按不同期限划分档次；贷款利率，实行差别化。规定对私人贷款利率，要高于国营企业贷款利率，合作经营企业的利率要低于私营企业利率的原则，以促进合作经济发展。1949年5月丽水解放后，物价发生大的波动。中国人民银行丽水中心分行根据华东区分行的指示，统一存放款利率，缩小与市场利率的差距。

1950 年 3 月政务院颁布《关于统一国家财政经济工作的决定》后，全国物价很快出现平缓下跌的趋势。4 月，中国人民银行连续发出降低存放利率的指示，规定各地区在 5 月 15 日前，1 月存款利率最高为月息 15%，贷款利率最高为 30%。1950 年 4 月，一年期储蓄存款年利率为 132%。1951 年，物价趋向稳定，利率开始下降，一年期储蓄存款年利率降至 40.8%。

1953—1957 年，"一五"计划期间，中国人民银行开始调整存、贷款利率，大幅调低存、贷款利率水平，并实行差别利率，以发挥经济的杠杆作用。1953 年 10 月 13 日，首先将存款利率大幅调低，公营存款率降为 2.1%，贷款不分长期或短期，执行统一利率。如国营工业贷款由月息 6‰—9.9‰调低为 4.5‰，国营商业贷款由月息 10‰—12‰调低为 6.9‰，其他所有制性质的行业贷款也相应调低。1955 年 9 月 17 日，国营企业存款利率由 2.1%降为 1.8%，私营企业由 4.2%降为 2.4%，1 年以上储蓄存款经由 12%降为 6%，活期储蓄降为 2.4%。1956 年 2 月 10 日，为支持农业合作化，促进农业生产，打击农村高利贷活动，对互助组、个体农民和农业合作社社员的贷款利率由 7.5%—9%降为 7.2%，信用社转存款和向银行贷款的利率，由月息 9%降为 5.1%。国营工业、商业、手工业合作社的贷款利率统一确定为 6%，结算贷款为 3%，农、牧、渔业合作社贷款统一为 4.8%，社员个人、个体农民、城乡个体手工业者、私营工商业贷款利率为 7.2%。同时，严格贷款，按期归还要求，逾期一律按原定利率加息 10%，取消过期 3 日内归还欠免于罚息的规定。

1958 年和 1965 年，连续降低储蓄存款利率，停办各种有奖储蓄。1971 年，大幅度降低贷款利率，归并利率档次，规定国营、集体和个体的工业、商业、农业长短期各项贷款，归并为 3 个档次；机关、团体、学校等单位的存款，属于财政拨款的或实行差额补助的一律不计利息；党费、团费、工会会费存款以及企业主管部门的存款也不计息；取消对国营工商企业、手工业逾期贷款按原利率加息 10%的规定。

1979—1989 年，由于投资过热，物价上涨，连续 8 次调高存款利率，其中 1 年期定期储蓄，从原有的 2.7%依次调为 3.3%、4.5%、4.8%、5.7%、6%、7.2%、9.45%。不仅调增幅度大，而且增加存期档次，从原有的活期和 1 年期定期 2 个档次增加到最长为 8 年的 8 个档次，促进货币回笼，抑制投资过热，控制物价上涨，调节市场供需矛盾。

1979 年始，利率逐渐成为中央银行一项重要货币政策，在国家宏观调控中发挥越来越重要的作用。1984 年始，利率管理上建立中国人民银行统一领导、分层次的管理体制，灵活运用利率杠杆，发挥利率的调节作用。1980 年 4 月 1 日起，为促进企业加强经营管理，提高资金使用效率，抑制需求过旺，恢复加息罚息制度。逾期贷款自逾期之日起，在原定利率上加收 20%的利息；挤占挪用的贷款，回收时加收 50%的利息。1982 年，在全面调整存款利率的同时，扩大存款计息的范围，除企业主管部门和专户资金，对党、团、工会经费于 1980 年恢复计息外，还从同年 1 季度起，对企事业单位、机关、团体、学校暂时不用的资金(包括地方财政结余)，办理单位定期存款。同时贷款利率也相应的多次上浮，至 1989 年流动资金贷款的月利率，由 1980 年 4.2%调到 9.45%。1986 年 1 月，国务院发布《中华人民共和国银行管理暂行条例》，各种存款的最高利率和贷款的最低利率由中国人民银行总行拟订；各专业银行总行有一定的利率浮动权；信用合作社的存款利率，根据中国人民银行总行的规定和授权，可以上下浮动，逐步形成分层次的利率管理体制。1988 年 9 月，开始实行单位存款与储蓄存款利率一致原则。1988—1989 年，上调存贷款利率，扩大各金融机构贷款利率浮动的权限

20%—50%。1989 年,市场物价渐趋平稳,中国人民银行丽水地区中心支行根据国家利率政策加强对大额储蓄和信用社利率浮动权限审查,纠正违反利率政策的行为。

1990 年,颁布实施《利率管理暂行规定》,进一步明确利率管理职责,把利率划分为法定利率、浮动利率、基准利率、同业拆借利率和债券利率 5 类,统一结息规则和明确加息罚息规则。1993 年,针对一些企业乱集资和外地行高利率债券造成银行储蓄存款下降的问题,中国人民银行丽水地区中心支行在认真做好利率调整的同时,开展利率大检查,严肃查处擅自提高或变相提高利率的行为,稳定金融秩序。1994 年 4 月 1 日,中国人民银行颁布《人民币利率管理规定》,以进一步加强利率监管,维护利率秩序的稳定。1996 年 5 月 1 日起,中国人民银行连续降低银行存贷款利率,刺激消费,扩大内需,拉动经济增长,减轻工商企业负担,推动国民经济的发展。1997 年 6 月 1 日,1 年期定期存款利率 2.25%,贷款利率 5.85%,再贷款利率 3.78%,再贴现利率 2.16%;同年 11 月 1 日,国家税务总局开始对储蓄存款征收利息所得税 20%。1990 年 4 月至 2002 年 2 月,结合经济金融变化,先后调整存贷款利率 13 次。

2008 年,中国人民银行丽水市中心支行制定《丽水辖区推进 Shibor 建设工作实施方案》,推进辖区 Shibor①的宣传和建设工作,指导和鼓励辖区内法人金融机构积极运用 Shibor 定价产品。

第三节　外汇管理

外汇存款

外汇存款类别　丽水地区外汇存款分 4 个类别,第一类为甲种(单位)外币存款,是吸收境内外机关、团体、企事业单位持有外币或外汇的一种对公存款业务,分为定期和活期两种,起存金额不低于 1 万元的等值外汇。第二类为乙种(个人境外户)外币存款,是以境外个人为对象的一种外向存款业务,分定期和活期两种,起存金额不低于 20 元等值的外汇。第三种丙种(个人境内户)外币存款,是一种以境内个人为对象的外币存款业务。存款分三个月、半年、一年和二年四档。起存金额与乙种存款相同。乙、丙两种存款的本息可支取外币,也可支取人民币,享受侨汇优待。第四种为非居民外汇存款,即代理海外客户办理个人外汇收支业务,是在中国银行乙种存款基础上,为方便海外华侨办理个人外汇业务而提供的一种金融服务,为境外华侨个人外汇进出境提供便利,主要集中在青田县。20 世纪 80 年代初期,丽水地区开始出现非居民外汇存款业务。截至 2009 年 9 月,青田县非居民个人外汇存款为 11349 万美元,占全部外汇储蓄存款的 27.9%。

外汇存款总量　1978 年改革开放前,丽水地区外汇存款业务量少。20 世纪 80 年代,丽水市外汇存款开始出现并有较大发展。1990 年,丽水地区金融机构外汇存款余额 1663 万美元。2000 年,丽水市外汇存款余额 33725 万美元。1990—2000 年,丽水地区外汇存款平均增速 202.8%。2010 年,丽水市外汇存款余额 111421 万美元,外汇存款首次突破 10 亿美元。2000—2010 年,丽水市外汇存款年均增速 330.38%。

① 上海银行间同业拆借利率。

外汇贷款

1992年，丽水地区外汇贷款余额154万美元，占全省外汇贷款余额的0.19%。1994年，中国建设银行浙江省分行开辟境外筹资业务，对丽水玉溪水电站发放奥地利贴息贷款17869万先令。1997年，丽水地区外汇贷款余额1258万美元，丽水地区外汇贷款首次突破1000万美元。1992—1997年，丽水地区外汇贷款平均增速为119%。2000年，丽水市外汇贷款余额1119万美元。2008年，丽水市外汇贷款余额2960万美元。2010年，丽水市外汇贷款余额18870万美元。

侨　汇

侨汇是华侨汇款的简称，是由国外侨胞、外籍华人汇入国内的款项，包括折算成人民币的解付的外币现钞和境外华侨私人汇入汇款等，是国家外汇的来源之一。

国家对侨汇采取鼓励和优惠的政策，侨汇解付时，附赠计划供应和紧俏商品票证。1988年，附赠票证标准是，折合人民币100元，附赠侨汇购货券22张，煤饼40千克，粮食10千克，食油1千克。侨汇转存储蓄，再给予利率优惠。1988年，侨汇定期利率比城乡居民储蓄基准利率高12.5%。

青田县是全国著名的侨乡，华侨主要分布在意大利、西班牙、葡萄牙等欧洲国家，从事贸易、餐饮服务等多个行业。1954—1983年，各县侨汇每年汇入款均在500万元以下。1983年7月1日，中国银行青田支行成立，经营侨汇业务，侨汇汇款出现突破性发展。1984年，丽水地区侨汇5191万元，同比增长975%。1986年，丽水地区侨汇9978万元。1987—1995年，丽水地区侨汇出现大幅度下降，部分侨汇直接流入居民外汇调剂市场或转化为外币存款未解付。后随着海外华侨收入的增长，侨汇不断流入，超过贸易外汇收支，成为丽水市外汇业务的一个特色。2009年，丽水市侨汇17.24亿美元。2010年，丽水市侨汇14.73亿美元。

外汇结算

丽水地区对外贸易起步较晚。1985年，丽水地区贸易收汇74.99万美元。1990年，丽水地区贸易收汇242.38万美元，贸易付汇22.86万美元。1995年，丽水地区出口总额10562万美元，占全省出口总额的1.37%，进口付汇总额211万美元，占全省总额的0.05%。

出口贸易结算　1992年，丽水地区外汇局全面推行出口收汇登记核销制度，督促企业及时交单、收汇、核销。同年，丽水地区核销金额87万美元。2000年始，丽水市出口总额迅速上升，出口总额13795万美元，其中青田县、缙云县、遂昌县占比较大。2005年8月，丽水市网上核销系统全面启动。2008年，丽水市出口总额103116万美元。2010年，丽水市出口总额134881万美元，同比增长44.27%。

进口贸易外汇结算　1978年，改革开放前，国家实行统收统支外汇集中分配制度，一切外汇收入出售给国家。1979年开始，国家实行外汇留成，适当留给出口创汇地方和企业一定比例的外汇，用于物资进口，外汇留成的对象和比例由国家统一规定。1985年，丽水地区自营出口商品留成外汇为50.48万美元，其中企业所得36.06万美元，地方政府所得14.42万美元。1994年，国家实行外汇体制改革，企业进口商品，凭进口许可证和相应有效凭证，即可到莲都区外汇指定银行购汇对外支付。1997年，丽水地区进口付汇核销工作由中国人民银行转到丽水市外汇局统一办理。2003年，国家取消部分进口付汇备案类别，简化进口单位进口付汇及核销的手续。2010年，国家全面实施进口付汇核销制度改革，取消进口付汇核销制度，鼓励发展企业进口业务。

外汇兑换券　1980年4月1日，中国银行发行外汇兑换券。外汇兑换券以人民币为票面额，分为100元、50元、10元、5元、1元、5角和1角7种，与人民币等值，不准挂失。可在国内购买商品、支付消费；持有人在一定时期内可凭兑换证明将外汇券转作人民币特种存款，出境时可以兑回50%的外汇，也可以凭兑换证明携带出境。1986年，青田县友谊商店成立，并被批准为实行外汇兑换券“现兑现用”点单位。1994年1月1日，实行汇率并轨，停止发行外汇兑换券。1995年1月1日，外汇兑换券停止在市场上流通。

出国批汇　20世纪90年代，国家对出国用汇实行严格管理，按财政部规定的临时出国人员伙食费、住宿费、公杂费、旅差费标准批汇，回国后15天至30天到外汇局办理核销。对逾期未办理核销或无法核销的，按违反外汇管理查处。1991年7月，浙江省人民政府将丽水地区自行批准的出国团组供汇审批权限下放到丽水市外汇局。1992年，丽水地区外汇局批准出国用汇3.12万美元，核销2.9万美元。

组织管理

外汇管理机构　中国是实行较严格外汇管制的国家之一。1949年中华人民共和国成立前，外汇管理形同虚设。真正有效的外汇管理制度直到中华人民共和国成立后才逐步建立起来。1953年，中国人民银行丽水支行开始办理外汇结算业务，业务量很少。1978年，改革开放以后，丽水地区外贸进出口业务发展，特别是华侨汇款业务量明显增加。1980年11月，中国人民银行青田县支行侨汇股，以中国银行青田办事处名义对外办理外汇业务。1983年7月1日，中国银行杭州分行在青田县设立分支机构，兼办丽水地区外贸企业的信贷和外币存款、兑换等外汇业务。1985年4月，国家外汇管理局丽水分局成立，主要采取外汇管制、限额兑换管理外汇资金。

外汇管理体制　1949年中华人民共和国成立后，外汇管理体制进行多次变革。1949—1955年，各县实行严格管制阶段，严禁外币在市场买卖和流通，取缔外币黑市，取缔外资银行的特权，允许外汇持有者把外币卖给或存入指定银行。1956—1978年，外汇实行统收统支管理阶段，国家集中配置外汇资源，实行进出口贸易许可证和银行签证制度，银行监督执行贸易外汇收支计划。

1978年中共十一届三中全会后，中国外汇管理实行经营承包责任制，实行自主经营、自负盈亏经营方式，外汇管理体制进行以“减少行政干预，增加市场调节”为主线的改革，逐步使人民币汇率形成市场化，实行外汇留成制度，建立和发展外汇调剂市场外汇留成制度的实施，调动企业和地方进出口贸易的积极性，改革人民币汇率制度。1980年，丽水地区外贸出口商品收汇实行留成制度。1981年始，地区计委负责地属企业留成外汇分配，统一由地区计委开户和调度使用。1985年6月，各县的留成外汇使用均由各县自行审批，但向中国银行申请外汇及外汇额度贷款须经地区计委审批。同年国家改革外汇留成办法，按出口收汇留给地方25%的外汇额度，扣除省级部门7.5%后，出口企业可得12.5%，企业所在地的市(地)、县人民政府得5%。同年，外汇管理丽水分局开始编制留成外汇进口计划，并根据省下达的外汇使用控制指标负责丽水地区外汇使用的审批和审核转报工作。1988年始，国家限制进口的商品配额计划切块下放到地区，由地区审批。2000年丽水撤地设市后，由丽水市审批。

1993年下半年开始，中国开展进一步市场化的外汇管理体制改革，取消外汇上缴和外汇留成制度，取消外汇收支指令性计划，实行银行结售汇制度。1993年12月31日的官方汇率是1美元兑5.8元，而调剂市场汇率为1美元兑8.72元左右。1994年1月1日起，实行汇率并轨，人民币对美元汇率为1美元兑8.7元。同时，利用统一的银行间外汇市场，实行以市场供求为基础的、单一的、有管理的浮动汇率制度。1994年，取消实行15年的外汇留成制度，实行银行结售汇制度。1994年，对外商投资企业的经常项目外汇收入实行意愿结汇制度，但不允许外商投资企业在外汇指定银行办理结售汇，外商投资企业要卖出外汇或者购汇都必须在外汇调剂中心进行。1996年7月1日，推出外商投资企业银行结售汇，实行限额结汇制度。1996年12月1日，不再对经常性国际交易支付和转移，包括所有无形贸易的支付和转移实行限制，实现人民币经常项目完全可兑换。1997—2001年，对中资企业的外汇账户限额按企业上年度经常项目外汇收入15%核定。

2001年年底中国加入世界贸易组织后，进一步改革中国外汇管理体制，改进经常项目外汇管理，完善并适度放松资本项目外汇管制，改进人民币汇率形成机制。2005年7月21日，人民币不再单一盯住美元，实行以市场供求为基础、参考一揽子货币进行调节、有管理的浮动汇率制度，美元兑人民币汇率由1:8.28调整为1:8.11，人民币对美元升值约2.01%。银行间一揽子货币兑人民币的每日收市价，作为翌日买卖中间价，上下波幅0.3%。

外汇调剂管理　1979—1993年，国家鼓励企事业单位创汇积极性，把收入外汇按规定比例留给创汇单位、当地政府及有关部门使用。留成外汇通过外汇额度管理，用汇时按国家汇率，用人民币购汇支付。1980年，规定国营企业间可以根据需求办理外汇调剂业务。1988年7月5日，国家外汇管理局丽水地区外汇调剂中心成立，设立青田代理处，丽水地区留成外汇（包括现汇和额度）、外商投资企业外汇，经审核后均可通过调剂中心卖出，外汇调剂按成交额向买卖双方收取1.5‰的手续费，以人民币计价。1988年，丽水地区调入外汇10笔，调出外汇11笔，合计8.92万美元。1992年，丽水地区引进外资增长较快，外汇调剂1232.47万美元。1993年，丽水地区外汇调剂1728万美元，主要支持地区邮电系统购置程控电话设备用汇、辖内外商投资企业用汇和大中型企业技改用汇。1998年12月1日，关闭国家外汇管理局丽水地区外汇调剂中心。

外商投资企业外汇管理　1991年，丽水地区外商投资快速发展，新批准外商投资企业8家，协议引进外资241.6万美元，超过历年外商投资总和。1995年，丽水地区外商投资企业144家，协议外资4029.67万美元。2000年，丽水市外汇局年检外商投资企业79家，年检率为84%，合格率为100%。2010年，丽水市外商投资企业119家全部参检。

外汇查处　1980年12月，国务院发布《中华人民共和国外汇管理暂行条例》，处理外汇黑市买卖开始有法律依据。1985年，丽水地区外汇局查获特乙外汇贷款变相倒卖案2起，涉案金额60万美元。1989年12月，丽水地区公安、工商部门、外管局联合开展打击和取缔黑市交易专项行动，抓获不法分子36人，查缴8230美元、3000港币、100马克（联邦德国的货币）、侨汇券1731张。

1991年，丽水地区外汇局规范外汇券使用和单位外汇收支，清理审核单位14家现汇账户16个的开立、收支情况；重新核定金融机构4家外汇业务经营范围，并颁发新《经营外汇业务许可证》。后地区外汇局适应外汇管理发展需求，把外汇管理重心由事前审批转移到事后监督检查，外汇检查工作开始进入程序化、规范化和制度化的管理轨道。

第五章　金融市场

民国26年(1937)浙江省政府迁至丽水后,曾先后发行军需公债券,委托银行代理发行、经营还本付息。20世纪40年代,民国浙江省政府财政困难,又陆续发行地方债券。

1949年5月丽水解放后,中国人民银行丽水支行先后发行多次债券。1950年1月,丽水首次代理发行中央人民政府人民胜利折实公债。1954—1958年,丽水各县又连续发行5年期国家经济建设公债。1981年,丽水恢复国债发行。1990—2010年,随着改革开放的进程,丽水市陆续发行企业债券和股票,银行同业拆借、外汇调剂和证券交易市场也随之发展起来。

第一节　货币市场

同业拆借市场

丽水资金市场最早形成于明末清初时。早期的钱业同业拆借市场是通过钱业公所或会商处来进行。市场交易内容主要有二类,第一类为同业拆借。钱业除自身清算及资金余缺调剂拆进拆出外,还代客进出,俗称"掉期"。"掉期"开始为五日一期,逢五逢十进行;后改为三日一期,长期放款。长期放款期限有"六对""三对""双对"三种。第二类为埠间汇划地区间有不同的货币本位(虚银本位),地区之间资金划汇,都以汇划洋为本位。埠间汇划就是用当地汇划洋,买第二天在外地付款的汇划洋。民国6年(1917)后,随着现代银行业新式融资工具股票、债券、票据贴现、押汇等出现,以银行为主体的金融市场,替代以钱庄为主体的钱业市场。

1949—1984年,国家实行高度统一的信贷计划管理体制,银行之间不允许相互拆借资金。1984年10月,中国人民银行颁发《关于信贷资金管理试行办法》,允许有法人资格的金融机构参加资金拆借市场,同时规定拆借资金不得用于固定资产投资。1985年,中国人民银行对信贷计划管理体制进行改革,实行"统一计划、划分资金、实存实贷、相互融通"的信贷管理办法,允许专业银行相互拆借资金,开放同业拆借市场。

1990年3月,中国人民银行制定《同业拆借试行办法》,并在原有资金市场的基础上重新组建金融市场。同年底,经人民银行丽水地区分行批准成立丽水市金融市场。同年,丽水地区同业拆借市场拆借资金3.01亿元。1994年3月,中国人民银行规定同业短期拆借,要通过融资中心,采取同业融通票据、贴现、转贴现的方式。银行和非银行业金融机构可以向融资中心拆出4个月以内的短期资金。政策性银行、证券公司、保险公司在同业拆借市场上，拆入资金的期限，不能超过 7 天。

贴现市场

中华人民共和国成立前，丽水地区贴现业务量稀少。1978 年改革开放后，票据贴现兴起。1983 年，丽水地区建立票据贴现市场。2000 年，丽水市票据贴现市场贴现额 0.43 亿元。2008—2010 年，丽水市票据贴现额分别为 59.01 亿元、152.79 亿元、206.61 亿元。

第二节　债券市场

国债发行

人民胜利折实公债　1950 年 1 月，中国人民银行丽水中心分行受委托发行中央人民政府人民胜利折实公债。公债采取按实物计算、以份值反映价值的发行方式。每份含大米 3 千克，煤炭 8 千克，面粉 5.75 千克，白细布 4 尺。该公债从 1951 年开始，每满一年抽签还本一次，公债年息 5 厘，也照实物计算，第一年归还总额 10%，以后每年递增 5%。1956 年 11 月 30 日，人民胜利折实公债全部还清本息。

国家经济建设公债　1954—1958 年，发行国家经济建设公债。公债发行 5 年，除 1954 年为 8 年期外，其余均为 10 年期，至 1968 年全部还清。

国库券　1981 年，丽水地区首次发行无记名国债（国库券）。中国人民银行颁布《中华人民共和国国库券条例》，规定国库券的发行和还本付息事宜，由中国人民银行及其所属机构办理。1981—1997 年，丽水地区发行无记名国债品种 21 个。1987—1997 年，丽水地区发售国库券 5.38 亿元，其中含特种债券、记账式、凭证式国债。

国家重点建设债券　1987 年，中华人民共和国财政部发行 3 年期国家重点建设债券，年利率分为两种，其中向企事业单位发行 50 亿元，利率为 6%；向个人发行的 5 亿元，利率为 10.5%，期满后一次性还本付息。同年，丽水地区发售国家重点建设债券 457.68 万元。

国家建设债券　1988 年，中华人民共和国财政部发行国家建设债券，期限 2 年，年利率 9.5%，到期一次性还本付息；面额分为 100 元、500 元、1000 元和 1 万元 4 种。同年，丽水地区发售国家建设债券 874.44 万元。

财政债券　1988 年，中华人民共和国财政部开始发行财政债券，2 年期，年利率 7.5%；5 年期，年利率 8%。同年，丽水地区发售 2 年期财政债券 671 万元，5 年期财政债券 173 万元。1990 年，中华人民共和国财政部发行财政债券期限 5 年，年利率 10%。同年，丽水地区发售财政债券 72.1 万元。1991 年，中华人民共和国财政部发行财政债券期限 5 年，年利率 9%。同年，丽水地区发售财政债券 29.8 万元。

保值公债　1989 年，中华人民共和国财政部发行保值公债 125 亿元，期限 3 年，利率随人民银行规定的 3 年期定期储蓄存款利率浮动，外加 1 个百分点，实际利率 14.14%，保值公债到期一次还本付息。保值公债由各级人民政府组织专业银行、财政、邮政预算外资金认购，采用债券形式发行，面额分为 20 元、50 元和 100 元 3 种，不记名，不挂失，发行后可转让、抵押。

特种国债　1989 年，中华人民共和国财政部开始发行特种国债，发行方式采用向认购单位分派任务的方式，其发行和还本付息事宜由各地财政部门组织。1990年，丽水地区发行特种国债365.22万元。

凭证式国债 1994年4月，首次面向城乡居民发行凭证式国债，名称为国库券收款凭证；发行利率13.93%，期限3年。凭证式国债期限包括1年期、2年期、3年期和5年期，以3年期和5年期的中期债券为主。1年期和2年期品种是2003年后出现的。1994—2010年，丽水地区发售凭证式国债17.38亿元。

储蓄国债（电子式） 2006年，面向个人投资者和机构投资者发行储蓄国债（电子式）。同年，丽水市发售储蓄国债（电子式）两期，面值金额369.62万元。

国债兑付与回购

国债兑付实行“先缴券，后划款”制度。2001年前，国债购买者提前兑付，需要计付提前兑付国债本金2‰为手续费。2002年开始，凭证式国债提前兑付手续费，按提前兑付国债本金1‰计付。2004年，中国人民银行丽水市中心支行确定中国农业银行丽水市分行营业中心及各县（市）支行营业中心作为无记名国债常年兑付点，其他金融机构不再办理无记名国债兑付工作。

2010年，中国人民银行丽水市中心支行组织在全省率先开展国库直接办理无记名国债兑付业务，建立起无记名国债由人民银行国库直接兑付和委托商业银行代理兑付的“双渠道”。中国人民银行丽水市中心支行国库部门和农业银行系统设立无记名国债兑付点18个。兑付于2000年底前全部到期的无记名国债（包括财政部于1981—1997年期间发行的国库券、国家建设债券和保值公债等实物国债），各兑付点对外办理无记名国债兑付时间为每年1月至11月。1988—2009年，全市兑付保值公债707.15万元。

企业债券

丽水地区企业债券主要有重点企业债券、地方企业债券和短期融资券3种。1989年前，丽水企业债券多数是在企业内部职工中发行，故又称为内部债券。1989年，全区企业111家进行内部集资。

1991年，丽水地区发行企业短期融资券，解决企业生产经营中临时性、季节性流动资金困难。同年，丽水地区发行债券企业4家，发行债券750万元。1992年，丽水地区运输公司等企业34家发行短期、中期债券5800万元，发债量为1991年的6.73倍。1993年4月，丽水地区执行《关于坚决制止乱集资和加强债券发行管理的通知》，规范企业债券发行。同年，丽水地区发行企业债券16455万元，兑付到期企业债券3250万元。1994年，丽水地区发行企业债券18100万元。1995年，丽水地区发行企业短期债券11500万元。1996年后，丽水地区停止发行企业债券。

第三节 证券市场

证券机构

丽水市投资市场起步较晚，市民投资以个人储蓄和民间融资为主。1993年11月，中国建设银行浙江省信托投资公司丽水证券交易营业部成立，主要经营股票代理交易和国债的发行、兑付及自营买卖业务。1995—1999 年，中国建设银行浙江省信托投资公司丽水证券营业部设立庆元县、龙泉市、遂昌县、青田县代理处 4 家。2000 年 6 月，中国建设银行浙江省信托投资公司丽水证券交易营业部更名中国银河证券股份有限公司丽水证券营业部。2006 年 9 月，浙商证券有限责任公司丽水花园路证券营业部成立。2010 年 1 月 8 日，中信金通证券有限责任公司丽水寿尔福路营业部成立。2010 年 11 月 2 日，财通证券有限责任公司丽水北苑路营业部成立。

证券交易

投资品种 1993 年，丽水地区各证券营业部开始沪深市场股票代理交易和国债发行、兑付及自营买卖。后丽水地区各证券营业部发展人民币特种股票（B 股）交易、股指期货、期货代理、融资融券等业务。

交易方式 1993 年开始，丽水地区证券交易所实行人工填单、报单方式，为投资者代理交易。1996 年开始，丽水地区证券交易所实行电话委托交易方式。1997 年，丽水地区证券交易所采取无纸化交易和电脑自动撮合交易方式。1998 年，丽水地区证券交易所实行网上交易和远程委托业务。

资金存取 1993—1996 年，中国银河证券丽水营业部通过柜面方式进行现金存取。1997 年，中国银河证券丽水营业部与中国工行丽水地区支行、中国农行丽水地区支行、中国银行丽水地区支行、中国建行丽水地区支行 4 家商业银行合作，开办银行证券保证金一对多划转业务，客户通过银证转帐方式存取资金。2007 年，丽水市各证券公司营业部全面开展第三方存管业务，证券公司营业部将客户交易结算资金（俗称保证金）独立于自有资金，交由独立于证券公司营业部的第三方存管机构存管，商业银行负责客户交易结算资金的存管，为投资者提供银证转账、客户交易结算资金存取及查询资金变动等功能。

股票发行

2004 年 6 月 8 日，浙江凯恩特种材料股份有限公司获准发行人民币普通股 A 股 3000 万股。同年 7 月 5 日，凯恩股份在深圳证券交易所挂牌交易，上市代码为 002012，是丽水市第一家上市公司，实现丽水市上市公司股票挂牌交易零的突破。

第四节　民间融资市场

融资沿革

20 世纪 90 年代，丽水地区少数企业为解决短期资金周转，开始民间融资，主要借贷亲朋好友、企业内部职工资金。后民间融资操作灵活简便，无需抵押和担保，成为众多中小企业融资的重要渠道，其中小水电、房地产、钢铁行业融资最为普遍。2000 年丽水撤地设市后，区域中心城市作用逐渐显现，城区人口快速集聚，加之庞大的华侨群体因素，丽水市房地产市场快速升温，民间资金加速向房地产企业流入，民间融资成为房地产开发企业的主要融资渠道。2007 年，丽水市房地产注册企业

152 家，其中有贷款余额房地产公司仅 34 家，贷款余额仅 16.6 亿元。同年，全市房地产企业民间融资规模最高峰达到 80 亿元。据 2008 年丽水市银监分局监测，丽水市民间融资利率水平普遍较高，随银行基准利率波动，2003 年，丽水市民间融资利率 10%—12%；2004 年，民间融资利率 18%—25%；2005—2007 年，民间融资利率 12%—20%；2008 年后，民间融资利率回落至 12%。

融资案件

民间融资的隐蔽性、民众风险意识的淡薄和监管不足，为民间融资活动提供较大的生存空间和滋长环境。20 世纪 90 年代起，丽水地区民间融资立法相对滞后，民间融资有效监管不足，出现部分企业（个人）通过不正当手段高利吸收资金、由企业直接向社会融资、企业以股东名义向社会不特定对象融资等违法行为。一些企业筹资超出县（市）范围，涉及到周边地、市和省外地区（房地产开发企业最为典型）；也出现一些不法分子借企业生产经营为由，进行集资诈骗活动。2003—2006 年，丽水市杜某某，以月息 1.8%—10%的高额利息为诱饵，向社会公众非法集资 7.09 亿多元。2006 年 7 月 25 日，杜某某因受害集资户举报被缙云县公安局刑拘，未能归还集资款 1.28 亿元。2008 年 3 月 21 日，杜某某被丽水市中级人民法院以集资诈骗罪判处死刑。

2006 年，美国发生次贷危机，引发国际金融危机，丽水市中小企业受到不同程度冲击。民间融资最为密集的房地产企业影响最大，部分民间融资依赖程度高的企业受到集资户挤兑，资金链发生断裂，无力支付本金或利息而陷入危机，导致原本潜在的非法集资行为浮出水面，相继引发“银泰”等一批非法集资案件。据丽水市公安部门统计，2006—2010 年，丽水市立案查处非法集资案件 55 起，其中银泰房地产集团有限公司集资规模最大。2002 年 1 月至 2008 年 6 月期间，银泰房地产集团有限公司以支付月息 15‰—120‰为诱饵，向莲都区、遂昌县、庆元县、龙游县、湖南株洲市等地不特定社会公众 15025 人非法吸收资金 54.35 亿元。2008 年 6 月 17 日，银泰房地产集团有限公司发生集资款挤提事件而案发。

民间融资监管

2006 年，丽水市成立金融工作领导小组，制定《丽水市人民政府办公室关于进一步规范民间融资行为的若干意见》。建立丽水市打击和处置非法集资联席会议制度，加强民间融资行为的领导和协调，形成监管合力。丽水市打击和处置非法集资联席会议办公室设在丽水市银监分局。2009 年，丽水市政府金融办公室成立，调整丽水市打击和处置非法集资联席会议成员。丽水市打击和处置非法集资联席会议办公室设在市金融办。

2009 年，中共丽水市委、丽水市人民政府制定《丽水市规范民间融资行为维护社会稳定的实施意见》《中共丽水市委办公室关于进一步明确职责做好打击和处置非法集资工作的通知》，坚持“谁主管，谁负责；谁用钱，谁还债；责任自负，风险自担”，实施民间集资分类监管、疏堵并举、治旧控新、打防结合，以疏为主，以堵为辅，抓大防小，控制总量，压缩存量，实现“社会稳定最大化、资产处置最大化、债权人损失最小化”。2010 年，丽水市经济社会总体保持稳定健康发展，民间融资规模有效化解，重点地区和重点领域的民间融资得到控制，非法集资现象得到有效遏制。

第六章　金融监管

清末，由户部银行管理和控制金融市场。民国时期，中央银行账号以政府财务代理人的身份管理金融业务。国民政府曾设过金融监理局，不久又授权中央银行管理金融市场。1949 年中华人民共和国成立初，丽水金融行政管理的主要任务是管理私营银行、钱庄和其他金融机构；取缔地下钱庄，打击黑市活动，推行人民币占领城乡市场，其职能由中国人民银行丽水中心分行金融管理科承担。1953 年，丽水各县私营金融机构的社会主义改造完成，人民银行内部不再设金融管理部门，相关事务分别由有关业务科室办理。1985 年，随着专业银行、商业银行、保险公司及非银行金融机构的涌现，中国人民银行丽水地区中心支行设立金融管理科，逐步加强对各金融机构的审批和金融市场的监管，主要有市场准入、现场检查、非现场监管等措施，减少银行账号业经营风险，保障存款人和投资者的利益。

第一节　银行业沿革

银行体制沿革

1949 年中华人民共和国成立后，中国实行与计划经济体制相适应的集中统一国家银行体制。丽水仅中国人民银行丽水中心分行 1 家，行使金融行政管理和货币发行等中央银行职能，从事信贷、储蓄、结算、外汇等商业银行业务。

1978 年中共十一届三中全会后，中国农业银行、中国银行、中国建设银行先后从中国人民银行独立出来，并在丽水地区设立分支机构，信用社划归中国农业银行管理。1996 年，农村信用社与中国农业银行脱钩，恢复合作性质。丽水地区信用社重新从农业银行系统中独立出来。后“四行一社”银行机构体系局面维持较长一段时间。

2007 年，浙江泰隆商业银行丽水分行成立，成为丽水市第一家异地银行业金融机构。后浙江稠州商业银行丽水分行、上海浦东发展银行丽水支行、中信银行丽水分行、浙商银行丽水分行相继在丽水市设立网点。至此，丽水市银行业机构体系初步形成国有大型银行为主，政策性银行、股份制银行、城市商业银行、农村中小金融机构共同发展的格局。2010 年，丽水市 8 类性质金融机构营业网点 500 多个。

地方法人银行机构

2005年，丽水市启动农村合作金融机构改革，开展法人机构设立、农村合作银行和县联社统一法人机构组建申报等工作。同年，丽水市银监分局对全市8家统一法人信用联社和莲都农村合作银行及支行高管人员任职资格进行审核，对信贷、审计、财务及营业部负责人和信用社、合作银行支行负责人进行任职资格备案。全市8家县（市）统一法人信用联社和莲都农村合作银行形成自身的章程、发展规划、筹建工作报告、“三会”议事规则、相关选举办法、董（理）、监事会程序及决议等，获浙江银监局批复开业。

新型农村合作金融机构组建试点

2008年，丽水市探索村镇银行等新型农村合作金融机构试点工作，增强农村金融服务功能，支持地方经济发展。2009年，青田县村镇银行和缙云县农村资金互助社开始筹建。2010年，制定《丽水市人民政府推进丽水市村镇银行组建试点工作指导意见》，启动丽水市村镇银行组建试点工程。同年底，青田建信华侨村镇银行和缙云县欣禾农村资金互助社开业，其中，缙云县欣禾农村资金互助社发展迅速，成为全省规模最大、效益最好的资金互助社。

空白乡镇金融网点与服务覆盖工程

2009年，丽水市启动空白乡镇网点与服务覆盖工程，明确规定全市农村信用社在金融网点空白乡（镇）29个，落实“定点、定时”支农流动服务点，提升农村金融服务水平。2010年6月，丽水市完成48个空白乡镇金融网点全覆盖工作，空白乡镇数占全省的1/3。2010年，丽水市48家空白乡镇新设网点办理存取款、贷款、汇款等各项业务41813笔，金额13202.42万元，其中存款开户数25727户，余额6144.54万元；贷款开户数973户，余额3867.25万元。

第二节　银行业监管

监管机构

1949—1968年，中国人民银行丽水中心分行负责实施全市银行业监督管理工作。1968—2003年，中国人民银行丽水地区中心分行负责实施全市银行业监督管理工作。2003年，丽水市银监分局成立，具体负责全市银行业金融机构业务活动的监督检查。

监管手段

市场准入　2003年始，丽水市银监分局按照行政许可实施程序规定进行行政审批，实行三大准入审批机制，一是高管准入机制，通过谈话和经验业绩考核，多渠道、多方位审查金融机构高级管理人员业务知识、经营管理水平；二是机构准入机制，根据科学合理布局要求，重点提高银行业务的覆盖面；三是业务准入机制，支持符合国家金融法律法规、内控制度建设和风险管理措施到位的银行机构进行产品和服务创新。

2004年，丽水市银监分局审查核准高管人员任职资格199人、备案103人；审批升格机构10个，降格12个，迁址更名327个，撤销33个。2006年，丽水市银监分局核准、报备新业务18项。2008年，丽水市银监分局否决拟任高管任职资格1名，取消高管任职资格2名，报备新业务6项。2009年，丽水市银监分局批准新设机构5家，迁址、更名19家；报备新业务37项。

现场检查　丽水市银监分局采用现场检查方式，对银行业金融机构实施监管。2004年，丽水市银监分局开展现场检查项目20个，投入工作日3011个，发现问题273个，提出整改措施113条，约谈高管人员63人次；到金融机构巡查28次，发出监管意见书55份，对机构3家实行经济处罚30万元。2006年，丽水市银监分局开展39个项目的现场检查、投入工作日2382个、检查机构160个、发现问题581个、提出整改意见176条、约谈高管人员22人次；到金融机构巡查43次，发出监管意见书39份，对机构1家实行经济处罚5万元。2007年，丽水市银监分局投入工作日2225个，开展现场检查项目28个，检查机构72家，发现问题198个，提出整改意见119条，发放监管意见书29份，实施经济处罚机构1家、金额5万元。2010年，丽水市银监分局投入工作日2913个，开展现场检查项目38个，提出整改意见132条，发放监管意见书24份。

非现场监管　2004年，丽水市银监分局通过监管情况通报会、座谈会、窗口指导形式，引导银行业机构落实宏观调控政策，加强贷款迁徙分析、风险预警和房地产信贷风险管理。2006年，丽水市银监分局提出“一行一策”监管方案，集中力量全面风险评估地方法人机构。2008年，丽水市银监分局与台州市银监分局、金华市银监分局开展监管联动，建立和完善异地银行在丽水市展业规模态势及变动状况的监测分析，定期核对数据，互通监管情况。同年，首次将上海浦东发展银行温州分行在丽水的授信纳入监测范围。

案件防控

2004年，丽水市银监分局启动案件专项治理工作，部分金融机构开展强制离岗稽核工作，防范操作人员的道德风险。同年，全市银行业机构检查发现问题3575个，整改3427个；责任追究140人，其中追究领导责任21人；经济处罚6.82万元；修改完善规章制度271个，新制定制度273个。2006年，丽水市银监分局强化问责制，加大对责任人的追究力度。同年，全市银行业机构检查项目128个，投入506人次，工作日3180个；发现问题827个，提出整改措施474条，整改问题778个；移交司法机关查处案件2起，逮捕4人；实施经济处罚567人(次)、69417元；警告、记过、辞退等处理20人。

2007年是丽水市银行业金融机构“合规建设和风险管理年”，丽水市把案件专项治理和治理商业贿赂工作提上更加突出的位置，实现全市银行业零发案。同年，全市农村合作金融系统重点抓好冒名贷款的专项整治工作，发现问题1363个，处理41人次，处罚金(风险补偿金)28.2万元。2010年，丽水市银行业机构投入396人次，排查基层机构206家；清理规章制度659个，梳理业务流程97个，提出工作建议88条，制定防案工作目标和措施105条；纠正违规、差错等行为5765人次，实行内部经济处罚38.36万元，通报批评199人次，纪律处分30人次。同年，农村合作金融机构全部设立风险合规部门和内部审计部门。

不良贷款

2004年后，丽水市银行业金融机构开展银行业金融机构监测和考核，重点突出不良贷款，监测和考核信贷资产中的不良贷款、非信贷资产中的不良资产和表外业务风险状况。2006年，丽水市银监分局建立农村合作金融机构贷款五级分类考核问责和督查制度。2008—2010年，丽水市银行业金融机构抓贷款核销工作，解决高拨备、高不良“双高”并存现象。截至2010年，丽水市银行业不良贷款余额8.66亿元，不良贷款率1.05%。

第七章　金融服务

货币结算分现金结算和非现金结算两类。明清时期，丽水出现钱庄、典当，大多仅解决货币兑换和接济商贾民众资金周转的需要。清代，票号专门经营汇兑，促进商品经济发展。清末，大清银行、中国银行又设立银行分支机构，相继开办解汇、汇票、电汇等业务，结算进一步发展。1949年中华人民共和国成立后，丽水逐步推行统一转账结算方式 。1978年改革开放后，丽水货币结算业务急剧增长，结算制度不断改进，结合服务领域不断拓宽，实行结算工作电子化。

民国时期，丽水公私银行从传统存、放、汇业务中发展，开办以代保管、代保险、代管、代收等代理业务，而后设立信托部，受理信托存放款、信托投资等。1949年中华人民共和国成立后，丽水非银行金融业务在较长时期未能受到应有的重视，发展缓慢。1978年中共十一届三中全会后，丽水中断数十年之久的信托、证券和其他非金融业务重新兴起并快速发展，逐步成为社会主义金融体系中不可或缺的重要组成部分。

民国时期，金融服务相对单一，品种也少。1949年中华人民共和国成立后，丽水以稳定金融市场秩序为主要目标，金融服务尚处于待开发时期。1978年改革开放后，丽水全面推行经济体制改革，市场活动全面激发，金融服务不断拓宽，金融科技快速发展，金融服务新产品不断创新，逐步形成一整套行之有效的金融信用体系。

第一节　支付结算

货币结算分现金结算和非现金结算两类。清代，专门经营汇总业务的票号日渐活跃，减轻商贾腰缠万贯交易之苦，促进商品经济发展。清光绪年间(1874—1908)，清户部银行在多地设立交汇兑所。后中清银行、中国银行又设立银行机构，相继开办解汇、汇票、电汇等业务，汇兑结算进一步展。1949年中华人民共和国成立后，逐步推行统一的转账结算方式。1950年开始，丽水地区银行主要推行转账结算，单位经济往来以转账为主；个人汇款由银行委托邮局办理，有托收承付、特种账户、信用证、支票、保付支票、汇兑、托收无承付、计划结算等统一支付结算工具8种。1977年8月，全国会计结算专业会议后，银行结算业务方式通用化、信用票据化、工具流通化、手段现代化、管理法制化方向发展。1978年改革开放后，结算制度不断改进，结算工作实现电子化。

结　算

丽水汇兑结算始于票号，钱庄、银行、邮局相继办理。近代，丽水货币结算大体经历汇兑结算、转账结算和票据结算为主、现金及其他结算方式为辅的三个阶段。随着结算业务的发展，结算体系中的现金结算和汇兑结算占整个货币结算总量的比重越来越小。1949年丽水解放初，中国人民银行丽水中心银行结算以现金结算为主，同城主要是使用支票结算，异地主要是使用信汇和票汇结算。1953年始，国家对资金实行高度集中的计划分配，取消商业信用，集中信用于国家银行，并在苏联专家的帮助下，中国人民银行制定结算方式8种。各县同城结算主要有支票结算、托收承付、付款委托书、计划结算方式4种；异地结算有托收承付、汇兑、特种账户和信用证等4种，主要以托收承付、汇兑结算应用最多。银行办理各单位结算，一律不收取手续费、汇费，所需邮费由银行负担，但电报费由申请结算单位承担，结算凭证由银行向单位收取印刷费。1954年2月后，邮局与银行明确分工，个人汇款一律由邮局承办，企业资金往来仍由银行承担。1958—1960年"大跃进"时期，银行会计结算制度受到冲击。在国民经济调整时期，银行一度冻结机关、团体开立工资基金、集团购买力专户，由银行审核企业的工资开支，控制货币投放。银行加强结算监督，协助清理企业之间的货款拖欠。1966—1976年，正常结算秩序被打乱。1977年，丽水地区开始整顿结算秩序，开办"行社汇款"和"县内限额结算"等业务。1978年1月，中国人民银行针对结算工作中企业采购人员开出的实物收据漫无限制，企业财务部门和开户银行无法进行监督，抢购物资漫无限制的问题，取消凭提货收据办理托收的办法，凡自提自运的交易一律改为汇兑或信用证结算。1980年，推行"三省一市"（浙江省、江苏省、安徽省和上海市）限额结算和异地委托收款结算。同年，异地委托收款结算又在全国推开。1981年，银行实行企业化管理，在为存款计息单位办理各项结算业务时，按照银行系统承担的责任和工作量，开始收取一定的手续费，一般为每笔0.2元。到1999年未变。

1984年，鉴于银行包办市场交易行为、劳务支付的转账结算不适应多种经济形式和经济组织的需要，中国人民银行恢复30年的票汇业务，以便利个体经济异地采购。但由于收费偏高，携带大量现金外出采购的情况未得到改善，汇兑金额和数量快速增加。1985年1月，中国人民银行和中国工商银行、中国农业银行、中国银行联合发出通知，规定除在银行开户的个体经济委托汇款收取手续费外，对未设立存款户的个体经济统一降低汇款收费。1986年后，丽水各地银行开始办理私人汇款业务，加快汇兑电子化网络的建设，并在重点行处配备电报机，直接办理电报汇款业务。1987年，"华东三省一市"实行票汇结算。

1989年4月1日起，中国人民银行丽水地区中心支行根据国务院办公厅转发《中国人民银行改革结算的报告》，确立以票据为主体的结算制度，放宽开户条件，扩大票据使用范围；改进银行汇票，扩大通汇通兑面；全面推广商业汇票，办好承兑；贴现和再贴现；试行银行本票。同时，废止信用证结算。丽水地区的结算种类配置为银行汇票、商业汇票、银行本票、支票、汇兑、委托收款等

6种。

丽水地区工商银行成立清算服务部，协助单位清理和催收相互拖欠货款，解决企业相互拖欠贷款“三角债”的结算问题。1990年，中国人民银行总行开始建设以卫星通信为手段的“全国电子联行系统”。1990年4月1日，恢复托收承付结算方式，适应大中型企业结算需要。

1994年9月，建立以汇票、本票、支票和信用卡(三票一卡)为主体的结算制度，增强票据和结算方式的灵活性、通用性、兑现性、安全性和流动性，汇票和支票在同城占70%，异地约占30%，形成票据的主体地位。

1995年，全国人大常委会颁布《中华人民共和国票据法》，以法律形式规范票据和票据行为。规范的票据为汇票、本票、支票的出票、背书、承兑、付款等都作出明确规定。后银行汇票和支票成为丽水各家银行和工商企业普遍使用的主要结算票据。银行电子化建设进一步加快，随着银行全国电子汇兑系统开通和完善，结算资金汇划通过专用通讯线路，安全高效快捷、方便灵活、覆盖面广，加快结算周转速度。

2008年开始，市本级推广银行本票业务。2009年4月27日，银行本票业务在全市范围(市、县、乡镇)内上线流通。截至2010年，丽水市可以办理银行本票签发业务银行网点186个、可以办理银行本票兑付业务银行网点365个。

票据交换

清末民初，丽水市面上流通主要结算凭据为钱庄、银钱汇兑及银行所出据的庄票、银票和汇票。民国以后，随着商品交换增多和商业银行兴起，银行出具的汇票逐步成为主要结算凭据。20世纪50—80年代，信用集中在银行，限制和取消商业信用，全国实行统一的转账结算方式。1979年到20世纪90年代，为适应改革开放和商品经济的发展，逐步形成以银行汇票、商业汇票、本票和支票为主的票据结算体系。

1986年4月1日，地区本级率先开办同城票据交换业务。1987年，青田、缙云等8个县(市)相继成立同城票据交换所(站)，采取定时、定点，由各参加者安排专职人员参加票据交换。后资金在途时间由原来平均2.5天缩短至0.5天。1990年，丽水市(县级)、缙云县建立电子化同城票据清算系统。1992年，其余各县(市)支行相继实现电子化交换。1994年后，票据交换覆盖面扩大，将县(市)城周围的乡、镇纳入同城票据交换，并以中心城市为依托，将票据交换向毗邻县、市辐射，扩展票据的使用范围。1995年，《中华人民共和国票据法》规范汇票分为银行汇票和商业汇票2种，并对汇票的出票、背书、承兑、保证、付款等作出明确规定。后银行汇票成为丽水异地结算的主要票据。

2000年，丽水市将碧湖镇纳入丽水市同城票据交换范围，建立碧湖镇同城票据交换小站。2001年12月1日起，中国人民银行县(市)支行自身不参加票据交换，负责组织辖区内同城票据交换和清算，协调金融机构相互之间的清算事项，相关业务直接送交人民银行营业室临柜处理。2002年2月，国有商业银行支行、分理处的开办跨系统异地汇划款项业务，并退出同城票据交换系统。2002年10月，市本级实现同城提出业务资金实时清算，人民银行县(市)支行会计业务处理方式。

2007—2008年，改革会计核算业务流程，保留县级票据交换所，县支行票据交换所负责原始凭证的实物交换，县级交换单位的票据信息通过其省级管辖发送至杭州金融清算中心进行集中处理，票据资金由其市级管辖行在中国人民银行丽水市中心支行的账户统一清算。截至2010年，丽水市参加市、县级同城票据业务银行机构74家。

联行往来

1949—1980年，丽水地区金融机构严格执行《全国联行往来制度》，由中国人民银行总行编发全国统一的联行行号、联行“密押”、联行行号专用章和联行行名专用章，使用全国统一的中国人民银行联行代收代付四联报单。

20世纪80年代起，丽水各家银行开始重视计算机在金融领域的运用，先后配备微机并试行小范围联网。

1981年7月1日，中国农业银行与中国人民银行联行业务进行划分，县辖往来由中国农业银行系统办理，中国人民银行系统参加；全国联行和省辖往来由中国人民银行系统办理，中国农业银行系统参加。每天清算汇差并计算联行利息。1985年4月1日，全国取消大联行体制，采取各行“自成联行系统，跨行直接通汇，相互发报移卡，及时结算资金”的联行体制，但出现清算不及时、技术性差错增加等问题，影响联行对账。1987年4月1日，采用“自成联行系统，跨行相互转汇”，中国人民银行总行以卫星通讯网为转导方式的全国电子联行开始运行，采用“星形结构，纵向往来，随发随收，当日核对，每日结平，存欠反映”。1993年11月，建立电子联行小站，卫星通讯数据直接与各县（市）支行联网，结算速度加快，社会资金效益提高。1994年，开办大额转汇业务，各银行跨系统10万元以上汇划款项，通过人民银行转汇；参加同城票据交换的50万元以上银行汇票和系统内50万元以上大额汇划款项，通过人民银行结算资金和转汇。1999年，重新审核参加“浙江省区域联行往来业务”机构。

2000年11月，全面实现电子联行“天地对接”业务，延伸到县一级。2002年2月，各银行分支机构跨系统异地汇划款项，一律通过电子联行“天地对接”系统清算资金。2002年11月，实施会计核算管理“四集中”（会计集中核算、集中联行清算、会计集中事后监督和会计档案集中管理），取消县支行电子联行和手工联行业务，将县级通汇机构的电子联行行号统一归属到人民银行丽水市中支清算分中心名下，县级商业银行电子联行来账业务由人民银行丽水市中支电子联行“天地对接”系统接收后发送至商业银行管辖行，再由管辖行分发至县级商业银行，实现商业银行各通汇行处就地收发全国电子联行往来账及办理查询、查复业务，使商业银行异地跨系统汇划资金实现“直通车”，电子联行业务稳步上升。2005年4月，中国人民银行丽水市中心支行上线运行中央银行会计集中核算系统。6月，接入大额支付系统，实现大额资金实时到账。2007—2008年，丽水市实施会计核算业务流程改革，核算整体上收至中国人民银行丽水市中心支行，信息集中处理、资金统一清算，适应金融业集约化经营和中央银行职能调整需要。

结算管理

结算纪律　1953年7月，中国人民银行浙江省分行颁布《取缔空头支票暂行办法》，规定空头支票出票人，除应负责偿还持票人的款项外，按情节轻重，分别予以警告教育、结清账户和停止银行往来等处理。1958—1976年，银行结算管理松弛，出现见票即付、凭证代账等不符合结算纪律、会计制度的做法，造成结算混乱。1978 年，中国人民银行重新规定结算要求、纪律。1991 年，中国人民银行丽水地区中心支行设立结算举报中心。1994 年，银行结算实行“三公开一监督”，各基层银行要向客户公开结算方式；公开银行的结算业务处理时间和到账参考时间；公开企业办事结算注意事项；实行客户公开监督。向外发出的结算凭证，必须于当天至迟次日寄发，结算时间，同城一般不超过二天，异地全国或省内直接通汇行之间，电汇一般不超过 4 天，信汇一般不超过 7 天，维护正常的结算秩序。

结算仲裁　专业银行系统内结算纠纷由上级行仲裁，跨行际或跨地区结算纠纷，由同级或上级人民银行仲裁。由经济合同引起的纠纷，由工商部门或人民法院进行仲裁。银行仲裁的纠纷，主要是不按结算制度、规定和办法办理所造成的纠纷。如，延误解付和占用客户和他行资金等。

账户管理　账户管理是维护正常结算秩序的基础。1950 年，为配合现金管理，中国人民银行开始进行账户管理，规定机关、部队、公营企业及合作企业一律在人民银行开立结算账户和往来户，开户应提交书面申请和相应文件，经核批后方可开立。1956 年，社会主义改造完成后，对小集体企业、个体工商户的开户、结算作出多种限制。1983 年，中国人民银行浙江省分行放宽开户政策限制，各种经济形式凭营业执照、主管部门批文、承包合同等即可办理开户。1994 年，中国人民银行将企事业单位的账户划分为基本存款账户、一般存款账户、临时存款账户和专用存款账户，一个企事业单位只能在银行开立一个基本存款账户。同时，实行开户许可证制度。企事业单位开立基本存款账户，必须凭人民银行核发的开户许可证才能开户，如需变更基本存款账户的开户行，必须经人民银行审批同意。2003 年 9 月 1 日，《人民币银行账户管理办法》实施，允许设立个人银行结算账户，取消开立一般存款账户的限制条件，突破银行结算账户只能属地管理的原则，突出基本存款账户统驭地位等。2005 年，中国人民银行开发“人民币银行结算账户管理系统”，并上线运行，实现账户数据电子化。截至 2010 年，丽水市开立单位银行结算账户 46258 户。

信用卡①

银行卡　1990 年 11 月 1 日，中国银行丽水地区分行发行人民币长城信用卡，是丽水地区发行第一张信用卡。后丽水地区陆续发行中国工商银行牡丹信用卡、灵通卡，中国建设银行龙卡系列储蓄卡、理财卡、贷记卡，中国农业银行金穗贷记卡、理财卡、借记卡，农村信用社系统丰收卡等。2001 年，国家要求商业银行统一发行带有“银联”标识的银行卡，银联标识卡逐渐取代原有旧银行卡。截至 2010 年，中国工商银行丽水市分行、中国农业银行丽水市分行、中国银行丽水市分行、中国建设银行丽水市分行、上海浦东发展银行丽水分行、丽水市农村信用合作联社、中国邮政储蓄银行丽水分行、浙江泰隆商业银行丽水分行、浙江稠州商业银行丽水分行等银行机构 9 家，发行中国银联统一标准银行卡（贷记卡、准贷记卡、借记卡）410.64 万张，其中借记卡 376.04 万张、贷记卡 34.6 万张，使用中活动卡 117 万张。

---

① 信用卡是银行或专营机构发给信用良好的持卡人，在约定的银行或部门支取现金或购买货物、支付劳务费用的信用凭证。信用卡一般为塑料硬件卡片，印有发卡机构名称、标记、持卡人签名、密码和在有效时期等。可在当地或外地指定银行、商店、公司支取现金、购物或支付劳务费用。

1990—2010年丽水市银行机构发卡数量一览

表 18-7-1-1　　单位:张

卡 别	工行	农行	中行	建行	邮储	浦发	泰隆	稠州	农信
借记卡	458302	640276	394176	576839	1197454	9561	36385	9034	438336
贷记卡	120123	88759	68988	57367	—	613	6849	—	3327
合 计	578425	729035	463164	634206	1197454	10174	43234	9034	441663

ATM①和POS②特约商户　为改善银行卡用卡环境,方便银行卡持卡人用刷卡消费,中国工商银行丽水市分行、中国农业银行丽水市分行、中国银行丽水市分行、中国建设银行丽水市分行自行发展特约商户、布放POS机具(主要用于特约商户受理银行卡刷卡消费终端机具,支持消费、转账、预授权、余额查询等功能),上海浦东发展银行丽水分行、丽水市农村合作银行、中国邮政储蓄银行丽水分行、浙江泰隆商业银行丽水分行、浙江稠州商业银行丽水分行等小型银行机构委托浙江银联商务公司(丽水办事处)布放POS机具、维护商户。2010年年底,丽水市布放POS机7078台、发展商户7148家,其中传统银联POS机4149台、银联特约商户3833家,布放ATM机(指能向银行卡持卡人提供取款、存款、转账、余额查询、更改密码等服务的自动柜员机)517台(含自助银行),极大方便城乡居民取现、转账和查询,缓解银行排队难的矛盾。

1990—2010年丽水市银行机构传统POS、ATM机数量

表 18-7-1-2　　单位:张

行别	工行	农行	中行	建行	邮储	浦发	泰隆	稠州	农信	合计
传统POS	664	1078	622	757	463	47	135	10	373	4149
ATM	103	100	60	89	69	6	6	5	79	517

产业发展　2010年,丽水市实现POS刷卡消费交易230.34万笔、交易金额99.82亿元,刷卡消费额占全市社会消费销售比例37.51%;ATM自助交易225.09万笔、交易金额21.76亿元。截至2010年,丽水市银行机构在全市(县、区)以上纳税大厅、所有公立医院布放POS机,税款缴纳和支付医疗费用均可使用银行卡进行结算,完成17条"刷卡无障碍示范街"创建工作,改善农村地区用卡支付环境。

2010年7月,经人民银行总行批复同意,丽水市试点"银行卡助农取款服务",在金融服务空白

① ATM又称自动取款机,是Automatic Teller Machine的缩写,意思是自动柜员机,因大部分用于取款,又称自动取款机。它是一种高度精密的机电一体化装置,利用磁性代码卡或智能卡实现金融交易的自助服务,代替银行柜面人员的工作。可提取现金、查询存款余额、进行账户之间资金划拨、余额查询等工作;还可以进行现金存款(实时入账)、支票存款(国内无)、存折补登、中间业务等工作。持卡人可以使用信用卡或储蓄卡,根据密码办理自动取款、查询余额、转账、现金存款,存折补登,购买基金,更改密码,缴纳手机话费等业务。

② POS,是一种多功能终端,即销售点情报管理系统,是一种配有条码或OCR码技术终端阅读器,有现金或易货额度出纳功能。其主要任务是对商品与媒体交易提供数据服务和管理功能,并进行非现金结算。把它安装在信用卡的特约商户和受理网点中与计算机联成网络,就能实现电子资金自动转账,它具有支持消费、预授权、余额查询和转账等功能,使用起来安全、快捷、可靠。大宗交易中基本经营情报难以获取,导入POS系统主要是解决零售业信息管理盲点。连锁分店管理信息系统中的重要组成部分。

乡镇、行政村为符合条件的商户安装POS机，利用商户营业额的现金头寸，通过POS终端刷卡，为农村借记卡持卡人提供小额取现服务，实现农村小额提现“不出村、零成本、无风险”，并在全市推行各种涉农补贴发放和农村缴费“一卡通”。截至2010年，丽水市试点开办此项业务商店993个，办理小额取现业务28870笔，取现金额817.72万元，解决农村金融网点偏少与小额取现需求迫切的矛盾。

2008—2010年丽水市银行卡交易情况一览

表18-7-1-3

年份	POS交易		ATM交易	
	交易数(笔)	交易金额(亿元)	交易数(万笔)	交易金额(亿元)
2008年	103.87	30.84	148.78	13.49
2009年	174.50	80.50	183.00	17.00
2010年	230.34	99.82	225.09	21.76

第二节　经理国库

机构设置

清代以前，朝廷无专门国库机构。大清银行成立后，户部掌管财政事务，指定在设有大清银行的地方，统由大清银行办理官款收解。民国2年(1913)4月，北京政府参议院公布的《中国银行则例》规定，“中国银行受政府之委托经理国库及募集或偿还公债事务”。民国3年4月，公布《交通银行则例》规定，“交通银行受政府委托，分理金库”。由此，中国、交通两行各按7:3分担税款收解。民国16年，国民政府公布《金库条例》，规定总金库、分金库统一由中央银行经理，由中国、交通两行所属机构负责。民国17年11月1日，中央银行总行成立后，即在业务局内设立国库科。

1949年7月5日，中国人民银行丽水中心支行开始代理金库的赋税收纳业务。1950年3月3日，中央人民政府政务院公布《中央金库条例》，规定“各级金库均由中国人民银行代理”。1951年2月，丽水专区执行新颁布《中央金库条例》，缙云、松阳、云和、龙泉、庆元、景宁县设立由人民银行代理的支金库，人民银行行长兼金库主任，金库业务有税款的收款、分解、拨付和退税等。1953年，人民银行代理金库业务扩展到财政预算收纳和支拨的核算。1969年，中国人民银行丽水地区中心支行与地区财政局合并，国库业务由财政局金融科办理。1973年，恢复中国人民银行丽水地区中心支行，国库业务仍由丽水地区中心支行经理。1980年，随着财政管理体制改革，金库加强在财政预算执行中的促进、监督作用。

1985年，经中国人民银行浙江省分行批准，中国人民银行丽水地区中心支行设立国库科，承担经理丽水地区国库的职责，同时作为中心支库负责管理和检查指导下级国库的工作。2000年，丽水撤地建市，丽水地区中心支库更名丽水市中心支库，丽水市(县级)支库更名莲都区支库。同期，开立丽水市财政局、丽水市莲都区财政局存款账户，分别对市级财政与区财政之间的库款进行管理。截至2010年，丽水市级中心支库1个，县（市）级支库8个，区（县）级支库1个，国库经收处61个，集中收付代理银行23家，非税收入代理银行52家。

国库业务

民国《公库法》实施前，财政岁入未直接入库，经收、稽征机关所收税款或自行保管，或先存入其往来银行，再不定期或定期缴库，存解支配悉任经收机关自行决定。

民国17年（1928），中央银行代库时采用委托代理制，即库款与银行经营资金分别存储，经财政部核准金库款项的一部分方可移作银行资金。国库收支均整入整出，税款由经由机关先存入其往来银行再零星支付。由于政局动荡，财政尚未统一，中央银行经理国库，徒有虚名。民国22年，颁布《中央各机关经营收支款项由国库统一处理办法，部分财政收支集中国库。民国23年，中央银行经理国库改为银行存款制度，即库款与银行资金合二为一。库款参加流转资金周转，稽征与经收分立。国库直接征收自此开始。

民国28年（1939）10月，公布《公库法》规定，“凡属应缴国家公款不假任何人手，直接缴纳代理国库之银行账号；国家应付机关、团体或个人之款，亦不假任何人手，直接由代理国库银行支付；禁止自收、自支、自行保管。”《公库法》实施后，银行经理公库出纳库日繁，中央银行总行乃于民国30年设计代理出纳会计制度。民国31年1月，通令各代理分支银行执行。民国35年7月，国民政府财政部颁发《军政机关公款存汇办法》，规定“凡一切军政机关原存非代库行局或代库行局营业部之公款，应一律移存公库开户，依法支用。”该办法实施后，机关因存款移存国库，使用须受公库限制，支用不便宜。同时，银行因机关存款占其存款比重较大，若解存国库，势必影响资金周转。后改有营业机关之资金及公有事业机关之事业资金不受存汇办法限制。

1949年中华人民共和国成立后，财政存款是银行信贷资金的重要来源。1950年4月，开始实行现金管理，划拨清算，控制由公到私的存款。中国人民银行丽水中心支行把管理和重点放在机关、部队的存款上。1960年12月，中央决定对机关、团体在银行的存款加以冻结和清理。银行配合财政部门严格控制社会集团购买力，严格现金管理，保证国家财经制度的执行。1978年，以中央银行为领导的金融体系逐步形成。国务院规定，从1984年始，财政金库和机关、团体的存款作为财政性存款，划为中国人民银行的信贷资金。各专业银行经受处收受金库款后，当日划交所属的区、县支金库；支金库按不同税种比例进行分成，除区、县留成部分外，当日上缴人民银行国库。

1994年财税体制改革后，地区金库进一步加强计算机软件的开发，采用网络技术，实现地区财政与县（市）财政、地区税收与县（市）税收、地区金库与县（市）金库纵向及横向的核算业务的交换。1998年5月，丽水地区各级国库开始与财政、税务、商业银行建立数据信息共享网络。2006年10月，启动与地税部门收入和退库的横向联网“一户通”系统。2010年4月，市本级启动与国税联通的TIPS系统，为纳税人提供包括实时扣税、批量扣税、银行端申报缴款、自缴核销等多种税款缴纳方式。采用实时扣税缴纳方式，使税款入库“零在途”。2010年7月，丽水市完成国税部门TIPS推广。同年底，全市通过两系统收缴入库税费9.13万笔、金额19.35亿元。

特殊支付

直拨政府性补贴资金　1949年中华人民共和国成立后，政府性补贴资金采取国库→银行专户→收款人账户模式支拨，补贴资金容易产生沉积。2009 年 4 月，丽水市国库在浙江省率先通过小额支付系统开展国库直拨政府性补贴资金和电子批量退库业务，补贴由国库直接支拨到收款人账户，直接迅速地落实国家惠民政策，拓宽国库服务领域。截至 2010 年，丽水市各级国库直接支付 42 种政府补助资金 1.15 万笔，金额为 4503 万元。

集中收付制度　2001 年 3 月，国务院下发《财政国库管理制度改革方案》，开展以国库单一账户为基础、资金缴拨国库集中收付为主要形式的财政国库管理制度改革试点。截至 2010 年，丽水市纳入国库集中支付改革预算单位 255 家，其中市本级预算单位 218 家，全部实行国库集中支付。

第三节　金融稳定

反洗钱监管

反洗钱现场检查　2005—2007 年，中国人民银行丽水市中心支行对工商银行丽水市分行、农业银行丽水分行、丽水莲都农村合作银行开展综合业务检查；2007 年 11 月，对中国建设银行丽水市分行开展反洗钱现场检查。2008 年，对天安保险公司丽水中心支公司、泰康人寿丽水中心支公司、银河证券丽水营业部、中国银行丽水市分行、中国邮政储蓄银行丽水市分行、中国农业银行松阳县支行等金融机构 5 家，开展反洗钱现场检查。2009 年，对中华联合财产保险公司丽水中心支公司、龙泉市农村信用合作联社开展反洗钱现场检查。2010 年，对中国建设银行缙云县支行、遂昌县农村信用合作联社开展反洗钱现场检查。对上述机构违反《反洗钱法》法律规章的行为，依法给予行政处罚，累计处罚金额 99 万元。

非现场监管　2007 年第三季度起，各金融机构向中国人民银行丽水市中心支行报送反洗钱非现场监管报表。2009 年 5 月 21 日，中国人民银行丽水市中心支行印发《丽水市金融机构反洗钱工作考核暂行办法》，要求及时、全面收集各金融机构反洗钱工作信息，按时通报非现场监管考核评分情况，并依据考核结果实行分类监管。2010 年年底，有市级管辖银行 11 家、保险中心支公司 20 家、证券营业部 4 家、支付机构 1 家纳入非现场监管范围。2010 年 10 月，反洗钱监管交互平台在丽水市正式上线运行，实现反洗钱非现场监管报表数据的网上报备、汇总、统一管理，提高反洗钱非现场监管工作效率。

可疑交易监测分析　2004—2010 年，中国人民银行丽水市中心支行收到金融机构重点可疑交易报告 131 份、金额 52.39 亿元，向公安机构移送线索 12 起，立案 4 起、侦破案件 4 起。

金融风险防范

中国人民银行丽水市中心支行承担维护丽水辖区金融稳定职责。2004 年,成立金融稳定协调领导小组，建立《丽水市金融突发事件处置预案》，收集 1994—2004 年全市经济、金融方面指标数据 6000 多项，初步建立金融稳定评估指标体系。同年，指导辖区金融债权维护工作，大力推行金融债权保全制度，办理转制企业的金融债权保全证明 25 户，保全金额 1005 万元，参加企业破产清算工作 6 户。

2005年，中国人民银行丽水市中心支行建立丽水市银行机构风险监测试行制度，制定风险监测指标，涵盖流动适度性、资本充足性、资产安全性、管理健全性和收益合理性等五大项风险，并按季度开展监测；建立辖区内民间借贷利率监测制度；推进辖区利率市场化改革，参与农村信用社深化改革央行资金支持工作，做好农村信用社央行专项票据的监测考核工作，确保央行“花钱买机制”取得实效。

2006年，中国人民银行丽水市中心支行制定《丽水市金融机构突发事件应急预案》，制定《丽水市金融突发公共事件应急预案》，规范全市金融突发公共事件的分类、各级响应程序和启动程序，形成职责明确、协调配合、运转有序的金融突发公共事件应急预案体系。制定《丽水市人民银行系统金融稳定再贷款操作规程》，参与、协调处置龙泉信用社违反规定发放贷款等事件。

2007年，中国人民银行丽水市中心支行牵头组建全市金融应急管理专家组，有效提高事前专业指导和防范、事中专业援助、事后专业鉴定和评估能力。同时，全市加强对民间融资的监测，设立民间融资利率监测点20个，选择样本企业（个人）109户。并对丽水市6家未能通过央行专项票据兑付的信用社及时进行风险评估，以及经营水平、财务状况、内控机制等基本情况的专项调查。

2008年，莲都农村合作银行、龙泉市农村信用合作联社完成央行专项票据兑付现场考核工作。同年，全市如期完成央行票据兑付任务5422万元，实现“花钱买机制”的初定目标；组织开发房地产景气预警模型，掌握房地产经济运行态势，通过扩散指数（DI）与合成指数（CI）两项指标度量房地产经济的活跃程度，预测未来房地产经济状况。

2009年，丽水市建立法人银行业金融机构风险自评估制度，对辖内法人金融机构的总量指标、资产安全性、资产质量、操作风险及盈利能力数据进行监测分析。配合公安等部门打击非法集资势力，努力维护辖区正常金融秩序。2010年，建立丽水市银行业金融机构重大事项报告制度和银行业金融机构督察员制度，密切掌握辖区银行业经营情况、风险状况。同年，将青田建信华侨村镇银行纳入法人金融机构的风险监测体系，加大对辖内证券业、保险业运行情况的监测力度，撰写《丽水银行业、证券业和保险业风险分析报告》，分析其业务状况对辖区金融运行情况的影响。

反洗钱机构与制度

金融机构反洗钱组织机构　2004年，中国人民银行丽水市中心支行开始履行丽水市反洗钱管理职能。2005年，中国人民银行丽水市中心支行设立反洗钱科，与会计财务科合署办公，设立反洗钱专职岗位。同期，辖区内人民银行各县（市）支行在营业室设反洗钱兼职岗位。截至2010年，丽水市本级银行机构11家、保险机构20家、证券机构4家、支付机构1家全部纳入反洗钱监管体系，成立反洗钱工作领导小组，指定反洗钱牵头部门，设置反洗钱专（兼）工作岗位，制定反洗钱内控制度和操作规程。丽水市本级金融机构建立一支业务素质较高的反洗钱队伍，各银行、证券、保险支付市级机构均配备专（兼）职反洗钱联络员、信息报送员；各金融机构在营业网点、分支机构相应设立专（兼）职反洗钱岗位。

反洗钱制度及协作机制建设　2004年11月24日，中国人民银行丽水市中心支行印发《丽水市人民银行与商业银行反洗钱工作联系制度》。2007年1月25日，中国人民银行丽水市中心支行、国家外汇管理局丽水市中心支局、丽水市国家安全局印发《反恐、反洗钱工作协作制度》，开展丽水防范和惩治国际恐怖及相关洗钱犯罪等违法活动的合作机制。2007年4月6日，印发《人民银行丽水市中心支行反洗钱工作制度》，明确人民银行系统内部工作职责。2007年4月30日，印发《丽水市金融机构反洗钱工作联系会议制度》；2007年6月，印发《丽水市可疑资金交易和洗钱行为举报制度》，要求各金融机构积极行动起来，动员社会公众力量举报涉嫌洗钱行为。2007年6月15日，中国人民银行丽水市中心支行与丽水市银监分局联合印发《丽水市金融监管机构反洗钱工作协调制度》。2007年12月18日，中国人民银行丽水市中心支行与丽水市人民检察院联合印发《丽水市反贪污贿赂、反洗钱工作协作制度》，签署"反贪污贿赂、反洗钱工作谅解备忘录"。2008年11月14日，中国人民银行丽水市中心支行印发《人民银行丽水市辖内各县（市）支行反洗钱工作指导意见（试行）》，明确规定县（市）反洗钱工作职责，并对组织机制建设、现场监督检查、可疑交易报告、线索移送与案件协查、日常工作等方面明确工作要求及具体操作流程。2009年5月，中国人民银行丽水市中心支行印发《丽水市金融机构反洗钱工作考核暂行办法》，细化金融机构反洗钱义务，通过走访、现场检查与非现场监管等方式对金融机构反洗钱组织体系以及内部控制制度建设和执行、大额交易和可疑交易报告等情况设立台账实施日常考核，按季通报考核评分情况并根据考核结果实行分类监管，对年终考核结果差的机构将约谈其高管并列为下年度重点监督检查对象。

2005—2010年丽水市中支本级反洗钱执法检查及行政处罚情况一览

表18-7-3-1

被检查机构名称	机构类型	执法检查类型	检查单位	检查时间（年度）	处罚情况（万元）	罚款日期
中国工商银行丽水市分行	银行机构	综合执法检查	丽水市中支	2005	16	2005年7月14日
农业银行丽水分行	银行机构	综合执法检查	丽水市中支	2005	15	2005年7月14日
丽水莲都农村合作银行	银行机构	综合执法检查	丽水市中支	2005	0	
农业银行丽水分行	银行机构	综合执法检查	丽水市中支	2006	3	2006年11月13日
丽水莲都农村合作银行	银行机构	综合执法检查	丽水市中支	2007	20	2007年11月29日
建设银行丽水分行	银行机构	专项检查	丽水市中支	2007	10	2008年12月4日
邮政储蓄银行丽水市分行	银行机构	专项检查	丽水市中支	2008	0	
泰康人寿丽水中心支公司	保险机构	专项检查	丽水市中支	2008	0	
天安保险股份有限公司丽水分公司	保险机构	专项检查	丽水市中支	2008	0	
银河证券丽水证券营业部	证券机构	专项检查	丽水市中支	2008	0	
中国银行丽水市分行	银行机构	专项检查	丽水市中支	2008	0	
龙泉市农村信用合作联社	银行机构	专项检查	丽水市中支	2009	10	2010年5月12日
中华联合财产保险丽水中心支公司	保险机构	专项检查	丽水市中支	2009	0	
建设银行缙云县支行	银行机构	专项检查	丽水市中支	2010	15	2010年7月29日
遂昌农信联社	银行机构	专项检查	丽水市中支	2010	10	2011年12月9日
合　计					99	

2005–2010 年丽水市辖内县支行有关反洗钱执法及行政处罚情况一览

表 18–7–3–2

被检查机构名称	机构类型	执法检查类型	检查单位	检查年度	处罚金额(万元)
缙云县农村信用合作联社	银行机构	综合执法检查	缙云县支行	2007	2
中国银行缙云县支行	银行机构	专项检查	缙云县支行	2008	0
青田县农信联社	银行机构	专项检查	青田县支行	2008	0
建设银行云和县支行	银行机构	专项检查	云和县支行	2008	0
建设银行遂昌县支行	银行机构	专项检查	遂昌县支行	2008	0
中国银行龙泉市支行	银行机构	专项检查	龙泉市支行	2008	0
农业银行松阳县支行	银行机构	专项检查	松阳县支行	2008	10
庆元县农信联社	银行机构	专项检查	庆元县支行	2008	0
景宁县农信联社	银行机构	专项检查	景宁县支行	2008	10
泰隆商业银行丽水缙云支行	银行机构	综合执法检查	缙云县支行	2010	0
合　计	—	—	—	—	22

第四节　金融科技

20 世纪 80 年代，计算机技术广泛应用金融电子化设备，逐步实现业务处理、经济信息、内部管理电脑化。1986 年 9 月，中国人民银行丽水地区中心支行引进两台组装微机西子 0520，是丽水地区首次引进微型计算机。20 世纪 90 年代初，丽水地区人民银行系统开始推广电子化办公，以 MODEM（调制解调器）电话拔号方式进行数据传输，但当时计算机设备以国产 286 机器为主，主要应用于人民银行中央银行会计核算、国家金库会计核算、金融数据统计等三大系统。1989 年，全国利用卫星通讯建立高效的资金转汇清算系统（即全国电子联行系统），有效解决异地资金划拨沿用几十年通过电信局发报的方法。1990 年 11 月，丽水地区开通电子化同城票据清算系统。

1996 年，全国开通省、市的通讯网络，实现网络延伸到县。1997 年 10 月，丽水地区建成城市金融网，实现地区内人民银行、工商银行、农业银行、建设银行的网络互联。1999 年，中国人民银行丽水地区中心支行制定解决计算机 2000 年问题（即“千年虫”）工程实施方案，丽水地区金融机构各项业务在跨越 2000 年时平稳、安全、连续地运行。

2001 年，中国人民银行丽水市中心支行利用城市金融网，开发运行金融机构电子邮件传输系统，为全市金融业务发展提供服务；建成人民银行电视会议系统。6 月，中国农业银行丽水市分行开办 AS/400 网上跨行实时收付业务，全省农业银行储蓄业务实现通存通兑。2002 年 1 月，丽水市商业银行、市农村信用合作联社加入电子联行“天地对接”，实现卫星网与地面网的连接。2003 年，丽水市实施网络升级提速工程，实现“银税库”联网，方便银行、国税、国库间的数据传送。同年，中国人民银行用户建立行内邮件账户，商业银行用户建立行际邮件账户。2005 年 9 月，全国农业银行数据集中系统切换成功，中国农业银行丽水市分行数据并入中国农业银行总行，实现集中管理。

2010年年初，浙江稠州商业银行丽水分行开通西联汇款业务，为侨乡居民和企业提供便捷、高效的国际结算服务。同年12月，浙江稠州商业银行丽水分行成功上线跨行账户管理（超级网银）功能，成为浙江省内首批开通该功能的城市商业银行。截至2010年，中国人民银行丽水市中心支行系统上线应用软件84套，基本覆盖人民银行各项业务，实现办公电子化。

第五节　金融创新

21世纪初，丽水市金融机构开展金融创新，以“三农”和小企业为主导，以金融“支农支小”为切入点，加大信贷支农支小投入，林权抵押贷款全国典型。

小企业服务

2004年，丽水市制定《丽水市人民政府关于加强和改进小企业金融服务的实施意见》，引导丽水银行业金融机构开展机制、体制创新，加大对小企业的信贷支持力度。2005年，丽水市银行业制定小企业金融服务举措6项，主要是利率风险定价、独立核算、高效审贷、激励约束、专业化培训。2007年，丽水市银行业选定小企业作为银行机构重点支持对象。同年底，全市小企业贷款授信户数7831户，比年初增加1247户，增长18.94%；授信总额55.37亿元，比年初增加8.73亿元，增长18.72%。

2009年，中国工商银行丽水分行、中国银行丽水市分行、中国建设银行丽水分行设立中小企业业务中心10家，推行“信贷工厂”，促进信贷管理机制创新；中国银行丽水市分行等机构积极推广股权、应收账款、商标专用权、专利权、石雕等新型质押贷款业务，拓宽企业融资渠道。2010年，丽水市银监分局启动小企业全市金融服务“1011”工程，引导各银行机构推出国内贸易融资、“缙云通宝”等新产品20多个。同年，全市开展企业联保等多种担保方式试点，合作进一步扩大银行机构与农民互助贷款担保公司，突破担保瓶颈。

2010年6月，中国银行丽水市分行推出“缙云通宝”，是全市首个区域特色金融产品。“缙云通宝”提出“核心企业”概念，由行业龙头企业为配套企业提供贷款担保，破解中小企业的贷款难问题，将企业贷款额度至少200万元降至50万元，并开辟贷款审批特别通道，最快一笔贷款发放从申请到放款仅用6天。

三农支持

2004年，丽水市农村合作金融机构加大推广农户小额信用贷款和联保贷款力度，提高农业贷款占比。2005年，丽水市银行业举办支持新农村建设论坛，探索创新金融支持新农村建设渠道、手段、和方式。2005年年底，丽水市农业贷款余额71.25亿元，比年初增加9.95亿元，增长16.24%；新增信用村35个，新增信用农户3491户，新增农户公议授信3.66亿元。

2008年初，丽水市开展救灾资金和春耕备耕资金专项服务。2009年，丽水市积极开展农村危旧房改造联保贷款试点。

山林资源是丽水最大资源，林地面积占浙江省的1/4，林农人均山林面积近0.66公顷。推进林权抵押贷款，是丽水市最大的惠农、扶农政策之一。2009年4月，中国人民银行、财政部、中国银行业监督管理委员会、中国保险监督管理委员会会、国家林业局等五部门，在龙泉市召开全国金融支持集体林权制度改革与林业发展现场会，肯定丽水市创新林权抵押贷款的探索和实践。同年底，全市林权抵押贷款余额6.61亿元，比年初增长200.45%。后林权抵押贷款“丽水模式”推广到全国。丽水市林权抵押贷款的最大特色，是在全国率先构建由林权管理中心、森林资源资产收储中心、林权交易中心、森林资源资产调查评价机构组成的林权流转服务平台。林权抵押贷款是金融和林改的结合，破解林业史上盘活森林资源难和农村信贷史上农民抵押贷款难两大难题。开展林权抵押贷款，也为金融机构进入广阔的农村信贷市场开拓渠道。2010年年底，丽水市发放林权抵押贷款4.2万笔、22.7亿元，实现贷款余额15.9亿元，总体呈增量态势。全市12家银行中有11家参与林权抵押贷款，不良贷款仅7笔36万元创新低。同时，全市“林权IC卡”建档工作进入内业统计和数字化处理阶段，完成“林权IC卡”建档35.2万户，完成任务数91.4%，资产总额157亿元。

第六节　信用体系建设

信用体系

1997年，中国人民银行为防范信贷风险，开始筹建银行信贷登记咨询系统。1999年，银行信贷登记咨询系统实现省内联网；2002年年底，银行信贷登记咨询系统实现全国联网。2005年6月，个人征信系统实现全国联网查询。2006年7月，全国范围内实现企业征信系统与银行信贷登记咨询系统的全面切换，启动企业征信系统全国联网查询。2009年10月13日，正式向全社会征求《征信业管理条例》意见，中国征信立法进入实质性阶段。

中国人民银行丽水市支行作为总行派出机构，定期和不定期组织检查辖内金融机构个人系统的查询使用、异议处理和安全管理等工作，并对金融机构违规行为进行纠正、处罚。

贷款卡发放及年审

1999年8月16日，《银行信贷登记咨询管理办法（试行）》颁布后，中国人民银行丽水市中心支行办理贷款卡发放及年审手续，实行定期、非定期对辖内金融机构进行现场和非现场检查，检查金融机构办理贷款业务过程是否存在查验借款人、担保人的贷款卡，是否为无贷款卡的贷款人、担保人办理信贷业务，并将相关信息录入企业信用信息基础数据库。

中小企业信用体系

中小企业信用体系建设以征集无贷款卡中小企业信用档案为核心。2006年，浙江省开展中小企业信用体系建设试点工作。2010年，中国人民银行丽水市中心支行积极引导、鼓励商业银行查询、使用中小企业信用信息，利用中小企业信用档案信息挖掘优质客户，进行信贷营销，增加对中小企业的信贷投入，有效缓解中小企业融资难问题，构建和谐的信用环境，实现“中小企业贷款增幅不低于全市各项贷款增幅”的目标。截至2010年，丽水市中小企业贷款余额359.12亿元，同比增长33.12%，增幅较大型企业高29.2个百分点，比年初增加88.46亿元。

农村信用体系

2009年，丽水市推进“信用惠农工程”建设，开展农户信用等级评价。2009年始，丽水市推进农村信用体系建设，推行“三联评、三联动、三联手”①，在全国率先建立市、县两级农户信用信息数据库。截至2010年，丽水市开展农户信用评价工作行政村3453个、自然村1.5万个，行政村评定面100%；建立农户信用信息档案38.03万户，占全市应评农户数的91%，丽水市成为全国第一个所有行政村完成信用评价的地级市。同年，全市31.83万信用农户获金融机构授信，授信额度89.17亿元，其中10.03万信用农户获金融机构贷款62.59亿元。2010年8月，中国人民银行等中央部门18个，在丽水市联合召开全国农村信用体系建设工作现场交流会，总结推广丽水市农村信用体系建设经验。丽水市农村信用体系建设经验被国务院办公厅、人民银行总行编发专题简报；人民日报、新华社、中央电视台等国家级媒体多次组团进行现场专题采访，并连续大篇幅报道或专题报道，农村信用体系建设向全国推广“丽水模式”。

应收账款质押登记公示系统

2007年9月30日，中国人民银行制定《应收账款质押登记办法》。10月，中国人民银行征信中心制定《中国人民银行征信中心应收账款质押登记操作规则》，规范应收账款质押登记操作。2007年10月8日，丽水市正式开始办理应收账款质押登记公示系统的用户现场审核工作。截至2010年，丽水市办理业务登记205笔。

信用报告

1997年，中国人民银行开始筹建银行信贷登记咨询系统（企业征信系统的前身）。2004—2006年，中国人民银行组织金融机构建成全国集中统一的企业和个人征信系统。征信系统全面收集企业和个人的信息，其中以银行信贷信息为核心，还包括社保、公积金、环保、欠税、民事裁决与执行等公共信息。接入商业银行、农村信用社、信托公司、财务公司、汽车金融公司、小额贷款公司等各类放贷机构；征信系统的信息查询端口遍布全国各地的金融机构网点，信用信息服务网络覆盖全国，形成以企业和个人信用报告为核心的征信产品体系，征信中心出具的信用报告成为国内企业和个人的“经济身份证”。2006年3月，中国人民银行设立中国人民银行征信中心，作为直属事业单位专门负责企业和个人征信系统的建设、运行和维护。截至2010年，丽水市个人信用信息基础数据库收录个人信息22.85万户，日均查询量约1300次，为丽水市居民个人信用报告查询、个人信用报告异议申请、相关知识咨询提供服务。丽水市企业信用信息基础数据库收录丽水市企业和其他企业组织11937户，全市日均查询量约900次。

---

①三联评、三联动、三联手，“三联评”，即资产评估、信用等级评价、授信额度评定实行联评，建立信用等级评价机制；“三联动”，即实行信用贷款、抵押贷款、联保贷款联动，建立评价成果运用机制；“三联手”，即实行政府、银行、农户实行联手，建立多方协作互动机制。

第八章　保　　险

1949年5月丽水解放后，中国人民解放军丽水县军管会接管金融管理事务。1949—1983年，丽水各县保险业务由各县人民银行代办。1979年，国务院决定恢复国内保险。1983年12月1日，中国人民保险公司丽水地区中心支公司成立，单独办理业务。1995年6月，全国人大审议通过《中华人民共和国保险法》，规定保险业务实行分业经营，分别由财产保险公司、人寿保险公司办理。

2000年，丽水市保险业快速发展，众多保险机构进入丽水市场。截至2010年，丽水市有中国人保财产保险股份有限公司丽水市分公司、中国平安财产保险股份有限公司丽水市分公司、天安财产保险股份有限公司丽水市分公司、太保财产保险股份有限公司丽水市分公司、中华联合财产保险公司丽水市支公司、安邦财产保险股份有限公司丽水市分公司、中国大地财产保险股份有限公司丽水市分公司、中银财险有限公司丽水中心支公司、太平洋财产保险有限公司丽水中心支公司、中国人寿财税财险有限公司丽水中心支公司、丽水都邦财产保险股份有限公司丽水支公司、阳光财产保险股份有限公司丽水中心支公司等财险公司12家，中国人寿保险股份有限公司丽水市分公司、中国平安人寿保险股份有限公司丽水中心支公司、中国太平洋人寿保险股份有限公司丽水中心支公司、泰康人寿保险股份有限公司丽水中心支公司、新华人寿保险股份有限公司丽水中心支公司、嘉禾人寿保险股份有限公司丽水中心支公司、富德生命人寿保险股份有限公司丽水中心支公司、阳光人寿保险股份有限公司丽水中心支公司、中国人保人寿保险丽水市分公司等寿险公司9家。2010年，丽水市寿险保费收入20.75亿元，赔款与给付5.01亿元。

第一节　财产保险

民国时期，财产保险的范围十分狭小，主要险种为企业财产保险、机动车辆保险和家庭财产保险。20世纪50年代前，企业财产保险一直被称作火险，即保险责任主要是火灾引起的财产损失。1978年中共十一届三中全会后，财产保险发展较快。1980年，丽水地区全面恢复财产保险，逐步扩大保险责任、保险范围。2010年，保险范围增加到机动车辆保险、家庭财产保险、货物运输保险、农业保险、政策性农村住房保险等险种。

财险类别

机动车辆保险　始于20世纪50年代，分车辆损失和第三者责任险。20世纪50年代初，负责赔偿碰撞、倾覆、火灾、爆炸、雷击、电闪、全车失窃等灾害造成的损失。后责任范围逐步扩大。1951 年 7 月 1 日，开始实施《汽车保险条款》。

20 世纪 80 年代初，车辆损失险按账面原值投保，后改按“重置价”，即按市场上出售的新车价格投保。对守法、车况较好的私有车辆，按折旧净值投保，以防发生道德风险。1980 年，增加隧道坍塌、空中飞行物坠落引起的损失。1983 年，增加龙头风、暴风、冰陷、泥石流、第三者安全等 21 项责任。车辆损失赔付以保额全数为度，后放宽到除发生重大事故、一次赔到保险金额终止责任以外，而对中、小事故，即使累计赔到保额，仍继续负责。保险费依据客车座位、货车吨位、车辆的价值和使用性质确定，分为 4 档收费，其中私有车辆收费最高，专业运输车队其次，工商企业再其次，机关事业最低。1988 年，丽水地区承保汽车及第三者责任险 5010 辆，拖拉机及第三者责任险 7278 辆，摩托车、自行车 1.73 万辆，船舶 200 艘，货物运输 2.4 万笔。1990 年，丽水地区承保各种机动车辆 2856 辆。1994 年，龙泉市开设车上人员责任险、玻璃单独破碎险。

家庭财产保险　数度更改名称。20 世纪 50 年代初期，称为职工团体火险、简易火险。1956 年，更名家庭财产险。

1950 年 7 月 8 日，中国人民保险公司颁布实施《职工团体火灾办法》。1951 年 10 月 1 日，中国人民保险公司颁布实施《简易火灾保险办法》。1979 年 9 月，中国人民银行颁发《企业财产保险条款》《家庭财产保险条款》。1984 年始，救灾与保险相结合，组织农户开展家财投保，丽水地区投保 28631 户，占农户数的 37%，承保 10718 万元，保险费 11.25 万元，保险理赔 1534 户次，赔款 14.56 万元。1988 年，丽水地区承保森林火灾保险 5.36 万公顷。1990 年，丽水地区农户家财保险费收入 318.84 万元。1998 年 3 月，开办“家庭安居”定额保险。2005 年 7 月，丽水市开办火灾公众责任保险。

赔偿责任，始为火灾、雷击。20 世纪 50 年代，增加洪水、地震、地陷、崖崩、爆炸引起的损失。20 世纪 80 年代，又增加龙卷风、泥石流、八级以上大风、暴风、雪灾、空中运行物体坠落、外来建筑物和其他固定物体倒塌的责任。保险期限 1 年，费率根据建筑物的防火性能确定。

货物运输保险　又称水路、陆路货物运输险，始于 20 世纪初。20 世纪 80 年代起，货运险分为基本险和综合险。1986 年 3 月，市区试办公路、铁路联运货物保险。1987 年始，增加附加险种，企业可根据需要，选择投保鲜活、冷藏、沾污险。保险金额按起运地货价或加运杂费计算，保险费率根据货物的危险程度及距离确定。1992 年，丽水地区试办进出口货物保险和中国香港、台湾地区同胞回国探亲保险。

农业保险　1949—1952 年，丽水专区开办耕牛保险。1955 年，开办生猪保险。1980 年，丽水地区开办生猪、鱼、鸡、鸭、烟叶、森林等农业保险。1985 年 5 月 30 日，缙云县试办蛋鸭保险和养鱼保险。1988 年 5 月，松阳县开办烟叶种植保险。同年，丽水地区承保耕牛、生猪 1.67 万头。1990 年松阳县、缙云县试办养蚕保险，丽水地区因地制宜开办产品责任保险、香菇保险、珍珠保险等新险种十多项。1992 年，龙泉市开办茯苓保险，青田县推出养兔保险等。

政策性农村住房保险　2006 年 11 月 17 日，浙江省政府开展全省政策性农村住房保险，由中国人保财产保险股份有限公司浙江省分公司独家承担经营业务。保费标准，温州、台州、舟山、丽水等四个一类风险区域每户交费 5 元，政府补助 10 元；赔偿标准，每户最高 18000 元、每间 3600 元的赔偿标准提供保险保障，在保险公司与投保人达成有关赔偿金额协议后的 3 个工作日内支付赔款。

2007年，丽水市参加政策性农房保险农户52.29万户，参保率92.83%，收取保费784万元，因保险事故造成农房险赔款854万元，造成账面亏损350万元。2008年1月，政策性农村住房保险工作被丽水市政府评定为2007年农村和农业工作十大亮点之一。2009年，丽水市系统政策性农房险承保率93%；承保水稻462.87公顷，生猪15378头，鸡鸭65万只(羽)，收取保费41.8万元；承保能繁母猪1.6万头，收取保费101万元，承保率68%。

理赔服务

1981年4月4日，丽水县城关镇遭受特大暴雨冰雹灾害。保险公司赔付企业32家、家庭4户，支付保险赔款29.2万元，其中赔付丽水县化工厂18万元，确保该厂一个月内恢复生产。

1983年12月6日，丽水县丽云区小井村发生特大火灾，烧毁房屋58户、137间、粮食10.5万千克，化肥4850千克和木材191立方米。保险公司支付赔款14.26万元。

1984年3月31日，丽水县水阁、富岭、水东、石牛、联城、苏港、高溪、城关8个乡镇遭冰雹袭击。保险公司赔付承保户1273户保户，支付赔款13.2万元。

1989年7月23日，丽水地区部分县(市)发生“7•23”特大洪灾。保险公司处理理赔案件1458件，支付保险赔款478万元。

1990年8—9月，丽水地区连续遭受15号、18号、19号台风袭击，局部遭受特大暴雨，直接经济损失达2亿多元。保险公司赔付投保企业332家、家庭2800多户，支付保险赔款351万元。

1991年，连续发生遂昌造纸厂火灾案、遂昌成屏水电站水淹案、庆元木材厂火灾赔案等多起较大的财产险赔案，支付保险赔款250万元。

1995年，丽水地区发生“6•17”洪灾，丽水、龙泉、松阳、遂昌、青田等县(市)受淹。保险公司支付保险赔款540万元。同年，发生“十七号”台风，丽水、青田、景宁、云和等县(市)受灾，支付保险赔款560万元。

1985—1995年，丽水地区保险系统处理财产保险赔案16.6万件，支付保险赔款2亿多元。

1996年，发生“八号”台风洪涝灾害，支付保险赔款1500万元，是丽水地区财产保险业务恢复后最大的一笔自然灾害赔款。

2005年12月1日，缙云县壶镇镇浙江天喜集团有限公司发生火灾，获保险赔偿金151.12万元。7月19日，丽水水阁浙江顺虎德邦涂料有限公司遭受暴雨灾害，损失严重，获保险赔偿金104.92万元。

2006年8月11日，遭受“桑美”台风影响，获保险赔款904.56万元，6月15日，龙泉市浙江龙鑫化工有限公司爆炸，获保险赔款1700万元，是企业财产保险有史以来最大的一笔赔款。

2007年6月25日，遂昌县浙江凯恩特种材料股份有限公司火灾，获保险赔款990.68万元。

2008年2月，丽水市遭受特大冰雪灾害，其中丽水、遂昌、龙泉受灾较为严重，获保险赔款1092.42万元。

2010年3月6日，青田县三溪口水电有限公司受暴雨灾害，获赔款金额327.58万元。

第二节　人寿保险

人寿保险又称人身保险，始于20世纪30年代。20世纪50年代前，主要分为简易人身保险和团体人身保险。20世纪50—80年代初停办。1983年12月1日，中国人民保险公司丽水地区中心支公司成立后，逐步恢复保险业务。1995年6月，全国人大审议通过《中华人民共和国保险法》，规定保险业务实行分业经营，分别由财产保险公司、人寿保险公司办理。后丽水人寿保险业务快速发展。2000年后，丽水寿险业务种类覆盖传统寿险、分红保险、年金保险、养老保险、健康保险、意外伤害保险等。截至2010年，丽水市人寿保险公司9家，保费收入12.58亿元，其中，中国人寿保费收入7.14亿元，市场份额达56.75%。

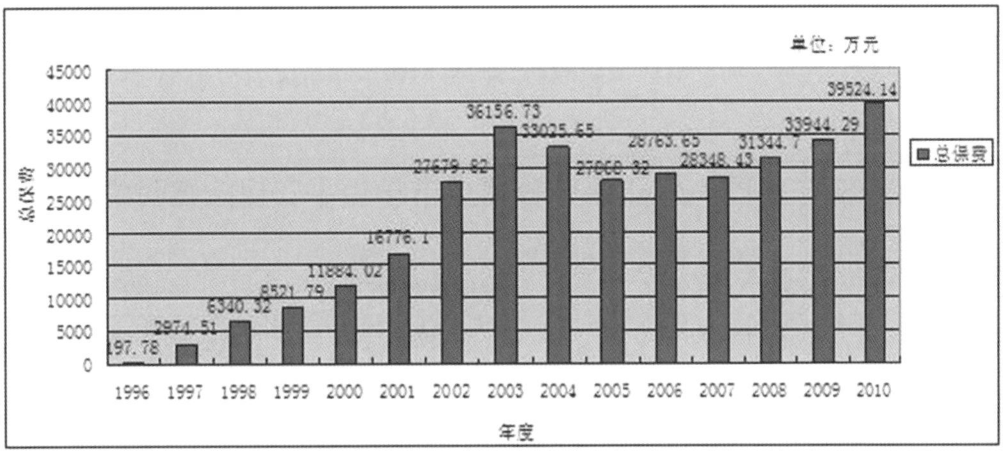

图18-8-2-1　**1996—2010年中国人寿丽水分公司寿险个人业务保费收入**

人寿保险类别

1996年，中国人寿丽水分公司成立。同年，中国人寿丽水分公司总保费197.78万元。人寿保险业务不断拓展，保费收入快速增长。截至2010年，中国人寿丽水分公司主要经营险种上百种，涵盖人寿保险、年金保险、健康保险、意外伤害保险、养老保险等多个领域。2010年，中国人寿丽水分公司总保费7.14亿元。

银行保险　2001年，中国人寿丽水分公司增加银行保险业务。2004年10月，成功拓展“鸿泰”“鸿丰”等银行保险系列产品，银行保险销售渠道地位正式得到确立。2006年，中国人寿丽水分公司银行保险渠道保费1.2亿元。截至2010年，中国人寿丽水分公司银行保险保费收入超过2亿元。

人身意外保险　1996年始，中国人寿丽水分公司开办团体人身意外伤害保险，主要有绿洲系列团体意外伤害保险及附加医疗保险、通泰交通意外伤害保险、建筑工程团体意外伤害保险、农村小额团体意外伤害保险、旅游人身意外伤害保险等等几十个。截至2010年，中国人寿丽水分公司团体人身意外伤害保险系列保险承保人数近16万人次，保险费收入1440万元，给付金额740万元。

2006—2010年中国人寿丽水分公司团体意外伤害保险保费收入及理赔一览

表18-8-2-1　　单位：万元

年份	保费收入	赔付金额	赔付率(%)
2006	4010118	2048707	51
2007	4852625	2438332	50
2008	5993406	2301377	38.39
2009	6077049	3022422	49.70
2010	6434302	3545379	55

学生平安保险　1989年，丽水地区开办学生平安保险业务。2008年，中国人寿丽水市分公司承保学生25万人，承保率78%，受理学生保险案件15300多件，赔付金额900多万元；2009—2011年，丽水市人寿保险公司受理学生平安保险理赔案件53000多人次，给付死亡、伤残、医疗保险金3400多万元，平均赔付率80%。2010年，丽水市政府招投标学生平安保险。中国太平洋人寿保险股份有限公司丽水中心支公司、阳光财产保险股份有限公司丽水中心支公司中标，成为全市学生平安保险经营主体。

2005—2009年中国人寿丽水分公司全市学生平安保险赔付情况一览

表18-8-2-2

年份	保费收入(万元)	理赔金额(万元)	赔付率(%)
2005	1412.07	893.61	63.28
2006	1754.87	1155.46	65.84
2007	1654.84	948.59	57.32
2008	1614.14	1053.33	65.25
2009	1535.98	1523.89	99.21
合计	7971.91	5574.89	69.93

医疗保险　又称健康保险。2005年始，中国人寿保险股份有限公司丽水市分公司在莲都区、云和县、景宁畲族自治县、龙泉市、青田县推行城镇职工补充医疗保险、城镇居民基本医疗保险等，减轻参保人员负担，降低运营成本，提高保障程度和范围。截至2010年，中国人寿丽水市分公司，提供城镇居民保险69万人次，实现城镇居民补充医疗保险保费收入2795.2万元，赔付金额2014万元，简单赔付率超过72.5%。

2007年，中国人寿丽水市分公司启动职工充补医疗保险，发挥商业保险在完善社会保障体系建设、提高城镇居民医疗保险待遇的积极作用，初步形成“政府管，商业保险办”的运作新模式。2007—2010年，中国人寿丽水市分公司提供补充医疗保险企业职工12821人，实现职工充补医疗保险保费收入3264万元，赔付金额2236万元，简单赔付率68.5%。

2009年，中国人寿龙泉支公司开展计划生育医疗保险试点。2010年5月，中国人寿丽水分公司与市计划生育协会全面合作，开发与计划生育系列相配套的保险产品，保障群体涵盖计生专干、独生子女、独生子女家庭、孕产妇等，初步形成计生群体“老有所养、灾有所救”的保险保障机制。同年，中国人寿丽水分公司计划生育医疗保险保费收入 38 万元。

1996—2010 年中国人寿丽水分公司寿险保费收支情况一览

表 18-8-2-3　　单位：万元

年份	保费	赔付金额	满期金
1996	197.78	0.13	0
1997	2978.55	8.22	0
1998	7480.69	68.86	0
1999	9535.78	362.61	184.34
2000	13117.14	2454.91	2506.28
2001	18803.35	4432.60	2532.52
2002	31445.16	4083.29	501.97
2003	42680.99	5205.41	2904.43
2004	41675.35	6541.38	4241.06
2005	40229.19	6637.31	1040.50
2006	43343.55	6583.46	2717.45
2007	44996.06	7173.64	18507.77
2008	64781.22	7950.28	10738.00
2009	67764.97	8834.92	6928.89
2010	71973.06	10418.58	3512.05

理赔服务

1996—2010 年，中国人寿保险股份有限公司丽水市分公司实现保费收入 50.1 亿元，赔付金额 5.08 亿元，其中学生平安险、团体意外险以及医疗费用类赔款支出是赔付增长的主要险种。

2009 年，中国人寿丽水市分公司积极推行理赔业务市级集中管理工作，进行统一集中运营管理，将各县支公司原有理赔立案、初审、理算、审核和结案等作业集中到市分公司。同时，将理赔接报案、资料受理、客户咨询和调查面访等与客户服务密切相关的作业，保留在各县(市)支公司前台进行处理，实现“展管分离，服务前伸”。

2009 年 4 月，中国人寿丽水市分公司全面升级“国寿 1+N”品牌服务，逐步完成客户归并和分类分级管理，实现由以保单管理为中心向以客户管理为中心的转变。

队伍建设

1996 年，保险事业财险、寿险分业经营后，中国人寿丽水分公司营销队伍 60 人，其中营销主管 5 人；个人业务总保费 197 万元。2004 年，中国人寿丽水公司建立银行保险中介部，与中国银行丽水分行、中国建设银行丽水分行、中国农业银行丽水分行等金融单位开展合作。2009 年，中国人寿丽水分公司营销队伍扩大到 2300 多人，其中营销主管 270 人。截至 2010 年，中国人寿丽水公司银行保险客户经理、银保理财经理百多人。

第三节 保险服务与管理

政保合作

2006 年 12 月，丽水市政府制定《丽水市人民政府关于促进保险业改革发展的实施意见》，提出充分发挥保险的社会管理功能，采取“商业保险与政府配套的运作模式”“探索商业保险参与职工补充医疗保险和农村合作医疗保险”等惠民保险业务。

2010 年 10 月，浙江保监局与景宁畲族自治县政府正式签署合作备忘录，携手共建全省首个保险服务社会民生示范区，建立财政购买保险服务机制，县政府每年安排不少于 200 万元的保险资金用于购买政策性保险服务；建立区域产品创新机制，浙江保监局指导保险公司围绕“三农”“民生”“民安”“民富”四项计划研发特色产品和服务；建立保险生态环境优化机制，双方共同采取措施推动保险教育、保险新闻和保险司法等环境的改善；建立沟通协调磋商机制，双方定期召开联席工作会议商讨深化合作、表彰先进和对口扶贫等相关事宜。

2010 年 12 月，丽水市政府和浙江保监局签订《推进丽水保险业发展合作备忘录》，与浙江保监局建立常态信息交流机制，在机构、产品、资金和监管等方面给予政策倾斜，推进丽水市保险服务民生示范区建设。同时，制定《丽水市人民政府关于促进保险业改革发展的补充意见》，加快保险业发展方式转变。

业务管理

各级保险公司业务经营在上级公司授权、经营许可证上核准的范围内进行；保险兼业代理机构在取得保险兼业代理许可证、签订代理业务协议后，在规定范围内代理业务；营销员必须在正式上岗前取得保险从业资格证书。在业务发展过程中，逐步建立业务处理中心和客户服务中心，处理公司业务和管理工作。

2002 年 12 月 12 日，丽水市保险行业协会成立，采用定期与不定期相结合的方式，检查各公司自律情况，加强保险行业管理，先后制定机动车辆险、学生平安保险、企业财产险、保险营销员业内流动等多项自律规定。2003 年 1 月，《丽水市保险行业车险自律公约》签订实施。同年 4 月，《丽水市寿险银行（邮政）保险业自律公约》签订实施。2003 年 7 月，丽水市清理整顿保险兼业代理市场，初审上报浙江保监局保险兼业代理机构 176 家，核准 103 家，占比 58.52%。同年 7 月，国家实行保险从业人员资格考试制度。

2006 年 4 月，丽水市召开丽水机动车辆保险自律规范大会，5 家财产保险公司在丽（含县、市）分支机构达成共识，自觉遵守行业自律，抵制车险市场无序竞争行为，广泛接受公众监督。2009 年 3 月，丽水市建立县（市）级财产保险联络协调小组工作制度，做好维权、协调、交流、宣传等工作。2010 年 12 月 14 日，丽水市召开保险业发展工作调研座谈会，要求丽水保险业强化创新意识、强化服务意识、强化发展意识、强化规则意识。

财务管理

1995年至1998年5月，丽水地区各保险公司执行《老企业会计制度》，进行会计核算，不分险种，采用手工记账，手工汇总报表的形式。1998年6月，中国人保财险系统全面推广财务软件，全面脱离手工记账。通过对帐薄、科目、专项、报表的设置生成一个或多个账务核算体系，完成凭证输入，复核记账，生成会计报表期末结转账务管理的工作。

2006年1月，丽水市为准确核算分险种损益情况，客观评价产品盈利能力，加强公司成本控制，按分险种实施细则，营业费用按照所发生的流程环节，分为承保费用、理赔费用和管理费用。2009年，加强公司资金收付管理，全面实行无现金收付。各保险公司执行《保险公司会计制度》《保险公司财务制度》规定，分险种、分账负责全辖机构的管理、核算；实行"统一核算、分级管理、逐级考核"的核算体制；县公司财务实行报账制，核算员统一由市公司委派；公司各项资金集中在总公司统一管理，由省公司统一调配；实行"收支两条线"的资金管理体制。同年，推出机动车辆保险"见费出单"管理制度，所有车辆在保险的时候必须先交钱才可以出保单，有效降低保险公司经营风险，提高保费收入透明度，有效解决市场存在的"虚挂应收保费""违规支付手续费"等违法违规问题，提高经营数据真实性。同时，保护投保人利益，避免因中介机构截留保费引发的理赔纠纷。

防灾与减损

1995年，成立大灾理赔领导小组，组织理赔人员及时奔到灾区进行施救、查勘、定损，尽力减少损失，同时，配合当地水利部门，深入灾区，调查地形，分析地形，兴修水利，防洪防灾。对重点地段、重点企业、重点部位进行防灾检查，提出整改意见，并与重点企业签定防灾责任书，落实整改措施，确保损失降到最小。保险公司在交通要道和险峻地段，竖立安全宣传牌，提醒车辆、行人行路安全，防止交通事故发生，维护交通安全。

1996年，人保财险丽水地区分公司制定《中国人民保险公司丽水地区分公司关于切实做好汛期防灾工作的通知》《中国人民保险公司丽水地区分公司关于切实做好防灾和安全保卫工作的通知》，进一步明确防灾减损工作。后每年下发通知，要求做好防灾及防汛、防台工作。

第九章　机　　构

唐代，丽水典当行业出现。元代，龙泉、松阳一带出现实物借贷活动的早期金融机构。明清时期，丽水地区钱庄兴起。清咸丰十年（1860），吴茂生在龙泉开设"忆生钱庄"，专营存款、贷款业务，为丽水地区最早钱庄之一。

民国时期，丽水地区钱庄鼎盛阶段，有46家。民国初期，丽水出现现代银行业。民国27—31年（1938—1942），全面抗日战争时期，浙江地方银行总行、中国银行、交通银行、中国农民银行、中央信托局等省行机构相继迁至丽水或开设营业处。

1949年7月5日，中国人民解放军丽水县军管会财经部接管浙江地方银行丽水分行，成立中国人民银行丽水中心支行，并建立人民银行各县分支机构，组织存款筹集资金，支持农业生产和城乡物资交流。1949—1976年，计划经济时期，实行集中统一银行体制。中国人民银行统揽银行业务，成为国家现金出纳、信贷和转账结算中心。1970—1977年，中国人民银行丽水地区中心支行与财政合并为地区财政金融局。1979年，金融体制改革，恢复和建立国家专业银行（保险公司），中国人民银行丽水地区中心支行开始专门行使中央银行职能。2003年12月，丽水银监分局成立，负责监督管理全市银行业金融机构业务经营、风险管控等工作。2000年丽水撤地设市后，丽水市金融机构不断完善，形成以人民银行为领导，国有独资商业银行为主体，政策性银行、股份制商业银行、城市商业银行和其他金融机构（保险、证券等）并存与分工协作的金融体系。

第一节　银行机构

民国银行机构

民国6年（1917）5月，中国银行温州支行设立丽水县代理处，经营丽水银行业务，是丽水地区最早出现的银行机构。1937—1945年，全面抗日战争期间，浙江省地方银行、浙江省合作金库、邮政储蓄汇业局浙江分局、中央银行杭州分行、中国银行杭州分行、交通银行杭州分行、中国农民银行杭州分行、中国农民银行杭州分行绍兴支行等省级金融机构8家，随民国浙江省政府内迁至丽水、云和、龙泉、庆元等县，相继设立营业机构，其中浙江地方银行分别设立云和分行、龙泉分行、方岩办事处、小梅分理处，丽水金融业一时空前繁荣。

中国银行温州支行丽水办事处　民国6年（1917）5月，中国银行温州支行在丽水县城内设代理处。民国17年，中国银行温州支行丽水县代理处更名中国银行温州支行丽水县办事处。民国34年，中国银行温州支行丽水县办事处并入中国银行温州支行。

浙江地方银行丽水分行　民国25年（1936）4月，浙江地方银行丽水办事处设立，行址在丽水县继光街164号。民国27年，浙江地方银行各县办事处或分理处先后设立，全面接管省、县金库资金收支调拨，办理存款、放款、汇兑业务，代理中央银行发行和兑付救国公债、同盟胜利公债等债券，业务骤增，丽水金融业空前繁荣。1949年7月5日，中国人民解放军浙江军区丽水军分区（第七军分区）军管会接管浙江地方银行丽水分行，成立中国人民银行丽水支行。

丽水县银行　民国36年（1947）12月，丽水县银行成立。民国37年年底，丽水县银行关闭。

抗日战争期间在丽省级银行　民国28年（1939）4月，浙江地方银行总行由永康县迁至丽水县城，行址在丽水县文昌阁陈诚私宅[①]。后浙江地方银行下辖沦陷区分支行、处38家，相继迁到丽

① 2010年属丽水市图书馆附近。

水县，分别在厦河门四果庵和小鲁街成立沦陷行、处账务清理处。民国 31 年，日本侵略军占领丽水县城，中央、中国、交通、农民四行杭州分行，邮政储蓄汇业局杭州分局，中央信托局杭州代理处，浙江地方银行总行、浙江省合作金库等省级金融机构 8 家，再次内迁至云和县、龙泉县、庆元县等地。民国 34 年，抗日战争胜利后，8 家省级金融机构先后迁回原址，仅留浙江省银行丽水分行 1 家。

中央银行、外汇管理局

中国人民银行丽水市中心支行　1949 年 7 月 5 日，中国人民银行丽水支行成立。后缙云、松阳、云和、龙泉、庆元、景宁等县先后设立办事处。1951 年 2 月，中国人民银行丽水支行更名中国人民银行丽水中心分行，各县办事处升格为县支行，各区镇设立营业所。1971 年 7 月，丽水地区执行中央财政金融合并政策，建立丽水地区财政金融局。1979 年 5 月，恢复建立中国人民银行丽水地区中心支行，兼有双种职能，既是金融管理机关，又是存贷款和结算业务办理机构。1985 年，中国人民银行丽水地区中心支行更名中国人民银行丽水地区分行，开始行使基层中央银行职能，不再办理工商信贷和储蓄业务。中国人民银行丽水地区分行下辖县支行 8 个。2000 年丽水撤地设市后，中国人民银行丽水地区分行更名中国人民银行丽水市中心支行。2003 年 12 月，中国人民银行丽水市中心支行进行拆分，成立中国人民银行丽水市中心支行，与中国银行监督管理委员会丽水监管分局分设。2009 年，中国人民银行丽水市中心支行获上海总部考评 A 类行。

国家外汇管理局丽水市中心支局　1985 年 4 月，设立国家外汇管理局丽水分局，履行丽水地区外汇监管职责，外汇实行计划管理，中国人民银行丽水地区分行行长兼任分局长。1993 年 11 月，成立国家外汇管理局青田县支局，负责青田县外汇监管业务。1998 年 12 月，国家外汇管理局青田县支局更名国家外汇管理局丽水支局。2000 年，再次更名国家外汇管理局丽水市中心支局，主要管理职能履行全市外汇收支、买卖、借贷、转移以及国际间结算、外汇汇率和外汇市场等。

监管机构

中国银行业监督管理委员会丽水监管分局的前身，是中国人民银行丽水市中心支行监管科室。2004 年 1 月 18 日，中国银行监督管理委员会丽水监管分局正式挂牌成立，统一监督管理丽水银行业金融机构，维护全市银行业的合法、稳健运行。丽水银监分局下辖缙云、青田、龙泉、松阳、遂昌等监管办事处 5 个。

政策性银行

1996 年 12 月，中国农业发展银行丽水地区分行成立，主要履行粮油收购、调销、储备信贷资金供应和管理工作，信贷资金实行封闭管理，丽水地区承担农业政策性金融业务的银行。中国农业发展银行丽水地区分行下设营业部 1 个、缙云县支行、龙泉、青田、云和、庆元、遂昌、松阳、景宁等县（市）信贷组 7 个。2004 年 7 月，中国农业发展银行丽水地区分行开办农村基础设施建设、农业综合开发等商业性支农贷款业务贷款。截至 2010 年，全行自成立起信贷资产质量保持零不良，各项贷款余额 19.1 亿元，存款余额（不含同业）6.24 亿元；营业利润 0.35 亿元，人均利润 43.32 万元。

国有商业银行

中国工商银行股份有限公司丽水分行　1984年12月20日，中国工商银行丽水地区中心支行成立，丽水、青田、缙云、龙泉、庆元、云和、景宁、遂昌和松阳9个县级支行同时成立。1990年6月，设立中国工商银行丽水地区中心支行营业部。1995年年初，丽水地区率先在工商银行系统内推出以“减员增效”“撤点增效”“发展增效”为主要创新内容的内涵式集约经营改革模式，被银行业理论界誉为“丽水分行模式”。“丽水分行模式”先后在《金融时报》《浙江日报》等进行介绍，为全国欠发达地区国有商业银行摆脱经营困境、实现集约化经营提供一个成功典范，吸引江苏、安徽、江西、广东、福建等省二级分行30多家到丽水地区学习交流。2005年10月，中国工商银行丽水地区中心支行更名中国工商银行股份有限公司丽水分行。截至2010年，中国工商银行股份有限公司丽水分行营业机构29个，其中二级分行1个、城区支行2个、县级支行5个、二级支行16个和分理处5个。

中国农业银行股份有限公司丽水分行　1979年7月30日，中国农业银行丽水地区中心支行成立，主要办理结算、信贷和储蓄等业务。1994年，增加信托租赁及投资业务，代理外币存、贷款及国际结算，财政、税款收解，国库发行和兑付等业务，履行国家政策性银行业务。1996年10月，中国农业银行与农村信用合作联社脱钩。12月，中国农业银行丽水地区中心支行与中国农业发展银行丽水地区分行分设。2000年丽水撤地建市后，中国农业银行丽水地区中心支行更名中国农业银行丽水市分行。2008年，中国农业银行丽水市分行设立县域业务部(三农业务部)、信贷业务审查审批中心。2009年10月，中国农业银行丽水市分行更名中国农业银行股份有限公司丽水分行。截至2010年，中国农业银行股份有限公司丽水分行下辖一级支行11个、二级支行17个；本外币存款余额193.59亿元，本外币贷款余额127.21亿元；连续四年内控评价一类行，连续14年实现安全经营无案件，位列全国等级行综合评价43位。2010年9月，中国农业银行股份有限公司丽水分行被评为中国农业银行股份有限公司文明单位。

中国银行股份有限公司丽水市分行　1988年6月13日，中国银行丽水地区中心支行成立，下辖中国银行丽水地区中心支行青田支行。2004年8月，中国银行丽水地区中心支行更名中国银行股份有限公司丽水市分行，下辖青田、龙泉、缙云、遂昌、松阳、庆元等县(市)支行，设立丽水城区大洋路、经济开发区、灯塔路、人民路等经营机构网点28个。截至2010年，全行本外币存款余额217亿元，本外币贷款余额149亿元，贷款不良率0.05%，资产质量位列全省中国银行系统内和当地银行同业第一位，在中国银行股份有限公司浙江省分行绩效考核中等级为A，得分排名全省中国银行系统内前三位。

中国建设银行股份有限公司丽水分行　1972年11月，中国建设银行丽水地区中心支行成立，隶属地区财政局金融局。1973年7月，开办丽水地区基本建设拨款业务，履行财务监督职能。同年，中国建设银行丽水地区中心支行丽水县办事处设立。后其他各县财政局配备基建专管员。1978年，丽水地区7个县建设银行支行相继设立。1980年7月，中国建设银行丽水地区中心支行增设紧水滩电站办事处。后丽水地区信托投资公司、房地产开发咨询公司、房地产信贷部等机构相继设立。1992年12月，中国建设银行金温铁路专业支行成立。1993年11月，中国建设银行浙江省信托投资公司丽水证券交易营业部成立。2001年5月，启动中国建设银行浙江省分行二级分行城区分支机构扁平化管理改革试点，丽水市城区各网点相继进行扁平化管理改革。2005年2月，更名中国建设银行股份有限公司丽水分行。截至2010年，下辖中国建设银行股份有限公司缙云、青田、龙泉、遂昌、松阳、云和、景宁、庆元支行8个、直属营业机构13个、内设部门12个。

股份制商业银行

上海浦东发展银行股份有限公司丽水支行　2008年12月25日，上海浦东发展银行股份有限公司丽水支行成立，是丽水市第一家全国性股份制商业银行分支机构。截至2010年，上海浦东发展银行股份有限公司丽水支行各项存款余额19.9亿元，各项贷款余额21.4亿元。先后获上海浦东发展银行股份有限公司百强网点、上海浦东发展银行股份有限公司温州分行公司银行业务先进机构、浙江省财贸系统先进工会等称号。

中信银行股份有限公司丽水分行　2010年5月7日，中信银行股份有限公司丽水分行获批筹建，主要办理存贷款、国内外结算、票据承兑与贴现、理财、外汇及代理等业务。12月18日正式营业。截至2010年，中信银行股份有限公司丽水分行各项存款余额1.1亿元，贷款余额3亿元。

邮政储蓄银行

中国邮政储蓄银行有限责任公司浙江省丽水市分行　2008年4月23日，中国邮政储蓄银行有限责任公司浙江省丽水市分行成立，下辖一级支行8家、营业网点120个，实现联网全国邮政储蓄网点37000多个。中国邮政储蓄银行有限责任公司浙江省丽水市分行业务品种齐全，并增加小额贷款、林权抵押贷款、商务贷款、小企业贷款等特色业务和银行卡助农取款、新农保等新服务。截至2010年，中国邮政储蓄银行有限责任公司浙江省丽水市分行各项存款余额72亿元，贷款余额20.2亿元。

城市商业银行

浙江泰隆商业银行股份有限公司丽水分行　2007年10月24日，浙江泰隆商业银行股份有限公司丽水分行成立，下设青田、龙泉、缙云、松阳和莲都支行5家，是泰隆银行在台州市以外设立首家跨区域发展分行，也是丽水市第一家股份制城市商业银行。截至2010年，浙江泰隆商业银行股份有限公司丽水分行各项存款余额23.3亿元，各项贷款余额23.28亿元。

浙江稠州商业银行股份有限公司丽水分行　2007年12月27日，浙江稠州商业银行股份有限公司丽水分行成立，是浙江稠州商业银行设立的第一家异地分行。后浙江稠州商业银行股份有限公司丽水分行相继设立青田、缙云、遂昌支行3家。截至2010年，3家各项存款26.23亿元，各项贷款17.11亿元，资产总额27.84亿元。

农村合作金融机构

合作金库　民国27年(1938)2月，浙江省建设厅在丽水地区成立浙江省合作金库，并在各县建立县合作金库，办理机关、团体存款和汇兑业务，吸收城乡居民储蓄，发放农业贷款和合作社贷款等业务。浙江省合作金库业务受中国农民银行辅导监理。民国36年中国农民银行杭州分行迁址杭州后，停办浙江省合作金库业务。

丽水地区农村合作基金会　1992年，缙云县新建镇农村合作基金会成立，是丽水地区首家农村合作基金会。丽水地区落实“农村合作经济组织自愿把集体闲置资金集中起来，采用有偿使用方式支持本乡、本村合作经济组织和农户发展商品生产”要求，设立农村合作基金会，在一定程度上弥补农村金融服务不足，实现集体资金的保本增值。1995—1998年，丽水地区农村合作基金会进入快速发展期。1999年，国务院开始清理整顿农村合作基金会，丽水地区进入清产核资的农村合作基金会119家。截至2000年6月，丽水市合作基金会119家，存款44598万元，贷款32544万元，其中政府注入资金8923.6万元，经中国人民银行上海分行批准、并入农村信用社基金会97家，存款34341万元，贷款21485万元；清盘关闭22家，存款10257万元，贷款11059万元。

丽水农村信用合作社　民国19年(1930)，遂昌县高判乡①信用合作社建立。后丽水县、青田县信用合作社相继成立。民国35年，丽水辖区内信用合作社因通货膨胀歇业。1954年5月11日，龙泉县高塘乡红星信用社建立，是丽水区域内第一个社会主义农村信用社。1958年，各县合并人民公社银行营业所和农村信用合作社，成立人民公社信用部。1977年11月，丽水地区农村信用社定位为集体金融组织，为农业银行基层机构。1983年2月，丽水地区信用社改革启动。1985年，丽水地区信用社开始实行独立经营，自负盈亏。1984年12月，龙泉县信用联社成立，是丽水地区第一家县级联社。截至1987年11月，丽水地区9个县(市)联社相继成立。1996年8月，农村信用社与中国农业银行脱离行政隶属关系，农村信用社县联社和人民银行分别承担其业务管理和金融监管职能。10月，丽水地区农村信用社正式与中国农业银行丽水地区分行脱离行政隶属关系。1999年9月，丽水地区经过清产核资、分类处理、政府注资等阶段，并入农村信用社的农村合作基金会97家。2004年10月，浙江省农村信用社联合社丽水办事处成立，负责全市农村信用社的行业管理工作。2005年4月18日，遂昌县农村信用合作联社成立，是丽水市首家股份合作制农村金融机构。2005年10月10日，莲都农村合作银行成立，是全市首家股份合作制银行。同年，全市9个县(市、区)全部完成产权制度改革试点任务，实行股份合作制的一级法人体制。截至2010年，丽水市农村信用社各项存款余额184.75亿元，人民币存款总量居全市金融机构第一位；各项贷款余额130.2亿元，不良贷款(五级)余额4.27亿元，不良贷款(五级)占比为3.28%。

浙江丽水莲都农村合作银行　2004年9月，浙江丽水莲都农村合作银行筹建启动，由莲都区农村信用合作社联合社及所辖农村信用合作社合并改制而来，由辖区农民、个体工商户、企业法人和其他经济组织入股组成的股份合作制社区性地方金融机构，股本金0.46亿元，注册资本0.43亿元，分支机构遍布莲都区及辖属各乡镇，主要服务于农村、农业、农民社区、中小企业和地方经济，是丽水市第一家按照农村合作银行模式进行改革试点的单位。2005年10月10日，浙江丽水莲都农村合作银行正式营业。截至2010年，浙江丽水莲都农村合作银行下辖总行营业部1家、支行8家、分理处29家，各项存款余额34.71亿元，各项贷款余额24.68亿元，不良贷款率(五级)2.02%。

其他银行机构

村镇银行　2010年6月1日，青田建信华侨村镇银行成立，是丽水市第一家村镇银行。截2010

① 2010年称三川乡。

年，青田建信华侨村镇银行各项存款余额3.03亿元，排名全国建信村镇银行存款规模第三位；贷款余额2.18亿元，其中涉农贷款占贷款总额的94%。2010年，青田建信华侨村镇银行被评为全国优秀村镇银行。

小额贷款公司　2009年2月，青田县汇通小额贷款股份有限公司成立，是丽水市第一家小额贷款公司。青田县汇通小额贷款公司由自然人、企业法人与其他社会组织投资设立，其主要资金来自有股东出资和银行融入资金。后莲都区浙兴、云和县隆丰、龙泉佳和、缙云县华鑫、遂昌县绿源、松阳县科马、景宁聚丰小额贷款公司等7家相继成立。截至2010年，丽水市小额贷款公司8家注册资金6亿元，贷款余额8.47亿元，其中"三农"贷款3.59亿元，占比为42.38%。

银行业协会

2000年12月21日，丽水市银行业协会成立，经丽水市民政局核批登记、注册为非营利性行业自律组织，由工商银行丽水分行、农业银行丽水分行、中国银行丽水分行、建设银行丽水分行、丽水市邮政局、省农信联社丽水办事处等单位6家自愿组成，秘书处为执行机构，内设综合、信贷、银行卡工作部3个，各县（市）设工作小组。截至2010年，丽水市银行业协会会员76家。2010年，协会设秘书处，内部设有综合、信贷、银行卡工作部3个，各县（市）设有工作小组，被中华人民共和国民政部评为AAAAA级协会。

第二节　保险机构

1996年，《中华人民共和国保险法》颁布实施，规定保险公司必须按产、寿险分业经营。后丽水地区保险机构发展迅速。2010年，丽水市保险公司21家，其中财产保险公司12家，人寿保险公司9家。

财产保险公司

中国人民财产保险股份有限公司丽水市分公司　1949年，浙江省保险公司委托各县人民银行，代办国内保险业务。1952年秋，中国人民保险公司丽水县支公司成立，办理国内保险业务。同期，其他县保险业务仍由中国人民银行代办。1958年年底，撤销中国人民保险公司丽水县支公司。

1980年10月，恢复中国人民保险公司丽水县支公司，属中国人民银行丽水支行内设股级机构，具体办理财产保险业务，下设遂昌、青田、缙云、龙泉、云和、庆元保险特约代理处。同年，中国人民保险公司丽水县支公司保险业务收入17.8万元。1983年12月1日，中国人民保险公司丽水地区中心支公司成立，单独建制，由浙江省保险分公司和丽水地区行署双重领导，实行独立核算，下设县级机构升格成立支公司。1988年1月1日，中国人民保险公司丽水地区中心支公司更名中国人民保险公司丽水地区分公司，下辖各县（市）支公司9家，城镇办事处6个。

1996年11月，丽水地区实行保险业务分业经营，中国人民保险公司丽水地区分公司分拆为中保财产保险有限公司丽水地区分公司和中保人寿保险有限公司丽水地区分公司。同年，丽水地区中保财险系统县级公司8个、办事处6个、营业部2个。2003年8月1日，中保人寿保险有限公司丽水地区分公司更名中国人民财产保险股份有限公司丽水市分公司，为国有控股企业，主要经营各类财产损失险、信用保险(出口信用险除外)、意外伤害保险、短期健康保险等保险业务。2010年，中国人民财产保险股份有限公司丽水市分公司提供各类保险保障金额2792.85亿元，保费收入4.06亿元，占全市财险市场份额的49.66%；处理各类案件28450件，赔款金额2.79亿元。

中国平安财产保险股份有限公司丽水中心支公司　1997年5月16日，中国平安财产保险股份有限公司丽水中心支公司成立，主要经营各类财产损失保险、意外伤害保险等业务，下设松阳、缙云支公司，青田、龙泉、遂昌、云和、景宁、庆元营销服务部。2008—2010年，中国平安财产保险股份有限公司丽水中心支公司保费收入分别为3908万元、4187万元、5095万元。

天安保险股份有限公司丽水中心支公司　2002年6月，天安保险股份有限公司丽水中心支公司设立，主要经营各类财产损失保险、保证保险、短期健康保险、意外伤害保险等业务，下设青田、缙云、松阳、遂昌支公司4家，云和、龙泉、丽水客运西站营销服务部3家。天安保险股份有限公司丽水中心支公司先后承保玉溪电站、紫金大桥、金丽温高速公路、龙庆高速、50省道丽水莲都段保险等重大项目。2010年，天安保险股份有限公司丽水中心支公司收入4482.56万元。

中国太平洋财产保险股份有限公司丽水中心支公司　2003年7月，中国太平洋财产保险股份有限公司丽水中心支公司成立，辖区内8个县(市)均设有法人地位的支公司。2010年，中国太平洋财产保险股份有限公司丽水中心支公司保费收入1.3亿元，居全市行业排名第二位。

中华联合财产保险股份有限公司丽水中心支公司　2004年8月，中华联合财产保险股份有限公司丽水中心支公司成立，主要经营各类财产保险业务和再保险业务。2004年，中华联合财产保险股份有限公司丽水中心支公司实现签单保费1100多万元，是丽水保险市场上第一家实现当年开业保费超千万元的保险公司。2010年，中华联合财产保险股份有限公司丽水中心支公司签单保费收入4366万元。

安邦财产保险股份有限公司丽水市营销服务部　2006年9月，安邦财产保险股份有限公司丽水市营销服务部成立，主要经营财产保险、意外伤害保险和短期健康险业务，下设缙云、遂昌、松阳营销服务部。2008—2010年，安邦财产保险股份有限公司丽水市营销服务部保费收入分别为1073万元、1523万元、1845万元。

中国大地财产保险股份有限公司丽水中心支公司　2007年4月2日，中国大地财产保险股份有限公司丽水中心支公司成立，主要经营各类业财产保险、农业保险以及短期健康保险和意外伤害保险等。2007年，中国大地财产保险股份有限公司丽水中心支公司实现车险理赔全国通赔，并实现理赔案件进度网上查询，为消费者提供更为便捷的服务。截至2010年，中国大地财产保险股份有限公司丽水中心支公司保费收入6118万元。

中银保险股份有限公司丽水中心支公司　2007年，中银保险股份有限公司丽水营销服务部成立，采用银行保险创新经营模式，满足客户一体化金融服务需求。2008年，升格为中银保险股份有限公司丽水中心支公司。2010年，中银保险股份有限公司丽水中心支公司银保合作保费收入占比66%。

太平财产保险股份有限公司丽水中心支公司　2007年，太平财产保险股份有限公司丽水中心支公司成立，主要经营业务各类财产险、健康险、工程能源险等业务。截至2010年，太平财产保险股份有限公司丽水中心支公司保费收入3180万元，赔款支出1575万元，提供各类风险保障110亿元。

中国人寿财产保险股份有限公司丽水中心支公司　2010年，中国人寿财产保险股份有限公司丽水中心支公司成立，主要经营业各类财产损失保险、责任保险、信用保险及再保险等业务。2010年，中国人寿财产保险股份有限公司丽水中心支公司保费收入5203.56万元，同比增长26.3%，市场份额6.37%，排名全市同行业第三位。

都邦财产保险股份有限公司浙江分公司丽水市营销服务部　2007年12月5日，都邦财产保险股份有限公司浙江分公司丽水市营销服务部成立，主要经营机动车辆保险、财产损失险、责任保险、短期健康保险和意外伤害保险。2008—2010年，都邦财产保险股份有限公司浙江分公司丽水市营销服务部保费收入分别为601万元、559万元、715万元。

阳光财产保险股份有限公司丽水中心支公司　2008年10月28日，阳光财产保险股份有限公司丽水中心支公司设立，主要经营各类财产损失保险，短期健康保险和意外伤害保险及再保险等业务。2010年，阳光财产保险股份有限公司丽水中心支公司通过政府招标，独家承保丽水市莲都区和龙泉市中小学师生平安险。2010年，阳光财产保险股份有限公司丽水中心支公司保费收入2512.09万元，同比增长183%，排名全市行业第七位。

2010年丽水市财产保险公司汇总情况一览

表18-9-2-1

序号	财险公司名称	成立时间	地址
1	中国人民保险公司丽水县支公司	1952年	丽水市丽阳街553号
2	中国平安财产保险股份有限公司丽水中心支公司	1997年5月	丽水市北苑路198号
3	中华联合财产保险股份有限公司丽水中心支公司	2004年8月	丽水市人民路888号
4	天安保险股份有限公司丽水中心支公司	2002年6月	丽水市花园路608号
5	中国太平洋财产保险股份有限公司丽水中心支公司	2003年7月	丽水市花园路754-760号
6	安邦财产保险有限公司丽水营销服务部	2006年9月	丽水市丽阳路营销服务部
7	中国大地财产保险股份有限公司丽水中心支公司	2007年4月	丽水市丽阳街698号
8	中银保险股份有限公司丽水营销服务部	2007年	丽水市解放街399号
9	都邦财产保险股份有限公司丽水营销服务部	2007年12月	丽水市囿山路443-3号4层
10	太平财产保险股份有限公司丽水中心支公司	2007年	丽水市中山街36号-38号
11	阳光财产保险股份有限公司丽水中心支公司	2008年10月	丽水市花园路422号兴业大厦11楼

说明：1. 2003年8月1日，中国人民保险公司丽水县支公司更名中国人民财产保险股份有限公司丽水市分公司；2. 2008年，中银保险股份有限公司丽水营销服务部升格为中银保险股份有限公司丽水中心支公司

人寿保险公司

中国人寿保险股份有限公司丽水市分公司　前身为中国人民财产保险公司丽水市分公司人身保险科。1996年5月，丽水地区执行《中华人民共和国保险法》规定保险业务实行分业经营政

策，拆分中国人民保险公司丽水地区分公司，单独成立中保人寿保险有限公司丽水地区分公司。同年，中保人寿保险有限公司丽水地区分公司成立遂昌、龙泉、青田县办事处。1997 年 7 月，中保人寿保险有限公司丽水地区分公司成立缙云办事处。1997 年 10 月 25 日，中保人寿保险有限公司丽水地区分公司成立云和、景宁、松阳、庆元办事处。2002 年 4 月 11 日，中保人寿保险有限公司丽水市分公司 8 个县级办事处全部升格为支公司，拥有全市重点乡镇农村营销服务部 19 个。2003 年 9 月，中保人寿保险有限公司丽水市分公司实行股份制改革，更名中国人寿保险股份有限公司丽水分公司，经营险种覆盖人寿保险、年金保险、健康保险、意外伤害保险、养老保险等领域，保险品种 100 多个。2005 年始，与丽水市莲都区、云和县、景宁畲族自治县、龙泉市、青田县政府合作，开展城镇职工补充医疗保险、城镇居民基本医疗保险等政策性业务的衔接配套工作，初步形成“政府管，商业保险办”的运作新模式。2007 年，中保人寿保险有限公司丽水市分公司启动职工补充医疗保险，为众多家庭提供包括意外或疾病身故保障、意外门诊费用保障及住院医疗保障等多项保险服务，同年，提供企业职工补充医疗保险 12821 位；赔付金额 2236 万元，简单赔付率 68.5%。2010 年，中保人寿保险有限公司丽水市分公司保费收入 7.14 亿元，提供保险保障 100 万人次。

中国平安人寿保险股份有限公司丽水中心支公司　1997 年 9 月，中国平安人寿保险股份有限公司丽水中心支公司成立，主要经营各种人寿保险业务。2010 年，中国平安人寿保险股份有限公司丽水中心支公司实现保费收入 2 亿元，其中首期保费 6672.26 万元，同比增长 54.43%；理赔款支付 1172.8 万元，同比增长 57.71%。

中国太平洋人寿保险股份有限公司丽水中心支公司　2002 年 4 月中国太平洋人寿保险股份有限公司丽水中心支公司成立，下设龙泉、缙云、莲都(筹)三家支公司，遂昌、松阳、青田、云和、庆元营销服务部 5 家，壶镇乡镇营销服务部 1 家，主要采用个人营销、团体直销和银行代理三大分销渠道，销售服务网络覆盖全市。2010 年，中国太平洋人寿保险股份有限公司丽水中心支公司保费收入 14164.86 万元，排名全市行业第三位。

泰康人寿保险股份有限公司丽水中心支公司　2002 年 7 月，泰康人寿保险股份有限公司丽水中心支公司成立，下辖莲都、缙云、青田、松阳、遂昌、云和、景宁、壶镇服务部 8 个。截至 2010 年，泰康人寿保险股份有限公司丽水中心支公司保费收入 6686 万元。

新华人寿保险股份有限公司丽水中心支公司　2003 年，新华人寿保险股份有限公司丽水中心支公司成立，主要提供各种寿险服务，并推出保单无障碍迁移、全国通赔、理赔款提前支付等创新服务，下设龙泉支公司 1 家，市本级、缙云、庆元、遂昌、松阳营销服务部 5 家。2010 年，新华人寿保险股份有限公司丽水中心支公司保费收入 6826.03 万元，同比增长 38.02%；完成赔案 380 件，赔款金额 200 多万元。

嘉禾人寿保险股份有限公司丽水中心支公司　2008 年 10 月 23 日，嘉禾人寿保险股份有限公司丽水中心支公司成立。公司热心公益事业，每年开展“金榜题名 嘉禾护航”爱心护考活动，向大型纪录片《长征路上新丽水人》摄制组工作人员赠送意外伤害保险 169 万元等。2010 年，嘉禾人寿保险股份有限公司丽水中心支公司保费收入 749.96 万元，比上年度增长 49.98%。

生命人寿保险股份有限公司丽水中心支公司　2009 年 3 月 23 日，生命人寿保险股份有限公司丽水中心支公司成立，主要经营各类寿险、投资理财服务等业务。

阳光人寿保险股份有限公司丽水中心支公司　2009年10月，阳光人寿保险股份有限公司丽水中心支公司成立，承保养老、医疗、意外、子女教育等领域险种50多个，下设缙云、龙泉、松阳支公司及本级营业区4家。截至2010年，阳光人寿保险股份有限公司丽水中心支公司保费收入1576.4万元。

中国人民人寿保险股份有限公司丽水中心支公司　2010年6月，中国人民人寿保险股份有限公司丽水中心支公司成立，下设龙泉、青田支公司2家，遂昌、松阳、缙云、云和、庆元互动业务部5家，主要采用银行代理、团体直销、与人保财险互动营销和个人营销四大分销渠道，销售服务网络基本覆盖丽水全市。2010年，中国人民人寿保险股份有限公司丽水中心支公司开办人寿保险、年金保险、健康保险、意外伤害保险等多个领域险种160多个，保费收入5000多万元。

2010年丽水市人寿保险公司汇总情况一览

表18-9-2-2

序号	寿险公司名称	成立时间	地址
1	中国人寿财产保险股份有限公司丽水中心支公司	2010年	莲都区大洋路280号
2	中保人寿保险有限公司丽水地区分公司	1996年	莲都区丽阳街551号
3	中国平安人寿保险股份有限公司丽水中心支公司	1997年9月	莲都区城西路203号
4	中国太平洋人寿保险股份有限公司丽水中心支公司	2002年4月	莲都区大洋路192号
5	泰康人寿保险股份有限公司丽水中心支公司	2002年7月	莲都区丽阳路439号
6	新华人寿保险股份有限公司丽水中心支公司	2003年	莲都区花园路581阳光商务大厦6层
7	嘉禾人寿保险股份有限公司丽水中心支公司	2008年10月	莲都区花园路608号
8	生命人寿保险股份有限公司丽水中心支公司	2009年3月	莲都区解放街293号金苑新村1幢4楼
9	阳光人寿保险股份有限公司丽水中心支公司	2009年10月	莲都区囿山路372号怡景花苑一幢2层
10	中国人民人寿保险股份有限公司丽水中心支公司	2010年6月	莲都区寿尔福路445号飞鹤大厦11—12层

说明：2000年，中保人寿保险有限公司丽水地区分公司更名中国人寿财产保险股份有限公司丽水分公司

保险行业协会

2002年12月12日，丽水市保险行业协会成立，属自愿结成的非营利性社会团体，在丽水市级保险分(支)行机构为理事单位，辖区内一级支公司为会员单位。会员大会三年一届。在理事中产生协会领导。协会由专职秘书长负责日常工作。协会下设财产险、人身险、车险、保险营销员管理、银行(邮政)保险代理、保险理赔、宣传信息专业委员会8个。协会主要配合保险监管部门督促会员自律，维护行业利益，促进行业发展，为会员提供服务，促进市场公开、公平、公正，全面提高保险业服务社会主义和谐社会的能力。截至2010年，丽水市保险行业协会理事单位19家，会员单位90家。

第三节 证券与信托机构

证券机构

中国银河证券股份有限公司丽水证券营业部 1993年11月,中国建设银行浙江省信托投资公司丽水证券交易营业部成立,办理股票代理交易和国债的发行、兑付及自营买卖,是丽水地区第一家证券交易营业部。1995年6月,中国建设银行浙江省信托投资公司丽水证券交易营业部设立庆元、龙泉、遂昌代理处3家。

1997年,银行证券实行分离,中国信达信托投资公司承接中国建设银行浙江省信托投资公司丽水证券交易营业部,成立中国信达信托投资公司丽水证券营业部。1998年,中国信达信托投资公司丽水证券营业部开通网上交易和远程委托业务,并与工行、农行、中行、建行4家市级商业银行合作开办银行证券保证金划转业务,方便投资者资金存取。1999年,中国信达信托投资公司丽水证券营业部设立青田代理处。2000年6月,中国信达信托投资公司丽水证券营业部整体划拨给中国银河证券有限责任公司,更名中国银河证券有限责任公司丽水证券营业部,主要经营证券代理买卖、代理还本付、分红派息,证券代保管、鉴证,代理登记开户等业务。2001年2月,中国银河证券有限责任公司丽水证券营业部开通B股交易业务。2007年1月,更名中国银河证券股份有限公司丽水证券营业部。2010年7月,中国银河证券股份有限公司丽水证券营业部开办期货中间介绍业务(IB业务)。2010年8月,中国银河证券股份有限公司丽水证券营业部开办融资融券业务。同年底,中国银河证券股份有限公司丽水证券营业部设立融资融券业务信用帐户45户,授信总额度3809万元,IB开户数65户。2010年,中国银河证券股份有限公司丽水证券营业部开立股东账户数59793户;证券交易582.5亿元,利润4166.17万元,托管客户资产26.58亿元。

浙商证券有限责任公司丽水花园路证券营业部 前身为丽水信托投资公司丽水营业部,成立于1997年10月。2002年1月至2006年9月,丽水信托投资公司丽水营业部隶属金信证券有限责任公司。2006年9月,更名为浙商证券有限责任公司丽水大众街证券营业部,下设缙云、云和、松阳服务部3家。2010年4月,浙商证券有限责任公司丽水大众街证券营业部获期货IB中间介绍业务资格,成为丽水地区第一家从事股指期货、期货业务的证券营业部。2010年,浙商证券有限责任公司丽水大众街证券营业部下设运行保障部、财富慧金中心,开立客户资金账户34400多户,交易总额813亿元。

中信金通证券有限责任公司丽水寿尔福路营业部 2010年1月8日,中信金通证券有限责任公司丽水寿尔福路营业部设立,主要从事沪深A、B股、基金、国债等证券经纪代理;证券代保管、代理登记开户等业务。2010年,中信金通证券有限责任公司丽水寿尔福路营业部完成A股交易量185亿元。

财通证券有限责任公司丽水北苑路营业部 2010年11月2日,财通证券有限责任公司丽水北苑路营业部设立,内设办公区、大户室和贵宾区等,签约股民2200多人;并开展股民学校、股市沙龙等基础服务，优秀基金专户理财、阳关私募高端理财等高端服务。2010年，财通证券有限责任公司丽水北苑路营业部引进客户213人，实现A股+基金交易2909万元。

信托机构

1995年4月17日，丽水地区信托投资公司成立，经营人民币信托投资、房地产投资、代理收付、证券转让以及人民银行批准的其他金融业务。1997年10月，丽水地区信托投资公司进行分拆，公司经营证券业务的丽水营业部，单独成立浙商证券有限责任公司丽水花园路证券营业部。截至1999年9月，丽水地区信托投资公司吸收社会闲散资金1561万元，办理贷款4436万元，投资291万元，垫付企业债券7826万元，对地方经济发展起到一定的作用。1999年，全国开展清理整顿信托投资公司时，丽水地区信托投资公司进入清产和资产评估。2001年，关停丽水地区信托投资公司。

第四节　当铺与钱庄

典　当

古代，典当经营场所俗称“当店”或“当铺”，专门收取抵押品，发放质押高利贷款。唐宋时期，丽水出现典当行业。早期典当多为“动产”，分两种，一是衣服及金银饰物典当，除支付利息外，尚需支付箱费约一分，取回赎物时一并计算；二是农产品典当，主要是稻谷米麦丝棉等。后典当抵押品不断发展延伸，也开始经营房产抵当业务。清末，丽水典当行业渐盛。清咸丰年间（1851—1861），丽水城内文敦街有当店1家。清光绪年间（1875—1908），周姓温州商人在丽水县城高井巷开设当铺1家。清末，韩光义在青田县城鹤城镇宝幢街韩氏宗祠开设当铺1家。民国16年（1927），韩光义当铺停业。民国32年，民国浙江省政府机关内迁时，景宁县鹤溪镇设社会服务处，兼营典当业务。后近代新式银行兴起，典当业务逐渐衰退。

1949年中华人民共和国成立后，实行高度集中的计划经济体制，银行机构单一，业务集中。改革开放后，银行业难以满足企业贷款需求和社会临时资金周转需要，典当行业应运而生。1988年8月，丽水市（县级）处州典当服务商行开始营运，是改革开放以来丽水地区出现的首家典当行。1996年，中国人民银行制定《典当行管理暂行办法》，开始清理整顿，引导规范发展典当行业。2000年，丽水市经济委员会负责全市范围内典当机构的监管工作。2010年，丽水市典当行16家，其中莲都区6家，青田县3家，缙云县、云和县、龙泉市、庆元县、遂昌县、松阳县、景宁畲族自治县各1家；寄售行32家。

钱　庄

钱庄机构　钱庄是民间金融机构，由货币（银两、制钱）兑换经营基础上发展而成，经营存、放、汇等货币信用业务。据《龙泉县志》（1994年版）载，清咸丰十年（1860），龙泉县吴茂生开设“忆生钱

庄”，专营存款、贷款业务，是丽水市最早钱庄之一。民国期间，丽水钱庄35家，其中青田县和丽水县各10家、松阳县7家、遂昌县4家、云和县2家、庆元县和景宁县各1家。

钱庄经营　清代后期，钱庄主要从事银两和制钱的兑换业务。后钱庄逐渐成为从事存款、发放贷款、发行信用票据和汇兑业务的金融机构。钱庄存款分活期存款、定期存款和同业存款3种；钱庄放款分活期放款、定期放款、信用放款、物保放款、人保放款、抵押透支6种。此外，钱庄之间或钱庄与银行之间还有同行拆放等业务。丽水县、松阳县、青田县3家钱庄规模较大，经营稳定，能与上海、杭州、温州、金华等地直接交易。民国15年（1926），青田县钱庄业主成立青田县钱业公会，入会钱庄12家。国民24年（1935），南京国民政府实施“法币政策”，钱庄行业盈利大减，钱庄逐渐走向衰落。

第十九篇
财 政 税 务

概　述

古代丽水财政，从隋代设处州时开始。历代沿袭中央集权财政体制，颁行政令，征免税赋。处州由行政长官兼掌辖区赋税的征收、报解和定额内的存留支用，造册奏销。农业税赋一直是处州财政收入的主要来源，工商杂税始终处于补充地位。历代农业赋制，屡有变革。隋至唐代初，处州推行租庸调制，后改行两税法。以后各代沿用。清雍正年间（1723—1735），改地丁合一征收。封建王朝财政支出，均限制在中央统一规定的定额内，地方留存支用的款项极其有限。民国1—38年（1912年至1949年9月30日止），地方财政由国民政府总揽，一切税收均属中央，所有地方政费，从中央赋税中拨留一部分备用，无中央财政和地方财政之别。民国17年，南京国民政府颁布划分"国家税、地方税""国家费、地方费""国家收支、地方收支"等条例和标准。

丽水工商税收记载最早见于唐宋时期。北宋崇宁三年（1102），处州府在遂昌县设茶场征税，发放凭证运销。明成化年间（1465—1487），松阳县有茶课和窑冶、铅坑之征。清顺治四年（1646），处州府向盐户、运销商分别征收灶课、引课，浙东、浙西每引银三钱五分。清雍正二年（1724），实行"摊丁入地"。清同治四年（1865），设处州厘金局，下设龙泉等厘卡；清光绪年间（1875—1908），税赋加重，陆续开征烟酒税捐、房捐、印花税、车捐、船捐等新税。清代后期，清政府允许各省就地筹款，加抽附税，自行支销，开始出现省级地方财政。

1950年1月，国家实行新税制，统一财经工作和财政收支管理，有关税收制度、财政收入秩序、供给标准、行政人员编制以及国家征收公粮、代金、盐税、货物税、工商业税，均归中央统一调度。随着国民经济发展，丽水各县财政收支规模不断扩大。1950—2010年，丽水市财政总收入511.48亿元，年均增长15%。收入来源从主要取之于农业，转变为主要取之于工商企业。工商各税收比重，从1950年48.30%，上升到2010年86.22%；农业税收比重，从1950年45.1%，下降到2010年6.49%。纵观中华人民共和国成立后丽水财政收入发展变化，1978年突破5000万元；1985年突破亿元；1999年突破10亿元；2002年突破20亿元；2007年突破50亿元；2010年突破76亿元。1953—2010年，丽水市财政总支出748.22亿元，年均增长15.1%。财政支出用于助学、助医、助困、助老、助农等民生事业项目不断扩大，支持民生事业发展。支出按用途分，经济建设214.47亿元，占28.66%；文教科卫246.89亿元，占33%；行政管理166.26亿元，占22.22%；怃恤社救、社会保障39.75亿元，占5.31%。2010年，丽水市财政总支出135亿元。

2010年，丽水市财政局与地方税务局合署办公，局本部设有职能处室23个，税务基层单位3个，下属事业单位6个；下辖县（市、区）设有财政局、地方税务局，以及莲都区财政局、经济开发区财政局；丽水市设税务分局19个，稽查局9个，办税服务厅17个，财政、地税干部1658人。市国家税务局设有职能处室14个，税务基层单位3个，下属事业单位2个；下辖县（市、区）均设国家税务局；

全市设稽查局9个，办税服务场所9个，国税干部889名。全市税务登记户数117209户，其中企业22685户，个体94524户。

第一章　财政体制

隋至清代，中央政府实行高度集权财政体制，中央财政与地方财政无严格划分，课税权属于中央。府、县征收国家赋税尽数上解中央，地方仅有少量存留抵解，用于支付府署官吏、生员俸廪以及办公费用，并按期奏销考核。民国时期(1912—1949)，地区一级无独立财政，地区财政收支基本仍属省财政范围。地方财政收入仍以田赋、附加、杂捐收入为主，大宗支出以党务、自治、保卫费为主，长期入不敷出。

1949年中华人民共和国成立后，财政管理体制从中央高度集中逐步向地方下放，地方暂无独立财政，收入全部上缴，支出由省审批核拨。1953年，丽水地区县级财政建立，修正税制，试行商品流通税，贯彻过渡时期总路线，财政税收积极支持农业、手工业合作化和对私营工商业社会主义改造。1958年，农业税改行地区差别比例税制，工商税收部分管理权限下放。1971年始，地区本级开始有独立的一级财政。1973年，实行"定收定支、总额分成、地区调剂、超收分成"体制。1980年，丽水实行"划分收支、分级包干"财政体制。1985年，地区本级实行"划分税种、核定收支、分级包干"体制。1997年9月，国家推行国税、地税机构分设。1998年10月起，社会保险费五项费种逐步改由地方税务部门征收。

2000年7月，丽水撤地设市，撤销丽水市(县级)国家税务局和地方税务局，人员分别上划到丽水市国家税务局和地方税务局，市本级税收由丽水市税务机构统一征管。2001年始，丽水市财政实力不断增强，财税管理改革迈出新步伐，推进会计集中核算、部门预算、基本建设预算、国库集中支付制度、政府采购制度、社会保障制度、"收支两条线"和非税收入管理、国有资产管理、财政支出绩效评价、税收征管、社保费"五费合征"等改革，加强政府性债务管理，强化财政监督机制，逐步形成预算编制、预算执行与预算监督三者相互制约的预算管理运行新机制，公共财政体系不断完善。

第一节　市级财政体制

市本级财政体制

皇粮国税，自古有之，历代依制行事。北宋至清代前期，处州府财政收入大部上解，部分留存，用于官吏俸银、差役工食、孤贫救济、文化教育、兴修水利等。清光绪三十四年(1908)，省成立清理财政局，从事清理地方财政收支，府、厅、州、县岁入款目有地丁、漕粮、契税、杂税、杂租，由司给领立款，就地抽捐之款、年余、火耗、盈余、加价、各项差役、随漕经费、其他各项规费等。支出款目有起解各款、典礼、钱粮、诉讼、驿站、巡警、学务、农工商用教及其他因公用款等。地方公差由当地劝募、公产公款由地方经理。清宣统元年（1909），颁布《府厅州县地方自治章程》，府县自治财政才始有其名，后因清廷濒临崩毁，未及实行。

民国16年（1927）前，财政无预、决算制度。民国24年，颁布《财政收支系统法》，县级预决算制度逐步建立。民国26年，全面抗日战争爆发后，国民政府军费大幅增加，“抗日捐”“国难捐”“经忏捐”“保安捐”等各类地方性附捐40多种。民国34年抗日战争胜利后，国民政府财政部将全国财政划分为中央、省（市）、县三级，管理和征收财税。

1949年中华人民共和国成立初，中央实行高度集中、统收统支财政管理体制。1949年8月，丽水专员公署成立，下设财政处和税务局，全省财政实行省、专署两级管理制度，各县征收税收全部上缴，作为省级财政收入；地、县各项行政事业费支出，由专署财政核销后向省财政列报。1950年3月，政务院颁布《关于统一国家财政经济工作的决定》，规定一切财政收支项目、收支办法、收支范围、收支标准均由中央统一制定；一切财政收支统一纳入国家预算，收入全部上缴中央，支出由中央逐级拨付。丽水专区本级及各县财政收支由专署统一管理，收入全额缴省，支出按标准由专署汇总向省财政领拨、核销。1951年始，财政收支划分为中央、大行政区、省三级管理，专署和所属县都列省财政预算，由省财政审批核拨。1952年1月，丽水专署撤销，所属各县分别划归温州、衢州、金华专署。

1963年5月至1970年，恢复丽水地区专员公署，本级无财政收入，每年由省财政核定支出指标、核拨经费。1971年始，丽水地区本级开始有独立的一级财政。丽水地区财政除负责本级财政收支预算外，同时还负责下达各县收支指标统一审报和下拨省财政各项专款和补助。至1973年，实行“定收定支、总额分成、地区调剂、超收分成”体制。省核定地区本级总额分成比例为100%，超收分成比例为44%，核定给各县为40%，年终由地区与省统一结算。地区本级收入限于地属企业上缴利润，没有工商税收入，支出除本级税收留成外，差额部分由省财政拨补。1979年始，浙江省实行“省直管县”管理体制，丽水地区本级视同县级财政处理，分配体制不变。

1980—1984年，丽水地区实行“划分收支、分级包干”体制，财政体制由高度集中、统收统支，转变为统一领导、分级管理，基本形成以预算收支为主导，国营企业财务为基础，预算外资金为补充，财政信用为调剂的财政体制，建立以流转税和所得税为主体的税收体系。丽水地区扩大地方财权，开展财政信贷，实行有偿使用；国营企业实行企业基金、利润留成、利改税、承包经营责任制，完善国家和企业分配关系。财政收入分为固定收入和调剂收入。固定收入为企业收入、工商所得税、农业税（地区本级无此两项收入）以及其他收入；调剂收入为工商税（1984年前，地区本级无此项收入）。财政支出包括地属企业流动资金、挖潜改造资金、支援农业支出、各项事业费、行政管理费、抚恤和社会福利救济费等。按上述划分范围，以1979年决算收支为基数，剔除非正常性收入和省拨专款支出，核定收支包干基数，确定留解比例或补助基数。丽水地区本级财政收不抵支，属定额补贴体制，1980年，补助基数为386万元。

1985年始，丽水地区实行“划分税种、核定收支、分级包干”体制，财政收入范围扩增，支出范围不变，省对地区继续实行定额补助。财政收入按照税种划分为固定收入和调剂分成收入两类。固定收入包括地属企业所得税、调节税、承包费、利润、亏损和价差补贴、集体企业所得税、资源税、农业税、契税、其他工商税、税款滞纳金、补税和罚款收入、其他收入等。调剂分成收入为“工商三税”(产品税、增值税、营业税)。财政支出范围不变。按照上述划分收支范围，以 1983 年财政决算数为基础，确定包干基数。并依此确定留解比例或定额补助。地区本级因支出大于收入，除“工商三税”(从 1988 年始，地区本级始有)全部留给地区外，省财政仍实行定额补助办法。至 1987 年，地区本级补助基数达到 652.6 万元。

1994 年，国家财政管理体制发生重大变化。全国实施分税制改革，划分中央收入和地方收入，丽水地区征收的税种由原来 39 个减少至 21 个，实行国家税务总局垂直管理体制，丽水地区和各县(市)税务局分设为国家税务局和地方税务局。1994 年 1 月始，丽水地区实行分税制财政体制，按税种划分中央与地方收入，明确地级财政收入和支出的范围。根据事权与财权相结合的原则，按税种划分中央与地方收入。地级财政收入，包括地属企业增值税 25%，营业税、所得税和上缴利润，个人所得税、城镇土地使用税、固定资产投资方向调节税、房产税、车船使用税、印花税、契税、上地增值税、资源税、国有土地有偿使用收入、城市维护建设税、排污费专项收入、其他各项收入(包括收入退库)以及与中央、省、地县按固定比例分成收入(主要是教育费附加、能交基金和预算调节基金)。地级财政支出，主要包括行政管理费、公检法支出、部分武警经费、地属企业技术改造和新产品试制经费、支农支出、城市维护和建设经费，文化教育卫生和社会保险等各项事业费、价格补贴支出和其他支出。

1995 年开始，浙江省对丽水等欠发达市(地)、县(市)实行“两保两挂”财政体制，即市(地)、县(市)在确保完成中央“两税”(增值税、消费税)任务(1997 年后改为确保完成逐步消化滚存赤字任务)和确保当年收支平衡前提下，省财政对市(地)、县(市)补助、奖励与市(地)、县(市)地方财政收入增长率、增收额挂钩。后省对欠发达市、县财政体制进行多次完善。4 月，省财政在分税制财政体制基础上，对丽水地区本级实行“收一块、挂一块”财政政策。“收一块”，即地区(市)所属企业和单位按分税制财政体制地方收入全部归地区(市)财政，并免除增收应上缴省 20%部分；“挂一块”，即以 1994 年地区(市)体制补助、困难补助、粮食亏损专项补贴、外贸人员经费专项补贴、省代扣下放各县(市)汽车运输公司收入总数(2290 万元)为基数，与丽水地区(市)9 个县(市)1994 年调整后的地方财政收入实绩(16461 万元)挂钩，挂钩比例为 14%(实际测算比例为 13.91%)。1995 年省财政在分税制财政体制基础上，对丽水地区本级实行“收一块、挂一块”财政政策。这种以补助数占丽水地区 9 个县(市)地方财政收入之比的挂钩形式，是浙江省唯一的针对地区本级的财政扶持政策。1995 年始，丽水地区及所属县(市)当年财政收支基本平衡。1999 年始，省政府支持地级市城市建设发展，对超过 1993 年城建税基数而上缴省部分予以结算返还。

2000 年，丽水撤地设市，市区(原丽水市)合并后，省对丽水市本级财政政策略作调整。其中保留原上交政策，2000 年起每年定额上交 3571 万元(系原体制上交 1314 万元，1999 年增收上交 2257 万元)，丽水市地方财政体制收入比 1999 年增收部分上交 20%。适当提高“两保两挂”补助计算基数，将地区 1999 年地方收入 4178 万元作为“两保两挂”补助计算基数，加上原丽水市 1999 年补助 698 万元，两者合计新丽水市“两保两挂”补助计算基数为 4876 万元。2000 年始，按地方财政体制收入增长与补助以 1:0.5 比例计算补助数，扣除计算基数 4178 万元后，为实际补助数。调整“挂钩分成”范围，市区合并后，原“挂钩分成”9 个县(市)调整为 8 个县(市)地方财政体制收入，比例从 14%调整为 19.6%(1999 年分成补助 6760 万元/8 个县(市)地方财政体制收入 34520 万元)。2000 年起执行这项政策，一定三年不变。

1994—2000年省对丽水市收入挂钩补助一览

表 19-1-1-1　　单位：万元

内　容	1994 年		1995 年		1996 年		1997 年		1998 年		1999 年		2000 年	
	地方财政收入	补助	地方财政收入	补助	地方财政收入	补助	地方财政收入	补助	地方财政收入	补助	地方财政收入	补助	地方财政收入	补助
挂钩补助	17208	2290	22792	3040	30202	4052	34825	4859	43702	5916	56225	6760	50419	9850

说明：2000 年地方财政收入不包括原丽水市 730 万元

2001 年，丽水市建立市对莲都区财政体制，实行“核定收入、差额补助、超收分成、两保两挂”财政体制。后历经多次调整完善。2002 年，实行所得税分享改革，企业所得税和个人所得税，中央与地方各分 50%。2003 年起，改为中央 60%，地方 40%。以 2000 年企业所得税和个人所得税入库数乘以 1998—2000 年平均增长率作为 2001 年基数，全额返还给地方，市本级所得税返还基数为 6820 万元。2003 年，省财政取消市本级与县(市)地方财政体制收入挂钩补助政策。2004 年，丽水市建立市对开发区财政体制，实行核定收支、挂钩补助、开发单列、自求平衡财政体制，后历经多次调整完善。同年，实行“减、调、改、稳”农村税费改革，免征农业税，取消屠宰税、“五统筹”，减轻农民负担。建立出口退税中央和地方共同负担机制。2004 年始，出口退税超基数部分由中央和地方分别按 75%和 25%比例负担；2005 年始，改为中央和地方分别按 92.5%和 7.5%比例负担。2008 年，省财政调整市本级财政补助和奖励办法，建立分类分档激励奖补机制；地方财政收入每增长 1%，补助系数 0.3%；奖励与全市地方财政收入增收额挂钩，比例为增收额的 5%，其中 4%用于发展生产，1%用于考核激励。2010 年，省财政补助丽水市本级 198296 万元，其中分类分档激励奖补丽水市 32644 万元。

莲都区体制

根据《中共丽水市委丽水市人民政府关于市本级与莲都区部分事权划分专题会议纪要》，莲都区实行“核定收入、差额补助、超收分成、两保两挂”体制。

核定收入　2000 年，莲都区推行财政收入基数办法，以 1999 年为基数年，财政收入基数为 5266 万元，其中中央税收返还基数 1790 万元，财政支出基数为 14000 万元；财政总收入 9615 万元，其中上划中央财政收入 4156 万元，地方财政收入基数为 5266 万元。2003 年，市直建筑业和房地产业营业税收入实行丽水市、莲都区两级政府 7:3 分成。2005 年，丽水市、莲都区两级政府将浙江纳爱斯集团公司所缴纳的地方税收分成比例由原来的 7:3 调整为 2:8；上划中央增值税、消费税的分成比例由原来的 8:2 调整为 2:8；区财政收入基数、“两税”及返还基数也作出相应调整。

差额补助　2000 年开始，丽水市财政体制挂钩补助莲都区基数 3500 万元，市财政核定定额补助莲都区 3444 万元。

超收分成　2000 年开始，莲都区实行财政收入超收分成体制，规定上划中央财政收入每增长 1%，税收返还增加 0.3%，税收返还比上年增加部分，上缴市财政 20%；莲都区财政收入比收入基数增长部分，丽水市与莲都区按 2:8 比例分成。

两保两挂　2000 年开始，莲都区在“确保当年财政收支自求平衡、确保完成政府职责任务”前提下，实行丽水市财政补助和奖励与莲都区地方财政收入增长、增收额挂钩办法；“莲都区地方财政收入每增长1%，市财政给莲都区体制补助增加0.5%；地方财政收入每比上年增收100万元，奖励5万元。2003年，调整丽水市财政补助和奖励与莲都区地方财政收入增长、增收额挂钩办法；莲都区地方财政收入每增长1%，市财政给莲都区体制补助增加0.4%；地方财政收入每比上年增收100万元，地方财政收入比上年增收额的10%予以奖励，其中8%为发展基金，2%为个人奖励。

粮食亏损补助　2000年开始，以丽水市（县级）1997—2000年均亏损519万元为基数，莲都区增亏不补，减亏留用。

土地出让收入分成　2006年始，丽水市规划区内（不包括经济技术开发区、原市行政事业单位闲置地产、企业改制地块）土地净收益，按10%比例分成给莲都区，重点用于新农村建设。

丽水经济技术开发区体制

2004年，对丽水经济技术开发区实行“核定收支、挂钩补助、开发单列、自求平衡”体制。

收入范围　丽水经济技术开发区新办企业所有地方税费，除按规定上缴市级财政外，全部划归丽水经济技术开发区财政；原属市级企业搬迁入开发区企业，以企业搬迁前一年地方财政收入实绩为基数，增收部分划归丽水经济技术开发区财政；开发区所属行政事业单位收取的行政性收费、罚没收入及其他收入划归丽水经济技术开发区财政。

支出核定　丽水经济技术开发区筹委会以2002—2003年支出平均水平核定。2008年始，丽水经济技术开发区管委会核定开发区经常性经费，标准为编制内实有人数5万元/人，编外人员按2万元/人；丽水经济技术开发区水阁办事处社会事业综合专项经费实行定额补助；企业发展扶持资金在开发区企业所缴纳的各项地方税费（不含建筑安装业和房地产业税收、社会保险基金收入、残疾人保障金收入、耕地占用税和契税收入）中列支，结余部分用于社会事业发展和基础设施建设；丽水经济技术开发区管委会及区属事业单位收取的行政性收费，罚款收入及其他收入（含城市基础设施配套费），专项用于事业发展支出。2008年，丽水经济技术开发区水阁办事处社会事业综合专项经费定额补助240万元，2009年，定额补助270万元，2010年，定额补助300万元。

挂钩补助　在确保当年财政收支平衡、确保完成市政府考核任务前提下，对丽水经济技术开发区实行补助（奖励）与开发区地方收入增收额挂钩，地方财政收入比上年增收部分，补助和奖励丽水经济技术开发区10%，其中事业发展资金为8%，个人奖励为2%。

开发单列、自求平衡　市政府将丽水经济技术开发区范围内土地出让金收入，扣除土地成本（含失地农民保险政府贴补部分和失地农民职业技能培训经费）外的净收益，包括工业用地土地出让金净收益的100%，商贸用地土地出让金净收益扣除15%政府统筹后的60%，全部返还划拨给丽水经济技术开发区，用于开发建设。丽水经济技术开发区内各项建设资金（含基础设施建设）实行收支计划单列，自求平衡。

第二节　县级财政体制

民国以前，处州各县体制与处州府署体制类同。民国元年（1912）冬，北洋政府财政部厘定《国家地方政费标准》，地方费项目包括立法、教育、警察、实业、卫生、救恤、工程、公债偿还、自治职员及征收费10项。民国2年冬，北洋政府财政部修订《国家税地方税法草案》，实行中央、地方两级财政体制，县和乡镇没有单独收支，为省统制；凡各项正税和省附加收入全部归属省级财政，县附加收入及滞纳金归属县级财政收入。

民国16年（1927），南京国民政府颁布《划分国家收入与地方收入标准案》和《国家支出与地方支出标准案》，明确划定地方收入和地方支出项目和标准，省、县收支未加划分，县级财政仍附属省级财政，丽水行政督察区和各县财政支出向省财政报领。

民国24年（1935），颁布《国民政府财政收支系统法》，实行中央、省、县三级财政体制。民国26年，颁布《国民政府财政收支施行条例》，后因抗日战争暴发暂缓实施。同年，省政府废除民国5年起实施的专款制，改行统收统支制。民国30年，实行中央、县两级财政体制，将全国财政分为国家财政与自治财政两大系统，国家财政包括原属国家、省与行政院直辖市，自治财政以市县为单位，包括市、县、乡（镇）。后各县县级财政相继建立。省、县财政划分后，其收不抵支时，除自行筹措外，依靠省财政拨款补助，以求平衡。民国35年7月1日，公布施行修改后的《财政收支系统法》，恢复中央、省、县（市）三级财政体制，规定县财政预算收入项目有税课、工程受益费、罚款及赔偿、信托管理、财产孳息、财产出售、营业盈余及事业、造产、补助、特别课税、收回资本、捐献及赠予、公债赊借和其他收入；其中县税课收入为营业税（由省分给50%）、土地税、契税、遗产税（由中央分给30%）、土地改良物税、屠宰税、营业牌照税、使用牌照税、筵席及娱乐税、田赋正税（分成50%）；县财政预算支出项目有行政管理、教育文化、经济建设、卫生、社会及救济、保安及警察、财务、债务、公务人员退休及抚恤、信托管理、协助及补助、乡镇区临时事业、县营业及乡镇区造产基金、其他支出和第二预备金等。

1949年7月至1952年12月，丽水专区各县财政收入全部上解浙江省税务局或浙江省财政厅，支出由专署按期向省财政厅领拨和核销。1953年，实行中央、省、县三级财政管理制度，开始建立县一级财政。1953—1957年，实行"收入分类分成，一年一定"财政体制。

1958年，丽水地域实行"固定收入、以收定支、调剂分成"财政体制，地方财政收入划分为固定收入和调剂收入两大部分，其中固定收入抵冲支出后不足部分由调剂分成解决，如再有不足，由省财政拨款补助。这项体制因形势变化仅试行一年就夭折。1959—1970年，丽水地域实行"计划包干、总额分成、地区调剂、一年一定"财政体制，规定凡地方各项税收和企业、事业收入及其他收入，除附加及自筹外，都作为地方预算收入；凡属地方财政性各项支出，包括基建投资和增拨企业流动资金，均作为地方预算支出，以支出占收入的比例确定地方总额分成比例，一年一定。1965年始，还实行超收分成。总额分成和超收分成，根据年度收支情况，各县和各年份比例不同。1974—1975年，丽水地区实行"调度比例、固定留成、超收分成"财政体制，省财政根据县预算总收入计算，核定各县调度分成比例和固定留成比例。如1974年，龙泉县调度分成比例为80%，固定留成比例为2.5%；遂昌县调度分成比例为61%，固定留成比例为2%；云和县调度分成比例为100%，固定留成比例为4%。1976年以后，取消固定留成。1978年，实行"定收定支，收支挂钩、增收分成、差额补助"财政体制，以调整后的上年度全额收入为基数，增收部分按省、县两级财政六、四比例分成。1979年，省政府取消"定收定支，收支挂钩、增收分成、差额补助"财政体制，恢复"调度比例、固定留成、超收分成"财政体制，省财政核定调度比例内分成部分不够支出的差额部分，由省财政拨款补足。

1980—1984年，实行"划分收支、分级包干"财政体制，财政收入分为固定收入和调剂收入，其中固定收入分为企业收入、工商所得税、农业税及其他收入；调剂收入分为工商三税（产品税、增值税、营业税)。收支以1979年年底上报的实绩为基数,剔除非正常性收入和省拨专款支出,核定包干收支基数,依此确定留解比例和定额补助,一定五年度不变。1985年始,实行"划分税种、核定收支、分级包干"财政体制,财政收入按照税种划分为固定收入和"三税"(产品税、增值税、营业税)调剂分成收入两类,其中丽水县、龙泉县、遂昌县实行该体制,"三税"调剂分成比例分别为54.9%(上缴省45.1%)、86.2%(上缴省13.8%)和51.9%(上缴省48.1%);青田县、缙云县、云和县、庆元县、景宁畲族自治县则"三税"全留,还不够支出,由省定额补助。1985—1987,青田县、缙云县、云和县、庆元县年递增5%,景宁畲族自治县年递增10%(1986年为8%,1987年降为4%)。1988年,省定额补助取消。1988年始,丽水市(县级)、龙泉县、遂昌县又实行"递增上缴、超收分成"财政体制,以1987年决算上缴数为基数,省财政核定递增上缴比例为6.5%,超收分成比例分为两档,其中县财政收入超过6.5%不足12%部分,留县财政比例为90%,上缴省财政比例为10%;超过12%部分,留县财政比例为80%,上缴省财政比例为20%;"三税"收入增长未达到递增上缴比例的,由县自有财力补足交缴数额。1992年,省财政核定丽水市(县级)、龙泉市、遂昌县递增上缴比例降为5%。青田县、缙云县、云和县、庆元县、景宁畲族自治县仍采取递增补助办法。松阳县仍实行总额分成,按财政收入总额上缴省6.2%。1981—1982年,中央向地方借款,从1983年始,列入上缴基数。

1993年12月,国务院发布《关于实行分税制财政管理体制的决定》。1994年1月1日开始,全国实施分税制财政管理体制,分税制财政体制主要包括中央与地方税收划分,中央与地方事权与支出划分、中央对地方税收返还数额确定。以1993年为基期年,增值税实行中央与地方共享分成,中央占75%,地方占25%,消费税100%划归中央;上划中央两税部分作为税收返还基数,全额返还给地方;以后年度上划归中央两税每增长1%,税收返还增加0.3%;上划中央两税收入达不到1993年基数的,低于部分相应扣除税收返还数;上划中央两税收入达不到上年上划中央两税的,低于部分按30%扣除税收返还数。税收返还数比上年增加部分,省与市、县财政按二、八比例分成,省财政占20%,市、县财政占80%。

1993年丽水地区上划中央两税收入、税收返还及地方收入基数一览

表19-1-2-1　　　　单位:万元

县(市)	上划两税收入	税收返还基数	地方收入基数	体制补助	原体制上缴
地区本级	848	873	919	928	—
丽水市(县级)	2858	2695	3268	—	1245
龙泉市	2146	2078	2649	—	671
青田县	2124	2071	1090	720	—
云和县	577	514	734	577	—
庆元县	1391	1349	892	465	—
缙云县	3086	3091	1710	339	—
遂昌县	1806	1735	1744	—	789
松阳县	1672	1617	1325	25	—
景宁畲族自治县	526	487	622	1050	—
合计	17034	16510	14953	4104	2705

1994 年，地方财政收入基数，按 1993 年地方决算总收入扣除专项收入（教育费附加收入、排污费收入等）后的数字核定。1994 年始，收入比基数增长部分，省与县（市）按二、八比例分成，省财政占 20%，县（市）财政占 80%。实行分税制体制后，丽水市（县级）、龙泉市、遂昌县按原体制上缴额作为固定基数继续上缴。1999 年始，省对市、县罚没收入超过 1993 年基数的，上缴省财政部分单独返还 50%。1995 年，省对经济欠发达的 17 个县（市）实行“两保两挂”财政政策，要求县（市）在确保完成上缴中央两税（增值税、消费税）任务（1997 年后改为确保完成逐步消化滚存赤字任务）和确保当年收支平衡前提下，省对县（市）财政补助与奖励与县（市）地方财政体制收入增长率和增收额挂钩，即地方财政体制收入（以 1994 年为基数）每增长 1%，省财政对县（市）财政补助（以 1994 年的体制补助、困难补助为基数）增加 0.5%，地方财政体制收入每增加 100 万元，省对县（市）奖励 5 万元。省政府实行“两保两挂”财政政策后，省对各县（市）的补助从 1994 年的 9568 万元增加到 2000 年的 2.39 亿元。

1995 年省财政拨付县(市)“两保两挂”情况一览

表 19-1-2-2

单位：万元

县　别	地方财政收入	调整后地方收入	困难补助	体制补助	补助基数	当年百元增收可得补助
丽水市（县级）	4279	4102	350	—	350	4.26
龙泉市	2964	2882	500	—	500	8.67
青田县	1279	1196	900	778	1678	70.10
云和县	1054	1011	650	606	1256	62.10
庆元县	1037	964	650	465	1115	57.80
缙云县	2150	2060	700	340	1040	25.20
遂昌县	2258	2139	850	—	850	19.86
松阳县	1442	1393	850	24	874	31.31
景宁畲族自治县	745	714	750	1155	1905	133.40

说明：1994 年为基数

2002 年 1 月，全国实施所得税分享改革，中央与地方企业所得税、个人所得税分享比例各占 50%，以 2001 年两税入库数（实际上以 1998—2000 年两税的实际增长率换算成 2001 年入库数）为基数，全额返还给地方。随着所得税分享等财政改革，地方财政收入基数作出相应调整。2003 年始，中央与地方企业所得税、个人所得税分享比例调整为中央占 60%，地方占 40%。同年，省对“两保两挂”补助挂钩比例进行调整，即地方财政收入每增长 1%，省挂钩补助比例 2003 年为 0.5%，2004 年为 0.4%，2005 年 0.3%。2008 年，省政府完善“两保两挂”“两保一挂”财政政策，建立分类分档激励奖补机制。丽水市原享受“两保两挂”市、县（市）享受新激励奖补政策，在确保实现当年财政收支平衡、确保完成各项职责任务（重点是教育、卫生、社保等有关全面改善民生、促进社会和谐方面）前提下，实行省财政补助与地方财政收入增长挂钩，奖励与地方财政收入增收额挂钩办法，即地方财政收入每增长 1%，省补助系数庆元县、松阳县、景宁畲族自治县为 0.4%，青田县、云和县、龙泉市、缙云县、遂昌县为 0.3%；奖励挂钩比例为增收额的 10%，其中 8%部分用于发展资金，2%部分用于考核奖励。2010年，省财政补助丽水市下辖各县（市、区）854985万元，其中分类分档激励奖补104293万元。

2010年省补助分县市一览

表19-1-2-3　　单位:万元

县　别	省补助	其中:分类分档激励奖补
莲都区	171314	36400
龙泉市	101811	4187
青田县	98022	14467
云和县	57847	6538
庆元县	77216	8334
缙云县	91594	5706
遂昌县	82020	5810
松阳县	81111	5587
景宁畲族自治县	94050	17264
合计	854985	104293

说明:省补助不含税收返还

第三节　乡镇财政体制

清光绪三十四年（1908），清政府颁布《城镇乡地方自治章程》，各县城镇设董事会，乡设分董并设议事会为决议机关；预决算城镇由董事会，乡由乡长负责编制；上年11月预算表提交议决，次年2月决算表连同收支细账交议事会决议，并呈报县衙备案。民国3年（1914），北洋政府颁布《地方自治试行条例》，以区为单位，收支预决算由区董事会办理，受县知事监督。民国10年，《乡自治章程》规定以乡为自治单位，预决算由乡编制，并提交乡自治会议议决。

1950年3月，丽水专区执行政务院《关于统一管理1950年财政收支的决定》，规定乡村各项经费包括乡村小学、文娱活动、修建县简师、医院设备、农场、苗圃、优待革命军人家属、民兵训练等经费，由县随国家公粮征收15%的地方附加公粮；城市的市政建设费、小学教育、文化卫生费、郊区行政教育费等开支，可征收城市附加政教事业费。上述地方附加各县征收后，编制乡（镇）财政决算，由专署汇总后转报省，称地方款，收入抵补支出，不足部分由省补给。1953年始，乡（镇）级支出列入县（市）财政总预算，为县（市）单位预算；乡（镇）政府是县基层组织，与县财政建立经费领拨关系，乡（镇）政府国家工作人员报酬、补给由县财政按国家规定标准核拨，公用经费在定额范围内报县财政审核报销，后改为定额包干、结余留用、超支不补；乡（镇）一切事业经费，均由县级各主管部门条条管理，直接与事业单位建立财务关系。1953—1984年，基本采用这种财务管理办法。1959年除外，对人民公社财政收支采取分项计算，收入分别上缴，支出分项包干，结余留用办法。同年7月起，改为全额列入县级预算。

1983年，政社分设，恢复乡（镇）人民政府。1985年，财政部和省人民政府先后颁布《乡（镇）财政管理试行办法》和《关于建立乡(镇)财政的暂行规定》。1986 年 1 月始,丽水地区各县(市)经过试点,相继建立起乡(镇)一级财政。

1991 年始,丽水地区各县(市)改革乡(镇)财政体制,实行"统收统支、收支挂钩、超收分成、收支包干",根据乡(镇)收支规模大小,一般实行"统收统支",即收入统一上缴县,支出统一由县拨付;"收支挂钩",即定收定支,收支挂钩,总额分成,一年一定或一定几年,多收多支,超支不补,结余留用;"超收分成",即定收定支,收入上缴,超收(或增收)分成,支出下拨,超支不补,结余留用;"收支包干",即采用定收定支、收支包干、定额上交(或者定额补助)、一定一年或一定几年不变四种形式。乡(镇)财政收入范围一般包括"六税一罚款",即乡(镇)和村集体企业、联合体、个体户上交的"工商三税",工商所得税,农业税,契税,屠宰税,牲畜交易税,补税罚款收入和其他收入。支出范围一般包括事业费和行政管理费,即乡(镇)级农业、农机、畜牧、林业、水利、文化、教育、科学、卫生、计划生育、广播、抚恤等事业费和行政管理费。原部分县属事业单位和事业人员充实到乡(镇)的,年度内所需经费,仍由县主管部门核拨。1994 年全国实行"分税制"改革后,丽水地区部分乡(镇)也实行分税制财政体制。1995 年开始 ,各县(市)将"两保两挂"政策延伸到部分乡(镇),但大部分乡(镇)继续实行"核定收支,收支挂钩、定额上交(或定额补助)"体制。

2002 年开始,全省实行农村税费改革,以"减调改稳、合理负担、转移支付、配套改革"为主要内容,乡镇财政收支情况发生较大变化,取消乡统筹费等面向农民征收的政府性收费和集资;取消屠宰税;取消劳动积累工和义务工;调整农业特产税;改革和规范村提留;稳定农业税政策。农村税费改革后,乡镇财政体制也相应作调整,根据公共财政要求和各地财力实际情况,原由乡(镇)统筹费开支的乡村两级九年制义务教育、计划生育、优抚安置、民兵训练和乡村道路建设经费,由中央、省、市县三级财政合理负担;乡(镇)财政资金缺口,由省财政对市县实行转移支付解决。2005 年年底,丽水市乡镇 187 个,有负债的乡镇 137 个,负债面 73.3%,负债总额 11766 万元。

2006 年 6 月,丽水市委、市政府实施以深化乡镇机构改革、社会化教育管理体制改革、深化乡镇财政管理体制改革、加强乡镇债务管理、建立村级组织运转保障机制为重点的农村综合改革。丽水市各县(市、区)实行"乡财县管"财政管理体制,按照公共财政要求,把维护乡镇政权正常运转和提供农村社会公共服务作为基本职能,合理划分和调整县乡两级政府事权和财权,覆盖全市全部乡镇 181 个。2008 年,丽水市完善乡镇财务管理体制,实行"乡财乡用县管"模式,加强乡镇债务管理,覆盖面 98%。至 2010 年,丽水市实现乡镇 "零负债"目标。丽水市(主要是青田、景宁)化解乡镇债务工作获国务院总理温家宝、副总理张德江、浙江省委书记赵洪祝肯定。

第二章　财政收入

古代,"因田起赋,因丁受役"成为中国封建财政的定制。农业税赋及其滋生繁衍的杂课、附加、摊派，一直是旧时处州财政收入的主要来源。自隋代建处州以来，处州始有田赋之征。其后，杂税、附加项目和收入额不断增多。清代末期，处州府丁漕（民国时统称田赋）收入占财政收入的90%以上。民国时期，北洋政府和国民政府财政收入仍然主要依靠田赋征额，其他税捐、公产等收入开始增加。

1949年中华人民共和国成立后，丽水财政收入主要由工商税收、企业收入、农业税收、其他收入、专项收入等组成。随着国民经济逐渐发展壮大，丽水财政收入逐年增加，收入结构也随之发生变化。1950—1952年，丽水专区国民经济恢复时期，财政收入从1950年177万元增加到1952年704万元，年均收入437万元。1958—1962年，各县收入有起伏。1957年，随着社会主义改造完成，丽水各县财政收入中国营经济开始占主导地位。1958年，"大跃进"运动开始，各县大办工业，加上中央、省下放的企业，企业收入增长较快，财政收入大幅增长。1966—1976年，丽水各县财政收入大幅锐减。

1978年，丽水地区财政收入突破5000万元。1985年，全区突破1亿元；1989年，全区突破2亿元；1993年，全区突破3亿元；1996年，全区突破5亿元；1999年，全区突破10亿元。2000年，丽水市财政总收入12.83亿元，是1993年的3.93倍。2002年，丽水市财政收入突破20亿元。2007年，丽水市财政收入突破50亿元。2010年，丽水市财政总收入76.84亿元。1950—2010年，丽水市财政总收入511.48亿元，年均增长15%。

第一节　税收收入

宋理宗绍定二年（1229）八月，处州知府叶武子根据丽水县征收的浮财物力税赋情况，上书朝廷《奏免浮财物力札》[①]，奏免处州七县浮财实力，减轻百姓负担。九月，南宋朝廷同意免征处州浮财物力税赋。是已知处州财政收入的最早记载。

明成化十八年（1482），处州府户籍122940户、281218人，课税21250两[②]。

清光绪三年（1877），处州府征收地丁银131022.6两，遇闰年加征5040.2两；漕粮10044.5石，折银12053.4两（1石折银1.2两）；官（公）产租银100两；年征收茶课、渔课、芦课、牙课、当税、坑税、炉税、竹木税、碓税、牛税等，折合银541.6两。

民国元年（1912），处州府征收地丁银、漕粮、南米更名为抵补金，统称田赋，以米折价征收银元。处州府依据清末赋额计征地丁正税银111604两，抵补金正税粮2763石。民国20年，各县直属省辖，丽水征收地丁正税99966两，抵补金正税粮2198石。

民国22年（1933），浙江省财政厅制定各县编制地方预算暂行办法。民国23年起，丽水专区所属10个县编制县级预算，收入编列田赋附加、各项捐税、地方财产、地方事业、地方行政、省款补助、杂项收入7项。民国24年，国民政府实行中央、省、县三级财政体制，丽水专区所辖10个县财政收入以田赋附加和各项捐税为主，两项占预算总收入84.2%，预算总收入57.1万元（法币，下同），其中田赋附加14.5万元；各种捐税33.5万元；地方财产收入5.9万元；地方事业1万元；地方行政0.7万元；省款补助1.1万元；杂项收入0.4万元。

---

① 据吴克裘著《处州乡土史》第82页，2008年，中国档案出版社。

② 此数据引自据明成化《处州府志》。

民国31年(1942),国民政府全面实施自治财政体制,县增加国税分成收入;预算收入项目除统一规定的15项外,增加地政收入、稻谷收入、公粮收入等项。民国34年抗日战争胜利后,田赋豁免1年。同年,丽水专区所辖10个县预算总收入3.34亿元,其中税课收入4390.9万元,占13.1%;国税分成及附加收入1655.9万元,占5%;财产公有事业收入2236.3万元,占7%;公粮和稻谷收入14558万元,占43.5%;地方捐献及赠予收入9698.9万元,占29%。民国37年,丽水专区10个县通货膨胀,物价飞涨,纸币贬值,地方财政预算总收入986.73亿元,其中税课收入311.75亿元,占31.6%;财产及权利收入158.63亿元,占16.1%;规费收入38.08亿元,占3.9%;特别课税23.46亿元,占2.4%;造产收入16.58亿元,占1.7%;地政收入122.6亿元,占12.4%;其他收入213.5亿元,占21.6%;补助及协助收入48.81亿元,占5%;捐献与赠予收入38.91亿元,占4%。

民国1—20年(1912—1931)丽水专区实征地丁、抵补金数一览

表19-2-1-1

年　份	实征地丁银(两)	折价银元	实征抵补金米(石)	折价银元
民国1年	96540	173772	—	—
民国2年	91326	164390	—	—
民国3年	114712	206482	3113	14195
民国4年	114789	206620	2863	14153
民国5年	110524	198943	2730	11101
民国6年	112116	201809	2848	11444
民国7年	111626	200927	2820	11282
民国8年	112329	202192	2828	11319
民国9年	109427	196969	2756	11021
民国10年	107060	192708	2651	10094
民国11年	105008	189014	2671	10167
民国12年	108440	195192	2703	9775
民国13年	109827	197689	2887	10175
民国14年	112049	201688	2879	9853
民国15年	105117	189211	2469	8162
民国16年	113119	203614	2954	9775
民国17年	99967	179941	2526	8345
民国18年	96423	173561	2347	7745
民国19年	105053	189095	2668	8804
民国20年	99966	179939	2198	7227
合计	2135418	3843756	48911	184637

若干年份处州各县田赋正税实征数一览

表 19-2-1-2　　单位:元(法币)

县别	民国 21 年(1932)	民国 22 年	民国 23 年	民国 24 年	民国 27 年	民国 28 年	民国 29 年
丽水县	23095	21588	18278	15724	11505	18453	17487
龙泉县	26822	21504	16741	11300	19806	22278	28615
青田县	15107	14809	13707	9676	6959	11576	13447
云和县	11424	10225	9622	8336	5201	10820	9213
庆元县	15433	14570	13029	10571	5300	15187	13616
缙云县	29051	28954	13615	20139	15782	37659	26032
遂昌县	21500	18701	14109	10387	12810	31730	29065
松阳县	23946	21325	19432	17650	19379	24622	25744
景宁县	9406	8047	7640	6015	6176	10172	10848
宣平县	—	—	9223	—	5825	11955	11550
合计	175784	159723	135396	109798	108743	194452	185617

民国 35—37 年(1946—1948)处州各县田赋正税实征数一览

表 19-2-1-3　　单位:石

县别	民国 35 年(1946)	民国 36 年	民国 37 年
丽水县	10827	17006	8041
龙泉县	15972	21913	21752
青田县	8732	9565	8387
云和县	10066	13257	9858
庆元县	10871	16521	14227
缙云县	16880	22910	1381
遂昌县	20272	27223	23637
松阳县	16454	19989	7235
景宁县	6865	9464	487
宣平县	7855	10592	—
合计	124794	168440	95005

民国 2—19 年(1913—1948)处州各县契税征收数

表 19-2-1-4　　单位:元

年份	丽水	龙泉	青田	云和	庆元	缙云	遂昌	松阳	景宁	宣平	合计	其中契纸费
民国 2 年	330	1765	81	828	276	496	1728	1530	1372	369	8775	658

续表 19-2-1-4

年份	丽水	龙泉	青田	云和	庆元	缙云	遂昌	松阳	景宁	宣平	合计	其中契纸费
民国 3 年	3407	6184	4457	2680	12265	4955	6858	6036	5145	2161	54148	6020
民国 4 年	3541	5189	1510	2344	1293	4569	3816	6769	643	1832	31446	4716
民国 5 年	4056	6843	4365	2517	1027	3466	5551	3783	423	4222	36253	6278
民国 6 年	3399	11499	1509	1268	1796	2301	5544	5777	1347	2711	37151	4681
民国 7 年	4192	9627	1641	3444	1899	2113	5647	3023	2792	4694	39072	4859
民国 8 年	4204	13669	1023	3911	2833	2650	7544	7283	2311	4770	50198	6132
民国 9 年	3349	14705	1717	3944	2889	3031	6465	7642	2122	5507	51371	6522
民国 10 年	2559	10357	1694	4157	2592	3470	8410	5082	1314	4541	44176	6133
民国 11 年	3561	11504	1638	2993	1712	1226	6347	7016	1135	4279	41411	5407
民国 12 年	5807	10662	1704	6711	2060	3738	5392	13411	2107	5060	56672	6989
民国 13 年	6598	7084	1906	4386	2166	3049	4466	4702	2267	4095	40719	4840
民国 14 年	4770	15116	1895	4768	1807	2382	8380	9417	2039	4272	54846	6575
民国 15 年	1328	4417	1384	882	622	1794	5351	3268	1196	2269	22511	2866
民国 16 年	2136	10492	2716	2174	3623	2765	9442	5679	1966	6533	47526	5537
民国 17 年	5826	8858	1836	8361	5043	1856	6575	4834	1634	1501	46324	6061
民国 18 年	1467	4423	753	872	1172	1624	3988	2769	875	1051	18994	2256
民国 19 年	3533	7576	2247	4127	1828	1376	4011	5231	1125	2949	34003	未分

民国 31—36 年(1943—1948)丽水专区税种征收情况一览

表 19-2-1-5　　单位:万元

税　种	民国 31 年	民国 32 年	民国 33 年	民国 34 年	民国 35 年	民国 36 年
营业税	4.74	26.18	103.42	303.22	966.52	5492.92
屠宰税	64.41	354.70	1626.94	2756.70	17665.51	151702.50
房　捐	11.13	107.00	263.21	463.07	590.55	8730.07
筵席娱乐	2.38	15.92	95.14	117.47	324.59	1419.95
车船使用税	0.93	2.16	9.11	31.63	593.62	1226.23

民国 34—37 年(1946—1949)丽水专区地方税收分类情况一览

表 19-2-1-6　　单位:万元

科　目	民国 34 年	民国 35 年	民国 37 年
税课收入	4390.91	43057.92	3117486.89
分配国税收入	1579.28	30064.92	—
国税附加收入	76.60	188.00	—
特赋收入	151.44	—	234635.90

续表 19-2-1-6

科　目	民国 34 年	民国 35 年	民国 37 年
规费收入	279.18	21392.40	380754.27
财产及权利之孳息	1770.17	16503.79	1586327.44
公有营业之盈余	32.35	33.00	3551.14
公有事业收入	433.75	503.00	—
补助及协助收入	92.00	42.00	488107.66
公债收入	0.96	—	—
地政收入	36.86	—	1225986.64
积谷收入	145.79	—	—
其他收入	0.54	1233.20	2134978.94
县公粮收入	14412.17	—	—
地方捐献及赠与	9698.89	—	389135.40
收回资本	3.40	6.00	6.00
工程收益收入	—	908.80	140.00
信托管理收入	—	1464.30	79577.35
造产收入	—	—	165807
优待费收入	—	8087.70	41965.56
岁入总计	33427.74	124619.20	9867289.97

1950—2010 年，丽水市财政预算内总收入 511.48 亿元，年均增长 15%。其中农业税收入（包括农业税、农林特产税、耕地占用税和契税）31.7 亿元，占 6.2%；工商税收（包括 1994 年后上划中央“两税”收入和 2002 年以后企业所得税和个人所得税上划中央收入）425.45 亿元，占 83.2%；企业收入（1994 年后企业所得税列入工商税统计，企业收入只反映企业计划亏损补贴）561 万元；专项收入 9.68 亿元，占 1.9%；其他收入（包括行政事业性收费、罚没收入及其他收入）30.77 亿元，占 6%。

若干年份丽水市财政总收入情况一览

表 19-2-1-7　　单位：万元

年 份	地级	丽水	龙泉	青田	云和	庆元	缙云	遂昌	松阳	景宁	合计
1950	—	5	25	32	6	6	69	14	20	—	177
1955	—	78	181	133	74	52	163	169	182	24	1056
1960	—	836	758	525	并丽水	并龙泉	345	783	并遂昌	并龙泉	3247
1965	—	351	520	308	250	并龙泉	282	565	并遂昌	并龙泉	2276
1970	81	503	411	243	233	并龙泉	261	566	并遂昌	并龙泉	2298
1978	662	1133	800	561	501	123	705	1203	并遂昌	并庆元	5688
1985	71	2825	2614	1281	479	809	1378	1719	1014	399	12589

续表 19-2-1-7

年 份	地级	丽水	龙泉	青田	云和	庆元	缙云	遂昌	松阳	景宁	合计
1990	1224	4356	4003	2134	740	1591	2243	2706	2055	703	21755
1994	2119	7582	5313	3511	1846	2559	5471	4310	3289	1306	37306
2000	44722		10065	13370	6466	5416	15954	13430	7585	11340	128348
2001	63629		13112	19628	9693	6962	25676	19043	10026	11681	179450
2002	65765		16000	27123	11077	7577	30754	23867	12012	15019	209194
2003	78454		19236	37169	13699	9596	35676	30558	15038	16900	256326
2004	78482		17894	40455	14239	9077	33773	33635	18018	17452	263025
2005	97490		23613	66013	19250	11989	46061	40212	19684	23754	348066
2006	129300		28057	82250	23525	15167	60054	45302	24679	23706	432040
2007	191454		36168	100680	28206	19139	78402	51866	30379	24191	560485
2008	219257		41657	112233	31501	20566	90083	57293	33636	27978	634204
2009	232641		40726	114838	32930	21458	90148	58890	36050	28142	655823
2010	285757		51581	122987	34583	26019	100980	67979	40428	38039	768353

1994—2010 年丽水市地方财政收入情况一览

表 19-2-1-8 单位:万元

年 份	地级	丽水	龙泉	青田	云和	庆元	缙云	遂昌	松阳	景宁	收入合计
1994	1259	4279	2964	1279	1054	1037	2150	2258	1442	745	18467
1995	1745	5539	3410	2263	1474	1513	2872	2861	1659	1201	24537
1996	2356	7169	3888	3569	2114	2078	3726	3724	2062	1872	32558
1997	3053	7755	3933	4085	2307	2208	4458	4642	2965	2472	37667
1998	3508	10130	4324	5640	2897	2777	5470	5302	3481	3681	47210
1999	4178	15170	4854	6835	3662	3128	7078	6487	4375	4636	60403
2000	25828		6260	8926	4259	3516	8763	8385	5001	5309	76247
2001	42095		8768	13764	6941	4855	14151	12976	7284	6436	117270
2002	43723		9215	16279	6638	4246	14616	11964	7323	7470	121474
2003	50026		11180	22606	8035	5115	17703	15461	9009	8706	147841
2004	50994		11932	27102	8963	5536	11832	17199	11087	10295	161940
2005	60899		14784	37825	11391	7141	23368	21185	11264	12224	200081
2006	81555		17453	47390	13717	9290	28471	23824	14473	13238	249411
2007	118449		21862	59802	16518	11944	38384	27752	17858	14071	326640
2008	126885		24785	68987	18402	12525	42700	30906	20045	16241	361476
2009	128161		24870	73922	19003	12941	44467	31879	21933	17022	374198
2010	164118		32067	81270	20312	15533	51350	36885	25476	22412	449423

收入变化

1949年中华人民共和国成立后，国民经济开始恢复和发展，财政收入稳步增长。1950—1952年，丽水专区国民经济恢复时期，财政收入从1950年177万元增加到1952年704万元，年均收入437万元。1953—1957年，国家“一五”计划时期，各县年均收入1101.4万元。1958—1962年，国家“二五”计划时期，各县收入有起伏。其中1958—1960年，原属省级财政商业、粮食企业收入下放至县级等，各县年均收入2990万元，比“一五”计划时期增长2.72倍。

1961—1962年，各县受国家困难时期和“左”倾错误影响，加上工业亏损、农业歉收等原因，年均收入1820万元，比前三年下降39.1%。1963—1965年，丽水专区国民经济开始复苏，财政收入逐步回升，年均收入2157.7万元，比1962年增长16.3%。1966—1970年，国家“三五”计划时期，丽水专区（地区）遭受“文化大革命”影响和商业粮食企业上划等因素，财政收入下降。1966—1969年，丽水专区（地区）连续四年低于1965年水平。1968年，丽水地区收入仅1145万元，为1956年以来最低一年。1966—1970年，丽水专区（地区）年均收入仅1811万元。1971—1975年，国家“四五”计划时期，商业、粮食企业收入再次下放给县，一些省属工交企业下放给地区，财政收入逐步回升。

1971—1975年，丽水地区年均收入3211.6万元，比“三五”时期增长77.3%。1976—1993年，丽水地区财政收入稳步上升，尤其是1978年以后，国民经济迅速发展，财政收入大幅增长。1978年，丽水地区财政收入突破5000万元。1985年，丽水地区财政收入突破1亿元。1989年，丽水地区财政收入突破2亿元。1993年，丽水地区财政收入突破3亿元。

1994年，国家实施“分税制”财政体制。1995年，省对丽水等欠发达地（市）、县实行“两保两挂”政策，丽水地区财政收入又上新台阶。1996年，丽水地区财政总收入突破5亿元，1999年，丽水地区财政总收入突破10亿元。2000年，丽水市财政总收入达到12.83亿元，是1993年的3.93倍。2002年，丽水市财政总收入突破20亿元。2007年，丽水市财政总收入突破50亿元。2010年，丽水市财政总收入76.84亿元。2001—2010年，丽水市财政总收入430.7亿元，为前50年总和的5.33倍；地方财政收入250.98亿元，年均增长19.41%。

收入结构

1949年中华人民共和国成立后，丽水专区各县经济发展加快，不断调整产业结构，完善税制，财政收入结构各个时期变化较大。1950年，丽水专区农业税收收入占财政总收入比重为45.1%，工商税收为48.3%。1990年，丽水地区农业税收收入占比下降到7.9%，工商税收上升到78.7%。1950—1990年，丽水地域农业税收比重不断降低，工商税收比重逐渐提高。1991—1993年，丽水地区扩大工商税税种范围，涵盖工商统一税、产品税、增值税、营业税、集体企业所得税、城乡个体工商户所得税、私营企业所得税、外商投资和外国企业所得税、个人收入调节税、城镇土地使用税、国营企业工资调节税、城市维护建设税、奖金税、房产税、车船使用税、屠宰税、印花税、牲畜交易税等。同期，丽水地区工商税收收入68459万元，占同期财政总收入的86.7%。1994年丽水地区实行分税制后，工商税税种调整为增值税、营业税、企业所得税、个人所得税、资源税、城镇土地使用税、土地增值税、城市维护建设税、房产税、车船使用税、屠宰税（2001年9月起停征）、印花税等。同年，丽水地区工商税收入（不含上划中央收入）16606万元，占同期地方财政收入89.9%。2010年，丽水市农业税收收入(契税和耕地占用税)占财政总收入6.5%,占地方财政收入11.1%;工商税收收入占财政总收入86.2%,占地方财政收入76.4%。1991—2003年,丽水市农业税税种4种,包括农业税、农业特产税、耕地占用税和契税。2001年9月,丽水市暂停征收农业特产税,2004年始丽水市对在农业税计税土地上种植粮食和油菜的农业收入免征农业税,保留耕地占用税和契税。1991—2010年,丽水市工商税收收入和农业税收收入征收变化进一步加剧,其中农业税、农业特产税、耕地占用税和契税收入290806万元,占同期地方财政收入10.1%。

1949年中华人民共和国成立后,丽水企业收入包括国营企业上缴利润、基本折旧基金、资金占用费收入、国营企业所得税、调节税等,起伏变化较大。1953—1957年,丽水地域8个县企业上缴利润241.1万元,占同期财政收入4.4%。1958年始,国家调整企业经营管理体制,中央主管部门管理的商业、粮食、邮电、电力、银行等国营企业管理权限下放至地方;基层供销社调整所得税为上缴利润;公私合营定息商店利润收入纳入地方预算管理。各县企业收入646.3万元,首次超过农业税收入,为1957年的4.2倍。1959年,丽水地区企业收入1715.5万元,为1958年的2.3倍,占预算内总收入50.9%。

1961年,国家恢复征收基层供销社所得税。1963年,国家恢复征收县供销社所得税。1962年,地方国营工交企业不再实施利润留成办法,实行按工资总额3.5%提取企业奖励基金;邮电、粮食和银行等部门企业管理权上划至中央。1961—1965年,各县企业收入2595.4万元,占同期财政总收入25.7%。1966年,工厂开始停工停产,商业企业(包括供销社系统)收入急剧下降。1968年,丽水地区企业收入仅83.1万元,收入跌至最低点,占当年总收入7.2%。1970年,地区本级始有财政收入;丽水地区基层供销社经营体制又调整为上缴利润;商业、粮食企业经营管理权下放给县;商业企业收入658.4万元,占财政总收入28.7%,其中地区本级80.7万元。1978年,丽水地区企业收入2105万元,占预算内财政收入37%。1980年始,丽水地区扩大企业自主权,不断提高企业留利水平。1983年、1984年,国营企业先后实施二步利润改税收改革,企业收入逐年下降,所占比重越来越小。1979—1990年,丽水地区预算内企业收入2.08亿元,占同期预算内财政收入13.9%。1990年,丽水地区全民工业企业106户,企业保留利润1389.3万元,其中承包抵缴税402.4万元,上缴利润1295.2万元;亏损企业39户,亏损额1301万元;征收国有企业所得税、调节税及上缴利润3218.9万元;企业亏损及退库2500.6万元,净收入718.3万元,占预算内财政收入3.3%。1991年始,丽水地区企业计划亏损补贴数越来越大。同年,企业收入676万元。1992年开始,企业收入均呈现负数。1994年始,取消企业调节税,将国营企业所得税作为企业所得税并入工商税收统计,企业收入仅反映企业计划亏损补贴及粮、油、肉、糖、蔬菜和公用事业等各项财政补贴。1992—2010年,全市企业收入-3.84亿元。1990年开始,地方财政收入一般预算内收入包括专项收入和其他收入,专项收入主要有排污费收入、水资源费收入、教育费附加收入以及探矿权及价款收入等。1991—2010年,全市征收专项收入95559万元,占同期地方财政收入3.31%。其他收入主要有行政性收费收入、罚没收入及利息收入等。1991—2010年,丽水市征收其他收入298620万元,占同期地方财政收入的10.3%。

若干年份丽水地区预算内财政收入情况一览

表19-2-1-9　　单位:万元

年份	农业税收	工商税收	企业收入	专款收入	调节基金收入	其他收入	合计
1950	80	85	—	—	—	12	177

续表 19-2-1-9

年份	农业税收	工商税收	企业收入	专款收入	调节基金收入	其他收入	合计
1955	461	505	26	—	—	64	1056
1960	679	1028	1484	—	—	56	3247
1965	558	1053	647	—	—	18	2276
1970	562	1072	658	—	—	6	2298
1978	613	2882	2105	—	—	88	5688
1985	1093	9133	2099	36	—	228	12589
1990	1725	17126	718	260	246	1680	21755

1991—2010 年丽水市地方财政收入分项目情况一览

表 19-2-1-10　　单位：万元

项 目	地方收入	农业税收	工商各税	企业收入（国有企业计划亏损补贴）	专项收入	行政事业性收费	罚没收入	其他收入
1991	22945	1688	18522	676	436	0	1285	338
1992	23362	1792	20228	-468	561	0	962	287
1993	32684	1772	29709	-525	623	0	944	161
1994	18467	2919	16606	-2330	756	0	490	26
1995	24537	4109	22523	-4502	1138	0	1120	149
1996	32558	4858	29161	-5035	1333	9	2076	156
1997	37667	4874	33692	-5559	—	1	4227	432
1998	47210	6132	39815	-5867	1550	0	5303	277
1999	60403	7657	47454	-1795	2035	14	4314	724
2000	76247	7967	61607	-1652	2548	64	5713	0
2001	117270	8807	100001	-2089	3113	0	7245	193
2002	121474	14317	95067	-907	3824	0	9114	59
2003	147841	21238	105475	-328	4387	3353	12750	966
2004	161940	18847	114932	-704	5168	6550	16199	948
2005	200081	20386	147984	447	6788	5958	17544	974
2006	249411	21656	193390	533	8039	7340	17269	1184
2007	326640	29168	259506	332	9946	6763	19629	1296
2008	361476	25940	278704	-218	11573	13438	25197	6842
2009	374198	36788	280675	-368	13843	13710	28544	1006
2010	449423	49891	343558	-7401	17898	15383	21713	8381

说明：1994 年分税制改革前，地方收入为总收入

上级转移支付补助

1949年中华人民共和国成立后，丽水地区各县一直享受上级转移支付补助，包括税收返还、一般性转移支付、专项转移支付等3类，其中税收返还包括增值税返还、所得税基数返还和成品油税费改革税收返还；一般性转移支付包括均衡性转移支付、革命老区、民族和边境地区转移支付以及义务教育转移支付等；专项转移支付主要用于教育、社会保障、农业等方面。1950—1979年，省财政根据不同时期体制、分别对丽水地区（专区）、县财政实行定额或专项补助。

1980年，丽水地区实行“划分收支、分级包干”财政体制后，丽水县、遂昌县、龙泉县实行“三税”① 分成上缴；地区本级和青田县、云和县、庆元县、财政均收不抵支，由省财政核定给体制补助。同年，省财政补助2855万元。1950—1990年，丽水地区接受省财政补助（包括专项补助，下同）9.58亿元，占同期财政总收入44.9%。1991—1994年，丽水地区接受省财政补助8.96亿元，年均补助2.24亿元，占财政收入77%。1994年，丽水地区实行分税制，开始有税收收入返还。1995—2010年，丽水市接受补助（包括中央税收返还）475.95亿元，年均补助29.75亿元，占财政总收入99.5%。

1995—2010年丽水市接受省转移支付补助情况一览

表19-2-1-11　　单位：万元

年 份	省转移支付补助合计	其中税收返还
1995	49268	17732
1996	60133	18539
1997	64727	18363
1998	74972	19297
1999	87559	20072
2000	109797	21585
2001	157695	22942
2002	201084	37362
2003	245810	44614
2004	260390	51687
2005	299963	48522
2006	372989	49266
2007	482332	51240
2008	584238	52492
2009	795400	57273
2010	913179	58195
合计	4759536	589181

① 三税：指产品税、营业税、增值税。

第二节 预算外收入与政府基金收入

1949年中华人民共和国成立以来，预算外资金一直存在，形成比较固定的收入渠道。预算外资金源于地方附加，按国家规定核定标准开征农业税附加、工商税附加和公益事业费附加，缴省统筹，解决乡村各项经费和城市市政建设等开支不足问题。1949—1978年，丽水地区行政建置多次调整，财政体制相应变化，预算外资金规模时大时小，但与预算内财力相比，一直处于补充地位，占预算内收入的7%—15%。1978年以后，丽水地区财政部门管理的预算外收入范围和规模逐步扩大，成为地方财政机动财力的重要组成部分。1997年，丽水地区财政部门预算外项目部分被列入财政基金。1998年，丽水地区财政部门预算外项目全部列入财政基金。2000年始，丽水市财政部门增加财政基金项目。1997—2010年，丽水市县级以上财政部门管理的财政基金收入261.14亿元，其中地方财政税费附加6204万元，工业交通部门财政基金3404万元，文教部门财政基金3.81亿元，农业部门财政基金4.41亿元，社会保险基金114.83亿元，土地有偿使用收费133.76亿元（2005—2010年），其他资金3.37亿元。

1978年后，除财政部门预算外资金收入外，丽水地区事业和行政单位预算外资金、企业主管部门集中的资金、乡镇自筹统筹资金收入范围和收入规模逐步扩大，形成比较固定的收入渠道。1996年，丽水地区行政事业单位预算外资金收入5.74亿元，其中行政事业性收费3.46亿元，基金和附加收入2.29亿元。1997年，丽水地区预算外资金收入4.95亿元，其中行政事业性收费3.61亿元，基金和附加1.34亿元。2001年始，丽水市政府性基金全部纳入财政专户管理。2001年，丽水市政府性基金（含社保基金，下同）3.92亿元；2002年，丽水市政府性基金5.12亿元；2003年，丽水市政府性基金6.83亿元；2004年，丽水市政府性基金8.11亿元；2005年，丽水市政府性基金9.54亿元；2006年，丽水市政府性基金11.67亿元；2007年，丽水市政府性基金40.85亿元；2008年，丽水市政府性基金30.37亿元；2009年，丽水市政府性基金42.55亿元；2010年，丽水市政府性基金94.39亿元，其中工业交通部门基金771万元，文教部门基金9546万元，农业部门基金9251万元，社会保障基金19.58亿元，土地有偿使用费71.78亿元，残疾人就业保障金2924万元，彩票公益金2972万元，其他4847万元。

第三章 财政支出

清代以前，处州各项支出都来自中央，官办经济事业费用由中央财政直接拨款，行政管辖经费由中央按定额标准拨付。清代开始，处州出现财政支出记载。处州府、县财政收入中上解支出80%以上，各县上解比例不一，用于知府、同知俸银及所属衙署员役饷银不足20%。如清同治二年（1863），云和县上交清政府及省财政6810两，占当年总支出80%。清同治四年（1865），松阳县赋税收入14200两，上交清政府及省财政12500两；支出1700两，仅占总收入的12%。清光绪十一年（1885），龙泉县赋税收入18775两，支出1914.45两，其余悉数上解。清光绪三十三年（1907），遂昌县赋税收入11429两，支出1085.75两，仅占总收入的9.5%。民国时期，地方支出不再包含上解支出，其财政收入主要用于维持地方行政经费，如民国25年（1936），丽水自治费、教育文化费、保卫费、公安费支出占总支出比例分别为30.4%、20.09%、18.26%、9.2%。民国26年浙江省会迁都丽水后，丽水经济建设支出项目开始增多，主要包括农林经费、水利经费、交通经费、合作经费、公共工程经费、度量检定所经费等。如民国29年，建设费预算106621元，占4.85%。

1949年5月，丽水执行发展经济、保障供给的财政总方针，彻底改变民国时期的财政窘困状况。丽水地方财政支出经历由建设型财政向公共服务型转变的过程，在支持工业、农业生产发展，支持城市建设，支持文教科技事业发展，改善人民物质文化生活、保障行政供给等方面，提供大量资金。1953—2010年，全市一般预算内财政支出为748.22亿元，按支出用途分，经济建设费支出214.47亿元，占财政支出28.66%；文教科卫支出246.89亿元，占33%；社会保障费支出39.75亿元，占5.31%；行政管理费支出166.26亿元，占22.22%。

第一节　农业建设支出

支农支出

清代以前，无专门农业支出，凡有涉及，一般由官府或群众集资解决。民国时期，农业支出多为农林经费、水利经费等，支出寥寥无几。民国36年（1947），丽水农林经费支出2597.4万元，占0.19%。

1949年中华人民共和国成立后，丽水专区农业支出开始增多，以支援农村生产支出即支农支出为主，主要用于支持农业生产、农业基础设施建设、提高农业产业化、改善农村生产、生活条件等，包括支援小型农田水利和水土保持费、支援农村合作生产组织资金、农村农技推广和植保补助费、农村草场和畜禽保护补充费、农村造林和林木保护补助费、农村水产补助费等。1953—1990年，丽水支出农业、林业、水利、气象事业费以及农田水利、小水电、农技推广、畜禽改良、造林护林、水产等4.14亿元，占财政支出15.06%。其中，事业费支出2.22亿元，占53.69%；支援农村生产支出1.92亿元，占46.31%。1993年，《中华人民共和国农业法》颁布，明确国家财政每年对农业投入的增长幅度应当高于国家财政经常性收入的增长幅度。同年，丽水地区财政支农支出5799万元，比上年增长16.31%。1991—1999年，丽水地区支农支出7.36亿元。2000年始，丽水市支农支出增幅明显。2000—2010年，丽水市支农支出70.93亿元，年均支出6.45亿元。2010年，支出17.91亿元，占财政支出13.25%。其中，支援农村生产支出3.37亿元，农业事业费5.84亿元，林业事业费4.27亿元，水利事业费3.99亿元，扶贫0.44亿元。

新农村建设投入

2005年底，中央提出建设新农村，农村建设投入明显增加。2007—2010年，丽水市及市本级新农村建设投入增长幅度均高于省政府要求的增长比例；投入新农村建设177.05亿元，其中市本级25.2亿元。

农业综合开发

1996年，丽水地区开垦宜农荒地项目，列入国家农业综合开发项目区。1996—2010年，全市实施农业综合开发项目319个，投资14.57亿元，其中中央财政资金2.95亿元，省财政资金4.06亿元，市、县（市、区）财政资金1.28亿元，村自筹资金5.22亿元，银行贷款1.06亿元；市本级实施农业综合开发项目39个，投资2.09亿元，其中中央财政资金4880万元，省财政资金4418万元，市、区财政资金1613万元、村自筹资金8032万元，银行贷款1955万元。

第二节　经济建设支出

民国时期建设费

清代以前，没有经济建设支出记载。民国时期，经济建设支出项目主要包括农林经费、水利经费、交通经费、合作经费、公共工程经费、度量检定所经费等。项目虽多，支出寥寥无几。民国24年（1935），丽水10县建设费预算21229元，占总预算3.72%。民国25年，建设费预算20440元，占2.71%。民国29年，建设费预算106621元，占4.85%。民国36年，建设费预算21354万元，占1.56%，其中农林经费2597万元，占0.19%。民国37年，建设费预算134029万元，占1.36%。

中华人民共和国成立后经济建设费

基本建设支出　1953年，各县基本建设支出31万元，占财政支出5.92%。1958年，各县基建投资908万元，比1957年增加12倍。1960年，各县基建投资1256万元，比1957年增加17倍。1961年，各县基建投资大为减少，仅362万元。1958—1962年，各县基本建设增加迅速，投资3908万元，占财政支出34.97%。1964—1972年，丽水地区基建投资逐步提高。1972年，地区基建投资2109万元，占财政支出42.3%。1980年，地区基建投资试行“拨改贷”①。1987年，地区基建投资全部实行“拨改贷”。1995年，地区基建投资有所回升。1997年，地区基建投资拓宽渠道，增加地方政府非税收入及上级补助。2000年丽水撤地设市后，丽水市基建投资规模逐步扩大。1953—2006年，全市预算内基本建设支出14.13亿元，占财政支出4.11%。

企业挖潜改造资金支出　1949年中华人民共和国成立后，企业挖潜改造资金支出从无到有，并不断扩大。1953年10月，各县开始出现技术组织措施费、新产品试制费、零星基建支出。1956年开始，增设安全技术劳动保护措施费。1958年，改革企业改造资金拨款制度，改由企业利润留成开支。1962年，重新恢复拨款制度。1967年，再次改革企业改造资金拨款制度，设小型技措贷款基金支出，

① 拨改贷：指拨款改贷款。

将折旧费留给企业作为更新改造资金。1971年，调整丽水地区“挖、革、改”①资金使用方向，将“挖、革、改”资金全部补助县办“五小”②企业。1980年，丽水地区实行推行“划分收支、分级包干”财政体制和“划分税种，核定收支，分级包干”的财政管理体制改革，地方统筹投资1400万元，其中预算内支出644万元。1981年始，一部分“挖、革、改”资金，由国家拨款改为中国建设银行贷款。1985年，再次调整企业留用折旧基金比例，规定企业用于技术改造和设备更新的留用折旧基金比例扩大到70%。1998年，“挖、革、改”资金改为财政贴息资金。2001年，丽水市“挖、革、改”支出2.05亿元，市本级支出8211万元。2002—2006年，丽水市企业挖潜改造资金支出7.41亿元，年均1.48亿元。2007年，丽水市实行政府收支分类改革后，不再单设企业挖潜改造资金支出。1953—2006年，丽水市企业挖潜改造资金支出12.56亿元，占财政支出3.66%。

企业流动资金　民国以前，企业流动资金大多为个人自筹，部分由银行贷款。1949年中华人民共和国成立后，丽水专区财政和银行提供国营企业定额流动资金。1980年10月，丽水地区国营企业定额流动资金调整为定额贷款。1991年，丽水地区财政资金实行有偿使用，改革拨款形式，调整为发放周转金形式。1996年，丽水地区清理整顿财政周转金。1999年始，财政周转金进入只收不贷阶段。2010年年底，丽水市清理财政周转金3.75亿元，其中回收财政周转金1.83亿元，核销财政周转金1.34亿元。1953—2010年，全市预算内拨付企业流动资金804万元，占财政支出0.01%。

城市维护建设支出　1949年中华人民共和国成立后，逐步设立城市维护建设支出项目。1953年开始，各县设立城市公共设施的维修费、园林绿化设施维护费、公共环境卫生补助费。1953—1976年，丽水地区城市维护建设年均支出7.77万元。1985年，丽水地区开征城市维护建设税。1977—1988年，丽水地区城市维护建设年均支出增至35.73万元。1989年，丽水地区城市维护建设支出789万元。1990年，丽水地区城市维护建设支出1068万元。1991—2000年，丽水地区城市维护建设支出6.22亿元，占财政支出7.14%，其中地区本级支出1.56亿元，占地区本级财政支出7.78%。2001—2010年，丽水市城市维护建设支出22.9亿元，占财政支出3.61%，其中市本级支出9.37亿元，占本级财政支出5.67%。1953—2010年，丽水市预算内城市维护建设支出29.76亿元，占财政支出3.98%。

第三节　文教科卫建设支出

教育事业支出

清代，文教费开支项目较多，包括儒学、宗教和邑、郡、坛庙等。清光绪三年（1877），处州府文教费支出银4931两，占财政支出26.11%。

民国时期，丽水教育事业开始部分列入预算，高等小学以上经费收支列入预算。民国16年（1927）前，教育经费由省财政统一支付。民国17年，教育支出更名教育文化费。民国25年，处属10县教育文化费支出15.16万元，占地方总支出的20.9%，其中用于学校教育经费8.84万元，各项教

① 挖、革、改：指挖潜、革新、改造。

② 五小：指小煤矿、小钢铁厂、小化肥厂、小水泥厂和小机械厂。

育费 1.42 万元，社会教育费 1.62 万元。民国 29 年，再次更名教育文化支出，年支出 26.08 万元，占总支出的 11.71%，并分经常、临时两项，其中经常项 23.29 万元，临时项 2.79 万元。民国 34 年，教育文化支出 3076 万元，占总支出 7.89%。民国 35 年，教育文化支出 5004 万元，占年总支出 4.02%。民国 36 年，教育文化经常项支出 46.07 亿元，占总支出 3.44%。民国 37 年，教育文化支出 51.22 亿元，占总支出 5.19%。

1949 年中华人民共和国成立，中小学教育经费逐步列入预算。1950 年，省立、县立中学经费列入预算，私立中学经费给予补助。1952 年，实行人民助学金制度。大部分私立中学转制为公办中学，大部分小学经费纳入预算。1957 年，各县乡村中、小学增加，教育经费支出猛增。同年，各县教育经费支出 304 万元，比上年增长 37.25%。1961 年，各县压缩中等教育，教育经费下降 7.12%。1966 年，学校开始停课，学生外出串连，教育经费支出 518 万元。1981 年，改造重点中、小学危房，教育支出比上年增长 9.85%。1985 年，丽水地区改革教师工资，提高部分民办教师工资，教育经费支出 3770 万元，比上年增长 28.26%。1990 年，丽水地区教育事业费支出 7346 万元，占财政支出 21.42%。1953—1990 年，丽水地区教育事业费支出 5.83 亿元，占财政支出 21.2%，其中地区本级 3892 万元，占本级财政支出 17.8%。

2003 年，市本级建立贫困学生助学制度，规定高校、中专院校按学费收入 20%、高中学校按学费收入 10%提取奖学、助学专项经费。2005 年，丽水市设立民办教育发展专项基金。2006—2010 年，市财政安排民办教育专项资金 1580 万元。2006 年，建立在职教师参加进修补助制度，设立职业教育专项资金，主要培训全市高技能“双师型”[①]教师培养。2007—2010 年，市财政安排教师培训专项资金 917 万元、职业教育经费 600 万元。2009 年 10 月，丽水市推行“民族教育券”制度，补助少数民族高中生（含职高）每学年 800 元，初中生每学年 200 元，小学生每学年 100 元。2009 年，市本级全面保障义务教育阶段经费，全部免除义务教育阶段学生学杂费、课本费、作业本费。2010 年，丽水市拨付免除义务教育阶段学生学杂费、课本费、作业本费 1.24 亿元，其中市本级 423 万元；资助义务教育阶段贫困生 13.75 万人，拨付资金 2951 万元，其中市本级 1216 人，拨付资金 69 万元；“爱心营养餐”[②]享受学生 13 万人次，拨付资金 2380 万元，其中市本级 5197 人次，拨付资金 99 万元；支持“校安工程[③]”建设，拨付资金 6.47 亿元，其中市本级 1.42 亿元。1953—2010 年，全市教育事业费支出 158.01 亿元，占财政支出 21.11%。其中市本级教育事业费支出 35.04 亿元，占本级财政支出 18.67%。

文化事业支出

民国时期，文化事业支出归并到教育事业费当中，且支出份额较少。1949 年中华人民共和国成立后，文化事业支出开始单列。1950 年，丽水专区文化事业支出设立文化艺术、科学普及、文化联络、广播和新闻出版费。1951 年，增设戏剧、图书、文物事业费。1952 年，增设电影、戏曲和美术事业费。1956 年，增设文学、音乐、美术、戏曲事业费。1963 年，调整文化馆、站业务费标准。1966

① 双师型：指同时具备教课资格和职业资格，从事职业教育工作的教师。

② 爱心营养餐：指国家对家庭经济困难寄宿学生生活费补助的制度，标准为小学生每天 3 元、初中生每天 4 元，中央财政按一定比例奖补。

③ 校安工程：全称为全国中小学校舍安全工程”在全国城市和农村、公立和民办、教育系统和非教育系统的所有中小学开展抗震加固、提高综合防灾能力建设，使学校校舍达到重点设防类抗震设防标准。

年，停止文艺团体演出，支出24万元，比上年增长40%。1970年5月，成立地区和县文工团，支出52万元，比上年增长28.61%。1980年，新增科研经费项目；普调艺术团体职工工资；成立地区群众艺术馆。1988年，丽水地区实行岗位责任制津贴，年支出290万元，占财政支出1.11%。1953—1990年，丽水地区文化事业费支出3711万元，占财政支出1.35%，其中地区本级426万元，占本级财政支出1.94%。1990年始，文化事业支出项目增加，包括文化、文物、体育、档案、广播电视电影等，市本级财政年安排文化专项经费100万元，配合省转移支付的文化事业建设费，重点支持市本级文化事业及产业项目。2005年始，市本级安排文化事业建设费，重点建设农村文化基础设施。2008年，实行财政补助农村文化建设。2005—2010年，丽水市本级安排文化建设资金1050万元。1953—2010年，丽水市文化事业费支出7.91亿元，占财政支出1.06%，其中市本级2.14亿元，占本级财政支出1.84%。

医疗卫生支出

民国时期，卫生事业费开支很小。如民国29年(1940)，处属10个县支出卫生费5.67万元，占总支出2.54%。1949年中华人民共和国成立后，卫生事业费开支不断加大。1952年7月，丽水专区实行公费医疗制度。1953年，各县享受公费医疗9982人，支出20万元，人均年支出20元，占卫生事业费支出45.29%。同年，各县医院经费实行以收抵支，差额补助。1960年，各县医院实行全额管理、定项补助、预算包干办法；全民所有制公社卫生院实行差额补助，主要解决工资。1963年，全民所有制卫生院实行全额管理、差额补助办法；集体所有制实行卫生院定额补助办法。1967年始，集体所有制卫生院改制为独立核算、自负盈亏的医疗单位。1971年，丽水地区中心医院筹建，地区本级支出9万元。1972年，设立区、公社卫生院经费，年支出74万元，占卫生事业费支出27.05%。1978年，丽水地区财政拨款46万元，补助解决医院清理病人欠款和卫生事业清理欠款。1979年，丽水地区公费医疗制度推行“门诊落实到单位、住院经费统管”的办法，人均年支出53元。同年，丽水地区公费医疗超支75%。1980年，丽水地区公费医疗实行“预算包干，超支不补，节余留用”的办法。同年，丽水地区实行医务人员卫生津贴，支出比上年增长40.56%。1982年，筹建丽水地区第二医院，地区本级支出55万元，比上年增长58.5%。1988年，丽水地区公费医疗人均年定额30元。同年，公费医疗人均年支出214元，为定额的7.13倍。1990年，丽水地区享受公费医疗51754人，支出1266万元，人均245元，占卫生事业费支出42.86%。1953—1990年，丽水地区卫生事业费支出2.28亿元，占财政支出8.31%，其中地区本级2680万元，占本级财政支出12.24%；公费医疗支出6531万元，其中地区本级491.3万元。1993年，丽水地区实行公费医疗费用与享受个人按比例挂钩；公费医疗年人均定额320元，地区公费医疗办公室按季拨付各定点医疗单位，医疗单位负担超支部分的60%，享受单位负担超支部分的40%。1995年7月，丽水地区实行企业大病医疗保险制度。2005年，丽水市全面实施新型农村合作医疗保险制度。2010年，丽水市财政补助支出人均138元。1953—2010年，全市卫生经费支出53.48亿元，占财政支出7.17%。其中市本级卫生经费支出13.67亿元，占本级财政支出7.29%。

科学事业费

民国时期，处属各县无专项科学事业费。1959年，各县主要解决机构运转经费和人员工资，支出3万元。1960年，增设干部训练费，支出13万元，占同期文教科卫事业费支出2.87%。1978年，丽水地区科学事业发展，支出逐年上升。同年，丽水地区支出32.68万元，占同期文教科卫事业费支出1.35%。1988年，丽水地区支出139万元，占同期文教科卫事业费1.36%。1993年，各县（市）重新核定科研单位的预算拨款类型，支出科学事业费196万元，比上年减少8.4%。2004年，丽水市安排科普资金，支出2681万元，占同期文教科卫事业费支出2.45%。2005年，丽水市开展评选科技进步贡献奖。2006年，丽水市在市科技三项经费中安排农业科技成果转化资金。2007年，丽水网络图书馆开建，2008年6月开通。是全国第一家市级公益性网络图书馆，市财政先后投资220万元。2008—2010年，丽水市财政安排网络图书馆运行经费280万元。2010年，市、县（市、区）财政科技支出占本级经常性财政支出的比例分别为4.5%和3.5%，其中用于科技三项经费的支出不少于50%。

1959—2010年，全市科学事业费支出11.12亿元，占文教科卫支出4.5%。

其他文教科卫事业费

广播电影电视事业费　1950年，设立广播电台经费。1970年始，单设县广播站日常事业经费，列入财政预算开支。1980年始，丽水地区试行广播电影电视事业费“预算包干，结余留用”的办法，增收节支所得的纯收入，其中60%用于发展广播事业，40%用于集体福利和个人奖金。1984年5月起，实行播音员津贴，对地区广播电台、电视台、县广播电视台（站）的专职播音员，发放播音员津贴。1989年，丽水地区广播电影电视事业费支出596万元（地级97.4万元），比1978年增长3.72倍（地区本级增长3.77倍）。1991年始，丽水地区广播电影电视事业费逐年稳步递增，从1991年的136万元增加至2010年的1129万元。1950—2010年，广播电影电视事业费支出6.62亿元，占同期文教科卫支出2.43%。

计划生育事业费　1963年起，计划生育事业费条目单设，从“其他卫生事业费”项目内列支。1964年，计划生育事业费单独设项。1967年，丽水专区计划生育事业费支出6万元，占文教科卫事业费0.78%。1978年，丽水地区计划生育事业费支出53万元，比上年增长78.45%。1982年，丽水地区计划生育事业费支出118万元，比上年增长96.67%，占同期文教科卫事业费支出3.19%。1983年，增加计划生育专职干部经费。1967—1990年，丽水地区计划生育事业费支出3143万元，占同期文教科卫事业费支出3.43%。1991—2006年，全市计划生育事业费支出3.38亿元，占同期文教科卫事业费支出3.15%。2007年始，丽水市计划生育事业费预算支出科目按功能分类，划归一般公共服务科目，更名“人口与计划生育事务”。2007—2010年，丽水市人口与计划生育事务支出5.55亿元，占同期文教科卫事业费支出4.28%。

体育事业费　1955年始，单设体育事业费支出项目。1963年4月起，实行参加运动竞赛及业余训练的运动员伙食补助。同年，丽水专区运动员伙食补助支出2万元，占同期文教科卫事业费支出0.46%。1979—1990年，丽水地区体育事业发展较快，经费支出逐年上升。1990年，丽水地区体育事业费支出97万元，比1978年增长3.16倍。1955—2010年，丽水市体育事业费支出1.58亿元，占同期文教科卫事业费支出0.64%，其中1991—2010年，全市体育事业费支出1.44亿元，占同期文教科卫事业费支出0.61%。2010年，丽水市体育事业费支出4499万元，比1990年增长36.8倍。

第四节 行政管理支出

清代行政费

清光绪三年(1877),处州府级官吏薪俸、隶役工食、零星开支等支出白银2400两。各县行政费开支白银5917两,其中丽水县、松阳县、庆元县设立盐巡分府,同列入地方开支中,处州(含各县)行政费支出白银8317两。

民国时期行政管理费

民国时期,丽水预算、概算主要编列文教费和行政费,其中行政费包括行政(自治)、公安、司法、保卫、党务等项支出。

行政费 民国1—3年(1912—1914),每年编制行政经费66.19万元,其中分配给原处州10个县7.56万元,按各县等级分配,以事务繁简分等,不定期升降。民国24年,丽水行政自治费支出5.27万元,占总支出9.22%;国民党党务费支出2.19万元,占总支出3.83%。民国25年,丽水行政费上升较快,自治费支出23.84万元,国民党党务费支出4.05万元,分别占年度支出的28.46%和4.84%。民国26年,省财政拨补助行政费18.56万元。民国36年,丽水行政经费调整为政权行使支出和行政支出二款,政权行使支出16.19亿元,占年支出的11.8%;行政支出35.68亿元,占年支出的26.1%。民国37年,丽水政权行使支出45.89亿元,占年支出4.65%。同年,丽水物价飞涨,员工生活艰难,发放军政员工生活补助费支出809.54亿元,占总支出82.04%,为政权、行政支出的16.64倍。

区、乡经费 区乡经费是民国时期特有的管理支出,来源有随赋带征的自治附捐和自治户捐,以及省拨的补助金等,由县政府编制预算,统一拨付。民国21年(1932),丽水10个县,区公所经费6.15万元,其来源有田赋附捐4.07万元,自治户捐4972元,省拨付1.58万元。民国29年,丽水废止自治附捐,另依田赋赋额再征自治经费二成。同年,丽水各县支出区署经费5.31万元,乡镇公所经费12.21万元,保办处经费4.32万元。

公安费 民国1—3年(1912—1914),每年编制处州府警察经费3.64万元。民国29年,丽水10个县公案费预算为15.44万元,占支出总数6.93%。

保卫费 民国25年(1936),丽水编制保卫费预算4万元。民国27年,丽水保卫费支出7470元,占总支出25%。民国29年,丽水保卫费支出经常项为3.54万元,占总支出15.9%。此外,丽水加强军事训练的军训费支出51.8万元,占总支出23.3%。民国34年,丽水将公安费与保卫费两项合并为保安警察支出,编制预算4441万元,占支出预算11.39%。民国35年,丽水生活补助支出剧增,占总支出71%以上,保安费支出预算降为2538万元,占总支出2.03%。

司法经费 民国3年(1914)起,县署兼理司法。同年,省财政分配处州府司法经费3.6万元,各县司法经费3600元。民国17年,地方司法费由地方财政开支。同年,省财政分配地方法院经费2.49万元。民国20年,丽水司法经费概算6.48万元,监狱经费概算2.56万元。民国30年始,司法费属中央财政开支。

财务费　民国初期，财务费称为财政费，主要是债务支出，税务机关经费也属财政费支出。民国17年(1928)，税务机关被兼并，财政费更名财务费。民国24年，丽水财务费支出3.22万元，占总支出5.62%。民国25年，丽水财务费支出7.79万元。民国34—35年，丽水财务费支出891万元和560万元，分别占总支出2.29%和0.45%。民国37年，丽水财务费支出6.98亿元，占总支出0.71%。

中华人民共和国成立后行政管理费支出

1949年中华人民共和国成立初，地区、县行政经费实行报账，党政干部实行供给制。1950年，设立行政经费支出。1951年，改革经费管理体制，改供给制为包干制，分设行政、民主党派和人民团体经费，公安、司法、检察等部门单独列支。1952年1月，增设政治业务费、公检法经费、财务费和其他行政经费。1956年，归并国家机关经费和其他行政经费。同年，各县行政管理费支出416万元，占财政支出的43.29%。1955年7月，实行国家工作人员职务等级制度，发放货币工资。1956年，升级部分工作人员工资，同时评定乡(镇)干部工资等级。1962年，增设党派团体补助费。1963年、1977年、1979年，按40%比例分三次调整部分工作人员工资。1982年，普调国家工作人员一级工资。1985年始，实行结构工资制，由基础工资、职务工资、工龄津贴和奖励工资四个部分组成。1994年，丽水地区兑现各行政机关和公检法部门“工资改革”结果，交通、通讯以及会议费等公用经费开支增加。1995年，丽水地区实行公用经费定额包干。2001年，丽水市执行中央两次增加工资和规范津补贴，增加支出1.49亿元，其中市本级增加支出3791万元。2009年1月1日起，丽水市规范公务员津贴补贴，市直单位干部职工津贴补贴总体控制在46971元。2010年，丽水市一般公共服务支出22.21亿元，占财政支出的16.4%。1953—2010年，全市行政管理支出166.26亿元，占财政支出22.22%。其中市本级支出46.03亿元，占财政支出24.53%。

第五节　社会保障支出

救恤经费

清代，地方官员、军队士兵阵亡、病故等救恤费皆不在地方开支。州、县救恤费主要支付孤寡老人、贫困人口的柴、布、口粮。各县每年支出在60两至504两不等。清光绪三年(1877)，处州府10个县支出救恤费银1799两。

民国1—3年(1912—1914)，救济抚恤支出，包括救济院、育婴所、儿童保育院、施棺所经费等科目。民国23年始，各县编制预、概算，设立救恤费等项，经费一般占总预算或决算的0.5%—2%。民国24年，丽水支出救恤费2.24万元，占总支出3.92%。民国29年，处州各县支出救恤费5.63万元，占总支出2.53%。民国31年8月，日本侵略军流窜松阳，松阳人民遭受损失惨重，政府发放被害家属救济款4.88万元、修房救济费9.87万元。民国34年，丽水支出救恤费594万元，占总支出1.53%。民国37年，各县支出社会救济费7.83亿元，占总支出0.79%；另外支出公务员退休、抚恤费4868万元。

抚恤和社会福利救济费

1953—2010年，全地(市)支出抚恤和社会福利费19.02亿元，占财政支出2.54%。其中市本级2.94亿元，占本级财政支出1.57%。

抚恤事业费　主要用于安置军人的各项费用，包括牺牲、病故抚恤费，残废抚恤费，烈军属、复退军人生活补助费，退伍军人安置费，优抚事业单位经费等项目。1951年，以大米支付牺牲、病故抚恤费和残废抚恤费。1953年，改用货币支付牺牲、病故抚恤费和残废抚恤费。1981年，增加退伍军人安置费。1986年，增加烈士纪念建筑物管理、维修费等。1953—1990年，丽水地区支出抚恤事业费2696万元，其中地区本级支出7.9万元。1991—2010年，全市支出抚恤事业费6.13亿元，其中，市本级支出8336万元。

离退休费　主要用于安置离退休干部的各项费用，包括退休金、离休金和按规定支出的其他费用。1956年，设立退休金和丧葬补助费，由退休人员居住地支付。1978年6月2日，国务院颁发《关于工人退休退职的暂行办法》，开始实施工人退休退职的管理办法，规定文件下达之前退休人员由民政部门发放退休费；此后办理就地安置人员由原工作单位发给；异地安置人员由当地财政部门列入预算，民政部门负责发放退休退职费。1980年始，国家开始实行离休制。1982年，增设离休费科目。1991年始，增设离休干部交通费、书报费项目。1992年，增发离退休人员生活补贴，补贴标准为基本工资的10%，安排集体活动专项经费。1993年，国家实行工资改革，丽水地区离休干部比照同职级人员标准增加离休金；退休人员比照同职级人员标准发放，标准为工资的90%；退职人员比照同职级人员工资标准发放，标准为工资的80%。1993年始，丽水地区调整在职人员工资时，均按此标准同步调整离退休人员工资，与在职人员同时发放各种生活补贴。1997年，调整增加离休干部公用经费、特需经费。1998年，丽水地区提高离退休人员活动经费，标准为每人每年300元。2002年，丽水市提高离休干部特需经费，标准提高至每人每年500元。2005年，国家实行工资改革，按职务工资档次，提高离退休金；同时，提高离休干部护理费。2008年，丽水市规范公务员津贴补贴，离休人员津贴补贴项目统一归并为离休人员补贴，标准为本职同级别人员的60%；退休人员津贴补贴项目统一归并为退休人员补贴，标准为本职同级别人员的50%。2009年，丽水市调整离退休人员工资标准，离休人员标准调整至85%，退休人员标准调整至65%。

社会救济福利事业费　包括农村城镇社会救济费、精减退职老残职工救济费、其他事业费。2010年1月，丽水市开始发放基础养老金，符合条件的60周岁以上的城乡居民领取基础养老金60元/月。至12月，丽水市领取基础养老金32.29万人，其中市本级4.16万人；60周岁以下缴费参保人员58.58万人；市、县财政安排城乡居民社会养老保险基金2.66亿元，其中市本级3277万元。1953—2010年，丽水市支出社会救济福利事业费7.7亿元，占财政支出的1.03%。

自然灾害救济事业费　包括灾民抢救、转移、安置、治病及临时吃、穿、住等救灾费用。1953—2010年，丽水市支出自然灾害救济事业费3.67亿元，占财政支出0.49%。

财政对社会保险基金补助　1997年始，丽水地区实行补助社会保险基金政策，市、县财政按年补助社会保险基金。1997—2010年，丽水市支出社会保险基金补助10.05亿元。

第六节　其他支出

旧时其他支出

清代以前，无其他支出书面记载。清末至民国时期，处州府县未作明确规定其他开支项目，所需款项往往临时作出决定。民国时期称为杂项支出，主要包括工会、商会、农会、妇女会补助、粮食管理委员会经费、新生活运动促进会津贴费，适龄壮丁调查抽签费、上年收支不敷费等。民国37年(1948)，丽水其他支出2.99亿元，占总支出0.3%。

中华人民共和国成立后其他支出

国防战备费　先期称民兵建设费，后期改称人民防空费。1949—1979年，丽水地区国防战备费主要是民兵建设费，用作民兵装备的管理维护和民兵训练费用。1974年，丽水地区开展“大办民兵师”活动，支出民兵建设费10.6万元，其中地区本级0.9万元。1975年，丽水地区支出民兵建设费降为1.4万元。1986—2000年，人民防空经费改由中央预算支出，全市无该项支出。2001年，丽水市人民防空经费重新由地方财政预算中重新安排支出。

其他部门事业费　包括税务、工商管理、统计、华侨、劳改劳教和其他事业费。1982—1990年，丽水地区支出其他部门事业费7366.4万元。1991—2006年，丽水市支出其他部门事业费22.92亿元。2007年始，其他部门事业费不在其他支出中列支。

支援不发达地区发展资金　包括支援老革命根据地、少数民族地区、边远地区、穷困山区的专项资金。1982年始，在其他支出中设专款支出。1984年始，每年对省确定支援的对象和项目，以县为单位分配当年指标拨付专款。同年，丽水地区支出专款11万元。1984—2010年，丽水市支出不发达地区发展资金2.82亿元。

少数民族地区补助费　用于少数民族地区发展生产、文化教育、医疗卫生等方面国家拨给正常性经费无法解决某些特殊补助开支。1957年，各县支出少数民族地区补助2.4万元。1962年，单独设立少数民族地区补助费项目。同年，各县支出少数民族地区补助费0.4万元。1957—1990年，丽水地区支出少数民族地区补助费429万元。1990年始，丽水地区少数民族地区补助费项目并入“支援不发达地区发展资金”科目。

价格补贴　1985年前，丽水地区价格补贴支出作预算收入退库处理。1985年始，价格补贴单独成类。同年，丽水地区支出价格补贴377.7万元，其中地区本级13.6万元。1988年，国家粮食企业下放至市、县管理，增加国家储备粮油费用补贴；经省核定基数，确定各县粮油差价、包干指标及亏损包干指标，超出由地方负责。同年，丽水地区支出价格补贴1464.3万元，其中地区本级16.1万元。1985—2010年，全市支出价格补贴3.29亿元。

专款(专项)支出　1989年，设专款支出类别，包括环境保护补助资金、城市水资源建设资金、教育费附加支出、矿产资源补偿费支出等。

若干年份丽水市财政支出分县(市)一览

表 19-3-6-1　　　　单位:万元

年 份	地级	丽水	龙泉	青田	云和	庆元	缙云	遂昌	松阳	景宁	合计
1953	—	97	62	65	35	44	80	48	52	41	524
1955	—	119	70	81	43	53	88	58	54	53	619
1960	—	738	783	455	—	—	260	490	—	—	2726
1965	71	240	466	234	418	—	225	369	—	—	2023
1970	374	559	597	499	410	—	403	483	—	—	3325
1978	664	889	714	879	653	493	763	898	—	—	5953
1985	1454	2286	2327	1943	916	1289	1889	1624	1292	1291	16311
1990	2617	4501	4349	4355	2383	2869	3987	3039	3054	3147	34301
1994	5379	7638	6503	7853	4666	5370	7059	5668	5545	4764	60445
2000	42544		14763	21267	11536	12788	18448	14709	12873	16478	165406
2001	70711		20303	29575	17507	17012	26004	21197	16996	18973	238278
2002	88179		23780	37898	19935	20283	34308	25545	20936	26210	297074
2003	99329		34099	48466	26113	26339	38211	28374	24789	30285	356005
2004	106723		32039	57380	24237	26338	42393	32822	30100	34740	386772
2005	116387		43077	68748	28447	33631	52211	40377	34347	41917	459142
2006	143494		48247	90047	35327	43845	56626	47160	40791	47431	552968
2007	188623		61862	111980	46572	46803	79178	61769	52408	59560	708755
2008	218523		76619	134957	57191	57523	94722	75502	68406	74305	857748
2009	290267		98850	199950	68854	72996	125089	94957	88153	89554	1128670
2010	331547		146058	194315	82262	92215	148060	124477	108135	124976	1352045

若干年份丽水市财政预算内支出决算一览

表 19-3-6-2　　　　单位:万元

年 份	经济建设	文教科卫费	行政管理费	社会保障费	其他支出	支出合计
1953	48	257	201	18	—	524
1955	73	238	273	34	1	619
1960	1771	464	442	35	14	2726
1965	992	545	396	52	38	2023
1970	1807	830	544	90	54	3325
1978	2784	1987	950	152	80	5953
1985	4297	6428	2955	464	2167	16311
1990	7015	12273	7492	1353	6168	34301
1991	9383	13817	8236	1766	3648	36850

续表 19-3-6-2

年 份	经济建设	文教科卫费	行政管理费	社会保障费	其他支出	支出合计
1992	9041	15869	9936	1457	5400	41703
1993	11804	18381	12607	1704	4977	49473
1994	15140	25277	17189	3087	-248	60445
1995	18934	28395	19292	2908	2925	72454
1996	22067	32567	24389	3859	3753	86635
1997	25642	39332	28738	3896	6151	103759
1998	29740	42658	31445	4810	6775	115428
1999	37252	48922	37693	5291	9246	138404
2000	33761	55496	46977	6889	22283	165406
2001	64736	73538	60675	8487	30842	238278
2002	81885	96329	73675	13130	32055	297074
2003	88127	112364	90551	16022	48941	356005
2004	79718	132091	108239	20586	46138	386772
2005	102312	150330	126256	26346	53898	459142
2006	120185	188325	141855	36454	66149	552968
2007	163723	243878	166630	40852	93672	708755
2008	224479	296018	183499	51463	102289	857748
2009	414369	347261	197198	58498	111344	1128670
2010	507456	410878	222073	80615	131023	1352045

说明：1. 1991—2005 年，行政管理费类填列的是“行政管理费”+“公检法司支出”；2. 2007 年开始，行政管理费类支出列入“一般公共服务”类支出

第四章 财政管理

古代处州财政财务管理源远流长。隋开皇九年(589)起，处州收入和财政财务，执行中央制定的政策、法令、制度。清代和民国时期，处州府、县尚无财政管理的明确概念，仅划分财权，集散程度各时期不同。清代末期，中央政府允许地方筹款、加征附加费；处州府倡议自治，实施新政，地方费用繁多。民国时期，处州地方政府自筹经费、加征附加费。这些收入，地方可以自行支配，但财权的主要部分，仍集中于中央政府。

1949年中华人民共和国成立初，丽水专区执行华东军政委员会统一的财政规章制度，改造和废除国民政府的财会旧制，逐步建立预算管理办法、会计制度等。1953—1957年，丽水各县财政工作着重贯彻“发展经济、保障供给”的方针，建立健全财政管理制度；制定各项行政事业经费的开支标准，保证供给；在国营企业建立经济核算制度，管理资产、财产、成本、财务收支计划；严格财政监察制度，监督各项财政收支。1966—1976年，丽水财政工作受到极大损害。1978年中共十一届三中全会以后，丽水地区改革财政财务管理体制、分配关系、经费管理办法等，实行“统一领导、分级管理”财政管理体制，主要有预算决算、基本建设财务、行政事业财务、国有资产管理、农业财务等，扩大县、乡财政预算安排自主权。1983年始，丽水地区对事业单位逐步执行承包经营责任制和企业化管理；改革基建投资体制，由拨款改为贷款；加强预算外资金管理。1994年开始，加快丽水地区财政管理改革步伐，预算决算成为财政管理中最主要的内容；丽水地区实行分税制财政体制，在丽水地区贯彻实施《企业财务通则》《企业会计准则》，全面实行新会计制度；加强预算外资金管理，预算外资金逐渐全部纳入财政专户；加强地区基本建设、国有施工、房地产开发企业的财务管理。2000年始，丽水市财政预算管理历经会计集中核算和国库集中支付两种办法。

第一节　预决算管理

预　算

民国23年（1934）始，处州国民政府编制县岁入（出）概算，非重大事故或特殊变化，收入不短，支出不超，否则自筹解决。1953年始，各县编制县级预算，预算编制采取自下而上、由上而下相结合方法，坚持收支平衡、略有节余、不打赤字原则。1955年，各县预算编制执行收入打足、支出打紧、收支平衡，不再动用上年结余方针。1961年，各县预算编制坚持全国一盘棋，上下一本账，做到收支平衡、略有结余。1963年，恢复丽水专区建置，丽水专区预算列入省财政单位预算；各县按农、轻、重为序编制预算支出。1980年，国家实行“分灶吃饭”，贯彻收入按政策、支出按预算、追加按程序原则，以上年实际收支为基数，按实际收入增减变化因素编制预算；超收分成，短收自理；支出除专项经费外，行政事业经费实行预算指标包干，结余留用，超支不补。

1999年，国家改革部门预算，部门预算编制实行“二上二下”[①]编制程序。2001年始，丽水市本级开始试编制部门预算，确定教育、科技、卫生、农业、林业市直部门5个为试编单位；市人民代表大会审查、批准市本级编制预算执行情况及预算草案。2004年始，市级部门（单位）全面推开编制部门预算。2007年，行政事业单位非税收入全面纳入部门预算；实行预算内外统筹安排，推行以零基预算为基础的经常性经费定额预算管理。

① 二上二下："二上"即各部门按部门预算编制要求，向财政部门报送本部门年度收支预算草案；各部门按财政下达的预算控制数，重新调整本部门年度收支预算草案，上报财政部门审核。"二下"即财政部门初审汇总单位上报的预算，并提请政府审定下达支出控制数；财政部门将各部门的预算汇总后报政府审批，并提请人大审议，审议通过后，按《预算法》的有关规定，批复各部门执行。

预算支出执行

1950年，政务院颁布《中央金库条例》，财政部颁发《实施细则》，规定中国人民银行受委托经理国库；库款支配权属于同级财政机关；县设立支金库。1956年，国务院取消金库制度，实行中国人民银行执行国家预算出纳任务，国库办理预算收入收纳、划分和留解，办理预算支出拨付。支款必须在同级财政存款余额内支付，只办转账不支付现金。2000年始，丽水市改革财政支出管理办法，经历会计集中核算和国库集中支付两个阶段。

会计集中核算　2000年11月，成立丽水市预算会计核算中心；2001年，市委组织部等原由社会中介机构会计代理的单位15家实行会计集中核算。8月，丽水市审计局等单位31家实行会计集中核算。11月，丽水市教育局等单位41家实行会计集中核算。2002年9月，丽水市公安局等单位17家试行“集中支付、自主核算”管理模式。2005年，丽水市会计集中核算信息纳入“金财工程[①]”建设，统一使用财务应用软件。2006年3月，丽水市形成“远程报账、集中支付、自主核算”管理模式。2009年底，丽水市实行远程报账，涵盖市直机关所有进入核算中心管理单位，其中实行自主核算单位50家。

国库集中支付　2008年8月，市政府批转丽水市财政局、中国人民银行丽水市中心支行联合制发的《丽水市财政国库管理制度改革方案》。9月，丽水市直开展国库集中支付制度改革试点工作，市人民检察院等行政单位8家和市林科院等事业单位2家为国库集中支付制度改革试点单位。2009年9月，市本级全面实施国库集中支付制度，11月，市水利局、市财政局、市工商局等单位28家正式转轨、上线运行。2010年年底，丽水市直纳入国库集中支付管理单位220家，其中自主核算单位80家，代理核算单位101家，非核算单位39家；审核支付财政性资金15.83亿元。

决　算

民国17年（1928）始，丽水专区向省政府报账，所辖各县编制概算代替决算。1949年中华人民共和国成立后，规定每年初在编制决算前，先进行收入结算、支出遗留问题处理和往来清理，年底按照规定时间完成决算编报。1988年，丽水地区本级首次实现当年财政收支基本平衡。1995年始，丽水地区本级和各县（市）实现当年财政收支基本平衡。1995年1月，丽水地区实施《中华人民共和国预算法》，县级以上地方各级政府财政部门编制本级决算草案，报本级政府审查后，由本级政府提请本级人民代表大会常务委员会审查和批准。2001年，市本级财政决算草案一般在下年度9月前提请市人民代表大会常务委员会审查，经批准后，由市财政将部门决算批复给各部门（单位），延续至2010年。

第二节　财务管理

行政事业单位财务管理

1949—1952年，丽水专区实行统收统支；县和专区本级属报账单位，经专区审核后向省政府报

① 金财工程：指政府财政管理信息系统（简称GFMIS），是利用先进的信息技术，支撑以预算编制、国库集中支付和宏观经济预测分析为核心应用的政府财政管理综合信息系统，是财政系统信息化建设目标和规划的统称。

销。1953年，各县建立县财政，建立行政单位预算制度，所需经费据实核销。1959年后，各县实行收支预算包干办法，依据单位性质，分为三种类型，即全额管理、差额管理、自收自支。

全额管理　对没有收入或有少量收入单位，包括人大机关、政协机关、行政机关、审判机关、党派团体、履行行政职能事业单位等，收入全部上缴财政，所需经费实行全额管理。1960年，各县实行“归口管理，总额包干，调剂使用，节余留用”办法，实行定员定额管理。1966年，各县财政机关受到冲击，财务管理陷入混乱。1980年始，丽水地区全面实行预算包干制度，对全额预算管理单位实行“核定预算，包干使用，超支不补，结余留用，节约有奖”办法。1983年，丽水地区改进预算包干制度，重新审定全额预算管理单位包干基数，实行增收节支奖与岗位责任制结合，多结余多奖、少结余少奖。1991年始，丽水地区本级调整全额单位预算编制办法，人员经费按实、公用经费和车辆经费按定额编制预算，人员经费依据人事部门规定的工资和津补贴水平全额保障。公用经费保障实行分类分档方法，一般分为行政类、事业类，其中，行政类公用经费又分为领导机关、综合部门、一般部门三档；事业类公用经费又分为履行行政职能事业单位、一般事位单位两档，每一类档定额标准都不相同。车辆运行经费保障分为一般公务用车和其他用车，并先后多次完善。2010年，市本级全额预算单位162家，财政供养人员7245人，行政类领导机关、综合部门、一般部门公用经费定额分别为1万元/人、0.8万元/人、0.7万元/人；事业类履行行政职能事业单位、一般事位单位公用经费定额分别为0.7万元/人、0.6万元/人；一般公务用车和其他用车补助标准分别为3.5万元/辆、2.7万元/辆。

差额管理　对有一定收入、收不抵支单位，包括医疗、高等院校、艺术表演团体、体育场馆等单位，由财政预算给予一定补助，实行差额管理。1991年始，丽水地区依据单位类型给予不同方式的经费补助；补助方式分为定额补助和定项补助，其中定额补助是由地区财政每年给予单位固定数额补助，单位经费自行解决经费不足部分；定项补助是由地区财政对单位特定支出内容给予经费补助。1991—2010年，丽水市多次完善差额管理办法。2010年，丽水市本级差额预算单位30家，财政供养人员8005人。

自收自支　对收入较多、经费自负盈亏单位，包括经济鉴证事务、专利事务、咨询服务、勘察设计、科技交流开发推广等单位，依照章程或有关规则进行自我管理、自我约束，自行解决所需经费，地区财政不给予经费补助。2010年，丽水市本级自收自支单位8家，人员128人。

基本建设财务管理

主要包括基建拨款、企业挖潜革新改造资金、商业简易建筑费、地质勘探费、科技3项费用及施工企业财务管理6类。

民国时期，基本建设项目少，没有完备的基本建设财务管理章程。1949年中华人民共和国成立后，丽水专区逐渐形成一套较完整的基本建设财务管理办法，财政部门负责基建投资预算管理；建设银行负责预算执行情况和决算管理，负责基建财务管理控制投资，办理基建拨款和用款监督。1955年始，各县基建投资采用限额管理办法，通过上存下拨解决。1966年，丽水专区放松基建财务管理。1972年，丽水地区全面清理基建投资项目，压缩投资额。1979年11月起，丽水地区执行国家计划委员会、国家基本建设委员会、财政部联合制定的《基本建设贷款试行条例》，基建拨款改为贷款试点，以设计批准文件和拨款计划为依据，按照工程进度及预算造价办理拨款。1985年，丽水地区全面推行基建投资项目“拨款改贷款”。1986年，丽水地区部分恢复基建拨款工作，对科研机构、学校、行政事业单位等无还款能力单位的基建工程恢复拨款制度。1995年，丽水地区财政局收回原委托建设银行代行的职能，设立基建资金专户；各建设单位通过主管部门向地区财政局申领基建资金。2003年，丽水市政府制定《丽水市本级基建投资财政性资金管理办法》。2005年，市政府制定《丽水市政府投资项目建设资金直接拨付试行办法》。2007年7月，市政府加强国有建设单位管理费支出管理，对建设单位管理费范围、控制标准、支出分类、使用等方面作出具体规定。

基本建设预算编制和执行　2002年，丽水市政府单独编制《丽水市本级年度基建投资资金收支计划》。2005年，市政府编制基本建设政府投资资金收支计划。2006年，市政府分别编制市直单位和经济开发区政府性基本建设预算。12月，市政府制定《丽水市财政性基本建设预算管理办法》。2008年始，丽水市规范基本建设预算管理工作，规定市直单位基本建设预算，须提交市人大常委会审议通过，经市政府批准下达各有关单位执行。2002—2010年，丽水市直单位基本建设主要用于农林水、城市道路等基础设施以及文教卫体、公检法司、行政机关等社会公共、公益性基本建设项目，包括滨江景观带生态景观区、绕城公路、处州公园、后甫小区拆迁安置房、市体育场、市行政中心及附楼建设等，支出230.13亿元（预算内支出1.57亿元），其中项目支出161.53亿元，还本付息支出68.6亿元。

项目管理和委派财务总监　2001年，丽水市全面规范项目资金管理工作，市重点建设项目全面推行法人责任制、资本金制、招标投标制、工程监理制及工程合同制，实行工程质量终身负责制，项目法人单位按规定设置独立的财务管理机构，配备专职财会人员，建立健全财务管理制度，项目竣工时必须编制项目竣工决算。同年7月，丽水市开始实行财务总监委派制，首先对国有企业实行财务总监委派制度。2005年8月起，丽水市拓宽实行财务总监委派制范围，对市本级各国资营运机构及1000万元以上重点项目建设单位派驻财务总监。2008年5月，丽水市开展市直单位财政性投资基本建设项目调查。同年，全市建立市直单位基本建设项目库。

财政项目评审　2001年年底，丽水市财政投资工程预决算评审中心成立，后更名财政项目预算审核中心。2002年3月至2005年6月，丽水市财政投资工程预决算评审中心主要开展工程竣工结算、标底业务审查，以自审为主。2005年6月起，丽水市财政投资工程预决算评审中心委托社会中介机构评审，以竣工结算协作评审为主，标底仍然全部采用自审。2002—2010年，丽水市本级财政项目预算审核中心完成评审项目1811个，审核金额86.8亿元，净核减不合理资金5.75亿元，净核减率6.62%。

政府性债务管理　丽水地区本级政府性债务始于1995年，地区中心医院从工商银行贷款，用于医院项目建设。同年底，地区行政公署政府性债务300万元。2000年始，城市化建设进程加快，债务激增。2002年，市政府性债务18.57亿元。2004年，市政府建立偿债准备金制度，设立偿债准备金专户；资金来源均为财政预算内专项资金，用于偿还公益性项目及部分基础设施项目的政府性债务。2005年，市本级开始试行编制政府性债务收支计划，与年度基本建设预算同步，采取计划举债单位初编、财政部门汇审、政府综合平衡，经市政府常务会议批准后执行。同年，丽水市财经工作领导小组提出“合理控制负债，逐年降低比例”的债务控制总体要求，防范和化解政府性债务风险，政府性债务得以控制。2010年，市本级政府性债务84.43亿元，负债率48.14%，债务率111.61%，偿债率46.27%。2010年，丽水市地方政府性债务162.31亿元，其中政府负有偿还责任的债务138.84亿元（含粮食供销挂账0.85亿元），担保债务7.17亿元，其他债务16.3亿元。

预算外资金管理

民国24年(1935),开始编制地方预算,将不属于预算内的收支列为预算外收支。1949年中华人民共和国成立初,丽水专区仍然保留预算外收支,包括农业税附加等农村自筹、机关生产收入以及各地区、各部门、各单位自收自支的财政资金,主要解决农村文教经费及零星开支。1953年,各县预算外收支增加养河费、中小学学费项目。截至1981年,丽水地区预算外收支发展到90多项,占预算收入比重逐年增加。

1986年11月,丽水地区财税局增设综合计划科,管理预算外资金,审核、清理预算外资金决算。1988年,丽水地区加强预算外资金管理,所有行政、事业、企业单位全部预算外资金,均纳入财政综合计划管理范围。1989年,丽水地区开展预算外资金专项检查和“小金库”清理。1994年,丽水地区建立预算外资金专户存储制度,初步建立综合财政管理体制,预算外资金实行“收支两条线”管理。1995年始,丽水地区巩固和完善财政专户存储和收支两条线管理办法。同年底,丽水地区预算外资金专户存储资金2.2亿元。1999年,丽水地区实行“各家开票、一家收款、按时结报、计划审批”管理办法,取消单位预算外资金过渡户,单设支出户;各单位的收入直接上缴财政专户。同年,丽水地区取消行政事业单位账户1184个。2000年,丽水市加大清理预算外资金力度,全面清理和移交上划单位的收费项目、票据、银行账户、专户资金等。同年,丽水市本级纳入财政专户管理的预算外资金2.34亿元,支出1.78亿元,结余8900万元。2003年,丽水市推行单位编制预算外资金收支计划。2004年开始,丽水市单位收入计划涵盖所有预算外资金、政府非税收入和单位其他收入。2010年,丽水市单位预算外资金全部纳入财政规范管理。

公费医疗经费管理

民国以前,财政经费没有编制公费医疗经费项目。1949年中华人民共和国成立初,丽水专区尚无系统的管理制度。1950年,丽水专区国家干部配套供给制,以大米折算医疗经费。1952年,各县建立公费医疗制度,国家干部、革命残废军人(二等乙级以上)、学校教工人均月定额1.5元,除贵重药品自理外,其余按病情需要报销;以医院管理为主,费用向单位结算。1965年,丽水专区修订公费医疗管理办法,规定挂号费、出诊费由病人自理,但因公致伤、计划生育依照原办法办理。1971—1973年,丽水地区公费医疗费用连年上升。1971年,丽水地区公费医疗费用人均32元。1972年,丽水地区公费医疗费用人均43元。1973年,丽水地区公费医疗费用人均49元。1973年,丽水地区重新修订公费医疗管理办法,详细规定公费医疗享受范围、用药品种,特别是自费药品及危急病人特批药品,除特殊情况外,凡属营养性、保健性,均须自费。

1978年,丽水地区革委会修订公费医疗人均定额,由年均18元调整至年均30元。1979年始,丽水地区实行门诊费定额包干,将经费下拨到享受单位;住院费由公费医疗管理委员会统一经管。1980年,丽水地区实行公费医疗预算包干办法,每年初确定人均定额,直接将经费下拨到享受单位,超支不补,结余留用。1981年,丽水地区全面改革公费医疗管理办法,分享受单位管理、系统管理、医疗单位及享受单位共同管理3种形式,要求定额控制在人均年45元以下,但费用逐年上升。1988年11月,丽水地区本级进行公费医疗管理改革,将机关人员公医经费,按上年实际水平确定基数,由地区各医院管理,结余部分归医院,超支部分由财政、医院、单位3家同负担。1995年7月,丽水地区实施企业大病医疗保险制度。

1998 年，丽水地区改革机关、事业单位公费医疗制度，撤销公费医疗办公室。2001 年 3 月，丽水市建立城镇职工基本医疗保险制度，公费医疗和大病医疗保险制度纳入城镇职工基本医疗保险，初步建立以基本医疗保险为主体、公务员补助和大病医疗救助制度相配套医疗保险体系。2003 年 1 月，丽水市公务员医疗补助经费由 5%提高至 6.5%，增加部分用于公务员门诊和住院大医疗补助。2005 年，丽水市扩大基本医疗保险覆盖面，国有、集体企业职工和退休人员，所有非公企业职工和个体、自由职业者纳入医疗保险范围。2006 年，丽水市完善市本级基本医疗保险制度，调整市区医疗保险标准，规定一级、二级医院报销起付线和基本医疗保险最高支付限额；建立离退休干部医疗备用金制度。2010 年，丽水市建立职工医疗保险市级统筹制度，统一职工医疗保险主要政策；建立门诊统筹制度，提高医疗保障水平；确立政府补助机制，强化政府责任；设立市级风险调剂金，增强基本保障能力。

农村合作医疗

2003 年 1 月始，丽水市实施新型农村合作医疗制度试点，青田县、遂昌县为新型农村合作医疗制度试点县。2004 年 7 月，丽水市制定《丽水市人民政府关于建立新型农村合作医疗制度的指导意见》，实行以大病统筹为主的村民医疗互助共济制度。同年，全市参加新型农村合作制度的村民 37.8 万人，参保率 72%，人均筹资标准 40 元，其中中央财政人均补助 2 元，省财政人均补助 10 元，县财政人均补助 8 元，农民人均自筹 20 元。2005 年 1 月，丽水市全面实施新型农村合作医疗制度。2007 年，丽水市参加新型农村合作制度的村民 175.44 万人，参保率 87%，人均筹资标准 64.7 元，其中中央财政人均补助 2 元，省财政人均补助 20 元，县财政人均补助 22.7 元，农民人均自筹 20 元。2008 年 9 月，丽水市下发《丽水市人民政府关于进一步完善新型农村合作医疗制度的实施意见》。2008 年，丽水市参加新型农村合作制度的村民 184.89 万人，参保率 90.08%，人均筹资标准 101 元，其中中央财政人均补助 4 元，省财政人均补助 40 元，县财政人均补助 29.8 元，农民人均自筹 26.8 元。2009 年 8 月，丽水市完善新型农村合作医疗制度补偿方案，实行住院统筹为主、兼顾门诊统筹保障模式，适当扩大特殊疾病门诊范围。2010 年，丽水市参加新型农村合作制度的村民 186.64 万人，参保率 93.4%，人均筹资标准 190 元，其中财政人均补助 138 元，农民人均自筹 52 元。2003—2010 年，丽水市筹措新型农村合作资金 11.03 亿元，其中财政补助 7.58 亿元，农民自筹3.45亿元。

第三节　国有资产管理

国有企业资产管理

1949 年中华人民共和国成立初，丽水专区有锯木厂、粮食加工厂等国营单位 6 个。固定资产来源主要包括没收官僚资本、人民政府投资以及企业自我积累。1952 年 1 月，各县规定所有国营企业使用期一年以上、单价不低于 100 元的物品，均作固定资产。1953 年 11 月，各县划定固定资产管理范围，包括拨付、购置、修理、报废等，固定资产标准调整为200元。后固定资产划分标准又调整多次。1956年，各县重新划定固定资产再生产修理、补偿、重置的范围及界限，规定企业提取折旧资金（包括大修理折旧），全部上交国家，重新分配。1963年，丽水专区推行浙江省"固定资产目录"，统一各类企业固定资产使用年限、残值率、折旧率、大修理计算口径等标准。1964年4月，丽水专区规定固定资产由全民所有制转给集体所有制企业，实行有偿调拨，收入上交财政；企业报废固定资产变价收入，由企业主管部门集中作为"四项费用"来源，不再上交。1967年，丽水专区规定企业折旧资金全部留给地方财政与企业。

1976年始，丽水地区实行分级管理制度，按中央财政、地方财政、企业"三、三、四"比例管理。1978年，丽水地区调整企业资产管理办法，规定县办企业提取折旧基金，上交30%给县财政统筹安排，用于挖潜、革新、改造；其余国营企业提取折旧基金，按企业与国家财政"五五"比例分成。1983年始，丽水地区再次调整企业资产管理办法，对工交部门试行利润留成；对承包租赁企业，区分不同行业，实行固定资产有偿占用。1984年，丽水地区停止执行承包租赁企业固定资产有偿占用办法。1985年，丽水地区企业综合折旧率调整为分类折旧率。

1990年6月起，丽水地区开展国有资产产权变动评估。同年底，丽水地区预算内工业企业固定资产原值3.31亿元，净值2.37亿元。1992年，丽水地区开展国有资产产权登记工作。1995年，丽水地区全面开展国有企业清产核资工作。同年，丽水地区开展清产核资国有企业624户，资产53.01亿元，核实资产损失和资金挂账1.12亿元。2002年年底，国有企业资产77.8亿元，负债45.6亿元，所有者权益32.2亿元。2003年，丽水市重新登记企业300家。2005年，浙江省烟草公司丽水分公司根据省政府要求，以2004年净资产的60%（8599万元）为基数，分四年以货币补偿方式返还丽水市政府。

行政事业国有资产管理

管理办法　1993年始，丽水地区清查登记行政事业单位财产。同年，丽水地区行政事业单位102家，账内资产9.77亿元，账外资产2.03亿元。2003年，丽水市重新登记行政事业单位资产。同年，全市登记的2002年年底行政事业单位1759家，资产66.9亿元，负债17.5亿元，净资产49.4亿元；市直行政事业148家，资产16.05亿元，负债5.31亿元，净资产10.74亿元。2004年，丽水市开展市直行政事业单位房屋所有权证和土地使用证督办工作。同年底，市直单位"两证"齐全74家，占市直单位总数的74.8%。2006年，丽水市加强管理市直单位房产出租经营工作，实行出租收入"收支两条线"管理。2007年，丽水市专项检查市直单位房产出租经营情况。2010年11月，丽水市政府办公室下发《丽水市直行政事业单位国有资产管理暂行办法》，明确规定行政事单位国有资产管理范围、管理机构及职责、资产配置、资产使用、资产处置、资产评估、资产清查、产权纠纷调处、资产信息管理、统计报告、法律责任等内容。

投融资平台　1999年始，丽水地区行署尝试构建基本建设投融资平台，创建国资营运机构，有独立法人资格的经济实体，实行政府性投资项目法人制和资本金制度，受政府委托履行建设项目投融资、项目建设等职能，解决城市基础设施建设投融资瓶颈制约。

1999年4月，丽水地区交通建设开发有限公司成立，为丽水首家国有资产营运机构，履行交通建设、投资、筹融资等职责，注册资本2亿元。11月，丽水地区土地储备中心成立，履行国有土地使用、回收、储备等职责，注册资本8500万元。12月，丽水地区城市建设发展有限公司成立，履行城市基础设施投资、建设、开发及经营管理，注册资本2亿元。2000年7月，丽水市国有资产经营有限公司成立，履行市政府授权的资产经营、资本运作、存量资产盘活等职责，注册资本5.7亿元。2001年9月，丽水南城建设有限公司成立，履行开发区公用设施项目投资和建设职责，注册资本3.63亿元。2002年5月，丽水市水利发展有限公司成立，履行市区防洪、内河改造建设项目职责，注册资本5.5亿元。2004年9月，丽水市政府调整市直单位国资营运机构管理体制，明确国资营运机构接受其主管局管理监督。2006年5月，丽水市政府再次调整管理体制，成立丽水市人民政府国有资产监督管理委员会，明确市财政局履行国有资产营运机构等非经营性国有资产监管职能，市国资委履行经营性国有资产监管职能。2007年5月，丽水市林业建设发展有限公司成立，履行林业项目资金筹措、建设、运行管理职责，注册资本3000万元。11月，玉溪水资源开发有限责任公司、丽水市旧城改造有限责任公司成立，注册资本3000万元、2亿元。2008年6月，丽水市安居房建设有限公司成立，注册资本1亿元。2009年8月，丽水市港航建设开发有限公司成立，注册资本2000万元。2009年6月，以丽水市国有资产经营有限公司为主体组建丽水市城市建设投资有限责任公司，并将丽水市水利发展有限公司、丽水市安居房建设有限公司、丽水市旧城改造有限责任公司、玉溪水资源开发有限责任公司、丽水市南城建设投资有限公司股权统一纳入城市建设投资有限责任公司，股权18.4亿元。2010年7月，丽水南城新区投资有限公司成立，注册资本3亿元。8月，丽水机场建设开发有限公司成立，注册资本1000万元。2010年，丽水市直属国资营运机构13家，注册资本26.59亿元，资产188.35亿元，负债92.71亿元，所有者权益95.64亿元。2010年，丽水市融资平台公司68家，债务113.63亿元，占地方政府性债务总数的70.01%。1999—2010年，丽水市本级筹融资82.6亿元，完成基本建设项目投资143亿元。

丽水市直属国资营运机构基本情况一览

表19-4-3-1

序号	名　称	成立时间	内　　容	注册资本(万元)
1	丽水市交通建设开发有限公司	1999年4月	交通建设、投资、筹资、开发收费、维护、管理，公路权属范围内广告经营等	20000
2	丽水市土地储备中心	1999年11月	为土地储备提供服务，国有土地使用回收储备	8500
3	丽水市城市建设发展有限公司	1999年12月	城市基础设施投资、建设、开发及经营管理	20000
4	丽水市城市建设投资有限责任公司（原丽水地区国有资产投资经营公司）	1998年7月	市政府授权的资产经营、资本运作、存量资产盘活；丽水经济技术开发区公用设施建设项目的投资和建设；授权经营的其他项目等。	57000
5	丽水南城建设有限公司	2001年9月	开发区工业区公用设施建设项目的投资和建设、前期土地平整	36350
6	丽水市水利发展有限公司	2002年5月	市区防洪堤建设与管理；开潭电站建成后形成的人工湖开发管理;城市内河开发管理;水电开发;城乡供水一体化水源工程的建设与管理	55000

续表 19-4-3-1

序号	名　称	成立时间	内　　容	注册资本(万元)
7	丽水林业建设发展有限公司	2007 年 5 月	丽水市本级林业建设项目的资金筹措、建设及运行管理	3000
8	玉溪水资源有限责任公司	2007 年 11 月	原水的生产和经营开发	3000
9	丽水市旧城改造有限责任公司	2007 年 11 月	丽水市区旧城房屋拆迁；市区沿街房屋市容市貌改造	20000
10	丽水市安居房建设有限公司	2008 年 6 月	拆迁安置房建设、农民公寓建设、经济适用房建设、廉租房建设、人才公寓建设	10000
11	市港航建设开发有限公司	2009 年 8 月	全市港航建设项目的开发建设、资金筹措及运营管理	2000
12	丽水南城投资新区投资有限公司	2010年 7 月	南城新区开发建设、南城新区国有资产经营、农民安居房建设、人才公寓建设、拆迁安置房建设	30000
13	丽水机场建设开发有限公司	2010 年 8 月	丽水机场项目开发建设	1000

国有资产处置盘活

1999 年，丽水地区加强行政事业单位国有资产处置管理，明确地级行政事业单位占有使用建筑物、土地、车辆及单位价值在 5000 元以上仪器设备处置，经主管部门审核后，报地区国有资产管理部门会同财政部门审批；标准以下资产处置，由主管部门审批，抄报地区国有资产管理局、财政局备案。2000 年，丽水市公开拍卖丽水生产资料公司、金属回收公司、白云山庄、处州宾馆和市区出租车营运权，盘活资产 4000 多万元。2000—2005 年，丽水市优化配置市区教育资源，投入资金 1.1 亿元，盘活教育硬件资源近 2 亿元，新成立丽水职业技术学院，合并入丽水农业学校、丽水商业学校，位于丽水工校原址；新成立丽水职业高级中学，合并入丽水市技工学校，位于丽水农校原址；新成立丽水二中，合并丽水四中，位于丽水商校原址；新成立新建天宁寺中学，位于丽水四中原校址；升格丽水学院，合并丽水地区少数民族师范学校，位于丽水师范专科学校原址。

2005 年始，丽水市直行政事业单位房地产置换及收储，都采取“土地按行政划拨价，房屋按重置价”标准计算。2006 年，丽水市制定市直行政事业单位办公用房存量资产配置盘活方案、存量资产收储交接工作实施方案，明确可置换办公用房的不建设，要建设的需置换办公用房，置换房产工作统一由市财政局委托市国资公司收储；市土地收储中心收储闲置土地，所有资金用于办公楼建设，不准挪作他用。2007—2010 年，丽水市直行政事业单位处置、盘活办公用房存量资产 5 处，资金约 1 亿元，帮助 41 家行政事业单位解决办公或业务用房。

第四节　会计管理

会计制度始于夏禹盛于周代。唐元和年间(806—820)，宰相李吉甫编《元和国计簿》。宋代编制会计录十几种。明万历四年(1576)，户部尚书王国光与侍郎李幼滋等编辑《万历会计录》进呈，开始实施万历会计录制度。清代，各衙门沿用旧管、实在、开除、新收“四柱清册”会计记账报告方法。民国时期，引进西方会计技术，政府机关实行“官厅会计制度”，公私企业也实行“西式簿记”，会计工作由中央主计处主管。1949年中华人民共和国成立后，会计工作由财政部门主管，会计制度的制定、会计人员职称的评定等，均由财政部门负责。

会计制度

民国元年(1912)，处州府实施《会计法条例》，替代中式簿记。北洋政府时期，修改颁布《会计法》。民国20年，国民政府成立主计处，主管会计业务。民国24年8月，重新修订《会计法》。民国37年1月，颁布《商业会计法》。1952年，各县统一采用财政部颁发的《国营工业企业统一会计科目和会计报表格式》，统一印发账簿。1955年始，各县实施商务部颁发的《国营商业企业统一会计制度》。1978年始，各县实施国务院颁发的《会计人员职权条例》。1985年5月1日起，丽水地区实施全国人大颁布的《中华人民共和国会计法》。1989年，省人大颁布《浙江省会计工作管理办法》。1993年7月1日起，实施财政部颁发的《企业财务通则》《会计准则》《企业财务制度》《企业会计制度》。1997年，中华人民共和国财政部相继颁布《财政总预算会计制度》《事业单位会计准则(试行)》《事业单位会计制度》《行政单位会计制度》，1998年1月施行。1999年10月，全国人大修订《中华人民共和国会计法》。2000年7月，实施新修订的《中华人民共和国会计法》。2005年1月，实施《企业会计制度》《民间非营利组织会计制度》《村集体经济组织会计制度》。3月，实施《会计从业资格管理办法》《代理记账管理办法》。2007年1月，实施修订后的《企业会计准则——基本准则》。2010年4月起，丽水市全面实施财政部、中国证券监督管理委员会、审计署、中国银行业监督管理委员会、中国保险监督管理委员会联合颁布的《企业内部控制配套指引》，基本建成企业内部控制规范体系。

会计职称评定

20世纪80年代以前，全国没有开展会计技术职称评定工作。1982年，丽水地区有会计人员3034人(不含乡、镇、街道集体、农村会计人员)。同年2月，丽水地区开展会计基数职称评定工作，选择缙云县开展会计基数职称评定试点。同年，丽水地区评定会计师30人，助理会计师299人，会计员882人。1983年，暂停会计人员职称评定工作。1986年10月起，实行会计技术职务聘任制度；恢复会计人员职称评定工作，成立丽水地区中级会计职称评审委员会，负责丽水地区中级会计技术职称评定和高级会计技术职称推荐工作，兼办财税系统经济类技术职称评定工作。1990年年底，丽水地区有会计人员7823人(不含乡、镇、街道集体、农村会计人员)。1991年始，会计专业技术资格实行全国统一考试，评审工作停止。1992年，丽水地区开展会计初级、中级职称考试。2001年5月，丽水市开展《中华人民共和国会计法》执法检查。

2000年，会计证更名会计从业资格证书。同年10—12月，全市开展会计证年检换证工作。2003年9月起，申报高级会计师人员须先考后评，由省会计专业技术资格考试领导小组统一组织考试；丽水市首次通过先考后评方式，获高级会计师任职资格19人。2008年11—12月，丽水市会计专业技术资格考试、会计从业资格考试首次采用网上报名方式。2009年12月，浙江省会计人员网络继续教育平台正式运行。2010年，丽水市开展无纸化考试服务试点。同年，全市考试合格经国家财政部发给证书的会计从业人员25710人，其中市本级5567人；高级会计专业技术资格270人，中级会计专业技术资格1531人，初级会计专业技术资格4405人。

会计中介机构管理

会计师事务所　1989 年 3 月，丽水地区会计师事务所成立。1996 年，丽水地区加强会计法治建设，推进会计电算化工作步伐，发挥会计事务所作用；地区会计事务所承办业务 252 项，包括验资、年检、审计、资产评估、工程造价咨询、会计咨询、财会人员培训等。1999 年，丽水地区会计师事务所改制，与财政部门在人员、财务、业务、名称上脱钩，并改制成为独立核算、自负盈亏的社会中介机构。2003 年 9—11 月，丽水市开展会计师事务所基本情况专项检查。2005 年 3—11 月，丽水市开展资产评估机构检查。2010 年年底，丽水市有会计师事务所 12 家，注册资产评估机构 4 所。

代理记账机构　2006 年，丽水市开展代理记账业务。2006 年 9 月，丽水市核准丽水市金点子企业事务代理中心（后更名丽水市金点子财务管理有限公司）、丽水市处州统计事务所有限公司代理记账资格申请。2007 年 6 月，核准丽水市金穗子会计代理有限公司代理记账资格申请。2010 年 5 月，核准丽水市智诚会计服务有限公司（核准名）代理记账资格申请。

会计基础管理

1983 年 12 月，财政部颁布《会计档案管理办法》。1984 年至 1986 年 1 月，丽水地区开展清理会计档案。至 1990 年，丽水地区完成清理建档任务。2002 年 11 月，丽水市实施会计从业资格档案工作制度。2003 年 12 月，丽水市建立会计诚信档案管理制度，会计诚信档案分单位诚信档案和会计从业人员诚信档案两部分，主要内容包括基本信息、守信信息和警示信息等三项。

财务总监委派制

2001 年，丽水市启动财务总监委派制度。6 月，丽水市国有资产管理委员会办公室制定财务总监工作指导意见，丽水市人民政府颁发 5 号令，全市获财务总监资格 56 人。7 月，市属国资营运机构 5 家率先试行财务总监委派制，委派财务总监 5 人全部向社会公开招聘。2002 年 2 月，丽水市财政局财务总监管理中心成立，履行财务总监管理职责。3 月，全市规范市级国有资产营运机构财务监督工作，明确财务总监实行“三参与”“三监督”监管机制。2005—2008 年，丽水市本级向社会公开招聘财务总监 9 人。2010 年，丽水市向市直国资营运机构委派财务总监 13 人，向 1000 万元以上政府性投资项目委派财务总监 22 人次。

第五节　财政监督

审计制度

民国 24 年（1935），浙江省政府审计处对各县级机构财务实行报审和抽审制度。民国 24—25 年，青田县政府田赋管理处先后送审水上保甲经费和土地申报经费 2 项。民国 27 年 5 月，国民政府颁发《中华民国审计法》及其《中华民国审计工作实施细则》。民国 31 年，国民政府规定由县暂行兼办审计事务，普通县由县府会计室为主。1949 年中华人民共和国成立初，丽水专区及各县财政科设审计员，办理本级各部门及所属单位预算、决算，审核经费开支原始凭单和汇编年度决算等工作。1950年始，丽水行政专署及各县财政科设审计人员1—2人，办理审计业务。后随着机构调整和经济建设需要，审计业务先后由财粮科、财政局承担。1963年，各县财政局配置审计干部，代理审计业务。1984年，丽水地区设立审计局，依法独立行使审计监督权。后丽水审计工作更加规范有序。

财政监察

1950年11月，丽水专区设立财政监察机构，负责监督检查国家财政方针政策执行情况。1953年，丽水行政专署及各县财粮科配备财政监察员，开展财经纪律检查。1955—1957年，各县组织财政监察员开展行政、事业和企业单位财务检查。1958年，各县撤销财政监察机构。1962年，各县相继恢复财政监察机构。1966年，丽水专区再次撤销财政监察机构。1977年6月至1978年5月，中共丽水地委、地区革委会决定开展财务大检查，范围涵盖全区公社以上行政、事业、企业单位。1979—1980年，丽水地区开展控制社会集团购买力和公费医疗检查。1986年，丽水地区加强财政监察工作，清理、整顿和复查“小钱柜”工作，查处各种违纪案件25件，违纪金额15万元。2000—2010年，丽水市开展行政事业单位、企业、会计师事务所财政监察工作，检查行政事业单位、企业、会计师事务所372家，其中处理处罚40家；纠正违法、违规、违纪会计事项，责令调账金额1737万元，查处补充入库违纪金额532万元。2008年，审计署驻上海特派员办事处到丽水对市本级中央扩大内需国债补助审计及同级审计，收缴廉租住房保障补充违规资金445万元。2009年，丽水市开展“小金库”专项治理工作。2010年，丽水市开展“小金库”专项治理回头看，扩大“小金库”专项治理范围，首次将社会团体、国有企业及国有控股企业列入其中。2009—2010年，丽水市开展“小金库”专项治理单位3139个，查出设立“小金库”的单位123个、金额2314万元，其中市本级单位239个，设立“小金库”的单位5个、金额304万元，全部进行纠正处理。

控制社会集团购买力

1957年，各县开展增产节约运动，压缩行政费用，控制非生产性支出。1962—1964年，各县限制政府高级消费，不准购买沙发、地毯等非生产性设备和高级商品22种。1973年，丽水地区实行总额控制，增加专控商品范围，从22种增加到30种。1978年始，丽水地区实行计划管理，限额控制，凭证购买，定点供应，专用发票，专项审批。1979年始，丽水地区除新建单位和特殊情况外，一般不予审批商品范围扩大到30种。1980年，丽水地区控制购买商品范围增加到32种。1981年始，丽水地区实行定额供应商品。1984年，丽水地区控制购买商品范围减少到14种。1985年，丽水地区控制购买商品范围增加到17种，并适当集中审批权限。1988年10月，丽水地区控制购买商品范围扩大到29种，明确两年内严禁购买彩电、名牌卷烟和名酒。同年，成立丽水地区控制社会集团购买力办公室。1989年始，丽水地区试行限额控制购买小汽车、大轿车。1990年，丽水地区凭准购证供货、结算、报销和发放车辆牌照。

1991年始，丽水地区一般不再批准行政事业单位购置新的设备，确需购置的，全部从严审批。同年，实行丽水地区专控汽车控审证制度，建立专控汽车管理档案。1993年3月始，丽水地区开征专控汽车消费调节基金，将部分消费基金转为财政预算外资金。同年，丽水地区本级征收调节金138万元。1994年，丽水地区控制社会集团购买力办公室调整工作重点，重点管理小汽车的控购和征收小汽车调节金。1994年4月，在全省范围内首先实行购置小汽车资金审核管理办法。7月，丽水地区开始征收摩托车消费调节基金。11月，丽水地区专项清理购置专控商品。1995年，丽水地区开始征收无线移动电话等5种专控商品消费调节金。同年，丽水地区征收摩托车、小汽车及其他专控商品调节金965万元。1996年，丽水地区征收各类专控商品调节基金1520万元。1997年，丽水地区参照执行浙江省专控商品范围，将6项大型医疗仪器和助动自行车列入省专控商品范围。1999年7月，丽水地区停止征收购置国产小汽车调节金。12月，丽水地区停止征收购置进口小汽车调节金。1993—1999年，丽水地区征收调节金5818万元。

2000年，丽水市严格审批专控商品，购置小汽车按定编方案执行。2001年，丽水市重新登记市本级行政事业单位车辆控购审批情况，健全小汽车控购审批档案库。2002年，丽水市规范市直单位车辆管理，明确车辆报废、出售过户、更新标准和程序。2003年，丽水市重新核定市直行政事业单位小汽车编制，核定有车单位82家，核定车辆482辆。2004年，丽水市明确事业单位、国有和国有控股企业购置小汽车标准。2009年，丽水市停止党政机关公务用车购置一年，公务用车购置费比上年减少50%以上。

政府采购制度

1998年6月，丽水地区本级单位试行政府采购制度。8月，丽水地区举行采购权公开招标竞拍，地直机关事业单位公开招标竞拍小汽车采购权11辆，节约财政资金8万元。1999年11月，丽水地区统一实行地区本级行政事业单位车辆保险办法，在全省率先将政府采购范围延伸到保险服务领域。2000年1月，地直行政事业单位实行机动车辆定点加油。2003年1月起，丽水市执行《中华人民共和国政府采购法》。2005年9月，丽水市在全省率先推行到杭州公务住宿协议采购，通过竞争性谈判方式，确定丽水市公务人员到杭州公务住宿定点宾馆29家。2005年始，市直行政事业单位实行政府采购预算管理；建立全市政府采购评审专家库。同年，全市预算金额超10万元的自行采购项目，全部纳入市招标中心统一运作。2008年5月，丽水市开展政府采购执行情况专项检查。2009年7月，丽水市实行计算机、打印机协议供货商品必须开展协议供货询价方式。12月，全市试行政府采购评审专家管理办法。2010年6月，丽水市参加全省联动协议供货的通用设备项目18类。1999—2010年，全市采购预算金额55亿元，合同金额46.16亿元，节约财政资金8.84亿元，节约率16.07%。

1999—2010年丽水市政府采购情况统计

表19-4-5-1

年 份	预算金额（万元）	合同金额（万元）	节约金额（万元）	节约率（%）
1999	4595	4101	494	10.75
2000	9058	7867	1191	13.15
2001	21111	17363	3748	17.75
2002	25298	21730	3568	14.10
2003	30702	26504	4198	13.67
2004	38066	31936	6130	16.10
2005	45424	38317	7107	15.65

续表 19-4-5-1

年 份	预算金额(万元)	合同金额(万元)	节约金额(万元)	节约率(%)
2006	55876	45897	9979	17.86
2007	63616	52283	11333	17.81
2008	80095	67048	13047	16.29
2009	81264	67973	13291	16.36
2010	94885	80576	14309	15.08
合计	549990	461595	88395	16.07

企业利润监交

1955 年 1 月，由各专署办理财务缴拨之企业，划拨至各县财政办理缴拨。1956 年 7 月，各县先在地方国营工业及交通企业系统开展试点，由各县税务机关逐步接收利润监交工作。1958 年，各县财粮科与县税务局合并成为县财政局；县财税部门经管利润监交工作。1959 年，各县基层财税所负责监交国营商业企业利润，就地上解国库；各县财政局负责监交粮食企业利润，汇总上交省粮食厅。1962 年，各县利润监交机构恢复为各级税务机关。1970 年 1 月，丽水地区各县利润监交范围扩大到基层供销社。1983—1984 年，丽水地区国营企业由上交利润调整为税收，利润监交工作重点转向稽征管理国营企业所得税。

财政驻厂员制度

1955 年，各县对部分企业建立财政驻厂员制度，实行财务与税收分管。1966 年，各县停止执行财政驻厂员制度。1986 年 8 月，财政部在全国各省市财政厅(局)设中央企业财政驻厂员处。1987 年 3 月，丽水地区财政局设立中央企业财政驻厂员组，对在丽水的中央企业财务资产，实行就地监督和管理。1994 年 9 月，财政部派驻各地财政厅(局)中央企业财政驻厂员机构更名财政部驻各地财政监察专员办事机构，市(地)设立办事处市(地)办事组。1998 年 8 月，撤销丽水地区的财政监察专员办事组，其职能并入地区财政局。

冻结控制银行存款

1950 年 11 月 15 日起，丽水专区冻结行政、事业单位和社会团体存款 1 个月。1960—1961 年，各县冻结行政、事业单位和企业单位专项存款。1968 年 2 月，丽水地区以 1967 年存款底数，冻结行政、事业、企业单位存款。1976 年 10 月起，丽水地区除企业流动资金等专项 7 个和 11 月、12 月人员经费外，行政、企事业单位存款一律冻结；被冻存款，除按规定解冻部分外，其余上缴财政部门。1981 年 1 月，丽水地区控制行政、企事业单位银行存款，非经批准不得动用。1982 年 1 月，丽水地区行政、企事业单位银行存款全部解冻。

财政支出绩效评价管理

2001 年，丽水市专项资金管理实行“按项报批、专款专用、专门核算、追踪问效”办法。2003 年，丽水市财政跟踪问效专项资金项目 118 个，核减财政资金 30 万元。2004 年 6 月，丽水市扩大绩效考评范围，涵盖基本建设项目、10万元以上修缮项目、纳入政府采购目录和采购限额以上设备购置项目、5万元以上会议项目、单项5万元以上其他专项。2010年2月，制定《丽水市财政支出绩效评价工作暂行办法》，明确一般项目由单位自评，重点项目委托社会中介机构初评，财政部门复评，邀请专家终评，评价结果作为预算编制和批复重要依据。2006—2010年，丽水市财政支出绩效评价项目1159个、金额72.8亿元，其中市直财政支出绩效评价项目213个、金额2.21亿元。

第五章　税　务

隋唐，处州均设有工商税收征收机构。北宋崇宁三年(1102)，处州府在遂昌县设茶场征税。明成化年间(1465—1487)，松阳县有茶课和窑冶、铅坑之征。清顺治四年(1646)，处州府向盐户、运销商分别征收灶课、引课。清雍正二年(1724)，实行“摊丁入地”。清同治四年(1865)，设处州厘金局，下设龙泉等厘卡。清光绪年间(1875—1908)，处州税赋加重，陆续开征烟酒税捐、房捐、印花税、车捐、船捐等新税。民国元年(1912)，民国北京政府完善工商税收制度，开始将厘金逐步改为纳税和货物税，但大体上仍以厘金为主。民国26年，全面抗日战争爆发，丽水地区税捐机构以“一切税制均沿旧制”为原则，进行多次税收整理，税种税目越整越多，名为平衡税负，实为筹措战时各项费用。民国34年抗日战争胜利后，国民政府对税收又加以整顿，结束战时种种临时措施，公布地方税各税系法条例，规范有关稽征的手续制度，大体上完成从封建税制到资本主义税制的过渡。

1949年5月丽水解放后，丽水工商税收成为“取之于民，用之于民”的财政支柱。在暂时沿用旧税法的同时，废除苛捐杂税，边征收边整理。1950年1月，丽水专区根据全国统一税收的要求，逐步实行新税制，统一财经工作和财政收支管理，有关税收制度、财政收入秩序、供给标准、行政人员编制以及国家征收的公粮、代金、盐税、货物税、工商业税，均归中央统一调度，税收逐年上升。1966—1976年，丽水各县税收严重削弱，税制进一步简并，工商税收占财政收入比重也一再降低。1983年和1984年，丽水地区先后实行两步“利改税”。1994年始，全面税制改革，实行分税制，省以下税务局分设为国家税务局和地方税务局，丽水地区工商税收增长开始加快，自此逐年稳步增长。2010年，丽水市财政总收入768353万元，工商税收总额662488万元，工商税收占财政总收入比重86.22%，工商税收在丽水市财政收入中占主导地位。

第一节　税　制

清代至民国时期税制

清初，田赋沿用明代“一条鞭法”。清雍正二年至七年(1724—1929)，田赋采用摊丁入地；工商税收有酒税、渔税、茶税、关税、厘金、土药税、当税、牙税、落地税、矿税、牛税、碓税等;杂捐有户捐、典当捐、钱业捐、绸捐、车捐、船捐、港捐等。

民国元年(1912),田赋为正赋,将清末各种附加并入正赋征收,包括地丁、漕粮、租课、差役和杂捐等。田赋以后又出现名目繁多田赋附加,附加超过正赋。关税、厘金沿用清末税制。盐税沿用清末盐法,其中附加有中央、外债和地方。各地征收厘金,包括坐厘、行厘,税率各不相同。民国2年,属中央管理的税收17项,包括田赋、盐税、关税、统捐、厘金、矿税、契税、牙税、当税、烟税、酒税、茶税、糖税、渔业税;属地方管理的税收20多项,包括田赋附加、商税、牲畜税、粮米捐、土膏捐、油酱捐、船捐、杂货捐、房捐、戏捐、车捐、粮捐、茶馆捐、饭馆捐、肉捐、渔捐及其他杂捐。民国17年,划归地方的税收包括田赋、契税、牙税、当税、屠宰税、营业税、所得税附加、船捐和房捐。同年,开征卷烟统税。民国19年,开征地价税和土地增值税。民国20年全国裁厘后,开征营业税,列为地方税,设置棉纱、火柴、水泥、面粉等统税。后范围逐渐扩大,包括熏烟叶、火酒(酒精)、饮料品、茶类、糖类等。民国23年,田赋附加、房捐、屠宰税、印花税和营业税的30%划为县税。民国25年,开征所得税,包括营利事业所得税、薪给报酬所得税、证券存款利息所得税。民国27年,开征非常时期过分所得税(民国36年停征)。民国31年,经省批准,县可开征山地收益捐,特产捐以及其他杂捐税。民国32年,开征财产租赁所得税。民国35年,修改综合所得税法,增加一时所得税。民国35年7月,属中央的税收有关税、盐税、货物税、直接税(包括所得税、印花税、遗产税);属省级的税收有土地税、营业税,与县五五分成;属县级的税收有屠宰税、房捐、营业牌照税、使用牌照税、筵席及娱乐税、契税。

中华人民共和国成立后税制

1949年6月,暂时沿用旧税法,部分废除旧税种。1950年1月政务院颁布《统一全国税政的决定》后,丽水专区先后开征货物税、工商业税(包括营业税和所得税)、利息所得税、印花税、交易税、屠宰税、房产税、地产税、特种消费行为税、使用牌照税等。6月,房产税和地产税合并成城市房地产税。

1953年1月,国务院修正工商税收制度,生产环节应纳货物税、营业税、印花税、商业批发环节和零售环节交纳的营业税、印花税,合并为商品流通税,出厂环节课税。应税货物工业环节和商业批发环节应纳营业税及其附加和印花税,并入货物税,粮食、土布交易税改征货物税;工商业应缴纳营业税及其附加和印花税,并入营业税征收。已纳货物税商品,商品零售时缴纳营业税。不纳商品流通税和货物税商品,工厂销售或商品零售,缴纳营业税,免征商业批发营业税,舞场、筵席、冷饮、旅馆并入营业税;电影戏曲及娱乐业改征文化娱乐税,税率不变;保留牲畜交易税;屠商应纳的营业税及附加、印花税并入屠宰税。1953年,各县征收的工商税收有商品流通税、货物税、工商业税、营业税、印花税、屠宰税、牲畜交易税、城市房地产税、文化娱乐税、车船使用牌照税、利息所得税、盐税等12种。1958年10月,货物税、商品流通税、营业税和印花税合并为工商统一税;从工商业税中分解出工商所得税。1959年4月,停征利息所得税和牲畜交易税。1962年6月,开征集市交易税,1965年9月停征。1967年1月,停征文化娱乐税。1969年试行国营企业综合税。

1973年1月,工商统一税及附加、城市房地产税、车船使用牌照税、盐税、屠宰税合并为工商税。城市房地产税、屠宰税、车船使用牌照税对个人征收。国营企业缴工商税,集体企业缴工商税和工商所得税。1980年10月,开征中外合资经营企业所得税和个人所得税。1982年1月,开征外国企业所得税。1983年1月,试行增值税,恢复牲畜交易税。6月,开征国营企业所得税。10月,开征建筑税。

1984年1月，开征国营企业奖金税。10月，开征资源税，工商税分解为产品税、增值税、营业税和盐税。1985年1月，开征城市维护建设税、国营企业工资调节税、集体企业奖金税、事业单位奖金税。1985年和1986年，工商所得税调整为集体企业所得税和城乡个体工商业户所得税。1986年10月，开征房产税、车船使用税。1987年1月，开征个人收入调节税。1988年，开征私营企业所得税、城镇土地使用税。恢复印花税、筵席税。1989年，开征特别消费税。1991年1月，停征建筑税，开征固定资产投资方向调节税。1994年1月，停征牲畜交易税。至1993年年末，丽水地区征收的工商税收有35种；对外资企业继续征收工商统一税、城市房地产税、车船使用牌照税；农业税收有契税、农业税、耕地占用税、农林特产税4种。

1994年，全国进行结构性税制改革，根据"分税制"要求，建立中央税收征管体制和地方税收征管体系，丽水地区税务局分设为地区国家税务局和地区地方税务局；分税制改革后，丽水地区征收的税种简并至21个，形成以流转税和所得税为主体税种，其他税种相配合的复合税制体系，建立以增值税为主体的流转税制度，生产和流通环节普遍征收增值税，实行价外计税办法；对部分产品开征消费税。改革营业税，对提供劳务、转让无形资产和销售不动产保留征收营业税。统一内资企业所得税；简并个人所得税；改革农业税，农林特产税和工商统一税中的农林牧水产品税目合并，改为农业特产税；开征土地增值税，扩大资源税征收范围，将盐税并入资源税；取消集市交易税、牲畜交易税、烧油特别税等。下放屠宰税、筵席税管理权。

2001年1月，车辆购置附加费改为车辆购置税；2000年1月，新投资固定资产项目停征固定资产投资方向调节税；对个人独资和合伙企业停征企业所得税，改征个人所得税。2001年9月，丽水市暂停征收屠宰税（2006年2月，全国取消屠宰税）。2004年1月，丽水市对在农业税计税土地上种植的粮油作物免征农业税。2006年1月，废止1958年制定的《农业税条例》，全国取消农业税。2007年1月，车船使用税和车船使用牌照税合并为车船税。2008年1月，内外资企业统一执行《中华人民共和国企业所得税法》，同时废止《外商投资企业和外国企业所得税法》《企业所得税暂行条例》。2008年，丽水市国家税务部门征收税种有增值税、消费税、企业所得税（中央企业及2001年1月1日后新办工商企业所得税）、个人所得税（个人储蓄存款利息）、车辆购置税。丽水市地方税务部门征收税种有营业税、企业所得税、个人所得税、城市维护建设税、车船税、房产税（包括城市房地产税）、资源税、城镇土地使用税、土地增值税、印花税、烟叶税、契税和耕地占用税。

第二节　农业税类

丁　漕

清代丁漕以土地册籍为据，按都置田亩图。后改图为庄，旋又复图，各户土地记载图内。对征收完成程度，采取地方官员连坐办法实行奖惩。征收足额的则给以升级晋薪。清代官吏为保住禄位，横征暴敛，对欠赋者拘人封产。

田　赋

民国时期丁漕改称田赋，征收分上忙（麦收）、下忙（秋收）两期。对地方官员和经征人员用记功、记过、晋升、降级等考成奖惩措施。民国21年（1932），遂昌县县长陈成和松阳县县长李裕光催征得力，分别记功一次、二次；民国22年，遂昌县田赋比额短绌三成，县长陈瓒记过一次。民国时期，处州各县每期征收到限，未完粮的串票，交粮差按户催征，欠赋户除交粮款外，还得付粮差工食费，如再拖欠就禀请提追。

农业四税

农业税　1949年10月，浙江省政府颁布《浙江省征收农业税暂行办法草案》，采取“旧派新推”的办法，将公粮、田赋、公柴及乡镇经费等合并，分为甲、乙、丙、丁四等；旱地、山、荡有收益折成田亩，以每户占有田亩为多少，分税级19个，户占2亩以下免税，自上而下分配征额，自下而上登记田亩，按登记面积照省颁税率，逐户计算。1950年9月，中央人民政府公布《新解放区农业税暂行条例》，人均年收入粮食60千克以下免征，60.5—95千克1级为税率3%，1—10级级差为20千克，11—16级级差25千克；17—20级级差为40千克；23—28级级差为50千克；29—34级级差60千克，35—39级级差70千克，税率每级递增1%，40级为1555.5千克以上，税率42%，实行累进税制。1951—1952年，土地改革完成地区实行23级全额累进税制，人均常年产量在75千克以下税率8%，1000千克以上税率30%。1952年，实行24级累进税制。1958年6月，国务院公布《农业税条例》，改为地区差别比例税率；农业收入以粮食常产计算，国家核定全省平均税率为16%，各县通过调整，常年平均税率为13.03%。1961年，各县农业税税率为7%—13%；对国营农场及有农业收入的机关、部队、学校、团体，按计税产量9%征收。

1979年，丽水地区实行农业税起征点减免办法，以生产队为单位，对人均口粮不足200千克，经济收入不足50元者，免征农业税。1980年，丽水地区推行“实物征收、货币结算”办法，现粮部分由粮食部门代征，代金部分由财税部门征收。1983年，丽水地区停止执行农业税起征点办法，农业税代金价格，按统购牌价，两道价结算，9月30日前交纳按每百斤早稻价11.55元；10月1日后交纳按晚稻价11.9元结算。1985年4月，丽水地区代金价格按粮食“倒三七”比例收购价计算（30%按统购价、70%按超购价）；10月底前按早稻价，11月1日后按晚稻价结算。

1986年，丽水地区恢复农业税“实物征收，货币结算”办法。1996年，丽水地区农业税现粮计税价格为每50千克60元。2001年，丽水市农业税现粮计税价格为每50千克46元。2004年1月，丽水市执行浙江省农业税计税土地上种植的粮油作物免征农业税政策，2006年1月，全国取消农业税。

农林特产税　1949—1952年，丽水专区对种植农林特产之土地，按平均收入折合主粮，计征农业税。1954年，各县林木随售随征，税率15%，茶叶、茶籽、桐籽等，税率7%（扣工资运价）。1955年4月，各县木材（原木、板木、枕木、坯木）税率12%；毛竹（原竹、毛料、纸料）厚朴、桐籽、柏籽税率10%，茶叶税率7%。1957年7月，各县调整农林特产品种、税率，原木15%，白术税率25%（个体户为30%）。1958年8月，各县原木税率由15%调整为10%。1959年，各县茶叶税率调整为9%，桐籽、柏籽调整为7%，1963年，竹木税率调整为8%。

1966年，丽水专区白术税率为13%，芍药、萸肉为10%，原木、原竹税率为8%，茶叶、桐籽、柏籽、茶籽税率为7%。1973年1月，丽水地区原竹、原木税率为9%；茶叶、油籽、干果税率为3%；白术税率为14%；荚肉免征。1978年，丽水地区白术、芍药税率调整为7%。1979年5月，丽水地区油籽（菜籽、桐籽、柏籽）税率调整为1%。1981年1月，丽水地区原木税率按售价2%征收，原竹税率按售价3%征收，毛茶税率按售价8%征收；精制茶叶税率按售价8%征收。1984年，春茶税率按6%征收，夏秋茶按10%征收。1985年，茶叶统一税率为8%，制茶用香花税率5%。1988年4月，对收益较高的珍珠、柑桔、西瓜等开征农业税，柑桔在征收农业税的基础上按出售收入的6%加征；西瓜在征收农业税的基础之上，每亩加征15—20元。

1989年4月，全面开征农林特产税，柑桔税率15%，杂竹、毛料、鲜笋、笋干、原木料、茶叶、花卉等税率8%，花菇、金针菇、猴头菇、平菇、黑白木耳等税率7%，松脂、棕片等税率5%。1990年3月，茶叶、农林特产税减半征收。8月，柑桔减征40%。1994年1月，农林特产税改农业特产税。2001年9月，全市停征农业特产税，2006年2月，全国取消农业特产税。

耕地占用税　1987年，丽水地区开征耕地占用税，丽水市（县级）属三类，每亩税额4000元，其他各县（市）均为四类地区，每亩税额3000元。经批准可免征耕地占用税的有部队军事设施用地；铁路、飞机场跑道和停机坪用地；炸药库用地；学校、幼儿园、敬老院、医院用地。

1990年1月，公路建设，包括市政道路、乡村简易公路等占用耕地，均按每平方米2元征收耕地占用税。2008年1月，耕地占用税新条例实施，铁路、飞机场跑道和停机坪占用耕地按每平方米2元征收耕地占用税。丽水市本级耕地占用税征税标准调整为每平方米45元，龙泉市、遂昌县、青田县、缙云县每平方米35元，云和县、景宁畲族自治县、松阳县、庆元县每平方米25元。1991—2010年，征收耕地占用税5.9亿元，其中市本级1.99亿元。

契税　清末，处州只有典买房契税，按买卖价每两收税三分，单价1000两以上需将原契及纳税贴凭送府查验。清宣统元年（1909），改为每两收税6—9分，折收银元九分至一角二分五厘。

民国3年（1914），处州征卖契9%、征典契6%，另收契纸费每张五角。民国19年，凡不动产之卖契、典契，征收标准为卖价6%、典价3%。民国23年，征卖契6%，征典契3%，赠与照产价估征6%，继承和分析照产价估征2%。民国32年，绝买、占有15%，活典10%，赠与、分割6%，交换4%，民国35年6月，修正税率，买、赠、占有契6%，典契4%，交换、分割契2%。12月，不领官用契纸之罚最高额1000元。民国36年2月，提高为2万元。同时加征县市附加25%、乡镇监证费1%。

1950年，政务院公布《契税暂行条例》，明确买契税率6%；典契税率3%；赠与契税率6%。1954年6月，政务院修正《契税暂行条例》，机关、部队、学校、党派、受国家补贴的团体、国营企业、事业单位、合作社等土地房屋买、典、承受、赠与或交换行为者，均免纳契税。1958年后，房地产买卖很少，不少县无形中停征。

1997年10月，丽水地区施行《契税暂行条例》，契税税率3%—5%。1998年12月，浙江省契税税率3%。1999年8月，个人购买自用普通住宅契税税率减按1.5%执行。2004年，法定继承人继承土地、房屋权属、免征契税。2005年，丽水市区住宅小区建筑容积率在1以上，单套建筑面积在144平方米以下的普通住房契税税率1.5%。12月，对超出土地、房屋拆迁补偿和安置补助总额的部分，统一减按1.5%税率征收契税。2008年10月，个人首次购买90平方米及以下普通住房，契税税率暂下调到1%。

第三节 流转税类

营业税

中国营业税有两千多年历史。周代征"关市之赋"。唐、宋、元、明时期征商税。清时，征厘金，牙帖捐、钞照都有营业税性质。民国时期，营业税成一大税种。

清末牙、当等商税　季钞款，对春笋、丝、茶及鱼秧、蚕桑等征收，一年一颁，每户每季征银一钱六分，遇闰年加征 0.5333 分；牙税，以商民开设牙行，按则征收，上则捐银 480 两，中则 240 两，下则 120 两，次下则 60 两。当税户部则例规定，每典当铺每年税银 5 两。清光绪三年（1877），处州府年征白银 10 两；牙帖捐，牙户捐领部帖，分上、中、下及下下四则，上则年捐银 480 两，中则 240 两，下则 120 两，下下则 60 两。清光绪三十年（1904），取消下下，以 120 两起征；钱当捐，清光绪二十八年（1902），钱捐分上、中、下、下下四等，资本 15 万串以上者年捐银 100 两，10 万串以上 80 两，5 万串以上和不及万串者 60 两至 20 两不等。清光绪三十年（1904）后，加倍征收；杂商税，有杂税、商税、碓税三种。杂税全省仅 11 个县开征，处州有云和、龙泉、丽水 3 县定额征收，征收数为，龙泉 15 两、丽水县 3.98 两。商税即落地商税，温州、处州两府州、县开征。清光绪三十四年（1908），定额处州府属每年 112 两。碓税为碓舂谷物应收之税，按则、按户、按碓均有，全省开征 14 个县，处州府属有青田、松阳、庆元等县，每碓年收税一钱至三钱不等，年征 27.1 两。

民国时期营业税　牙帖捐，对从事代客介绍买卖货物收取佣金的牙行，给领牙帖时，分等征收，包括帖捐和常年税两项。民国 4 年（1915），帖捐分为 300 元、250 元、200 元、150 元、120 元、80 元六等；民国 17 年，裁撤厘金，议营业税法。之后将牙税、当税、屠宰捐等均改为营业税。民国 20 年，国民政府颁布营业税法，对税率作弹性规定。民国 27 年，浙江省对在战区经营呢绒、绸缎、洋布、化妆品暨其他洋货者，及战时获利较丰之营业，依营业额征收 10%—30%特种营业税。民国 31 年，凡以营业为目的之事业，须向征收机关登记发证后，方可营业，按营业总收入计税，税率 1%—3%；按营业资本额计税，税率 2%—4%，当税改为特种营业税，按资本额征收。民国 36 年，按资本额课征标准，改按营业收益额课税，税率 4%；按营业收入额课税，税率为 1.5%，制造业减半征收。

营业牌照税　民国 3 年（1914）浙江省开征营业牌照税，当时征收烟酒行业，民国 31 年，行政院公布《营业牌照税征收通则》。浙江省制定征收规则，经营娱乐场业、中西餐馆业、烟草业、茶馆业、旅馆业、牙行业、酒业、拍卖业、居间业、运送业、包装业、堆栈业、典当业、屠宰业、香烛纸箔业、玩具乐器业、珠宝首饰金银业领取牌照，应缴纳营业牌照税；营业牌照税以上年营业总收入额为课税标准。税额分为五级，年营业收入总额在 0.25 万—0.5 万元者，年纳税额 6.25 元；在 8 万—9 万元者，年纳税额 200 元；超过 9 万元部分，每超 1 万元加征 25 元；不满 0.25 万元者，免征。民国 35 年，国民政府公布《营业牌照税法》，改以营业资本额为课税标准，增加婚丧仪仗、爆竹业、化妆装饰古玩业、参茸燕桂银耳业、海味糖果果品业、理发浴室业。营业资本额未满 1 万元者，年纳税额 10 元；800 万—1000 万元，年纳税额 4 万元；超过 1000 万元部分，按 5%纳税。

中华人民共和国成立后营业税　1949 年 5 月，丽水专区各县先后由军管会发布公告，废除苛捐杂税，保留合理税目。1950年12月，丽水专区执行修正后的工商税暂行条例，按营业额征收营业税，业别75个，税率1%—3%；按营业总收益额征收营业税，业别23个，税率1.5%—6%。按佣金计算的，业别6个，税率6%—15%。1953年，政务院修正税制。其中税率，工业1.5%—3.5%，商业2%—3.5%，依收益额计征的2%—15%。1958年，政务院实行税制改革，商业零售3%、交通运输2.5%，安装、设计、建筑、加工、修理、缝纫、洗染织补、弹棉花、印刷、打字、照相、美术、裱画、镌刻、浴室、理发、仓储、堆栈3%，饮食、旅店、租赁、广告、喜庆5%，报关转运、介绍服务、代理购销、委托拍卖、信托、行栈7%。1973年，国务院简化税制，商业零售、服务业、公用事业3%，临时经营10%，交通运输15%。供销社销售农业生产资料免纳零售环节工商税。1981年8月，对机关、团体、部队和企事业单位的宾馆、饭店、招待所营业收入，征收5%工商税。工业企业自销产品，按销售收入征收一道零售环节工商税。1984年10月，国务院颁布《营业税条例(草案)》，营业税成为单独税种。1986年9月后，贩运粮食3%，贩运农副产品5%，贩运其他货品10%。1990年1月，贩卖粮食税率调整为5%。

1993年12月，国务院颁布《营业税暂行条例》，交通运输业税率3%，建筑业3%，金融保险业5%，邮电通信业3%，文化体育业3%，娱乐业5%—20%(浙江省执行10%)，服务业5%，转让无形资产5%，销售不动产5%。1994年1月，营业税起征点，按期纳税起征点为月营业额400元；按次纳税起征点为每次(日)营业额50元。1997年1月，金融保险业税率提高到8%，政策性银行减按5%，农村信用社在1997年12月31日前减按5%，提高金融保险业营业税税率后，提高3%税率计征的部分，由国家税务局负责征收，2003年1月起，金融保险业税率下调为5%。1999年7月，歌厅、舞厅、卡拉OK歌舞厅和“游戏机活动场所”税率调整为13%。1999年8月，个人购买并居住超过一年的普通住宅，销售时免征营业税，不足一年按销售价减去购入原价后的差额计征；个人自建自用住房，销售时免征营业税。2001年1月，对按政府规定价格出租的公有住房和廉租住房，暂免征收营业税；个人按市场价格出租的居民住房，暂减按3%税率。

2001年始，金融保险业税率每年下调一个百分点，分三年税率降到5%。2003—2005年，新办服务型企业(除广告业、桑拿、按摩、网吧、氧吧外)当年新招用下岗失业人员达到职工总数30%以上(含30%)，并签订3年以上期限劳动合同，3年内免征营业税、城市维护建设税、教育费附加和企业所得税。下岗失业人员从事个体经营(除建筑业、娱乐业以及广告业、桑拿、按摩、网吧、氧吧外)，3年内免征营业税、城市维护建设税、教育费附加和个人所得税。

2003年1月，按期纳税起征点为月营业额2000元，按次纳税起征点为每次(日)营业额100元。2003年5月，“非典”期间，从事饮食、旅店、娱乐、出租车业实行查账征收的纳税人减征、免征或缓征营业税，实行“双定”征收的纳税人，税收定额下调50%。2004年2月，丽水市信用社营业税按3%税率征收。2004年1月，安置自谋职业的城镇退役士兵就业新办服务型企业(除广告业、桑拿、按摩、网吧、氧吧外)达到职工总数30%以上，签订1年以上期限劳动合同，3年内免征营业税、城市维护建设税、教育费附加和企业所得税。2005年7月，按期纳税起征点为月营业额5000元。2006年1月，国家调整下岗失业人员再就业税收政策，商贸企业、服务型企业(除广告业、房屋中介、典当、桑拿、按摩、氧吧外)、有加工性质的小型企业，新招用持再就业优惠证人员，签订1年以上期限劳动合同并依法缴纳社会保险费的，按实际招用人数予以定额依次扣减营业税、城市维护建设税、教育费附加和企业所得税优惠。持再就业优惠证人员从事个体经营(除建筑业、娱乐业以及销售不动产、转让土地使用权、广告业、房屋中介、桑拿、按摩、网吧、氧吧外)，每户每年8000元为限额依次扣减应缴纳的营业税、城市维护建设税、教育费附加和个人所得税。下岗失业人员再就业有关税收优惠政策执行至2010年12月31日。

2010年1月，个人将购买不足5年的非普通住房销售，全额征收营业税；超过5年（含5年）的非普通住房或不足5年的普通住房销售，按销售收入减去购买房屋的价款后的差额征收营业税；超过5年的普通住房销售，免征营业税。

产品税

厘金、坑炉税　汉代的盐税、铁税，唐代的酒税、茶税。北宋崇宁元年（1102），遂昌设茶场征税，是当时全国40个茶场之一。明成化年间（1465—1487），松阳有茶课和窑冶、铅坑之征。清设机构开征茶课、渔课、机织、竹木、铁等税。清同治四年（1865），设处州厘金局，下设龙泉等厘卡。清宣统二年（1910），设括厦、松阳、青田、龙泉4个厘金总卡，括厦厘卡下设栝苍、厦河2个分卡。厘金税率1%—3%，后改为2%、4%或稍高。清光绪二十年（1894），百货厘金加抽1成、茶加3成、糖加5成、烟加12成。

坑、炉、铁税　立坑淘洗铁砂收取坑税，铁矿炼铁收取炉税、铁税。坑税分上中下3则，上则坑年征银一两六钱，中则一两二钱，下则八钱。炉税分上下两则，上则年征银六钱，下则征三钱。处州年征86.8两。铁税每百斤征银一分，公费一厘。

货物（统）税　民国元年（1912）2月，省军政府公布《修正浙江省统捐暂行办法》，统捐从价征收5%。民国17年，试办统税，对卷烟、麦粉征收。民国20年1月裁撤厘金后，财政部议改货物统税，各种产品只收一次税款。民国21年7月，熏烟叶、洋酒、啤酒划为统税范围。民国22年6月，制定统税条例，增加棉纱、水泥、火柴3种，称5项统税。民国25年10月，火酒改办统税。民国29年7月，增加果子酒、蒸馏水等。省府颁布《战时烟酒消费特捐章程》，对土黄酒、绍酒、土烧酒、土生酒、土烟叶五项产品征收。民国30年7月，国民政府颁布《货物统税暂行条例》，从价征收税率，卷烟80%，啤酒60%，烟叶25%。民国32年1月，棉纱、麦粉统税改征实物。民国33年3月开征货物税，锡箔50%，贵重木材30%，熟皮、卷烟纸、金属纸25%，竹及普通木材、瓷器、生皮15%，陶器10%，普通纸5%。民国34年，茶叶、竹木、皮毛、瓷陶、纸箔、麦粉、水泥、火酒、饮料品统税停征，7月对土酒、土烟，改征货物统税。民国35年3月，货物税税率，卷烟120%，洋酒啤酒120%，锡箔及"迷信"品60%，化妆品45%，熏烟叶、饮料类30%，糖类25%，火柴20%，棉纱10%，毛纱毛线、皮统、水泥15%。民国37年，国产烟酒类税率调整为烟叶60%、烟丝40%、酒类100%。

产品（货物）税　1950年1月，政务院颁布《货物税暂行条例》。1950—1952年，征收653万元（含营业税）。1953—1957年，试行商品流通税。丽水地区各县主要征收品目及税率，卷烟62%、黄白酒50%、薰烟叶45%、土甜酒35%、火柴21%、皮毛10%—20%、水泥20%、麦粉、原木10%、生铁5%。1958—1966年，陆续调低部分税目的税率，酒精5%，植物油8%，牛皮制革20%，杂皮制革10%，粮食、油料3%。1984年10月，国务院颁布《中华人民共和国产品税条例（草案）》，开征产品税。1990年，丽水地区主要应税品目及税率，粮食白酒、黄酒50%，议价粮白酒35%，议价粮黄酒、复制酒30%，啤酒40%，议价粮啤酒25%，汽酒、果木酒、其他原料白酒、天然树脂15%，鞭炮、焰火30%，炸药10%，焚化品55%，小型电力5%，氮肥、其他化肥3%，铁合金、原木10%，毛茶25%，精制茶、晒烟叶38%，银耳、黑木耳、水产品、毛绒、原竹5%，食用生猪、菜牛、羊3%。1994年1月，停征产品税。

增值税

1984 年 10 月，试行《增值税条例(草案)》，开征增值税。增值税分甲、乙两大类，计税方法分别采用“扣额法”和“扣税法”，甲类税目 5 个，税率 6%—14%，按“扣额法”计算应纳税额；乙类税目 7 个，税率 8%—16%，按“扣税法”计算应纳税额。进口应税产品，按组成计税价格计算应税额。1987 年 1 月，征收范围扩大为 13 类、43 个税目，将“购进扣额法”和“购进扣税法”统一为“购进扣税法”。1987 年 7 月，轻工产品 11 类 71 个税目，改征增值税。1988 年 1 月，建筑材料、非金属矿采选产品等 6 类 24 个税目改征增值税。1989 年 1 月，工业性加工、修理修配改征增值税。

1993 年 12 月，国务院发布《增值税暂行条例》，于 1994 年 1 月 1 日起施行。增值税基本税率 17%，低税率 13%，低税率适用范围包括基本食品和农业生产资料等，出口商品一般适用零税率。增值税纳税人分为一般纳税人和小规模纳税人，小规模纳税人销售货物或者应税劳务征收率 6%。1994 年 1 月，销售货物起征点为月销售收入 800 元；销售应税劳务起征点为月销售收入 400 元；按次纳税起征点为每次(日)销售收入 50 元。5 月，增值税一般纳税人外购货物(固定资产除外)和销售应税货物支付的运输费用，依 10%计算进项税额扣除。从事废旧物资经营增值税一般纳税人，根据主管税务机关批准使用收购凭证上注明的收购金额，依 10%计算进项税额扣除。1998 年 7 月，增值税一般纳税人购进或销售货物支付运输费用的扣除率调为 7%。年应税销售收入 180 万元以下的小规模商业企业，增值税征收率调为 4%。

2003 年 1 月，销售货物起征点为月销售收入 2000 元，提供应税劳务起征点为月销售收入 1500 元，按次纳税起征点为每次(日)销售收入 150 元。2004 年 1 月，销售货物起征点为月销售收入 5000 元；销售应税劳务起征点为月销售收入 3000 元；按次纳税起征点为每次(日)销售收入 200 元。2008 年 11 月，生产型增值税转为消费型增值税，购进固定资产给予抵扣，小规模纳税人增值税征收率为 3%。

消费税

1993 年 12 月，国务院颁布《消费税暂行条例》，于 1994 年 1 月 1 日起施行。应税产品及税率，粮食白酒 25%，薯类白酒 20%，黄酒 0.24 元/千克，啤酒 0.22 元/千克，酒精 5%，鞭炮、焰火 15%，摩托车 10%，护肤护发品 17%。1994 年 1 月，香皂暂减按 5%，金、银和金基、银基合金首饰，以及金、银和金基、银基合金的镶嵌首饰减按 5%。1995 年，酒类生产企业以黄酒酒糟蒸馏方法生产的纯糟烧，按“其他酒”10%。1999 年，除对香皂仍按 5%税率外，其他护肤护发品税率统一降为 8%。

2001 年 5 月，粮食白酒、薯类白酒实行从量定额和从价定率计算应纳税额，定额税率，粮食白酒、薯类白酒每千克 0.25 元。比例税率，粮食白酒(含果木或谷物为原料的蒸馏酒)25%，薯类白酒 15%。粮食和薯类、糠麸等多种原料混合生产的白酒；以粮食白酒为酒基和酒基原料无法确定的配置酒、泡制酒 25%。2003 年 5 月，铂金首饰消费税改为零售环节征收，税率调整为 5%。2006 年 4 月，调整消费税税目、税率，高尔夫球及球具 10%，木制一次性筷子 5%，实木地板 5%，摩托车气缸容量在 250 毫升(含)以下的 3%、气缸容量在 250 毫升以上的 10%，粮食白酒、薯类白酒比例税率 20%。2009 年 5 月，在卷烟批发环节征一道从价税，税率 5%。

烟叶税

民国元年(1912),省军政府公布《修正浙江省统捐暂行办法》规定统捐从价征收5%。民国30年7月,国民政府颁布《货物统税暂行条例》,烟叶25%。民国37年,烟叶60%,烟丝40%。

1950年1月,政务院颁布《货物税暂行条例》,土烟叶按40%征收。1953年,试行商品流通税,薰烟叶按45%征收。1958年,熏烟叶50%、土烟叶40%。1984年,工商税分解出产品税,烟叶按38%征收产品税。

2006年4月,国务院颁布《烟叶税暂行条例》,税率20%。2006—2010年,丽水市(景宁、松阳、庆元三县)征收烟叶税1065万元。

第四节　收益税类

所得税

所(利)得税　民国3年(1914)1月,北洋政府颁布所得税条例。民国16年,颁布《所得税暂行条例》,均未开征。民国17年,国民政府颁布《所得捐条例》,对国民政府及以下各级机关人员征收所得捐,最低一级月薪在51元以上至100元以下征收1%,最高为八级,月薪在701元以上征收8%。民国25年7月,行政院颁布《所得税暂行条例》及细则,按资本额计算者,适用五级税率。民国35年4月,增加财产租赁所得和一时所得,个人月所得超过60万元的加征综合所得税。民国36年,国民政府公布特种过分利得税法,所得超过资本60%者,加征过分利得税,采用十三级超额累进,最低10%,最高60%。

个人所得税　1949—1979年,国家处于计划经济体制下,没有开征个人所得税。1980年9月,《中华人民共和国个人所得税法》实施,对在华外籍人员征收。工资薪金所得,采用5%—45%七级超额累进税,月减除费用800元。劳务报酬所得、特许权使用费所得和财产租赁所得,每次收入不满4000元减除费用800元,4000元以上的减除20%费用后,余额按20%税率。利息、股息、红利和其他所得税,每次收入按20%税率征收。

1993年10月,《中华人民共和国个人所得税法》修正,于1994年1月起实施。工资、薪金所得采用5%—45%九级超额累进税,个体工商户生产经营所得和对企业事业单位承包、承租所得采用5%—35%五级超额累进税,其他各项所得均按20%比例税率征收,其中稿酬所得按应纳税额减征30%。1999年11月,居民个人储蓄孳生的利息征收个人所得税。2001年1月,个人独资、合伙企业改征个人所得税。2006年1月,工资、薪金所得每月减除费用调整为1600元。2006年5月,对纳税人未提供完整、准确房屋原值凭证,不能正确计算房屋原值和应纳税额的,按住房转让收入1%缴纳。2007年7月,储蓄存款在2007年8月15日后孳生的利息所得,按照5%比例税率征收个人所得税。2008年3月,工资、薪金所得每月减除费用调整为2000元。

2008年1月,个人独资企业和合伙企业核定征收个人所得税应税所得率,制造业5%,小水电13%,批发和零售贸易业5%,交通运输业6%,建筑业7%,饮食业7%,娱乐业20%,其他行业10%。10月,储蓄存款在2008年10月9日后(含10月9日)孳生的利息所得,暂免征收个人所得税。

国营企业所得税　1983年第一步利改税，以税收形式代替上缴利润，国营盈利大中型企业所得税税率55%；饮食服务及营业性宾馆、饭店、招待所税率15%；小型企业、县以上供销社、适用八级超额累进税率，年所得额超过8万元的税率55%，年所得额在300元以下的税率7%。1984年10月，第二步利改税，大中型企业税率55%；小型企业、饮食服务和营业性宾馆、饭店、招待所按新八级超额累进税率征收，年所得额超过20万元的税率55%，年所得额在1000元以下的税率10%，企业年度亏损，可从下年所得额中抵补，但最长不得超过3年。减免税规定，国家机关、团体、军队、行政事业单位所属宾馆、饭店、招待所，暂按15%比例税率；行政事业单位、部队、团体附属企业的收入抵顶事业费支出，暂免征所得税；专门生产酱油、醋、豆制品、腌腊制品、酱、酱菜、糖制小食品、儿童食品、小糕点、果脯蜜饯、果汁果浆、干菜调料工业企业和饲料工业，1990年前减半征收所得税；新办食品工业企业，免征1年；新办饲料工业企业，免征3年；新组建专门从事城市土地、房屋实行开发的城市综合开发公司，3年内免征；纳税人因风、火、水灾损失，需减税、免税的，当地税务机关核报省税务局审批。1994年1月，并入企业所得税。

集体企业所得税　1949年9月，营利事业所得税十七级超额累进税率，最高20%，最低5%。1950年1月，按十四级全额累进税，年所得未满100元者税率5%；年所得在3000元以上税率30%。12月，调整税制，采用二十一级全额累进税率，年所得1万元以上税率30%；年所得末满300元税率5%。1953年修正税制，税率5.75%—34.5%。1955年11月，财政部公布《手工业合作组织交纳工商业税暂行办法》。1956年，对供销合作社征收所得税外，附征17%；基层供销社年所得额不满5000元不附征，所得5000元以上不满10000元附征10%，所得10000元以上，附征14%。1957年，供销所得税改按五级全额累进税，年利润5万元以上税率70%（其中县社税率80%），年利润不满3000元税率30%。公私合营企业合并后挂公私合营牌子，照征所得税，1958年改为上交利润。

1960年1月，城镇街道居民新办企业，暂免征收所得税。1961年，手工业合作社、交通运输合作社、合作商店（小组）改按三级全额累进税，年利润不满5000元，税率20%；年利润5000元—10000元，税率25%；年利润1万元以上，税率30%。1962年，基层供销社按39%比例税率。1963年4月，手工业社、交通运输合作社（组）实行八级超额累进税率，交通运输合作社减征20%。新成立手工业社、交通运输合作社，开始生产经营之月起，一年内给予减征30%。1964年1月，社队企业按八级超额累进税率征收。1966年4月，社办工业、交通运输企业按20%比例税率，年利润600元以下免税。1966年5月，县以上供销社停征所得税，改上交利润。1970年1月，基层供销社改上交利润。1979年，基层供销社经营饮食、服务、修理行业所得税按20%税率征收。1980年始，合作商店改按八级超额累进税率。

1982年7月，社队企业按八级超额累进税率，增长利润减半征税。1983年1月，县以上供销社按八级税率，所属饮食服务业税率15%；基层社按39%比例税率，所属饮食服务业按20%比例税率。1984年1月，基层供销社改按八级超额累进税率征收，超过44%部分给予减税。1985年，集体企业所得税暂行条例公布，实行新八级超额累进税。1994年1月，并入企业所得税。

私营企业所得税　1987年6月，国务院颁布《私营企业所得税暂行条例》，1988年起实施。资产属私人所有、雇工8人以上以营利为目的经济性组织，采用35%比例税率。下列项目可以减征或免征所得税，利用本企业“三废”为主要原料生产属于资源综合利用目录范围的产品；因自然灾害等影响生产经营，造成损失的；因特殊情况需要定期或一次性减税或免税的。纳税人年度发生亏损，经报批在下年度弥补,但不得超过3年。1994年1月,并入企业所得税。

企业所得税　1994年1月,国营企业、集体企业和私营企业按《企业所得税暂行条例》征收企业所得税(外商企业和中外合资企业除外),年应纳税所得额10万元以上33%,3万元(含3万元)以下18%;3万元—10万元(含10万元)27%。国家确定的“老、少、边、穷”地区新办企业,在三年内减征或免征所得税。

2004年7月,房地产企业开发产品预售收入按15%利润率并计当期利润预征企业所得税。2005年1月,实行核定征收的社会中介机构应税所得率暂定为10%。2007年12月,核定征收企业所得税应税所得率,农、林、牧、渔业3%,制造业5%,小水电15%,批发和零售贸易业4%,交通运输业7%,建筑业8%,饮食业8%,娱乐业15%,其他行业10%。2007年3月,中华人民共和国主席令第63号颁布《中华人民共和国企业所得税法》,于2008年1月起施行,企业所得税税率25%;符合条件的小型微利企业,减按20%税率;国家需要重点扶持的高新技术企业,减按15%税率。同时废止《外商投资企业和外国企业所得税税法》和《企业所得税暂行条例》。

中外合资企业所得税　1980年9月,《中华人民共和国中外合资经营企业所得税法》实施,税率30%,按正税附加10%地方所得税。新办合资企业,合营期在10年以上,从获利之年始,头2年免征所得税,第3—5年减半征收。合营者将分得利润汇出国外时按汇出额缴10%所得税,在中国再投资5年以上的,经税务机关批准退还投资部分纳所得税款40%,不满5年撤出,应缴回已退税款。1991年4月,中华人民共和国主席令第45号颁布《中华人民共和国外商投资企业和外国企业所得税法》。同时废止《中华人民共和国中外合资经营企业所得税法》和《中华人民共和国外国企业所得税法》。

城乡个体工商业户所得税　1986年1月,《城乡个体工商业户所得税暂行条例》实施,城乡个体工商业户按十级超额累进税率并加成征收。年所得不超过1000元税率7%,年所得超过3万—5万元部分税率60%,年所得超过5万—8万元部分加征1成,年所得超过11万元部分加征4成。减免规定,孤老、残疾人员、烈属以及从事社会急需、劳动强度大收入低的加工、修理、饮食、服务业个体户,纳税有困难的,可在1年内减征或免征;从事水上运输纳税有困难,在30%幅度内酌情减征;个体兽医所得免征。1994年1月,改征个人所得税,废止《城乡个体工商业户所得税法暂行条例》。

调节税

国营企业调节税　1984年10月开征,调节税税率以1982年决算为依据,按企业上缴所得税后应上缴国家的利润占实现利润比例确定。基期利润部分,按调节税税率缴纳,比上年利润增长部分,减征60%。第二步利改税,以企业1983年实现利润,扣除55%所得税和1983年合理留利后的部分占基期利润比例,为调节税税率。当年利润比基期利润增长部分,减征70%。利润增长部分按定比计算,一定7年不变(1985年起执行),对物资、供销、金融、保险企业,不实行减征。1994年1月停征。

国营企业工资调节税　1985年1月开征,经批准试行工资总额随经济效益挂钩浮动的国营大中型企业,以当年增发工资总额超过规定比例部分为计税依据。当年发放工资总额超过核定上年工资总额7%部分,即为征收工资调节税基数。超过7%—12%部分,税率30%;超过12%—20%部分100%;超过20%以上部分300%。1987年,调整税率,7%—12%部分,税率20%;超过12%—20%部分50%;超过20%—27%部分100%;超过27%以上部分200%。1994年1月,停征。

个人收入调节税　1987年1月开征，工资、薪金收入、承包转包收入、劳动报酬收入、财产租赁收入四项合并为综合收入，400—500元税率20%；500—600元部分30%；600—700元部分40%；700—800元部分50%；800元以上部分60%，按月计征；投稿、翻译、专利权转让，专利实施许可和非专利技术的提供、转让取得收入，按次征收，每次不满4000元，减除费用800元，4000元以上，减除20%费用后，按20%税率计征；利息、股息、红利收入，税率20%，按次征收；私营企业投资者税后利润用于个人消费部分，按40%税率计征。1994年1月，《个人收入调节税暂行条例》废止。

奖金税

国营企业奖金税　1984年1月，对国营企业发放各种奖金、工资、补贴、津贴、实物奖励，超过国家规定限额部分征税。企业为纳税人，标准工资按规定准许进入成本的工资等级和工资标准，以企业为单位进行计算。核定工资限额，1984年50—60元，1986年70元，1988年75元，1990年85元。免税限额，1984年，为2.5个月标准工资，超过部分税率30%—300%；1985年，调为4.5个月；1988年，超过部分税率调为20%—200%。1994年1月，取消。

集体企业奖金税　1985年1月开征，按全年应缴数三分之一征收。各种奖金及超过规定标准发放的工资、补贴、津贴、分红等均为奖金税计税范围。企业为纳税义务人。征收管理、适用税率、免税限额，比照国营企业奖金税规定。每年发给职工劳动分红在一个月标准工资内免征；职工集资入股分红在股额15%以下部分免征；民政办的集体福利企事业单位给残疾人员奖金，经批准免征；乡(镇)、村办企业1986年起免征，1990年起恢复征税，人均工资总额2000元为免税限额。农村基层供销社办自负盈亏、独立核算的工交企业免征。1994年1月取消。

事业单位奖金税　1985年1月，实施《事业单位奖金税暂行规定》，开征事业单位奖金税，事业单位奖金税的征收管理、适用税率、月标准工资，比照国营企业奖金税有关规定。1994年1月取消。

第五节　资源税类

资源税

1993年12月，国务院颁布《资源税暂行条例》，1994年1月起实施。对中国境内开采原油、天然气、煤炭、其他非金属原矿、黑色金属矿原矿、有色金属矿原矿、盐的单位和个人为资源税的纳税义务人，实行从量定额计征。

2004年10月，依照省地税局《关于开征建筑用石资源税的通知》和丽水市政府《关于同意开征建筑用石资源税的批复》，对开采建筑用石单位和个人开征资源税。建筑用石资源税从量定额征收，单位税额10元/万千克。2009年2月，对财务核算健全、能真实完整反映生产经营状况的纳税人，实行预征与年终结算相结合方式征收；对财务核算不健全、不能真实完整反映生产经营状况的纳税人，按照采购炸药数量换算产品开采量，标准为炸药数量(千克)×10元/万千克。

从2006年1月，依照省地税局《关于开征建筑用砂资源税的通知》和丽水市政府《关于同意开征建筑用砂资源税的批复》，对开采建筑用砂单位和个人开征资源税，建筑用砂资源税从量定额征收，单位税额为 10 元/万千克。

城镇土地使用税

1950 年 1 月，称地产税。1951 年，与房产税合并改称城市房地产税。1973 年，并入工商税。

1988 年 9 月，国务院颁布《城镇土地使用税暂行条例》，以城市、县城、建制镇和工矿区范围内实际占用土地面积为计税依据，每平方米每年应纳税额，大城市 0.5—10 元；中等城市 0.4—8 元；小城市 0.3—6 元；县城、建制镇、工矿区 0.2—4 元。免税范围，机关、团体、军队用地，财政拨付事业费的单位用地，寺庙、公园、名胜古迹、街道、广场、绿化用地，直接用于农、林、牧、渔业的生产用地，能源、交通、水利设施用地。1998 年 1 月和 2005 年 1 月，对丽水市区城镇土地使用税征收范围和适用税额作出调整。

2006 年 7 月，调整城镇土地使用税政策，除乡行政区域外，用于生产、经营的土地，均应缴纳城镇土地使用税。市本级城镇土地使用税纳税期限为每年 8 月。2007 年 11 月，对丽水市区城镇土地使用税土地等级划分和适用税额标准作出调整。

2007 年丽水市区城镇土地使用税土地等级划分和适用税额标准一览

表 19-5-5-1　　单位：元/平方米

等 级	征收范围	单位税额
小城市一级	中心市区（南环路以北至北环路、教工路以东至站前路和东环路）	9
小城市二级	除中心市区以外的市区及各办事处所辖的其他地区	6
小城市三级	各建制镇行政区域	3

第六节 财产税类

房产税

处州房捐，始于清光绪二十七年（1901）。民国元年（1912），处州房捐列为地方税课，派额征收。民国 1—3 年，处州各县派额不等，丽水 577 元、青田、龙泉各 600 元、缙云 285 元、松阳 281 元、遂昌 241 元、宣平 80 元、云和 48 元、景宁 40 元。民国 5 年，房捐改称店、住屋捐。民国 17 年，省政府公布店屋捐和住屋捐章程，店屋捐按租价 15%征收，月租在 1 元以内免征；住屋捐按租价 10%征收，月租在 2 元以内免征。民国 30 年，房捐率改为出租按租金征 5%，自用按房价征 5%，民国 32 年，将店屋捐住屋捐合并，改称房捐，由房东、租户各半负担。

1951 年，丽水专区房产税与地产税合并为城市房地产税。1973 年，丽水地区城市房地产税并入工商税。1986 年 9 月，国务院颁布《房产税暂行条例》，房产税在城市、县城、建制镇及工矿区征收，纳税人为房产所有权人、承典人，按房产原值一次减除 10%—30%后的余值计算征收，全省减除幅度 30%，年税率 1.2%；按房产租金收入计算的，年税率 12%。按年征收，分期缴纳。国家机关、人民团体、军队自用房产，财政拨付事业经费的单位自用房产，宗教、寺庙、公园、名胜古迹自用房产，个人所有非营业用房产，企业办的学校、医院、托儿所、幼儿园自用独立房产，免纳房产税。国家机关、人民团体、军队、事业单位宿舍，暂缓征收。

2001年1月，对个人按市场价格出租的居民住房，暂减按4%税率计征。2006年7月，除乡行政区域外，用于生产、经营房产，均应缴纳房产税。2008年3月，对企事业单位、社会团体以及其他组织按市场价格向个人出租用于居住的住房，减按4%征收房产税。2009年1月，外商投资企业、外国企业和组织以及外籍个人依照《中华人民共和国房产税暂行条例》有关规定缴纳房产税。

土地增值税

1993年12月，国务院颁布《土地增值税暂行条例》，于1994年1月起施行，纳税人为转让国有土地使用权、地上建筑物及其附着物并取得收入的单位和个人，计税依据为转让房地产所取得的增值额，实行四级超率累进税，分别为30%、40%、50%、60%。建造普通标准住宅出售，增值额未超过扣除项目金额20%的、因国家建设需要依法征用、收回的房地产免征土地增值税。

2004年，采取按销售收入预征、项目全部完成后结算办法。预征率允许1%—3%内向下浮动50%。10月，房地产开发企业采取预售方式转让房地产，暂按预收金额1%预征，房地产项目竣工决算后，由企业提出申请，清算后多退少补。转让房地产单位和转让非普通住宅个人预征率调整为3%。2007年9月，住宅类开发项目按1%征收率核定征收，其他开发项目按2%征收率核定征收，直接转让土地使用权按3%征收率核定征收。2008年，房地产开发企业，采取预售方式转让房地产，预征率调整为0.5%，直接转让土地使用权的由3%调整为0.5%。非房地产开发企业转让房地产和个人转让非普通住宅，征收率调整为0.5%。

车船（使用牌照）税

清代为船捐、车捐。民国元年（1912）11月，将车捐、船捐列为地方税种。民国24年，国民政府开征使用牌照税，为县（市）级税源。民国31年3月，财政部颁发《使用牌照税征收通则草案》，凡使用公共道路、河流之车船、肩舆及其他工具，均需纳税领照。非机动船，按只；轮船按载重吨位。民国33年6月起，改为按季定额征收，对自用车船减半征收。民国35年，规定按年定额，每半年征收一次。

1950年1月，开征使用牌照税。1951年9月，政务院颁布《车船使用牌照税暂行条例》，税款分每季、半年或一年征收，以车船使用者为纳税义务人。1953年停征。1956年，全省开征机动车、脚踏车使用牌照税、第四季度开征机动船、非机动船使用牌照税。1966年，每辆年税额，脚踏车2.4元，双轮钢丝车3.2元，三轮送货车4.8元，兽力9.6元，非机动船每吨0.6元。1967年，停征脚踏车使用牌照税。1973年，企业车船使用牌照税并入工商税内，只对个人的车船征收。1976年始，全部停征。

1986年10月，国务院颁布《车船使用税暂行条例》，乘人汽车年税额100—200元/辆，载货汽车0.04元/千克，摩托车20—80元/辆，非机动车6—10元/辆。2006年12月，国务院颁布《车船税暂行条例》，同时废止《车船使用牌照税暂行条例》和《车船使用税暂行条例》，大型客车（20人以上）年税额标准540元/辆，中型客车（9—20人）480元/辆，小型客车（小于9人）360元/辆，微型客车240元/辆，载货汽车按自重0.06元/千克，摩托车60元/辆，船舶净吨位小于或低于20万千克的每年30元/万千克，20万—200万千克的每年40元/万千克，200万—1000万千克的，每年50元/万千克，1000万千克以上的，每年60元/万千克。

第七节 行为税类

城市维护建设税

1985年2月，国务院颁布《城市维护建设税暂行条例》，开征城市维护建设税，于1985年1月起施行。缴纳产品税、增值税、营业税（简称“三税”）的单位和个人，为城市维护建设税纳税义务人，以纳税人实际缴纳“三税”税额为计税依据，纳税人所在地在市区的税率7%；在县城、建制镇的5%；不在市区、县城、建制镇的1%。纳税人经批准减征或免征“三税”的，同时减免城市维护建设税。中外合资企业和外资企业不征收城市维护建设税。2005年1月，对生产企业出口自产货物免抵增值税按规定征收城市维护建设税。5月，对“三税”实行先征后返、先征后退、即征即退的除另有规定外，对随“三税”附征的城市维护建设税和教育费附加不予退（返）还。2010年12月，外商投资、外国企业及外籍个人发生缴纳“三税”义务的征收城市维护建设税。

印花税

清光绪33年（1907），颁行《印花税则》。民国元年（1912），颁布《印花税条例》，发货单、账单、铺户所出各项货物凭单，各项银钱收据、贸易账薄、借款字据、银行钱庄支票、汇票、承佃字据、遗产分析、商号执照、营业牌照、学校毕业证书等均需贴印花。民国2年，财政部通知全国在3月开征。民国16年，国民政府颁布《印花税法》，定为省税。

1950年4月，试行《印花税暂行条例（草案）》，根据凭证性质分为25目。按金额比例贴花为千分之三、万分之三、万分之一，按定额贴花为二分、五分、二角、五角。1956年，印花税税率修订为9目，按比例贴花为千分之一、千分之三、万分之三，定额贴花为五分、五角。1958年9月，印花税并入工商统一税。1988年8月，恢复印花税。国务院发布《印花税暂行条例》，按比例税率计税，财产租赁、仓储保管合同，千分之一；购销、建筑工程承包、技术合同，万分之三；加工承揽、工程勘察设计、货物运输、产权转移合同、资金账薄，万分之五；财产保险合同，万分之零点三；借款合同，万分之零点五。其他账薄及权利许可证照，按件贴花五元。对已缴印花税的凭证副本或者抄本，财产所有人将财产赠给政府、社会福利单位、学校的书据，免纳印花税。1990年，保险合同改按保险费收入贴千分之一。责任保证、信用保险合同贴花五元。

1993年12月，省税务局规定，生产经营单位“记载资金账簿”印花税计税依据改为“实收资本”与“资本公积”两项合计金额。2006年3月，除印花税税目税率表中的“营业账簿”“权利、许可证照”和实行预征税款行业外，对其他企业应税凭据实行按经营收入预征印花税办法。应税合同金额占比，工业企业购销合同80%，商业企业购销合同50%，其他购销合同、加工承揽合同、建设工程勘察设计合同、财产租赁合同、货物运输合同、仓储保管合同、技术合同均为100%。

车辆购置税（费）

1985—1993年，由车辆生产（组装）厂和海关代征，国产车费率10%，进口车费率15%；1994—

1996年，改由落籍地交通征稽部门向负有缴费义务的单位或个人征收，费率10%；1997—2000年，车辆购置附加费作为政府性基金纳入政府预算管理。2000年10月，国务院颁布《车辆购置税暂行条例》，2001年1月1日起，在中华人民共和国境内购置条例规定车辆的单位和个人，为车辆购置税纳税人。车辆购置税征收范围，汽车、摩托车、电车、挂车、农用运输车。实行从价定率办法计征，税率10%。

2009年1月20日至12月31日购置1.6升及以下排量乘用车，暂减按5%税率。2010年1月1日至12月31日购置1.6升及以下排量乘用车，暂减按7.5%税率。

固定资产投资方向调节税

建筑税 1983年9月，国务院颁布《建筑税征收暂行办法》，对国营企事业单位、机关、团体、部队、地方政府及所属城镇集体企业以预算外资金、各种自筹基本建设的投资额和更新改造项目中的建筑工程投资额为计税依据，税率10%。1985年1月，对自筹基建全年实际完成投资额超过国家计划部分加征10%建筑税。1987年6月，国务院发布《中华人民共和国建筑税暂行条例》，规定地方政府、机关团体、部队、国营企事业单位，在国家计划内安排的自筹基建投资和技术改造项目中的工程投资，按规定不纳入国家固定资产投资计划的建筑工程投资；城镇集体企事业单位自筹建设投资及乡镇企业、个体工商户在城市、郊区、县城、县属镇和工矿区的自筹建设投资，税率10%。在国家计划外安排自筹基建投资及全年投资额超过计划部分；未按规定向税务机关和代征单位抄送固定资产投资计划或未列明自筹建设项目性质投资，税率20%。未列入国家计划的其他非生产性建设项目，以及以维修、翻修为名，新建、扩建楼堂馆所，提高建筑标准项目，税率30%。税款一律用自有资金缴纳，不准占用应当上缴财政利润和税收。1991年1月，废止《中华人民共和国建筑税暂行条例》。

固定资产投资方向调节税 1991年4月，国务院颁布《固定资产投资方向调节税暂行条例》，规定按国家产业政策制定差别税率，税率5%、10%、15%、30%。1999年7月，减半征收固定资产投资方向调节税。2000年1月，对新发生的固定资产投资项目暂停征收固定资产投资方向调节税。

屠宰税

清代末年，东南各省开征屠宰税，各县屠牛有税。民国元年(1912)，每屠牛一头征警察附捐0.17元。民国4年，财政部颁发简章开征屠宰税，猪每头税三角、牛一元、羊二角。民国5年起，屠牛免税，猪、羊每头加征一角。民国20年，屠宰税改为屠宰营业税。民国31年，恢复屠宰税。民国32年9月，国民政府公布屠宰税法，屠宰猪、牛、羊、马、骡5种牲畜自用或出售，均从价征收5%，计税价格由征收机关每半年调查公布一次。民国33年，以乡镇为单位设立屠宰场。民国35年，进而实行预借。民国36年11月，国民政府修正《屠宰税法》，规定猪、牛、羊、马、骡5种牲畜征收屠宰税，税率最高不超过10%。民国37年，废屠宰场，改逐户登记发卡，屠宰时凭卡报税注销，按头定额计税。

1950年，从按标准重量征收转为按实际重量征收，税率各县不同，从5%—8%不等。1950年12月，执行《屠宰税暂行条例》，税率10%。1953年1月，修正税制，屠商的营业税及附加、印花税并入屠宰税，税率13%，农民出售以10%税率计征。11月，屠商、农民，税率按13%。国家收购牲畜，由收购单位交纳10%屠宰税。1955年8月，农民自养、自宰、自食的，可以限量免税，简称“三自”免税。1956年1月，牛的屠宰税税率提为15%。1957年2月，取消平时“三自”免税，春节前20天，“三自”免税按户一次10千克。3月，屠宰税减为8%。1958年6月，国营企业经营牲畜，按收购总值征5%屠宰税，屠宰时再按零售价交纳4%屠宰税。1960年，国营企业不分外调或宰售按收购总值10%税率。1965年8月，国家收购生猪，按5%征收屠宰税，农民、居民、机关、团体、学校、工厂等宰杀生猪，减为4%征税，生产队和农民在春节前屠宰猪、羊，按2%税率计征屠宰税。1966年，生产大队、生产队经公社批准宰杀的老残耕牛，只就出售部分征税。1973年，屠宰税按4%税率征收。

1982年3月，屠宰税改按头定额征收，猪3元、牛4元、绵羊0.5元、山羊0.3元。春节前20天生产队、社员"三自"生猪，减半征收。1986年4月，随屠宰税附征生猪生产稳定基金，附征定额，猪2元、牛3元、山羊0.3元、绵羊0.5元。1994年1月，屠宰税按头（只）定额征收，牛14元、猪10元、羊2元。单位屠宰自养牲畜自食，农民屠宰老残耕牛及在春节前20天宰杀自养牲畜自食，免征屠宰税，生猪生产稳定基金停止执行。2001年9月，丽水市根据省委、省政府《关于加快欠发达地区经济社会发展的若干意见》，暂停征收屠宰税。2006年2月，全国取消屠宰税。

筵席税

民国31年（1942），国民政府公布《筵席及娱乐税法》，税率为筵席不超过原价10%，戏曲、书场及其他娱乐场所，不超过20%，起征点由各县（市）参议会决议。筵席税采取委托承办厨馆代征；娱乐税由剧团先向警察局（所）登记纳税，或出售之门票盖戳征收。

1949年11月，《浙江省各县市筵席及娱乐税征收暂行办法》规定，筵席从价征收，税率不超过15%。娱乐税率，歌场点戏30%，舞票50%，其他25%。1950年1月，改称特种消费行为税，征收税目为电影、戏剧娱乐、舞场、筵席、冷食、旅馆五项。税率5%—50%，以营业者为代征义务人。1953年1月，改称文化娱乐税。1956年5月，将筵席、冷食、旅馆部分并入营业税。1988年9月，国务院颁布《筵席税暂行条例》，12月1日开征。筵席税按次从价计征，税率15%。起征点为一次筵席支付金额400元以上，按支付总金额计征。经营单位和个人为代征、代缴义务人。1994年1月，停征。

交易税

1950年1月，开征交易税。以牙行、行栈等代客买卖业为征收对象、应税货物分牲畜、粮食、竹木、烟草、茶叶、糖类等品目。1951年，改为牲畜交易税，行栈、牙纪等交易税，改征工商业税。

1953年11月，对牛、马、驴、骡、猪、牛、羊等牲畜发生交易，由买方按成交金额5%缴税。1959年停征。1983年3月，浙江省恢复牲畜交易税。丽水地区仅牛一种，由买方按成交金额5%缴纳。遭受自然灾害地区的社队和农民，在恢复生产期间购买自用牲畜及配种站、畜种站购买种畜和科研、教学用畜，免税。

1962年6月，征收家畜、家禽、肉、蛋品、淡水产品、旧货等9类产品集市交易税，税率旧货15%、淡水产品5%，其余7类10%。1963年，征收范围缩减为家畜、肉、干鲜果、土特产、旧货等5类。家畜税率7%，其余10%。1964年4月，肉类（含猪、牛、羊肉）停征。1965年9月，全部停征，保留税种。1994年1月，停征。

粮食附加税

1987年12月，全省开征粮食附加税。凡在农村从事工业、建筑安装、交通运输业的乡镇集体企业、联产企业、家庭工业和个体经营者为粮食附加税纳税义务人。以纳税人取得的销售收入或营业收入，按0.6%缴纳。纳税人同时经营工业、建筑安装、交通运输以外业务，取得经营收入，一并征收。2001年2月，停征。

粮食补偿金

1989年6月，开征粮食补偿金。除财政拨款的行政、事业单位和已缴纳粮食附加税的乡（镇）村工业、建筑、交通、运输企业外，凡全民所有制和城镇集体所有制企业、城镇私营企业、外商投资企业和其他乡（镇）村企业；实行企业化管理的全民和集体所有制事业单位；非农村户口个体工商户，均属征集范围。企业、事业单位，按在册职工人数每人每月3元，个体工商户按从业人员每人每月5元。2001年2月，停征。

第八节　社会保险费

基本养老保险费

1997年12月，浙江省人民政府发布《关于建立统一的企业职工基本养老保险制度的通知》，企业按全部职工缴费工资基数之和19%缴纳，职工个人按本人缴费工资基数4%缴纳。2004年4月，职工个人缴费比例调整为8%。2009年4月，丽水市本级企业单位缴费比例调为14%，个体劳动者丽水市本级企事业单位缴费比例调为18%。1998年起，丽水地区基本养老保险费由地税部门征收。

基本医疗保险费

1998年12月，国务院颁布《关于建立城镇职工基本医疗保险制度的决定》，规定用人单位缴费率应控制在职工工资总额6%左右，职工缴费率为本人工资收入2%。2000年，浙江省推行城镇职工医疗保险制度。机关、事业单位按缴费基数8%缴纳，按6.5%缴纳公务员医疗补助，职工个人按本人上年度月平均工资2%缴纳。企业及其他单位按缴费基数5%缴纳。

失业保险费

1995年8月，省人大颁布《浙江省职工失业保险条例》，于1996年1月起施行。企业按全部工资总额1%缴纳，职工个人按不高于本单位平均工资0.5%缴纳。1998年9月，单位缴纳提高到2%，职工个人缴纳提高到1%。2009年8月，农民工与城镇职工同比例缴费，享受与城镇失业人员同等待遇。

工伤保险费

2000年1月，施行《浙江省企业职工工伤保险实施办法》。以企业工资总额为计费依据，具体比例由当地劳动保障部门、财政部门确定。丽水市本级企业工伤保险基准费率为一类行业0.6%、二类行业1.2%、三类行业2%。用人单位属于一类行业的，按行业基准费率执行，不实行费率浮动。用人单位属于二、三类行业的，实行费率浮动。2005年起，丽水市工伤保险费由地税部门征收。2007年10月，凡在丽水市行政区域范围内从事建设、交通、水利等建设项目的施工企业，必须为从事建设施工的所有农民工办理工伤保险，缴纳工伤保险费。

生育保险费

1995年1月，施行《企业职工生育保险试行办法》，以企业工资总额为计费依据，最高不超过

1%，市本级单位按照全部职工工资总额0.6%缴纳。2005年3月，省政府《浙江省生育保险暂行规定》确定费率0.5%—1%，丽水市本级按照全部职工工资总额0.6%缴纳。同年起，丽水市生育保险费由地税部门征收。

第九节　其他规费

教育费附加

1986年7月，国务院颁布《征收教育费附加的暂行规定》，以单位和个人实缴产品税、增值税、营业税（简称"三税"，1994年1月，改为增值税、消费税、营业税"三税"），税额为计征依据，附加率1%。1990年6月，附加率调整为2%。1994年1月，分税制改革后，按所属税种分别由国税部门、地税部门征收，附加率调整为3%。1995年1月，附加率调为3.5%。1996年12月，外商投资企业计征额按税额乘中方投资比例，由中方负责缴纳。1997年1月，附加率调整为4%。2005年10月，停止征收外商投资企业教育费附加，附加率调整为3%。2010年，内外资企业统一征收教育费附加，附加率统一为3%。

地方教育附加

2006年6月，浙江省人民政府发布《关于开征地方教育附加的通知》，在浙江省境内除外商投资企业和外国企业外，所有缴纳增值税、消费税、营业税"三税"的单位和个人为征收范围，以单位和个人实缴增值税、营业税、消费税"三税"税额为计征依据，附加率2%。按所属税种分别由国税部门、地税部门征收。

农村教育事业费附加

1984年12月，国务院印发《关于筹措农村学校办学经费的通知》，1985年4月，浙江省人民政府印发《关于贯彻国务院〈关于筹措农村学校办学经费的通知〉的实施意见》，对设在乡、镇（不包括县城）范围内的乡（镇）、村办工业企业（1994年起包括外商投资企业、联营企业、个体企业）征收农村教育事业费附加，按销售收入（外商投资企业计征额按销售总额乘中方投资比例确定，由中方负责缴纳）0.4%—1%计征，由基层税务所会同有关部门征收。1992年11月，浙江省人民政府《关于进一步加强农村教育事业费附加征收和管理工作意见的通知》，调整征收范围和附加率。2006年5月，停征。

国家能源交通重点建设基金

国务院决定自1983年1月1日起，征集能源交通重点建设基金，由税务部门征收。征集范围，地方财政预算外资金；行政事业单位预算外资金；国营企业及其他部门提取各项基金和税后留利；其他没有纳入预算管理的资金；城镇集体企业缴纳所得税后利润。按当年收入额10%征集。1983年7月，征集率提高到15%。1984年，县属以下基层供销社免征。1987年5月，城乡集体企业，乡村企业，校办厂区，福利厂、信用社、知青办企业和过去未征集的其他城乡企业及城乡个体户按缴纳所得税后利润7%征集。1989年，城乡信用社按税后利润征集15%。免征项目，农业税附加；中小学学杂费、高等院校学校基金；国营企业大修理基金；林业部门育林基金；行政事业单位经费包干结余；民政部门管理的社会福利事业收入。1987年，对集体企业税后利润不足5000元及免征所得税的企业、乡财政预算外资金、缴纳临时经营营业税的经营者，均免于征集。1995年1月，对非国有企业免征，但以前年度欠缴的，按规定补缴。1996年1月，停征。

国家预算调节基金

1989年1月，国务院颁布《国家预算调节基金征集办法》，规定对国营企业、事业单位、机关团体、部队和地方政府的各项预算外资金，集体企业、私营企业及个体工商户缴纳所得税后利润，按10%计征国家预算调节基金，由税务部门征收。免征项目：农业税附加；中小学学杂费；勤工俭学收入；高等学校和中专、技工学校基金；企业大修理基金；煤矿维简费；林业部门育林基金。1995年1月，对非国有企业免征，但以前年度欠缴的，按规定补缴。1996年1月，停征。

文化事业建设费

1997年7月，财政部、国家税务总局发布《文化事业建设费征收管理暂行办法》，依照《营业税暂行条例》缴纳娱乐业、广告业营业税的单位和个人，为文化事业建设费缴纳义务人，费率3%，按缴纳娱乐业、广告业营业税的营业额计算应缴费额。1998年1月，缴纳娱乐业、广告业营业税的外商投资企业、外国企业和外籍个人，依照规定缴纳文化事业建设费。2003年，受“非典”疫情影响，5月1日至9月30日，丽水市本级娱乐业纳税人免征文化事业建设费。

水利建设专项资金

1993年12月，省人民政府发布《关于水利建设专项资金征集办法的通知》，在全省范围开征水利建设专项资金，于1994年1月起施行。按应缴纳单位和个人上年度销售收入或营业收入、利息收入、保费收入实绩全额计征；对新办生产经营单位和个体工商户，可按当年的收入实绩为征集依据。第二年起按上年收入实绩为征集依据。工交、电力、邮电、铁路、烟草、建筑等生产性企业按销售收入或营业额2‰征集；商业、供销、物资、医药、外贸、旅游、饮食服务性企业，按销售收入或营业额1‰征集；金融企业按贷款利息收入2‰、保险企业按财产保费收入1‰征集；私营企业和个体工商户按销售收入或营业额3‰征集；证券业务部门证券交易手续费和卖单收入，暂按2‰征集。1999年1月，水利建设专项资金征收标准调整为凡有销售收入或营业收入的企事业单位及个体经营者，按上年销售收入或营业收入1‰征集；银行（含信用社）按上年利息收入0.6‰征集；保险公司按上年保费收入0.6‰征集；各类信托公司、财务公司等非银行金融机构按上年业务收入1‰征集。

残疾人就业保障金

2002年1月始，丽水市征收残疾人就业保障金，丽水市辖区内机关、团体、事业、企业单位，城乡经济组织，中央、省属单位，外地驻丽机构，凡安排残疾人就业达不到单位平均职工人数1.5%的，均纳入残疾人就业保障金征收范围。征收标准为（年平均职工人数×1.5%－已安置残疾人数）×上年度该地区职工平均工资×100%。

第二十篇

开 发 区

1 园区经济

2 园区基础设施

3 招商引资

4 园区管理

5 区域与机构

概 述

丽水经济开发区经历近20年发展历程，已成为丽水工业经济建设主战场。1993年3月，丽水开发区经浙江省人民政府批准设立，位于丽水市区东北部，因中心区在天宁村，通称“天宁工业园”。2000年丽水撤地设市后，丽水开发区划归丽水市政府直管，开始扩大开发区域，中心区迁移至丽水南城水阁乡，又称水阁工业园。2009年，中国台湾地区商人投资区经省政府同意设立，挂牌成立丽水市南城新区管委会。2010年，《丽水生态产业集聚区发展规划》获浙江省政府批复同意，空间布局调整为“一心三片”。其中“一心”即丽水市区核心区块，包括丽水开发区、丽水工业园、丽水生态农业科技园区和南明山•古堰画乡滨江山水景区、景宁民族工业园等重点功能区块，“三片”包括缙云、松阳、龙泉3个片区。截至2010年，丽水开发区规划总用地面积约54平方千米，开发约15平方千米，正在开发东扩新区约39平方千米。丽水开发区管委会增挂南城新区管委会牌子，同时增挂省级中国台湾地区商人投资区，运转机制实行区域管理、综合开发、独立运行、自成体系。2009年，丽水开发区获“亚洲博鳌•中国品牌年度盛典”颁发的“中国十大最具经济活力省级开发区”和“华东区最佳投资环境开发区”殊荣2项。2010年，丽水开发区集聚效益明显，建成投产企业368家，初步形成塑料制品、机械制造、汽车配件、生物制药等产业，其中塑料制品业产值近百亿元。同时，丽水经济开发区自来水厂、污水处理厂、热电厂等基础项目和商贸、物流、房地产、金融、卫生、教育等功能配套项目快速推进，形成城市新区的雏形。

根据丽水市城市总体规划，丽水市“一主一次”结构演变为“一江双城”，其中“双城”即以大溪为界形成南、北两城，其中北城以老城为主体，成为丽水市以生活居住为主的功能区，南城以丽水开发区为主体，兼顾生活居住的产业功能区。丽水经济开发区总体定位为浙西南地区工业发展的重要集聚中心，工贸业综合发展与人居环境优越的丽水新城区。规划总体布局为“一心、二带、二片”，其中“一心”，城市南部地区中心，中心区位于水阁东侧南北向干路和金丽温高速公路之间，七百秧组团（工业区东扩区块）北部，配置有行政、办公、文化、娱乐、商务等服务与管理设施。“二带”，丽龙高速公路与金丽温高速公路沿线形成的防护景观林带。“二片”，以中一路七百秧组团（工业区东扩区块）及金丽温高速公路为界形成的南、北各一个功能片，其中北侧功能片以富岭组团为主，为居住片；南侧为以七百秧组团（工业区东扩区块）为主，形成工业片。其中七百秧水库公园以七百秧水库为基础，保留主要水体，并改造形成；仓储区位于交通枢纽东北角，功能独立，结合高速接口为物流区。

2010年，丽水生态产业集聚区获批启航，改变原来单一的工业园区建设模式，注重产城融合，生态、生产、生活协调互动发展，产业功能区、科技创新区、生活居住区有机结合，利于抢占浙江省生态产业发展机遇、优化全省生产力布局、培育区域经济新增长点和打造区域竞争制高点。《丽水生态产业集聚区发展规划》范围包括丽水核心区、缙云片区、松阳片区和龙泉片区。2010年，丽水开发区入园企业300多家。全市开发区（园区）实现工业产值723.95亿元。

第一章　园区经济

浙江丽水经济开发区发展是一个循序渐进的过程。丽水开发区天宁区块以商贸开发为主，工业用地0.89平方千米。2001年3月，天宁工业园区调整园区土地用途，由商贸主导型转变为工业主导型，工业用地规划面积扩大到2.35平方千米。同时，启动水阁工业区块开发，规划面积14.4平方千米。2003年，丽水开发区实现工业产值86.56亿元。2005年，水阁工业区开工企业212家，投产企业115家。其中，新入园企业64家，新开工企业91家，投产企业65家。2005年开始，丽水开发区逐步向东区块推进。至2010年，开发区工业产值224亿元，同比增长47.8%；实现财政总收入3.7亿元，同比增长11.7%；完成外贸出口5350万美元，同比增长80.3%；规模以上企业175家，超亿元企业10家，园区亿元企业62家。

截至2010年，丽水开发区入园企业300多家，形成以塑料制品、机械制造、汽车配件、生物制药等为主导的产业，其中塑料制品制造业中合成革及相关配套企业45家，形成相互配套、产业链完整的产业集聚效应；机械制造业中阀门精加工企业，配套方便，形成水阁工业区又一大支柱产业；交通运输设备制造企业20多家，形成一定的产业基础。随着高速交通网形成，水阁工业区距离“中国汽摩配之都”瑞安仅一个小时车程，距离“中国汽车零部件产业基地”玉环也只有一个半小时车程，汽车配件制造企业成为开发区重点引进和培育的产业。其他各县开发区也分别成为当地的工业经济主战场。

第一节　丽水工业园区

园区工业

天宁工业园区　1993—1999年，天宁工业区是微型电机为主导产品的工业园区，引进项目649个，协议总投资11.2亿元，协议利用外资917万美元，其中工业企业44个，投产企业25个，工业产值2亿元，出口占产值75%。2000年，天宁工业区引进项目20个，总投资1.12亿元，实现工业产值3.36亿元，实现销售收入3.29亿元，出口创汇2760万美元。2001年，天宁工业区引进企业65家，建成投产48家，历年工业产值15.32亿元，出口创汇7987万美元，引进外资900万美元。主要行业有微电机、羽绒皮件、生物制药、五金机械等传统和高新技术产业。2003年，天宁工业区入园企业31家，开工在建14家，建成投产13家，工业产值8.63亿元。2004年，天宁工业区引进企业31家，投产

14 家，在建企业 13 家，在办企业 4 家。

水阁工业园区　2001 年，水阁工业园区为丽水市工业主阵地、主战场，成为丽水开发区管委会开发重点，主要发展工业，协同发展城市建设、生产性商贸服务业。2002 年，水阁工业园区发展快速，工业产值连年翻番。2003 年，水阁工业园区入园企业 215 家，工业产值 1.88 亿元。2004 年，水阁工业园区入园企业 278 家，其中新增开工建设企业 136 家，新增投产企业 39 家，工业产值 15.23 亿元，同比增长 7.1 倍。2007 年，水阁工业园区工业产值 103.97 亿元，增长 72.7%；企业税收 1.68 亿元，增长 86.4%，其中地方税收 6216 万元，增长 84.7%；工业企业 52 家，合同利用市外内资 10.17 亿元，实际利用市外内资 7.9 亿元；固定资产投资 18.2 亿元，增长 1.9%。2010 年，水阁工业园区财政总收入 3.7 亿元，比 2009 年增长 11.7%；完成外贸出口 5350 万美元，同比增长 80.3%；新增规模以上企业 33 家，亿元企业 10 家，亿元企业 62 家；全社会用电量 6.8 亿千瓦时，单位工业增加值能耗下降 10%以上。

2003—2010 年丽水经济开发区工业经济数据一览

表 20-1-1-1

年份	投产企业数（家）	工业产值（万元）	工业销售产值（万元）	出口额（万美元）	固定资产投资（万元）
2003	12	18790	16629	—	114463
2004	46	152298	137146	—	178785
2005	115	305002	287876	—	167965
2006	188	602058	549973	—	178573
2007	239	1039749	941665	1264	182025
2008	255	1318361	1164205	2237	202048
2009	339	1515503	1389107	2994	215361
2010	368	2240019	2083666	5995	253503

丽水开发区景宁民族工业园区　丽水开发区景宁民族工业园区，简称丽景民族工业园，位于丽水开发区规划范围丽水城南七百秧区块内，园区规划占地 4 平方千米。规划功能定位为国家少数民族地区异地扶贫开发试验区、中国少数民族工业城、金衢丽产业带特色制造业基地重要组成部分。2010 年，丽景民族工业园一期工程启动，占地 80 公顷，基本完成基础工程，开始向企业供地（参见本篇第五章区域与机构第一节区域变迁）。

园区产值

2010 年，丽水市工业园区区实现工业产值 723.95 亿元，比上年增长 36%，增幅超过全市规模以上工业 3.7%，占全市全部工业产值 54.5%，比上年提高 2.2%，其中丽水开发区工业产值 224 亿元，青田经济开发区园区工业产值 157.49 亿元，缙云工业园区工业产值首次超过 100 亿元，增幅 30.9%。云和工业园区、青田经济开发区、松阳工业园区增幅均超过全市平均水平。

2010年丽水经济开发区工业产值及对地方经济贡献率一览

表 20-1-1-2

园区名称	园区工业产值(亿元)	地方工业产值(亿元)	所占比重(%)
丽水工业园区	14.71	35.51	41.40
龙泉工业园区	49.06	108.27	45.30
青田经济开发区	157.49	245.16	64.20
云和工业园区	36.22	54.18	66.90
庆元工业园区	20.24	46.71	43.30
缙云工业园区	110.33	281.23	39.20
遂昌工业园区	51.51	117.40	43.90
松阳工业园区	58.70	101.56	57.80
景宁经济开发区	1.69	23.18	7.30
全　市	723.95	1328.08	54.50

园区经济密度

2010年，丽水开发区单位土地产出效率提高，平均工业经济密度3343.5万元/公顷，比上年提高30.3%。其中，青田经济开发区6739.5万元/公顷列首位，松阳工业园区、缙云工业园区、丽水开发区分别是4968万元/公顷、4033.5万元/公顷、3744万元/公顷。

2010年丽水市经济开发区平均工业经济密度一览

表 20-1-1-3

园区名称	平均工业经济密度(万元/公顷)
丽水开发区	3744.00
浙江丽水工业园区	1818.00
浙江龙泉工业园区	1635.00
青田经济开发区	6739.50
浙江云和工业园区	1333.50
浙江庆元工业园区	2259.00
缙云工业园区	4033.50
遂昌工业园区	2620.50
松阳工业园区	4968.00
景宁经济开发区	238.50
全市平均	3343.50

2010年，丽水经济开发区工业产品销售收入658.99亿元，同比增长44%；增幅超过全市规模以上工业10.4个百分点，实现利税总额55.33亿元，同比增长92.1%，占全市规模工业48.1%，其中实现利润总额37.26亿元，同比增长112.5%。

2010年，丽水经济开发区形成金属制品、不锈钢炼铸、合成革制品、有色金属冶炼、机械加工、农副产品加工、木制玩具等产业，集聚度均在50%以上。丽水市开发区（园区）主导产业集聚度平均为58.2%，各开发区（园区）前八位工业企业销售收入占全部工业企业的比重平均为59.9%。其中投产工业企业年销售收入在1亿元以上的企业146家，比上年增加22家，5000万—10000万元的企业100家，比上年增加41家，1000—5000万元的企业396家，比上年增加83家，500万—1000万元的企业145家。

2010年，丽水经济开发区进出口总额8.5亿美元，同比增长35.9%，占全市进出口总额的55.4%，其中出口总额8.27亿美元，同比增长42.5%，占全市出口额的61.3%，工业企业出口交货值67.96亿元，同比增长21.9%。

2010年，丽水经济开发区工业企业研究开发费用2.88亿元，增长12.5%，其中高新技术企业研发费用1.09亿元，增长29.5%。技术成果引进费用24.17亿元，增长11%。

2010年，丽水经济开发区企业从业人员11.71万人，其中大专及以上学历或高中级技术人员1.19万人，同比增长15.9%，占全部从业人员的10.1%；专业技术人员7468人，增长8%，占全部从业人员的6.4%；2010年，职工教育培训投入6.49亿元，增长72.8%。

2010年，丽水经济开发区新产品销售收入和高新技术产品销售收入分别为88.26亿元和40.95亿元，同比分别增长41.3%和79.1%，两项合计占产品销售收入的19.6%，比上年增加1个百分点。

2010年，丽水市通过ISO 9001、ISO 14000认证企业分别有351家、149家，入园企业成立企业研发中心25家。

园区行业

截至2010年，丽水开发区建成投产企业368家，其中规模以上企业147家，初步形成塑料制品、机械制造、汽车配件、生物制药等产业集聚，重点龙头企业有浙江闽锋化学有限公司、浙江五洲实业有限公司、浙江丽水众益药业有限公司、浙江维康药业有限公司、浙江中广电器有限公司、浙江方正电机股份有限公司。产品有生产中高档PU干法、湿法合成革，PVC、半PU人造革以及化工产品BTC和PU树脂等，主导产品为服装革、牛巴革、植绒革、镜面革、磨砂革、鞋面革、箱包革、革基布、水刺布、弹力布；金属制品业代表企业有浙江省光泰不锈钢制品有限公司、浙江丽水博州钢业，主导产品有钢构件、切削工具、金属丝绳及其制品、建筑、家具用金属配件、不锈钢日用金属制品等；通用设备制造业代表企业有中业阀门有限公司、天特阀门集团有限责任公司，主导产品生产泵、阀、成套设备；电气机械及器材制造业代表企业有浙江方德机电有限责任公司、浙江嘉利（丽水）工业股份有限公司，主导产品生产电机、电器和电子。

2010年丽水开发区规模以上工业企业分行业情况一览

表20-1-1-4

项　　目	企业数（个）	产值（亿元）	比重(%)	年均增速（%）
纺织业	17	36.01	16.50	34.74
化学原料及化学制品制造业	14	28.09	12.90	118.04
塑料制品业	48	79.30	36.40	45.91

续表 20-1-1-4

项　目	企业数(个)	产值(亿元)	比重(%)	年均增速(%)
黑色金属冶炼及压延加工业	6	10.99	5.00	—
金属制品业	15	7.85	3.60	49.82
通用设备制造业	26	9.43	4.30	102.06
交通运输设备制造业	12	6.18	2.80	37.66
电气机械及器材制造业	23	11.41	5.20	83.39
总　计	216	218.08	100.00	49.21

第二节　其他工业园区

丽水市省级农业高新技术示范园区

丽水市省级农业高新技术示范园区位于丽水市莲都区碧湖镇石牛行政村。1998 年，由丽水市人民政府主办，市农业局与莲都区人民政府共同承建，科技依托单位为浙江大学。面积 73.33 公顷，实施生态农业示范项目 5 个，即新型优质高效无公害绿色创汇水果产业化示范、优质无公害绿色瓜果蔬菜产业化示范、珍稀植物与球宿根花卉生产示范、杨树林与仿生态家禽养殖示范、休闲观光农业示范。园区集集约化、园林化、多功能、开放式为一体，有高、新、特、优四大特点，集中展示丽水最富特色的名、特、优、新植物品种，最新农业科技成果，最先进农业生产设施。

浙江丽水工业园区

浙江丽水工业园区位于丽水市区西南部、莲都区第一大镇、省级中心镇碧湖镇区域，是莲都区工业发展主平台、主战场。园区创建于 2001 年。2004 年获浙江省首家“山海协作工程”示范区称号。2006 年，经省政府批准并经国家发改委审核升格为省级工业园区。2009 年，园区通过省级生态化建设与改造试点园区验收，园区总规划面积 13 平方千米，入园企业 127 家，亿元以上企业 7 家，成功培育优质高新技术企业瓯宝安防科技股份有限公司、丽水万控电气有限公司、安派科生物科技有限公司和浙江森宇控股集团有限公司等，形成以通用设备制造业、电气机械制造业和农林产品精深加工业为主导的产业集群。

浙江龙泉工业园区

浙江龙泉工业园区位于龙泉市剑池街道辖区内，交通便捷，丽龙高速公路龙泉出入口设在园区内。工业园区创建于 1996 年，历经龙泉工业小区、青瓷宝剑园区、太阳伞工业园、大沙五金汽配科技园、金沙新区发展到浙江龙泉工业园区，从小到大，从分散到集中，园区逐步发展壮大。2006 年 8 月，经省人民政府批准升格为省级工业园区。2008 年 12 月，浙江龙泉工业园区成立，规划面积 8.91 平方千米。2010 年，园区实现工业产值 49.97 亿元。主要发展工业，形成五金汽配、竹木加工、青瓷宝剑为主导产业的发展格局。

青田经济开发区

青田经济开发区位于青田温溪镇，交通便捷，境内金温铁路在青田经济开发区高岗工业区配套设立货物中转站。金丽温高速公路开发区段设有出口，有丽水市唯一的货运码头——温溪港。青田经济开发区创建于1992年。1993年11月，经省人民政府批准升格为省级经济开发区。开发区总规划面积5.2平方千米，其中温溪老城区2.4平方千米，以发展工业为主，少部分为商居配套。2007年，青田经济开发区工业总产值94.53亿元，超亿元企业18家，获中国驰名商标6个、国家免检新产品4个、浙江省著名商标7个。截至2010年，青田经济开发区形成集电子、鞋革、机械、五金、服装为主导的产业格局。

浙江云和工业园区

浙江云和工业园区位于云和县城，创建于2001年。同年，被列为省级特色工业园区和浙江省木制玩具工业专业区。2006年3月，省政府正式批准为省级工业园区。4月，经国家发改委审核认定为浙江云和工业园区。12月，被列为浙江省山海协作示范区。2007年，被省委宣传部命名为浙江省文化产业示范基地。工业园区规划面积16.87平方千米，由城西工业园区、杨柳河区块和城东金属园区3个区块组成，其中城西工业园区于90年代初开始建设，面积2.2平方千米，以木制玩具企业为主，由原城关镇木制玩具工业小区建成；杨柳河区块是低丘缓坡试点项目，2004年开始建设，完成一期和二期北区块建设；城东金属园区于2003年开始建设，面积0.1平方千米，以阀门铸造企业为主。2005年，浙江云和工业园区完成投资17.83亿元；入园企业257家，其中通过ISO 9000认证企业59家，通过ISO 14000环境体系认证，通过ISO 18000安全体系认证企业5家，通过ICTI国际玩具协会商业行为守则认证企业2家，通过FSC森林体系认证企业3家，成功申报浙江省绿色企业4家，通过省级清洁生产审核企业2家，培育浙江新云木业集团有限公司、浙江振鹏工艺品有限公司、浙江七彩木制工艺品有限公司、浙江和信玩具有限公司、云和县金茂工艺品有限公司等龙头企业，提供就业岗位2万多个，年产值15亿元。2010年，工业园区工业产值36亿元，比2009年增长26%。其中，规模企业工业产值29.8亿元，比2009年增长252%；新增规模企业16家，共87家，新增亿元企业1家；完成投资6.17亿元，其中政府性投资完成1.82亿元，制造业投资完成4.35亿元，招商引资到位资金5.07亿元；企业技改投入3010万元，新征用土地17.8公顷，新开发土地70.32公顷，新出让土地36.19公顷。

浙江省庆元工业园区

浙江省庆元工业园区位于庆元县西部，成立于2003年6月。2006年9月，经国家发改委审核认定升格为省级开发区。园区规划面积30平方千米，实行“一区多园”发展模式，以发展现代制造业为主，集商贸、居住、教育、物流、市场等为一体的综合性城市新区，打造庆元“城市新区、工业新城”为目标，建成梦天工业园、北门工业园、东山垟工业园、五都工业园、屏都工业园、黄田工业园、竹口工业园区、淤上功能区等工业区块，培育浙江梦天木业有限公司、浙江吉安木业有限公司、双枪竹木科技股份有限公司、浙江省庆元县天竹竹木有限公司、浙江三禾竹木科技股份有限公司、浙江庆元百兴食品有限公司和浙江节节高竹炭业有限公司等龙头企业，有中国驰名商标7个，形成竹木制品、汽摩配件、绿色食品加工、文教用品制造四大主导产业。

缙云工业园区

缙云工业园区位于缙云县新碧镇。前身是新碧工业园区，创建于2000年。2002年3月，升格为缙云工业园区。2003年3月，升格为市级工业园区，成立新碧工业园区管委会，专门负责工业园区开发、建设和管理。规划范围24.97平方千米，其中工业用地16.2平方千米，入园企业62家。2006年3月，新碧工业园区被浙江省政府批准升格为省级工业园区，更名浙江缙云工业园区。7月，缙云工业园区与新碧镇政府合署办公，园区总规划面积12.12平方千米。2008年2月，缙云县调整行政区划，撤销新碧镇建制，成立浙江缙云工业园区新碧农村管理处，为五云镇人民政府派出机构。其行政区域和新建镇岩沿、西岩、梅溪3个行政村划归五云镇管辖，由五云镇委托浙江缙云工业园区管理委员会管理，负责行政村28个的经济、社会各项事业发展。新碧农村管理处和浙江缙云工业园区合署办公。2010年，浙江缙云工业园区成为缙云工业经济的主要增长极，形成汽摩配、五金机械、照明电器、新材料等四大主导行业，工业产值由2006年建园初期32.35亿元增加到2010年的110.33亿元，年均增长36%，入园企业144家，投产企业122家，规模以上企业98家，固定资产投资计52.77亿元。

遂昌工业园区

浙江遂昌工业园区位于遂昌县妙高、云峰两镇的中间地带，开发面积16平方千米，创建于2000年。2002年，被批准为浙江省100家特色工业园区之一。2006年4月，经省政府批准，国家发改委、国土资源部审核同意，升格为省级开发区。2009年，浙江遂昌工业园区入园企业75家，投产59家，工业产值40多亿元。2010年，浙江遂昌工业园区形成以建筑五金、竹木制品、不锈钢、精密机械、自行车电动车暨零配件等为主导的产业格局，培育浙江新宏钢制品有限公司、浙江浩洋娇子车业有限公司、浙江昌隆钢业有限公司等龙头企业，入园企业87家，其中规模以上企业51家，亿元以上企业为10家，投产企业63家，工业产值51.5亿元，同比增长37.6%，占全县工业产值45%，上缴税收1.16亿元。

松阳工业园

松阳县工业园区位于松阳县松古平原，成立于2001年4月，2002年9月，松阳县工业园区首批入园企业奠基。2005年，松阳县工业园区入园企业60家(包括三期入园20家)，投产企业30家，吸纳劳动力2400多人，并初步形成不锈钢产业群，入园不锈钢企业35家，投产企业12家，产值2.55亿元。2006年4月，松阳县工业园区经国家发改委审核批准升格为省级工业园区，规划面积320公顷。2010年，松阳县工业园区形成以不锈钢管为主导产业，培育浙江隆华特钢有限公司、浙江宝丰钢业集团有限公司、浙江东方铜业有限公司、浙江鹏业不锈钢有限公司等龙头企业，入园企业90家，产值46.76亿元。

景宁经济开发区

景宁经济开发区位于景宁畲族自治县城北，首期开发面积151公顷，成立于1994年8月。2005

年，经省政府批准，被国家发改委评为保留的省级经济开发区。同年，全国开展清理整顿开发区工作时，景宁经济开发区保留，成为全省 57 个省级经济开发区之一，是丽水市范围内 3 个省级经济开发区之一。景宁经济开发区享受民族自治特殊优惠政策，新办企业增值税 3 年内先征后返 50%，所得税 5 年内全免，电力工程贴费减免 10—30%，土地使用城市配套费，增值费实行缓交。2010 年，景宁经济开发区园区以服装生产和绿色食品加工为主导产业，形成以总部经济园、绿色食品加工园、制药、竹木制品等有民族区域特色的产业发展格局，培育丹迪琳服饰有限公司、大自然食品有限公司、中信实业有限公司等龙头企业，工业产值 4.2 亿元。

浙江景宁梅墟扶贫经济开发区

景宁梅墟扶贫经济开发区位于宁波市鄞县梅墟镇。是浙江省政府在异地搭建平台、建立扶贫援助基地、跨区域设立经济开发区的尝试。1985 年，根据浙江省委省政府的统一部署，本着“优势互补、注重扶贫、共同发展”的原则，宁波市鄞县与景宁畲族自治县正式建立结对扶贫关系。1992 年 12 月，鄞县和景宁畲族自治县决定共同建设全国首个县级异地扶贫开发区。制定《鄞、景两县关于开发浙江景宁梅墟扶贫经济开发区协调会议纪要》和鄞县、景宁畲族自治县财税局、国税局《关于浙江省景宁扶贫经济开发区有关问题的协议》，鄞县在其黄金地段梅墟经济开发区无偿划出土地 4.8 公顷，由景宁畲族自治县利用这些投资环境优越的土地创办工业区，其投资项目享受与鄞县同类投资项目同等优惠政策。工业区利税则归景宁畲族自治县所有，走出鄞景两地扶贫开发的新路子。1993 年 10 月，组建浙江景宁投资发展有限公司。1994 年 3 月，省政府批复设立浙江景宁梅墟扶贫经济开发区。1995 年 6 月，国家民委将其列为国家民委扶贫开发试验区，并更名浙江省景鄞扶贫经济开发区。截至 2003 年，开发区注册企业 130 家，税收 32758 万元，成为景宁畲族自治县财政收入的重要来源之一。1995—2007 年，景宁扶贫经济开发区财政收入 4.7 亿多元，年均近 4000 万元；其中地方财政收入 1.7 亿多元，年均 1400 多万元。2007 年，景宁扶贫经济开发区实行属地管理，移交宁波市鄞州区人民政府管理。

第二章　园区基础设施

1993 年，丽水开发区成立，加大市政建设力度，完善城市功能。2002 年 6 月，绿谷大道开工建设，是水阁工业区块第一个基础设施项目，标志水阁工业区迈开实质性建设的第一步。同期，各种设施建设和天宁、水阁工业区重点工程的建设有序开展。

截至 2010 年，丽水开发区南城水阁工业区内“五纵十横”等城市主干道路建成贯通，基本实现“七通一平”，园区供水加压泵站、110 千伏变电所、污水压力泵站、垃圾中转站等基础设施的控制性工程完成建设。电力方面由 220 千伏安和 110 千伏安变电站供电，电力供应可靠，开发区负责将电力线路接到各企业门口。给水方面，日供水能力1.5亿千克，开发区负责全部开发区内输水管道铺设。排水排污方面，排水采用雨、污分流制。污水企业处理达标后，通过开发区铺设排污管道，接到市污水处理厂统一处理，该污水厂日处理能力5000万千克。水阁小学建成投入使用，商贸中心、金融、农贸市场、水阁宾馆、职工集体宿舍、公共交通等生产生活、市政公共服务配套设施在实施当中，市容市貌等市政管理有序开展。

第一节　水、电、路与通信设施

天宁工业区基础设施建设

1992年12月，丽水开发区管委会规划建设天宁路，路面长300米，宽16米，投资30万元。1993年3月丽水开发区天宁工业区成立后，分三期开发建设基础设施，一期为解放路以北至丽青路以南，面积71公顷地块；二期为丽青路以北至丽阳路以南面积227.33公顷地块；三期为丽阳路以北面积106.67公顷地块。其中一期工程建设包括解放街、紫金路、奚渡路等主干道路3条、中东路等次干道4条，总长度2900米，以及供电、供水、通讯、排水、排污等基础设施。1994年，完成投资2181.5万元，实现解放街土路基阶段"六通"，长1434米；完成解放街快车道水泥路浇注，面积21200平方米，建成两侧绿化带，完成安装两侧路灯；完成紫金路改造，长297米，完成中东路土路基，长1750米，迁移中东路高压线，改造海潮河道，长150多米。1992—1999年，天宁工业区投资基础设施8572万元，开发土地面积1.56平方千米，建成城市道路长1.15万米、面积25.2平方米，建筑面积51万平方米，竣工率97%。2001年，丽水开发区天宁工业园区管委会开始进行道路施工前的征地、拆迁工作；完成凉塘路道路建设主体工程，长900米，宽24米；落实天宁工业区内新北路道路建设的测量、勘察和委托设计。

水阁区块基础设施建设

道路建设　2002年6月，丽水开发区开工建设绿谷大道。是丽水开发区水阁工业区第一个基础设施项目，标志南城新区基础设施建设正式启动。2004年，丽水开发区水阁工业区完成园区主要道路和控制性关键工程，中心大道全线贯通，基本完成亮化、绿化工程；基本完成北二路等主要道路8条，与中心大道实行联通，建成道路长度10.6千米，完成19.6千米。2007年，丽水开发区水阁工业区新建城市道路12.25千米。2002—2007年，丽水开发区水阁工业区建成"五纵十一横"主次干道，长度40.09千米，完成路网规划(41.5千米)的96.6%；完成安装绿谷大道、枫岭街、成大街、龙庆路中段和北段、通济路、龙石路、石牛路以及M和Z地块的路灯；完成丽水开发区水阁工业区主干道二期人行道改造工程，面积12.05万平方米；开展丽水开发区水阁工业区主干道三期人行道改造招标工程，面积2.65万平方米。

截至2010年，丽水开发区水阁工业区基本形成道路路网，建成5纵11横主干路，支路25条，总长度52.66千米，人行道面积16万多平方米，绿化面积34万多平方米。

2010 年丽水开发区(水阁区块)快速路情况一览

表 20-2-1-1

道路名称	起止地点		长度(米)	宽度(米)	面积(平方米)	行车道			建设时间
	起	止				宽度(米)	面积(平方米)	结构	
丽沙路	龙庆路	遂松路	991	38	37658	24	23784	砼	2008 年 9 月

2010 年丽水开发区(水阁区块)主干道道路情况一览

表 20-2-1-2

序号	道路名称	起止地点		长度(米)	宽度(米)	面积(平方米)	行车道			建设时间
		起	止				宽度(米)	面积(平方米)	结构	
1	绿谷大道	高架桥	水阁收费站	8135	50	406750	37	300995	砼	2007 年前
2	石牛路	枫岭街	石牛大桥北	3010	40	134260	28	93520	砼	2006 年
		枫岭街	飞雨路	660	21		14			
3	枫岭街	石牛路	遂松路	920	36	33120	24	22080	砼	2006 年
4	惠民街	石牛路	云景路	1260	30	37800	20	25200	砼	2008 年
合　计				13985	—	611930	—	441795	—	—

2010 年丽水开发区(水阁区块)次干道路情况一览

表 20-2-1-3

序号	道路名称	起止地点		长度(米)	宽度(米)	面积(平方米)	行车道			建设时间
		起	止				宽度(米)	面积(平方米)	结构	
1	通济街	龙庆路	云景路	1370	24	32880	16	21920	砼	2007 年
2	成大街	石牛路	云景路	1680	24	40320	16	26880	砼	2008 年
合　计				3050	—	73200	—	48800	—	—

2006—2008 年丽水开发区(水阁区块)支路道路情况一览

表 20-2-1-4

序号	道路名称	起止地点		长度(米)	宽度(米)	面积(平方米)	行车道			建设时间
		起	止				宽度(米)	面积(平方米)	结构	
1	龙庆路	飞雨路	绿谷大道	7355	24	176520	16	117680	砼	2007 年
2	云景路	成大街	通济街	3197	24	76728	16	51152	砼	2007 年
3	龙石路	龙庆路	云景路	910	24	21840	16	14560	砼	2006 年
4	遂松路	吴垵路	绿谷大道	6530	24	156720	16	104480	砼	2007 年
5	垟店路	石牛路	绿谷大道	752	24	18048	16	12032	砼	2007 年
6	吴垵路	石牛路	遂松路	760	24	18240	16	12160	砼	2007 年
7	岑山路	龙庆路	遂松路	740	24	17760	16	11840	砼	2007 年

续表 20-2-1-4

序号	道路名称	起止地点		长度(米)	宽度(米)	面积(平方米)	行车道			建设时间
		起	止				宽度(米)	面积(平方米)	结构	
8	飞雨路	龙庆路	绿谷大道	1030	30	30900	24	24720	砼	2007 年
9	白峰路	石牛路	绿谷大道	688	24	16512	16	11008	砼	2007 年
10	叶岙路	成大街	兴工路	623	9	5607	9	5607	砼	2006 年
11	兴工路	枫岭街	叶岙路	381	9	3429	9	3429	砼	2006 年
12	兴业路	吴垵路	龙庆路	567	9	5103	9	5103	砼	2006 年
13	金亭路	惠民街	通济街	1549	16	24784	11	17039	砼	2006 年
14	清波路	龙庆路	绿谷大道	367	9	3303	9	3303	砼	2006 年
15	文丽一路	石牛路	龙庆路	336	10	3360	7	2352	砼	2006 年
16	文丽二路	石牛路	龙庆路	334	10	3340	7	2338	砼	2006 年
17	文宝一路	石牛路	龙庆路	337	10	3370	7	2359	砼	2006 年
18	文宝二路	石牛路	龙庆路	337	10	3370	7	2359	砼	2006 年
19	文宝三路	石牛路	龙庆路	336	10	3360	7	2352	砼	2007 年
20	平峰一路	云景路	缙青路	320	12	3840	9	2880	砼	2007 年 5 月
21	平峰二路	遂松路	缙青路	633	10	6330	7	4431	砼	2006 年
22	平峰三路	云景路	金亭路	235	10	2350	7	1645	砼	2006 年
23	平谷一路	云景路	缙青路	561	10	5610	7	3927	砼	2006 年
24	平二路	金亭路	缙青路	231	10	2310	7	1617	砼	2006 年
25	平谷三路	金亭路	缙青路	541	10	5410	7	3787	砼	2006 年
26	上桥路	遂松路	云景路	516	9	4644	9	4644	砼	2007 年
27	石亭路	成大街	惠民街	788	9	7092	9	7092	砼	2008 年
28	水阁新村支路	—	—	424	9	3816	6	2544	砼	2008 年
29	商贸中心支路	绿谷大道	遂松路	747	9	6723	6	4482	砼	2008 年
30	物流支路一、二	飞雨路以北		895	24	21480	18	16110	砼	2008 年
31	中二北路	绿谷大道	遂松路	330	16	5280	8	2640	砼	2007 年
32	张村路	绿谷大道	遂松路	423	16	6768	8	3384	砼	2007 年
33	张村支路	枫岭街	张村路	465	16	7440	8	3720	砼	2007 年
34	D 地块支路	龙庆路以西		395	16	6352	10	3970	砼	2007 年
合　计				34633	—	687739	—	472746	—	—

桥梁　丽水开发区水阁工业区建成桥梁 13 座。其中石牛大桥位于石牛路与碧湖镇石牛村连接处，长 328 米，桥宽 31.5 米，总投资 3195.1 万元，上部采用先简支后连续小箱梁，下部采用桩柱式墩台，设计荷载城市—A 级，人群 3.5KN/m^2，承担南城新区与碧湖连接的交通运输功能。2004 年 4 月开工建设。2007 年 7 月竣工验收。其他 12 座桥梁分别位于龙庆路、绿谷大道、遂松路、云景路与通济街交叉口(龙石溪上)、文丽一路、文丽二路、文宝一路、文宝二路、文宝三路、成大街、惠民街与石牛

路交叉口(水阁渠上)、叶岙路桥梁(水阁渠上)。

路灯　丽水开发区水阁工业区路灯灯杆种类有单杆双挑、单挑单叉、杆上单挑、双挑单叉4种，路灯灯泡型号有NG400、N250、N150等3种。截至2010年8月，区内初步建立城市道路照明及亮化设施维护机制，安装路灯1832盏，设施完好率100%，平均亮灯率99.5%。

供排水和排污　截至2010年，丽水开发区完成水阁工业区供水加压泵站、压力污水输送管道基础设施控制性工程，采用雨污分流排水方式，建成雨水管道长约80千米，污水管道长约60千米，污水经污水处理厂处理后最后排至瓯江，雨水经管网收集排至水阁渠、龙石溪等水系。

电力设施　2004年10月，110千伏水阁变电所投入运营，占地面积3300平方米，主变容量4万千伏安1台，110千伏出线1回，10千伏出线16回，主变负载率近90%。2006年7月，110千伏龙石变电所1#主变投入运营。2007年7月，110千伏龙石变电所2#主变投入运营，占地面积3000平方米。110千伏龙石变电所1#和2#主变总容量10万千伏安，110千伏出线2回，35千伏出线4回，10千伏出线17回，主变负载率70%以上。2010年，水阁工业区新增5万千伏安主变1台。截至2010年，实现道路、供水、排水、通讯、有线电视、宽带网等“七通一平”。

东扩区块基础设施建设

2007年6月，丽水南城北三路工程(东七路—水阁水厂)开工建设，是丽水开发区东扩区块第一个基础设施项目，标志产业东扩正式启动。2008年11月，丽水南城东七路开工建设。

2009年，丽水开发区加速推进东扩进程。丽水开发区东扩区块“七纵四横三区块”首期建设项目全面启动，工程涉及道路总长28.5千米，土石方量2200多万立方米，其中南六路等项目6个被列为市重点工程。7月，东扩区块南六路及配套工程(BT)开工建设；同年底完成投资1.6亿元。8月，东扩二期建设项目启动。9月，北三路完工。同期，按照道路、供水、排水、通讯、有线电视、宽带网、场地平整一次性建设到位的“七通一平”要求，全面推进东三路、南四路、南五路、东七路、东八路、东九路、南六路BT工程和110千伏张村变电所、胡七渠、七百秧水库防渗工程建设。10月，浙江省丽水开发区景宁民族工业园启动建设。2009年，浙江省丽水开发区景宁民族工业园管委会投资7.4亿元，平整工业用地200公顷；贯通道路网架，基本完成东三路、南四路、南五路等路基工程，完成道路路基建设10千米。

2010年，丽水开发区推进东扩开发，大范围建设基础工程。道路建设方面，新建成南六路、东七路北段等道路路基，长10.3千米；浇筑东三路、东七路南段、南五路、南四路等道路路面，长13.3千米；完成东扩二期南二路BT项目前期招商谈判。场地平整方面，有效保障如期供地，完成东扩首期工业区块、余庄前安置区块、水阁Z地块等场地平整，新增用地283.33公顷，完成场地平整533.33多公顷。水电配套方面，围绕东扩入园工业项目的用水用电需求，及时跟进水电配套工程。4月，全面贯通东扩首批路网给水网络，陆续完工东三路、南四路、南五路、东七路南段、东八路和东九路路网给水网络；建成东扩临时加压泵站并投入使用。完成七百秧中、高压泵站项目招投标工作。开工建设张村110千伏变电所；基本完成架设南五路、东八路、东九路等20千伏电力线路，根据企业需求延伸支线路。

丽水开发区东扩区块道路建设情况一览

表 20-2-1-5　　单位：米

路　名	路 长	路 宽	开工时间	完工时间	行车道
北三路	1580	36	2007年6月4日	2009年6日	完工
东三路	3404	32	2008年1月26日	—	道路水稳层完成，完成沥青路面（粗粒式）浇筑64000平方米，沥青路面（细粒式）浇筑完成63600平方米
南四路	195	30	2008年6月12日	—	完成排水工程9.5千米，完成总量的67%，稳定层完成13100米，完成总量的30%，给水工程完成中二路至东九路敷管
	3725	46			
南五路	1829	32	2008年5月22日	2011.01.11	道路给水、排水工程完成，水稳层浇筑完成3500米，完成总量的87.8%
	2071	24			
东七路	3762	42	2008年11月24日	2011年1月18日 南段	南段工程全部施工完毕，北段工程路基工程完成96.8%，排水工程完成3000米，占排水工程的45%；七百秧渠挡墙砌筑完成3150米，占工程量的51%
东八路	1365	32	2008年11月26日	2012.03	场地平整工程完成，东八路水稳层浇筑完成900米，完成总量的69%
东九路	1340	40	2008年11月26日	2012.03 南段	场地平整工程完成，东九路排水工程完成，胡七渠挡墙砌筑完成
东十一路（南6路至南4路）	1430	36	2009年7月28日	—	南六路BT项目，完成路基7.4千米，平整用地150.53公顷，排水完成5.1千米，完成总量的20.03%，渠道挡墙完成1万立方米。
东十路（南4—6路）	1250	20	2009年7月28日	—	
南六路（东10—南4路）	1435	24	2009年7月28日	—	
	460	32			
南六路（东3—10路）	70	24	2009年7月28日	—	
	3380	32			
东六路（南5~6路	611	26	2009年7月28日	—	

四都区块基础设施建设

四都区块位于丽水开发区水阁工业区西北部，大溪以东，绕城西路以南，进城连接线以西，地处丽水南城大溪沿岸滨水生活休闲带，是瓯江沿岸山水人居与生态旅游的重要职能组团，也是构筑丽水“绿谷文化”的重要依托，规划范围950.1公顷，研究用地规划范围548.75公顷，控制用地规划范围272.2公顷，形成“一心一带、两园四区”的规划结构形态，定位在融体育健身、休闲度假和文化旅游为一体的高品位生态居住区。2010年，编制完成《丽水市南城四都区块控制性详细规划》，逐步开展基础设施建设。

第二节　配套设施

环卫设施

2004年，丽水经济开发区水阁区块启动城市垃圾中转站及公厕建设项目和市场化保洁项目，2005年4月，开工建设水阁区块吴垵垃圾中转站及公厕、上桥公厕，2005年年底至2006年6月，竣工验收。环卫基础设施建成并投入使用后，提升垃圾收集运输能力，提高城市环卫基础设施建设品质，改善环境质量。2006—2010年，丽水经济开发区推进环卫基础设施建设并推广使用道路清扫“机械化+人工”作业模式，至2010年，建成城市公共厕所3座，垃圾中转站2座，城市道路清扫保洁面积达到105.36万平方米。其中，二类公厕1座（上桥公厕），二类以下公厕2座（吴垵公厕、丽沙公厕），吴垵垃圾中转站和丽沙垃圾中转站；道路清扫保洁机械化作业日均达到64.3万平方米，机械化作业率61%，提升城市环境卫生管理水平。

水阁农贸市场

2003年，丽水开发区完成水阁农贸市场土地征用和房屋拆迁工作，周边村民按股份制形式筹集资金建设。2005年，动工兴建水阁农贸市场。同年底，水阁农贸市场投入使用。

职工公寓

2004年，丽水开发区龙石村职工公寓立项，占地6.67公顷。2005年，龙石村职工公寓进行设计。2007年，完成龙石村职工集体宿舍主体工程，进行内外墙装修和附属道路施工。2009年，龙石村职工公寓建成投入使用。同年，加快推进张村、水阁等5个村职工集体宿舍项目前期工程。

邮　政

民国31年(1942)，水阁乡开办邮电业务。1949年中华人民共和国成立后，水阁乡始设邮电代办所，位于原水阁乡政府内，仅办理函件收寄，门口设邮政信箱1只。1953年，水阁乡开设投递路线1条，投递员1人，每周投递5天，由丽水邮电局投递班管理。1999年1月，丽水邮政、电信分营后，邮电代办所划归电信，取消邮政水阁固定营业网点，仅存报刊投递业务。

2006年11月，莲都区邮政局水阁邮政支局设立，开办汇兑、信函、包裹、邮政特快等业务。2007年11月，莲都区邮政局水阁邮政支局升格为丽水开发区邮政分局，实现工业园区内每天投递。2008年9月，丽水开发区邮政分局营业厅迁址至水阁工业园区枫岭街。2010年8月，碧湖、大港头、高新、峰源四个乡镇邮政服务划归丽水开发区分局管理，同时，开办邮政储蓄、信贷、汇兑、信函、包裹、特快、集邮、报刊、理财、保险、航空票务等业务。

功能配套类项目

2010年，丽水开发区落实“工业商业并举、生产生活同步”，全面跟进功能配套类项目建设。商贸区块开发方面，完成大卖场主体工程和室外装修工程；开工建设南城公园、文体中心、上尚广场；完成规划编制会展中心与生产资料市场、09 地块（花园式住宅区）、南城汽车交易市场等项目前期工作。物流区块开发方面，开工建设物流总汇项目和医药物流项目。四都区块开发方面，启动四都区块整体合作开发前期工作，深入分析研究区块规划深化内容、合作开发模式、前期开发成本、征迁工作思路、开发投资收益等，委托开展开发方案编制工作。

第三节　环保设施

绿化美化

道路绿化　2003 年，水阁工业区开展水阁区块城市道路绿化建设工作，推进城市道路绿化项目建设。2004 年，以雪松、银杏和杜英为基调树种的中心大道中间绿化带实施并完成绿化面积 5 万平方米；2005 年，新增城市道路绿地 2.51 万平方米；2006 年，新增城市道路绿地 9.15 万平方米。2007 年，新增城市道路绿地 7.4 万平方米，2008—2010 年，新增城市道路绿地 8.34 万平方米。至 2010 年，丽水经济开发区已建成城市道路绿地 32.4 万平方米。

公园建设　2008 年 7 月，丽水经济开发区开展建设水阁公园、吴垵公园和开发区入口绿化建设等项目。2010 年 7 月，水阁公园项目建设动工。水阁公园位于丽水经济开发区绿谷大道与成大街交叉口往北 150 米，西接绿谷大道、南邻开发区行政中心，用地面积为 2.56 万平方米，其中公园绿地面积 1.89 万平方米，广场及公园支路面积 1.67 万平方米，地下停车泊位 94 个，人防工程建筑面积 0.35 万平方米，总投资概算为 3878.38 万元。同年，推进吴垵公园一期项目招标工作。吴垵公园位于绿谷大道与白峰路交叉口南侧，总用地面积 1.73 万平方米，其中公园绿地面积 1.7 万平方米，总投资概算为 402 万元。

环保监管

发展沿革　1993 年，丽水开发区建立初期，曾引进过一些对环境有污染的企业，如温州合成革企业。后丽水开发区水阁工业园区污染逐渐加重，政府和社会意识到环境保护重要性，开始限制污染企业入驻。1995 年 2 月，丽水市（县级）政府转发《丽水开发区管委会与各有关职能部门工作关系协调会议纪要》，明确丽水市（县级）环保办负责投资项目环保审批，丽水开发区管委会环保专职人员负责承办投资业主的环保审批手续，参加市环保办理审批。5 月，丽水开发区执行《浙江省各类开发区和工业小区环境保护管理暂行办法》。7 月，丽水开发区规定区内不得兴办工艺落后、污染严重及缺乏有效治理的项目；治理污染设施必须与主体工程同时设计、同时施工、同时投产；项目建成应经环保部门验收合格后方可投产；有污染向外排放废水、废气、废渣、噪声超过国家排放标准的按国家和省有关排污收费规定执行。2001 年 12 月，丽水开发区设立经济发展处，负责环保预审工作，协助做好区内工业环境保护工作。2003 年，丽水开发区设立环保分局。10 月，丽水开发区天宁工业区顺利通过国家级生态示范区验收工作。2007 年，撤销丽水开发区地政环保规划局。2009 年，丽水开发区设立市环保局开发区分局，为市环保局派出机构。2010 年，丽水开发区设立开发区环境保护局，增挂市环境保护局开发区分局、环境保护监察支队开发区大队牌子，承担开发区范围内的环境保护管理、日常监察和执法工作，业务接受市环保局的指导。

环境管理认证　2008年，丽水开发区全面开展园区污染源普查工作，加强日常监管，封存违规生产的合成革企业5家。截至2010年，丽水开发区先后通过ISO 14000环境管理体系认证、ISO 9001环境管理体系认证，制定循环经济规划并通过专家认证。

污染整治

节能减排　2007年，丽水开发区在丽水市率先出台《投资项目能耗审查管理暂行办法》，开展清洁生产审核工作，实行环保一票否决制；推广节能技术，推行人造板行业废料产热技术和革基布行业废水余热技术。9月，丽水开发区与杭州热电集团签订集中供热项目协议书，投资4.52亿元，筹建浙江丽水杭丽热电公司，编修热力规划。2008年，丽水开发区落实节能目标责任，与能耗大户（100万千克标煤以上企业）签订节能目标责任书48家，完成清洁生产普查审核的革基布合成革企业15家，实施节能技改企业37家、项目110个。

2010年，丽水开发区落实发展循环经济的政策措施，万元工业产值能耗比2009年下降16.7%，其中龙泉工业园区、松阳工业园区、丽水开发区下降幅度较大；万元工业产值电耗下降13.8%，其中龙泉工业园区、松阳工业园区降幅较大；万元工业产值水耗下降22.4%，其中丽水开发区、缙云工业园区降幅较大，都超过20%。同年，做好科技进步和节能减排工作，新增高新技术企业8家，全社会用电量6.8千瓦时，实现单位工业增加值能耗下降10%以上；实施节能降耗重点能耗企业（100万千克标煤以上）48家，项目52个，投资6630万元。

整治污染　2004年，丽水开发区入园企业，基本做到环保治理设施与生产设施同时设计、同时施工、同时建成运转，投入环保治理设施建设费6000多万元，建成道路排污管网、压力污水输送管道、污水压力泵站。同时，与同济大学合作，开展合成革园区清洁生产研究。2007年，加大企业雨污分流整改督查力度，重点检查整改龙石溪、水阁溪流域企业100多家，水阁溪水质量明显好转。2008年，丽水开发区完成吴垵、丽沙等行政村的污水治理。2009年，丽水开发区管委会加强考核指导，全面推广应用二甲胺治理、中水回用等废水废气治理新技术，参与相关企业39家，推广技术11项。10月底，企业投资3.3亿元，落实废水废气治理新技术到位。12月，丽水开发区通过省政府污染整治“811”新三年行动验收。2010年，丽水市园区进一步加强生态化建设，开发区采用雨污分流的排水方式，污水经污水处理厂处理后，经雨水管道收集排至水阁渠、龙石溪等水系，最后排至瓯江。水阁区块建成雨水管道长约80千米，污水管道长约60千米；工业污水处理率97.3%，生活垃圾处理率89.6%，生活污水处理率70.3%，工业固废综合利用率81.6%。

水阁污水处理厂工程　水阁污水处理厂工程位于水阁工业区，占地10公顷，概算总投资1.77亿元，建设规模日处理污水10000万千克（分期建设，一期0.5亿千克/日），服务范围包括水阁工业区、联城花街片区、四都片区、七百秧南分区，其中一期工程是浙江省重点工程、省政府“811”环境保护新三年行动治理工程，服务范围主要为水阁工业区。工程采用改良型SBR处理工艺，设计进水指标，COD450毫克/升，BOD160毫克/升，SS300毫克/升，氨氮25毫克/升，总磷5毫克/升，总氮35毫克/升，pH6—9。处理后出水排放达到《城镇污水处理厂污染物排放标准》（GB18918—2002）一级A标准。2009年4月，水阁污水处理厂工程一期工程开工建设。9月，水阁污水处理厂工程一期工程主体结构通过验收。12月，水阁污水处理厂工程一期工程基本完成工艺管道安装、设备安装。12月25日，水阁污水处理厂工程一期工程初步验收通过。2010年5月21日，水阁污水处理厂工程一期工程开始试运行，水阁工业区部分污水开始进入水阁污水厂处理。2010年，丽水开发区水阁区块采用雨污分流排水方式，建成雨水管道长约8千米，污水管道长约6千米；工业污水处理率97.3%，生活垃圾处理率89.6%，生活污水处理率70.3%，工业固废综合利用率81.6%。截至2010年，丽水开发区先后通过ISO 14000环境管理体系认证、ISO 9001环境管理体系认证，制定循环经济规划并通过专家认证。

循环经济 丽水开发区合成革循环经济发展获业界充分肯定，走在全国同行业的前列。2004年，丽水开发区革基布印染废水回用课题立项。2006年，革基布印染废水回用课题中试成功，华都、南平、神州废水回用工程建成并投入运行。12月中旬，丽水开发区被中国塑协评为“中国合成革循环经济先进示范基地”。2007年，丽水开发区开展循环经济建设，加快合成革干法综合有机废气资源化利用研发；委托九三学社科技服务中心研发冷凝法工艺，完成中试并顺利通过市级验收，委托同济大学研究吸收法工艺中试；启动水性树脂应用，与四川大学皮革重点实验室、丽水齐力皮饰公司签订PU革水性树脂整理开发及应用协议，在全省率先开展水性树脂应用试点工作并取得实效，从源头上削减污染；加快二甲胺资源化回收利用研发，委托同济大学的回收课题进入中试；推广合成革工艺废水治理及循环回用技术，治理废水的合成革企业24家，全部动工建设废水治理设施并进入验收监测阶段；推进革基布印染废水回用示范及推广。2008年，丽水开发区全面完成省科技厅攻关项目《合成革产业循环经济关键技术研发示范》，直接经济效益6450万元。

第三章 招商引资

1993年开始，丽水开发区招商工作历经天宁工业区块、水阁工业区块、东扩区块3个招商阶段，每阶段招商重点不相同。

2004年年底，天宁工业区基本完成招商开发，招商产业以工业用途缝纫电机为主，安排企业入园100多家。2005年，工业产值30多亿元。2005年7月，丽水市政府将其移交市直有关部门管理。

2002年3月，水阁工业区启动建设。2005年年底，水阁工业区基本实现“七通一平”，建成新型工业园区10.4平方千米，其中利用山地开发园区面积7.7平方千米，约占面积的54%。招商重点以工业企业为主，截至2010年，水阁区块引进工业项目308个，合同引进总额111.9亿元，实际到位资金78.5亿元，合同利用外资5457.06万美元，实际利用外资4367.09万美元。项目主要有合成革、阀门、金属制品等产业，初步形成塑料制品、机械制造、汽车配件、生物制药等产业集聚。

东扩区块是丽水拓展城市规模，加快城市化建设的主要平台，同时为丽水工业发展提供更为广阔空间。按照东扩区块产业定位，重点发展高新技术业、生物医药制造业、汽车配件制造业、专用设备制造业等产业。截至2010年，东扩区块引进工业项目101个，合同投资总额138.6亿元，合同引进外资4000万美元。项目主要有汽摩配、电气、阀门、金属制品及压延等产业。

第一节　招商政策

共性政策

1993年丽水开发区成立后，丽水市（县级）政府加大招商工作力度，制定系列优惠和奖励政策。1995年3月，出台《丽水开发区对引进投资项目中介人的奖励办法》。1996年1月，出台《浙江省丽水开发区〈对引进投资项目中介人奖励办法〉的实施意见》。2003年，出台《丽水开发区招商引资中介人奖励办法》，增加按固定资产投资额奖励内容，细化工作程序，提高可操作性，保持文件延续性。2003年5月，中共丽水市委、丽水市人民政府制定《丽水市招商引资工作目标责任制考核办法》，明确每年对各县（市、区）党委、政府及市直各单位领导班子进行考核。

2010年2月8日，制定《丽水开发区管委会关于七百秧区块产业布局的实施意见》。11月，制定《丽水开发区管委会关于鼓励台商投资的若干意见》。

个性政策

天宁工业区政策　1993年3月，丽水市（县级）政府制定《浙江省丽水开发区优惠政策》。1994年7月，制定《丽水开发区管委会关于进一步加强招商引资工作的若干意见》《丽水开发区管委会关于沿街商贸综合类建设项目对外招商的实施办法》。1995年3月，丽水市（县级）政府下发《关于颁发〈丽水开发区优惠政策〉及〈对引进投资项目中介人奖励办法〉的通知》。4月，制定《丽水地区行政公署关于鼓励外商来丽水地区投资的若干优惠政策》。

水阁工业区政策　2001年8月，制定《丽水市人民政府关于扶持市直工业经济发展若干政策的意见》。2002年水阁工业区招商工作启动后，丽水开发区管委会招商局采取上门招商、媒体招商、平台招商等方式，加强招商引资工作。2003年下半年始，全国治理整顿经济开发区的土地使用，存量土地开始减少，丽水开发区管委会招商局开始调整招商引资政策，逐步从有土招商转向零土地招商、从促开工向促投产转移；建立“零土地”招商的动态管理机制，编写《可租用厂房手册》，鼓励企业在原有土地上增加投资，扩大生产规模。2003年8月，制定《丽水市人民政府关于进一步扶持市直工业经济发展的若干政策意见》。同年，丽水市政府制定完善招商引资优惠政策，围绕重点项目、优势产业，推进资源要素市场化配置综合配套改革，执行“一企一策”政策，在土地、税收、行政管理收费等方面给予优惠。2004年8月，制定《丽水市人民政府关于促进土地集约利用的若干意见》。2007年4月，丽水开发区管委会制定《丽水开发区科技创业园管理办法》。6月，丽水开发区管委会制定《关于明确丽水开发区工业用地出让金、保证金征退相关工作流程的通知》《丽水开发区工业企业股权、法人名称、法人代表和投资项目变更管理办法（试行）》。9月，制定《丽水市人民政府关于印发工业企业“两金”管理补充规定的通知》。2008年2月，制定《丽水开发区工业企业厂房整体转让管理暂行办法》。6月,制定《关于印发丽水开发区鼓励和引导企业承租开发区闲置厂房的补充意见的通知》。8月,制定《丽水开发区关于工业项目禁入和限入的暂行规定》《丽水开发区管委会关于进一步鼓励外来工业投资若干意见的通知》。2009年4月,制定《丽水市人民政府关于加快市本级企业分离发展服务业的若干意见》。

第二节 招商服务

项目报批服务

1993年丽水开发区成立后,实行"区域管理、综合开发、独立运行、自成体系"运转体制,突出丽水市工业主阵地、主战场的定位,简化行政审批手续,实行"一条龙"式和代办制服务,打造服务型开发区。

2003年6月,下发《丽水开发区管委会关于进区项目并联审批实施办法的通知》,建立以分工责任制、政务公开制、服务承诺制、协调运行制、全程督查制为内容的并联审批责任制度,按照"一门受理、抄告相关、同步审批、限时完成"原则,进行并联审批,并实行全程监督。同期,印发《丽水开发区进区项目审批指南》,明确从项目初审到核发施工许可证等审批阶段13项的办理部门、办理程序、提交材料及办理时限等内容,进行梳理简化。

2007年11月,丽水开发区成立投资服务中心,进区项目除与开发区建设规划局有关的审批工作仍由建规局负责外,其他审批事项均由开发区投资服务中心全程代理代办,并确定代办员具体负责。同期,项目授权审批人和代办员均实行A、B岗制度,重大的并联审批实施工作,提交市行政审批中心协调处理。

2009年4月,丽水开发区重新修订《丽水开发区工业项目审批指南》,简化并明确丽水开发区内(外)资项目审批流程,对项目从名称预核(工商注册)到施工许可证办理等审批程序20步的办理部门、承诺时间、材料提交等进行明确规定;大幅度压缩审批时限。8月,《丽水开发区管委会关于区内工业企业零费制有关问题的请示》获市政府批准实施,对工业企业从入园到工程建设竣工阶段实行行政事业性收费零费制,由开发区统一支付给收费部门,企业免缴;对有垄断性的有偿服务收费项目,由市政府给予协调,适当放开市场,引入竞争机制,降低收费标准。

2010年,丽水开发区管委会推行行政事业审批"零费区"和"快速道",开展入园项目全程并联审批代办服务,加强项目前期管理,增设行政审批办事大厅,相关审批职能办事人员入驻办公,降低审批成本。同年,丽水开发区办事速度明显提升,东扩区块首批完成项目前期审批入园项目40个,用时4个月。7月,再次修编《丽水开发区工业项目审批指南》。8月,丽水开发区投资服务中心设立投资项目综合受理窗口、经发窗口、财政集中支付中心窗口、国土窗口、建规窗口、环保窗口、消防窗口、四证联办窗口(工商代办)、人防窗口、气象窗口、白蚁防治窗口、城建档案窗口、供排水窗口、供电窗口,进驻二楼办事大厅集中办公,实行"集中受理、统一交办,并联审批、先批后补,强化责任、内部协作,加强督查、限时办结"的审批方式运作,提高审批效率。

促动工促投产服务

建立机制　2002年，丽水开发区管委会第一次提出“全员促动工”的口号，采取一对一办法解决企业建设的实际困难，规定开发区中层以上领导每人联系重点企业3—4家，一般办事员联系重点企业1—2家，加快入园企业开工建设。

2009年11月，丽水开发区管委会完善“促动工”常态化机制，成立“促动工”领导小组，管委会主任任组长；下设“促动工”办公室，汇总分类企业遇到的问题，明确一般事项由办公室直接协调相关部门办理，特殊事项由分管领导批示办理，重大事项由专题会议研究解决。

2010年8月，丽水经济开发区管委会“促动工”办公室与投资服务中心合署办公，由投资服务中心负责审批服务和现场“促动工”工作，从入园审批到竣工投产，实现一条龙服务。

融资帮扶　2005年，丽水开发区管委会扶持企业建设，帮助园区企业解决融资难企业80多家，融资约5亿元。8月，丽水开发区管委会设立高新技术企业扶持专用资金，帮助高新技术企业融资难题，众益药业公司的红霉素肠溶胶囊等项目3个成为首批高新产品扶持项目。

第三节　招商项目

天宁工业区项目

1993—2001年天宁工业区形成商业街区后，逐步由引进商贸综合类项目，转向工业项目招商，招商重点面向本地企业，主要是微电机、制笔、羽绒制衣、食品、生物制药等行业企业。

水阁工业区项目

2002年始水阁工业区启动后，重点引进工业企业。2004年，丽水开发区管委会引进企业28家，合同利用市外内资10.2亿元，实际利用市外资金9.1亿元。2005年，丽水开发区管委会重点引进阀门、汽摩配、金属制品等优势产业企业109家，其中阀门机械加工类企业36家(规模较大11家)，金属制品企业22家，电气机械器材制造业30家，汽摩配企业11家，新引进外资企业10家，共引进外资企业19家，投资9900万美元。2008年，丽水开发区经济继续保持增长，引进工业项目9个。其中外资总投资9.9亿元，市外内资6家，高新技术企业5家。截至2010年，丽水开发区管委会引进工业项目308个，合同引进资金111.9亿元，实际到位资金78.5亿元；合同利用外资5457.06万美元，实际利用外资4367.09万美元；其中投资8000万元以上的重点工业项目37个，主要有合成革、阀门、金属制品等产业重点企业。

2003—2009年丽水开发区水阁区块重点工业项目一览

表20-3-3-1

序号	企业名称	法人代表	主要产品	合同总投资（万元）	面积（公顷）	协议入园时间
1	丽水市欧科人造板有限公司	徐梦璋	纤维板	21915	13.62	2003年

续表 20-3-3-1

序号	企业名称	法人代表	主要产品	合同总投资（万元）	面积（公顷）	协议入园时间
2	浙江五洲合成革有限公司	张　才	合成革	20176	12.40	2003 年
3	浙江中新五金制造有限公司	姜明新	刀剪	9900	5.33	2003 年
4	丽水市闽锋化学有限公司	邵泰和	超仟合成革	9650	7.67	2003 年
5	浙江合力合成革有限公司	张琼武	合成革	8000	4.89	2003 年
6	浙江力邦制革有限公司(佳源)	曹彩云	合成革	8500	7.73	2003 年 12 月
7	浙江美特康革业有限公司	邵康祟	合成革	11858	8.20	2003 年 12 月
8	浙江正茂皮业有限公司	汪振祟	合成革	13000	4.09	2003 年 9 月
9	浙江东正皮业有限公司	王家俊	合成革	8355	2.53	2004 年 1 月
10	浙江方德机电制造有限公司	章则余	电机、缝纫机	8386	4.45	2004 年 12 月
11	浙江丽水有邦化工有限公司	夏健锋	绿色光气化	15675	6.67	2005 年 3 月
12	浙江宇田树脂有限公司	杨英仁	树脂	9900	4.17	2005 年
13	浙江江南景洁铝业有限公司	陈善胜	铝材	14820	5.20	2005 年 7 月
14	丽水众益药业有限公司	周益成	片剂、针剂、粉针剂	19845	5.60	2005 年 1 月
15	丽水市恒顺化工有限公司	杨敏华	甲醛、塑编袋等	8680	4.00	2005 年 10 月
16	浙江华都合成革有限公司	王建光	合成革	8500	3.07	2005 年 10 月
17	大众(丽水)阀门有限公司	金志渊	阀门	12165	5.30	2005 年 3 月
18	浙江丽水太空超高压水射流设备制造有限公司	殷耀敏	超高压水射流设备	21000	7.07	2005 年 5 月
19	丽水华星电机有限公司	梁立华	电机	10395	4.17	2006年 1 月
20	方圆阀门集团丽水有限公司	叶春年	阀门	8300	3.37	2006 年 4 月
21	浙江亚美力汽车部件有限公司	蒋松明	汽车、暖风机水箱	8268	2.84	2006 年 7 月
22	浙江力威汽车电器有限公司	张德贤	自动化控制阀、马达	11880	3.50	2006 年 8 月
23	浙江丽水澄天环保科技有限公司	王家骐	防腐脱硫设备	8100	2.83	2006 年 8 月
24	浙江奔克汽车部件有限公司	戴绍金	汽配	11800	3.27	2006 年 10 月
25	丽水市意本阀门有限公司	史快意	阀门	18750	4.35	2007 年 7 月
26	浙江博洲钢业有限公司	孙忠雄	不锈钢冷轧卷板	15000	3.11	2007 年 7 月
27	浙江丽泰金属有限公司	孙光权	不锈钢	26023	6.79	2007 年 9 月
28	普森(浙江)有限公司	沈士明	油画、框	14608	9.53	2007 年 10 月
29	浙江新旭不锈钢有限公司	李新弟	不锈钢中宽板卷	39300	4.70	2008 年 1 月
30	浙江华丰铝业有限公司	梅文华	0.50 亿千克铝箔项目	30000	6.67	2008 年 3 月
31	浙江瑞和激光科技有限公司	郑宣成	年产 1500 台激光打标机	10500	2.53	2008 年 3 月
32	丽水富来森能源科技有限公司	王正郁	炭素/电极材料/太阳能	16809	3.87	2008 年 9 月
33	浙江方源人造革有限公司	章联苏	1500 万米生态合成革	11000	5.85	2009 年 6 月
34	浙江飞奔轮胎有限公司	戴安兵	350 万只半钢胎	26200	10.63	2009 年 12 月

续表 20-3-3-1

序号	企业名称	法人代表	主要产品	合同总投资（万元）	面积（公顷）	协议入园时间
35	浙江集酷户外用品有限公司	徐建存	600万件(套)时尚军品服等	22500	5.47	2009年12月
36	浙江瑞力标准件有限公司	戴安杰	标准件	8000	3.33	2009年12月
37	浙江酷耐光电科技有限公司	傅晓亚	电池等	14230	2.47	2009年12月

东扩区块项目

2009年始，丽水开发区管委会实行工业商业同步，推进二产、三产联动招商，改变以往单一工业项目招商思路，引进供赢物流、凯震物流等非工项目。同年，提升产业档次，引进外资企业，形成重点招商产业“6+1”，即电气机械及器材制造业、交通运输设备制造业、通专用设备制造业、金属压延加工业、金属制品业、医药制造业，培育汽配、电气等产业集群。

截至2010年，东扩区块引进企业115家，总用地约333.33公顷，总投资额165亿元，其中，投资额超亿元项目有56个，高新技术企业和中国驰名商标企业21家；引进工业项目101个，合同投资总额138.6亿元，合同引进外资4000万美元；总投资15000万元以上的重点工业项目32个，主要为汽摩配、电气、阀门、金属制品及压延等产业。其中合同利用市外内资43.2亿元，实际利用市外内资18.8亿元；协议利用外资1062万美元，实际利用外资1142万美元；完成招拍挂项目36个，引进投资超亿元以上项目13个。

2010年丽水开发区东扩区块引进重点工业项目一览

表 20-3-3-2

序号	投资企业	项目名称	总投资（亿元）	面积（公顷）	签约时间
1	浙江禧力奇科技有限公司	年产900万千克不锈钢管、300万千克阀门、60万套汽车配件，属综合类行业	3.60	12.00	2010年2月
2	浙江飞奔轮胎有限公司	年产500万只摩托车、电动车轮胎项目	3.20	10.67	2010年2月
3	浙江信达宏包装有限公司	年产1亿平方米高档瓦楞纸箱及彩印纸盒项目	2.01	3.33	2010年2月
4	浙江杰祥铝业有限公司	年产0.40亿千克铝合金箔材项目	2.00	6.67	2010年2月
5	浙江华统电源有限公司	年产100万只免维护全封闭蓄电池项目	1.58	5.73	2010年2月
6	浙江元一实业有限公司	年产1600万千克平板闸阀项目	1.50	4.93	2010年2月
7	浙江丰明机械有限公司	年产1000台印刷及包装机械项目	1.50	4.67	2010年2月
8	浙江戴氏印刷机械有限公司	年产1000台套电脑程控切纸机项目	1.50	4.93	2010年2月
9	丽水市意本阀门有限公司	低温蜡、高温蜡、酚醛砂铸模铸件	4000万美元	8.67	2010年6月
10	上海永继电气有限公司	年产10000只微型断路器	3.60	6.67	2010年6月
11	浙江力王轮胎有限公司	年产1500万只摩托车内外胎，100万只子午线轮胎	3.00	8.00	2010年6月

续表 20-3-3-2

序号	投资企业	项目名称	总投资（亿元）	面积（公顷）	签约时间
12	浙江米其林轮胎有限公司	摩托车电动车机动车轮胎	2.50	5.33	2010 年 6 月
13	浙江丽水爱珠饰品有限公司	年产 8000 万千克铝型材与 1000 万件饰品项目	2.38	4.00	2010 年 6 月
14	武义巡天轮毂有限公司	300 万只铝合金轮毂	2.00	4.67	2010 年 6 月
15	中国良工阀门制造有限公司	年产 1000 万千克钢阀	1.85	5.00	2010 年 6 月
16	浙江瑞泰电气有限公司	年产 5.2 亿元高压开关系列产品	1.80	3.33	2010 年 6 月
17	浙江申工变压器制造有限公司（乐清）	电力变压器生产基地工程	1.70	4.00	2010 年 6 月
18	上海大者实业有限公司	LED 光源、太阳能路灯	1.60	3.00	2010 年 6 月
19	浙江飞航金属制品有限公司	年产 900 万只硅胶食品模具、年产 600 万片采暖散热器片	1.60	5.33	2010 年 6 月
20	浙江飞舟车业有限公司	年产 200 万套汽车驱动轴	1.56	4.00	2010 年 6 月
21	中国上民电气有限公司	高低压开关柜、箱式变电站、超高压电力变压器	1.50	3.33	2010 年 6 月
22	丽水市捷泰新能源科技有限公司	电动车充电器、永磁无刷电机及控制器	1.50	2.00	2010 年 6 月
23	湖南宏拓铝业有限公司	年产 0.40 亿千克铝合金型材	1.50	5.33	2010 年 6 月
24	永康神舟不锈钢	年产 0.40 亿千克密冷轧不锈钢带	1.50	3.33	2010 年 6 月
25	温州市欧力尔标准件有限公司	年产 1500 万千克—2000 万千克不锈钢紧固件	1.50	2.67	2010 年 6 月
26	丽水市意本阀门有限公司	中国台湾地区机电产业园	12.60	26.67	2010 年 12 月
27	民扬集团有限公司	年产 30000 套高低压输变电设备技改项目/LED 灯具、显示屏系列项目/高压断路器项目	7.80	13.33	2010年 12 月
28	浙江太平工贸有限公司	年产 10 万辆短距离运货车项目	3.30	8.00	2010 年 12 月
29	浙江泰丰旅游用品制造有限公司	年产 5000 万千克精密铝薄板项目	2.49	5.33	2010 年 12 月
30	浙江宏明阀门有限公司	年产 7 万套高参数阀门项目	2.35	6.00	2010 年 12 月
31	浙江卡罗特工贸有限公司	年产 40 万套高强度铝合金发动机缸体项目	2.03	5.33	2010 年 12 月
32	浙江维克托电力金有限公司	年产 100 万套高中压电力金具项目	1.80	6.67	2010 年12 月

第四节　招商机构

1993 年，丽水市（县级）招商局成立，负责园区商贸招商及审批服务工作，带动工业发展。1993 年 9 月，丽水开发区设立招商部，负责项目招商及审批服务工作。1999—2001 年，丽水市（县级市）招商局与丽水开发区管委会合署办公。

2001年始，丽水开发区招商区域重点由天宁工业园区转向水阁工业区，招商对象由本地企业转向市外企业，重点针对温州市企业，同时向上海市、广州市企业延伸。2001年12月，丽水开发区管委会成立经济发展处。2002年，丽水市人民政府先后设立驻温州市招商办事处、驻上海市招商办事处、驻东莞市招商办事处，加强招商引资工作。2003年6月，丽水开发区管委会招商局成立，内设综合部、驻温州办事处、驻上海办事处和驻东莞办事处。2004年3月，丽水开发区管委会撤销招商局驻上海办事处和驻东莞办事处。

2009年，丽水开发区园区规模扩大，进园门槛提高，发展重心由水阁工业区块向东扩区块推进。同年，丽水开发区管委会招商目标为“攻温州、连金台、跑沿海、寻外商”，设立相应招商办事处。8月，丽水开发区管委会招商局驻温州（台州）办事处成立，负责以温州为中心，面向台州地区招商引资。2010年7月，丽水开发区管委会招商局驻金华（衢州）办事处成立，以金华市为重点，涵盖衢州、杭州、上海等区域。后还增设丽水开发区管委会招商局驻永康办事处，不久撤销。

第四章 园区管理

丽水开发区定位“准政府、准企业”管理体制，实行“外部管理社会化、内部管理企业化”运行机制，保持“经济管理职能到位、城市管理职能强化、社会管理职能理顺、人事管理职能搞活”的体制优势。

1993年3月，丽水市（县级）人民政府发文设立丽水开发区管理委员会，规格为正科级，负责建设和管理丽水开发区（天宁工业园）工作，执行“准政府、准企业”的管理体制。2001年3月，丽水开发区划归丽水市政府直管，功能定位由商贸主导型调整为工业主导型，丽水开发区管委会升格为丽水市人民政府派出机构（正处级），负责管理和开发建设天宁工业区和水阁工业区。丽水开发区党工委、管委会作为中共丽水市委、丽水市人民政府派出机构，行使市级经济建设管理权限。党工委、管委会在代表市委、市政府统一领导和管理区域范围内党务、经济建设、行政监察及社会管理事务，单独承担南城开发建设任务。丽水开发区调整完善工业园区支撑服务体系，天宁工业园、水阁工业园区、东扩区块经济建设事务原则上实行封闭式管理。建设规划局、国土分局、公安分局、地税分局、国税分局、工商分局、环保分局、财政局、安监局、卫生分局、招商局、综合执法局，为市直相关部门在丽水开发区派出机构。

丽水开发区实行行政区委托管委会管理体制。2000年7月，丽水撤地建市设区，进一步厘清市、区职能、事权，丽水开发区由市政府收回直接管理。丽水市莲都区人民政府委托丽水开发区管委会代管水阁街道办事处、富岭街道办事处。管委会作为市委、市政府派出机构，根据市委、市政府授权，行使开发建设管理职能和对委托代管地区行使党务及行政、经济、社会事务管理职能。2001年10月26日，市委、市政府决定将水阁街道成建制委托经济开发区管理，除法律规定属地管理的职能和九年义务教育由区政府管理外，其他行政管理职能全部划归丽水开发区管委会管理；2008年12月31日，市委、市政府将莲都区富岭街道成建制委托丽水开发区管委会代管。丽水开发区为准行政区，拥有较大的行政管理权限，有相对独立的行政执法主体地位，实现开发建设与社区经济事务管理的统一。2010年年底，丽水开发区代管水阁和富岭街道2个、行政村35个及所属自然村。

第一节　委托代管

托管街道

水阁街道　1992年，丽水地区开展撤区扩镇并乡，水阁镇由丽水市(县级)龙江乡、水阁乡合并而成，驻地张村。2000年，丽水撤地设市，水阁镇改为水阁街道，下辖水阁、张村、叶岙、旭光、白岩、垟店、吴垵、桐岭、余庄前、七百秧、丽沙、上沙溪、龙石、岑山、里坑、陈店、山根、章巷、大源、下章、松坑圩、丽周、金山、潘田行政村24个，自然村105个，村民小组(生产队)174个。2001年10月，水阁街道由莲都区政府委托丽水开发区管委会管辖。2002—2005年，丽水开发区开发水阁街道境域面积14.4平方千米，征用土地968.93公顷，整体搬迁自然村17个，搬迁农户726户、1908人。2010年，水阁街道住户8559户，18700人，土地4375公顷。

富岭街道　1961年，实行公社体制时建立富岭公社，驻地齐村。1983年12月，实行政社分开，富岭公社改称富岭乡。2006年9月，富岭撤乡建街道，辖大门楼、小木溪、中堂、叶村、大坑口、富岭、张垵、下仓、陶庄、前垟、下张行政村11个，自然村62个，村民小组(生产队)100个，其中畲族自然村14个。2010年，富岭街道住户4663户、11356人，其中农业人口11159人，畲族人口1361人，占总人口12%，土地面积37.26平方千米，林业用地2013公顷，占面积54%；耕地面积660公顷，占面积17.7%。2008年12月，丽水开发区接受莲都区政府委托，代为管理莲都区富岭街道。同时，重新调整两街道有关事权和职能，明确街道工作以工业园区的发展为重点，强化城市管理、服务功能，突出职能转变。

监管与建设

2001年和2008年，水阁、富岭街道接受丽水开发区管委会代管后，仍实行街道办事处和村民自治的工作原则。村民委员会作为村民民主选举的自治组织，对村经济和村务工作实行自治管理。

管理服务　丽水开发区管委会完善街道便民服务中心基础设施建设，建立街道便民服务中心，健全规章制度，推行各项便民服务。2010年，丽水开发区管委会建立农技推广服务机构，农技推广人员9人；农业专业合作社14个，专业合作社经济组织成员61人。截至2010年，丽水开发区管委会办理便民服务事项3252件；指导村级便民服务中心代办员投身便民利民工程，协助村双委为群众办理服务事项13.1万件，其中代办类8.7万件，咨询类2.1万件，其他类0.8万件。

村庄建设　2009年，叶村行政村建成“永跃梅花鹿”养殖场1个，面积2500平方米，养殖梅花鹿200头，年产鹿茸70千克；松坑圩行政村建成高山蔬菜基地1个，面积5.33公顷；白岩行政村建成鲜食甘薯——紫罗兰引导示范基地1个，面积1.1公顷，金山行政村完成老果园改造20公顷，果树1.31万株。2010年，丽水开发区管委会加强农村经济建设，发展农业生产，建成标准茶厂

2 个，茶园面积 333.33 公顷，产量 25 万千克，产值 5000 万元，解决富余劳动力 1 万多人，人均增收 3000 元以上。

2010 年，丽水开发区管委会启动“四村建设”，即大源旧村、山根山哈特色文化村、张垵中心村、张村中心村建设，完成大源村旧房改造首期工程，建成新房 29 户；加快培育处州白莲、白枇杷等农业特色产业；完成农村劳动力素质培训 4277 人。同年，加强农村文化建设，村村建立“家庭书屋”，置办社会政治、生产技术指导、文化丛书，建立文化礼堂，开展送戏下乡；开展“公益事业一事一议”制度。2005—2010 年，投资 85000 元，建立生育文化村 13 个。

第二节　经济管理

国土管理

土地政策　1992 年 9 月，丽水市（县级）政府制定《关于丽水市经济技术开发区优惠政策的规定》，实行开发区土地有偿使用制度，对出让土地根据使用年限、面积和级差，分别给予不同的优惠价格，由开发区管委会审定办理。5 年内免缴土地使用费，自第 6 年起的 5 年内减半缴纳，其收费标准由开发区管委会统一核定，统一收缴税费。

1995 年 4 月，地区公署印发《鼓励外商来丽水地区投资的若干优惠政策》，制定优惠政策 5 个方面。5 月，丽水开发区管委会制定《关于对工业生产项目建设用地实行优惠的实施办法》，公布进园区投资办厂、用地价格等方面的优惠政策。1996 年 1 月，丽水开发区管委会印发《关于对进入开发区的工业生产项目建设用地实行进一步优惠的办法》，对 1996 年进入天宁工业区、经营期在 8 年以上的工业用地项目，继续实行优惠。

土地征用　丽水开发区土地使用权有划拨、协议出让、招标出让或公开拍卖等方式。丽水开发区管委会征用土地时，与用地单位签订项目供地协议书。1993—2001 年，丽水开发区天宁工业区块供出土地 61.25 公顷。

2002 年始，丽水开发区性质由商贸主导型调整工业主导型，开始扩大工业用地。年初，丽水开发区完成水阁工业区首期区块征地、拆迁政策处理土地 100 公顷。7 月，丽水开发区为浙江丽水达克斯文具礼品有限公司提供土地 10 公顷，是水阁工业区首次协议出让第一宗土地。9 月，水阁工业区完成土地征用、基础设施建设，投资 2.42 亿元。2004 年 10 月，水阁工业区首次采用土地使用权“招拍挂”，青田华府房地产开发有限公司拍得出让土地 4.91 公顷，出资 5761 万元。

2010 年，丽水开发区对接新一轮土地利用规划修编，新增建设用地规划指标 9 平方千米，有条件建设 19 平方千米。同年，丽水开发区管委会筹措资金，按期归还到期政府债务本金 1.83 亿元，新增融资 6.12 亿元。完成征地测量 666.67 公顷（含浙江省丽水开发区景宁民族工业园 333.33 公顷），迁移坟墓 1600 多座，征收土地面积 260.27 公顷（其中土地报批 95.47 公顷），林地征占用报批 188.93 公顷。完成下张、余庄前、法兴寺、朱弄口等拆迁项目协议签订 171 户，面积 7 万平方米。南城区块征用土地 1821.73 公顷，开发土地 1248 公顷，出让土地 908.31 公顷，其中“招拍挂”土地 76 宗，面积 256.97 公顷，总成交 110417.2 万元。投产企业占地面积 547.4 公顷，单位土地平均产出104.49万元，开发区建区始累计980.3万元；单位土地平均税收每公顷26.1万元，开发区建区始累计18.48万元。

2002—2010年丽水市南城区块供出土地情况一览

表20-4-2-1 单位：公顷

年份	2002	2003	2004	2005	2006	2007	2008	2009	2010
供地面积	55.62	394.60	29.52	79.75	90.33	105.18	62.37	94.13	149.03

说明：2010年南城区块供地含东扩首期

低丘缓坡利用　2002年开始，丽水开发区开发低丘缓坡，首期规划面积14.4平方千米，水阁工业区占10.27平方千米，其中开发山地面积7.7平方千米，占面积的54%。2002—2005年，丽水市投资19亿元，平整场地608公顷，其中开挖山头削峰填谷108座，开挖土石方2100万立方米。

2006年11月15日，浙江省国土资源厅批复同意把丽水南城建设列为全省低丘缓坡综合开发利用试点。是全省唯一“宜建则建”型综合开发利用试点项目。

2007年6月，《南城低丘缓坡综合开发利用试点首期开发区块土地利用总体规划局部修改方案》获浙江省政府批准后，丽水开发区土地开发进入第二阶段。同年，丽水开发区东扩区块首期开发面积约5平方千米。2006—2010年，丽水市通过劈山移石、削峰填谷，平整场地569.6公顷。截至2010年，平整场地1177.87公顷。

土地管理　1995年2月，丽水市（县级）政府下发《丽水开发区管委会与各有关职能部门工作关系协调会议纪要》，明确丽水开发区管委会职责，同意丽水开发区设立丽水市土地管理局驻经济开发区办事处，全权负责区域内征地、出让等土地管理工作；规定丽水开发区管委会受丽水市（县级）土地管理局委托，收取区域内土地出让金、土地征用费，建立丽水开发区土地出让金、土地征用专项账目，每季度抄报丽水市（县级）财政局和丽水市（县级）土地管理局，市土地管理局办事处收取土地管理费等土地管理业务规费。6月，浙江省城乡建设厅下发《浙江省级开发区规划编制和审批管理若干规定》，明确浙江省级开发区规划原则、开发区规划编制内容和要求，把浙江省级开发区详细规划作为出让土地依据；浙江省级开发区规划批准后，方可进行开发区国有土地使用权出让、建设、开发等各项工作。2008年12月，丽水市政府下发《关于丽水开发区发展中若干问题的意见》，其中第六条对浙江省级开发区用地管理作出新规定。

财政管理

管理体制　2004年12月，丽水市财政局下发《关于建立丽水开发区财政体制的通知》，明确实行“核定收支、挂钩补助、开发单列、自求平衡”财政体制。后丽水开发区财政收支基本平衡。2005年12月，丽水市机构编制委员会批复同意，丽水开发区管委会设财政局，核定编制8名。

2007年8月，市政府下发《关于调整完善丽水开发区管理体制的意见》，明确丽水开发区财政管理职能，即负责编制开发区中长期财政计划；制定开发区内部所属机构的财政管理体制和有关预算管理制度，并组织实施；根据开发区经济和社会事业发展及财力状况，在市财政预算盘子内负责编制开发区财政预决算，收支预决算并入市财政预决算；负责开发区政府性基建投资收支预算的编制，报市政府审批同意后组织实施，统一政府性融资和债务归口管理，负责政府性建设项目资金审核，统一调度开发区政府性建设资金；根据预算安排，制定财政税收收入计划，协助市财政、税务等部门组织开发区内的有关收入，负责管理开发区体制内各项财政支出，并负责绩效评价；实施财政直接支付制度（国库集中支付），负责开发区范围的会计集中核算工作；承担开发区涉农资金财政管理；指导开发区企业财务工作，审核兑付企业扶持资金，为开发区企业提供财政政策咨询服务；负责管理开发区政府采购；指导开发区会计工作，配合市财政局做好财政行政执法工作；承担开发区国有资产管理工作。同时，规定“今后新引进开发区的企业税收按区域划分”。同年，设立丽水开发区项目预算审核中心，规格为副科级纯公益类事业单位，负责对开发区政府性基本建设项目的全过程管理。12 月，市财政局下发《关于调整丽水开发区财政体制的通知》，维持开发区“核定收支、挂钩补助、开发单列、自求平衡”的现行财政体制，适当调整部分内容；支持开发区向省级申报专项资金，通过市对口部门单列上报；如确需通过莲都区政府上报省里争取资金的，应及时告知市财政部门，市财政部门在省里下达莲都区的专项补助中，鉴定和划分开发区所得部分；提高开发区经常性经费补助标准，核定开发区管委会经常性经费补助标准，编制内实有干部人均标准 5 万元、编外用工人均标准 2 万元；教育费附加不再结算，增加开发区社会事业发展定额补助，体制中教育费附加不再作为开发区地方财政收入；增加对开发区社会事业发展定额补助。

2009 年 10 月，丽水开发区财政局增挂开发区财政集中支付中心牌子，负责开发区管委会机关、所属国有企事业单位及街道办事处的财务集中支付、会计核算工作。

财政收入　2005 年丽水开发区建立独立的财政体制后，财政收入呈逐年递增态势，较好地保障经济建设所需的财政开支。

2005—2010 年丽水开发区财政收入情况一览

表 20-4-2-2　　单位：万元

年份	财政总收入	地方财政收入	体制内财政总收入	体制内地方财政收入
2005	5100	1605	3857	1343
2006	11300	4150	9090	3365
2007	21600	7900	16778	6216
2008	29500	10600	23241	8883
2009	33135	13800	26905	10062
2010	37000	15600	30094	11702

财政支出　2005 年始，丽水开发区财政支出重点在电力信息、农林水、城乡社区、环境保护、科学技术等方面。

2005—2010 年丽水开发区财政支出执行情况一览

表 20-4-2-3　　单位：万元

支出项目	2005 年	2006 年	2007 年	2008 年	2009 年	2010 年
一般公共服务	574	1175	1447	2627	3007	4165
国防	—	2	10	10	10	16
公共安全	30	50	64	170	389	2124

续表 20-4-2-3

支出项目	2005 年	2006 年	2007 年	2008 年	2009 年	2010 年
教育	—	—	100	23	26	40
科学技术	—	90	127	256	25	34
文化教育与传媒	40	—	—	5	35	74
社会保障和就业	74	71	161	118	64	112
医疗卫生	—	—	—	50	16	72
环境保护	10	75	55	212	461	696
城乡社区事务	70	92	222	142	169	412
农林水事务	105	312	166	91	647	1208
交通运输	—	397	—	—	—	—
采掘电力信息等事务	—	973	1806	2129	2493	2353
粮油物资储备及金融	—	—	—	—	318	323
其他	397	4	6	5	82	290
支出合计	1300	3142	4165	5838	7743	12210

说明：2005 年，支出总额数据也有 940 万元一说

财政监督　2001 年 12 月，丽水开发区管委会制定《丽水开发区财务管理制度》《丽水开发区接待制度》，实行财务公开制度，规定对财务收支、审批进行监督。同时制定接待具体标准、陪餐细则。2010 年，调整审计职能，将原在开发区纪检监察处挂牌的市审计局开发区分局调整为在开发区财政局挂牌。

税务与工商行政管理

1995 年 2 月，丽水市（县级市）转发《〈丽水开发区管委会与各有关职能部门工作关系协调会议纪要〉的通知》，明确开发区范围内的税务工作，由市国税局和市地方税务局管理。2001 年 6 月，丽水开发区管委会上报《关于丽水开发区实行分税制财政体制的意见》，实施范围包括天宁工业园区和水阁工业园区所有企业，上报丽水市（县级市）委批准实行。

1993 年 11 月，丽水开发区管委会与丽水市（县级）工商物价局商定，凡开发区管委会批准设立或在开发区经商办企业的单位和个人，统一由开发区管委会代办申请开业登记表、审查、核准发证，并收取各项工商登记费。1995 年 2 月，丽水市（县级）规定区内工商企业和个体工商户统一由开发区管委会代办申请开业登记并收取工商登记费。

第三节　社会管理

人口和计划生育管理

人口状况　2010 年，丽水开发区管委会代为管理莲都区水阁街道和富岭街道，下辖行政村 35

个，户籍人口 89747 人，常住人口 30624 人，其中水阁街道常住人口 19182 人，富岭街道常住人口 11442 人；农业户籍常住人口 29749 人，非农业户口常住人口 875 人，占常住人口总数的 2.86%；畲族常住人口 3946 人，占常住人口总数的 12.9%，回族、藏族、苗族、土家族等少数民族约占常住人口总数的 0.6%。2002 年，丽水开发区登记暂住人口 965 人。2006 年，丽水开发区登记暂住人口 3.76 万人。2010 年年底，丽水开发区登记暂住人口 59123 人。

人口和计生管理　丽水开发区管委会社会发展局负责计划生育工作，水阁街道办事处计划生育办公室和富岭街道办事处计划生育办公室，负责区内户籍常住人口计划生育工作。丽水开发区管委会开展创建人口和计划生育工作标准化工作，建立健全人口和计划生育工作责任体系。2007 年，丽水开发区水阁街道和富岭街道各行政村订立村规民约，规范计生行为，依法办事。2008 年 1 月，丽水开发区管委会设立流动人口计划生育办公室，加强流动人口计划生育管理工作。2009 年 7 月，丽水开发区管委会实施省计生协会提倡的“少生快富”项目，其中水阁海旺山羊养殖基地成效明显。

2001—2010 年丽水开发区人口情况一览

表 20-4-3-1　　单位：人

年份	水阁	富岭	常住人口	暂住人口	总人口
2001	16279	9659	25938	406	26344
2002	16627	9725	26352	965	27317
2003	16971	9770	26741	3411	30152
2004	17346	9992	27338	4228	31566
2005	17936	9972	27908	7529	35437
2006	17971	10339	27914	37645	65559
2007	18246	10474	28697	43155	71852
2008	18546	11030	29565	43801	73366
2009	18924	11196	29988	59178	89166
2010	19133	11442	30624	59123	89747

说明：统计数据均为年底统计数据

投资和居民安置

1993 年 3 月，丽水市（县级）政府制定《浙江省丽水开发区优惠政策》，其中第一条第八款规定，“华侨和中国香港、澳门、台湾地区同胞在开发区投资兴办企业或公益事业的，投资规模在 10 万美元以上，可申请 1 至 2 名农村亲属在丽水市办理农转非的户口”；第二条第六款规定，“国内企业凡在开发区投资兴办企业的，其直系亲属和企业管理人员、科技人员，如系非农业户口，经批准可迁入丽水市区落户。建设用地每 0.13 公顷，可为其农村直系亲属免费办理 1 人‘蓝印户口’，享受当地城镇居民的同等权益和履行同等义务”。

第五章 区域与机构

1993 年，丽水开发区设立，作为省级经济开发区。2002 年，水阁工业区设立。2005 年 12 月，丽水开发区经国家发改委审核保留，下属水阁工业区，位于浙西南中心城市丽水南城，金丽温高速公路的丽水出口处。2009 年，经省政府同意设立中国台湾商人投资区，经市政府同意挂牌丽水市南城新区管委会。2010 年《丽水生态产业集聚区发展规划》获得省政府批复。

天宁工业区位于丽水市区范围，规划面积 2.35 平方千米，2004 年年底，工业区基本完成开发。2005 年 7 月，市政府将天宁工业区移交市直有关部门管理。水阁工业区规划面积 14.4 平方千米，从 2002 年 3 月启动开发，充分利用低山缓坡形成工业用地，实现“七通一平”，物流中心、商贸中心、学校、医院、宾馆、海关等配套服务设施齐全，把园区建设向浙西南中心城市产业功能区提升。东扩区块位于水阁工业区以东，规划面积 35 平方千米，大部分为低山缓坡，其中山地、水域、未利用地占 72%。

2006—2010 年，丽水开发区将围绕建设丽水“工业主战场、产业新高地、城市新组团”的总体目标，依据《丽水市城市总体规划》，继续推进丽水南城低丘缓坡综合开发利用试点工作，加快七百秧、富岭区块的开发，与现有的水阁形成 3 个城市组团。2010 年，丽水生态产业集聚区的建立，打破丽水市工业发展的县域局限，作为核心区块的丽水开发区，联合松阳、缙云、龙泉等地工业区，形成“一心三片”为主要核心的生态产业集聚区。丽水生态产业集聚区在全省 14 个产业集聚区中，是唯一以“生态”为特色被允许多点布局的园区。

第一节 区域变迁

浙江丽水经济开发区天宁工业园

丽水开发区天宁工业园又称天宁工业区，核心区块位于莲都区岩泉街道天宁村。1993 年 3 月 9 日，丽水开发区经浙江省政府批准为省级经济开发区，委托丽水市（县级）管理。规划范围，东起凉塘路，西至花园路，南起解放路，北至白云路，包括天宁寺、九里、凉塘、长岗背、冷水等行政村 5 个。规划面积 2.35 平方千米，规划功能定位为浙西南地区商贸集聚区。园区规划为“一个中心、三大区块”，其中“一个中心”，商贸区，即丽水市规划中心，位于开发区南部，即解放街以北和丽青路以南区块，面积 0.93 平方千米；“三大区块”，一是工业区，位于开发区北部，即丽阳路以北区块，面积 0.89 平方千米，以发展科技含量相对较高的一、二类技术密集型工业企业为主，设立科技产业、微电机、制笔、皮革羽绒服装、食品等园区；二是居住及农贸区，位于开发区东部，即开发路（330 国道）以东区块，面积1.51平方千米；三是综合发展区，位于开发区中西部，面积1.75平方千米。2001年，经浙江省政府批准，天宁工业园区域向北向东延伸，扩大面积1.6平方千米。

浙江丽水经济开发区东扩区块

丽水开发区东扩区块位于水阁工业区以东，规划面积35平方千米，大部分为低山缓坡，其中山地、水域、未利用地占72%。2001年3月，改革丽水开发区管理体制，划归丽水市政府直接管理，规划功能定位由商贸主导型调整为工业主导型。同时，水阁工业区块开发启动，面积14.4平方千米。规划范围，北至大溪，南至大溪，东至东三路，西到进城连接，规划用地面积13.1平方千米，规划水阁物流区块和水阁商贸区块等中心区块2个、居住组团3个和综合产业区片1个，总人口7.2万人。2002年，市委、市政府提出"在水阁工业区基础上向东拓展，向山地寻求发展空间"的战略决策。丽水开发区迁移到水阁区块，进入快速发展阶段。2004年2月，丽水市政府根据《丽水城市总体规划(2004—2020)》确立的"城市南进、产业东扩"的思路和构筑"一轴双城"(以瓯江为轴分南城、北城)的城市结构目标，开始编制《丽水市南城控制性详细规划》。2007年4月16日，市政府正式批准实施《丽水市南城控制性详细规划》，东扩区块范围，西连水阁工业区块，北至南明山风景区，东、南靠大梁山。规划功能定位为浙西南地区工业发展的重要集聚中心、工贸业综合发展与人居环境优越的丽水城市新区，重点发展高新技术业、生物医药制造业、汽车配件制造业、通专用设备制造业等产业。园区总体规划为"一心、二带、二片"，其中"一心"指城市南部地区中心，位于水阁东侧南北向干路和金丽温高速公路之间、七百秧组团(东扩区块)北部，配置服务与管理设施如行政、办公、文化、娱乐、商务等；"二带"指丽龙高速公路与金丽温高速公路沿线形成的防护景观林带；"二片"指以中一路七百秧组团及金丽温高速公路为界形成的南、北各一个功能片，其中北侧功能片以富岭组团为主，为居住片；南侧功能片以七百秧组团为主，为工业片。园区规划用地面积3528万平方米，其中居住用地619万平方米，公共设施用地141万平方米，道路广场用地411万平方米，工业用地1220万平方米，物流用地54万平方米，市政设施用地58万平方米，绿化用地794万平方米，水域和其他用地93万平方米。规划区居住人口17万人，就业人口12.3万人。

浙江丽水经济开发区四都区块

丽水开发区四都区块位于水阁工业区西北部，大溪以东，绕城西路以南，进城连接线以西，是丽水中心城市"一江双城"建设中南城的重要组成部分，是山水人居与生态旅游的重要职能组团，也是构筑丽水"绿谷文化"的重要依托。2010年，编制完成《丽水市南城四都区块控制性详细规划》，规划面积950.1公顷，规划用地548.75公顷，控制用地规划272.2公顷，规划功能定位为融体育健身、休闲度假和文化旅游为一体的高品位生态居住区。总体规划为"一心一带、两园四区"，其中"一心"指区块内的风情水街旅游服务中心，承载四都区块的主要中心功能，承担旅游休闲、文化体育及商贸娱乐等综合性功能，规划突出滨水商街的特点，形成围绕水系的核心集聚区；"一带"指瓯江风情旅游带，主要依托现有瓯江大溪段的滩地风情特征，合理安排和控制堤外滩地的旅游利用及码头设置，保证整个南明湖区域的慢行系统连续性，凸显其在南明湖岸线丰富中体现特色；"两园"指森林体育公园和外围森林公园，森林体育公园主要以山地体育运动公园为依托，发展低密度地产、体育健身及森林休闲功能的场所，外围森林公园则主要依靠其自然山体的生态特征，打造山体步道连续畅通，有锻炼价值、休闲价值和景观价值的公园功能区；“四区”指主要延续四大板块理念，依次从北至南为品牌教育区、人文旅游区和高档居住功能区。

浙江丽水经济开发区景宁民族工业园区

丽水开发区景宁民族工业园区简称丽景民族工业园，位于丽水开发区规划范围丽水城南七百秧区块内，是典型的“园中园”，东至东十一路，南至南十路，西至东七路—南七路—东六路，北至南六路。园区规划占地4平方千米。规划功能定位为，国家少数民族地区异地扶贫开发试验区、中国少数民族工业城、金衢丽产业带特色制造业基地的重要组成部分。2008年，省委省政府制定《关于扶持景宁畲族自治县加快发展的若干意见》，从基础设施建设、特色产业发展、社会事业发展、财政支持、组织领导等方面制定专门的扶持措施。2009年，落实省委、省政府对景宁社会经济发展的战略部署和扶持政策，丽水市委、市政府决定在丽水开发区规划范围内划出4平方千米，作为景宁经济建设“飞地”。通过异地开发，走开放式扶持路子，实现浙江省委、省政府扶持景宁经济社会又好又快发展的战略目标。2009年4月，省政府办公厅下发《关于丽水开发区设立景宁民族工业园有关问题的复函》。8月，市政府下发《关于设立丽水开发区景宁民族工业园的决定》，正式批准成立浙江省丽水开发区景宁民族工业园。2010年，丽景民族工业园一期工程启动，占地80公顷，基本完成基础工程，开始向企业供地。

丽水生态产业集聚区

丽水生态产业集聚区由核心区与缙云、松阳、龙泉3个片区组成，核心区包含南城区块和碧湖区块。2010年12月，浙江省人民政府批复《丽水生态产业集聚区发展规划》，规划把丽水经济开发区、丽水工业园区、缙云工业园区、松阳工业园区、龙泉工业园区以及周边相关区域纳入丽水生态产业集聚区规划控制区范围，其中重点规划区面积67平方千米，核心区30平方千米，缙云片区15平方千米，松阳片区12平方千米，龙泉片区10平方千米。规划空间布局为“一心三片”，其中“一心”，指核心区，核心区重点规划区块分南北两个区块，南城区块（核心区北区块），位于南明山以南、金亭路东侧规划路以东，包括景宁民族工业园在内的核心区东北部区域，重点规划区面积约26平方千米（含丽景工业园4平方千米）；碧湖区块（核心区南区块），位于碧湖镇西北部，50省道两侧区域，与丽水工业园区和农业综合开发区相联，重点规划区面积约4平方千米。“三片”，一是指缙云片区，位于缙云北部与永康接壤的部分区域，主体位于金丽温高速公路以东、金丽温铁路以西，包括缙云工业园区部分已开发建设区域，重点规划区面积约15平方千米；二是指松阳片区，位于松阳县工业园区北侧，50省道以北，属工业园区拓展区，西北连赤寿乡，重点规划区面积约12平方千米，是松阳城市拓展和工业发展的主要区域范围；三是指龙泉片区，位于广源街—剑池路—江滨路以南的龙泉主城区拓展区，包括龙泉工业园区已开发建成部分，重点规划区面积约10平方千米。规划产业定位，核心区重点发展装备制造产业、合成革及鞋革羽绒制品产业、新材料产业、生物医药产业和农林产品竹木精深加工业等；缙云片区重点发展以五金机械、模具机床等为主的机械金属制造业和以电光源、特种合金材料为特色的新材料产业，积极融入“永武缙”五金产业集群；松阳片区重点以不锈钢线材、管材和不锈钢制品为主，做大不锈钢产业集群，并配套部分关联产业，同时利用生态绿茶资源优势，培育壮大农产品精深加工产业；龙泉片区重点立足汽车空调零部件产业基础，壮大汽配产业集群。依托剑瓷特色文化，积极发展文化创意产业。

第二节　组织机构

组织沿革

1992年，丽水市（县级）设立丽水经济开发区。9月，丽水市（县级）政府向地区行政公署报送《关于要求批准建立浙江丽水开发区的请示》。1993年2月，地区行政公署向省政府报送《关于要求建立丽水开发区的请示》。3月，丽水开发区（天宁工业园）被省政府批准为省级经济开发区，性质以商贸开发为主。3月26日，地区行署全权委托丽水市（县级）具体实施开发区建设和管理工作。3月29日，丽水市（县级）人民政府发文设立丽水开发区管理委员会，规格为正科级，具体负责建设和管理丽水开发区（天宁工业园）具体工作。

2001年3月，丽水开发区划归丽水市政府直管，功能定位由商贸主导型调整为工业主导型。12月，丽水开发区管委会规格提升为丽水市人民政府派出机构（正处级），负责管理和开发建设天宁工业区和水阁工业区。2001年10月，浙江丽水开发区接受莲都区政府委托，代为管理莲都区水阁街道。

2004年5月，天宁工业区管理职能划归市直部门垂直管理。丽水开发区管委会不再管理天宁工业区具体事务。

2005年12月，丽水开发区经国家发改委审核保留，下属水阁工业区，位于浙西南中心城市丽水南城，金丽温高速公路的丽水出口处。同年，市政府提出“城市南进，产业东扩”发展战略后，加快建设丽水开发区水阁工业区块，天宁工业区块部分企业开始向水阁工业区集聚。

2008年12月，丽水开发区接受莲都区政府委托，代为管理莲都区富岭街道。

2009年10月，经省政府同意设立中国台湾地区商人投资区，丽水开发区管委会增挂“丽水南城新区管理委员会”牌子。同年，丽水开发区规划建设水阁、七百秧、富岭、四都、丽景园功能组团5个。

2010年1月，丽水开发区管委会办公地点，从北城中东路557号搬迁到丽水南城绿谷大道238号。4月，丽水开发区景宁民族工业园被浙江省政府批准设立，为丽水开发区“区中园”。浙江省丽水开发区景宁民族工业园管理委员会为景宁畲族自治县人民政府派出机构。

2010年12月，浙江省政府批准设立丽水生态产业集聚区，批准《丽水生态产业集聚区发展规划》。丽水生态产业集聚区的发展导向突出生态经济特色，以先进制造业、生态旅游、特色精品农业为重点，建设浙西南生态经济发展主平台；战略定位为浙江生态产业发展示范区、海西与长三角区域合作先行区、丽水市推进新型城市化实践区，把丽水生态产业集聚区建成产业集聚区、城市功能区、生态示范区、体制创新区、旅游观光区；空间布局为“一心三片”，其中“一心”即位于丽水市区的核心区块，包括现丽水开发区、丽水工业园、丽水生态农业科技园区和南明山·古堰画乡滨江山水景区、景宁民族工业园等重点功能区块，“三片”即指缙云、松阳、龙泉三个片区。

管理机构

开发区机构　1993年3月9日丽水开发区天宁工业区成立后，丽水开发区党工委是丽水市（县级)委派出机构,是丽水开发区的领导机构;丽水开发区管委会是丽水市(县级)政府的派出机构,负责对开发区的统一规划建设、统一出让土地、统一审批项目、统一收缴税费、统一行政管理,对建设项目和外资项目享有县级审批权。

2010年12月,丽水开发区更名丽水生态产业集聚区。丽水生态产业集聚区党工委是丽水市委派出机构,丽水生态产业集聚区的领导机构。丽水生态产业集聚区管委会是丽水市政府的派出机构。

内设机构　1993年3月,丽水开发区天宁工业区正式成立,地区行政公署委托丽水市(县级)代管丽水开发区。同年,丽水开发区党工委(管委会)内设职能部门6个,办公室、地政规划处、经济发展处、建设管理处、社会事业处、对外协作处;核定编制35名。

1994年,丽水开发区发展总公司设立,为丽水市(县级)事业单位。2001年,丽水开发区发展总公司划归丽水开发区管委会管理。2006年,丽水开发区发展总公司更名丽水南城建设有限公司。

2003年,丽水开发区党工委(管委会)职能处室增到8个,管委会办公室(与党工委办公室合署)、政治处(与机关党委合署)、纪检监察处(挂市审计局开发区分局牌子)、经济发展局、地政规划环保局(挂市国土资源局开发区分局、市规划局开发区分局的牌子)、建设管理局(挂市建设局开发区分局的牌子)、招商局、社会发展局。设立莲都区属副科级纯公益类事业单位5个,丽水开发区城市综合执法大队、丽水开发区投资服务中心、丽水开发区建筑房地产管理站、丽水开发区公共事业管理服务所、丽水开发区统一征地储地事务所;设立丽水开发区投资有限公司;设立派驻机构市公安局开发区分局(筹)。

2005年,丽水开发区财政局成立;撤销丽水开发区城市综合执法大队。

2006年,增设丽水开发区安全生产监督管理处、丽水开发区劳动监察处(合署办公,两块牌子)。

2007年,丽水开发区项目预算审核中心、丽水开发区统计局(挂丽水市统计局开发区分局牌子)、丽水市国土局开发区分局、丽水开发区国土执法监察大队、丽水开发区综治办、丽水市林业局开发区分局成立。同年,丽水开发区安全监督管理处(劳动监察处)更名丽水开发区安全生产监督管理局,挂市安全生产监督管理局开发区分局牌子。2009年,丽水市环保局开发区分局成立。

2010年,丽水开发区综合行政执法局(增挂丽水开发区国土执法监察大队牌子)、丽水开发区检察分院(检察室)、丽水开发区环境保护局(挂市环境保护局开发区分局、市环境保护监察支队开发区大队的牌子)、丽水开发区教育局(挂市教育局开发区分局牌子,与社会发展局合署办公)、社会发展局(增挂农村工作办公室的牌子)、丽水开发区安全生产监督管理局(劳动监察处,增挂市劳动保障监察支队开发区大队牌子)、丽水开发区卫生局(挂市卫生局开发区分局牌子)、丽水市工商局开发区工商所(挂丽水开发区工商分局牌子)、丽水南城新区投资发展有限公司成立。单独设置丽水开发区综治办(增挂信访局牌子)。丽水市审计局开发区分局由在丽水开发区纪检监察处挂牌,调整为在丽水开发区财政局挂牌。同年,丽水开发区管委会内设职能部门16个(挂市局分局牌子15个),下属事业单位6个,所有部门实行丽水开发区管委会与市直部门双重领导。

第二十一篇

经济综合管理

1. 计划管理
2. 统计管理
3. 物价管理
4. 审计监督
5. 工商行政管理
6. 质量技术监督管理
7. 食品与药品监督管理
8. 安全生产监督管理
9. 检验、检疫与海关
10. 扶贫开发

概　　述

民国之前，处州官府对经济管理较弱。民国时期，战争频发，政治动荡，币制频繁更换。对私营经济管理限于核发营业执照、收取税捐，导致后期物价失控，大批工商企业破产倒闭，投机行商日增。

1949年5月丽水解放后，丽水专区和各县均建立计划管理部门，开始管理国民经济。1950年至1952年，中国人民解放军丽水军事管制委员会和丽水专署实行财政经济统一管理，着手恢复经济，医治战争创伤，建立公有经济，扶植私营工商业，打击投机奸商，稳定市场物价。

1953年开始，各县开始编制和实行国民经济和社会发展第一个五年计划（1953—1957年）（简称"一五"计划）。各县经济进入新发展时期，在完成对农业、手工业、资本主义工商业的社会主义改造过程中，逐步实现国家工业化，各县实行国家、省、市、县四级计划管理，以国家和省级管理为主，由地区统一平衡安排。综合经济管理体制日臻完善，财政、税务、统计、物价、工商管理、计量等业务监督机构相继建立或健全。至1957年，各县初步形成以计划经济为主体的管理体制。其间，各县也出现经济管理过于集中、行政手段成为主要管理方法以及企业自主权过小等问题，但在当时经济发展水平低，经济结构比较单一的情况下，对促进生产发展、走社会主义道路、保证经济建设的顺利进行，起到较好的作用。

1958—1962年"二五"计划建设时期，各县计划管理重点是挖掘工业企业的潜力，搞好地方工业和手工业为国有企业的配套服务，并掀起兴办工业的高潮。由于"左"倾错误影响，各县经济上急于求成，出现追求高指标、浮夸风，造成比例关系明显失调。农村和城市开展人民公社化运动，农村劳动力大量流入城市；"大炼钢铁"时，又动员干部群众，不分昼夜，搞土法冶炼，浪费大量的人力、财力，导致城乡经济秩序混乱，农业、轻工业、重工业比例失调；农业生产连年下降，自留地和村集市贸易也被取消；在建设上追求大规模、高速度，用群众运动代替科学管理，经济效益普遍降低。综合经济管理体制受到严重影响，由于受浮夸、冒进等思想影响，出现任意修改统计数字的现象，导致许多重要经济数字严重失实。1959—1961年，各县处于国民经济严重困难时期。1963年开始，丽水地区执行中央对国民经济实行的"调整、巩固、充实、提高"方针，经过三年调整时期的艰苦奋战，经济走出低谷，生产逐年上升。第二个五年计划和三年经济调整阶段，由于"左"倾思潮干扰，各县计划、统计、财政、税务、物价、工商行政管理、计量、经济协作、商检等综合经济管理部门，虽通力合作，发挥一定范围内的经济监督作用，但都是时断时续，忽高忽低，实际上处于艰苦探索的过程。

1966—1976年，"文化大革命"时期，丽水地区经济秩序遭受破坏，经济综合管理部门的计划、统计、工商管理、物价、计量等管理机构瘫痪或撤销，被迫停止年度计划编制工作，生产处于无政府状态，经济综合管理工作基本陷于停顿。"文化大革命"十年，使丽水经济发展遭到较大破坏。

1977—1978年，丽水地区生产混乱状况有所好转，国民经济得到较快恢复，人民生活水平有所提高。由于没有认真清理经济工作中的“左”倾错误，又出现急于求成的倾向，加剧国民经济比例失调，丽水地区经济综合管理方式仍未取得突破性的改变。

1978年中共十一届三中全会后，丽水地区执行“改革、开放、搞活”方针，改革和完善经济管理体制和经营管理方法，先后完善、恢复或成立地区计划委员会、地区计划经济委员会、地区统计局、地区审计局，并在地区工商行政管理局下增设工商行政管理所；财税管理方面，恢复建立财税局；涉外经济管理方面，成立地区经济技术协作办公室，丽水地区经济综合管理体制逐步走上正轨。

1978年始，丽水地区计划经济经过有计划的商品经济过渡到市场经济，大大优化生产要素的组合。丽水从搞活流通、搞活大中型企业、搞活城区的经济体制综合改革试点，到科技、教育、金融改革试点，逐步走向社会主义市场经济。加强统计工作，搞好工业、农业、人口、第三产业等方面的普查和抽样调查。计划管理部门制定“五五”计划至“九五”计划，监督检查五年计划的实施执行。1999年，丽水地区按照中共丽水地委、地区行署要求，执行扩大内需的宏观经济政策，经济综合管理部门和其他部门一起通力协作，采取关键措施，着力解决经济运行中的重点难点问题，保持丽水地区经济的稳定增长。

丽水随着经济的发展，工商行政管理机构逐步完善，在监督工商企业的经济活动、管理城乡集贸市场、维护社会经济秩序、促进生产、活跃流通等方面发挥重要作用。搞活经济，首先搞活流通，搞活市场。丽水地区工商行政管理注重培育市场，规范市场行为。

丽水地区价格管理，采取积极稳妥步骤，改革价格体制，大幅度提高粮油和农副产品的收购价格，缩小工农产品的“剪刀差”。同时，地区行署增加对城市居民因农副产品销售价格提高而影响生活的物价补贴。21世纪初，丽水地区物价系统运用价格杠杆，积极支持经济结构调整，促进需求增长，治乱减负，整顿市场价格秩序，在经济和社会事业发展中发挥重大作用。

丽水市技术监督管理，初步形成以市计量测试所、市度量衡管理所为中心的工业计量测试和商业贸易计量管理网络。丽水市计量管理工作进入新的发展阶段，市技术监督部门坚持技术监督方针，认真履行技术监督职能，用铁腕抓质量，成效显著。

审计是经济监督重要手段。丽水审计机关自1984年组建，初步形成与丽水经济运行和社会发展相适应的现代审计监督机制。1984—2010年，丽水地区（市）各级审计机关完成审计项目10446个，查出违纪违规金额550497万元，管理不规范金额1333687万元，应归还原渠道资金50539万元，核减工程造价111241万元，上缴财政70185万元，移送纪检监察、司法机关案件143件，涉案人员341人。市审计局被浙江省审计厅评为优秀审计项目67个，审计组被集体记功、嘉奖30次。

丽水是浙江省地级市中最后一个建立海关的地区。2007年11月28日，丽水海关正式开关，结束丽水企业不能在本地进出口报关的历史。

经过60多年不断探索和实践，丽水地区经济综合管理体系逐步形成行之有效的管理特色。21世纪初，丽水地区国民经济继续保持平衡增长，经济增长的质量和效益有所提高；结构调整取得积极进展，重点项目和重点工作继续推进；城市基础设施力度不减，城市管理工作进一步加强；以国有企业改革为重点，各项改革继续深化；开放型经济取得新的发展，综合组织程度明显提高；“科教兴市”战略深入实施，各项社会事业协调发展。

第一章　计划管理

封建社会，丽水小农业与家庭手工业相结合的自然经济一直居于主导地位。晚清以后，随着外国资本主义的侵略冲击，自然经济开始解体。在自然经济背景下，政府无需也不可能形成计划管理。民国时期，战争频繁，经济凋敝，社会经济处于自然经济向近代经济转化过程中，经济成分多元，经济现象复杂。民国政府国家建设委员会负责国有事业的管理和计划建设方案的指导实施，但实际上只有些局部的计划，并未形成对国民经济的计划管理。民国7年，孙中山编制著名的《实业计划》，由六个计划组成，其中一至四为交通发展计划，包含金丽温铁路建设计划。由于历史条件限制，金丽温铁路建设计划未能付诸实施。

现代意义上的丽水计划管理始于20世纪50年代。1949年5月丽水解放后，丽水专员公署财政经济委员会负责计划工作，适应大规模建设社会主义经济的需要。1953年，全省调整行政区域，撤销丽水专员公署建制，所辖10个县分别划归温州、金华、衢州等3个地区管辖，县级计划工作亦分别归相关专署管理。20世纪50年代，各县计划管理范围逐步覆盖到国民经济和社会事业方面。列入计划管理的范畴包括工业、农业、商业、固定资产投资、对外经济贸易、交通运输、物资、劳动工资、资金（包括银行信贷和财政收支）、科学技术、城市公用事业、物价、文化、教育、卫生、人口、环境保护、土地利用等方面。在计划管理不断完善和计划力度逐步加强的进程中，计划管理的种类由少到多，由粗到细。1963年4月，丽水专区恢复建置，重建丽水地区专员公署。1964年10月，丽水专区计划经济委员会成立，领导和直接进行丽水专区计划管理工作。随后，区县和各有关部门也设置计划管理机构，加上中央和省在丽水专区直属单位的计划管理机构，三者共同构成丽水计划管理组织机构体系。1966年，政府机关工作遭受冲击，丽水地区革委会取代地区行署工作。地区革委会生产指挥组下设计划组。1976年，地区行署计划委员会恢复机构，后数次更名。2001年，更名丽水市发展计划委员会。2005年，再次更名丽水市发展和改革委员会。

长期以来，计划管理的原则是统一计划，分级管理。计划管理的方法到20世纪80年代初期主要都是行政手段，即指令性计划，只是在50年代初期有过短暂的行政手段和经济手段的结合运用。20世纪80年代中期，计划管理达到鼎盛时期。20世纪80年代后期，随着计划体制改革的推进，计划种类逐步减少。1985年，根据《中共中央关于经济体制改革的决定》和国家计划委员会改进计划体制12条规定的精神，丽水地区缩小指令性计划管理的范围，扩大指导性计划和市场调节的比重；在物资供应方面，保证指令计划的需要，指导性计划的物资只能有部分保证；开始发挥经济手段作用，逐步实行利改税和简政放权，经济调节范围扩大。丽水地区计划委员会（简称地区计委）加强对经济的宏观调控和指导性计划的管理，综合运用财政、税收、价格、信贷、工资等经济手段调控经济运行，适应计划管理体制改革的需要。从1985年开始，在丽水地区工作中运用目标管理手段，与计划管理相辅相成，共同促进城市经济和社会的发展。地区计委作为目标管理的主要综合部门，充分协调好目标与计划之间的关系，有效地保证计划目标的顺利实施。在这个过程中，计划管理由偏重经济建设向综合协调国民经济和社会事业全面发展的方向转化。

第一节　计划体制

计划调节体制

1952年撤销丽水专区后，丽水、云和、景宁、龙泉、庆元5个县并入温州专区，缙云县并入金华专区，松阳、宣平2个县并入衢州专区，各县开始实行国民经济统一计划、分级管理体制。省下达控制数，各县上报计划数，由省平衡下达计划。1956年前，各县对农业、手工业和私营工商业的社会主义改造尚未完成，计划管理的对象包括国营、公营、公私合营、私营、个体等经济成分。对不同的经济成分实行不同的计划管理形式，即对国有经济实行直接计划，对其他经济成分实行间接计划。在编制年度计划中，对不同经济成分、不同规模的企业和单位有不同要求，即对部、省属单位作出比较完整的全面计划，地方国营经济只有几项主要指标，公私合营与合作社则更简化，对资本主义经济只估计其总资产值与主要产品产量，对个体手工业只估计其产值，对个体农业只规定其方向性的控制指标。同时，对资本主义经济和个体经济主要是在计划指导下，综合运用财政、贷款、价格等经济杠杆和加工订货、收购等经济合同来促其发展。

1956年始，社会主义改造完成后，各县国民经济和社会事业纳入集中统一的计划经济渠道。到20世纪70年代末，管理权限主要集中在国家和省，其间，有过一些调整。各县国营企业生产、全民所有制基本建设和财政收入由国家直接计划安排，集体与个体农业、手工业和私营工商业实行间接计划管理。

1958年，按照“大权独揽、小权分散”的原则，中央调整与地方的关系，下放部分工业、商业和财政管理权限，各县大部分工业企业下放由县直接管理，基本建设、财力、劳动力等部分权力下放到县，国营企业固定资产无偿调拨，统配物资由计划委员会统一分配。同年9月，计划管理体制由高度集中转变为“统一计划、分级管理”，进一步扩大地方管理权限，实行专业部门与地区相结合、以地区平衡为基础的计划管理体制。温州、金华、衢州等专区对各县的工农业生产指标、建设规模、建设项目、投资使用、物资调剂等可以在上级安排之外，进行一定的统筹安排或自行调整，重要产品的超产部分可按一定比例自行分配使用。但“大跃进”运动，在急于求成、打破常规的“左”倾思想指导下，计划出现“两本账”，盲目追求高指标，计划管理失去科学性和严肃性。

1961年，中央调整国民经济，原先下放的计划管理权限重新向上集中，原先下放给县的部分权力重新收回省管。1962年后，随着国民经济状况的好转，地方计划管理权限又有所扩大。在省下达的计划控制数字中，给各区留有一定的机动余地。1963年4月，地区专署计划委员会负责各县年度计划草案的综合平衡和省下达计划的监督实施。后计划管理体制依然是专业部门与地区相结合，并以专业部门为主，上级对各县经济和社会发展管得多、统得死。“文化大革命”初期，开始专区计划工作处于无政府状态。1973年，恢复计划管理。同年，省计划统配化肥分配权下放给地区。1979年，三类农副产品和部分工业品41种(类)改为市场调节。

20世纪80年代起，以城市为重点的改革逐步展开，计划管理体制由权限过分集中向分级管理转变。随着上级下达计划范围的缩小，地区计划管理的范围相应扩大，作用明显增强。1980年5月，国家实行指令性计划、指导性计划和市场调节性计划相结合的管理形式，大的方面管住管好，小的方面放开搞活。1981年，丽水地区在计划体制改革中，按照计划经济为主、市场调节为辅的原则，通过落实经济责任制，运用经济政策、经济杠杆及部分直接掌握的财力、物力，引导和调节经济活动，抓好日用消费品的生产、企业整顿。1983年，丽水地区编制经济效益计划，包括劳动生产率、产值综合能耗、流动资金周转天数、上缴利润等指标。

1985年，黄金、铅、锌、木材及部分电机设备等指令性计划的产品5种约占工业产值的11%，纱、布、丝、机制纸等指导性计划产品16种约占工业产值的17%，市场调节产品约占工业产值的72%。1985年后，丽水地区计划管理的范畴进一步向全社会拓展。对财力、物力的平衡，从过去要考虑预算内资金和统配物资的分配使用，转变为进行全社会资金、物资的平衡，统筹安排全社会的财力、物力。地区计划管理由指令性计划占主导地位，转变为指导性计划占主导地位，适应发展有计划的商品经济的需要。农业基本实行指导性计划，工业生产、农副产品收购量的指令性计划大幅减少，物资管理由缩小统配计划范围到完全取消计划，投资管理由实行拨款改贷款到运用经济杠杆、经济政策引导投资。

1986年，将直接关系人民生活的肥皂、火柴重新纳入指令性计划。同年，全省能源分配计划由原来直接到县(市)改为切块下达到地区，再由地区切块下达到县(市)，其中省计划统配的煤炭、成品油、电力等分配权下放地区。1987年，外贸出口产品视同指令性计划管理。1988年始，计划分配物资逐年减少。1990年，对国家和省指令性计划产品及省调产品所需主要物资，实行戴帽分配或直供，并按照物资分配与产品收购调拨挂钩的原则组织产需衔接；同年，将农业人口转非农业人口纳入计划管理。1991年后，深化改革物资分配体制和生产资料价格，国家和省直接掌握可分配的资源逐年减少，市场调节范围不断扩大，计划调节体制也逐步深化。1992年，丽水地区确立社会主义市场经济体制。1992—2010年，计划经济体制逐步向社会主义市场经济体制转变，资源配置方式逐渐从计划经济转向市场经济，与市场发育程度和市场竞争状况相适应，计划管理主要突出宏观性、全局性和超前性，逐步强化地级调控和综合协调。

基建投资体制

1949—1979年，丽水地区一直采用高度集中的指导性计划体制，项目的审批权集中在中央和省二级。1980年后，国家下放部分基本建设项目审批权，省将200万元以下自筹资金基本建设项目下放到地区审批。1979—1984年，丽水地区基本建设每年均控制投资规模，除自筹基建项目地区切块部分将额度下达到县并下达地区本级计划外，一般基建项目遵照国务院有关规定，均提出方案报省审批下达。物资计划除经营和生产维修地方切块由地区下达计划外，其他均由省直接下达各县。

1984—1987年，丽水地区简化地方投资项目审批手续，下放项目审批权限。1985年，浙江省将国家预算内文化、教育、卫生基建项目审批权下放到地区，地区将自筹资金200万元以下生产性基建项目和100万元以下非生产性基建项目审批权下放到县，将50万元以下供销基建项目委托地区供销社审批。同年始,调整国家预算内建设项目投资体制,改财政拨款为银行贷款,并对不同建设项目实行差别利率,规定不同还款期限。1986 年,丽水地区实施社会固定资产投资计划管理,对全民所有制单位固定资产投资实行指令性计划,对集体所有制单位投资实行指导性计划。各县(市)审批权额度,全民基建项目 50 万元以下,城镇集体基建项目 100 万元以下。取消地、县(市)主管局计划审批权。1988 年,丽水地区重大项目投资实行中央和省两级配置资源和两级调控,扩大地方和企业的投资决策权。1988 年,丽水地区实行基建项目开工审批制度,凡建设项目都须经地、县(市)计委批准后方可开工。

1996 年,丽水地区完善审批管理,建立审批公文处理和部门征求意见联系制度,并跟踪服务项目运转全过程。1999 年,地区计委与地区财政局规范化管理地区本级投资。同时严格实施项目法人责任制和资本金制度。

2000 年,丽水市出台投资项目审批制度改革方案,减少一半审批(核准)事项。2001 年,丽水市加强宏观管理和指导固定资产投资,探索市场化项目运作机制。2002 年,丽水市实现市内项目网上审批。2003 年,实行招标代理机构资格认证。2005 年 10 月,正式实施企业投资项目核准制度。2006 年 12 月,制定《丽水市政府投资项目管理实施办法》,规范政府投资项目管理。2008 年,丽水市创新全市投资项目信息管理系统,完善重大项目储备,建立政府投资项目进展情况月报告制度、社会固定资产投资形势月度、季度、年度监测分析制度。

第二节　计划编制

五年计划编制

1950—1952 年国民经济恢复时期,各县未制定国民经济计划。

“一五”计划(1953—1957)　各县编制完成第一个国民经济五年计划,经济建设以林为主,开发森林资源,并配套修建林区公路。

“二五”计划(1958—1962)　1958 年上半年,各县制定“二五”计划,因受“大跃进”影响,计划指标过高,严重脱离实际。1963—1965 年,国民经济调整时期,各县实行人民公社“队为基础,三级所有”体制,压缩基本建设,调整工业结构,以农、轻、重为序安排计划,发展国民经济。

“三五”计划(1966—1970)　1964 年,编制完成《丽水专区“三五”农业规划设想》和《丽水专区“三五”工业发展规划》。农业以林为主,林粮畜并举,全面发展山区经济,要求“五年内各县粮食亩产分别达到 250—500 千克,丽水专区发展速生用材林 6.67 万公顷”;工业坚持自力更生,开展技术革命,以农业技术改造为中心,带动整个工业发展。

“四五”计划(1971—1975)　地区行署没有编制“四五”计划。经济建设继续贯彻建立独立完整国民经济体系的方针,大力发展“五小”[①]工业,建立小而全的工业体系。

“五五”计划(1976—1980)　地区行署没有编制“五五”计划,仅编制《丽水地区农业发展规划》

① “五小”指:小钢铁、小水泥、小煤窑、小化肥、小农机。

和《丽水地区工业发展规划》。其中，农业坚持“以粮为纲，全面发展”方针；工业贯彻“以钢为纲”方针，积极发展矿业、原材料工业，加强基础工业，发展农机、机械、轻工和手工业生产，加速电力工业和交通运输事业，逐步建立以支农为中心的地方工业。要求“到1980年粮食产量8亿千克，亩产550千克”。“工业产值3.4亿元，平均每年增长14%—16%”。

“六五”计划（1981—1985）　1980年，编制完成《丽水地区经济发展十年规划》。提出“农业以粮为纲，全面发展，因地制宜，适当集中。”“工业以现有企业为重点，大搞挖潜、革新、改造，大力发展以造纸、纺织、食品、陶瓷为重点的轻纺工业和以有色金属为重点的冶金工业，相应发展机电、化工、建材等工业，不断扩大生产能力，增加产品出口，计划工农业产值为从1979年6.18亿元提高到1990年15.8亿元，其中工业产值从2.61亿元提高到9.2亿元，农业产值从3.57亿元提高到6.6亿元。”

“七五”计划（1986—1990）　1986年，编制完成《丽水地区国民经济和社会发展第七个五年计划》。提出“立志改革，开拓创新，敞开山门，联合引进，搞活流通，加快交通，更新传统观念，放手发展商品经济，走贸工农综合开发路子，加速发展山区经济”指导思想，计划到1990年工农业产值达到25亿元，年均增长12.5%。

“八五”计划（1991—1995）　1990年，编制完成《丽水地区国民经济和社会发展十年规划和第八个五年计划纲要》。提出国内生产总值“到本世纪末比1980年提前翻两番”。“到2000年国内生产总值达到50亿元，十年平均每年增长7.5%，工农业产值十年平均每年增长9%—10.1%”。“八五”末期，多数县（市）稳定温饱，少数县（市）摆脱贫困。

“九五”计划（1996—2000）　1996年，编制完成《丽水地区国民经济和社会发展“九五”计划和2010年远景目标纲要》，提出“九五”主要发展指标，“到2000年工农业产值突破400亿元，年均增长19.8%；国内生产总值突破200亿元，年均增长16%。‘九五’期间社会固定资产投资200亿元，年增长29.71%；财政收入8.8亿元，年均增长13.5%；城市化水平达到40%；农民人均纯收入4000元，年均增长16.3%。”

“十五”计划（2001—2005）　2000年，编制完成《丽水市国民经济和社会发展第十个五年计划纲要》。提出主要发展指标，“国内生产总值达到208亿元，年均递增9%以上，人均国内生产总值争取赶上全国平均水平；三次产业比重力争达到20:42:38；社会固定资产投资率达到30%，五年累计投资突破260亿元；自营出口年均增长10%；社会消费品销售92亿元，年均增长9%；财政总收入年均增长11%；人口自然增长率年均控制在6‰以内，总人口控制在255万人以内；城市化水平达到40%；城镇和农村居民实际收入年均分别增长5%和4%，农村居民恩格尔系数下降到0.5以下”。

“十一五”规划（2006—2010）　2005年，编制完成《丽水市国民经济和社会发展第十一个五年规划纲要》。提出到2010年地区生产总值、财政总收入分别比2004年翻一番以上，人均生产总值增长速度达到或超过全省平均水平；完成社会固定资产投资1000亿元以上，基本完成重大基础设施阶段性的建设任务；工业产值1000亿元，三次产业结构调整为10:50:40，万元生产总值综合能耗逐步下降；丽水市城市化率45%以上，中心城市综合实力进入全国地级以上百强城市行列；体制机制更具活力，形成比较完善的社会主义市场经济体制等目标。

年度计划编制

1949年中华人民共和国成立后，年度计划是地区和各县的计划工作重点。1953年开始实行，各县编制年度计划，根据省下达的控制数，先由各县编报计划草案，经专区审查综合后提出各县计划草案，报省下达执行。1963年始，专区对各县编报的计划草案不再综合上报省，改为向省提计划建议，计划由省直接下达。1972—1976年，丽水地区年度计划编制曾一度采取由地区平衡的做法。1977年，恢复地区综合上报制度，由地区综合各县、地区各部门的意见后编报计划草案。

1994年，随着计划体制改革不断深化和职能转变，年度计划工作强化年度计划报告、经济预测、监测和分析，简化专项计划。1994年一季度起，丽水地区开始实行季度经济运行分析，编制《丽水经济信息》，下发市、县(市、区)领导参阅。1998年始，丽水地区每个季度分析经济运行形势一次。1999年始，丽水地区注重监测、分析国民经济运行过程。

2000年始，市发展和改革委员会调整年度计划编制方法和重点，从经济计划安排调整为预期调控目标，从重视量化指标转变为注重经济运行分析、预测和监测及调查研究工作，把握经济发展趋势和运行特点，了解、掌握经济运行中出现的新情况、新问题，并提出相应的对策建议。

第三节　计划执行

“一五”计划执行　1953年始，各县贯彻社会主义建设过渡时期总路线，实行对农业、手工业和资本主义工商业社会主义改造，国民经济持续增长。1957年，各县工农业产值29881万元，比1952年增长47.06%，年递增8.02%。

“二五”计划执行　1958年开始，各县搞“大跃进”，盲目提高指标，大办钢铁，大办食堂，森林资源遭受严重破坏，国民经济发展严重受挫。1962年，各县工农业产值28318万元，比1957年下降5.23%，年递减1.07%。

“三五”计划执行　1970年，丽水地区工农业产值41411万元，比1965年增长32.42%，年递增5.78%。

“四五”计划执行　1975年，丽水地区工农业产值50510万元，比1970年增长21.97%，年递增4.05%。

“五五”计划执行　1980年，丽水地区工农业产值83585万元，比1975年增长65.48%，年递增10.6%。

“六五”计划执行　1985年，丽水地区工农业产值137878万元，比1980年增长64.96%，年递增10.53%。

“七五”计划执行　1990年，丽水地区工农业产值21.38亿元，比1985年增长55.05%，年递增9.17%。

“八五”计划执行　1995年，丽水地区生产总值94.43亿元，与1990年相比，年均递增20.19%，比全国平均速度高出8.19个百分点；工业产值达到116.55亿元，实际增长508%，年均递增38.43%；农业产值45.63亿元，实际增长209.7%，年均递增15.97%；财政收入达到4.67亿元，实际增长214.6%，年均递增16.5%。

“九五”计划执行　2000年，丽水市生产总值136.76亿元，与1995年相比，年均递增8.9%；财政收入12.83亿元，年均递增22.4%；社会消费品销售71.6亿元，年均递增10%；社会固定资产投资

49.2 亿元，年均递增 18.8%；自营出口 1.38 亿美元，年均递增 10.4%。

“十五”计划执行　2005 年，丽水市生产总值 306 亿元，与 2000 年相比，增长 140%；财政总收入 34.8 亿元，年均递增 22.1%，其中地方财政收入 20 亿元，年均递增 21.3%；三次产业比重从 2000 年的 25.8:39.2:35，调整到 2005 年的 14:45.1:40.9；工业产值 423.1 亿元，增长 2.4 倍，年均增长 19.8%；社会固定资产投资总额 691.7 亿元，是此前 50 年投资总额的 2.9 倍；城镇居民人均可支配收入达到 12846 元，农村居民人均纯收入为 3572 元，分别增长 1.6 倍和 1.4 倍。

“十一五”规划执行　2010 年，丽水市生产总值 664.76 亿元，与 2005 年相比，年均增长 13%；人均地区生产总值 31365 元，超额实现人均 2 万元的规划目标；实现工业产值 1328 亿元，提前完成“千亿”规划目标；实现财政总收入 76.8 亿元，地方财政收入 45 亿元，均完成规划目标；城镇居民人均可支配收入 21093 元，农村居民人均纯收入 6537 元，均完成规划目标。丽水市“十一五”完成固定资产投资 1308 亿元。

第四节　项目库管理

1993 年，丽水地区首次建立地区基本建设项目库，对丽水地区 100 万元以上基本建设实施项目、500 万元以上的前期项目进行填表、审核、微机录入等工作。同年，丽水地区项目库项目 113 个，计划投资 303108 万元。1995 年，丽水地区编制完成《丽水市“九五”重大项目建设规划》，建立丽水地区 1000 万元以上投资建设项目库。1998 年，丽水地区建立市本级、各行业和县（市、区）组成的三级项目库。2000 年，丽水市编制完成《丽水市“十五”重大项目建设规划》，建立 1000 万元以上市本级、各行业和县（市、区）的基建投资项目库。2006 年，丽水市编制完成《丽水市“十一五”重大项目建设规划》，建立全市重大建设实施和预备探讨的项目库项目 499 项，计划总投资 1624 亿元。

2008 年，丽水市编制完成《丽水市今后五年重大项目建设（“三个千亿”工程）行动计划》项目库，安排重大项目 71 项 625 小项，总投资 2048 亿元，五年计划完成投资 1313 亿元。2009 年，丽水市建立以投资项目管理信息系统的新型项目库。各县（市、区）、市级部门总投资 1000 万元以上的各类投资项目，列入“丽水市投资项目信息管理系统”管理。2010 年，丽水市编制完成《丽水市“十二五”重大建设项目规划》，建立丽水发展重大建设项目库 680 项，总投资 5459 亿元。

第五节　重点工程管理

1996—2000 年，“九五”计划期间，丽水地区实施重点建设项目 168 个，计划总投资 222.41 亿元，完成投资 50.06 亿元，建成项目 52 个。2001—2005 年，“十五”计划期间，丽水市实施重点建设项目 267 个，计划总投资 1542 亿元，完成投资 51.8 亿元，建成项目 41 个。2006—2010 年，“十一五”规划期间，丽水市实施重点建设项目 646 个，计划总投资 2515.68 亿元，完成投资 271.64 亿元，建成项目 84 个。

1995—2009年丽水市重点建设项目投资完成情况一览

表 21-1-5-1

年份	完成投资（亿元）	完工项目总数（个）	具体项目
1995	5.26	12	青田县城过境公路、松阳谢村源电站、110千伏遂昌输变电工程、遂昌钢铁总厂技改等
1996	7.14	7	330国道丽青段第三期改造和温溪段改造、缙云兰黄“四自”工程、丽水邮电综合楼、地区医院外科大楼、丽水啤酒厂、缙云平黄公路、地区木材厂技改工程
1997	8.72	9	金丽温铁路丽水段、330国道丽缙复线、330国道瓯青公路青田段、景宁上标二级电站、110千伏庆元变电所、丽水市粮食副食品批发市场一期工程、浙江纳爱斯公司一期技改工程等
1998	8.54	10	53省道龙泉塔石岭隧道、瓯青公路湖边段、丽水客运中心、景宁鹤溪一期综合治理工程、110千伏壶镇输变电工程、联通丽水地区GSM网建设、第二条南沿海光缆通道丽水段、丽水地区有线广播电视专用传输网等
1999	8.77	10	44省道上松线松阳段、330国道瓯青复线延伸线改建、330国道部分路面改造、玉溪水利枢纽、遂昌自来水厂扩建、缙云县黄龙路一期、联通丽水地区GSM网二期建设、浙江纳爱斯公司洗衣粉项目、地区看守所扩建、缙云中学高中部
2000	18.63	5	景宁白鹤水电站、联通丽水分公司GSM移动通信网工程、57省道青岱线青田段一期工程、松阳县城市防洪一期工程、浙江宇雷包装集团公司的纸箱生产线技改项目
2001	33.80	14	云和沙铺砻水电站、青田大奕坑水电站、丽水第二水厂一期、龙泉第二水厂一期、青田水厂扩建工程、丽弄以及公路桃山至大港头段、丽水市主要道路一期工程、丽水市农网改造工程等
2002	43.68	16	金丽温高速缙云至丽水段、景宁英川水电站、庆元大岩坑水电站、青田双坑口水电站、丽水市农网改造二期工程、丽水市区小水门大桥、丽水市人民医院外科大楼、丽水市中心医院门急诊综合楼、庆元中学迁建工程、青田中学迁建工程、丽水国家粮食储备库等项目
2003	62.33	20	龙泉瑞垟二级水电站、遂昌应村水电站、220千伏龙泉输变电工程、龙泉太阳伞工业园区、龙泉中学扩建工程、丽水中心血站、丽龙一级公路丽水大港头至规溪亭段、57省道青岱线山口至汤垟段、丽水小水门大桥、丽水水东大桥等
2004	63.27	17	绕城公路南线、丽水电力调度中心、浙江移动公司通讯网络设施建设、中国联通通信网络设施建设、丽水市特殊教育学校迁建一期工程、丽水市消防指挥中心、丽水市人民检察院综合楼、丽水人防设施建设、后甫经济适用房和拆迁安置房等
2005	68.56	17	金丽温高速公路丽青段、处州公园、紫金大桥、遂昌220千伏输变电工程、青田220千伏输变电工程、景宁县三枝树水电站、梅山中学迁建工程、丽水中学教学楼及食堂、丽水二中实验楼等
2006	83.60	48	54、55省道庆元段改建工程、市区绕城公路水东大桥至丽阳殿段、220千伏输变电缙云仙都、220千伏输变电遂昌二期、220千伏输变电龙泉宏山二期、庆元左溪电站、市区江滨路、北苑路、水阁工业区基础设施建设、缙云双潭水厂、景宁中学、莲都区水东小学、莲都外国语学校初中部、市行政中心、市国土大楼、市财税大楼、海关大楼等

续表 21-1-5-1

年份	完成投资（亿元）	完工项目总数（个）	具体项目
2007	84.09	46	丽龙龙丽高速、南外环线富岭互通连接线拼宽工程、台缙高速公路、市城市防洪工程、丽水灵山220千伏输变电工程、青田220千伏输变电工程、缙云仙都220千伏输变电工程、青田五里亭水电站工程、8个县（市）的污水处理工程、市区水东路、市场1路、市场2路、市接官亭农民公寓一期工程、欣苑南区拆迁安置房项目等
2008	81.88	31	开潭水利枢纽工程、龙泉市岩樟溪梯级电站、500千伏丽水苏埠输变电工程、220千伏滩坑电站送出线路、220千伏景宁鹤溪输变电工程、庆景青公路滩坑库区复建工程景宁段、松阳县梧桐源水库除险加固工程、玉溪引水工程、市滨江景观带生态景观区工程、龙泉市国际大酒店等
2009	79.41	43	滩坑水电站工程、青田外雄水电站、景宁外舍防护工程、500千伏万象变二期扩建工程、水阁污水处理厂、丽中迁建工程、市职高迁建工程、丽水外国语实验学校、龙泉市中等职业学校扩建、丽水华侨饭店、丽水体育场等

第二章　统计管理

古代，处州官府办理地赋、人口、漕粮、杂税等统计。民国35年（1946），各县秘书科设立统计室，负责统计工作。

1949年5月丽水解放后，丽水统计事业开始新历史进程。1949年中华人民共和国成立初，丽水专区统计工作分散到有关部门。1953年，各县先后建立统计科，执行由国家统计局统计报表制度。第一个国民经济与社会发展五年计划时期，扩大统计范围，建立劳动工资、物资、交通等统计报表制度；完成“对私营工商业进行社会生义改造”等调查，建立健全基层企事业原始记录，国民经济和社会历年统计资料整理，编写统计分析资料。20世纪50年代后期，各县“浮夸风”使统计工作受挫。1958年，“大跃进”开始，在“左”的思潮影响下，丽水各县统计工作严重违反客观规律，忽视专业统计机关的职能作用。1958—1960年，各县工农业生产、物资、技术革命等方面的日报、五日报、旬报以及各种快速调查成为统计主要任务，滥发报表现象严重。受浮夸风影响，重要的统计数字严重失实。

1962年，各县执行中共中央和国务院下发的《关于加强统计工作的决定》。1963年，丽水地区执行国务院颁布的《统计工作试行条例》。1964年3月，丽水专区计划经济委员会内设统计科；各县加强统计机构建设，充实统计力量。同年，各县清理报表。1966年，各级统计部门被撤销，统计干部被下放，统计工作受到严重挫折。1970年，丽水地区执行周恩来总理“统计工作不能取消，统计机构还是要有，基本统计数字还是要搞”的指示，开始恢复统计工作，充实统计人员，恢复基本统计报表制度。1970年10月，丽水地区革命委员会生产指挥组内设统计组。1973年10月，地区计划委员会设立统计科。1978年1月，地区计划经济委员会设立统计科，增加统计工作人员。

1978年12月中共十一届三中全会后，党和国家工作中心转移到经济建设上来，客观上要求迅速恢复和加强统计工作。丽水地区贯彻《中华人民共和国统计法》、国务院《关于加强统计工作的决定》，统计工作出现新局面，统计机构得到恢复和加强。1982年6月，丽水地区统计局建立。后各县统计局(科)相继建立。1983年12月8日，《中华人民共和国统计法》颁布，丽水统计工作走上法制化轨道，统计机构更趋专业，加强区级统计机构，各业务主管部门、乡(镇)配备相应的统计人员。统计部门职责不断拓展，统计调查制度不断健全发展，先后建立对外经济、能源、科技、基本单位、平衡等方面的统计，开展国民收入、投入产出、国内生产总值统计核算。地区统计局设置目标管理和社会发展评估监测统计，适应地方经济管理需要。在调查方面，进行第三次、第四次人口普查，第二次、第三次工业普查，首次农业普查和基本单位普查。还进行人口、农产品、城乡居民生活等抽样调查，加强分析研究和资料整理工作。20世纪80年代后，丽水地区各级统计部门在完成定期报表任务的同时，广泛开展分析研究，提供统计分析资料。

综观丽水解放后60多年，丽水统计部门职能由主要提供统计信息，发展到有统计信息、咨询和监督等多种职能。统计调查主要由全面报表逐步转变为全面报表、普查与抽样调查相结合。逐步实施新的国民经济核算体系。

第一节　统计体制

历史机构

民国21年(1932)10月，国民政府颁发《统计法》《统计法实施细则》。民国35年，各县秘书科设立统计室，负责统计工作。

1949年中华人民共和国成立初，丽水专区统计工作分散到有关部门。1953年，各县相继设立统计科，执行国家统计局统计报表制度。1964年3月，丽水专区计划经济委员会内设统计科。1970年10月，丽水地区革命委员会生产指挥组内设统计组。1973年10月，丽水地区计划委员会统计科建立。其间，受“文化大革命”干扰，一些正常统计工作无法展开。

1982年6月，地区统计局建立，各县建立统计局(科)。1983年9月，撤销地区统计局。1984年7月，恢复建立地区统计局。后丽水地区统计机构相对稳定，统计工作逐步规范。1990年4月，地区统计局计算机中心成立，统计工作进入全面运用计算机时代。1998年9月，丽水地区企业调查队成立。2000年，丽水撤地设市。同年7月，丽水地区统计局更名丽水市统计局。2001年4月，丽水市城市社会经济调查队成立。10月，市统计局普查中心和社会经济调查队(丽水市直工业统计办公室)成立，均为依照国家公务员制度管理的正科级事业单位。2004年5月，撤销丽水市莲都区农村调查队，成立丽水市农村社会经济调查队。2007年，社会经济调查队挂市统计局执法支队牌子。2008年6月设立国家统计局丽水调查队。

职能

1949 年中华人民共和国成立初，尚未建立指导全国统计工作的机构，各项统计任务均由各级政府自行决定。统计工作任务单一，且调查表式、统计指标、填报范围、计算方法不尽相同。1953 年，各县政府统计机构职能是搜集、整理各种基本统计资料，具体任务是按照国家统计局及省统计局下达统计任务组织统计调查，保证按时上报统计资料；及时检查计划执行情况；组织实施地方性调查统计任务，向同级政府计划部门提供编制地方国民经济计划所必需的资料；汇编各种统计报表；检查、揭发和抑制各种未经批准的统计报表。1958 年，"大跃进"运动开始，统计数字严重失实，统计方法制度混乱，统计工作缺乏科学性。

1962 年，根据国务院下发《关于加强统计工作的决定》《统计工作试行条例》文件精神，各县政府统计部门主要职责明确为保证完成国家的统计任务，并且积极完成当地党政领导机关交付的统计任务；按时向有关领导报告本地区国民经济统计资料，全面检查本地区的计划执行情况；统一管理本地区统计报表、基本统计数字，对统计数字的准确性负责，搜集和整理的统计资料必须直接上报上级机关，任何人都不能随便更改。1965 年，各县执行"要以阶级斗争为纲"方针政策，统计调查工作陷于瘫痪。

1978 年中共十一届三中全会后，丽水地区统计部门严格执行统计制度和方法，切实负责组织和指导本地区统计工作。1983 年 12 月，颁布《中华人民共和国统计法》，明确统计工作基本任务是："对国民经济和社会发展情况进行统计调查、统计分析，提供统计资料，实行统计监督"。同时，规定各级统计机构或统计负责人主要职责。后统计工作在法律上得到保障。

1992 年，社会主义市场经济体制确立，深化政府统计改革工作，进一步明确统计机构工作职责。2000 年后，市统计局作为市政府组成部门，主管统计和国民经济核算工作，对国民经济和社会发展情况进行统计调查、统计分析、提供统计资料和统计咨询意见，实行统计监督。2000 年丽水撤地设市后，丽水市统计局承担中央、省和市直属单位以及城区内的所有企业单位（除明确规定归属莲都区外）全部统计工作，将部分行政管理中具体事务性工作交事业单位承担，并取消工资统计联审职能。2010 年，市政府重新进行调整市统计局职能，采用"在地统计"的实施办法，负责协助莲都区国民经济核算；负责开发区国民经济核算；负责协调中央、省属和市直机关、企事业单位实施"在地统计"后的统计关系，负责市直及中央、省属在丽部门统计管理。

第二节　统计报表

人口与劳动统计

人口统计报表　1953年，各县建立以户口登记为基础的经常性人口统计。其主要指标包括人口数、市镇人口、乡村人口、农业人口、非农业人口、出生人口、人口自然增长人数。

劳动统计　也称劳动工资统计。1955 年，各县开展全省职工普查。同年，建立综合劳动工资统计制度。1991 年始，地区统计部门与地区劳动、人事、计划、财政、银行等 6 个部门成立联合办公机构，

每年联合审核劳动工资统计年报。2001年，全省实现劳动工资统计字典库与基本单位名录库的统一。2004年，丽水市工资统计扩面工作取得进展，规模以上私营单位纳入劳动工资年报统计。2005年和2007年，丽水市分别开展工资收入水平比较调查和岗位工资统计试点，并推行工资统计电子台账，试行私营规下单位抽样调查制度。2008年，浙江省全社会单位工资统计制度正式确立后，丽水市非私营单位、规模以上私营单位实行全面报表制度，规模以下私营单位实行抽样调查制度，并于次年初发布2008年浙江省全社会单位在岗职工平均工资。2009年，丽水市与全省基本同步实行联网直报劳动工资统计单位。其主要指标包括劳动力资源总数、从业人员、在岗职工、平均人数、工资总额、平均工资等。

计划生育统计　20世纪90年代起，开始实行计划生育统计。其内容包括人口统计学部分，如出生、死亡、迁移、人口性别年龄构成、职业构成、婚姻等；其特有内容，主要有晚婚、晚育、出生孩次、计划外生育、已婚育龄妇女、独生子女及其领证等情况统计。

部门经济统计

农业统计　农业统计包括农、林、牧、渔统计。1963年前，农业统计还包含农副业统计，总称农业五业统计。20世纪80年代中后期，丽水地区农业统计内容进一步拓展，农业经济统计向农村经济统计转变。21世纪初，丽水市农业统计基本上覆盖农村全部经济活动和社会主要活动。2000年，丽水市执行农林牧渔业产值季节报制度。2006年8月，丽水市开发网上直报程序，率先在全省开展乡镇农业统计网上直报。2009年，丽水市开展粮食生产统计监测调查，以监测数据推算全市粮食面积和产量。

工业统计　20世纪50年代初，各县建立工业统计工作。20世纪80年代，丽水地区建立与健全原始记录、统计台账等各项基础工作。1982年7月，丽水地区开展工业经济效益统计。1998年，丽水地区统计部门修订经济效益评价考核指标体系，其中工业定期统计报表范围由原来按隶属关系划分改变为按产出规模划分，统计报表范围由原来乡及乡以上工业企业，调整为全部国有及年产品销售收入500万元及以上的非国有工业企业（简称规模以上工业企业），同时自1999年1月开始全面转入计算机超级汇总。2007年，丽水市规模以上工业统计范围调整为年主营业务收入500万元及以上的工业法人企业。

建筑业统计　20世纪50年代始，各县建筑业统计称为“承包统计”“施工统计”，其内容列入基建投资统计报表制度之中，从属于基建投资统计的一部分。后建筑业统计从基建投资统计中逐步分离出来。20世纪80年代，建筑业统计成为独立的统计类别，统计范围为全民、集体所有制的建筑安装企业和自营施工单位，统计内容注重建筑产品价值量指标和经济效益统计。1990年始，丽水地区建筑业统计年报实行计算机超级汇总。20世纪90年代，丽水地区调整建筑业统计的范围，由城镇以上企业扩大到有资质四级及四级以上各种经济类型的建筑业企业。2002年，丽水市建筑业从原有资质四级及四级以上改为建筑业企业资质分为施工总承包、专业承包和劳务分包3个序列。截至2010年，丽水市建筑业统计形成反映企业生产经营活动比较完整的指标体系。

房地产统计　20世纪90年代初，丽水地区统计局执行国家统计局决定，将商品房建设统计扩大为房地产开发投资统计。1995年，丽水地区统计局执行国家统计局决定，在固定资产投资统计报表制度中，分设房地产开发统计报表。1999年始，根据国家统计局等三部委统一部署，丽水地区统计局开始推进全国3000家房地产开发企业联网直报工作。2001年，丽水市政府开始编制房地产价格指数。2005年，丽水市政府建立《房地产开发统计报表制度》，将“房地产开发”统计从《固定资产投资统计报表制度》中单列出来。2006年后，随着名录库建设的不断深入，房地产开发报表制度不断完善和发展。2006年，丽水市开始网络直报房地产业统计报表改革。2007年，丽水市房地产业试行纳入网络直报，全国房地产开发直报企业由3000家扩展到5000家。2009年，丽水市房地产开发企业全部实现联网直报。截至2010年，丽水市形成房地产开发统计报表制度，能够反映房地产业发展趋势。

运输、邮电统计　主要包括铁路、公路、远洋、沿海、内河、民用航空运输、港口装卸以及邮电统计。1985年11月，丽水地区运输统计由原来以地区统计部门为主，转向由地区交通部门和地区统计部门共同负责，进而逐步过渡到以地区交通部门为主，建立全行业统计。

地质普查和勘探业统计　主要反映地质工作活动的一项统计，其目的是摸清地质情况，探明矿产资源，为各级提供各种地质资料。主要由省地质矿产部门组织实施。

批发零售贸易、住宿餐饮业统计　1992年前，丽水地区批发零售贸易、餐饮业统计称为商业统计，包括商业、饮食业和服务业统计。1993年，商业统计进行拆分，并分离出服务业统计，纳入新建立的服务业财务统计。20世纪90年代，丽水地区适应建立社会主义市场经济体制和建立新国民经济核算体系的需要，商业统计报表具体细分为贸易统计、餐饮业统计，社会商品购买力统计和主要商品生产统计、主要商品消费平衡统计。1995年始，丽水地区国内贸易业、对外贸易业和物资供销业实行双轨合一，统一制作批发零售贸易业、餐饮业一套报表制度。2004年，丽水市逐步形成较为完整的指标体系，增加批发和零售业、住宿和餐饮业统计分类，增加《限额以上住宿餐饮业经营情况(E405表)》月报，对住宿餐宿行业分限上、限下进行统计。

对外经济贸易统计　21世纪初，丽水市实施对外贸易统计、海关进出口统计和利用外资统计，分别由市商务局、丽水海关负责组织统计。

原材料、能源统计　1953年前，丽水专区物资统计报表纳入工业、基本建设报表制度中。1954年，各县物资统计从工业等统计中分离出来。后物资统计不断得到完善和发展。20世纪90年代，丽水地区物资统计报表制度出现较多精简和变化。1982年始，丽水地区逐步建立与完善能源统计。1983年，丽水地区建立专项能源统计制度，把“能源统计”从物资统计中分离出来。1998年，国家撤销合并工业统计报表，取消《原材料、能源统计报表制度》，将它纳入工业统计报表制度。20世纪90年代，丽水地区能源统计报表总体比较稳定，少数有增减。21世纪，丽水市全面加强能源统计，再次将“能源统计报表”从工业统计报表中独立出来。后通过制度的不断修订完善，能源统计品种的增加及统计范围的及时调整，最终逐渐形成一套比较完整的能源统计指标体系。

固定资产投资统计　20世纪50年代初起，各县实行基建投资统计。20世纪80年代，丽水地区基建投资统计扩大项目，扩大到“更新改造”“房地产开发”及其他投资统计上；统计范围从国有单位投资统计，扩大到城乡集体经济单位投资和城乡个人投资，以及联营经济、股份制经济、外商投资单位、中国港澳台地区投资单位及其他各种经济类型单位的社会固定资产投资统计。20世纪末，丽水地区基本形成一套比较完整的统计报表制度。

财政统计　20世纪90年代，按照国家统计局的部署，开展综合财政统计和财务统计，由各级财政部门主管，政府统计部门在同级财政部门提供财政资料，整理、汇编、分析主要指标。

金融统计　包括信贷统计和现金收支统计，由中国人民银行主管，各级政府统计部门所需金融统计资料，主要由同级人民银行提供。

服务业统计　1993年，丽水地区建立服务业统计，并印发《服务业企业统计报表制度》，分年报、月(季)报表和参考表式三部分。1994年，丽水地区正式贯彻实施服务业统计制度，并定名为《服务业财务统计报表制度》，包括综合年报和基层年报。1995年，丽水地区首次采取全面调查的方法，对服务业财务统计工作，年报直接布置服务业单位填报，收集财务统计资料。2006年，统计年报开始，建立浙江省服务业统计制度。服务业统计总体上采用全数调查与抽样调查相结合的调查方法，政府综合统计与部门统计相结合的实施方式。2007年，丽水市政府成立服务业统计工作领导小组，全面助推服务业统计工作，制定服务业统计工作方案，强化部门考核，全力做好服务业统计工作。2010年，丽水市开展省级现代服务业集聚示范区统计工作。

科技、社会文化统计

1949年中华人民共和国成立后，丽水专区行政专署逐步加强科技、教育、文化等众多部门的统计工作。

科技统计　1987年，国家统计局制定《大中型工业企业技术开发年报制度》，是国家统计系统首次在科技统计方面建立的一项统计年报制度。同年，丽水地区执行《大中型工业企业技术开发年报制度》。1991年，丽水地区执行《科技综合统计年报制度》。同年，中国首次公布中国研究与试验发展经费(R&D)总量数据。2000年，丽水市统计局执行国家统计局与科技部等国务院七部门联合开展的第一次全国R&D资源清查，R&D资源清查内容由R&D扩大到全部科技活动和科技资源，并根据省统计局要求将统计范围扩大到全市有科技活动的企业、事业、机关单位。2002年3月6日，丽水市统计局发布《2000年丽水市全社会R&D资源清查主要数据统计公报》。2009年，丽水市首次开展丽水R&D资源清查网上直报。

社会文化统计　1998—2010年，丽水地区(市)相继开展科技进步监测统计、妇女和儿童发展规划监测统计、社会发展评价监测统计、公共服务均等化监测统计、环境监测统计。后全市又开展文化产业监测统计、文化及相关产业增加值核算等。

教育统计　1949年中华人民共和国成立后，教育统计由各级教育部门负责组织实施。1952年，第一次普查各级各类学校，建立全国统一的教育统计报表制度。后在不同时期，教育统计内容也有所不同。教育统计报表由教育部门自上而下布置，到学期末或学年底按统计制度自上而下逐级汇总上报主管部门，同时抄送同级政府统计部门。

国民经济核算统计

民国时期，丽水曾对居民家庭收支作过零星的调查。1949年5月丽水解放后至2010年，丽水的经济、社会统计主要是通过实施统计报表制度进行的。统计报表制度由“国民经济基本报表”和“专业表”组成，前者由国家统计局统一制定，地方统计局可根据需要作适当补充；后者由业务主管部门制定。各个时期的统计报表和指标，随着经济社会的发展，不断调整、更新。丽水专区国民经济核算体系的建立和发展，经历三个阶段。1952—1984年为第一阶段，丽水地区采用的是物质产品平衡表体系，即MPS体系。1980年，根据省统计局要求，丽水地区统计局开始试算地区国民收入指标。1986

年，根据省统计局制定的《国民收入统计报表制度》要求，丽水地区统计局每年上报《社会产值和国民收入表》及相关表。后丽水地区统计局每年上报国民收入核算，直到1993年终止计算。1985—1992年为第二阶段，丽水地区MPS和SNA两种核算体系共存。1993—2010为第三阶段，丽水市取消MPS体系，采用SNA基本核算框架、核算原则与方法，并结合中国实际建立新国民经济核算体系，开始与国际接轨。1992年，根据国务院《关于实施国民经济核算体系方案的通知》，要求分两步实施新国民经济核算体系。1995年，丽水地区开始国内生产总值分季度核算工作。2005年4月，丽水市统计局开始核算尝试各县（市、区）的季度生产总值，制定《丽水市统计局关于地区生产总值实行下管一级集中核算的意见》，在全省率先开展GDP集中核算。2005年10月，丽水市建立市、县两级GDP核算领导小组及办公室，加强对GDP核算以及相关的主要统计指标数据质量的评估工作。

第三节　统计调查

人口普查

1949年中华人民共和国成立后，全国相继开展全国人口普查6次。2010年5月24日，丽水市公布《全国人口普查条例》，规定人口普查每10年进行一次，尾数逢0的年份为普查年度，标准时点为普查年度的11月1日零时。在两次人口普查之间进行全国1%人口抽样调查，人口抽样调查参照本条例执行。

第一次人口普查　普查标准时点是1953年7月1日零时，普查时点各县总人口125.62万人，其中汉族121.86万人，占总人口97.01%；畲族3.75万人，占总人口2.99%。

第二次人口普查　普查标准时点是1964年7月1日零时，丽水专区总人口145.71万人，比第一次人口普查增加20.09万人，十年增长15.99%。普查结束后，编印《丽水专区第二次人口普查资料》。

第三次人口普查　普查标准时点是1982年7月1日零时，普查时点丽水地区总人口221.7万人，比第二次人口普查增加75.99万人，增长52.15%。普查结束后，丽水地区统计局编印《丽水地区第三次人口普查汇编资料》。

第四次人口普查　普查标准时点是1990年7月1日零时，普查时点丽水地区总人口234.92万人。1991年6月，丽水地区统计局编印《丽水市第四次人口普查资料汇编》。

第五次人口普查　普查标准时点是2000年11月1日零时，普查时点丽水市常住人口216.21万人。2002年6月，普查结束后，丽水市统计局编印《丽水市2000年第五次人口普查资料》；8月，编印《丽水市第五次人口普查报告》。

第六次人口普查　普查标准时点是2010年11月1日零时，普查时点丽水市常住人口211.7万人。普查工作结束后，丽水市统计局在丽水日报公布《丽水市第六次全国人口普查主要数据公报》《2010年丽水市人口发展报告》和《丽水市2010年人口普查资料》（上、下册）。

农业普查

2006年8月23日，公布《全国农业普查条例》，规定农业普查每10年进行一次，尾数逢“6”年份为普查年度，标准时点为普查年度12月31日24时。

第一次农业普查　1996年，丽水地区开展中华人民共和国成立以来第一次农业普查。1月开始，丽水地区进行第一次农业普查各项准备工作，市级试点选在遂昌县石练镇。12月15日开始，丽水地区农业普查开始现场登记。1997年，丽水地区完成农业普查复查审核、抽查验收、数据处理、资料开发应用等工作。同年，丽水地区农业普查办公室被评为全国首次农业普查先进集体。

第二次农业普查　2006年，丽水市开始第二次全国农业普查工作，普查时点为2006年12月31日24时，普查时期为2006年1月1日至12月31日。此次普查采用新技术，数据处理采用光电录入。2007年6月，全面完成数据处理采用光电录入任务。2008年1月，表彰农业普查工作先进集体和先进个人。4月，丽水市农业普查办公室发布第二次农业普查数据公报；5月，编印《丽水市第二次农业普查发展报告》。

工业普查

第一次工业普查　1950年，根据中央财政经济委员会布置，丽水专区开展第一次全国工业普查，对象是1949年公营、公私合营及工业生产合作社的工矿企业。

第二次工业普查　1984年，丽水地区进行第二次全国工业普查。1985年，丽水地区开展工业普查登记工作。同年，丽水地区工业普查办公室编印《丽水地区1985年工业普查资料》。

第三次工业普查　1995年，丽水地区开展第三次工业普查。普查对象为丽水地区全部工业企业，重点是国有企业、乡镇企业和外商投资企业。1996年，丽水地区工业普查办公室编印《丽水地区1995年工业普查资料汇编》。

第三产业普查

1993年，丽水地区开展全国首次第三产业普查，普查范围为1991年和1992年丽水地区所有各种经济类型的第三产业、事业、行政单位和社会团体。同年，丽水地区全面调查第三产业单位86868个。1994年，丽水地区工业普查办公室编印《丽水地区首次第三产业普查资料汇编》。

基本单位普查

1996年，丽水地区根据《国务院批转国家统计局关于建立国家普查制度改革统计调查体系的通知》，进行全国第一次基本单位普查。规定逢1、逢6的年份进行基本单位基查，摸清基本单位底数及其变化情况，为制定产业政策、调整生产力布局和规划城市建设服务。2001年，丽水市进行全国第二次基本单位普查。

第一次基本单位普查　普查的标准时点为1996年12月31日。1996年9月以前为普查准备阶段；1996年9月至1997年6月实施普查登记、资料审核、数据处理等工作。这次普查工作完成调查丽水地区法人单位10896个、产业活动单位7024个，建立1996年统计年报字典库，实现基本单位普查与统计年报的有机结合。普查结束后，编印《丽水基本单位普查资料汇编》。

第二次基本单位普查　普查的标准时点为2001年12月31日。2001年9月以前为普查准备阶段，丽水市完成市、县（市、区）普查机构的组建、人员配置、经费落实、人员培训、设备配置、宣传发动、清查摸底等工作。2001年10月至2002年6月底前，丽水市完成普查登记、普查资料的审核汇总和数据处理及数据上报工作。普查结束后，编印《丽水市第二次基本单位普查资料汇编》。

经济普查

经济普查是一项集工业、建筑业、第三产业和基本单位普查于一体的综合性国情国力调查。国务院决定将原定于2003年进行的第二次全国第三产业普查推迟，与计划在2005年开展的第四次全国工业普查和2006年开展的第三次全国基本单位普查合并，同时将建筑业纳入普查范围，在2004年开展第一次全国经济普查。2004年后，全国经济普查每10年进行两次，分别在逢3、逢8的年份实施。

第一次经济普查　2004年，第一次全国经济普查的标准时点是2004年12月31日，时期资料为2004年度，普查对象是在丽水市境内从事第二、三产业的全部法人单位、产业活动单位和个体经营户。2004年7月，缙云县五云镇开展市级经济普查试点工作。2005年，丽水市完成经济普查登记、数据处理、审核上报、数据发布、资料开发等阶段工作。同年，编印《丽水市第一次经济普查资料简要本》《丽水市第二、三产业发展报告》和《2004年丽水经济普查年鉴》(共三卷)，完成普查课题14个。

第二次经济普查　2008年，第二次全国经济普查的标准时点是2008年12月31日，时期资料为2008年度。普查对象为辖境内从事第二、三产业的全部法人单位、产业活动单位和个体经营户。2008年8月，龙泉市剑池街道开展第二次经济普查综合试点。2009年，丽水市开展现场登记、数据录入、审核及资料开发工作。同年，发布《丽水市第二次经济普查主要数据公报》，编印《丽水市第二次经济普查主要数据》和《丽水市第二次经济普查年鉴》(共2卷)。

第四节　统计服务

1963年，编印《丽水地区国民经济统计资料》。1965年，编印《1949—1962年国民经济统计资料汇编》。1966—1976年，《丽水地区国民经济统计资料》中止编印。1978年开始，重新编印《丽水地区国民经济统计资料》，更名《丽水统计年鉴》。1980年，编印《1949—1978年国民经济统计资料汇编》；编印《1949—1979年社会经济统计资料选编》。1984年7月，首次在《丽水报》发布《1983年丽水国民经济和社会发展的统计公报》。后丽水市统计局定期发布上一年度统计公报，时间为每年3月。

1986年始，每月编印《丽水地区主要经济统计数字卡》，供地区党政领导参阅。2002年，编印《丽水市经济社会发展报告》，向市“两会”代表委员提供统计信息服务。1989年始，丽水地区统计局推进统计公开，在《丽水日报》每月公开发布主要经济指标8项。2001年始，编印《丽水统计信息》月度卡片，运用《统计信息政务专报》《丽水统计信息》《统计分析》形式，向市委、市政府及社会各界提供统计信息服务。2003年，编印《丽水发展概览》。后每年编印《丽水发展概览》。

2004年6月，丽水市建立统计新闻发布会制度，并首次举办政府新闻发布会，向社会各界通报全市国民经济运行情况。后每年均召开发布会3次，通报上一年度、半年度及三季度全市及市区国民经济运行情况。2007年始，每年按季编印《丽水统计》内部刊物。2008年，编印《丽水改革开放30年的统计资料汇编》《伟大成就(丽水改革开放30年)》。2009年，编印《丽水60年光辉足迹——建国60周年丽水经济社会发展成就》。2010年，编印《建国60周年丽水经济社会发展统计资料汇编》。此外，丽水市统计局每次普查后，编印普查资料，每年编印《丽水统计年鉴》。

第五节　统计执法

执法检查

1988年11月，丽水地区开展以统计数字质量为重点的《中华人民共和国统计法》贯彻情况大检查，先后组织工业、农业、商业、劳动工资、固定资产投资等专业进行统计数字质量检查。

1994年9月，地区统计局、监察局对龙泉市安仁镇虚报工业产值的统计违法行为在丽水地区通报批评。同月，青田县统计局对青田钼矿的统计违法行为处以罚款3000元。1995年7月，地区行署下发《丽水地区乡镇工业统计工作暂行规定》。同月，地区统计局、财税局和监察局联合组织统计执法检查组，对遂昌县妙高镇、云峰镇两个镇的工业企业30个和村民小组20个的出生人口等数据进行联合执法检查。1998年，中共中央办公厅、国务院办公厅发出《坚决反对和制止统计上弄虚作假大检查的通知》。7月地区建立统计执法大检查联席会议制度，各县(市)亦建立相应机构，开展统计执法专项检查。1999年4月，地区统计、监察、法制三家联合制定《丽水地区统计执法专项检查实施意见》，开展统计执法专项检查。

2000年4月，《浙江省统计违法行政处分规定》公布，丽水市相继开展对部分乡镇工业数据进行跟踪检查。2001年6月，国家、省统计局先后召开《中华人民共和国统计法》和"两办"通知执行情况大检查电视电话会议，部署统计执法检查。后统计执法活动趋经常性。2009年5月，国家监察部、中华人民共和国人力资源和社会保障部、国家统计局联合发布《统计违法违纪行为处分规定》。2010年1月1日，新《中华人民共和国统计法》正式实施。6月，全国、全省先后开统计执法大检查电视电话会议，部署统计执法大检查活动。2010年年底，丽水市完成对9个县(市、区)的第一轮统计巡查。

法规宣传教育

1986年开始，地区统计局开始执行《中华人民共和国统计法》宣传教育工作。重点是学习以《中华人民共和国统计法》为中心内容的有关统计法律、法规和规章。1993年12月，丽水地区召开纪念《中华人民共和国统计法》颁布10周年座谈会，地区人大、地区行署、地区宣传、地区司法、地区计委、地区经委等部门及部分基层统计单位参加。2006年，丽水市制定《丽水市统计巡查办法(试行)》，首次对松阳县开展统计巡查。2010年，举办《中华人民共和国统计法》颁布座谈会。

第三章　物价管理

清代及以前，丽水价格管理偏弱。民国时期，丽水价格管理力度增强，全面制定粮油、燃料、猪肉等生活必需品销售价格和理发、洗浴等行业收费标准或实行限价。丽水执行《战时物价管理暂行条例》《财政经济紧急处分令》等价格法规，派出经济警察检查、落实限价和拘押不执行限价的商贩。但因政治腐败、长期战争，价格管理虽严，却无法挽救经济衰败、价格飞涨的局面，社会民不聊生，人心浮动，抢米风潮迭起，“反饥饿、求生存”的示威游行此起彼伏，物价飞速上涨。

1949—1952 年，受国民政府统治时期恶性通货膨胀惯性影响，丽水出现第一次物价上涨高峰。其间，丽水专区行政公署加强货币和市场管理，打击投机倒把，对食盐、煤油、生猪和主要经济作物以及大宗工业品实行价格管理，运用价格杠杆调动农民和私营工商业者的积极性，恢复和发展生产，保障市场供应，迅速稳定物价。

1953—1978 年，随着计划经济体制逐步建立与完善，丽水计划价格管理体制逐步形成。其间，实行“基本不动、个别调整”的价格政策，价格管理权限高度集中在国务院和浙江省政府，各县负责贯彻、落实。

1979—1984 年，“调放结合，以调为主”，丽水价格改革逐步展开。大幅度提高农产品收购牌价，提高主要副食品和相关制品销售价格，同时分期分批实行农副土特产品和农产品议购议销，在流通环节实行差率管理。实行工业消费品价格结构调整，逐步实行浮动价、优质加价，同时分期分批放开工业小商品、小医药商品和修旧服务价格，流通环节实行综合差率管理。大幅度提高生产资料出厂、供应价格，企业超产和自销的产品实行浮动价格，协作物资实行代理价，由经营者按保本原则自行定价，形成生产资料价格双轨制的雏形。

1985—1991 年，“调放结合，以放为主”，丽水价格改革全面推进。提高主要农产品收购价格和城镇居民定量供应的粮油价格，放开合同定购外的粮油和小杂粮、小油料购销价格和主要副食品价格，实行有指导的议购议销。扩大工业消费品实行企业定价和浮动价的范围，全面实行优质优价政策。放开超产、自销的生产资料出厂价格，机械新产品全面实行浮动价，形成生产资料价格双轨制。

1992—2010 年，丽水价格改革进入攻坚阶段。除重要的农产品购销价格，以及极少数品种的工业品和经营性服务价格，其余价格全部放开，并取消差率限制，社会商品零售额中市场形成价格的比重超 95%。多次大幅度提高城市公用价格和公益收费标准，公益收费逐步向公益价格转变。1993 年，零售价格指数再度攀升，持续上涨，当年升幅 17.7%。1995 年，形成第四次涨价高峰。地区行政公署将治理通货膨胀作为经济工作的首要任务，物价调控目标责任制、市场价格监审制度进一步完善；市场物价调节基金、粮食风险基金、副食品风险基金制度和重要商品储备制度基本建立；强化“菜篮子”工程和农副产品批发交易市场建设；价格管理重点转向调控价格总水平、反价格欺诈和牟取暴利，规范价格行为，对城市居民基本生活必需品和服务价格实施监审管理或阶段性限价。1996年，丽水控制价格上涨成效明显，零售物价指数仅上升6.1%，成功实现经济软着陆。1997年始，市场商品普遍供大于求，卖方市场逐步向买方市场转变，零售物价指数出现连续3年负增长，丽水价格管理由控制物价上涨转向促进价格合理回升，促进国民经济稳定增长服务。1998年，《中华人民共和国价格法》颁布实施。1999年，价格管理的重点转向规范价格行为，维护正当竞争；加快价格法制建设，制止低价倾销，解除通货膨胀时期的行政干预措施；清理、修订抑制消费的价格管理规定，扩大内需、促进消费；清理整顿收费，进一步完善治理乱收费成效目标责任制，减轻企业和农民负担；运用价格杠杆和收费政策，支持搞活大中型企业，支持企业改制和非国有企业发展。至2010年，除极少数资源环境价格和服务收费由政府制定和管理外，大部分价格和劳务收费都基本放开，由市场形成。

中华人民共和国成立后的60多年中，丽水价格管理主要经历计划经济体制和计划经济体制向社会主义市场经济体制转变两个阶段。1979—2010年，在政府调控下，主要由市场形成价格的机制初步建立，多数商品和服务价格实行市场调节、极少数商品和服务价格实行政府指导价或政府定价的管理体制，取代高度集中的计划价格管理体制。价格管理方式由直接制定、调整价格为主，转向调控价格总水平为主。价格管理内容由管理具体商品和服务价格水平为主转向规范价格行为。价格管理手段由单一的行政管理为主转向以经济、法律手段为主，辅之以必要的行政手段，制定、调整政府管理的公用事业、公益服务价格，实行价格听证，民主决策。

跨入21世纪，丽水物价管理面临新情况、新问题，价格形成机制不完善，具备竞争条件的商品和服务价格还没有放开，政府管理的商品和服务价格形成机制不灵活；行政事业性收费体制不合理，造成项目多、标准高、秩序乱，企业负担重，部分服务性收费未划入价格管理；价格调控手段不健全，经济调控能力弱，拉动价格水平合理回升的办法不多；价格法规不配套，行政执法不到位；市场价格秩序不规范，制止低价倾销、牟取暴利和价格欺诈等不正当价格行为的法规操作性不强；无形资产的价格管理还未到位。价格改革是经济体制改革的关键。物价管理紧迫而繁重的任务是进一步深化价格改革，建立健全比较完善的价格形成机制和管理体制，确保经济体制改革目标实现。

第一节　价格管理

农副产品价格管理

历史上，处州地方政府都重视市场供应价格波动。在封建社会，当市场粮食上涨过高时，丽水地方官府主要通过粮食赈济和“平粜”等办法平抑粮价。民国时期，在通货膨胀时，对粮油等主副食品，丽水地方政府的限价、评议价格等管理稳价措施常见于报端。1949年中华人民共和国成立后，社会主义计划经济体制、农产品流通体制建立和发展，农产品购销价格逐步实行分类、分级管理。丽水地区农产品由政府统一定价，稳定市场物价。长期偏低的农产品价格制约农业生产发展，粮、油、棉、猪、菜、蛋等重要农副产品市场供给长期短缺，不得不凭票定量供应。1953年11月，国家将关系国计民生的粮食、油脂油料实行统购统销。1956年，粮、油、棉、木材等主要农副产品价格纳入国家计划管理，主要工农业生产资料、日用工业消费品以及交通运价、电价、邮电资费等实行国家统一定价，若干小土特产品和手工业品价格实行统一管理。

1959—1961 年，国民经济处于严重困难时期，市场商品供应严重不足，集市贸易价格成数倍上涨，形成丽水第二次涨价高峰。各县政府贯彻中央决定，坚决稳定 18 类城乡居民基本生活必需品和服务价格；部分商品实行高价政策，回笼货币；运用价格杠杆和奖售政策，调动农民的生产积极性；控制生产资料价格上涨，加强市场管理，打击投机倒把活动，同时部分紧俏商品实行凭票凭证供应，稳定市场、稳定物价的效果显著。1966—1976 年，物价管理工作削弱，价格管理权限高度集中，市场价格稳定，有时服从政治需要，还降低部分商品和服务价格，甚至冻结物价，这对控制乱涨价、稳定社会、安定民心起过积极作用。但商品价格长期不动，既不体现生产成本，也不反映市场供求，价格体制极不合理，严重制约生产经营者的积极性，阻碍国民经济快速发展，价格改革势在必行。

1978 年中共十一届三中全会后，丽水地区贯彻国家改革开放方针，经济体制改革从农村起步，农产品价格管理体制改革逐步发展。自 1987 年 4 月起，零售物价指数持续上升。1988 年，由政府形成价格为主的机制逐步向市场形成价格为主的机制转换。1988 年 8 月，零售物价指数升幅 32.2%。1989 年，形成第三次涨价高峰。丽水地区采取综合措施，加强价格调控，抑制通货膨胀。坚持实行物价控制目标责任制，将零售价格水平上升幅度列入市国民经济发展目标；启动"菜篮子"工程和加强农副产品批发市场建设，吸引外地货源，保供稳价；逐步建立市场物价调节基金、粮食风险基金和重要商品储备制度；放开的、同人民生活关系密切的重要商品实行提价申报、备案制度或最高限价，加强价格法制建设，禁止同城转手加价，规范企业价格行为，制止"商品搞旅游、价格滚雪球"的乱涨价现象；开展"物价、计量信得过"活动，加强价格信息的收集和发布工作，引导企业加强内部管理，合理定价。1990 年，治理通货膨胀取得明显成效。同年零售物价指数上升趋缓。

1990 年前，主要是大幅度提高一、二类农产品收购价格，同时，二、三类农产品和完成收购任务后允许上市的一类农产品分期分批实行议购议销。1991—2010 年，国家大幅度提高粮、油、棉收购销价格，并逐步放开价格，实行市场调节，同时建立粮食风险基金制度和粮、油、棉、猪、菜、蛋储备制度。1992 年 4 月，国家放活水产品价格管理，取消原来分批定价、各环节差率控制的规定，由企业随行就市自行定价。1993 年 1 月起，实行全面放开粮、油购销和价格，取消粮票。1994 年 8 月，属地、县(市)监审的国有粮食企业食油零售价格，调价由地区物价局向省物价局申报，其他县(市)的由同级粮食主管局按规定差率作价和备案，超差率部分进入风险基金管理；猪肉、鲜蛋、豆制品价格由县(市)物价局监审，实行差率同行议价管理。1995 年，修订《丽水地区粮食价格监审办法》，定购粮食出厂(批发)、零售价格仍按管理权限报省物价、粮食局审批，其他 8 个县(市)报地区物价、粮食局审批；定购粮以外的其他粮食价格实行差率控制和提价备案制度。1997 年 1 月，农产品收购价实行国家定价的仅有合同定购的稻谷、小麦、大麦、油菜籽，棉花，桑蚕茧，晒烟、香料烟等 8 类，实行国家指导价的有稻种、蚕种、部分木材等 3 类；销售价格实行国家定价的有定购粮大米和面粉 2 种。2002 年，放开蚕茧收购价格。到 2008 年，仅香料烟被列为政府定价的农产品。截至 2010 年，以市场为导向的价格管理体制改革，同农村经济改革相适应，极大地促进以粮食为主的农产品生产的发展。在政府宏观调控下，以市场为主形成农产品价格的机制在丽水初步建立。

粮油　1949 年 5 月至 1950 年，丽水一些投机商抢购大米、面粉和日用品，粮油价格常被一些投机商操纵，价格出现大的波动。丽水专署为控制粮油价格上涨，组建粮食交易市场，全力组织货源，大量抛售米粮，打击粮食投机活动，粮油价格迅速回落。1950 年 3 月 18 日，丽水专署执行中央人民政府政务院《关于统一国家财政经济工作的决定》，国有粮食部门又以低于市价的价格大量抛售粮油，迫使市场粮价逐步下降到国有粮食部门水平。

1953 年 11 月，贯彻政务院《关于实行粮食计划收购和计划供应的命令》，粮食由国家统购统销，取消批发环节和自由贸易，粮食购销价格由国家统一制定。同年，主要油料、油脂实行统一领导、分级管理，“基本不动，个别调整”。城市居民的口粮、口油凭票定量供应。1954 年，适当调整粮油购销价格。1959—1961 年，国民经济严重困难，粮食连年歉收。1960 年，开始实行超售加价奖励办法，对生产队人均向国家提供商品粮 50 千克以上的部分加价 10%，调动农民的生产积极性，鼓励多卖粮。1961 年 5 月，提高粮油统购价格，食油统销价同步调整，粮食统销价未动，购销价倒挂。1963 年 9 月，提高农村返销粮销价，工商行业用粮实行购销同价，减轻财政负担。1964 年 5 月，提高居民食油定量供应的标准，同时提高统销价格。1966—1976 年，粮油价格基本冻结。1978 年前，粮食实行统购统销，价格长期偏低。

1979—1984 年，大幅度提高粮价。1978 年 12 月，中共十一届三中全会决定实行经济体制改革。从 1979 年夏粮上市起，大幅度调升粮油统购价格，超产超购部分加价由 30%提高到 50%。1981 年，超产超购以外的粮油实行议购议销、价格水平按照“随行就市、略代市价”的原则制定。1982 年，进一步规范粮油议购议销政策，计划内收购的按“倒四六”(40%按统购价，60%按超购价)比例计价付款，计划外的按统购价收购。1985 年新粮上市起，贯彻国务院通知，取消粮食统购，实行合同定购。灿稻、玉米按“倒三七”(30%按统购价，70%按超购价)比例计价。同时，农村返销粮实行购销同价。小杂粮价格先调后放，实行市场调节。1988 年，秋粮上市起，规定稻谷最高议购指导价，实行按保护价敞开收购农民余粮，国有粮食企业实现粮食顺价销售，粮食收购资金实行封闭运行等改革。1989 年，又提高粮食定购价格。但为保持城市市场价格稳定，供应城镇居民的口粮、食油价格一直未作调整，购销价格倒挂严重，财政负担逐年增加。

1991 年，国家大幅度提高粮油统销价格，粮油副食品及相关制品价格同步调整。同时，对议销粮油价格按照“略低于集市”价格的原则，实行差率管理。1992 年，再次提高粮油购销价格。1993 年，取消粮油定购任务，放开收购和定量供应的粮油价格，不再使用粮油票券。同时加强粮食流通的宏观管理，建立粮食储备制度和粮食风险调节基金；建立粮食收购保护价制度，必要时可实行粮食销售最高限价。1994 年，通货膨胀形势严峻，地区物价局对定购的粮食实行政府定价，控制粮油价格上涨，并从新粮上市起提高定购价，同时实行稻谷价外补贴。1996 年，为补偿农民种粮成本上升，缩小定购任务与市场价格的差距，调高粮食定购价。1998 年，贯彻国务院《粮食收购条例》《关于深化粮食流通体制改革的决定》，丽水地区对农民生产的粮食，全部由国有粮库收储企业按不低于保护价的价格敞开收购。1999 年，继续深化粮食流通体制改革，降低粮食收购保护价，并扩大品质差价，运用价格杠杆，促进生产者调整品牌结构。鉴于市场粮油销售趋于基本稳定，1999 年 6 月，粮油退出监审。2001 年，浙江省全国率先实行粮食流通市场化改革，此后粮价主要由市场形成。

棉花　民国时期，丽水市场的皮棉主要经手工制成卷花和被胎供应市场，价格随行就市，批零差价一般在 10%左右。民国 37 年(1948)，“因外汇猛缩，行市暴涨，纱布飞黄腾达，棉价一路向上”。1954 年，棉花价格纳入计划价格管理。1979 年，丽水地区提高棉花收购价格，由 1978 年的每 50 千克 115 元提高到 132.5 元，同时超购部分加价 30%。1983 年，取消省定生产絮棉定额补贴，保留中央定额补贴，同时提高民用棉絮价格，实行免费敞开供应。此前，供应民用的絮棉价格30年未作调整，购销倒挂发生的差价，政策性亏损由财政补贴。1985年，棉花统购改为合同定购。1987年，新棉上市调整棉花收购计价比例，改按"倒三七"计价。同时，恢复和增加棉花生产扶持费。1989年，执行国务院决定，从新棉上市起提高棉花收购价格政策。1989—1995年，大幅度上调棉花收购价格先后7次，调整价格幅度130.3%。1996年，棉花供应价格由国家定价改为国家指导价。1997年，棉花供应实行浮动价格。

1998年，收购价格由政府定价改为政府指导价，上下浮动幅度为5%。1999年9月起，按国务院决定，改进棉花价格管理方式，建立政府指导下的市场形成价格的机制，其购销价格政府不再作统一规定，主要由市场决定。

蚕茧　1952年，国家鼓励蚕农养蚕，提高收购价格，每50千克中准级蚕茧83元。1953年，各县实行计划价格管理桑蚕鲜茧。1952—1979年，国家大幅度提高蚕茧收购价格4次，每50千克提高到138元。1986年，蚕茧价格偏低，蚕农养蚕亏损，出现砍桑毁桑现象。1989年，蚕茧收购实行最高限价，每50千克480元，同时取消生产扶持费。1994年前，蚕茧价格由中央政府价格主管部门确定。1995年，国家计划委员会发出关于整顿茧丝价格的通知，国家计委规定鲜蚕收购中准价和浮动幅度，具体收购价格由省物价部门在规定的浮动幅度内制定，实际收购价格逐年下降。1998—1999年，蚕茧收购价格由政府定价改为政府指导价，收购中准价和浮动幅度由省物价局制定。2001年，中晚秋茧收购开始，鲜茧收购定价方式由中央指导下的省级政府定价，改为省级政府指导价，由省价格主管部门根据国家有关部门的预测价格，按照茧丝绸的生产和市场情况，在征求有关方面意见的基础上提出指导价格，报省政府批准后下达。2003年，从当年秋茧收购起不再实行政府定价，实行市场调节价。

轻工业品价格管理

丽水传统手工业历史悠久，行业众多，产品门类也较齐全。清以前资料基本消失，少有记载。民国时期，多数工业品价格随行就市，或由同业公会公议。受金融、供求等方面制约，价格长期居高不下。

1949年中华人民共和国成立后，随着计划经济体制的建立和完善，轻工业品价格在较长时间内基本稳定，价格管理权限集中于国务院、省政府价格主管部门。20世纪60年代后期，药品大幅度降价。1978年中共十一届三中全会后，部分轻工小商品实行工商双方协商定价，随着价格改革的深入，品牌范围扩大。20世纪80年代，纺织品、烟酒、家用电器等日用消费品多次进行重大价格结构调整，实行浮动价、花色差价和优质优价，并逐步放开价格，初步建立与社会主义市场经济相适应的工业品价格管理体制和价格形成机制。20世纪90年代初，绝大部分轻工业品价格放开，政府定价和政府指导范围进一步缩小。1987年和1994年，治理通货膨胀2次，对放开的少数基本生活必需品实行提价申报、备案和差率管理等行政干预措施，反价格欺诈和牟取暴利。21世纪，价格管理的重点转向制止低价倾销，规范价格行为。1991年5月，地区行署制定促工扶商、搞活企业价格改革措施。这些措施包括缩小企业定价商品提价申报的范围，除议价粮油和饲料仍实行提价申报制度外，其余放开商品一律由企业自主定价。1992年，国家放开由省政府管理的毛巾、毛毯、卫生衫裤、棉毛衫裤、床单、漂色布、胶鞋、照相机、自行车内外胎、摩托车、皮革、铝锅、铝茶壶、铁锅、暖水瓶及瓶胆、洗衣粉、肥皂、火柴、黄酒、啤酒、出口罐头及炼乳、奶粉、食用纯碱、小苏打、普通灯泡、日光灯管、电度表、彩色电视机、部分纸张[①]等数十种工业消费品价格。1997年，实行国家定价或国家指导价的工业消费品仅食盐、报纸、中小学教材、电话号码簿、液化石油气、管道煤气、金银饰品、凸版纸、入网配售的移动电话机、自来水等19种。2010年年底，除食盐、药品、中小学教材等极少数品牌仍实行政府定价外，其他轻工业品均实行市场调节价格。

纺织品　丽水传统纺织品有棉、麻织品。随着近代工业的发展，呢绒、化纤及混纺织品问世。民国期间，丽水市场销售的棉纱、布匹等纺织品以上海货源为主，受上海市场供求和价格涨落影响很大，其价格多由买卖双方协商定价或由同业公会公议。1949年丽水解放，丽水纺织品价格以上海市价为依据，随市场供求涨落。1951年2月，执行中央财政经济委员会规定，公、私纱厂停止自销棉纱、棉布，由国有公司统一收购、供货。收购价在核定厂方成本的基础上，给予适当利润，并制定棉布牌价，稳定棉布价格。1954年9月，贯彻政务院有关解释布计划收购和计划供应的命令，实行棉布统购统销，价格保持不变，同时，对城乡居民实行棉布及制品凭票供应，价格纳入计划管理。1961年8月。棉布和棉织品列入中共中央坚决稳定价格的18类商品范围，在现有水平上不得提高。1965年，全国统一纺织品作价办法，规定定价程序，同时提高低档棉布价格价格，降低高档棉布价格。1949—1983年，丽水地区纺织品实行计划供应，统购包销，销售凭票供应，价格由国家统一制定。1989年，根据国家统一安排，丽水整顿和调整纺织品价格。同时规定，棉纺织品价格调整属于国务院有关部门职能，不实行计划内、处两种价格，生产企业定、调价格报地区物价部门审核。1992年，纺织品退出政府定价范围，实行市场调节价，由企业自主定价。1985—1992年，纺织品价格改革由以调为主，转为调放结合，以放为主。1993年始，纺织、丝绸产品全部实行市场调节价。1994年，棉毛衫裤、汗衫背心价格列入政府监审管理，实行提价备案和差率控制。1998年始，纺织品市场货源充足，棉毛衫裤等品种价格全部退出监审管理，实行公平竞争。

烟　民国时期，丽水地区卷烟价格受欧美批发商行控制，本地产卷烟价格比照"洋烟"价格而定。民国37年(1948)8月19日，国民政府将卷烟11种列入限价管理。

1949年5月丽水解放后，国家实行烟草专卖制度，集中管理，将卷烟分为甲、乙、丙、丁、戊5个等级，价格逐步纳入国家统一定价。1954—1957年，根据国家商业部、财政部《关于调整卷烟价格的通知》精神，各县调整部分卷烟价格2次。1963年，又全面调整卷烟价格。1981年11月，贯彻国务院通知，丽水地区先后提高400多个品种卷烟价格。1983年，国家降低部分甲二级卷烟和过滤嘴卷烟价格。1988年7月，贯彻国务院决定，丽水地区全面落实放开名烟价格，放开初期执行省制定的市场统一零售指导价。同时提高部分高、中档卷烟价格，同时扩大卷烟地区差价。1992年，实行市场调节，全面放开卷烟零售价格，所有品牌卷烟均由零售企业根据市场供求和进货价格自行定价。21世纪，卷烟价格相对稳定，高档卷烟价格稳中有降，卷烟价格管理转向以打击假冒伪劣品为主的综合治理，维护正常的价格秩序。

酒　丽水本地酒成为商品进入市场，历史较久。民国初期，丽水酒类价格随行就市。1949年中华人民共和国成立后，逐步加强对酒的管理。1950年，丽水专区调查登记酒厂、酒坊和私营商业，酒类新产品实行专卖制度，统购包销，酒的价格由国家统一管理。1962年，丽水部分酒实行高价政策。随着市场供应好转，多次降低高价酒价格。1964年，酒类全部退出高价，恢复平价供应，同时适当调

---

① 除课本用纸外的凸版纸、有光纸、书写纸、打字纸、拷贝纸、单胶纸。

高价格。后酒类价格长期未动。1981年，提高酒类零售价格。1988年7月，放开全国名酒价格。丽水制定名酒市场参考价，保证放开初期市场价格的稳定。1992年，酒类价格全部实行市场调节，由生产、经销企业自主制定。20世纪90年代后期开始，丽水地区物价局定期测定、公布市场酒类批发价格，作为制止餐饮业和娱乐业经营酒类牟利和价格欺诈的依据。

家用电器 20世纪50年代，为数不多的家庭拥有交流收音机，丽水地区市场销售价格执行全国物价委员会的规定。20世纪60年代起，半导体收音机、黑白电视机开始进入市场。1984年9月，国家规定生活类电子产品（电视机除外）实行幅度价，以批准的出厂中零售价作为最高限价，向下浮动最大不超过10%；批发价格不分销售对象，可在出厂价与零售价之间，由企业定价或协商定价。1989年2月，贯彻国务院决定，彩电执行国家统一定价；同时决定征收彩电特别消费税和国产化发展基金。1992年，国家全面放开彩电等家用电器价格，实行市场调节。20世纪90年代后期，市场家电商品供大于求，价格竞争激烈，尽管家电电器不停地升级换代，而价格却一降再降，曾多次出现彩电、空调器的“价格战”。2010年，家电市场繁荣，新产品层出不穷，价格稳中有降。

重工业品价格管理

1949年中华人民共和国成立后，丽水工农业生产资料长期实行计划分配、调拨，出厂价执行国家统一的指令性价格，物资供应按保本原则制定。1953年，丽水各县纳入国家管理的物资227种。1957年，纳入国家管理的物资增加到532种。1959年，按照“集中统一、全面管理、统一领导、分级负责”的原则，统一参加全国计划分配订货，大宗物资交流向组织直达供货，执行全国统一出厂价；小额物资中转供应，供应价格按统一出厂价加管理费、进货费制定。1963年，物资调拨供应价格制定的原则是“以收抵支、保本经营”，生产资料服务公司代理服务可收取一定费用。1964年，列入国家计划管理的品种592种。

20世纪80年代前期，丽水成品油出口转内销实行计划内高价，协作物资实行代理价格。钢材、生铁、煤炭等重工业产品在提高出厂价的同时，实行生产企业超产和自销部分浮动价格。20世纪80年代中期，物资供应价制定原则调整为“合理计费、合理盈余”；取消钢铁等生产资料自销价格上浮20%的限制，实行市场调节；生产资料计划内由国家定价，计划外由企业定价的双轨制价格形成。20世纪90年后，进一步深化重工业产品价格改革，逐步放开钢材、煤炭、机电产品等生产资料价格；成品油实行计划价向市场价并轨；整顿化肥价格，并实行最高限价；清理附加在电价上的各种费用，并多次提高电价。1998年，加强钢材价格调控，制止低价倾销。截至2010年，除成品油、发电用煤、电力价格和化肥、农药出厂价等少数品牌仍执行政府定价和政府指导价外，其他品种均由企业定价，政府由管理价格水平转向规范价格行为。

电力 民国时期，丽水始有电灯照明，对电价、电费亦有管理。计算用户电费办法开始实行包灯制，后采用底度制和逐级递增制。1949年，丽水刚解放，电价由丽水军事管制委员会核定，电价分类沿袭旧制。1952年，丽水根据中央燃料工业部有关规定，实行新电价分类办法，取消用电底度制，实行单一电价。1956年，丽水执行国家颁发的全国统一目录电价，并实行农业用电优待电价。1965年，执行国家新的目录电价标准，按新的电压等级分别定价。

1949—1979年，电价定价权限集中于国家，电价结构统一。1979年开始，丽水实行电价改革。1983年，根据国家规定，大工业用户生产车间的各种空调设备用电，一律执行照明价格。1985年，丽水根据国家统一规定，除城乡居民用电外，其他各类用电均按实际用电量加收煤运加价每千瓦时2.4厘。后逐年提高加价标准，执行到1993年6月30日止。1997年，丽水组织贯彻实施国家电力价格调整方案，目录电价平均上调0.03元。适当调整现行电价结构，居民生活用电价格适当多提，其他用电少提，各类优惠电价额度不变。同年，丽水地区实行地方小水电上网最低保护价。21世纪初，丽水市进一步加强农村综合电价，完善农电价格政策。农村综合电价由国家目录电价、国家和省统一的电价附加、省市物价部门核定的综合差价、农村低压电网维护管理费构成。同期，完善落实"五统一、三公开"①制度。2003年11月，丽水市实现城乡同网同价。2004年8月起，丽水市实行居民生活用电阶梯式电价。2007年6月，丽水市全面放开城乡居民生活用电峰谷电价政策。2009年始，1—10千伏及以上高压商业用户、普通工业用户全部执行一般工商业用电六时段分时电价或电度电价。2010年7月起，不满1千伏低压的商业用户、普通工业用户可选择执行一般工商业用电六时段分时电价或电度电价。丽水市九县(市、区)小水电上网电价平均标准，2000年为0.37元/千瓦时;2008年为0.44元/千瓦时，上升18.59%。

成品油　民国时期，丽水市场出现汽油买卖，多为进口货，受市场供求和汇价变动，汽油市场价格起落较大。1949年中华人民共和国成立后，逐步加强成品油监督管理，成品油价格由政府统一制定和管理。1952年，丽水对成品油实行"管制配给"和"高价限售"政策。1955年3月，人民币制改革，成品油价格冻结。1956年始，对农用拖拉机用油实行优待价。1965年始，国内成品油供给日益增长，产品质量不断提高，生产成本大幅度下降，丽水贯彻国家统一规定，降低成品油价格。

1980年和1982年12月，国家先后修改汽油和煤油、柴油品质差价率。1983年2月，根据国家规定，原计划出口原油改在国内加工，加工的成品油按出口价格结算，列入计划分配，称计划内高价油，其市场批发价格当时实行计划内平价油同品种批发价加高平差价制定。1987年，汽油价格暴涨，丽水执行国家规定，对计划外高价成品油实行最高限价。

20世纪90年代起，成品油价格管理开始引入市场机制。1991年，汽油标准品改为70号汽油，并规定90号、93号汽油品质差价率。1994年，国家计划委员会核定市场标准品油价格，每1000千克汽油2730元、柴油2280元、煤油2380元。1998年6月1日，国家改革原油、成品油价格形成机制，实现国内原油、成品油价格与国际接轨，规定成品油的出厂、批发价格由石油、石化企业自主定价，零售价格实行政府指导价，并实行城乡一价。同时，汽油标准品改为90号汽油，规定无铅汽油品质差价率。2000年2月至2005年7月，丽水市根据国家规定调整汽油36次、柴油价格34次。2009年，丽水市调整油价8次，其中调高5次，调低3次。2010年，丽水市调整油价3次，其中调高2次，调低1次。

金属材料　民国时期，随着经济社会发展，生铁、钢材使用增加。价格多随市场供求关系涨落。全面抗日战争期间，浙江铁工厂迁至云和县周边小顺村，生铁、钢材使用剧增，价格实行军事管制。1949年5月丽水解放后，丽水五金公司成立，负责金属材料归口管理。1958年始，国家物资管理办公室统一负责钢铁调拨和计划价格管理，生铁、钢材按中央部委颁发出厂价格执行。当时，钢铁等生产资料不作为商品经营，物资部门按规定出厂价加进货费及规定运费核定供应价。1965年，金属材料供应价格下放由省管理。金属材料供应价按统一出厂价加综合定额费制定。后生铁、钢材等金属

① 五统一、三公开：统一电价水平、统一票据、统一抄表收费、统一账卡、统一公布、每月公开规定电价、公开用电户数、公开用电电量

材料出厂价和供应价长期保持基本稳定。

1978 年中共十一届三中全会后，国家对生铁、钢材生产采取一系列重大改革措施，价格管理有所松动，允许地方制定临时价格。1984 年，执行国务院规定，生产企业完成国家计划后超产、自销的工业生产资料实行浮动价格。1985 年，执行国务院决定，对企业自销和完成国家计划后的超产部分的钢铁等生产资料出厂价格，取消原定不高于国家定价 20%的规定，按稍低于当地市场价格参与市场调节。后金属材料双轨制价格形成。同年，计划外钢材价格比计划价格约高 1 倍。1988 年，钢材计划外比重扩大，市场需求旺盛，价格大幅度上升。1989 年，执行国家《关于坚持执行计划外黑色、有色金属全国统一最高限价的通知》，落实国家物价局、物资部等单位 4 家颁布的计划外黑色、有色金属全国统一最高限价，完善限价办法，适当提高经营费率和限价水平。1993 年始，丽水贯彻国务院决定，除国防、军工、农业和农田水利、铁道专用钢材实行改革国家指导价，其他执行国家定价和指导价的钢铁产品价格放开，由生产企业根据新产品成本、税金和市场供应情况，自行确定价格，促进国有工业企业转换经营机制。企业间进行公平竞争，公开交易，禁止垄断价格或企业协商垄断价格。后钢铁产品价格放开。1994 年，执行国家计划委员会《关于加强钢铁产品价格管理的通知》，对关系国计民生的基本建设、生产用螺纹钢、线材、板材、矽钢片等钢材 10 种实行国家指导价。出厂价按国家规定的中准价和上下浮动幅度，实行企业调价备案制度，其他钢铁产品由企业自主定价。1997 年，市场钢材供大于求，价格下降。1998 年始，贯彻国家计划委员会颁布的《关于制止低价倾销钢材的不正当竞争行为的暂行规定》，钢材生产企业出厂价低于其生产成本的，经销企业销售价格低于其进货成本的，用高规格高等级充抵低等级规格、采用折扣和补贴或多给数量等手段、以易货方式或抵账方式使生产企业实际出厂价低于生产成本的，经销企业销售价格低于进货成本的，均属于低价倾销行为。同时，取消螺纹钢等钢材 10 种的国家指导价，由企业依据市场供求情况汇报，在不低于生产成本的前提下，自行确定市场价格。线材（含方坯）、螺纹钢（含方坯）、热轧卷板品种 3 个首批列入反低价倾销品种。

化肥和农药　1949 年中华人民共和国成立前，化肥价格管理情况未见记载。1950 年，丽水供销社农资部门试销硫酸铵，俗称肥田粉。1952 年，根据肥田粉的使用效力约等于豆饼的 3—3.5 倍，以其比价不超过豆饼价格的 3 倍为原则零售价鼓励农民使用。同年，农村开始试用农药，主要有杀虫剂、六六六粉等。1955 年始，化肥、农药价格实行国家或省统一管理，继续执行低价薄利政策。1957 年，国家对农药价格采取“工业微利、商业保本；工业保本，商业亏损”的低价薄利政策。后由于技术发展，成本降低，农药价格多次调低。1962—1975 年，执行“低价薄利、亏损补贴”的价格政策，多次降低价格。后化肥农药价格稳定。

1982 年，丽水地区化肥供需矛盾，尿素缺口较多，出现有价无市局面。1983 年，化肥价格实行双轨制，尿素价格有计划分配的平价、国家计划外进口的高价和省分配用高价油加工的价格。同年，对农药价格进行较大幅度的调整。1993 年，实行尿素、农药最高限价，最高批发限价按最高出厂限价加运杂费及综合费制定。1994 年，差率管理国家调拨进口尿素和计划外国产尿素，取消统一最高限价，每批次零售价按实际交货价加 10%综合差价和全部运杂费制定。实际销售价格按“基本稳定、批次作价、统算微利、综合平衡”的原则核定。1999 年，深化化肥流通体制改革，对化肥生产、经营由直接管理改为间接管理。

盐　1995 年前，丽水地区食用盐和工业用盐均实行国家统一定价。1996 年，国务院颁布《食盐专营办法》，规定对食用盐实行专营制度。1999年前，浙江食用盐零售实行“一县一价”的价格管理模式，并安排城乡差价。1999年8月，全省实行小包装加碘食盐分价区（丽水地区为一价区）统一零售价格，并一直延续。2000年，丽水市改革工业用盐价格管理体制，两碱工业用盐价格由供需双方直接见面，根据市场供求情况自主确定。2004年，丽水市除两碱以外的其他工业用盐实行政府指导价，中准供应价为每1000千克590元，可上下浮动5%。2008年，丽水市工业用盐指导价格的浮动幅度由5%调整为10%。

经营性服务价格管理

电信服务业收费　20世纪80年代初，丽水地区行署制定电话初装费、邮电附加费等政府性基金，多次上调电话资费，允许新业务采取较高的资费。20世纪90年代初，实行固定电话初装费，并制定较高的移动电话入网费政策。1994—2001年，电信行业初步引入竞争机制，对电信资费进行有升有降的结构性调整。1996—2001年，相继进行电信资费结构性调整5次，降低内地、国际及中国港澳台地区长途电话资费水平，降低因特网业务的资费水平，降低农村电话资费标准等，大幅度降低电信资费总体水平。2000年年底，丽水市电信资费调整涵盖除移动电话外的全部基本业务资费。2001年7月，丽水市取消市话初装费、移动电话入网费以及附加在电话上的城市公用事业附加费等政府性基金。2001年，不再收取固定电话初装费并取消附加在电话上的城市公用事业附加费等政府性基金，同时取消移动电话初装费（入网费）。2005年，移动电话国内漫游通话费实行上限管理。2007年，推行移动电话单向收费。6月1日起，下调固定电话本地网营业区间通话费。2008年，降低移动电话国内漫游通话费上限标准，漫游拨打0.59元/分钟，接听0.39元/分钟。2010年4月1日起，固定电话本地网营业区间通话费，上限标准由0.3元/分钟降低为0.2元/分钟。

有线电视收费　20世纪80年代初，丽水地区基本免费收看电视。1996年8月起，丽水市（县级）、青田县、缙云县、庆元县加收中央台卫星加密电视联网节目视听维护费，价格标准为每月每户4元，视听维护费从6元调整为10元。1997年，初装费标准统一为每个输出口300元；视听维护费标准为每户每月10元。1999年7月起，视听维护费从每月每户10元调整为14元。2006年4月，丽水市取消有线电视初装费。2009年开始，丽水市开展有线电视数字化整体转换工作。8月，全市分步转整。

中介服务价格管理

1986年，地区物价局负责分工管理的劳务收费主要有交通运输、邮电资费、旅馆房费、饮食业毛利率、修理服务收费等多项。新兴中介机构的服务收费主要是按行政事业性收费管理，实行中央和省两级管理。1988年始，地区物价局逐步对会计、审计等行业的服务收费进行监管。1990年，开始对乡镇法律服务、专利代理机构、部分技术服务收费。1995年，地区物价局明确以房产为主的房地产价格评估收费标准。1997年，开展律师服务、乡镇法律服务、公证服务收费管理。1998年，会计、审计、法律公证中介服务收费、评估收费、专业技术服务收费、专业市场的中介服务、代理代办收费、仲裁收费等六大类中介服务收费，实行政府指导价，分级管理。1999年，规范建设项目前期工作咨询收费以及丽水学会、协会、职工技协提供有偿服务收费。

2000年，丽水市全面清理中介服务价格，严格规范收费行为。2001年12月，气象有偿服务费、中标设备服务费、测绘产品收费、版权代理服务费、公证费、律师服务费、乡镇法律服务所法律服务费、地震安全性评价费、消防设施及危险场所检测费、人才流动服务费、环境监测服务收费等行政事业性收费转为经营服务性价格。2002年，完善环境影响咨询收费及工程勘察设计收费管理，转发收费标准。2003年，全面清理整顿建设工程交易中心收费、招标代理收费，转发和制定招标代理服务收费、建设工程交易中心服务收费标准，取消政府部门招标投标收费。规范律师服务收费标准、就业服务收费。2004年，规范税务代理服务收费、调整规范会计师事务所服务收费管理政策。完善资产评估收费政策，将房地产价格评估、土地价格评估及资产评估的收费进行统一规范。

2007年，制定一系列中介服务价格的管理政策，完善中介服务收费监管。进一步规范监理服务收费。完善就业服务收费管理、司法鉴定服务收费，规范相关服务的收费项目、标准。2008年，规范专业气象、服务收费，完善气象服务收费有关政策，降低气象服务收费标准。11月，制定降低单位15个服务性收费项目56项。2009年1月，制定暂停供电方案更改费、受电装置重复检验费、用电变更申请手续费、申请验表费、复电费等供电营业服务收费5项。7月，降低电力负荷管理终端费用标准。同年全市各种降低经营服务收费标准减轻企业社会负担全市3139.4万元，市本级1523.5万元。2010年，加强对省授权丽水市除中央和省定价外的水文服务，集装箱查验相关服务，企业登记、报检、签证、人力资源事务、土地事务等服务，辖区内定点屠宰、普通住宅小区的前期物业服务，一般道路车辆救援等实施管理和定价；以及市内供水、供气等公用事业部门提供的有行业或技术垄断且与主营业务相关的服务，市内城市住宅小区供水、供气、电信、有线电视的预埋或改造等定价实施管理和定价。

城市公用事业价格管理

液化石油气　20世纪80年代末，丽水地区开始使用液化石油气，主要靠计划外液化石油气供应。1991年8月，地区物价局对销售液化石油气、燃气器具及其零配件实行国家指导价管理。1994年8月，丽水地区液化石油气销售价格以每批次实际进价为基础，加规定差价(率)制定。其中，采用槽灌车运至销地再进行小气瓶分装销售的综合加价率12%；采用小气瓶从外地直接进货不需再小瓶分装销售的综合加价率8%。1998年8月，地区石油液化气市场销售价格统一由物价部门制定基准价和上下浮动幅度，各经销单位可在规定浮动范围内定价，不得突破。丽水市场综合差率10%—12%。浮动幅度±5%。2001年11月1日，全省全面放开液化气出厂价格，实行市场调节。2002年10月，石油液化气不再政府制定价格的商品，实行全面市场竞争。

城市供水　1992年6月，丽水地区执行计划供水超计划加价收费管理制度。对超计划指标的用水量实行加价收费。1999年3月，丽水地区取消供水增容补助费。8月，城镇供水到用户的价格实行价费分离。2000年，丽水市停止超计划用水加价费。2005年，丽水市全面开征污水处理费，平均标准不低于每立方米0.5元。截至2007年，丽水市污水处理费标准提高到每立方米0.8元。2010年，丽水市污水处理实际收费为0.55元/立方米，污水处理量为1.29元/立方米，离省标准售水量0.8元/立方米仍有较大差距。

行政事业性收费管理

民国时期，捐税名目繁多，经济、社会事业不发达，行政性规费主要有执照费、注册登记费、养路费等，由地方政府管理。1949 年中华人民共和国成立后，较长一段时间处在计划经济体制下，行政机关、事业单位均实行财政拨款，规费项目极少。20 世纪 80 年代，随着改革开放和经济体制改革的深化，经济和社会事业发展，政府精简机构，转换管理职能，设立的自收自支事业单位增加，设置的各种管理费和筹集建设资金的项目越来越多，收费规模急剧膨胀。后各种收费项目不断增多，行政事业性收费达到数千项，涉及管理类、证照类、登记类、资源类、教育培训类、考试鉴定类、检测检验类、医疗服务类、中介服务类、社团类及其他等种类。

20 世纪 80 年代后期，丽水地区行政事业性收费收费总量超过地方财政预算收入。但由于这些资金大多分散在部门单位管理，长期体外循环，脱离人大和财政监督，财力分散，弱化政府宏观调控能力。1988 年，丽水地区行政公署开始组织清理整顿行政事业性收费，实施收费许可证制度，规定凡经批准的行政事业性收费，收费单位应向物价部门申领收费许可证，并规定收费单位应使用财政部门统一印制的收费票据。20 世纪 90 年代，清理整顿的重点是向企业和农民的乱收费，经过清理整顿，取消、合并一批收费项目，降低一批收费标准，并通过新闻媒体向社会公布，接受社会监督。同时，逐步建立并完善收费许可证、企业付费登记卡等收费管理制度。

1990—1993 年，丽水地区开展治理行政事业性收费工作。1997 年，开展全面清理涉企收费工作。1998—1999 年，取消私营企业管理费、矿产资源采掘管理费、特种消防装备费、农村劳动力使用调节费等行政事业性收费项目，降低取消邮电附加费、电话初装费等收费 5 项；专项整顿电力附经营服务收费；清理向外商投资企业减半征收的行政事业性收费项目，收费项目 12 个系统 119 个。

2000 年，市物价局废止因政策调整、管理内容变化不宜再收费的行政事业收费 16 个系统 34 项；取消律师事务所管理费、电费电度表保证金、购置小汽车调节金等行政事业性收费（基金）102 项，其中省以上公布 21 项，市、县取消 81 项，降低收费标准 47 项，年减轻企业（农民）负担 3223 万元。2001 年，市物价局取消乡镇企业管理费、抵押登记费、治安联防费、经济民警管理训练费、暂住人口管理费、建筑企业管理费等收费项目 100 多项。同年，按下限或减半收取开发区内工业项目的有偿服务性收费、资源补偿性收费，行政管理性收费原则上免除。2002 年，取消文化音像市场管理费、游泳场所管理费、司法装备管理费、儿童保育保健费等收费 85 项；规定下岗失业人员从事个体经营可以免交行政事业性收费 36 项。同年，丽水市全面推行涉农价格（收费）的清理整顿和公示制度。2003 年，取消停车场管理费、驾协安全活动费、机动车抵押登记费等行政事业性收费 73 项，降低行政事业性收费 15 项。针对“非典”对经济的负面影响，减免部分行业的有关收费。

2004 年，取消和调整部分涉及农民负担的行政事业性收费，清理和取消针对农民跨地区就业和进城务工歧视性规定和不合理收费。为减轻高致病性禽流感对家禽养殖户和加工经销企业的影响，落实减免部分政府性基金和行政事业性收费政策。同年，丽水市取消行政事业性收费项目 77 项。2005 年，取消交通事故处理费、驾驶证年检费等行政事业收费项目 22 项，降低大吨位货车的车辆通行费。

2006 年，重新清理行政事业收费项目和收费标准，重点对涉及出租车收费、涉及农机作业收费进行清理，取消向个体出租汽车收取的个体工商户管理费等收费项目 83 项，转服务价格管理 8 项，降低收费标准 6 项。2007 年，确定非财产案件等诉讼收费标准，降低非财产案件受理费、知识产权民事案件受理费等收费标准。按照可持续发展和节能减排的要求，积极完善有关资源收费政策。2008 年，先后取消、暂停和降低收费标准 2 批，取消和暂停“城市房屋安全鉴定费”等行政事业收费项目 210 项，降低“公路运输管理费”“计量检定费”等收费标准 150 项。减轻企业和群众负担 2300 多万元。2009 年，丽水市行政事业性收费行为不断规范，标准大幅度降低，收费总额缩减到约为地方财政收入的 24.32%，减免行政事业性收费约 4.04 亿元；市本级行政事业性收费减负金额 1.5 亿元。2010 年，丽水市发放行政事业单位收费许可证 756 本，比 1996 年减少 1304 本。截至 2010 年，丽水市收费许可证的发证范围仅限于行政事业性收费，对象为国家机关和事业单位；重新公布保留的收费项目 170 项。

价格认证工作

1992 年，丽水地区各县（市）价格主管部门陆续成立价格事务所，承担价格咨询、价格评估等服务。1994 年始，价格事务所为赃物估价指定机构。1997 年，价格事务所为受执法机关委托进行扣押、追缴、没收物品价格鉴证的唯一机构。1998 年，丽水地区价格认证机构坚持以价格鉴定为基础，以价格事务为依托，以价格认证为拓展，各项业务工作中取得较好成绩。2004—2010 年，丽水市价格认证业务 12941 件，标的总额 52.89 亿元。其中，刑事案件价格鉴定 10317 件，价格鉴定标的额达 1.81 亿元；民事案件价格鉴定 1129 件，价格鉴定标的额达 6.87 亿元；行政鉴定标的额 0.01 亿元；价格认证 124 件，标的总额 3.42 亿元；价格评估 1109 件，标的额 23.43 亿元；价格服务 64 件，标的额 3 亿元。截至 2010 年，丽水市价格认证中心均取得国家发展改革委制发的涉案财产价格鉴证机构资质证书。2010 年，丽水市价格认证中心系统持证上岗价格鉴证人员 41 人。

第二节　价格调控

历史沿革

20 世纪 20—30 年代，面对恶性通货膨胀，处州地方政府价格管理措施均无济于事。1949 年 5 月丽水解放初，受民国时期恶性通货膨胀的滞后影响，市场价格尚不稳定，涨幅较高。丽水专署采取经济手段和行政措施迅速抑制通货膨胀，稳定价格，稳定政权。随着计划经济体制的逐步建立，国家实行高度集中的价格管理体制，市场价格长期稳定。1961 年前后，虽然非牌价商品价格涨幅较大，但随着国民经济调整，工农业生产回升，同时加强物价管理。1962 年后，市场价格迅速回落。

1978 年前，实行计划经济体制，价格调控手段较单一，以执行国家下达的调价计划等行政手段为主。这一时期，丽水尚未建立独立的价格管理机构，市县一级价格工作中调控职能较弱，均以执行国家及省的调价计划为主。1978 年中共十一届三中全会后，实行改革开放政策，推行经济体制改革，与之相适应，丽水价格变化不断深化，有时价格水平升幅较大，出现较为严重的通货膨胀 2 次。中共丽水地委、地区行署采取经济、行政和法律的手段调控市场价格，治理通货膨胀，取得明显成效。在治理通货膨胀的实践中，市场价格调控体系的框架基本建立。21 世纪后，物价指数负增长，价格调控的重点转向促进价格水平面合理回升，清理抑制消费的价格政策，解除通货膨胀时期的行政干预措施，全面消费、治乱、减负，制止低价倾销，规范价格行为，为扩大内需、促进消费、确保经济稳定增长服务。

调控手段

1979年11月，地区行署批示转发《地区计委关于加强物价管理的报告》，针对其时丽水地区物价混乱、物价机构不健全、管理松懈等情况，要求各县建立健全物价管理机构，维持市场价格秩序。同年，地区物价部门大幅度提高主要农产品收购价格和8大类副食品销售价格，并放开一大批工业小商品价格。

1980年，丽水地区执行省物委《严格控制物价整顿议价的通知》，严格控制农副产品和原材料价格的调价，进一步调整部分农产品收购价及部分工业品价格，继续放开小商品价格。同期，物价调控工作主要以行政干预手段，以落实国家、省里的一系列物价调控措施为主。1982年，深入开展物价大检查，严肃市场物价纪律。1983年，严格价格政策，深入开展物价大检查。1985年，加强对日用工业品和农副产品价格的指导和管理，制止就地倒卖重要生产资料和紧俏耐用消费品。在税收、财务大检查中开展物价大检查，坚决制止乱涨价、乱收费歪风。1986—1987年，丽水地区物价上涨迅猛。1986年，丽水地区制定全年控价目标，物价指数上升幅度控制在5%以内。同期，各县开展物价指数统计，重点控制主要副食品价格，落实扶持生产和财政补贴。1987年，继续执行5%以内的控价目标，重点控制"菜篮子"、粮食市场价格，加强管理对工农业生产资料价格。

1988年，丽水地区出现第二轮通货膨胀。7—12月，丽水地区职工每人每月平均发放补贴8.17元。8月，地区行署贯彻国务院《关于做好当前物价工作和稳定市场的紧急通知》，推出积极组织货源，保障市场供给，严格物价政策，搞好农副产品收购工作等措施8项。1989年4月，对部分放开的重要商品实行提价申报制度、提价备案制度或差率管理。1989年，主要副食品价格变动对职工价格补贴为每人每月平均9.38元。后丽水地区物价明显回落，全年零售物价指数上涨18%，比1988年回落6.3%。

1990年，丽水地区对47种人民群众基本生活必需品和服务项目实行综合调控，并严格控制地方调价项目，建立企业定价许可证制度，清理整顿所有行政事业性收费项目及收费政策依据等。同年，调整主要副食品价格变动补贴每人每月平均9.42元。1991年，丽水地区提高民用煤饼、石油液化气价格，加收城乡居民生活用电燃料补偿金，8月起，每月增加职工价格补贴3元。同年，调整主要副食品价格变动补贴每人每月平均10元。1990—1991年，丽水地区社会商品零售价格指数回落到1.7%和2.8%。1992年，市场价格水平快速上涨。7月起，增发职工燃料提价补贴平均每人每月3元，同年，丽水地区发放职工价格补贴平均每人每月为10.08元。

1993年开始，丽水地区出现第三轮通胀。同年，丽水地区相继放开粮(油)、煤、钢、水泥、部分成品油等生产资料及消费品销售价格。4月起，增发职工水电煤(气)提价补贴每人每月15元。同年，丽水地区发放职工价格补贴平均每人每月15元。1994年，丽水地区发放职工价格补贴每人每月平均22.42元。1995年，建立种子、化肥、民爆化工产品、食盐等单项价格调节资金，对"菜篮子""米袋子"等居民生活必需品价格(收费)实行监审，继续实行居民基本生活品价格补贴制度。同年，丽水地区发放的职工价格补贴每人每月平均14.17元。

1996年，丽水地区扩大价格监测范围，将重要工农业生产资料、主要农副产品价格列入监测报告制度内；建立副食品价格调节资金，化肥、蚕种、石油、商品房等单项价格调节资金制度，建立粮食风险基金，实行价格扶持政策，筹集电力、邮电、自来水等地方建设基金。年内物价涨幅实现较大回落。1997 年，丽水地区拓展监审范围，监审品种从 24 种增加到 42 种，监测点从城市扩大到 9 个主要乡镇。同年，丽水地区市场物价大幅下降，丽水地区商品零售价格和居民消费价格涨幅为 1980 年以来最低。1999 年，各县（市）提价调整自来水价格。

2000 年，丽水市对电价、水价形成机制、药品价格、教育收费、电信资费等项目进行调整和改革，商品零售价格指数小幅回升。2003 年，非典型肺炎期间，丽水市制定价格干预紧急措施，建立与非典型肺炎相关 44 种商品的价格监测和预警报告制度；对粮油等 17 种商品价格建立每日监测报告、分析预警制度，防范粮油等商品市场价格的市场异常波动。2004 年，针对粮食价格异常上涨，完成对市区粮食零售价格的测算工作。同期，开展禽流感期间相关商品、农资商品，“治超”时期相关商品，抗击台风期间相关商品的价格监测。2005 年，按“两条控制线”的政策，控制涨价项目，推进供水价格改革。2006 年，调整各县（市）供水价格，开征污水处理费，从管理机制上疏导成品油价格波动对出租汽车和道路班车客运行业的影响。

2007 年，严格控制制定政府提价项目，适当干预液化石油气价格；启动食用油、猪肉、液化石油气等商品临时应急价格监测报告制度；启动液化气临时价格补贴，执行每月每人 5 元。同年，丽水市发放补助对象 43550 人，发放补贴 1388.59 万元。2008 年，成立市场价格监管领导小组，专设 24 小时畅通价格监测预警电话；对全市 37 家企业的部分重要商品及服务实行临时价格干预措施，对大米、当地消费量较大的粮食制品，菜籽油、豆油、调和油，猪肉、牛奶，液化石油气实行调价备案。同年，丽水市对 52503 人的低收入群体发放补贴 2023.66 万元。2009 年，三季度房地产市场复苏带动消费品市场物价总水平上扬。2009 年，制定《丽水市区民生商品价格信息公开工作细则》，将价格服务与市场监管相结合，提升价格服务水平。

2010 年，针对丽水市粮食、蔬菜价格大幅上涨及大蒜、绿豆等农副产品价格异动情况，丽水市加强对市场监测预警分析，加大价格违法行为的检查力度，同时加快完成城市供水、污水处理、数字电视等政府提价项目。

价格调控机制

1979 年，丽水地区调整物价、工资领导小组和办公室成立。1984 年，丽水地区物价局成立，统一价格管理，加强对物价管理调控职能。同期，各县物价局相继成立。1988 年 7 月，丽水地区实行对职工价格补贴政策，主要副食品价格变动补贴由暗补改明补。1990 年，制定《丽水地区企业定价许可证制度暂行规定》。1993 年 8 月起，实行新《职工基本生活品价格浮动补贴办法》。1994 年，丽水地区建立价格监审项目价格监测报告的制度，对居民生活必需品和服务项目 15 类实行价格监测，监审 24 种生活必需品和收费。1998 年 5 月，颁布实施《中华人民共和国价格法》，确立宏观经济调控下主要由市场形成价格的机制。2001 年，制定《丽水市住宅物业管理收费实施细则》，推进农村用电“两改一同价”，城市供水价格统一审价，规范政府定价行为等价格改革。2003 年，丽水市建立液化气价格监测报告制度。2005 年，完善价格监测网络和对价格异动情况的应对机制。2007 年，丽水市成立市场价格监测小组，制定《丽水市市场价格异常上涨事件应急预案》。2008 年，制定液化石油气价格上涨与城乡低保对象的临时价格补贴联动机制。2010 年，落实“米袋子”省长负责制和“菜篮子”市长负责制。

第三节 价格水平

价格指数

民国26年(1937),民国浙江省政府迁到丽水后,大量采购战略物资;工农业生产遭到严重破坏,商业凋零;因各地实行统制,粮食、食油、食盐、煤炭等各类物资异常缺乏,价格成倍上涨,“升斗小民,莫不叫苦连天”。民国29年,民国政府滥发货币,投机囤积之风蔓延,“币值之贬低如江河日下,物价之高腾如脱缰野马”。民国35年,内战爆发。连年战争,生产萎缩;民国政府滥发纸币,弥补预算差额,大面额纸币面市;金银实行自由买卖,货物税改征实物,税额提高,造成物价飞涨。1949年4月,物价一日数涨,与民国25年1月相比,大米、豆油、米粉、食粮等价格上涨的倍数成天文数字。

1949年5月丽水解放初,受国民党统治时期多年恶性通货膨胀的滞后影响,先后出现多次较大的价格波动。后丽水专署采取一系列有效措施调控市场物价。1952年,随着国民经济的恢复和发展,市场价格趋于稳定。1953年,开始社会主义建设,贯彻“基本稳定,个别调整”的物价工作方针。1953—1957年,市场物价稳定。1958年后的三年中,国民经济困难时期,主要消费品供不应求,集贸市场价格大幅度上涨,擅自提高计划价格和变相涨价较为普遍。1961年,各县认真贯彻“调整、巩固、充实、提高”的八字方针,采取各种措施,切实加强价格调控管理。1962年,高价商品和集市商品零售价格均有较大幅度下降。1963—1966年,零售牌价指数比上年有所下降。1966—1976年,丽水物价部门也受到冲击。“文化大革命”后期,市场物价基本冻结,市场零售物价几乎不动。1978年前,实行高度集中的计划经济体制,定价权主要由中央政府掌控,地方定价权很小,企业基本上没有定价权。

1978年中共十一届三中全会后,伴随经济体制改革,价格改革不断变化,价格总体上波动起伏较大。1978年,商品零售环节中政府定价占97%、市场调节价占3%,农产品收购环节中政府定价占92.2%、政府指导价占2.2%、市场调节价占5.6%,生产资料出厂环节中政府定价占100%。1981—1983年,市场价格稳定。

20世纪80年代中期起,实行渐进式的价格体制改革,逐步建立起与社会主义市场经济相适应的价格机制。1984年,各级物价局、物价检查所的相继建立,并加强市场物价监督管理。同年,商品零售环节中政府定价占73.5%、政府指导价占10.5%、市场调节价占16%,农产品收购环节中政府定价占67.5%、政府指导价占14.8%、市场调节价占18.1%。1984—1986年,价格总水平小幅上升。1987年,社会固定资产投资过快,经济过热,货币超量发行,社会总供给和总需求不平衡,月零售指数持续上升。1988年,地区行政公署贯彻国家治理整顿的各项措施,加强市场价格调控管理。其间,地区行政公署将治理通货膨胀放在经济工作的首要位置,采取综合措施调控市场价格。1989年,零售物价指数开始逐月下降。1990年,治理通货膨胀取得成效。1997年后,长期存在的短缺经济逐步转为商品普遍供大于求,消费需求不旺,价格下降。

2000年始,丽水市的物价指数调查结束,转入以市区为代表的物价指数调查。2002年,浙江省政府颁布《浙江省定价目录》，实行政府制定价格的工业消费品，仅保留食盐、中小学教材、天然气、城市供水（包括污水处理费）四类。2004年，丽水市市场价格逐渐占据绝对主导地位，其中商品零售环节中政府定价占3%、政府指导价占1.7%、市场调节价占95.3%；农产品收购环节中政府定价占1.9%、政府指导价占1.4%、市场调节价占96.5%；生产资料出厂环节中政府定价占8.9%、政府指导价占2.7%、市场调节价占87.8%。2006年，丽水市逐步完善与社会主义市场经济相适应的价格机制，市场机制不断完善，市场物价基本稳定，消费品零售环节市场调节价比重达95%以上。

2010年与1990年相比，丽水市区居民消费价格总指数上升152.51%，平均每年上升4.74%；商品零售价格总指数上升118.41%，平均每年上升3.98%。其中，食品类上升273.27%，平均每年上升6.81%；粮食类上升523.67%，平均每年上升9.58%；水产品类上升257.56%，平均每年上升6.58%；鲜菜类上升440.06%，平均每年上升8.8%；饮料、烟酒类上升49.07%，平均每年上升2.02%；服装、鞋帽类上升22.52%，平均每年上升1.02%；日用品类上升47.22%，平均每年上升1.95%；文化体育用品类上升18.97%，平均每年上升0.87%；中、西药品类上升127.29%，平均每年上升4.19%；书报杂志类上升194.7%，平均每年上升5.55%；燃料类上升590.04%，平均每年上升10.14%。

1991—1999年丽水地区物价分类指数一览

表21-3-3-1

类　别	1991	1992	1993	1994	1995	1996	1997	1998	1999
居民消费价格总指数	103.60	106.80	117.00	125.90	117.90	107.90	103.10	99.10	98.00
商品零售价格总指数	103.00	105.80	115.40	124.70	116.70	105.60	100.30	98.00	97.90
食品类	102.80	107.60	118.90	138.30	126.90	105.90	98.20	97.10	96.00
粮　食	109.30	120.50	151.90	155.80	127.00	106.00	87.10	100.30	98.80
油脂类	—	—	—	170.50	111.30	87.10	99.30	101.40	95.10
肉禽蛋	93.10	107.80	115.40	149.10	123.30	105.50	98.40	91.10	93.10
水产品	105.30	109.50	115.60	130.10	118.70	105.20	102.10	94.30	94.10
鲜　菜	109	121.10	123.30	136.60	149.60	110.50	87.70	94.00	94.90
鲜　果	—	—	—	—	—	—	—	—	104.70
饮食业	—	—	—	—	—	—	—	—	99.80
饮料、烟酒类	101.60	101.20	108.70	114.10	107.40	104.80	100.90	99.10	98.80
服装、鞋帽类	104.50	101	104.30	119.00	116.50	108.40	101.00	101.00	98.90
纺织品类	—	—	—	116.80	117.50	107.20	101.00	99.40	99.00
中、西药品类	103.20	109.80	114.50	105.00	109.30	112.40	108.70	105.20	102.00
化妆品类	—	—	—	117.90	111.30	107.00	102.60	101.60	100.60
书报杂志类	101.10	100.90	129.70	133.00	111.10	131.80	118.90	102.20	102.50
文化体育用品类	97.60	95.80	99.50	110.90	109.40	107.10	102.90	99.50	98.80
日用品类	101.90	101.80	109.20	113.60	108.50	104.60	102.70	99.90	98.40
家用电器类	—	—	—	105.00	101.00	101.00	97.30	93.60	95.30
首饰类	—	—	—	106.90	100.40	99.10	99.10	94.80	94.40

续表 21-3-3-1

类 别	1991	1992	1993	1994	1995	1996	1997	1998	1999
燃料类	119.70	124.50	141.30	109.60	104.90	101.40	105.10	90.40	105.20
建筑装潢材料类	—	—	—	119.80	111.30	101.40	98.90	95.90	98.60
建筑材料类	96.90	107.70	133.20	—	—	—	—	—	—
机电产品类	—	—	—	102.10	99.00	96.10	96.10	94.80	96.70
农业生产资料价格指数	103.20	103.80	113.40	128.80	129.20	107.00	100.30	90.90	94.80

说明：2000 年起全市调查停止物价分类指数

1986—2010 年丽水市区物价指数总水平

表 21-3-3-2

年 份	市区以 1985 年为 100(丽水地区以 1990 年为 100)				市区以 1985 年为 100(丽水地区以 1990 年为 100)			
	商品零售价格指数		居民消费价格指数		商品零售价格指数		居民消费价格指数	
	丽水地区	市区	丽水地区	市区	丽水地区	市区	丽水地区	市区
1986	—	105.80	—	105.80	—	105.80	—	105.80
1987	—	110.90	—	110.90	—	117.30	—	117.30
1988	—	126.30	—	125.00	—	148.20	—	146.70
1989	—	118.10	—	117.80	—	175.00	—	172.80
1990	—	101.70	—	102.70	—	178.00	—	177.40
1991	103.00	103.50	103.60	104.50	103.00	184.20	103.60	185.40
1992	105.80	106.60	106.80	107.40	108.90	196.40	110.60	199.10
1993	115.40	118.30	117.00	121.20	125.70	232.30	129.50	241.40
1994	124.70	122.10	125.90	124.30	156.70	283.70	163.00	300.00
1995	116.70	114.60	117.90	116.40	182.90	325.10	192.20	349.20
1996	105.60	106.20	107.90	109.10	193.10	345.20	207.30	381.00
1997	100.30	100.40	103.10	101.70	193.70	346.60	213.80	387.50
1998	98.00	98.50	99.10	99.30	189.80	341.40	211.80	384.80
1999	97.90	97.50	98.00	97.60	185.80	332.90	207.60	375.50
2000	—	99.90	—	101.20	—	332.50	—	380.00
2001	—	99.20	—	99.50	—	329.90	—	378.10
2002	—	99.20	—	98.10	—	327.20	—	370.90
2003	—	99.90	—	101.00	—	326.90	—	374.70
2004	—	103	—	103.40	—	336.70	—	387.40
2005	—	100.20	—	101.00	—	337.40	—	391.30
2006	—	100	—	100.60	—	337.40	—	393.60
2007	—	104.70	—	105.20	—	353.20	—	414.10
2008	—	106.90	—	105.20	—	377.60	—	435.60

续表 21-3-3-2

年 份	市区以 1985 年为 100(丽水地区以 1990 年为 100)				市区以 1985 年为 100(丽水地区以 1990 年为 100)			
	商品零售价格指数		居民消费价格指数		商品零售价格指数		居民消费价格指数	
	丽水地区	市区	丽水地区	市区	丽水地区	市区	丽水地区	市区
2009	—	98.70	—	98.90	—	372.70	—	430.80
2010	—	104.30	—	104.00	—	388.70	—	448.10

产品成本

1990 年，浙江省确定松阳县为农产品成本调查网点，调查品种为生猪、早稻和杂交稻三种。2002 年始，丽水市物价管理部门对城市供水、污水处理等政府定价项目营运成本建立成本监审制度。

1999—2009 年丽水市本级供水营运成本一览

表 21-3-3-3

年份	年供水量(万立方米)	年售水量(万立方米)	主要成本(万元)			期间费用(万元)	税金附加	销售收入(万元)	单位供水成本(元/立方米)	单位售水成本(元/立方米)
			制水成本	输配成本	小计					
1999	1381	1156	572	79	651	158	0.70	827	0.59	0.70
2000	1409	1203	504	136	640	260	8.00	868	0.64	0.75
2001	1456	1236	590	137	727	210	9.00	900	0.65	0.77
2002	1720	1281	1032	168	1200	411	7.80	932	0.94	1.26
2003	2024	1523	1636	162	1798	919	9.00	1106	1.35	1.79
2004	2267	1846	1346	255	1601	770	11.30	1343	1.05	1.29
2005	2644	2177	1473	426	1899	783	18.50	2710	1.02	1.24
2006	2850	2362	1891	528	2420	942	23.80	3430	1.19	1.43
2007	3359	2800	2299	595	2894	919	29.90	4117	1.14	1.37
2008	3555	2944	1938	503	2442	1516	31.20	4333	1.12	1.35
2009	3671	3076	2760	1044	3804	1129	34.90	4509	1.35	1.62

若干年份丽水市本级污水处理营运成本一览

表 21-3-3-4

年份	年年处理量(万立方米)	营运成本(万元)				运营收入(万元)	厂网联合单位营运成本(元/立方米)
		污水处理成本	污水输送成本	期间费用	小计		
2000	963.79	877.12	419.00	187.88	1484.00	782	1.54
2006	1192.88	1079.00	—	128.36	1207.36	933	1.01
2007	1420.00	1350.72	420.00	183.00	1953.72	1401	1.38
2008	1485.00	1299.36	565.59	289.05	2154.00	2031	1.45
2009	1519.00	1449.07	663.83	79.97	2192.87	2065	1.44

工农产品比价

1992 年，丽水地区确立由市场形成价格的管理机制，大多数工农产品价格取决于市场供求关系。同年，随着经济水平不断提高，市场物价水平大幅上升，农产品与工业品之间换购价格趋向均衡化。1995 年后，农产品与工业品之间价格水平总体较为平稳，工农产品与能源类商品价格之间差距有所扩大。1997 年，丽水地区零售商品市场中市场调节价的比重为 92%。截至 2009 年，生猪与食盐、尿素、0 号柴油、液化气以及晚籼稻与食盐、尿素、0# 柴油、液化气的交换比价频繁波动。

1995—2009 年丽水市工农能源产品交换比价一览

表 21-3-3-5

类别	被交换工业品	1995	1996	1997	1998	1999	2005	2006	2007	2008	2009
生猪(千克)	食盐(千克)	9.60	9.56	8.72	5.91	5.53	3.37	3.01	3.22	3.74	3.36
	尿素(千克)	4.93	4.88	5.20	5.05	4.20	4.36	4.08	4.37	4.83	5.22
	0# 柴油(升)	—	—	—	—	—	0.46	0.59	0.59	0.53	0.56
	液化气(瓶)	0.20	0.21	0.19	0.19	0.14	0.09	0.08	0.07	0.11	0.13
晚籼稻(千克)	食盐(千克)	1.70	1.39	—	—	—	0.64	0.66	0.73	0.70	0.69
	尿素(千克)	0.88	0.71	—	—	—	0.96	0.83	0.89	0.99	0.90
	0# 柴油(升)	—	—	—	—	—	2.41	2.73	2.63	2.87	2.74
	液化气(瓶)	0.04	0.03	—	—	—	0.02	0.02	0.02	0.02	0.03

第四节　价格监督检查

监督检查经营价格活动，依照国家价格政策规定、法律、法规处罚价格违法行为，是丽水市价格管理工作的重要组成部分。民国时期，随着商品经济的发展，价格监督检查有所加强。1949 年 5 月丽水解放初，主要功能靠舆论、社会团体和行业组织监督市场价格。20 世纪 50 年代中期以后，计划经济体制很快建立起来，主要商品和服务价格纳入计划管理，政府价格主管部门和业务主管部门组织企业开展审价，纠正行业执行计划价格的行为。1978 年改革开放后，逐步建立和发展社会主义市场经济体制，不断强化价格监督检查，初步形成以专职监督检查为主体、社会监督、舆论监督和企业内部监督为辅的价格监督体系。

专职监督检查

民国时期的专业物价检查未见记载。1949 年中华人民共和国成立后，开始加强专业物价检查工作。20 世纪 50—70 年代，价格监督主要由各县政府价格主管部门会同业务部门组织对计划价格执行情况开展审价，以企业自审为主，并组织互查和重点抽审。重点审查工业消费品、农产品和原材料价格，确保计划价格和价格方针政策执行，保持市场物价基本稳定。1978 年，全面推开价格改革工作，提高农产品收购价和 8 类副食品销售价格。此时，市场物价有所上涨，有些企业和个体商贩随意提价、哄抬物价或变相涨价，引起广大群众不满。9月，在丽水地区范围内开展物价大检查。1980年4月，丽水地区组建物价检查组，再次开展物价大检查，并且逐步形成价格检查制度。1983年年初，丽水地区各县范围内发放物价检查证，同时聘请义务物价员，开展经常性的物价检查工作。1984年，丽水地区物价检查所及各县物价检查所相继成立，组建专业的物价检查队伍。同年第三季度，组织开展专项检查，重点是紧俏日用工业消费品和生产资料价格。1985年，初步建立商品价格明码标价制度。后每年9、10月份至次年春节开展税收财务物价大检查。

1991年，丽水地区组织市场物价监督检查24570人次，查处各类价格违法行为案件2354件，收缴罚没款11720元。1996年，各县乡镇全部设置物价助理岗位，建立农村价格监督网络，配备兼职人员229人。1997年，8个县(市)组织乡镇物价管理人员培训；挂上物价监管站的基层工商所20个。1998年5月，根据《中华人民共和国价格法》，丽水地区价格执法主体由地区物价检查所转移到地区物价局。1999年2月，地区物价检查所内设价格举报中心。2001年始，各县陆续开通“12358”价格举报电话。后丽水市连续10年组织涉农价格和收费专项检查。

2002年，落实涉农价格和收费公示制度，完成收费公示乡镇190个、行政村3489个，设置公示牌(栏)3823块，发放公示手册59.69万份。9月，丽水市贯彻国家基层物价所体制改革决定，基层物价所人员保留行政、事业两种编制身份，依照公务员制度管理。2003年始，轮查教育、医疗等行业价格和收费。非典型肺炎期间，丽水市查处哄抬价格案件4起。截至2004年，丽水市建立农村价格监督站乡镇183个，聘请村义务价格监督员2081人。

2005年，丽水市开展涉农专项检查；查处制止网吧、农资、洗车等行业串通涨价的价格违法行为。同年，全市查处虚构原价的价格欺诈违法行为案件4件，公开清退多收农民价款126万元。2007年7月，丽水市建成“12358”价格举报管理系统，实现省、市、县(区)三级联网，实现24小时热线咨询服务。同年底，市价格监督检查分局增挂价格举报中心牌子。

2008年3月，价格检查机构调整为各级物价部门直属行政机构；建立价格部门服务三农的网络信息平台，提供价格政策服务。同年，丽水市审核发放价格监督检查证16人。2009年，推行主要民生商品价格信息公开制度，每次采集超市7家、药店5家、品种近200个，每月公布2次。采集商品和药品价格在处州晚报、丽水信息港、丽水市发展和改革委员会网站进行公示。截至2010年，丽水市价格监督检查机构查处价格违法案件78234件，经济处罚金额9946.71万元；受理群众价格咨询投诉举报6033件，其中查处价格违法案件1281件，退还用户(消费者)金额226.7万元，没收违法所得金额1020.4万元，罚款11.07万元。

社会价格监督

20世纪80年中期以后，丽水组建以退休职工为主体的义务物价检查队伍，分片包干或以行业划组，进行市场价格检查。重点检查饮食早点规格、价格执行情况，维护群众利益。义务物价员坚持查、管、帮、促、改相结合，起早摸黑，走街串巷，检查饮食早点等商品价格。1986年，各县组织职工参加义务物价监督检查，有8个县配合总工会相续组建职工物价监督总站和企业分站，聘请职工义务监督员。1991年，丽水地区职工和街道群众价格监督检查人员574人，检查小组71个。1986—1995年，义务物价监督在各级价格主管部门的直接领导下，主要负责对所在地区范围内零售企业、饮食和修理服务业及个体工商户的价格和收费标准执行情况进行监督检查，协助价格主管部门查处部分违纪案件。1996年,各县乡镇全部设置物价助理岗位,建立农村价格监督网络,配备兼职人员229人。后义务物价员逐步退出监督工作。

第四章 审计监督

民国前,丽水未设立单独的地方审计机构。民国时期,丽水审计纳入监察系统。民国24年(1935),丽水始行田赋、财务等审计。1949—1984年,丽水没有设立单独的审计机构,由财政部门实施有关财政、财务监督检查工作。1949年,丽水专署财粮科设审计员。1950年,地、县财政部门各配审计人员。后丽水建置几经更迭,但一直没有设置单独的审计机构。

1984年7月,丽水地区审计局成立。同年,地区下辖各县审计局相继设立。此后,丽水地区逐步建立内部审计组织和社会审计机构,形成国家审计为主体、内部审计和社会审计为两翼的"一主两翼"审计监督体系。丽水地区审计机关组建后,大体上分为以下4个阶段,1984—1985年为第一阶段,丽水实行"边组建,边工作"的方针,在组建审计机关、配备审计干部、创造审计条件的同时,开展试审和审计调查,探索各个行业审计的路子。1986—1988年为第二阶段,丽水实行"抓重点,打基础"的方针,贯彻《国务院关于审计工作的暂行规定》,开展审计对象调查,建立审计规章制度,加强审计监督。1989—1994年为第三阶段,丽水实行"积极发展,不断提高"的方针,贯彻《中华人民共和国审计条例》,开展审计工作经常化、制度化、规范化建设,突出审计重点,不断加强和改进审计工作。县财政决算审计从轮流审计向定期审计和重点审计相结合,金融审计在财务收支审计的基础上,向信贷审计延伸;基本建设审计围绕治理整顿和控制投资规模,开展楼、堂、馆、所建设项目和停、缓建项目审计,在审计重点建设项目的过程中,形成开工前审计、在建项目审计和竣工决算审计相结合的审计制度;企业审计围绕转换经营和深化改革中出现的新情况、新问题,开展企业扭亏专项审计,对重点国有企业在财务收支审础上向内控制度、经济效益方面延伸;行政事业审计由一般的定期审计发展到突出重点部门、重点单位的定期审计。1995—2010年为第四阶段,丽水全面贯彻实施《中华人民共和国审计法》,建立审计执法责任制,加强地方审计规章制度建设,逐步健全和完善与全市社会经济发展相适应的现代审计监督机制。全市审计机关不断加强和改进各项专业审计工作;修订、补充和完善各项专业审计的操作程序、方法和标准,规范审计行为,严格审计执法,提高审计工作质量。丽水各级审计机关还投入大量审计力量完成党政领导和上级审计机关交办的审计任务,开展工程建设专项治理项目审计、重大经济案件审计查证等工作。

2010年,丽水市初步形成与经济运行和社会发展相适应的现代审计监督机制。1984—2010年,丽水市各级审计机关完成审计项目10446个;查出违纪违规金额550497万元,管理不规范金额1333687万元,应归还原渠道资金50539万元,核减工程造价111241万元,上缴财政70185万元,移送纪检监察、司法机关案件143件，涉案人员341人。市审计局被浙江省审计厅评为优秀审计项目67个，审计组被集体记功、记奖30次。

第一节　财政与行政事业审计

财政审计历来是国家审计监督的重点。民国时期，财政预决算审计是中央审计机关对丽水地区实施直接审计监督的主要内容。1949年中华人民共和国成立后，各县政府财政部门内设监察机构，监督检查财政收支及财政管理。1984年丽水地区审计局成立后，把财政审计列为审计工作的重点，先后开展上级审计机关对下级财政的审计以及同级财政审计，审计内容从财政决算审计逐步拓展到对预算执行情况、税收计划执行情况、地方财政预算外资金、财政信用资金、政府专项基金及财税管理等方面的审计和审计调查。1995年，丽水地区执行《中华人民共和国审计法》，对本级财政预算执行审计和对下级财政预算执行及决算审计相结合的制度，强化审计监督力度。

财政预算执行审计

1984—1985年，地区审计局审计地级财政预算执行和决算。1986年，地区审计局审计县(市)级政府财政决算。1987年5月，地区审计局组织审计龙泉县财政决算审计组(1986年度)，获浙江省审计机关集体二等功。1995年开始，依据《中华人民共和国审计法》规定，每年定期审计地级财政预算执行，向地区行署和浙江省审计局报告审计结果。1995年，开展同级财政预算执行情况审计(以下简称“同级审”)，并审计地方税务局的税收征管情况及相关单位、项目，每年向本级政府、人大分别提交结果报告和工作报告。

21世纪初，市级财政预算执行情况审计在“同级审”的基础上，将审计视角从“摸清家底，提示、反映问题”向“查清问题、促进加强预算管理，完善制度，提高财政资金使用效益、效果”方向转换，将财政收入的组织、财政资金的管理分配、部门预算执行作为一个整体利益，促使财政审计工作进一步深化。

2001年，市审计局运用“同级审”，查出应缴未缴预算收入、部分专项支出资金拨付不及时、部分专项资金落实不到位等问题，市审计局作出审计处理意见，并督促市有关部门进行清理整顿，采取措施，加强管理，提高效益。市财政局采取措施纠正整改“同级审”中查出的问题。2002年，市审计局扩大“同级审”范围，将行政事业审计、固定资产投资审计、专项资金审计、重点国有企业审计等纳入同级审范围。2003年，市审计局重点延伸审计范围延伸到市经济开发区。2004年，市人大常委会首次就审计工作报告审议结果作出书面审议意见。至2006年，市审计局连续4年审计和调查税收征管，查补收缴企业漏缴、欠缴营业税、企业所得税及个人所得税等税款1600多万元，促成地税部门修订税收征管制度10多项。

2006年，市审计局实行政府性资产审计，将全部政府性资金纳入审计监督。2007年，市审计局搞好转移支付审计调查，重点检查涉及国家宏观政策执行、转移支付资金的管理使用情况。2008年12月，市审计局会同市人大财经委员会完成对近三年审计整改进行专项执法检查，并向市人大常委会报告审计整改落实情况，审计查明的问题已整改和正在整改率93%。

2009年，市审计局重点关注财政资金分配管理情况、宏观经济政策措施的执行和落实情况等。8

月，市审计局向市人大常委会作本级财政同级审工作报告。10月下旬，市审计局召开审计专题整改落实会。2010年，专题抓好全部政府性资金、财政资金安全与绩效、地方政府负债与政府投融资机构、存量土地资产管理等审计与调查，及时指出政府资金管理使用中的突出问题。市委、市政府主要领导分别作出审计问题批示，市政府召开审计问题专题整改落实会。截至2010年，丽水市审计机关完成财政预算、决算审计项目1133个，查出违纪违规资金46286万元，管理不规范资金16140万元，应归还原渠道资金3636万元，应上缴财政27945万元，已上缴财政27800万元，移送纪检监察、司法机关案件11件。

财政决算审计

1986年，地区审计局进行"上审下"模式审计，审计县(市)级政府财政决算。地区审计局制定"一次审三年，三年一个轮回"计划，每年的财政决算审计依据县级财政管理状况不断调整审计重点。审计中发现越权减免税收、移用专项资金、账外设账等问题，及时提出审计处理意见，规范县级财政管理。1988年始，地区审计局采取定期审计与重点审计相结合的方法，对九县(市)财政决算开展定期审计。1988年，审计地区审计局丽水市(县级)和龙泉县财政决算，查出违纪金额612.17万元。1989年，地区审计局审计遂昌县、青田县、缙云县财政决算，查出违纪金额1179万元，其中应作预算收入798万元。1990年，地区审计局审计松阳、云和、景宁、庆元等县财政决算，查出违纪金额135万元，隐瞒截留转移收入1219万元。

1995年始，丽水地区审计工作实行"上审下"与"同级审"相结合的方式。审计中违纪主要表现为"四个划分不清"①，专项资金的使用未能充分体现专款专用的原则；个别县(市)存在大财政与小财政划分不清，留、占用财政交错，化大公为小公、"五个把关不严"②等问题。2000年，丽水市形成以规范预算管理、提高财政资金使用效益为目标的财政审计监督体系。2001年，丽水市审计财政赤字乡镇194个，查明161个乡镇发生财政赤字1.02亿元，占全市乡镇总数的82%。开展缙云县、青田县、龙泉市上年度财政决算审计，查出违纪违规金额2677万元；作出审计报告，并将审计结果上报省政府。省委副书记、省长柴松岳作出专门批示，促成乡镇财政赤字解决。2003年，市审计局遂昌县审计财政决算。审计中发现存在财政管理和税收征管等问题。市审计局及时提出审计处理意见，并督促遂昌县整改落实。遂昌县重视这次审计工作，做到边审边改，及时纠正一些违规事项。

2006年11月，市审计局在全省率先开展全部政府性资金绩效审计试点。同年，开展云和县全部政府性资金绩效审计。云和县针对审计处理意见，相继制定政府规范性文件8个，完善政策，规范管理。2007年，市审计局抓好转移支付、建筑地方高等教育费等政府重点专项资金和政策执行审计。开展公路养路费、教育经费投入、农民培训经费、社会保障基金、国有土地出让金等绩效审计与调查。2009年，市审计局开展全部政府性资产审计试点，确保审计政府性资产全覆盖，实现审计无死角。审计中发现资产占有单位基础管理工作薄弱、部分资产的出租期限过长、资产运营效益不佳等问题。市长、常务副市长分别对审计报告和审计专报作出批示；市财政局审计建议，将国资公司国有

① "四个划分不清"指上级收入与本级收入划分不清；财政预算内资金与预算外资金划分不清，擅自将财政预算内资金转为预算外资金，专项资金与一般性资金划分不清。

② "五个把关不严"指调入资金把关不严，收入入库把关不严，财政周转管理把关不严，预算外资金管理把关不严，会计核算管理把关不严。

资产处置款上缴财政1553万元，资产收益、房租收入全部纳入“收支两条线”管理。

行政事业审计

1949年中华人民共和国成立后，丽水各级人民政府财政部门监督检查行政事业单位的财政、财务活动。1984年地区审计局成立后，接管行政事业单位审计工作。1986年，地区审计局开始定期审计地区行政事业单位。1988年12月，地区审计局开展对地区文化艺术综合服务部的财务收支审计，首次向检察机关移送经济线索。截至2010年，丽水市审计机关完成行政事业审计项目4100个，查出违纪违规金额125386万元，管理不规范金额156067万元，移送纪检监察、司法机关案件53件。

第二节　经济责任审计

1986年，地区审计局开展国有企业厂长（经理）承包经营审计。1993—1994年，丽水地区审计部门试行乡镇领导干部离任审计。1995年，地区本级及部分县（市）相继制定党政部门主要领导干部离任必须经过审计的规定。1996年，地区审计局开展处州化纤厂厂长调任审计，查明企业亏损1406.5万元，查出处州化纤厂负责人涉嫌贪污、受贿、挪用公款等违法事实，并移送丽水地区人民检察院起诉。

1999—2001年，丽水市审计部门推进全市领导干部经济责任审计工作。2001年11月，制定《丽水市领导干部经济责任审计工作联席会议制度》。后丽水市逐步形成由企业到机关、从乡镇到县、市政府的三级领导干部经济责任审计制度。2002年，制定《丽水市党政领导干部经济责任审计操作办法》。同年，根据浙江省委组织部和浙江省审计厅交流审计的统一部署，市审计局抽调县（市、区）审计局业务骨干，代表浙江省审计厅，对衢州市常山县、开化县，绍兴越城区，杭州余杭区，温州市苍南县、文成县，金华市武义县，湖州市南浔区等，实施县长（区长）经济责任审计。

2003年，制定《丽水市领导干部离任前经济责任和公有财物交接制度》，获中华人民共和国审计署审计长李金华的高度肯定，并在全省推广。同年，市审计局开展离任经济责任审计，进行新提任副县级党政领导干部20人和县（市、区）公安局局长、检察院检察长、法院院长13人经济责任审计。同年，丽水市开展乡镇长经济责任审计规范化试点，对10个乡镇开展乡镇长经济责任审计规范化工作。2004年，实行经济责任审计对象ABC分类管理。

2006年，市审计局实施景宁等六县（市）公安局长离任交叉经济责任审计，引起省委分管政法领导的高度重视，促进欠发达地区公安经费保障的落实。丽水市县（市）公安局长离任交叉经济责任审计项目被评为浙江省经济责任审计优秀项目。2007年，市政府编辑出版《领导干部廉洁从政必读》，其中包含经济责任审计知识以及所涉及相关法律法规内容，分发县（市、区）科级以上领导干部学习。

2008年，丽水市制定《丽水市经济责任审计结果运用办法》，确定纪检监察、组织人事、审计等相关单位运用经济责任审计结果的措施，规定被审计单位落实经济责任审计结果的责任。同年，市审计部门实施莲都区、缙云县、遂昌县、庆元县法院院长经济责任审计。2009年，市审计部门开展9个县（市、区）检察长交叉审计、采取“统一授权、统一方案、统一评价、分别实施”方法，探索符合实际的市管县级干部审计新模式。2010年，开展龙泉市、松阳县等5个县(市、区)法院院长经济责任交叉审计。截至2010年，丽水市完成经济责任审计项目2787个，查出违规金额95798万元，管理不规范金额

90760万元，应归还原渠道资金6110万元，应上缴财政5522万元，移送司法纪检监察案件50起。

第三节　基本建设审计

1949年中华人民共和国成立后，丽水各级政府审计机关把基本建设审计监督作为重要职责，开展建设项目和相关企业审计和审计调查，不断加强对重点建设项目的审计监督。1995年，全面实施《中华人民共和国审计法》后，基本建设审计更名固定资产投资审计。在长期的审计实践中，逐步形成开工前审计、在建项目审计和竣工决算审计相结合的建设项目审计制度。

基本建设项目审计

1984年，丽水地区审计局成立，开始拓宽审计范围。1990年，地区审计局开始基本建设审计。2001年6月，市审计局增设直属审计分局，属行政执法类事业单位，主要承担基建财务收支和工程预决算审计执法监督。同年，市审计局采用政府规范性文件形式，在全省率先制定国家建设项目审计监督办法。

2003年，丽水市政府制定《丽水市国家建设项目审计业务操作试行办法》。2005年，市审计局建立基建材料价格信息库，方便审计实施过程查询引用。同年，实施市开发区道路工程、行政中心西区内装修预算审查等审计试点。2007年，市审计局设立投资项目绩效审计评价咨询专家库，聘请投资审计咨询委员参与国家建设项目审计。同年，制定《政府投资项目组织审计招标评标办法（试行）》，规范组织审计和项目审计招投标管理。2008年，制定《政府性投资项目审计质量复核管理办法》，规范审计流程，防范审计风险。2010年，制定《丽水市投资审计廉政风险防控十条措施》。2010年年底，丽水市完成政府投资基建审计项目1976个，查出违纪违规金额89345万元，管理不规范金额69404万元，应归还原渠道资金3995万元，应上缴财政7019万元，已上缴财政5266万元，移送纪检监察、司法机关案件12件。

工程预算和价款审计

1984年始，丽水各级政府重视工程预算和价款审计。21世纪初，丽水市审计局对新开工项目进行调查审计。2001年，丽水市开展农村电网建设与改造项目审计，查处违纪违规金额432万元。后市审计局在实施建设项目审计监督的过程中，坚持开展重点项目在建情况审计，主要检查投资规模、建设进度和项目管理，促进在建项目管理，节约成本，提高效益。2004年始，市审计局实行重点工程项目全过程跟踪审计，突出监督重点内容和关键环节，相继全过程跟踪审计市行政中心、紫金大桥、玉溪引水工程、处州公园、滨水公园和体培中心等市重点工程，减少工程项目支出1600多万元。2005年，制定《丽水市国家建设项目跟踪审计办法》，明确跟踪审计的重点内容、环节、方式和纪律要求，把政府重点建设项目全程列入审计监督视野。2008年，市审计局突出基本建设领域的规范管理，先后开展工程招投标、拆迁经费的专项审计调查，调查反映标后管理不到位、拆迁经费管理不规范等问题。2009—2010年，市审计局抓好扩大内需与投资督查；开展新增政府主导性项目建设、青川灾后援建项目专项审计调查。

第四节　绩效审计

2001 年，丽水市审计局尝试绩效审计。2004 年，市审计部门开展城建资金、水利资金和土地出让金同步交叉"上审下"，查出违规违纪金额 64877 万元、应上缴财政 5045 万元，追回被挤占挪用资金 10605 万元。2005 年，市审计部门进行康庄工程、移民资金、粮食挂账等专项资金及投融资公司等项目绩效审计。

2006 年，丽水市审计局开展全市城乡最低生活保障资金审计调查，撰写《丽水市城乡最低生活保障资金审计调查综合报告》。市政府主要领导将《丽水市城乡最低生活保障资金审计调查综合报告》批转各县(市、区)长，责成抓好整改落实。同年，市审计局开展市本级住房公积金绩效审计。市政府领导对审计出住房公积金缴纳差距大、增值低等问题非常重视，作批示落实。2007 年，市审计局开展市污水处理工程绩效审计，侧重对建设规划的完整性、运行管理科学性、投资的绩效性和收费政策的可行性进行审计调查。市政府根据审计结果，责成主管部门及业主认真整改。市疾病预防控制中心工程绩效审计中，反映出功能不配套、损失浪费严重等问题。市政府主要领导要求相关部门总结经验教训，加强和完善国家投资项目管理。

2008 年，丽水市审计局开展市区环境卫生保洁情况专项审计，提出完善市区卫生管理体制、实行"一把扫帚"扫市区卫生、适当提高环卫工人工资待遇等审计建议。市政府和城建部门重视审计建议，制定《市容环境管理办法》，推行"门前三包"等规定，提高一线环卫工人的待遇，莲都区政府对城区环卫全部实行市场化保洁。同年，市审计局开展全市农村"五保"和城镇"三无"对象集中供养情况专项审计调查，促使有关县(市、区)制定规范敬老院管理文件 9 个，审计违纪线索移送检察机关，2 人涉案人员受到党纪处分。后省政府安排部分政策性补助资金，并延长滩坑库区公建资金安排年限。同年，开展市本级城市绿化建设管理情况审计，调查着重反映城市绿化建设管理方面的制度不完善以及绿化建设管理多头审批等体制问题。审计报告、审计专报引起市政府主要领导重视，分别作出批示，责成市建设部门等对审计建议研究落实。

2010 年，丽水市审计部门在市本级保障性建设审计调查中，重点关注保障性住房政策执行和项目建设管理问题，审计反映的保障性住房政策执行难、机构设置管理体制不顺、资金管理不规范，工程结算和决算滞后等问题，引起市政府领导的重视，有关问题得到整改；市人大常委会也对此专题跟踪检查。截至 2010 年，丽水市完成财政审计、经济责任审计、行政事业审计、审计调查等绩效审计项目 1045 个，其中绩效审计项目获浙江省优秀绩效审计项目(综合优秀审计项目)16 个。

第五节　企业审计

国有企业审计

1984 年，地区审计局开展丽水地区工业交通、商粮贸、农林水、物资、农资等国有企业审计监督。

1992年，开展丽水地区承包企业55家内控制度和经济效益审计，发现浙南药厂上年度隐瞒亏损92.2万元，流失收入43.54万元，新产品不合格损失57.1万元。1994年，审计丽水地区邮电企业9个，发现地区邮电局转移、挪用市话初装基金312.84万元。2000年，开展地区农药厂国有资产审计，发现1995—1998年，地区农药厂国有资产流失601.66万元，查明相关责任人违法犯罪事实，并移送司法机关处理，被追究刑事责任5人。

2001年，市审计局开展浙南药业公司审计，发现公司虚增资产1126.5万元，少计负债759.3万元，企业亏损2949万元，公司负责人涉嫌违法犯罪等问题，移送司法机关查处。同年，审计地区农药厂国有资产，发现造成国有资产流失601.66万元等问题，移送司法机关处理。审计丽水皮革厂，发现改革月报集团公司兼并丽水皮革厂后的5年多时间，净资产减少1379.13万元，减值幅度335%；投资创办数家公司，造成损失630万元，依法处理企业领导人。

2009年，市审计局开展"三农"公司资产负债情况专项审计。截至2010年，丽水市审计机关完成企业审计项目1040个（不包括房地产企业审计），查出违纪违规金额102885万元，管理不规范金额30943万元，上缴财政7680万元，移送纪检监察、司法机关案件25件。

房地产企业审计

2008年，市审计局开展房地产企业审计，组织审计工作组24个，完成万松房地产开发有限公司、银泰房地产集团开发有限公司、浙江同心房地产开发股份有限公司、丽水市皇都房地产开发有限公司、丽水莹厦房地产开发有限公司遂昌分公司、龙泉市庆龙房地产开发有限公司等资产负债和财务收支审计。市审计局会同有关部门做好银泰房地产集团开发有限公司、浙江同心房地产开发股份有限公司审计结果新闻发布和情况通报；委派审计干部2人担任银泰房地产集团开发有限公司企业清算组副组长和财务处长，负责省外资产追缴和资产清算工作。2009年1月，市审计局参与丽水市皇都房地产开发有限公司帮扶工作，委派审计干部1人担任帮扶小组副组长，认真做好债权人维稳工作。截至2010年，市审计局查明银泰房地产集团开发有限公司总资产69194.87万元，总负债186511.32万元，资债相抵缺口117316.45万元。

2009年，市审计局分别开展浙江金龙房地产投资集团有限公司及所属公司14个2009年6月30日资产、负债、损益情况和开发建设的"蔚蓝水岸""东方明珠"项目经营状况测算和审计。2010年，抽调审计组10个，审计调查丽水市正达房地产开发有限公司、丽水市金城房地产开发有限公司、青田县保利房地产开发有限公司丽水分公司、丽水市金丰建筑工程有限公司、浙江天伦房地产开发有限公司、浙江金源房地产开发有限公司、浙江天金房地产集团有限公司、丽水市荣泰房地产开发有限公司、浙江永满投资有限公司、丽水发达房地产开发有限公司等陷入困境房地产公司资产负债损益及民间集资情况。同期，市审计局提交相关企业资产损益和融资集资情况报告，为市委、市政府处理房地产企业有关问题提供决策依据。

第六节　专项审计

1984年地区审计局成立后，围绕农业政策措施的执行，根据财政对农业投入逐年增多的状况，以农业资金和农业企业为重点，对农业审计监督。1995 年，地区审计局开展农资等专项资金审计。21 世纪，市审计局根据全市专项资金的热点问题，开展系列针对性极强的专项审计监督。2001 年，市审计局首次开展土地出让金审计，查处违纪违规金额 6861.47 万元。2002 年，开展养老保险基金、失业保障基金审计，发现挪用基金等问题。同年，根据粮食收储企业粮专资金审计中发现问题，编写上报信息，获省政府领导批示后解决；开展全市 2000 年 1 月至 6 月城市建设资金专项交叉审计，查出违纪违规金额 18200 万元，综合审计报告获市政府主要领导批示，转发县（市、区）及有关部门整改落实。

2003 年，市审计局开展扶贫资金专项审计，发现存在截留挤占挪用等问题。同年，开展防治“非典”专项资金和捐赠款物进行专项审计。2004 年，市审计局在科技三项经费审计中，发现科技经费使用效益不高等问题；在社保、医保资金审计中，发现代发企业离休干部统筹经费挤占基本养老金 97.71 万元等问题，相关审计意见书获市政府领导批示，要求相关单位整改落实。同年，在政府采购审计调查中，发现采购程序执行不严密等问题。2005 年，市审计局开展社会福利企业税收优惠政策执行情况审计，审计专报获省委副书记、省长吕祖善及市政府主要领导的批示，市民政局及时纠正违规向福利企业收取赞助费、咨询费等问题。同年，在全市 147 个单位林业资金审计中，发现违纪违规金额 19066 万元。2006 年，开展税收征管专项审计，追缴企业漏缴各项税费 1533.56 万元，促成市地税部门制定各项征管制度十多项。2007 年，开展丽水经济技术开发区水阁区块被征地农民社会保障专项审计调查，促成市政府制定《关于调整市区被征地农民基本生活保障有关政策的通知》。

2008 年，市审计局开展市区幼儿教育事业发展情况专项审计，发现市区幼教管理体制不顺、民办幼儿园老师素质偏低、设备简陋等问题，引起市政府主要领导重视。后市本级新办幼儿分院 2 所；莲都区制定幼儿教育管理实施细则，开展农村幼儿园安全专项检查。2009 年，市审计局开展滩坑水电站移民动迁安置资金审计调查，反映蓄水引发地质灾害隐患、库区水上交通营运、地方政府为移民所承担困难、库区复建配套资金缺口、移民后扶政策落实等情况。截至 2010 年，丽水市审计机关完成专项资金审计项目 978 个，查出违纪违规金额 73836 万元，管理不规范金额 520165 万元，应归还原渠道资金 4950 万元，应上缴财政 10302 万元，已上缴财政 6474 万元，移送纪检监察、司法机关案件23 件。

第七节　信息化建设

平台建设

1984 年丽水地区组建审计机关后，积极加强信息化建设，改善办公设施，提高办公效率。1996 年，市审计局业务处室开始配备台式计算机等硬件设施，主要用于文字编辑。同年，组织全员参加电子计算机应用初级培训。2001 年，市审计局审计信息化建设领导小组成立。2002 年 8 月，建成丽水市审计信息网络，率先在全省审计系统实现市县二级联网。2003 年 3 月，开通丽水市审计局专网网站，并与省审计厅联网。2004 年 6 月，建立丽水市审计局门户网站，实现审计专网的四级互联。2008 年，推进丽水市联网审计（政府资金监控平台）建设。2009 年，丽水市实现审计系统四级联网。2010 年，市审计局加强联网审计平台建设，解决财政联网审计数据采集问题。

辅助审计

2006年，市审计局在市中心医院财务收支审计中，首次运用计算机审计。2006年，在市本级水利建设资金审计调查中，运用计算机辅助审计查出2004年和2005年漏征水利建设专项资金1031.77万元和297.88万元。2007年，市审计局在市本级公路养路费专项审计调查中，运用SQL语句将车辆公路养路费应征数与实征数比较，发现全市稽征部门3年欠收公路养路费4000多万元，计算机管理系统未设置文书管理系统、未按照岗位职权进行分级设置等问题。反映问题的审计专报获市政府主要领导的批示后，市交通部门认真整改落实。同年，在市区农村劳动力培训经费审计中，发现侵贪国家资金案件线索，涉案人员6人，移送莲都区检察院，其中被判处有期徒刑3人、缓刑1人、免予刑事处罚2人。

2008年，在龙泉市农村信用合作联社审计中，利用AO2008联机版成功实现对海量数据的计算机审计，查出违纪违规金额18600万元，发现信息化建设和管理中的问题，审计后挽回损失1029.88万元。2009年，在莲都区标准农田建设管理情况审计中，调查采用套图叠加、数据比对等方法，查出虚报标准农田面积、标准农田质量偏低、违法占用基本农田等问题。省审计厅环资处专题来丽调研该项目计算机审计，将经验在全省推广。2010年，市本级在城镇居民基本医疗保险、城乡居民养老保险等审计中，通过市区城镇居民医保和新农合、职工基本医保三大系统相关数据比对，发现12615人同时参加两种医疗保险、学生多交保险费、三大医保信息系统关联差等问题。审计专报获省政府领导批示要求，主管部门加强协调，抓好整改。截至2010年，丽水市获省厅优秀计算机审计项目3个、获省厅计算机审计表彰项目2个。

第八节　其他审计机构

社会审计机构

1987年12月，丽水地区审计师事务所成立。1999年8月，浙江丽水天义会计师事务所改制成立。截至1989年，丽水地区9个县(市)先后建立审计师事务所。1999年，丽水地区审计事务所全面改制。截至2010年，丽水市社会审计机构受委托审计项目18500个。

内部审计机构

1984年后，地区社会审计组织陆续开展财务收支和经济责任审计查证、注册资金验证和年检、资产评估、咨询顾问、建账建制等社会审计业务。1986年始，丽水地区先后建立金融保险、邮电、工业、商业等主管部门内部审计机构37个，配备专兼职人员68人。截至2010年，丽水市内部审计协会分会11个、团体会员187个，持有内部审计证内审人员541人；审计项目包括财务收支、经济效益、经济责任、基建审计等。截至2010年，丽水市审计项目3235个，查出损失浪费金额1567万元，促进增收节支金额5420万元。

第五章　工商行政管理

清同治元年(1862),丽水县设温州督销局,办理盐店开业。民国36年(1947),丽水县建设局(科)掌管工商行政。随着经济的发展,丽水工商行政管理机构逐步完善,在监督工商企业的经济活动、管理城乡集贸市场、维护社会经济秩序、促进生产、活跃流通等方面发挥重要作用。

1949年5月丽水解放后,丽水专署加强工商行政管理工作。1951年3月,丽水专署设立工商科,执行"发展生产,繁荣经济,公私兼顾,劳资两利"的方针,积极扶持私营、个体工商业,改造旧交易市场,建立新交易市场,农村活跃集市贸易。同时,加强企业登记管理、商标注册管理、经济合同管理、广告管理、市场管理,保护合法经营,打击投机倒把,稳定物价,组织私商开展物资交流活动,鼓励私商联营、扩大购销,推广贸易合同制度等,促进丽水地方经济迅速恢复和健康发展。1952年1月,丽水专署撤销工商科。

1957—1966年,各县生产资料社会主义改造基本完成。由于当时的历史条件和"左"的思想影响,忽视甚至否定市场调节和价值规律的作用,工商行政管理侧重限制城乡集市贸易、打击贩运,阻碍商品经济发展。国家三年困难时期,丽水各县恢复集市贸易。但事隔不久,城乡集贸市场又被否定。随之,工商行政管理职能被削弱。1963年5月,随着丽水专署的恢复设立工商科。

1966—1976年,丽水工商行政管理工作遭破坏,机构被撤并。同期,各县设立打击投机倒把办公室。商标注册和企业登记管理工作被停止。一些较有名的商标和标识被视为"封、资、修"遭清除;集贸市场被视为"农村中的资本主义自发势力"被关闭,个体工商户被当作"资本主义尾巴"割掉;把长途贩运当作"投机倒把"加以打击。

1978年中共十一届三中全会后，丽水地区工商行政管理围绕农村体制改革和城市体制改革展开。1979年6月,丽水地区工商行政管理局成立,在所有制结构上突破单一的公有制框框,允许国营、集体、私营、个体、合作、外资等多种经济成分并存发展。在管理体制上,开放农村集市贸易,工商企业实行 政企分开,扩大企业自主权。在流通领域,允许多种经济形式、多种经营方式、多条流通渠道并存,经济运行机制由指令性计划分配转为国家调节市场、市场引导企业。

1983年9月,地区工商行政管理局与丽水商业局单独分设。市场调节范围逐步扩大,丽水地区工商局在全面恢复的基础上逐步完善,范围逐步扩大。1999年1月,地区工商局及各县(市)工商局实行省垂直管理。2010年,市工商局下辖青田、缙云、龙泉、庆元、松阳、遂昌、云和、景宁等县(市)工商局和城区工商分局1个、工商所35个,负责指导丽水市个体劳动者协会、丽水市消费者委员会工作。工商行政管理机关的改革和完善,管理职能的加强和发挥,管理领域拓宽,行政管理逐步走向社会化、系统化、专业化。

1978—2010年，丽水市工商行政管理部门不断拓宽监督管理广度，增加深度，强化力度，积极为发展经济做好服务，推动地方经济持续、稳定、健康发展。

第一节 市场管理

发展沿革

古代市场管理主要是平抑粮价和盐铁专卖。明代，增加控制茶、马交易等内容。民国26年(1937)，民国浙江省政府迁至丽水后，丽水商市一度发展较快，尤以酒楼、茶社为盛。民国34年，抗日战争胜利后，国民党当局发动内战，丽水物价一日数涨，管理法令多变，不法商人兴风作浪，市场濒于崩溃。

1949年5月丽水解放后，丽水专区军管会着力于“建市场、立规章、平物价”。1950—1952年，国民经济恢复时期，专署工商行政管理机关贯彻国家对资本主义工商业“利用与限制并举”的方针，以打击投机倒把、扰乱市场秩序的不法行为，保护合法经营为主。1953年，进入社会主义改造时期，各县工商行政管理工作围绕“维护国家计划和限制城乡资本主义的发展及对资本主义工商业的社会主义改造”这一中心任务，建立社会主义市场管理秩序，实现市场的统一管理。1958—1961年，国家限制计划外采购，各县曾关闭集市。1961年，贯彻国民经济调整方针，市场管理的主要任务转向恢复和搞活市场。1966年，城乡农贸市场逐步取缔，市场再度萎缩。其间，市场管理职能由专署打击投机倒把办公室取代。

1958—1966年，各县主要围绕“开”与“关”来管理集市贸易。当经济困难时就开放集市贸易，经济好转时则收缩、限制和取缔，集市贸易大起大落。1966—1976年，丽水地区禁止农副产品贩运，取缔城区集市贸易，管死郊区集市贸易。

1978年中共十一届三中全会后，中共丽水地委、地区行政公署加大市场培育与监管力度，促进城乡集贸市场的发展，使上市商品的范围、品种不断扩大，生产资料重新进入市场，金融、劳务、技术等生产要素市场相继建立，市场发展逐步纳入商品经济发展的轨道。

20世纪80年代初期，丽水地区逐步放开农副产品，出现部分产品交换的初级市场。20世纪80年代中后期，丽水地区生产资料市场实行“双轨制”，开始出现小量生产资料市场，但生产资料市场发展缓慢，缙云壶镇一家生产资料市场，交易额仅1000多元。20世纪90年代初期，随着重视市场培育，丽水地区提出“沿路办市场”“路通促流通”“繁荣与市容，首先是繁荣”的发展思路后，丽水地区马路街道市场占所有市场27%，露天市场占26%，棚顶市场占31%，室内市场仅33%，有辐射的专业市场少，缺少像庆元香菇市场那样辐射全省、全国的专业市场。

1992年，各县(市)市场管理组织相继成立。同年，庆元县建立香菇市场管理所，丽水市(县级)建立城关市场管理所。1993年，丽水地区登记市场112个。1996年，丽水地区6个县工商局成立市场服务中心。1997年，庆元香菇市场和农贸市场创建三星级市场、丽水府前菜市场创二星级市场、云和县农贸市场创一星级市场。

1999年1月，调整工商行政管理机构管理体制，省以下工商行政管理机关实行垂直管理。2000年丽水撤地设市后，撤销丽水地区工商行政管理局，建立丽水市工商行政管理局；撤销丽水市(县级市）工商行政管理局，建立丽水市工商行政管理局莲都分局。2004年，丽水市推行商品准入制度，市本级确定粮油副食品批发市场、浙西南农贸城为实施商品准入制度的重点市场。2005年，松阳县建立农资连锁企业配送制度，促进农资市场规范发展。1978—2010年，丽水的农贸市场格局发生很大变化，市场繁荣兴旺，市场类型拓宽、经营主体增多，上市品种扩大，交易方式改变，商品流向广泛，交易环境美化，商品成交量逐年增多，形成城乡沟通、零售、批发、综合的集市网络。

市场管理

1994年，丽水地区开展市场核准登记和年检工作。9月，丽水地区开展市场大检查，收缴不合格计量器具101件，取缔市场无照经营31户，销毁假冒商品价值18万元。1995年，丽水地区统一换发市场进场交易证，实行亮证经营。地区工商、消防部门组织21个市场开展市场规范化达标活动。丽水市（莲都区）工商局开展“大众菜卖大众价”活动，引导菜农蔬菜直销市场。

1996年，丽水地区开展文明市场创建活动。丽水地区开展肉类卫生大检查活动，查获有病（死）肉品摊位14个，注水肉品摊位7个，市场罚没款41.84万元。1997年，丽水地区开展农资市场整治活动，查扣过期农药、化肥等15万千克；开展成品油市场整治活动，查扣加油机7台，柴油1.54万千克，汽油0.55万千克；开展“红盾打假净市场”行动，查获案件101起，案值14.1万元。1998年，丽水地区开展“打假净市场”行动，查处违法案件145起，罚没款2.4万元；其中食品、药品市场案件49起，查处粮食违法案件71起，罚没款14.67万元。1999年，丽水地区开展专业市场打假活动，取缔青田县海口镇非法药品集散地；查处非法经营药品案件9起，查获冒牌服装、鞋类、箱包、“三无”食品等物资价值194万元；开展粮食市场管理整治，查处粮食违法案件143起，罚没款34.1万元。

2000年，丽水市开展市区马路市场整治和市场消防安全专项整治，引导市场参加财产保险。2001年，丽水市开展整顿和规范市场经济秩序执法整治，查获案件1000多件；开展市区马路市场整治，清理集中交易点10多个，取缔无证（照）摊点600多个，立案查处3起。2003年，丽水市检查市场主体7776个次，查处违法案件36件，案值4.14万元。2004年，取缔农贸市场家禽无照经营13家。查处制售假冒汽车伪劣配件案件2起，案值30万元，查扣非法改装车4辆，拆解报废公交车9辆，罚没款9万多元。

2005年，丽水市退市、销毁市场不合格（有毒、有害）商品9843千克，立案查处9起，罚没款金额11000元。6月5日，针对央视《每周质量报告》披露浙江丽水发现“铅铬绿”问题茶叶事件，开展茶叶市场专项整治。2006年，丽水市开展红盾护农行动，通过“八查八看”加强专项检查，强化农资抽检，销毁市场不合格食品7318千克；查处各类农资商品违法违章100件，罚没款24.55万元。2007年，丽水市开展农村食品市场、猪肉市场、二手车整治系列行动，销毁市场不合格食品10629千克，通过定性检测查处案件79件，罚款18.04万元；查获无照经营19户。猪肉市场整治，查处案件12件，罚没款8.24万元。同年，丽水市开展“红盾护农”活动，查获农资违法经营案件54起，罚没金额35.85万元。

2008年，丽水市开展肉类注水情况专项检查；开展“小菜场”整治工作；规范清理各类市场。同年，丽水市注销登记莲都区政府下辖国有市场5家。市场检测肉类49746批次，定性检测立案查处案件69起，罚款21.72万元；查处农资案件68件，罚款36.45万元。景宁畲族自治县被列入全市“小菜场”整治工作试点县。2009年，丽水市通过快速定性检测抽检各类食品64105个批次，其中不合格食品

1628批次；通过定性检测立案查处93件，罚款15.53万元。同年，青田县移送司法机关处理一起在食品中添加非食用物质的恶性案件，查处二氧化硫超标水发笋4100千克；查处违反“限塑令”案件6件，罚款1万元；立案查处农资违法经营案件48件，罚款14.5万元，罚没物资价值1.8万元。云和县、龙泉市、庆元县、景宁畲族自治县开展“香菇蜡棒专项整治”行动，查处非法销售工业石蜡案件17起，没收工业石蜡0.73万千克，蜡菇0.15万千克。2009—2010年，丽水市加强市场安全管理，市工商行政管理部门与辖区市场、市场与经营户层层签订《市场安全生产责任书》。

第二节　工商企业登记管理

内资企业登记

民国25年（1936），青田、龙泉、庆元县工商登记办事处登记工商业户2013家。1949年中华人民共和国成立初，各县人民政府工商科办理企业开业、变更和歇业登记。1952年，丽水专区登记私营工商业户8730家。1956年，各县完成私营工商业社会主义改造后，直接过渡到国营企业、供销社310家，公私合营1231家。1962年，各县开展工商企业清理登记。1963年，丽水专区规范特种行业企业登记工作，规定先由公安局审定签发特种行业许可证后，方可发给特种行业营业执照。

1966—1976年，丽水地区工商企业登记工作停顿。1978年5月，丽水地区恢复工商企业登记。1979年，丽水地区放宽工商企业经营范围，允许企业跨地区、跨系统、跨所有制联营；允许企业一业为主，兼营其他。1983年，丽水地区实行工商企业年检报告制度。1984年开始，丽水地区检验工商企业营业执照，处理违反执照登记事项的企业。1986年，丽水地区清理整顿违规公司1303家，吊销执照企业554家。1988年，丽水地区清理整顿1986年以来开办的公司142家。

1991年7月，地区工商局直接受理省属、中央直属在莲都区企业及行署各主管部门设立的直属企业登记注册工作。同年底，丽水地区登记工商企业4505家，其中新增工商企业794户；营业单位6027家；注册资金156777万元。1993年，丽水地区工商行政管理弱化企业登记前置审批，缩小许可登记范围，支持企业创办改办股份合作制经济实体。同年，丽水地区股份合作制企业296家。1996年，丽水地区工商行政管理部门清理整顿有限责任公司、中介服务机构及房地产等行业，注销吊销企业857家。1999年，丽水地区基本完成有限责任公司、中介服务机构及房地产行业清理整顿工作，地属相关单位54家，保留单位48家；丽水市（县级）属相关单位86家，保留单位72家。

2000年，丽水市注册登记工作统一进驻政府审批中心。同年，丽水市新登记企业685家；转、改制企业536家。2001年，丽水市整治关闭不规范企业843家。同年，丽水市内资工商企业6424家，其中法人企业2822家。2002年，丽水市工商行政管理推行“经济户口”管理制度，实行企业登记注册并联审批，5个工作日可拿到营业执照。2003年，丽水市采取多种优惠措施，为企业提供“绿色通道”“创业绿卡”等。同年，丽水市内资工商企业5305家。

2006年，丽水市工商行政管理实行电子执照发放。同年，丽水市内资工商企业3161户，其中法人企业1757家。2007年，丽水市登记注册企业3350家，其中登记注册国有企业610户，集体企业830家，股份合作制企业328家，公司制企业1404家，其他企业178家；新增登记注册企业2123家。

2008年，丽水市新登记农民专业合作社468家。2009年，丽水市登记农民专业合作社300多家。截至2010年，丽水市在册内资企业2816家，注册资金196.63亿元。

外资企业登记

1988年，丽水地区注册登记外资企业2家，丽水打破外资企业“零”纪录。1990年，丽水地区外资企业4家。1991年，丽水地区新增外资企业9家。1992年5月1日，地区工商行政管理局获省工商行政管理局授予外商投资企业初审权。同年底，丽水地区外资企业50家，其中新登记外资企业37家，投资总额2172万美元，注册资本1763万美元。

1993年2月，地区工商行政管理局成立外资科。9月，取得外资企业登记审批发照权。当年新设外资企业66家。同年底，丽水地区注册登记的外资企业有115家，其中合资95家、合作2家、独资18家，投资总额7117万美元，其中外方出资2931万美元。1994年，丽水地区加强外资企业登记规范化管理，促进外资企业平稳发展。同年，丽水地区“三资企业”[①]139家，投资总额8715万美元，注册资本6351万美元，其中外方出资3791万美元。1996年，丽水地区加强对外资企业出资管理，吊销、注销长期欠资、名存实亡的三资企业32家。同年，丽水地区外商投资企业150家，投资总额10748.47万美元，注册资本7535.46万美元。

1998年2月，地区工商行政管理局企业注册管理科和外资企业注册管理科合署办公。2000年，丽水市继续清理名存实亡、不符规范的外商投资企业。同年，丽水市吊销外商投资企业110家；新登记外商投资企业21家。2003年，市工商行政管理局设立外商投资企业登记管理处，具体负责全市外商投资企业登记注册、监督管理工作，承担省局委托外资企业登记初审及管理工作。2004年7月，市工商行政管理局获外商投资企业核准登记权。

2008年，丽水市外资法人企业135家，投资总额69692万美元，注册资本39823万美元，其中外方认缴金额27984万美元，实缴金额19562万美元。2010年，丽水市实有外商投资企业130家，投资总额75010万美元，注册资本42145万美元。

第三节　个体私营企业管理

个体工商户管理

1949年中华人民共和国成立初，丽水专区小摊贩组织同业公会。1952年，丽水专区组织互助合作小组。1955—1956年，各县掀起对资本主义工商业社会主义改造高潮，资本主义工商业作为一种经济成分即告消失，一部分小商贩组成合作商店、合作小组纳入全民、集体企业，一部分转为农业生产。1961年，各县已吸收为全民、集体企业的个体商贩，又恢复为个体工商户。1966—1976年，丽水全面取缔个体工商户。1978年中共十一届三中全会后，中共丽水地委、丽水地区行署制定一系列发展经济的方针、政策，为私营经济的恢复和快速发展提供环境和条件。1981年，丽水地区恢复个体

① 指在中国境内设立的中外合资经营企业、中外合作经营企业、外商独资经营企业三类外商投资企业。

工商户，登记发证1863家，其中工业、手工业工商户244家，商业工商户779家，饮食业工商户361家，服务业工商户243家，修理业工商户236户；从业人员2052人。

1982年，丽水地区监督检查个体工商户生产经营活动。1983年，丽水地区放宽个体工商户发证对象范围，简化发证手续，扩大经营范围，对象由原来城镇待业青年、有经营能力的居民，放宽到农村剩余劳动力；审批手续由原来须经居委会、乡（镇）人民政府、公安、商业、供销等单位审查，简化到只要居（村）委会证明即可，经营范围从原来只限于小百货、五金、烟杂、服务修理，扩大到除国家明令禁止品种以外的品种，并且可以批量销售，允许长途贩运。同年，丽水地区登记个体工商户9828户，从业人员11197人，营业额5060万元。1985年，丽水地区登记个体工商户增加至31189家，从业人员43690人，营业额20009万元。同年11月，丽水地区个体劳动者协会成立，实行自我教育、自我管理、自我服务。1989年，丽水地区9县（市）有证个体工商业44830户，商品零售额38024万元，占社会商品销售的1/3，有证个体户数比上年减少22070家。

1990年，地区工商行政部门全面检查整顿所有经营彩电的单位和个体户，由各县（市）工商局、个体私会（私营企业协会）共同负责，调查在个体工商户、私营企业中乱收费、乱罚款和各种摊派的情况。3月，丽水抽调20多人，组成联合工作组，在丽水城关镇个体工商户中开展为期三个月的形势教育和评比“三户”（文明工商户、五好经营户、遵纪守法户）活动。1990年，丽水地区有证个体工商户50105家，从业人员67201人，营业额56190万元。其中工业、手工业6785家，建筑业24家，商业24870家，运输业4813家，饮食业5146家，服务行业4540家，修理业3707家，其他220家；合资、独资私营企业408家，从业人员5341人。1993年，丽水地区有证个体工商户64670家，从业人员85426人，自有资金31360万元。至1995年，丽水地区有证城乡个体工商户86941家，从业人员117206人，注册资金61480万元，分别比上年年底增长19.41%、21.67%和46.24%。

2000年，丽水市有证个体工商户84585家，从业人员119387人，注册资金98930万元。2005年，丽水市有证个体工商户65594家，从业人员110726人，注册资金148056万元。2010年，丽水市个体工商户67938家，注册资金255691万元。

私营企业管理

1988年始，丽水地区各县（市）正式办理私营企业登记，对雇工在8人以上个体工商户及合作经营组织，按私营企业登记。同期，对私营企业登记注册的步骤、审批程序、政策界限进行具体部署，开展换照，办理登记。1988年7月，丽水地区登记雇工在8人以上个体工商户转为私营企业33家。

1992年，丽水地区推出促进个体私营繁荣经济发展的政策，从扩大登记对象、放宽经营范围、创造宽松环境、简化办照手续、加强监督管理等方面推出具体措施。1996年，中共丽水地委、地区行署制定《关于进一步加快个私经济发展的意见》，优化工商行政管理服务意识，普遍开展现场办公、特事特办等措施。1997年，丽水地区落实好省工商行政管理局实施个私经济管理工作“820”工程分解到莲都区的工程5项，培育个体私营大户224家，扶优促强骨干私营企业20家，培育外向型个私企业10家、个体私营经济专业村5个、个体私营经济开发区6个。

2006年11月16日，丽水市工商行政管理局制定《助动地方经济发展，推进社会主义新农村建设二十条工作举措》。2007年1月，丽水市召开丽水市企业信用促进会成立大会暨首届会员大会。2月14日，丽水市企业信用责任区监管工作领导小组成立。4月13日，在缙云县召开全市企业信用责任区监管工作现场会。

第四节　经济合同管理

古时，地主及富商对平民实行高利贷，以田宅、邸店为抵押品立文券（即合同），如不偿还，则夺人田宅。随后，私人放债也立文券，以作凭证。民国时期，丽水对契约管理，大体承袭清代做法，统一契约文纸，建立官方认可的民间组织，采用全国统一的规定，调解、仲裁契约纠纷。1949 年 5 月丽水解放后，丽水专区军事管制委员会加强契约管理，对契约签订条款、公证等作出明确规定。1950 年，丽水专署加强经济契约管理。

合同鉴证、仲裁管理

民国时期，丽水地区经济往来，一般由双方签订契约或口头协议。

1950 年 9 月，丽水专区各企业之间经济交往，都签订契约①。1953 年，各县实行购销、加工合同制度。1958—1976 年，各县经济合同工作停顿。1978 年中共十一届三中全会后，丽水地区恢复运用经济合同。

1982 年 7 月，《中华人民共和国经济合同法》颁布后，丽水地区开展各种经济合同鉴证、仲裁和管理工作。同年，丽水地区鉴证合同 432 份，鉴证金额 618 万元。1983 年，丽水地区各县工商行政管理局相继建立经济合同仲裁委员会，设立仲裁庭。1984 年始，丽水地区开展“守合同重信用”活动，每两年认定一次，命名一批“守合同重信用”企业。同年，丽水地区生产、经营企业建立经济合同管理机构 779 个，管理人员 1842 人。截至 2000 年，丽水市鉴证经济合同 28024 份，鉴证金额 39.54 亿元；确认无效合同 26 份，金额 296 万元；仲裁经济合同纠纷 11978 件，争议金额 4404.38 万元；追回拖欠货款 204.75 万元。1991—2000 年，丽水市命名“守合同重信用”企业 1789 家。2001 年 11 月，丽水市停止合同鉴证工作。

查处合同案件

1992 年，丽水地区开展查处合同纠纷案件工作。1996 年，丽水地区开展打击合同欺诈专项执法行动。2000 年，丽水市实施“合同解忧”工程，先后查处房地产公司合同欺诈案件，如房地产企业转让合同挂靠施工、利用合同假汇票骗取货物、串通投标、非法拍卖等。2002 年 10 月，丽水市贯彻《浙江省合同行为管理监督规定》，对合同实施格式条款的监督。采用格式条款的合同样本的备案，涉及房屋买卖、租赁及其居间、委托合同；物业管理、住宅装修装饰合同；旅游合同等多领域。1992—2003 年，全市查处合同纠纷案件 2939 件，争议金额 690.3 万元。2009 年，丽水市查处合同欺诈案件、损害国有资产案件 4 起，涉案金额分别为 14 万元和 34 万元。2003—2009 年，丽水市合同格式条款备案登记报备企业 951 家，通过备案 1359 份。2007—2009 年，丽水市查处利用合同违法案件 25 起，涉案金额 148 万元。

① 契约：合同。

第五节　商标管理

商标使用管理

1949年中华人民共和国成立后，丽水地区商标注册管理工作在曲折发展中逐步完善。20世纪50年代，国民经济处于恢复时期，由于产品不多，又实行计划经济体制，生产企业没有商标意识。1963年，各县执行国务院颁发《商标管理条例》，开展商标注册工作。当时，丽水专区工商行政管理部门把引导企业使用注册商标作为重要任务。1966—1976年，商标的注册、管理工作基本上处于停滞状态。

1978年中共十一届三中全会后，商品生产开始逐步发展。1979年，丽水地区恢复商标注册登记管理，之后注册商标数量逐年增加。

1987年，龙泉县工商局查处龙泉万字号宝剑厂等侵权使用龙泉宝剑厂注册商标"龙泉牌"案件20起，销毁假冒宝剑9462把。1991年，香皂商标"纳爱斯"和啤酒商标"碧湖"被评为浙江省消费者满意商标。1994年，羽绒被商标"飞雁"被评为浙江省著名商标。1996年，丽水地区著名商标认定委员会建立。同年，认定丽水啤酒厂"碧湖"商标等商标10只为首届丽水地区著名商标。1997年，浙江省龙泉市宝剑厂有限公司"龙泉宝剑"商标被认定为市著名商标。

1998年，丽水地区制定《丽水地区著名商标认定条件的具体标准》和《丽水地区知名商标认定工作程序》。1999年，纳爱斯公司"雕"牌商标被认定为中国驰名商标。同年。纳爱斯公司"雕"牌商标被确定为全国150个重点保护商标之一。2000年，浙江天喜实业集团有限公司"天喜"商标、中国格瑞斯鞋业有限公司"格瑞斯"商标被认定为浙江省著名商标。2001年，市政府对获名牌产品、著名、驰名商标的企业给予奖励，其中获驰名商标的奖励20万元、省著名商标的奖励5万元。

2002年，"松阳晒红烟"商标与"青田石雕"商标成为全国首件烟叶和石雕工艺品地理标志证明商标。2003年，"庆元香菇"核准注册为全国首件香菇地理标志证明商标。2004年，浙江省机床工具商标品牌基地获省工商行政管理局批准。2004年，意尔康鞋业集团有限公司的"意尔康"商标被认定为中国驰名商标。2005年，丽水市企业申报商标注册300多件，拥有驰名商标3件，其中纳爱斯集团的"纳爱斯"商标被认定为"驰名商标"。

2006年，"青田石雕"成功入选"浙江省十大地理标志区域品牌"；成功注册"遂昌菊米"地理标志证明商标。遂昌县成功注册"南尖岩""飞石岭""神龙谷""凯恩"等旅游商标。"艾莱依"、凯恩"KAN"继续被列入驰名商标培育规划。同年，景宁鹤泉酒厂生产的"山哈"牌被评为丽水市著名商标。

2007年，云和县被浙江省工商局认定为浙江省木制玩具专业商标品牌基地；庆元县被浙江省工商局认定为浙江省食用菌专业商标品牌基地。同年，丽水市中国驰名商标14件，其中通过司法途径认定中国驰名商标8件。2008年，浙江艾莱依羽绒制品有限公司"艾莱依"商标被行政认定为驰名商标。同年，丽水市获地理标志证明商标7件，经司法认定驰名商标8件。2008年，丽水市立案查处侵犯奥林匹克标志权专有案件59件，罚款24.59万元。

2009年，丽水市驰名商标28件，其中新增司法认定驰名商标8件，行政认定驰名商标4件，实现全市9个县(市、区)驰名商标全覆盖。同年底,全市地理标志证明商标9件。松阳县被认定为省级生态绿茶专业商标品牌基地,遂昌县、龙泉市分别被认定为市级生态菊米商标品牌基地和刀剑商标品牌基地。“庆元香菇”被评选为最具市场竞争力地理标志证明商标,“艾莱依”被评为最具市场竞争力的商品商标。同年,全市查处商标违法案件134件。

2010年,景宁畲族自治县“惠明茶”被国家质量监督检验检疫总局批准为国家地理标志保护产品。2010年。丽水市查处商标违法案件255件,其中涉外侵权案件43件,总计案件值431.03万元,罚款金额207.18万元,没收销毁侵权商品641544件。

商标注册

古时,丽水商品大多以行铺名作为商标。民国初期,丽水普昌火柴梗片厂使用“丽水牌”火柴梗片商标。民国30年(1941),青田县光华实业社生产信笺,使用“航空牌”商标。1963年,国务院颁发《商标管理条例》,开展商标注册工作。1964年,丽水火柴梗片厂使用“丽水牌”火柴商标。

1979年,丽水地区核准注册龙泉宝剑厂宝剑商标“龙泉牌”、丽水火柴厂使用火柴商标“丽水牌”、丽水羽绒厂使用羽绒被商标“飞雁牌”等商标7个。1986年,丽水市化工厂使用香皂商标“上海牌”,丽水家用电器厂使用电扇商标“雪花牌”,丽水毛巾厂毛巾商标“414”,丽水金笔厂使用金笔商标“英雄牌”。截至1990年,丽水地区注册商标387个。

2006年,“古堰画乡”“风情东西”“东西岩”“仙都”“凤阳山”等旅游资源实行商标注册保护。2007年,成功注册“龙泉青瓷”地理标志证明商标(艺术瓷),“遂昌菊米”“庆元香菇”地理标志证明商标参加中国商标节活动。2008年,丽水市国际注册商标557件,其中新申请国际商标注册156件,新核准注册230件。

2010年,丽水市注册商标11722件,其中新增注册商标4207件;其中新增集体商标2件(龙泉绿和壶镇锯床);截至2010年,行政认定驰名商标4件(商讯、碧岩、披云、涛涛);浙江省著名商标65件,其中新增12件;丽水市著名商标186件,其中新增36件;省级商标品牌基地8个,其中新增2个(龙泉汽车配件、缙云灯管);市级品牌基地9个,其中新增2个(温溪鞋革基地、丽水市空调汽车配件基地)。

1991—2010年丽水市商标注册情况一览

表21-5-5-1

年份	商标申请数(个)	商标注册数(个)	行政认定驰名商标(个)	省著名商标(个)	市著名商标(个)	地理标志证明商标(个)	查处侵权案件数(件)	罚款(万元)
1991	115	36	—	—	—	—	25	—
1992	162	45	—	—	—	—	4	—
1993	156	70	—	—	—	—	—	—
1994	20	8	—	1	—	—	25	—
1995	137	23	—	—	—	—	—	—
1996	143	59	—	—	—	—	60	5.90
1997	201	142	—	—	1	—	—	—
1998	143	—	—	—	2	—	19	—

续表 21-5-5-1

年份	商标申请数(个)	商标注册数(个)	行政认定驰名商标(个)	省著名商标(个)	市著名商标(个)	地理标志证明商标(个)	查处侵权案件数(件)	罚款(万元)
1999	132	88	1	1	1	—	273	73.03
2000	192	105	—	2	4	—	428	—
2001	287	150	—	1	5	—	—	—
2002	288	181	—	4	19	2	332	94.26
2003	296	201	—	5	28	1	184	87.52
2004	301	222	1	6	30	2	174	143.00
2005	274	226	1	2	28	—	140	92.00
2006	463	303	—	10	26	1	143	77.62
2007	1294	646	—	7	33	1	126	121.00
2008	1030	817	1	6	29	—	223	214.62
2009	4612	2551	1	9	28	2	134	
2010	2628	4207	—	12	36	—	255	207.18

第六节　广告管理

经营管理

民国26年(1937),民国浙江省政府迁到丽水后,丽水报刊、墙体、路牌、霓虹灯等广告媒体开始出现。1949年5月丽水解放初,全国尚未统一广告管理法规。经过社会主义改造后,广告业逐步减少。1966—1976年,广告被视为资本主义产物,遭到严重打击,广告行政管理机构被撤销,商品广告勒令停止。1978年中共十一届三中全会后,城乡市场繁荣兴旺,为广告业注入新的活力。销售广告、药品广告、私人行医及社会文化广告在新闻媒体和户外广告中占较大比重。1978年,丽水地区工商企业运用广告宣传商品增多。1984年,丽水地区丽水日报社、丽水电视台和县级广播站等新闻单位开始经营广告业务。1987年,国务院颁发《广告管理暂行条例》后,丽水地区开展广告制作、印刷、刊登、张贴的审查和登记工作。10月,丽水地区广告协会成立,团体会员25个,个人会员5人。1988年,丽水地区广告经营单位27家,营业额61万元。1990年,丽水地区广告经营单位营业额99万元。

1995年,丽水地区开展宣传《中华人民共和国广告法》。1996年,丽水地区完善广告管理体制,建立广告监测网络。同年,丽水地区发放广告经营许可证88份,临时广告许可证40份。2001年,市政府制定《丽水市区户外广告管理办法》。2002年,丽水市组建城市"牛皮癣"清除保洁队伍,常年负责清除丽水市城区16条主要街道道路两旁的设置物上乱喷涂、乱张贴、乱设置的广告。10月始,市工商行政管理局采用《浙江省媒介广告信用评价办法》,监管媒介发布广告行为。

2004年,丽水市参加省级广告作品比赛,选送优秀广告作品21件,其中获平面类作品铜奖作品1件和优秀奖作品1件。2005年,丽水市主要媒体广告信用指数平均分95分,名列全省之首。2006

年，市政府制定《丽水市城市户外广告设置规划管理规定》。同年，丽水市省级广告作品比赛，选送广告作品 26 件，其中获平面类广告作品优秀奖作品 4 幅、获入围奖作品 4 幅、获广播类广告作品入围奖广播剧 2 条。2007 年，丽水市开展浙江省第十届优秀广告大赛暨文明礼仪公益广告大赛参赛作品征集活动，参赛作品 84 幅，其中获奖作品 5 件。2008 年，丽水市开展浙江省第十一届优秀广告大赛暨文明礼仪公益广告大赛参赛作品征集活动，参赛作品 56 件，获奖作品 10 件，其中获二等奖作品 2 件。2009 年，丽水市开展浙江省第十二届优秀广告大赛暨文明礼仪公益广告大赛征集活动，收到作品 62 件，选送参赛作品 40 件，其中获奖作品 15 件，其中一等奖 2 件、二等奖 2 件。

2010 年，丽水市开展"微笑丽水"公益广告暨丽水市首届广告创意大赛活动，收到参赛作品 300 多件，评选出一等奖 1 件，二等奖 2 件，三等奖 5 件，优秀奖 10 件，最佳设计奖 1 件，最佳创意奖 1 件。开展第十七届中国国际广告节"国酒茅台杯"中国公益广告黄河奖征集活动，推荐选送的公益广告作品《低碳生活系列》，获"国酒茅台杯"中国公益广告黄河铜奖。

违法查处

丽水查处广告业违法行为，主要是打击虚假广告和非法经营广告。1995 年，《中华人民共和国广告法》颁布后，丽水逐步加大打击广告业违法行为力度。1995—2006 年，市工商行政管理部门相继开展对新闻媒体发布的与消费者健康密切相关的医疗食品、营养品、酒类、化妆品及药品、医疗器械等内容的广告进行检查整顿。

2007 年，丽水市开展对涉嫌虚假宣传的药品和保健食品、医疗器械的专项整治，检查销售点 156 处，查封相关药品、保健食品 1587 盒。2010 年，丽水市开展虚假违法广告专项整治行动，查处广告案件 145 件，罚没款 83.99 万元。清理整顿促进广告业秩序规范化、有序、健康发展。

1991—2010 年丽水市广告业基本情况一览

表 21-5-6-1

年 份	广告经营单位(户)	从业人员(人)	广告经营额(万元)	查处违法广告案件(件)
1991	24	112	181	3
1992	29	159	248	—
1993	68	541	342.60	—
1994	82	484	379	—
1995	96	627	1418	—
1996	82	462	1785	25
1997	45	346	1167	110
1998	97	680	2583	221
1999	120	821	3670	865
2000	147	1013	4525	385
2001	169	1328	5410	395
2002	181	1184	7613	481
2003	207	1400	8307	313

续表 21-5-6-1

年 份	广告经营单位(户)	从业人员(人)	广告经营额(万元)	查处违法广告案件(件)
2004	241	1600	8736	215
2005	255	2487	10500	196
2006	304	2775	13400	145
2007	339	2805	15300	119
2008	367	2199	15400	111
2009	390	2961	14900	78
2010	451	2247	16977	83

第七节 经济监督检查

缉私打假

古时，丽水历代统治者都重视对经济活动的监督管理，以禁令的形式，对违规者“鞭笞”“充军”，以维护其经济基础的社会属性，巩固统治地位，促进生产力的发展。

1949 年中华人民共和国成立后，经济监督检查工作针对各个历史时期经济违法违章活动的特点，确定不同的打击重点。1949 年 5 月丽水解放后，战争创伤严重，经济萧条，物资奇缺，人民生活困难。不法商贩趁机哄抬物价，扰乱金融和市场秩序。丽水专署根据中央财经委员会发出的《关于当前的物价问题》的指示，利用经济处罚、行政干预、法律制裁等手段，同投机倒把和其他违法活动展开坚决斗争。1950—1952 年，国民经济恢复时期，丽水专区军事管制委员会下令禁止银元买卖和投机活动，同时查处囤积居奇的粮店，禁止扰乱米价，使投机活动得到有效制止。

1956 年，丽水社会主义改造基本完成后，经济监督检查工作的重点在于打击投机倒把，取缔自由市场，管理自由价格，打击黑市交易，查禁贩卖计划分配票证等违法活动。1966—1976 年，丽水专署行政机构受到冲击，工商行政管理的大部分职能无法展开，打击投机倒把活动改由打击投机倒把办公室、民兵指挥部负责。

1978 年中共十一届三中全会后，实行改革开放政策规定。随着社会经济活动的深化，关于投机违法活动的内涵、特点、形式也有新的变化。农副产品、工业小商品和部分生产资料进入市场自由交易，农民从事长途贩运，均不再视为违法活动。由于市场调节范围的逐步扩大和经济建设的全面展开，社会总需求和社会总供给差距拉大，造成某些工农业产品供不应求的现象在一些地区、一些时段上比较突出。丽水地区工商行政管理部门按照中央统一部署，将投机倒把、走私贩私和制售假冒伪劣商品等违法行为作为打击的重点。

1980—1981 年，丽水地区平抑物价，稳定市场，加强市场管理，打击投机倒把活动，丽水地区工商行政管理部门贯彻省工商行政管理局的决定，重新规定以下 8 种行为属于投机倒把：①倒卖国家不允许自由买卖的物资；②倒卖外汇；③倒卖金银、金银制品、金银器皿或其他金银工艺品；④倒卖文物；⑤违反国家的价格规定；⑥在生产、流通中，以次充好、以次顶好、以少顶多，以假充真，掺杂使假；⑦将应出口外销的商品不运销出口，转手在国内倒卖；⑧为从事非法倒卖活动的人提供证明信、发票、合同书、银行账号、支票、现金或其他方便从中牟利的。1989年，丽水地区工商行政管理部门落实国家工商行政管理总局颁布的《投机倒把行政处罚实行细则》，开展以专项治理为主要形式的经济监督检查活动。

1990年，丽水地区开展打击走私贩私、制售假冒伪劣商品、倒卖重要生产资料、无照经营等违法违章活动，查处各类案件3939件，其中，投机倒把案件994件，1万元以上案件128件，罚没款501.12万元。1991年，查处贩私案件166件，查获走私卷烟299005条，罚没款651.93万元；查处假冒伪劣商品案件554件。1992年，丽水地区开展打假治劣、走私贩私活动，查处各类违法违章案件3033件，其中投机倒把案件1046件，万元以上案件164件，罚没款812.61万元；查处碧湖百货商场销售假冒"兰江牌"味精45箱，丽水市动力机械厂生产假冒"常柴"柴油机5460台，案值600多万元；查获卷烟263374条，汽车6辆。1993年，丽水地区开展打假治劣、走私贩私活动，查处各类案件2756件，其中查处制售假冒伪劣商品案件235件；贩私案件20件；倒卖走私汽车9辆，摩托车28辆，外烟63770条。同年，丽水地区开展松阳处州制药厂生产的"三两半"药酒维权打假行动。1994年，丽水地区开展打假保节日、打假保春耕、打假保健康、打假保工程活动。查处各类案件1373件，罚没款201.76万元。其中查处假"先锋四号"大案，查获假药5万多粒。

1995年，丽水地区开展打假治劣活动，查处各类案件2129件，罚没款472万元。其中查处制售假冒伪劣商品案件1255件，捣毁窝点53个；查获假冒伪劣商品案值1794万元，依法处理案件10起，移送11人。1996年，丽水地区开展打假治劣活动，查处各类案件2103件，其中查处制售假冒伪劣商品案件917件，捣毁窝点38个。同年，专项整治药品回扣违法行为，丽水地区查处药品回扣26.32万元，依法处理案件3件。1997年，丽水地区开展"保节日、保春耕、保健康、净市场"四大战役，查处各类案件5786件，罚没款534万元；查获丽水市酒厂制售劣质黑米酒案件，查扣劣质酒1141箱；查处涉及《中华人民共和国反不正当竞争法》案件57件，涉及《中华人民共和国消费者权益保护法》案件135起，首次查处涉及《中华人民共和国野生动植物保护法》的出售日本蝴蝶标本案，查获国家二级保护种蝴蝶标本141只。

1998年，丽水地区开展红盾打假行动，查处各类案件5582件，罚没款655万元，捣毁窝点103个。其中市工商局经检队查获制造假烟窝点1个，查获假烟生产流水线1条及烟丝0.5万千克；龙泉市工商局查处辰龙药业公司灵芝专卖分公司非法传销案。丽水地区查处非法收购粮食案件53起，查获粮食13.1万千克。1999年，丽水地区开展"百日执法大行动"，查处各类经济违法违章案件5419件，罚没款466万元，依法处理案件5件。青田捣毁制售假药窝点1个，查获假冒托布津286箱，案值30多万元。丽水地区查处非法传销案件6件。

2000年，丽水市查处各类案件6940件，其中万元以上案件123件，罚没款449万元。市工商局查获非法盗印《新华字典》案件，查获《新华字典》成品7000册，半成品2万多册。缙云查获生产假冒"飞天"牌缝纫机头成品128台，半成品489台。2001年，丽水市开展工商整顿大会战，查处各类案件5539件，其中万元以上案件216件，捣毁制假窝点24个，案件总案值3353.5万元。其中查处死鸭制烤鸭案、矿物油制瓜子案、工业用氧冒充医用氧销售案等性质恶劣、影响民生的大要案。2002年，丽水市重点反不正当竞争和打假维权净化市场，查处案件7760件，罚没款796.71万元。其中依法查处龙泉液化气经营单位7家的限制竞争行为，分别处以罚款2.5万元；连续查获非法贩运进口牛皮8.81万千克。2003年，重点打击严重危害经济秩序、市场稳定、群众利益的违法行为，专项整治与

“非典”疫情相关的经济违法行为、商业贿赂、保险行业不正当竞争、水电站承包串标、虚假出资与虚报注册资本、房地产行业违法行为等，查处各类经济违法违章案件6020件，其中大要案351个，罚没款总额928万元，移送司法机关处理案件3件。2004年，丽水市打击经济领域突出违法行为，查处各类违法违章案件5260件，大要案451件。其中查获违法经营或涉嫌质量问题的粮食31.9万千克；查获其他不合格食品近2000千克。安徽省阜阳市劣质奶粉事件发生后，丽水市工商系统按照“县不漏乡，乡不漏村，村不漏店”要求开展大排查，查获涉嫌劣质或不合格奶粉7700多包(听)。

2005年，丽水市查处各类经济违法违章案件4913件，其中大要案502件，各类案件总案值4324万元；查处问题食品2280.5千克；取缔传销窝点4个，涉案人员293人。2006年，丽水市查处大要案555件，罚没款总额2307万元。其中查处商业贿赂案件56件，案值1122.54多万元，罚没款477.34万元。2007年，丽水市查处各类经济违法违章案件3187件，其中大要案605件，移送公安司法机关案件3起；查处制售假冒伪劣食品案件155件。

2008年，丽水市查处各类经济违法违章案件2824件，其中大要案702件；移送公安司法机关案件3件，案值9609.35万元；罚没款总额1577.4万元。其中查处侵犯奥林匹克专用标志案件57件；查处遂昌、松阳销售0.45亿千克病死猪肉窝案各1起，严惩销售病死猪肉的不法商户21家，依法处理主要当事人2人。2009年，丽水市查处各类经济违法违章案件3387件，其中大要案件750件，罚没款1603.46万元。其中联合市公安局破获“7·20”特大传销案，出动执法人员766人次，捣毁传销窝点60个(处)，教育遣返外省籍传销人员677人，刑拘24人，批准逮捕16人，劳教4人。

2010年，丽水市查处各类经济违法违章案件3562件，其中大要案件782件，罚没款1446.73万元。丽水市开展食品安全执法月活动，查处食品违法案件405多件，其中大案71件。

1990—2010年丽水市查处经济违法案件一览

表21-5-7-1

年 份	违法案件总数(件)	罚没款(万元)	大要案数(起)
1990	3839	501.12	128
1991	3403	780.00	50
1992	3033	812.61	164
1993	2756	544.00	130
1994	1373	201.76	48
1995	2129	472.00	79
1996	2103	406.00	113
1997	5786	534.00	138
1998	5582	655.00	142
1999	5419	466.00	134
2000	6940	449.00	123
2001	5539	517.00	216
2002	7760	796.71	274
2003	6020	928.00	351

续表 21-5-7-1

年　份	违法案件总数(件)	罚没款(万元)	大要案数(起)
2004	5260	1210.71	451
2005	4913	1346.00	502
2006	4401	2307.00	555
2007	3187	1399.00	605
2008	2824	1577.40	702
2009	3387	1603.46	750
2010	3562	1446.73	782

消费者权益保护

1994 年，地区工商行政管理部门执行《中华人民共和国消费者权益保护法》，大力宣传《中华人民共和国消费者权益保护法》，除在报刊、电台、电视台等媒体进行宣传外，还编写印发宣传资料，开展广泛的法律咨询活动，举办地属大中型企业法定代表人和营销人员专题培训班。同时，积极受理企业、消费投诉、举报，保护消费者合法权益。1998 年 2 月 26 日，地区工商系统开通“96315”消费者举报投诉电话，有效打击违法违章活动，保障企业和广大消费合法权益，维护市场经济秩序。地区工商行政管理局向社会承诺，开通“3•15”专线电话，及时受理消费投诉和举报；配备专车，在辖区内巡查，及时处理危害消费者权益的案件，属城区范围内的 30 分钟内赶到现场处理；分工专人负责处理群众的投诉举报，做到事事有回音，件件有着落。2000 年 2 月，丽水市“96315”专线电话与“12315”专线电话并线运行。1992—2003 年，丽水市查处个体、私营经济违法违章案件 28447 件，罚款 556 万元；1998—2009 年，为消费者挽回损失 1838 万元。2005 年 2月，丽水市统一使用“12315”专线电话。同月，丽水市“12315”举报申诉指挥中心成立。2007 年始，“12315”平台集中受理消费者投诉。

第六章　质量技术监督管理

民国时期，丽水地区开始出现质量技术监督机构。民国 16 年(1927)，南京国民政府度量衡标准委员会成立。民国 20—21 年，浙江省度量衡检定所松阳县分所、青田县分所、龙泉县分所、丽水县分所相继成立，负责管理度量衡，由于制定发布的标准数少，标准化工作仍十分薄弱。民国 23 年，各县相继裁撤度量衡检定所，民国 28 年，各县重新恢复度量衡检定所。民国 36 年，处州十县分别由各县政府建设科或财政科主管度量衡，县商会、同业公会负责度量衡互查互检。

1949年8月，丽水专区商业局工商科兼管丽水地区度量衡工作。各县工商联、同业公会组织对度量衡自查互查、同行公议。1964年，丽水计量标准管理所成立，负责各县计量检定工作。1966—1976年，丽水计量标准管理所遭受严重冲击，工作陷入瘫痪状态。1971年12月，丽水地区计量管理所革命领导小组建立，负责全区度量衡工作。

1978年9月，丽水计量标准管理所更名丽水地区标准计量管理所。1988年4月，地区标准计量管理所升格为地区标准计量局，统一管理丽水地区计量、标准化、质量监督管理工作。1995年8月，地区技术监督局成立，开展计量确认工作，以提高企业内部科学管理水平，促进产品质量的提高。1999年，地区技术监督局更名丽水地区质量技术监督局，为省质量技术监督局直属行政机构。2000年7月，更名丽水市质量技术监督局。其基本职责，负责质量宏观管理工作，组织推进质量建设，实施名牌战略，组织协调和指导推动各部门、各行业的标准化工作，组织推行法定计量单位和国家计量制度，依法负责检验机构及其检验服务活动的监督管理工作，依法对特种设备的设计、制造、安装、改造、维修、检验检测等环节进行监督检查等工作。

第一节　质量监管

质量监督检验

1982年始，丽水地区标准计量所从标准化整顿验收、计量定级升级入手，帮助企业开展全面质量管理。1985年，丽水羽绒厂实行TQC档案管理，采用国际标准和企业标准化整顿验收、企业计量定级升级考核。同时，浙江纳爱斯日用化学有限公司整顿理化室、建立计量室。截至1987年，丽水地区先后帮助遂昌医疗器械厂、缙云棉纺厂建立QC小组，制定TQC规划，制定各项管理工艺制度，建立质量保证体系，进行全面质量管理。1989年，浙江纳爱斯日用化学有限公司通过国家二级计量水平考核。

1989年，浙江纳爱斯化工股份有限公司、丽水金笔厂等企业16家获丽水地区工业产品质量、规模、效益优胜企业。1990年，丽水地区查处无证产品5批次。1995年，浙江纳爱斯日用化学有限公司通过ISO 9000国际质量保证体系认证。1997年，浙江中科信凯特电子有限公司总经理任平、浙江晨龙橡胶集团公司副总经理蒋建新、松阳耐火纤维总厂厂长潘长原、云和县镰刀厂厂长徐志一、丽水市汽车配件厂厂长朱君毅，被评为1996年度乡镇企业质量管理先进工作者。

2000年11月，浙江纳爱斯化工股份有限公司等企业5家被评为丽水市企业质量示范企业。2001年，丽水市被列入质量指标考核企业15家。截至2004年，丽水市拥有两个省级质量检验中心，即丽水市区的制笔质量检验中心和遂昌县的特种纸与纸制品质量检验中心。2005年，丽水市构建质量监督工作网络，落实197个乡镇（街道）质量监督工作网络全覆盖，乡镇（街道）专（兼）职质监员294人，其中专职130人。同年，丽水市产品质量指数正式纳入全省工业经济考核指标，产品质量指数为91.23，与2004年相比呈稳中有升态势。

2007年，丽水市加强区域质量监管，将缙云县金属门列入重点关注产品和重点整治产品，并顺利通过整治验收；做好企业电子监管网工作，完成入网企业164家，完成任务率164%；审核备案

150 家，备案通过率 92%。2008 年，丽水市开展“十小”行业[①]整治和规范工作，整治“十小”行业生产经营单位 16988 家，达到标准规范要求 16376 家，规范率 96%；基本完成“十小”行业整规工作任务的乡镇 177 个。同年，丽水市完成国家质检总局指定重点区域云和县木制品玩具、浙江省质量技术监督局挂牌督办的缙云县缝纫机行业挂牌整治任务。2010 年，丽水市九县（市、区）完成“十小”行业整治和规范工作，顺利通过省政府“十小”行业整治考核验收。市政府落实市长基金 40 多万元作为全市“十小”示范创先活动奖励经费。2008—2010 年，浙江省食用菌质量检验中心列入省质监局三年规划国家级检验中心的重点培育。

产品免检

1995 年始，地区技术监督局实施“免检”制度，对产品质量多次抽检合格、质量稳定的企业，实施免检奖励。丽水羽绒厂羽绒制品上海港出口实行免检。同年，丽水地区首次公布地级质量监督免检情况。1997 年，地区技术监督局实行免检企业 13 家、产品 17 种。2001 年 3 月，“雕牌”洗衣粉实行国家级免检。2002 年，“意尔康”牌皮鞋等产品 4 个成为丽水市首批国家免检产品。2003 年，“艾莱依”羽绒制品和“大事利”皮鞋成为国家免检产品。截至 2010 年，全市国家免检产品 17 个。

质量认证管理

质量认证授权　20 世纪 90 年代末，对丽水行政区域内通过产品质量认证、质量体系认证的单位统一实施备案，通过质量认证单位在取证之日起 15 日内到地区技术监督局登记备案。为规范备案工作，对备案企业颁发统一的质量认证备案证书。2003 年，市质量技术监督检测院计量中心通过浙江省质量技术监督局组织的法定计量检定机构考核，获计量检定授权 12 项和标准项目授权 10 项。同年，通过浙江省质量技术监督局组织的计量认证的检验机构 28 家，涉及产品及参数 1208 个。

2004 年 9 月，市质量技术监督检测院正式通过国家实验室认可。2005 年，机动车安全技术检验机构的资格及监督管理工作，由市公安交通管理部门向市质量技术监督部门移交。2006 年，丽水市通过考核法定计量检定机构 6 家，获省质量技术监督局颁发计量授权证书。2009 年，丽水市质量技术监督检测院通过省级资质认定产品及参数 1720 个，新增项目及参数 183 个。2010 年，丽水市重点开展质监系统检验机构检测整顿活动和公安系统机动车安检机构整顿活动。

管理体系认证　2001 年，丽水市通过质量体系认证企业 4 家。2003 年，丽水市开展质量体系认证有效性检查，检查通过认证单位 31 家。同时，丽水市组织资质验证确认质量管理体系和环境管理体系的咨询单位 7 家。2004 年，通过 ISO 14000 环境管理体系认证企业 10 家。

2006 年，丽水市查获管理体系认证组织 120 家，撤销管理体系运行不到位、认证有效性差的企业 2 家，认定认证证书无效企业 1 家，责令整改问题机构 6 家。2007 年，对建立环境管理体系、质量管理体系的企业 68 家，开展认证有效性监督检查，处理企业环境管理体系运行有效性差的

① 十小行业：食品加工小作坊、小食杂店、小餐饮店、小药店、小农资店、小菜场、小音像店（包括网吧）、小美容美发店、小客运、小液化气供应点。

企业3家，其中被暂停证书企业2家，被撤销证书1家。2008年，丽水市开展认证有效性监督检查企业42家、证书46张，责令相关企业整改，查处违法认证机构。2009年，根据《丽水市加快品牌培育与质量提升、市长质量奖专项资金管理办法》，对首次通过2008年度ISO 14000环境管理体系确认，并申请政府奖励的市直企业进行审核把关，对符合条件的企业及时帮助企业兑现政府奖励政策。

强制性产品认证　2001年，丽水市行政辖区内强制性安全论证产品的安全认证持证率100%。2003年，通过国家强制性产品（“CCC”认证①）30家。2006年，在全市范围内开展强制性产品认证目录中直接关系人身、财产安全且认证有效性较差的电线电缆、照明设备、电动工具和电路开关及保护或连接用电器装置等5类28种产品的专项整治。

2007年，丽水市开展违反强制性认证制度管理的违法行为集中严打行动，对低压电器、电线电缆、玩具、汽车配件、家用电器等五大类重点产品进行专项整治，检查企业20多家，查处无证生产强制性认证产品货值60多万元。2008年，丽水市对直接关系人身、财产安全和认证有效性较差产品的儿童玩具、涂料、汽车配件、装饰材料及小型断路器等重点产品组织开展全面巡查，确保“CCC”认证产品质量稳定。2009年，丽水市查处强制性认证产品违法案件3起，涉案货值60多万元。同年，开展“CCC”认证产品经营使用领域的执法检查，查处将无证音频功率放大器用于经营活动的案件1起。2010年，丽水市完善强制性认证产品企业档案库建设，建立认证产品分类监管机制、认证企业巡查机制，确保强制性认证产品的质量安全。

品牌建设

1980年，丽水地区开展产品质量“创优”活动。同年，遂昌医疗器械厂双剑牌手术剪获浙江省优质产品。1982年，遂昌医疗器械厂双剑牌手术剪获国家质量银质奖产品，青田石雕厂青田石雕作品“马踏飞燕”获中国工艺美术品百花奖。1985年，丽水化工厂丽水牌47型洗衣皂和丽水羽绒厂天鹅牌羽绒被（内销为西湖牌和飞雁牌）获部优产品。截至1989年，丽水地区质量“创优”产品82项，其中获国家、部优质产品9项，省优质产品73项；优质产品总值6000多万元，占丽水地区工业产值10%。

1990年，丽水地区将产品质量“创优”改为“创名牌”。2003年，丽水市重新修订《丽水地区质量振兴实施计划》。2005年，市政府成立名牌培育工作领导小组，编制完成《丽水名牌产品培育发展规划（2006—2010）》。同期，各县（市、区）相继成立名牌培育工作领导小组。后全市在竹木制品、森林食品两个行业开展名牌培育试点。

2008年，丽水市制定《关于加快品牌培育与质量提升的若干意见》与《丽水市市长质量奖管理办法》，提出质量兴市理念，明确质量提升对经济社会发展的地位作用。2009年，丽水市首次开展“市长质量奖”评选活动。2010年年底，丽水市获中国名牌产品5个（雕牌洗衣粉、雕牌液体洗涤剂、艾莱依ERAL羽绒服、纳爱斯系列香皂和雕牌系列肥皂）、国家地理标志产品7个，浙江名牌产品56个、浙江区域名牌2个（遂昌竹炭和缙云荧光灯管）。

① CCC认证：新国家强制性认证标志名称“中国强制认证”，英文名称为“China Compulsory Certification”，英文缩写为“CCC”。2002年5月1日起，中国强制认证标志正式实施。

质量监督机构

质量监督管理机构　1964 年，丽水计量标准管理所成立。1978 年 9 月，丽水计量标准管理所更名为丽水地区标准计量管理所。1988 年 4 月，丽水地区标准计量管理所升格为丽水地区标准计量局，统一管理丽水地区计量、标准化、质量监督管理工作。1995 年 8 月，丽水地区技术监督局成立，开展计量确认工作。1999 年，丽水地区技术监督局更名丽水地区质量技术监督局，为省质量技术监督局直属行政机构。2000 年 7 月，丽水地区质量技术监督局更名丽水市质量技术监督局。

质量监督检验机构　1989 年，建立浙江省丽水地区工业产品许可证办公室，办公室设在地区标准计量局。1996 年 10 月，地区工业产品生产许可证办公室划转地区经济委员会管理。2007 年，丽水市质量技术监督检测院设立四大检测中心，分别是丽水市食品质量安全检测中心、浙江省食用菌质量检验中心、浙江省木制玩具质量检验中心及浙江省烟花爆竹质量检验中心。

第二节　计量监管

计量监管

商贸计量管理　1954 年 5—6 月，丽水县商业局工商科登记检定城区商业度量衡器具。同年，丽水城区商业度量衡器具店 757 家，检定度器 170 件，衡器 1733 件。1964 年，丽水计量检定所成立。1965 年始，丽水县开展定期和不定期抽查检测市场计量器具。每年元旦、春节、“五一”、国庆前夕，开展市场、商店计量器具检查。7 月，丽水专区对各县城关镇衡器进行抽查，抽查衡器 3617 台(件)，其中木杆秤 2629 支，台秤 200 台，布尺 387 支，油酒提 104 只，合格率仅 7%。

1966 年 4 月，丽水专区首次进行计量器具周期检定。7 月，丽水专区检查计量器具各城关镇 7 个、供销社 1 个、生产队 48 个、工厂 15 个，检查计量器具 3617 台(件)，合格率 18%。1972 年，丽水地区市场设立“公平秤”，由群众监督。1979 年 7 月，丽水地区对计量器具实行检定。1982 年，丽水地区发给检定合格计量器具合格证书，盖浙江省统一制发钢印。同年始，丽水地区实行杆秤定量砣。

1986 年始，丽水市(县级)、遂昌县、青田县、云和县菜市场设立“电子秤”，作为公平秤。同年，丽水地区开展商贸计量大检查，查验衡器 784 台(件)，合格率 74%。1987 年始，丽水地区依法实行强制检定计量器具。1987 年始，丽水市(县级)职工物价计量监督站成立，各工矿职工兼任商贸计量检查员。1989 年，丽水地区开展度量衡器具检查，合格率 73.7%。1993 年，丽水地区检查商贸计量器具 3557 台(件)，合格率 83%。2000 年，丽水市评出“计量信得过”单位 61 家，其中市级 32 家。

2001 年，丽水市定期监督检查电能表、水表、煤气表、衡器、税控为加油机和出租汽车税控计价器 6 种重点产品，省级定期监督检查合格率 100%；定量包装商品的省和市级计量抽查综合合格率 90.1%。2002—2010 年，丽水市开展集贸市场计量专项整治。2003 年，丽水市开展“价格、计量信得过单位”评选活动，获评商贸企业 22 家。

工业计量管理　1972 年，丽水地区计量所制定《关于厂矿量具检定、修理、保管、使用意见 10 条》，开始工业计量管理。1973 年 7 月，丽水地区理化测试室成立，开展化学计量。1974 年 10 月开始，丽水地区开展电学计量、电器仪表检修、生产企业电表检定。1975年7月，丽水地区开展精密仪器计量测试。1979年，丽水地区普查工业计量器具。驻厂检定丽水量具厂、青田温溪互感器厂9638台（件）。1980年，丽水地区管理和检定电表生产企业。1982年，丽水地区检定修理分光光度计、比色计、酸度计。监督检查丽水地区耗煤每年60万千克、电力100万千瓦小时以上的企业。1983年6月，丽水地区组建万吨耗煤企业能源计量工作检查组，开展相关检查和评比活动。1985年，丽水地区开展工业企业计量定级升级工作。截至1991年，丽水地区二级计量合格企业7家、三级计量合格企业116家。1992年始，丽水地区暂停工业企业计量定升级工作。1997年，丽水地区开展企业完善计量检测体系的确认工作。2003年，丽水市新增二级计量合格企业4家，三级计量合格企业71家。

2003年，丽水市先后开展计量大检查5次，分别为医院、药店用计量器具、液化石油气充装单位、眼镜配制场所、加油站、定量包装的重点食品等14类。2004—2010年，丽水市开展重点重点工程计量器具检定工作，主要是金丽温高速公路、龙丽一级公路等多个市级重点工程检定材料试验机、压力表、热工仪表、衡器等计量器具。2006年，丽水市启动能源计量服务活动，引导企业采用先进的能源计量管理和检测技术。2009年，丽水市检查年耗能100万千克标准煤以上重点用能单位能源计量。2010年，丽水市开展能源计量精细化管理工作，精选具备条件企业100家；对年耗能100万千克以上重点用能单位及年耗电300万千瓦以上非工企业156家开展能源计量专项执法检查。

农业计量管理　1980年，地区标准计量管理所开展农用氨水浓度测定、土壤、植株营养诊断。1979—1981年，对龙泉凤阳山黄茅尖、遂昌九龙山半原始森林土壤分析化验和研究，提供科学种田、科学造林科学依据。2003年，丽水市农产品监测中心成立，检测丽水市场农产品，每月3次，定期公布检测结果。

医疗卫生计量管理　1964年开始，丽水专区实行卫生计量器具管理，检修医院压力计。1972年始，丽水地区周期检修县级医院、中西药房、制药厂等单位医疗计量器具。1978年，丽水地区检查县级医院在用血压计、天平。同年，废除中医古传处方用药“两、钱、分”计量单位。1979年1月起，丽水地区中医处方用药一律实行“克”“毫克”“升”“毫升”计量单位。1986年，丽水地区实行强制性检定管理医疗计量器具。1988年，地区和省、县两级联合开展医疗计量器具检查，多数县级医院血压计不合格。同年始，丽水地区标准计量管理局和遂昌计量检定所开展心电图仪检定。1989年始，丽水地区实行强制性周检丽水地区医院、丽水市医院、药品检验所的医疗计量器具。

标准化监管

标准化管理　1976年，丽水地区计量管理所举办学习班。1977年，丽水地区执行国家标准《形状与位置公差》。1979年，各县计量管理所更名标准计量管理所。1981年，丽水地区标准计量管理所执行新国家标准《公差与配合标准表》。1984年，丽水地区执行国家标准《计数抽样》《光滑尺寸检验》。1985年，丽水地区开展企业标准化整顿验收。1987年，丽水地区执行新国家标准《机械制图》。1988年，丽水地区开展采用国际标准验证确认。

1990—1991年，丽水地区执行《电气图形符号》《食品通用标签》《质量管理和质量保证系列标准》《国旗标准与国旗法》。1992年，丽水地区执行强制性标准《三角异步电动机经济运行》。1994年，丽水地区执行国家标准和指导性文件《信封》《服装型号》《标准体系表编制指南》等。1995年，丽水地区实施强制性标准《食品标签通用标准》，检查生产厂 41 家、食用标签 21 种的认可标识。同年，浙江纳爱斯化工股份有限公司生产的雕牌超皂（复合皂），采用美国 ASTMD2179—65（1985）标准，在产品外包装上使用国际标准标志。1999 年，丽水地区采用国际标准的确认验证企业 7 家、产品 8 种。

2000 年，丽水市执行地方标准《红木家具产品标识规定》《产品标注规定》《浙江省家具商品修理更换退货责任规定（试行）》。2001 年，丽水市执行浙江省地方标准《城市街容标准》，规定市本级和各县（市）均要有达到省级验收确认要求的“街容达标示范路”1 条。2001 年，采用国际标准重点骨干企业主导产品 13 家、95 项。2002 年，丽水市采用国际标准数 20 项。2004 年，获采用国际标准证书企业 16 家。2007 年，丽水市完善市、县二级标准化工作体系。同时实行食品标准报送制。2008 年，市政府成立标准化战略领导小组，制定《丽水市人民政府关于实施标准化战略的若干意见》和《庆元香菇地理标志产品保护管理办法》。

标准制定　1980—1989 年，丽水地区制定地区级产品标准 96 项。1989 年 4 月，丽水地区清理丽水地区标准，其中上升为地方（省级）标准 3 项、下放为企业标准 59 项，废止执行 23 项。截至 1995 年，丽水地区企业备案标准 652 项，其中地区标准计量局备案 246 项。1999 年，丽水地区完成消灭无标生产产品，依法执行企业标准备案登记 1524 家，执行产品标准 2397 项，产品标准覆盖率 95%。2001—2003 年，丽水市企业备案标准 2146 项。2004 年，丽水市全面清理企业备案标准，修订标准 742 项，废止与国家相关法律法规不一致的标准 1239 项。

2007 年，丽水市发布实施丽水市企业参与制（修）订的国家标准《空气净化用竹炭》《地理标志产品遂昌竹炭》《半导电电缆纸》《民用爆破器材工程设计安全规范》。同期，指导企业主导制定行业标准《浸渍纸质层压木地板用表层耐磨纸》《人造板防水剂》和浙江省地方标准《地板钉》《硬质钢钉》。2009 年，遂昌县“建设长三角休闲旅游名城”景区集群标准化项目入选省级服务业标准化试点项目，成为浙江省 3 个旅游标准化项目之一。浙江省照明电器标准化技术委员会电光源分技术委员会正式成立，结束丽水市没有省级标准技术委员会的历史。同年，全市制定省级地方标准 4 项，争取省级标准化专项资金 431 万元。

第三节　技术监督行政执法

执法检查

1985 年，青田县农民向供销社购买钢材（线材），发现直径比规定小，重量短少，强度不够的质量问题，是丽水地区首次发现无厂名、厂址、合格证的“三无”①产品。丽水市（县级）对外经济技术协作办公室采购 24000 千克铝锭，经技术鉴定内含碎圆钢、铁渣、矿石等杂物，结果处以罚款。1989 年，丽水地区贯彻国务院《关于严厉打击在商品中掺杂使假的通知》，开展严厉打击在商品中掺杂使假的违法行为。1989 年，地区标准计量管理局牵头，开展市场检查 6 次，查封、没收伪劣商品 109953 件

① “三无产品”：无厂名、厂址、合格证工业产品。

(台)、各类不合格计量器具677台(件),查处假小苏打、掺杂假原棉等案件。

1990年,丽水地区组织市场检查321人次,检查商店、仓库953家,生产企业21家,查封、销毁假冒伪劣商品总价值60万元。1992年8月,丽水地区重点打击无视国家有关法律、法规,生产和经销假冒伪劣商品的违法行为,打击支持、包庇、纵容这些违法行为的单位和个人。同年,丽水地区检查国营、集体、个体生产和经营单位1634家,受检产(商)品2076批次,不合格产(商)品占30%。查获假冒商品187批次。9月29日,在丽水市大水门溪滩依法销毁伪劣商品2万台(件)。1993年,丽水地区对建筑钢材、水泥进行全面市场检查2次,抽查螺纹钢筋76个批次,合格10个批次,合格率15.2%;不合格螺纹钢材66批次,劣质产品58个批次。同年,丽水地区检查商店水泥22个批次,合格17批次。1994年,丽水地区查处生产和销售假樟脑制品和卫生球(萘丸),检查商品总标值3500万元。

1995年,丽水地区对市场上假冒伪劣商品从检查逐渐过渡到专项整治。1996年,丽水地区专项治理饮料市场,整顿生产和流通秩序行业2个,查处假冒伪劣商品价值159万元,罚没款20万元。1997—1999年,丽水地区开展打假治劣"蓝箭"行动,查处违法行为2220起,其中立案308起,现场处罚931起。

2000年,丽水市检查生产和流通领域企业3790家,产品4974批次;查获假冒伪劣产(商)品标值488.6万元;查处违法案件1129件,其中立案603件,结案592件。2001年,丽水市查处大要案68件;违法行为立案766件,结案735件;端掉生产窝点27个,销毁假冒伪劣产品价值60.47万元。2003年,丽水市开展防治非典型肺炎防护用品检查,查获大批劣质口罩、消毒液等。同年,缙云县开展"地条钢"①生产企业执法检查多次,没收模具及地条钢400多万千克。

2004年,丽水市开展"治源头、保平安"专项执法整治行动,取缔"地条钢"生产或使用企业63家。2005年,丽水市开展重点建设工程产品质量专项执法检查,对重点建设工程的钢筋、水泥、管道、涂料、电线电缆、低压电器等建材产品进行专项执法检查。同年,联合江苏、贵州省质量技术监督部门查处跨省茶叶制假案。2007年,丽水市开展"打假保节日""打假保农资""打假保建设""平安六一"等专项执法行动,对食品、农资、建材、儿童用品、特种设备等进行执法检查。同期,组织开展产品质量和食品安全专项整治行动。2009年,丽水市查处无证生产漆包铜线案件1起,单案处罚62万元。2010年,丽水市查获无证生产压缩液化气体企业1家,涉案货值40多万元。2009—2010年,丽水市组织开展"农资保质""光明行动""平安六一"等专项执法行动。

组织机构

民国以前,历代均由地方官署兼管度量衡。民国19年(1930),国民政府成立全国度量衡局,各地建立相应度量衡检定所,从事本地区度量衡检定与管理工作。

1949年4月丽水解放后,丽水专署财贸办公室负责丽水专区度量衡管理工作。1957—1964年,丽水地区企事业单位计量标准的建立和考核由浙江省计量管理所负责。1978年,丽水计量标准管理所成立后,负责对丽水专区计量管理,贯彻法定计量单位制,进行计量标准管理、工业计量管理、强

① 地条钢:以废钢铁为原料、经过感应炉等熔化、不能有效地进行成分和质量控制生产的钢及以其为原料轧制的钢材。

制检定计量器具管理和商品质量的监督管理。

1978 年 9 月，丽水计量标准管理所更名丽水地区标准计量管理所。1986 年，《中华人民共和国计量法》和《工业产品质量责任条例》实施，地区标准计量工作走上依法行政的轨道，任命计量监督员和产品质量监督员，在丽水地区范围内开展计量、质量执法检查工作。1988 年 4 月，丽水地区标准计量管理所升格为丽水地区标准计量局，开展检查，对违背标准、计量法规的行为进行帮助教育，甚至处罚。

1996 年，丽水地区进一步强化技术监督综合和行政执法两大职能。21 世纪以来，丽水市质量技术监督局在系统内部推行行政执法责任制，制定技术监督行政执法公示制度、行政评议考核制度、严格错案追究制度等行政执法责任制度，规范技术监督行政执法行为，强化执法监督。

第四节　特种设备监管

监管活动

1950 年，丽水专署会同企业工会，开展安全卫生大检查，改善职工劳动条件。1979 年，地区劳动行政部门设立劳动保护科，管理劳动保护工作。

1982 年，地区锅炉压力容器安全监察机构落实《锅炉压力容器安全监察暂行条例》，登记建档、领取使用登记证蒸汽锅炉 114 台，占应登记发证数 85%。1987 年，丽水地区加强对承压锅炉安全监察。1988 年，丽水地区在用承压锅炉 426 台，其中持证承压锅炉 380 台，占 89%。

1990 年，丽水地区治理整顿锅炉房综合治理和压力容器。1997 年，地区锅炉压力容器检验所内部检验在用锅炉 288 台，外部检验在用锅炉 168 台，安装质量检验在用锅炉 78 台；查处无证、伪劣锅炉 146 台，取缔非法生产厂家 6 家，发生事故比上年下降 53%。同年，丽水地区开展民用液化石油气钢瓶大检查，检查气瓶 12 万只，办理注册登记 16 万只；检测站检验电梯 160 台，起重机 118 台。1998 年，地区锅炉压力容器检验所内部检验在用锅炉 283 台，外部检验内部检验 192 台。同年，丽水地区发生锅炉重大损坏事故 13 起，比上年下降 7.1%。1998 年，丽水地区开展针对特种作业人员培训考核，获特种作业人员上岗证书 2298 人；复审考核上岗证书到期的特种作业人员 1740 人。

1999 年后，地区安全监察范围逐渐扩大至起重机、电梯、防暴电器、厂内机动车辆及公园、娱乐场所的安全措施等安全监察。1999 年，丽水地区开展查禁伪劣锅炉压力容器活动，完成在用锅炉内部检验 284 台，外部检验 172 台；发生锅炉重大损坏事故 1 起。同年，丽水地区检测电梯 169 台，起重机 72 台。1999 年，丽水地区获特种作业人员上岗证书 1928 人。

2000 年，丽水市依法开展矿山安全监察、锅炉压力容器安全监察和职业安全卫生监察等工作。同年，全市内部检验在用锅炉压力容器 335 台，外部检验 177 台。同年，全市检测电梯 179 台，起重机 65 台。2000 年，丽水市获特种作业人员上岗证书 1670 人。2001 年，丽水市开展对锅炉压力容器安全专项整治活动，检测锅炉 358 台，定检率 97%，锅炉使用登记发证率 85%；查处无证伪劣锅炉 75 台，锅炉管特事故结案率 100%。检测各类起重机 139 台，定检率 93%；注册登记建筑起重机械 99

台。查处无证安装使用的特种设备60台；超期使用的各类气瓶300只。压力容器使用登记发证率94%；换发国家质量技术监督局统一检验合格电梯标志牌86%。同年，丽水市开展中、小学锅炉安全大检查。2002年，丽水市开展锅（炉）容（器）管（道）特（种设备）普查整顿和打假保安全专项整治，普查特种设备4254台，查出预报废设备153台，不符合发证条件的设备918台，解体土制锅炉122台。整治隐患设备667台，其中立案65起，罚款15万元。同年，丽水市开展液化石油气充装单位安全管理专项整治活动。丽水市气瓶充装单位收购气瓶33万只，托管气瓶19万只，收购、托管率85%，气瓶定检率超98%。2003年，丽水市完成特种设备的检验治理291台。2003年，丽水市确定特种设备重点监控单位，重点监控重点监控单位34家。2004年，丽水市率先在全省完成在用工作压力管道的专项普查工作，第一个通过省级验收。同年，丽水市普查工业压力管道79千米，涉及使用单位244家；取缔土制锅炉、压力容器、起重机械30个，立案查处48件，处罚32.2万元；完成事故隐患整治592个，事故隐患整治率86%。

2005年，丽水市开展锅炉水处理服务、水处理设备调试、有机热载体炉油品化验等项目的检测。5月，丽水市专项整治开发区内企业的特种设备，查出隐患100多条，发出限期整改指令书14份。2006年，丽水市开展特种设备专项安全检查10次。特别是温州"7·30"锅炉爆炸事故后，全市认真吸取爆炸事故教训，紧急部署开展特种设备事故隐患排查工作，地毯式安全检查土制特种设备，重点针对中小企业、豆腐等食品加工作坊的锅炉使用情况，以及可能使用"土锅炉"或存在常压锅炉承压使用等场所。同年，丽水市发生特种设备严重事故（氧气瓶爆炸事故）1起，重伤1人；一般事故20起。2007年。丽水市未发生特种设备严重事故，万台设备事故率和死亡率为零，特种设备安全监管呈历史最好水平。

2008年，丽水市特种设备万台事故率0.44起、万台死亡率0.44人，事故处理结案率100%。同年，缙云石材行业起重机械安全隐患被列为挂牌督办件后，缙云县政府专门下拨专项整治经费45万元，拆除10台，维保改造11台，更新33台，更换26台。2009年，松阳不锈钢管产业被国家质量技术监督检验检疫总局评为全国8个特种设备安全进企业示范点之一。

2010年，丽水市深化各级政府和相关行业主管部门的特种设备安全监管责任。同年，在龙泉市召开全市特种设备安全监管现场会，推广特种设备监管形成乡镇（街道）基层监管网络体系方面的典型做法。同年，丽水市开展压力管道元件专项整治，提高取证率。全市压力管道元件企业106家，其中不锈钢管83家，阀门23家；经过评审或取证59家，申请被受理36家。

监管机构与制度

1982年，丽水地区劳动局设立锅炉压力容器安全监察机构。1982年，国家颁布实施《锅炉压力容器安全监察暂行条例》。1983年始，地区锅炉压力容器检验所对锅炉进行一年一次定期检验。1984年，地区劳动人事局设立劳动保护科，负责丽水地区国有、乡镇、私营工矿企事业各种锅炉、压力容器、压力管道及特种设备全过程的安全监察，以及气瓶、液化石油气充装，储运及检验的安全监察。

2001年，丽水市锅炉压力容器检验所、市劳动安全卫生检测站划转市质量技术监督局，2002年3月，市锅炉压力容器检验所、市劳动安全卫生检测站合并机构，成立丽水市特种设备检验中心。2003年，丽水市建立特种设备协管员队伍，配置乡镇（街道）协管员244名。

第七章　食品与药品监督管理

清光绪年间(1875—1908),清政府民政部内专门设立卫生司,负责卫生及药品监管工作,丽水地区无独立的卫生药品行政机构。民国时期,民国政府卫生部成立,负责卫生药品行政工作。民国31年(1942),民国政府制定《药商规则》,明确由卫生部门负责药政工作,是中国最早药品专门监管机构。

1949年中华人民共和国成立前,丽水饮食行业卫生条件差,大多数商店、摊点均不符合饮食卫生要求。中华人民共和国成立后,政府重视人民健康,逐步设置各级卫生行政机构,加强卫生防疫、医政、药政管理和卫生事业建设。1949年,丽水专区卫生行政部门配备兼职药政管理干部。1964年,丽水专区卫生行政部门配备专职药政管理干部。1983年始,地区卫生局和地区工商部门负责药品和食品卫生监管工作。2001年6月,丽水市药品监督管理局成立,隶属省药品监督管理局,实行省垂直管理,全面负责全市药品、医疗器械质量安全监管工作。2005年4月,丽水市食品药品监管局成立,全面负责综合监管、组织协调、依法组织查处重大食品、保健食品、化妆品的安全事故和药品、医疗器械的质量监管工作,下辖市食品药品检验所、市食品药品稽查支队、市药品不良反应监测中心。同年,各县(市、区)食品药品监管局相继成立。2010年,丽水市食品药品监管系统干部职工168人。

第一节　食品监管

食品安全监管体制

1949年中华人民共和国成立初,丽水县人民政府卫生院兼管开展食品卫生工作。1953年8月,丽水县炊事伙房卫生委员会成立。1954年,遂昌县等个别县实行发放卫生许可证制度。1959年,各县人民委员会落实国务院制定《食品卫生管理试行条例》,颁发《关于饮食卫生管理工作的指示》;各县防疫站制定《关于行业卫生管理暂行规则》。1963年5月,浙江省颁发有关饮食店和食品加工厂(场)卫生、集市贸易和饮食摊贩卫生、水产品卫生、冷饮食品卫生等管理办法4种。1966年,食品安全管理办法未能落实。

1979年8月,丽水地区革命委员会批复同意丽水地区卫生防疫站恢复卫生许可证制度。10月,丽水地区国营饮食服务公司所属生产厂家获颁卫生许可证。1983年6月,各县政府发证任命食品卫生监督员。1984年,丽水地区卫生防疫站卫生科拆分为卫生和食品卫生科;1985年,食品卫生科更名食品卫生监督科。

2004年，丽水市建立覆盖县、乡、村的食品安全监管的联防体系。2005年1月起，丽水市质量技术监督部门正式承接原由市卫生部门负责的食品生产加工环节的卫生监管职能。市政府领导牵头成立整顿工作领导小组，制定《丽水市食品生产加工业整顿活动实施方案》。2006年，丽水市食品安全突发事件应急领导小组和丽水市食品质量安全专家咨询委员会成立。2009年，丽水市推动乡镇政府食品安全监管责任体系建设，探索建立食品加工小作坊长效监管机制，实施《关键控制点风险排查跟踪制度》。

食品安全监管活动

民国29年(1940)，丽水县政府召开防疫会议，命令警察局严饬警士，加紧检查取缔家庭作坊生产“凉腐”，绝对禁产禁售。

1952年，丽水县人民政府卫生院会同县工商联合会，对城关、碧湖两镇家庭作坊60多家，进行食品、副食品(包括季节性冷饮业)从业人员体检和审批登记，发放卫生许可证，监督检查食品生产场所的环境卫生。同年，处理不清洁的饮食品生产单位10多家。1953年，丽水、缙云、龙泉、青田县卫生院进行肉食卫生监督检验工作。加强屠宰场卫生管理，对个体肉食生产经营者加强卫生监督。

1953年，丽水县举办炊事员训练班，为期一周，参训单位29个、66人。内容涉及炊事人员基本卫生知识，厨房、饭厅及环境卫生要求，食物选择及保藏方法。1954年，大部分县组织机关、厂矿、企事业单位炊事人员，定期上卫生知识课，开展食堂卫生检查，开展循环红旗竞赛。1954年，遂昌县发放卫生许可证518份。1961年3月，丽水县人民委员会批复同意县防疫站《关于对市场上出卖死畜死禽肉处理意见的报告》，并批示，“对病猪和其他病畜在市场上一经发现，统由屠宰场收购加工后作工业用”。1963年9月2日，遂昌汽车站职工因食用隔日牛肉，发生中毒28人后，经金华地区防疫站检验证实，为葡萄球菌食物中毒。

1979年，各县对冷饮产品作不定期细菌学检查；举办生产工具消毒员训练班。1979年11月，丽水县开展食品生产人员手指带菌情况调查，带菌率89.5%。1979年，丽水地区开展酒类食品安全检查，抽查20家酒厂生产的酒类，检查样品55份，其中蒸馏酒合格率62.9%，发酵酒合格率75%。

1980—1982年，丽水县开展食品生产、食品经营者健康检查，参与食品生产行业人员体检2963人，发现肝炎、结核病患者115人，均作改行处理；抽验各类食品1165份，粮油品87份，销毁各类不合格食品50多千克。1983年7月1日起，丽水地区食品生产、经营单位设立食品卫生管理员。1984年，丽水县卫生防疫站食品卫生科和丽水地区运输公司棒冰厂被评为浙江省食品卫生先进单位。1985年，丽水地区食品卫生监督员61人，食品卫生检查员323人。丽水地区食品生产单位化验室62个，化验员94人。1985—1990年，丽水地区发生食物中毒53起、776人，其中30人以上集体中毒5起，死亡4人。

1988年，丽水地区大部分食品生产、经营单位都建立化验室，配备检验人员。1988年7月，丽水地区卫生局发布《食品卫生监督员、检查员工作纪律》。1988年，丽水市(县级)开展评选“食品卫生信得过单位”活动，丽水冷冻厂等单位6家和唐桂莲等个体食品经营户13人被评为市首批食品卫生信得过单位，颁发“食品卫生信得过”红匾。1983—1990年，丽水地区开展食品生产、食品经营者健康检查，体检合格者颁发《健康证》；体检发现有病、不宜从事食品生产经营者 398 人，均予以调离处置。1983—1990 年，丽水市（县级）销毁不卫生食品 42976.75 千克，价值 6 万多元。对食品行业企业中不符合卫生要求、经多次教育不改，实行暂时停业整顿 80 多家，限期改进 192 家，罚款 294 家次，金额 42805.97 元。1984—1990 年，丽水市（县级市）发生食物中毒 14 起。其中细菌性 7 起，化学性（有机磷农药）6 起，有毒动物 1 起；中毒者 280 人，死亡 1 人。

1993 年，丽水地区对夜市饮食、冷饮摊点加强管理，组织检查整顿，并加强餐具消毒管理，建立综合消毒站，新办卫生许可证 704 件，健康证 2344 本。同时，加强学校卫生管理。同年，丽水地区建立卫生档案的建制镇以上公产所经营单位 559 家，办理许可证率 98.93%；食品卫生从业人员体检率 99.22%，学生体检人数 25640 人。1996 年，丽水地区食品卫生许可证换证率 99.3%，从业人员体检率 99.94%，检出五病调离率 100%，食品卫生监测合格率 89.97%。1999 年，丽水地区监督检查食品生产 497 家，处罚 16 户，罚款 15700 元。没收烧毁伪劣食品 1722 千克；食品检测 698 份，合格率 83%；食品从业人员体检率 100%，检出五病 77 人，调离率 100%；结合创建卫生城市，加大卫生监督力度，加大整治副食、农贸市场、歌舞厅、美容场所。

2000 年，丽水市加强食品卫生监督力度，监督检查食品生产场所 3213 家，食品卫生监督面达 100%。2004 年，丽水市开展许可证专项整治工作，检查食品生产经营单位 242 家，查出无证单位 23 家，对年检合格者给予验证，对存在违法行为的责令改正 9 家、简易处罚 2 家、立案 5 起，取缔 23 家；发生食物中毒事件 1 起，中毒人数 43 人，无死亡病例；受理投诉举报案件 8 起，结案 8 起，有效地维护人民群众的健康权益。

2005 年，丽水市开展食品质量安全企业普查整顿工作，普查乡镇（街道）197 个，普查食品生产企业（点）4733 家。2006 年，丽水市食品生产企业 40 家新获食品生产许可证（即 QS 标志）45 张，获省级名牌食品生产加工企业 11 家，获市级名牌食品企业 34 家。2007 年，丽水市开展产品质量和食品安全专项整治行动。同年底，全市获食品生产许可证企业 216 家，与县质量技术监督部门或者乡镇签订食品质量安全自律承诺书的小作坊生产企业 603 家。2009 年，丽水市新增食品生产加工取证企业 34 家，获食品生产许可证企业 334 家。完成整改和规范的食品加工小作坊 805 家，关停取缔小作坊 19 家；取缔豆制品企业 13 家。2010 年，丽水市抽检食品及相关产品 1684 批次，合格 1395 批次，合格率 82.8%，其中实物质量批次合格率 87.4%，安全指标合格率 91.8%。查处违法案件 60 起，罚款金额 30.22 万元。同年，全市列入监管食品加工小作坊 805 家，整改和规范工作完成率 100%，其中帮扶改造取证企业 34 家，“五种模式”整合企业 367 家，关停取缔企业 46 家。

第二节　药品与医疗器械监管

1978 年中共十一届三中全会后，丽水地区加强药品和医疗器械管理工作。1995 年，地区医药监督管理局执行国务院《关于进一步加强药品管理工作的紧急通知》，深入开展药品生产经营秩序清查整顿工作，依法没收非法经营药品 1375 种（次），金额 48.35 万元，其中伪劣药品 349 种（次），折真品金额近 10 万元，罚款 0.9 万元，责成纠正经营范围、经营方式单位 83 家，撤并、停业单位 26 家，取缔游医药贩地摊 31 处。

2000年4月1日起，丽水地区医药管理局执行国务院颁布实施的《中华人民共和国医疗器械监督管理条例》。6月27—29日，举办第一期丽水市医疗器械法规培训班，参加培训的各县（市）医药管理局医疗器械管理干部、医疗器械生产经营企业负责人和质量管理人员29人。8月和11月，市医药监督管理局会同市卫生局、市工商行政管理局、市质量技术监督管理局，在丽水市开展一次性医疗器械专项整治活动，出动666人次，检查单位1156个，占所有涉及医疗器械单位总数的70%，发现无管理制度单位486家，采购渠道不正规单位105家，无许可证单位419家，使用过期失效淘汰产品单位3家，无发货领用制度单位7家，使用后无专人负责单位277家，使用后没有消毒处理单位812家，没有毁形处理单位333家，没有定点回收单位1103家，不按规定私自出售单位3家，无产品注册厂家的产品2个，无工业产品许可证厂家的产品1个。检查期间，检查人员边检查边宣传法规，并帮助被检单位整改落实。同年，丽水市根据省药品监督管理局部署，开展医药企业换发许可证工作，涉及药品生产企业许可证换发证企业15家，其中停业整顿制药企业4家，中药饮片加工企业5家，药用空心胶囊企业1家，保健品企业4家，药用敷料企业1家；涉及药品经营企业许可证换发的企业17家（包括分支机构）。12月底，所有企业全部通过省级验收。

生产环节监管

1999年8月，地区药品监督管理局制定《药品生产质量管理规范》（以下简称GMP）认证工作计划进程表，成立GMP认证工作指导组，加强对申报企业的培训工作。截至2004年，丽水市通过GMP认证药品生产企业7家、生产线31条。

2001年，丽水市开展换发医疗机构制剂许可证，注销制剂批准文号383个。2003年始，丽水市清理注册一类医疗器械，通过核查生产企业4家、一类产品18个。2005—2006年，丽水市逐个清理一类医疗器械产品，注销一类医疗器械产品3个。2007年年底，制定《丽水市药品生产企业监管三年规划》，在全省率先探索开展对药品生产企业实施"风险管理、风险评估"工作机制。2010年，丽水市药品制剂生产企业8家、药品包材企业7家、医疗器械生产企业7家，均未发现药品安全事件。截至2010年，丽水市排查出药品生产企业风险隐患问题4类93个，落实整改后消除风险23个、控制风险70个。

流通环节监管

2001年10月起，丽水市实施药店GSP认证。2004年底，丽水市完成GSP认证工作药品批发企业10家、药品零售企业287家，取消药品经营资格的药品零售企业23家。2001年5月开始，丽水市分类管理处方药品与非处方药品。2003年2月，丽水市开展建设农村药品群众监督网、农村药品供应网、农村医疗机构规范化药房（以下简称"两网一规范"）。

2006年开始，实施医疗器械经营企业信用等级管理。2007年初，决定在丽水市开展创建浙江省农村药品"两网一规范"建设示范县（市、区）工作，执行全国农村药品"两网"建设示范县标准。

2008年，市卫生有关部门规定医疗机构未通过规范化药房验收的，药店不能一次性通过GSP认证或信用等级低的，不能申报医保定点单位，已取得资格的暂停或取消资格。2010年年底，被暂停医保定点资格3个月的企业2家，被暂停医保定点资格6个月的企业1家，医保定点资格申请未获批准的企业6家。2008年，丽水市9个县（市、区）全部通过省级"两网一规范"示范县创建验收。

2009年，丽水市严格审核登记本辖区内药品批发企业的销售人员和外地到丽水区域内销售药械人员，并上网公示，有效遏制“走票过票”“非正规渠道”进药等违法现象。2009年年底，丽水市实现医药公司统一配送乡镇卫生院、村卫生室药品；药房硬件设施、软件管理达到规定标准管理的医疗机构1686家；建立县、乡镇、村三级药品监督网络，聘请药品安全监督员4021人。

2010年，丽水市实施药品流向在线监管所有药品批发企业、县级以上医疗机构23家、实施基本药物的基层医疗机构175家，药品零售连锁企业2家，全部药品批发企业经营的疫苗、血液制品、中药注射剂、特殊药品及基本药物实行电子监管码监管。同年底，全市药品经营企业（乙类非处方药店除外）368家，被评为A级药品经营企业121家、B级168家、C级35家、D级44家；经营满1年的医疗器械经营企业82家，被评为A级医疗器械经营企业12家、B级52家、C级18家。

使用环节监管

2001年市药监局成立后，开展药品安全专项整治工作。至2003年7月，组织各类药品安全专项整治31次、突击检查9次，查获存在无证经营单位116家，立案802起，查获假劣药品10273批次。2002年，丽水市开展计划生育避孕药具、性保健用品市场专项检查。同年底，全市检查单位441家，查扣403批次，价值14万元，立案74件。2004年，丽水市开展查处无证医疗器械专项行动，查获违法经营使用单位227家，其中立案9家、警告8家、责令整改210家。同年底，丽水市基本清除无证生产经营药品、医疗器械现象。

2007年，丽水市开展非药品冒充药品专项整治工作。12月，贯彻实施《浙江省医疗机构药品和医疗器械使用监督管理办法》，加强对医疗机构药械使用的监管力度，做到医院类医疗机构年检不少于2次，非医院类医疗机构年检不少于1次。2008年，丽水市实施“小药店”药品质量安全整规工作。2010年年底，丽水市关停不合格的“小药店”37家，通过整改、验收“小药店”987家，整规对象信用等级达到B级“小药店”占95%。同时，丽水市建立涉药单位1442家的短信平台、96311投诉举报接待平台以及浙闽边界、金丽衢边界打假治劣协作平台。2009年，市人民医院、缙云县新建镇中心卫生院、松阳县西屏镇中心卫生院3家被列为医疗器械使用规范化试点单位。6月，市卫生管理部门妥善处置丽水电影院违法聚众、以保健食品扩大虚假宣传药效的违法案件。

2010年，丽水市开展口腔门诊类医疗机构药械使用管理专项整治工作，发放医疗机构责令整改通知书54份，处罚医疗机构5家次。2010年年底，丽水市开展各类药品安全专项整治53项，立案4275件，查处“康复医疗使用假劣药案”“庆元人血球白蛋案”“丽水王某非法经营医疗器械案”“丽水邱某销售假药案”等大案要案一批，生产经营假劣药品、医疗器械的违法犯罪分子受到刑事处分12人。其中，专项整治“非药品冒充药品”活动，检查药品经营企业、超市、副食品店1129家，责令企业下架“非药品”505批次，立案查处“黄芪生脉饮”“皇家礼炮”等一批非药品冒充药品案件。

第三节　应急管理

2002年前，丽水市尚未建立药品应急管理预案，大多为临时性管理。2003年，市政府制定《丽水市应对非典型肺炎防治用药品监管工作方案》，全力加强防治非典型肺炎药品监管工作，出动执法人员4184人次，检查涉药单位1410家，立案查处30家，没收药械191种。2006年4月，市食品药品监督管理局查封齐齐哈尔第二制药厂输入丽水市的所有药品，扣押齐齐哈尔第二制药厂生产的药品8个品种、13784支，其中被国家食品药品监管局公布为假药的“葛根素注射液”70支。7月，“欣弗劣药事件”发生后，市食品药品监督管理局立即查封华源药业输入丽水的所有药品，扣押“欣弗注射液”1431瓶、3240支。同年，制定《丽水市重大食品安全应急预案》《丽水市重大食品安全应急预案操作手册》。2007年9月，在青田县刘基广场举行IV级重大食品安全事故应急预案演练。2007年11月，开展重大药品安全事件应急演练多次。

2008年3月，丽水市部署“迎奥运、保安全”兴奋剂专项治理工作，检查含兴奋剂成分的药品。至5月底，丽水市含兴奋剂成分的药品全部加贴“运动员慎用”标识。5月，四川汶川“5•12”特大地震发生后，向全市药品生产、经营企业发出支援灾区的《倡议书》。至6月13日，丽水市医药企业向灾区捐款捐药折价428.47万元。同年，河北石家庄三鹿奶粉违法添加三聚氰胺事件发生后，市食品药品监督管理局立即开展全市奶粉市场检查。其中，市区下架退市、就地封存各类问题奶粉855.9千克，下架液体奶4105.75千克；受理消费者申诉咨询2307件；筛查婴幼儿56905例，临床诊断患儿总数583例，其中住院治疗43例。2009—2010年，丽水市开展“甲型H1N1流感”疫情执法检查，出动执法人员1344人次，检查药械生产经营企业317家，检查指定收治医疗机构63家，保障防控药械的安全有效、储备充足。

第四节　食品与药品检测

常规检测

1973年4月，丽水地区药品检验所成立，负责检验丽水地区药品生产企业药品质量。1978年，各县药品检验所相继成立。后这种药品检测机制一直延续至2000年。2001年，市药品检验所从市卫生局划出，归属市药品监督管理局管理，同时撤销各县(市、区)药检所。2005年，各县(市、区)食品药品监管局内设药品快检室，加强药品检测工作。2007年，市食品药品监管局配置药品快检车一辆。截至2010年，市食品药品检验所法定检验资质具备检测药品(化学药品、中药、抗生素、药用辅料等)、洁净区环境、医疗器械和食品保健品4大类别、170项，完成药品监督抽验6536批，检出不合格药品1306批；完成药品快检9443批次。

2005年，丽水市开始探索整合食品检测资源工作。2008年，丽水市执行奥运期间食品质量安全控制保障措施，落实“批批强制检测”“飞行检查”“应急演练”等，保障生产食品质量安全。同年，河北石家庄三鹿婴幼儿奶粉事件发生后，全市质监系统启动应急响应机制，采取快速有效措施，确保各项处置工作有序、有力、有效推进。2008年，市食品药品监督管理局成功开发全国首个《食品检测资源整合共享及预警平台》。2009年，丽水市9个县(市、区)、监管部门和检测机构110多个，基本实现检测信息和监管信息的整合共享。丽水市食品检测资源整合工作的成功做法开创“丽水模式”，这一做法得到全国推广。2008—2010年，丽水市检测食品103589批次，合格率96.35%。

药品不良反应监测

2004年4月，丽水市中心医院药品不良反应监测中心成立。2005年9月，丽水市人民医院医疗器械不良事件监测中心成立。2008年1月，丽水市中心医院药品不良反应监测中心、丽水市人民医院医疗器械不良事件监测中心同时移交给市食品药品监管局管理，专门成立丽水市药品不良反应(医疗器械不良事件)监测中心。6月，9个县(市、区)全部建立县级药品不良反应(医疗器械不良事件)监测站，乡镇卫生院以上医疗机构和大药品生产、经营企业设立监测点203个，负责对周边个体诊所、药店的信息收集工作。截至2010年，丽水市收集到药品不良反应报表7329份，上报医疗器械不良反应事件413例。

第八章　安全生产监督管理

1978年中共十一届三中全会后，丽水安全生产监督管理职能由地区劳动社会保障局承担。2001年4月，市人事劳动社会保障局将安全生产监督管理职能，整体划转到市经济贸易委员会。各主管局建立系统安全生产网络，各县(市、区)相应乡镇和各主管局建立系统安全生产网络，分别承担市区、和各县(市、区)安全生产综合管理、职业安全卫生监察、矿山安全监察、锅炉压力器安全监察等职能。制定各级安全生产责任制，强化安全宣传教育、检查与管理，适时进行安全生产大检查，发现隐患，限期整改。2003年8月，丽水市安全监督管理局成立，隶属市经济贸易委员会。2005年9月，市安全生产监督管理局单设，为市政府工作部门，承担全市安全生产综合监督管理和行政执法职能。

2001年，丽水市政府制定《丽水市重特大事故应急处理预案》《丽水市安委会工作规则》等规范性文件；2002年，市政府制定《丽水市建筑业管理办法》《丽水市水利工程建设管理办法》等规范性文件，规范建设工程安全质量管理；市建设局制定《丽水市房屋拆迁安全管理规定》，全市的安全生产劳动保护工作从安全基础工作抓起，安全生产监督管理工作逐步从事后管理转向预防性管理，从粗放型管理转向科学化管理，从人治转向法治，初步形成企业自主管理、相互制约的管理体制。2006年年初，市政府制定《丽水市安全生产"十一五"规划》，为丽水市首个安全生产发展规划。

第一节　安全生产责任制

政府安全责任监管

民国时期，企业职工劳动条件恶劣，无劳动保护措施，也无专业监管机构。1949年中华人民共和国成立后，人民政府开始重视安全生产和劳动保护，逐步改善职工劳动条件。1958—1959年，各县企业生产指标定得过高，工伤事故明显上升。1963年4月，丽水专区全面贯彻国务院《关于加强企业生产中安全工作的几项规定》(简称《五项规定》)，明确企业领导、职能部门、工程技术人员和生产工人的安全责任。1966—1976年，丽水部分工厂停产，安全生产管理有所放松。

1979年，丽水地区行署建立健全安全生产、劳动保护工作框架体制，劳动部门综合监管，行业部门具体管理。1984年，地区劳动局内设劳动保护科，负责安全监察。1989年始，地区行署落实安全生产目标管理责任制，与各县(市)政府和地直部门签订责任书。1991年始，丽水地区每年开展“安全生产周”活动，组织安全生产大检查，排查重大事故隐患，查处重大责任事故，丽水地区安全生产形势有所好转。1999年后，地区劳动部门逐渐扩大安全监察范围，开始延伸至起重机、电梯、防爆电器、厂内机动车辆及公园、娱乐场所。2000年，地区行署与各县(市)政府和10个部门签订安全生产综合目标管理责任书，全面落实安全生产责任制，开展安全生产周活动，组织安全生产大检查，消除事故隐患，确保安全生产。

2001年4月，市人事劳动社会保障局将安全生产监督管理职能，整体划转到市经济贸易委员会。后市安全生产委员会调整和充实人员，确定职能划转实行市、县同步，确保安全生产监督工作平稳过渡。市政府制定《丽水市重特大事故应急处理预案》《丽水市安委会工作规则》等规范性文件，明确各部门、单位的工作职责和办事程序。完善安全生产考核办法，继续与各县(市、区)政府、市直部门(单位)签订安全生产综合目标管理责任书，做到层层分解落实。2002年，丽水市继续落实安全生产责任制，签订安全生产目标管理责任书，其中市直部门(单位)责任覆盖面扩大，由原来10个扩大到20个。同时，实行安全生产风险抵押金制度。各县、各乡镇、行政村层层签订责任书，明确各自安全责任。市政府制定《丽水市重特大事故应急处理预案》，各县(市、区)政府和有关部门(单位)也制定相应预案。市政府制定《丽水市建筑业管理办法》《丽水市水利工程建设管理办法》等规范性文件，规范建设工程安全质量管理。市建设局制定《丽水市房屋拆迁安全管理规定》，规范房屋拆迁招投标和施工安全管理，遏制房屋拆迁工程事故上升势头。

2003年8月，丽水市安全监督管理局成立，隶属市经济贸易委员会。同年，市政府以“安全生产年活动”为载体，每季度召开工作例会，分析安全生产形势，协调解决重大问题。青田“2•2”“2•6”特大交通事故发生后，市政府召开安全生产紧急电视电话会议，落实春运交通安全再检查，解决春运安全问题。云和县“2•24”爆炸事故发生后，丽水市在落实责任、队伍建设、专项整治、检查整改、行政执法、教育引导、事故防范、事故查处等方面采取措施，丽水市烟花爆竹生产企业停业整顿。同时，强化安全生产责任制和目标管理，调整目标管理指标体系、考核范围、考核方式、奖罚条件和考核措施，突出安生生产管理和重特大事故指标的考核，加大跟踪督查力度。扩大责任书签订考核面，层层签订责任书，其中乡镇与行政村的责任书签订率80%以上。

2004年，丽水市委部署建设“平安丽水”，把安全生产作为建设“平安丽水”的重要内容。市长刘希平亲自担任市安委会主任。市政府成立消防、道路交通等安全生产专项工作领导小组7个，负责本系统的安全生产工作。市政府与各县(市、区)政府和市直单位签订责任书32份，9个县(市、区)政府与各乡镇和县直部门签订责任书457份。8月，市安委会组织开展检查考核工作，全面检查9个县(市、区)上半年全市安全生产目标管理执行情况，抽查市直安全生产工作比较薄弱、控制指标完成不够理想的部门。市政府召开安全生产工作全会、例会和电视电话会议6次，以市政府或市安委会文件部署有关安全生产工作24次。

2005年年初，中共丽水市委、丽水市政府把创建“一千个平安示范企业”列入当年的十件大事之一。2005年9月，市安全生产监督管理局单设，为市政府工作部门，承担全市安全生产综合监督管理和行政执法职能。内设办公室（政策法规处）、综合安全监督管理处、矿山安全监察处、危险化学品安全监督管理处4个职能处室，核定行政编制18名，其中局长1名，副局长2名，科级领导职数8名，实有人员15人。下属丽水市安全生产监察支队、丽水市安全生产应急救援指挥中心事业单位两个。同年，丽水市9个县（市、区）安全生产监督管理局先后成立。同年，丽水市事故总量、死亡人数和事故直接经济损失三项指标首次出现零增长。2006—2007年，开始出现负增长，工矿企业事故死亡人数、道路交通和火灾事故死亡人数逐年减少，矿山、危险化学品和建筑施工等高危行业事故多发的状况得到改善，重大和特大事故得到有效控制，安全生产监管体系、应急救援体系和宣传教育体系基本建立，安全生产状况总体趋好。2008年，市安全生产监督管理局被评为全国安全生产月活动优秀单位。2009年，市安全生产监督管理局被评为全国安全生产监管监察系统先进单位。

2006年初，丽水市政府制定《丽水市安全生产“十一五”规划》，为全市首个安全生产发展规划。丽水市形成一级抓一级、一级对一级负责的安全目标管理责任体系，初步建立以各级政府、各部门主要领导为第一责任人，对本辖区、本部门安全生产负总责，各分管领导对职责范围内安全生产负分管责任的工作格局。全年工矿企业安全生产形势基本稳定。2007年，市安全生产监督管理局加大考核力度，健全奖惩机制，继续层层签订责任书，落实安全生产责任制，建立安全生产定期通报、安全生产警示和告诫谈话制度，全市安全生产形势稳定好转。2008年，市政府常务会议专题研究安全生产工作2次，市党政主要领导督查检查安全生产多次，各分管领导切实履行“一岗双责”，落实安全生产。2009年，继续细化安全生产责任分解、考核、追究等环节措施，明确各级政府、有关部门和企业业主为责任主体。5—7月，市政府制定《丽水市生产安全事故报告和调查处理实施办法》《政府及有关部门落实安全生产监督管理责任的通知》《丽水市生产经营单位落实安全生产主体责任规定》规范性文件3个，进一步明确政府及有关部门的安全生产监管职责和生产经营单位安全生产主体责任。同时，修改目标责任制考核办法，突出安全生产过程管理；细化考核任务分解，将省政府2009年度安全生产目标管理责任制考核指标任务分解到各相关部门；建立事故控制指标月通报制度，通报各县党委、政府主要负责人；加强事故责任追究，追究云和县“2•17”较大火灾事故相关责任人责任。

2010年4月，市政府常务会议、市委常委会分别召开专题会议，听取安全生产工作汇报，研究制定《关于进一步加强安全生产工作的意见》。进一步明确各级政府安全监管责任、部门行业监管职责和企业安全生产主体责任，提出完善安全生产长效管理机制的措施12项，同时就队伍建设、安全投入等问题作具体要求。全年召开丽水市安全生产工作会议4次，研究部署有关工作。市政府与9个县（市、区）政府和29个市直部门（单位）签订责任书。同年，安全生产状况明显好转，亿元国内生产总值事故死亡率、工矿商贸企业十万人事故死亡率、道路交通万车死亡率比2005年大幅度下降。

企业主体责任监督

1949年丽水解放后，政府加大对企业安全生产教育宣传，企业逐步重视企业主任责任。1954年，各县国营企业贯彻“安全为了生产，生产必须安全”的方针，实行安全生产。1956年，各县全面实行《工厂安全卫生规程》等劳动保护三大规程，对女工实行“四期保护”。20世纪60年代，各县建立劳保用品和保健食品发放制度。1961年始，各企业普遍实行安全生产责任制和安全检查制度，工伤事故得到有效控制。1966—1976年，丽水大部分工厂停产，企业安全生产管理有所松懈。

1978年始，丽水地区发放国营企业清凉饮料费，每年2个月，企业职工标准1.5—3元/月。1988年，丽水地区发放国营企业清凉饮料费，每年3个月，企业职工标准12—15元/月。1980年，丽水地区职工矽肺患者1745人，占接触粉尘人员总数的13.8%。同年始，丽水地区治理矿山、水泥等行业尘害工作。截至1987年，丽水地区企业劳动条件有所改善，完成劳动保养技改项目14个，投资106.5万元。1984年，丽水地区安装冲压设备防护装置288台，占应装总数93.3%。1988年，丽水地区职业病患者608人，其中矽肺病患者占大多数。1988年年底，丽水地区矽肺病患者死亡94人。

1989年开始，丽水地区实行企业安全生产目标管理责任制。1990年，庆元县南门红砖厂非法雇用童工，致残1人，县劳动部门依法作出罚款3000元处理。南门红砖厂业主不服处理结果，上诉至地区中级人民法院。地区中级人民法院依法维护县劳动部门裁定。1978—1990年，丽水地区企业职工工伤事故死亡172人，重伤454人。2003年8月起，丽水市落实企业安全生产目标管理责任制，企业要建立安全管理机构，配备安全管理人员，落实教育培训、事故报告和应急救援，企业成为安全生产的责任主体，企业法定代表人成为企业安全生产第一责任人，确保安全投入、管理、装备、培训等措施落实到位。同期，市、县(市、区)安全监督管理局负责落实安全生产法律法规和方针政策，及时协调解决安全生产监督管理重大问题，开展安全生产法律、法规、规章和安全生产知识的宣传教育培训。2004年，市经济贸易委员会继续落实企业安全生产主体责任，与所有市直企业签订责任书，开展国庆安全大检查。同年，全市乡镇和部门与下属企业、单位签订责任书11679份。2006年，市安全生产监督管理局继续落实企业安全生产主体责任，重点企业、要害企业均签订责任书。同年，市安全生产监督管理局与所属企业责任书签订率100%。

2009年，全球金融危机爆发，企业经营较为困难。丽水市开展企业服务年活动，组织市、县(市、区)安全监督管理局长10人，进百家企业、百名安监员破千家企业难题的安全服务活动(以下简称“十百千”企业服务专项行动)。同期，丽水市组建专家指导组12个，参与“十百千”企业服务专项行动安监员163人，帮助企业安全技术改造26项，开展安全咨询活动39场，走访联系企业2199家，服务企业1597家，免费培训辅导6365人，解决企业难题243个，发放资料41520册，指导企业实施安全生产标准化77家，排查和消除事故隐患7452个，帮助建立企业安全管理人员1845个，建立企业安全规章制度670个，建立企业安全台账723个。同年，丽水市加强企业安全生产诚信管理，推动落实安全生产主体责任，在报纸、网站公告曝光安全事故企业47家。

2010年，丽水市推进安全标准化建设，实施分类管理、安全标准化、安全诚信管理工作，开展“落实企业安全生产主体责任年”活动。下发《生产经营单位落实安全生产主体责任工作手册》，组织生产经营单位安全生产状况评估，指导企业按量化指标进行自查自纠、对照落实，将安全生产工作开展情况记录在册，主管部门定期监督检查。同年，全市签订安全生产承诺书6000多份，落实《生产经营单位落实安全生产主体责任工作手册》的生产经营单位6000多家；申报省级标准化矿山企业3家；通过市级安全生产标准化复评的机械制造企业11家，其中通过省级标准化复评2家；通过市级标准化危险化学品生产企业复评7家，其中申报省级标准化危险化学品生产企业4家；通过市级标准化烟花爆竹批发经营单位复评11家，其中申报省级复评4家。

2010年国家、省及部分地市安全生产指标情况一览

表21-8-1-1　　　　单位：百分比

指标类别	全国	浙江	丽水	衢州	舟山
亿元国内生产总值生产安全事故死亡率	0.20	0.23	0.49	0.39	0.20
工矿商贸企业从业人员十万人生产安全事故死亡率	2.13	2.10	5.37	4.46	6.35
道路交通万车死亡率	3.20	4.86	5.71	6.59	3.66

第二节　危险源普查

重大危险源普查

1984年始，地区劳动局内设劳动保护科，负责特种设备、液化石油气储运及检验的安全监察。2003年8月，丽水市执行国家标准《重大危险源辨识》(GB18218—2000)，建立资料申报登记制度，要求重大危险源单位重新申报。同年，丽水市开展重大危险源排查摸底，完善重大危险源数据，及时跟踪掌握重大危险源变化，并做好重大危险源登记建档工作，定期监测重大危险源，分级监管重大危险源，督促重大危险源单位进行综合安全风险评估，完善相关监控制度，加强监控，落实相应安全防范措施，设置固定规范的重大危险源警示牌、重大危险物质安全告知牌及重大危险源资料箱（以下简称“两牌一箱”）。

2004年7月，丽水市开展重大危险源普查登记工作。普查员对照《重大危险源辨识》等国家和行业相关标准，分析辨识重大危险源，逐一填写《重大危险源普查登记表》。普查员在做好普查的同时，排查登记重大事故隐患。9—12月，丽水市审核、分类、汇总已登记的重大危险源和重大事故隐患，排查重大危险源15个，关停和淘汰不具备安全生产条件的小矿山44处。其中，重点整治青田黄洋钼矿，重新进行安全评估，整合矿洞60多条，组建黄洋钼矿开采的有限公司3家。同年，加强对剧毒化学品生产、经营和使用的安全管理，重点整治不符合安全生产条件、不符合有关资质要求、存在重大危险源和重大事故隐患、非法从事危险化学品生产经营活动的从业单位。全市生产、储存企业27家，完成安全评价22家；经营和使用单位553家，完成安全评价433家；审查核发经营单位许可证460家；严厉查处危险化学品非法从业隐患320处，其中重大危险源156个，发出整改通知书182份，取缔关闭非法经营单位67家，责令经营单位停业整顿10家，取缔非法生产企业4家，关闭非法生产企业17家。其中，丽水友邦化工有限公司和云和金马工艺品厂，经省安全监管委员会挂牌督办后，主动全面整治，消除安全隐患。

重大危险源监控

2005年5月31日，市政府下发《丽水市突发公共事件总体应急预案》。2006年，丽水市建立健全事故应急救援体系，加强对重大危险源监控，要求重新修订各类事故应急救援预案。11月28日，市政府举行矿山重特大事故应急救援预案演练。2007年，丽水市先后发生青田“1•20”重大交

通事故、“4•25”重大交通事故、龙泉“4•19”重大交通事故，“5•10”莲都区丽雅公路改建工程边坡坍塌事故、“6•3”庆云县左溪梯级电站重大淹溺事故、“6•15”龙泉市龙鑫化工有限公司发生爆炸事故等公共事件，市安全生产监督管理局领导都在第一时间赶到现场，组织指挥事故的处置和应急救援工作。

2008年，丽水市重大危险源的生产经营单位136个，其中生产场所7个、贮存区135个。市安全生产监督管理局重新审核、分类、补充、汇总危险源生产经营单位，重点监控管理重大危险源，组织监督检查全市重大危险源114个。2009年，丽水市省级标准化达标危险化学品生产经营企业1家，市级达标26家。2010年，丽水市申报省级标准化危险化学品生产企业4家，通过市级标准化复评7家。

重大事故隐患治理

1984年，地区劳动局内设劳动保护科，负责丽水地区国有、乡镇、私企工矿企事业各种锅炉、压力容器、压力管道及特种设备全过程的安全监察。2005年，丽水市重点开展重大事故隐患排查整改工作。同年，丽水市省级挂牌督办重大隐患企业11家，市级挂牌督办重大隐患企业83家；省级挂牌督办的道路事故多发点(段)63处，市级挂牌督办道路事故多发点(段)39处；省级挂牌督办临水临崖高落差路段36条，市级挂牌督办临水临崖高落差路段52条；省级挂牌督办重大火灾隐患企业6家，市县挂牌督办重大火灾隐患企业69家。同年，通过挂牌督办，全市安全生产条件有一定改善。

2006年，丽水市全面整治省级挂牌事故黑点(段)12处、临水临崖高落差危险路段12处，投资1560多万元。与2005年相比，12处事故黑点(段)减少31起，下降60.78%；死亡人数减少33人，下降75.75%。6月，龙泉龙鑫化工有限公司“6.15”爆炸事故发生后，丽水市安全监督管理局启动危化从业单位专项整治，学习贯彻《烟花爆竹安全管理条例》，实行高温季节性停产；严格控制新开采矿山，依法取缔和关闭非法矿山，全年取缔和关闭非法或未取得许可证的矿山16处；做好烟花爆竹行业退出工作，关停缙云县800多年历史的烟花爆竹生产企业1处。

2007年，丽水市继续抓好事故隐患的整改工作，特别是省级挂牌的重大事故隐患整改工作。同年，丽水市完成整改省级挂牌事故多发点(段)12处、临水临崖高危路段12处、重大火灾隐患单位2处和工矿企业重大事故隐患单位1处；排查道路交通事故多发路段和临水临崖高落差危险路段21处，其中省级挂牌整治11处、市级整治10处，除1处外全部整改到位；多发点(段)事故死亡13人，下降55.17%；建设施工领域生产安全事故死亡人数下降15.15%；关停景宁畲族自治县烟花爆竹生产企业。同年，全市全面排查已取证矿山的安全隐患92家，在建矿山的安全隐患18家，事故隐患473处，发放整改指令书93份，并跟踪督促，限期整改，矿山事故死亡8人，下降38.5%。此外，还开展消防、农机、旅游、渡口、防雷、特种设备、学生放心班车等专项整治活动。

2008年，丽水市制定《关于安全生产隐患排查治理工作的实施方案》，排查各领域安全隐患单位3.18万家，一般隐患9.73万处，重大隐患443处。2009年，丽水市排查隐患单位3.14万家，一般隐患4.08万处，重大隐患147处。2010年，丽水市建立重大事故隐患排查整改制度，实施重大隐患政府挂牌督办，排查整改落实到位。同年，全市排查矿山、危化、烟花爆竹、冶金等单位5499家，安全隐患7319处；其他重点行业领域企业28357家，安全隐患34387处。在全面排查的基础上，确定省级挂牌督办重大事故隐患工矿企业2家，道路交通事故多发点10个、临水临崖高落差路段15处，市级挂牌督办重大事故隐患工矿企业27家、重大火灾隐患单位10家，明确整改措施、督办单位和整改期限。同年，省、市挂牌督办隐患都完成整改。

第三节　安全事故应急救援

应急救援体系

应急救援预案　2003年开始，丽水市探索建立生产安全应急救援体系，逐步健全重特大事故应急预案，重点建立健全矿山、建筑和危险物品三大高危行业的多数企业制定事故应急救援预案，落实应急救援措施。同年，丽水市完成地质灾害防治预案编制工作，在全省率先开通水利工程险情报警电话，建成水情遥测站点36个。2004年，丽水市启动事故应急救援预案，实施应急救援运输危险货物车辆翻车事故6起，控制事态，减少损失。同年，丽水市事故应急救援体系建立，制定和完善重特大事故应急预案，落实事故应急救援措施，引导和推动企业落实安全生产保障措施，提高防御重特大事故的能力。矿山、建筑和危险物品三大高危行业，绝大多数企业制定落实事故应急救援预案或措施，市直重点骨干企业19家完成事故应急救援预案修订工作。建设系统成立重特大事故紧急救援专家组和重特大事故紧急救援队伍，落实紧急救援设备和器材。12月，市政府组织重特大事故应急救援预案演练1次。

2005年，市政府重新修订《丽水重特大生产安全事故应急救援预案》。3月14日，市局组织危险化学品事故应急救援预案演练。12月，选择金丽温高速公路牛廷岭隧道，组织化学品泄漏引起火灾、造成交通事故的应急救援演练。各县(市、区)也组织事故应急救援预案演练。2006年，市政府重新修订《丽水市突发公共事件总体应急预案》等事故灾难类子预案14个。各县(市、区)、乡镇和高危企业也制定应急救援预案，市、县、企业逐步建立三级安全生产应急救援预案体系。11月，制定《丽水市矿山事故应急预案》《丽水市化学事故应急救援预案》和《丽水市重特大生产安全事故应急救援预案》。同月，市政府在莲都区域内组织矿山事故应急救援演练。2007年，各级政府继续完善各类应急救援预案，开始筹建和组建矿山、危险化学品等救援基地和救援队伍，经常性开展应急救援演练。6月，选择金丽温高速公路青田隧道群，省、市两级联合组织危险化学品运输泄漏事故应急救援演练。8月27日，市政府在丽水经济技术开发区金磊石料厂组织矿山应急救援演练。市安全监督管理局建立企业预案备案管理制度，督促企业做好应急预案编制工作。

2008年，丽水市执行《突发事件应对法》《国务院关于全面加强应急管理工作的意见》，进一步完善各类应急救援预案。6月30日，遂昌黄沙腰镇内久尖萤石矿发生事故，矿工2人被困矿内。市安全监督管理局、遂昌县政府启动应急预案，历经10小时，成功营救出被困矿工。10月29日，在开发区组织危化品事故应急预案演练，检验事故应急能力。2009年，继续修订完善预案，建立重大危险源数据库，并在网上公开。遂昌高坪“1•9”道路交通事故、云和“2•17”较大火灾事故发生后，市党政主要领导第一时间赶到现场，组织救援指挥和事故调查处理等工作。6月27日，遂昌县湖山萤石矿发生矿场下陷事故，被困1人。市安全监督管理局启动矿山事故应急救援预案，全力抢救历近38小时，成功救出被埋人员。由于当地医疗条件等原因，经6小时抢救后死亡。6月30日，龙泉市域发生一辆液化气槽罐车翻车事故。市政府启动危险化学品事故应急救援预案，并联系宁波镇海炼化公司救援队伍，参与救援工作，从溪中安全吊出槽罐车。11月，丽水市组织危险化学品事故应急救援预案综合演练和旅游行业（饭店）消防安全应急救援演练。

2010年，全面开展应急预案的编制、评审、发布、备案、培训、演练和修订工作，继续完善应急预案体系建设，初步形成"横向到边、纵向到底"的安全生产应急预案体系。丽水市编制事故类预案22个，重点行业领域编制应急预案2900多个。3月16日，市政府组织开展"保两会、迎世博"消防灭火救援演练；8月18日，市政府组织全市大面积停电事件应急联合演练。

应急救援指挥中心 2006年，市应急救援办公室成立。2008年10月，市安全生产应急救援指挥中心经市编委批复同意设立，为市安全监督管理局下属正科级事业单位，核定事业编制3名，其中领导职数1名。2009年5月，市安全生产应急救援指挥中心正式成立，实有干部2人。各县（市、区）也相应建立机构，落实人员，负责应急管理工作。

应急救援基地

救援队伍 市级安全生产专业应急救援队伍，按照政府、骨干企业共建方式，以消防应急救援专业力量为主体，积极整合现有应急资源和社会应急救援力量建立，其中组建安全生产应急救援专家库7个，分别为矿山组（含采掘、民爆）、化工组、冶金组、机电组（包括特种设备）、建设工程组、交通运输组、消防组专家组；以遂昌金矿应急救援队伍建设为代表，以消防应急救援专业力量为主体，全市矿山企业73家和化工企业30多家均建立专职或者兼职应急救援队。2008年，遂昌黄沙腰九尖萤石矿发生泥石流事故，经金矿救援队全力抢救，成功救出两名被困矿工。

装备建设 由于历史原因，丽水市救援队应急救援装备落后，大型装备、特种装备数量不足。2009年，全省首家市级应急救援指挥中心成立，购置应急救援装备、检测设备仪器一批，包括应急救援防化服50套、防毒面具10部，有害气体探测仪2部，呼吸器5台，防爆对讲机照明应急灯10台，数字温湿仪、风速仪、超声波测厚仪等危化、矿山救援设备16台，个人防护用品多套。

第四节　安全生产监管

安全生产行政许可

丽水市安监部门把好行政许可关，提高市场准入门槛，在源头上消除事故隐患，减少事故发生。

安全生产许可 国家实行矿山企业、危险化学品和烟花爆竹生产企业安全生产许可制度，由省级以上安全生产监督管理部门颁发和管理。至2010年6月，丽水市安全生产许可证企业91家。

危险化学品经营许可 国家实行危险化学品经营销售许可制度，由省级以上安全生产监督管理部门颁发和管理。2006年，丽水市危险化学品经营许可证企业518家，其中甲证企业193家，乙证企业325家；全市危险化学品生产、储存单位34家，获省安全生产许可证24家；获定点批准书在建、新建企业9家；列入省政府2006年城镇居民密集区危险化学品从业单位搬迁计划企业1家，已停产。同时，实行危险化学品行业新、改、扩建项目审查验收制度。开展危险化学品行业安全质量标

准化活动试点工作。至2010年6月，丽水市危险化学品经营许可证企业400多家。

烟花爆竹经营许可　国家实行烟花爆竹经营许可制度，由省级安全生产监督管理部门颁发和管理，烟花爆竹零售许可证由县安全生产监督管理局颁发和管理。至2010年6月，丽水市烟花爆竹经营(批发)许可证企业14家。

建设项目安全许可　国家实行矿山建设项目和生产、储存危险物品的建设项目安全许可，包括建设项目安全设施设计的审查和竣工验收，及危险化学品建设项目的设立安全审查，由县级以上安全生产监督管理部门负责实施。截至2010年6月，丽水市安全许可的建设项目100个。

安全生产综合监管

1984年，地区劳动局内设劳动保护科，负责安全监察，锅炉普查，登记发证。2001年4月，丽水市生产监督管理职能划归市经济贸易委员会。市政府制定《丽水市重特大事故应急处理预案》《丽水市安委会工作规则》等规范性文件，明确工作职责。同时，完善考核办法，与各县(市、区)政府、市直部门(单位)签订安全生产综合目标管理责任书。

2004年，丽水市安全监督管理局成立，建立健全安全生产目标管理责任制考核办法，完善安全生产责任制考核体系，实施安全生产奖惩制度和安全生产风险抵押金制度，研究制定全市安全生产工作措施，解决安全生产工作的重大问题。后每年组织安全大检查活动不少于3次，每季度承办安全生产会议不少于4次；每年组织考核安全生产目标责任制2次。

安全监督检查　21世纪初，丽水市依法监督检查机械、冶金、轻工、纺织、烟草、电力、商贸、娱乐行业的生产经营单位，执行安全生产法律、法规和安全生产条件、设备设施和安全管理制度建立等情况；指导监督公路、水运、铁路、建筑、水利、邮政、电信、林业、旅游、教育、消防等行业安全生产工作。2010年，下发《关于进一步加强机械制造领域安全生产工作的通知》《关于进一步加强冶金企业安全生产工作的通知》《关于进一步加强建设工程领域安全生产工作的通知》《关于切实加强道路交通领域安全生产工作意见的通知》和《关于全面实施“防火墙”工程切实加强消防安全工作意见的通知》等文件，加强机械、冶金、建筑、道路交通、消防等行业领域安全生产工作。

安全生产标准化　2006年始，丽水市开展机械制造领域安全生产标准化工作。2008年，制定《关于进一步加强安全生产基层基础工作的意见》《关于开展安全生产“基层基础建设年”活动的工作意见》《丽水市深化安全隐患排查治理工作实施意见》等文件。丽水市实行分类动态管理，组织生产经营单位安全生产状况评估，评估企业14386家，其中A类企业743家，B类企业8063家，C类企业5487家，D类企业93家。丽水市开展安全标准化企业“百家示范，千家创建”活动，其中符合省级标准化矿山企业4家、市级标准化矿山企业21家；省级标准化危险化学品企业1家、市级标准化危险化学品企业12家；市级标准化烟花爆竹批发经营企业4家。规模以上机械企业安全标准化参与率超过60%。2009年，浙江方正电机股份有限公司被评为第一家省级达标机械制造企业。2009年，继续推进行业标准化工作，其中省级安全标准化机械制造企业3家、市级安全标准达标机械制造企业14家；省级安全标准化矿山企业6家，市级安全标准化矿山企业35家；省级标准化危险化学品生产经营企业1家，市级标准化危险化学品生产经营企业26家；市级标准化烟花爆竹批发经营单位11家。全市完成分类管理评估企业3474家，其中A类企业608家，B类企业1714家，C类企业1088家，D类企业64家。至2010年，丽水市省级达标机械制造企业5家、市级达标25家；省级达标矿山企业6家、市级达标40家；省级达标危化企业1家、市级达标21家；市级达标烟花爆竹企业8家。同时，开展建筑施工、旅游、电力等行业安全生产标准化创建活动。

工矿商贸企业安全状况评估 2007年，丽水市政府办公室下发《关于丽水市推行安全生产状况实行安全生产分类管理办法的通知》。9月，丽水市召开第三次安全生产例会，部署安全生产分类管理工作。2008年始，安全生产状况评估成为一项重点工作。全市评估生产经营单位14402家，其中A类企业743家，B类企业8063家，C类企业5487家，D类企业93家。

安全生产大检查 2001年6月和12月，丽水市组建安全生产督查组6个，分别开展全市安全生产大检查活动。对督查发现的事故隐患，制成《丽水市重点事故隐患一览表》，确定事故隐患整改督办单位，进行公布，限期整改。2002年，丽水市加大安全生产大检查和事故隐患整改力度，组织安全生产大检查4次，检查各县（市、区）、部门安全检查和隐患整改落实情况。组织水电建设项目和矿山企业集中统一执法监察行动2次；组织建筑施工企业安全生产大检查2次，建筑施工现场专项检查4次；组织春秋两季电力系统安全生产大检查，逐项落实安全预控措施；组织节假日旅游设施安全检查，保障游客安全；严格实行丽水火车站作业标准化制度，明察暗访硬件安全和职工作业行为；组织教育系统安全检查6次。

2003年，丽水市组织安全生产大检查4次。春运和“十一”黄金周期间，丽水市组织交通安全大检查3次，其中包括A级旅游区（点）和旅游饭店、旅行社、漂流企业、旅游车船公司安全大检查。安全生产月期间，全市组织检查人员3822人次，检查企业1241家，发现事故隐患2800多处，督改隐患2638处，落实重大危险源监控措施32个。全市排查道路交通黑点44处，其中上报省级黑点10处，列入县乡黑点34处；公路重点整治路口57个。组织建筑行业安全检查7次，检查项目553个，建筑面积286万平方米，督改隐患1950处，责令停工整改工地65个，销毁不合格扣件2.75万千克。组织公众聚集场所、建筑工地、化工企业、医院、学校、娱乐场所、浴室等特种设备专项检查13次，出动检查人员899人次。专项检查易燃易爆、人员密集和信息网络集中的重点单位115家，发放整改指令书81份。开展水电在建工程专项执法检查，纠正无资质招投标和乱挂靠行为，遏制水电施工事故多发势头。组织拖拉机“黑车非驾”专项治理，出动检查人员1512人次，检查拖拉机6467台，纠正违章2413台次。开展危险点查找控制、安全性评估活动，实行电力设施基本建设和城农网改造工程现场安全监察。

2004年，丽水市组织安全生产大检查5次。“安全生产月”期间，全市组建检查组7个，对消防、道路交通、教育、卫生、文化、旅游、环保、农林、建设施工、工矿企业、特种设备各个行业和领域进行安全生产检查，出动检查人员5500多人次，检查企业2600多家，发现事故隐患660多个，发放整改通知书327份，整改350多个，纠正违章拖拉机682台。国庆期间，丽水市拦网式检查市直企业200多家，查出安全隐患200多个，发放整改通知书37份。7月30日，缙云县苍山村一非法烟花爆竹存放点发生爆炸事故，丽水市对非法从事危险物品生产、储存、经营单位进行拉网式的排查，市公安、安全监管部门对全市烟花爆竹生产企业进行全面检查。7月，温州发生“7·28”特大火灾事故，丽水市开展火灾隐患排查整治工作，对各类人员密集场所、高层建筑、地下工程、自备柴油发电企业、“三合一”企业、易燃易爆危险化学品单位和消防安全重点单位进行全面整治。10月3日，丽水致健家私发生火灾，市政府召开事故现场会，对市直木制品加工企业21家进行全面检查，及时发现和整改一批隐患和问题。全市组建检查组2062个，其中领导带队338个，出动人员16207人次，检查单位、企业 10760 家，查出事故隐患 5800 多条，整改 4300 多条，限期整改 1400 多条。2005 年，持续加大安全生产大检查力度。年初，丽水市部署开展安全生产大检查，各位分管副市长或分管副秘书长带队，分 8 个系统对全市进行一次全面检查。同时，副市长 9 人带队，监督指导全市安全生产检查。市长刘希平到人员密集场所和春运重点单位进行安全检查。各县（市、区）均按照市政府的工作部署，深入开展春季安全生产大检查。“五一”期间，丽水市督查组 3 个，督查各县（市、区）、市直重点部门和部分重大危险源单位的安全生产大检查。安全专家每次都参与检查。11 月，丽水市开展水上安全管理督查。

2006 年，丽水市深化安全专项整治工作，做好重大节日安全生产大检查活动。年初，由市长刘希平和分管副市长带队开展春季安全生产大检查。市安委办下发《关于开展“五一”和夏季安全生产工作的通知》，组成督查组，督查各县（市、区）、市直重点部门和部分重大危险源单位的安全生产大检查。“十一”期间，分管副市长或副秘书长 6 人分别带队到 9 个县（市、区）进行督查。12 月中旬，组织元旦春节安全生产大检查活动，市长、副市长分别带队到 9 个县（市、区）县督查、检查。2008 年 4—8 月，开展安全生产百日督查活动，组建综合督查组 5 个，采取听取汇报、查阅资料、实地抽查、召开座谈会、组织专家评议、暗访等形式，对 9 个县（市、区）和丽水经济技术开发区开展安全生产督查 3 次，市直部门开展行业领域督查，确保奥运期间的安全生产不出事。每督查一地，督查组都召开检查通报会，及时反馈督查情况；每阶段督查结束，督查组将督查情况以市安委办文件形式，反馈至各县（市、区）政府，促进全市事故隐患的整改落实。

安全生产事故查处

1997 年，丽水地区查处事故 2055 起，同比增长 13.3%；死亡 414 人，同比减少 17.69%；直接经济损失 2914.2 万元，同比增长 2.8%。1999 年，丽水地区查处事故 3021 起，同比增长 35.35%；死亡 415 人，同比减少 8.36%；直接经济损失 3681 万元，同比增长 19.77%。2002 年，查处事故 3685 起，同比增长 5.2%；死亡 447 人，同比增长 22.8%；直接经济损失 3885 万元，同比增长 9.4%。2004 年，丽水市依法直接查处企业职工伤亡事故和委托县（市、区）事故查处 80 多起，特别是严肃查处丽龙一级公路“6•8”瞒报事故和缙云县汽缸体厂“7•8”铁水爆炸事故，处理责任人；直接或批转有关职能部门依法查处群众举报案件 30 多件。2002—2010 年，丽水市查处工矿商贸企业较大生产安全责任事故 5 起，查处一般生产安全责任事故 310 起，查处瞒报、谎报事故 3 起，追究企业及监管部门有关人员刑事责任 19 人，行政处罚企业 320 家，处罚企业主要负责人 313 人；牵头查处较大道路交通事故 11 起，查处较大火灾事故 1 起，追究刑事责任 4 人，追究行政责任 8 人。

1997—2010 年丽水市安全事故情况一览

表 21-8-4-1

年份	事故总数		死亡人数		受伤人数		直接经济损失	
	起数（起）	同比（%）	总数（人）	同比（%）	总数（人）	同比（%）	总数（万元）	同比（%）
1997	2055	+13.63	414	−17.69	1620	+3.45	2914.20	+2.80
1998	2232	+8.60	383	−7.50	1829	+12.9	3073.30	+5.50
1999	3021	+35.35	415	+8.36	2329	+27.34	3681.00	+19.77

续表 21-8-4-1

年份	事故总数		死亡人数		受伤人数		直接经济损失	
	起数(起)	同比(%)	总数(人)	同比(%)	总数(人)	同比(%)	总数(万元)	同比(%)
2000	3315	+9.73	432	+4.10	2307	−0.94	3669.70	−0.31
2001	3504	+5.70	364	−15.70	2482	+7.60	3550	−3.30
2002	3685	+5.20	447	+22.80	2549	+2.70	3885	+9.40
2003	4411	+19.70	494	+10.50	2539	−0.40	4777	23.00
2004	3801	−13.80	495	+0.20	3326	+31.10	3647	−23.60
2005	2839	−25.30	420	−15.20	3372	+1.40	2257	−38.10
2006	2200	−22.50	406	−3.30	2770	−17.90	2132	−5.50
2007	1694	−23.00	398	−2.20	2087	−24.70	1859	−12.90
2008	1057	−37.86	376	−7.16	1132	−45.79	1690	−9.43
2009	831	−21.38	334	−11.17	820	−27.56	1230	−27.18
2010	697	−16.13	320	−4.19	690	−15.96	1171	−5.72

2001—2010 年丽水市较大安全事故情况一览

表 21-8-4-2

年份	较大事故数(起)				较大事故死亡数(人)			
	企业	道路交通	火灾	总数	企业	道路交通	火灾	总数
2001	2	8	—	10	6	32	—	38
2002	2	8	—	10	11	28	—	39
2003	1	5	2	8	7	22	2	31
2004	4	4	1	9	12	13	4	29
2005	4	4	—	8	12	18	—	30
2006	2	7	—	9	6	24	—	30
2007	—	5	—	5	—	18	—	18
2008	—	2	—	2	—	6	—	6
2009	—	1	1	2	—	3	4	7
2010	—	—	—	4	—	—	—	13

第五节　安全专项整治

交通安全专项整治

民国时期，交通管理属行政督察区专员公署建设科管理。浙江省政府迁驻云和县期间，由省交通管理处管理。1945 年，抗日战争胜利，省交通管理处回迁杭州，丽水改设省交通管理处办事处。1949年中华人民共和国成立初，丽水专区建设科管理丽水交通安全，设立交通监理小组。1963年7月，丽水专区工交办公室成立。1964年6月，丽水专区航运管理所成立。1984年7月，更名为地区航运管理处，负责港航建设、航政管理、航道护养、航运管理、港航规费征收及港航监督等工作。1964年11月，地区交通监理所成立。1985年5月，地区交通监理处成立。1987年9月，更名地区交通警察支队，划归地区公安处领导，各县(市)设交通警察大队。1990年，丽水地区设立交通管理站15个。1987年9月，地区公路稽征处成立，与地区公路运输管理处一套人员，两块牌子，负责养路费、养路附加费等规费稽查征收，各县(市)设公路稽征所。1988年9月，地区公路运输管理处成立，负责客、货运输及车辆维修行业管理。1990年，各县(市)设运输管理所。

2001年始，丽水市开展道路交通、水上交通安全专项整治。2002年，丽水市投资900多万元，整治道路交通“黑点”路段14处，修复险路、危桥，新增和改造交通安全设施；投资1325万元，整治农用车载客，新增中巴车130辆，载客农用车退出客运市场257辆；投资203万元，钢质化改造木质渡船46艘；投资93.5万元，收购、拆解12艘(大水门)严重威胁下游水运和桥梁安全的餐饮船；检查船舶1300多艘，检查渡口67次，查出事故隐患129处，规范水运、船舶、船检、通航秩序。同年，全市加大违章查处力度，处理违章63万人次，经济处罚50万人次，查扣车辆3万辆，吊扣驾驶证5.7万本，行政拘留11人。

2003年，丽水市投资5700多万元，整治道路交通黑点，修复险路、危桥；改造乡村公路；漆划和改造公路标线，增设交通标志；安装跨省长途客运车辆和危险货物运输车辆GPS卫星定位系统；安装二级以上客运站危险品检测仪和车辆门检系统；设立全市违章处理信息系统，配置车载流动电子警察4个，设立330国道缙云、青田段车辆监控点；改造渡船88艘，渡船钢质化比例从60%提高到87%。全市纠正交通违章38万多起，吊扣驾驶证1512本，处罚违章人员33万人次，治安拘留违章肇事人员583人。开展大规模“三无”船舶整治清理工作，规范管理采砂运输船300多艘。2004年，丽水市排查和整治事故多发路段和临水临崖高落差危险路段工作。全市出动交通执法人员2万多人次，查处违法超速、超员、超载2.3万起；开展拖拉机“黑车非驾”专项治理和“三无”船舶整治清理。丽水市道路交通安全好转，死亡人员和经济损失均下降。

2005年，丽水市查处违法超速、超员、超载等行为，专项整治省公布的丽水市道路黑点13处。排查人员密集场所和“三合一”企业，督促整改省、市、县(市、区)政府挂牌公布的重大火灾隐患单位29家。2007年，丽水市排查事故多发路段和临水临崖高落差危险路段，其中临水临崖高落差危险路段5368千米。2008年，联合开展系列专项整治，包括农村道路交通安全，营运客车、危险品运输车、中小学生接送车运输秩序，道路交通安全设施，外省籍车辆及拖拉机，以及交通违法行为等，道路交通事故起数、死亡人数有较大幅度下降。2009年，丽水市交通事故起数、死亡人数、直接经济损失与2004年相比分别下降79.03%、28.28%、92.53%。2010年年底，市公安、交通、安监等部门排查事故多发点(段)122处，其中省级挂牌整治83处、市级整治39处；省市挂牌督办临水临崖高落差危险路段88处，其中省级挂牌整治36处、市级整治52处，全部整改到位。2004—2010年，丽水市投资公路安全保障工程46681万元，事故死亡人数呈逐年下降趋势。

若干年份丽水市道路交通事故情况一览

表 21-8-5-1

年份	事故总数		死亡人数		受伤人数		直接经济损失	
	起数(起)	同比(%)	总数(人)	同比(%)	总数(人)	同比(%)	总数(万元)	同比(%)
1986	1027	—	144	—	667	—	119.68	—
1987	1383	—	292	—	895	—	184.62	—
1988	1287	—	241	—	823	—	187.92	—
1990	1260	—	248	—	786	—	196.57	—
1991	1195	—	221	—	789	—	286.20	—
1997	1831	—	363	—	—	—	1572.00	—
1998	2022	—	333	—	—	—	1788.30	—
1999	2818	—	376	—	—	—	2152.30	—
2000	3045	—	380	—	—	—	2442.20	—
2001	2938	-3.50	318	-16.30	2451	+7.60	2203.00	-9.80
2002	3016	+2.70	371	+16.70	2516	+2.70	2483.00	+12.70
2003	3274	+8.60	409	+10.20	2513	-0.10	2928.00	+17.90
2004	3286	+0.40	389	-4.90	3303	+31.40	1727.00	-41.20
2005	2602	-20.80	340	-12.60	3365	+1.90	891.00	-48.40
2006	2028	—	334	—	2767	—	682.00	—
2007	1521	—	330	—	2074	—	355.00	—
2008	883	—	299	—	1120	—	297.00	—
2009	689	—	279	—	812	—	129.00	—
2010	577	—	269	—	687	—	151.00	—

消防安全专项整治

1957年，各县开展防火宣传，突出以防为主、以消为辅。同时，破除祈祷“火神”等迷信活动。1986年开始，消防部门聘请区、乡广播员为义务消防宣传员。景宁畲族自治县开展每户挂防火标牌活动。1960年始，城镇防火实行三包制度①。丽水地区配备消防车35辆，在街道主要路段安装室外消防栓359只。1980年，对工业、民用和私人住宅、宾馆、仓库等高大建筑，实行建筑设计防火审核和城镇规划消防设计审查。企业防火以单位自防为主，重点单位进行目标管理。1990年，列入一、二级消防重点管理单位302个，配备专职消防员200多人。

20世纪80年代以前，农村房屋木质结构居多，农村火灾次数和损失占总数70%左右，个别年份占到80%—90%。1986年始，丽水地区消防部门推广遂昌县大柘乡②自防自救的经验。至1990年，丽水市建立自防自救组织的乡235个，占总数80.5%，配备消防泵150多台。1987—1990年，丽水地

① 三包制度：指居民主任包块，居民组长包段，居民包院制度。

② 1987年9月撤乡建镇，改称大柘镇。

区因火灾事故及违章，逮捕5人，拘留16人；罚款447人、1.57万元；罚款单位162家、3.77万元。对消防安全问题严重的工厂6家，发出黄牌警告。截至1990年，丽水地区挂防火标牌近10万块。

2001年始，丽水市开展公众聚集场所消防安全专项整治。2002年，丽水市消防部门检查公众聚集场所、生产企业、加油站、网吧1600家，查出“三合一”企业[①]43家、火灾隐患2000多条，当场责令改正1000多条，发出限期整改通知书500份、重大火灾隐患限期整治通知书4份，督促“三合一”企业34家整改，取缔“三合一”企业2家，关停加油站8家。丽水文艺会堂、龙泉大酒店等重大火灾隐患单位消除火灾隐患。

2003年，丽水市开展公众聚集场所消防安全专项整治，专项检查515家，查出火灾隐患424处，督改隐患381处，被责令停产停业2家。开展网吧、“三合一”企业、易燃易爆场所、加油站消防安全整治，整改浙江绿源木业有限公司等省级重大火灾隐患单位；开展起重机械、建筑施工钢管扣件、拖拉机“黑车非驾”和电力、通信、广播电视三线违章交越搭挂等其他领域安全整治。2005年，市政府下发《关于集中开展商场市场消防安全专项治理工作的通知》《丽水市小宾馆居住出租房消防安全专项整治工作实施方案》《丽水市电气消防安全专项整治实施方案》，开展人员密集场所、“三合一”企业、小旅馆、居住出租房、电气和多合一建筑等消防专项整治，列入省市县三级政府挂牌督办整改单位69家，全部整改到位。

2008年，丽水市开展“三合一”场所火灾隐患整治、小饭馆火灾隐患整治、电气消防安全专项整治和建筑消防设施专项整治。整体搬迁第二批省级重大火灾隐患单位浙江绿源木业股份有限公司，彻底消除制胶车间火灾隐患；责令丽水府前菜市场进行整改，落实资金150多万元；被列入市重点消防隐患的园通寺整体搬迁；整改市粮油批发市场消防隐患。同年，丽水市部署奥运消防安全保卫攻坚战火灾隐患排查治理专项行动，为期半年。全年组织检查组69个，检查人员843人次，发现火灾隐患1095条，整改1061条。2009年，云和“2·17”较大火灾事故发生后，丽水市开展小宾馆、居住出租房及“三合一”场所消防安全专项整治行动，仅云和县就排查出隐患5000多处，并得到整改。

1997—2010年丽水市火灾事故情况一览

表21-8-5-2

年份	事故总数		死亡人数		受伤人数		直接经济损失	
	起数(起)	同比(%)	总数(人)	同比(%)	总数(人)	同比(%)	总数(万元)	同比(%)
1997	167	—	17	—	—	—	1100.20	—
1998	154	—	8	—	—	—	1071.00	—
1999	153	—	14	—	—	—	1291.40	—
2000	217	—	11	—	—	—	930.70	—
2001	523	141.00	4	-63.60	14	+16.70	803.00	-13.70
2002	586	+12.00	8	+100.00	7	-50.00	587.00	-27.90
2003	1065	+81.70	11	+37.50	6	-14.30	934.00	+59.10
2004	434	-59.20	14	+27.30	6	0	621.00	-33.50

① 三合一企业：特指厂房、仓库、居住场所设置在同一幢建筑内的企业。

续表 21-8-5-2

年份	事故总数		死亡人数		受伤人数		直接经济损失	
	起数(起)	同比(%)	总数(人)	同比(%)	总数(人)	同比(%)	总数(万元)	同比(%)
2005	175	-59.30	6	-57.10	—	-100	350.00	-43.60
2006	109	—	2	—	—	—	309.00	—
2007	105	—	3	—	—	—	306.00	—
2008	96	—	3	—	—	—	302.00	—
2009	92	—	5	—	—	—	383.00	—
2010	72	—	—	—	2	—	369.00	—

建设施工安全专项整治

1980年开始，丽水地区实行建筑公司与工程队分级管理。1983年始，丽水地区开展创全优工程活动，培训预算、施工、质量监督人员612人次。1984年，各县相继建立建筑工程质量监督站，质量监管人员46人；建立建筑材料试验室11个，开展一年一度的竣工或在建工程质量检查审定。至1988年，丽水地区受监督工程项目1326个，建筑面积130多万平方米，受监督面77%。1986年，丽水地区建筑工程管理处成立。1988年，丽水地区企业55家、项目116个、建筑面积自查和抽查20.89万平方米，合格率64.3%。按新质量验收评定标准验收鉴定工程408个，建筑面积33.94万平方米，其中优良14个，建筑面积2.96万平方米，占8.7%。1987年，丽水地区开展百日安全生产活动和双文明承包队竞赛企业87个，职工12209人，占总人数66.7%。丽水地区被评为省百日安全生产先进工地和百日安全生产活动先进企业各1个，省双文明承包队2个。

20世纪90年代以前，建筑施工安全管理属地区计划经济委员会建工科和市城乡建设委员会建管科负责，具体由施工单位自行管理。1996年6月，地区施工管理处成立，负责县(市、区)范围内建筑施工安全并实施监督管理。1997年，丽水地区排摸建筑施工安全管理底数，开展自查1995年以来竣工、1996年新开工及在建的项目967个。重点抽查项目305个，处理52件，其中行政处罚8件，罚款29.8万元。1999年3月，丽水市(县级)城乡建设局制定《丽水市区建设工程安全生产文明施工管理规定》。10月，制定《丽水市文明标化工地申报验评暂行规定》，统一建筑施工安全标准和方法。

2001年3月，丽水市开展安全施工专项治理工作，规定凡使用钢管扣件式物料提升机和毛竹外脚手架的工程，不得申报市(地)级以上"文明标准化"工地。2002年5月，丽水市开始执行安全资格认证制度，淘汰毛竹脚手架，施工企业及个人违反该规定的，视情节给予通报批评、停工整改、暂停其承接业务、取消资质等处理方式；销售进入丽水市施工现场的物料提升机、安全网、大中型起重机械、施工电梯、打桩机施工机械，其生产厂家必须办理备案登记后方可使用。

2003年3月起，市区范围实行施工分阶段验收和挂牌管理。施工现场安全生产防护等文明施工合格的挂绿牌，较差的挂黄牌，隐患严重的挂红牌，并录入工程施工备案中。7月，实行施工现场建筑起重机械安装备案制度，组织检测管理特种设备，起重机械检测验收合格后方可投入使用。2004年4月，下发《关于加强市区建设工程文明施工管理的通知》，实行施工现场封闭施工，沿街工程围墙高度不低于2.5米。6月，丽水市组织模板支撑架专项整治，规定在建项目钢管、扣件必须按批次、数量送检，检测结果不合格不准使用。

2005 年，丽水市建设施工领域事故频发，发生建设工程安全责任事故 49 起、死亡 59 人，占企业事故的 2/3。2005 年，印发《丽水市建设工程安全生产专项整治方案》，开展排查整治安全隐患的安全专项整治工作，重点落实建设工程各方主体责任、治理不符合安全生产条件和“三违”[①]行为，遏制建筑施工重、特大安全事故和建立安全生产长效机制。3 月，丽水市召开建设系统安全生产会议，专项整治全市建设工程领域的安全生产，重点整治钢管扣件脚手架、模板支撑架、建筑起重机械设备。10 月，青田一建筑公司承建商住楼坠落死亡 1 人，被暂扣企业安全生产许可证 60 日，暂扣证期间不得承接业务。丽水市组织矿山和公路、水利、城建、工业园区等行业涉及隧道、涵洞、土石开挖的建设工程施工项目专项安全检查 10 多次，其中建设系统建筑、市政、拆除施工工地 469 个次，建筑面积 310 多万平方米，发出整改通知书 503 份，停工通知书 32 份。

2006 年，实施市建筑工程安全防护、文明施工费用规定，施工单位要制定安全防护文明施工措施费用使用计划并承诺。2008 年，深入开展建筑施工安全专项整治工作，重点围绕房屋与市政工程建设、公路工程建设、水利工程建设和电力工程建设等领域。7 月，建立市区建筑施工企业安全生产管理机构设置和管理人员配备的档案。8 月，实施《建筑起重机械备案登记办法》，规定建筑起重机械使用时先办理产权备案，安装拆卸前必须办理告知，检测验收合格后须办理使用登记。丽水市组织建筑起重机械专项检查，检查塔机 22 台、外用电梯 4 台、物料提升机 36 台；现场起重机械产权备案率 96%，使用登记率 91%；责令立即停用未登记却在使用的起重机械，待登记备案检查合格后方可使用。2009 年 5 月，市建设局在市文化艺术中心施工现场举办文明标准化工地创建现场会。丽水市开展建筑施工安全生产“三项行动”及隐患排查活动。2010 年 7 月，丽水市所有在建工程施工现场开展创建“平安工地”活动。对考核不符合创建标准要求的予以摘牌，且不得参与工程评标、评优。8 月，召开建筑施工企业落实《工作手册》安全生产责任会议，市本级建筑施工企业参加 100 多家。至 2010 年，丽水市施工现场机具均按施工技术专项方案要求选用，大型起重机械均由专业单位检测合格试用，由专业人员操作，由专人维护保养，并建立台账。全市创省级文明标准化工地 52 个，丽水市“九龙杯”文明施工标准化工地 210 个。同年，全市建设施工领域安全责任事故减少到 15 起、死亡 16 人，分别比 2004 年下降 69.39%和 71.88%，安全生产事故连续 5 年下降。特别是 2008 年以来，丽水市建设施工领域没有发生过较大及以上生产安全事故。

2002—2005 年丽水市建筑施工行业企业事故一览

表 21-8-5-3

年份	事故总数			死亡人数		
	起数(起)	占总数比重(%)	同比(%)	总数(人)	占总数比重(%)	同比(%)
2002	23	42.60	—	34	52.30	—
2003	39	54.90	69.60	41	56.20	+20.60
2004	47	59.50	+20.50	59	64.10	+43.90
2005	33	54.10	−29.80	38	52.10	−35.60

① “三违”指：违章指挥、违反操作规程、违反劳动纪律。

矿山安全专项整治

20世纪80年代前，丽水地区对矿山安全生产管理多为阶段式、突击性，手段与办法不多，缺乏长期规划，安全生产形势不容乐观。

1982年开始，丽水地区安全监察室建立，开展矿山安全监察工作。1984年，丽水地区国营矿山11个，都建立安全技术档案。1985年，青田钼矿发生事故，死9人，伤2人。1986年，实施《中华人民共和国矿产资源法》(以下简称《矿产资源法》)，开展系列法规宣传活动和执法活动。1988年始，加强对乡镇集体矿山安全监察工作。1990年，进行安全管理资格审定发证，审定发证乡镇集体矿山571家。遂昌县杨梅岗金矿经过改造实现机械通风。

1996年3月，丽水地区隆重纪念《矿产资源法》颁布实施10周年。印发《关于整顿矿业秩序，维护国家对矿产资源所有权组织实施意见的通知》，召开丽水地区矿管工作例会，开展丽水地区矿业秩序整治。整治重点县(市)为青田、遂昌、缙云、龙泉4个县(市)，重点矿种为钼、萤石、砂石、砖瓦黏土，重点矿区为青田县黄垟钼矿。5月30日，省长万学远对青田县钼矿整治工作作重要批示。6月，地区矿管局会同青田县政府贯彻万学远指示精神，炸毁所有非法矿洞，查处党政干部参股搭股。1997年5月，丽水地区组织《矿山安全法》宣传月活动，重点进行乡镇矿山安全条件合格证审核发证工作，获合格证乡镇矿山5家。1998年，继续实施《矿山安全法》，重点做好乡镇矿山安全条件合格证书认证审查工作，审查个体、乡镇矿山企业89家，发证企业79家。1999年，丽水地区重点开展乡镇矿山安全条件合格证的审查发放，加大执法力度，审查乡镇、个体私营矿山企业102家，持证率100%。

2001年，丽水市开展矿山安全专项整治工作，矿山事故死亡27人。注销关闭矿山企业40家，其中合并21家，关闭8家，取缔7家，责令违规矿山限期整改37家，处罚1家；依法治理整顿石料矿山关闭采石场19家，青田县实行黄垟钼矿区《准采卡》制度，有效地控制矿区群采乱象，缙云县专项整治沸石行业。遂昌、龙泉、莲都、松阳四县(市、区)先后开展萤石矿专项整治活动。2002年，继续开展非煤矿山安全专项整治，责令关闭一批不具备基本安全生产条件的矿山，控制矿山事故多发势头，提高安全管理水平。2003年，丽水市开展矿山安全整治，目标为减少数量，扩大规模，改进工艺，提高机械化程度。关停不符合安全生产基本条件的小矿80多家。同时，严把矿山开采准入关，提高机械化开采水平，集约开采零星矿点，通过安全检测和安全评估，整改一批事故隐患，矿山安全生产条件得到改善。同时，逐步推广中深孔爆破等先进安全适用的开采技术。2004年，丽水市成立矿山安全整治领导小组，加快矿山安全技术改造步伐，组织开展矿山等专项整治10多次，关闭生产规模小、工艺落后、不具备安全条件的矿山企业80多家。推广中深孔爆破和导爆管技术，加强重点工程民爆物品管理，严格审批，加强守卫看护，建立健全流向登记制度和监控网络，规范民爆器材安全管理。

2005年，丽水市严格控制新开采矿山，整治不具备基本安全生产条件矿山，依法取缔和关闭非法矿山。全年落实监控措施的责令重大危险源矿山企业10多家，停产整顿存在严重安全隐患的矿山企业18家，关闭非法和不具备基本安全生产条件的矿山6家。2006年，丽水市开展矿山安全整治联合巡查173次，出动执法人员1021人次；责令限期整改矿山企业97个，依法查处无证开采企业27家、无证勘查企业1家、无证选矿企业21家，越界开采企业12家、未按开发利用方案开采企业8家，偷盗矿产资源131起；关闭破坏环境、污染严重、不具备安全生产条件的企业42家，停产整顿企业12个，拆除矿山设备15起，没收矿产品1103.5万千克，罚款189万元，治安拘留60人。同年，丽水市矿山新、改、扩建项目实行安全生产“三同时”审查验收制度，开展矿山、机械制造行业安全质量标准化活动的试点工作，推广“科技兴安”战略，引导矿山企业尽快采用新技术、新工艺，重点在露天矿山推广中深孔爆破开采技术，地下矿山推广导爆管起爆技术，推动矿山企业加快机械化作业改造步伐。全市矿山企业102家，获安全生产许可证企业83家，其中正在申请企业19家，安评率100%；采用中深孔爆破方式开采的露天矿山企业25家，占采用爆破方式开采露天矿山企业52.9%。2008年，开展专项安全督查，制定《丽水市2008年矿山及冶金行业安全整治工作实施方案》，全面部署排查治理矿山、尾矿库、冶金企业的隐患工作。

2010年，丽水市开展违法违规勘查开采矿产资源专项整治，检查采矿权企业122个、探矿权企业68个，及时制止未批先采10起，群发性无证私采8起，越界勘查开采2起。丽水市矿山年事故死亡人数从2001年的27人下降到2009年的3人，2010年为5人，矿山企业数量从最高峰的340多家下降到100家左右。同时，落实企业安全生产主体责任，强化矿山基层基础工作，完善矿山安全生产条件，提高矿山安全保障水平，淘汰落后生产方式方法，推广先进适用技术，建立健全矿山安全生产规章制度操作规程，完善矿山各大系统安全设施，逐步配备矿山专业技术人员，全面开展矿山安全标准化工作。

1997—2010年丽水市工矿企业事故一览表

表21-8-5-4

年份	事故总数		死亡人数		受伤人数		直接经济损失	
	起数(起)	同比(%)	总数(人)	同比(%)	总数(人)	同比(%)	总数(万元)	同比(%)
1997	15	—	15	—	—	—	—	—
1998	16	—	23	—	3	—	115	—
1999	19	—	16	—	7	—	81.90	—
2000	27	—	25	—	7	—	182	—
2001	40	-24.50	41	0	17	0	379	+27.60
2002	54	+35.00	65	+58.50	26	+52.90	803	+111.90
2003	71	+31.50	73	+12.30	20	-23.10	909	+13.20
2004	79	+11.30	92	+26.00	17	-15.00	1290	+41.90
2005	61	-22.80	73	-20.70	—	—	1016	-21.20
2006	62	—	69	—	—	—	1141	—
2007	67	—	64	—	—	—	1198	—
2008	77	—	73	—	—	—	1091	—
2009	49	—	48	—	—	—	718	—
2010	48	—	51	—	—	—	651	—

危险化学品安全专项整治

1985年开始，丽水地区加强化学易燃物品消防管理，凡生产、经营、运输和使用列入管理的7大类651种易燃易爆化学物品，一律实行准购证、准运证、经营安全许可证和使用安全许可证制度。1988年，丽水地区消防部门颁发许可证单位1050家。

2001年始，组织开展危险化学品储运安全专项整治活动。2002年，丽水市初步摸清“危化品”从业单位现状，安全预评估、安全现状综合评估和安全验收评估危险化学品生产、储存企业4家，关闭不符合安全生产加油站2家，查处非法生产剧毒化学品企业1家，取缔非法生产固体酒精企业2家，处置非法废弃剧毒原料和产品案件1起，收缴非法剧毒化学品一批。2003年，丽水市完成危险化学品安全状况评估生产企业、经营许可证审查发证杀鼠剂经营单位112家，完成经营许可证条件审查中石化、中石油成品油经营单位104家。通过危险化学品运输单位及其从业人员资质认定14家，取得安全资格危险化学品生产经营单位502家，通过安全评估危险化学品生产经营单位280家，初审上报定点审批危险化学品生产企业6家，其中取得危险化学品生产定点批准书企业4家，取得经营许可证危险化学品经营单位204家。同时，组织执法检查危险化学品经营网点，查缴及查处毒鼠强和其他非法剧毒化学品的案件。2004年，丽水市取缔和关闭危险化学品证照不全的非法经营单位67家，其中加油站4家，责令存在严重事故隐患的危险化学品经营单位停业整顿10家，取缔危险化学品非法生产企业4家，关闭危险化学品非法生产企业17家。水阁工业园区的陈店火炮厂被关闭，所有危险物品都已处理。

2005年，丽水市重点整治不符合安全生产条件和有关资质要求、存在重大危险源和重大事故隐患、非法从事危险化学品生产、经营、储存单位。责令安全状况等级低的危险化学品生产企业停产整顿1家，责令安全生产条件存在问题的生产企业限期整改15家。2006年，丽水市依法关停不符合安全生产条件的危险化学品生产、经营、储存企业，市区丽人木业甲醛车间、有邦化工公司实施整体搬迁。全市推进安全标准化工作，危险化学品生产企业安全标准化活动开展率100%；全市37家危险化学品生产企业，其中达到市级标准化企业30家，其中达到省级标准2家；强制推行化工生产过程自动化安全控制系统工作，涉及危险化工工艺的企业自动化安全控制水平明显提高；做好危险化学品安全生产许可证换证工作，危险化学品企业到期换证率100%；严格实施危险化学品建设项目安全设施“三同时”审查，建设项目“三同时”制度；严格执行剧毒化学品和非药品类易制毒化学品登记备案制度，加强对剧毒化学品和非药品类易制毒化学品的安全监管；开展危险化学品企业安全生产状况评估，建立“一企一档”安全生产基础档案；加强对化工危险作业场所、环节的监管指导，督促企业严格执行有关技术规范，开展“反三违”活动，“三违”行为明显减少；开展危险化学品应急救援演练，加强应急救援工作。2006—2008年，丽水市连续三年未发生危险化学品企业安全生产死亡事故。

2007年，丽水市开展危险化学品隐患治理专项行动，严肃查处危险化学品项目建设以及生产、储存、经营、使用等过程的违法违规行为，提高危险化学品从业单位的安全生产管理水平。2008年，丽水市开展危险化学品安全检查“百日督查专项行动”。全市检查危险化学品及烟花爆竹生产经营单位600家，责令暂时停业单位8家，查处无证经营企业4家。2009年，丽水市推进化工集中区或化工园区建设。丽水经济技术开发区及松阳县建立化工集中园区。

2010年，丽水市危险化学品安全监管严格行政许可，强化督促检查，加强基层基础建设，深入开展隐患排查治理，推进安全标准化工作，开展危险化学品企业安全生产专项整治行动，全市危险化学品安全生产形势稳定，危险化学品安全生产事故得到有效控制。至2010年，丽水市危险化学品生产企业37家，溶剂回收企业30家，拟建、在建、试生产的危险化学品建设项目21个，危险化学品经营单位391家(其中甲种证116家、乙种证275家)，登记备案的使用剧毒化学品生产性单位47家、非药品类易制毒化学品生产企业1家、经营企业20家。

民爆器材和烟花爆竹安全专项整治

20世纪80年代起，地区劳动局劳动保护科每年不定期安全检查烟花爆竹生产、经营。2001年4月，安全生产监督管理职能由人事劳动部门划转到经贸委，安全生产监督检查工作得到加强。

2002年，丽水市首次开展民爆器材和烟花爆竹安全专项整治活动。2003年，制定《关于加强重点工程民爆物品管理的通知》，严格审批，完善安全生产责任制，加强守卫看护，建立健全民用爆破器材流向登记制度和监控网络，严格雷管编号登记管理，严格防丢失防被盗，规范民用器材安全管理。2月，丽水市全面停产整顿烟花爆竹生产企业，关闭不符合安全生产基本条件的生产企业。其中通过省级验收，恢复生产烟花爆竹生产企业8家。2004年，丽水市开展烟花爆竹生产企业的专项整治，加强烟花爆竹经营许可、运输、燃放、市场监管、质量管理。严格按照省安全监管局的要求，实行季节性停产。

2005年1月，丽水市开展烟花爆竹安全大排查行动，出动检查人员600多人次，查获非法生产、经营、储存黑点一批，收缴烟花爆竹1400多箱，案值20多万元。5月中旬，市区全面整治无证无照烟花爆竹经营户，查处非法经营单位12家，没收烟花爆竹100多件。全年依法查处和取缔烟花爆竹经营单位49家。关闭市区陈店火炮厂。2006年始，丽水市每年下发烟花爆竹安全专项整治工作方案，落实烟花爆竹安全专项整治，深化隐患排查治理。在奥运会、世博会以及国庆节、元旦春节期间等重点时段，都组织开展专项联合执法检查行动，严厉打击非法经营、运输、储存等行为，查处一批非法销售单位非法烟花爆竹，规范全市烟花爆竹经营秩序，有效避免烟花爆竹安全事故的发生。2006年6月，缙云县全部关停烟花爆竹生产企业。2007年，做好烟花爆竹生产企业全部退出工作。同年底，强制停产龙泉市花炮厂，最后一家烟花爆竹生产企业彻底退出历史。同时，开展烟花爆竹行业安全隐患排查治理工作，排查治理隐患一大批。缙云县整顿规范壶镇烟花爆竹市场秩序，解决烟花爆竹安全管理的突出问题。2008年，丽水市联合开展烟花爆竹专项整治2次。全市开展烟花爆竹批发企业安全标准化创建工作。至2010年，丽水市烟花爆竹批发经营企业14家，获市级标准化企业称号11家。

2010年，丽水市严格执行烟花爆竹安全管理有关法律法规，以严防烟花爆竹事故发生为主要任务，认真开展专项整治，全面开展隐患排查治理，严格执行行政许可制度，大力推进安全标准化，加强督促指导和日常检查，开展联合执法，加大打非力度，切实做好烟花爆竹生产经营旺季和重点时段安全生产工作。全市烟花爆竹批发经营企业14家，零售经营企业538家，其中长期性零售企业367家，季节性零售企业171家，从业人员1189人。丽水市未发生烟花爆竹安全生产事故。

特种设备安全专项整治

1981年，丽水地区各种型号锅炉180台，其中带病运转30%。1982年，地区劳动局设立锅炉压力容器安全监察机构，根据《锅炉压力容器安全监察暂行等条例》，对蒸汽锅炉登记建档，领取使用登记证114台，占应登记发证数85%。1983年开始，地区锅炉压力容器检验所进行一年一次锅炉定期检验。1987年，丽水地区加强承压锅炉安全监察。1988年，丽水地区锅炉426台，其中持证使用380台，占89%。1990年，丽水地区开展锅炉房综合治理和压力容器治理整顿。

1997年，地区锅炉压力容器检验所完成在用锅炉内部检验288台，外部检验168台，安装质量检验78台。1999年，丽水地区继续培训考核特种作业人员，获特种作业人员上岗证书1928人；检测电梯169台，起重机72台；完成在用锅炉内部检验284台，外部检验172台；取缔和查封无证的伪劣锅炉一批，整顿锅炉的制造、安装和管理单位的资格。全年发生锅炉压力容器爆炸事故，发生锅炉重大损坏事故1起。

2000年，丽水市依法开展矿山安全监察、锅炉压力容器安全监察和职业安全卫生监察工作。丽水市获特种作业人员上岗证书1670人；完成在用锅炉压力容器内部检验335台，外部检验177台；检测电梯179台，起重机65台。2001年始，组织专项整治锅炉压力容器安全活动。2002年，开展锅（炉）容（器）管（道）特（种设备）普查整顿和打假保安全专项整治，普查特种设备4254台，查出预报废设备153台，不符合发证条件设备918台，解体土制锅炉122台；集中执法查处土制锅炉、起重机械、气瓶，整治液化石油气充装单位、“锅容管特”市场。

2004年，丽水市专项整治特种设备，专项检查人员密集场所锅炉、电梯、客运索道和大型游乐设施等特种设备，出动人员1900多人次，检查单位1200多家，检查特种设备2500多台，发现事故隐患和安全问题685个，完成整改592个，取缔土制锅炉、压力容器10台；完成工业压力管道专项普查工作，查清全市在用工业压力管道的数量、分布和安全状况，落实使用单位的安全责任。同年，还开展起重机械、建筑施工用钢管、扣件安全整治，电力线、通信线、广播电视线三线违章交越和搭挂安全整治等其他领域的安全整治。2005年5月，丽水市专项整治丽水经济技术开发区内企业的特种设备，查出隐患100多条，发出限期整改指令书14份。

2006年始，丽水市认真组织开展游乐设施、起重机械、压力管道、压力容器、锅炉、电梯等特种设备的安全专项整治。2008年，缙云石材行业起重机械安全隐患被列为挂牌督办。市、县联合开展专项整治。缙云县投资45万元，拆除10台，维保改造11台，更新33台，更换26台，扭转起重机械使用“散、乱、差、弱”等混乱局面。

冶金机械安全专项整治

21世纪初，丽水市工业快速发展，冶金和机械制造领域的安全生产压力越来越大。2008年，丽水市安全生产形势十分严峻，冶金有色企业57家，机械制造企业1271家，发生生产安全事故19起，造成死亡18人、重伤3人，直接经济损失268万元，分别占工业企业事故总数各项指标的55.88%、52.94%、60%和49.54%。丽水市将冶金和机械作为安全生产两大重点领域，组织开展专项整治。2009年，下发《关于进一步加强冶金有色、机械制造企业安全隐患排查治理工作的通知》。2010年，丽水市冶金机械生产领域发生安全事故7起、死亡8人，分别比2008年下降63.16%和55.56%。

第六节　安全生产行政执法

执　法

2002年11月1日开始，丽水市实施《中华人民共和国安全生产法》。2003年，丽水市依法查处各类伤亡事故，执行“四不放过”和分级管理原则，查清事故直接原因和安全生产监督管理、审查批准、验收中存在失职、渎职行为，发生重大责任事故的单位和责任人均受到责任追究。

2004年，丽水市开展工矿企业安全生产执法检查行动，加大施工现场安全执法力度，严厉处罚不履行安全生产职责、不重视安全生产投入以及无证施工、无资质施工等严重违反基本建设程序的单位和个人；依法从重处罚存在重大事故隐患、事故多发、不具备安全生产条件又不按要求整改、擅自施工等各种严重安全生产违法行为，对发生事故或存在严重隐患危及安全的项目采取经济处罚、责令停工整顿、上黑名单和不良行为记录公告等措施，在市场准入方面相应惩罚被公告单位和个人；加大交通秩序整治，开展以无牌无证摩托车为重点的机动车执法检查；及时查处举报案件，做到件件有落实，及时反馈举报人；加大事故查处和责任追究工作力度，依法严肃追究每一起事故的责任，通报批评负有安全生产管理责任的行业主管部门。全市列入黑名单和不良行为记录公告的企业21家，个人27人；查扣无牌无证摩托车5920辆，强制报废摩托车2530辆，无证驾驶者实行治安拘留144人；直接查处或移交查处群众举报案件30多起，市本级直接查处和县（市区）、查处事故70起，配合省级有关部门查处事故4起；吊销或降低资质50多人，清退施工、监理、建设单位20多家；建议依法追究刑事责任事故责任人9人；严厉查处丽龙一级公路“6•8”高处坠落瞒报事故和缙云县汽缸体厂“7•8”铁水爆炸事故。

2005年，丽水市突出重点领域和环节，加大安全生产行政执法和专项检查力度，依法查处各类事故和安全生产违法行为，监督监察生产经营单位11000多次，查处事故隐患2200多条，完成整改近2000条，直接查处或移交查办群众举报案件30多起，直接查处企业59起，配合省级部门查处重大事故3起，行政处罚77次，罚金120多万元。市政府牵头开展青田“6•20”重大交通事故和330复线“6•22”重大交通事故责任倒查，行政处分5人，党纪处分2人，移送追究刑事责任2人。同年，丽水市还专项检查查证验证、打非、危化除患、企业安管机构设置与人员配备、机械制造业、非煤矿山、危化、烟花爆竹等活动，查处正阳电力瞒报事故案、方源人造革瞒报事故案、非法生产危险化学品案等全省乃至全国有较大影响的大案要案，打击安全生产领域的违法行为，检查企业28852家，检查58825次，案件1620个，罚款7995万元。

2006年，丽水市开展安全生产行政执法和专项检查，查处举报案件，及时反馈举报人；加大事故查处和责任追究工作力度，按照“四不放过”的原则，依法严肃查处各类事故，追究事故的责任人；加大对负有安全生产监管责任的部门和有关责任人追究力度，通报批评和行政处分相关部门和人员。同年，丽水市组织执法检查企业5000多家次，查处隐患4300多处，下达整改指令书800多份，查封和责令停产停业整顿生产经营单位60多家；直接查处或移交查处群众举报案件30起；依法追究“6•3”重大事故责任人刑事责任；牵头倒查“6•13”重大交通事故责任，处理运输企业和责任人。2007年，丽水市开展“安全生产执法年”活动，组织“护命专项系列执法行动”“查证验证专项执法行动”，从严查处安全生产违法行为。执法过程中做到行政处罚主体合法、程序合法、文书规范、事实清楚、证据确凿、适用法律规范准确。截至2007年，丽水市行政听证、行政复议、行政诉讼次数为零。全市安监系统现场监察生产经营单位4459家、8237次；查办案件228件，其中事故案件64起，非事故案件164起；办结案件190件，比2006年增长202%，其中办结非事故案件163件，占案件结案总数的81.5%；实施行政处罚案件228件，其中警告10件，罚款179件，罚款总额370.3万元，没收非法物品5件，责令停产停业整顿10家，责令停产停业1家，提请并实施关闭生产经营单位5家。

2008年，丽水市组织开展“查证验证”“危化除患”专项执法行动和生产经营单位安全生产管理机构设置、人员配备专项执法检查、打击安全生产非法违法专项行动。进一步完善行政执法机制，丽水市安监系统推行违法后果先行告知制、办案流程管理制、行政处罚案件合议制、处罚结果公布警示机制。春节、“五一”、国庆等重大节庆活动期间，丽水市开展全面的安全生产大检查。全市查办安全生产行政处罚案件360件，同比增长249.5%，其中非事故案件占案件总数的82.2%，同比增长369.8%。2009年，丽水市开展安全生产执法行动，加强生产经营单位的日常监督检查，严肃查处各类安全生产违法、违规、违章行为和事故。春节、国庆期间，丽水市组织开展安全生产大检查活动，市政府正、副市长带队，对各分管行业领域进行安全检查督查。市安监系统创新执法工作机制，推行全局执法、联合监察、集中办案，建立执法检查计划制度和公示公告制度；制定《安全生产行政处罚自由裁量权规定》，将安全生产违法行为处罚自由裁量权均划分为层次4个，涉及综合安全监管、矿山安全监管、危险化学品安全监管、易制毒化学品监管、烟花爆竹监管、安全教育培训和中介服务监管等100多种，实现行政执法工作的法制化和规范化；严肃查处各类事故和事故责任人，办理行政处罚案件208起，罚金571万元；开展安全生产治理行动，实施“深化隐患排查治理年”，组织开展矿山、道路交通、消防、化工、建筑施工、特种设备、冶金机械等专项整治重点行业领域7个，排查企业31417家，查出一般隐患40819处，查出重大隐患147处，隐患基本整改落实到位。落实各级政府督办和治理隐患责任制，确定省、市、县三级重大隐患治理重点，其中省级挂牌督办企业2家，市级挂牌督办企业34家，均整改到位；道路交通事故多发点(段)11处、临水临崖高落差危险路段21处，完成整改。

2010年，丽水市组织开展严厉打击安全生产非法违法专项行动，重点对矿山、交通运输、建筑施工、危险化学品、烟花爆竹、民用爆炸物品、冶金等行业和领域开展严厉打击非法违法生产经营建设行为。全市检查企业3026家，立案查处案件128起。其中查处关闭非法生产的龙泉鑫旺矿业；查处无证或证照不全化工生产经营单位2家。

机 制

2005年9月，成立市安全生产监察支队；制定《丽水市安全生产现场检查程序规定》《丽水市安全生产案件查处程序规定》《丽水市安全生产案件审理程序规定》《丽水市安全生产行政听证程序规定》《丽水市安全生产行政复议程序规定》《丽水市安全生产行政应诉程序规定》等程序性规定6个，制定《丽水市安全生产监督管理局行政处罚自由裁量暂行规定》《安全生产违法行为举报奖励办法》《丽水市事故调查暂行规定》等规范性文件3个；实行案件调查、审理、执行相分离，初步形成全局执法，集中办案的工作机制。

2007年，确立“全局执法，归口检查，集中办案”的工作机制，监管、监察、法制执法分工，案件调查、审理、执行分离互相制约；实行量化考核，设置监察覆盖率、复查覆盖率、检查频次、办案增长率、按时结案率等指标；实施人性化执法，推行违法后果先行告知制、办案流程管理制、案件合议制和处罚结果公示警示制四项机制，提高执法效能、质量和效果。

机 构

20世纪80年代初，地区劳动局内设劳动保护科，负责安全监察，开展锅炉普查、登记发证。2001年4月，安全生产监督管理职能划转市经贸委，市成立安全生产委员会，加强安全生产监督管理职能。丽水市专职安全生产监督人员40多人。除龙泉市外，各县(市、区)都配备安全生产监察专用车、数码相机等技术装备。

2003年，安全生产监管机构和队伍建设得到加强。除龙泉、庆元两县(市)外，市本级和其他7

个县（区）均设立安全生产监督管理局，逐步落实安全监管经费。开始加强建筑、交通、水利、电力等重点安全生产部门的专业监管力量。

2004年，丽水市专题研究安全生产监督管理机构“三定”方案，明确安全生产监督管理机构和安全生产监察队伍的组建问题。市本级隶属市经贸委管理安全生产监督管理局。青田县建立由县政府办公室管理的、独立的安全生产监督管理局，建立县安全生产监察大队。其余8个县（市、区）均建立安全生产监督管理局，隶属经贸局管理，充实监管人员。市政府成立丽水市安全生产专家组，聘请专家38人，加强安全监管力量，落实专家组专项经费。丽水市各县逐步落实监管经费，加强监管机构力量。市建设局建立安全监管中心，成立安监站的县（市、区）建设局3个。

2005年，丽水市9个县（市、区）均成立安全生产监督管理局。9月，市本级设立市安全生产监察支队。2006年，市本级和县（市、区）建立安全生产执法队伍，安全生产监管任务较重的乡（镇）、街道也建立安全生产综合监督管理机构。9个县（市、区）的安全监管力量进一步加强，安全监管体系初步建立，其中7个县（市）结合乡镇机构改革，建立安全监管站122个，做到安全监管、监察机构、人员、经费、设施和装备“五到位”。2007年8月，正式注册登记。有编制9名，实有6名。

2007年，丽水市逐步建立健全四级安全监管网络，加强安全监管力量，丽水经济技术开发区设立安监分局，其他各类经济开发区、工业园区均设立相应的安全监管机构，9个县（市、区）建立安监站乡镇（街道）154个，大多数的村（居）配备兼职安全员。同时，加强党风廉政建设，强化监督约束机制，转变安监队伍作风。2008年，丽水市完善基层安全监管机制，城区的乡镇（街道）辖区内有矿山、危险化学品、冶金企业3家（含）以上的乡镇（街道）或年工业产值在5亿元以上的乡镇（街道）均建立安全生产监督管理机构，配备安全监督管理人员2—5人；其他乡镇（街道）确定安全生产监督管理机构，配备专职安全生产监督管理人员1—2人，专职安全监管人员必须培训合格持证上岗。丽水市各乡镇全部建立或确定安全监管机构，配备安全监管人员430多人，大部分村（居）配备安全员协管员。企业安全监管网络进一步健全，建立健全安全管理机构和管理人员，做到按“三个百分之百”①。至2010年，丽水市形成市、县（市、区）、乡镇（街道）三级安全生产监管网络，各级安全监管机构和人员配置基本达到监管要求。

第七节　安全生产宣传教育

宣传教育

20世纪80年代起，丽水地区企业安全生产事故逐步增多，开始加强安全生产监管，重视安全生产宣传教育。1992年始，每年开展“安全生产周”活动。1997年5月，丽水地区启动《矿山安全法》宣传月活动。2001年，丽水市利用广播、电视、报纸、文艺会演等形式，开展宣传《国务院关于特大安全事故行政责任追究的规定》。

① “三个百分百”指：矿山、危化企业100%设置安全管理机构或配备专职安全管理人员，其他生产经营单位100%配备安全管理人员，生产经营单位安全管理人员100%经过培训考核合格。

2002年，在全省率先制定“安全生产月”活动方案；丽水电视台连播宣传标语和公益广告；《丽水日报》开辟《安全生产》专版；丽水广播电台开辟《安全之声》专栏；消防部门开辟浙江绿谷消防网。丽水市被评为全国“安全生产月”活动省级先进单位。

2005年，丽水市深入开展“安全生产月”活动，围绕创建“平安丽水”，主题为“遵章守法、关爱生命”。新闻、网站等媒体开辟“安全生产宣传”专栏，电视每天播放《安全为天》的宣传专题片。庆元县还组织老年腰鼓队进行安全宣传。2006年，丽水市制定全国安全生产月活动宣传方案，围绕建设“平安丽水”，主题为“安全发展，国泰民安”，编印致全体市民信和安全生产理念用语，选编安全生产有奖知识问答题目，收集新闻线索；落实安全宣传标语横幅100多条；6月11日，组织安全宣传车、腰鼓队，上街宣传，组织发放安全宣传挂图3000多套；举办“安全发展，国泰民安”文艺晚会；开展安全宣传“进机关、进社区、进企业、进学校、进家庭”活动。全市高危行业生产企业活动参与率100%，其他企业参与率70%以上。

2007年，丽水市组织安全生产文化大篷车下乡、安全生产专家深入厂矿企业“会诊”；举办“安全”主题大型广场文艺晚会；举办“泰达杯”安全生产知识竞赛，参加人数6000多人；广泛开展群众性的安全教育，开展咨询、发放宣传材料，普及安全知识，防范各类事故的发生。“全国安全生产月”活动期间，电视台、电台等新闻媒体创办安全常识专栏、制作专题，开展安全常识教育，强化全民安全观念。2008年，丽水市组织宣传安全教育“进机关、进社区、进企业、进学校、进家庭”活动，开展安全生产千里行活动，宣传以“治理隐患、防范事故”为主题的安全生产月活动。6月6日，在市区中山街开展大型安全生产宣传咨询活动。安全生产月活动期间，丽水市开展安全生产宣传教育，包括发放宣传资料、悬挂标语（横幅）、出动宣传车、展出宣传展板、组织咨询活动，同时举办大型广场安全文化主题文艺晚会，大篷车安全文化进厂矿（乡镇）；举办“安全在我心中”摄影大赛，各类安全生产知识竞赛；组织开展“安康杯”竞赛活动，出版《丽水安全监管》刊物。市安全监督管理局被评为全国安全生产月活动优秀单位。

2009年，丽水市安全生产宣传教育注重形式创新，把宣教融入安全生产工作各个环节。组织宣讲团3个，开展安全生产“三个规定”宣讲培训活动，分到各县（市、区）和丽水经济技术开发区宣讲培训，参与干部1500多人，企业人员4000多人；编印《以血为鉴——2008年生产安全事故案例汇编》，免费发给企业，警示广大企业和从业人员以血为鉴、举一反三；在市区中山街组织现场安全宣传咨询活动，发放宣传品、展出图版、咨询服务、悬挂横幅、邀请腰鼓队、自行车骑游队。活动月期间，还开展有奖明信片、走进“百姓热线”直播室、送服务到企业等活动。2010年，丽水市开展全国第9个安全生产月活动，创新宣传机制，实施部门联合、上下联动、统筹推进。除发放宣传品、展出图版、咨询服务、有奖知识竞赛、悬挂横幅等宣传外，印制宣传纸杯、太阳伞、太阳帽、广告衫、扑克牌等进行宣传；开通“12350”安全生产投诉举报特服电话，受理各类举报50多起；发送安全提醒短信45000多条，对高温期间作业、节日期间进行安全提醒；组织开展“安康杯”安全知识竞赛活动。

培训教育

1986年，丽水地区建立社会电工资格定期复审制度，参加全省统考社会电工1253人，取得电工合格证1310人。1998年，丽水地区对特种作业人员进行培训考核，取得特种作业人员上岗证书2298人；特种作业人员到期上岗证书复审考核1740人。1999年，丽水地区继续培训考核特种作业人员，取得特种作业人员上岗证书1920人。2000年，取得特种作业人员上岗证书1670人。

2001年，丽水市培训考核安全管理人员、特种作业人员1.2万人次。2002年，培育安全生产咨询、教育培训、安全评价、检测检验等社会化服务中介机构体系，举办安全管理资格和安全技术培训班120多期，培训考核企业负责人、安全管理人员、特种作业人员和从业人员1.6万人次；推行企业注册安全主任制度，培训、考核、注册安全主任1200多人。2003年，丽水市开展安全资格和安全技能培训考核工作，培训考核企业注册安全主任128人，矿长及矿山安全员105人，建筑施工企业负责人82人，特种作业人员1493人，危险化学品单位负责人及从业人员818人，船员180人，客货运驾驶员、危险货物押运员、装卸、管理人员956人。同时，生产经营单位加强内部从业人员安全生产培训教育。2004年，丽水市举办安全资格和安全技术培训班65期，培训考核5152人次。其中企业注册安全主任培训班15期，培训考核1218人；企业负责人培训班5期，培训考核557人；危险化学品从业人员培训班15期，培训考核1330人；特种作业人员培训班17期，培训考核1223人；举办特种设备作业人员培训班13期，培训考核824人。此外，生产经营单位开展安全生产教育培训工作，提高各类从业人员安全素质和安全意识。

2005年，丽水市继续开展企业负责人、安全管理人员、注册安全主任和特种作业人员的安全教育培训工作，参加培训3000多人次。2006年，丽水市开展全员培训工程，完成省局下达培训任务20万人次。高危行业生产企业负责人、管理人员和特种作业人员持证上岗率100%。2007年，丽水市实施全员培训工程，培训22万人次。开展特殊岗位人员培训，其中安监系统特种作业人员和危化从业人员6000多人，消防培训19000多人，民爆从业人员近3000人。开展乡镇(街道)安全监察人员取证培训班，培训260多人。2008年，丽水市组织实施“百千万培训工程”，提高从业人员的安全意识和技能。2009年，丽水市举办企业法定代表人安全生产培训会议。参加培训对象为全市高危行业企业、建筑企业、市直规模以上工业企业和2008年工矿商贸死亡事故责任单位法定代表人。全年培训考核企业负责人、安全管理人员和特种作业人员7200多人。

2010年，丽水市组织安全资格证、特种作业操作证培训考核8400多人。2007—2010年，丽水市组织项目培训班300多场(次)，参加安全培训3万多人次，取得安全资格证4000多人、取得特种作业操作资格证7000多人。至2010年，丽水市具备资质的安全培训机构4家。其中，丽水市职工安全技术服务中心有三级安全培训资质，培训范围为全市生产经营单位负责人、安全管理人员、特种作业人员、其他从业人员；有四级安全培训资质机构3家，其中松阳、缙云、庆元各1家。

第九章 检验、检疫与海关

1949年中华人民共和国成立后，相当长的一段时间，丽水对外贸易较少，进出口贸易几乎没有。1978年改革开放后，丽水进出口贸易迅速发展，对外交往日趋频繁，业务范围不断增长，检验检疫手段和检测仪器更加先进，机构体制也日益完善。1994 年前，丽水市（县级）缙云县的进出口商品检验工作由金华商检局负责管理，龙泉市、青田县、云和县、庆元县、松阳县、遂昌县、景宁畲族自治县由温州商检局负责。

1994 年 8 月 12 日，丽水进出口商品检验局成立，负责丽水地区九县（市）的出口商品检验工作。1998 年，国务院决定对检验检疫的体制进行改革，将原有商检、动植检和卫检机构合并，组成出入境检验检疫机构。1999 年 12 月 1 日，丽水出入境检验检疫局成立，全面负责丽水地区范围内的出入境卫生检疫、动植物检疫和进出口商品检验和监督管理工作，实行由浙江检验检疫局直接领导的垂直管理体制。2010 年，丽水出入境检验检疫局内设处室 7 个、下属事业单位 2 个、商检分公司 1 个和龙泉办事处（副处级），在编干部 40 人，其中行政干部 23 人，事业干部 17 人；临时聘用人员 40 人。

海关是国家主权的重要组成部分。丽水地区不属于沿海港口城市。丽水海关是浙江省最后一个建立的地级市海关。2007 年 11 月 28 日，丽水海关开关。丽水海关的建立，结束丽水企业不能在本地进出口报关的历史。丽水海关贯彻海关“依法行政，为国把关、服务经济、促进发展”工作方针，坚持为改革开放服务、为经济建设服务，维护国家利益，不断提高把关服务，全面开展为企业进出口服务的报送通关、减免关税、加工贸易余款等海关业务，为促进外贸出口事业发展、维护正常的进出口贸易秩序作出努力。丽水海关积极推进现代海关制度的建立，加大业务改革力度，运用科技手段加强对进出口货物的监管，打击骗汇、骗税等违法犯罪活动。

第一节　进出口商品检验

丽水地区进出口商品检验工作始于 1994 年 8 月。商品检验的范围以出口粮油、轻工、纺织品检验为主。丽水进口商品检验和对外贸易鉴定业务开展较少。20 世纪 90 年代，丽水地区外贸出口量迅速增加，检验手段逐步改善，改变过去眼看、手摸、鼻子闻的传统感官检测方式，发展到用仪器设备进行检验检测的科学方法，提高检验速度，保证进出口商品的检验质量。

电机出口

出口电机是丽水传统大宗出口产品，也是丽水商检局第一批接受报检并进行检验的出口商品。丽水地区进出口商品检验工作始于 1994 年 8 月。截至 2010 年，出口机电检验 18002 批次，价值 35969.81 万美元。

1994—2010 年丽水市出口电机检验情况一览

表 21-9-1-1　　单位：万美元

年份	批 次	金 额	年份	批 次	金 额
1994	134	256.95	1997	457	880.28
1995	418	909.84	1998	547	982.97
1996	419	930.51	1999	652	917.57

续表 21-9-1-1

年份	批 次	金 额	年份	批 次	金 额
2000	840	1299.78	2006	2223	2960.87
2001	964	1350.90	2007	3341	4353.72
2002	1185	1539.37	2008	3247	5276.12
2003	1276	1640.64	2009	2327	3752.08
2004	1318	1764.60	2010	2792	5202.81
2005	1436	1949.36	—	—	—

缝纫机出口

丽水缝纫机生产企业大多集中缙云县，产品主要出口到中东、东南亚、南美等地区，也有部分JH 型家用缝纫机出口到欧盟等国家和地区。1994 年 10 月 22 日，首次检验缙云缝纫机工业总公司出口三线包缝机 1200 箱 1200 台。截至 2010 年，丽水市出口缝纫机检验 11251 批次，29110 万美元。

1994—2010 年丽水市出口缝纫机检验情况一览

表 21-9-1-2　　单位：万美元

年份	批 次	金 额	年份	批 次	金 额
1994	31	88.34	2003	877	1988.74
1995	197	381.62	2004	990	2228.03
1996	177	306.36	2005	1148	2722.14
1997	94	118.76	2006	1326	3020.15
1998	52	90.12	2007	1437	3521.35
1999	296	554.55	2008	1507	5211.64
2000	506	1266.26	2009	658	2060.51
2001	658	1460.60	2010	575	2484.58
2002	722	1605.32	—	—	—

灯管出口

浙江山浦照明电器有限公司为中国第二大荧光灯管制造和供应商。灯管出口检验检疫内容主要包括品质、规格、数量、包装、安全等项目。1994 年 8 月 30 日，首次检验查验缙云县五云灯管厂出口到中东生产灯管 150 箱、3000 套，货值 37500 元。1995 年 8 月起，对管理比较好的、质量稳定、批量和货值较少的出口企业采用抽批检验的方式。2010 年，丽水市检验检疫出口灯管 2510 批次，价值5962.46 万美元。

1994—2010年丽水市出口灯管检验情况一览

表 21-9-1-3　　单位：万美元

年份	批 次	金 额	年份	批 次	金 额
1994	5	10.12	2003	969	773.39
1995	26	21.24	2004	1230	1035.87
1996	57	52.14	2005	1464	1434.18
1997	94	82.78	2006	1549	1887.99
1998	193	212.56	2007	1741	2402.09
1999	347	405.48	2008	1812	3276.12
2000	442	391.43	2009	1941	4396.98
2001	600	444.14	2010	2510	5962.46
2002	873	763.34	—	—	—

铅笔出口

铅笔检验根据《进出口铅笔、蜡笔检验规程》(SN/T0749—2010)和合同，检验内容为品质、数重量、包装、安全/卫生等；检验方式以自检为主。产品主要出口欧盟、美国、日本、东南亚等地。1995年10月，丽水开始开展出口铅笔检验业务。2010年，丽水市检验检疫出口铅笔4148批次，价值3757.22万美元。

1995—2010年丽水市铅笔检验情况一览

表 21-9-1-4　　单位：万美元

年份	批 次	金 额	年份	批 次	金 额
1995	2	7.08	2003	1407	1152.46
1996	48	81.57	2004	1864	1444.60
1997	91	176.50	2005	2316	1626.51
1998	110	188.49	2006	2966	2030.40
1999	173	206.42	2007	3123	2261.71
2000	355	390.88	2008	3093	2634.71
2001	820	697.37	2009	3347	2468.28
2002	974	941.10	2010	4148	3757.22

金属制品出口

丽水市金属制品主要为不锈钢管，产品主要出口印度、美国、俄罗斯及欧盟等，出口量逐年增加。金属制品检验依据为进口国家产品标准，涵盖美国ASTM系列标准、俄罗斯GOST标准、德国DIN系列标准等等。2005年12月，丽水开始金属制品检验。2009年年初，丽水检验检疫局制定《丽水出入境检验检疫局出口不锈钢管检验监管工作规范(试行)》，明确检验方式采用自检，检验内容为外观、规格、重量、水压测试、涡流测试、理化性能等。2010 年，检验金属制品 1843 批次，价值 16926.37 万美元。

1995—2010 年丽水市金属制品检验情况一览

表 21-9-1-5　　单位：万美元

年份	批 次	金 额	年份	批 次	金 额
1995	7	15.60	2005	639	2175.00
1999	42	60.00	2006	972	5027.00
2000	160	190.00	2007	1353	12713.00
2001	403	442.00	2008	1886	20814.00
2002	463	632.00	2009	1176	8892.00
2003	487	1253.00	2010	1843	16296.37
2004	538	2089.00	—	—	—

服装出口

丽水服装出口集中在莲都区，产品主要出口西班牙、罗马尼亚、俄罗斯、中东、美国、日本等国家。1994 年 8 月起，丽水开展出口服装标识检验业务；偶氢染料则由浙江省局纺织实验室检测。2000 年 8 月，启动偶氢类染料检测，首批产品出口到德国。2010 年，检验出口服装 665 批次，价值 2972.08 万美元。

1994—2010 年丽水市出口服装检验情况一览

表 21-9-1-6　　单位：万美元

年份	批次（批）	数量（万件）	货值（万美元）	年份	批次（批）	数量（万件）	货值（万美元）
1994	5	0.90	112.39	2003	40	41.75	154.11
1995	35	61.03	1357.68	2004	56	67.70	150.70
1996	20	19.00	481.74	2005	76	50.29	391.00
1997	19	19.55	494.80	2006	136	137.19	567.00
1998	37	31.13	1104.22	2007	158	138.02	516.00
1999	17	9.68	227.77	2008	259	254.14	1029.06
2000	40	39.52	643.65	2009	282	164.34	712.32
2001	35	33.84	807.39	2010	665	—	2972.08
2002	56	48.53	1020.28	—	—	—	—

鞋类出口

青田县是丽水地区鞋类出口的重点县。不同品种的鞋类都有具体的标准要求，皮鞋、运动鞋进行外观检验和物理性能检测；布鞋、拖鞋不需物理性能检测。1994 年 9 月，青田格瑞斯鞋业有限公司鞋类产品开检，是丽水地区最早出口的鞋类出口送检产品。后鞋类产品出口企业增加到 10 多家，主要出口到东欧、美国等地区。2010 年，丽水市检验出口鞋类产品 2589 批次，价值 10224.92 万美元。

1994—2010年丽水市出口鞋类产品检验情况一览

表21-9-1-7　　单位：万美元

年份	批次	金额	年份	批次	金额
1994	1	6.94	2003	294	792.81
1995	39	149.10	2004	566	1453.17
1996	76	267.81	2005	962	2816.43
1997	137	505.11	2006	1196	3542.38
1998	150	474.67	2007	1374	4311.43
1999	62	158.52	2008	1508	5227.49
2000	70	228.43	2009	1447	5229.24
2001	108	332.27	2010	2589	10224.92
2002	209	584.66	—	—	—

进口商品检验检疫

进口成套设备　进口成套设备主要为浙江纳爱斯公司等丽水大型企业。检验的依据是合同、发票、装箱单，进行检验鉴定和价值评估。检验内容为设备型号、技术参数、规格、数量、价值等。进口成套设备首检始于1995年1月19日，丽水金笔厂进口一台电火花数控成形机，货值4万美元，经评估鉴定与报价相符。2009年，执行国家质检总局《进口成套设备检验和监督管理实施细则》。同年，检验进口成套设备11批、12套，货值220.9万美元，主要为纺织、金属热处理和污水处理设备。2010年，检验进口成套设备46批，货值1247.74万美元。2010年，丽水市检验检疫局曾先后派员28人次，检验玉溪水利枢纽工程大型进口发电成套设备，价值1.3亿元。发现设备短少货物792件，货值89万美元。

其他进口产品检验　2001年始，开展进口医疗器械检验鉴定业务。同年，检验丽水中心医院进口日本彩色B超1台，发现设备因显示器问题不能正常使用，对外出具索赔证书。设备更换有关部件后，投入正常使用。2001年3月，首次检验浙江凯恩特种材料股份有限公司进口俄罗斯、菲律宾等国未漂白硫酸盐木浆（剑麻浆），生产电解电容纸。2010年，检验检疫入境医疗器械6批次，货值447.51万美元。

第二节　进出境动植物检疫

1994年，丽水开展出口食用菌检验业务。1999年12月，增加动植物检疫职能，业务范围包括旅检、货检、集装箱检疫、邮包检疫等类别，货物品种发展到粮、棉、油、木材、瓜果蔬菜等几十种。丽水出境动植物产品主要为食用菌、木制玩具、竹木草制品、羽绒制品等，进境动植物产品较少。

食用菌检疫

1994年，丽水检验检疫局首次开展检验检疫业务，检疫查验出境干食用菌14批次，价值91万美元。2000年，丽水检验检疫局检疫查验出境干食用菌682批次，价值1046万美元。是首次突破1000万美元。2002年6月，丽水检验检疫局对出口食用菌实施《出口食用菌检验检疫管理办法》。7月1日，对预包装出口食用菌实行食品标签备案管理制度。8月12日，对出口食用菌生产企业实行基地备案管理制度。2002—2007年，丽水检验检疫局检疫查验出境干食用菌价值维持在1000万美元以上。2008年9月，丽水检验检疫局与龙泉市、庆元县、景宁畲族自治县政府签订《关于建立出口食用菌基地示范区合作备忘录》，把传统食用菌主产区3个列为食用菌基地示范区，推进出口食用菌基地集约化和标准化建设。2010年，丽水检验检疫局检疫查验出境干食用菌771批次，价值5189.46万美元。

1994—2010年丽水市出境干食用菌检验检疫情况一览

表21-9-2-1 单位：万美元

年份	批次	金额	年份	批次	金额
1994	14	91.00	2003	729	1295.00
1995	142	355.00	2004	650	1130.20
1996	236	489.00	2005	562	1198.30
1997	283	756.00	2006	559	1599.50
1998	306	664.00	2007	411	1518.72
1999	455	901.00	2008	278	792.25
2000	682	1046.00	2009	595	2354.20
2001	686	937.00	2010	770	5189.46
2002	654	1301.06	—	—	—

1996—2010年丽水市出境鲜食用菌检验检疫情况一览

表21-9-2-2 单位：万美元

年份	批次	金额	年份	批次	金额
1996	94	221.10	2004	150	270.44
1997	241	358.30	2005	233	473.45
1998	441	611.80	2006	112	350.67
1999	349	469.40	2007	100	177.91
2000	413	603.10	2008	121	192.92
2001	215	311.50	2009	105	176.22
2002	128	270.00	2010	109	233.80
2003	130	231.34	—	—	—

木制玩具检疫

20世纪90年代，云和县木制玩具发展异军突起，外贸出口迅速增多，“中国木制玩具城”云和县成为世界上主要木制玩具生产和出口基地之一。木制玩具产品从简单积木、拖拉玩具、计算架等发展到功能多、工艺要求复杂、科技含量较高的上千种产品，分别出口到欧盟、美国、日本、东南亚等许多国家。1995年5月起，木制玩具列入法定检验范围。同年6月，首批木制玩具经丽水商检局检验合格后出口。后木制玩具成为丽水检验检疫局检验出口的大宗产品之一。1995年，木制玩具开检时，检验内容为数量、品质、安全、包装、标识等，检验有效期为半年。1998年5月起，木制玩具检验内容发展到数量、安全性能(木质、小零件、尖端缺口、塑料袋厚度、标志和使用说明)、一般项目(含水率、木质基础、产品功能、装配质量及外观、表面质量、印刷质量、清洁度等)、跌落破损试验。2001年，检验检疫木制玩具2142批次，价值2240.98万美元。云和木制玩具出口首次突破2000万美元大关。2007年，国家质量监督检验检疫总局下发《关于加强出口玩具检验监管和质量许可工作的紧急通知》，实施出口木制玩具质量许可，规范木制玩具出口。2008年，检验检疫木制玩具7253批次，价值12677.6万美元。云和木制玩具出口首次突破10000万美元大关。截至2010年，丽水市获出境木制玩具检验检疫质量许可企业68家。

1995—2010年丽水市出境木制玩具检验检疫情况一览

表21-9-2-3　　单位：万美元

年份	批 次	金 额	年份	批 次	金 额
1995	87	51.74	2003	4478	4978.40
1996	224	206.42	2004	5794	6357.60
1997	202	227.91	2005	7087	8441.40
1998	382	365.37	2006	8315	9656.00
1999	684	549.66	2007	7905	9944.70
2000	831	710.36	2008	7253	12677.60
2001	2142	2240.98	2009	9462	15374.10
2002	2924	3775.92	2010	13470	28133.59

竹木藤柳草检疫

丽水市出口产品主要分为木制品类和竹制品类两大类。2000年2月，丽水检验检疫局开始全面实施出境植物类产品的植物检疫。2001年，检验检疫出境竹藤柳草类994批次，价值1218.57万美元。2010年，检验检疫出境竹藤柳草类4177批次，价值9624.01万美元。

2000—2010年丽水市出境竹木藤柳草类检疫情况一览

表21-9-2-4　　单位：万美元

年份	批 次	金 额	年份	批 次	金 额
2000	486	667.94	2001	994	1218.57

续表 21-9-2-4

年份	批 次	金 额	年份	批 次	金 额
2002	1566	1785.18	2007	2004	3118.00
2003	1278	1226.72	2008	4567	8592.79
2004	1057	1471.30	2009	3920	6384.90
2005	1275	1390.60	2010	4177	9624.01
2006	1885	2727.70	—	—	—

出口羽绒及制品

丽水出口羽绒及其制品主要有水洗鸭鹅绒、羽绒服、羽绒被等，产品主要输往日本、俄罗斯、东欧、美国和韩国等国家和地区。1994 年始，丽水开展羽绒及其制品的检验业务。羽绒及制品受国际及国内经济影响较大，出口产值很不稳定。1999 年 12 月 1 日，增加动物检疫的内容。1995 年，检验检疫出境羽绒及制品 103 批次，441 万美元，为 1994—2010 年出口的最高值。2010 年，检验检疫出境羽绒及制品减少到 6 批次，价值 13.12 万美元。

1994—2010 年丽水市出境羽绒及其制品检验检疫情况一览

表 21-9-2-5　　单位：万美元

年份	批 次	金 额	年份	批 次	金 额
1994	37	218.60	2003	26	56.77
1995	103	441.00	2004	26	138.28
1996	46	197.40	2005	48	215.96
1997	38	166.00	2006	28	168.72
1998	18	85.20	2007	6	19.30
1999	61	398.00	2008	9	28.45
2000	18	53.90	2009	20	46.86
2001	8	11.90	2010	6	13.12
2002	25	86.40	—	—	—

入境动物及其产品

2004 年开始，丽水检验检疫局辖区接受入境蓝湿牛皮的报检。2008 年 12 月，丽水首次从马来西亚进口野生非洲鹦鹉 39 只，进行为期 30 天的隔离检疫合格后放行。是丽水首次进口活体动物。2009 年，丽水检验检疫局入境鹦鹉 5 批 559 只，价值 1.41 万美元；入境动植物产品 17 批，111.9 万美元。2010 年，丽水检验检疫局入境鹦鹉 5 批 1290 只，价值 1.59 万美元；入境动植物产品 21 批，价值 77.63 万美元。

第三节　出入境卫生检疫

2005年5月18日，丽水国际旅行卫生保健分中心成立，隶属丽水出入境检验检疫局管理，为丽水市唯一的法定出入境人员体检机构，主要负责出入境检疫查验和旅客预防接种签证工作。丽水国际旅行卫生保健分中心建立后，主要开展航空货物的出入境检疫查验及旅客的预防接种签证工作，业务迅速增加。2010年，丽水市出入境健康检查人数2929人，检出传染病例217例。截至2010年，丽水市出入境健康检查总人数32475人，检出传染病例总数2898例。

2005—2010年丽水市出入境健康检查人数一览

表21-9-3-1　　单位：人

年份	人数	入境	出境	检出传染病例
2005	2929	39	2879	217
2006	6854	73	6781	556
2007	9139	837	8302	825
2008	5333	950	4383	481
2009	4659	1031	3628	441
2010	3561	1369	2193	378

第四节　检验与检疫监管

丽水商检局监管业务始于1994年。后丽水商检局每年根据浙江检验检疫局统一安排，对辖区内出口非法检商品进行质量抽查先后抽查化妆品、牙膏、洗涤用品等产品，在进口牙膏中检出二甘醇；开展进口商品管理，主要是进口与食品接触的材料、视听设备、家用电器、食品和化妆品，抽查结果未发现违规经营案例。对涉及安全、卫生、环保的出口商品实施出口质量许可证、卫生注册登记管理。1994年，考核出口企业4家。后考核各类获证企业43家。截至2009年，有出口注册获证企业90家，食品生产企业卫生注册22家，木制玩具企业69家，机械类出口商品质量许可企业16家，轻工机电2家，陶瓷品企业1家。2010年，卫生注册企业22家，出口质量许可企业87家。

2004年始，丽水市检验检疫局开展法律法规宣传和普法教育，提高执法队伍整体素质。截至2009年，获浙江检验检疫局和浙江省人民政府颁发的行政执法证20人。2009年，经立案行政处罚案件63起，罚没款52.08万元。2010年，立案查处8起违法案件，罚没款计58165元。没有听证、移送、复议、诉讼案件。

1994—2010年丽水市出口检验检疫统计

表 21-9-4-1　　　　单位：万美元

年份	批 次	金 额	年份	批 次	金 额
1994	1	6.94	2003	13996	20902.00
1995	39	149.00	2004	17097	25637.00
1996	76	268.00	2005	21520	33782.00
1997	137	505.00	2006	25299	42190.00
1998	150	475.00	2007	28661	59671.00
1999	62	159.00	2008	29727	83736.00
2000	70	228.00	2009	29476	69688.00
2001	108	332.00	2010	38471	108468.36
2002	209	585.00	—	—	—

第五节　海　　关

2004年4月19日，市政府向省政府提出要求设立丽水海关的请求。4月23日，丽水市人民政府与杭州海关签订《杭州海关与丽水市人民政府关于筹建丽水海关协议书》，明确丽水海关机构规模、办公楼、监管用房的用地选址及建设资金等相关问题。2005年2月7日，国务院制发《国务院关于建立中华人民共和国丽水海关的批复》文件，同意在丽水建立中华人民共和国丽水海关，隶属于杭州海关，规格正处级，人员编制由浙江省安排解决。2005年11月16日，丽水海关大楼奠基动工。2007年11月28日，丽水海关正式开关。丽水海关建立，结束丽水企业不能在本地进出口报关历史。2010年，丽水海关内设办公室、业务一科、业务二科，核定编制20名。

监督管理与服务

2007年，丽水海关依法对国际航行运输工具、进出境货物和邮递物品等进行监管，开展海关稽查与知识产权保护工作。2008年6月3日，丽水海关与丽水检验检疫局签订“关检合作备忘录”，加强关检合作、增强“大通关”合力。2010年，丽水海关监管进出口货运量2.3亿千克，进出口货值2.2亿美元；进出口集装箱量4049个，接受报关申报1808份，登记注册企业1038家，各案加工贸易手册34本备案金额1672.37万美元，新增A类企业12家，AA类企业1家。2008—2010年，丽水市进出口总值39.11亿美元，其中出口33.15亿美元，进口5.96亿美元；接受进出口报关单申报3212份，监管进出境货物4.81亿千克，监管集装箱6631标箱。同期，丽水海关办理加工贸易备案合同124份，金额2946.37万美元；海关注册备案企业880家，其中AA类企业1家，A类企业67家。截至2010年，丽水海关组织政策宣讲团到各县市区举办海关政策、业务讲座19期，培训企业460家、780人次；推行“丽水报关、温州验放”模式，将温州港口优势延伸到丽水；实行加工贸易手册电子化、企业税款网上支付业务；编写进出口监管专题调研报告17篇，海关要情、统计分析报告、工作简报102篇。

丽水海关设立前，丽水进出口加工贸易企业仅 4 家，加工贸易量占丽水进出口总值不到 1%，加工贸易优势没有充分利用。丽水海关建立后，根据企业规模、产业档次、生产特点等多方信息，挖掘优质企业发展加工贸易。通过主动为企业举办加工贸易政策、业务培训班，加强政策法规的宣传与引导。对重点企业加工贸易企业采用加工贸易电子账册联网监管新模式，对其实行保税管理，实现原材料“零库存”，大大降低仓储、运输、管理成本。2010 年，丽水市加工贸易企业 21 家，除景宁畲族自治县外都有加工贸易企业。同年，丽水市第一家公用型保税仓库获批准设立。

税费征收

2007 年，丽水海关征收关税税种有进口关税、出口关税、出口总关税，并代征工商统一税、产品税、增值税等。2008—2010 年，丽水海关征收税款 4.08 亿元，办理减免税项目 51 个，审批征免税证明 111 份，审批货值 2340.88 万美元，减免税款 2545.54 万元。

第十章　扶贫开发

丽水由于自然禀赋不同，区域发展不平衡，丽水属浙江省“老、少、边、穷、移”地区①，发展相对滞后，与全省其他地区发展差距较大。民国以前，丽水历代政府大多为灾年赈灾济粮方式，并无严格意义上的扶贫开发工作。1949 年中华人民共和国成立后，中共中央和国务院重视消除贫困工作，但扶贫开发不系统不连续。20 世纪 60 年代开始，各县重视扶贫工作。

1978 年中共十一届三中全会后，丽水逐步放开农产品价格，发展乡镇企业，并大规模实施扶贫开发工作，把消灭贫困、统筹城乡发展作为工作的重中之重，为解决农村贫困人口打开出路。

1979 年，丽水地区各社、队补助农村困难户 6758 户，金额 16.8 万元；国家临时补助 28315 户，金额 40.85 万元。1983 年始，丽水地区开展扶持贫困户发展生产工作，扶贫乡镇 151 个，扶持贫困户 9814 户。同年，丽水地区脱贫贫困户 1824 户。

1986 年，国务院贫困地区经济开发领导小组的成立，标志着以开发式扶贫为方针的专项扶贫开始。1986 年 4 月丽水地区扶贫办公室成立后，安排专项资金，制定专门优惠政策，改革传统救济式扶贫，开展有计划、有组织和大规模开发式扶贫。1986 年 4 月，地区行署成立扶贫办公室，建立扶贫责任制，各县（市）选择重点贫困乡 41 个，其中贫困乡 11 个与地区机关部门 11 个结成帮扶结对单位。同年，丽水地区减免贫困户农业税款 150 万元，发放无息有偿扶贫贷款 64.25 万元，扶持贫困户 4672 户。同年，丽水地区脱贫贫困户 1704 户。1986 年 7 月 1—6 日，省委副书记、省长薛驹到丽水地

---

① “老、少、边、穷、移”地区：浙江省对经济发展相对滞后地区的概括称呼，老是指革命老区，少是指少数民族地区，边是指边远地区，穷是指贫穷地区、移是库区移民地区。

区丽水市(县级)、景宁畲族自治县、庆元县指导扶贫,指示丽水要开发山区经济,“从改革入手,从发展着眼,彻底改变过去那种单纯救济的扶贫办法,要实行新的经济开发方式,通过开发来扶贫脱贫;通过开发来增强山区发展商品经济的能力,是山区脱贫的基本路子”。1988 年,丽水地区享受国家救济和集体补助困难户 35758 户、152095 人,发放扶贫资金 139.8 万元;扶持贫困乡 31 个、贫困户 21900 户。同年,丽水地区脱贫贫困乡 11 个、贫困户 5432 户;年均收入不足 300 元的贫困乡 109 个,占乡镇数 32.54%;贫困人口 69.04 万人,占人口数 32.46%。1990 年,丽水地区扶持贫困户 6715 户,脱贫 6648 户,人均收入不到 300 元的乡 81 个,占乡镇数 24.17%,人口 51.75 万人,占人口数 24.15%。1983—1990 年,丽水地区扶持农村贫困户 67901 户,其中脱贫 32628 户,部分贫困户转为富裕户。

1991 年 4 月 3—4 日,省委书记李泽民到丽水地区调研扶贫工作,实地走访青田县汤垟乡洪口村、仁庄乡冯垟村等贫困村,询问贫困村的生产生活和村级经济情况,指出丽水“山区、老区面临很多困难,贫困面比预料的大”“脱贫致富,要加强领导班子建设”“从实际出发,确定山区建设思路”“培养人才和提高农民素质”。6 月 8 日,制定《中共浙江省委、浙江省人民政府关于“八五”期间继续加强扶贫和老区工作的决定》,要求继续坚持省级有关部门和经济发达县市与贫困县挂钩扶持的制度,不脱贫不脱钩,其中挂钩扶贫景宁畲族自治县的是省林业厅、省供销社、省轻工业厅、省城乡建设厅、省电力局、省冶金工业总公司、鄞县;挂钩扶贫云和县的是省农业厅、省民政厅、省物资局、绍兴县、慈溪市;挂钩扶贫青田县的是省计经委、省卫生厅、省土地管理局、省科协、省保险公司、上虞县。11 月 18—21 日,省委副书记、省长葛洪升到丽水指导扶贫工作,听取地委、行署领导工作汇报。1992 年 1 月 24—28 日,省委书记李泽民深入青田、景宁、云和 3 个贫困县调研指导扶贫,提出继续做好“山”的文章,开发山区,脱贫致富关键在领导。

1993 年 10 月 13—14 日,省委书记李泽民视察金温铁路建设和扶贫工作时,再次强调“山区要脱贫致富,必须进一步解放思想,放手发展个体经济”。1994 年 1 月 23—24 日,省委副书记、省长万学远到丽水地区视察金温铁路建设和扶贫工作。1994 年 3 月,中共丽水地委、地区行署发出《关于加快“下山”脱贫的若干意见》。同年,丽水地区贫困乡镇 68 个,占乡镇总数 35.05%;贫困村 1129 个,占行政村总数 30.83%;贫困人口 242.57 万人,其中年均收入不足 500 元的贫困人口 45 万人,占贫困总人口的 18.55%;年均收入不足 300 元的 6 万人。

1994 年,《国家八七扶贫攻坚计划》颁布实施,主攻集中连片贫困地区。省委、省政府制定“三年扶贫攻坚计划”,主攻贫困县。丽水为全国 18 个集中连片贫困地区①之一,国家级贫困县景宁畲族自治县、省级贫困县云和县和青田县,是全市扶贫重点地区。1994 年,中共浙江省委、浙江省人民政府制定“三年扶贫攻坚计划”,对全省 8 个贫困县提出“三年脱贫,三年奔小康”工作目标,进一步加强定点挂钩扶贫工作。1995 年 1 月,中共丽水地委、地区行署制定《中共丽水地委、丽水地区行政公署关于扶贫攻坚的实施意见》。2 月,下发《关于进一步加强地直单位定点挂钩扶贫工作的通知》。明确三年扶贫攻坚期间,地直单位 92 个与景宁畲族自治县、云和县、青田县 3 个贫困县定点结对贫困乡镇 48 个,限时挂钩脱贫,扎实做好扶贫工作,做到不脱贫不脱钩。1995—1997 年,地直结对帮扶单位

① 全国 18 个集中连片贫困地区:秦巴中高山区、陕北白于山区、黄河沿岸土石山区、中西部山区和丘陵地区、沂蒙山区、闽西南、闽东北地区,努鲁而虎山区、太行山区、吕梁山区、秦岭大巴山区、武陵山区、大别山区、井冈山区和赣南地区、定西干旱山区、西海固地区。

组织调查组，分两批下派年轻干部92人，到贫困乡村挂职，深入48个贫困乡镇，调查贫困面貌、致贫原因，制定扶贫措施170多条。景宁畲族自治县、云和县、青田县各自建立健全县直机关单位与贫困村定点挂钩扶贫制度。5月中旬，地委在缙云县召开丽水地区县(市)委书记会议，专题研究扶贫攻坚，要求采取开发式扶贫、开放式扶贫、下山脱贫、科技扶贫等形式，把扶贫攻坚工作真正落到实处。7月中旬，在丽水地区经济形势分析会上，地委书记陈仲方、行署专员徐培金，分别与3个贫困县书记、县长签订扶贫攻坚责任书。同年底，地区行署拨付专款10万元，组织开展扶贫送温暖活动。同期，地区新闻单位配合扶贫攻坚，组织“扶贫攻坚行动”大规模宣传活动。同年，丽水地区帮助贫困乡镇进行基础设施建设，实现乡乡通公路、通电，安装自来水行政村26个，解决吃水困难群众4830户；投资88.6万多元，投工3万多工，兴修水利90多处；安装卫星地面站、电视差转台等22个(座)；安装程控电话乡3个，一定程度改善贫困乡镇生产生活条件；帮助解决部分贫困人口生活生产困难，89个地直单位捐款70多万元，其中干部职工个人捐款近10万元；捐款万元以上单位21个；捐送衣被、电器等物资7000多件(套)。“八五”计划期间，丽水地区贫困人口数1991年的60万人减至1995年的23.5万人，基本消除年人均收入不足300元的特困人口，基本解决大部分行政村人畜饮水问题。

1996年4月，丽水地区召开扶贫攻坚工作座谈会，提出“云和县今年脱贫，景宁、青田两县明年脱贫”目标。10月，丽水地区研究部署山区综合开发和扶贫工作，先后组织2批、96位挂职干部、到48个贫困乡镇，帮助实施脱贫计划。同年，地直机关单位到挂钩扶贫乡镇帮助脱贫960多人次，春节前拨款10万元，慰问和救济贫困乡镇特困户。同年底，丽水地区修建贫困乡镇机耕路139条、458千米；架设电线101条，177千米，解决用电7500户；装修自来水行政村99个；新建校舍125所；新增农业综合开发基地1433.33公顷，发展食用菌1500万袋，基本实现“乡乡通公路，行政村村村通电”要求；云和县摘掉贫困帽子，多数县(市)实施下山脱贫，建成扶贫小区；丽水地区人均纯收手不足500元的贫困人口从1995年23.5万人，减少到1996年的14.6万人，减幅37.87%。1996年9月16—25日，省委书记李泽民到丽水调研山区综合开发，先后考察丽水地区农业综合开发基地17个、小流域治理点4个，走访农户17家，对山区综合开发和开发扶贫作出重要指示。1996年12月22—24日，在丽水召开全省山区开发暨扶贫工作会议，研究部署山区开发和扶贫工作，形成《浙江省山区经济发展规划纲要》，林业部部长徐有芳、省委书记李泽民、省长万学远参加会议。1996年1月，省长助理李长江到缙云县、云和县、龙泉市、遂昌县老区、贫困山区，慰问贫困户。4月，省委常委、副省长刘锡荣到青田县、景宁畲族自治县、云和县，指导农业综合开发和扶贫攻坚工作。4月，省政协副主席陈法文到景宁畲族自治县、云和县，视察扶贫攻坚工作。6月，省改革扶贫考察团到丽水考察扶贫开发工作。1996年12月，云和县摘掉省级贫困县帽子。

1997年，丽水地区围绕“基本解决贫困人口温饱问题、贫困县全部脱贫”的目标，实施开发式扶贫、开放式扶贫、科技扶贫、下山脱贫、劳务输出脱贫，继续坚持地区领导联系县(市)制度，新增联系贫困乡镇制度。地直机关挂钩贫困乡镇48个，建立9县(市)领导干部挂钩联系制度。丽水地区有副县级以上干部300多人，实行包乡镇、包村、包户责任制，宣布不脱贫不脱钩。3—5月，抽调干部1万多人，其中地直机关组成扶贫工作组50个，干部245人，分到贫困乡镇48个。同年，丽水地区机关事业单位干部职工开展扶贫帮困捐赠活动，每人捐赠1个月增资金额，筹资600多万元；地、县(市)财政增加扶贫资金538万元。省直部门单位和宁波、绍兴、湖州等发达地区全方位、多形式地对丽水加强对口帮扶。

1997 年，丽水地区初步形成十大支柱产业，其中人工用材林面积 28.53 万公顷，笋竹两用林面积 4.07 万公顷，水干果面积 3.5 万公顷，蔬菜面积 2.8 万公顷，茶叶面积 1.07 万公顷，蚕桑面积 0.33 万公顷，中药材面积 0.59 万公顷，水养殖面积 0.69 万公顷，代料香菇 5.9 亿袋，小水电装机容量 30 万千瓦，基本上达到人均拥有用材林 0.13 公顷和经济林 0.07 公顷的目标。贫困乡镇、村的基础设施建设大为改善；农民人均收入 2305 元，比上年增长 9.1%；农民人均口粮 318 千克；贫困人口从 1996 年 14.6 万人减少到 1997 年 7 万人（含五保户），减少 7.6 万人，减幅 52.1%，但仍有较大贫困面乡镇 11 个，贫困村 309 个。1998 年 1 月 5 日，景宁畲族自治县、青田县成功脱贫，丽水地区如期实现基本脱贫目标。

1997 年 1 月，省委常委、副省长刘锡荣，副省长龙安定到景宁畲族自治县、云和县、青田县调研扶贫工作。1 月，省困难职工慰问团到丽水市（县级），慰问部分特困企业职工和农村特困户。截至 1997 年，景宁畲族自治县、云和、青田县挂钩贫困乡镇与省直机关建立挂钩帮扶结对 35 个。省直机关下派干部在丽水地区挂职，帮助制定扶贫方案，落实扶贫项目，先后下派干部 3 批、105 人。1998 年 10 月 25—26 日，省委书记张德江到青田县、丽水市（县级）、缙云县农村和工业企业考察，指出省委、省政府将一如既往地对丽水给予倾斜扶持政策，带动丽水人民与全省共同走上致富之路。1999 年 9 月 10—11 日，省委书记张德江再次到青田县，考察调研扶持贫困乡、村、户工作。

1998 年，丽水地区落实“三不变”[①] 政策，全面推进扶贫开发工作。6 月 5 日，中共丽水地委、地区行署印发《关于进一步做好扶贫工作的通知》；开展“单位挂村，干部落户”活动。丽水地区各级结对帮扶残疾人贫困户 1000 多户。其中地委、行署领导联系贫困乡 11 个，县（市）领导联系贫困村 197 个，结对帮扶贫困户 555 户；地直机关单位 95 个挂钩贫困村 95 个，落实资金 257 万元，干部结对帮扶贫困户 355 户；县（市）机关、企事业单位 297 个挂钩帮扶贫困村 297 个，落实资金 511 万元，干部结对帮扶贫困户 6213 户；企业和强村结对帮扶贫困村 31 个，帮扶贫困户 50 户。

1999 年，丽水地区继续坚持扶贫到村到户，以改善基本生产生活条件和发展种养业为重点，加强农村脱贫致富带头人队伍、农民购销员队伍和农村医疗队伍建设，提高农民收入和医疗条件。丽水地区农民人均收入 2465 元，比上年实际增长 5.1%；农村贫困人口 4.1 万人，减少 16.3%。同期，广泛开展“爱心献功臣行动”，解决重点优抚对象“生活难、医疗难、住房难”问题。同年底，丽水地区建立帮扶组织 801 个，结对帮扶 1244 个，基本解决丽水地区重点优抚对象生活、住房、医疗难问题 1836 人，其中落实帮扶资金 413.6 万元，捐赠衣被 850 多件，食品 2.25 万千克，家电 15 件，其他物品 2.9 万件；帮扶“医疗难”优抚对象 203 人，减免医药费 26.1 万元；筹集政府补助、社会资助等资金 27.8 万元，解决“住房难”优抚对象 85 户，新建房屋 206 间。景宁畲族自治县建设扶贫小区 4 个和下山脱贫新村 5 个，搬迁农户 200 多户。云和县继续鼓励和支持自然条件恶劣的高山、深山农户搬迁到交通方便、信息灵通的公路沿线、城镇附近安家落户，建成下山脱贫新村 10 个，其中新建 6 个，续建 4 个。青田县获省级挂钩扶贫单位，确定贫困乡镇扶贫项目 38 个，落实资金 483 万元；自筹建设资金 640 多万元，建设扶贫小区 11 个，计划安排下山脱贫 648 户、2216 人，当年搬迁 151 户 516 人，准备搬迁 434 户 1482 人。

① 三不变：扶贫政策不变、扶持力度不减、挂钩扶贫制度不变。

2000年，丽水市全力帮扶贫困乡、贫困村、贫困户发展经济，鼓励农村剩余劳动力向二、三产业转移，推进中心村和小城镇建设，支持、引导和鼓励居住在高山、深山、自然条件恶劣地区的农户创造条件，自愿沿路（公路）、沿江或进镇、进城安家落户。2000年，丽水市脱贫2616户、13304人。其中，云和县发放补助资金81.5万元，搬迁农户300户，1100人；青田县建设扶贫小区和下山脱贫点40多个，搬迁下山5000多人。农民人均纯收入2590元，比上年增长5.07%；农村贫困人口36583人，农村贫困人口率下降到1.7%。1996—2000年，"九五"期间，丽水市建成扶贫小区34个，搬迁下山18679户、68270人，其中2000年搬迁下山2032户、7949人；准备搬迁6584户、24406人。由于全市农业产业化和市场化程度不高，第二、第三产业不发达，城镇化水平较低；农民收入增长缓慢，村级集体经济薄弱，与发达地区相比，仍有较大差距。

2000年，丽水市列入浙江省百乡扶贫攻坚计划乡镇37个，分别是莲都区巨溪乡，龙泉市龙南乡，青田县万阜乡、岭根乡、祯旺乡、章村乡、舒桥乡、万山乡、贵岙乡、巨浦乡、仁庄镇、仁宫乡、海溪乡、小舟山乡、腊口镇①，云和县云坛乡、大源乡、安溪畲族乡、大垮乡、云丰乡、沙铺乡，缙云县大源镇、方溪乡、七里乡，遂昌县蔡源乡、焦滩乡、西畈乡，松阳县四都乡、板桥畲族乡，景宁畲族自治县大漈乡、沙湾镇，郑坑乡、大地乡、英川镇、梧桐乡、澄照乡、鸬鹚乡。同期，丽水市委分别到省定重点乡镇开展调查摸底，组织编制3年发展规划，落实上报扶持项目。同年底，丽水市37个省定重点扶持乡镇，争取到省政策性扶持项目116个，扶持资金1966.2万元，其中有偿资金380万元，无偿资金1586.2万元；53个省挂钩单位扶持项目86个，协议扶持资金2111.1万元，年底到位1357.5万元。

2001年5月15日，丽水市级领导26人和市直单位40个，分别联系扶持乡镇20个、贫困村20个。8月，在省委常委会上专题听取丽水和衢州市汇报欠发达地区发展工作后，随即召开的全省扶贫开发暨欠发达地区工作会议上，制定优惠政策20条。市、县两级立即研究落实，做好对接工作。市、县包装上报项目1000多个，涉及省补资金或贴息40.72亿元，参加对接1700多人次，其中市直单位270人次。同年底，丽水市争取到项目386个，获省补助资金或贴息贷款2.39亿元。同年，启动建设"千里绿色长廊"工程。

2002年5月，丽水市制定《关于全市2002年农村小康建设工作的意见》。同年底，丽水市如期基本完成乡镇扶贫攻坚任务，农民人均纯收入2920元，比1999年增加455元，增长18.46%，从1999年35975人，下降到7408人，下降79%。

2001年3月，省委副书记周国富走访丽水市缙云县、莲都区、龙泉市、遂昌县、松阳县10多个乡镇，调研加快山区农业结构调整情况。12月27—28日，省委书记张德江到丽水市和景宁畲族自治县调研扶贫攻坚工作，先后考察工业园区、效益农业基地和下山脱贫示范点。12月，副省长章猛进考察青田县章旦乡章旦村千亩水果基地。2001年12月30日至2002年1月1日，省委副书记、省长柴松岳至丽水市指导贫困地区和贫困群众帮扶工作，考察青田县腊口镇山湾村、缙云县方溪乡北坑村和下寮村，走访慰问部分老党员和困难户，要求各级组织加大帮扶力度。2002年2月，省委副书记梁平波、副省长章猛进到遂昌县访贫问苦。3月，省委副书记乔传秀先后到遂昌、松阳、云和、景宁、莲都5个县（区）考察调研扶贫工作。8月，副省长巴音朝鲁到松阳县、遂昌县调研中小企业发展时，提出欠发达地区加快工业发展，中小企业是关键。8月22—24日，省委书记张德江，省委常委、

① 原石帆乡。

秘书长张曦，副省长章猛进到缙云县大源镇、青田县章旦乡、莲都区联城镇等8个乡镇，考察“百乡扶贫攻坚计划”和“山海协作工程”落实情况，调研欠发达地区加快发展问题。11月24—26日，省委书记习近平，省委常委、常务副省长吕祖善，副省长章猛进考察青田滩坑电站坝址、丽水城市防洪工程、景宁畲族自治县双后岗村、莲都区九坑村、纳爱斯集团有限公司，听取丽水市、景宁畲族自治县、青田县汇报。习近平肯定丽水市工作，表示省委、省政府一如既往地扶持丽水的社会经济发展，转移支付力度不减，根据省财政情况进一步加大扶持力度，切实体现对丽水的倾斜和扶持。12月，省委副书记周国富先后到庆元、景宁、云和县考察特色农产品基地、下山脱贫小区、贫困乡镇等，听取丽水市和有关县汇报，强调在完成“百乡扶贫攻坚计划”基础上，实施“欠发达乡镇奔小康工程”。截至2002年10月，“百乡扶贫攻坚计划”期间，省直机关单位43个扶持乡镇24个，发达县（市）扶持乡镇13个。省委、省政府扶持丽水开发农业资金2325万元，扶持下山脱贫和交通配套建设资金4240万元，危房改造资金594万元；省投入丽水科技培训资金521万元，少数民族发展基金324万元，工商企业贷款贴息618万元；发展农业效益项目100多个，其中名特优干水果基地1156.7公顷，改造低产果园663.3公顷，建立名优茶基地220公顷，笋竹两用林基地1323.3公顷，外出务工人员8万多人，年收入4亿多元。

2002年，中共浙江省委、浙江省人民政府开始实施“山海协作工程”，深入帮扶欠发达地区发展。10月31至11月1日，省委、省政府召开“山海协作工程”情况汇报会和“山海协作工程”项目签字仪式。丽水市签约项目174个，协议投资47.23亿元。2002年始，丽水市做好山海协作项目对接和落实工作，全省10个地级市在丽水都有投资协作项目。2007年，在丽水市举办全省“山海协作工程”系列活动中，丽水市签约项目94个，利用市外、内资25亿元。

2010年，丽水市将“山海协作工程”列入对市直部门及县（市、区）的年度考核内容。同年，丽水市签订山海协作项目111项，到位资金48.9亿元。

第一节　扶贫对象

20世纪90年代，丽水地区贫困面广点多范围大，是浙江省重点扶贫地区。贫困范围涵盖青田县、云和县、景宁畲族自治县贫困乡镇81个，贫困村1129个，重点贫困农户10万多户、50万多人。其中贫困乡镇大多在边远山区，远离县城及经济中心，难以发展产业带动农户，增收困难，缺乏自我发展能力；贫困村大多村集体经济空壳，发展要素匮乏；扶贫重点贫困农户集中在贫困乡村，致贫因素缺资金、缺资源、缺劳力，不少农户文化水平低，小学文化及文盲、半文盲居多，新技术接受能力差，种养技术水平低，种植品种单一，经济特色欠缺，农村青壮劳力大多外出打工，老弱妇孺留守农村，发展后劲乏力等。随着扶贫标准提高，巩固扶贫脱贫成果难度增加，脱贫成效不稳定，经扶贫后因病、因灾、因残等又返贫致贫，扶贫范围呈缩小—扩大—再缩小趋势。

县（市、区）的扶贫对象

莲都区　20世纪60年代起，丽水县开始开展贫困乡、村、户的扶贫工作。1964年8月，丽水县政府下拨农村社会救济费1.54万元，以无息贷款形式，养猪1328头，扶持五保户77户、优抚对象

66户、下放人员43户、困难户1148户。同年，省政府扶持贫下中农困难户，发展家庭副业，下拨低息贷款7万元。1979年，丽水县扶持港和公社[1]贫困户18户，脱贫5户。1980年，全县帮助贫困户发展生产，发放扶贫款3.56万元，扶持港和公社、均溪公社[2]等公社6个、困难户150户。1984年始，中共丽水县委、县人民政府相继下发《关于对严鸟乡试行特殊政策的若干规定》《关于对莲乐、泄川、石蒙圩、巨溪、黄村等乡试行特殊政策的若干决定》《关于对6个贫困乡发展水果生产继续给予扶持的通知》等文件，从经济、物资、科技等方面扶持严鸟[3]、莲乐[4]、泄川[5]、石蒙圩[6]、巨溪[7]、黄村贫困乡6个。1989年，丽水市(县级)6个贫困乡种植水果面积增加到565.5公顷，年产水果66.23万千克，比1984年分别增长7.09倍和13.51倍；造林面积501.7公顷，抚育林木面积543.5公顷，封山育林面积5106.8公顷。到1990年，丽水市(县级)6个贫困乡发放扶贫款14.79万元，扶持贫困户769户，脱贫683户。1998年开始，丽水市(县级)推进小康示范村建设，逐步创建小康村、小康乡镇。同年，建立贫困乡、村、户档案，制作卡片，明确扶持对象。结合残疾人扶贫攻坚计划，开展"单位挂村""干部帮户"活动。2000年，莲都区被确认达到省定小康标准行政村8个。

龙泉市　1964年，龙泉县扶持养猪无息贷款的贫困户633户，发放贷款9407元。1965年，龙泉县扶持贫困户发展家庭副业，发放无息贷款9369元，低息贷款11万元。20世纪70年代，龙泉县扶持贫困户养猪、养兔及发展种植业，采用国家和集体补助、补贴等办法，实行政府贴息、银行贷款，供销社供应种兔、小猪、种子、化肥等生产资料。同时，举办种养业技术培训。1980年，全县扶持贫困户3200户，发放扶贫资金79700元，集体补助金75700元。1983年开始，龙泉县进行扶贫开发规划，因人因地制宜，逐户制定规划，落实措施。强调"扶本扶志"，克服困难，摆脱贫困，发放扶贫资金303400元，分配扶贫化肥2.8万千克，扶持贫困户1700户。1984年，龙泉县民政局在锦溪乡开展扶贫试点工作，然后在全县推广。同年，全县扶持贫困户1081户，脱贫贫困户287户。

1985年，龙泉县重点扶持贫困乡胜利乡和竹垟畲族乡，解决发展生产困难，拨付扶贫资金3.1万元，化肥0.6万千克，帮助贫困户117户。龙泉县试行有偿和无偿贷款相结合办法，扶持贫困户141户，发放资金20630元，化肥2.4万千克，并建立扶贫档案。1986年，龙泉县开展贫困户扶贫开发调查，广开生产门路。后分别到龙南、义和、建兴、天平、胜利、安仁6个乡进行调查后，从人力、物力、财力、科技等方面给予支持，发放扶贫资金10万元。同年，全县扶持贫困乡29个、贫困户111户，发放资金23000元。1987年，龙泉县扶贫工作实行钱物结合，有偿和无偿结合。其中无偿补助化肥840农户、3.6万千克；有偿扶持资金74户、16000元。1988年，龙泉发放扶持资金13000元，化肥3.5万千克。截至1993年，全县扶贫工作取得明显成效，农民人均纯收入从1987年的264元增加到511元，增长93.6%；全县95%人口温饱问题得到解决，部分家庭进入小康。

青田县　青田是省级贫困县。1957年后，青田县对部分极贫户给予无息或低息贷款，帮助发展家庭副业。1983年，青田县农村扶贫领导小组成立，建立阜山公社扶贫试点工作组，组建扶贫群众

① 港和乡：1986年，港和乡改名为大港头镇。

② 均溪乡：今已并入大港头镇。

③ 严鸟乡：2006年8月并入黄村乡。

④ 莲乐乡：1992年5月，撤销莲乐乡，并入双溪镇。2006年8月，随双溪镇并入雅溪镇。

⑤ 泄川乡：2006年8月，泄川乡并入雅溪镇。

⑥ 石蒙圩：1992年5月，石蒙圩并入西溪乡；2006年8月，随西溪乡一起并入雅溪镇。

⑦ 巨溪：2006年8月，巨溪并入太平乡。

帮助小组 27 个，帮助解决生产生活困难群众 115 户。同期，全县发动县供销社、县信用社、医院、学校、社队企业等社会力量，开展扶贫化肥、无息贷款，给予贫困户就医与子女就学方便等帮扶活动；优先给予照顾贫困户劳力进企业，贫困户产品加工。同年，发放扶贫专用款 4.44 万元。1984 年 6 月，县委农工部、民政、供销、银行等部门组建“双扶”工作组，重点扶持乡镇 11 个、贫困户 2190 户，发放化肥 11.7 万千克，扶贫资金 13.29 万元。贫困户自筹资金 0.6 万元，引导种植黄花菜 287 公顷，生姜 1.23 公顷，购养耕牛 41 头，母猪、仔猪 134 头，良种兔 1230 只。同年，全县帮扶复员退伍军人 207 户，提供资金与贷款 1.1 万元，种植黄花菜 11.86 公顷；创办鸡场 1 所，养鸡 9000 只；购养耕牛 9 头、母猪 50 头、良种兔 544 只。

1985 年，全县开展农村贫困户基本情况调查，查清全县贫困户 27260 户，115127 人。县政府确定孙坑乡、万山乡、黄垟乡、双垟乡、万阜乡、王岙乡、东江乡、章旦乡、岭根乡、小令乡为贫困乡。同年，制定贫困乡扶贫三年措施，减免三年农业税；口粮人均补足 225 千克；育林费每公顷补助 7.5 元；增拨教育费，少数民族学生免费入学；统一给予五保户、困难户家庭财产保险；帮助兴办福利工厂 2 个；新建乡村企业免税 3 年；给予低息贷款、技术指导和信息服务。同年，全县扶贫对象 353 人，其中安排残疾人员 101 人，安排复原、退伍军人 105 人；兴办民政福利工厂 23 家，主要有纽扣、阀门、活性炭、编织袋、人造大理石等产品。1986 年，全县制定扶持 10 个贫困乡的措施 3 条，直接发放 5%的贫困户救济款 1.15 万元；实行家财保险 7%的贫困户，支付保险金 0.32 万元；扶持 9%的贫困户发展生产，发放扶贫资金 7.5 万元，化肥 7.5 万千克。1987 年，全县继续重点扶持 10 个贫困乡，扶持发展种植、养殖业 3810 户，发放扶贫款 10.9 万元、化肥 5.5 万千克。同年底，全县脱贫 3411 户。

云和县 云和是省级贫困县。1959—1961 年，国家下拨扶持穷队周转资金 6.5 万元，用于农田基本建设和生产队购置固定资产，其中云和公社 26.5 万元，梅源公社 10 万元。同期，云和县政府每年都拨发钱物，帮助一些农村家庭因人口多、劳力少，或遇天灾病祸而致贫的困难户，扶持发展生产。1964 年 5 月，县政府拨付民政事业费 1.3 万元，由县农业银行代理发放无息贷款，帮助农村贫困户解决购买小猪困难。同年 10 月，省人民委员会下拨贷款 7 万元，支持云和公社社员发展家庭副业。1965 年 5 月，县政府无偿拨款 6 万元，用于云和镇新岭生产队，小徐公社山脚生产队，沙溪公社后山生产队，民主公社沈村生产队、云坛生产队、霞晓桥生产队，和平公社贵庄生产队，林峰公社梓坊生产队、梅源公社下垟生产队、崇头生产队，修建水库、电站、翻水站，购买抽水机、电动机等项目。

1984 年，云和县开展扶贫开发试点，重点帮助贫困乡村、困难户，从资金、技术等方面发展种植、养殖业。同年，全县重点帮扶贫困乡 9 个，帮扶贫困户 627 户，扶持资金 9.74 万元。同年底，全县改变面貌贫困户 286 户，脱贫贫困户 190 户。1985 年，云和县政府拨款 4.6 万元，采取无息有偿、定期收回、长期周转的方式，帮助贫困乡发展种植业、养殖业。云和县科委、县医药公司科技人员采用技术培训，帮助雾溪畲族乡发展中药材生产。1986 年，县政府确定人均年经济收入不足 200 元的贫困乡 13 个，其中革命老区和少数民族人口比较集中的雾溪、安溪畲族乡及梅源乡，被列为重点扶贫乡镇，获拨专项扶贫资金 5.5 万元。同年底，全县扶贫初见成效贫困户 119 户，解决温饱贫困户 420 户，致富贫困户 68 户。

1987 年，云和县被省政府列为贫困县，享受贫困地区经济开发优惠政策。同年，云和县扶持贫困地区经济开发协调服务领导小组成立，扶贫工作从直接扶持千家万户为主，逐步转入基地建设和创办经济实体为主。省下拨云和县扶贫贴息贷款150万元、科技服务经费7万元，县政府下拨专项资金30万元，扶持重点贫困乡栽培椴木香菇、黑木耳菌种80万瓶；建立柑橘、雪梨、板栗基地面积351.6公顷；发展淡水鱼和家庭养猪、养兔。同时，县安排扶贫资金75万元，技术改造木制玩具生产；与慈溪县联营的云和县微型轴承厂，与绍兴县联营的云和县绸缎厂、云和县棉纺厂、云和县紧水滩胶鞋厂和与上虞联营的电解锰厂等一批重点扶贫项目先后投产。同年，云和县扶贫开发增加产值1285万元，税利123万元，安排贫困户劳力3450人，脱贫贫困户400户。

1988年，省财政拨扶贫贴息贷款175万元，科技服务经费12万元。4月，云和县重点扶贫项目獭兔养殖被省农业厅列入“星火计划”。5月，与上虞县联营的云和县碳素厂投产。10月，县科委召开第四次雾溪畲族乡经济开发研讨会，总结推广雾溪畲族乡科技脱贫经验。1989年3月，云和县与省农业厅、地矿厅、民政厅、物资局、协作办、冶金总公司结为扶贫挂钩单位。5月，全县召开扶贫工作会议，明确扶贫工作要从“输血型”向“造血功能型”转变，落实全县脱贫任务和措施，签订脱贫责任书。同年，云和县获省政府扶贫贴息贷款150万元，技术培训费8.5万元，贷款指标320万元，山区公路建设资金20万元，以工代赈建设资金130万元。同年，乡道梅砻口至雾溪畲族乡公路和金属硅厂、铁合金厂相继建成投产。1990年，雾溪畲族乡种植厚朴面积134公顷，杜仲面积39.67公顷，金银花面积2公顷。其中，雾溪畲族乡水竹垟村，仅种植厚朴一项收入40多万元，人均1690元。同期，云和县野生长裙竹荪驯化培育及粮食丰收计划有成效。

1990年5月，县政府推出雾溪流域综合治理工程、梧桐坑流域综合开发工程、云（和）安（溪）公路、沙铺公路等扶贫开发项目。同年，云和县争取到扶贫贴息贷款150万元，科技扶贫经费11万元，各类贷款指标610万元，工业贷款贴息资金50万元，山区道路建设贴息资金40万元，解决部分农用和工业物资。同年，云和县钢球厂投入批量生产；开发农业取得成效，种植水（干）果面积381.2公顷，基地造林面积1034.53公顷。1991—1992年，云和县扶贫进入区域开发阶段，争取扶贫专项贴息贷款670万元，科技扶贫经费15万元，以工代赈建设资金720万元，工业贷款贴息资金300万元；建成紧水滩镇至龙门公路、雾溪水库引水工程、雾溪电站扩容工程、楼梯步水库等；新建板栗千亩连片基地2个，胡柚、厚朴基地各1个。1992年年底，云和县开发水（干）果面积2000多公顷（其中集体800公顷），结果600—800公顷。1993年，云和县扶贫由提高“造血功能型”转向提高“竞争功能型”。4—5月，赤石岭隧道、云和镇至安溪畲族乡公路相继建成通车。同年，玩具工业成为全县脱贫致富的一项支柱产业，个体私营经济参与市场竞争，全县玩具企业骤增加到536家（含加工点400家），玩具行业工人达万人，工业产值突破1亿元。其中云和县小徐乡程宅东佳山移民村是脱贫致富的典型。1990年前，程宅东佳山移民村是一个人均年收入不足200元的贫困村。1993年，程宅东佳山移民村发展玩具生产，人均收入超千元。

庆元县　20世纪60年代，庆元县因家底薄、人口多、劳力弱、负债重，或因天灾人祸而生活困难需扶持的人口，占全县总人口的2.5%。县政府对这类对象除发放社会救济款外，或从生产队补足口粮、贫农合作基金、信用资金、农业税减免、子女学杂费减免、医疗费减免等方面给予补助。20世纪80年代初期，实行联产承包责任制后，则采取有偿扶持和无偿扶持相结合办法，建立扶持基金组织，增强贫困户自身脱贫致富能力。1986—1987年，庆元县发放无息贷款给农村贫困户，重点发展柑橘、茶叶和水果生产。1988年始，庆元县主要是发展以香菇为主的食用菌生产。其中官塘乡、龙溪乡实施扶贫后，经济收入年均增加20多万元。1999年，全县建立扶贫基金会乡13个，筹措县、乡两级扶贫周转资金114.9万元，脱贫贫困户300多户。

1978—1992年，庆元县重点扶持开发老区乡29个、重点村69个，拨付建设补助费56.57万元，其中用于安装电灯、碾米机、自来水等资金12.94万元；修建校舍13.16万元；修建桥梁、道路3.95万元；架设电视差转台和广播线路5.02万元。庆元县畲族人口约占总人口0.51%。1976—1992年，庆元县扶持畲族村及畲民资金5.95万元。

缙云县　1965年，缙云县帮助贫下中农困难户通过生产自救途径增加收入，发展养猪、养羊、养兔等家庭副业，发放低息贷款4万元，月利息1.2厘。1980年，缙云县在城北公社进行生产扶贫试点，确定扶持重点困难户60户，发放扶贫救济补助款0.15万元。1983—1985年，全县发放扶贫化肥31.1万千克。

1984年，县扶贫工作组成立，对岭后、小�两贫困乡进行调研，其中小筠乡人均年收入不足100元的贫困户989户，其中60元以下255户。同年，县政府专门就两乡扶贫作出若干决定，分别发放生产扶持资金3.5万元和2万元；取消木材派购；鼓励专业户造林，每亩贴息贷款30—40元；增加水改经费（人均4元以内）；增加教育经费各1万元；扶持岭后黄岭线、大丰线（电线路）1.3万元。同期，对小筠乡开展扶贫试点，主要从种植、养殖方面帮助脱贫，确定为第一批扶贫对象119户。1983—1990年，缙云县分别发放岭后乡、小筠乡定额粮票207万千克、123万千克，其他粮票27万千克。1985年，缙云县扶持五云、黄店、前路、溪南、岭后、南溪等6个乡镇贫困户445户，拨扶贫资金11.4万元，其中贴息贷款10万元。

1986年，全县扶持贫困户808户，发放扶贫资金18.7万元，其中扶持种植业453户、养殖业295户，其他加工服务60户。1986年4月，缙云县重点扶持小筠乡、上周乡贫困户295户，发放扶贫资金4.2万元。同年，缙云县在胡村乡开展家庭财产保险与救灾扶贫试点工作，全乡保险面75%。1987年，扶持方溪、石笕、白竹、碧河、桃源、章源、木栗等乡7个、贫困户1172户，拨扶贫款19万元。1988年，缙云县获省有偿扶贫款26.2万元。1989年，扶贫困乡镇23个，扶贫贫困户8056户，脱贫924户。1990年，缙云县扶贫贫困户8100户，脱贫1536户，扶贫周转金168万元，其中出借贫困户20.3万元，出借扶贫经济实体26.6万元。1992年，扶贫6486户，脱贫973户，扶贫周转金215万元，其中出借贫困户26万元。1988—1992年，缙云县获省山区机耕路建设专项补助资金96万元，补助在建机耕路200多条。

遂昌县　20世纪60年代，遂昌县政府发放低息贷款，扶持贫困户发展家庭副业生产。1964年，遂昌县发放1.64万元；1965年，发放0.52万元。1984年，遂昌县政府规划扶贫开发工作，扶持发展种植、养殖和加工等专业生产。濂竹、琴淤、古楼、高坪、梭溪、应村、焦滩、西畈、大洞源10个乡被确定为贫困乡。

1985年，遂昌县扶持贫困户发展种植、养殖业生产，投放扶持资金2.3万元，扶持高坪、梭溪、应村、西畈4个乡贫困户79户。1986年，重点扶持古楼、高坪、应村、西畈、梭溪等乡各业生产，投放扶持资金11.65万元。1988年，遂昌县扶贫扶优服务公司成立，统一管理全县“双扶”工作。截至1990年，全县扶持贫困户2624户；投放扶持资金73.65万元，化肥（标氮）27.1万千克；脱贫率50%。

松阳县　1984年10月，松阳县成立扶贫试点工作小组，在四都乡开展扶贫试点工作。1985年，重点扶持新处乡。1986年4月，各乡政府成立扶贫领导小组。1987年，松阳县开展扶贫开发工作，帮扶三都、四都、竹源、樟溪、叶村、谢村、新处、裕溪、大东坝、板桥、石仓乡11个，发放无息贷款962户、21万元。1984—1987年，松阳县扶持经济实体3个，扶持贫困户3033户、脱贫798户。1988年，扶持福利厂2家、经济实体1家，有偿扶持贫困户45户，脱贫200户。1989年始，松阳县着重扶持村级集体开发性生产，扶贫工作转为群众性“以富带贫，以强带弱”。8月，建立乡镇救灾扶贫基金会27个，其中民政局拨借资金13.48万元，乡镇自筹资金5.45万元。1990年，27个乡镇救灾扶贫基金会，筹集扶贫基金20万元，新增“双扶”贫困户267户，脱贫165户。1991年，全县新增扶贫户170户，脱贫155户。1992年，新增扶贫户658户，脱贫275户；落实双扶基金92.72万元。

景宁畲族自治县　景宁畲族自治县是国家级贫困县。1985年，景宁畲族自治县被列为全国、全省重点扶持贫困县后，省民政厅每年都拨给老区专项经费。截至1992年，全县获扶贫拨款53.5万元。1985年5月，县民政局安排老区贫困户补息资金7万元，扶持发展种植、养殖业。1988年，全县扶持贫困乡11个、贫困户1500户，发放扶贫贷款9.6万元，兴办经济实体4个，建成柑橘基地166.67公顷，采购水果苗木37.77万株。

1986年，全县拨付扶贫款7.2万元，扶持建造郑坑乡吴布村装机75千瓦水电站1座；修建新四乡新四村、东坑乡马坑村机耕路6.4千米。1987年，全县拨付扶贫款5.8万元，完成外舍乡坑山后村、大都乡大都村、新四乡高演村、郑坑乡吴布村、大地乡大地村装联网电；安装外舍乡岭北村自来水。1988年，拨款5.5万元，发展贫困村经济。同年，拨付扶贫款2300元，建造家地乡石拱桥栏杆。1989年，拨款3.1万元，安装梅岐乡、大地乡、漈头乡、家地乡坪坑村电灯。1990年，拨老区经费3.85万元，安装东坑镇、北溪乡、漈头乡、新四乡、渤海乡、白岸乡、金钟乡、秋炉乡部分困难户电灯、自来水，修复部分道路。1986—1990年，拨款11.84万元，修理陈村乡鹤口小学、顺利乡顺利小学、东坑乡东坑中学、梅岐乡小学、郑坑乡小学校舍；建造郑坑、秋炉、毛垟、梅岐、大地、标溪、景南、新四、大顺、陈村、顺利11个乡电视差转台，安装有线广播。

贫困乡镇

1983—1990年，丽水地区初始扶贫阶段，贫困乡镇334个，开展帮扶贫困乡镇151个，其中人均收入不足300元的贫困乡81个，占丽水地区乡镇总数的24.17%。1994年年底，丽水地区贫困乡镇68个，占丽水地区乡镇总数的35.05%。截至1998年1月5日，省委省政府宣传景宁畲族自治县、云和县、青田县光荣脱贫时，丽水地区贫困面较大的乡镇尚余11个。1998—2000年，中共丽水地委、地区行署领导干部联系贫困乡镇11个，地直单位继续挂钩帮扶乡镇95个。2000—2002年，丽水市列入全省“百乡扶贫攻坚计划”乡镇37个，均如期基本完成乡镇扶贫攻坚任务（参见本章第一节扶贫演变）。

贫困村和贫困户

1990年，丽水地区行政村3656个，人均收入不足300元的贫困人口51.75万人，占丽水地区人口总数的24.15%。1983—1990年，丽水地区扶持农村贫困户67901户，其中脱贫32628户。1994年，丽水地区人均收入不足500元的贫困人口45万人，占丽水地区人口总数的242.57万人的18.55%，其中年人均收入不足300元的特困人口6万人；贫困村1129个，占丽水地区行政村总数的30.83%。1995年，丽水地区贫困人口数从“八五”初期的60万人减至23.5万人，基本消除年人均收入不足300元的特困人口。

1996年，丽水地区人均纯收入不足500元的贫困人口14.6万人，比上年减少8.9万人，减幅37.87%。1997年，丽水地区贫困人口7万人（含五保户），比上年减少7.6万人，减幅52.1%；贫困村309个。1998年开始，丽水地区开展对贫困户乡镇、村、户建档立卡，明确扶持对象。同年底，有贫困村277个，农村贫困人口4.9万人，分别比上年减少24.5%和30%。农村贫困人口4.1万人，减少16.3%。截至2000年，丽水市脱贫2616户、13304人。农村贫困人口36583人，农村贫困人口率下降到1.7%。2002年，丽水市农民人均纯收入1999元，比1999年增加535元，增长36%，年平均递增11%；农民人均纯收入1000元；贫困人口从1999年35975人，下降到7408人，下降79%。

第二节　扶贫方式

结对扶贫

1994年12月，由省供销社、省农业厅、省计经委分别牵头有关省级单位及发达县（市），挂钩扶贫景宁、云和、青田县。1998年，实施扶贫政策不变、扶持力度不减、挂钩扶贫制度不变。2000年4月，浙江省确定省直部门和发达县（市）结对扶贫景宁、云和、青田县欠发达乡镇18个。2003年3月，浙江省直部门和发达县（市）结对扶贫丽水市欠发达乡镇74个。2005年7月，浙江省政府发出《关于进一步加快欠发达乡镇奔小康的若干意见》，加大挂钩扶持力度。其间，丽水市及各县（市、区）全面实施结对挂钩扶贫制度，加快欠发达乡镇经济社会发展。

市级层面挂钩扶贫　1996年1月，宁波市党政考察团到丽水地区考察，形成《宁波市、丽水地区关于进一步搞好结对扶贫，加强经济合作的会谈纪要》。1997年2月，地区行署专员徐培金到湖州市共商扶贫结对帮扶工作。1998年8月，湖州市市长袁荣祥率湖州市考察团到丽水地区考察，形成《湖州市、丽水地区结对帮扶会议纪要》，提出进一步深化、拓展结对帮扶，加强经济合作。（参见本篇第十章扶贫开发历程）。

县级层面挂钩　1995年始，鄞县、温岭市与景宁畲族自治县挂钩扶贫；绍兴县、慈溪市与云和县挂钩扶贫；上虞市、桐乡市与青田县挂钩扶贫。1996年1月，鄞县与景宁畲族自治县、慈溪市与云和县、余姚市与青田县结成对口扶贫单位；宁波市镇海区与丽水市（县级）、江北区与龙泉市、海曙区与庆元县、江东区与松阳县、奉化市与缙云县、象山县与遂昌县结成对口友好合作单位。1998年8月，湖州市、丽水地区双方确定结对帮扶单位，进一步深化、拓展结对帮扶，加强经济合作，长兴县与景宁畲族自治县、德清县与云和县、南浔区与青田县、安吉县与庆元县、吴兴区与缙云县、南浔区与松阳县结成对口帮扶单位。

2000年，温岭市与景宁畲族自治县澄照乡、鸬鹚乡，绍兴县与云和县安溪畲族乡、大塆乡，慈溪市与青田县仁宫乡、海溪乡分别结成对口帮扶单位。2003年，浙江省直部门牵头结对扶贫丽水市欠发达乡镇74个；发达县（市、区）及镇48个，结对扶贫丽水市欠发达乡镇50个。其中宁海县城关镇与莲都区黄村乡；绍兴市越城区斗门镇与莲都区严鸟乡，越城区灵芝镇与莲都区丽新乡；海盐县与龙泉市龙南乡，海宁市许村镇与龙泉市屏南镇，海宁市斜桥镇与龙泉市竹垟畲族乡，绍兴县夏履镇与龙泉市兰巨乡；慈溪市与青田县仁宫乡、青田县海溪乡，慈溪市逍林镇与青田县岭根乡，慈溪市周巷镇与青田县章旦乡，慈溪市横河镇与青田县季宅乡，平湖市与青田县石帆乡[①]，平湖市当湖镇与青田县祯埠乡；绍兴县与云和县大塆乡，绍兴县福全镇与云和县安溪乡，绍兴县齐贤镇与云和县云坛乡，绍兴县马鞍镇与云和县大源乡，绍兴县杨汛桥镇与云和县雾溪畲族乡，绍兴县钱清镇与云和县赤石乡，绍兴县安昌镇与云和县黄源乡；余姚市临山镇与庆元县张村乡，余姚市马渚镇与庆元县举水乡，湖州市八里店镇与庆元县合湖乡，湖州市织里镇与庆元县龙溪乡，湖州市南浔镇与庆元县江根乡，湖州市双林镇与庆元县官塘乡；德清县与缙云县方溪乡，德清县钟管镇与缙云县木栗乡，萧山区临浦镇与缙云县石笕乡，萧山区南阳镇与缙云县雁岭乡，萧山区靖江镇与缙云县白竹乡，萧山区坎山镇与缙云县前路乡，西湖区留下镇与缙云县胡源乡；嘉善县与遂昌县蔡源乡，桐乡市与遂昌县蕉滩乡，嘉善县魏塘镇与遂昌县高坪乡，嘉善县干窑镇与遂昌县湖山乡，桐乡市濮院镇与遂昌县黄沙腰镇；余姚市与松阳县四都乡，余姚市泗门镇与松阳县板桥畲族乡，余姚市朗霞镇与松阳县谢村乡，余姚市低塘镇与松阳县新处乡；鄞州区高桥镇与景宁畲族自治县大地乡，鄞州区邱隘镇与景宁畲族自治县大漈乡，鄞州区古林镇与景宁畲族自治县毛垟乡，鄞州区集士港镇与景宁畲族自治县东坑镇，鄞州区云龙镇与景宁畲族自治县雁溪乡，温岭市与景宁畲族自治县澄照乡、景宁畲族自治县鸬鹚乡结为帮扶单位。

省直部门与乡镇挂钩　1995年开始，35个省直机关单位与景宁、云和、青田县贫困乡镇结为挂钩扶贫对子。其中，景宁畲族自治县（12个），省委统战部与陈村乡，省农村工作办公室与渤海镇，省供销合作社与梅岐乡，省林业厅与大均乡，省教育委员会与英川镇，省人民银行与澄照乡，省轻纺集团与大漈乡，省冶金集团与大顺乡，省三狮水泥公司与郑坑乡，省证券公司和大地乡、省经济体制改革委员会与沙湾镇、省民族宗教委员会与外舍乡结为挂钩帮扶单位；云和县（7个），省政协办公厅与赤石乡、省农业厅与崇头镇、省民政厅与黄源乡、省电力工业局与云丰乡、省物资集团与大塆乡、省水产局与沙铺乡、省广播电视厅与安溪畲族乡结为挂钩帮扶单位；青田县（16个），省委办公厅与高市乡，省计经委与汤垟乡，省卫生厅与章旦乡，省土地管理局与万山乡，省建设厅与万阜乡，中国银行浙江分行与舒桥乡，省建设投资公司与巨浦乡，省科学技术协会与仁宫乡，浙江电视台与双垟乡，省委政法委员会与贵岙乡，省文化厅与章村乡，省海洋局与季宅乡，省司法厅与岭根乡，省劳动厅与小舟山乡，省计划生育委员会与仁庄乡，省台办与祯旺乡结为挂钩帮扶单位。

2000年，省直机关单位24个，挂钩扶贫景宁、云和、青田县贫困乡镇12个。其中景宁畲族自治县4个，省林业局、省轻纺集团公司与郑坑乡，省供销社、浙江证券有限责任公司与大地乡，省教育厅、浙江冶金集团与英川镇，省邮政局、省粮食集团有限公司与梧桐乡结为挂钩帮扶单位；云和县2个，省电力局、省物产集团公司与云丰乡，省海洋与渔业局、浙江省石油公司与沙铺乡结为挂钩帮扶单位；青田县6个，省卫生厅、省中国银行与舒桥乡，省国土资源厅、中航浙江航空公司与万山乡，省建设厅、深圳发展银行杭州分行与贵岙乡，省计委、省包装公司与巨浦乡，省司法厅、省旅游集团公司与仁庄镇，省劳动和社会保障厅、华夏银行杭州分行与章村乡结为挂钩帮扶单位。

2003年，省直机关牵头结对扶贫丽水市欠发达乡镇74个，其中省部门及企业39个扶持结对乡镇24个。其中莲都区（4个），省人防办牵头扶持，省人防办与巨溪乡结为挂钩帮扶单位；龙泉市（4

① 2010年称腊口镇。

个)，省人防办牵头扶持；青田县(16个)，省计委牵头扶持，浙江日报报业集团与万阜乡，杭州铁路分局、省铁路建设投资总公司与祯旺乡，省文化厅、省发展投资集团公司与小舟山乡，省卫生厅、中国银行浙江省分行与舒桥乡，省石油公司、国航浙江公司与万山乡，省建设厅、深圳发展银行杭州分行与贵岙乡，省计委、省经济信息中心与巨浦乡，省司法厅、省旅游集团公司与仁庄镇，省劳动保障厅、华夏银行杭州分行与章村乡结为挂钩帮扶单位；云和县(9个)，省海洋与渔业局牵头扶持。省电力公司、省物产集团公司与云丰乡，省海洋与渔业局与沙铺乡结为挂钩帮扶单位；庆元县(10个)，省农业厅牵头扶持，省农业厅与贤良镇，杭州萧山机场有限公司与左溪镇，省农业科学院与荷地镇，宁波卷烟厂与四山乡结为挂钩帮扶单位；缙云县(9个)，省计生委牵头扶持。镇海炼化股份有限公司与大源镇，省计生委、杭州商学院与七里乡结为挂钩帮扶单位；遂昌县(6个)，省供销社牵头扶持，省供销社与西畈乡结为挂钩帮扶单位；松阳县(4个)，省供销社牵头扶持；景宁畲族自治县(12个)，省民宗委牵头扶持，省民宗委、杭州东方通信股份有限公司与沙湾镇，省轻纺集团公司、杭州电子工学院与郑坑乡，省教育厅、杭州钢铁集团公司与英川镇，省邮政局、省粮食集团公司与梧桐乡，省科协、浙江工程学院与大均乡结为挂钩帮扶单位。

市直部门与乡镇挂钩　1995年，地直机关单位90个，定点挂钩扶贫景宁、云和、青田县乡镇48个。其中，地直机关单位30个，挂钩景宁畲族自治县乡镇17个，其中地区对外贸易经济合作局与东坑镇，地区公路管理处、浙江少数民族师范学校与陈村乡，地区供销社、地委党校与毛垟乡，地区纪律检查委员会、中国人民保险公司丽水地区分公司与沙湾镇，中国农业银行丽水地区分行与大漈乡，地区人大工委办公室、地区经济委员会与大均乡，地区经济协作总公司与秋炉乡，地区农科所、水利电力工程处与外舍乡，地区教育委员会、丽水师范专科学校与渤海镇，地委组织部、地区汽车运输联合总公司与金钟乡，中国人民银行丽水地区分行、地委老干部局与葛山乡，地区工商管理局与大顺乡，地区林业局、文化局、文学艺术界联合会与标溪乡，地区农村工作办公室、林科所与雁溪乡，地区医药管理局、团地委与梅岐乡，地区交通局与大地乡，省总工会丽水地区办事处、浙江林业学校与郑坑乡结为挂钩帮扶单位。

地直机关单位16个，挂钩帮扶云和县乡镇7个，其中丽水电业局、丽水日报社与沙铺乡，地区物资(集团)总公司、地区经济体制改革委员会与大塆乡，地委宣传部、地区讲师团、地区农业局与云丰乡，地区民政局、进出口商品检验局与崇头镇，地区水电局、地区体育运动委员会与黄源乡，地区政协工委办公室、地区财税局、地委统战部与安溪畲族乡，地区行署办公室、移民办公室与赤石乡结为挂钩帮扶单位。

地直机关单位44个，挂钩帮扶青田县乡镇24个。其中地委办公室、地区矿产资源管理局与东源镇，地区计委、省妇联丽水地区办事处与吴坑乡，地区土地管理局、地直机关党工委与仁宫乡，地区二轻局、信托投资公司与祯旺乡，地区卫生局、丽水卫生学校与阜山乡，地区中级人民法院、丽水工业学校与小舟山乡，地区科学技术委员会、地区科学技术协会与章村乡，地区国家安全局、地区侨务办公室与北山镇，地区审计局、地区残疾人联合会与高市乡，地区粮食局与高湖镇，中国银行丽水地区分行、地区工科所与万山乡，地区商业(集团)总公司、地区人民医院与方山乡，地区烟草专卖局与舒桥乡，地委政法委员会、地区乡镇企业局与黄垟乡，地区公安局、地区经济技术协作办公室与岭根乡，省检察院丽水分院与贵岙乡，地区人事劳动局与石溪乡，地区司法局、省广播电视大学丽水分校与季宅乡，地区广播电视局、丽水电视台与仁庄乡，中国人民银行丽水地区分行与汤垟乡，中国工商银行丽水地区分行、地区计划生育委员会与双垟乡，地区物价局、丽水气象局与章旦乡，地区邮电局、丽水商业学校与巨浦乡，地区统计局、地区公路运输管理（稽征）处与万阜乡结为挂钩帮扶单位。

山海协作工程

山海协作会议　2002年，中共浙江省委、浙江省人民政府开始实施“山海协作工程”，深入帮扶欠发达地区发展。10月31至11月1日，省委、省政府召开“山海协作工程”情况汇报会和“山海协作工程”项目签字仪式。丽水市签约项目174个，协议投资47.23亿元。2003年12月3日，在衢州市召开浙江省“山海协作工程”情况汇报会，丽水市签约项目58个，协议金额25.9亿元。省委书记习近平强调要坚持不懈地抓好山海协作工作，努力实现区域协调发展。2004年11月25—29日，在丽水市举行省“山海协作工程”系列活动，省委书记习近平宣布活动开幕，省委副书记、省长吕祖善致辞。省领导为丽水、衢州山海协作企业联合促进会授牌。杭州、宁波、温州等市企业与丽水、衢州、舟山等市企业签订经济技术合作（帮扶）项目205个，合同总金额101亿元，其中丽水市签约项目93个，合同总金额25.36亿元。

山海协作交流　2002年1月，宁波党政代表团到丽水市考察交流，双方表示继续坚持“优势互补，互惠互利，长期合作，共同发展”的原则，促进共同发展。2002年6月，湖州市委书记杨仁争率湖州市党政代表团到丽水市考察交流，双方洽谈经济互补，促进共同发展。2004年1月，湖州市市长黄萌率代表团到丽水市考察，双方就推进“山海协作工程”经济合作进行交流。3月，省工商行政管理局和丽水市政府，共同在丽水主办“浙江省百强民营企业亲近丽水”活动，推动省内知名企业认识丽水、亲近丽水、支持丽水，双方签订投资项目6个，签约金额6.13亿元。2004年7月30日，舟山市副市长马国华率代表团，到丽水市考察工业经济发展情况，丽水市副市长沈仁康介绍丽水市工业发展和“山海协作工程”实施情况，两市就加快工业发展进行交流。11月，金华市委副书记陈昆忠率党政代表团，到丽水市考察山海协作项目，交流拓宽两地民间投资渠道；台州市委书记史久武率党政代表团到丽水市考察，共同探讨加强两市经济技术交流与合作，深入推进“山海协作工程”；嘉兴市委书记黄坤明率党政代表团，到丽水市考察，双方就推进“山海协作工程”，加强经济合作进行交流；温州市市委常委、市委秘书长黄德康率党政代表团，到丽水市考察，就加强经济合作、加快经济社会发展进行交流。

2004年8月30—31日，市委书记楼阳生率丽水党政代表团，到宁波市学习考察市政建设、旅游景区开发和移民对接工作，交流山海协作工作。两年签约合作项目48个，协议投资4.4亿元，其中宁波投资和资助3.46亿元。9月13—16日，市长刘希平率丽水市政府代表团，到杭州、嘉兴、湖州学习考察，就推进“山海协作工程”，加强经济合作进行探讨和交流。丽水市与杭州市签约山海协作项目38个，协议总投资5.69亿元；与嘉兴市签约项目36个，协议总投资1.36亿元；与湖州市签约项目11个，协议总投资2410万元。10月13日，在丽水举行宁波·丽水“山海协作工程”项目洽谈会，设立农林、工业、旅游、教育卫生、城建、丽水经济技术开发区、莲都工业区、缙云新碧工业园项目区8个，双方初步达成合作意向项目11个，投资总额2.25亿元。同时，举办宁波·丽水劳务合作信息交流座谈会。10月23日，市长刘希平到金华市义乌市，参加义博会及“山海协作工程”开展情况汇报会。11月10日，举行丽水·嘉兴“山海协作工程”交流会，对开展合作与交流提出具体建议和意见。

山海协作项目　2002年始，丽水市做好山海协作项目对接和落实工作，全省10个地级市在丽水都有投资协作项目。2007年，在丽水市举办全省“山海协作工程”系列活动中，丽水市签约项目94个，利用市外、内资25亿元。

2010年，丽水市将“山海协作工程”列入对市直部门及县(市、区)的年度考核内容。同年，全市签订山海协作项目111项，到位资金48.9亿元。截至2010年，丽水市引进省内发达地区项目2366项，合同利用市外、内资831.7亿元，到位资金467.2亿元；履约项目2323项，开工建设项目2062项，建成投产项目1725项，项目履约率、项目开工率、项目投产率分别98.2%、89.1%、74.5%，投资额1亿元以上项目122项；投入工业技术改造资金511.19亿元，其中山海协作新产品开发投入占全市新产品开发投入35%以上；山海协作为全市提供就业岗位7万个以上；输送沿海发达地区劳务人员10.9万人。山海协作期间，浙江青山特钢有限公司投资3亿元，在青田县兴建新青山不锈钢工业园，年生产产值在20亿元以上；引进温州、金华、台州等周边地区五金机械、鞋革项目200多项。同时，引进一批科技含量较高和投资大占地少污染小的项目，如富来森集体的南瓜多汤浓缩提取生产线、方正电机年产电脑高速自动缝纫机10万台及汽车电机899万台生产线、丽水高压清洗设备公司年产TK系列超高压水射流设备800台等。

“三农”项目是山海协作的重要内容。截至2006年，丽水市依托山海协作机制，推动农村富余劳动力转移，山海协作工业项目提供就业岗位8万多个，占同期工业企业提供就业岗位60%以上；先后与宁波、嘉兴、温州、绍兴、湖州等经济发达地区建立长期劳务合作关系，建立丽水市山海协作技能培训基地，实行“订单培训，定向就业”新机制，提高培训针对性、实效性和就业率；开展来料加工，加工队伍发展到4万多人。2010年，丽水市启动实施山海协作新农村建设项目30项，组织实施山海协作社会事业项目15项，对口培训劳动力5532人。开展“山海协作工程100村经济发展促进计划”“省外浙商回归工程—参与新农村建设计划”等系列活动，对口发达市与丽水市结对36个村，实施项目59项，落实帮扶资金1070多万元。10月，嘉兴市培训丽水农村致富带头人，依托宁波帮助丽水市建立远程培训系统，实现两地农村实用技术人员科技培训资源共享。在嘉兴、湖州两市支持下，丽水初步建立茶叶、种猪、笋竹两用林、鹊山鸡、水果、食用菌、中药材等山海协作工程种子种苗基地11个，促进低收入农户增收。同年，全市通过“山海协作”机制引进农村合作项目80多个，直接带动农户12万多户，农户年均增加收入800多元。宁波瑞龙茶叶有限公司投资1800万元，建立遂昌精诚茶叶有限公司，3年内形成名茶生产能力150万千克，带动茶园基地建设4660多公顷。云和县朱村乡建立山海协作优质茶苗基地，吸纳全乡茶农1985户，户均增收5100多元。

山海协作拉动二、三产业发展。2010年，丽水市加快推进遂昌神龙谷景区、云和仙宫湖度假区等一批景区建设。丽水市政府与浙江大学、浙江工业大学和浙江林学院、同济大学等院校签订全面合作协议，推动企业与省内外大专院校开展科技项目对接，签约科技合作项目101项，合作金额15.5亿元。截至2010年，丽水市招商引资生态旅游项目24项，协议资金超过35亿元，实际投入14亿元。同时，推动山海协作企业实施技术改造。2010年年底，发达地区对丽水市教育、卫生、医疗等社会事业的帮扶资金9700多万元，平均每年帮扶资金超过1000万元。

9月20日，在丽水市召开嘉兴市—丽水市“山海协作工程”座谈会，两市签订2010年度“山海协作工程”援建项目协议书。嘉兴市提供援助资金205万元，帮助丽水建设占地233.33公顷的“浙八味”传统中药材基地项目、丽水职业高级中学嘉兴数控实训基地项目、遂昌县三仁畲族乡农家乐休闲旅游项目、莲都区曳岭中心卫生院医疗设施改造项目和扶持新农村建设项目。2010年年底，丽水与嘉兴山海协作签约项目80多项，嘉兴总投资1.95亿元，帮扶项目涵盖教育、农业、医疗等领域。

山海协作与市外金融机构合作，泰隆银行、稠州银行、浙商银行先后进驻丽水。2007年，以“山海协作”企业联合促进会为平台，继续扩大“联保贷款”融资规模，推动莲都农村合作银行、丽水建行开展“联保贷款”业务，市区获“联保贷款”企业30家、金额5200万元。有外地银行10多家，与丽水企业建立业务关系。深发行温州分行提供10亿元授信额度。浙江方正电机股份有限公司在深交所上市。

山海协作模式　对接机制上，把对口丽水的宁波、嘉兴、湖州作为全市山海协作重点；与温州、台州、金华等市建立较为密切山海协作工程协作机制；扩展县、乡镇山海协作区域；与台州市6个县(市)、嘉兴市7个市(区)建立一对一山海协作机制。组织参加义乌博览会山海协作专区和全省“山海协作工程”系列活动。

创新服务上，建立市山海协作企业联合促进会，完善全省第一个建立山海协作企业连环担保贷款机制；建立市山海协作中药材产业协会，引导企业抱团拓展市场。2010年7月，丽水市山海协作中药材产业协会成立大会召开，150多人会员，选举产生丽水市山海协作中药产业协会负责人。9月，召开2010海峡两岸(丽水)中药产业经济技术贸易交流会，与中国台湾地区汉药生技股份有限公司等签订意向书，在丽水建立以对中国台湾地区贸易所需的白术、浙贝母等八味药材种植基地。同时，市政府与中国药材公司签订《组建规范化药材出口基地战略合作意向书》，双方采取定区域、定品种、定面积、定技术规程、定回收价格和统一提供全程服务的建设模式，在丽水合作建设规范化、规模化出口药材种植基地，基地所产药材由中国药材公司供应中国台湾地区市场。

2010年，推进“山海协作”劳务实训基地建设，是全省第一家“山海协作”劳务培训基地。同年，丽水市建成数控、机电、旅游、烹饪、服装、纺织、汽车维修实训中心7个，先后培养处焊工、车工等各类技术工人1.5万多人。同年，建设莲都工业园区，引进协作项目35个，投入资金9.88亿元，是全省第一家山海协作工程示范区。后相继建立云和、松阳、缙云、龙泉等“省级山海协作工程示范园区”4家，占全省山海协作示范区1/3；制定《山海协作企业联保贷款管理办法》，完善全省第一个山海协作企业连环担保贷款机制，推动金融企业向山海协作企业授信贷款。莲都农村合作银行、建行丽水市分行、稠州商业银行丽水支行等参与联保贷款合作机制，参与联保企业150多家，申请到无抵押贷款3.15亿元。2010年，丽水市有山海协作企业100多家，深圳发展银行温州分行、浦东发展银行温州分行贷款30多亿元。2005—2010年，中国工行丽水支行授信58.68亿元。

山海协作服务　2004年11月，团省委邀请省内经济学、管理学、环境保护学等方面专家，到丽水开展咨询服务活动。专家们先后就莲都区碧湖区块开发、东西岩景区推进，区域经济发展等方面发表独到看法和意见。在纳爱斯健身广场举办山海协作浙江青年在行动图片展，举办“浙江青年山海协作行动企业家1+1计划•提升丽水青年企业家竞争力”讲座活动，时代光华管理学院首席讲师方永飞《提升丽水市青年企业家竞争力》的讲座；浙江大学创新与发展研究中心教授陈劲，作《科学发展观与区域创新体系》专题报告。同月，九三学社浙江省委会，在纳爱斯健身广场门口进行现场咨询服务活动，组织科技、教育专家30多人，带来与丽水合作的工、农、林、茶以及生物、医药、食品等方面科技项目19个。省政协副主席、九三学社浙江省主委、浙江大学副校长冯培恩，在丽水学院作《中国制造业的现状和发展》学术讲座。

项目扶贫

20世纪80年代起，丽水地区开始启动项目扶贫，加大投入，农村基础设施建设提升，实现村村通路、通电，解决农民饮用水困难，全面改善生产生活条件，生存和温饱问题得到解决。20世纪90年代中后期，丽水地区扶贫进入新阶段，发展特色产业优势，推进产业扶贫、开发扶贫，发展来料加工，扶持农家乐和乡村休闲旅游，拓宽转移就业渠道，不断实现农民增收。统筹城乡，促进农村基础设施和经济社会协调发展。

通村公路项目　1995年12月18日，地区交通局帮扶修建的景宁畲族自治县丁（埠头）大（地）公路建成通车，大地乡成为丽水地区、也是全省最后一个通车乡。后丽水地区乡镇194个，实现乡乡通公路。1995年，地直机关单位90个，帮扶贫困乡镇48个，修建公路（机耕路）38条，总长143.48千米。1996年，地直单位牵头、联系和帮扶贫困乡镇48个，修建机耕路55条，总长158千米。同年，浙江省拨付扶贫项目“彩虹工程”50万元、“光明工程”85万元，扶持云和县基础设施建设。截至2010年，丽水市实现通村公路通达和硬化“双百”目标，行政村3481个，农村公路总里程1.26万千米。

行政村通电项目　1994年年底，丽水地区尚有未通电行政村71个，其中青田县36个，遂昌县17个，云和县11个，龙泉市4个，松阳县3个，占全省207个无电村的34.3%。1995年，丽水地区实现乡乡通电，架设供电线路11条，总长52.2千米。1996年，中共丽水地委、地区行署把实现丽水地区行政村村村通电作为扶贫攻坚内容之一。地区行署批转地区电业局《关于加快电力扶贫工作的实施意见》后，地区电业局成立扶贫上电领导小组，拨付资金142万元，支援无电村71个；省电力局赠送每个无电村配电变压器1台，补助资金1万元。同年，省、地、县（市）三级投资600多万元，架设供电线路41条，总长度53.2千米，减少无电村41个，龙泉市、松阳县率先实现村村通电。1997年，丽水电业局继续加大行政村通电工程力度，实行领导分片包干制，组织力量义务进村施工架线。国庆前夕，丽水地区完成最后30个无电村的通电任务，实现3662个行政村村村通电。

农村改水项目　1995年，丽水地区发动农户投工3万多工，兴修水利90多处；投资88.6万多元，安装自来水村26个，解决农户饮水困难4830户。1996年，丽水地区投工984万工，兴修水利188处；投资120多万元，安装自来水村46个，解决农户饮水困难6360多户。截至1998年，丽水地区农村改水项目受益人口206.99万人，占丽水地区农村总人口97.07%，其中使用方便清洁自来水162.36万人，占丽水地区农村总人口的76.14%。2000年，丽水市农村使用自来水173.6万人，占全市农村人口的81.4%，比上年增长2.78%；建成各类水厂、水站4745座，其中新建、改建142座；投资1019万元，其中国家投入72.3万元，占总投资7.1%；农民集资946.7万元，占总投资92.9%。截至2010年，丽水市农村人口198.77万人，其中使用自来水人口174.53万人。

农村广播电视进村入户项目　1996年1月，丽水人民广播电台陈寮山发射台，94兆赫调频立体声广播覆盖丽水地区。4月，地区行署办公室转发地区广电局《关于做好丽水人民广播电台节目收转和扩大覆盖工作的报告》；丽水电视台鼓励各县（市）收转好24频道，挤出资金7万多元，扩大覆盖面；各县（市）广电局以提高中央、省、地区三级广播电视覆盖率为重点，加强广播电视覆盖网建设。丽水、青田、庆元、缙云、松阳等县（市）广电局，利用光缆联网，实现有线广播与有线电视共缆传输，巩固和发展有线广播。遂昌县广电局更新乡镇站设备，完成线路整顿69千米。庆元县广电局投资20多万元，发展有线广播，重新响起广播喇叭声自然村70多个，更新乡镇站机房设备18个。同年，丽水地区新增喇叭 8001 只，入户率 56%，比上年提高 1.43%。1996 年，省广播电视厅扶持云和建造卫星地面接收站资金 4 万元，提供广播电视器材 10 万元，电视设备器材更新 15 万元。

1996 年，丽水电视台新添 SDI 全固态发射机 1 台，在省广播电视厅支持下，更新柴油发电机组，保证陈寮山发射台转播台安全优质播出中央一台电视节目；云和县、龙泉市、庆元县改善和提高 24 频道转播质量，其中龙泉市投资 4 万元，更新发射机 1 台，提高转播信号；青田县投资 8 万元，建成调频差转台，转播丽水人民广播电台节目；遂昌县、龙泉市相继建立调频差转台，转播丽水人民广播电台节目；丽水、青田、庆元、缙云、松阳县(市)加大投入，利用光缆，下传有线台节目到乡镇。遂昌县乡镇 20 个，建立有线电视网 14 个。同年底，丽水地区新增卫星地面接收站 198 座，新建电视转播台 18 座，电视人口综合覆盖率 80%，广播人口覆盖率 70%。

1997 年，丽水地区有广播电视空白行政村 598 个，占丽水地区行政村总数 16.33%，计划分 3 年完成。1998 年始，全省实施村村通广播电视工程。同年，丽水地区减少广播电视空白村 187 个。1999 年，地区广播电视局执行中共浙江省委、浙江省人民政府关于“提前 1 年基本完成广播电视空白行政村”的指示精神，向省广播电视厅争取资金 428.75 万元，各县(市)政府投资 133 万元，各县(市)广电部门筹资 374 万元，把原计划两年完成广播电视空白村 411 个，提前 1 年基本完成任务，提前实现丽水地区村村广播电视全覆盖。同年，丽水地区有丽水人民广播电台和遂昌、庆元、龙泉、云和、青田中波广播转播台 6 个，承担中央人民广播电台第一套节目和浙江人民广播电台第一套节目转播任务，机房设备陈旧老化严重。同年，丽水地区向省广播电视厅争取资金 120 万元，进行中波发射机更新改造，更新中波发射机 8 部，指标达原部颁甲级标准；建成庆元县调频转播台，转播丽水人民广播电台节目，实现丽水人民广播电台节目覆盖丽水地区。截至 1999 年，丽水地区广播综合人口覆盖率 79.42%、电视综合人口覆盖率 86.27%。

2000 年，丽水市有线电视用户联网 16 万户(不含有线电视独立小前端 3.83 万户)；新开通广播电视行政村 640 个。5 月，经省、地验收合格，全市基本实现行政村村村通广播电视。2010 年，丽水市广播综合人口覆盖率 79.82%，电视综合人口覆盖率 89.44%；新增有线广播电视传输网乡镇 21 个，新架杆线 300 千米，其中光缆杆线 206 千米；通广播电视自然村 1255 个，完成全年任务的 104.92%；有线电视联网用户 15.64 万户，其中新增有线电视用户 2.86 万户，实现乡镇联网 97 个；广播综合覆盖率 81.1%，电视综合覆盖率 90.5%。

扶持工业企业　1995 年，地委组织部、地区运输总公司，引资 590 万元，融资 20 万元，帮扶景宁畲族自治县金钟乡创办铅锌矿、木制品加工厂等企业 4 家，其中建成小水电站 1 座，投资 60 万元，装机容量 150 千瓦。地区保险公司、地区纪委联系低息贷款，扶持景宁畲族自治县沙湾镇，创办铸钢厂，年产值 400 万元。地区民政局协助云和县崇头镇，兴建股份制小水电站 7 座，投资 700 多万元。2000 年，地直单位扶持庆元县发展竹木制品加工业、食用菌原辅材料加工业和食品加工业。同年，“双枪”竹筷产量、质量均居全国同类产品之首，通过 ISO 9002 质量体系认证，成为“筷子大王”；浙南铅笔有限公司全年销售收入 1386 万元，成为全省闻名铅笔企业；全县食用菌塑料制品产值 1 亿多元，占全国同类产品 60%以上。2001 年，庆元县隆宫乡木制品加工厂生产竹筷 3 亿多双，占领全国竹筷市场 1/5 以上。2001 年年底，庆元县隆宫乡建成竹筷成品厂 14 家，半成品厂 30 多家，农民家庭加工厂 200 多家。

21 世纪初，丽水市扶贫开始重点扶持开发工业园区。2001 年，丽水市规划建设工业园区 25 个，规划面积 27.7 平方千米，开发 2.5 平方千米，完成投资 4.9 亿元，入园企业 202 家。同年，丽水市建成丽水微电机园区一期工程、青田外贸服装工业园区一期工程、云和木制玩具特色园区；青田意尔康鞋业园区、庆元梦天木业园区分别完成投资 3000 万元，11 月初竣工投产。2001 年始，省政府先后批准设立特色工业园区有云和木制玩具特色工业园区、龙泉太阳伞工业园区、龙泉青瓷宝剑工业园区、浙江凯恩高级科技纸业园区、缙云缝纫机及五金机电工业园区、缙云摩配电光源工业园区、遂昌上江金属制品工业园区、景宁绿色食品工业园区、松阳绿色食品工业园区 9 个。2002—2010 年，全省 10 个兄弟市在丽水全部有协作项目，签约 2366 项，履约项目 2323 项，开工建设项目 2062 项。

来料加工项目　2007 年，丽水市政府制定《关于发展来料加工业的若干意见》，明确经纪人和重点客户奖励制度、运费补贴、贴息扶持等奖励政策，扶持农村闲散劳动力和妇女就业。2007 年年底，丽水市来料加工业遍及 95%的乡镇（街道）、54%的行政村；培育妇女经纪人 925 人，从事来料加工妇女 10.25 万人，来料加工收入 3.05 亿元，人均增收 3000 多元。后市政府加大来料加工业扶持力度，重点扶持低收入农户从事来料加工，参与低收入人口 9245 人，扶持移民安置区、下山脱贫点、灾后重建地移民妇女 8639 人、下山脱贫妇女 2058 人。

农业综合开发项目　1995 年，丽水地区农业扶贫突出开发水干果、笋竹两用林等。地直机关单位帮扶挂钩乡镇开发笋竹林、水干果、中药材、高山蔬菜等基地 1133.33 公顷。同年，丽水市（县级）新增开发农业基地 1293.33 公顷，改造低产果园 266.67 公顷，温州蜜橘高接换种 66.67 公顷，食用笋 333.33 公顷，蔬菜大棚 2 万个。

1996 年，丽水地直机关单位帮扶挂钩乡镇，发展笋竹两用林基地 733.33 公顷；高山蔬菜 93.33 公顷，大棚蔬菜 1.33 公顷；营造杉木林基地 123.33 公顷，水干果 206.67 公顷，中药材 31.07 公顷。同期，丽水地区制定移民扶贫规划，确定移民特困扶贫户 485 户，投放资金 150 多万元，扶持开发干水果、竹笋两用林 40 公顷，出口毛芋、生姜等经济作物 66.67 公顷。

1997 年底，丽水地区初步形成十大支柱产业，基本上达到人均拥有用材林 0.13 公顷和经济林 0.07 公顷，其中人工用材林 28.53 万公顷，笋竹两用林 4.07 万公顷，水干果 3.5 万公顷，蔬菜 2.8 万公顷，茶叶 1.07 万公顷，蚕桑 0.33 万公顷，中药材 0.59 万公顷，水养殖 0.69 万公顷，袋料香菇 5.9 亿袋，小水电装机 30 万千瓦。

1998 年，丽水地区扶贫注重结合当地资源和传统优势，重视培育本地主导产品。青田县制定扶持干水果、长毛兔、生猪生产以及低产油茶垦复等优惠政策，投入扶持资金 800 多万元，发展干水果 420.87 公顷，高山蔬菜 76.67 公顷，中药材 33.33 公顷，垦复低产油茶 2000 公顷，绿化造林 800 公顷。景宁畲族自治县投入扶持资金 247.9 万元，新增水干果基地 300 公顷，低产改高产基地 546.67 公顷。云和县发展季节差高山蔬菜 213.33 公顷，开发水干果基地 124.47 公顷，新造笋竹林 216.6 公顷，改造笋竹林 1040 公顷，营造玩具用材林 469.87 公顷。

2000 年始，景宁畲族自治县东坑镇桃源村先后发展黄花梨 13.33 多公顷、厚朴 21.87 公顷、板栗 8.8 公顷、高效笋竹林 10 公顷。2005 年，桃源村自来水入户率 100%，程控电话入户率 85%，有线电视入户率 100%，建成停车场 1 个，村民活动中心 1 个，标准公厕 2 座，垃圾池 16 个。还投资 20 万元，拓宽村内水泥路，统一粉刷房屋外墙，专人卫生保洁，景宁畲族自治县东坑镇桃源村先后被评为全国绿化造林千家村、民族团结先进村，市级百强村、生态示范村。

食用菌项目　1995 年，丽水地直单位帮助挂钩乡镇发展袋料香菇、黑木耳等 1290 多万袋（瓶）。

其中，丽水市(县级)发展袋料香菇5000万袋，香菇440万千克；龙泉市普及优质、高产、高效栽培技术，花菇栽培数量从20%提高到60%，椴木灵芝发展到1万立方米，扩大茯苓、黑木耳(包括白背毛木耳)生产规模，食药用菌产值3亿元，利润2亿元。同年10月，龙泉市被评为全国食用菌生产先进县市，被国务院发展研究中心授予“中华灵芝第一乡”称号。

1996年，丽水地直机关单位帮助挂钩乡镇，发展袋料香菇1460万袋，灵芝500立方米，茯苓3000窖；扶持移民特困户发展袋料香菇94.2万袋。1998年，云和县发展袋料香菇5200万袋。1999年，丽水地区袋料香菇生产5.48亿袋，比上年增加8200万袋，其中花菇生产2.66亿袋，季节差高山香菇栽培生产总量近千万袋，经济效益213万元，袋均产值2.5元，比普通菇提高20%左右。

种养业项目　1995年，丽水地区妇联扶持景宁畲族自治县鹤溪镇塔堪村妇代会建立养鳖养蟹基地。1997年，丽水地区致力培育龙头企业，逐步发展“一优两高”①农业，推行市场牵龙头、龙头带基地、基地连农户。同年，丽水地区有一定规模龙头企业200多家，有龙头作用的农村经济实体600多家。1998年，云和县发展水产养殖66.67公顷；青田县发展稻田养鱼5333.33公顷。

特色旅游项目　21世纪初，丽水市扶贫开发重点推动旅游扶贫项目。2005年开始，莲都区开发“古堰画乡”项目，把大港头打造成美术写生基地、创作基地、商品油画生产基地和生态休闲度假中心。2008年，大港头镇建成旅游接待中心，全面修缮江滨路沿街古建筑立面，大港头电影院改建成“古堰画乡”展览厅。2009年，建成古樟广场。

2005年，景宁畲族自治县重点扶贫开发大均乡李宝村。大均乡李宝村自然村9个、128户、488人，其中畲族人口占98.8%。2010年，大均乡李宝村被县列入“美丽乡村 魅力畲寨”建设项目，村庄规划通过县政府审批实施。

21世纪初，庆元县重点扶贫开发举水乡月山村和松源镇大济村。举水乡月山村549户、1678人，村以后山如半月得名，保存古迹有国家级文保单位“如龙桥”、省级文保单位“吴文简祠堂”和县级文保单位“来凤桥”“步蟾桥”“白云桥”等。每年举办由村民自编自导自演春节晚会，2010年年底，历经30届，受到中央电视台、浙江电视台、浙江日报等媒体关注。庆元县挖掘“月山春晚”亮点，打造廊桥旅游，推出百家宴，红烧土猪肉、溪鱼、农家豆腐，旅游带动小山村经济发展。2010年3月10日，庆元县举水乡月山村，入选中华人民共和国住房和城乡建设部、国家旅游局公布第一批105个全国特色旅游名镇(村)。松源镇大济村495户、1601人。北宋景德三年(1007)，吴氏始祖迁此称大济。北宋至明代，大济村有进士26人，古民居32处，扁鹊庙、双门桥、金口街、迎旨门等古迹14处，“双桂坊”“桂花坊”“大理坊”等历代牌坊7座。庆元县扶持松源镇大济村开发历史文化游，让该村名声大振。2000年，大济村被公布为国家级历史文化村和省级历史文化保护区。1995年12月4日，云和县云和镇白洋墩山背村生态村建设通过地区验收，为丽水地区第一个通过验收合格的生态村。

农家乐项目　2006年，丽水市政府编制《丽水市农家乐旅游发展规划纲要》，发挥资源和生态优势，依托景区景点，发展农家乐休闲旅游。同年，丽水市农家乐休闲旅游村、点110个，其中村29个；农家乐经营户347户，评定星级157户，认定省级特色村4个，市级特色村12个，市级农家乐旅游示范点12个。

2007年，丽水市政府制定《关于促进农家乐休闲旅游业发展的若干意见》，安排专项扶持资金，

① “一优两高”指：优质、高产量、高效益。

改善农家乐特色村、点环境设施。同年，丽水市建立农家乐自律组织35个，其中乡级14个，村级21个。同年底，全市发展农家乐休闲旅游村、点132个，其中村30个。农家乐经营户412户，评定星级303户，省级特色村7个，市级特色村18个，特色点9个。

2008年，丽水市根据《丽水市市级农家乐特色村认定办法》《丽水市市级农家乐特色点认定办法》，继续开展农家乐特色村（点）认定和星级户评定工作。4月，率先启动“走进农家乐，感受新农村”主题活动，以“进农家门，吃农家饭，住农家屋、增农家情”为内容。同年底，丽水市发展农家乐休闲旅游村（点）186个、省级特色村（点）11个、市级特色村（点）18个。农家乐经营户（点）590户，其中被评定星级484户，从业人员3309人。

2009年，丽水市开展评选“丽水十大休闲山庄”，组织“游乡村美景、品休闲山庄”——丽水农家乐百团活动。同年底，丽水市被评为省级农家乐特色村（点）7个；市级农家乐特色村（点）21个；三星级户（点）63家、四星级户（点）3家、五星级点1家。

2010年，丽水市相继组织“春暖农家乐”“快乐暑假乡村行动”等活动，开展首届农家乐美食节暨丽水市农家乐百菜谱评选活动，评选出“丽水市农家乐10大名菜”“丽水市农家乐30个招牌菜”“丽水市农家乐60个特色菜”。同年，丽水市农家乐休闲旅游村（点）233个，经营户（点）1008家，从业人员9900人。

“星火计划”项目　20世纪80—90年代，缙云县实施“星火计划”成效最为明显。缙云县先后与20所大专院校和研究所建立科技协作关系，举办各类科技培训班875期，受训6.45万人次。“星火”扩散企业38家，开发新产品80多个，合计新增产值2.23亿元，创税利0.85亿元，出口创汇574万美元。1989年，有项目36个到杭州参加全国星火计划成果、技术展览交易会，其中获金奖5项，获银奖16项。1991年10月，缙云县科委被国家科委评为“七五”期间全国星火计划管理先进集体。1990—1992年，“壶镇小型机械星火技术小区”项目，科技进步和“星火”扩散最好，由县缝纫机厂创制的三线、四线包缝机，获全国星火计划科技成果金奖，产品出口国家和地区20多个，其零部件向外扩散26家。同年，全县发展桑园2600公顷，养蚕村509个。1992年，产蚕茧139.4万千克，产值1220万元；种牧草560公顷，养鹅73万只，产值900万元；菇农6000多户，鲜菇产量2288万千克，产值5500万元。1992年，县缝纫机厂被评为省级星火科技示范企业。“药物保健系列产品开发”项目，研制新产品开发有产妇帽、护腰、护肩、护膝、鞋垫、枕芯、靠垫等产品13个，市场销路好。

1996年，丽水地区农村团组织开展农村“青年星火带头人”活动。举办农村实用技术培训800多期，培养地、县级“青年星火带头人”4000多人，获农村技术员职称600多人，被评为省级青年星火带头人10人，受表彰农村青年星火带头人80人。同年，丽水地区确定创建庆元省级食用菌星火密集区1个；缙（云）丽（水）青（田）铁路沿线星火技术密集带1个；省、地星火示范乡镇25个、星火示范企业25个和星火示范支柱产业10个；安排各级星火项目86个，其中新列入省级星火项目15个，地区级星火项目8个。丽水地区投入无偿引导资金990万元，建立科技示范户300户，举办星火培训160期，受训6000多人次，分发资料6万多册，获得绿色证书420人。2000年，完成“星火百亿工程”缙丽青铁路沿线星火技术密集带任务，建成省、地级星火示范乡镇25个，区域性星火支柱产业项目2项，省级星火项目13项，市级星火项目6项。

2001年10月，丽水市成立市农村青年星火带头人协会，首批协会会员有青年星火带头人、农科专业人员、种养殖、加工和销售大户80人。同年底，丽水市青年星火带头人县级760人，市级80人，省级10人。

科技培训项目　1996年，丽水地区农业、林业、医药等部门，组织科技人员举办花菇栽培、高山蔬菜栽培、药材栽培、山羊饲养等培训班，帮助贫困农民培训脱贫致富实用技术。同年，地区移民办出资近万元，聘请科技人员两人，驻村辅导农民从事香菇和灵芝生产。

1998年，丽水地区组织农技干部下乡6994人次，举办技术培训班3144期，培训基层干部和农民28.64万人次，印发技术资料24.22万份，利用广播、电视等进行农业技术讲座1613次，刊出黑板报、墙报等1686期，召开现场会63次，参加人数7388人次。

1999年，丽水地、县（市）妇联举办实用技术培训1445期，受训妇女6.37万人次；获绿色证书妇女1446人。同年，地区科协在青田县章村乡黄山头村举办果树和蔬菜扶贫班。12月，在缙云县召开丽水地区农村专业技术协会座谈会。同年，丽水地区评定农民技术职称1129人，农民技术人员晋升农民技术职称333人。

2000年，丽水市评定农民技术职称1090人，评出市级农村青年星火带头人77人。同年，市、县科协举办短期专业培训212期，培训18832人；全市团组织举办农业科技培训班313期，培训农村青年33200人次。

2001年，丽水市农村妇女参加实用技术培训11万人，其中农函大女子班81个，学员2700人，获绿色证书妇女1324人，新评选女农民技术员278人。

科技下乡服务项目　2000年，各县（市、区）科协组织科技人员，开展科技下乡活动。丽水市组织科技下乡服务团56支，组织科技人员1000多人，分到乡镇93个，送科技下乡170次，举办科普大集39次，宣传节目100期，实用技术培训325期，放映科教影视片97场，送科普图片（书）15000册，科普挂图50套，科技资料55万份，参加活动农民6万多人次。11月，在青田县石门洞林场召开全市科技扶贫工作座谈会。总结10年来科技扶贫，挂钩科技扶贫村110个，联系科技扶贫户14941户，实施科技扶贫项目105项，促进食用菌、水干果、笋竹两用林、养殖业等特色产业发展。

实用技术推广项目　1993年，丽水地区组织科技人员在科技与经济之间“架桥”，称“金桥工程”。1996年，丽水地区科协实施金桥工程项目29项，其中列入省级9项、列入中国科协金桥工程1项，全年完成19项。龙泉市科协组织实施《椴木灵芝栽培》项目，实现销售收入1.2亿元，税利230万元。庆元县科协组织实施《弱酸艳兰RAWL》ADHH项目，实现税利200多万元。龙泉市、庆元县科协分别获省金桥工程一、二等奖。1999年，丽水地区组织实施省级金桥工程9项，“菇得力技术开发应用”“香菇复合辅料生产及应用”，分别获省二、三等奖。地区科协组织试验推广“利用香菇菌棒再生产草菇”项目试验成功。2000年，丽水市列入省第六批金桥工程重点项目3项。1993—2005年，青田县科协组织科技人员，在全县实施“金桥工程”50多项，增加农民收入3000多万元。1994年，实施油茶低产改造、微水电推广应用、稻萍鱼技术研究、推广发展水果生产、山塘小水库养鱼高产模式推广、瓯江大虾捕捞运输暂养试验、发展高山蔬菜、澎湖股份合作电站建设等项目9个，取得成绩，12月15日，《丽水日报》头版刊登报道。1999年，青田县科协实施“万亩杨梅示范推广”项目。2002年，“万亩杨梅示范推广”项目被评为省“金桥工程”优秀项目三等奖。1997年，云和县创建全国科技工作先进县活动，逐项落实创先标准10条、具体指标27项。2000年4月，云和县通过科技工作先进县验收；9月，中华人民共和国科技部批准云和县为全国科技工作先进县。2000年12月，景宁畲族自治县与浙江大学在杭州举行科技扶贫结对签约仪式，以浙大技术为依托，以景宁山水为基础，在人才培养、技术引进、项目开发等方面进行合作。

20 世纪 90 年代，青田实用技术推广项目较为成功。1991 年始，省科协支持资金 80 多万元，与县科协联合开展科技扶贫工作，以联系章旦乡、仁宫乡、岭根乡、章村乡、鹤城镇、腊口镇为重点，帮助开发红泥、高岭土等自然资源，发展棕李 3 万株，开展稻萍鱼立体农业示范，发展大棚蔬菜、高山蔬菜、高山西瓜和指导贫困户科学养猪、改造竹园、建立杨梅示范村、马铃薯高山留种、西瓜套种玉米、柑橘高接换种、大枝修剪，旱地三熟套种、引进新品种试验等科技项目 50 多个。据不完全统计，2010 年年底，科技扶贫为青田农民增加收入 6000 多万元。2000 年 6 月，县科协"推广实用技术，实施科技扶贫"在浙江省县级科协经验交流会上介绍经验。

稻田养鱼是青田县实用技术转化的重要成果之一。1992 年始，县科协在章旦乡横坑村，开展稻萍鱼改造低产田示范。1993 年，实施稻萍鱼示范 5.53 公顷，经验收平均亩产稻谷 520 千克、鲜鱼 44.5 千克。1994—1995 年，青田县实施稻萍鱼 4 公顷。1996 年，青田县土肥站、青田县科协等单位的"稻田养鱼综合利用"项目，获省政府"星火计划"三等奖。1999 年 5 月 24 日，《科技日报》二版，刊登青田农村大力发展稻田养鱼《种稻养鱼富农家》报道。

杨梅优选优育也是青田县实用技术转化的重要成果之一。1998 年，青田县科协帮助仁宫乡孙前村农民培育杨梅苗，采用东魁杨梅枝条培育杨梅苗 6 万多株。1999 年春，青田县仁宫乡孙前村出售杨梅苗 5 万多株，收入 35 万元。后杨梅苗培育成仁宫乡孙前村新产业，每年培育杨梅苗 30 万株以上。2002 年，青田县仁宫乡孙前村育苗 100 万株，被推广种植到江西等 7 个省 33 个县。

科技兴村也是青田县的一个创新。1999 年 3 月，青田县农业局、青田县科委、青田县科协联合在石帆乡[①]高坟岗村实施"科技兴村"工程。"科技兴村"同"绿证培训""农函大"相结合，给每个农民发农业实用新技术资料，并聘请丽水高级农艺师，每月为村民上柑橘和菜豆管理技术课 1 次。2000 年，"早春四季豆高效技术推广"课题，获县科技进步一等奖。"科技兴村"工程实施两年，增加农民收入 132 万元。2000 年 11 月，县农业局副局长、农艺师厉伯欣，被评为全国"科技兴村"先进个人。

扶贫建校项目　1989 年，丽水地区和各县人民教育基金会成立，筹集资金 150 多万元。1990 年，团中央牵头"希望工程"得到社会各界热心支持。1990 年 3—8 月，中国香港大业织造有限公司董事长沈炳麟捐资建造云和县朱村小学庆同教学楼。5—12 月，沈炳麟再次捐资 38.44 万元，扶建遂昌县后江民族初中和云峰镇中心小学教学楼。

1992 年，丽水地区开始实施"希望工程"，社会各界捐资兴建"希望小学"。1995 年，省政府发动发达地区扶贫建校。同年，省委书记李泽民为青田县腊口镇中学捐资。5 月 24 日，省教委在青田召开扶贫建校工作情况交流会。12 月 25 日，省委副书记、省长万学远到青田县考察扶贫建校工作。同年，景宁、云和、青田、庆元、松阳 5 个县，列入全省扶贫建校项目的初级中学 32 所、扶建项目 65 个，扶建面积 9.37 万平方米；修建校舍 37 处；净增班级 257 个，扩招初中生入学 17850 人；项目总投资 4750 万元，扶建资金 2118 万元，其中省财政拨款 1067 万元，省级机关、发达地区、企业等单位 39 个认捐 1051 万元，县自筹资金 2632 万元。1995 年年底，丽水地区接受社会各界捐款、结对救助款、"希望小学"建设款 462.35 万元，建成希望小学 9 所，其中景宁 3 所，云和、青田、遂昌各 2 所，重返校园失学小学生 10818 人。

---

① 2010 年称腊口镇。

1996年，浙江省政府继续发动全省各类专业市场、宾馆、大型旅游涉外单位和社会筹集资金，开展第二期扶贫建校，丽水地区列入扶贫建校项目25个，总建筑面积3.58万平方米，投资2320万元，争取扶贫建校资金1095.6万元。同年，丽水地区普及九年义务教育从原计划2000年，提前到1997年基本实现。同年底，省级部门帮助青田县扶贫建校11所，竣工投入使用项目16个，其中第二期扶贫建校项目12个，落实资金478万元；帮助云和县扶贫建校55万元，省广播电视厅扶持云和镇中学大楼40万元；地直机关单位帮助挂钩贫困乡镇新建学校3座、修缮校舍44处。

1998年6月，中国澳门地区贺田工业有限公司捐资40万元，资助云和县沙溪乡贵溪小学和景宁畲族自治县金钟乡中心小学教学楼建设。2000年，中国台湾地区陈宜昌捐资建设松阳县玉岩小学教学楼和缙云县双川小学教学楼。

2002年，丽水市落实《浙江省人民政府办公厅关于开展教育对口支援工作的实施意见》，与经济发达地区签订对口援建项目26个，援助资金1815万元。2003年，丽水市对口援建项目9个，援助资金1026万元。1995—2007年，省委办公厅、省政府办公厅及省直单位和经济发达地区单位25个，扶持建设青田县学校19所，其中独立初中13所；建设项目32个；校舍建设面积46837平方米，捐助资金931万元，占总投资3741万元的24.89%。

扶贫助学项目　1996年，浙江大学与云和县贫困学生400多人结对“希望工程”，浙江大学教师在梅源中学设立“浙江大学希望班”，资助贫困学生53人。1996年，地直机关单位向挂钩贫困乡镇学校捐赠书籍9500册、购买课桌凳120套、校服200套、结对捐助失学儿童就学13人，为学校捐送彩电、电脑5台，以及一批教学试验仪器、音响设备。

1999年5月，丽水地区教育系统干部及师生为“三障”①儿童捐献教育基金32万元。2002年，市教育局制定《丽水市贫困学生助学制度实施管理办法》。同年，丽水市募集资金651.9万元，资助贫困大学生1581人、贫困中小学生7325人。2003年5月，市政府办公室发出《关于建立市本级贫困学生助学金制度的通知》，建立贫困学生助学金制度；资助贫困学生入学列入挂钩扶贫内容，由省、市、县联系单位挂钩扶贫，构建“爱心救助网”。同年，丽水市资助贫困学生19380人，资助金额964.19万元。2002—2003年，浙江省经济发达地区学校120多所，向丽水市结对学校赠送图书和教学仪器，价值300多万元。2002年6月2日，湖州市向丽水聋哑学校捐赠50万元，用于学校建设和发展。

2004年，丽水市募集助学资金1856万元，资助贫困中小学生31860人，大学生570人。2005年，丽水市受资助家庭经困难学生50407人，占学生总数16.21%。同年11月25日，莲都区黄村乡九三中心小学举行授牌仪式，全国人大常委会副委员长、九三学社中央主席韩启德题写“莲都区黄村乡九三中心小学”校牌，九三学社省委会捐赠学校电脑22台和一批书籍；扶贫助学结对社员代表13人与小学生27人结为“对子”，捐资助学金1.35万元。同期，杭州茅以升实验学校与黄村乡九三中心小学结为友好学校签约仪式。同月，九三学社省委会副主委朱祖德带队到莲都区仙渡九三中学，两个支社和社员9人结对学生16人，捐款1.6万元、赠书500多册，并走访一名贫困生家庭1户，送助学金1000元。

2006年，丽水市资助贫困生对象扩大到低收入家庭子女。其中上半年，丽水市支出资助金额1489.03万元，受资助学生56029人；下半年丽水市支出资助金额1647.25万元，受资助学生60226

① “三障”指：听障、视障、智障。

人。同年，市教育局落实省政府《关于实施义务教育经费保障机制改革的通知》精神，成立市义务教育经费保障机制改革领导小组，落实到位改革措施，免收学杂费和国家教材课本费、作业本费，全市免收学杂费和国家教材课本费、作业本费6267.77万元，免收资金由中央、省财政全额转移支付拨到学校。2007年上半年，丽水市资助贫困生78801人，资助金额1937.74万元，受助生占在校生比例为24.71%，下半年资助贫困生96663人，资助金额3214.39万元，受助生占在校生比例为29.48%，受助生占在校生比例为30.07%；为农村寄宿制学校学生每周提供营养餐2—3次。

2007年下学期开始，青田县黄垟乡成为全省首个实现免费教育乡镇。2008年，丽水市免收义务教育阶段学生杂费5660.31万元，免收国家教材课本费、作业本费5900.35万元；资助义务教育阶段家庭困难学生27600人，资助金额324.8万元；资助家庭经济困难职业高中学生6534人，资助金额890.17万元。2009年，丽水市建立贫困学生档案库，免收义务教育阶段学生杂费、课本费、作业本费10895万元；资助义务教育阶段家庭困难学生27749人，资助金额309.09万元；筹集资助资金5325.76万元，资助学生48086人，资金2938.01万元；春季开始，免收义务教育阶段农村学生住宿费。2010年，丽水市募集助学资金8566万元，用于教育券享受人数42368人。2010年12月1日，省慈善总会“忠福慈善基金”阳光课堂项目，丽水市中小学校6所获赠课桌椅1800多套。

农村中小学爱心营养餐　1996年，云和县率先推行农村中小学爱心营养餐项目。云和县教育局推广梅源中学“豆腐酿工程”，住校生每人每学期交黄豆5千克，学校每周提供豆腐酿3—5餐。2001年，云和县石塘中学、朱村中学营养餐经费由乡政府出资25%，教育局拨款75%启动。2002年，全县推广石塘中学、朱村中学农村中小学爱心营养餐模式。2004年，农村中小学爱心营养餐工程在全省推广实施。2005年，丽水市受惠爱心营养餐学生6730人，占农村中小学学生总数38.55%。2006年，丽水市实施爱心营养餐学校，上半年实施爱心营养餐学校453所，受惠学生48169人；下半年实施爱心营养餐学校398所，受惠学生55670人。2007年上、下半年，分别支出761.59万元、1050.36万元，受惠学生65102人、75744人。2008年，丽水市实施爱心营养餐提升工程，农村义务教育阶段家庭经济困难寄宿制学生，免费每周获爱心营养餐2—3餐，补助1209.6万元，享受学生60500人。2009年，丽水市提高农村中小学爱心营养餐标准，由每生每年200元提高到350元，受惠学生56937人，补助2087.28万元。2010年，丽水市爱心营养餐受惠学生13万人。同年，市教育局制定《丽水市中小学生营养餐标准菜谱》，在全市推广实施。

文化扶贫项目　2002年5月，在丽水召开全省基层文化建设座谈会，制定2002—2005年基层文化建设目标、任务，尤其欠发达地区的文化馆、图书馆、文化站建设，加快基层文化建设步伐。省委副书记李金明应邀到会，并先后到云和、景宁、庆元、龙泉、青田5个县(市)调研基层文化扶贫工作。2007年，相继开展“绿谷风文化大篷车”送戏下乡和千场文艺演出到镇村、千名文化工作者下基层、万场电影进农村、万册图书送农民等系列活动。同年，丽水市送戏下乡演出1312场次，超额完成年度任务12.1%；送图书下乡20万册次；利用省、市彩票公益金，配置健身体育器材的贫困村和少数民族村304个；实施全民健身工程20个，农民健身工程33个。其中市本级“绿谷风文化大篷车”到农村演出146场次。

乡镇卫生院危房改造　1997年始，丽水地区全面开展乡镇卫生院危房改造工作。1997年，丽水地区修建、新建乡镇卫生院43家，完工28家，在建15家。1997—1999年，丽水地区改造危房项目126个，乡镇卫生院危房面积67900平方米，消除危房面积60571平方米，总投资3380.75万元。1999年

年底，按省卫生厅“一、二类危房率低于1%，三类危房率低于4%”危房标准，丽水地区尚有乡镇卫生院18个、危房面积7329平方米，其中二类危房1597平方米，占危房的0.65%；三类危房5732平方米，占危房率2.18%。2000年2月，经省卫生厅检查验收组评定，丽水市基本消灭乡镇卫生院危房。

建立健全卫生支农项目　1998年，丽水地区加强卫生扶贫，切实解决农民“就医难”。同年，丽水地区购置B超、心电图机等仪器，配置乡镇卫生院29个；赠送医疗设备35套（台），价值9万元；开展巡回医疗192次，下乡医务人员748人次，诊治病人20442人次；培养医疗骨干236人，帮助开展新项目44个。同年，地区制定卫生支农服务制度，规定凡参加晋升高、中级技术职务人员，必须到基层卫生机构工作6—12月；充实乡镇卫生院医疗力量，继续开展农村乡村医生系统化、正规化中等医学教育。同年，丽水地区招录医务人员400多人。同年底，经省卫生厅评审，丽水地区95%乡村医生达到或基本达到中专水平。2010年，丽水市低于标准150%以内农村低收入家庭，全部纳入医疗救助保障范围。

农村改厕改水项目　1998年始，丽水地区开展农村改厕工作，改厕乡镇170个、行政村1100多个、农户17.99万户，占农村总户数27.77%，其中新改厕农户2.95万户，兴建无害化卫生厕所农户2.9万户。1999年，丽水地区农村改水投入建设资金1243万元，其中，国家投资76.5万元，占总数的6.15%；农民集资1094万元，占总数的88%。同年，丽水地区农村改水覆盖人口207.45万人，占农村人口97.29%，其中，受益方便清洁自来水167.64万人，占农村人口78.62%，比上年增长2.48%；完成改厕18.23万户，占农村总户数28.56%，其中无害化厕所4.42万户，占总改厕24.23%；新改建卫生厕所3.58万户，比上年增长21.6%。2000年，丽水市完成改厕农户24.3万户，占农村总户数39.52%，新增改厕农户6.07万户，比上年增长10.56个百分点，其中无害化厕所5.1万户。

易地扶贫

1996年3月，丽水地委、行署开始提出加快“下山”脱贫，鼓励开创扶贫开发小区。2001年以来，国家安排中央财政资金，对部分地区居住在生存环境恶劣、“一方水土养不起一方人”的贫困人口，组织实施易地扶贫搬迁试点。2005年7月，省政府发出《关于进一步加快欠发达乡镇奔小康的若干意见》，目标是2005—2007年，加快“下山”脱贫步伐。2006年4月，根据省长办公会议纪要精神，省财政适时调整扶持政策。截至2007年，省财政重点扶持乌溪江库区以及紧水滩（含石塘）库区内困难群众整体搬迁，支持欠发达地区重点地质灾害隐患点人口搬迁，支持欠发达乡镇整村搬迁211个，其他面上下山移民工作将由当地政府分级负责。2008年3月，丽水市委、市政府发出《关于加快农民异地转移促进农民增收的若干意见》，提出5年实施10万名农民异地转移工程目标。后各县（市、区）相应制定完善农民异地转移促进农民增收的若干政策，加强财政、国土、住建、农办（扶贫）等部门协同配合，整合各相关扶贫或涉农资金，支持异地扶贫搬迁，各部门齐抓共管，合力推进异地扶贫搬迁工程。

整村搬迁　2008年，丽水市政府编制《丽水市农民异地转移规划（2008—2012）》。后各县（市、区）制定当地农民异地转移规划和年度实施计划。农民异地转移规划与土地利用总体规划、县（市）域规划、中心镇总体规划、村庄总体规划等配套衔接。以高山远山地区、库区和地质灾害隐患区为重点，组织实施“千村生态移民工程”“库区困难群众异地脱贫工程”“百村千户避险安居工程”。坚持

“政府主导、农民自愿，科学规划、梯度转移，政策引、部门协作，突出重点、务求实效”的原则；以整村搬迁、集中搬迁为主；与推进城镇建设、工业园区建设、基础设施配套和公共服务体系建设相结合。庆元县推进整村搬迁办度最大、成效最为明显。2008年始，庆元县实施“小县大城”和“小乡（镇）大村”战略，撤并小型村，拆除空心村，扩大中心村，实施中心村建设试点，并在规划整村搬迁和撤并的村庄范围内不再安排宅基地建房及道路、通讯、电视等公共设施建设项目。进行“生态移民”，从恢复生态、保护环境、发展经济出发，制定土地、宅基地整理相关政策，推行农村退宅还耕还林工作，把农村土地盘活利用与生态环境建设结合起来，促进人口、资源、环境和经济社会的协调发展。国土、建设、电力、广电、卫生、公安、教育等部门也在安置户建房审批、子女入学、生产就业等方面制定优惠措施。2010年年底，庆元县完成整村搬迁行政村21个、自然村76个。

2008年始，丽水市按照“移得出，安得下，能致富”要求，安排好农民异地转移安置用地。坚持“依城镇建区，依村设点”原则，优先考虑在人口比较集中、有一定产业支撑的城区和中心镇建设安置小区，也有就近选择一些集聚能力较强的中心村设立部分安置点。将省里根据下山脱贫项目落实情况，匹配的折抵指标额度，戴帽下达到有关县（市、区）。各县（市、区）在城区或中心镇范围内安排一定规模的农民异地转移安置用地，建设相对集中连片的安置小区。安置小区建设用地优先保障，建设工程项目被列入县（市、区）重点工程，争取列入省重点工程。地质灾害紧急避险安置用地，允许先使用，后补批。切实保护耕地，充分利用非农建设用地鼓励开发利用低丘缓坡山地和农村闲置地，做好下山农户原宅基地的退宅还耕（林）工作。

2008年始，丽水市政府不断提高公共财政用于农村的总量和比重，加大对农民异地转移的投入。2008年，市财政在省财政对下山搬迁群众每人补助5600元基础上，对县（市、区）实施整村搬迁分别按人均3000元和1000元标准予以补助。各县（市、区）安排一定配套资金，确保财政给予整村搬迁群众每人不少于1万元补助；安排农民异地转移专项资金、资金总量和增量要明显高于上年，资金补助水平要高于市财政补助水平。拓宽资金渠道，推广城区外农村集体非农建设用地收回国有后，通过市场化出让取得的出让金主要用于新农村建设的做法。云和县整村搬迁按在册户籍人口给予14000元/人；属于紧石库区后靠移民、县城饮用水水源保护区、少数民族或A、B、C类地质灾害隐患点下山转移对象，再给予补助3500元/人。松阳县整村搬迁补助标准，低收入农户集中村[①]整村搬迁集中安置的，整合省、市、县补助资金，给予搬迁农户每人资金补助5600元，安置小区（点）每人基础设施配套建设补助4500元；自主分散安置并与乡镇人民政府（街道办事处）签订协议的，给予搬迁农户每人资金补助10100元；非低收入农户集中村整村搬迁（含集中和分散安置），整合市、县补助资金，给予搬迁农户每人资金补助4500元。经国土部门认定需搬迁的地质灾害隐患点农户，实现整体搬迁的，参照享受低收入农户集中村整村搬迁补助政策。2008—2012年，市财政安排农民异地转移专项资金1亿元以上。

局部搬迁　2008年始，丽水市依据各地异地转移规划，允许农民根据规划要求和自身经济条件，自愿选择安置地。可以选择城镇安置，也可以选择跨县域安置。低收入农户，可以建设小户型安置公寓进行安置。农村低保户，可以建设廉租房或购买农村闲置房进行直接安置。异地转移能力较强的农户，鼓励通过进城购置商品房自行安置。探索建设农民安置公寓、联建公寓式套房等多种安

① 含东坞饮用水源保护区范围的斗米岙村、岱头村、南岱村、潘坑村。

置形式，以节约建设用地。云和县安置采取公寓式下山转移(政府建房以成本价出售)；资金补助式下山转移(在县城规划区内购买住房或购买土地自建房由政府给予资金补助)；小集镇、中心村自建房式下山转移；到县外式下山转移。庆元县主要建设下山脱贫新村，安置东部高山、远山需下山脱贫的农民，新村选址县城洋墩，安排安置户869户、3000多人。庆元县建设灾民安置小区，安置2006年台风“桑美”灾民，建设同德、同济新村，以面积不等户型排屋4种，安置农户2700多户、11000多人；建设低收入农户务工廉租房，廉价出租给家庭有劳动力且愿意到县城工业园区异地就业低收入农户居住，建在县工业园区对面同德新村内，投资428万元；建设低保户无偿居住公寓房，由政府负责建造80套公寓房，主要是安置台风“桑美”受灾的低保户或无能力建房户，产权归低保户所有，无能力建房户享有居住权，补交相关费用后可办理房产证；建设集镇地安置小区。在二、三产业相对较好的淤上乡、安南乡建设蒲潭和安溪安置小区，占地6.47公顷，投资7000多万元，户型设计增加沼气，安置地质灾害避险户343户、2400多人。

2008年始，丽水市支持农民自主创业，以新型农民现代农业专业技能和农民转移就业培训为重点，加强培训基地建设，免费培训异地转移农民和低收入农户。加强农民转移就业指导，重点围绕异地转移农民、农村零转移就业家庭、低收入农户开展就业帮扶、就业援助，力争每个家庭至少有一个劳动力实现转移就业。鼓励发展家庭作坊、手工艺生产，扶持农民自主创业。培育“一村一业”“一村一品”特色村域经济。开发政府公益性岗位，用以安置农民特别是低收入农户转移就业。

庆元县工业园区引进汽摩配、竹木加工等企业，为农民提供就业岗位6000多个，洋墩、同德、同济安置小区农民，实现在家门口就业。建立香菇生产基地供菇农创业发展。在城郊建立集生产、培菌、出菇为一体的“兴业百万袋香菇工厂化生产基地”，免费提供给菇农种菇。利用“浙江省林木良种繁育基地”，设置“下山农民就业示范基地”，安排农民就业。在县城安置小区设立来料加工点6个，引导在家妇女、老人参加来料加工，实现“男人在门口企业打工，妇女在家做来料加工”，从业人员18600人，初步形成布艺、彩灯、串珠、手套等品种为主的来料加工基地。松阳县财政每年安排1500多万元，用于扶持茶叶、食用菌、中药村、高山蔬菜、山茶油、毛竹、花卉苗木等农业产业发展，促进农民持续增收。在下山移民安置点发展来料加工，促进下山搬迁老人和妇女在家门口创业增收。迁出地及时进行宅基地整理复垦，有效改善当地的生态环境。古市镇筱铺小区集中安置新处、谢村、玉岩等山区乡镇异地搬迁农民470户2017人，促进古市中心镇人口、产业集聚。

2008年始，丽水市实行财政补助和小额贷款相结合的局部搬迁政策。云和县零星搬迁补助标准，下山转移对象在县城规划建设用地范围内购房、建房的，按在册户籍人口给予补助5000元/人；下山转移对象在县城规划建设用地范围外购房、建房、县外购房的，按在册户籍人口给予补助3000元/人。属于紧石库区后靠移民、县城饮用水水源保护区或A、B、C类地质灾害隐患点的下山转移对象，再给予补助3500元/人。乡(镇)下山转移小区(点)基础设施建设补助标准，按小区(点)实际吸纳整村搬迁人口给予补助2000元/人。未建立下山转移小区(点)的中心村或规划保留村，按实际新吸纳本行政村以外的整村搬迁人口(以户口迁移为准)给予补助2000元/人，用于该村基础设施建设。

2008年始，景宁畲族自治县对在城区县级小区安置农户给予补助8000元/人；在乡镇(街道)自建安置小区安置农户给予补助12000元/人；自行购置安置小区农户15000元/人；异地搬迁的少数民族群众，增加补助6500元/人。松阳县零星搬迁补助标准，搬迁至安置小区(点)集中安置的，给予搬迁农户每人资金补助3800元，安置小区（点）每人基础设施配套建设补助1800元；自主分散安置并与乡镇人民政府签订协议的，给予搬迁农户每人资金补助5600元。经国土部门认定需搬迁的地质灾害隐患点农户实现零星搬迁的，参照享受非低收入农户集中村零星搬迁补助政策。非低收入农户集中村零星搬迁（含集中和分散安置）给予搬迁农户每人资金补助500元。异地转移农户自愿放弃自建房安置实行公寓房安置的，在原有补助的基础上再给予每人资金奖励5000元。到县城一类、二类规划区和古市镇建城区以外的行政村所在地、乡镇所在地、中心村，购置闲置房办理审批手续后，在原有补助基础上再给予每人资金奖励5000元；公寓房安置面积实行政府优惠价每人40平方米，超出部分实行市场指导价。单户享受政府优惠价面积，不超过所安置公寓房面积。

2008年始，青田县对转移农户特色林业产业（油茶、毛竹改造）贷款，财政给予贴息30%，对低保、困难户全部贴息。金融机构对异地转移农民的小额信贷适当放宽条件，予以政策倾斜和利率优惠。鼓励金融机构开展创业小额贷款、林权抵押贷款、信用担保贷款和农民住房建设专项贷款等多种信贷业务，为农民异地转移、自主创业提供支持。庆元县农信社制定《建房困难户建房贷款优惠办法》，从放贷手续、本金、利息支付等方面实行优惠，每户灾民可贷1.5万—3万元，政府贴息80%，有435户获贴息贷款803万元。

智力扶贫

劳务输出扶贫是丽水山区农民转移就业、增收脱贫致富，开辟的一条扶贫新路。20世纪80年代起，丽水地区呈现出劳务规模不断扩大、劳务收入逐步增长、劳务水平更加提高、劳务品牌逐步显现的良好局面。2000年以来，丽水市劳务输出逐渐形成由市内、省内向省外转变、体力型向技能型转变、一般性劳务经济向创业经济转变的特征，实现输出一批、发展一批、稳定一批、脱贫一批，成为扶贫致富的重要途径。

实用技能培训　2000年，丽水市妇联组织举办各类实用技术培训班1689期，接受实用技术培训妇女10.36万人次，获绿色证书2374人，获农民女技术员757人，基本实现每村有妇女1人获农民技术员、农函大毕业证书、绿色证书目标。

2001年，丽水市共青团组织举办农村实用技术、经营管理、法律法规等知识培训班148期，参加培训26100多人次。结合实施种子苗木工程，按照“引进—示范—推广”方式，推广新品种和农村先进实用技术，开展青年效益农业开发行动。截至2005年，丽水市各级团组织带领创办科技推广项目81个，建立示范基地84个。

2007年，丽水市开展务工农民岗位技能培训2.3万人，2008年，丽水市建立组织管理、舆论导向、农民转移就业工作目标考核监督“三大机制”，做好政策制定宣传、就业信息收集发布、职业指导介绍、技能培训、政策扶持、跟踪维权“6项服务”，帮助解决农民就业岗位16832人，其中异地转移农民解决就业9637人。同年，云和县实现农民培训全覆盖，全县村级新型农民培训学校56所，乡镇农村实用人才培训学校14所，职业技能培训学校5所，农民培训专业网站1个。2008年始，云和县建立农村人才培训开发工作经费保障机制，财政每年投入100万元，各乡、镇财政预算80万元，各职能部门筹集50万元。相继制定创业奖励、异地培训补贴和异地维权服务等政策。先后与浙江大学、省农科院、茶科院、林科院建立合作关系，组织学习培训，并与省农科院产业帮扶专家结对，实现农村技能人才高端突破。2010年年底，丽水市转移就业技能培训31.1万人次。

劳务品牌扶持　2008 年，丽水市异地综合开发劳务品牌“云和师傅”成功注册国家商标，成为全省唯一有国家商标劳务品牌。同年，省委常委、组织部部长蔡奇就《组工情况》第 38 期刊发《云和县以“云和师傅”品牌为抓手，大力培养异地开发创业农村实用人才队伍》作出批示，“各地应像‘云和师傅’这样，在农村实用人才队伍建设方面打出地方品牌”。2010 年底，“云和师傅”250 人，带领该县万余农民到异地实行“组团式”开发，足迹遍布 28 个省、232 个市、县，年实现劳务收入近 3.25 亿元。另有 莲都区“魏村厨师”“遂昌技工”“松阳茶师”等技能劳务品牌。丽水市一批有文化、懂技术、会经营的新型技能农民，示范带动新品种、新技术的应用和推广，促进茶叶、食用菌、水(干)果、高山蔬菜、中药材、畜禽、笋竹、油茶等主导产业发展。

定向就业　20 世纪 90 年代中期开始，丽水地区推动农村富余劳动力定向转移，依托山海协作机制，先后与宁波、嘉兴、温州、绍兴、湖州等经济发达地区建立长期劳务合作关系，建立丽水市山海协作技能培训基地。通过“订单培训，定向就业”新机制，提高培训针对性、实效性和就业率。1995 年，丽水地区向外地输出农村剩余劳动力 8344 人。截至 2006 年，丽水市山海协作工业项目提供就业岗位 8 万多个，占同期工业企业提供就业岗位 60%以上。2007 年，丽水市加强就业服务平台建设，开展“订单式”“菜单式”培训，强化与用工单位就业对接。农民转移就业技能培训 5.9 万人，转移就业技能培训发证率 85.5%。

小康扶贫

概况　2003 年，中共浙江省委、浙江省政府决定，在全省开展“百乡扶贫攻坚”活动，将 2001 年农民人均纯收入低于全国平均水平的乡镇 361 个，实施“欠发达乡镇奔小康工程”(2003—2007)。全市列入乡镇 118 个，总人口 104.67 万人。2003 年 8 月 5—8 日，省委书记习近平到丽水市云和县、龙泉市、庆元县调研欠发达乡镇扶贫开发工作，指示“加快欠发达地区发展，必须把群众放在第一位，切实维护好人民群众的根本利益，是‘三个代表’重要思想的根本出发点和落脚点，也是欠发达地区加快发展的根本目的”。

2006 年 1 月 20 日，浙江省委副书记、省长吕祖善到遂昌县，考察乌溪江库区群众异地脱贫工作。2007 年 4 月 29 日，省委书记赵洪祝在丽水调研扶贫工作时，强调全面建设全省小康社会，发展成果惠及全省人民，特别是欠发达地区人民，惠及各方面的困难群众，共建共享和谐社会。8 月 9—10 日，省委书记赵洪祝到景宁畲族自治县调研，强调要落实科学发展观，加大扶持力度，创新扶持工作，明确重点，推进欠发达地区快速发展。11 月，省委副书记夏宝龙到丽水市调研新农村建设，强调要扎实推进村庄整治，推动全省新农村建设继续走在全国前列。2007 年年底，丽水市基本完成“欠发达乡镇奔小康工程”历史任务。2008 年，中共浙江省委、浙江省人民政府部署全面实施“欠发达乡镇奔小康工程”后，丽水市制定《低收入农户奔小康工程总体规范(2008—2012)》。2010 年年底，丽水市低收入农户家庭人均纯收入 3921 元。

2008 年 2 月 13—14 日，浙江省委副书记、省长吕祖善到遂昌县实地考察乌溪江沿江市辖区及妙高、湖山、金竹等乡镇异地脱贫安置小区，强调要深入实施脱贫致富工程，加快全面小康社会建设。4 月 9 日，省委书记赵洪祝在杭州市专门听取景宁畲族自治县工作汇报。5 月 16 日，制定《中共浙江省委 浙江省人民政府关于扶持景宁畲族自治县加快发展的若干意见》。5 月，省政协副主席、省委统战部长楼阳生，到丽水市调研“建设山上浙江，发展山区经济”工作。6 月，省政协主席周国富，率省政协“建设山上浙江”调研组到丽水市调研，强调要努力使山区成为全省新的经济增长点。

欠发达乡镇奔小康工程　2003年，浙江省启动“欠发达乡镇奔小康工程”后，根据分级负责原则，丽水市列入省重点扶持乡镇74个，帮扶单位89个，其中“百乡扶贫攻坚”乡镇37个，新增乡镇37个，莲都区黄村乡、严鸟乡、丽新畲族乡，龙泉市屏南镇、竹垟畲族乡、兰巨乡，青田县章旦乡、季宅乡、祯埠乡，云和县雾溪畲族乡、黄源乡、赤石乡，庆元县左溪镇、荷地镇、贤良镇、四山乡、张村乡、举水乡、合湖乡、龙溪乡、江根乡、官塘乡，缙云县木栗乡、石笕乡、雁岭乡、白竹乡、前路乡、胡源乡，遂昌县高坪乡、湖山乡、黄沙腰镇，松阳县谢村乡、新处乡，景宁畲族自治县毛垟乡、东坑镇、大均乡、雁溪乡，总人口60.08万人。另有市级欠发达乡镇44个，确定市级帮扶18个，挂钩单位40个，各县(市、区)帮扶26个，总人口44.59万人。

2003年6月3日，丽水市制定《关于认真实施“欠发达乡镇奔小康工程”的通知》。同年，省重点扶持欠发达乡镇74个，争取到省财政扶持资金3179万元，省直对口帮扶单位领导到对口帮扶乡镇178次、1115人次，结对帮扶项目100多个，帮助转移农村劳动力200多人，帮扶到位资金1681万元。市直对口帮扶单位领导到对口联系帮扶乡镇71次、295人次，帮扶到位资金212万元。县(市、区)领导和单位结对帮扶欠发达乡镇44个，结对帮扶贫困户1428户。各县(市、区)财政安排扶贫资金548万元。市、县(市、区)干部职工捐助帮扶资金209万元。同年底，实现下山移民1.9万人，建设下山脱贫小区47个，搬进扶贫新区近10万人；被扶持乡镇农民人均收入比上年增长8.43%，超过全市平均增长5.6%的2.83个百分点，农民人均收入1000元以下贫困人口，从上年28258人下降到23974人，下降15.96%。

2004年，丽水市制定《关于统筹城乡发展，促进农民增收的实施意见》，启动“百万农村劳动力素质培训”工程。同年，丽水市有效转移农村富余劳动力，实现市外劳务输出3.2万人；建设扶贫小区51个，实现异地脱贫2.35万人，改善和解决农村饮水困难9.5万人；利用闲置资产，兴办敬老院43所，农村“五保”人员集中供养率68.6%，农村贫困户纳入最低生活保障2万多人，被征地农民参保4123人。

2005年，浙江省直对口帮扶单位领导到丽水市欠发达乡镇166次、955人，确定帮扶项目112个，帮助转移农村劳动力130多人，到位扶持资金1897万元。市直对口帮扶单位到位扶持资金79.3万元。各县(市、区)干部职工结对帮扶贫困农户3065户，县级财政安排邦扶资金246.9万元，干部职工捐助帮扶资金293.79万元。同年底，丽水市争取到省财政扶贫资金3469.9万元；列入省重点扶持欠发达乡镇74个农业综合开发面积8552.7公顷，其中茶叶新开发508.3公顷，改造382.5公顷；笋竹两用林新开发673.3公顷，改造509.4公顷；水(干)果开发2356.9公顷；中药材开发128.9公顷；高山蔬菜1041.7公顷；烤烟119.6公顷；食用菌生产9678万袋；畜禽养殖72265头、69.88万羽。同年，丽水市首批认定国家级扶贫农业龙头企业1家，省级扶贫农业龙头企业11家，省级扶贫专业合作组织11家。参加“2005年中国首届扶贫项目经贸洽谈会暨国家重点扶持地区资源开发展览会”，参展扶贫农业龙头企业6家。省重点扶持欠发达乡镇74个，农民人均纯收入2772元，比2004年增长10.48%。农民人均纯收入1000元以下贫困人口22176人，下降11.3%，列入农村低保人口14232人，增长0.31%。

2006年，欠发达乡镇118个，农民人均纯收入2971元，比2005年增长7.53%。其中，列入省重点扶持的欠发达乡镇74个农民人均纯收入2978元，增长7.43%。年人均纯收入1500元以下农村贫困人口 7.8 万人，减少 21.85%。其中，1000 元以下 1.8 万人，减少 20.07%。

2006 年 7 月，丽水市开展新农村建设“6 个双百①”活动，市级领导 32 人和部门 64 个挂钩联系行政村 64 个，民营企业 100 多家联系、帮助、扶持行政村 122 个，县级以上文明单位 1055 个结对行政村 723 个、农户 1157 户，侨胞 33 人结对行政村 38 个；副科以上女干部 135 人联系来料加工经纪人和女经纪人 214 人。

2007 年，丽水市按照“乡乡有增收行动、村村有增收计划、户户有增收项目”要求，坚持分类指导，实行帮扶到户、到人，落实具体有效扶持；建立低收入农户档案和扶贫建档立卡管理系统电子数据库，实现低收入农户建档率 100%。同时，按照“有进有出、动态管理”要求，定期逐户跟踪监测。4月，市领导围绕低收入农户增收等问题分到农村蹲点调研。同月，中共丽水市委下发《关于实施低收入农户增收工程，扎实推进社会主义新农村建设的若干意见》，规定市级领导干部挂钩帮扶乡镇、村从 18 个增加到 34 个，全面实施“一户一策一干部”帮扶机制。同年，丽水市干部 31421 人，结对低收入农户 33761 户，结对资助资金 1217.37 万元，帮扶项目 10570 个，项目资金 2031.95 万元。企业、群众团体和社会组织帮扶资金 251.1 万元。实施欠发达乡镇开发农业和产业化扶贫项目 518 个，投入开发资金 1.46 亿元；投入培训资金 2109.89 万元，培训农村劳动力 16.88 万人，农村劳动力转移就业培训发证率 90.4%，培训后转移就业 5.05 万人；等级公路通乡率 100%，通村公路硬化率 81.9%，通村公路路面硬化率 72.2%，20 户以上自然村广播电视“村村通”通村率 76.6%；安全卫生饮用水普及率 58.74%。同年底，丽水市基本完成“欠发达乡镇奔小康工程”历史任务，年人均纯收入低于 1500 元人口，从 2005 年的 18.1 万人减少到 8.5 万人，净减 9.6 万人，加上 4 万低保人口，全市低收入农户脱贫或达到最低生活保障比例 75%；农民年人均收入 4373 元，比上年增加 504 元，增长 13.03%，是 1978 年以来农民人均收入增加最多的一年，其中全市 80.2%的欠发达乡镇农民人均纯收入 4000 元。

低收入农户奔小康工程　据丽水市农办（市扶贫办）统计，2008 年，丽水市农村人均纯收入低于 2500 元农户 153896 户、389877 人，占全市农村人口 18.6%，占全省低收入农户人数 14.8%，绝对数列全省第 4 位。中共丽水市委、丽水市政府执行全面实施低收入农户奔小康工程，成立市扶贫工作暨低收入农户奔小康工程领导小组，召开丽水市结对扶贫工作会议。同年，全省帮扶集团 9 个、帮扶单位 95 个，结对丽水“低收入农户集中村”637 个；市领导 32 人、市级机关、企事业单位 138 个，结对“低收入农户集中村”310 个；各县（市、区）结对“低收入农户集中村”746 个，实现全市低收入农户集中村 1693 个结对帮扶全覆盖；9 个县（市、区）干部职工 27190 人，结对低收入农户 48261 户。同年底，丽水市初步构建农民增收监测体系，各级领导到结对村走访 5646 人次，走访 2.8 万多户，提供帮扶资金 4969 万元，实施帮扶项目 4757 个，带动低收入农户增收 5.7 万多人。据市统计部门对 7086 户年人均纯收入 1500—2500 元低收入农户抽样调查，全市农民人均纯收入 5050 元，比 2007 年增长 15.5%，增幅高于全国和全省平均水平，其中低收入农户人均纯收入 2587 元，其中超过 2500 元占 29.9%。

2009 年，丽水市开展“低收入农户奔小康工程”八大行动。组织调查各县（市、区）范围内所有低

① 6 个双百”：指百名领导干部联百村、百名民营企业扶百村、百家文明单位结百村、百名华侨华人助百村、百名妇女姐妹进百村、百名青年干部下百村。

收入农户奔小康成效和低收入农户集中村基本情况、结对帮扶成效，实现信息动态管理。加快低收入农户集中村特色产业发展，推进产业区域化布局，促进生态农业产业集群化。多举措拓宽低收入农户增收渠道，着力培育农村来料加工特色区块，推进来料加工向下山转移安置小区和低收入农户集中村延伸。落实分层分类救助，全面实施住房、医疗、就业、教育救助和水（电）减免等多方面优惠政策。全面实施扶贫小额信贷制度，努力满足低收入群众扶贫小额贷款需求。同年底，省、市、县三级部门及市、县领导到村走访慰问农户4万多户，落实扶持资金8395万元，资助物资296万元，扶持项目2632个；农民家庭人均现金收入5703元，低收入农户（“低保”户除外）家庭人均年收入3144元，其中超过4000元人口比例22.1%，比上年增长14.17%；来料加工费7.4亿元，培养来料加工从业队伍13.7万人，经纪人1390人。

2010年，丽水市根据《丽水市低收入农户奔小康工程总体规划》目标，细化和分解低收入农户奔小康工程的各项指标，明确相关部门工作职责，形成“部门全面参与、分工协作、合力帮扶”工作格局，发展壮大农业主导产业，加快培育农家乐和来料加工等农村新型产业，继续完善领导和部门联系结对帮扶机制。深入开展“百名侨胞助百村”活动。同年，丽水市各级部门及领导到村走访11226次，走访慰问农户33097户，落实扶持资金8145.17万元，资助物资604.53万元，扶持项目4673个；培养来料加工从业队伍16.1万人，经纪人1622人，新建来料加工专业村102个，来料加工费8.1亿元，其中低收入农户集中村950个，成功培育来料加工点，加工费2.1亿元；华侨26人、侨团3个帮扶结对乡镇、村26个，实施帮扶项目23个，捐赠资金376.8万元，投资金额800万元；农民人均纯收入5703元，其中低收入农户家庭人均纯收入3921元，比上年增长24.7%，除农村低保人口外，低收入农户家庭人均纯收入超过2500元比例79.4%，低收入农户家庭人均纯收入超过4000元占42.4%。

第三节 扶贫资金

1978年后，丽水地区采取多渠道、多形式筹措扶贫开发资金，加快扶贫开发进程。扶贫资金涵盖中央和省级财政扶持资金、补助资金，地方财政配套资金，省财政及部门专项资金，省、市、县部门及企事业单位挂钩帮扶资金，发达市、县、乡镇结对帮扶资金，贴息贷款和金融扶贫资金，省科技特派员项目资金，社会各界、华侨及中国香港、澳门、台湾地区同胞捐赠扶贫资金，村级集体、农民及企业自筹和集资资金等。

财政扶贫资金

农村和农业生产扶持资金　1991—2000年，丽水地区财政预算安排扶持农村和支援农业生产支出36749万元。1996年，丽水市安排项目贴息贷款80多万元。2002年始，丽水市调整预算支出科目，将取消支援农业生产支出科目分别列入农业、林业、水利等科目。2007年始，丽水市按功能分类改革预算支出，农业生产支出科目列入农林水事务科目。扶持农村和农业经济发展资金，除列入一般公共预算支出外，重点安排农村重大工程项目建设。

百乡扶贫攻坚扶持资金　2000年年底，丽水市被列入省重点扶持乡镇37个，争取到省财政政策性扶持项目116个，扶持资金1966.2万元，其中有偿资金380万元，无偿资金1586.2万元。同年，市、县(市、区)财政投入扶贫资金537.7万元。

欠发达乡镇奔小康工程扶持资金　2003年，丽水市列入省重点扶持欠发达乡镇74个，争取到省财政扶持资金3179万元；各县(市、区)财政安排配套资金547.78万元。2005年，省财政扶贫资金3469.9万元；全市财政安排配套资金247万元。2007年，丽水市实施欠发达乡镇开发农业和产业化扶贫项目518个，投入开发资金1.46亿元，培训资金2109.89万元，培训农村劳动力16.88万人。

百村示范千村整治工程专项资金　2003年8月，在丽水市范围内实施"百村示范、千村整治工程"。2004年，市、县两级财政投入专项资金2015万元。2005年，市、县两级财政投入专项资金1.55亿元。2006年，市、县两级财政投入专项资金1.5亿元。截至2006年，丽水市基本完成"百村示范、千村整治"目标，建成示范村139个，环境整治村954个，投入资金12.43亿元。2010年，丽水市制定《中共丽水市委、丽水市人民政府关于丽水市推进"三沿"整治创建美丽乡村行动的实施意见》，投入财政专项资金1.8亿元，完成整治提升沿路、沿江、沿景区村庄380个。

农民异地转移下山脱贫工程扶贫资金　20世纪90年代，丽水地区开始农民异地转移下山脱贫工作。2001年，执行《中共浙江省委、浙江省人民政府关于加快欠发达地区经济社会发展的若干意见》精神，加快下山脱贫和农村劳动力向集镇集聚，农民异地转移下山脱贫，进入政府主导阶段，设立下山脱贫专项资金3000万元。2005年始，省财政对省扶持范围内整村搬迁的异地转移农户按人均3000元给予补助，2008年提高到5600元，异地搬迁对象为地质灾害点、重点库区和高山远山的农民群众。2006年，乌溪江、紧水滩库区困难群众异地脱贫，列入"省长重点工程"，投入资金1.37亿元，安置移民1214户、5101人；农村地质灾害隐患区工程，列入省级帮扶项目，省级财政补助资金119万元，地方财政投入配套资金1050万元。2008年，制定《中共丽水市委、丽水市人民政府关于加快农民异地转移促进农民增收的若干意见》，明确2008—2012年，市财政安排异地转移资金1亿元以上，帮助农民异地转移2万人。2010年底，丽水市投入异地转移资金58.32亿元，其中省财政补助资金4.09亿元，市财政补助资金0.54亿元，各级财政补助人均不少于1万元，各县补助标准不一。2008年，市财政专门安排资金3000万元，用于"整村搬迁"补助和"农民增收6大指标"奖励。市财政对实施整村搬迁的各县(市、区)，分别补助3000元/人和1000元/人。同年，丽水市补助资金2296.6万元；实施农民增收目标的县(市、区)，补助工作经费100万元；对完成农民增收目标工作突出的县(市、区)，补助和奖励工作经费若干。

农业综合开发配套资金　1995年始，丽水市财政预算增设农业综合开发支出类科目。同年，丽水地区农业开发支出778万元。1996年开始，丽水地区启动开垦农荒地项目，列入国家农业综合开发区；1997年后，先后更名改造中低产田项目和土地治理项目。项目实行"国家引导、配套投入、民办公助、滚动开发"机制。1996年，丽水市(县级)、云和县、缙云县、遂昌县、松阳县列入国家农业综合开发项目县。1997年，调整为龙泉市、缙云县、遂昌县、松阳县、景宁畲族自治县。1998年，恢复丽水市(县级)为国家农业综合开发项目县。2001年和2004年，青田县、云和县、庆元县相继被列入省级农业综合开发项目县。2008年，云和县被列入国家农业综合开发项目县。至此，丽水市各县(市、区)全部被列入国家农业综合开发项目县。

1996—2010年，丽水地区实施农业综合开发项目319个，投入资金14.57亿元，其中中央财政资金2.95亿元，省财政资金4.06亿元，市、县两级财政配套1.28亿元，村集体、农民、企业自筹资金

5.22 亿元，其余为银行贷款。市本级实施项目 39 个，投入资金 2.09 亿元，其中，中央财政资金 0.49 亿元，省财政资金 0.44 亿元，市（区）财政配套 0.16 亿元，村集体、农民、企业自筹资金 0.8 亿元，其余银行贷款。1996—2010 年，丽水地区国家级、省级土地治理项目 217 个，完成土地治理面积 8.2 万公顷，总投资 8.55 亿元。其中，中央财政资金 2.29 亿元，省财政资金 3.33 亿元，市、县两级财政配套 1.11 亿元，村集体和农民自筹资金 1.81 亿元。市本级列入国家级、省级土地治理项目 18 个，完成土地治理面积 1.03 万公顷，总投资 0.87 亿元。其中，中央财政资金 0.29 亿元，省财政资金 0.27 亿元，市（区）财政配套 0.11 亿元，村集体和农民自筹资金 0.19 亿元。1997—2010 年，丽水地区列入国家级、省级农业综合开发产业化经营项目 102 个，其中，财政有偿和无偿资金项目、财政补贴（助）项目 81 个，贷款贴息项目 21 个，项目总投资 6.03 亿元。其中，中央财政资金 0.66 亿元，省财政资金 0.73 亿元，市、县两级财政配套 0.17 亿元，企业自筹资金 3.41 亿元，其余为银行贷款。市本级列入国家级、省级产业化经营项目 21 个，其中，财政有偿和无偿资金项目、财政补贴（助）项目 21 个，贷款贴息项目 1 个，总投资 1.22 亿元，其中，中央财政资金 0.19 亿元，省财政资金 0.17 亿元，市（区）财政配套 0.05 亿元，企业自筹资金 0.62 亿元，银行贷款 0.2 亿元。

农业综合开发资金管理　2002 年始，全省农业综合开发用于土地治理项目的财政资金，实行全部无偿投入。2003 年始，产业化项目财政有偿资金，全面推行委托银行贷款。2003 年开始，农业综合开发资金来源包括农民投工投劳、企业自身积累开发资金及经过法定手续筹集的其他资金。10 月，省财政厅对配套资金作出具体规定，土地治理项目以市、县地方财政收入为主要依据，确定各县（市、区）地方财政资金占省以上财政资金配套比例，丽水市辖县确定为 20%。2004 年开始，市、县财政配套资金全部由市、县财政承担，不再要求乡镇财政负担。1997—2010 年，丽水市有偿资金贷款 1.61 亿元，收回 1.04 亿元，核销 0.1 亿元，未收回有偿资金余额 0.47 亿元。专项用于符合农业综合开发贴息项目，一般要求落实银行贷款 500 万元以上，期限 1 年，不超过 2 年，年贴息率 5%。1997—2010 年，丽水市贷款贴息项目 21 个，财政贴息 0.11 亿元，企业向银行贷款 5.69 亿元。

财政投入"三农"资金　2007 年，丽水市各级财政用于"三农"资金投入 39.26 亿元，比上年增长 25.5%。同时，市财政安排专项资金 4400 万元，用于农业产业、来料加工、农家乐休闲旅游、村庄整治搬迁补助和奖励。2008 年，丽水市财政"三农"资金投入 39.26 亿元，比上年增长 25.5%。同时，市财政安排专项资金 4400 万元，用于农业产业、来料加工、农家乐休闲旅游、村庄整治搬迁补助和奖励。2009 年，丽水市财政预算内"三农"资金投入 47.73 亿元，比上年增长 21.55%。其中，市本级预算内"三农"资金投入 7.04 亿元，比上年增长 27.81%。

扶贫信贷资金

2007 年，丽水市金融机构新增助农贷款 10.98 亿元。2009 年，丽水市全面实施扶贫小额信贷制度，金融机构涉农贷款余额 293.8 亿元，比年初增加 89.9 亿元，同比增长 44.17%。2010 年，丽水市金融系统涉农贷款余额 389.57 亿元，比上年增长 31.2%。同年，丽水市行政村 2852 个全部开展农户信用评估工作，信用农户 31.8 万户，取得授信额度 89.2 亿元。1995—2010 年，丽水市农业综合开发项目 319 个，银行贷款 1.06 亿元，其中市本级实施项目 39 个，银行贷款 0.2 亿元。2010 年年底，丽水市发放林权抵押项目 2.51 万笔，银行贷款 16.8 亿元，余额 18.06 亿元。

扶贫捐赠资金

省级挂钩部门及兄弟市捐赠帮扶　1998年，丽水地区争取资金1.2亿元，其中省级挂钩部门帮扶0.11亿元（包括物资折价，下同），宁波、湖州两市对口帮扶0.02亿元。1999年，丽水地区争取省级挂钩扶贫单位帮扶资金0.1亿元，对口挂钩扶贫县（市、区）帮扶资金84万元。2000年，省直挂钩单位53个扶持项目86个，协议扶持资金0.21亿元，到位0.14亿元。2002年，全省兄弟市10个捐赠资金0.26亿元。2004年1月5日，湖州市向丽水市捐赠50万元。2008年，省级科技特派员扶贫立项项目73个，争取项目资助经费0.04亿元。

市（地）县挂钩捐赠帮扶　1995年，丽水地直机关单位向挂钩扶贫乡镇48个捐赠60多万元。1996年，地直机关单位向挂钩扶贫乡镇捐赠120多万元，捐送衣服、棉被、鞋帽等6700多件（套）。1997年，丽水地区机关事业单位干部职工，扶贫帮困捐赠1个月增资金额，筹资资0.06亿元。1998年，地、县（市）挂钩单位和干部职工全力帮扶贫困村、贫困户发展经济。全年地直挂钩单位帮扶0.02亿元，各县（市）直属单位挂钩扶持0.06亿元。2000年，丽水市部门帮扶资金0.09亿元，干部职工捐助0.01亿元。2010年，丽水市各级部门，落实扶持资金0.81亿元，资助物资0.06亿元。

社会各界及民营企业捐赠帮扶　2006，丽水市民营企业结对帮扶资金350万元。2007年，民营企业结对捐助农村公益事业资金0.07亿元，投资新农村发展资金0.13亿元。

华侨结对捐赠帮扶　2007年，丽水市新增华侨结对村53个，捐资新农村建设资金0.16亿元。全年社会各界投入新农村建设帮扶资金0.35亿元。结对资助资金0.12亿元，帮扶项目资金0.2亿元。企业、群团和民间组织帮扶资金0.03亿元。2010年，继续开展“百名侨胞助百村”活动，全年有华侨26人、侨团3个，帮扶结对乡、镇、村26个，实施帮扶项目23个，捐赠资金0.04亿元。

第四节　扶贫成果

1994年，丽水地区农村人均纯收入在500元以下贫困人口45万人。2007年，丽水市“欠发达乡镇奔小康”工程结束，农村人均收入低于1500元以下8.5万人，纳入低保人口4万人。2008—2010年，“低收入农户奔小康”阶段，丽水市结对帮扶全覆盖低收入农户集中村1693个、48261户。2010年底，贫困乡镇经济全面发展，产业结构不断优化，特色优势产业得到发展，贫困乡村生产生活条件明显改善。除农村低保人口外，全年低收入农户家庭人均纯收入3921元，超过2500元比例79.4%。

贫困地区公共服务

基础设施建设　1995年12月12日，丽水人民广播电台调频立体声节目以调频94兆赫、发射功率1000瓦覆盖丽水地区。1995年12月28日，景宁畲族自治县丁（埠头）大（地）公路通车，实现全省8个贫困县乡乡通公路目标。2003—2005年，丽水市通乡镇公路等级化、路面硬化，新建乡镇等级公路6条，总长198.5千米；改造通乡镇公路路面94条，总长1513千米。2007年，丽水市基本解决“出行难”，等级公路通乡率100%，完成农村公路建设2198.4千米，等级公路通村率84.6%，客运班车通村率73.1%。1997年，丽水地区3661个行政村实现村村通电。至2006年，丽水市组织实施扶贫上电工程，农村用户 72.57 万户中最后未通电 759 户，全面完成“户户通电”。2007 年，20 户以上自然村广播电视“村村通”通村率 76.6%。2010 年，丽水市农村人口 198.77 万人，改水受益人口 190.58 万人，其中自来水受益人口 174.53 万人，农村安全卫生饮用水普及率 58.74%。同时，完成万里清水河道 151.7 千米。2010 年，丽水市乡镇连锁超市覆盖率 100%，村级连锁便利店覆盖率 13.82%。

农村义务教育　2005 年，丽水市 9 个县(市、区)全部通过省“两高普九”验收。至 2010 年，丽水市基本理顺县乡教育管理职责，农村实行“由县为主”教育管理体制，明确县级政府对义务教育保障责任，确保农村义务教育正常经费支出需要，实施农村义务教育阶段贫困家庭学生“两免一补”[①]政策。2010 年年底，丽水市乡镇中心幼儿园 143 所，建园率 79.9%；民办幼儿园 628 所，在园幼儿 85503 人，学前幼儿入园率 94.16%。小学 264 所，在校学生 156308 人，义务教育阶段小学入学率 99.99%，巩固率 100%。组建中小学教育集团、教育联盟 74 个，涉及学校 282 所，农村学生 14 万人；低收入流动人口子女，可自愿选择去民办学校或到政府指定的重点接收流动人口子女的公办学校就读，通过“希望工程”“献爱心”等方式，资助家庭困难学生完成义务教育阶段学习任务，逐步解决城区教育资源紧缺和农村教育资源薄弱问题。丽水市调整高中规划，由 2001 年的 33 所减为 23 所，在校学生 75893 人，初中毕业生升入高中比例 95.37%。全市有效解决“入学难”问题。

农村文化体育　2010 年年底，丽水市乡镇均设立文化站、乡村图书室，行政村大多建立文化示范户、文化礼堂及健身广场，建有篮球、排球、门球、乒乓球、棋牌室等活动场所，农村居民普遍开展传统文化和自编自演娱乐活动。丽水市开展“百村千户文化示范工程”结对共建文明单位 1055 个，建结对行政村 723 个、农户 1157 户。送图书下乡 45000 册、电影下乡 11080 场次、下乡演出 1025 场次，到基层开展文化辅导服务活动 3000 多人。各县(市、区)也开展各种形式的群众文化活动，莲都区社区文化艺术节、龙泉市龙舟旅游节、云和县乡村文化艺术月、庆元县农村文艺会演等活动。

农村医疗卫生　至 2010 年，丽水市实施村级卫生室“补网工程”，设立巡回医疗点形式，实现基层医疗卫生服务全覆盖；参加新农村合作医疗 186 万人，参合率 93.4%；乡镇卫生院 263 家，村卫生室 882 家；新农合定点医疗机构 399 家，有病能及时就医，基本解决农村“看病难”问题。

贫困地区居民收入

1980 年，丽水地区农村居民人均纯收入仅 194 元。1994 年年底，初始扶贫阶段结束时，丽水地区农村居民人均纯收入 1389 元。2000 年，扶贫攻坚阶段结束时，丽水市农村居民人均纯收入 2590 元。2002 年，百乡扶贫阶段结束时，丽水市农村居民人均纯收入 2920 元。2007 年，欠发达乡镇奔小康阶段结束时，丽水市农村居民人均纯收入 4373 元。2010 年年底，低收入农户奔小康阶段结束时，丽水市农村居民人均纯收入 6537 元。

贫困户、低收入农户所在乡镇人均纯收入，在扶贫、奔小康阶段与其他乡镇比要低 500—1000 元。2008 年，县域低收入农户人数较多的青田、龙泉、松阳、庆元，分别为 60582 人、60415 人、56576 人、55165 人，占全市低收入农户总数 59.7%。低收入农户占全县农村人口比例比重较高的庆元、松阳、龙泉，分别为 33.4%、27.6%、25.5%。较低的缙云县和莲都区，也分别为 10.6%和 11.2%。贫困户、

① “两免一补”：免课本费、杂费，补助寄宿生生活费。

低收入农户集中村，主要在高山、远山区，普遍比平原丘陵多，庆元县东部山区乡镇11个，低收入农户占常住农户42%，县城西部低海拔乡镇(街道)8个，低收入农户占常住农户20.1%。遂昌县低收入农户集中村114个，远离县城的山区乡镇黄沙腰镇、西畈乡就各占17个。松阳县三都、四都、枫坪、新处等山区乡低收入农户集中村，均占10个以上。云和县低收入农户60%，生活在高山区和库区。居住分散，远离集镇，交通不便、资源匮乏、生产生活环境恶劣，造成低收入农户集中连片；丽水市低收入农户中，单纯靠种植业为收入来源有279501人，占低收入人口总数71.7%。松阳县低收入人口从事农业41607人，占全县低收入人口73.5%。云和县低收入农户18497人，从事农业13258人，占71.7%。山区田地瘠薄，抵御自然灾害能力弱，靠天吃饭，产量低收益少成本高。形成“低收入—低投入—低产出—低收入”恶性循环。农户习惯于“日出而作，日落而息”的小农经济生活，商品意识淡薄，种养的粮食、果蔬及畜禽，均以日常生活和自家消费为主，极少出售，形成现金收入极少。丽水市低收入农户文化程度低，知识技能缺乏，18岁以上人员中，文盲、半文盲占29.5%，小学文化程度占40.3%，初中文化程度占25.9%，高中文化程度仅占4.7%。景宁畲族自治县低收入人数中，文盲、半文盲和小学文化程度占72%。松阳县低收入农户文盲、半文盲有16588人，占低收入人数的29.3%，小学文化程度22375人，占39.5%。低收入人群缺乏向其他非农领域转移的知识和技能，外出打工只能从事廉价的体力活，经济收入较低，陷入“贫困—受教育程度低—知识技能少—致富能力弱—贫困”的窘境。丽水市因病致贫38973户，占低收入农户总数25.3%，其中患重病49832人，占12.8%。景宁畲族自治县因病因残致贫农户占全县低收入农户39.26%。云和县低收入农户6376户，因病因残导致贫困有2239户，占低收入农户总数35.12%。因病负债、因残丧失劳动力又返贫。全市占低收入农户中部分为孤寡老人、年老体弱丧失劳动能力者，遂昌县占低收入农户中，此类就占70%。云和县低收入农户中60岁以上老人占28%。丽水市因缺少劳动力致贫农户34252户，占低收入农户总数22.3%，松阳县低收入农户中缺少劳动力致贫农户4728户，占低收入农户总数20.74%，景宁畲族自治县缺少劳动力致贫农户1826户，占低收入农户总数16.72%。因而低收入农户增收、脱贫难度增大，有些上年刚脱贫，下一年或下轮又被列为“贫困”、低收入农户，与所在低收入农户集中乡镇人均纯收入相差3000元左右。

贫困地区居住水平

1980年，丽水地区农村居民人均住房面积狭小，只有10.5平方米。1994年年底，初始扶贫阶段结束时，丽水地区农村居民人均住房面积27.5平方米。2000年，扶贫攻坚阶段结束时，丽水市农村居民人均住房面积34.2平方米。2002年，百乡扶贫阶段，丽水市农村居民人均住房面积38.4平方米。2007年，欠发达乡镇奔小康阶段结束时，丽水市农村居民人均住房面积44.7平方米。2010年底，低收入农户奔小康阶段结束时，丽水市农村居民人均住房面积48平方米。贫困地区低收入农户居住旧房的多，新房的少，全市98%低收入农户有住房，户均建筑面积80平方米左右，无房户为5000多户。住房结构为钢筋混凝土的仅占5%，砖木、砖混比例50.2%。住房建于20世纪90年代以前的78.8%，建于90年代以后的21.2%，其中2000年以后兴建的占11.8%。偏远山区乡镇，由于青、壮年外出创业，中年劳动力举家外出打工，农村只有老人留守，房屋年久失修。2000年以来，偏远山区农村少有建新房申请，存在连片破落旧房、少见人烟，有户籍人口户籍在人不在的现象普遍，影响偏远山区乡镇低收入农户居住水平改善提高。

第二十二篇

中国共产党地方组织

1 党员与党代会代表

2 党代表大会与市委全会

3 组织机构

4 重大决策

5 组织工作

6 宣传工作

7 统一战线工作

8 政策研究

9 党史编研

10 党校工作

11 老干部工作

12 信访工作

13 保密工作

14 机关党务

概　述

中国共产党在丽水的活动，始于第一次国内革命战争时期。民国15年(1926)12月，遂昌籍共产党员唐公宪受中共杭州地委委派，回原籍发展党员。民国16年1月，丽水第一个党组织——中共遂昌支部成立。2月，中共塘岭头支部(也称中共龙游支部)成立。民国16年3月，国民革命军挥师北伐，从福建进入浙江，东路军进驻丽水。同月，共产党员张新锦以处州政治监察员的身份，到丽水城关活动，发展党员，同时发动群众，建立丽水县工会、县妇女会和丽水县农民协会。

民国16年(1927)4月，蒋介石发动"四•一二"反革命政变。同年6月，中共浙江省委建立，不久即派人到青田、缙云、宣平等县建立党的特别支部和县委。民国16年至26年土地革命时期，中国共产党组织农民暴动，以武装斗争反抗国民党反动统治。后遭失败，党组织也遭到破坏。民国24年，中国工农红军挺进师在浙西南开展游击战争，建立革命根据地，发展党组织。民国28年4月11日至13日，在龙泉县住龙乡叶岭头村，召开中国共产党浙江省处属特委首次代表会议。抗日战争时期，国共两党第二次合作，并共同抗日，也使共产党组织有新的发展。

解放战争时期，丽水游击武装队伍发展壮大，配合中国人民解放军解放丽水。1949年7月22日，中共浙江省第七地方委员会建立(简称"七地委")，隶属于中共浙江省委，辖丽水(县级)、龙泉、云和、庆元、缙云、松阳、景宁、宣平8个县委。青田、遂昌县委分别隶属温州地委和衢州地委。1949年9月25日至10月10日，召开中共浙江省第七地委第一次代表会议。10月1日，中华人民共和国成立，丽水发展进入新时期。11月27日，"七地委"改为中共浙江省丽水地方委员会。1952年1月19日，中共浙江省丽水地方委员会撤销，各县党组织分别并入温州、金华、衢州专区。5月20日，省委建立中共丽水临时工作委员会，代表温州地委管理丽水(县级)、龙泉、云和、庆元、景宁5个县工作。11月14日，撤销中共丽水临时工作委员会，中共丽水县委改中共丽水中心县委，在温州地委领导下，指导龙泉、云和、庆元、景宁4个县工作。1963年5月9日，恢复丽水专区。

中华人民共和国成立后成为执政党的中国共产党，历经新生人民政权的巩固、恢复国民经济、实行社会主义改造、计划经济、社会主义市场经济等时期。1966年5月16日开始的"文化大革命"冲击国民经济体系，社会生产力遭受破坏。1978年后，丽水地委全面贯彻执行中共十一届三中全会确定的路线、方针、政策，进行拨乱反正，把工作重点转移到以经济建设为中心的现代化建设上来，实行改革开放，使丽水经济发展和人民生活水平得到较快提高。2000年5月，丽水撤地设市，中共丽水市委成立。10月15—19日，中共丽水市第一次党代会召开，丽水市党的工作和经济社会发展进入新时期。2003年，中共丽水市委提出"生态立市、工业强市、绿色兴市"的"三市并举"发展战略，"工业强市"成为丽水市经济发展的主旋律。同时，丽水市高度重视生态建设、"平安丽水"建设，把生态建设和平安建设作为大事来抓。2005年10月，丽水市被正式授予"国家级生态示范区"荣誉称号。2006年7月，浙江省委书记习近平到丽水考察，提出"绿水青山就是金山银山，对丽水来说尤为如此"的科学论断，丽水生态建设和绿谷文化建设成为丽水市的重要工作。

2010年，中共丽水市委出台《丽水市进一步推动绿谷文化大发展大繁荣纲要》，促进丽水文化事业迅速发展和软实力显著增强。丽水逐步形成生态与经济、生态与社会相适应的发展格局，极大促进丽水经济、社会、文化的科学发展，人民群众分享到更多生态、经济、文化的实惠。

第一章　党员与党代会代表

1919年的“五四”运动，是中国人民彻底反对帝国主义、封建主义的爱国运动，它唤起丽水人民的觉醒，一些知识青年积极寻求革命真理。民国13—16年（1924—1927）大革命时期，龙泉的季步高、李逸民，缙云的蔡鸿猷，遂昌的唐公宪，青田的章秋阳、麻植等先后在上海、杭州、广州等地加入中国共产党，成为最早的一批丽水籍中共党员。唐公宪受中共组织的派遣，到丽水播撒革命火种。从遂昌建立丽水第一个中共地方组织开始，星星之火开始燎原丽水大地。从此，党领导的人民革命斗争在丽水蓬勃开展，党员队伍不断壮大。丽水中共党员从1927年的55人，发展到1949年中华人民共和国成立时的12219人。随着形势的发展和政权的巩固，党员发展更快，人数更多。2009年，丽水市新发展党员4778人，至2010年，丽水市有正式党员146072人。

第一节　党　　员

革命战争时期

民国16年（1927）1月，丽水建立第一个党组织——中共遂昌支部，该支部有党员4人，隶属中共杭州地委。2月，中共塘岭头支部（也称中共龙游支部）成立，有党员15人，同样隶属中共杭州地委。民国16年8月至26年7月，土地革命战争期间，蒋介石于民国16年（1927）4月在上海发动反革命政变，但丽水的中共组织与全国各地共产党组织一样，没有被摧垮。民国24年（1935）3月，中国工农红军挺进师进入浙江开展游击战争。民国26年（1937）10月，尚有龙（泉）浦（城）县委、龙（泉）遂（昌）县委、江（山）浦（城）县委和宣（平）遂（昌）汤（溪）工委及浙东南特委所属党组织，有党员1219人。抗日战争时期，国共合作，丽水地区抗日救亡运动蓬勃开展，党的力量得到迅速加强和壮大。解放战争时期，丽水地区党组织重新开展武装斗争，并逐步实现农村包围城镇，至1949年5月配合南下大军解放丽水全境时，有县委（工委）5个，党员1.22万人。

1927—1949年丽水中共党员数一览

表22-1-1-1　　单位：人

年　份	党员人数	年　份	党员人数	年　份	党员人数
1927	55	1928	692	1929	377

续表 22-1-1-1

年　份	党员人数	年　份	党员人数	年　份	党员人数
1930	317	1937	1219	1944	4548
1931	37	1938	2474	1945	6941
1932	35	1939	4466	1946	5915
1933	43	1940	4888	1947	6826
1934	73	1941	3509	1948	9692
1935	553	1942	3484	1949	12219
1936	677	1943	3725	—	—

社会主义建设时期

1949 年 10 月中华人民共和国成立，到 1951 年底，丽水专区发展中共党员 1302 人。1953 年，各县贯彻积极慎重方针，结合粮食统购统销和农业合作化运动发展党员。至 1957 年年底，各县发展中共党员 10982 人。1958 年起，各县结合"整风整社运动"①发展党员，要求每个生产大队建立党支部，至 1962 年年底，发展党员 15331 人。

1963 年 3 月 30 日，中央批准复建中共丽水地委，领导丽水、龙泉（含庆元）、青田、云和（含景宁）、缙云、遂昌（含松阳）6 个县委。同年，各县总计党员 32164 人。1965 年年底，丽水专区有党员 33072 人。1970 年下半年至 1971 年年底，丽水地委开展整党建党工作，参加整党党员 37720 人，其中恢复党员党籍 34140 人，占 90.5%；暂挂党员 2827 人，占 7.5%；开除党籍 126 人，占 0.3%；取消预备党员资格 112 人，占 0.29%；吸收党员 1116 人。1974 年，丽水地委突击发展党员 1423 人。1975 年 7 月，丽水地委贯彻执行中共中央转发浙江省委《关于正确处理突击发展，突击提拔干部的请示报告》，对基本具备党员条件的 680 人确认为中共党员，对不符合党员基本条件的 579 人予以除名，有严重问题的 164 人清除出党。

1978 年，中共十一届三中全会后，丽水地委本着实事求是、有错必纠的原则，妥善处理地下党历史遗留问题，有干部 538 人恢复党籍和更正党龄。1976—1981 年，丽水地区发展党员 8640 人，其中知识分子 764 人。1983—1985 年，丽水地区有党员 59048 人，发展新党员 11734 人。评选先进党支部 1538 个，优秀党员 4011 人，其中受浙江省委和丽水地委表彰先进党支部 52 个，优秀党员 106 人。1999 年，全市有党员 118651 人。2000 年，全市发展新党员 3766 人，其中妇女党员 958 人、生产一线党员 1675 人。2001 年，全市发展新党员 3051 人，其中妇女党员 848 人、生产一线党员 1510 人。2002 年，全市新发展党员 3406 人，其中妇女党员 899 人。2003 年，全市新发展党员 3638 人，其中妇女党员 1004 人。2004 年，全市新发展党员 4140 人，其中妇女党员 1259 人。2005 年，全市新发展党员

① 整风整社运动：1958—1960 年，全国范围内掀起"大跃进"和人民公社化热潮。由于当时生产关系的调整严重脱离生产力的发展水平，再加上地方干部执行中央政策的方法简单粗暴，引发全国范围的"五风"泛滥（"共产风"、命令风、瞎指挥风、浮夸风和干部特殊化风），给广大农村地区的生产生活带来严重破坏。为从根本上解决"五风"泛滥问题，中共中央于 1960 年 11 月 3 日发出《中共中央关于农村人民公社当前政策问题的紧急指示信》（简称"十二条"），强调"放手发动群众，普遍展开一个整风整社的群众运动"。自此，全国范围内开展一场旨在纠正"五风"泛滥的整风整社运动。整风整社运动主要整顿人民公社组织、整顿党的组织、整顿干部队伍。

3680 人，其中妇女党员 1313 人。2006 年，全市新发展党员 4016 人，其中妇女党员 1404 人。2007 年，全市有党员 140123 人，新发展党员 4590 人，其中妇女党员 1776 人、预备党员转正 3527 人。2008 年，全市新发展党员 3919 人，其中妇女党员 1548 人。2009 年，全市新发展党员 4778 人，其中妇女党员 1670 人。2010 年，丽水市有正式党员 152320 人，女党员 32581 人，少数民族党员 4833 人。丽水市乡镇有党员 101063 人，其中行政村党员 80260 人。

1950—2010 年丽水市中共党员数一览

表 22-1-1-2　　单位：人

年　份	党员人数	年　份	党员人数	年　份	党员人数
1950	5729	1981	59048	1997	113748
1951	5726	1982	60759	1998	115636
1952	5305	1983	62261	1999	118651
1963	32164	1984	65164	2000	—
1964	32492	1985	74081	2001	—
1965	33072	1986	79375	2002	126584
1971	39241	1987	82835	2003	129253
1972	40313	1988	84572	2004	132046
1973	42502	1989	85185	2005	133138
1974	43939	1990	86601	2006	136168
1975	45080	1991	89038	2007	140123
1976	46747	1992	91883	2008	143627
1977	47621	1993	94753	2009	147669
1978	49745	1994	99633	2010	152320
1979	53403	1995	104825		
1980	56785	1996	109519		

说明：1. 1952 年 1 月至 1963 年 5 月为丽水专区撤销期间；2. 1966—1970 年为“文化大革命”期间，无统计资料

第二节　党代会代表

地委代表会议代表

1971 年 12 月 18—22 日，中国共产党丽水地区第一次代表大会召开。出席代表 522 人，列席代表 71 人。大会选举产生中共丽水地区第一届委员会，委员会委员 40 人，候补委员 3 人。

市党代会代表

中国共产党丽水市第一次代表大会　2000 年 5 月 20 日，国务院批准丽水撤地设市建区。2000 年 10 月 15—19 日，中国共产党丽水市第一次代表大会在丽水召开。出席正式代表 349 人。代表 349

人中，各级领导干部243人，占69.63%；离退休老干部4人，占1.15%；工业、农业、财贸、政法、科技、文化、教育、卫生等一线党员98人，占28.08%；解放军和武警部队官兵4人，占1.15%；妇女60人，占17.19%；少数民族21人，占6.02%。大专以上文化程度284人，占81.3%；中学（含中专）文化程度62人，占17.76%；小学文化程度3人，占0.86%。代表中解放战争时期入党的2人，占0.57%；中华人民共和国成立后至“文化大革命”前入党的5人，占1.43%；“文化大革命”期间入党的48人，占13.75%；粉碎江青反革命集团后入党的294人，占84.25%。50岁以下（含50岁）的代表293人，占83.95%。

中国共产党丽水市第二次代表大会　2005年10月29日至11月2日，中国共产党丽水市第二次代表大会在丽水召开。出席代表348人。选出的代表348人具有广泛的代表性，代表中各级领导干部243人，占69.8%；各条战线专业技术人员和先进模范人物98人，占28.2%；解放军和武警部队7人，占2%。妇女62人，占17.8%。少数民族20人，占5.7%。大专以上文化程度316人，占90.8%。年龄在50岁以下（含50岁）的286人，占82.2%。

省党代会代表

民国28年（1939）7月21—30日，中共浙江省第一次代表大会在平阳县凤卧乡召开，处属地区出席大会代表3人，分别是张麒麟、傅振军、周源。

1956年7月1—30日，中共浙江省第二次代表大会在杭州召开，出席大会代表832人。原丽水专区各县代表62人，其中，丽水县10人，张介青、高乘骢、吕宝峰、周锡宪、高秉祥、叶德荣、封大佑、李维耀、尤细客、张二宝。龙泉县5人，李赞忱、马存孝、季秉钧、吴令根、李长庆。青田县11人，孙吉瑞、杨培进、潘昌明、傅乾坤、詹竹林、季丛芬、邹荣波、孙宝经、孙钱星、汤翠妹（女）、王斌。庆元县5人，赵长辉、陈孟、高怀举、张允官、刘玉峻。云和县4人，宋康民、李瑛、刘盛杰、蒋元本。缙云县12人，崔于贤、王明东、董士祥、王均盛、李生德、余风滋、赵鸣钟、唐友清、潜彪、何天明、李继周、来成珍。遂昌县7人，王荫檀、范勋泰、韩桂亭、郑天喜、雷贤福、泰贞友、徐晋灼。松阳县4人，李之臣、邢汝昌、孙连绪、吴毓惠。景宁县4人，梁如志、李久青、王继武、国宗文。

1959年12月30日至1960年1月9日，中共浙江省第三次代表大会在杭州召开，出席大会代表492人。原丽水专区各县代表①中，丽水县5人，隋荣庆、高乘骢、周锡宪、邢业勇、叶德荣。龙泉县4人，何志民、王心献、王经文、杨秉英。青田县7人，王斌、孙吉瑞、吴思祥、贺洪元、杨绍康、潘昌明、刘显辉。缙云县5人，沈芸、王明东、霍在宝、崔于贤、岳德三。景宁县3人，高长荣、蔡康镒、潘明龙。

1963年4月11—17日，中共浙江省第四次代表大会在杭州召开，出席大会代表435人。丽水各县代表②中，丽水县3人，梁如志、王继武、郑炳湘。龙泉县4人，何志民、杨秉英、侯振标、卢德胜。青田县5人，王斌、巩兴惠、吴思祥、周一萍、袁长庆。云和县4人，李长庆、李久青、蔡康镒、刘金兰（女）。遂昌县4人，刘敬宗、孙怀远、唐蓬仙、鲍从礼。

1971年1月20—28日，中共浙江省第五次代表大会在杭州召开，出席大会代表1180人。丽水

---

① 1.云和县1958年7月并入丽水县，故没有云和县名义代表。2.松阳县1958年11月撤销建制并入遂昌县，故没有松阳县名义代表。3.庆元县1958年9月撤销建制并入龙泉县，故没有庆元县名义代表。4.遂昌县缺资料。

② 1.景宁县1960年1月撤销建制，并入丽水县，故没有景宁县名义代表。2.庆元县因并入龙泉县，故没有庆元县名义代表。3.松阳县因并入遂昌县，故没有松阳县名义代表。4.缙云县缺资料。

各县代表[①]中，丽水县7人，解广恩、崔方功、颜贻欢、徐连娋（女）、李惠富、应书法、蓝宝兴。青田县7人，贺方隆、杨德良、黄光中、雷插青、程宗波、金醉仙 、黄春兰（女）。

1978年5月25日，中共浙江省第六次代表大会在杭州召开，出席大会代表867人。其中丽水地区代表43人，分别为刘俊芝、梁如志、纪中一、翟作标、邵宗仁、王昭胜、毛留荣、应益强、侯振标、王明东、霍在宝、雷新荣、毛沛雨、张孔修、蒋月莺（女）、朱锡仁、詹南花（女）、雷桂梅（女）、蓝宝兴、应书法、郑华弟、徐柳树、雷招凤（女）、刘义锦、童常水、钟兰友、洪春丹（女）、陈再新、叶焕林、朱显凤（女）、蔡格顺、李惠富、徐连娋（女）、叶跃其、黄光中、潘宗长、陈秀芳（女）、李金奎、柳运兴、黄德胡、林日香（女）、李云奎、叶祖通。

1983年11月26日至12月1日，中共浙江省第七次代表大会在杭州召开，出席大会代表680人，其中丽水地区出席大会代表52人。分别为张林耕、纪中一、陈锦耀、徐嘉木、杨庆生（女）、吕建富、霍在宝、徐仁俊、夏金星、詹鸿鹏、蓝玉莲（女）、王志溪、张福新、李鹤鸣、李美华（女）、金醉仙、王勋、蓝火玉（女）、傅济才、唐德贵、王昭胜、陈丽红（女）、季永波、陶文荣、廖文求、毛留荣、刘玉峻、徐培金、吴道金、王鸣钟、李继绪、施元生、丁析芳、李章娟（女）、梁青山、项松文、沈荣富、黄凤芽（女）、林彬、夏林章、郑葱球（女）、蓝砿生、陈林标、马显武、贾荣芳、周谊纲、林仁存、季世松、谢华友、叶茂亨、孙章禄、吴植椽。

1988年12月21—27日，中共浙江省第八次代表大会在杭州召开，出席大会代表670人，其中丽水地区出席大会代表39人，分别为丁华政、马耕、王宇（女）、王秀琴（女）、王钟麓、王家扬、吕子春、吕爱兰（女）、朱俏红（女）、许绍朴（女）、李林访、李跃松、杨大平、吴日照、吴世海、吴克甸、张林耕、张福新、邵恺、范修其、林彬、林华刚、季清芳（女）、周发斌、周国达、姜人敬、贾荣芳、夏金星、徐兵、徐松林、徐培金、徐嘉木、黄显达、符香环（女）、梁鸿铭、舒里红（女）、谢力群、雷文先、蓝国相。

1993年12月19—24日，中共浙江省第九次代表大会在杭州召开，出席大会代表683人，其中丽水地区代表40人，分别为王咸波、王稼俊、龙安定、卢淳良、叶水法、叶仙亚、 田理富、刘开明、刘建新、许涛、孙月芬（女）、余凤花（女）、汪帆、张成祖、张春法、陈川、陈金、陈士达、陈铁雄、武昌、林健东、竺伟亚、单天成、柯焕然、赵仲光、钟小毛、钟琳花（女）、施基城、夏广廉、夏家生、徐光照、徐培金、徐梦璋、黄雷娜（女）、龚樟德、斯大孝、傅亚芹（女）、焦光华（女）、楼志新、潘界才。

1998年12月21—25日，中共浙江省第十次代表大会在杭州召开，出席大会代表691人，其中丽水地区出席大会代表39人，分别为王月英（女）、王稼俊、龙安定、叶朝丐、卢锦松、田逸农、刘秀兰（女）、杨克法、李青、李长江、李会光、肖建中、何闽旭、邹明秀（女）、沈仁康、张成祖、陈建波、陈荣高、陈瑞商、林瑞日、金建新、周文华（女）、郑伟雄、胡绍兴、赵导亮、赵晓琴（女）、钟小毛、施基城、贾若忠、夏卫央（女）、钱成良、徐为民、徐佐洪、徐梦璋、黄笑苹（女）、蒋剑巍、蓝春土、虞红鸣、廖思红（女）。

2002年6月12—16日，中共浙江省第十一次代表大会在杭州召开，出席大会代表711人，其中丽水市出席大会代表40人，分别为丁耀民、王永明、巴音朝鲁、占志妙、叶慧萍（女）、邝平正、李一飞、吴炳全、沈丽珺（女）、张成祖、陈子民、陈建波、陈荣高、陈瑞商、林一、金建新、周竟夫、施基城、钱

① 1.景宁县因并入丽水县，故没有景宁县名义代表。2.松阳县因并入遂昌县，故没有松阳县名义代表。3.庆元县因并入龙泉县，故没有庆元县名义代表。4.龙泉县、云和县、缙云县、遂昌县缺资料。

成良、徐峻、黄笑苹（女）、焦光华（女）、鲁松庭、谢力群、蓝春土、蓝资霞（女）、虞红鸣、蔡步雄、王白浪、田逸农、朱仕华、李奋平（女）、杨美仙（女）、吴品禾、陈金、邵初晓、胡爱华、雷华英（女）、雷薛华、廖永平。

2007年6月12—16日，中共浙江省第十二次代表大会在杭州召开，出席大会代表724人，其中丽水市出席大会代表43人，分别为王玉娣（女）、王通林、王辉忠、毛子荣、叶沙平、叶慧萍（女）、朱晨、李一波（女）、何赤峰、沈根花（女）、张成祖、张敬堂、陈云龙、陈建波、陈荣高、陈瑞商、武昌、林天宁、林健东、郑耀汉、赵建林、赵洪祝、徐仁俊、楼阳生、雷萍（女）、虞红鸣、蔡小华、廖思红（女）、潘世敏、王白浪、叶圣益、朱土兴、朱仕华、刘特康、刘海澄、李涛、吴秋华（女）、陈频（女）、孟文魁、梅小平、葛彩珠（女）、蓝晓娟（女）、雷薛华。

全国党代会代表

丽水自民国34年（1945）就有代表参加全国党代会，至2010年，丽水产生全国党代表20人，其中参加两届全国党代会1人，有女代表9人，畲族代表8人。

丽水市出席党的第七次—第十七次全国代表大会代表一览

表22-1-2-1

届次	时间	姓名	性别	民族	单位
第七次	1945年4月23日至6月11日	张麒麟	男	汉	中共处属特委（未出席）
第八次	—	—	—	—	缺资料看页下注说明[①]
第九次	1969年4月1—24日	雷桂梅	女	畲	丽水地区革委会
		叶宝楠	男	汉	遂昌造纸厂
第十次	1973年8月24—28日	雷桂梅	女	畲	丽水地区革委会
第十一次	1977年8月12—18日	蓝盛花	女	畲	云和县郑坑畲族乡吴布村
第十二次	1982年9月1—11日	梁如志	男	汉	中共丽水地委
		蓝盛花	女	畲	云和县郑坑畲族乡吴布村
第十三次	1987年10月25日—11月1日	张林耕	男	汉	中共丽水地委
		雷喜庆	男	畲	景宁畲族自治县人大常委会
		许绍朴	女	汉	丽水地区农科所
第十四次	1992年10月12—18日	斯大孝	男	汉	中共丽水地委
		蓝伟亮	男	畲	丽水地区汽车运输公司
		傅亚芹	女	汉	遂昌县对正乡上垟小学
第十五次	1997年9月12—18	陈仲方	男	汉	中共丽水地委
		刘玲英	女	汉	云和县云和镇信用社局村信用分社
		雷汤菊	女	畲	景宁畲族自治县鹤溪镇包凤村

① 丽水市出席党的第八次全国代表大会代表缺资料。

续表 22-1-2-1

届次	时间	姓名	性别	民族	单位
第十六次	2002 年 11 月 8—14 日	丁耀民	男	汉	中共丽水市委
		蓝水梅	女	畲	景宁畲族自治县鹤溪镇扫口村
第十七次	2007 年 10 月 15—21 日	楼阳生	男	汉	中共丽水市委
		徐仁俊	男	汉	丽水市老年人体育协会
		蓝晓娟	女	畲	景宁畲族自治县沙湾镇张庄村

第二章　党代表大会与市委全会

民国 28 年(1939)4 月,中共处属地区代表会议召开,是丽水地区最早的党员代表会议。党员代表会议与党的代表大会的区别在于,一是职权任务不同,二是开会期限不同,三是代表产生的办法不同。1949 年 9 月,中共浙江省第七地委第一次代表会议召开。11 月,“七地委”改为中共浙江省丽水地方委员会。后于 1950 年 2 月、1950 年 6 月、1950 年 12 月、1951 年 6 月召开中共浙江省丽水地区第二次、三次、四次、五次党员代表会议。1971 年 12 月,中共丽水地区第一次党代会召开。2000 年 5 月丽水撤地设市后,分别于 2000 年 10 月、2005 年 10 月召开中共丽水市第一次、第二次代表大会,党代会进入正轨。党代会闭会期间,由丽水市委全会行使领导机关的职能,执行上级的指示和代表大会的决议;市委全会闭会期间,由市委常务委员会行使全会职权,主持经常性工作。各县(市、区)党代会也按有关规定及时召开。

第一节　地区党员代表会议

民国 28 年(1939)4 月 11—13 日,中国共产党浙江省处属地区首次代表会议在龙泉县住龙乡叶岭头村召开,出席会议代表 20 多人。议题是听取形势和任务报告,分析全国抗日战争形势,总结处属地区一年多来抗日救亡工作情况,提出今后任务,选举张麒麟、傅振军、周源为出席中共浙江省首次代表大会代表。

1949 年 9 月 25 日至 10 月 10 日,召开中共浙江省第七地委第一次代表会议。到会代表 177 人。议题是传达浙江省党代表会议精神,部署农村工作,剿匪、反霸、减租、征粮、生产、组织群众等六大任务。地、县委组织工作队分到各村,发动群众开展减租减息、剿匪反霸、征粮。

1950 年 2 月 16—21 日,中共浙江省丽水地委第二次代表会议召开。到会代表 136 人。议题是总结4个月工作，部署剿匪、减租减息、反霸斗争、征粮、生产自救、发展群众组织等。

1950年6月8—12日，中共浙江省丽水地委第三次代表会议召开。到会代表140人。议题是传达省第三次党员代表会议精神，部署反对官僚主义、命令主义和骄傲自满情绪，开展地、县机关干部整风学习，在思想上、组织上为土地改革做准备。

1950年12月26日至1951年1月2日，中共浙江省丽水地委第四次代表会议召开。到会代表145人。议题是总结土地改革试点工作经验，研究分期分批开展土地改革。

1951年6月10日，中共浙江省丽水地委第五次代表会议召开。到会代表136人，列席42人。议题是传达全国第三次公安会议精神，初步总结土改工作，部署7—9月工作任务。

第二节　市(地)党代表大会

中国共产党丽水地区第一次代表大会

通过1969年9月至1971年全地区性整党建党活动的开展，丽水地区大部分基层党组织重建，绝大多数党员的组织生活也得到恢复，为召开全地区党的代表大会和重建地委奠定组织基础。1971年初开始，根据中共中央《关于召开地方各级党代表大会的通知》精神和中共浙江省核心小组的指示，中共丽水地区核心小组一边继续领导丽水地区搞好整党建党活动，一边开始筹备丽水地区第一次党代会。9月18日，丽水地区革委会作出《关于中共丽水地区第一次代表大会代表产生的决定》，正式启动筹备工作，重点是大会代表的产生和地委班子组成人员的产生。大会代表通过协商产生；丽水地委班子组成人员，经过多次由下而上、由上而下的酝酿，最后报省革委会核心小组审批。11月16日，丽水地区革委会向省委上报关于召开中共丽水地区第一次代表大会的请示。12月6日，中共浙江省委批复同意召开中共丽水地区第一次代表大会和建立新的地委，确定大会于12月18—22日在丽水召开。

1971年12月18—22日，中共丽水地区第一次代表大会召开。代表522人和列席代表71人，代表全地区党员3.9万多人出席大会。主要议题是学习《人民日报》、《红旗》杂志、《解放军报》发表的《总结加强党的领导经验》社论，讨论工作报告。省委常委孟昭玉到会讲话。中共丽水地区核心小组副组长刘俊芝致开幕词，何纪明代表中共丽水地区核心小组作《紧跟伟大领袖毛主席，沿着“九大”团结、胜利路线奋勇前进》的工作报告。全体与会代表讨论并通过工作报告和《关于学习问题的决定》；选举产生中共丽水地区第一届委员会委员40人，候补委员3人。地委一届一次全会选举产生常务委员会委员13人。

丽水地区第一次党代会虽然在全国“批林整风”初期召开，但由于地区主要领导继续贯彻“左”的路线，仍以“九大错误路线”及“无产阶级专政下继续革命的理论”为指导，全面肯定“文化大革命”在丽水所取得的“伟大胜利”，强调以阶级斗争为纲，全盘否定中华人民共和国成立后17年丽水山区的工作，存在严重的“左”的倾向。大会产生的新地委成员中，相当数量的造反派骨干和支持造反派的人物进入地委领导班子。大会所提出的一系列“左”的政治、经济方针，总体上对丽水山区政治、经济和各项社会事业的发展走向产生一些不良后果。但是，大会选举产生新地委，各地党组织得到建立和恢复，党员民主生活开始恢复，特别是许多老干部的工作得到恢复，进入新地委，为党在丽水的健康肌体增加元素。大会确定的农业、工业部分具体发展政策对丽水山区有促进作用。

中国共产党丽水市第一次代表大会

2000年5月20日，国务院批准丽水撤地设市建区，2000年10月15—19日，中国共产党丽水市第一次代表大会在丽水召开，出席代表349人。会议听取并讨论通过丁耀民代表中共丽水市委向大会所作的《高举“三个代表”伟大旗帜 抓住机遇加快发展 为全面推进丽水社会主义现代化建设而努力奋斗》的工作报告和中共丽水市纪律检查委员会向中共丽水市第一次代表大会所作的工作报告。10月18日，大会通过《选举办法》并对市委委员和市纪委委员候选人进行差额预选。19日大会进行正式选举。会议经充分酝酿，以无记名投票和等额选举的方式，选举产生中共丽水市第一届委员会委员37人，候补委员9人；选举产生中共丽水市纪律检查委员会委员25人。随后召开中共丽水市第一届委员会第一次会议和市纪委第一次全会。中共丽水市第一届委员会第一次会议选举产生市委常委7人，其中书记1人，副书记3人，丁耀民为市委书记，谢力群、施基城、焦光华为市委副书记。市纪委第一次全会选举产生市纪委常委7人，其中书记1人，副书记2人，施基城为市纪委书记，陈翠仙、吴金亭为市纪委副书记。

中国共产党丽水市第二次代表大会

2005年10月29日至11月2日，中国共产党丽水市第二次代表大会在丽水文艺会堂召开。出席代表348人。大会的主题是高举邓小平理论和“三个代表”重要思想伟大旗帜，以科学发展观为统领，动员丽水市共产党员和广大干部群众，深入实施“三市并举”发展战略，在跨越发展、和谐融入中全面建设小康社会，为与全省同步提前基本实现现代化，为丽水人民谋取更大利益打下坚实基础。大会听取和审议通过中共丽水市委书记楼阳生代表中共丽水市第一届委员会向大会作题为《谋求跨越发展，促进和谐融入，为与全省同步提前基本实现现代化而努力奋斗》的报告；审议通过中共丽水市纪律检查委员会工作报告（书面）；大会同时通过选举产生中共丽水市第二届委员会委员41人、候补委员9人，组成中共丽水市第二届委员会，其中常委12人，书记1人，副书记3人。楼阳生为市委书记，刘希平、张成祖、陈荣高为市委副书记。由委员25人组成的中共丽水市第二届纪律检查委员会召开第二届委员会第一次会议，选举产生市纪委常委7人，其中书记1人，副书记2人。陈荣高任书记，吴金亭、王炎任副书记。

1949年6月至2010年12月中共丽水地委、市委领导成员一览

表22-2-2-1

名　称	姓　名	性别	民族	籍　贯	职务	任 职 年 月
中共丽水地方委员会	郑丹甫	男	汉	福建福鼎	书记	1949年6月未到职
	彭瑞林	男	汉	山东寿光	代书记	1949年7月—1951年3月
	张敬堂	男	汉	山东泰安	书记	1951年3月—1952年1月
	傅振军	男	汉	江西宁都	副书记	1949年7月—1952年1月
	刁筠寿	男	汉	安徽含山	副书记	1951年7月—1952年1月

续表 22-2-2-1

名 称	姓 名	性别	民族	籍 贯	职务	任 职 年 月
中共丽水地方委员会	刁筠寿	男	汉	安徽含山	委员	1949 年 7 月—1951 年 7 月
	宣恩金	男	汉	江西弋阳	委员	1949 年 7 月—1952 年 1 月
	张之清	男	汉	安徽安庆	委员	1949 年 7 月—1952 年 1 月
	林艺圃	男	汉	浙江青田	委员	1949 年 7 月—1952 年 1 月
	曹景垣	男	汉	福建长汀	委员	1949 年 7 月—1952 年 1 月
	李文辉	男	汉	浙江缙云	委员	1949 年 7 月—1952 年 1 月
	傅光汉	男	汉	山东淄博	委员	1949 年 7 月—1952 年 1 月
	崔振华	男	汉	山东高青	委员	1951 年 7 月—1952 年 1 月
	黄益元	男	汉	四川	委员	1951 年 7 月—1952 年 1 月
	晨 光	男	汉	山东庆云	委员	1951 年 7 月—1952 年 1 月
	许铁夫	男	汉	河北藁城	委员	1951 年 7 月—1952 年 1 月
	杨景云	男	汉	安徽蒙城	委员	1951 年 7 月—1952 年 1 月
中共丽水地委	张敬堂	男	汉	山东泰安	书记	1963 年 3 月—1968 年 11 月
	周一萍	男	汉	江苏无锡	副书记	1963 年 3 月—1963 年 12 月
	亓汉三	男	汉	山东莱芜	副书记	1963 年 3 月—1968 年 11 月
中共丽水地委常委会	张复兴	男	汉	山东庆云	副书记	1963 年 3 月—1968 年 11 月
	尹清泰	男	汉	山东阳信	常委	1963 年 12 月—1965 年 3 月
	刘林斌	男	汉	江西永新	常委	1965 年 3 月—1968 年 11 月
	刘朝中	男	汉	河南西华	常委	1966 年 4 月—1968 年 11 月
	翟作标	男	汉	山东沂源	常委	1966 年 4 月—1968 年 11 月
丽水地区革命委员会党的核心小组	何纪明	男	汉	安徽庐江	组长	1969 年 4 月—1971 年 12 月
	苏乐良	男	汉	山东莱芜	副组长	1969 年 4 月—1970 年 12 月
	刘俊芝	男	汉	山东沂水	副组长	1971 年 9 月—1971 年 12 月
	顾琴洲	男	汉	上海南汇	组员	1969 年 4 月—1971 年 12 月
	孟照耀	男	汉	山东乐陵	组员	1969 年 4 月—1971 年 12 月
	王森恩	男	汉	山东莒县	组员	1969 年 4 月—1971 年 12 月
	牛万龄	男	汉	山东沂南	组员	1970 年 6 月—1971 年 12 月
	杨 才	男	汉	陕西子长	组员	1970 年 6 月—1971 年 12 月
	王光松	男	汉	安徽舒城	组员	1970 年 6 月—1971 年 12 月
	李光殿	男	汉	山东寿光	组员	1970 年 6 月—1971 年 12 月
	何志民	男	汉	山东乐陵	组员	1970 年 6 月—1971 年 12 月
	周建武	男	汉	山东海阳	组员	1970 年 6 月—1971 年 12 月
	何纪明	男	汉	安徽庐江	书记	1971 年 12 月—1975 年 6 月
	刘俊芝	男	汉	山东沂水	书记	1977 年 6 月—1978 年 10 月

续表 22-2-2-1

名　称	姓　名	性别	民族	籍　贯	职务	任 职 年 月
中共丽水地区首届地委常委会	梁如志	男	汉	江苏东海	书记	1978年10月—1983年8月
	刘俊芝	男	汉	山东沂水	副书记	1971年12月—1975年6月
	刘俊芝	男	汉	山东沂水	副书记（主持工作）	1975年6月—1977年6月
	纪中一	男	汉	山东莱芜	副书记	1971年12月—1983年8月
	王光松	男	汉	山东舒城	副书记	1971年12月—1975年6月
	孟照耀	男	汉	山东乐陵	副书记	1971年12月—1975年6月
	张复兴	男	汉	山东庆云	副书记	1971年12月—1978年10月
	梁如志	男	汉	江苏东海	副书记	1976年1月—1978年10月
	邵宗仁	男	汉	山东惠民	副书记	1978年10月—1983年8月
	应益强	男	汉	浙江缙云	副书记	1978年10月—1983年8月
	牛万龄	男	汉	山东沂南	副书记	1978年10月—1980年12月
	杨　才	男	汉	陕西子长	常委	1971年12月—1975年6月
	顾琴洲	男	汉	上海南汇	常委	1971年12月—1975年6月
	牛万龄	男	汉	山东沂南	常委	1971年12月—1978年10月
	李光殿	男	汉	山东寿光	常委	1971年12月—1975年6月
	黄连山	男	汉	山东文登	常委	1971年12月—1975年6月
	王森恩	男	汉	山东莒县	常委	1971年12月—1977年6月
	雷桂梅	女	畲	浙江景宁	常委	1971年12月—1977年6月
	刘钥中	男	汉	河南西华	常委	1973年1月—1978年10月
	翟作标	男	汉	山东沂源	常委	1973年1月—1981年10月
	李志刚	男	汉	山东肥城	常委	1973年1月—1975年4月
	许子明	男	汉	山东莱芜	常委	1976年1月—1978年10月
	俞　震	男	汉	浙江慈溪	常委	1977年6月—1982年11月
	夏盛钮	男	汉	浙江文成	常委	1978年10月—1983年8月
	王咸波	男	汉	安徽绩溪	常委	1978年6月—1983年8月
	鲁松庭	男	汉	浙江温州	常委	1979年6月—1980年5月
	罗　易	男	汉	浙江温岭	常委	1980年7月—1983年8月
中共丽水地区委员会	张林耕	男	汉	浙江建德	书记	1983年8月—1989年5月
	斯大孝	男	汉	浙江东阳	书记	1989年5月—1993年3月
	赵仲光	男	汉	浙江诸暨	书记	1993年3月—1994年4月
	陈仲芳	男	汉	浙江宁波	书记	1994年4月—1998年2月
	何闽旭	男	汉	山东沂水	书记	1998年2月—1998年12月
	丁耀民	男	汉	黑龙江尚志	书记	1998年12月—2000年10月
	徐松林	男	汉	浙江衢州	副书记	1983年6月—1996年1月

续表 22-2-2-1

名 称	姓 名	性别	民族	籍 贯	职务	任 职 年 月
	高忠勋	男	汉	浙江湖州	副书记	1983年6月—1986年7月
	罗 易	男	汉	浙江温岭	副书记	1984年12月—1985年12月
	梁鸿铭	男	汉	浙江黄岩	副书记	1985年12月—1991年2月
中共丽水地区委员会	徐嘉木	男	汉	上海	副书记	1988年7月—1991年7月
	赵仲光	男	汉	浙江诸暨	副书记	1991年2月—1993年3月
	徐培金	男	汉	浙江淳安	副书记	1991年7月—1997年11月
	孙月芬	女	汉	江苏无锡	副书记	1993年8月—1994年12月
	何闽旭	男	汉	山东沂水	副书记	1993年10月—1998年2月
	钟小毛	男	汉	浙江龙游	副书记	1994年12月—1999年12月
	施基城	男	汉	浙江杭州	副书记	1998年4月—2000年10月
	焦光华	女	汉	山东博兴	副书记	1998年4月—2000年10月
	谢力群	男	汉	浙江松阳	副书记	1999年12月—2000年10月
	罗 易	男	汉	浙江温岭	委员	1983年8月—1984年12月
	夏盛钮	男	汉	浙江文成	委员	1983年8月—1984年12月
	吴建纲	男	汉	浙江庆元	委员	1983年8月—1988年3月
	陈锦耀	男	汉	上海宝山	委员	1983年6月—1988年5月
	徐嘉木	男	汉	上海	委员	1983年8月—1988年7月
	何春淮	男	汉	浙江松阳	委员	1984年12月—1992年11月
	孙月芬	女	汉	江苏无锡	委员	1986年3月—1993年8月
	徐仁俊	男	汉	浙江龙泉	委员	1988年3月—1994年12月
	洪复初	男	汉	浙江宁波	委员	1989年4月—1993年9月
	赵仲光	男	汉	浙江诸暨	委员	1990年1月—1991年2月
	蒋云峰	男	汉	浙江永嘉	委员	1991年7月—1993年1月
	季章拉	男	汉	浙江永嘉	委员	1992.11月—1994年7月
	施基城	男	汉	浙江杭州	委员	1993年3月—1998年4月
	钟小毛	男	汉	浙江龙游	委员	1993年3月—1994年12
	张向北	男	汉	四川德阳	委员	1993年5月—1998年7月
	胡小泉	男	汉	浙江温岭	委员	1994年11月—1997年12月
	时养民	男	汉	江西婺源	委员	1994年12月—1997年8月
	陈 川	男	汉	江苏南通	委员	1994年12月—1997年8月
	焦光华	男	汉	山东博兴	委员	1994年12月—1998年4月
	钱成良	男	汉	浙江苍南	委员	1993年10月—2000年10月
	张成祖	男	汉	浙江青田	委员	1997年8月—2000年10月
	贾若忠	男	汉	安徽砀山	委员	1997年9月—2000年10月

续表 22-2-2-1

名 称	姓 名	性别	民族	籍 贯	职务	任 职 年 月
	李留根	男	汉	河南新郑	委员	1997年12月—2000年10月
	徐　峻	男	汉	浙江建德	委员	1998年6月—2000年10月
	陈铁雄	男	汉	浙江青田	委员	1998年6月—2000年10月
	叶志深	男	汉	浙江青田	委员	1998年6月—2000年10月
	陈荣高	男	汉	浙江义乌	委员	1998年10月—2000年10月
	吕子春	男	汉	浙江缙云	委员	1999年12月—2000年10月
	华乃强	男	汉	浙江宁波	委员	2000年4月—2000年10月
中共丽水市第一届市委常委会	丁耀民	男	汉	黑龙江尚志	书记	2000年10月—2003年2月
	楼阳生	男	汉	浙江浦江	书记	2003年2月—2005年11月
	谢力群	男	汉	浙江松阳	副书记	2000年10月—2004年2月
	施基城	男	汉	浙江杭州	副书记	2000年10月—2004年6月
	焦光华	女	汉	山东博兴	副书记	2000年10月—2005年11月
	张成祖	男	汉	浙江青田	副书记	2003年6月—2005年11月
	刘希平	男	汉	山东平原	副书记	2004年2月—2005年11月
	陈荣高	男	汉	浙江义乌	副书记	2004年6月—2005年11月
	钱成良	男	汉	浙江苍南	常委	2000年10月—2004年3月
	张成祖	男	汉	浙江青田	常委	2000年10月—2003年6月
	李留根	男	汉	河南新郑	常委	2000年10月—2004年3月
	徐　峻	男	汉	浙江建德	常委	2000年10月—2003年4月
	陈荣高	男	汉	浙江义乌	常委	2000年10月—2004年6月
	吕子春	男	汉	浙江缙云	常委	2000年10月—2005年11月
	华乃强	男	汉	浙江宁波	常委	2000年10月—2004年4月
	陈铁雄	男	汉	浙江青田	常委	2000年10月—2001年6月
	林天宁	男	汉	浙江平阳	常委	2003年7月—2005年11月
	虞红鸣	男	汉	浙江东阳	常委	2003年3月—2005年11月
	袁初仁	男	汉	山东曹县	常委	2004年3月—2005年10月
	陈　钟	男	汉	江苏吴县	常委	2004年6月—2005年11月
中共丽水市第二届市委常委会	楼阳生	男	汉	浙江浦江	书记	2005年11月—2008年1月
	陈荣高	男	汉	浙江义乌	书记	2008年1月—2010年12月
	刘希平	男	汉	山东平原	副书记	2005年11月—2006年9月
	张成祖	男	汉	浙江青田	副书记	2005年11月—2008年5月
	陈荣高	男	汉	浙江义乌	副书记	2005年11月—2008年1月
	卢子跃	男	汉	浙江永康	副书记	2008年4月—2010年12月
	卢子跃	男	汉	浙江永康	副书记(主持市委工作)	2010年12月—

续表 22-2-2-1

名 称	姓 名	性别	民族	籍 贯	职务	任 职 年 月
中共丽水市第二届市委常委会	虞红鸣	男	汉	浙江东阳	副书记	2008 年 5 月—2010 年 2 月
	林天宁	男	汉	浙江平阳	常委	2005 年 11 月—
	虞红鸣	男	汉	浙江东阳	常委	2005 年 11 月—2008 年 5 月
	陈 钟	男	汉	江苏吴县	常委	2005 年 11 月—
	陈瑞商	男	汉	浙江缙云	常委	2005 年 11 月—
	历永敏	男	汉	浙江青田	常委	2005 年 11 月—2006 年 10 月
	沈仁康	男	汉	浙江东阳	常委	2005 年 11 月—
	蓝资霞	女	畲	浙江龙泉	常委	2005 年 11 月—
	王昌荣	男	汉	浙江松阳	常委	2005 年 11 月—2009 年 3 月
	程海南	男	汉	浙江青田	常委	2006 年 10 月—
	朱 晨	男	汉	浙江永康	常委	2007 年 1 月—
	陈建波	男	汉	浙江温州	常委	2009 年 2 月—
	毛子荣	男	汉	浙江龙泉	常委	2009 年 12 月—

第三节 市委全会

市委一届全会

一届一次全会 2000 年 10 月 16—19 日，中共丽水市第一次代表大会召开，到会代表 345 人。中国共产党丽水市第一届委员会第一次全体会议召开，选举出由委员 37 人、候补委员 9 人组成的中共丽水市第一届委员会，通过《中共丽水市委关于加强领导班子思想政治建设的决定》《中共丽水市委议事规则》。

一届二次全会 2000 年 11 月 30 日至 12 月 1 日，中国共产党丽水市第一届委员会第二次全体会议召开。审议并通过《中共丽水市委关于制定丽水市国民经济和社会发展第十个五年计划的建议》。

一届三次全会 2001 年 7 月 31 日，中国共产党丽水市第一届委员会第三次全体会议召开。市委书记丁耀民代表市委常委会作《认真学习贯彻江总书记“七一”讲话精神，努力开创我市各项工作新局面》的报告，市委副书记、市长谢力群就上半年经济运行情况和下半年的改革、建设任务进行讲话。

一届四次全会 2001 年 12 月 25—26 日，中国共产党丽水市第一届委员会第四次全体会议召开。会议审议通过《中共丽水市委关于贯彻〈中共中央关于加强和改进党的作风建设的决定〉的意见》。会议期间还召开常委（扩大）会议，圈选中国共产党第十六次代表大会代表候选人初步人选。

一届五次全会 2002 年 2 月 28 日，中共丽水市委第一届委员会第五次全体会议召开。通过《关

于召开中国共产党丽水市代表会议的决议》，决定中国共产党丽水市代表会议于2002年4月在丽水召开。会议圈选浙江省出席中国共产党第十六次代表大会代表候选人预备人选。

一届六次全会　2002年3月21日，中共丽水市委一届六次全体会议召开。会议圈选丽水市出席中国共产党浙江省第十一次代表大会代表候选人预备人选。

一届七次全会　2002年7月23日，中国共产党丽水市第一届委员会第七次全体会议召开。会上，市委书记丁耀民作《振奋精神，再接再厉，扎实工作，推进丽水市经济社会跨越式发展》的讲话。

一届八次全会　2002年12月23—24日，中国共产党丽水市第一届委员会第八次全体会议召开。审议通过《中共丽水市委关于认真贯彻落实党的十六大精神，争取与全省同步基本实现现代化的决定》。

一届九次全会　2003年7月14日，中国共产党丽水市第一届委员会第九次全体会议召开。审议并通过《中共丽水市委议事规则》。

一届十次全会　2003年12月26日，中国共产党丽水市第一届委员会第十次全体会议召开。市委书记楼阳生作《树立科学发展观，抢抓机遇促发展，加快把丽水培育成为浙江经济增长点的步伐》的报告。

一届十一次全会　2004年6月28日，中国共产党丽水市第一届委员会第十一次全体会议召开。会议审议并通过《中共丽水市委关于建设"平安丽水"促进社会和谐稳定的决定》。

一届十二次全会　2004年12月30—31日，中国共产党丽水市第一届委员会第十二次全体会议召开。全会审议通过《中共丽水市委关于认真贯彻党的十六届四中全会精神，切实加强党的执政能力建设的意见》《中共丽水市委全体会议讨论任用干部表决办法》。

一届十三次全会　2005年8月1日，中国共产党丽水市第一届委员会第十三次全体会议召开。全会审议并通过《中共丽水市委关于加快绿谷文化建设的决定》《中共丽水市委关于集体领导和分工负责的规定》《中国共产党丽水市第一届委员会第十三次全体会议关于召开中国共产党丽水市第二次代表大会的决议》。

一届十四次全会　2005年10月21日，中国共产党丽水市第一届委员会第十四次全体会议召开。全会审议并通过中共丽水市第一届委员会向中共丽水市第二次代表大会的工作报告(审议稿)、中共丽水市纪委向中共丽水市第二次代表大会的工作报告(审议稿)。

市委二届全会

二届一次全会　2005年10月29日至1月2日，中国共产党丽水市第二次代表大会和中国共产党丽水市第二届委员会第一次全体会议召开。出席代表348人。至2010年12月召开全会14次。二届一次全会选举出由委员41人、候补委员9人组成的中共丽水市第二届委员会，由委员25人组成的中共丽水市第二届纪律检查委员会。大会通过市委工作报告的决议和市纪委工作报告的决议。

二届二次全会　2005年11月21日，中国共产党丽水市第二届委员会第二次全体会议召开。全会审议通过《中共丽水市委关于制定丽水市国民经济和社会发展第十一个五年规划的建议》。

二届三次全会　2006年2月25日，中国共产党丽水市第二届委员会第三次全体会议召开。根据《中共丽水市委全体会议讨论任用干部表决办法(试行)规定》，会议对市委、市政府工作部门正职拟任、推荐人选28人，进行审计和无记名投票表决。

二届四次全会 2006年7月17日，中国共产党丽水市第二届委员会第四次全体会议召开。审议通过《中共丽水市委关于贯彻〈中共浙江省委关于建设“法治浙江”的决定〉的实施意见》《中共丽水市委关于完善经济社会发展重大事项决策机制的规定（试行）》。

二届五次全会 2006年12月1日，中国共产党丽水市第二届委员会第五次全体会议召开。审议通过《中共丽水市委关于认真贯彻党的十六届六中全会精神构建社会主义和谐社会的实施意见》。

二届六次全会 2007年3月29日，中国共产党丽水市第二届委员会第六次全体会议召开。会议圈选中国共产党第十七次代表大会代表。

二届七次全会 2007年7月27日，中国共产党丽水市第二届委员会第七次全体会议召开。全会由市委常委会主持。市委书记楼阳生代表市委常委会向全会作工作报告。

二届八次全会 2008年1月3—4日，中国共产党丽水市第二届委员会第八次全体会议暨丽水市经济工作会议召开。市委书记楼阳生主持大会，并代表市委常委会作工作报告。市委副书记、市长陈荣高作《中共丽水市委关于认真贯彻党的十七大精神扎实推进创业富民创新强市的决定》起草情况说明。

二届九次全会 2008年7月30日，中国共产党丽水市第二届委员会第九次全体会议召开。全会审议通过《丽水市生态文明建设纲要（2008—2020）》。

二届十次全会 2008年12月23日，中国共产党丽水市第二届委员会第十次全体会议召开。会议由市委常委会主持会议。市委书记陈荣高讲话。

二届十一次全会 2009年7月29日，中国共产党丽水市第二届委员会第十一次全体会议召开。市委书记陈荣高代表市委常委作《深化改革开放 推进“四个发展”为建设生态文明和全面小康社会而努力奋斗》的报告。

二届十二次全会 2009年12月30日，中国共产党丽水市第二届委员会第十二次全体（扩大）会议召开。全会审议通过《中共丽水市委关于加强和改进新形势下党的建设，强化建设生态文明和全面小康社会政治保证的实施意见》。

二届十三次全会 2010年8月2日，中国共产党丽水市第二届委员会第十三次全体（扩大）会议召开。书面征求《中共丽水市委关于制定丽水市国民经济和社会发展第十二个五年规划的建议（征求意见稿）》和《中共丽水市委丽水市人民政府关于鼓励和引导民间投资加快推进新型城市化的若干意见（征求意见稿）》的意见。

二届十四次全会 2010年12月31日，中国共产党丽水市第二届委员会第十四次全体（扩大）会议暨全市经济工作会议举行。会议审议通过《中共丽水市委关于制定丽水市国民经济和社会发展第十二个五年规划的建议》。

第四节　丽水市各县（市、区）党代会

民国17年（1928）9月，中共缙云县第一次代表大会在壶镇燕翼小学召开，到会代表30多人，代表党支部25个、党员200多人，选举产生中共缙云县委。1939年4月3—5日，中共遂昌县第一次代

表大会召开，选举产生中共遂昌县委，曾友昔任书记。1949年5月，丽水解放，地方党组织逐步完善。1956年5—6月期间，中共丽水县、中共龙泉县、中共青田县、中共云和县、中共庆元县、中共缙云县、中共遂昌县、中共松阳县、中共景宁县县一级党员代表大会先后召开，选举产生县委和县委领导班子。“文化大革命”期间，中共各县委一度被造反派夺权。中共九大以后，各县革命委员会党的核心小组先后建立。1970年11月至1971年12月，丽水(县级)、龙泉、青田、云和、缙云、遂昌等县先后恢复党的代表大会制。庆元县1958年10月撤销，1973年7月恢复，1979年11月恢复代表大会制。松阳县1958年10月撤销并入遂昌县，1984年4月恢复代表大会制。1984年6月，国务院批准建立景宁畲族自治县，同年12月27—30日，中共景宁畲族自治县第一次代表大会召开。

莲都区历届党代会情况

表22-2-4-1

届　别	时　间	书　记
中共丽水县第一次代表大会	1956年5月17日	张介青(1956.05—1958.08)
中共丽水县第二次代表大会①	1958年8月15—17日	隋荣庆②(1959.03—1961.03) 梁如志(1961.03—1962.12)
中共丽水县第三次代表大会	1962年12月24—27日	梁如志(1962.12—1968.08)
中共丽水县第四次代表大会	1970年11月14—16日	解广恩(1970.11—1975.05) 刘敬宗(1977.01—1978.04) 霍在宝(1978.05—1979.10)
中共丽水县第五次代表大会	1979年10月7—10日	霍在宝(1979.10—1983.12) 毛留荣(1983.12—1984.05)
中共丽水市第六次代表大会③	1984年5月12—15日	毛留荣(1984.05—1986.04) 徐嘉木(1986.04—1987.03)
中共丽水市第七次代表大会	1987年3月13—16日	徐嘉木(1987.03—1988.09) 张福新(1988.09—1990.03)
中共丽水市第八次代表大会	1990年3月16—20日	张福新(1990.03—1992.11) 钟小毛(1992.11—1993.03)
中共丽水市第九次代表大会	1993年3月15—18日	钟小毛(1993.03—1994.12) 时养民(1994.12—1997.08) 张成祖(1997.08—1998.03)
中共丽水市第十次代表大会	1998年3月16—19日	张成祖(1998.03—2003.03)
中共丽水市莲都区第十一次代表大会	2003年3月24—28日	张成祖(2003.03—2006.12)
中共丽水市莲都区第十二次代表大会	2006年12月24—27日	陈瑞商(2006.12—　　)

① 1959年3月27日，根据温州地委决定，中共丽水县第二届委员会设立书记处，调整县委领导成员。
② 隋荣庆任第一书记
③ 1986年4月2日，中共丽水县委更名中共丽水市委。省、地委同时任命了市委领导成员。

龙泉市历届党代会情况

表 22-2-4-2

届　别	时　间	书　记
中共龙泉县第一次代表大会	1956 年 5 月 25—29 日	李长庆(1956 年 5 月—1958 年 8 月)
中共龙泉县第二次代表大会[①]	1958 年 8 月 25—28 日	高长荣(1958 年 8 月—1958 年 10 月) 何志民(1958 年 10 月—1962 年 12 月)
中共龙泉县第三次代表大会	1962 年 12 月 24—30 日	何志民(1962 年 12 月—1966 年 1 月) 赵　新(1966 年 1 月—1968 年 12 月)
中共龙泉县第四次代表大会	1971 年 12 月 4—9 日	梁如志(1971 年 12 月—1977 年 5 月) 王昭胜(1977 年 5 月—1979 年 10 月)
中共龙泉县第五次代表大会	1979 年 10 月 25—29 日	王昭胜(1979 年 10 月—1984 年 1 月) 王鸣钟(1984 年 1 月—1984 年 7 月)
中共龙泉县第六次代表大会	1984 年 7 月 16—20 日	王鸣钟(1984 年 7 月—1984 年 11 月) 徐仁俊(1984 年 11 月—1987 年 4 月)
中共龙泉县第七次代表大会	1987 年 4 月 26—29 日	林华刚(1987 年 4 月—1989 年 12 月) 赵碧春(1989 年 10 月—1990 年 4 月)
中共龙泉县第八次代表大会	1990 年 4 月 10—13 日	赵碧春(1990 年 4 月—1992 年 11 月) 柯焕然(1992 年 11 月—1993 年 4 月)
中共龙泉市第九次代表大会	1993 年 4 月 7—9 日	柯焕然(1993 年 4 月—1996 年 1 月) 夏广廉(1996 年 1 月—1998 年 3 月)
中共龙泉市第十次代表大会	1998 年 3 月 9—13 日	夏广廉(1998 年 3 月—1998 年 6 月) 陈荣高(1998 年 6 月—2003 年 3 月)
中共龙泉市第十一次代表大会	2003 年 3 月 22—26 日	陈荣高(2003 年 3 月—2004 年 6 月) 李一飞(2004 年 9 月—2006 年 12 月)
中共龙泉市第十二次代表大会	2006 年 12 月 19—22 日	赵建林(2006 年 12 月—　　　)

青田县历届党代会情况

表 22-2-4-3

届　别	时　间	书　记
中共青田县第一次代表大会	1956 年 4 月 13—17 日	孙吉瑞(1956 年 4 月—1958 年 8 月)
中共青田县第二次代表大会	1958 年 8 月 16—19 日	孙吉瑞(1958 年 8 月—1960 年 11 月) 袁长泽(1960 年 11 月—1963 年 1 月)
中共青田县第三次代表大会	1963 年 1 月 3—7 日	袁长泽(1963 年 1 月—1966 年 7 月)

① 1958 年 10 月,温州地委公布中共龙泉县委组成人员。

续表 22-2-4-3

届　别	时　间	书　记
中共青田县第四次代表大会	1971 年 12 月 12—14 日	陈家毛(1971 年 12 月—1973 年 1 月) 唐蓬仙(1973 年 1 月—1977 年 9 月) 侯振标(1977 年 9 月—1979 年 6 月) 秦敬亭(1979 年 6 月—1980 年 6 月)
中共青田县第五次代表大会	1980 年 6 月 27—30 日	秦敬亭(1980 年 6 月—1982 年 10 月) 王志溪①(1982 年 10 月—1984 年 1 月)
中共青田县第六次代表大会	1984 年 8 月 22—26 日	王志溪(1984 年 8 月—1987 年 4 月)
中共青田县第七次代表大会	1987 年 4 月 17—20 日	李林访(1987 年 4 月—1989 年 12 月) 吕子春(1989.12 月—1990 年 4 月)
中共青田县第八次代表大会	1990 年 4 月 11—13 日	吕子春(1990 年 4 月—1993 年 3 月)
中共青田县第九次代表大会	1993 年 4 月 15—18 日	张成祖(1993 年 4 月—1997 年 8 月) 林瑞日(1997 年 8 月—1998 年 2 月)
中共青田县第十次代表大会	1998 年 2 月 28 日—3 月 4 日	林瑞日(1998 年 2 月—2000 年 12 月) 金建新(2000 年 12 月—2003 年 3 月)
中共青田县第十一次代表大会	2003 年 3 月 11—15 日	金建新(2003 年 3 月—2003 年 12 月) 卢春中(2003 年 12 月—2006.12 月)
中共青田县第十二次代表大会	2006 年 12 月 10—14	王通林(2006.12 月—　　　)

云和县历届党代会情况

表 22-2-4-4

届　别	时　间	书　记
中共云和县第一次代表大会②	1956 年 5 月 22—26 日	宋康民(1956 年 5 月—1957 年 10 月) 高长荣(1957 年 10 月—1958 年 7 月)
中共云和县第三次代表大会	1962 年 12 月 26—30 日	李长庆(1962 年 12 月—1966 年 6 月) 李广新(1966 年 6 月—1968 年 11 月)
中共云和县第四次代表大会	1971 年 12 月 3—06 日	李长庆(1971 年 12 月—1977 年 5 月) 应益强(1977 年 5 月—1978 年 10 月)
中共云和县第五次代表大会	1978 年 10月 13—16 日	潜友良(1978 年 10 月—1981 年 10 月) 王　勋(1981 年 10 月—1984 年 11 月)
中共云和县第六次代表大会	1984 年 11 月 26—29 日	王　勋(1984 年 11 月—1987 年 4 月)
中共云和县第七次代表大会	1987 年 4 月 11—13 日	周国达(1987 年 4 月—1989 年 11 月) 施基城(1989 年 11 月—1990 年 4 月)

① 王志溪 1984 年 1—8 月主持工作。
② 1962 年 4 月，云和县恢复，县委重新建立，领导人由上级任命。

续表 22-2-4-4

届　别	时　间	书　记
中共云和县第八次代表大会	1990年4月12—17日	施基城(1990年4月—1993年3月) 陈　川(1993年3月—1993年5月)
中共云和县第九次代表大会	1993年5月6—8日	陈　川(1993年5月—1994年12月) 刘秀兰(女,1994.12月—1998年2月)
中共云和县第十次代表大会	1998年2月25—28日	刘秀兰(女,1998年2月—2000年1月) 虞红鸣(2000年4月—2003年3月)
中共云和县第十一次代表大会	2003年3月19—22日	虞红鸣(2003年3月—2003年8月) 吕文明(2003年8月—2006年12月)
中共云和县第十二次代表大会	2006年12月26—29日	廖思红(女,2006年12月—2009年7月) 任淑女(女,2009年7月—　　　)

庆元县历届党代会情况

表 22-2-4-5

届　别	时　间	书　记
中共庆元县第一次代表大会	1956年6月3—7月	高怀举(1956年6月—1957年7月) 何志民(1957年7月—1958年8月)
中共庆元县第二次代表大会①	1958年8月15—19月	何志民(1957年7月—1958年10月)
中共庆元县延续为第五次代表大会②	1979年11月1—4月	毛留荣(1979年11月—1983年12月) 徐仁俊(1984年1月—1984年7月)
中共庆元县第六次代表大会	1984年7月9—12月	徐仁俊(1984年7月—1984年11月) 徐培金(1984年11月—1987年4月)
中共庆元县第七次代表大会	1987年3月30日—4月2日	徐培金(1987年3月—1990年4月)
中共庆元县第八次代表大会	1990年4月13—18日	徐培金(1990年4月—1991年9月) 谢力群(1991年9月—1993年4月)
中共庆元县第九次代表大会	1993年4月13—17日	谢力群(1993年4月—1993年10月) 单天戌(1993年10月—1996年11月) 郑伟雄(1997年6月—1998年3月)
中共庆元县第十次代表大会	1998年3月2—6日	郑伟雄(1998年3月—1999年7月) 占志妙(1999年7月—2003年3月)
中共庆元县第十一次代表大会	2003年3月17—21日	占志妙(2003年3月—2004年1月) 蔡小华(2004年1月—2006年12月)

① 1958年10月庆元县撤销,1973年7月,恢复庆元县。1975年3月,中共浙江省委任命复县后中共庆元县委领导班子。书记:巩兴惠(1975年3月至1977年5月)、毛留荣(1977年5月至1979年11月)。

② 和龙泉县并县期间,1962年10月和1971年12月召开过第三、四次党代表大会。

续表 22-2-4-5

届　别	时　间	书　记
中共庆元县第十二次代表大会	2006 年 12 月 4—8 日	蔡小华(2006 年 12 日—2009 月 4 日) 陈景飞(2009 年 4 日—　　　)

缙云县历届党代会情况

表 22-2-4-6

届　别	时　间	书　记
中共缙云县第一次代表大会	1956 年 5 月27—31 日	崔于贤(1956 年 5 月—1857 年 9 月) 马蕴生(1957 年 9 月—1958 年 12 月)
中共缙云县第二次代表大会	1958 年 12 月 9—13 日	崔于贤(1958 年 12 月—1963 年 1 月)
中共缙云县第三次代表大会	1963 年 1 月 15—20 日	崔于贤(1963 年 1 月—1968 年 9 月)
中共缙云县第四次代表大会	1970 年 12 月 29—31 日	董仕祥(1970 年 12 月—1978 年 4 月)
中共缙云县第五次代表大会	1978 年 12 月 7—10 日	王明东(1978 年 12 月—1981 年 3 月) 王鸣钟(1981 年 3 月—1984 年 1 月) 张德堂(1984 年 1 月—1984 年 6 月)
中共缙云县第六次代表大会	1984 年 6 月 7—11 日	张德堂(1984 年 6 月—1987 年 4 月)
中共缙云县第七次代表大会	1987 年 4 月 5—8 日	吕子春(1987 年 4 月—1989 年 11 月) 李林访(1989 年 11 月—1990 年 4 月)
中共缙云县第八次代表大会	1990 年 4 月 17—20 日	李林访(1990 年 4 月—1991 年 9 月) 卢淳良(1991 年 9 月—1993 年 4 月)
中共缙云县第九次代表大会	1993 年 4 月 8—11 日	卢淳良(1993 年 4 月—1995 年 12 月) 蒋剑巍(1996 年 1 月—1998 年 3 月)
中共缙云县第十次代表大会	1998 年 3 月 10—13 日	蒋剑巍(1998 年 3 月—2000 年 9 月) 蔡步雄(2000 年 9 月—2003 年 3 月)
中共缙云县第十一次代表大会	2003 年 3 月 25—28 日	蔡步雄(2003 年 3 月—2005 年 10 月)
中共缙云县第十二次代表大会	2006 年 12 月 18—22 日	毛子荣(2006 年 12 月—2009 年 6 月) 孔海龙(2009 年 6 月—　　　)

遂昌县历届党代会情况

表 22-2-4-7

届　别	时　间	书　记
中共遂昌县第一次代表大会	1939 年 4 月 3—5 日	曾友昔(1939 年 4 月—1942 年 3 月)
中共遂昌县第二次代表大会	1956 年 5 月 29 日—6 月	王荫檀(1956 年 6 月—1958 年 9 月) 贾文贤(1958 年 9 月—1959 年 2 月) 刘敬宗(1959 年 2 月—1959 年 3 月)

续表 22-2-4-7

届　别	时　间	书　记
中共遂昌县第三次代表大会	1959 年 12 月 7—12 日	刘敬宗[①](1959 年 12 月—1962 年 4 月) 刘敬宗(1962 年 4 月—1963 年 2 月)
中共遂昌县第四次代表大会	1963 年 2 月 5—10 日	刘敬宗(1963 年 2 月—1965 年 4 月)
中共遂昌县第五次代表大会	1970 年 9 月 29—30 日	刘敬宗(1970 年 9 月—1971 年 10 月) 崔方功(1971 年 10 月—1977 年 5 月)
中共遂昌县第六次代表大会	1978 年 7 月 7—9 日	邵宗仁(1978 年 7 月—1978 年 10 月) 林　彬(1978 年 10 月—1982 年 5 月) 梁青山(1982 年 5 月—1984 年 1 月)
中共遂昌县第七次代表大会	1984 年 7 月 11—14 日	梁青山(1984 年 7 月—1985 年 8 月) 褚凤鸣[②](1985 年 12 月—1987 年 5 月)
中共遂昌县第八次代表大会	1987 年 5 月 6—9 日	林　彬(1987 年 5 月—1989 年 12 月) 周国达(1989 年 12 月—1990 年 5 月)
中共遂昌县第九次代表大会	1990 年 5 月 8—11 日	周国达(1990 年 5 月—1992 年 11 月) 徐光照(1992 年 11 月—1993 年 4 月)
中共遂昌县第十次代表大会	1993 年 4 月 8—11 日	徐光照(1993 年 4 月—1997 年 8 月) 陈铁雄(1997 年 8 月—1998 年 2 月)
中共遂昌县第十一次代表大会	1998 年 2 月 16—19 日	陈铁雄(1998 年 2 月—1998 年 6 月) 叶朝丐(1998 年 9 月—2000 年 9 月) 陈瑞商(2000 年 9 月—2003 年 3 月)
中共遂昌县第十二次代表大会	2003 年 3 月 17—20 日	陈瑞商(2003 年 3 月—2003 年 8 月) 陈建波(2003 年 8 月—2006 年 12 月)
中共遂昌县第十三次代表大会	2006 年 12 月 18—21 日	陈建波(2006 年 12 月—2007 年 11 月) 葛学斌(2007 年 11 月—　　　)

松阳县历届党代会情况

表 22-2-4-8

届　别	时　间	书　记
中共松阳县第一次代表大会	1956 年 6 月 1—6 日	李之臣(1956 年 6 月—1957 年 5 月)
中共松阳县第二次代表大会	1984 年 8 月 17—21 日	秦书田(1957 年 5 月—1957 年 12 月) 王文彬(1957 年 12 月—1958 年 5 月) 贾文贤(1958 年 5 月—1958 年 9 月)

① 刘敬宗任第一书记。
② 褚凤鸣 1985 年 8—12 月主持工作。

续表 22-2-4-8

届　别	时　间	书　记
中共松阳县第二次代表大会[①]	1984 年 8 月 17—21 日	林　彬(1984 年 8 月—1987 月 4 月)
中共松阳县第三次代表大会	1987 年 4 月 15—20 日	夏金星(1987 年 4 月—1989 月 5 月)
中共松阳县第四次代表大会	1990 年 5 月 3—7 日	张向北(1990 年 5 月—1993 年 1 月)
中共松阳县第五次代表大会	1993 年 4 月 7—11 日	焦光华(女,1993 年 4 月—1995 年 1 月) 陶国忠(1995 年 1 月—1996 年 10 月) 肖建中(1996 年 12 月—1998 年 3 月)
中共松阳县第六次代表大会	1998 年 3 月 16—19 日	肖建中(1998 年 3 月—2000 年 9 月) 吴炳全(2000 年 9 月—2003 年 3 月)
中共松阳县第七次代表大会	2003 年 2 月 28 日—3 月 3 日	吴炳全(2003 年 3—2004 年 9 月) 林健东(2004 年 9—2006 年 12 月)
中共松阳县第八次代表大会	2006 年 12 月 8—12 日	林健东(2006 年 12—　　　)

景宁畲族自治县历届党代会情况

表 22-2-4-9

届　别	时　间	书　记
中共景宁县第一次代表大会	1956 年 5月 26—30 日	梁如志(1956 年 5 月—1959 年 2 月)
中共景宁县第二次代表大会	1958 年 7 月 7—10 日	梁如志(1958 年 7 月—1959 年 2 月) 高长荣(1959 年 2 月—1960 年 2 月)
中共景宁畲族自治县第一次代表大会[②]	1984 年 12 月 27—30 日	时养民(1984 年 12 月—1987 年 4 月)
中共景宁畲族自治县第二次代表大会	1987 年 4 月 8—11 日	时养民(1987 年 4 月—1988 年 2 月) 贾荣芳(1988 年 2 月—1990 年 3 月)
中共景宁畲族自治县第三次代表大会	1990 年 3 月 19—22 日	贾荣芳(1990 年 3 月—1990 年 11 月) 钟小毛(1990 年 11 月—1992 年 11 月) 陈铁雄(1992 年 11 月—1993 年 14 月)
中共景宁畲族自治县第四次代表大会	1993 年 3 月 3 日—4 月 3 日	陈铁雄(1993 年 4 月—1997 年 8 月) 金建新(1997 年 10 月—1998 年 3 月)
中共景宁畲族自治县第五次代表大会	1998 年 3 月 23—27 日	金建新(1998 年 3 月—2000 年 12 月) 林　一(2000 年 12 月—2003 年 3 月)
中共景宁畲族自治县第六次代表大会	2003 年 3 月 10—14 日	林　一(2003 年 3 月—2005 年 5 月) 武　昌(2005 年 6 月—2006 年 12 月)
中共景宁畲族自治县第七次代表大会	2006 年 12 月 15—19 日	武　昌(2006 年 12 月—　　　)

① 1958 年 10 月至 1982 年 4 月,撤销松阳县并入遂昌县。1982 年 4 月,中共浙江省委批准建立松阳县委员会,并任命县委主要领导。书记:林彬(1982 年 4 月—1984 年 8 月)。

② 1984 年 6 月,国务院批准建立景宁畲族自治县。

第三章 组织机构

中国共产党丽水组织和机构随着革命形势的变化而不断进行调整。革命战争时期，丽水自遂昌县建立第一个党支部后，先后有龙游县、青田县、缙云县、龙泉县等建立支部或特别支部。后改为县委。民国24年(1935) 5月，中国工农红军挺进师为开辟浙西南党的工作，建立中共浙西南特委，多次遭破坏后重建。民国24—25年，又先后建立中共浙东特委、中共浙东南特委、中共闽东特委。民国27年5月，中共浙江临时省委决定，将中共浙西南特委改为中共处属特委。

1949年7月，中共浙江省第七地方委员会建立(简称“七地委”)，隶属于中共浙江省委，同年11月27日，“七地委”改为中共浙江省丽水地方委员会。1950年8月，中共丽水地委纪律检查委员会(简称“地委纪委”)建立。1952年1月，中共浙江省丽水地方委员会撤销。5月20日，浙江省委建立中共丽水临时工作委员会，代表温州地委管理丽水；1963年3月30日，中央批准复建中共丽水地委，隶属于中共浙江省委；1966年开始的“文化大革命”，使地委及其工作机构陷入瘫痪状态。1971年12月，中共丽水地区第一次代表大会召开，选举产生中共丽水地区第一届委员会。1988年至2000年6月，丽水地委为中共浙江省委派出机构，设办公室、组织部、宣传部、统战部、政法委员会、老干部局、党史研究室、党校、地直机关党委、讲师团10个单位。2000年5月20日，根据国务院《关于同意浙江省撤销丽水地区设地级丽水市的批复》和6月6日浙江省人民政府《关于撤销丽水地区设立地级丽水市的通知》精神，丽水撤地建市设区。6月26日，中共浙江省委发出《关于撤销中共丽水地委、地区纪委和丽水市委(县级)、市纪委，建立中共丽水市委(地级)、市纪委及中共丽水市莲都区委、区纪委的通知》，撤销丽水地委，建立中共丽水市委(地级)，原地委领导改为市委领导。2000年7月，中共丽水市委决定，原丽水地委工作部门、直属单位更名丽水市委工作部门、直属单位。中国共产党丽水市委员会决定于2000年10月召开第一次市党代会，选举产生中共丽水市委员会，同时选举产生中共丽水市纪律检查委员会；2001年2月，中共浙江省委、浙江省人民政府批准丽水市党政机构改革方案，改革后的机构设置虽有一定的变动，但多数没有变动。

第一节 中共丽水市(地区)委员会

历史沿革

1949年7月22日，中共浙江省第七地方委员会建立[①]，隶属中共浙江省委，辖丽水(县级)、龙

① 简称“七地委”。

泉、云和、庆元、缙云、松阳、景宁、宣平8个县。青田、遂昌县委分别隶属温州地委和衢州地委。11月27日,"七地委"更名中共浙江省丽水地方委员会。

1952年1月19日,撤销中共浙江省丽水地方委员会。5月20日,浙江省委建立中共丽水临时工作委员会,代表温州地委管理丽水(县级)、龙泉、云和、庆元、景宁5个县工作。11月24日,撤销中共丽水临时工作委员会,中共丽水县委调整为中共丽水中心县委,受温州地委领导,指导龙泉、云和、庆元、景宁4个县工作。

1953年6月,撤销丽水中心县委,恢复丽水县委,隶属温州地委。

1963年3月30日,中共中央批准恢复中共丽水地委建制,中共丽水地委设立常务委员会,隶属中共浙江省委,辖丽水(县级)、龙泉、青田、云和、缙云、遂昌6个县。

1966年,"文化大革命"开始,中共丽水地委及工作机构陷入瘫痪状态。

1968年11月,丽水地区革委会成立,实行"一元化"领导,下设"四大组",取代地委、行署及其工作机构。1969年4月,地区革委会党的核心小组建立。

1971年12月,中共丽水地区第一届代表大会召开,选举产生中共丽水地区第一届委员会。

1976年10月至1983年7月,中共浙江省委设立丽水地委常务委员会。

1977年4月17日,丽水地委发出《关于更改区级机构名称的通知》,将区党的核心小组、区革命领导小组更名中国共产党区委员会、区革命委员会。

1979年3月,丽水地委、地区革委会办公室撤销,建立丽水地委办公室。

1983年6月2日,浙江省委工作组到丽水指导丽水地区党政机关机构改革。9月底,丽水地区党政机关机构改革基本结束。丽水地区设置党政机构32个,减少24个。丽水地区机关编制总额455名,减少25%。8月,中共丽水地委常务委员会撤销,中共丽水地委常委制调整为委员制。浙江省委按照机构改革要求,重新任命丽水地委领导班子成员。丽水地委先后下设工作机构10个。包括地委办公室、地委组织部、地委宣传部、地委纪律检查委员会、地委统战部、地委政法委员会、地委党校、中共地区直属机关党委、丽水报社、地委讲师团。8月,地委纪律检查委员会升格为丽水地区领导机构。

1988年至2000年6月,中共丽水地委为中共浙江省委派出机构,设地委办公室、地委组织部、地委宣传部、地委统战部、地委政法委员会、地委老干部局、地委党史研究室、地委党校、地区直属机关党委、地委讲师团。1995年8月23日,丽水开始实施地区本级党政机构改革方案。

地直单位开展"三定"①工作。1996年,丽水地委、地区行署陆续批准实施,地区党政机构设置41个,减少9个。地区机关行政编制900名(不含政法及人武编制),减少101人,精简10%。调整后丽水地委有工作机构6个,地委办公室、地委组织部、地委宣传部、地委统一战线工作部、地委政法委员会、地区直属机关工作委员会。

2000年5月20日,丽水撤地建市,2000年10月15—19日召开第一次丽水市党代会。成立中国共产党丽水市委员会。

议事规则

中共丽水地区委员会议事规则　1963年建立地委工作制度,地委全体会议,每年至少3次;常

①"三定"工作:定职能、定编制、定机构。

委会每星期1次；上级党委文件由分管常委或委员批交有关部门办理；地委、专署各部门需要向常委会汇报工作，由分管常委或委员决定。

1982年3月，丽水地委作出改进集体领导的决定，地委和行署的工作有所侧重，但不能截然分开；重大问题由地委常委会集体讨论决定；减少文件，有关全局性的地委文件，由书记或副书记签发；精减会议，有各级党委书记参加或100人以上的会议，由地委常委决定。

1983年8月，丽水地委、行署领导成员制定《八条守则》，即认真学习马列主义、毛泽东思想，保证在政治上与党中央保持一致；认真实行民主集中制，凡是重大问题集体讨论决定，地委每季开一次组织生活会；坚持统一领导和分工负责相结合的原则；改进领导作风，地委、行署领导每年有3—4个月深入基层调查研究；领导个人说话不叫指示；党内一律称同志；外出来往不搞迎送，不接受任何礼物；不以权谋私，坚持秉公办事；保持普通劳动者的本色，积极参加义务劳动。

1984年9月，丽水地委建立党风责任制，一级抓一级建设，逐级负责，地委主要负责同志抓好各县常委会和地区各部、委、办、局领导班子的党风；地委每年研究两三次党风建设；地委委员负责分管部门的党风建设；加强自身党风建设，带头端正党风；每年检查2次党风，防止徒有形式。

1988年2月26日，丽水地委工作规则建立，地委会一般半月或一月一次；坚持民主集中制，实行集体领导和分工负责相结合；研究干部任免，涉及地委委员亲属子女时回避；坚持党风责任制，地委每半年开一次民主生活会；地委中心学习小组每月学习一次；各部、委、办、局和群众团体负责人会每季一次；民主党派负责人会半年一次；凡涉及全局性的地委文件，经地委讨论后由书记签发；下属单位请示报告，一般在文到之日起10天内答复。

1995年6月27日，丽水地委议事规则制定，地委委员会议一般每月召开一次，地委书记办公会议一般每半月举行一次；地委委员会议必须有委员过半数出席才能举行；讨论人事任免事项时，应有三分之二以上委员到会；地委委员会议一般不临时动议重大问题，一些属于通气性质的问题，可在会上临时提出，但必须简明扼要；地委委员会议和书记办公会议讨论决定的有关事项，根据工作需要，由地委办公室编发《会议纪要》，由主持会议的领导签发。不编发《会议纪要》的，由地委办公室将决定的有关内容抄告有关部门。

中共丽水市委议事规则　2000年10月19日，中国共产党丽水市第一届委员会第一次全体会议通过2000年议事规则，市委全委会由市委常委会召集并主持，每年至少召开2次，遇有重要情况可随时召开；全委会的议题由常委会研究确定，会议召开的时间和议题，一般应在会议召开5天前通知到各委员，会议有关材料一般应同时送达；会议议题和议程一经确定，必须严格执行，除特殊情况外，一般不在会上临时动议；市委全会须有三分之二以上委员到会方能举行；市委全会按照少数服从多数的原则进行表决；对市委委员、候补委员作出撤销党内职务、留党察看或开除党籍的处分决定，必须由市委全会三分之二以上委员同意，并报经省委批准。在特殊情况下，可以先由市委常会作出处理决定，待召开市委全会时予以追认。

市委常委会会议一般每月召开两次，如遇重要情况可随时召开；市委常委会应有半数以上常委到会方能举行，讨论干部时，应有三分之二以上常委到会方能举行；市委常委会决定的问题，应当经过充分讨论。重大问题按照少数服从多数的原则进行表决。

2003年7月14日，中共丽水市委一届九次全体会议通过2003年议事规则，市委全会由市委常委会召集并主持，全会每年至少召开2次，遇有重要情况可随时召开；全会议题由市委常委会确定；

全会必须有三分之二以上委员到会方能举行；全会严格按事先确定的会议议题和议程进行，除特殊情况外，不在会上临时动议；全会在充分讨论的基础上，按照少数服从多数的原则进行表决。

市委常委会由市委书记召集并主持，一般每月召开 2 次，市委常委会应有半数以上常委到会方能举行，讨论干部问题时，应有三分之二以上常委到会方能举行，会议决定多个事项的，应逐项表决。推荐、提名干部和决定干部任免、奖惩事项，应逐个表决。

第二节　中共丽水市（地区）纪律检查委员会机构

沿　革

1950 年 8 月，中共丽水地委纪律检查委员会建立（以下简称“地委纪委”）。

1952 年 1 月，丽水地委纪委撤销。

1963 年 4 月，中共浙江省委监委派驻中共丽水地委监察组建立，设组长 1 人，由丽水地委副书记兼任，副组长 1 人。

1964 年 12 月，浙江省委监委派驻中共丽水地委监察组调整为浙江省委派驻丽水地委监委，设书记 1 人，由地委副书记兼任。

1966 年 5 月，“文化大革命”运动开始，丽水地委监委陆续被迫停止工作。

1977 年 3 月，丽水地委组织部设纪检科。

1979 年 7 月，重建中共丽水地委纪委，设书记 1 人，由丽水地委副书记兼任，副书记 2 人，委员 7 人。

1993 年 7 月，丽水地区纪委和地区监察局合署办公，履行党的纪律检查和政府行政监察两项职能，接受省纪委（省监察厅）和丽水地委的双重领导。

2000 年 5 月，丽水撤地设市，撤销丽水地区纪委和丽水市（县级）纪委，建立丽水市纪委和莲都区纪委。10 月 19 日，中共丽水市第一次代表大会选举产生中共丽水市纪律检查委员会，纪委委员 25 人。中共丽水市纪律检查委员会常务委员会常委 7 人，其中书记 1 人，由丽水市委副书记兼任，副书记 2 人。

2005 年 11 月 2 日，中共丽水市第二次代表大会选举产生中共丽水市纪律检查委员会，中共丽水市纪律检查委员会纪委委员 25 人，常务委员会常委 7 人，其中书记 1 人，副书记 2 人。

2009 年 9 月，中共丽水市纪委（监察局）机关委员会成立，设机关党委专职副书记 1 人（正科级）。

1951—2010 年中共丽水市（地区）纪（监）委书记一览

表 22-3-2-1

名称	姓名	性别	民族	籍贯	职务	任职年月
地委纪委	曹景垣	男	汉	福建长汀	书记	1951 年 8 月—1952 年 1 月
地委监察组	张复兴	男	汉	山东庆云	组长（兼）	1963 年 4 月—1964 年 12 月

续表 22-3-2-1

名称	姓名	性别	民族	籍贯	职务	任职年月
地委监委	张复兴	男	汉	山东庆云	书记（兼）	1964 年 12 月—1968 年 11 月
地委纪委	应益强	男	汉	浙江缙云	书记（兼）	1979 年 6 月—1983 年 8 月
地区纪委	罗　易	男	汉	浙江温岭	书记	1983 年 8 月—1985 年 12 月
地区纪委	孙月芬	女	汉	江苏无锡	书记	1986 年 3 月—1993 年 7 月
地区纪委	陈　川	男	汉	江苏南通	书记	1994 年 12 月—1997 年 8 月
地区纪委	贾若忠	男	汉	安徽砀山	书记	1997 年 9 月—2000 年 10 月
市纪委	施基城	男	汉	浙江杭州	书记（兼）	2000 年 10 月—2004 年 6 月
市纪委	陈荣高	男	汉	浙江义乌	书记	2004 年 7 月—2006 年 11 月
市纪委	朱　晨	男	汉	浙江永康	书记	2007 年 1 月—

各县（市、区）纪律检查委员会

1950 年，丽水（县级）、龙泉、云和、庆元、缙云、松阳、景宁、宣平 8 个县先后建立县委纪律检查委员会（简称“县委纪委”）。

1954 年 10 月，松阳县委纪律检查委员会更名松阳县委监察委员会（简称“县委监委”）。1956 年 4—9 月，丽水（县级）、龙泉、青田、云和、庆元、缙云、遂昌、景宁等县委纪律检查委员会更名县委监察委员会，由县党代会选举产生领导人。

1963 年 4 月，中共浙江省委监委派驻中共丽水地委监察组建立，设组长 1 人（地委副书记兼任），副组长 1 人。下辖丽水（县级）、龙泉、青田、云和、缙云和遂昌县委监委。

1966 年 5 月，“文化大革命”运动开始，各县委监委被迫停止工作。

1979 年 7 月，丽水（县级）、龙泉、青田、云和、庆元、缙云、遂昌县重建县委纪委。

1983 年 12 月至 1984 年 2 月，各县委纪委先后改为县纪委。1984 年 9 月，建立景宁畲族自治县纪委。

1992 年，丽水地区乡镇建立纪委 185 个，设专职纪检干部 301 人。

1993 年 6 月，丽水地区 9 个县（市）纪委和监察局合署办公。

2000 年 7 月，撤销丽水市（县级）纪委，建立莲都区纪委。

2009 年，丽水市加强县级纪检监察机关建设工作，县级纪检监察机关增加行政编制 60 名、事业参照管理编制 6 名。核定正、副科级纪检员（监察员）职数 66 名。丽水市 183 个乡镇（街道）纪委（纪工委）全部完成规范化建设。

市直属单位纪检机构

1980 年，地区直属单位建立纪检组 16 个。

1991 年，丽水地区纪检组 48 个，改建为纪工委 42 个。地直机关、企事业单位建立纪检组织和设纪检员 67 个。

1993 年，地区直属单位建立纪检监察机构 55 个，设纪检监察干部 131 人，其中专职 28 人。

1995 年，地区直属单位设专职纪委书记（纪检组长）6 个，单位设兼职纪委书记（纪检组长）18个。

2006年12月，丽水市统一管理纪检监察机关派驻（出）机构，设市直派驻（出）机构21个。

第三节　地方组织与基层组织

地方组织建设

革命战争时期地方组织　民国15年（1926）12月，中共杭州地委派共产党员唐公宪回原籍遂昌，发展陈实甫等加入中国共产党。民国16年1月，建立中共遂昌县支部，书记谢甫墉。2月，中共塘岭头支部（也称龙游支部）建立，书记傅聘儒。3月，中共党员张新锦以处州政治监察员身份到丽水，发展省立第十一中学职员、学生4人为中共党员。1927年，“四•一二”反革命政变后，党的活动从城镇转入农村。6月，中共党员周定从汉口回青田县发展林朱和等10人入党。9月，成立中共青田县支部。同月，中共永康临时县委派徐宝莹等到缙云县五云镇发展应卓良等入党。10月，成立中共遂昌县委，负责人谢云巢。11月，成立中共缙云县特别支部，直属省委领导。

民国24年（1935）3月，中国工农红军挺进师进入浙西南开展游击战争。6月，中共浙西南特委建立，实行委员制，由书记1人、委员8人组成，书记宗孟平，隶属于红军挺进师政治委员会领导。同时中共龙（泉）浦（城）县委、遂（昌）汤（溪）区委建立。7月，宗孟平牺牲后，黄富武继任特委书记。同月，建立松阳县竹溪、玉岩区委，遂昌县王村口区委，开展土地革命。8月，中共闽东特委决定，建立中共寿（宁）景（宁）庆（元）县委及庆元县境的白柘洋、官塘区委。10月30日，中共浙西南特委书记黄富武被捕后牺牲，特委遭破坏。11月，中共浙东特委建立，书记刘达云。民国25年2月，松（溪）政（和）庆（元）中心县委建立。8月，中共浙东南特委建立，刘达云兼书记，领导中共梅（岐）南（田）区委和丽（水）青（田）云（和）、瑞（安）青（田）泰（顺）、青（田）景（宁）庆（元）泰（顺）县委。

民国25年（1936）6月，中共闽浙边临时省委决定重建中共浙西南特委，由书记1人、副书记1人、委员2人组成，书记许信焜，归属中共闽浙边临时省委领导。恢复中共龙（泉）浦（城）县委，建立龙（泉）遂（昌）县委、江（山）浦（城）县委。民国26年6月7日，许信焜牺牲，浙西南特委再次遭破坏。

民国26年（1937）7月，粟裕在宣平紫坑建立宣（平）遂（昌）汤（溪）工委，书记赖德标。12月，中共浙江临时工作委员会在金华组织中共浙南特别工作委员会，书记汪海粟等100多人到丽水开展抗日救亡工作，建立中共龙泉、云和特别支部。12月，中共闽浙边临时省委决定恢复中共浙西南特委，由书记1人、委员5人组成，书记张麒麟，隶属于闽浙边临时省委领导，以抗日救亡工作团名义，到龙泉、遂昌等县开展工作。民国27年2月，恢复中共龙泉、遂昌、江（山）浦（城）县委。

民国27年（1938）5月，中共浙江临时省委决定，将中共浙西南特委改为中共处属特委，由书记1人、委员6人组成，书记张麒麟，撤销浙南特别工作委员会，所属党组织归属处属特委领导，驻龙泉县水塔村，隶属于中共浙江临时省委领导。特委下属丽水（县级）、龙泉、青田、云和、庆元、遂昌、松阳、景宁、江（山）浦（城）等县（工）委，缙云、宣平特别支部，以及宣（平）遂（昌）汤（溪）工委。同时撤销浙东南特委，建立中共青（田）景（宁）丽（水）中心县委，归属浙南特委领导。民国28年3月，中共浙江省委机关自温州迁丽水。同年4月，中共处属地区首次代表会议召开。张麒麟、傅振军、宣恩金、曹景垣、曾友昔，周建生等20多人代表处属党员3000多人出席会议。会议听取张麒麟关于形势和任务的报告，选举张麒麟、傅振军、周源为出席中共浙江省首次代表大会代表。

民国29年（1940）6月，根据中共中央“隐蔽精干、长期埋伏、积蓄力量、以待时机”的方针，省委决定中共处属特委分设为中共闽浙边委员会和中共丽水中心县委。闽浙边委负责老区工作，书记张麒麟，领导龙泉、云和、庆元、遂昌、松阳、景宁、江（山）浦（城）、龙（泉）庆（元）边、龙（泉）云（和）边县委（工委）；丽水中心县委负责新区工作，书记傅振军，领导青田县委、缙云县工委和丽水县城区、西区、太平区三个直属区委。民国30年1月，省委决定撤销丽水中心县委，重建中共处属特委，书记顾春林，领导丽水（县级）、青田、云和、缙云、景宁县委和浙江铁工厂党委。民国30年秋开始，各县相继改党委制为单线领导的特派员、联络员制。

民国31年（1942）5月，中共闽浙边委书记张麒麟牺牲。中共闽浙边临时委员会建立，宣恩金任负责人，坚持在遂昌、龙游、宣平、汤溪等县边区活动。5月18日，省委书记刘英在永康牺牲，省委遭破坏，中共处属特委、闽浙边临委与上级党组织失去联系。民国32年5月，中共青田县委划归中共浙南特委领导。同月，中共闽浙边临委与浙南特委取得联系。民国33年3月后，中共处属特委、闽浙边临委先后与浙东区党委取得联系，得到工作指导和经费支援，坚持在丽水（县级）、云和、缙云、遂昌等县，以及宣（平）遂（昌）汤（溪）边区活动，直至抗日战争胜利。

民国34年（1945）8月，抗日战争胜利，处属特委根据浙东区党委指导，发展游击战争，建立小块根据地。9月，浙东区党委北撤后，对中共处属特委、闽浙边临委的指导和支持减弱。民国35年4月，国民党开展“清乡”，庆元县游击队员被捕29人。民国36年2月，中共闽浙边临委和处属特委合并为中共处属特委，书记傅振军，领导丽水（县级）、云和、缙云、遂昌县委，坚持和发展游击战争。5月，处属特委归属中共闽浙赣区（省）委领导。民国37年10月，中共闽浙赣区（省）委城工部党员高展、徐鉴泉等到缙云、遂昌等县发展党员。同月，成立中共闽浙赣区（省）委城工部缙云县支部，至解放时有党员110多人。民国38年3月13—14日，国民党松阳县县长祝更生和丽水县县长张慕槎、丽水县自卫总队副总队长胡允孚率部宣布起义，成立中共松（阳）宣（平）遂（昌）、丽（水）宣（平）工作委员会。4月，成立中共闽浙赣区（省）委城工部遂昌县支部，月底改建为中共闽浙赣区（省）委城工部遂昌县临时工作委员会。

1935年5月至1949年7月中共浙西南特委等组织领导成员一览

表22-3-3-1

名称	姓名	性别	民族	籍贯	职务	任职年月
中共浙西南特委	宗孟平	男	汉	福建长汀	书记	1951年8月—1952年1月
	黄富武	男	汉	山东庆云	组长（兼）	1963年4月—1964年12月
	许信焜	男	汉	江西横峰	书记	1936年6月—1937年6月
	张麒麟	男	汉	江西横峰	书记	1937年12月—1938年5月
	杨干凡	男	汉	湖　南	副书记	1935年7月—1937年4月
	杨干凡	男	汉	湖　南	委员	1935年6月—1935年7月
	欧阳道	男	汉	湖　南	委员	1935年6月—1936年3月
	洪家云	男	汉	江西永新	委员	1935年7月—1936年4月
	方志富	男	汉	江西弋阳	委员	1935年6月—1935年10月

续表 22-3-3-1

名称	姓名	性别	民族	籍贯	职务	任职年月
中共浙西南特委	王蕴瑞	男	汉	河北巨鹿	委员	1935 年 7 月—1935 年 11 月
	张文碧	男	汉	江西吉水	委员	1936 年 6 月—1937 年 9 月
	张友昆	男	汉	江西赣州	委员	1936 年 6 月—1937 年夏
	刘清扬	男	汉	福建福鼎	委员	1937 年 12 月—1938 年 4 月
	傅振军	男	汉	江西宁都	委员	1937 年 12 月—1938 年 5 月
	曹景垣	男	汉	福建长汀	委员	1937 年 12 月—1938 年 5 月
	曾友昔	男	汉	江西于都	委员	1937 年 12 月—1938 年 5 月
	周建生	男	汉	江西福鼎	委员	1937 年 12 月—1938 年 5 月
	李金良	—	—	—	委员	—
	连明永	—	—	—	委员	—
	李宗州	—	—	—	委员	—
	王　屏	—	—	—	委员	—
	陈庚堂	—	—	—	委员	—
中共浙南特别工委	汪海粟	男	汉	江苏靖江	书记	1937 年 12 月—1938 年 5 月
	施　平	男	汉	云南大姚	委员	1937 年 12 月—1938 年 5 月
	陈　平	男	汉	福建漳浦	委员	1937 年 12 月—1938 年 5 月
中共处属特委	张麒麟	男	汉	江西横峰	书记	1938 年 5 月—1940 年 5 月
	傅振军	男	汉	江西宁都	委员	1938 年 5 月—1940 年 5 月
	曹景垣	男	汉	福建长汀	委员	1938 年 5 月—1940 年 5 月
	曾友昔	男	汉	江西于都	委员	1938 年 5 月—1940 年 5 月
	周建生	男	汉	福建福鼎	委员	1938 年 5 月—1940 年 5 月
	宣恩金	男	汉	江西弋阳	委员	1938 年 5 月—1940 年 5 月
	周　源	男	汉	浙江宁波	委员	1938 年 5 月—1940 年 5 月
	徐汉光	男	汉	浙江武义	委员	1938 年 6 月—1938 年 8 月
	张贵卿	男	汉	河北顺义	委员	1938 年 8 月—1939 年 10 月
	杜永康	女	汉	江苏无锡	委员	1939 年 3 月—1939 年 6 月
中共闽浙边委	张麒麟	男	汉	江西横峰	书记	1940 年 6 月—1942 年 5 月
	周　源	男	汉	浙江宁波	委员	1940 年 6 月—1941 年 1 月
	宣恩金	男	汉	江西弋阳	委员	1940 年 6 月—1942 年 5 月
	曹景垣	男	汉	福建长汀	委员	1940 年 6 月—1942 年 5 月
	曾友昔	男	汉	江西于都	委员	1940 年 6 月—1942 年 3 月
	周建生	男	汉	福建福鼎	委员	1940 年 6 月—1941 年 1 月
	汪金更	男	汉	江苏吴县	委员	1940 年 6 月—1941 年 1 月
	陈　忍	男	汉	江　苏	委员	1940 年 6 月—1941 年 5 月
	殷铁飞	男	汉	浙江桐庐	委员	1941 年 1 月—1942 年 5 月

续表 22-3-3-1

名称	姓名	性别	民族	籍贯	职务	任职年月
中共丽水中心县委	傅振军	男	汉	江西宁都	书记	1940 年 6 月—1941 年 1 月
	殷铁飞	男	汉	浙江桐庐	委员	1940 年 6 月—1941 年 1 月
	任曼君	女	汉	湖南汨罗	委员	1940 年 6 月—1941 年 1 月
	杜毅贞	女	汉	浙江上虞	委员	1940 年 6 月—1941 年 1 月
	钱钟仪	男	汉	江苏无锡	委员	1940 年 6 月—1941 年 1 月
	肖　车	男	汉	浙江天台	委员	1940 年 6 月—1940 年 12 月
	曾绍文	男	汉	浙江青田	候补委员	1940 年 6 月—1941 年 1 月
中共闽浙边临委	宣恩金	男	汉	江西弋阳	负责人	1942 年 5 月—1947 年 1 月
	曹景垣	男	汉	福建长汀	委员	1942 年 5 月—1947 年 1 月
	殷铁飞	男	汉	浙江桐庐	委员	1942 年 5 月—1947 年 1 月
中共处属特委	顾春林	男	汉	上海宝山	书记	1941 年 1 月—1941 年 9 月
	傅振军	男	汉	江西宁都	书记	1941 年 9 月—1949 年 7 月
	傅振军	男	汉	江西宁都	委员	1941 年 1 月—1941 年 9 月
	周建生	男	汉	福建福鼎	委员	1941 年 1 月—1943 年 3 月
	杜毅贞	女	汉	浙江上虞	委员	1941 年 1 月—1949 年 7 月
	张之清	男	汉	安徽安庆	委员	1944 年 4 月—1949 年 7 月
	林艺圃	男	汉	浙江青田	委员	1944 年 4 月—1949 年 7 月
	李文辉	男	汉	浙江缙云	委员	1944 年 4 月—1949 年 7 月
	宣恩金	男	汉	江西弋阳	委员	1947 年 2 月—1949 年 7 月
	曹景垣	男	汉	福建长汀	委员	1947 年 2 月—1949 年 7 月
	殷铁飞	男	汉	浙江桐庐	委员	1947 年 2 月—1949 年 7 月
	毛登森	男	汉	浙江云和	委员	1947 年 2 月—1949 年 7 月

社会主义建设时期地方组织　1949 年 5 月 10 日，丽水解放。同月 15 日，中共处属特委从缙云县南乡江西山后进驻丽水县城关镇，肩负起领导丽水地区政治、军事、经济工作重任。6 月底，华东南下干部纵队三支队第四大队由温州抵达丽水。7 月 22 日，中共浙江省委决定，处属特委改为中共浙江省第七地方委员会，隶属中共浙江省委，领导丽水（县级）、龙泉、云和、庆元、缙云、松阳、景宁、宣平 8 个县委。青田、遂昌县委分别隶属第五（温州）地委和第三（衢州）地委。10 月，开展党务整理工作，进行党员登记。11 月，中共浙江省第七地方委员会更名中共浙江省丽水地方委员会。1950 年 7—11 月，开展整风学习，地、县机关干部 2041 人参加，着重纠正干部居功自傲、命令主义和官僚主义作风。1951 年春，华东军政大学工作队部分干部充实到党政机关。至 1951 年年底，党员登记有 5305 人。1952 年 1 月，撤销中共浙江省丽水地方委员会。5 月，中共丽水临时工作委员会建立，代表温州地委管理丽水（县级）、龙泉、云和、庆元、景宁 5 个县工作。11 月 24 日，撤销中共丽水临时工作委员会，建立中共丽水中心县委，指导龙泉、云和、庆元、景宁 4 县工作。各县在各种运动中发现和培养积极分子，吸收贫雇农和产业工人入党。

1963 年 3 月30 日，中央批准复建中共丽水地委，领导丽水（县级）、龙泉、青田、云和、缙云、遂昌 6 个县委。1964 年，中共丽水地委在社会主义教育运动和机关“五反”运动结束的地方，有领导、有控制、有重点地接收党员。至 1965 年年底，地委下设工作机构 37 个，辖有县委 6 个、区委 41 个、基层党委 311 个、党总支 14 个、党支部 3949 个。地区专署机构中建有党组 7 个，军队组织中建有党委 1 个。

1966 年 5 月，“文化大革命”开始，各级党组织被迫停止活动，党政机关陷于瘫痪、半瘫痪状态。1967 年春，群众组织先后夺取地委、专署领导权，打、砸、抢成风，武斗不断，社会混乱。为稳定社会秩序，丽水军分区和各县人民武装部建立由部队人员牵头、地方人员参加的“生产办公室”，负责地区和各县日常经济工作。1968 年 8 月，经浙江省革命委员会批准，建立丽水地、县革命委员会，下设办事组、政治工作组、生产指挥组、人民保卫组。革委会集党、政大权于一身，实行“一元化”领导。1969 年 4 月，建立中共丽水地区革命委员会核心小组。

1970 年 8 月，地、县革命委员会党的核心小组更名地、县党的核心小组。从 1970 年下半年开始至 1971 年年底开展整党建党工作，全区恢复县委 6 个，建立区党的核心小组 43 个，逐步恢复建立基层党组织。1971 年 9 月，林彪反革命集团被粉碎，开展“批林整风”运动，一批领导干部重新出来主持工作。

1971 年 12 月，中国共产党丽水地区第一次代表大会召开，选举产生中共丽水地区第一届委员会。1976 年 10 月，粉碎江青反革命集团，“文化大革命”结束。省、地委对地、县两级政权组织领导班子作较大调整。

1979 年下半年，丽水地委开展“争创先进党支部，争做优秀党员”活动。1980 年，评出先进党支部 473 个，优秀党员 600 多人。1982 年 1 月，恢复建立松阳县委。同年起，注重在工交财贸第一线职工、青年农民和知识分子中吸收党员。1983 年 2 月至 1984 年 1 月，进行机构改革，改善地、县委领导成员的年龄、知识结构。1984 年 6 月，建立全国第一个畲族自治县景宁畲族自治县。1986 年 3 月，丽水县改设丽水市（县级）。

1990 年和 1993 年，丽水地委通过县（市）党委、政府两次换届选举，加强县（市）党政领导班子。在党的基层组织中开展争创先进党支部、争做优秀党员和民主评议党员活动。抓党的组织建设。加强后备干部队伍建设。选派干部到宁波、温州等经济发达地区挂职锻炼。

1993 年 10 月，丽水地委、行署提出加强班子自身思想、作风建设的意见。1994 年，地委、行署对地直单位、部分县（市）领导班子进行调整充实；举办地区本级领导干部培训班 13 期，参训人员 900 多人；制定《关于进一步加强后备干部工作意见》。1995 年，地区机关机构改革；举办各级领导干部培训班 12 期，参训人员 1092 人；建立《党委议事规划》《民主生活会制度》《党代会年会制度》《领导干部个人重大事项报告制度》和领导班子成员间的谈心谈话等制度，制定《关于加强培训选拔优秀年轻干部工作的实施意见》，以下派、外派等方式加强对青年干部的培养锻炼。1996 年，制定下发《全区青年干部和后备干部工作考核实施意见》。1997 年，对县（市）领导班子进行人事调整，提任女干部 6 人、少数民族干部 5 人、党外干部 10 人，干部易地任职 67 人。1998 年，完成县（市）换届选举工作和对地直单位领导班子的调整。1999 年，地委制定出台《关于完善干部考核、选拔和任用工作程序的若干规定》，推行领导干部任前公示制。

1999—2000 年，丽水地委按照中央和省委部署，开展“讲学习、讲政治、讲正气”为主要内容的党性党风教育。2000年10月15—19日，中国共产党丽水市第一次代表大会在丽水召开。2000年10月，市委作出《关于加强领导班子思想政治建设的决定》。2001年，在市级机构改革中，实施市直部门和县(市、区)党政班子联动调整，县(处)级领导干部交流。举办各类培训班105期，培训人员3800多人。2003年，完成县(市、区)换届选举工作。2004年，市委实行常委会票决制，同时，在县(市、区)全面推行常委会票决制。2005年10月29日至11月2日，召开中国共产党丽水市第二次代表大会。同年，丽水市被中央组织部确定为地方党政领导班子和领导干部综合考核评价试点，配合中组部、浙江省委组织部在龙泉、缙云、松阳开展综合考核评价试点和丽水市换届考核试点工作。2006年，推进竞争上岗工作，强化激励机制。2007年，先后制定出台《丽水市干部差额考察工作试行办法》《丽水市领导干部任前公示制度实施办法》《中共丽水市委全体会议讨论任用干部表决方法(试行)》等六项制度。2008年11月至2009年2月，全市党组织开展中共十七届三中全会精神专题学习教育活动，在全市农村基层组织开展"四评议三承诺"工作。

2009年3月至2010年2月，全市组织开展第二、三批学习实践科学发展观活动。围绕省委"双服务"(服务企业、服务基层)专项行动的要求，开展以服务农村，服务企业、服务项目为主要内容的"三项服务"活动。

2010年，丽水市委制定出台《关于加强中心镇党委书记队伍建设的实施意见》，制定下发《关于全市非公有制企业中深入开展争当"发展强、党建强"先进企业活动的实施意见》。2010年年底，全市有党的地方委员会10个，其中省辖市委1个，地辖市委1个，县委6个，自治县委1个，市辖区委1个，党组366个。党的基层组织有党委407个、总支部279个、支部8013个。

基层党组织建设

革命战争时期基层党组织 民国15年(1926)12月，中共杭州地委派遂昌籍共产党员唐公宪从杭州到遂昌县进行建党活动，先后成立中共遂昌支部和塘岭头支部(又称龙游支部)。民国16年1月，中共遂昌支部在大柘泉湖寺建立，有党员4人。6月后，中共浙江省委和浙西特委相继在青田、缙云、宣平、遂昌4个县建立党组织。9月，建立中共青田县支部。10月，中共遂昌县委建立，后下辖区委1个和支部9个，党员166人。11月，中共缙云县特别支部在壶镇燕翼小学建立。民国17年7月15日，中共缙云县特别支部改建为中共缙云区委，下辖支部23个。9月，中共缙云县第一次代表大会在壶镇燕翼小学召开，30多人代表25个支部的党员200多人出席会议，选举产生中共缙云县委。11月，缙云县委下辖区委5个、党支部30个、党员323人。

民国17年(1928)7月，遂昌县委发动农民暴动，遭国民党省防军镇压，10月，县委领导人先后转移至分水、於潜、宁国等地活动，党组织解体。民国18年1月，中共缙云县委书记吕传德被捕，县委遭破坏，部分组织停止活动。4月，中共浙西特委巡视员姚鹤庭指定吕斌为县委书记，2个月后，吕斌脱党，县委解体，尚存的下属党组织由永康中心县委派员负责联系。

民国24年(1935)6月，中国工农红军挺进师政治委员会为开展浙西南地区党的工作，决定建立中共浙西南特委，隶属于挺进师政治委员会领导。特委领导中共龙(泉)浦(城)县委、中共竹溪区委、中共玉岩区委、中共王村口区委、中共遂(昌)汤(溪)区委。中共龙(泉)浦(城)县委下辖中共大北区委、中共小北区委。民国25年6月，中共浙西南特委重建后，建立中共龙(泉)遂(昌)县委，下辖中共住龙区委、王村口区委和浦(城)北区委。8月，闽浙边临时省委建立浙东南特委，其范围包括丽水

(县级)、青田、云和、景宁、泰顺等边境地区,隶属临时省委,下辖瑞(安)青(田)泰(顺)县委、丽(水)青(田)云(和)县委、青(田)景(宁)庆(元)泰(顺)县委和梅(岐)南(田)中心区委。民国26年9月,书记刘达云叛变,浙东南特委消失。民国27年5月,省委决定将浙东南所属地区党组织改建为青(田)景(宁)丽(水)中心县委,归属浙南特委。同月,中共浙江临时省委决定,将浙西南特委更名中共处属特委。

民国29年(1940)6月,根据省委关于新区和老区分开的指示,处属特委分设中共闽浙边委员会和中共丽水中心县委,闽浙边委下属有中共龙泉县委、中共遂昌中心县委、中共江(山)浦(城)县委、中共云和县委、景宁县工委、松阳县工委、庆元县工委和浙江铁工厂党组织。中共龙泉县委下辖中共八都、道太、安仁区委3个;中共遂昌中心县委下辖中共王村口、住龙、城区、大柘、湖山、南乡、遂(昌)宣(平)汤(溪)边等区委。丽水中心县委也称青(田)缙(云)丽(水)中心县委,辖丽水县直属区委3个和分区2个委及青田县委、缙云县工委。民国30年1月,中共浙江省委决定撤销丽水中心县委,恢复处属特委,各县党的领导改称特派员、联络员。民国31年5月,中共闽浙边委遭破坏,中共闽浙边临委成立。

民国33—36年(1944—1947)间,中共遂昌县委下辖大柘、湖山、龙(游)南3个区委,中共缙云县委下辖新建、壶镇、缙仙区委3个,中共云和县委下辖城南区委。民国36年2月,中共闽浙边临委和中共处属特委合并,组成新的中共处属特委,领导中共丽水县委、云和县委、缙云县委、遂昌县委,坚持游击战争。中共丽水县委下辖太平、曳岭、碧湖、岩泉、江南区委;中共云和县委下辖城南、小顺、城北、云景、赤石、梅源区委;中共缙云县委下辖壶镇、新建、缙仙、南区、泰盘桃、方溪区委;中共遂昌县委下辖湖山、大柘、龙(游)南区委。1949年3月13—14日,国民政府松阳县长和丽水县自卫总队副总队长起义,成立中共松(阳)宣(平)遂(昌)工委和丽(水)宣(平)工委(后改为处北县委)。4月18日,中共浙南地委决定成立中共景宁、青田县委。中共松(阳)宣(平)遂(昌)工委下辖古市、三都、靖居、河间4个区特派员和碧湖、江南2个区委。中共丽(水)宣(平)工委(处北县委)下辖丽水县的太平、岩泉,宣平县的曳岭、桃溪、上坦,武义县的下杨、新宅等区委7个。4月,中共闽浙赣区(省)委城工部遂昌县支部成立,月底改建为中共闽浙赣区(省)委城工部遂昌县临时工作委员会。

社会主义建设时期基层党组织　1952年1月,丽水地委撤销。1963年3月,中央批准复建中共丽水地委。至1965年年底,丽水地区有基层党委311个,党总支14个,党支部3949个。1976年"文化大革命"结束前,丽水地区有基层党委308个,党总支14个,党支部4418个。1984年9月至1987年8月,分期分批开展整党。参加整党的党支部4634个,党员74981人。至1987年年底,丽水地区有基层党委403个,党总支40个,党支部6578个。

1988年8月,丽水地委开展民主评议党员工作,至1990年,第一轮民主评议党员工作基本结束。1989年3月,整顿后进党支部,全区有后进党支部388个。至1990年年底,进行整顿的367个党支部转化334个,转化率为91%。

1988—1993年,丽水地委在党的基层组织中开展创先进支部、争做优秀党员和民主评议党员活动。1988—1991年,地委先后表彰先进基层党组织107个和优秀党员78人、优秀党务工作者142人。专项表彰在两个文明建设中做出突出成绩的农村党支部书记100人。同时,积极吸收第一线青年工人、青年农民入党,调整党支部成员,改善基层党组织领导班子老化的状态。1993年,地委制定

《丽水地区农村行政村党支部开展奔小康活动三年规划》和《全区农村基层党组织建设考核意见》，地、县(市)均建立农村基层组织建设领导小组，层层落实党建工作目标责任制。1994年，印发《关于加强乡镇企业党建工作意见》。1995年，围绕“好班子、好队伍、好路子、好机制、好制度”的村党支部工作目标，相继开展“奔小康示范村”“首富村”“富裕村”“帮百村、树百强”“双十双百”等竞赛活动，加强后进党支部的整顿工作。1996年，调整乡村两级班子结构，地委表彰先进基层党组织49个。中央组织部授予庆元县左溪镇青竹村党支部为先进基层党组织。同年，实施全区企业党建工作年度目标考核责任制。1997年，加强乡镇领导班子和干部队伍建设，在全区开展评选优秀乡镇党委书记、乡镇长活动，地委表彰优秀乡镇党委书记、乡镇长20人。1998年，开展乡镇“创六好、树形象”活动和行政村“创五好、奔小康”活动，对机关党组织实行目标管理体系考核工作；全区确定示范村588个，下派干部459人到示范村任指导员。1999年，进一步优化乡镇领导班子结构，建立各级领导干部和部门联系示范村和后进村制度，派驻党建工作联络员。

2000年，丽水市委以“三级联创”为载体、认真落实办公无休日、政务公开、民情日记和示范基地等四项基本制度。同时，深化村务公开制度，推广“四有”经济；推进国有企业党建工作规范化建设；建立市委非公有制企业党建工作联席会议制度，制定出台非公有企业党建工作规划，建立非公有制企业党的工作员制度；建立居委会党支部，调整不合理的组织设置。2001年，全市农村“三个代表”学习教育活动相继开展。2002年，村党支部换届选举推行“三推一选”办法；创建“小康示范乡镇、新农村建设示范村、党员科技致富带头人”活动；加强企业党组织负责人培训；召开全市社区党建工作座谈会。2003年，开展“先锋工程”建设，深化“三级联创”活动；抓乡村党员干部培训工作；开展驻社区、单位和在职党员参与社区建设工作。2004年，完善“五好”考核评价体系；抽调机关党员干部3407人到农村担任工作指导员；开展“一社区一特色”活动，向社会团体选派党建联络员工作。2005年，印发《关于进一步加强机关党员教育管理工作的意见》《关于落实“三真”要求，切实加强基层干部队伍建设的意见》，以乡镇干部“岗位在村、负责到村、服务农民，联系民心”为主要内容，开展乡镇干部住村联心工作；加强对村级组织换届选举工作的领导，全市有实行直选村225个，全市社区76个全部建立党组织。

2006年，丽水市委推进农村党组织“三级联创”和“先锋工程”创建活动。创建“管理有序、服务完善、环境优美、文明祥和”的新型和谐社区。2007年，建立县(市、区)委、丽水经济开发区党工委领导联系企业制度，采取单独建立和联合组建等方式，建立企业党组织。2008年，下发《关于认真做好社区党组织和居民委员会换届工作的意见》，至年年底，全市完成换届3340个村党组织和3330个村民委员会。其中，实行直接选举的村党组织349个，实行“自荐海选”的村民委员会1763个。2009年，丽水市委提出实施农村“135”工程，全市确定中心村102个、后进村333个、生态文明村535个为2010年度“135”工程实施对象；开展“驻乡进村、组团服务”活动；举办非公企业党组织书记培训班；按照“有人管事、有钱办事、有场所议事和构建城市基层区域化党建格局”的要求，全面部署社区党建“三有一化”工作；村级民主管理公约，在全省推广。2010年，开展“生态文明先锋”创先争优活动。

第四章　重大决策

1952年1月，丽水专区建置撤销，所属各县分别并入温州、金华、衢州专区。1963年5月，恢复丽水专区建置。丽水专区结合丽水经济社会发展实际，先后作出一系列重大决策，在保证丽水社会稳定、经济发展和人民生活水平不断提高方面起到重要作用。1978年，随着党的工作重心转移和改革开放起步，丽水地委解放思想，从实际出发，坚持以经济建设为中心，把推进工业化和改善人民生活作为首要任务，努力寻求与丽水区域发展环境相匹配的丽水经济社会发展道路。1993年，丽水地委、行署作出建立丽水经济开发区的重大决策，把开发区作为丽水工业经济发展的支柱。1999年年初，丽水地委出台创建丽水国家级生态示范区的决定，年年底作出开展丽水市区城市防洪工程建设的重大决策，改善丽水的生态环境。充分利用丽水自然人文景观资源优势，大力发展工业和以旅游、商贸业为重点的第三产业，实现自然、经济、文化协调发展。

20世纪80年代，景宁是畲族的集聚区。1984年年初，中共丽水地委、地区行署作出设立景宁畲族自治县的决策，景宁获批成为全国唯一的畲族自治县、华东地区唯一的少数民族自治县。1994年，中共丽水地委、地区行署对景宁和宁波梅墟共同设立的“浙江鄞景扶贫经济开发区”给予大力支持和各方面帮助。2008年，丽水市委、市政府作出决定，在丽水经济开发区内划出4平方千米土地作为“飞地”，设立丽景民族工业园区，推动景宁畲族自治县经济发展。为发挥龙泉地域、文化和景观优势，市委、市政府作出龙泉撤县设市的决定，理顺丽水行政区域的设置。

为从根本上解决地区行政公署管理体制带来的弊端，1999年9月，丽水地委、行署作出撤地设市的重大决策，成立丽水地区机构改革暨区划调整领导小组，提出撤地设市、撤市设区、撤镇设办事处的“三撤三设”方案。2000年1月4日，丽水地区行政公署向浙江省政府上报《关于丽水地区撤地建市和行政区域调整的请示》。1月26日，浙江省政府向国务院上报《关于我省丽水地区撤地设市的请示》，5月20日，国务院发出《关于同意浙江省撤销丽水地区设立地级丽水市的批复》。丽水撤地设市后，丽水市委、市政府提出“生态立市、工业强市、绿色兴市”的“三市并举”发展战略，作出一系列重大决策，加快丽水城市化进程。

2002年，丽水市委、市政府在“创建国家级生态示范区”的基础上作出建设“丽水生态市”的决定；2004年6月，作出建设“平安丽水”的决定；2007年，决定开展实施江滨区块旧城改造工程；在上世纪金丽温铁路、金丽温高速公路建设的基础上，开展两龙高速公路、金丽温铁路扩能改造工程建设，乡村康庄工程建设，缓解交通运输压力，促进经济发展。

丽水是经济欠发达地区，扶贫任务繁重。丽水地委、行署就扶贫工作多次作出重大决策。1995年1月，丽水地委、行署制定出台《关于扶贫攻坚的实施意见》，并确定“优化环境、扩大总量、脱贫致富奔小康”的发展战略目标。2007 年 4 月 9 日，丽水市委、市政府制定出台《关于实施低收入农户增收工程扎实推进社会主义新农村建设的若干意见》，全面部署实施“低收入农户增收工程”。2008 年，丽水市委、市政府制定出台《关于加快农民异地转移促进农民增收的若干意见》，首次提出以“十万农民异地转移工程”为重点的农民增收六大目标，以此推动全市跨越发展，建设生态文明，努力与全省同步基本实现全面小康。滩坑水电站是一项民心工程、扶贫工程，移民政策处理是关键，丽水市委、市政府作出安置移民、扶贫帮困重大决策，保证滩坑水电站顺利开工。

丽水市委、市政府也多次决策，加强文化建设、开发旅游资源、促进旅游事业发展。2005 年 8 月，中共丽水市第一届委员会第十三次全体会议作出《关于加快绿谷文化建设的决定》。2000 年 7 月，丽水市委、市政府领导班子将摄影文化作为区域文化的一个重要方面加以培育，给予各方面支持。2001 年 4 月，市委要求有关部门在坚持“源于历史、基于现实、紧跟时代、引领发展、独具特质”的原则下，提炼出“勤劳质朴、坚韧不拔、负重拼搏、务实创新”十六个字的“丽水精神”。在建设九龙山自然保护区、浙江凤阳山——百山祖国家级自然保护区等方面，市委、市政府都作出重要决策。

1992 年，丽水地委开展撤区扩镇并乡工作。丽水地委专门抽调组织、劳动人事、民政部门干部，组成撤区扩镇并乡工作指导组 3 个，分片指导，及时完成工作任务。2000 年 8 月 8 日，丽水市政府常务会议决定，建立“12345”政府便民电话，负责收集整理社情民意和社会动态，为科学决策提供信息参考和依据。2005 年年初，丽水市委研究决定并推行乡镇干部“住村联心”工作制度，这项制度成为转变乡镇干部工作作风的一项重要制度。

丽水市委、市政府的一系列重大决策，推进丽水经济、社会、人文等各方面全面发展，人民生活和城市面貌的全面改观，使丽水逐步成为浙西南中心城市。

第一节　战略决策

丽水撤地设市

由于地域和历史原因，丽水在撤地设市前，无论在区位，还是产业、资源、交通等方面都没有优势可言，全地区经济社会发展与全省差距在拉大，工业经济总量小，工业化程度低，产业层次不高，产品竞争力弱；城市化进度明显滞后，辐射带动能力弱，基础设施建设相对落后；作为省政府的派出机构，行署的行政管理体制无论在建制、职责、对内管理还是对外合作交流等方面，都存在许多矛盾和不适应的地方，越来越不适应经济社会发展需要，制约丽水经济社会的发展。

1999 年 1 月 5 日，《中共中央、国务院关于地方政府机构改革的意见》下发，提出“要调整地区建制，减少行政层次，避免重复设置。与地级市并存一地的地区实行地市合并”。抓住党中央、国务院关于地方政府机构改革的机遇，从根本上解决地区行政公署管理体制所带来的弊端，增强城市的综合功能和辐射能力，带动区域经济发展，9 月，丽水地委、行署成立地区机构改革暨区划调整领导小组，在深入调查研究基础上，提出撤地设市、撤市设区、撤镇设办事处的“三撤三设”方案。2000 年 1 月 4 日，丽水地区行政公署向浙江省政府上报《关于丽水地区撤地建市和行政区域调整的请示》。1 月 26 日，浙江省政府向国务院上报《关于我省丽水地区撤地设市的请示》。

2000年5月20日，国务院发出《关于同意浙江省撤销丽水地区设立地级丽水市的批复》，正式批准丽水撤地设市方案。6月6日，省政府下发《关于撤销丽水地区设立地级丽水市的通知》，批准丽水撤地设市。2000年7月19日，丽水举行撤地设市庆祝大会及市委、市政府授印授牌挂牌仪式。丽水地区和县级丽水市撤销后，设立地级丽水市，市人民政府驻新设立的莲都区。丽水市设立莲都区，以原县级丽水市的行政区域为莲都区的行政区域。丽水市辖原丽水地区的青田县、云和县、庆元县、缙云县、遂昌县、松阳县、景宁畲族自治县和新设立的莲都区。原丽水地区的县级龙泉市由省直辖，其行政管理委托丽水市人民政府代管。

2000年7月20日，丽水市委、市政府发出《关于市本级与莲都区部分事权划分的决定》，进一步理顺市区体制机制，确保行政区划调整顺利进行。10月24日，市委、市政府发出《关于调整市本级与莲都区部分事权的通知》，实现行政管理体制变更的平稳过渡。同时，抓新一轮政府机构改革，丽水市被确定为省政府机构改革的试点单位。2000年10月16日，中国共产党丽水市第一次代表大会胜利召开。2001年1月8日，丽水市第一届人民代表大会第一次会议和政协第一届丽水市委员会第一次会议召开，标志着丽水市新的党政组织管理体制正式运行。

丽水撤地设市后，2001年，市委、市政府提出“发展绿色经济、培育优势产业、完善基础设施、建设生态城市”的发展战略，充分利用“青山、碧水、蓝天”的生态优势，抓好生态农业、生态林业、生态工业、生态旅游业和生态城市五大工程建设，在生态环境保护、基础设施建设、建设规划布局、产业园区开发等方面都取得长足进展，为推进全市经济社会可持续发展奠定扎实基础。2001年，是“十五”计划执行的开始年，也是丽水撤地设市的第一年。全市实现国内生产总值158.97亿元，一、二、三产业比例调整为23:41.5:35.5，全部工业增加值53.28亿元。全市人均国内生产总值6393元，全社会完成固定资产投资72.79亿元，社会消费品零售总额84.34亿元，城镇居民人均可支配收入8960元，农民纯收入2740元。到2010年，全市实现生产总值644年4亿元，年均增长12.9%，人均生产总值达到27.17万元；实现财政总收入76.84亿元，年均增长17.2%，实现社会消费品零售总额266.13亿元，年均增长15.7%，城镇居民人均可支配收入21093元，农村居民人均纯收入6537元；生态环境质量连续7年居全国前列、全省首位，赢得“中国生态第一市”的美誉，综合竞争力跻身全国地级市百强。

景宁畲族自治县设立

景宁县始建于明景泰三年（1452），属处州府管辖。1949年5月12日，景宁县解放，属丽水专区管辖。1960年1月7日，国务院决定撤销景宁县，并入丽水县。1962年6月1日，国务院决定以云和县地域和原景宁县地域设立新的云和县。景宁并入云和县后，给景宁的经济社会发展带来很大的影响，主要表现在县城管理、城市建设、生产生活、民族团结、群众办事上存在很多不协调问题。因此，景宁人民群众对重设景宁县非常迫切，民间酝酿设县活动频繁，设县成为当地人民的期盼。20世纪80年代初期，省、地、县领导对景宁设县十分重视，多次到景宁调研设县工作，听取景宁群众的意见后，一致认为，云和、景宁分县更有利于工作的全面开展，更能促进景宁的经济、社会发展；另外，景宁畲族人口在景宁县总人口中占10%以上，申请成立景宁畲族自治县可行性更高、更有利。总之，无论从经济社会发展还是民族区域自治政策落实的角度，申请设立景宁畲族自治县都是势在必行。

在省、地领导的支持和关心下，1983年5月21日，云和县委正式撰写《关于建立景宁畲族自治县的报告》，呈报丽水地委和浙江省委。1984年4月12日，浙江省委研究讨论并决定向中央上报《关于建立景宁畲族自治县的报告》。6月10日，民政部和国家民委向国务院提交《关于建立景宁畲族自治县的报告》。6月30日，国务院下发《国务院关于浙江省设立景宁畲族自治县的批复》(〔1984〕国函字第105号)。批复同意设立景宁畲族自治县，以原云和县的景宁、渤海、东坑、沙湾、英川区5个、镇1个、公社35个为景宁畲族自治县的行政区域，县人民政府驻鹤溪镇。

1984年7月12日，丽水地委召开常委会议，专题研究云和、景宁分县工作。会议明确分县的时间要求、基本原则和工作中需注意的问题。地委决定派工作组协助云和县委开展工作。7月15日，云和县委、县政府召开三级干部大会，宣布《国务院关于浙江省设立景宁畲族自治县的批复》和浙江省政府《关于设立景宁畲族自治县的通知》。新设立的景宁畲族自治县县域总面积1950.25平方千米，辖265个行政村，总人口162317人，其中畲族16229人。10月1日，全国唯一的畲族自治县——景宁畲族自治县正式设立。1984年12月31日，中共景宁畲族自治县第一次党代会选举产生县委第一届委员会和纪律检查委员会。1985年4月22日，即畲族传统的"三月三"节，县人民政府在驻地鹤溪镇举行盛会，庆祝中国第一个畲族自治县正式成立。

景宁畲族自治县的建立，标志着景宁的历史翻开新的一页。刚设县时，景宁农村居民收入大多处于贫困线以下，年收入只有148元；城镇集体以上职工年收入只有803元，1985年景宁畲族自治县被列为国家和省级重点扶持的贫困县。1984年，景宁县固定资产投资只有391万元，经过25年的发展，到2009年，累计完成固定资产投资89亿元，2009年年度投资规模增加到15.4亿元，是1984年的394倍，平均每年增长27%，2010年，全社会固定资产投资达18.1亿元；三大产业结构比重1984年60:14:26，2009年17:36:47，2010年调整为16.7:38:45.3；工农业总产值1984年5151万元，其中工业产值1251万元，财政收入254万元；到2010年，全县实现地区生产总值26.78亿元，其中工业总产值23.2亿元，财政总收入3.8亿元，农村居民人均纯收入6202元，城镇居民人均可支配收入17901元；景宁畲族自治县县域经济基本竞争力在全国2001个县中排名第839位，在120个民族自治县中排名第13位。旅游业不断发展，2010年接待国内外游客175万人次，实现收入7.3亿元。全县社会民生、教育、体育、卫生事业全面发展，生态文明建设取得显著成效。2009年文化部授予景宁畲族自治县"中华民族艺术之乡"称号，2010年，在全市率先获得"国家绿色能源示范县""中华茶文化之乡"等称号。

龙泉撤县设市

龙泉地处浙江、福建、江西三省交界，唐乾元二年(759)置县。龙泉是生态高地，国家级生态示范区、国家森林城市、国家园林城市，龙泉市森林覆盖率84.2%，境内的凤阳山自然保护区是浙江省面积最大的自然保护区。龙泉是中国青瓷之都、宝剑之邦和国家历史文化名城、国家文化先进市。从宋代开始，龙泉青瓷以主角的身份，参与开拓漫长的世界"海上陶瓷之路"，使龙泉成为"海上丝绸之路"重要起始地之一。龙泉又是浙西南著名的革命老区，粟裕、刘英在此创建红色革命根据地；抗战时，国民党浙江省政府及其一些厅局、浙江大学，都曾迁入龙泉。龙泉商业繁荣，是周边地域物资的重要集散地。1986年，《国务院批转民政部关于调整设市标准和市领导县条件报告的通知》，明确设市和撤县设市的标准。根据龙泉的地域、资源、历史、文化，龙泉具备撤县设市的基础和条件，撤县设市势在必行。

1987年，龙泉县委、县政府就龙泉设市问题多次作专题研究，认为龙泉撤县设市的基础和条件成熟，应审时度势，抓住有利时机，申请撤县设市。龙泉县委、县政府专题向地委、行署进行汇报。丽水地委、行署予以大力支持，并把这一要求列入地委、行署的重大决策。

1988年初，龙泉县委、县政府决定，进一步加强工作力度，扎实推进设市工作。提出“以设市为动力，促各项工作上新台阶”的目标要求，全面开展申请设市工作。1月28日，龙泉县人民政府作出《关于要求将龙泉县改建为龙泉市的请示》文件，提交丽水地区行政公署。请示文件经丽水地区行政公署和民政部门审核后，很快上报到浙江省人民政府。1988年秋天，浙江省委书记铁瑛到龙泉考察，在听取龙泉县委、县政府领导关于龙泉要求撤县设市的情况汇报后，表示要全力支持龙泉撤县设市工作。11月9日，浙江省人民政府向国务院上报《关于要求撤销龙泉县设立龙泉市的请示》。根据国家民政部《关于加强行政区划变更审核工作的通知》的要求，1990年7月26日，龙泉县人民政府向浙江省民政厅提交《关于要求撤县设市的补充报告》，并通过省民政厅将相关补充内容上报国家民政部。1990年12月26日，经国务院批准，国家民政部下发《关于浙江省设立龙泉市的批复》。1991年1月7日，浙江省人民政府下发《关于撤销龙泉县设立龙泉市的通知》，龙泉撤县设市终成定局。

为确保撤县设市各项具体工作的顺利进行，丽水地委、行署多次听取龙泉县工作汇报并给予具体指导。1991年1月10日，龙泉召开撤县设市广播电视大会。1月24日，龙泉县人大常委会十届五次会议，一致通过《关于撤销龙泉县设立龙泉市有关问题的决定》。2月4日，召开龙泉撤县建市庆祝大会，举行隆重的授牌授印仪式。

龙泉撤县设市后，龙泉经济建设和社会事业长足发展。1995年，龙泉市实现国内生产总值11.09亿元，工农业生产总值16.98亿元，财政收入6253万元，农民人均纯收入2197元。10月，龙泉被评为全国食用菌生产先进县和“中华灵芝第一乡”。2010年，龙泉市实现国内生产总值62.59亿元，增幅在丽水9个县（市、区）位列第一，三大产业结构由2009年的17.1∶42.4∶40.5调整为14.8∶45.4∶39.8，龙泉市财政预算总收入51581万元，城镇居民人均可支配收入22015元，农村居民人均纯收入6704元。围绕“农民增收六大目标”，龙泉市统筹城乡发展，实施各项惠民工程，农村生产生活条件改善，新农村建设成效明显，完成中心村14个项目建设159个，农村“135”工程有序推进。2010年，整顿转化后进村43个，创建生态文明村66个。完成环境整治村48个，巩固提升村9个，投资4.2亿元实施旧村改造43个村，危旧房改造6012户。新（续）建下山脱贫小区（点）17个，搬迁4800多人。农村垃圾集中处理覆盖率达85%，解决70多个行政村3.77万人的饮用水安全。2010年，实现工业总产值108.3亿元，首次突破百亿大关。全社会固定资产投资35.65亿元，“十一五”时期累计完成投资139.18亿元，年均增长15.8%，社会消费品零售总额22.69亿元；教育、体育、卫生成绩优异，基础设施和市政建设发生很大改善，城市品位和知名度出现明显提升。

丽水地区撤区扩镇并乡工作

随着改革开放深入和农村商品经济发展，县（市）以下设区管乡的行政管理体制越来越不适应新形势的需要，运行中的弊端和矛盾日益突出，加强农村党组织建设，深化农村基层体制改革刻不容缓，撤区扩镇并乡势在必行。1992年邓小平南方谈话以后，中国掀起第二次改革浪潮，推动撤区扩镇并乡工作。

1992年3月下旬，浙江省召开撤区扩镇并乡和县级机构改革试点工作会议。4月2日，地委召开扩大会议进行贯彻。地委主要领导在丽水地区乡镇企业工作会议上宣布，在撤区扩镇并乡期间，区、乡、镇的人、财、物冻结。同时，地区组织地、县(市)组织、劳动人事、民政部门负责人，由地委领导带队到龙泉市开展试点。4月中旬，丽水地区又组织8个县(市)组织、民政、人事部门负责人到龙泉市学习参观。4月19日，省民政厅批准龙泉市撤区扩镇并乡方案，4月底，龙泉撤区扩镇并乡试点工作结束。5月4日，全省撤区扩镇并乡工作会议结束，5月8日，中共浙江省委、浙江省人民政府出台《关于做好撤区扩镇并乡工作的通知》。5月8—9日，地委召开各县(市)委书记、县(市)长及地区部、委、办、局负责人参加的扩大会议，传达贯彻全省撤区扩镇并乡工作会议精神，要求县(市)撤区扩镇并乡方案在5月20日前报地区审批，月底全部完成。同时召开各县(市)党委、人大、政府、政协、纪委领导班子联席会议，传达省、地撤区扩镇并乡工作会议精神。

丽水地区抽调组织、劳动人事、民政部门干部，组成撤区扩镇并乡工作指导组3个，分片指导。各县、市都成立领导小组，党委主要领导任组长。地委、行署要求，在保证稳定的前提下，各县(市)委、政府必须统一认识、加强领导、周密部署、精心组织。5月19日，地委召开扩大会议，听取各县(市)撤区扩镇并乡方案汇报，按照“有利于经济发展和社会稳定、有利于行政管理和方便群众、有利于合理布局和整撤整并、有利于发展小集镇建设”的原则进行审查。经会议审定的方案上报浙江省民政厅，于5月下旬完成审批。方案充分体现坚持实事求是、从山区实际出发，坚持坚决撤区、重点扩镇、适当并乡的原则精神。

经过撤扩并之后，全地区原有建制镇46个，扩并后增至61个。其中并乡扩镇的38个，新建镇16个，保留镇7个。全地区原区公所48个，除龙泉市龙南、道太、城北区及庆元县万里林区、青田县章村区等区公所所在地未建镇，其余都建立建制镇。全地区原有乡288个，扩并后减为133个，其中保留的乡100个，乡与乡合并的33个。保留乡中有畲族乡6个，未通公路乡17个，边远山区的边界乡77个。全地区被扩并的155个乡中，整撤整并的152个，占98.06%；破乡分并的3个，占1.94%。丽水撤区扩镇并乡工作取得成效。

生态市建设

丽水地处浙西南山区，生态是丽水最大优势。1998年，丽水酝酿创建国家级生态示范区。12月10日，中共丽水地委、行署第三次全区环境保护会议提出建设国家级生态示范区的工作目标，成立丽水地区生态示范区建设领导小组。1999年4月9日，全区生态示范区建设工作会议在丽水召开，讨论研究《丽水地区生态示范区建设规划》编制方案。6月，由丽水地区行署向国家环保总局提出创建国家级生态示范区的申请。11月，行署印发《丽水地区生态环境建设规划》。12月1日，国家环境保护总局正式批准丽水为全国生态示范区建设试点地区，至此，丽水地区成为全国第四个、华东地区第一个生态示范地区，全面生态示范区建设在丽水推开。2000年1月13日，地委、行署在丽水召开全区生态示范区建设工作会议。3月，丽水地区生态示范区建设暨龙泉市百万亩生态公益林建设启动大会在龙泉市举行。7月，市委、市政府明确提出以“生态立市、工业强市、绿色兴市”发展战略，高度重视生态建设。

2001年7月，市政府印发《丽水市生态示范区建设总体规划》，并组织实施。2002年，中共浙江省第十一次代表大会提出建设“绿色浙江”的目标任务。7月24日，市委、市政府召开丽水市生态示范区迎验工作暨生态市建设会议，部署生态市、生态县（市、区）规划编制工作。12 月 28 日，《丽水生态市建设规划》编制完成，并通过由省生态办组织的专家评审和论证。2003 年 10 月 28—30 日，国家生态示范区考核验收组对丽水国家级生态示范区建设试点进行考核验收，同时，丽水进入生态市创建工作。2004 年 1 月 17 日，市政府市长办公会议审议通过《丽水生态市建设规划》。2 月 17 日，中共丽水市委常委会审议通过《丽水生态市建设规划》。2 月 25 日，市一届人大常委会第 23 次会议，审议批准《丽水生态市建设规划》，会议同时作出《关于建设生态市的决定》，丽水生态市建设全面启动，步入规划实施阶段。12 月 30 日，丽水市被正式命名为全国第三批国家级生态示范区，丽水成为浙江省地级市中第一个获国家环保总局正式命名的国家级生态示范区。2005 年 10 月 24—26 日，国家环保总局在四川成都举行第二届全国生态市（县）建设现场会暨第三批国家级生态示范区命名表彰大会，正式授予丽水市“国家级生态示范区”标牌。“国家级生态示范区”推进丽水生态市建设的进程。

2006 年 6 月 21 日，中共丽水市委、市政府作出《关于创建国家环境保护模范城市的决定》，《决定》明确提出，从 2006 年起，重点建设“朝阳、碧水、蓝天、清静、洁美、绿色”六大环境工程，确保到 2010 年前，实现“社会文明进步、经济持续发展、资源合理配置、环境质量良好、生态良性循环、城市清洁优美”的目标，各项“创模”指标全面达到国家环境保护模范城市考核指标的要求，通过国家考核验收。11 月，市政府印发《丽水市创建国家环境保护模范城市实施意见》。2008 年，丽水市编制完成《丽水市创建省级环保模范城市规划》并通过省环保局专家论证。8 月，丽水市委、市政府制定出台《关于进一步推进生态县（市、区）和生态乡镇村建设工作的意见》，提出全市 9 个县（市、区）生态创建工作阶段性目标。9 月 1 日，丽水市在全国率先发布实施《丽水市生态文明建设纲要》。2010 年，丽水市被省环保厅正式命名为省级环保模范城市。

1998 年的国家级生态示范区创建到 2010 年的生态市创建工作为推动区域经济社会环境协调快速发展起到积极作用，丽水市 9 个县（市、区）全部创成省级生态县，实现省级生态县创建“满堂红”。创建国家级生态乡镇（街道）92 个、省级生态乡镇（街道）165 个、市级生态村 2339 个；丽水市先后获得“首批省级生态市”“国家森林城市”“国家园林城市”“国家卫生城市”等荣誉，被列入首批国家生态文明先行示范区、第二批全国水生态文明城市建设试点市、国家生态保护与建设示范区，生态环境状况指数连续 13 年保持全省第一、全国领先，生态环境质量公众满意度连续 9 年蝉联全省第一，生态文明总指数达 107.34，居全省第一，生态省建设考核连续 10 年蝉联优秀。丽水开始走上自然和人文结合，新型工业化、城市化和社会主义新农村建设，经济发展与生态保护协调推进的发展之路。经过四年多建设，丽水市初步建立起较为发达的生态产业体系，农业生态化、工业循环化、旅游绿色化，较为完美的自然生态体系和较为完善的生态社会支撑体系，城市化水平进一步提高，绿色经济蓬勃兴起，环境质量进一步改善，生态意识普遍提高，社会事业全面进步，生态环境保护机制逐步确立。“秀山丽水、养生福地、长寿之乡”的区域形象公认度明显提高。

滩坑水电站建设

滩坑水电站位于瓯江支流小溪的中游河段，因坝址在青田县北山镇滩坑村附近而得名。早在 20 世纪 40 年代就有建设滩坑电站的设想。20 世纪 50—90 年代，丽水地区先后进行流域及区域性的水利、水电、航运等查勘规划 40 多项，有重大查勘规划 10 多项。1998 年，在浙江省政协八届一次会议上，海外委员郭胜华向大会提交《关于争取滩坑电站立项建设的提案》，青田、景宁两县的党员代表、人民代表、政协委员、人民群众多次表达建造滩坑水电站的要求。

历史上，对于滩坑水电站的立项和建设，历经波折，屡次被搁浅。1999年7月，华东勘测设计研究院受浙江省电力公司委托，编制完成浙江瓯江滩坑水电站预可行性研究报告（修编本）[（以下简称“预可研报告（修编本）”]。1999年8月3—4日，浙江滩坑水电站可行性研究专家咨询论证会议在北京召开。专家们在经过反复讨论后，得出较为一致的结论，建议早日立项兴建。中国工程院副院长、中国科学院院士潘家诤在会上表达对滩坑水电站项目的支持。中共丽水市委、市政府重视滩坑水电站的立项和建设，多次研究并向省委、省政府提出要求和建议，主动承担莲都区域内的有关工作。1999年11月，在预可研报告（修编本）和专家咨询意见的基础上编制完成浙江瓯江滩坑水电站预可行性研究报告（重编本）[以下简称“预可研报告（重编本）”]。2000年12月，中国水电顾问有限公司会同浙江省计委在杭州主持召开预可研报告（重编本）审查会，会议通过预可研报告（重编本）。2001年10月，组建成立滩坑水力发电厂建设筹备处。2002年4—6月，华东勘测设计研究院编制完成《滩坑水电站项目建议书》。6月，浙江省人民政府第69次常务会议专门研究滩坑水电站建设问题，作出建造滩坑水电站的决定，中共浙江省委、省人民政府将滩坑水电站建设作为浙西南欠发达地区最大的扶持项目。2003年年初，浙江省计委向国家发展改革委提交《浙江瓯江滩坑水电站项目建议书》；国家发展和改革委员会向国务院递交《关于审批浙江瓯江滩坑水电站项目建议书的请示》。5月13日，国务院第8次常务会议批准《滩坑水电站工程项目建议书》，5月15日，国务院通过青田滩坑水电站项目立项，2004年8月6日，国家发改委印发《关于浙江瓯江滩坑水电站项目核准的批复》。至此，滩坑水电站和移民安置的规划论证告一段落，进入实质性启动实施阶段。

滩坑水电站这一民生工程的实施，却因移民政策处理问题变得一波三折。2001年2月，浙江省人民政府制定出台《浙江省人民政府办公厅关于做好滩坑水电站库区移民安置规划工作的通知》。然而2003年7月5日和7月20日发生因移民问题导致的群体性事件。省委书记习近平亲自过问，丽水市委书记楼阳生直接参与解决，扫除障碍。2004年10月31日，滩坑水电站顺利开工。2005年10月13日，滩坑水电站顺利实现大江截流目标，截流后加快建设进度。2007年4月底，坝体临时断面上升至98米高程，具备拦挡200年一遇洪水的能力。4月27日，泄洪洞土建工程完成导流功能验收。9月14日，首台机组开始安装水轮机蜗壳。2008年1月31日，一期混凝土面板浇筑完成。2月15日下午4时许，重达20.8万千克的一号机组发电机定子成功吊装就位，该工程机组建设实现又一重大进度目标。2008年4月中旬，滩坑水电站工程大坝最高处填筑至148米高，162米的坝顶高度近在咫尺，同月正式下闸蓄水。8月16日，第一台机组投入商业运行。2009年2月，第二台机组投入商业运行；7月，第三台机组投入商业运行。2010年，国家重点建设项目、浙江省目前最大的扶贫致富项目滩坑电站3台机组全部建成投产。

滩坑水电站是浙江省“五大百亿”帮扶致富建设的重点项目之一，是浙西南继金温铁路、金丽温高速公路之后最大的一项基础设施建设工程，也是丽水市一项重大的扶贫工程。滩坑水电站移民总人数50301人，动迁安置涉及全省5个市，县（市、区）33个，乡镇305个，涉及丽水市内县（市、区）7个，乡镇33个，行政村193个。滩坑电站建设工程的成功实施是中共浙江省委、丽水市委坚持党的群众路线、贯彻“绿水青山就是金山银山”理念、实施“八八战略”的实践样本。滩坑水电站库长80千米，整个库区面积70.93平方千米，是紧水滩库区的两倍，最大坝高161.5米，正常蓄水位160

米，电站水库总库容41.5亿立方米，装机总容量60万千瓦，年发电量10.35亿千瓦时，总投资达50亿元(不含库区专项复建和安置点有关配套项目)，工程规模仅次于新安江水电站，是瓯江流域规划中的一座重要骨干电站。至2010年，滩坑电站税收收入突破亿元大关。

民族地区经济社会发展

改革开放以来，丽水市少数民族地区的经济社会各项事业，都取得较大成绩。但由于多种原因，丽水市民族地区经济社会发展还相对滞后，与全省经济发达地区还存在差距。丽水市委、市政府为加快丽水市少数民族和民族地区经济社会发展，促进各民族共同繁荣，实现省委、省政府提出的“到2020年全省基本实现现代化”的目标，根据历次中央民族工作会议精神和《中共浙江省委、浙江省人民政府关于进一步加强民族工作，加快少数民族和民族地区经济社会发展的意见》，把加快和促进丽水市少数民族和民族地区经济社会全面发展，作为工作的重中之重。

2005年6月22日，丽水市委、市政府召开全市“心系民族发展，共创美好明天”主题活动动员大会，对民族工作进行部署。2006年4月3日，市委、市政府出台《关于加快少数民族和民族地区经济社会发展的实施意见》，明确扶持民族地区经济发展、民族地区基础设施建设、少数民族科教文卫事业、少数民族干部培养选拔、加强民族工作领导等内容。同年，出台撤地设市后丽水市编制的第一个少数民族事业规划《丽水市少数民族事业“十一五”规划》，这是“十一五”时期发展少数民族事业的指导性文件。2009年，市委、市政府成立丽水市民族工作领导小组，市委、市政府分管领导担任组长和常务副组长。同年，市委、市政府制定《关于加大少数民族经济社会扶持力度的意见》，实施“民族教育券”制度和少数民族群众参加新型农村合作医疗补助政策。“民族教育券”制度在全市以“民族教育券”形式，对少数民族高中生(含职高)每学年补助800元、初中生每学年补助200元、小学生每学年补助100元；少数民族群众参加新型农村合作医疗补助政策，对参加新型农村合作医疗的少数民族群众补助个人缴费部分的50%。丽水市委、市政府在丽水经济开发区范围内划出4.1平方千米土地，扶持景宁加快“飞地”工业经济发展。2009年4月，浙江省政府正式批准在丽水经济开发区内设立丽景民族工业园。8月，丽景民族工业园开工建设。同年，市政府在市属9个县(市、区)内，专题督查少数民族扶持政策落实情况。专题督查组围绕“加强领导、落实扶持措施、民族干部队伍和人才队伍建设、各地出台优惠政策措施”等四个方面，汇总督查情况，形成《关于各县(市、区)贯彻落实少数民族扶持政策情况的督查报告》报送市委、市政府主要领导参阅。

丽水市民族工作的各项政策、措施提高丽水少数民族和民族地区经济社会发展水平。2010年，全市少数民族农村居民人均收入5283元，是2005年2420元的2.18倍；7个民族乡镇工农业总产值6.99亿元，是2005年3.57亿元的1.96倍。社会发展水平实现提升，民族文化旅游景区1个成功创国家AAAA级景区，开通康庄公路207个村，安装自来水198个村，开通程控电话207个村，安装有线电视200个村，完成村庄整治147个村，涉及77个村的居民1467户实现下山脱贫，落实帮扶资金900多万元。少数民族教育、医疗取得新成绩。全市建民族高中1所、民族初中3所、民族小学6所，少数民族义务教育普及率100%。“十一五”期间培养少数民族大专以上毕业生2109人。同时加强对民族地区师资队伍的培训，努力提高教师素质和教学质量。群众新型农村合作医疗参合率95.27%。文化、体育、艺术方面取得新成就。2006年11月，在杭州萧山举行的第三届浙江省少数民族传统体育运动会中，丽水市代表团获得金牌26枚、银牌15枚和铜牌7枚，金牌数居全省首位。畲族歌舞剧《畲家谣》代表浙江省参加2006年9月16—17日举行的全国少数民族第三届文艺会演并获创作金奖。2010年10月27日，召开丽水市第二次民族团结进步表彰大会暨少数民族文化工作会议，表彰民族团结进步模范和模范个人。

凤阳山——百山祖国家级自然保护区建设

浙江凤阳山——百山祖国家级自然保护区位于浙江省丽水市的龙泉市南部及庆元县东北部，是瓯江、闽江、赛江三江发源地。独特的地形和水文地理环境形成中亚热带气候区中一个特殊的区域，荟萃大量珍稀动植物资源，区内有种子植物2005种、脊椎动物292种、昆虫2203种，列入国家重点保护野生动物52种、国家重点保护植物38种，浙江省重点保护动物37种、重点保护植物29种，被称为“天然珍稀动植物园”“华东古老植物的摇篮”。百山祖出名，还在于第四纪冰川时期的孑遗植物、素有“活化石”之称的百山祖冷杉。在百山祖南坡的3株百山祖冷杉是全球仅存的自然生长个体，也是被国际物种保护委员会列为物种保护的全球12种最濒危植物之一。百山祖冷杉的发现及分布情况，是研究中国东南沿海古代植物的生长演变、古气候和古地理的无价之宝，奠定自然保护区的建立基础。百山祖亦有十分丰富的人文资源，域内祭奠香菇鼻祖吴三公的吴三公庙，具有很高的观赏价值。

1975年5月15日，浙江省革命委员会发出36号文件《关于加强珍贵稀有野生植物资源保护管理的通知》，批准建立凤阳山自然保护区。同年8月，龙泉、庆元二县正式分开办公，凤阳山南部十九源一带原属凤阳山林场管理的山地133.33多公顷，因在庆元县内而归属庆元。1979年11月，凤阳山自然保护区筹建小组成立。1980年7月1日，凤阳山自然保护区管理机构成立，正式成立凤阳山省级自然保护区。中共丽水地委、行署要求龙泉县把保护重点放在自然生态环境、森林生态、生物多样性等方面。1981年起，龙泉县人大、县政府分别制定《生态旅游管理办法》《凤阳山庙管理办法》《进区生产作业管理办法》《森林防火工作制度》《森林火灾应急处置预案》等规章制度。1985年，经浙江省人民政府批准，在原万里林场范围和庆元县的五岭坑建立百山祖省级自然保护区。

1992年3月，林业部处长孟沙及中国科学院植物研究所研究员傅立国，在浙江省林业厅林政处副处长陈行知的陪同下到凤阳山保护区调研，提出将凤阳山和百山祖2个省级自然保护区合并，并晋升为国家级自然保护区的建议。同年10月27日，经国务院批准，凤阳山和百山祖2个省级自然保护区合并，晋升为“浙江凤阳山—百山祖国家级自然保护区”，随后成立国家级自然保护区管理局，与丽水地区林业局合署办公，下设凤阳山管理处和百山祖管理处。凤阳山—百山祖国家级自然保护区行政范围涉及龙泉市的兰巨、龙南、屏南乡镇3个行政村27个，以及庆元县的万里林场、百山祖乡行政村8个、安南乡的五岭坑。保护区总面积26051.5公顷，其中核心区面积7436.1公顷，缓冲区面积4152.5公顷，实验区面积14462.9公顷。

“浙江凤阳山——百山祖国家级自然保护区”自1992年10月设立后，先后被授予“中国最佳生态保护十大自然保护区”“中国生态环境保护十大贡献单位”“中国最具影响力十大生态旅游区”“全国摄影基地”“浙江生态道德教育基地”“浙江大学教学实习基地”等荣誉和称号。域内龙泉山景区为国家AAAA级景区和省级生态旅游示范区。2001年，中共龙泉市委、市政府引入宋城集团，对凤阳山自然保护区生态旅游区进行整体开发。

浙江九龙山国家自然保护区建设

九龙山位于遂昌县西南部，总面积30万公顷，主峰1724米，为浙江省第四高峰。海拔千米以上有原始天然林近万亩，具有中亚热带阔叶林植被的典型特征。有植物173科637属1340多种，其中国家级重点保护植物18种；有脊椎动物149种，珍稀动物10多种，享有"生物基因库"的美称。保护区内壮观的十里猴头杜鹃长廊全国罕见，还有四洲兰、蔡相岩、十八罗汉、龙井、饭蒸坛、大岩、八仙钓台、石门等景点。九龙山景点和生物的多样性、系统性，是建设九龙山国家级自然保护区的重要资源。

1978年9月，遂昌县林科所的科研人员到龙洋乡黄基坪一带采集植物标本、考察林业时，进入九龙山腹地枫树洋，发现大片原始古老阔叶林，看到疑是"人熊"的脚印和用树枝做的窝。1979年8月5—31日，丽水地区科委组织科研人员20多人，对九龙山区开展综合科学考察，根据考察结果，向遂昌县革命委员会提出建立九龙山自然保护区的规划意见。9月，丽水地区科委领导和遂昌县林科所科技人员专程向浙江省科委和杭州大学生物系师生汇报九龙山区科学考察的成果。1980年8—9月，由浙江省科协48人组成的考察队对九龙山区开展多学科综合考察。其间，《浙江日报》以《即将揭开九龙山野人之谜》为题对考察作连续报道。而后，在杭州召开九龙山自然资源考察研讨会。依据考察和研讨结果，浙江省科协向浙江省政府呈报《关于建立九龙山自然保护区的报告》。

科技工作者的努力，引起丽水地委、行署、地区科委等部门的重视，由此拉开探秘九龙山原始森林的序幕。1980年10月，遂昌县革命委员会建立"九龙山自然保护区筹备委员会"；11月27日，委员会向丽水地区行署、浙江省政府呈报《关于建立九龙山自然保护区的报告》。1982年2月27日，在丽水行署的支持下，遂昌县政府再次向浙江省政府呈报《关于要求建立九龙山自然保护区的报告》。4月，中国科学院植物研究所教授秦仁昌整理、鉴定出产自九龙山的模式标本15个为植物新种。1983年3月8日，薛驹、李丰平、陈法文等省委、省政府领导就建立九龙山自然保护区的补助资金、事业经费和课题经费等事项提出意见。6月3日，遂昌县政府向浙江省政府呈报《关于建立九龙山自然保护区有关山林政策处理等问题的报告》。同时，浙江省政府农村工作委员会、林业厅、科学技术协会就九龙自然保护区中心区山林所有制处理、筹建情况，向浙江省政府呈报《关于建立九龙山自然保护区中心区的补充报告》。9月3日，浙江省政府办公厅下达《关于同意成立九龙山自然保护区的通知》，浙江省九龙山自然保护区建立。按照通知精神，保护区面积约2000公顷，其中绝对保护区约1000公顷，国家征用，其余为一般保护区，林权不变，归集体所有。1983年9—11月，遂昌县林业局组织工作队，实地踏勘、确定九龙山自然保护区区界。至12月底，完成集体山林征用1151.53公顷，支付山林补偿款48.5万元。1985年6月，位于黄基坪、小九龙等地，原由王村口林业站管理经营的4块133.33多公顷国有林划归保护区，保护区域面积扩大到1288.26公顷，九龙山自然保护区实际面积1993.33公顷。1995年12月14日，遂昌县人民政府向浙江省林业厅提出晋升九龙山自然保护区为国家级保护区的要求，得到地委、行署的支持。1997年10月，遂昌县政府向省林业厅呈报九龙山自然保护区晋升为国家级保护区的报告。2001年年初，遂昌县政府把九龙山自然保护区升格为国家级保护区工作列为县十件大事之一。2002年3月13日，遂昌县政府请示省政府，要求升格九龙山自然保护区为国家级自然保护区。4月15日，遂昌县政府下发《关于九龙山自然保护区土地管理权属确认的批复》，确认九龙山自然保护区的土地管理权属及四至。同时致省林业局《关于委托评审九龙山自然保护区科考报告和总体规划的函》。4 月 30 日，省政府向国务院呈报《关于将浙江遂昌九龙山省级自然保护区升格为国家级自然保护区的请示》。2003 年 6 月 6 日，国务院办公厅发出《关于发布河北衡水湖等 29 处新建国家级自然保护区的通知》，其中包括九龙山自然保护区。至此，九龙山自然保护区晋升为浙江九龙山国家级自然保护区，总面积 5525 公顷。根据区内的物种保存、自然生态环境保持、科学研究与普及、教学、生产、旅游等功能，保护区划分为核心区、缓冲区、实验区三个功能区。保护区外设置外围保护带，对核心区、缓冲区、实验区、外围保护带分别实行禁止性、限制性、控制性、引导性的管理保护目标，实现各种功能有机结合的保护目的。

2003 年 9 月 8 日，遂昌县林业局委托浙江省林业调查规划设计院编制《浙江九龙山国家级自然保护区总体规划（2005—2015 年）》，围绕保护和发展两大主题，按保护管理、科研监测、宣传教育、基础设施、社区发展、生态旅游、多种经营、环境保护等进行全面规划，并对建设项目、内容、规模、布局、建设顺序和投资额度等作出具体规划。11 月 21 日，国家林业局批准《浙江九龙山国家级自然保护区总体规划（2005—2015 年）》。至 2010 年年底，浙江九龙山国家级自然保护区管理局严格遵循《浙江九龙山国家级自然保护区总体规划（2005—2015 年）》的要求，全面、科学、规范地开展保护区建设。

集体林权制度改革

农村进行耕地改革使广大种地农民受益，而对广大的山区和林地、林农来说，虽然经历林业“三定”（1981—1984 年）、完善林业生产责任制（1989 年 11 月至 1991 年 3 月）和延长山林承包期（也称“山林延包”，2006 年 1—12 月）三个阶段，但主要体现在权属勘界，所有权与使用权、经营权等权能区分还没有完善。为实现资源增长、农民增收、缩小城乡差距、社会和谐、生态良好、林区和谐的目标，集体林权改革日益迫切。

集体林权制度改革（以下简称“林改”）可划分为主体改革和配套改革两个时期。主体改革，即明晰产权和经营主体；1981—2006 年，浙江省通过林业“三定”和山林延包工作，已基本完成丽水市集体林权制度的主体改革。2006 年，丽水在基本完成集体林权制度主体改革的基础上，着手进行一系列的配套改革探索。针对当时阻碍林业发展的体制机制问题，丽水着眼“盘活”和“变现”两大重点，率先在全省启动林改实践。2003 年，《中共中央国务院关于加快林业发展的决定》发布后，福建、江西、辽宁三省先后在全国率先启动林改试点。2006 年 3 月，丽水市林业局向市委、市政府建议率先在全省启动林改试点。6 月 27—30 日，丽水市政府组织林业考察团，到福建省永安市（县级）、邵武市（县级）学习考察森林资源流转（林改）经验。7 月 5 日，考察团向丽水市委、丽水市政府报送《关于到福建学习考察森林资源流转的情况报告》，提出要制定出台森林资源流转相关政策、建立相应工作机构、开展森林资源流转试点等建议。10 月 9 日，市政府制定出台《中共丽水市委丽水市人民政府关于推进森林资源流转工作的意见》，提出丽水林改的方向、目标和措施，丽水市林改正式启动，并在遂昌、龙泉、庆元 3 个县试点。浙江省成为全国第 4 个开展林改的省份。2007 年 1 月，市政府成立丽水市林业投融资改革工作领导小组。各市、县（市、区）均成立林权管理中心、林权交易中心、森林资源收储中心和森林资产评估机构等“三中心一机构”，为林农提供林权确认、登记、抵押、评估、收储、交易等服务。4 月 7 日，丽水市编委同意设立丽水市森林收储中心和丽水市林权管理中心。2008 年 3 月 12 日，发布《中共丽水市委办公室丽水市人民政府办公室关于市延长山林承包期工作领导小组更名及人员调整的通知》，决定市延长山林承包期工作领导小组更名市林权制度改革领导小组。4 月 12 日，丽水市编委同意森林资源收储中心（林权管理中心）与开发区林业站合署办公。

丽水市打通资源变资产的通道，提出 3 种林权抵押贷款方式，出台文件，使林权抵押贷款有章可循。2007 年 4 月 11 日，丽水市第一笔林权抵押贷款发放，实现“资源变资产，资产变资本”的转变。2008 年，创新森林保险机制，推行以县（市、区）为单位，统一打包联保的方式，由地方财政出资，将县（市、区）有林地一次性与商业保险公司签订保单，实行统一保险、统一理赔，防范林权抵押贷款的灾害风险。2009 年，庆元县在全国率先创新“林权 IC 卡”（专题另述），同时开始把林木火灾保险纳入市政府对县（市、区）政府的考核，9 个县（市、区）全面推行林木火灾保险，实现全市 140 万公顷林地森林保险“全覆盖”。2010 年年初，出台《中共丽水市委办公室丽水市人民政府办公室关于全面推广“林权 IC 卡”进一步深化金融支持集体林权制度改革的若干意见》，提出一系列支持林权抵押贷款的措施。同时，制定丽水市森林资源资产评估实施意见（试行）》《关于做好林权抵押不良贷款资产处置变现工作的意见》《丽水市林权出资公司登记管理暂行办法》 等操作办法，进一步解决贷款机制、风险控制和惠民扶民等方面的问题，林权抵押贷款快速增长。

至 2010 年，全市林权抵押贷款累计发放 24.84 亿元，贷款余额 17.7 亿元。9 年来，全市林权抵押贷款余额总量一直占全省一半以上份额，居全国各地市第一。10 年来，丽水林权抵押贷款的不良率持续低于 0.2%；丽水市 16 家银行有 12 家参与林权抵押贷款，参与信心持续增强。

青川县石坝乡灾后恢复重建

2008 年 5 月 12 日，汶川发生大地震，造成 69227 人死亡，374643 人受伤，17923 人失踪，是新中国成立以来破坏力最大的地震，也是唐山大地震后造成伤亡最惨重的一次地震。青川县是浙江省对口支援县，全省各地按照省委要求紧急行动开展救援。丽水市委、市政府经过研究，迅速调集人员、物资到对口援建的青川县。6 月 18—21 日，副市长庄志清受市委、市政府委托，率市卫生局、民政局、红十字会、疾控中心等部门负责人到四川省青川县石坝乡实地考察灾后恢复重建工作，同时决定组建丽水支援青川县石坝乡灾后重建指挥部，2008 年 9 月 12 日，援建指挥部进驻青川县石坝乡，并举行揭牌仪式。

丽水市援建指挥部秉承尊重科学、灾民为先、建设为重、安全为要的工作理念，按照科学援建、高效援建、廉洁援建、安全援建和“三年任务二年基本完成”的部署，先后编制《石坝乡 2008—2020 年规划》《石坝乡灾后农民建房示范点工程规划》《石坝乡场镇控制性详细规划》《石坝乡农村饮用水工程规划》《石坝乡产业发展规划》等一系列规划文本，科学规划指导石坝乡灾后恢复重建。丽水市援救指挥部坚持“两手抓”，一手抓实物援建，一手抓产业恢复，提出一稳粮、二输出（劳务输出）、三种养（传统种植业和生态养殖业）、四菌药（食用菌和中药材）、五“三产”（依托地震遗址资源，连接东河口公园，发展农家乐等）的发展思路，实施“万头畜千亩药四十万袋菌”产业计划，选定食用菌、生态养殖、种植等项目作为扶持重点，出台政策对示范户及示范基地进行重点扶持；提出场镇建设围绕“拉开框架，拓展空间，完善设施，提升品位”思路，重点打造场镇“12541”工程，即“一堤一园、二路二楼、五桥四区、一整治”的石坝新场镇。

学校、卫生院、场镇供水三个首批援建项目确定后，丽水市救援指挥部推进项目建设“双百攻坚战”。场镇供水主体工程顺利竣工并于 2009 年 5 月 12 日正式通水，新石坝小学和石坝卫生院分别于2009年8月28日、9月25日按时交付使用，新石坝小学获“青川杯”优良工程奖。在完成首批援建项目后，救援指挥部突出石坝场镇建设重点，完成包括场镇道路、桥梁、防洪堤、环卫设施和市政配套、健身公园等多个项目在内、总投资为1647万元的综合配套工程项目。建成1285米防洪堤，改变石坝乡场镇常年不设防的状况。完成2000米民主路、兴盛路水泥路面浇筑。建设公共厕所3座，场镇桥梁5座，场镇独桥通行的拥挤局面缓解；运用“世界非遗”技术建造丽石廊桥、廊亭（丽石公园），廊桥（亭）景观带形成，提供石坝群众健身休闲场所。科教文化中心、集贸市场（园丁公寓）建设，解决教师住房难，根除马路市场，实施远程教育、进行科技培训、举办文化活动的平台落成，集镇功能得到提升。石坝大桥、红石桥、民主桥、严家桥、丽石廊桥建成，场镇形成“两纵三横”的道路网络。老街整改区和白岩包、木红崖、严家沟“一区三点”的集镇新格局，扩大场镇面积1倍以上，人口容量增加300—500人。青川县要求有关部门将石坝场镇建设成功做法嫁接到县城建设中，并在石坝召开全县场镇建设现场会。丽水援建指挥部完成98%以上农村过渡房及全乡1325户永久性住房建设任务，率先启动农村安全饮水工程建设，在石坝乡全域建成供水站（点）36个，铺设管道160千米，建筑水池65个，受益人口4000多人。丽水市援建的农村安全饮水工程得到省指挥部的高度肯定并在各指挥部推广。完成强家社、白石社、上花园社、下花园社、柏树社、赵家河社、董家社、青龙社、青岗坪社、院子社、李子社、孙家社等通村社路及连户路的建设。在青龙村青石寺社（麻池盖）建立纪念广场悼念“5·12”大地震中石坝乡遇难人员，是青川东河口地震遗址公园之后第二座小型地震遗址纪念广场，是广元市第一个乡级地震纪念广场。筹措安排劳动力技能培训与转移就业资金150万元，筹资建立石坝乡教育爱心基金200万元，捐赠广元市红十字会康复医院万源社区卫生服务中心综合楼项目建设和劳动力转移培训项目资金442万元，捐赠广元市、青川县卫生部门项目建设及设施购置资金642万元，捐赠青川县中医院大型医疗救护巡回车购置、红十字会卫生救护培训及就业训练中心培训设备购置资金200万元，捐赠石坝乡金银花种植产业援建资金100万元。

丽水市援建指挥部完成石坝小学、卫生院、场镇供水、场镇综合配套项目、科教文化中心、农村安全饮用水、农房示范点配套、集中安置点道桥工程、产业恢复重建、青龙地震纪念广场、教育医疗设施配套、教育爱心基金、劳动力技能培训、千亩金银花栽培基地等项目，于2010年8月6日上午进行整体移交。援建直接投资4700多万元，实施项目个数是原规划的3倍，计划投资概算超原计划1.8倍。

第二节　基础设施建设

丽水市区城市防洪工程

中华人民共和国成立后党和国家重视防灾减灾工作，整修一批古老水利工程，又新建一批小型蓄水、防洪工程。2000年7月，丽水市委、市政府开展新一轮水利规划和治水工程，丽水市区城市防洪工程建设应运而生。

丽水市区城市防洪工程建设始于1996年。省防汛指挥部、计经委、建设厅联合以浙防汛〔1996〕4

号文件转发《国家防总关于加快城市防洪规划和建设工作的通知》，要求各地开展城市防洪规划和建设工作。1998 年长江洪水后，各地领导高度重视城市防洪工程建设，新一轮高标准防洪工程建设全面启动。8 月，丽水市（县级）委托省水利水电勘测设计院开展丽水城市防洪工程可行性研究。11 月，省水利水电勘测设计院完成可行性研究报告初稿。市政府组织相关部门及设计人员到绍兴、南平、三明等城市考察学习，考察组提出初步设想，经论证、讨论后，确定最终方案。1999 年 8 月，成立丽水市城市防洪工程建设指挥部，负责工程实施过程中资金筹措、政策处理及协调工作。市编委批准设立丽水市城市防洪工程建设开发管理处作为工程建设项目法人，负责工程建设全过程管理和建后维护工作。10 月，浙江省水利水电勘测设计院完成项目可行性研究报告的编制，11 月，浙江省计划与经济委员会批复同意丽水市区城市防洪工程，建设防洪堤总长 16888 米，其中大溪北岸防洪堤 4709 米，南岸 4769 米，好溪东岸 5146 米，西岸 2264 米；东西排洪渠总长 6380 米，防洪闸 4 座，劈山总长 696 米，工程总投资 26385 万元。11 月 30 日，浙江省计经委浙计经投〔1999〕1615 号文件批准丽水市城市防洪工程可行性研究报告，同意丽水市城市防洪工程防洪标准为 50 年一遇，城市周边排山洪标准为 10 年一遇，属Ⅲ等工程。大溪、好溪防洪堤为 3 级，主要工程有主城区大溪厦河段、塔下段劈山拓宽河道、大溪北岸防洪堤、好溪西岸防洪堤、城北防山洪东排渠道、西排渠道、防洪排涝闸、水南片大溪南岸防洪堤及防山洪工程、水东片好溪东岸防洪堤及防山洪工程等。根据丽水市工程实施中的财力和保护对象的重要性，先实施主城区防洪工程和劈山工程。

1999 年 12 月 30 日，丽水市（县级）政府在厦河村外渡口大溪河滩上举行城市防洪工程开工典礼。2000 年 4 月，浙江省计划与经济委员会批复丽水主城区防洪工程的初步设计报告，批准建设防洪堤总长 16888 米，防洪堤长 6982 米，劈山总长 1230 米，排洪渠总长 6540 米，工程永久用地 78.33 公顷，施工临时用地 24.67 公顷，工程概算投资 18530 万元。工程监理和施工Ⅰ、Ⅱ、Ⅲ、Ⅳ、Ⅴ标陆续开始招标投标。6 月，各施工单位按合同要求进场，城市防洪工程正式开工建设，工程总投资 9.4 亿元，由主城区防洪工程，水东、水南防洪工程，东西排工程，古城排涝泵站等四部分组成，建设内容为大溪的厦河、塔下二处劈山拓浚，大溪南、北岸和好溪东、西岸防洪堤，防山洪东排和西排渠道。建设防洪堤 20.7 千米，防洪标准为 50 年一遇，新开排山洪洞 4.7 千米，大溪劈山拓浚 1.28 千米，防洪工程保护城区面积 35.7 平方千米。工程开工后由于撤地建市和政策处理、古城墙保护等因素，一度进展较慢。5 月撤地设市后，丽水市区城市防洪工程调整建制，划归新设立地级市的水利局建设管理，原丽水市城市防洪工程建设开发管理处更名丽水市城区城市防洪工程建设管理处。9 月，市政府重新组建丽水市城区城市防洪工程建设指挥部。12 月 27 日，省委书记张德江到丽水专题视察城市防洪工程建设，实地考察城防Ⅱ标小水门工地现场，对工程规划设计和建设开展情况表示满意，提出城市防洪工程必须在 5 年内完成。2001 年 2 月 21 日上午，市委、市政府在大水门外防洪堤施工现场举行丽水市城区城市防洪工程全面开工动员大会。2002 年 3 月，厦河、塔下劈山和大溪北岸小水门至大洋路段 1.5 千米防洪堤完成施工，大溪北岸大洋路至水东大桥 3 千米完成主体工程，好溪西岸水东大桥至青林闸 2.6 千米全面开工。3 月 22 日，全省城市防洪工作会议在丽水召开，与会代表 200 多人考察丽水市松阳县城防洪工程。5 月，市政府批准成立丽水市水利发展有限公司（前身为丽水市城市防洪工程指挥部），注册资本金 5.5 亿元，为独立法人机构。7 月 30 日，桩号 1+440—2+240 段主体工程完工，并进行交付装饰阶段中间验收。2007 年 6 月，主城区防洪工程全部完工。

丽水市区城市防洪工程保障丽水整个城区免受 50 年一遇标准的洪水侵害，保障人民生命财产安全。工程完成后，丽水形成一个由湖面5.2平方千米、堤防19.1千米、江滨绿化景观57万平方米以及古城、琵琶圩两个湖心岛等组成的城市水利风景区。2010年，城市防洪工程被评为丽水撤地设市十周年30个精品工程之首。

旧城改造工程(江滨区块)

丽水(原处州)古城始建于好溪与瓯江交汇处，迄今1400多年，城址三易其地。中华人民共和国成立后为行署所在地和浙西南中心城市。中共十一届三中全会以来，1977年、1994年两次大规模城市改造没有根本改变丽水旧城区面貌，特别是老城区江滨区块，80%的房屋建于二十世纪四五十年代，低矮破旧、布局零乱、设施落后、居住环境差，火灾及安全隐患较大，居民对行路难、如厕难、排污难等问题反映强烈。2007年3月，市委、市政府根据《丽水市城市总体规划(2004—2020年)》，决定实施江滨区块整体旧城改造工程。

2007年11月20日，市委、市政府成立丽水市区旧城改造指挥部，统一组织、指挥、协调江滨区块旧城改造工作。同月，江滨区块旧城改造项目业主丽水市旧城改造有限责任公司成立。11月23日，市区旧城改造指挥部动员大会召开，拉开江滨区块改造的序幕。根据江滨拆迁工作总体规划和要求，按照“成片开发、整体推进、安置为先、改善为本”的实施原则，市、区20多个单位抽调工作人员70多人，组成丽水旧城改造指挥部办公室及工作组11个。2008年1月，市政府制定《关于收回江滨区块旧城改造项目范围内国有土地使用权的决定》，召开江滨区块旧城改造拆迁许可听证会，听取听证代表就“江滨区块旧城改造范围内的房屋拆迁计划和拆迁安置补偿方案的合法性、可行性和依据”“拆迁安置补偿资金落实”等问题的质询。之后，市委常委扩大会议、市长办公会议以及市人大、政协专题会议讨论并通过决定。

2008年4月，市政府发布征收土地方案公告，正式启动江滨区块旧城改造项目。同月，市国土资源局和市建设局发布《征收土地方案》《征收土地补偿安置方案》《江滨区块旧城综合改造项目房屋拆迁公告》，发放拆迁许可证。公告、方案发布当日，旧城改造指挥部工作组人员到被拆迁户家中发放公告、评估公司选择表等拆迁资料。5月10日，在莲都会议中心召开旧城、道路、内河“三大改造”动员大会，公布三个批次签约的截止时间及不同时间段内签约的奖励办法。2008年年底，99%的拆迁签约任务完成。2008年11月，丽水江滨区块综合改造项目开始，提出“三年铺开、五年完成”的目标要求。江滨区块范围为万象山脚以东、囿山路以南、大洋路以西、江滨路以北，改造内容包括拆除低矮建筑、道路改造、文物保护三部分。拆迁区块内有居民、农户、学校、工厂、商店，还有宗教、文化等单位的房产，此外还有平政埠头、古水闸、古井、瓮城、天妃宫、古城墙等文物古迹。这些古代建筑遗存多为明清所建，有的甚至是宋元所建。江滨区块旧城改造项目确立之始，指挥部与文物部门联系，将文物保护纳入旧城改造的重要工作中。天妃宫就地保护，古城墙修复为处州府城就地保护。江滨区块内的学校5所，面积2.5万平方米，搬迁工作于2009年12月基本结束。江滨区块内有天主教堂1座和基督教堂1座，拆迁安置规划方案把9号地块的土地5亩用于迁建天主教堂，基督教堂则就地重建。江滨区块旧城改造工程从正式启动到完成拆迁历时1年零7个月，拆迁3940户，支付房屋拆迁补偿款29亿元。2009年12月，江滨区块拆迁工作基本完成，2010年12月，完成尾留户的签约和房屋拆除。江滨区块旧城改造工程拆迁工作完成后，安置成为重点工作。2008年11月安置82套计6646平方米，2010年4月安置415套计42700平方米。

江滨区块旧城改造项目使丽水城区面貌发生根本性改变。各项配套措施的落实，推进丽水城市的绿化、亮化、洁化。江滨防洪堤景观带的建设，为市民增加休闲旅游场所；住宅小区的建设，改善市民的居住条件。丽水真正成为美丽、新兴的浙西南中心城市。

金丽温高速公路

改革开放后，丽水经济快速发展，对公路交通提出新的要求。金丽温高速公路建成前，330 国道温寿线是唯一横贯温州、丽水、金华三市（地）至杭州市建德县寿昌镇的国家干线公路。公路技术等级低，特别是丽水段属山岭重丘二级公路，近一半路段傍山沿溪，弯道多，通行能力差，车行缓慢，客货运输繁忙，经常堵车。1995 年，丽水段平均日交通量大，有汽车 6541 辆、机动车 6921 辆、混合交通 7815 辆，比 1991 年分别增长 49%、47%、52%。330 国道温寿线难以适应车辆通行增长需求，严重制约沿线经济发展。

1993 年年初，浙江省委、省政府根据 1992 年邓小平南方谈话精神和浙江省交通运输业滞后的实际，提出“先缓解，后适应”的交通工作指导思想，出台发展交通的“四自”方针。1994 年，省交通厅在全省交通工作会议上颁布公路主骨架“两纵两横五连”的大构想、大目标，金丽温高速公路建设被列入其中。金丽温高速公路横跨金华、丽水、温州三市，全长 233 千米，总投资 127 亿元。丽水地委、行署根据全省交通工作会议精神，把金丽温高速公路修建放在拉动丽水地区经济工作首要位置，向省里提出修建金丽温高速公路，椒江—缙云一级汽车专用公路延伸到丽水、龙泉（丽龙一级公路）的建议。1996 年 2 月，全省交通工作会议调整公路建设规划，“三八双千工程”实施，金丽温高速公路是其中之一。自丽水地区有史以来，金丽温高速公路是截至当时投资最大的省重点交通工程，地区行署进行大量前期准备工作，争取工程早日开工。

1998 年 5 月 4 日，地区行署成立丽水地区金丽温高速公路丽水区段工程建设协调小组；7 月 10 日，省交通厅、金华市人民政府、丽水地区行署联合成立浙江省金丽温高速公路建设总指挥部，指挥部驻永康市；11 月 14 日，地区行署、丽水市（县级）、缙云县与省交通厅签订金丽温高速公路金华至丽水段投资协议。1998 年 11 月 18 日，金丽温高速公路在金华举行开工典礼。1999 年 3 月 12 日，金丽温高速公路丽水区段工程建设协调小组召开第二次成员单位会议。2000 年 4 月 25 日，金丽温高速公路丽水至温州段工程可行性研究报告评审会在青田和丽水召开，可行性评估报告通过。2001 年 10 月，可行性评估报告获交通部批准。2002 年 1 月 16 日，市政府出台《关于成立丽水市金丽温高速公路（丽青段）建设领导小组及指挥部的通知》，建设领导小组成立。12 月 28 日，金丽温高速公路金丽段建成通车，同时在丽青段举行工程开工典礼，2003 年 3 月 1 日正式开工建设。从 1998 年 11 月动工，金丽温高速公路建设历时 7 年，于 2005 年 12 月 24 日 0 时全线建成通车。

金丽温高速公路开通营运，缙云、莲都、青田三县（区）首先跨入高速时代。丽水境内 330 国道和 49 省道六东线的交通压力缓解，物流人流畅通。据金丽温高速公路丽水管理处统计，金丽温高速公路日平均车流量 2006 年 11777.7 辆，2010 年 12006.8 辆。丽水管理处 2006 年上缴税收 1483.38 万元，2010 年 1549.81 万元。金丽温高速公路同时助推丽水经济开发区工业快速发展。丽水开发区 2006 年实现工业总产值 60.21 亿元，2010 年实现工业总产值 200 亿元。汽车产业、旅游业、餐饮业也得到快速发展，丽水经济社会进入新的发展阶段。

龙丽高速公路

龙丽线属于山岭重丘二级公路，原是丽水市衔接浙赣铁路的省道干线，也是江西上饶、玉山和浙江省衢州市各县（市、区）大量车辆经龙丽线转330国道至温州最便捷交通干线。2001年，平均日通行汽车3061辆、机动车3283辆、混合交通3224辆，分别比1991年增长3.69倍、2.25倍和1.28倍。由于公路技术等级低，路面坑坑洼洼，车辆行驶缓慢，龙丽线制约沿线经济社会的发展。

针对浙西南山区交通滞后的状况，丽水地委、行署多次和沿线县委、县政府一起，向省委、省政府提出改善交通条件的要求。1995年，省交通厅厅长郭学焕指示交通规划部门将丽水至龙泉列入全省一级公路规划，经省政府同意批准，提前到2000年开始建设。龙游到丽水的一级公路，即龙丽公路与丽龙公路，同时被省政府批准建设，后被合称为两龙一级公路。2003年12月8日，省交通厅结合龙丽、丽龙一级公路建设实际和交通发展需要，决定将龙丽、丽龙一级公路直接改建提升为高速公路，下发《关于龙丽、丽龙一级公路改建为高速公路的通知》。2004年10月13日，省发改委批准龙丽、丽龙一级公路改建为龙丽丽龙高速公路。龙丽高速公路由在建龙丽一级公路改建和新建，起点在龙游县吕塘角枢纽互通立交，与杭金衢高速公路和杭新景高速公路龙游支线相接，途经龙游、遂昌、松阳、莲都4个县（区），终点莲都区北埠，设北埠枢纽与丽龙高速公路相连接，全长157.22千米（含龙游支线37.11千米），其中新建路段38.9千米，改建段80.9千米（已建成一级公路改建段26.5千米）。双向4车道，龙丽高速隧道、桥梁、陡坡特别多，因此龙游吕塘角枢纽到龙游南出口段间设计车行限速100千米/小时，其余路段限速80千米/小时。沿途设2个枢纽，9个出口，3个服务区。龙丽高速公路（编号S33）丽水段2003年1月开工，松阳段2005年7月1日开工。

丽水市委、市政府高度重视龙丽高速公路建设，及时修改城市总体规划，把龙丽、丽龙“两龙”高速公路作为丽水“一号工程”来抓。2005年6月1日，浙江龙丽、丽龙高速公路建设指挥部（以下简称“‘两龙’指挥部”）正式进驻丽水开展工作。6月13日，“两龙”指挥部与莲都、龙泉、云和、遂昌、松阳、龙游6个县（市、区）指挥部签订“两龙”高速代建协议。同年9月7—9日，省交通厅和丽水市人民政府联合在龙泉召开全线加快龙丽丽龙高速公路建设动员大会。

2006年12月29日，龙丽高速龙游段通车。12月30日，遂昌段建成通车，标志着龙丽高速全线建成通车。2006年12月31日，龙游经莲都北埠至龙泉段199千米建成贯通。总投资104.56亿元（含一级公路投资）。龙丽高速建成对浙西南和处于浙西南大山深处的遂昌、松阳两县的经济发展、完善浙江西南交通网具有重大意义。

丽龙高速公路

丽浦线（丽水经龙泉至福建浦城），是丽水地区（市）连接外省（福建省）、市的省道干线，丽龙线是丽浦线在浙江省内的一段干线，位于浙西南山区。丽浦线运输量大，1999年平均日通行汽车1968辆、机动车2204辆、混合交通2311辆，分别比1991年增长1.56倍、1.22倍和85%。20多年的改革开放，全市国民经济持续增长，社会、经济的变化发展，对交通提出更新更高的要求，丽浦线难以适应浙西南经济发展的需要。

丽水地委、行署十分注重交通环境的改善，多次向省委、省政府提出改变交通落后面貌的要求。1995年，省交通厅厅长郭学焕就指示交通规划部门将丽水至龙泉线列入全省一级公路规划。2000

年，省交通厅决定提前建设丽龙一级公路，并报省政府。同年，省政府下发〔2000〕130 号文件，批准建设丽龙一级公路。2000 年 6 月 27 日，丽龙一级公路被浙江省人民政府列为公路“四自”工程项目，提前到 2000 年开始实施工程建设。丽龙和龙丽公路都属于山岭重丘二级公路，蜿蜒穿行于浙西南山区，且路况不好。丽龙一级公路起点丽水市区九里，终点龙泉市剑池街道周际村大猫亭，基本按丽浦线位进行改建，其中莲都区九里至云和县规溪亭段于 1992 年 3 月至 2004 年 6 月改建为一级公路。云和段和龙泉段分别于 2001 年 6 月和 10 月动工建设。2003 年 12 月 8 日，省交通厅结合丽龙、龙丽一级公路建设实际和交通发展需要，下发《关于龙丽、丽龙一级公路改建为高速公路的通知》，决定将丽龙、龙丽一级公路直接改建提升为高速公路。2004 年 10 月 13 日，省发改委批准丽龙一级公路改建为丽龙高速公路。丽龙高速公路（G25 长深线丽龙段），起点莲都区富岭枢纽互通立交，与长深线缙丽段相接，经莲都、云和、龙泉 3 个县（市、区），终点龙泉市剑池街道周际村大猫亭，2001 年 3 月 29 日动工建设，全长 102.35 千米，双向 4 车道，设计行车速度 80—100 千米/小时。2005 年 6 月 1 日，浙江龙丽、丽龙高速公路建设指挥部（以下简称“‘两龙’指挥部”）正式进驻丽水市并开展工作，确保工程进度和质量。同年 6 月 13 日，“两龙”指挥部与莲都、龙泉、云和、遂昌、松阳、龙游 6 个县（市、区）指挥部签订“两龙”高速代建协议。2007 年 12 月 18 日，位于剑池街道周际村大猫亭的高速公路龙泉临时收费站举行丽龙高速公路龙泉段建成典礼。

丽龙高速公路龙泉段是国家高速公路网长（春）—深（圳）线的重要组成部分，是浙江省公路主网架“两纵两横十八连三绕三通道”中之一连，是龙泉对外交往的主通道。丽龙、“两龙”高速公路建成通车，浙西南山区提前 10 年进入高速公路时代，直接节约土地 1800 公顷，节约建设资金 40 多亿元，通行能力提高 1.83 倍，直接受益人口达 100 多万人。同时改变丽水城区格局，推动浙西南 6 个县（市、区）经济提速。沿线 6 个县（市、区）都在高速公路周边建立工业园区或工业走廊，龙泉市工业园区还被提升为省级工业园区。

乡村康庄工程

20 世纪 90 年代，全区交通基础设施有较大发展，对外交通瓶颈制约初步得到缓解。但是农村公路交通滞后状况突出，许多乡村的通村公路还是 20 世纪 60 年代拓宽手拉车道改造的拖拉机路，或由拖拉机路改成的简易公路。山区人民“行路难、山货外运难”的状况没有改变。到 2002 年年底，全市未通等级公路的乡有 6 个，占全省 55%，只通简易公路、未通等级公路的行政村 1878 个，占域内行政村总数的 51.2%。

2003 年 4 月，浙江省委、省政府把乡村公路建设列入浙江交通建设新的跨越式发展“交通六大工程”之一，称“乡村康庄工程”。8 月 16 日，省交通厅制定出台《关于实施乡村康庄工程的意见》，专门成立省、市、县各级乡村康庄工程办公室，确定康庄工程的任务、要求和技术标准。丽水市委、市政府做好项目衔接，多次开会部署，明确任务，扎实开展乡村康庄工程，实现与全省同步。2003 年 7 月，成立以市政府分管副市长为组长、市各相关部门组成的丽水市农村公路建设领导小组。领导小组下设乡村康庄工程办公室（以下简称“康办”），办公地址设在市交通局，主要负责全市乡村康庄工程建设的计划、指导、协调、监督和检查、计划编制上报和监督实施等工作。9 个县（市、区）及乡镇也成立康庄工程办公室，配合全市工作。8 月 28 日，丽水市政府召开全市乡村康庄工程动员会，明确实施乡村康庄工程的各项目标、任务、步骤及资金筹措。9 月 29 日，市政府根据 8 月 16 日省交通厅出台的《关于实施乡村康庄工程的意见》，发布《关于印发丽水市乡村康庄工程实施意见的通知》，大规模乡村康庄工程建设全面展开。

丽水市是全省实施乡村康庄工程的重点市，自然条件复杂，重峦叠嶂，山高坡陡，任务艰巨，建设任务占全省的近一半。为克服资金困难，市委、市政府提出，实施乡村康庄工程要竭尽可能，资金筹措采用上级补一点、当地政府拿一点的办法，各县（市、区）每年安排用于康庄工程建设的资金不得少于500万元。各乡镇要视财力情况，安排一定的资金用于乡村公路建设，也可以通过一事一议的办法，发动农民自愿集资投劳。2004年，丽水市筹措康庄工程配套资金总额超亿元。丽水市政府每年召开一次全市康庄工程工作会议，对工程建设实行针对性指导。2004年8月5—6日，丽水市乡村康庄工程工作会议在龙泉召开，会议强调要赶进度、保质量，扎实推进康庄工程建设。2005年5月31日，全市康庄工程工作会议在缙云召开，会议通报2004年乡村康庄工程参评情况，总结交流工作经验，研究部署下一阶段工作。2006年5月23—24日，丽水市康庄工程工作会议在松阳召开，省交通厅领导、市领导和市交通局领导参加会议，会议指出要加大力度攻坚克难，加快工程建设进度。

2009年6月19日，丽水市政府在景宁召开全市农村公路工作会议，总结经验和存在的问题，部署2009年农村公路工作任务。市委、市政府领导多次深入县（市、区）工程一线调研、指导工程实施。同年，市政府发布《关于成立丽水市农村公路工作领导小组的通知》，成立丽水市农村公路工作领导小组，下设办公室，办公室地址设在丽水市交通局，主要负责全市农村公路的建设、养护和管理工作，具体承担指导、协调、监督和检查全市农村公路的建、管、养工作。原丽水市农村公路建设领导小组和丽水市农村公路养护与管理体制协调小组撤销，工作职责由丽水市农村公路工作领导小组承担。

截至2010年年底，全市投入"康庄工程"建设资金达55.79亿元，完成通乡公路建设1306.3千米，其中通乡公路路基148.8千米，路面硬化1159.5千米；完成通村公路建设17499.9千米（其中路基8700.4千米），全市农村公路总里程达12641.5千米，占全市公路总里程的93%。新增通等级公路行政村2108个，等级公路通村率从2002年的36.9%提高到99.4%，提高62.5%。全市3431个行政村通上等级公路，通村公路硬化率从2002年的24.6%提高到99.4%，提高75.8%。乡村康庄工程建设基本改变山区人民"路难行，山货难外运"的现状。2010年，全市国内生产总值644.04亿元，比2002年的183.79亿元增长2.5倍，农村居民人均纯收入6537元，比2002年的2920元增长1.24倍。

金温铁路丽水段工程

丽水地处浙西南山区，受交通等基础设施建设水平影响，长期处于落后状态，历史上没有形成国际、国内大市场，且资源开发、经济建设、水利资源开发和旅游事业的区位优势都没有得到充分发挥，人民生活水平没有改善，扶贫帮困任务繁重。1921年，孙中山先生在《治国方略》中提出建造金丽温铁路的构想，由于种种历史原因没能实现。改革开放后，在建设社会主义市场经济体制的新形势下，没有大交通就没有大流通，没有大流通也就没有大市场，金温铁路建设具有重大的政治意义和经济意义。

金温铁路是中国第一条引进外资的地方铁路。1991年9月，国家计委批准浙江省与中国香港联盈兴业有限公司合资建设金温铁路的可行性报告，开创中国内地与境外合资建铁路的先例。中国香港的温州籍著名学者南怀瑾应允出资，起“催生”金温铁路的重要作用。金温铁路被列为浙江省“八五”重点工程。

浙江省委、省政府建立省金温铁路建设领导小组，在丽水组建浙江省金温铁路工程建设总指挥部。地委、行署十分重视，从地区到沿线的各级党政部门领导都把金温铁路的建设放在重中之重的位置。地委书记陈仲芳、地区专员徐培金亲自负责联系铁路工程。行署建立金温铁路丽水地段工程建设领导小组，由行署专员任组长，常务副专员、人大工委副主任任副组长，丽水地区沿线县（市）长、分管副县（市）长及地区有关部门领导为成员，经常召开专题会议，听取情况汇报、研究部署计划安排，及时解决问题；同时组建丽水地区金温铁路工程建设指挥部；金温铁路丽水段沿线各县（市）及乡镇都建立相应的组织机构。据统计，从 1992 年金温铁路开工到 1997 年建成，金温铁路丽水地段工程建设领导小组先后召开领导小组成员会议 12 次；1992—1996 年，省、市领导视察金温铁路39次。从 1992 年 12 月 18 日金温铁路开工典礼在缙云仙都隧道隆重举行后，金温铁路丽水段举行重大庆典仪式 13 次。

截至 1997 年建成时，金温铁路丽水段工程是丽水地区最大的基础设施建设项目，所需资金之庞大也是丽水历史上之最。丽水地段工程线路长 123.5 千米，占全线总长的 49%，工程量占全线 60%，全线大部分重难点工程都集中在丽水地段，线下工程总投资近 7 亿元，前期准备工作征（借）土地 579.47 公顷，拆迁各类建筑物 26173 平方米。

1998 年 6 月，金温铁路正式通车营运。金温铁路填补华东内地到沿海 10 万平方千米的铁路网空白，缓解和改善浙西南交通运输条件，极大提高沿线森林、农副产品、矿产品、旅游资源的开发和利用水平，对促进铁路沿线资源开发和经济社会发展具有重要意义，实现浙西南 200 多万人民的百年夙愿。

金温铁路扩能改造工程

进入 21 世纪，随着经济社会的不断发展，1998 年 6 月，建成通车的原金温铁路因时速低、运力饱和，已远远不能满足需求。且由于当年修建金温铁路时的经济条件等客观因素限制，全线存在高危边坡多、桥梁隧道多、小半径曲线多、建设标准低的情况。浙江省政府自 2004 年前后开始谋划并委托设计单位中铁第四勘察设计院研究金温铁路扩能改造事宜，从根本上解决金温铁路各方面存在的问题，更好带动沿线地方经济、社会发展。

2005 年 12 月，铁道部在北京组织召开第一次金温铁路扩能改造工程可行性研究审查会，初步确定对金温铁路全线实行电气化改造、增建第二线的扩能改造推荐方案。2006 年 1 月，铁道部和浙江省在杭州召开加快推进浙江铁路建设座谈会，省政府提出金温铁路扩能改造按一次双线、200 千米时速标准建设的建议方案。同年底，该项目预可行性研究报告正式完成。2007 年 1 月，铁道部再次组织召开金温铁路改造方案论证会，会议明确推荐一次新建双线的建设方案。2008 年 3 月，铁道部与浙江省联合向国家发展与改革委报送金温铁路扩能改造工程项目建议书。5 月，国家发展与改革委员会委托北京华协交通咨询公司组织铁路方和省方有关单位及专家对项目建议书进行评估。11 月 11 日，国家发改委批复《金华至温州铁路扩能改造项目建议书》。11 月 20 日，浙江省委副书记、省长吕祖善，省委常委、常务副省长陈敏尔在北京与铁道部部长刘志军商谈浙江铁路建设事宜，省部双方明确金温铁路扩能项目2009年开工建设。

2009年1月，金温铁路扩能改造项目可行性研究报告编制完成。2月，铁道部工程设计鉴定中心与省发改委联合在温州组织可行性研究报告审查。会上，丽水首次提出意见，对丽水站房实施改建。3月，省委常委、常务副省长陈敏尔到金温铁路沿线实地考察调研项目前期工作进展，要求沿线政府和有关部门分解任务、明确时间，如期完成省部确定的计划目标。7月，铁道部、浙江省联合向国家发改委报送金温铁路扩能改造工程可研报告。9月，国家发改委委托北京华协交通咨询公司在北京组织召开可研报告评估会议。为保障项目顺利推进实施，丽水市委、市政府于9月成立丽水市金丽温铁路扩能改造工程指挥部，负责工程建设协调推进工作。10月，在省发改委支持和争取下，铁道部同意丽水站房拆建方案，规划面积15000平方米。11月，设计单位中铁第四勘察设计院集团有限公司完成项目初步设计方案。12月28日，铁道部在北京召开金温铁路扩能改造项目初步设计审查会。12月30日，国家发改委批复《金华至温州铁路扩能改造工程可行性研究报告》。根据批复意见，项目线路正线全长188.3千米，主要技术标准为国铁Ⅰ级，双线，限制坡度6‰，电力牵引；项目总投资179.7亿元，资本金89.85亿元，其中铁道部承担资本金55%，浙江省承担资本金45%，建设工期4年。

2010年1月19日，金温铁路扩能改造工程建设动员大会在丽水举行。省委书记赵洪祝宣布工程启动建设，省委副书记、省长吕祖善，铁道部副部长王兆成致辞，丽水市委书记陈荣高作表态发言。2010年7月，铁道部与浙江省联合批复金温铁路扩能改造项目初步设计方案。12月，金丽温铁路扩能改造工程正式进入全面建设实施阶段。2015年12月26日，线路正式通车运营，丽水站房于2017年1月建成使用。

金温铁路扩能改造工程是国家干线路网中沪昆通道和沿海通道在浙江省内的重要连接线，线路经过金华、丽水、温州三市。丽水市境内途经莲都、青田、缙云三县(区)，境内里程102.1千米，约占全线总长的54%；境内有特大桥、大桥22座，隧道27座，桥隧总长88.9千米，桥隧比87.1%。全市完成红线内土地征收107.87万平方米，红线内房屋征收15.37万平方米，环评线内房屋征收7.56万平方米。金温铁路扩能改造工程是丽水有史以来截至当时投资最大的单个工程项目，也是丽水市首个投资超百亿的建设项目，同时还是丽水市第一条高铁线路。通过金温高铁，丽水到杭州的铁路乘坐时间从原先5个多小时缩短至1.5小时，可实现上海、南京、南昌当天往返，北京、武汉、贵阳当天到达。项目建设提升丽水交通基础设施水平，改善区位发展条件，极大方便民众出行，促进区域交流和带动经济社会发展。丽水市跨入高铁城市的行列。

第三节　经济建设

丽水经济开发区设立

20世纪90年代，中国实行社会主义市场经济体制，中共丽水地委、行署充分利用体制、机制和政策优势，引导和促进新生企业发展，经研究决定紧跟中央部署和外地经验，划出一片土地设立经济开发区，发挥产业集聚和区域辐射效应，率先发展全地区最具活力和潜力的经济增长点。

1992年，丽水市（县级）人民政府动议设立浙江丽水经济开发区，7月16日，丽水市（县级）政府办公室制定出台《关于成立浙江“丽水市经济开发区”领导小组的通知》。9月，丽水市（县级）政府向地区行政公署报送《关于要求批准建立浙江“丽水市经济开发区”的请示》。面对经济开发区这一新生事物，丽水地委、行署给予很大的支持。历史上，丽水市（县级）一些村、镇为发展工业也划出土地设立经济技术开发区，如灯塔村办的灯塔经济技术开发区。1993年2月8日，丽水地区行政公署向浙江省政府报送《关于要求建立浙江丽水经济开发区的请示》。3月9日，浙江省政府批准设立省级丽水经济开发区，划定开发区区域范围，以商贸开发为主，称天宁工业园区。3月26日，丽水地区行政公署下发《关于委托丽水市人民政府管理丽水开发区的通知》，全权委托丽水市（县级）人民政府具体实施开发建设和管理工作。3月29日，丽水市（县级）人民政府发文设立丽水经济开发区管理委员会（正科级）。从1994年起，丽水地区各县（市）采用兼并、出售、破产、解散、租赁等形式开展并进行企业改制工作，新生的非公、私营企业、股份制企业开始向经济开发区集聚，一些小型的经济开发区也逐步向省政府划定的天宁工业园区范围转移。2000年5月20日，国务院批准丽水撤地设市建区。7月20日，《中共丽水市委、丽水市人民政府关于市本级与莲都区部分事权划分的决定》下发。2001年3月，丽水市经济开发区划归市本级直管，由商贸主导型转变为工业主导型。12月5日，经济开发区管委会改为丽水市人民政府派出机构，正处级，负责管理、开发、建设天宁工业区和新扩大的水阁工业区。2001年10月26日，中共丽水市委办公室、丽水市人民政府办公室发布《关于认真做好莲都区水阁办事处委托市经济开发区代管工作的通知》，明确莲都区水阁办事处成建制划归丽水市经济开发区代管。

2003年丽水市委一届十次全会提出“生态立市、工业强市、绿色兴市”的“三市并举”发展战略，首次把“工业强市”融入丽水市经济发展的重大战略决策。2004年5月25日，丽水市政府召开天宁工业区管理职能划转工作协调会，天宁工业区管理职能划转各市直部门垂直管理。2005年，丽水市委、市政府提出“城市南进，产业东扩”战略，水阁工业区块的逐步建成，天宁工业区块的部分企业向水阁工业区集聚。2008年12月31日，丽水市委办公室、丽水市人民政府办公室《关于丽水经济开发区发展中若干问题的意见》，明确莲都区富岭街道委托丽水经济开发区管委会代管。2009年10月，丽水经济开发区管委会增挂“丽水南城新区管理委员会”牌子，开发区形成水阁、七百秧、富岭、四都、丽景园五个功能组团。10月25日，丽水市机构编制委员会发文，增挂“丽水南城新区管理委员会”牌子。2010年1月28日，丽水经济开发区管委会办公地点从北城中东路557号迁到南城绿谷大道238号。4月，《关于丽水经济开发区设立景宁民族工业园有关问题的复函》下发，同意设立丽水经济开发区景宁民族工业园，为丽水经济开发区的区中园，丽水经济开发区景宁民族工业园管理委员会为景宁畲族自治县人民政府派出机构。12月17日，浙江省人民政府发文《关于丽水生态产业集聚区发展规划的批复》，同意丽水生态产业集聚区发展规划。

随着丽水经济开发区的建设和发展，丽水市工业化速度加快。水阁工业区成为丽水市“工业强市”的重点项目，随着招商引资工作力度加大，众多企业落户水阁工业区。2010年，丽水经济开发区工业总产值224亿元，区内建成投产企业368家，初步形成塑料制品、机械制造、汽车配件、生物制药等产业，物流、房地产、金融、卫生、教育等功能配套的产业集聚区和城市新区的雏形。经济开发区南城新区实现工业产值224亿元，实现财政收入3.7亿元，完成外贸出口5995万美元，同年完成固定资产投资25.35亿元，获丽水市政府部门工作目标综合考核一等奖。全市各县（市、区）11家省级开发区(园区)迅速发展,完成开发面积37平方千米,入园企业1707家,建成投产企业1437家。全年规模以上工业企业实现产值633.21亿元,比2009年增长30.3%,占全市规模以上工业产值的54.8%,开发区成为推动全市工业经济健康快速发展的主要力量。

景宁梅墟(宁波鄞州)扶贫经济开发区设立

景宁是全国唯一的畲族自治县,也是华东地区唯一的少数民族自治县。由于历史和自然原因,景宁土地资源紧缺,发展空间狭小,经济基础薄弱,工业化进程滞后,发展速度缓慢。1994年,浙江省政府实施国家“八七”扶贫攻坚计划,结合宁波等沿海发达地区的地域优势和景宁畲族自治县等贫困县国家给少数民族地区的政策优势。3月,浙江省政府批准在宁波市鄞州梅墟镇设立“浙江鄞景扶贫经济开发区”。鄞景扶贫经济开发区位于宁波市鄞县梅墟镇高新技术产业园区内,是浙江省政府异地搭台建立扶贫基地、跨区域设立经济开发区的尝试。

1985年,根据浙江省委、省政府统一部署,本着“优势互补、注重扶贫、共同发展”的原则,宁波市鄞县与景宁畲族自治县正式建立结对扶贫关系。1992年12月,两县决定共同建设全国首个县级异地扶贫开发区,共同协商出台相关协议和履行相关职责。丽水地委、行署对浙江景鄞扶贫经济开发区给予各方面的支持和帮助。1993年10月,浙江景宁投资发展有限公司组建。同时,浙江景鄞扶贫经济开发区管委会成立,主要负责对景鄞扶贫开发区企业的管理、协调、服务和政策兑现。1995年,开发区被国家民委确定为“国家民委扶贫开发实验区”,1997年,开发区增设为“中国少数民族工业城”。

中共景宁畲族自治县委、县人民政府贯彻浙江省政府〔2002〕30号专题会议纪要精神,按照“稳定规模、稳中求进、规范管理、强化服务”的思路,把加快景鄞扶贫经济开发区发展作为大事来抓。景宁畲族自治县人民政府要求开发区管委会提高服务意识,帮助企业提高管理水平,加强对开发区企业的财务管理和税收征管工作,依法规范企业生产经营活动;加强税收征管人员的教育和培训。2003年1月1日,景宁畲族自治县人民政府按开发区上年实际征收的税收规模,安排一定比例的专项资金扶持开发区企业发展及技改和贴息。开发区管委会建立专项资金专户,专款专用。根据浙政发〔1995〕11号文件的规定开展企业所得税减免工作,对原政策享受到期、按规定纳税有困难的企业,经企业申请和开发区管委会审核,报县地方税务机关批准,可按工业企业减征企业所得税70%、商贸企业和其他企业减征所得税60%的比例减免。2005年,根据国家清理整顿各类开发区的文件精神,景鄞扶贫经济开发区移交至鄞州区管理。

1994—2005年,景鄞扶贫经济开发区基础设施建设投资近1亿元,兴建标准厂房1.8万平方米、商务楼1.2万平方米。2004年,开发区工业企业、商贸企业分别实现销售额5.83亿元、5.75亿元,实现利润1.65亿元,每年的税收收入占景宁畲族自治县财政总收入的三分之一强。

丽景民族工业园区设立

2007年,浙江省委书记赵洪祝把景宁定为工作联系点。2008年,浙江省委、省政府制定出台《关于扶持景宁畲族自治县加快发展的若干意见》。丽水市委、市政府结合景宁工业基础薄弱、土地资源紧张和自然生态需要保护的县情实际,在丽水经济开发区规划范围内划出4平方千米土地,作为“飞地”,设立丽景民族工业园区。

丽景民族工业园区地处丽水南城南端的七百秧区块,规划总用地面积为4.1平方千米,总投资约29亿元，为丽水生态产业集聚区核心区的分区。丽景民族工业园区的战略定位为国家少数民族地区异地扶贫开发试验区、景宁生态工业主战场、景宁新增税源主渠道。2008年12月28日，丽水市编委办根据市委、市政府的战略决策，下发《丽水市机构编制委员会关于同意设立丽水经济开发区景宁民族工业园管理委员会的批复》，核定丽景民族工业园区管委会为副处级监督管理类事业单位。2009年4月20日，《浙江省人民政府办公厅关于丽水经济开发区设立景宁开发区块有关问题的复函》下发，同意设立景宁民族工业园。8月27日，《丽水市人民政府关于设立丽水经济开发区景宁民族工业园的决定》下发，景宁民族工业园正式设立。

2009年年初，景宁畲族自治县成立丽景民族工业园区管委会，明确管委会的职能、机构和编制。同时，丽水市政府成立以常务副市长为组长、副秘书长和市发改委主任为副组长的丽景民族工业园工作协调小组，协调小组下设办公室；确定地方收益分配方案，明确前20年地方收益全部归景宁，满20年后地方收益实行5:5分成的收益分配机制，并制定"三独立""四统一"和"三不准"的开发建设模式①；建立丽水经济技术开发区牵头、南明山街道办事处负责、丽景园管委会为主体的征迁工作体制。市政府出台〔2010〕第90号会议纪要，明确土地征迁、建设规划、税费征收、工商登记等相关问题的资格主体和执行程序。丽景民族工业园区管委会成立招商引资领导小组，设立招商小分队，每年召开招商选资大会，专题研究本年度的招商选资工作。7月，市政府批复《丽水经济开发区景宁民族工业园控制性详细规划》，控规修编工作逐步完善。

截至2010年，丽景民族工业园区累计完成政府投资14.48亿元，完成园区400公顷土地征收和报批工作，行政村4个的自然村10个968小户，约16.5万平方米的建筑面积基本拆除，园区安置工作努力推进。完成场地平整286.67公顷，并向企业供地218.8公顷。丽景园区道路网配套管道工程、绿化工程、亮化工程等同步跟上。入园商贸企业有7家，实体企业有景宁娃哈哈饮料有限公司、浙江青风环境科技有限公司等14家（包括租赁企业6家），协议总投资约为30亿元。至2010年年底，累计实现工业产值7.7亿元，完成企业投资12.9亿元，完成政府投资14.48亿元，实现税收收入2.4亿元，工业园项目库中登记1亿元以上企业30多家。

林业生产责任制完善

丽水地区有浙江最大的林区，在林业"三定"时，由于时间仓促，工作较粗，加上管理工作没跟上，影响林农造林积极性发挥和林区社会稳定。1989年10月下旬，丽水地委、行署根据省委、省政府的意见研究决定，在丽水地区开展林业生产责任制的完善工作，解决遗留问题。

1981年3月8日，中共中央、国务院发出《关于保护森林发展林业若干问题的决定》开展稳定山林权属、划定社员自留山、确定林业生产责任制的林业"三定"工作。6月，中共丽水地委在遂昌县新溪公社和龙泉县茶丰公社试点。10月12日，省委、省政府结合浙江实际，出台《关于稳定山权林权和落实林业生产责任制若干问题的决定》，全省统一开展林业"三定"工作。林业"三定"是林业生产关系的一次重大变革。1982年，丽水地区分期分批进行林业"三定"，至1983年年底基本结束。丽水

① "三独立""四统一""三不准"的开发建设模式：园区内部实行"三独立"，即县派独立机构、区内独立税收及产值报送途径、区内独立建设管理；外部实行"四统一"，即统一开发规划、统一产业招商、统一产业政策、统一征迁政策；鉴于当时存在的政策差异等实际问题，实行"三不准"，即不准接纳丽水市范围内企业进入园区，不准接纳对环境有严重影响的企业进入园区，不准接纳区外丽水市企业参股投资。

地区林业“三定”以当时的权属为基础，对集体和国有山林进行定权发证。在定权发证的基础上，大片国有山林建立国有林场经营，小片国有山林委托乡村社队经营，集体山林按自留山、责任山、统管山等三种形式落实林业生产责任制。

1989年11月10日，丽水地委、行署办公室向县(市)委、县(市)政府《转发地区农经委、地区林业局关于稳定完善林业生产责任制的意见的通知》，要求从上到下层层建立完善林业生产责任制领导小组及办公室。根据地委办通知精神，这次完善林业生产责任制要明确自留山、责任山、统管山概念；明确经营权属，划清山界；慎重处理人口变动中山林分包的政策；抓好山林承包经济兑现工作；整顿乡、村林场，完善各项管护制度；建立完备的林业生产责任制档案；在落实家庭承包合同、完善责任制的基础上，积极加强“统”的层次，因地制宜地做好封管造“四统一”，即统一封山育林，统一护林防火，统一造林规划，统一收缴提留，进一步完善“统分结合，双层经营”体制。丽水地区从1989年11月初开始试点，到1991年3月验收结束。1991年3月，丽水地委向省委、省政府上报《关于完善林业生产责任制的情况报告》，丽水地区通过完善林业生产责任制工作，丽水地区埋设“三山”界标223.8万处，调处山林纠纷31863起，调处率92%；补发自留山证79472份，完善山林承包合同193543份，收缴集体提留款、林木折价款2124.3万元，占应收的90.4%；建立护林防火组织4039个，落实护林员20798人，处理毁林案件712起；建立林业档案17654卷，其中村级9226卷；恢复和新办乡村组林场1911个，经营面积125540公顷。完善林业生产责任制前，丽水地区集体山林1253200公顷，划分自留山197933公顷，占15.8%；落实责任山664933公顷，占53.1%；保留集体统管山390333公顷，占31.1%。完善后，自留山192733公顷，占15.4%；落实责任山647600公顷，占51.7%；保留集体统管山412867公顷，占32.9%。通过林业“三定”和完善林业生产责任制工作，集体山林承包到户经营，形成以家庭承包经营为基础、统分结合的林业双层经营体制，进一步巩固林业生产责任制成果，为丽水市集体林权制度配套改革打下良好基础。

林业体制改革

中华人民共和国成立后加强对林业生产的管理和林业体制改革。林业体制改革包括林业管理体制、木材采伐和流通销售管理等方面，经历过计划经济和市场经济两个不同阶段。

1950年7月，省人民政府制定《浙江省木材采伐收购管理方案》，11月，华东区军政委员会发布《华东区森林采伐管理办法》，规定不论采伐公私森林都要向人民政府申请，经批准后方得入林砍伐。1951年9月15日，省人民政府发布《浙江省木材管理实施办法》，规定本省公私森林采伐，责成伐木公司统一办理。为解决群众零星用材问题，10月27日又发布《关于零星采伐林木与零星供应木材的办法》，对群众自用零星木材的采伐和供应作出规定。1952年以前，木材以私商经营为主，管理混乱。1952年8月，省财政经济委员会下达《关于本省木材收购问题的通知》规定，凡私商经营木材，需向工商行政部门登记，发给采购证，并经产区木管会准许后，方可在市场采购木材。1953年，国家对木材实行统配政策，从7月1日起，将木材经营业务全部划归林业部门。7月，丽水行政公署决定在丽水地域各地相继建立森工机构。11月19日，省人民政府发布《浙江省木材管理办法》，规定由省森林工业局、木材公司对木材收购实施计划管理，商品材采伐受国家收购计划控制，农民自用材亦由国家核定计划自采自用。自此，森林采伐纳入国家计划管理轨道。1954年1月，丽水地域木材生产实行“计划采伐，订约收购”。1955年9月，省人民委员会农村办公室批转《浙江森工局

1956 年木材控制计划订约收购工作草案》。从 1956 年开始，丽水地域木材生产全部实行订约收购制度。1958 年“大跃进”和国民经济调整时期，各地普遍以地方当局命令代替林业主管部门的管理，木材采伐处于失控状态。1961 年后，国家对木材分配体制作重大改变，全省实行“归口安排，统一下达，分户记账，地方调剂”的办法。6 月 26 日，中共中央发出《关于确定林权保护山林和发展林业的若干政策规定(试行草案)》，即“林业十八条”，逐步纠正森林采伐管理失控状态。1963 年 5 月 27 日，国务院发布《森林保护条例》，丽水地域各县林业行政管理部门据此依法恢复林木采伐审批制度。1979 年 2 月 23 日，全国人民代表大会常务委员会颁布《中华人民共和国森林法(试行)》，开始对森林实行限额采伐。

1981 年 3 月 8 日，中共中央、国务院发布《关于保护森林发展林业若干问题的决定》，明确规定木材实行集中统一管理，实行全国“一本账”。9 月 13 日，国家计划委员会、国家经济委员会、林业部、国家物资局、国家统计局根据《决定》精神，决定从 1984 年开始，全国木材生产实行“一本账”制度。1982 年，省林业厅统一印制浙江省木材采伐证，丽水行署决定，丽水地区各县根据计划部门下达的木材采伐计划发放采伐证，凭采伐证规定的地点、树种和数量等进行采伐。1984 年 9 月 20 日，第六届全国人大常委会第七次会议通过经试行后的《中华人民共和国森林法》，森林限额采伐制度确立。1985 年 1 月，国家对集林区木材实行限额采伐，取消统购，开放木材市场，允许林农和集体的林木自由上市，议购议销，多渠道经营。同年 1 月 16—18 日，丽水地区林业体制改革会议在遂昌县召开，研究取消木材统购、开放木材市场、实现限额采伐问题。5 月，林业部发布《关于制定年森林采伐限额暂行规定》，8 月 19 日，省人民政府制定《浙江省森林采伐管理办法》，省林业厅组织各市(地)县逐级测算年森林采伐限额。丽水地区行署下发《关于严格执行限额采伐的紧急通知》，要求采伐不突破限额指标。1986 年后，提倡联合护林、联合采伐、联合造林。鉴于全部联合尚有困难，采取 70%—80%采伐限额作为联合采伐造林、20%—30%分户采伐造林的做法，后又改为采伐后及时进行验收打印、木材收购组凭验收印记和采伐证明取代木材票进行收购的做法。1987 年 6 月 30 日，中共中央、国务院发布《关于加强南方集体林区森林资源管理，坚决制止乱砍滥伐的指示》。同年，省人民政府发布《关于加强木材购销管理的通知》。1987 年以后，毛竹产区也凭证限额采伐，无票不得采伐和外运。1989 年 10 月 1 日起运输木材出省、10 月 15 日起运输毛竹出省，均由省林业厅资源林政管理处签发出省木材运输证，原来使用的浙江省木材及其半成品运输证和浙江省毛竹运输证限省内使用。凡运往省外的木材和毛竹，都必须办理《出省木材运输证》，实行一车一证、证货同行。1990 年 12 月，丽水地区行政公署印发关于木珠生产协调会议纪要的通知，压缩森林资源贫乏地区生产计划，以利森林资源保护。1993 年 1 月 1 日起，丽水行署根据国务院和省政府通知，对出县(包括出省)木材运输证实行总量控制。龙泉、庆元 2 个重点产竹县(市、区)不得超过采伐限额的 95%，二次托运不超过控制总量。到 20 世纪 90 年代中后期，丽水地区森林资源消耗量远大于采伐限额，森林蓄积量呈下降趋势，在 1999 年处于历史低位。2001 年起，省林业局从对丽水地区森林资源进行 3 年重点监测。从 2000 年起，丽水市林业发展战略从以木材生产为主向以生态建设为主转变，各级林业主管部门加强依法治林，严格限额采伐，遏制全市森林蓄积量持续下降的趋势。到“十五”末，丽水市森林蓄积量重新回到历史高位。

在绿化造林方面，1989 年，浙江省委、省政府提出“今明两年准备，五年消灭荒山，十年绿化浙江”的规划目标。10 月 26 日，丽水地委召开全区农村工作会议，提出“五年消灭宜林荒山，七年绿化全区”的奋斗目标，行署与各县(市)签订绿化造林责任状。而后，丽水地委、行署发文，发动群众打响灭荒攻坚战。各县根据各自特点和优势发展经济林，“香菇城”庆元县抓菇木林基地建设，“玩具城”云和县抓原料林基地建设，景宁畲族自治县抓厚朴林基地建设，缙云县抓板栗基地建设；以绿化为目标，大力发展“一村一品”小果园、小茶园、小竹园。丽水地区创新机制，开展合作造林，国营、集体、联合体、个体造林一起上；招标、承包、拍卖、补偿、股份开发一起抓。1993 年，全区股份合作造林面积占造林总面积的 70%以上，其中松阳县占 89.5%。

1993 年，龙泉、庆元、缙云、遂昌、松阳、景宁 6 个县通过省消灭宜林荒山达标复查。1994 年，丽水市(县级)、云和、青田三县(市)也通过省消灭宜林荒山达标复查，丽水地区提前一年消灭宜林荒山。据统计，1990—1994 年全区建设林业基地 73206.6 公顷，建设商品林基地 25153.33 公顷，建设经济林基地 8233.33 公顷，国乡合作造林 18726.67 公顷。1999 年，丽水地区提前一年实现绿化达标，其中宜林荒山、荒地绿化率 98%以上，森林覆盖率 79.1%，居全省前列。

林权 IC 卡创新

2006 年，浙江省延长山林承包期工作结束后，集体林权制度主体改革基本完成。2007 年 4 月，全省第一笔林权抵押贷款在庆元县隆宫乡发放。但林权资料收集、保存和应用还是纸质文档，林权四至没有落实到地形图上，林权信息化管理尚未起步。随着林权抵押贷款有效推进，将林权信息数字化处理，建立林权信息化管理系统，实现林权信息的数字化和网络化管理成为当时亟须解决的瓶颈问题。

2008 年 12 月，丽水市委、市政府决定，在庆元县率先进行林权信息档案系统建设试点。为搞好建设试点，庆元县政府下发《关于开展林权信息化和林权抵押信用证贷款制度建设工作的通知》，成立试点工作领导小组，在县林业局设立办事机构，全面负责林权信息化建设工作。试点选择毛竹资源较为丰富、林权抵押贷款需求量大、群众基础好的隆宫乡。庆元县从全县林业系统抽调林业技术骨干 31 人，分成小组 12 个进驻试点乡，统一开展实地勘界调查工作。经过近 3 个月调查，完成该乡 1998 户、6418 宗地、5193.53 公顷山林的村、组林地所有权界和农户使用权界的外业地形图勾绘、森林资源资产调查和综合评估、地形图转绘扫描、农户森林资源资产信息数据库建立等工作，同时以户为单位制作发放《庆元县森林资源资产信息卡》即“林权 IC 卡”。“林权 IC 卡”就是山林的“电子身份证”，以数字档案的形式记录林农拥有林权的详细信息、资源资产评估价值，为林农办理林权抵押贷款提供方便、快捷的服务。2009 年 4 月下旬，庆元县在隆宫乡试点的基础上统一调查技术标准，召开全县动员大会，以乡镇、林场为单位成立调查小组 20 个，组织技术人员 120 多人集中培训，在全县开展林权勘界调查工作。9 月，全县所有权勘界外业调查完成。2010 年 9 月，完成全县使用权勘界外业调查工作。6 月，庆元县林权 IC 卡山林“身份证”入选全国《集体林权制度改革实践 100 例》。“林权 IC 卡”建设流程是所有权实地勘界；所有权界地形图转绘，将外业勾绘的勘界地形图转绘到新的地形图上，用于地形图扫描录入；使用权实地勘界及调查；地形图数字化处理；数据录入；资料整理建档，将转绘后的地形图与整理后的各项调查数据记载表一并装订成册，建立纸质档案；评估建库；制卡授信。“林权 IC 卡”，为金融部门发放林权抵押贷款、授信和建立林权抵押信用证贷款制度提供依据，实行“统一评估、一户一卡、随用随贷”制度。庆元县从试点开始，历时 2 年多时间，建立完成 3 万多户农户的林权地籍信息库、森林资源资产信息库，评估资产价值 52.4 亿元。

2010年2月21日,《中共丽水市委办公室丽水市人民政府办公室关于全面推广“林权IC卡”进一步深化金融支持集体林权制度改革的若干意见》下发,要求全市全面推广“林权IC卡”。4月14日,丽水市在庆元召开县(市、区)工作汇报会暨林改现场推进会。4月19日,《丽水日报》头版刊登《庆元创新林权抵押贷款模式》。国家林业局、省林业厅对丽水创新的“林权IC卡”高度重视。2010年5月8日,省林业厅在庆元召开全省深化集体林权制度改革推进会,“林权IC卡”等典型经验在会上进行交流。8月6日,省林业厅向各市、县(市、区)林业局下发《关于深入学习推广丽水“林权IC卡”贷款模式的通知》。

至2010年年底,全市1409333.33公顷山林全面完成山林所有权勘界,48.5万本林权证信息全部录入电脑,建立林权信息档案38.35万户,占应建档户数的98.2%;评估森林资产总额达到186.4亿元。推广“林权IC卡”后,林农办理林权抵押贷款时间可以从一周缩短到半天;森林资源资产评估与农村信用等级评定有机结合,方便金融机构,林农小额贷款授信额度大幅提高,至2010年年底,全市金融机构授信26万户、58.3亿元。

“两保两挂”财政体制

1985年起,丽水地区及所属各县(市)开始实施“核定收支、分级包干”的财政体制。1994年起,全区全面实施“分税制”财政体制。1995年,省政府在分税制体制基础上,决定对丽水地区本级实行“收一块、挂一块”财政政策。“收一块”即地区(市)本级所属企业和单位按分税制划分的地方收入全部归地区(市)财政,并免除增收应上缴省的20%部分;“挂一块”即以1994年省对地区本级的定额(体制)补助、困难补助、粮食亏损专项补贴、外贸人员经费专项补贴、省代扣下放各县(市)汽车运输公司收入的总额(2290万元)为补助基数,与全地区(市)9个县(市)1994年调整后的地方财政收入实绩(16461万元)挂钩,挂钩比例为14%,即全区9个县(市)地方财政收入每增加100元,省财政补助地区本级财政14元。这种以补助数占全区9个县(市)地方财政收入总数之比的挂钩形式,是浙江省唯一的针对地区本级的财政扶持政策。1995年,省对经济欠发达的17个县(市)实行“两保两挂”财政政策[含全区9个县(市)],要求县(市)在确保完成上缴中央两税(增值税、消费税)任务①和确保当年收支平衡前提下,省对县(市)补助与奖励与县(市)地方财政体制收入增长率和增收额挂钩,即地方财政体制收入(以1994年为基数)每增长1%,省财政对县(市)财政补助(以1994年的体制补助、困难补助为基数)增加0.5%,地方财政体制收入环比每增加100万元,省对县(市)奖励5万元。第一轮“两保两挂”财政体制于1997年到期。1998年,省财政厅先后三次在丽水地区召开全省部分县(市)主要领导参加的“两保两挂”座谈会。11月6日,在丽水召开全省8个县(市)实施“两保两挂”财政政策座谈会,中央委员、国务院体改办主任刘仲桑在会上强调,“两保两挂”是一项具有创新意义的好政策,希望有关部门不断完善和改进这一政策,促进欠发达地区经济持续发展。11月,省财政厅出台新的“两保两挂”财政体制,保当年财政收支平衡,保消化历年累计赤字,省财政体制补助和奖励与地方财政收入挂钩;对龙泉、庆元等县(市)补贴挂钩基数进行适度调整;地区本级继续实施“收一块、挂一块”办法,5年不变。1998年,新一轮“两保两挂”财政体制效果良好,全区9个县(市)和地区本级当年收支基本平衡。全区财政消化历年累计赤字528万元,获得省财政体制补助24000万元,比1997年补助数净增2000多万元,其中地区本级“收一块、挂一块”补助5900万元,比

① 1997年国地税务机构分设后改为确保完成逐步消化滚存赤字任务。

1997年净增1050万元。

2000年丽水撤地设市后，浙江省对丽水市本级财政实行“两保两挂”和“收一块、挂一块”双重政策，并对挂钩范围和比例做出相应调整，保留原上交政策；适当提高“两保两挂”补助计算基数；调整“挂一块”挂钩比例。2003年，浙江省政府再次调整“两保两挂”补助挂钩比例，取消市本级与县（市）地方财政体制收入挂钩补助政策，全面实行“两保两挂”政策，即以2002年补助数为基数，补助收入与市本级（含莲都区）地方财政收入增长挂钩。2003年挂钩比例1:0.5，即地方财政收入每增长1%，体制补助增长0.5%，2004年1:0.4，2005年1:0.3。实行“两保两挂”财政政策后，浙江省对各县（市）的补助从1994年的9568万元增加到2000年的2.39亿元。

2008年，浙江省政府对丽水市“两保两挂”政策调整为“分类分档激励奖补机制”。丽水市在确保实现当年财政收支平衡、确保完成各项职责任务（重点是教育、卫生、社保等有关全面改善民生、促进社会和谐方面）的前提下，实行省补助与其地方财政税收收入增长挂钩、奖励与其地方财政税收收入增收额挂钩的办法。

来料加工

丽水市委、市政府建立起“一体化”来料加工扶贫机制，并把这一任务具体落实丽水市妇联承担。2004年10月，在义乌挂牌成立丽水市驻义乌来料加工联络处，为丽水市派驻义乌专门负责联系加工业务的办事机构，各县（市、区）也在义乌、温州设立联络处。2004年，全市承接来料加工业务60多万件，同年加工费收入6000万元。2005年，全市开展劳动力素质培训，举办农村妇女劳动力素质培训班1065期，受培人数达57438人次。当年有女经纪人592人带动全市妇女83450人从事来料加工，加工费收入达1.27亿元。2006年，丽水市打造“浙江绿谷巾帼来料加工基地”，同年培育女经纪人657人，从事来料加工妇女81436人，加工费总额2.02亿元。实施“百名妇女姐妹进百村”活动和“巾帼科技致富工程”，建立社区妇女志愿者服务队189支。

2007年，全市深入实施“三百工程”，确定副科以上女领导干部264人与分布在不同区域、有辐射带动能力的经纪人建立结对联系制度，发展来料加工行政村1887个，市政府专门成立来料加工业发展协调小组和办公室，制定出台《丽水市发展来料加工业的若干意见》。9个县（市、区）政府也先后出台扶持政策，市、县两级还先后出台落实运费补贴、发展奖励、培训补助、小额信贷等配套政策。市级财政每年安排专项发展资金125万元，各县累计安排705万元用于来料加工发展。省市农办（扶贫办）通过以奖代补政策支持帮扶，并借助省特别扶持政策，争取来料加工项目资金5350万元，发放来料加工创业贷款12339万元。丽水市组团参加全国“市场带千村”参展活动，在全省来料加工现场推进会上作典型发言，参展2007年义博会，建立丽水来料加工专题网站。同年，有从事来料加工业妇女102557人，有女经纪人925人，加工费收入3.05多亿元。制定出台《关于促进安置地移民妇女和谐融入共同发展的工作意见》。

丽水市妇联及各县妇联在来料加工业发展中，起到桥梁作用。2004年，市妇联开展妇女失业状况调查，5月，成立“巾帼创业服务中心”，发出为扶贫大力发展来料加工的呼吁，得到社会各界积极响应。10月，丽水市驻义乌来料加工联络处成立后举办来料加工经纪人业务培训班，当年承接来料加工业务60多万件，同年加工费收入6000多万元。2005年，举办农村妇女劳动力素质培训班1065期。市妇联首次组团参展义博会。2006年打造“浙江绿谷巾帼来料加工基地”，组织实施“百名女经纪人带百村”活动。2007年，出台《丽水市发展来料加工业的若干意见》《关于促进安置地移民妇女和谐融入共同发展的工作意见》，组团参加全国“市场带千村”参展活动。2008年，来料加工被列入年度丽水市十件大事和新农村建设重要内容。召开丽水市来料加工工作会议，在温州设立联络处，举行温州·丽水来料加工市场接洽会。2009年，举行台州·丽水来料加工市场接洽会，出台《丽水市来料加工发展资金使用方案》，举办培训班1150期，受训4.3万人次。2010年，开展来料加工进企业活动。

在丽水市政府、市妇联组织积极引领和相关部门的大力配合下，丽水来料加工业在丽水城乡遍地开花，来料加工点覆盖全市95%以上乡镇(街道)，培养出熟练手工技术妇女10多万人，诚信优秀经纪人900多人，与省内外众多厂商联手共同打造饰品、围巾、鞋帮、服饰、家居等五大加工基地和浙江绿谷巾帼来料加工基地。丽水市妇联连续9年被评为丽水市新农村建设先进单位，“来料加工‘五位一体’机制建设探索”被评为丽水市新农村建设创新奖；2010年，全市实现加工费8.1亿元，加工从业人员16.1万人，经纪人1622人，其中低收入农户2.1万户，库区移民1.1万人，从事来料加工下山脱贫农民1.2万人。“丽水十万妇女发展来料加工”项目成功当选丽水撤地设市十周年“20个创业创新样本”之一。

低收入农户增收工程实施

丽水地处浙西南山区，经济欠发达，还存在贫困乡镇，低收入农户数量不少。2006年5月，丽水市委、市政府在全市9个市(县、区)农村开展全面调查，摸清全市贫困人口现状。经调查，全市年人均纯收入在1500元以下的农村贫困人口有75095户、181392人，占农业总人口的8.7%。其中年人均纯收入在1000元以下的特困人口有31907户、62864人。造成这一状况的主要原因：一是山高路远、居住分散、交通不便、信息闭塞等因素造成当地大部分家庭收入主要来源于第一产业，比例高达85%；二是缺乏劳动力(包括残疾人)和自身文化程度低。丧失劳动能力和家庭缺少劳动力的贫困户占总户数的51.1%，文盲半文盲人口占贫困户总人数的37.4%，小学文化程度占38.8%；三是因病致贫，全市有1.38万户，占全市贫困户的18.3%，因病因残丧失劳动力返贫的占29.73%；四是因生产发展资金短缺而难以脱贫，约占总贫困户数的11.8%。

2007年4月9日，丽水市委、市政府出台《关于实施低收入农户增收工程扎实推进社会主义新农村建设的若干意见》，全面部署实施“低收入农户增收工程”。根据调查情况，首先在全市建立以乡镇为单位的低收入农户档案和扶贫建档立卡管理系统电子数据库，对所有低收入农户分户立档。其次实行分类指导，市委、市政府提出“五个一批”①的工作思路，倡导“一县一特色、一村一特点”来推动、扶持特色产业的发展。对有条件劳务输出、外出就业的低收入农户，通过就业培训帮助他们获得一技之长，并提供就业信息。对因病因灾致贫的低收入农户实行“一户一策一干部”帮扶机制。第三，发挥妇女劳力优势，大力扶持来料加工。中共丽水市委、丽水市政府采取四个方面的措施②，进一步

① “五个一批”的工作思路：立足农村和农业情况，就地富裕一批、下山转移脱贫一批、外出打工对外输出一批、社会救济帮扶一批、政府保障一批。

② 丽水市委、市政府对来料加工采取四个方面的措施：一是明确责任部门。针对来料加工业务大都适合妇女劳动的特点，明确由各市(县、区)妇联负责联系和落实本地的来料加工业务。二是加强信贷支持。当地金融机构加大对来料加工企业和经纪人的信贷支持力度，采取担保、抵押、联保、贴息等多种形式，有效解决来料加工企业和经纪人的贷款问题。三是提供各类便利。各部门齐抓共管，为发展来料加工营造良好的创业环境。四是培育一批来料加工业务经纪人。

挖掘来料加工业在促进低收入农户增收上的潜力。第四，构建新的农民小额信贷模式，解决低收入农户生产资金，一是探索建立用林权抵押小额贷款的模式；二是鼓励各类组织为低收入农户提供贷款担保；三是建立农村低收入农户小额贷款信贷帮扶基金。2008年，市委、市政府成立低收入农户奔小康工程领导小组，统筹推进低收入奔小康工程。3月27日，市委、市政府印发《关于加快农民异地转移促进农民增收的若干意见》，作出实施农民异地搬迁、推动农民创业致富、促进低收入农户增收的重大部署。9月5日，中共丽水市委办公室出台《关于深化"一户一策一干部"帮扶机制切实做好结对帮扶工作的通知》。2009年，丽水市出台《丽水市低收入农户奔小康工程总体规划(2008—2012)》。2010年，结合《丽水市低收入农户奔小康工程总体规划》目标要求，对低收入农户奔小康工程的各项指标进行细化和分解，明确相关部门的工作职责。

经过6年的努力，丽水市低收入农户增收工程达到预定目标。2008年，省级有帮扶集团9个帮扶单位95个结对丽水"低收入农户集中村"637个，市领导32人和市级机关、企事业单位138个结对"低收入农户集中村"310个，各县(市、区)结对"低收入农户集中村"746个，实现全市低收入农户集中村1693个结对帮扶全覆盖。9个县(市、区)的干部职工27190人结对低收入农户48261户。2010年，加快培育农家乐和来料加工等农村新型产业，同年来料加工费8.1亿元，累计培养来料加工从业人员16.1万人，经纪人1622人，新建来料加工专业村102个，全市低收入农户集中村950个成功培育来料加工点，低收入农户集中村累计加工费2.1亿元。继续完善领导和部门联系结对帮扶机制。丽水市各级部门及领导到村走访11226次，走访慰问农户33097户，落实扶持资金8145.17万元，资助物资604.53万元，扶持项目4673个。深入开展"百名侨胞助百村"活动，同年有华侨26人、侨团3个与乡、镇、村26个结成帮扶对子，实施帮扶项目23个，捐赠资金376.8万元，投资金额800万元。同年低收入农户家庭人均纯收入3921元，比2009年增长24.7%，除农村低保人口外，低收入农户人口中家庭人均纯收入超过2500元比例79.4%，累计42.4%的低收入农户家庭人均纯收入超过4000元。

十万农民异地转移工程实施

丽水农村发展的实践证明，加快农民异地转移，加快内聚外迁步伐，是促进山区农民持续增收的重要途径。

根据国务院2001年颁布的《中国农村扶贫开发纲要(2001—2010)》，2006年中共中央、国务院《关于推进社会主义新农村建设的若干意见》，2008年市委、市政府出台《关于加快农民异地转移促进农民增收的若干意见》，首次提出以"十万农民异地转移工程"为重点的农民增收六大目标。

2009年，实施新一轮"农民增收六大目标"，继续突出山区农民异地转移的改革创新，在2008年搬迁2.5万人的基础上，同年要求转移搬迁2万人；开展旧村改造，实施村庄整治，促进农村基础设施建设；加大结对帮扶力度，进一步发动社会各界参与扶贫帮困工作，以低收入农户集中村为平台，发展高效生态农业，积极发展来料加工、农家乐等产业扶贫；开展农村劳动力先进实用技能培训、推动农民创业就业；完善农村低保，提供就医保障，推进农村居民的教育救助、住房救助和灾害救助等；拓宽低收入农户增收渠道，培育农村来料加工特色区块，推进来料加工向下山转移安置小区和低收入农户集中村延伸；完善领导、部门结对帮扶联系村制度。2010年，结合《丽水市低收入农户奔小康工程总体规划》目标要求，将“农民增收六大目标”进行深化，继续实施“农村发展六大行动计划”，通过推动农业发展方式、农村体制机制、农民增收方式“三大转型”，促进农村人居环境舒适性、居民生活幸福感、社会发展和谐度“三大提升”。

2008 年，丽水“十万农民异地转移工程”取得实效。丽水市完成投资 7.85 亿元，新建安置小区（点）63 个，续建安置小区（点）29 个，实现农民异地转移 7172 户、25648 人。2009 年，异地转移农民 2.6 万人，其中整村搬迁 286 个村 1.3 万人。2010 年，农民增收“6+1”工作目标基本完成，同年实现农民异地搬迁 6596 户 21946 人，实现农民转移就业 52993 人，帮助解决农民就业岗位 16175 个，9 个县（市、区）全部实现农村基本养老保险全覆盖，实现危旧房改造 50327 户，完成投资 33 亿元。

扶贫攻坚计划实施

1994 年年底，丽水地区总人口 242.57 万人，年人均纯收入在 500 元以下的贫困人口有 45 万人，占总人口的 18.55%。景宁畲族自治县是国家级贫困县，云和县、青田县是省级贫困县，全地区贫困乡镇 68 个，占乡镇总数 35.05%，贫困行政村 1129 个，占行政村总数 30.83%。丽水成为全国 18 个集中连片贫困地区之一，是浙江省扶贫攻坚的重点地区。同年，国务院制定“国家八七扶贫攻坚计划”。浙江省委、省政府制定“三年扶贫攻坚计划”，对景宁畲族自治县、青田县、云和县等 8 个国家级和省级贫困县作出“三年脱贫、三年奔小康”的工作部署。3 月 14 日，丽水地委、地区行署发出《关于加快“下山”脱贫的若干意见》，全面落实扶贫攻坚计划。

1995 年 1 月 10 日，丽水地委、地区行署出台《关于扶贫攻坚的实施意见》，并确定“优化环境、扩大总量、脱贫致富奔小康”的发展战略目标。2 月 11 日，下发《关于进一步加强地直单位定点挂钩扶贫工作的通知》，要求在 3 年扶贫攻坚阶段，地区直属单位 92 个，与景宁、云和、青田 3 个贫困县的贫困乡镇 48 个定点挂钩扶贫，不脱贫不脱钩。7 月 19 日，地委、行署召开 2 天的丽水地区经济形势分析会，并与景宁、云和、青田 3 个贫困县签订扶贫攻坚责任书。10 月 10 日，召开地直机关有关部门扶贫攻坚工作座谈会，交流研讨扶贫攻坚工作的经验和举措。1996 年 10 月 10—11 日，地委召开工作会议，传达中共中央总书记江泽民在中央扶贫开发工作会议上的讲话、省委书记李泽民在丽水地区调研时的讲话精神，研究部署丽水地区山区综合开发和扶贫工作。12 月 22—24 日，全省山区开发暨扶贫工作会议在丽水召开，会议讨论《浙江省山区经济发展规划纲要》，研究部署山区开发和扶贫工作。12 月底，省委、省政府对云和县以“突出重点、开发扶贫”为特征的开发性扶贫攻坚工作进行考核验收，宣布云和县脱贫。1997 年 3 月 3 日，地区扶贫攻坚工作组到县（市）召开动员大会。5 日，地直机关干部 245 人组成扶贫工作组 50 个到各县（市）及 48 个贫困乡镇，帮助指导扶贫攻坚工作。7 月 31 日至 8 月 1 日，丽水地区扶贫攻坚经验交流会召开。12 月 15—19 日，青田县、景宁畲族自治县通过省脱贫验收组验收，省委、省政府宣布青田县、景宁畲族自治县脱贫。至此，云和、青田、景宁 3 个国家级、省级贫困县如期实现脱贫目标。

丽水地区 3 年多的扶贫攻坚工作，解决了 38 万贫困人口的温饱问题，全国 18 个集中连片贫困地区之一的帽子在 1997 年年底与 3 个国家级、省级贫困县帽子一起摘去。

第四节　文化建设

丽水精神提炼

丽水历史文化源远流长，底蕴丰厚。提炼丽水精神，是使之成为继承传统、创新精神、鼓舞民众、继往开来的一件大事。丽水撤地设市后，市委、市政府对这一工作作出具体部署，要求有关部门坚持“源于历史、基于现实、紧跟时代、引领发展、独具特质”的原则，即从丽水特定的历史文化背景出发，在充分汲取先人留给我们的精神财富的基础上，去寻其根，探其源，体现“源于历史、独具特质”；要从现实和今后相当一段时间的经济社会发展需要，提炼“丽水精神”，做到“基于现实、紧跟时代、引领发展”。

根据丽水市委的要求，2001 年 4 月，丽水市社科联下发《关于召开“丽水精神”研讨会的预备通知》，提出研讨提炼“丽水精神”的基本原则、参考选题等。6 月 21 日、7 月 13—24 日、8 月 4 日先后组织专家、学者和部门领导 50 多人参加“丽水精神”座谈会，广泛听取意见，提炼“丽水精神”。截至 8 月底，收到研讨征文 30 多篇。研讨过程中，地区社科联配合《丽水日报》推出关于“丽水精神”的评论员文章 8 篇，从不同角度对“丽水精神”的内涵和表现进行评论和阐述。经过多次研讨，并经市委同意，确定丽水精神是“勤劳质朴、坚韧不拔、负重拼搏、务实创新”十六个字。“丽水精神”的确定体现现代丽水人在发展市场经济、创造现代文明中所表现的勤劳、智慧、奋发向上的精神风貌。四句话十六个字既是历史的总结、传统的秉承，又是对现实的正视，对相对落后、封闭观念的挑战，更是着眼未来，加快发展的前瞻性要求。通过对“丽水精神”的宣传和弘扬，“丽水精神”家喻户晓、深入人心，成为 249 万丽水人民心中宝贵的精神财富。

绿谷文化建设

2000 年 7 月，在丽水撤地设市开局之年，中共丽水市委、市政府提出“生态立市、工业强市、绿色兴市”三市并举发展战略。根据省委“八八战略”和建设文化大省、增强文化软实力的部署，2003 年，丽水市委在分析丽水市情，特别是丽水的传统特色文化和民间艺术资源后，适时提出创建“艺术之乡、浪漫之都、休闲胜地”的城市发展理念和城市特色定位，加大丽水特色文化——绿谷文化的建设力度。

丽水素有“浙江绿谷”之称，在长期的生产生活实践中，丽水人民创造富有人文魅力、反映自然和谐、体现自强不息、具有鲜明丽水特色的区域文化——“绿谷文化”。它包括石雕文化、青瓷文化、宝剑文化、畲族文化、黄帝文化、廊桥文化、好川文化、摄影文化、华侨文化、历史名人文化，同时还包括民间美术、工艺、音乐、舞蹈、戏曲等艺术。2005 年年初，市委、市政府通过调查、分析、研究，认为，只有结合丽水实际，加快绿谷文化建设，增强丽水文化软实力，满足人民群众日益增长的精神文化需求，才有利于营造和谐与活力、效率与公平、法治与文明相统一的人文环境，使丽水跨越式发展的路径更加便捷、步子更加稳健、成效更加显著。同年 8 月，中共丽水市第一届委员会第十三次全体会议作出《关于加快绿谷文化建设的决定》。

市委、市政府从推进增强先进文化凝聚力、解放和发展文化生产力、提高文化公共服务能力入手，深入实施绿谷文化，采取重点培育特色文化品牌、加强文化阵地建设、推进文化精品创作、促进文化产业发展、重视文化传媒建设、提升公民文明素质“六大举措”，加快教育、科技、卫生、体育等“四项建设”，经过2年多时间的实践，取得成效。2008年8月，丽水市人民政府设立绿谷文化奖，表彰激励在丽水产生较大影响的文化精品和有突出成就的文艺工作者，充分发挥文化精品的示范导向功能。丽水市绿谷文化奖是根据《中共丽水市委关于加快绿谷文化建设的决定》设立的政府文化奖，是丽水市文学艺术最高级别的奖项，该奖项每3年评一次。2009年3月20日，《丽水市人民政府关于公布首届丽水市绿谷文化奖获奖名单的通知》发布，对全市有突出成就的文艺工作者和优秀文艺作品进行表彰。首届丽水市绿谷文化奖的评选范围为2005年8月1日至2008年8月1日期间在文学、美术、摄影、书法、戏剧、音乐、舞蹈、曲艺、影视剧和广播剧等十大艺术门类中取得突出成就的个人和优秀作品。

2010年，丽水市委、市政府制定出台《丽水市进一步推动绿谷文化大发展大繁荣纲要》，提出丽水市今后一个时期推动绿谷文化大发展大繁荣的总体要求，强调以弘扬生态文化为主线，在深化绿谷文化建设“六大举措”的同时，着力提升特色文化品牌，切实加强社会主义核心价值体系、公共文化服务体系、文化产业发展体系建设，全面提高文化的引领能力、服务能力、竞争能力和创新能力，为丽水市建设生态文明和全面小康社会提供强有力的文化支撑。

丽水绿谷文化建设加速全市文化事业的发展。2010年，绿谷文化建设成效显著，一是特色文化不断弘扬，不仅推进国际摄影名城建设，而且形成一县一品牌的文化格局；二是公共文化提质扩面，系列文化活动不断推出，丽水市第三届乡村文化艺术节暨全市乡村文艺会演，把“绿谷之声”文化推向新的高度；三是文化产业加快转型，“古堰画乡”“青田石雕”“龙泉剑瓷”“云和木制玩具”“遂昌竹炭”等五大园区、企业50家参加“义乌文博会”，传播绿谷文化，使绿谷文化的影响力和辐射力明显提高。绿谷文化建设使丽水文化软实力显著增强，人民群众分享更多的文化实惠和文化利益，在此基础上，逐步形成与丽水经济社会发展相适应的文化发展格局。

中国·丽水国际摄影文化节打造

丰富的摄影创作资源、深厚文化底蕴和活跃的文化基因，独具特色和丰富多样的自然风光、风土人情和人文风貌的丽水九县（市、区），为摄影创作提供取之不尽的题材。1979年，吴品禾、初小青等8人组织成立“闪光影会”摄影组织，以推动丽水摄影艺术创作为宗旨，逐渐培育出一批热爱光影艺术的摄影人，形成一支在全国有影响力的创作群体。1999年，缙云仙都、龙泉凤阳山、庆元百山祖被中国摄影家协会命名为国家级摄影创作基地，之后丽水又先后有被命名的摄影创作基地22个。同年，中国摄影家协会在丽水举办第四届中国摄影艺术节，会上，授予丽水“中国摄影之乡”称号，成为全国首个被授予该荣誉称号的城市。

2000年5月，丽水撤地设市后，丽水市委、市政府领导班子将摄影文化作为区域文化力的一个重要方面加以培育。作为一种区域文化现象，摄影在丽水不仅渗透到各个地方和单位，还成为一种大众化的娱乐方式。2003年12月，由中国摄影家协会主办、丽水承办的中国第十届国际摄影艺术展，让丽水摄影开始接轨国际。2004年年初，丽水市委、丽水市人民政府举办中国·丽水国际摄影文化节，打造“艺术之乡、浪漫之都、休闲胜地”，打响摄影品牌，展示绿谷文化，把丽水国际摄影文化节办成在国内外有较大影响的节庆活动，提高丽水城市知名度和城市品位，促进文化资源优势转化为文化产业优势，把展示摄影艺术、丰富群众文化生活与推动丽水经济社会快速发展结合起来，充分体现节会的国际性、艺术性和群众性。2月，市政府与中国摄影家协会就共同举办2004中国•丽水国际摄影文化节签订协议。5月，成立2004中国•丽水国际摄影文化节组委会。市委将摄影节举办工作列为重大工作，多次召开书记办公室会议和常委会听取汇报，每月督查。10月，丽水举办首届"中国•丽水国际摄影文化节"，推出全国首个总奖金超过100万元的"2004中国丽水国际摄影大奖赛"和"首届中国国际摄影高级论坛"。市政府与中国摄影家协会签订协议，从2005年开始，将在丽水连续十年五届共同举办中国国际摄影艺术展览暨中国•丽水国际摄影文化节。

2005年11月，"中国第11届国际摄影艺术展览暨2005中国•丽水国际摄影文化节"突出摄影主打品牌和地域文化，推出摄影展览40多个，展出作品4000多幅。摄影节扩大丽水国际摄影文化节的品牌影响力，形成"西有平遥，东有丽水"的格局。中国摄影家协会分党组书记李前光评价此次活动是中国改革开放20多年以来，规模最大、效果最佳、影响最大的一次国际性摄影活动。2007年11月，"中国第12届国际摄影艺术展览暨2007中国•丽水国际摄影文化节"推出展览100多个，参展的国家和地区38个，摄影作品6000多幅。中国首家规范化运作的专业摄影博物馆——丽水摄影博物馆开馆，成为当年摄影节和中国摄影界的焦点。2009年11月，在丽水举办的"中国第13届国际摄影艺术展览暨2009中国•丽水国际摄影文化节"首次推出"十大策展人"评选，吸引美国亚特兰大摄影节、意大利嘎啦飞亚摄影节、巴西摄影节、英国如巴如巴摄影节等22个国际知名摄影节和国际著名机构负责人、34个国家和地区的国外摄影家170多人参与，实现从原来的沙龙性摄影节向学术型摄影节的转变，并获评"2007年度最佳摄影节"。中国艺术报评论丽水"开启中国策展人时代"，被誉为中国摄影节成功的新模式。

从2004年到2009年，丽水连续举办四届国际摄影文化节，展现丽水摄影群体的创作风貌和丽水文化魅力，加深与国际国内专业领域的交流，使丽水摄影群体形成多元形态综合发展的态势，并逐渐走向成熟，丽水摄影群体人数逐年壮大。摄影文化成为继石雕文化、剑瓷文化、畲族文化、华侨文化、黄帝文化、人文文化等传统文化之后的一种新的文化现象，成为丽水极具地方特色的区域文化品牌。

第五节　社会建设

平安丽水建设

2000年，丽水撤地设市后，经济建设和社会事业加快发展，但在企业改制、征地拆迁、土地承包等工作中出现的各种矛盾累积和频发，严重影响丽水社会的安全和稳定。在这一形势下，中共丽水市委把抓稳定、促发展作为市委重中之重的工作来部署和推进。

2004年6月28日，中共丽水市委一届十一次全会作出《中共丽水市委关于建设"平安丽水"促进社会和谐稳定的决定》，部署平安丽水建设，成立丽水市平安建设领导小组。7月16日，中共丽水市委召开各县（市、区）工作汇报会，就建设“平安丽水”工作，提出强化“五个意识”[①]。8月17日，中共丽水市委在龙泉市召开全市综合治理基层基础工作会议，推广松阳、景宁等地选派政法干部到乡镇挂职锻炼，龙泉市开展“治安联防户长制”等经验、做法。

2005年4月1日，丽水市平安建设领导小组决定在全市全面实施“三个一千平安示范工程”创建活动，即1000个平安示范村居、1000个平安示范企业、1000个平安示范单位。中共丽水市委、市政府把创建“三个一千平安示范工程”列为全年政府为市区群众办好10件实事之一。同年，丽水市政府将2006年创建任务具体落实到各县（市、区）和市直有关部门。全市达到平安创建标准的村居1286个、单位1236个、企业1148个，丽水市群众安全感满意率96.58%。丽水市被省委、省政府命名为“平安市”。除莲都区、缙云县外，其余7个县（市）被省委、省政府命名为“平安县（市、区）”。2007年3月30日，丽水市在全省建设“平安浙江”电视电话会议上，介绍《围绕“123456”目标，深化“平安丽水”建设》的经验。2009年，丽水市在全省率先制定加强社区矫正工作的意见。2010年，在全省率先构建“大调解”工作体系。

“平安丽水”创建，为丽水经济建设和社会发展创造良好的环境。2006—2010年，丽水市连续六年被省委、省政府命名为“平安市”，实现市委市政府提出平安建设“六连冠”目标，夺得“平安铜鼎”。全市9个县（市、区）均被省委、省政府命名为平安县（市、区）。据市统计局民意调查显示，丽水市人民群众安全感满意率一直保持在96%以上，2010年满意率97.58%，名列全省第二。

“12345”便民电话设置

2000年8月8日，丽水市政府常务会议决定，建立“12345”政府便民电话，并于9月20日如期开通。便民电话主要职责为全面拓宽市民群众诉求表达渠道，建立健全党和政府主导的维护人民群众的权益机制，为公众提供政府信息、政策法规、办事指南等咨询服务；受理公众通过热线、网络反映的所有非应急性的政务诉求；接受公众针对政府部门公共服务行业的工作作风、服务水平、服务效率的监督所提出的投诉意见和建议，促进部门和单位工作人员增强服务意识；负责收集和整理社情民意和社会动态，提供科学决策的信息参考和依据。

2004年3月，丽水市委、市政府在全省效能建设统一要求下，设立丽水市效能监察投诉中心（以下简称“中心”），受理和查处群众对行政机关及其工作人员不作为、乱作为等履行职责不力、行使权力不当的投诉。根据全市统一部署，各县（市）统一政务咨询投诉举报平台作为市级平台的分平台。9月上旬市级平台及各县（市）分平台同步试运行，9月中旬启动信、访、网、电、市长信箱、网民留言等不同投诉途径的数据融合工作，9月底完成整合任务。10月，本着精简高效、监督有力的原则，“12345”便民电话受理中心相关职能归并到“中心”。机构调整后，“12345”便民电话以“为百姓说话，为百姓办事，为百姓撑腰”为工作宗旨，以实现投诉处理“事事有回音，件件有着落”为工作目标，工作流程由“受理、转办”转变成“受理、督办、查办”的投诉“三部曲”，强化投诉件办理和反馈。同年，市长热线并入“12345”便民电话，统称为“12345”市长热线，在丽水信息港、政府公众网、绿谷廉政网等

① 五个意识：同步意识、大小意识、两手意识、源头意识和非传统因素意识。

媒体先后开通“12345”市长信箱，进一步拓宽群众投诉渠道。涉及政务咨询、投诉举报等35条非紧急类政务服务热线整合到“12345”热线。同时，分步整合网上信箱、网民留言、政务微博、QQ和微信公众号等受理群众政务咨询、投诉举报的网络渠道。整合后的“12345”成为统一政务咨询投诉举报平台。

2005年8月，省委提出要求，机关效能建设由集中性开展转入经常性开展。中心开展“开门听诉、公开办理”活动，通过“12345”市长热线接受预约登记，邀请有关单位负责人面对面答复群众投诉，对涉及多个部门的疑难投诉件由市纪委书记召集相关单位会商落实。2006年5月，中心在丽水人民广播电台、丽水电视台、丽水日报等市级媒体原有栏目基础上开通“百姓热线”，进一步延伸“12345”市长热线在电视、报纸、广播、网络“四位一体”的运行机制。2009年，“百姓热线”被省记者协会评选为第五届浙江新闻名专栏奖，是当年全省唯一获奖的行风热线栏目。

丽水市在“12345”市长热线运行过程中，把效能监察延伸到行政管理的各个领域和环节之中，取得明显工作成效。2000年9月20日，“12345”政府便民电话开通后，至年底就接待处理群众来电3997件，80%的事项办结。2005—2010年，“12345”市长热线累计受理群众来电、来信、来访26485件次（其中市本级19325件次），办结26474件次，督促各级各部门为群众解决实际问题6880个。“12345”市长热线成为丽水市效能建设响亮品牌。

乡镇“住村联心”工作制度建立

密切党群、干群关系是巩固党在农村执政基础的重要内容。2005年年初，丽水市委推行乡镇干部“住村联心”工作制度，解决“身在基层下不了基层，同讲一种方言却没有共同语言、面对群众却服务不了群众”的问题，成为转变乡镇干部工作作风的一项重要制度。

丽水市委多次召开书记办公会、常委会研究“住村联心”工作制度实施，把它作为保持共产党员先进性教育活动的一项重要内容来对待。2005年2月，市委在莲都区的丽新乡、高溪乡、联城镇进行试点，开展以乡镇干部“工作在农村、住宿在农户、服务在农民、联系在民心”为主要内容的“住村联心”试点。7月，中共莲都区委将该项工作制度推向全区乡镇18个、街道4个。丽水市委同时还在龙泉市和庆元县开展试点工作。10月，丽水市委在总结莲都区“住村联心”、龙泉“三诊”、庆元乡镇技能型政府建设等农村基层实践所创经验基础上，结合农村先进性教育活动，全面推行乡镇“住村联心”工作制度。出台《乡镇“住村联心”工作制度实行方案》，在全市9个县（市、区）的34个乡镇进行推广。“住村联心”制度明确实行乡镇干部全员住村，每个行政村至少要有住村干部1人，乡镇主要领导和班子成员则要带头到中心村、后进村、重点项目推进村住村，做到岗位在村、责任到村、服务农民、联系民心。明确每名乡镇干部每星期住乡村不少于2夜，每星期进村入户夜访夜谈1次以上，每天要有党政领导班子成员1人住夜值班。明确乡镇住村干部要履行好政策法规宣传、村情民意调研、富民强村服务、矛盾纠纷化解、民主制度规范、组织建设督导的职责，当好“六大员”即政策法规的“宣传员”、村情民意的“调研员”、富民强村的“服务员”、矛盾纠纷的“调解员”、规范民主的“指导员”、组织建设的“督导员”。

到2005年年底，全市参加“住村联心”工作乡镇干部1253人，干部住村37707天、24370夜，帮助群众代理代办服务9264项，落实水电路等基础设施623个，启动经济发展项目401项，解决各类矛盾纠纷1956起，联系落实帮扶资金1573.7万元，化解上访或群体事件206起。“住村联心”工作制度下移乡镇工作重心，形成长效机制。

第五章　组织工作

中华人民共和国成立初，丽水实行党委领导下的干部分级管理制度，由浙江省委管理县委委员，副县长和地属机关部、委、办、局副职以上干部。1964 年 3 月，县委常委、副县长和地直机关部、委、办、局副职以上干部由省委管理。1979 年开始，丽水邮电、气象、银行、电业、烟草等部门实行省主管部门和地区双重领导，以省主管部门管理为主。

1957 年，浙江省管理县委常委、副县长、地属机关部委办局副职以上干部。县委管理科级干部和人民公社党委书记、社长。1971 年，丽水地区管理县革命委员会各组正副组长、地区革命委员会所属办公室正副主任、人民公社党委书记、革命委员会主任。1981 年，丽水地委管理地区各部、委、办、局副职和正副科长，县委常委、副县长和各部、委、办、局正副职，区委书记、区长。1984 年起，丽水地委本着“管少、管活、管好”的原则，调整干部管理权限。丽水地区机关各部、委、办的副科长，各局、处、院的科长（主任）、副科长（副主任），地区机关下属企业、事业单位的党政一把手，都由各主管部门任免，报丽水地委组织部备案。各县委办公室主任、各部部长、政法委员会书记、党校校长、区（镇）委书记，由各县委任免，报丽水地委组织部备案。各县纪委常委报丽水地纪委备案。丽水地委协助省委管理的干部有地委书记、副书记、委员，行政公署专员、副专员，地区纪律检查委员会书记、副书记、专职委员，县委书记、副书记、县长，与以上职务同级的巡视员、纪检员。丽水地委审定、由丽水行政公署公布任命的干部有地区行政公署各委、办、局、处正副职，各科科长，包括上述职务改任的巡视员、协理员。丽水地委审定，报请省人民代表大会、省人大常委会批准的干部有丽水地区中级人民法院院长、副院长，丽水地区检察分院检察长、副检察长。丽水地委审定、提名由县人大、政协按法律程序和政协章程的规定任免的干部有县人大常委会正副主任、县人民政府副县长、县政协正副主席、县人民法院院长、县检察院检察长。

丽水地委组织部直接管理的干部有丽水地区行政公署委、办、局、处的党组成员，丽水地区中级人民法院和检察分院党组成员，工、青、妇、科协办事处党组成员。1988 年，丽水地委根据中共十三大关于干部人事制度改革“要体现人与管理既紧密结合又合理制约”的精神，遵照“管少、管活、管好”的原则，进一步下放干部管理权限，原则上只管县级干部。1992 年，丽水地委更好适应改革的新形势，根据中央文件精神修改干部管理权限。原由丽水地委管理的地区机关部、委、办的正科级干部，下放给部委办管理；副县级单位的副职由地区主管部门管理。地直县级单位的正科级干部任免实行事先备案制度。下放企业干部的任免权限。2000 年 5 月，丽水撤地建市设区后，仍基本沿用此管理。2008—2010 年，丽水市委贯彻《党政领导干部选拔任用工作条例》，2010 年，学习宣传“四项监督制度”等政策法规，在干部选拔前需全部进行任前公示，加强对干部选拔任用工作的监督。

第一节　干部选拔任用

类　型

上级委任　1949年5月丽水解放时，地、县党政领导干部和机关干部主要是南下干部和坚持地方斗争的干部。1950年春，华东军政大学工作队部分干部充实到党政机关。1950年，丽水有科级以上干部445人，其中女干部33人，初中以下文化程度260人。1956年，各县委改委任制为选举制。

1964年5月，丽水有副县级以上干部55人，其中县委常委28人，正副县长27人。1971年10月，开展"批林整风"后，一批老干部回到原工作岗位。1974年3月起，丽水地区突击提拔干部587人。1975年7月，陆续回原单位原岗位。

1977—1978年，丽水地委领导班子两次调整，任命地委正副书记9人。选调县、区、社领导班子成员1665人，其中提任1136人。

换届选举　1990年4月，丽水地委考察地直机关领导干部278人。1994年，调整部分县(市)、地直单位领导班子。1995年，分期分批调整任用干部12批251人。

1996年，丽水地委对9个县(市)领导班子进行届中考察。1997年，县(市)领导班子进行人事调整，提任女干部6人，少数民族干部5人，党外干部10人，干部易地任职67人。1998年，县(市)换届结束，调整地直单位领导班子87个。2003年，丽水完成县(市、区)换届选举工作。在领导干部票决制、辞职制、任期制和"两圈"考察、干部差额考察等四个方面扩大试点。

2005年10月30日，在中共丽水市第二次代表大会选举产生新一届市委和市纪委领导班子。做好年轻干部、党外干部、女干部和少数民族干部的培养选拔工作。继续实行外派、上挂、下派、互派等多种形式的挂职。

2006年，丽水市二届人代会、政协会选举产生市人大常委会、市政府、市政协领导班子和市法院院长、市检察院检察长。县(市、区)党委换届结束。

公开选拔　1965年，丽水专区选拔公社以上干部30人。1978—1981年，丽水地区选拔优秀中青年干部2158人，充实公社以上各级领导班子。1988年8月，共青团地委公开选拔领导干部。后在地区外贸局、经济技术协作办公室和各县(市)团委等单位公开选拔领导干部。2001年，市级机构改革，市直部门和各县(市、区)党政领导班子联动调整，交流县(处)级领导干部131人，新提拔57人。丽水市委出台《公开选拔后备干部实施办法》。2002年，规范选拔任用干部程序。全面开展公开选拔市管后备干部工作，选拔市管后备干部362人。2010年，丽水市委推出市直部门副处级岗位8个面向全市范围进行公开竞争选拔，设置"适岗比选"比能力环节，而后笔试、面试，选拔前全部进行任前公示。

环　节

民主推荐　1980年2月，丽水地委在地区商业局等单位5个进行民主推荐中青年干部试点，至1982年，推荐中青年干部638人，经过考察，选拔进各级领导班子352人。1983—1984年，地、县机构改革，一批革命化、年轻化、知识化、专业化干部进入各级领导班子，实现新老干部合作交替。1987

年上半年，地委组织各县（市）科级以上干部1100多人，对县级党政领导进行测评，发动干部群众进行推荐。

考核考察　1999年，丽水地委修订后备干部年度考核工作意见，建立和完善后备干部档案，制定出台《关于在地直机关推选干部聘任制和中层领导职位竞争上岗意见》。2002年，考察县（市、区）领导班子和市直单位试用期干部。调整县处领导干部339人。在新提拔的领导干部中，35岁以下13人，女干部13人，党外干部15人，少数民族干部5人。

2004年，丽水市委加大干部交流力度。市委实行常委会票决制，完善领导干部任前公示制、试用制，首次尝试市县互动挂职锻炼模式。2007年，丽水市委先后制定出台《丽水市干部差额考察工作试行办法》《市直机关新提任副处级领导干部担任市信访督察专员暂行办法》《丽水市党政领导干部任职试用期制实施办法》《中共丽水市委全委会成员民主推荐提名暂行办法》《丽水市领导干部任职前公示制度实施办法》《中共丽水市委全体会议讨论任用干部表决方法（试行）》六项制度。

2008—2010年，丽水市委贯彻《党政领导干部选拔任用工作条例》，综合运用多种形式的考核评价方法。2009年，制定出台《关于建立干部谈心谈话制度的实施办法》《关于实行干部考察持证上岗制度的暂行办法》《干部工作联席分析办法》《重大项目、重点工作、重要事件专项考察办法》《干部工作通报实施办法（试行）》《领导班子和领导干部年度分析操作办法（试行）》《“双向外延四多考察”及“五分析”考核评价办法（试行）》等七项制度。

第二节　干部培训教育

主题教育活动

1950年8—11月，丽水专区开展以纠正干部居功自傲、命令主义和官僚主义作风为重点的整风学习。1951年12月，对党员进行八项标准的教育。1956年，各县学习《论共产党员的修养》。1957年4月，各县进行以正确处理人民内部矛盾为主题的整风，开展批评和自我批评。

1963年5月至1966年5月，缙云县和其他县部分公社（镇）结合社会主义教育运动进行整党。在党员中进行“做一个好的共产党员”的教育。1983年，丽水地区党员干部学习《邓小平文选》，建立健全“三会一课”和党员联系制度，创办各种夜党校62所。

1970年下半年至1971年年底，丽水地委进行整党建党工作。1977年，举办中共十一大文献暨《毛泽东选集》第三卷学习班。1978年，开展“实践是检验真理的唯一标准”的讨论。

1980年，丽水地委组织学习《关于党内政治生活的若干准则》和《中国共产党章程（修改草案）》，举办轮训班405期，培训党员33372人。1981年，举办《关于建国以来的党的若干历史问题的决议》学习班，培训骨干482人。1982年，学习中共十二大文献，举办党员干部培训班301期，培训3934人。1984年9月，分期分批开展整党工作。1985年7月，开展理想、纪律教育。培训党员干部43300人。1986年，举办3期副县级以上干部培训班，参加学习人员168人。1987年，进行“坚持四项基本原则，反对资产阶级自由化”教育，举办培训班982期，培训人数11830人次。1988年，举办中共十三大文件学习。举办各类培训班1458期，上党课4374次，培训党员和基层干部30万人次。

1989年，举办党的十三届四中全会精神学习班。

1992年，丽水地委组织深入学习邓小平同志南方谈话和中央政治局全体会议精神。1994年，地区本级举办各级领导干部培训班13期，参训人数900多人，学习领会邓小平建设中国特色社会主义理论。1995年，开展“争做模范，争创一流”的“双争”教育活动。1997年，开展“奉献于事业，服务于人民”主题活动，全区党校、干校举办各类培训班61期，参训4176人。1998年，组织县处领导干部理论学习和“三五”普法建档考试。举办各类培训班56期，轮训干部3135人次。1999年，开展以“讲学习、讲政治、讲正气”为主要内容的党性党风教育活动。全区举办培训班82期，培训4203人。

2000年4月底，丽水地委在全区县（市）领导班子和领导干部中开展“三讲”教育。同年市本级举办地区（市本级）培训班16期，受训人员686人。配合浙江省委组织部抽调县处级领导干部和少数民族干部44人到省委党校、高等院校以及国外培训、进修。丽水市委作出《关于加强领导班子思想、政治建设的决定》。2001年，制定《干部教育培训“十五”规划》，举办各类培训班105期，培训3800多人。

2005年1月开始，历时1年，丽水市委在全市开展以实践“三个代表”重要思想为主要内容的“保持共产党员先进性”教育活动。探索与发达地区联合办班的模式，分别与嘉兴市、金华市委组织部联合举办区域经济研讨班和公共管理研修联合班，与丽水学院共同举办地方特色工艺基础理论培训班次2期。

2006年，丽水市委专门安排社会主义新农村建设专题班次5期，市本级举办各类培训班18期，培训各级各类干部887人次，其中县处级领导干部283人。2007年，丽水市本级举办主体班次20个，培训各级各类干部1080人次。配合抽调参加省级以上部门举办的各类培训班102人。同时，实现3个第一次，第一次实行春、秋季统一集中开学；第一次成功举办自主组团的国外培训班——德国公共管理培训班；第一次全程在知名重点大学——复旦大学举办主题班次规划专题研讨班。

2008年，丽水市委开展中共十七届三中全会精神专题学习教育活动。个人述学、群众评学和组织考学的统一体系形成。2009年，丽水市本级举办主体班次25个，34期，培训各类干部1749人次。首次举办由24人参加的中国台湾地区农产业专题研讨班。

2010年，丽水市本级举办主体班次25期（其中出国培训班1期），与义乌市开展联合办班，培训干部1288人次。

党委中心组学习

1990年，丽水地、县（市）委理论学习中心组10个，学习67次、累计1389人次。地委党校举办理论读书班9期，学习人数819人。1991年，丽水地委举办地直机关领导干部学习会。2002年，县（处）级领导班子理论学习列入班子考核的重要内容。2003年，全市举办中共十六大精神轮训班13期，受训人员630多人。制定出台县处级领导干部学分制实施办法。2004年，在市、县两级党政领导班子中开展“三树一创”教育实践活动。市本级举办培训班41期，受训人员3180人次。

第三节　干部审查监督

1950年8月开始，丽水地委重点开展整风学习，以纠正党内和干部中的不良工作作风。1951年

12月至1952年6月，地属机关开展反贪污、反浪费、反官僚主义运动，处理44人，其中刑事处分7人，行政处分37人，收缴赃款73111元。1956年，开展肃反、审干，历时3年。1957—1958年，开展“整风反右”斗争，后被严重扩大化，错划一批“右派分子”。1959年9月，各县开展“反右倾”斗争，错整一批干部。

1960年6—7月，丽水地区开展“反对贪污、反对浪费、反对官僚主义”的“新三反”运动。1963年5月至1966年5月，地、县机关开展“反对贪污盗窃、投机倒把、铺张浪费、分散主义和官僚主义”的“新五反”运动。1966年“文化大革命”，一批党政领导干部遭批斗。1967年12月，丽水专区开始“解放”地属机关县级干部3人。1969年3月，地属机关大多数领导和干部集中丽水地区机关“斗批改”干校学习。1970年结束，部分干部转“五·七”干校劳动。

1971年，地县机关开展“批林整风”运动，一批领导干部重新出来主持工作。1972年8月，丽水地委清查与林彪反革命集团有牵连的人和事。1975年，地、县委正确处理“双突”(突击提拔干部、突出发展党员)问题。对基本具备党员条件的予以承认，除名不符合党员条件的579人，清除出党有严重问题的164人。1976年10月“文化大革命”结束。1977年起，丽水地委清查与江青反革命集团有牵连的人和事，至1979年6月，清查县以上机关犯有各种不同性质错误的干部、职工245人。1978年，平反“文化大革命”冤假错案4019件，其中改敌我矛盾为人民内部矛盾622人，撤销党纪处分297人；平反集团性案件156件，平反受害干部、群众15208人，平反受株连的10775人。1979年后，复查“文化大革命”案件2595件，平反纠正2332件，恢复公职355人，恢复党籍37人，补发工资或经济补助4929人，金额70.6万元。

1982年，丽水地委审理林彪、江青反革命集团案件，全区定性处理643人。1983年12月，清理追随林彪、江青反革命集团造反起家、帮派思想严重的人和打砸抢分子。复查“文化大革命”前历史老案3931件，平反纠正2457件，恢复工作565人，恢复党籍240人，办理离休、退休和退职1126人，给予生活补助812人。1984年，对历史上受限制使用323人，分别进行撤销、解除、注销结论。同年，复查解放前入党、有遗留问题的1560人，给予恢复党籍或更改党龄538人。1986年，对历史上受错误处理的人落实政策，农业人口转为非农业人口1307人，调整工资864人，清理档案材料21200人。1984年9月开始，地、县、区、乡、(镇)、村分期分批开展整党工作，截至1987年8月结束时，全区受到党纪处分的党员占党员总数0.81%；不予登记的党员占0.36%；有的被取消预备党员资格。1988—1993年，查处违纪案件2546件，受到各种党纪处分的2139人，其中副县(处)级以上的领导干部16人。

1995年，丽水地委先后制定《关于组织部与执法部门建立干部监督工作联系制度的意见》《关于建立县(处)级以上领导干部个人重大事项报告制度》《关于建立对执行干部人事工作纪律进行监督检查制度的意见》。

1996年，丽水地委做好县(处)级以上领导干部个人收入申报和个人重大事项的报告工作，实施《县(处)级领导干部诫勉制度》《县(处)级领导干部经济责任审计制度》。做好干部参加工作时间、年龄审定，历史遗留问题的处理和因公出国(境)审查工作。

1997年，丽水地委落实对领导干部的监督管理制度。1998年，自查《党政领导干部选拔任用工作暂行条例》执行情况。1999年，对7个单位的一把手进行经济责任审计。接受省管干部个人收入申报44人，地管干部个人收入申报491人。办理出国(境)政审57批62人次。

2000年,《党政领导干部选拔任用工作暂行条例》执行情况列入"三讲"①对照检查、自我剖析的主要内容。丽水地委组织部设立部长夜谈制度。实施《关于对干部持有因私护照或往来港澳通行证实行报告登记制度的通知》。2001年,丽水市委组织部制定出台《关于建立干部监督信息库的暂行规定》。对党政"一把手"129人实施年度总结报告工作。2002年,建立干部监督信息库、网上电子举报信箱。制定出台《关于市委组织部内部处理考察预告和任前公示期间群众举报问题的程序(试行)》。2003年,做好审核51个市直单位正科级111人次的任免,纠正未审核就发文件任命的违规现象2起。

2004年,丽水市委制定《党政领导干部经济责任审计工作指导意见》。制定出台《进一步加强干部监督联系通报工作的实施意见》,制定《丽水市领导干部监督管理若干意见(试行)》。2005年,组织党政"一把手"153人在干部大会上作年度工作总结报告。在市直单位39个开展权力制衡试点工作。登记领导干部外出请假备案149人次。制定出台《关于进一步规范出国(境)人员审查审批工作的若干规定(试行)》。

2006年,丽水市委对9个县(市、区)及78个市直单位领导干部开展述职述廉工作。制定出台《市直机关单位中层干部竞争上岗工作方案报批程序》。

2007年,丽水市委对莲都区、庆元县、遂昌县、松阳县等4个县(区)和市交通局、市建设局、市发改委等市直单位13个开展干部任用条例检查。组织指导市直单位37个集中开展竞争上岗。

2008年,丽水市委对各县(市、区)开展"一报告两评议"工作。对党政领导干部在企业兼职、任职情况进行摸底和清理。2009年,委托市统计局和国家统计局丽水调查队,在9个县(市、区)开展干部选用工作问卷调查500人。

2010年,丽水市委组织学习宣传"四项监督制度"等政策法规。加强对干部选拔任用工作的监督。制定出台《市直单位科级干部选拔任用工作若干规定》《市管干部选拔任用工作内部监督规定》《关于深入整治用人上不正之风,进一步提高选人用人公信度的实施办法》。建立"事前教育警示、事中测评了解、事后公示监督"的竞争性选拔监督体系。开展年度述职述廉和"一报告两评议"工作。

第六章　宣传工作

党的宣传工作是动员和鼓舞人民群众的有力武器,起着社会舆论引导作用。新民主主义革命时期,丽水各级党组织就十分重视舆论宣传工作,为取得新民主主义革命胜利作出贡献。从中华人民共和国成立到"文化大革命",丽水地委根据党在各个不同时期的工作重点,开展宣传舆论工作。1978年后,丽水市委(地委)贯彻中共十一届三中全会精神,把党的工作重点转移到社会主义现代化建设上

① "三讲":讲学习,讲政治,讲正气。

来，努力加强各不同时期政治和经济的宣传工作。丽水地委宣传工作始终围绕中心、服务大局、唱响主旋律、打好主动仗，在全市多层次、多渠道、多形式开展党的路线、方针、政策的宣传，不断创新宣传载体，把握宣传舆论导向、繁荣和发展社会主义先进文化。有针对性开展理论学习和思想政治工作、开展宣传教育和对外宣传工作、开展文化宣传和新闻宣传等等，不断提升丽水的知名度和影响力，推动丽水经济和各项社会事业的不断发展。2010 年，市本级和各县（市）建立新闻网站，开展网上舆情和工作信息通报机制、处置网上违法违规行为协商机制等互联网管理协同工作机制。

第一节　宣传教育

理论教育

早期理论宣传　1926 年冬，共产党员唐公宪到遂昌县宣传“联俄、联共、扶助农工”三大政策，提出打倒帝国主义、贪官污吏、土豪劣绅，实行三民主义等口号。1930 年 5 月，中国工农红军第十三军进驻丽水，宣传贫苦农民参加红军，建立苏维埃政府。1934 年 8 月，中国工农红军北上抗日先锋队进入庆元、龙泉县，沿途宣传抗日救国。1935 年 5 月，中国工农红军挺进师进驻浙西南，宣传红军是工农自己的军队，打土豪分田地。1937 年 7 月，宣传中共中央《抗日救亡十大纲领》和国民党省政府《浙江省战时政治纲领》。1940 年 3 月，中共处属特委在丽水县城五宅底村召开县委宣传部长会议，宣传“坚持抗战、反对投降，坚持团结、反对分裂，坚持进步、反对倒退”的主张。1945 年下半年，宣传和平、民主、团结的建国方针，开展反内战、反独裁斗争。1949 年冬，丽水军管会学习委员会建立。

中华人民共和国成立后的理论宣传　1950 年 9 月，丽水专委提出以整风为中心，进行政策法令和业务学习。1953 年，各县举办社会主义过渡时期总路线和农业合作化训练班，县级干部学习《联共（布）党史》《苏联社会主义经济问题》。12 月开始，县委宣传党在过渡时期的总路线和中共中央关于实行粮食计划收购和计划供应（简称“统购统销”）的决议。1954 年，宣传国家的性质、公民的权利和义务以及民族政策等内容。1955 年 10 月，各县宣传毛泽东《关于农业合作化问题》的指示。1956 年，宣传中共中央《1956—1967 年全国农业发展纲要（草案）》，动员农民为实现《纲要》的目标而努力。1957 年 4 月 27 日，中共中央发布《关于整风运动的指示》后，宣传整风运动的目的、要求、方法和步骤。随后，开展“反右斗争”的宣传。1958—1960 年，各县进行社会主义建设总路线、“大跃进”和人民公社三面红旗的宣传活动。

1959—1961 年，三年困难时期，丽水各县宣传、贯彻、落实中共中央对国民经济“调整、巩固、充实、提高”的八字方针。1963 年 5 月至 1964 年，在部分社队开展以“四清”①为主要内容的社会主义教育运动。1964 年，丽水地委调整和健全各县委中心学习小组，召开丽水地区第一次学习毛泽东主席著作积极分子和先进单位会议。1965 年 1 月 14 日，中共中央下发《农村社会主义教育运动中目前提出的一些问题》（又称“二十三条”）后，丽水地委在城乡又开展“四清”②运动，纠正前次运动中出

① “四清”：清理账目、清理仓库、清理财务、清理工分。
② “四清运动”：清政治、清经济、清组织、清思想。

现的“左”的偏向。

继续革命理论宣传

“文化大革命”期间，丽水地委主要组织干部学习无产阶级专政下继续革命的理论。1966年5月和8月，有关“文化大革命”运动的《五一六通知》和“十六条”等文件相继下发，各地掀起群众性的“破四旧、立四新”[①]运动，内容多集中于批判“三家村、黑帮”。10月，各地掀起活学活用毛泽东思想的群众运动。年底，中共宣传机构在“文化大革命”的冲击下处于半瘫痪状态。1967年12月，各地先后以“大树特树毛泽东思想绝对权威”和“三忠于”[②]为主题召开动员大会，并举行游行，开展大批判，农村重点批判“三自一包”[③]。1968年10月，地区和各县均派出毛泽东思想宣传队，建立革命委员会，开展清理阶级队伍工作。1969年2月和1970年2月，丽水地委宣传贯彻《1969年国民经济计划纲要（草案）》和《1970年国民经济计划草案》以及《第四个五年计划纲要（草案）》。

1971年1月，丽水地区第二次学习毛泽东思想积极分子代表大会召开，出席大会代表1300多人，总结交流学习毛泽东思想群众运动的经验。4—9月，丽水地区分期分批开展“批陈整风”学习。1971年“九一三”林彪事件发生后，各县成立县、公社、大队三级宣传队，批判林彪反党集团的罪行。10月以后，分期分批开展“批林整风”学习，揭批查林彪反革命集团罪行。1974年后，开展“批林批孔”等宣传。1976年年底，组织干部揭批江青反革命集团篡党夺权的阴谋活动、罪恶历史和反革命谬论。

新时期理论建设

1977年，丽水地区先后开展“农业学大寨，工业学大庆”的宣传活动。地委举办中共十一大文献暨《毛选》第五卷学习班。1978年9月，批判“两个凡是”，全地区开展“实践是检验真理的唯一标准”的讨论和宣传，培养骨干3750人，举办讨论会186次。12月，中国共产党十一届三中全会闭幕后，集中宣传党的工作重点向社会主义现代化建设的转移及其历史意义。

1980年3月起，丽水地区恢复和加强农村宣传网的工作。1981年，地、县委举办《关于建国以来党的若干历史问题的决议》学习班。1982年9月，着重宣传全面开创社会主义现代化建设新局面的各项任务。1983年，丽水地区举办《邓小平文选》学习班4期，轮训地管干部233人。1984年10月，丽水地委建立讲师团。1985年，丽水地区开展《关于科学技术体制改革的决定》和《关于教育体制改革的决定》的宣传，并在农村着重宣传《中共中央、国务院关于进一步活跃农村经济的十项改革》。1986年12月，开展“坚持四项基本原则，反对资产阶级自由化”教育。1987年11月，宣传邓小平提出的建设有中国特色的社会主义理论。1988年，分层次组织学习中共十三大文件。1989年8月，各地开展反对资产阶级自由化的宣传，加强和改进思想政治工作的具体措施，以报告会等形式，开展形势教育，引导各阶层干部群众正确认识东欧和苏联的演变及其原因。

1990年，丽水地、县（市）委10个理论学习中心组，学习67次，累计1389人次。建立干部理论学习辅导制度。8月，在农村开展基本路线教育，在厂矿企业职工中开展形势任务教育。

1994年，丽水地区开展“发展是硬道理”的教育。11月，全区开展解放思想大讨论。1997—2006

① “破四旧、立四新”运动：破旧思想、旧文化、旧风俗、旧习惯，立新思想、新文化、新风俗、新习惯。

② “三忠于”：忠于毛主席、忠于毛泽东思想、忠于毛主席无产阶级革命路线。

③ “三自一包”：多留自留地、多搞自由市场、多搞自负盈亏，包产到户。

年，丽水地区连续10年在全区农村开展党的基本路线教育。10月30日，召开全区农村“路教”工作会议进行部署，11月中旬全面铺开，12月底结束。

1998年，丽水地委开展农村党的基本路线教育，以宣传农村改革20年的伟大成就和基本经验、搞好第二轮土地承包、稳定农村基本政策为主要内容。1999年12月16日，发布《关于在全区国有企业中开展学习贯彻党的十五届四中全会精神主题教育的意见》。

2000年，丽水全市干部理论教育以学习邓小平理论、“三个代表”重要思想为主要内容。丽水市委完善市委中心组学习制度。5月22日，市委以“5•3”事件为契机，在全市范围内开展优化经济发展软环境的大讨论。2003年，深入基层开展党的路线、方针、政策的宣讲。丽水市委实施《2003—2007丽水市干部教育实施意见》，制定《丽水市县处级领导干部学分制试行办法》。2004年起，每年组织一次全市县处级领导干部综合知识考试。同年2月，在市级机关单位建立全体干部夜学制度。6月，由市纪委、组织部、宣传部及电视台合作开办《先锋视点》栏目。年末，在全市农村广泛深入开展中共十六届四中全会精神主题教育活动。2005年1月，丽水市委抓全市第一批、第二批保持共产党员先进性教育的各项宣传工作。同年，全市筹集投入远程教育工作专项经费1150万元，截至7月，建成基层终端接收站点1281个。远程教育辅助教学网站——丽水时代先锋网于2006年5月正式开通。丽水市、县、乡、村四级党员电教网络体系形成。

2006年，丽水市委健全县(市、区)委中心组学习季报制度、市直单位中心组学习月报制度、领导干部学分制考核办法和年度领导干部综合知识考试制度。6月，建立“丽水论坛”，并成立由市委分管副书记任组长的“丽水论坛”管理领导小组。编辑出版《科学发展观在丽水的实践》。

2007年，丽水市编写《丽水：建设浙江绿谷》《科学发展观与丽水生态文明建设》等市民读本和《十七大精神宣讲提纲》；2008年，宣传贯彻中共十七大精神，组织绿谷风文化大篷车十七大精神巡回演出、百个“创业先锋说创业，创新典型讲创新”典型演讲活动，编写《丽水市创业创新典型100例》，在全市形成学习宣传贯彻中共十七大精神的热潮。从各个领域深入总结改革开放以来丽水经济社会发展成就，出版《丽水改革开放30年》，举办改革开放30年成就图片展。

2009年，丽水市重编《科学发展观与丽水生态文明建设》市民读本。出版《丽水•绿谷文化丛书》第一辑(共6本)。成立丽水市文化艺术研究院。张献斌先进事迹报告团巡回报告60多场。开办“丽水人文大讲堂”，举行“丽水论坛”报告会，举办丽水市首届全民读书节暨第五届未成年人读书节。6月26日，市政府与省社科院举行“共谋建设山上丽水，合力推进山区发展”恳谈会暨科技合作签约仪式。

2010年，丽水市开展“解放思想、改革创新、转变方式、科学发展”主题教育活动。出版《丽水•绿谷文化丛书》第二辑(共6本)。12月28日，与省社科院联合召开《丽水建设中国生态第一市的战略与路径选择》成果发布会，发布全国首个“中国生态第一市”指标体系，为“中国生态第一市”提供理论支持。

社会宣传

中华人民共和国成立后的社会宣传　1950年2月《中苏友好同盟互助条约》签订后，丽水专区宣传中苏友好。5月，专区开展保卫世界和平宣传。1951年，中国人民志愿军归国代表董乐辅在丽水各界欢迎大会上作报告。同年，建立报告员、宣传员队伍，宣传贯彻《中华人民共和国婚姻法》。1951年1月开始，各地贯彻落实中共中央《关于在全党建立对人民群众的宣传网的决定》。12月，开展“反对贪污、反对浪费、反对官僚主义”的宣传活动。1952年，各县转入农业生产互助合作的宣传。在城镇开展反对行贿、反对偷税漏税、反对盗骗国家财产、反对偷工减料和反对盗窃国家经济情报的宣传。1953 年，各县开展党在社会主义过渡时期总路线和粮食统购统销政策的宣传。1954 年，各县宣传《中华人民共和国宪法（草案）》和农业互助合作。1956 年，各县开展《全国农业发展纲要（草案）》的宣传。1957 年，各县组织工作队下农村开展社会主义教育运动。1958 年，各县开展“鼓足干劲、力争上游、多快好省地建设社会主义”总路线、“大跃进”和人民公社的宣传。1959 年 9 月，各县开展“反右倾”宣传。

1961 年，各县宣传经济“调整、巩固、充实、提高”的方针。1963 年 5 月，丽水专区组织各县县委书记等 140 多人，在丽水县新合公社进行社会主义教育试点，由点到面地开展以家史、村史、社史为主要内容的阶级斗争教育，开展“向雷锋同志学习”和援越抗美的宣传。1964 年 10 月，专区组织干部到诸暨县参加社会主义教育运动。11 月，专区在丽水县丽阳公社天宁寺大队由点到面开展“四清”①运动。1965 年 8 月，中共浙江省委社会主义教育工作团第四分团到缙云县开展社会主义教育运动。1966 年开始十年“文化大革命”，各县贯彻坚持以阶级斗争为纲，批“走资派”、批“唯生产力论”、批“孔老二杀少正卯”，反击所谓“右倾翻案风”，搞阶级斗争扩大化。1976 年 12 月，丽水地区开展揭批江青反革命集团的群众运动，举办毛泽东主席生平摄影展览。1977 年，大庆报告团抵丽水报告大庆油田英雄事迹。1978 年 12 月，开展新时期总任务的宣传月活动。1979 年 3 月，宣传贯彻《中华人民共和国森林法（试行草案）》。10 月，开展以刑法为主的法制宣传月活动。

改革开放中的社会宣传　1980 年，丽水地区宣传国民经济调整、改革、整顿、提高的方针。1981 年，宣传《关于建国以来党的若干历史问题的决议》和农业联产承包责任制。1982 年，恢复报告员、宣传员制度，全区有报告员 1902 人，宣传员 11000 人。3 月，开展全民文明礼貌月活动。1984 年 2 月，开展维护妇女儿童合法权益法制宣传月活动。1985 年 1 月，整顿文化市场。11 月 18 日，中国人民解放军英雄模范汇报团到丽水报告对越自卫反击战英雄事迹。1986 年，开展文明城镇建设，弘扬社会正气。1987 年 2 月，开展反对资产阶级自由化的宣传教育。1988 年 3 月，组织干部学习社会主义初级阶段理论，开展生产力标准讨论。1988 年 10 月，开展深化改革的宣传。1989 年 4 月，开展“刹歪风、评三户②、创建文明村镇”活动。8 月，开始整顿、清理书报刊物和音像市场。同月，开展《土地管理法》宣传月活动。9 月，在农村开展党的基本路线教育。1993 年，加大深化企业改革的宣传力度，突出“三个重大”③和“四名”④的宣传。成立金温铁路宣传领导小组。宣传全国最大的香菇市场——庆元香菇市场。

1994 年，丽水地区突出发展主题的宣传。提出敢为个体私营经济树碑立传的观点。提出十大行业的职业道德总要求。开展《市民守则》宣传周活动。1996 年，开展社会公德、职业道德、家庭美德教育。

2000 年 2 月，丽水地区开展“致富思源，富而思进”教育活动。同年，开展农业和农村现代化教育、以“治路、治脏、治厕、治坟、治庙”为主要内容的农村精神文明创建。2002 年 4 月起，丽水市、县、乡三级联动，开展“科技赶集”活动。同年，开展农村“双整治”“双建设”工作。2003 年，丽水市出台《丽水市文明村、镇（乡）建设管理办法（试行）》。2004 年，围绕建设社会主义新农村主题，开展“宣讲

---

① “四清”为：清账目、清仓库、清财产、清工分。

② 三户：双文明户、五好家庭、遵纪守法户。

③ “三个重大”：重大的经济政策，重大的经济活动，重大的经济典型。

④ “四名”：名厂、名镇、名人、名品。

形势送政策”活动。

2006年，丽水市开展“百村千户文化示范工程”结对共建。开展“丽水文化名村”创建活动。举办中国第十二届国际摄影艺术展暨中国•丽水国际摄影文化节。举办杭州•丽水文化精品展览，龙泉青瓷、龙泉宝剑、青田石雕首次在杭城集中展出，打响“丽水三宝”①的品牌。大型音乐舞蹈诗《畲家谣》获浙江省“五个一工程”奖。建成中国第一个摄影博物馆。“古堰画乡”、龙泉青瓷宝剑园区被评为浙江省文化产业示范基地提名单位。2007年，丽水市被命名为“中国民间艺术之乡”。

2008年，丽水市成立“六城联创”②领导小组及办公室和专项创建工作组6个，制定出台《“六城联创”宣传工作方案》。云和县获省级示范文明县城称号，龙泉市、松阳县通过省级文明城市（县城）验收。

2009年，丽水市开展群众性爱国主义教育活动。组织参加义乌、厦门文化产品交易博览会。举办全市第二届乡村文化艺术节。2009年11月28日至12月2日，举办中国第十三届国际摄影展暨2009中国•丽水国际摄影文化节。完成新一轮的“村村响”工程。实施“广电低保”工程和“彩虹行动”。杨晓丽、朱连钗获浙江省首届道德模范称号。

2010年，丽水市开展社会主义荣辱观教育。典型宣传人物左秀俊被授予2010年度“浙江骄傲”最具影响力人物。4月份开始，部署开展“深化作风建设年”活动。

新闻宣传

1990年，丽水地委宣传部建立新闻例会制度，坚持一个季度召开一次例会，根据不同时期工作重点组织重大主题新闻报道。1991年，开辟发展乡镇企业专题广播节目。同年组织开展学习宣传抗洪抢险英雄周丽平烈士事迹的系列活动。1992年，宣传贯彻邓小平同志南方谈话精神。同年会同金温铁路指挥部召开新闻发布会。1993年，成立金温铁路宣传领导小组。制定《关于加强和改进市内突发性事件新闻报道工作的意见》《关于舆论监督工作的实施意见》《关于进一步做好新闻发布工作的意见》。1995年，建立对报刊、广播、电视的“三审”③制度。1996年，突出重大方针政策的宣传、突出重大典型的宣传、突出重大活动的宣传、突出重大工程的宣传。1997年11月，转化内部报刊，压缩行业报刊。全区有电视台5家、有线电视台10家（筹）、广播电台1家、广播转播台6家。年底全区有报刊、广播、电视等新闻单位职工1568人。1999年，公布禁止有偿新闻的监督电话。开展丽水市首届迎接新世纪“四名”评选活动。

2000年，丽水市组织策划“丽水精神”的宣传。11月28日至12月20日，组织丽水十大新闻人物和十大新闻事件的评选活动。2001年12月份，公开选拔《处州晚报》负责人。2002年，在农村党员干部中开展“学陈金精神，做农村发展带头人”的大讨论。

2003年，丽水市建立健全新闻例会、新闻通气会、重大事项请示报告等制度。出台《关于进一步改进会议和领导同志活动新闻报道的实施意见》《关于改进和加强市内突发事件新闻报道工作的意见》《进一步做好新闻发布工作的意见》。抓好党政部门报刊散滥和利用职权发行的治理工作。《缙云

① “丽水三宝”：浙江省丽水市出产的三种文化遗产——龙泉青瓷、龙泉宝剑、青田石雕。

② “六城联创”：创建国家园林城市、国家环保模范城市、国家卫生城市、国家森林城市、中国优秀旅游城市、国家文明城市。

③ “三审”：审读、审听、审视。

报》《青田侨乡报》《松阳报》《遂昌报》《龙泉报》《云和报》《菇城报》等7家县（市）党报于2004年1月1日起停办，次年逐步转为内刊赠阅。《丽水日报》《处州晚报》实施扩版工作。2004年，开展对外地驻丽水记者站的清理整顿工作，取缔非法设立的记者站和办事处、联络站等8家。2005年，开展新闻界“三项学习教育活动”。2006年，制定《2006年度全市重大主题宣传报道工作方案》。开展对“三市并举”发展战略①、和谐社会、“两化一新”“绿谷文化”“先进性教育”专题宣传。2007年，市级媒体统一开设“跨越发展、和谐融入”主栏目，组织“三市并举”发展战略、平安丽水、绿谷文化、法治丽水、“两化一新”“五城联创”、作风建设等主题宣传。开展香港回归10周年、建军80周年纪念活动的宣传报道。策划周生佑先进典型宣传报道。2008年，围绕生态文明建设，在市级媒体统一开设“高举旗帜创业创新建设生态文明”主栏目。组织“丽水改革开放30周年”系列主题报道。重点组织应对国际金融危机、抗击冰雪、“银泰问题”、市区房价等问题的舆论引导工作。

2009年，丽水市继续用好“高举旗帜、创业创新、建设生态文明”主栏目。开展张献斌事迹、集体林权制度改革、农村危旧房改造等典型宣传报道。召开森林湿地资源及生态效益、2008年国民经济运行情况等新闻发布会24场。2009年9月，在杭州举行丽水市生态文明建设新闻发布会。召开“银泰问题”第四次、第五次、第六次新闻发布会。

2010年，丽水市统一开设“建设生态文明 推进全面小康”主栏目。宣传丽水消防支队左秀俊等一批先进典型。

第二节　对外宣传与互联网管理

对外宣传

1994年，丽水地委宣传部成立外宣科。当年拍摄电视系列片——《变化中的中国》丽水专题、《来自中国丽水的报道》送美国东欧等国家播出。1995年，第二部外宣电视片《龙泉剑瓷城》。拍摄专题片——《情系热土》丽水篇，在浙江电视台播出。

2001年10月，中共丽水市委对外宣传办公室设立，同时挂丽水市人民政府新闻办公室牌子。2004年7月，中央电视台到丽水拍摄制作《走遍中国•丽水》系列专题片，分《丽水城踪》《千年“山哈”》《山灵仙秀》《侨史丹青》《龙泉剑魂》《奇石神韵》《廊桥寻梦》7集，时长210分钟，在央视黄金时段播出。开展“连线丽水”和“浙江绿谷行”采访活动，邀请俄罗斯特威尔电视台、《香港经济导报》、澳门莲花卫视等媒体和全省各地近网络媒体20家到丽水采访。抓浙洽会和到日韩招商经贸活动的外宣工作。2005年，国际摄影艺术展暨2005中国•丽水国际摄影文化节开幕前，邀请新华社、《人民日报》、《浙江日报》、中国东方卫视、浙江卫视等媒体30家记者40多人前来采访。与中央电视台少儿频道合作拍摄“穿越丽水”和“木头”专辑2个，总片长250分钟，在中央电视台播出。2006年7月，法国、德国、芬兰、加拿大、日本等9个国家的国际中国问题专家和驻华记者一行30多人到丽水采访考察。同年9—10月，组织“2006世界摄影家丽水行”活动。9月，《走遍中国》摄制组再次到丽水拍

① “三市并举”发展战略指：生态立市、工业强市、绿色兴市。

摄专题片并播出《影像丽水》《巨幅油画》《青田人的山海传奇》《寻石记》《廊桥遗梦》《龙泉青瓷官窑之谜》《“飞洪”铸剑》等7集。2007年，策划组织丽水摄影作品展到联合国欧洲总部展出。拍摄丽水摄影文化、“丽水三宝”等电视专题片。制作《丽水三宝——青瓷、宝剑、石雕》《CCTV走遍中国——走进丽水》。4月，丽水文化精品展在杭州举行。

2008年，丽水市组织“相约丽水”全国电视易地采访、长三角媒体丽水“探宝”行等外宣活动，做好“中国·丽水首届国际生态经济博览会”“第十届浙洽会”等重大经贸活动的宣传。组织新华社记者采写内参反映雨雪冰冻灾害，引起温家宝总理关注。2009年，制定《丽水对外宣传工作奖励办法》。新华社、《浙江日报》作宣传报道张献斌先进事迹，中宣部部长刘云山在新华社内参清样上专门作批示。新华社对丽水市林权制度改革典型向全国发通稿，对危旧房改造工作典型发内参清样。开展“相约丽水——长三角网络媒体走进中国生态第一市”集中采访活动。

2010年3月22—26日，丽水市组织“相约丽水—中央媒体聚集生态文明”集中采访活动。活动结束后选取部分新闻报道编辑成册《相约丽水—中央媒体聚集生态文明》。7—9月，组织《飞越丽水》大型航拍活动。10月，编辑出版《秀山丽水》(DVD)。

互联网建设与管理

2003年6月底，丽水市开通新闻网——“浙江绿谷”，2005年更名丽水网。2005年9月，成立丽水市委互联网管理工作领导小组，并召开全市加强互联网管理工作会议。2006年，开展中共十六届六中全会及“构建和谐社会”“建设新农村”“文明办网”等网上主题宣传90多个。建立违规网站管理联动机制，开展清理整治工作。同年清查论坛26个、博客网站11个、栏目185个、信息800多条。2007年，建立重点网站的评论员，市本级组建150多人的网上评论员队伍，并开展网上评论员素质培训，制定《市级部门网上舆论引导工作流程》。2008年7月，丽水网实现新闻发布网上全程直播。落实《关于开展领导干部与网民网上在线交流工作的意见》及实施方案。先后开展市委常委、各县(市、区)主要领导与网民互动交流活动。编发《丽水市网上舆情信息周报》。青田网获全省文化传播创新十佳网站。

2010年，市本级和龙泉、青田、云和、庆元、缙云、遂昌、松阳、景宁等8个县(市)建立新闻网站。网管办制定《关于加强网络文化建设和管理的实施意见》。建立网上舆情和工作信息通报机制、处置网上违法违规行为协商机制等互联网管理协同工作机制。举办网上核心评论员培训会，建立网络舆情监控系统，开展整治互联网和手机媒体淫秽色情及低俗信息等专项行动。

第七章　统一战线工作

抗日战争时期，中共处属特委(1938年5月至1940年5月)在中共遂昌县委、中共云和县委、中共景宁县工委等下属县设立统战部，在中共浙江铁工厂总支委员会等一些组织设立统战委员。

1940年5月，中共闽浙边临时委员会在其下属组织中共遂昌中心县委单设统战部，用以完成党的抗日主张。

中共丽水地委及各县委在中华人民共和国成立后相继建立党委统战部。“文化大革命”时期，统战机构撤销。

1978年6月，中共丽水地委统战部建立，12月，中共十一届三中全会召开。改革开放后，统战工作形成新的局面。1979年，成立统战部党委，1983年9月，撤销党委，建立部务会议。1988—1994年，逐步完善统战部内设机构和落实人员编制。1995年8月，丽水地区民族宗教事务局成立。同年，丽水地委统战部与地区工商业联合会合署办公。1997年5月，丽水地区工商业联合会（总商会）第一次会员大会后，地区工商联（总商会）单列。

2000年丽水撤地设市后，中共丽水地委统战部改为中共丽水市委统战部。2001年，丽水市委统战部与市民族宗教事务局合署办公，统战工作进入新的发展时期，同时注意保持统战政策的稳定性和连续性。统战机构进一步完善、中国共产党领导的多党合作和政治协商制度、民族宗教工作、统战人士工作、落实统战政策工作、民族团结和稳定社会大局等工作，都取得一定的成果，保证中共的各项统战方针、政策和统战任务的全面落实。

2003年4月，干部党派处增挂“党外知识分子工作处”。2006年8月，统战部增设“工商经济海外联络处”，并增加科级领导职数1人。至2010年年底，统战部（民族宗教事务局）内设办公室、干部党派处（党外知识分子工作处）、民族处、宗教处、工商经济海外联络处。人员编制17名。领导职数部长1人，副部长2人（其中1人兼民族宗教事务局局长），市民族宗教事务局副局长1人。

第一节　多党合作

革命战争时期

1935年6月，中共浙西南特委建立地方工作团，团结工商业者、开明绅士、少数民族人士、地主豪绅以及乡保长，同情和支持红军共同抗日。

1936年3月，中国工农红军挺进师一纵队行动委员会书记刘达云在梅岐乡宣传、贯彻“团结、利用、惩处”的政策。

1937年8月，中国工农红军闽浙军区向遂昌县政府发出《国共合作抗日建议书》。10月14日，遂昌县政府代表朱镇山与红军代表谢文清、刘清扬在门阵谈判，达成国共合作抗日协议。12月，中共党员张锡昌等通过省建设厅厅长伍廷飏，结识浙江省政府主席黄绍竑，将大批共产党员、进步青年和文教界爱国人士，安排在战时物产调查处、油茶棉丝管理处、合作事业管理处、战时经济建设实验县、战时政治工作队等单位，开展抗日宣传、征兵、“二五减租”、民选乡保长等工作。

1938年9月，中共云和县特别支部成立，下设统战部。3月，中共浙江临时省委统战工作委员会在丽水成立，张锡昌任书记，骆耕漠、刘端生任委员。3月20日，国民革命军闽浙边抗日游击总队途经丽水县大港头，省政府主席黄绍竑前往慰问，作团结抗日报告，并补给军队物资。

1939年3月4日，云和县各界人士和机关团体举行慰问出征军人家属大会和抗敌阵亡将士纪念祠落成典礼。4月2日，中共中央革命军事委员会副主席周恩来以国民政府军委会政治部副部长身份，在黄绍竑陪同下，到云和县小顺视察浙江铁工厂，向广大职工宣传党的统战政策。

1940年9月23日，南洋华侨筹赈祖国难民总会主席、南洋华侨回国慰劳团团长陈嘉庚一行到云和县小顺铁工厂慰问。

1945年9月3日，省政府机关在云和县和社会各界群众在公众体育场举行庆祝抗日战争胜利大会。

1948年2月，中共处属特委部署各县，争取乡保长和开明士绅、国民党军政人员起义。

1949年3月13日，松阳县长祝更生率领自卫队和县政府工作人员起义。3月14日，中共党组织策应丽水县自卫队副总队长胡允孚起义。

社会主义建设时期

1950年，各县各界人民代表会议召开，民主人士、工商界、进步知识分子和原国民党军政人员参政。1954年，各县第一届人民代表大会召开，非中共党员在县人民委员会中占40%左右。1951—1953年，莲都区、青田县、庆元县、缙云县、遂昌县、松阳县、景宁县先后建立党委统战部，“文化大革命”时期被撤销。1980年，各县相继恢复或建立县委统一战线工作部。

各县(市、区)统战部有关情况

表22-8-1-1

县(市、区)	建立时间	撤销时间	恢复时间	与宣传部合署(合并)时间
莲都区	1953年4月	1961年1月	1962年9月恢复 1978年4月再次恢复	1963年4月并入宣传部
龙泉市	1982年10月	—	—	—
青田县	1952年11月	—	1978年9月	—
云和县	1983年1月	—	—	—
庆元县	1951年8月	1954年8月	1983年4月	—
缙云县	1953年4月	1960年5月	1981年6月	20世纪60年代后宣传部有干部1人搞统战工作
遂昌县	1952年11月	—	1981年12月	1959年2月
松阳县	1952年7月	—	1982年4月	—
景宁畲族自治县	1952年10月	—	1984.09	1958年

说明：1. 松阳县于1958年10月至1982年4月并入遂昌县；2. 景宁县于1960年1月并入丽水县，1962年并入云和县，1984年6月30日，置景宁畲族自治县；3. 莲都区：1986年，丽水县改丽水市(县级)，2000年，丽水市(县级)改莲都区；4. 1990年12月26日，改龙泉县为龙泉市(县级)

1983年9月，丽水地区机构改革，核定正副专员6人，其中非中共党员1人。1984年，各县人民代表大会选举正副县长37人，其中非中共党员6人。1985年2月，丽水地委统一战线工作部建立。建立民盟丽水县委，有民主党派成员107人。1990年，全区各县(市)人大、政府、政协换届后，各县(市)人民代表2309人，其中非中共党员640人；选举人大常委会正副主任45人，其中非中共党员9人；选举正副县长45人，其中非中共党员1人。各县(市)政协委员1322人，其中非中共党员801

人；民主党派人士 104 人；选举县（市）政协正副主席 46 人，其中非中共党员 26 人。

1994 年，丽水地委完善多党合作制度。1996 年 9 月，在遂昌县召开丽水地区民主党派工作座谈会。向组织部推荐党外中青年干部 970 人。1999 年 7 月 19 日，地委召开地直单位党外人士情况通报会。举办全市各民主党派、市工商联主要负责人读书会。

2001 年年初，丽水市委做好市政协第一届委员会的人事安排工作，安排市政协委员 330 人。市政府召开党外人士茶话会、座谈会、协商会、情况通报会 5 次。2002 年，市委举办市级民主党派、工商联负责人暑期读书会。成立市社会主义学院。组建民盟、农工党 2 个市委会。参与党外干部的考察工作。2003 年，省级民主党派在丽水开展“三下乡”①活动。拍摄《省级民主党派“三下乡”活动纪实》，获全省统一战线宣传“精品工程”优秀电视片三等奖。做好党外人士的政治安排和实职安排。2004 年，制定出台《中共丽水市委关于进一步加强民主党派、工商联和无党派代表人士工作的若干意见》。2005 年，制定出台《关于加强中国共产党领导的多党合作和政治协商制度建设的意见》。举办 6 期全市党外干部培训班和首期党外知识分子培训班。2005 年，协助做好民革市委会驻会副主委、九三学社市委会主委的配备工作，以及党派基层组织的人事换届调整工作。举办民主党派骨干培训班。2006 年，市政协二届一次会议期间，6 个民主党派市委会就社会热点、难点问题提交集体提案 69 件，个人提案 155 件，大会发言交流材料 24 个。履行党外干部培养选拔的工作职责。协助组织部门对县（市、区）领导班子进行换届考察工作。

2007 年，市政协完成市政协二届一次会议组织的工作任务。同年各党派通过各种途径以各种形式反映社情民意，提出建议意见 200 多件（条）。指导民盟、农工党市委会的换届工作。开展县（市、区）级换届后党外干部政治安排和实职安排情况的调查。至 2007 年年底，全市在职副处以上党外领导干部 60 人。按规定配备市政府 8 个职能部门的党外副职。对党外人士 1643 人作政治安排。首次与市纪委联合组织召开丽水市党风廉政建设和反腐败工作情况通报会。

2008 年，市政协开展送医、送文化、送科技“三下乡”活动。完成九三学社市委会换届。开展全市副科级以上党外干部基本情况调查。举办全省首个党外乡（镇）长培训班，获浙江省社会主义学院“优秀班级”。

2009 年，九三学社丽水市委会主委韦铁民提案《建议我国取消药品单独定价》被九三学社中央、全国政协办公厅采用，并得到国务院总理温家宝、副总理回良玉重要批示。举办市级民主党派、工商联负责人和无党派人士暨各县（市、区）委统战部长读书会。指导市侨联、台联换届工作。6 个民主党派市委会分别结对帮扶 1 个贫困村。民主党派成员和无党派代表人士参加各类培训 182 人次。

2010 年，市级民主党派、工商联负责人、无党派代表人士暑期读书会举办。探索民主党派机关干部“柔性”挂职路子。年底，丽水市有民主党派市级委员会 6 个，县级委员会 7 个，县级总支委员会 6 个，支部（支社）委员会 69 个，有民主党派成员 1750 人，平均年龄 48.8 岁，分布在莲都、青田、缙云、云和、龙泉、松阳、遂昌等县（市、区）以及市直有关单位。同年，成立中国致公党丽水市支部。

① 三下乡：开展送医、送文化、送科技。

第二节　民族与宗教

民族工作

少数民族干部培养　1979年，丽水地区有科局长以上的少数民族干部18人（其中县常委以上3人）。1982年，选送行政干部4人分别进中南民族学院和中央民族学院干部培训班学习。1989年9月，会同组织部举办为期2个月的少数民族干部培训班。当年丽水地区少数民族学生考取大专院校31人。1990年，丽水地区各县（市）人大、政府、政协换届后，各县（市）少数民族政协委员80人。1993年，各县（市）有少数民族县级干部12人。1995年，全区少数民族干部1786人，其中地级领导2人，县处级领导14人。1998年，丽水少数民族当选中共浙江省第十次代表大会代表2人、省九届人大代表4人，担任政协省八届委员3人。5月12日，浙江省少数民族师范学校艺体楼落成。1999年，景宁畲族自治县，云和县政协副主席、县委统战部部长蓝世根分别被评为全国第三次民族团结进步模范集体和模范个人。丽水地区各县（市）民族宗教事务局积极开展联村扶户结对工作。撤地设市后，全市有少数民族干部2000人，其中地厅级1人，县（处）级18人，丽水市第一届党代会代表有少数民族代表21人，占代表总数6.02%。

2001年，全市先后举办各类科技培训班61期，参训5930人。丽水市第一届人民代表大会少数民族代表15人，占代表总数的4.63%；政协第一届丽水市少数民族委员（包括特邀）22人。提拔副处级以上少数民族干部6人。4月，市委组织部、统战部在市委党校举办一期有少数民族干部47人参加的培训班。

2002年1月，全市事业单位中高级职称以上的少数民族干部33人。景宁畲族自治县扫口村党支部书记蓝水梅当选中共十六大代表。

2004年，丽水市先后举办各类科技培训班126期，参加学习6931人次。对贯彻落实《浙江省少数民族权益保障条例》情况进行督查。

2010年，全市有少数民族行政干部528人，民族干部中担任地厅级领导1人、县处级领导38人。

少数民族经济发展　2001年，全市少数民族人均收入1780元，7个民族乡镇工农业总产值2.39亿元。2002年1月，市委督查《关于加快少数民族和民族地区经济社会发展的实施意见》实施情况。全市少数民族人均收入1947元，7个民族乡镇工农业总产值2.62亿元。2003年，开展“丽水市少数民族地区如何全面建设小康社会”课题调研活动。《丽水市少数民族地区全面建设小康社会现状和对策》获全省民宗系统调研成果一等奖。有民族村18个通过小康村验收。2004年，全市少数民族人均收入2200元，7个民族乡镇工农业总产值3.34亿元。争取省民宗委、省财政厅、省扶贫办核准下拨补助资金332万元，用于77个项目建设。开展民族村的调研认定工作，确认全市民族村198个。

2005年4月4日，丽水市民族工作会议暨全市民族团结进步表彰会议召开，表彰市模范集体16个，市模范个人29人。4月，制定出台《中共丽水市委、丽水市人民政府关于加快少数民族和民族地区经济社会发展的实施意见》。完成编制丽水市少数民族事业“十一五”发展规划。6月22日，市委、市政府召开全市"心系民族发展，共创美好明天"（以下简称"心系"）主题活动动员大会。2006年3月，召开"心系"主题活动阶段性总结会议，表彰先进集体10个、先进个人20个。3月31日，举行浙江东西岩"三月三"畲乡风情节暨东西岩景区开园仪式。景宁畲族自治县组织2006年中国畲乡"三月三"歌会暨景宁乡村旅游展活动。3月末，落实帮扶项目120多个，筹集各类扶持资金1300多万元。4月，举办移动杯"心系"活动文艺晚会和"亚泰杯"民族风情摄影展。9月16—17日，畲族舞蹈《畲家谣》，参加第三届全国少数民族文艺会演，获创作金奖1个、优秀节目奖4个、优秀演员奖5个、优秀新人奖2个，代表团获组织奖，市委、市政府通报表彰。11月，参加第三届浙江省少数民族传统体育运动会，丽水市代表团获得金牌26枚、银牌15枚和铜牌7枚，金牌数居全省首位。2006年举办各类培训26期次，接受培训的少数民族干部群众3000多人次。

2007年，《中国少数民族古籍总目提要·畲族卷》收集整理工作完成。11月，在广州举行的第八届全国少数民族传统体育运动会上，丽水获表演项目金奖2个、银奖4个。年末，丽水市198个民族村中，通自来水135个村，通简易公路193个村，通广播114个村、安装有线电视179个村、通程控电话185个村。全市少数民族人均收入3169元，7个民族乡镇工农业总产值4.66亿元。

2008年5月，省委、省政府制定出台《关于扶持景宁畲族自治县加快发展的若干意见》。完成《中国少数民族古籍总目提要·畲族卷》第一阶段畲族古籍收集的工作任务。丽水市与省委统战部对接"少数民族低收入群众增收帮扶行动计划"。9月，正式启动实施帮扶行动计划；至年底，落实帮扶资金238万元，实施帮扶项目20个，并开展"百家企业扶百村"活动。

2009年，丽水市审核发放民族教育券。协助举办2009·中国畲乡"三月三"活动暨第三届中华畲族服饰设计大赛、第十六届"桥竹柳新"传统"三月三"歌会活动等。组队代表浙江省参加2009年全国高脚竞速、板鞋竞速邀请赛，夺得包括第二名1个、第三名2个的奖项12个。成立丽水市民族工作领导小组，建立完善市四套班子主要领导及市民族工作领导小组成员单位与全市7个民族乡镇挂钩扶持制度。10月，制定出台《关于加大少数民族经济社会发展扶持力度的意见》。完成《丽水畲族古籍总目提要》初稿编撰工作。获国务院民族团结进步模范集体2家（市委统战部、景宁畲族自治县广播电视台）、模范个人3人。8月，丽水经济开发区"景宁民族工业园"正式开工建设。2009年帮助实施帮扶项目54个，落实帮扶资金651万元。舟山市统战系统、台州市统战系统、宁波市统战系统、民建省委会、民进省委会、九三学社省委会、台盟省委会等结对单位先后与丽水市民族村58个结对联系，开展产业、项目、资金和智力帮扶。同年，丽水市争取统战系统各类扶持资金1318万元。启动"畲族特色村寨"建设项目。在全市207个民族村开展"民族团结进步小康村"创建活动。协调做好少数民族公务员招录工作。

2010年，丽水市实行市领导联系民族乡镇制度。开展少数民族扶持政策贯彻落实情况专项督查。组织召开丽水市第二次民族团结进步表彰大会暨少数民族文化工作会议。实施少数民族低收入群众增收帮扶行动计划。争取省少数民族发展资金1131万元。开展民族团结进步小康村创建活动，获省"民族团结进步小康村"表彰4个村。组织承办第四届浙江省少数民族传统体育运动会，支持畲族民间医药研究与开发，发扬畲族医药文化。加强少数民族群众实用技能培训。6月，成立丽水市畲族文化研究会。成功创建第二批"浙江省民族团结进步小康村"4个。编印《丽水市"少数民族低收入群众增收帮扶行动计划"成果展示》彩色图册。

宗教工作

1986年，宗教界人士4人出席浙江省宗教界为“四化”建设服务先进人物表彰会。1987年，安排教徒13人为各县(市)政协委员和当选为人大代表。1993年，丽水地区批准登记发证宗教场所306处。1994年，组织宗教界开展社会公益事业。成立基督教教务联络组。1995年，全区宗教活动依法登记发证358处。1996年，基督教代表13人、佛教代表6人出席浙江省基督教六次、浙江省佛教四次代表会议。其中佛教代表1人当选为浙江省佛教协会四届常务理事，基督教代表1人当选为浙江省基督教协会四届常务委员。1997年，宗教界参与社会公益事业捐款62.76万元。2000年1月17日，举办“两讲一提高”民主办教研讨班。

2001年，丽水市开展对乱建坟墓和非法建造小寺小庙的“双禁”工作。开展“情系西部献爱心”活动。2002年5月初，全市宗教活动场所的年检工作结束。12月12日，丽水市出席浙江省佛教协会第五届代表会议代表6人，当选为省佛教协会五届常务理事1人。2003年4月，完成丽水市基督教聚会点调查报告的报表填报工作。全市年检宗教活动场所463处，参检率100%，确定合格456处。2004年4月30日，市委常委扩大会议听取全省宗教工作会议精神汇报，调整宗教工作协调小组成员，建立宗教工作联席会议、宗教信息联系制度。10月25—27日举办全市基督教主要堂点负责人培训班。协助做好浙江省基督教第七届代表会议代表和省基督教“两会”班子成员的协商推荐工作。处理好水阁办事处飞雨寺哄抢功德箱问题。制止丽水学院少数学生参加天主教信仰沙龙活动。解决莲都区碧湖基督教堂、龙泉市八都基督教东堂房产政策多年遗留问题。

2005年3月，丽水市组织市、县(市、区)民宗局局长、政府法制办负责人20人，参加全国、全省《条例》培训班学习。7月8日，召开丽水市佛教协会第一次代表会议，选举产生丽水市佛教协会第一届理事会理事、副会长、会长。严格大、中型宗教活动审批备案制度。

2006年5月，丽水市做好打击非法宗教活动和抵御境外渗透工作。协助有关县(市、区)有效制止多起非法宗教活动和渗透苗头。

2007年，丽水市组织宗教界人士学习《国务院宗教事务条例》《浙江省宗教事务条例》。筹备丽水市基督教第一次代表会议。举办市基督教“两会”培训班。参与条例执行情况的检查。制定《丽水市民宗局行政执法依据和职责划分》《丽水市行政执法责任制实施方案》，上网公开行政许可事项。

2008年8月29日，丽水市妥善解决历时50多年的丽水天主教房产政策遗留问题。同年，开展“抗震救灾，奉献爱心”活动，全市宗教界向四川汶川地震灾区捐款180多万元。

2009年4月26日，丽水天主教活动场所负责人会议召开。7月，丽水市佛教界“创建和谐寺观教堂”动员大会召开，成立市佛教协会慈善功德会。12月，丽水市基督教第一次代表大会召开，选举产生丽水市基督教三自爱国运动委员会和基督教协会。同年丽水市处置中国教会祈祷日和佘山朝圣问题，做好新疆“7•5”事件后宗教稳定工作。

2010年4月，市政府主要领导专题调研市区宗教问题。编印《宗教工作知识手册》。通过省创建“和谐寺观教堂”活动检查。2006—2010年，培训乡镇统战委员156人次。

第三节　统战联谊

港澳同胞、台湾同胞、海外侨胞联谊

1979 年，丽水地区先后批准出境 628 人，侨汇额 328.99 万元。开展对台宣传工作。1982 年 9 月，召开全区首次侨务工作座谈会。全区政治安排归侨、侨眷 31 人。1983 年，全区归侨、侨眷知识分子 110 人。1984 年，丽水地区接待回乡探亲的华人、华侨、港澳同胞和台湾同胞 310 人。1986 年，首次归侨侨眷代表大会召开，成立丽水地区侨联。全区在台人数达 3316 户，11762 人，归国华侨 17835 人。1988 年，成立"三胞"房产经营公司。编印《统战工作动态》《对台工作情况反映》。1995 年，旅台同乡会派出 7 批 60 多人回乡与台联会开展联谊活动。

2001 年，丽水市组织"百名海外博士浙江行——丽水团"活动。接待西班牙马德里电视台记者来丽水采访。召开丽水市海外联谊会二届三次理事会。2002 年，接待"三胞"100 多人次。组建市留学生联谊会。

2003 年，丽水市开展实施"华侨要素回流工程"重点调研课题的调研。组团到中国香港地区考察。

2004 年，丽水市做好港澳同胞、台湾同胞、海外侨胞来信来访工作，及时妥善地处理各种侵权事件，维护"三胞"的合法权益。协助市政协做好港澳台侨委员会特邀委员的推荐安排和政协全会期间的联络接待工作。

2005 年，丽水市做好香港丽水同乡会筹备工作。开展在中国港澳台地区人员的情况和黄埔同学生活情况调查。

2006 年 12 月 3 日，香港丽水同乡会成立。丽水市开展全市侨情普查工作。同年，全市有华侨 22.2 万人，分布于国家和地区 20 多个。

2007 年，丽水市组团到中国香港地区走访丽水籍乡亲。2008 年 4 月，全国侨联为社会主义新农村建设服务现场推进会在青田县召开。丽水市侨胞建设家乡先进典型表彰大会召开。12 月 17 日，丽水市台胞台属联谊会第六次代表大会召开，选举产生新一届理事会。丽水市第五次归侨侨眷代表大会召开。全市有侨团 102 个与行政村 102 个结对，捐赠资金折合人民币近 2000 万元。

2009 年，全市向遭受"莫拉克"重创的中国台湾地区南投县捐款 100.3 万元。9 月，组织召开丽水海外联谊会第三届理事会第二次会议，研究部署丽水海外联谊会各项工作。做好海外华侨华人"百千工程"人选推荐工作和港澳台地区海外代表人士推荐工作。同年有华侨 46 人、侨团 3 个、华侨慈善基金会 1 个与村 42 个结成帮扶对子，实施项目 29 个，捐赠资金 1113.11 万元。

2010 年，丽水市召开涉台涉侨部门领导和业务处室负责人联席会议。制定出台《关于加强新形势下侨务工作的意见》。举办第二届丽水华侨大会，来自 46 个国家和地区的华侨嘉宾和港澳台同胞 210 人参加。成立丽水学院华侨学院。组团到中国台湾地区考察，协助成立台湾丽水同乡联谊会。

非公有制经济人士联谊

2001 年，丽水市坚持联系非公有制经济人士制度。12 月，成立市光彩事业促进会。

2004 年，丽水市引导非公有制经济人士参与扶贫济困、回报社会的光彩事业，同年光彩事业基金认捐 453.5 万元。2005 年，开展全市在外省投资年营业额在 1000 万元以上的非公有制企业的调查。评出市级优秀中国特色社会主义事业建设者 28 人。同年到位光彩事业促进会基金 517 万元，扶持公益项目 8 个。

2006 年，光彩事业促进会到位基金 430 万元，扶持公益项目 12 个。丽水市光彩事业促进会会议召开，组织开展“百家民营企业扶百村”活动，民营企业 118 家帮扶结对村 107 个，扶持资金近 1000 万元。开展丽水市物流商会等行业商会的组织建设工作，完成在外省、市建立商会情况的调查登记工作。

2007 年，丽水市完成全市非公有制经济代表人士综合评价工作。推荐省级表彰的优秀中国特色社会主义事业建设者 20 人。做好市工商业联合会（总商会）换届工作。召开北京丽水商会年会。2008 年，继续开展“百家民营企业扶百村”活动，全市民营企业 632 家结对村 340 个，投入农业发展项目资金 12552.6 万元，农村公益事业建设资金 6262.6 万元。召开北京丽水商会第二次会员代表大会。

2009 年 12 月 19 日，广东省浙江丽水商会第一次会员代表大会暨成立大会在广州举行。12 月 20 日，香港丽水同乡会第二届理事会暨就职典礼在深圳举行。吴华生当选香港丽水同乡会第二届理事会会长。建立杭州市丽水商会、广东省丽水商会、丽水市阀门商会。异地商会会长“家乡行”座谈会召开。12 月，丽水市光彩事业促进会第二届理事会第一次会议召开。开展第三届优秀中国特色社会主义事业建设者评选表彰活动，评选产生市级优秀建设者 20 人，受省级表彰 3 人。

2010 年，丽水市党委指导非公有制企业党组织和党员开展创先争优活动。加强非公有制经济代表人士教育培训。武汉市丽水商会、福州市丽水商会先后成立；市美容美发商会顺利换届。加快商会大厦筹建工作。继续开展“百家民营企业扶百村”活动。

党外知识分子联谊

2006 年 12 月，丽水市第一届知识界人士联谊会成立。2007 年，丽水市召开丽水市无党派人士主题教育活动工作会议暨知联会一届三次全体理事会议，推进主题教育活动。至年底，全市党外知识分子中有正职乡（镇）长 22 人，副职 47 人。2008 年，组织知联会小组学习考察、专题调研、座谈会等 22 次。选送党外知识分子参加各类培训 370 多人次。2009 年，指导丽水学院成立高校党外知识分子联谊会。2010 年，加强知联会组织建设，指导遂昌、云和、青田先后成立知识界人士联谊会。

第四节　统战政策落实

甄别与纠正

错划“右派”纠正　1978 年，丽水地区对错划的“右派分子”“反社会主义分子”及错误处理的非党知识分子予以纠正。全区纠正错划“右派”667 人，纠正错划“中右”或“反社会主义分子”651 人。1979 年，基本完成改正和安置工作。1983 年，复查 380 人，重新作结论，予以纠正。

起义投诚单位、人员认定　1979 年，丽水地区认定国民党起义投诚单位 4 个[①]；起义投诚人员

① 分别为庆元县民众自卫队，国民党庆元县政府、县党部、县参议会，国民党浙西师管区补充团二营第七、八连，国民党 49 师 146 团二营。

1137人;颁发起义投诚人员证明书751人。全区落实政策274人,其中撤销判决78人,恢复工作30多人。一次性经济补助生活困难的259人,长期社会补助78人。

原工商业者甄别　1980年,丽水地区甄别原工商业者1200多人,其中小商606人,小贩62人,小业主130人,小手工业者65人,其他劳动者44人;不予甄别的人员288人。在"三小"区别中,丽水地区恢复干部身份13人,下放农村的工商业者给予定期生活补助69人。

冤假错案纠正　丽水地区平反、纠正归侨侨眷冤假错案。历次政治运动造成全区归侨、侨眷冤假错案52件。1981年,全区平反纠正归侨、侨眷冤假错案52人,清理归侨、侨眷干部职工档案263人。全区须落实政策的归侨、侨眷知识分子136人得到落实。

政策落实

台胞台属政策　丽水地区台胞、台属中有政策问题1167件。1980年,全区落实台胞台属政策界限明确的1164件。落实政策后安排各级政协委员110人。

省、县政协委员政策　1987年县级政协换届前,丽水地区有三级政协委员933人,其中有政策问题省政协委员4人、县政协委员111人。1984年,落实省政协委员4人、县政协委员105人的有关政策,遗留6件。

统战对象房产政策　1980年,丽水地区落实宗教房产政策76处,19841平方米。1981年,清退"文化大革命"中被查抄的金银、字画、图书和其他财物。清退735户,清退金制品折价14445元,银制品折价52229元,字画445件,图书27515册;1981年,清退私房改造时错被改造的私房28户、4846平方米;台属台胞私房136户、15544平方米。1983年,清退工商联房产3处、656平方米。1984年,清退华侨在土地改革时错被没收的房产332户、69150平方米。1985年,根据省政府〔1985〕17号文件精神,对原国民党副总统陈诚私房4处2663平方米,予以清退并暂由政府代管,并按原状进行修缮。

清理档案

1985年清理统战对象档案,丽水地区清理统战对象档案1817人,清理出不应归档的材料1821件。

第八章　政策研究

中共丽水市委政策研究室(下称市委政研室)是2001年机构改革中新设置的市委工作部门。2001年6月25日,丽水市委办印发《中共丽水市委政策研究室职能配置、内设机构和人员编制方案》。8月1日挂牌运行。2006年,市委政研室与市农办合署办公。2008年10月,与市委办公室合署办公。市委政研室的主要职能是主持重大调研活动,参与重大报告、政策、规划的起草,对全市经济社会发展开展前瞻性和比较性研究。2010年,组织"调查研究月"活动,确定市领导、县(市、区)和市直有关部门重点调研课题94个。做好部门的政策性文件统一性审核工作。

第一节　调研活动

经济社会发展调研

2001年,市委政研室先后对9个县市区经济社会发展情况进行专题调研,形成《莲都区经济与社会发展情况调查》等调研报告9个,牵头对全市教育发展情况进行专题调研,形成《加大规划力度,优化资源配置,为实现丽水市经济跨越式发展,培育更多的高素质人才》的调研报告,供市委常委会参考。牵头开展贯彻落实《关于加快欠发达地区经济社会发展的若干意见》的系列调研。同年完成《信息化建设现状、趋势和有关问题的建议》《高新技术产业、发展方式与启示》《关于对丽水市乡镇机构改革的调查与思考》《农民增收功夫更应在农外——关于丽水市加快发展非农产业的对策与思考》《省重点技改贴息项目缘何难以顺利实施——对政研室调研联系点丽水金笔厂“征地难”的调查与思考》等调研文章。

2002年,市委政研室先后完成2003年市委、市政府工作要点和市委党建工作思路等重要文稿的起草工作、全省调研会议交流材料、中共十三届四中全会以来丽水经济社会发展历程进行总结回顾等主要材料。先后完成《促进浙西南地区城市化进程的途径研究》《丽水市2020年基本实现现代化的可能性研究》《丽水市农民增收问题材料选编》《市区重点工程建设及城市拆迁安置引发的群众上访问题的调查及对策研究》《对松阳县茶叶产业化发展的调查与思考》《对庆元县农业经济发展的调查与思考》《充分发挥农村专业合作组织的作用,促进农业产业化经营》《村级基层党组织的社会影响力从哪里来》《关于发展丽水市工业优势产业的思考》《加强培训工作,提高农民素质,为农村小康和现代化建设做好服务》《积极稳妥开展行政区划调整,加快推进建设小康社会步伐》等调研报告。多次到兄弟市调研取经,先后随同丽水市党政考察团到金华市就城市化、工业园化、商贸流通、现代农业和下山脱贫等方面进行考察调研。

2003年,市委政研室调研成果主要有《从当前宏观经济形势看我市明年经济工作重点》《努力构建民间资本投资的桥梁》《让招商引资成为产业升级的撬杆》《加快城市化进程是全面建设小康社会的基本保证》《关于对上海市长宁区经济社会发展情况的调研与思考》《对丽水市开展机关党员先进性教育的几点思考》《加强与周边地区合作,加快丽水市优势产业培育的几点思考》《当前丽水市撤村建居试点中两个问题的调研》等。

2004年,市委政研室完成《实现人均GDP1000美元后的发展比较与丽水市发展趋势》《丽水市产业发展设想》《丽水“生态市”建设中的经济发展研究》《对丽水市农业专业合作组织的调查与思考》《丽水市产业集群培育的思考与建议》《丽水市经济体制改革的特色、问题和建议》《丽水在外投资创业人员情况调查》和《坚持和健全民主集中制促进机关党建和效能建设》等调研成果。

2005年,市委政研室完成《丽水市“十五”期间发展回顾与“十一五”发展背景分析》《丽水市“十一五”期间主要预期目标的测算》等课题12个。形成《关于要求进一步加大对丽水经济社会发展支持力度的报告》《关于加快丽水服务业发展》《丽水市品牌建设调查报告》《康庄工程与下山脱贫相结合政策研究》等调研成果。

2006年，市委政研室完成省委政策研究室委托的《欠发达地区工业主导产业选择与扶持研究》等重要课题，完成《2005年全市主要经济与规划指标实现情况排名》《全市农村贫困人口（1500元以下）基本情况调查的初步分析与建议》等多项调研课题。开展推进社会主义新农村建设专题调研，完成《欠发达地区中心村建设的调查思考》《欠发达地区建设社会主义新农村的探索与思考》《丽水市村级集体经济发展现状调查》《实施生态移民工程，扎实推进我市社会主义新农村建设——丽水市小规模自然村情况的调查与思考》等专题调研课题。围绕工作重点、难点问题，先后完成《丽水市下山迁移农民生存发展状况研究》《完善农村劳动力素质培训思路，促进农民稳定就业的对策研究》《促进农家乐休闲旅游业健康发展的经验与对策研究》《丽水市农村来料加工业的现状与对策思考》等课题13个。

2007年，市委政研室参与市委书记楼阳生《加强社会管理，促进社会和谐》、市长陈荣高《丽水市生态保护与发展的若干思考》和副书记张成祖《丽水市新农村建设路径初探》等领导重点课题调研，完成《低收入农户增收的难点与对策研究》《实施农民异地转移的探索与思考》《新农村建设投入机制分析——来自欠发达地区十个示范村的调查》《丽水市农民专业合作组织分析》《欠发达地区新一轮村庄整治的重点和方向思考》等课题。开展探索性、前瞻性、战略性专题调研，同年先后完成《关于丽水一户多宅的调查》《莲都区大岙自然村整体搬迁中遇到的困难与问题》《加快"撤所建院"，打造创新平台》《丽水市完成"欠发达乡镇奔小康工程"任务艰巨》《丽水市全面建设小康社会进程的现状及预测》等调研课题9篇。

2008年，市委政研室做好市领导涉农重点调研课题的计划安排、组织实施和成果发布工作，并承担相关课题研究。完成《实现农民增收六大目标、全面建设小康社会》《关于推进山区农民异地转移工作的思考》《低收入农户集中村的调查思考》等调研课题11个，以及省委政研室的《改革开放30年来丽水城市化进程回顾及新时期推进新型城市化的思路对策研究》《丽水市建设生态文明的思路和对策》《丽水市改革开放30年的实践与探索》等课题。

2009年，市委政研室形成推进"四个发展"的主要建议，以及子课题38个的调研成果。牵头制定并推动实施《关于深化改革开放、推进"四个发展"的政策创新实施方案》。确定实施重点调研课题94个。开展农村生源大中专毕业生"非转农"问题的专题调研和庆元县隆宫乡"林权IC卡"及其抵押贷款模式创新等专题调研。

2010年，市委政研室组织"调查研究月"活动，确定市领导、县（市、区）和市直有关部门重点调研课题94个。开展《关于"十二五"时期加快欠发达地区发展的对策研究》调研，提出"十二五"期间加快欠发达地区发展的对策建议。

政策调研

2001年，市委政研室制定《中共丽水市委特约调研员工作规定（试行）》，建立市委政研室调研联系点52个。2002年，对丽水市百乡扶贫攻坚和小康建设的有关情况进行分析研究，提出向省委、省政府争取政策和资金的政策建议，供市委、市政府决策参考。完成2003年市委、市政府工作要点和市委党建工作思路等重要文稿的起草工作。2003年，完成《关于主动接轨上海，积极参与长三角地区合作与发展的实施意见》和市委主要领导在全市招商引资暨工业服务业动员大会上重要讲话的起草工作。起草完成汇报材料《突出重点搞调研、一心一意谋发展，努力推进调查研究工作规范化制度化》。

2004 年，市委政研室分经济形势分析、民间资本流动、招商引资和全面小康建设等专题 4 个，完成系列报告。起草市委《关于统筹城乡发展促进农民增收的实施意见》《2004 年县（市、区）主要工作考核办法》《关于加强农村劳动力素质培训工作的实施意见》《中共丽水市委关于社会主义市场经济体制改革的决议》。

2005 年，市委政研室起草《中共丽水市委关于制定丽水市国民经济和社会发展第十一个五年规划的建议》《关于加快推进农业农村发展的若干建议》。开展专题政策调研 10 多次。

2006 年，市委政研室起草《关于扎实推进社会主义新农村建设的若干意见》《关于进一步加强农村贫困人口扶贫工作的指导意见》。完成省委政策研究室委托的《欠发达地区工业主导产业选择与扶持研究》等重要政策研究课题。

2007 年，市委政研室参与起草《关于实施低收入农民增收工程扎实推进社会主义新农村建设的若干意见》（丽委〔2007〕1 号）和市领导在全市农村工作会议上的讲话。2008 年，牵头制定市委一号文件《关于加快农民异地转移促进农民增收的若干意见》，会同有关部门制定《关于进一步加强农民增收统计监测和农村固定资产投资统计工作的意见》《关于促进房地产市场持续稳定发展的若干意见》等文件。编制完成《丽水市十万农民异地转移规划（2008—2012 年）》《丽水市低收入农户奔小康工程总体规划（2008—2012 年）》。

2009 年，市委政研室牵头制定《关于稳定和完善农村基本经营制度、促进农村改革发展的实施意见》《关于加快农村危旧房改造的实施意见》《丽水市生态文明村创建评比办法（试行）》《关于加强和改进新形势下党的建设，强化生态文明和全面小康社会建设政治保证的实施意见》等政策文件。组织审核《中共丽水市委关于加强和改进新形势下人大工作的实施意见》《中共丽水市委关于加强和改进新形势下人民政协工作的实施意见》等政策性文件 10 多件。

2010 年，市委政研室出台《关于深入实施农村“135”工程不断提升丽水城乡统筹发展水平的实施意见》《关于鼓励和引导民间投资加快推进新型城镇化的若干意见》，起草《中共丽水市委关于制定丽水市国民经济和社会发展第十二个五年规划的建议》；制定《丽水市生态文明建设指标体系及考核办法》《丽水市全面小康社会建设指标体系及考核办法》《丽水市建设生态文明和全面小康社会目标管理责任书》《丽水市农村“135”工程目标管理责任书》《丽水市农民增收六大目标管理责任书》。制定《关于加强和改进新形势下党的建设，强化生态文明和全面小康社会建设政治保证的实施意见》《关于实施问责制销号制评判制的暂行办法》《关于开展 2010 年度综合考核工作的实施意见》。继续做好部门的政策性文件统一性审核工作。

第二节　调研成果

2001 年，市委政研室编印《决策参考》21 期，《丽水政研》16 期。

2002 年，市委政研室编印《市级重点调研课题文集（2001）》，《决策参考》36 期、《决策建议》14 期、《调研报告》10 期、《丽水政研》9 期和《促进浙西南地区城市化进程的途径研究》《丽水市农民增收问题材料选编》《欠发达地区贫困人口下山脱贫对策研究》。

2003 年，市委政研室编印《市级重点调研课题文集（2002）》,《决策参考》31 期、《决策建议》8 期、《调研报告》6 期、《丽水政研》7 期。

2004 年，市委政研室编印《市级重点调研课题文集（2003）》,《决策参考》18 期、《调查研究》5 期。

2005 年，市委政研室编印《市级重点调研课题文集（2004）》,《决策参考》35 期、《调查研究》4 期。

2006 年，市委政研室编印《市级重点调研课题文集（2005）》《2005 年度丽水市党政领导干部优秀调研成果选集》,《决策参考》25 期、《调研报告》10 期。

2007 年，市委政研室编印《市领导重点调研课题文集（2006）》《2006 年度丽水市党政系统优秀调查成果选集》,《决策参考》20 期、《调研报告》13 期。

2008 年，市委政研室编印《市领导重点调研课题文集（2007）》《2007 年度丽水市党政系统优秀调研成果选集》,《决策参考》7 期、《调查报告》4 期、《政研专报》3 期、《丽水新农村》79 期。

2009 年，市委政研室编印《市领导重点调研课题文集（2008）》《2008 年度丽水市党政系统优秀调研成果选集》,《决策与调研》55 期。编印《丽水市重要政策选编》。

2010 年，市委政研室编印《市领导重点调研课题文集（2009）》《2009 年度丽水市党政系统优秀调研成果选集》《决策与调研》25 期。

第九章　党史编研

1980 年 7 月，丽水地区党史资料征集小组成立。1981 年 8 月，机构更名为地委党史资料征集小组。1983 年 12 月，机构更名为地委党史资料征集委员会。1985 年 8 月，机构更名为地委党史资料征集研究委员会。1991 年 4 月，机构更名为地委党史研究室。1996 年 11 月，地委党史研究室和地方志办公室合署办公，实行两块牌子一套班子，为正处级事业单位，参照国家公务员制度管理。2000 年 7 月，机构更名为市委党史研究室、市地方志办公室，内设机构有办公室、党史处、方志处。2010 年 6 月 4 日，浙西南革命根据地纪念馆破土动工，坐落于丽水市区大猷街 135 号。

第一节　资料征编

基础资料征编

1980 年，丽水地区党史资料征集小组开展基础资料征编工作。先后进行档案资料与口述资料的征集编写工作。1981 年，地委党史资料征集小组走访老同志和调查收集有关资料。1982 年，收录和抄录有参考价值的文献资料 563 件，约 1721.8 万字。1984 年，调访老同志 14 个，整理讲话记录稿 11 份。征集老干部回忆录 19 篇，约 11 万字。征集档案文书资料 150 份，约 18 万字。征集照片、图书 50 多份，老干部题词 5 份。编印《挺进师在浙西南三年游击战争》《丽水地区革命斗争史（初稿）》《中共浙江省委在丽水》《张麒麟烈士传记》《黄富武烈士传记》。

1985 年，丽水地区征集文史资料约 36.3 万字，征集革命旧址、领导人照片 1519 张，征集革命实物 33 件。访问老干部 445 人次，征集回忆录 123 篇，约 14.9 万字。1986 年，地委党史资料征集研究委员会完成省征委下达的资料编目任务，整理资料 296 卷。1988 年，征集老干部回忆党史资料 3 万多字及敌伪资料一部分。1989 年，调访 1100 多人次，征集各种党史资料 388 份，80 多万字，照片 224 张。

党史研究资料汇编始于 1981 年，《丽水地区革命斗争史资料》7 月创刊，1984 年 5 月更名《丽水地区党史资料通讯》，1991 年 7 月更名《丽水地区党史》，至 1992 年 8 月，出刊 27 期约 160 万字。

1986 年，丽水地委党史资料征集研究委员会开始《中国共产党浙江省丽水地区组织史资料》（第一卷）编写工作。1987 年，开始组织史资料汇编，编写组织史（自编本）。1988 年，完成中华人民共和国成立前地区组织史（自编本）初稿。1989 年，核实组织史（自编本），征求意见。1990 年，修改核实，审稿定稿。1991 年，地委党史研究室基本完成地区和九县（市）审稿工作。1992 年，完成修改定稿和校对工作。1992 年 12 月出版。2001 年，市委党史研究室开展《中国共产党丽水地区组织史资料》（第三卷）编纂工作。2002 年，基本完成编纂任务，形成 35 万字的送审稿。2003 年，完成对 9 个县（市、区）组织史第三卷编纂的指导任务和市本级本的修改完善工作。2004 年 7 月出版。2006 年 4 月，开始《中国共产党丽水市组织史资料》（第四卷）编纂工作，2007 年 4 月形成初稿，2008 年 3 月完成修改稿，2010 年 8 月出版。

专题资料征编

1987 年，地委党史资料征集研究委员会开展对资本主义工商业改造专题史料征集工作。1988 年完成省革命烈士纪念馆确定丽水地区 27 个革命烈士事迹史料和有关文物、图片的征编工作。完成《丽水地区解放斗争》专题史料征编工作。1989 年，征编中华人民共和国成立 40 周年和浙江解放 40 周年党史资料。完成省主编《浙江剿匪斗争》有关丽水地区丽水、庆元的专题史料征编任务。1990 年，完成省定专题《浙江畲族人民革命斗争》的史料征编工作 25 万字，获浙江省党史成果一等奖。

1996 年，地委党史研究室开展《华东战时交通通信史料汇编》（浙西南卷）的资料征编工作。1997 年 10 月，交付出版。1997 年，开展周恩来与丽水有关史料的征集。开展南下干部纵队第四大队到丽水的 4 个中队队史资料征集工作。

1998 年，地委党史研究室开展有关丽水地区拨乱反正专题资料的征集工作。完成省委党史研究室布置的有关改革开放 20 年历史照片的征集工作和《中国共产党浙江志》有关人物资料的撰写工作。

2006 年开始，市委党史研究室、市地方志办公室开展中央重点社科课题“抗战时期人员伤亡和财产损失”（简称“抗损”）课题调研工作。2008 年，基本完成课题调研工作。通过查档、社会调查、查漏补缺、汇总统计等阶段，组卷 180 卷。2009 年，完成抗损课题成果资料约 30 万字，《丽水大轰炸》

《松阳大惨案》两项专题成果被列入中央出版计划。

第二节　整理研究

专题编研

1982年，地委党史资料征集小组核实《中共处属特委组织沿革情况》，汇集编写丽水地区革命斗争史的综合资料，编写《中共浙江省委机关在丽水》《中国工农红军挺进师在浙西南坚持三年游击战争》等初稿。完成《浙江重要党史人物和著名烈士资料征集规划》中丽水地区人物小传的撰写任务。1983年，完成“中共处属特委党组织沿革”专题。1984年，地委党史资料征集委员会基本完成《中共浙西南地区党组织沿革及主要活动》。形成《解放战争时期丽水地区的武装斗争》专题初稿。1985年，地委党史资料征集研究委员会整理和完成专题材料27个。1989年，完成《抗战时期丽水经济建设实验区》《浙南人民解放军第三支队活动始末》专题史料和《解放前丽水地区的革命斗争》《建国前丽水的学生运动》乡土教材史料。完成省委党史研究室主编的《艰苦创业赞》和《正气歌》党史丛书有关丽水地区的典型专题征编任务。1990年，编写《解放战争时期浙西南地区武装斗争史稿》。1997年，地委党史研究室组织指导撰写《庆元香菇生产》和《景宁山区脱贫》两个专题史料。2010年，市委党史研究室、市地方志办公室完成《当代浙江城市发展丛书》丽水篇、青田篇和壶镇篇编写任务。完成《浙江专业市场发展回眸》（丽水篇）。

理论研究

1998年，丽水地委党史研究室的《解放思想，改革开放，促进丽水山区经济发展——改革开放二十年丽水山区经济发展轨迹初探》被收入《浙江改革开放二十年》一书。3月5日，召开纪念周恩来同志100周年诞辰报告会。1999年，4月28日至5月20日，在《丽水日报》开设专栏，发表文章，纪念丽水解放50周年。2001年，市委党史研究室、市地方志办公室完成《“大跃进”运动》（浙江卷·丽水）、《中共浙江党史人物小传（丽水）》。2003年，《充分发挥丽水革命老区优势及八项建议》引起市委领导和有关部门的重视。2004年，召开研讨会纪念邓小平100周年诞辰。《解放战争时期浙西南游击根据地》专题（约2万字），编入《中共浙江党史专题集》。2005年，在全省党史部门优秀科研成果评比活动中，全市有党史成果15项荣获一、二、三等奖。2009年，《论中共地方党史的资料搜集与史实考证》《浙西南游击区的建立和历史作用》《论中共地方党史的史稿编写和史稿审查》《大山之魂——丽水革命前辈的光辉业绩和崇高品质》等党史研究论文先后在全国和省级党史刊物上发表；相继开展《当代中国城市发展丛书（浙江卷丽水篇）》和《浙江专业市场发展回眸（丽水篇）》编写工作。

红色旅游研究

2001年，丽水市委党史研究室、市地方志办公室开始红色旅游研究。2003年4月，提交《充分发挥丽水革命老区优势和八项建议》的提案。2004年，提交《建议开辟丽水老区红色旅游线》的提案。2005 年 1 月 29 日，市五套班子前往松阳县安岱后革命旧址参观。3 月，与市旅游局、市保持共产党员先进性教育办公室联合举行全省第一个红色旅游月启动仪式。4 月，提出《发展丽水红色旅游整体规划的设想》，推出“丽水土地革命战争时期浙西南游击根据地红色景区”格局的总体规划。2008 年，市委、市政府将“以大景区开发带动农家乐旅游和红色旅游的发展”列入《丽水市生态文明建设纲要（2008—2020）》中。2009 年，开展红色旅游专题调研。向市委提出《再次建议打造“浙西南革命根据地丽水红色旅游经典景区”品牌，争取列入第二批全国一百个红色旅游精品景区》建议。2010 年，拟制《浙西南革命根据地丽水红色旅游经典景区建设方案》（2010—2015）。

第三节　党史编纂

《畲乡风云录》，省列重点专题，主编叶玲文。全书分概述、专题史料、回忆录、人物春秋、事记等 5 个部分 25 万字，获浙江省党史工作优秀成果一等奖。1991 年出版发行。

《浙西南英烈》，主编诸葛蓉，全书 18 万字。记载民主革命时期丽水地区著名革命烈士 42 人的传记。1995 年 10 月出版。

《浙西南游击根据地》，主编王扬世，全书 50 万字。记述和汇编 1935 年 1 月至 1937 年 9 月，中国工农红军挺进师在丽水地区创建革命游击根据地的相关史料。分综述、文献资料、回忆资料、专题研究资料、参考资料等 5 个部分，1995 年 10 月出版。

《纪念浙西南、浙南游击根据地创建 60 周年研讨会论文集》，主编黄梅英，16.5 万字。收集纪念大会和研讨会的部分文章。1996 年出版。

《周恩来与丽水》，主编徐兵，1998 年 3 月内部出版，3.2 万字。记叙周恩来一生中与丽水有关的历史故事，是纪念周恩来 100 周年诞辰编辑的纪念文集。

《华东战时交通通讯史料汇编（浙西南卷）》，副主编诸葛蓉，1998 年 10 月出版，全书 36 万字。主要记叙民主革命时期中国共产党在丽水地区开展的地下交通联络工作情况。

《红旗飘飘五十年》，主编诸葛蓉。2000 年 6 月内部出版，25.2 万字，分回忆文章、专题论文、诗歌选辑、附录四个部分，集中反映丽水解放前和解放后 50 年来的一些重要史实。

《战斗在丽青松边区——亲历者回忆录集》，主编诸葛蓉，52 万字，2007 年 7 月内部出版。该书收录亲历者 70 人的革命斗争回忆录 86 篇。

《丽水市乡镇街道通览》，主编诸葛蓉，2009 年 12 月内部出版。195 篇，130 万字。记载丽水市各乡镇（街道）行政区域内政治、经济、社会发展和文化民情。

《浙江省革命遗址通览（丽水卷）》，主编胡和平。全书收录丽水市革命遗址和其他遗址 465 处，20 多万字，500 多幅照片。记载全市各地每处遗址的名称、地址、面积、建筑样式及材质、形成时间、利用时间等基本情况；遗址本体的历史由来、使用状况、保存状况、陈列物品情况；遗址使用管理的所有权属、经费来源、工作人员状况；遗址周围的环境状况（包括自然环境和人文环境）等信息、资料。

《中国共产党丽水历史》（第一卷 1927—1949）全市党史一卷编写工作启动于 1998 年。至 2010

年，完成莲都、青田、遂昌3个县一卷本的出版。

《中国共产党丽水历史》(第二卷1949—1978)全市党史二卷编写工作启动于2003年。

第四节 宣传教育

纪念活动

1985年，丽水地委党史资料征集研究委员会举行中共浙西南特委成立50周年纪念活动。

1995年9月26日，丽水地委党史研究室举办纪念抗日战争胜利50周年学术研讨会。交流论文22篇，集中反映抗日战争时期丽水地区是浙江抗战的后方，丽水人民为抗日救亡运动做出贡献这一历史事实。

1996年清明节，丽水地委党史研究室祭扫丽水市万象山革命烈士纪念碑，举办纪念原中共浙江省委书记刘英90周年诞辰生平事迹报告会。“七一”期间，召开纪念建党75周年学术研讨会。

2001年，丽水市委党史研究室、市地方志办公室联合举办“丽水市纪念建党80周年理论研讨会”;联办“联通杯”党史知识竞赛。

2002年，丽水市委党史研究室、市地方志办公室举行原浙江省委书记刘英同志牺牲60周年纪念活动。

2005年6月7—9日，丽水市委党史研究室、市地方志办公室举行中国工农红军挺进师创建浙西南游击根据地暨中共浙西南特委成立70周年、刘英100周年诞辰三项纪念活动。省委副书记乔传秀，中共中央党校原常务副校长薛驹，粟裕、刘英、宗孟平的亲属，市五大班子领导，丽水各界人士800多人参加大会，乔传秀作讲话。

2007年，丽水市委党史研究室、市地方志办公室以出专刊、办图片展览、播放电视文献片、应邀到粟裕家乡湖南会同县作专题报告等形式，举行粟裕将军百年诞辰系列纪念活动。9月27日，在缙云召开纪念浙江壮丁抗暴自救军第三总队成立60周年座谈会。同年，丽水党史宣教工作第6次作为全省先进作典型工作介绍。

党史宣传

影视作品　1989年，市委党史研究室配合省委党史研究室拍摄抗战时期的《周恩来浙江之行》，反映红十三军战斗史迹的《瓯江怒涛》等电影。2000年，市委党史研究室、市地方志办公室与市委组织部联合摄制《红色历程》电视教育片。2001年，拍摄《周恩来与丽水》《浙江省委机关在丽水》《辉煌八十年》等电视专题片4部，宣传丽水市党的光辉历程。协助拍摄《历史不会忘记》《征程》《寻访红十三军足迹》等电视专题片。2003年，协助摄制《红色古城》专题片。2006年，协助完成《浙南三年》大型电视系列片。7—10月，在丽水电台连播18集《红色记忆——丽水革命故事连播》。9月12日至10月12日，在丽水电视台文化休闲频道《绿谷采风》栏目播出30集《处州故事——丽水革命风云录》。2010年，协助省委党史研究室完成《台湾义勇军》专题片拍摄工作。

《丽水党史》 2005年，市委党史研究室创办《丽水党史》季刊。先后出版《红色旅游专刊》《三项纪念活动专刊》《纪念抗战胜利60周年专刊》《厦河中共浙江省委机关旧址布展内容专刊》4期。2005年、2006年，《丽水党史》被评为全省优秀党史期刊2次。2008年，以纪念周恩来110周年诞辰、中国共产党建党87周年、改革开放30周年为契机，先后编印《周恩来与丽水专辑》、党在我心中专页、纪念改革开放30周年专栏。《丽水党史》在第九届华东地区党史期刊工作会议上被评为华东地区优秀党史期刊。2009年，在《丽水党史》季刊先后刊发"纪念丽水解放60周年"专刊、"纪念新中国成立60周年"专栏和60年发展史回顾文章，组织开展新中国成立暨丽水解放60周年纪念活动。2010年，为纪念中国人民抗日战争胜利65周年暨世界反法西斯战争胜利65周年，《丽水党史》编辑出版纪念专刊，发表《抗战时期丽水市人口伤亡和财产损失调研报告》，及《丽水大轰炸》《关于抗战时期日军在丽水实施细菌战的专题调研报告》。为纪念抗美援朝60周年，编辑出版纪念专刊，发表一批抗美援朝老战士的回忆文章，征集到一批珍贵的口述资料、照片资料和革命文物。

党史宣讲

1986年，地委党史资料征集研究委员会向地委党校干部培训班和师专政史系学生介绍地区斗争史，进行革命传统教育。1989年，地委党史资料征集研究委员会组织党史报告会、展览会、革命传统教育广播讲座等。1990年，为部分地直机关单位进行革命历史教育。

1991年，地委党史研究室为地直机关单位宣讲党史10次。1992年，讲解丽水地方党史6次，听众500多人。2001年，市委党史研究室、市地方志办公室为党政机关、学校、企事业单位宣讲地方党史。2003年，为社会各界宣讲党史知识。2005年，先后为市级领导23人，副处以上市直单位负责人600多人，部分市直机关党员，莲都、青田、缙云、景宁、松阳5个县(区)领导班子以及部分大专院校师生2万多人宣讲丽水革命斗争史党课60场次。厦河中共浙江省委机关旧址和各地党史教育基地接待前往学习参观的党员、群众10多万人次。2007年，分别为机关党工委、丽水职业技术学院等单位举办的入党积极分子培训班学员1200人讲党课。

图片展览

1985年，丽水地区举办浙西南特委党史图片展览，地县干部、职工、师生及部分外地来丽同志等115个单位的2000多人参观展览。1989年，举办党史图片展览会。1991年，筹办组织"丽水地区革命斗争史图片展览"。2002年按时为省委党史研究室《走进新世纪》编写组提供丽水市相应照片。

2005年6月起，《省委机关在丽水》《生而为英、死而为灵——刘英生平简介》在丽水厦河·中共浙江省委机关旧址长期展出。采用文字、图表、照片等形式，反映抗日战争时期中共浙江省委机关在丽水领导全省党组织开展抗日救亡、党的建设等工作和中共浙江省委书记刘英光荣而伟大的一生，着重介绍刘英在丽水时的工作情况。

2007年8月1—10日，市委党史研究室、市地方志办公室在丽水市行政中心北门大厅展出"粟裕生平业绩图展"。

第五节　教育基地

革命遗址

2009年，丽水市委党史研究室、市地方志办公室组织开展丽水市党史胜迹普查，登记上报革命旧址遗址292处。2010年，开展革命遗址普查。2月，在松阳开会部署。7月，完成统计、汇总、调研报告撰写和成果上报工作。全市普查出革命遗址和其他遗址465处，其中革命遗址429处，其他遗址36处。

中共浙江省委旧址　坐落于丽水市区大猷街135号，占地200多平方米，建筑面积400多平方米。辟有魁梅园、刘英卧室、实物展厅、文字图片展厅、题词室、电化教育室、接待室等。丽水厦河村干部群众于1995年10月为纪念省委书记刘英而捐资修建，时任省委书记李泽民亲笔题写址名。1997年公布为浙江省爱国主义教育基地和国防教育基地、浙江省重点文物保护单位。2005年4月，旧址由莲都区委宣传部管理转归中共丽水市委党史研究室管理，并进行维修和重新布展。2006年10月，被命名为浙江省党员教育培训基地；2008年，被命名为丽水市廉政文化教育基地；2009年，被批准为首批省级党史教育基地。

浙西南革命根据地纪念馆　坐落于丽水市区大猷街135号。工程于2007年6月立项，2010年6月4日破土动工，2011年6月28日建成开馆。总用地面积12000平方米，总投资4500万元。新建纪念馆总建筑面积3581平方米，其中包括纪念馆展厅11个，3361平方米，红军标语廊220平方米。保留和修缮刘英故居面积237平方米及西南侧保留建筑388平方米。纪念馆由5个单体建筑组成，东侧为纪念馆主体展区，楼上楼下有展区3个，单元9个；馆区中央为省级文物保护单位——中共浙江省委机关旧址；西侧为机动展厅、报告厅及办公区；西南侧为保留的两层木结构建筑；北边为红军标语展墙。纪念馆东侧主体展厅馆藏大量反映革命斗争史料和实物。运用场景复原、雕塑、沙盘、油画、连环画、照片、图表等现代化陈列手段，将革命遗址、旧址场景加以复原，利用现代声光电技术（视频、投影、视频望远镜、触摸屏互动、电子翻页书、声光电特效、电动沙盘、电动地图等）制造出逼真效果，使展馆静中有动，能见其物还能闻其声，翔实、形象地展现新民主主义革命时期浙西南地区革命斗争历史和浙西南革命根据地创建的艰难历程。

革命遗址修复

20世纪90年代开始，丽水地区系统调查党史资源，抓好革命遗址修复和布展工作。至2010年年底，遂昌大柘泉湖寺浙西南第一个党支部旧址、松阳安岱后红军挺进师革命遗址、庆元斋郎战斗红军挺进师指挥部旧址、遂昌王村口红军挺进师革命旧址、龙泉住溪苏维埃政府旧址、缙云江西山后处属特委领导机关旧址等革命旧址30多处先后得到修复和布展，并开辟为红色旅游基地。2009年，中共浙江省委机关旧址（丽水厦河）、住溪苏维埃政府旧址（龙泉）、安岱后浙西南革命根据地领导机关旧址群（松阳）、王村口红军挺进师革命旧址群（遂昌）4个基地获第一批浙江省党史教育基地称号。

第十章　党校工作

中共丽水市委党校创办于1951年12月1日，前身是温州专区干部学校，曾更名为干部文化补习学校、工农速成初等学校、干部文化学校等。1963年7月，温州文化干校和省林干校合并成立丽水地委党校。地委书记张敬堂兼任校长，校址设在云和县城关镇，后迁至遂昌西屏镇(现为松阳县境内)，建校之初曾举办过两期轮训班。因"四清"运动、"文化大革命"，党校一度停办。1968年迁至丽水。1970年，更名为丽水地区毛泽东思想学习班。1971年，并入地区"五七"干校[①]。1973年3月，恢复党校，将原"五七"干校改建为中共丽水地委党校，校址在城关镇五宅底1号。1977年后，"文化大革命"结束，党校逐步走向正规化教学。党校建立党委。1984年3月，经浙江省委党校批准，秋季开办两年制大专培训班。2000年5月丽水撤地设市后，改为中共丽水市委党校。中共丽水市委党校实行"一校两院"[②]体制。中共丽水市委党校实行党委领导制，党校设办公室、教务处、教研室、科研处、函教处、行政处、培训处、信息处、机关党委等9个处室，有教职员工50人。丽水市9个县(市、区)有县级党校9所。至2010年年底，丽水市委党校承办主体班和各类部门班276期，培训轮训各级干部15949人次。

第一节　教　　育

干部培训

1963—1966年，丽水地委党校举办两期大学毕业生培训班计126人，培训内容为进行阶级斗争和社会主义教育。1964年社会主义教育运动开始后，全校师生先后参加丽水、诸暨、缙云的"四清"运动，1966年返校。1966—1972年，"文化大革命"期间，党校被地区机关斗批改干校和地区革委会毛泽东思想学习班替代，1971年，建立地区"五七"干校，办过两期轮训班。1973年7月15日，参加理论辅导员培训班35人。1974年9—10月，党校开办学习班，每期60多人，学习马列著作，"批林批孔"，研究"儒法斗争"。1977年3月起，同年办6期，学习毛泽东主席著作，《毛泽东选集》第五卷。培训区、社党委和地、县机关领导干部、骨干700多人。

① "五七"干校，是20世纪中国"文化大革命"时期，全国各地各部门根据毛泽东《五七指示》兴办的农场，是集中容纳中国党政机关干部、科研文教部门的知识分子，对他们进行劳动改造、思想教育的地方。

② "一校两院"：中共丽水市委党校、丽水市行政学院、丽水市社会主义学院。

1984—1988年，丽水地委党校实行正规教育，1984年秋季，开办两年制大专学历培训班。八四、八五、八六三届学员毕业130人。5年培养大专学历学员234人。

1991—2000年，丽水地委党校承办主体班和各类部门班93期、培训轮训各级干部4848人次。举办县处级班26期培训1397人次，举办中青班11期培训564人次。2000年5月丽水撤地设市后，至2010年年底，丽水市委党校承办主体班和各类部门班276期，培训轮训各级干部15949人次。

函授教育

1985年，丽水地委党校开始招收学历班学员。1991年始，中央党校函授学院丽水函授学区直属班招收党政管理专业、经济管理专业、行政管理专业、法律专业等不同专业的大专班和本科班40个，培养大专生165人，本科生2995人，共计培训学员3160人。1996年，浙江财经学院丽水成人教育分院在丽水地委党校成立，并招收学员50人。1999年，丽水地委党校与浙江省财经学院合作举办本科函授班3个，招收学员185人。2009年起，党校函授学历教育停止招生。

合作办学

1996年，浙江财经学院丽水成人教育分院在地委党校成立。2002年，丽水市委党校与省委党校研究生部合作开办区域经济研究生班，招收学员53人；2005年，与省委党校研究生部合作开办政治经济学研究生班，招收学员53人；2009年，省委党校研究生班合作开办马克思主义哲学专业，招收学员50人；2005年开始，每年与浙江师范大学合作举办公共管理硕士研究生班（MPA），招收学员6届，学员总数200多人。

第二节 科　研

科研活动

1991—1994年，丽水地委党校设有理论研究室，主要承担学报的编辑出版和全校的科研工作，到1994年，正式成立科研处。自1997年起，在全区党校开展科研竞赛活动，并相继制定《科研管理条例》《科研奖惩办法》等考核制度。2002年，修订《丽水市委党校科研工作量考核及奖惩办法》，并设立丽水市委党校学术委员会。科研处成立之后，每年都会举办一次全市（区）系统理论研讨会。1998—2010年期间（除2002年、2005年），举办过丽水地区党校系统纪念党的十一届三中全会20周年、中华人民共和国成立50周年、“加快丽水生态经济发展”、建党80周年及“全面建设小康社会”“树立和落实科学发展观、推动丽水经济社会全面发展”“科学发展观与社会主义新农村建设”“科学发展观与和谐社会建设”“改革开放30年与丽水发展”“纪念新中国成立60周年”“全市党校系统生态文明背景下经济社会可持续发展”等理论研讨会。

成　果

1991—2009年，丽水市委党校科研人员发表论文1307篇，撰写出版专著18本，主持或参与省、市、校以及市领导立项课题结题成果129个。出版专、编著4本。编辑出版《重要政策文件选编》《政策创新典型案例选编》。

刊　物

1989年，《中共丽水地委党校学报》(季刊)创办。1993年，更名《处州论坛》(季刊)，刊物在全国党校系统具有较高的影响力。1999年，更名《丽水党建交流》。到2010年年底，《丽水党建交流》刊出115期。2008年，新创办刊物《送阅件》，主送市委市政府领导、市直机关领导和各县(市区)领导参阅。至2010年，刊出15期，其中，被市委书记、组织部长等党政领导批示4期。

第十一章　老干部工作

1982年2月，中共中央建立老干部离退休制度。1983年，中共丽水地委老干部局成立，负责市本级老干部工作和协调指导全市老干部工作。同时健全市、县各级老干部工作机构，采取灵活方式安置丽水市离退休老干部。截至2010年，丽水市有离休干部1236人，其中，地(厅)级30人，县处级481人，县处级以下725人。机关离休干部625人，事业单位离休干部282人，企业单位离休干部329人。易地安置的离休干部17人，其中，山东省2人，上海市3人，本省的12人；安置到杭州7人，绍兴1人，温州2人和金华2人；易地安置到丽水市本级的离休干部5人，其中贵州省1人，绍兴市1人，庆元县2人，遂昌县1人。同期，全市老干部机构认真落实老干部的各项待遇，包括阅读文件、听报告及有关活动的政治待遇；建立离退休保障机制、医药费保障机制、财政支持机制及各种生活待遇；成立老干部活动中心和老年大学，置办各种活动器具，丰富老干部离退休生活。

1991年5月，丽水地区关心下一代工作委员会成立。同年，各县(市)关心下一代工作委员会也先后建立，组织老干部关心、教育下一代。关工委的工作成为丽水市、县老干部的重要工作，并取得一定的成绩。2010年，市本级筹资830万元，资助1500人，其中大学生445人，中小学生997人。

第一节　待遇与场所落实

政治待遇

1994年7月，丽水地委下发《关于印发〈丽水地区直属单位离休干部管理服务办法〉的通知》，建立阅读文件、参加会议、政治理论学习、党组织生活、通报工作、征求意见、走访慰问等制度6项。1999年10月，地委召开老干部工作领导小组会议，形成地委专题会议纪要，落实离休干部的政治待遇。2005年1月，市委召开老干部工作领导小组会议，形成市委专题会议纪要，决定每年召开老干部工作领导小组会议1—2次。每年召开老干部座谈会1—2次，听取老干部的意见和建议，更好地改进工作；市委、市政府每年举行通报会4次，向老同志通报政治经济形势。2009年，落实离休干部规范性津补贴，以政治待遇的形式，保留年终生活补贴、参观考察费、健康休养费、破产和改制企业离休干部管理服务费等。

生活待遇

1990年，丽水地委下发文件，规定地专级（含享受地专级待遇的）离休干部每月发交通费30元。1994年7月，落实离休干部看病住院、特殊待遇、福利待遇、严重亏损企业单位老干部的有关费用、老干部用车、易地安置离休干部照顾、丧事办理等七方面待遇。1997年，下发丽地老干局文件，规定从1997年5月1日起，县处级及县处级以下离休干部交通费补贴标准由原来的每人每月15元调整为每人每月25元。1998年10月，地区行署下发《关于地直企业离休干部生活待遇有关经费纳入社会统筹的通知》，统筹企业离休干部的离休金、医疗费等经费9项，由离休干部所在企业将统筹经费于1998年年底前一次性划入地区社会保险事业管理局。1999年，地委召开老干部工作领导小组成员会议，形成地委专题会议纪要，落实离休干部补贴住宅电话费和离休干部的住房问题。2003年，离休干部的离休费、医药费（简称"两费"）全部由财政进行保障，建立离休费保障机制、医药费保障机制、财政支持机制（简称"三个机制"）。2009年6月，中共丽水市纪委、中共丽水市委组织部、丽水市监察局、丽水市人事劳动社会保障局、丽水市审计局联合发文《关于市直离休人员待遇有关问题的通知》（丽水财行〔2009〕127号），落实离休干部的规范性补贴。根据市政府常务会议纪要精神，从2009年开始，为全体离休干部开展"政府买单送服务"活动，由两级财政按每年每位离休干部300元标准，购买家政等服务。2010年2月，为市直离休干部开展由移动公司负责开发的针对老年人服务的移动手机服务系统"关爱通"服务。

1994年7月，《关于印发〈丽水地区直属单位离休干部管理服务办法〉的通知》下发，对离休干部的医疗保健工作做出规定。1998年10月，行署发文《关于地直企业离休干部生活待遇有关经费纳入社会统筹的通知》，统筹企业离休干部的离休金、医疗费等经费9项。2003年8月，丽水市委召开专题会议研究老干部工作中的有关问题，并形成〔2003〕4号市委专题会议纪要，要求认真做好老干部的医疗保健工作，在继续执行《浙江省基本医疗保险药品目录》的基础上，适当增加配药的药量。2005年7月，下发《关于丽水市离休干部用药问题的通知》，在《浙江省基本医疗保险药品目录》的基础上，增加离休干部常见病用药的范围。2006年5月，市委召开老干部工作领导小组全体成员会议，形成〔2006〕3号市委专题会议纪要，要求认真做好离休干部的医疗保健工作。9月，市政府办公室下发《进一步完善市本级基本医疗保险制度的通知》，建立离休干部医疗备用金制度。2008年1月，市委召开老干部工作领导小组全体成员会议，形成〔2008〕1号市委专题会议纪要，其中第六条要求，提高县（处）级以下级别的离休干部体检费标准。6月，下发《关于增加市直离休干部治疗性用药报销范围的通知》，在原有基础上，再增加离休干部常见病治疗性用药报销范围31种。12月，市政府召开第45次常务会议。会后，下发《关于市本级离休人员用药管理有关问题的通知》，规定市本级离休人员因病情需要使用《浙江省基本医疗保险药品目录》外的治疗性西药和中成药，列入离休人员医药费报销范围，所需费用由原渠道列支。2009 年 9 月，将抗战时期参加工作的离休干部医疗待遇提高到副司（局）级医疗待遇。

活动场所

1984 年，丽水市老干部活动中心成立，地址设在灯塔街 131 号（原市委大院门厅处）。1997 年，地委、行署专门投资 38 万元，将地委第三食堂进行加层改造成老年大学教室，新增面积 353 平方米，整个活动面积 1096 平方米。1996 年年初，更名地直机关老干部活动中心。2003 年，市委、市政府将灯塔街 79 号（原交通局办公用房）改造装修成市老干部活动中心，占地 1204 平方米，并划拨 80 万元专款进行全面装修和设备添置，新场所设有象棋、麻将、阅览室、电脑、健身、乒乓球、协会办公室等活动室 24 间。2007 年，原市委大院（灯塔街 131 号）整体划拨给市委老干部局，用于市老干部活动中心和老年大学“两个阵地”，投资 500 万元装修和设备添置资金。2008 年 11 月正式启用。新的活动中心和老年大学占地面积 7400 多平方米，总建筑面积 7810 多平方米。2009 年，原市委大院正式更名常青园。面向市直离休干部 300 多人和退休干部 3000 多人全面开放，日活动老干部志 500 多人次，开办摄影、书画、电脑、歌咏、中药、英语等专业 23 个、班级 40 个、团体 3 个，学员 1868 人。

第二节　关心下一代工作委员会

1991 年 5 月，丽水市关心下一代工作委员会（以下简称“市关工委”）建立，关工委是以组织老同志来进行关心、教育下一代为目的的群众性工作组织。除丽水市关工委建立外，还建立市直部门关工委、县（市、区）关工委和基层关心下一代工作协会。至 2010 年，丽水市所有乡镇（街道）均建立关工委组织，85%的行政村（社区）建立关心下一代工作协会。

丽水市关工委注重青少年思想道德教育，从市关工委成立开始，每年都以不同形式教育青少年思想道德。2010 年，全市关工委编印“孝敬父母、感恩社会”主题宣传资料，印发 2 万多册，接受革命传统教育 21.5 万人。

丽水市关工委开展帮困助学活动。1992—2010 年，每年都开展对贫困学生——包括贫困大学生的资助工作。2010 年，丽水市本级筹集资金 830 万元，资助贫困学生 1500 人，其中资助贫困大学生 445 人。

活　动

青少年思想道德教育　1991 年，庆元县关工委成立“光荣传统宣讲团”，成员 15 人。1992 年 4 月 1 日，丽水地区关工委主任陈士达主持丽水市万象山公园革命烈士墓祭奠活动，300 多人参加，1993 年 6 月 17—18 日，地区关工委、教委、团地委联合召开全区校外辅导员研讨会。1994 年 1 月 14 日，地区关工委到地区看守所为失足青少年上政治课。1995 年，地区关工委爱国主义教育宣讲团到丽水工业学校举行报告会，参会师生 800 多人。青田县拍摄《夕照明》电视纪录片，片长 40 分钟。1996 年，地区关工委编印《刘英烈士生平轶事》小册子 2000 本。地区关工委在遂昌县召开全区爱国主义教育报告团经验交流会。1997年，全区爱国主义教育报告团到学校、机关作工作报告1000多场次，受教育30万人次。1998年，全区爱国主义教育报告团开展巡回宣讲，参加小学47所，青少年2.5万人次。1999年，全区爱国主义教育报告团开展爱国主义和德育教育，参加青少年50万人次。

2001年5月14日，丽水市关工委、团市委、市委党史研究室联合举办“建党80周年党在我心中青少年党史知识竞赛”。2002年，市关工委报告团成员柯鉴清到学校、机关作“党的十六大”专场报告20多场，参加学生2000多人。2003年10月31日，市关工委组织大中专学生学习十六大知识竞赛。2005年，市关工委到大学、中小学进行宣传教育，纪念世界反法西斯战争暨抗日战争胜利60周年，是历年来受教育人数最多、效果最好的一次。2006年，全市举办报告会、文艺表演等活动，参加学校和社区、农村300多所(个)，参加活动100多万人。2008年，奥运火炬手、市关工委副主任汪心广去学校宣讲“传递奥运火炬盛况和个人感受”。2009年，市关工委组建励志教育巡回宣讲团，到丽水学院、丽水职业技术学院、丽水市经济开发区第一中心小学开展励志教育宣讲活动，参加学生5000多人。

2010年，全市关工委编印“孝敬父母、感恩社会”主题宣传资料2万多册，接受革命传统教育21.5万人。

帮困助学　1992年，丽水地区关工委发动离退休干部开展募捐活动，向下一代献爱心，募捐2.3万元。1993年2月，地区关工委与团地委联合举办“希望工程”有奖募捐活动。7月，松阳县建立“松阳县青少年教育基金”，募集资金1万多元。1994年9月，丽水市(县级)关工委开展“希望工程1+1助孤帮困活动”，募资37万多元，结对550对。1998年，地区关工委开展“手拉手希望小学”献爱心活动，募集资金50.45万元，建立缙云县石笕乡中心小学、庆元县松源镇“手拉手希望小学”2所；开展“关心桥”活动，资助下岗特困职工子女潘建芬等20人，人均500元。1999年，地区关工委筹资1.2万元，帮助特困生9人。

2000年，云和县关工委筹集9万元、外币2000美元，帮助特困生129人。同年，丽水地区关工委被评为“全国关心下一代工作先进集体”。2001年8月中旬，丽水市关工委办“帮助贫困生渡难关”活动，帮扶品学兼优学生14人。全市关工委筹集资金100多万元，资助大学生90人、中学生645人和小学生955人。2002年，全市筹资300多万元，资助贫困生2000多人(其中大学生300多人)，其中市关工委直接筹集资金20多万元，资助贫困大学生70多人、小学生10多人。2003年，全市关工委筹集助学资金320多万元，资助大学生538人，中学生1844人、小学生1413人。市本级筹资20多万元，资助大学生60人。缙云县关工委主任陈群芳，济贫帮困多年，人称“红楼讨饭婆”。遂昌县凯恩集团出资100万元，设立“爱心资金”。2004年，全市筹资645万元，资助大学生1128人，中小学生9120人。市本级筹集资金100多万元，资助大学生100多人。8月17日，浙江金龙房产集团出资10万元，资助贫困大学生30人。2005年，全市筹资1254.15万元，资助24697人，其中大学生1380人。市本级筹资300多万元，资助大学生170人。8月16日，浙江金龙房产集团出资500万元，设立“爱心助学基金”。同年市关工委被评为“全国关心下一代工作先进集体”。

2006年，全市筹资1254.15万元，资助贫困生24697人，其中大学生1380人。市本级筹集300多万元，资助大学生170多人。青田县华侨孙明权、陈玉华夫妇再次捐助10万美元。2007年，市本级筹资236.8万元，资助贫困生229人，其中大学生177人。浙江金龙房产集团设立“王岳成奖学金”，将每年100万元利息作为学生奖学金和助学金。缙云县陈群玉靠“一张老脸皮，一批老关系，一颗老爱心”，筹资100多万元。2008年，市本级筹资563万元，资助贫困大学生357人。青田县开展“千名华侨扶千户—爱心助学结对活动”。2009年，全市筹资400多万元，资助贫困大学生280多人。12月4日，市关工委设立“杭州山立净化爱心助学基金”，首期出资50万元，将每年利息资助给丽水市范围内家庭贫困学生。

2010年，市本级筹资830万元，资助1500人。其中资助大学生445人，中小学生997人。缙云香溢大酒店出资10万元帮困助学。2010年，市关工委被评为“全国关心下一代工作先进集体”。

机　构

领导机构　1991年5月2日，丽水地区关心下一代工作委员会(以下简称“关工委”)建立。地委下发《关于建立丽水地区关心下一代工作委员会及委员会组成人员的通知》，任命陈士达为首任关工委主任。2000年7月，机构更名丽水市关心下一代工作委员会，陈士达为主任。

机构编制　1996年9月，丽水地委办公室下发《丽水地区关心下一代工作委员会机关机构改革方案》，核定地区关工委办公室为全额拨款事业单位，编制3名，办公室主任或副主任1名。1997年7月，丽水地委组织部发文同意地区关工委机关参照国家公务员制度管理。

2001年11月，丽水市委办公室核定行政编制3名(含关工委专职副主任1名)，科级领导职数1个。2007年9月，丽水市编委同意增加行政编制1名。2010年12月，丽水市编委增加市关工委行政编制1名。

专职领导　1996年10月，丽水地委任命洪祖斌为地区关工委副主任(副县级)。1998年1月，地委任命洪祖斌兼任地区关工委办公室主任。2001年5月，地委任命周剑锋为地区关工委副主任。2004年5月，市委任命刘志勇为地区关工委副主任。2007年6月，市委任命郑志满为地区关工委副主任。

宣讲团　1995年3月，地区关工委爱国主义教育宣讲团成立，金宝善为团长。1996年7月，地区关工委爱国主义教育宣讲团更名地区关工委爱国主义教育报告团。2000年，地区关工委爱国主义教育报告团更名市关工委爱国主义教育报告团。2006年6月，市关工委爱国主义教育报告团更名青少年社会主义荣辱观教育指导组。2010年10月，青少年社会主义荣辱观教育指导组更名市关工委宣讲团。

科技教育咨询委员会　1998年4月，丽水市科技教育咨询委员会成立。1999年9月，浙江省邮电老科学技术工作者协会丽水分会被纳为团体会员。2006年6月，市关工委副主任徐松林兼任科技教育咨询委员会主任。2008年6月，市关工委开展“百名老科技专家联百村”活动，参加活动有老科技专家童雪松、林近贤、潘永年等13人。

市直部门关工委

1991年，丽水地区公安处、司法处、法院、检察院、农经委、林业局、水电局、水电工程处、物资局、供销社、农校、商校、林校、师专、松阳师范、地直卫生系统建立关工委组织。教育系统关工委和政法系统关工委长期开展关工委工作。2002年12月19日，丽水师专职业技术学院关心下一代工作委员会成立。2003年2月26日，丽水市人民检察院关心下一代工作委员会成立。2003年5月6日，丽水广播电视大学关心下一代工作委员会成立。2003年5月16日，丽水市计划委员会关心下一代工作委员会成立。2003 年 4 月 13 日，丽水市财政局、地方税务局关心下一代工作委员会成立。2003 年 7 月 4 日，市卫生局关心下一代工作委员会成立。

县(市、区)关工委

1991 年 6—9 月，丽水市(县级)、龙泉市、青田县、庆元县、云和县、缙云县、遂昌县、松阳县、景宁畲族自治县先后成立县级关心下一代工作委员会，促进丽水市关心下一代工作委员会各项工作的开展。

丽水地区各县(市、区)关工委组织成立情况一览

表 28-13-2-1

单 位	成立时间	成立文号
莲都区(县级丽水市)	1991 年 8 月 6 日	市委〔1991〕32 号
龙泉市(县级)	1991 年 7 月 29 日	市委〔1991〕32 号
青田县	1991 年 7 月 26 日	县委字〔1991〕第 59 号
云和县	1991 年 6 月 11 日	县委〔91〕16 号
庆元县	1991 年 6 月 27 日	庆编〔1991〕13 号
缙云县	1991 年 7 月 21 日	县委〔1991〕32 号
遂昌县	1991 年 6 月 1 日	县委〔1991〕23 号
松阳县	1991 年 9 日	—
景宁畲族自治县	1991 年 7 月 14 日	—

第十二章　信访工作

1949 年 10 月，中华人民共和国成立后人民来信来访工作由地、县党委或政府办公室主管。1963 年，丽水地委、专署办公室分别负责处理地委、专署的来信、来访工作。1970 年，建立丽水地区革命委员会信访室成立。20 世纪 70 年代后期，地区革命委员会信访室更名地区革命会人民来信来访接待室。1985 年，丽水地区纪委、公安、法院、检察、监察等部门开始设立信访机构，配备专职信访干部。1998 年，丽水地区落实县(市)信访局长由县(市)委办副主任兼任制度。2001 年 7 月，中共丽水市委、市政府单独设置市委、市政府信访局，为副处级行政机构。10 月，丽水市“12345”政府便民电话值班室与市信访局合署办公。11 月，市机构编制委员会批复市信访局下设来信来电来访接待科、督查科、综合调研科 3 个职能科室。2002 年 2 月 28 日，省委组织部下发文件，确定市信访局为一级局，正副局长按一级局职务配备。2004 年 10 月 19 日，市机构编制委员会将丽水市“12345”便民电话受理中心相关职能归并到市效能监督投诉中心。2006 年 8 月，市机构编制委员会同意市信访局增设复查复核处。2010 年，市信访局设综合调研处、来信来电来访接待处、督查处、复查复核处 9 个处室。市信访局设立后，作为市委主管信访工作的职能部门，成为市委的参谋和助手，丽水市信访机构、信访办理、信访制度建设日趋规范，信访案件解决成效明显。

第一节　信访办理

信访数量

1949 年 5 月丽水解放至 20 世纪 70 年代初，丽水全地区年均受理群众信访 1800 件（人）次。1973—1979 年，全区年均受理群众信访 2417 件（人）次。1980—1990 年，全区年均受理群众信访 3080 件（人）次。1991—2000 年，全区年均受理群众信访 6045 件（人）次。2001—2010 年，全市年均受理群众信访 35669 件（人）次，市本级年均受理群众信访 8380 件（人）次。

信访内容

1966—1976 年“文化大革命”期间，丽水信访工作的重点是处理派性纠纷和申诉。中共十一届三中全会以后，丽水信访工作的重点是配合有关部门开展政策落实工作，处理各类历史遗留问题。平反冤假错案 2332 件，恢复公职 355 人，恢复党籍 37 人。复查清退“文化大革命”中查抄财物 12903 户，退还原物 40609 件，退款 42.93 万元。处理精简下放遗留问题，收回户粮 10623 户、18257 人，给老职工经济补助 2823 人。复查纠正土改后错划成分 316 户，退还房屋 468 间，经济补偿 5.16 万元。复查清退各类房产 2283 户，退房 187397 平方米，经济补偿 19.99 万元。此后，丽水市信访内容从要求解决历史遗留问题为主转向解决现实问题为主，涉及土地、企业改制、工资福利待遇、基层干部违法违纪、城市建设、山林、水利、乡镇“撤扩并”等问题。

2000 年开始，丽水群众信访热点问题主要集中在城市建设和重点工程土地征用、拆迁安置和二、三产业用地，基层干部违法违纪，企业破产和改制中的职工安置，农村换届选举，民师、60 年代精减下放、企业军转干部、复员退伍军人、要求退改离、“农嫁女”等人员要求享受或提高待遇等问题。2004 年，丽水市针对反映比较集中的问题，组织开展专门调研活动，先后出台关于集体留地、拆迁安置、企业改制、河道采砂、水电开发、“农嫁女”问题等规范性文件。市信访局组织编写《信访问题相关政策汇编》一书，为各级领导干部和工作人员掌握了解和处理信访突出问题提供比较系统、全面的参考资料。2006 年，针对滩坑电站移民异常上访、大中型水库移民后期扶持政策落实、民间集资等群体性信访问题，丽水市委、市政府出台一系列政策措施，强化信访问题源头治理。2008 年，受国际金融危机影响，房地产集资信访问题集中爆发，针对“银泰集资”信访问题，市委、市政府成立专门工作小组开展工作，取得积极效果。2009 年，市、县（市、区）分别制定出台解决疑难复杂信访问题专项资金管理使用办法，助推信访问题化解。

领导接访

1963年，丽水地委、专署办公室在《地专机关做好人民信访工作的几项规定》中，明确领导阅批来信制度。1983年，丽水地委、行署建立领导每月一次群众来访接待日制度，1985年，地委建立地区党政领导接待群众来访日制度，1999年，地委、行署下发《关于实行地区领导接待群众来访日制度的意见》。市信访局机构单独设置后，领导干部阅批群众来信、接待日接访、集中下访约访、领导包案等制度建设得到进一步加强。2003年，丽水市委下发《进一步规范和完善领导批示件办理及反馈工作的通知》，明确“有批必办，有办必清，有清必果，有果必报”的要求。同年，市委、市政府制定出台《关于建立信访工作长效机制的若干意见》，提出坚持和完善领导信访接待日制度、领导干部下访约访制度，加大初信初访处理力度，定期开展群众重复上访问题专项治理工作。2009年5月，市委、市政府制定《丽水市领导干部定期接待群众来访工作制度》，大接访制度进一步健全完善。2001—2010年，市领导阅批群众来信21500多件，接待群众来访2000多批、9900多人次，包案化解信访事项3885件。

第二节　制度建设

领导制度

中华人民共和国成立后信访工作体制机制不断健全完善。1963年，丽水地委、专署办公室制定《地专机关做好人民信访工作的几项规定》，建立分级负责、归口办理责任制。1983年，地委、行署建立地区信访办公会议制度。1990年，进一步健全地委、行署领导信访接待日制度和地区信访办公会议制度。2000年撤地设市以后，丽水市委、市政府全面加强信访制度建设，信访工作逐步进入规范化、法制化轨道。2001年，市信访工作领导小组成立，进一步加强对全市信访工作的领导。2004年，市委建立丽水市处理信访突出问题及群体性事件联席会议制度，下设农村土地征用、城镇房屋拆迁、国有企业改制、涉法涉诉、企业军转干部、教师、土地承包、水电开发、其他信访热点等专项工作小组9个，召集人由市委、市政府分管领导担任。2009年，市信访工作领导小组和市联席会议整合实行“两块牌子、一套人马”的运行机制，领导小组组长和联席会议召集人由市委、市人大、市政府分管领导担任，联席会议办公室设在市信访局，办公室主任由市信访局局长担任。同时，适当调整9个专项工作小组，增加复员退伍军人、政策协调等专项工作小组2个，取消土地承包、其他信访热点等专项工作小组2个，将城镇房屋拆迁工作小组调整为城镇房屋拆迁和房地产集资问题工作小组。

基层管理制度

1995年，丽水地区学习贯彻全国第四次信访工作会议精神，实施《信访条例》《浙江省信访处理规定》，完善上访制度，把群众上访的问题化解在萌芽状态。1996年，进一步加强基层信访建设，各县(市)委、政府信访室统一更名信访局，领导职级高配。全区建制镇和1万人口的乡基本配备专职信访干部。

2001年后，市委、市政府加大投入，抓基层基础建设，改善办公条件，扩大接待场所，开展信访文明接待室创建工作。2004年，市本级、莲都区、缙云县信访局接待室被评为全省党政信访系统“文明接待室”。2007年，云和、景宁、松阳县信访局接待室被评为全省党政信访系统“文明接待室”。2006年，市委、市政府制定《关于抓源治本推进信访工作基层基础建设的若干意见》，通过落实责任、健全网络、完善机制等方面工作，努力提高丽水市信访工作基层基础水平。2007年，市委、市政府下发《关于推行乡镇(街道)、村(居)信访代理制的通知》，在全市推行信访代理制，得到省长吕祖善的高度肯定。2008年，市委、市政府下发《关于进一步明确农村工作指导员信访工作职责的通知》，进一步强化基层在处理信访问题中的“第一防线”作用。2009年，全市部署开展信访“基层基础建设巩固年”活动，在乡镇(街道)、村(居、社区)推行“五个一”[①]工程建设。

双向规范制度

1987年，丽水行署出台《关于维护信访工作秩序的规定》，强化信访工作和信访行为“双向规范”。1994年，丽水地委建立《丽水地区群众逐级上访的若干规定》，要求部门及时、就地、正确解决群众上访问题，群众要文明、依法上访。1998年，地委、行署出台《丽水地区机关处理群众集体上访预案》，为及时正确处置集体访提出具体意见。为规范信访秩序，2004年，丽水市委、市政府制定《关于市党政中心发生集体上访异常上访的处置意见》《丽水市党政机关发生妨碍信访秩序的处置预案》。2006年，市委、市政府下发《关于进一步加强和改进市直机关信访工作的意见》，从畅通信访渠道、加强机制和制度建设、强化工作责任等方面对加强部门信访工作提出明确要求。同年，市委、市政府制定《丽水市预防处置群体性事件实施办法》，市政府下发《丽水市大规模群体性事件应急预案》，进一步规范集体访、异常访的处置、疏导和教育工作。2008年，市委、市政府制定《丽水市预防处置群体性事件领导责任制及责任追究实施办法》，进一步强化预防处置群体性事件的领导责任。2010年，市信访联席会议制定《关于丽水市驻京劝返工作的意见》，进一步理顺驻京信访工作机制。

第十三章　保密工作

1951年9月26日，丽水专委保密委员会成立。1963年7月20日，丽水专委保密领导小组成立，由地委办公室主管。同年，各县委建立保密领导小组。1969年，地区革命委员会保密领导小组建立。1979年更名为地区保密领导小组，办事机构设地区公安处。1984年，更名为中共丽水地委保密

① “五个一”：有一套完善的信访工作组织网络、有一支健全的信访工作队伍、有一套完整的信访工作机制、有一个固定的办公场所、有一笔专门的信访工作经费。

委员会，办事机构设地委办公室，配备专职干部1人。1986年，地委办公室设保卫保密科，与地委保密委员会办公室合署办公，一套人员，两块牌子，干部3人。1989年8月，丽水地区保密局建立，与地委保密委员会办公室合署办公。1990年，各县（市）设保密局，与县（市）委保密委员会办公室合署办公。2000年，丽水地区保密局更名丽水市保密局。2010年，全市开展新《中华人民共和国保守国家秘密法》宣传教育活动、涉密载体清理和保密安全检查"回头看"工作，抽查市直机关单位55家。

第一节　教　　育

保密教育开展

1951年，丽水地委发出《关于执行"保守党与国家机密的决定"的意见》。1979年，多次召集秘书、档案、科研、保卫等涉密人员开保密会议，贯彻落实中央、省、地保密工作有关精神，进行保密教育。1980年，地委保密委组织全区性保密教育2次，贯彻中央4月4日保密工作报告会精神。1982年，保密工作情况通报会召开，通报全区保密工作情况及今后工作意见。1984年，全区保密工作座谈会召开，传达全省保密工作会议精神，部署全区保密工作，组织观看保密教育片《同志，你要提高警惕》。1985年，全区档案文书培训班开设保密课，接受教育140多人。1986年，地委保密委领导多次在部、委、办、局和全体机关干部会议上，强调保密工作。组织单位40多个观看保密教育片。1987年，机关部门负责人和保密宣传工作会议召开，传达学习上级保密工作会议精神。组织各县巡回播放保密教育片。

1988年，丽水地区开展《中华人民共和国保守国家秘密法》（以下简称"《保密法》"）学习。1989年5月起，《保密法》正式实施，开展各种形式的宣传活动。1990年，举办《保密法》学习班。组织《保密法》知识考试。1991年，全区举办保密培训班33期，受教育人数4327人。1992年，《保密法》被列入"二五"普法计划，举办三期保密法教育师资培训班，法律骨干300多人接受培训。1993年，开展保密法颁布五周年宣传教育活动。1994年，开展《保密法》宣传周活动。1995年4月，全区保密局长会议和地直机关、单位负责人会议召开，传达中央保密委〔1995〕11号文件，学习贯彻浙江省《保密法实施细则》。《秘密从这里泄露》等四部保密教育片纳入地委党校干部电教内容。1996年，《保密法》纳入"三五"普法教育内容。1997年，地委保密委员会议和全区保密局长会议召开，传达贯彻全国保密工作会议精神和《中共中央关于加强新形势下保密工作的决定》。1998年，举办四期保密工作培训班，参加培训321人。开展《保密法》颁布10周年系列宣传教育活动。1999年，浙江省保密教育展览在丽水展出。

保密普法培训

2000年，丽水市"三五"保密普法培训率96%。2001年，举办保密教育讲座11场。举办市直机关计算机信息网络保密技术培训班。2002年，举办保密教育报告会5场，2000多人参加。2003年，运用窃密、泄密典型案例进行保密教育。2004年，结合《保密法》实施15周年开展保密法制宣传教育。2005年，开展"四五"保密法制宣传教育检查验收工作。举办保密培训班21个班次，保密知识讲座

10 多场。2006 年，播放《佟达宁间谍案》《警钟长鸣》《神圣的使命》等教育片 10 多次。举办保密讲座 20 多场。2007 年，常委(扩大)会议召开，专题研究保密工作。举办保密知识专题讲座。2008 年，《保密法》颁布实施 20 周年系列宣传教育活动开展，举办"反窃密、防泄密"保密技术巡回演示。举办保密知识讲座 8 场。2009 年，联合市公安局网警支队、浙江丽威网络工程有限公司等单位，举办信息安全研讨会。2010 年，新《保密法》宣传教育活动开展。

第二节　执　　法

保密工作制度

1980 年，丽水地区印发《保密守则》《保守党和国家秘密暂行规定条例》《关于保守国家机密问题的暂行规定》等制度。丽水地区多数单位对历年积存文件进行清退、登记、造册、归档。1984 年，开展划定保密范围和密级工作，出台《关于划分保密范围确定密级的意见》。1989 年，二次制定涉外事项保密规定，承办多起涉外事项的保密安全工作。1990 年，加强管理丽水地区印刷、复印行业，下发《关于印刷、复印等行业复制国家秘密载体管理办法的意见》，确定复制国家秘密载体的印刷厂 10 家，复印店 11 家。1995 年，开展《对外经济合作提供资料暂行规定》《印刷、复印等行业复制国家秘密载体暂行管理办法》执行情况检查。

2000 年，丽水市制定出台保密管理制度十多个。2006 年，制定出台《关于进一步加强保密工作的规定》《关于计算机信息系统的管理规定》等保密管理制度多个。2008 年，配合《政府信息公开条例》的实施，做好门户网站信息发布保密审查。2009 年，制定出台《丽水市电子办公设备保密安全管理办法》。

保密安全检查

1963 年，丽水各县开展保密检查，发现失、泄密事件 22 起，批评教育 17 人。

1981 年国庆前，丽水地区开展保密安全检查。查处失、泄密事件 15 起。1982 年，五一、国庆、春节前开展保密检查 3 次。查处失、泄密事件 13 起。1983 年，加强对工业、农业、林业、矿产等科研项目和传统工艺技术保密。查处失、泄密事件 8 起。1985 年，加强对外往来项目的保密安全管理。开展上级文件核查，单位 16 个，文件缺失 31 份。1986 年，对机关、单位和要害部位 21 个开展通信和电子设备保密技术检查。对造纸厂、收购站、鞭炮厂等 31 个进行保密废纸管理专项检查。查处失、泄密事件 6 起。开展上级文件核查，文件缺失 18 份。1987 年，对地属县团级单位 80 个开展机密文件核查，单位 13 个缺失文件 21 份。查办较大的失、泄密事件 3 起。加强涉外事项保密管理。1988 年，协同安全部门开展"八七三"工程检查，丽水地区检查单位 106 家。开展文件核查，单位 37 家缺失文件 12份。查处失、泄密事件 3 起。1989 年，对丽水地区单位 68 个和领导干部 7 人进行保密工作情况检查。

1990 年，丽水地区开始审查国家秘密文件资料和其他物品出境。追查地直丢失文件、笔记本等失泄密事件 2 起并对事件进行通报。1991 年，组织人员对丽水地区的文件交换站进行检查整顿。加强对青瓷、宝剑等传统工艺技术的保密管理。1992 年，丽水地区单位和部门 49 个进行定密工作检查。开展保密废纸管理情况检查，检查单位及文件交换站 12 个，废品收购站 12 家。在地区要害单位和部门 97 个安装报警器。审批确定保密废纸销毁点 4 个。对丽水地区企业进行调查摸底 3 次，划出“保密区”。会同无线电管理部门、公安、安全等单位，对丽水地区 38 台短波电台进行保密检查。1993 年，对丽水地区各县(市)机关、单位 24 家和废品收购站 11 个进行保密检查。会同无线管部门开展空中信号检查，没收大哥大无线通信设备 44 部。1994 年，加强对“大哥大”等无线通信设备的保密管理。开展丽水地区机关、单位保密工作大检查。1996 年，开展县处级以上领导干部保密检查，检查 522 人。在地、县(市)五大班子及政治、经济、科研等要害部门安装防窃、防盗用电话精灵 1000 多只。进一步加强保密废纸管理，采取保密工作部门上门收取，统一销毁方式。查处第七地质大队图纸、资料泄密案。1997 年，查处地区工商银行泄露存贷利率调整方案事件和三个地直机关密电明传事件。1998 年，联合公安、安全、新闻出版、工商等单位对 CD、VCD、电脑光盘等出租、零售店进行保密专项检查。联合公安、安全、机要部门对地直单位计算机信息系统进行保密检查。1999 年，开展查缴泄密非法出版物检查，查缴非法出版物 8 本。会同公安、安全等部门，多次检查可引起泄密的电脑辐射、通信线路混用等情况。开展党政专用电话网改建工作。

2000 年，丽水市会同公安、安全等部门开展保密要害部门的计算机专项检查。党政专用电话网改建首期完成，投入运行。2001 年，在丽水市范围开展办公自动化和计算机信息系统保密技术大检查，并整改存在的问题。完成党政专用电话网第二期扩建。2002 年，会同有关部门全面检查丽水市单位 56 个涉密地图 7559 张。管理加强国家秘密载体复制单位，注册备案特种行业 18 家。查处各种泄密事件 13 起。2003 年，对 2 个县 6 个单位的测绘成果进行保密检查。与秘密载体复制定点单位签订保密工作责任书。承办各类涉密事项 5 件，涉外事项 1 件。确定保密要害部门 15 个，部位 45 个。2004 年，健全定密和计算机信息保密安全管理制度。2005 年，加强对秘密载体的保密管理，下发有关管理规定，并组织开展大规模检查 2 次，查造纸企业和废纸收购站 154 家，机关、单位 80 多家。会同安全、信息中心等单位开展互联网站保密安全专项检查。会同无线电管理处查处违规安装屏蔽设备事件。审查各类涉密事项 4 件，文字资料 100 多万字。2006 年，会同建设部门，专项检查丽水市有关单位 1:10000 以上测绘图纸管理、使用情况。开展丽水市计算机及其网络保密安全检查。指导遂昌县印业有限责任公司进行涉密资质申报，同年该公司获得“国家统一考试试卷重点印刷单位”。查处缙云、庆元两县在门户网站发布涉密文件。在市行政中心重要涉密场所加装保密防护设备、设施。新装专用通信电话 120 多台。审查文字资料 900 多万字。2007 年，开展市直机关计算机信息系统保密安全检查。会同公安、经贸、工商、电信等部门在全市开展集中取缔涉密文件资料交易专项检查。在丽水市开展互联网上非法交易、传播、登载涉密信息专项检查。审查文字资料 700 多万字。2008 年，2 次开展计算机信息系统保密安全专项检查。建设并开通党政涉密会议电视网。市本级成立秘密载体回收管理销毁中心，回收保密废纸 1.68 万千克。承办涉密事件 6 起。审查文字资料 800 多万字。2009 年，开展以计算机信息系统保密安全管理为主的大检查，全市查机关、单位 436 家，计算机 2768 台。协同建设局等单位开展整顿和规范地理信息市场秩序检查。性质鉴定市委宣传部、市检察院等部门在建的信息系统 5 个。审查各类文字资料 600 多万字。

2010 年，丽水市开展涉密载体清理和保密安全检查“回头看”，抽查市直机关单位 55 家。开展计算机网络保密管理专项检查，抽查单位 25 家。开展计算机政务内网涉密文件清查，转移和清理涉密文件 162 件。清理取缔涉密文件资料非法交易活动，查旧货市场、文物市场、出版物市场等场所 141 家，重点网站 85 个。性质鉴定检察、公安等部门的信息系统 3 个。审查各类文字资料 300 多万字。回收销毁保密废纸 1.35 万千克。

第十四章　机关党务

机关党务工作是整个党务工作的重要组成部分。1949 年 11 月，中共丽水地专直属机关单位总支委员会建立，1952 年 1 月撤销。1963 年 5 月，中共丽水地专机关委员会建立。1966 年“文化大革命”开始后，机构停止工作。1975 年 11 月，中共丽水地区机关委员会成立。1985 年 2 月，中共丽水地区机关委员会改建为中共丽水地区机关直属单位委员会，后不断健全组织机构。2000 年丽水撤地设市后，更名中共丽水市直属机关工作委员会(简称“市直机关工委”)。市直机关工委根据党章赋予的职责，围绕党在各个时期的中心任务，从服务丽水市工作大局出发，加强组织建设、思想建设、作风建设，服务基层、服务群众，各项工作取得一定的成绩。至 2010 年年底，市直机关党工委下辖党委 59 个，党总支 38 个，党支部 693 个，党员 12726 人。

第一节　思想建设

基本理论和基本路线教育

1963—1966 年，丽水专区组织党员、干部学习毛泽东主席著作。

1976—1977 年，丽水地区主要学习中央文件，中央领导同志关于揭批“江青反革命集团”的重要讲话，中央“两报一刊”社论。1978—1982 年，重点组织党员、干部学习毛主席《实践论》《人的正确思想是从哪里来的》等著作，中央领导同志的讲话，中央报刊上关于“真理标准问题”讨论的重要文章，开展“实践是检验真理的唯一标准”大讨论。

1983 年，丽水地区组织党员、干部学习《邓小平文选》，重点学习《全党讲大局、把国民经济搞上去》等文章 28 篇。1984—1985 年，结合学习整党文件，开展整党运动，教育党员、干部彻底否定“文化大革命”。

1987 年，丽水地区重点抓住两本书(《坚持四项基本原则、反对资产阶级自由化——十一届三中全会以来重要文献摘编》《建设有中国特色的社会主义》)学习。1988 年，学习中共十三大文件，对党员、干部进行社会主义初级阶段理论和党的基本路线教育。1989 年，主要学习中央领导关于

1989 年春夏之交发生在北京的政治风波的重要讲话，对党员、干部进行形势和反对资产阶级自由化教育。

1990 年，丽水地区行署协同地委宣传部、组织部抓对党员进行“坚持四项基本原则，反对资产阶级自由化，反对和平演变”的教育。1992—1993 年，党员、干部教育的中心内容是组织学习邓小平南方谈话和中共十四大精神。1994—1995 年，组织党员干部开展学习《邓小平文选》和建设有中国特色的社会主义理论、党的基本路线和社会主义市场经济理论的教育。1996—1999 年，在党员、干部中开展学习建设有中国特色的社会主义理论和党章的“双学”活动。1999 年，在党员、干部中开展反对邪教“法轮功”的教育活动。

2000—2006 年，丽水市直机关工委组织党员、干部学习中共十六大精神、《江泽民同志在纪念中国共产党成立八十周年大会上的讲话》等重要文献。

2007—2010 年，丽水市直机关工委教育党员、干部学习中共十七大精神、邓小平理论、“三个代表”重要思想特别是科学发展观。2008 年 3 月，集中 1 个月时间开展“加快创业创新、建设生态文明、推进丽水新跨越”的解放思想大讨论。2009 年，组织力量查找梳理出影响制约科学发展、人民群众反映强烈的党性党风党纪方面的问题 1618 个，解决突出问题 1328 个，为民办实事 2748 件，出台体制、机制性政策、制度 492 项，修改完善政策制度 439 项，整改措施 1281 条。

先进事迹教育

1963—1966 年，丽水地专机关委员会组织学习雷锋、王杰、焦裕禄等先进人物的模范事迹，开展“比、学、赶、帮”运动。1982 年，丽水地区机关委员会在地区机关党组织中开展“争创先进党支部，争做优秀共产党员”[①]活动，同年 12 月，机关党委开展学习《关于授予曹杰同志优秀共产党员称号的决定》的活动。1986 年开始，丽水地区机关直属单位委员会评选先进党支部和优秀党员，评出先进党支部 19 个、优秀党员 39 人。1990 年开始，增加评选优秀党务工作者项目。1994 年前每年评选一次，1995 年后每两年评选一次。1986—2010 年，市直机关工委评出先进党支部 360 个，优秀党员 1235 人，优秀党务工作者 297 人。1988—2008 年，受丽水地（市）委表彰的有先进基层党组织 17 个，优秀党员 24 人，优秀党务工作者 18 人。1994—1995 年，丽水地区机关直属单位委员会开展“学习刘玲英、奉献在岗位”的活动。1995 年，还广泛深入地开展学习孔繁森、杨东海和江家余的模范事迹活动。1995 年，摄制完成反映先进党支部 6 个和优秀党员 3 人事迹的电教片，“在党旗下”专题节目分 9 次进行播放。1999 年，在党员中开展向好民警胡爱华学习活动。2002 年 9 月，市直党员 1000 多人听取龙泉市村头村党支部书记陈金同志事迹报告。2005 年，丽水市直机关党工委下发《关于组织广大党员开展向赵向东同志学习活动的通知》，党员、干部 1300 多人参加赵向东先进事迹报告会。2006 年，市区党员干部 1000 多人参加武警丽水市支队先进事迹报告会。2007 年，组织收看龙泉市驻村干部周先佑抗洪一线救人、云和县陈村党支部委员陈吉云救火保万亩生态公益林的先进事迹专题片。

① “争创先进党支部，争做优秀共产党员”：简称“双争”，2002 年开始改提“争先创优”，2010 年统一规范为“创先争优”。

1986—2010年丽水市直机关先进党支部优秀党员优秀党务工作者评选情况

表 22-16-1-1

年　份	先进党支部(个)	优秀党员(人)	优秀党务工作者(人)
1986	19	39	—
1987	13	49	—
1988	15	46	—
1989	19	39	—
1990	12	43	15
1991	16	56	15
1992	17	65	15
1993	19	74	18
1994	21	76	19
1996	20	80	20
1998①	20	60	7
2000	19	78	18
2002	20	80	30
2004	20	80	30
2006	30	100	30
2008	30	120	30
2010	50	150	50
合计	360	1235	297

法制教育

1987年，丽水地区机关直属单位委员会举办三期机关干部普法学习班，完成首次普法教育任务。1992年，配合地区司法处对地直机关干部4800多人进行“二五”普法教育。1997年，完成“三五”普法教育任务。

制度建设

1976年，地区机关党委提出党支部“三会一课”(支部大会、党小组会、支委会、党课)制度。1979年、1985年再次强调健全“三会一课”制度。

1988年开始，地区机关直属单位委员会推行《党支部工作目标管理考核制度和党员测评制度》。

1989年后，地区机关直属单位委员会继续坚持推行《党支部工作目标管理考核制度》，制定考核细则。1996年，机关党工委制定《关于地直机关党支部工作的若干规定(试行)》。

1999年，地区机关直属单位委员会开展“规范性党支部建设”活动，提出规范化党支部的基本要求，考核、命名和管理办法。2001年，市直机关党工委组织学习《中国共产党党和国家机关基层组织工作条例》。

2002年，市直机关党工委制定《考核细则》《考核办法和标准》，命名党支部148个为市直单位首批“规范化党支部”。2003年，规范化党支部增加到246个，2005年，增加到375个，2009年，增加到466个。

2004年，市直机关党工委在机关效能建设中全面推行《岗位责任制》《服务承诺制》《首问责任制》《窗口服务一次性责任制》《全程办事代理制》《AB岗位工作制》等10制度多项。

2007年12月，支部书记会召开，会议就如何开好党支部民主生活会为题，进行专门辅导。2008年，市直机关党工委开展“十佳民主生活会”的评选活动。

2009年，市直机关党工委建立分大系统召开的机关党建工作例会制度，每季度召开一次。

民主评议党员工作

1988年起，丽水地区每年开展一次民主评议党员活动。1989年，地直机关党委首先在医药局和电业局党委2个、党支部10个、党员110人中进行民主评议党员的试点工作。

1990年2—11月，丽水地区全面开展民主评议党员工作党支部263个、党员3863人。建立以地委副书记徐松林任组长的地直机关民主评议党员工作指导小组，选派到各单位进行具体指导的联络员有184人。1991年，丽水地区落实帮教措施，做好限改党员的转化工作。

调查研究

1988年起，丽水地区专题调研机关党组织的设置，领导管理体制问题。1991年，召开地、县(市)机关党的工作交流会，形成会议《纪要》，报请地委领导同意，批转各县(市)和地直各单位党委(组)贯彻执行。1993年，地直机关党建研究小组建立。2001年，丽水市机关党建研究会成立。1994年，丽水地直机关委员会形成《中共丽水地直机关委员会关于加强和改进机关思想政治工作的意见(征求意见稿)》。1995年2月试行。

2002年，丽水市委重点调查破产转制企业党组织的建设状况。

2004年，丽水市委全面系统调查研究市直机关单位党员队伍的状况。2005年，市委提出加强机关党的建设的意见和建议。11月，市委出台《关于加强和改进机关党的建设的意见》。

2009年，丽水市机关党建研究会理事会进行换届选举，产生新一届理事会。

第二节　作风建设

党性党风教育

1963—1966年，丽水专区组织党员学习刘少奇的《论共产党员修养》，对党员进行党性和党员修养教育。

1980年，丽水地区进行民主集中制和组织纪律教育，组织党员学习《中国共产党章程草案》《关于党内政治生活的若干准则》。1984—1985年，进行理想、宗旨、纪律教育，组织党员学习整党文件。1987—1988年，进行党员标准的教育，组织党员学习党的十三大报告、《中国共产党章程》，组织开展

《新时期共产党员形象》的大讨论。

1990 年，丽水地区集中进行党员党性、党风和党员标准的再教育。1991—1995 年，进行系统全面的党的基本知识和党的优良传统教育，组织党员学习江泽民总书记在建党七十周年庆祝大会的重要讲话，中共十四大报告，中共十四届四中全会、五中全会的文件和《中国共产党章程》，学习党史、党建理论。1996 年在“双学”活动中，组织党员学习党的基本知识。1997—1999 年，在全体党员中开展“讲学习、讲政治、讲正气”的党性党风教育活动，组织党员学习中共十五大文件，学习江泽民同志的重要指示。

2004 年，丽水市在县处级党员领导干部中开展“三树一创”[①]活动。同年，对党员进行条规教育，组织学习《中国共产党党内监督条例（试行）》《中国共产党纪律处分条例》和《中国共产党党员权利保障条例》，邀请省纪委副书记杨晓光作学习《条例》的辅导报告。2005 年，在市直单位开展保持共产党员先进性教育活动。2006 年，科级以上干部和家属 1000 多人参加服刑人员“现身说法”教育大会。2007—2010 年开展“廉政文化进机关”活动。

重大活动组织开展

1963 年 7 月至 1964 年 10 月，丽水地专机关开展增产节约和“五反”运动，进行党员、干部拒腐防变教育。1985 年，地委开展整党工作。1988 年后，重点抓好党委党组的民主生活会。1990 年，查处干部违章违纪违法建购私房和多占公房。1994 年，调查纠正公费出国旅游、违规购置使用豪华轿车问题。2004 年，丽水市委开展以“勤政廉政、提高效率、优化环境、勤政为民、促进发展”为主要内容的机关效能建设，成立机关效能建设领导小组，设立监察投诉中心。从 2002 年开始，落实党员干部廉洁自律的有关规定。2005—2006 年，重点抓好机关的禁赌治赌工作。2005 年，《市直单位科级干部诫勉谈话制度》《市直单位科级干部廉政档案制度》建立。2007 年，丽水市开展“作风建设年”活动，重点抓好“机关干部下基层办实事”工作。

违纪党员查处

从严治党是中国共产党治党的重要原则，是改革开放和社会主义现代化建设条件下加强党的建设的基本方针和要求。

丽水市直机关党工委根据党章赋予的职责，围绕党在各个时期的中心任务，从服务丽水市工作大局出发，加强组织建设、思想建设、作风建设，服务基层、服务群众，各项工作取得一定的成绩。

1975—2010 年丽水市直机关党纪处分情况

表 22-16-2-1　　单位：人

年　份	警告	严重警告	撤销职务	留党察看	开除党籍	年度总数
1975—1978	—	2	—	5	5	12
1979	4	—	1	—	9	14
1980	6	3	13	18	7	47

① “三树一创”活动：树立科学的发展观、正确的政绩观、牢固的群众观；创为民、务实、清廉的好班子。

续表 22-16-2-1

年 份	警告	严重警告	撤销职务	留党察看	开除党籍	年度总数
1982	1	—	1	1	—	3
1983	—	—	—	1	1	2
1984	1	2	—	4	2	9
1985	—	3	—	—	5	8
1986	1	3	1	1	2	8
1987	5	1	—	2	6	14
1988	1	4	—	1	—	6
1989	5	2	—	2	4	13
1990	7	5	—	4	7	23
1991	4	8	—	2	6	20
1992	—	4	—	2	1	7
1993	3	7	—	2	3	15
1994	3	3	—	3	—	9
1995	4	2	—	—	4	10
1996	2	2	—	3	5	12
1997	3	5	1	3	7	19
1998	1	—	—	1	14	16
1999	1	1	—	1	10	13
2000	2	2	—	1	2	7
2001	1	—	1	1	1	4
2002	5	1	—	2	6	14
2003	—	—	—	1	11	12
2004	2	—	—	—	7	9
2005	1	1	—	2	4	8
2006	—	—	—	—	2	2
2007	—	1	—	1	24	26
2008	—	3	—	1	11	15
2009	—	1	—	—	11	12
2010	1	4	—	—	10	15
合 计	64	70	18	65	187	404

说明：以上数据除2000年、2001年、2004年采用市纪委的数据外，其他年份均采用本委统计年报和工作总结中的数据

第三节　组织建设

机构设置

1949年11月，中共丽水地专直属机关单位总支委员会建立，1952年1月撤销。1963年5月，中共丽水地专机关委员会建立。1965年年底，下辖党委1个，党支部19个，党员增加到283人。1966年，“文化大革命”开始后停止工作。1968年11月撤销。1975年11月，中共丽水地区机关委员会成立。1985年2月，中共丽水地区机关委员会改建为中共丽水地区机关直属单位委员会。1990年，下辖党委18个，党总支3个，党支部264个，党员4040人。1995年8月，中共丽水地区机关直属单位委员会更名中共丽水地区直属机关工作委员会，为地委派出机构；中共丽水地区机关直属单位纪律检查委员会更名中共丽水地区直属机关纪律检查工作委员会。同年，下辖党委27个，党总支9个，党支部308个，党员4673人。1996年2月，明确规定丽水地区地直机关党工委的职能配置、内设机构和人员编制。2000年丽水撤地设市后，称中共丽水市直属机关工作委员会。2001年机构改革后，机关党工委增加指导各县（市、区）机关党工委业务工作的职能、负责市直机关纪检监察工作的职能和科级干部理论培训工作的职能。2002—2004年，新建党委5个，党总支16个，党支部122个。2007—2010年，新建党委11个，党总支13个，党支部148个。2007年，理顺市县区机关党组织关系，实现组织、人员、经费三到位。2009年10月，丽水市机构编制委员会下发《关于调整市直机关工会工委、团工委、妇工委隶属关系的通知》，规定市直机关党工委领导市直机关工会工作委员会、共青团工作委员会、妇女工作委员会，市总工会内设机构市直工会委员会的人员编制、领导职数成建制划转市直机关党工委。2010年，市直机关党工委下辖党委59个，党总支38个，党支部693个，党员12726人。

班子建设

1987—2007年，丽水市举办党委、党总（支）部的书记、副书记和委员培训班8期。1979年，丽水地区建立和改选党支部班子单位13个。1988年，进行换届选举党支部59个，充实调整班子党支部12个。1990年开始，在历年的“创先争优”活动中，增加评选优秀党务干部项目。1991年，制定《党组织换届改选制度》。1992年，解决地直科级事业单位党支部书记的职级待遇问题。1993年后贯彻落实《中国共产党基层组织选举工作条例》。

党员发展

1965年，地专机关党委把接收新党员当作党支部一项经常性的工作去抓，成熟一个发展一个，切实保证质量。1975—1978年，丽水地专机关发展新党员76人。

1979年，丽水地直机关发展新党员62人，认真讨论和处理1974年吸收入党的“双突”党员49人，其中转为正式党员35人，除名处理14人。1980—1983年，发展党员266人。1984—1986年，着重抓好知识分子发展党员工作，发展新党员700人，基本上解决知识分子入党难的问题，激励知识分子的上进心；同时大大改善党员队伍的知识结构和年龄结构。1987—1989 年，发展新党员 362 人。1990 年起，每年都举办入党积极分子培训班。1991 年，健全积极分子培养考察制度，明确规定考察期为一年。2000 年，市直机关党工委加强对发展党员工作的领导。2004 年，严格发展党员工作的程序，全面推行公示制度。1975—2010 年，丽水市吸收新党员 11329 人，预备党员及时转正 6620 人。

1963—2010 年部分年份丽水市直机关党组织和党员状况一览

表 22-16-3-1

年 份	党员数(人)	基层党组织数(个)			
		党委数	党总支数	党支部数	总数
1963	198	1	—	8	9
1964	249	1	—	15	16
1965	283	1	—	19	20
1976	1447	9	1	95	105
1977	1747	11	4	112	127
1978	1791	9	2	113	124
1979	1874	11	3	131	145
1980	1949	14	4	158	176
1981	2073	12	3	161	176
1982	2219	12	2	162	176
1983	2239	15	2	165	182
1984	2654	16	2	191	209
1985	3118	15	2	210	227
1986	3393	16	4	231	251
1987	3585	17	3	204	224
1988	3750	18	2	254	274
1989	3885	18	3	262	283
1990	4040	18	3	264	285
1991	4211	19	8	283	310
1992	4486	26	7	291	324
1993	4303	27	6	282	315
1994	4470	27	7	299	333
1995	4673	27	9	308	344
1996	4943	27	12	315	354
1997	5169	29	12	326	367
1998	4998	31	9	315	355
1999	5076	33	7	318	358

续表 22-16-3-1

年　份	党员数(人)	基层党组织数(个)			
		党委数	党总支数	党支部数	总数
2000	6264	41	14	365	420
2001	7581	48	19	479	546
2002	8143	48	27	495	570
2003	8396	48	30	523	601
2004	8782	48	36	519	603
2005	8872	48	32	516	596
2006	9633	46	32	530	608
2007	11086	47	32	605	684
2008	11468	51	33	620	704
2009	12048	55	37	654	746
2010	12726	59	38	693	790

1975—2010 年丽水市直机关发展党员情况

表 22-16-3-2　　单位：人

年　份	积极分子集中培训	吸收预备党员	预备党员转正
1975—1978	—	76	—
1979	—	62	—
1980	—	45	—
1981	—	77	—
1982	—	79	—
1983	—	65	—
1984	—	166	—
1985	—	302	—
1986	—	232	—
1987	—	176	—
1988	—	103	—
1989	—	83	79
1990	96	75	90
1991	80	92	67
1992	113	142	85
1993	90	122	128
1994	131	438	101
1995	132	164	132

续表 22-16-3-2

年　份	积极分子集中培训	吸收预备党员	预备党员转正
1996	233	212	131
1997	152	235	151
1998	154	247	171
1999	141	280	148
2000	267	291	228
2001	144	227	224
2002	210	317	285
2003	199	524	282
2004	260	745	416
2005	280	988	438
2006	181	1083	548
2007	286	1541	820
2008	360	1199	667
2009	329	1182	752
2010	416	1225	756
合　计	4254	11329	6620

说明：此表中的积极分子集中培训数专指市（地）直机关党（工）委举办的培训班的培训数，不包括各单位党委举办的培训班的培训数

市直机关党代会

1983 年 11 月，丽水地区机关、直属单位党代表会议召开，选举产生出席浙江省第七次党代会代表 5 人。

1988 年 9 月，丽水地直机关党代表会议召开，选举产生出席浙江省第八次党代会代表 6 人，分别是张林耕、梁鸿铭、徐松林、徐嘉木、马耕、许绍朴（女）。

1993 年 9 月，丽水地直机关党代表会议召开，选举产生出席浙江省第九次党代会代表 6 人，分别是赵仲光、徐培金、孙月芬（女）、施基城、陈士达、徐梦璋。

1998 年 9 月，丽水地直机关党代表会议召开，选举产生出席浙江省第十次党代会代表 4 人，分别是贾若忠、钱成良、王稼俊、徐梦璋。

2000 年 9 月，丽水市直机关党代表会议召开，选举产生出席丽水市第一次党代会代表 55 人。

2005 年 9 月，丽水市直机关党代表会议召开，选举产生出席丽水市第二次党代会代表 52 人。

第二十三篇

地方人民代表大会

1. 清末民国议政机构
2. 市人大代表
3. 市人大会议
4. 市人大组织
5. 市人大工作
6. 市人大机构
7. 各县人民代表大会

概　　述

自隋开皇九年(589)置处州，丽水始有政务机构设置的文字记载。清宣统元年(1909)丽水执行清政府颁布的《府厅州县地方自治章程》，明确县设议事会与参议会，始有议政机关的文字记载。民国元年(1912)，依照《浙江省自治章程》，丽水、龙泉、青田、庆元、松阳、景宁等县成立议事会，为县自治议事机关。1949年10月中华人民共和国成立后，丽水人民参政议政的主要平台是人民代表大会，人民选出自己的代表，参与人大的议政、决策、监督等活动，充分体现人民当家作主。

1984年8月，中共浙江省委在丽水、金华、台州、舟山4个地区设立人大工作联络员。中共丽水地委研究并报浙江省人大常委会同意，霍在宝为丽水地区人大工作联络员。1986年10月，丽水地区人大工作联络员改建为地区人大工作联络组，徐松林为组长。1989年9月，浙江省第七届人大常委会第十一次会议决定，设立浙江省人民代表大会常务委员会丽水地区工作委员会，徐松林为地区人大工委主任，工作委员会下设办公室。2000年5月，国务院同意撤销丽水地区，设立地级丽水市。2001年1月8日，丽水市第一届人民代表大会第一次会议召开，丽水市人民代表大会建立，选举产生丽水市第一届人民代表大会常务委员会。2006年1月8日，丽水市第二届人民代表大会召开。丽水市人民代表大会建立后，进行规范化和制度化建设。完善丽水市人民代表大会组织制度和市人民代表大会常务委员会工作机构；做好全国、省、市人大代表的选举、组织、培训、活动及联系工作；完善市人民代表大会会议制度，如市人民代表大会会议制度、市人大常委会会议制度、市人大常委会主任会议制度。

丽水市人民代表大会认真履行监督权和重大事项决定权，并使之规范化和制度化。2006年8月27日，十届全国人大常委会第二十三次会议审议通过《中华人民共和国各级人民代表大会常务委员会监督法》。同年，丽水市人民代表大会常务委员会按照《中华人民共和国各级人民代表大会常务委员会监督法》开展监督工作，每年选择若干关系改革发展稳定大局和群众切身利益、社会普遍关注的重大问题，听取和审议“一府两院”的专项工作报告。2001年1月8日至2010年年底，丽水市人民代表大会及其常务委员会听取和审议专项工作报告109个，发出审议意见61份。

丽水市人民代表大会及其常务委员会紧紧围绕中心，服务大局，针对事关全市大局的、根本的、长远的重大事项或者人民群众普遍关心的热点难点问题，有效行使重大事项决定权。至2010年年底，作出人民代表大会决议、决定69个。历次会议上都有审议市政府、市法院、市检察院、财政预算、国民经济和社会发展计划等报告议程，丽水市人民代表大会常务委员会对本行政区域内的政治、经济、教育、科学、文化、卫生、环境和资源保护，社会事业的重大事项和人民群众普遍关心的全局性重大问题，多次作出决议、决定，保证宪法、法律、行政法规在本行政区域内的实施和市人民代表大会决议的执行。

至2010年年底，丽水市人民代表大会常务委员会作出决议28项，决定71项，作出干部任免、辞职和代表罢免的决定43项，召开会议的决定11项，授予荣誉称号的决定3项。

依法任免国家权力机关、行政机关、审判机关和检察机关的工作人员，是《中华人民共和国地方各级人民代表大会和地方各级人民政府组织法》（以下简称"《地方组织法》"）赋予地方各级人大常委会的一项重要职权。至2010年12月30日，丽水市人民代表大会常务委员会任免选举574人次。

根据《地方组织法》的规定，代表提出建议、批评和意见后，丽水市人民代表大会常务委员会办事机构将代表的议案、建议转交市政府有关部门进行办理，负责办理的机关和单位均认真研究办理，予以答复。市第一届人民代表大会期间，丽水市人民代表大会收到代表建议、批评和意见878件，均按规定期限办理完毕并答复代表，办结率为99.90%。市第二届人民代表大会期间，收到代表建议、批评和意见713件，均按规定期限办理完毕并答复代表，办结率为99.90%。丽水市第一届和第二届人民代表大会常务委员会开展专题调研，写出调研报告28篇。

第一章　清末民国议政机构

清宣统元年(1909),清政府颁布《府厅州县地方自治章程》,规定县设议事会与参议会,“掌议决自治事宜”。清宣统二年,缙云县筹备地方自治事宜,将全县29个都,划分为选区16个,选出县、镇、乡议员,组织县、镇、乡议事会,后改为县咨议局;同年,设松阳县地方自治事务所,实行地方自治。辛亥革命后,地方自治机构自行消失。清宣统三年四月,青田县成立地方自治筹办处,随清室覆亡,自治筹办处消失。同年,景宁县境划自治区域13个,成立城镇、乡自治会,设议长、副议长各1人,议员12—16人。因经费无着,“不过粗有自治之名而已”。

民国元年(1912),依照《浙江省自治章程》,丽水、龙泉、青田、庆元、松阳、景宁等县成立议事会,为县自治议事机关,有议员16—23人。民国2年12月,因停拨自治经费,景宁县议会活动停止。民国3年春,袁世凯下令停办各省地方自治,议事会相继解散,另成立自治委员会办公处。民国10—11年,丽水各县先后重设县议会,有议员8—10人,参议会改为参事会,为县执行机关。民国16年,国民革命军进入浙江,为“军政时期”,省政府通令,解散军阀统治时期的县议会,自治之议遂趋沉寂。民国23年,依照《改进地方自治原则》,成立县参议员选举委员会,选举参议员。

民国30年(1941)8月,国民政府公布《县参议会组织暂行条例》和《县参议员选举条例》,再度兴起行宪之议。规定县为地方自治单位,参议会为政府咨询机构。县以下为乡(镇),乡(镇)下为保甲。县设参议会,乡(镇)设乡(镇)民代表会。由乡(镇)民代表会代表及各职业团体代表会选举产生县参议员及修补参议员。民国34年8月27日,丽水县参议会成立。参议员任期2年,连选得连任,乡(镇)选出参议员32人,职业团体选出参议员11人。10月6—12日,丽水县参议会在茭山夫人庙举行第一次大会,由参议员互选正副议长,有提案102条。至民国38年,丽水县参议会召开会议11次。每次会议均由县长、各部门负责人向大会作施政报告,由全体参议员审议作出决定。参议会除正副议长外,设秘书1人,录事2人,办事员2人。

龙泉为省政府训令第二期成立县议会的20个县之一,民国30年(1941),各乡(镇)民代表会相继成立。民国33年5月至34年6月,选举产生龙泉县参议员44人,其中区域选举每乡1人,职业团体11人,修补参议员37人。7月,成立龙泉县参议会,出席参议员38人。9月10日,龙泉县参议会第一届一次会议召开。出席参议员31人,地方主管机关列席16人,特邀来宾18人。大会提出“建设新龙泉”内容,包括文化建设,畅通木材运输和改良土特产品,倡导“守时运动”“科学运动”。龙泉县第一届参议会先后举行会议4次。民国36年9月1日,龙泉全县同日举行县参议会换届选举。选出县参议员40人,其中区域29人,职业团体11人。11月1日,举行第二届龙泉县参议会成立大会,出席参议员39人,先后举行会议6次。

民国34年(1945),浙江省核定青田县为第三期成立参议会县份。5月,国民党青田县党部派员筹备。青田县参议员名额计区域选举46人(各乡镇1人),职业团体选举15人。除徐白乡因纠纷未选出外,全县选举产生参议员60人。9月10日,成立青田县参议会。选举正副议长时,第一次投票,得票最多的议长候选人2人票数都未过参议员总额的半数,当即进行再选,再选不受过半数约束,以得票多者当选。县参议会先后召开大会8次。

民国33年4月(1944),云和县由各乡镇和各职业团体选举产生县参议员17人,7月,云和县第一届一次参议员会议召开。民国35年11月,改选云和县参议员17人。民国36年2月,云和县第二届一次参议员会议召开。参议会办事机构有工作人员5人。

民国34年(1945)10月2日,庆元县参议会成立大会召开,有区域议员31人,职业团体议员10人,下设秘书处和提案审查委员会。庆元县参议会成立后,举行会议8次,座谈会5次。

民国33年(1944)5月,缙云县第一届参议会选举,以国民党县党部书记杜芳为首的"杜派"与地方豪绅樊仲明为首的"樊派"激烈争斗,"樊派"取胜。第一届参议会有参议员57人,其中乡镇选举41人,各职业团体选举16人。34年6月11日,缙云县参议会第一次会议召开,缙云县第一届参议会成立。36年6月,缙云县第二届参议会开始选举。7月28日,全县各乡镇同时选举参议员。是年全县行政区划调整,乡镇由41个合并为24个,乡镇参议员名额相应减少,樊、杜两派争斗加剧,选举未能成功。经省民政厅批准,9月1日,集中县城再次选举,"杜派"获胜,选出县参议员50人,10月12日,缙云县第二届参议会第一次会议召开。

民国36年(1947)11月12日,松阳县第二届松阳县参议会成立,召开会议5次,通过纂修县志、建筑南门大桥、实施强迫(即义务)教育等决议。

民国28年(1939)9月,景宁县设参议会,参议员由乡(镇)民代表会和职业团体选举产生,参议员31人。民国34年7月,景宁县参议会第一届一次会议召开,参议员任期2年。民国36年10月,景宁县参议会第二届一次会议召开,参议员27人。

民国期间,议员选举弊端百出。民国11年(1922),龙泉县规定须拥有5000元以上财产者方具当选议员资格。23年12月,青田县选举期间各乡纠纷迭起,六五、大雅、孙山、峙底等乡票柜的封条断裂;莒浦乡无人投票;顾源、沙洲、方山东、方处、仁宫等乡票数与选举人数不符;雅梅、鹿溪、协和、张吴、连云等乡选票紊乱。诸多问题长期存在,聘任议员没有得到上级批复,致使县参议会不能成立。抗日战争爆发后,各县参议会之设立没有重提。松阳县参议员选举由县国民党部、县国民政府派员操纵,加上地方派系明争暗斗,实无公正可言。县参议会决议多为一纸空文,少有付诸实施。
民国38年(1949年9月30日止)5月,丽水各县解放,各县参议会随之解体。

附

民国时期浙江省议会参议会丽水地区议员名录①

龙泉县 连正钊:清宣统元年(1909),省咨询局议员。处属议员7人。

蔡 龄:民国元年(1912),省第一届临时参议会议员。

吴梓培:第二届省议会议员。

① 据中华人民共和国成立第一轮县志辑录。

李镜蓉:省第三届议会议员。

吴文苑:民国35年(1946),省参议会参议员。

青田县　孙如怡:民国元年(1912),省第一届议会议员。

杜师业:民国2年(1913),北洋政府国会众议院议员。

杜　持:民国7年(1918),备选国会众议院议员。

陈益仙:民国7年(1918),省第三届议会议员。

叶焕华:民国10年(1921),省宪法会议宪法执行委员。

李宗焘、叶蔚、金均、洪启尧,先后为省议会临时会议议员和第三届省议会议员。

季承吴:民国10年(1921),省第四届议会议员。

叶焕华:民国28年(1939),省临时参议会(第一届)参议员,邢弼为修补参议员。

叶焕华:民国32年(1943),省临时参议会(第二届)蝉联参议员,包伟为修补参议员。

廖家驹:民国35年(1946),省参议会参议员,吴瑜为候补参议员。

缙云县　吕朝阳:清宣统元年(1909)省咨询局议员。

赵　舒:民国元年(1912)议院议员,民国11年国会议员,民国34年国民参政员,省第二届临时参议会驻会议员①

施北衡:民国36年(1947)国民大会代表。

李　雄:民国36年(1947)在福建省当选为国民大会代表。

陈　飞:民国2年(1913),省第一届议会议员。

樊　光:民国5年(1916),省第二届议会议员。

李　青:民国7年(1918),省第三届议会议员。

朱　泉:民国10年(1921),省第四届议会议员。

李必芳:民国14年(1925),省第五届议会议员。

樊仲明:民国35年(1946),省参议会议员。

松阳县　黄　炎:清末任省咨询局议员。

刘世臣:民国元年(1912),省临时议会议员。

包芝洲:民国2年(1913),省第一届议会议员。

何文龙:民国7年(1918),省第三届议会议员。

叶桐知:民国10年(1921),省第四届议会议员。

徐一青:民国10年(1921),省第四届议会议员。

叶庆崇:省议会议员(1911—1920年连任;1922—1931)。

何　鹏:民国35年(1946)第一届省参议会议员。

何联奎:民国29年(1940)第二届国民参政会参政员。

何联奎:民国31年(1942)第三届国民参政会参政员。

何联奎:民国36年(1947)国民大会代表。

景宁县　柳景元:民国7年(1918),省第三届议会议员。

① 据中华人民共和国成立第一轮县志辑录。

季　亮：民国10年（1921），省第四届议会议员。

柳景元：民国10年（1921），省宪法会议议员，叶廉出席第二次会议。

叶葆禔：民国35年（1946），第一届省参议会参议员，孙多慈为候补参议员。

第二章　市人大代表

丽水各县（市、区）人民代表大会对市人大代表候选人，实行差额选举、无记名投票、间接选举，产生丽水市人民代表大会代表。2001年1月8日，丽水市第一届人民代表大会召开，代表名额339人。至2005年2月21日，丽水市第一届人民代表大会实有代表328人。2006年1月8日，丽水市第二届人民代表大会召开，代表名额343人。至2011年3月24日，丽水市第二届人民代表大会实有代表331人。根据选举法的规定，丽水市全国人民代表大会的代表、浙江省人民代表大会的代表，由下一级人民代表大会选举产生。从1954年8月浙江省第一届人民代表大会至2008年1月浙江省第十一届人民代表大会，丽水选举产生浙江省人大代表342人；从1954年9月全国第一届人民代表大会至2008年3月全国第十一届人民代表大会，丽水选举产生全国人大代表33人。同时，丽水市做好新当选人大代表的组织、培训，开展各项活动和人大代表联系工作。

第一节　代表选举

市人大代表选举

第一届市人大代表　根据浙江省九届人大常委会第二十一次会议的决定，丽水市第一届人民代表大会代表名额339人。市里预留12人，安排选举代表名额327人，分九县（市、区）和中国人民解放军驻丽部队10个选举单位进行选举。2000年11月下旬至12月，各县（市、区）人民代表大会和军人代表大会召开，进行丽水市第一届人民代表大会代表选举。各选举单位提出代表候选人407人，当选代表325人，其中辞去代表职务1人，实有代表324人。其中工人和农民代表101人，占31.17%；干部代表126人，占38.89%；知识分子代表84人，占25.93%；解放军和武警、消防部队代表4人，占1.23%；其他代表9人，占2.78%。代表中，中共党员占73.77%，妇女占20.06%，少数民族占4.63%。经丽水市第一届人民代表大会第一次会议代表资格审查委员会审查，确认代表324人资格有效。丽水市第一届人民代表大会期间，代表因病逝或调离本行政区域而资格终止13人。因工作需要，补选代表16人。至2005年2月21日，丽水市第一届人民代表大会实有代表328人。

第二届市人大代表　根据省十届人大常委会第二十次会议的决定，丽水市第二届人民代表大

会代表名额 343 人。市里预留 8 人，安排选举代表名额 335 人。丽水市分 9 个县（市、区）和中国人民解放军驻丽部队 10 个选举单位进行选举。市里参选代表 63 人。2005 年 11 月中下旬，各县（市、区）人民代表大会、军人代表大会或军人大会召开，提出代表候选人 409 人，当选代表 331 人，缺额 12 人，其中市里预留 8 人、龙泉市缺额 2 人、庆元县缺额 1 人、遂昌县缺额 1 人。

丽水市第二届人民代表大会的代表 331 人中，工人和农民代表 111 人，占 33.50%；干部代表 133 人，占 40.20%；知识分子代表 75 人，占 22.70%；解放军、武警代表 7 人，占 2.10%；其他代表 5 人，占 1.50%。代表中，中共党员 248 人，妇女 66 人，少数民族 17 人，归侨 2 人，市一届人大代表 107 人。从文化程度看，代表具有大学本科以上学历 168 人，占 50.80%；大专 79 人，占 23.90%；中专和高中 64 人，占 19.30%；初中及以下 20 人，占 6%。从年龄结构看，代表 35 周岁以下 28 人，占 8.50%；36—55 周岁 273 人，占 82.50%；56 周岁以上 30 人，占 9%。丽水市第二届人民代表大会期间，代表因病逝、辞职被接受、被依法罢免或调离本行政区域而资格终止 44 人；因工作需要，补选代表 41 人。至 2011 年 3 月 24 日，丽水市第二届人民代表大会实有代表 331 人。

省人大代表选举

根据《中华人民共和国人民代表大会选举法》的规定，全国人民代表大会的代表，省、自治区、直辖市、设区的市、自治州的人民代表大会的代表，由下一级人民代表大会选举产生。

代表产生　2000 年丽水地区撤地设市前，浙江省第一届至第九届人民代表大会代表，由浙江省人民代表大会常务委员会分配名额给丽水地区下属各县（市），由各县（市）人民代表大会采用无记名投票方式选举产生。其中 1977 年 11 月 22 日，丽水地区革命委员会常委会扩大会议以举手表决的方式，选举产生浙江省第五届人大代表 55 人。丽水市人民代表大会建立后，浙江省第十届、第十一届人民代表大会代表由丽水市人民代表大会采用无记名差额投票方式选举产生。选举产生浙江省人大代表 58 人。

代表情况　除浙江省第四届人民代表大会因“文化大革命”暂停而没有产生人大代表外，丽水市历届省人大代表均足额选举产生。浙江省人大代表丽水中心组定期开展活动。

1954—2008 年浙江省人民代表大会丽水市代表一览

表 23-2-1-1

名　称	丽水市代表总数（人）	代表名单
省一届人大 （1954 年 8 月—1958 年 10 月）	23	马耕、王继武、刘秀琴（女）、朱唐富、张苏、李瑛、李久青、李善福、杨进尧、周一平、林鸿、胡乃沛、赵秉钧、钟金洪、项松花（女）、陶文辉、高长荣、雷火财、廖达富、潜彪、潜有新、薛佩钿（女）、薛家鼐
省二届人大 （1958 年 10 月—1964 年 9 月）	28	文芸（女）、王继武、叶元王圭、刘素香（女）、邢宝荣、吴昌夫、吴锦荣、李瑛、李久青、李效孔、李善福、苏菊梅（女）、陈则敬、陈淑云（女）、周盛花（女）、林福媛（女）、苑杰、胡乃沛、胡永武、徐葱兰（女）、陶文辉、崔于贤、黄春兰（女）、彭正陶、梁长庚、蓝玉璋、雷春秀（女）、雷银花（女）、廖达富、蔡少书（女）、薛佩钿（女）
省三届人大 （1964 年 9 月—1966 年 5 月）	25	丁巧兰（女）、亓汉三、叶元王圭 、朱水荣、江德杲（女）、邢宝荣、吴锦荣、李田、李久青、李继庚、陈则敬、陈铭奎、胡乃沛、钭新洪、倪政新、唐蓬仙、徐葱兰（女）、曹观球（女）、黄春兰（女）、董仕祥、蓝玉璋、雷春秀（女）、雷桂梅（女）、廖达富、霍在宝

续表 23-2-1-1

名 称	丽水市代表总数(人)	代表名单
省四届人大	—	因“文化大革命”而暂停。
省五届人大(1977年12月—1983年4月)	55	丁鹏飞、王明东、王钦雷、冯茂兴、卢子法、田清鉴、刘成松、刘俊芝、孙先斋、孙怀远、吴思祥、吴萃翠(女)、张苏、张国诚、张荣铭、张香芝(女)、张朝和、李宝金、李继庚、杨国斌、邵锦德、陈冰、陈仕舜、陈仙群(女)、陈祝安、周剑英(女)、周春和、郑张宝、金冬花(女)、侯振标、俞金远、胡玉兰(女)、钟宝庭、徐安友、徐连木、徐美元、徐葱兰(女)、贾秉清、梁如志、麻良女主(女)、黄步姜、龚幸莲(女)、蒋群(女)、蒋文照、韩国立、蓝妈珠(女)、蓝玉璋、蓝炳宽、詹通巢、雷方岳、雷月娇(女)、雷春秀(女)、雷桂梅(女)、廖达富、戴辰
省六届人大(1983年4月—1988年1月)	46	马丽君(女)、王慧勤(女)、任春早、刘俊芝、汤益群(女)、吴金根、吴思达、吴烈民、张国诚、张炳清、张德堂、邱香云(女)、陈三姐(女)、陈士杰、陈仙群(女)、陈遇鸿、陈慕榕、周旭平、周国豪、周治华、周雨波、周荣宝、林华刚、郑晓龙、夏仕弘、徐文升、徐松林、翁志平、贾秉清、梁如志、盛端芬(女)、章百承、龚幸联(女)、董芳黛(女)、韩国立、鲁松庭、蓝玉琴(女)、蓝玉璋、蓝炳宽、蓝培田、裘玉昆、褚凤鸣、詹樟礼、赖自强、雷发佑、雷宝凤(女)
省七届人大(1988年1月—1993年1月)	35	王志溪、王鸣钟、王钟麓、叶子福、叶樟旺、刘玉峻、刘国安、刘茂春、庄启传、朱建民、许婉婷(女)、余乙荣、应兆寅、张福新、李一深、杨隆球、陈遇鸿、周功郁、周雨波、季世松、林茂芳(女)、武有星、郑造桓、赵碧春、项剑萍(女)、徐松林、桑国忠、耿敬君、梁青山、章百承、黄秀玲(女)、程崇甫、谢明良、谢景升、雷招珠(女)、雷喜庆
省八届人大(1993年1月—1998年1月)	39	万学远、毛新女(女)、王鸣钟、王咸波、乐法文、叶绍兴、司徒梅珍(女)、任振芝、刘国安、吕普龙、庄启传、朱子渭、纪秋光、吴月荣、张民红(女)、李绍瑛、李青生、李晓晋、李殿学、陈立荣、陈遇鸿、周小平、季良珍(女)、范福生、郑忠伟、唐德贵、夏广廉、徐松林、徐培金、桑国忠、陶国忠、楼映容、褚关金、雷木森、雷招珠(女)、雷寅花(女)、雷喜庆、廖文求、潘建中
省九届人大(1998年1月—2003年1月)	31	丁耀民、方永岳、王白浪、占志妙、叶开贤、田理富、龙安定、吕普龙、吴炳全、吴智青、张诚仁、陈立荣、陈仲方、陈荣高、季清芳(女)、林叶平、林瑞日、郑忠伟、胡红月(女)、唐德贵、夏广廉、徐松林、徐培金、崔淑景(女)、斯大孝、谢力群、谢水斌、蓝高飞、雷文先、雷晓鸣、雷紫媛(女)
省十届人大(2003年1月—2008年1月)	29	丁耀民、方永岳、邓唐良、韦铁民、叶新华、吕文明、吴肖妮(女)、张敏、张成祖、张启楣、李美华(女)、陈金、陈乃科、陈立荣、林一、武昌、夏家生、徐培金、贾若忠、郭吉丰、斯大孝、程小澜(女)、蓝家诚、雷文先、雷晓鸣、廖爱琴(女)、蔡焕镜、樊培仁
省十一届人大(2008年1月—)	31	丁绍雄、丁耀民、孔海龙、方永岳、毛建华、王辉忠、韦铁民、卢文舸、叶新华、邝平正、任淑女(女)、应国华、李霞(女)、杜兴林、陈乃科、陈阿金、陈荣高、林康、施颂勤、赵义亮、钟鸣、徐永丽(女)、袁薇(女)、焦光华(女)、楼阳生、蓝庆芬(女)、蓝建梅(女)、雷晓鸣、熊金平、樊培仁、潘家玮

全国人大代表选举

根据《中华人民共和国人民代表大会选举法》的规定，全国人民代表大会的代表，省、自治区、直辖市、设区的市、自治州的人民代表大会的代表，由下一级人民代表大会选举产生。丽水市从1954年（一届）至2008年（十一届），选举全国人大代表33人。丽水选举的全国人大代表参与全国人大代表浙江中心组活动。

1954—2008年全国人民代表大会丽水市代表一览

表23-2-1-2

名　称	姓 名	性别	民族	工作单位及职务
一　届（1954年9月—1959年4月）	文　芸	女	汉	浙江省妇联主任，在丽水县选为省人大代表
四　届（1975年1月—1978年3月）	陈再新	男	汉	龙泉县汽车中心站驾驶员
	蓝盛花	女	畲	景宁大都公社吴布大队、共青团云和县委副书记
五　届（1978年3月—1983年6月）	蓝妈珠	女	畲	丽水县丽阳乡凉塘村妇联主任
	詹通巢	男	汉	青田县石溪乡石溪村党支部书记
	陈再新	男	汉	龙泉县汽车中心站驾驶员
六　届（1983年6月—1988年4月）	陈慕榕	男	汉	青田县人民政府副县长、县政协主席
	蓝　玉	男	畲	龙泉县林科所所长
	林耀光	男	汉	青田县石雕厂副厂长
	陈永松	男	汉	丽水县水阁乡旭光村党支部书记
	沈敏娟	女	汉	庆元中学副校长
七　届（1988年4月—1993年3月）	钟小毛	男	畲	景宁畲族自治县委副书记、县长
	林耀光	男	汉	青田县美术公司
	吴顺传	男	汉	庆元县松源镇街尾村香菇专业户
	庄志清	男	汉	丽水地区体委教练
	叶丽萍	女	汉	丽水市金笔厂厂长、党支部书记
八　届（1993年3月—1998年3月）	刘敏春	女	汉	丽水市金笔厂厂长、党委书记
	庄志清	男	汉	丽水地区体委副主任、民进丽水市（县级）副主委
	吴克甸	男	汉	庆元县食用菌技术研究所所长
	赵仲光	男	汉	中共丽水地委副书记、行署专员
	徐朝兴	男	汉	龙泉县青瓷研究所总工艺师
	雷文先	男	畲	景宁畲族自治县委副书记、县长
九　届（1998年3月—2003年3月）	庄启传	男	汉	浙江纳爱斯化工股份有限公司党委书记、董事长兼总经理
	钟小毛	男	畲	中共丽水地委副书记、行署专员
	徐朝兴	男	汉	龙泉市青瓷研究所总工艺师
	雷招珠	女	畲	遂昌县北界镇镇长助理、妇联主席

续表 23-2-1-2

名 称	姓 名	性别	民族	工作单位及职务
十 届 (2003 年 3 月—2008 年 3 月)	庄启传	男	汉	浙江纳爱斯集团党委书记、总裁
	陈耀东	男	汉	青田县侨联主席
	谢力群	男	汉	中共丽水市委副书记、市长
	蓝钱根	男	畲	景宁畲族自治县林业总场草鱼塘分场场长
十一届 (2008 年 3 月—　　)	陈荣高	男	汉	中共丽水市委书记
	钟昌明	男	畲	景宁畲族自治县委副书记、县长
	庄启传	男	汉	浙江纳爱斯集团党委书记、董事长兼总裁

第二节　代表工作

根据《中华人民共和国全国人民代表大会和地方各级人民代表大会代表法》(以下简称《代表法》)的规定，在本届人民代表大会会议期间和闭会期间，人大代表的活动是代表人民行使国家权力的具体体现。法律明确规定人大代表应当与原选区选民保持密切联系，了解和反映选民的意见和要求，向人民代表大会及其常委会提出建议、批评、意见。这些法定的义务和职责，大多是需要人大代表在代表大会闭会期间完成的。

代表组织

丽水市人民代表大会常务委员会建立健全活动组织，形成代表活动网络。丽水市人大常委会以县(市、区)和驻丽部队为单位，按工作单位或行业，就近就地将市人大代表编成若干小组，并建立市人大代表中心组，确定各组组长和副组长，指导县(市、区)和驻丽部队的代表小组活动。全市成立市人大代表中心组 10 个，市人大代表小组 20 个。各县(市、区)人大常委会主任、党组书记担任中心组长，军分区主要负责人担任驻丽部队中心组组长。组织协调能力强、热心代表工作，履职积极、富有经验的代表担任各代表小组组长。2010 年 8 月 4 日，市二届人大常委会主任会议第 85 次会议通过《关于组建市二届人大代表专业小组的意见》，决定组建市二届人大代表专业小组。以市人大常委会各相关工作委员会为单位(以下简称“工委”)，组建代表专业小组 5 个。工委负责人担任各专业小组组长，参与执法检查、建议督办、调研等活动，通过视察、调研、听取汇报、专题审议等形式开展活动。

代表培训

2001 年 1 月初，丽水市人大常委会举办一届人大代表初任培训、市人大常委会组成人员培训、市人大代表中心组组长、小组组长培训、代表履职轮训，根据代表不同的工作职责，对担任副处以上领导职务的代表举办《中华人民共和国各级人民代表大会常务委员会监督法》辅导讲座，对从事经济工作的代表进行经济转型的专题培训。

丽水市人大常委会邀请浙江省九届人大常委会副主任孔祥有作“坚持和完善人民代表大会制

度”的讲座和《代表法》专题辅导；邀请浙江省人大常委会研究室主任周国辉作《选举法》《地方组织法》和《代表法》专题讲座；举办新一届县（市、区）人大常委会组成人员培训班，浙江省人大常委会副主任孔祥有和浙江省人大法工委办公室副主任任亦秋分别作“认真贯彻《宪法》，推进基层民主法制建设”专题讲座和代表法、组织法、选举法等法律辅导。

2005 年 11 月，丽水市人大常委会对新当选的市二届人大代表进行全面的任前培训；在全国人大常委会办公厅北戴河培训中心举办市二届人大代表小组长培训班；在丽水市委党校举办市二届人大代表培训班；邀请省人大常委会副秘书长、研究室主任李理作《中华人民共和国各级人民代表大会常务委员会监督法》专题讲座；与上海市科教党校联合举办两期市人大代表培训班；举办“丽水论坛”——监督法专题辅导报告会，上海市人大法制委员会主任委员沈国明应邀作题为“加强人大监督是依法治国的必然要求”的监督法专题辅导报告；邀请第十届全国人大代表、上海社会主义学院副院长、教授彭镇秋进行代表履职知识专题讲座；举办市人大代表经济转型升级专题培训研讨会，浙江省委党校教授陆立军作“努力转型提升、促进跨越发展”的专题讲座；举行常委会会前法律知识培训，邀请省人民检察院预防职务犯罪处处长修杭生和省人大常委会财政经济工作委员会预算监督处处长王柏能，就学习贯彻《预防职务犯罪条例》、人大审查监督预算的重点内容、目的要求、方法步骤等内容作辅导讲座。

代表活动

丽水市人大常委会出台《丽水市人大代表中心组活动指导意见》。丽水市人大闭会期间，丽水市人大代表以各中心组、各小组的形式开展活动。丽水市人大常委会积极组织代表视察、调研，参与常委会执法检查、评议等工作。每年组织在丽水的全国、浙江省人大代表开展视察、执法检查、评议等各项活动。

组织代表调查视察。在闭会期间，人大代表视察采用会前视察、联合视察、定向视察、专题调研视察、持证视察等形式开展活动。代表视察中，可以向被视察单位提出建议、批评和意见，但不直接处理问题。

组织丽水市人大代表对丽水市公安局执法工作、丽水市中级人民法院司法工作、丽水市人民检察院司法工作进行评议。2007 年 4 月 24 日，市二届人大常委会第十一次会议听取和审议通过《丽水市人民代表大会常务委员会关于开展“构建和谐丽水、代表作表率”主题活动实施意见》。各中心组和代表小组将主题活动列入年度活动计划，连续 4 年开展活动。

2008 年 4 月 14 日，丽水市二届人大四次会议莲都代表团的俞林伟、桑亦球、钟日娟、张晓红、徐柳玉代表和列席会议的浙江省人大代表熊金平，就 330 国道和 53 省道市区收费站的设置是否合法合理、收费管理是否规范有序等问题，要求询问有关国家机关。丽水市交通局局长到会回答有关问题。会后，丽水市交通局局长向丽水市政府领导、浙江省交通部门领导报告丽水市人大代表的强烈反映。330 国道丽水收费站从 2010 年 2 月 28 日 23 时 58 分起取消公路收费。

代表联系

根据《代表法》的规定，县级以上的各级人民代表大会常务委员会应当采取多种方式同本级人民代表大会代表保持联系。应当为本行政区域内的代表执行职务提供必要的条件和服务。丽水市人大常委会把联系代表列为市人大常委会的议事日程。

建立常委会领导接待代表日制度。2001 年 5 月 15 日，丽水市一届人大常委会第三次会议审议通过《丽水市人民代表大会常务委员会联系代表办法》，市人大常委会主任接待代表日制度建立，规定每年逢双月 10 日为常委会领导接待代表日。

邀请丽水市人大代表列席常委会会议。自丽水市一届人大常委会成立后邀请相关市人大代表分批列席常委会会议，参与常委会审议讨论。2009 年，市政府工作情况通报会制度建立，邀请市人大代表中心组各组长和代表小组组长列席每年的市人大常委会会议，听取和审议市政府市长或常务副市长所作的上半年国民经济和社会发展计划执行情况等报告。

建立常委会组成人员联系代表制度。2006 年 3 月 30 日，市二届人大常委会主任会议第六次会议通过《关于市人大常委会组成人员联系代表的几点意见》，建立市人大常委会组成人员联系市人大代表制度。常委会组成人员可采取接待、走访、座谈、电话、信函等方式，与各自分工联系的代表进行联系。每次人民代表大会后的闭会期间，常委会组成人员应与分工联系的代表至少联系一次。

定期向代表通报常委会工作。丽水市人大常委会为每位人大代表订阅《浙江人大》杂志，赠阅《丽水人大》刊物，通过网络、信息、刊物等平台，向代表通报丽水市人大常委会会议、重要工作安排和活动。从 2008 年 10 月开始，以手机短信方式向基层人大代表通报市人大常委会会议的主要内容。

第三章　市人大会议

2000 年 5 月 20 日，浙江省人民政府根据国务院批复发文，撤销丽水地区和县级丽水市，设立地级丽水市。2001 年 1 月 8 日，丽水市第一届人民代表大会第一次会议召开，标志着丽水市人民代表大会成立。

丽水市人民代表大会是丽水市一级地方国家权力机关，丽水市人民代表大会常务委员会是其常设机关，对丽水市人民代表大会负责并报告工作。其会议由人民代表大会会议、人民代表大会常务委员会会议和人大常务委员会主任会议组成，各自履行其职权、职责。丽水市人民代表大会在丽水市委的领导下，按照宪法和法律行使职权。

第一节　市人民代表大会会议

2001 年 1 月 8 日至 2010 年 12 月 31 日，丽水市人民代表大会历经 2 届，召开丽水市人民代表大会会议 12 次。从 2002 年丽水市一届人大二次会议以来，会议还设立公民旁听席，由社会团体推荐公民旁听会议。

丽水市第一届人民代表大会会议

2001年1月8日至2006年1月8日，丽水市第一届人民代表大会召开会议6次。

第一次会议　2001年1月8—13日召开。应到代表324人，实到代表322人，列席会议70人。会议选举产生丽水市第一届人民代表大会常务委员会组成人员、丽水市人民政府市长、副市长，丽水市中级人民法院院长、丽水市人民检察院检察长；听取和审议丽水市人民政府市长谢力群所作的政府工作报告，丽水市计划委员会主要负责人所作的丽水市2000年国民经济和社会发展计划执行情况、2001年国民经济和社会发展计划草案报告，丽水市财政局主要负责人所作的丽水市2000年全市和市级预算执行情况及2001年全市和市级预算草案报告，丽水市人民代表大会常务委员会工作报告，丽水市中级人民法院工作报告和市人民检察院检察工作报告。会议通过上述报告并作出相应决议，审查、批准丽水市国民经济和社会发展“十五”计划纲要。

第二次会议　2002年3月2—5日召开。应到代表324人，实到代表318人，列席会议73人。会议听取和审议丽水市政府工作报告、计划、财政报告和丽水市人大常委会、人民法院、人民检察院工作报告。会议通过上述各项报告，并作出相应决议。会议审议并通过《丽水市人民代表大会议事规则》，作出《关于加快实施“生态立市、绿色兴市”战略的决议》。

第三次会议　2002年11月27—28日召开。应到代表323人，实到代表318人。会议选举产生丽水市出席浙江省第十届人民代表大会代表29人，其中干部12人，工农9人，知识分子8人；妇女5人；中共党员20人，民主党派4人；少数民族3人，华侨1人。

第四次会议　2003年4月21—25日召开。应到代表320人，实到代表314人，列席会议78人。会议听取和审议市政府工作报告、计划、财政报告和市人大常委会、人民法院、人民检察院工作报告，会议通过上述各项报告，并作出相应决议。会议补选楼阳生为丽水市第一届人民代表大会常务委员会主任，陈长华为丽水市人民检察院检察长。

第五次会议　2004年4月26—30日召开。应到代表331人，实到代表327人，列席会议75人。会议听取和审议丽水市政府工作报告、计划、财政报告和丽水市人大常委会、人民法院、人民检察院工作报告，会议通过上述各项报告，并作出相应决议。会议补选刘希平为丽水市人民政府市长。

第六次会议　2005年3月22—25日召开。应到代表328人，实到代表323人，列席会议79人。会议听取和审议丽水市政府工作报告，丽水市人大常委会、人民法院、人民检察院工作报告，审查计划、财政报告。会议通过上述各项报告，并作出相应决议。

丽水市第二届人民代表大会会议

2006年1月8日至2010年12月31日，丽水市第二届人民代表大会召开会议6次。

第一次会议　2006年1月8—12日召开。应到代表331人，实到代表331人，列席会议78人。会议听取和审议丽水市政府关于丽水市国民经济和社会发展第十一个五年规划纲要的报告，丽水市人大常委会、人民法院、人民检察院工作报告，审查计划、财政报告。会议通过上述各项报告，并作出相应决议。会议批准丽水市国民经济和社会发展第十一个五年规划纲要。会议选举产生丽水市第二届人民代表大会常务委员会组成人员、丽水市人民政府市长、副市长，丽水市中级人民法院院长、丽水市人民检察院检察长。

第二次会议　2007年1月20—23日召开。应到代表330人，实到代表329人，列席会议87人。会议听取和审议丽水市政府工作报告，丽水市人大常委会、人民法院、人民检察院工作报告，审查计划、财政报告。会议通过上述各项报告，并作出相应决议。会议补选陈荣高为丽水市市长，朱国镇、江震洲、吴筱琳为丽水市第二届人民代表大会常务委员会委员。

第三次会议　2007年11月27—28日召开。应到代表328人，实到代表322人。会议补选陈海鹰为丽水市人民检察院检察长，选举产生丽水市出席浙江省第十一届人民代表大会代表29人，其中干部16人，工农7人，知识分子6人；妇女6人；少数民族4人；中共党员21人，民主党派2人。

第四次会议　2008年4月13—16日召开。应到代表339人，实到代表337人，列席会议87人。会议听取和审议丽水市政府工作报告，丽水市人大常委会、人民法院、人民检察院工作报告，审查计划、财政报告。会议通过上述各项报告，并作出相应决议。会议补选王稼秀、孔祖根、陈鸿斌为市第二届人民代表大会常务委员会委员。

第五次会议　2009年1月8—13日召开。应到代表336人，实到代表333人，列席会议81人。会议听取和审议丽水市政府工作报告，丽水市人大常委会、人民法院、人民检察院工作报告，审查计划、财政报告。会议通过上述各项报告，并作出相应决议。会议补选卢子跃为丽水市人民政府市长，黄文斌为丽水市中级人民法院院长。

第六次会议　2010年3月28—31日召开。应到代表336人，实到代表330人，列席会议98人。会议听取和审议丽水市政府工作报告，丽水市人大常委会、人民法院、人民检察院工作报告，审查计划、财政报告。会议通过上述各项报告，并作出相应决议。会议补选卢朝升、杜光旻、倪延丽、郭卫平、蓝伶俐为市第二届人民代表大会常务委员会委员。

第二节　市人大常委会会议

会议内容

人民代表大会常务委员会实行民主集中制，集体行使职权。地方人大常委会行使职权的形式是召开人大常委会会议，至少每两个月召开一次。人民代表大会常务委员会全体会议由人大常委会主任主持，也可以委托副主任主持。丽水市人大常委会全体会议主要任务是决定本次常委会会议议程；听取和审议丽水市人民政府、丽水市人民法院、丽水市人民检察院的专项工作报告；审议表决人事任免事项和其他议案；审议表决常委会代表资格审查委员会、执法检查组、各工作委员会所作的报告；表决丽水市人大常委会的决议、决定草案。丽水市第一届人民代表大会常务委员会召开会议39次，讨论审议议题164项，作出决议、决定44项，任免国家机关工作人员319人次。至2010年12月底，丽水市第二届人民代表大会常务委员会召开会议42次，讨论审议议题123项，作出决议、决定和提出审议意见72项，任免国家机关工作人员225人次，依法补选浙江省十一届人大代表2人。

参加人员

除丽水市人大常委会组成人员外，丽水市“一府两院”的负责人依法列席丽水市人大常委会会议，议题相关的丽水市政府秘书长或副秘书长、组成部门负责人列席会议，听取审议、接受询问。不是丽水市人大常委会委员的市人大常委会办公室、研究室、各工委主任、副主任和各县（市、区）人大常委会负责人列席会议。还可根据需要，邀请同级党委、政协领导，丽水市党委办公室负责人和部分丽水市人大代表列席会议。

第三节　市人大常委会主任会议

会议规则

2001 年开始，丽水市人民代表大会常务委员会主任会议处理丽水市人大常委会的重要日常工作，决定丽水市人大常委会会议召开时间，拟定会议议程草案；向丽水市人大常委会会议提出议案，决定丽水市人民政府、丽水市人大常委会组成人员五人以上联名提出的议案提交常委会会议，或先交有关工作委员会审议提出报告，再提请丽水市人大常委会会议审议；在丽水市人大常委会闭会期间，听取丽水市人民政府、人民法院、人民检察院的有关专题工作报告，提出建议意见；督促办理丽水市人大代表提出的方案和建议、批评、意见；决定对丽水市人民政府、人民法院、人民检察院的质询案答复；向丽水市人大常委会会议提议组织特定问题调查委员会。2001 年 1 月 13 日，丽水市第一届人民代表大会常务委员会主任会议第一次会议制定《丽水市人民代表大会常务委员会主任会议议事规则》，规定丽水市人大常委会主任会议处理丽水市人大常委会的重要日常工作。

人员构成

2001 年，丽水市第一届人大常委会主任会议由主任丁耀民，副主任贾若忠、张福新、赵碧春、雷文先（畲）、刘国安和秘书长张春法组成。2003 年 3 月，丁耀民辞去丽水市人大常委会主任职务。4 月，丽水市一届人大四次会议补选楼阳生为丽水市人大常委会主任，主任会议成员人数不变。本届主任会议举行会议 95 次，讨论审议议题 270 项。

丽水市第二届人大常委会主任会议由主任焦光华，副主任叶志深、宋永平、刘国安、吕文明、张春法、占志妙和秘书长叶丽萍组成。2008 年 4 月，叶志深辞去丽水市第二届人大代表的职务，其市人大常委会副主任的职务相应终止，主任会议成员人数减少为 7 人。本届主任会议至 2010 年 12 月底，举行会议 93 次，讨论审议议题 471 项。

第四节　市人大会议组织

主席团、秘书长和主席团常务主席

2001 年开始，每次丽水市人民代表大会会议正式举行前，都先举行预备会议，选举产生本次会议的主席团和秘书长。主席团推选常务主席若干人，由常务主席召集主席团会议，处理主席团的具体事务。丽水市人民代表大会举行会议时，由主席团主持会议，决定副秘书长、会议日程、提出决议草案、发布会议公告等。主席团推定每次全体会议的执行主席。主席团决定问题，由主席团全体成员的过半数通过。

代表资格审查委员会

2001 年，丽水市一届人大一次会议设立代表资格审查委员会，在预备会议上通过组成人员名单。代表资格审查委员会审查丽水市一届人大代表的代表资格，提出审查报告，在丽水市一届人大一次会议预备会议上通过。此后代表资格审查委员会由每届人大常委会产生。

财政预算审查委员会

2001 年开始，除单独选举产生浙江省人大代表而增开的会议外，丽水市根据会议的需要，每次召开丽水市人民代表大会会议期间，均设立财政预算审查委员会。主任委员一般由常委会分管领导担任，副主任委员由财经工委领导担任，委员若干。财政预算审查委员会建议名单由丽水市人大常委会提出（丽水市一届人大一次会议除外），丽水市人民代表大会会议预备会议通过。

会议秘书处

2001 年开始，丽水市历届人民代表大会各次会议均设立会议秘书处，设秘书长 1 人，由会议预备会议选举产生；副秘书长若干人，由会议主席团会议讨论决定。秘书长主持秘书处工作，副秘书长负责会议的会务工作。秘书处下设秘书组、文件简报组、后勤组、组织组、宣传组、财经组、议案组、信访组、保卫组，负责具体会务，各组设组长 1 人，副组长若干人。

会议代表团

2001 年开始，每次召开丽水市人民代表大会会议时，会议以各县（市、区）和驻丽部队为单位，将代表划分成若干代表团，便于代表学习、审议和讨论。驻丽部队的丽水市一届人大代表并入莲都代表团，丽水市二届人大一次会议后增设驻丽部队代表团。各代表团设团长 1 人，副团长若干人。

第四章　市人大组织

2001 年 1 月 8 日，丽水市人民代表大会，选举产生丽水市人民代表大会常务委员会。丽水市人民代表大会常务委员会设主任、副主任、秘书长。根据《中华人民共和国地方各级人民代表大会和地方各级人民政府组织法》（以下简称“《地方组织法》”）的规定和工作需要，2001 年 1 月，经丽水市委同意，丽水市人民代表大会常务委员会机关设立办公室、代表工作委员会、法制工作委员会、财政经济工作委员会、农业经济工作委员会、城乡建设环境资源保护工作委员会、教科文卫民族华侨工作委员会。12月，丽水市委批准《丽水市人大常委会机关职能配置、内设机构和人员编制方案》，丽水市人民代表大会常务委员会机关设办公室、代表工作委员会、法制工作委员会、财政经济工作委员会、农业资源环境保护工作委员会、教科文卫工作委员会、民族华侨工作委员会（外事办）。2006年3月，代表工作委员会更名代表与选举任免工作委员会。

第一节　人大常委会人员组成

自2001年1月8日至2010年12月底，丽水市人民代表大会历次会议选举产生丽水市人大常委会主任3人、副主任11人，丽水市人大常委会秘书长2人、委员58人；丽水市人民政府市长4人、副市长7人；丽水市中级人民法院院长3人，丽水市人民检察院检察长3人；选举产生丽水市出席浙江省人民代表大会的代表58人。

2001—2010年丽水市人大常委会主任、副主任一览

表23-4-1-1

届别	姓名	性别	出生年月	民族	籍贯	政治面貌	职务	任职年月
市一届人大常委会	丁耀民	男	1948年7月	汉	黑龙江尚志	中共党员	主任	2001年1月—2003年4月
	楼阳生	男	1958年10月	汉	浙江浦江	中共党员	主任	2003年4月—2006年1月
	贾若忠	男	1945年9月	汉	安徽砀山	中共党员	副主任	2001年1月—2006年1月
	张福新	男	1944年11月	汉	浙江瓯海	中共党员	副主任	2001年1月—2006年1月
	赵碧春	男	1946年1月	汉	浙江丽水	中共党员	副主任	2001年1月—2006年1月
	雷文先	男	1945年6月	畲	浙江丽水	中共党员	副主任	2001年1月—2006年1月
	刘国安	男	1955年10月	汉	江西广昌	民盟盟员	副主任	2001年1月—2006年1月
市二届人大常委会	焦光华	女	1949年1月	汉	山东博兴	中共党员	主任	2006年1月—
	叶志深	男	1953年8月	汉	浙江青田	中共党员	副主任	2006年1月—2008年3月
	刘国安	男	1955年10月	汉	江西广昌	民盟盟员	副主任	2006年1月—
	宋永平	男	1954年6月	汉	浙江青田	中共党员	副主任	2006年1月—
	吕文明	男	1955年10月	汉	浙江青田	中共党员	副主任	2006年1月—
	张春法	男	1953年4月	汉	浙江遂昌	中共党员	副主任	2006年1月—
	占志妙	男	1954年8月	汉	浙江景宁	中共党员	副主任	2006年1月—

第二节　人大常委会工作机构

根据《地方组织法》规定和工作需要，2001年1月，经丽水市委同意，丽水市人民代表大会常务委员会机关设立办公室、代表工作委员会、法制工作委员会、财政经济工作委员会、农业经济工作委

员会、城乡建设环境资源保护工作委员会、教科文卫民族华侨工作委员会。

2001年12月，丽水市委批准《丽水市人大常委会机关职能配置、内设机构和人员编制方案》，丽水市人大常委会机关设办公室、代表工作委员会、法制工作委员会、财政经济工作委员会、农业资源环境保护工作委员会、教科文卫工作委员会、民族华侨工作委员会(外事办)。丽水市人大常委会机关有行政编制25名①。2006年3月，代表工作委员会更名代表与选举任免工作委员会。2007年4月，丽水市机构编制委员会批复同意丽水市人大常委会机关设立研究室，为正县处级的综合办事机构，并增加行政编制3名。

办公室

2001年1月，丽水市人民代表大会常务委员会办公室设立，是丽水市人大常委会的综合办事机构，处理日常工作。办公室下设秘书人事处、综合调研处、行政接待处、信访处、代表处、法制处、财经农资处、教科民侨处。2005年4月，原财政农资处分设为财政经济处和农业资源处，原教科民侨处分设为教科文卫处和民族华侨处。2006年5月，代表处增挂浙江省人大代表联络处的牌子。2006年8月，代表处更名代表与选举任免处。2010年6月，办公室增设规范性文件备案审查处。丽水市人民代表大会常务委员会办公室主要职责为承办丽水市人民代表大会会议、常委会会议和主任会议，组织、准备丽水市人大常委会有关活动；起草丽水市人民代表大会和常委会工作报告、相关文件，常委会领导的重要讲话稿；草拟丽水市人大常委会党组、主任会议纪要和办公室文件；负责丽水市人大常委会的文书处理、机要保密和印信管理；接待处理人民群众来信来访；负责丽水市人大常委会机关干部职工的劳动、人事管理，组织安排政治、业务学习；开展丽水市人大常委会重要课题调研，并形成调查报告；编辑、审核、分发丽水市人民代表大会和常委会会议简报、汇编、会刊；负责丽水市人大常委会机关的后勤服务、内宾接待和保卫；管理和服务丽水市人大常委会机关离退休人员；配合丽水市人大常委会各工作委员会的各项具体工作；办理丽水市人大常委会、主任会议交办的其他事项。

研究室

2007年4月，丽水市人民代表大会常务委员会研究室设立，为正县处级的综合办事机构。2008年6月，设立宣传信息处，为研究室的下设科级机构。研究室的主要职责是组织开展人民代表大会制度理论研究；负责丽水市人民代表大会会议、常委会会议、主任会议和机关重要活动的新闻宣传；了解和提供市内外民主法制建设、人大工作等方面的重要信息；负责机关信息化建设；管理《丽水人大》编辑部和丽水人大网站；办理市人大常委会、主任会议交办的其他工作。

代表与选举任免工作委员会

2001年1月，丽水市人民代表大会常务委员会代表工作委员会设立。2006年3月，代表工作委员会更名代表与选举任免工作委员会。代表与选举任免工作委员会的主要职责是负责丽水市人民代表大会换届选举和人大常委会代表资格审查委员会的具体工作；负责届内浙江省、丽水市人大代

① 含后勤服务人员3人，不包括领导单列编制。

表的出缺补选、增选和罢免工作；闭会期间联系指导丽水市人大代表中心组、代表小组开展活动；培训丽水市人大代表；办理、交办和督办代表的议案、建议、批评和意见；协调、服务丽水市人大代表的履职活动；服务在丽浙江省人大代表、全国人大代表的联络及视察调研；负责丽水市人大常委会人事任免的具体工作；办理领导交办的其他工作。

法制工作委员会

2001年1月，丽水市人民代表大会常务委员会法制工作委员会设立，主要职责是做好地方性法规草案的意见征求；办理丽水市人民代表大会主席团或人大常委会交付的议案；拟订向丽水市人民代表大会或常委会提出的议案；办理丽水市人民代表大会主席团或常委会主任会议交付质询案的具体工作；对丽水市人民政府、下一级人民代表大会及其常委会制定的规范性文件的备案审查进行接收登记，会同其他工委做好具体审查，对超越职权，与宪法、法律、法规和上级规范性文件相抵触或不适当的规范性文件提出处理意见报告；指导全市人大常委会规范性文件备案审查；做好丽水市人大常委会法制方面的视察、执法检查、评议、调查；对丽水市中级人民法院、丽水市人民检察院开展司法监督，联系和监督对口联系单位；办理群众涉法涉诉信访案件；办理领导交办的其他工作。

财政经济工作委员会

2001年1月，丽水市人民代表大会常务委员会财政经济工作委员会设立，主要职责是做好与财经相关的地方性法规草案的意见征求；办理丽水市人民代表大会主席团或丽水市人大常委会交付的议案；拟订向丽水市人民代表大会或常委会提出的议案；办理丽水市人民代表大会主席团或常委会主任会议交付质询案的具体工作；审查丽水市人民政府、下一级人民代表大会及其常委会与财经工委有关的规范性文件，对其中与宪法、法律、法规相抵触的问题，提出处理意见报告；做好丽水市人大常委会财经方面的视察、执法检查、评议、调查；联系、监督丽水市人民政府相关部门和对口联系单位；办理领导交办的其他工作。

农业资源环境保护工作委员会

2001年1月，丽水市人民代表大会常务委员会农业经济工作委员会、城乡建设环境资源保护工作委员会设立。2001年12月，丽水市人民代表大会常务委员会农业资源环境保护工作委员会设立，工委相关职责进行调整。主要职责是做好与农业、资源、环境相关的地方性法规草案的意见征求；办理丽水市人民代表大会主席团或人大常委会交付的议案；拟订向丽水市人民代表大会或常委会提出的议案；办理丽水市人民代表大会主席团或常委会主任会议交付质询案的具体工作；审查丽水市人民政府、下一级人民代表大会及其常委会与农业资源环境工委有关的规范性文件，对其中与宪法、法律、法规相抵触的问题，提出处理意见报告；做好丽水市人大常委会农业资源环境方面的视察、执法检查、评议、调查；联系、监督丽水市人民政府相关部门和对口联系单位；办理领导交办的其他工作。

教科文卫工作委员会

2001年1月，丽水市人民代表大会常务委员会教科文卫民族华侨工作委员会设立。2001年12

月，教科文卫民族华侨工作委员会分设成教科文卫工作委员会和民族华侨工作委员会(外事办)，工委相关职责进行调整。教科文卫工作委员会的主要职责是做好与教科文卫相关的地方性法规草案的意见征求；办理丽水市人民代表大会主席团或人大常委会交付的议案；拟订向丽水市人民代表大会或常委会提出的议案；办理丽水市人民代表大会主席团或常委会主任会议交付质询案的具体工作；审查丽水市人民政府、下一级人民代表大会及其常委会与教科文卫工委有关的规范性文件，对其中与宪法、法律、法规相抵触的问题，提出处理意见报告；做好丽水市人大常委会教科文卫方面的视察、执法检查、评议、调查；联系、监督丽水市人民政府相关部门和对口联系单位；办理领导交办的其他工作。

民族华侨工作委员会(外事办)

2001 年 1 月，丽水市人民代表大会常务委员会教科文卫民族华侨工作委员会设立。2001 年 12 月，教科文卫民族华侨工作委员会分设成教科文卫工作委员会和民族华侨工作委员会(外事办)，工委相关职责进行调整。民族华侨工作委员会的主要职责是做好与民族华侨(外事)相关的地方性法规草案的意见征求；办理丽水市人民代表大会主席团或人大常委会交付的议案；拟订向丽水市人民代表大会或常委会提出的议案；办理丽水市人民代表大会主席团或常委会主任会议交付质询案的具体工作；审查丽水市人民政府、下一级人民代表大会及其常委会与民族华侨(外事)工委有关的规范性文件，对其中与宪法、法律、法规相抵触的问题，提出处理意见报告；做好丽水市人大常委会民族华侨(外事)方面的视察、执法检查、评议、调查；联系、监督丽水市人民政府相关部门和对口联系单位；负责丽水市人大常委会有关外事工作；办理领导交办的其他工作。

第五章　市人大工作

丽水市人民代表大会常务委员会是丽水市人民代表大会常设机关，对丽水市人民代表大会负责并报告工作。丽水市人民代表大会常务委员会依法行使监督权、重大事项决定权、人事任免权；加强人大工作制度建设，搞好人民代表大会制度的宣传与研究；搞好对外交流，互相学习，推进社会主义民主法制建设。2001—2010 年，丽水市人大常委会自身建设及各方面工作都取得新的进展。

第一节　重大事项决定

丽水市人民代表大会及其常务委员会针对事关全市大局的重大事项或是人民群众普遍关心的热点难点问题，行使重大事项决定权。

大会决议决定

至2010年年底，丽水市人民代表大会及其常务委员会作出决议、决定69个。历次会议上有审议丽水市政府、人大、法院、检察院、财政预算、国民经济和社会发展计划等报告议程的，对报告分别作出决议。丽水市人大一届一次、二届一次、二届七次会议分别对“十五”“十一五”“十二五”规划纲要作出决议。丽水市一届人大二次会议作出《关于加快实施“生态立市、绿色兴市”战略的决议》。自建立以来，丽水市人民代表大会及其常务委员会对本行政区域内政治、经济、教育、科学、文化、卫生、环境和资源保护以及社会事业方面的重大事项和人民群众普遍关心的全局性的重大问题，在调查研究、广泛听取人民群众意见的基础上，多次作出决议、决定，督促和支持政府工作，推进全市社会主义物质文明、政治文明和精神文明建设，保证宪法、法律、行政法规在本行政区域内的实施和市人民代表大会决议的执行。

常委会决议决定

至2010年年底，丽水市人民代表大会常务委员会作出决议28项，决定71项。在财政和经济发展方面，丽水市人民代表大会常务委员会作出“关于进一步优化经济发展环境，加快招商引资工作力度的决议”“关于加强经济工作监督的决定”等决议、决定29项；在法制宣传教育、依法治市方面，作出“关于进一步开展法制宣传教育的决议”“关于建设‘法治丽水’的决议”；在城建环保、生态市建设方面，丽水市人民代表大会常务委员会作出“关于丽水市城市总体规划的决议”“关于批准‘丽水生态市建设规划’的决议”“关于加快推进我市生态文明建设的决定”等决议、决定11项。先后作出关于干部任免、辞职和代表罢免的决定43项，关于召开会议的决定11项，授予荣誉称号的决定3项。

丽水市一届、二届人大常委会作出的重要决议或决定

表23-5-1-1

序号	通过时间	市人大常委会会议届次	决定、决议名称
1	2001年6月27日	一届四次	关于丽水市城市总体规划的决议
2	2001年8月24日	一届五次	关于进一步开展法制宣传教育的决议
3	2003年6月19日	一届十九次	关于进一步优化经济发展环境、加大招商引资工作力度的决议
4	2003年6月19日	一届十九次	关于市政府《城市空间发展战略研究报告》的决议
5	2003年6月19日	一届十九次	关于加强经济工作监督的决定
6	2004年2月25日	一届二十三次	关于批准《丽水生态市建设规划》的决议
7	2004年2月25日	一届二十三次	关于建设生态市的决定
8	2005年5月31日	一届三十三次	关于丽水市城市总体规划(2004—2020)的决议
9	2005年11月14日	一届三十七次	关于加强黄村水库水源水质保护的决定
10	2006年6月27日	二届四次	关于扎实推进社会主义新农村建设的决议
11	2006年10月31日	二届六次	关于建设“法治丽水”的决议
12	2006年12月20日	二届八次	关于加强瓯江流域综合治理的决议
13	2009年4月30日	二届三十次	关于促进丽水市旅游产业发展的决议

续表 23-5-1-1

序号	通过时间	市人大常委会会议届次	决定、决议名称
14	2010年4月29日	二届三十七次	关于批准丽水市南明湖区域规划的决议
15	2010年10月27日	二届四十一次	关于加快推进丽水市生态文明建设的决定

第二节　监督工作

专项工作报告听取审议

监督权是宪法和法律赋予各级人民代表大会及其常委会的一项重要职权，听取和审议“一府两院”的专项工作报告是各级人民代表大会及其常委会行使监督职权的主要形式。2006年8月27日，十届全国人大常委会第二十三次会议审议通过《中华人民共和国各级人民代表大会常务委员会监督法》(以下简称“《监督法》”)。《监督法》对各级人民代表大会常务委员会听取和审议人民政府、人民法院和人民检察院专项工作报告的原则、途径、程序作出明确规定。由常务委员会组成若干调研组，到县(市、区)、部门单位调研、走访代表，确定听取和审议的专项工作报告的议题，形成年度监督工作计划，提请常务委员会审议通过，并向社会公布。常务委员会会议分组对专项工作报告进行审议并提出审议意见，主任会议对审议意见研究后送交政府、法院和检察院研究处理，并在规定时间内向常务委员会书面报告研究处理情况。

丽水市人民代表大会常务委员会每年选择若干关系改革发展稳定大局和群众切身利益、社会普遍关注的重大问题，听取和审议“一府两院”专项工作报告。自丽水市第一届人大常委会第一次会议至2010年年底，丽水市人民代表大会常务委员会听取和审议专项工作报告109个，发出审议意见61份。

财政经济　丽水市人大常委会听取、审议丽水市政府关于市财政决算和审计工作的报告、关于年度国民经济和社会发展计划执行情况的报告、关于丽水市国民经济和社会发展第十一个五年规划纲要实施情况的报告、关于市直工业经济发展情况的报告、关于全市农业结构调整情况的报告、关于全市优势农产品生产基地建设情况的报告等专项工作报告54个。

教科文卫　丽水市人大常委会听取、审议丽水市政府关于丽水市创建省级卫生城市情况报告、关于全市科技进步工作情况的报告、关于全市文化工作情况的报告、关于新型农村合作医疗工作情况的报告、关于农村文化建设情况的报告、关于全市学前教育工作的报告、关于产业科技发展情况的报告、关于传染病防治法及相关法律法规执行情况的报告等专项工作报告12个。

社会法制　丽水市人大常委会听取、审议丽水市政府关于“三五”普法、“四五”普法工作情况的报告、关于行政审批制度改革情况的报告、关于生态旅游工作实施情况的报告、关于小水电资源开发与管理情况的报告、关于加强城市管理工作的报告、关于全市旅游工作的报告、关于国有土地使用权出让情况的报告、关于解决农民建房难的工作报告、关于贯彻实施建设“法治丽水”决议情况的报告、关于职工养老保险金管理情况的报告、关于少数民族经济社会发展情况的报告、关于农产品生产质量安全管理情况的报告、关于城市管理综合行政执法情况的报告；听取、审议丽水市法院关

于司法整改活动情况的报告、关于执行工作情况的报告、关于行政审判工作的报告、关于民事审判工作的报告，听取、审议丽水市检察院关于司法整改活动情况的报告、关于法律监督工作的报告、关于预防职务犯罪工作的报告等专项工作报告31个。

城建环保　丽水市人大常委会听取、审议丽水市政府关于丽水市城市总体规划（2000—2020）的说明、关于加快实施“生态立市、绿色兴市”战略的决议、建设国家级生态示范区情况的报告、关于全市公路工程建设情况的报告、关于市区重点项目建设情况的报告、关于瓯江流域生态林业建设情况的报告、关于重点工程建设进展情况的报告等专项工作报告15个。

丽水市人大常委会听取和审议“一府两院”工作报告一览

表23-5-2-1

序号	时间	届次	报告部门	报告内容
1	2001年6月27日	一届四次	市财政局	关于丽水市2000年全市和市本级财政收支决算情况的报告
2	2001年6月27日	一届四次	市审计局	关于丽水市2000年度市本级预算执行情况和其他财政收支的审计工作报告
3	2001年6月27日	一届四次	市政府	关于农业产业结构调整的报告
4	2001年8月23日	一届五次	市公安局	关于丽水市开展“严打”整治斗争情况的报告
5	2001年8月23日	一届五次	市政府	关于《建筑法》及相关法律法规执行情况的报告
6	2001年8月23日	一届五次	市司法局	关于丽水市“三五”普法基本情况和《“四五”普法教育规划》的报告
7	2001年10月29日	一届六次	市财政局	关于2001年1—9月丽水市财政预算执行情况及2001年财政预算调整方案的报告
8	2001年12月24日	一届七次	市政府	关于市一届人大一次会议代表建议、批评和意见办理工作情况的报告
9	2002年2月22日	一届九次	市政府	关于市政府秘书长和组成部门主要负责人的年度工作报告
10	2002年4月15日	一届十次	市政府	关于丽水市创建省级卫生城市情况的报告
11	2002年6月20日	一届十一次	市政府	关于《浙江省职工基本养老保险条例》和《浙江省职工失业保险条例》执行情况的报告
12	2002年6月20日	一届十一次	市财政局	关于2001年度全市和市本级财政收支决算情况的报告
13	2002年6月20日	一届十一次	市审计局	关于2001年度财政预算执行和其他收支情况的审计工作报告
14	2002年10月28日	一届十三次	市政府	关于市直工业经济发展情况的报告
15	2002年10月28日	一届十三次	市财政局	关于2002年1—9月全市及市本级财政预算执行情况的报告
16	2002年10月28日	一届十三次	市建设局	关于行政审批制度改革情况的报告
17	2002年10月28日	一届十三次	市水利局	关于行政审批制度改革情况的报告
18	2002年12月30日	一届十五次	市政府	关于落实市一届人大二次会议《关于加快实施“生态立市、绿色兴市”战略的决议》，建设国家级生态示范区情况的报告
19	2002年12月30日	一届十五次	市政府	关于市一届人大二次会议代表建议、批评和意见办理工作情况的报告

续表 23-5-2-1

序号	时 间	届次	报告部门	报告内容
20	2003 年 6 月 19 日	一届十九次	市政府	关于义务教育法执行情况的报告
21	2003 年 6 月 19 日	一届十九次	市财政局	关于 2002 年度全市和市本级财政收支决算情况的报告
22	2003 年 6 月 19 日	一届十九次	市审计局	关于 2002 年度财政预算执行和其他收支情况的审计工作报告
23	2003 年 6 月 19 日	一届十九次	市建设局	关于丽水市城市空间发展战略研究的报告
24	2003 年 8 月 19 日	一届二十次	市政府	关于 2003 年上半年经济运行情况汇报
25	2003 年 8 月 19 日	一届二十次	市政府	关于劳动法和工会法贯彻执行情况的报告
26	2003 年 10 月 21 日	一届二十一次	市公安局	关于执法工作自查情况的报告
27	2003 年 12 月 29 日	一届二十二次	市政府	关于生态旅游工作实施情况的报告
28	2003 年 12 月 29 日	一届二十二次	市财政局	关于调整2003 年度财政预算支出指标的报告
29	2003 年 12 月 29 日	一届二十二次	市政府	关于市一届人大四次会议代表建议、批评和意见办理工作情况的报告
30	2004 年 2 月 24 日	一届二十三次	市政府	关于全市科技进步工作情况的报告
31	2004 年 6 月 24 日	一届二十六次	市政府	关于丽水市贯彻生态省建设决定和环境保护法执行情况的报告
32	2004 年 6 月 24 日	一届二十六次	市交通局	关于丽水市公路工程建设情况的报告
33	2004 年 6 月 24 日	一届二十六次	市司法局	关于丽水市“四五”普法工作的报告
34	2004 年 8 月 25 日	一届二十八次	市政府	关于今年以来经济形势和下阶段政府工作的报告
35	2004 年 8 月 25 日	一届二十八次	市财政局	关于 2003 年全市和市级财政收支决算的报告
36	2004 年 8 月 25 日	一届二十八次	市审计局	关于 2003 年度财政预算执行和其他收支情况的审计工作报告
37	2004 年 8 月 26 日	一届二十八次	市法院	关于市中级人民法院司法工作自查自纠情况的报告
38	2004 年 10 月 14 日	一届二十九次	市政府	关于小水电资源开发与管理情况的报告
39	2004 年 10 月 14 日	一届二十九次	市人劳社保局	关于市政府增设工作部门的报告
40	2004 年 12 月 20 日	一届三十次	市政府	关于全市民族工作情况报告
41	2004年 12 月 20 日	一届三十次	市发计委	关于调整市本级 2004 年财政性支持基建项目投资计划的报告
42	2004年 12 月 20 日	一届三十次	市财政局	关于 2004 年 1—11 月市本级财政预算执行情况及预算调整的报告
43	2004 年 12 月 20 日	一届三十次	市政府	关于市一届人大五次会议代表建议、批评和意见办理工作情况的报告
44	2005 年 2 月 21 日	一届三十一次	市人劳社保局	关于市政府部分工作机构调整的报告
45	2005 年 5 月 30 日	一届三十三次	市城管执法局	关于依法加强城市管理工作的报告
46	2005 年 7 月 28 日	一届三十四次	市政府	关于上半年经济形势和下半年政府主要工作安排的报告
47	2005 年 7 月 28 日	一届三十四次	市财政局	关于 2004 年全市和市级财政收支决算的报告
48	2005 年 7 月 28 日	一届三十四次	市审计局	关于丽水市本级 2004 年度财政预算执行和其他财政收支情况的审计报告

续表 23-5-2-1

序号	时 间	届次	报告部门	报告内容
49	2005 年 7 月 29 日	一届三十四次	市政府	关于全市文化工作情况的报告
50	2005 年 9 月 22 日	一届三十五次	市检察院	关于市人民检察院司法工作自查自纠情况的报告
51	2005 年 11 月 14 日	一届三十七次	市政府	关于市区饮用水源保护工作情况汇报
52	2005 年 11 月 14 日	一届三十七次	市政府	关于市一届人大六次会议代表建议、批评和意见办理工作情况的报告
53	2006 年 4 月 27 日	二届三次	市政府	关于全市职业教育工作情况的报告
54	2006 年 6 月 26 日	二届四次	市法院	关于“规范执法行为、促进司法公正”专项整改活动情况的报告
55	2006 年 6 月 26 日	二届四次	市检察院	关于“规范执法行为、促进司法公正”专项整改活动情况的报告
56	2006 年 8 月 18 日	二届五次	市政府	关于全市上半年经济运行情况和下半年经济工作安排的报告
57	2006 年 8 月 18 日	二届五次	市财政局	关于 2005 年全市和市级财政收支决算的报告
58	2006 年 8 月 18 日	二届五次	市审计局	关于丽水市本级 2005 年度财政预算执行和其他财政收支情况的审计工作报告
59	2006 年 8 月 18 日	二届五次	市政府	关于全市安全生产法律法规执行情况的报告
60	2006 年 10 月 31 日	二届六次	市政府	关于 2006 年市区重点项目建设情况的报告
61	2006 年11 月 27 日	二届七次	市财政局	关于调整 2006 年度市级财政预算的报告
62	2006 年 12 月 19 日	二届八次	市政府	关于市二届人大一次会议代表建议、批评和意见办理工作情况的报告
63	2007 年 4 月 23 日	二届十一次	市政府	关于全市旅游工作实施情况的报告
64	2007 年 6 月 28 日	二届十三次	市政府	关于全市新型农村合作医疗工作情况的报告
65	2007 年 6 月 28 日	二届十三次	市法院	关于丽水市中级人民法院执行工作情况的报告
66	2007 年 8 月 29 日	二届十四次	市政府	关于市本级国有土地使用权出让收支管理情况专项工作的报告
67	2007 年 8 月 29 日	二届十四次	市财政局	关于 2006 年度全市和市级财政收支决算草案及 2007 年上半年全市和市级财政预算执行情况的报告
68	2007 年 8 月 29 日	二届十四次	市审计局	关于市本级 2006 年度财政预算执行和其他财政收支情况的审计工作报告
69	2007 年 8 月 29 日	二届十四次	市发改委	关于丽水市 2007 年上半年国民经济和社会发展计划执行情况的报告
70	2007 年 10 月 29 日	二届十五次	市政府	关于解决农民建房难问题的报告
71	2007 年 10 月 29 日	二届十五次	市检察院	关于法律监督工作的专项报告
72	2007 年 10 月 29 日	二届十五次	市政府	关于市二届人大二次会议代表建议、批评和意见办理工作情况的报告
73	2007 年 12 月 20 日	二届十六次	市财政局	关于 2007 年度市级财政预算调整方案的报告
74	2008 年 6 月 27 日	二届二十二次	市公安局	关于丽水市公安局社会治安工作报告
75	2008 年 6 月 27 日	二届二十二次	市政府	关于丽水市农村文化建设情况的报告

续表 23-5-2-1

序号	时 间	届次	报告部门	报告内容
76	2008 年 8 月 21 日	二届二十三次	市发改委	关于丽水市 2008 年上半年国民经济和社会发展计划执行情况的报告
77	2008 年 8 月 21 日	二届二十三次	市财政局	关于丽水市 2007 年度财政收支决算草案的报告
78	2008 年 8 月 21 日	二届二十三次	市财政局	关于丽水市2008 年上半年预算执行情况的报告
79	2008 年 8 月 21 日	二届二十三次	市审计局	关于丽水市级 2007 年度预算执行和其他财政收支审计工作报告
80	2008 年 10 月 23 日	二届二十五次	市政府	关于丽水市国民经济和社会发展第十一个五年规划纲要实施情况中期评估报告
81	2008 年 10 月 23 日	二届二十五次	市政府	关于贯彻实施建设“法治丽水”决议情况的报告
82	2008 年 10 月 23 日	二届二十五次	市人劳社保局	关于市级职工基本养老保险金收支管理情况的报告
83	2008 年 10 月 23 日	二届二十五次	市林业局	关于丽水市瓯江流域生态林业建设情况的报告
84	2008 年 12 年 5 日	二届二十六次	市政府	关于市二届人大四次会议代表建议、批评和意见办理情况的报告
85	2008 年 12 月 29 日	二届二十七次	市政府	关于丽水市实施义务教育法情况的报告
86	2009 年 4 月 30 日	二届三十次	市政府	关于少数民族地区经济社会发展情况的报告
87	2009 年 4 月 30 日	二届三十次	市检察院	关于预防职务犯罪工作的报告
88	2009 年 4 月 30 日	二届三十次	市财政局	关于 2009 年度丽水市直财政性基本建设预算情况的报告
89	2009 年 6 月 30 日	二届三十一次	市政府	关于丽水市重点工程建设进展情况的报告
90	2009 年 6 月 30 日	二届三十一次	市政府	关于丽水市产业科技发展情况的报告
91	2009 年 8 月 25 日	二届三十二次	市政府	关于丽水市 2009 年上半年国民经济和社会发展计划执行情况的报告
92	2009 年 8 月 25 日	二届三十二次	市财政局	关于丽水市 2009 年上半年全市和市级财政预算执行情况的报告
93	2009 年 8 月 25 日	二届三十二次	市审计局	关于市本级2008 年度财政预算执行和其他财政收支情况的审计工作报告
94	2009 年 10 月 29 日	二届三十三次	市政府	关于全市农产品生产质量安全管理情况的报告
95	2009 年 10 月 29 日	二届三十三次	市法院	关于行政审判工作的报告
96	2009 年 12 月 29 日	二届三十四次	市政府	关于市二届人大五次会议代表建议、批评和意见办理情况的报告
97	2010 年 4 月 29 日	二届三十七次	市政府	关于 2010 年丽水市直财政性基本建设预算的报告
98	2010 年 6 月 25 日	二届三十九次	市政府	关于全市学前教育工作的报告
99	2010 年 6 月 25 日	二届三十九次	市法院	关于民事审判工作的报告
100	2010 年 6 月 25 日	二届三十九次	市政府	关于全市水污染防治法和省水污染防治条例贯彻执行情况的报告。
101	2010 年 8 月 23	二届四十次	市政府	关于丽水市 2010 年上半年国民经济和社会发展计划执行情况的报告
102	2010 年 8 月 23	二届四十次	市财政局	关于丽水市 2010 年上半年预算执行情况的报告
103	2010 年 8 月 23	二届四十次	市财政局	关于丽水市 2009 年度决算草案的报告

续表 23-5-2-1

序号	时 间	届次	报告部门	报告内容
104	2010年8月23日	二届四十次	市审计局	关于丽水市2009年度预算执行和其他财政收支情况的审计工作报告
105	2010年10月26日	二届四十一次	市政府	关于丽水市国民经济和社会发展第十一个五年规划纲要实施情况的报告
106	2010年10月26日	二届四十一次	市政府	关于全市优势农产品基地建设情况的报告
107	2010年10月26日	二届四十一次	市城管执法局	关于城市管理综合执法情况的报告
108	2010年10月26日	二届四十一次	市政府	关于2010年度市级预算调整方案的报告
109	2010年12月30日	二届四十二次	市政府	关于市二届人大六次会议代表建议、批评和意见办理工作情况的报告

执法检查

机制建设　2002年12月30日，丽水市第一届人大常委会第十五次会议通过《执法检查暂行办法》。2010年12月30日，丽水市第二届人大常委会第四十二次会议修改《执法检查暂行办法》。选择若干关系改革发展稳定大局和群众切身利益、社会普遍关注的重大问题，有计划地对有关法律、法律实施情况组织执法检查。年度执法检查计划由主任会议研究后，提请常务委员会审议通过，并向社会公布。执法检查工作一般由常务委员会有关工委具体组织实施。执法检查组一般由常务委员会组成人员组成，并邀请代表参加。检查结束后，执法检查组提出执法检查报告，经主任会议研究，提请常务委员会审议。执法检查报告连同常务委员会审议意见交由政府、法院或者检察院研究处理，政府、法院或者检察院向常务委员会书面报告研究处理情况，常务委员会开展跟踪检查。

检查情况　丽水市人大常委会围绕国家重要法律、法规的贯彻实施和法律监督、工作监督中的一些重大问题以及难点、热点问题，开展执法检查、视察或调查研究活动，组织执法检查、视察22次，着重检查《中华人民共和国食品卫生法》《中华人民共和国环境保护法》《中华人民共和国义务教育法》《中华人民共和国农业法》《中华人民共和国劳动法》《中华人民共和国工会法》《中华人民共和国建筑法》《浙江省职工基本养老保险条例》《省少数民族权益保障条例》等30多部国家法律、法规和浙江省地方性法规的贯彻执行情况。

丽水市人大常委会执法检查一览

表 23-5-2-2

序号	时 间	届次	报告内容	报告内容
1	2001年3—6月	副主任贾若忠等部分市人大常委会组成人员和市人大代表	丽水市及各县(市、区)	检查《中华人民共和国建筑法》及相关法律法规的执行情况
2	2001年7月30—31日	副主任赵碧春等部分市人大常委会组成人员和市人大代表	丽水市、龙泉市	检查《中华人民共和国老年人权益保障法》贯彻实施情况
3	2001年9月24—26日	副主任雷文先等部分市人大常委会组成人员和市人大代表	市政府、市财政局及遂昌县	检查《中华人民共和国会计法》执法工作及《浙江省预算外资金管理条例》实施情况
4	2001年11月14—16日	副主任刘国安等部分市人大常委会组成人员和市(区)人大代表	市卫生局、市工商局	检查《中华人民共和国食品卫生法》贯彻执行情况

续表 23-5-2-2

序号	时 间	届次	报告内容	报告内容
5	2001年12月17—20日	副主任刘国安和部分市人大代表	丽水市、缙云县	检查《中华人民共和国体育法》《全民健身计划纲要》贯彻执行情况
6	2002年4—5月	副主任贾若忠、赵碧春等部分市人大常委会组成人员和市人大代表	市直和莲都、龙泉、云和、庆元、缙云、遂昌、松阳、景宁8个县(市、区)	检查《浙江省职工基本养老保险条例》和《浙江省职工失业保险条例》执行情况
7	2002年6月	市人大常委会	市国土资源局	检查《中华人民共和国矿产资源法》执行情况
8	2002年5—8月	副主任刘国安等部分市人大常委会组成人员和市人大代表	市档案局及9个县(市、区)	检查《中华人民共和国档案法》和《浙江省实施〈中华人民共和国档案法〉办法》执行情况
9	2002年9月	—	—	检查《中华人民共和国种子法》执行情况
10	2003年3月	市人大常委会组成人员和市人大代表	丽水市及各县(市、区)	检查《中华人民共和国职业教育法》《浙江省中等职业教育条例》执行情况
11	2003年5—7月	副主任贾若忠等部分市人大常委会组成人员和市人大代表	市政府、市总工会、市人事劳动社会保障局及各县(市、区)	检查《中华人民共和国劳动法》《中华人民共和国工会法》执法情况
12	2004年4月8—16日	副主任刘国安等部分市人大常委会组成人员和市人大代表	莲都区、龙泉市、遂昌县、松阳县、景宁畲族自治县等6个县(市、区)	检查《浙江省少数民族权益保障条例》的贯彻落实情况
13	2004年4—6月	副主任贾若忠、雷文先、刘国安等部分市人大常委会组成人员和市人大代表	丽水市及各县(市、区)	《浙江省人大常委会建设生态省的决定》贯彻落实情况和《中华人民共和国环境保护法》执法检查
14	2004年7月5—6日	副主任张福新等部分市人大常委会组成人员、市人大代表和莲都区人大干部	市水利局、市国土资源局等	检查丽水市区河道采砂情况
15	2006年4—8月	副主任宋永平等部分市人大常委会组成人员和市人大代表	丽水市及各县(市、区)	检查《中华人民共和国安全生产法》《中华人民共和国消防法》《中华人民共和国道路交通安全法》以及《危险化学品安全管理条例》的执法情况
16	2007年4—8月	副主任吕文明等部分市人大常委会组成人员和市人大代表	丽水市及各县(市、区)	检查国务院《宗教事务条例》和《浙江省宗教事务条例》贯彻执行情况
17	2008年3—7月	副主任吕文明等部分市人大常委会组成人员和市人大代表	莲都区、青田县、缙云县、遂昌县、松阳县	检查《浙江省华侨捐赠条例》贯彻执行情况
18	2009年2—4月	副主任宋永平等部分市人大常委会组成人员和市人大代表	市检察院和青田、缙云、遂昌、松阳和景宁等县检察院	《浙江省预防职务犯罪条例》执行情况检查监督
19	2009年2—4月	副主任刘国安等部分市人大常委会组成人员和市人大代表	丽水市及缙云、松阳、景宁等县	文化遗产保护相关法律、法规检查监督

续表 23-5-2-2

序号	时 间	届次	报告内容	报告内容
20	2009 年 4—6 月	副主任张春法等部分市人大常委会组成人员和市人大代表	丽水市及各县(市、区)	检查《中华人民共和国农业法》及相关法律法规执行情况
21	2010 年 4—7 月	副主任张春法率执法检查组	莲都、龙泉、青田、云和、庆元、缙云、遂昌等县(市、区)和丽水经济开发区管委会	《中华人民共和国水污染防治法》和《省水污染防治条例》执行情况监督
22	2010 年 9 月	副主任刘国安和教科文卫工委及部分市人大代表	莲都、云和、缙云、遂昌、松阳等县(区)	检查《中华人民共和国传染病防治法》及相关法律法规执行情况

专题调研、视察

丽水市人大常委会围绕群众和社会反映较为强烈的热点问题，如教育工作、宗教工作、民族工作及城镇医药卫生体制改革、农民专业合作经济组织发展、科技创新、土地出让金等问题开展一系列调查研究，写出调查报告，向丽水市政府提出建议意见；围绕市区道路停车、内河改造、菜场改造等民生工程组织丽水市人大代表进行视察。

专题调研　丽水市第一届和第二届人大常委会开展专题调研，写出调研报告 28 篇。

丽水市人大常委会开展专题调研情况一览

表 23-5-2-3

序号	时间	参加人	题　目
1	2001 年 4 月	副主任刘国安带领调研组	市区基础教育状况调研
2	2001 年 6 月	副主任刘国安带领调研组	市中小学布局调整工作调研
3	2001 年 11 月	副主任刘国安带领调研组	市文物保护工作现状调研
4	2001 年 11 月	副主任刘国安带领调研组	献血法执行情况调研
5	2002 年 3 月	副主任刘国安带领调研组	高校发展与资源优化配置
6	2002 年 4 月	副主任刘国安带领调研组	民族基础教育现状况调研
7	2002 年 9 月	副主任刘国安带领调研组	民族经济发展状况调研
8	2003 年 2 月	市人大常委会调研组	城镇医药卫生体制改革
9	2003 年 3 月	市人大常委会民族华侨工委	少数民族权益保障工作
10	2003 年 6 月	副主任刘国安带领调研组	引进台商台资工作
11	2003 年 8 月	副主任刘国安带领调研组	宗教工作
12	2005 年 8 月	副主任雷文先带领调研组	农民专业经济合作组织发展情况
13	2005 年 4 月	副主任张福新带领调研组	土地出让金征缴管理情况
14	2005 年 7 月	副主任贾若忠、秘书长张春法带领办公室有关人员	乡镇人大工作
15	2006 年 5 月	副主任刘国安带领调研组	非物质文化遗产工作
16	2006 年 8 月	副主任刘国安带领调研组	科技创新工作

续表 23-5-2-3

序号	时间	参加人	题　目
17	2006 年 11 月	副主任刘国安带领调研组	“古村落”保护利用情况调研
18	2007 年 3 月	副主任刘国安带领调研组	中医“两条例”执行情况调研
19	2008 年 7 月	市人大常委会调研组	水阁工业园区环境保护工作情况
20	2008 年 5 月	主任焦光华、副主任张春法分别带领调研组	低收入农户增收工程实施情况
21	2008 年 4 月	市人大常委会调研组	教育工作
22	2008 年 5 月	副主任吕文明带领民族工作调研组	民族工作
23	2008 年 9 月	副主任刘国安带领调研组	社区卫生服务中心工作调研
24	2009 年 2 月	副主任张春法带领调研组	食用菌生产质量安全
25	2009 年 3 月	副主任刘国安带领调研组	文化遗产保护“一法六条例”执行情况调研
26	2009 年 9 月	主任焦光华、副主任张春法带领调研组	经济转型升级情况
27	2010 年 7 月	副主任刘国安带领调研组	联系部门“十二五”编制情况调研
28	2010 年 8 月	主任焦光华带领丽水中心组的省人大代表	“生态河川、美丽乡村”建设

代表视察　丽水市第一届和第二届人大常委会组织代表视察，提出视察意见 26 次。

丽水市人大常委会视察一览

表 23-5-2-4

序号	时　间	参 加 人 员	被检查(视察)单位和部门	内容
1	2002 年 12 月 26—27 日	省九届人大代表丽水中心组代表	丽水市、缙云县	视察金丽温高速公路和水阁工业园区
2	2003 年 3 月—5 日	省十届部分人大代表、市人大法工委和部分市人大代表	丽水市公安局	视察市公安局看守所
3	2003 年 12 月 4—5 日	省十届人大代表丽水中心组代表	青田县、云和县	视察金丽温高速公路、丽龙一级公路、330 复线延伸线等
4	2004 年 2 月—10 日	省十届部分人大代表、部分市人大常委会组成人员和部分市人大代表	莲都区、龙泉市、青田县县、云和县、缙云县、景宁畲族自治及台州、绍兴、宁波三市的 6 个县移民安置点	视察滩坑水库移民工作情况
5	2004 年 7 月 5—6 日	省十届部分人大代表、部分市人大常委会组成人员、市人大代表和莲都区人大干部	市水利局、市国土资源局等	检查丽水市区河道采砂情况
6	2004 年 12 月 12—17 日	部分省人大代表和市人大代表	龙泉市、缙云县、景宁畲族自治县	视察士兵优抚、军属优待和转业安置等工作情况
7	2005 年 1 月 6—7 日	省人大代表丽水中心组代表	莲都区、松阳县、景宁畲族自治县的部分畲族乡镇	视察少数民族乡镇经济社会发展情况

续表 23-5-2-4

序号	时 间	参 加 人 员	被检查(视察)单位和部门	内容
8	2005 年 12 月 15—16 日	在丽的部分全国人大代表、省人大代表	丽水市、龙泉市、遂昌县	视察生态和环境保护基础设施建设、“两龙”(丽龙、龙丽线)高速公路建设情况
9	2006 年 12 月6 日	主任焦光华等部分常委会组成人员和市人大代表	丽水经济开发区水阁工业区	视察丽水经济开发区环保情况
10	2006 年 12 月 14—15 日	省人大代表丽水中心组代表	丽水市、莲都区	视察丽水市“五大百亿”工程和农村环境整治、低山缓坡开发利用情况
11	2007 年 7 月 10—11 日	主任焦光华等部分市人大常委会组成人员和在丽省人大代表	丽水市、莲都区、云和县	视察生态河川建设情况
12	2007 年 9 月 27 日	副主任占志妙等部分市人大常委会组成人员和市人大代表	丽水市区、莲都区	视察食品安全工作情况
13	2008 年 5 月 22 日	主任焦光华等部分市人大常委会组成人员和市人大代表	丽水市区	视察丽水市区道路建设情况
14	2008 年 7 月 9—11 日	主任焦光华等部分市人大常委会组成人员和市人大代表	青田县、景宁畲族自治县	视察滩坑库区周边群众生产生活情况
15	2008 年 11 月 27 日	主任焦光华等部分市人大常委会组成人员和市人大代表	丽水市区	视察丽水市区旧城改造拆迁情况
16	2008 年 12 月 9—10 日	主任焦光华等部分市人大常委会组成人员和在丽省人大代表	莲都区、云和县	视察农村经济社会发展、农民增收等情况
17	2009 年 5 月 26 日	主任焦光华等部分常委会组成人员和市人大代表	丽水市公安局	视察市公安局看守所
18	2009 年 9 月 24 日	副主任宋永平、刘国安、吕文明、张春法和部分市人大代表	丽水市、青田县和市经济开发区	视察丽水市侨资企业
19	2009 月 12 月 24 日	副主任占志妙和部分市人大代表	市工商局	视察丽水市府前菜场改造工程
20	2010 年 1 月 4—6 日	省人大代表丽水中心组代表	市政府、龙泉市、庆元县	省十一届人大三次会议会前视察
21	2010 年 4 月 12 日	副主任宋永平、刘国安、张春法、占志妙和部分常委会委员、市人大代表	市人防办	视察市人民防空和人防工程建设情况
22	2010 年 7 月 8 日	副主任吕文明、张春法、占志妙及部分市人大常委会委员、市人大代表	市政府、丽水经济开发区	视察丽景民族工业园
23	2010 年 7 月 20 日	副主任张春法、代表与选任工委负责人和莲都中心组市人大代表	市城市管理综合行政执法局	视察市区道路停车管理工作

续表 23-5-2-4

序号	时 间	参 加 人 员	被检查(视察)单位和部门	内容
24	2010年7月23日	主任焦光华，副主任刘国安、张春法及部分常委会委员、市人大代表	市政府、市水利局	视察市区内河改造工程
25	2010年11月4日	主任焦光华，副主任宋永平、刘国安及部分市人大常委会委员、市人大代表	市政府、部分市直单位	视察市本级档案事业发展情况
26	2010年12月21日	主任焦光华及部分在丽省人大代表	市政府、遂昌县	省十一届人大四次会议会前视察

规范性文件备案审查

2007 年开始施行的《中华人民共和国各级人民代表大会常务委员会监督法》(以下简称“《监督法》”)专章设置规范性文件备案审查内容，是地方人大常委会备案审查规范性文件的法律依据。

机制建设　2008 年，丽水市人大常委会从办公室挤调出 1 人到法制工委专门负责备案审查日常工作，负责将规范性文件送交相关工委审查后反馈。8 月 22 日，丽水市二届人大常委会第二十三次会议审议通过《丽水市人民代表大会常务委员会规范性文件备案审查暂行办法》(以下简称“《暂行办法》”)，以被动审查为主、主动审查为辅的原则，正式启动丽水市规范性文件备案审查工作。2010 年 6 月，丽水市人大常委会设立规范性文件备案审查处，具体负责规范性文件备案审查。

被动审查　根据《暂行办法》，丽水市人大常委会制定规范性文件备案审查工作流程图和相关工作表格，完善规范性文件的接收、登记、分送、存档和审查工作的具体流程。2008 年，丽水市人大常委会接收报备审查的规范性文件 10 份，其中丽水市政府报送备案的 8 份，各县(市、区)人大报送备案的 2 份；上报浙江省人大常委会备案审查 4 份。2009 年，丽水市人大常委会接收报备审查的规范性文件 27 份，其中丽水市政府报送备案的 17 份，各县(市、区)人大报送备案的 10 份；上报浙江省人大常委会备案审查 1 份。2010 年，丽水市人大常委会接收报备审查的规范性文件 16 份，其中丽水市政府报备审查的规范性文件 11 份，县(市、区)人大常委会报备审查规范性文件 5 份；上报浙江省人大常委会规范性文件备案审查 4 份。

主动审查　2009 年 9 月，丽水市人大常委会对丽水市政府制定的《丽水市军人抚恤优待实施细则》进行审查，认为该细则第 10 条与《浙江省军人抚恤优待办法》第 10 条理论上存在冲突，与丽水市政府法制办和丽水市民政局进行多次沟通并征询意见。丽水市政府法制办和丽水市民政局最终接受意见，同时考虑相关情况特殊性，表示将在今后的规范性文件清理中给予修改，在此期间将通过其他合法途径有效避免冲突发生。

信访工作

根据《地方组织法》的规定，地方人大常委会受理人民群众对人民政府、人民法院、人民检察院和国家工作人员的申诉和意见。信访工作是地方国家权力机关联系人民代表和人民群众的桥梁，是掌握、了解社会动态、汇集社情民意的信息渠道。

机构设置　2001 年 1 月，丽水市人大常委会办公室下设信访处，信访处主要承担信访工作的服、监督、协调、信息、督办等职能。2002 年 3 月 15 日，丽水市一届人大常委会主任会议第十七次会议通过《丽水市人大常委会机关信访工作有关规定》，保障信访人合法权益，维护信访正常秩序。

来信来访　丽水市第一届人民代表大会期间，丽水市人大常委会受理人民群众的申诉、控告等来信 3516 件，接待来访 2638 批次。常委会领导和上级领导批示督办的信访件 638 件次。丽水市第二届人民代表大会至 2010 年年底，丽水市人大常委会受理人民群众的申诉、控告等来信 2246 件，接待来访 1466 批次。常委会领导和上级领导批示督办的信访件 192 件次。

2001—2010 年丽水市人大常委会受理群众来信来访情况一览

表 23-5-2-5

年份	来信来访(件)	其中		领导(上级)督办(件)
		来信(件)	来访(批次)	
2001	1163	829	334	179
2002	1391	826	565	126
2003	1233	627	606	117
2004	1172	592	580	102
2005	1195	642	553	114
2006	1121	632	489	104
2007	967	521	446	39
2008	817	553	264	8
2009	449	306	143	23
2010	358	234	124	18

第三节　人事任免

任免制度

2001 年 5 月 15 日，丽水市第一届人民代表大会常务委员会第三次会议审议通过《丽水市人民代表大会常务委员会任免国家机关工作人员办法》，就人事任免范围、任免程序、任免方法、任免公布等作出具体的规定。2008 年 10 月 24 日，丽水市第二届人民代表大会常务委员会第二十五次会议对《丽水市人民代表大会常务委员会任免国家机关工作人员办法》进行修订。2009 年 5 月 7 日，丽水市二届人大常委会主任会议第六十二次会议通过《丽水市人民代表大会常务委员会任命国家机关工作人员任前法律知识考试办法》。办法规定，对补充任命的国家机关有关工作人员在任命前，组织被提请任命人员进行法律知识考试。法律知识考试由丽水市人大常委会代表与选举任免工作委员会负责，考试结果须向主任会议成员报告，并反馈给丽水市委组织部、提请任命的机关和参加考试人员。法律知识考试合格后方可提请常委会审议任命。

截至2010年12月30日，丽水市二届人大常委会第四十二次会议任免选举574人次。任免丽水市人大常委会机关各部门负责人以及有关人员74人，其中任命37人，免职19人，接受辞职18人；任免丽水市政府组成人员134人，其中决定任命95人，决定免去28人，接受辞职8人，代理职务3人；任免法院人员210人，其中任命144人，免去62人，接受辞职2人，代理职务2人；任免检察院人员156人，其中任命88人，免去17人，批准任命27人，接受辞职2人，批准辞职20人，代理职务2人。被任命的丽水市政府组成部门主要负责人、市法院、检察院负责人须向丽水市人大常委会报告年度履职情况。丽水市二届人大常委会主任会议分批听取组成部门负责人履职情况的报告。新一届市政府组成部门主要负责人表态发言在《丽水日报》刊登，接受社会监督。

丽水市人民政府市长、副市长及两院主要负责人一览

表23-5-3-1

职务	姓　名	任职时间
市长	谢力群	市一届人大第一次会议当选、市一届人大常委会第二十四次会议上辞去职务
	刘希平	市一届人大第五次会议当选、市二届人大第一次会议当选、市二届人大常委会第六次会议上辞去职务
	陈荣高	市二届人大第二次会议当选、市二届人大常委会第二十一次会议上辞去职务
	卢子跃	市二届人大第五次会议当选、市二届人大常委会第四十四次会议上辞去职务
副市长	吕子春	市一届人大第一次会议当选
	庄志清	市一届人大第一次会议当选、市二届人大第一次会议当选、市二届人大常委会第二十八次会议上辞去职务
	刘秀兰(女)	市一届人大第一次会议当选、市二届人大第一次会议当选、市二届人大常委会第二十八次会议上辞去职务
	肖建中	市一届人大第一次会议当选、市二届人大第一次会议当选、市二届人大常委会第十五次会议上辞去职务
	叶朝丐	市一届人大第一次会议当选、市二届人大第一次会议当选、市二届人大常委会第四十五次会议上辞去职务
副市长	沈仁康	市一届人大第一次会议当选、市二届人大第一次会议当选、市二届人大常委会第四十三次会议上辞去职务
	金建新	市二届人大第一次会议当选
市中级人民法院院长	蒋剑巍	市一届人大第一次会议当选、市一届人大常委会第三十六次会议上辞去职务
	斯金锦	市二届人大第一次会议当选、市二届人大常委会第二十七次会议上辞去职务
	黄文斌	市二届人大第五次会议当选
市人民检察院检察长	李泽明	市一届人大第一次会议当选、市一届人大常委会第十七次会议上辞去职务
	陈长华	市一届人大第四次会议当选、市二届人大第一次会议当选、市二届人大常委会第十次会议上辞去职务
	陈海鹰	市二届人大第三次会议当选

说明：两院主要负责人指市人民法院院长、市人民检察院检察长

丽水市第一届和第二届人大常委会任免情况一览

表 23-5-3-2　　　　单位：人

项　目	人大常委会	市政府	市法院	市检察院
任　命	37	—	144	88
免　去	19	—	62	17
决定任命	—	95	—	—
决定免去	—	28	—	—
批准任命	—	—	—	27
接受辞职	18	8	2	2
批准辞职	—	—	—	20
代理职务	—	3	2	2

述职评议

述职评议①和执法、司法评议简称“两项”评议。一是指丽水市人大常委会任命的国家机关工作人员，向丽水市人大常委会报告履行职责情况，由丽水市人大常委会组成人员进行评议、审议。述职评议的主体是丽水市人大常委会组成人员，评议的对象是丽水市政府及其所属部门、审判机关、检察机关中由丽水市人大常委会任命的干部；二是指行政机关、司法机关工作人员特别是领导干部的执法情况，由丽水市人大常委会主任会议组织丽水市人大代表进行评议和审议。执法、司法评议的对象是“一府两院”执法部门。评议方式分为书面评议和口头评议。

评议工作分为四个阶段。一是准备阶段。丽水市人大常委会组成人员组成评议调查组，可以吸收部分市人大代表参加。二是调查阶段。在评议前开展调查，到述职人所在机关及所属单位召开座谈会和个别交谈，听取意见；走访分管领导和相关部门，征求对述职人的意见；查阅有关材料和实地察看工作情况；征集部分市民的意见和建议。委托审计部门对述职人单位的本级财务收支情况进行审计。评议调查组形成调查材料，审计部门提出审计结果报告，经主任会议审定后，提交丽水市人大常委会会议。三是述职评议阶段。丽水市人大常委会举行会议进行述职评议。四是整改阶段。根据丽水市人大常委会送达的评议意见和指出的存在问题，述职人员在述职评议后的2个月内，向丽水市人大常委会书面报告整改情况。丽水市人大常委会可视情况对整改情况进行跟踪督查。

2002年12月，丽水市一届人大常委会第十五次会议通过《丽水市人民代表大会常务委员会述职评议工作暂行办法》。办法规定从2004年开始，丽水市人大常委会任命的市政府组成部门负责人、市中级人民法院副院长、市人民检察院副检察长在每年12月底向丽水市人大常委会提交书面述职报告。述职报告内容包括述职干部任职以来，贯彻执行法律法规、依法行政、公正司法方面的情况；贯彻落实丽水市人大及其常委会决议、决定及办理丽水市人大代表提出的建议、批评和意见的情况。常委会领导根据报告人履职情况提出整改意见。

从2002年开始，丽水市人大常委会开展“两项评议”工作，先后对市对外贸易经济合作局局长

① 含口头与书面评议。

翁争鸣、市林业局局长王瑞亮进行述职评议；对市国土资源局局长叶杰耀、市民族宗教事务局局长徐永武进行书面评议；市政府秘书长、主任、局长等市政府组成人员 26 人进行每人 10 分钟的年度工作报告，丽水市人大常委会组成人员进行现场测评。丽水市人大常委会根据测评结果反馈测评意见。2003 年，丽水市人大常委会对市建设局局长陶国忠进行述职评议。2004 年，丽水市人大常委会对市卫生局局长孟文贤进行书面述职评议，对市教育局局长江春松进行述职评议。2006 年 8 月 27 日，全国人民代表大会常务委员会第二十三次会议通过《监督法》，此后不再进行述职评议，采用主任会议分批听取被任命人员的履职报告、并进行口头反馈的方式。2008 年，丽水市人大常委会主任会议听取市民政局局长汪帆、市水利局局长胡雄光的履职报告；2009 年，丽水市人大常委会主任会议听取市卫生局局长郑利剑的履职报告；2010 年，丽水市人大常委会主任会议听取市建设局局长孙俐珑、市环保局局长叶沙平的履职报告。

2003 年，丽水市一届人大常委会第二十一次会议组织市人大代表，评议市公安局执法工作。2004 年，丽水市一届人大常委会第二十八次会议组织市人大代表对市中级人民法院司法工作进行评议。2005 年，丽水市一届人大常委会第三十五次会议组织市人大代表对市人民检察院司法工作进行评议。

第四节　议案、建议与办理

议案处理

根据《地方组织法》的规定，地方各级人民代表大会举行会议的时候，主席团、常务委员会、各专门委员会、本级人民政府，可以向本级人民代表大会提出属于本级人民代表大会职权范围内的议案，由主席团决定提交人民代表大会会议审议，或者先交有关的专门委员会审议、提出报告，再由主席团审议决定提交大会表决。县级以上的地方各级人民代表大会代表 10 人以上联名，可以向本级人民代表大会提出属于本级人民代表大会职权范围内的议案，由主席团决定是否列入大会议程，或者先交有关的专门委员会审议，提出是否列入大会议程的意见，再由主席团决定是否列入大会议程。

会议上代表提出的议案，先由会议秘书处向主席团提出关于议案处理意见的报告，主席团决定列入大会议程，并由会议表决通过的，作为议案办理。主席团决定不列入大会议程的议案，可以委托市人大常委会审议并作出决议，也可以改为代表建议、批评、意见（以下简称“建议”），与代表提出的其他建议一并交有关部门办理并负责答复代表。

历次市人民代表大会会议期间的议案，主席团决定列入大会议程进行审议的很少，只有市一届人大第二次会议将三个内容相近的议案作为共同议案，列入大会议程。经过审议，会议作出《关于加快实施“生态立市、绿色兴市”战略的决议》。

历届议案建议

从历届会议来看，主席团决定作为议案委托丽水市人大常委会审议并作出决议的并不多，绝大部分改为代表建议交有关部门一起办理，并答复代表。

丽水市人民代表大会历次会议代表议案和建议一览

表 23-5-4-1　　　　单位：件

届　次	列入会议议案总数	代表提出议案总数	其　中				代表提出的建议总数
			政治法律	财政经济	教科文卫	其他	
一届一次	0	107	3	60	19	25	116
一届二次	3	73	4	38	17	14	56
一届四次	1	76	2	60	12	2	56
一届五次	0	82	资料上未分类				73
一届六次	0	63	3	38	11	11	54
二届一次	2	68	4	27	8	29	75
二届二次	0	47	—	21	2	24	62
二届四次	0	24	2	16	—	6	108
二届五次	1	9	1	6	1	1	94
二届六次	1	27	1	18	—	8	75
二届七次	0	14	—	10	—	4	83

说明：丽水市一届人大第三次会议、丽水市二届人大第三次会议的主要议程为选举浙江省人大代表，没有安排代表提交议案和建议。丽水市一届人大第二次会议将三个内容相近的议案作为共同议案，列入大会议程，作出决议

丽水市人民代表大会历次会议上被列为会议议案一览

表 23-5-4-2

<table>
<tr><th>序号</th><th>提出议案的代表</th><th>议案内容</th><th>处理结果</th></tr>
<tr><td rowspan="3">一届二次</td><td>吕大德等代表 16 人</td><td>关于加快实施“生态立市、绿色兴市”战略，建设“浙江绿谷”的议案</td><td rowspan="3">主席团决定将三个议案作为共同议案，列入本次大会议程，作出《关于加快实施“生态立市、绿色兴市”战略的决议》</td></tr>
<tr><td>陈灵敏等代表 11 人</td><td>关于要求加快实施“生态立市、绿色兴市”发展战略作出决议的议案</td></tr>
<tr><td>柳旭波等代表 11 人</td><td>关于加大投资力度，加强瓯江上游生态建设的议案</td></tr>
<tr><td>一届四次</td><td>俞春雨等代表10 人</td><td>关于优化环境，促进招商引资工作，实现可持续发展的议案</td><td>作为本次会议议案，委托市人大常委会审议作出决议，交市政府办理</td></tr>
<tr><td rowspan="2">二届一次</td><td>邱香兰等代表10 人</td><td>关于扎实推进社会主义新农村建设的议案</td><td rowspan="2">作为本次会议议案，委托市人大常委会审议分别作出决议，交市政府办理</td></tr>
<tr><td>廖永平等代表 10 人</td><td>关于加强瓯江流域综合治理的议案</td></tr>
<tr><td>二届五次</td><td>阙莉莉等代表 11 人</td><td>关于促进丽水市旅游产业发展的议案</td><td>作为本次会议议案，委托市人大常委会审议作出决议，交市政府办理</td></tr>
<tr><td>二届六次</td><td>王慧珍等代表 15 人</td><td>关于加快推进丽水市生态文明建设的议案</td><td>作为本次会议议案，委托市人大常委会审议作出决议，交市政府办理</td></tr>
</table>

建议案办理

丽水市人大代表认真履行代表职责，按照法律、法规的要求，在会议期间和闭会期间提出许多建设性的意见、建议，为丽水市的经济发展和精神文明建设作出很大贡献。根据地方组织法关于“县级以上地方各级人民代表大会代表向本级人民代表大会及其常务委员会提出的各方面工作的建议、批评和意见，由本级人民代表大会常务委员会的办事机构交有关机关和组织研究处理并负责答复”的规定，代表提出建议、批评和意见后，丽水市人大常委会办事机构将代表的议案、建议转交市政府有关部门进行办理，负责办理的有关机关和单位均进行认真研究办理，予以答复。

2001年5月15日，丽水市一届人大常委会第三次会议通过《丽水市人民代表大会代表建议、批评、意见办理规定》，就代表建议的交办、承办、检查监督等方面作明确具体规定。2006年6月27日，丽水市第二届人大常委会第四次会议重新修订，使之更加完善。

人民代表大会会议期间，由议案组对代表提出的建议按归属部门进行分类，将建议情况向会议报告，闭会后由丽水市人大常委会交由有关部门办理。每次会议选择若干建议确定为重点建议，由丽水市政府领导领办，丽水市人大常委会领导跟踪督办。建议交办后，代表与选举任免工委及相关工委，负责对建议办理情况进行督办。一般情况下，在建议交办三个月后，常务委员会对建议办理情况进行专题审议。丽水市第一届人民代表大会期间，收到代表建议、批评和意见878件，均按规定期限办理完毕并答复代表，办结率为99.90%。代表表示满意或基本满意的占96%；丽水市第二届人民代表大会期间，收到代表建议、批评和意见713件，均按规定期限办理完毕并答复代表，办结率为99.90%。代表表示满意或基本满意的占96.40%。

第一届、第二届丽水市人大代表议案、建议办理情况

表23-5-4-3　　单位：件

年份	届次	代表提议案数	其中		代表建议数	办结数	其中				收回代表反馈表
			列为大会议案	作为建议处理			解决或部分解决	正解决或计划解决	暂时未能解决	留作参考	
2001	一届一次	106	—	106	132	238	88	82	41	27	190
2002	一届二次	3	1	—	157	157	48	—	29	8	79
2003	一届四次	76	1	75	81	156	66	52	18	15	56
2004	一届五次	82	—	82	114	196	57	73	40	20	83
2005	一届六次	63	—	63	68	131	39	72	16	4	52
2006	二届一次	68	2	66	100	166	29	87	39	11	69
2007	二届二次	47	—	47	71	118	32	70	14	2	101
2008	二届四次	24	—	24	141	165	57	70	29	9	161
2009	二届五次	9	1	8	113	121	64	44	11	2	120
2010	二届六次	27	1	26	118	143	78	46	18	1	142

第六章　市人大机构

2001年丽水市人民代表大会常务委员会建立前，按照中共浙江省委、浙江省人大的安排，丽水地区先后设立丽水地区人大工作联络员、地区人大工作联络组、地区人大工作委员会。2001年1月8日，丽水市第一届人民代表大会第一次会议召开，地级丽水市人民代表大会建立，丽水市人大工作进入正常化、规范化、制度化的轨道。

第一节　丽水地区人大工作联络员办公室

1984年，中共浙江省委决定在丽水、金华、台州、舟山4个地区设立人大工作联络员、联络员办公室。1985年月1月，浙江省人大常委会办公厅下发《关于设立地区人大工作联络员的通知》。经中共丽水地委研究，霍在宝为丽水地区人大工作联络员。地区人大联络员办公室有联络员1人，工作人员3人。

视察和调研

丽水地区人大工作联络员办公室组织或者部署各县（市）人大常委会组织当地的全国、浙江省人大代表开展视察活动，组织全国人民代表大会会议前的人大代表视察活动3次。调查了解丽水地区及丽水、青田、龙泉3个县的国民经济计划、预决算执行情况及体制改革、对外开放等情况；视察紧水滩、石塘水电站建设（主要是移民工作中经验教训和存在问题及建议）、景宁畲族自治县上年度国民经济计划、财政预决算执行情况；视察瓯江水质污染情况，并提出意见和建议。

工作交流

1985年1月后，丽水地区人大工作联络员办公室每年召开丽水地区县（市）人大常委会主任会议2次。1985年，丽水地区人大工作联络员办公室组织各县人大常委会主任到广东省韶关、深圳等地考察学习。丽水地区人大工作联络员办公室深入基层调研，了解各县人大工作开展情况和各县经济社会发展情况。

第二节　丽水地区人大工作联络组

1986年10月，浙江省人大常委会将地区人大工作联络员改建为地区人大工作联络组。设组长

1人，副组长2人，办公室工作人员4人。1987年7月，中共丽水地委建立丽水地区人大工作联络组，任命徐松林兼任地区人大工作联络组组长，孙玉亭为副组长。1988年6月，任命王勋为副组长。丽水地区人大工作联络组组织人大代表视察、调研、执法检查，对全区有关工作提出意见和建议；定期召开全区县（市）人大常委会主任会议；加强与县（市）人大常委会的联系和沟通，及时督促相关工作监督；部署县（市）人大常委会开展监督工作；组织外出考察、培训等活动，加强人大干部队伍建设。

视察和调研

1988年3月，丽水地区人大工作联络组组织丽水市（县级）的六届、七届全国人大代表视察丽水市（县级）、遂昌县，了解工业企业承包经营责任制落实、企业横向经济联合、企业出口创汇外向型经济发展及上年度国民经济计划、财政预算执行和贯彻改革开放各项政策措施等情况。1988年11月11—15日，丽水地区人大工作联络组组织丽水市（县级）部分浙江省人大代表视察松阴溪污染，就加强松阴溪水质污染治理工作提出建议。1989年2月27日至3月6日，丽水地区人大工作联络组组织丽水市（县级）的全国人大代表视察全区林业农业生产和粮食生产情况。

执法检查

1987年7—10月，丽水地区人大工作联络组部署各县（市）人大常委会开展以宪法为核心的执法检查，发出《全区重大违法案例的报告》。《报告》通报各县（市）尚未办结的15件重大违法案件处理情况，督促地区有关部门及县（市）人大常委会做出处理。

第三节　丽水地区人大工作委员会

1989年9月5日，浙江省第七届人大常委会第十一次会议决定设立浙江省人民代表大会常务委员会丽水地区工作委员会，委员会下设办公室，核定行政编制7名。会议任命徐松林为丽水地区人大工委主任，孙玉亭、王勋为丽水地区人大工委副主任。林彬、虞文喜、周国达、柯焕然、时养民先后任副主任。钱金全、钱坤、雷明亮、樊宝兴、金学明先后任委员。正副主任、专职委员不占委员会办事机构编制。1990年，丽水地区人大工作委员会办公室下设法制科、综合科、秘书科。1991年，定编制8名。1992年，定编制10名。1993年，定编制11名。1995年，丽水地区人大工作委员会设处级办事机构工委办公室，下设综合秘书科、法制代表科、财经科教科。1997年，丽水地区人大工作委员会办公室增加工勤人员行政编制2名。1997年，丽水地区人大工作委员会办公室下设综合秘书科、法制代表科、财经科教科、行政接待财务科、科教文卫民族华侨科。

视察和调研

丽水地区人大工作委员会组织丽水市（县级）的全国人大代表视察山区道路建设和交通情况、金温铁路工程建设和330国道丽缙复线工程建设情况、瓯青线青田沿江大桥工程建设、瓯江流域综合治理与开发、金丽温高速公路和53省道丽水市段改建工程、市政建设和旅游开发等情况。1995年始，丽水地区人大工作委员会组织丽水市的浙江省人大代表关注瓯江流域水质污染治理工作。彻底解决松阳、遂昌、庆元、景宁四家造纸厂的水质污染问题。组织丽水市的全国、浙江省人大代表视察地区公安局、工商局、卫生局的纠风治乱工作和地区公安、卫生、教委三部门的乱收费治理工作，部署县（市）人大常委会组织当地的县级以上各级人大代表视察看守所工作。丽水地区人大工作委员会组织丽水市的全国、浙江省人大代表视察丽水地区中级人民法院和丽水检察分院工作，制定出台《关于认真贯彻省人大决议，切实加强法院执行工作的意见》。丽水地区人大工作委员会专题调查《村民委员会组织法》贯彻实施情况。

执法检查

丽水地区人大工作委员会开展《中华人民共和国行政诉讼法》实施准备情况、农业法、农业技术推广法、食品卫生法及《浙江省实施〈中华人民共和国食品卫生法〉办法》、水土保持法、森林法等法律法规的执法检查32部，开展矿产资源法规、归侨侨眷权益保护法及《浙江省实施〈中华人民共和国归侨侨眷权益保护法〉办法》等法律法规10多部的执法检查。

执法责任制全面实行

1997年4—11月，丽水地区和九县（市）在部门10个单位36个中开展执法责任制试点。1998年下半年起，丽水地区人大工作委员会在全区各国家行政机关、审判机关、检察机关推行执法责任制、错案和执法过错责任追究制。

县、乡人大工作指导

丽水地区人大工作委员会定期召开地方人大常委会主任会议，指导县（市）、乡两级人大换届选举和人民代表大会会议，指导县级人大推荐全国人大代表候选人、选举省人大代表、调研县、乡两级人大工作。举办县（市）人大常委会委员、乡（镇）人大主席等各类培训班，向地委提出《关于在撤区扩镇并乡过程中加强镇乡级人大组织建设的报告》，加强镇撤区扩镇并乡过程中乡级人大组织建设。

理论研究与信息宣传

丽水地区人大工作委员会组织理论研讨会、地方人大常委会设立、人民代表大会制度建立、宪法颁布周年系列纪念活动，参加13个省34个地（盟、市）人大工作联席会和闽浙赣皖4个省9个地（市）人大工作联席会，创办《丽水人大》杂志，编印《丽水人大工作》和《情况交流》，连续8年联合地委宣传部开展“宣传人民代表大会制度好新闻”评选活动。

1985—2001年省人大丽水地区委员会领导人一览

表23-6-3-1

届别	姓名	性别	民族	籍贯	职务	任职年月
联络员	霍在宝	男	汉	山东邹平	联络员	1985年1月—1987年7月
联络组	徐松林	男	汉	浙江衢县	组长	1987年7月—1989年9月
	孙玉婷	男	汉	山东龙口	副组长	1987年7月—1989年9月
	王　勋	男	汉	浙江桐庐	副组长	1987年7月—1989年9月

续表 23-6-3-1

届别	姓名	性别	民族	籍贯	职务	任职年月
省人大丽水地区工委	徐松林	男	汉	浙江衢县	主任	1989 年 9 月—2001 年 1 月
	孙玉婷	男	汉	山东龙口	副主任	1989 年 9 月—1990 年 11 月
	王　勋	男	汉	浙江桐庐	副主任	1989 年 9 月—1997 年 7 月
	林　彬	男	汉	浙江永康	副主任	1990 年 2 月—1995 年 4 月
	虞文喜	男	汉	浙江东阳	副主任	1990 年 11 月—1995 年 1 月
	周国达	男	汉	浙江永康	副主任	1993 年 7 月—2001 年 1 月
	柯焕然	男	汉	浙江缙云	副主任	1995 年 1 月—2001 年 1 月
	时养民	男	汉	江西鳌源	副主任	1997 年 10 月—1998 年 12 月

第四节　丽水市人民代表大会

丽水市第一届人民代表大会

2001 年 1 月 8 日，丽水市第一届人民代表大会第一次会议召开，产生地级丽水市第一届人民代表大会。丽水市一届人大从 2001 年 1 月 8 日起至 2006 年 1 月 8 日止，任期 5 年，召开代表大会 6 次。

会议筹备　筹备工作分三个阶段。第一阶段是酝酿准备阶段（2000 年 1—5 月）。2000 年 1 月 28 日，丽水地区人大工委上报《关于撤地设市做好市第一届人代会筹备工作及市人大常委会机构设置的建议意见》。第二阶段是基础性阶段（5—9 月）。丽水地区人大工委提出丽水市一届人大代表名额及分配、丽水市一届人大常委会组成人员名额、丽水市一届人大代表资格确定办法初步方案、原丽水市（县级）撤市设区请示的法律程序等。浙江省九届人大常委会第二十一次会议审议批准丽水市一届人大代表名额 339 人、丽水市一届人大常委会组成人员名额 31 人。第三阶段是实质性阶段（9—12 月）。9 月 29 日，丽水市委转发浙江省委决定，建立丽水市人大筹备小组。组长丁耀民，副组长徐松林、贾若忠、张福新等 6 人，成员张春法、邵娟萍等 5 人。丽水市人大筹备小组和丽水地区人大工委党组向丽水市委提出《关于丽水市第一届人代会选举工作若干问题的报告》，由丽水市委批转至各地各单位。10 月 9 日，丽水市委召开全市人大代表选举工作会议，动员部署第一届市人大代表选举工作。11 月下旬至 12 月上旬，各县（市、区）和驻丽部队按照丽水市委统一部署，先后召开人代会或军人大会，选举产生丽水市第一届人大代表 325 人[①]。

会议情况　2001 年 1 月 8 日，丽水市第一届人民代表大会第一次会议召开，选举产生第一届丽水市人民代表大会常务委员会主任、副主任、秘书长、委员，丽水市人民政府市长、副市长，丽水市中级人民法院院长和丽水市人民检察院检察长。

① 其中本人提出辞去丽水市人大代表职务 1 人。

丽水市第二届人民代表大会

2006 年 1 月 8—12 日，丽水市第二届人民代表大会第一次会议召开，出席会议代表 331 人，列席会议 78 人。会议听取和审议丽水市政府关于丽水市国民经济和社会发展第十一个五年规划纲要的报告，丽水市人大常委会、人民法院、人民检察院工作报告。会议审查计划、财政报告。会议批准丽水市国民经济和社会发展第十一个五年规划纲要，通过上述各项报告并作出相应决议。会议选举产生丽水市第二届人民代表大会常务委员会组成人员、丽水市人民政府市长副市长，丽水市中级人民法院院长和丽水市人民检察院检察长。

丽水市第二届人民代表大会任期 6 年，召开会议 7 次。

第七章　各县人民代表大会

1949 年 10 月中华人民共和国成立时确立国家政权制度是人民代表大会制度，但由于当时不具备实行普选的条件，按照中央人民政府的规定，丽水各县就采取县级各界人民代表会议这种过渡形式，代行人民代表大会制度，直至 1954 年各县召开第一届人民代表大会会议为止。1954 年 7 月 7—19 日，丽水各县在全面完成基层普选制的基础上，先后召开各县第一届人民代表大会第一次会议，人民代表大会制度正式建立和完善。

第一节　县各界人民代表会议

1949 年 10 月至 1950 年 7 月，丽水各县遵照中央“关于新解放区的县应一律召开全县性各界人民代表会议”的指示，先后有丽水、龙泉、云和、庆元、缙云、松阳、景宁 7 县召开第一次各界人民代表会议，1950 年后又有青田、遂昌、宣平 3 个县召开。1949 年 11 月 28 日的政务院第八次政务会议、12 月 2 日的中央人民政府委员会第四次会议分别通过《县各界人民代表会议组织通则》（以下简称“《组织通则》”），《组织通则》规定县各界人民代表会议的性质、职权、代表产生和构成，同时也对会议的召开作出规定，要求县各届人民代表会议每三个月召开一次，经县人民政府或县各界人民代表会议三分之一代表提议，可以提前或延迟召开。从丽水各县在 1949—1953 年期间召开的情况看，丽水县召开 11 次，龙泉县、云和县、遂昌县分别召开 10 次，青田县、庆元县、景宁县分别召开 9 次，松阳县、宣平县分别召开 7 次，缙云县召开 6 次。会议内容按每年的工作的重点进行安排。如 1949 年各县会议主要内容为以建立各类组织、减租减息、剿灭土匪、征收农业等为中心工作。

丽水各县根据《组织通则》建立各界人民代表会议常务委员会，选举主席 1 人，副主席若干人及委员若干人，并规定常务委员会会议内容。

第二节　各县人民代表大会

1954年7月7—19日，丽水各县在全面完成首次基层普选的基础上，先后召开县第一届人民代表大会第一次会议。1966年开始的十年“文化大革命”，使各县的人民代表大会未能依法如期召开。1978年12月，中共十一届三中全会召开，人民代表大会制度得到恢复和发展。1980年7月，丽水县召开第七届人民代表大会第一次会议，随后，龙泉、青田、云和、庆元、缙云、遂昌、松阳、景宁等县先后召开县人民代表大会第一次会议。县级人民代表大会制度得到全面恢复。各县人民代表大会会议由本级人民代表大会常务委员会召集，每次会议举行预备会议，表决通过会议主席团和秘书长名单，通过会议议程和财政预算审查委员会名单及其他各准备事项的决定。预备会议由本级人民代表大会常务委员会主持。主席团主持县人民代表大会会议。县人民代表大会设秘书处、代表资格审查委员会、提案审查委员会等。丽水各县人民代表大会每年至少举行一次。县级人民代表大会会议要听取和审查本级政府、人大常委会、法院、检察院的工作报告及有关的报告，同时分别对工作报告、计划、预算及决算作出决议或决定。每届县人民代表大会第一次会议选举本级人大常委会组成人员，县长、副县长、人民法院院长、人民检察院检察长①。

根据1954年《中华人民共和国宪法》《地方各级人民代表大会和地方各级人民委员会组织法规定》，丽水各县人民代表大会都建立县人民代表大会常务委员会。作为县人民代表大会常设机构，县人民代表大会常务委员会在县级人民代表大会闭会期间行使县人民代表大会权力。县级人大常委会设置工作部门，有的县根据实际情况可增设部门，如青田县设立民族宗教华侨工作委员会等。

① 须报上级检察院检察长提请该级人大常委会批准。

第二十四篇

地 方 政 府

1 政府机构

2 行政审批

3 外事工作

4 台湾事务

5 机关事务

概　述

丽水最早设置地级政务机构的时间，可上溯到隋朝。自隋开皇九年（589）置处州起，曾设州、郡、路、府。1949年8月3日，浙江省第七专区专员公署成立，为省人民政府派出机构，专员公署设部门14个。10月10日，更名为丽水专区专员公署，驻丽水城内孔子庙。1952年1月19日，丽水专区专员公署撤销，所辖各县分别划归温州、金华、衢州专区。1963年5月9日，国务院批准恢复丽水专员公署，为浙江省人民委员会派出机构，驻丽水城郊白云山脚五宅底。1966年5月，"文化大革命"开始，专员公署停止工作。1968年11月18日，丽水地区革委会成立，为一级政权组织，驻丽水城内灯塔街76号。1978年9月16日，丽水地区革委会改为丽水地区行政公署，为省人民政府派出机构。1995年8月，行署设工作部门35个。2000年5月20日，国务院发出《关于同意浙江省撤销丽水地区设立地级丽水市的批复》。6月6日，浙江省人民政府发出《关于撤销丽水地区设立地级丽水市的通知》。撤地设市后，丽水市人民政府正式建立，为地方一级人民政府。2006年10月8日，丽水市人民政府转地由莲都区城东路99号，迁址花园路1号。

2000年撤地建市后，丽水市人民政府坚持以经济建设为中心，实施"生态立市，工业强市，绿色兴市"发展战略，注重深化改革，推进全市经济社会事业改革发展。在中共丽水市委领导下，首次把"工业强市"融入丽水市经济发展的重大战略决策，重点突出工业在丽水市经济发展中的地位与作用，"工业强市"成为丽水市经济发展的主旋律。在"工业强市"的同时，高度重视生态建设。把生态建设、平安建设、绿谷文化建设、城市文明建设作为大事来抓，使丽水城市面貌发生根本性变化。大力开发生态旅游资源，发展旅游事业。大规模建设和改造城市基础设施。丽水市人民政府坚持高起点规划、高标准建设、高强度投入和高效能管理，加快丽水城市化建设步伐。

2003年，全市贯彻实施《中华人民共和国行政许可法》。2003—2004年，丽水市人民政府拟定《丽水市开展相对集中行政处罚权工作方案》，组建市城市行政执法机构，开展综合执法。为拓宽市民群众诉求表达渠道，建立健全党和政府主导的维护人民群众的权益机制，2004年3月，丽水市委、市政府在全省效能建设统一要求下，设立丽水市效能监察投诉中心。同年，市长热线并入"12345"便民电话，统称为"12345"市长热线，"中心"在丽水信息港、政府公众网、绿谷廉政网等媒体先后开通"12345"市长信箱。2006年，丽水市人民政府贯彻市委"依法治市"决策，制定《丽水市行政执法责任追究办法》《丽水市行政调解办法》。2008年，丽水市人民政府建立预防和化解行政争议机制，推进基层政府依法行政。2009年，丽水市人民政府完善市直部门《依法行政考核细则》。2010年，全市召开依法行政工作会议，加强法制宣传、教育。丽水市人民政府坚持多年开展行政监察、廉政监察、执法监察、效能监察。2009年、2010年，丽水市人民政府被浙江省人民政府评为依法行政工作优秀单位。

第一章 政府机构

地方政府旧称官府、衙门、公家等。封建时期州郡府衙囊括行政、立法、司法、军事等。现代政府仅指行政机关。随着社会发展和政治、经济生活日益复杂，政府职能不断扩大，社会公共事务管理职能逐步完善。自隋开皇九年(589)置处州，直至清末的封建时期、历设州、郡、路、府，其掌政为刺史、知州、达鲁花赤、知府。清宣统三年(1911)辛亥革命爆发后，丽水光复，成立处州军政分府。民国元年(1912)，撤销处州军政分府，由浙江都督府直接管辖。民国21年，设第十一县政督察区专员公署，其掌政为都督、专员。1949年5月丽水解放，8月，浙江省专区专员公署成立。10月，更名为丽水专区专员公署。1952年1月，丽水专区专员公署建置撤销。1963年5月，国务院批准恢复丽水专区专员公署建置，行政首长为专员。“文化大革命”中的1968年11月，丽水地区革命委员会成立，为一级政权组织，行政首长为革委会主任。1978年9月，丽水地区革命委员会改为丽水地区行政公署，为浙江省人民政府派出机构，行政首长为专员。2000年5月，丽水撤地设市建区，丽水市人民政府成立，行政首长为市长。

第一节 历代府衙

隋开皇九年(589)建处州直至清末，历时1322年。隋建处州后，设刺史一人，掌一州之政。大业三年(607)，改为永嘉郡，设太守一人，掌一郡之政。

唐武德四年(621)，改永嘉郡为栝州，设刺史一人。天宝元年(742)，改栝州为缙云郡，设太守一人。

宋绍兴年间(1131—1162)，处州设知州一人，掌一州之政；郡丞一人，分掌督粮、捕盗、海防等；通判一人，分掌粮运、督捕、水利等；推官一人，专掌一州之刑事；经历一人，掌收发文移；监酒税一人；司户一人；司狱一人，掌察理系囚；教授一人，掌一州之学政。

元至元十三年(1276)，改处州为处州路，设达鲁花赤、总管各一人，掌一路之政，同知、通判、推官、经历、治中、照磨、录事、学正、学录、教授、训导各一人。

据明万历七年(1579)《栝苍汇纪》记载：“处州府设知府一人，正四品，掌印；佐同知一人，正五品，清军；通判一人，正六品，督粮；推官一人，正七品，理刑；吏房司三人，户房司六人，粮科司三人，礼房司三人，兵房司六人，刑房司六人，工房司六人，承发司二人，架阁库一人，门子五人，皂隶三十七人。”

据清光绪三年(1877)《处州府志》记载，处州府官员有知府(掌一府之政)、同知(分掌督粮、捕盗等)、通判(分掌粮运、督捕、水利等)、推官(分掌一府刑事)、经历(掌管发文移)、照磨(掌磨勘卷宗)、司狱(掌察理系囚)、栝苍驿丞(掌邮传迎送)、教授(掌一府之学政)、训导(掌训迪一府学校生员)。

自隋代建州至清末,主治官员姓名有资料可查297人,其中复任者9人。元代以前缺漏甚多,唐贞观十一年(637)至开元二十三年(735),失载,现无从查考。明、清时期较为完整。

唐至清代处州主政官员一览

表24-1-1-1

朝代	名称	姓名	籍贯	职务	任职年月
唐代	栝州	徐莹	—	刺史	贞观十一年(637)
唐代	栝州	赵瑰	京兆长安	刺史	高宗(650—683)
唐代	栝州	姚弇	浃州平陵	刺史	开元初(713)
唐代	栝州	李邕	江都	刺史	开元二十三年(735)
唐代	栝州	王昱	—	刺史	开元二十六年(738)九月
唐代	栝州	张守珪	陕州河北	刺史	开元二十七年(739)
唐代	栝州	苗奉倩	—	刺史	开元二十八年(740)
唐代	缙云郡	韦坚	京兆万年	太守	天宝五年(746)
唐代	栝州	季景宣	—	刺史	广德二年(765)
唐代	栝州	裴士淹	—	刺史	大历年间(766—779)
唐代	栝州	王缙	太原祁人	刺史	大历年间(766—779)
唐代	栝州	第五琦	京兆长安	刺史	大历年间(766—779)
唐代	栝州	贾岌	—	刺史	大历年间(766—779)
唐代	处州	齐抗	义丰	刺史	贞元三年(787)
唐代	处州	李铝	—	刺史	贞元年间(785—805)
唐代	处州	李敬仲	—	刺史	贞元年间(785—805)
唐代	处州	苗稷	贝州武城	刺史	元和十二年(817)
唐代	处州	李繁	京兆	刺史	元和十二年(817)
唐代	处州	姚驷	—	刺史	元和年间(806—820)
唐代	处州	韦行立	—	刺史	长庆年间(821—824)
唐代	处州	韦纾	—	刺史	大和年间(827—835)
唐代	处州	李中敏	陕西	刺史	会昌年间(841—846)
唐代	处州	邢群	—	刺史	会昌年间(841—846)
唐代	处州	段成式	临淄	刺史	大中九年(855)
唐代	处州	徐戬	—	刺史	大中年间(847—860)
唐代	处州	姜肃	—	刺史	大中年间(847—860)
唐代	处州	唐枝	—	刺史	大中年间(847—860)
唐代	处州	崔济	—	刺史	大中年间(847—860)
唐代	处州	崔道纪	—	刺史	大中年间(847—860)

续表 24-1-1-1

朝代	名称	姓名	籍贯	职务	任职年月
唐代	处州	崔周衡	—	刺史	大中年间(847—860)
唐代	处州	姜还	—	刺史	大中年间(847—860)
唐代	处州	刘元勖	—	刺史	大中年间(847—860)
唐代	处州	卢约	浙江遂昌	自领刺史	中和元年至天佑四年(881—907)
唐代	处州	赵诩	陈州宛丘	刺史	光化年间(898—901)
唐代	处州	李方玄	荆州	刺史	天复年间(901—904)
唐代	处州	施坚实	浙江缙云	刺史	天佑年间(904—907)
五代	处州	俞浩	—	刺史	后梁(907—922)
五代	处州	沈承礼	湖州乌程	刺史	后梁(907—922)
五代	处州	曹仲达	临平	刺史	后唐(923—935)
北宋	处州	孙鹗	富春	知州	太平兴国六年至雍熙元年(981—984)
北宋	处州	陈若拙	卢龙	知州	端拱年间(988—989)
北宋	处州	杨亿	浦城	知州	咸平元年(998)九月
北宋	处州	仲简	—	知州	咸平年间(998—1003)
北宋	处州	张若谷	—	知州	咸平年间(998—1003)
北宋	处州	阳从易	—	知州	景德年间(1004—1007)
北宋	处州	吴千仞	福建侯官	知州	天禧二至四年(1017—1020)
北宋	处州	杜惟则	—	知州	乾兴元至天圣三年(1022—1025)
北宋	处州	刘承颜	—	知州	天圣七年二月至明道元年(1029—1032)
北宋	处州	黄禹昌	福建建瓯	知州	景祐二至四年(1035—1037)
北宋	处州	孙沔	会稽	知州	景祐年间(1034—1038)
北宋	处州	王含章	—	知州	宝元二年至庆历元年(1039—1041)
北宋	处州	江镐	—	知州	庆历元至三年(1041—1043)
北宋	处州	史纶	浙江嵊县	知州	庆历三至五年(1043—1045)
北宋	处州	李然明	—	知州	庆历五至七年(1045—1047)
北宋	处州	李尧俞	—	知州	皇祐年间(1049—1054)
北宋	处州	杜垂象	—	知州	皇祐年间(1049—1054)
北宋	处州	胡宗质	—	知州	皇祐年间(1049—1054)
北宋	处州	刘彝	福州长乐	知州	熙宁五至七年(1072—1074)
北宋	处州	陆琮	—	知州	熙宁七至十年(1074—1077)
北宋	处州	崔愈	—	知州	熙宁年间(1068—1077)
北宋	处州	楚潜	—	知州	元祐元至三年(1086—1088)
北宋	处州	丁鹭	—	知州	元祐三至五年(1088—1090)
北宋	处州	袁毂	浙江鄞县	知州	元祐六至九年(1091—1094)
北宋	处州	谢文瓘	陈州	知州	元祐年间至九年(1086—1094)

续表 24-1-1-1

朝代	名称	姓名	籍贯	职务	任职年月
北宋	处州	关景晖	会稽	知州	元祐年间至九年(1086—1094)
北宋	处州	刘泾	简州	知州	绍兴三年(1096)
北宋	处州	章甫	福建浦城	知州	建中靖国元年至崇宁元年(1101—1102)
北宋	处州	陈廓	江苏镇江	知州	崇宁元年至三年(1102—1104)
北宋	处州	魏仕	—	知州	崇宁三至五年(1104—1106)
北宋	处州	吴执中	福建松溪	知州	大观二至政和元年(1108—1111)
北宋	处州	罗畸	沙县	知州	政和二至三年(1112—1113)
北宋	处州	晏昙	—	知州	政和六至七年(1116—1117)
北宋	处州	杨嘉言	—	知州	政和年间(1111—1118)
北宋	处州	李孟传	—	知州	政和年间(1111—1118)
北宋	处州	钱竿	—	知州	政和年间(1111—1118)
北宋	处州	李大有	临江新喻	知州	宣和七年(1125)
北宋	处州	黄烈	浦城	知州	宣和年间(1119—1125)
北宋	处州	黄葆光	徽州	知州	宣和年间(1119—1125)
北宋	处州	周邦彦	钱塘	知州	宣和年间(1119—1125)
北宋	处州	张觷	福州	知州	宣和年间(1119—1125)
北宋	处州	汪恺	江西德兴	知州	靖康元年至建炎元年(1126—1127)
南宋	处州	许中	—	知州	建炎元至三年(1127—1129)
南宋	处州	沈晦	嘉兴	知州	建炎三年(1129)
南宋	处州	龙世清	—	知州	建炎四年(1130)
南宋	处州	梁颐吉	—	知州	建炎四年(1130)六月
南宋	处州	詹至	浙江建德	知州	建炎四至绍兴元年(1130—1131)
南宋	处州	陈戬	福建松溪	知州	绍兴元年(1131)五月
南宋	处州	苏迟	颍昌	知州	绍兴元年至三年(1131—1133)
南宋	处州	宋伯友	—	知州	绍兴三年(1133)四月
南宋	处州	赵子偁	—	知州	绍兴五至绍兴六年(1135—1136)
南宋	处州	吕丕问	—	知州	绍兴六年(1136)
南宋	处州	林待聘	浙江苍南	知州	绍兴七年(1137)四月
南宋	处州	孙佑	—	知州	绍兴七年(1137)七月
南宋	处州	王禔	—	知州	绍兴十一年(1141)
南宋	处州	施矩	—	知州	绍兴十一至十三年(1141—1143)
南宋	处州	林季仲	永嘉	知州	绍兴十三年(1143)
南宋	处州	汪淳禔	兰溪	知州	绍兴十五年(1145)
南宋	处州	赵善继	—	知州	绍兴二十一至二十四年(1151—1154)
南宋	处州	贾廷佐	真定	知州	绍兴三十一至三十二年(1161—1162)

续表 24-1-1-1

朝代	名称	姓名	籍贯	职务	任职年月
南宋	处州	刘大中	真州	知州	绍兴年间(1131—1162)
南宋	处州	陈公辅	台州	知州	绍兴年间(1131—1162)
南宋	处州	徐汲	毗陵	知州	绍兴年间(1131—1162)
南宋	处州	王庭芝	柯山	知州	绍兴年间(1131—1162)
南宋	处州	汪待举	衢州	知州	绍兴年间(1131—1162)
南宋	处州	叶颙	莆田	知州	绍兴年间(1131—1162)
南宋	处州	耿延禧	—	知州	绍兴年间(1131—1162)
南宋	处州	谢伋	—	知州	绍兴年间(1131—1162)
南宋	处州	徐度	—	知州	绍兴年间(1131—1162)
南宋	处州	吴谦	—	知州	绍兴年间(1131—1162)
南宋	处州	许尹	乐平	知州	绍兴年间(1131—1162)
南宋	处州	苏简	眉山	知州	绍兴年间(1131—1162)
南宋	处州	胡訢	余姚	知州	绍兴年间(1131—1162)
南宋	处州	吴芾	仙居	知州	绍兴年间(1131—1162)
南宋	处州	王次翁	淳安	知州	绍兴年间(1131—1162)
南宋	处州	王之望	谷城	知州	绍兴年间(1131—1162)
南宋	处州	钭滔	—	知州	绍兴年间(1131—1162)
南宋	处州	邹翊	毗陵	知州	绍兴年间(1131—1162)
南宋	处州	陈橐	余姚	知州	绍兴年间(1131—1162)
南宋	处州	高志	—	知州	乾道元年至二年(1165—1166)
南宋	处州	范成大	吴县	知州	乾道三年(1167)十二月
南宋	处州	夏尚忠	—	知州	乾道七至八年(1171—1172)
南宋	处州	姚述尧	钱塘	知州	乾道八至九年(1172—1173)
南宋	处州	楼璩	—	知州	乾道年间(1165—1173)
南宋	处州	赵善仁	—	知州	乾道七年至淳熙元年(1173—1174)
南宋	处州	陈孺	—	知州	淳熙元年至三年(1174—1176)
南宋	处州	钱仰之	—	知州	淳熙八年(1181)七月
南宋	处州	杨兴宗	—	知州	淳熙十至十一年(1183—1184)
南宋	处州	李处全	—	知州	淳熙年间(1174—1189)
南宋	处州	李翔	—	知州	淳熙年间(1174—1189)
南宋	处州	蒋行简	永嘉	知州	淳熙年间(1174—1189)
南宋	处州	徐邦宪	义乌	知州	淳熙年间(1174—1189)
南宋	处州	袁枢	建瓯	知州	淳熙年间(1174—1189)
南宋	处州	高持	—	知州	庆元五至六年(1199—1200)
南宋	处州	赵善坚	—	知州	庆元年间(1195—1200)

续表 24-1-1-1

朝代	名称	姓名	籍贯	职务	任职年月
南宋	处州	赵雍	—	知州	庆元年间(1195—1200)
南宋	处州	王元	丽水	知州	庆元年间(1195—1200)
南宋	处州	应元衮	—	知州	庆元年间(1195—1200)
南宋	处州	黄何	休宁五城	知州	嘉泰三至四年(1203—1204)
南宋	处州	李孟传	上虞	知州	开禧二至三年(1206—1207)
南宋	处州	赵希明	湖州	知州	嘉定元年至二年(1208—1209)
南宋	处州	商逸卿	—	知州	嘉定六至八年(1213—1215)
南宋	处州	赵筠父	—	知州	嘉定八至九年(1215—1216)
南宋	处州	赵伯麟	常山	知州	嘉定十五至十六年(1222—1223)
南宋	处州	王梦龙	—	知州	嘉定年间(1208—1224)
南宋	处州	张虙	慈溪	知州	嘉定年间(1208—1224)
南宋	处州	胡澄	—	知州	嘉定年间(1208—1224)
南宋	处州	黄宜	—	知州	嘉定年间(1208—1224)
南宋	处州	孙元忠	—	知州	嘉定年间(1208—1224)
南宋	处州	楼观	临海	知州	嘉定年间(1208—1224)
南宋	处州	赵必愿	余干	知州	嘉定年间(1208—1224)
南宋	处州	高惟月	福建淮安	知州	宝庆元年至三年(1225—1227)
南宋	处州	章樵	昌化	知州	绍定三至四年(1230—1231)
南宋	处州	叶武子	—	知州	绍定年间(1228—1233)
南宋	处州	高似孙	余姚	知州	绍定年间(1228—1233)
南宋	处州	马光祖	东阳	知州	嘉熙年间(1237—1240)
南宋	处州	陈采	—	知州	嘉熙四至淳祐二年(1240—1242)
南宋	处州	胡太初	天台	知州	淳祐十二年(1252)
南宋	处州	叶秀发	金华	知州	淳祐年间(1241—1252)
南宋	处州	赵善瀚	—	知州	淳祐年间(1241—1252)
南宋	处州	薛蒙	永嘉	知州	淳祐年间(1241—1252)
南宋	处州	刘钦	—	知州	宝祐四至六年(1256—1258)
南宋	处州	胡势卿	建德	知州	宝祐年间(1253—1258)
南宋	处州	刘安	—	知州	开庆元年(1259)
南宋	处州	钱焘	—	知州	景定年间(1260—1264)
南宋	处州	洪起畏	—	知州	景定年间(1260—1264)
南宋	处州	王克让	—	知州	景定年间(1260—1264)
南宋	处州	刘汉传	上虞	知州	咸淳七至八年(1271—1272)
南宋	处州	李雷奋	鄱阳	知州	咸淳年间(1265—1274)
南宋	处州	倪澄	金华	知州	咸淳十年至德祐元年(1274—1275)

续表 24-1-1-1

朝代	名称	姓名	籍贯	职务	任职年月
南宋	处州	梁椅	—	知州	德祐年间(1275—1276)
南宋	处州	李珏	—	知州	德祐年间(1275—1276)
南宋	处州	应俊	—	知州	年月无考
南宋	处州	彭椿	黄岩	知州	年月无考
南宋	处州	钱象祖	—	知州	年月无考
南宋	处州	赵善杠	—	知州	年月无考
元代	处州路	赵贲亨	山东冠县	达鲁花赤	至元年间(1271—1294)
元代	处州路	僧家奴	—	达鲁花赤	至元年间(1271—1294)
元代	处州路	凌德	杭州	总管	至元年间(1271—1294)
元代	处州路	斡勒好古	—	—	至元年间(1271—1294)
元代	处州路	孟淳	汉东	—	大德年间(1297—1307)
元代	处州路	脱钵	—	—	至大年间(1308—1311)
元代	处州路	程周	—	—	至大年间(1308—1311)
元代	处州路	周克敬	—	总管	延祐年间(1314—1320)
元代	处州路	三不都	—	—	至顺年间(1330—1333)
元代	处州路	月忍难	—	总管	至顺年间(1330—1333)
元代	处州路	卢景	—	—	后至元年间(1335—1340)
元代	处州路	韩裴	—	—	后至元年间(1335—1340)
元代	处州路	石林宜孙	柳城	总制	至正年间(1341—1368)
明代	安南府	孙炎	句容	总制	龙凤五至八年(1359—1362)
明代	安南府	耿再成	濠梁	镇守	龙凤五至八年(1359—1362)
明代	安南府	王道章	—	知州	龙凤五至八年(1359—1362)
明代	安南府	程孔晗	—	知州	龙凤八年(1362)
明代	处州府	刘仲廉	武昌	知府	洪武年间(1368—1398)
明代	处州府	李达	吉水	知府	洪武年间(1368—1398)
明代	处州府	徐麟	—	知府	洪武年间(1368—1398)
明代	处州府	谢子襄	新淦	知府	永乐年间(1403—1424)
明代	处州府	袁敬重	—	知府	永乐年间(1403—1424)
明代	处州府	武全	滁县	知府	永乐年间(1403—1424)
明代	处州府	黄澍	益都	知府	永乐年间(1403—1424)
明代	处州府	张佑	含山	知府	正统年间(1436—1449)
明代	处州府	李信奎	江西	知府	景泰年间(1450—1456)
明代	处州府	侯昌	衮州	知府	景泰年间(1450—1456)
明代	处州府	万安	京山	知府	景泰年间(1450—1456)
明代	处州府	周旭鉴	贵溪	知府	景泰年间(1450—1456)

续表 24-1-1-1

朝代	名称	姓名	籍贯	职务	任职年月
明代	处州府	周哲	莆田	知府	景泰年间(1450—1456)
明代	处州府	马伟	故城	知府	天顺年间(1457—1464)
明代	处州府	周祺	贵溪	知府	成化年间(1465—1487)
明代	处州府	李恒	华亭	知府	成化年间(1465—1487)
明代	处州府	胡有恒	山阳	知府	成化年间(1465—1487)
明代	处州府	韩斐	泰州	知府	成化年间(1465—1487)
明代	处州府	熊祥	四川资县	知府	成化年间(1465—1487)
明代	处州府	刘钰	天津卫	知府	成化年间(1465—1487)
明代	处州府	郭忠	肥乡	知府	成化年间(1465—1487)
明代	处州府	傅鼐	新河	知府	弘治年间(1488—1505)
明代	处州府	傅希说	武城	知府	弘治年间(1488—1505)
明代	处州府	陈忠	莒州	知府	弘治年间(1488—1505)
明代	处州府	沈华	四川	知府	弘治年间(1488—1505)
明代	处州府	谢辑	乐安	知府	弘治年间(1488—1505)
明代	处州府	白鹞	锦州	知府	弘治年间(1488—1505)
明代	处州府	梁辰	南海	知府	弘治年间(1488—1505)
明代	处州府	沈彦实	—	知府	弘治年间(1488—1505)
明代	处州府	刘斐	海阳	知府	正德年间(1506—1521)
明代	处州府	林富	莆田	知府	正德年间(1506—1521)
明代	处州府	黄体仁	莆田	知府	正德年间(1506—1521)
明代	处州府	范天锡	—	知府	正德年间(1506—1521)
明代	处州府	王俸	长沙	知府	嘉靖年间(1522—1566)
明代	处州府	张綋	上海	知府	嘉靖年间(1522—1566)
明代	处州府	张元电	资县	知府	嘉靖年间(1522—1566)
明代	处州府	潘润	建平	知府	嘉靖年间(1522—1566)
明代	处州府	吴仲	武进	知府	嘉靖年间(1522—1566)
明代	处州府	吴缙	凤翔	知府	嘉靖年间(1522—1566)
明代	处州府	孙存	滁州	知府	嘉靖年间(1522—1566)
明代	处州府	张厚	平原	知府	嘉靖年间(1522—1566)
明代	处州府	李冕	章邱	知府	嘉靖年间(1522—1566)
明代	处州府	董德明	桂林	知府	嘉靖年间(1522—1566)
明代	处州府	方介	合肥	知府	嘉靖年间(1522—1566)
明代	处州府	高超	莆田	知府	嘉靖年间(1522—1566)
明代	处州府	谢教	武进	知府	嘉靖年间(1522—1566)
明代	处州府	张太韶	太仓	知府	嘉靖年间(1522—1566)

续表 24-1-1-1

朝代	名称	姓名	籍贯	职务	任职年月
明代	处州府	李学礼	颍川	知府	隆庆年间(1567—1572)
明代	处州府	陈烈	建安	知府	隆庆年间(1567—1572)
明代	处州府	马明谟	广平	知府	万历年间(1573—1620)
明代	处州府	熊子臣	新昌	知府	万历年间(1573—1620)
明代	处州府	李实	泸州	知府	万历年间(1573—1620)
明代	处州府	陈九叙	漳平	知府	万历年间(1573—1620)
明代	处州府	喻均	西南	知府	万历年间(1573—1620)
明代	处州府	郭宗磐	晋江	知府	万历年间(1573—1620)
明代	处州府	任可容	怀宁	知府	万历年间(1573—1620)
明代	处州府	李纯	四川	知府	万历年间(1573—1620)
明代	处州府	许国忠	宣城	知府	万历年间(1573—1620)
明代	处州府	郑怀魁	龙溪	知府	万历年间(1573—1620)
明代	处州府	朱道相	万安	知府	万历年间(1573—1620)
明代	处州府	吴从诚	潜江	知府	万历年间(1573—1620)
明代	处州府	邓士昌	安州	知府	万历年间(1573—1620)
明代	处州府	陈见龙	潮阳	知府	万历年间(1573—1620)
明代	处州府	黄尧臣	莆田	知府	天启年间(1621—1627)
明代	处州府	任宏业	关中	知府	天启年间(1621—1627)
明代	处州府	李思敬	兴化	知府	天启年间(1621—1627)
明代	处州府	徐维藩	巴县	知府	崇祯年间(1628—1644)
明代	处州府	朱葵	丹徒	知府	崇祯年间(1628—1644)
明代	处州府	郑奎光	候官	知府	崇祯年间(1628—1644)
明代	处州府	陈之恪	武陵	知府	崇祯年间(1628—1644)
明代	处州府	汪宗明	泉州	知府	崇祯年间(1628—1644)
明代	处州府	倪祚善	桐城	知府	崇祯年间(1628—1644)
清代	处州府	罗丽辰	宁远	知府	顺治元年(1644)
清代	处州府	张元枢	—	知府	顺治二年(1645)
清代	处州府	张以谦	醴泉	知府	顺治三年(1646)
清代	处州府	王崇铭	山西阳城	知府	顺治七年(1650)
清代	处州府	叶树德	顺天大兴	知府	顺治十二年(1655)
清代	处州府	周茂源	华亭	知府	顺治十四年(1657)
清代	处州府	鲁近暹	孝感	知府	顺治年间(1644—1661)
清代	处州府	徐植	辽东	知府	顺治年间(1644—1661)
清代	处州府	孙大儒	山东莱阳	知府	康熙元年(1662)
清代	处州府	张怀德	辽东	知府	康熙六年(1667)

续表 24-1-1-1

朝代	名称	姓名	籍贯	职务	任职年月
清代	处州府	陈遇主	辽东	知府	康熙九年(1670)
清代	处州府	姚启圣	镶红旗	知府	康熙十三年(1674)
清代	处州府	线一信	辽东	知府	康熙十四年(1675)
清代	处州府	李率祖	铁岭	知府	康熙十八年(1679)
清代	处州府	黄肇熙	莆田	知府	康熙二十三年(1684)
清代	处州府	刘忠国	奉天	知府	康熙二十四年(1685)
清代	处州府	窦日严	直隶	知府	康熙二十五年(1686)
清代	处州府	刘廷玑	镶红旗	知府	康熙二十七年(1688)
清代	处州府	刘起龙	奉天	知府	康熙三十五年(1696)
清代	处州府	苏稷	辽东	知府	康熙五十六年(1717)
清代	处州府	姚钤	桐城	知府	雍正二年(1723)
清代	处州府	曹抡彬	贵州	知府	雍正七年(1729)
清代	处州府	陈沆	云南	知府	雍正十三年(1735)
清代	处州府	赋琏	旗人	知府	乾隆十七年(1752)
清代	处州府	觉罗雅尔塔	—	知府	乾隆十九年(1754)
清代	处州府	杨志道	湖北监利	知府	乾隆十九年(1754)
清代	处州府	仓圣潢	河南	知府	乾隆三十四年(1769)
清代	处州府	以常	旗人	知府	乾隆三十八年(1773)
清代	处州府	骆大鹏	—	知府	乾隆三十九年(1774)
清代	处州府	伊汤安	—	知府	乾隆四十三年(1778)
清代	处州府	杨成龙	永济	知府	乾隆四十四年(1779)
清代	处州府	保全	—	知府	乾隆年间(1736—1795)
清代	处州府	王绩著	武清	知府	嘉庆二年(1797)
清代	处州府	修仁	—	知府	嘉庆三年(1798)
清代	处州府	王绩著	武清	知府	嘉庆四年(1799)
清代	处州府	张士楹	—	知府	嘉庆五年(1800)
清代	处州府	王绩著	武清	知府	嘉庆六年(1801)
清代	处州府	时敏	—	知府	嘉庆八年(1803)
清代	处州府	方维祺	顺天长兴	知府	嘉庆十五年(1810)
清代	处州府	杨鑅	—	知府	嘉庆十五年(1810)
清代	处州府	徐国才	怀宁	知府	嘉庆十五年(1810)
清代	处州府	蒋廷瓒	—	知府	嘉庆十六年(1811)
清代	处州府	涂以梅	江西新城	知府	嘉庆十六年(1811)
清代	处州府	李昉	—	知府	嘉庆二十年(1815)
清代	处州府	吴光悦	江苏阳湖	知府	嘉庆二十二年(1817)

续表 24-1-1-1

朝代	名称	姓名	籍贯	职务	任职年月
清代	处州府	刘玉轮	—	知府	嘉庆二十二年(1817)
清代	处州府	孙德涵	—	知府	嘉庆二十四年(1819)
清代	处州府	刘炳	—	知府	嘉庆二十五年(1820)
清代	处州府	那布尔	正黄旗人	知府	道光元年(1821)
清代	处州府	刘玉轮	—	知府	道光二年(1822)
清代	处州府	雷学海	通州	知府	道光三年(1823)
清代	处州府	萧元桂	—	知府	道光四年(1824)
清代	处州府	唐亮均	—	知府	道光五年(1825)
清代	处州府	李荫圻	—	知府	道光十二年(1832)
清代	处州府	胡元熙	黟县	知府	道光十三年(1833)
清代	处州府	陆玉书	六合	知府	道光十四年(1834)
清代	处州府	于尚龄	金坛	知府	道光十八年(1838)
清代	处州府	恒奎	满洲	知府	道光十九年(1839)
清代	处州府	朱淳	云南	知府	道光二十四年(1844)
清代	处州府	方秉	桐城	知府	道光二十五年(1845)
清代	处州府	恒奎	满洲	知府	道光三十年(1850)
清代	处州府	邓迁彩	四川	知府	道光年间(1821—1850)
清代	处州府	刘荣玠	—	知府	道光年间(1821—1850)
清代	处州府	潘观藻	—	知府	道光年间(1821—1850)
清代	处州府	鄂克敦布	旗人	知府	道光年间(1821—1850)
清代	处州府	徐相	—	知府	道光年间(1821—1850)
清代	处州府	端春	满洲	知府	咸丰元年(1851)
清代	处州府	恒奎	满洲	知府	咸丰七年(1857)
清代	处州府	郑篪	福建	知府	咸丰八年(1858)
清代	处州府	马椿龄	云南	知府	咸丰八年(1858)
清代	处州府	李希郊	金溪	知府	咸丰九年(1859)
清代	处州府	何仁杰	江西	知府	咸丰十一年(1861)
清代	处州府	李澍	直隶	知府	咸丰十一年(1861)
清代	处州府	怀靖	满洲	知府	同治元年(1862)
清代	处州府	刘熙盛	卢陵	知府	同治元年(1862)
清代	处州府	吴泽	江西	知府	同治二年(1863)
清代	处州府	清安	满洲	知府	同治三年(1864)
清代	处州府	杨镜涵	江苏	知府	同治八年(1869)
清代	处州府	冯誉骢	广东	知府	同治八年(1869)
清代	处州府	潘绍诒	江苏	知府	同治九年(1870)

续表 24-1-1-1

朝代	名称	姓名	籍贯	职务	任职年月
清代	处州府	萧书	湖北	知府	光绪六年(1880)
清代	处州府	胜凯	旗人	知府	光绪八年(1882)
清代	处州府	邓字衡	湖北	知府	光绪十一年(1885)
清代	处州府	陈璚	广西	知府	光绪十三年(1887)
清代	处州府	傅泽鸿	湖南	知府	光绪十五年(1889)
清代	处州府	文英	旗人	知府	光绪十五年(1889)
清代	处州府	李审言	安徽	知府	光绪十六年(1890)
清代	处州府	陈璚	广西	知府	光绪十七年(1891)
清代	处州府	傅泽鸿	湖南	知府	光绪十八年(1892)
清代	处州府	赵亮熙	四川	知府	光绪十八年(1892)
清代	处州府	林树滋	旗人	知府	光绪十八年(1892)
清代	处州府	邓嘉纯	江宁	知府	光绪十九年(1893)
清代	处州府	谦贵	旗人	知府	光绪二十年(1894)
清代	处州府	赵亮熙	四川	知府	光绪二十二年(1896)
清代	处州府	许星箕	湖南	知府	光绪二十五年(1899)
清代	处州府	刘瀚	江苏	知府	光绪三十年(1904)
清代	处州府	刘炬瀚	陕西	知府	光绪三十年(1904)
清代	处州府	萧文昭	湖南	知府	光绪三十二年(1906)
清代	处州府	常觐宸	直隶	知府	光绪三十三年(1907)
清代	处州府	萧文昭	湖南	知府	宣统二年(1910)

说明：唐代栝州、处州刺史，缙云郡太守(28人)；五代处州刺史(3人)；宋代处州知州(77人)；元代处州路达鲁花赤、总管(17人)；明代处州府知府(72人)；清代处州府知府(100人)

第二节　民国政府

自清宣统三年(1911)处州光复，至民国38年(1949年9月30日止)4月，历38年。从成立处州军政分府，后撤销处州军政分府，由省都督府直辖县；浙江省设钱塘、会稽、金华、瓯海4道，属瓯海道；废道行省、县二级制；分设县政督察区。

处州军政分府

清宣统三年(1911)十一月二十五日处州光复，二十七日成立处州军政分府，吕逢樵任都督。军政分府下设民政、军政、财政、教育、司法5部。

民国元年(1912)，撤销处州军政分府，由浙江省都督府直辖县。

督察区专员公署

民国21年(1932)6月17日,设第十一县政督察区专员公署,署址丽水城内王衙弄。督查专员办事处设秘书1人,助理秘书1人,事务员1人,书记2人。第十二县政督察区专员公署驻龙泉县。10月,第十一、十二县政督察区专员公署改为第二、第三特区。

民国24年(1935)6月,设丽水行政督察区专员公署兼保安司令部(下同),25年4月,更名第九行政督察区专员公署。34年,第九行政督察区专员公署兼保安司令部设三科五室,第一科管民政,第二科管财政、教育,第三科管经济建设及粮食管理,秘书室、军事室、军法室、视察室、会计室、工作人员34人。

民国37年(1948)4月,更名第六行政督察区专员公署。7月,更名第七行政督察区专员公署,署址云和县。

民国时期丽水行政督察区专员公署专员名录一览

表24-1-2-1

名　称	姓名	籍贯	职务	任职年月
处州军政分府	吕逢樵	浙江缙云	都督	宣统三年(1911)十一月
第十一县政督察专员公署	姜绍谟	浙江江山	专员	民国21年(1932)6月
第二特区县政督察专员公署	姜绍谟	浙江江山	专员	民国21年10月
第二特区县政督察专员公署	陈式正	浙江奉化	专员	民国23年6月
丽水行政县政督区察专员公署	许宗武	广西桂林	专员	民国24年8月
第九行政县政督察区专员公署	许宗武	广西桂林	专员	民国25年7月
第九行政县政督察区专员公署	余森文	广东梅县	专员	民国26年9月
第九行政县政督察区专员公署	杜伟	浙江青田	专员	民国27年2月
第九行政县政督察区专员公署	余森文	广东梅县	专员	民国28年9月
第九行政县政督察区专员公署	徐志道	四川合江	专员	民国35年12月
第七行政县政督察区专员公署	朱沛霖	浙江东阳	专员	民国37年2月

第三节　市人民政府

地区行政公署机构及职能部门

1949年5月丽水地区解放后至2000年5月丽水撤地设市,历51年。丽水地区从成立第七专区专员公署,更名丽水专区专员公署;由撤销丽水专区专员公署,恢复丽水专员公署;由成立丽水地区革命委员会①,改为丽水地区行政公署②。

① 简称革委会。

② 简称行署。

行署机构　1949年8月3日，浙江省第七专区专员公署成立，为浙江省人民政府派出机构。10月10日，更名丽水专区专员公署，驻丽水城内孔子庙。

1952年1月19日，丽水专区专员公署撤销，所辖各县分别划归温州、金华、衢州专区。

1963年5月9日，国务院批准恢复丽水专员公署，为浙江省人民委员会派出机构，驻丽水城郊白云山脚五宅底。

1966年5月，“文化大革命”开始，丽水专员公署被迫停止工作。1967年3月8日，中国人民解放军浙江省丽水军分区生产办公室建立，负责工农业生产和行政管理工作。

1968年11月18日，丽水地区革委会成立，为一级政权组织。驻丽水城内灯塔街76号。

1978年9月16日，丽水地区革员会改为丽水地区行署。为浙江省人民政府派出机构。

1997年10月，丽水地区行署大门移建丽水城内城东路99号。

2000年5月20日，国务院下发《国务院关于同意浙江省撤销丽水地区设立地级丽水市的批复》。6月6日，浙江省人民政府发出《关于撤销丽水地区设立地级丽水市的通知》。

行署领导　丽水专区专员公署时期，行政首长为专员。丽水地区革命委员会时期，行政首长为革委会主任。丽水地区行署时期，行政首长为专员。

1949—2000年丽水地区行政公署、革委会领导一览

表24-1-3-1

名　称	姓　名	性别	民族	籍　贯	职　务	任职年月
处属专员公署	傅振军	男	汉	江西宁都	专员	1949年5月—1949年7月
	宣恩金	男	汉	江西弋阳	副专员	1949年5月—1949年7月
丽水专区专员公署	宣恩金	男	汉	江西弋阳	专员	1949年9月—1952年1月
	傅光汉	男	汉	山东淄博	副专员	1949年9月—1952年1月
丽水专区专员公署	亓汉三	男	汉	山东莱芜	专员	1963年4月—1968年11月
	刘朝中	男	汉	河南西华	副专员	1963年4月—1968年11月
	傅伯达	男	汉	山东苍山	副专员	1963年4月—1968年11月
	崔文彬	男	汉	江苏睢宁	副专员	1964年3月—1968年11月
	柳林	男	汉	安徽天长	副专员	1964年3月—1968年11月
丽水地区革命委员会	何纪明	男	汉	安徽庐江	第一副主任（主持工作）	1968年11月—1970年11月
	何纪明	男	汉	安徽庐江	主任	1970年11月—1975年6月
	刘俊芝	男	汉	山东沂水	第一副主任	1971年9月—1975年6月
	刘俊芝	男	汉	山东沂水	第一副主任（主持工作）	1975年6月—1977年6月
	刘俊芝	男	汉	山东沂水	主任	1977年6月—1978年10月
	苏乐良	男	汉	山东莱芜	副主任	1968年11月—1970年12月
	毛同昌	男	汉	浙江义乌	副主任	1968年11月—1977年6月
	田新友	男	汉	浙江丽水	副主任	1968年11月—1977年6月
	雷桂梅	女	畲	浙江景宁	副主任	1968年11月—1978年10月
	李志武	男	汉	浙江温州	副主任	1968年11月—1977年6月

续表 24-1-3-1

名称	姓名	性别	民族	籍贯	职务	任职年月
丽水地区革命委员会	纪中一	男	汉	山东莱芜	副主任	1968年11月—1978年10月
	牛万龄	男	汉	山东沂南	副主任	1970年6月—1978年10月
	张复兴	男	汉	山东庆云	副主任	1971年11月—1978年10月
	杨才	男	汉	陕西子长	副主任	1971年11月—1975年6月
	顾琴洲	男	汉	上海南汇	副主任	1971年11月—1975年6月
	王光松	男	汉	安徽舒城	副主任	1971年11月—1975年6月
	孟照耀	男	汉	山东乐陵	副主任	1971年12月—1975年6月
	刘朝中	男	汉	河南西华	副主任	1973年1月—1977年2月
	傅伯达	男	汉	山东苍山	副主任	1973年1月—1978年10月
	梁如志	男	汉	江苏东海	副主任	1976年1月—1978年10月
	许子明	男	汉	山东莱芜	副主任	1976年1月—1978年10月
丽水地区行政公署	邵宗仁	男	汉	山东惠民	专员	1978年10月—1983年8月
	徐松林	男	汉	浙江衢州	专员	1983年8月—1985年12月
	梁鸿铭	男	汉	浙江黄岩	专员	1985年12月—1991年2月
	赵仲光	男	汉	浙江诸暨	专员	1991年2月—1993年3月
	徐培金	男	汉	浙江淳安	专员	1993年3月—1997年11月
	钟小毛	男	汉	浙江龙游	专员	1997年11月—1999年12月
	谢力群	男	汉	浙江松阳	专员	1999年12月—2000年7月
	纪中一	男	汉	山东莱芜	副专员	1978年10月—1983年8月
	牛万龄	男	汉	山东沂南	副专员	1978年10月—1980年12月
	傅伯达	男	汉	山东苍山	副专员	1978年10月—1983年3月
	雷桂梅	女	畲	浙江景宁	副专员	1978年10月—1981年10月
	田有祺	男	汉	山东惠民	副专员	1979年6月—1983年8月
	孟锡吾	男	汉	山东沂水	副专员	1979年6月—1983年8月
	胡国栋	男	汉	湖北新洲	顾问	1980年3月—1984年4月
	项耿	男	汉	浙江慈溪	副专员	1980年12月—1983年8月
	罗易	男	汉	浙江温岭	副专员	1981年3月—1983年8月
	陈士达	男	汉	浙江安吉	副专员	1981年3月—1987年12月
	吴建纲	男	汉	浙江庆元	副专员	1983年8月—1988年7月
	李治华	男	汉	辽宁大连	副专员	1983年8月—1993年4月
	支存定	男	汉	浙江玉环	副专员	1983年8月—1991年8月
	高忠勋	男	汉	浙江湖州	副专员	1984年12月—1986年8月
	蒋云峰	男	汉	浙江永嘉	副专员	1986年8月—1993年1月
	陈锦耀	男	汉	上海宝山	副专员	1988年9月—1995年1月
	赵仲光	男	汉	浙江诸暨	副专员	1990年1月—1991年2月

续表 24-1-3-1

名称	姓名	性别	民族	籍贯	职务	任职年月
丽水地区行政公署	李林访	男	汉	浙江缙云	副专员	1991 年 8 月—1996 年 2 月
	张向北	男	汉	四川德阳	副专员	1993 年 1 月—1998 年 8 月
	吕子春	男	汉	浙江缙云	副专员	1993 年 3 月—2000 年 7 月
	夏金星	男	汉	浙江丽水	副专员	1993 年 6 月—2000 年 7 月
	施基城	男	汉	浙江杭州	副专员	1995 年 1 月—1998 年 4 月
	严高文	男	汉	浙江江山	副专员	1997 年 6 月—2000 年 5 月
	庄志清	男	汉	浙江丽水	副专员	1998 年 9 月—2000 年 7 月
	刘秀兰	女	汉	辽宁辽阳	副专员	1999 年 12 月—2000 年 7 月

工作部门　1949 年 8 月，丽水专区专员公署设部门 14 个，1952 年 1 月，随丽水专区撤销而撤销。1963 年 5 月，丽水专区恢复，专员公署设部门 16 个。1968 年，丽水地区革委会设 4 大组，下设办公室 24 个。原专员公署工作部门自行消亡。1978 年 9 月，改丽水地区行署。1984 年，行署设工作部门 63 个。1990 年，行署设工作部门 49 个。1995 年 8 月，行署设工作部门 35 个。

行署办公室的变迁。1950 年 12 月，设专署秘书室。1951 年，更名专署秘书处。1963 年 6 月，设专署办公室。1968 年 11 月，建立地区革委会办事组。1973 年 2 月，更名地委、地区革委会办公室，一套人员，两块牌子，合署办公。1979 年 3 月，撤销地区革委会办公室，设地区行署办公室。1988 年 7 月，设地区行署驻杭州办事处。1993 年 12 月，更名驻杭州联络处。1988 年 7 月，设驻上海联络处。1991 年 4 月和 10 月，先后设驻广州、深圳联络处。1992 年 6 月，设驻北京、厦门联络处。各办事处、联络处归口行署办公室管理。

机关事务管理局的变迁。1949 年，专署秘书室设行政股。1963 年，设专署办公室行政科。1970 年 10 月，地区革委会办事组设行政办公室。1978 年 3 月，改为行署办公室行政科。1986 年 7 月，设机关事务管理处。1991 年 11 月，更名机关事务管理局。1995 年 8 月，改为行署办公室内设机构，牌子保留。2000 年，不再保留牌子。

外事办公室的变迁。1987 年 5 月设立。1993 年 8 月，在行署办公室增挂外事办公室牌子。

行署法制局的变迁。1989 年 2 月，行署办公室设法制科。1990 年 9 月，设行署法制局。1995 年 8 月，改为行署办公室内设机构，牌子保留。

台湾事务办公室的变迁。1992 年 7 月，丽水地区行署台湾事务办公室成立，并挂中共丽水地委台湾工作办公室牌子，一套人员，两块牌子。1995 年 8 月，地区侨务办公室和地委台湾工作办公室（行署台湾事务办公室）合署办公，一个机构，两块牌子。

计划委员会的变迁。1964 年 3 月，设计划经济委员会。1970 年 10 月，革委会生产指挥组设计划办公室。1973 年 10 月，改为计划委员会。1984 年 4 月，与工业办公室合并，称计划经济委员会。1987 年 5 月，分设计划委员会、经济委员会。1995 年 8 月，计划委员会与经济委员会合并，成立计划与经济委员会，和乡镇企业局合署办公。

物资局的变迁。1965 年 8 月设物资局。1968 年 12 月，改为物资公司。1971 年 2 月，恢复物资局。1983 年 11 月，设物资综合公司，1984 年 5 月，改为物资公司，与物资局合署办公。1995 年 8 月，物资局转为物资(集团)总公司。

统计局的变迁。1982年6月,设统计局,1983年8月撤销。1984年7月,恢复统计局。

物价局的变迁。1984年5月成立。

经济委员会的变迁。1963年7月,设工业交通办公室。1970年10月,革委会生产指挥组设工业交通办公室。1971年2月,改为工业局。1977年3月,恢复工业交通办公室。1980年7月,改为经济委员会。1983年9月,撤销经济委员会和工业局,建立工业办公室。1984年4月,恢复工业局。1987年5月,恢复经济委员会,与工业局合署办公。

二轻工业局的变迁。1963年6月,设省手工业联社丽水专区办事处。1975年3月,设手工业局。1978年12月,更名二轻工业局。1983年11月,撤销二轻工业局,设二轻工业公司,恢复省手工业联社丽水地区办事处,合署办公。1984年5月,恢复二轻工业局,与二轻工业公司合署办公。1988年4月,撤销二轻工业公司。1995年8月,撤销二轻局,二轻手工业联社牌子保留。

交通局的变迁。1963年7月,设工交办公室。1969年12月,设交通邮政局。1970年10月,革委会生产指挥组设工业交通办公室。1971年2月,撤销工业交通办公室,恢复交通邮政局。1974年9月,分设邮电局、交通局。

邮电局的变迁。1963年6月,设邮电处。1969年12月,撤销邮电处,设电信局和交通邮政局。1970年10月,革委会生产指挥组设工业交通办公室。1971年2月,撤销生产指挥组工业交通办公室,恢复交通邮政局。1974年9月,设邮电局。1983年12月,地区邮电局与丽水县邮电局合并,称丽水地区邮电局。

电业局的变迁。1979年9月,设地区电力公司,1980年10月,改为地区电力工业局,1981年3月,更名丽水电业局。

矿产管理局的变迁。1988年6月设立。

农业经济委员会的变迁。1963年6月,设农业办公室。1977年3月,重建农业办公室,1979年3月撤销。1980年7月,设农业委员会,1983年9月撤销。1985年3月,设农业经济委员会。1995年8月,撤销农业经济委员会,成立农村工作办公室。农业区域办公室并入农村工作办公室。

农业局的变迁。1949年冬,设专署实业科。1951年5月,设专署生产科。1963年6月,设农业办公室。1970年10月,革委会生产指挥组设农林办公室。1971年2月,撤销农林办公室,设农业局。1983年9月,更名农牧特产局。1989年3月,更名农业局。

林业局的变迁。1963年6月,设林业办公室和森工局。1964年冬,林业办公室与森工局合署办公。1970年10月,革委会生产指挥组设农林办公室。1971年2月,撤销农林办公室,设林业局。

水电局的变迁。1970年10月,革委会生产指挥组设水电办公室。1971年2月,撤销水电办公室,设水利电力局。1980年11月,改为水利局。1983年9月,更名水电局。

气象局的变迁。1953年1月,设浙江省军区丽水气象站,8月,更名丽水气象站。1963年1月,更名丽水气象服务站。1964年3月,更名丽水专署中心气象服务站。1966年7月,划归丽水县管辖,称丽水县中心气象服务站。1968年7月收归地区,更名地区中心气象服务站。1972年4月,更名地区气象台。1981年6月,设地区气象局。

乡镇企业局的变迁。1978年8月,设社队企业局。1983年11月,撤销社队企业局,设社队企业联合社。1984年5月,撤销社队企业联合社,设乡镇企业局。

土地管理局的变迁。1987 年 11 月设立。

科学技术委员会的变迁。1964 年 6 月设立。“文化大革命”中撤销，1973 年 11 月恢复。

公安局的变迁。1949 年 8 月，设公安处。1963 年 4 月，恢复公安处。1968 年 4 月，设中国人民解放军丽水地区公安机关军事管制委员会。1968 年 11 月，设地区革委会人民保卫组。1973 年 3 月，设公安处，1974 年 3 月，更名公安局，1980 年 8 月，复称公安处。1995 年 8 月，更名地区公安局。

司法局的变迁。1980 年 12 月设立。1995 年 8 月，更名地区司法局。

国家安全局的变迁。1985 年 7 月，设国家安全站。1986 年 4 月，更名国家安全处。1995 年 8 月，更名地区国家安全局。

民政局的变迁。1950 年 6 月，设民政科。1970 年 10 月，革委会生产指挥组设内务办公室。1972 年 1 月，改为内务局。1979 年 3 月，改为民政局。

教育委员会的变迁。1950 年 6 月，设文教科。1963 年 6 月，设文卫办公室。1970 年 10 月，革委会政工组设教育革命办公室。1972 年 10 月，与文化局合并，称文化教育局。1975 年 3 月，分设教育局和文化局。1983 年 9 月，与卫生局、体育运动委员会合并，称教育卫生体育办公室。1984 年 8 月，分设教育体育局和卫生局。1988 年 7 月，分设教育委员会和体育运动委员会。

体育运动委员会的变迁。1975 年 3 月，设体育运动委员会。1983 年 9 月，与教育局、卫生局合并，称教育卫生体育办公室。1984 年 8 月，分设教育体育局和卫生局。1988 年 7 月，分设体育运动委员会和教育委员会。

卫生局的变迁。1949 年 8 月，设卫生科。1963 年 6 月，设文卫办公室。1970 年 10 月，革委会生产指挥组设卫生办公室。1971 年 2 月，改为卫生局。1983 年 9 月，与教育局、体育运动委员会合并，称教育卫生体育办公室。1984 年 8 月，分设卫生局和教育体育局。

文化局的变迁。1950 年 6 月，设文教科。1963 年 6 月，设文卫办公室。1970 年 7 月，革委会政工组设文艺革命办公室。1971 年 7 月，改为文化局。1972 年 10 月，与教育革命办公室合并，称文化教育局。1975 年 3 月，分设文化局和教育局。1983 年 9 月，与广播事业局合并，称文化广播电视局。1984 年 9 月，分设文化局和广播电视局。

广播电视局的变迁。1975 年 3 月，设广播事业管理局，1981 年 6 月，更名广播事业局。1983 年 9 月，与文化局合并，称文化广播电视局。1984 年 9 月，分设广播电视局和文化局。

计划生育委员会　1963 年 10 月，设计划生育委员会。1972 年 8 月恢复。1978 年 3 月，改为计划生育领导小组，1983 年 9 月，恢复计划生育委员会。

财税局的变迁。1950 年 1 月，设财政科，同年 6 月，设税务局。1963 年 6 月，设财贸办公室。1970 年 10 月，革委会生产指挥组设财贸办公室。1971 年 7 月，改为财政金融局。1979 年 5 月，分设财政局、中国人民银行丽水地区中心支行、中国人民建设银行丽水地区中心支行。1983 年 9 月，财政局更名财税局。1994 年 9 月，财政局（地方税务局）分为地区财政局、地区国家税务局、地区地方税务局，三局合一办公。1995 年 8 月，财政局和地方税务局合署办公，一个机构两块牌子。1997 年 9 月，地区国家税务局同地区财政局、地区地方税务局分离。

粮食局的变迁。1949 年 8 月，设粮食局。1963 年 6 月，财贸办公室下设粮食组。1971 年 7 月，设商业粮食局。1977 年 3 月，分设为粮食局和商业局。

商业局的变迁。1950 年 6 月，设工商科。1963 年 6 月，财贸办公室设商业组。1971 年 7 月，设商业粮食局。1977 年 3 月，分设商业局和粮食局。1995 年 8 月，商业局转为商业(集团)总公司。

工商行政管理局的变迁。1950 年 6 月，设工商科。1979 年 6 月，设工商行政管理局，与商业局合署办公。1983 年 9 月，工商行政管理局单独办公。

地区供销合作社的变迁。1949 年 8 月，设国营丽水贸易分公司。1950 年 4 月，分设供销合作总社筹备处，1951 年 5 月，设供销合作总社。1963 年 6 月，设省供销合作社丽水专区办事处。1966 年，供销社与国营商业合并。1968 年 12 月，设省供销合作社丽水地区综合站。1978 年 1 月，改设地区供销合作社。1983 年 10 月，改为省供销合作社丽水地区办事处。1991 年 4 月，改为地区供销合作社。1995 年 8 月，供销社退出行署工作机构序列。1999 年，地区供销社所需经费全额列入地区财政预算。

对外经济贸易局的变迁。1973 年 3 月，设对外贸易局，与商业粮食局合署办公。1978 年 2 月，与供销合作社合署办公，1980 年 1 月，分开办公。1983 年 10 月，更名对外经济贸易局。1995 年 8 月，对外贸易局更名对外贸易经济合作局。

医药管理局的变迁。1979 年 12 月设立。

审计局的变迁。1984 年 7 月设立。

烟草专卖局的变迁。1987 年 3 月设立，与省烟草公司丽水分公司合署办公。

劳动人事局的变迁。1951 年 8 月，设人事科。1964 年 5 月，重设人事科。"文化大革命"期间撤销。1977 年 9 月，恢复人事科。1979 年 9 月，改为人事局。1981 年，设劳动局。1983 年 9 月，人事局与劳动局合并，称劳动人事局。1995 年 8 月，劳动人事局更名人事劳动局。

档案局的变迁。1979 年 6 月，设地委办公室档案科。1981 年 2 月，更名档案处。1986 年 3 月，设档案局。

监察局的变迁。1988 年 3 月设立。1993 年 7 月，与地区纪律检查委员会合署办公。

侨务办公室的变迁。1979 年 7 月，设行署侨务办公室。1984 年 12 月，更名地区侨务办公室。

经济体制改革办公室的变迁。1984 年 10 月，设经济体制改革领导小组。1986 年 4 月，改为经济体制改革办公室。1992 年 12 月，经济体制改革办公室和经济技术社会发展研究中心合署办公，一个机构两块牌子。

经济技术协作办公室的变迁。1980 年 1 月，设经济协作办公室。1984 年 7 月，改为经济技术协作办公室。1995 年 8 月，经济技术协作办公室转为行署正县级事业单位(增挂地区招商局牌子)。

经济技术社会发展研究中心的变迁。1983 年 10 月，设综合开发山区经济研究中心。1987 年 6 月，改为经济技术社会发展研究中心。1992 年 12 月，经济体制改革办公室和经济技术社会发展研究中心合署办公。

保密局的变迁。1989 年 8 月，设保密局，与地委保密委员会办公室合署办公。

基本建设局的变迁。1982 年 6 月设立，1983 年 9 月撤销，业务归地区计划委员会，此后丽水地区行署无独立的建设行政管理机构。1984 年，丽水县基本建设委员会改称县城乡建设环境保护局。1986 年，撤销丽水市(县级)城乡建设环境保护局，成立丽水市(县级)城乡建设委员会。2000 年 8 月，设立丽水市建设局。

驻杭办的变迁。1993 年 12 月，行署驻杭州办事处更名驻杭州联络处。

出入境检验检疫局的变迁。1994 年 8 月，丽水进出口商品检验局成立。1999 年 11 月，组建为中华人民共和国丽水出入境检验检疫局。

环境保护局、技术监督局、民族宗教事务局的变迁。1995 年 8 月，环境保护局、技术监督局、民族宗教事务局成立。

1995 年，丽水地区机关“三定”，行署设置工作机构 35 个，分别是行署办公室（外事办公室）、计划与经济委员会（乡镇企业局）、经济体制改革委员会（经济与社会发展研究中心）、教育委员会、科学技术委员会、公安局、国家安全局、监察局、民政局、司法局、财政局（地方税务局）、人事劳动局、交通局、农业局、林业局、水利水电局、粮食局、对外贸易经济合作局、文化局、广播电视局、卫生局、矿产资源局、医药管理局、体育运动委员会、计划生育委员会、工商行政管理局、物价局、审计局、土地管理局、统计局、民族宗教事务局、环境保护局、技术监督局、农村工作办公室、地区侨务办公室（地委台湾工作办公室）。

1996 年 5 月，地区商业管理办公室成立，接受政府委托行使商业行政管理职能。

1997 年 1 月，地区旅游局成立；2 月，地区扶贫办公室成立；3 月，地区计划与经济委员会分设为计划委员会和经济委员会；乡镇企业局与经济委员会合署办公。

1998 年 12 月，地区行署撤销深圳、广州、厦门联络处。

1999 年 11 月，技术监督部门实行垂直管理，地区技术监督局更名地区质量技术监督局。

1997 年 6 月，地区邮电移动通信分公司成立，为地区邮电局下属单位。1998 年 1 月，从邮电局剥离出来更名浙江移动通信有限责任公司丽水分公司；9 月，邮政、电信分营，地区邮电局分设为地区邮政局、电信局。

1992 年 11 月，地区建立丽水人民广播电台，同广播转播台合署办公，一套班子，两块牌子。1990 年 6 月，建立丽水有线电视台。

1999 年 8 月，地区经济协作总公司宣布破产。

2000 年 7 月 19 日，丽水地区撤地设市庆祝大会后，丽水地区部门相应改为丽水市部门，正副职分别称主要负责人和负责人。

市人民政府

2000 年 7 月 5 日，丽水撤地设市、撤市设区动员大会召开。7 月 19 日，丽水撤地设市庆祝大会召开，并举行授印、授牌和挂牌仪式。丽水市人民政府（以下简称“市政府”）成立时，政府领导称主要负责人、负责人。2001 年 1 月 8—13 日，丽水市第一届人民代表大会第一次会议召开，选举丽水市政府市长、副市长。2006 年 10 月 8 日，丽水市政府由莲都区城东路 99 号迁址花园路 1 号。

市政府领导　丽水市第一届人民代表大会第一次会议，选举产生丽水市政府市长、副市长。

2000—2010 年丽水市人民政府领导成员一览

表 24-1-3-2

名 称	姓名	性别	出生年月	民族	籍贯	政治面貌	职务	任职年月
丽水市人民政府	谢力群	男	1956 年 5 月	汉	浙江松阳	中共党员	主要负责人	2000 年 7 月—2001 年 1 月
	吕子春	男	1947 年 5 月	汉	浙江缙云	中共党员	负责人	2000 年 7 月—2001 年 1 月
	夏金星	男	1942 年	汉	浙江丽水	中共党员	负责人	2000 年 7 月—2001 年 1 月
	庄志清	男	1953 年 2 月	汉	浙江丽水	民进会员	负责人	2000 年 7 月—2001 年 1 月

续表 24-1-3-2

名称	姓名	性别	出生年月	民族	籍贯	政治面貌	职务	任职年月
丽水市人民政府	刘秀兰	女	1954年4月	汉	辽宁辽阳	中共党员	负责人	2000年7月—2001年1月
	肖建中	男	1955年7月	汉	重庆忠县	中共党员	负责人	2000年9月—2001年1月
	叶朝丐	男	1956年3月	汉	浙江云和	中共党员	负责人	2000年9月—2001年1月
	沈仁康	男	1963年1月	汉	浙江东阳	中共党员	负责人	2000年9月—2001年1月
丽水市第一届人民政府	谢力群	男	1956年5月	汉	浙江松阳	中共党员	市长	2001年1月—2004年3月
	刘希平	男	1956年8月	汉	山东平原	中共党员	副市长代市长	2004年3月—2004年4月
	刘希平	男	1956年8月	汉	山东平原	中共党员	市长	2004年4月—2006年1月
	吕子春	男	1947年5月	汉	浙江缙云	中共党员	副市长	2001年1月—2006年4月
	庄志清	男	1953年2月	汉	浙江丽水	民进会员	副市长	2001年1月—2006年1月
	刘秀兰	女	1954年4月	汉	辽宁辽阳	中共党员	副市长	2001年1月—2006年1月
	肖建中	男	1955年7月	汉	重庆忠县	中共党员	副市长	2001年1月—2006年1月
	叶朝丐	男	1956年3月	汉	浙江云和	中共党员	副市长	2001年1月—2006年1月
	沈仁康	男	1963年1月	汉	浙江东阳	中共党员	副市长	2001年1月—2006年1月
	金建新	男	1956年10月	汉	浙江临安	中共党员	副市长	2003年8月—2006年1月
	华宣奎	男	1959年9月	汉	浙江宁海	中共党员	副市长	2003年12月—2006年1月
	黄文秀	男	1965年1月	汉	浙江永康	中共党员	副市长	2004年10月—2005年11月
	陈荣高	男	1956年6月	汉	浙江义乌	中共党员	副市长代市长	2006年11月—2006年12月
丽水市第二届人民政府	刘希平	男	1956年8月	汉	山东平原	中共党员	市长	2006年1月—2006年11月
	陈荣高	男	1956年6月	汉	浙江义乌	中共党员	市长	2007年1月—2008年5月
	卢子跃	男	1962年3月	汉	浙江永康	中共党员	副市长代市长	2008年5月—2008年12月
	卢子跃	男	1962年3月	汉	浙江永康	中共党员	市长	2009年1月—
	沈仁康	男	1963年1月	汉	浙江东阳	中共党员	副市长	2006年1月—
	庄志清	男	1953年2月	汉	浙江丽水	民进会员	副市长	2006年1月—2008年12月
	刘秀兰	女	1954年4月	汉	辽宁辽阳	中共党员	副市长	2006年1月—2008年12月
	肖建中	男	1955年7月	汉	重庆忠县	中共党员	副市长	2006年1月—2007年10月
	叶朝丐	男	1956年3月	汉	浙江云和	中共党员	副市长	2006年1月—
	金建新	男	1956年10月	汉	浙江临安	中共党员	副市长	2006年1月—
	陈建波	男	1963年12月	汉	浙江温州	中共党员	副市长	2007年10月—2009年2月
	梁细弟	男	1957年8月	汉	江西永修	致公党员	副市长	2009年2月—
	蔡小华	男	1960年10月	汉	浙江乐清	中共党员	副市长	2009年2月—
	廖思红	女	1960年10月	汉	浙江松阳	中共党员	副市长	2009年2月—

工作部门 2001年2月11日，丽水市政府有工作部门26个，分别是市政府办公室（法制办公室）、市发展计划委员会、市经济贸易委员会、市教育局、市科学技术局、市民族宗教事务局、市公安局、市监察局、市民政局、市司法局、市财政局、市人事劳动社会保障局、市国土资源局、市建设局、市

交通局、市水利局、市农业局、市对外贸易经济合作局、市文化体育广播电视局、市卫生局、市计划生育委员会、市审计局、市环境保护局、市统计局、市林业局、市旅游局、市政府侨务办公室。

2001 年 1 月，市政府审批服务中心成立。设市政府驻北京、上海、杭州联络处。

2004 年 10 月，市城市管理行政执法局建立。

2005 年 3 月，市安全生产监督管理局、市国有资产监督管理委员会（体改）成立；市发展计划委员会更名市发展和改革委员会；市文化体育广播电视局改组为市文化广电新闻出版局，并设立市体育局，合署办公。8 月，市人民防空办公室增挂市民防局牌子。

2007 年 2 月，市机关事务管理局（市委、市政府接待办公室）设立。

2008 年 4 月，分设市文化广电新闻出版局、市体育局。

2010 年 1 月，设市政府驻福州办事处。

2010 年 10 月，丽水市政府设工作部门 30 个（含特设机构 1 个），其中部门管理机构 1 个（规格为副处级），保留市政府办公室（法制办公室）、市教育局、市科学技术局、市民族宗教事务局、市公安局、市监察局、市民政局、市司法局、市财政局、市国土资源局、市水利局、市农业局、市文化体育广播电视局、市卫生局、市审计局、市环境保护局、市统计局、市林业局、市旅游局。

组建或更名的有市发展和改革委员会、市经济和信息化委员会、市人力资源和社会保障局、市住房和城乡建设局（城乡规划局）、市交通运输局、市商务局、市文化广电新闻出版局、市人口和计划生育委员会、市外事与侨务办公室、市城市管理局（城市管理行政执法局）；市安全生产监督管理局、市食品药品监督管理局由浙江省以下垂直管理机构调整为丽水市政府工作部门；市人民防空办公室由议事协调机构的常设办事机构调整为市政府工作部门；市国有资产监督管理委员会为特设机构。

市政府全体会议

2000 年 7 月 5 日，丽水撤地设市、撤市设区动员大会后，丽水市人民政府正式履职并建立健全各项制度，政府全体会议就是一项重要的会议制度。

2001 年 4 月 12—14 日，第一届市政府第一次全体会议召开。议题是转变政府职能和工作方法，推动丽水市经济和社会更快更好地发展。邀请专家、教授开展现代行政管理体制及依法行政、WTO 基本框架、体制改革知识讲座。市委书记丁耀民到会讲话，市长谢力群作《加快行政管理体制改革推动经济加速发展》的报告。

2001 年 10 月 25 日，市政府第二次全体会议召开。议题是加强政府机关作风建设，全力推进丽水经济社会的跨越式发展。市长谢力群作《狠抓机关作风建设，提高行政管理水平》的报告。

2002 年 4 月 25 日，市政府第三次全体会议召开。议题是建设信用政府。市长谢力群作《适应新的形势，建设信用政府，加快推进我市经济和社会的跨越式发展》的报告。

2002 年 10 月 23 日，市政府第四次全体会议召开。议题是加快产业集聚，完善基础设施。市长谢力群作《优化集约合理配置生产要素，加快产业集聚完善基础设施，为与全省同步基本实现现代化打好基础》的报告。

2003 年 5 月 13 日，市政府第五次全体会议召开。议题是认真落实党中央、国务院关于“一手抓好防治非典型肺炎这件大事，一手抓经济建设这个中心不动摇”的指示，深入贯彻浙江省委提出“主动接轨上海，积极参与长江三角洲地区合作与发展”的战略和“把欠发达地区作为新的经济增长点”要求，力争把丽水市建成浙江经济新的增长点。市长谢力群作《沉着应对，苦练内功，一手抓“非典”防治，一手抓经济建设，努力把各项工作任务落到实处》的报告。

2003年10月23日，市政府第六次全体会议召开。议题是落实“三个代表”重要思想，在政府工作中进一步确立以民为本、执政为民的理念，力求圆满地完成全年各项任务。市长谢力群作《坚持执政为民，统筹城乡发展》的报告。

2004年5月26日，市政府第七次全体会议召开。议题是依法行政。市长刘希平作《以人为本，求真务实，依法行政，干净干事，努力建设让人民满意的政府》的报告。

2004年10月25日，市政府第八次全体会议召开。议题是总结、部署工作。市长刘希平作《认清形势，振奋精神，扎实工作，努力完成全年各项工作任务》的报告。

2005年4月22日，市政府第九次全体会议召开。议题是贯彻中共丽水市委一届十二次全会精神，落实市“两会”精神，部署政府工作。市长刘希平作《深化认识，强化责任，突出重点，狠抓落实，为促进丽水跨越式发展而努力奋斗》的报告。

2005年10月17日，市政府第十次全体会议召开。议题是总结促进经济、社会发展的主要工作，对下一阶段各项工作提出要求。市长刘希平作《把握发展趋势，狠抓工作落实，努力完成全年经济社会发展预期目标任务》的报告。

2006年3月10日，市政府第二届第一次全体会议召开。议题是按照市委二届二次全会、市二届一次“两会”精神，围绕深入贯彻落实科学发展观和实施省委“八八战略”、市委“三市并举”战略，促进丽水跨越式发展。市长刘希平作《全面贯彻落实科学发展观，努力建设让人民满意政府》的工作报告。

2006年12月29日，市政府第二届第二次全体会议召开。议题是坚持以科学发展观为统领，努力完成2007年经济社会发展预期目标任务。代市长陈荣高作《全面推进“三市并举”发展战略，大力实施“千亿富民强市”工程》的报告。

2007年4月9日，市政府第二届第三次全体会议召开。议题是认真贯彻中纪委第七次全会精神，落实省委、市委关于开展“作风建设年”活动，推动丽水经济社会又好又快发展。市长陈荣高作《转变作风，狠抓落实，努力增强政府政府执行力和公信力》的报告。

2007年11月2日，市政府第二届第四次全体会议召开。议题是认真贯彻落实中共十七大、省第十二次党代会和市委全会精神，部署2008年工作。市长陈荣高作《突出重点，狠抓落实，促进经济社会又好又快发展》的报告。

2008年5月26日，市政府第二届第五次全体会议暨重要工作、重点项目、重大事项工作交办会召开。议题是贯彻落实市委二届八次全会暨全市经济工作会议精神，确保完成2008年各项目标任务。市政府领导作《突出“三重”工作，狠抓目标落实，努力推进丽水市经济社会又好又快发展》的报告。

2008年11月26日，市政府第二届第六次全体会议暨全市服务业发展大会召开。议题是部署岁末年初、科学谋划2009年工作，研究部署加快推进全市服务业发展工作。市政府领导作《加快转变经济发展方式，以生态文明建设推进经济转型升级》的报告。

2009年3月13日，市政府第二届第七次全体会议暨廉政工作会议召开。议题是对全年重点工作、重点项目、重点建议提案进行交办，部署政府廉政工作。市政府领导作《加强政府自身建设，全面完成全年任务》的报告。

2009年10月12日，市政府第二届第八次全体会议召开。议题是谋划“十二五”时期工作。市政府领导作《坚定信心抓落实，努力完成全年经济社会发展预期目标任务》的报告。

2010年4月15日，市政府第九次全体会议暨廉政工作会议召开。议题是部署全年政府重点工作任务和2010年政府廉政工作。市政府领导作《坚定清醒，奋发有为，确保完成全年各项目标任务》的报告。市政府与8县（市）政府签订2010年保障性住房建设目标责任书。

2010年10月15日，市政府第十次全体会议召开。议题是加快政府机构改革，认真编制“十二五”规划。市政府领导作《振奋精神，落实责任，确保全面完成全年各项目标任务》的报告。常务副市长沈仁康介绍全市“十二五”规划思路，提出规划编制要求。

第四节　县（市、区）级政府

莲都区政府

莲都区是浙江省丽水市辖区。莲都区位于浙江省西南部，瓯江中游，东与丽水市青田县毗邻，南与丽水市云和县、景宁畲族自治县接壤，西与丽水市松阳县相连，西北与金华市武义县交界，东北与丽水市缙云县连接。自隋建州设县以来，丽水历来为州、郡、路、府治所。清宣统三年（1911）十一月二十五日，光复军光复丽水，立处州军政分府，兼理丽水县事，上隶浙江军政府。民国3年（1914）行省、道、县三级制，丽水县属瓯海道。16年废道，行省、县二级制，丽水县直属省。19年省分设县政督察区，属第十一区，后改第二特区。24年，改设行政督察区，丽水县属第九行政督察区。37年4月，改第六区，7月改第七区。丽水县均为督察专员公署驻地。

1949年5月10日，丽水解放。12日，丽水县人民民主政府成立，7月，改县人民政府。10月1日，中华人民共和国成立，丽水县属丽水专区。1950年4月，县府迁驻碧湖镇。1952年1月，撤丽水专区，丽水县属温州专区。5月13日。县府迁返城关镇。1955年8月，改县人民政府为县人民委员会。1958年7月、1960年2月，云和、景宁两县先后并入。1961年6月1日，县府迁驻云和镇。1962年4月分云和县，县府迁返城关镇。1963年5月，复设丽水专区，丽水县属丽水专区，仍为专署驻地。“文化大革命”中的1968年8月，成立丽水县革命委员会，实行党政合一的一元化领导，取代政府权力。11月专区更名地区，丽水县属丽水地区。1986年3月1日，国务院批准撤丽水县置丽水市（县级），仍属丽水地区。2000年5月20日，国务院批准撤地设市建区，撤销县级丽水市，设立莲都区，以原县级丽水市的行政区域为莲都区的行政区域。莲都区为新设立地级丽水市的驻地。

莲都区依山傍水，在环山之中，形如莲瓣，宋代以后别名莲城。2010年，莲都区辖镇5个、乡7个、街道6个、村386个、社区25个、镇属居民区4个。面积1502.1平方千米，总人口38.68万人，市区实现生产总值168.88亿元。莲都区实现农业总产值18.3亿元，实现工业总产值41.7亿元。社会消费品零售总额100.2亿元，城镇居民人均可支配收入22495元，农村居民人均纯收入8032元。

龙泉市政府

龙泉市位于浙江省西南部浙闽赣边境，东临温州，西接福建武夷山，素有“瓯婺入闽通衢”“驿马要道，商旅咽喉”之称。境内层峦叠嶂，溪流纵横，龙泉凤阳山的黄茅尖海拔1929米，为江（苏）浙（江）第一高峰，山上凤阳湖为浙江第一高湖。龙泉是著名的青瓷之都、宝剑之邦和世界香菇栽培发源地、中国食用菌十大主产基地县、中华灵芝第一乡和浙江省农业特色优势产业食用菌产业强县，被誉为“处州十县好龙泉”。

东晋太宁元年（323），建置龙渊乡，属永嘉郡松阳县。唐武德三年（620），因避唐高祖李渊讳，改龙渊乡为龙泉乡。唐乾元二年（759），建立龙泉县，县治地黄鹤镇[①]。宋徽宗宣和三年（1121），诏天下县镇凡有龙字者皆避，因更名剑川县。宋绍兴元年（1131），复名龙泉县。宋庆元三年（1197），析龙泉之松源乡及延庆乡部分地设庆元县。明洪武三年（1370），庆元县再次并入。

1949年龙泉解放。6月5日，龙泉县人民民主政府成立，7月1日，更名县人民政府。1955年12月8日，县人民政府更名县人民委员会。“文化大革命”期间的1968年12月9日，龙泉县革命委员会成立，实行党政合一的一元化领导，代行政府职权。1981年3月，取消县革命委员会，恢复县人民政府。1990年12月26日，国务院批准撤销龙泉县，设立龙泉市（县级），仍属丽水地区行政公署管辖。2010年，龙泉市下辖镇8个、乡8个、街道3个、行政村444个、社区13个。面积3059平方千米，人口28.90万人，实现生产总值61.1亿元。龙泉市实现农业总产值14.60亿元，实现工业总产值108.30亿元。社会消费品零售总额22.70亿元，城镇居民人均可支配收入22015元，农村居民人均纯收入6704元。

龙泉市是浙江省省级历史文化名城，有佛教、基督教、天主教三个宗教组织。其中基督教于清光绪二十一年（1895）传入，至今已有114年的历史。龙泉因剑而得名，凭瓷而生辉。龙泉宝剑创始于春秋战国时期，其剑以“坚韧锋利、刚柔并寓、寒光逼人、纹饰巧致”四大特色而成为剑中之魁，闻名天下。龙泉青瓷始于10世纪前期的五代，盛于宋，以其清澈犹如秋高气爽的天空、宁静似深海的“哥、弟”窑瓷器享誉海内外。龙泉市自然资源丰富，森林茂密，林木蓄积量达1018万立方米，森林覆盖率78.4%，居浙江省首位，素有“浙江林海”之称。

青田县政府

青田县位于浙江省东南部，瓯江中下游，东接温州市，北接台州市，西临丽水市莲都区，是丽水市下辖的一个县。青田是中国著名的华侨之乡、石雕之乡、田鱼之乡，至2010年，有海外华侨华人22万人，分布在世界80多个国家和地区。

隋开皇九年（589）废郡，改永嘉郡为处州，分松阳县东乡建立栝苍县，今青田境城为栝苍县的一部分。青田自唐睿宗景云二年（711）置县，至今已有1200多年，隶属处州。唐天宝元年（742年），改栝州为缙云郡。唐乾元元年（758），复为栝州。唐大历十四年（779），又改栝州为处州，青田县仍隶属处州。元时，青田县属江浙行中书省处州路。明时，青田县属浙江承宣布政使司处州府。清康熙六年（1667），浙江省设杭嘉湖、宁绍台、金衢严、温处四道。青田县属温处道处州府。宣统三年（1911）十

① 2010年称龙渊镇。

一月，浙江成立军政府，青田县属处州军政分府。民国初期，废清代道、府、厅、州制。民国 3 年(1914)，浙江省设钱塘、会稽、金华、瓯海四道，青田县属瓯海道。民国 16 年，废道，实行省、县二级制。民国 21 年 6 月，实行县政督察制，青田县先后属第十一区、第二特区、第九区、第七区、第六区行政督察区。民国 37 年 5 月，青田县划归第五行政督察区。7 月 1 日，南田区的南田、西境、三阳、黄坛、岙里 5 个乡和万源乡一部分划给新建立的文成县。8 月 1 日，永嘉县的温溪、贵岙、黄坦、霞师 4 个乡和林福、界坑 2 个乡的一部分划归青田县。当时青田县的面积为 2779 平方千米。

1949 年 5 月 13 日，青田解放。19 日，县人民政府筹备委员会成立。11 月 4 日，青田县人民政府正式建立，1955 年 10 月 10 日，县人民政府更名县人民委员会成立。1966 年开始"文化大革命"，中国人民解放军浙江省青田县生产办公室等部门，行使政府职能。1968 年 4 月 16 日，中国人民解放军青田县军事管制委员会成立。1981 年 3 月 26 日，青田县第七届人民代表大会第一次会议召开，重组青田县人民政府。2000 年 5 月 20 日，丽水撤地设市建区后，青田县仍归丽水市管辖。2010 年，青田县辖镇 10 个、乡 21 个、行政村 414 个、社区 15 个。总面积 2484 平方千米，总人口 51.02 万人，实现地区生产总值 111.3 亿元。实现农业总产值 7.9 亿元，实现工业总产值 245.2 亿元。城镇居民人均可支配收入 22500 元，农村居民人均纯收入 6722 元。2010 年 9 月 28 日，中国轻工业联合会和中国工艺美术协会正式命名青田县为"中国石文化之都"。

云和县政府

云和县，丽水市下辖县，地处浙江省西南部，居丽水市中部，东邻丽水市莲都区，西倚丽水市龙泉市，南连丽水市景宁畲族自治县，北接丽水市松阳县。南北长 47 千米，东西宽 38 千米，总面积 978 平方千米，其中林地面积 8.07 万公顷，耕地 0.49 万公顷，水域 3333.33 公顷，素有"九山半水半分田"之称。瓯江上游—龙泉溪贯境而过，丽龙公路穿城而过，有较丰富的森林、水力、旅游资源。

云和县始建于明景泰三年(1452)，由原丽水县浮云乡和元和乡的各一半合建而成。1958 年，云和并入丽水县。1962 年，划出原云和、景宁两县复建云和县。1984 年，云和县又分为云和、景宁两县。云和县辖镇 4 个、乡 10 个、行政村 170 个、社区 6 个，总人口 11.6 万人，其中畲族人口 9000 多人，占全县总人口的 8%；还有新安江、紧水滩等库区移民 1.8 万多人，客家人 1.5 万多人，构成云和多元、兼容的移民文化。云和县是"中国木制玩具之乡"、浙江省革命老根据地县、浙江省生态示范县和浙江省农村中医重点建设先进县。2003 年，云和县被中国轻工业联合会正式命名为"中国木制玩具城"，被评为全国科技进步先进县、浙江省创建文明城市工作先进县和丽水市级文明县城。2010 年全县实现生产总值 33.32 亿元。全社会消费品零售总额 11.59 亿元，实现农业总产值 5.19 亿元，实现工业总产值 54.18 亿元。城镇居民人均可支配收入 20131 元，农村居民人均纯收入 6370 元。

庆元县政府

庆元县为丽水市辖县。位于浙江省丽水市西南部，北面与丽水市龙泉市、景宁畲族自治县接壤，东、西、南面分别与福建省寿宁县、松溪县、政和县交界。南北长 49 千米，东西宽 67 千米，土地面积 1898 平方千米。2005 年被评为"中国生态环境第一县"，森林覆盖率 82.4%，在全国 2000 多个县、市、区中排名全国第一。

南宋庆元三年(1197)，置庆元县，县城松源镇为县治。全境山岭连绵，群峰起伏，地势自东北向西南倾斜。北、东部为洞宫山脉所踞，山间盆地相对高度海拔600—800米，斋郎村海拔1210米，是全县最高居民点；主峰百山祖，海拔1856.7米，为浙江省第二高峰。西南部和中部，是仙霞岭—枫岭余脉，山间盆地相对高度海拔330—600米。这一地区分布有较多河谷，地势平缓，土质肥沃，灌溉方便，是粮食主要产区。其中黄田、隆宫、安南盛产毛竹；屏都、竹口乃"柑橘之乡"；新窑村海拔240米，为全县最低点。

庆元县气候属亚热带季风区，温暖湿润，四季分明，年平均气温17.4℃，降水量1760毫米，无霜期245天。总的特点是冬无严寒，夏无酷暑。就局部而言，东、北部气温较之西南部和中部低，无霜期短，昼夜温差大。这一气候，最宜于香菇等菌类生长。

1949年5月17日，庆元和平解放。5月18日至7月4日，行军事管制，7月10日，县人民政府成立。1955年，更名县人民委员会。1958年10月，庆元县与龙泉县合并。1973年7月17日，国务院批准恢复庆元县建制。1975年3月29日，庆元县革命委员会成立。1981年7月，县革命委员会复称县人民政府。2010年，庆元县辖镇6个、乡13个、行政村345个、社区8个，总面积1898平方千米，总人口20.36万人。全县实现生产总值31.20亿元。实现农业总产值7.79亿元，实现工业总产值46.71亿元。城镇居民人均可支配收入18262元，农村居民人均纯收入6012元。

缙云县政府

缙云县是丽水市辖县，位于浙江省南部腹地、丽水地区东北部。缙云县东临台州市仙居县，东南靠温州市永嘉县，南连丽水市青田县，西接丽水市莲都区，西北界金华市武义县，东北依金华市磐安县，北与金华市永康市毗邻。东西宽54.6千米，南北长59.9千米，县界全长304.4千米。总面积1482平方千米。县人民政府驻地五云镇，北距杭州175千米（公路262千米）。

五代时，缙云县为吴越国之地，仍为处州属县。宋时亦属处州。现缙云县建于唐武周万岁登丰元年（696），以境内古缙云山而得名。缙云是中华民族人文始祖轩辕黄帝的号名，置县后，属栝州。《隋书·地理志》："括苍有缙云山。"贞观元年，唐太宗按地理形势，把全国分为十道，浙江属江南道，缙云山是江南道名山之一。唐《元和郡县志》："缙云山，一名仙都，一曰缙云，黄帝炼丹于此。"《一统志》："在缙云县东二十三里，高六百丈，周三百里，本名缙云山，缙云县因境内缙云山而得名。"

元至元十三年（1276），蒙古军攻占处州，改处州为处州路。元至正十九年（1359），朱元璋占处州，改处州路为安南府，旋改处州府，缙云县属之。清顺治三年（1646）七月，缙云入清。明、清时，缙云县属处州府。清宣统三年（1911）十月，处州光复，成立军政分府，缙云县属之。民国3年（1914），设钱塘、会稽、金华、瓯海4道，缙云县属瓯海道。民国16年，废道制，实行省县两级制，缙云县直属浙江省。民国19年，浙江省实行县政督察专员制，全省分为12个区域，缙云县属第二特区。民国24年，全省分为督察区9个，属第九行政督察区。民国37年4月，全省裁并为行政督察区6个，7月又改为7个，缙云县先后属第六区和第七区。

1949年5月，缙云解放。9月，浙江省分为7个专区，缙云县属第七专区。10月，第七专区改为丽水专区。1952年1月，撤销丽水专区，缙云县属金华专区。1963年5月，恢复丽水专区，缙云县属之。1968年11月，丽水专区更名丽水地区。2000年5月，撤销丽水地区，建地级丽水市，地域不变，缙云县属之。

2010年，缙云县辖镇8个、乡8个、农村管理处2个、行政村253个、社区6个，总人口45.34万人。实现地区生产总值112.17亿元。全社会消费品零售总额31.9亿元，实现农业总产值5.19亿元，实现工业总产值281.2亿元。城镇居民人均可支配收入21275元，农村居民人均纯收入6678元。

遂昌县政府

遂昌县是丽水市辖县。遂昌县位于浙江省西南部，钱塘江、瓯江上游，东倚金华市武义县、丽水市松阳县，南邻丽水市龙泉市，西接衢州市江山市和福建省浦城县，北与衢州市衢江区、衢州市龙游县、金华市婺城区相连。2010年，全县总面积2539平方千米，总人口23.14万人，辖9个镇11个乡，行政村203个，城市社区7个。遂昌县是一个历史悠久县，县人民政府驻地妙高镇。遂昌县三仁畲族乡的好川文化遗址，是浙西南地区首次发现的新石器时代文化遗址。考古发掘表明4200年前，遂昌县就有人类活动、生息、繁衍。据考证，遂昌夏、商、西周时属越，春秋属姑蔑，战国越亡属楚，秦统一中国后，分郡县两级，属会稽郡太末县，西汉分三级制，属扬州刺史部会稽郡太末县。

据《后汉书·郡国志》刘昭注："东汉献帝建安二十三年(218)孙权分太末县南部地始置遂昌县"；《宋书·州郡志》载："孙权赤乌二年(239)分太末时更名曰平昌。"清光绪《遂昌县志》卷一载："平昌县以去十五里两山前后平叠如昌字，故名"。晋武帝太康元年(280)，更名复称遂昌。东汉末年，其时地广，约含今遂昌县和龙泉、庆元县大部，金华县(原汤溪县)部分地。南朝，属东扬州东阳郡或扬州东阳郡，变动频繁。隋开皇九年(589)至大业元年(605)撤县，属东扬州栝州和东扬州永嘉郡。光绪《浙江通志》卷四载："唐武德时复置寻省入松阳。"《旧唐书》载："唐武德八年(625)撤县入松阳。"遂昌自隋开皇九年至唐武德的30多年，据《大明一统志》《读史方舆纪要》载，皆谓属处州。唐景云二年(711)，遂昌县复置，属江南道栝州、唐开元二十一年(733)至贞元三年(787)，先后属江南东道栝州、江南东道缙云郡、浙江东道栝州、浙江西道处州、浙江东道处州。五代吴越国地，属处州。宋时，属两浙路处州或浙东路处州。元时，先后属江淮行省处州路、浙江行中书省处州府。明时，属浙江承宣布政使司处州府。清光绪《遂昌县志》卷一载，明成化八年(1472)析八、九两都与金华、兰溪、龙游县部分地置汤溪县。清时，先后属处州府、浙江军政府处州军政分府。民国元年，属浙江省都督府，民国3年，属浙江省长公署瓯海道。民国16年至民国38年5月，属浙江省第九(丽水)、第六(丽水)第三(衢州)行政督察区。

1949年5月8日，遂昌县城解放，属浙江省第三专区①。1955年3月，改属金华专区。1958年10月，松阳县并入。1963年5月，改属丽水专区。1982年1月，恢复松阳县，属丽水地区②。遂昌县被称为"中国竹炭之乡""中国菊米之乡"和"中国龙谷丽人名茶之乡"。好川新石器文化遗址被列为1997年全国考古重大发现；明代戏剧家汤显祖，在遂昌任知县期间写下《牡丹亭》；昆曲《石练十番》清丽典雅，实属天籁之音；历史文化名村独山村有"明代一条街"之称。

2010年遂昌县实现生产总值57.45亿元。全社会消费品零售总额20.76亿元，实现农业总产值11.51亿元，实现工业总产值117.4亿元。城镇居民人均可支配收入21808元，农村居民人均纯收入6659元。

松阳县政府

松阳县隶属丽水市，位于浙江省西南部。东连丽水市莲都区，南接丽水市龙泉市、云和县，西北靠丽水市遂昌县，东北与金华市武义县接壤。最东至裕溪乡新渡，最西至枫坪乡龙虎坳，东西最宽处径距

① 1949年10月，更名衢州专区。

② 2010年浙江省丽水市。

53.7 千米；最北至赤寿乡大川，最南至大东坝镇大湾，南北最长径距 40.2 千米，总面积 1406 平方千米。

松阳县始建于东汉建安四年(199)，分章安县南乡置松阳县，属会稽郡，是丽水地区建置最早的县。三国吴太平二年(257)置临海郡，松阳隶之。隋开皇九年(589)，析松阳县东乡地置栝苍县；同年，置处州，松阳属处州。隋开皇十二年，处州改栝州，松阳隶之。隋大业三年(607)，改栝州为永嘉郡，松阳属之。唐武德四年(621)，改松阳为松州，栝州置总管府；唐武德七年，改都督府，松州均所辖。唐武德八年，复改松州为松阳县；遂昌入松阳县。五代后梁开平四年(910)，改松阳县为长松县。后晋天福四年(939)，改长松县为白龙县。北宋咸平二年(999)，白龙县复改为松阳县，县名沿用至今。明清，松阳属处州府。清宣统三年(1911)十一月，辛亥革命后，置处州军政分府，松阳隶之。中华民国元年(1912)，撤处州军政分府，实行省县两级制，松阳县省辖。3 年，置瓯海道，松阳为所属。16 年，废道，复为省县两级制，松阳仍为省辖。21 年 6 月，置第十一县政督察区；10 月，改置第二临时特区，松阳均隶之。20 年 4 月，又更名第九行政督察区，松阳属之。24 年 6 月，第二临时特区改为丽水行政督察区。34 年 4 月，改置第六行政督察区。6 月，更名第七行政督察区，至 38 年 5 月，松阳均所属。

民国 38 年(1949 年 9 月 30 日止)3 月 13 日，丽水县卫总队副总队长胡允孚在碧湖起义，松阳县长祝更生、丽水县长张慕槎率部起义后，发出松阳丽水两县起义通电，分别建立中共丽宣工委①、丽水县政府②、丽缙永武人民游击支队。5 月 9 日，松阳解放。16 日，军事管制委员会成立。26 日，松阳县人民民主政府成立，7 月，更名县人民政府。1955 年 10 月，更名县人民委员会。1958 年 11 月 21 日，撤销松阳县建制，并入遂昌县。"文化大革命"由遂昌县革命委员会行政府职权。1982 年 1 月，恢复松阳县制，4 月组建松阳县人民政府。2010 年，松阳县辖镇 5 个、乡 15 个、社区 6 个、行政村 401 个，全县总人口 23.72 万人。全县实现生产总值 46.28 亿元。全社会消费品零售总额 16.99 亿元，实现农业总产值 13.96 亿元，实现工业总产值 101.56 亿元。城镇居民人均可支配收入 19371 元，农村居民人均纯收入 6064 元。

景宁畲族自治县政府

景宁畲族自治县，隶属浙江省丽水市，为"革命老区县""中国农村水电之乡"，是全国唯一的畲族自治县。景宁畲族自治县位于浙江西南部、洞宫山脉中段，属浙南中山区。景宁畲族自治县东邻丽水市青田县、温州市文成县，南衔温州市泰顺县和福建省寿宁县，西接丽水市庆元县、龙泉市，北毗丽水市云和县，东北连丽水市莲都区。

明景泰三年(1452)，巡抚孙原员以"山谷险远，矿徒啸聚"为由始置景宁县，属处州府。清沿其制。辛亥革命(1911)后，属处州军政分府。民国 3 年，属瓯海道。民国 16 年，直属浙江省政府。民国 24 年 9月，属浙江省第九行政督察区。民国 37 年 4 月，属浙江省第六行政督察区，7 月属浙江省第七行政督察区。

1949 年 5 月 12 日，景宁城解放。5 月 21 日，建立景宁县人民政府，属丽水专区。1952 年，丽水专区撤销，改属温州专区。1960 年，并入丽水县。1962 年，划丽水县、原云和县、景宁县辖地置云和县，属温州专区。1963 年 5 月，丽水地区复设，辖云和县(含景宁)。1984 年 6 月 30 日，国务院批准建立景宁畲族自治县。10 月，析云和县原景宁地域建立景宁畲族自治县。1985 年 4 月 22 日，景宁畲族自治县人民政府在驻地鹤溪镇举行盛会，庆祝中国第一个畲族自治县正式成立。

① 同年 4 月更名处北县委。

② 同年 4 月更名处北县政府。

2010年，景宁畲族自治县辖镇5个、乡16个、管理区1个、社区5个、行政村254个，县域总面积1950平方千米。总人口17.19万人，其中畲族人口1.88万人。实现生产总值26.78亿元。全社会消费品零售总额12.6亿元，实现农业总产值13.96亿元，实现工业总产值23.2亿元。城镇居民人均可支配收入17901元，农村居民人均纯收入62024元。

第二章　行政审批

2001年1月3日，丽水市人民政府行政审批中心成立，核定人员编制10名。2006年10月，丽水市行政审批中心驻地从解放街616号迁驻花园路1号。

2000年6月，缙云县人民政府办事中心运行。9月，松阳县人民政府办事中心成立。11月，云和县人民政府办事中心成立。2001年1月，景宁畲族自治县人民政府办事中心成立。7月，青田县人民政府办事中心成立。12月，莲都区人民政府办事中心成立。2002年1月，遂昌县人民政府办事中心成立。6月，庆元县人民政府办事中心成立。2003年6月，龙泉市人民政府办事中心成立。

2005年7月，丽水市行政审批中心获“浙江省职业道德建设十佳单位”称号；2007年，获浙江“省示范行政服务中心”称号。

至2010年年底，缙云县行政审批中心先后被浙江省委、中央组织部授予浙江省先进基层党组织、全国先进基层党组织称号，获“浙江省示范行政服务中心”称号，浙江省第二届“人民满意公务员集体”称号、浙江省效能建设创新创优先进称号；莲都区行政审批中心，获浙江省“巾帼文明示范岗”称号；龙泉、青田、云和、遂昌县(市)行政审批中心，获浙江省“示范行政服务中心”称号；龙泉、遂昌县(市)行政审批中心，获“浙江省优秀政府集中采购机构”称号；庆元县行政审批中心民政、工商、公安等窗口，分别被授予“全国婚姻登记规范化单位”、浙江省星级文明规范注册窗口、浙江省和谐警民关系建设先进单位等。

第一节　改　革

审批事项减少

2000年，丽水市确定审批制度改革工作目标，减少审批1/3以上，审批、审核、核准合计减少1/3以上。市级部门列入改革范围有50个。丽水市“一轮”审改减少审批232项，减少比例55.6%；合计减少247项，减少比例39.7%。2001年，市行政审批中心进驻部门19个，窗口工作人员35人，审批事项91项。

2002年8—12月，丽水市基本完成“二轮”审改，实现削减审批事项1/3、提速30%目标。工商企业注册登记推出“一审一核”制，改行政长官签字审批为注册审批；建立并联审批机制，凡涉及两个或以上单位审批的事项，实行“三联”[①]制度，由主受理单位牵头，部门协作办理；推行全程办事代理制，办事窗口18个公布全程办事代理员。8月，丽水市召开全面推行全程办事代理制现场会，推广缙云县全程办事代理制网络体系。

2003年6月，丽水市行政审批中心协调部门22个，派驻人员进驻设立窗口。审批事项进中心257项，备案62项，比上年增加228项，大部分事项能全程办理。窗口工作人员有74人，增加35人。窗口部门刻制审批专用章。

2003年，丽水市行政审批中心制定《丽水市并联审批暂行办法》，窗口实行“一门受理、抄告相关、内部运作、限时办结”运行方式。丽水市行政审批中心选择审批项目17个，推行企业注册登记前置审批告知承诺制；对重大项目和进入经济开发区的工业项目特事特办，定专人全程服务；专项督查“二轮”审改工作落实情况；初步建立审批服务资料库。大厅设立电子显示屏，窗口接入管理软件受理审批项目。市计委、市经贸委、市消防支队等窗口试行网上审批。

丽水市行政审批中心实行直接办理、普通事项承诺办理、重大事项并联办理、特殊事项协调办理、上报事项负责办理、控制事项明确答复制度。各窗口展示项目审批依据、审批流程图、各种申请表格范本等。

2004年，丽水市行政审批中心学习《中华人民共和国行政许可法》，专题讨论“金龙•沃尔得”审批手续繁琐事件，各窗口开展自查自纠。丽水市“三轮”审改清理部门7个、审批事项187项。丽水市本级保留并公布行政许可事项334项，涉及部门34个。有许可事项部门进中心18个，占57%；许可事项进中心205项，占61%，其中中心可办理166项，中心可受理39项。丽水市行政审批中心统一印制进中心许可事项一次性告知单。丽水市行政审批中心明确审批流水线4条，分别是以计委为牵头单位的基本建设项目审批、以经贸委为牵头单位的技术改造项目审批、以外经贸委为牵头单位的外资项目审批、以工商局为牵头单位的注册登记类的前置和后置审批。审批流水线按照“一门受理、集中审批、统一收费、限时办结”运行。丽水市行政审批中心改承诺件为即办件，即办件比例从29.8%提至43.7%；压缩承诺件办理时间，实际办理时间比法定办理时间缩短2519天，提速32.2%。

2006年，丽水市行政审批中心建立车辆管理、出入境等分中心7个，制定《市行政审批中心窗口收费管理办法》。年底，网上审批系统试运行。2008年，开发区企业项目变更协调制度建立。公安出入境、交通稽征、国税、地税、车管、商检、电力办事大厅7个，作为分中心纳入管理和考核。

开发区企业审验和办证

2009年，丽水市行政审批中心联合丽水开发区管委会，印发《丽水经济开发区工业项目并联审批指南》《丽水经济开发区工业企业房屋建筑竣工验收和企业总平面图变更协调会议制度》，明确审批时间在3个工作日以内的，一律改为即办件；审批时间在1周以内的，平均缩减至3个工作日；审批时间在1周以上的，缩减30%—50%，部分项目缩减50%以上；实行审批并联制度，缩短审批时间；实行并联验收制度，验收时间缩减30%以上。

① “三联”：并联审批、联合审查和联合踏勘。

同年，丽水市专题协调丽水开发区企业办理房产证、土地证难题，提高开发区企业办证率，方便企业房产抵押。

行政机关审批两集中两到位改革

2007年，丽水市在龙泉市进行“两集中、两到位”[①]改革试点。2010年年底，全市涉及企业、民生的审批事项全部进驻，审批事项进驻比率超过90%，完成改革任务。重点部门行政审批科成建制全部进驻中心；暂时无法进驻中心的审批事项，进驻分中心办理；人员少、事项少的部门事项，设立综合代理窗口，统一受理、办理。

网上审批和电子监察系统

2007年，丽水全市联合开发网上审批系统。2010年年底，全市审批网统一，部门审批专网并行，审批网与电子监察网对接。全市推广乡镇便民服务中心规范化建设。市本级有单位32个、行政审批事项398项。电子监察系统实现事前、事中、事后监察相结合。制定《网上审批和电子监察绩效考核办法》。

规范非行政许可审批事项

2010年，丽水全市清理非许可审批事项，规范保留事项，制定审批制度。市本级清理涉及部门41个，申报非行政许可审批事项372项，经市政府常务会议审议后向社会公布。同年底，各县（市、区）基本完成事项清理，事项削减率超过15%。

第二节　管理服务

考核激励机制

2004年，丽水市政府解决窗口工作人员考勤考核经费20万元。2005年，丽水市行政审批中心完善窗口考核制度，每天指纹刷卡4次。实行每季度星级考评，群众满意度占总分60%。工作人员年度优秀公务员名额占总人数30%，实行单列考核。

服务功能提升

2003年10月，丽水市政府发布《丽水市并联审批暂行办法》。同年，办结并联审批项目50个，涉及投资金额5亿元。2004年，丽水市并联审批项目81个，推出一事一跟踪监督。2005年，丽水市建立项目审批流程跟踪手册，实行审批联系单和联审会议制度。梳理承诺3—5天办理事项，改为即办件。实行国税、地税、工商、质监联合办证，工商为联合办证对外受理窗口。2006年10月，丽水市、莲都区审批同厅办事。新增交通、林业、民政常驻部门窗口。建立统一收费平台，设置商务中心，提供印

① “两集中、两到位”：部门行政许可职能向1个科室集中、部门行政许可科室向行政审批中心集中，项目进中心到位、部门对窗口授权到位。

章刻制等服务。2007 年，市行政审批中心年办件 25 万件。房产证、土地证、身份证、门牌证、户籍等事项成建制进驻中心，在 1 个区块集中办理。保留行政许可项目、非行政许可及便民项目 334 项。取消法律无规定或人为设定的申报材料，绘制审批流程图。其中建设窗口申报许可项目办理材料精简 1/3。总办理时间从法定工作日 7908 个，降为部门承诺工作日 5966 个，平均提速 24.70%。

全程办事代理制

2003 年，丽水市推行全程办事代理制和工业园区项目“绿色通道制度”，定专人负责办理。莲都区在乡、镇（街道）设便民服务窗口，指定代理员无偿代办。

文明窗口建设

2005 年，丽水市行政审批中心被列入丽水市文明礼仪实践活动试点，安排文明礼仪课及示范表演。11 月，市行政审批中心窗口人员 60 多人，利用节假日在市区繁华地段开展咨询服务。

第三节　平　　台

1998 年 10 月，丽水建设工程交易中心成立，隶属地区计委。2004 年 10 月，更名丽水市招标投标中心，市政府采购中心并入，实行两块牌子、一套人马。2006 年 5 月，委托市国资委指导协调招投标管理工作。2007 年 7 月，划归市行政审批中心管理。水利、电力、交通等工程招（投）标，土地招（标）挂（牌）、产权拍卖招租等，进入中心交易。中心在解放街有场地 1500 平方米，设置办公区、信息（办事）区、开标区、评标区、监管区。改版《丽水采购与招标网》，设工程建设、政府采购、土地出让、产权资源、药品采购分网。9 个县（市、区）均设立招投标中心。

招标投标监督管理

2005 年 5 月，丽水市政府办公室下发《关于印发市招标投标工作环节和程序的通知》。6 月，市监察局、建设局、财政局、市招标投标市场管理委员会办公室，联合下发《丽水市招标投标监督管理暂行规定》。2007 年，贯彻执行《关于进一步加强政府投资建设项目标后管理工作的若干意见》，市行政审批中心组织标后管理工作检查，加强评标专家管理，制定制止串标等行为的管理办法。

2008 年，丽水市行政审批中心组织实施招标投标标后检查，检查市重点建设项目 76 个，其中重点抽查 25 个，发出整改通知书、监察建议书 13 份，整改问题突出项目 25 个，并向市政府专题报告。会同市纪委（监察）、建设部门，查处未客观公正履行评标职责专家 2 人，给予警告、暂停评标资格 1 年处分。加强监管业主人情标、投标单位串标和围标、中标单位标后违约，纠正问题标书 32 份。2009 年，贯彻《省人民政府关于严格规范国有投资工程建设项目招标投标管理活动的意见》，开发建设全市专家库及自动语音通知系统、评标区域门禁系统、计算机辅助评标系统、远程评标系统。同年，受理招标文件登记 228 项，纠正不符合规定招标文件 39 份。处理招标投标投诉案件 9 件。

2010 年，丽水市行政审批中心开展工程建设领域突出问题专项排查活动。县级重点检查总投资额 500 万元以上项目，市级重点检查总投资额 3000 万元以上项目 293 个。重点抽查重点项目和民生工程 66 个，发现问题 187 个，发出整改通知书 22 份，其中整改落实 173 个，仍在落实 14 个。市县电子系统招标投标投入使用。

招标投标工作

2005 年，丽水市本级办理工程招标投标成交 1121 个。同年节约资金 10562.80 万元，土地出让和产权资源交易增收资金 30352.53 万元，其中土地增收资金 29967 万元。

2006 年，丽水市本级受理交易项目 1109 批次，交易总额 35.48 亿元，比上年增长 33.69%。建设工程交易 13.84 亿元，节约资金 1.32 亿元。政府采购交易 0.54 亿元，节约资金 0.17 亿元。产权资源交易 21.02 亿元，实现增收 7.05 亿元。

2007 年，丽水市本级成交工程项目、政府采购、土地出让、产权交易等 1086 批次，成交额 67.44 亿元。完成工程招投标 240 个，审定价 219039 万元，成交额 191793 万元，节约资金 27246 万元，节约率 12.44%。政府采购 724 批次，预算 7102 万元，成交额 5858 万元，节约资金 1244 万元，节约率 17.52%。

2008 年，丽水市本级完成招投标项目 239 个，审定价格 27.96 亿元，成交额 34.21 亿元，节约资金 3.38 亿元，节约率 11.19%。完成政府采购 1298 批次，预算 12961.2 万元，成交额 10450.99 万元，节约资金 2510.2 万元，节约率 19.37%。土地出让 15 宗，起价总和 76531 万元，成交价总额 78007 万元，增收资金 1476 万元，增收 1.93%。

2009 年，丽水市本级完成招投标项目 313 个，审定价格 12.82 亿元，成交额 13.67 亿元，节约资金 2.15 亿元，节约率 13.81%。完成政府采购 786 批次，预算 9951.4 万元，成交额 8346.36 万元，节约资金 1605.3 万元，节约率 16.13%。土地出让 51 宗，起价总和 27.61 亿元，成交额 28.89 亿元，增收资金 1.28 亿元，增收率 4.64%。

2010 年，丽水市本级完成招投标项目 244 个，审定价格 21.75 亿元，成交额 19.38 亿元，节约资金 2.37 亿元，节约率 10.9%。完成政府采购 1229 批次，预算 10716.2 万元，成交额 9192.2 万元，节约资金 1524 万元，节约率 14.22%。土地出让 84 宗，起价总和 28.35 亿元，成交额 34.63 亿元，增收资金 6.38 亿元，增收 22.58%。

第三章　外事工作

1978 年中共十一届三中全会把全党工作转移到以经济建设为中心、实行对外开放后，丽水地区拓宽对外联系渠道，加强各项工作。1987 年 1 月，丽水市（县级）、青田县、缙云县被浙江省政府列为对外开放地区。同年 5 月，丽水地区设立丽水行署办公室外事科；1992 年 7 月，浙江省政府列龙泉市、云和县、遂昌县为对外开放地区。1993 年 8 月，丽水行署增挂外事办公室牌子；同年，浙江省政府列庆元县、松阳县、景宁畲族自治县为对外开放县。1995 年 8 月，丽水地区设行署办公室（外事办公室)；1996年10月，青田县政府办公室增挂外事办公室牌子。2007年4月，与县政府办公室合署办公。其他县(市、区)先后增挂外事办公室牌子，与政府办公室合署办公。2000年5月，丽水撤地设市。2001年2月，丽水市政府设侨务办公室(市政府外事办公室)。2010年10月，丽水市政府外事与侨务办公室组建。

1995年，丽水地区外事工作贯彻执行党的对外方针，围绕服务经济建设中心开展各项对外活动。同年，到丽水访问境外客人618人次(含旅游数)，因公出国组团97批、269人次，其中行署审批和确认36批、78人次。出国组团和人员85%以上是经贸活动，出访的国家有美国、日本、俄罗斯、新加坡、比利时等。1996年，丽水地区开展城市间互访活动。1997年，因公出国组团116批、222人次。1998年，因公出国组团114批、261人次。

2000年丽水撤地设市后，丽水地区行政公署外事办公室更名丽水市人民政府外事办公室，为市政府主管外事工作的直属机构。同年，丽水因公出国组团147批、273人。

2005年，丽水因公出国(境)组团150批、328人次，接待外宾9批、83人次。丽水市国际交流中心成立，为出国(境)人员提供出国签证、领事认证、涉外信息、咨询、翻译等服务。

2010年，丽水完成市领导出访任务9批，接待来自世界各地考察团和外国友人21批、160人次。同年，全市办理因公出国(境)审核审批268人次。

第一节　出　访

1995年5月2—16日，行署副专员张向北一行，应美国神州贸易有限公司邀请，到美国进行市场考察和洽谈。接触客户40多人，签订贸易合同总金额60多万美元。

5月14—28日，应奥地利伊林公司邀请，行署专员徐培金率团8人，到奥地利维也纳参加丽水玉溪水利枢纽工程联络会议。

6月5—12日，应日本三岛市国际交流协会邀请，丽水市(县级)常务副市长、市对外友好协会会长率团7人，访问三岛市，就教育、文化和经济等方面合作与交流进行磋商。

9月23日至10月6日，丽水地区经贸洽谈团7人，参加在德国汉堡举行的'95浙江省经贸洽谈会，并顺访法国巴黎。洽谈会期间，接触外商50多人，签订对外经济合作项目3项，总投资5600万美元，签订贸易合同总金额150万美元。

10月21日至11月2日，应法国旅法青田同乡会和奥地利华人总会邀请，地委书记陈仲方率丽水地区侨务经济考察团4人，到法国、奥地利考察侨务经济。

1996年6月15—25日，行署副专员施基城率地区经贸洽谈团8人，参加在法国巴黎举行的"1996·浙江省经贸洽谈会"。接触外商50多人，签订合作项目12项，总投资2433万美元。

7月10—20日，应中国银行巴黎分行邀请，行署副专员吕子春率团3人，到法国考察洽谈金融业务。

9月8—24日，地委副书记钟小毛率地区贸易洽谈团6人，参加在巴西圣保罗举行的"1996·浙江省出口商品洽谈会"，并顺访阿根廷。接触外商100多人，签订贸易合同110万美元。

11月19—30日，应奥地利伊林公司邀请，行署副专员夏金星率团6人，到奥地利参加玉溪水利枢纽工程技术设计联络会议。

1997年11月20—29日，应美国中文电视台邀请，地委委员、宣传部部长焦光华随省新闻办公室团组，到美国参加庆贺和考察活动。

1998年3月12—26日，应德国旅德浙江华人联合会、意大利佛罗伦萨华侨联谊会邀请，行署副专员严高文随省海外交流协会团组，到德国、意大利参加庆典并与华侨交流。

4月19日至5月4日，行署副专员夏金星随国家贸易促进会团组，到美国洽谈经贸。

6月3—16日，地委副书记、行署专员钟小毛率地区贸易洽谈会8人，参加由中国贸易促进会主办的"1998•美国纽约中国贸易展览会"，并考察纽约、洛杉矶、华盛顿等市场。接待华侨和外商400多人次，成交额280万美元。

9月27日至10月6日，地区政协工委副主任支存定随国家计划生育委员会团组，到泰国考察人口与社会发展协会项目。

10月25日至11月1日，应日本三岛市政府邀请，地委委员、丽水市(县级)委书记张成祖率市友好访问团6人，到日本友好访问。

1999年1月24—30日，地区人大工委主任徐松林随省人大代表团，到日本访问考察。

3月28日至4月18日，地委委员、地委秘书长叶志深随省委政策研究室团组，到美国参加可持续发展战略与对策研讨及培训。

6月8—26日，行署专员钟小毛随省环保局组团，到澳大利亚执行生态环境建设与水环境管理培训。

12月13—20日，应日本三岛市政府邀请，丽水市(县级)市长率团7人，到日本友好访问。

1999年12月28日至2000年1月1日，应美国奇华顿罗亚公司邀请，地委委员、丽水市(县级)委书记张成祖一行2人，到美国参加商务合作会议。

1999年12月28日至2000年1月9日，行署副专员夏金星随省农业与农村现代化建设培训考察团，到德国、荷兰培训考察。

2000年3月28日至4月12日，行署副专员刘秀兰随省旅游局代表团，到日本、韩国旅游促销。

4月3—16日，地委委员、组织部长钱成良，青田县委书记一行5人，到美国考察旅游及洽谈旅游规划设计。

5月20日至6月9日，地委副书记焦光华随中国摄影协会代表团，到希腊交流访问。

9月10—23日，市政府负责人庄志清随省体育局代表团，到澳大利亚体育考察。

2001年7月19日至10月29日，副市长沈仁康到美国，参加省第三期领导干部经济管理研究班学习考察。

8月12—19日，市长谢力群率团到日本，续签友好城市关系协议书并友好访问。

8月29日至9月8日，市委常委、常务副市长吕子春率团到美国考察城市化规划及建设。

11月15—29日，副市长刘秀兰率团到荷兰及德国进行侨务考察。

2002年3月9—23日，市委书记丁耀民率团到奥地利、法国侨务考察及经贸洽谈。

4月10—20日，丽水师范专科学校校长朱土兴率团到加拿大开展教育交流与合作访问。

4月26日至5月8日，副市长肖建中随省农业厅代表团，到澳大利亚、新西兰考察。

6月5—19日，副市长叶朝丐随省友协代表团，到美国、加拿大访问。

6月6—22日，市政协副主席叶志深率团到西班牙、奥地利侨情采编。

7月23日至8月6日，市委常委、莲都区委书记张成祖率团到巴西、法属圭亚那经贸考察。

9月9—22日，市政协主席张向北随省政协代表团，到马来西亚、摩洛哥访问。

10月4—18日，市人大常委会副主任贾若忠率团到美国、加拿大经贸考察及洽谈。

10月21日至11月8日，市大人常委会副主任张福新率团到西班牙、比利时侨务访问。

12月4—13日，副市长沈仁康率团到澳大利亚经贸洽谈。

2003年2月7—20日，市委书记丁耀民率团到美国友好交流及合作洽谈。

8月22日至9月6日，市委常委、常务副市长吕子春随全国友协代表团，到立陶宛、拉脱维亚、爱沙尼亚友好访问。

9月6—29日，副市长叶朝丐随市长协会代表团，到德国、法国参加研讨并考察城市建设及环境保护。

11月30日至12月17日，副市长刘秀兰随市长协会代表团，到新加坡、澳大利亚考察学习城市建设。

12月2—12日，副市长沈仁康随国家贸易促进会代表团，到南非经贸考察。

12月2—14日，市长谢力群率团到新西兰、澳大利亚，考察生态城市建设及洽谈友好交流。

2004年2月14—27日，市政协副主席、丽水学院副院长李江波，丽水学院党委书记戈成业到美国、加拿大教育交流与合作访问。

5月21—28日，丽水市委书记、市人大常委会主任楼阳生率团到日本静冈县三岛市友好访问。

6月2—14日，市委副书记焦光华率团到西班牙、意大利考察文化交流。

6月21日至7月1日，副市长沈仁康率经贸活动代表团，在日本东京举办投资说明会，并对日本、韩国经贸考察。

8月14—25日，副市长庄志清随省体育局，到希腊观摩奥运会。

12月6—17日，市人大常委会副主任贾若忠率团出访德国、奥地利招商引资。

2004年12月21日至2005年1月1日，副市长肖建中率团出访埃及、南非考察及洽谈农业市场。

2005年2月23日至3月7日，市政协副主席吴永水率团到法国、德国经贸考察。

7月16—22日，市委书记、市人大常委会主任楼阳生率团到韩国，参加2005浙江(韩国)投资说明会。21日，访问韩国丽水市，与韩国全罗南道丽水市市长金忠锡，签订友好交流与合作协议书，两市正式建立友好交流与合作关系。

8月10—21日，市委副书记张成祖率团到丹麦、瑞士商务考察。

9月15—26日，市委副书记陈荣高率市经贸合作交流代表团4人，访问美国、巴西。

9月25日至10月4日，副市长黄文秀率团到德国、西班牙侨务考察和招商引资。

10月11—20日，市政协副主席叶志深率团到罗马尼亚、塞尔维亚和黑山共和国经贸考察。

10月14—16日，市委常委、常务副市长吕子春率市政府访问团4人，访问韩国全罗南道丽水市。

2006年3月22日至4月2日，市政协副主席洪正到澳大利亚、新西兰友好交流。

4月10—30日，市长刘希平随省城市规划与建设管理培训团，访问加拿大考察并参加培训。

5月6—17日，副市长刘秀兰率团到美国，参加2006美国·浙江周活动。

5月9—21日，市委书记楼阳生随中央对外联络部中共青年干部代表团，访问希腊、西班牙和葡萄牙。

6月17—28日，市委常委、统战部长蓝资霞到法国、西班牙考察访问。

7月19—31日，市人大常委会副主任张春法到法国、德国考察访问。

9月12—23日，市政协副主席吴炳全率团到法国、荷兰、瑞典，进行侨务考察。

9月13—28日，副市长庄志清到瑞士、挪威考察访问。

9月20—25日，市委常委、常务副市长沈仁康率代表团到德国，参加德国•浙江周活动并考察匈牙利、克罗地亚经贸工作。

10月13日至11月5日，市委副书记陈荣高到瑞士、德国、英国，参加中瑞项目城乡协调发展与建设和谐社会专题研究班学习。

11月25日至12月7日，市委常委、宣传部长虞红鸣到俄罗斯、瑞典、丹麦、挪威，考察交流新闻工作。

2007年1月24日至2月7日，市政协副主席齐育华率团到巴西、阿根廷考察访问。

1月30日至2月10日，应澳大利亚保霍市政府、新西兰澳新中工商联合会邀请，副市长叶朝丐率市政府代表团考察高速公路建设。

3月23—29日，副市长肖建中率市政府友好代表团7人，参加省政府举办浙江省与静冈县缔结友好省县关系25周年庆祝活动，并访问友好城市三岛市。

5月24日至6月2日，市人大常委会副主任刘国安率市友好代表团访问瑞士、荷兰，参加在瑞士日内瓦万国宫举办的丽水摄影作品展，开展摄影文化交流与合作。

6月12—23日，市人大常委会主任焦光华到巴西、阿根廷考察访问。

6月，市人大常委会副主任吕文明到美国、加拿大考察访问。

9月3—14日，副市长刘秀兰率丽水市政府代表团到俄罗斯、瑞典、挪威经贸考察。

10月20—31日，市人大常委会副主任宋永平到埃及考察访问。

12月13—24日，应澳大利亚博伍德市政府、新西兰经济贸易协会、新加坡新中友好协会邀请，市委副书记张成祖率代表团访问考察。

2008年6月18—29日，应德国默齐希市政府、意大利罗马市政府移民议会、奥地利奥中友协华人委员会邀请，市政协副主席陈翠仙率市政协友好代表团访问。

9月16—25日，副市长刘秀兰率团到新加坡、阿联酋，开展经贸活动。

11月5—16日，应英国国际环境法律和发展基金会、瑞典北雪平市政府、挪威奥斯陆市政府邀请，市委常委、市委秘书长王昌荣率团进行环保交流和项目洽谈。

11月27日至12月7日，应澳大利亚立顿郡政府、新西兰维多摩市政府邀请，市委常委、莲都区委书记陈瑞商率莲都区政府代表团进行城镇建设交流和经贸洽谈。

2009年，丽水市加强因公出国（境）管理，3月18日始，暂停审批全市自行组团出访任务。

2010年1月21—30日，市政协副主席吴永水率团到澳大利亚、新西兰议会交流和侨务访问。

3月4—15日，副市长蔡小华率团到阿联酋、埃及、土耳其，开展经贸活动。拜会阿联酋温州商会、埃及华人联谊会、土耳其中国商业促进会。考察迪拜中国商品城、龙城中国商品分拨中心、埃及开罗汽配市场、CEZER集团下属的休闲鞋生产厂。举行丽水温州总商会与温州迪拜商会建立友好商会签约仪式。

5月3—8日，市政协副主席陈翠仙率团到韩国丽水市友好访问。

5月22日至6月2日，副市长梁细弟率团到西班牙、意大利、希腊侨务访问。

6月19—29日，遂昌县委书记葛学斌率文化交流团访问英国斯特拉福市，洽谈、协商开展互访、缔结友好关系、莎士比亚和汤显祖逝世400周年纪念活动事宜及其他合作项目。

9月15—24日，市人大常委会副主任宋永平率团到美国、加拿大议会交流。

9月20日至10月1日，副市长廖思红率团到瑞典、挪威、英国开展文化交流。

10月24日至11月2日，市政协副主席吴炳全率团到韩国、日本友好城市开展交流访问。

11月17—28日，副市长叶朝丐率团到巴西、智利、秘鲁，进行综合交通交流访问。

11月19—28日，副市长金建新率团到澳大利亚、新西兰，交流水生态系统保护和修复工作。

第二节　到　访

1996年12月17—24日，中日江南农耕民俗文化联合考察团，由日方团长福田亚细南、中方团长林相泰率团16人，到丽水(县级)、景宁、青田县，考察农耕民俗文化。1998年8月11—14日，应浙江省文联邀请，该团18人，到丽水老竹畲族镇黄桂村，补充调查畲族民俗风情。

1997年12月18日，应丽水地区外事办公室邀请，奥地利驻华大使齐格勒博士一行4人，参加丽水玉溪水利枢纽工程发电仪式。

1998年3月30日至4月1日，瑞士驻沪总领事伦志民一行2人到丽水参观访问。

10月25日，奥地利国家电视台摄制组一行2人，到青田县采访拍摄青田石雕。

11月19—20日，应浙江省对外友好协会邀请，日中友协副理事长、静冈县日中友协副会长铃木重郎率日本静冈县日中友好协会代表团6人到丽水访问。

12月24—26日，日本静冈县友好人士森正孝、大冢博等人组织日本细菌战受害情况调查团9人，到丽水调查收集日本侵华期间进行细菌战证据，听取受害者及家属证词。

1999年1月29—31日，德国驻沪总领事龙贝格到丽水，考察获领事馆资助人民币22万元的项目3个，分别是缙云县岱石小学修缮、青田县章村乡安装有线电视、松阳笋竹生产基地建设，并参观中德合作生产的水锤泵项目。

11月9—10日，韩国康津郡郡守尹泳铢、议长金升弘率访问团10人，到龙泉市考察访问，签订龙泉市与康津郡友好会谈备忘录。

11月17—18日，日本驻沪总领事桥康吉一行2人，到景宁畲族自治县工作交流小规模利民工程项目事宜。

11月23日，英国驻沪领事馆商务官员劳拉•米琪尔森(女)，到丽水参观丽水经济开发区、艾莱依羽绒制品有限公司、方正电机制造有限公司。

11月24—26日，比利时驻沪领事瞿福施，到丽水、青田县，就丽水地区公民到比利时探亲、定居签证事宜，户籍证明、收养公证办理程序等问题，与公安、民政、公证部门交流。

2000年3月22—24日，日本下元庆朗一行9人，到龙泉市参加“授誉”仪式并进行访问考察。

4月16—26日，越南河内市贸易厅代厅长武荣富率团5人，到丽水、松阳县商务洽谈和考察。

5月16—17日，比利时驻沪领事瞿福施到丽水市(县级)、遂昌县，就上述事宜交流部门工作。2001年5月30—31日，瞿福施到丽水，就丽水公民到比利时家庭团聚有关事宜，与民政部门交流工作。2005年3月24—25日，比利时驻上海领馆一行3人到青田，就领事及认证问题与青田县外办、司法局、公证处座谈。

10月，葡萄牙奥布非尔市市长一行3人，到青田友好访问。

10月31日至11月1日，日本静冈县国际交流室杉山滋敏一行4人，到丽水考察访问。

12月18—19日，日本驻沪签证领事今泷明，到青田县考察交流。

2001年7月19—20日，荷兰贸易促进委员会杭州代表处首席代表卞荷蕊(女)，到青田县考察经贸。

8月8—10日，日本石像考察团，到青田县考察。

8月23日，日本“中国恐龙体验之行”到丽水市考察。

9月25—26日，希腊爱琴岛市哥特西斯市长一行3人，到丽水市考察访问。

2002年1月2日，美国麻省理工学院工程学院副院长俞久平教授，到丽水参加中美学者21世纪可持续发展论坛。

5月27—30日，日本三岛市市长小池政臣一行36人，到丽水市友好访问。

7月29日，日本驻沪副领事森顺子(女)，到景宁畲族自治县参加小规模利民工程项目挂牌仪式。

9月4—6日，美国新泽西州州长特使、罗威市市长肯尼迪一行5人，到丽水市、青田县考察访问。

10月21日，比利时驻沪总领事麦克思，到丽水市考察。

10月28日至11月1日，国际陶瓷协会主席托尼•弗兰克斯、副主席莱斯迈宁，参加全国第七届陶瓷艺术设计创新评比大会暨中国龙泉青瓷节。

2003年5月28日，日本静冈县眼科技术交流团，到丽水市访问考察。

6月，西班牙、葡萄牙华商考察团26人，考察青田石郭外贸工业园区、田步垟工业区、上岸旅游开发区。

7月22日，世界卫生组织官员到丽水督察“丽水CIDA—WHO结核病控制项目”实施情况。

9月15日，法国旅法中国同学会会长何跃到丽水市考察经贸。

11月11日，德国垃圾处理专家到丽水市考察，与丽水市建设局交流垃圾处理。

11月21日，联合国开发计划署记述信息促进系统日本国分部代表到丽水市考察洽谈。

2004年4月11—14日，越南全国文联主席、越南摄影家协会主席黎伯馥率越南国家摄影节代表团一行6人，到丽水市访问交流。

5月2—4日，日本三岛市国际交流协会原会长小野金弥一行7人，到丽水市访问交流。

8月4日、8月23日，日本、德国垃圾处理专家，到丽水市考察访问，与建设、环保部门交流。

10月16—20日，12个国家的摄影家和摄影爱好者到丽水，参加2004中国•丽水国际摄影文化节。

12月6—12日，朝鲜贸易省七明贸易会社副社长李勇俊，到丽水市考察，与有关部门初步达成合作意向。

2005年3月18日，日本驻上海总领事馆领事部部长矢田重信一行，到丽水市外事办，交流座谈日本签证问题。12月15—16日，日本驻上海总领事馆德弘雅道副领事一行2人，到丽水市会谈日本签证工作。

3月20—23日，日本三岛市中学生友好交流团9人，到丽水市进行交流访问。

5月10—11日，日本三岛市市长小池政臣，率领三岛市友好访问团57人，到丽水市访问交流。

2005年5月，圣马力诺总统一行5人，到丽水市青田县友好访问。

6月22日，韩国全罗南道政府上海代表处首席代表宣景日一行，到丽水市访问。

11月4—6日，韩国丽水市副市长金在坤率友好代表团5人，到丽水市访问交流。

11月9—10日，韩国国际狮子协会355-b2地区总裁李年洙一行，到丽水市考察交流慈善助残工作。

12 月 27 日，韩国丽水投资事务所官员李京佑、崔阳洙先生等 3 人，到丽水市考察访问。

2006 年 5 月 17 日，美国新捷国际公司副总裁柏斯特，到丽水访问。

7 月 11 日，安哥拉工业部副部长阿巴拉哈•郭拉纪、青田籍华侨、葡中友好协会会长詹永巧一行，到丽水经济开发区考察。

7 月 12—13 日，联合国粮农组织首席专家、亚洲理工学院农业与生物资源系教授皮特•爱德华，到青田县考察稻田养鱼。

8 月 22—23 日，联合国开发计划署一行 4 人，到丽水市考察农村科技远程教育工作。

2006 年 10 月，西班牙马德里警察总局局长一行 6 人，到青田县友好访问。

11 月 19 日，圣马力诺共和国前执行官姜佛朗科•泰伦齐到丽水市考察访问。

11 月 30 日，德国汉森汽车公司首席执行官克里斯汀•尤利克，到丽水市访问。

2007 年 2 月 13—14 日，印度驻沪总领事馆总领事白加尉一行 3 人，到丽水市考察访问，交流经贸、文化、旅游、民间交往等方面合作。

5 月 8—10 日，日本驻沪首席领事兼副总领事石井哲也、领事水谷准一行，到龙泉市、景宁畲族自治县考察利民工程。出席龙泉市小梅镇中心卫生院综合楼项目竣工仪式并剪彩。

5 月 14 日，联合国科教文组织 Richard Engelhardt 博士一行，考察庆元县如龙桥，参加庆元木拱廊桥获联合国教科文组织亚太地区文化遗产保护卓越奖颁奖仪式。

2007 年 6 月，巴西坦古阿市政府及议会工商考察团 9 人，到青田县考察经贸合作。

7 月 27—28 日，法属圭亚那大区议会议长安东•卡拉姆一行，到丽水市访问。

8 月 9 日，韩国庆尚南道政府上海代表处首席代表闵基植一行 4 人，到丽水市访问。

9 月 8—9 日，法国总统萨科奇亚裔事务顾问何福基、法国执政党人民运动联盟华裔负责人孙文雄先生一行，到丽水市区及青田县考察。

11 月 13 日，国际陶瓷协会主席珍妮特•曼斯菲尔德，率国际陶协代表团 16 人，访问龙泉市，参加第二届中国龙泉青瓷•龙泉宝剑节。

2008 年 10 月 23 日，意大利拉齐奥大区环境与国际委员会主席 Claudio Bucci、拉齐奥大区卫生医疗体制改革特别委员会兼国际事务委员会副主席 Luigi Celori、罗马省基础建设委员会主席 Romolorea G 及意大利华侨企业代表 13 人访问丽水市。

2009 年 1 月 19 日，芬兰科沃拉市城市发展部部长西库提，到丽水访问，交流两市文化、经贸合作。

4 月 24 日，保加利亚索非亚市纳德日达区政府区长迪莫夫率访问团 8 人，到青田与县政府举行友好会谈。

5 月 5—6 日，国际商品共同基金、联合国粮农组织、国际有机农业运动联合会“有机茶生产、发展和贸易”项目考察团 7 人，到莲都区考察有机茶生产基地建设，交流有机茶生产和发展。

10 月 17—18 日，美国西迈阿密市市长塞萨尔•卡拉萨、美国拉美工商会主席朱国明一行 3 人，访问丽水市。

10 月 22—23 日，日本驻上海总领事横井裕、日本政府小额援助项目负责人佐佐木明彦领事访问龙泉市，考察日本利民工程小额援助项目——安仁镇分散型污水处理工程。

11 月 14 日，日本静冈县日中友好协会理事长柴顺三郎一行 3 人，访问丽水市。

12 月 3—4 日，南美洲和非洲国家土地利用与管理高级研修班学员 20 人，到松阳、遂昌县，考察旧村改造和土地整理项目。

2010 年 1 月 18—20 日，日本静冈县三光三岛株式会社社长大川元司一行 2 人，到丽水市进行投资考察，与丽水经济开发区座谈交流。

3 月 2—4 日，日本静冈县国际交流室专门监县裕子率静冈县代表团 5 人，访问龙泉市。县裕子带来川根本町町长希望两市町缔结友好关系的亲笔信。8 月 18—19 日，由副议长高畑雅一率领日本静冈县川根本町友好代表团，访问龙泉市，商议两市町建立友好交流关系事宜。

4 月 2 日，泰中友好协会副秘书长吴杭伟，访问丽水市，与市外事办、市外经贸局进行座谈交流。

7 月 14—15 日，哥伦比亚外交部部长海梅•贝穆德斯和驻华大使吉列尔莫•里卡多，到丽水市进行私人访问，进行商务洽谈。

12 月 10 日，国际蘑菇科学学会主席格雷格•西摩尔，参加第八届中国（庆元）香菇文化节。

12 月 22—24 日，尼泊尔驻华大使坦卡•卡尔基，出席庆元县百山茶叶“世博会名优茶金奖”颁奖和“国际旅协指定产品”授牌仪式。

第三节　友城互访

到日本三岛市友好互访

1996 年 4 月 15—21 日，日本三岛市市长石井茂率团一行 31 人，应邀访问丽水，签署建立友好交流关系协议书。10 月 16—23 日，丽水市（县级）市长率团 10 人，应邀访问日本三岛市。

1997 年 5 月 11—13 日，日本三岛市市长石井茂率友好访问团一行 30 人，到丽水进行友好访问，签订丽水市（县级）与日本三岛市“友好城市关系协议书”。

2006 年 3 月 20—23 日，日本三岛市中学生友好交流团 7 人访问丽水，莲都区花园中学学生与交流团成员交流活动。

2006 年 8 月 20—26 日，丽水市中学生友好交流团 15 人，访问日本三岛市，获三岛市市长小池政臣接见。8 月，超强台风“桑美”袭击丽水，三岛市市长小池政臣致函慰问，募集赈灾款 14 万日元。

2007 年 3 月 21—24 日，日本三岛市中学生一行访问丽水，与莲都区花园中学开展交流活动。

2007 年 3 月 23—29 日，丽水市副市长肖建中率代表团 7 人，访问日本静冈县三岛市，获三岛市市长小池政臣会见。两市开展青少年友好交流、农业领域实质性合作。代表团参加浙江省与静冈县缔结友好省县关系 25 周年庆祝活动。

2007 年 7 月 29 日至 8 月 4 日，丽水市中学生友好交流团 15 人，应邀访问三岛市。

2008 年 7 月 29 日至 8 月 4 日，丽水市中学生友好交流团 11 人，应邀访问三岛市，获三岛市市长小池政臣会见。

2008 年 11 月 6—7 日，日本三岛市市长小池政臣率友好访问团 25 人，访问丽水市。访问团拜会丽水市人大和丽水市政府，丽水市人大常委会主任焦光华、代市长卢子跃、市人大常委会副主任吕文明参加。

2009年3月24—27日，日本三岛市中学生友好交流团7人，访问丽水市，与莲都区花园中学学生交流学习、文艺、体育。

2010年10月14—15日，日本三岛市副市长落合光一、议长佐藤晴率领三岛市友好访问团，访问丽水市。

2010年10月24日至11月2日，丽水市政协副主席吴炳全率团到韩国丽水市、日本三岛市进行友好访问。与三岛市市长小池政臣、副市长落合光一等各界人士80多人会谈、交流。

2010年8月23—29日，丽水市中学生友好交流团14人，访问三岛市。

到韩国丽水市友好互访

2007年4月9—15日，丽水市副市长金建新率访问团6人，访问韩国丽水市。两市洽谈青少年友好交流、文化、旅游方面。访问团参加“丽水龟船节”开幕式及庆祝活动。

2009年11月28日至12月2日，韩国丽水市观光文化水产局局长宋仁钟率友好代表团4人访问中国丽水市，参加中国第十三届国际摄影艺术展览暨2009中国·丽水国际摄影文化节，访问莲都、龙泉、缙云。

2010年5月3—8日，丽水市政协副主席陈翠仙率团访问韩国丽水市，参加“2010龟船节”系列活动，访问韩国丽水市栗树初等学校、钟鼓中学、丽水高等学校，达成与中国丽水中学、丽水市实验学校结成友好学校意向。

2010年8月22—23日，韩国丽水市栗树初等学校校长李福仪，率代表团一行34人，访问中国丽水市。韩国学生11人与丽水市实验学校师生进行友好交流。

2010年10月24日至11月2日，丽水市政协副主席吴炳全率团访问韩国丽水市、日本三岛市，洽谈经济、教育、文化、旅游交流合作，考察2012年韩国丽水世博会筹备情况。

2010年11月1—2日，韩国丽水市市长金忠锡、市议会议长金荣珪率访问团访问丽水市。丽水市市长卢子跃会见访问团。两市签署《中华人民共和国丽水市和大韩民国丽水市2012丽水世博会期间关于进一步加强友好交流与合作谅解备忘录》。

龙泉市到韩国康津郡友好互访

2008年6月26日，龙泉市与韩国康津郡正式建立友好城市关系。

2008年8月10—16日，龙泉市应邀组织中学生友好交流团28人，访问韩国康津郡。

2008年10月15日至11月5日，韩国康津郡青瓷协同组合董事长黄玉哲，康津青瓷协同组合会员尹允燮、李莫童，到龙泉与龙泉青瓷大师开展学术交流，研讨高丽青瓷与龙泉青瓷渊源。

2008年11月3—4日，龙泉市市长率团访问韩国康津郡，签署两市郡缔结友好城市关系协议书。

2010年2月1—4日，第二届韩国康津郡女子高中学生访问团33人访问龙泉市。

2010年8月6—13日，龙泉市学生访问团33人，到韩国康津郡与Saint-Josepn女子高中开展教育交流，参加“韩国康津郡青瓷文化节”开幕仪式。

2010年11月14—16日，韩国康津郡副郡守鲁斗根、议长金银植率团一行6人，访问龙泉市，参加龙泉撤县设市20周年庆祝大会暨第五届中国龙泉青瓷·龙泉宝剑节。

第四章　台湾事务

1983年2月，丽水地区行政公署台湾同胞接待办公室建立。1985年2月6日，丽水地区第一届台属联谊会成立。1992年7月，更名丽水地区行政公署台湾事务办公室。1995年8月，丽水地区侨务办公室和丽水地委台湾工作办公室（行署台湾事务办公室）合署办公。2000年5月撤地设市后，更名丽水市侨务办公室（市委台湾工作办公室）。丽水市政协安排台联界委员参与政协工作。2001年1月，第一届市政协安排台联界委员6人。2006年1月，第二届市政协安排台联界委员5人。同年，丽水台联开展两岸交流活动，接待台胞，帮助台属到中国台湾地区探亲及继承财产，加强对台宣传工作；服务台属台胞，特别是对台属企业和台资企业的服务工作，维护台胞台属的合法权益；做好台胞的捐赠工作。2010年，丽水市有台胞7000多户，4万多人；台属2万多户、9万多人。2010年，丽水市台办获全省对台经贸、台属工作先进单位称号。

第一节　两岸交流

活动交流

台胞接待　1979—1985年，丽水地区每年接待台胞10人左右，之后逐年增加。至2010年底，接待到丽水探亲、旅游、文化交流和从事经贸活动的台胞、台商3万多人次，批准台胞回丽水定居安置100多人，办理涉台婚姻300多对，台胞回大陆领养子女20多人。

到中国台湾地区探亲及继承财产　1991—2010年，全市到台探亲、奔丧及继承财产3400多人次。台胞家属到中国台湾地区定居20多人。帮助台胞家属办理台胞遗产继承案件90多件，继承遗产折合人民币2800多万元。

两岸交往　1995年5月，丽水地区台办和有关县台办配合中国台湾地区《中华乐舞》《海裳风情》电视摄制组，到景宁、龙泉、青田拍摄《拦路情》《灵刀舞》《婚俗》《对歌》《织彩舞》和传统工艺品节目。

1996年9月，丽水地区应中华慈善总会邀请，曾接待参选中国台湾地区领导人的陈诚之子陈履安，回家乡青田县高市乡省亲祭祖。10月，丽水地区接待“1996年情系浙江联谊活动”中国台湾地区团组。

1999年，台湾大学、台湾“中山大学”等学者2批，到丽水考察畲族文化教育和经济发展情况，研究中国台湾地区少数民族与畲族的渊源亲戚关系。8月，行署副专员庄志清到中国台湾地区参加中国现代化研讨会。12月，《丽水日报》总编参加新闻交流团，到中国台湾地区交流考察。团地委书记等3人，到中国台湾地区交流，亲历台湾大地震。同年，丽水地区到中国台湾地区交流5批、8人。

2000年，丽水市组团到中国台湾地区交流考察。缙云中学与台湾私立辞修高级中学交流。2001年6月，丽水市侨台办举办丽台农业合作交流座谈会。丽水三鑫农业开发有限公司投资人民币600多万元，推广种植中国台湾地区优新农业品种。同年，中国台湾地区客人6批，应邀到丽水考察农业。7月，丽水市经贸交流团15人，到中国台湾地区交流经贸，开展乡情联欢。8月，台湾"清华大学"语言研究所博士生吴中杰，到景宁畲族自治县考察畲族文化。2002年5月，丽水市企业家考察交流团8人，到中国台湾地区考察访问。10月，丽水市农业交流考察团11人，到中国台湾地区考察交流。2003年，全市组团到中国台湾地区6批、67人。2004年，全市组团到中国台湾地区4批、46人。其中，丽水市教育参访团访问中国台湾地区台中市向上国民中学，向上国民中学校长刘钦敏率教职人员19人回访，结对花园中学。

2005年，全市组织到中国台湾地区考察团3个、15人。2006年10月1日，丽水市举办两岸书画展，展出中国台湾地区夏汉容、叶茂元、陈履安等知名人士书画200多幅。2007年，全市到中国台湾地区交流访问56人次。

2008年4月16日，中国台湾地区宝剑专家郭常喜到龙泉市，与宝剑、青瓷人士交流。8月，中国台湾地区农业专家段北麟一行5人，应邀到景宁参加"2008海峡两岸农业产业发展研讨会"，考察景宁生态农业及高山蔬菜，并赠送景宁畲族自治县农业局高山蔬菜品种42个。10月，浙江省台办确定丽水市为浙台山区农业交流合作试点市。同年，景宁举办海峡两岸各民族欢度"三月三"节庆活动，中国台湾地区少数民族代表63人参加。景宁民族中学与中国台湾地区屏东来义高级中学结为对口交流学校。全年，丽水全市组织到台经贸考察团10多个，扩大与中国台湾地区工商团体、企业接触，交流经贸。

2009年7月，丽水市政府组团综合考察中国台湾地区南投县。9月，丽水市副市长梁细弟率团到中国台湾地区考察旅游工作。台胞应邀参加"己丑(2009)中国仙都海峡两岸民祭黄帝典礼"80多人。8月，召开"2009海峡两岸(浙江•景宁)山区经济研讨会"。全市组团10个、111人，到台考察交流。同年，台风"莫拉克"袭击中国台湾地区，丽水全市开展慈善捐赠，向中国台湾地区南投县捐款100.3万元。

2010年1月28日，中国台湾地区南投县县长李朝卿，率政府参访团参观访问丽水。丽台双方就旅游、农业和贸易合作交流达成共识。4月15—17日，中国台湾地区南投县副县长陈志清率少数民族文化艺术团，参加"中国畲族'三月三'海峡两岸民族大联欢"。6月8—20日，丽水市政协主席虞红鸣率经贸考察团，与中国台湾地区南投县展开"探亲会友交流合作"为主题的磋商对接。其间，丽水市外经贸考察团、丽水市茶叶参展团、景宁畲族民间艺术团等75人，参观考察中国台湾地区。9月，丽水市组团参加"2010南投'美人腿'节"活动，获"美人腿公主"亚军和季军、"茭白创意料理"季军。27日，中国台湾地区台北县辞修高级中学与青田县高市乡中心学校，结为友好学校。11月21—23日，中国台湾地区爱盲协会"曙光计划"丽水行活动，捐赠丽水市人工晶体300枚和相关药品。全年，全市到台考察交流组团27个、295人次。其中经贸活动137人，农业交流53人，文化交流48人，其他团组57人。

对台宣传

1982—2010年，丽水市被海外报刊采用文稿786篇，被国内宣传单位采用文稿3493篇，被海外报刊及国内宣传单位采用图（照）片853帧（幅），赠送台胞宣传丽水画册、图书、碟片、电视片15000多册（部）。1988—2010年，全市举办台海形势报告会130多场、访台报告会30多场。

1999年，丽水地区参加浙江省“祖国宝岛台湾知识竞赛”6398人，参赛人数居第二，获奖人数占全省1/4。

2000年，丽水市组织《一个中国的原则和台湾问题》白皮书学习会、报告会、座谈会30多次。国台办收藏缙云县民间书法家丁德焕扇面微书作品白皮书全文。全市参加“盼祖国早日统一”万人签名活动7万多人。浙江卫视《海峡》栏目两次采访丽水，制作专题片播放。

2001年10月8日，青田县举办“反独促统”大会，来自60多个国家和地区的华侨华人及海峡两岸各界人士参加，通过《“反独促统”大会宣言》。丽水市邀请中国台湾地区真相传播有限公司（TNN）财政台到庆元县采访，香菇专题片在东南亚地区连续播出1个多月。

2005年，丽水市台胞台属座谈会召开15次，参加800多人，学习宣传《反分裂国家法》。引导丽水籍海外和平促进会20多个开展“反独促统”活动。

2006年，丽水市举办台胞台属和民主党派、无党派人士座谈会8场，涉台教育讲座18批次，参加900多人。

2007年3月，丽水市本级、各县（市、区）台办、台联会先后召开台胞、台属座谈会，谴责中国台湾地区领导人陈水扁搞“台独”分裂祖国行径。

第二节　台属台胞服务

台属台资企业服务

台属企业　1984年后，丽水地区鼓励支持台属办企业。1994年，丽水地区台办宣传贯彻《中华人民共和国台胞投资保护法》，组织丽水地区三胞（友人）联谊会。1999年年底，全区台属企业有190多家，职工1745人，年产值（营业额）2.09亿元，创税875万元，实现利润1082.5万元。2000年，被浙江省台办评为“浙江省优秀台属企业”3家。至2010年年底，全市台属企业有230多家，其中年产值1000万元以上15家、上亿元2家。职工4000多人，总产值人民币20多亿元，创税4600多万元。

台资企业　2000年，丽水市接待台商考察10多批，签约台资项目4个。2002年，接待台商考察团组15批次，新批台资企业6家。2003年，投资1000万美元的浙江新丽鞋业有限公司正式投产。2006年，引进台资企业裕城建筑五金有限公司，总投资298万美元。2007年，全市有经营规模年产值500万元以上台资企业21家。

2009年10月，丽水经济开发区台商投资区成立。

2010年，丽水市参加第十二届海交会活动，在福建省福州市、浙江省丽水市和江苏省昆山市承办或联合举办丽水市投资环境推荐会4次。7月14—16日，福州市台商考察团12人考察丽水经济开发区、龙泉经济开发区。7月29日至8月1日，台湾丽水同乡联谊会投资考察团11人，参观考察丽水经济开发区、遂昌县。9月15日，丽水举行2010海峡两岸（丽水）中药产业经济技术贸易交流会，开辟大陆中药材直供中国台湾地区市场新通道。12月，丽水经济开发区与台资企业丽水市意本阀门有限公司签约，建设中国台湾地区机电产业园，总投资额12.6亿元。庆元县台商投资园和中国台湾地区农民创业园设立。

台胞台属合法权益维护

政策落实财物清退 1979年，全区认定起义、投诚单位4个，起义、投诚人员1137人，颁发起义、投诚人员证明书751人，落实政策274人，其中撤销判决78人，恢复工作30多人，经济困难进行生活补助337人。1980年，全区落实台胞、台属政策1164人。1981年，全区清退台胞私房136户，面积15544平方米。其中青田县落实台胞、台属房产48户、158间，清退国民党副总裁陈诚私房4处、2663平方米，并按原状进行修缮。

1980—1990年，全区组织台属到港澳地区等地会见在台亲人273人。

台胞台属来信来访接待 2006年，台资台属企业法律顾问团成立。2008年，台商投诉协调机制建立。

至2010年年底，全市接待台胞、台属来信来访5654件（次），协助处理涉台治安案件237起，涉台刑事案件1件，处理台属企业纠纷40多件。举行台胞台属座谈会、团拜会200多场次。走访在丽台商、台胞、台属3000多人次。

第三节 台胞捐资捐助

教育事业

1995年，缙云籍台胞李延品捐赠人民币120万元，在家乡兴建小学1座。

1996年，丽水地区接受台胞捐赠教育13项、72.33万元。

1997年，丽水地区接受台胞捐赠教育16项、273.27万元。

2001年9月2日，台北青田同乡会设立“家乡子弟资助资金”，资助考上大专院校的贫困学生10人、2万元。

2007年，台北青田同乡会设奖学金6万元，救助青田贫困学生。云和环宇房地产、缙云田氏伤科救助贫困学生5万元。

2008年6月，台胞陈宜昌捐助遂昌县王村口镇中心小学10万元。台北缙云同乡会青年暑期返乡参访团，捐资7万元新台币，建设新建中学体艺馆。

福利公益事业

1995年，台北缙云同乡会为仙都风景区捐款，台北松阳同乡会捐赠轮椅。1996年，用于公益事业10项、24万元；1997年，用于公益事业17项、22万元。

2001年，中国台湾地区曹氏基金会与浙江寿尔福有限公司捐赠轮椅60多辆。

2004年，莲都区台胞梁岳捐资250万元，缙云县台胞舒寿福捐资11万美元，用于文化、教育、医疗、卫生、社会公益福利事业。

2007年，台属企业扬帆寿尔福集团捐赠轮椅300辆，价值20万元；中国台湾地区净宗协会经台胞陈梦臣牵线，赠送乾隆大藏经5套、其他单行本经书500多本。

2008年5月12日，汶川地震后，在丽台胞、台属、台商捐款190.34万元。其中台属企业三胞房地产开发有限公司董事长张亚华捐资100万元，83岁的梁岳捐资3万元。

2009年，台属企业田氏伤科医院追加助医基金500万元，总额达1000万元，每年可用救助金额80万元。

至2010年年底，全市接受台胞办教育和公益事业的捐赠3500多万元、10万美元、12.5万元新台币。

第五章　机关事务

机关事务管理负责地区(市)机关后勤服务、物业和房地产管理、公务用车、公务接待服务、安全保卫等工作。1949年，丽水地委秘书处设行政科，同年丽水专署秘书室设行政股，更名为行政科、行政办公室、机关事务管理处、机关事务管理局。

2000年5月，丽水撤地设市建区后，丽水市委、市政府接待办公室成立，负责市委、人大、市政府、政协及外事的接待，市委、市政府及其办公室的重要会议、重大活动后勤保障，市委、市政府领导外出考察后勤保障。2007年2月，丽水市机关事务管理局成立，规范管理丽水市机关事务。

第一节　房产管理

机关干部公有住房

1990年，丽水地区机关有宿舍用房29898平方米、535套。1991年，地区机关事务管理处管理干部公有住房37套(间)，分别坐落在灯塔街6幢、7幢、8幢、10幢，梅山背7幢、8幢、11幢、12幢、13幢，面积1833.41平方米。

房改房

1991年，丽水地区行署有房改房346套，主要分布在灯塔街、城东路、大洋路、梅山背、虎啸门、后庆桥、白云山、万象山脚，面积23963.6平方米。

集资房

1993年，丽水地区行署集资房坐落在城东路11—13幢楼房6层，面积10272.25平方米(包括店面)，解决地级住房困难机关干部职工105户。

行政中心办公楼

1949年，丽水地区机关驻地分别在丽水县城内孔子庙、四房庙、天主教堂和耶稣教堂，面积950平方米。1951年冬，建成1幢四合院式办公平房，建筑面积720平方米。1952年丽水专署撤销建置时，房产移交丽水县政府。

1963年，丽水专署恢复建置，划拨浙江林校教学楼3幢、旧平房5幢，以及孔子庙、灯塔路县公安局旧平房7幢等，作为丽水地委、专署机关办公用房。

1990年，丽水地区行署办公用房为5层建筑，建筑面积18869平方米，有办公室102个、中型会议室3个、大型会议室1个。丽水地委办公楼驻地在灯塔街91号，为6层建筑，面积4310平方米，入驻单位29个。

2002年10月28日，丽水市行政中心主楼开工建设，位于花园路1号。2004年6月底，丽水市行政中心主楼主体结顶。2004年10月28日，丽水市行政中心西区工程开工建设。2005年8月底，丽水市行政中心西区主体结顶。2006年9月20日，丽水市行政中心主楼及西区交付使用。10月8日，市直机关陆续入驻。丽水市行政中心主楼22层(含地下室和架空层)，建筑高度87.3米，建筑面积73550平方米，入驻单位47个，有办公室720间、普通会议室38个，设有大报告厅、电视电话会议室、带表决功能会议室及贵宾接待室。西区包括后勤服务楼、行政审批中心、档案馆和信访楼单体建筑4个，建筑面积24848平方米，入驻单位有丽水市信访局、市行政审批中心、市档案局、莲都区行政审批中心、莲都区档案局等，工作人员1600多人。

第二节　后勤服务

安全保卫

1998年前，丽水地委、行署门口设值班室。1999年11月，丽水行署办公室行政保卫处成立经警队，编制12名，负责丽水地委、行署两大院安全保卫工作。2002年，增至20人。2004年7月，为30人。2006年8月，为50人。10月，丽水市行政中心大楼搬迁，并成立协警大队，下设大队部、南北门中队、架空层中队、监控中队、巡逻中队，负责丽水市行政中心安全保卫工作。2007年7月，丽水市政府办公室行政保卫处移交安保任务到市机关事务管理局安全警卫处。2008年后，有协警60人。

食堂管理

1949年，丽水地区机关在梅山背办食堂。1963年，在驻地白云山办食堂。1964年，在梅山背办第二食堂。1990 年，地区机关食堂有 2 处，第一食堂在灯塔街行署机关大院内，第二食堂在梅山背，有炊事员和管理人员 27 人。1991 年，在大洋路增设第三食堂，服务离退休老干部，1995 年停止经营。

1996 年 9 月，丽水地区机关后勤服务中心成立，核定事业编制 20 名、自收自支事业编制 20 名。原第一、二食堂由自收自支事业编制人员自主经营，3 年内财政拨款补助，3 年后自负盈亏，编制逐步收回。

2006 年，丽水市机关食堂设立在后勤服务楼一楼，面积 2200 平方米，可同时容纳 600 人就餐，由丽水波特曼•处州大酒店承包经营。2007 年 8 月以来，丽水市中意大酒店承包经营机关食堂，有员工 30 人，日就餐人数 1600 人次。

2006 年，丽水市在丽水军分区和后勤服务楼二楼设立市级领导食堂。

车辆保障

1963 年，丽水地区专署恢复初期，丽水地委、行署小车队从外地调来小汽车 4 辆。1981 年，小车队有小汽车 15 辆。1990 年，小车队有轿车 12 辆、面包车 3 辆、货车 2 辆。1990 年，丽水地区机关各部、委、办、局、处，有汽车 95 辆，其中轿车 44 辆、吉普车 22 辆、面包车 20 辆、货车 9 辆。

1979 年，丽水地区机关小车修理所建立，主要承担机关小汽车维修任务，对外承接维修业务。1990 年，机关小车修理所有固定资产 15.17 万元，职工 27 人，总收入 36.6 万元，利润 4.16 万元。2005 年 10 月，机关小车修理所改制。

2000 年 5 月，撤地设市后，丽水市政府车队有轿车 55 辆、中巴车 3 辆、面包车 1 辆、小型货车 1 辆。

2007 年，丽水市级机关车队成立，负责重大会议及重要公务活动的车辆调度，市级领导车辆的安全行车、维修和交通安全管理。

2010 年，市级机关车队有职工 69 人，其中正式职工 31 人、编外用工 38 人。

物业管理

2006 年，温州维多利亚大酒店承包管理丽水市行政中心物业。2009 年，丽水莲城物业有限公司通过公开招投标承包管理，有员工 110 人。

绿化养护

丽水市行政中心有室外绿化面积约 5 万平方米。2008 年 1 月，由丽水市绿环园林有限公司承包。2009 年 12 月，丽水市绿环园林有限公司通过公开招投标，继续承包室外绿化养护。丽水市阳林绿化有限公司承包南北门花坛、室内绿化租摆。

公共机构节能

2009 年，丽水市级公共机构节能工作领导小组成立，制定《丽水市市级公共机构节能工作规划》和考核暂行办法。丽水市直各单位开展节能降耗，实行市级公共机构能源消耗统计和定期上报制度。2010 年，在用电设备不断增加的情况下，丽水市行政中心用电比 2007 年下降 8.80%。

第三节　接待工作

对外接待是地方党委、政府的一项重要工作。1950年，丽水地区招待所建立，面积200平方米，有统铺50个。1963年，丽水专署接待室设立，有房间13个。1964年，丽水地区招待所扩建，有床位200个。1970年，丽水地区招待所在中山街建3层楼房1幢，建筑面积3375平方米。1980年，丽水地区招待所增添4层楼房1幢，建筑面积1201平方米，有房间101个、床位255个。1987年9月，建处州宾馆，9层楼房，建筑面积3950平方米，投资323万元，有房间53个、床位104个。处州宾馆配有制冷设备、自动电梯、电话总机、闭路电视，地下室设两个餐厅，房间内有地毯、空调、彩电、电话和卫生设备等。

1980年，丽水行署接待站建立，1988年，更名白云山庄，有客房38间、床位110个，其中配有地毯、空调、彩电和卫生设备客房16个。

1950—2010年，丽水先后完成党和国家领导人在丽水视察期间的接待保障工作、丽水市重大活动和会议的后勤保障和接待工作，做好市主要领导出访考察的后勤保障工作。

第二十五篇

地方人民政协

1 组织机构

2 市政协委员

3 市政协会议

4 市政协工作

概　　述

中国人民政治协商会议（以下简称“政协”），是中国人民爱国统一战线组织，是中国共产党领导的多党合作和政治协商的重要机构，是中国政治生活中发扬社会主义民主的一种重要形式。1956年，丽水只有丽水县成立县级政协组织。“文化大革命”期间，丽水县政协停止活动。1979年，丽水县政协恢复活动。1981年，青田县政协成立。1984年，其他县均成立政协。1985年，浙江省政协丽水地区联络员成立。1987年，改设浙江省政协丽水地区联络组。1989年，浙江省政协丽水地区工作委员会（以下简称“地区政协工委”）成立。

2000年5月，丽水撤地设市。9月，中共浙江省委批准建立政协丽水市委员会筹备小组。2001年1月，政协丽水市委员会第一届第一次全体会议召开。政协丽水市委员会正式成立，成为政协在丽水市的地方组织。丽水市政协成立，标志全市政协工作开始走上程序化、规范化、制度化道路。根据中国共产党同各民主党派和无党派人士“长期共存、互相监督”“肝胆相照”“荣辱与共”的方针，在中共丽水市委的领导下，丽水市政协围绕各个时期的中心任务，发扬社会主义民主，运用多种形式，组织参会的各党派、团体和各族各界人士进行政治协商、民主监督、参政议政，对全市的大政方针以及政治、经济、文化和社会生活中的重要问题提出意见和建议。政治协商、民主监督、参政议政是丽水市政协履行职能的主要内容，得到丽水市委、市政府的大力支持。全市现代化建设及人民群众关心的重大问题，丽水市委、市政府及时通报丽水市政协，进行协商。每年政协全会和每次市政协常委会是政协履行职能的重要时机和形式。政协全会举行的大会发言、专题座谈和小组讨论，丽水市委、市政府主要领导及市有关部门的负责人均分头参加，直接与委员共商大计，听取委员意见建议，并形成制度。丽水市党政领导经常在重大问题决策和实施前，提交丽水市政协常委会协商，听取意见。丽水市政协组织委员视察、反映社情民意、政情咨询和参与专项性检查督促活动，通过建议案、提案办理、对口联系及专题调研等参政议政平台，向丽水市委、市政府提出意见建议，提供决策重要参考。丽水市政协每年确定课题，组织委员和专家调查研究，形成既有情况反映和分析，又有建设性意见建议的调查报告或相关材料，分送丽水市委、市政府和各相关部门，提供决策依据。2006年1月11日，政协丽水市第二届第一次全体会议召开。

第一章　组织机构

1956年3月，丽水县选举产生政协丽水县第一届委员会。“文化大革命”前五届，丽水县政协工作机构设工商组、卫生组、文化教育组、宗教组。第六届增设文史资料组。第七届开始，逐步规范设置各种工作委员会。1981年3月，青田县政协成立。1984年，庆元、云和、遂昌、龙泉、缙云、松阳县和景宁畲族自治县政协相继成立。1985年5月，浙江省政协设丽水地区联络员1人。1987年3月，浙江省政协建立丽水地区联络组。1989年11月，浙江省政协建立丽水地区工作委员会。2001年1月，政协丽水市委员会第一届第一次全体会议召开，政协丽水市委员会正式成立。

第一节　中共丽水地委领导时的省政协丽水地区组织

浙江省政协丽水地区联络员办公室

1985年5月，根据浙江省政协第五届委员会常务委员会第十次会议决定和中共浙江省委办公厅批转省政协党组的报告，在丽水地委统战部内设立浙江省政协丽水地区联络员1人（由丽水地委统战部部长兼任）。11月，浙江省政协设丽水地区联络员办公室。1987年3月，联络员及其办公室撤销。

省政协丽水地区联络组

1987年3月，浙江省政协第五届委员会常务委员会第十八次会议决定，浙江省政协丽水地区联络员改设为浙江省政协丽水地区联络组，为浙江省政协派出工作机构。下设办公室。

浙江省政协丽水地区联络组受浙江省政协和中共丽水地委双重领导，主要贯彻浙江省政协和丽水地委对县（市）政协工作的意见，联系在丽水的全国政协委员、浙江省政协委员，组织委员调查、视察，协助各县（市）政协开好全会，研究、探讨履行“政治协商、民主监督”[①]职能。

省政协丽水地区工作委员会

1989年11月23日，浙江省政协第六届委员会第九次常委会决定成立浙江省政协丽水地区政

① 1994年3月，修订政协章程增加“参政议政”职能。

协工委，为浙江省政协派出工作机构（正厅级）。下设办公室。2001 年 1 月，丽水地区政协工委撤销。第六届浙江省政协丽水地区工委设副主任 3 人、委员 1 人。第六、七、八届浙江省政协丽水地区工委设主任 1 人、副主任 3 人、委员 2 人。

丽水地区政协工委受浙江省政协和中共丽水地委双重领导，主要负责联系在本地区全国政协委员和浙江省政协委员，组织委员视察、调研等，负责联系本地区县（市）政协，承办浙江省政协和丽水地委交办事项。

丽水地区政协工委办公室主要负责工作调研、信息搜集和处理，会议准备、委员视察、文件起草、文书档案、人事工资管理、后勤服务、信访接待，承办政协工委领导交办事项。

1985—2001 年浙江省政协丽水地区领导成员一览

表 25-1-1-1

名称	姓名	性别	民族	籍贯	政治面貌	职务	任职年月
联络员	田有祺	男	汉	山东惠民	中共党员	联络员	1985 年 5 月—1987 年 3 月
联络组	田有祺	男	汉	山东惠民	中共党员	组长	1987 年 3 月—1989 年 11 月
	金宝善	男	汉	上海	中共党员	副组长	1987 年 3 月—1989 年 11 月
	蓝光谅	男	畲	浙江遂昌	中共党员	副组长	1988 年 9 月—1989 年 11 月
省政协丽水地区工委	金宝善	男	汉	上海	中共党员	副主任	1989 年 11 月—1991 年 7 月
	支存定	男	汉	浙江玉环	中共党员	副主任（主持工作）	1991 年 7 月—1993 年 9 月
	徐仁俊	男	汉	浙江龙泉	中共党员	主任（主持工作）	1993 年 9 月—1998 年 8 月
	张向北	男	汉	四川德阳	中共党员	主任	1998 年 8 月—2001 年 1 月
	支存定	男	汉	浙江玉环	中共党员	副主任	1993 年 9 月—2001 年 1 月
	蓝光谅	男	畲	浙江遂昌	中共党员	副主任	1989 年 11 月—2001 年 1 月
	胡振康	男	汉	浙江缙云	中共党员	副主任	1995 年 1 月—2001 年 1 月
	赵碧春	男	汉	浙江丽水	中共党员	副主任	1998 年 8 月—2001 年 1 月

第二节　政协丽水市委员会

2000 年 9 月，中共浙江省委批准建立政协丽水市委员会筹备小组。丽水地区政协工委参加筹备工作，组织人员外出学习组建市政协经验和政协机关建设经验，向丽水地委报送《关于建立首届丽水市政协委员会有关问题的建议意见》。丽水地区政协工委对首届丽水市政协的委员人数、届别设置、专委会设立及市政协机关编制等问题进行调研摸底，向撤地建市工作领导小组报送《市一届一次政协全会筹备工作建议方案》。丽水地区政协工委参与政协委员的推荐、协商和考察，负责丽水市政协第一次全会的文秘和后勤工作。2001 年 1 月，政协丽水市委员会第一届第一次全体会议召开。丽水市政协成立，为政协在丽水市的地方组织。

市政协组织形式是全体委员会、常务委员会和主席会议，下设专门委员会和办公室为工作机构。

全体委员会组成及任期

丽水市政协全体委员会由丽水市政协全体委员组成。首届丽水市政协全体委员会参加单位、委员名额和人选及界别设置，由丽水市政协筹备小组提出意见，报中共丽水市委常委会议审定。以后每届市政协参加单位、委员名额和界别设置(含届中调整)，由上届市政协主席会议提出意见，报丽水市委常委会议审议同意后，提交上届市政协常委会议协商决定。全体委员会设常务委员会主持会务。全体委员会每届任期通常5年。政协丽水市第一届委员会任期2001年1月至2005年年底。政协丽水市第二届委员会任期，根据浙江省政协关于全省市级政协同步换届统一安排，延至2011年。

常务委员会组成及职权

常务委员会由主席、副主席、秘书长和常务委员组成，候选人由参加丽水市政协的各党派、各团体、各民族和各界人士协商提名，经丽水市政协全体会议选举产生。主席主持常务委员会工作，副主席、秘书长协助主席工作。常务委员会主持会务，负责召集并主持政协丽水市委员会全体会议(每届第一次全体会议由会议选举主席团主持)，审议提交全体会议的文件；组织实现中国人民政治协商会议章程规定的任务，政协全国委员会、政协浙江省委员会所作的全国性和全省性的决议，政协丽水市委员会全体会议所作的决议；在全体会议闭会期间，审议通过提交中共丽水市委、市人民代表大会及其常务委员会、市人民政府的重要建议案；协商决定当届政协参加单位、委员名额和人选的变更，协商决定下届政协参加单位、界别设置、委员名额和人选；提出常务委员会组成人员变更的建议名单①，其中常务委员会组成人员的辞去或撤销，也可由常务委员会会议决定；决定政协丽水市委员会专门委员会的设置和变动，任免专门委员会主任、副主任，领导专门委员会的工作；根据秘书长的提议，任免政协丽水市委员会副秘书长，任免政协丽水市委员会办公室主任；联系和指导县(市、区)政协的工作；根据中国人民政治协商会议章程，决定对委员的纪律处分事项。

第一届市政协常务委员会 2001年1月11日，政协丽水市第一届第一次全体会议选举产生政协第一届丽水市委员会主席1人、副主席5人(非中共人士3人)、秘书长1人、常务委员40人。47人组成常务委员会，其中中共人士18人，非中共人士29人。任期中，辞去主席1人，补选主席1人；常务委员撤销1人，辞去8人，补选8人。至届末，有常务委员会组成人员46人。

第二届市政协常务委员会 2006年1月11日，政协丽水市第二届第一次全体会议选举产生政协丽水市第二届委员会主席1人、副主席7人(非中共人士4人)、秘书长1人、常务委员44人，53人组成常务委员会。常务委员会中中共人士18人，非中共人士35人。任期中，辞去主席1人，补选主席1人；增补副主席2人，辞去副主席2人；辞去秘书长1人，补选秘书长1人；常务委员辞去15人，补选15人。至2010年年底，有常务委员会组成人员53人。

主席会议成员

主席会议由主席、副主席、秘书长组成。处理常务委员会的重要日常工作。

---

① 建议名单由丽水市政协全体会议决定。

2001—2010年政协丽水市委员会主席、副主席一览

表25-1-2-1

届别	姓名	性别	出生年月	民族	籍贯	政治面貌	职务	任职年月
政协丽水市第一届委员会	张向北	男	1941年3月	汉	四川德阳	中共党员	主席	2001年1月—2004年4月
	施基城	男	1947年3月	汉	浙江杭州	中共党员	主席	2004年4月—2006年1月
	叶志深	男	1953年7月	汉	浙江青田	中共党员	副主席	2001年1月—2006年1月
	吴永水	男	1950年2月	汉	浙江东阳	中共党员	副主席	2001年1月—2006年1月
	洪正	男	1942年8月	汉	浙江建德	民盟盟员	副主席	2001年1月—2006年1月
	李江波	男	1961年2月	汉	浙江富阳	农工党员	副主席	2001年1月—2006年1月
	齐育华	男	1955年4月	汉	浙江莲都	民建会员	副主席	2001年1月—2006年1月
政协丽水市第二届委员会	施基城	男	1947年3月	汉	浙江杭州	中共党员	主席	2006年1月—2010年3月
	虞红鸣	男	1957年11月	汉	浙江东阳	中共党员	主席	2010年3月—
	吴永水	男	1950年2月	汉	浙江东阳	中共党员	副主席	2006年1月—2010年7月
	李江波	男	1961年2月	汉	浙江富阳	农工党员	副主席	2006年1月—
	齐育华	男	1955年4月	汉	浙江莲都	民建会员	副主席	2006年1月—
	吴炳全	男	1956年3月	汉	浙江瑞安	中共党员	副主席	2006年1月—
	陈翠仙	女	1950年7月	汉	浙江永嘉	中共党员	副主席	2006年1月—2010年12月
	叶赞平	男	1967年2月	汉	浙江松阳	民革党员	副主席	2006年1月—
	韦铁民	男	1958年11月	汉	浙江东阳	九三社员	副主席	2006年1月—
	庄志清	男	1953年2月	汉	浙江莲都	民进会员	副主席	2009年1月—
	刘秀兰	女	1954年4月	汉	辽宁辽阳	中共党员	副主席	2009年1月—

专门委员会

丽水市政协工作机构，在丽水市政协常务委员会和主席会议领导下，组织丽水市政协委员进行经常性活动。设专门委员会7个。

提案委员会　提案委员会负责政协提案的组织、征集和审查立案，确定提案承办单位，督促承办单位认真办理、落实提案，并检查提案办理情况。

经济委员会　经济委员会负责组织、联系经济及相关界别委员和有关人员，就丽水市计划、工业、交通、财贸、金融、城建、旅游、环保、信息产业等方面的重要问题进行调研和视察，提出意见、建议。

农业农村和人口资源环境委员会　农业农村和人口资源环境委员会第一届称农业和农村委员会，负责组织、联系农业和农村及相关界别的委员和有关人员，就丽水市农业、农村、农民问题和国土资源、生态环境等问题进行调研和视察，提出意见、建议。

科教文卫体委员会　科教文卫体委员会负责组织和联络科技、教育、新闻出版、广播电视、文化艺术、医药卫生、体育界的委员和有关人员，就丽水市科教文卫体等方面问题进行调研和视察，提出意见、建议。

社会法制民族委员会 社会法制民族委员会负责组织和联系政法、法制、人事、劳动、社会保障、计划生育、民政、群团、民族、宗教等方面的委员和有关人员，围绕社会法制方面的问题，进行调研和视察，提出意见、建议。

港澳台侨委员会 港澳台侨委员会负责组织、联系港澳台侨委员和有关人员，开展统一战线活动，促进祖国统一大业和丽水建设。

文史资料委员会 文史资料委员会负责组织、联系相关界别委员和有关人员，对丽水市有一定影响的历史事件及历史人物的亲历、亲见、亲闻史料进行收集、整理、研究、出版和发行。

办公室

办公室是市政协工作机构，在秘书长领导下进行工作，负责参谋、组织、综合协调和服务。下设秘书处、综合处、行政接待处、提案办公室、文史资料办公室、调研处、委员联络处、信息宣传处。2005年12月，增设调研处、委员联络处、信息宣传处。

第三节 政协丽水市各县(市、区)委员会

政协莲都区委员会

1956年3月，政协丽水县第一届委员会第一次会议在丽水召开，宣告政协丽水县委员会成立。丽水是丽水地区第一个建立政协组织的县。1966—1976年“文化大革命”10年期间，丽水县政协停止活动。1979年4月，中共丽水地委决定恢复丽水县政协。1986年4月2日，丽水撤县设市，政协丽水县委员会更名政协丽水市(县级)委员会。2000年5月20日，丽水撤地设市建区，撤销丽水市(县级)建制，改设莲都区，政协丽水市(县级)委员会更名政协丽水市莲都区委员会。至2010年，历13届。一届至十三届组织专题调研、视察561次。全体会议组织大会发言21次299篇。组织政协论坛、专题协商、交流会、议政会、专题恳谈会18次。开展民主监督、社情民意信息工作、团结联谊工作。一届至十三届收到提案7142件，立案6265件，采纳、落实或基本落实的5430件。开展文史资料工作，从1984年5月出版第一辑文史资料开始到2010年，出版文史资料专辑22辑，270多万字。

政协龙泉市委员会

1984年2月，龙泉成立县政协筹备领导小组。7月，中国人民政治协商会议龙泉县委员会第一次全体会议召开，政协龙泉县委员会成立。1990年12月，国务院批准龙泉撤县设市，此后，政协龙泉县委员会更名政协龙泉市委员会，至2010年年底，历7届。一届至七届每年组织专题调研、视察20多次。全体会议组织大会发言397篇。开展政治协商、民主监督、社情民意信息工作、团结联谊工作。一届至七届收到提案4247件，立案4206件，采纳、落实或基本落实的3359件。开展文史资料工作，从1984年11月出版第一辑文史资料开始到2010年，出版文史资料专辑23辑。2009年12月15日，龙泉市政协网站正式开通，是浙江省政协信息中心与地方县(市、区)政协合作并开通的第一

个县级市政协网站。

政协青田县委员会

1980 年 11 月，中共青田县委决定成立县政协筹备组。1981 年 3 月，中国人民政治协商会议青田县委员会第一届第一次全体会议召开，政协青田县委员会成立。青田县是“文化大革命”后丽水地区第一个建立政协的县。至 2010 年年底，历 8 届。一届至八届组织专题调研、视察。开展政治协商、民主监督、社情民意信息工作、团结联谊工作。一届至八届收到提案 4147 件，立案 4106 件，采纳、落实或基本落实的 2738 件。开展文史资料工作，从 1984 年 11 月出版第一辑文史资料开始至 2010 年，出版文史资料专辑 13 辑。

政协云和县委员会

1984 年2 月，云和成立县政协筹备领导小组。12 月，中国人民政治协商会议云和县委员会第一届第一次全体会议召开，政协云和县委员会成立，至 2010 年年底，历 7 届。一届至七届组织专题调研、视察 400 多次。全体会议组织大会发言 400 篇。组织政治协商，开展民主监督、社情民意信息工作、团结联谊工作。一届至七届收到提案 3423 件，立案 3329 件，采纳、落实或基本落实的 3312 件。开展文史资料工作，从 1984 年出版第一辑文史资料开始到 2010 年，出版文史资料专辑 15 辑。

政协庆元县委员会

1984 年 1 月，庆元成立县政协筹备领导小组。7 月，中国人民政治协商会议庆元县委员会第一届第一次全体会议召开，政协庆元县委员会成立，至 2010 年年底，历 7 届。一届至七届组织专题调研、视察 118 次。全体会议组织大会发言 288 篇。组织专题协商、政情民意交流会、议政会等 77 次。开展民主监督、社情民意信息工作、团结联谊工作。一届至七届收到提案 2752 件，立案 2576 件，采纳、落实或基本落实的 2241 件。开展文史资料工作，从 1984 年出版第一辑文史资料开始到 2010 年，出版文史资料专辑 25 辑，270 多万字。

政协缙云县委员会

1982 年 7 月，中共缙云县委发文成立县政协筹备小组。7 月，中国人民政治协商会议缙云县委员会第一届第一次全体会议召开，政协缙云县委员会成立，至 2010 年年底，历 7 届。一届至七届组织专题调研、视察向县委、县政府报送建议案、调研报告 232 篇。组织政治协商，开展民主监督、社情民意信息工作、团结联谊工作。收到提案 3455 件，立案 3294 件，采纳、落实或基本落实的 2945 件。开展文史资料工作，从 1984 年出版第一辑文史资料开始到 2010 年，出版文史资料专辑 14 辑，其中第四辑《楼辛壶》被评为全省政协文史优秀图书。

政协遂昌县委员会

1984 年 2 月，遂昌县成立县政协筹备领导小组。6 月，中国人民政治协商会议遂昌县委员会第一届第一次全体会议召开，政协遂昌县委员会成立，至 2010 年年底，历 7 届。一届至七届组织专题调研、视察共239次。全体会议组织大会发言365篇。组织政治协商，政协论坛、开展民主监督、社情民意信息工作、团结联谊工作。一届至七届收到提案4713件，立案4534件，采纳、落实或基本落实的2211件，采纳、正在或逐步落实的提案2053件。开展文史资料工作，从1984年出版第一辑文史资料开始到2010年，出版文史资料专辑14辑，其中《昆曲十番》《畲族民歌专辑》获浙江省政协文史资料优秀图书奖。

政协松阳县委员会

1984年3月，松阳县成立县政协筹备领导小组。7月，中国人民政治协商会议松阳县委员会第一届第一次全体会议召开，政协松阳县委员会成立，至2010年年底，历7届。一届至七届组织专题调研、视察94次。全体会议组织大会发言379篇。组织政治协商，政协论坛、开展民主监督、社情民意信息工作、团结联谊工作。一届至七届收到提案3418件，立案3301件，采纳、落实或基本落实的3038件。开展文史资料工作，从1984年出版第一辑文史资料开始到2010年，出版文史资料专辑17辑，其中《松阳茶文化》获浙江省政协文史资料优秀图书三等奖。

政协景宁畲族自治县委员会

1984年10月，景宁畲族自治县成立县政协筹备领导小组。12月，中国人民政治协商会议景宁畲族自治县委员会第一届第一次全体会议召开，政协景宁畲族自治县委员会成立，至2010年年底，历7届。一届至七届组织专题调研、视察。全体会议组织大会发言366篇。组织政治协商，政协论坛、开展民主监督、社情民意信息工作、团结联谊工作。一届至七届收到提案2527件，立案2465件，开展文史资料工作，从1984年出版第一辑文史资料开始到2010年，出版文史资料专辑13辑。

第二章　市政协委员

政协委员是各民主党派、团体或界别有代表性和社会影响的代表人物。政协委员主要职责是参政议政，在政协会议上有表决权、选举权和被选举权，有对政协工作提出批评和建议，通过政协会议和组织充分发表各种意见、参加讨论国家大政方针和各该地方重大事务，对党政机关及其工作人员提出建议和批评等权利。丽水市政协委员人选产生和届中调整，按照政协章程和中央、浙江省委有关文件规定，在充分酝酿协商基础上，丽水市委组织部提名中共党员委员，丽水市委统战部提名非中共党员委员。丽水市委统战部汇总全部委员人选方案，征求丽水市政协党组意见，报丽水市委常委会议审议同意后，提交丽水市政协常委会议协商决定。

第一节　委员构成

第一届丽水市政协委员

丽水市政协一届一次会议委员305人中，中共党员120人，占39.3%，非中共人士185人，占60.7%。民主党派成员64人，占委员总数的21%；来自企事业单位委员160人，具有中高级技术职称128人，占企事业单位委员总数80%，其中高级职称75人、中级职称53人；少数民族委员21人，占委员总数6.9%；妇女委员50人，占委员总数16.4%。委员平均年龄44.2岁，60岁以上1人。大专以上学历246人，占委员总数80.7%，其中研究生5人。市直委员173人，占56.7%，县(市、区)委员中莲都区22人、龙泉市15人、青田县20人、云和县10人、庆元县11人、缙云县18人、遂昌县12人、松阳县12人、景宁畲族自治县12人，占43.3%。初设中国共产党、无党派人士、总工会、妇女联合会、中国共产主义青年团、青年联合会、工商业联合会、科学技术协会、台湾同胞联谊会①、归国华侨联合会、文学艺术界、科学技术界、社会科学界、经济界、农业界、教育界、新闻出版界、医药卫生界、体育界、社会福利界②、少数民族、宗教界、特别邀请人士等23个界别。2001年12月，增设中国民主建国会(简称“民建”)、委员8人，中国民主促进会(简称“民进”)界别、委员10人。2002年12月，增设中国民主同盟(简称“民盟”)、委员9人，中国农工民主党(简称“农工”)界别、委员8人。2003年4月，增设九三学社(简称“九三”)界别、委员8人。2004年1月，增设中国国民党革命委员会(简称“民革”)界别、委员7人，界别增至29个。2001年6月，丽水市政协决定在9个县(市、区)，建立市政协委员联络小组。2001年9月，丽水市本级建立文艺、新闻、医卫、文化、教育、科技、财金、商贸、工业、建设、社法、社科、农业、农科组委员活动小组14个。

第一届丽水市政协委员撤销、辞去、增补后，届末有委员339人。

第二届丽水市政协委员

市政协二届一次会议委员335人中，中共党员132人，占39.4%；非中共人士203人，占60.66%。其中民主党派成员82人，占委员总数的24.5%；少数民族委员18人，占5.4%；妇女委员65人，占19.4%。委员平均年龄45.9岁，最大58岁，最小29岁。大专以上学历288人，占86%，其中研究生29人(含在读)，占8.7%。二届新委员132人，调整面为39.4%。市直委员203人，占60.6%，县(市、区)委员中莲都区18人、龙泉市16人、青田县20人、云和县11人、庆元县11人、缙云县18人、遂昌县15人、松阳县12人、景宁畲族自治县11人，占39.4%。设界别29个，界别数、界别名称同第一届。2006年2月，丽水市本级政协委员活动小组设置由第一届小组14个，调整为经济一组、经济二组、农业组、人资环组、教育一组、教育二组、医卫组、科技组、文化新闻组、社科组、社法组11个。9个县(市、区)市政协委员联络小组设置与第一届相同。

---

① 2001年8月，更名台胞台属联谊会。

② 2003年4月，更名社会福利和社会保障界。

第二届丽水市政协委员撤销、免去、病故、辞去 38 人，增补 44 人，实有委员 331 人。

第一、二届丽水市政协委员界别构成一览

表 25-2-1-1

界别	一届一次（2001 年 1 月）		二届一次（2006 年 1 月）	
	人数（人）	占比（%）	人数（人）	占比（%）
中 共	16	5.20	20	6.00
民 革	—	—	8	2.40
民 盟	—	—	10	3.00
民 建	—	—	8	2.40
民 进	—	—	10	3.00
农 工	—	—	8	2.40
九 三	—	—	8	2.40
无党派	10	3.30	7	2.10
总工会	10	3.30	9	2.70
妇 联	10	3.30	10	3.00
共青团	6	2.00	4	1.20
青 联	3	1.00	5	1.50
工商联	14	4.60	18	5.40
科 协	7	2.30	6	1.80
台 联	6	2.00	5	1.50
归国华侨	9	3.00	9	2.70
文学艺术	13	4.30	11	3.30
科 技	20	6.60	17	5.10
社会科学	18	5.90	9	2.70
经 济	21	6.90	29	8.70
农 业	21	6.90	19	5.70
教 育	26	8.50	19	5.70
新闻出版	7	2.30	5	1.50
医药卫生	20	6.60	16	4.80
体 育	6	2.00	6	1.80
社会福利和社会保障	5	1.60	5	1.50
少数民族	12	3.90	11	3.30
宗 教	6	2.00	6	1.80
特 邀	39	12.80	37	11.00
合 计	305	—	335	—

第二节　全国、省政协委员名录

在丽水浙江省政协委员

在丽水浙江省政协委员产生，由丽水市（地）委统战部牵头，按照浙江省分配名额和界别要求提出推荐人选，征求丽水市（地）委组织部意见，提交丽水市委常委会（地委委员会）审议同意，报浙江省委统战部统筹安排，浙江省政协常务委员会协商决定。

在丽水浙江省政协委员一览

表 25-2-2-1

届别	姓　　名
第一届	林特初　周文达　蓝启成
第二届	张　苏　雷耀铨（畲族）
第三届	季老伍　雷仁根（畲族）　雷耀铨（畲族）
第四届	马　耕　牛万龄　叶元珪　朱延春　朱振良　李巧术（女）　吴如冈　何连文　陈慕榕　林炳春　季老伍　倪政新　谢子清　雷仁根（畲族）　雷耀铨（畲族）
第五届	马　耕　王宝钧　朱延春　华来德　李巧术（女）　吴志飞　吴鸣翔　吴保平　陈知达　林美玉（女）　林耀光　倪政新　郭火养　雷方岳（畲族）　雷耀铨（畲族）　戴绍闻　丘福秉
第六届	田有祺　朱延春　华利荣　吴鸣翔　陈怀珏　陈孟林　钟琳花（女 畲族）　骆光大　徐以杰　徐道刚　徐朝兴　翁新弟　郭火养　程溯本　雷松庭（畲族）　雷耀铨（畲族）　潘金凤（女）戴绍闻
第七届	支存定　毛正聪　毕英春（女）　寿霞芳（女）　肖继何　吴鸣翔　何宝元　张胜娟（女）　陈孟林　胡振康　钟琳花（女 畲族）　施俊清　徐以杰　徐仁俊　徐光松　董淑萍（女）　程溯本　雷火土（畲族）　雷松庭（畲族）
第八届	丁敏方　刘国安　齐育华　杨志勇　吴永水　吴隆高　张向北　陈万平　陈惠民　陈耀东　洪　正　徐以杰　程继伍　谢林森　雷火土（畲族）　雷明亮（畲族）　雷香兰（女 畲族）　褚关金
第九届	刘国安　齐育华　庄志清　李江波　李岳林　吴永水　吴加茂　吴先武　张东华　张向北　陈万平　陈惠民　施基城　洪　正　骆雨文　蓝丽华（畲族）　蓝资霞（女 畲族）　雷华英（女 畲族）
第十届	马为民　叶赞平　刘国安　齐育华　庄志清　李江波　包远辰　吴先武　张　敏　张长山　陈　侠　陈万平　施基城　谢国光　蓝　华（女 畲族）　蓝友梅（女 畲族）　蓝丽华（畲族）蓝资霞（女 畲族）　雷华英（女 畲族）

在丽水全国政协委员

全国政协从第六届开始，有丽水全国政协委员。每届委员产生，由丽水市（地）委统战部牵头，按照浙江省分配名额和界别要求提出推荐人选，征求丽水市（地）委组织部意见，提交丽水市委常委会（地委委员会）审议同意，报浙江省委统战部，由浙江省推荐到中央，全国政协常务委员会协商决定。

在丽水全国政协委员一览

表 25-2-2-2

届别	姓名	性别	民族	籍贯	主要职务	界别
第六至八届	蓝光谅	男	畲族	浙江遂昌	遂昌县交通局副局长 丽水地区交通局局长兼丽水地区科学技术协会主席 浙江省政协丽水地区工作委员会副主任	少数民族
第九至十届	蓝志龙	男	畲族	浙江景宁	庆元县政协副主席、县文化局长、县文联主席 丽水市文联副主席、市博物馆馆长	少数民族
第十一届	雷后兴	男	畲族	浙江云和	丽水市人民医院副院长 九三学社丽水市委副主委 丽水市政协常委、科教文卫体委员会副主任	少数民族

第三章　市政协会议

2001 年起，丽水市政协履行“政治协商、民主监督、参政议政”职能基本形式是会议。主要有政协的全体会议、常务委员会会议和主席会议。全体会议是人民政协最高层次的协商会议形式。政协丽水市委员会全体会议由丽水市政协全体委员组成，每年举行 1 次，常务委员会认为必要时可临时举行。全体会议选举主席、副主席、秘书长和常务委员，听取和审议常务委员会的工作报告，讨论并通过有关决议，参与对国家和地方事务重要问题的讨论，提出建议和批评。

第一节　政协全体会议

第一届市政协全体会议

第一次会议　2001 年 1 月 9—13 日，第一届丽水市政协全体会议在丽水举行。应出席委员 305 人，出席委员 301 人。浙江省政协副主席龙安定、丽水市委书记丁耀民在开幕大会上讲话。会议听取一届丽水市政协筹备小组副组长、丽水市委统战部部长吴永水作政协第一届丽水市委员会筹备工作情况报告；列席丽水市一届人大一次会议，听取和讨论丽水市政府、市中级人民法院、市人民检察院（简称“一府两院”）工作报告及其他报告；选举产生政协第一届丽水市委员会主席张向北，副主席叶志深、吴永水、洪正、李江波、齐育华，秘书长1人，常务委员会委员40人；收到以提案形式提出意见建议318件，立为提案317件；审议通过丽水市政协副主席齐育华作本次会议提案审查情况报告；审议通过本次会议决议。丽水市政协主席张向北在闭幕会上讲话。

第二次会议　2002年3月1—4日，在丽水举行。应出席委员320人，出席委员284人。会议审议通过常务委员会工作报告、丽水市政协一届一次会议以来提案工作情况报告；列席丽水市一届人大二次会议，听取和讨论丽水市“一府两院”工作报告及其他报告；补选常务委员会委员4人；收到大会发言材料37份，委员在大会口头发言16人；收到以提案形式提出的意见建议269件，立为提案258件；表彰丽水市政协一届一次会议以来优秀提案17件；审议通过丽水市政协本次会议提案审查情况报告；审议通过本次会议决议。丽水市政协主席张向北在闭幕会上讲话。

第三次会议　2003年4月21—24日，在丽水举行。应出席委员333人，出席委员301人。会议审议通过常务委员会工作报告、丽水市政协一届二次会议以来提案工作情况报告；列席丽水市一届人大四次会议，听取和讨论丽水市“一府两院”工作报告及其他报告；补选常务委员会委员4人；举行政情民意交流会；收到大会发言材料40份，委员在大会口头发言14人；收到以提案形式提出的意见建议366件，立为提案352件；表彰丽水市政协一届二次会议以来优秀提案13件和2002年度全市政协反映社情民意工作先进单位、积极分子；审议通过丽水市政协本次会议提案审查情况报告；审议通过本次会议决议。丽水市政协主席张向北在闭幕会上讲话。

第四次会议　2004年4月26—29日，在丽水举行。应出席委员339人，出席委员315人。会议审议通过常务委员会工作报告、丽水市政协一届三次会议以来提案工作情况报告；列席市一届人大五次会议，听取和讨论市“一府两院”工作报告及其他报告；补选政协第一届丽水市委员会主席施基城和常务委员会委员2人；举行政情民意交流会；收到大会发言材料43份，委员在大会口头发言13人；收到以提案形式提出的意见建议380件，立为提案360件；表彰丽水市政协一届三次会议以来优秀提案18件，2003年度全市政协反映社情民意工作先进单位、积极分子；审议通过丽水市政协本次会议提案审查情况报告；审议通过本次会议决议。丽水市政协主席施基城在闭幕会上讲话。

第五次会议　2005年3月22—25日，在丽水举行。应出席委员337人，出席委员311人。会议审议通过常务委员会工作报告、丽水市政协一届四次会议以来提案工作情况报告；列席丽水市一届人大六次会议，听取和讨论丽水市“一府两院”工作报告及其他报告；补选常务委员会委员2人；举办“政协委员咨询问政”活动；举行“社会治安和住宅小区物业管理”政情民意交流会；收到大会发言材料51篇，委员在大会口头发言12人；收到以提案形式提出的意见建议356件，立为提案346件；表彰丽水市政协一届四次会议以来优秀提案20件，2004年度全市政协反映社情民意工作先进单位、积极分子；审议通过丽水市政协本次会议提案审查情况报告；审议通过本次会议决议。丽水市政协主席施基城在闭幕会上讲话。

第二届市政协全体会议

第一次会议　2006年1月7—11日，在丽水举行。应出席委员335人，出席委员330人。丽水市委书记楼阳生、浙江省政协副主席龙安定在开幕大会上讲话。会议审议通过政协第一届丽水市委员会常务委员会工作报告和提案工作情况报告；列席丽水市二届人大一次会议，听取和讨论丽水市政府《丽水市国民经济和社会发展第十一个五年规划纲要的报告》；选举产生政协第二届丽水市委员会主席施基城，副主席吴永水、李江波、齐育华、吴炳全、陈翠仙、叶赞平、韦铁民，秘书长1人，常务委员会委员44人；举行“食品安全问题”“经济发展软环境”专题协商会；收到大会发言材料43篇，委员在大会口头发言13人；收到以提案形式提出意见建议420件，立为提案414件；表彰丽水市政协一届五次会议以来的优秀提案18件；审议通过丽水市政协本次会议提案审查情况报告；审议通过本次会议决议。丽水市政协主席施基城在闭幕会上讲话。

第二次会议　2007年1月19—22日，在丽水举行。应出席委员335人，出席委员312人。会议审议通过常务委员会工作报告、丽水市政协二届一次会议以来提案工作情况报告；列席丽水市二届人大二次会议，听取和讨论丽水市“一府两院”工作报告及其他报告；补选常务委员会委员5人；举行“南明湖开发管理”“新农村建设”专题协商会；收到大会发言材料55篇，委员围绕丽水市经济、社会热点问题在大会口头发言12人；收到以提案形式提出的意见建议381件，立为提案377件；表彰丽水市政协二届一次会议以来的优秀提案20件；审议通过丽水市政协本次会议提案审查情况报告；审议通过本次会议决议；听取丽水市政协主席施基城在闭幕会上讲话。

第三次会议　2008年4月12—15日，在丽水举行。应出席委员337人，出席委员312人。丽水市委书记、市长陈荣高在开幕会上讲话。会议审议通过常务委员会工作报告、丽水市政协二届二次会议以来提案工作情况报告；列席丽水市二届人大四次会议，听取和讨论丽水市“一府两院”工作报告及其他报告，会后整理报送对丽水市政府的工作建议134条；补选常务委员会委员2人；举行“丽水房价问题”“瓯江水资源保护问题”专题协商会；收到大会发言材料43篇，委员在大会口头发言12人；收到以提案形式提出的意见建议388件，立为提案381件；表彰丽水市政协二届二次会议以来的优秀提案21件，2007年度全市政协反映社情民意信息工作先进单位、积极分子；审议通过丽水市政协本次会议提案审查情况报告；审议通过本次会议决议。丽水市政协主席施基城在闭幕会上讲话。

第四次会议　2009年1月7—10日，在丽水举行。应出席委员340人，出席委员307人。丽水市委书记陈荣高在开幕会上讲话。会议审议通过常务委员会工作报告、丽水市政协二届三次会议以来提案工作情况报告；列席丽水市二届人大五次会议，听取和讨论丽水市“一府两院”工作报告及其他报告；补选政协第二届丽水市委员会副主席庄志清、刘秀兰和常务委员会委员1人；举行“全市食品安全问题”“全市文化市场管理问题”专题协商会；收到大会发言材料43篇，委员在大会口头发言12人；收到以提案形式提出的意见建议353件，立为提案351件；表彰丽水市政协二届三次会议以来优秀提案20件，2008年度全市政协反映社情民意信息工作先进单位、积极分子；审议通过丽水市政协本次会议提案审查情况报告；审议通过本次会议决议。丽水市政协主席施基城在闭幕会上讲话。

第五次会议　2010年3月27—30日，在丽水举行。应出席委员334人，出席委员326人。丽水市委书记陈荣高在开幕会上讲话。会议审议通过常务委员会工作报告、丽水市政协二届四次会议以来提案工作情况报告；列席丽水市二届人大六次会议，听取和讨论丽水市“一府两院”工作报告及其他报告；补选政协第二届丽水市委员会主席虞红鸣、秘书长1人和常务委员会委员7人；举行“全市城市建设与管理问题”“全市实施人才战略情况”专题协商会；收到大会发言材料33篇，委员在大会口头发言12人；收到以提案形式提出的意见建议359件，立为提案357件；表彰丽水市政协二届四次会议以来的优秀提案19件，2009年度全市政协反映社情民意信息工作先进单位、积极分子；审议通过丽水市政协本次会议提案审查情况报告；审议通过本次会议决议。丽水市政协主席虞红鸣在闭幕会上讲话。

第二节　政协常务委员会会议

政协常务委员会会议，是政协全体会议闭会期间主要协商会议形式。丽水市政协常委会议由主席、副主席、秘书长、常务委员组成，一般每季度举行1次，必要时可临时举行。会议审议全体委员会及常务委员会会务和工作中重大事项，协商讨论丽水市重大方针政策及社会生活中重大问题，听取丽水市委、市政府及有关部门负责人报告或说明有关重要问题，提出建议和意见，审议提交全体会议文件，审议重要建议案、提案，视察、调研、出访报告和其他事项。

第一届市政协常务委员会会议

第一次会议　2001年1月19日召开。会议审议通过《政协丽水市委员会常务委员会工作规则》《政协丽水市委员会专门委员会通则》《政协第一届丽水市委员会常务委员会关于设置专门委员会的决定》，政协第一届丽水市委员会副秘书长、办公室主任、各专门委员会主任（副主任）任命名单；讨论丽水市政协2001年工作要点。

第二次会议　2001年4月18—19日召开。会议传达全国政协九届四次、浙江省政协八届四次会议精神；审议通过《市政协提案工作条例》；举行“丽水城区住房问题”协商讨论会；通过丽水城区住房建设及价格问题的建议案；听取各专门委员会工作计划汇报；听取浙江省政协秘书长俞文华关于当前政协工作形势与任务报告。

第三次会议　2001年8月29—30日召开。会议组织学习“三个代表”重要思想，听取丽水市市长谢力群关于上半年工作情况汇报和下半年工作打算通报；举行“农民负担问题”“以中小学布局调整为重点的教育问题”协商讨论会；协商通过关于台湾同胞联谊会界别更名台胞台属联谊会界别的决定；协商通过增补政协第一届丽水市委员会委员和有关人事任命事项。

第四次会议　2001年12月27—28日召开。会议组织学习贯彻中共十五届六中全会精神；举行“工业园区建设”协商讨论会，首次邀请企业界人士参与协商讨论；听取丽水市政府关于办理“城区住房建设及价格问题建议案”情况通报，丽水市公安局、市检察院、市中级人民法院负责人关于全市严打整治工作情况通报，丽水市政协各专门委员会年度工作总结报告；研究丽水市政协2002年工作思路；协商通过增补丽水市政协委员等人事事项。

第五次会议　2002年2月4—5日召开。会议审议通过召开丽水市政协一届二次会议决定、会议议程和日程、常务委员会工作报告及报告人、提案工作情况报告及报告人、补选常务委员建议名单及选举有关事项；讨论市“一府两院”工作报告（讨论稿）；听取浙江省政协八届五次会议精神传达、丽水市政府办理丽水市政协一届一次会议以来提案情况通报。

第六次会议　2002年3月3日召开。会议通过丽水市政协一届二次会议补选常务委员候选人名单；通过大会选举办法、大会选举总监票人和监票人名单、会议提案审查情况报告和会议决议（草案）4个。

第七次会议　2002年6月27—28日召开。会议传达江泽民同志“5·31”讲话和浙江省第十一次党代会精神；举行“维护弱势群体权益”协商讨论会，审议通过相关建议案；邀请浙江省台办领导作对台工作形势报告；表彰2001年度全市政协反映社情民意工作先进单位、先进个人。

第八次会议　2002年10月9—10日召开。会议举行“发展绿色食品”协商讨论会；听取丽水市纪委（监察局）负责人关于党风廉政建设通报。

第九次会议　2002年12月24—25日召开。会议举行中共十六大精神学习辅导报告会；听取丽水市委书记丁耀民关于2003年全市工作思路通报，丽水市政府办理丽水市政协一届二次会议以来提案情况、丽水市政府办理丽水市政协一届七次常委会议《关于进一步做好弱势群体社会保障工作的建议案》情况通报；丽水市检察院领导关于防范和查处职务犯罪情况通报；听取丽水市政协各专门委员会工作总结汇报；审议通过有关人事事项。

第十次会议　2003年4月8—9日召开。会议审议通过召开丽水市政协一届三次会议决定、会议议程和日程、常务委员会工作报告及报告人、提案工作报告及报告人、补选常务委员建议名单及选举有关事项；审议通过关于社会福利界更名社会福利和社会保障界别决定，关于增设九三学社界别决定；协商讨论专委会负责人调整、政协委员调整有关事项；协商讨论丽水市“一府两院”工作报告（讨论稿）；听取全国政协十届一次会议精神传达。

第十一次会议　2003年4月23日召开。会议通过丽水市政协一届三次会议补选常务委员候选人名单；通过大会选举办法、大会选举总监票人和监票人名单、会议提案审查情况的报告和会议决议（草案）4个。

第十二次会议　2003年7月30—31日召开。会议学习贯彻胡锦涛同志“七一”讲话和丽水市委一届九次全体（扩大）会议精神；听取全市2003年上半年经济形势和下半年工作通报；举行“科技兴工”专题协商讨论会；审议通过《关于推进科技进步加快丽水新型工业化进程的建议案》；邀请浙江省法学会宪法研究会副会长杨磊作《中华人民共和国宪法》讲座；表彰丽水市政协一届三次会议优秀大会发言。

第十三次会议　2003年10月29—30日召开。会议学习贯彻中共十六届三中全会及全市政协工作会议精神；举行“开发人力资源”协商讨论会；审议通过《关于加快人才资源开发，促进丽水经济快速发展的建议案》；听取丽水市体改办负责人关于全市体制改革情况通报；部署丽水市政协一届四次会议大会发言、重点提案的组织工作。

第十四次会议　2004年1月8—9日召开。会议听取丽水市政府领导关于丽水市政协一届三次会议以来提案办理情况、对丽水市政协《关于推进科技进步加快丽水新型工业化进程的建议案》办理情况通报；听取丽水市政协各专门委员会工作总结汇报；审议通过补选常务委员候选人建议名单、增设民革界别的决定草案和人事任免事项。

第十五次会议　2004年4月8—9日召开。会议审议通过召开丽水市政协一届四次会议决定、会议议程和日程、常务委员会工作报告及报告人、提案工作报告及报告人和有关人事事项；审议丽水市政协一届四次会议选举办法（草案），听取丽水市政府领导对市政协《关于加快人才资源开发促进丽水经济快速发展的建议案》办理情况通报；协商讨论丽水市“一府两院”工作报告（讨论稿）；听取全国政协十届二次会议精神传达；举行《中华人民共和国行政许可法》知识讲座；听取丽水市政协一届四次会议准备工作汇报。

第十六次会议　2004年4月27日召开。会议审议丽水市政协主席张向北因年龄辞去职务请求，决定同意张向北辞去政协第一届丽水市委员会主席职务；审议政协第一届丽水市委员会补选主席候选人建议名单（草案），决定将施基城列为政协第一届丽水市委员会主席候选人建议人选，提交全体会议协商讨论。

第十七次会议　2004年4月28日召开。会议通过丽水市政协一届四次会议补选主席、常务委员会委员候选人名单；通过大会选举办法、大会选举总监票人和监票人名单、会议提案审查情况的报告和会议决议（草案）4个。

第十八次会议　2004年7月26—27日召开。会议举行"城市管理问题"政情民意交流会，委员围绕车辆管理，停车场规划、建设和管理，城市道路规划、建设和管理，交通安全等，与丽水市公安局、规划局、文明办等9个部门负责人进行面对面交流，提出建设性意见和建议；表彰丽水市政协一届四次会议优秀大会发言；协商通过有关人事事项；举行经济形势报告会。

第十九次会议　2004年9月23—24日召开。会议专题协商讨论"统筹城乡发展，促进农民增收问题"；审议通过《关于统筹城乡发展促进农民增收的建议案》；听取全市电力发展及运行情况和全市对外经济贸易工作情况通报；协商通过有关人事事项。

第二十次会议　2004年12月16—17日召开。会议听取丽水市委关于2005年全市工作思路通报、丽水市政府关于一届四次会议以来提案办理情况通报、《中华人民共和国行政许可法》执行情况通报；听取丽水市政协各专门委员会2004年工作总结汇报；部署丽水市政协一届五次会议有关筹备工作。

第二十一次会议　2005年1月26—27日召开。会议审议通过召开丽水市政协一届五次会议决定、会议议程和日程、常务委员会工作报告及报告人、提案工作报告及报告人、授权主席会议审议第一届市政协常务委员会第二十一次会议未尽事宜决定；审议丽水市政协一届五次会议选举办法（草案）；听取丽水副市长肖建中对丽水市政协《关于统筹城乡发展，促进农民增收的建议案》办理情况通报；听取丽水市政协一届五次会议准备情况说明、各专门委员会2005年工作计划汇报；协商讨论丽水市"一府两院"工作报告（讨论稿）。

第二十二次会议　2005年3月24日召开。会议通过丽水市政协一届五次会议补选常务委员会委员候选人名单、大会选举办法、大会选举总监票人和监票人名单、会议提案审查情况报告和会议决议（草案）4个。

第二十三次会议　2005年6月28—29日召开。会议听取丽水市市长刘希平关于全市经济形势报告，协商讨论如何解决生产要素中资金困难问题；审议通过《关于解决生产要素中资金困难问题的建议案》；表彰市政协一届五次会议优秀大会发言；协商通过有关人事事项。

第二十四次会议　2005年9月26—27日召开。会议举行"平安丽水"建设问题协商讨论会，审议通过深化"平安丽水"建设建议案；听取丽水市政府关于丽水市政协解决生产要素中资金困难问题的建议案办理情况通报，举行发展循环经济知识讲座；审议通过召开丽水市政协二届一次会议有关事项；协商通过有关人事事项。

第二十五次会议　2005年12月12—13日召开。会议听取丽水市委关于2006年全市工作思路通报；审议通过丽水市政协二届一次会议议程和日程、一届丽水市政协常务委员会工作报告（讨论稿）及报告人、一届丽水市政协常务委员会关于提案工作情况报告（讨论稿）及报告人、《关于授权主席会议审议政协第一届丽水市委员会常务委员会第二十五次会议未尽事宜的决定》；协商决定政协第二届丽水市委员会委员人选名单；协商讨论《丽水市国民经济和社会发展第十一个五年规划纲要的报告》及“两院”工作报告（讨论稿）；研究决定丽水市政协二届一次会议有关事项；举行社会保障体系建设民主监督调研情况通报会；听取丽水市政府关于丽水市政协一届五次会议以来提案办理情况通报、丽水市委关于丽水市政协“平安丽水”建设问题建议案办理情况通报；审议市政协各专门委员会一届工作总结。

第二届市政协常务委员会会议

第一次会议　2006年1月11日召开。会议审议通过政协第二届丽水市委员会专门委员会机构设置决定；协商通过有关人事事项。

第二次会议　2006年3月20—22日召开。会议学习全国政协十届四次会议精神；组织丽水市政协常委自身建设专题学习教育，丽水市委副书记陈荣高就市政协常委自身建设专题学习教育活动提出要求；审议通过《丽水市政协全体会议工作规则》《丽水市政协常务委员会工作规则》《丽水市政协专门委员会通则》《丽水市政协提案工作条例》；表彰丽水市政协二届一次会议优秀大会发言。

第三次会议　2006年6月26—27日召开。会议听取丽水市委常委、常务副市长沈仁康关于全市经济形势通报；协商讨论“加快发展和提升生产性服务业的有关问题”；审议通过《关于加快发展和提升生产性服务业的建议案》；协商通过有关人事事项。

第四次会议　2006年9月21—22日召开。会议协商讨论农村公共卫生工作重点调研课题；听取丽水副市长刘秀兰关于市政协加快发展和提升生产性服务业的建议案办理情况通报；协商通过有关人事事项。

第五次会议　2006年12月20—22日召开。会议审议通过关于召开丽水市政协二届二次会议决定、会议议程和会议日程、常务委员会工作报告及报告人、提案工作报告及报告人、会议选举办法（草案）、会议总监票人和监票人建议名单（草案）、补选常务委员候选人建议名单（草案）、会议秘书长和副秘书长名单；听取丽水市委常委、组织部长林天宁关于2007年全市工作思路通报；分别听取丽水市委、市政府关于市政协二届一次会议以来党委、政府系统提案办理情况通报；讨论“一府两院”工作报告（讨论稿）；听取城乡居民饮用水安全问题专项民主监督调研情况通报；听取丽水市政协各专门委员会2006年工作总结汇报；协商通过有关人事事项；对丽水市政协二届二次会议筹备工作提出具体要求。

第六次会议　2007年1月21日召开。会议审议通过丽水市政协二届二次会议补选常务委员会委员候选人名单，审议通过大会选举办法、大会选举总监票人和监票人名单、会议提案审查情况报告和会议决议（草案）4个。

第七次会议　2007年4月2日召开。会议学习贯彻全国政协十届五次会议精神；听取丽水市移民办关于全市库区移民工作有关情况通报；表彰丽水市政协二届二次会议优秀大会发言；审议通过有关人事事项。

第八次会议　2007年7月16—17日召开。会议举行经济形势报告会，听取丽水市委副书记、市长陈荣高关于上半年全市经济形势和下半年政府工作打算通报；举行“完善水阁工业区配套功能问题”协商讨论会，审议通过《关于水阁工业区配套功能建设问题的建议案》；协商通过有关人事事项。

第九次会议　2007年9月21日召开。会议举行“构建社会主义和谐社会若干问题”协商讨论会；分别听取丽水市政府《关于完善经济开发区配套功能问题建议案办理情况》、丽水市纪委（市监察局）关于全市党风廉政建设情况通报。

第十次会议　2007年12月20—21日召开。会议举行依法行政民主监督情况通报会；听取丽水市委副书记、市长陈荣高关于2008年全市工作思路通报；分别听取丽水市委、市政府关于丽水市政协二届二次会议以来提案办理情况通报；听取丽水市政协各专门委员会2007年工作总结汇报；协商通过有关人事事项。

第十一次会议　2008年3月24—25日召开。会议学习贯彻全国政协十一届一次会议精神；审议通过关于召开丽水市政协二届三次会议决定、会议议程和会议日程、常务委员会工作报告及报告人、提案工作报告及报告人；审议通过会议补选常务委员候选人建议名单、大会选举办法、会议总监票人和监票人建议名单草案4个，会议秘书长、副秘书长名单；协商讨论“一府两院”工作报告（讨论稿）；协商通过有关人事事项。

第十二次会议　2008年4月15日召开。会议审议通过丽水市政协二届三次会议补选常务委员会候选人名单，审议通过大会选举办法、大会选举总监票人和监票人名单、会议提案审查情况的报告和会议决议（草案）4个。

第十三次会议　2008年7月17—18日召开。会议听取丽水市委副书记、代市长卢子跃关于上半年全市经济形势和下半年市政府重点工作通报；专题协商讨论全市农村扶贫工作，审议通过《关于全市农村扶贫工作的建议案》；听取丽水市旅游局关于全市旅游工作情况通报；表彰丽水市政协二届三次会议优秀大会发言。丽水市政协主席施基城通报市政协上半年工作情况和下半年工作安排，就做好当前市政协工作提出要求。

第十四次会议　2008年9月26—27日召开。会议就“加快工业创新，推进全市新型工业化进程”进行专题协商；听取丽水市政府关于“全市农村扶贫工作建议案”办理情况通报；听取丽水市建设局关于市区旧城改造情况通报。

第十五次会议　2008年12月16—17日召开。会议听取丽水市委书记陈荣高关于2009年全市工作思路通报，丽水市委、市政府关于丽水市政协二届三次会议以来提案办理情况通报；审议通过丽水市政协二届四次会议议程、会议日程，常务委员会工作报告及报告人、提案工作报告及报告人，会议选举办法和会议总监票人、监票人建议名单草案；协商讨论“一府两院”工作报告（讨论稿）；举行“全市政务公开的现状及下步工作建议”专项民主监督活动调研情况通报会；听取丽水市政协各专门委员会2008年工作总结汇报；审议通过有关人事事项。

第十六次会议　2009年1月6日召开。会议协商通过有关人事事项；通过补选副主席、常务委员候选人建议名单；研究丽水市政协二届四次会议有关事项。

第十七次会议　2009年1月10日召开。会议通过丽水市政协二届四次会议补选副主席、常务委员候选人名单，通过大会选举办法、大会选举总监票人和监票人名单、会议提案审查情况报告和会议决议（草案）4个。

第十八次会议　2009年4月9—10日召开。会议学习贯彻全国政协十一届二次会议精神；举行

"全市农村宅基地流转问题"协商讨论会；听取丽水市城市管理行政执法局关于全市城市管理行政执法情况通报；审议通过《政协丽水市委员会关于市政协委员履行职责的若干规定（试行）》；表彰丽水市政协二届四次会议优秀大会发言。

第十九次会议 2009年7月16—17日召开。会议举行经济形势报告会；举行"全市外向型经济发展情况"协商讨论会，通过关于推进全市外向型经济发展的建议案；协商通过有关人事事项。

第二十次会议 2009年9月17日召开。会议听取丽水市"811"新三年行动计划实施情况专项民主监督调研情况通报，听取丽水市政府关于"推进全市外向型经济发展建议案"办理情况通报、丽水市交通局关于全市交通建设情况通报；表彰全市政协系统"亚泰杯"摄影比赛获奖者。

第二十一次会议 2009年11月20日召开。会议听取丽水市委、市政府关于市政协二届四次会议以来提案办理情况通报；协商通过有关人事事项。

第二十二次会议 2010年2月24—25日召开，审议通过关于召开丽水市政协二届五次会议决定、会议议程和会议日程、常务委员会工作报告及报告人、提案工作报告及报告人、会议选举办法（草案）、补选常务委员候选人建议名单（草案）、会议秘书长、副秘书长名单；听取丽水市委关于2010年全市工作思路通报；协商讨论"一府两院"工作报告（讨论稿）；听取丽水市政协各专门委员会2009年工作总结汇报；协商通过有关人事事项。

第二十三次会议 2010年3月29日召开。会议协商通过主席施基城、秘书长因年龄辞去职务请求；通过政协第二届丽水市委员会补选主席、秘书长候选人建议名单。

第二十四次会议 2010年3月30日召开。会议通过丽水市政协二届五次会议补选主席、秘书长、常务委员候选人名单，通过常务委员会组成人员选举办法，大会选举总监票人、副总监票人、监票人名单，二届五次会议提案审查情况报告和会议决议（草案）4个。

第二十五次会议 2010年7月22—23日召开。会议听取丽水市委副书记、市长卢子跃关于上半年全市经济形势和下半年政府工作打算通报；举行"关于丽水融入海西经济区"协商讨论会，审议通过关于丽水融入海西经济区的建议案；听取丽水市卫生局关于全市卫生事业发展情况通报；表彰丽水市政协二届五次会议优秀大会发言；协商通过有关人事事项。

第二十六次会议 2010年10月14—15日召开。会议举行"全市文化产业发展问题"协商讨论会；听取丽水市政府对丽水市政协《关于加快融入海西步伐推进全市经济发展的建议案》办理情况通报；听取丽水市科技局关于全市科技事业发展情况通报；协商通过有关人事事项。

第二十七次会议 2010年12月23日召开。会议听取关于丽水市"十二五"规划建议和2011年全市工作思路通报；听取丽水市委、市政府关于丽水市政协二届五次会议以来提案办理情况通报；举行"全市农村危旧房改造情况"专项集体民主监督调研通报会；听取丽水市政协各专门委员会2010年工作情况汇报；协商通过有关人事事项。

第三节 政协主席会议

主席会议，是常务委员会会议闭会期间的重要协商会议形式。一般每月召开1次，必要时可临时召开。一届丽水市政协召开主席会议56次，二届丽水市政协召开主席会议65次。主席会议研究丽水市政协主席会议成员分工和人事任免事项；研究当届丽水市政协参加单位、委员、常委名额和人选及界别的变更，下届丽水市政协参加单位，委员、常委名额和人选及界别设置；研究丽水市政协全体会议、常委会议有关事项，提交常委会议审议的文件。听取丽水市政协全会小组讨论情况汇报。审议全会补选主席、副主席、秘书长和常务委员候选人名单，大会选举办法、大会选举总监票人和监票人名单、提案审查情况的报告和会议决议；研究丽水市政协、常务委员会工作计划、工作报告和重要活动方案。安排调研 、视察、协商、民主监督、大会发言、提案、信息、团结联谊、文史资料等重要工作。审议重点工作和重要调研、视察、出访报告。审议专门委员会年度工作计划和工作总结。听取重点提案、建议案办理情况及浙江省政协工作会议精神汇报。审议制定和修订规章制度；研究以丽水市政协向丽水市人民政府提出的建议案；组织主席会议视察，举行主席会议专题议政；研究安排丽水市政协近期工作；组织学习，传达有关文件和会议精神。

第四章　市政协工作

政治协商、民主监督、参政议政是人民政协三大主要职能，也是政协的主要工作。政协全会协商、政协常委会协商、主席会议协商、专委会与相关职能部门对口协商是政协政治协商的主要形式。2001—2010 年，丽水市政协有 9 次全会以大会发言形式，进行整体协商；有 8 次政协全会以举行“政情民意交流会”形式，与丽水市党政领导及有关部门进行专题协商。丽水市政协常委会议先后与丽水市党政领导和有关部门协商 21 次，有专题 22 个，形成建议案 12 个。主席会议协商 5 次，协商议政专题 5 个。民主监督有专题监督和监督员开展的民主监督，监督内容广泛、深入。

参政议政是对政治、经济、文化和社会生活中的重要问题以及人民群众普遍关心的问题，开展调查研究，反映社情民意，进行协商讨论。政协通过调研报告、提案、建议案或其他形式，向中国共产党和国家机关提出意见和建议。政协的参政议政是人民政协履行职能的重要形式，也是党政领导机关经常听取参加人民政协的各民主党派、人民团体和各族各界人士的意见和建议、切实做好工作的有效方式。参政议政的内容主要有选择人民群众关心、党政部门重视、政协有条件做的课题，组织调查和研究，积极主动地向党政领导机关提出建议性的意见；通过多种方式，广开言路，广开才路，充分发挥委员专长和作用，为改革开放和社会主义现代化建设献计献策；广泛参与政治、经济、文化和社会活动，对一些共同关心的事项开展评议等等。参政议政的主要形式有反映社情民意、各种协商例会，各种专题议政会、专题研讨会、专题调研、委员视察、考察、政协委员参与中共党委与政府统一组织的检查和巡视。丽水市政协自成立以来，通过提案工作、反映社情民意信息、团结联谊、文史工作等各种方式参政议政履行政协职能，加强学习、宣传和制度建设，在政治协商、民主监督、参政议政方面发挥更大作用。

第一节　政治协商

全会协商

至2010年年底，丽水市历次政协全会有9次以讨论丽水市政府工作报告及其他报告形式，通过大会发言与丽水市党政领导及有关部门进行整体协商。有8次全会以举行“社情民意交流会”、专题座谈会、专题协商会形式，与丽水市党政领导及有关部门进行专题协商。

常委会协商

丽水市政协一届第二次常委会议专题协商“城区住房建设及价格问题”。丽水市政协一届第十九次常委会议专题协商“统筹城乡发展，促进农民增收问题”，审议通过《统筹城乡发展促进农民增收的建议案》。建议案提出“加快农业产业化发展、缓解‘三农’贷款难、抓好农村土地承包纠纷的调解工作、加快农村劳动力的有效转移、实施好‘百村示范、千村整治’工程、完善农村工作指导员制度”的建议。丽水市市长刘希平批示，认为一些建议有较强的可操作性，对进一步抓好“三农”工作启发大；丽水市政府分管领导召集涉农部门负责人专题研究建议案，有关建议在全市“三农”工作的重要措施中得到体现。丽水市政协一届第二十三次常委会议专题协商“解决生产要素中资金困难问题”。向丽水市委、市政府报送《关于解决生产要素中资金困难问题的调研报告》和《关于解决生产要素中资金困难问题的建议案》。报告和建议案建议规范政府支出管理，节约财政资金；加强政府性投资项目建设资金、财政公共支出、财政专项资金和预算外资金的管理；完善城市经营管理机制，提升“经营城市水平”；有效运作城市土地资源，盘活闲置的非经营性国有资产，探索政府资源市场化路子；构建多形式的融资平台，提升融资能力。丽水市市长刘希平批示，认为调研报告颇有分量，要求理出若干个问题，并布置有关部门逐个研究，改进政府工作。相关部门研究落实，采纳部分建议。在丽水市政协一届二十四次常委会议上，丽水市政府通报建议案的办理情况。丽水市政协一届第二十五次常委会议专题协商“十一五”规划，就“十一五”期间旅游发展、环境保护、农村医疗、就业培训、教育事业和加强丽水市中级人民法院、市人民检察院自身建设，加大执行力度等方面，提出建设性意见和建议。

丽水市政协二届第八次常委会议专题协商“水阁工业区配套功能建设”。会议审议通过《关于水阁工业区配套功能建设问题的建议案》，针对“基础设施、生活设施、服务配套、体制完善及招工”等方面存在问题提出建议。丽水市政府逐项研究建议，并努力落实。丽水市政协二届第九次常委会议专题协商“构建社会主义和谐社会的若干问题”。会议分别就“被征地农民基本生活保障”“构建和谐医患关系”“城区环保现状与对策”“流动人口管理服务”“未成年人违法犯罪现状与预防”5个问题提出建议。丽水市政府办公室全文转发调研报告。丽水市政协二届第十八次常委会议专题协商“全市农村宅基地流转问题”。会议提出“搞好摸底普查，明确产权界定；坚持规划先行，加强规划管理；建立激励机制，盘活闲置宅基地；完善制度设计，明确实施办法；积极探索试点，建立流转市场；加强组织领导，有效推进流转”的建议。丽水市政府采纳建议，推动全市农村危旧房改造工作。丽水市政协二届第十九次常委会议专题协商“加快全市外向型经济发展”。会议审议通过《关于推进全市外向型经济发展的建议案》。建议案从“提高发展外向型经济重要性的认识、理清外向型经济发展思路、通过创新夯实外向型经济发展基础、增强外向型经济发展动力、优化外向型经济发展环境”等方面向丽水市政府提出建议。丽水市政府专题研究建议案，采纳其中多数建议，出台《关于进一步保持外贸出口稳定增长的若干意见》。丽水市政协二届第二十五次常委会议专题协商“丽水融入海西经济区建设”，审议通过《关于加快融入海西步伐，推动全市经济发展的建议案》。建议案从组织机构、工作方案、政策对策、舆论引导等方面提出要加强组织领导，保障各项融入工作的开展；要加快交通网络、园区建设、开展试点等各类基础设施建设项目的实施和谋划，提高融入海西的支撑力；要做好招商手段、旅游开发、特色文化挖掘，对中国台湾地区招商引资，确立产业对接的重点领域。所提建议得到丽水市委、市政府充分肯定。丽水市政协二届第二十六次常委会议上，丽水市政府通报建议案办理情况。至2010年年底，丽水市政协有常委会议21次，与丽水市党政领导和有关部门协商专题22个，形成建议案12个。

主席会议协商

丽水市政协一届第三次主席会议提出建议案，依法推进旧城改造和经济适用房建设；采取积极的宏观调控管理手段，规范丽水市区住房建设遵循市场经济规律有序发展。所提建议大多被丽水市政府吸纳，出台相关政策。有关部门采取推进住宅建设和平抑房价措施。至2010年年底，丽水市政协有主席会议5次，协商议政专题5个。

专委会协商

丽水市政协经济委员会就发展改革、企业减负、规划、房地产健康发展等，农资环委员会就“三农”问题、环境资源保护、生态建设等，科教文卫体委员会就幼儿教育、义务教育公平发展，解决医患矛盾，文化事业发展，群众体育、全民健身，科技服务、科普下乡等，社会法制委员会就平安丽水、城市交通管理等，港澳台侨委员会就“三胞”联谊、引进“三资”、中文教育等，先后与相关部门开展对口协商。

第二节　民主监督

专题监督

工业发展环境　2003年5—10月，丽水市政协报送《关于涉及工业经济行政审批收费情况进行民主监督的报告》。丽水市委书记楼阳生、市长谢力群认为，报告反映问题准确，建议很有针对性，对丽水市政府及职能部门的工作很有参考价值。丽水市政府分管领导召集有关部门负责人专题部署整改工作。丽水市政府召开会议，听取相关部门整改落实情况汇报。监督组向丽水市委、市政府报送《丽水经济开发区应实行税后无费政策》的社情反映，丽水市委主要领导批示。丽水经济开发区管委会提出“零费区”建议方案，经市长办公会议研究后开始实施。专项民主监督推动丽水市政府出台

《行政审批责任及其追究办法》《行政审批全程办事代理试行办法》《行政审批告知承诺试行办法》规范性文件3个，其中采纳监督组部分建议。

机关效能　2004年6—12月，丽水市政协把收集机关效能建设中具体案例作为监督重点，向市直部门34个反馈意见建议269条和案例50个。对意见建议相对较多部门10个，丽水市政协领导带队进行面对面反馈。丽水市政协向丽水市委报送《丽水市政协关于市直机关效能建设民主监督情况的报告》和《效能建设参考案例及征集意见汇总》。

社会保障　2005年11月，丽水市政协组织调研组3个，分别就社会保障体系建设总体工作、新型农村合作医疗、农村"五保"和城镇"三无"对象集中供养专题进行调研；针对就业再就业、城镇职工五大保险、基本医疗保险、城乡居民最低生活保障及农村社会保障工作，分别提出对策建议。丽水市市长刘希平对调研报告作出批示。

饮用水安全　2006年9—11月，丽水市政协成立联合调查组，各县（市、区）政协联合调研。联合调查组调研收集到个案9件，形成《关于全市城乡居民饮用水安全问题的调研报告》，以书面形式送交有关县（市）和部门，督促及时整改。调研报告建议丽水市政府加强领导，落实农村饮用水安全；细化规划，有序推进农村饮用水安全建设；灵活筹措资金，加快农村饮用水项目建设；创新运管机制，确保农村饮用水项目运行；强化监测，建立健全饮用水安全检测体系；切实加强水源水质保护，确保城乡居民饮水安全。

依法行政　2007年9—12月，丽水市政协采取口头和书面通报方式，听取丽水市政府17个重点行政执法部门情况通报；邀请丽水市纪委（监察局）、市中级人民法院、丽水日报社等具有监督职能的部门10个进行座谈，并召集丽水市政协委员约谈。将与群众关系密切的行政执法等12方面问题，作为民主监督主要内容。丽水市政协组织课题组，到莲都区、龙泉市、松阳和景宁畲族自治县调研，听取情况通报，分别开展座谈、交流；在丽水市政协门户网站开辟专栏，征求市民意见和建议；课题组向相关单位和部门口头反馈意见建议7个方面。各县（市、区）政协开展调研，形成调研材料9个。课题组指出依法行政意识、行政执法、行政执法监督、行政制度建设、法制机构力量问题，确定监督案例。课题组提出"强化依法行政理念，完善行政决策机制，深化行政执法责任制，加强行政执法监督，规范行政执法行为，改革完善保障机制，重视法制机构建设"7个方面监督意见。

政务公开　2008年10—12月，丽水市政协向丽水市政府报送乡镇政务公开、政府审批、村务公开、厂务公开、政府采购调研报告，提出"提高对政务公开的认识；明确政务公开的内容；规范政务公开的形式；完善政务公开的保障体系；加强对政务公开的内外监督"建议。丽水市政府办公室转发这5个调研报告。

环境保护　2009年7—9月，丽水市政协调研收集到紧水滩蓝藻个案和龙泉市工业园区整治个案，以书面形式送交龙泉市，督促其及时整改。送交丽水市政府调研报告，针对存在问题，从5个方面提出建议18条。

危旧房改造　2010年8—12月，丽水市政协以"专委会左右联动、县（市、区）政协上下联动、市直部门参与联动"模式进行调研，形成调研报告。以"居住在丽水、休闲在丽水"为切入点，提出"强化领导，破解工作难题；整合资源，缓解资金压力；重视规划，提高建设标准；完善政策，建立长效机制"建议。各专项民主监督调研情况，均在丽水市政协常委会议上通报。

监督员监督

一届丽水市政协常委会派出丽水市政协委员到部门担任监督员和督察员54人次，参与百家企业评部门、政务公开明察暗访、机关效能建设和执法专项检查、电信行业行风评议、财政专项经费使用绩效跟踪、重点工程政策处理监督调查活动，促进部门行业行风转变。

2008年6月，二届丽水市政协制定《关于加强政协民主监督员工作的意见》，建立健全民主监督员工作机制，成立丽水市政协委员民主监督小组，开展集体民主监督。

第三节　参政议政

市政协调研

丽水市政协围绕丽水经济社会发展重要问题以及人民群众关心热点问题，选择课题开展调研、视察。调研、视察内容涉及工业、农业、水利、旅游、文化、教育、卫生、体育、科技、环保、法制、基础设施建设、城市建设、农村建设、和谐社会建设、少数民族、“三胞”工作、宗教、市民住房、食品安全、饮用水安全。

政协联络组调研　丽水市政协联络组组织在丽水地区全国政协委员、浙江省政协委员，进行调研视察和参观11次。全国政协委员、浙江省政协委员对相关工作及坚持和完善中国共产党领导的多党合作和政治协商制度，提出不少意见和建议，得到有关方面重视和采纳。1989年5月初，浙江省政协丽水地区联络组、丽水市(县级)政协、在丽水的浙江省政协委员，共同视察丽水市(县级)电冰箱厂、塑料总厂、钢窗厂、啤酒厂、温度计热表厂，提出企业在治理整顿中扬长避短、挖潜提效、走出低谷的建设性建议，并被采纳。

政协工委调研　丽水市政协工委调研视察17次，组织在丽水全国政协委员、浙江省政协委员调研视察15次。1994年，丽水地区政协工委被全国人大民委、浙江省政协办公厅、浙江省民委采用调查报告、信息动态4篇。1995年7—9月，丽水地区政协工委调查“如何做大个体私营企业”。丽水地区政协工委走访全区个体私营工业、企业大户60多家；召开地市研讨会、座谈会；组织个私企业厂长、经理10人，到青田、云和县参观考察。丽水地区政协工委向丽水地委、行署报送《关于如何把我区个体私营企业搞大的调查报告》，成为发展个体私营经济决策重要参考。调查中，丽水地区政协工委帮助丽水市(县级)造纸总公司、旭光有限责任公司解决具体问题，促成丽水市(县级)合成化工总厂及时恢复生产，挽回经济损失数百万元。

1996年，丽水地区政协工委调查扶贫、依法治区、精神文明建设。1997年，丽水地区政协工委调查国有企业精神文明建设、个体私营经济发展、合力扶工。丽水地区政协工委《关于合力扶工的几点建议》在丽水地委办公室《决策参考》第14期刊登。1999年，丽水地区政协工委调研社情民意、地区天主教情况及社会治安综合治理，均为丽水地区重点调研课题。2000年1月，丽水市政协工委调研做好提案工作、振兴丽水旅游。《发扬山水优势　弘扬古今文化　振兴丽水旅游——丽水地区旅游文化发展的调查和建议》调研报告在丽水地委办公室《决策参考》全文刊登。

市政协常委会调研　2003年5—12月，丽水市政协常委会专题调研课题“深入实施华侨要素回流工程”，建议转变观念，加强领导，理清思路；延伸服务链，构筑完善华侨投资服务体系。

2007年10月，丽水市政协常委会专题调研课题“加快创业创新，推进跨越发展”。丽水市政协常委会建议在“培育创新文化，激发全民创新热情；转变发展方式，推进产业结构调整；搭建发展平台，培育创业创新主体；提升创新能力，构建区域创新体系；提升创业能力，强化人才保障；创新体制机制，激活创业创新活力；优化社会服务，营造良好的发展环境；强化组织保障，推动创业创新实践”8个方面突破。课题获2007年度党政系统优秀调研成果一等奖。

2009年3月，丽水市政协常委会专题调研课题“丽水市区飞机场区块开发问题”，系统论证飞机场区块开发必要性和建设生态水城可行性，建议把飞机场区块建成“中心城区市民休闲中心、旅游商业服务中心和人居中心”。丽水市委书记陈荣高批示：“这个调研报告很有价值，飞机场区块开发的必要性很有说服力，开发定位既突出丽水山水特色优势，又体现城市发展的前瞻性，5条建议说理透彻，符合实际，切实可行”，要求有关部门在城区建设规划中充分采纳丽水市政协建议。至2010年年底，丽水市政协常委会选择课题39个开展调研，形成调研报告39份。

市政协主席会议调研　2006年3—6月，丽水市政协主席会议专题调研议政课题“农村劳动力转移就业培训”，建议加强领导，制定培训规划；加强区域培训资源整合；加强培训协调机构建设，创新工作机制；创新培训形式，降低培训成本；创新资金筹措机制，增加培训投入；加强宣传，营造培训氛围；加强培训基础工作，规范管理。丽水市委领导批示，要求相关部门参照报告所提的建议，进一步理清思路，拿出管用的办法和措施，建立有效的工作机制，切实把丽水市政协的调研成果运用好、落实好。

2010年8月，丽水市政协主席会议专题调研议政课题“加强社会公德教育，提高公民文明程度”。调研以市区为调查样本，通过座谈会、走访、约谈、调查问卷和考察学习了解全市社会公德现状，研究加强社会公德教育、提高公民文明程度的途径和方法。调研报告建议坚持以法促德，强化行为约束，促进社会公德良性发展；区分不同层次，突出重点人群，增强社会公德教育的针对性和有效性；加大资金投入，完善基础设施，为社会公德建设提供必要物质保障；拓宽活动载体，优化社会环境，积极营造有利于社会公德建设良好氛围；加强组织领导，部门密切配合，形成齐抓共管社会公德新局面。至2010年年底，丽水市政协主席会议选择专题议政调研课题5个，均形成调研报告。

市政协专委会调研　2004年10月，丽水市政协经济委员会专题调研“丽水经济开发区配套设施建设情况”，从“加快完善规划、调整开发思路、拓宽融资渠道、注重协调工作、加强队伍建设”5个方面提出建议。丽水市市长刘希平作出批示，相关部门采纳有关建议，初步解决一些问题。至2010年年底，丽水市政协专委会选择调研课题41个，大多形成调研报告。

市政协视察

至2010年年底，丽水市政协主席会议视察9次，界别联合视察7次，均分别形成视察报告；丽水市政协专委会视察55次，大多数视察形成视察报告。另有委员活动小组、委员联络小组、丽水市政协之友社视察。丽水市政协组织在丽水的浙江省政协委员考察、视察9次，均形成考察、视察报告。

主席会议视察　2004年7月1—2日，丽水市政协一届三十六次主席（扩大）会议视察丽水市政府组织实施的市区10项实事落实情况，向丽水市委、市政府报送《关于对2004年度市政府组织实施的市区十项实事视察的情况报告》，提出建议4条，并向10项实事相关责任部门反馈视察意见。丽水市委书记楼阳生作出批示："所提意见是建设性的，请政府加大协调力度，研究解决。"丽水市市长刘希平两次批示，要求有关部门切实把丽水市政协提出的各类问题处理好。2005年10月18日，丽水市政协一届五十三次主席会议专题视察"项目推进年"工作进展情况。丽水市政协主席会议视察石牛大桥、水阁水厂、紫金大桥、绕城公路北段、处州公园、行政中心、华侨饭店等重点工程，丽水市发改委负责人通报丽水市本级重点项目建设进展情况。丽水市政协主席会议进行座谈，向丽水市委、市政府建议"抓责任的落实、抓资金的筹措、抓项目的供地、抓项目的前期、抓工程的质量、抓工程的进度、抓干部的廉洁"。2006年5月16日，丽水市政协二届六次主席会议视察全市"农村中小学家庭经济困难学生资助扩面""农村中小学爱心营养餐""农村中小学食宿改造"和"农村中小学教师素质提升"(以下简称"农村教育'四项工程'")的实施情况。丽水市政协主席会议实地察看莲都区双黄乡中心小学、缙云县东方镇中学和胪膛小学，听取丽水市农村教育"四项工程"实施情况通报，并就视察情况进行座谈。丽水市政协主席会议针对农村教育"四项工程"实施中的困难和问题，提出解决意见和建议。2010年10月20日，丽水市政协二届六十三次主席会议视察丽水经济开发区建设发展情况，实地察看开发区东扩区块，听取开发区近年来工作情况介绍及"十二五"规划设想。丽水市政协主席会议建议牢固树立生态意识与和谐理念；不断拓宽融资渠道，拓宽发展空间；切实推进转型升级，大力培育龙头企业；继续创新开发区工作体制机制，加快对企业的规范管理。力求夯实大平台、大产业、大项目、大企业、大生态的建设基础。

界别联合视察　2007年10月26日，丽水市政协委员各界60多人，视察水阁水厂、开潭电站、滨水公园、滨江景观带、古城泵站等重点工程，建议"细化项目前期工作；制定长远、整体的城市规划；尽快解决政策遗留问题；注重发展质量；高度重视保护文物资源；重视对科技项目的投入"。2008年5月12日，丽水市政协少数民族界、农业界、无党派人士界委员视察畲族乡镇经济社会发展情况，视察老竹镇、丽新乡民族学校，丽新乡畎岸村滩坑移民新村，丽新乡黄岭上示范村，丽新乡上塘畈村。委员们建议立足实际，发展经济；内聚外迁，有效转移；加大扶持，改善条件；加强领导，依靠群众。

提案工作

提案情况及表彰　至2010年年底，丽水市政协收到以提案形式提出的建议意见3615件①，立案3534件②。其中，民主党派提案544件，人民团体提案42件，政协专委会提案6件，委员活动小组和委员联络组小组提案43件。关于工业交通、金融财贸、城建环保、农林水利等经济建设方面提案1827件，占立案总数51.7%；关于科技教育、文化体育、医药卫生、劳动人事等社会事业发展方面提案954件，占立案总数27%；关于政法、统战及民主法制建设等方面提案753件，占立案总数21.3%。提案办结率100%。通报表彰优秀提案184件。

提案办理制度及创新　丽水市政协建立和完善提案工作条例、重点提案的产生及办理规定、开展提案督办工作的办法、评选表彰优秀提案暂行办法、提案办理工作民主评议办法、评选表彰优秀

① 一届市政协收到1705件，二届市政协收到1910件。

② 一届市政协立案1646件，二届市政协立案1888件。

提案暂行办法、市政府领导领办提案、提案审查立案实施细则、市委领导领办提案制度。丽水市政协采用学习讲座、座谈会、会前调研、“咨询问政”形式，提高委员提案质量。通过丽水市委、市政府领导领办重点提案，丽水市政协主席、副主席督办重点提案，提案办理“三见面”（提案工作机构、提案人、承办单位）协商会，提案办理“回头看”，提案办理民主评议，走访重点承办单位，视察督办，跟踪督办重要提案，编印“重要提案摘报”送丽水市领导阅批，定期听取丽水市政府提案办理情况通报等形式，促进提案办理，提高提案落实率和解决率。2007年，丽水市政协首次面向社会公开征集提案线索。2009年，丽水市政协首次网上直播提案办理。2010年，丽水市委书记首次领办重点提案并参与办理面商。丽水市政协选择丽水市政府领导领办的提案、丽水市政协领导督办的提案，网上直播办理。

重要提案成效 丽水市政府办理《关于完善新型农村合作医疗制度工作的几点建议》提案后，出台《关于进一步明确新型农村合作医疗制度有关问题的补充通知》，完善新型农村合作医疗制度；《关于制定出台丽水市工业小企业发展和保护办法的建议》《关于做好出口退税工作的几点建议》《关于加强对部门收费的管理、优化投资环境的建议》《关于促进全市义务教育均衡发展的建议》《关于打造瓯江文化品牌的建议》《关于破解工业用地瓶颈制约的几点建议》《关于加快融入海峡西岸经济区的建议》《玉溪水库水源保护亟待建立长效管理机制》《关于全市品牌发展战略的对策建议》《加强市区出租车管理，提高丽水城市品位》提案的办理，均取得较好实效。

提案办理做法交流 《人民政协报》《联谊报》分别刊登丽水政协提案“同类合并、集中督办”做法。在浙江省全省政协提案工作研讨会、闽浙赣皖四省九市政协联谊会上，丽水市政协分别交流“发挥提案调研成果作用，提高履行政协职能实效”“推进政协提案工作规范化、制度化建设”。丽水市政协在2007年的全省政协提案工作会议和2009年的全省政协提案工作经验交流会上，分别作“抓重点提案办理，促提案质量提高”“完善提案工作机制，提高提案工作水平”典型发言。

丽水市政协历次全会(含闭会期间)提案情况一览

表25-4-3-1　　单位:件

届　次	意见建议	立为提案	其中			提案办复	优秀提案
			经济建设	科教文卫	政协统战和民主法制等		
一届一次	323	320	158	70	92	320	17
一届二次	278	266	139	51	76	266	13
一届三次	366	354	178	97	79	354	18
一届四次	382	360	180	95	85	360	20
一届五次	356	346	155	108	83	346	18
二届一次	425	419	193	133	93	419	20
二届二次	381	377	217	93	67	377	21
二届三次	391	384	211	92	81	384	20
二届四次	353	351	197	84	70	351	19
二届五次	359	357	198	94	65	357	22
合　计	3614	3534	1826	917	791	3534	188

社情民意信息

工委期间社情民意信息　丽水地区政协工委编发《社情反映》285期。1997—1999年，丽水地区政协工委连续3年获全省政协系统信息工作一等奖。至1999年，丽水地区政协工委编发《社情反映》101期，被浙江省政协采用35条，浙江省委、省政府领导批示24条、28人次。1997年，丽水地区政协工委《社情反映》第4期《政协委员强烈呼吁保护大柳杉》信息，被丽水地委书记陈仲方批示："建议很好。古木和风景树必须保护。请林业部门加强管理、指导。"《联谊报》《浙江工人报》《丽水日报》刊发有关保护大柳杉的详细报道。浙江省委常委、副省长刘锡荣批示省林业厅："请调查后，采取切实措施保护大柳杉。"丽水地区林业局组织人员专题调查有关县（市）采伐古树名木的情况。丽水地区行署转发地区林业局《加强古树名木保护》通知。1997年5月1日，丽水地区政协工委综合整理《政协委员关注失业、下岗职工的就业问题》《政协委员对化解个体私营发展的若干制约因素提出建议》《政协委员关于文化、教育、卫生的意见建议》社情民意，被《丽水日报》整版选载。1998年，丽水地区政协工委报送《当前农村宅基地整顿刻不容缓，建议加强农村宅基地规范管理的立法工作》信息，经浙江省政协专报国务院，副总理温家宝作重要批示，浙江省土地管理局派工作组到丽水进行专题调研。1998年，丽水地区政协工委报送《要完善行政法规，大力整治变相烟草广告》信息，浙江省副省长叶荣宝批示省烟草公司阅处。2000年，《社情反映》得到丽水地（市）委、行署（市政府）领导批示33条。2000年5月，丽水地区政协工委编报《一东北木材商人在新碧木检站的遭遇》信息，丽水地委书记丁耀民批示"此件反映的情况十分典型"，要求丽水地区经济发展环境投诉中心查清问题，严肃处理。而后，丽水地区（市）开展典型案件解剖、集中教育整顿活动；全市开展优化经济发展软环境大讨论，为期1个月。

市政协社情民意信息　至2010年年底，丽水市政协向丽水市委、市政府报送《社情反映》专刊493期。其中，一届市政协报送243期，得到丽水市委、市政府领导批示116期。2003—2004年，丽水市政协针对53省道水阁收费站定点不合理问题，连续通过《社情反映》建议搬迁，最终促成水阁收费站迁到开发区之外，解决进出开发区车辆不合理收费问题。《建议尽快协调110千伏滨江变电所工程问题》信息被丽水市委主要领导批示，促成该问题解决；由此引发"依法办事"要不要效能的问题，被列为保持共产党员先进性教育的典型案例分析材料之一。《府前菜市场脏乱差亟待整改》《政府采购不当有可能成为新的腐败根源》信息，引起丽水市委、市政府领导关注。二届市政协报送《社情反映》250期，得到丽水市委、市政府领导批示92人次。其中，2006年丽水市政协报送57期，市委、市政府领导批示40人次，批示率为70%。《要重视残缺健身路径存在的严重安全隐患》信息，经丽水市领导批示，有关部门迅速采取措施，问题及时得到解决。《建议市区规划建设"立体车库"》信息进入丽水市政府决策。向上级政协报送政协信息540期。其中，一届市政协向上级政协编报政协信息199期，被全国政协、浙江省政协采用40多条。《国家应制订农业产业结构调整的区域性规划》《建议完善基层法庭的人民陪审员制度》《对农村合作基金会不能撤并了事》《基层政协建议对"无党派人士"界别作出明确界定》《建议尽快修订完善〈中华人民共和国破产法〉》《完善新型农村合作医疗制度的八点建议》，被全国政协办公厅采用；《部分非公企业工业用地因属国有划拨而不能抵押贷款，国家应尽快解决这一政策性问题，缓解欠发达地区非公企业融资难》信息，被全国政协办公厅转有关部委局处理；《欠发达地区农民增收难度仍然较大》信息，得到国务院总理温家宝、浙江省副省长章猛进分别批示；《浙西南山区发展经济林应适度》信息，得到浙江省委书记习近平、副省长茅临生分别批示。二届市政协上报浙江省政协《丽水政协信息》341期，其中被全国政协办公厅采用信息25条，被浙江省政协办公厅采用信息59条，得到浙江省领导批示11人次。《建议省教育厅落实景宁畲族自治县考生在高考录取中依法享有降分录取的政策》的意见，在浙江省招生文件中得到落实；《建议加快浙南融入“海西经济区”》等2条，得到浙江省委书记赵洪祝批示；《对政策性农业保险试点工作中存在问题的意见建议》《建议我省及早规划建设遂（昌）江（山）公路》得到浙江省政府领导批示。2002—2007年，丽水市政协被评为全省政协系统反映社情民意信息工作先进单位两次、二等奖3次、三等奖1次；2008—2010年，丽水市政协连续3年获一等奖。

第四节　团结联谊

联络员期间团结联谊工作

浙江省政协丽水地区联络员办公室向在丽水全国政协委员、浙江省政协委员寄送学习、宣传资料和《政协动态》。丽水地区联络员办公室组织在丽水全国政协委员、浙江省政协委员参加视察、考察和撰写提案，了解在丽水全国政协委员、浙江省政协委员的意见、建议和要求。丽水地区联络员办公室举办非中共代表人士迎春茶话会，慰问政协委员和民主党派人士。

联络组期间团结联谊工作

浙江省政协丽水地区联络组协助丽水地委、行署召开每年全区政治、经济和社会发展情况通报会1—2次，协助丽水地委每年召开在丽水全国政协委员、浙江省政协委员、各民主党派和工商联负责人座谈会，每年走访在丽水全国、浙江省和各县知名政协委员、各民主党派和宗教界负责人，广泛听取和反映在丽水全国、浙江省政协委员，各民主党派和无党派人士意见和建议。丽水地区联络组举办非中共代表人士迎春茶话会。丽水地区联络组与丽水地委统战部共同举荐民主党派成员、无党派人士担任政府领导和特约监察员、检察员、审计员和教育督导员。

工委期间团结联谊工作

丽水地区政协工委协助丽水地委、行署召开每年全区政治、经济和社会发展情况通报会1—2次，协助丽水地委每年召开在丽水的全国、浙江省政协委员、各民主党派和工商联负责人座谈会，每年召开中秋茶话会、迎新春茶话会，走访在丽水全国、浙江省政协委员、各民主党派和宗教界负责人，广泛听取和反映在丽水的全国、浙江省政协委员，各民主党派和无党派人士意见和建议。丽水地区政协工委建立和坚持密切联系在丽水浙江省政协委员“登门走访、视察调研、组织座谈、年终慰问”制度。1997年3—4月，丽水地区政协工委领导分头走访在丽水浙江省政协委员，针对丽水地区“两个文明”建设中许多现实问题，听取委员们的建设性意见，在《社情反映》上连续编发专题8期。丽水地区政协工委召开在丽水全国、浙江省政协委员座谈会13次。丽水地区政协工委组织撰写提案，提出工农业生产、文教卫生、交通运输、民族工作以及坚持和完善中国共产党领导的多党合作和政治协商制度方面的意见和建议，不少意见和建议被采纳。1992年4月，丽水地区政协之友社成立，内设服务部，对外开展技术咨询、业余教育、名优特产品等有偿服务活动。1999年8月，浙江省政协丽水地区诗书画之友社成立。

市政协团结联谊工作

政协各参加单位作用发挥　丽水市政协常委会紧密联系丽水市各民主党派、工商联、无党派人士和人民团体。丽水市政协领导走访丽水市各民主党派、工商联机关，听取意见和建议；丽水市政协建立和完善丽水市政协秘书长联席会议制度，规范丽水市政协与丽水市各民主党派、工商联之间的工作协调机制；在丽水市政协全体会议、常委会议等重要会议上，丽水市政协优先安排民主党派、工商联和无党派人士发言，民主党派、工商联团体提案优先列入丽水市政协主席、副主席重点督办提案；遇重要调研视察、重点提案督办、重大议政活动，丽水市政协邀请民主党派、工商联和无党派人士参加；丽水市政协邀请有关民主党派负责人列席主席会议。各民主党派在调研、视察、提案、社情反映、大会发言和民主监督等工作中作用突出。丽水市政协领导走访丽水市政协各参加单位，沟通情况、协商问题、听取意见，在调研、视察、大会发言、专项民主监督方面，发挥人民团体在政协组织中作用。

港澳台同胞和海外侨胞联络　一届市政协期间，邀请具有一定知名度的港澳台同胞及海外侨胞担任丽水市政协港澳台侨委员会特邀委员46人。二届市政协期间，邀请特邀委员31人，引导其积极建言献策。丽水市政协举办对台形势报告会，学习《反分裂国家法》座谈会，走访台胞、台属，宣传中共和平统一、一国两制方针政策。丽水市政协每年举办中秋“三胞”茶话会，组织其为丽水的发展献计出力，开展“关心家乡、访贫济困”公益活动。丽水市政协组织“百名侨胞助百村”活动，鼓励海外委员和特邀委员参与。2003年12月，丽水市政协组团到中国台湾地区考察。2005年，丽水市政协参与主办以“融合、发展、展望”为主题的“华侨论坛”。2006年，丽水市政协参与举办以“共盼团圆、振兴故乡”为主题的“丽（水）台（湾）两地乡亲书画展”。2006年，丽水市政协组团到中国港澳地区，走访丽水市政协港澳委员及丽水籍港澳知名人士。2002年、2004年、2006年、2008年，丽水市政协组团到欧洲4次。2010年，丽水市政协组团到澳洲，开展友好交流、招商引资，考察侨情及经贸活动，推动实施华侨要素回流工程。2005年，丽水市政协组织港澳台侨委特邀委员到辽宁省沈阳市、阜新市考察海外委员投资项目，签订意向性项目3个，投资资金7.4亿元。丽水市政协走访在省内外创业的港澳台侨委特邀委员（企业家），组织参观、考察、视察、通报情况。丽水市政协走访看望各县（市、区）港澳台侨胞和海外特邀委员，组织旅台乡亲清明联谊考察。丽水市政协常委会牵头建立“丽水涉台六部门联席会议制度”①，关注涉台、涉侨提案办理，妥善处理台胞台属、华侨华人、归侨侨眷的来信来访。丽水市政协配合丽水市委、市政府召开丽水市第一届、第二届华侨大会。至2010年年底，丽水市政协接待来自海外的侨领和知名华侨2000多人次。

密切与委员联系　丽水市政协组织市政协委员密切与各界人士联系。组织各界别委员通过专题座谈会、委员约谈会、走访委员，参加调研、视察和民主监督；组织委员活动小组和县（市、区）委员

① “涉台六部门”为中国人民政治协商会议丽水市委员会、中共丽水市委统一战线工作部、丽水市人民政府台湾事务办公室、丽水市国家安全局、中国国民党革命委员会丽水市委员会和丽水市台胞台属联谊会。

联络小组开展活动，看望各界代表人士；民族和宗教界委员与少数民族群众、宗教界人士开展经常性联系。丽水市政协发挥委员活动小组和委员联络小组作用，推进政协整体工作。丽水市政协推进政协整体工作的经验和做法得到浙江省政协领导肯定，在全国地方政协工作经验座谈会上作交流发言。

组织建立及活动　2002年8月，丽水市政协诗书画社成立，组织采风、联谊、笔会、送春联下乡。2003年9月，丽水市政协企业家之友社成立，组织部分成员到长沙参加投资推介会。2006年5月，丽水市政协之友社成立，组织社员学习、考察、视察、社情民意座谈和联谊，了解经济社会发展情况，反映社情民意，建言献策，增进友谊。2009年10月，丽水市政协诗书画社摄影分社成立，举行采风活动，开展摄影合作交流和成果展示，举办全市政协系统摄影比赛。2007年清明节，丽水市政协参与举办中国•仙都丁亥(2007)年民祭轩辕黄帝大典。2009—2010年，丽水市政协自筹资金，举办中国•仙都海峡两岸共祭轩辕黄帝大典。2008年9月、2010年10月，丽水市政协举办丽水市政协系统第一届、第二届乒乓球联谊赛。丽水市政协每年举行各界人士迎新茶话会。

第五节　文史工作

出版及获奖

2005年前，丽水市政协重点征集辛亥革命至解放前史料。2006年开始，丽水市政协重点征集解放后特别是改革开放以来史料。至2010年年底，丽水市政协征集史料1503篇，约403万字。丽水市政协编辑出版《MK木刻画选集》、《秀山丽水创业人》、《丽水文史资料》(第二辑)、《丽水文史集粹》、《处州廊桥》、《大迁移》、《古城•古镇•古村》、《浙南小三线建设》、《丽水文史资料》(第七辑)等专辑和综合辑，计816篇，约225万字。丽水市政协完成浙江省政协史料专辑征集任务3个。《秀山丽水创业人》《丽水文史集粹》获全省政协文史资料优秀图书三等奖。《大迁移》获全省政协文史资料优秀图书二等奖。

专栏建立制度开设

2006年，丽水市政协在《丽水政协》专刊开设“文史长廊”栏目；5月，丽水市政协始在《丽水日报》开设每月一版“丽水文史”专栏。同时，建立聘请丽水市政协文史资料委员会特邀委员制度，并制定工作条例。

第六节　宣传与制度建设

学习与宣传

联络组期间学习与宣传　浙江省政协丽水地区联络组学习人民政协知识和统战工作方针政

策，全国、浙江省政协有关会议精神及其他方面知识。丽水地区联络组编写《丽水地区县（市）政协委员先进事迹汇编》（31人）第一辑。

工委期间学习与宣传　丽水地区政协工委举办培训班、专题讲座、报告会、交流会，组织学习人民政协的基本理论和统战工作方针政策，全国、省政协会议精神及其他方面知识。丽水地区政协工委编写《丽水地区县（市）政协委员先进事迹汇编》第二、三辑，在《政协动态》开设“政协委员风采”专栏，1992年，丽水地区政协工委在丽水地委宣传部宣传栏内宣传县（市）政协委员先进事迹。丽水地区政协工委设立《联谊报》丽水地区通讯站和县（市）通讯组，重视《联谊报》宣传报道和征订发行工作。

学习制度建立健全　丽水市政协坚持常委会议、主席会议和政协机关学习等制度。在政治、经济、文化、科技和法律等履行政协职能所需的知识业务方面，丽水市政协举办委员培训班、研讨会、报告会、专题讲座、全市主席读书会，赠阅《联谊报》，编印自学资料，开展心得交流。丽水市政协开展学习和实践科学发展观等专题教育活动。2006年，丽水市政协把学习贯彻《中共中央关于加强人民政协工作的意见》（中发〔2006〕5号）作为重点，在丽水市政协常委会、委员培训班、全市政协主席读书会上组织学习。丽水市政协机关组织《中共中央关于加强人民政协工作的意见》专题学习会4次，从全面学习文件精神、政协“三化”建设、政协自身建设、政协调研工作方面学习研讨。二届市政协始，每年组织全市政协主席读书会。

媒体宣传　丽水市政协注重沟通联系各新闻机构，及时报道丽水市政协重要会议和重大活动；做好《中国政协》浙江特刊·丽水政协版面组稿；办好丽水政协刊物和政协网站。至2010年年底，丽水市政协编发《政协工作动态》28期、《丽水政协》75期、《丽水政协（增刊）》188期、《丽水政协调研》21期；编印《回眸》[①]和《绿谷畲风》画册。2002年12月，丽水政协网站正式开通。2006年，丽水市政协联合丽水电视台，推出“政协委员访谈”“社区直通车—社情民意”栏目。2007年，丽水市政协开展“人民政协在我心中”电影宣传活动。活动历时半年，遍及社区26个，观众3万多人次。在《人民政协报》《联谊报》《丽水日报》上，丽水市政协宣传中国共产党领导的多党合作和政治协商制度在丽水的成就，刊登丽水市政协履行职能工作动态，展示政协履行职能成果。

政协成立60周年系列活动开展　2009年，丽水市政协开展庆祝中华人民共和国成立暨人民政协成立60周年系列活动，系统介绍人民政协地位、性质、作用及委员风采；开展“我为生态文明建设献一计”活动，收到关于丽水生态文明建设建议102条，编入《建言献策选编》。

制度建设

丽水地区政协工委期间，建立和完善《工委议事规则（试行）》《工委联系制度（试行）》《工委廉政建设制度（试行）》《工委理论学习制度（试行）》《工委机关后勤工作的若干规定（试行）》和办公室工作等多项制度。

2000年起，丽水市政协协助丽水市委出台有关政协工作文件，督查一届市政协常委会。协助丽水市委、市委办公室出台《关于进一步加强新时期人民政协工作的若干意见》《关于建立市委、市政府有关部门与市政协各专门委员会对口联系制度的通知》《丽水市人大代表议案、政协委员提案办

①《回眸》一套有《一届政协调查研究》《一届政协大会发言》《一届政协社情反映》《一届政协提案选编》4本。

理工作规则》《中共丽水市委关于积极支持人民政协履行职能的意见》《关于切实加强市各民主党派、工商联及有关人民团体提案征集和办理工作的意见》《关于办理政协提案的意见》《关于加强和改善党的领导,支持人民政协履行职能制度化、规范化、程序化建设的实施意见》《中共丽水市委关于进一步加强中国共产党领导的多党合作和政治协商制度建设的实施意见》。一届市政协制定和完善《市政协常务委员会工作规则》《市政协专门委员会通则》《市政协秘书长联席会议议事规则》《市政协提案工作条例》等制度35项。2002年,丽水市政协开始实行社会各界群众代表旁听政协全会和常委会议制度。2002年、2005年,丽水市政协专项督查《中共丽水市委关于进一步加强新时期人民政协工作的若干意见》(丽委〔2001〕19号)、《中共丽水市委关于加强和改善党的领导,支持人民政协履行职能制度化、规范化和程序化建设的实施意见》(丽委〔2004〕15号)的贯彻落实情况。2009年9月,二届市政协常委会协助丽水市委召开全市政协工作会议。会后出台《中共丽水市委关于加强和改进新形势下人民政协工作的实施意见》(丽委〔2009〕11号)。丽水市政协协助丽水市委专项督查中发〔2006〕5号、浙委〔2004〕18号和丽委〔2004〕15号文件在县(市、区)贯彻落实情况。二届市政协修订丽水市政协工作规章制度18项,补充和修订丽水市政协机关制度多项,制度汇编成册39项。丽水市政协坚持市政协领导、专委会领导分工联系委员制度和委员约谈制度,建立委员填写《委员履责情况登记表》制度。

联络与指导

20世纪80年代中期,浙江省政协丽水地区联络员办公室分别到丽水、遂昌、龙泉、云和等4个片传达、宣讲全国地方政协工作座谈会精神。联络员办公室传达浙江省政协工作组活动和学习工作座谈会精神,浙江省政协、丽水地委关于做好县(市)政协工作的意见。联络员办公室借鉴山东、福建等省地方政协工作经验,对政治协商、民主监督的内容、形式和实施办法提出意见,向丽水地委报送《关于进一步搞好政治协商、民主监督的报告》。1986年,浙江省政协(浙协厅〔1986〕39号)、丽水地委办公室(地委办〔1986〕54号)转发这个报告。联络员办公室召开县(市)政协主席、秘书长、统战部长及丽水地区统战政协工作会议,举办县(市)政协主席、统战部长读书会,组织调研、考察和外出参观学习,总结、推广政协工作组开展工作经验。1986年,联络员办公室总结政协工作组工作材料25个;在9个县(市)建立政协信息员队伍,《浙江政协》、丽水地委办公室《信息交流》各刊登4篇;刊出《政协动态》23期。联络员办公室协助浙江省政协召集丽水地区相关部门负责人和丽水(县级)、庆元、遂昌、景宁等县(市)有关人员,商定浙江省政协智力支援丽水项目。联络员办公室接待和联络浙江省政协智力开发工作组支援丽水。

20世纪80年代后期,丽水地区联络组传达贯彻浙江省政协、丽水地委关于做好县(市)政协工作意见,组织各县(市)政协交流研讨开好全会、加强自身建设、履行好职能、发挥好整体功能、做好换届工作等问题,并提出指导意见。1987年8月,丽水地委办公室印发《中共丽水地委关于加强和改善对政协工作领导的决定》。1988年3月,丽水地委办公室转发浙江省政协丽水地区联络组党组《关于建立地直机关单位政协委员、民主党派和无党派知名人士协商对话制度的建议》。丽水地区联络组召开各县(市)政协主席会议8次,各县(市)政协秘书长(办公室主任)会议6次,各县(市)政协专题会议10次,协助解决县(市)政协工作和自身建设问题。丽水地区联络组编发《政协动态》47期;上报并在浙江省政协工作会议上交流材料19篇;被国家级、省级报刊采用文章8篇。丽水地区联络组组织丽水地区县(市)政协主席、秘书长学习考察外地政协工作经验3次。丽水地区联络组联络、协助浙江省政协、各民主党派开展智力支援丽水地区工作。浙江省政协主席王家扬3次带领智力开发工作组支援丽水地区，完成智力援助项目52项。丽水地区联络组接待全国、浙江省政协委员、民主党派人士和工商联代表400多人次，专题考察、科学论证、服务咨询104项，引进资金300多万元。丽水地区联络组举办文化、技术培训班36期，培训约3600人次；举办讲座54次，听众约1.3万人次。

20世纪80年代末，丽水地区政协工委传达贯彻浙江省政协、丽水地委关于做好县(市)政协工作意见，交流、指导各县(市)政协加强自身建设，开好全会、常委会，履行职能，发挥好整体功能，做好换届工作。丽水地区政协工委建议、协助丽水地委召开丽水地区政协工作会议2次。丽水地区政协工委召开全地区政协理论研讨会1次、各县(市)政协主席会议26次、各县(市)政协党组书记座谈会1次、各县(市)政协秘书长(办公室主任)会议16次、各县(市)专题会议26次。丽水地区政协工委组织各县(市)政协主席、秘书长学习、考察外地政协工作先进经验13次。丽水地区政协工委编发《政协动态》349期。

1990年，《中共中央关于坚持和完善中国共产党领导的多党合作和政治协商制度的意见》下达后，丽水地区政协工委领导参加县(市)政协全会和座谈会，宣讲文件精神，建议丽水地委将其列入地委党校副县级以上干部学习班教学计划。丽水地委批转《浙江省政协丽水地区工委关于加强党对政协工作的领导，进一步发挥政协作用的几点意见》。丽水地区政协工委组织在丽水全国、浙江省政协委员16人、4组，调研8个县(市)落实情况，报丽水地委、浙江省政协。1990年，丽水地区政协工委向浙江省政协报送专题总结材料5个，均被列为浙江省政协专题座谈会发言材料，在《政协通讯》刊登3个。1991年，丽水地区政协工委专题调研专项工作，形成材料6个，均在浙江省政协专项工作会议交流。1995年，中共中央〔1995〕13号、中共浙江省委〔1995〕23号关于加强政协工作通知下达后，丽水地区政协工委党组向丽水地委汇报贯彻情况，丽水地委发出《地委委员会议纪要》。丽水地区政协工委主要领导与各县(市)各班子领导座谈，具体研究落实措施，帮助县(市)政协协调、解决问题。

1996年，丽水地委召开首次丽水地区政协工作会议。1998年，丽水地区政协工委专题研究丽水地区县(市)政协履行职能规范化、制度化建设情况，向丽水地委提出建议5条。1999年4月，由丽水地委副书记施基城牵头组成的检查组到9个县(市)检查，形成《关于丽水地区贯彻落实中共中央〔1995〕13号和省委〔1995〕23号通知精神的检查情况的报告》。9月，丽水地委下发《关于进一步加强人民政协工作的若干意见》。

1990年年底至1991年年初，根据省政协智力支援丽水工作安排，丽水地区政协工委在地区经委帮助下，了解景宁造纸厂、云和化工厂、丽水化肥厂、处州针织厂、处州化纤厂需要技术咨询的具体项目，上报浙江省政协。丽水地区政协工委帮助龙泉市林场建立“南方低丘水果种质资源暨规范化开发基地”项目，争取国家计委资金支持100万元。1992年4月，丽水地区政协工委向浙江省教委、省民委、省财政厅报送《关于要求扶持丽水地区少数民族教育的报告》。

丽水市政协认真完成浙江省政协布置的各项工作，配合浙江省政协在丽水开展活动。2003年11月、2008年9月，丽水市政协与金华市政协联合承办闽浙赣皖四省九市政协联谊会第十三次、第十八次会议。2009年10月，丽水市政协与温州市政协联合承办全省市政协文史工作第十八次协作会议，接待来丽全国政协、浙江省政协领导，浙江省政协有关专委会、兄弟市政协及外省政协相关人员。丽水市政协与兄弟市政协交流情况，开展学习考察。丽水市政协建立和完善市、县(市、区)政协主席务虚会、全市政协主席读书会、市县(市、区)政协秘书长(办公室主任)座谈会、政协专委会对口工作会，县(市、区)政协领导列席市政协常委会、重点课题联动调研等工作机制。丽水市政协派员参加县(市、区)政协全会。

第二十六篇

纪 律 监 察

1. 党风廉政建设
2. 执纪办案
3. 惩治与预防腐败体系建设

概　　述

党的纪律检查机关和国家行政监察机关是中国政治体制的重要组成部分，在党和国家的政治生活中发挥着重要的监督、保障作用。20世纪80年代开始，纪检工作围绕党的中心工作——经济建设展开。中共丽水市纪律检查委员会和市监察局认真履行工作职责，以加强党风廉政建设为主要任务，以查处违纪案件和纠正损害群众利益的不正之风为重点，开展党性党风教育，加强监督检查，严肃党纪政纪，协同有关部门严厉打击严重经济犯罪活动，查处阻碍改革、有令不行、有禁不止，以及贪污受贿、奢侈浪费和严重官僚主义、弄权渎职等案件。1993年7月，丽水地区纪委和地区监察局合署办公，实行"一套工作班子两个机构名称"体制，履行党的纪律检查和政府行政监察两项职能。20世纪90年代针对党政机关不正之风，地区开展开展专项整治，解决许多群众反映强烈的突出问题。进入21世纪，丽水市纪检监察机关除继续抓好领导干部廉洁自律、查办违法违纪案件、纠正部门和行业不正之风外，从源头探索，加大预防和解决腐败问题的力度，加强廉政文化建设、构建惩防党风廉政建设体系。2010年，制定下发《丽水市领导干部旁听职务犯罪案件庭审暂行规定》。全面实行纪检监察信访工作例会制度。

第一章　党风廉政建设

1949—2010 年，丽水市纪委、市监察机关重视党风廉政建设，加强宣传教育和廉政监督，落实党风廉政建设责任制，制定各项制度、规定和措施，采取清理、检查、专项治理等方式，从源头拒腐防变，规范廉政自律行为。通过信访举报和案件查处，纯洁干部队伍。

第一节　廉政教育与廉政文化

廉政教育

1950 年，丽水军管会通过整风运动，加强党内遵纪守法教育。1964 年，丽水地委开展社会主义教育运动，贯彻中央“二十三条”①。1979 年，恢复和健全党组织“三会一课”制度。1980 年，地区纪检部门利用开展整党，检查常的路线、方针、政策和决议执行情况。1981 年，以党政机关廉政工作为重点，先后针对部分党员干部的组织观念薄弱、纪律松弛、以权谋私等问题，整顿党风、政风。1984 年，开展端正党风、严肃党纪教育和否定“文化大革命”的教育。

1985 年，丽水地委建立完善民主生活会制度，对照领导干部廉洁自律有关规定和科级干部十条规定，召开专题民主生活会。1987 年起，地纪委开展对副县级以上领导干部民主考评、机关民主评议党员的试点工作。

1994 年，丽水地委建立党员电化教育日（每月 14 日）。1995 年，地委开展《中国共产党纪律处分条例（试行）》和《中华人民共和国行政监察法》等党纪法规的宣传教育。1997 年，地委开展《中国共产党党员领导干部廉洁从政若干准则（试行）》主题教育活动。1999 年起，地委开展示范教育、警示教育、谈话教育、条规教育。2000 年，丽水市委开展优化经济发展软环境大讨论活动。2001 年，开展领导干部从政道德主题教育和领导干部“三谈两述”②活动，出台《领导干部任前廉政谈话制度》。

2002 年，丽水市委开展“从政十德 ”主题教育活动。2003 年，市委建立市级党风廉政建设宣

① 1964 年年底至 1965 年 1 月，中央政治局召集全国工作会议，在毛泽东的主持下讨论制定了《农村社会主义教育运动中目前提出的一些问题》（即“二十三条”），将“四清”的内容规定为清政治、清经济、清组织、清思想。

② “三谈两述”即廉政责任谈话、任前廉政谈话、信访监督谈话和述职述廉，是为了切实加强对党员领导干部的教育和监督，增强廉洁自律意识，强化“一岗双责”意识，促进党风廉政建设责任制的落实。

传教育工作联席会议制度、纪委常委同下级党政班子主要负责人谈话制度。2004 年，市委开展《党内监督条例》《纪律处分条例（试行）》专题学习教育。2005 年，市委实行领导干部述职述廉制度，编印《党政干部廉洁从政必读》1 万册。2007 年，市委开展领导干部勤政廉政专题教育。2008 年，市委开展“惩防体系建设”主题教育。2010 年，市委制定下发《丽水市领导干部旁听职务犯罪案件庭审暂行规定》。

廉政文化

1995 年，丽水地委开展党风廉政知识竞赛活动。1999 年，地委开展领导干部廉政座右铭征集活动。2004 年，丽水市委下发《关于进一步加强廉政文化建设的实施意见》。2006 年，创建省、市级廉政文化教育基地。2007 年，组织创作和选送反腐倡廉摄影书画作品参加全省大赛，创建全市第二批廉政文化“六进”示范单位 20 家。2008 年，举办“紧电杯”全市首届廉政手工艺品制作大赛。同年，评选市级廉政文化教育基地 4 个，获省级非公企业廉政文化建设示范单位 2 个。

第二节 专项清理

“三礼”清理①

1989 年，丽水地区收缴高进低出商品差额款 21.09 万元，侨券 3580 张，涉及彩电、冰箱等物品 367 件，涉及人数 359 人。2001 年 2 月，丽水市建立廉洁自律“581”专用账户。2001—2010 年，全市党员领导干部主动上交“三礼”折合人民币 670 万元，纪律处分违规收受“三礼”党员干部 205 人。

住房清理

1983 年，丽水地区提出清房工作具体要求。经清理，占住多套公房的退出 618 人（其中县团级干部 24 人），退出超面积 14173.34 平方米，超面积加收房租 916 人（其中县团级干部 8 人），对违章建房的 54 人，分别进行罚款、停建、拆基还田、补办手续、党政纪处分、党内通报批评等处理。1989 年 8 月至 1991 年 8 月，全区查处党政干部违法违章违纪建、购私房 568 人，其中县级干部 24 人。1996—1997 年，全区先后将副科级以上干部及基层站所负责人 6153 人的自查情况公开见报，并公布房改政策。2002 年，丽水市清理县（处）级干部 710 人、科级干部 5571 人的住房问题。至 2003 年年底，全市处理领导干部违规住房 1023 套。

党政机关经济实体清理

1985 年，丽水地区开展党政机关经济实体清理。到 1994 年年底，全区清理 792 家。1998 年，丽水地区开展军警、政法机关不再经商清理工作，待批保留的 16 家全部脱钩。2002 年，丽水市调查核实县（处）级领导干部 664 人的配偶、子女从业情况。2006 年，丽水市开展党政机关和党政机关工作

① “三礼”指：礼金、礼券、礼卡。

人员投资入股、参与集资等营利性活动的专项清理。2007年，丽水市开展水电资源开发利用情况及干部投资小水电情况专项检查。

小汽车清理

1992年7月1日以来，丽水地区对违反规定购置的轿车36辆，按规定作出处理。1997年，对地直机关小汽车实行定编配备。2003年，丽水市规范小汽车配备使用及编制管理。2010年，规范小汽车编制审批程序。

通信工具清理

1997—1998年，丽水地区清理出党政机关、企事业单位公款安装的住宅电话折价处理2971部，清理出用公款购置的移动电话折价处理2302部，收回资金378.75万元。1999年，话费限额报销规定检查执行情况。2001年，丽水市全面清理党政机关工作人员违规公款购置通信工具情况。2008年，清理纠正个人"小灵通"捆绑办公电话115部。

公费出国(境)治理

1992年1月至1993年11月，丽水地区先后制止公费出国(境)旅游5批15人，节省资金23.85万元。1994年，全区收缴1992年7月1日至1993年10月2日期间应由个人自理的"三费"[①]和各种形式的返回款计人民币32.86万元、港币3.28万元。1997年，丽水地区建立因公出国(境)报告制度。2000年，丽水市政府下发《关于坚决制止公款旅游的紧急通知》。2008年，控制处级以上领导干部公款出访。

公款吃喝整治

1989年，丽水地区对公款吃喝进行监督检查。1996年，建立"廉政灶"。2000年，丽水市政府市直单位通报23个的接待费支出情况。2007年，在全市推行公务接待自助餐或快餐制。

办公楼建设、装修整治

1997年5月，丽水地区对修建办公楼进行专项整治。至1999年，全区取消建设、购买办公楼和装修项目77个，节约资金17892.82万元。

"小金库"清理

1990年3月，丽水地区清理"小金库"，全区清查户头5023个，查出"小金库"资金307万元。2008年，丽水市清理单位26个私设"小金库"2152万元。2009年，清理"小金库"违规资金1384.66万元。2010年，开展社会团体、国有及国有控股企业"小金库"专项治理，清理"小金库"7个、违规资金857多万元。

---

① "三费"：制装费、伙食费、零用钱。

第三节　行风建设与信访办理

行风评议

1995—1997 年，丽水地区开展卫生、电力系统、公安、财税、工商、邮电、金融、建设、交通、土管、教育等九大系统行风评议活动。1998 年，开展行风建设“回头看”工作。2002—2004 年，丽水市开展百家企业评议政府职能部门，民主评议旅游行风、公路执法相关部门行风。开展部门乱着装清理整顿活动。2005—2006 年，市委民主评议广播电视系统及供水、燃气、公交等市政公用行业行风。2007 年，市委开展民主评议基层站所活动。同年，首次对市政府直属部门 30 个进行网上民意测评。2008 年，市委开展“三服务一满意”[①]主题活动。2009 年，市委开展群众满意基层站所(办事窗口)创建活动。2010 年，市委开展工商系统民主评议行风活动。

百姓热线

2006 年 5 月，丽水市行风热线——“百姓热线”开通。此后，丽水电视台 930 百姓热线、丽水电台百姓热线、丽水日报百姓热线(效能投诉台)、丽水网“百姓热线”相继开通。2010 年，“百姓热线”工作室成立。

第二章　执纪办案

1949 年 5 月开始，各县纪委监察机关依法依纪查办案件。20 世纪 80 年代，丽水地区纪委监察机关集中打击贪污受贿犯罪分子的斗争，查处党员干部违法违纪案件。20 世纪 90 年代以后，加大力度查办党政领导机关、行政执法机关、司法机关、经济管理部门和县处级领导干部的违法违纪案例。与此同时，深入开展信访举报、案件监督管理和案件审理、申诉复查等与办案有关的各项工作。

第一节　案件查办与审理

案件查办

1950 年 8 月至 1952 年 1 月，丽水地委纪委和各县委纪委围绕土地改革、镇压反革命、抗美援

① “三服务一满意”主题活动：服务发展、服务民生、服务基层、让群众满意。

朝、“三反”、“五反”等中心工作，查处丧失阶级立场、蜕化变质、贪污腐化等违法违纪党员干部107人，其中开除党籍9人。1952年2月至1958年，各县委纪（监）委围绕“整风反右”、社会主义建设总路线、“大跃进”和人民公社等中心工作，查处强迫命令、破坏合作化等党员违纪案件。1979年，地、县委纪委查处违反中共十一届三中全以来的路线、方针和政策，抵制干部政策，对改革者打击报复的案件，对存在贪污盗窃、生活腐化堕落、违反财经制度等问题的党员干部187人给予党政纪处分。1980—1981年，查处利用职权谋私利、违反财经纪律、压制民主、打击报复、生活腐化堕落、道德败坏等案件66件。1982年，地区打击经济领域严重犯罪活动联席会议办公室成立。1985年，建立立案、结案（销案）制度。1989年，全区形成办案情况联系报告制度。1990年，全区重点查处领导干部以权谋私、贪赃枉法问题。1993年，全区查处妨碍、影响改革发展、影响社会稳定的案件。1998年，从丽水市（县级）纪委查处市人大常委刘某某贿选案入手，牵出党政领导干部串案，省、地、市纪检密切配合，查处省管干部3人、地管干部6人，涉案40多人。2000—2010年，丽水市委制定出台《关于在案件查处过程中相互提供案件材料的实施办法（试行）》《案件检查主办责任制》《“两规”“两指”安全防范措施若干规定（试行）》等规章制度。全市先后建立符合省纪委标准的“两规”谈话场所4个。建立纪检监察办案人才库和一支相对稳定的“两规”陪护队伍。开展纪检监察案件信息管理系统建设。继续重点查办“三机关一部门”案件。比较典型的案件有市公安局、遂昌县公安局违规办理出国境证件窝案，市安监系统受贿窝串案，丽水“银泰集团”集资诈骗案，市法院系统受贿串窝案。1993—2010年，全市立案9643件，结案9233件；给予党纪政纪处分9271人；其中县（处）级干部112人，移交司法机关追究刑事责任768人；为国家挽回经济损失人民币15416.66万元、港币6万元。

案件审理

1962年，丽水地区对“反右倾”斗争中错误处理的党员干部进行甄别纠正，恢复名誉。1979年，全区落实党的干部政策，平反冤假错案。全区对“文化大革命”时被审查的干部4032人重新作出结论，纠正错误处理的256人，平反昭雪被迫害致死的干部群众772人。复查历史老案2674件。

1980年，丽水地区完成全区案件106个受审查对象553人的定性处理和复查工作。1981年，全区复查历史老案9件。1982年4月，丽水地委建立“两案”审理办公室，对揭批查林彪、江青反革命集团关联的案件进行复议。1983年，完成“两案”复议工作。1983年12月至1987年，开展对“文化大革命”中“三种人”①的清理，开除党籍和党员除名134人。1986年，全区重点抓案件审理工作条例的贯彻执行试点，开展历史老案的复查和新案件的审理工作。1989年，对各县（市）纪委党纪处分条规执行情况进行检查。1991年，全区开展以会代训及典型案例讨论，整编案审档案，抓案审工作制度的落实。1992年6月，在青田召开案件审理工作现场会。1993年，全区贯彻“事实清楚、证据确凿、定性准确、处理恰当、手续完备”的“二十字”方针，对申诉案件进行复议。1994年，全区建立案件审理工作新的运行机制，完善案件审理工作制度。1995年，注重对基层案件的协助审

① 在党内，“三种人”即追随林彪和江青反革命集团造反起家的人、帮派思想严重的人、打砸抢分子。

理。1996 年，开展地、县（市）两级查办的违纪案件质量检查。1997 年，完善案件移送交接及退回补证程序。1998 年，全区完善与被审查人“谈话”“见面”“处分决定送达”“处分履行情况登记”等若干手续。1999 年，全区开展案件质量自查自纠。

2000 年，丽水市制定《审理案件情况登记》《审理案件集体审议》《处分执行情况反馈》等规章制度 6 个，修订《关于处分违反党纪的党员批准权限的规定》。2001 年，全市开展纪律惩戒有关规定执行情况检查。2002 年，加大案件审核把关力度。2003 年，对全市各县（市、区）纪检监察机关案件审理工作进行目标管理检查考核。2004 年，市委探索案件“公开审理”模式，在缙云县进行试点。2005 年，丽水市召开纪检监察机关案件审理工作座谈会。2006 年，市委制定《丽水市纪检监察机关案件审理工作目标管理实施细则》。2007 年，全市推进“公开审理”“申诉听证”“乡案县审”的审理工作形式。2008 年，坚持“一案三报告”制度。2009 年，丽水市对全市 2004—2008 年以来党纪政纪处分的执行、落实情况开展专项检查。2010 年，对全市纪检监察机关 2007—2009 年以来的自办案件质量、申诉复查工作以及加强和改进新形势下案件审理工作情况进行检查和考核，加强案件监督管理。2010 年，全市对办案点重新进行选址改建。建设纪检监察案件信息管理系统，建立实施重大案件网络通报制度。

信访受理

1982 年，丽水地区建立信访办理制度。1985—1999 年，丽水地区建立信访工作责任制。1990 年，全区建立每月一天的领导接待日制度。1991 年，抓信访制度落实，做好“达标创优”工作。1992 年，全区抓《信访条例》学习，制定 3 年信访达标规划。1993 年，健全信访工作网络。1994 年，全区加强对乡镇部门的信访目标管理。1995 年，对乡镇、企事业单位提出“四有三无一办结”的基本要求。1996 年，地委制定《信访工作操作规定》。1999 年，完善领导干部廉政档案。2000 年，丽水市建立信访联系制度、信访情况专题民主生活会制度。2002 年，出台《署名举报承诺办理制度》。2003 年，丽水市开通网上举报业务。2004 年，市委建立健全初信初访责任制、首问制和责任追究制。2005 年，市委制定《信访工作首问责任制》等制度。2006 年，全市强化信访工作责任制。2007 年，推行基层信访举报办事公开，建立健全案件线索集体排查机制。2008 年，丽水市开通纪检监察系统“12388”全国统一举报电话。2009 年，丽水市建立信访实名举报优先处理反馈制度，在基层推行吸收群众代表、信访协理员参与信访调查等制度，建立案件线索筛选排查机制。2010 年，丽水市全面实行纪检监察信访工作例会制度，制定完善《信访反映通知书制度》《关于干部提拔任用实行党风廉政“一票否决制”规定的实施办法》等制度。

第二节　纠风治乱

教育乱收费治理

1995 年，丽水地区对中小学收费问题开展检查。2002 年，丽水市开展中小学收费群众专项投诉活动。2003年，全市义务教育收费实行“一费制”，执行公办高中招收择校生“三限制度”[①]。2007年，全市取消农村义务教育阶段代收费和服务性收费。2009年，全市清理规范基础教育阶段学校改制问题。全市2010年，纠正个别学校以发放牛奶代替营养餐的行为。

医药购销和医疗服务不正之风治理

1985年，丽水地区开展制售假劣药违法活动专项整顿。1993年，丽水地区查处地区医院“搭车开药”的严重问题。1999年，全区清理整顿药品生产、经营企业，打击制售假劣药品，取缔青田海口药品市场。2001—2003年，丽水市取缔非法药品生产、经营户827个，清理销毁假劣和过期药品总价值649.75万元。2003年，县以上公立医院全部实行药品集中招标采购。2005—2006年，全市治理医疗服务中收受红包、开单提成和医药购销中收受药品回扣等问题，查处案件81件，涉及金额354万元。2008年，全市公立医院23家集中采购药品总金额达5.2亿元。

公路“三乱”[②]治理

1991年，丽水地区集中整顿检查站过多过滥问题。1995年，全区清理撤除工商、财税、农林部门未经批准设立的所有检查站，整顿经省政府批准设立的公安、交通、林业等部门的检查站和收费站。1996年，全区建立健全治理公路“三乱”领导体制和工作机制。1998年，全区全面检查辖区内国道、省道、县(乡)道的木检站、交通收费站和公安交警执勤情况。2000年，全市检查考核丽水市全市公路“三乱”情况。2001年，丽水市通过省政府纠风办公路基本无“三乱”考核验收。2010年，丽水市取消政府还贷二级公路收费站点4个。

农民负担减轻

1993年3月，丽水地区提出减轻农民负担四条具体意见。2003年，丽水市开展涉农价格和收费投诉举报周活动。2004年，全市开展农村电网改造收费专项检查。2007年，全市查处和解决农民土地权益问题。2008年，丽水市执行涉农负担“五项制度”，清退涉农违规收费597.7万元。2009年，全市清理涉农收费项目397个。2010年，全市推行农民负担监督管理年度工作目标考核，实行“一票否决”。

涉企“三乱”[③]治理

1997年，丽水地区取消涉企收费项目196项。1998年，全面实施收费许可证制度、企业缴费登记卡制度，建立企业收费负担监测制度。2000年，丽水市组织开展对涉企部门的民主评议活动。2003年，开展机动车收费和涉企收费专项治理。2008年，组织开展“服务企业百日活动”和“清费减负”工作。2009年，开展“企业服务年”活动。2010年，加强企业负担监测网络建设。

各种会议和达标庆典活动控制

1997年，丽水地区取消各种检查、评比、达标活动56次。2001—2010年，丽水市继续控制各种会议和达标庆典活动，取消达标庆典、表彰活动344个。

---

① 三限制度指：限分数、限人数、限钱数。

② 公路“三乱”指：乱设站卡、乱罚款、乱收费的行为。

③ 涉企“三乱”：指对企业乱收费、乱罚款、乱摊派现象。

第三章　惩治与预防腐败体系建设

20 世纪 80 年代后期开始，各级纪检监察部门建立健全党风廉政建设责任制和党内监督制度。同期，采取民主评议干部、测评党员等形式，发挥社会力量的监督作用。20 世纪 90 年代，地区纪检监察部门开始探索从源头遏制腐败的措施和办法，贯彻执行中央颁布的领导干部个人重大事项报告等制度，制定具体的实施意见和办法，相继建立起党内廉政建设责任制、领导干部任期审计制、诫免谈话、廉政档案等一系列制度。加强对贯彻执行民主集中制的监督检查，并在全区推行政务公开和村务公开工作。2003 年起，地区纪检监察部门按照中共中央“加强教育，发展民主，健全法制，强化监督，创新体制，把反腐败寓于各项重要政策措施之中，从源头上预防和解决问题”的要求，开始构筑与社会主义市场经济体制相适应、与民主法制建设相协调、与丽水经济社会发展相一致的反腐倡廉防范体系。至 2007 年，全市初步形成组织体系、核心内容、构建任务、责任落实、督查考核及构建方式等要素组成的惩治与预防腐败体系基本框架。

第一节　源头治理

党风廉政建设责任制落实

1985 年，丽水地区建立党风责任制。1999 年，下发《关于实行党风廉政建设责任制的实施意见》。2001 年，丽水市制定出台《各县（市、区）和市直单位领导班子、市管领导干部党风廉政建设责任制执行情况的考核和责任追究办法》。2002 年，实施党政“一把手”年度总结报告制度。2003 年，修订《县（市、区）和市直单位党风廉政建设责任制度考核标准》。制定出台新任县（处）级领导干部廉政承诺制度，执行党风廉政“一票否决制”。2005 年，落实党风廉政建设责任制考核。2007 年，建立健全党风廉政建设责任协调机制、党风廉政建设专题分析会制度。

惩治与预防腐败机制

20 世纪 80 年代，各级纪检部门开始采取民主评议干部、测评党员，发挥群众的监督作用。20 世纪 90 年代，以地管领导干部为监督重点，建立定时向上级党委汇报地管领导干部党风廉政建设情况制度。加强对贯彻执行民主集中制蝗监督检查，保证议事、议人、议财等重大问题由集体讨论决定，并在全区推行政务公开和村务公开制度。2003 年，丽水市开始构筑反腐倡廉防范体系建设，制定和建立健全领导干部选拔任用实施办法、政府投资项目代理制、政府采购制度和财政国库管理制度，全面实行工业用地招标、拍卖、挂牌出让及划拨和协议出让土地公示制度。2005年，丽水市委印发《关于落实〈浙江省惩治和预防腐败体系实施意见〉的具体办法》。2008年，制定出台《丽水市建立健全惩治和预防腐败体系2008—2012年实施细则及责任分工》。2009年，印发《丽水市建立健全惩治和预防腐败体系2009—2012年制度建设工作计划分工进度表》。2010年，市委下发《2010年丽水市落实党风廉政建设责任制和惩防体系建设项目化管理责任分工》。

第二节　“四公开”推行

党务公开

2005年，遂昌开展党务公开工作试点。2006年，丽水市全面公开不涉密党务。2008年，制定出台《关于进一步推进党务公开工作的意见(试行)》。2009年，丽水市所有乡镇基层单位全面推行党务公开。2010年，市直部门16个全面推行党务公开。

政务公开

1997年，丽水地区单位689个制定公务接待制度，实行接待地点、接待标准、接待审批程序、接待账目“四公开”。1998年，推行“两公开”的实施方案。2000年，丽水市直单位和各县(市、区)政府部门、乡镇政府全部实行政务公开。2006年，丽水市政府实施“阳光工程”，向群众提供“自助式”政务信息服务。

单位办事公开

1997年，国有企业76个实行业务招待费使用情况向职代会报告制度。2000年，全区公开厂区的国有和集体控股企业178家。2003年，全市实行公用事业单位公开办事制度。2006年，全市全面推行学校、医院以及供水、供电、公交等公用事业单位办事公开。2007年，丽水市被评为全国厂务公开工作先进市。

村务公开

1997年，丽水地区行政村实行村账乡(镇)代管894个，行政村实行民主理财、账目公开2394个。2003年，丽水市推行村级会计电算化管理；乡镇(街道)普遍建立村级会计代理服务中心，实施村级会计委托代理制度。2010年，丽水市达到村务公开民主管理规范化建设标准村3315个，达标率96%。

第三节　操作行为规范

行政审批制度改革

2000年，丽水市本级首批50个部门完成审批制度改革。2001年，全市成立市政府行政审批服务中心。成立县(市、区)行政审批服务中心或办事大厅6个,成立乡镇便民服务窗口188个。2002年,开展第二轮审批制度改革。2004年,深化行政审批制度改革,取消行政许可事项223项。同年,全市建立市、县、乡、村四级全程办事代理网络。2005年,全市开展网上审批平台建设。2006年,丽水市行政审批服务中心新大楼投入使用。加快网上审批系统建设。2008年,全市部署行政审批职能归并工作。2009年,市本级开展行政审批职能归并工作。2010年,全市推进"两集中、两到位"行政审批职能归并改革。

会计核算中心建设

1998年,丽水地区制定出台《丽水地区本级预算外资金管理实施意见》。同年,清理地区本级100多个行政、事业单位的票据和账户。推行会计代理制。1999年,全区取消地区本级行政、事业单位收入过渡户210个。实行"单位开票,银行代收,财政统管"的管理模式,推行执收、执罚与缴款分离。2000年,丽水市全市行政机关、事业单位全面实行"收支两条线"管理。2001年,市、县两级成立会计核算中心,推行会计委派制。2002年,市本级设立预算外资金管理中心,推进部门预算试点工作。2003年,专项检查市直单位收支情况。2009年,市会计核算中心实行"远程报账、集中支付、自主核算"模式管理。

电子监察系统建设

2007年,丽水市开展行政审批电子监察系统建设。2008年,市委制定《丽水市电子监察系统建设实施方案》,成立电子监察系统建设工作领导小组。同年,全市统一网上审批平台建设项目通过立项。2009年,市直部门25个、许可项目334个实行电子实时监察。2010年,市本级网上审批系统及部门审批专网系统与电子监察网连通。

第四节　市场配置资源

招投标统一平台建设

1998年11月,丽水地区首家建设工程交易中心——丽水建设工程交易中心开业运行。1999年,各县(市)都相继建立建设工程交易中心。2001年,丽水市政府制定出台《丽水市建设工程招投标管理办法》。2003年,全市推行建设工程无标底招标、不良行为"黑名单"等制度。2005年,全市建立健全招投标活动监管机制,制定出台《丽水市招标投标监督管理暂行规定》《建设市场不良行为记录和公示暂行办法》制度。2006年,全市加强乡镇招投标分中心建设。2007年,市委制定《关于进一步加强丽水市政府投资建设项目标后管理工作的若干意见》等制度。2008年,全市开展政府投资建设项目标后管理专项执法检查。2009年,市委完善招投标监管制度,制定《关于加强工程建设项目施工招标投标监督管理的规定(试行)》《关于共同做好行贿犯罪查询工作实施办法》制度。2010年,市委开展电子招投标系统建设,完善《丽水市建设工程施工招标评标办法(试行)》。

公共资源市场化配置

2005年，丽水市制定《关于加快推进国有资源配置市场化的意见》。2006年，丽水市举办“浙江·丽水资源配置市场化论坛”。2008年，丽水市9个县(市、区)被整体列为省级林权制度改革示范区，通过公开招标、拍卖、挂牌流转森林资源实际成交金额4096万元，共向3212户林农发放林权抵押贷款1.5亿元。

第五节　民主监督改革

权力制衡

2003年，丽水市开展“一把手”不直接分管财务、工程、物资采购为主要内容的权力制衡工作试点。2005年，市委制定出台《关于进一步开展权力制衡试点工作的意见》。2009年，丽水市全面推行“集体决策，正职监管，副职分管，处室承办，专门监督和群众监督相结合”的权力运作机制。

离任前经济责任和公有财物交接

2003年，丽水市制定出台《丽水市领导干部离任前经济责任和公有财物交接制度》。2004—2010年，党政主要领导979人实行离任前经济责任和公有财物交接。

政府采购中心建设

1998年，丽水地区推行政府采购制。2002年，丽水市政府采购中心建立。2003年，市政府采购中心与建设工程交易中心进行合并。2007年，市政府制定出台《关于政府采购行为规范和责任追究的暂行办法》。

第二十七篇

民主党派与工商联

1. 民革丽水市委员会
2. 民盟丽水市委员会
3. 民建丽水市委员会
4. 民进丽水市委员会
5. 农工党丽水市委员会
6. 九三学社丽水市委员会
7. 丽水市工商业联合会

概　述

1982年，中国民主同盟（简称“民盟”）、中国民主促进会（简称“民进”）、中国农工民主党（简称“农工党”）浙江省委会到丽水地区发展成员。1985年底，丽水有民主党派成员107人。1987年，中国国民党革命委员会（简称“民革”）、中国民主建国会（简称“民建”）、九三学社浙江省委员会到丽水地区发展成员。1988年，丽水（县级）、龙泉、青田、云和、缙云、遂昌、松阳县（市）有民主党派成员443人。建立县（市）委员会3个，县（市）支部委员会6个，有民主党派成员602人。1990年，丽水地区初步建立民主党派合作、协商、监督制度，召开民主协商会、座谈会57次。主要分布在教育、科技、卫生、文化和工商界。2000年5月丽水撤地设市后，各民主党派市委会更名区委会。全市有民主党派6个，分布在莲都区、龙泉市、青田、云和、缙云、遂昌、松阳县。建有县（市、区）委会7个，县总支部3个，县支部2个，成员1046人。2001年，民建丽水市委会、民进丽水市委员会成立。2002年，民盟丽水市委员会、农工丽水市委会成立。2003年，民革丽水市委员会、九三学社丽水市委会成立。2007年，中国致公党浙江省委员会在丽水发展第一个党员，2010年8月，致公党浙江省委员会直属丽水市支部成立，致公党省委员会副主委、丽水市人民政府副市长梁细弟任支部主任，支部委员2人，有党员5人。至2010年底，丽水市有民主党派市级委员会6个，县级委员会7个，县级总支委员会6个，支部委员会69个，民主党派成员1750人，平均年龄48.8岁。民主党派成员中，女性693人，占39.6%；离退休人员480人，占27.4%；高级技术职务576人，占32.9%，中级技术职务887人，占50.7%；大学以上学历1059人，占60.5%；中上层人士1554人，占88.9%。

丽水市工商业组织发展较早。清光绪三十一年（1905），丽水县商会建立。民国时期，龙泉、青田、缙云和景宁等县商会陆续建立。民国18年（1929）8月，国民政府公布《商会法》和《工商同业工会法》，商会受民国县政府的控制和监督。

1949年10月中华人民共和国成立后，丽水工商业联合会筹备委员会接管商会。1955年，缙云县首届工商业者代表大会召开，成立缙云县工商联合会。此后，各县工商业联合会陆续成立。1966—1976年，“文化大革命”期间，各县工商联被迫停止工作。“文化大革命”结束后，各县工商联陆续恢复工作。1997年5月，丽水地区工商业联合会（总商会）成立。2000年7月19日，丽水地区工商业联合会（总商会）更名丽水市工商业联合会（总商会）（简称“丽水市工商联”）。

第一章 民革丽水市委员会

中国国民党革命委员会（简称“民革”）是中国国民党民主派和其他爱国民主人士创建的民主党派，是致力于建设中国特色社会主义和中国统一事业的政党，中国共产党领导的爱国统一战线中的民主党派之一。

1987年3月，民革丽水支部委员会成立。此后，民革丽水支部委员会主动参政议政，参与人大、政协活动，提交人大议案和政协提案，开展科技咨询、扶贫帮困、助学、支教、农民义务治病、捐赠等活动。1989年1月，民革丽水市（县级）委员会成立。2003年12月9—10日，民革丽水市第一次代表大会召开，选举产生民革丽水市第一届委员会。

第一节 活 动

参政议政

至2000年6月，民革丽水市（县级）委员会党员当选丽水市（县级）人大代表9人次，提交人代会议案20多件；获推荐丽水市（县级）政协委员23人次，提交政协全会提案190多件。其中，集体提案《保护母亲河》等被列为重点办理提案，《加强对青少年教育》《发展市名特优农产品的思路和对策》等作大会发言。

至2010年底，民革丽水市委员会党员当选丽水市人大代表3人；区、县人大代表3人，其中常委2人。民革丽水市委员会党员获推荐为浙江省政协委员1人；丽水市政协副主席1人，丽水市政协委员11人，其中常委3人；区、县政协副主席2人，区、县政协委员15人，其中常委6人。民革丽水市委员会党员提交丽水市“两会”议案或提案15件，团体议案或提案60多件，个人议案或提案90多件，被评为优秀议案或提案11件。提交政协全会大会发言提案32篇，其中大会发言8篇被评为优秀大会发言。民革丽水市委员会大会发言《关于丽水城区客运出租车运营和监管问题的调研报告》，获市长批示，由相关部门落实。

至2010年底，民革丽水市委员会编报信息167条。其中被全国政协、民革中央采用31条，被浙江省政协、民革浙江省委会采用58条，被丽水市政协采用92条，丽水市领导批示22条。同年，民革丽水市委员会被评为民革全省信息工作先进集体、全市政协反映社情民意信息工作先进单位。

社会服务

1989年3月，民革丽水市（县级）委员会倡议成立人民教育基金会，向基金会捐款4200多元。民革丽水市（县级）委员会与九三学社丽水市（县级）委员会联办科技咨询服务部。1989—1992年，民革丽水市（县级）委员会与丽水市（县级）劳动局就业处联办待业青年金融财会培训班，培训学员180多人。2005年，民革丽水市委员会党员结对莲都区丽新畲族乡小学贫困生20人，捐助小舟山乡学校2万元，捐助滩坑贫困移民20万元。2006年，“桑美”台风袭击丽水，民革丽水市委员会党员捐助庆元县灾区5万元。2007年，民革丽水市委员会赠送丽新畲族乡小学体育器材一批，联系华侨资助图书价值1万元，捐赠贫困生16人、助学款4000元。2008年1月15日，民革丽水市委员会联系民革浙江省委会省直综合支部，捐助莲都区峰源乡中心小学1万元，赠送衣物若干。民革丽水市委员会向四川汶川大地震灾区捐赠12多万元。2009年，民革丽水市委员会党员向丽水市慈善总会捐赠6万元，帮助市区民工子弟学校7所、贫困学生100人。

1989年4月和1990年10月，民革丽水市（县级）委员会分别组建医疗队，义务诊治农民350人次，开展计划生育服务29人次。其中，民革丽水市（县级）委员会邀请民革省委会医疗队，到丽新畲族乡医疗服务点，提供畲民医疗服务2500人次，发放资料3000多份。1991—1996年春节，民革丽水市（县级）委员会到丽新畲族乡咸宜村开展送温暖活动。1997年9月，民革丽水市（县级）委员会组建医疗队，到雅溪、西溪等农村，开展义务医疗咨询服务，诊治农民200多人次。1998年，民革丽水市（县级）委员会医疗队，深入行政村20个，诊治农民300多人次。2004年，民革丽水市委员会到莲都区双黄乡开展医疗服务。2008年12月19—20日，民革丽水市委员会联系民革浙江省委会，开展医疗义诊和农业科技咨询活动，为莲都区丽新畲族乡和上塘畈村民接诊和科技咨询1100多人次。2009年春节前夕，民革丽水市委员会开展送温暖活动，资助丽新畲族乡咸宜村孤寡老人、残疾人10户。2003年，民革丽水市委员会文教支部主委，赠送贫困乡镇《非典型肺炎自我防范》普及读本2500册。2006年，民革丽水市委员会市直文教支部主委，赠送碧湖镇南山新村书籍，价值6000元。2010年，民革丽水市委员会参与推动中国医学基金会“阳光绿道济困行动”，赠送丽新畲族乡卫生院全数字三维彩超1台。同年，民革丽水市委员会到咸宜村送医、送温暖，资助物品若干。

1995年，民革丽水市委员会党员下乡辅导蔬菜种植16次，受益农民3000多人。1998年，民革丽水市委员会邀请民革省委会领导，到丽水市（县级）峰源乡考察农业生产，引进推广“春薯3号”“大西洋”等马铃薯优良品种4个。2000年，民革丽水市委员会赠送峰源乡农民优良蔬菜品种和科技书籍，培训青年800多人。2004—2010年，民革丽水市委员会连续为民族村创办山村书屋，给农民送去文化科技书籍。

2004年，民革丽水市委员会市直综合支部分别为莲都区双溪镇和后庆社区村民和侨属、台属提供法律咨询服务。2005年，民革丽水市委员会建立莲都区灯塔社区法律咨询服务站，为居民提供法律咨询和法律救助。至2010年，莲都区灯塔社区法律咨询服务站服务居民900多人次，提出法律咨询意见建议1050多条，代写诉讼书120多篇。

2003年，民革丽水市委员会到遂昌县应村乡天师坛村开展扶贫工作，争取民革浙江省委会扶贫资金10万元，筹集村庄道路建设扶助资金近70万元。其中稻田养鱼3万元，项目建设3万元，道路硬化2万元，路灯建设2万元，水渠维修3万元，村活动室维修2万元；帮助低收入农户脱贫2户，危房改造 1.60 万元。2009 年，民革丽水市委员会与民革青田县委筹措资金 74 万多元，帮扶青田县船寮镇外湖村庄道路建设、稻田养鱼水渠、路灯等工程建设。2010 年，民革丽水市委员会筹集资金 20 多万元，帮助遂昌县小金竹村建设农家乐。

祖国统一维护

1997 年，民革丽水市（县级）委员会开展迎香港回归庆祝活动，召开纪念民革成立 50 周年暨民革丽水市（县级）委员会成立 10 周年大会，宣传“一国两制”、和平统一方针。

2004 年，民革丽水市委员会贯彻落实中共中央台办和国务院台办发表“5·17”授权声明，召开座谈会，做好在台亲友宣传工作。2005 年，民革丽水市委员会召开座谈会，学习宣传江泽民总书记“八点主张”和胡锦涛总书记关于新形势下对台工作“四点意见”。民革丽水市委员会学习贯彻落实《中华人民共和国反分裂国家法》，开辟《丽水民革》专栏，登载交流学习心得体会文章。民革丽水市委员会与台北丽水同乡会举办联谊交流活动，相互交流看法，表达反独促统共同心愿。2006 年 11 月 18 日，民革丽水市委员会举办专题讲座，学习总书记胡锦涛在孙中山先生诞辰 140 周年纪念大会上重要讲话精神，领悟孙中山的改革开放思想。2007 年，民革丽水市委员会与丽水市侨台办联合举办祖国统一工作交流会，听取台海形势介绍。2008 年，民革丽水市委员会举行台海形势报告会，祖国统一专委会成员和涉台党员参会。2009 年，《丽水民革》期刊和丽水民革网站开辟祖统联谊栏目，报道祖国统一联谊工作动态。2010 年，民革丽水市委员会召开专题会，学习贯彻胡锦涛总书记在纪念《告台湾同胞书》发表 30 周年座谈会上讲话精神，把握两岸关系和平发展主题。

1987 年起，民革丽水市委员会协助侨联和台联，为寻亲台属牵线搭桥 50 多人次，接待中国台湾地区回大陆探亲人员 90 人次。至 2010 年底，民革丽水市委员会接待访问团和返乡探亲台胞 180 多人次，其中包括返乡探亲丽水籍中国台湾地区同胞 23 人。民革丽水市委员会应邀出席中秋“三胞”茶话会，参与丽水市涉台 6 部门协同工作，加强台胞接待联谊、涉台参政议政、资源共享。2006 年，民革丽水市委员会参加民革浙江省教育访问团和丽水经贸访问团，组织台北丽水、青田、缙云同乡会 40 多人，到中国台湾地区举办祖国统一联谊交流。5 月 10 日，民革丽水市委员会与到访的台北丽水同乡会 6 人举行会谈，增进相互了解，强化祖国和平统一的共识。2007 年 3 月，民革丽水市委员会祖国统一工作委员会与返乡台胞联谊座谈。2008 年，民革浙江省委员会、丽水市委员会联合举办两岸摄影家交流和合作活动，邀请中国台湾地区摄影家 16 人，到丽水采风活动 5 天。2010 年，民革丽水市委员会开展纪念浙江民革成立 60 周年系列活动，提供摄影作品 35 件、书画作品 6 幅、征文6 篇。

第二节　组织机构与代表大会

组织机构

1986 年 12 月，民革浙江省委员会发展丽水党员 2 人。1987 年 3 月 24 日，民革丽水支部委员会成立，有民革党员 13 人。1989 年 1 月，民革丽水市（县级）委员会成立。至 1990 年底，民革丽水市（县级）委员会有支部 4 个、党员 55 人。2000 年 7 月，民革丽水（县级）市委会更名为民革丽水市莲都区委员会，有民革党员 164 人。

1987 年 3 月 23 日，民革青田县支部成立。1988 年 5 月，民革青田县委员会成立，有党员 28 人。1988 年，民革丽水市（县级）委员会创办《丽水民革简讯》。

2003 年 12 月，民革丽水市委员会成立，下辖民革丽水市莲都区委员会、民革青田县委员会和民革丽水市委员会市直丽水师范专科学校、综合、文教、医卫支部 4 个，有党员 180 人。2006 年，民革丽水市委员会机关支部成立。2008 年 12 月，民革丽水市第二次代表大会选举产生新一届领导班子，民革丽水市委员会市直丽水师范专科学校支部更名为丽水学院支部，综合支部分设为综合一支部、综合二支部，新设民革丽水市委员会人民医院支部，有党员 228 人。

2010 年底，民革丽水市委员会下辖区、县委员会 2 个，市直支部 7 个，有党员 264 人，平均年龄 49 岁，其中女性 101 人，占 38.3%；离退休人员 62 人，占 23.5%；具有大学以上学历 145 人，占54.9%；具有高级技术职称 33 人，占 12.5%；中级技术职称 99 人，占 37.5%。高等教育界 20 人，占 7.6%；普通教育界 46 人，占 17.4%；科学技术界 1 人，占 0.4%；医药卫生界 35 人，占 13.3%；文化艺术界 2 人，占 0.8%；新闻出版界 2 人，占 0.8%；公有制经济部门 46 人，占 17.4%；新的社会阶层人士 9 人，占 3.4%；司法机关 4 人，占 1.5%；政府机关 74 人，占 28%；党派机关 8 人，占 3%；团体及其他 1 人，占 0.4%。

2003—2010 年，民革丽水市委员会先后建立《民革丽水市委员会议事规则》《民革丽水市委员会主委办公会议制度》《民革丽水市委员会理论学习中心组制度》等制度，领导分工联系区、县委员会和市直支部，加强与党员所在单位联系。

2004 年，民革丽水市委员会创办《丽水民革》期刊。2009 年，丽水民革网站创建。

2004 年，民革青田县委会直属支部被评为民革全国先进基层支部。2006 年，民革青田县委员会被评为民革全国参政议政工作先进集体。2008 年，民革丽水市莲都区委员会第二支部被评为民革浙江省基层支部组织生活创意比赛支部创意奖一等奖。2010 年，民革丽水市委员会被评为民革全国学习践行社会主义核心价值体系先进组织，民革丽水市委员会市直综合一支部、青田县城中支部，被评为民革浙江省学习践行社会主义核心价值体系先进组织。

代表大会

2003 年 12 月 9—10 日，民革丽水市第一次代表大会召开，听取民革丽水市委员会筹备小组组长叶赞平所作《继往开来，团结奋进努力开创新世纪丽水民革工作新局面》的筹备工作报告，选举产生民革丽水市第一届委员会，叶赞平为主委，副主委 2 人，委员 6 人。出席代表 46 人。2005 年 4 月，民革丽水市委员会增补副主委 1 人。

2008 年 12 月 26—27 日，民革丽水市第二次代表大会召开，听取并审议通过民革市委会主委叶赞平所作《务实创新促发展，建言献策谋和谐，为丽水市生态文明和全面小康社会建设作出新贡献》的工作报告，选举产生民革丽水市第二届委员会，叶赞平为主委，副主委 3 人，委员 7 人。出席代表 57 人。

第二章　民盟丽水市委员会

中国民主同盟（简称“民盟”）是中国共产党领导的爱国统一战线组成部分，是同中国共产党通力合作的中国特色社会主义事业参政党。民盟主要由文化教育和科学技术单位的高、中级知识分子组成。

1984年，民盟浙江省委员会在丽水发展盟员。1986年7月，民盟丽水市（县级）第一届委员会成立。下属丽水师专、丽水林校、丽水中学、中学、中专、科技、教师进修支部和碧湖、松阳小组。2002年7月，民盟丽水市第一届委员会成立，积极参政议政，发挥团体优势，开展科技咨询服务，举办高考自学辅导班，举办中老年常见病防治、中老年自我保健等专题讲座。至2010年底，民盟丽水市委员会盟员受到国家、浙江省、丽水市或单位表彰和奖励160人次。

第一节　活　　动

参政议政

1995年3月，民盟丽水市（县级）委员会参加丽水市（县级）政府工作会议，提出精神文明建设等8条建议，获丽水市政府采纳。2000年6月，民盟丽水市（县级）委员会盟员当选浙江省人大代表1人，丽水市（县级）人大代表1人；获推荐丽水市（县级）政协九届委员会委员14人，其中常委3人，副主席1人。民盟丽水市（县级）委员会提交“两会”议案或提案200多件。其中，《关于加强丽水社会力量办学的建议》《关于要求尽快搬迁仓前菜场的建议》《关于加强民办学校发展规划的建议》3条议案或提案，被列为重点办理议案或提案。同年，民盟丽水市（县级）委员会开展调研活动30多次，撰写调研报告15篇。

至2010年，民盟丽水市委员会盟员当选浙江省人大代表1人；丽水市人大代表8人，其中市人大常委会副主任1人；县（区）人大代表4人，其中县（区）人大常委会副主任1人。民盟丽水市委员会盟员获推荐为浙江省政协委员2人；丽水市政协委员19人，其中常委6人；县（区）政协委员42人，其中县（区）政协副主席3人，常委13人。2000—2010年，民盟丽水市委员会提交浙江省人代会议案9件，浙江省政协全会提案69件；提交丽水市政协全会大会发言53篇，集体提案111件，个人提案300多件，其中被评为优秀提案32件。至2010年底，民盟丽水市委员会提交调研报告165篇，其中获市领导批示10篇，在《联谊报》等发表120多篇。同年，民盟丽水市委员会被采用社情民意

199 件，其中民盟中央委员会采用 14 件，浙江省政协采用 8 件，民盟浙江省委采用 95 件，丽水市政协采用 82 件。

社会服务

1983—1989 年，民盟丽水市（县级）委员会协同举办高考自学辅导班 23 个，辅导学员 1635 人，其中被高校录用学生 330 多人。同期举办外语培训班、科技英语班、职工中专班及文化补习班 22 个，参加学员 1400 多人次。1987 年，民盟松阳县支部编写爱国主义教育材料，加强青少年热爱祖国、热爱故乡教育。1991 年，民盟丽水市（县级）委员会创办府前初级中学，学校创办初期教学班 4 个、学生 200 多人。1995 年，府前初级中学教学班增加到 7 个、学生 360 人。1999 年，府前初级中学更名瓯江中学。2002 年，民盟丽水市委员会盟员，捐赠莲都区黄村乡和庆元县张村乡两位贫困大学生各 3000 元。2004 年，民盟丽水市委员会争取宁波育才教育集团董事长沈宏邦支持，获捐助 172 万多元，创办龙泉一中民盟育才班，共 3 届、6 个班，并设立奖教奖学基金，奖励优秀教师与优秀学生奖金 15 万元/年。2005 年，民盟丽水市委会和民盟丽水市委员会龙泉总支部捐款 8000 元，资助龙泉市竹垟畲族乡贫困大学新生 9 人，中小学贫困生 24 人。争取到民盟绍兴市委员会捐款 10 多万元，建成竹垟畲族乡中心学校电脑教室 1 个。2006 年 4 月，民盟丽水市委员会市直城建支部捐赠竹垟小学电脑、彩电、图书等物品，价值 1 万多元；丽水学院总支部捐赠图书等物品，价值 6500 元。2007 年 6 月，争取到民盟宁波市委员会捐赠 20 多万元，购买竹垟畲族乡小学电脑、钢琴、语言学习机、电视机等物品。2004—2010 年，民盟丽水市委员会筹集资金 136 万元。2010 年，民盟丽水市委员会发动盟员捐资 8.80 万多元，资助贫困大学生 17 人、中小学生 50 人。争取省内地市民盟组织捐赠 7.70 万元，资助贫困学生 32 人。

1984—1988 年，民盟丽水市（县级）委员会建成处州科技咨询服务部，开展园林、电子、化工、机械、翻译、工艺美术、白蚁防治等咨询服务。1993 年，民盟丽水市（县级）委员会开办中西医结合医疗咨询服务部、科技信息义务咨询服务部，无偿服务乡镇企业和群众。1995 年，民盟丽水市（县级）委员会帮助青田精密阀门厂，通过焊接工艺与操作技术地级认证验收，获取证书。帮助完成“不留残液液化石油气瓶阀活头”研究课题，获国家实用新型专利权，使灯塔养鸡场顺利转产。1998 年，民盟丽水市委员会医疗门诊部联合永康奇力保健品有限公司，在丽水剧院联合举办糖尿病医疗知识讲座，邀请浙江医科大学教授顾维正主讲，参加咨询就诊群众 700 多人。1999 年，碧湖中学支部帮助成立碧湖郑榴娟敬老活动中心、郑榴娟爱心基金会。2004 年 12 月 9 日，民盟丽水市委员会配合民盟浙江省委会，到龙泉市竹垟畲族乡开展义诊，就诊群众 300 多人。2006 年，民盟丽水市委员会到莲都区郑地乡、缙云县新建镇等地，开展义诊和农业技术咨询活动，帮助群众 260 多人次，其中种植大户技术辅导课 3 场，无偿提供药品价值 1000 多元，无偿提供玉米、蔬菜等农作物优良种子价值 3000 多元。2010 年初，民盟丽水市委员会参加新春送温暖社会服务团，到景宁畲族自治县开展义诊，接待和诊治群众 400 多人，免费赠送药品 5000 多元。同时，开展法律咨询、书写春联、农技咨询等服务，赠送年画 100 多份、春联 350 多对，受益群众 1500 多人次。2004—2010 年，民盟丽水市委员会争取到民盟浙江省委员会资金 46 万元，与竹垟乡红坞村结对帮扶，修建民盟求是路，培育茶叶和笋竹两用林产业，创办茶叶专业合作社。2008—2010 年，民盟丽水市委员会与竹垟乡后排岭村结对，筹集资金 8.70 万元，安装自来水及开通笋竹两用林机耕路 3.50 千米，实现农户增收近 3000 元/户。

其他

1988 年，民盟丽水市（县级）委员会创办《丽水盟讯》。2002 年，《丽水盟讯》改版为《丽水民盟》季刊。2004 年，民盟丽水市委员会创建《丽水民盟》网站。2005 年和 2009 年，民盟丽水市委员会分别被民盟中央授予中国民主同盟盟务工作先进集体。

至 2010 年底，民盟丽水市委员会盟员获国家、省、市或单位表彰和奖励 160 人次。刘国安、汤家友被评为全国先进盟员，骆雨文获全国防汛抗旱先进个人，龙泉盟员梅红玲获全国乡村青年民间工艺能手，松阳盟员李丹被聘为中国语文现代化学会吟诵分会专家，职业技术学院支部盟员李江波、叶桦，分别获全国电子专业人才设计与技能大赛优秀指导教师。

第二节　组织机构与代表大会

组织机构

1951 年，丽水民盟盟员 1 人，从温州地区调入丽水初级师范学校。先后调入丽水县盟员 3 人，归民盟浙江省委员会领导。1984 年，民盟浙江省委员会在丽水发展盟员。1985 年 2 月 12 日，民盟丽水县筹备委员会成立，有盟员 37 人，分设支部（筹）5 个和活动小组 2 个。1986 年 7 月，民盟丽水市（县级）第一届委员会成立，选举主委 1 人，副主委 3 人。下属丽水师专、丽水林校、丽水中学、中学、中专、科技、教师进修支部和碧湖、松阳小组。1988 年，项剑萍被选为民盟六届中央委员会候补委员。1955 年，松阳有民盟盟员 1 人。至 1966 年，松阳有盟员 2 人。1984 年，民盟松阳县小组成立，有盟员 5 人，隶属民盟金华市委员会。1986 年 7 月，民盟松阳县小组改属民盟丽水市委员会。1987 年，民盟松阳县支部委员会成立，有盟员 11 人。1989 年 12 月，民盟松阳县支部委员会改为民盟浙江省委会直属支部。1992 年，民盟松阳县支部委员会委员 5 人，盟员 30 人，小组 4 个。1987 年，民盟浙江省委员会开始在龙泉发展盟员，11 月，民盟龙泉县小组成立。1988 年 10 月，民盟龙泉县小组扩建为民盟龙泉县支部委员会，有盟员 17 人，其中浙江省人大代表 1 人，省政协委员 1 人；当选为县人大常委会副主任、委员各 1 人；获推荐为县政协委员 11 人，其中当选为县政协副主席 1 人、常委 3 人。1990 年 3 月，民盟丽水市（县级）第二届委员会选举产生领导班子，主委 1 人，副主委 2 人，委员 5 人。同年，民盟丽水市（县级）委员会盟员 102 人，设基层支部 8 个。1993 年 2 月，民盟丽水市（县级）第三届委员会选举产生领导班子，主委 1 人，副主委 2 人，委员 5 人。1997 年 3 月，民盟丽水市（县级）第四届委员会选举产生领导班子，主委 1 人，副主委 2 人，委员 6 人。同年，民盟丽水市（县级）委员会有盟员 123 人，设基层支部 10 个。2000 年 7 月，民盟丽水市（县级）委员会更名民盟丽水市莲都区委员会。

2002 年 7 月，民盟丽水市第一届委员会成立，下辖莲都区委员会，县（市）总支委员会 3 个[①]和市

① 龙泉市总支委员会、云和县总支委员会、松阳县总支委员会。

直基层支部 8 个[①]，有盟员 326 人。2007 年 7 月，民盟丽水市第二届委员会选举产生领导班子。同年，民盟丽水市委员会丽水学院支部委员会升为总支部委员会，有盟员 408 人。民盟丽水市委员会主任委员刘国安出席民盟第十届第一次全国代表大会，当选为民盟十届中央委员。

2010 年底，民盟丽水市委员会有盟员 474 人，其中女盟员 167 人，占 35.20%；离退休盟员 127 人，占 26.80%；大学以上文化程度 330 人，占 69.60%；高级职称 201 人，占 42.40%；中级职称 236 人，占 49.80%；平均年龄 51.10 岁。高等教育 73 人，普通教育 148 人，占 46.60%；科学技术 48 人，占 10.10%；医药卫生 72 人，占 15.20%；文化艺术 15 人，占 3.20%；公有制经济 11 人，新的社会阶层人士 32 人，占 9.10%；司法机关 3 人，政府机关 58 人，党派机关 5 人，人大政协机关 4 人，团体 4 人，占 15.50%。同年，民盟丽水市委员会新设市直金融、丽水二中支部。

2003 年，民盟丽水市委员会制定《民盟丽水市委会先进盟组织和先进盟员评选办法》。2005 年，民盟丽水市委员会开展活力支部创建活动。民盟丽水市委员会定期召开民盟主委会和市委员会。先后建立健全《市委委员联系支部制度》《新盟员发展票决制度》《先进盟组织和先进盟员评选办法》《调研课题选题论证机制》《参政议政研讨互动机制》等制度。

代表大会

2002 年 7 月，民盟丽水市第一次代表大会召开，听取民盟丽水市委员会筹备工作报告，选举产生民盟第一届丽水市委员会，刘国安为主委。出席代表 50 人。

2007 年 7 月，民盟丽水市第二次代表大会召开，听取刘国安作《务实求发展，创新出特色，努力开创基层盟务工作新局面》工作报告，选举产生民盟丽水市第二届委员会，刘国安为主委。出席代表 81 人。

第三章　民建丽水市委员会

中国民主建国会（简称“民建”）是中国共产党领导的多党合作和政治协商制度中的参政党，主要由经济界人士组成。

1987 年 4 月，民建浙江省委员会在丽水发展会员。同年 7 月，民建丽水市（县级）支部委员会成立。1989 年 1 月，民建丽水市（县级）委员会筹备组成立。3 月，民建丽水市（县级）委员会成立。2000 年 7 月，民建丽水市（县级）委员会更名民建莲都区委员会。2001 年 10 月，成立民建丽水市委员会筹备小组。11 月，民建丽水市第一届委员会成立，下辖支部 8 个，有会员 111 人。至 2010 年底，民建丽水市委员会捐助扶贫助学款物 530 多万元。

① 丽水学院支部、丽水职业技术学院支部、丽水中学支部、丽水职业高中支部、经济科技支部、城建支部、医卫支部、文化支部。

第一节 活 动

参政议政

1995年，民建丽水市（县级）委员会建议《及早筹建蔬菜批发交易市场》被列为丽水市（县级）政府1996年10件实事之一。2000年7月，民建丽水市（县级）委员会会员当选为丽水市人大常委会委员1人；推荐丽水市政协委员9人，其中当选副主席、常委各1人，浙江省政协委员1人。民建丽水市（县级）委员会参加咨询协商34次，参加会员136人次；撰写调查报告31份，专题论文4篇，其中被丽水市政协评为优秀课题6个，提出意见和建议130条，被政府采纳占55%。《粮田占用必须制止，村镇建设规划有待复议》《振兴丽水山区经济若干政策建议》《振兴丽水山区经济，加快脱贫致富步伐》提案在浙江省政协全会上被确定专题交流提案。民建丽水市委员会提交丽水市"两会"议案或提案250多件。

至2010年底，民建丽水市委员会会员获推荐为浙江省政协委员2人；丽水市政协委员13人，其中当选副主席1人，常委5人；莲都区政协委员15人，其中当选副主席1人，常委2人。民建丽水市委员会提交市"两会"集体议案或提案140多件，个人议案或提案180多件，被列为重点议案或提案20件，大会发言材料31篇，其中9篇被评为优秀大会发言。

至2010年底，《丽水民建调研》报送专题调研报告《关于城区部分企业存在的问题及对策建议》《对欠发达地区乡村公路修建养护管理工作的建议报告》《关于推进丽水发展新跨越的几点建议》等20多篇，被丽水市委、市政府采纳吸收。其中，《关于丽水信息服务BPO产业发展问题的调查和对策建议》和《流动人口在丽水落户问题的调查与建议》，分别被评为2010年度丽水市党政系统优秀调研成果二等奖和三等奖。民建丽水市委员会副主委封兵林出资6.80万元，协助完成《丽水市农民工状况的系列调查》综合报告、子报告8个以及农民工工作先进典型的课题报告专辑，出刊印刷400册。

民建丽水市委员会专刊《社情快递》发刊120期，被全国政协、民建中央采用8篇，被民建浙江省委员会采用40多篇，获浙江省、丽水市领导批示40多篇，被丽水市政协采用17篇。其中《社会福利企业应交由残联管理》获浙江省副省长陈加元批示，《推行新型农村合作医疗亟待重视的五个问题》获浙江省委副书记、省长吕祖善批示。2002—2007年，民建丽水市委员会连续6年获民建全省信息工作三等奖。2006—2007年，民建丽水市委员会被民建浙江省委会评为新闻宣传先进集体二等奖、《浙江民建》会刊先进集体二等奖、浙江民建网站先进集体二等奖。

社会服务

1987年，民建丽水市（县级）委员会联合建立经济咨询服务部，协助举办互助合作基金活动和烹调技术培训班。1989年，民建丽水市（县级）委员会与丽新畲族乡上塘畈村建立结对联系点，发展水果生产基地，兴修水利工程。1990年，民建丽水市（县级）委员会会员实地考察"菜蓝子"工程。1991年，民建丽水市（县级）委员会在丽新、湾岙、碧湖等地建立联系点6个，为当地办实事。1994年下半年，民建丽水市（县级）委员会参与丽水市政府"菜蓝子"工程建设，促成丽水市（县级）大型菜市场落地，占地16000平方米。同年，民建丽水市（县级）委员会被评为“浙江省民主党派工商联为经济建设服务先进集体”。1995年，民建丽水市（县级）委员会开展纪念中国民主建国会成立五十周年咨询服务活动。1998年，民建丽水市（县级）委员会组织全体会员，向长江沿线特大洪灾灾区捐款捐物。

2001年，民建丽水市莲都区委员会医药支部开展社会保健咨询活动，接待群众300多人。2002年，民建丽水市委员会捐赠27.80万元，安排下岗职工就业245人，开展义务咨询10多次。2003年，民建丽水市委员会通过民建宁波市委员会争取到资金20万元，建设莲都区巨溪乡中心小学教学楼1栋。民建丽水市委员会引进民建嘉兴海宁支部赞助费1.50万元，帮助乡镇发展有线电视网络，安装有线电视网络150户。2003年，民建丽水市委员会捐助市老年体协、白云小区和万丰小区高考上线贫困生，物资价值4万多元。2005年，民建丽水市委员会通过民建宁波市委员会争取到资金30万元，援建松阳县叶村乡小学教学楼1栋。2006年，民建丽水市委员会举办“民建献爱心，真诚助贫困”文艺晚会，资助后庆社区困难学生7人（500元/人），残疾人3人（轮椅1辆/人）。民建丽水市委员会与农工党丽水市委员会联合送医到松阳县望松乡石门村，诊治群众138人次。2007—2008年，民建丽水市委员会会员出资2万元，分别援建景宁畲族自治县鸬鹚乡山下村、莲都区黄村乡黄村村老人协会活动中心。2007年，民建丽水市委员会捐赠20多万元，用于云和县云坛乡下山脱贫农民新村小区道路和绿化建设工程。2008年，民建丽水市委员会向汶川灾区捐款58.80万元。2009年，民建丽水市委员会筹资13.05万元，支持景宁畲族自治县家地乡生产发展。2010年，民建丽水市委员会筹资2万元，协助修建莲都区紫金街道余庄村康庄公路。民建丽水市委员会通过民建宁波市委员会争取到资金20万元，帮助莲都区老竹畲族镇章记村建设水泥路和后坑村老年活动中心。2006—2010年，民建丽水市委员会直属9个支部捐资79万多元。

第二节　组织机构与代表大会

组织机构

1987年4月，民建浙江省委员会在丽水发展会员。同年7月，民建丽水市（县级）支部委员会成立，选举主任委员1人。1989年1月，民建丽水市（县级）委员会筹备组成立。3月，民建丽水市（县级）委员会成立，选举主任委员1人。至1990年底，民建丽水市（县级）委员会有成员62人，支部6个。至2000年，民建丽水市（县级）委员会有会员100人，支部6个。2000年7月，民建丽水市（县级）委员会更名民建莲都区委员会。

2001年10月，民建丽水市委会筹备小组成立。11月，民建丽水市第一届委员会成立，选举齐育华为主任委员，下辖支部8个，有会员111人。2004年10月，民建丽水市第一届委员会届中增补委员3人。2006年9月，民建丽水市第一届委员会届中增补副主委1人。2006年11月，民建丽水市第二届委员会选举齐育华为主任委员，下辖支部5个，有会员157人。2009年3月，民建丽水市第二届委员会届中增补副主委1人。至2010年底，民建丽水市委员会下辖莲都区委员会和市直商贸、财税、工业交通、文教、金融、综合、建设环保、医药卫生、财会支部9个，会员217人，平均年龄48岁，其中女性 78 人，占 35.90%；离退休人员 45 人，占 20.70%；高级技术职称 28 人，占 12.90%；中级技术职称 130 人，占 59.90%。民建丽水市委会机关下设办公室，有专职干部 3 人。民建丽水市第二届委员会建有企业、调研、妇女、老龄工作委员会和法律服务中心。民建丽水市委会机关刊物为《丽水民建》，信息专刊为《社情快递》，调研刊物为《丽水民建调研》。民建丽水市委会制定《议事规则》《财务管理制度》《调研和信息工作考核制度》等制度近 20 个。

代表大会

2001 年 11 月 26—28 日，民建丽水市第一次代表大会召开，听取民建丽水市委会筹备小组工作情况报告，选举产生民建丽水市第一届委员会。齐育华当选主任委员。出席大会代表 44 人。

2006 年 11 月 26—28 日，民建丽水市第二次代表大会召开，民建丽水市委会主任委员齐育华代表民建丽水市第一届委员会，作题为《夯实基础，发挥优势，开拓创新，努力建设适应新世纪要求的参政党》的工作报告，选举产生民建丽水市第二届委员会，齐育华当选主任委员。出席大会代表 72 人。

第四章　民进丽水市委员会

中国民主促进会是中国共产党领导的多党合作和政治协商制度中的参政党，主要由从事教育文化出版工作的高中级知识分子组成。

1985 年 3 月，民进丽水县支部委员会成立。1986 年 3 月，丽水撤县建市，民进丽水县支部更名民进丽水市(县级)支部。11 月，民进丽水市(县级)第一届委员会成立。2000 年 5 月丽水撤地设市建区。2000 年 7 月，民进丽水市(县级)委员会更名民进丽水市莲都区委员会。2001 年 10 月，民进丽水市委员会筹备领导小组成立。11 月，民进丽水市第一届委员会成立，下辖丽水市莲都区委员会、缙云县总支部、遂昌县总支部以及市直综合、丽水学院、教育、丽水中学、中心医院、医卫、科技支部。2006 年和 2008 年，民进丽水市委员会被民进浙江省委员会评为民进浙江省参政议政工作先进单位。2010 年底，民进丽水市委员会辖区委会 1 个，县总支部委员会 2 个，市直支部 8 个，基层支部 19 个，会员 407 人。设有老龄、妇女工作委员会和统战理论研究小组。

第一节　活　动

参政议政

至 2000 年 7 月，民进丽水市莲都区委员会会员当选为全国人大代表 1 人，担任浙江省政协委员 2 人；当选丽水县（市）九、十届人大代表 4 人次，担任丽水市政协八、九届委员 27 人次。同年，民进丽水市（县级）委员会开展专题调研 39 次，撰写调研报告 7 篇，提交意见和建议 116 件，被有关部门采纳 50%以上。民进丽水市（县级）委员会提交“两会”提交议案或提案 240 多件，其中《关于私立学校存在的问题及整改措施》《重视对下岗职工再就业工作》《关于风景旅游资源的合理保护和开发》被列为重点提案。

至 2010 年底，民进丽水市委员会会员担任浙江省政协常委 1 人，委员 1 人；丽水市人大代表 6 人；丽水市政协委员 14 人，其中丽水市政协副主席 1 人，政协常委 6 人；县（区）人大代表 1 人，其中人大常委会副主任 1 人，人大常委会常委 1 人；县政协委员 31 人，其中县政协副主席 2 人，政协常委 5 人。民进丽水市委员会提交丽水市政协会议发言材料 41 篇，其中被评为优秀大会发言材料 10 篇；提交集体议案或提案 108 件，其中被确定为主席重点督办议案或提案 7 件，被评为优秀议案或提案 19 件。2007 年，民进丽水市委员会建立课题申报制度，收到各课题组申报课题 48 个，立项 37 个，完成调研报告 31 个，其中被民进浙江省委员会立项 10 个，被丽水市委、市政府确定为重点调研课题 4 个，调研成果均被民进浙江省委员会采用。《建议完善城乡教师资源配置机制，促进城乡教育均衡发展》被浙江省政协确定为重点提案，被评为民进浙江省委员会调研成果类一等奖。2006 年和 2008 年，民进丽水市委员会被民进浙江省委员会评为参政议政工作先进单位。民进丽水市委员会报送社情民意信息 200 多条，其中全国政协综合采用 6 条，民进中央委员会采用 10 条，民进浙江省委员会采用 61 条，丽水市政协采用 59 条，浙江省委、省政府领导批示 7 条，丽水市委、市政府领导批示 15 条。民进丽水市委员会多次分别被民进浙江省委员会、丽水市政协评为反映社情民意信息工作先进单位。

社会服务

1985 年 5 月和 12 月，民进丽水市（县级）委员会到紧水滩电站工地和景宁畲族自治县开展医药卫生咨询服务 2 次，诊治病人 660 人次。9 月起，民进丽水市（县级）委员会承担丽水地区粮食干校职工中专班语文、物理、英语科教学任务 1 年，承担浙江省广播电视大学丽水分校图书馆专业班、企业管理班全部课程 6 年。1985—1987 年，民进丽水市（县级）委员会承办浙江省少数民族幼儿教师培训班 4 期，培养幼儿教师 40 多人。1987 年，民进丽水市（县级）委员会在松阳县古市镇、丽水市（县级）老竹畲族镇、丽水中学、丽水第二中学、丽水农业学校和企业，举办医务知识专题讲座 15 次，服务群众 3480 多人次。1987 年 8 月至 1990 年底，民进丽水市（县级）委员会创办民进幼儿园 1 所。1988 年，民进缙云县支部组织医疗队到农村、工矿企业巡回医疗，举办科技文化讲座、培训班、补习班等。1989 年，民进丽水市（县级）委员会与丽东村结成联谊关系，提供工业、农业、医卫方面的科技咨询服务。1995 年 4 月，民进丽水市（县级）委员会组织浙江林校果树专家帮助农民解决柿树落果问题。6 月，民进丽水市（县级）委员会举办南方苹果种植技术培训班 1 期，学员 10 人。捐赠丽水太平乡学校图书 1766 册。地质第七大队民进会员到水阁镇确定井位，解决当地群众吃水问题。同年举办医药卫生、地质勘探、果树栽培咨询活动 4 次，咨询 200 多人次。1997 年 5 月，民进丽水地区教体委直联支部会员 15 人到地区聋哑学校开展教研活动。6 月，医卫、农林支部会员 19 人到青田县东源镇平溪村开展义诊、科技扶贫。1998 年 10 月，丽水地区医院、地区农科所、浙江林校支部会员 14 人到丽水联合乡大坑村开展科技扶贫，医务界会员参与义诊服务 80 多人次，农、林界会员作农业技术辅导。直属支部捐资4000多元修复丽水黄村乡岭根行政村毁坏的供水设备。1999年，民进丽水市(县级)委员会创办丽水地区丽杭中学。8月底，丽水地区丽杭中学招收高中一年级学生86人。

2001年，民进丽水市委员会配合民进浙江省委会教工委“开明讲堂”到遂昌讲学，联合缙云县红十字会开展献爱心送温暖爱心助学活动。丽水中学支部连续举办民进暑期文化补习班。2002年，民进丽水市委员会组织医卫界会员到景宁、遂昌县开展义诊。发动市直会员帮困助学捐款1万多元。2003年8月，民进丽水市委员会到遂昌县送医送药，会诊病人180多人次，进行手术10例。2004年，民进丽水市委员会医疗卫生专家会员40多人次到边远山区和革命老区义诊。民进丽水市委员会资助贫困生10多人，捐资近4万元，教师会员下乡支教30多人次，义务书写对联2000多幅。各类下乡服务150多人次，发放技术资料200多份，为农民提供毛豆、佛手瓜、苦瓜、豇豆新品种10多种。建立莲都区大港头镇小井村番茄新品种推广示范基地，面积3.20公顷。

2005—2008年，民进丽水市委员会、杭州市朝晖七区小学与莲都区老竹民族小学扶贫助学结对，资助贫困生多人，捐赠教学设备和图书价值2万多元。2006年，民进丽水市委员会开展结对助学，资助贫困生9人，捐赠助学金1.50万元。科技支部到莲都区、缙云县农村发放资料、举办讲座、结对帮扶10多次，发放资料5000多份，举办讲座5次，赠送苗木1000多株。2007年春节前夕，民进丽水市委员会到缙云县新建镇和莲都区洪渡村，开展义诊送药、农技咨询、法律咨询服务，诊治病人600多人次，送出常用药品价值4000多元、年画2500多份，书写春联1000多对，发放资料1000多份，为60岁以上老人免费照相200多人。4月，民进丽水市委员会联合民进浙江省委员会及浙江民进企业家联谊会，捐赠莲都区老竹民族小学教学设备价值5万元。7月，民进丽水市委员会配合民进浙江省委员会到遂昌革命老区开展“送医老区行”医疗服务活动，纪念中共遂昌县委成立80周年。医疗专家参与义诊20多位，诊治病人700多人次，手术治疗7例。2008年，民进丽水市委员会捐款四川汶川抗震救灾10万多元，医卫界会员参与震区在丽水伤病员救护。民进丽水市委员会开展“山海协作”工程结对活动，结对景宁畲族自治县大张坑村和缙云县西岙村，争取项目资金30万元。2009年，民进丽水市委员会在缙云县西岙村建设油茶基地，扶持优质甘蔗和青豆试种项目。2010年，民进丽水市委员会邀请江苏雨润集团负责人到丽(水)景(宁)民族工业园实地考察和洽谈，达成投资意向。农业科技会员到农村开展农业技术咨询服务30多次，发放资料数万份，辅导培训农民2000多人次。

第二节　组织机构与代表大会

组织机构

1982年9月，民进浙江省委员会发展丽水师范专科学校中文系主任、浙江省政协委员朱延春为会员。至1984年，丽水发展民进会员10人。1985年3月，民进丽水县支部委员会成立，选举支部主任1人，副主任2人，有会员12人。1986年3月，丽水撤县建市，民进丽水县支部更名民进丽水市(县级)支部。11月，民进丽水市(县级)第一届委员会成立，选举主任委员1人，副主任委员2人，有会员48人，支部12个。1989年12月，民进丽水市（县级）第二届委员大会召开，选举主任委员1人，副主任委员1人，名誉主任委员1人。1992年12月，民进丽水市（县级）第三届委员大会召开，选举主任委员1人，副主任委员2人。1997年1月，民进丽水市（县级）第四届委员大会召开，选举主任委员1人，副主任委员3人。2000年7月，民进丽水市（县级）委员会更名民进莲都区委会。

1987年4月起，受民进浙江省委员会委托，民进丽水市（县级）委员会在遂昌、缙云两县发展会员，并代管遂昌县筹备小组、缙云县支部。1988年12月，民进缙云县支部成立，选举产生第一届支委会，有会员15人。1990年12月和1992年12月，民进缙云县支部召开会议，选举产生第二、第三届支委会。1991年6月，民进遂昌县支部成立，直属民进省委会管理。

2001年10月，民进丽水市委员会筹备领导小组成立。11月，民进丽水市第一届委员会成立，庄志清为主任委员，副主任委员2人，有会员269人。民进丽水市委员会下辖丽水市莲都区委员会，缙云县、遂昌县总支部，市直综合、丽水学院、教育、丽水中学、中心医院、医卫、科技支部7个。2002年6月，民进丽水市第一届委员会增补委员2人。2004年12月，丽水职业技术学院支部成立。2006年11月，民进丽水市第二届委员会选举庄志清为主任委员，副主任委员3人，有会员344人。2010年底，民进丽水市委员会辖区委会1个，县总支部委员会2个，市直支部8个，基层支部19个，设有老龄、妇女工作委员会和统战理论研究小组，有会员407人。其中女会员181人，离退休会员122人，平均年龄52.40岁；高级职称136人，占33.40%，中级职称232人，占57%；教育界207人，占50.90%；科技界20人，占4.90%；医卫界77人，占18.90%；文艺界19人，新闻出版界7人，占6.40%；公有制经济界8人，新的社会阶层人士12人，占4.90%；机关团体54人，其他3人，占14%。

民进丽水市委员会制定《民进丽水市委员会议事规则》和主委办公会议等制度。1986年，民进丽水市（县级）委员会创办《丽水民进简讯》，2001年，民进丽水市委员会新办《丽水民进》。民进丽水市委员会举办读书班，专题学习统战政策理论、会史会章，推荐会员骨干参加中央、浙江省、丽水市社会主义学院培训。2002年，民进丽水市委员会被民进浙江省委员会评为社会服务工作先进单位。2005年，民进丽水市委员会开展中国民进成立60周年和丽水民进建立组织20周年系列活动。2006年，莲都区委员会、缙云县总支部、市科技支部，被民进浙江省委员会评为社会服务工作先进集体，多名会员被民进浙江省委员会评为社会服务工作先进个人。2008年，民进丽水市委员会组团到北京学习考察，参观民进会史展览。2009年，民进丽水市委员会组织基层支部主任到海南学习交流基层组织建设。2010年，民进丽水市委员会多篇论文被民进中央、浙江省委员会和丽水市委统战部评为优秀统战理论论文，其中《以人为本，全面协调，统筹兼顾，抓好参政党建设》，获民进中央“多党合作共铸辉煌——纪念多党合作制度确立60周年征文活动”一等奖和浙江省委员会特等奖。民进丽水市委员会被浙江省委员会评为组织建设工作先进单位。民进丽水市委员会多次被民进浙江省委员会评为学习宣传工作先进单位。

代表大会

2001年11月18—19日，民进丽水市第一次代表大会召开，听取庄志清作《展望未来 开拓进取 为建设具有生态经济特色的现代化新丽水而献计出力》筹备工作报告，选举产生民进第一届丽水市委员会，庄志清为主任委员。出席代表 49 人。

2006 年 11 月 18—19 日，民进丽水市第二次代表大会召开，听取并审议庄志清作《团结进取，求真务实，不断开创丽水民进工作新局面》工作报告，选举产生民进丽水市第二届委员会，庄志清为主任委员。出席代表 115 人。

第五章　农工党丽水市委员会

农工党是同中国共产党通力合作的参政党，主要由医药卫生界高中级知识分子组成。1984 年 7 月，农工党浙江省委员会在丽水发展第一批农工党党员 10 人。1985 年 2 月，农工党丽水县支部成立，直属农工党浙江省委员会。1986 年 3 月，丽水撤县设市，农工党丽水县支部更名农工党丽水市(县级)支部。1989 年 11 月，农工党丽水市(县级)第一届委员会成立，下设市人民医院、科技、文教、中医、丽水地区医院、碧湖医院、丽水卫生学校支部 7 个。2000 年 7 月，农工党丽水市(县级)委员会更名农工党丽水市莲都区委员会。2002 年 11 月，农工党丽水市委员会筹备小组成立。11 月 29 日，农工党丽水市第一届委员会成立，下辖市人民医院、中心医院、中医院、科技、文教、卫生学校支部 6 个。

2010 年底，农工党丽水市委员会下辖莲都区委员会和市直属支部委员会 6 个。农工党丽水市委员会积极参政议政，服务社会。至 2010 年底，农工党丽水市委员会报送信息 100 多份，许多建议得到丽水市政府及部门采纳。担任纪检、组织、建设、城管行政执法等部门党风廉政监督员、特邀监察员、行风监督员和民主评议员党员 10 多人。农工党丽水市委员会多次被农工党浙江省委员会评为信息工作先进集体三等奖。

第一节　活　　动

参政议政

1985 年 2 月，农工党丽水县支部成立。2000 年 5 月，丽水撤地设市建区，农工党丽水市(县级)委员会更名农工党莲都区委员会，2002 年 11 月，农工党丽水市第一届委员会成立。同年，农工党丽水市委员会党员当选浙江省人大代表 1 人，丽水市人大代表 2 人；担任丽水市政协委员 11 人，其中常委 3 人。农工党丽水市委员会提交丽水市“两会”议案或提案 180 多件，被有关部门采纳 70 多件。

《深化卫生改革，促进市卫生事业发展》《进一步重视职业技术教育，集中力量办好一所示范骨干作用的职业高中》被列为丽水市政协全会专题发言材料。《要求对中共中央〔1989〕14号文件的贯彻落实情况进行一次全面的检查》被丽水市政协常委会列为重点提案。

至2010年底，农工党丽水市委员会党员当选为浙江省人大代表1人，丽水市人大常委会委员1人，区人大常委会副主任1人；担任浙江省政协委员2人；丽水市政协委员14人，其中丽水市政协副主席2人，常委6人。提交丽水市人大议案25件，市政协提案247件，浙江省“两会”提案与议案28件，丽水市政协团体提案84件，丽水市政协大会发言材料28篇。其中发言材料8篇被评为优秀大会发言，团体提案10件被确定为主席督办重点提案，提案16件被评为优秀提案。《加大企业上市工作力度，促进丽水经济快速发展》推动丽水市政府制定《关于完善进一步鼓励企业股改上市的意见》；《玉溪水库水源保护亟待建立长效机制》建议被丽水市政协主席施基城督办；《关于加快丽水开放型经济发展》推动丽水市政府出台《丽水市外经贸工作目标考核办法》和《关于进一步保持外贸出口稳定增长的若干意见》；《关于规范丽水民间融资》提案促成金融工作领导小组和金融办的设立、丽水市处置非法集资活动联席会议制度的建立；《关于加大扶持力度促进民办职高发展》提案促进市区民办教育发展政策的出台。

社会服务

1984—1985年，农工党丽水县支部为青田、云和、遂昌县卫生学校讲课20多次。1986—1990年，农工党丽水市（县级）委员会举办初中文化补习班6期，学员336人次；举办各类短训班5期，学员900多人次；举办自学法律专业辅导班1期，学员55人；举办养猪技术、肉类检验培训班2期，学员51人次。1985—1988年，农工党丽水市（县级）委员会到景宁畲族自治县，丽水市（县级）曳岭、雅溪、碧湖开展医疗咨询服务，诊治病人1342人次。1989年4月至1990年底，农工党丽水市（县级）委员会医疗咨询服务部建立，咨询服务6920人次。1996年，农工党丽水市（县级）委员会牙科分部开办，诊治病人7000多人次。8月，农工党丽水市（县级）委员会捐款贵州省大方县835元。1997年9月23日，农工党丽水市（县级）医疗门诊部挂牌营业，开展义诊服务3次，受益200多人。1998年11月15日，农工党丽水市（县级）委员会医务专家8人，到丽新畲族乡开展国际和平周义诊活动。1999年，农工党丽水市（县级）委员会医卫界党员先后开展送医下乡3次，义诊丽新畲族乡和老竹畲族镇群众1000多人次。

2000年，农工党丽水市莲都区委员会开展送医、送科技下乡2次，义诊碧湖镇、丽新畲族乡群众800多人次，与丽新畲族乡卫生院结对。2001年，农工党丽水市莲都区委员会开展送医、送科技下乡活动2次，义诊丽新畲族乡、富岭乡群众100多人次。2002年后，农工党丽水市委员会开展定点帮扶、咨询义诊、扶贫帮困、助学支教、法律咨询、送医送药和科技下乡等社会服务100多次，服务2万多人次，发放宣传材料3万多份。2003年，农工党丽水市委员会送教、送医、送科技下乡，受益群众350人次。市直各支部、莲都区委员会组织67人次开展社会服务，受益1300多人次。2004—2010年，农工党中央确定莲都区曳岭中心卫生院为第一批乡镇卫生院定点帮扶对象，资助医务人员到北京进行技术培训，捐赠医疗药品和器械价值31多万元。农工党浙江省农业厅支部、浙江省委员会直属综合三支部，赠送莲都区大港头镇、碧湖镇药品价值2万多元，咨询义诊服务2800多人次，发放资料3000多份。2005年，农工党丽水市委员会到景宁畲族自治县东坑镇卫生院开展义诊，义诊群众

120多人次。2008年，农工党丽水市委员会和农工党杭州市委员会在缙云县舒洪中心卫生院设立医疗服务点，长期结对帮扶。2010年，农工党丽水市委员会参加“市级各民主党派、无党派人士迎新春三下乡”活动，到景宁畲族自治县梧桐乡开展义诊。开展环境与健康宣传周活动，咨询义诊服务30多人次，发放资料100多份；配合农工党杭州市委员会到缙云县舒洪中心卫生院开展义诊，义诊200多人次，捐赠该院电脑2台。

2004—2010年，农工党杭州市委员会和海宁总支赠送莲都区石牛小学，景宁畲族自治县梧桐乡中心小学、沙湾中学、景宁中学教学用品和书包价值6万多元，结对帮扶贫困学生33人。2006—2007年，农工党丽水市委员会市文教支部结对莲都区雅溪中学贫困学生6人，赠送学习用品和书籍价值900元，上教学观摩课4堂，听课学生320人次。2009年，农工党丽水市委员会结对松阳县象溪镇金钟村，筹资扶持该村4万元，市科技支部举办茶叶技术培训。农工党丽水市委员会和市直各支部、莲都区委员会全年开展社会服务16次，参与党员100多人，捐资4万多元，发放资料800多份，受益群众1700人次。2010年，农工党丽水市委员会市直各支部和莲都区委员会开展社会服务15次，参与党员133人，捐款捐物价值6万多元（包括海宁、杭州捐赠），发送资料1200多份，受益群众2000多人次。农工党丽水市委员会联合海宁总支到景宁开展助学义诊，结对学生17人，分别赠送学校、学生电脑和书包，义诊300多人次，发送药品价值6000多元。至2010年底，农工党丽水市委员会筹集资金8万多元，开展农业技术培训2次，走访结对农户10户。

2003年，农工党丽水市委员会党员捐资1480元抗击防治“非典”。2008年，四川汶川大地震后，农工党丽水市委员会向农工党赈灾专项基金捐款1.77万元，丽水市委员会委员和支部主委缴纳特殊党费5100元，全市农工党党员通过各类渠道捐款15万多元。

第二节　组织机构与代表大会

组织机构

1949年3月，农工党党员、国民政府丽水县主任秘书屠泽民，松阳县田粮处处长黄立本，在中共浙东临时工委领导下，分别在碧湖、松阳策应丽水县、松阳县自卫队起义。后屠泽民任处北县民主政府副县长，黄立本任松阳县人民政府秘书兼松（阳）宣（平）遂（昌）人民游击队秘书。3—4月，两人先后在国民党反扑下牺牲。

1984年7月，农工党浙江省委员会在丽水发展第一批农工党党员10人。1985年2月，农工党丽水县支部成立，主任委员1人，直属农工党浙江省委员会，有党员11人。1986年3月，丽水撤县设市，农工党丽水县支部更名农工党丽水市（县级）支部。1987年4月，农工党丽水市（县级）支部改选，主任委员1人，副主任委员1人，委员3人。下设医卫、文教、科技小组3个。1989年11月，农工党丽水市（县级）第一届委员会成立，选举主任委员1人，副主任委员1人。下设市人民医院、科技、文教、中医、丽水地区医院、碧湖医院、丽水卫生学校支部7个。1992年2月，选举产生农工党丽水市（县级）第二届委员会，主任委员1人、副主任委员1人。1997年1月，选举产生农工党丽水市（县级）第三届委员会，主任委员1人、副主任委员1人，下设支部7个，有党员107人。2000年7月，农工党丽水市(县级)委员会更名农工党莲都区委员会。

2002年11月,农工党丽水市委员会筹备小组建立。11月29日,农工党丽水市第一届委员会成立,选举李江波为主任委员,副主任委员2人。辖市人民医院,中心医院,中医院、科技、文教、卫生学校支部6个,党员105人。莲都区委员会下辖支部3个,党员32人。2007年4月,撤销并入丽水学院的卫生学校支部,新建丽水学院支部。11月,设立医卫、科教文、经济与管理、青年与联络、农业水利、妇女、老龄工作委员会7个。11月,选举产生农工党丽水市第二届委员会,李江波任主任委员,副主任委员2人。2009年,增补农工党丽水市委员会委员1人。2010年底,农工党丽水市委员会辖莲都区委员会和市直属支部委员会6个,农工党丽水市委员会下设办公室,有专职干部3人,莲都区委员会有专职干部1人。农工党丽水市委员会有农工党员201人,其中市直150人,占74.20%;女性96人,占47.80%。中高级职称180人,占89.60%。医卫界104人,占51.70%,教育界41人,占20.40%,科技界19人,占9.50%,其他37人,占18.40%。

2002年以来,农工党丽水市委员会举办和组织党员参加学习班、培训班30多次。1989年,农工党丽水市(县级)委员会创办《丽水农工简讯》。2002年,农工党丽水市委员会创办季刊《丽水农工》。2010年,农工党丽水市委员会网站建立。农工党丽水市委员会分别与农工党杭州市委员会、上海市宝山区委员会缔结友好市(区)委员会关系。农工党丽水市委员会出台与制定《委员会议事规则》《基层组织考核制度》《关于进一步规范组织发展工作的通知》。农工党丽水市委员会党员3人,被农工党中央、农工党浙江省委员会评为全国和浙江省防治"非典"工作优秀党员、全国和浙江省防治"非典"工作先进个人。2003—2004年,农工党丽水市委员会市文教支部被农工党中央评为全国社会服务工作先进集体,市科技支部获中国农工民主党先进基层组织,市委员会机关获农工党浙江省机关工作先进单位,市科技支部、市文教支部获评农工党全省基层组织先进集体。2005—2006年,农工党丽水市委员会原市卫校支部被农工党中央评为全国社会服务工作先进支部。2007—2009年,农工党丽水市委员会市人民医院支部被农工党中央评为社会服务工作先进基层组织,农工党员1人评为社会服务工作先进个人;党员6人被农工党中央评为抗震救灾先进个人,农工党丽水市委员会市人民医院支部、科技支部被评为抗震救灾先进集体;农工党丽水市委员会被农工党浙江省委员会评为社会服务工作先进集体,农工党丽水市委员会市文教支部被评为社会服务工作先进基层组织。

代表大会

2002年11月29—30日,农工党丽水市第一次代表大会召开,出席代表44人,列席代表13人。中共丽水市委副书记施基城、农工党浙江省委员会副主委黄建中出席开幕式。大会审议、通过《与时俱进求发展,开拓创新作贡献,为建设高素质参政党而努力奋斗》的筹备报告和《中国农工民主党丽水市第一次代表大会决议》,选举产生农工党丽水市第一届委员会。李江波任主任委员,副主任委员2人,委员5人。

2007年10月27—28日,农工党丽水市第二次代表大会召开,出席代表60人。中共丽水市委常委、统战部部长蓝资霞,农工党浙江省委员会副主委陆国钦,市领导刘国安、叶朝丐、吴永水到会祝贺。农工党丽水市委员会主委李江波代表农工党丽水市第一届委员会,作题为《加强自身建设,提高履职能力,为建设和谐丽水做出新贡献》工作报告。会议选举产生农工党丽水市第二届委员会,李江波任主任委员，副主任委员2人，委员7人。

第六章　九三学社丽水市委员会

九三学社是以科学技术界高中级知识分子为主的具有政治联盟特点的政党，是接受中国共产党领导、同中国共产党通力合作的亲密友党，是进步性与广泛性相统一、致力于中国特色社会主义事业的参政党。1987年6月，九三学社在丽水成立直属小组。1988年7月，九三学社浙江省委丽水直属支社成立，1989年12月，九三学社丽水市（县级）委员会成立。2000年8月，九三学社丽水市（县级）委员会更名九三学社丽水市莲都区委员会。2003年1月，九三学社丽水市委员会成立，下辖莲都区委员会和市直支社6个。成立以来，九三学社丽水市委员会在中共丽水市委和九三学社浙江省委的领导下，继承和发扬九三学社爱国民主科学的优良传统，团结带领广大社员，积极履行参政党职能，投身参政议政、民主监督、政治协商、社会服务等各项工作，为丽水市经济社会发展建言献策，贡献“九三智慧和力量”。

第一节　活　　动

参政议政

至2000年7月，九三学社丽水市（县级）委员会提交市“两会”议案或提案150多件，其中《加大执法力度，整治违章建筑》《调整水果品种结构，促进果业持续发展》被确定为重点提案。

2003—2010年，九三学社丽水市（县级）委员会社员吴鸿任丽水市人民政府市长助理，韦铁民担任丽水市政协二届委员会副主席。至2010年底，九三学社丽水市委员会社员担任全国政协委员1人，丽水市政协委员11人；当选浙江省人大代表1人，丽水市人大代表2人。九三学社丽水市委员会提交团体议案或提案65件，委员议案或提案172件，丽水市政协全会大会发言材料34篇。其中发言材料8篇被评为优秀大会发言材料，团体提案12件被列为市政协主席督办重点提案。2003年8月，九三学社丽水市委员会与九三学社浙江大学西溪校区委员会合作撰写的调研报告《关于浙江省欠发达地区中小学教育问题》，引起浙江省委、省政府重视关注。浙江省委书记习近平、副省长盛昌黎作出重要批示；浙江省政府出台推动浙江省农村基础教育相关政策。浙江省财政厅专门下拨经费80万元，改善莲都区黄村乡中心小学学生宿舍。2007年，九三学社丽水市委员会提交的《关于我省食品安全检测资源整合的建议》，被列为浙江省政协九届五次会议重点提案，由浙江省委副书记、省长吕祖善亲自领办。2009年，九三学社丽水市委员会团体提案《关于丽水南城开发与生态保护建设的建议》，被遴选为唯一网络直播办理提案。九三学社丽水市委员会专题调研《丽水市油茶产业调研报告》，获丽水市政府领导批示，在丽水市委政策研究室《决策与调研》第 23 期刊登。

至 2010 年底，九三学社丽水市委员会报送信息被九三学社中央委员会采用 30 多篇。《养殖户在家禽饲料乱添加抗生素现象应引起足够的重视》《沿用 50 余年的分级护理制度亟待修改》《叫停每年青少年健康体检中的 X 线胸透》被全国政协采用，《建议国家取消药品单独定价》获国务院总理温家宝和副总理回良玉重要批示。《建议浙江省所有农村桥梁纳入排查治理专项行动范围》获浙江省委书记赵洪祝批示。《关于要求市政府介入医疗机构重大医患纠纷处置的建议》《关于在南明湖设立救生员和配备救生设施的建议》获丽水市委、市政府领导批示。2009 年，《建议把丽水打造成浙江省运动员体能训练基地》《关于培育油茶加工综合科技示范企业的建议》获丽水市政府领导批示。2010 年，《建议积极争取景宁畲族博物馆升级为中国畲族博物馆》《建议加大开发浙江畲族医药力度》获浙江省委、省政府领导批示。九三学社丽水市委员会获九三学社浙江省委员会、丽水市政协社情民意信息工作先进集体三等奖 3 次；2010 年，九三学社丽水市委员会获九三学社浙江省委信息工作先进集体二等奖。

社会服务

1990 年，九三学社丽水市（县级）委员会社员盛纯乐研制成功“ZZnA127M 合金”技术。1991 年，“ZZnA127M 合金”技术参加美国纽约第 14 届世界发明家博览会，获铜牌奖。11 月，“ZZnA127M 合金”技术被国家“七五”星火计划办公室授予全国“七五”星火计划计划成果博览会金奖。1995 年，九三学社丽水市（县级）委员会帮助企业引进科技产品 PPS 技术。同年，九三学社丽水市（县级）委员会引进台资企业 1 家，生产密码箱，投资 200 万元。1996 年，九三学社丽水市（县级）委员会联系九三学社中央主席、全国人大副委员长吴阶平，为仙渡中学题写校名。争取到九三学社浙江省委员会资金 5 万多元，帮扶丽水仙渡中学教学仪器 10 多台、书籍 5000 多册。1997 年 9 月 3 日，九三学社丽水市（县级）委员会到丽水仙渡乡九三中学开展扶贫助教调研。1998 年，九三学社丽水市（县级）委员会争取九三学社浙江省委员会支持，捐赠仙渡中学电脑和教学仪器 1 批、图书 2000 册。

2000 年 10 月，九三学社丽水市委员会捐赠云南省潞西市三台乡衣物 650 多件。2003 年和 2008 年，九三学社中央主席、全国人大副委员长韩启德，分别为莲都区黄村乡中心小学、莲都区老竹民族学校题写校名。2003—2010 年，九三学社丽水市委员会从中牵线搭桥，建立九三学社浙江省委员会与莲都区黄村乡中心小学、老竹畲族镇民族学校的帮扶关系，结对帮扶贫困学生 120 多人。其中九三学社丽水市委员会帮扶学校物资 2 万多元，结成帮扶贫困学生 20 多人。2007 年 11 月，九三学社丽水市委员会参与第十九届国际科学与和平周“科学发展、共建和谐”主题活动，到龙泉市安仁镇和青田县海溪乡开展义诊，发放常用药品。2008 年 5 月，九三学社丽水市委员会社员为四川地震灾区捐款捐物折合价值 20 多万元。11 月，九三学社丽水市委员会到莲都区老竹畲族镇民族中学开展助学助教活动，捐赠爱心助学金 1.81 万元、教学设备若干。其中，九三学社丽水市委员会捐赠图书价值 0.30 万元。2009 年，九三学社丽水市委员会提供庆元县石柱村扶贫资金 2 万元，赠送老竹民族学校天文望远镜 1 台。2010 年，九三学社丽水市委员会争取到九三学社浙江省委员会 30 万元，开展少数民族低收入群众增收帮扶计划工作，开展莲都区赤坑村结对扶贫，建设完成“九源路”项目。“六一”儿童节期间，九三学社丽水市委员会慰问莲都区黄村乡九三中心小学，捐赠少儿新书价值 3000 多元。11 月，九三学社浙江省委员会开展第 22 届国际科学与和平周暨百名专家进乡村入学堂活动，到莲都区老竹民族学校建造四要素自动气象监测站1个，价值5000元。九三学社丽水市委员会医卫支社为农民义诊，发放教育资料并举办知识讲座。12月，九三学社丽水市委员会捐赠庆元县石柱村扶贫资金2万元，并解决短缺物品价值6000元。至2010年底，九三学社丽水市委员会捐赠庆元县石柱村扶贫资金6万元。

2006年，九三学社丽水市委员会九三科技服务中心成立，组建科技服务中心课题组，帮助解决丽水市水阁开发区合成革行业有机废气治理及资源化利用问题。6月，九三学社丽水市委员会科技服务中心课题组与浙江工业大学签订《丽水合成革行业有机废气资源化利用治理》科技合作协议，成功研制拥有自主知识产权的原型机，用于回收有机废气。2007年，原型机项目列入丽水市科技局科技项目，其中“合成革DMF回收液精馏系统优化技术与装备”通过浙江省和丽水市专家组验收。2008年，九三科技服务中心深化合成革有机废气资源化治理项目研发，在水阁开发区力邦合成革有限公司建立实验基地。

2000—2010年，九三学社丽水市委员会社员在二级以上杂志发表论文800多篇，其中在国外医学杂志发表30多篇；主持和参与省部级以上科研项目40多项，获国家技术专利20多项。

第二节　组织机构与代表大会

组织机构

1986年12月，九三学社浙江省委员会在丽水市（县级）发展社员3人。1987年6月，九三学社在丽水成立直属小组，许强思任组长，副组长1人，社员13人。1988年7月，九三学社浙江省委丽水直属支社成立，许强思任支社主委，社员35人。1989年12月，九三学社丽水市（县级）委员会成立，沈志谦任主委，副主委1人，社员46人。1990年3—5月，九三学社丽水市（县级）委员会工业、教育、科技、医卫支社先后成立。1993年2月，选举产生九三学社丽水市（县级）第二届委员会，许强思任主委，副主委2人。1996年，九三学社丽水市（县级）人民医院支社成立。1998年2月，选举产生九三学社丽水市（县级）第三届委员会，徐昆任主委，副主委2人，下辖支社5个，社员90人。2000年8月，九三学社丽水市（县级）委员会更名九三学社丽水市莲都区委员会。1988—2000年，九三学社丽水市（县级）委员会社员当选丽水市（县级）政协副主席3人次、丽水市（县级）政府副市长1人。

2003年1月，九三学社丽水市委员会成立，吴鸿为主委，副主委3人，下辖莲都区委员会和市直支社6个，社员117人。2003年7月，九三学社丽水市中心医院支社成立。2003年，九三学社丽水市教育支社更名九三学社丽水学院支社。2004年5月，主委吴鸿调浙江省林业厅工作，增补委员1人。2005年8月，增补韦铁民为九三学社丽水市委员会主委。2008年6月，选举产生九三学社丽水市第二届委员会，韦铁民为主委，副主委2人，下辖莲都区委员会和市直支社6个、莲都区委员会下属支社3个，有社员168人。2010年底，九三学社丽水市委员会下辖莲都区委员会和市直支社6个、莲都区委员会下属支社3个，社员183人，主要分布在科学技术界、教育界、医药卫生界、政府机关、公有制经济部门和非公有制经济部门。社员中有女社员70人，占38.25%；高级技术职务93人，中级技术职务86人，两者占97.84%，其他4人，占2.16%。

1990年，九三学社丽水市(县级)委员会创办《丽水九三简讯》。2004年，九三学社丽水市委员会创办《丽水九三》刊物。2007年，《丽水九三》刊物被授予刊号，确定为浙江内部季刊。2008年，九三学社丽水市委员会官方网站建立。

至2010年底，九三学社丽水市委员会社员获全国先进工作者1人，获国务院特殊津贴2人；中国医师奖1人，省级优秀医生2人；丽水市中青年技术拔尖人才4人，市杰出人才2人；丽水市科学技术突出贡献奖1人，市科学技术贡献奖1人；九三学社中央全国优秀社员2人。九三学社丽水市委员会获九三学社中央颁发的国际科学与和平周特别贡献奖3次。

代表大会

2003年1月，九三学社丽水市第一次代表大会召开，听取和审议九三学社丽水市第一次代表大会筹备工作报告，选举产生九三学社丽水市第一届委员会领导班子，吴鸿为主委，副主委3人，委员5人。出席代表44人。

2008年6月，九三学社丽水市第二次代表大会召开，听取并审议韦铁民作《开拓创新促发展，继往开来谱新篇，为建设适应新时期要求的高素质参政党努力奋斗》工作报告，选举产生九三学社丽水市第二届委员会领导班子，韦铁民为主委，副主委2人，委员8人。

第七章　丽水市工商业联合会

丽水市工商业组织发展较早。清代光绪三十一年(1905)，丽水县建立商会，爱国人士阙麟书、何子华等倡议组织处州拒约会，抵制美货。民国1—18年(1912—1929)8月，缙云、景宁、青田和龙泉县商会先后建立。商会会员主要为工商业者。民国18年8月，国民政府公布《中华民国商会法》和《中华民国工商同业工会法》，明确商会主要职能是平衡业主利益，协调市场价格，处理劳资纠纷，以及为政府摊派捐款等，商会受县政府的控制和监督。民国28年，商会采用委员制，由代表大会选举产生执行委员、监察委员若干人。民国32年，民国商会改委员制为理监事制，代表大会选举产生理事、监事若干人。

1949年10月中华人民共和国成立后，丽水工商业联合会筹备委员会接管商会。1955年，缙云县首届工商业者代表大会召开，成立缙云县工商联合会。此后，各县县工商业联合会陆续成立。1966—1976年，“文化大革命”期间，丽水地区和各县工商联被迫停止工作，“文化大革命”结束后，丽水地区和各县工商业联合会陆续恢复工作。1997年5月，丽水地区工商业联合会(总商会)成立。2000年7月19日，丽水地区工商业联合会(总商会)更名丽水市工商业联合会(总商会)(简称“丽水市工商联”)。至2010年底，丽水市工商联有乡镇商会13个，行业商会25个，会员5546个。其中，团体会员91个，企业会员3475个，市工商联直属会员220个。丽水市工商联充分发挥自身的作用，在参政议政、服务社会和开展光彩事业的各项活动中发挥重要作用。

第一节 活 动

参政议政

1997年，丽水地区工商联成立，协助推荐企业会员担任地区人大代表和政协委员。1997—2010年，丽水市工商联会员当选丽水市一届人大代表7人，担任政协委员18人；当选丽水市二届人大代表9人，担任政协委员19人。至2010年，全市工商联会员当选各级人大代表202人，其中非公有制经济代表人士180人。担任各级政协委员335人，其中非公有制经济代表人士288人。

2002年，丽水市工商联提交丽水市政协一届全会团体提案8件，个人提案70多件。团体提案《关于制定出台丽水市工业小企业发展和保护办法的建议》被列为会议1号提案和市政协主席重点督办提案。《关于促进非公经济健康快速发展的建议》《实施"回归工程"，共创丽水大业》被评为优秀大会发言材料。

2003年，丽水市工商联提交提案《关于促进非公经济健康快速发展的建议》，被评为市政协一届三次会议优秀发言材料。

2004年，丽水市工商联提交丽水市政协一届四次会议提案20多个，被列为大会发言材料1个，团体提案2个。其中提案《实施"回归工程"，共创丽水大业》被评为优秀大会发言材料。

2005年，丽水市工商联提交团体提案《规范招投标市场，优化我市建筑业发展环境》。

2006年，丽水市工商联提交提案《关于发展丽水建筑业的几点思考》《关于开展新一轮招商引资工作的建议》《关于解决我市商贸流通业仓储紧缺问题的建议》《开展工业企业服务年，政企联动，攻坚克难的建议》《加快创新步伐，提升技术层次，快速推动我市阀门产业发展》，被评为丽水市政协二届全会优秀大会发言材料。

2007年，丽水市工商联提交提案《关于开展新一轮招商引资工作的建议》，被评为丽水市政协二届二次全会优秀大会发言材料。

2008年，丽水市工商联提交提案《关于解决我市商贸流通业仓储紧缺问题的建议》，被评为丽水市政协二届三次全会优秀大会发言材料。

2009年，丽水市工商联提交提案《关于政企联动，开展企业服务年活动的建议》，被评为丽水市政协二届四次全会优秀大会发言材料。

2010年，丽水市工商联提交团体提案《加大对我市信用担保机构的扶持力度，进一步改善中小企业融资难问题的建议》，提案《加快创新步伐，提升技术层次，快速推动我市阀门产业发展》被评为丽水市政协二届五次全会优秀大会发言材料。

光彩事业

捐款 2003年12月，丽水市光彩事业促进会成立，推动非公有制经济企业会员和非公有制经济人士捐献爱心，所得捐款用于救灾、扶贫、助学、新农村建设等公益活动。2004年，丽水市光彩事业促进会接受捐款355万元。2005年，丽水市光彩事业促进会接受捐款528万元。2006年，丽水市光彩事业促进会接受捐款 669 万元。2007 年，丽水市光彩事业促进会接受捐款 157 万元。2008 年，丽水市光彩事业促进会接受捐款 614 万元。2009 年，丽水市光彩事业促进会接受捐款 133 万元。2010 年，丽水市光彩事业促进会接受捐款 364 万元。

扶贫济困　1997 年，丽水地区工商业联合会引导非公有制经济人士投身光彩事业，帮助农村和少数民族地区发展集体经济，扶持低收入农户增收，援助基础设施建设。2000 年，中国台湾地区同胞陈宜昌捐资建设松阳县玉岩小学教学楼和缙云县双川小学教学楼。2001 年，浙江寿尔福化学有限公司捐赠残疾人轮椅 190 辆，捐赠余姚市四明山小学 1 万元。2002 年，丽水市光彩事业促进会争取资金 165 万元。其中杭州万向集团捐资 100 万元，建设遂昌北界中学；浙江广厦集团捐资 50 万元，建设遂昌黄沙腰中学；中国台湾地区同胞陈宜昌捐资建设莲都双黄乡小学；浙江寿尔福公司捐资 15 万元，资助特困大学生 50 人，人均 3000 元。2004 年，丽水市工商业联合会争取资金 209 万元。其中浙江正达集团捐资 100 万元，大事利鞋业公司捐资 50 万元，浙江亚泰皮革有限公司捐资 29 万元，浙江金龙房地产投资集团捐资 10 万元，浙江梦天木业有限公司捐资 20 万元。2005 年，丽水市工商业联合会参加慈善募捐，第一批企业 40 个，非公有制企业占绝大多数，捐款 846.05 万元。2006 年，丽水遭受台风“桑美”袭击，中国宝兔皮件服饰有限公司董事长邹立胜捐赠服装一批，价值 318 万元。2008 年，丽水市非公有制经济人士捐赠四川汶川地震灾区 245 万元。8 月，丽水市合成革商会捐款 100 万元，结对学生 35 人。2010 年 5 月，浙江艾莱依羽绒制品有限公司捐赠甘肃玉树地震灾区物资价值 140 多万元。

新农村建设　2006 年 9 月，丽水市工商联二届四次执行委员会暨“百家民营企业扶百村”村企结对签约仪式召开，民营企业对口建设新农村，现场结对签约 29 对。2007 年，全市民营企业参与新农村建设 67 个，投资 1303.20 万元，结对村企 62 对。到 2008 年底，丽水市工商联有参与结对企业 632 家，结对行政村 399 个，投资 1.26 亿元，捐资 0.62 亿元。

社会服务

学习培训　1997 年，丽水地区工商联分别到温州、台州、绍兴、宁波市和中国香港地区、中国台湾地区学习考察。丽水地区工商联推荐企业家 3 人参加浙江省工商联组团，到美国、澳大利亚、新西兰考察学习。2001 年 7 月，丽水市工商联首次组团到中国台湾地区高雄市等地学习考察，参加企业家 11 人。2005 年 5 月，丽水市工商联选派民营企业家到中共中央党校培训 28 人。9 月下旬，丽水市工商联到杭州举办培训班，培训民营企业家 43 人。2006 年 7 月，丽水市工商联到中央党校举办培训班，培训民营企业家 44 人。11 月，丽水市工商联在杭州举办商贸服务业企业家培训班，培训企业家 34 人。2007 年，丽水市工商联举办丽水市商贸流通企业管理人员培训班，培训商贸流通企业管理人员 50 多人。2009 年 11 月，丽水市工商联举办全市非公有制企业党组织书记学习实践培训班。2010 年 5 月，丽水市工商联与中国人民大学联合举办“企业可持续成长”培训班，丽水市工商联会员中的市人大代表、政协委员、优秀中国特色社会主义事业建设者及副会长以上企业家参加培训 43 人。

融资服务　丽水市工商联根据资金助推非公企业发展的需求，与金融机构开展合作，缓解融资难题。2009 年，丽水市工商联与中国银行丽水市分行签订长期合作协议，授信丽水市工商联会员企业 100 亿元。2010 年 5 月，丽水市工商联与中国工商银行丽水分行联合开展“助力中小企业”活动，中小企业被推荐为重点服务对象 25 家。7 月，丽水市工商联与中国建设银行丽水分行联合开展“促

转型升级、助中小企业成长”金融服务活动。

法律服务　2009年，丽水市工商联与市司法局、丽水晟耀律师事务所联合成立丽水市非公企业法律服务中心，为企业提供法律咨询，讲座，合同制定、修改等服务。2010年8月，丽水市非公企业法律服务中心开展“走访企业，法律走进民营企业”暨调研民营企业法律风险管理活动，到莲都区、龙泉市、缙云县、丽水经济开发区调研民营企业法律风险管理，分发调查问卷321份、法律顾问手册1000份。8月12日，丽水市非公企业法律服务中心举办《企业涉法实务》讲座。9月，丽水市非公企业法律服务中心举办《企业经营与发展中的法律风险规避》讲座。2010年，丽水市非公企业法律服务中心开展“法律体检”活动，调查企业304家。2010年，丽水市非公企业法律服务中心接待咨询企业23家、人次50多次。

优秀建设者评选　2005年，丽水市工商联参选第一届浙江省中国特色社会主义事业优秀建设者，非公有制经济人士庄启传、李能福、邹立胜获浙江省优秀建设者称号。2007年，丽水市工商联参选第二届浙江省中国特色社会主义事业优秀建设者，非公有制经济人士陈频、郑金林、樊培仁获浙江省优秀建设者称号。2009年，丽水市工商联参选第三届浙江省中国特色社会主义事业优秀建设者，非公有制经济人士，张敏、吴强、吴存明获浙江省优秀建设者称号。

2005年、2007年和2009年，丽水市连续举办中国特色社会主义事业优秀建设者的评选表彰工作，评选丽水市优秀中国特色社会主义事业建设者68人，其中第一届28人，第二届20人，第三届20人。

回归工程　丽水市工商联开展回归工程调研，引导在外丽水籍商人回乡投资。2004年，丽水市工商联到福建、上海、广东开展“回归工程”考察调研。2005年，丽水市工商联组织访问考察团3个，走访调查北京市、广东省、海南省及福建省南平市、贵州省黔东南州等地销售额1000万元以上企业。2009年4月，丽水市异地商会会长座谈会召开，丽水市委书记陈荣高，市委常委、统战部部长蓝资霞，副市长蔡小华应邀到会。8月，丽水市工商联会员到吉林、内蒙古和云南进行“回归工程”调研考察。2010年6月，丽水市工商联开展广东省浙江丽水商会家乡行活动，丽水籍企业家参加20多人，到丽水、庆元、龙泉、缙云、青田考察投资环境和投资项目。9月，丽水市异地商会会长会议召开。2010年，丽水市工商联引进上海大者事业有限公司落户丽水经济开发区，投资LED光源、太阳能路灯项目，总投资1.60亿元；引进浙江新海阀门制造有限公司，投资高温高压阀门建设项目，年产700万千克，总投资0.80亿元。

《丽水商会》报　2004年5月18日，《丽水商会》报创刊，是丽水市工商联内部刊物，宣传丽水市工商联商会建设、自身建设等方面工作。2007年10月，《丽水商会》被核准登记为内部刊物。自创刊起，《丽水商会》向丽水市、县（市、区）的党政机关和大型企业赠阅。到2010年底，《丽水商会》出刊188期，赠送报纸500多万份。

第二节　组织机构与代表大会

丽水市工商联

会员　1949年5月丽水解放前，商会会员主要由工商业者组成。丽水解放后，丽水工商业联合会接管商会。1956 年，工商业者实行全行业公私合营，基本完成私营工商业社会主义改造。丽水工商业联合会主要由国有、合作社、公私合营、私营等工商企业组成，会员主体是非公有制企业会员。1996 年底，全区工商业联合会有会员 2380 个，其中团体会员 25 个，企业会员 1032 个，个人会员 1323 人，有乡镇商会 4 个，行业商会 1 个。至 2002 年底，丽水市工商联有会员 2498 个，其中企业会员 1089 个，团体会员 31 个，个人会员 1378 个，基层商会 11 个，市工商联直属会员 53 个。非公有制企业会员占会员总数 80.35%。2010 年，丽水市工商联有会员 5546 个，其中企业会员 3475 个，团体会员 91 个，个人会员 1980 人，乡镇商会 13 个，行业商会 25 个，市工商联直属会员 220 个。非公有制企业会员 3332 家，占企业会员总数 95%。

组织建设　1987 年 11 月，丽水市（县级）工商联第四届会员代表大会召开，发展企业会员 44 家，个人会员 88 人。1992 年 5 月 15 日，浙江省工商联丽水办事处正式挂牌办公，郑富昌为主任。1996 年 3 月，丽水地区工商业联合会成立，与丽水地委统战部合署办公。1997 年 5 月 27 日，丽水地区工商业联合会（总商会）第一次会员代表大会召开，成立丽水地区工商业联合会（总商会），洪正为会长，龚樟德任党组书记，陈元龙任副会长。2000 年 7 月 19 日，丽水地区工商业联合会（总商会）更名丽水市工商业联合会（总商会）。2002 年 5 月，丽水市工商联第二次会员代表大会召开，洪正任会长，宋根堂任党组书记，曾玉亮任副会长。2007 年 4 月 28 日，丽水市工商业联合会（总商会）第三次会员代表大会召开，张敏任会长，王瑞亮任党组书记，朱家泽任副会长。张敏是首位非公有制经济人士会长。2008 年 2 月 1 日，丽水市工商联会长、副会长统一改称主席、副主席。

丽水市总商（协）会

2001 年，出台《中共丽水市委关于贯彻〈中共中央关于加强统一战线工作的决定〉的实施意见》，授权丽水市工商联作为同业公会（行业商会）的业务主管单位，加强对异地商会的指导和协调。2009 年 5 月 31 日，中共丽水市委常委会决定授权市工商联作为丽水异地商会、行业商会、基层商会的业务主管单位。

直属商会　2004 年，丽水水阁工业区多家温州企业负责人要求成立温州商会。2005 年 9 月 6 日，丽水市温州商会成立。浙江亚泰皮革有限公司董事长郑金林当选会长。2008 年 7 月，丽水市温州商会升格为丽水市温州总商会，成为全国温州商会中的第一个总商会。后成立松阳分会和庆元分会。2010 年 12 月 2 日，丽水市温州总商会第二次会员大会召开，郑金林连任会长。

行业商会　2000 年 12 月 10 日，丽水市工商联组建第一个行业商会——丽水市美容美发商会成立，丽水市日用化妆品有限公司董事长朱一飞担任会长。2010 年 6 月 21 日，丽水市美容美发商会第二次会员代表大会召开，丽水市哆唻咪造型坊总经理周建伟当选会长。

2006 年 5 月 29 日，丽水市物流商会成立，丽水市晨晨纸业有限公司董事长赵岳林为会长。

2008 年 8 月 22 日，丽水市合成革商会成立，丽水市美特康革业有限公司董事长邵康崇为会长。

2009 年 11 月 3 日，丽水市阀门商会成立，大众阀门（丽水）有限公司董事长金志渊为会长。

异地商会　2005 年 3 月 14 日，丽水市工商联成立北京丽水商会。北京市远辰服饰有限公司董事长包远辰当选会长。北京丽水商会是全市首个异地商会。2008 年 10 月 23 日，北京丽水商会第二次会员代表大会召开，包远辰连任会长。

2007 年 11 月 25 日，义乌丽水商会成立，义乌浩海纸制品有限公司董事长肖红当选会长。

2008年7月4日，上海丽水商会成立，上海广昊房产集团有限公司董事长夏品云当选会长。

2008年10月17日，金华市丽水商会成立，金华亚家达日用科技公司董事长李益秋当选会长。

2008年11月26日，衢州市丽水商会成立，浙江大明控股集团董事长潘春富当选会长。

2009年7月18日，杭州市丽水商会成立，杭州广瑞工贸有限公司董事长武高华当选会长。

2009年12月19日，广东省浙江丽水商会成立，广州豪帅皮具服饰有限公司总经理杨志肖当选会长。

2010年5月7日，武汉丽水商会成立，湖北浙冠创业投资有限公司总经理程建高当选会长。

2010年9月9日，福州市丽水商会成立，浙江欧力木业有限公司福州分公司董事长廖洪成当选会长。

2010年10月28日，石家庄丽水商会成立，河北浙丰担保有限公司董事长陶子林当选会长。

2010年11月21日，昆明丽水商会成立。昆明景临商贸有限公司总经理周树长当选会长。

县级工商业联合会

1950年，各县工商业联合会筹备委员会接管商会。1955年7月，缙云县工商联合会率先建立。1962年，龙泉县、青田县、云和县、遂昌县工商业联合会分别建立，入会会员4000多人。“文化大革命”期间，工商业者受冲击，各县工商业联合会被迫停止活动。1986—1990年，各县(市)工商业联合会先后恢复活动。

代表大会

1997年5月27日，丽水地区工商业联合会第一次代表大会召开。选举产生丽水市工商业联合会执委51人，常委12人，副会长8人。洪正为会长。

2002年5月28日，丽水市工商业联合会第二次代表大会召开。全国政协常委、浙江省工商业联合会会长钮守章出席大会。大会选举产生丽水市工商业联合会第二届执行委员会执委86人，常委36人，洪正当选会长，副会长11人。

2007年4月27—28日，丽水市工商业联合会第三次代表大会召开。浙江省政协副主席、省工商联(总商会)会长徐冠巨、丽水市委书记楼阳生应邀到会。经中共浙江省委统战部批准，在丽水市工商联(总商会)进行非公有制企业家担任工商联(总商会)会长的试点工作，浙江方正电机股份有限公司董事长张敏当选会长，大会选举产生丽水市工商业联合会第三届执行委员会，张敏为会长，副会长15人，常委65人，执委170人。

第二十八篇

中国国民党及其他党派丽水地方组织

1 中国国民党

2 中国三民主义青年团

3 其他党派

概　述

民国元年(1912),中国共和党(简称“共和党”)、中华民国自由党(简称“自由党”)成立。共和党在丽水县设分部,是为袁世凯服务的御用工具。民国2年,共和党与民主党合并,建立中国进步党,共和党消亡。自由党浙江支部温处分会在丽水县发展少数自由党党员。次年被袁世凯饬令解散。

民国元年(1912),中国国民党成立。民国2年,袁世凯下令解散。民国3年7月,孙中山在日本东京成立中华革命党。民国8年10月,更名中国国民党。民国15年,国共合作,共产党员以个人身份加入发展中国国民党(简称“国民党”),成立各县国民党县党部。全面抗日战争时期,中国三民主义青年团(简称“三青团”)发展,成立各县三青团分团部,是国民党控制的青年组织。国共两次合作,展开许多有益的工作,促进北伐战争和抗日战争的胜利。但是,国民党县党部坚持反共剿共,清除共产党员,配合国民党军队围剿中国工农红军、游击队,摧毁革命根据地,破坏共产党组织,逮捕和杀害共产党员、红军战士、游击队员和革命群众。后因国民党、三青团矛盾尖锐,斗争激烈,国民党中央决定,三青团并入国民党。

解放战争时期,中国青年党(简称“青年党”)、中国民主社会党(简称“民社党”)成立。青年党在各县成立县党部或区党部,依附于国民党。民社党在龙泉、景宁、云和、青田县成立县党部。民社党与国民党、青年党结成三党联盟,进行反共活动。1949年中华人民共和国成立后,国民党及依附于国民党的其他党派除撤退中国台湾地区外,大多自行消亡。

第一章　中国国民党

民国 15 年(1926),国共第一次合作期间,丽水各县国民党县党部均成立,实行反帝反封建的政治主张,推进国民革命和北伐战争,得到人民群众的拥护。"四•一二"反革命政变后,国民党县党部实行改组清党,配合国民党军队镇压农民革命运动,围剿中国工农红军,捕杀共产党员、红军战士、游击队员和苏维埃政府干部,激起人民群众的反抗。民国 26 年"七七"卢沟桥事变后,国民党被迫抗日,实行第二次国共合作,开展抗日救亡运动,暗地里继续反共剿共,遏制抗日救亡工作,引起人民群众的严重不满。抗日战争胜利后,国民党县党部以"戡乱"为名,清剿共产党,镇压松阳、丽水两县起义后建立的人民游击支队。国民党在丽水地区先后活动 23 年,走过一条创建、发展、变化、衰落到最后覆灭的道路。

第一节　国民党组织

清光绪三十一年(1905),孙中山在日本东京成立中国同盟会(简称"同盟会")。丽水县叶天籁、龙泉县徐仰山、青田县夏超、云和县张伟文、庆元县周邦、缙云县樊光、遂昌县李元唐、松阳县刘德怀、景宁县叶仰高等丽水留日留学生 20 多人加入同盟会,推选青田县夏超浙江支部会长。清宣统三年(1911)10 月辛亥革命,同盟会迁至上海。民国元年(1912)8 月,同盟会与统一共和党、国民共进会、共和实进会、上海国民公党合并,组成中国国民党(以下简称"国民党")。丽水县阙麟书、缙云县吕逢樵任国民党浙江支部参议。民国 2 年 11 月,袁世凯下令解散国民党。民国 3 年 7 月,孙中山在日本东京成立中华革命党。民国 8 年 10 月,复名中国国民党。民国 12 年 6 月,中共三大决定,共产党员以个人身份加入国民党,实行国共合作。遂昌籍中共党员唐公宪加入国民党,任国民党浙江省党部候补执行委员。

党部筹建

民国 15 年(1926),缙云籍回乡学生王慕儒等组建国民党缙云县党部筹备处,发展国民党员 50 人,与上级国民党组织无联系。民国 16 年 6 月 23 日,国民党浙江省党部派赵汝池、吕传德、吕光新回缙云原籍筹建国民党缙云县党部,撤销原国民党缙云县党部筹备处,发展党员近百人。民国 15 年,青田县敬业小学校长王纶如等地方士绅和徐品璠等人分别成立国民党青田县党部筹备处,相互攻讦。民国 16 年 2 月,国民党浙江省党部委派陈孟渊为青田县党部特派员,负责处理派系斗争。陈孟渊却与徐品璠合作，成立国民党青田县党部筹备处，致使派系斗争加剧。国民党浙江省党部电令在丽浙江省党部处州政治监察员、中共党员张新锦抵青田调解，确定王兰等县党部筹备委员 7 人，补充王纶如为筹备委员。陈孟渊拒绝改组，另设县党部筹备处，两派继续对峙。7 月，青田县长郑迈以扰乱地方罪判刑，判处王纶如等 3 人刑期，暂时平息派系斗争。

民国 15 年（1926）10 月，国民党浙江省党部执行委员陈惟俭任松阳县长，委派叶熙年为松阳县党部筹备委员会常务委员，高一飞等 7 人为筹备委员。民国 15 年冬，遂昌籍国民党浙江省党部候补执行委员、共产党员唐公宪，回遂昌筹建国民党遂昌县党部，成立国民党遂昌县区党部，民国 16 年 1—3 月，更名遂昌县党部，下设区党部 5 个、区分部 22 个，国民党员 273 人。民国 16 年 1 月，国民党浙江省党部委派党务特派员朱兆萃到丽水县碧湖等地发展国民党员，成立区分部。2 月，国民党丽水县临时县党部成立。民国 16 年 3 月，国民党庆元县党部筹备处成立。6 月，国民党浙江省党部委派吴作霖、吴从卿，组建国民党庆元县临时党部，国民党员 76 人。民国 16 年秋，国民党浙江省党部派人到龙泉县与龙泉籍项晶、季大培等酝酿，成立国民党龙泉县党部筹备处，发展一批国民党员。后成立国民党浙江省直属龙泉区党部。

民国16 年（1927）2 月，国民革命军第 14 军军长赖世璜委派吴庆森、梅志初到云和县筹建国民党临时党部。因国民党员人数太少，建立国民党云和县独立区党部。同年 2 月，国民革命军第 14 军委派书记官吴汉钟到景宁县筹建国民党景宁县临时党部，举荐执行委员 6 人。下属区党部 1 个、区分部 3 个。

党务整理

民国 16 年（1927），蒋介石在上海发动“四•一二”反革命政变，第一次国共合作破裂。国民党浙江省党部改组委员会派人到各县改组国民党县党部，成立县党部改组委员会、县党部筹备委员会和党务指导委员会，设立党员登记处，重新登记国民党员，迫害共产党员和进步人士。

民国 16 年（1927）3 月，特派员徐时惠、指导员戴振铎到景宁县整理党务，命令停止区党部活动。8 月，国民党浙江省党部委派林鸣鹤为县清党委员，设清党委员会办事处，国民党员 217 人，核准发放党证 177 人。随后，国民党浙江省党部委任林鸣鹤为县党部改组委员兼党务指导员，成立景宁县党部改组委员会。国民党浙江省党部以景宁县民众团体活动不规范为由，委派叶葆禔为县党务指导员，成立县临时登记处登记国民党员，清理异党分子，保留合格党员 82 人。5 月，国民党浙江省党部委派孟卿为遂昌县清党委员，县党部改为县党部筹备处。6 月，国民党浙江省党部委派耿熙为丽水县党部常务委员。8 月，县党部筹备处改为县党部改组委员会，设临时登记处，办理党员总登记，全县有国民党员 325 人。“四•一二”反革命政变后，国民党浙江省党部委派叶铭为松阳县党部改组委员会常务委员。9 月，梁士光任丽水县党部改组委员，撤销临时县党部，成立丽水县党部改组委员会，陈濂任常务委员。民国 16 年冬，国民党浙江省党部委派吴彭为松阳县党部党务指导员，进行党员登记。至民国 18 年 12 月，全县有国民党员 317 人。

民国 17 年（1928）春，国民党浙江省党部委派孙庆禧为国民党丽水县党务指导委员，成立党务指导所，主办国民党员登记。

民国 17 年（1928），国民党浙江省党部委派罗国华为缙云县党部党务指导员，成立临时党员登记处，登记全县国民党员。8 月，国民党浙江省党部委派周子叙为党务特派员，到庆元县进行党员甄核登记。10 月，国民党浙江省党部委派陈金魁任云和县党务指导委员会委员，开展国民党员登记。

民国18年(1929)1月,国民党浙江省党部党务指导委员会指导整顿景宁县党组织。至12月,景宁县国民党员99人,合格80人,不合格16人,待补手续3人。

民国22年(1933)11月,青田县派系斗争尖锐,国民党浙江省党部先后委派曹世俊、卢澄等人为青田县党务整理委员,选举徐品璠任青田区党部常务委员。不久,徐品璠因案入狱,由执委陈香火代理。

民国24年(1935),国民党浙江省党部委派周子叙为党务整理委员,到龙泉县指导党务整理。区党部常务委员叶广洲赌博成性,将龙泉县各界庆祝蒋介石50寿辰而筹措的祝寿捐款输光,叶广洲被撤职,清除出党,变卖家产抵偿。

县(区)党部成立

民国16年(1927),6个县成立国民党县党部或临时党部。1—3月,国民党遂昌县党部成立,常务委员程醉春。2月,国民党景宁县临时党部成立,负责人叶之胄。同月,国民党丽水县临时党部组建,常务委员李华、监察委员郑宝琳。6月,国民党浙江省党部委派吴作霖等人,负责组建庆元县临时党部,吴从卿、吴廷元先后任常务委员。6月23日,国民党缙云县党部筹备处成立,负责人赵汝池。

3个县组建国民党区党部。民国16年(1927)年10月,国民党云和县独立区党部成立,常务委员叶绍宗。同年秋,国民党浙江省党部直属龙泉区党部成立。民国20年8月,国民党浙江省党部直属青田区党部成立,常务委员徐品璠。

2个县的县党部降为区党部。民国18年(1929)1月,遂昌县党部降为国民党浙江省党部直属遂昌区党部。7月,景宁县党部降为国民党浙江省党部直属景宁区党部,常务委员梅鼎昂。

5个县的区党部升为县党部。民国26年(1937),国民党浙江省直属龙泉区党部升格为县党部,常务委员何景元。民国27年春,云和独立区党部升格为县党部,国民党浙江省党部委派杨舒青为云和县党部特派员。民国27年9月,国民党浙江省直属遂昌区党部升格为县党部,县党部特派员程一戎。民国28年1月,国民党浙江省直属青田区党部升格为县党部,县党部书记长刑弼。

国民党县党部成立初期,下设总务、宣传、组训、民运等部,执行委员兼任部长。民国16年(1927)春,国民党遂昌县第一届执监委员6人,常务执行委员程醉春,秘书周春先、组织部长谢云巢、宣传部长吴光斋、农工部长傅以和、监察委员王佩剑。国民党松阳县党部下设组织、训练、宣传三部,指导农、工、商、教、妇女等团体。国民党云和县党部下设组织、训练、宣传、农民、工人、商人、青年、妇女等8个部。国民党缙云县党部增设训练委员会。国民党景宁县党部增设党务人员养成所。民国24年7月,国民党县党部调查统计室陆续成立,C•C派中统特务控制党务,搜集共产党活动情况,捕杀共产党员。

县(区)党代会召开

民国16—19年(1927—1930),6个县召开国民党首次县代表大会,选举县党部执行委员7—9人,候补执行委员2—3人,监察委员3人,候补监察委员1—2人。县代表大会选出若干县党部候定委员后,报浙江省党部审核,由浙江省党部在半数候定委员中圈定若干名执行委员、监察委员。民国16年1—3月,国民党遂昌县首次代表大会召开,选举常务执行委员程醉春、监察委员王佩剑。民国16年9月,国民党景宁县代表大会召开,选举叶葆禔等为执行委员,吴星槎等为监察委员。民国18年2月,国民党丽水县首次代表大会召开,选举常务执行委员金鼎彝、常务监察委员汤景萃。民国18年春,国民党缙云县第一次党员大会召开,选举常务执行委员陈夏。10月,国民党庆元县第一次代表大会召开,选举常务执行委员周子叙。民国19年，国民党松阳县代表大会召开，选举执行委员3人，监察委员1人。

民国17—20年(1928—1931)，3个县召开国民党浙江省直属区党部党员代表大会。5月，国民党浙江省党部直属云和区党部党员代表大会召开，选举常务执行委员梅志初，至12月，召开区党代会11次。民国18年，国民党浙江省党部直属龙泉区党部党员代表大会召开，选举常务执行委员项晶，至25年，召开区党代会4次。民国26年，国民党龙泉县第一次代表大会召开。民国20年8月，国民党浙江省党部直属青田区党部党员代表大会召开，选举常务执行委员徐品璠。至民国26年夏，召开区党代会3次。

民国18—19年(1929—1930)，县党部改为区党部的2个县召开区党代会。民国18年9月，国民党浙江省党部直属景宁区党部党员代表大会召开，选举常务执行委员梅鼎昂，至民国26年10月，召开区党代会9次。民国19年12月29日，召开国民党浙江省党部直属遂昌区党部代表大会，选举执行委员、监察委员。

特派员制

民国27年(1938)1月，改由国民党县代表大会选举产生执行委员、监察委员为浙江省党部直接指派特派员制。国民党浙江省党部在第九(丽水)行政督察区设办事处，国民党浙江省党部执行委员、浙江省国民政府教育厅厅长许绍棣任办事处主任，直接处理各县党部的整顿工作。国民党县党部特派员为丽水县陈仲夷、龙泉县何连元、青田县邢弼、云和县杨舒青、庆元县杨明、缙云县杜芳、遂昌县程一戎、松阳县戴逸云、景宁县林鸣鹤。县党部下设秘书、组织、训练、宣传等干事或助理干事。缙云县党部设秘书、组训、社宣等干事各1人，助理干事和民运指导员各2人，同时在各机关、乡镇成立防敌小队、防敌中队等特务组织。龙泉县党部成立组织、宣传、民运、总务和调查统计室，调查统计室直属省党部领导，指派杨登池为特派员。

书记长制

民国28年(1939)起，县党部特派员制改为书记长制，由国民党浙江省党部直接指派书记长。国民党县党部书记长为丽水县方祖祯、缙云县杜芳、云和县林世泽、青田县邢弼、遂昌县刘子才、松阳县戴逸云、庆元县杨明、龙泉县宋修阜、景宁县林鸣鹤。县党部下设总务、组织、宣传、调查统计室、民运指导室。庆元、景宁等县党部调查统计室增设特约调查员，由浙江省党部调查统计室派遣。民国29年，民运指导室移交国民县政府社会科。同年，松阳县党部设党务计划委员会，党部宣传、组织、组训等工作，提交党务计划委员会讨论同意后执行。民国30年，遂昌县党部成立党员监察网和机关防奸小组，特务遍布全县各乡镇。

执监委制恢复

民国31年(1942)，国民党恢复县党部选举执行委员、监察委员制。执行委员4—5人、候补执行委员1—2人，监察委员1—3人、候补监察委员1人。书记长、常务监察委员各1人。民国30年，2个县召开代表大会。5月，国民党松阳县第八次代表大会召开，选举书记长戴逸云。10月，国民党庆元县第八次代表大会召开，选举书记长柳五。民国31年，5个县召开县代表大会。召开国民党丽水县第八次代表大会，选举书记长孙庆禧、常务监察委员周鼎；召开国民党云和县代表大会，选举书记长李元白；召开国民党遂昌县代表大会，选举书记长俞乃普；召开国民党龙泉县第二次代表大会，选举书记长叶高；召开国民党景宁县第六次大会，选举书记长林鸣鹤。民国32年，召开国民党缙云县第十一次代表大会，选举书记长杜芳。民国34年12月20日，召开国民党青田县第一次代表大会，徐品璠与邢弼合作，同金厥光竞选，会场发生殴斗，选举书记长金厥光。

民国31年(1942)6月2日，浙江省临时省会迁云和县，国民党浙江省党部驻云和县城建国路。云和县党部升为二级县党部，下设秘书、总务、组织、宣传等干事，国民党浙江省党部驻云和县调查员以及党团统一组织委员会、财务委员会、党务计划委员会、政治委员会、文化运动委员会、工农运动委员会、妇女运动委员会、青年运动委员会。丽水县大港头浙江铁工厂为国民党浙江省党部直属第四区党部，省党部直属处州中学区党部，省党部直属省立临时联合初级中学、省立高级商业学校、省立临时联合师范学校区分部。民国35年，松阳县党部下设党务计划委员会、区党务指导员，县监委下设党员监察网，各区分部书记兼监察员。遂昌县党部下设青年团指导委员会。

党团合并

民国36年(1947)9月，召开国民党六届四中全会，通过《统一中央党部团部组织案》，解决国民党、三青团各成系统、相互矛盾、钩心斗角问题，决定将三青团并入国民党。由国民党浙江省党部指定若干人成立县党团统一委员会委员、书记长、副书记长，实施党团合作，进行国民党员、三青团员总登记。庆元县原有国民党员6433人，其中兼三青团员78人。三青团员234人，其中兼国民党员20人。参加甄别登记的3686人，被县党团统一委员会以行为不检、参加异党等情由取消登记资格的有23人，准予登记为国民党员的有3663人，占原党团员总数的54.6%。丽水地区有国民党员73759人。国民党县代表大会召开，选举执行委员、监察委员。执监委员人数较少的遂昌县，执行委员9人、监察委员4人。执监委员较多的松阳县，执行委员17人、监察委员5人、候补执行委员2人。原县党部执行委员、三青团县分团干事，任县党部执行委员；原县党部监察委员、三青团县分团监事，任县党部监察委员。县党部常务执行委员任书记长，三青团县分团干事长任副书记长。县党部下设总务、组训、秘书等干事。龙泉县党部增设青年部。庆元县党部增设农工、政治、青年运动委员会。

1947年处属各县国民党三青团合并情况一览

表28-1-1-1

县名	合并时间	县党代会	书记长	副书记长	区党部(个)	区分部(个)	国民党员(人)
丽水	1948年1月	第十次	孙庆禧	陈琳	—	51	7235
龙泉	1947年11月	第三次	季大培	—	—	221	5540
青田	1947年11月	第一次	张浑	郑锡康	41	107	30000
云和	1947年	第十四次	季元白	—	—	147	3653
庆元	1947年10月	第十二次	杨兆元	—	31	124	3663
缙云	1947年10月	第十次	杜芳	—	—	56	6010
遂昌	1947年10月	第五次	童任侠	吴绫	28	251	7076
松阳	1947年10月	第十次	何鹏	—	4	127	6478
景宁	1947年11月	第十次	潘溱	—	19	104	4104

国民党基层组织

民国 13 年(1924)1 月 28 日,《国民党党章》规定,以促进三民主义实现五权宪法之创立为宗旨,党员入党时,须有本党党员二人以上介绍,填写入党志愿书,区分部党员大会通过,区党部执委会认可,即为国民党员。民国 15 年,各县国民党县党部发展国民党员,龙泉县 100 多人、庆元县 76 人、缙云县近 100 人、遂昌县 273 人、松阳县 317 人。17 年 9 月,各县有国民党区党部 31 个、区分部 172 个、国民党员 3372 人。民国 19 年起,国民党县(区)党部发展预备党员,工作满一年者,经县(区)党部审查合格,领取由中央执行委员会发的党员证书。4 月,国民党浙江省党部委派党务视察员 3 人,视察丽水、龙泉、云和、庆元、缙云、遂昌、松阳、景宁县,至 5 月 10 日,各县国民党员仅 1030 人。区党部设常务执行委员、组训委员、宣传委员各 1 人,监察委员 1 人。区分部设执行委员、组训委员、宣传委员各 1 人,监察委员由区分部执行委员兼任。区分部下设党小组。

民国 26 年(1937)起,大力发展国民党员。龙泉县发展国民党员,只要有 2 个党员介绍,在入党申请书上按上指印即可,也可以由别人代为填表,代按指印,以致有的人入党还不知道自己是国民党员。至民国 31 年,区分部从 5 个发展至 43 个,国民党员 1825 人。国民党缙云县党部在抗日战争期间,利用乡镇事务员、保甲长、壮丁、小学教师、合作社员训练、公务员任用送审、县参议员及乡镇民代表资格检核时机,发动各区分部职员、党员,介绍亲友入党。至民国 34 年,国民党区分部从 17 个发展至 48 个,国民党员从 400 人增至 5000 多人。民国 31 年 4 月,丽水县强令公务人员入国民党,规定凡公务人员非国民党员一律不得任用。民国 33 年 5 月 21 日《东南日报》讯:“闻朱县长(丽水县长朱毅生)已于 17 日手令各职员,限于本月底一律入党,否则予以停职处分,乡镇代表必须于 6 月 15 日前办理入党手续,逾期当选,证明书即予停发。”民国 33 年(1944),松阳县党部奉令按人口比率,大量发展国民党员,第一期限 6 月底应征 3000 人,实征 2954 人。第二期限 12 月底,应征 3500 人,实征 1540 人。次年 2 月,全县有区分部 74 个,国民党员 7631 人。民国 34 年 6 月,经国民党浙江省党部考核,云和、青田为甲等县党部,龙泉为乙等县党部。

抗日战争胜利后,国民党丽水县党部为完成浙江省党部扩大发展党员数额的任务,派员下乡核对户口,对未入国民党成年公民代填入党申请书,发展国民党员。民国 36 年(1947)10 月,三青团并入国民党,取消国民党员预备期。丽水地区有国民党县党部 9 个、区党部 123 个、区分部 1188 个、国民党员 73759 人。

第二节　国民党活动

国共合作

民国 13 年(1924)1 月 20—30 日,中国国民党第一次全国代表大会召开,接受共产党提出反帝反封建的政治主张,确立联俄、联共、扶助工农的三大革命政策,实现第一次国共合作。民国 15 年 12 月,遂昌籍国民党浙江省党部候补执行委员、中共党员唐公宪,回县筹建国民党遂昌县党部,同时发展中共党员,成立中共遂昌县支部。民国 16 年 3 月,中共党员张新锦受国民党浙江省党部派遣，以处州政治监督员身份到丽水县筹建国民党丽水县党部，秘密开展革命活动，在三官殿召开群众大会，发动工人、农民和学生组织工会、农会、学生会、妇女会，在处州中学秘密发展中共党员 3 人。6 月，国民党浙江省党部委派赵汝池、吕传德、吕光新到缙云县筹建国民党县党部。11 月，赵汝池、吕传德加入中国共产党。至民国 16 年上半年，各县均成立国民党县党部、临时党部或区党部。

各县国民党县党部成立后，开展日常党务工作，发展国民党员；组训党务干部，考核鉴定党员；宣传国民党党义，推进国民革命；指导社会团体，开展民运工作；策动地方自治，整顿社会风气。松阳县党部发展国民党员，组织党义读书会，教育党员三民主义。丽水县党部建党初期，宣传三民主义，平均地权，耕者有其田。遂昌县党部召开工人、农民、学生和各阶层群众会议，宣传打倒列强，内除国贼，孙中山倡导的联俄、联共、扶助工农三大政策。演出文明戏《袁世凯的皇帝梦》，教唱“打倒列强除军阀，国民革命成功齐歌唱”的歌曲，收到较好的效果。缙云县党部开展社训、民运工作，对商会、农会、教育会等人民团体，进行整顿发展，成立妇女会。推行“二五减租”，施行浙江省党政联席会议制定的《佃农缴租章程》《十七年佃业缴租章程》和《佃业理事局章程》，由于地主豪绅的千方百计破坏，党政人员大多置有田产，对“二五减租”敷衍了事，收效甚微。

国共分裂

民国 16 年（1927）“四•一二”反革命政变后，各县国民党县党部成立改组委员会，进行党员登记清党，清洗、逮捕和杀害共产党员、进步人士和群众团体领导骨干。4 月 11 日，在杭州逮捕国民党遂昌县党部创建者、中共党员唐公宪，关押杭州陆军监狱。国民党遂昌县党部常务执行委员程醉春、秘书周春先、监察委员吴佩兰被捕入狱；组织部部长谢云巢、宣传部部长吴光斋、农工部部长傅以和都是共产党员，被迫外逃上海。6 月 6 日，国民党浙江省党部处州政治监察员、中共党员张新锦在金华被捕，8 月 4 日晚，在金华监狱被杀害。同年，国民党缙云县党部筹备处负责人赵汝池、筹备委员吕传德、吕光新，在清党时因思想进步受排挤打击，被迫离开缙云到杭州。民国 17 年秋，国民党浙江省党部派占尧云、叶青、吴彭 3 人为党务指导委员，组建松阳县党部党务指导委员会，办理发展国民党员，划分区党部、区分部等工作。占尧云、叶青因涉嫌有共产党言论被捕，吴鹏被迫外出。7 月 6 日，各县成立国民党员登记处，进行国民党员登记，至 9 月 12 日，丽水、云和、缙云、遂昌、景宁县登记合格党员 251 人，待补手续 137 人。

民国 24 年（1935）3 月，中国工农红军挺进师由师长粟裕、政委刘英率领，进入龙泉、遂昌、松阳县，开辟浙西南革命根据地。9 月 22 日，国民党遂昌县党部及其所属组织，配合国民党军第 14 师第 79 团，围剿中国工农红军挺进师和松（阳）遂（昌）龙（泉）游击总队，摧毁以王村口为中心的革命根据地。红军战士、游击队员、地方干部被捕 158 人，枪杀 26 人。11 月，国民党松阳县党部配合国民党军清剿竹溪、玉岩等革命根据地。红军战士、游击队员、地方干部被捕入狱 201 人，玉岩苏维埃政府主席叶义等先后被捕，牺牲 219 人。11 月 14 日，国民党景宁县党部成立清乡委员会，抽编组建铲共义勇队，每乡 1 个计 24 个队，开展清乡。至民国 25 年 2 月，审查村民 6500 户，拘押共产党嫌疑人 126 人。至民国 25 年 10 月，红军官兵、游击队员、苏维埃政府干部、根据地革命群众被捕 820 人、牺牲 370 人，其中游击队长 105 人。

抗日合作

民国26年(1937)9月15日,中共闽浙边临时省委书记刘英与国民党代表王裕先达成停止内战、合作抗日的七点协议。19日,中国工农红军挺进师师长粟裕派谢文清等出面与遂昌县兵役科长朱镇山在遂昌县门阵村谈判,达成国共合作抗日三点协议。挺进师改编为国民革命军闽浙边游击总队。民国27年3月,粟裕率部北上抗日。20日,路过丽水大港头,与浙江省国民政府主席黄绍竑会谈,接收军衣1000套,子弹3万发。21日,到遂昌县,受到国民党县党部党务特派员程一戎带领的机关团体、各界人士列队欢迎。粟裕发表国共合作、一致抗日的演说。经与国民党遂昌县政府交涉,在押红军战士、游击队员20人获释。民国27年1月,中共浙南特别工作委员会书记汪海粟,委员施平、陈平,率一批中共党员和进步知识青年,随浙江省建设厅人员抵丽水,在建设厅浙江省战时物产调整处任职,与浙江省国民政府主席黄绍竑建立统战关系,起草《浙江省战时政治纲领》,在浙江省国民政府988次委员会通过。改组龙泉、云和、遂昌县政府,建立战时经济实验县,浙江省建设厅先后在丽水县太平和曳岭、龙泉县八都、青田县海口、云和县小顺、遂昌县大柘、松阳县古市等地建立战时经济实验区8个。吸收大批共产党员和进步知识青年,安排在战时经济实验县、区和乡村建设指导室工作,各县建立抗日后援会、抗日自卫委员会和县战时政治工作队。组织农会、商会和各业同业会、手工业职业工会、妇女会和教育会,开展抗日救亡工作,推行“二五减租”政策。创办各种报优杂志,建立各种文艺团体,开展抗日救亡宣传,揭露日寇侵华罪行,劝谕民众提高警惕,严防敌伪活动。发动青年从军抗日,云和县常备队志愿加入补充营75人,开到前线抗日。捐献浙江党员飞机,征收党员特别捐。龙泉县为前方将士赶制军鞋3327双、袜子2154双,捐赠现金892.24万元。国民党缙云县党部举办手车工人训练班,组织手车工人600多人,建立运输中队4个,担负军队、公务和民众的物资运输。国民党景宁县党部主持禁赌、禁毒、提倡植树,开展民众识字教育、尊老访贤等有益社会工作。民国28年起,各县国民党县党部、县政府建立抗日阵亡将士纪念碑、纪念馆(祠)或忠烈祠,缅怀抗日战争阵亡将士。

反共剿共

在国共合作抗日的同时,国民党仍反共剿共。民国27年(1938)7月,国民党龙泉县党部成立中统特务组织调查统计室,在各区、乡均有情报组织,刺探共产党活动,配合清剿共产党员和红军战士。12月起,撤销浙江省建设厅战时物产调整处、战时经济实验县和战时经济实验区、县乡村建设指导室,改县战时政治工作队为三青团战时青年服务队。民国28年1月,国民党五届五中全会秘密颁布《限制异党活动办法》。各县国民党县党部密电各区分部,“严防共党混迹于本党”。指定各区分部书记为义务情报员,严密布置情报网,派员监视打听各种集会,暗探共产党活动。民国29年10月,国民党抗日自卫团第2纵队第5团第2营营长蒋宪棋率部到龙泉县住龙乡一带清乡。国民党龙泉县党部组织宣抚队,由邱宝传做队长,配合自卫团清查户口、签订联保联座、策动“自首自新”。民国30年1月,闽浙赣三省边区绥靖指挥部迁移龙泉县,第九(丽水)行政督察区为第三绥靖分区,中将陈式正任指挥官,坐镇龙泉指挥。在景宁县设青田、景宁、丽水三县绥靖指挥所。1月26日,遂昌县清乡剿匪办事处成立。国民党遂昌县党部会同政、军、团,组成清乡巡回队,由遂昌县党部书记长任队长,配合浙保2团3营在大柘地区清乡,搜捕共产党员16人,大柘区委委员傅四美、吴然被杀害。5月,龙泉、遂昌、浦城、庆元四县联合清乡办事处成立,国民党龙泉县党部成立巡回清乡工作队清乡，胁迫金声等中共党员“自首自新”342人。6月，国民党庆元县当局配合浙保3团2大队清剿周朝顺游击队，周朝顺被捕，枪杀游击队员15人。7月，丽水县战时政治工作队队长、中共党员全清扬等革命人士被捕。民国31年9月，国民党丽水保安副司令凌九霄下令景宁、丽水县自卫队，对丽云区全面清乡，丰源乡女党支部书记沈爱莲等被捕。民国32年，各县以党、政、军联席会议，特别小组会议，特种汇报会议等形式，搜集共产党活动情况。国民党县党部成立行动队、防奸防谍小组、党员监察网等组织，监视共产党动态。加强对群众团体的控制，大力发展各种人民团体，安置爪牙为负责人，每月召集重要人员谈话，侦查破坏共产党活动。7月，国民党中央执行委员会调查统计局浙江省书记室书记陈嘉璧、云和县长潘一尘率省警察大队和县自卫队，前往丽水、青田、云和、景宁县边境和建国乡高沈一带进行清乡，抓捕群众13人，中共青景丽中心县委委员兼丽云区委书记李振彪等2人遭杀害。11月，景宁县新四乡黄竹山交通站负责人、中共党员刘开水一家6人被捕，父亲死于云和监狱，母亲在云和监狱奄奄一息后保外就医死于灰寮，刘开水在新四和尚洋遭剖腹掏心惨死。民国33年2月，国民党宣遂汤边区剿共指挥部副指挥高世杰，调各县自卫队800多人，分三路清剿遂昌县门阵、汤溪县池都坑、宣平县东坑一带，逮捕共产党员、革命群众200多人，枪杀24人，烧毁房屋100多间。

剿共“戡乱”

民国34年抗日战争胜利后，国民党县党部继续清乡。民国35年(1946)4月，国民党庆元县当局“围剿”郑金元游击队。至7月上旬，游击队员被捕29人，其中判15年以上有期徒刑15人，死在狱中7人。6月，国民党遂昌县党部成立清乡委员会，建立清乡工作队7个，到农村清查户口，办理联保联坐文书，抄家、逮捕、杀害共产党员660人。民国36年4月，各县动员“戡乱”委员会成立，县长任主任委员，国民党县党部书记长、县参议会参议长任副主任委员，清查共产党组织。国民党丽水县党部派出特务，配合县长竺允迪带自卫总队到雅溪、曳岭区进行“清剿”共产党组织。9月，浙江省国民政府主席沈鸿烈到丽水，从温州调浙保3团追击浙江壮丁抗暴自救军，往丽宣武边界及碧湖等地清乡，逮捕陈协通、陈官奎等40多人，中共小箬坑支部书记刘岩清等七八人被杀害。10月，国民党当局在龙泉县小梅镇设闽浙“剿匪”指挥部，副指挥官童烈率保安队4个、特务大队1个，“清剿”龙泉、庆元县游击区，被捕群众400多人，杀害100多人，烧毁房屋270多间。民国37年，国民党选举国大代表、立法委员，各县派系斗争激烈。国民党缙云县党部常务执行委员杜芳，利用乡镇长、保甲长会议和教职员集训之机发展国民党员，扩展势力，与以樊仲明为首的豪绅人士，形成尖锐对立的两大派。在乡镇选举中，斗殴、绑架、暗杀不断出现。在国大代表选举中，双方武装施压和设宴招待相结合，软硬兼施，争得你死我活，最后樊派支持的国防部中将、国民党员施北衡当选国大代表。民国38年3月，国民党松阳县长祝更生、丽水县长张慕槎起义，成立松(阳)宣(平)遂(昌)人民游击支队、丽(水)缙(云)永(康)武(义)人民游击支队。国民党在丽水县老竹设“清剿”指挥部，调国民党军第11师和浙江保安团6000多人“围剿”游击支队。丽水县党部配合国民党军第11师到游击根据地捕杀中共党员和游击队员。国民党缙云县党部书记长杜芳，随国民党军第11师到缙云县南乡作反共宣传，“清剿”共产党员。4月2日清晨，国民党军第11师33团袭击松阳县高亭村松宣遂人民游击支队第2大队，被俘36人，牺牲15人。21日，松阳县民主政府副县长王桂五在丽水县海潮英勇就义。4月，国民党云和县当局对游击根据地严山、黄家地一带进行武装“清剿”，逮捕共产党员和革命群众40多人，江永松、柳良芝、周永祥、王瑞宽、叶金伟等共产党员遭杀害，共产党组织遭破坏。

第二章　中国三民主义青年团

民国27年(1938)3月29日至4月3日,在武汉召开国民党临时全国代表大会,决定成立中国三民主义青年团,蒋介石兼任三青团团长。7月,三青团中央团部成立,下设支团部、区团部、分团部、区队、分队各级组织,并建立青年服务队等各种外围组织。民国28年7月,三青团浙江省支团部筹备处成立,中央团部指派浙江省国民政府主席黄绍竑任浙江支团部筹备处指导员,宣铁吾任主任,陈苍正兼任书记,下设临时干事会。决定开办干部训练班,建立县市分团部筹备处。以复兴社社员为基础,广泛吸收三青团员。中国三民主义青年团(简称“三青团”)是国民党控制的青年组织。

第一节　三青团组织

三青团组建

民国28年(1939)8月,三青团丽水县分团部筹备处成立,是浙江省第一批7个三青团分团部筹备处之一,下设青年问讯处,编为甲级,有三青团员6人,辖第九(丽水)行政督察区10县。民国29年4月28日,三青团丽水县分团部成立,设干事会。4月,遂昌、龙泉县成立分团部,云和、青田、松阳县成立省支团部直属区队,丽水县分团部辖丽水、缙云、景宁三县。民国30年12月,丽水县分团部有三青团员211人,丽水城内党政军商各界编为1、2区队,6个分队,69人,处州中学为3区队、3个分队、26人,太平为4区队、3个分队、31人,景宁县直属分队14人,缙云县直属分队24人,丽水直属分队15人,各乡镇直属团员32人。直属区队设正副队长各1人,由支团部委派。民国28年冬,成立三青团浙江省支团部直属缙云县分队,有三青团员10多人,分队长王宝兴。民国31年3月,成立缙云县区队。民国32年1月,划归三青团丽水分团部直属缙云县第3区队,陆续发展三青团员300多人。同年秋,缙云县第3区队并入三青团浙江省支团部第4分团筹备处。民国29年10月,成立三青团浙江省支团部直属景宁县第6分队,王宝兴任分队长兼战时青年服务队队长,县长候轩明兼指导员,夏明望为分队副队长。民国30年7月,改为直属景宁区队,郑绍虞兼区队长。民国31年9月,三青团景宁县区队改由丽水县分团部领导,有三青团员66人。

民国28年(1939),三青团丽水县分团部筹备处派员到青田县组建三青团分队1个,三青团员10多人。民国29年10月,三青团浙江省支团部直属青田区队成立。民国32年,浙江省支团部派员到青田县任团务筹建委员,筹建三青团青田县分团部。民国29年春,丽水县分团部主任王仲高到云和县发展三青团员，建立丽水县分团部直属云和分队，县长晏忠承兼任分队长。民国30年春，改为丽水县分团部直属云和区队，县警察局长王寿廷兼任区队长。民国31年，三青团云和区队并入浙江省级机关直属第3分团部。民国34年10月，三青团云和县分团部筹备处成立。民国29年，浙江省国民政府秘书郑琴隐到松阳县组建三青团浙江支团部直属松阳县分队。民国30年12月，改为直属松阳县区队，区队长蒋来。民国33年6月，浙江支团部直属松阳县分团部筹备处成立，筹备委员徐雄飞。

民国29年(1940)4月，三青团遂昌县分团部筹备处成立，中央团部加派县长翁柽为临时干事兼主任，辖遂昌、宣平两县。民国31年年底，遂昌县分团部有区队7个、分队12个、直属小组3个和宣平县区队，合计有分队38个，三青团员413人。民国29年4月，三青团浙江省支团部指派邱壁光组建三青团龙泉县分团部筹备处，在学校师生中发展三青团员，建立区队、分队、直属小组。7月，三青团龙泉县分团部将县战时政治工作队改编为三青团战时青年服务队。龙泉县分团部辖龙泉、庆元两县。民国33年，成立三青团龙泉县分团部直属庆元区队。由县自卫中队中队长沈中和任队长。民国34年5月，有三青团分队11个、团员106人。35年4月，浙江支团部派黄森祥到庆元县成立三青团县分团部筹备处，全县有区队3个、分队13个、直属分队5个、三青团员234人。

县分团部成立

民国29年(1940)4月至民国36年4月，丽水、龙泉、青田、庆元、缙云、遂昌、松阳县三青团县分团部和景宁区队成立。下设总务、组训、宣教股，三青团战时青年服务队、新生活促进会、童子军理事会等组织。民国33年，丽水县分团部增设女青年股，次年裁撤。民国34年5月，遂昌、丽水等县青年升学就业辅导所成立。民国32年1月至民国36年6月，龙泉、青田、云和、遂昌、松阳等县三青团县代表大会召开，成立分团部干事会，选举干事、干事长和书记。人数较少的遂昌县分团部选举书记1人、干事3人；人数较多的松阳县分团部，选举干事7人、候补干事3人。丽水县解温涵、遂昌县王仲高、龙泉县邱壁光、松阳县潘成义、云和县周仁、庆元县吴绫、景宁县区队长张渠分别任各县分团部干事会干事长。抗日战争时期，民国31年6月，三青团浙江支团部迁云和县阙家祠堂，在景宁县鹤溪镇设办事处。成立三青团省级机关直属第3分团，云和区队并入省级机关直属第3分团部。浙江省支团部景宁县办事处加强对景宁区队的领导，增设8个分队。31年秋，杭州安定中学、省立金华中学、锦堂师范、蚕桑学校等迁入缙云县壶镇，成立三青团浙江支团部第4分团部筹备处，缙云区队并入壶镇第4分团部筹备处。民国33年10月，三青团浙江大学龙泉分校区队86人，划归中央团部直属分团部。民国34年10月，浙江省国民政府及省属各机关迁回杭州，三青团浙江省支团部直属第3分团更名云和县分团部筹备处。浙江省支团部第4分团部在缙云县壶镇随校迁至海宁，缙云县团务陷于停顿，至民国36年1月，重新建立缙云分团部筹备处。

三青团并入国民党

民国36年(1947)，国民党与三青团自成系统，争权夺利日趋尖锐。9月12日，国民党六届执委四次全体会议，通过《统一中央党部团部组织案》，将三青团并入国民党。民国36年10月至民国37年1月，各县成立党团统一委员会，由国民党浙江省党部圈定县党团统一委员会人选，进行三青团员总登记，三青团员即国民党员，召开国民党县代表大会，选举产生执行委员、监察委员，原三青团县分团部干事会干事为国民党县党部执行委员，候补干事为候补执行委员；三青团县分团部干事会监事为国民党县党部监察委员。三青团县分团部干事会干事长任国民党县党部副书记长。在国民党县党部内增设青年部。

三青团基层组织

民国28年(1939)8月起，三青团先在大中学校学生、教职员工中发展团员，后扩展到机关和各区乡镇，吸收所谓优秀学生、优秀职员入团。入团填写入团申请书一式三份，有三青团员2人介绍，经审核合格，进行宣誓。松阳县发展第一批三青团员150人，分编分队7个，县政府及直属单位1—3分队，军官团4分队，湘湖乡村师范学校5分队，松阳中学6分队，战时中学7分队。民国35年，以松阳县行政区划21个乡镇为基础，新建或改组为区队13个、直属分队10个。区队设区队长、副区队长各1人，分队设分队长、副分队长各1人。至民国36年，丽水地区有三青团县分团部8个、县区队部1个，区队95个、分队328个、三青团员4104个。

1939—1949年处属各县三青团组织状况

表28-2-1-1

县名	建团时间	成立县分团时间	召开县团代会时间	县干事长	区队（个）	分队（个）	三青团员（人）
丽水	1939年8月	1940年4月	—	解温涵	4	17	628
龙泉	1940年4月	1940年4月	1943年2月	邱璧光	9	14	676
青田	1939年	1943年	1940年	郑锡康	14	54	403
云和	1940年	1945年10月	1946年3月	周　仁	26	77	500
庆元	1944年	1947年4月	—	吴　绫	3	18	234
缙云	1939年	1947年1月	—	—	8	19	354
遂昌	1940年4月	1940年4月	1943年1月	王仲高	7	38	413
松阳	1940年	1943年12月	1947年6月	潘成义	13	50	423
景宁	1940年	—	—	张　渠	11	41	473

第二节　三青团活动

三青团组织发展

民国28年(1939)8月起，各县县分团部、区队发展组织，吸收三青团员，建立和调整区队、分队、小组，委派区、分队队长，区、分队副队长，进行团员甄核，凡是不忠于中央团部、团长的三青团员，都要淘汰出团。民国36年春，中央团部派员到松阳县指导团员总甄核，要求甄核时重团员质量，不忠的要清除出团，甄核后全县有三青团员约500人。

战时青年服务队成立

民国29年(1940)5月起，丽水、龙泉、遂昌、松阳、景宁等县分团部成立战时青年服务队，区队成立战时青年服务社，协助发展三青团员，执行政府法令，平抑市场物价等。7月，龙泉县三青团战时青年服务队接管由中共领导的县战时政治工作队。中共党员和政工队员被迫转移。民国31年秋，松阳县把县政府所属的战时政工队改编为三青团战时青年服务队，人员由三青团松阳区队分配或兼任，民国32年上半年增至30多人，集中培训后录用，培训科目有三民主义、三青团组织法、团员须知、中国之命运、总裁言论集等，由县长徐雄飞兼任指导员，蒋来兼任队长，何承韩兼任副队长，下设总务、宣教、妇女、军事股，开展青年服务活动，进行抗日救亡宣传，发动青年从军等工作。

报刊创办

民国30年(1941)起，三青团县分团部设丽水青年通讯社、丽水青年剧社、《遂昌青年月刊》等报刊。松阳县将属县政府领导的中国童子军理事会松阳分会、自成系统的新生活促进会松阳分会，划归三青团松阳县分团部领导。丽水县分团部在节假日举行团员总集合、行动训练、童子军大检阅、效忠蒋介石宣誓等活动。民国34年2月，在碧湖开展一个多月的劳军运动，搞春联义卖等活动。

反共活动

民国30年(1941)，三青团丽水县分团部接受浙江省支团部指使，调查监视中共组织和进步人士。民国32年，浙江省支团部干事长宣铁吾带"铁血除奸团"成员到龙泉县，在中共党组织在龙泉住龙和浙闽边区的活动地区，张贴告示，警戒县民，检举勿懈。民国34年5月，遂昌县清乡工作队成立，县分团部协助国民党县党部办理清乡工作。三青团松阳县分团部参加县联秘室汇报会议，秘密审讯、处理中共党员和进步人士，监视异党分子。奉令组建社会调查小组，各区队、分队指派通讯员1人，受三青团的指使进行特务活动。

公益活动

民国33年(1944)10月，丽水县分团部义务防疫队成立，协助丽水县防疫处防疫，城区队在中和、九龙、南阁、定和乡鼠疫严重的地方担负防疫工作。民国34年4—5月间，丽水、遂昌县分团部组织青年升学就业辅导所，指导青年学生报考、介绍职业。民国45年7月，遂昌县洪水泛滥，灾情严重，三青团遂昌县分团部推行节食救灾活动，捐献4.43万元。

"国大"代表参选

民国37年(1948)，各县分团部参与国民大会代表的竞选，进行各种活动，密切注意基层保民代表、乡镇代表、参议员等选举，不惜用金钱贿赂、威胁利诱、后台支持、甚至强迫软禁等手段。松阳县参选国民大会代表的何联奎、叶震、刘曜等人，角逐结果，叶震得票最多，何联奎次之，秘而不宣，待上级指定国民党中央执行委员会常务委员何联奎后，连夜作弊，填写空白选票，票数超过叶震，宣布何联奎当选"国大"代表。

第三章　其他党派

民国元年(1912),中国共和党、中华民国自由党成立。20世纪40年代,中国青年党、中国民主社会党成立,人数较多的是中国青年党。这些党派均在丽水有活动,或者有丽水人参与活动,因各种政治原因,先后解散或自行消亡。

第一节　中国共和党

民国元年(1912)5月9日,以民社、统一党为主干,联合民国公会、国民协进会及潘鸿鼎等在上海的国民党等组成中国共和党,黎元洪任理事长,张謇、程德全等为理事,为袁世凯服务的政府党。设共和党丽水分部,郑景翘(次渔)为部长、孙寿芝(兰友)为副属部长。民国2年5月,共和党与民主党等合并成立中国进步党,共和党消亡。

第二节　中华民国自由党

民国元年(1912)2月3日,《天铎报》主笔李怀霜、《民权报》主笔戴天仇(季陶)、云南赵铨辛等人发起组织,在上海成立中华民国自由党,其成员多为少壮留学生和新闻记者。在浙江、江苏、广东、福建、云南等省设支部。浙江支部下设温处分会,丽水县叶天籁为分会理事之一。丽水县赤坑村畲民雷明湖、雷明森、雷明珊、雷明麟等为自由党党员。同年6月18日,自由党从上海迁移至北京。

自由党的政治主张以维持社会自由,驱除共和之障碍为目的,倡导绝对自由。党纲规定"保障人民自由,防止虚伪共和。促成地方自治,反对中央集权。励行强迫教育,主张男女平权。力谋币制统一,采用虚金本位。实施征兵制度,劝励拓殖事业。"自由党简章规定,党员入党时需缴纳徽章费1元,凭收据发给桃形银质徽章1枚,党员如不佩戴徽章,即取消党员资格,故一度以佩戴徽章为时尚。发给每个党员中华民国自由党证书,证书正面有金钟和银桃图案,两侧为党纲,证书背面右侧为证书内容,左侧有4条文字,尾注"四条均正主裁孙文、副主裁李怀霜鉴定"。

民国2年(1913)8月30日,袁世凯以"实欲结合党徒、阴与政府为敌、所结党徒又多下流社会"

为由，通饬禁止。自由党温处分会解散。

第三节　中国青年党

民国 12 年(1923)，曾琦、李璜等人在法国巴黎发起成立中国青年党，其成员系地主、资本家及依附于他们的知识分子，鼓吹国家主义，反对共产主义。民国 13 年，曾琦回国与左舜生、陈启天等创刊《醒狮周报》，以中国国家主义青年团名义进行公开活动。民国 18 年，在沈阳召开第四次全国代表大会，始以中国青年党名义活动。抗日战争时期，曾参加中国民主同盟。民国 35 年，参加国民党召开的国民代表大会，依附国民党。1949 年，随国民党到中国台湾地区。

青年党组建

民国 32 年(1943)，龙泉籍青年党浙江省党部主席刘子鹏，指使县人李师颐在龙泉县筹建青年党，至民国 35 年 1 月，青年党龙泉县临时党部成立，主席李师颐。相继成立区党部 10 个，党员 419 人。民国 35 年起，丽水县发展青年党党员。民国 36 年，青年党丽水县党部筹备处成立。民国 35 年，青年党云和县党部筹建。民国 36 年 10 月 10 日，成立青年党云和县党部，先后在箬溪、南溪、云东、建国等乡镇成立区党部 10 个，有青年党党员 100 多人。民国 36 年 8 月，青年党景宁县临时党部成立，下属临时区党部 1 个，直属小组 3 个，党员 65 人。11 月，吴庆宝、陈彰奎在龙泉县加入青年党，成立青年党缙云县党部筹备处，自任筹备处正副主任，发展青年党党员 50 多人。民国 37 年 7 月，青年党缙云县临时党部成立，又发展党员三四十人。民国 36 年，青年党浙江省党部派黄启复到松阳县任党代表，在松阳县私立国强中学发展党员。民国 37 年 8 月 10 日，青年党松阳县党部成立，先后发展党员 50 多人。民国 37 年 1 月，青年党遂昌县党部成立，有区党部 10 个，青年党党员 287 人。民国 37 年 6 月 30 日，青年党浙江省党部派余立群为青年党青田县党部筹备委员，发展党员 12 人，民国 10 月 11 日，青年党青田县临时党部成立。民国 37 年 11 月 20 日，青年党庆元县党部成立，有区党部 10 个，青年党党员 72 人。

民国 36—38 年(1947 年至1949 年 9 月 30 日止)，龙泉、缙云、遂昌、松阳等县召开青年党县代表大会或党员大会，选举执行委员 5—7 人，候补执行委员 2—3 人。县执行委员会主席有丽水县谭毅、龙泉县柳兆元、青田县余立群、云和县柳兆平、庆元县吴甲年、缙云县赵宗、遂昌县王中道、松阳县何重华、景宁县龚益新。县党部设秘书、组织、宣传、外务、总务等科。龙泉县党部增设社会运动委员会，下辖工、农、商、学、妇女小组。缙云县党部增设妇女、青年、少年队。龙泉、青田、云和、庆元、缙云、遂昌、松阳、景宁 8 个县有青年党区党部 44 个，党员 1066 人。

青年党活动

青年党组织发展　中国青年党党员入党程序规定，凡年龄在 25 岁以下青年，应先入国家主义青年团，不得径入青年党。民国 37 年(1948)6 月，青年党缙云县党部创办《星报》，以团结青年知识分子为宗旨，宣扬共产党“激进”，国民党腐败，我之中立的立场，在社会知识青年、中学教职员工和青年学生中发展青年党党员。青年党缙云县党部到缙云县政府举办的暑期教员训练班上发展党员，

遭县长章昌琛的反对，说“什么青年党，民社党，他们要干，除非拿刀枪来干！”

青年党扩展　青年党浙江省党部提出，务求保保均有组织，各乡镇普遍成立区分部，每5人成立小组，均需使同志加入活动。青年党龙泉县党部制定出“对内提高警觉，健全基层组织，对外力行分化，达成各个击破”的策略。光华电灯公司理监事会全是国民党员，改选理监事会时，青年党挤入该公司拉票，青年党在理事会占多数，连公司经理柯祖福也被拉进青年党。

反共活动　龙泉县青年党与国民党、民社党结为三党联盟，共同参与“戡乱建国”的反共活动。民国37年（1948）3月24日，青年党县党部指派王志平参加县自卫联防队任指导员兼联络员，参与“清剿”闽浙边境革命根据地。

“国大”代表竞选　民国36年（1947）起，丽水相继开展立法委员、国大代表和省、县参议员的竞选。青年党浙江省党部主席、龙泉县人刘子鹏，被青年党浙江省党部提名为立法委员候选人，回龙泉县拉拢县参议员柳兆元加入青年党，答应选举省参议员时，将分给省青年党的名额留一名给他，委劝青年党龙泉县党部主席李师颐辞职，由柳兆元担任。至民国37年1月，经过积极活动、请客拉票，中央训练团教育委员会主任秘书、龙泉县人郭骥为国大代表，刘子鹏为立法委员，柳兆元为省参议员，李忠龙等4人为县参议员。国民党云和县党部书记长季元白和联勤总部少将处长叶光竞选国大代表，青年党云和县党部主席陈忠，得悉国防部参谋总长陈诚是叶光的后台老板，支持叶光当选为国大代表，国民党与青年党斗争尖锐。民国38年3月26日，季元白与县长汪浩天串通，罗织罪名，以共产党情报队长之罪，将陈忠逮捕枪决，并勒令青年党党员在三日内向政府自新，相继逮捕20多人，青年党人纷纷出逃。

第四节　中国民主社会党

民国23年（1934），张君劢发起成立国家社会党。民国35年，国家社会党与民主宪政党合并为中国民主社会党，主席张君劢，中央总部驻上海。鼓吹国家社会主义，反对阶级斗争。其主要成员是地主、资产阶级代表人物。民国35年，曾参加国民党包办的国民代表大会（简称“国大”）。民国36年，民社党总部派员到杭州筹备民社党浙江省党部，并派人到各县筹备民社党县党部。

民国36年（1947），民社党浙江省党部主任委员、龙泉县人李杰，委派同乡蔡聚文等在县城筹建民社党龙泉县党部。民国37年1月，民社党龙泉县党部首次筹委会召开，要求委员在3个星期内，各发展民社党党员20人。在第三次民社党龙泉县党部筹委会上，委任安仁、八都等8个民社党区分部筹备委员。至3月底，发展民社党党员171人。6月18日，民社党龙泉县党部成立。

同年3月，民社党中央组织部部长、景宁县外舍村吴正，为竞选国民大会代表，仓促成立民社党景宁县党部筹委会，由梅瑶等3人组成，发展民社党党员55人。选举吴正为国大代表。

民国36年（1947），民社党竞选国民大会代表，由国民党联勤总部少将处长叶光介绍其亲戚郑瑾参加民社党，任民社党云和县党部筹委会主任委员，李希孟等4人为委员。民社党云和县党部在县城、石塘两地发展民社党党员30人，选举叶光为国大代表。

民国37年（1948）年初，项硕人等6人发起筹备青田县民社党组织。3月，民社党青田县党部成立，负责人项硕人，发展民社党党员75人。

民国36年(1947)春,民社党浙江省党部派王俊到庆元县筹建民社党组织,为民社党竞选国大代表。因王俊与庆元县国民党县党部素无来往,即以进行异党活动被扣押,后经周旋,方予保释,庆元县无民社党组织。

民国36年(1947)3月至民国37年年初,民社党中央总部、浙江省党部派员到龙泉、青田、云和、景宁县筹建县党部,发展民社党党员331人。民社党景宁、云和县党部竞选国大代表后即停止活动。1949年5月,两县解放,民社党龙泉、青田县党部自然消亡。

第二十九篇
群众团体

1. 工会
2. 共产主义青年团
3. 妇女联合会
4. 归国华侨联合会
5. 残疾人联合会
6. 社会科学界联合会
7. 科学技术协会
8. 文学艺术界联合会
9. 红十字会组织
10. 计划生育协会
11. 消费者权益保护协会
12. 农民组织

概　述

民国 31 年(1942)2 月 10 日，国民政府通过的《人民团体法》，将人民团体分为职业团体、社会团体和政治团体三类，有发起人和主管机关、章程、会员，必须经审批和登记注册后方可设立，人民团体为独立法人，可以设置分支机构，但不得主张共产主义或主张分裂国土，事实上管制很严格。

1949 年 10 月中华人民共和国成立后一直沿用“人民团体”之提法，但没有法律界定。1989 年 10 月 25 日，国务院发布《社会团体登记管理条例》，首次权威界定“社会团体”范围。

2008 年《社会团体登记管理条例》规定，社会团体是指中国人民自愿组成，为实现会员共同意愿，按照章程开展活动的非营利性社会组织。

至 2010 年，丽水市群众团体(包括人民团体)中，有工会、共产主义青年团、妇女联合会、文学艺术界联合会、科学技术协会、归国华侨组织、残疾人联合会、社会科学界联合会、红十字会组织、台胞台属联谊会、计划生育协会、体育总会、关心下一代组织、消费者协会、记者组织、农民组织等等。这些团体在履行各自的职责上，发挥各自的作用，为丽水的经济建设和社会发展作出自身的贡献。

第一章 工 会

民国16年(1927)3月，丽水县总工会建立。1950年4月，浙江省总工会(筹)丽水专区办事处成立。1963年10月，丽水专区县总工会协作组成立。1977年11月，恢复浙江省总工会丽水地区办事处。2000年5月丽水撤地设市，丽水市总工会筹备领导小组成立。2001年4月，丽水市工会第一次代表大会召开，正式成立丽水市总工会。2010年，丽水市总工会辖莲都、龙泉、青田、云和、庆元、缙云、遂昌、松阳、景宁9个县(市、区)总工会。丽水市总工会机关设主席1人，常务副主席1人，副主席2人，内设办公室(财务部)、组织宣教女职工工作部、经济保障法律工作部、市直工委等4个职能部室，下属的财贸工会为驻会产业工会，职工技协办、困难职工维权帮扶中心为下属事业单位。至2010年，丽水市总工会机关保留工作人员20人。

第一节 活 动

劳动竞赛

1950年6月，丽水专区发动工人恢复和发展生产，财政经济状况好转。1951年，浙江省总工会(筹)丽水专区办事处开展爱国主义增产节约劳动竞赛，支援抗美援朝。1953—1957年，各县组织开展社会主义劳动竞赛、技术革新和比学赶帮超先进生产者运动。1964年，全区组织工业学大庆活动。1977年工会恢复活动后，丽水专区县总工会协作组继续组织职工开展工业学大庆、学习铁人王进喜活动。1978年年底，丽水地区职工开展优质高产劳动竞赛。1980年4月至1985年，浙江省总工会丽水地区办事处开展为“四化”立功竞赛活动，同时发动职工提合理化建议8034条。1984年开始，全市开展“双增双节”劳动竞赛，地区及各县(市)先后建立劳动竞赛委员会。1986—1987年，全区开展以“献百元”为目标的增产节约、增收节支竞赛，人均年增产227元、节约114.55元。1988—1995年，全区继续开展“双增双节”劳动竞赛，并且形式多样。

1996年，丽水地区工会办事处、地区劳动竞赛委员会联合发出《关于开展争当“九五”功臣立功竞赛活动的实施意见》。1997年，丽水地区职工提合理化建议9885条，采纳4575条，实施2031条，创经济效益约680万元。1998年，丽水地区各级工会发动广大职工开展以立足本职、学先进、比贡献、创一流、增效益为内容的劳动竞赛。1999年，全区开展技术比武5865人次，技术培训7951人次，各种岗位练兵、知识竞赛16454人次。2000年，举办丽水市职工计算机知识普及应用选拔赛。开展技术培训 90 多期，参训人员 4600 多人次，开展技术比武 30 多期，1100 多人次参赛。

2001 年，丽水市职工经济技术创新活动领导小组成立，制定《丽水市职工经济技术创新活动的实施意见》。2002 年，举办 8 个工种的市级技术比武。2003 年，丽水市总工会开展经济技术创新活动，建立健全职工经济技术创新活动领导组织，在全市开展 8 项职业技能比武。2004 年，丽水市总工会在重点骨干企业开展立功竞赛等活动，占全市重点工程的 82%。2005 年，丽水市总工会建立市职工技能培训基地，组队参加浙江省 9 项技能大赛，在鞋样设计和工具钳工大赛中获团体第一名。

2006 年，全市组织企事业单位 1000 多家、职工 10 万多人参加社会主义劳动竞赛。2007 年，开展以“当好主力军、建功‘十一五’、和谐促发展”为主题的社会主义劳动竞赛活动。全市有 1200 多家企事业单位开展竞赛，市级规模以上企业 100%参赛，全市有职工 10 万多人参赛，参赛率超过 90%。同时，开展创建工人先锋号活动。2008 年，开展“千万职工大行动，转型升级立新功”主题活动。在第六届全国烹饪技能竞赛暨浙江省第五届烹饪技术比赛中，获全国金奖 4 个、银奖 1 个、铜奖 1 个。2009 年，在工业企业、重点工程建设、服务行业三大领域全面深化“保增长、促发展”“抓创新、促转型”“练技能、提素质”“抓节能、增效益”“重安全、促和谐”五大主题竞赛活动。全市评选出“丽水市勇克时艰十大杰出职工”“丽水市勇克时艰十大优秀职工”。

2010 年，丽水市各级工会推进“千万职工大行动，转型升级立新功”主题活动。2007—2010 年，全市获全国总工会表彰的“工人先锋号”集体荣誉 2 个，浙江省总工会表彰 5 个，丽水市总工会表彰30 个。

文体活动

文化宫　1952 年 3 月至 1965 年 2 月，各县开始建设工人俱乐部、文化宫。设施有各类活动室和图书馆。“文化大革命”期间，停止活动。1984 年，丽水县工人文化宫尝试市场化改革。1987 年 8 月，丽水地区工会办事处开始文化宫改革。1988 年，全区工人文化宫、俱乐部实行招标承包责任制 2 所，实行主任负责制 5 所。1990 年 10 月，全区工人文化宫改革工作会议召开，发出《关于深化工人文化宫改革的实施意见》。有工人文化宫、俱乐部、活动室 170 个，图书室(馆)409 个，藏书 53.33 万册。1997 年 11 月，丽水市(县级)工人文化宫获省先进工人文化宫。2001 年，开展深化文化宫改革工作。

职工业余学校　1950 年，全区开办职工业余学校 7 所，进行扫盲和职工业余文化补习和职工技术学习培训。“文化大革命”期间，职工业余学校停办。1978 年，恢复和建立职工业余学校 8 所。1982 年，增设专业技术培训班、高中班和大中专班、高考复习班，对青年职工进行“双补”①。逐步增设技术培训班高中班和大、中专班。1990 年，全区参加职工业余学校学习 40428 人，毕业、结业 26203 人，其中大中专毕业生 342 人。2000 年，职校面向社会办学，全市在校生 4200 多人。2009 年，推进职工就业培训。

文艺演出　1953 年，丽水县工人俱乐部开展群众性文娱、戏剧晚会 10 次，观众 6000 多人。1984 年，在全区开展“建设者之歌”歌曲创作调演活动。1991 年 8 月，丽水举办第二届职工文艺创作会演。1997 年，丽水举办职工卡拉 OK 比赛，全区美术、书法、摄影作品展览。1998 年 4 月成立丽水工人艺术团。1999 年，丽水选派职工文艺演出队到杭，参加“祖国颂”职工文艺调演活动，选送节目全部获奖。2000 年 9 月，丽水举办丽水职工歌手大赛，演出 24 场，参赛 645 人。2004 年 4 月 30 日，市

① 双补：补文化、补技术。

总工会举办“劳动者之歌”文艺会演，庆祝“五一”国际劳动节和表彰劳动模范。2006年9月，丽水举办职工卡拉OK比赛活动。2007年4月，组织职工文艺会演。2008年，举办“鲜花献劳模”文艺演出和“劳动者风采”摄影比赛。全国总工会文工团、浙江省职工艺术团“庆祝国庆60周年巡回演出”在丽水市纳爱斯集团和庆元县市民广场举办。2010年，开展“讴歌劳动、唱响工会”宣传活动。

运动会 1954年5月，丽水县举行首次工人运动会，33个单位500多职工运动员参加。1984年8—11月，举办丽水地区首届工人运动会。1990年，全区开展“迎亚运”为主题的各项体育活动。5月，推行国家第七套广播体操。1995年，组团参加浙江省第三届工人体育运动会。1997年6月，推广第八套广播体操。1998年6月，举办职工台球和围棋比赛。2005年9—11月，组织参加浙江省第四届职工运动会，获最佳赛区奖、体育道德风尚奖。2007年，举办全市职工象棋比赛。2008年6月，全省“全民健身与奥运同行”浙西片区“种文化”活动暨全省职工迎奥运健身活动启动仪式在云和县举行。2009年，举办市直职工庆国庆广播体操比赛活动。2010年，举办“快乐劳动者”职工排舞比赛暨丽水市“十大杰出职工”表彰大会，组织市代表队参加全省首届职工排舞大赛获金奖。

职工权益

源头维权 1995年，丽水地区直属企业工会和各县市总工会开展集体协商、集体合同签订工作。1996年9月，地区工会印发《加强和规范企业工会参加集体协商、集体合同签订工作的意见》。12月底，丽水地区签订集体合同278家。1999年，地委、行署出台13号文件，促进工会维权工作。2002年8月，由政府、工会、企业家协会三方代表组成的劳动关系三方协调会议制度建立，之后向乡镇(街道)延伸。2004年，全市建会乡镇、街道189个，建立劳动关系三方协商制度的有81个，建制率43%。修订《市协调劳动关系三方会议制度》，制定《市协调劳动关系三方会议办公室工作规则》。2007年，建立联席会议制度，研究讨论职工关心的重大问题和工会工作的重大问题。2009年，全市建立集体协商和集体合同制度的企业有4372家，覆盖职工17多万人。2010年，全市单独建会的2488家企业签订工资协议2139份，覆盖职工14.53万人。

依法维权 丽水解放初，确定专人负责接待、登记、交办职工来信来访。1983年，各县工会建立法律顾问处。1999年3月，实行处级领导接待职工来访日制度。2001年，开展法律培训、普法教育、法律咨询、法律援助，建立市劳动争议案件司法处理快速通道、职工法律维权工作站、市总工会职工维权帮扶中心等组织。

劳动争议调解 1995—1996年，丽水地区建立劳动争议调解组织439个。1998年3月，建立地区工会劳动法律监督委员会。公有制企业建立劳动争议调解委员会。1999年，全区劳动争议调解委员会组建率90%。2000年，全市非公企业建立工会劳动争议调解组织1884家。2001年，建劳动争议调解组织1325家。2002年，全市国有集体企业(包括国有控股企业)65家全部建立劳动争议调解组织。2007年，建立工会劳动法律监督组织1048个，法律监督员1366人。2008年，新建(街道)区域性劳动争议调解组织131家，建企业劳动争议调解委员会1478家，建企业工会劳动法律监督组织1560家。2009年全市建立区域性劳动争议调解组织125家。

送温暖活动 1992年1月，丽水地区各级工会组织开始在元旦、春节期间开展送温暖活动。1995年3月，出台《关于在全区范围内开展“送温暖工程”活动的实施意见》，地委成立“送温暖工程”领导小组，建立送温暖工程基金会。

1995—1996年，全区为特困职工建立困难职工档案660份，发放特困证660个，建立送温暖基金。1997年，地区本级及9个县(市)建立困难职工档案1372个，帮困结对特困职工家庭38户，并实施水、电、粮补贴等优惠政策7项。2001年，市县区总工会协助民政部门做好职工最低生活保障线的落实，建立特困证制度。2003年，市本级及各县(市、区)均建立困难职工帮扶中心，开通"96351"维权热线电话。2005年11月至2006年1月，联合开展以清理拖欠农民工工资为主要内容的"春雨行动"专项整治执法检查活动。2009年1月，市、区总工会职工维权帮扶中心正式挂牌成立。

1998—2009年，全市建立工会职业介绍机构9个，职业培训机构25个，职工再就业培训基地12个，开展下岗职工转岗技术培训，协助政府部门做好下岗失业职工再就业和企业富余职工分流安置工作。2009年，在"农民工援助大行动"中，进行就业指导、职业介绍、政策咨询等就业服务10716人次。

劳动模范

劳动模范普查 1996年，对全区省、部级以上劳模进行普查，历时十多个月。经普查，全区有历届省、部级以上劳模154人(荣获称号183人次)，其中男125人、女28人，汉族141人、畲族12人、回族1人，农业劳模44人、非农业劳模110人。全国劳模23人、省级劳模108人、部级劳模32人、"五一"劳动奖章获得者13人。

日常管理 2000年，丽水市总工会(筹)下发《关于进一步做好劳动模范管理的试行办法》，对劳动模范的推荐、评选，奖励待遇、日常管理、荣誉称号的取消等作出规定。2003年，市政府下发《丽水市劳动模范和模范集体评选及管理办法》，开展首次劳动模范评选表彰工作。2004年，贯彻省政府浙政办发〔2004〕11号文件对省部级劳动模范的经济政治待遇的明确规定。2005年，全市检查贯彻落实情况，并做好查漏补缺。

评选表彰 2002年9月，市委、市政府发文成立市劳动模范评选委员会并下设办公室，当年开展首次市劳动模范和模范集体评选表彰工作。2003年4月30日，市委、市政府召开首次市级劳动模范和模范集体表彰大会，市级劳模48人和市级模范集体14个受到表彰。2008年，进行第二次市级劳动模范评选，评选出市劳动模范58人，市模范集体20个。

第二节 组织机构与代表大会

市总工会

民国16年(1927)，国民革命军颁布《工会章程》。3月，中共党员张新锦以国民党省党部处州政治监察员的身份，在丽水开展工农运动，组建工会。利用织布公司组建的织布业工会成为丽水首家工会组织。同月丽水县总工会建立。到民国24年12月，景宁、宣平、缙云、龙泉、松阳、遂昌、云和、青田、庆元先后建立县总工会。

民国19年(1930)，中国国民党浙江省执行委员会通过《浙江省工人团体改组办法》，国民党县党部设工会整理委员会，命令停止工人团体活动，并改组丽水县工会。民国20年7月，景宁县总工会等也被改组。

民国27年（1938），中共处属特委设工运主任，首任工运主任周源。民国28—29年（1939—1940），先后有丽水、青田、云和、遂昌4个县设立职工部，松阳县设立农工部，组织工人开展职工运动和抗日救亡运动，改善工人工作和生活条件，但工会活动受到国民党严格控制。民国32年6月，浙江省社会处宣布丽水、龙泉、云和等4个县为重点区域的非常时期工会管制县。1949年丽水解放前夕，工会组织被解散。

1949年5月，丽水解放。各县先后建立县总工会筹备委员会。1950年4月8日，浙江省总工会筹备委员会丽水专区办事处成立。辖丽水、龙泉、云和、庆元、缙云、松阳、景宁、宣平8个县总工会。1952年1月，工会办事处随丽水专区建制撤销而撤销。1963年10月，省总工会决定成立丽水专区县总工会协作组。1966年"文化大革命"开始，工会组织遭到破坏，停止活动。

1977年11月20日，省总工会丽水地区办事处建制恢复。至1995年年底，地区工会办事处下辖丽水、龙泉、青田、云和、庆元、缙云、遂昌、松阳、景宁9个县（市）总工会和149个地属基层工会。全区有职工113697人，工会会员106227人，基层工会1651个。

2000年5月，丽水撤地设市建区，经浙江省总工会、丽水市委批准，撤销浙江省总工会丽水地区办事处。7月，建立丽水市总工会筹备委员会。原办事处主任、副主任任筹委会主任、副主任，负责筹备召开丽水市工会第一次代表大会，在丽水市工会第一次代表大会召开之前，由丽水市总工会筹备委员会代行市总工会职责。

市直单位工会

1950年5月，浙江省总工会（筹）丽水专区办事处派员调查，开始组建基层工会。1951年7月，在教育、国营金融、贸易、森工部门及系统发展会员，建立基层工会组织。1952年，全区有工会会员12724人。1958年，因受工会消亡论影响停止发展会员。1963年1月，基层工会组织开始加强，工作制度逐步健全。"文化大革命"期间，工会组织被地、县"工代会"取代。1977年下半年，经整顿基层工会恢复活动。1979年，开展换发新会员证和发展新会员工作，全区有会员50304人，占职工总数74.11%。1994年，乡镇企业开始组建工会，全区建乡镇企业工会81个，外商投资企业工会32个。2000年，开展国有集体改制企业工会组织的整顿、巩固和重建工作。2004年8月，市委常委会召开工青妇工作专题会议，研究进一步加强和改善党对工青妇工作领导的有关重大问题，出台《关于加强和改善党对新世纪新阶段工会、共青团、妇联工作领导的实施意见》。2010年年底，全市有市直单位工会4311家，其中独立建会4099个，联合基层工会212个，覆盖单位9265家、职工322271人，会员309647人，其中农民工会员155951人。

各县（市、区）总工会

中华人民共和国成立后丽水各县总工会相继建立。1949—1954年，各县均成立县总工会筹备委员会，后陆续通过召开第一次代表大会成立县总工会。1950年冬，宣平县建立县工会，后更名县总工会。1952年，丽水专区建制撤销，宣平县总工会归辖金华专区工会。1966—1976年"文化大革命"中各县总工会停止活动。1978年中共十一届三中全会后，各县总工会陆续恢复活动。至2010年，丽水市总工会辖莲都、龙泉、青田、云和、庆元、缙云、遂昌、松阳、景宁9个县（市、区）总工会。

莲都区总工会 1949年12月9日，丽水（县级）成立县总工会筹备委员会。1952年12月10—

12日第一次代表大会召开，正式成立丽水县总工会。1986年4月，丽水县撤县设市，丽水县总工会更名丽水市总工会（县级）。2000年5月20日，丽水撤地建市设区，原丽水市（县级）总工会改设莲都区总工会。至2010年，工会代表大会召开15次。有基层工会469个，其中独立建会440个，联合基层工会29个，涵盖单位1000个，工会会员26683人。

龙泉市总工会　1950年11月26日，龙泉县[1]成立县总工会筹备委员会。1957年4月17日，第一次代表大会召开，正式成立龙泉县总工会。1990年12月26日，龙泉撤县建市，龙泉县总工会更名龙泉市总工会（县级）。至2010年，召开工会代表大会11次。市独立基层工会447个，联合基层工会37个，涵盖单位1202个，工会会员36458人。

青田县总工会　1950年8月，青田县成立县总工会筹备委员会。1957年5月24—26日，第一次代表大会召开，正式成立青田县总工会。至2010年，召开工会代表大会10次。青田县全县有基层工会544个，联合基层工会27个，涵盖单位1503个，工会会员48762人。

云和县总工会　1949年9月，云和县成立县总工会筹备委员会，1951年4月，全县职工大会召开。1952年9月，全县工会代表大会召开。1963年5月，第一次代表大会召开，正式成立县总工会。至2010年年底，云和县总工会召开工会代表大会8次。全县基层工会322个，其中独立基层工会310个，联合基层工会12个，基层工会涵盖单位636个，工会会员18723人。

庆元县总工会　1952年5月，庆元县第一次工人代表大会召开，成立庆元工会筹备委员会。1956年4月29日至5月1日，庆元县工会第一次代表大会召开，正式成立庆元县总工会。至2010年年底，召开工会代表大会11次。全县基层工会392个，联合基层工会5个，涵盖单位596个，工会会员17052人。

缙云县总工会　1950年12月，缙云县成立县总工会筹备委员会。1952年9月27—29日，县工会第一次代表大会召开，正式成立缙云县总工会。至2010年年底，召开工会代表大会13次。全县基层工会675个，其中独立基层工会641个，联合基层工会34个，基层工会涵盖单位1733个，工会会员56852人。

遂昌县总工会　1949年年底，遂昌县成立县总工会筹备委员会。1954年4月28—30日，县工会第一次代表大会召开，正式成立遂昌县总工会。至2010年年底，召开工会代表大会12次。全县基层工会465个，其中独立基层工会428个，联合基层工会37个，基层涵盖单位1001个，有工会会员32406人。

松阳县总工会　1949年年底，松阳县成立县总工会筹备委员会。1952年9月15—18日，县工会第一次代表大会召开，正式成立松阳县总工会。1958年11月，松阳县建制撤销，1982年1月恢复。至2010年年底，召开工会代表大会10次。全县基层工会365个，其中独立基层工会346个，联合基层工会19个，基层工会涵盖单位699个，工会会员18008人。

景宁县总工会　1954年5月，景宁召开县第一次工人代表大会，成立县工会联合筹备委员会，1957年5月15—18日，县工会第一次代表大会召开，正式成立景宁县总工会。1960年2月，景宁县建制撤销，基层工会归属丽水县总工会领导。1962年6月，恢复云和县，原景宁地域基层工会归云和县总工会管辖。1984年6月30日，国务院批准恢复景宁县建制，设立景宁畲族自治县，1986年11

---

[1] 2010年称龙泉市。

月28—30日，景宁畲族自治县工会第一次代表大会召开。至2010年年底，召开工会代表大会5次。全县基层工会226个，其中独立基层工会214个，联合基层工会12个，基层工会涵盖单位531个，工会会员12490人。

市工会代表大会

丽水市工会第一次代表大会 2001年4月16—18日，丽水市工会第一次代表大会在丽水召开。大会审议并通过丽水市总工会筹备委员会主任吴加茂向大会作《把握机遇，开拓创新，求真务实，团结和动员全市职工为建设新丽水而建功立业》的工作报告、审议并通过经费审查工作报告。大会选举产生丽水市总工会第一届委员会委员31人和第一届经费审查委员会委员5人。在市总工会一届一次全委会上，选举产生常委9人，吴加茂为主席、陈龙富、雷萍为副主席。在市总工会一届一次经费审查委员会全委会上，选举经费审查委员会主任1人，陈龙富兼任经费审查委员会主任。

丽水市工会第二次代表大会 2006年4月24—26日，丽水市工会第二次代表大会在丽水举行。出席本次大会的代表280人，来自全市各县（市、区）和市属280个基层工会，代表着全市会员17.70多万人，具有广泛性和一定的代表性。大会审议并通过市总工会党组书记、常务副主席马为民作的《绕中心 服务大局 凝聚力量 切实维权 团结动员广大职工为实现我市"十一五"规划建功立业》工作报告和第一届经费审查委员会工作报告。大会选举产生丽水市总工会第二届委员会委员33人和第二届经费审查委员会委员7人。在市总工会二届一次全委会上，选举产生常委10人，丽水市总工会第二届经费审查委员会主任1人、副主任1人。

第二章　共产主义青年团

中国共产主义青年团①是中国共产党领导的先进青年的群众组织，是广大青年在实践中学习共产主义的学校，是党的助手和后备军，是党和政府联系青年的桥梁和纽带。

民国17年（1928），共青团遂昌、缙云县委建立，揭开丽水青年运动的历史序幕。1949年5月，丽水解放后，在共青团的带领下，丽水青年以极大的政治热情、高昂的革命斗志和忘我的献身精神，投身火热的社会主义改造和社会主义建设事业。"文化大革命"期间，各县的共青团组织陷于瘫痪、半瘫痪状态，"红卫兵"代表会取代共青团组织。1971年9月后，丽水、龙泉、云和、缙云、遂昌相继复建共青团组织，并恢复活动。1973年4月，共青团丽水地区第一次代表大会召开，成立共青团丽水地委。历届团地委树立以经济建设为中心活跃团的工作的指导思想，把团工作的立足点转到为改革和

① 原名中国社会主义青年团，1925年1月26日改称中国共产主义青年团。

经济建设服务上来，广泛开展“五讲四美三热爱”[①]活动和形势任务教育、理想前途教育；开展争当新长征突击手、突击队活动；组织青年“学科学、用科学”，开展农村实用技术培训和青工技术比武活动；结合整党带团建活动，开展团员教育评议，颁发团员证，加强思想建设和各级领导班子建设、队伍建设。1975 年 8 月，复建团庆元县委。1978 年 2 月，复建团青田县委。1982 年 4 月，复建团松阳县委。1984 年 10 月，复建团景宁畲族自治县委。

2000 年 5 月，丽水撤地设市，共青团丽水地委更名共青团丽水市委，丽水市共青团迎来新的发展时期。2001 年 4 月，共青团丽水市第一次代表大会召开。会议选举产生共青团丽水市第一届委员会委员 27 人，候补委员 13 人，常委 7 人，李华当选为书记。

少先队工作是共青团的一项重要工作。2000 年 7 月，丽水地区少先队工作委员会更名丽水市少先队工作委员会。2001 年 7 月，成立丽水市少先队辅导员培训中心，2002 年 10 月，召开中国少年先锋队丽水市第一次代表大会，选举产生少先队丽水市第一届工作委员会。

2010 年，丽水青年团组织中被授予国家级先进集体 7 个、先进个人 2 人，被授予省级先进集体 72 个、先进个人88 人。

第一节　活　　动

政治活动

民国 28 年（1939）3 月，浙江省临时联合中学全校学生总罢课，抗议学校无理开除学生吕云生，驱逐训育主任。民国 29 年，龙泉县中小学生编织草鞋 3000 双，慰劳抗战前线将士。12 月 31 日，缙云县壶镇教职工 100 多人到县政府请愿，迫使县政府撤销擅卖学谷的卢寅职务。

民国 36 年（1947）6 月，处州中学、处州农校及其他学校师生举行反内战、反迫害、反饥饿的罢课斗争。民国 37 年 9 月，丽水处州中学全校师生罢课，迫使国民党省教育厅撤销该中学校长职务。民国 38 年 1 月，中共党组织动员处州中学、处州师范学生 49 人先后投身丽（水）、武（义）、宣（平）边革命根据游击根据地。

1951 年，丽水地区发动青年参加抗美援朝、土地改革、农业生产、识字扫盲和冬学运动。1952 年，各县团组织在青年中开展集体主义、爱国主义和共产主义教育，参加农业生产互助合作运动。1953—1956 年，组织青年贯彻“一化三改造”[②]为核心内容的过渡时期总路线。1957 年，组织青年开展“整风反右”运动。1958 年，发动青年参加“三面红旗”[③]和“大办钢铁，大办林、畜、果场”“大修水利”等活动。1959 年 4 月，丽水、青田、缙云、遂昌县先后组织青年 2395 人，支援宁夏社会主义建设。

1961 年，丽水地区开始动员城镇知识青年上山下乡。1964 年以来，发动组织青年参加阶级斗

① 五讲四美三热爱：五讲：“讲文明、讲礼貌、讲卫生、讲秩序、讲道德”；四美：“心灵美、语言美、行为美、环境美”；三热爱：“热爱祖国、热爱社会主义、热爱中国共产党”。

② 一化三改造：中国共产党在 1953 年提出以“一化三改造”为核心内容的过渡时期的总路线：一化是逐步实现社会主义工业化，三改造是逐步实现对农业、手工业和资本主义工商业的社会主义改造。

③ 指三面红旗总路线、人民公社、大跃进。

争、生产斗争和科学实验三大革命运动。

1966年6月21日，地、县委派工作组进驻中等学校，进行“文化大革命”试点，8月下旬撤出。中等学校“红卫兵”组织取代学校共青团和学生会组织，在学校开展“四大”①造反活动，批斗领导干部和所谓的“牛鬼蛇神”分子。8月24日，丽水“红卫兵”以破“四旧”②为名，砸毁文物古迹，焚烧字画书籍、抄家侮人等。9月下旬，破“四旧”运动逐渐平息。9月1日，丽水地区中小学停课闹“革命”，“红卫兵”开始“北上、南下、东征、西进”大串连。9月底，丽水第一批初中以上学生、教师代表到京参加国庆典礼，接受中共中央主席毛泽东检阅。1967年8月后，串连活动基本结束。1967年1月20日，丽水林业学校群众组织夺校党政大权。专区及各级机关先后被夺权，党政机关瘫痪。1968年5月，开展“三忠于”③活动。7月以后，学校秩序逐渐稳定，红卫兵组织走向衰落。1969年1月，丽水地区大批城镇知识青年上山下乡，插队落户。1978年8月19日，中共中央转发共青团十大筹委会《关于红卫兵问题的请示报告》后，“红卫兵”组织即行撤销。

1989年5月3日晚，北京春夏之交的政治风波波及丽水，丽水师专学生200多人上街游行。5月18日上午至19日下午，丽水师专等9所大中专学校学生及部分教师，先后4次3300多人次，上街游行、示威、静坐、请愿、募捐声援。地委、行署动员学生回校。5月20日，丽水地区组织学生收看国务院总理李鹏和国家主席杨尚昆在首都党政军干部大会上的讲话。6月5日以后，组织青年、团员学习中共中央、国务院《告全体共产党员和全国人民书》，拥护中央平息反革命暴乱。

1990—1991年，丽水地区针对东欧和苏联剧变，在青年中开展理想信念和反对和平演变斗争的教育，开展学习雷锋和周丽平活动。

经济文化活动

1977年，全区各级团组织广大青少年掀起学习科学知识热潮。1980年，各级团组织开展“人生观大讨论”。同年，各级团组织创办文化夜校2203所，参加学习青年6.5万人次。1981年，创办青年民兵之家（俱乐部）、文化中心，至1984年，丽水地区农村有青年民兵之家3236个，占行政村总数93.8%。从1990年开始，青年民兵之家成为农村民兵、团员和青年学习活动的阵地。1982年，建立地区青少年宫。

1983年，各级团组织组织青年为民服务队200多支，团员、青年4000多人，开展各类为民服务活动。1984年，团组织在农村开展示范户、专业户竞赛。1985年，开展戴团徽、思责任、树新风、作贡献等活动。1986年，举办实用技术培训班2026期，培训农村青年5万人次。1987年，在大中专学校开展社会实践教育活动。1988年1月，开展立志建碑活动。6月，建立地区青年科技协会。1989年1月，颁发团证。2月，建立丽水地区团校。开展青年星火带头人活动。5月4日，创办《丽水青年报》。12月，开展“百团建设”活动。1990年1月，开展学雷锋、树新风活动，丽水地区有“双学”④组织7558个。4月，开展团员教育评议活动。9月，举办亚运之光火炬传递活动。10月，开展社会主义劳动竞赛活动。同年年底，丽水地区建立宣传舆论阵地2409个，学习阵地1460个。

1992—1994年，共青团丽水地委先后组织团员青年学习邓小平南方谈话、《邓小平文选》和邓小

① 四大：大鸣、大放、大字报、大辩论。
② 四旧是“旧思想、旧文化、旧风俗、旧习惯”的合称、统称，含贬义。
③ “三忠于”：忠于毛主席、忠于毛泽东思想、忠于毛主席的无产阶级革命路线。
④ 双学活动：“学党章、学理论”简称“双学”。

平建设有中国特色社会主义理论。1995年，全面开展党团共建工作。8月，启动"共青团服务万村脱贫致富奔小康行动"。1996年7—12月，举办第二届丽水地区十大杰出青年评选活动。举办农村实用技术培训800多期，培养地、县级"青年星火带头人"4000多人，获农村技术员职称600多人。

1999年5月4日，共青团丽水地委举行纪念"五四"运动80周年大会暨"5月的花海"歌咏大会，表彰第三届丽水地区十大杰出青年。

2000年，共青团丽水市委开展"世纪·青年·责任"思想教育活动。12月9日，组织举行"扬青春风采，树世纪责任"成人宣誓仪式，学生1200人参加。

2003年春夏之际，共青团丽水市委参加抗"非典"。同年，全市被评为省级"五四红旗团委"2个，省级先进团委8个，省级优秀团干部、团员21人。

2004年，共青团丽水市委落实《中共丽水市委关于加强和改善党对新世纪新阶段工会、共青团、妇联工作领导的实施意见》。开展市级"五四红旗团委"和"五有团支部"创建活动。开通"青年就业网"。举办团干素质培训班4期。推进乡镇团委班子直选工作。开展服务"三老"(老党员、老交通员和老游击队员)活动。被授予省、部级以上先进单位4个、先进个人12人，被评为省级"五四红旗团委"2个、省级先进团委8个、省级优秀团干部及团员22人。2005年8月，组织"百团大战""万名团员献青春""城乡团员手拉手，互助友爱结真情"等活动。下发《关于进一步加强全市共青团干部队伍建设的意见》。被授予省、部级以上先进单位3个、先进个人12人，被评为省级"五四红旗团委"2个、省级先进团委8个、省级优秀团干部及团员21人。2006年，开展科学发展观学习教育。部署乡镇团委换届选举。推进青年中心建设。被授予省、部级以上先进单位28个、先进个人14人，被评为省级"五四红旗团委"1个、省级先进团委9个、省级优秀团干部及团员21人。2007年，举办全市团干部读书会，开展"高举旗帜跟党走，创业创新作贡献"中共十七大知识竞赛、军事竞赛观摩等活动。丽水"12355"青少年服务台，被团中央列为全国41个试点城市之一。被授予省、部级以上先进单位7个、先进个人16人，被评为省级"五四红旗团委"1个、省级先进团委10个、省级优秀团干部及团员21人。2008年，全市新建团组织176个。被授予省、部级以上先进单位32个、先进个人66人，被评为省级"五四红旗团委"1个、省级先进团委12个、省级优秀团干部及团员19人。

2009年，共青团丽水市委举办"永远跟党走"纪念"五四"运动90周年歌咏晚会等活动。开展团内民主试点、"基层团建百日集中行动"、团干部"蹲点大调研""问计青年大访谈"等活动。同年，被授予全国性先进集体17个、先进个人401人，被授予省级先进集体104个、先进个人584人。

2010年，共青团丽水市委统筹城乡团建试点工作。探索发展行业建团、社团建团、联合建团、网络建团、流动建团、分片建团等新模式，在义乌建立首个省内驻外团工委。面向大学生村干部、好青年等群体竞争选拔乡镇(街道)团委书记。大学生村干部担任基层团干部433人。同年，被授予国家级先进集体7个、先进个人2人，被授予省级先进集体72个、先进个人88人。完成市青少年宫土建工程，该项目被评为丽水撤地设市10周年"30个精品工程"之一。

青年创业创新

1973年，丽水团地委建立后，在青年中开展"一组三田"①科学实验活动和增产节约为中心的社

①"一组三田"：科学实验小组、种子田、品种对比田、高产试验田。

会主义劳动竞赛。1978年，开展青年生产队长竞赛，争当商品小行家和青年能手杯等“双增双节”活动，涌现新长征突击手(队)790个，其中被评为全省新长征突击手55人，全国新长征突击手19人，全国新长征突击队2个。

1979年丽水市获全国新长征突击手称号一览

表29-2-1-1

姓 名	单 位
陈汉民	缙云县城北公社白岩大队副大队长、公社农科站副站长
邱 欣	缙云县农机修造厂工人
蔡美生	缙云县章源公社后坑大队青年突击队队长
毛欣梅(女)	云和县东坑区①医院妇产科医务人员
蓝细林	云和县鹤溪镇②革命委员会副主任
林雅琴(女)	云和县小徐公社小徐大队团支部副书记
吴松林	龙泉县兰巨公社蜜蜂岭大队副大队长
郑崇斌	龙泉县瀑云公社农科站技术员、公社团委书记
阮爱珍(女)	丽水针织厂工人
吴志健	丽水县服装厂工人
潘似伊	遂昌县医疗器械厂工人
高建良	遂昌县公安局人民武装警察中队班长
林裕来	遂昌县石仓公社牛角圩大队茶叶专业队队长
夏小立	青田县五金制品厂副厂长
彭红萍(女)	青田县贵岙公社塘后大队赤脚医生、团支部副书记
朱国亮	青田县海溪公社黄畈大队团支部书记
胡才良	庆元县淤上公社团委书记
杨富民	庆元县林业局林产化工厂团支部书记
沈坚敏	浙江省林业学校学生

1982年12月，曾玉亮在共青团第十一次全国代表大会上当选为共青团中央候补中央委员。1984年，共青团庆元县委被评为全国绿化造林先进单位。1986年，举办实用技术培训班2026期，培训农村青年5万人次。1988年，丽水地区有实用技术培训基地255个，科学示范户735户，各类服务性专业协会276个，培训农村青年6.12万人次。1989年9月，开展学南州、献青春活动。12月，开展“百团建设”活动。

1990年，胡立德、胡恒、胡立定、周科峰被团中央授予“中国小英雄(集体)”称号。同年，丽水地区有社会实践阵地963个，实用技术培训11252人次。

1995年，共青团丽水地委举办农村实用技术培训班870多期，培训6万人次，培养地、县级“青

① 2010年属景宁畲族自治县。
② 2010年属景宁畲族自治县。

年星火带头人”4000多人。1996年，举办农村实用技术培训800多期，培养地、县级“青年星火带头人”4000多人，获农村技术员职称600多人。1997年3月，在龙泉市召开全区共青团服务万村脱贫致富奔小康行动现场会。同年举办实用技术培训班500期，培训青年“星火带头人”3000人。龙泉市团委被评为全国服务万村行动实施先进县(市)，受到团中央表彰。1998年，丽水地区各级团组织配合绿色证书培训工作，同年，举办实用技术培训班200期，培训青年“星火带头人”1000人。1999年，开展共青团示范乡镇活动。2000年10月，共青团丽水市委在青田县船寮镇召开共青团示范乡镇活动现场会，表彰市“十佳乡镇团委书记”和共青团示范乡镇10个。丽水市各级团组织举办农业科技培训班313期，培训农村青年33200人次。莲都区团委被团中央、科技部授予全国青年“星火带头人”活动组织奖。龙泉市八都镇青年农民赵丽华被评为全国青年星火带头人标兵、省首届十大杰出农村青年。市中心医院青年医生邵初晓被评为全国杰出青年岗位能手，并获省青年五四奖章。

2001年，共青团丽水市委举办农村实用技术、经营管理、法律法规、农村政策等知识培训班148期，参加培训26100人次。6月，组织丽水代表团到上海参加首届浙沪青年优质农副产品商洽会。12月，举办“农村青年科技赶集活动”。2002年，开展各类培训班200期，参与青年15000人次。2003年，召开全市青年创业行动网络视频会议，开通“丽水青年网”，建立“用工岗位信息库”“青年人力资源信息库”。下发《关于在全市深入开展青年创业行动的工作意见》。开展各类职业技术培训班138期，参加培训青年8356人次。信贷支持农村青年107人，扶持创业项目102个，项目总投资2850万元。

2004年10月，共青团丽水市委开展“青年山海协作行动”，制定《2004—2006年丽水青年创业行动规划》，建立丽水青年就业服务中心，开展“青年就业服务月”活动，开设各类培训班293期，培训农村青年17147人次，实现就业2073人。2005年，开展扶持“小老板”创业计划。2006年3月，启动“新农村、新青年发展计划和青年创业行动”，组织开展“四百结对共建”、“百万青年农民信箱”普及、“青春装点新农村”、青年效益农业开发等活动，举办各类培训班785期、培训农村青年24556人次。2007年3月，举办“在沪浙商关爱培训计划”丽水农村青年干部培训班。组织开展“青年农业示范基地”“青年创业之星”评选和青年创业设计大赛。举办丽水·云和青年企业家协会首届沙龙暨企业文化与发展论坛。2008年2—4月，举办“创业丽水——闽锋杯”丽水青年创业大赛，培训青年17475人，各类技能培训134期。2009年2月，举办“浙江省暨丽水市返乡务工农村青年创业就业培训启动仪式”。浙江闽锋化学有限公司出资2000万元，设立闽锋青年就业创业培训资金，同年举办培训班177期，培训青年10572人。7—9月，举办第二届“创业丽水”青年创业创新项目大赛。

2010年，共青团丽水市委开展促进青年就业创业服务体系试点工作。7月，开设青年就业创业大讲堂并成立青年就业创业培训学院，举办各类培训班176期，培训青年7706人，信贷扶持青年创业资金12677.29万元。在“全国共青团农村工作会议”上，作信贷扶持青年创业工作典型发言。举办“好青年”创业创新项目大赛、首届“大学生农业创业之星”和“十佳大学生创业之星”评选活动。11月，召开全市青年就业创业服务体系建设推进会。举办“相约金秋”公益相亲大会、“新市民秀”“百企青工技能大比武”活动。

“青年文明号”创建

2001年，全市有国家级青年文明号2家、省级46家、市县级120家。2002年3月，开展“青年文明号信用建设月”活动。8月，举办首届全市美发技能大赛。2003年，全市有国家级青年文明号4家、省级46家、市级88家。2004年，制定《丽水市青年文明号管理办法》。2006年，推进“企业青工技能振兴计划”，有国家级青年文明号7家、省级53家、市级285家、县级670家。2007年7月，开展青年文明号培训交流，参与单位215家。9月，举办丽水市旅游行业暨农家乐烹饪大赛、金融系统青工技能大赛和卫生系统青工技能大赛。2010年，在全市非公企业团组织中开展“争创青年文明号、争当青年岗位能手”的创先争优活动。

青年志愿服务

1963年，丽水地区掀起“向雷锋同志学习”的热潮。1964—1966年，先后开展学习欧阳海、王杰、刘英俊、蔡永祥等活动。学习毛主席著作，涌现一批活学活用积极分子。20世纪70年代，广泛开展“工业学大庆”“农业学大寨”“全国学人民解放军”活动。1981年以来，开展“五讲四美三热爱”和向张海迪及中国女排学习活动，对广大青少年进行社会主义精神文明和共产主义理想教育。1983年，在文明礼貌月活动中，组织青年为民服务队200多支，团员、青年4000多人，开展各类为民服务活动。1990年1月，开展“学雷锋、树新风”活动，丽水地区有“双学”组织7588个。1997年3月，开展金温铁路青年绿化工程，青年突击队11支，突击队员1600人。1998年2月，开展金温铁路青年绿化工程誓师大会，完成金温铁路沿线丽水、缙云、青田3个县(市)绿化规划里程27.42千米。

2001年3月，共青团丽水市委组织开展以“新纪元从做志愿者开始”为主题的青年志愿者服务日活动。9月，开展“迎国庆青年志愿者文明行动周”活动。2001年开始，每年“三五”都在中山街组织开展“为民服务一条街”活动。2002年，推行青年志愿者注册制度，全市注册登记青年志愿者1万多人，青年志愿者队伍近200支。2003年，组建青年志愿者社区服务站。2004年，大学生志愿服务欠发达地区到丽水59人。为国际摄影文化节、浙江山海协作工程、精神文明建设等活动开展志愿服务活动。6—7月，开展“服务‘三老’献爱心、接受教育长才干”活动。2005年，为国际摄影文化节、华人华侨大会等节庆开展志愿服务活动。“走进社区、服务接力”青年志愿者行动和“真情送服务、建设新农村”主题实践活动。2006年8月，开展抗击台风“桑美”志愿服务行动和“情系滩坑、服务移民”行动。2007年3月，举行“爱心丽水”启动仪式。2008年，参与抗冰雪灾害、服务抗震救灾、推进市区“道路、旧城、内河”三大改造、服务农村现代远程教育等行动。2009年3月，召开丽水市志愿者协会成立大会暨第一次会员大会，建立市志愿者工作委员会，成立丽水市志愿者协会，审议通过《丽水市志愿者协会章程》。全市注册志愿者达40279人。

2010年3月，丽水市志愿者协会一届二次理事会召开，通过《丽水市注册志愿者管理办法》《丽水市志愿服务组织管理办法》。共青团丽水市委开展志愿者“微笑丽水、影像青春”摄影大赛，志愿服务周、志愿服务进社区、志愿者“三下乡”、省首届体育大会志愿服务等活动。举行“丽水志愿者”注册工作启动仪式。下发《关于动员全市各级团组织和少先队员组织积极参与推进生态文明建设的意见》，举办“青少年低碳新生活”文化嘉年华活动。启动关爱农民工子女志愿服务行动。丽水市志愿服务工作荣获团中央第八届中国青年志愿者优秀组织奖、浙江省志愿服务工作单项活动特别贡献奖。

爱心助学

2001年9月，丽水共青团与贫困优等生结对197人。2002年6月，共青团丽水市委举办“爱心助希望，共圆成才梦”爱心助学活动，募集助学资金180多万元，资助贫困大学生662人。开展“注册193，联通新希望”大型公益活动。全市城镇学校开展“城乡手拉手、互助结真情”活动。争取援建希望小学6所，配套援建希望网校单点站7所。2003年，援建莲都区丽新畲族乡、庆元县江根乡希望小学2所。丽水市同年募集爱心助学资金213万多元，资助贫困中小学生1000多人，大学生767人。2004年，资助贫困学生711人，资金122.35万元。落实正达房产500万元助学款。2005年，开展“正达学子”“百家青年文明号牵手百名贫困学子”和“爱心明信片”结对助学活动，募集助学资金373.37万元，资助贫困学生2471人，援建希望小学4所。2006年，援建希望小学5所，资助学生3037人，金额422.59万元。2007年6月，开展“告别1500”助学大行动。8月，开展“寻找‘国和学子’大学生爱心助学行动”。2008年8月，举行丽水市低收入农户青少年关爱行动启动仪式。筹集助学资金1336.23万元，资助贫困大学生1879人。2009年，开展低收入农户青少年“助学、助医、助困、助业”活动，结对帮扶37329人，帮扶资金达3971.97万元，援建希望小学5所。

2010年，共青团丽水市委开展“百家青年文明号结对百名贫困家庭学子”“正达学子”活动，全市结对帮扶低收入农户青少年8664人，落实帮扶资金1650.14万元。援建希望小学2所。开展“平安自护促成长”主题教育，举办青春健康教育自护营、知识竞赛和青少年自护知识宣讲、技能培训等30场，爱心大讲堂12期，受益青少年8900多人。

少先队活动

1950年，丽水专区有少年儿童队员8089人。1953年6月，更名少年儿童先锋队（简称“少先队”）。1960年4月，团省委在缙云县召开全省“少年百果园”活动座谈会，提出“少年百果园”的活动竞赛倡议。1966年“文化大革命”，少先队为“红小兵”所取代。1974年，开展办小工厂、小农场、小林场、小饲养场和大种蓖麻等生产活动。1975年，建“红小兵”小学4374所，占小学数78.73%，有“红小兵”109025人，辅导员3030人。1978年12月，恢复少年儿童先锋队，开展学雷锋、创三好、人人争戴小红花和“五爱”教育活动。1981年，遂昌县王村口公社上垟小学少先队员大队部被团中央命名为少先队红花集体。1982年，创红领巾卫生街和红领巾卫生村活动开展。同年有少先队4875个，队员337464人，在校儿童入队率98%，龙泉、青田、云和、庆元、缙云县实现“红领巾县”。1983年10月，各县建立少先队工作辅导小组，有辅导员8595人。1984年，遂昌县王村口公社上垟小学教师傅亚芹被命名为全国优秀辅导员。1985年，丽水地区在全国创造杯活动中夺15杯，同杭州市并列全省第一。1986年，开展我为“七五”描星星活动。1987年，开展勤巧小队友谊赛。1988年10月，成立丽水地区少先队工作委员会。1989年，开展红领巾帮助残疾人、创英雄中队等活动，青田县城东小学陈荣珍获“中国好少年”称号。1990年，开展“学赖宁，做党的好孩子活动”，获全国学赖宁奖章27人，获全国学赖宁优秀指导员称号8人，获全国优秀中队称号9个，获小英雄称号队员4个。1988—1990年，获基础达标创优全国红旗大队15个。1995年，全区城镇80%以上、农村60%以上的少先队开展“跨世纪中国少年雏鹰行动”，颁授五星奖章3万多枚，被评为全国首批雏鹰红旗大队4个，受到全国少工委表彰4人。6月，丽水市中山小学少先队员蓝鹤翔代表全区少先队员参加全国第三次少代会。1996年，全区城镇少先队组织开展雏鹰行动面达100%，农村超过70%，4个少先队被授予“全国雏鹰红旗大队”称号。1997年6月1日，举办“国旗下我们迎回归”活动，全区参加活动青少年30万人。1998年，开展“启明星”科技活动、

“百花园”文体活动和“五自”学习实践活动。举办各类辅导员队伍培训班250期。1999年10月，举办全区少先队建队50周年纪念表彰大会暨全区少先队工作成果展。2000年，遂昌县大柘希望小学少先队员雷亦洁参加全国第四次少代会。6月启动“少先队雏鹰网络推进计划”，举办“新丽水展望”网页制作大赛。7月，举办“迎接新世纪网络夏令营”。同年，建立、健全辅导员上岗培训考核制度，培训辅导员800多人次。

2000年7月，丽水地区少先队工作委员会更名丽水市少先队工作委员会。2001年7月，成立丽水市少先队辅导员培训中心，举办全市首次少先队教育干部培训班。2002年10月，召开中国少年先锋队丽水市第一次代表大会，选举产生少先队丽水市第一届工作委员会。2007年12月，召开中国少年先锋队丽水市第二次代表大会。2008年1月，省少工委五届二次全会暨农村少先队工作现场会在丽水市遂昌县召开。同年，建立市少先队辅导员培训中心。2009年，开展“红领巾心向党、祖国发展我成长”主题教育活动，全市367所小学和95所初中24万人参加。开展争当“四好少年”主题体验实践、“雏鹰争章”“手拉手”“彩色的旅程”“酷儿”创意车模比赛等活动。

2010年，丽水市举办“青春丽水”第二届青少年文化节。在省第11届少先队争章技能大赛中，获金牌4枚、银牌5枚，市少工委获组织奖。举办全市“四好少年”四格漫画大赛、原创歌舞、童谣评选、成果展示。6月，少先队员吴锌月和辅导员廖思琴到京参加全国第六次少代会。

1975—1990年丽水地区少先队组织状况一览

表29-2-1-2

年份	学校数（个）	建队校数（个）	儿童数（人）	队员数（人）	辅导员数（人）
1975	5556	4374	327290	109025	3030
1976	5554	4312	358315	109048	3450
1977	6362	4010	361101	115840	4134
1978	5781	3723	388761	125045	4050
1979	5626	4125	386458	172451	5355
1980	5548	3837	406141	213047	4930
1981	5423	3800	396029	241534	5115
1982	5180	4875	410590	337464	7438
1983	5100	4939	422243	325080	8595
1984	4919	4761	396849	309946	8389
1985	4919	4724	393716	302729	7910
1986	4704	4391	381938	296700	8302
1987	4731	4075	340162	280558	9186
1988	4503	4239	323558	253754	9080
1989	4460	4363	330737	291402	10490
1990	4460	4410	330737	301411	10980

第二节　组织机构与代表大会

共青团丽水市委员会

民国16年(1927)12月,中国共产主义青年团遂昌县支部成立,隶属共青团浙江省委。民国17年4月,改建共青团遂昌县委,隶属共青团浙西特委。10月,因武装暴动失利,团县委解体。民国17年9月,选举产生共青团缙云县委,次年解体。民国27年9月,中国共产主义青年团缙云县委重建。民国24年7月,松阳县建立共青团竹溪区委,下辖团支部8个、团员100多人。民国25年4月,停止活动。

1949年10月,中共浙江省第七地方委员会青年委员会建立,地委委员、民运部长李文辉兼书记。11月17日,更名中共丽水地委青年委员会。1949年11—12月,成立中国新民主主义青年团丽水、青田县工作委员会。1950年,龙泉、云和、庆元、缙云、遂昌、松阳、景宁、宣平等县建中国新民主主义青年团县工作委员会。1951年9月1日,更名中国新民主主义青年团丽水专区工作委员会,有基层团委43个,团支部365个,团员8105人。1952年1月23日,随专区撤销而撤销。1957年5月,更名中国共产主义青年团,各县青年团改为共青团县委。至1966年5月,丽水专区所属6个县均有共青团组织。

1966年"文化大革命"开始后,各县共青团组织陷于瘫痪、半瘫痪状态,团组织停止活动,"红卫兵"代表大会取代共青团组织。1969年2—3月,地区、县"红卫兵"代表大会先后召开,建立常设机构。1976年12月初,撤销地、县红代会。

1970年,开始整团建团。1973年3月,团支部恢复93%,基层团委恢复94%。4月,召开共青团丽水地区第一次代表大会,选举产生共青团丽水地区委员会。

1987年12月,公开选拔团地委领导班子,正副书记3人,聘任3年。

2000年5月,丽水撤地设市,共青团丽水地委更名共青团丽水市委。2001年4月,选举产生共青团丽水市第一届委员会。2006年4月,选举产生共青团丽水市第二届委员会。

共青团丽水市各县(市、区)委员会

共青团丽水各县(市、区)在中华人民共和国成立后相继建立新民主主义青年团工作委员会。1955年后又先后召开新民主主义青年团第一次代表大会,选举产生共青团县级委员会。1957年,新民主主义青年团改为共青团,各县新民主主义青年团相应进行更名,更名县共青团。1966—1976年"文化大革命"期间,共青团被迫停止活动。1971年后,各县共青团组织相继恢复。

共青团莲都区委员会　1949年11月,丽水县[①]青年工作委员会建立。1952年10月,中国新民主主义青年团丽水县工作委员会成立,领导人由中共丽水县委任命。1955年12月17日,召开丽水县第一次新民主主义青年团代表大会,产生第一届团县委工委。1957年5月15日,根据中国新民主主义青年团第三次全国代表大会决定,将中国新民主主义青年团更名中国共产主义青年团(简称"共青团"),7月,团县委工委改为团县委。"文化大革命"开始后,团组织停止活动。1971年9月,恢复共青团丽水县委员会,1976年后,团的工作逐步恢复正常。1986年,撤销丽水县,设立县级丽水

① 2010年为莲都区。

市，更名共青团丽水市（县级）委员会。2000年5月20日，丽水撤地建市设区。更名共青团丽水市莲都区委员会。1955—2010年，莲都区共青团代表大会历18届。2010年，有基层团委33个、团总支8个、团支部627个、团员9945人。

共青团龙泉市委员会　1950年1月，全县青年代表大会召开，成立团县工委，设书记、副书记各1人，干事3人。相继建立八都、道太、安仁、城北、查田5个区工作委员会。1955年11月24日，召开第一次团员代表大会，到会代表168人，选举委员11人，常委3人，全县有团支部175个，团员2800人。1957年5月，更名中国共产主义青年团。1966年"文化大革命"，中共青团工作被迫中止，1972年6月，团组织恢复。1990年12月26日，经国务院批准，民政部下发《关于浙江省设立龙泉市的批复》。龙泉设市后，共青团龙泉县委员会更名共青团龙泉市委员会。

共青团青田县委员会　1949年11月，青田县鹤城镇与海口、水南、北山等区有青年355人加入新民主主义青年团，建立支部20个。同年12月28日，成立中国新民主主义青年团青田县工作委员会。1957年5月，更名中国共产主义青年团青田县委员会。"文化大革命"初期，青田县各级团组织中止活动，1978年2月，青田团县级基层团组织陆续恢复活动。

共青团云和县委员会　1950年1月，召开中国新民主主义青年团云和县代表会议，成立中国新民主主义青年团云和县工作委员会。1956年1月，召开青年团云和县第一届代表大会，选举产生青年团云和县第一届委员会。1957年7月，更名中国共产主义青年团云和县委员会。"文化大革命"开始后，各级团组织停止活动。1971年年初，开展整团建团工作，1973年4月，召开共青团云和县第八次代表大会，选举产生新的团县委。

共青团庆元县委员会　1951年10月，新民主主义青年团庆元县工作委员会成立。1955年年底，选举产生中国新民主主义青年团庆元县委员会，下属210个团支部，团员2700人。1956年9月，选举产生县第二届委员会，实行常委制。1957年5月，更名中国共产主义青年团庆元县委员会。同年12月，第三次团代会召开，有团员4150人。1958年，与龙泉并县，团的活动归龙泉团县委领导。1978年11月，恢复共青团庆元县委员会。至1990年年底，全县有基层团委54个、团总支24个，团支部626个，团员11166人。

共青团缙云县委员会　1949年10月，新民主主义青年团缙云县工作委员会筹备会成立。1950年1月9日，成立新民主主义青年团缙云县工作委员会。1952年12月，新民主主义青年团缙云县第一次代表大会召开，选举产生青年团缙云县第一届委员会。1957年6月，更名中国共产主义青年团缙云县委员会。"文化大革命"开始后，被"红卫兵"代表大会取代，各级团组织停止活动。1971年，恢复共青团缙云县委。各团组织也先后恢复活动。

共青团遂昌县委员会　1950年，建立中国新民主主义青年团遂昌县工作委员会。"文化大革命"初期，各级团组织被县"红卫兵"代表会取代。1972年3月，召开县共青团第八届代表大会，恢复共青团遂昌县委员会。1978年5月，共青团第九届代表大会召开，恢复团工作。1953—1990年，先后召开12次全县共青团员代表大会，选举产生12届团县委组织。

共青团松阳县委员会　1950年5月，中国新民主主义青年团松阳县工作委员会建立。1954年10月，选举产生新民主主义青年团松阳县第一届工作委员会。1957年7月，更名中国共产主义青年团松阳县委员会。1958年11月，松阳县建制撤销，并入遂昌县。1982年1月，恢复松阳县建制。4月中共松阳县委任命共青团松阳县委副书记1人主持工作，同年12月16—19日，召开第四次代表大会。1992年，全县有基层团委33个、总支22个、团支部660个、团员12580人。

共青团景宁畲族自治县委员会　1950年4月，中国新民主主义青年团景宁县工作委员会建立。1955年4月，全县7个区镇建立中国新民主主义青年团工作委员会，有团支部129个，团员1869人。1956年1月11日，选举产生中国新民主主义青年团景宁县第一届委员会。1957年5月，中国新民主主义青年团更名中国共产主义青年团。同年12月5日，选举共青团景宁县第二届委员会，1959年8月，选举产生共青团景宁县第三届委员会。1960年，景宁县撤销，团的工作隶属于丽水县、云和县。"文化大革命"中，共青团组织停止活动。

1984年10月，共青团景宁畲族自治县委员会成立。1985年10月19日，选举共青团景宁畲族自治县第一届委员会。

共青团丽水市委员会代表大会

1973年4月26—29日，共青团丽水地区第一次代表大会召开，选举产生共青团丽水地区委员会委员38人。

2001年4月23—25日，共青团丽水市第一次代表大会召开。选举产生共青团丽水市第一届委员会委员。选举产生出席共青团浙江省第十一次代表大会代表31人。

2006年4月28—30日，共青团丽水市二次代表大会召开。选举产生共青团丽水市第二届委员会。

第三章　妇女联合会

丽水妇女解放运动和全国一样，经历太平天国到"五四"运动的思想准备阶段、"五四"运动后的社会性解放阶段、中华人民共和国成立后的进一步解放阶段三个阶段。丽水妇女解放思想传播、妇女组织建立、女学发展较早，无论是对封建制度冲击，还是在反帝反内战中，均成为一支重要力量。特别是在接受中国共产党领导后，妇女运动成为无产阶级革命事业有机组成部分。丽水解放后，丽水各级妇女组织作为党联系妇女群众的桥梁和纽带，围绕各个时期党的中心工作，开展各项活动，积极代表和维护妇女儿童合法权益，动员和组织广大妇女为丽水两个文明建设作出应有的贡献。

1973年7月，丽水地区妇女联合会（简称"市妇联"）成立后，代表妇女权益、促进男女平等，坚持马克思主义妇女观，不断加强自身建设，提高整体工作水平。特别是在1978年中共十一届三中全会后，围绕经济建设中心，以"双学双比[①]""巾帼建功""五好家庭"[②]等活动为有效载体，提高广大

① "双学双比"：在全国各族农村妇女中开展的"学文化、学技术、比成绩、比贡献"竞赛活动。

② "五好家庭"："五好文明家庭"活动是在全国所有家庭中开展的以"爱国守法，热心公益好；学习进取，爱岗敬业好；男女平等，尊老爱幼好；移风易俗，少生优育好；勤俭持家，保护环境好"为内容的家庭文明创建活动。

妇女素质，动员和组织妇女参与两个文明建设，以学法、用法为基础，以培养选拔女干部为突破口，代表和维护妇女儿童合法权益，成为各级党委联系广大妇女群众的桥梁和纽带。2010年，丽水市妇女联合会获全国“三八”红旗集体称号。

第一节 活 动

妇女运动

抗日救亡运动 民国8年(1919)“五四”运动爆发后，丽水以织布公司女工为基础，联系各县妇女，举行妇女联合大会，抵制日货，提倡国货。民国16年，丽水县妇女协会创办妇女夜校，整顿育婴事业，处理童养媳，提倡剪发放脚等。民国26年，全面抗日战争爆发后，丽水地区各县妇女组织发动妇女参加革命活动，开展抗日救亡宣传，推行“二五减租”，举办妇女识字班，动员妇女剪去长辫发鬟。民国27年10月15日，丽水民众教育馆举办妇女职业训练班，为期2个月，开展缝纫、编织及刺绣等技术培训。

抗美援朝支援 1949年中华人民共和国成立后，丽水广大妇女参加抗美援朝、土地改革和镇压反革命。在抗美援朝中，丽水县报名参军妇女2451人，送子参军575人，送夫参军640人，送兄弟参军1061人。

妇女工作

“三八红旗”竞赛活动 1980年，丽水地区开展真理标准问题的讨论。表彰和推广先进工作者、劳动模范、“三八”红旗手、“三八”红旗集体。至2010年，全市有全国三八红旗手54人。

1960—2010年丽水市全国“三八”红旗集体一览

表29-3-1-1

单位名称	表彰时间
丽水县城关镇灯塔托儿所	1960年3月
丽水县曳岭人民公社垟后生产队垟后食堂	1960年3月
丽水县“三八”花边厂	1960年3月
丽水县碧湖人民公社[①]三峰生产队巧姑娘小组	1960年3月
丽水县云和人民公社梅垄水库三姑娘爆破组	1960年3月
青田县温溪人民公社畜牧场十女红红饲养小组	1960年3月
青田县章村人民公社石浦生产队石浦食堂	1960年3月
青田县城郊人民公社石溪生产队十姐妹小组	1960年3月
青田县水南人民公社龙现生产队八姐妹小组	1960年3月
龙泉县梅岭人民公社溪西生产队刘胡兰小组	1960年3月
龙泉县城北人民公社季岱幸福幼儿园	1960年3月

① 2010年属云和县。

续表 29-3-1-1

单位名称	表彰时间
龙泉县庆元人民公社[①]“三八”农村	1960 年 3 月
缙云县五云人民公社靖岳生产队十八仙小组	1960 年 3 月
遂昌县新路湾人民公社新胜五姐妹食堂	1960 年 3 月
遂昌县靖居人民公社[②]小槎生产队妇女油茶专业队	1960 年 3 月
遂昌县运输公司西屏搬运站[③]七姐妹小组	1960 年 3 月
丽水县红星人民公社张村大队七姐妹小组	1960 年 3 月
丽水县英川人民公社处后岗生产队高山妇女英雄队	1960 年 3 月
丽水县碧湖镇妇女联合会	1979 年 10 月
龙泉县胜利公社胜源大队“三八”试验山造林队	1979 年 10 月
丽水地区人民医院妇产科	1983 年 9 月
缙云县前路公社梅花岙大队妇女茶叶生产队	1983 年 9 月
遂昌县城关粮管所第一粮站	1983 年 9 月
丽水市妇幼保健院	2005 年
丽水市莲都区白云街道白云社区	2005 年
丽水市人民医院	2008 年
龙泉市西街街道下樟村妇代会	2008 年
丽水市妇女联合会	2010 年

1960—2010 年丽水市全国“三八”红旗手一览

表 29-3-1-2

姓　名	单位职务	姓　名	单位职务
翁吉芝	龙泉市	叶式梅	云和县
林菊香	丽水市	廖世奶	龙泉市
周珠相	景宁县	周根珠	龙泉市
陈爱忠	缙云县	吴菊月	庆元县
斜杏仙	缙云县	吴荣娇	庆元县
张玉梅	缙云县古市[④]	潜永祝	缙云县
吴金娟	丽水市	刘钟仙	缙云县
林日香	遂昌县斋坛公社[⑤]	郑若男	松阳县
黄风芽	遂昌县	许秋霞	丽水市
郑聪球	松阳县	毛聪花	龙泉市
黄喜英	庆元县	陈金茶	遂昌县

① 2010 年属庆元县。
② 2010 年属松阳县。
③ 2010 年属松阳县。
④ 2010 年属松阳县。
⑤ 2010 年属松阳县。

续表 29-3-1-1

姓　名	单位职务	姓　名	单位职务
林李秀	龙泉市	周淑兰	缙云县
任香梅	云和县澄照公社①	舒里红	丽水市
吴魏英	云和县	吴月莲	庆元县
张焕美	丽水市	朱美娟	丽水市
蓝留花	丽水市	熊月娥	遂昌县
颜美英	青田县	叶关爱	松阳县
留爱娥	青田县	王素梅	云和县
陈群玉	缙云县	洪志和	缙云县
沈生娟	缙云县	朱伯英	青田县
舒碧琴	缙云县	邹丽华	莲都区
王宝英	青田县	沈根花	丽水市
胡桂英	丽水市	施建英	丽水市
叶雪萍	丽水市	梁微琴	云和县
许婉婷	青田县	吴丽芸	庆元县
金横英	青田县	朱连钗	遂昌县
蓝著英	云和县	叶玉珠	景宁畲族自治县

“五好”家庭活动　1981年，丽水地区开展“五好”家庭活动，至1990年评出“五好”家庭13.13万户，获全国“五好”家庭称号的19户。1982年，地区妇联和丽水县妇联发起建万象山儿童公园的倡议。1986—1988年，丽水地区表彰女能人、女模范和“五好”家庭，召开座谈会、经验介绍会宣传先进事迹。1998年，开展“五好文明家庭”评创，全区评出“五好文明家庭”3310户。

文明家庭活动　2001年11月，丽水市实施“文明家庭工程”，有12.8万户参加争创活动，其中被评为乡（镇、街道）级“文明家庭”8.5万户，被评为县（市、区）级“文明家庭”6926户，被评为市级“文明家庭”100户，获省级“文明家庭”称号2户。2002年6月，丽水市妇联与市文明办、市农办、市计生委联合召开表彰大会，受表彰的市级文明家庭100户向全市家庭发出《积极行动起来，争做公民道德建设的模范实践者》的倡议书。2003年，开展“文明家庭”创建活动，同年表彰市级“文明家庭”100户，被评为国家级“五好文明家庭”2户，省级“学习型家庭”7户，被评为省级“文明楼栋”2个。开展十佳“好媳妇、好丈夫、好妻子”评选活动。2004年表彰市级“文明家庭”100户，“学习型家庭”10户，“文明楼栋”10个，文明家庭创建活动先进组织10个。组织“环保与我家”征文活动，市妇联获省级、全国级优秀组织奖。2005年，制定出台《“美德在农家”创建活动实施意见》，引领农村妇女投身和谐家园建设。制定出台《家庭礼仪宣教实践活动实施方案》。开展以“为国教子，以德育人”为主题的“双合格”家庭道德教育宣传实践活动。2006年，开展绿色家庭、美德在农家、廉洁之家、学习型家庭、平安家庭、无毒家庭等创建活动，创建全国文明家庭2户，省级文明家庭4户，省级学习型家庭15户，省级绿色家庭15户。2007年，召开全市创建推进会，开展创建工作示范社区（村）示范户评选，至年底，全市农村“平安家庭”的创建率达60%以上。2008年，继续推进“家庭文明建设工

① 2010年属景宁畲族自治县。

程”。2009年，继续以发展平安家庭、绿色家庭、文明家庭、邻居节为载体，加快文明家庭建设。2010年，家庭文明建设突出家庭主题创建、百年主题纪念、妇工主题宣传。

经济建设活动

城乡妇女比贡献　1957年，各县妇联发动妇女参加互助合作和工农业生产，发展家庭副业，节约用粮用布，勤俭办婚丧喜事。1961年，各县发动妇女开展“十边地、百斤粮”活动。各地组织妇女种试验田，搞试验山，办养猪场、养牛场、养兔场和发展蚕桑、茶叶生产。各条战线妇女开展“三八”红旗手、“三八”班组和妇女专业人员的比、学、赶、帮、超的社会主义劳动竞赛。组织妇女学文化、学技术。开展扫盲工作。落实男女同工同酬政策。办好幼儿班、托儿所和食堂，办好街道服务站、大队缝纫组。

双学双比和巾帼文明岗　1989—1990年，丽水地区发动妇女投入“双学双比”竞赛。1989年12月9日，成立“丽水地区农村妇女生产能手联谊会”，发展骨干会员116人。全区建立县（市）巾帼建功协调小组6个。1995年，制定《丽水地区1995—2000年“双学双比”活动规划》。开展“示范岗”的竞赛和评选工作。1999年，全区创建“巾帼文明示范岗”238个。2000年，开展“三百工程”竞赛活动。评出“巾帼文明示范岗”178个，其中国家级1个，省级6个，市级32个。2001年，丽水市制定市级“妇字号”龙头企业、“双学双比”示范基地、妇女营销大户的标准及考核认证办法。7月，下发《关于规范巾帼建功、双学双比和文明家庭创建活动项目评比工作的通知》，至此全市有“示范岗”267个，参加竞赛妇女14068人。2003年，深化“双学双比”“巾帼科技致富工程”“三百工程”竞赛活动。缙云县麻朝阳获“全国各族农村妇女‘双学双比’竞赛活动女能手”称号，庆元县陈芝菊获“全国各族农村妇女‘双学双比’竞赛活动三八绿色奖章”。在丽水电视台开设“巾帼风采”专栏。中国银行丽水市分行灯塔支行、景宁畲族自治县电力工业局供电营业厅、庆元县妇联苗苗幼儿园、莲都区儿童福利院等4个集体，被授予全国“巾帼文明示范岗”荣誉称号。

来料加工

具体内容见第二十三篇中国共产党地方组织第四章第三节经济建设。

妇女儿童合法权益维护

保障机构建立　2001年，丽水市在基层法院成立维权合议庭，建立特邀陪审员制度，同年经维权合议庭审理的案件30多件。受理来信624件，办结485件，办结率为77.72%。2002年，建立健全市、县（市、区）二级妇联信访制度，同年，接待来访533人次，处理来信124件，解救被拐卖妇女3人。解决“农嫁外”妇女土地补偿金分配中的权益受侵害问题。2003年，成立“丽水市110妇女儿童（家庭暴力）救助工作协作协调小组”，各县（市、区）建立家庭暴力救助中心。各级妇联接待来访妇女562人，处理来信99件。2004年，建立“丽水市妇女权益保障联席会议制度”。全市接待来信来访607件，办结595件，办结率98%。2007年，建立信访首问责任制和重点信访案件领导协调机制，接待来信来访785件。2008年，与市民政局联合成立反家庭暴力庇护中心，同年全市接待来信来访来电681件。2009年，开通“12338”妇女维权热线。2010年，开通9个县（市、区）“12338”妇女维权热线。

学法用法　2000年3月8—14日，开展“148”专线妇女维权周活动，地、县（市）妇联与司法局联合举行法律宣传活动，组织律师、司法干部上街为市民提供现场法律咨询服务，组织女律师到乡镇

作“以案说法”的巡回法律讲座。2001年3月，与司法部门联合开展维护妇女宣传咨询活动。2007年，开展《浙江省实施中华人民共和国妇女权益保障办法》宣传月系列活动。2008年，开展“大手牵小手，爱心一起走”活动，同年，有代理家长3087人继续与留守儿童结对帮扶。2009年，开展“百万妇女学法律，家庭平安促和谐”“不让毒品进我家”等活动。2010年，开展“妇女儿童保障行动”、“三八”妇女维权周宣传活动，组织“庆百年妇运送法律、健康、家教知识下乡”活动。

婚姻家庭服务　2004年，丽水市协调财政、社保部门解决机关、事业单位职工的生育费用问题。2007年，全市有代理家长3087人与留守儿童结对进行帮扶。建立留守儿童俱乐部、留守儿童之家，建立关爱留守儿童工作的长效机制。在全省率先制定出台《丽水市留守儿童教育管理工作意见》《代理家长与留守儿童结对关爱行动方案》。2008年，开展“大手牵小手，爱心一起走”活动，同年，有代理家长3087人继续与留守儿童结对帮扶，有留守儿童俱乐部、留守儿童之家86个。2009年，关注流动人口、家庭暴力中的女性等重点人群生存与健康问题。配合省人大等部门开展“农嫁女”权益保障，预防和制止家庭暴力等妇女权益保障法律法规执法调研工作。2010年，实施“妇女儿童关爱工程”。市“两会”期间，提交议案、提案4件，《关于设立专项资金开展适龄妇女“两癌”筛查》被列入市区财政专项。

妇女儿童发展规划　2006年，完成市“十五”妇女儿童发展规划终期监测评估和市“十一五”妇女儿童发展规划的制定，市政府常务会议专题审议通过“十一五”妇女儿童发展规划。召开全市妇女儿童工作会议。开展“十一五”时期妇女儿童工作先进评选与表彰工作，全市评出市级妇女儿童工作先进县3个、先进集体30个和先进个人30个。2008年，完成“十一五”妇女儿童发展规划中期监测评结工作。2010年，组织编制《丽水市“十二五”妇女发展规划（2011—2015年）》《丽水市“十二五”儿童发展规划（2011—2015年）》，组织实施“十一五”妇女儿童发展规划终期监测评估工作。

第二节　组织机构与代表大会

妇女会

新民主主义革命时期，丽水就有妇女组织——妇女会。“五四”运动后，丽水利用织布公司女工和各界部分妇女举行各界妇女联合大会，抵制日货，提倡国货。

民国16年（1927），国民革命军第十四军进驻丽水，政治部派专人指导组织丽水县妇女协会，入会妇女100多人。

民国26年（1937），抗日战争全面爆发后，中共处属特委设立妇女部。民国28年秋，国民党县党部派员整顿妇女组织，建立县妇女整改委员会。当年各县妇女会有会员966人。

妇女联合会

1950年4月8日，浙江省民主妇女联合会丽水专区办事处建立，各县也相继建立妇女联合会（简称“妇联”）。1951年5月，参加妇女会113535人，占妇女总人数的25%。1952年1月，妇联随专区撤销而撤销。“文化大革命”期间，各级妇联机构陷于瘫痪。

1973年，建立丽水地区妇女联合会，7月，成立丽水地区妇女联合委员会。1979年3月，更名浙江省妇女联合会丽水地区办事处，机关内设办公室、事业发展部，并设有党组。

2000年6月9日，建立丽水市妇女联合会。2001年3月，丽水市妇女联合会第一届执行委员会成立。2006年4月，选举产生丽水市妇女联合会第二届执行委员会。

县级妇女联合会

民国18年(1929)，龙泉、缙云等县相继建立妇女会。民国22年4月，云和县建立妇女会。民国23年1月，青田县建立妇女会。民国24年7—8月，在中共浙江西南特委领导下，松阳县竹溪、玉岩，龙泉县住溪，遂昌县王村口苏维埃政府相继成立妇女会。民国26年，抗日战争爆发后，中共处属特委和丽水、龙泉、青田、云和、庆元、遂昌、松阳、景宁县委或工委，缙云特别支队都设立妇女部。民国28年秋，国民党县党部派员整顿妇女组织，建立县妇女整改委员会。当年各县妇女会有会员966人。

1950年4月8日，各县相继建立妇女联合会(简称“妇联”)。至2010年年底，全市有乡镇妇联182个，街道妇联9个，社区妇联115个，基层妇代会455个，机关企事业单位妇委会279个。

市妇女代表大会

1972年3月26日至4月1日，丽水地区妇女代表会在丽水召开，参会537人。会议发出《丽水地区妇女代表会给全区妇女的一封信》。

1973年7月13—17日，丽水地区第一次妇女代表大会召开，正式代表703人。选举产生丽水地区妇女联合会第一届委员会39人。

2001年3月6—9日，丽水市第一次妇女代表大会召开，会议代表289人，选举丽水市妇女联合会第一届执行委员会。

2006年4月20—23日，丽水市第二次妇女代表大会在丽水举行，正式代表295人。大会选举新一届执行委员会。通过《关于丽水市第二次妇女代表大会工作报告的决议》。发出《尽显巾帼风采，再铸时代新篇》倡议书。

妇女协会

丽水市妇女研究会　全市妇女工作者、女法律工作者及热心于妇女研究的社会人士自愿组成的学术团体，是非营利性社会组织。学会前身是丽水地区妇女问题研究学会，成立于1987年5月7日。2012年8月更名丽水市妇女研究会时，有会员77人，理事32人，其中常务理事9人，设会长1人，副会长7人，秘书长1人。

丽水市女摄影家协会　成立于2005年5月，拥有会员近170人，其中中国摄影家协会会员13人，省摄影家协会会员50人，省女摄影家协会会员60人，市摄影家协会会员140人。

近百幅作品获得省级以上奖项并被发表和展出。其中国际上获奖、发表16幅，获全国性奖项80多幅，获省级奖项150多幅，为中国“摄影之乡”增添一道亮丽的女性风采。

丽水市女企业家协会　成立于2003年12月17日，是以全市企业中女厂长、女经理以及优秀女性管理者为主，自愿组成的社会团体，是非营利性社会组织。2010年，协会有会员148人，其中理事15人，常务理事10人，会长1人，副会长8人，秘书长1人。在协会的组织引导下，广大女企业家积极踊跃参与志愿服务、扶贫开发、捐资助学、抢险赈灾等社会公益事业。

2010年丽水市所辖县(市、区)妇女组织情况

表 29-3-2-1

单位名称	成立时间	代表大会次数(次)	妇女数		县(市、区)妇联				乡镇、街道妇联		居委会、行政村妇代会数(个)	其他妇女组织数(个)
			总数(人)	占总人数比例(%)	执委人数(人)	副主席人数(人)	主席人数(人)	专职干部数(人)	总数(个)	专职干部数(人)		
莲都区妇联	1951年11月	11	245839	48.19	31	2	1	5	32	32	344	1
龙泉市妇联	1949年月	10	190200	49.17	23	2	1	5	16	16	333	30
青田县妇联	1951年11月	11	80052	47.00	18	2	1	2	22	12	258	3
云和县妇联	1951年5月	11	97442	48.15	23	1	1	2	20	6	350	4
庆元县妇联	1950年9月	11	110810	48.00	22	2	1	5	20	20	203	—
缙云县妇联	1950年	10	113345	47.78	29	2	1	3	20	20	407	29
遂昌县妇联	1950年	11	21588	48.22	29	2	1	2	18	13	259	76
松阳县妇联	1949年1月	11	139507	47.00	31	2	1	3	19	19	455	1
景宁畲族自治县妇联	1950年5月	11	54207	48.00	23	2	1	6	14	10	176	—

第四章　归国华侨联合会

16—18 世纪，少数浙江丽水青田籍人士循陆路经西伯利亚前往欧洲经商，贩卖石制品。“二战”前夕，丽水出国人数迅速增多，形成第一次移民出国高潮。1949 年 10 月中华人民共和国成立后，大批丽水华侨回国，创办实业。20 世纪 80—90 年代，丽水出国人数骤然增加，形成第二次出国高潮。1986 年，丽水地区归国华侨联合会（简称“地区侨联”）成立。2000 年丽水撤地设市后，更名为丽水市归国华侨联合会。丽水市侨联积极参政议政，利用节日开展联谊活动，积极开展对外交往和文化交流，参与为侨服务、侨界维权，服务经济建设等工作，取得实效。至 2010 年，丽水市有海外华侨 28.8 万人，分布在世界 100 多个国家和地区。

第一节　活　　动

华侨权益维护

20 世纪 80 年代，丽水地区侨联积极参与为华侨服务、侨界维权工作。至 1986 年，全区平反在“文化大革命”中对归侨、侨眷的冤、假、错案和历史老案 36 件。清理归侨、侨眷职工的档案 250 件。销毁其中歧视、怀疑和错误的材料。清退土地改革时没收的和“文化大革命”中挤占的华侨私房 576 户，面积 82227 平方米。1990 年，先后召开 2000 多人参加的发护照大会 5 次，为华侨办理护照。1991—1997年，全地区侨联接受侨界群众来信来访 700 多件次。1998—2003 年，全市各级侨联受理群众来信 1059件，接待来访 38754 人次，协助处理涉侨侵权案件 206 件，2004—2008 年，全市各级侨联受理群众来信来访 985 件次，答复电话 3500 多件，涉及升学就业、求医治病、寻访亲友、协助殡葬、出入境、侨房翻建、拆迁、产权证办理等方面。2009 年，全市侨联受理信访 85 件。2010 年，全市侨联受理信访 82 件，办结 65 件，其中接待融投资房产中遭遇资金风险上访的华侨 16 批、180 多人次。1998 年 4 月，成立丽水地区华侨投资咨询服务中心。2005 年年初，与浙江南明律师事务所合作成立市侨联法律维权中心。2007 年，举办三期“侨资侨属企业法人代表法律知识培训班”。2010 年 12 月，中国留学生 4 人在美国华盛顿州发生车祸，其中受重伤留学生 1 人系遂昌人。事发后，丽水市侨联为受伤留学生和家属提供帮助。

参政议政

1998—2003 年，丽水市各级侨联组织、侨界人大代表、政协委员向各级人大、政协会议提交提

(议)案826件,社情民意6篇。在政协会议上就做好新移民工作,重视、发挥归侨和华侨积极作用,加强侨乡精神文明建设,改善丽水投资环境,实施科教兴市战略等问题作3次大会发言。2004—2008年,全市归侨侨眷近160人被推选为县(市、区)级以上人大代表和政协委员。先后向人大、政协提出建议和提(议)案429件,其中涉侨建议和提(议)案106件。市侨联副主席陈耀东当选第十届全国人大代表。向全国人大提交建议和议案64件,其中涉侨建议和议案47件。省政协海外委员郭胜华,9年提交提案41个,多个提案选为优秀提案,被誉为"提案大王"。2009年,全市有侨界人大代表18人,提涉侨议案5件,有侨界政协委员89人,涉侨提案13件。2010年,全市有侨界人大代表17人,提涉侨议案4件,有侨界政协委员87人,涉侨提案12件。

联谊活动

节日活动 每逢传统节假日和重要纪念日,丽水市都组织归侨、侨眷参加茶话会、联欢会、招待会、观光等活动。每年与统战部、政协等部门定期举办中秋茶话会。自1993年,协助政府连续举办四届丽水地区"三胞(友人)"联谊会。自2005年起,协助市政府每隔5年举办一次华侨大会。2005年11月4—6日,以丽水市委、市政府名义召开首届丽水市华侨华人大会,参会华侨华人代表和嘉宾200多人。全国政协副主席罗豪才、全国政协港澳台侨委员会主任郭东坡,全国侨联副主席李祖沛等领导应邀到会。大会授予王存民等12人为侨台界第二批"丽水市荣誉市民"。2010年11月8—10日,以丽水市委、市政府名义召开第二届丽水华侨大会,有来自46个国家和地区的华侨嘉宾和港澳同胞210人参加。全国人大常委会副委员长周铁农应邀到会。大会表彰"华侨投资十大精品工程""华侨投资十大优秀企业""华侨助推新农村建设十佳代表"。签约项目14个,总投资额30.44亿元人民币,涉及医疗卫生、农业开发、新农村建设等领域。

对外及对港澳交往 1986—1990年,接待侨胞、港澳同胞5309人。2003—2008年,接待回乡投资、旅游观光、探亲访友华侨华人、港澳同胞43200多人。2009年,接待回乡投资、旅游观光、探亲访友华侨华人、港澳同胞7860多人,2010年,接待侨胞、港澳同胞9250人。

文化交流 2004年,创办《丽水侨联》简报。2009年4月,改版为《丽水侨联》专刊。宣传侨务方针政策,传达上级指示精神,反映丽水侨情动态,乡情风貌以及华侨心声等。2010年11月份,丽水市侨联联合市委统战部、市侨办、青田县政府和丽水学院共同组建成立丽水学院华侨学院。

经济建设活动

1986—1991年,兴办侨属企业63家,归侨、侨眷集资502万元,从业人员1166人,五年产值4559.94万元,税利400万元。2002年,在第四届浙江经贸洽谈会和华商企业科技创新合作交流会上,签订外商投资项目10个,总投资6458万美元。2003年,丽水侨资企业89家,投资金额40多亿元,以房地产、皮革、服装业为主。2005年,华侨12人共同投资兴建丽水第一家五星级标准酒店——丽水开元华侨名都大饭店。

2006年8月,丽水市委、市政府推出"双百"①活动。2006—2010年,有侨胞217人、侨团138个与全市行政村228个结为帮扶对子。华侨1290人结对困难群众2325户。实施项目209个,其中完工134个。捐款3608.25万元,用于村庄整治、道路建设、自来水工程等基础设施建设。

① "双百":百名侨胞助百村。

第二节　组织机构与代表大会

市侨联组织

1949年中华人民共和国成立后大批丽水华侨回国创办实业，20世纪80—90年代，丽水出国人数骤然增加。1979年7月，丽水地区在统战部设侨务办公室。1984年，丽水地区侨务办公室单列为县处级单位。1984年12月，建立丽水地区台湾事务办公室，与侨务办公室合署，简称丽水地区侨台办。1985年2月，设丽水地区归国华侨联合会。1986年3月27—28日，召开丽水地区第一次归侨侨眷代表大会，丽水地区归国华侨联合会①正式成立，与丽水地区侨务办公室合署。2000年，丽水撤地设市，丽水地区侨台办负责侨务与负责中国台湾地区事务的两个机构分开办公，分别设立单独机构，负责侨务工作的机构更名丽水市政府侨台办。2000年，丽水撤地设市，更名丽水市归国华侨联合会。2003年市侨联与市侨台办分离。丽水市侨联是市委领导下的由归侨、侨眷和海外侨胞组成的非营利性社会团体，是党和政府与归侨、侨眷和海外侨胞联系的桥梁和纽带。主要履行参政议政、维护侨益、海外联谊、群众工作职能。至2008年12月，召开归侨、侨眷代表大会5次，历次侨代会选举产生历届丽水市侨联委员会。

县级及基层侨联组织

至2010年12月，丽水市有侨联基层组织94家，其中县（市、区）侨联9家，莲都区（原丽水县）侨联成立于1982年12月，龙泉市（原龙泉县）侨联成立于1982年3月，青田县侨联成立于1961年8月，庆元县侨联成立于2008年12月，云和县侨联成立于2008年12月，缙云县侨联成立于1984年9月，遂昌县侨联成立于1961年8月，松阳县侨联成立于1985年2月，景宁畲族自治县侨联成立于2008年10月，实现县级侨联组织全覆盖。乡镇、街道侨联26家，村居、社区侨联58家，机关侨联1家。全市有侨联专兼职干部288人，有侨联活动场所77处。

市侨联代表大会

1986年3月至2008年12月，丽水市侨联召开5次代表大会，每次代表大会的主要议程有四项，包括听取领导讲话；听取和审议侨联工作报告；选举产生本届委员会；聘请名誉主席、顾问。

丽水市侨联历届代表大会一览

表29-4-2-1

届别	召开时间	会议地点	出席代表（人）	选举结果（人）				
				委员	常委	主席	副主席	秘书长
第一届	1982年3月	丽水	84	21	9	1	1	1

① 简称侨联。

续表 29-4-2-1

届别	召开时间	会议地点	出席代表(人)	选举结果(人)				
				委员	常委	主席	副主席	秘书长
第二届	1991 年 5 月	丽水	95	29	13	1	2	1
第三届	1997 年 7 月	丽水	145	32	17	1	4	1
第四届	2003 年 11 月	丽水	131	39	21	1	6	1(兼)
第五届	2008 年 12 月	丽水	155	65	31	1	9	1(兼)

第五章　残疾人联合会

丽水市残疾人联合会(简称“市残联”)的主要职责是调查丽水市境内残疾人的状况,统计残疾人的数据,分析残疾人成因,为残疾人开展康复、疾病预防等方面的技术服务。主要开展优生、上学、生产、生活、征婚、康复、预防等方面服务活动,改善残疾人生产、生活状况。1989 年,地区残联成立之初,康复项目主要业务有白内障复明手术、小儿麻痹症后遗症矫治、聋儿听力语言训练三项。1995 年,丽水地区行政公署残疾人工作协调委员会下发文件,把安置残疾人就业、残疾人扶贫、残疾人教育、残疾人安居工程、阳光工程、宣传文化及丰富多彩的残疾人运动会等作为丽水地区残疾人联合会的主要工作。2010 年 5 月,全市举办首次残疾人就业专场招聘会,参与招聘活动的市本级单位 276 个,安排就业残疾人 389 人。

第一节　活　动

康复医疗训练

1989 年,丽水地区残联成立之初,康复项目主要业务有白内障复明手术、小儿麻痹症后遗症矫治、聋儿听力语言训练三项,简称“三项康复”。1991 年,地区残联扩充低视力康复、精神病防治、智力残疾康复、社区康复、残疾人用品用具供应服务、0—6 岁残疾儿童抢救性康复等六项。截至 2010 年年底,全市完成白内障复明手术 21416 例,小儿麻痹症后遗症矫治 1048 人,肢体残疾矫治手术 897 例,残疾儿童康复 1869 人次,假肢、矫形器装配 1173 例,低视力患者配用助视器 856 例,向贫困下肢残疾人赠送轮椅 5547 辆,赠送助听器 3101 台,为残疾人供应用品用具 23473 件,精神病防治覆盖人口 58.30 万人,重症精神病患者防治 3500 人,精神病患者医疗救助 1969 人。

残疾人就业

1995 年，丽水地区行政公署残疾人工作协调委员会下发《关于地直单位开展按比例分散安置残疾人劳动就业工作的通知》，明确实施按 1.5%比例分散安置残疾人就业的具体措施。2002 年开始，丽水市地税局统一代为征收残疾人就业保障金。2004 年，全市开展城镇残疾人就业状况调查和社会用人单位安排残疾人就业状况调查、残疾人求职登记、职业培训、职业介绍，组织实施残疾人按比例就业、收缴残疾人就业保障金等工作。2010 年 5 月，全市举办首次残疾人就业专场招聘会，参与用人单位13 家、提供就业岗位 400 多个、求职残疾人 500 多人，当场录用 152 人，达成就业意向 351 人。至 2010 年年底，市本级单位 276 个安排残疾人 389 人分散就业，当年征收残疾人就业保障金 1055 万元。

残疾人扶贫

2003 年，制定《市、县（市、区）两级残联按 4:6 比例匹配扶持资金政策》。同年，市、县两级残联对农村残疾人低保户月收入不足 60 元的 759 户补足 60 元，对基本符合低保条件但尚未列入低保的特困家庭 626 户每月补助 60 元，对城镇低保户月收入不足 120 元的补足 120 元。核发丽水城区特困残疾人家庭特困证，享受电、水、电视费等方面的减免优惠，并定期定额补助特困户，每月发给100—150 元的救助金。2008 年起，对低保家庭中的持证重度残疾人，单独施行最低生活保障，全额享受最低生活保障金。对家庭人均年收入在低保标准 100%—150%的持证重度残疾人，参照所在地的低保标准，全额发放生活补助费。截至 2010 年，扶持小康家庭 982 户、种养大户 345 户、低保户759 户、贫困户 626 户，纳入基本生活保障工程重度残疾人 9457 人，全额享受低保金或低保补助金，列入最低生活保障贫困残疾人 21512 人。

残疾人教育助学

为保障残疾儿童受教育权利，市残联与特教学校品学兼优的特困生结对，给予助学补助金，补助办学经费。扶持特殊教育事业，丽水市特殊教育学校（原聋哑学校）创建于 1984 年，2004 年迁入新校园，占地 3.6 公顷，建筑面积 18000 平方米，建有书画室、实验室、电脑室、多媒体教室、图书馆和塑胶操场，并有语言教室和律动教室两个专门康复训练室。各县（市、区）残联在助残日期间还到该校慰问当地的贫困学生，并与他们结对帮扶，送去慰问金。截至 2010 年，投入助学资金 104.52 万元，帮扶残疾人及残疾人家庭子女 1162 人次。2010 年，莲都区与市特教学校合建培智学校，缙云县创办培智学校，遂昌、龙泉、云和、松阳等县（市）开设培智班，基本解决辖区内智力残疾儿童义务教育问题。龙泉市成立养真孤独症儿童康复中心，招收孤独症儿童 10 人进行康复训练。

扶贫示范基地建设

发挥山区资源优势，发展种养业帮助残疾人脱贫致富。各级残联从实际出发，从项目安排、资金补助、信息咨询等方面鼓励引导残疾人就近、分散发展种养业，出现基地带农户、一村辐射几村的连锁效应。2010 年，新建残疾人扶贫基地 20 个，投入扶持资金 97 万元，命名市级示范基地 11 个，省级示范基地 4 个，扶持残疾人从事来料加工业。全市实现按比例就业 216 人，异地就业 210 人，当地集中就业 268 人，个体就业 125 人，种养业生产 192 人。

重度残疾人托（安）养工程

2008年以来，为减轻重度残疾人家庭负担，对生活不能自理、残疾等级为一、二级的重度残疾人逐步实施集中托养、日间照料和居家安养。集中托养的对象一般为日常饮食起居需要专人护理的重度残疾人，在自愿的前提下，由福利院、敬老院或专门的残疾人托养机构以及其他社会福利机构实行托养。日间照料的对象一般为夜间其家庭可以照料而日间需要他人照料的重度残疾人，由工疗站或其他社会福利机构照料其日间基本生活。对其他符合托（安）养条件的残疾人，如因特殊原因或受条件所限无法实行集中托养或日间照料的，纳入居家安养，给予一定的资金补助。截至2010年，全市生活不能自理的重度残疾人得到集中托养或居家安养1434人。

残疾人安居工程

随着全市残疾人扶贫开发工作的拓展和深化，贫困残疾人住房问题日益突出。从2003年开始，全市开展残疾人安居工程。至2010年，全市实施困难残疾人危旧房修缮或改建3751户。

残疾人阳光工程

残疾人阳光工程被列为2010年丽水市十件大事之一，目标是通过3—5年的努力，解决残疾人最基本的生活、照料、就业困难。莲都、青田、云和、缙云等区（县）动员社会力量，整合社会资源，建成4所托养机构，并接收重度残疾人入住。每个场所分别补助10万元建设资金。同时，精心指导缙云县三鼎实业有限公司、青田县季宅乡残疾人托养中心对照标准，改善条件，完善设施，通过省残联验收，正式得到命名，分别获得25万元省级扶持资金。

残疾人宣传

从2008年1月开始创办《丽水自强报》，每月1期。至2010年年底，编发《丽水自强报》36期，编发《丽水残联》342期，发布网站信息2291条，被市政府网站、《每日要情》等采用信息325条（次），被省残联网站、《浙江残联》《工作动态》等采用信息976条（次）。继续开办《丽水一周》手语新闻和“残疾人之声”广播专题节目。《丽水日报》《处州晚报》登载宣传报道524篇。编印《自强风采》《自强求索》《残运风采》等刊物。创办《民情反映》专刊，向党委、政府及相关部门反映工作热点、难点和残疾人诉求，出刊25期，2010年9月，举办丽水市首届残疾人文化艺术周文艺晚会。

残疾人运动会

2002年11月1—3日，丽水市第一届残疾人运动会在纳爱斯健身广场举行，残疾人运动员262人参与田径、游泳、乒乓球、羽毛球、举重等大项5个、小项219个和男、女盲人门球集体项目2个的比赛，产生金牌230枚、银牌73枚、铜牌72枚。青田县获团体总分第一名。2010年4月17日，举行丽水市第二届残疾人运动会，设有田径、游泳、乒乓球、羽毛球、举重、中国象棋、飞镖等大项7个、小项136个的比赛，有残疾人运动员209人。产生金牌133枚、银牌88枚、铜牌53枚。缙云代表团分别以金牌33枚和206分的成绩，名列金牌榜和团体总分第一名，莲都区残联被授予“丽水市残疾人体育工作特殊贡献奖”。

残疾人节日活动

每年在全国爱耳日(3月3日)、世界孤独症日(4月2日)、全国助残日(5月第三个星期日)、全国爱眼日(6月6日)全国特奥(全国特殊奥林匹克运动会)日(7月20日)、全国肢残人活动日(8月11日)、国际聋人节(9月的第四个星期日)、世界精神卫生日(10月10日)、国际盲人节(10月15日)、国际残疾人日(12月3日)这十个节日期间,均组织开展扶残助残、举办专题讲座、赠送辅助器具等相关活动,营造全社会都关心支持残疾人的氛围,提升残疾人康复意识,改善残疾人生产生活条件。

第二节　组织机构与代表大会

丽水市残疾人联合会

1988年12月21日,丽水地区行政公署办公室下发《关于组建丽水地区残疾人联合会的批复》,机构为事业性质,享受副局级待遇,由地区民政局代管,编制10名。1993年,丽水市残疾人联合会从丽水地区民政局独立,实行计划、人事、财务单列。1997年10月,升格为正处级事业单位。2000年5月丽水撤地设市建区后,7月,丽水地区残疾人联合会更名丽水市残疾人联合会。2007年10月经浙江省委组织部批准,列入参照公务员法管理的范围。内设办公室、组宣部、教育就业部、康复部4个部室,常设机构市政府残工委秘书处,核准公务员编制12名,其中县处级领导职数3个,科级领导职数5个,下辖全额拨款科级事业单位丽水市残疾人就业中心(核定编制3名)和丽水市残疾人康复中心(核定编制9名)。

丽水市残疾人康复指导中心

1998年,丽水地区残疾人康复中心成立,由残联干部和社会人士联合经营。2003年,进行全面整顿,解除经营合同。2004年,经丽水市编委批准,成立丽水市残疾人康复指导中心,为差额拨款事业单位,编制3名(用于管理人员),科级职数1人。开设脑瘫康复部、聋儿语训部、脊柱康复部、辅助器具供应站、假肢装配站、弱智儿童启蒙教育班等内设机构。2007年,丽水市残疾人康复综合服务中心基建项目被列为市政府十件实事之一,中心占地0.95公顷,建筑面积10100平方米,总投资2640万元,12月26日,举行开工奠基仪式。2009年,经丽水市编委批准,丽水市残疾人康复指导中心单位类别调整为纯公益类事业单位,核定编制控制数9名,核增科级领导职数1名。

丽水市残疾人就业中心

1995年4月,丽水地区残疾人劳动就业服务部成立,为丽水地区残联下属的正科级事业单位。2001年,更名丽水市残疾人劳动就业服务中心。2004年,丽水市残疾人劳动就业服务中心更名丽水市残疾人就业中心,单位类别为纯公益类事业单位,核定编制控制数3名,科级职数1名。

丽水市残疾人专门协会

2003年,丽水市残联组建有盲人协会、聋人协会、肢残人协会、精神残疾人及其亲友协会、智力残疾人及其亲友协会等5类专门协会。2004年，9个县(市、区)残联也组建五类专门协会。

各县(市、区)残疾人联合会

丽水市、县两级残联分别于1993年和1997年完成两次机构升格，县级残联机构单列，理事长专职。2008年，乡镇残联理事长实现专职。2009年，社区(村)残疾人协会覆盖全市所有村(社区)，60%以上的村(社区)配有残疾人专职委员。

丽水市残疾人联合会代表大会

1989年9月13—14日，丽水地区残疾人联合会第一次代表大会在丽水召开。陈家毛代表丽水地区残疾人联合会筹备领导小组作《为发展丽水地区残疾人事业而共同努力》的工作报告。会议选举产生丽水地区第一届残疾人协会委员会，协会由委员21人组成。

1993年10月26日，丽水地区残疾人联合会第二次代表大会在丽水召开。大会审议通过《高举人道主义旗帜沿着法制轨道，开创丽水地区残疾人工作新局面》的工作报告。选举产生丽水地区残疾人联合会第二届执行理事会。

1998年10月20—21日，丽水地区残疾人联合会第三次代表大会在丽水召开。出席大会的残疾人、残疾人家属、残疾人工作者代表130人。大会审议通过《巩固成果，开拓进取，为推进我区残疾人事业的持续发展而努力》的工作报告。选举产生第三届主席团委员35人，副主席13人，夏金星当选主席。选举产生第三届执行理事会。

2003年5月28—30日，丽水市残疾人联合会第四次代表大会在丽水召开，出席大会的残疾人、残疾人家属、残疾人工作者代表200人。大会审议通过《与时俱进，扎实工作，全面推进我市残疾人事业健康持续发展》的工作报告。选举产生第四届主席团委员31人，副主席4人，

2008年2月27—28日，丽水市残疾人联合会第五次代表大会在丽水召开。出席代表129人，特邀代表32人，列席代表6人。市委书记、市长陈荣高，省残联副理事长陈玉国，市人大常委会主任焦光华等领导参加会议。大会审议通过《和谐融入，奋发有为，努力推进我市残疾人事业又好又快发展》的工作报告。选举产生第五届主席团委员33人，副主席5人。2010年12月，增补副理事长1人。

第六章　社会科学界联合会

丽水市社会科学界联合会(以下简称“市社科联”)，指导本地社科类学会、协会、研究会工作，承担本地社科规划、社科评奖、课题研究等工作职责，是市委、市政府和社科工作者的桥梁和纽带。1986年7月14日，丽水地区社会科学学会联合会筹备组成立。1986年11月19日，丽水地区社会

科学联合会成立大会召开，选举第一届理事会理事41人、常务理事13人。1986年7月至2009年12月，丽水市社会科学界联合会召开代表大会5次。2009年，第五次代表大会召开，选举第五届理事会理事65人、常务理事20人。丽水市社科联在开展社科研究、学术研讨、成果评奖、社科普及，学会管理等方面都取得成果。至2010年年底，丽水市社科联获省级课题立项146项。其中，获省社科规划课题59项，省社科联研究课题70项、社科普及课题15项。1988—2010年年底，全市评出优秀成果1161项。2003年，社科普及周。至2010年，全市举办8次。丽水人文大讲堂是面向市民创办的公益性讲堂。2009年6月20日丽水人文大讲堂开讲。至2010年年底，全市共举办21期。

第一节　活　　动

课题研究

1985年，丽水地区社科联首次申报并立项省社科规划课题《贫困山区的经济开发与基层组织建设》。至2010年年底，获省级课题立项146项。其中，获省社科规划课题59项、省社科联研究课题70项、社科普及课题15项。1988年，地区社科联首次立项地区级课题15项。2000年起，实行社科研究课题制度。至2010年年底，立项514项。2009年6月26日，市政府与省社科院签署《科技合作协议》，开展省市合作研究，社科联承担对接工作。2010年年初，首个课题《丽水建设“中国生态第一市”战略与路径选择》启动。6月28日，课题初期成果《生态现代化：科学发展引擎——丽水市建设“中国生态第一市”的实践与启示》在《浙江日报》全文刊登。12月27日，在杭州举行研究成果发表会。丽水市首开全省地级市与省社科院合作研究之先河。

创办刊物

1989年5月，丽水地区社科联申办《浙西南山区研究》。5月22日，省新闻出版局核发（浙）字第11—044号内部报刊准印证。1992年5月12日，再次申办。9月27日，建立编辑指导委员会和编辑部。11月，出版试创刊号。1992年5月11日，社科联开始编印《社会科学信息》，至12月20日编印10期。学会先后创办《丽水卫生经济通讯》《丽水供销合作经济》《丽水粮食经济》《会计与审计》《处州会计》《丽水农村经济》《企管探索》（后更名《企业论坛》）《丽水金融》《丽水党史》《丽水研究财政税务版》《丽水研究财务会计版》《丽图探索》等会刊。

文化研究工程

丽水文化研究工程于2006年5月启动，对应浙江省文化研究工程，分当代发展研究、历史文化专题研究、名人研究、文献整理四大块，旨从人文科学角度，研究丽水历史文化和当代发展。市社科联承担市本级项目组织实施及县（市、区）级项目协调指导，负责项目经常性管理。2005年，相继编制《丽水市市本级文化研究工程重点项目选题一览表》《丽水市文化研究工程县（市、区）重点项目参考选题》《丽水市国家级非物质文化遗产项目申报计划表》《丽水文化研究工程选题目录》《浙江历史文化研究工程丽水拟定项目》。2008年5月、2010年5月，分别推出丽水文化研究工程之《丽水·瓯江文化丛书》第一、二辑研究成果。第一辑包括《处州古代著述考》《历史人物与处州》《处州摩崖石刻》《处州历代书法》《处州历史人物评传》《解读刘伯温》。第二辑包括《处州文化史》《处州历代文选》《处州历代诗词选》《处州名胜古迹》《处州史事钩沉》《此山集》。2008 年 4 月起，编纂《创业创新之路——浙江改革开放 30 年—丽水篇》(后更名《丽水改革开放 30 年》)，作为省、市两级“纪念改革开放 30 年系列活动”内容之一，列入浙江文化研究工程成果文库，12 月，由浙江人民出版社正式出版发行。

学术研讨

1988—2010 年，地区社科联先后举办各种主题征文比赛、理论研讨座谈、学术交流活动。

1988 年 6 月，地区社科联举办纪念中共十一届三中全会十周年理论讨论会。

1992 年 11 月 6 日，地区社科联举办如何把丽水山区经济推向市场研讨会。

1993 年 3 月，地区社科联举办纪念毛泽东 100 周年诞辰优秀论文评选。12 月 8 日，举办学习贯彻《邓小平文选》第三卷和十四届三中全会精神座谈会。12 月下旬，举办纪念毛泽东 100 周年诞辰研讨会。

1994 年 5 月 28 日，地区社科联举办促进财税金融体制改革征文活动。8 月 29—30 日，举办促进财税金融体制改革研讨会。

1995 年 6 月 2 日，地区社科联举办实施发展战略研讨会。

1996 年，地区社科联举办社科界学习中共十四届六中全会《关于加强社会主义精神文明建设若干问题的决议》座谈会。

1997 年 4 月 7 日，地区社科联举办职业道德建设研讨会。11 月 7 日，举办社科界学习中共十五大理论研讨会。

1998 年 3 月 17 日，地区社科联举办优化经济结构，培育新的经济增长点座谈会。11 月 27 日，举办社科界纪念党的十一届三中全会 20 周年学术报告会。

1999 年 5 月 18 日，地区社科联举办社科界纪念真理标准讨论二十周年座谈会，同日，举办纪念中华人民共和国成立 50 周年征文比赛。9 月 15 日，举办纪念中华人民共和国成立 50 周年理论研讨会。

2000 年 3 月 22 日，地区社科联举办社科理论界学习总书记江泽民广东重要讲话座谈会。4 月中下旬至 8 月 11 日，就“丽水精神”举办 4 次，各有专家、学者、部门领导 50 多人参加研讨提炼座谈会。10 月 25 日，举办生态效益型经济、中心城市定位问题研讨会。

2001 年 6 月 21 日，市社科联举办纪念中国共产党成立 80 周年理论研讨会。7 月 6 日举，办社科理论界学习总书记江泽民在庆祝中国共产党成立 80 周年大会上的重要讲话座谈会。11 月 8 日，在杭州举办“丽水·‘浙江绿谷’专家研讨会”，对丽水建设“浙江绿谷”的可行性以及如何加快“浙江绿谷”建设提出意见和建议。12 月 8 日，举办 WTO 专题报告会。12 月中旬，举办“浙江绿谷”研讨会。

2002 年 3 月 12 日，市社科联举办深入学习江泽民同志“七一”讲话和“三个代表”重要思想理论研讨征文活动。9 月 28 日，举办社科理论界学习《江泽民论有中国特色社会主义》(专题摘编)座谈会。11 月 29日，举办社科界学习中共十六大精神座谈会。12 月 3 日，举办学习中共十六大精神征文比赛活动。

2003 年 5 月，市社科联举办“接轨大上海，融入长三角”主题征文活动。8 月 28 日，举办“接轨大上海，融入长三角”理论研讨会，邀请省专家朱家良作《关于长江三角洲区域经济互动发展的几个问题》的报告。9 月 19 日，举办“公民道德宣传日”座谈研讨会。

2004 年 1 月上旬，市社科联与市体改办联合举办学习研究中共十六届三中全会精神征文比赛活动。4月上旬，先后举办实施“工业强市”战略，建设特色制造业基地征文比赛活动、邓小平理论与丽水实践征文比赛活动。4月21日，与市体改办联合举办学习中共十六届三中全会精神理论研讨会。7月9日，举办实施“工业强市”战略，建设特色制造业基地理论研讨会。8月20日，举办纪念邓小平100周年诞辰座谈会暨理论研讨会。9月28日，邀请浙江省社科联副主席蓝蔚青作“学习贯彻党的十六届四中全会精神”专题辅导报告。

2005年1月26日，市社科联举办绿谷文化征文研讨比赛活动。2月22日，举办“科学发展观在丽水的实践”征文研讨活动。2月25日，与丽水学院联合举办“栝苍古道保护与开发”研讨会。3月至6月底，举办“浙江·丽水资源配置市场化论坛”论文征集、评选活动。7月上旬，举办丽水人文精神研讨会。

2007年12月7日，市社科联与丽水日报社联合举办学习中共十七大精神征文活动。

2008年3月13日，市社科联举办市加快创业创新、建设生态文明、推进丽水新跨越理论研讨会。5月20日，与市委宣传部联合举办纪念改革开放30周年理论研讨会论文征集活动。12月中旬，举办纪念改革30周年理论研讨会。

2009年5月14日，市社科联举办社科理论界学习雷云先进事迹座谈会。5月25日，与市总工会联合举办欠发达地区如何应对金融危机主题征文活动。5月26日，与市委党校、丽水学院、市发改委联合举办“浙江省后发地区发展战略选择——以丽水为例”专题研讨会，被列入“当代浙学论坛——2009年学术月”活动43个分论坛的“科学发展系列”之首。5月29日，举办《丽水市十一五软实力建设研究》课题论证会。9月23日，举办社科理论界学习中共十七届四中全会座谈会。11月9日，举办“不知杯”丽水创新人物评选活动。

2010年5月24日，市社科联与市文明办联合举办“公德与文明”主题征文。8月16—20日，派员到厦门市参加以转变经济发展方式，建设海西先进制造业基地为主题的海峡西岸经济区20城市21家社科联协作会议，提交研讨论文《丽水融入海西经济区的影响因素分析及路径研究》。

成果评奖

1988年6月4日，市社科联首次印发《浙江省丽水地区1985—1986年度社会科学优秀成果评选条例》。1994年起，优秀成果奖改由地区行署颁奖。2000年2月22日，地委办、行署办印发《丽水地区社会科学优秀成果评奖办法》，两年评审一次，列入地区行署表彰项目，由地区行署颁发证书和奖金。2004年起，改为每年评审一次。1988—2010年，组织评奖16次，评选优秀成果1161项，分别评1985—1986年度36项、1987—1988年度42项、1989—1990年度109项、1991—1992年度78项、1993—1994年度74项、1995—1996年度83项、1997—1998年度71项、1999—2001年度77项、2001—2002年度55项、2002—2003年度69项、2003—2004年度67项、2004—2005年度80项、2005—2006年度80项、2006—2007年度80项、2007—2008年度80项、2008—2009年度80项。

1988—2010年，市社科联组织学会先进集体、先进工作者评选10次，评出先进集体88个，学会先进工作者242人。先后有7人、8人、3人被评为1992年度、1994年度、1997—1999年度省社科联学会优秀工作者，社科联被评为1997—1999年度省社科联系统先进集体、2002—2003年度学术研究先进集体。

社科普及

2006年2月17—18日，市社科联承办全省社科联协作会议。2008年12月26—28日，举办丽水市社会科学管理人才培训班。2009 年 3 月，启动“启明星助学计划”，在莲都、云和、庆元、遂昌、松阳等县（区）资助贫困小学生 160 人，每人每年 500 元，两年资助经费 16 万元。

2003—2010 年，市社科联举办社科普及周 8 次，由市社联与市委宣传部联合举办，县（市、区）联络站，院校社科联（科研处），学会（协会、研究会）参与，于每年 9—11 月间与全省错时开展。每年围绕一个主题开展，活动内容分七大系列。2003—2010 年，市社科联连续荣获省社科普及周先进集体，荣获先进个人 15 人。2009 年 12 月 15 日，丽水古堰画乡文化产业园区、丽水电业局电力文化教育展示中心、丽水学院畲族文化艺术科普基地、遂昌汤显祖纪念馆被省社科联公布为第二批省级社科普及示范基地。

丽水人文大讲堂是面向市民创办的公益性讲堂，2009 年 6 月 20 日开讲，至 2010 年年底举办 21 期，邀请名家大师 21 人担任主讲嘉宾，内容涉及国学、文学、科学、艺术、养生、教育等领域。《丽水日报》《处州晚报》每期刊登公告，丽水电视台、丽水新闻网全程录制，丽水在线“绿谷采风”、丽水网“网视”、丽水市政府门户网“丽水政视”等有每期讲座视频供点播。

第二节　组织机构与代表大会

机构沿革

1986 年 7 月 14 日，丽水地区社会科学学会联合会（以下简称“地区社科联”）筹备组成立，1986 年 11 月 19 日成立大会召开。1988 年 4 月 5 日，地区编委批复从地委讲师团划出编制 2 名专管社科联工作。1996 年 8 月 7 日，地委办批复社科联为正县级全额拨款事业单位，核定事业编制 5 名，主席（兼职）1 人，专职副主席 1 人，科级职数 1 人。1997 年 10 月 7 日，地委组织部批复社科联“三定方案”，定编 5 名，科级职数 1 人，兼职主席 1 人，专职副主席 1 人，兼职副主席若干，兼职秘书长 1 人。

2000 年 7 月 19 日，地区社科联更名丽水市社科联。2001 年，市编委批复社科联为正处级事业单位，参照国家公务员制度管理，编制 5 名，科级领导职数 1 人。2002 年 3 月 11 日，市委办批复社科联为正处级全额拨款事业单位，参照国家公务员制度管理，核定事业编制 5 名（含工勤人员），主席 1 人（兼职），专职副主席 1 人，秘书长（科级）1 人。2006 年 9 月，地区社科联搬迁至花园路 1 号市行政中心主楼 16 楼 1630、1631 室办公。

2007 年 10 月，省委组织部批复社科联列入参照公务员法管理范围，同年 12 月，完成参照公务员法管理机关工作人员登记工作。至 2010 年 12 月，有在职公务员 4 人，其中专职副主席 1 人，秘书长 1 人，副主任科员 1 人，科员 1 人。

学会

1986 年 11 月，地区级社科类学会成立 22 个，学会小组 1 个，会员 1900 多人。1994 年 11 月，地区社科联在各县（市）委宣传部建立联络站，县（市）委宣传部分管理论的副部长任站长，县（市）委党校分管教学的副校长任副站长，11 月 25 日，召开各县（市）联络站会议。2009 年 1 月，建立遂昌县社科联。11 月 13 日，经省社科联批复，建立丽水学院社科联。11 月 27 日，经市社科联批复，建立丽水职业技术学院社科联。至2010年12月底，全市社科联有学会41个，会员1.5万多人。丽水市社科联加强学会组织管理，充分发挥所属各学会的作用。

1990年丽水地区级社会科学组织一览

表29-6-2-1　　　　单位：人

名　　称	成立时间	会员数	理事数
地区教育学会	1981年5月	117	25
地区财税学会	1982年1月	246	25
地区商业经济学会	1983年11月	56	9
地区哲学学会	1984年4月	108	15
地区卫生经济学会	1984年5月	120	9
地区供销合作经济研究会	1984年6月	38	14
地区经济学会	1984年8月	53	17
地区会计学会	1984年11月	120	39
地区科社学会	1985年2月	62	3
地区少先队工作研究会	1985年3月	38	15
省电力会计学会丽水分会	1985年4月	55	14
地区历史学会	1985年5月	79	11
地区企业管理协会	1985年5月	134	67
地区电力企管协会	1985年5月	80	33
地区图书发行工作者协会	1985年6月	180	21
地区粮食经济研究会	1985年9月	35	17
地区工业会计学会	1985年10月	2500	56
地区农业经济学会	1985年11月	73	18
地区乡镇企业厂长研究会	1985年12月	50	9
地区电力职工思想政治工作研究会	1986年2月	18	9
地区金融学会	1986年5月	236	45
地区群众文化学会	1986年6月	108	18
地区质量管理协会	1986年6月	105	47
地区统战理论学会	1986年8月	60	23
地区商业会计学会	1986年9月	42	15
地区商业职工思想政治工作研究会	1986年10月	128	28
地、市劳动服务公司经理研究会	1987年3月	115	21
地区广播电视新闻学会	1987年4月	50	8
地区妇女问题研究学会	1987年5月	50	15
地区人口学会	1988年4月	30	9
地区图书馆学会	1989年1月	100	7

续表 29-6-2-1

名　　称	成立时间	会员数	理事数
地区城市金融学会	1989 年 6 月	50	9
地区管理科学研究会	1989 年 9 月	120	23
地区档案学会	1989 年 11 月	60	19
地区职工教育研究会	1989 年 11 月	120	21
地区审计学会	1989 年 12 月	82	9
地区农村金融学会	1990 年 4 月	120	27
地区交通职工思想政治工作研究会	1990 年 10 月	120	21

代表大会

1986 年 11 月 19 日，地区社科联第一次代表大会召开，代表 130 人，选举第一届理事会理事 41 人、常务理事 13 人。1991 年 11 月 8—9 日，第二次代表大会召开，代表 127 人，选举第二届理事会理事 62 人、常务理事 15 人。1997 年 7 月 14—15 日，地区社科联第三次代表大会召开，代表 141 人，选举第三届理事会理事 70 人、常务理事 19 人。2003 年 10 月 29 日，市社科联第四次代表大会召开，代表 134 人，选举第四届理事会理事 63 人、常务理事 18 人。2009 年 12 月 25 日，市社科联第五次代表大会召开，代表 140 人，选举第五届理事会理事 65 人、常务理事 20 人。

第七章　科学技术协会

丽水市科学技术协会(简称“市科协”)，是科学技术工作者的群众组织。丽水市科学技术协会是由市级学会、协会、研究会、企事业单位科协及县(市、区)科协的科学技术工作者联合组成的群众组织。丽水市科学技术协会通过科普活动、科普综合宣传、青少年科技教育、农村和厂矿企业的科普活动、科技学术交流、科学考察和各种论文的发表，充分发挥丽水市科协的作用。1986—2010 年，在省、市开展的自然科学优秀论文评选中，丽水市科协获得好成绩。

2001—2010 年，丽水市科协征集论文 2403 篇，参加浙江省省级自然科学优秀论文奖(学术奖)第 11—15 届评选，获奖 246 篇，其中二等奖 92 篇，三等奖 154 篇。

1986 年，丽水地区自然科学优秀论文首次评选。到 2010 年年底，评选 10 届，丽水市科协征集论文 12474 篇，参加市级评选，获优秀论文奖 2838 篇，其中一等奖 104 篇，二等奖 472 篇，三等奖 2192 篇，四等奖 70 篇。

第一节 活 动

科普活动

20世纪50—60年代，丽水主要运用黑板报、图片、幻灯、有线广播等进行科普宣传。1978年开始，地区科技利用影片、录像、读物、橱窗、报刊、电台、电视台、宣传车、讲座等进行宣传。1990年开始，地区科协采用科普一条街、科普集市、科技下乡、图板展示等形式。2000年开始，开始利用实验器具操作、大型广场活动、文艺晚会、互联网、科普大篷车等进行。宣传内容，从最初的农业“八字宪法”、技术革新、技术革命、破除封建迷信等，到科学种田、卫生保健、计划生育、流行病防治、安全用电、节能环保、防灾减灾、身边科学等，再到“科学、文明、发展”“揭批邪教‘法轮功’”“科技创造未来”“科学发展观”等主题。

2001年2月28日至3月12日，市科协在丽水会展中心举办“崇尚科学文明，反对迷信愚昧”大型科普图片和科学实验器具展览，参观8万多人次。

2003年科普宣传周，全市组织学会153个，工作人员822人，科技下乡26次，科普宣传30次，科技咨询52次，科普演出8场，科普讲座24场、听众8853人次，科普展览46场、参观95800多人次，举办科技竞赛12项、参赛1408人次，技术培训79次、受训12646人次，放映科普影视节目19部、观众21450人次，开放科普教育基地7个、参观2250人次，发放资料83种21.5万份，制作和展出展板1082块、总长898米。

2003年，首届中国浙江科普节，丽水市、县两级科协陆续举办开幕式暨大型广场科普活动。全市开展活动76项，发放资料8.75万份，参与活动20万人次。组织首批科普志愿者1188人，进入社区、校园。2006年科普节，邀请中科院老科学家科普演讲团专家11人，来丽水演讲47场，听众2万人次。

2004—2006年“全国科普日”期间，全市组织学会347个次、工作人员5135人次，科技下乡135次，科普宣传70次，科技咨询87次，科普演出9场。科普讲座122场、听众58320人次，两院院士科普报告32场、听众12420人次。科普展览82次、参观281670人次。科技竞赛39项次、参赛9223人次。技术培训158次、受训22892人次。放映影视节目53部次、观众41810人次。开放科普教育基地10个，参观27260人次。发放宣传资料292种、303900份，展出科普图板3137块，总长度18185米。市科协连续3年被中国科协授予全国科普日活动先进单位。

2008—2010年，全市组织科教进社区243次。进社区学会403个次、会员1050人次，举办科普讲座128次，受众4.35万多人次，科普展览177次，参观17.62万多人次。发放科普资料18.84万多份，科普咨询80次，实用技术培训77次、参训1.35万多人次。

至2010年年底，全市组织较大的科普宣传活动6300多次，参加人员3.5万多人次。举办科普讲座1.4万多场，听众198万多人次，其中领导干部科普报告会45场。举办科普展览2400多次，参观人数441万多人次。科普橱窗展出11万多米，科普广播5600多次。开设电视科普栏目5个，放映科普电影、录像7452场，观众414.69万人次。编写科普图书资料370种、131.38万册，出版科普报刊387期、印发4.8万份。发放科普宣传资料1407种、382万份，编创科普挂图71种9264幅。制作科普图板1.6万块，展出8万多米。科普文艺演出19场，科普大篷车下乡246次，受益33万人次。

青少年科技教育

青少年科技活动　1988年7月20—25日，丽水地区科协办事处与浙江省农学会联办“浙江省第三届农学夏令营”。同年，地区数学、物理、地理三学会也分别举办中学生数、理、地学夏令营，营员250人。到2010年年底，全市举办青少年夏令营162营，营员达2万多人次。

1999年，丽水市①梅山中学将每年10月18日至11月18日定为科普教育活动月，并获99浙江省青少年科技节组织奖。

2000年，莲都区城北小学、江滨中学等学校举办科技节。到2010年年底，全市办科技节中小学40多所。

2007年6月，市科协“科普大篷车”开进缙云县实验小学，举行启用仪式。到2010年年底，进校园230多所(次)，惠及师生20多万人次。

青少年科技竞赛　1995年，全国青少年信息学奥林匹克联赛开赛，每年一届，分提高组和普及组，丽水1997年和2001年参赛。至2010年，有115人获省级奖，其中提高组79人，普及组36人。

2000—2001年，丽水市青少年信息学奥林匹克竞赛提高组、普及组先后开赛，每年一届。至2010年，颁发优秀选手奖585人，优秀组织单位奖29个，优秀指导老师奖38人。

1984—2000年，全国举办青少年科学创造发明比赛和科学讨论会9届，丽水获全国小发明奖6项、小论文奖1篇。省小发明奖88项，小论文奖14篇，特设项目奖6项。

1991—2001年，全国举办青少年生物与环境科学实践活动6届。丽水获省优秀项目奖35项、优秀活动奖14项、优秀组织奖3个。

1991年，全国中小学生首届昆虫考察竞赛。丽水地区获全国昆虫标本一等奖1个、二等奖3个、三等奖5个。获省昆虫标本一等奖2个、三等奖3个、小论文三等奖2篇及全省唯一集体奖。

1992—1993年间，全国青少年人造卫星搭载的番茄种子培育试验活动，丽水地区参加试验活动中小学5所，获浙江省试验活动二、三等奖学校各1所。

2002年，全国青少年科技创新大赛开赛，每年一届。到2010年，丽水获全国奖17个，获省级奖317个，颁发市级奖1336个。

2004—2010年，全国青少年机器人竞赛，丽水参赛6届，获全国奖3个，获省级奖94个。

2009—2010年，在两届浙江省中小学生原创信息技术设计大赛中，丽水获奖81个。颁奖95个。

1999年，参加99浙江省青少年科技作品展示会，丽水获二等奖3件、三等奖5件。参加99浙江省青少年“展望新世纪”科幻绘画展览，获二等奖1幅、三等奖14幅。

2001年，参加浙江省青少年信息科学基础知识竞赛。丽水获二等奖3人，三等奖6人，鼓励奖60人。

2007年，参加浙江省青少年“2049钱江大桥”创意建模大赛。丽水获二等奖1件，三等奖1件。

2010年，参加浙江省中学生科普征文大赛。丽水获一等奖2篇，二等奖1篇，三等奖1篇。颁发市一等奖21篇，二等奖34篇，三等奖56篇。

农村科普活动

科技下乡　1989—1991年，省、地科协联合定点帮扶景宁畲族自治县大顺乡桂根村，3年人均

① 2010年称莲都区。

收入增长73%。到2001年，全市科协定点帮扶贫困村110个、贫困户29831户。脱贫20225户。2008—2010年，组织专家216人结对213个村587户，实施帮扶项目172项，办培训班301个、培训31204人次。

2002—2010年，全市科协组织6922人次科技下乡1010次。办科普讲座418次、听众11.62万人次。科普展览391次、参观人数61.47万人次。技术培训1473次、培训14.50万人次。科技咨询423次，发放科普资料103多万份，展出科普图板2万多米，播放科普影视节目200多部。

农村实用技术培训　1986年，农村实用技术培训启动，从农村青年开始，扩展到所有农民。据不完全统计，到2010年年底，举办培训班1万多期，培训132万多人次。

1988年5月，遂昌县成立中国农村致富技术函授大学（简称"中国农函大"）辅导站，1990年，更名中国农函大遂昌县分校。1995年年底，丽水地区本级和所属九县（市）分校全部成立。到2010年年底，建有乡镇辅导站134个、村辅导组1186个。先后开设种植、养殖、加工等类专业30多个，累计培养一年制结业学员7.95万人。

1993—1997年，开展农村党员、基层干部实用技术和市场经济知识首轮培训。培训农村党员和村干部59783人次，获得农民技术人员职称1404人，其中农民高级技师14人。1999年，第二轮培训启动，乡镇党政干部列为培训对象。2003年，第三轮培训启动，乡镇干部和行政村主要干部为重点对象。到2010年年底，第二、三轮累计培训55688人次。

农民技术人员职称评定　1988年5月，农民技术人员职称评定在县级丽水市试点。11月，丽水地区全面铺开。到2010年年底，先后开展农业、林业、水利、水产、电力、土地管理等六大系列的农民技术人员职称评定，累计评定和晋升职称27111人，其中农民高级技师145人。

厂矿企业科普活动

1987—2010年，组织厂矿企业参加全国"讲理想、比贡献"竞赛活动，丽水获全国先进个人5人。获浙江省先进集体12个，先进个人25人，优秀建议1项，优秀成果1项。

1993—2010年，全市实施"金桥工程"247项，获全国组织奖1人。获浙江省组织奖先进集体3个、先进个人5人，优秀项目奖6项。

1992—1998年，全地区地、县科协完成科技咨询项目2000多项，其中推广新技术397项、科技成果354项，开发新产品124个。获全国金牛奖优秀集体1个，省金牛奖和奉献奖先进集体3个，先进个人6人，优秀项目2个。

1997—2010年，全市组织学会与厂矿企业结对协作攻关项目26个，获全国奖1个，省级奖1个。

科普示范

科普示范单位　2005年，缙云县列入全国科普示范县创建单位。2007年，通过中国科协考核验收，11月23日，被命名为全国科普示范县。

2009年，遂昌县被列入浙江省科普示范县创建单位。2010年年底，通过省科协考核验收，被命名为浙江省科普示范县。

2004—2010年，全市创建浙江省基层科普示范单位48个，其中街道1个、乡6个、镇8个、村13个、社区20个。

2005—2010 年，命名丽水市基层科普示范单位 124 个，其中街道 3 个、乡 10 个、镇 14 个、行政村 61 个、社区 36 个。同期，全市命名县级科普示范单位 305 个。

农村科普示范户及基地　1989—2010 年，浙江省农村科技示范户命名 7 批，示范期每批 3 年。丽水市入选 220 户。

2004—2010 年，丽水市农村科技示范户命名 2 批，示范期每批 3 年，203 户。

1987—2010 年，全市县级农村科技示范户，命名 22074 户。

2006—2010 年，丽水选为全国科普惠农兴村先进单位的农村科普示范基地 2 个。

1999—2010 年，丽水创建浙江省农村科普示范基地 2 个。

2000—2010 年，命名丽水市农村科普示范基地 8 个。全市命名县级农村科普示范基地 92 个。

科普设施建设

到 2010 年年底，全市建有县级科普活动中心 8 个，展厅面积 1374 平方米。建有科普教育基地国家级 1 个、省级 5 个、市级 19 个、县级 110 个，科普活动站 462 个，科普画廊 462 个、展示单元总长度 3637 米，科普员 1592 人，科普网站 8 个。

科技学术交流

对外学术交流　1987—2001 年，市级学会参加国际学术会议 45 人次、交流论文 105 篇，参与接待国际及港澳台地区民间来访科技团组 33 个、196 人次，外派科技团组 6 个、22 人次。

2007 年 5 月 23—25 日，承办中韩合作“爱心阳光计划”第 39 期活动，交流和研讨新农村建设。12 月，组织丽水市科技新秀到香港科技大学、香港理工大学等，进行学习交流。

2008 年 11 月，组织丽水市高层次人才，到韩国新村运动研修院、三星电子等单位学习考察。

2009 年 8 月，丽水市第三届科技新秀 40 人到香港科技大学进行考察学习。

2010 年 4 月，县(市、区)科协主席和分管领导 19 人，到中国台湾地区嘉义县农会、屏东科技大学农业推广委员会访问考察。9 月 13—14 日，邀请中国台湾地区休闲农业学会理事长、屏东科技大学教授段兆麟，到丽水市、遂昌县作“中国台湾地区休闲农业发展的思路与实践”学术报告。9 月 18 日，网络视频连线美国新泽西州自由科技馆，联合举办“外来物种：朋友还是敌人”中美科普连线报告会。

市内学术交流　1989 年 9 月 26—27 日，地区科协、农业局、林业局联合举办“低山缓坡滩涂综合利用立体开发研讨会”，参加研讨地直学会 17 个。会议交流论文 40 多篇。会后向行署提交专题报告，部分得到采纳。

1990 年 11 月 4—5 日，地区科协与农业局联合举办“农业科技推广工作研讨会”，参加研讨地直学会 15 个 100 多人，提交论文 37 篇。行署批转研讨报告。

1994 年 11 月 1 日，丽水地区县级科协工作研讨会首次会议在庆元举行。到 2010 年年底，举行研讨 33 次。

2001 年 11 月，市科协与环境科学学会联合举办“生态立市、绿色兴市”学术论坛，参加市直学会 16 个，提交论文 43 篇。

到 2010 年年底，市级学会累计举办学术会议 1524 次，参加学术活动 80777 人次，交流论文 20325 篇。

跨市学术交流　1982年10月，丽水地区和温州市环境学会联合在龙泉召开浙南自然保护学术讨论会。与会代表88人，涉及自然保护、园林、基建、农、林、水、地质、气象、动物、植物、昆虫、化工、机械等学科。会议收到论文24篇。

1987年8月7—8日，浙闽两省毗邻县科协工作研讨会首次会议在庆元举行，应邀到会县科协4个，议题为“如何开展科技咨询和科技协作”。2002年10月16日，在福建省南平市建瓯市举行第16次会议，丽水、南平两地市属的18个县(市、区)科协全部出席。此后，未再举行。

1989年11月10—13日，闽浙赣皖四省九地市科协协作网第一次联席会议，在黄山市举行。1990年11月7—9日，第二次联席会议在丽水举行，应邀到会代表21人，中心议题“农业科学技术推广工作的研究”。1998年，联席会议终止。

2004年11月17日，首届浙江中西部科技论坛在金华市开幕。至2010年年底举办6届，由金华、丽水、衢州三市科协轮流承办。丽水承办第二和第五届。2005年9—11月，第二届论坛以“科技、协作、和谐、发展”为主题，设主论坛1个、分论坛19个。邀请中国工程院院士李文华、李泽椿等作学术报告25场，参加活动3000多人，交流论文475篇，编印论文集8卷9册，200多万字。2009年8—11月，第五届论坛以“投身创新创业、推进区域跨越发展”为主题，设主论坛1个、分论坛21个，邀请中国工程院院士魏复盛、闻立时及中国科技馆原馆长王渝生等作学术报告52场，参加学术活动3400多人次，交流论文692篇，编印论文集11卷。其余各届，丽水市都组织参加200多人。

2005—2010年，两院院士8人先后来丽水作学术报告和学术交流。2009年9月，丽水市院士专家工作服务站成立。

2007年5月，上海丽水籍专家联谊会12人，应邀到丽水举办学术报告会和座谈交流会12场。

2007年10月浙江省“希望之光”计划专家团26人、2010年9月该团23人，二次到丽水作学术报告、座谈交流、咨询服务和考察指导。

1999—2010年，丽水多次组团参加中国科协学术年会、长三角科技论坛和中国浙江学术节。

至2010年，全市发表交流文章152篇。

科学考查

1980年9月18日至10月5日，浙江省科协组织省、地、县单位27个48人，综合考查遂昌县九龙山自然资源状况。11月29—30日，组织单位34个67人，在杭州举行九龙山自然资源考察学术讨论会，评价和论证设立自然保护区方案。12月20日，向浙江省人民政府呈送《关于建立九龙山自然保护区的报告》。1983年9月，省人民政府批准建立九龙山自然保护区。1985年9月12—19日，应遂昌县人民政府邀请，省科协再次组织省级学会8个专家10多人，到九龙山实地考察，讨论修改九龙山自然资源的开发与步骤。

1981年8月，丽水地区林学会和庆元县林学会邀请杭州大学等单位40多人，综合考察百山祖自然资源。采集蕨类植物27科61属188种，种数居全省诸山之冠。采集其他种类植物标本1200多号，其中新植物和新分布记录5种。采集真菌标本319号，约230种，定名179种，分属11个目21个科，其中浙江尚无记载122种。采集昆虫标本2100多份，计800多种，当年鉴定421种，分属18个目80个科，其中省内新记录31种。12月，提交考察研究报告10多篇，对建立百山祖自然保护区提出建议。1985年8月7日，省人民政府批准建立百山祖自然保护区。

1983年，丽水地区生物学会组织会员，实地调查丽水地区两栖动物资源。发现2目8科37种，发现新种九龙棘蛙。1984年，调查鸟类资源，采集到数百号标本，计有13目35科130多种，属于国家一、二类保护鸟类20多种。1987年，根据调查资料，编写《丽水地区珍禽益鸟》和《形形式式的两栖动物》两书。1988年，两书合编为《两栖动物与珍禽益鸟》，获1989年全国优秀乡土教材一等奖。

1985年8月6—21日，丽水地区科协组织林学会、昆虫植病学会及省内外专家学者近百人，综合考察遂昌大西坑自然资源。采集昆虫标本250多种，隶属11目51科。172种编入《大西坑林区森林昆虫名录》。

1986年6月27日至7月7日，浙江省地质学会组织考察景宁畲族自治县矿产资源，基本摸清黑色金属、有色金属、非金属、陶瓷原料及花岗岩等18种矿产分布情况，研究和论证其可开发程度，提出对策和建议。1987年6—12月，再次对景宁汤坑、樟村附近石英矿进行地质揭露和踏勘。1988年2—10月，编制景宁畲族自治县地质矿产(图)概要，被县政府等有关单位引用。

1986年7月15—17日，浙江省科协牵头温州市和丽水地区科协，在缙云大洋水库召开“瓯江流域水资源综合开发研讨会”，应邀到会代表67人。10月23日至11月3日，组织考察队员64人，考察瓯江干流全境。1987年12月，提交考察报告。

1987年9月14—22日，浙江省科协、科委组织农、林、牧、渔、理、工等方面科技人员25人，综合考察云和县，提出振兴云和经济的措施和建议。

1987年10月9—16日，浙江省科协组织省畜牧兽医学会和地、县科协14人，考察景宁畲族自治县畜牧业。

1991年10月29日至11月3日，浙江省科协组织省、地、县的农、林、水、畜牧、园艺、地矿等学会科技人员15人，考察青田县章旦乡，并对扶贫工作提出建议和措施。

2003年，市科协组织20多人，抽样调查丽水市公民科学素质。结果显示，丽水市18—69岁公民，具备基本科学素质的占1.47%。2008年，第二次抽样调查，结果为2.1%。

第二节　组织机构与代表大会

丽水市科学技术协会

1956年2月26日，龙泉县科学技术普及协会成立。到年年底，原丽水专区所属各县科学技术普及协会全部成立。1959年，改组、更名科学技术协会(简称“科协”)。“文化大革命”期间撤销。1963年，丽水专区恢复后，建有地区科协办事机构。“文化大革命”期间撤销。1982年3月，丽水地区科协成立，办事机构与科委合署。1983年9月，撤销地区科协，设立浙江省科学技术协会丽水地区办事处，独立建制。1987年7月，办事处中共党组成立，8月，中共支部委员会成立。1992年6月，恢复丽水地区科协，办事处转为科协机关。1996年2月，机关工会成立。丽水撤地设市后，更名丽水市科学技术协会。

1977年10月开始恢复，办事机构与科委合署。1989年9月，庆元县科协独立办公。到1998年底，丽水地区所属九县(市)科协全部独立办公。

专门组织

民国 2 年(1913)4 月，遂昌县教育会成立。民国 4 年，丽水县教育会成立。民国 20 年，龙泉县国药业同业公会、缙云县药业同业公会成立。民国 21 年 10 月，青田县名胜古迹古物保存会成立。民国 29 年，景宁县国药商业公会成立。民国 35 年，庆元县医药业公会成立。民国 32—36 年，丽水、龙泉、云和、缙云、遂昌、松阳等县，中医师公会相继筹建。中华人民共和国成立后全部消亡。

1951 年，龙泉、庆元、景宁县医务工作者协会成立。此后，辖区各县县级学会、协会、研究会(以下简称“学会”)陆续成立，或撤并、消亡。2010 年年底，全市有县级学会 178 个、会员 3.90 万人。

1979 年，丽水地区畜牧兽医学会、微生物学会成立。此后，地(市)级学会陆续成立，或撤并、消亡。至 1995 年年底，有 46 个，会员 8326 人。到 2001 年年底，整顿到 31 个，会员 7569 人。至 2010 年年底，有 44 个，会员 14535 人。

市级学会

2010 年年底，市级学会 44 个，理事 1530 人，团体会员 1472 个、个人会员 14535 人。在个人会员中，有高级专业技术职称 2216 人、中级专业技术职称 5512 人。

2010 年丽水市科协所属市级学会一览

表 29-7-2-1　　单位：人

序号	学 会 名 称	成立年月	理 事	团体会员	个人会员	中级职称	高级职称
1	市医学会	1980 年 6 月	75	30	2000	1300	500
2	市护理学会	1980 年 6 月	42	53	2425	901	90
3	市中医药学会	1980 年 6 月	42	23	218	100	40
4	市林学会	1980 年 7 月	34	42	1545	800	150
5	市水利学会	1980 年 10 月	9	15	251	140	29
6	市环境科学学会	1981 年 2 月	19	23	205	67	18
7	市药学会	1981 年 4 月	112	15	664	32	23
8	市农学会	1981 年 7 月	21	30	884	560	131
9	市珠算协会	1981 年 7 月	35	0	80	30	8
10	市电子学会	1981 年 9 月	24	45	138	76	34
11	市气象学会	1982 年 1 月	18	9	106	36	7
12	市生物学会	1982 年 2 月	25	8	126	73	53
13	市包装技术协会	1982 年 12 月	39	36	176	10	1
14	市环卫协会	1984 年 10 月	9	10	39	19	1
15	市物理学会	1984 年 11 月	37	11	255	183	72
16	市化学学会	1985 年 3 月	25	7	360	80	140
17	市质量技术监督协会	1985 年 6 月	23	33	65	15	20
18	市质量协会	1986 年 6 月	52	50	151	50	4

续表 29-7-2-1

序号	学会名称	成立年月	理事	团体会员	个人会员	中级职称	高级职称
19	市地理学会	1986年10月	18	0	118	60	5
20	市数学学会	1986年11月	43	9	372	3	39
21	市渔业行业协会	1987年6月	10	9	55	20	5
22	市机械汽车工程学会	1987年11月	15	32	123	83	40
23	市国有林场场长研究会	1987年11月	23	50	65	40	0
24	市预防医学会	1990年3月	67	11	150	80	11
25	市公路学会	1990年7月	31	15	95	22	9
26	市中西医结合学会	1990年11月	60	80	300	20	30
27	市长跑登山协会	1992年5月	13	13	71	0	0
28	市计算机学会	1993年12月	18	10	100	50	10
29	市测绘学会	1994年11月	21	15	75	30	9
30	市抗癌协会	1996年11月	56	0	600	250	120
31	市根艺美术学会	1997年8月	55	30	179	7	6
32	市兰花协会	1997年9月	38	60	235	83	21
33	市建筑行业协会	1998年3月	26	50	180	0	0
34	市水土保持学会	1998年11月	5	19	102	20	10
35	市土地学会	2001年10月	34	66	285	18	10
36	市花卉协会	2003年8月	38	40	245	25	11
37	市反邪教协会	2003年8月	24	230	383	50	222
38	市糖尿病防治协会	2005年5月	60	100	151	30	5
39	市教育评价与考试研究会	2005年7月	53	27	157	37	120
40	市骨关节病防治协会	2005年10月	29	85	360	20	12
41	市畲族医药研究会	2005年11月	53	23	108	25	30
42	市医药行业协会	2006年6月	29	48	57	18	8
43	市老年科技工作者协会	2007年5月	25	0	151	19	132
44	市心理卫生协会	2008年6月	45	10	130	30	30
合计			1530	1472	14535	5512	2216

各县科协

县级科协由县级学会和县（市、区）直属企事业单位科协、乡镇（街道）科协组成。

2010年，丽水市科协所属县级科协有莲都区科协、龙泉市科协、青田县科协、云和县科协、庆元县科协、缙云县科协、遂昌县科协、松阳县科协、景宁畲族自治县科协9个，有县级学会178个、县（市、区）直属企事业单位科协10个、乡镇和街道科协177个，联系和指导农村专业技术协会92个。

市代表大会

1982 年 3 月 4—7 日，丽水地区科协第一次代表大会召开。会议正式代表 152 人。选出第一届委员会委员 32 人，其中主席 1 人、副主席 2 人、常务委员 7 人。

1992 年 6 月 18—20 日，丽水地区科协第二次代表大会召开。会议正式代表 200 人、特邀代表 41 人。选出第二届委员会委员 63 人，其中主席 1 人、副主席 7 人、常务委员 19 人。

1999 年 3 月 8—9 日，丽水地区科协第三次代表大会召开。会议正式代表 127 人、特邀代表 25 人。选出第三届委员会委员 47 人，其中主席 1 人，副主席 7 人，常务委员 15 人。

2004 年 12 月 6 日，丽水市科协第四次代表大会召开。会议正式代表 164 人、特邀代表 4 人。选出第四届委员会委员 53 人，其中主席 1 人，副主席 7 人，常务委员 23 人。

2009 年 12 月 10—11 日，丽水市科协第五次代表大会召开。会议正式代表 185 人。选出第五届委员会委员 70 人，其中主席 1 人，副主席 7 人，常务委员 24 人。

第八章　文学艺术界联合会

丽水市文学艺术界联合会（简称“市文联”），是全市文学艺术领域最大的人民团体，中国文联的市级地方组织和团体会员，由全市性文艺家协会和各县市区文联所组成的文学艺术界专业人民团体。是党和政府联系文艺家的桥梁和纽带，是繁荣社会主义文艺、发展先进文化的重要力量。

丽水文艺工作者组织始创于中华人民共和国成立初。1950 年 9 月 17 日，丽水文学艺术工作者联谊会成立，下设组织部和研究部。1951 年 5 月 20 日，在丽水县崇义小学召开丽水文学协会第一次动员大会。6 月，全区文代会召开，形成丽水文艺团体组织雏形。1980 年 1 月，丽水地区文学艺术工作者联合会筹备班子成立。1981 年 4 月，第一届地区文联委员会选举，孙怀远为主席。1983 年 10 月，经地委批准，地区文联实行独立办公，办公地点设在地区行政公署大院三楼。文联刊物《宝山红花》更名《丽水文艺》，人事部门向文联下达 6 名编制的批复（含《丽水文艺》编辑 2 人）。1984 年 4 月，经费上也实行独立核算。同年年底，《丽水文艺》又更名《丽水文学》。

1991 年 11 月，更名丽水地区文学艺术界联合会（简称“丽水地区文联”）。文联所属各地区文艺协会更名“丽水地区文艺家协会”。2000 年，丽水撤地设市，丽水地区文学艺术界联合会更名丽水市文学艺术界联合会（简称“丽水市文联”），所属各协会也同时更名丽水市文艺家协会。至 2010 年 12 月底，丽水文联市级会员 2090 人，其中省级会员 706 人，国家级会员 156 人。

第一节　活　　动

文艺创作

抗日战争时期，文艺工作者在丽水开展各种形式的抗日歌咏、戏剧演出、抗战木刻创作等活动。“龙渊印社”“浙江战时木刻研究社”等进步社团对我区文艺创作工作产生很大的影响，培育一批文艺创作骨干。

1949年10月，中华人民共和国成立后，各县先后建起越剧团、婺剧团、电影放映队等文艺单位。《岩泉》《林海》等文学刊物相继创刊。“文化大革命”期间，创作遭到严重影响。1981年4月文联成立，逐渐恢复各类采风、创作、研讨、展演活动，先后举办学习班、培训班、研讨会1000多期，选送骨干100多人参加“鲁迅文学院”“浙大作家班”“浙江文学院”“中国美院研修班”“中央美院研修班”“中国国家画院高研班”学习深造，形成摄影、巴比松油画、中青年书法、畲族歌舞、音乐、文学、民间艺术等具有丽水特色的艺术创作群体。1999年12月，中国摄影家协会授予丽水为“第一个中国摄影之乡”，并在丽水市建立仙都、凤阳山、百山祖等国家级摄影创作基地3处。2007年8月，“丽水•中国民间艺术之乡”申报成功，丽水成为中国民间文艺家协会命名的第一个综合性民间艺术之乡。

刊物创办

莲都区文联办刊《莲城》《学生写作》《莲城歌声》《莲都文艺》，先后出版《莲都历史文化丛书》四卷及《丽水太极湾》《莲都十年》。2008年，被浙江省人事厅、浙江省文联授予省文联系统先进集体称号。

龙泉市文联创刊《龙泉》人文杂志、《瓯江源》诗刊（全国十大民刊之一），创建中国龙泉摄影网、中国龙泉人文网、浙江作家创作基地，被评为全市文联系统2007年度先进集体、2008—2009年度先进集体，浙江省文联系统先进集体，获龙泉市2008年度目标责任制考核三等奖。

青田民协2004年获中国民间文艺山花奖优秀组织奖。2010年，编撰出版《中国民间文学集成》（青田卷）、《青田文化丛书》（一套五本）及《中华青田石》《青田民间故事大观》《刘伯温传说》《瓯江文艺》。

庆元县文联创办刊物《石龙》《庆元民间文学》《庆元揽胜》《苏醒的百山祖》《抗洪救灾英雄谱》《庆元文艺》《濛洲诗词》《寻找庆元最美古村落摄影画册》《濛洲歌刊》。

云和县文联2006年4月创办综合性刊物《云和湖》。

缙云县文联1986年10月，创办文艺刊物《仙都》，后因故停刊。2009年，创办报纸《新农村文艺》。协办仙都旅游文化节，开展婺剧进校园活动。

遂昌县文联创刊《汤显祖研究通讯》《遂昌文学》，配合举办汤显祖国际学术研讨会，举办2006年、2009年、2010年大型汤显祖文化节。

松阳县文联2009—2010年编辑出版《中国民间文学集成•松阳卷》《张玉娘研究资料》等书籍，发掘整理地方剧种松阳高腔。

景宁畲族自治县文联1991年6月创办文艺年刊《景宁文艺界》，1995年停刊。1992年，组编《处州山海经•景宁专号》。1996年，组撰《浙江民俗大观》《丽水名胜与风情》景宁部分。2009年，创办文艺刊物《畲山风》《沐鹤诗芯》（后更名《畲乡诗联》）。

第二节　组织机构与代表大会

丽水市文学艺术界联合会

发展沿革　1980年1月，丽水地区文学艺术工作者联合会筹备班子成立。1981年4月，第一届地区文联委员会选举，孙怀远为主席。办刊《宝山红花》。1983年，曾更名《丽水文艺》。1984年12月，再次更名《丽水文学》。

1991年11月，更名丽水地区文学艺术界联合会(简称“丽水地区文联”)。文联所属各地区文艺协会更名丽水地区文艺家协会。

2000年，丽水撤地设市，丽水地区文学艺术界联合会更名丽水市文学艺术界联合会(简称“丽水市文联”)，所属各协会也同时更名丽水市文艺家协会。

内设机构　丽水市文联实行团体会员制。1981年地区文联成立时，只有文学工作者协会、戏曲工作者协会、美术、摄影工作者协会、音乐、舞蹈工作者协会、电影工作者等协会5个，会员197人，1984年后，丽水地区9县(市)相继建立文联。1991年2月，团体会员18个。新增民间艺术家协会、书法家协会，摄影家协会与美术家协会，音乐家协会与舞蹈家协会分别单独建制。2003年7月，增设公安文艺协会和诗词学会。截至2010年12月，市级会员2090人，其中省级会员706人，国家级会员156人。

丽水市文艺家协会

丽水市作家协会　丽水市作家协会(简称“市作协”)，创建于2000年，原为丽水地区作家协会，吴刚戟任第一、二届作协主席。2003年7月，市作协换届改选阙迪伟任第四届和第五届主席。

丽水市美术家协会　丽水市美术家协会(简称“市美协”)，创建于1981年4月，林湘任第一届主席。下设二级协会市美术家协会、市油画家协会、市女花鸟画家协会。先后创办《丽水画坛》《丽水美术》期刊。

丽水市戏剧曲艺家协会　丽水市戏剧、曲艺家协会(简称“市戏协”)，成立于1981年4月，薛宵九任第一、二届主席、黄平任第三届主席。

丽水市音乐家协会　成立于1981年4月，宋孝乾任第一届主席，1984年与舞蹈家协会分立。下设二级协会吉他专业委员会、口琴协会。

丽水市电影家协会　成立于1981年4月，龚亚民任第一届主席。

丽水市书法家协会　由丽水市民政局于2011年1月13日批准登记成立的社会团体，业务主管单位为丽水市文联，主席陈远鸣。

丽水市舞蹈家协会　成立于1981年4月，宋孝乾任第一届主席，1984年与音乐家协会分立。

丽水市民间艺术家协会　成立于1981年，原名为“丽水地区民间文艺家协会”，2003年9月，更名“丽水市民间艺术家协会”。二级协会有理论研究会、根石艺术专委会、灯谜艺术专委会、剪纸研究会、杜光庭研究基地6个。

丽水市摄影家协会　成立于1981年4月，原名摄影工作者协会，2000年，正式更名摄影家协会，吴品禾连任主席。下设老年摄影家协会、女摄影家协会2个二级协会。

丽水市诗词楹联学会　前身龙泉林海诗社，创建于1983年。1988年12月，林海诗社更名“丽水地区瓯江诗词学会”。2000年，正式更名“丽水市诗词学会”。1989—2004年，各县(区)相继成立诗词组织。1994年创刊《瓯江诗词》，2007年8月，与莲城诗词学会合办网络论坛“丽水诗词论坛”。2010年5月编印《当代诗人颂丽水》大型诗词集，同年，创刊物《丽水诗坛》《处州诗词》。

龙渊印社　龙渊印社是抗日战争期间，由杭州等地避难到龙泉的一群知识分子组成的一个篆刻艺术团体。林乾良先生将龙渊印社推为中国第二大印社，是一个全国性的印学团体。1945年抗日战争结束，省级机关纷纷迁回杭州。龙渊印社也随同西湖博物馆迁到杭州，社址主要设在西湖博物馆。1946年8月至1947年2月期间，编辑出版油印本《龙渊印社社刊》。叶一苇《中国篆刻史》称其为“篆刻史上第一本刊物”，刘江《中国印章艺术史》推崇其为“在印学史上是前所未有的创举”。1948年1月，西湖博物馆人事调整不久后解体。1995年，江家华在龙泉举办篆刻培训班，重建龙渊印社。1999年6月19日，林乾良在考察龙泉篆刻活动情况后，帮助正式恢复龙渊印社，组建印社理事会，业务主管为龙泉文联。社员34人。

代表大会

1981年4月9—12日，丽水地区文学艺术工作者第一次代表大会召开，出席代表200人，选举产生第一届委员会委员27人，设常委11人，主席1人(兼)，副主席5人。

1991年11月6—7日，丽水地区文学艺术界联合会第二次代表大会召开，出席代表171人，选举产生第二届委员会委员27人(不设常委)，主席1人，副主席1人(兼秘书长)，兼职副主席2人，聘请顾问2人。

1997年7月22—23日，丽水地区文学艺术界联合会第三次代表大会召开，出席代表200人，选举产生第三届委员会委员35人，主席1人，副主席(兼秘书长)1人，兼职副主席4人，聘请顾问4人。

2003年7月29—30日，丽水市文学艺术界联合会第四次代表大会召开，出席代表201人，选举产生第四届委员会委员39人，主席1人，副主席(兼秘书长)1人，兼职副主席4人，聘请顾问3人。

2008年7月30日至8月1日，丽水市文学艺术界联合会第五次代表大会召开，出席代表230人，选举产生第五届委员会委员45人，主席1人(兼)，副主席2人(其中一名副主席兼党组书记，主持日常工作)，副主席(兼秘书长)1人，兼职副主席4人，聘请顾问2人。

第九章　红十字会组织

丽水市红十字会是中国红十字会的地级分会，始建于1988年9月。2000年5月，丽水撤地设市，丽水地区红十字会更名丽水市红十字会。2002 年 4 月 24 日，丽水市红十字会第一次会员代表大会召开，选举产生丽水市红十字会第一届理事会理事 34 人，选举庄志清为会长。

丽水市红十字会自成立以来，得到市委、市政府领导的关心、重视和社会各界的大力支持、热心帮助。在中国红十字会和浙江省红十字会的统一部署下，丽水市红十字会围绕学习、宣传、贯彻《中华人民共和国红十字会法》《浙江省实施〈红十字会法〉办法》，大力加强思想建设、组织建设和作风建设，积极弘扬“人道、博爱、奉献”红十字精神，依法建会、依法兴会，在开展备灾救灾、现场救护培训、推动无偿献血和造血干细胞捐献、开展红十字青少年活动、传播国际人道法和红十字运动基本知识、倡导扶危济困、敬老助残及社会服务等方面做出大量卓有成效的工作。2005 年 11 月，丽水市红十字会被评为“印度洋海啸募捐组织奖”。2006 年 9 月，丽水市红十字会被评为全国红十字卫生救护工作先进集体。2008 年 3 月，被评为 2007 年度全省红十字系统先进集体。至 2010 年年底，全市有红十字基层组织 433 个，团体会员单位 398 个，会员 83500 人，注册志愿者 3000 人。

第一节 活　动

赈灾救灾

1995 年，丽水地区红十字会争取境外和中国红十字会总会捐赠款物 20 多万元，及时发往灾区。1996 年 8 月 1 日丽水遭受第 8 号台风袭击，接收和发放赈灾大米 61000 千克、食品 4432 箱、棉被 850 条、毛毯 500 条、治疗药品 65 箱、消毒药品 12.55 万元，以及应急发电机、活动帐篷、贮水器等赈灾物资 103 万元，及时发往灾区。1997 年，先后将省红十字会下拨的赈灾物资及从社会各界募集的大米、被服、药品等物资，价值 30 万多元，分发到重灾区。12 月 26 日，与地区文化局联合举办“人道、博爱、奉献”戏曲小品比赛，同时开展救灾扶贫募捐。1998 年 6 月，景宁、庆元、龙泉、丽水等县（市）山洪暴发，山体滑坡。地、相关县（市）红十字会奔到灾区了解灾情，先后将省红十字会调拨的赈灾物资及从社会各界募集的大米、被服、药品等物资，价值 50 万多元，分发到重灾区，慰问灾民特困户。同年夏，募集赈灾款、物品计 76.17 万元，支援“三江”灾区。被国家、浙江省红十字会评为抗洪救灾先进个人 11 人，被评为浙江省抗洪救灾先进集体 3 个。1999 年 6—7 月，先后接收和发放省红十字会下拨赈灾款物 31.7 万元，支援丽水（县级）、青田、云和、庆元、遂昌、松阳等灾区人民恢复生产，重建家园。2000 年 6—8 月，接收和发放省红十字会下拨赈灾款物 15.76 万元。2001 年 8 月 14 日，深入云和县赤石乡、雾溪畲族乡安抚灾民。同年发放大米、棉被、衣服、药品等救灾物资计 8.25 万元。2002 年 6 月 27—28 日，庆元、龙泉、遂昌等县水患成灾。10 月 9 日，中国红十字会总会赈灾救护部副部长杨会新到遂昌县蔡源乡慰问受灾群众，给特困户解决救灾大米 28500 千克。同年接收中国红十字会总会、省红十字会下拨的棉被、毛毯、棉衣、儿童服装、药品等救灾物资计 38.98 万元。2003 年 3 月 26 日，庆元县左溪镇竹坪村发生严重火灾后，市红十字会筹措物资近 10 万元，连同省红十字会下拨的 100 条被子和近 3 万元药品发放给灾民。5 月 12 日，举行爱国华侨防治“非典”红外线测温仪捐赠仪式。12 月 19 日，龙泉市发生火灾，得知受灾户是城市贫民，丽水市红十字会连夜快运刚募集到棉被 40 多条。同年，接收中国红十字会总会、省红十字会下拨和社会捐赠款物折价 201.4 万元，发放慰问救灾物资折价 317.38 万元，派出医疗队医生 83 人次，医疗救治 820 人。2004 年 8 月 12 日，对遭受 14 号台风影响的灾户给予紧急救助。继续实施博爱救助项目，发放救助药品 137 万元。同年，接收中国红十字会总会、省红十字会下拨和社会捐赠款物折价 160 万元，发放慰问救灾物资折价 179.4 万元。市本级赈灾物资明细账目全部实行计算机管理。2005 年，丽水市先后遭受台风“海棠”“泰利”等影响，各县（市、区）不同程度成灾。市红十字会同年投入救灾救助款物折合 320.7 万元。11 月 3 日，省红十字会授予丽水“印度洋海啸募捐组织奖”。2006 年，丽水相继遭到“珍珠”“碧利斯”“桑美”等强台风侵袭，造成人员伤亡和经济财产损失。同年，投入救灾救助款物折合 318 万元。2007 年 6 月 25 日，龙泉市岩樟、城北等乡镇受灾，倒塌房屋 600 多间。8 月 18 日，受 9 号台风“圣帕”影响，受灾 15.73 万人。同年，市红十字会自筹和接受上级红十字会款物 443.6 万元，向困难群众和灾民发放救助款物 400.9 万元，受益 14.79 万人。市红十字会秘书长陶小芳被评为全国红十字系统救灾工作先进个人。2008 年年初，遭遇 50 年一遇的冰雪灾害，全市受灾乡镇 97 个，受灾人口 55.4 万人，倒塌房屋 1200 多间，直接经济损失 6.3 亿元。全市红十字会系统自筹与争取救灾款 36 万元，采购大米、衣被等。5 月 12 日，四川汶川发生 8.0 级特大地震后，在半年时间里，全市红十字系统接收汶川地震社会各界捐赠资金 2886.33 万元，接收捐赠物资价值 657.52 万元。定向对口支援青川石坝灾后重建捐赠资金 1998.58 万元。9 月，省红十字会授予市红十字会“抗震救灾组织奖”。同年，全市接收救灾救助捐赠款物折合 4157.2 万元，向四川地震灾区及市内灾民救灾救助捐赠款物 4122万元。2009 年 8 月，台风“莫拉克”带来强降水给丽水造成损失。全市受灾乡镇 158 个，受灾人口 44.22 万人，倒塌房屋 600 多间，毁坏耕地 2.72 万公顷，直接经济损失 7.33 亿元。同年，接收救灾救助款物折合 344.78 万元，发放救灾救助款物 341.51 万元。2010 年 3 月 17 日，副市长、市红十字会会长廖思红率队到青川县石坝乡与青川县红十字会签署灾后援建项目协议，投资总额 1256 万元。主要用于石坝乡科教文化中心建设、集贸市场建设、农村安全饮用水工程、道桥工程建设项目及建立石坝乡爱心教育基金等项目。4 月 14 日，为玉树地震灾区募集资金 85 万元。龙泉市红十字志愿者吴春泉被中国红十字会总会授予青海玉树抗震救灾优秀志愿者称号。8 月 4 日，市委、市政府领导前往广元市、青川县，开展灾后援助项目签约仪式，投资总额 742.58 万元，主要用于广元市建设社区卫生服务中心和劳动力转移培训、青川中医院医疗救护巡回车购置和金银花种植等项目建设。

人道救助

2000 年始，市红十字会开展“红十字博爱送万家”活动。同年，慰问敬老院、社会福利院及残疾人 200 多人。春节期间，慰问特困户 40 户、贫困村 10 个。2001 年元旦、春节期间，市红十字会配合市领导重点慰问灾民、特困户 100 户、敬老院 9 所和特殊教育学校特困生。2002 年，物资发放惠及灾民特困户 200 户。重点慰问灾民特困户 50 多户、敬老院 9 所和特殊教育学校特困生。2003 年，下拨和自筹近 100 多万元物资，重点慰问灾民、特困户家庭。重点慰问灾民特困户 50 多户和敬老院、儿童福利和特殊教育学校。9 月 28 日，市红十字会在莲都区巨溪乡举行博爱救助项目启动仪式。同年全市有乡镇 74 个、贫困农户 5200 多户免费享受一定数额药费的博爱救助。2004 年元旦、春节期间，重点慰问灾民特困户、敬老院和特殊教育学校特困生。2005 年，开展“红十字博爱送万家”“博爱助孤助困”等活动。2006 年，与民宗部门联合开展“红十字博爱送万家”活动。省红十字会党组书记、常务副会长张国强等，来丽水慰问受灾户和少数民族困难家庭，发放救助款物80多万元。同年，争取建设资金50万元，重建因台风“碧利斯”毁损的龙泉市锦溪镇小教学楼，为全省唯一获得此项援助的学校，并冠名“建设银行新农村博爱学校”。2006—2007年，连续两年开展救助贫困大学新生活动，争取资金50.7万元，资助169人。2007年，出台《丽水市贫困孕产妇生育救助暂行办法》。2008年元旦、春节期间，市委书记、市红十字会名誉会长陈荣高，副市长、会长庄志清等先后前往缙云、庆元等县慰问。同年，松阳被列入中国红十字会参与新型农村合作医疗及医疗救助第二批试点县。2009年，开展第10个“红十字博爱送万家”活动。2010年下半年，省红十字会“母婴平安·贝因美爱心之旅”项目在丽水市开展，市妇幼保健院设为定点医院。同年，争取到康恩贝集团有限公司捐赠的专门用于治疗心脑血管疾病的药物100万元，并在龙泉、景宁开展救助活动，每县救助患者500人。配合中国红十字基金会开展“小天使基金”白血病患儿救助申报工作。

救护培训

市红十字会履行《中华人民共和国红十字会法》赋予“普及卫生救护和防病知识，组织群众参加现场救护”职责，开展现场救护培训工作。1995年，做好机动车驾驶员和卫生救护知识培训培训3000多人。1996年，开展机动车驾驶员现场急救4项技术培训3100人。1997年，开展机动车驾驶员现场急救4项技术培训3633人。同年，被省红十字会、公安厅、卫生厅授予浙江省卫生救护先进个人6人。1998年，与地区公安局机动车驾驶员培训学校，联合开展现场急救4项技术培训2642人。1999年，与地区公安局机动车驾驶员培训学校，联合开展现场急救4项技术培训2521人。2000年，市(县、区)红十字会开展“5·8”世界红十字日活动。与市公安局机动车驾驶员培训学校，联合开展现场急救4项技术和防病知识普及培训3075人。2001年，与市公安局机动车驾驶员培训学校，联合开展现场急救4项技术和防病知识普及培训3573人。2002年，对初学机动车驾驶员4957人开展现场应急救护培训。与市人民医院合作对市区中小学校13所、学生1.20万人，在暑假前进行溺水、中毒、中暑等卫生救护知识普及。2003年，选送卫技人员和红十字会干部18人参加省卫生救护师资培训，有初学机动车驾驶员9036人参加卫生救护培训。2004年，选送卫技人员10人参加省卫生救护师资培训，为初学机动车驾驶员1.6万人、电力员工185人和驾校教练员80人开展救护知识培训和普及。2005年9月10日，组织救护师和红十字志愿者，在市区中山街百货大楼前开展“世界急救日”纪念活动。9月21日至10月17日，组织3批23人参加省红十字会举办的彩票公益金项目救护师资培训班。同年，有初学机动车驾驶员2.2万人、导游员64人、电信实业公司员工70多人和水上救生员20多人进行现场救护知识培训。2006年，购置教学设备30多万元，培训初学机动车驾驶员、导游员、电力、电信员工、消防武警官兵2.08万人。9月，市红十字会被评为“全国红十字卫生救护工作先进集体”。同月，在浙江省首届现场救护师资技能竞赛中，市红十字会获团体、止血技能和课件制作一等奖，现场心肺复苏、包扎技能、搬运技能和讲课竞赛二等奖，并获最佳组织奖。2007年，培训初学机动车驾驶员2.51万人，导游员现场救护和消防逃生知识培训5期400多人。10月28日至11月2日，承办省红十字会彩票公益金项目第三、四期救护师资培训班。2008年4—6月，开展红十字青少年与奥运同行自救互救现场演练。市职业高中获中国红十字总会红十字青少年与奥运同行自救自护知识竞赛最佳组织奖。5月8—14日，在纳爱斯广场开展救护知识现场演示。7月31日至8月3日，举办两期救护师资复训班。选拔红十字工作者和志愿者31人参加省红十字会公益彩票金项目救护师资培训。同年培训初学机动车驾驶员及电力等高危行业职工 2.24 万人。2009 年，全市培训红十字救护员 2.53 万人次，普及救护知识 2.48 万人次。2010 年，培训初学机动车驾驶员及电力等高危行业职工 3 万多人。

献血和捐献

无偿献血 推动和促进公民无偿献血是《中华人民共和国红十字会法》赋予红十字会的一项重要职责。1997 年 5 月 8 日“世界红十字日”，丽水地区红十字会与地区中心血站联合开展无偿献血宣传咨询服务活动，首次现场无偿献血 46 人。1998 年 5 月 8 日“世界红十字日”，与地区中心血站联合开展两次无偿献血宣传、医疗咨询服务活动。1999 年，组织发动干部群众参加无偿献血 13 次，自愿参加无偿献血 4962 人次。2000 年，丽水市红十字会参与组织干部群众自愿无偿献血 6687 人次。2001 年，参与组织发动开展大型无偿献血活动 18 次。同年，接受无偿献血 20180 人次。省人民政府授予庆元县、云和县为无偿献血先进县奖。2002 年，参与组织开展大型无偿献血活动 9 次。同年接受无偿献血 24369 人次。丽水市获卫生部、中国红十字会总会、总后勤卫生部颁发的“全国无偿献血先进市”光荣称号。2004 年，在《丽水日报》刊登无偿献血倡议书。同年，参与组织无偿献血活动 9 次，接受无偿献血 24990 人次。2005 年，丽水市评为全省无偿献血先进市。2005 年、2007 年、2009 年，丽水市连续获“全国无偿献血先进市”光荣称号。

造血干细胞捐献 2004 年 5 月 8 日，丽水市红十字会联合市卫生局、团市委在丽水百货大楼门口举行“骨髓捐献志愿者行动活动周”启动仪式，首次在全市开展造血干细胞捐献志愿者招募活动，并开通报名热线电话。先后在莲都、龙泉、青田、庆元、遂昌、松阳等地开展大型造血干细胞血样采集活动。至 11 月末，造血干细胞捐献志愿者配型资料入库 139 人。2005 年，通过网络、热线电话、电视台短信互动及市中心血站献血车上登记报名等方式，招募造血干细胞捐献志愿者，同年，有 456 人加入中华骨髓库。2006 年，先后在莲都、龙泉、青田、庆元、缙云等县(市、区)开展造血干细胞集中采样活动，同年新增造血干细胞捐献志愿者 406 人。2007 年，全市有 298 人加入中华骨髓库。9 月 25 日，莲都雷庆云在杭州成功捐献自己的造血干细胞，她是丽水市首例造血干细胞捐献者。10 月 12 日，庆元鲍晟捐献造血干细胞，是丽水市第二例造血干细胞捐献者。2008 年，全市新增造血干细胞自愿捐献者 300 人。2009 年，新增造血干细胞自愿捐献者 138 人。8 月 20 日，莲都区吴秀平成功捐献造血干细胞，成为丽水市第三例造血干细胞捐献者。2010 年，新增造血干细胞志愿者 200 人。雷庆云、鲍晟、吴秀平先后被省红十字会授予“红十字公益之星”。

至 2010 年年底，丽水市造血干细胞捐献者资料进入“中华骨髓库”1937 份。

人体器官捐献 2005 年，市红十字会开展公民生前志愿捐献人体器官登记工作。至 2010 年年底，全市办理申请登记手续 60 多人次，成功捐献遗体和组织(角膜)4 人。

第二节 组织机构与代表大会

丽水市红十字会组织

1988 年 9 月，丽水地区行政公署批准成立地区红十字会。7 月 27 日，丽水地区红十字会第一次会员代表大会在丽水召开，选举产生丽水地区红十字会第一届理事会，副专员李治华当选为会长。1990 年 7 月，调整地区红十字会，副专员陈锦耀任会长。1996 年 5 月 9 日，召开丽水地区红十字会一届三次理事会，副专员施基城当选为会长。

2000 年 7 月 20 日，丽水地区红十字会更名丽水市红十字会。2006 年 4 月 13 日，市红十字会理顺管理体制，由市卫生局管理改由市领导联系，列入群团机关管理。2007 年 7 月，建立中共丽水市红十字会支部。

至2010 年年底，丽水市有红十字基层组织 433 个，其中学校红十字会 64 个，医疗卫生红十字会 21 个，乡镇、街道(社区)、村红十字会组织 348 个。团体会员单位 398 个，会员 83500 人，注册志愿者 3000 人。

各县(市、区)红十字会组织

1996 年，各县(市)红十字会都配备专兼职干部，开展建立学校、乡镇红十字会试点工作。2006 年 10 月，龙泉市率先成立县级学校红十字会工作委员会。2008 年，除云和县外，经市机构编制委员会批复 8 个县(市、区)红十字会规格为正科级。2009 年，云和县理顺红十字会管理体制，九县(市、区)红十字会常务(专职)副会长到位。

代表大会

2002 年 4 月 24 日，丽水市红十字会第一次会员代表大会召开，参会正式代表 70 多人，选举产生丽水市红十字会第一届理事会理事 34 人，副市长庄志清当选为会长。2007 年 9 月 28 日，丽水市召开红十字会第二次会员代表大会，聘请市委书记楼阳生，市委副书记、市长陈荣高为名誉会长，市人大常委会副主任刘国安、市政协副主席韦铁民为名誉副会长，选举产生丽水市红十字会第二届理事会理事 45 人。副市长庄志清再次当选会长。2008 年 12 月 16 日，丽水市红十字会二届二次理事扩大会议召开。同年，市红十字会被评为 2007 年度浙江省红十字会系统先进集体。2009 年 7 月 14 日，市红十字会二届三次理事扩大会议召开，选举副市长廖思红为会长，审议通过更换部分理事决议。10 月 27—29 日，廖思红参加在北京召开的中国红十字会第九次全国会员代表大会。

第十章　计划生育协会

1988 年 4 月 21 日，丽水地区计划生育协会第一届代表会在松阳召开，成立丽水地区计划生育协会。丽水地区(市)计划生育协会成立后，广泛联系社会各界和群众中的积极分子，依照《中国计划生育协会章程》，动员群众自我教育、自我管理、自我服务。1995 年 6 月，丽水地区计生协会牵头，协助地区指导站开展不孕不育诊断治疗活动。1998 年 5 月，丽水地区计生协会生殖健康中心成立，作为地区计生协会的窗口单位，面向社会。2001 年 5 月，丽水市委办公室、市政府办公室下发加强计划生育协会工作通知，进一步完善和加强市、县、乡、村的计划生育工作。

2010 年 5 月，中共丽水市委办公室、市政府办公室关于印发《丽水市全面实施“乡村计划生育标准化创建工作”方案》的通知。到年年底，丽水市有基层计生协会 2090 个，会员 23.27 万人，会员联系户 22.67 万户。

第一节 活　动

1988 年 4 月 21 日，丽水地区计划生育协会第一届代表会在松阳召开。1990 年 8 月，丽水地区计生协会开展评选先进集体、先进工作者活动，丽水市（县级）岩泉镇等单位 14 个被评为先进集体，廖文术等 5 人被评为先进工作者。1994 年 4 月 25 日，丽水地区计生协会召开第二次会员代表会暨表彰先进会。会议授予丽水市（县级）碧湖镇下街村协会等 22 个单位先进集体，朱连翠等 48 人为先进工作者。1995 年 6 月 26—30 日，地区计生协会牵头，协助地区指导站开展不孕不育诊断治疗活动。1997 年 5 月，地区计生协会组织义务宣传队到丽水市泄川乡库头村进行文艺演出，浙江电视台来丽拍摄《人口·家庭·社会》栏目，并在中央电视台转播。1997 年 10 月，丽水地区计生协会全面开展创建“一流协会”“合格协会”活动。1998 年 5 月建立丽水地区计生协会生殖健康中心，作为地区计生协会的窗口单位，面向社会。1999 年 6 月 18 日省计生协确立丽水计生协为“浙江省计生协综合计划”项目点，项目名称为丽水地区碧湖镇计生协农业综合开发基地。

2000 年 1 月，丽水地区计生协会开展为期三个月的新形势下基层计生协会计划生育服务专题调研，课题成果《丽水地区基层计划生育协会情况的调查和建议》，在中国计生协会第十四期全文刊发。5 月，市计生协在丽水开展“5·29”全国会员活动日上街咨询和下基层服务活动，省计生协会副会长，计生委主任徐八达参加活动。6 月，邀请浙江省不孕不育专家来丽水诊治五年以上不孕不育夫妇 100 多人。11 月 24 日，组织计生协会会员 200 多人参加“新时期育龄群众贴心人”事迹报告会。

2001 年 5 月，市委办公室、市政府办公室下发加强计划生育协会工作通知，强调要加强村级协会组织建设，发挥其作用。2001 年 11 月，全市计生协会专职干部培训班举办。2001 年 12 月，《丽水市计生协会事业发展规划》编制完成。

2002 年 1 月，副市长肖建中到莲都、松阳、缙云、青田走访慰问从事计生工作多年村计生服务员、独生子女户、双女户。2002 年 3 月，开展创建“一流基层计生协会工作”会议召开。5 月，省计生协会专职副会长严掌法到景宁、云和、龙泉、松阳调研计生协会工作。7 月，丽水市计生协会在丽水召开一届代表会。7 月 31 日至 8 月 1 日，计生协会经验交流会在丽水召开。9 月，全市创“一流协会”现场会在缙云新碧镇召开，与会代表参观缙云新碧镇等计生协会工作现场。12 月 20—22 日，乡（镇、街道）计生协会专职副会长研讨班举办。

2003 年 6 月 19 日，市人大常委会副主任兼会长雷文先到青田县检查指导计生协会工作。7 月 8—9 日，丽水市计生协在遂昌召开城市社区企业计生协会组织现场会。7 月，举办乡镇计生协秘书长培训班，雷文先授课。2004 年 2 月 4 日，副市长刘秀兰到莲都区白云等社区调研计生协会工作。5 月，市委办公室、市政府办公室转发《关于进一步加强新时期基层计生协会建设的报告》。9 月，在龙泉市召开少生快富项目现场会。9 月 24 日，市委副书记陈荣高到市计生协会调研指导工作，并要求抓好村自管理和深化计生综合改革。

2005 年 4 月，丽水市计生协会开展纪念中国计生协会成立 25 周年活动。5 月，开展尊重生命尊重爱——婚前医学检查知识宣传普及活动。6 月 11 日，在遂昌召开计划生育村民自治工作现场会。10 月，在三仁乡十三都村开展“村两委负总责，会员当骨干，家庭为中心，群众当主人”的计划生育村民自治管理服务新模式新试点工作。

2006 年 5 月，莲都区朱学苏、姜冰冰参加省计生协会举办的“圆妈妈一个幸福梦想”评选总决赛，获最佳风度好妈妈奖。5 月，丽水市计生协会开展技术服务千里行活动。2007 年 5 月 28 日，在云和召开全市协会组织现场会。5 月 30 日，开展人口计生宣传咨询服务活动，参加活动丽水学院师生 2000 多人。10 月，市委同意市计生协会列入参照公务员法管理。11 月，召开二届丽水市计生协会会员代表会。12 月，市计生协会与中东路门诊部、宇雷路门诊部、阳光门诊部、灯塔街诊所、解放街诊所、花园诊所脱钩，单独设立。

2008 年 5 月，市计生协会下发《关于深入开展“生育关怀行动”的实施意见》，开展“生育关怀”行动。6 月，全市首个“石头计划生育关爱基金”成立。9 月 1 日至 12 月 14 日，邀请陕西省“三八”妇乐科技有限公司专家到丽水开展“女性健康知识”巡回知识讲座 105 场。

2009 年 4 月，《关于在全市青少年中开展青春健康教育和服务工作的意见》下发。5 月，市计生协会在莲都区中山街开展免费婚检、优生检测咨询服务活动。9—11 月，陕西三八妇乐科技股份有限公司专家到丽水市开展女性健康知识巡回讲座 63 场。9 月，在遂昌县召开丽水市青少年青春健康教育工作研讨会，遂昌县职业中专介绍开展青春健康教育试点经验，观摩钟春明的青春期健康教育课。11 月，省计生协会副会长包保根到遂昌县金竹镇计生协会考察评估“少生快富”低产油茶改造基地项目工作。

2010 年 5 月，中共丽水市委办公室、市政府办公室印发《丽水市全面实施“乡村计划生育标准化创建工作”方案》。5 月，丽水市计划生育系列保险经验推广会在龙泉市召开。5 月，“纪念中国计生协会成立 30 周年暨百万流动人口性与生殖健康科普教育”活动在云和工业园举行。4—7 月，丽水市计生协会举办女性健康知识宣传服务活动。10 月，举办全市青春期健康知识竞赛决赛。

第二节　组织机构与代表大会

丽水市计划生育协会

丽水市计划生育协会前身是丽水地区计划生育协会。1988 年 4 月经丽水地委、行署批准建立丽水地区计划生育协会。自此，丽水地区的计划生育工作从行政管理为主发展为行政管理与群众自我管理相结合的管理模式。2002 年 7 月，丽水地区计划生育协会正式更名丽水市计划生育协会，下设秘书处。1997 年，丽水地区编委核定丽水地区计划生育协会秘书处全额拨款事业编制 3 名，科级职数 1 人。2001 年，中共丽水市委组织部把丽水市计划生育协会秘书处列为参照国家公务员制度管理范围，丽水市计划生育协会秘书处有事业编制 6 名，科级职数 2 人。2010 年，丽水市计划生育协会列入群众团体序列。

县(市、区)计划生育协会

至2010年,全市9个县(市、区)和丽水经济开发区都建立计划生育协会。建立初期,计生协会工作人员均由计划生育委员会工作人员兼任,1997年,县(市、区)编委为县(市、区)计生协会核定计生协会专职工作人员编制,截至2010年,市本级和县(市、区)计生协会工作人员编制数39名。

乡(镇、街道)、村(居委会、企业)计划生育协会

全市乡(镇、街道)计生协会一般与同级计划生育办公室合署办公,会长由党政或人大主席等领导担任,专职副会长或秘书长由计生办干部兼任,无正式编制。行政村(居委会或企事业单位)协会会长一般由支部书记和村(居)委会主任及单位分管领导兼任,无正式编制。专职副会长和秘书长由计生干部或妇女干部兼任。至2010年年底,全市有基层计生协会2090个,会员23.27万人,会员联系户22.67万户。

计划生育协会理事会代表大会

1988年4月21日,丽水地区计划生育协会第一届会员代表会在丽水松阳召开,会议讨论通过《丽水地区计划生育协会章程》,选举支存定等22人为丽水地区计划生育协会理事,丽水地区行署副专员支存定为丽水地区计划生育协会第一届理事会会长。

1994年4月25日,丽水地区计划生育第二届会员代表会在丽水召开,选举支存定等18人为丽水地区计划生育协会二届理事,行署副专员支存定继续任理事会会长。

2002年7月,丽水市第一届计生协会在丽水召开,会议修改讨论通过《丽水市计划生育协会章程》。选举雷文先等19人为丽水市第一届计生协会理事,市人大副主任雷文先为丽水市计划生育协会第一届理事会会长,理事会聘任市委副书记施基城、副市长肖建中、政协副主席齐育华为丽水市计生协会第一届名誉会长。

2007年11月,丽水市计划生育协会第二届会员代表大会在丽水召开,会议选举刘国安等37人为丽水市第二届计生协会理事,市人大副主任刘国安为市二届计生协会会长。

第十一章　消费者权益保护协会

2001年,丽水市首届消费者协会理事大会召开,成立丽水市消费者协会。2007年,更名丽水市消费者权益保护委员会,设置办事机构,建立基层消协组织。从2002年开始,丽水全市开展第四届

“消费者信得过单位”评选活动。2005年，全市开展首届“消费者满意的装潢材料商（品牌）”评选活动，评选出消费者满意装潢材料商3家，消费者满意装潢材料品牌9个。2007年，全市开展首届“消费者满意品牌（企业）”评选活动，评选出消费者满意品牌42个，消费者满意企业56家。

2010年，丽水市反消费欺诈专业委员会成立。丽水市工商行政管理局是丽水市消费者权益保护委员会的主办单位。丽水市消费者权益保护委员会的主要职能是维护消费者的合法权益。从2001年成立至2010年，丽水市消费者权益保护委员会每年都收到大量消费者的投诉，丽水市消费者权益保护委员会进行调解，消费者权益得到保护。丽水市消费者权益保护委员会每年组织“3·15”国际消费者权益日开展“绿色消费”宣传咨询活动。

第一节 活 动

消费维权

丽水市消费者协会维护消费者合法权益，受理消费者投诉，并进行成功调解，最大限度挽回消费者损失。

2001—2010年丽水市消费者协会消费维权情况

表29-11-1-1

年份	受理投诉（件）	成功调解（件）	挽回消费者损失（万元）
2001	3538	3518	352.00
2002	2431	2324	446.30
2003	2841	2773	580.80
2004	1917	2839	290.90
2005	1679	1606	245.66
2006	1219	1218	96.00
2007	1785	1769	255.39
2008	2565	2284	161.33
2009	1860	1823	9528.00
2010	1017	—	90.23

主题宣传

2001年，丽水市消费者协会组织“3·15”国际消费者权益日“绿色消费”宣传咨询活动。2002年，组织“3·15”国际消费者权益日“科学消费”宣传咨询活动，发放宣传资料9.73万份，组织咨询服务人员527人，现场接受咨询2.8万人次，现场受理投诉197件，当日解决42件。2003年，组织“3·15”国际消费者权益日“营造放心消费环境”宣传咨询活动，发放宣传资料27万份，组织咨询服务人员2231人，现场接受咨询2.5万人次，现场受理投诉140件，当日解决90件。2004年，组织“3·15”国际消费者权益日“诚信·维权”宣传咨询活动，组织咨询服务人员615人，现场接受咨询3.2万人次，现场受理投诉266件，当日解决52件。2005年，组织开展“3·15”国际消费者权益日“健康·维权”宣传咨询活动，组织咨询服务人员776人，现场接受咨询2.5万人次，现场受理投诉159件，当日解决100件。2006年，组织“3·15”国际消费者权益日“消费与环境”宣传咨询活动，发放宣传资料19.41万份，现场接受咨询1.3万人次，现场受理投诉169件，当日解决83件。2007年，组织“3·15”国际消费者权益日“消费和谐”宣传咨询活动，发放宣传资料19.9万份，现场接受咨询1.9万人次，现场受理投诉414件，当日解决245件。2008年，组织“3·15”国际消费者权益日“消费与责任”宣传咨询活动，发放宣传资料10万份，现场接受咨询1万人次，现场受理投诉238件，当日解决196件。2009年，组织“3·15”国际消费者权益日“消费与发展”宣传咨询活动。2010年，组织开展“3·15”国际消费者权益日“消费与服务”宣传咨询活动，发放宣传资料16.24万份，现场接受咨询1万人次，现场受理投诉161件。

活动评选

2002年，全市开展第四届“消费者信得过单位”评选活动，评选出消费者信得过单位64家。2004年，全市开展第五届“消费者信得过单位”评选活动，评选出消费者信得过单位75家。2005年，全市开展首届“消费者满意的装潢材料商（品牌）”评选活动，评选出消费者满意装潢材料商3家，消费者满意装潢材料品牌9个。2006年，全市开展第六届“消费者信得过单位”评选活动，评选出消费者信得过单位67家。2007年，全市开展首届“消费者满意品牌（企业）”评选活动，评选出消费者满意品牌42个，消费者满意企业56家。2008年，全市开展2007年度最具消费社会责任感企业评选活动，评选出2007年度最具消费社会责任感企业34家。全市开展第七届“消费者信得过单位”评选活动，评选出消费者信得过单位76家。2009年，全市开展丽水市第二届“消费者满意品牌”评选活动，评选出消费者满意品牌84个。

第二节　组织机构与代表大会

市级机构

2001年，丽水市消费者协会成立。2004年，丽水市消费者协会内设机构3个，办公室、宣传指导部、投诉监督部。2007年，更名丽水市消费者权益保护委员会，设置办事机构秘书处，正科级。2008年，丽水市消费者权益保护委员会秘书处下设办公室、投诉与法律事务部、消费指导部。2010年，丽水市消费者权益保护委员会秘书处核定事业编制5名，主管单位为丽水市工商行政管理局。

基层机构

2002年，丽水市消费者权益保护委员会设立基层消费维权监督联络站24个，直属分会3个。2004年，丽水市仲裁委员会消费争议仲裁中心成立，下设联络处9个，聘任消费争议仲裁员24人。2005年，丽水市消费维权律师团成立，成员5人。丽水市成立首个国民消费教育中心。2010年，丽水市反消费欺诈专业委员会成立，成员 44 人。

代表大会

2001 年，丽水市首届消费者协会理事大会召开，选举产生名誉会长 3 人，会长 1 人，副会长 2 人，副秘书长 1 人，常务理事 15 人，理事 20 人。2002 年，丽水市消费者协会一届二次理事会召开，增选、改选理事 6 人，改选秘书长。2003 年，丽水市消费者协会一届三次理事会召开。2004 年，丽水市消费者协会常务理事会召开，增选理事 4 人，常务理事 2 人，副会长 3 人。2005 年，丽水市消费者协会第二届理事会筹备领导小组成立，设组长 1 人，成员 5 人。2006 年，丽水市消费者协会第二届丽水市消费者协会第一次理事会召开，选举产生理事 42 人、常务理事 14 人。2006 年，丽水市消费者协会二届二次常务理事会召开。2007 年，丽水市消费者协会二届二次理事会召开，增补理事 7 人、常务理事 4 人，撤销理事 6 人、常务理事 2 人，改选副会长 1 人、秘书长 1 人、副秘书长 1 人。2008 年，丽水市消费者协会二届三次委员会议召开，改选名誉主任 4 人，主任 1 人，增补、调整副主任 10 人，委员 71 人。2009 年，丽水市消费者协会二届四次全体委员会议召开。2010 年，丽水市消费者协会二届五次、二届六次全体委员会议召开，增补、调整委员 24 人、常务委员 2 人、主任 1 人、副主任 1 人、秘书长 1 人。

第十二章　农民组织

农会是近代中国兴起的一个新型社会团体。清末，庆元、松阳县建立农会。民国期间，各县农会由士绅劝导农民参加，由国民党县党部召集成立的农会，领导权掌握在地主豪绅手里，为乡村旧有社会组织。贫、雇农是当时农民中人数最多的一个阶层，生活困境使其迫切要求改变现状。在中共领导下，广大农民深感不革命即无出路，只有建立真正属于自己、代表广大农民利益的农会组织，才能有翻身出头之日。贫、雇农成为农民协会中坚，打倒封建势力的先锋。丽水地区农村在中华人民共和国成立后普遍建立农会，农会积极开展土改反霸，提出“一切权力归农会”，参与乡村各项管理事务，发动农民组织互助组，开展生产竞赛。1953 年后，农会停止活动。1963 年，丽水地区各级建立贫下中农协会，成为“社会主义教育运动”的依靠力量。1981 年以后，贫下中农协会组织机构撤销，停止活动。

第一节　农　　会

清宣统二年（1910），庆元县设勤业会。后来更名县农会。清宣统三年（1911 年），松阳县建立农会，会址在松阳县城北天后宫右厢。设会长、副会长各1人，主持会务。

民国元年(1912)，缙云、景宁县农会成立。景宁县通过《农会章程》34条，由士绅劝导农民参加。民国2年，丽水、庆元、遂昌县农会成立。自5年起，丽水县农会址设岩泉门外大觉庵。民国8年2月，浙江省民政厅以“民国维新，注重农政”，训令各区一律建立农会。3月，松阳县城区农会成立，随后，古市、五都、厦田、靖居、竹溪、玉岩、石仓区相继成立。民国16年3月，国民革命军挥师北伐，从福建进入浙江。北伐军抵浙江后，省令施行“二五”减租，国民党省党部派员到丽水，组织县党部及农民协会，国民革命军第十四军驻丽水，颁布《农民协会暂行章程》。同月，共产党员张新锦以处州政治监察员的身份，到丽水城关活动，发展党员，同时发动群众，建立丽水县工会、县学生会、县妇女会和丽水县农民协会。

同年，畲民蓝东林和潘德金等要求建立农会，并率千余农民向国民党景宁县党部请愿，及至国民党浙江省党部执委姜绍漠、浙江省省长何应钦电令始准成立农会。民国《景宁县续志》有“近年解放农民声浪高唱时，一二领导之辈，有启发，无制裁，遂至荡检逾闲，如狂洋澜骤决”“唯以集会知识过稚，每流于横溢无制”等记述。民国17年，国民党浙江省党部与省政府联席会议通过《浙江省十七年佃农缴租章程》和《浙江省佃业理事局暂行章程》。2月，中共永嘉县委委员李振声在永嘉、青田县边境潘山、石洞鸟一带，组织农民协会，开展“二五减租”，处理佃业纠纷。3月，中共宣平县委开展“二五减租”，在曳岭区[①]建立农民协会及所属初级仲裁会，宣传“二五减租”，解决减租、改佃契约、婚姻、产业继承等问题。青田县温溪学神村船工张学东，发动农民500多人进行武装暴动，废田赋、烧契约。7月，中共遂昌县委领导湖山农民进行暴动，捣毁内桃园区公所，斗争土豪劣绅，外窑岗等地农民没收地主财物，焚烧田契。9月，中共缙云县委，根据省委进一步领导抗租运动的指示，建立缙云县农民协会常务委员会，领导“二五”减租运动。同年年底，在沈宅、东山、水口、大集等村庄建立农会组织，发展农会会员，全县有农会会员一两千人，向土豪劣绅开展减租斗争。次年，中共缙云县委被破坏，农会随之解体。民国18年，省令停止一切民众团体活动。民国20年1月，国民政府颁布《农会法》，在国民党县党部监督下，重新组织县、区、乡、村农会，领导权掌握在地主、士绅手里。3月，松阳县农会改组，设干事长、副干事长各1人，干事5人，候补干事3人。民国27年，以乡设农会，全县乡镇54个，均先后设立农会。民国29年，以新划乡镇并为乡镇农会42个。民国32年3月，重新成立县农会。民国27年4月，缙云成立县农会，采取强制入会的办法组织各乡镇农会，不久其组织消失。4月，庆元县成立乡农会33个。5月，各乡农会派出代表，选举成立区农会6个。6月，各区农会推选代表2人，由国民党县党部召集成立县农会。后随着佃业矛盾激化，国民党偏护地主利益，各级农会名存实亡。3月，丽水重新组织农会，遂昌县改建县农会，青田、云和等县成立农会。民国25年9月，遂昌县第二届会员代表大会召开。民国28年10月，第三次会员代表大会召开。民国30年1月，县境共产党组织遭到破坏，农会被迫停止活动。民国34年6月，召开第四届会员代表大会，通过农民政策纲领和农业政策纲领。重行组织县、区、乡各级农会。民国28年，景宁县全县23个乡镇建立农会乡镇18个，会员6340人。7月22日，召开全县农民代表大会，选出干事长、副干事长及委员14人。民国32年8月，县政府发布强制农民入会的训令，农会组织名存实亡。

民国24年8月(1935)，在中共浙西南特委和龙浦县委领导下，龙泉县住溪、宝溪、竹垟、岱垟、

① 2010年属莲都区。

金石、岩樟、锦溪、上东、黄鹤、盛溪、道太、雁川等乡下属部分村，都成立分田委员会，组织农民进行土地登记、造册，开展查田插标、分青苗斗争。抗日战争初期，龙泉县从城镇到农村，普遍建立农民救国会（农会）。选举贫苦农民担任农会领导，发动群众开展"二五"减租，保障佃权，平仓济贫，开荒自救工作。同时，开办夜校，开展识字教育。民国29年10月，农民救国会组织被国民党政府明令解散，不少农会会长遭到迫害甚至被逮捕。此后，农会由地主豪绅把持。民国35年5—8月，松阳县乡镇农会重新成立，全县有乡镇农会30个，会员12963人，其中个人会员12370人，团体会员593人，农会职员656人。抗日战争期间，农会协助政府推行"二五"减租，从事农产改良及发展农村合作事业，出版农民节大型壁报和举行游艺活动等。县农会隶属国民党县党部和县政府，干事均由官方圈定。

民国27年（1938），根据《战时政治纲领》，中共遂昌、青田、云和等县委，在农村组织农民协会，领导"二五减租"。中共青田县工委委员曾绍文在芝溪村召开2000多人大会，对地主廖公助进行说理斗争。民国29年，国民党丽水县党部民运工作组组织乡农会，举行县农民代表大会，选举县农会干事会，推行"二五减租"。至32年年底，全县乡镇32个均建立农会，会员10681人。民国30年，中共小顺乡支部成立"植桐会"，团结农民进行阶级教育。3月，确定每年2月5日为"农民节"。10月，松阳县樟溪乡民900多人，抗击省保安处集中营派粮。民国34年，国民政府令组"一乡一农会"，并实行"强制入会，限制退会"措施。各县政府社会科推行一乡一农会组织，农民不入农会，就不给农贷。当时丽水专区有乡镇290个，建立农会组织乡镇220个，占总数77%。次年，基本实现一乡一农会，有会员5.1万人。农会因主要活动开展不起来，会员不满意，等于虚设。民国35—38年，青田县山口、方山、四内、四外等乡和接近永嘉边境一带，在中共领导下，秘密成立村农会53个，从事革命活动。民国36年2月，中共丽云区委在新四乡黄竹山村召开党员和积极分子会议，成立农民协会，发动农民参加"六抗一反"（抗丁、抗粮、抗捐、抗税、抗债、抗租，反对国民党反动派）。同年冬，根据中共浙南特委《农会联合会章程》，在游击区普遍建立农会。5月26日，丽水县碧湖300多名穷苦农民拦劫田粮处稻谷3500千克，责令大地主叶赞唐交出大米2000千克。同年，遂昌县农会下辖乡镇农会29个，农会小组275个，会员8144人。农会发展会员，执行"二五"减租，推冬种，调解佃业纠纷，宣传三民主义等。37年，东坑、梅岐、丽云3个区发展会员1400多人，中共缙云县委在南乡部分村庄建立农民协会。民国38年春，丽水县北乡农民协会成立，开展抗捐、抗粮、抗丁斗争。1949年5月，丽水专区境内各县解放，旧农会解体。

第二节　农民协会

组织建设

1949年7月，各县开始以雇农、贫农、佃农及下中农、农村手工业者及贫苦的革命知识分子为主要对象，建立乡、村农民协会，提出"一切权利归农会"。至12月底，发展农民协会会员72780人，丽水专区镇38个、乡296个、村3641个，普遍建立农民协会，选举农会长1人，副农会长12人，委员若干人（武装、妇女、青年、治安委员），大批贫雇农、中农担任农会长，行使自治权利。成立各县农民协会筹备委员会。1950年4月，丽水专区选出代表35人，出席省第一次农民代表大会。大会通过省农民协会在各地专员公署成立办事处，会后，正式成立省农民协会丽水专署办事处。依靠农民协会开展剿匪反霸、减租减息、征粮支前、发展生产等工作。同年10月起，各乡土改工作队依靠农民协会领导农民进行土地改革。至1950年年底，有农会会员264752人，民兵63854人。1951年11月，中共丽水地委办公室批复庆元县委办公室，同意该县菇民3万多人到外省经营香菇生产。根据农民协会组织通则第十二条精神，在县农民协会领导下设立菇民委员会，拟在外省菇民比较集中的地区设“菇民办事处”，协调同当地政府及农民群众关系。

代表大会

至1950年年底，各县先后召开农民代表大会，参加会议代表3174人，建立县农民协会，选举产生主席、副主席、常务委员。1953年，中央农村工作部成立后，地、县委相继成立党委农村工作部或互助合作部，撤销地、县农民协会，乡村农民协会随之停止活动。

第三节　贫下中农协会

组织建设

1963年，中共中央发布《关于目前农村工作中若干问题的决定（草案）》后，丽水地区由点到面地开展社会主义教育运动，各公社建立贫下中农委员会，生产大队建立贫下中农代表会，生产队建立贫下中农小组。1964年6月，中共中央发布《中华人民共和国贫下中农协会组织条例（草案）》，阐明贫下中农协会组织是“革命的群众性阶级组织”。丽水地区各区公所、公社、大队和生产队相继建立贫下中农代表会和贫下中农小组，区、公社农民协会配备专职干部。组织各级贫协开展“社会主义教育”运动。“文化大革命”期间，各级贫协组织被“贫代会”所替代。1977年，恢复县贫下中农协会，建立各县贫下中农协会筹备委员会领导小组。

代表大会

1964年6月，中共中央发布《中华人民共和国贫下中农协会组织条例（草案）》，同年年底至1965年春，先后召开丽水各县贫下中农代表大会，成立县贫下中农协会，选举产生主席、副主席、协会委员。并选举出席省贫协代表会议代表。“文化大革命”结束后，1978年春，丽水地区各县贫下中农代表大会召开。1979年，农村推行家庭联产承包责任制，丽水地区各类专业协会及合作社开始建立，贫下中农协会组织机构消失。

丽水市志

丽水市地方志编纂委员会 编

第四册

方志出版社
Publishing House of Local Records

总 目 录

Lishui Municipal Annals
Contents

目　　录

（第四册）

第三十篇　法　　治

第三十一篇　军　　事

第三十二篇　教　育

第三十三篇　科学技术

第三十四篇　文　化

第三十五篇　文　　物

第三十六篇　新闻出版

第三十七篇　卫　　生

第三十八篇　体　　育

第三十九篇　文献　著述

第四十篇　精神文明建设

第三十篇

法　　治

① 法制政府与政法工作

② 公　安

③ 检　察

④ 审　判

⑤ 司法行政

概　述

自隋开皇九年(589)置处州后，历朝均设兼理司法行政机构，实行司法行政合一制度。隋唐时期，设处州司法参军。宋开宝六年(973)，设处州司寇院，掌管狱讼。元代，设浙东廉访司处州分司。明代，设处州府察院。清代，设温处分巡道，负责检察处州府刑狱争讼事务。各朝均设司法属官，佐理处州司法审判。清光绪三十二年(1906)，龙泉县、缙云县、遂昌县、云和县、庆元县首批建立巡警局，负责地方治安。清宣统三年(1911)，建立处州军政分府，内设分府司法部，协助都督掌理丽水司法事务。

民国元年(1912)，撤销军政分府及司法部，成立浙江省第十一地方法院，司法行政工作由法院兼理，并设浙江省第十一地方法院检事厅，负责检察事务。此后，丽水、龙泉、青田地方法院及各县司法处先后成立。民国25年，丽水律师黄景之在丽水县城设黄景之律师事务所。民国30年起，由丽水地方法院(分院)检察处负责检察事务。

1949年5月丽水解放后，丽水建立起人民民主专政的政法机关。8月，浙江省人民政府丽水专区公安局成立。1950年4月，浙江省人民法院丽水分院成立，并兼管监狱、公证、律师等司法行政工作。1951年5月，浙江省人民检察署丽水分署成立。1951年10月，丽水等各县人民检察署相继成立，1954年9月，更名各县人民检察院。同期，各级政法机关开展城乡清匪肃特、取缔反动会道门、镇压反革命运动，同时，各县加强社会治安管理，取缔赌馆、烟馆、妓院，保卫新生人民民主政权和维护社会秩序。全面加快建设社会主义时期，各县政法机关把工作重点转到保卫经济建设上，同时继续打击反革命分子和其他刑事犯罪活动。

1966—1976年“文化大革命”期间，丽水政法机关一度瘫痪。1968年4月后，丽水专署公安机关实行军事管制，成立中国人民解放军浙江省丽水专署公安机关军事管制委员会。11月，浙江省丽水地区革命委员会成立，内设革命委员会人民保卫组，行使公安、检察、法院的职能。1973—1978年，丽水审判、公安、检察机关陆续恢复和重建。1978年十一届三中全会后，丽水政法机关开展平反纠正冤假错案、持续整顿社会秩序、严厉打击严重刑事犯罪斗争。1981年3月，丽水地区司法处成立，开展公证、律师管理、人民调解、法制宣传等工作。1983—1987年，根据全国统一部署，丽水地区开展声势浩大的“严打”斗争，从重从快惩处一批刑事犯罪分子。

1990年后，丽水政法机关围绕改革开放和经济建设，履行宪法和法律赋予的职责，分工负责，互相配合，互相制约，发挥政法机关整体效能，严厉打击犯罪活动，强化社会治安综合治理，推进司法改革，加强政法队伍建设，为丽水经济建设和社会稳定创造良好的法制环境。

2000年丽水撤地设市后，丽水政法机关围绕建设平安丽水、法治丽水、构建和谐社会的新时期发展目标，推进社会矛盾化解、社会管理创新、公正廉洁执法三项重点工作，加强基层基础建设，提升政法工作整体水平，发挥政法工作职能，为平安丽水、法治丽水建设，构建和谐社会发挥积极作用。2005—2010年，丽水市连续6年被浙江省委、省政府命名为“平安市”。

第一章 法制政府与政法工作

1989年2月，丽水地区行政公署办公室法制科设立。1990年9月，设立行署法制局。1995年8月，改为行署办公室内设机构，牌子保留。1995年，行署法制局贯彻落实和宣传《关于加强政府法制工作的决定》《省政府关于政府法制工作机构任务和职责的意见》。2001年，丽水市人民政府法制局更名市政府法制办公室，与市政府办公室合署办公。丽水市政府始终坚持党对法治政府建设的领导，把法治政府建设摆在全局工作的突出位置，按照市委的要求，确保把党的领导、党的主张贯彻到法治政府建设中去。全市、县政府法制队伍有60多人，市法制办从处室3个发展到处室8个。丽水市政府修订《市人民政府工作规则》，制定《丽水市人民政府重大行政决策程序规则》，重大决策时广泛听取人大代表、政协委员和各界群众的意见。2009年、2010年，丽水市政府荣获该项工作省级先进单位称号。

第一节 法治政府建设

行政法律贯彻

1996年，丽水地区宣传实施《中华人民共和国行政处罚法》，举办培训班4期，培训1300多人。清理不具备行政执法主体的行政处罚机构，清退临时工从事行政处罚现象。同年10月至次年1月，地区行署公布地区直属行政执法主体43个。

1999年7月，国务院首次召开全国依法行政会议。10月，国务院作出关于依法行政的决定。丽水地区贯彻实施《中华人民共和国行政复议法》，地区和县（市）培训1200多人，其中地直单位30多个、220人。

2001年，丽水市公布第一批市行政执法主体37个。全市行政执法人员5000多人，分3期培训综合法律知识。

2003年，全市贯彻实施《中华人民共和国行政许可法》工作会议召开，举办行政许可法讲座。12月，全国人大立法处到丽水讲授行政许可法，市、县级领导，市直机关副处干部1000多人参加。组织政府法制人员培训《中华人民共和国行政许可法》。2004年，丽水市直单位行政许可实施程序、听证规定及公示制度发布。依法清理设定行政许可项目、实施主体和行政许可收费，取消没有法律、行政法规、地方性法规设定的行政许可项目229项；调整不符合行政许可法规定的行政许可实施主体43个。

2004年，国务院发布《全面推进依法行政实施纲要》《关于加强市县政府依法行政的决定》。2003—2004年，丽水市拟定《丽水市开展相对集中行政处罚权工作方案》，组建市城市行政执法机构。

2005年，丽水市依法行政工作领导小组及办公室建立。丽水市通过媒体和法制网站宣传依法行政；制定《丽水市重大行政决策公示和听证办法》《丽水市行政执法责任制办法》；完成对龙泉、缙云、松阳县（市）政府的依法行政工作考核；制定《市人民政府突发公共事件应急预案》等应急机制制度30个。

2006年，丽水市出台《丽水市行政执法责任追究办法》《丽水市行政调解办法》。

2007年，丽水市完成全市行政执法人员数据库建设，调查处理行政执法投诉案件。

2008年，丽水市建立预防和化解行政争议机制。把依法行政工作列入政府工作重要内容和议事日程，依法行政纳入全市5年规划纲要《政府工作报告》重要内容。召开全市政府法制工作会议。组织全市法制机构60多人，分3期参加国务院法制办组织的市县政府依法行政专题培训班。下发《贯彻国务院关于加强市县政府依法行政决定的通知》。

2010年，丽水市召开依法行政工作会议，印发《进一步推进公民权益依法保障行动计划实施工作的通知》，督促整改依法行政工作推进不平衡、工作机制和制度建设不够健全、规范性文件制定工作和行政执法行为不够规范、执法队伍素质不高、行政诉讼败诉率偏高、行政机关负责人出庭应诉率偏低等问题。8月，国务院召开全国依法行政会议。丽水市政府认真贯彻落实，加强行政系统内部的层级监督和行政执法监督。

2009年、2010年，丽水市政府被浙江省政府评为依法行政工作优秀单位。

行政执法责任制

1997年，丽水行署对所属部门34个试行目标管理责任制。1998年8月，行署印发《关于在地级行政机关实行行政执法责任制的通知》。1999年，行署、各县（市）政府批复所属重要行政执法责任制方案，实施行政执法过错责任追究制度。2000年，丽水市政府督促检查行政执法责任制方案落实情况。同年，行政执法责任制纳入考核。

2006年，丽水市召开全市推行行政执法责任制工作会议，制定《丽水市行政执法责任追究办法》。市政府职能部门37个完成行政执法依据和职权梳理报审。

第二节 规范性文件制定与管理

文件制定

1998年5月，《丽水地区行政公署规范性文件制定办法》印发。2001年3月，市长1号令发布《丽水市人民政府规范性文件制定办法》。

1989年2月，丽水地区行署办公室法制科参与制定、审核行署规范性文件。1995年，开始制定行署规范性文件。至1999年年底，丽水地区行署审核、制定本级规范性文件70件。2000年丽水撤地设市期间，暂停发布规范性文件。

2001—2010年，丽水市政府发布规范性文件259件。2001年始，凡涉及人民群众切身利益的规范性文件，全文刊登于《丽水日报》。《丽水政报》创刊、丽水政府网开通后，同时发布。

文件审查备案

丽水地区行署、市人民政府规范性文件发布后，按时报省政府法制办公室（局）备案审查。

1995—2000年，丽水行署法制局备案审查县（市）政府和行署直属单位规范文件62件，其中要求修改5件，不予备案2件。

2001—2010年，丽水市人民政府法制办公室备案审查县（市、区）政府和市政府直属部门规范性文件106件。2010年，印发《关于进一步完善行政规范性文件公众异议处理机制的通知》，对上报备案的规范性文件63件公开征求意见。

文件清理

1996年，丽水地区行署法制局清理行署及办公室印发的文件2758件，报行署废止11件。

2000年，丽水地区行署法制局清理原行署规范性文件543件，其中废止192件。

2001年，丽水市政府法制办公室贯彻《关于适应加入"世贸"组织清理地方性政策措施的通知》，全面清理原行署及办公室印发的文件，列出属政策措施401件。2002年3月，丽水市政府常务会议审定废止其中326件、保留17件、修改使用58件。

2007年，丽水市政府法制办公室评估清理丽水市政府发布的规范性文件170件、修改24件，废止15件。

2010年，丽水市政府法制办公室印发《关于认真做好规范性文件清理工作的通知》，清理撤地设市以来发布的规范性文件。至2010年年底，丽水市政府常务会议审定修改13件、继续有效241件、废止66件。丽水市政府门户网站公布规范性文件目录。

省法规和规章草案征求意见承办

1995—2000年，丽水地区行署办公室法制科承办浙江省法规、规章等草案征求意见稿147件，参与浙江省立法调研3次。2001—2000年，丽水市政府法制办公室承办浙江省地方性法规、规章等草案征求意见稿164件，参与浙江省立法调研6次。

第三节　行政复议与行政应诉

行政复议

1991年，丽水地区开始实施《中华人民共和国行政复议法实施条例》。至1999年9月，丽水地区受理行政复议案件648件，其中本级85件。648件行政复议案件中作出维持决定310件，撤销169件，变更原具体行政行为65件，行政协调、作其他处理49件，申请人撤回29件，未结26件。

1999年10月，丽水地区实施《中华人民共和国行政复议法》。2000年，丽水市召开《中华人民共和国行政复议法》实施1周年座谈会。丽水地区(市)、县政府全年受理行政复议案件313件,比上年增长340%,本级审理46件。313件行政复议案件中作出维持决定102件,撤销88件,变更25件,责令履行5件,不予受理16件,撤回复议申请26件,确认违法1件,未结28件。丽水市政府全年解答疑难重大行政复议事项400多次,向市直属部门宣讲行政复议法19次。

2001—2010年,全市受理行政复议案件1700多件。其中作出维持决定110件,撤销42件,变更14件,责令履行1件,不予受理4件,撤回复议申请48件,未结20件。

2009年,丽水市出台《丽水市重大行政复议和行政诉讼案件备案制度》《丽水市行政复议调解工作规定》。

2010年,丽水市印发《关于完善行政复议与行政审判工作联系制度健全行政争议解决机制的实施意见》《丽水市行政机关负责人参加行政复议审理和行政诉讼出庭应诉工作办法》,编写《行政复议典型案例汇编》。全年行政协调、调解、和解结案率91%。

行政应诉

至2000年,全区参加行政应诉78件,其中胜诉68件,胜诉率87%,原告撤回起诉占10%,撤销具体行政行为占3%。

2001年以后,以丽水市政府名义作出的具体行政行为的应诉逐年递升。至2010年,全市行政应诉500多件,其中胜诉率58%,原告撤回起诉占18%,撤销具体行政行为占19%,未审结占5%。

2009年开始,丽水市探索建立行政诉讼案件协调机制和行政机关自我纠错机制。丽水市政府法制办配合丽水市中级人民法院,协调具体行政行为,做好行政纠纷的化解工作。2010年,丽水市政府及其职能部门败诉率5.26%。丽水市、县两级行政机关负责人出庭应诉44个,出庭率为68.4%。

第四节　行政监察与法制监督

行政执法检查

1995年,丽水地区行署法制局和丽水地区人大工委组织检查法律、法规和规章实施情况4次,抽查行署10个部门的执法案件质量情况,纠正和处理问题。1996年,丽水地区检查各县(市)单位28个的行政执法案件质量。1997年,丽水地区抽查地直部门3个、县级单位14个和乡镇5个的行政执法案件质量。1998年,丽水地区抽查单位45家的行政执法案件质量,纠正执法违法行为,协调行政纠纷事务3起。开展环保、交通等专项执法检查。接待行政执法咨询、投诉30多起。1999年,丽水地区印发《丽水地区行政公署行政执法监督实施办法》。丽水地区行署法制局加强行政处罚、许可、收费等行政行为监督,处理行政执法投诉37件,参与地委、行署领导信访接待日。2000年1—5月,行署法制局层级监督9个县(市)和地直部门的依法行政工作,全区办理行政执法监督案件19起,纠正违法、不当具体行政行为。协调信访、督查、市长便民电话,贯彻浙江省委、省政府办公厅关于信访与行政复议结合的通知精神,处理行政纠纷信访案件20多起,承办领导批示督查案件3起、市长便民电话转办案件7起。

2005年，丽水市政府法制办公室会同丽水市监察局、市行政审批中心检查全市贯彻《中华人民共和国行政许可法》情况。2006年7—9月，撤地设市后首次组织开展政府法制工作专题检查。2007年，健全行政执法案卷评查制度，调查处理行政执法投诉案件。2008年，监督检查全市食品安全、劳动就业、安全生产、教育、环保行政执法工作，督促落实“罚缴分离”和“收支两条线”。2009年，开展重大行政行为和委托行政执法行为备案，市直部门备案重大行政处罚行为386件。组织研究处理市区江滨区块旧城改造过程法律问题。2010年，制定《丽水市规范行政处罚裁量权行使规定》，公布合理确定行政处罚裁量权制度单位30个。历年处理市区丽东村撤村并居试点遗留问题、宇雷路紫金路拆迁等法律事务10多件，组织市政府听证活动。

行政执法证件管理

1997年，丽水地区行署法制局贯彻浙江省政府行政执法证件管理办法。7月，全区参加浙江省政府法制局行政执法师资培训班21人。8—11月，全区培训行政执法人员4138人，其中地区本级410人。9—11月，丽水地区行署法制局组织行政执法人员参加全省统一考试，及格率90%以上，申领全省统一执法证，开始持证、亮证执法。至2010年年底，丽水市培训全市新上岗人员执法资格1800多人，换证培训1万多人。

2002年，浙江省行政执法证5年有效期满，全市换发新证5000本，其中市本级700本、行政执法监督证件21本。2007年，丽水市政府法制办公室完成全市行政执法人员数据库建设。2010年，全市换发新证8000多本。

行政监察

行政监察职责的内容是监督辖区各级国家机关和机关工作人员，并检举其违法失职情况。1952年，丽水各县建立人民监察委员会，1955年撤销，日常工作由人事部门负责。1988年3月，丽水地区监察局建立，各县(市)相继建立监察局。1989年3月，丽水地区行政公署监察举报中心建立。1990年12月，国务院发布《中华人民共和国行政监察条例》，同年，全区有监察干部126人，其中本级26人。派驻政府部门监察室255人，专(兼)职监察员425人，其中地区机关监察室31个，专(兼)职监察员67人。全区在各民主党派、无党派代表人士、离退休干部以及群团组织中聘任特约监察员51人。1993年2月，中共中央、国务院决定纪委、监察部机关合署办公，实行一套工作机构、两个机关名称，履行党的纪律检查和政府行政监察两项职能。合署后，由所在政府和上级纪检监察机关双重领导。1997年5月，《中华人民共和国行政监察法》颁布实施。

廉政监察　1988年5月以后，丽水地区监察局多次专题调查地区机关8个单位政风政纪，部分地、县党政机关廉政情况，丽水市(县级)基层执法单位廉政制度建设问题。丽水地区监察局参加丽水地区9县(市)领导班子的考评。1989年11月，地区行政公署大院设立《政务公开栏》，推行“两公开一监督”[①]制度，对招生、招工、招干、人事调动、农转非、大中专毕业生分配、机关住房分配等工作实行政务公开。1990年下半年，多次治理“三乱”[②]，纠正行业不正之风。

① “两公开一监督”指：办事程序公开，办事结果公开，接受群众监督。

② “三乱”指：乱收费、乱罚款、乱摊派。

执法监察　1988年4月，丽水地区监察局开展经济合同检查，检查经济合同915份，涉及金额9080万元，其中涉外经济合同10份，履约7份，金额122万元。参加全区财务、物价、税收大检查。经常性检查农业生产资料专营。检查《中华人民共和国矿产资源法》《中华人民共和国统计法》执行情况。清查党政干部违法违纪违章建私房，查清县级干部建购私房24人，科局级干部建购私房185人。参加清理"小金库"工作。调查处理公款请客送礼、滥发钱物腐败现象。

效能监察　1988年，全区监察机关接受信访1303件，属于监察范围控告申诉858件，办结765件。其中丽水地区监察局受理信访310件，属于监察范围控告申诉231件，办结197件。1990年，全区监察机关受理举报信访3700件，属于监察范围控告申诉1568件，办结1410件。其中丽水地区监察局受理举报信访795件，属于监察范围控告申诉356件，办结323件，涉及县级干部48件、49人。

案件查处　1985—1988年监察机关建立前，全区干部受政纪处分352人，1988年建立监察机关后，当年全区立案查处违纪案件41起，结案31起。受政纪处分31人，其中警告5人，记过4人，记大过7人，降级2人，降职2人，撤职4人，开除公职留用察看6人，开除公职1人；科级干部10人。丽水地区机关托儿所所长蔡某某，贪污幼儿保育费19822.58元，粮票107.50千克，被开除公职，判刑7年。1990年，全区立案调查106件，结案98件，挽回经济损失59万元。受政纪处分105人，其中警告15人，记过22人，记大过24人，降级9人，降职6人，撤职17人，开除公职留用察看7人，开除公职5人；科级干部26人。

第五节　政法工作

1981年7月，中共丽水地委政法委员会成立，下设办公室。1983年9月至1986年8月，由特委副书记主持工作。1988年3月，地委政法委员会撤销，改设地委政法协调小组；6月，更名地委政法领导小组；12月，又复称政法协调小组。1989年6月22日，建立中共丽水地委政法领导小组办公室，作为领导小组的日常办事机构。1990年4月，复建地委政法委员会。1991年，建立健全社会治安综合治理领导机构，与政法委合署办公。1996年3月31日，地委办下发〔1996〕30号文件《中共丽水地委政法委员会机关职能配置、内设机构和人员编制方案》，内设政治部、综治委办公室和政法委办公室，机关人员编制核定11名。

2000年5月，撤地设市后，丽水地委政法委员会更名中共丽水市委政法委员会，市委政法委和市综治委办公室合署办公，内设机构4个，行政编制13名。2004年7月，内设机构增设维护社会稳定处，与社会治安综合治理协调指导室合署办公，在打击犯罪、维护社会稳定工作中，当好市委(地委)的参谋和助手。在社会治安综合治理，社区、乡镇规范化建设中发挥重要作用。同时，做好党内执法监督工作和办理中央政法委、省政法委交办的有关案件。

2010年12月，市法学会由市政法委领导管理。市委维护稳定领导小组办公室与市政法委合署办公，设社会矛盾纠纷"大调解"中心。

犯罪打击

1983年8月，丽水地委政法委组织开展严厉打击刑事犯罪斗争工作。

1984年1月、7月，丽水地委政法委分别打第一战役的第二、第三仗，完成收捕罪犯归案工作任务。万人公判大会召开，判处一批死刑犯。9月，组织第二战役，重点是严重刑事犯罪分子，追捕流窜犯、在逃犯，侦破积案。

1985年3月，丽水地区社会治安综合治理经验交流大会召开。1986年，丽水地委政法委开展以反盗窃斗争为重点的“严打”第三战役第一仗，公开处理一批盗窃犯、杀人犯、强奸犯、流氓犯等犯罪分子。

1988年，丽水地区开展扫除“六害”集中统一行动。1989年，深入扫除“六害”，破获刑事案件1686起，抓获各类违法犯罪分子2357人。召开宣判大会、公开处理大会38场次，判处死刑12人。

1991年，丽水地区地、县(市)都建立综治委及其办公室，380个乡镇建立综治办；制定社会治安综合治理五年规划；启动“二五”普法工作。1992年3—5月，开展集中打击流氓犯罪活动专项斗争，摧毁诸如“十兄弟”“逍遥帮”“青蛇帮”“太保儿”等流氓团伙。

1993年，丽水地区重点打击抢劫、卖淫嫖娼、车匪路霸犯罪活动。9月10日，下发《关于丽水地区集中整治农村治安的方案》。

社会维稳

1995年3月30日，因1994年发生“4•5”沉船事故，学生溺死43人，缙云县社会治安综合治理被一票否决，取消其1994年度考核评先资格。1996年，丽水地区开展综合治理基层基础建设年试点工作。1997年，集中开展“禁毒、禁赌、禁黄”斗争。开展“平安社区”创建活动。丽水地区被评为省级治安安全单位30家，地区级治安安全单位120家。

1998年，全国“两会”和省党代会期间，丽水地区排查、调处各类不安定因素100起，处置群体上访和突发事件33起；3—8月，开展为期半年的政法队伍集中教育整顿活动，单位45个被评为省级治安安全单位。

1999年，地区政法委开展“枫桥经验”推广试点工作。市直政法部门竞争上岗担任中层领导职务107人，干警287人进行双向选择。

2000年，《关于进一步开展矛盾纠纷排查调处工作的通知》印发。

2001年，丽水市、县(市、区)建立维护稳定领导机制。2002年，市委先后召开会议4次，部署维护稳定工作，开展不稳定因素集中排查化解工作5次。加强对敌斗争，做好情报信息和线索查证工作，发现并侦控一批间谍、间谍嫌疑分子和境外敌对分子。做好企业军转干部、抗美援朝老战士、要求退改离人员及20世纪60年代精简下放人员的稳定工作。

2003年，丽水市开展矛盾纠纷集中排查调处、优化经济社会发展环境活动月。市委专题研究重大疑难纠纷。

2004年7月，丽水市增设维护社会稳定处，与社会治安综合治理协调指导室合署办公。做好青田滩坑水电站库区移民动迁安置稳定工作。

2005年，丽水市委召开全市矛盾纠纷排查调处情况汇报会。制定出台《丽水市处置重大群体性事件实施办法(试行)》《丽水市不稳定因素排查调处工作制度(试行)》《丽水市维护稳定工作信息报送制度(试行)》等制度。

2006年，丽水市制定出台《丽水市预防处置群体性事件实施办法》《丽水市重大不稳定因素排查调处工作制度（试行）》，完善《丽水市处置经济社会紧急情况工作预案》等工作预案43个。建立重大不稳定因素季度集中排查化解制度。抓特殊群体稳控工作。

2007年，丽水市开展"走进矛盾、破解难题"专项行动。完善不稳定因素季度集中排查化解情况通报制度。2008年，坚持定期分析维稳形势制度。北京奥运会期间，全市未发生严重影响社会稳定的重大案（事）件，实现非正常访"零进京"。处理银泰房地产民间集资问题，处理张某某、杜某某等非法吸收公众存款、集资诈骗案件。

2009年，丽水市上报各类情报信息263份，其中得到省委书记赵洪祝批示4份。获评全省国庆维稳信访工作先进个人71人。

2010年，丽水市开展"银泰问题"社会稳定风险评估工作，形成专项报告和总体评估报告12个。全市开展重大事项社会稳定风险评估31个。

第六节 社会治安综合治理

治安整治

2001年4月，丽水市委建立由党政主要领导负总责、分管领导具体负责的"严打"整治领导机制，下发《关于深入开展"严打"整治斗争的意见》。2002年，开展重点整治地方和行业的整治工作。2006年，加大酒后开车、交通肇事逃逸和事故黑点整治力度。2007年，先后组织开展反"两抢一盗"、治理自行车被盗问题、黄赌毒"三禁"等专项行动以及铁路、企业、学校及周边、文化娱乐场所的治安整治。建立治安卡点25个。2008年，抓流动人口服务管理工作，初步建立流动人口服务管理长效机制。登记在册流动人口45.61万人，出租房屋10.37万间。

规范建设

2003年，丽水市开展社区创安工作试点。组织集中办班和社会帮教。组织社会治安综合治理的检查考评工作。2004年，召开丽水市综治基层基础工作会议，落实全省乡镇（街道）综治组织规范化建设现场会精神。2005年，加强乡镇（街道）综治工作中心建设。深化"无毒社区"创建活动。加强防控主干应用系统建设、刑侦信息化建设、网络侦控手段建设、治安动态视频监控系统建设。2008年，全市乡镇（街道）综治工作中心规范化建设达标率达到98.88%。建立以"三防"为依托的城区社会治安防控体系。推广建立CK城市防盗报警系统。2009年，启动"网格化管理、组团式服务"工作。2010年，制定出台《关于服务农村"135"工程的实施意见》。全面启动综治工作"12345示范工程"创建活动。市综治五部委局出台《关于进一步落实社会治安综合治理领导责任制的意见》。抓好"大调解"体系建设，率先在全省以市委、市政府名义制定出台《关于构建"大调解"体系，促进社会和谐稳定的意见》，并在全省推广。制定出台《丽水市矛盾纠纷排查调处工作规程》。

第七节　执法监督

督查督办

2001年，丽水市督查督办群众反映强烈的案件43起，“严打”整治斗争重点案件29起，办理群众来信551件、接待来访456批（次）。丽水市政法系统查处干警违法违纪案件32起，党纪政纪处分38人。2002年，加强对疑难、复杂、社会关注案件的协调工作。办理省、市领导批办案件6件，督办交办案件38件。7—11月，组织开展伤害案件执法检查工作，审查各类伤害案件1237件，查处存在问题案件316件。2003年，办结领导批办交办案件13件，召开各种协调会23次，处理群众来信123件。2004年，成立全市集中处理涉法上访问题领导小组及办公室。2005年，办结中央政法委交办案件20件、省委政法委交办案件125件、自查案件290件。下发《关于建立专职督查员和特邀督查员的通知》。

涉法涉诉

2006年，丽水市开展涉法涉诉“联合接访”活动，排查解决一大批涉法涉诉信访案件。2007年，开展集中排查解决涉法涉诉进京非正常信访问题。建立司法救助制度，设立司法救助专项资金。2008年，集中办理中央政法委和省委政法委交办的涉法涉诉重信重访案件24件。推动实施司法救助工作，同年市本级落实司法救助专项资金148.5万元。2009年，抓执法责任体系、执法质量考评体系和执法监督体系建设。集中开展清理执行积案活动。2010年，集中清理涉法涉诉信访积案和案件评查工作。进京访积案化解率全省排名第一，非进京访积案化解率全省排名第三。

第二章　公　　安

清光绪三十二年（1906），处州境内龙泉县、云和县、庆元县、缙云县、遂昌县首批建立巡警局。清末至丽水解放前夕，区署一级均未设警察机构。1949年5月丽水解放后，丽水县级旧警察机构、体系随着瓦解。

1949年中华人民共和国成立后，丽水专区专署和所属各县均参照老解放区公安工作经验，废除旧警察制度，分别建立人民公安机构。丽水地区各级人民公安机关自组建以后，在党委和政府的领导下，配合人民军队开展剿匪斗争，开展反动党团特人员登记、肃清潜伏匪特（简称“肃特”）、取缔反动会道门和镇压反革命运动，摧毁国民党统治的社会基础。同期，各县加强治安管理，取缔烟馆，打击烟毒、赌博、嫖娼等社会丑恶现象，在机关、学校、工矿企业和居民区、行政村建立治安保卫组织，开展防奸、防特、防火、防盗“四防”教育活动，建立新的户口登记和治安管理制度，迅速确立社会新秩序。

1955年，根据中央“必须有计划地、有分析地、实事求是地再给残余反革命势力以几个回合的打击”的批示精神，丽水各县开展第二次社会“镇反”运动和肃清残余反革命分子的斗争，集中打击现行反革命分子，保障社会主义改造和建设顺利进行。20世纪60年代，针对社会治安状况和面临的不同性质斗争，丽水地区公安机关贯彻执行中央各项政策，谨慎分清敌我和人民内部两类不同性质的矛盾，维护好社会治安秩序，配合部队和民兵开展反偷渡、反袭扰、反空降、反盗窃情报、反心战的“五反”斗争，粉碎敌特心战和妄图“里应外合”反攻大陆的阴谋。1964—1965年，丽水地区公安机关推广“枫桥经验”，刑事案件发案明显下降，社会治安情况明显好转。

1966—1976年“文化大革命”期间，丽水公安机关被“取代”，成立专署、县公安机关革命委员会人民保卫组，行使公安、检察、法院的职能。1974年3月，丽水地区革命委员会人民保卫组更名丽水地区公安局。

1976年10月“文化大革命”结束后，丽水地区公安机关各项业务工作逐步走上健康发展道路。1978年12月，中共十一届三中全会后，丽水地区公安机关清理“文化大革命”期间公安机关经办的案件，平反纠正一批冤假错案。

1983年8月至1987年1月，丽水地区公安机关开展“严打”斗争，侦破各类刑事案件5615起，摧毁流氓、抢劫、盗窃团伙215个，收审各类刑事犯罪嫌疑人5560人，其中逮捕2675人、收缴赃款189.22万元。

20世纪90年代，丽水地区公安机关开展“打流窜、追逃犯”“打击团伙犯罪、打击车匪路霸、打击拐卖妇女儿童”以及“反走私、反偷渡”和交通秩序大整顿等专项斗争数十次。查禁取缔卖淫嫖娼、制黄贩黄、吸贩毒品等社会丑恶现象，打击“黄、赌、毒”违法犯罪分子。同时，取缔非法宗教组织“呼喊派”“被立王”“门徒会”。侦破一批在全省、全国有较大影响的刑事大案。

2000年5月20日丽水撤地设市后，丽水地区公安局更名丽水市公安局。21世纪，丽水公安机关紧紧围绕建设平安丽水、构建和谐社会的新时期发展目标，深入推进以平安建设为载体的治安防范社会化，严密街面防控网、社区防控网、单位内部防控网和科技防控网，增强社会面治安防控能力，推出一系列服务经济发展的规范和加强公安执法工作的新举措，简化办事程序，缩短审批事项办理时间。

2008年，丽水市被评为全国第二批科技强警示范城市。同年，又被公安部确定为全国12个基层公安文化育警示范基地之一。在公安基础建设现代化方面取得进步，改善侦察手段、关押场所、装备器材、消防设施、交通工具等，通信系统、指挥系统、计算机网络建设有显著进步。县级公安机关的通信专线、人口信息、报警系统的联网初具规模，信息传递和指挥工作的条件明显改善，社会治安动态管理反应快速，基本建成严密控制体系。2010年，丽水市公安局设有政治部、办公室、国内安全保卫、经济文化保卫、治安、刑侦、交警、特警、消防、网警、禁毒、经侦、警卫、看守等内设机构及下属事业单位37个，下辖莲都区、龙泉、青田、云和、庆元、缙云、遂昌、松阳、景宁和经济开发区10个县（市、区）公安（分）局。

第一节 机 构

清光绪三十二年(1906)至清宣统元年(1909),处州各县设立巡警局。清宣统三年(1911),更名警务长公所。民国元年(1912),更名警察署。

1949年5月,丽水解放,所属各县相继成立公安机关。8月1日,浙江省人民政府丽水专区公安局成立,后几度更名。1950年6月,更名浙江省丽水专区专员公署公安处。1952年,浙江省丽水专区专员公署公安处随丽水专员公署一并撤销,业务档案、武器弹药及各种物资,分别移交温州、金华、衢州公安处和丽水县公安局。1963年5月,恢复建制。

1966年"文化大革命"开始,公安机关被"取代"而陷于瘫痪。丽水各地公安机关实行军事管制,1969年,丽水地区革命委员会成立后,各级革命委员会人民保卫组所取代公安机关,履行公安机关职能。1973年,丽水地区恢复公安机构。1974年,成立丽水地区公安局。1980年,更名浙江省丽水地区行政公署公安处。1995年,复名丽水地区公安局。

2000年,丽水撤地设市后,丽水地区公安局更名丽水市公安局,丽水市(县级)公安局更名莲都区公安分局。

市级公安机关

丽水旧称处州,设处州府,处州府本级①直至解放前夕均未设警察机构。

1949年5月,丽水所属各县先后解放。8月1日,浙江省人民政府丽水专区公安局成立。8月3日,更名浙江省人民政府第七专员公署公安局,内设秘书、侦察、治安、审讯4个科和直属丽水城区分局,址设丽水城内高岭头。10月,浙江省人民政府第七专员公署公安局更名浙江省丽水专区专员公署公安局。11月,专署公安局劳改所成立,地址在丽水县城囿山路1号太保庙内。1950年6月,浙江省人民政府丽水专区专员公署公安局改为浙江省丽水专区专员公署公安处,7月增设保卫科。1951年3月,增设调研室,6月增设武装科,7月劳改所更名劳改大队,9月劳教大队成立,10月增设人事科。1952年1月,丽水专署公安处随丽水专员公署撤销,业务档案、武器弹药及各种物资,分别移交温州、金华、衢州公安处和丽水县公安局。5月2日,浙江省委决定在丽水暂设党委办事处。20日,改设中共丽水临时工作委员会,管理划给温州专区的丽水、龙泉、云和、庆元、景宁5个县,公安处暂不撤。至8月23日,丽水专署公安处正式撤销。

1963年5月9日,浙江省丽水专员公署公安处随丽水专员公署恢复而重建,内设政治处、秘书科、政保科、内保科、治安科,地址设在丽水城内高岭头(1964年年底,改迁五宅底专署大院内)。下设劳改大队和劳教大队,于1964年6月撤销。1967年1月24日,在上海造反派"一月夺权风暴"影响下,专署机关14个群众组织联合夺取地委、专署和公检法的党政大权,公安机关被"砸烂"而陷于瘫痪。1968年4月6日,丽水专署公安机关实行军事管制,成立中国人民解放军浙江省丽水专署公安机关军事管制委员会。11月18日,成立浙江省丽水地区革命委员会,并建立革命委员会人民保卫

① 处州府本级:民国时期改为行政督察区。

组，履行公安机关职能。址设丽水城内灯塔街76号地区革委会大院内。1973年3月，根据中央和省委指示，丽水地区恢复公安机构。12月，地区革命委员会人民保卫组设消防科。

1974年3月25日，中共丽水地委决定，将丽水地区革命委员会人民保卫组更名丽水地区公安局，内设办公室、政治处、一科（政治侦察）、二科（内部保卫）、三科（社会治安，兼管消防，对外保留消防大队名称）、四科（刑事侦查）、五科（预审检察）。实际工作中三科与四科合并为三科，预审检察为四科。1976年1月增设收审站，2月增设武装民警科。1979年7月19日，刑事侦查从三科分出，成立四科，预审为五科（检察分开）。

1980年8月，丽水地区公安局更名浙江省丽水地区行政公署公安处，内部机构增设消防科。9月组建丽水地区人民武装警察大队（对内仍称武装民警科）。1982年3月增设精神病教养院①。1983年1月，人民武装警察大队与消防科合并组建中国人民武装警察部队丽水地区支队（内设消防科），10月增设拘役所。1984年8月增设公安干校。1985年6月，二科改为保卫科。1985年10月，丽水地区支队消防科划归地区公安处领导。1986年3月，丽水地区公安处消防科更名中国人民武装警察部队丽水地区消防大队②。6月，增设后勤装备科。1987年10月，增设交通警察支队。11月，拘役所与收审站（所）合署办公。1988年1月，增设技术侦察科。9月增设出入境管理科。1989年4月增设监察室，10月增设户政科。1990年3月增设法制科，12月成立中国人民武装警察部队丽水地区消防支队③。1991年1月增设纪律检查委员会和看守所（撤销拘役所），9月增设经济案件侦察办公室。1992年11月，刑事侦查科改为刑事侦查大队。1993年2月，刑事侦查大队改为刑事侦查支队，经济案件侦查办公室改为经济案件侦查科。1995年4月，增设公安汽校。

1995年8月，浙江省丽水地区行政公署公安处更名丽水地区公安局。

1996年12月撤销收审所。1997年3月，地区公安局搬至丽水城内大洋路220号。同月政治处改为政治部，保卫科改为经济文化保卫处，后勤科、户政科、法制科、出入境管理科、预审科也由科改为处，政保科改为政治保卫支队、治安科改为治安警察支队、刑事侦查支队改为刑事警察支队、技术侦查科改为技术侦查支队，增设人事处、宣教处、机关党委、巡特警管理处、通讯机要处、计算机管理监察处、控告申诉处、指挥中心。1998年12月，增设警务督察队。1999年5月，增设警卫处。2000年7月，增设监所管理处（撤销预审处），通讯机要处改为信息通信处，计算机管理监察处改为公共信息网络安全监察处，设处、室、所、队机构30个。

2000年5月20日丽水撤地设市后，丽水地区公安局更名丽水市公安局。

2001年11月，根据《中共浙江省委、浙江省人民政府关于丽水市党政机构改革方案的通知》精神，改革市公安局机构设置，设置28个处、室、队、校，其中新增的有警务处、教育训练处、禁毒支队3个处，保留办公室、警务督察室、治安警察支队、刑事侦察支队、出入境管理处、法制处、信息通讯处、后勤处、警卫处、110指挥中心、看守所、机关党委、纪律检查委员会、监察室、公安汽校、消防支队16个处室，人事处更名干部处、宣教处更名宣传处、公共信息网络安全监察处更名公共信息网络安全监察支队、监所管理处更名监所管理支队、政治保卫支队更名国内安全保卫支队、经济案件侦察支队更名经济犯罪侦察支队、交通警察支队更名交通巡逻警察支队、技术侦察支队更名行动技术

① 在筹建过程中因缺少经费、医务人员等原因而停建。

② 又称丽水地区公安处消防大队。

③ 又称丽水地区公安处消防支队。

支队、公安干校更名人民警察培训学校9个处(支队),归并撤销户政处、经济文化保卫处、巡特警支队、控告申诉处等4个处(支队)。2005年11月22日,丽水市公安局成立特警支队。

至2010年,丽水市公安局内设机构及下属事业单位增加至37个。增设或单独设置的有审计室、信访室、城市管理警察支队、特警支队、刑事科学技术研究所、强制戒毒所①、拘留所、经济开发区分局、考试中心、机动车辆安全检测站等10个处室。警务督察室更名警务督察支队,出入境管理处更名出入境管理局,交通巡逻警察支队更名交通警察支队,公共信息网络安全监察支队更名网络警察支队。归并撤销公安汽校。

县级公安机关

丽水所属各县最早有警察机构的是龙泉、缙云、遂昌、云和4县,分别建于清光绪三十二年(1906),最迟的是丽水、青田、庆元三县,建于清宣统元年(1909),时称巡警局,专司缉盗、捕杀、昼夜巡逻、维护地方治安之职,由省巡警总局②统揽。清宣统三年,各县巡警局更名警务长公所,巡官更名警务长,由省警务公所(巡警道)统制。

清宣统元年(1909),处属各县③有巡警132人,每县设总办、正巡官、正副董承、巡警等职,知县兼任巡警总办。清宣统二年(1910),增设碧湖巡警分局1个,设巡官1人、巡警10人。

民国元年(1912),各县将清时留下的警务长公所改组为县警察署,由浙江省军政府政事部负责全省警务。翌年县警察署统一更名警察事务所,所长由县知事兼任,设警佐助理所长工作。民国4年,更名县警察所,所长由警佐充任,县知事不再兼任所长。不久,又复称警察事务所,属省警务处(后改由民政厅警务科)管辖。民国18年5月,各县警察机构更名县政府公安局,所长改称局长,由浙江省民政厅警务科统揽警政人事。处属各县设县局9个、分局7个(其中松阳3个,丽水、青田、缙云、遂昌各1个),有长警305人。此后,各县警察机构编制不断扩充,警政建设也开始由城镇逐步推向农村。民国19年,丽水地区设县局9个,分局或分驻所l0个,巡逻区16个,有长警员额382人,其中局长、分局长16人、警官22人、警长31人、警士313人。县局内部有行政科、侦缉队、探长、探员之分工。民国24年,县政府公安局改为县政府第三科,科长由县长遴选,呈民政厅加委。民国25年,复改为警察局,局长职务恢复由省民政厅遴选委任制。同年,各县以下区、乡、镇多数设有警察分局或分驻所。同年底,内政部《各级警察机关编制纲要》颁布后,各县裁撤分局改设警察所。同时,省里还根据各县地理位置、面积、人口等不同情况和官警员额多少,把县警察局划分为一、二、三等,除局长外,各等级编制不同。一等局内设3科(总务、行政、司法)、2室(训练、会计)、1处(督察)、l股(特务),外部机构设4队(警察、消防、侦缉、水警),长警编制为200名以上。二等局内设3科(总务、行政)、3员(训练、会计)、2处(督察)、2股(特务),外部机构设2组(消防、侦缉)队(警察),长警编制为100—200名。三等局设2科(总务、行政)4员(督察、特务、训练、会计),外部机构设1组(侦缉),长警编制为50—100名。丽水诸县全部列为三等县。

民国26年(1937)12月,日本侵略军侵入浙江,省会杭州沦陷,省国民政府及省级机关先后南迁永康方岩、丽水、松阳、云和、龙泉、景宁、庆元等地。为适应战时需要,沦陷区和游击区的警察局均改

① 2005年6月成立,2008年9月更名丽水市强制隔离戒毒所。

② 省巡警总局:后改为浙江省警务处,宣统二年,即公历1910年又改为浙江省巡警道。

③ 处属各县数据不包括当时处属宣平县数据。

为警察大队，省警察大队迁驻丽水县赵村，后迁云和县。不久，各县纷纷成立自卫队，警察机构裁撤，警察力量削弱。民国30年，内政部又颁布《整理警政计划》，重新确立警察体制，当年恢复成立警察局的全省只有7个县，其中属丽水行政督察区的有青田、遂昌、缙云3个县。民国3l年12月，浙江省年度警政检讨会在云和召开，会议通过《决议案》和《会议宣言》，制定《后方各县和沦陷区警察机构设置规定》，通令各县实施。会后，丽水地区各县普遍恢复警察机构，并按“千人一警”的标准增加编制。民国34年，各县警力配备除青田外均超过“千人一警”的标准，丽水地区警官和长警总额达1437人，武器装备有长短枪831件(其中有机枪31挺)、各种子弹4.3万多发，成为国民政府的一支重要武装力量。

民国34年(1945)8月，抗日战争胜利后，对各县警力分布作重大调整，浙江省第九行政督察区撤销警察所11个，增设分驻所l3个，裁并派出所18个。根据各县地理位置、政治经济地位、警员多少重新将警察局划分为甲、乙、丙3等，以加强控制。丽水地区被列为乙等局的有丽水、龙泉、青田、庆元、缙云、遂昌、松阳、景宁等县局8个，云和县被列为丙等局。

1949年10月，各县人民政府均在中华人民共和国成立后设公安局。内部一般设有侦察股、秘书股、审讯股、看守所等机构。

1963年5月9日，恢复丽水专署，辖丽水、龙泉、青田、云和、缙云、遂昌6个县。“文化大革命”期间，各县公安机关一度被“取代”，未能正常开展工作。1968年4月，各县公安局实行军事管制；8月，各县先后成立革命委员会人民保卫组，行使公安机关职能。1973年，根据中央和省委指示，各县公安机关先后恢复；同年7月，恢复庆元县及县公安机关。1986年3月，撤丽水县建立丽水市(县级)。1990年12月，撤龙泉县建立龙泉市，丽水、龙泉2个县(市)公安机关相应更名。

2000年5月20日，丽水市(县级)改为莲都区，丽水市(县)公安局更名丽水市公安局莲都区分局，至此，全市有区(县)级公安分局1个、市(县)公安局1个、县公安局7个。县(市、区)公安局内部一般设有办公室、政工、督察、后勤、国内安全保卫、指挥中心、治安、刑事侦察、经济件侦察、法制、计算机通信、交警、巡警、监管、看守、消防等科、所、队。个别县(市、区)还设有出入境管理和禁毒部门。丽水市公安局莲都区分局作为区政府的组成部门，主要负责管理市区及辖区水上治安派和治安拘留所，日常工作接受市局指导，同时接受中共莲都区委、区政府的领导，人、财、物实行分级管理。

2005年3月，成立丽水公安局经济开发区分局。至2010年，丽水市辖莲都、龙泉、青田、云和、庆元、缙云、遂昌、松阳、景宁和经济开发区10个公安(分)局。

丽水市各县(市、区)公安局设置一览

表30-1-1-1

县别	建立时间	变动情况
丽水市莲都区公安分局	1949年7月15日	1986年3月1日，丽水县改为县级市，县公安局改为丽水市(县级)公安局。2000年7月18日，丽水市(县级)公安局改为丽水市公安局莲都区分局
龙泉县公安局	1949年7月26日	原为龙泉县公安局。1990年12月26日，龙泉县改为县级市，龙泉县公安局改为龙泉市公安局

续表 30-1-1-1

县别	建立时间	变动情况
青田县公安局	1949 年 7 月成立公安科，8 月28 日改为公安局	—
云和县公安局	1949 年 5 月 21 日	1958 年 5 月 29 日，云和县公安局随云和县并入丽水县，云和设分局。1962 年 6 月 1 日，恢复云和县(含景宁县境)，重设云和县公安局
庆元县公安局	1949 年 7 月成立公安科，8 月28 日改为公安局	1958 年 11 月 21 日，庆元县公安局随庆元县并入龙泉县，庆元设分局。1973 年 7 月 17 日，恢复庆元县，重设庆元县公安局
缙云县公安局	1949 年 7 月 15 日	—
遂昌县公安局	1949 年 6 月 16 日	—
松阳县公安局	1949 年 5 月 26 日	1958 年 11 月 21 日，松阳县公安局随松阳县并入遂昌县，松阳改设分局。1982 年1 月 30 日，恢复松阳县，重设松阳县公安局
景宁畲族自治县公安局	1949 年 7 月 1 日	1960 年 1 月 7 日，景宁县公安局随景宁县并入丽水县，景宁设分局。1984 年 6 月 30 日，设立景宁畲族自治县，设县公安局
丽水经济开发区公安分局	2005 年 3 月	—

公安派出所

1949 年 9 月，丽水专区建立 6 个公安派出所，其中丽水 1 个、缙云 2 个、松阳 2 个、龙泉 1 个。另在丽水设有水上检查站 1 个。

1950 年 7 月，省政府转发华东公安部《公安派出所及警务暂行通则》，要求各地以城镇人口多寡、社会情况繁简、区域幅员大小为原则设置派出所。1951 年 11 月 14 日，丽水区专员公署决定设立水上派出所 3 个，其中丽水 2 个、龙泉 1 个。同年，华东公安部颁布《区乡公安组织与工作条例》，要求每区设立公安助理员 1 人。1952 年 1 月，丽水专区有派出所 9 个，其中专署公安处直属派出所 2 个、丽水 2 个、缙云 2 个、松阳 2 个、龙泉 1 个，配区镇公安助理员 54 人。1953 年，华东公安部指示将区公安助理员改成由县公安局派出公安特派员，并根据第六次全国公安会议提出的“合理、精干、节约”原则，加强公安基层组织建设。

1965 年，丽水专区有公安派出所 13 个、公安特派员 39 人。1966 年根据第十四次全国公安会议决定，取消农村公安特派员，改为以集镇为中心建立农村派出所，丽水专区建农村派出所 25 个，其中遂昌 2 个、松阳 1 个、丽水 4 个、青田 6 个、龙泉 4 个、庆元 3 个、云和 1 个、景宁 4 个。

1971 年 7 月 28 日，地区革委会发出《关于增设公安派出所和增加民警编制的通知》，规定除恢复 6 个县的城镇派出所外，再增设碧湖镇、西屏镇、古市镇、鹤溪镇、壶镇、松源镇和温溪镇等公安派出所 7 个。凡有河道并有交通船只的地方，驻地公安派出所要兼管水上治安工作。至此，丽水地区有派出所 13 个，编制 87 名。

1981 年后，针对农村经济发展较快，而社会治安形势比较严峻的情况，派出所机构建设有较快发展。至 1983 年 12 月，丽水地区有城乡公安派出所 65 个。

1985 年 3 月，根据省公安厅《组建乡镇公安派出所暂行规定》，丽水地区以提高乡镇派出所干警政治业务素质为主要内容，进行全面整顿。1988 年，丽水地区有公安派出所 73 个、乡民警值勤室 67 个。

1992 年，开展撤区并乡，取消民警值勤室，增设一批乡镇派出所。至 1994 年 10 月，丽水地区有公安派出所105个，其中城镇派出所11个、农村派出所94个。

2000年，丽水地区有正式挂牌公安派出所104个，其中城镇派出所15个、农村派出所85个、水上派出所4个。

2001年后，全市调整公安派出所的布局，撤并部分派出所。至2002年年底，全市设派出所86个，其中有水上治安派出所9个。至2003年年底，全市公安派出所减少为80个，其中水上治安派出所4个。至2004年年底，全市公安派+场派出所、丽水市（县）实验林场派出所、景宁畲族自治县林业总场派出所、上标林场派出所。1984年5月，经国务院批准，林业公安机构开始正式列入公安编制，行政上归林业部门领导，业务上归公安部门管理。1994年8月，建立丽水地区林业公安科。

2000年7月19日，丽水地区林业公安科更名丽水市林业公安科，原丽水市（县级）实验林场派出所更名丽水市实验林场派出所，原丽水市（县级）林业公安科更名莲都区林业公安科。

2000年年底，全市设有林业公安分局5个、林业公安科5个、森林派出所7个，有编制169名。2006年11月，更名丽水市公安局森林警察支队，规格、机制性质、隶属关系不变。2008年9月，再次更名丽水市公安局森林公安局。

人员编制

1949年8月，丽水区公安局成立时，局机关及下属7个县有123人，公安队65人，公安干部58人，公安干部中地区公安局机关13人。

1949年11月至1952年1月，专署公安局连续举办4期公安干部、人民警察训练班，学员来自工人、农民、店员、学生等460多人，结业后分配到专署和各县公安机关工作。

1951年，地区专署执行浙江省各级员额编制分配决定，分配公安系统954人，其中，专署公安局130人，丽水167人，缙云131人，松阳18人，庆元104人，云和94人，龙泉117人，景宁93人。至年底，全区实有公安人员455人，公安武装381人，836人。

1952年1月，丽水专署公安处随丽水专署撤销。1963年5月，恢复丽水专区，重建丽水专署公安处。全区有公安干警304人，其中公安处机关8人。

1966年"文化大革命"开始后，公安编制停止执行。1968年5月，从驻浙部队外省籍退伍战士中选调6人，7月从江苏盐城专区选调退伍战士131人，137人充实地区及各县公安机关工作。

1979年11月，为保证《中华人民共和国刑法》和《中华人民共和国刑事诉讼法》实施，丽水地区公安系统增编180人。至1983年，全区公安干警增至586人，其中地区机关61人。

1985年年底，全区公安编制数为1134名。1987年12月省委、省政府批准省委组织部、省编制委员会、省劳动人事厅《关于调整干部结构和增加政法部门编制的实施意见》，同意丽水公安系统在1985年编制控制数的基础上，再增加260名，增编后达到1394名。

1987年，根据国务院《关于改革道路交通管理体制的通知》规定，县以上交通监理人员成建制移交公安部门，全区接收140人。同时，又增加交警编制54名，共增加编制194名，加强公安部门交通管理的警力。

1992年，撤区扩镇并乡，省机构编制委员会为缓解基层派出所警力不足等矛盾，给丽水地区公安系统增加编制290名。

1994年2月，浙江省机构编制委员会、浙江省人事厅、公安厅联合通知，为加强公安巡警队伍建设，决定从1993年浙江省新增巡警编制中，分配给丽水市（县）25名。

1997年12月，丽水地区公安系统总编制2256名，实有2489人，其中，地局机关编制260名，实有247人。1998年12月，丽水地区公安系统总编制2599名，实有2532人，其中，地局机关编制275名，实有253人。

2000年5月，撤地设市，丽水地区公安局改为丽水市公安局。至年底，全市公安系统总编制2599名，实有2681人，其中，市局机关编制数423名，实有456人。

2001年后，公安队伍得到发展，民警人数不断增加，至2010年，全市公安机关有民警3193人。

第二节　政治保卫

1949年，全区公安机关配合人民解放军开展剿匪肃特和反动党团、特务人员登记及集训工作，保卫新生的人民政权和人民生命财产安全。1950年11月至1953年12月，全区各地开展镇压反革命运动（简称“镇反运动”），取缔以宗教为掩护的“圣母军”等反动组织和反动会道门组织，基本肃清浮在面上的残余反革命分子，保卫新生的人民政权。

1955年7月至1959年3月，全区分期分批开展内部肃反运动，对反革命分子和其他犯罪分子开展政治攻势，进一步削弱残余反革命势力，保卫社会主义建设和改造顺利进行。

1966年“文化大革命”开始后，全区反特工作遭到严重破坏。直至1976年10月，全区公安机关反特斗争的侦察工作逐步得到恢复。1985年7月，反特斗争任务移交国家安全部门，全区公安主动配合，做好反特肃特工作。

1978年后，全区公安及时惩处和有效防止各种反动会道门复辟活动。至20世纪末，全区基本清除这些非法组织。1999年开始，全区公安机关开展对非法类邪教组织的打击、取缔和侦控工作，维护国家安全和社会政治稳定。

剿　匪

中华人民共和国成立初，丽水地区有武装土匪数十股、近万人。从1949年7月始，全区公安机关和公安部队在各级党委、政府领导下，配合人民解放军开展剿匪斗争。1950年1月底，全区大股武装土匪大部被歼灭，全区进行大小剿匪战斗144次，歼匪2794人，其中击毙406人、俘虏1222人、自首投降1166人，缴获八二炮、土炮10门、轻重机枪10挺、长短枪742支、各种子弹12564发。至1952年6月，全区武装土匪基本肃清，歼灭武装土匪7979人，其中全区公安机关单独歼匪11股、1641人。

肃　特

1949年8月25日，地区公安局召开全区侦察工作会议，提出反特斗争是侦察工作的主要任务，侦察工作的重点对象是活动于城市、农村的潜伏特务及与特务活动有联系之潜伏武装匪特。至1952年8月，全区破获潜特潜匪组织案72起，捕获潜伏匪特540人，其中，匪特支队长以上13人，大队长43人，情报站长、情报组长44人，匪中队长、分队长、情报员等440人，缴获长短枪17支、子弹51发，以及电台等一批罪证。至1954年年底，全区的潜伏匪特组织基本肃清。

1966年1月31日，地区公安处制发《1966年第一季度工作意见》，要求各县公安局切实加强同中国台湾地区当局特务活动的斗争。

1978年8月，全区公安机关加强侦察工作的业务建设和干部培训。9月5日，丽水地区公安局下发《关于今后四个月公安工作意见》，要求各县公安局政治保卫部门加强同特务的斗争。1981年1月14日，地区公安处召开全区政治保卫工作会议，传达贯彻浙江省公安厅于1980年12月召开的全省反特侦查工作座谈会精神，研究部署反特侦查工作任务。3月22日，地区公安处召开紧急会议，部署严防中国台湾地区当局特务破坏活动的工作任务。1985年7月19日，丽水地区国家安全站成立，后改为丽水地区国家安全局。公安机关反特斗争任务移交国家安全部门，全区公安机关配合做好反特肃特工作。

反动党团特登记集训

1950年11月8日，地区公安处抽调干部27人，在丽水县进行反动党团特人员登记试点。11月14日，登记试点工作结束。丽水全县登记国民党反动党团特人员993人，其中特务29人。12月下旬，反动党团特人员登记工作在全区铺开。全区设登记总处8个，登记分处48个，参加登记工作人员341人，其中地、县公安干部199人，县、区、乡干部142人。至1951年1月16日，全区登记工作全部结束，登记反动党团特人员8642人，其中特务390人、反动党团骨干1865人、武装匪特460人。通过登记缴获长短枪14支、子弹413发、手榴弹3枚、电话机8部、望远镜5架，以及各类反动证件32596件、反动文件6653件、关防印章1408枚。

1950年10月秋征前，全区各县公安机关普遍开展反动党团特人员的集训工作，集训反动党团骨干和特务人员11批、1353人。10月11日，全部集训结束。

反革命镇压

1949年5月，丽水专署和各县人民政府相继成立后，开始惩办破坏人民政权和危害人民利益的反革命分子。至1950年10月，全区依法逮捕土匪特务、恶霸地主分子4535人。1950年11月开始，开展镇压反革命运动(简称“镇反运动”)。镇反打击的重点是土匪、特务、恶霸、反动党团骨干和反动会道门头子(简称“5个方面的反革命分子”)。1950年11月至1951年1月，全区逮捕5个方面的反革命分子1559人，处决少数罪恶大、民愤大的反革命分子。

1951年3—5月，丽水专区镇反运动由农村转入城镇，在7个人口5000人以上的城镇进行集中搜捕统一行动，逮捕5个方面的反革命分子197人。同时，召开公审大会14场次，依法宣判处决反革命首恶分子56人。广大人民群众积极拥护和参加镇反运动，仅丽水县城镇就收到检举控告反革命分子的信件1586封。至5月17日，全区逮捕5个方面反革命分子3110人，全区举行控诉大会413场次，到会群众692744人次，宣判处理案犯512人，占总数的22%。

1951年5月下旬至6月初，全区传达贯彻第三次全国公安会议决议，实行“谨慎收缩”方针，地区专署和各县均成立镇反办公室，下设调研、审讯、登记、宣传4个组，分工负责具体工作。至1952年8月，各县逮捕反革命分子8683人，其中判处死刑1181人。10月，全区“中潮镇反”①结束。

1952年11月下旬，各县贯彻第五次全国全省公安会议精神，重点是继续取缔反动会道门、开展

① “中潮镇反”:1951年11月，根据第四次全国公安会议精神，部署“中潮镇反”任务，确定以取缔反动会道门、继续打击特务和反动党团骨干、扫清残余土匪恶霸为基本任务，工作重心放在镇反不彻底的地区、不彻底的方面以及逃匿的反革命分子。

水上镇反运动及搜捕漏网的反革命分子。

1953年2月起，各县开展“镇反查彻底”①工作。同年10月，三期镇反基本结束，个别县延至12月结束。

1955年6—11月，各县先后组织集中搜捕行动3次。据丽水、龙泉、青田、云和、庆元、缙云、遂昌7个县统计，依法逮捕5个方面的反革命分子865人，缴获枪支17支、子弹262发，以及反动标语、田契、道具、符咒等罪证。1956年，丽水、龙泉、云和、庆元、松阳、景宁6个县反革命分子1864人向公安机关登记投案自首，交出长短枪15支、手榴弹13枚、子弹333发，以及反动证件、凶器等一批罪证。

1958年6月，各县继续开展肃清残余反革命分子的斗争(简称“肃残斗争”)，以山区、水上和外来人口为重点，开展敌情大排查工作，同时组织力量追捕外逃反革命分子。8月，温州公安处在景宁②召开现场会，号召各县学习景宁县“肃残”“大跃进”的经验。10月，各县肃残斗争相继结束。据丽水、龙泉、青田、庆元、缙云、景宁6个县统计，通过“肃残”斗争，挖出残余反革命分子1750人，追捕回外逃反革命分子26人，缴获枪支9支、子弹1235发、手榴弹15枚，以及凶器、反动证件等其他一批罪证。

反动会道门和邪教组织取缔

中华人民共和国成立初，全区计有“同善社”“大刀会”“七星会”等反动会道门10多种，道首1100多人、道徒15000多人。他们以行善为名，装神弄鬼、诈骗钱财，甚至散布政治谣言、勾结或组织武装匪特、策动反革命暴乱，妄图颠覆新生的人民民主政权。

1952年7月始，根据省委指示，在省公安厅统一部署下，全区以县为单位，有重点、有步骤地开展取缔反动会道门的斗争。至1953年4月，丽水全区取缔反动会道门工作全部结束，取缔“一贯道”“同善社”“大刀会”“无为教”“长生道”“五公会”及其支派化名的反动会道门14种，查封坛堂600多处，依法逮捕反动会道门头子247人，登记一般道首(包括一般办道人员)1458人，道徒退道14378人，并收缴一大批道产和刀、符、道具、经书等罪证。

1978年后，“枫桥经验”在全区大力推广落实，反动会道门的道首进行复辟活动受到基层治保组织和群众等多方面的制约，难以形成气候。在1978—1988年的11年时间里，全区侦破反动会道门复辟案件28起，其中“无为教”复辟案9起，“同善社”复辟案8起，“大刀会”复辟案4起，“五公会”复辟案3起，“七星教”复辟案2起，“先天道”“道德法坛”复辟案各1起。参与复辟活动1620人，其中被依法逮捕104人、登记悔过1516人。20世纪90年代后，全区各县公安机关加强对各种反动会道门道首骨干的调查和控制，以确保及时惩处和有效防止各种反动会道门的复辟活动。由于防范工作严密，全区没有发现反动会道门复辟活动。

非法宗教敌对势力打击

1950年9月，加拿大籍头目谭尔敦、副头目范国昌在丽水城区天主教堂成立丽水地区第一个“圣母军”组织，命名为“圣母慈爱祈祷无站之母区会”，区会先后下设5个支会，随后扩展至龙泉、青田等县。至1951年7月，全区有“圣母军”区会1个、支会8个，支会以上职员27人、成员116人。

1951年7月，中共中央宣布“圣母军”为反动组织，公开予以取缔。1952年7月，丽水县公安机

① “镇反查彻底”：1953年1月，全国第三阶段“镇反”开始，主要是逐个乡镇对“镇反”运动进行彻底检查，俗称“镇反查彻底”。

② 1958年8月属温州地区。

关采取行动，依法逮捕“圣母军”组织头目和上层骨干分子 5 人，登记支会以上职员 24 人，一般团员全部退团，头目范国昌被依法驱逐出境。

1981 年，“呼喊派”活动先传入青田县万阜公社。1982 年 8 月，又传入缙云县白竹公社。至 1983 年，“呼喊派”在缙云、青田县设立聚会点 6 处，信徒近 200 人，有头目以上骨干 9 人。1983 年 8 月，丽水地区公安机关根据中央关于取缔“呼喊派”反动组织的指示和浙江省人民政府的统一部署，开展打击取缔行动，依法逮捕为首分子 2 人，登记骨干人员 7 人。经过打击取缔，缙云、青田两县的“呼喊派”组织基本被摧毁，聚会点全部停止活动。

1993 年，“被立王”活动传入丽水。至 1995 年 7 月，丽水地区有成员 100 多人，其中为首骨干分子 24 人，建立非法聚会点 9 处。活动主要集中在龙泉、庆元、遂昌三县（市）。1995 年 10 月，地区公安机关根据省公安厅《关于打击取缔“被立王”非法教会组织活动的通知》精神，会同宗教等有关部门，公开打击丽水地区的“被立王”非法组织。依法取缔非法聚会点 9 处，收缴反动传单和印刷品 200 多份，依法收审骨干分子 4 人（其中送劳教 1 人）、治安处罚 15 人。1996 年，松阳县公安机关取缔一起“门徒会”非法组织，依法收审外省籍主要骨干 5 人，查清全县参与非法组织活动的成员 130 多人。

2000 年后，非法宗教敌对势力受到严厉打击，非法宗教活动受到扼制。

第三节　惩治犯罪

刑事犯罪惩治

清光绪二十九年（1903）颁布的《浙江试办警察章程》中明确规定，刑事侦查缉捕工作是各级警察部门的重要职责。民国时期，各县警察机构逐步强化刑事侦察缉捕职能。民国 22 年（1933），全区发生“盗匪”案件 39 起，破案 l6 起，破案率 41%。民国 25 年始，各县警察机关普遍在内部设立侦缉组（队）专门机构，开始有警察、探长、探员等明确分工。民国 35 年，各县侦缉组（队）全部被改为刑事警察队（简称“刑警队”），力量有所加强。全区发生“盗匪”案件 45 起，破案 33 起，破案率 73%。

1950—1951 年，全区刑事案件破案率 73%左右，其中发生杀人案件 46 起，破获 23 起，年均破案率 50%；发生抢劫案 22 起，破获 4 起，年均破案率 18.20%。

1963 年，全区刑事案件破案率73.58%，其中重大案件破案率 86.20%。1964 年，全区重大刑事案件的破案率提高到 90.28%。1960—1969 年，全区涉枪案件发生 7 起，均全部破获。“文化大革命”期间，公安法制遭到严重践踏，公安工作处于瘫痪状态，出现犯罪高峰。粉碎“林彪、江青两个反革命集团”后，拨乱反正，打击犯罪，犯罪活动得到遏制。

1979 年 7 月 19 日，地区公安处单设刑事侦查科，配刑侦干部 7 人。其他各县也相继建立刑事侦察队。

1980—1983 年，全区发生抢劫案件 49 起，破获 41 起，年均破案率 83.67%。1983—1986 年，全区公安机关根据中共中央决定，开展“从重从快”严厉打击刑事犯罪活动的三个战役（简称“严打”），依法逮捕、判刑、劳教一大批刑事犯罪分子，处决一批罪行严重的犯罪分子，社会治安趋势好转。1980—1989 年，全区公安机关侦破重特大盗窃案件 1318 起，年平均破案率 70.82%。

1988 年后，丽水地区抢劫案件逐年上升。同年全区发生抢劫案件 26 起，其中大案 19 起。20 世纪

90年代以后，丽水地区各级公安机关不断推行警务创新，提高打击效能。1992年，全区公安机关推行“大刑侦”格局思路，普遍采取划小破案单位的做法，实行“探长制”及“主侦制”。1992年5—7月，全区开展“反入室盗窃、反拦路抢劫”的“两反”专项斗争，破获拦路抢劫案件107起，其中大案66起，摧毁抢劫团伙34个、122人。11月，地区公安处刑事侦查科更名丽水地区行政公署公安处刑事侦查支队，各县相继改为刑事侦查大队。1995年，全区发生案件178起，其中大案114起，分别比1988年增加6倍和5倍。1998年，突破200起。1999年，全区公安机关推行刑侦和派出所工作改革，倡导刑侦走专业化道路。

2000年5月撤地设市后，丽水市公安局刑事侦查组织机构仍称支队，各县仍称大队，有刑事侦查人员278人。根据上级公安机关的总体部署，全市公安机关全面开展派出所改革和刑侦改革，破获刑事案件数明显增多。2001年，全市破获刑事案件5979起，比2000年多破1296起。2002—2004年，全市每年破获刑事案件数均在6000起左右。

2004年，全市公安机关根据公安部和省厅的统一部署，组织开展“侦破命案专项行动”。同年，侦破命案61起，其中省厅、市局督办案件各2起，破案率96.83%，命案侦破率名列全省第一。2005—2007年，全市公安机关贯彻落实公安部“命案必破、命案必防、一抓三年”的工作要求，全市命案破案率分别为96.40%、97.40%、96.60%，分别列全省第四位、第一位、第五位。命案发案数分别为56起、38起和29起，呈逐年下降趋势。

2006年，全市公安机关加强刑侦专业化队伍建设，增强实战力。全市刑侦民警数由专业化前的306人增加到349人[①]，同比提高14.10%。全市建立重案、技术、情报、信息和预案办案中队36个，并建立不同模式、覆盖社会面的责任区刑侦队9个。2006—2009年，全市公安机关根据上级公安机关的总体部署，开展打击盗抢机动车专项行动、打击“两抢一盗”犯罪专项斗争、夏季破案大会战、“破案追逃”百日攻坚战、“打盗抢抓逃犯”专项斗争、整治盗抢犯罪专项行动、打击整治“两抢”犯罪大会战、打击电信诈骗犯罪等一系列专项行动。全市2006年破案7122起，2007年破案7258起，2008年破案7294起，连续三年破案数同比上升。2008年，全市发生命案42起，比上年多发12起，上升40%。其中一次杀死2人的命案3起，影响较大的有青田2008年“5·14”温溪特大抢劫杀人案。2009年，全市破案7063起，破案数有所下滑，同比下降3.2%。

2010年，全市发生各类刑事案件1.58万起，破获7023起，破获年前和外省市区案件3665起，总破案数10688起，破案率44.58%，同比上升1.49%。命案、“五类案件”破案率均为96.15%。抓获犯罪嫌疑人3918人，抓获各类网上逃犯961人。成功破获省公安厅督办的“11·12”青田别墅小区抢劫杀人案，遂昌“8·11”绑架杀人案，以及莲都、云和、庆元、景宁4起特大盗抢金店案件等一批严重刑事犯罪案件。

1963—2000年丽水地区刑事案件立案和破案一览

表30-1-3-1

年份	全部案件			其中重大案件		
	立案(起)	破案(起)	破案率(%)	立案(起)	破案(起)	破案率(%)
1963	318	234	73.58	58	50	86.20
1964	369	240	65.04	72	65	90.28
1965	358	213	59.50	39	36	92.31

① 不包括刑侦专干127人。

续表 30-1-3-1

年份	全部案件			其中重大案件		
	立案(起)	破案(起)	破案率(%)	立案(起)	破案(起)	破案率(%)
1966	464	253	54.53	51	44	86.27
1967	615	181	29.43	42	33	78.57
1968	273	130	47.62	—	—	—
1969	126	94	74.60	—	—	—
1970	163	91	55.83	—	—	—
1971	469	192	40.94	87	52	59.77
1972	626	274	43.77	75	49	65.33
1973	811	374	46.12	84	73	86.90
1974	764	344	45.03	80	59	73.75
1975	841	370	44.00	99	76	76.77
1976	845	438	51.83	85	69	81.18
1977	961	633	65.87	109	98	89.91
1978	912	654	71.71	87	78	89.66
1979	1041	793	76.18	80	74	92.50
1980	1504	1045	69.48	67	56	83.58
1981	1898	1331	70.13	91	84	92.31
1982	1753	1363	77.75	87	81	93.10
1983	1531	1135	74.13	117	108	92.31
1984	1216	935	76.89	101	91	90.10
1985	1161	939	80.88	172	157	91.28
1986	1091	854	78.28	184	161	87.50
1987	1445	1175	81.32	287	263	91.64
1988	2141	1663	77.67	591	505	85.45
1989	4704	2986	63.48	1198	823	68.70
1990	6708	4266	63.60	1156	806	69.72
1991	9776	6071	62.10	1346	861	63.97
1992	3320	2085	62.80	1132	705	62.28
1993	4074	3162	77.61	1635	1286	78.65
1994	4733	4056	85.70	2104	1799	85.50
1995	5212	4564	87.57	2042	1726	84.52
1996	4354	3625	83.26	1676	1309	78.10
1997	3931	3110	79.11	1483	1071	72.22
1998	6588	3575	54.27	2763	1251	45.28
1999	8034	3742	47.50	3538	1416	40.02
2000	9790	4684	47.84	3871	1625	41.97

2001—2010年丽水市刑事案件立案和破案一览

表30-1-3-2　　单位：起

年份	全部案件		爆炸		放火		绑架		杀人		伤害		强奸		抢劫		抢夺		盗窃		诈骗	
	立案	破案	立案	破案	立案	破案	立案	破案	立案	破案	立案	破案	立案	破案	立案	破案	立案	破案	立案	破案	立案	破案
2001	11649	5984	2	2	19	16	7	6	75	71	316	304	91	87	363	267	—	—	8747	3515	454	271
2002	13534	6038	1	1	13	13	7	7	62	57	321	304	56	50	294	215	—	—	7609	3555	379	190
2003	11843	6068	1	1	11	11	11	10	64	56	251	236	63	60	361	247	—	—	8794	3617	451	166
2004	16678	1635	1	1	17	16	4	4	61	60	337	277	80	73	427	199	203	39	12888	3531	728	163
2005	18542	6291	1	1	12	12	6	6	51	48	351	271	34	34	283	121	271	81	14735	3754	897	308
2006	16764	7122	0	0	17	16	1	1	32	31	364	281	54	54	274	141	321	113	13152	4704	686	186
2007	16363	7258	0	0	11	11	2	2	24	23	258	177	54	54	215	129	361	161	13087	5159	619	163
2008	15887	7294	0	0	1	1	2	2	30	27	256	195	33	33	220	116	266	107	12652	5171	754	236
2009	15779	7063	0	0	7	7	3	3	44	44	277	212	31	31	205	96	286	113	12117	4784	1111	371
2010	15752	7023	0	0	11	11	1	1	16	15	243	188	40	38	234	107	217	94	12101	4851	1153	258

经济犯罪惩治

1991 年 9 月，丽水地区公安处增设经济案件侦察办公室，负责经济诈骗、伪造货币、商业金融案件和重大走私犯罪案件的侦办工作。同年，地区公安处会同烟草专卖局查获一起外烟走私大案，缴获“555”牌香烟 5000 条、“健”牌香烟 3000 多条，总价值 50 多万元。1993 年 2 月 24 日，丽水地区公安处经济案件侦察办公室更名丽水地区行政公署公安处经济案件侦察科。1997 年，新《中华人民共和国刑事诉讼法》规定，原由检察机关负责侦查管辖的大部分经济犯罪案件交由公安机关管辖。同年 3 月，经济案件侦查科更名经济侦查支队，各县（市）相继更名经济案件侦查大队，打击经济犯罪的专业队伍初步形成。

1998 年，丽水市（县级）公安局成功侦破一起制假大案，一举捣毁一个生产假冒中华和云烟的制假窝点，缴获价值 50 多万元生产假烟设备一套，以及假烟标、烟叶。9—10 月，根据省公安厅的统一部署，丽水地区开展严厉打击生产假冒伪劣商品犯罪专项斗争，查获假烟 673 件（每件 50 条）、走私香烟 301 件，摧毁制假窝点 2 个，取缔非法药品交易市场 1 个，抓获犯罪嫌疑人 13 人。

1990—1999 年，全区公安机关侦破走私案件 35 起，其中重特大案件 31 起，缴获走私汽车 16 辆，价值 400 万元，走私外国香烟 5 万多条，价值 300 多万元。20 世纪末中国海关系统缉私机构建立后，原由公安机关打击走私犯罪活动的职能移交海关系统缉私机构。侦破制贩假币案件 135 起，其中重特大案件 74 起；侦破诈骗案件 1775 起，其中侦破重特大诈骗案件 1114 起，破案率分别为 86.88%和 86.49%。诈骗的主要目标是各类经济实体，重点是国有大中型企业。

2000 年丽水撤地设市后，市公安局经济侦查组织机构仍称支队，各县（市、区）仍称大队，有经济侦察人员 80 人。2003 年，全市公安机关配合质监、工商部门开展农资打假和对流通领域的食品、化妆品等专项监督检查和查处伪劣的防治非典物资专项行动。检查经销企业 190 家，查处违法案件 21 起，捣毁窝点 1 个，查获地条钢及模具 400 多万千克，涉案货值 600 多万元。同年，全市公安经侦部门依法查处以“消费联盟”“滚动促销”“特许加盟”等营销方式开展的各类传销和变相传销活动，捣毁传销窝点 1 个，涉案货值 40 多万元。同年，在打击走私贩私专项整治行动中，查获走私车辆 10 多辆，查处违法案件 16 起，涉案货值 80 多万元。

2004 年，在金融、工商、技术质量监督、盐务、烟草、保险 7 个部门设立公安联络室 11 个，建立联席会议制度。积极开展打击制贩假币与破坏金融管理秩序犯罪活动，联合开展金融票证违法犯罪活动等专项打击整治工作。受理各类破坏金融管理秩序犯罪案件 5 起，立 4 起、破 4 起，涉案金额467.48 万元，抓获犯罪嫌疑人 5 人，挽回直接经济损失 124.96 万元。全市公安机关分三个阶段开展“打击虚开货物运输发票和制售假发票等涉税违法犯罪专项整治行动”，立案侦查 5 起，没收非法所得1.17 多万元，为国家挽回税款 356.47 多万元。

2005 年，全市公安机关立经济犯罪案件 54 起，破 35 起，破案率 64.8%，涉案金额 8849.93 万元，查处违法犯罪嫌疑人 45 人，挽回经济损失 325.99 万元。成功破获丽水市区某宾馆董事长、德籍华人徐某被以虚假手机短信方式骗取银行卡内 112 万元的流窜诈骗团伙，抓获犯罪嫌疑人 6 人，查封、冻结赃款 130 万元，收缴电脑、手机等一批作案工具。12 月 20 日，缙云县公安局会同烟草专卖局，抓获犯罪嫌疑人蒋某、俞某，查获中华、大红鹰、利群、三五等 48 个品牌的假烟 705 件，价值人民币 540 多万元，查清以李某为首、涉案 200 多人的销售假冒卷烟网络，涉案卷烟 24000 多件，案件

2.12 亿元，移送起诉 25 人。

2006 年后，涉众型经济犯罪高发。全市公安机关加大打击力度，成功破获张某集资诈骗案、杜某特大集资诈骗案、黄某兄弟非法集资案等一批中央部省市领导批示督办的非法集资案件。2008 年，非法吸收公众存款、非法集资案件立案 24 起，是十年来所立此类案件总和的 1.5 倍。2009 年，针对涉众型非法集资案件多发的特点，丽水市公安机关探索非法集资类案件三层网架结构侦查工作模式，在侦办“9•16”银泰集团非法吸收公众存款案件中，查办案中案 16 起，追缴涉案资产 2000 万元，冻结涉案银行账户 264 个，冻结涉案房产 31 处，扣押法拉利、奔驰、宝马、保时捷等品牌汽车 31 辆。

2010 年，全市公安机关开展打击整治发票犯罪专项行动，立发票犯罪案件 3 起，破获 3 起，收缴发票 7.90 多万份，向税务机关移交案件线索 16 条。成功捣毁 1 个非法制造、出售假发票窝点，当场抓获犯罪嫌疑人 1 人，缴获浙江省增值税普通发票、税务机关代开统一发票、建筑业统一发票等 12 类假发票 3.39 万份、假公章 24 枚、精密手动压力机 2 台、电脑 2 台、打印机 1 台及用于作案的手机。同年，全市公安机关联合金融系统开展打击银行卡犯罪专项行动，严厉打击信用卡套现、恶意透支、伪卡欺诈、短信和电话转账等违法犯罪。截至年底，全市公安机关侦破信用卡诈骗案件 7 起，妨害信用卡管理案件 1 起，抓获违法犯罪嫌疑人 12 人，缴获赃款 90 多万元。

2000—2010 年，全市公安机关受理各类经济犯罪案件 1414 起，立案 1099 起，破案 885 起，涉案金额高达 122.11 多亿元。其中，受理金融诈骗案件 93 起，立案 67 起，破案 58 起，涉案金额 7.77 亿元，查处犯罪嫌疑人 59 人；受理合同诈骗案件 297 起，立案 226 起，破案 199 起，涉案金额 2.87 亿元，查处犯罪嫌疑人 260 人。受理非法经营案件 101 起，立案 90 起，涉案金额达 3.78 亿元，破案 77 起，破案率 85.56%。侦破出售、购买、运输假币案件及持有、使用假币案件 22 起，涉案金额 109.9 万元，抓获犯罪嫌疑人 51 人。侦破虚开增值税发票案件 31 起，涉案金额 1.19 亿元，抓获犯罪嫌疑人 105 人。侦获非法出售、非法制造或出售非法制造的普通发票案 6 起，涉案金额 6518.44 万元，抓获犯罪嫌疑人 12 人。

毒品犯罪惩治

民国 17 年（1928），浙江省政府颁布《浙江禁烟条例》，各县分别成立禁烟处及禁烟监察委员会，开展查禁烟毒工作，筹办戒烟院所。民国 18 年，处属各县成立戒烟院所的有龙泉、青田、云和、庆元、缙云、遂昌 6 个县，其他各县也分别委托当地医院代为施戒。同年，丽水地区查获吸食烟毒者 295 人，其中有售卖烟毒者 65 人、贩运烟毒者 4 人、种植烟毒者 7 人。警察部门对吸毒者全部送进戒烟院所或医院，实施强制戒烟。民国 29 年 6 月，丽水城各界集会隆重纪念林则徐禁烟 101 周年，警察当场焚毁历次缴获的烟土、烟具等，扩大禁烟影响。

中华人民共和国成立初，吸毒、贩毒时有发生。1950—1951 年，丽水地区公安机关贯彻执行省人民政府发布的《严禁鸦片烟毒令》《关于贯彻中央严禁烟毒工作的指示》，积极投入禁毒斗争，发动群众制定禁毒公约，形成群众性禁毒运动。1952 年 7 月，丽水地区公安机关根据省公安厅制定并下发的《浙江省烟毒流行情况及今后禁毒工作意见》，开展禁止种毒、制毒、贩毒宣传，丽水地区群众受到一次禁烟毒、重健康的宣传教育。通过三年的整治，禁绝为患百年的鸦片烟毒。

1963 年 5 月 27 日，省公安厅、省财政厅、省卫生厅发出《关于严禁种植罂粟的联合通知》，地、县公安部门分别作广泛宣传，并开展检查。1972 年 10 月，地区革命委员会人民保卫组根据省革委会人保组《关于严禁擅自种植罂粟的通知》精神，在丽水地区开展一次群众性大检查，发现有种植罂粟的予以批评教育和处罚，并当场销毁罂粟。

1978—1996 年，丽水地区侦破种、制、贩毒案件 31 起，缴获鸦片、海洛因等毒品 230 多千克，铲除毒品原植物数十万株。1989 年 11 月，丽水地区开展扫“六害”[①]统一行动，抓获吸食、贩卖毒品人员 19 人。1991 年，丽水地区公安机关缴获毒品 19.20 千克。7 月 17 日，青田县公安局刑侦队成功侦破一起特大贩毒案件，当场缴获鸦片 6 千克。

1994 年 11 月，丽水地区禁毒工作领导小组成立，公安机关作为缉毒工作的主力军，其业务由刑侦部门负责管理。1995 年 6 月，丽水地区开展“打流禁毒扫丑”专项斗争，查获私种毒品案件 10 起，铲除罂粟 710 株。1996 年 5 月 29 日，青田县根据群众举报，组织干警铲除非法私种罂粟 4 万多株，抓获案件案犯 2 人。4—9 月，全区公安机关组织开展一场严厉打击严重刑事犯罪活动的集中统一行动，收缴鸦片 1.5 千克、铲除罂粟 4 万多株。

1997 年 3 月，禁毒工作又从刑侦部门归属到经侦部门。同年，丽水地区开展“三禁”（毒、赌、黄）斗争，查破毒案件 115 起，摧毁涉毒违法犯罪团伙 5 个、17 人，收缴海洛因 103 克、鸦片 900.5 克，铲除罂粟 7 万多株，抓获违法犯罪人员 91 人，其中刑拘 7 人、逮捕 4 人。

1998—2000 年，全区侦破制贩毒案件 79 起，其中大案 10 起，查获毒品犯罪团伙 2 个、成员 13 人。1999 年，丽水地区先后二次开展社会治安集中整治行动，缴获毒品 2.64 千克。3 月，丽水市（县）公安局破获一起特大贩毒团伙案。该案涉及广东珠海和温州、丽水三地，先后用邮政特快专递贩卖毒品 3640 克，抓获犯罪嫌疑人 4 人，当场缴获海洛因 10 克、毒资 17 万元。

2000 年 11 月，市公安局经过严密侦查，发现莲都区厦河村高坎头桔林里一片简易平房在制造冰毒。2001 年 1 月 6 日，调动警力一举摧毁这个制造冰毒的地下工厂，抓获林某等犯罪嫌疑人 6 人，缴获冰毒成品 111.85 千克，麻黄素原料 109.5 千克，以及大量其他制毒药品、试剂和生产设备。

2001 年 11 月，市公安局增设禁毒支队。12 月，市委、市政府进一步完善禁毒工作的组织保障机制，将地区禁毒工作领导小组更名市禁毒委员会，调整、充实市禁毒委员会领导机构和成员单位，市局禁毒支队履行市禁毒委员会办公室职责，禁毒工作逐步走向规范化、专业化。2002 年，莲都区公安分局成立禁毒大队。2003—2005 年，缙云、青田、龙泉市（县）公安局相继成立禁毒大队，云和、景宁、松阳、遂昌、庆元等县公安局在刑侦大队设立禁毒专干，全市各地成立禁毒委员会，禁毒队伍得到全面加强，基本形成从上到下的禁毒工作组织网络体系。

2003—2004 年，全市公安机关先后成功破获 2003 年“5·12”特大贩毒案，当场缴获海洛因 259.2 克；2003 年“9·14”特大制贩鸦片案，当场缴获土制鸦片 3794.2 克；2004 年“4·15”非法种植毒品原植物罂粟案，一次性铲除罂粟 3.3 多万株；2004 年“7·12”特大贩毒案，当场缴获“摇头丸”2012 粒，海洛因 100 克等。

2005 年 5 月，市禁毒办、市公安局、市林业局、市农业局在全市范围联合开展“禁种铲毒”专项行

① “六害”：指卖淫嫖娼、制作贩卖传播淫秽物品、拐卖妇女儿童、私种吸食贩卖毒品、聚众赌博、利用封建迷信骗财害人六种违法犯罪活动。

动。查获毒原植物种植地23处，铲除罂粟3733株，破获非法种植毒品原植物刑事案件1起，查处非法种植毒品原植物治安（行政）案件22起，处理违法犯罪人员23人，治安罚款9800元。7月，市政府转发《丽水市实现实有吸毒人员零增长方案》，创建以戒毒帮教为重点的“无毒社区”，并将其纳入各地创平安活动和综合治理考核内容。

2005年4月至2009年9月，全市破获毒品案件177起，摧毁团伙28个，抓获涉毒犯罪嫌疑人331人，缴获海洛因、摇头丸、K粉、冰毒等毒品14242克。查处吸毒人员1724人次，其中治安拘留1394人，强制戒毒104人次，劳动戒毒114人次。同时，禁种铲禁工作成效显著，种植毒品原植物大幅下降。2009年年初，市局禁毒支队破获有史以来最大的“1·13”特大贩毒团伙案件，抓获涉案人员20多人，缴获毒品海洛因、冰毒、氯胺酮（K粉）、大麻等计近3千克，管制刀具10多把，涉案汽车3辆。

2010年，全市破获涉毒犯罪案件52起，移送起诉涉毒犯罪嫌疑人154人，摧毁3人以上贩毒团伙18个，其中6人以上贩毒团伙5个。查获吸毒人员818人次，强制隔离戒毒63人，缴获各类毒品2412.84克。10月28日，侦破“3·10”特大贩毒团伙案件，抓获涉案吸贩毒人员33人，现场缴获冰毒17包、毒品包装袋3000多只、吸管1000多根、吸纸15捆、吸壶12只、电子秤2台，查扣涉案汽车2辆、摩托车1辆、电脑6台、管制刀具4把，收缴美元、欧元、港币、人民币等毒资折合人民币2万多元。

网络犯罪惩治

1995年5月，丽水地区公安处办公室下设计算机安全监察科，负责全地区计算机安全监察工作。6—8月，开展严厉打击利用计算机技术制作、贩卖、复制、传播淫秽物品的专项行动，清查丽水、缙云3家计算机销售公司，查扣各类光盘、软盘数十张，处理违法人员3人。1996年，开始备案登记全区国际互联网用户，对各金融系统、邮电、电力、交通等重点单位的计算机系统进行调查摸底，并监督、检查和指导计算机信息系统安全。11月，召开丽水地区金融系统计算机安全监察工作会议。会后，各金融单位相继建立计算机安全领导小组。

1997年3月，丽水地区公安局成立计算机管理监察处，与信息通信处合署办公。开展重点单位计算机病毒情况调查，督促指导相关单位配置计算机杀病毒软件。1998年6月，与地区气象局防雷检测中心联合对重点单位的计算机信息中心进行防雷、接地检查，开展正常化的计算机信息系统的防雷减灾工作。1999年3月，丽水市（县）公安局侦破银河证券丽水营业部内部人员盗取股民账号资金22万元的重大案件，并连带破获一个贩毒团伙案。8月，查处丽水信托证券营业部计算机网管人员修改数据、虚设资金30万元炒股案件。

2000年1月，在全市范围开展银行计算机信息系统安全专项检查。检查发现有安全隐患的密码小键盘248只，及时做出更新处理。6—8月，全市开展“网吧”专项整治工作，重点打击非法地下“网吧”，打击超范围经营计算机游戏，并加强对“网吧”业主的规范管理。2001年4月，丽水市公安局机构改革，在全省率先成立公共信息网络安全监察支队，积极开展网络案件的侦破工作，建立网吧监控管理中心，在莲都区安装“过滤王”网吧安全管理软件。2002年5月，全市公安机关设立互联网三级监控点。

2003年，全市开展清理检查互联网有害信息集中统一行动，发现传播有害信息本地网站1家，查封网站1家，整改网吧6家，刑事拘留1人。查处云和“4•23”网上张贴有害言论案，“传奇网络俱乐部游戏论坛”发布反动言论案，协助上海闵行警方破获“1•23”凶杀案和杭州、绍兴淫秽网站案件注册用户调查取证等案件26起。2004年，全市公安机关建立24小时网上值班巡查制度。开展全市反垃圾电子邮件专项清理整治工作，排查出SMTP端口开放的IP地址149个，关闭非邮件服务器的SMTP端口开放用户129个，确定具有邮件服务系统的单位20个，彻底进行安全技术检测。制定丽水市打击淫秽色情网站专项行动实施方案，排查网站114个，论坛20个。

2006年，全市公安机关加强网络案件侦破工作。侦破“7•1”网络赌球案、全省首例侵犯网络知识产权案、全省首例利用VOIP技术盗打电信Q币充值电话案、丽水电信Q币盗窃案、QQ木马盗窃案、网上购物诈骗案等，缉捕逃犯、犯罪嫌疑人142人，其中全国逃犯83人，命案逃犯3人。2007年1月，云和县公安局破获网络盗号窃取虚拟装备销售非法获利系列案件，缴获赃款100多万元。2月，抓获公安部督办的“熊猫烧香”病毒案犯罪嫌疑人3人，破获利用木马病毒在网上从事盗窃销赃的团伙案。7月，捣毁市区一非法经营地下“六合彩”的赌博窝点，抓获厉某为首的团伙成员9人，查获涉案金额400多万元。

2008年，全市公安机关全面督查互联网站，梳理检查IDC服务器、大中专院校网站，排除隐患，巡查监控IDC服务器147个重点IP段。在全市重点网站、论坛设立“虚拟警察”“报警岗亭”，网上报警处置中心同年接受并处理网民报警140起，抓获各类违法犯罪嫌疑人155人，其中逃犯103人。2009年，全市公安机关受理网络犯罪案件9起、违法案件11起，配侦本地案件222起、外地案件88起。抓获各类违法犯罪嫌疑人175人，缴获作案用电脑20多台，赃款200多万元。在各地重点网站论坛上设立“报警岗亭”58个、“虚拟警察”20个，受理和处置网民有效报警300多起。

2010年，全市公安机关突出整治重点，开展打击淫秽色情手机网站，集中整治网络赌博，打击“黑客”等系列专项行动。受理网络犯罪案件13起，破获6起，办理配侦案件234起，抓获犯罪嫌疑人230人，缴获赃款、赃物4万多元。在开展集中整治网络赌博专项行动中，破获刑事案件9起，侦破省厅督办案件2起，刑事拘留23人，依法逮捕13人。

第四节　治安管理

清末，处州建立警察机构，治安行政管理一直被各地方政府和警察部门列为“警政”的重要职责。

1949年5月丽水解放，各级人民政府和公安机关彻底废除旧警的治安管理法规，陆续颁布各项治安管理规章，逐步开展和加强治安管理工作，包括公共场所管理、特种行业管理、枪支刀具管理、民用爆炸物品等管理。20世纪50—60年代，全区公安机关在各级党委、政府领导下，坚持群众路线，查处各种危害社会治安的违法行为，及时平息、制止群体性治安事件。

1966—1976年“文化大革命”期间，治安行政管理遭受严重破坏，治安管理规章制度和措施被取消。

1978年12月中共十一届三中全会后，全区公安机关把治安行政管理的工作重点转移到服务社会主义现代化建设。20世纪80年代后，民用枪支弹药、爆炸物品使用大幅度增加，赌博、淫秽物品、卖淫嫖娼等社会丑恶现象重新出现并迅速蔓延。全区公安机关建立和完善各种长效管理机制，改革勤务方式，经常性查处社会丑恶现象和其他治安案件，强化社会治安综合治理和强化社会治安动态管理。

2006年3月1日，《中华人民共和国治安管理处罚法》正式实施。全市公安机关严格执法，防止和打击违法犯罪，全力维护社会治安稳定。2010年，全市公安机关上海世博会“环沪护城河”安全保卫工作，扎实开展社会矛盾化解，社会管理创新等，维护丽水社会和谐稳定。浙江省统计局调查公布，丽水市“平安建设”群众安全感满意率97.58%，位居全省第二名，丽水获浙江省2010年度“平安市”称号。

公共场所治安管理

清末、民国时期的公共娱乐场所主要有茶馆、庙宇、戏院等。清清光绪二十九年(1903)颁布的《浙江试办警察章程》中就有规定，巡兵在巡查时应随时留心稽察“花鼓淫戏沿街演唱”“茶座恶少聚群喧闹”等。民国2年(1913)，浙江省政府颁布《浙江省取缔戏院规则》。民国34年，浙江省政府颁布《公共娱乐场所管理规则》，游艺场、电影院、戏院和其他以营业为目的的公共娱乐场所均列为管理范围。

1950年4月17日，丽水专署公安局颁发《丽水专区娱乐场所暂行管理办法》，规定凡在辖区内设立之戏院、电影院、书场、茶馆及其他各种游艺场所，均须遵守办法。该办法对公共场所的种类、范围、管理责任，开、歇业申请登记，转让、异动、外来单位的演出、安全设施、经营单位、观众必须遵守的规则及违章处罚等作出规定。1953年，各县公安机关根据省公安厅、文化局《关于切实改进与加强各地剧场、影院安全防范工作的通知》，配合有关部门，加强安全管理工作。20世纪50—60年代初，各县公安机关把维护农村公共文体活动场所的治安秩序列为基层公安工作的一项重要任务。

1966年5月至1976年10月，“文化大革命”期间，治安管理不能正常开展，管理松懈。

1983年3月，全区公安机关会同工商行政管理部门对集贸市场开展综合治理，在较大的市场建立治安办公室、民警值班室或群众治安联防组织，负责集贸市场治安管理。

1987年10月，丽水地区公安处会同工商、文化、卫生等管理部门，全面清理整顿公共场所的管理，全区检查4618家(处)，其中录像点、影剧院、体育场等403家，图书室、公园等100家，取缔无证经营12家，责令限期整改和处罚不合格单位100多家。1988年9—l0月，全区开展整顿集贸市场、服务行业治安秩序的专项治理，治理农贸小商市场45处，对违法经营、扰乱市场的行为进行批评教育和处罚。

1992年，针对国道、省道沿线拦路抢劫案件增多的情况，全区开展反入室盗窃、反拦路抢劫的“二反”专项斗争，破获拦路抢劫案件107起，其中大案66起，摧毁拦路抢劫团伙34个、122人，从而有效地遏制公路沿线拦路抢劫的犯罪活动。“二反”斗争后，各县公安局都加强公路沿线基层基础建设，抽调力量充实加强沿线公安派出所的力量，并改革派出所的勤务制度，实行24小时值班。1994年，全区公安机关对全区歌舞厅、卡拉OK厅等娱乐场所进行全面检查，查出违章单位70家，分别依法予以治安处罚，并限期整改。

1995年6月，330国道沿线的缙云、丽水、青田3县(市)率先成立交通巡逻队，并正式上岗巡逻检查，同时在缙云新碧、丽水岩泉、青田锦水3地建立交通治安岗亭，提高快速接处警能力。7月，丽水地区公安处发出《关于集中整治330国道沿线路边店的意见》，组织330国道沿线的缙云、丽水、青田3个县(市)开展为期2个月的首次集中整治活动，检查整治旅馆、饭店、美容美发店、舞厅、修理店539家，吊销治安许可证8家，停业整顿9家，并处罚一批违法人员。7月26日，清查公共娱乐场所451家，处罚违法场所及人员。1996年11月，地区公安局组织330国道沿线各县进行第二次整治，检查整顿旅馆、饭店、美容美发店、舞厅等路边店998家，取缔无证经营户11家，查处违法犯罪人员302人，其中暗娼21人，嫖客24人，容留卖淫窝主3人。逮捕4人，劳教8人，治安拘留24人，罚款247人。

1997年6月，地区公安局整治丽水地区国道、省道沿线路边店，取缔无证经营店7家，停业整顿10家，限期整改16家，查处违法犯罪分252人。地区公路巡逻民警支队和各县公路巡逻民警大队(简称"公路巡警")先后成立，并增设巡逻机动队。

1997年8月，丽水地区公安局、文化局联合发出《关于重申文化市场管理有关规定的通知》。1999年10月，地区公安局制定《丽水地区娱乐场所治安管理规定(试行)》。2000年8月8日，市公安局发出《关于切实开展娱乐服务场所整治工作的紧急通知》，会同工商、文化等有关行政管理部门，对全市2227家经营场所进行地毯式检查，取缔无证经营场所385家，压、减、关、停931家，压缩比率41.80%，查处各类丑恶现象案件185起、532人，治安处罚168起、431人，刑事处理7起、刑事拘留17人，收缴具有赌博功能的电子游戏机300台、电脑127台及一批淫秽物品。

2004年3月，市公安局印发娱乐服务场所特种行业治安星级管理工作实施方案和丽水市娱乐服务场所特种行业治安管理工作规范，将刻字业、典当业、旅馆业、歌舞娱乐业、录像放映业、电子游戏业、桑拿洗浴按摩业、废旧金属收购业、旧货流通业等纳入治安星级管理范畴。

2008年9月，市公安局依据公安部《娱乐场所治安管理办法》，在全市娱乐场所建设娱乐场所社会信息采集系统。至年底，全市安装场所信息采集前台87家，采集从业人员信息2725条，完成系统建设任务。

水上治安管理

丽水市地处瓯江流域，航道长1030千米。在清代末年，内河治安管理由瓯江水师巡防队负责。民国2年(1913)4月，浙江军政府始设内河水上警察厅，下设瓯江派出所，专门管理瓯江水上治安行政事务。民国16年，改设浙江省内河水上公安局，直属省民政厅管辖。民国25年9月，又更名浙江省内河水上警察局。抗日战争时期，内河水上警察局曾编入浙江抗敌自卫团第五支队。抗战胜利后恢复浙江省内河水上警察局建制。瓯江水上治安一直由省里统一管理。

1949年前，境内有木帆船4797只，有民间渡口数百个。后随着经济发展，很多地方建起桥梁，渡口逐年减少，木帆船也逐渐由机动船代替。至1990年，全区尚有木帆船186只、机动船1123只、民间渡口243处，有渡船294只，其中机动船120只。

20世纪50年代，全区发生重特大沉翻船事故4起，死亡45人。20世纪60—70年代，全区发生重特大沉翻船事故6次，死亡48人。80年代，全区因严重超载、水中触礁、桨绳磨断等原因引起沉翻船重特大事故4起，死亡56人。

20世纪90年代初，全区重特大沉翻船事故突出，死亡人数增多。1992年3月7日上午，青田县湖边学校师生37人(其中教师4人)及群众3人，乘船从湖边村到溪口村，因超载和重心不匀，在临近靠岸时，突然翻船沉没，死亡23人。1994年4月5日，缙云县壶镇小学组织学生乘坐未经专业培训船工驾驶的私营采沙船春游，发生特大沉船事故，学生落水128人，学生遇难43人。丽水地、县公安机关闻警出动，及时稳妥处理由此引发的一系列事件，协助地、县党委和政府做好善后处理工作，并以重大责任事故罪和玩忽职守罪刑事拘留船工柳某、壶镇小学校长、班主任田某等6人。壶镇小学沉船事故后，全区广泛开展安全教育，并多次开展水上安全大检查。同时，丽水地、县政府先后花费数亿资金在瓯江上建成桥梁10多座，方便群众往来。此后，全区没有发生重特大沉翻船事故。

特种行业治安管理

旅馆业管理　清光绪二十九年(1903)颁布的《浙江试办警察章程》中明确规定，客栈应由开栈人自设循环簿两本，上列住宿姓名、籍贯、行业、到此何事等内容，逐日登记，隔日轮换使用，每晚送一本给巡官备查，次日发还。巡官随时执簿抽查，发现形迹可疑者，即予究问。民国5年(1916)10月，省政府颁布《浙江省旅店业取缔规则》，规定开设旅店(包括旅馆、客栈、宿店)，均须向管区警察官署申请，经核准发给营业执照后方准营业。

1949年12月，全区结合城镇户口登记，首次开展对城镇特种行业的调查、登记工作。全区有特种行业254户，其中旅馆业104户。1950年10月，全区开展对旅馆业登记发证工作。至1951年4月结束，全区有旅馆业503家，其中，缙云130家，丽水186家，松阳56家，云和32家，景宁12家，龙泉70家，庆元17家，并明确规定，未经登记发证，不得营业。1953年开始，国家实行对私营工商业的社会主义改造，私营旅馆业逐步变成公私合营，数量减少，规模扩大，并在旅馆业中逐步建立保卫组织，协助公安部门做好安全保卫工作。

1972年2月7日，丽水地区革委会人民保卫组和生产指挥组联合发出《关于整顿旅馆行业的意见(试行)》，要求建立健全各项规章制度。同年，全区有旅馆41家、职工273人、床位4553个。

1979年后，旅馆业蓬勃发展。地区公安局根据公安部、工商行政管理局等7个单位《关于开展对特种行业企业进行登记管理的通知》，会同有关部门对全区旅馆业进行全面清理整顿。1987年，全区有国营、集体、个体旅店业1314家，床位28673个。建立旅馆业治保组织249个，治保人员609人，提供违法犯罪线索175件，抓获违法犯罪人员428人，缴获赃款赃物折款10.12万元。1988年8月，根据《浙江省旅馆业治安管理办法实施细则》，全面检查全区旅馆业1294家，对其中909家有问题的单位提出整改意见，并按行业、单位建立群众性的治安保卫组织，发动群众，制定建立和健全旅馆登记、物资保管、值班巡逻等各项防范措施，严格控制违法犯罪活动。1988—1989年，全区有从旅馆业中发现和取得违法犯罪线索而破获的案件209起，抓获违法犯罪人员519人，缴获赃款赃物折款64537元。

1995年7月，全区开展治安大清查集中统一行动，清查公共场所和特种行业2497家，其中旅馆业584家，查获违法犯罪人员488人，淫秽物品131件。1996年3月，全区认真贯彻落实省公安厅《浙江省旅馆业旅客住宿登记管理规定》，进一步严格登记管理制度。1998年，全区有国营、集体、个体、中外合资旅店业1044家，床位16959个，建有行业治保组织410个，治保人员703人，其中经过培训383人，提供违法犯罪线索96起，抓获违法犯罪人员156人，缴获赃款赃物折款6.42万元。

2000年5月，市公安局专门成立旅馆业管理信息系统领导小组，及时掌握旅馆业住宿人员的情况。2003年5月，市政府下发《丽水市人民政府关于公布市级38个部门二轮审批制度改革实施方案的通知》，决定取消丽水市旅馆业、拍卖业特种行业许可证审批项目，审批工作随即停止。2004年9

月1日，市政府发布《丽水市人民政府关于公布第二批市直行政许可清理结果的决定》，将旅馆业特种行业许可证核发重新列为市公安局应当执行的项目。

至2006年2月，全市有旅馆1543家，其中自2004年9月之后重新办理特种行业许可证的仅200多家，市区有大小旅馆业570家，其中办理特种行业许可证的仅127家。全市有近1300家旅馆由于无法通过消防安全审核，处于无证经营状态。

2007年5月29日，市政府发出《转发市公安局关于丽水市小宾馆居住出租房消防安全专项整治工作实施方案的通知》，要求公安、消防、工商、建设（规划）、城管执法等部门联合进行整治。截至2008年8月，全市登记在册的1565家旅馆中，经整治合格，通过审批的1296家，取缔43家，自行关停120家，整治合格发证率达到82.9%。

印刷刻字业管理　1949年12月，全区结合城镇户口登记，首次开展对城镇特种行业调查登记时，全区有刻字业12家、印刷业13家。1950年10月，全区开展对特种行业的登记发证工作。至1951年4月，全区有印刷、刻字业97家。其中丽水23家，龙泉16家，云和23家，庆元3家，缙云23家，松阳8家，景宁1家。

1955年8月，各县公安机关执行省公安厅规定，凡刻制公章、首长名章、铜印、大印、牌照、印制机密文件、信件、图表、布告、委任状和证件等，均应持本单位证明，报经当地公安机关核准后发给“印铸刻字委托证明书”，由公安机关指定的厂（店）制作。1957年，各县公安机关本着“控制从严、手续从简、方便群众”的精神，取消开歇业，变更字号、经理，股东扩充，厂店迁移的审批手续。1963年9月，全区公安机关认真贯彻公安部《关于加强城市社会治安管理工作的报告》，加强对印铸刻字业的管理。

1985年，公安部规定印铸业不再列为特种行业管理。1988年，根据浙江省《印刷业管理暂行办法》，又重新把印刷业，包括印刷厂、复印、打字、铸字、晒图、誊印店（社）以及专业制板厂、装订厂等，列入特种行业进行管理。同年，全区有刻字业134家，印刷业76家。1992年1月，丽水地区公安处推广使用原子印章。1997年11月，丽水地区公安局开始推广使用防伪标志印章制作、管理、识别系统。

2000年7月，市公安局下发《关于在撤地设市后全面推广使用防伪印章的通知》，在全市范围内进一步推广使用防伪印章技术，同时建立档案，纳入计算机管理系统和全国统一防伪识别网络系统，停止使用非防伪印章。

2005年2月，根据省公安厅《关于进一步规范印章业治安管理工作的通知》，全市公安机关对印章刻制企业加强规范管理和审批，换发印章特种行业许可证，至2010年，全市核准公章刻制企业22家。

废品旧货业管理　1951年2月，丽水地区公安处根据省公安厅《关于特种行业管理范围及发证工作的指示》，确定废品旧货业的管理范围是旧货店、拍卖行、委托寄售商行及估衣店。1956年7月，公安部规定废品旧货业不再列为特种行业管理。1961年12月，各县公安机关根据省公安厅关于城市治安管理从严的通知，将废品旧货业重新列为特种行业管理，全面登记旧货业，废品旧货收购寄售，交易时要凭户口簿或工作证等有效证件。

1979年7月27日，丽水地区公安局根据公安部《关于特种行业企业进行登记管理的通知》，规定废品旧货业登记范围。

1985年，地区公安处根据省公安厅《关于改进治安管理工作的几个具体问题的通知》，调整废品旧货业管理范围，将收购生产性废旧金属业，继续列为特种行业管理，修理业、寄售业和其他废品收购业，不再列为特种行业管理。1987年，全区有废品旧货业21家。1999年3月25日，地区公安处将报废汽车回收（拆解）企业列入管理范围，防止报废汽车、拼装车等重新流入社会，以减少交通事故和环境污染，保护人民生命财产，并对报废汽车回收（拆解）企业实行资格认证制度。

2000年，全区有废旧金属收购站点64家（其中国有13家）、典当行3家、拍卖行3家、旧货流通商店24家。

2006年8—11月，市公安局和市工商局联合下发《关于对废旧金属收购业进行整治的指导意见》，在全市范围开展废旧金属收购业专项整治。8月17日，各部门联合出动295人，分49个执法小组，清理取缔无证废旧金属收购站点86家，查扣磅秤16台、废旧金属2.63万千克，当场查获涉嫌收购赃物案件4起，抓获犯罪嫌疑人3人，查处不如实登记收购物品来源信息案件1起。

危险物品管理

1949年11月，浙江省人民政府、浙江军区司令部联合颁布《枪支管理暂行办法》《携带枪支暂行规则》。1950年11月，丽水专区公安处直属丽水城区分局首次召开危险物品管理工作会议，参加会议的有公营有关部门代表19人，私营及农会代表9人。会议主要贯彻省公安厅指示，讨论研究危险物品的管理，登记危险物品使用保管单位，有公营15家、私营6家、单位42家，并检查重点单位的安全情况。1951年8月11日，专署公安处转发《省人民政府和省军区司令部枪支管理暂行办法》，规定凡经批准持枪者须申领省公安厅颁发之持枪证。9月7日，专署公安处要求各地、各单位于9月15—25日前往该处换发新持枪证，逾期不调换登记者，概以违反枪支管理办法处理。1952年8月，各县公安机关对规定配发的枪支范围进行检查，对不符合佩带枪支条件的，限期收缴。

1969年5月26日，地区革委会人民保卫组根据省公安机关军管会《关于彻底清查收交全省公、检、法机关武器的通知》，对全区公、检、法机关的武器、弹药进行彻底清查和收交。清查收交范围包括各级公安机关、民警队和劳改场（厂），要求各单位必须将解放以来或建立单位以来，上级配发、缴获或其他来源的各类长短枪支、弹药，认真细致地清查清楚，并区别枪支类型，逐枪逐弹，造册登记，全部上交。

1972年12月，丽水地区革委会发出《关于收缴散存武器弹药的紧急通知》，规定对散存在社会上的武器弹药限在12月31日前上交登记，逾期查出的一律作私藏武器弹药论处，但因受派性干扰，收效不大。1977年，全区开展清查和收缴"文化大革命"时期流散社会和私下制造的武器弹药工作，仅云和县就收缴土造六〇炮2门、八二炮1门、步枪106支、手枪8支、子弹2800多发、军用手榴弹42枚、雷管196只，还收缴制造枪弹的车床2台。青田县收缴流散在社会上的土长枪1支、土手枪5支、子弹2153发、手榴弹11枚、雷管6只、炸药0.5千克、各种凶器86件。

1984年，全区公安机关施行《中华人民共和国民用爆炸物品管理条例》，结合"严打"斗争，对流散在社会上的枪支、弹药进一步进行清查、收缴，收缴枪支6支、子弹110发、炸药74千克、雷管295只及其他凶器102件。1985年10月26日，地区公安处发出《关于加强武器弹药管理的通知》，对管理武器弹药的人员进行一次全面审查。1986年2月3日，转发云和县公安局《关于严格执行枪支、弹药管理规定的通知》，要求各单位结合实际情况，采取有效措施，进一步严格枪支、弹药的保管、发放和使用，防止枪支被盗，丢失和意外事故的发生。1987年7月1日，龙泉县公安局侦破城郊中学体育室6支小口径步枪被盗的案件，犯罪嫌疑人2人均是该校初三学生，枪支全部被缴回。

1987年3月，全区开展收缴流散在社会的爆炸物品统一行动，收缴炸药5544千克、雷管51522枚(其中报废雷管26102枚)、导火索7295米、手榴弹16枚。在收缴爆炸物品的同时，丽水地区公安处还培训全区爆破员3309人，并建立健全爆炸物品的生产、储存、销售、运输、管理、审批、使用等环节的一系列制度，为避免爆炸物品继续流散社会、减少和杜绝重特大爆炸事故的发生打下良好的基础。

1988年2月1日，丽水市(县)公安局《关于加强烟花爆竹安全管理的通告》。2月9日，丽水地区公安处下发《关于对烟花爆竹实行定点生产、定点销售的通知》。7月，省公安厅、劳动人事厅等7单位转发公安部、劳动人事部等七部委《关于加强烟花爆竹企业安全生产管理的紧急通知》后，地、县公安部门逐个检查全区生产烟花爆竹的企业、联户、个体户，凡不符合安全生产要求的，一律限期改正，逾期不改的，吊销证照。

1989年6—11月，丽水地区及各县公安机关结合国庆40周年安全保卫工作，在全区范围内开展枪支清理整顿和清理整顿民用爆炸物品专项行动。全区清查生产、储存、销售、运输、使用爆炸物品单位516家，责令不符合要求的单位30多家限期整改，收缴非法储存和销售的炸药185千克、雷管271枚、导火索350米。

1995年7月26日，全区开展治安大清查集中统一行动，收缴土枪31支、子弹85发、管制刀具254把。8月30日，遂昌县公安局查获一起非法买卖民爆物品的案件，并没收非法所得3638.36元，收缴流失炸药15.7箱、雷管901枚、导火索450米。同年，青田县公安局在北山镇开展民用爆炸物品管理试点工作，建立一个有10人组成的爆破服务队，规定零星工程爆破作业，由爆破服务队员实施，并在全县推广服务队经验。1999年7月23日，丽水市(县)公安局在全市范围内全面进行收缴仿真手枪等专项整治活动，收缴仿真手枪33支、气枪3支、猎枪3支、土铳4支。

2000年4月28日，地区公安局和地区体育运动委员会联合发出《关于加强体育运动射击枪支管理的通知》。10月8日，市公安局进一步加强公务用枪管理。12月11日，又对进一步加强民用枪支管理作出规定。2000年7—9月，在全市范围内开展危险物品的专项整治工作，收缴炸药1081千克、雷管1568枚、导火索1579米、无生产单位、无合格证书的烟花成品126千克，停止使用爆破器材资格的单位12家，注销爆破员证45人，全市烟花销售网点由原来的2511家减为1205家。

2001年4月18日，公安部召开治爆缉枪专项行动电视电话会议后，市公安局在全市范围内组织开展治爆缉枪专项行动。全市入户排查600865户，排查单位5174家，爆破作业点4870个，发现隐患905处，写出具结保证书39769份，发整改通知书668份，收缴炸药11501.75千克，黑火药320.95千克，雷管81627枚，烟花原材料600千克，导火索102342万米。全市查处"涉爆涉枪"案件311起，涉案人员719人，刑事处理140人，治安处罚220人，停业整顿177家，吊销关闭41家，治爆缉枪专项行动成效显著。

2002年6月28日和8月7日，丽水市公安局分别在莲都、遂昌召开丽水市烟花爆炸安全管理工作会议和民爆服务队建设管理现场会，专门研究、部署爆炸物品的生产、储存、运输、使用等环节的安全工作，有效遏制涉爆案(事)件高发的势头。9月17—18日，为确保中国共产党第十六次全国代表大会期间安全，市公安局连续下发《全市治安系统“十六大”安全保卫工作意见》《关于全面开展对涉枪、涉爆、涉毒单位安全生产大检查的紧急通知》，开展枪支弹药等危险物品的检查整治工作。市公安局组织力量销毁全市历年来遗留的废旧炮弹、手榴弹、炸弹。

2003年，丽水市推广遂昌县加强民爆物品管理工作经验和做法，即以化建公司为龙头，组建民爆服务队，实行爆炸物品封闭式管理，爆破工作有偿服务，减少涉爆事故发生。组建66支民爆服务队，覆盖面达80%。2004年，市公安局加强对民爆物品、枪支弹药的管理。全市有公务用枪2258支，各类子弹17987发，办理公务用枪持枪证600本，年审持枪证1322本。全市有狩猎队37个，猎民701人，猎枪692支，均无事故发生。审批大爆破、拆除爆破工程13起，焰火晚会2起，均做到安全无事故。2005年4月1日起，公安机关对烟花爆竹管理职能正式移交安监部门，公安机关仅对烟花爆竹运输及燃放进行管理。11月，全市开始建立民爆信息管理系统。

2006年9月1日，《民用爆炸物品安全管理条例》开始施行。全市购置民爆器材专用运输车20辆，淘汰不合格民爆服务队9支，整合或新建民爆服务公司11家。全市发生涉爆案（事）件4起，死亡1人。

2007年6—10月，市公安局成立治爆缉枪专项行动领导小组，在全市范围内开展治爆辑枪专项行动，检查涉爆单位396家，发现各类隐患146起，发出限期整改通知书137份，发出勒令停业整顿通知书8份，吊销许可证件1起，督促整改落实146起。查破各类涉爆涉枪违法犯罪案件43起，查处涉案人员63人。组织全市销毁各类枪支1491支，管制刀具4219把，各类炸弹、炮弹808枚，废旧子弹17312发。10—12月，市公安局完成全市爆破作业人员培训考核发证工作。

2008年2—10月，市公安局在全市范围内开展危险物品管理专项整治行动。全市查处涉爆违法犯罪案件12起，查处涉枪违法犯罪人员21人，收缴炸药344.7千克，雷管6467枚（包括淘汰清退），索类5747.05米，烟花爆竹200多件，土制鱼雷16个。2月27日，市公安局和市安监局联合下发《关于矿山使用民用爆炸物品审批有关问题的紧急通知》，要求严格民用爆炸物品的审批使用。

2009年，全市检查危险物品从业单位590家（次），发现各类安全隐患126起，落实整改126起，收缴炸药63.6千克、雷管291枚、索类2077.9米，收缴猎枪10支、火药枪6支、仿制式枪2支、自制枪10支、仿真枪54支，军用子弹1115发、民用子弹150发、仿制式子弹450发、军用手榴弹2枚，破获爆炸未遂案件1起，非法制造枪支案件3起，非法买卖枪支案件1起，非法持有私藏枪支案件15起，打掉非法买卖枪支团伙1个，刑事拘留7人，批准逮捕8人，移送起诉11人。

2010年3月16日，市公安局开展治爆缉枪专项行动，进一步加强危险物品管理。截至年底，检查涉爆从业单位241家，涉爆重点人员164人，涉枪从业单位138家，涉枪重点人员72人，剧毒化学品从业单位110家，放射源单位66家，易制爆化学品单位111家，管制刀具生产经营单位64家，客运汽车站11家，火车站3家，货运企业85家，寄递企业47家，排查安全隐患216处，整改197处，责令限期整改19家。立案侦办涉枪涉危刑事案件8起，行政案件53起，查处违法人员55人，其中拘留42人，行政罚款8人。收缴炸药3千克，雷管1571枚，索类爆炸物品289.6米，各类枪支63支，子弹1590发，仿真枪347支，管制刀具1830把，剧毒化学品39.48千克。7—10月，全市全力推进废旧危险物品集中销毁、收缴库建设和管理制度建设，至10月底，市、县（区）两级公安机关全部完成危险物品收缴库建设。

赌博查禁

民国30年(1941)1月25日的《民生日报》载:“废历(农历)新年,丽水城区设赌场抽头渔利者竟达20多家,且是项赌窟赌徒云集,输赢甚大,足以影响社会治安。”

民国34年(1945)《丽水县政统计》显示,全县当年查破赌案39起,抓获人犯150人,其中有女的56人、男的94人,缴获牌九、纸牌、麻将、般子等赌具22副,处罚金5.4万元。

1949年中华人民共和国成立后,丽水人民政府重视查禁赌博工作。1950年,全区查获赌博案件74起,计188人。1956年冬,各县人民政府和公安机关分别发出禁赌通知或通告,开展群众性禁赌工作。

1985年1月30日,浙江省人民政府颁发《关于查禁赌博的暂行条例》后,全区于1985年冬、1986年春开展群众性禁赌斗争,1986年6月至1987年1月,全区开展以“反盗窃、禁赌博”为重点的“严打”斗争第三战役,召开动员大会1196次、广播电视讲话84次、新闻发布会17次、宽严处理大会7次、印发《禁赌通告》21200份、宣传资料15322份,查处赌博案件436起,抓获赌博违法分子2368人,其中逮捕13人、送劳动教养14人、收容审查1人、治安拘留125人、治安罚款1480人、警告735人,缴获赌具361副、赌资4.6多万元。另有8296人因慑于强大禁赌声势,主动到公安机关和有关单位投案自首。

1988年春节前后,根据省委统一部署,全区开展“刹三风”①统一行动,对赌博活动进行专项整治。各县人民政府均发布《关于严厉查禁赌博的通告》。地、县公安机关主动配合各有关部门开展禁赌宣传教育,并依法查处参赌人员3632人,其中逮捕26人,送劳动教养13人,治安拘留202人,治安罚款1990人,作其他处理1401人,收缴赌具68副,没收赌资25.5万元。

1989年11月,根据省公安厅统一部署,全区开展“扫六害”集中统一行动,将聚众赌博列为“六害”之一进行整治,查处参赌人员1390人。

1997年3—9月,全区开展“春季严打攻势”和“三禁”斗争,查获赌博案件1093起,查处赌博团伙248个,成员1360人。1999年,在“双禁”斗争中,查获赌博案件1150起,查处团伙51个,成员454人,没收赌资27.8万元。2000年,全市公安、文化、工商等管理部门联合,出动2358人次,查处赌博案件89起,分别作罚款、劳动教养及刑事拘留处理330人,收缴赌博游戏机300多台,用于赌博的计算机127台。

2005年,全市公安机关开展集中打击赌博违法犯罪专项行动。查办赌博案件684起,查处涉赌人员3981人次,其中刑拘32人,取保候审18人,逮捕8人,移送起诉20人,劳教15人,治安拘留192人,收缴罚没总价值1365.17万元,取缔涉赌电子游戏机场所11家,收缴赌博用游戏机350台。丽水市局破获公安部、省厅督办的叶某等有组织重大赌博违法犯罪团伙案,抓获违法犯罪人员42人,缴获赌资74万元,冻结涉赌资金45.9万元,劳教10人。缙云县局破获小龙潭山庄赌博案,抓获涉赌人员44人,没收赌资22万元。景宁畲族自治县局破获“3·16”特大赌博案,抓获涉赌人员18人,缴获赌资180多万元。

2007年7月,市公局破获开设收注网点、非法经营地下“六合彩”的案件,抓获涉案嫌疑人7人,

① “刹三风”:指赌博风、封建迷信风、婚丧事大办风。

缴获电脑、传真机、手机及银行卡等赃物和 800 多万元的涉案款。2008 年 3 月中旬，市局侦破以李某等为首的聚众赌博团伙案件，抓捕网上逃犯 14 人，依法移送起诉犯罪嫌疑人 14 人，执行行政拘留 15 人，追缴赃款近 70 万元。

2009 年，全市公安机关查处赌博治安案件 540 起，处理违法人员 2767 人，其中罚款 1612 人、治安拘留 1107 人，破获赌博刑事案件 231 起，刑事拘留 297 人，取保候审 275 人，批准逮捕 69 人。2010 年 7—12 月，全市公安机关开展禁赌专项行动。破获赌博案件 101 起，涉赌团伙 10 个，刑事拘留 100 人，批准逮捕 54 人，缴获涉案资金 791.9 万元，收缴赌博机 533 台。

2001—2010 年丽水市治安案件统计一览

表 30-1-4-1

年份	发现受理（起）	查处（起）	查处违法人员（人）						合计
			移交有关部门	劳教少教	治安处罚			其他	
					警告	罚款	拘留		
2001	4344	4314	35	64	217	8541	1789	547	11193
2002	4017	3978	8	42	166	8307	1644	336	10503
2003	7146	6436	3	51	155	11092	1629	429	13359
2004	28832	25037	13	43	670	26474	2334	7277	36811
2005	20587	14727	14	53	1024	15192	2053	4719	23055
2006	17693	10385	60	54	169	6157	3354	6131	15927
2007	23884	14542	51	42	142	5332	4140	11095	20806
2008	30113	28754	77	12	285	3326	4404	16263	24373
2009	30830	29893	16	14	514	2531	3684	21659	28421
2010	30780	30250	8	13	509	2997	3729	20747	28043

2001—2010 年丽水市打击赌博统计一览

表 30-1-4-2

年份	发现受理（起）	查处（起）	查处违法人员（人）						合计
			移交有关部门	劳教少教	治安处罚			其他	
					警告	罚款	拘留		
2001	1155	1155	0	5	12	6046	224	20	6307
2002	1131	1110	0	3	0	5904	205	24	6136
2003	1279	1267	0	8	2	6823	217	1	7051
2004	1757	1701	0	25	18	9116	388	117	9664
2005	1343	1297	0	3	20	7294	343	190	7850
2006	1066	1051	14	10	10	4241	1159	100	5534
2007	963	919	18	15	11	3968	1537	37	5586

续表 30-1-4-2

年份	发现受理（起）	查处（起）	查处违法人员（人）						合计
			移交有关部门	劳教少教	治安处罚			其他	
					警告	罚款	拘留		
2008	914	913	30	2	26	2227	1850	35	4170
2009	661	658	6	0	13	1889	1267	42	3217
2010	595	598	0	1	45	2186	1423	52	3707

卖淫嫖娼取缔

清末、民国时期，政府对卖淫嫖娼的丑恶现象一般都采取容忍的态度。规定妓女（包括艺妓）只要向当地警察机构申请核准，发给执照即可公开营业。

中华人民共和国成立后，人民政府坚决取缔卖淫嫖娼。20 世纪 80 年代开始，杜绝的卖淫嫖娼活动呈上升趋势。1986 年，针对公路沿线旅馆、个体客栈、饭店、停车场暗娼卖淫较为突出的情况，全区开展专项整治行动，抓获暗娼 21 人、嫖客 24 人、容留卖淫 3 人以及一批流氓分子，其中逮捕 4 人，送劳动教养 3 人，行政拘留 6 人。1987 年 6—9 月，根据省人大常委会颁布《浙江省取缔卖淫嫖娼活动的若干规定》和省公安厅的部署，全区统一开展"打流氓、反盗窃"专项斗争，抓获违法犯罪人员 688 人，其中暗娼、嫖客 62 人。查获团伙 67 个、成员 456 人，其中卖淫窝点 9 个、成员 30 人。

1989 年 10 月，全区公安机关开展扫除"六害"[①]统一行动。地区公安处组织丽水、青田、缙云、龙泉 4 个县公安干警，重点检查金温、丽浦、龙庆公路沿线的旅馆、饭店、酒菜馆、停车场、理发店等路边店 1205 家，抓获违法犯罪人员 434 人，其中卖淫妇女 72 人、容留妇女卖淫 8 人、嫖客 10 人。1990 年，全区继续开展"扫黄"和除"六害"斗争，抓获卖淫、嫖娼人员 178 人。

1993 年 5 月，全区开展"三打一禁"专项斗争，将查禁卖淫嫖娼列为重点整治范围。至 12 月 31 日止，查处卖淫嫖娼案件 510 起，摧毁卖淫嫖娼团伙 13 个，捣毁卖淫窝点 74 个。1994 年，全区查处有卖淫嫖娼活动的旅馆和娱乐场所 115 家，查获引诱、容留失足妇女卖淫者 56 人、失足妇女 162人、嫖客 257 人，其中卖淫团伙 10 个、41 人，取缔卖淫窝点 8 个。

1995 年 7 月 26 日，全区开展禁毒扫丑集中统一行动，全区公安机关查处卖淫嫖娼案件 404 起、查获卖淫团伙 7 个、32 人，取缔卖淫窝点 3 个，查获失足妇女 279 人、嫖娼人员 371 人。1996 年 4 月，丽水市（县）公安局摧毁以傅某为首，组织、介绍、容留失足妇女卖淫的特大团伙案，捣毁其窝点 7 个，抓获暗娼 6 人、嫖客 32 人。10—11 月上旬，全区公安机关在专项治理中查破卖淫嫖娼案件 172 起，查获卖淫团伙 19 个、155 人，取缔卖淫嫖娼窝点 48 个。

1997 年 7—9 月，全区开展"三禁"[②]专项斗争，查破卖淫嫖娼案件 394 起，卖淫团伙 9 个、39 人，抓获卖淫嫖娼人员 649 人，其中有失足妇女 269 人、嫖客 380 人。1998 年，全区查处卖淫嫖娼和介绍容留卖淫嫖娼案件 654 起，处罚 31408 人，查获失足妇女 540 人、嫖娼人员 732 人，查获卖淫团伙 8

① "六害"：指卖淫嫖娼、制作贩卖传播淫秽物品、拐卖妇女儿童、私种吸食贩运毒品、聚众赌博、利用封建迷信骗财害人违法犯罪活动。

② "三禁"：指禁毒、禁赌、禁黄。

个、63人，取缔卖淫窝点14个。1999年，全区公安机关开展以禁娼、禁赌为中心内容的“双禁”斗争，查处卖淫嫖娼和容留介绍卖淫嫖娼案件143起，查获卖淫团伙8个、36人，取缔卖淫窝点9个，查获失足妇女117人、嫖娼人员146人、容留介绍卖淫嫖娼人员40人。

2000年7月11日，市公安局、文化局、工商局等部门，集中检查娱乐服务场所，查处卖淫嫖娼案件68起、171人，分别依法作出逮捕、拘留及治安处罚。2004年2月，全市公安机关会同文化、工商等部门，清查歌舞演艺场所和外来演出团体，查处卖淫嫖娼和容留介绍失足妇女卖淫案件26起，取缔卖淫窝点1个，查获卖淫嫖娼人员48人，容留介绍卖淫11人。4月30日，莲都区公安分局摧毁以叶某为首的厦河商城特大组织、介绍、容留失足妇女卖淫团伙，抓获组织卖淫团伙成员17人，容留卖淫成员6人，失足妇女15人，其中移送起诉15人，劳动教养20人，缴获摩托车6辆及马刀、匕首等20把凶器。

2006年，全市公安机关开展“扫丑”行动，积极做好省厅督办案件和群众举报线索核查，严查严办酒店、桑拿、美发等街面场所“涉丑”案件，查处卖淫嫖娼和容留介绍卖淫案件251起，查获卖淫团伙10个、20人，查获卖淫嫖娼人员461人，容留介绍卖淫和为淫秽活动提供条件50人，其中劳教3人。9月，莲都区公安分局对囿山路美容美发一条街存在拉客招嫖的现象，开展检查行动，停业整改20多家，劝离人员50多人，行政拘留20人，劳教2人。

2008年3月21日，云和县公安局破获省厅挂牌督办的蒋某、侯某等人特大组织强迫卖淫涉黑团伙案件，抓获团伙成员16人，其中3人分别被判处死缓、无期徒刑，查获容留介绍卖淫16人，解救受害少女10人，缴获砍刀、匕首等9件刀具。

2009年7—9月，全市公安机关根据中央综治办、公安部、省厅统一部署，开展打击组织强迫妇女卖淫犯罪活动专项行动，查破组织强迫、引诱、容留、介绍妇女卖淫案件16起，打掉犯罪团伙5个，刑事拘留48人，取保候审11人，批准逮捕23人，解救受侵害妇女、未成年人10人。同年7月，莲都区公安分局侦破公安部督办的“2•13”系列强奸案，该案受害的初中女生27人，抓获犯罪嫌疑人10人，其中3人被判处死刑、死缓、有期徒刑，7人被收容教育。

2010年4—5月，全市公安机关贯彻执行省公安厅《打击组织强迫妇女卖淫和赌博违法犯罪活动六条严管措施》，查破卖淫嫖娼和组织强迫失足妇女案件16起，刑事拘留2人，治安处罚37人。同年7月，根据全国、全省公安机关统一部署，全市公安机关开展为期7个月的严打整治行动和治安系统重点打击整治行动，集中清查整治“黄赌毒”丑恶现象多发的娱乐城、洗浴中心、美容美发等场所，截至8月，全市检查娱乐服务场所120家，警告1家，罚款2家，停业整顿1家。

2001—2010年丽水市查处卖淫嫖娼违法犯罪一览

表30-1-4-3

年份	打击情况					处理情况(人)				
	查获		团伙		窝点(个)	合计	移交有关部门	劳教少教	治安处罚	其他
	起	人	个	人						
2001	385	963	11	46	14	963	1	0	953	9
2002	408	927	3	12	6	927	0	1	916	10
2003	269	634	3	12	6	634	0	1	633	0

续表 30-1-4-3

年份	打击情况					处理情况(人)				
	查获		团伙		窝点(个)	合计	移交有关部门	劳教少教	治安处罚	其他
	起	人	个	人						
2004	462	991	26	105	16	991	0	2	983	6
2005	415	870	12	27	11	870	0	4	859	7
2006	248	511	10	20	0	511	4	3	503	1
2007	245	510	1	2	0	510	1	0	508	1
2008	282	342	1	7	0	342	3	1	338	0
2009	365	430	0	0	0	430	0	1	424	5
2010	216	410	0	0	0	410	0	2	388	20

淫秽物品查禁

20 世纪 50—70 年代，淫秽物品极少发现。20 世纪 80 年代后，淫秽物品渐有增加，且品种越来越多，流传越来越广。1981—1982 年，全区先后多次开展淫秽物品的查禁和收缴工作。1984 年，收缴各种淫秽手抄本 32 本，黄色录音带 152 盒，裸体画扑克 460 张。

1985 年，全区录像队 179 个发现播放淫秽录像的有 23 个队，占总数的 13%。收缴不健康的录像片 2353 个，其中淫秽录像片 57 个，没收播放淫秽录像的录像机 3 台、电视机 2 台以及其他一些淫秽物品。1987 年，全区查获淫秽录像带 29 盒、裸体画扑克 2638 张、淫秽书刊 45 本。

1989 年 11—12 月，全区抓获制作、贩卖及传播淫秽物品的违法犯罪人员 421 人。1990 年，全区继续开展清查淫秽物品的专项斗争，查处制作贩卖传播淫秽物品案件 46 起，涉案人员 210 人。通过 1989 年、1990 年的两次大规模打击，制作、贩卖、传播淫秽物品的案件得到遏制。

1995 年，全区开展声势浩大的“扫黄、打非”专项斗争。地、县公安、文化、工商、广电等管理部门，分别于 5 月、8 月、12 月组织三次集中清查和执法行动，查处制作贩卖和传播淫秽或非法出版物的案件 76 起，依法处罚 176 人，并收缴非法录像带 6912 盒、淫秽录像带 253 盒、非法 CD 片等 641 张、淫秽 VCD 片 14 张、淫秽计算机软盘 18 盒、淫秽及非法出版物 2936 册。

1996—2000 年，全区查处制作贩卖和传播淫秽物品案件 143 起、225 人，其中有团伙 13 个、74 人，收缴淫秽书刊、图书、录像带、影碟片、扑克牌等 3000 多件。

2001—2005 年，市委办、市府办每年部署“扫黄打非”和整治文化市场专项行动，全市公安机关查处制作贩卖和传播淫秽案件 170 起，依法处罚 248 人，收缴淫秽光盘 4247 张，其他淫秽物品 52 件。

2006 年 7—10 月，全市公安机关在全省统一专项反盗版百日行动中，收缴盗版出版物 10881 张(册)，其中淫秽盗版光盘 10479 张，淫秽盗版图书 402 册，查处制作贩卖和传播淫秽及非法出版物的案件 10 起，治安拘留 5 人。2007 年，全市公安机关查处制作、贩卖、传播淫秽物品案件 6 起，依法处罚 7 人，收缴淫秽光盘 114 张，淫秽书刊 101 册。

2008 年，全市公安机关坚决打击利用交通运输渠道贩运非法出版物，查处制作、贩卖、传播淫秽物品案件 6 起，依法处罚 18 人，收缴淫秽光盘 61 张。2009 年，全市公安机关按照《丽水市 2009 年

“扫黄打非”工作实施意见》部署，查处制作、贩卖、传播淫秽物品案件12起，依法处罚12人，收缴淫秽光盘1305张。2010年，全市公安机关以净化文化市场、清查娱乐场所为重点，部署“扫黄打非”工作，至8月，查处出售淫秽物品案件1起，依法处罚1人，收缴淫秽光碟20张。

群体性事件处置

1953年7—8月，丽水地区大旱，丽水、青田、云和、缙云、遂昌、松阳等县部分农村拜神求雨迷信活动盛行，仅青田县就发生此类事件130多起，参与者最多的一次达2万多人。丽水县发生此类事件有7起，最多一次参与者有5000多人。公安机关积极配合区、乡政府进行教育和劝阻，及时处理少数大闹政府，甚至抓、打干部，逼干部跪地求雨的为首分子，逮捕为首分子11人，其中被判刑9人。

1957年2月23日，龙泉县小梅乡150多人因粮食问题到乡政府集体上访，抢走粮食1100多千克。7月6日，丽水县高溪乡潭下村个别人以缺粮为由，煽动群众100多人到高溪乡政府哄闹，打伤干部7人，抢去步枪子弹15发及大米、面粉、土烟等物，县公安局配合县、区、乡干部前去说服教育，调查处理，逮捕煽动群体性事件的为首分子，事态得以平息。

20世纪80年代，随着改革开放和生产关系的调整，生产、生活中出现新的矛盾，发生群体性事件的数量增多，全区发生较重大的群体性事件90起，参与人数约5000人。

1989年春夏之交在北京发生的政治风波。丽水地、县公安机关遵照地委、行署领导的指示和省公安厅要求，严格区分两类不同性质的矛盾，做好教育劝阻工作，维护社会治安和交通秩序，并做好地、县首脑机关及要害部门的安全保卫工作。

20世纪90年代，国企改革，很多企业“关停并转”，下岗职工增多，矛盾突出，集体上访事件增多。1990—1998年，全区发生各类群体性事件175起，参与人员10719人。

2000年，因旧城改造，建设防洪堤，小水门至大水门拆迁户集体越级上访。莲都区公安分局在处置过程中，及时做好防控、疏导工作，防止事态恶化。2003年6月，市政府套用城市房屋拆迁政策提高折旧重置价后，事态逐渐平息。

2003年5月，青田滩坑水电站开工后，围绕电站建设和移民安置问题发生多起群体性事件，电站建设前期工程被迫停工。同年，全市发生各类群体性治安事件57起，与2002年相比上升72.73%，其中参与人数超过千人的有3起。公安机关在当地党委、政府领导下，妥善处置有关事件，平息事态。2004年，全市发生各类群体性事件64起，其中参与人数50人以下的29起，100人以下的24起，100人以上的11起。公安机关在党委、政府的领导下，制定处置群体性事件预案，合法、合情、合理地解决问题，避免事态进一步扩大。特别是规范市委、市政府门前上访秩序，妥善处置浙江安托油嘴油泵有限公司职工上访、残疾人上访等一批突出问题。

2008年6月初，银泰房地产有限公司法人代表、股东等向社会公众非法集资，因无法支付到期集资本金和利息，引起广大集资户的不满，集中到公司要求支付本金和利息，后经公安部门劝解，得以暂时平息。7月10日，银泰房地产有限公司遂昌分公司暂停支付到期的利息，引发集资户强烈不满，当日下午集资户上千人到县政府上访，并集体到高速公路阻断交通。在市公安局和遂昌县公安局民警的劝导下，上访人员离开现场，高速公路恢复通行。

第五节　道路交通管理

隋代至清代，处州（丽水）府县无管理道路交通的专门机构，也无专职官员。道路桥梁拓建与维护，由地方官府或民众自筹解决。

清末，各县巡警（警察）机构设立后，规定巡警（警察）部门负有维护地方安全和交通秩序管理职能。民国23年（1934），省公路管理局①始在丽水设浙江省公路管理局第四区管理处②。车辆监理工作由省公路管理局直接负责，牌证由省里统一制发，交通秩序的维护仍由各县警察部门负责，形成警察部门和公路管理部门两家分管的局面，并一直延续到中华人民共和国成立。

中华人民共和国成立初，全区道路交通仍由公安和交通两个部门分工管理，公安部门负责交通秩序管理和社会治安。20世纪80年代后，根据国务院《关于改革道路交通管理体制的通知》精神，地区和各县交通监理部门成建制划归公安部门管理。1986年10月21日，丽水地区公安处成立交通民警支队，各县（市）也分别成立公安交通民警队。

21世纪，全市公安交通警部门依托科技强警的战略，开展智能交通系统建设，实现交通管理手段网络化、信息化、智能化，有力维护丽水道路交通的安全畅通。

管理机构

自古至清代，处州（丽水）府县无管理道路交通的专门机构。

民国16年（1927），丽水行政督察专员公署和下属各县政府始设建设科，兼管道路交通的建设和维护。民国21年，丽水始建缙云至温州和丽水至福建浦城公路，1933年始有客车2辆，并成立丽水公路管理事务所，负责新建成的丽水至云和路段的客运业务。民国23年，省公路管理局始在丽水设浙江省公路管理局第四区管理处，负责全区公路营运业务及对所属车辆和驾驶人员的管理工作。同时，车辆监理工作由省公路管理局直接负责，牌证由省里统一制发，交通秩序的维护仍由各县警察部门负责。

民国26年（1937），抗日战争爆发。同年底，省会杭州沦陷，省国民政府及所属厅处机关南迁丽水、松阳、云和、龙泉等地，车辆汇集丽水，最多时有客车52辆、货车12辆、小车5辆。省警察大队、省交通管理处和公路管理局均迁驻丽水。民国31年，丽水、青田、松阳等县城相继沦陷，公路破坏严重，车辆也大多毁于战乱，交通运输萧条，交通管理也处于停顿状态。

民国34年（1945）10月，省国民政府迁回杭州，省交通管理处在丽水专设办事处，负责全区公路营运业务和车辆及驾驶人员的管理工作。民国36年3月，省交通管理处丽水办事处更名浙江省公路联运处第五运输段，直至中华人民共和国成立。

中华人民共和国成立后，全区道路交通管理工作分别由公安和交通管理两个部门负责，公安部门负责交通秩序管理和社会治安，交通管理部门负责交通运输、公路养护、车辆和驾驶员管理。车辆

---

① 省公路管理局：后改为交通管理处。
② 第四区管理处：后改为第三区管理处。

监理工作由省公路管理局直接负责。

1953 年 12 月 24 日，省公路管理局丽水交通监理小组成立，车辆监理工作开始交由地方管理。1954 年 7 月，丽水交通监理小组撤销，新成立丽水车辆监理分所。9 月，改为丽水车辆监理所。1956 年，丽水车辆监理所并入丽水公路运输段，但对外仍挂丽水车辆监理所牌子，行使车辆监理和安全生产职能，归属省交通局管理。各县运输中心站均设车辆监理组，管理行车安全工作。

1963 年 11 月，丽水地区交通监理所成立，负责全区道路交通事故处理、行车安全和机动车驾驶员的培训考核工作。1974 年 9 月，丽水地区交通局成立，负责公路运输、路政管理和公路规费稽征等工作。地区交通监理所归属地区交通局管理。

1979 年 5 月 1 日，为适应城镇交通管理的需要，地区行政公署所在地丽水县公安局报经省公安厅批准，率先成立交通队，负责城区道路交通管理工作。其他各县公安局也分别将城镇交通管理工作纳入治安管理范围。

1980 年 11 月，丽水地区公路运输管理处成立，负责全区客货运输和车辆维修行业管理。1985 年 5 月，地区公路运输管理处并入地区车辆监理所，成立丽水地区交通监理处，各县开始设监理所，负责交通事故处理、机动车驾驶员登记、培训和考核、规费征收和运输行业的管理。

1987 年 9 月 3 日，根据国务院《关于改革道路交通管理体制的通知》精神，地区和各县交通监理部门成建制划归公安部门管理。全区移交时的编制 140 名，其中地区 22 人。移交后，工作人员改称公安交通民警。10 月 21 日，丽水地区公安处交通民警支队（简称“交警支队”）正式成立，有编制 22 名，内设办公室、交通管理所（后改为交通安全科）等办事机构。同时，各县（市）也分别成立公安交通民警队①，并经省公安厅批准增加县级交警编制 54 名。自此开始，全区道路交通管理工作统一交由公安部门管理，其职责是负责各辖区内的交通指挥、交通秩序维护、车辆和驾驶员管理、交通安全宣传、交通安全设施建设、交通事故处理以及纠正各种违章行为和道路治安等工作。

1988 年 5 月 5 日，经省公安厅批准，在全区首批设立交通管理站 14 个和交通、运管、木材、商检等综合性检查站 1 个。同年，经地区公安处批准，再次增设综合性检查站 10 个。

1991 年 8 月，丽水地区机动车辆安全技术检测站经地区编制委员会批准成立。10 月，更名地区交警支队机动车辆监测中心，并于 1992 年 2 月 29 日正式开检。1992 年 9 月 29 日，地区交警支队增设交通管理科，负责道路交通管理标志标线的设置、组织路检路查、纠正违章和疏导交通等工作。

1994 年，丽水地、县（市）成立驾驶员协会。协会按照自我教育、自我管理、自我服务的原则，定期或根据需要召开片组会，负责登记会员出勤率和会员肇事记录，并组织开展交通安全宣传和文体活动，在驾驶员之间起到纽带和桥梁作用。

1997 年 6 月至年底，地区公路巡逻民警支队和各县公路巡逻民警大队先后成立（简称“公路巡警”）并开始上路执勤，提高快速反应、高效处警、综合执法和路面动态管理能力。公路巡逻民警大队以原有交警支队和大队为基础，实行一支队伍两块牌子，并增设巡逻机动队，对公路交通管理和治安管理实行统一执法。

2000 年 5 月丽水撤地设市后，原丽水地区公安局交警支队改为丽水市公安局交警支队，原丽水市（县级）交警大队改为丽水市交警支队直属大队，总编制 122 名。至年底，市交警支队有民警 147

① 公安交通民警队：1990 年更名公安交通民警大队，简称交警大队。

人，其中有正式民警122人，内设办公室、政工科、宣教科、财务科、交通秩序管理科、机动车辆管理所、机动车检测中心等组织机构。2001年11月，市局机关进行机构改革，市公安局交警支队更名交通巡逻警察支队（简称“交巡警支队”）。各县（区、市）的交警大队更名交通巡逻警察大队（简称“交巡警大队”）。

2004年，丽水市公安局交巡警支队进行机构调整，丽水市公安局交通巡逻警察支队更名丽水市公安局交通警察支队，丽水市公安局交通巡逻警察支队莲都大队更名丽水市公安局交通警察支队直属大队。原交巡警支队莲都大队巡特警人员33人划归莲都区分局，原属于交巡警承担的巡逻设卡、“110”接处警职能由分局承担。

2006年6月，丽水市公安局交通警察支队直属二大队成立。支队在水阁、老竹、雅溪、大港头等重点乡镇组建交警中队4个。龙泉、青田、云和、庆元、缙云、遂昌、松阳、景宁交警大队结合当地实际，先后新成立乡镇交警中队15个。全市统一招录交警97人充实基层一线。同年，交警部门分别在莲都、遂昌两地开展农村交通协管站试点工作。莲都辖区乡（镇）12个街道办事处4个，以乡、镇政府发文的形式，建立交通协管站，行政村272个聘任兼职交通协管员385人。遂昌县在公路沿线的行政村239个，聘请村两委干部478人担任交通安全协管员。同年，全市建立交通协管站71个。

2007年，全市各级公安交警部门继续加大交警中队的建设力度，新建交警中队7个，进一步提高管理覆盖面与路面管控能力。2008年，新建乡镇交警中队总数35个。2010年5月25日，丽水市公安局交通警察支队直属一大队、二大队分别更名丽水市公安局交通警察支队莲都大队、南城大队。原交通警察支队直属一、二大队下设中队相应更名。

管理办法

道路安全管理　民国22年（1933）丽水开始有汽车后，改变交通工具单一的局面。抗日战争前期，因省国民政府南迁，丽水人口骤增，交通部门为适应战时需要，曾暂时取消定线专营限制，实行货运开放政策，以致车辆云集，行车秩序混乱。后期又因丽水、缙云、松阳、遂昌、青田等县沦陷，大量公路被破坏，汽车也大多毁于战乱，全区公路交通曾一度出现瘫痪、半瘫痪状态，直至抗战胜利后才逐渐恢复正常。民国35年10月10日，全国军事委员会战时运输管理局对行车方向作重大改革，规定自即日起，全国公路车辆由靠左行驶一律改为靠右行驶。浙江省也相应修正并公布《改进市区及公路交通管理办法》，丽水所有车辆从此一律改为靠右行驶，并一直延续至今。

中华人民共和国成立后，专署和各县公安部门都重视创建道路交通新秩序工作。1951年，省行车安全宣传教育委员会在丽水设立分会。公安、交通等部门分别组织人员检查行车情况。

1958年，原有的一些监理规章制度被废除，一度出现混乱局面。1963年，道路交通管理部门在全区推广“宁停三分，不抢一秒”和“先让、先慢、先停”的行车经验，并开展评选安全行车50万千米、30万千米和安全行车10年的先进驾驶员活动，交通秩序明显好转。

1971年9月，省革委会根据中共中央《关于加强安全生产的通知》精神，发出《维护交通秩序、确保交通安全的通告》，地区革委会人保组和生产指挥组联合发出《关于开展交通安全大检查的通知》。

1978年，地区交通监理部门根据全区监理工作会议精神，开展“五月安全月”“九月质量月”等活动。1983年，省车辆监理所抽调各市（地）监理所、站的部分人员，组成临时机动路检队，在金丽温公路进行为时一个月的路检路查。1984年,地区监理所又组织机动路检队,在全区范围内对无证驾驶和超速、超载行车的违章行为进行突击检查。1988年5月,经省、地公安部门批准,全区设置交通管理站14个、检查站11个,其中省批15个、地区批10个。同年,地区交警支队被省公安厅评为全省交通管理安全第一名,被省人民政府评为全省交通安全先进单位。

1990年年初,省交警总队在杭州、丽水、温州等地的公路干线实行交通管理联合勤务,地县交警部门分别把主要警力投入路面管理,在事故多发地段,采取重点检查和巡逻相结合,实行两班值勤制,建立交通管理信息点和报警员制度,沟通路面交通管理信息网络。1992年,全区交通管理部门加强巡逻值勤,实行动态管理。撤销全区范围内的所有检查站点,在全区开展"整顿交通秩序,预防交通事故"活动。青田、丽水、缙云3个县(市)在330国道线上首批设置报警点12个,实行"高峰保点、平峰巡线、分段包干、责任到人",保证道路畅通无阻。1993年,在城镇和主干线上采取定人员、定路段、定责任的"三定"挂牌执勤制度,实行24小时全天候执勤。全区召开330国道交通安全协作会议4次,分别与金华、杭州、上海、温州等地的车辆运输单位68家签订交通安全责任书,成立交通协作领导小组,把交通安全管理推向社会化。

2000年2月,全区开展"平安大道"创建活动。撤地设市后,市交警支队在市区开展大规模的"文明交通劝导"活动,投入警力2000多人次,发放倡议书2万多份。在加强事故防范的同时,还加强道路交通事故快速联动紧急救援工作机制,组织开展百日交通安全竞赛活动和道路交通事故"黑点"排查整治工作。2004年5月1日,《中华人民共和国道路交通安全法》《中华人民共和国道路交通安全法实施条例》开始施行。市交警支队协同交通部门完成GPS卫星定位系统和行车记录仪安装工作。制定《查纠公路交通违章考核标准及办法(试行)》,加强路面监管力度。同年,丽水市区畅通工程保持D类三等管理水平,龙泉、遂昌达到D类四等管理水平。

2006年,丽水市政府下发《丽水市创建平安畅通县(市、区)活动的实施方案》,在遂昌召开"平安畅通"现场会,推广遂昌经验。2008年,莲都区、龙泉市、青田县、云和县、庆元县、缙云县、景宁畲族自治县均跨入"平安畅通县(市、区)"行列。至2010年,全市均通过"平安畅通县(市、区)"考核。

交通秩序整治　中华人民共和国成立初至1966年,丽水全区机动车辆不多,公路交通秩序的整治工作,主要通过加强路面管理、违章处罚、事故查处等手段来实施。

1966年5月"文化大革命"开始后,因受"串联"和派性干扰,交通秩序混乱。1972年8月,全区开展交通安全大检查,由地、县生产指挥组和人保组联合组织检查组,深入车辆单位和公路沿线社队进行查思想、查纪律、查制度、查领导的"四查"活动。1978年4月,全区公安部门在各级党委领导下,与工商、交通、城建等行政管理部门配合,充分发动群众,开展城镇交通秩序的整治工作。整治的重点是违章占道和车辆乱停乱放问题。

1987—1989年,全区交警部门联合工商局、交通局等部门开展道路交通安全大整顿,主要是清除路障、拆除各种违章建筑、消除和搬迁妨碍交通的各种摊店、查处违章车辆等,明显改善交通现状。1987年,事故发生数、死亡人数、受伤人数、直接经济损失等4项指标,分别下降13.20%、5.40%、35.7%和54.63%。

1993年5月,全区开展"狠刹机动车无牌、无证、无保险和严重超载超速、弯道超车等违章行为"专项治理,纠正各种违章32000多辆次,查处无牌无证机动车8700多辆次,办理牌照2300多辆,举办各类机动车驾驶员安全教育学习班52000多人次,全区交通秩序明显好转,事故死亡人数比上年同期下降29.67%。1994年7—9月，全区组织以纠正“三违”[①]和“病车行驶”为重点的专项整治，采用2/3警力上路实行24小时巡逻执勤和重点路段重点巡逻的动态管理模式。1997年，全区交警部门根据省公安厅《关于在全省开展机动车无牌无证整治工作的通知》精神，开展专项整治，集中办理各种无牌证机动车23525辆，强制报废农用机动车816辆，使全区汽车上牌率达到98%以上，摩托车和农用机动车上牌率超过90%，基本上遏制机动车无牌证上路行驶现象。

1995年年初，地区交警部门在330国道线上建立由缙云、丽水、青田3县(市)54人组成的交通巡逻队3支，在缙云新碧、丽水岩泉、青田锦水等易失控的路段建起交通治安岗亭3个，开通“122”交通事故报警电话，分布在全区的15个交警中队实行夜间执勤，提高公安机关快速反应能力。全区交警部门撤销未经公安部门批准的检查站(点)115个，取消没有法律依据或不合理的收费项目53项，维护公民的利益，确保道路安全畅通。1997年，地区公安局及时下发《关于防止公路“三乱”回潮的通知》。

1998年6—8月，全区交警部门配合“严打”斗争，会同有关部门开展车辆流入市场专项治理，查获走私车19辆，盗抢车37辆，取缔非法销售网点，有效堵塞无牌无证车辆的源头。同年，首先在丽水城区开展“双禁”[②]活动。

1999年7—9月，全区进一步开展以“整顿城镇交通秩序和遏制交通事故”为主要内容的专项整治，全区投入警力2409人次，查处交通违章17659人次，查处无牌无证机动车1381辆，清理违章占道463处。

2000年2月，全国“平安大道”工程启动。至5月，全市查处无牌证汽车476辆，摩托车5130辆，农用车940辆，报废天目山三轮车171辆。9—10月，查处违章人员7323人次，其中，吊扣驾驶证19本，暂扣车辆190辆次，组织违章驾驶员学习班3期、179人次，清理违章占道50多处，城区交通秩序大为改观。2003年，全市组织开展“百日安全大竞赛”活动和交通秩序专项整治行动，处理各类交通违章400399起，处罚346078人次，吊扣驾驶证1717本，治安拘留585人。2004年，市交警支队制定《查纠公路交通违章考核标准及办法(试行)》。5—10月，查处违法超速20629起，违法超员851起，违法超载1336起，查扣无牌无证摩托车5920辆，强制报废摩托车2530辆，补检5255辆，行政拘留无证驾驶者144人。

2005年，全市交警部门开展打击盗抢机动车违法行为。路面执勤交警把各类专项行动与平时路检路查相结合，查获盗抢嫌疑车30辆，抓获犯罪嫌疑人7人，查获报废机动车323辆，未按期检验机动车740辆，无牌机动车852辆，假牌机动车16辆，套牌机动车36辆。市局交警支队下发《关于开展整治“双超”违法行为专项活动的通知》《关于全市严管严查交通违法行为集中统一行动的通知》，制定《查纠道路违法考核标准及办法》，组织开展“双超”集中统一行动10次，“蓝盾”集中统一行动8次，投入警力42727人次，出动警车7917车次，查处超速违法行为52147起，查处客运车辆超员违法行为5766起。5—8月，全市组织开展交通秩序集中整治。交警、运管、农机等部门出动管理力量17451人次，开展联合执法131次，查处各类交通违法行为129552起，暂扣驾驶证682本次，行政拘留104人，交通秩序明显好转。

2006年，全市查处无牌无证机动车1371辆，报废车81辆，销毁报废车552辆，行政拘留无证驾驶者83人。开展以“酒后驾车”为重点的专项整治，市本级查处酒后驾车279起，醉酒驾车80起，行

① “三违”：指违章超车、超载、超速。
② “双禁”：指禁鸣喇叭，禁止拖拉机进城。

政拘留醉酒驾驶者74人。根据阶段性的道路交通安全形势，先后开展“平安一号、二号、三号”交通秩序整治集中统一行动，遏制道路交通事故上升。全市处理各类交通违法为53.7万起，其中查处超速47457起，无证驾驶6415起，酒后驾车523起，行政拘留无证驾驶者359人，行政拘留醉酒驾车者112人。

2007年，在全国道路交通安全集中整治中，市局交警支队被公安部授予“作出突出贡献的集体”荣誉称号。2009年，全市开展酒后驾车专项整治，查处酒后驾驶1773起，醉酒驾驶309起，因酒后驾驶暂扣驾驶证1805本，因醉酒驾驶拘留305人，醉酒拘留执行率98.71%，涉及国家机关事业单位工作人员酒后驾驶36起，酒后驾驶人员被媒体曝光1090起。2010年，全市公安交警部门对酒后驾车违法行为实行常态化管理，全年查处酒后驾驶15766起，醉酒驾驶1765起，拘留醉酒驾驶者1765人，拘留执行率100%，向纪委抄送国家机关事业单位工作人员酒后驾驶80起，列全省第一。

交通违章(法)处罚　民国22年(1933)，省政府颁布《浙江省管理汽车暂行章程》，罚则14条，对违章者规定可处罚金1—500元，并可扣留牌照处罚等。同年，丽水始有汽车，公路违章处罚照此章程执行。

中华人民共和国成立初，因道路交通管理工作分别由交通和公安负责，因而违章处罚也根据中央和省里的有关规定分别由两家执行。

1984年，全区推广驾驶员“违章记分卡”，对行车违章的，按照“违章记分标准”进行记分，年度年审时，累计记分情况，给予不同处罚。凡驾驶员一年内无违章记分的，可作为免审的重要条件，并参加年度安全驾驶员评比。

1996年1月，全区按照公安部、财政部和中国人民银行《关于改革交通违章罚款交纳办法的通知》的规定，统一使用新的《交通违章罚款通知书》，并规定交通违章分类用6位数代码分别表示适用的法律、法规、规章及其条、款、项。1998年1月1日，全区交警部门按照国务院颁发的《罚款决定与罚款收缴分离实施办法》，统一实行罚款决定与罚款收缴分离，以加强对罚款收缴活动的监督，保证罚款及时上缴国库。依法公正处理交通违章行为，保障公安机关交通管理部门依法实施道路交通管理，保护公民、法人和其他组织的合法权益，维护道路交通秩序。

2000年3月1日，《交通违章处理程序规定》开始实施，该规定对交警部门处罚的权限、程序、执行办法等都做明确的规定，凡不符合该规定的其他规定，一概废止。2004年5月1日，《道路交通安全违法行为处理程序规定》开始实施，该规定指出，公安机关交通管理部门及交通警察对违法行为的处理，应当遵循合法、及时、公正、公开和处罚与教育相结合的原则。对应当给予处罚的，依据违法行为的事实和法律、法规的规定作出处罚决定。

2005年11月14日，《交通警察道路执勤执法工作规范》开始实施。市公安局交警支队根据丽水实际，制定下发《查纠道路违法考核标准及办法》，加强路面执法的督查力度。2006年6月1日，全市开始实施《浙江省实施〈中华人民共和国道路交通安全法〉办法》。2008年，市局交警支队探索交通轻微违法执法机制。全市启用“机动车违法在非现场处理系统”。

2009年1月1日，修订后的《交通警察道路执勤执法工作规范》开始实施。新修订的工作规范对执勤执法用语、执勤执法行为举止、着装和装备配备、通行秩序管理、违法行为处理、实施交通管制，以及执行交通警卫任务、接受群众求助、执勤执法安全防护、执法监督与考核评价等方面都作具体详细规定。3月初，市局交警支队独立研发交警、财政、银行三家联网的全市交通违法罚款清分系统，实现交通违法罚款全市统一收缴、统一管理、统一清分，即采取交通违法行为发生地和车辆号牌所在地相结合的方式清算分配罚款。交通违法者在浙江省内的非现场交通违法行为，可以自由选择到违法行为发生地或丽水市任何一个交警大队违法处理窗口处理。4月1日，全市开始施行新修订的《道路交通安全违法行为处理程序规定》。

交通安全设施　民国时期，丽水全区交通安全设施只有部分里程标志和少数“放声”“缓行”等木制号牌，且因保护不力，大多残缺不全。

中华人民共和国成立后全区公路除部分里程标志，少数木制或水泥浇铸的急弯、学校、村庄等标志外，别无其他安全设施，且缺少保护。在城镇，交通标志和交通安全设施更是一无所有。20世纪80年代，车辆增多，公路和城镇交通安全设施建设引起重视。至1986年，330国道丽水段140千米的路面全部设置悬臂反光标志牌。

1987年，交通管理体制实行大改革，省交通厅和公安厅联合颁发《关于贯彻省政府改革交通管理体制补充通知的实施意见》，明确规定公路交通标志、交通标线的设置和日常维护，由公安机关负责，公路地名、分界标志、百米桩、里程碑等仍由交通管理部门设置和维护。

1988年，丽水城区增设各种标杆105根、各种交通标志牌183块、指路标志牌12块，画线45千米。1989年，全区完成境内省道634千米悬臂式标杆和标牌的设置任务，并在危险地段增设导向标志。1991年，丽水城区丽阳门十字街头设立全区第一座城镇交通岗亭，并开始在城镇繁华地段设置人行道横线、人行扶栏和隔离带。1993年，在设置城镇漆线路面标志的同时，完成丽龙线100多千米标志线和龙泉、云和、缙云、松阳等县（市）公路的指路牌、道口柱桩等设置任务。1995年，全区“122”交通事故报警电话开通，设报警站9个，负责调度交通事故的处理工作。1996年年初，丽水城区主要路口开始设置交警手势指挥台和红绿灯指挥仪。1998年，龙泉、庆元、缙云、遂昌4个县在交通要道增设安全监控点4个。缙云县交警大队还在“330国道”的事故频发地段3个增设“雷达测速区”告示牌，并安装360枚反光道钉6组。青田县交警大队在城区划置车辆分道线3500米。遂昌县增设道路指示牌22块、方向指标16块，并在事故多发地段增设交通禁令标志牌26块。全区的车辆、驾驶员管理全部实现计算机化。

2000年，全市城镇新增人行护栏202米，隔离带4201米。到年底，全市城镇设交通岗亭28处，红绿灯指挥台13处。全市国道、省道和城镇主要街道的交通标志标牌、分道线、人行横道线等基本完成。2001年，全市新增和改造多相位交通信号灯16处，新划交通标线22300米，新设标志牌390块，新增隔离护栏1200米。

2002年6月13日，市政府主持召开会议，专题研究落实城区道路投资建设计划，将维护经费列入城市维护费中，为市区交通基础设施建设理顺经费渠道。市区新增多相位交通信号灯10个，改造6个，施划交通标线22300米，新设标志牌390块，增设隔离护栏1200米。2003年，市局交警支队建立车载流动电子警察4个，完成330国道缙云、青田公路车辆监控系统2个。市区施划交通标线3700平方米，新设标牌68块，增设机关企业停车泊位2047个，完善城区学校20多所出口处的安全设施，市区主干道平均车速33.10千米/小时。

2004年，市区人民路、囿山路、和平路、寿尔福路增设路口红绿灯4组，市区路口交通红绿灯总数达到20组。新建的开发路、学院路、城北路、中山街北段等道路新划交通标线13千米，新增各类交通标志牌430块。重新漆划大洋路、解放街、丽阳街等道路交通标线7500平方米，更新交通安全护栏1500米。各县(市)城区学校、医院、养老院等场所交通安全设施得到较大改善。辖区省级黑点12处得到全面治理。全市投入974万元整治事故多发路口93个,完善各类交通安全设施。排查全市958.6千米国道、省道路段的限速标志,调整路段限速设置75处,确保公路限速交通标志设置的合法性与科学性。

2005年,全市公安交警部门完成省级事故黑点安全设施整改13处,增设人行道112米,减速带309米,道钉1300个,软体分道体150个,路肩硬化570平方米,其他标志1300块,震感标线350.1平方米,减速让行标志17块,黄闪灯11个,警示桩73个,中心实线895米,诱导标志83块。市区道路增加交通红绿灯13组,市区路口交通红绿灯总数达到42组(含水阁开发区),施划标线14520平方米,设置指路标志36块、禁令标志55块、警告标志31块、道口标志320块,单列柱82支、导向标志F杆23支、指路标志F杆76支。重新施划标线14000平方米,重新设置限速标志44块、危险品禁令标志18块、前方学校警告标志33块、指路标志76块、车道导向标志43块、机动车行驶标志34块、非机动车行驶标志34块、人行横道标志12块,增设隔离护栏1500米,橡皮警示柱50支。在丽阳街、花园路、紫金路、丽青路、解放街东段、栝苍路、囿山路、宇雷路、大洋路南段、大众街南段等路段施划增加临时停车泊位2708个,缓解市区停车难的压力。

2006年,公安交警部门投入科技经费,修建市区路口电子警察系统4组,实行路口交通动态全程监控。路面执勤民警配置6F测速仪1台、酒精测试仪4套、数码相机6台、车载移动照明设备1套、步话机等科技装备100台,购买巡逻摩托车2辆、6F测速用车1辆。安装路口信号灯8个,增划市区临时停车位20多个,设置标志牌83块,隔离护栏8400米,振感标线490米,热熔标线2250平方米,突起路标450颗,道口标柱24支,橡胶减速带60米。

2007年,市公安局继续加大交通科技经费投入,建设电子警察和智能卡口。在新建道路路口安装红绿灯11组,市区路口红绿灯达50组,新增移动式交通信号灯5组,在原有4组电子警察系统的基础上,增加电子警察系统9组,有效遏制市区"闯红灯、乱穿马路、逆向行驶、不按规定车道行驶"等交通违法行为。在江滨路、长虹路、北苑路等新建路段设置指路、限速、禁停、辅助、人行横道等各类标志牌408块,设置道口标柱72支、橡胶减速带200米,施划热熔标线21983平方米,利用标志牌背面刷写交通安全警示标语190平方米,确保市区道路交通安全、畅通、有序。在市区新划临时停车泊位348个、补划临时停车泊位2755个、清除临时停车泊位17个,补划道路标线18799米、清除标线1154米,购置安装隔离护栏1000米、爆闪灯5盏。

2008年,公安交警部门加强建设全市省际、市际卡口22组,发挥监控系统在查处交通违法、侦破交通肇事逃逸案件、打击盗抢机动车等方面的作用。从6月开始,全市智能监控卡口投入试运行22组。11月,在市区丽阳路与大洋路、解放街与大洋路、绕城东路与水东大桥等路口3个安装电子警察3组。松阳县投入20多万元更新维护县城红绿灯及电子警察系统5组。

2009年,全市新建的省、市际卡口拦截系统22组投入使用,增加路口红绿灯33组,并在路口12个增设电子警察。全市路面执勤民警均配备移动警务通,增加6F测速仪3台、酒精测试仪22台、对讲机56台,推广应用交警队信息平台系统,提高民警的日常执法工作效率。在事故多发点段增设大批反光标志、标志标线、减速带,在临水临崖危险路段安装钢质护栏323千米、浇筑水泥护墩,所有事故多发点段、临水临崖危险路段全部治理到位。2010年,投入5700多万元建设交通指挥中心,电子警察从原来的16组增加到71组,红绿灯的信号配时实现智能调控,交通指挥疏导能力明显提高。

车辆管理

机动车辆牌证管理 民国22年(1933)丽水出现汽车，丽水的汽车一开始就纳入公路交通部门正规管理的渠道。民国23年，省公路管理局在丽水设立第四区管理处(后改为第三区管理处)后，加强对车辆和驾驶人员的管理，严格执行省公路管理局制定的《浙江省公路行车规则》。

中华人民共和国成立初，丽水机动车辆牌证管理沿袭旧制，仍由省公路管理局直接管理。1950年3月，中央人民政府政务院颁发《汽车管理暂行办法》。随后，交通部又颁发《汽车管理暂行办法实施细则》。9月，根据省交通管理局颁发的《汽车总检验换发牌照暂行办法》规定，全区民用机动车辆进行中华人民共和国成立后首次牌照全面换发工作。1961年5月，开始分地区编号。1969年8月，开始换用铁质凸字新牌号。

1980年7月1日，根据公安部、交通部的规定，浙江省统一使用"浙江"新号牌。1986年12月，根据公安部、交通部《关于使用新的机动车号牌的通知》，全省统一换发"八五"式新号牌，其号牌按上下排分地区编号。1988年4月，按照全国统一规定，全区公安系统开始启用公安专用车辆号牌，分汽车号牌和摩托车号牌两种，浙江代号为"GA33"。

1994年10月，全区开展换发启用新牌证工作，并规定1996年7月1日为旧牌证使用的最后期限。地区和县一级建制的出租车，不另使用"T"字母代号。公安号牌统一改为"浙O"代号，分蓝、白两种底色。

2000年，撤地设市后，原丽水市(县级)改为莲都区，汽车牌号的注册编号代号为"浙KA"，市区的出租车牌号的注册号全部改为"浙K•T"代号，其他车辆代号不变。2005年，全市实行机动车注册上牌"一窗制"，实行驾驶人办证、换证"一站式"、一条龙服务和168电话预约等服务。

2007年，全市加强对重点车辆的安全监管，严把车辆注册登记关。5月，市局交警支队将龙泉、庆元汽车注册登记业务权限下放到龙泉市车管所办理。2008年，市局交警支队增加庆元、龙泉、遂昌汽车上牌点，松阳籍车辆可以自由选择到遂昌或丽水上牌。10月1日，全市实施《机动车登记规定》。

机动车辆检验管理 丽水车辆检验始于1950年3月，中央人民政府政务院颁发《汽车管理暂行办法》。1951年，按照政务院《汽车管理暂行办法》规定，全区首次开展对所有公、商机动车辆的年度检验，规定逾期不检验不得行驶。1953年，丽水车辆监理小组成立后，改进汽车年检制度，将年检时间提前在运输淡季进行，年检的重点是私车，公车以自检自验为主。

1958年，提倡多装快跑，挖掘潜力，检验制度未能按规定执行。1963年，省里重申车辆检验的必要性，并要求所有木炭汽车一律改为汽油车，车辆检验一般均须通过二级、三级保养，部分车辆应通过大修或小修进行，车检制度恢复正常。

1980年2月，《中华人民共和国机动车制动检验规范(试行)》颁发，车辆检验开始着重于加强车辆日常维护保养和改善、提高车辆技术状况。在1981年9月的年检中，全区一次就封存老旧汽车59辆，报废4辆。1982年，在对车辆全面检验的同时，把重点放在大小客车上，严把检验质量关。全区车辆年度检验按牌号末位数分月进行。对实行计划保修制度的车辆单位，按车辆牌号加以调整，在2年内保修完毕。1987年9月，全区道路交通管理体制大改革，车辆检验登记工作移交公安交警部门负责。

1991年8月，丽水地区机动车辆安全技术检测站成立。10月，改为丽水地区机动车辆检测中心，购置先进的车辆检测设备，取代长期以来人工目测、耳听、手摸、脚踩的旧式检测方法。此后，全区机动车辆检测工作全部按照公安部颁发的《机动车辆安全技术检测站管理办法》和《机动车运行安全技术条件》的规定执行，年检测车辆从数百辆提高到上万辆。

2002年，全市交警部门按省公安厅部署，开展机动车检测站整顿工作，脱离原设在站内的调试服务部并实行围墙隔离。2003年，全市完成交巡警四级网络建设，车管检测中心接入信息网。车辆检测系统引进指纹识别、人员IC卡管理等信息系统，采取防伪措施提高车辆检验的真实性。新车管大楼、检测中心投入使用，检测站通过全省规范化建设考核验收。全年检验汽车29941辆，摩托车30770辆，清理出两年以上未年检及达到报废年限的车辆3101辆，对应报废的2990辆汽车，实际报废2765辆，报废率92.5%。

2004年，丽水市按照《中华人民共和国道路交通安全法》及其实施细则的规定，加大对“大吨小标”等违规车辆注册登记和检测的监管力度。排查出“大吨小标”车辆3004辆，更正2697辆。检测站检验汽车36866辆，参检率87%，检验市本级摩托车32833辆，参检率85%。2006年，全市公安交警部门对客运车辆、危险化学品运输车辆、学生接送车辆及其驾驶人实行户籍化管理，做好车辆、驾驶人等基础信息的登记、变更和统计。全市排摸录入重点车辆3113辆，其中营运客车2814辆，危险化学品车辆247辆，学生接送车52辆，驾驶人3665人。全市全年检测机动车128867辆，报废各类机动车3778辆，对汽车9265辆、摩托车13106辆制发催检通知书；查处无牌无证机动车1371辆，报废车81辆，销毁报废车552辆。5月10日，丽水市首条县级汽车检测线在龙泉投入使用。2007年，市局交警支队对1706辆春运客运车辆进行临检，保证春运交通安全。

2008年，市局加强重点车辆及驾驶人户籍化管理，对营运客车、危险品运输车、中小学生接送车、在丽水市从事交通运输的外省籍货车等4类车辆及驾驶人的基础数据排查和信息录入，对上述车辆实行“户籍化”管理。

拖拉机和农用运输车辆管理 20世纪50年代，交通管理部门不对拖拉机发牌证，也不将其纳入交通管理范围。1973年，省交通邮政局颁发《浙江省手扶拖拉机交通管理办法》，正式开始对拖拉机纳入交通管理范围。

1982年，省政府作出《关于拖拉机安全监理工作分工问题的批复》，规定对行驶在公路上的拖拉机的路检路查，以交通管理部门为主，公安和农机管理部门配合。1984年2月，国务院《关于农民个人和联户购置机动车船和拖拉机经营运输业的若干规定》下达后，省政府作出新规定，丽水地区按省里的新规定执行。1987年，农用拖拉机仍由农机部门管理，投入客货运输的拖拉机，开始由公安交警部门统一管理。

20世纪90年代，全区农用“小三轮”“小四轮”客货运输车辆迅速增多，城区交通拥挤，秩序比较混乱。1993年3月，丽水市（县级）交警部门在丽水城区开始对穿越市区的部分路段实行车辆限时行驶，并禁止拖拉机等低速车通行。1997年，丽水地区开展集中整治农用运输车活动。1998年，丽水市（县级）规定在丽水城区禁止拖拉机和农用运输车辆进入。其他县（市）也对进入城区的拖拉机和农用运输车辆进行限制。

2006年，市局交警支队对拖拉机、农用车载开展专项整治，客运实行“逢车必查，逐车登记”。2007年，市局交警支队加强对外省籍拖拉机及驾驶人的管理，在全市范围内组织开展为期80天的拖拉机交通安全专项整治。2008年，市局交警支队联合农业部门开展农村道路交通安全集中整治工作，重点整治低速载货汽车、三轮汽车、拖拉机载人等违法行为。

非机动车辆管理　中华人民共和国成立初，省公路局下属各管理站负责管理非机动车辆公路行驶事宜。自行车牌照申领工作由各县税务部门负责。

1967年，全区开始停止征收脚踏车牌照税，不再制发牌照。1975年11月10日，丽水县公安局率先发出通告，在全县恢复自行车使用牌照行驶。其他各县相继实施。1978年3月，省公安厅转发公安部《关于自行车管理工作的通知》，规定自行车使用牌照统一由县（市）公安局制发。1982年5月，省公安厅公布《浙江省自行车管理暂行规定》，进一步完善新购自行车的各项管理制度，一直执行至2010年。

1985年，非机动车辆划归公安交警部门统一管理。1990年，各县（市）全面整顿自行车1次。据丽水市（县）统计，重新登记的自行车有127120辆。

1991年4月，省公安厅下发《关于抓紧做好非机动车归口管理工作的通知》，各县（市）公安交警部门专门建立非机动车辆管理所，负责对非机动车辆的登记、发证、换发牌照等管理业务。1997年，青田县交警大队率先在鹤城镇实行人力三轮车单、双日隔日轮换营运制度，并在某些地段禁止三轮车通行，后在全区推广。

2005年，市局交警支队开展人力三轮车闯禁整治和无牌无证三轮车整治。市区设置人力三轮车单双号通行标志20块。

驾驶员管理

证照管理和考核审验　1950年9月，根据省交通管理局下发的《汽车管理暂行办法实施细则》《浙江省汽车驾驶人考换执照暂行办法》的规定，对全区在中华人民共和国成立前领有驾驶执照或中华人民共和国成立后领有各级政府所发执照的汽车驾驶人员，一律于规定限期内，向指定地点申请登记。1953年后，执行国家交通部修订后颁发的《汽车管理暂行办法实施细则》。1964年1月，全省试行国家交通部颁发的《机动车驾驶员考试暂行规定》。

1970年3月，执行省交通厅《浙江省机动车驾驶员考试评定试行办法》的规定。1973年1月，执行省交通邮政局制定《浙江省机动车驾驶员考试办法》。1974年，执行省交通部门颁发《机动车驾驶操作禁令》。1975年，拖拉机驾驶员审验交由农机监理部门负责。

20世纪80年代初，开始实行私营汽车聘用驾驶员的申报制度，以加强管理逐渐增多的私营汽车驾驶员。1985年6月，地区车辆监理所规定，凡遗失驾驶证的驾驶员，必须先在《浙江日报》上刊登“遗失声明”后，方可申请补领驾驶证。1989年后，改在《公安交通报》。1989年11月，根据省公安厅《关于启用、换发新机动车驾驶证工作的意见》，全区开始启用全国统一的新驾驶证。换证时间规定到1990年年底止。全区换发新证31799人，其中大小汽车驾驶员5256人，运输农用车辆驾驶员2153人，拖拉机驾驶员20639人。

1992年，根据公安部等5个单位联合下发的《关于清理整顿汽车驾驶员出车所带证件的通知》精神，全区交警部门规定，自6月1日起，驾驶员出车必须携带“三证”，即驾驶证、行驶证和道路运输证。全区还推行交警、车属单位和驾驶员的二级安全责任制，落实“谁主管、谁负责”的综合治理措施。1996年9月1日，全区交警部门开始执行《中华人民共和国机动车驾驶证管理办法》。

2004年，新的机动车、驾驶人信息管理系统投入使用。5月1日，开始执行公安部《机动车驾驶证申领和使用规定》。2007年5月，汽车驾驶证补证、换证业务权限下放到各县（市）车管所。

2008年，市局交警支队下发《关于进一步加强重点车辆及驾驶人户籍化管理的通知》。同年，组织记满 12 分的驾驶人 1187 人、自愿申请减分的驾驶人 396 人，进行道路交通安全法律法规学习并考试。首次对持外省驾驶证的“三类车辆”驾驶人、本省籍驾驶人持外省驾驶证发生严重交通违法行为或有责任交通事故的，进行相关交通安全常识和技能测试。全市持外省驾驶证的驾驶人 442 人参加技能测试，测试合格 299 人，测试不合格 143 人。

驾驶员培训　1970 年前，全区无驾驶员专门培训机构。1971 年，地区交通部门在龙泉小梅创办汽车驾驶员培训班，后更名“丽水地区汽车驾驶中等技术学校”。

1985 年，各县推行“以运代训”，时间一般为半年，期满后，经县车辆监理部门统一考试合格，发给实习驾驶证，实习一年后，换成正式驾驶证。1989 年 8 月 23 日，地区公安处创办“丽水地区机动车驾驶员培训中心”。至 1992 年，培训学员 3333 人次，其中初训驾驶员 1307 人，社会复考班 516 人，交通管理学习班 1510 人次。1993 年 3 月 1 日，经地区教育委员会批准，培训中心更名丽水地区机动车驾驶员培训学校（简称“公安汽校”），有教职工编制 12 名，址设桃山大桥南岸，总面积 6300 平方米，建设规模每期 500 人。1994 年，开始招收初训班。至 2000 年，学校发展成为拥有各类教练车 68 辆，教学楼、教练场等设备齐全的驾驶员培训基地。公安汽校先后培养机动车驾驶员 7313 人，同时还举办各种短训班，培训学员 26489 人。

1989 年起，地区公安局根据国家公安部《机动车驾驶员培训学校（班）管理办法》的规定，全面清理和整顿全区驾驶员培训单位。至 2000 年年底，全市保留的培训单位有丽水市机动车驾驶员培训学校（即“公安汽校”）、丽水市农机培训学校、丽水市汽车技术学校、丽水军分区驾驶员培训班、青田侨乡汽校和缙云汽校 6 家。

1994 年开始，地区交警支队和各县（市）交警大队分别创办交通安全教育学校和分校，对年审换证、违章、肇事的驾驶员举办安全教育学习班。至 2000 年年底，全市举办学习班 3000 多次，受教育驾驶员 1 万多人次。

2000 年，驾驶员理论科目考试实行无纸化，当场公布成绩，不合格的考生，可当场补考。全市通过无纸化考试 4300 多人。2004 年，组织记满 12 分的驾驶人 221 人，进行道路交通安全法律、法规学习并考试。同年，全市受理学习汽车驾驶报名 36177 人，学习摩托车驾驶报名 51000 人，其中市本级 9362 人。培训考试合格汽车驾驶人 23991 人，摩托车驾驶人 46772 人，其中市本级 7961 人。

2005 年，全市受理学习汽车驾驶报名 42000 人，学习摩托车驾驶报名 4690 人。安排汽车科目二桩考仪考试 45796 人，考试合格 39323 人，安排科目三考试 46645 人，考试合格 40748 人。市本级安排摩托车考试 5048 人，考试合格 4379 人。

2007 年，全市受理学习汽车驾驶报名 29954 人，市本级学习摩托车驾驶报名 2680 人。科目一考试 4.6 万多人次，合格 3.4 万多人次，科目二考试 2.9 万多人次，合格 2.5 万多人次，科目三考试 3.1 万多人次，合格 2.6 万多人次。春运期间，全市交警部门组织驾驶员 3050 人学习交通安全教育。

交通事故与处理

道路交通事故　丽水市道路弯多坡陡，是交通事故多发的区域之一。自 1963 年 5 月恢复丽水专署到 2010 年年底[1]，全区发生道路交通事故 51911 起，死 9200 人，伤 24335 人。其中，在一次交通

① 缺 1968 年、1969 年和 1985 年数据。

事故中死亡10人以上的特大交通事故有17起，一次交通事故死亡20人以上的有6起。

1963—1965年，丽水专区平均每年交通事故发生数不到30起，平均每年死亡人数12人左右。1966—1976年的“文化大革命”期间，平均每年交通事故发生数上升到126起，平均每年死亡人数上升29.50人。

1986年，全区交通事故发生数突破1000起。1998年，全区交通事故发生数突破2000起。2002—2004年，全市交通事故发生数连续3年突破3000起。因交通事故受伤、死亡人数也连创新高。1977—2000年，平均每年交通事故发生数10700起，平均每年死亡人数207人。2002—2008年，平均每年交通事故发生数2373起，平均每年死亡人数354人。

交通事故处理 中华人民共和国成立初，公安和交通管理两个部门共同负责公路交通事故的处理。1953年12月前，丽水的交通部门未设交通监理机构，交通事故的处理均由省公路管理局依据中央人民政府政务院和交通部的有关规定执行。

1950年3月，中央人民政府政务院公布《汽车管理暂行办法》和交通部制定《汽车管理暂行办法实施细则》。1951年5月，公安部公布《城市陆上交通管理暂行规则》。此后，全区交通事故统一参照上述规定处理。

1959年10月，省人民委员会颁发《浙江省汽车管理暂行办法》《公路交通规则》。1961年11月，省交通厅制定《机动车行车肇事处理办法》。

1986年7月，省公安厅、交通厅经省人民政府批准，颁发《浙江省道路交通事故处理暂行规定》。此后，全区统一执行上述规定。

1987年9月，公安部门接收全区交通管理职能，开始负责道路交通管理及交通事故处理。1992年1月1日，全区开始执行《中华人民共和国交通事故处理办法》。8月，公安部颁发《道路交通事故处理程序规定》。此后，地、县交警部门均按上述两个法规执行。

1995年，全区交警部门开通“122”交通事故报警电话，提高交通事故快速处理能力。1999年，地区交警支队制定侦破逃逸事故预案，并在原有监控点的基础上，又增设2个监控点。2000年6月18日，全区首次重大交通事故听证会在丽水举行，将交通事故损害赔偿的调解工作全面移交法院，交警部门只负责勘查、认定。

2003年，市政府成立丽水市预防道路交通事故领导小组。市安委会、市公安、市交通、市民政、市卫生、市环保部门联合制定交通事故快速联动紧急救援机制。市公安、市交通部门建立联席会议制度，定期通报情况，解决公路交通安全存在的问题。

2004年5月1日，全市开始实施《交通事故处理程序规定》。2005年5月1日，开始实施《交通事故处理工作规范》。2006年，全市发生交通逃逸事故54起，侦破44起，侦破率81.50%，其中死亡逃逸事故21起，侦破18起，侦破率85.7%。

2007年，全市交警部门购置“110”单警装备50多套，规范事故处理民警现场取证和着装携装，增强事故处理民警取证意识和能力。

2008年12月8日，市公安局交警支队召开机动车轻微物损交通事故自行协商处理工作研讨会，传达《实施〈浙江省机动车轻微物损交通事故自行协商处理暂行规定〉通知》精神，学习义乌市在机动车轻微物损交通事故自行协商处理工作上的经验。12月21日，轻微物损道路交通事故快速处理机制开始在全市推广。

2009 年 1 月 1 日，《道路交通事故处理工作规范》与新修订的《道路交通事故处理程序规定》开始在全市实施。

1963—2010 年丽水市道路交通事故一览

表 30-1-5-1

年份	发生次数(次)	死亡人数(人)	受伤人数(人)	直接经济损失(万元)
1963	9	8	28	3.50
1964	22	4	15	0.14
1965	28	23	19	—
1966	17	9	10	—
1967	11	3	15	—
1968	—	—	—	—
1969	—	—	—	—
1970	60	18	10	—
1971	103	32	95	—
1972	152	24	161	—
1973	162	32	117	6.80
1974	183	40	194	14.23
1975	202	44	212	9.68
1976	246	64	225	16.44
1977	309	46	207	15.36
1978	368	82	238	26.36
1979	361	58	278	19.94
1980	387	72	243	15.94
1981	444	96	294	17.09
1982	498	114	313	14.56
1983	639	163	417	48.86
1984	589	121	340	39.93
1985	—	—	—	—
1986	1027	144	667	131.68
1987	1383	292	895	184.62
1988	1287	241	823	187.92
1989	1270	248	786	196.57
1990	1195	221	789	286.20
1991	1305	281	886	222.70
1992	1030	311	887	425.49
1993	1049	275	909	535.55

续表 30-1-5-1

年份	发生次数（次）	死亡人数（人）	受伤人数（人）	直接经济损失（万元）
1994	1094	270	949	728.03
1995	1292	275	1072	933.27
1996	1569	410	1519	1300.70
1997	1829	363	1560	1571.39
1998	2022	333	1800	1788.30
1999	2865	380	2307	2183.13
2000	3045	380	2278	2442.23
2001	2938	318	2451	2202.87
2002	3016	371	2516	2482.61
2003	3274	409	2513	2928.22
2004	3286	389	3303	1726.94
2005	2602	340	3365	891.14
2006	2028	334	2767	682.24
2007	1521	330	2074	355.14
2008	883	299	1120	297.45
2009	689	279	812	129.79
2010	577	269	687	151.07

第六节　户政管理

清光绪二十九年（1903），《浙江试办警察章程》明确规定清查户口是履行警察职能的首要手段。

民国 23 年（1934）11 月，国民政府开始推行保甲制度，把城乡户政管理纳入保甲制度。民国 30 年，开始按保甲区划分警管区，设立保警，与保甲户口管理制度相结合，实施警察勤务。民国 34 年 1 月，丽水县曾一度调整保甲编制，实行数户联保联坐制度，一户犯法，各户同罪。

1950 年，专署公安处根据《浙江省各市县户口管理暂行办法》《户口违警暂行罚法》，制定《丽水区治安行政、户籍统计报告制度的规定》《水上户口管理补充意见》，开始管理城镇户口和水上户口。1958 年 1 月，《中华人民共和国户口登记条例》颁布后，发放全国统一的户口簿册，建立健全户口管理制度。同时，建立完整的人口统计报表制度。

1985 年开始，对全区符合申领居民身份证条件的公民颁发居民身份证。同年，由点到面地推行计算机管理人口信息，用于办理户口登记、人口统计、查询人口信息。1996 年以后，全区逐步推行农村户口城市化管理和小城镇户籍制度改革，进一步改革和完善户籍管理制度，促进农村户口管理科学化、规范化。1999 年年底，全区的乡管户口由公安派出所进行管理。2000 年撤地设市后，全市推行城镇户籍改革，解决长期遗留的“黑户”问题。

常住人口管理

管理机构 清宣统二年(1910),省警务公所内部规定由行政科具体负责全省户政工作,并开始组织各县巡警局清查城镇户口,编制住户门牌。

民国4年(1915),北洋政府内务部公布《县治户口编查规则》,规定县治户口编查事务以县知事为直接监督,住户分编牌甲,以10户为1牌,10牌为1甲。民国12年,省巡按使公署公布《浙江省户口登记暂行条例》,规定省、县政府设立户口登记事务所,掌握城镇户口和乡镇的户口管理。民国17年,省政府又颁布《浙江省户籍条例》,确定由民政厅掌管户政工作,各县由县政府主管,乡镇设有警察机构的,由警察部门负责,未设警察机构的,专设户籍干事。民国23年11月,国民政府开始推行保甲制度,设有保2598个、甲30415个,规定每保由副保长(保队附)1人兼任户籍员。民国30年,开始按保甲区划分警管区,设立保警,与保甲户口管理制度相结合,实施警察勤务,直到解放前夕。

中华人民共和国成立后由公安部门负责城镇户籍管理。公安部门负责户籍管理的基层单位是派出所。1949年9月,全区首批建立城镇派出所6个,其中丽水、龙泉各1个,松阳、缙云各2个。各县公安局和派出所均配有户籍员(民警),具体负责户籍管理工作,归属治安科。农村的户口管理工作原由民政部门负责,1956年5月,各县根据省政府规定,先后由民政部门移交给公安部门统一管理。

1958年秋,农村人民公社化后,农村户口管理逐步形成以生产队为基础,实行公社、生产队两级管理机制。1964年7月,公安部下达《关于在人口普查结束后,加强户口管理工作的通知》,规定由公社文书和生产队会计担任社、队户口员,进行户籍登记管理工作。

1980年,丽水地区加强基层派出所建设。至1983年,城乡派出所由20世纪70年代末的13个发展到65个,至1988年发展到73个,城乡户籍管理明显加强。1989年10月,地区公安处增设户政科,户政管理开始从治安科分出,并与身份证办公室合并,两块牌子一套人马。各县公安局也相继单独设立户政管理科(股),负责户口管理工作,包括户口调查、户口审批、人口普查、暂住人口管理、人口统计等。

2001年11月,市公安局户政科合并到治安支队。各县(市、区)户政管理科也相应合并到治安大队。

城镇户口管理 1949年11月中旬,丽水城区率先开展户籍登记工作。不久,其他各县也相继开展,至1950年1月,基本完成登记工作。全区有城镇人口16156户、62138人,其中男32649人、女29489人。

1950年2月,丽水地区城镇普遍建立来客登记制度,并规定实行户口迁出、迁入登记,结婚、离婚登记,居民外出应领取通行证等制度。同月14日,丽水城区首次组织户口检查,参加人员360多人,检查出无户口的300多人,逮捕土匪、匪线26人。5月,专署公安处根据浙江省人民政府颁发的《浙江省各市县户口管理暂行办法》和《户口违警暂行罚法》,制定《丽水区治安行政、户籍统计报告制度的规定》,规定各县辖区内的居民,不论属何国籍、民族、职业应一律登记户口,报告变动,遵守管理。8月19日,丽水专员公署下发《关于办理登记公共户口的通知》。

1951年5月,根据省公安厅部署,丽水地区进一步开展城镇户口登记,掌握户口动态,健全各种异动申报登记制度,并建立内勤统计和汇总、上报制度。同年,据丽水地区15个城(集)镇统计,有城镇户口255269户、881334人，其中男478767人、女402567人。1952—1953年，各县公安局根据国家公安部《城市户口管理暂行条例》和华东军政委员会公安部《华东城市户口管理暂行细则》，又一次普遍进行城镇户口登记工作，并开始发放户口簿，杜绝漏人漏户。1958年1月《中华人民共和国户口登记条例》颁布后，根据全省统一规定，换发新的户口簿和户口登记簿。1961年冬，全区公安机关贯彻以家庭为单位，在常驻地登记常住人口为原则，开展城镇户口调查。1962年7月，根据公安战备部署，各县公安局均增加户籍民警，坚持上门报户口，开展户口调查，加强对城镇人口的管理。

1980年，丽水地区城镇派出所13个加强户口管理工作。青田县城关镇派出所普查"文化大革命"以来全镇户口，纠正重、漏、差、错人员524人，占全镇总人口的2.48%。遂昌县城关派出所对全镇户口进行新户口簿的换发工作。1984年12月，地区行署批准公安处《关于解决无户口人员落实问题的报告》，全区根据此文件落实无户口人员1802人。1987年6月3日，地区公安处发出《关于下达1987年度的"农转非"指标的通知》，要求各县(市)公安局对2‰农转非"内部"控制指标严格掌握使用[其中1.5‰的农转非指标由各县(市)公安局审批，0.5‰的农转非指标报地区公安处批]。1990年5月12日，地区公安处发出《关于办理"农转非"审批工作的几项规定》。

1995年2月，地区公安处成立推广运用人口信息计算机管理系统建设领导小组，并下发丽水地区《运用人口信息计算机管理系统建设规划》，积极推广人口信息计算机管理。1997年5月13—14日，地区公安处在青田召开丽水地区户政工作会议，研究部署户籍改革工作。并确定温溪、壶镇为全区小集镇户籍改革试点单位，之后在全区推广，有乡镇123个、人口170万完成农村户口城市化管理，分别占总数的63.4%和69%。1999年11月16日，全区户籍人口全部实行计算机管理。

2000年，撤地设市后，全市进一步规范和改革城镇户籍管理工作，市公安局先后发出《关于抓紧落实全市未落常住户口人员户口的意见》《丽水市城镇户籍管理制度改革方案》，规范全市公民申报出生登记和申报落户登记制度，解决丽水市长期遗留的"黑户"问题。

2008年5月，执行省公安厅制定《浙江省常住户口登记管理规定(试行)》，全面系统地规范常住户口的登记管理工作，简化办事程序和办理手续。2010年11—12月，市局按省厅部署要求，推进人口信息数据维护，重载和质量管理工作，市级常住人口信息管理系统运程升级为V3.0版本，实现省、市两级常住人口信息"当日变动，当日维护"。

农村户口管理　中华人民共和国成立初，农村户籍人口管理归乡政府负责。1953—1954年，结合第一届基层选举，根据中央人民政府颁布的《人口调查登记办法》，各县首次进行人口调查登记，并将调查登记表以乡村为单位装订成册，作为农村户口登记簿。1954年9月，内务部《关于户口登记暂行办法(草案)》规定，户口登记由民政部门主管。1956年年初，各县公安部门接管农村户口的管理工作。

1958年人民公社化后，农村户口由人民公社管理，生产队登记，逐步形成农村户口管理以生产队为基础，实行公社和生产队两级管理机制。1960年，户口簿册改为人口卡签管理，卡签分公社和生产队两种，每人各填1张。1964年7月，全区公安机关贯彻执行公安部《关于在人口普查结束后，加强户口管理工作的通知》，任命公社文书和生产大队会计担任社、队户口员。

1981年，丽水地区对农村户口进行全面整顿，农村乡镇重建户口簿册，恢复各项户口登记制度。1984年2月25日，地区公安处《关于下达1984年户口迁移控制指标的通知》，要求各县公安局分期分批，有计划地对农转非按1.50‰指标进行审批。1984年11月16日，地区行署《关于批转地区公安处“关于农村进入集镇落户问题的报告”的通知》，在丽水地区各县贯彻落实。1985年，全区办理农民自理口粮在城、集镇落户的3480户20479人。1986年，通过户口整顿，全面整理建立户口内外册，换发村级户口簿1589本。1999年4月，丽水地区取消农转非计划指标控制，实行按常住地落户的原则，各县的乡管户口全部由辖区公安派出所接管。

2009年3月，形成《关于原为农业户籍的大中专毕业生回原籍落户问题的意见》。同年，办理大中专毕业生“非转农”户口1700多人。2010年，全市办理大中专毕业生“非转农”户口2659人，解决“非转农”问题。

水上户口管理　1949年，航道长1030千米，其中可通木帆船的航道约有561千米。当时，全区有小型尖头船3000多只，到埠头登记的有2227只。1950年9月，丽水专署下发《丽水专区水上户口管理暂行办法》，专署公安处又提出《水上户政管理补充意见》，规定凡流动船只均须办理户籍登记。至1952年1月，全区有水上船只4200只、船民5932人。1953年9月中旬至10月下旬，专署公安局水上派出所对水上户口进行复查，对遗漏户办理补登手续。

1981年，地区公安处根据国务院《关于水上户口整顿和水上人口普查的初步意见》，开展水上户口整顿工作，全区以船为家的船民2000人。1985年，改为给每只船发给“水上船舶户口簿”。1993年3月1日起，将原纸质“船民证”“临时船民证”一律换发成64开塑封式“船舶户口簿”。至1995年，全区公安户政部门换发船舶户牌1740只，其中1万千克以上1210只，1万千克以下530只。

流动人口管理

1951年2月，地区公安处根据省人民政府《浙江省各市县户口管理暂行办法》《浙江省户口违警暂行罚法》，规定居民家中有来客住宿1个月以上的，由户主或住户主要人于当日持证明、证件向公安机关申报来客住宿登记。

1952年5月，地区公安处执行省公安厅下发《关于简化户口异动手续的通知》，对流动暂住人口作出规定。居民外出的，应向公安机关报告，发给通行证。对流动商贩等经常外出者，发给长期通行证。同月，各县公安机关贯彻执行华东军政委员会公安部制定的《华东城市户口管理实施细则》，来客住宿超过3日者，须由户主于3日内持户口簿向公安局或派出所报告。

1958年1月，各县公安机关贯彻执行《中华人民共和国户口登记条例》和省公安厅《关于认真执行〈中共中央、国务院关于制止农村人口盲目外流的指示〉的通知》，健全暂住人口的登记、管理制度。

1962年战备期间，各县强化对流动暂住人口的管理工作。1963年，各县公安机关依靠当地党委和政府，发动居民干部和群众互相监督，遵守户口管理制度。

“文化大革命”期间，暂住人口管理处于失控状态。

1983年后，全区公安机关执行省公安厅下发《关于农村劳动力进城暂住申报临时户口的规定》，对进入城镇从事建筑、运输、装卸等行业以及其他零散杂工的农村劳动力，规定用工单位应于3日内向住地派出所申报暂住、登记临时户口。1987年6月，地区公安处执行省人民政府《浙江省城镇暂住人口登记管理办法》，全面推行暂住证制度。

1990年5月，全区登记暂住人口64019人，颁发暂住证14052份。1993年，地区公安处积极改革户口管理制度，全区审批蓝印户口1561人。1995年，全区登记暂住人口63654人，其中新登记13970人。发暂住证47711人，其中新发证11413人。1997年9月3日，地区流动人口管理协调小组成立。10月，地区公安局下发《充分履行职责，强化流动人口管理的通知》，要求各县公安机关健全管理网络，完善管理制度。同年，全区登记暂住人口63000多人，发暂住证47000多本，有90个集镇和派出所设立暂住人口管理领导小组，设登记站245个，有专兼职协管员。

2000年，全市公安机关开展暂住人口、外出人口的清理、整顿、登记、发证工作，查明全市有流动人口190623人，新发放暂住证16259本。2006年3月，丽水市组建流动人口协管员队伍，将所需经费列入年度财政预算。同年，全市登记暂住人口5万多人。2006年开始，协管员队伍组建并投入工作后，流动人口网上登记数显著增加，同年，全市的登记数近37万人，2007年达38万多人，2008年42万多人，2009年48万多人。

2009年10月1日，《浙江省流动人口居住登记条例》正式施行，在流动人口服务管理中实行居住证制度。至2010年8月10日，全市发放临时居住证227801本。因丽水各县（市、区）还没有制定相关的配套政策，浙江省居住证没有正式发放。

人口统计

清宣统三年（1911），全省开展警察机构建立以后第一次人口调查统计，处州各县总人口为707697人，其中男375211人、女332486人，有学童数19833人、壮丁数119153人。

民国24年（1935）调查，全区有312512户，1279896人。抗日战争时期，丽水是浙江的大后方，人口流入甚多。民国30年调查统计，全区有328991户，1364809人，其中男761363人、女603446人。民国34年调查结果，全区人口282l80户，1206954人，其中男660214人、女546740人。民国37年1月统计，全区总户数267045户，总人口1120496人，其中男607677人、女512819人。

中华人民共和国成立初，城镇人口统计工作由专署和各县公安部门负责，农村人口统计工作在1956年5月前归民政部门负责。1956年，农村人口管理工作由民政部门移交公安部门统一管理后，人口统计工作也一并移交公安部门管理。1958年2月，省公安厅召开各地（市）、县治、户籍科、股长会议，贯彻公安部和国家统计局召开的第一次全国人口统计工作会议精神。

至1973年，全区逐步恢复人口统计工作，并搜集、补充前几年断档的数据。

1981年5月8日，全区公安机关配合第三次全国人口普查，根据省公安厅部署，开展户口调查工作。1990年，结合第四次全国人口普查，对户口进行调查摸底，解决人户分离9050人，解决口粮待定3420人，订正重登户口492人，应销未销11484人、漏登户口8234人、更正户口项目差错27184项、变更户口项目57422项。

1997年11月24—28日，全区年度人口年报会议在丽水市（县级）公安局召开，地区公安局要求各县（市）公安局一律运用统计程序完成年报工作。

1949—2010年丽水市户数人口情况一览

表30-1-6-1

年份	总户数（户）	总人口（人）			户均人口（人）	性别比（女:100）
		男	女	合　计		
1949	309105	633437	538669	1172106	3.80	117.60
1950	321393	647068	553316	1200384	3.70	116.90

续表 30-1-6-1

年份	总户数（户）	总人口（人）			户均人口（人）	性别比（女:100）
		男	女	合　计		
1951	335727	656571	559807	1216378	3.60	117.30
1952	341155	664853	569172	1234025	3.60	116.80
1953	349102	680343	583746	1264089	3.60	116.50
1954	352289	692493	592634	1285127	3.70	116.90
1955	357489	700230	610941	1311171	3.70	114.60
1956	364699	714621	620897	1335518	3.70	115.10
1957	372860	728651	638296	1366947	3.70	114.20
1958	381146	739885	648596	1388481	3.60	114.10
1959	375692	752792	659461	1412253	3.80	114.20
1960	371238	748145	659042	1407187	3.80	113.50
1961	377572	737021	646081	1383102	3.70	114.10
1962	373035	745315	659378	1404693	3.80	113.00
1963	371850	764017	679555	1443572	3.90	112.40
1964	374514	785800	697924	1483724	4.00	112.60
1965	377006	816325	724796	1541121	4.10	112.60
1966	379945	842025	747100	1589125	4.20	112.70
1967	389500	867712	767925	1635637	4.20	113.00
1968	398144	893175	793191	1686366	4.50	112.60
1969	406786	926493	820240	1746377	4.30	113.00
1970	414734	950938	842217	1793155	4.30	112.90
1971	419324	977352	865462	1842814	4.40	112.90
1972	428618	1000374	887536	1887910	4.40	112.70
1973	431870	1025582	910039	1925621	4.50	112.70
1974	439978	1046340	929021	1975361	4.50	112.60
1975	445940	1069964	954464	2021128	4.50	112.50
1976	460176	1090820	969772	2060592	4.50	112.50
1977	468361	1108447	987479	2095926	4.50	112.30
1978	476701	1123613	1002084	2125697	4.50	112.10
1979	479095	1136819	1013847	2150666	4.50	112.10
1980	482842	1149364	1025811	2175157	4.50	112.00
1981	511621	1162460	1039750	2202210	4.30	111.80
1982	525249	1179256	1055188	2234444	4.30	111.80
1983	534401	1189641	1066658	2256299	4.20	111.50
1984	544127	1200927	1077665	2278592	4.20	111.40

续表 30-1-6-1

年份	总户数（户）	总 人 口			户均人口（人）	性别比（女:100）
		男	女	合 计		
1985	563518	1212791	1089611	2302402	4.10	111.30
1986	583505	1221989	1099913	2321902	4.00	111.10
1987	608326	1236159	1112920	2349079	3.90	111.10
1988	541076	1250244	1129382	2379626	3.70	110.70
1989	653981	1261333	1139304	2400637	3.70	110.70
1990	633946	1261868	1139544	2401412	3.60	110.70
1991	675730	1264856	1142300	2407156	3.60	110.70
1992	686524	1266529	1145978	2412507	3.50	110.50
1993	694266	1269605	1148359	2417964	3.50	110.60
1994	699915	1273005	1152696	2425701	3.50	110.40
1995	711626	1277140	1156867	2434007	3.40	110.40
1996	720505	1284356	1165017	2449397	3.40	110.20
1997	725721	1287969	1170201	2458170	3.40	110.10
1998	742695	1288217	1173337	2461554	3.30	109.80
1999	755835	1292501	1180856	2473366	3.30	109.50
2000	771402	1298443	1187379	2485822	3.20	109.40
2001	777985	1298824	1188462	2487286	3.20	109.29
2002	789207	1301071	1191731	2492802	3.16	109.17
2003	804539	1301446	1192554	2494000	3.10	109.13
2004	817244	1306472	1200137	2506609	3.07	108.86
2005	832536	1310921	1202993	2513914	3.02	108.97
2006	846907	1316313	1208971	2525284	2.98	108.88
2007	864213	1322324	1217548	2539872	2.94	108.61
2008	877199	1327383	1226873	2554256	2.91	108.19
2009	909539	1335432	1238421	2573853	2.83	107.83
2010	928702	1344502	1251978	2596480	2.80	107.39

居民身份证管理

居民身份证颁发 1985 年 9 月 6 日，中华人民共和国主席令第 29 号公布《中华人民共和国居民身份证条例》，决定在全国实行居民身份证制度，按规定年满 16 周岁以上的中国公民（不含现役军人、人民武装警察）应申领中华人民共和国居民身份证，这是国家户口管理制度上的一项重大改革。1986 年 9 月 2 日，地区行署召开会议，研究全区发放居民身份证工作，决定先在丽水市（县）城关镇进行发证试点。

1987 年 2 月至 1990 年 8 月，全区基本完成集中发证任务，颁发居民身份证 1622117 人，发证率

94.80%。

1990 年，完成集中发证任务后，全区公安部门转入日常性身份证的申领、换领和补领工作，并根据《中华人民共和国居民身份证条例》的规定，加强对居民身份证的查验和管理工作。1990—1995 年，全区通过使用和查验居民身份证，破获各类刑事案件 616 起，其中大案 80 起，查处治安案件 324 起，为民服务 370 件。1999 年 8 月 26 日，国务院印发《关于实行公民身份证号码制度的决定》，决定自 10 月 1 日起在全国建立和实行公民身份证号码制度。2000 年 1 月 1 日起，全区实施公民身份证新号码制度。换发期间，两种编号的身份证均有效。全市纠正居民身份号码重、错号 8042 人。

2001 年 6 月 13 日，国务院批复公安部《关于采用非接触式 IC 卡技术换发我国第二代居民身份证的请示》，同意从 2001 年开始逐步换发第二代居民身份证。2004 年 1 月 1 日，《中华人民共和国居民身份证法》正式施行。8 月 17 日，市政府成立丽水市换发第二代居民身份证（简称"二代证"）工作领导小组。2005 年 3 月 28 日，市政府在松阳县举行丽水市第二代居民身份证首发仪式。6 月，全市开始大批量集中换发第二代居民身份证。2006 年 1 月起，全市启用新版临时居民身份证，停止使用旧版临时身份证。

2007 年 5—7 月，市局组织各县（市、区）办证中心、各派出所开展公民身份号码跨省重号的纠正工作，纠错编码地 2655 个、户口地 5597 个。10 月始，在全市范围内开展"异地照相原籍办理"业务。为外地群众拍照及为本地居民办证 800 多人次。

2005—2010 年，全市受理群众申请二代证 2000921 人次，向省公安厅上传合格制证信息1992435 条，累计发放证件 1971574 张，全市换发证件数达到应换证人口数的 94.11%。

军人第二代居民身份证换发　2008 年 9 月，在全市开展现役军人和人民武装警察身份证申领发放工作。10 月，市局下发《丽水市现役军人和人民武装警察身份证申领发放工作实施方案》。截至 2009 年 4 月 19 日，全市为部队人员采集人像数 727 人、受理制证信息 282 条、制发证件 250 张。丽水市军人身份证换发工作步入日常换发证阶段。

第七节　消防工作

古代处属各县近代防火灭火，主要依靠民间消防组织，清宣统元年（1909），青田城镇居民最早成立义务消防组织——水龙会，消防设施主要是水龙、水枪以及火钩、火帽、水桶（也称太平桶）、太平池（储水池）等简单的工具，一旦发生火灾损失巨大。自清末至中华人民共和国成立前，全区警察机关虽无专职消防机构，但负有消防宣传、指导和维持火场治安等职责。

1964 年 10 月开始，各县相继建立公安消防队伍，开始承担消防的管理职责，主要是防火宣传、防火检查、指导和管理民间消防队伍工作，开始配备机动水泵和解放牌开式水罐消防车。20 世纪 80 年代，开始建立企业专职消防队。在消防管理和监督方面，主要开展重点单位管理、建筑设计监督管理和消防产品监督管理。从 1963 年开始，有灾情与扑救的相关指标记录，1963—2010 年（不含 1967—1969 年数据），全市发生火灾 8531 次，死亡人数 421 人，烧伤人数 743 人，直接经济损失 17988 万元。

消防队伍

清宣统元年(1909),青田城镇居民最早成立义务消防组织——水龙会。民国元年(1912),丽水、龙泉、松阳、云和、景宁、缙云、遂昌等县城镇也由商会出资相继组织水龙会等民间义务消防组织,开展义务防火、灭火工作。民国6年,庆元知事张国威带头捐款筹资,创立庆元救火会。全区有水龙(也称木龙,由多人压水喷射)15部、水枪(又称水统、唧筒)数十支。

民国26年(1937),全面抗日战争前夕,区署所在地丽水城镇建有大水门、仓前、三坊口、枣树荫、府前、四洲楼等义务水龙队6个,每队配人力水龙一部和铜水枪数支及部分挑水木桶。民国28年11月,云和城镇由地方筹资组建半专业性质的消防队,有队员36人,分救火、警戒、运水、巡逻4个组,由地方筹资,置有泵式水龙1部,隶属县警佐室管理。

民国29年(1940)6月,丽水城镇水龙会改组为消防队,成立中队2个分队7个(其中1个为直属分队),有队员400多人,其中有救护队员90多人。同年7月7日,联合警察局及有关部门,共同举行消防演习竞赛,其他各县消防组织每年也都定期进行出水演试。

1949年中华人民共和国成立后,专署和各县公安局都十分重视民间义务消防队的建设和管理。各县消防工作归属公安治安科(股)管理,主要职责是开展防火宣传、防火检查、指导民间消防工作和加强对民间消防队伍的管理。

1950年1月至1951年4月,进行义务消防工作整顿3次,辞退老弱病残、作风不好、有政治或历史问题的人员,调整和充实队员和领导班子,最后形成分会6个,有队员826人。

1956年,各地义务消防组织开始由城镇扩大到农村,仅龙泉县就组建消防队17个,计有队员700多人,消防检查组60人,有组员180多人。至1960年,各地民间义务消防组织又出现新发展,仅缙云县就有义务消防队24支、523人,防火安全检查组769个、2967人。

1964年10月,丽水、龙泉两县率先建立公安消防队。1965年,青田、云和、缙云、遂昌等县的公安消防队也相继建立。同年,根据国防部、公安部、财政部、国家编制委员会《关于公安消防民警实行义务兵役制的有关规定的通知》精神,全区首次征集义务兵役制班长以下消防民警48人,分配至各县。

1971年,各县消防民警队更名消防民警中队。1972年,全区组织冬季防火安全大检查,要求各地在重点厂矿和企事业单位组建义务消防组织,业务消防队伍进一步扩大。1973年,地区人保组开始设立消防科,对外称消防大队,编制1名。1975年12月,各县消防民警中队统一划归公安机关管理,移交时,各县消防中队有编制85名,实配79人。1978年12月,根据国务院和中央军委的指示,各县公安消防中队干部开始改为现役编制,享受现役军人待遇。

1980年,根据丽水地委要求,全区开始在农村建立区、社、队三级防火安全委员会组织,全区企事业单位建义务消防队107支,有队员1757人。1月,水电部十二局在云和紧水滩电站工地组建全区首支企业专职消防队,编制25名。1982年,遂昌县解放机械厂组建专职消防队1支,有队员10人,后随厂外迁。

1983年1月,建立松阳县公安局消防中队,编制10名。同时,地区公安处消防科与丽水地区人民武装警察大队合并,正式组建中国人民武装警察部队丽水地区支队。各县公安局消防中队在地区公安处消防科的统一领导下进行工作,并接受上级武装警察部队领导。

1984年，根据省公安厅规定，各县公安局始设消防科，丽水地区各乡镇开始组建消防联防和自防自救组织。同年6月，恢复景宁县建制，成立景宁畲族自治县公安局消防科和消防中队。

1987年，云和县石塘二级电站施工中，建有工地专职消防队1支，有队员10人，配消防车1辆①。5月4日，省公安厅发出《关于改进和加强全省消防部队领导管理的通知》，规定地县消防部队分别从武警部队划出，移交公安机关直接领导，保留武装番号，武装待遇不变。根据这一精神，地区消防科对外更名消防大队，内设警务、政工秘书、后勤装备、防火宣传4个科室。县公安局仍设消防科，下辖消防中队。移交时，全区有消防干警180人，其中干部43人。

1988年11月，地、县公安消防民警开始实行警衔制，首次授予校官警衔4人、尉官警衔4人、士官16人、士兵83人。至1988年年底，全区乡镇334个建有消防联防队298支、自防自救义务消防队163支，基本做到每个乡镇都有义务消防队，每个行政村都建有防火安全委员会和防火小组。

1990年5月7日，紧水滩电厂组建专职消防队1支，编制15名，配水罐泡沫两用车和干粉车各1辆。12月，中国人民武装警察部队丽水地区消防支队成立，地区公安处消防大队更名地区公安处消防支队，升格为正团级，内设司令部、政治处、后勤处、防火处4个部门。

1993年，建立以县公安消防科为中心的消防联防组织，做到发生火灾时统一调度消防力量。同年，丽水地区建有县级消防联防大队9个，乡镇消防联防分队123个，有联防队员1034人。1994年1月，各县(市)公安局消防科统一更名消防大队。1996年，丽水地区乡镇联防队增加到189支，有队员4353人。1997年5月，碧湖消防中队成立，属丽水市(县)消防大队。1997年后，义务消防组织因经费得不到保证，逐年减少，联防组织也逐步名存实亡。2000年，农村只有少数地方仍有义务消防队组织。

撤地设市后，地区公安消防支队更名丽水市公安局消防支队②，辖莲都区、龙泉市、青田县、云和县、庆元县、缙云县、遂昌县、松阳县、景宁畲族自治县消防大队9个、消防中队10个③，有编制253名，实配256人，其中有干部78人。市公安局消防支队编制36名，实配45人。

2004年，以乡镇森林扑火队、民兵应急小分队为依托，大力加强义务消防组织建设，提高农村自防自救能力。组建义务消防队124支，其中新组建84支，有队员2523人。

2005年10月，丽水市消防支队特勤中队成立，同年，在森消合一的基础上，乡镇、村义务消防队得到进一步发展，全市组建155支，配备手抬泵109台，有队员2889人。

2006年，全市全面开展义务消防队建队配泵工作，组建乡镇、村义务消防队163支，配备手抬泵139台，发挥重要的灭火和防火巡查任务。

2008年，缙云县壶镇、青田县温溪，组建两支政府专职消防队，全市有专职消防队3支④。乡镇、村义务消防队197支，有队员3323人，配备手抬泵199台，建队配泵率100%。7月，丽水市经济开发区公安分局消防大队挂牌成立。至此，丽水消防支队下设莲都区、龙泉市、缙云县、青田县、遂昌县、松阳县、庆元县、云和县、景宁畲族自治县、经济开发区消防大队10个、消防中队11个⑤。

① 1988年电站竣工后撤销。

② 也称中国人民武装警察部队丽水市消防支队。

③ 莲都区设莲都和碧湖2个中队，其他各县、市区设一个中队。

④ 云和县紧水滩电厂专职消防队1支，有队员20人，消防车3辆，其中有水罐车1辆、水罐泡沫两用车和干粉车各1辆，缙云县壶镇政府专职消防队，队员10人，消防水罐车2辆；青田县温溪镇政府专职消防队，队员10人，消防水罐车1辆。

⑤ 莲都区设莲都和碧湖2个中队，其他各县、市设1个中队，增设支队直属特勤中队。

2009年2月，丽水消防支队有编制313名，实配321人，其中干部95人，士官226人。2010年2月，丽水消防支队有编制343名，实配342人，其中干部123人，士兵220人。

2010年丽水市消防基本情况一览

表30-1-7-1

<table>
<tr><td rowspan="5">公安消防队斗力量</td><td rowspan="2">执勤中队
(特勤中队)</td><td colspan="4" rowspan="2">11(1)</td><td colspan="2" rowspan="2">执勤战斗力量</td><td colspan="3">执勤消防车(辆)</td><td>54</td></tr>
<tr><td colspan="3">执勤战斗人员数量(人)</td><td>313</td></tr>
<tr><td rowspan="2">执勤消防车辆</td><td colspan="4">普通类消防车辆(辆)</td><td colspan="2">大型水罐车(辆)</td><td colspan="4">特种消防车(辆)</td></tr>
<tr><td>水罐消防车</td><td>水罐泡沫车</td><td>中型高中低水罐车</td><td>其他</td><td>大型水罐车</td><td>大型泡沫水罐车</td><td>≥三十米云梯消防车</td><td>举高喷射消防车</td><td>抢救救援车</td><td>防化救援车</td></tr>
<tr><td>总数</td><td>9</td><td>8</td><td>10</td><td>23</td><td>33</td><td>72</td><td>03</td><td>210</td><td>66</td><td>1</td></tr>
<tr><td colspan="2" rowspan="2">企业专职
消 防 队</td><td colspan="2" rowspan="2">个数</td><td colspan="2" rowspan="2">5</td><td colspan="2" rowspan="2">消防执勤力量</td><td colspan="3">执勤消防车(辆)</td><td>5</td></tr>
<tr><td colspan="3">执勤人员(人)</td><td>59</td></tr>
<tr><td rowspan="3">城镇消防设施</td><td colspan="5">中队所在地区市政消火栓(个)</td><td colspan="2">2399</td><td rowspan="2">城镇供水干线管网</td><td colspan="2">最大口径(毫米)</td><td>300</td></tr>
<tr><td colspan="5">支队所在地区市政消火栓(个)</td><td colspan="2">930</td><td colspan="2">最小口径(毫米)</td><td>150</td></tr>
<tr><td colspan="3">辖区重点单位灭火预案数量(个)</td><td colspan="2">739</td><td colspan="2">一级单位数量(个)</td><td>703</td><td colspan="2">二级单位数量(个)</td><td>116</td></tr>
</table>

消防监督与管理

中华人民共和国成立初，专署和各县公安机关消防监督管理的重点是党政领导机关、工商、邮电、电力、学校、金融等企业单位以及重要物资仓库。

1955年后，将重要工厂、企业、仓库、堆栈、基建工地、易燃易爆物品生产经营单位、文物古建筑图书馆列入消防管理重点，建立健全各种防火规则、防火档案和安全责任制度，专人负责，定期检查。农村则以基层财贸单位、粮食仓库、农业生产合作社为重点，经常进行检查和督促。

1973年7月，地区人保组设立消防科，加强监督和管理消防工作。

1975年8月28日，凡新建、扩建、改建的建设项目，应报送市、县公安部门，全区公安机关从此开展建筑设计防火审核工作。1979年5月，地、县分别选派公安消防部门中具有相当于高中文化程度的年轻干部和有培养前途的班长、战士到省参加建筑设计防火审核专业人员培训班后，全区建筑设计防火审核工作开始逐步走上正轨。

1980年，全区列管消防重点单位57个，划定重点部位94处，建立逐级防火责任制单位48个，并确定防火责任人50人。组建义务消防队34支，配备队员581人。1982年，全区进一步改进消防重点管理方法，重点审定重点消防列管单位127个，确定各级防火责任人1051人，并开展消防安全达标活动。年底组织大检查，达到“十项标准”要求的单位有76个，达标率60%。1984年7月31日，规定各地应将公共消防设施纳入城镇建设规划。1986年11月，丽水地区地、县二级列管重点单位192

个，全区建立防火档案。1987年，全区审核建筑项目636个（包括私人住宅306个），同时开始对市场上的消防器材进行质量监督。1989年，全区高层建筑设计防火审核改由地区消防支队负责，避免漏审、粗审和滥审现象。

1991年5月，地区消防部门下发《关于各类手抬泵、灭火器一律由地区消防器材服务部维修和灌装的通知》，规定自6月1日起，在全区范围内禁止任何单位和个人非法经营手抬泵、灭火器的维修和灌装业务。1992年，全区有列管重点一级单位168个、二级单位156个。经过多次检查，全区重点单位查出火险隐患1585条、整改1342条，整改率85%。1996年，全区开展建筑设计专项治理，审核建筑项目433个，符合消防设计安全250个，合格率58%，未经消防审核75个（其中未经验收投入使用18个）、违反消防安全规定108个。通过审核，勒令停业施工4个，限期整改108个，批评教育和罚款18个。1998年，《中华人民共和国消防法》公布实施后，全区进一步落实重点单位的消防安全责任制，出动警力1699人次，查出火险隐患1569条，整改1022条。

2000年，全市有消防重点列管单位286个，审核建筑工程项目422个。在消防安全监督管理中，同年出动警力3256人次，发现火险隐患2000多条，在重点单位19个推广安装消防电子训更系统。2001年，全市确定消防重点列管单位292家。在针对重点单位消防安全监督管理中，出动检查人员150多人，检查单位356家，发现火灾隐患590多条，当场发出整改通知书100多份，当场整改火灾隐患420多处，发火灾限期整改通知书128份，并对7家单位下发重大隐患整改通知书。同年，全市落实《建筑工程消防监督审核管理规定》。2002年，全市检查重点列管单位158家，出动检查人员272人次，发现各类火灾隐患197条，整改各类火灾隐患158处，发出《火灾隐患当场改正通知书》《重大火灾隐患通知书》《火灾隐患限期整改通知书》100多份，发《复查意见书》79份，警告单位、个人6（人、家）。2004年，全市确定消防重点列管单位992家，重点专项整治全市服装、制鞋等劳动密集型生产、加工重点企业75家。

2005年，全市全面开展重点单位档案规范化建设，将720家消防安全重点单位基本情况、建筑情况及设施等情况均纳入"消防安全重点单位信息系统"。2007年，全市制定出台《全市消防安全重点单位规范化建设方案》，统一重点单位档案资料、建立较为完善的内部规章制度。2009年，检查全市重点单位819家，检查出隐患1688条，整改1566条，并开展有针对性的消防培训。2010年，全市公布消防安全重点单位859家，围绕构筑社会消防安全"防火墙"工程，提高社会单位"四个能力"。

2001—2010年丽水市建筑工程项目消防审核一览

表30-1-7-2

年份	审核			验收		
	数量（个）	合格（个）	合格率（%）	数量（个）	合格（个）	合格率（%）
2001	554	442	80.00	216	202	94.00
2002	648	588	90.70	316	282	89.00
2003	711	664	93.40	343	305	88.90
2004	923	851	93.00	635	562	88.50
2005	1191	964	81.00	794	683	86.00
2006	1104	931	84.30	777	685	88.40

续表 30-1-7-2

年份	审核			验收		
	数量(个)	合格(个)	合格率(%)	数量(个)	合格(个)	合格率(%)
2007	1100	942	85.60	789	685	86.60
2008	959	947	8.70	644	624	96.90
2009	331	323	97.60	137	133	97.10
2010	130	113	86.90	105	80	76.20

火灾与扑救

火灾灾情　20 世纪 70 年代前，丽水地区的房屋，多数为木结构的老房屋，全区火灾发生数每年有上百次之多。

1954 年 10 月 20 日，缙云县城杜某家因用油灯照明，不慎引发火灾，烧毁县百货公司、新华书店、人民银行、邮电局、供销社等多家单位及 22 户居民房屋 1259 间，烧死 1 人、烧伤 50 多人，直接经济损失 50 多亿元(旧版人民币)。1959 年 1 月 13 日，龙泉县新村公社①下岩村张某家因在楼上烤番薯，不慎引起火灾，全村 66 户受灾 64 户，烧毁房屋 342 间、仓库 25 间。1960 年 7 月 11 日，龙泉县河村劳教所发生火灾，烧毁房屋 72 间，烧死劳教人员 86 人，烧伤 72 人，直接经济损失 6 万多元，火因不明。1967 年 9 月 9 日，青田县两派群众组织在城镇武斗，因爆炸引发火灾，烧毁房屋 647 间，22656 平方米。1969 年 7 月 4 日，青田县祯阜公社石坑大队因社员王某烧山扩种，引发山林火灾，大火持续燃烧 24 小时，烧毁山林 200 公顷。1971 年 9 月 30 日，龙泉县江根公社上度大队②因小孩玩火引起火灾，烧毁房屋 655 间，受灾 55 户。1972 年 7 月 21 日，龙泉县苏湖公社苏湖大队③社员胡某家用火不慎引发火灾，烧毁房屋 849 间，苏湖公社、供销社、信用社、卫生所、邮电所全部烧毁，烧伤 21 人，全村 129 户只有 2 户幸存。同年 12 月 10 日，龙泉县建兴公社兴和大队社员刘某，因在屋边烧灰引发火灾，烧毁房屋 568 间，受灾 81 户。

1990 年 3 月 21 日，庆元县木材厂因乱丢烟蒂引发火灾，烧毁刨花车间整条流水线及部分原材料，直接经济损失 100 多万元。1996 年 1 月 17 日，丽水城关镇中山街大世界舞厅因乱丢烟蒂引发火灾，过火面积 300 多平方米，重伤 1 人，直接经济损失 30 多万元。1998 年 1 月 21 日，龙泉市百货大楼发生火灾，烧毁建筑面积 1618 平方米及大量商品，直接经济损失 92 万元。1999 年 3 月 14 日，龙泉市纳富特有限公司因电器线路安装不符合规定而引发火灾，直接经济损失 58.7 万元。同年 8 月 1 日，青田县格瑞斯鞋业有限公司发生火灾，直接经济损失 208 万元。

2000 年 7 月 4 日，丽水城关镇农资公司仓库因物品自燃酿成火灾，烧毁房屋 350 平方米及大量物品，直接经济损失 97 万元。2002 年 12 月 14 日，市经济开发区丽星沙发有限公司厂房因用火不慎引发火灾，烧毁厂房建筑面积 750 平方米，直接经济损失 27.72 万元。2003 年 10 月 24 日，龙泉市浙江长泰木业有限责任公司厂房因电气短路引发火灾，烧毁建筑面积 2030 平方米，直接经济损失 84.62 万元。2004 年 6 月 16 日，丽水市文体广电局大楼演播厅因电线短路引发火灾，烧毁建筑面积

① 2010 年属庆元县。
② 2010 年属庆元县。
③ 2010 年属庆元县。

128平方米，直接经济损失16.95万元。同年6月18日，浙江省光辉文教有限公司厂房因电线短路引发火灾，烧毁建筑面积480平方米，直接经济损失85.15万元。

2005年8月9日，丽水市顺虎德邦涂料有限公司车间因静电发生火灾，烧毁建筑面积800平方米，直接经济损失35.29万元。2006年10月30日，浙江水花电器有限公司位于大洋路521号的电器商场因电线短路发生火灾，烧毁建筑面积820平方米，直接经济损失58.17万元。2009年4月14日，丽水市开发区龙庆路289号的浙江致健家私有限公司生产车间海绵竖切机刀带与砂轮摩擦产生火花，引燃地面堆积的海绵边角废料引发火灾，火灾烧毁建筑面积约2500平方米，直接财产损失52.5万元。

2010年12月24日，青田县温溪镇七号工业园区19号长胜鞋业有限公司厂房发生火灾，过火面积100平方米，造成直接财产损失37万元。

1963—2010年丽水市火灾情况一览

表30-1-7-3

年份	火灾次数(次)	死亡人数(人)	烧伤人数(人)	直接经济损失(万元)
1963	159	18	27	35
1964	178	8	28	40
1965	244	11	28	28
1966	257	10	26	50
1967	—	—	—	—
1968	—	—	—	—
1969	—	—	—	—
1970	—	—	—	—
1971	161	10	22	115
1972	114	3	53	137
1973	137	21	60	94
1974	129	4	15	104
1975	89	5	15	88
1976	102	18	26	96
1977	136	15	25	159
1978	138	11	11	170
1979	152	12	20	140
1980	144	20	5	129
1981	130	9	6	59
1982	107	8	2	69
1983	117	10	23	90
1984	80	4	2	48
1985	125	6	12	141
1986	211	16	16	386

表 30-1-7-3

年份	火灾次数(次)	死亡人数(人)	烧伤人数(人)	直接经济损失(万元)
1987	200	8	16	261
1988	172	10	21	479
1989	142	11	12	294
1990	198	6	23	417
1991	156	1	16	486
1992	169	14	22	421
1993	133	10	8	578
1994	173	6	17	1009
1995	165	14	62	1204
1996	156	14	12	1268
1997	167	17	21	1100
1998	154	8	4	1070
1999	153	14	33	1290
2000	217	12	12	966
2001	523	4	14	803
2002	586	8	7	587
2003	1065	11	6	934
2004	430	14	6	620
2005	177	6	5	353
2006	120	3	0	317
2007	105	3	0	306
2008	96	3	0	301
2009	92	5	4	384
2010	74	0	0	364

1966—2010 年若干年份丽水市火灾情况一览

表 30-1-7-4

年份	纵火		用电不安全		违反安全规定		生活用火不慎		玩火		吸烟不慎		自燃		其他		合计(次)
	数量	占比(%)	数量	占比(%)	数量	占比(%)	数量	占比(%)	数量	占比(%)	数量	占比(%)	数量	占比(%)	数量	占比(%)	
1966	7	2.70	1	0.40	68	26.50	97	37.70	24	9.30	3	1.20	1	0.40	56	21.80	257
1974	9	7	—	0	4	3.10	87	67.40	18	14	—	0	1	0.80	10	7.80	129
1977	12	8.80	3	2.20	12	8.80	83	61	19	14	—	0	3	2.20	4	2.90	136
1985	—	0	22	12.20	17	9.40	99	54.70	13	7.20	—	0	2	1.10	28	15.50	181
1996	8	5.10	48	30.80	11	7.10	62	39.70	1	0.60	13	8.30	6	3.80	7	4.50	156

续表 30-1-7-4

年份	纵火		用电不安全		违反安全规定		生活用火不慎		玩火		吸烟不慎		自燃		其他		合计（次）
	数量	占比（%）	数量	占比（%）	数量	占比（%）	数量	占比（%）	数量	占比（%）	数量	占比（%）	数量	占比（%）	数量	占比（%）	
1999	11	7.20	40	26.10	25	16.30	44	28.80	7	4.60	3	2	—	0	23	15	153
2000	8	3.70	69	31.80	4	1.80	78	35.90	17	7.80	2	0.90	2	0.90	37	17.10	217
2001	6	4	36	26	3	2	37	27	11	8	2	1	1	1	43	31	139
2002	8	8	22	22	3	3	28	28	8	8	0	0	0	0	30	30	99
2003	4	4	30	28	1	1	40	37	4	4	0	0	1	1	28	26	108
2004	4	3	52	37	8	6	40	29	1	1	1	1	4	3	29	21	139
2005	1	1	38	29	5	4	51	39	6	5	2	2	4	3	25	19	132
2006	10	8	27	23	2	2	34	29	8	7	0	0	2	2	36	30	119
2007	3	3	30	29	15	14	29	28	1	1	3	3	0	0	27	26	108
2008	2	2	29	32	13	14	26	28	5	5	0	0	1	1	22	24	98
2009	7	7	36	36	7	7	19	19	2	2	0	0	0	0	28	28	99
2010	2	3	21	28	18	24	13	18	3	4	2	3	1	1	14	19	74

火灾扑救　1949 年中华人民共和国成立前，城镇火灾的扑救主要依靠义务消防组织，消防设施陈旧落后，主要是水龙、水枪以及火钩、火帽、水桶（也称太平桶）、太平池（储水池）等。在广大农村，则主要靠自防自救。

1964—1965 年，各县公安消防队相继建立，且纳入部队管理，经费由地方财政统一开支，扑救能力提高，救援范围扩大。

1982 年 8 月，省消防总队颁布《浙江省消防队评定灭火战斗成败标准（试行）》，对丽水地区消防部队提出高标准、严要求。丽水地区消防力量从 1975 年的 79 人增加到 1987 年的 180 人，消防设备进行较大改善。

1992 年 10 月 11 日，缙云县五云镇双龙村发生火灾，缙云县消防队闻警出动，赶到火场全力扑救，副班长祝高才牺牲，后被追认为革命烈士。1997 年 2 月 10 日，缙云县第一百货商店发生火灾，县消防大队两辆消防车接警后 4 分钟内赶到火场，经过 6 分钟的战斗，将大火扑灭。1998 年 1 月 21 日凌晨，龙泉市百货大楼发生火灾，龙泉市消防大队 3 辆消防车 2 分钟内赶到火场，经过近 2 小时战斗，终于扑灭火灾，将火灾损失减少到最低限度。

1999 年 8 月 1 日，青田县温溪镇格瑞斯鞋业有限公司五楼仓库发生火灾，青田县消防大队接警后 3 辆消防车迅速赶到现场，后得到丽水市（县）消防大队的增援，经过 6 个多小时的紧张战斗，扑灭大火。1999 年，全区消防部门接警出动 732 次，出动人员 7493 人次，出动各类消防车辆 1285 台次，抢救 2 人，抢救财产价值 1005 万元。在灭火战斗中，消防队员 2 人负伤。

2000 年，全市消防部门接警出动 532 次，出动人员 6479 人次，出动各种消防车辆 1012 台次，抢救财产价值 4902 万元。21 世纪之后，公安消防部队一直将火灾事故救援作为工作重点，仅 2010 年，全市公安消防部队接警出动 1479 次，出动消防车 2411 辆次，出动警力 15547 人次。其中参加火灾扑救69 次、抢险救援914次、社会救助496次，抢救人员274人次，疏散人员740人次，抢救财产价值2717万元。

1980—2010年丽水市消防接警情况一览

表30-1-7-5

年份	接警出动	出动警力		出水扑救
	次 数	车 次	人 次	场 次
1980	345	540	361	96
1981	231	—	—	96
1982	238	224	—	81
1983	230	343	—	55
1984	—	—	—	25
1985	—	—	—	56
1986	587	587	4401	107
1987	—	554	—	97
1988	—	540	3610	96
1989	324	499	3770	76
1990	227	417	3290	85
1991	332	546	4341	69
1992	294	—	—	51
1993	379	617	264	63
1994	414	680	5374	85
1995	479	739	6069	72
1996	447	714	6198	91
1997	455	753	5931	142
1998	593	1139	7472	192
1999	732	1285	7493	274
2000	532	1012	6479	217
2001	551	947	6137	515
2002	635	1113	7561	585
2003	1156	2164	15339	1061
2004	1388	2595	17563	422
2005	1207	2292	14269	154
2006	1079	1779	11187	112
2007	1336	2221	14382	104
2008	1440	2273	15558	93
2009	1410	2282	14794	86
2010	1479	2411	15547	69

消防装备

民国1—34年(1912—1945),民间义务消防队一般只配摇臂水龙1部,唧筒式水枪若干支,另加水桶(俗称太平桶)、铜质或铁质盔帽及破拆用的火钩、斧头等简单工具。

1949年中华人民共和国成立初,只有丽水城镇消防总会配有3部电话机,其他县城和广大农村一般只以钟声、锣声和口喊为号。1950年8月,丽水城镇成立消防总会,购置电话机3部和灭火器3只。1951年4月,丽水城镇配备动力泵浦机1台。1957年后,丽水城镇配置泵浦消防车1辆。其他各县城也配备机动水泵等灭火机械。1958年,丽水县装备全区第一辆解放牌开式水罐消防车。其他各县也相继配置,其中遂昌、云和两县配备水罐泡沫两用车。

1964—1965年,各县公安消防队相继建成后,均配有消防车1—2辆,手抬机动泵若干台。1973年,全区有水罐泵浦车9辆、泡沫车6辆、轻便消防车6辆、干粉消防车1辆、指挥车1辆、教练车1辆、手抬机动泵22台,其中地区消防队有教练车和指挥车各1辆。

20世纪70年代初,始有"09"火警专用电话号码。1979年后,实行建筑物室内外消火栓、水泵接口器等均按供水系统配套安装,对一些重要建筑和高层建筑要安装自动报警和自动灭火等系统设施。

20世纪80年代,全区消防人员的防护装备和破拆器材有较大发展。程控电话安装后,全区火警电话统一改为"119"号码。1986年,地区消防大队配备步话机2台和车载台,加入公安无线通讯网。1986年后,各县开始配置大功率新品牌东风水罐车和解放牌141水罐车。1988年,地区消防大队开始安装40门电话总机(1994年改为80门)。1990年,全区有各种消防车26辆,其中有大功率新品牌东风水罐车5辆、大功率新品种解放牌水罐车2辆、其他消防车19辆。

1990年,地区消防支队增配无线对讲机2只。1996年,地区支队部门以上和各县大队领导均配备"900"手机,方便火警调度和火场指挥。1998年,地区支队进一步加快通信网络建设的步伐,完成350MHZ频段移动通讯调度指挥组网方案,增配无线微机联网火警调度台一套。同年,丽水市(县)配备1辆可升高33米的大型曲臂登高消防车,最大射程55米。

2000年,全区有各种消防车39辆,其中有通讯指挥车10辆、大型泡沫水罐车1辆、曲臂登高消防车1辆、水罐泡沫两用车4辆、大型东风水罐车16辆、其他消防车8辆。全区设消火栓734个,其中支队所在地的莲都城区有225个。全市消防组织配有消防头盔396只,消防战斗服433套、消防指挥服19套、铝箔防化隔热服46套、消防安全带269副、救生绳220条、空气呼吸器186只、安全绳217条、启门器8只,便携式切割器12只、排烟机1台、缓降器51件、手提强光照明灯53只。支队机关和各县大队配备办公计算机61台,全区实行微机化通讯和管理。

2005年始,灭火装备由数量型向质量型转变。仅2010年,全市投入1600多万元购置各类消防车19辆,其中16米高喷车5辆、25米高喷车2辆、32米云梯车2辆、防化洗消车1辆、A类泡沫消防车4辆、重型水罐消防车1辆、中型水罐车3辆、重型泡沫车1辆和消防行政用车4辆。同时,每个大队均配备救生气垫和救生抛投器,添置遥控(自摆)水炮和移动供气源,购置有毒气体探测仪和核放射探测仪,特勤中队配备视频生命探测仪和潜水救生装具,缙云大队配备雷达生命探测仪,龙泉和庆元大队配备双轮异向切割机,32种特种个人防护装备配备率75%,每个大队均配备重型防化服两套以上,每辆执勤消防车配备无后座力多功能水枪2支。

2010年,全市有消防车63辆,特种器材852多件,其中侦检器材39件,警戒器材437件,救生器材269件,破拆器材107件。全市消防部队有通讯指挥车11辆,登高车3辆,消防泵25台。

丽水市若干年份消防力量和装备情况一览

表 30-1-7-6

年份	1970年						1990年						2000年						2010年					
	人员		装备				人员		装备				人员		装备				人员		装备			
	编制数(名)	实配数(人)	消防车(辆)	通讯指挥车(辆)	登高车(辆)	消防泵(台)	编制数(名)	实配数(人)	消防车(辆)	通讯指挥车(辆)	登高车(辆)	消防泵(台)	编制数(名)	实配数(人)	消防车(辆)	通讯指挥车(辆)	登高车(辆)	消防泵(台)	编制数(名)	实配数(人)	消防车(辆)	通讯指挥车(辆)	登高车(辆)	消防泵(台)
支队	3	3	—	—	—	—	22	17	—	—	—	—	36	45	—	1	—	—	56	48	—	1	—	—
莲都	26	26	3	—	—	1	50	49	5	—	—	7	38	39	5	1	1	7	30	45	7	1	—	4
龙泉	16	16	2	—	—	1	23	21	2	—	—	—	23	24	3	1	—	6	30	24	5	1	—	2
青田	16	16	2	—	—	1	23	25	3	—	—	—	22	22	3	1	—	4	30	28	8	1	1	2
云和	16	16	2	—	—	1	23	23	2	—	—	1	22	22	3	1	—	4	19	23	4	1	—	2
庆元	(未分县)						23	24	2	—	—	—	22	20	3		—	6	30	22	4	1	—	3
缙云	16	16	2	—	—		23	27	3	—	—	1	22	20	3	1	—	4	30	27	6	1	—	2
遂昌	17	17	2	—	—	1	23	23	3	—	—	—	22	20	3	1	—	4	30	24	4	1	—	2
松阳	(未分县)						23	23	3	—	—	—	22	23	3	—	—	5	19	22	3	1	—	2
景宁	(未分县)						23	23	3	—	—	—	22	21	3	—	—	5	19	22	4	1	—	3
特勤	(未组建)						(未组建)						(未组建)						45	33	13	—	2	2
开发区	(未组建)						(未组建)						(未组建)						5	25	2	1	—	1
合计	110	110	13	—	—	5	256	22	26	—	—	9	253	256	29	10	1	44	343	343	60	11	3	25

第八节　出入境管理

中华人民共和国成立初，外国侨民和中国公民因私出入境管理由丽水专署公安处治安科负责。1953年1月，根据公安部、省公安厅通知，将外侨和公民因私出入境管理工作划归政治保卫部门负责，逐步建立和完善出入境管理办法。

1966年5月至1976年10月，对华侨回国、公民因私出境实行“从严掌握、从严审批”原则。

1978年后，公安机关放宽外国人入境审批手续和旅行限制。同时放宽中国公民因私出国的审批政策。1988年9月30日，地区公安处成立出入境管理科，各县出入境管理机构也相继成立。

20世纪90年代后，逐步放宽限制，简化出入境手续，建立以出入境管理机构为指导、派出所为主体、外管联络员和涉外联系员为依托的横向到边、纵向到底的外管工作管理网络。

2000—2010年，全市公安机关贯彻执行国家出入境管理法律、法规，不断提升服务水平，出台便利措施，改革、完善管理工作，依法打击出入境领域违法犯罪活动。

境外人员管理

外国人到丽水管理　中华人民共和国成立后全区公安机关对外侨作出规定，外侨到丽水后必须在5日内到护照注明指定地点的地、县公安局办理居留申请手续，缴验护照和其他证件、填写外侨居留申请书，并交2寸半身照片和工本费。在签发居留证件时，以外国和中华人民共和国有无外交关系为依据，给建立外交关系国家的侨民发外国人居留证，给未建交国家侨民发外国人临时居留证。外侨办理出境手续须向所在地、县以上公安机关提出申请，经初步审查同意，报送华东公安部批准。

中华人民共和国成立后居住丽水的外国人有传教士谭尔敦和范国昌，其中范国昌因组织反动组织“圣母军”，于1952年7月被驱逐出境。1955年5月，青田县对外侨进行登记审查，全县有外侨9人，其中法国2人，厄瓜多尔1人、日本6人。1957年7月8日，苏联专家7人到青田瓯江水电站指导工作，1968年3月电站停建后离开。

1985年11月4日，由智利、古巴等国组成的拉丁美洲小水电考察组一行6人到丽水参观学习缙云盘溪梯级电站。

1986年12月1日，国务院批准丽水、缙云、青田3县（市）为对外开放地区，丽水地区始有外资企业。在“三资”企业（外资、中外合资、侨资）单位建立外管联络员，负责办理签证、传递信息、反映情况。12月6日，地区公安处召开对外国人管理工作会议。

1987—1990年，外国人到丽水728人。1990年，地区公安处下发《关于外国人、华侨、港澳台同胞来我区住宿登记管理工作的有关规定》。同年，到丽水的外国人248人次。

1991年6月17日，地区公安处下发《关于确定涉外单位及外管联络员、户口专兼管员的意见》，对确定涉外单位及外管联络员、户口专（兼）管员作出明确规定。1992年，全区有常住外国人56人，其中寄养儿童52人；临时到丽水地区的外国人331人次，其中临时外国人团体9个50人次，均按规定办理居住、登记和验证手续。7月30日，国务院批准龙泉市、云和县、遂昌县为对外国人开放地区。1994 年，美籍教师 4 人受聘到丽水师范专科学校执教英语。全区同年接待外国人 605 人。

1995 年，地区公安处根据国家公安部《关于加强基层公安机关外国人管理工作的通知》和省公安厅的统一部署，建立派出所涉外联系民警 158 人。青田、缙云、松阳 3 个县还建立部分村民委员会、居民委员会涉外联系员网络，各涉外宾馆、“三资”企业也确定外管联络员，初步形成外国人入出境管理办法工作网络。地区公安处对这支队伍进行业务培训，同年举办培训班 10 次，参加培训人员 330 多人。同年，地区公安处出入境管理科办理外国人居留证 28 人、居留证延期 123 人，办理签证延期 71 人次。“三资”企业新增 20 家，总数达 149 家。

1996 年，地区公安局加强境外人员到丽水落脚点的管理工作，对境外到丽水人员全部临时住宿登记，并办结外国人到丽水居留证 143 人。1998 年 10 月 7 日，地区公安局进一步加强公安机关境外人员管理工作。1999 年，全区设外管联络员 217 人、涉外联系员 571 人、涉外宾馆专管员 34 人。

2000 年 4 月 25 日，地区公安局下发《出入境管理服务经济建设实施意见》，在丽水市（县）试行取消国（境）外人员定点住宿的限制。同年，全区设外管联络员 85 人、涉外联系员 571 人、涉外宾馆专管员 34 人。2001 年，对到丽水经商办企业的外国人申请居留证延期最长可达两年。同年办理外国人居留证、临时居留证 233 人次，办理外国人签证、延期、加签 325 人次。2002 年，全市有入境外国人 1117 人，办理外国人签证、延期、加签 392 人次，居留证 173 人次，临时居留证 94 人次。2003 年，市局加强对“三资”企业和境外人员的管理，加大对涉外宾馆饭店的检查力度。全市有入境外国人 758 人，办理外国人签证、居留延期 344 人次，居留证 177 人次，临时居留证 57 人次。

2005 年，丽水市公安局为居住丽水市的外籍华人 4 人办理外国人永久居留证。同年，入境外国人 1208 人，办理外国人签注 905 人次，外国人居留许可 28 人次。2006 年，同年，境外人员入境 6131 人，办理外国人签证、居留许可 1031 人次，“三资”企业 112 家。2008 年，境外人员到丽水近万人次。市局出入境管理局成立“出入境奥运安保值班和应急处突小组”，制定奥运安保值班及应急处突工作方案。在奥运会召开前，全市检查宾馆饭店 600 多家，境外人员 3500 多人次。2009 年，丽水市公安局部署开展全市公安机关外国人管理专项排查整治工作，排查走访涉外单位、“三资”企业 129 家，宾馆饭店 745 家，私人住房 437 家，检查访问 2760 人，排查出非法居留、非法入境、非法就业 18 起，23 人。

华侨回国管理　20 世纪 50 年代，地、县公安机关遵照公安部《关于华侨出入国境暂行办法》的规定，对华侨回国实行“来去自由，方便出入”方针。

1966 年 5 月，华侨来去自由的政策变成“从严掌握”。20 世纪 70 年代初，公安部下达关于适当放宽华侨、侨眷出入境审批的规定，华侨回丽水各县探亲，不再限制。华侨出境只需向当地县公安机关申请在原证上办理出境签证，即可使用原证出境。1978 年后，华侨回国实行“来去自由，从宽掌握”方针，并将归侨、侨眷出境审批工作权限下放地、市公安局审批发证。

1991 年后，华侨人数迅速增多。至 2000 年，全区有华侨约 13 万人，分布在世界 85 个国家和地区，国内侨眷侨属 15 多万人。1995—2000 年，全区接待侨胞 32159 人。2007 年，省公安厅下发《关于加强华侨定居工作的通知》，对回国定居的公民予以恢复户口，截至 2009 年 9 月恢复华侨户口 1113 人。

公民出入境管理

中华人民共和国成立初，全区公民申请出国由上海市人民政府外事处审批。1958 年，根据国务院规定，全区公民因私出国由各县公安机关受理申请，经调查审核后报省公安厅审批，批准出国的由省公安厅签发出国证件。1978 年前，全区批准出公民出国约 400 人。

1978 年年底，浙江省公安厅发布《关于归侨、华侨出境审批工作权限下放问题的通知》。1979 年 2 月，地区公安局开始正式受理出国人员的审批、发证工作。1983 年 6 月 1 日，省公安厅收回出境审批权。其间，全区受理出国案件 2871 件，批准出境人员 3040 人，其中 1979 年 783 人，1980 年 955 人，1981 年 350 人，1982 年 578 人，1983 年 1—5 月 374 人，前往地为荷兰、奥地利、西德、美国等 25 个国家和地区。

1988 年 9 月 30 日，浙江省公安厅和地区编制委员会批准成立丽水地区公安处出入境管理科，各县也先后成立出入境管理机构。

1990 年 2 月 10 日，丽水地区公安处根据国家教育委员会文件规定，发出《关于对具有大学或大学以上学历人员申请自费出国留学的有关规定的通知》。同年受理出国（境）申请 5395 件，批准 4754 件，都能在法定期限内受理办结。1979—1990 年，全区批准出国公民 24701 人，其中青田县占 90%以上。

1992 年 3 月 19 日，丽水地区公安处制定《关于公安干警办理因私出国（境）手续的有关规定》。9 月 23 日，经公安部批准，增加丽水地区公安处为因私护照发证点，自 10 月 1 日起代为审批全区公安因私出国案件和签发因私护照。同年，全区受理因私出国申请 5620 人，批准 5010 人，撤销受理 358 人。其中 10 月 1 日后受理因私出国申请 1525 人，批准 1158 人，撤销受理 79 人，受理因私出境申请 71 人，批准 64 人，撤销受理 4 人。

1998 年，全区公民申请因私出国（境）大幅增加。同年，全区办结公民因私出国（境）26798 人，约占全省三分之一，其中批准 20239 人、撤销 490 人、办理获签证改变前往国的 4379 人、改变出境事由的 1690 人。1999 年 7 月 13 日，地区公安局下发《关于外派劳务人员办理因私出国手续有关问题的通知》。同年，全区公安机关受理公民出国（境）材料 27898 人，其中批准 27353 人、撤销 545 人。

2000 年 3 月，丽水地区公安局制定《丽水地区出入境管理服务经济建设实施意见》，进一步简化办事手续、方便群众。同时放宽公民出国旅游审批，取消境外担保。同年，全市受理公民因私出国材料 32920 人，其中批准 32449 人。1991—2000 年，全区受理公民因私出国（境）131597 人，其中批准 123236 人。

2001 年 2 月，经浙江省公安厅出入境管理处同意，全市公安机关进一步放宽申请前往东、西欧国家的申请，同时扩大邀请人范围，允许外国人及非丽水市公民邀请。2002 年，全市公安出入境管理部门进一步简化手续，公民申请出国免交境外邀请函，签发护照时不再办理有关出境登记卡的换、补手续。并制定《关于进一步加强公民因私出国（境）受理审核工作的通知》。

2003 年 5 月，丽水市规定公民因私出国申办护照，无需提交境外邀请人居住证明复印件。2007 年，全市出入境管理部门建立常住人口信息中心数据库与所属县（市、区）公安（分）局、派出所稳定的数据交换、同步机制，常住人口信息中 16 周岁以上照片采集率 94.7%。2008 年 12 月 16 日，经省公安厅批准，全市正式实行按需申领因私护照，并开通 EMS 投递服务和推行人像采集服务。

1949—2010年丽水市公民因私出国审批一览

表 30-1-8-1 单位：人

年份	受理申请	批准出国
1949—1978	—	400
1978—1990	—	24701
1991	6572	5564
1992	6520	5010
1993	5258	5021
1994	2485	2284
1995	5510	5132
1996	10334	9159
1998	26798	20239
1999	27898	27353
2000	32920	32449
2001	30708	30318
2002	22839	22698
2003	23398	23353
2004	19578	19387
2005	29049	28959
2006	30274	29175
2007	37498	37454
2008	27184	27124
2009	36947	25310
2010	49915	29379

1995—2010年丽水市外国人、侨胞出入一览

表 30-1-8-2 单位：人

年份	到丽水居留签证的外国人人数	接待侨胞人数
1995	222	4200
1996	213	4900
1997	228	3600
1998	278	5400
1999	321	7059
2000	340	7000
2001	326	1161
2002	717	6522

续表 30-1-8-2

年份	到丽水居留签证的外国人人数	接待侨胞人数
2003	767	3579
2004	961	5027
2005	1056	5309
2006	1352	4413
2007	1503	4580
2008	1959	4742
2009	1833	6807
2010	1961	7752

说明：外国人包括外籍华人

第九节　监所管理

1949 年中华人民共和国成立后，各地人民政府公安机关成立监管机构。

20 世纪 80 年代末至 90 年代初，各地监管场所开展目标管理、争创“安全年”活动。

21 世纪以后，丽水市监管部门转变工作理念，探索推行人性化管教模式，加强监区文化建设。同时借助社会力量协助管教工作，建立警示教育基地和文化技能培训基地，并开展“文明监室”“劳改积极分子”等评比活动，提升监管水平。

看守所

看守所建设　中华人民共和国成立后，丽水专署和各县将国民党政府旧有的监狱和看守所改为公安局看守所。专署公安局看守所即由国民党政府丽水地方法院监狱改设，地点在丽水城关镇高岭头。1950—1951 年，犯人猛增，最多时超过 3000 人。监房不够，部分县看守所临时造木笼替代监房使用。1952 年，专署公安处撤销后，看守所归属丽水县公安局。

1963 年，丽水专署公安处羁押犯人的任务由丽水县公安局看守所承担。1966—1976 年，各县看守所先后翻建，改为钢筋混凝土结构。1985—1989 年，部分县公安局对看守所进行扩建、搬迁。1983 年地区公安处拘役所建立。1991 年 3 月 15 日，丽水地区公安处看守所建立，撤销拘役所，地点设在丽水三岩寺原地区拘役所内，2000 年 4 月 6 日建成并投入使用。2000 年 9 月，原丽水市（县级）看守所并入市看守所。至此，全市有看守所 9 个，有监室 149 间，能容纳犯人 1400 人。2006—2007 年，市看守所不断改善监房设施，安装限高、异动报警系统，加强监所门哨建设，设置红外线报警系统，不留安全隐患，提高监所安全。至 2010 年，全市有看守所 9 个、拘留所 9 个，监管场所占地面积 106411 平方米，配备手铐 192 副、脚镣 113 副、警棍 17 支、催泪弹 26 个、防暴头盔 26 个等。与就近医疗机构、“120”急救中心等建立“绿色通道”。

管理制度　中华人民共和国成立初，全区公安机关制定看守制度。1950 年，全区公安机关贯彻执行司法部有关监狱政策，取消看守所在犯人中进行“民主选举”“以犯治犯”的作法，同时建立犯人

病亡须经法医检查、鉴定死因并报省公安厅备案的制度。

1954—1955 年，全区各县看守所贯彻执行《中华人民共和国劳动改造条例》，初步建立收押、警戒、生活、通信、接见、释放等制度。

1957 年，各县看守所开始施行对特殊犯人加戴戒具的规定。1958 年 4 月，全区开始执行省公安厅制定的《看守所工作制度(草案)》。1962 年 12 月，公安部颁发《看守所工作制度(试行草案)》，各县各看守所遵照执行。1966 年 5 月，有些看守所出现体罚、虐待犯人等现象。1973 年，全区公安机关着手对看守所进行整改，基本纠正体罚等行为。

1983 年“严打”战役开始后，看守所在押犯人增多，各级公安机关强化对犯人的教育管理，开展“文明监室”评比活动，并恢复组织犯人参加劳动生产。1984 年 7 月，省公安厅在新昌县召开看守所工作现场会议，在全省推广新昌县看守所的经验。丽水市(县级)、遂昌县、龙泉县公安局看守所被评为市级先进看守所。1993 年 8 月，省公安厅制定下发《看守所目标管理方案(试行)》《考评奖励办法》，全区看守所开始实行目标管理。

至 2000 年年底，全市被评上 5 年以上安全无事故的单位有龙泉看守所和青田看守所，10 年以上安全无事故单位有遂昌县看守所。

21 世纪以来，全市各看守所推行勤务制度改革，贯彻实施公安部《看守所民警执勤行为规范》，制定《民警岗位目标考核办法实施细则》《每天早会制度》和在押人员收押期间出入监室、提讯、释放等一系列制度。

在押人员管理 中华人民共和国成立初，丽水专区各地看守所采取集体上课、分间教育和个别谈话等形式，对犯人进行改恶从善教育。1951 年 6 月，在犯人中开展坦白交代工作。丽水县看守所的在押犯 143 人，要求坦白的有 62 人，坦白出特情线索 5 条、枪支线索 4 条、物资线索 3 条、逃亡地主线索 1 条。1960 年，各县看守所在每个监房安装广播喇叭，经常性地开展形势、前途、法制、认罪服法、遵守监规等教育，并组织判短刑的在押犯学习文化，扫除文盲。1984 年，学习新昌县看守所工作经验，开展创建“文明监室”和评比改造积极分子活动。全区看守所先后被评为“文明监室”的有 26 间次，改造积极分子占人犯的 60%以上。

1997 年 4 月，丽水地区开展打击“牢头狱霸”专项治理和狱内政治攻势活动。全区看守所获取坦白、检举线索 648 条，破获各类案件 120 起，其中大案 39 起，挖出各类犯罪嫌疑人 102 人，追缴赃款赃物折款 18 万元，打击处理“牢头狱霸”97 人。丽水市(县)公安局看守所通过深挖发动和认真细致的个别谈话教育，促使一审被判处死刑的盗窃犯江某某主动交代余罪 8 起，检举揭发他人犯罪线索 20 多条。经查证，破获案件 8 起，其中大案 7 起，总案值 12 万元。

2001 年以后，全市各看守所积极转变工作理念，大胆探索推行人性化管教模式，不断改善监室环境，改善伙食，标准从 80 年代每月人均 77 元提高到 2010 年的 173 元，对患病、少数民族、外国籍在押人员在生活上给予照顾。

拘役 1983 年，严打战役第一仗之后，由于判短刑的犯人增加，经地委批准，于同年 10 月 13 日建立丽水地区公安处拘役所，所址设在丽水三岩寺白岭背原公安处精神病人教养院内。拘役所接收的是判处拘役的犯人和刑期在 1 年以内的犯人。所内犯人每年保持在百人左右，同时也接收女犯人。所内有土地 1.4 公顷，开展种蔬菜、种果树、养猪等生产劳动，同时承接工艺品的加工组装业务。

1991年3月，拘役所撤销，前后收押短刑犯和拘役犯人1679人，减刑463人。

收容审查

1975年下半年，地区公安局开始筹建地区收容审查站（简称“收审站”）。1976年1月1日，中共丽水地委批复地区公安局《关于设立收容审查站的报告》，同意地区收容审查站列入公安事业编制，下设审查股、行政股、生产股。选址在丽水三岩寺地区实验林场百果园。同年1月开始接收收审人员。由于房子尚未竣工，暂借丽水师范学校一间教室作为收审人员住房，下半年才正式迁至百果园。1979年，从百果园迁至三岩寺箬帽砭弄。1987年11月，地区公安处机构改革时，收审站迁至白岭背，与公安处拘役所合署办公，实行一套班子两块牌子。

1984年4月，收审站更名收审所，归属市、地公安机关预审部门领导，对收容审查的人必须经县以上公安机关批准，收容后24小时以内进行审问。1987年12月，省公安厅下发《关于严格控制和正确使用收审手段的通知》后，全区收审人数和收审超期人数均有所减少，收审超期3个月以上的降至4.8%。

1994年，根据省公安厅《进一步整顿收审工作的意见》，地区公安处对收审部门进行清理和整顿。此后，收审人数大量减少。1996年3月，第八届全国人民代表大会第四次会议《关于修改〈中华人民共和国刑事诉讼法〉的决定》修正案中提出，取消收容审查手段。地区收容审查所完成历史使命，于1996年撤销。

1976年收审站（所）建立至1996年撤销，全区收容审查流窜犯罪分子和流窜犯罪嫌疑分子22337人，破获各类刑事案件11876起，内有重大、特大案件763起，查明劳改、劳教和通缉在逃的犯罪分子238人。

1988—1996年丽水市收容审查人员一览

表30-1-9-2　　单位：人

年份	年内收审数	处理情况			转外地公安机关
		逮捕	劳动教养	少年管教	
1988	704	190	14	5	24
1989	2453	892	102	—	14
1990	2308	1060	173	—	10
1991	2424	912	39	—	6
1992	2510	835	170	—	16
1993	2580	954	189	2	37
1994	2525	1124	194	15	79
1995	1822	874	203	11	39
1996	1848	999	321	19	61

第三章　检　察

元代，浙东廉访司设处州分司。明代，设处州府察院。清代，设温处分巡道，负责检察处州府刑狱争讼事务。

清宣统三年（1911），处州军政分府成立，设司法部，负责检察事务。中华民国成立初，丽水沿袭清代末期的司法制度。民国元年（1912），丽水设第十一地方法院检事厅。民国2年3月，改为丽水地方法院检事厅。民国3年3月，裁撤丽水地方法院检察厅。民国30年起，由地方法院（分院）检察处负责检察事务。

1951年5月，浙江省人民检察署丽水分署成立，1952年1月，撤销丽水分署。1951年10月，丽水各县人民检察署相继建立。1954年9月，更名为县人民检察院。1963年5月，省人民检察院丽水分院（下称丽水分院）成立，辖丽水、龙泉、青田、云和、缙云、遂昌6个县人民检察院。全区检察机关对反革命和刑事案件实行检察，对国家公务人员是否严格遵守政策法令等进行监督。

1968年4月，检察业务归属丽水地区革命委员会人民保卫组。1974年，检察机关职权由地区、县两级公安机关"代行"。1978年6月，省人民检察院丽水分院恢复重建，辖丽水、青田、缙云、遂昌、云和、龙泉、庆元7个县人民检察院。

丽水分院受省人民检察院领导，并且领导各县（市）人民检察院。各县人民检察院对产生它的国家权力机关人民代表大会及其常委会负责和报告工作，并接受监督。

丽水两级检察机关通过审查批捕、审查起诉、出庭支持公诉等活动，开展侦查监督和审判监督。1983年8月，严厉打击严重危害社会治安的犯罪分子斗争，与公安、法院等部门密切配合，各司其职，各负其责，认真执行"从重、从快"的方针，严厉打击各种刑事犯罪分子，社会治安秩序逐步好转，保障改革开放顺利进行。在法纪检察方面，查处违法乱纪行为，办理大量侵犯公民民主权利的案件，切实保障公民的合法权益。1990年后，开始重点查处玩忽职守、重大责任事故案件。在经济检察方面，明确打击经济犯罪的具体政策界限，制定一些规章制度，为全面开展经济检察工作奠定基础。

2000年丽水撤地设市后，丽水分院更名丽水市人民检察院，丽水检察事业得到全面发展。至2010年，全市检察机关全面开展检察业务工作，受理各种经济案件2975起，为国家挽回经济损失15662万元。2008—2010年，全市检察机关反渎职侵权工作在全省综合考核中分别列第三、第一和第二名的优异成绩。公诉履行审查起诉、出庭支持公诉和审判监督职能，控告申诉检察工作中，使信访工作由一般的处理来信、接待来访，转为以办理案件为主，1979—2010年，全市检察院受理办结信访案件108802件。

第一节 机　构

州府一级的专门检察机构，始于元代，浙东肃政廉访司在处州设立分司。清光绪三十二年(1906)，清廷颁行《大理院审判编制法》，将司法行政与审判分开，地方各级审判厅，相应的设立各级检察厅，负责对刑事案件提起公诉和监督判决的执行，形成历史上审判权与检察权的初次分离。民国时期，丽水地方法院内设检察处，首席检察官检察地方行政官员合法行政及地方法院审判事务。中华人民共和国成立后丽水专区及各县检察机构设立。1952年开始至1978年，丽水的检察机构随行政建制的改变3次撤建。1978年开始，随着社会主义法制的健全和完善，丽水地区的检察制度建设进入大发展时期。1979年2月，首次设立办公室、刑事检察科、法纪检察科等内设机构。全市检察队伍由1978年刚复建时的50人发展到2010年的540人。市检察院从原来"一办两科"发展到21个处室，县(市、区)检察院从原来的"一办两科"发展至12—16个科室。

机构设置

机构沿革　唐代，处州司法检察属江南东道御史(先后称为按察使、采访处置使、观察处置使等)掌理。唐天宝元年(742)，张愿擢吴郡太守兼江东采访处置使。张愿出使巡行来处州，所作《石门山瀑布八韵》诗刻，今犹存青田石门洞。

北宋至道三年(997)置两浙路转运使，负责处州等江南14州的司法检察事务。又在处州设通判，与知州平列，号称监州，有权随时向皇帝报奏，为朝廷在地方之耳目。

元至正年间(1341—1368)，浙东肃政廉访司处州分司设立，为丽水司法检察机构之始。廉访使巡行丽水、青田、松阳、遂昌、龙泉、庆元、缙云7个县司法检察事务。

明成化二十二年(1486)，处州府设立有"检察"职能的机构察院。据明成化《处州府志》记载："察院在府治东南，一里余。正堂三间，后堂五间，穿堂一间，前门三间，二门三间，东西厢房六间，厨房一所。"按察副使纠察节制丽水、青田、松阳、遂昌、龙泉、庆元、缙云、云和、景宁、宣平10个县司法检察事务。

清代，置温处分巡道，设按察副使一员，纠察处州府十县刑狱争讼等事务。清光绪三十二年(1906)，清朝廷将刑部改为法部，浙江省按察司改为提法司，处州府设地方检察厅，辖丽水、青田、松阳、遂昌、龙泉、庆元、缙云、云和、景宁、宣平10个县。

清宣统三年(1911)，处州光复，成立处州军政分府，分府置司法部，代行司法检察事务。

民国时期，审判与检察合一，地方法院(分院)内设地方检察机构。民国元年(1912)1月23日，设第十一地方法院检事厅。民国2年3月，更名丽水地方法院检事厅，11月，丽水县初级检事厅并入。民国3年3月，裁撤丽水地方法院检事厅。民国11年10月，成立浙江永嘉地方审判厅丽水分厅检察处。民国16年7月，更名丽水地方法院检察处。民国36年11月27日，建立浙江高等法院第五分院检察处。民国37年2月，更名浙江高等法院丽水分院检察处。

1951年5月30日，建立浙江省人民检察署丽水分署。1952年，丽水专区撤销建制，检察机构随行政建制于同年1月撤销。1951年10月至1954年4月，丽水、龙泉、云和、庆元、缙云、松阳、景宁、宣平县人民检察署相继建立。1954年9月更名县人民检察院。1963年，丽水专区恢复，1963年5月23日，省人民检察院丽水分院（下称丽水分院）成立，辖丽水、龙泉、云和、庆元、缙云、遂昌6个县人民检察院。

1968年4月，丽水实行军事管制。11月，检察业务归属丽水地区革命委员会人民保卫组。1974年，根据《中华人民共和国宪法》规定，丽水地区检察机关职权由公安机关“代行”。“文化大革命”期间的检察工作中断达10年之久。

1978年6月19日，重新设置检察机关，检察机关实行双重领导。省人民检察院丽水分院辖丽水、龙泉、青田、云和、庆元、缙云、遂昌县人民检察院。

至1984年12月，丽水分院辖丽水、龙泉、青田、云和、庆元、缙云、遂昌、松阳、景宁等县人民检察院。2001年1月13日，撤销丽水分院，成立丽水市人民检察院。

至2010年12月，丽水市人民检察院辖莲都、龙泉、青田、云和、庆元、缙云、遂昌、松阳、景宁9个县（市、区）人民检察院。

丽水检察机构沿革一览

表30-2-1-1

时 间	检察机构名称	所辖县域
元	浙东肃政廉访司处州分司	丽水、龙泉、青田、庆元、缙云、遂昌、松阳等县
明景泰三年（1452）	处州府察院	丽水、龙泉、青田、云和、庆元、缙云、遂昌、松阳、景宁、宣平县等县
清	温处分巡道	丽水、龙泉、青田、云和、庆元、缙云、遂昌、松阳、景宁、宣平县等县及温州府属县
民国元年（1912）	第十一地方法院检察处	丽水、龙泉、青田、云和、庆元、缙云、遂昌、松阳、景宁、宣平县等县
民国2年	浙江第十一地方检事厅（丽水地方检事厅）	丽水、龙泉、青田、云和、庆元、缙云、遂昌、松阳、景宁、宣平县等县
民国3年	鄞县地方检事厅	丽水、龙泉、青田、云和、庆元、遂昌、松阳、景宁县
民国3年	金华地方检事厅	缙云、宣平县
民国6年	永嘉地方检事厅	丽水、龙泉、青田、云和、庆元、遂昌、松阳、景宁八县
民国6年	金华地方检事厅	缙云、宣平县
民国30年	浙江高等法院第一分院丽水临时庭检察处	丽水、龙泉、青田、云和、庆元、缙云、遂昌、松阳、景宁、宣平县等县
民国32年	浙江高等法院第三分院检察处	丽水、龙泉、青田、云和、庆元、缙云、遂昌、松阳、景宁、宣平县等县
民国36年	浙江高等法院第五分院检察处	丽水、龙泉、青田、云和、庆元、缙云、遂昌、松阳、景宁、宣平县等县
民国37年	浙江高等法院丽水分院检察处	丽水、龙泉、青田、云和、庆元、缙云、遂昌、松阳、景宁、宣平县等县
1951年	省院丽水分院	丽水、龙泉、青田、云和、庆元、缙云、松阳、景宁、宣平县等县
1951年	省院衢州分院	遂昌
1952年	省院温州分院	丽水、龙泉、云和、庆元、景宁县
1952年	省院金华分院	缙云县

续表 30-2-1-1

时　间	检察机构名称	所辖县域
1952年	省院衢州分院	遂昌、松阳、宣平等县
1963年	省院丽水分院	丽水、龙泉、青田、云和、缙云、遂昌等县
1968年	丽水地区革命委员会人民保卫组	丽水、龙泉、青田、云和、缙云、遂昌等县
1973年	省院丽水分院	丽水、龙泉、青田、云和、缙云、遂昌等县
1984年	省院丽水分院	丽水、龙泉、青田、云和、庆元、缙云、遂昌、松阳、景宁等县
2001年	丽水市人民检察院	莲都、龙泉、青田、云和、庆元、缙云、遂昌、松阳、景宁等县(市、区)

内设机构　1951年建立检察分署初，无内设机构。1979年2月9日，丽水分院首次设立内设机构办公室、刑事检察科、法纪检察科。至1981年1月15日，丽水分院设立“六科一室”即，原刑事检察科分设为刑事检察一科、刑事检察二科，法纪检察科，增设经济检察科、监所检察科、人事科和办公室。1984年1月建立信访科。1984年11月，丽水分院内部机构由科(室)改为处(室)，并增设行政装备处。1985年10月，分院信访处改为控告申诉检察处。1987年1月6日，丽水分院人事处改为政治处。1987年11月，撤销林业检察处，设立刑事技术检察处。1988年11月，成立经济罪案举报中心。

1990年，丽水分院经济检察处改丽水分院贪污贿赂侦查局。1991年1月，成立丽水分院纪检组。2月，纪检组增挂监察处牌子。1991年9月，分院成立民事行政检察处，原设立的经济罪案举报中心实体机构撤销，牌子保留，与控告申诉处合署办公。至1997年10月，丽水分院设职能部门14个，保留政治处并更名政治部，增设组织人事处、宣教处、法律政策研究室、警务处、机关党委等机构。

2000年9月，丽水分院职务犯罪大案要案指挥中心成立，中心办公室设在分院反贪局。2002年5月，法纪检察处更名渎职侵权检察处，反贪污贿赂局局长高配副县处级，为内设机构负责人首次高配。2006年8月，渎职侵权检察处更名反渎职侵权局，局长高配为副县处级。2010年，市院设贪污贿赂侦查一处、侦查二处，隶属反贪局。至同年12月，市院内设办公室、组织人事处、监察室、宣传教育处、侦查监督处、公诉处、反贪污贿赂局、贪污贿赂犯罪侦查一处、贪污贿赂犯罪侦查二处、反渎职侵权局、监所检察处、民事行政检察处、控告申诉检察处、职务犯罪预防处、检察技术处、法律政策研究室、行政装备处、机关党委、警务处、丽水经济开发区检察室等部门20个。

派出机构　1983年3月，缙云县院率先在县看守所派驻县监所检察室。1988年12月23日，设立“省院丽水分院驻丽水地区财税局税务检察室”，承担办理偷税抗税案件，查处税务工作人员在征收过程中利用职务之便贪污、受贿案件，将税务检察工作纳入经济检察范围。此为丽水分院首个派驻机构。之后丽水地区检察系统在财税、公安、供销社、农业、粮食、保险理赔、银行、工商、烟草、林业等部门或行业以及乡镇先后派驻检察机构(见列表)。1994年，丽水市(县级)、云和县院撤销供销检察室。1997年撤销丽水分院驻丽水地区财税局税务检察室。此后各县院派驻机构大批撤销。1999年8月31日，丽水分院驻丽水地区看守所检察室正式挂牌。

2010年12月，丽水经济开发区检察分院(检察室)设立，机构规格为正科级，核增科级领导职数

2人。全市检察院派驻机构保留11个。

丽水市人民检察院及各县(市、区)派驻机构一览

表30-2-1-2

县(市、区)检察院	派驻机构名称	设立时间	撤销时间
省人民检察院丽水分院	驻丽水地区财税局税务检察室	1988年12月	1997年
省人民检察院丽水分院	驻丽水地区看守所检察室	1999年8月	—
丽水市人民检察院	丽水经济开发区检察分院(检察室)	2010年12月	—
丽水市莲都区人民检察院	驻丽水市市财政税务局检察室	1988年8月	1997年9月
	驻丽水市市供销社检察室	1989年3月	1995年7月
	驻丽水市农业银行检察室	1990年11月	1998年11月
	驻丽水市粮食局检察室	1990年	1994年3月
	驻丽水市看守所检察室	1993年12月	1999年10月
	驻丽水城关镇检察室	1995年5月	2002年2月
	驻丽水地区看守所检察室	1995年10月	1999年10月
	保险理赔鉴定中心	1997年1月	2002年5月
	驻碧湖镇检察室	1997年9月	—
青田县人民检察院	驻看守所检察科	1984年12月	—
	驻温溪检察办事处	1988年9月	1997年
	驻县财税局税务检察室	1988年11月	1997年9月
	驻县供销合作社检察室	1990年8月	1990年12月
	驻东源镇检察室	1995年7月	1996年
缙云县人民检察院	驻县监所检察室	1983年3月	—
	驻壶镇检察室	1988年8月	2001年
	驻财税局税务检察室	1989年2月	1997年9月
	驻农业银行检察室	1993年12月	1996年5月
	驻工商行政管理局检察室	1995年3月	1996年5月
庆元县人民检察院	驻监所检察室	1984年11月	—
	驻县财税局税务检察室	1989年3月	1997年9月
	驻工商检察办事处	1994年7月	1996年7月
	驻林业检察办事处	1994年7月	1996年7月
	驻供销检察办事处	1994年7月	1996年7月
	驻建行检察办事处	1994年7月	1996年7月
	驻县烟草检察室	1994年7月	1996年7月
	驻松源镇检察室	1998年10月	2002年5月
	驻竹口镇检察室	1998年10月	2002年5月
	驻荷地镇检察室	1998年10月	2002年5月

续表 30-2-1-2

县(市、区)检察院	派驻机构名称	设立时间	撤销时间
松阳县人民检察院	驻看守所检察室	1985 年 5 月	—
	驻县税务局检察室	1989 年 1 月	1997 年 9 月
遂昌县人民检察院	驻税务检察室	1990 年	1998 年 2 月
	驻林业检察室	1995 年 12 月	1998 年 6 月
	驻妙高镇检察室	1997 年 4 月	2002 年 11 月
	驻看守所检察室	1984 年 11 月	—
云和县人民检察院	驻县财税局检察室	1988 年 10 月	1995 年年底
	驻供销社检察室	1993 年 9 月	1994 年 11 月
	云和镇检察室	1997 年 7 月	2000 年
	驻看守所检察室	1985 年	—
龙泉市人民检察院	驻监所检察室	1984 年 9 月	—
	驻税务检察室	1988 年 11 月	1996 年 3 月
景宁畲族自治县人民检察院	驻监所检察室	1985 年 7 月	—
	驻县财税局税务检察室	1988 年 12 月	1997 年 9 月

组织建设

人员编制　宋代，置处州通判一员，秩正六品，纠察处州知州议法断刑、民事争讼等政务。

元代，置浙东肃政廉访司处州分司，掌审察刑狱，照刷案牍。但无定员，由浙东肃政廉访司按察副使、佥事出巡，纠察刑狱。按察副使，秩正四品，按察佥事，秩正五品。

明代，处州府察院无定员，由浙江按察司副使巡行，纠察理刑。按察副使，秩正四品。清延明制。

民国时期，地方司法审判机构人员日趋规范。民国元年(1912)，丽水地方检事厅置检事厅长 1 人，检察官 2 人，配设书记官、承发吏、检验吏、庭丁和司法警察若干人。民国 11 年 10 月，成立浙江永嘉地方审判厅丽水分庭检察处，置首席检察官 1 人，检察处书记官 1 人等及庭丁、执达员等审、检人员 24 人。民国 37 年 1 月，设浙江高等法院丽水分院检察处，置首席检察官 1 人，检察处书记官 1 人等及庭丁、执达员等审、检人员 32 人。

1978 年 6 月 19 日，省院丽水分院建立，辖丽水(县级)、龙泉、青田、云和、庆元、缙云、遂昌等 7 个基层院，分别于 1978 年 7 月至 1979 年 2 月挂牌办公。全区配置检察干警 50 人。

1979 年，人员编制增加至 255 名，至年底实有干警 148 人。新增人员中，有部队转业干部 23 人，从党政部门调任 32 人。

1981 年，全区新增干警 34 人。至 1982 年 4 月，全区有干警 259 人，其中大专 11 人，占 4.20%，高中(包括中专)89 人，占 34.40%，初中 136 人，占 52.50%，初中以下 23 人，占 8.90%。

1994 年 6 月 9 日，丽水地区招录检察干警 36 人。1997 年 10 月 18 日，中共丽水地委办公室下发《关于印发〈浙江省丽水分院机关机构改革方案〉的通知》，明确丽水分院设 14 个职能部门，政治处更名政治部(增挂机关党委牌子)。核准机关编制 93 名。

2002 年 5 月 27 日，中共丽水市委办公室《印发〈丽水市院机关职能配置、内设机构和人员编制方案〉的通知》,重新设置丽水市院内设机构,保留政治部。核准机关编制84名。领导职数检察长1人,副检察长4人,纪检组长1人,政治部主任1人,反贪污贿赂局局长可配副处级干部。设内设机构15个,处(局、室)中层领导职数29人(含机关党委专职副书记1人)。

2006年10月23日,根据省院《转发〈关于分配我省新增法院、检察院专项编制的通知〉的通知》,丽水市增加市检察院机关编制26名。

2010年,全市有检察干警540人,其中检察长10人,副检察长26人,检察委员会委员78人,检察员319人,助理检察员73人,书记员74人,司法警察44人,无法律职务30人。内有副厅级1人,正处级6人,副处级30人,正科级192人,副科级148人,科员级127人,未定级36人。市院机关有检察干警107人,职工16人。检察干警中有检察长1人,副检察长4人,检察委员会委员10人,检察员60人,助理检察员23人,书记员10人,司法警察6人,无法律职务8人。内有副厅级1人,正处级6人,副处级20人,正科级36人,副科级15人,科员级21人,未定级8人。

1922—1947年地方审判厅(高等法院丽水分院)首席检察官一览

表30-2-1-3

姓 名	职 务	籍 贯	任 期
范云章	浙江永嘉地方审判厅丽水分庭监督检察官	浙江温岭	民国11年(1922)10月至16年7月
周海珊	浙江永嘉地方审判厅丽水分院首席检察官	浙江诸暨	民国19年12月至22年8月
陆 仁	浙江高等法院第三分院丽水分庭首席检察官	浙 江	民国32年3月至34年10月
徐祖荫	浙江高等法院丽水分院首席检察官	江苏淮阴	民国36年11月至38年4月

1978—2010年丽水历任检察长一览

表30-2-1-4

姓 名	职 务	籍 贯	任 期
秦书田	省院丽水分院检察长	山东沂水	1978年10月—1983年6月
高明蕴	省院丽水分院检察长	浙江绍兴	1983年7月—1988年3月
王岩权	省院丽水分院检察长	浙江温州	1988年3月—1993年5月
赵碧春	省院丽水分院检察长	浙江丽水	1993年5月—1998年4月
李泽明	省院丽水分院检察长	安徽青阳	1998年4月—2000年8月
李泽明	丽水市人民检察院检察长	安徽青阳	2000年8月—2003年4月
陈长华	丽水市人民检察院检察长	浙江温州	2003年4月—2007年1月
陈海鹰	丽水市人民检察院检察长	浙江三门	2007年1月—

人事管理体制 隋唐至清代,道、路监察官员及处州(府)监察佐官均由朝廷任命。吏员、衙役实行雇佣制。

民国时期,丽水地方审判厅(分院)检察处首席检察官、书记官长、检察官等以上官员,均由国民政府主席签署,国民政府任命。书记官等委任人员,由浙江高等法院任命,报司法行政部备案。法院其他人员均为雇佣制,由地方审判厅(分院)检察长任命。

1949年至1954年9月，专区和县院由同级党委统一管理。检察院属于同级人民政府的组成部门，中层及以下干部的任免按照各级政府任免工作人员的权限，提请政府正式任免。省院丽水分院检察长由省院任命，各县院检察长、副检察长由丽水专员公署任命。检察院干部以地方党委为主管理。1954年9月，根据《人民检察院组织法》的规定，实行垂直领导体制。

1963年5月，省人民检察院丽水分院（下称丽水分院或分院）建立，仍旧实行垂直领导体制。1968年4月，实行军事管制。11月，由地区革委会人民保卫组代理检察业务，人民保卫组隶属于同级地方革委会。

1978年6月，丽水分院恢复。分院检察长、副检察长、分院党组书记、党组副书记由地委任命。各县院检察长、副检察长、检察委员会委员和检察员由当地人大常委会任免，各县院党组书记、副书记由当地党委任免。

1981年起，丽水分院检察长、副检察长、检察委员会委员和检察员改由省人大常委会任命。党组书记仍由丽水地委任命。

1999年4月起，检察院新进工作人员实行“凡进必考”，通过严格笔试、面试、政审体检，逐级上报审核，经省院审核同意后，再向政府人事部门办理审批调动和录用手续。在学历上，市院补充进人必须具有本科以上学历，基层院必须大专以上学历。

2001年1月13日，丽水市人民检察院（以下简称“市院”）成立。1981年起，市院检察长、副检察长、检察委员会委员和检察员改由市人大常委会任命。党组书记、党组副书记由市委任命。

2002年5月，反贪污贿赂局局长可配副处级干部。2003年，全市检察机关院录用工作人员实行省级统一招考。2006年开始，全市检察院系统干警按照《中华人民共和国公务员法》进行管理。至2010年12月，全市检察院干部管理体制未变动。

队伍建设

检察官　唐代，江南道御史大多为朝廷要员就任，除部分庇荫或军功授予外，绝大部分亦要求进士出身者，方可任用。宋元两代，两浙路转运使、处州廉访分司等检察（监察）官员大多为有进士功名者充任。至明清两代，浙江按察司（提刑司或提法司）按察使、副使、佥事等官员要求进士、举人功名者充任。

民国元年（1912），浙江第十一地方检事厅检察官通称法官或司法官，由中央司法行政部统一选任和管理。民国2年，执行“法官为终身职”制度。同年，有检察官4人。民国21年，丽水地方法院的检察官任用根据《中华民国法院组织法》执行。

1951年，省院丽水分院成立，配检察干部5人，负责检察事务。1978年复建丽水分院，全区配检察员50人。1981年，全区新任检察员11人，助理检察员19人。1982年，全区有检察员56人、助理检察员66人。

1999年1—4月，全区助理检察员以上干部415人参加检察官等级首次评定工作，其中报高检院、省院批准的二级检察官以上检察官234人，分院直接批准的三级以下检察官181人。至年底，全区有二级高级检察官2人，三级高级检察官3人，四级高级检察官60人，一级检察官85人，二级检察官84人，三级检察官93人，四级检察官74人，五级检察官73人。检察队伍规范化建设起步。

2002年开始，全市检察院初任检察官必须通过国家司法考试方能任命。

至2010年12月，全市有检察长10人，副检察长26人，检察委员会委员78人，检察员319人，助理检察员73人。其中市院机关有检察长1人，副检察长4人，检察委员会委员10人，检察员60人，助理检察员23人。全市有二级高级检察官1人，三级高级检察官6人，四级高级检察官124人，一级检察官93人，二级检察官25人，三级检察官23人，四级检察官21人，五级检察官24人，未定级52人。

司法警察　民国初期，司法警察多由行政警察兼充，后分院检察处、地方法院审检所、司法科等各个时期的检察机构内配设的司法警察，均由该机关长官雇用任职。司法警察调度参照民国元年(1912)《浙江检事厅调度司法警察章程》执行。司法警察考试由本院及高等分院检察长、首席检察官按实际需要定期举行。司法警察职责为受检察官之指挥监督实施侦查，辅助检察官逮捕人犯、搜查证据，及押解人犯、送传刑事文书、值庭维护庭审秩序、保卫主管人员安全等项事务。

1950年4月，浙江省院丽水分院设司法警察1人，负责人犯提解。

1979年复建丽水分院，丽水分院配兼职司法警察4人。

1997年10月，丽水分院设立警务处(对外称市院法警支队)。2002年5月27日，根据丽委办《市检察机关职能配置内设机构和人员编制方案的通知》警务处撤销。2006年8月根据丽水市编委文件《丽水市机构编制委员会关于市人民检察院设立警务处的批复》重新设立警务处。2008年，全市有法警27人，且多从事其他业务工作，没有对法警实行编队管理。2009年，法警人数增加到37人，两级检察院法警达到司法警察“集中办公、集中管理、集中派警、集中培训”的要求。2009年，全市所有基层院均设立法警大队，配备专职法警队长。

2010年，全市两级院有司法警察46人，其中一级警督17人、二级警督6人、三级警督2人、一级警司6人、二级警司7人、三级警司2人、未授衔6人。2010年5月，景宁畲族自治县院法警大队被高检院评为“全国检察机关司法警察编队管理示范单位”。12月，市院法警支队和青田县院法警大队被省院评为“全省检察机关司法警察编队管理示范单位”。

书记员　唐代至清代，辅助检察官员处理文书、档案等日常事务的书吏。

民国时期，丽水各时期的地方检事厅、地方法院检察处等检察机关均设有书记官，主要是掌理记录、编案、文牍、统计及其他事务。书记官大多为委任制。民国15年(1926)，开始扩充书记员。

中华人民共和国成立后废书记官，改书记员，职能为主要担任检察办案的记录工作、并办理有关审判的辅助性事项，如保管证据、整理卷宗、处理文书工作，司法统计工作，接待来访、处理来信工作，协助检察人员进行调查以及对政策、法规的宣传工作等。1950年，浙江省院丽水分院设兼职书记员1人，由分院检察长任命。1954年，丽水、缙云、松阳、景宁、庆元、龙泉、云和等检察院各设兼职书记员1人。1981年，丽水地区检察系统开始正式配备书记员，15人。至1982年，丽水地区检察系统书记员增至47人。

2001年起，根据《中华人民共和国人民检察院组织法》第二十七条规定，全市检察院书记员需通过国家公务员考试后，工作满一年并经考核合格的方可任命；获得法律专业硕士学位以上的，直接任命为检察书记员。书记员由市、县两级检察院检察长任免。书记员负责办理案件的记录工作和有关事项。

至2010年12月，丽水市有书记员74人，其中市院有书记员10人。

教育培训　1978年，教育培训工作职能由办公室兼理。1980年，中央政法干校、省院为丽水地区培训检察干部25人。分院举办一期侦查技术训练班，训练33人。丽水中院代训检察法警14人。1986年，分院组织全区经济检察干部短训班1期。1987年，组织干警集中学习《中华人民共和国刑法》《中华人民共和国刑诉法》《中华人民共和国检察院组织法》。1988年，干警从电大法律专业毕业10人，成人高校干部专修班毕业2人。1989年，参加电大中专班学习干警69人，参加省院各类培训班干警18人。

1991年，全区领导干部20人参加党校读书班、轮训班、培训班学习。干部参加省院业务培训64人。1992年，开展全区检察机关党风廉政专题培训1次。1993年，干警参加电大学习13人，干警参加检察专业证书教育83人。1994年，组织全区公诉人培训班和缙云"5•4"沉船案观摩庭。1995年，组织科级干部27人参加地委组织部等五家单位联合举办的集中学习班。1996年，先后3次组织干警学习修改后的刑诉法。1997年，开展学习《中华人民共和国刑法》和《中华人民共和国刑事诉讼法》专题活动。

1998年10月18日，分院增设宣传教育处，主要负责对全市检察机关干部教育培训工作的指导，组织管理全市检察干部的在职培训和学历教育等工作。

2000年7月21日至8月20日，全市检察机关进行反特权思想和反霸道作风专题教育。9月18日至10月15日，在全市检察机关开展理想信念、公正执法、艰苦奋斗教育和警示教育。

2001年2月开始，全市检察机关组织干警进行作风纪律警示教育。5月下旬至6月中旬，全市检察机关全面开展以学习"三个代表"重要思想为主题的集中教育整顿活动。11月和12月，组织全市检察机关干警400多人分两批参加全国统一组织的检察官综合素质考试，取得全省第一的好成绩。

2002年，制定出台《丽水市院干警学历教育有关规定》，就检察干警学历教育计划、目标及奖励等作出规定。组织全市未取得本科学历的干警125人，参加高检院举办的全国检察官续职资格专门培训，并全部通过结业考试。

2003年，全市检察机关组织9个基层院的检察干警83人，集中参加审查批捕意见书、公诉案件审查报告、贪污贿赂和渎职侵权案件侦查终结报告等7个项目比赛。

2004年，市院组织开展全市检察机关第六届优秀公诉人评选活动和反贪污贿赂局局长、渎职侵权检察处(科)长培训班。参加全省检察机关侦查预案制定、起诉书制作和民事行政案件审结报告说理等业务技能竞赛活动，全市检察干警3人制作的法律文书分别被评为全省反贪案件优秀侦查预案、公诉案件优秀起诉书和民事行政案件优秀审结报告。全市检察机关46岁以下的检察官均参加法律本科学历教育，鼓励和支持干警攻读硕士学位。同年，干警取得本科文凭22人，取得法律硕士学位2人，参加专升本教育7人，入读法律硕士1人。干警通过司法考试8人。

2005年，全市在职检察人员444人参加全省"规范执法行为，促进执法公正"考试。全市干警获法律硕士毕业2人，参加法律硕士文凭学习5人，通过司法考试7人。

2006年，全市举办民行、公诉、反贪、信息宣传等岗位培训班15个，培训447人次。组织全市反贪部门干警30多人参加反贪侦查电脑制作笔录培训及竞赛。制定《丽水市检察人才、教育培训管理办法》，对招录人员、开展本科以上学历教育、在职业务培训等作专门规定。

2007年，市院组织全市检察干警370人参加法治理念基础知识考试。举办培训班次14个，培训

275 人。组织全市教育培训，开展公诉部门的“优秀公诉人”、反贪“精品案件”、民行“办案能手”、侦监处“优秀十佳侦查业务骨干”等岗位技能竞赛 8 项。全市检察干警通过司法考试 22 人，通过率 43%，其中市检察院 7 人参加考试全部顺利通过。

2008 年，全市检察机关举办业务培训班班次 15 个，培训 441 人次，占全市在编干警数的 84.80%，超过省院考核办法规定的 25%的基数。先后开展“优秀公诉人”“自侦骨干业务培训”“优秀办案能手”“优秀不捕说理文书”等岗位技能竞赛活动 4 项。全市检察机关通过司法考试 20 人，通过率 46.5%。

2009 年，以“丽检讲坛”活动为载体，邀请有关领导、专家、学者为全市检察干警授课，全市检察机关举办业务培训班 18 个班次。干警通过司法考试 15 人，1 人被授予“浙江省检察业务专家”称号，2 人进入全省检察技术人才库。

2010 年，全市检察机关启动“恪守检察职业道德，促进公正廉洁执法”主题实践活动，以“争做文明检察干警”为抓手，强化检察职业道德建设。同年，举办全市检察机关各种岗位培训班 18 个班次，干警通过司法考试 12 人。

2010 年丽水市检察干警政治、学历、法律专业等一览

表 30-2-1-5　　　　单位：人

单位	总数	公务员	职工	检察官	通过司法考试人数	法警	中共党员	专科	本科	研究生以上
市院	123	107	16	83	34	6	83	14	92	17
莲都	65	60	5	59	18	4	54	17	44	4
龙泉	53	50	3	38	12	4	48	18	33	2
青田	60	55	5	44	11	6	49	14	44	2
云和	46	42	4	26	8	4	38	10	33	3
庆元	53	47	6	36	8	4	37	21	32	0
缙云	51	49	2	35	7	4	50	13	35	3
遂昌	48	45	3	29	2	4	41	13	35	0
松阳	50	48	2	30	4	3	41	10	40	0
景宁	43	37	6	27	13	5	34	5	36	2
合计	592	540	52	407	117	44	475	135	424	33

纪检监察　1978 年，省院丽水分院对外挂牌办公。1982 年，对个别犯错误或不适合做检察工作的干警作调整。1990 年，全区检察机关有干警 15 人抵制说情送礼 40 多次。1991 年 1 月 17 日，检察分院纪检组成立。2 月 2 日，纪检组增挂监察处牌子。同年，着重抓思想作风教育整顿、执法执纪检查和廉政制度建设，查处违纪案件 3 起。1993 年，收到检察人员违纪违法举报线索 40 件，涉及分院和 7 个县（市）院干警 25 人。1994 年，收到和办理举报检察人员违纪违法的来信 15 件，立案查处 1 件 1 人，作出行政记过处分。1995 年，制定《丽水分院机关工作人员廉洁自律有关规定》（共十条）。同年，受理举报线索 16 件 19 人。1996 年，丽水地区检察系统开展以办案纪律为重点的纪律整顿活动，抓整顿建章立制，先后制定《禁酒令》《检察人员纪律》《干警八小时工作以外

重大事项报告制度》等管理制度。同年受理反映检察人员违纪违法来信18件，接待来访9人次，其中立案查处6起，具体为徇私舞弊2件、赌博1件、违反车辆管理规定1件、生活作风问题1件、违规经商办企业1件。1997年，继续抓好检察纪律教育整顿工作并开展“回头看”活动。制定和完善《经费包干管理制度》《干部廉洁自律若干规定》和《分院干警党风廉政建设责任制》。在办理涉检信访方面，受理举报检察人员违纪违法来信45件，接待来访26人次。1998年10月，全区检察机关开展以“实行检务公开，欢迎社区监督”为主题的“检务十公开”宣传活动。规定检察干警统一着装、佩证上岗，做到制度上墙、工作人员亮相，公布检察长接待日时间，调整并公布举报电话。1999年，受理检察人员违纪违法线索25件，涉及干警22人，对其中的3件属实和2件部分属实案件均作相应处理。

2000年，全市受理群众举报线索17件，查实1件。2001年2月中旬，全市检察机关组织进行集中教育整顿和作风纪律警示教育，5月制定实施《错案责任追究办法(试行)》。同年，受理群众举报线索26件，经查实，对干警1人作出行政警告处分。

2002年5月，分院组织开展“调查研究年和转变作风年”活动，加强禁赌教育、检察官职业道德教育、“从政十德”主题教育和正反面典型教育。同年，实现全市检察干警“零违纪”目标。

2003年，全市受理首次来信来访19件，经查实，警示和诫勉谈话干警11人，党纪政纪处理违纪干警2人。

2004年，结合深化“强化法律监督，维护公平正义”主题教育和机关效能建设活动，对领导干部有无拖欠公款或利用职权将公款借给亲友、领导干部在职兼职以及用公款为干部职工购买商业保险的情况进行清理，推行自侦案件中的“一案两卡”制度。同年，对反映检察人员违纪违法属实的2件和部分属实的4件违纪违法案件作出相应处理。

2006年，率先在全省检察机关开展巡查工作。同年，受理群众首次举报10件，经初核，部分属实1件、失实9件。

2007年，市院制定出台《丽水市检察机关检务督察暂行办法》(下称《暂行办法》)及《丽水市院检务督察工作细则(试行)》《丽水市院检务督察实施意见》。同年，开展检务督察2次，重点是对执法办案的内部监督、全程同步录音录像、扣押冻结款物和车辆安全开展专项检查。同年，受理群众首次举报11件。经核查，属实1件，查无实据10件。

2008年，市院开展检务督察4次，出台《丽水市院建立健全惩治和预防腐败体系2008—2012年实施意见》。在本院各执法办案部门建立“检察干警执法档案”制度，制定《关于建立“检察干警执法档案”制度的实施意见》。

2009年，开展检务督察4次，分别对落实办案安全防范制度、执行“禁酒令”情况、扣押冻结款物处理情况以及枪支弹药管理使用情况进行督察。同年受理举报线索12件，经调查，其中举报失实11件，申诉案件息诉1件。

2010年，受理群众举报19件，初核19件，没有发生违法违纪案件，再次实现“零违纪”工作目标。

县(市、区)检察院

元大德七年(1303)，遂昌县建按察司分司。明洪武三年(1370)，缙云、松阳、青田、庆元县设按察司分司。明景泰三年(1452)，云和、宣平、景宁县设按察司分司。明成化十四年(1478)，龙泉县设按察司分司。

清代，各县没有按察分司，省按察司在处州府置温处分巡道，由按察副使检察处州十县及温州府各属县的刑狱断讼事务。

民国元年(1912)8月，设丽水县地方法院初级检事厅。民国2年，各县设县初级检事厅。11月，丽水县初级检事厅并入丽水第十一地方检事厅。民国3年2月，各县初级检事厅撤。民国5年，各县县署内设审检所，县知事兼理检察事宜，民国6年3月撤。民国11年10月，设浙江永嘉地方审判厅丽水县分厅检察处。民国13年，龙泉县承审处更名司法科。民国16年7月，丽水分庭检察处改为丽水县分院检察处。民国18年10月，设立龙泉地方法院检察处。民国24年7月，龙泉地方法院检察处更名龙泉地方法院检察处。民国25年1月，丽水县分院检察处改为丽水地方法院检察处。同年，遂昌、松阳、青田、景宁、云和、宣平、庆元、缙云司法科成立，设首席检察官1人，检察官若干人，首席检察官由最高法院或高等法院首席检察官任命。民国26年4月，各县司法科更名司法处。民国27年，庆元县成立司法处。民国32年，青田县司法处改设青田地方法院暨检察处。民国37年，缙云、松阳县司法处改设缙云、松阳地方法院暨检察处。7月，遂昌县划归第三行政督察区，青田县划归第五行政督察区。至1949年5月丽水解放止，除丽水、龙泉、缙云设有地方法院检察处外，其余5县均只设司法处。

1951年，成立缙云、丽水县人民检察署，为县政府工作机构。1954年，庆元、景宁、龙泉、云和、遂昌、松阳、青田建立人民检察署。1954年12月28日，丽水县人民检察署更名丽水县人民检察院。1955年1月起，各县人民检察署相继更名人民检察院(以下简称“县院”)。1958年，松阳县院并入遂昌县院，云和县院并入丽水县院，庆元县院并入龙泉县院。1960年2月，景宁县院并入丽水县院。1962年9月，恢复云和县院。1968年4月，丽水等各县人民检察院实行军事管制，8月，检察工作职能由各县革委会保卫组替代。1973年起，改由公安机关行使检察职权。

1978年8月起，各县先后恢复重建检察院，先后设办公室、刑事检察一科、二科、法纪检察科、经济检察科、监所检察科等内设科室。

1982年，恢复松阳县建制，松阳县院于1982年4月重建。1984年，景宁从云和分县，成立景宁畲族自治县人民检察院，1986年4月，丽水县人民检察院更名丽水市人民检察院。1990年12月，龙泉县人民检察院更名龙泉市人民检察院。2000年7月18日，丽水市人民检察院更名丽水市莲都区人民检察院。

至2010年12月，丽水市院辖莲都、龙泉、青田、云和、庆元、缙云、遂昌、松阳、景宁等9县(市、区)人民检察院[(以下简称“县(市、区)院”)]，在职干警469人。内设科室处从1978年检察院恢复后的“一室两科或三科”发展到12—16个科室。

2010年丽水各县(市、区)检察院机构人员一览

表30-2-1-6

检察院名称	内设机构数量(个)	在职干警、职工数(人)
莲都区人民检察院	15	65
龙泉市人民检察院	14	53
青田县人民检察院	15	60

续表 30-2-1-6

检察院名称	内设机构数量(个)	在职干警、职工数(人)
云和县人民检察院	12	46
庆元县人民检察院	13	53
缙云县人民检察院	13	51
遂昌县人民检察院	13	48
松阳县人民检察院	16	50
景宁畲族自治县人民检察院	13	43
合　计	124	469

第二节　刑事检察

民国4 年(1915),北洋政府时期,《京师地方检察厅暂行处务规则》中规定,检察官侦查后认为有实施强制处分,如勾摄羁押、搜索、扣押等情形时,应请示于检察长。但认为有需要急速处理必要的不在此限。同时规定,人犯必须收押时,检察官应令书记官填写押票,交由司法巡警护送看守所收押。

民国 17 年(1928),南京国民政府发布的刑事诉讼法规定,传唤、拘提、通缉、羁押被告人时,其传票、拘票、通缉书、押票的签发权,在侦查中属于检察官,或首席检察官,在审判时属于审判长、受命推事或法院。对现行犯不问何人,不得用拘票径行逮捕,但逮捕后,应即把被告解送较近的检察官处讯问。

1954 年起,丽水检察机关行使审查逮捕、侦查活动监督等职能。1957 年下半年起,由于受“左”倾思想的影响,丽水各县检察机关的侦查监督职能被削弱。

1963 年 5 月 23 日,成立丽水分院,侦查监督工作有所恢复。“文化大革命”期间,侦查监督工作被迫中断。

1978 年丽水分院成立后,通过审查批捕、审查起诉,对公安机关的侦查活动履行法律监督职责,同时担负出庭支持公诉工作。1989 年,改变刑事检察处审查批捕、起诉一体负责的工作格局,强化内部制约机制,提高办案质量和效率。2000 年起,推行捕诉职能集中行使的办案制度、试行检控事务官制度,完善主诉检察官办案制度等多项改革,提高刑检工作整体水平。

审查批捕

1951 年 5 月,省人民检察署丽水分署建立后,担负批捕人犯审查工作。检察院对公安机关提请批准逮捕的,由审查批捕部门办理。办案人员审查后,提出审查意见,审查批捕部门负责人审核后,报请检察长批准或决定。重大案件经检察委员会讨论决定。

1963 年 5 月至 1966 年 5 月,丽水检察机关审批逮捕人犯 519 人。1966—1972 年,审查批捕工作由地区及各县人民保卫组负责。

1978 年 6 月,丽水分院和各县(市)院重建,同年,全区检察机关受理公安机关提请逮捕人犯520人，批准逮捕277人。1980年，全区检察机关贯彻实施“刑法”和“刑事诉讼法”，为整顿社会治安，集中打击杀人犯、放火犯、抢劫犯、强奸犯和其他严重危害社会秩序犯罪分子。同年，全区检察机关批准逮捕189人。1981年，全区检察机关执行从重从快惩处重大刑事犯罪的方针，集中打击杀人、抢劫、强奸、爆炸、重大盗窃犯罪。工作中积累一套“四优先”[①]“五必须”[②]的做法。同年，全区检察机关批准逮捕322人。1982年，全区检察机关刑事检察工作开展打击经济犯罪活动，同时不放松各类重大刑事犯罪活动。同年，受理公安移送报捕人犯438人，批准逮捕343人。

1983年8月，全区检察机关根据中共中央《关于严厉打击刑事犯罪活动的决定》，投入严厉打击严重刑事犯罪活动的斗争。全区检察机关均建立办案责任制，采取“定人员、定案件、定时间、保质量”的方针，案件速办速结。1988年，全区检察机关集中力量重点打击杀人、抢劫、强奸、重大盗窃、诈骗、流氓等严重犯罪分子。批捕上述六类人犯761人，占批捕人犯总数的71.9%。

1989年，全区检察机关配合公安机关开展“打流窜犯”“反盗窃”“扫除六害”等专项斗争，受理公安机关提请逮捕人数和逮捕人数分别比上年增加31.5%和40.5%。

1991年，全区检察机关参加专项打击统一行动和社会治安综合治理工作。优先办理重大现行犯罪案件，提前介入重特大现行犯罪案件88件（次）。1993年，全面开展审查逮捕工作，坚持提前介入的工作制度。坚持重特大刑事案件优先办理、限时办结的制度。丽水市院提前介入张某某在杭州至瑞安的长途汽车上持刀强奸女乘客的恶性刑事案件，仅用8小时就作出逮捕决定。同年，全区提前介入各类重特大案件66件120人。

1994年，坚持从重从快方针，配合公安部门重点打击带有黑社会性质的犯罪团伙，参与“打流氓、追逃犯、破积案”和打击“车匪路霸”“打黄扫非反盗窃”等专项治理和专项斗争，加强审查逮捕工作。批准逮捕杀人案犯23人，放火案犯13人，抢劫案犯397人，强奸案犯22人，流氓案犯122人，盗窃案犯633人。1996年，继续贯彻“严打”方针，深入开展专项斗争，从重从快地批捕一大批严重的刑事犯罪和经济犯罪案犯。批准逮捕故意杀人案犯41人，抢劫案犯244人，爆炸案犯9人，强奸案犯35人，盗窃案犯683人，流氓团伙案犯133人。

1997年，全区审查逮捕部门开展“春季严打整治行动”“双禁”（禁毒、禁赌）专项斗争，刑事犯罪有所遏制，全区受理案件数和批准逮捕人数比上年分别下降41%和26%。

1999年，丽水地区两级审查逮捕部门强化法律监督，促进公正执法，维护社会稳定。缙云县院率先制定《审查批捕案件操作规程》，使办案有章可循，有据可查。

2001年，全区检察机关对团伙案件、流窜案件从快批捕，对重特大恶性案件提前介入，同年提前介入重大刑事犯罪案件50件，如景宁畲族自治县“9•16”白骨案、“8•31”持枪抢劫绑架案等重大案件，审查批捕部门均派员提前介入，参与现场勘查。改革审查逮捕方式，将原来的《逮捕案件审查报告》和《逮捕审批表》合二为一，统一制作《审查逮捕案件意见书》。

2002年，加大对涉恶势力犯罪、爆炸杀人等严重暴力犯罪、盗窃等严重影响安全的多发性犯

① “四优先”：对“六类”案件，优先安排力量，优先参加公安侦查预审，优先审查材料，优先讨论研究。

② “五必须”：对办理的所有案件，必须认真阅卷，必须提审被告人，必须复核主要证据和力所能及的补正，必须复勘现场和验证作案工具，必须按法律规定和工作细则办理完备的法律文书。

罪等“三类”重点犯罪案件、“两抢”(抢劫、抢夺)犯罪活动和非法邪教活动案件的打击力度,批准逮捕暴力犯罪 319 人,批捕抢夺、重大盗窃等多发性犯罪案件 491 人,批准逮捕邪教“法轮功”案件 26 人。

2003 年,全市检察机关严厉打击各种严重刑事犯罪、非法邪教组织犯罪和严重破坏社会主义经济秩序犯罪活动。及时对非法邪教组织犯罪 7 人,故意杀人犯罪 30 人,爆炸犯罪 1 人,强奸犯罪 56 人,抢劫犯罪 154 人,抢夺犯罪 31 人,诈骗犯罪 56 人,盗窃犯罪 497 人批准逮捕,震慑犯罪分子。

2005 年,参与和配合公安等有关部门先后开展禁毒、打黑除恶、扫黄打非、打击“双抢”、打击淫秽色情网站、反走私、反假币、打击制假售假、保护知识产权等专项活动。

2006 年,实行《审查逮捕意见书》简繁分流制度,提高办案效率。莲都区院由于审查逮捕工作突出,被省院评为审查逮捕工作先进集体。

2008 年,市院办理银泰集团季某某等人集资诈骗、非法吸收公众存款等一批影响社会稳定,有较大社会影响的案件。该案系全省数额最大的经济犯罪案件之一,案情相当复杂,影响非常重大,被害人人数达 15000 多户,集资数额高达 55 亿多元,不能偿还数额高达 16 亿多元,涉及浙江、湖南两省 3 个地市 7 个县。

2009 年,全市侦查监督部门开展职务犯罪案件审查逮捕程序改革。9 月 20 日开始,自侦案件逮捕权上提一级后,各基层院的自侦案件由市院侦查监督处审查决定是否批准逮捕。受理基层院报请市院审查决定逮捕案件 13 件 14 人,经审查决定逮捕 12 件 13 人,其中适用附条件决定逮捕 1 件 1 人。决定不逮捕 1 件 1 人。经审查报请省院决定逮捕 1 件 1 人。

2010 年,全市侦查监督部门贯彻省院《关于服务经济转型升级的若干意见》《关于当前检察机关帮助企业解困服务经济平稳较快增长的十五条意见》等文件精神,妥善办理涉企涉众型经济犯罪案件,坚持严格办案,改进办案方式方法,慎重使用强制措施,着力保障经济平稳较快发展。

1986—2010 年丽水市审查批捕案件一览

表 30-2-2-1　　单位:人

年份	受理案件	批准(决定)逮捕	不批准(予)逮捕	年份	受理案件	批准(决定)逮捕	不批准(予)逮捕
1986	785	671	82	1996	2015	1595	155
1987	925	718	107	1997	1430	1183	282
1988	1318	1057	153	1998	1644	1336	238
1989	1776	1486	149	1999	1969	1541	379
1990	1836	1591	147	2000	2020	1525	477
1991	1585	1452	121	2001	2323	1923	377
1992	1592	1340	123	2002	1612	1465	105
1993	1907	1545	121	2003	1545	1366	142
1994	1802	1705	97	2004	1858	1671	166
1995	1639	1328	113	2005	1959	1750	179

续表 30-2-2-1

年份	受理案件	批准(决定)逮捕	不批准(予)逮捕	年份	受理案件	批准(决定)逮捕	不批准(予)逮捕
2006	2329	2080	230	2009	2480	2238	224
2007	2434	2220	218	2010	2348	2112	236
2008	2641	2358	265	—	—	—	—

刑事立案监督

刑事立案监督在1996年以前《中华人民共和国刑事诉讼法》未作明确规定，在司法实践中通过检察建议，跟踪监督行使刑事立案监督检察职能。1997年正式实施的《中华人民共和国刑事诉讼法》赋予检察机关对公安机关的立案履行法律监督职能，从诉讼制度上解决公民“告状难”或“告状无门”的问题。《人民检察院刑事诉讼规则》还将公安机关不应当立案侦查而立案的，也列入立案监督的范围。

1997年，全区检察机关初步探索立案监督，全面履行监督职责。各县市院批捕部门根据群众来信，摸排案件线索，在掌握可靠证据的情况下，向公安机关发出《说明不立案理由通知书》，在认定公安不立案理由不能成立时，又发出《通知立案书》，同年，全区开展立案监督案件4件6人，其中遂昌2件4人，龙泉、缙云各1件1人。

1998年，全区检察机关刑事立案监督工作均实现零的突破，立案监督12件26人。如龙泉监督立案的刘某等人抢劫、盗窃和徇私舞弊案件，分别被法院判处有期徒刑，该案件作为典型案件被高检院《公报》1998年第6期刊登。景宁畲族自治县院监督立案的拐卖妇女案，被法院判处无期徒刑，是浙江省开展立案监督工作以来的处刑最重的一个案件。

1999年，全区检察机关全面履行法律监督职责，把立案监督落到实处。缙云县院立案监督的郑某等人抢劫、诈骗一案，分别被判处无期徒刑和有期徒刑13年、10年、5年，这是全省检察机关立案监督一案中罪犯2人被判处无期徒刑的案件，缙云县院审查批捕科被省院荣记二等功，该案例被高检院2001年第一期《公报》收录。

2000年，全市检察机关刑事立案监督工作经省院考核列居全省第一。市院审查批捕处立案数居全省第三，被省院评为刑事立案监督工作先进集体。

2001年，全市刑事立案监督工作重点放在重大重刑案件的监督上。丽水市院审查批捕处、云和县院审查批捕科和缙云县院批捕科被省院评为立案监督先进集体。云和县院立案监督的邱某等4人抢劫一案，该院被省院荣记集体二等功。缙云县院立案监督的麻某等人抢劫案和龙泉市院立案监督的刘某抢劫、盗窃案，在“风云杯”全国检察机关刑事立案监督“十佳”案件评选中，分别被评为“十佳”案件和优秀案件。

2003年，全市检察机关继续加大刑事立案监督工作力度，突出监督重点，加强跟踪监督，完善以质量和效果为衡量标准的考评体系。同年，全市检察机关开始探索监督公安机关不应当立案而立案侦查案件，监督公安机关撤案5件6人，避免错立错捕。

2005年，全市检察机关开展制假售假、侵犯知识产权犯罪专项立案监督活动。龙泉市院对一起有毒黄米粿案件进行立案监督。

2006年，全市检察机关深化监督撤案工作，监督撤案案件数量有较大幅度增长，同比上升95%。莲都区院侦查监督科监督撤案19件，被省院评为监督撤案先进单位。建立侦捕协作机制，侦查监督部门对发现的渎职侵权等职务犯罪案件线索，及时移送自侦部门，全市向自侦部门移送职务犯罪线索6件。

2007年，全市各级检察机关着力突出立案监督的重点，拓宽监督案源渠道。缙云县院办案人员在提审符某过程中，查清其伙同他人流窜作案十多起，盗窃现金及财物价值43.9万元的案件，被丽水中院判处无期徒刑。该院侦监科被省院荣记集体二等功。莲都区院将监督重心前移，翻查旧案，注意对以前案件线索的挖掘，发现2005年的一起轮奸案中，绰号为“健健”的犯罪嫌疑人没有归案，办案人员通过走访调查，最终确认犯罪嫌疑人，被法院判处有期徒刑十三年。

2010年，全市侦查监督部门开展行政执法机关移送未立案案件专项立案监督活动，强化对行政执法机关移送涉嫌犯罪案件的监督。两级检察机关通过走访摸排，核查未立案案件3件。龙泉市院围绕当地红豆杉被盗伐案件开展监督，成功立案监督周某某等13人非法采伐国家重点保护植物案件。

1997—2010年丽水市立(撤)案监督一览

表30-2-2-2

年份	立案监督		撤案监督		年份	立案监督		撤案监督	
	件	人	件	人		件	人	件	人
1997	4	6	—	—	2004	71	82	10	10
1998	13	28	—	—	2005	62	81	22	24
1999	27	35	—	—	2006	56	73	47	48
2000	51	105	—	—	2007	29	38	41	41
2001	59	82	—	—	2008	43	53	56	75
2002	62	73	—	—	2009	39	53	30	43
2003	94	108	5	5	2010	44	75	85	115

侦查活动监督

1954年9月，丽水检察机关通过选择重点案件，参与公安机关的预审、现场勘查、询问证人、搜查、扣押等活动，开展侦查活动监督工作。1957年下半年开始，随着“整风反右”运动的开展，侦查活动监督职能被削弱。

1961年，全省召开的政法工作会议和第六次检察工作会议，部分纠正削弱检察机关职能的错误，侦查活动监督工作又得以开展。1968年12月，侦查活动监督随着检察机关的撤销被取消。

1978年检察机关重建时，由于人手少，业务生疏，重点抓批捕、起诉工作，对侦查、审判活动监督没有作为主要业务抓起来。根据中央64号文件关于《各级党委不再审批案件》的指示和中央关于“可捕可不捕的坚决不捕”的方针，同年，检察机关经审查不批准逮捕的人犯86人，占报捕数的16.5%。

1980年，全区检察机关批捕人数172人，占批准逮捕人数91%，纠正错捕8人，占批准逮捕人数4.20%。1981年，全区检察机关通过侦查监督和审判监督，发现和纠正漏捕、漏起诉案犯11人。1983年，全区检察机关在批捕工作中，深挖细查，防止漏网。青田县院在审查陈某、夏某两个引诱、容留失足妇女卖淫的死刑案中，扩大线索，挖出另重刑案件3起和一般刑事案件6起。

1986年，全区检察机关侦查活动监督重点是通过审查批捕，防止错捕，以及发现和纠正该捕未报捕、不该捕而报捕的错漏案件。纠正公安机关在侦查活动中刑讯逼供、非法拘禁、非法取证等违法乱纪行为，对侦查机关违法行为提出纠正意见104次。1988年，全区检察机关在侦查监督中，对公安机关侦查活动中的违法行为提出纠正意见67次。坚持重大案件提前介入，提前介入201件，参加现场勘查76次。

1991年，全区检察机关对公安机关在侦查活动中的违法行为，提出纠正意见120多次，提前介入88件(次)。1994年，分院及时制定跟踪监督的制度，对每个案件开展案中监督和案后监督。向侦查机关提出检察建议105次。不批捕人犯97人，要求退回补充侦查167件359人。对该捕未捕的案件，分院发现后进行复查，而后逮捕。缙云的李某故意伤害案，行为构成故意伤害罪，分院直接下文作出逮捕决定。

1996年，全区检察机关坚持案件备查制度，审查备案表1562份。通过案件审查，对批捕案件质量进行指导，发现重大案件质量问题，及时予以纠正。1999年，全区检察机关加强侦查活动监督。同年追捕漏犯36人，向公安机关发出纠正违法通知书8份，针对审查批捕过程中不捕案件直线上升情况，向公安机关发出《检察建议》，建议办案人员增强证据意识，提高报捕案件质量。

2002年，市院和市公安局联合发文，规范重大刑事案件提前介入制度。同时，做好提前介入的登记工作，并及时将重大刑事案件向上级院汇报。2005年，全市检察机关探索行政执法和刑事执法相衔接工作机制。同年，建议行政执法机关移送公安机关立案侦查案件1件。2006年，全市检察机关在全市范围内推行书面《补充侦查提纲》，提出需要补充的具体证据及补侦方法，引导侦查机关侦查。行政执法与刑事司法相衔接机制扎实推进，向行政机关发出移送案件检察建议书8件，公安机关立案侦查5件8人。

2007年，全市检察机关在审查逮捕工作贯彻落实宽严相济刑事司法政策。对可以从宽处理的未成年人犯、初犯、偶犯和轻微刑事犯罪等慎用逮捕措施，以无逮捕必要不批准逮捕124人，其中未成年人18人。龙泉市院在办理胡某、曾某、吴某故意伤害(重伤)案中，发现嫌疑人均为在校学生，未满16周岁。他们平时表现良好，且在案发后均有悔罪表现，其亲属对被害人也进行赔偿，遂作出不捕决定。加大行政执法与刑事司法相衔接工作，建议行政执法部门向公安机关移送案件8件10人。

2008年，全市检察机关进一步完善行政执法与刑事执法相衔接工作机制，市院和缙云等县院与10多家行政执法机关签订建立协作、信息共享机制等文件，建议行政执法部门向公安机关移送案件16件，是上年的2倍。2009年，全市检察机关全面建立行政执法与刑事司法衔接工作信息共享平台，与行政执法部门60多家建立信息共享机制，实现信息流转日常化、动态化，建议行政机关移送涉嫌犯罪案件15件。

2010年，全市检察机关实行“一般案件每案必提，自侦案件每人必提”的讯问制度，同年通过讯问犯罪嫌疑人发现侦查活动存在违法行为后向侦查机关发出纠正违法通知书 8 份，侦查机关均予以回复并采取相应的整改措施。加强撤案监督，纠正公安机关不应当立案而立案 85 件 115 人。通过共建信息共享机制，建议行政机关移送涉嫌犯罪案件 15 件。试行对刑事拘留的监督。莲都、缙云检察院探索对刑事拘留的监督工作方法。

1986—2010 年丽水市纠正漏捕一览

表 30-2-2-3　　单位：人

年份	纠正漏捕	年份	纠正漏捕	年份	纠正漏捕
1986	17	1995	12	2004	1
1987	13	1996	29	2005	1
1988	18	1997	9	2006	9
1989	23	1998	8	2007	3
1990	26	1999	36	2008	4
1991	25	2000	15	2009	8
1992	20	2001	12	2010	21
1993	15	2002	6	—	—
1994	6	2003	1	—	—

审查起诉

1963 年，丽水分院审查起诉案件 303 件，决定起诉 277 件，免于起诉 2 件，不予起诉 12 件，出庭公诉 129 次。1964 年，对起诉审查办理期限规定为 7 天。

1979 年，刑事检察科全面担负起审查起诉工作，同年受理移送起诉案件 351 人，决定起诉 324 人，不起诉 9 人，免予起诉 10 人，撤回起诉 4 人。实行岗位责任制，建立办案制度，提高起诉案件的准确率，实行审理案件专人负责，集体讨论，检察长决定的制度，保证案件质量。

1980 年，丽水地区检察机关以打击现行犯罪、整顿社会治安秩序为中心，全区检察机关决定起诉 206 件，出庭公诉 108 件。分院受理审查起诉案件 40 件、75 人。1981 年，丽水地区检察机关以刑事检察为重点，把从重从快惩处重大刑事犯罪分子作为首要任务，出庭公诉 252 次。1982 年，丽水分院在坚决打击刑事犯罪的同时，注重对犯罪人员进行回访，注重上下两级检察机关的联系沟通，及时研究和妥善解决有分歧的重大疑难案件 22 件。全区检察机关提起公诉 333 件，出庭公诉 304 件。1983 年下半年，丽水地区检察机关开展集中打击严重危害社会治安刑事犯罪。同年，提起公诉 922 件，1181 人。1984 年，受理案件 762 件，审查起诉 946 人，其中死刑案件 11 件 13 人，其中分院直接起诉 53 人。

1987 年，缙云县院办理的卢某某故意杀人案件，缺乏直接证据，办案人员经过补证和复核，提审被告人，使间接证据形成一个完整证据链，认定该起疑难的杀人案件。1988 年，开始执行高检院作出关于起诉、免诉案件质量标准的规定。

1992 年，全市刑事检察部门重点打击盗窃、抢劫、拐卖人口、贩毒、赌博、流氓、利用宗教进行犯罪和制造伪劣商品案件，分院向法院提起公诉 130 件 216 人，免于起诉 6 件 35 人，不起诉 1 件

1人。

1994年,符永伟持刀抢劫云和县局村信用社,残害信用社职员刘玲英案件,分院办案人员提前介入,案件移送到检察机关后只用一天时间就复核、补充好主要证据,制作好起诉书,起诉到法院,法院以抢劫罪判处符永伟死刑,剥夺政治权利终身。

1995年,继续从重从快严厉打击严重刑事犯罪和严惩严重经济犯罪,建立《分院刑检二处办案岗位责任制》《起诉案件奖励办法》,明确任务,责任到人,规范起诉工作。对重大的、有影响的杀人、抢劫、盗窃等犯罪案件坚持做到提前介入,从重从快起诉。如丽水市万象山"7•23"敲诈、凶杀案,当11月17日案犯朱某从外地抓获押回丽水后,分院和丽水市院立即派员提前介入,29日市院将案件报送到分院,分院当天审查后立即向中院提起公诉。

1996年,省院在全省"严打"斗争表彰会上,给丽水分院刑检二处荣记集体二等功。

1997年,分院刑检二处制定《全区起诉工作目标管理考核评分细则》,对起诉工作目标、起诉工作质量、队伍建设、庭前准备、开庭效果等内容,一一量化考核。

1999年5月,分院起诉处和丽水市院、遂昌县院起诉科率先推行主诉检察官负责制。

2000年2月,分院作出《关于在全区检察机关全面推行主诉检察官办案责任制的若干规定》,对主诉检察官的任职条件、选任程序、职权范围作出规定,同时还规定对主诉检察官的监督及奖罚条件。全市检察机关全面推行主诉检察官办案责任制,通过竞争上岗、择优选任等形式选拔主诉检察官22人。3月分院发出《关于开展"百庭考核"竞赛活动的决定》对检察官的出庭效果予以考核。5月,在"全省检察机关第五次优秀公诉人辩论赛"上,丽水代表队荣获团体第三名。

2001年,全市检察机关根据中央关于开展"严打"整治斗争,两年内实现社会治安根本好转的统一部署,履行公诉权。同年提起公诉1608件,2258人。对中央确定的"有组织犯罪、黑社会性质的团伙犯罪,车匪路霸和流氓恶势力犯罪,爆炸、杀人、抢劫、绑架等严重影响群众安全的多发性犯罪"等三类重点案件,坚持从重从快方针,提起公诉这类案件690件1034人。

2002年,省检院检察长葛圣平对市院制作的2001—2002年《不起诉情况的调查报告》作重要批示。2003年,开展未成年人犯罪维权岗活动,通过走访家庭、邀请有关部门听庭座谈等,加强对未成年犯罪人员的教育、感化、挽救。2004年,根据省院《关于开展全省公诉人庭审考评和第七届优秀公诉人评选活动的通知》,全市公诉部门开展由助检员以上法律职务的公诉人员庭审考评和全市优秀公诉人评比活动,公诉干警6人被评为市级优秀公诉人。

2005年,市院公诉处对严重刑事犯罪案件快捕快诉,审查起诉办案周期进一步缩短,年内结案率99%,平均办案时间为10天。2006年,市院统一制定《丽水市检察机关公诉案件办案流程规范》,规范公诉人员办案行为和办案程序,严肃办案纪律,保证办案质量。

2007年5月,成功起诉省院交办的原金华市副市长卢福禄受贿案,卢福禄被丽水中院判处有期徒刑11年,没收财产10万元。同年,实行《丽水市检察机关适用刑事和解制度办理刑事案件的规定》,对未成年人犯罪、初犯、偶犯、过失犯以及主观恶性小、犯罪情节轻微的案件从宽处理。对当事人自愿达成民事赔偿协议,被害人也谅解的案件,可不予刑事追究。

2008年,市院对杭萧钢构证券办原副主任、证券事务代表及其陈某、王某泄露内幕消息,内幕交易一案向丽水中院提起公诉,判处三案犯有期徒刑,分别对陈某、王某处罚金4037万元。

2009年,成功办理强奸、强制猥亵妇女、猥亵儿童等涉及面广、影响大的案件。

2010年，公诉部门无撤回起诉和无罪判决案件。其中，“李某夫妇集资诈骗案”被评为全省“三个效果”（指政治效果、社会效果和法律效果）有机统一优秀案例。同年，公诉处余萍被选为第四届省级优秀女检察官。

1985—2010年丽水市审查起诉一览

表30-2-2-4

年份	受理		审结							
			起诉		纠正漏诉		不起诉和免诉		撤回起诉	
	件	人	件	人	件	人	件	人	件	人
1985	502	659	465	606	—	17	38	65	7	11
1986	636	875	552	723	—	13	46	71	4	4
1987	634	863	511	676	—	25	51	97	4	5
1988	739	1135	585	826	—	10	81	141	3	5
1989	1107	1831	935	1390	—	12	118	215	—	—
1990	980	1782	995	1571	—	—	172	235	—	—
1991	1064	1608	809	1297	83	130	177	222	1	2
1992	1167	1651	896	1434	4	4	216	322	—	—
1993	973	1660	731	1189	2	2	132	218	2	4
1994	1200	1992	1068	1780	—	9	132	212	—	—
1995	1091	1828	977	1640	—	23	114	188	—	—
1996	1447	2308	1249	2019	—	3	198	286	4	5
1997	1032	1592	799	1237	—	9	22	49	2	2
1998	1107	1567	953	1347	4	13	4	5	—	—
1999	1301	1887	1143	1651	—	—	15	71	—	—
2000	1307	1907	1186	1672	2	18	121	235	—	—
2001	1761	2476	1608	2258	—	10	27	44	7	15
2002	1697	2434	1545	2238	—	5	26	40	8	10
2003	1576	2151	1314	1764	1	1	19	34	4	7
2004	1721	2504	1650	2325	—	7	32	50	13	15
2005	1853	2717	1615	2309	6	20	32	62	6	8
2006	2032	3149	1787	2741	9	34	39	63	7	10
2007	2282	3657	2057	3223	4	24	65	98	4	6
2008	2453	4003	2184	3653	16	33	89	140	2	2
2009	2241	3895	1925	3241	4	22	82	164	—	—
2010	2093	3622	1831	3271	4	30	96	141	—	—

刑事审判监督

审判监督 清末以及民国时期，丽水检察对于审判机构的判决，认为有违背法律之处的，均视案件所在不同的审判阶段，通过控告、上告、抗告等方式，进行监督。至1953年年底，各县检察机关开始出席法庭，监督法庭的审判活动。

1954年，中华人民共和国第一部宪法和检察院组织法颁布，各县检察机关建立出席预审法庭、一审法庭、二审法庭、对法庭的判决和裁定进行监督等审判监督制度。1956年8月，各县公、检、法三部门联合组成“清案小组”，审查肃反运动中判处的535件反革命案件和普通刑事案件，结果认定判处正确的345件，冤案9件9人，错案24件24人，轻罪重判24件，法律手续不完备的135件。

1958年，根据最高检的规定，不再出席预审法庭。

1979年7月起，全区检察人员开始出席一审法庭、二审法庭、再审法庭，对法院的判决裁定活动进行监督。

1980年，全区检察机关依照《中华人民共和国人民检察院组织法》和《中华人民共和国刑事诉讼法》的规定开展审判监督。同年，丽水地区县院提起抗诉7件，分院撤回抗诉2件，出庭支持抗诉2件，抗诉成功的4件。1981年，全区检察机关向法院提出抗诉案件6件，改判4件，撤回2件。1982年，全区刑检部门审查批捕起诉纠正错漏10件，抗诉1件。

1994年，全区检察机关对庭审过程中出现的不符合法律规定的行为，公诉人通过当庭指出和事后向法院提出交换意见，要求法院予以纠正。同年，对法院有罪判无罪，重罪轻判的案件提出抗诉5件6人，法院改判2件2人。

1995年，全区追诉漏犯14人，并且对公安、法院的违法行为及时进行口头建议或发出书面检察建议要求纠正。云和县检察院对兰某抢劫一案，以一审法院定性错误为由提起抗诉，丽水中院改判县法院认定敲诈勒索罪的定性错误，抗诉取得成功。1996年，分院审查支持抗诉的有6件6人，不支持3件5人，抗诉后法院改判的3件3人。

1997年，全区检察机关在办理案件过程中追诉漏犯，在办理丽水市里东村黄某某等人非法拘禁、故意伤害一案中，对公安机关未作起诉的被告人5人进行追诉，法院全部作一至九年的有罪判决。全区提请抗诉10件10人，抗诉成功5件5人。

1998年，全区追诉漏犯13人，漏罪4件，其中分院追诉漏犯2人，法院均作有罪判决。提出抗诉4件5人，法院均作改判。其中遂昌县邬某挪用公款案，一审法院认定挪用公款10万元，经抗诉，中院判决认定挪用公款272万元，改判有期徒刑8年。

1999年，全市检察机关办理各类抗诉案件13件15人。分院提请省院依审判监督程序抗诉的1件1人，分院决定支持抗诉的案件8个，经二审审理，作出改判6件。同年，被一审宣告无罪的3件，经抗诉后中院均作出有罪判决。

2000年，全市检察机关注意在审查中发现和纠正违法办案、有罪不究、遗漏犯罪事实、裁判不公等问题，发出纠正违法建议近30份，追诉漏罪2起，追诉漏犯18人。分院审查起诉处审查决定支持抗诉的4起案件，除1件因被告人未到庭、法院中止审理外，其余3件，中院均进行改判。

2001年，全市检察机关提出抗诉5件，改判1件。莲都区检察院提起公诉的被告人徐某挪用公款案，一审法院以贪污罪判处其有期徒刑12年，莲都区检察院和丽水市检察院向丽水市中级人民法院提出抗诉。经丽水市中级人民法院审理，以挪用公款罪改判徐某有期徒刑5年，维护被告人的合法权益。全市起诉部门加强对公安机关的侦查监督，建议公安机关追诉漏犯27人，检察机关审查起诉部门直接追诉10人。

2002年，全市检察机关对法院确有错误的刑事判决、裁定提出抗诉6件，经丽水市检察院审查，决定支持抗诉4件。经中院审理，除1件发回重审外，其余3件均作改判。

2005年，全市检察机关追诉漏犯20人，追诉漏罪16起，均经法院审理作出有罪判决。其中云和县院对原莲都区分局老竹派出所副所长李某某徇私枉法、非法获取国家秘密一案向云和县法院提起公诉。云和县法院一审判决判处有期徒刑2年6个月，缓刑3年。云和县检察院认为判决适用缓刑不当，量刑畸轻，提请抗诉。丽水市中级人民法院审理后，驳回抗诉，维持原判。丽水市检察院再通过浙江省检察院提出抗诉，浙江省高级人民法院经再审，改判李某某犯徇私枉法罪、非法获取国家秘密罪，数罪并罚，执行有期徒刑4年。该案入选全省优秀刑事抗诉案件。

2006年，全市检察机关对认为确有错误的刑事判决、裁定提出抗诉4件，改判3件，提请浙江省检察院按照审判监督程序，向省高法提出抗诉2件，经法院再审，改判1件。

2008年，松阳县检察院对原丽水中等专业学校总务处副主任谢某贪污一案向松阳县法院提起公诉。松阳县法院判决认定其具有立功、自首等情节，判处有期徒刑3年缓刑3年。松阳县检察院在侦查中发现谢某虚假立功，提出抗诉。后经再审查明，应认定虚假立功，改判为有期徒刑3年。2009年，庆元县检察院对胡某等3人强迫卖淫一案向庆元县法院提起公诉。庆元县法院一审判决认定3人构成组织卖淫罪。庆元县检察院提出抗诉，后经丽水市中级人民法院审查查明，该案被害人是被迫卖淫，改判胡某等三人犯强迫卖淫罪。

2010年，丽水市检察院从实体和程序两方面入手，支持抗诉22件，丽水市中级人民法院改判或发回重审14件。为建立健全刑事审判监督长效机制，完善落实检察长列席同级人民法院审判委员会会议，检察长列席审判委员会研究重大案件5件(次)。

1985—2010年丽水市检察院抗诉案件一览

表30-2-2-5

年份	抗诉					
	提出抗诉		改判		撤回抗诉	
	件	人	件	人	件	人
1985	7	—	4	—	1	—
1986	3	—	1	—	—	—
1987	5	—	—	—	—	—
1988	8	—	1	—	—	—
1989	7	—	2	—	1	—
1990	9	—	3	—	4	—
1991	6	—	7	—	2	—

续表 30-2-2-5

年份	抗诉					
	提出抗诉		改判		撤回抗诉	
	件	人	件	人	件	人
1992	10	—	2	—	2	—
1993	8	—	—	—	—	—
1994	5	—	2	3	1	—
1995	4	4	1	1	—	—
1996	6	6	3	3	—	—
1997	10	10	5	5	2	2
1998	4	5	4	5	—	—
1999	13	15	6	7	2	—
2000	10	17	3	—	2	—
2001	4	5	1	1	—	—
2002	6	18	2	3	—	—
2003	8	—	—	—	4	—
2004	6	—	1	1	3	—
2005	4	—	—	—	—	—
2006	5	—	3	3	—	—
2007	6	—	2	2	2	—
2008	9	—	5	6	—	—
2009	16	—	7	12	2	—
2010	22	—	8	9	—	—

死刑执行监督　民国初，浙江第十一地方检事厅刑事执行《浙江审判简章》规定，凡刑事之判决，除死罪须呈报提法司转呈都督核准执行外，均于上诉期满后执行。执行死刑应由检察官莅视，并书记官在场，其他人非经检察官、监狱长许可不得进入刑场内。执行死刑时应由书记官制作笔录，由检察官及监狱长署名盖章。受死刑之谕知者如在心神丧失之时，于其痊愈前由司法部命令停止执行，怀胎妇女受死刑之谕知者，于其生产前由司法部命令停止执行。痊愈或生产后，非有司法部命令不得执行。

1949 年中华人民共和国成立初，对死刑的执行，多由法院审判员监督执行，1956 年起，规定在死刑执行前通知人民检察院派员监督，并通知公安机关派员执行。1996 年起，执行死刑均由省高院交付原审人民法院执行，原审法院在接到执行死刑命令后，在执行 3 日前通知检察院派员临场监督。2008 年 1 月开始，对死刑执行监督执行省检院《关于规范临场监督执行死刑活动及备案制度的实施意见（试行）》，对临场监督执行死刑活动、临场监督执行死刑报告、停止执行死刑报告、临场执行死刑前后的影像资料采集存查均作规定。

第三节　职务犯罪侦查与预防

1955年，各县院根据国家对资本主义工商业实行社会主义改造的方针，开展经济检察。

1978年检察机关恢复重建后，全区法纪检察主要工作是与公安、法院互相配合共同复查“文化大革命”期间造成的冤假错案的平反工作。主要工作还是结合处理群众来信来访、平反冤假错案，查处一些违法乱纪案件工作。1981年1月，丽水分院增设经济检察科，主要受理贪污、贿赂、偷税、抗税和假冒商标等案件。1983年，全区法纪检察工作投入“严打”斗争。1984年，全区法纪检察投入到“经打”斗争工作。

1985年开始，检察机关以打击经济犯罪作为主要任务，集中力量查处经济案件。同年，全区法纪检察突出查处侵犯公民人身权利和民主权利案件、渎职案件和重大责任事故等“三类”案件，并逐渐步入查处国家工作人员的职务犯罪为主的法纪检察工作。

1997年，新《中华人民共和国刑法》《中华人民共和国刑事诉讼法》明确规定渎职犯罪主体为国家机关工作人员。

2002年，市院渎职侵权检察处荣获集体二等功。2008—2010年，全市两级院反渎职侵权工作，在全省11个市中分别列第三、第一和第二名的优异成绩。反贪工作先后被省院记集体二等功3次。

反贪污贿赂侦查

贪污贿赂案件　隋唐至清代，查处贪污、受贿案件为历代采访使、监察御史等监察（检察）官员的主要任务。

民国时期，地方法院检察处检察官通过查处贪污案件实行对地方官员和公职人员的监督。民国31—33年（1942—1944），龙泉县住龙乡乡长罗子文利用职务之便，侵占赋谷及优待谷9453.25千克。龙泉地方法院检察处检察官查实后向龙泉地方法院提起公诉。龙泉地方法院以侵占公有财产罪判处罗某有期徒刑7年，剥夺公权7年，侵占赋谷及优待谷全部追缴归公。

1951年，丽水检察分署行使检察权，自行立案侦察贪污、贿赂及包庇窝藏反革命、破坏政府政策、蜕化变质案、重大责任事故案，以及坏分子煽动骚动、诈骗公共财产、凶杀、重婚、破坏粮油统购统销和市场管理等案件。

1963年6月，省人民检察院丽水分院结合社会主义教育运动和新“三反”，重点开展国家工作人员中的贪污行为侦查。“文化大革命”中经济检察工作中断。

1978年，丽水地区检察机关恢复重建，恢复经济检察，重点是查处破坏社会主义经济秩序、侵犯公共财产等犯罪活动。1980年，查处缙云县服装厂原财务出纳员贪污公款5344元。1981年，严肃处理一批贪污、贿赂等案件，同年受理案件395件。1982年，与公安、法院机关通力协作，坚决打击严重破坏经济罪犯。全区立案166件，办结137件，为国家和集体挽回经济损失55.3万元，追回木材1.1万多立方米。1983年，全区受理经济违法犯罪案件109件，立案27件（其中大要案6件），办结案件30件（包含以往积存案件），为国家和集体挽回经济损失5.7多万元。

1984年，全区受理经济案件139件，处理130件，立案51件70人，办结41件53人，起诉26件32人，免诉12件16人，撤案1件2人，判处刑罚14件16人，免刑2件4人，查处大要案11件19人，为国家和集体挽回经济损失23.4多万元，粮票600多公斤。云和县院查处紧水滩电站建设中水电部十二工程局等10件13人受贿金额4.8多万元的窝案。

1985年，全区受理经济案件261件，立案91件127人，结案87件126人，其中起诉59件77人，免诉17件31人，撤案11件18人，判处刑罚29件36人，为国家和集体挽回经济损失25.60多万元。1987年立案8件12人，受贿2件、抗税1件、偷税1件、贪污4件。其中万元以上1件。为国家和集体挽回经济损失5万多元。1989年，分院查处丽水中院森林庭副庭长陈某受贿9002元的受贿案。

1990年，缙云县院立案查处缙云县五云镇东门村出纳员贪污22万多元，挪用公款24万多元的案件。

1991年，全区检察机关立案侦查贪污贿赂等经济犯罪案件179件，结案159件，追缴赃款赃物折合人民币220.66万元。同时，立案查处偷税抗税、挪用公款等经济犯罪案件38件。为国家、集体挽回经济损失44.73万元。其中基建行业查处贪污贿赂案件85件，占全区贪污贿赂案件立案总数的47.4%。在所有立案中，1万元以上案件21件。庆元县检察院突破商业系统的一批串案，查办商业局原副局长兼烟草专卖局局长和物资局原副局长。

1993年，全区检察机关受理贪污贿赂等经济犯罪案件307件，立案侦查119件，其中贪污39件，贿赂50件，挪用公款17件，假冒商标、偷骗税及其他13件。为国家挽回直接经济损失138.29万元。所有立案中，查办万元以上贪污贿赂案件33件，其中5万元至10万元大案4件，10万元至50万元大案5件。

1994年，分院查办原浙江松阳师范学校副校长艾某（副处级）受贿案，艾某于1989年8月至1994年4月间，利用分管学校基建和后勤工作的职务之便，为他人谋取利益，先后七次收受基建包工头林某等价值1.2万元的钱物。

1995年，缙云县院查处该县公安交警大队事故处理中队原副中队长在处理交通事故中多次向肇事当事人索取和收受贿赂10多万元。

1996年，全区受理各类经济罪案426件，立案115件，查处副处级以上领导干部3件3人。龙泉市院查处该市建行南桥分理处原主任采用冒名贷款、截留贷款户还款现金不入账和使用建设银行内部现金提款单提款等方法，侵吞公款47.5万元。案发后，检察机关追回赃款256709.5元。

1997年，分院查办丽水地区烟草专卖局局长兼地区烟草公司经理受贿38.2万元的特大受贿案。

1998年，全区查办副处级以上干部案件10起。龙泉市委书记夏某某在任丽水市（县级）市长及龙泉市委书记期间，利用职务之便，为他人谋取利益，收受他人贿赂15万元。丽水地区各县（市、区）院还立案侦查33件33人科局级干部犯罪案件。

1999年，全区受理贪污贿赂等经济犯罪案件174件，初查98件，立案侦查73件，其中贪污案件27件28人，贿赂案件29件35人，挪用公款案件18件19人，私分国有资产案件1件1人，为国家挽回直接经济损失676.47万元。查处原丽水市常务副市长陈某受贿案。陈某利用分管城建、交通及金温铁路丽水段等职务之便，为他人谋取利益，收受他人贿赂81800元。

2000年，全市检察机关受理贪污贿赂等经济犯罪案件232件，初查152件，立案侦查89件，贪污案件27件30人，贿赂案件51件55人，挪用公款案件11件11人，为国家挽回直接经济损失1145.45万元。分院查处丽水地区原农业银行副行长项某受贿案。1992—1997年，项某收受浙江桐乡糜老大集团公司董事长糜某的贿赂款人民币15万元、港币1万元。

2001年，全市检察机关按照高检院和公安部的统一部署，抓获在逃职务犯罪嫌疑人9人。丽水市中行业务员李某挪用公款35万元潜逃，市检察院在公安机关的配合下，远到河南将其抓获。原地区物资局副局长朱某因贪污、挪用公款在逃四年半后投案自首。

2002年，全市检察机关立案侦查贪污贿赂等经济犯罪案件70件71人（贪污案件15件、贿赂案件47件、挪用公款案件8件），其中科局级以上案件19件，为国家挽回直接经济损失1200多万元。

2003年，全市检察机关立案侦查贪污贿赂等经济犯罪案件73件，其中贪污案件8件、贿赂案件52件、挪用公款案件10件、私分国有资产案件3件。科局级以上案件24件（含副处级1件）。分院查处丽水市卫生学校副校长受贿案。

2004年，全市检察机关立案侦查贪污贿赂等经济犯罪案件78件，其中贪污案15件、贿赂案45件、挪用公款案18件，科局级以上案件15件（内含副处级1件），为国家挽回直接经济损失近800万元。特别是在行业性、系统性贪污贿赂中查处电力系统案件22件、医疗卫生系统案件7件、农村干部职务犯罪案件17件、税务财政系统案件4件、城建系统案件3件、教育系统案件2件。

2005年全市检察机关立案侦查贪污贿赂等经济犯罪案件88人（贪污16人、贿赂48人、挪用公款24人），其中科局级以上案件16人（含副处级3人）。通过办案，为国家挽回直接经济损失800多万元。

2006年，分院查处丽水市公路管理处直属公路管理段段长陈某等一系列公路交通系统系列窝串案。

2007年，全市检察机关反贪部门立案侦查贪污贿赂等职务犯罪案件99件111人。其中贪污案件12件19人，受贿案件73件75人，挪用公款案件6件7人，单位行贿案件1件1人，私分国有资产案件1件2人。全市立案查处省安全监督管理局、丽水市安监局等安监系统7人受贿案。景宁畲族自治县院、青田县院从木材出运监督管理的环节入手，查处林业系统木材检查站窝串案29件29人。

2008年，全市两级院反贪部门立案侦查贪污贿赂等职务犯罪案件116件121人。其中贪污案件8件8人，受贿案件80件85人，行贿案件11件11人，挪用公款案件16件16人，私分国有资产案件1件1人。所有案件中科局级以上干部要案55件55人（含处级干部案件12件12人）。庆元县院查办的原省安全生产监督管理局矿山安全监察处受贿案，2008年被评为全省检察机关反贪侦查“十大精品案件”。

2009年，全市两级院反贪部门立案侦查贪污贿赂案件等职务犯罪案件97件120人，其中贪污案件9件23人，受贿案件78件87人，行贿案件6件6人，挪用公款案件4件4人。重点查办国土、城建、交通、教育等热点部门、行业职务犯罪窝串案。在国土部门查处丽水市国土局局长叶某等12人受贿案。叶某在土地滞纳金的减免、相关手续审批、出让金补交、建筑功能调整等方面，为丽水四家房地产开发公司和某土地资产评估咨询公司、某大型游乐场所提供方便。受贿价值总计 64 万多元、欧元 2500 元、美元 4000 元。在建设部门查处市建设局副局长邹某等 11 人受贿案。邹某采用低价购房，接受他人提供的免费装修、购物卡、收藏品、现金等多种形式非法收受他人财物，折合人民币 505930 元。

2010 年，全市两级院反贪部门立案侦查贪污贿赂等职务犯罪案件 94 件 111 人，其中贪污案件 10 件 23 人，挪用公款案件 6 件 6 人，受贿案件 60 件 61 人，行贿案件 17 件 20 人，单位行贿案件 1 件 1 人。所有立案中科局级以上干部案件 58 件 58 人(含处级干部案件 21 件 21 人)。先后查处丽水市教育局、青田县教育局等教育系统案件 16 件 16 人，云和县法院、缙云县法院等政法系统窝串案 4 件 4 人，浙江省公路管理局、莲都区交通局等交通系统案件 5 件 8 人。

1986—1989 年丽水地区自行侦查经济案件一览

表 30-2-3-1

年份	立案(件)							结案(件)				挽回经济损失(万元)
	贪污	行贿受贿	偷税抗税	其他	合计	其中		起诉	免于起诉	撤销案件	合计	
						重大案件	重大案件					
1986	83	27	4	23	137	33	1	76	54	9	139	142
1987	48	21	23	5	97	13	2	49	43	8	100	96
1988	61	36	12	30	139	27	1	81	52	3	136	72
1989	78	92	20	41	231	49	3	79	83	3	165	677

1990—1997 年丽水地区自行侦查经济案件一览

表 30-2-3-2

年份	立案(件)							结案(件)				挽回经济损失(万元)
	贪污	受贿	行贿	挪用公款	偷抗税	其他	合计	起诉	免于起诉	撤销案件	合计	
1990	80	82	10	26	10	5	213	110	97	9	216	241
1991	50	110	16	26	12	3	217	114	88	9	211	265
1992	50	75	9	19	10	5	168	83	79	15	177	152
1993	37	41	10	17	2	10	117	47	38	8	93	138
1994	45	56	5	30	11	4	151	76	58	12	146	502
1995	29	64	5	7	6	4	115	93	30	14	137	601
1996	33	44	5	11	5	17	115	58	42	7	107	780
1997	31	70	12	9	2	7	131	96	15	25	136	1183

1998—2010年丽水市自行侦查经济案件一览

表 30-2-3-3

年份	立案												结案								挽回损失（万元）
	贪污		贿赂		挪用公款		私分国有资产		合计		5万元以上大案（件）	科级以上干部（人）	移送起诉		移送不起诉		撤销案件		合计		
	件	人	件	人	件	人	件	人	件	人			件	人	件	人	件	人	件	人	
1998	26	30	75	75	16	17	0	0	117	122	24	41	100	104	0	0	22	23	122	127	590
1999	25	31	29	29	18	20	1	1	73	81	33	10	50	51	3	5	10	11	63	67	676
2000	31	34	54	57	11	11	0	0	96	102	36	16	74	76	4	7	9	11	87	94	252
2001	29	29	43	43	9	9	0	0	81	81	31	23	57	57	0	0	9	12	66	69	276
2002	22	23	36	36	6	6	0	0	64	65	32	16	42	42	0	0	17	18	59	60	500
2003	9	9	51	51	11	11	3	3	74	74	30	26	64	64	1	1	22	22	87	87	1506
2004	16	17	49	50	19	20	0	0	84	87	39	18	76	76	2	3	3	3	81	82	1679
2005	10	14	33	44	22	22	0	0	65	80	33	13	66	71	0	4	4	4	70	79	702
2006	17	25	61	64	10	10	0	0	88	99	26	34	76	82	1	3	2	7	79	92	630
2007	14	18	99	102	7	8	1	2	121	130	34	39	111	119	1	1	3	7	115	127	560
2008	6	6	79	84	16	16	1	1	102	107	57	49	107	114	0	0	3	3	110	117	867
2009	8	22	75	84	4	4	0	0	87	110	61	81	89	110	0	0	0	0	89	110	1760
2010	10	23	77	81	5	5	0	0	92	109	54	57	80	96	0	0	0	0	80	96	815

森林案件检察

1980年，全区经济检察工作突出查办盗伐、滥伐森林案件。1981年，受理盗伐、滥伐森林案件298件，立案侦查80件，追回经济损失15.5多万元。1982年，打击严重破坏森林罪犯。全区立案166件，办结137件，为国家和集体挽回经济损失55.3万元，追回木材1.1万多立方米。

1983年，全区受理森林案件282件，立案112件（其中盗伐滥伐50立方米以上的大案37件），办结112件，为国家和集体追回木材5300多立方米，挽回经济损失10.7多万元。1984年，受理森林案件259件，处理244件，立案48件77人，办结42件67人，起诉27件40人，免诉11件17人，撤案4件9人，立案查处盗伐滥伐森林50立方米以上的大案9件18人，判处刑罚27件42人，挽回经济损失1.35多万元，追回木材955立方米。庆元县院查处该县竹口区林业站会计，利用职务之便先后为郑某某等9人批办木材出运计划，从中索贿受贿1.2多万元。

反渎职侵权侦查

民国时期，官员和公职人员渎职侵权案件由检察处配合监察院负责查处。民国19年(1930)，丽水地方法院检察处查处渎职罪4件。民国20年，审理渎职罪4件。

1952—1958年，法纪检察的职责、任务和办案程序没有具体的规定，也没有专门机构。仅以“一般监督”的方式进行，重点检察工商企业和国家经济部门中违反法律、法令的行为。1958年，各县检察机关停止一般监督工作。1978年，检察机关恢复重建后，法纪检察工作主要结合信访工作开展，对人民群众反映的违法犯罪的问题进行调查。

1980年，全区立案侦查严重违法乱纪案件14件，其中非法拘禁13件，非法搜查1件，私自拆邮件1件，故意伤害1件，虐待案1件，被告7人被判处刑罚。1981年，全区检察机关受理法纪案件141件，其中立案侦查11件，作其他处理114件。1982年，全区检察机关受理法纪案件110件，其中立案侦查4件，作其他处理114件。1983年，全区检察机关受理法纪案件120件，其中立案侦查8件，办结4件，作一般违法纠正及转其他部门办理处理81件。1988年，全区检察机关受理法纪案件221件，其中立案侦查40件，作其他处理114件。1989年，全区检察机关受理法纪案件183件，其中立案侦查34件，其中侵权、渎职等重点犯罪案件24件。

1990年，全区检察机关受理法纪案件205件，其中立案侦查39件，作其他处理114件。其中侵权、渎职等重点犯罪案件34件。丽水市院查处市物资局金属公司陈某等2人玩忽职守造成经济损失145万元案件中，又深挖出3起贪污案。

1991年，全区检察机关受理法纪案件181件，其中立案侦查40件，丽水市院查处雅溪派出所刑讯逼供致人伤残案。

1993年，侵权违法犯罪立案侦查16件。立案查处的侵权案件因经济活动中债务纠纷，讨债引起的非法拘禁案8件，均属于解救“人质型”而查办的案件。同年，全区检察机关受理侵犯公民民主权利的破坏选举案25件，其中立案侦查5件。

1994年，全区检察机关查处侵权、渎职等重点犯罪案件42件。经济活动中非法拘禁案件33件，立案查处10件。处理方式方法基本上以解救人质，调解结案为主。1994年，查办渎职犯罪案件14件。遂昌县院查处公安局副局长徇私舞弊案件。丽水分院在查办一件重特大责任事故案件中，挖出重大事故责任人5人共同贪污5万元的犯罪事实和另2人共同贪污7万元的犯罪事实。同年，立案查处缙云某小学组织学生去水库春游，师生落水50多人，其中43人溺水死亡的重大责任事故和相关责任人8人。

1995年，全区受理各类侵权、渎职案件178件，初查后立案34件，其中徇私舞弊案3件，非法检12件，玩忽职守案3件，重大责任事故案4件，其他法纪案12件，解救人质107人。1995年债务纠纷引起的非法拘禁案件增多，立案查处18件。同年，受理侵犯邮电通讯自由案件7件，立案查处4件。市院查办地区邮电局分拣员利用职务之便窃取华侨外币，计人民币3.3万元。

1996年5月7日，查处遂昌县公安局专案组对工商银行遂昌支行8万元失踪案的嫌疑对象进行刑讯逼供致死案。同年，全区检察机关查处非法拘禁案4件，刑讯逼供案1件，协调处理“人质型”非法拘禁案50件，解救人质52人。突出查办侵权、渎职五类重点案件，把司法人员、行政执法人员的徇私舞弊案件作为重中之重来抓，同年全区初查158件，立案38件46人，内涉司法、执法人员13人。

1997年，全区检察机关立案查处徇私舞弊案3件、玩忽职守6件、渎职犯罪案件16件。丽水分院查处丽水中院重特大徇私舞弊案。青田县院查处建行青田支行行长重特大玩忽职守案。全区检察机关受理侵权案件线索2000多件，其中立案查处300多件，依据刑事诉讼程序立案侦查并追究刑事责任的侵权案件不多，多数系平息事件的调解、解救人质类型的处理、平息工作。1997年《中华人民共和国刑法》修改后，因侵权案件的犯罪主体仅为国家机关工作人员，侵权案件线索减少。

1998年，全区检察机关立案查处侵权渎职案件5件。查处滥发林木采伐许可证案1件，刑讯逼供案件1件，司法工作人员徇私枉法2件，玩忽职守案1件。丽水分院查处龙泉市水南派出所原所长徇私舞弊案。

1999年，全区受理侵权渎职犯罪案件59件，初查54件，立案查办9件12人，其中徇私舞弊6件，玩忽职守2件，违法发放林木采伐许可证1件。龙泉市院查处该市地方税务局税管员徇私舞弊不征、少征税款案。

2000年，全市检察机关查处渎职、侵权案件12件、15人，为国家和集体挽回经济损失1166.45万元，其中滥用职权案1件1人，玩忽职守案7件9人，徇私舞弊案1件1人，泄露国家机密案1件1人，利用职权侵犯公民权利案件1件1人，利用职权实施的其他重大犯罪案件1件2人。立案查处12件渎职犯罪案件中，有7件是科局长级干部。缙云县法院采取“以事立案”的立案侦查模式，在“以事立案”模式下成功查处9件渎职案件。

2001年，全市检察机关立案查处28件。其中徇私舞弊类案件9件，其他渎职犯罪案件19件。查办渎职犯罪案件数量上全省排名第一。同年，徇私舞弊类案件立案数创新高。其发案集中在公安系统，全市立案查处公安机关工作人员渎职犯罪6件。同年，针对林业系统重点查处大批的林业系统国家机关工作人员的渎职犯罪案件。全市立案查处林业系统工作人员渎职犯罪案件15件。侦查办案方式方法有所改进，主要是整合办案力量，即整合全市的侦查人员，由市院渎检处统一指挥调度，各县院分工负责，紧密配合，形成办案一盘棋的格局，这是侦查一体化机制的雏形。

2002年，全市检察机关查办渎职犯罪案41件，立案数列全省第一。其中原丽水市公安局副局长等人利用职务之便，收受“蛇头”的贿赂，违法为其办理出国手续，涉嫌偷越国(边)境人员出境罪。该案被最高检列为渎职犯罪典型案例。

2003年，全市检察机关立案查处渎职犯罪29件，其中，滥用职权案15件15人，玩忽职守案4件4人，徇私舞弊案2件，利用职权实施的其他重大犯罪8件8人。

2004年，全市检察机关立案查处渎职犯罪案16件，其中，滥用职权罪2件2人，违法发放林木采伐许可证9件9人，玩忽职守罪1件1人，失职造成珍贵文物损毁、流失罪1件1人，徇私枉法罪2件2人，非法获取国家机密案1件1人。原碧湖刑侦中队副中队长帮助在逃犯3人逃避法律追究，莲都区院以徇私枉法罪对其立案侦查。

2005年，高检院新《渎职侵权立案标准》颁布，全市检察机关开展反渎职宣传活动。同年，开展渎职犯罪新罪名的认定。查处的徇私舞弊案4件，分别为徇私枉法罪，徇私舞弊不移交刑事案件罪，放纵制售伪劣商品罪，帮助犯罪分子逃避处罚罪子罪名4个。其中，帮助犯罪分子逃避处罚罪，在全省范围内，市院查处渎职犯罪案件为首次认定。同年，全市检察机关立案查处渎职案件15件。

2006年，全市检察机关查处侵权案件15件、渎职案件18件，属重特大渎职案件4件。其中，滥用职权案9件，玩忽职守案8件，徇私舞弊案1件，徇私枉法罪1件1人。全市9个基层院反渎局全部立案查处1件以上渎职犯罪案件，成为全省11个地级市第一个查办渎职案件消灭“空白院”的优胜单位。同年，丽水市渎职检察工作经省院考核，获第二名。

2007年，全市立案查处渎职21件，其中滥用职权案12件，玩忽职守案8件，私舞弊案1件。市院组织查办缙云县原经贸局长等人在技术改革扶助资金方面的渎职犯罪案件。

2008年，全市检察机关立案查处渎职案件26件。其中滥用职权案13件，玩忽职守案6件，徇私舞弊案7件。同年，全市查办侵权案件2件，其中非法拘禁案1件，破坏选举案1件。

2009年，全市检察机关立案查处渎职28件，其中科局级要案15件16人。立案查处渎职案件数和查办大要案都创历史新高。遂昌县院立案查办原水利局长滥用职权、受贿、贪污案。

2010年，全市立案查处渎职犯罪案件31件，重特大渎职案件17件。其中滥用职权案11件，玩忽职守案10件，泄露国家机密案4件，故意泄露国家机密罪4件4人，徇私舞弊案2件，其他渎职犯罪案件4件。市院反渎局充分发挥侦查一体化办案机制，指定遂昌县院为办案骨干力量，承办原丽水中院民三庭庭长民事行政枉法裁判、受贿案。同年，丽水市立案查处渎职犯罪名列全省第二。

职务犯罪预防

2002年6月7日，市院设置职务犯罪预防处，开始开展全市检察机关职务犯罪预防工作。同年，丽水市院职务犯罪预防协调小组成立，协调各职能部门的职务犯罪预防工作。

2003年，全市检察系统开始实施《浙江省检察机关职务犯罪预防工作协调规定（试行）》规定，明确职务犯罪预防部门负责对预防信息的收集、研究、利用，统计、评估、考核，归口管理预防职务犯罪的检察建议，开展个案预防、行业（系统）预防、重大工程专项预防等职责。

2007年3月1日起《浙江省预防职务犯罪条例》（下称《条例》）正式实施。

2007年7月12日，市院预防协调小组配合市人大法工委召集审计、财政、建设、交通、水利、林业、教育、安监、国土、国税、电业等单位，召开深入学习、宣传和贯彻《条例》座谈会。

2008年5月15日，市院、市监察局和市审计局经协商会签，下发《关于共同开展监督、指导预防职务犯罪工作的实施意见》。同年，经与市直公安、财政、交通、国土、建设等行政执法机关（部门）38家共同商定，于9月8日发出《关于建立丽水市检察机关与行政执法机关惩治和预防职务犯罪信息共享机制的实施意见》。

2009 年 2 月，市人大常委会向市检察院发出通知，对近年贯彻落实条例，开展职务犯罪预防工作进行专题检查，陈海鹰检察长就近年预防工作专题向市人大常委会作出报告。

2009 年 7 月，市委成立由市委常委、市纪委书记朱晨为组长，市委常委、副市长沈仁康，市人大常委会副主任宋永平，市院检察长陈海鹰为副组长，市院、市监察局、市审计局等单位 10 家为成员的丽水市预防职务犯罪工作领导小组。领导小组办公室设在市院。11 月 20 日，召开丽水市预防职务犯罪工作领导小组及办公室第一次全体成员会议。会议审议通过《贯彻落实条例预防任务分解》。2010 年 8 月 9 日，丽水市预防职务犯罪工作领导小组办公室发布《丽水市预防职务犯罪工作领导小组各成员单位预防工作任务分解》，并于当年 12 月，发布《关于 2010 年市预防职务犯罪工作领导小组各成员单位预防职务犯罪工作考核情况通报》。

个案预防　2002 年成立预防处以前，反贪局、反渎局利用查处职务犯罪案件，到个别案发单位开展法制宣传和警示教育，但由于并非法定工作内容，因此并未留下相关台账资料，无法获取确切信息。2003 年，对缙云县雁岭中心医院院长雷某受贿个案，在调研剖析的基础上，向案发单位发出检察建议，敦促他们整改存在的问题。

2005 年 10 月，景宁畲族自治县法院对县水利局局长徐某玩忽职守案件开庭审理，市院和县院及时与县纪委联系，要求县直机关各部门的第一把手参加法庭旁听活动，庭后对该案件进行深入剖析，以身边的案件开展警示教育。同年，就景宁畲族自治县水利局长徐某玩忽职守案件，市检察院向景宁畲族自治县政府发出检察建议。根据《浙江省检察机关犯罪预防信息库建设标准》和《浙江省检察机关职务犯罪预防工作协调规定》，市院预防处建立和管理职务犯罪案件信息库、行贿人信息库、重点行业信息库和重点工程建设信息库。

2006 年 3 月，会同市纪委到市水利局召开中层以上干部会议，通报该局副局长范某、胡某受贿案，市委副书记、市纪委书记陈荣高到会讲话。2006 年 4 月 6 日，组织科级以上干部参加全市反腐倡廉教育警示大会，听取服刑人员的现身说法。

2009 年，针对市国土资源管理局局长叶某受贿一案，在办案过程中发现发案单位存在对干部监督制约不到位、财务管理不严谨、重要岗位不轮岗等三方面不足，向市国土局发出检察建议，提出完善制度堵漏补缺、完善招投标工作机制、加强对重要岗位的监督制约、加大查防并举的工作力度四方面建议，并督促落实。

2010 年，在查办省公路管理局建设处受贿案件过程中发现发案单位在干部教育、管理和内部监督等方面存在漏洞，向省公路管理局发出检察建议，督促进行完善整改。

行业预防　2001 年 5 月，与丽水市金融系统纪律检查办公室、丽水市金融系统监察室联合设立丽水市金融系统职务犯罪预防工作指导协调小组。

同年 8 月，与丽水市建设局联合设立丽水市建筑领域职务犯罪预防工作指导小组。同月，与浙江移动通信有限责任公司丽水分公司联合印发《关于在全市移动系统开展职务犯罪预防工作的意见》。

2002 年 1 月，与丽水师专职业技术学院联合设立丽水师专职业技术学院建设工程项目廉政建设指导小组。11 月，与丽水市卫生局、丽水市药品监督管理局联合设立丽水市医药卫生领域职务犯罪预防工作指导小组。

2003年2月，与丽水电业局联合成立丽水电力生产调度中心大楼工程建设职务犯罪预防工作领导小组。3月，与丽水市建设局联合下发《关于进一步加强建设领域职务犯罪预防工作的通知》。8月，与丽水市国土资源局联合成立丽水市国土资源系统职务犯罪预防工作指导小组并设立联络员。同年，对林业系统违法发放林木许可证系列案件在调研剖析的基础上，向案发单位发出检察建议，敦促整改存在的问题。

2004年，在全省组织的岗位技能训练竞赛中，《浅谈丽水市林业系统渎职犯罪特点原因及预防对策》一文获二等奖。同年，《农网改造工程贪污贿赂串案的特点原因分析及预防措施》被省院和省电力公司预防联席会议上作为经验交流材料转发各地。

2006年，市院和莲都区院对莲都区人事劳动社会保障局受贿窝串案进行剖析，发出检察建议。同年，在全省检察机关第二次预防职务犯罪优秀检察建议评选评比中，丽水市院预防处对景宁畲族自治县人民政府提出的《加强教育和完善干部管理制度》检察建议，被评为优秀检察建议。

2007年6月，市院向市委呈报《丽水医药卫生系统14起职务犯罪案件的特点、成因及预防对策》报告，指出该系统案件多发有4个方面主要原因，并提出预防措施7条。同年，向市政府呈报《安全生产监督管理系统受贿案件的主要特点、成因及预防对策》专题报告。

2008年，全市检察机关加大预防工作调研力度，写出预防调研文章53篇。《2007年涉林案件分析报告》中提出林业系统案件特点，提出对策措施四条，市委书记陈荣高于5月26日作出批示。《丽水近三年村干部职务犯罪案件的特点、原因分析和预防对策思考》专题报告，分析农村干部案件多发的原因有四，并提出四个方面的预防建议，市委书记陈荣高于作出批示。10月，市院会同市林业局，召集各县市区林业局长在丽水召开林业系统案件剖析会。同年，针对农村"两委"班子换届选举，莲都、龙泉、青田、遂昌等县院先后印发《涉农职务犯罪预防宣传资料》小册子8000多份，分发送给各乡镇和农村干部手中，预防换届选举中发生违法违纪事件。

2009年5月，检察长陈海鹰到紧水滩电厂为干部职工上法制教育课。9月，陈海鹰到市中心医院上反腐倡廉教育课，提出加强修养、认真学法和慎交朋友等预防对策建议。10月，市院对市国土系统15起案件进行整体分析。19日，市院与市国土局共同召集各县(市、区)国土局领导在丽水召开案件剖析会。11月18日，市人大常委会主任焦光华在市院呈报的《丽水市2005年至2008年以来国企犯罪案件成因分析与预防对策思考》调研报告上作出批示。

2010年11月26日，在市院组织协调市县两级教育局领导、直属学校的领导和老师近300人在丽水市召开教育系统案件剖析会。对全市10个省市级重点工程建设项目开展条例落实的专项督导工作，市院作《认真履行条例职责，构建社会化预防工作格局》专题报告。

重点工程预防 2004年，选择丽水电力调度中心综合大楼和丽水职业技术学院扩建等省重点工程开展预防，主要是参与招投标的现场监督，并会同发改委、财政和审计部门参加该建设项目和资金使用情况的检查。

2005年9月，牵头召集市交通局、水利局、建设局、发改委、监察局、滩坑电站、金丽温高速公路丽青段指挥部等单位负责人参加会议。会议调整丽水市"五大百亿"及重点工程预防工作领导小组，建立联席会议制度。10月中旬，市院会同发改委、市财政局等单位先后到丽龙高速公路云和段、龙泉段、丽水市疾控中心、丽水电力调度中心、缙云县双潭水厂、松阳县水厂等多项重点工程开展预防违法违纪专项大检查提出整改意见，要求限时整改。

2006年3月，市院会同市发改委、市财政局对丽龙高速公路、瓯江干堤加固工程、丽水玉溪引水工程、水阁水厂、丽水市疾控中心，龙泉污水处理厂等省重点建设工程检查中发现的征地管理费用重复支付和支付手续不全、国债资金使用超范围等问题进行整改督查。同年，市院加强对滩坑电站建设项目的预防工作。同年，在全省检察机关"五大百亿"重点工程建设预防工作年度考核中，丽水市院该项工作名列全省第一。

2007年，市院以《深化预防犯罪手段，推动重点领域预防》为题，在全省第二次预防工作会议上，介绍近几年在"五大百亿"及省重点建设项目中开展职务犯罪的预防做法。

2010年7月，市院会同发改委、监察局、审计局对龙庆云景高速建设指挥部开展《条例》落实情况进行专项督导工作，对预防职务犯罪教育，建立健全监督管理制度，招投标和物资采购等重点环节的监督管理，工程的承包发包，资金的使用和信息的公开等情况进行检查，对薄弱环节提出整改建议。同年，市院与市纪委合作在龙庆云景高速公路指挥部开展大型专题警示教育活动。

2002—2010年丽水市检察机关预防犯罪工作一览

表30-2-3-4　　单位：人

年份	开展预防调查	调查报告引起当地党委人大政府领导重视并作出批示	案件剖析会	职务犯罪案例分析	结合办案向有关单位提出预防职务犯罪检察建议	开展职务犯罪警示宣传教育	开展行贿犯罪档案查询	对有行贿犯罪记录单位或个人作出处置
	次	件	次	件	件	次	次	次
1986	—	—	—	5	22	29	—	—
1987	2	1	—	5	5	36	—	—
1988	3	1	—	2	2	12	—	—
1989	11	1	1	8	40	75	1(122)	1
1990	10	1	1	26	39	27	8(367)	1
1991	10	7	10	29	13	43	33(794/1139)	2
1992	53	49	13	13	146	72	141(976/1660)	3
1993	14	12	10	10	10	135	382(2031/3662)	6
1994	68	7	10	38	72	99	506(1226/1235)	2

第四节　民事行政检察

清光绪三十三年(1907)起，处州府及属县执行清政府《各级审判厅试办章程》，检察官对于民事诉讼之审判，必须莅庭监督，在审理婚姻事件、亲族事件、嗣续事件时不待检察官莅庭而为判决者，其判决无效。民国时期，民事行政案件检察沿袭清末制度。

1989年《中华人民共和国行政诉讼法》实施，1991年《中华人民共和国民事诉讼法》实施，全区检察机关对人民法院开始行使行政、民事审判活动的法律监督职能，对人民法院生效的民事、行政裁判行使相应的抗诉权。

1996年7月18日，分院对原丽水新长征塑料厂与白蛇弄居委厂房权属纠纷一案提出抗诉，丽水中院开庭重审。该案为丽水检察机关出席民事抗诉案件再审法庭在诉讼程序、检察机关的诉讼地位等方面进行探索与实践。

1997年，受理民事行政申诉案78件，立案13件，其中提请抗诉5件，建议提请抗诉1件，向法院提出检察建议4件，劝当事人息诉3件。7月，制定并实施对全区民事行政检察工作目标责任制。

1998年，受理民事行政申诉案120件，立案审查27件，其中提请抗诉8件，建议提请抗诉11件，直接抗诉5件，向法院提出检察建议4件，劝当事人息诉6件。法院改判2件，维持1件，采纳建议3件，交其他部门处理结案1件。丽水地区9个基层院都建立民事行政检察机构，配备人员。

1999年，全区受理民事、行政申诉案件272件，立案57件，超过1994年至1998年间民事、行政申诉案立案数的总和。

2000年9月，遂昌县院与遂昌县法院联合发文，就检察机关对法院审理民事行政案件实行事中监督作出试行规定。10—11月，遂昌县院对4起民事案件按试行规定参与法庭审理活动，实行事中监督。同年，全市检察机关受理不服法院生效民事行政判决、裁定申诉案219件、立案审查99件。市院办结民事行政检察案93件，其中提请抗诉20件，提出抗诉50件，发检察意见和建议16件，不抗或不提抗16件，同年出席抗诉案再审出庭监督55次，市院抗诉再审判决45件，其中改判或调解结案41件。

2001年，全市民事、行政检察部门坚持抓诉讼标的大、影响大、严重损害社会公共利益和公民合法权益案件的监督，立案审查民事行政申诉案99件，提请抗诉20件，直接抗诉50件经法院审理作出改判29件调解12件，抗准率居全省首位。3月，在遂昌县召开全市民事行政检察会议，组织推广遂昌县院开展"事中监督"经验。同年，丽水市开展"事中与事后监督"的试点经验总结得到高检院民行厅的充分肯定，相关做法刊登在《民事行政检察业务参考》上，转发给全国各地检察院。

2002年年初，丽水市院要求全市各基层院对国有资产流失进行调查摸底，并根据宪法和法律行使检察权，支持民事起诉。8月，莲都区院掌握原丽水地区燃料公司（已改制）经理赵某将国有资产20万元，擅自借给私营企业使用的线索，市院决定进行支持起诉的试点，诉请得到法院的支持，为国家挽回经济损失36万元（含利息）。该案是全省首例办理成功的支持民事起诉案件。

2003年，全市办理支持起诉案件35件，为国家挽回经济损失315多万元，发检察建议7件，为国家挽回经济损失240多万元，《检察日报》作专题报道。同年，丽水市民事行政检察工作在全省综合考评中列第一名。

2004年，莲都、云和、缙云、遂昌分别办理100万元以上的案件5件。同年，全市检察机关提出民事行政抗诉案50件，其中改判、调解结案或发回重审21件，支持民事起诉37件，挽回国有资产损失860万元。

2005年，全市检察机关强调受案立案的程序性，法律文书制作和内勤数据统计的规范性以及抗诉说理的专业逻辑性。对于疑难复杂的民行案件，市院坚持集体讨论制度，以保证办案质量。该年抗诉案件改判率为88%，居全省前列。同年，市院开展民事督促起诉工作。

2006年9月，全省民行部门开始正式施行网上办案，所有民行案件的受理、立案、审批、证据递交等工作流程均实现联网操作。同年，全市检察机关提出民行案件抗诉32件，法院再审改判27件；提出检察建议19件，其中审结9件，改判3件；督促起诉105件，工作检察建议18件，挽回国有资产损失1800多万元。

2007年，全市办理公益诉讼案件4件，支持起诉案件16件，督促起诉案件137件，合计为国家挽回损失5.05亿元，市院作为全省唯一单位在全国检察机关贯彻民事诉讼法座谈会上作经验交流。

2008年，以民事督促起诉形式追回国有资产5亿多元。开展土地出让金为主要内容的民事督促起诉专项工作。同年，在全国民事行政检察工作座谈会上，丽水市以《创督促起诉 堵国资流失》为题作专门经验介绍。

2009年，办理抗诉案件（含提请省院抗诉案件）80件，超过2004年71件的最高纪录，创造全市民行抗诉案件数量的历史新高。对涉及弱势群体利益、涉及“三农”问题、群众反映强烈、社会影响重大的案件给予重点关注，注重监督实效，配合再审法院做好调解工作。

2010年，办理抗诉案件95件，督促起诉发出148件，取得成效119件，挽回国资流失3.99多亿元。办理行政执法违法情况监督案件241件，其中取得成效的236件。莲都区院在全省民事行政检察综合考评中位列全省C类院第一名。

第五节　控告申诉检察

丽水检察信访工作始于1963年，从最初单纯的信访工作发展到包括控告、举报等多方面业务。

1963年5月，省院丽水分院建立，由办公室等机构主管信访工作，其他成员或科室协助，主要工作是受理群众的控告申诉、举报，平反冤假错案。

1984年1月，丽水分院建立信访科，11月16日，信访科改为信访处。为全区检察系统专设信访机构之始。1991年9月，扩展到统一接待和处理群众来信来访，统一受理公民的报案、举报、控告和申诉。办理检察机关作为赔偿义务机关的国家赔偿案件，并对法院赔偿委员会决定和行政赔偿诉讼履行法律监督职责；开展司法救助、刑事被害人救助和举报宣传、举报奖励工作。

1995年1月1日起实施《中华人民共和国国家赔偿法》。全区检察机关受理人民群众的来信来访，严格按照“归口管理、分级负责”原则和“首办责任制”的要求，规范初信初访处理流程，准确分流，及时办理，初核，把矛盾化解在首次办理环节。2008—2010年，在全省的综合考核中，全市检察机关的控告申诉工作获得1次第四名和2次第二名的成绩。

控告检察

1963年，丽水分院成立，全区受理群众来信来访407件次，其中，检举控告国家工作人员和基层干部违法乱纪163件，检举反革命和其他刑事案件81件。

1964年，全区受理群众来信来访696件次，检举反革命或其他刑事犯罪115件，控告干部非法侵犯人身权利69件，控告干部职工贪污侵吞公共财产110件。

1966年，受理群众来信来访588件次，控告干部违法144件，不服逮捕拘留11件，不服判刑29件。自行调查处理36件。

1967年上半年，受理群众来信来访362件，其中控告干部违法68件，不服逮捕拘留13件，不服判刑36件。

1963—1967 年丽水专区检察系统信访处理一览

表 30-2-5-1　　　　单位：件

年份	受理	自办	转办	存查
1963	407	134	112	—
1964	696	117	—	—
1965	—	—	—	—
1966	588	36	—	21
1967	362（上半年）	14	—	5

说明：1965 年无档案数据

1978 年开始，分院和各基层院先后配备负责信访的工作人员，主要由办公室工作人员负责处理，并确立副检察长或党组成员 1 人负责信访工作。同年受理信访案件 3779 件，自行查办 469 件。

1980 年，全区控申部门着力加强信访制度建设，各县对群众来信来访建立登记、转办、催办、结案等制度。全区检察机关受理各类信访案件 4784 件，其中自行查办 426 件。遂昌县院复查“叶某反革命集团”案件中的免于起诉对象。丽水市院、青田县院复查纠正部分在肃反运动中作免于起诉的错案。

1981 年，信访工作围绕整顿治安，突出重点，狠抓办案。全区检察机关受理各类信访案件 6354 件，其中自行查办 863 件。

1982 年，全区检察机关受理各类信访案件 7450 件，其中自行查办 1237 件，提供经济和森林违法犯罪线索 127 件。调处一些上告无门、矛盾容易激发的信访。

1984 年 1 月，分院信访科正式成立，负责信访工作。11 月，分院信访科更名分院控告申诉检察处。

1985 年，全区检察机关受理各类信访案件 5800 件，其中控申部门初查 779 件。

1986 年，全区检察机关受理各类信访案件 4202 件，其中控申部门初查 127 件，转其他机关 3233 件，直接答复 137 件，存查 174 件。对带苗头性和倾向性的问题，注意分析，提出意见，及时向上反映。

1987 年，全区检察机关着重处理群众来信来访中不属于检察机关管辖的老访户。

1988 年 11 月 3 日，分院和丽水地区九个县市院同时宣告成立举报中心（站）。

1989 年 5 月，召开全区检察机关举报工作新闻发布会，向新闻媒体介绍全区检察机关举报工作情况。

1979—1989 年丽水地区检察系统受理来信来访一览

表 30-2-5-2　　　　单位：件

年份	受理	自办	转办	存查
1979	3779	469	—	—
1980	4784	426	—	—
1981	6354	863	—	—
1982	7450	1237	5440	187
1983	8876	1121	—	—

续表 30-2-5-2

年份	受理	自办	转办	存查
1984	6654	821	—	—
1985	5800	779	3233	—
1986	4202	127	—	—
1987	5610	70	—	—
1988	5577	69	—	—
1989	6307	266	—	—

1990 年，根据省院《关于举报工作分工若干问题的规定(试行)》规定，举报中心与控申部门合署办公。8 月，经济罪案举报中心归口于控申处。同年受理各类信访案件 4511 件，其中控申部门初查 333 件。

1991 年 9 月，全区控申举报工作会议在丽水召开，进一步明确控申举报检察工作任务。会后，各县市院都及时召开会议，贯彻落实。全年受理各类信访案件 4451 件，其中控申部门初查 37 件。

1992 年，全区控申部门加强对打击举报人案件的查处力度，维护举报人合法权益。同年，查处打击报复举报人案件 6 件，受到党政纪处分 1 人，受到扣发停发工资奖金处分 5 人。

1993 年，市院控申处立案侦查检察长交办的挪用公款案 1 件。庆元控申科立案侦查检察长交办的破坏选举案 1 件。遂昌县院控申科建议公安机关查处抢劫案 1 件。7 月，丽水分院组织开展举报中心建立五周年宣传活动，分院主要领导在《丽水日报》发表举报工作“答记者问”的文章。

1994 年，根据群众举报，青田县院控申科经初查，查办青田县邮电局局长贪污受贿特大窝案，查获金额 150 多万元。丽水市院举报中心查处市建行四牌楼分理处副主任汤某挪用银行巨款炒股案件，并追缴赃款 6 万元。制定《省院丽水分院关于奖励举报有功人员暂行办法》，奖励举报人。9 月，在松阳召开全区控申会议，要求加强控申力量，把工作重心转移到初查工作上来。

1995 年，丽水分院、丽水市院接待室被授予全省检察系统“文明接待室”荣誉称号。丽水市院接待室被授予“全国文明接待室”荣誉称号。加强控申队伍建设，充实控申人员 10 人。全区控申部门查办贪污贿赂案件 16 件，其中大案 14 件，要案 1 件，挽回经济损失 40 多万元，追缴违法所得 30 万元。同年，分院控申处增挂“丽水分院刑事赔偿工作办公室”牌子。

1996 年 2 月，丽水市院举报中心立案初查农行丽水支行金穗分理处主办会计李某贪污 67.5 万元的特大贪污案件。5 月，立案查处丽水大港头镇均溪村党支部书记林某等人共同贪污 50 万元的特大贪污案件。8 月，丽水市院举报中心立案初查丽水市城关镇芦埠村村委主任傅某挪用 107.5 万元公款的特大案件，并查处该村出纳挪用 55 万元公款等窝案。

1997 年，丽水市院、庆元县院、遂昌县院的接待室被评为全区“文明接待室”。丽水市院接待室被评为全省和全国“文明接待室”。6 月，丽水分院举报中心初查原缙云县仙都城市信用社主任樊某非法拆借资金、收取利差，搞账外经营的金融舞弊线索，并从中带出丽水地区建行证券营业部等非法拆借、收取利差等一批串案，为国家挽回经济损失 120 万元。建立约定举报制度，即根据举报人意愿，举报中心派员上门受理举报。加强检察长接待日制度，由每月一日增加至二日。同年，举报县处级领导干部的线索 16 件。

1998年，两级院基本实现举报中心统一管理举报线索制度，强化举报线索管理，完善缓查档案制度。全区举报中心为国家、集体挽回经济损失300多万元。全区检察机关开展“纪念举报工作开展十周年”举报宣传月活动。举报县处级领导干部的线索增至36件，比上年度增加125%。坚持检察长接待日制度，接待群众来访234人次，其中接待10人以上集体访10次。全年受理各类信访案件2340件，其中控申部门初查58件。

1999年6月开始，各县市院都建立线索审查协调小组，对主要线索进行评估并及时分流。丽水分院开辟检察长举报的“绿色通道”，对重大案件线索可以随时直接向检察长举报。

1990—1999年丽水地区检察系统来信来访一览

表30-2-5-3　　单位：件

年份	受理	自办	转办	存查
1990	4511	333	—	—
1991	4451	37	—	—
1992	2719	26	—	—
1993	3359	253	—	—
1994	2764	41	—	—
1995	2434	50	—	—
1996	2805	98	—	—
1997	2140	93	—	—
1998	2340	58	—	—
1999	1926	84	—	—

2000年年初，丽水分院、丽水市院、庆元县院3个接待室被授予省级“文明接待室”称号。丽水市院、缙云县院被授予“全国文明接待室”称号。

2001年7月，全市检察机关组织开展“责任重于泰山，惩处侵权渎职犯罪”为主题的举报宣传周活动，向社会各界群众发放资料2.5万份。缙云县院和云和县院被省院授予“省级文明接待室”称号。

2002年，全市检察机关受理各类信访案件1569件，其中控申部门初查133件，移送立案31件。青田、松阳两院的接待室顺利通过“省级文明接待室”考核。至此，全市所有控申接待室均被授予“省级文明接待室”称号。6月，全市检察机关开展以“预防职务犯罪，大家来参与”为主题的举报宣传周活动。9月，开展清理积压上访老户、举报线索、交办案件、刑事申诉和刑事赔偿“四项专项清理”工作，莲都区院和缙云县院控申科科长胡林军被授予全国“四项专项清理”先进集体和先进个人。

2003年，全市检察机关开展群众信访专项清理，完善检察长接待日制度，妥善处理告急访、集体访案件，做到首次信访辖内重复信访低于10%。莲都区院、缙云县院被授予“全国文明接待室”称号。同年受理各类信访案件1333件，其中控申部门初查161件。

2004年2月，丽水市检察机关两级院成立处理涉法上访问题领导小组，形成大信访格局。开展主题为“依靠群众，反腐倡廉”的举报宣传周活动，受教育者达1650多人。经考核，全市检察机关10

个接待室全部达到省级文明接待室标准。丽水市两级院检察长接待群众来访 498 人次，批办案件 360 件，并全部办结。同年全市受理各类信访案件 1012 件，其中控申部门初查 82 件。

2005 年，全市检察机关受理各类信访案件 949 件，其中控申部门初查 164 件。集中处理涉检上访问题，办结涉检上访案件 42 件，其中包括到省进京上访 9 件。

2006 年，全市检察机关通过带案下访、定期巡访等方式，办结涉检上访案件 47 件，息诉 39 件。缙云县院率先创立“首办责任制”并在全省检察机关推广。丽水市各基层院结合实际制定首办责任制度。

2007 年，全市检察机关受理各类信访案件 881 件，其中控申部门初查 95 件。坚持以处理涉检信访问题为重点，以化解矛盾为主线，以息诉息访为目标，切实解决群众反映的突出问题，强化控申对内制约、对外监督职能。办理涉检上访案件 59 件，息诉 48 件。排查可能进京案件 9 件（省院交办 6 件），全市有六个县和市院本级实现涉检进京零上访。全面落实首办责任制。按省院要求对 2006 年以来的涉检重复访、到省进京访案件中有选择地进行责任倒查。

2008 年 3 月，市院检察长陈海鹰亲自包案中央政法委交办丽水市处理许某 2007 年进京访案件，采取主动上门沟通、亲属劝解、司法补偿等多种方式方法来作息诉工作，实现“零进京上访”的目标。

2009 年 3 月，市院出台《涉检信访案件风险评估暂行办法（试行）》和《涉检信访督查专员制度》。12 月，全市检察机关全部开通“12309”举报电话。同年，全市检察机关受理各类信访案件 1305 件，其中控申部门初查 221 件。其中，受理涉检上访案件 71 件，息诉 59 件。省院交办 5 件，息诉率 100%。

2010 年 6 月，全市检察机关开展“依靠群众、反腐倡廉、服务大局”为主题的举报宣传周活动。缙云县、庆元县院接待室被高检院授予“全国文明接待室”荣誉称号。同年，加大对举报有功人员的奖励，全市检察机关举报中心奖励举报有功人员 102 人，同比 42 人上升 142.86%，发放奖励金 3.56 万元。全市检察机关受理各类信访案件 1034 件，其中控申部门初核 79 件。其中，受理涉检上访案件 186 件，息诉 159 件。

2000—2010 年丽水市检察来信来访一览

表 30-2-5-4　　　　单位：件

年份	受理	自办
2000	1800	133
2001	1949	89
2002	1569	133
2003	1333	161
2004	1012	82
2005	949	164
2006	1081	78
2007	881	95
2008	1047	194
2009	1305	221
2010	1034	79

刑事申诉检察

1985年，全区检察机关受理申诉案件84件。缙云县院受理樊某盗窃杉木等的申诉后，追根查源，查明事实真相，洗刷樊某遭受的冤屈，真正的盗窃犯受到处罚。1986年，全区检察机关受理申诉案件291件。松阳县院查清并解决包某被人屈打成招申诉10年未得到解决的“老案”。

1987年，全区检察机关受理申诉案件166件。按规定时间完成全区历史老案复查工作。1988年，全区检察机关共受理申诉案件155件。1989年，全区检察机关受理申诉案件170件。其中不服免于起诉31件，立案复查21件。复查不服不捕和不服不诉案件各2件。同年1月起，规定县市院免于起诉案件须向分院报送案件备查，同时不服免予起诉案件应以分院控申处为主进行复查。

1990年，全区检察机关受理申诉案件157件，其中不服免予起诉30件(含全年积存4件)，立案复查28件，复查结案20件，复查不捕不诉案件1件。1991年，全区检察机关受理申诉案件50件，其中不服免诉的32件，办结24件，纠正15件。1992年，遂昌县院控申科撰写的《正确行使免诉权，确保案件质量》一文被省院采用并转发各级院供学习参考。1993年，全区检察机关受理申诉案件27件，其中不服免诉1件，不服不诉1件，不服罚没款决定1件，不服法院判决1件。办结23件。其中维持免予起诉15件，维持不诉1件，维持法院判决1件，撤销免诉8件(1件改为提起公诉)。根据高检院《关于复查刑事申诉案件的规定》，遂昌、云和、景宁三个县院控申科首次办理公安提请复议的4件免诉案件。1994年，全区检察机关受理申诉案件21件，其中维持8件，撤诉1件，转交有关部门5件，直接答复1件，复查6件。

1995年，全区检察机关受理申诉案件60件，立案复查5件。云和县院控申科纠正一起原定故意损坏公私财物罪免予起诉的案件。经公诉，法院支持云和县院提出的建议。1996年，全区检察机关受理申诉案件18件，立案复查12件，其中维持原决定4件，改变原决定8件。5月，分院控申处受理复查省院交办的汤某等虚开增值税发票免予起诉案，认为不适用免诉的规定，经检察委员会讨论，决定撤销免诉决定，建议景宁畲族自治县院提起公诉。

1997年，全区检察机关受理申诉案件11件，立案复查9件。分院控申处协助省院控申处复查1件，并追回赃款和企业流失资金3万多元。1998年，全区检察机关受理申诉案件194件，立案复查14件。其中不服不批捕1件，不服不起诉8件，不服免诉3件，其他2件。经审查撤销原决定4件，维持10件。贯彻省院49号执法大检查“回头看”通知精神，对全区作不起诉、撤案处理的万元以上贪污、贿赂大案和群众反映强烈的案件进行复查。经复查，对原景宁公路段主持工作的副段长刘某受贿案和原丽水市芦埠村村委主任傅某挪用集体资金案，撤销原决定，逮捕两人。1999年，全区检察机关受理申诉案件188件，立案复查21件。

2000年，全区检察机关受理申诉案件17件，改变原处理决定2件。2001年，全市检察机关立案复查申诉案件17件。2002年，全市检察机关受理申诉案件113件，其中市院控申处立案复查12件。2003年，全市检察机关受理申诉案件44件，其中立案复查15件。2004年，全市检察机关受理申诉案件98件，自行立案复查17件。办理刑事申诉案件准确率达100%。认真复查不起诉案件，全市两级院控申部门完成63件不起诉案件的复查工作。2005年，全市检察机关立案复查申诉案件12件。市院控申处立案复查云和秦某某刑事申诉案件。

2006年，全市检察机关受理各类申诉案件9件，其中立案复查6件，改变原决定1件。开展2005

年以来办理的刑事申诉案件质量检查。2007 年，全市检察机关受理各类申诉案件 4 件，其中立案复查 1 件。2008 年，全市检察机关受理各类刑事申诉案件 8 件，其中立案复查 3 件，办结后维持原决定 2 件，改变原决定 1 件。坚持“两见面”原则，妥善处理好当事人的合法诉求，实现法律效果和社会效果的有机统一。2009 年，全市检察机关受理刑事申诉案件 11 件，其中立案复查 3 件，审理后维持原处理决定 1 件，改变原处理决定 2 件。2010 年，全市检察机关受理各类申诉案件 50 件，其中立案复查 33 件，办结后维持原处理决定 8 件，提出抗诉意见 2 件，不予抗诉 23 件。

国家赔偿与司法救助

1997 年，全区检察机关受理刑事赔偿申请 6 件，审结 4 件，均确定不予赔偿，1 件中止，1 件不予立案。

2000 年，全区检察机关受理刑事赔偿申请 8 件，决定给予赔偿 7 件。法院控申处立案复查项某某申请刑事赔偿一案。经复查，分院认定项某某犯罪的证据不足，不应予以逮捕，决定由缙云县院给予项某某赔偿 3800 多元。

2001 年，全市检察机关受理刑事赔偿申请 3 件，决定给予赔偿 3 件。

2002 年，全市检察机关受理刑事赔偿申请 5 件，决定给予赔偿 5 件。2003 年，全市检察机关受理刑事赔偿申请 4 件，决定给予赔偿 3 件，赔偿 13.68 万元。2004 年，全市检察机关受理刑事赔偿申请 2 件，决定给予赔偿 2 件，赔偿 1.86 万元。2006 年，全市检察机关受理刑事赔偿申请 5 件，决定给予赔偿 4 件，赔偿 3.70 万元。

2007 年，全市检察机关受理刑事赔偿申请 2 件，决定给予赔偿 1 件，赔偿 1.69 多万元。同年，根据法律规定和上级院工作部署，研究制定并落实司法救助制度。7 月制定《丽水市人民检察院司法救助专项资金使用办法(试行)》。

2008 年，全市检察机关受理刑事赔偿申请 3 件，决定给予赔偿 3 件，赔偿 2.71 万元。

2009 年，全市检察机关受理刑事赔偿申请 2 件，决定给予赔偿 1 件，赔偿 2.44 万元。庄某某因涉嫌职务侵占罪于 2005 年 5 月 20 日被莲都区公安分局刑事拘留，6 月 21 日被批准逮捕。8 月 8 日，移送莲都区院审查起诉。12 月 19 日，莲都区法院判决庄某无罪。2009 年 5 月，庄某某向莲都区院提出国家赔偿申请书。莲都区院于 5 月 22 日立案复查。经审查决定给予庄某某 2.44 万元的赔偿金。同年，市院制定《对刑事案件被害人实施救助的规定》和《刑事被害人救助专项资金使用与管理办法》，对刑事被害人救助工作的总体要求、基本原则、救助的对象、范围、标准、基本程序等问题作出明确规定。

2010 年，全市检察机关受理国家赔偿申请 1 件，决定给予赔偿 1 件，赔偿 1.24 万元。加大刑事被害人救助力度，全市检察机关救助 85 人，发放救助资金 19.39 万元。

第六节　监所检察

民国时期，监所检察是丽水地方法院检察处一项重要业务职能。1951 年，丽水地区地、县检察机构建立，开展对犯人改造所和监所的活动是否合法实行监督。“文化大革命”期间，监所检察工作中断。1981年开始，丽水地区辖区内的丽水县等基层院的监所检察成立独立的监所检察科。

1995年11月，由丽水市院（县级）派员在丽水地区看守所设立检察室，全区10个看守所全部实现驻所检察。

2007年，所有派驻检察室的检察内网实现联网，在高检院开展第二届全国检察机关派驻监管场所规范化检察室评定工作中，丽水市院、青田县院、庆元县院、遂昌县院驻所检察室被评为二级规范化检察室。

2008年10月，丽水全市实现社区矫正工作全覆盖。同年，在全省检察机关绩效考评活动中，全市两级院监所检察部门荣获全省第一名。2008年2月21日《检察日报》以头版报道《浙江丽水：成功办理304起督促起诉案》一文。

2010年开始，全市看守所与驻所检察室监控联网工程建设工作得到逐步推进。2010年5月18日，《检察日报》在头版以《浙江青田一纸督促起诉书追回近4亿国有资产》为题，再次宣传报道丽水市的督促起诉工作。2005—2010年间，全市检察机关通过督促起诉挽回国有资产14.45亿元。

监管场所检察

民国19年（1930），丽水县成立监所协进委员会，委员由县长、法院检察长、首席检察官等10人组成，每两周有委员视察监所一次。主要任务为参与教育作业，假释保释，监所修缮商讨，犯人饮食，衣被医药募捐等。凡囚犯保外服役应由管狱员（监狱长）向法院检察官承包意见，由检察官签具公函，将此事送交监所协进委员会讨论决议，再呈报浙江高等法院检察处审批答复。

民国22年（1933）4月20日凌晨5时，龙泉县地方法院未决盗窃犯程夏得越狱逃脱。浙江高等法院检察处发通缉令，令各级法院和各县协缉，程夏得被缉归案。5月23日，因龙泉法院监管场所监管人员数量不及在押人员数量的十分之一，浙江高等法院检察处指令龙泉法院扩充监管人员。

民国36年（1947）5月，丽水地方法院看守所附设监狱全体在监人何风林等，呈诉该院检察长潘振扬徇私渎职鱼肉囚犯，经丽水地方法院检察处检察官范鹗昊查实，潘某因在监病犯林某等8人请保不准，致使8人先后病死狱中。丽水地方法院检察处报请中央公务员惩戒委员会审核议决将潘某降一级处理。

1949—1979年，全区检察机关没有开展监所检察工作。

1980年，丽水地区初步开展对监管场所的监督。通过监所检察，发现云和县看守所有动用犯人为单位搞基建、干部和犯人食堂不分等现象，向公安机关提出纠正意见。

1981年，全区监所检察部门对7个看守所进行检察179次。

1982年，全区监所检察部门对看守所进行453次检察，发现并制止人犯越狱逃跑、自杀等事故苗头7次，向有关部门提出纠正违法意见19次。

1983年，配合“严打”斗争，协助看守所改进监管工作。全区监所检察部门对看守所检察875次，对人犯思想教育722次。

1984年，分院会同公安机关联合下发《关于共同加强对监外执行四类罪犯进行监管的通知》，地区公安处上报省公安厅后，省公安厅转发全省各级公安机关，要求各监管场所进一步加强对监外四类罪犯的监督管理。同年，全区检察机关对“四类人犯”和免诉人员进行回访考察帮教，多数人员能认罪服管。

1985年10月25日，丽水分院监所检察处干部到丽水水东劳改农场进行检察，在监犯肖某某多次向检察人员喊冤。监所检察处检察人员经过认真的阅卷和细致的调查，认为法院认定肖某某诈骗的证据不足。分院研究后提出对肖某某诈骗案的改判建议。中院复查核实后，于 1986 年 2 月 7 日对肖某某宣告无罪释放。

1990 年，全区监所检察部门到看守所检察 2549 次，其中开展执法检察 456 次，安全检察 869 次，参与搜监 293 次，提出安全防范建议 416 条，防止各类事故 49 起，发现体罚虐待人犯 22 起，收受贿赂 2 人，使用戒具不当 5 人。先后对人犯进行法制、政策上的大课教育 43 次，配合看守所召开宽严大会 6 次，对检举揭发立功的人犯 7 人提出给予从轻、减轻和减刑建议。办理复查丽水县城关镇红旗大队社员夏某流氓罪案。通过复核、复查证据，认为该案为冤案，建议丽水中院重审，中院审查后宣告夏某无罪。

1991 年，全区监所检察部门对监管场所提出纠正意见 234 件(次)，给人犯上大课 77 次，个别谈话 1566 次。

1994 年，对发生在龙泉市看守所的人犯郭某某非正常死亡一案进行调查处理，对负有直接责任的人犯刘某追究刑事责任。

1994 年，丽水分院监所检察处就衢州市中院对遂昌县徐某裁定假释不符合法律规定一案进行监督。丽水分院认为衢州市中院对徐某假释不符合法律规定，向省高级法院提出抗诉。最高法院审查后，最终撤销假释裁定，将徐某收监执行。该案例被编入大学《案例选编》参考书。

1996 年，受理两劳人员及其亲属的控告申诉 16 件，办理在押犯重新犯罪 6 件。丽水分院监所检察处接到丽水市丰源乡夏庄村村民及受害者家属检举村民夏某某参与 1992 年“11•6”凶杀案线索及材料后，派员到金华、衢州等地监狱提审该案已决服刑犯，查清杀人漏网四年之久的夏某参与凶杀案的基本犯罪事实，将夏某抓获归案，绳之以法。此案在《检察日报》头版报道，并作为典型案例编入 1997 年高检院第 5 号《公报》。

2003—2004 年，全市监所检察部门向有关办案单位移送线索达 273 件，其中移送检察机关自侦部门 45 件，移送检察机关侦查监督部门进行立案监督并成案的 26 件。

2004 年，丽水市院驻所检察室办理留所服刑犯杨某犯故意伤害一案。

2005 年，丽水市院监所处对市看守所民警朱某帮助犯罪分子逃避处罚一案进行查办。

2007—2009 年，全市监所部门查办职务犯罪案件 4 件 4 人。

1993—1999 年丽水地区监管场所开展检察一览

表 30-2-6-1

<table>
<tr><th rowspan="2">年份</th><th colspan="4">开展执法检察情况(件)</th><th colspan="5">开展安全防范检察情况(件)</th><th colspan="3">对在押犯法律、政策教育(人)</th></tr>
<tr><th>执法检察</th><th>检察建议</th><th>纠正违法</th><th>其中书面纠正</th><th>安全防范检察</th><th>参与搜监</th><th>检察建议</th><th>消除隐患</th><th>监督在押犯重新犯罪</th><th>检察长到看守所检察指导</th><th>检察人员上大课</th><th>个别教育谈话</th></tr>
<tr><td>1993</td><td>1083</td><td>470</td><td rowspan="5">1265</td><td rowspan="5">102</td><td>1006</td><td>226</td><td>440</td><td>65</td><td>1006</td><td rowspan="5">51</td><td rowspan="5">195</td><td>1254</td></tr>
<tr><td>1994</td><td>1426</td><td>699</td><td>1216</td><td>362</td><td>410</td><td>75</td><td>1216</td><td>1790</td></tr>
<tr><td>1995</td><td>1586</td><td>665</td><td>1048</td><td>291</td><td>269</td><td>114</td><td>1048</td><td>946</td></tr>
<tr><td>1996</td><td>1581</td><td>768</td><td>1238</td><td>223</td><td>543</td><td>123</td><td>1238</td><td>1813</td></tr>
<tr><td>1997</td><td>1297</td><td>321</td><td>1231</td><td>97</td><td>295</td><td>107</td><td>1231</td><td>1583</td></tr>
</table>

续表 30-2-6-1

年份	开展执法检察情况(件)				开展安全防范检察情况(件)					对在押犯法律、政策教育(人)		
	执法检察	检察建议	纠正违法	其中书面纠正	安全防范检察	参与搜监	检察建议	消除隐患	监督在押犯重新犯罪	检察长到看守所检察指导	检察人员上大课	个别教育谈话
1998	773	317	179	3	792	121	256	87	3	31	49	1589
1999	903	277	118	7	1354	68	213	—	—	61	25	1458

2005—2010 年丽水市院监所检察处监所检察一览

表 30-2-6-2

安全防范检察提出书面监督	刑罚执行和监管活动检察提出书面监督	刑罚执行和监管活动检察提出口头监督	减刑假释保外就医检察提出书面监督	纠正法院裁决不当提出书面监督
12 件	72 件	45 件	45 件	6 件
向监管干警进行职务犯罪预防教育	为被监管人员上法制教育课	公安机关提供线索并成案	向检察机关侦监部门提供线索并成案	—
7 件	12 件	51 件	8 件	—

监外执行检察

1980 年以前，监外执行监督由公安机关自行负责。1981 年，全区对管制、缓刑等四类罪犯 170 人普遍进行一次监改情况的考察和判决执行情况的检察。

1984 年，丽水分院加强对监外四类罪犯的监督管理。

1990 年，全区实有管制、缓刑、假释、暂予监外执行和剥夺政治权利罪犯五种罪犯 410 人。通过检察，就监外罪犯 184 人没有落实监改措施等问题向公安机关、法院等部门提出整改建议。

1993—2002 年丽水市管制等监外五种罪犯数量一览

表 30-2-6-3　　单位：人

年份	1993	1994	1995	1996	1997	1998	1999	2000	2001	2002
人数	587	600	397	547	644	577	578	—	957	1137

1993 年，全区检察发现监改措施不落实的 99 人，失控 16 人，重新犯罪 5 人。丽水市院把监外罪犯的监督、考察、帮教工作列入综合治理目标管理。庆元县院配合其他监管部门加强对监外罪犯的日常监督，使监外罪犯 10 年间无一人重新犯罪。

1996 年，丽水地区对全区监外执行罪犯进行全面检察，专题检察其中保外就医罪犯 111 人。对不符合保外就医的罪犯 2 人建议收监，对不符合假释条件的罪犯 1 人监督执行收监，并监督有关部门惩处重新犯罪的缓刑犯 2 人。

1997 年，丽水地区重点检察全区监外执行罪犯，尤其是保外就医罪犯 120 人的执行情况。

1998 年，丽水地区重点检察与专题检察全区保外就医罪犯 92 人，尤其是其中经济罪犯 35 人的执行情况。

1999年，丽水地区重点检察全区监外执行罪犯，尤其是其中保外就医罪犯125人的执行情况。

2001年，丽水市重点抽查和普查全市监外罪犯的执行情况。在检察中采取“一对照三检查”的办法，即对照减刑、假释、保外就医条件，一查呈报程序是否合法，二查呈报内容是否事实，三查呈报罪犯的改造表现等。同年督促和建议有关部门收监10人。

2002年，丽水市开展专项检察，重点跟踪检察全市监外执行的经济案犯68人，未发现失管、失控、重新犯罪现象。同年收监9人。

2003年，丽水分院监所检察处专项检察全市暂予监外执行罪犯53人的监管情况。对超期羁押未办手续和在监外有重新犯罪的罪犯5人，向监管单位提出书面检察建议，收监执行4人。

2004年，丽水市院要求对2002年1月1日以后办理保外就医且续保的罪犯一律采取异地检查鉴定的办法进行检察。丽水市院和莲都区院联合调查假释罪犯刘某在假释期间的违法行为，向公安机关发出书面检察建议。2004年11月29日，该犯被衢州市中院撤销假释，收监执行。

2006年，全市社区矫正试点工作启动。同年，莲都区、龙泉市、丽水经济开发区开展试点。2007年，松阳县、缙云县开始社区矫正工作试点。2008年，青田县、云和县、庆元县、遂昌县及景宁畲族自治县都开展社区矫正工作试点。全市相关监所检察部门派员参加公安机关与司法机关的工作移交过程，同时确立起一年开展两次全市性社区矫正专项检察活动的长效监督机制。

2009年，丽水分院与市中级人民法院、市公安局、市司法局等单位召开联席会议，在全省率先出台《丽水市社区矫正对象监督管理规定》。时任省委常委、副省长葛慧君作出批示，指出“这是社区矫正试点工作中的一种探索，请抓好落实，并在实践中不断加以总结完善”。

2010年，全市监所检察部门参与社区矫正上海世博会“护城河工程”。社区矫正对象GPS定位监管平台基本覆盖丽水市范围。青田县院监所检察部门与当地司法等部门在全省率先共同出台《关于实行对本县社区矫正对象通报备案制度的暂行规定》。该县通过专项整治，追查到持有护照的社区矫正对象111人，收缴护照112本和港澳通行证2本。莲都区院监所检察部门在检察中发现社区矫正对象1人在工作中有重大技术创新，符合减刑条件，建议监管单位提起减刑，被及时采纳。

第七节　检察技术

1987年11月，丽水分院设刑事技术检察处，之后县(市、区)院相继成立技术科，开展法医、文件检验、痕迹检验等业务。2002年，明确丽水市检察院负责组织全市检察机关检察技术的科研工作，协同有关部门开展对技术人员的业务培训，负责全市检察机关计算机信息系统网络建设的规划及运用安全的管理，配合办案部门做好视听资料证据的收集、提取、固定和运用工作。2010年，全市检察机关有检察技术人员22人。

司法鉴定

1985年，丽水地区检察院招录法医1人，开展法医业务咨询工作。1987年，两级检察院司法鉴定内容包括法医鉴定、痕迹检验、尸体解剖、文件检验和司法会计等工作，为办理疑难案件提供服务。1988年，分院又招录法医1人，并送浙江大学医学院法医系培训。1990年开始，对外开展验伤鉴定，对内开展证据审查。同年，市院办理文检检验5件。

2004年9月3日上午9时，青田县东源镇东里街142号季某家中金某某死亡一案。通过技术处受理此案，调取原始材料及照片并到青田殡仪馆重新检查金某某的尸体后，鉴定认为，金某某身上有较多的暴力打击伤和挣扎擦伤，颈部损伤较多较严重，机械性窒息的特征明显，金某某系被直接导致机械性窒息死亡，排除开玩笑意外致死的结论。该案最终以故意杀人罪起诉，法院审理后判处被告人季某死刑，缓期二年执行。

1988—2010年丽水市检察系统各类司法鉴定一览

表30-2-7-1　　单位：个

年份	医鉴	痕检	尸检	文检	司会
1988	10	1	—	3	—
1989	15	2	3	4	—
1990	20	2	5	5	—
1991	50	3	10	5	—
1992	60	3	12	6	—
1993	101	1	12	11	—
1994	143	5	11	13	2
1995	100	5	20	8	3
1996	177	6	40	28	3
1997	167	7	12	18	2
1998	180	10	17	12	4
1999	84	10	60	12	6
2000	80	22	50	9	6
2001	261	7	80	12	6
2002	242	7	11	10	7
2003	112	7	10	25	—
2004	198	7	54	8	5
2005	161	6	48	10	7
2006	140	3	36	12	5
2007	30	2	9	12	4
2008	30	2	9	10	5
2009	20	2	10	10	2
2010	20	2	10	10	2

侦查检察技术

2000年，开始对重大案件同步同音录像工作。2001年，市院建成计算机局域网并投入使用。2005年全市建立三级专线网，建立内部网站、OA系统，全市建立侦查指挥系统。2006年，技术处利用二、三级检察专线网的优势，在全省第一个开通侦查指挥中心，市院通过网上可直接指挥各县（市、区）院办案。技术处担负着全院重大活动、重要会议、查办案件中的摄像和录像工作。2010 年，建立职务犯罪侦控综合网络系统，进行审讯监控室改造，机房信息中心改造建设。

第八节　检察改革

1951—1966 年，丽水检察分署发挥着重要的专政作用。1966 年年底，检察制度撤销。1978 年，丽水检察分院成立。1978—1987 年间，检察机关进行以加强基层和基础建设、探索工作制度的建设和拓宽法律监督领域为内容的探索式的改革。扩大检察职能，增强检察机关参与和监督民事诉讼和行政诉讼的职能，增强检察机关在保障宪法实施方面的监督职能，赋予其违宪审查权。1988 年开始，检察机关开始检察体制改革，加强基础性制度建设和办案工作机制建设。20 世纪 90 年代，全区检察机关通过办案发展法律监督职能，检察机关侦查制度建设得到加强。同时，检察权进行调整，免予起诉权被取消，不起诉权制度得到补充；侦查权受到明确的限制；检察机关在刑事诉讼中的监督职能得到加强，行使方式作调整。1998 年开始，检察机关探索符合检察工作特点的管理体制和工作运行机制，完成关于检察机关法律监督的范围、途径、手段、制度、主体等内容的基本建构，职务犯罪侦查制度、公诉制度、诉讼监督制度等法律监督制度基本定型。

检察组织改革

民国时期，审判与检察合一，地方检事厅（检察处）与地方法院合署，对审判行使检察权。

1951 年 5 月，省人民检察署丽水分署成立，开始检察机构与审判机构分离。

1978 年，省人民检察院丽水分院成立，内设机构有办公室、刑事检察科、法纪检察科，此为丽水分院首次设立内设机构。

1981 年 1 月，丽水分院设经济检察科，作为经济检察的一部分，负责查处盗伐滥伐森林案件。丽水分院原刑检科分为刑检一科、刑检二科，刑检一科负责对刑事犯罪案件的审查批捕，负责检察机关自侦案件的指导、监督，审查公安提请的批捕案件和侦查监督。刑二科负责地区可能判处无期徒刑案件、对抗诉和上诉案件的出庭。同年，丽水地区辖区内的丽水县等基层院的监所检察职能相继从刑检部门剥离，陆续成立独立的监所检察科。

1982 年，法纪检察主要管辖的案件是刑讯逼供、诬告陷害、破坏选举、非法拘禁、非法管制、非法搜查、非法侵入住宅、报复陷害、非法剥夺公民宗教信仰自由和侵犯少数民族风俗习惯、伪证、侵犯公民通信自由、泄露国家重要机密、玩忽职守、重大责任事故、徇私舞弊、妨害邮电通信罪等，其中玩忽职守、重大责任事故归经济检察科管辖，其他均属法纪检察管辖。

1984 年 1 月，丽水分院建立信访科，受理群众的控告申诉、举报，平反冤假错案，同年改为信访处。1984 年 4 月 1 日，原由经济检察部门管辖的重大责任事故、玩忽职守案件以及高检院规定的检察机关直接受理的重婚案件，划归法纪检察部门办理。同年，刑检部门负责的复查历史老案工作改由控申部门承担。

1985 年 1 月，明确法纪检察基本任务为办理检察机关自侦案件中侵犯公民人身权利和民主权利案件、渎职案件和重大责任事故案件。1985年10月，更名为控告申诉检察处，负责处理举报控告、刑事申诉和国家(刑事)赔偿等工作。

1988年12月，设立“丽水分院驻丽水地区财税局税务检察室”，作为丽水分院派出机构承担办理偷税抗税案件，查处税务工作人员在征收过程中利用职务之便贪污、受贿案件，税务检察工作纳入经济检察范围。

1991年9月，检察机关的控申职能从信访接待，控告、举报线索的收转发，扩展到统一接待和处理群众来信来访，统一受理公民的报案、举报、控告和申诉，对举报线索进行审查、分流，对多次举报未经查处以及检察机关管辖的性质不明，难以归口处理的举报线索进行初核(查)；办理不服检察机关不立案、不批捕、不起诉、撤案等诉讼处理决定的刑事申诉案件，不服法院刑事判决、裁定的刑事申诉抗诉案件；办理检察机关作为赔偿义务机关的国家赔偿案件，并对人民法院赔偿委员会决定和行政赔偿诉讼履行法律监督职责；对信访举报实施奖励。

1993年，丽水地区9县(市)监所检察部门设立驻看守所检察室。

1996年3月，《中华人民共和国刑事诉讼法》修改，确立立案监督制度，丽水分院刑检一处更名审查批捕处。

1997年《中华人民共和国刑法》修改后，渎职侵权检察部门主要管辖国家机关工作人员渎职犯罪和利用职权实施的非法拘禁、刑讯逼供、报复陷害、非法搜查等侵犯公民人身权利以及破坏选举等侵犯公民民主权利的犯罪案件。

2000年9月，明确检察系统侦查监督部门所承担审查逮捕、刑事立案监督和侦查活动监督的三项职责，全市检察系统审查批捕部门更名侦查监督部门。审查批捕处负责指导全市刑事犯罪案件的审查逮捕、决定逮捕及立案监督、侦查监督工作；承办由市公安局立案侦查和市检察院直接立案侦查案件的审查批捕、决定逮捕、并负责立案和侦查监督；承办全市涉外案件的审查批捕、决定逮捕和公安机关提请复议、复核、延长羁押期限等案件及备案审查，全市侦查监督部门开始对行政机关移送涉嫌犯罪案件实施监督。

2002年5月，丽水分院反贪污贿赂局局长高配副处级。同年，法纪检察更名渎职侵权检察。丽水市院法纪检察处更名渎职侵权检察处。同年6月，丽水市院设立职务犯罪预防处。

2006年8月，丽水市院反渎职侵权局局长高配副处级。

2009年，市院与丽水中院联合印发《关于丽水市院列席丽水市中院审判委员会会议的规定(试行)》，对检察长列席审委会的案件范围及程序作出明确规定，从制度层面增强刑事审判法律监督的实效，同时制定《关于进一步健全刑事抗诉工作机制的意见》。

检察委员会

检察委员会机构 市院检察委员会是市院最高业务领导机构，诞生于20世纪50年代。检察委员会主要发挥重大案件决策功能。省人民检察院丽水分院检察委员会于1980年1月建立，检察委员会委员由五人组成。到1994年，检察委员会人数通过增补达到11人。1980年召开检察委员会会议20次，1984年召开检委会会议31次，1986年49次，1988年后经检察委员会讨论的案件减少。1990年，召开检委会会议15次。1997年，增设法律政策研究室，负责检察委员会的日常事务。1999年，召开检委会会议12次。到2000年起，每年经检委会讨论的案件逐渐减少。2010年，设市院检察

委员会专职委员职数2人，形成专职委员会日常工作和全院委员例会相结合的新型检察长领导下的检察委员会制度。

检察委员会制度　1994年6月，制定《省院丽水分院检察委员会会议暂行规定》，首次对检察委员会议事的范围、事项、程序作出暂行规定，检察委员会讨论和决定的事项包括学习、贯彻执行党的路线、方针、政策和人大及其常委会的决定、命令等；讨论决定检察业务工作中具体适用法律、执行政策的规定、意见等；讨论决定下列重大和疑难案件；检察业务建设中的重大问题；检察长认为有必要提请检察委员会讨论决定的其他事项。1999年，制定《分院机关检察委员会议事规则》，对检察委员会议事的范围、事项、程序作出明确规定，对办事机构的范围、程序加以规范。2002年9月，制定《关于加强和规范丽水市检察委员会工作的若干规定(试行)》，对检察委员会的组成和办事机构；议事、议案范围；检察委员会议案标准；会议的召开和决议形成；检察委员会会议程序和决议执行等内容作出明确规定。2004年，制定《丽水市人民检察院检察委员会议事规则》，进一步明确检察委员会议事的范围、事项和程序。2008年7月，修订下发《丽水市人民检察院检察委员会议事规则》，对检察委员会委员资格、职责、案件讨论原则、案件讨论程序等规则予以明确。2010年6月，制定《关于建立实务理论调研长效机制的实施方案》，成立理论研究组，对理论研究组的任务目标、工作要求、考核奖惩等内容作出明确规定。

人民监督员

2003年，全市检察机关查办职务犯罪案件，开始实行人民监督员制度，接受社会监督。11月10日，丽水市院召开人民监督员试点工作会议，向社会各界人士13人颁发人民监督员证书。制定出台《丽水市人民检察院人民监督员办公室职责(试行)》，对人民监督员办公室工作原则、履行职责等内容进行规定。同年，人民监督员对9件检察机关立案侦查后拟作撤销案件或不起诉处理决定，以及犯罪嫌疑人不服逮捕决定的案件进行监督。2004年10月，全市检察机关全面开展人民监督员试点工作，从社会各界选任人民监督员48人。2005年，市院人民监督员办公室并入办公室。同年，全市检察机关对职务犯罪案件中拟作撤案、不起诉处理和犯罪嫌疑人不服逮捕决定的，一律启动监督程序，由人民监督员独立评议，提出监督意见。人民监督员监督评议案件16件。2006年，全市检察机关完善并落实内部监督制约机制，建立"办案质量督导制度""定期检查制度"和"个案评估制度"。探索开展人民监督员对检察机关查办职务犯罪工作中超期羁押，违法搜查、扣押等"五种情形"的监督试点工作。2007年，人民监督员对全市检察机关13件拟作撤案和不起诉处理的职务犯罪案件进入监督程序，加强对查办职务犯罪工作的外部监督。2008年，深入推进人民监督员制度，拟作撤案和不起诉处理的职务犯罪案件6件进入监督程序。2009年，办理人民监督员案件3件7人。2010年，没有办理监督案件。

检察方式改革

1951年，丽水地区建立地、县检察机构，开展监所检察工作，主要任务是监督犯人改造所和监所的活动是否合法。1952年，丽水各县检察署调查和办理的案件，认为有直接逮捕之必要时，可由检察署直接或配合公安机关将人犯逮捕。其他刑事案件，法院和公安部门认为应逮捕关押被告时，由法院、公安机关行使逮捕权。1954年9月起，第一次赋予人民检察机关侦查活动监督的权利。同年

12 月起，各县批准逮捕人犯的权力归属检察机关。

1978 年，全区检察机关复建，重点查处破坏社会主义经济秩序、侵犯公共财产等犯罪活动。监所检察一方面承担着对全区各监管场所的法律监督职能，另一方面还对刑罚的监外执行（含社区矫正）活动进行法律监督。1979 年 6 月，批准逮捕决定权由各级人民检察院独立行使。

1980 年 1 月，丽水分院和各县（市）院刑检部门负责审查办理逮捕手续，对公安机关的侦查活动是否合法实施法律监督。1989 年 1 月，根据高检院关于检察机关自行侦查的案件实行侦、捕、诉分权的决定，对自行立案侦查的经济、法纪案件，实行侦捕诉分离制度，改变原先由侦查部门直接逮捕的做法，交由刑检部门决定，加强检察机关的内部自我约束机制。

1997 年 1 月，《人民检察院刑事诉讼规则》确定，由审查逮捕部门对公安机关“应当立案侦查的案件不立案侦查”和“不应当立案而立案侦查”的立案活动进行监督。

2000 年 11 月，丽水市院监所检察处负责对市本级刑罚执行和监管活动、刑罚变更执行、在押人员羁押期限等情况实行法律监督，开展监管场所职务犯罪案件预防和查办，受理在押人员及其家属申诉和控告等工作。原驻所检察室更名丽水市院驻市看守所检察室。

2001 年起，丽水全市检察机关在履行民事行政检察监督职能的形式从最初单一的抗诉到以抗诉为主导，民事支持起诉、督促起诉、行政执法监督等多项职能并举的监督模式。

2003 年，开始执行省院发布《浙江省检察机关职务犯罪预防工作协调规定（试行）》，明确要求检察机关预防部门开展重点工程预防。同年，市院组织开始建立执法档案制度。

2004 年，松阳县院开始推行侦诉协作的“三会”制度，即在自侦案件移送审查起诉时、出庭公诉前、案件办结后三个关键环节，分别设置案件交接会、庭前预备会和庭后评议会，对自侦案件重要办案环节实施具体指导和严格管理。随后，“三会”制度在全市检察机关推广，有效地提高自侦案件办案质量和效率。同年，开始执行省院《关于在重点建设项目中开展职务犯罪预防工作的意见》，对重点项目开展常态化职务犯罪预防。

2005 年开始，民行工作逐步走向规范化和制度化，制定出台《全市民事行政检察工作目标考核办法》《丽水市院民事行政检察处岗位责任制》《检民联系卡》《民行申诉指南》等文件，案件的受理、分发、审批等均在民行办案系统里操作，规范抗诉案件的办理流程。

2006 年，全市检察机关在反贪办案中推行首讯“三表”登记制度，即首次讯问的时候要求犯罪嫌疑人填写基本情况表、家庭财产情况表、职务活动等有关情况表。同年，市院专门制定抗诉案件的报告制度，规定一审判决与起诉时认定事实或罪名不一致，各县院拟不抗诉案件应当先报市院审查，再决定是否抗诉，以避免“应抗未抗”案件的发生。同年底，丽水启动社区矫正试点工作后，丽水市院监所检察处加强对各县（市、区）监所检察部门社区矫正检察工作的指导力度，参与全市社区矫正联席会议。

2007 年 9 月 19 日，全市检察机关侦查一体化工作机制开始试行。制定出台《丽水市院关于健全职务犯罪侦查工作一体化机制的实施意见》。由于规范侦查程序，整合侦查力量，使丽水市反贪污贿赂侦查工作从全省落后一跃跨入全省先进行列。同年，所有派驻检察室的检察内网实行联网。

2008 年，市院反贪局制定《丽水市检察机关反贪部门听庭制度》。10 月，丽水全市实现社区矫正工作全覆盖，社区矫正检察工作成为丽水市两级监所检察部门的一项重要职能。

2009 年 7 月，提出有关“民行一体化”机制的三个规范化要求，网上办案系统案件登记以及法院卷宗扫描的规范化；民行网上办案系统报送的规范化；省院绩效考核系统登记的规范化。9月开始，各县（市、区）院立案侦查的案件由丽水市院侦查监督处负责审查决定逮捕，进一步规范检察机关自侦办案，加强检察权的自我约束。

2010年，全市检察机关探索主持和解、协助法院调处矛盾等多元化的纠纷解决机制，针对当事人对人民法院发生法律效力的民事判决、裁定提出申诉，对于双方当事人系亲戚、邻里纠纷以及存在其他和解可能的，检察机关在受理或立案后的审查过程中直接促成当事人和解，全市民事行政检察部门着手办理检察调处案件83件；对于无法在检察环节直接达到调解目的的，民事行政检察部门结合抗诉工作配合法院审监庭做好再审调解，全市民事行政检察部门配合法院审监庭再审调解结案的有18件。同年，全市检察机关实行“一般案件每案必提，自侦案件每人必提”的讯问制度，同年通过讯问犯罪嫌疑人发现侦查活动存在违法行为后向侦查机关发出纠正违法通知书8份。通过共建信息共享机制，与行政执法部门的配合日趋紧密，建议行政机关移送涉嫌犯罪案件15件。

第四章　审　判

隋开皇九年（589）至清末，丽水司法审判历代承袭，实行司法行政合一，诸法合体，重施刑罚的制度。各朝均设司法属官，佐理处州司法审判。

清宣统三年（1911）11月27日，处州军政分府成立，内设分府司法部，协助都督掌理丽水司法事务。

民国元年（1912）1月，浙江省第十一地方法院成立，开丽水司法独立审判之先河。此后，丽水、龙泉、青田地方法院及各县司法处先后成立。

1949年10月中华人民共和国成立初，丽水法院（县设司法科）为人民政府组成部分。1950年4月，省法院丽水分院成立。由政府、公安、法院代表和社会各界代表组成人民法庭，严厉惩处一批恶霸、土匪、反动党团骨干、反动会道门头子和特务分子。1951年12月5日，针对各县旧案未结，新案增多现象，丽水分院着重清理积案，尤其是民事的婚姻纠纷、刑事的反革命案件的清理工作。至1952年1月，丽水分院审理各类刑事一审案件152件。

1963年，各县法院开展整顿法院工作秩序，依靠广大群众办案，开展调解工作，加强人民民主专政的群众基础。

1966年5月始，全区法院组织机构、审判工作等方面遭到严重破坏。1968年春，全区法院被撤销，审判职能由公安机关军事管制委员会下设的“审理组”或“办案组”行使，法定的审判程序制度被废弃。同年11月，由地区革委会人民保卫组行使审判权。1969年起，丽水地区革委会决定人民保卫组不受理民事案件。

1973年3月，丽水地区法院机构设置恢复，逐步恢复法定审判程序制度。1975年，由于江青反革命集团的干扰破坏，特别是1976年“反击右倾翻案风”中，丽水地区法院仍错判一批案件。1977—1978年，全区初审刑事案件734件，其中反革命案件182件，占案件总数的24.8%。

1979年开始，全区法院着手落实党的政策、解决历史遗留问题，先后复查“文化大革命”期间和中华人民共和国成立后原中共地下党人员、国民党起义投诚人员、台胞台属、侨胞侨属、高级知识分子、民主党派人员中被判刑的案件，以及历史老案中可能错判的案件。

1980年3月，全区法院依法从重从快惩处极少数杀人犯、抢劫犯、强奸犯、爆炸犯、放火犯以及其他严重危害社会治安的刑事犯罪分子。丽水中级人民法院经济审判庭着重审理经济合同纠纷、涉外经济纠纷、农村承包合同纠纷、经济损害赔偿、经济行政案件和其他经济纠纷案件。受理对基层法院判决或裁定不服的上诉案件。开始依法受理经济行政案件。

1981年，地、县法院相继建立森林审判庭。地区中院受理丽水地区县与县之间山林纠纷案件和对基层法院判决或裁定不服的上诉案件。1983年8月，丽水地区开展严厉打击严重刑事犯罪活动的斗争（下称“严打”斗争），全区法院按照依法从重从快的方针，打击杀人、放火、爆炸、抢劫、强奸、流氓集团、重大盗窃、拐卖人口、强迫引诱容留失足妇女卖淫等严重刑事犯罪行为。1987—1989年，全区法院陆续成立行政审判庭，开始受理行政诉讼案件。

1990年3月，全区法院再次开展集中统一的“严打”斗争，之后又开展各种专项行动，严厉打击严重刑事犯罪活动。10月，《中华人民共和国行政诉讼法》实施，全区行政审判工作进入新阶段，审结行政案件86件。

1991年4月，全区法院实施《民事诉讼法》，民事审判程序进一步规范。1995—1999年，全区法院办结一审刑事案件6156件，一审经济犯罪案件6540件，一审民事案件27031件，一审经济纠纷案件17955件，一审行政案件890件。

2000—2010年，全市法院推进社会矛盾化解、社会管理创新、公正廉洁执法三项重点工作。开展“案件质量效率年”活动，强化审判管理。深化“诉调对接”机制，积极参与市委领导下的“大调解”工作体系建设。刑事审判宽严相济，严厉惩处故意杀人、抢劫、强奸、涉毒、黑社会性质组织等严重危害社会治安的犯罪案件、非法吸收公众存款、集资诈骗犯罪案件及贪污受贿、渎职类案件。民事审判着重审理企业破产清算案件、土地使用权流转纠纷、宅基地纠纷及农村土地征用补偿款纠纷，支持林权制度改革，首次公布八大知识产权典型案例，强化知识产权的司法保护。行政审判推行“诉讼白皮书”制度，以法律监督形式促进行政机关依法行政。推进“执行征信、执行查控、执行惩戒、执行监督和执行保障”五大系统建设，破解执行难问题。

第一节　机　构

隋开皇九年（589）建处州，处州刺史掌理一州司法，州衙内设有以刑狱为主、职司审判的法曹，置法曹参军或司法参军，辅助刺史掌理司法刑事审判权，司户参军受理民事案件。唐代，增设推官，共同参与刑狱断案。唐文明元年至天授元年（684—690），置处州判官，协理处州刑狱。宋延唐制，由知州、通判主掌审判权。元至正（1341—1368）年间，浙东肃政廉访司处州分司设立，为丽水司法监察机构之始。清康熙三年（1664），废除推官，事归处州经历署。至清代末年，均实行司法审判与地方行政合一制度。

民国时期，丽水地方审判厅、丽水地方法院、浙江高等法院丽水分院等司法审判机构先后设立，并实行审判、检察机构合一制。各县设地方法院（分院）、审检所或司法处。丽水地方法院内设民事审判庭、刑事审判庭、简易审判庭、书记室、统计室、会计室、民事执行处、民事调解处、登记处、公证处、检察处、监狱看守所等科室机构，分工趋于完备。

1950年4月，省人民法院丽水分院成立，丽水(县级)、龙泉、云和、庆元、缙云、松阳、景宁、宣平8个县政府内部设立司法科，行使审判职能。同年，各县司法科升格为法院。1952年1月，丽水分院随丽水专区撤销而撤销，各县法院分归温州、金华、衢州专区法院管辖。1955年年初，按照《中华人民共和国法院组织法》规定，全省从原省、县(市)两级法院，改设为省高级、地市中级和县基层三级法院。1958年，各县公检法实行合署办公，“三长”(公安局长、检察长、法院院长)和“三员”(预审员、检察员、审判员)可相互代替，公安预审部门和法院办案部门合并成立预审审判股。

1963年5月，丽水专署恢复建置，成立丽水地区中级人民法院(以下简称“丽水中院”)，管辖丽水(县级)、龙泉、青田、云和、缙云、遂昌县法院。

1968年春至1972年9月，丽水地区两级人民法院先后被同级公检法军事管制委员会和革命委员会人民保卫组所取代。1973年3月开始，丽水地区两级人民法院陆续恢复设置。1978年12月中共十一届三中全会后，丽水地区法院逐步健全社会主义法制，扩大审判职能，逐渐完善各级法院的内设机构。2001年1月，丽水地区中级人民法院更名丽水市中级人民法院。至2010年12月，丽水中级人民院监督指导莲都、龙泉、青田、云和、庆元、缙云、遂昌、松阳、景宁等基层法院。丽水中级人民法院内设办公室、干部人事处、教育培训处、纪检监察室、立案庭、刑一庭、刑二庭、民一庭、民二庭、民三庭、行政庭、审判监督庭、执行局(庭)、执行监督处、政策研究室、司法警察支队、司法鉴定处、司法行政装备处、司法调解中心、审判保障服务中心，20个机构。

机构设置

机构沿革　隋时，置处州法曹参军、掌刑名狱讼，置司户参军，佐理婚姻、田产争讼诸事。唐时，司法参军、处州推官，掌受发符移，分案治事，参与司法案件的录问、签押与拟判。唐文明元年至载初二年(684—690)间，置处州判官，协助处州刺史掌管处州刑狱诸事。

宋时，增置处州录事、司理参军同掌一州狱讼。录事参军为诸曹之长，参预鞫勘刑狱，司理参军，又称“理曹”“狱官”，专掌狱讼勘鞫，专于推鞫核实案情。司法参军，又称“检法”“法官”，掌议法断刑，不行使鞫狱之权。司户参军，主掌户籍、赋税，参预审理田产、婚姻、户籍等民事诉讼。

元代，录事、司理、司法、司户参军废，仍置处州路判官一员，处州推官一员，共同掌理审问司法案件。元至正元年(1341)，置浙东肃政廉访司处州分司，掌理纠劾、按问、刑狱诸职事。又置处州司狱司，掌提拿控管狱囚。

明沿元制，处州府设推官，掌勘问刑狱。设司狱司，掌狱囚之事。

清初沿明制，仍设推官、司狱二司(厅)，清康熙三年(1664)，处州府推官厅裁撤，事归处州府经历司管辖。清康熙三十九年(1700)，裁司狱司，事归处州府经历司管辖。清宣统三年(1911)，处州光复，成立处州军政分府，分府置司法部，代行司法审判事务。

民国初期，各县沿袭司法行政合一制，由地方行政长官执掌审判权。民国元年(1912)1月23日，成立省第十一地方法院。同时，处州军政分府司法处裁撤。7月，成立丽水第十一地方法院，地方法院内设民、刑二庭，管辖处州十县民、刑二审案件。民国2年3月，改为丽水地方审判厅。民国3年3月，丽水地方审判厅裁撤，丽水、龙泉、青田、云和、庆元、遂昌、松阳、景宁八县二审案件归浙江鄞县地方审判厅暨检事厅管辖，宣平、缙云二县归浙江金华地方审判厅暨检事厅管辖。民国6年，浙江鄞县地方审判厅所辖八县二审案件改永嘉地方审判厅（驻温州）。民国11年10月，浙江永嘉地方审判厅丽水分庭和丽水分庭检察处成立，内设民、刑二庭。民国30年8月，浙江高等法院第一分院移驻丽水（临时庭），接管处属十县二审案件。民国32年2月，浙江高等法院第三分院迁至丽水，撤销丽水临时庭。抗日战争胜利后，第三分院迁回绍兴。民国36年11月27日，改设浙江高等法院第五分院。民国37年2月，改为浙江高等法院丽水分院。民国时期，审判与检察合一，地方法院内设地方检察机构。

1950年4月，浙江省法院丽水分院成立。管辖丽水、缙云、云和、龙泉、庆元、松阳、景宁、宣平县法院。1952年1月，丽水分院随丽水专区撤销而裁撤，所属丽水、庆元、龙泉、云和、景宁五县法院划归温州分院管辖，缙云县法院划归金华专署管辖，松阳、遂昌、宣平三县法院划归衢州分院管辖。

1963年5月，丽水专署恢复建置。同年5月，丽水地区中级人民法院成立，监督指导丽水、青田、缙云、遂昌、云和、龙泉六县法院。

1968年4月，丽水中院实行军事管制。11月18日，丽水地区革委会人民保卫组代行审判权。

1973年2月，丽水中院恢复建置，内设刑事审判庭、民事审判庭、办公室、司法业务科。1980年6月，丽水中院审判委员会成立。1984年6月，丽水中院监督指导丽水、龙泉、缙云、青田、云和、遂昌、松阳、庆元、景宁九县法院。1991年3月，丽水中院审理未成年人刑事案件合议庭（简称“少年法庭”）工作指导小组成立，丽水中院法院人民法庭指导小组成立。1998年9月，丽水中院审判方式改革和人事制度改革领导小组成立。2001年1月12日，丽水中院更名丽水市中级人民法院，管辖区域不变。

至2010年，丽水中院内设机构20个（含事业编制机构1个），管辖莲都区、龙泉市及青田、云和、庆元、缙云、遂昌、松阳、景宁等9个县基层法院，下辖人民法庭9个。

丽水地区审判机构沿革一览

表30-3-1-1

时间	审判机构名称	审　级	所辖县域
隋	处州州衙	二审管辖	栝苍、松阳、临海、永嘉、安固、乐城等6个县
唐	处州州衙	二审管辖	丽水、龙泉、青田、缙云、遂昌、松阳等6个县
宋	处州州衙	二审管辖	丽水、龙泉、青田、庆元、缙云、遂昌、松阳等7个县
元	处州路总管府	二审管辖	丽水、龙泉、青田、庆元、缙云、遂昌、松阳等7个县
明	处州府衙	二审管辖	丽水、龙泉、青田、云和、庆元、缙云、遂昌、松阳、景宁、宣平县等10个县
清	处州府衙	二审管辖	丽水、龙泉、青田、云和、庆元、缙云、遂昌、松阳、景宁、宣平县等10个县
民国元年（1912）	第十一地方法院	二审管辖	丽水、龙泉、青田、云和、庆元、缙云、遂昌、松阳、景宁、宣平县等10个县
民国2年	丽水地方审判厅	二审管辖	丽水、龙泉、青田、云和、庆元、缙云、遂昌、松阳、景宁、宣平县等10个县
民国3年	鄞县地方审判厅	二审管辖	丽水、龙泉、青田、云和、庆元、遂昌、松阳、景宁8个县
民国3年	金华地方审判厅	二审管辖	缙云、宣平2个县
民国6年	永嘉地方审判厅	二审管辖	丽水、龙泉、青田、云和、庆元、遂昌、松阳、景宁8个县

续表 30-3-1-1

时间	审判机构名称	审　级	所 辖 县 域
民国6年	金华地方审判厅	二审管辖	缙云、宣平2个县
民国30年	浙江高等法院第一分院丽水临时庭	二审管辖	丽水、龙泉、青田、云和、庆元、缙云、遂昌、松阳、景宁、宣平县等10个县
民国32年	浙江高等法院第三分院	二审管辖	丽水、龙泉、青田、云和、庆元、缙云、遂昌、松阳、景宁、宣平县等10个县
民国36年	浙江高等法院第五分院	二审管辖	丽水、龙泉、青田、云和、庆元、缙云、遂昌、松阳、景宁、宣平县等10个县
民国37年	浙江高等法院丽水分院	二审管辖	丽水、龙泉、青田、云和、庆元、缙云、遂昌、松阳、景宁、宣平县等10个县
1950年	浙江省人民法院丽水分院	二审管辖	丽水、龙泉、青田、云和、庆元、缙云、松阳、景宁、宣平县等9个县
1950年	浙江省人民法院衢州分院	二审管辖	遂昌
1952年	浙江省人民法院温州分院	二审管辖	丽水、龙泉、云和、庆元、景宁5个县
1952年	浙江省人民法院金华分院	二审管辖	缙云县
1952年	浙江省人民法院衢州分院	二审管辖	遂昌、松阳、宣平等3个县
1963年	丽水地区中级人民法院	二审管辖	丽水、龙泉、青田、云和、缙云、遂昌等6个县
1968年	丽水地区革命委员会人民保卫组	二审管辖	丽水、龙泉、青田、云和、缙云、遂昌等6个县
1973年	丽水地区中级人民法院	二审管辖	丽水、龙泉、青田、云和、缙云、遂昌等6个县
1984年	丽水地区中级人民法院	二审管辖	丽水、龙泉、青田、云和、庆元、缙云、遂昌、松阳、景宁等9个县
2001年	丽水市中级人民法院	二审管辖	莲都、龙泉、青田、云和、庆元、缙云、遂昌、松阳、景宁等9县（市、区）

机构职能　隋至清光绪年间，处州各级衙门司法审判职能主要有刑事审判、民事审判、狱政、公证、民间调解、律例宣传等事项。清宣统二年（1910），清政府颁《大清刑事民事诉讼法》，律师管理列入。

民国时期，司法审判职能主要有刑事审判、民事审判、行政审判、狱政、公证、民间调解、律师管理、律例宣传、出狱人保护、审判监督、公诉、审判执行等事项。

1950年，浙江省法院丽水分院职能主要有刑事审判、民事审判、审判执行、公诉、狱政、公证、法律宣传、司法行政等。1951年，丽水分院犯人院划归公安部门管辖，不负责狱政管理职能。同年，省人民检察院丽水分院成立，公诉职能划归丽水检察分院负责。

1963年5月，丽水中院职能主要有刑事审判、民事审判、审判执行、公证、律师、人民调解、法律宣传、司法鉴定、司法行政等。1968年4月，实行军事管制。同年11月，丽水中院职能由丽水地区革命委员会人民保卫组兼管，职能行使上主要侧重刑事审判。1973年3月开始，丽水中院主要负责刑事审判、民事审判、经济审判、审判执行、公证、律师、人民调解、法律宣传、司法鉴定、司法干警教育培训、司法行政等。

1981年，丽水地区行署司法处设立，公证、律师、人民调解、法律宣传、司法鉴定、司法干警教育培训、司法行政中的机构设置、人员编制、物资装备和司法统计，司法干部管理，各种审判制度建设等职能划归行署司法处。

1983 年 5 月，地区行署司法处将法院的机构设置、人员编制、物资装备和司法统计及管理司法干部等职能重新划归丽水中院。

1984 年，丽水中院主要负责依法审判法律规定由中院管辖的刑事、民事和行政等第一审案件；依法审判法律规定由中院审理的刑事、民事和行政等第二审案件；依法审判著作权、商标权和最高法院指定审理的部分专利权案件及涉外商事案件；受理不服全市各基层法院生效的判决、裁定等各类申诉和申请再审，对其中确有错误的，提审或指令下级法院再审；审理裁定减刑、假释案件；审判由市人民检察院按照审判监督程序提出的抗诉案件；依法对全市基层法院行使指定管辖权；监督指导全市基层法院的审判工作；依法行使司法执行权和司法决定权；依法决定国家赔偿；对有关法律、法规、规章等草案提出意见，针对案件审理中发现的问题提出司法建议；负责指导全市两级法院思想政治、教育培训工作；按照权限管理法官和其他工作人员；协同主管部门管理丽水市法院的机构编制工作；协助地方党委做好全市基层法院领导班子建设；领导全市法院系统的监察工作；管理全市法院的有关经费和物资装备；在业务工作中开展法制宣传，教育公民自觉地遵守宪法、法律。至 2010 年 12 月未变动。

组织建设

人员配置　隋唐时，置处州（栝州）刺史一员，总理一州刑狱。置判官、司法参军、司户参军、推官各一员，协助刺史分掌刑狱和民间婚姻、田产争讼。

宋代，置处州知州一员，总理一州刑狱。治狱理案政声突出者，有宋淳熙年间（1174—1189）知州马光祖、宋宝祐年间（1253—1258）知州胡太初等。置处州录事参军一员，协助知州“掌州院（州监狱）庶务，纠诸曹稽违”。又置处州判官（通判）、司法、司理、司户参军各一员，合称“判司”，协助处州知州议法断刑、民事争讼等政务。又置推官一员，参与司法案件录问、签押和拟判，为州之佐官。

元代，置处州路达鲁花赤和总管各一员，以达鲁花赤为主，共同掌管一路之刑狱诸事。置判官一员，协助总管府达鲁花赤和总管掌理刑狱。置总管府推官一员，掌治推勾狱讼，秩正七品。增设处州路司狱司，置司狱一员，秩正九品，掌理狱政，司狱司吏员人数不详。至正间，增设浙东肃政廉访司处州分司，掌审察刑狱，照刷案牍。但无定员，由浙东肃政廉访司官员分司出巡。元亡，判官不再参与刑狱。

明代，处州府司法佐官人数增多。置处州府推官一员，秩正七品，主掌理刑。增设处州府刑房，为掌理刑事案件之分署，置司吏二员，典吏四员，均无品级。置处州府司狱司司狱一员，秩正九品，掌理狱政，狱典一员，无品级，协助司狱管理狱政事务，禁子二十员。

清初沿明制，司法机构、人员基本相当。康熙初，处州府推官及司狱司先后裁撤，事归经历署。置处州府经历署经历一员，秩正七品。

民国时期，地方司法审判机构人员日趋规范。民国元年（1912），丽水设初级甲等审判厅。龙泉、青田、云和、庆元、缙云、遂昌、松阳、景宁、宣平九县设立执法科，次年改审检所。民国初，浙江提法司对各级审判检察厅以及未设法院的各县执法科人员设置作出规定。

民国 11 年（1922）10 月，成立浙江永嘉地方审判厅丽水分庭和丽水分庭检察处，设民、刑二庭。置院长 1 人，首席检察官 1 人，推事 1 人，书记官长 1 人，书记官 2 人，管狱员兼看守所长 1 人，录事

5人，检察处书记官1人等及庭丁、执达员等审、检人员24人。37年1月，设浙江高等法院丽水分院暨检察处，内设民、刑二庭，53人。

1950年4月，建立浙江省法院丽水分院，内设民、刑两庭，下辖监狱、看守所，有24人。1963年4月 恢复丽水中院，内设民、刑二庭，编制人数为6名，到职干部为4人。

1973年3月，内设民事庭、刑事庭、办公室、司法业务科，到职干部14人。1978年10月，丽水地区中级人民法院党委改建为丽水地区中级人民法院党组。1979年12月至1983年12月，相继增设刑事审判二庭、经济审判庭、森林法庭、人事科、信访科。

1980年3月，设立“丽水公证处”。1981年年初，归属司法处。1980年6月，成立丽水地区中级人民法院审判委员会。至1984年6月，丽水地区中级人民法院管辖范围增加庆元、松阳县人民法院和景宁畲族自治县人民法院。1985年2月，丽水地区中院党支部分设三个支部委员会。4月，成立“全国法院干部业余法律大学丽水分部”。9月，森林法庭更名森林审判庭。1986年7月，撤销人事科，设政治处。9月设立纪律检查组。12月，工会第一届委员会成立。1988年12月，设立行政审判庭，执行庭。至此，内部机构发展到7庭1组1处1室，2科1部1会14个部门，设有党组、审判委员会、纪检、三个党支部，全院89人。1989年2月，撤销信访科，设立告诉申诉审判庭。10月，设立监察室。监察室与纪检组，两块牌子，一套人马。

1990年11月，设立法医技术室，12月，监察室设立案件审理小组。1991年2月，司法行政科更名司法行政处。3月，审理未成年人刑事案件合议庭(简称“少年法庭”)工作指导小组成立，人民法院人民法庭指导小组成立。5月，地区法院咨询小组成立。1992年2月，司法行政处下设汽车驾驶班。1993年4月，丽水地区中院分别在丽水碧湖人民医院、青田县浮弋中心卫生院成立“丽水地区中级人民法院法医伤检室”。6月，成立经济纠纷调解中心。8月，政治处、纪检组实行合署办公。1995年3月，中院各处室全部搬入新大楼(莲都区灯塔街63号)办公。4月，撤销森林审判庭，成立赔偿委员会和司法警察处。8月，成立丽水地区法官协会，属社会团体，法人归中院管理。政治处与纪检监察室不再合署办公。

1996年11月，设立案庭，归口告诉申诉庭。1997年10月，司法警察处更名司法警察支队。1998年9月，成立审判方式改革和人事制度改革领导小组。1999年2月，设经济审判第一庭、经济审判第二庭。9月，审判监督庭由在告诉申诉庭挂牌改为单独设立，赔偿委员会办公室由在告诉申诉庭挂牌改为在行政庭挂牌，政治处更名政治部。10月，设立丽水地区法官协会办公室。11月，法医技术室更名法医技术处。

2000年6月，建立中共丽水地区中级人民法院机关委员会。8月，告诉申诉庭更名立案庭。2001年1月，丽水地区中级人民法院更名丽水市中级人民法院。4月，成立《丽水审判》编辑委员会及其编辑部。12月，执行庭增挂执行局牌子，实行一套机构，两块牌子。2002年6月，废民事审判庭，建民一、民二审判庭，经一庭、经二庭合并到民二庭，成立研究室。2002年5月，经浙江省高级法院、丽水市委批准，根据《丽水市中级人民法院机关职能配置、内设机构和人员编制方案》，设办公室、干部人事处、监察室、教育培训处、立案庭、刑事审判第一庭、刑事审判第二庭、民事审判第一庭、民事审判第二庭、行政审判庭(赔偿委员会办公室)、审判监督庭、执行局(执行庭)、研究室、司法警察支队、司法鉴定处、司法行政装备管理处16个职能部门。机关编制99名。2002年12月，设立市中院机关后勤服务中心。

2005年7月，机关后勤服务中心更名审判保障服务中心。8月，丽水中院新增政法专项编制6名，现有编制数105名。10月，成立“维护国防利益巡回法庭”。2006年10月，丽水中院新增政法专项编制5名，现有编制数110名，实有在编人员123名(含事业编制)。2007年2月，丽水中院新增政法专项编制12名，其中6名用于冲抵聘任制司法警察原使用的事业编制，现有编制数122名，实有在编人员122名(含事业编制)。3月，司法警察支队内设警务、执行、机动大队3个。7月，成立《丽水审判志》编纂委员会。2008年5月，丽水市中级人民法院搬入莲都区大洋路与人民路交叉路口的新审判综合大楼办公。

2009年7月，丽水中院增设民三庭、执行监督处，内设机构增至18个。原有编制数122名，新增政法专项编制11名，现有编制数133名，实有在编人员127人(含事业编制)。2010年12月，根据市委《关于构建“大调解”体系，促进社会和谐稳定的意见》，丽水中院设立司法调解中心，负责管辖范围案件的调解。至此丽水中院内设机构增至20个，实有在编人员138人(含事业编制)。

2010年12月，丽水中院设办公室、干部人事处、教育培训处、纪检监察室、立案庭、刑一庭、刑二庭、民一庭、民二庭、民三庭、行政庭、审判监督庭、执行局(庭)、执行监督处、政策研究室、司法警察支队、司法鉴定处、司法行政装备处、司法调解中心、审判保障服务中心等内设机构20个，有在编人员(含事业编制)138人。

唐至清代处州部分司法审判佐官一览

表30-3-1-2

任职时间	姓名	职务	籍贯	字号与任职
唐天宝年间(742—756)	王元钦	缙云郡司法参军	—	—
唐	廖诚达	处州判官	—	—
五代后晋天福间(936—943)	陈仁政	处州判官	东平	字宣文。卒于处州官舍，广顺三年(953)，后人迁居缙云
五代	祝实	处州判官	衢州西安	字茂之。致仕后定居丽水官桥。为栝苍祝氏始祖
五代南唐	谢昌禹	处州司户参军	浙江绍兴	—
建隆年间(960—963)	巫清	处州判官	宁化	—
庆历年间(1041—1049)	高照	处州司理参军	福建邵武	进士。
庆历年间(1041—1049)	上官凝	处州判官	福建邵武	字成叔。庆历二年(1042)进士
皇祐年间(1049—1054)	石祖德	处州判官	—	—
至和年间(1054—1056)	吴竞	处州判官	庆元	—
嘉祐年间(1056—1064)	胡宏	处州司法参军	安徽绩溪	皇祐五年进士，将仕郎
嘉祐年间(1056—1064)	赵九言	处州录事参军	—	—
治平元年(1064)	李权	处州司理参军	抚州临川	—
治平年间(1064—1067)	黄辙	处州司理参军	福建浦城	字晦叔。治平四年进士
治平四年(1067)	陈贻范	处州判官	台州临海	字伯模。治平四年进士
熙宁年间(1068~1077)	崔尧封	处州判官	—	字处民
元丰年间(1078~1085)	杨时	处州司法参军	福建将乐	字中立。进士。

续表 30-3-1-2

任职时间	姓名	职务	籍贯	字号与任职
元丰年间(1078—1085)	李观	处州判官	袁州	李觏兄
元丰年间(1078—1085)	任烜	处州司理参军	—	字和卿。进士
元祐年间(1086—1094)	徐大任	处州法曹参军	江西丰城	元祐六年进士
绍圣年间(1094—1098)	林颖	处州判官	安徽	字鸿道
绍圣年间(1094—1098)	郭晞宋	处州判官	台州仙居	字宗之
北宋	李丕	处州司法参军	海州朐山	字子京，初名真卿
北宋	叶祖谊	处州司法参军	福建泰宁	(1039—1082)字和甫
北宋	李过	处州司理参军	江西乐平	字无咎。端平二年进士
北宋	孔师古	处州司户参军	温州平阳	一名季道
绍兴三年(1133)	马升	处州司理参军	—	—
绍兴九年(1139)	廉布	处州录事参军	江苏山阳(淮安)	字仲宣，号射泽老人。
绍兴十三年(1143)	宋汝为	处州判官	丰县	字师禹。使金，不屈而归
绍兴中(1146)	丁宣	处州判官	江苏延陵	一名卜，字宗旦。
绍兴年间(1131—1161)	张莘	处州录事参军	—	—
绍兴年间(1131—1161)	宋敦朴	处州推官	温州永嘉	建炎二年进士，左从仕郎
绍兴年间(1131—1161)	黄佾	处州司理参军	温州瑞安	进士
绍兴年间(1131—1161)	高布	处州司理参军	—	从仕郎
绍兴年间(1131—1161)	王恂	处州推官	—	—
绍兴年间(1131—1161)	庄行成	处州司户参军	福建长溪	字德全。绍兴二十四年进士。迪功郎
绍兴年间(1131—1161)	崔耀卿	处州判官	—	—
绍兴年间(1131—1161)	薛彦时	处州判官	—	—
绍兴年间(1131—1161)	赵彦信	处州判官	台州临海	字欣叟。绍兴二十二年特科
绍兴年间(1131—1161)	蔡颋	处州推官	温州乐清	又名信十一，原籍闽兴化仙游。
绍兴年间(1131—1161)	司马伋	处州判官	山西夏县	字季思。诗人
乾道年间(1165—1173)	张澈	处州判官	兰陵	—
乾道五年(1169)	张彦肅	处州判官	台州黄岩	字国器。乾道五年特科
淳熙年间(1174—1189)	王孝严	处州推官	浙江湖州	在推官厅建舫斋
淳熙年间(1174—1189)	郭晞宗	—	台州仙居	淳熙五年(1178)进士
庆元年间(1195—1200)	戴溪	处州判官	温州永嘉	字肖望，或作少望，号岷隐。进士
庆元年间(1195—1200)	陈子文	处州判官	福建尤溪	庆元五年(1199)进士
开禧年间(1205—1207)	黄庿	处州判官	隆兴分宁(2010年称修水)	字子耕，号复斋。黄庭坚从孙。朱熹门生
嘉定初(1208)	董号谊	处州判官	临川(2010年属江西)	字仁甫。淳熙八年(1181)进士。
嘉定七年(1214)	赵汝迕	处州判官	温州乐清	字叔鲁，号寒泉。嘉定七年进士
嘉定年间(1208—1224)	郑鼎新	处州判官	福建	嘉定十六年进士
嘉定年间(1208—1224)	孙锐	处州判官	富阳	—

续表 30-3-1-2

任职时间	姓名	职务	籍贯	字号与任职
嘉熙年间(1237—1240)	叶宗丞	处州司理参军	安徽徽州	字华父
宋	黄俯	处州司理参军	江西南丰	—
淳祐年间(1241—1252)	厉庾	处州判官	—	—
景定三年(1262)	姚勉	处州判官	瑞州新昌(今宜丰县)	字飞卿，号雪坡。宝祐元年状元
咸淳年间(1265—1274)	鲍运	处州司户参军	临安	—
南宋	沈庚会	处州判官	—	—
南宋	柳西轩	处州推官	蕲州	名良迪
南宋	何宗姚	处州判官	处州丽水	参政何澹孙
南宋	翁循理	处州判官	温州	字秀峰
至大年间(1308—1311)	王肯堂	处州路推官	—	—
至大年间(1308—1311)	辛昱	处州路推官	—	—
延祐年间(1314—1320)	□天禄	处州路推官	—	—
延祐年间(1314—1320)	施合	处州路推官	处州缙云	—
延祐年间(1314—1320)	李罗	处州路判官	—	—
至顺年间(1330—1333)	张颙	处州路判官	—	见叶现《重修通济堰记》
至顺年间(1330—1333)	屠庆	处州路推官	—	—
至顺年间(1330—1333)	武居礼	处州路判官	—	—
至正十二年(1352)	叶琛	处州路判官	丽水高溪	—
至正年间(1341—1368)	木答突力	处州路判官	—	—
元	宋崇禄	处州路推官	滑州白马	字寿卿
正统七年(1442)	黎凉	处州府推官	江西宁都	—
天顺年间(1457—1464)	涂庆	处州府推官	福建	天顺六年举人
景泰年间(1450—1456)	吴世昌	处州府推官	—	—
景泰年间(1450—1456)	曹琳	处州府推官	湖州	—
景泰年间(1450—1456)	马聪	处州府推官	江西永新	字体哲。景泰五年进士
景泰年间(1450—1456)	江豫	处州府推官	安徽舒城	—
景泰年间(1450—1456)	赵巡	处州府推官	河南汝阳	—
弘治年间(1488—1505)	陆至	处州府推官	上海华亭	—
弘治年间(1488—1505)	李雄	处州府推官	江西泰和	—
弘治年间(1488—1505)	杨端	处州府推官	山西大同卫	—
弘治年间(1488—1505)	谢宏	处州府推官	河北万全都司	举人
正德年间(1506—1521)	胡守	处州府推官	江西余干	—
正德年间(1506—1521)	贺泰	处州府推官	江苏吴县	—
正德年间(1506—1521)	万全	处州府推官	江西南昌	—
正德年间(1506—1521)	何良辅	处州府推官	江西	进士

续表 30-3-1-2

任职时间	姓名	职务	籍贯	字号与任职
嘉靖年间(1522—1566)	周清	处州府推官	湖北行溪	进士
嘉靖年间(1522—1566)	接武	处州府推官	山东莒州	—
嘉靖年间(1522—1566)	朱仁	处州府推官	江西安福	—
嘉靖年间(1522—1566)	胡鲸	处州府推官	河南汝阳	嘉靖十一年进士
嘉靖年间(1522—1566)	谢宗孔	处州府推官	江西高安	—
嘉靖年间(1522—1566)	张情	处州府推官	江苏昆山	—
嘉靖年间(1522—1566)	王镗	处州府推官	福建侯官	—
嘉靖年间(1522—1566)	叶材	处州府推官	江苏武进	字达卿、号木庵。嘉靖二十三年(1544)进士
嘉靖年间(1522—1566)	张太显	处州府推官	湖北蕲州	—
嘉靖年间(1522—1566)	黄廷楫	处州府推官	福建晋江	字才远,又字际贤,号仰槐。嘉靖丙午举人
嘉靖年间(1522—1566)	吴仪	处州府推官	安徽当涂	—
嘉靖年间(1522—1566)	张振之	处州府推官	江苏太仓	文林郎
隆庆年间(1567—1572)	杜其萌	处州府推官	山东滨州	进士
隆庆年间(1567—1572)	顾大典	处州府推官	江苏吴江	进士
万历年间(1573—1620)	刘溱	处州府推官	江西安福	—
万历年间(1573—1620)	吴伯诚	处州府推官	江苏江宁	举人
万历年间(1573—1620)	邓启愚	处州府推官	湖南溆浦	字良知,号少谷。进士
万历年间(1573—1620)	吴之鹏	处州府推官	江苏武进	进士
万历年间(1573—1620)	周宏禴	处州府推官	湖北麻城	—
万历十六年(1588)	顾宪臣	处州府推官	江苏无锡	—
万历年间(1573—1620)	李鸣皋	处州府推官	山东博平	举人
万历年间(1573—1620)	刘耀德	处州府推官	湖北江陵	举人
万历年间(1573—1620)	蔡应吾	处州府推官	福建平和	举人
万历年间(1573—1620)	易腾云	处州府推官	广东东莞	—
万历年间(1573—1620)	陈侯周	处州府推官	—	参与修纂万历版《处州府志》
万历年间(1573—1620)	海迈	处州府推官	海南琼山	万历十六年举人
万历年间(1573—1620)	李天培	处州府推官	广东阳江	进士
万历年间(1573—1620)	王化远	处州府推官	江西长山	举人
万历年间(1573—1620)	熊师望	处州府推官	江西丰城	举人
万历年间(1573—1620)	袁遇春	处州府推官	江西分宜	举人
万历年间(1573—1620)	郑毓瀛	处州府推官	福建兴化	举人
天启年间(1621—1627)	陈廷应	处州府推官	福建漳浦	—
天启年间(1621—1627)	金鼎铉	处州府推官	湖北安陆	举人
崇祯年间(1628—1644)	赵之璋	处州府推官	四川巴县	举人
崇祯年间(1628—1644)	凌世韶	处州府推官	安徽徽州	进士。精玄学

续表 30-3-1-2

任职时间	姓名	职务	籍贯	字号与任职
崇祯年间(1628—1644)	王明伋	处州府推官	湖北潜山	举人。多惠政
崇祯年间(1628—1644)	喻以恕	处州府推官	江西彭泽	字心如。崇祯七年进士
明崇祯十二年(1639)	熊秉震	处州府推官	江西南昌	字九出。举人
崇祯年间(1628—1644)	王廷简	处州府推官	处州龙泉	—
明	江浦	处州府推官	福建清流	岁贡
顺治初(1644)	杜之璧	处州府推官	河南怀庆	举人
顺治间(1644—1661)	张元枢	处州府推官	燕台	进士
顺治八年(1651)	赵霖吉	处州府推官	河南睢州	进士
顺治十三(1656)	陈其美	处州府推官	浙江富阳	进士
康熙元年(1662)	张见龙	处州府推官	河南开封	进士。此后裁推官,事归经历
康熙三年(1664)	韩洪运	处州府经历	陕西	—
康熙四年(1665)	朱必通	处州府经历	直隶	吏员
康熙十五年(1676)	王琦	处州府经历	江西	吏员
康熙十八年(1679)	章华衮	处州府经历	江西	吏员
康熙十九年(1680)	吕佐周	处州府经历	河南	岁贡
康熙二十一年(1682)	吴廷枢	处州府经历	山西	吏员
康熙二十七年(1688)	赵珵	处州府经历	安徽桐城	吏员
康熙三十一年(1692)	徐大樾	处州府经历	江苏江宁	吏员
康熙四十九年(1710)	包文琦	处州府经历	广平威县	—
乾隆四十七年(1782)	刘及远	处州府经历	广东嘉远	贡生
嘉庆三年(1798)	缪汝和	处州府经历	—	由丽水知县署任
嘉庆四年(1799)	沈敬学	处州府经历	顺天大兴	吏员
嘉庆九年(1804)	陈之椿	处州府经历	宁波慈溪	字遐安。国学生
嘉庆十二年(1807)	胡永华	处州府经历	—	—
嘉庆十四年(1809)	黄天涛	处州府经历	江苏泰州	诗人
嘉庆十五年(1810)	顾承恒	处州府经历	—	—
嘉庆十七年(1812)	李星耀	处州府经历	—	—
嘉庆十八年(1813)	罗元辅	处州府经历	江西奉新	—
嘉庆十八年(1813)	宋文元	处州府经历	—	—
嘉庆十九年(1814)	李会畴	处州府经历	广东新会	监生
道光二年(1822)	傅诗贞	处州府经历	—	署任
道光三年(1823)	王凤梧	处州府经历	顺天宛平	—
道光三年(1823)	颜正绅	处州府经历	—	—
道光年间(1821—1850)	张问来	处州府经历	—	—
道光年间(1821—1850)	张承炳	处州府经历	—	—

续表 30-3-1-2

任职时间	姓名	职务	籍贯	字号与任职
道光二十二年(1842)	李业修	处州府经历	广东顺德	字小立。监生
道光二十五年(1845)	孟光裕	处州府经历	陕西郿县	—
咸丰元年(1851)	方 溥	处州府经历司狱事	江西	字䙰南
咸丰九年(1859)	唐义安	处州府经历	江苏	字杏园
咸丰十年(1860)	吴承恩	处州府经历	江苏	—
同治元年(1862)	黄培赓	处州府经历	广东	代任
同治元年(1862)	吴定保	处州府经历	江西余干	字肄三。署任
同治二年(1863)	罗正浩	处州府经历	江西	代任
同治三年(1864)	程克勤	处州府经历	—	字雨田。兼任
同治四年(1865)	郑国士	处州府经历	四川	字揖三
同治十二年(1873)	钱锡庚	处州府经历	江苏吴县	字咏秋。署任
同治十三年(1874)	刘 爵	处州府经历	江苏丹徒	字小芬。署任
光绪三年(1877)	王锡绶	处州府经历	江苏昆山	字望峤。署任
光绪四年(1878)	孙埰枞	处州府经历	吴江震泽	字叔廉。监生。署任

民国时期丽水部分地方审判厅(高等法院分院)院长一览

表 30-3-1-3

到卸任时间	姓名	职务	籍贯	备注
清宣统三年至民国元年(1912)	陈逸	处州军政分府司法部部长	浙江丽水	—
民国元年至 2 年	尹廷辅	浙江第十一地方法院院长	浙江临海	—
民国 2 年	郑汝璋	丽水地方审判厅厅长	浙江苍南	—
民国 11年 10 月至 14 年 4 月	陈陶	浙江永嘉地方审判厅丽水分庭监督推事	浙江建德	—
民国 14 年 4 月至 16 年 7 月	邱开骏	浙江永嘉地方审判厅丽水分庭监督推事	浙江黄岩	—
民国 30 年 8 月至 32 年 3 月	朱荣桂	浙江高等法院第一分院丽水临时庭庭长	浙江	—
民国 32 年 3 月至 34 年 10 月	钟之瀚	浙江高等法院第三分院院长	浙江诸暨	宁波迁新昌后再移丽水
民国 36 年 11 月至 38 年 4 月	赵协曾	浙江高等法院丽水分院院长	浙江兰溪	—

民国时期丽水地方审判厅(高等法院丽水分院)部分首席检察官一览

表 30-3-1-4

到卸任时间	姓名	职务	籍贯
民国 11 年(1922)10 月至 16 年 7 月	范云章	浙江永嘉地方审判厅丽水分庭监督检察官	浙江温岭
民国 32 年 3 月至 34 年 10 月	陆仁	浙江高等法院第三分院丽水庭首席检察官	浙江
民国 36 年 11 月至 38 年 4 月	徐祖荫	浙江高等法院丽水分院首席检察官	江苏淮阴

若干时期丽水市(专区、地区)中级人民法院院长一览

表 30-3-1-5

姓名	职务	籍贯	任期
宣恩金	浙江省法院丽水分院院长(兼)	江西弋阳	1950 年 4 月—1952 年 1 月
周春和	丽水中院院长	山东阳信	1964 年 8 月—1968 年 11 月
秦书田	丽水中院院长	山东沂水	1973 年 1 月—1978 年 10 月
陶谷宝	丽水中院院长	浙江武义	1978 年 10 月—1993 年 5 月
张福新	丽水中院院长	浙江温州	1993 年 5 月—2001 年 1 月
蒋剑巍	丽水市中级人民法院院长	江苏宜兴	2001 年 1 月—2005 年 10 月
斯金锦	丽水市中级人民法院院长	浙江诸暨	2006 年 1 月—2008 年 12 月
黄文斌	丽水市中级人民法院院长	浙江义乌	2008 年 12 月—

法官协会　1995 年 7 月,省高院法官协会暨女法官协会在杭州成立。1996 年 4 月,丽水地区法官协会成立,张福新当选为第一届常务理事会会长。1997 年 6 月 22 日,地区法官协会和丽水中院联合举办第二次审判工作研讨会。1999 年 10 月,设立丽水地区法官协会办公室。2001 年 6 月,修正《丽水市法官协会章程》。2002 年 5 月 30 日,市法官协会在莲都区法院举办全市法官职业道德演讲比赛。2001 年 6 月,法官协会组织代表队参加省高院组织的全省法院系统建党 80 周年"法官法"实施 6 周年知识竞赛,荣获二等奖。

教育培训　1950 年,省法院丽水分院以会代训形式召开基层法院院长会议,明确镇压反革命、保卫土改运动是法院的主要任务。9 月,丽水县法院干部 2 人参加省法院组织为期 2 周的人民法庭干部训练班学习。

1963 年开始,全区法院抽调干部 5 人参加省政法干部第 27 期训练班学习。1979 年,丽水中院在缙云县城举办全区法院干部培训班,组织学习法院组织法、刑法、刑事诉讼法等重要法律 7 个,参加的干警 132 人,占当时干警总数的 81%。

1980 年,第二期司法干部培训班在地委党校举办,参加学员 103 人。1981 年,全区法院法医干部参加丽水地区公安处举办的刑侦技术训练班。1982—1985 年,丽水中院举办全区民事、经济、森林审判人员培训班,培训人员 201 人。4 月,成立"全国法院干部业余法律大学丽水分部",丽水中院院长陶谷宝兼任分部主任。首届法律专业学员 119 人。

1995 年,丽水中院制定实施《干部教育培训规划》。1998 年末,全区法院干警经过参加业大和函授等在职学习,取得法律大专以上学历的 222 人,取得法律专业证书的 211 人,合计占干警总数的 58%。

2000 年,丽水中院组织全市民庭庭长参加在杭州举办的全省人民法庭庭长培训班,同时组织全市民事系统审判长 90 人,独任审判员在丽水进行培训。2001 年 6 月,邀请浙大法学院常务副院长孙笑侠教授给全市法院干警 200 多人作法官职业道德教育专题报告。同年,丽水中院启用法院培训合格(结业)证书和法院培训手册。至 2004 年年末,全市法院取得硕士学位及研究生课程进行结业证书的有 59 人。2006 年,组织 21 期法官 214 人到浙江省法官进修学院培训,基层法院法官 305 人参加丽水中院组织的各类培训轮训。2007 年, 丽水中院组织法官 12 人到国家法官进修学院培训,29

期法官400人到浙江省法官进修学院培训。2009年，组织全市法院干警参加上级法院各类业务培训33期180人次。丽水中院组织各类培训6期183人次。2010年，丽水中院教育培训处获全省法院先进政工集体。浙江法官进修学院和省高院民一庭就《侵权责任法》到丽水中院巡回讲课，全市法院审判、执行人员240人接受培训。举办或参加上级法院组织的培训35期，培训法官及其他工作人员745人次。

纪检监察　1957—1982年，对全区法院违法违纪法院干警的惩罚工作，均执行国务院1957年制定的《关于国家行政机关人员的奖惩暂行规定》，由各级人民政府统一管理。1982年9月开始，改由地、县法院自行管理。

1986年前，丽水中院没有专设纪检监察组织机构，由丽水中院人事科负责。1986年9月，设立纪律检查组。1989年10月，丽水中院设立纪检监察室。纪检监察室与政治处合署。

1995年8月10日，丽水中院纪检纪检监察室开始独立办公。1999年6月7日，出台关于实行党风廉政建设责任制的实施意见。9月8日，出台《关于建立廉政责任制警诫制度的规定》。2000年3月20日，制定《关于2000年度党风廉政建设责任制的目标及考核标准》。2001年6月14日，丽水中院制定《党风廉政建设责任制实施意见》并层层签订责任状。

2003年5月10日，丽水中院在莲都区法院试行廉政保证金制度。2004年，加强违法违纪人员查处力度，同年受党纪政纪处分5人，判处有期徒刑2人，法官1人因拖延办案时间，受到行政记过处分。2005年11月10日，全省法院纪检监察工作会议在丽水召开。1950—2010年，全市法院系统惩罚违法违纪人员67人，判处刑罚24人。

人事管理

人事管理体制　隋唐至清代，处州及各属县的司法审判主官与佐官均由朝廷任命。吏员、衙役实行雇佣制。

民国时期，丽水地方审判厅(分院)的院长、首席检察官、推事、书记官长、检察官等以上法官，均由国民政府主席签署，国民政府任命。书记官、庭长、监狱长等委任人员，由浙江高等法院任命，报司法行政部备案。法院其他人员均为雇佣制，由地方审判厅(分院)院长任命。

1949年至1954年9月，专区和县法院由同级党委统一管理。法院属于同级人民政府的组成部门，中层及以下干部的任免按照各级政府任免工作人员的权限，提请政府正式任免。省法院丽水分院院长、专区所辖各县法院院长、副院长由丽水专员公署任命。法院干部以地方党委为主管理。

1954年9月起，各县法院院长由同级人民代表大会选举和罢免，副院长、庭长、审判员由同级人民委员会任免。中院院长的选举和罢免，以及副院长、庭长、审判员的任免，与省高院相同。非审判人员的干部，原由同级党委任免，改为中层干部由同级党委组织部门管理和任免，一般干部由法院党组织自行管理和任免。

1963年5月，丽水中院院长、副院长由省委任命。1968年，被地区革委会人保组代替。人保组组长由地区革委会任命。

1973年2月，丽水中院院长、副院长由地委任命。基层法院院长、副院长由所在县委任命，地委批复。

1980年7月后，丽水中院正、副院长由省人大任命。各县法院院长由县人民代表大会选举产生，副院长由县人大常委会任命。丽水中院审判员以上人员经省高院报省人大常委会任免。1981年，各级法院的助理审判员由地区行署司法处任免。至1983年9月，《法院组织法》修改后，改由本级法院院长任免。1984年1月，开始实施双重领导、以地方党委为主的管理办法。凡列为上一级党委管理的，由同级党委和上级法院党组协助上级党委管理；凡列为同级党委管理的，由上级法院党组协助同级党委管理。1986年12月起，中院院长，不再经省人民代表大会选举产生，改由省人大常委会任免。1985年9月1日，丽水中院院长高配副地级。1988年，丽水中院领导班子成员以上级法院党组为主管理，地方党委协助管理。基层法院审判员以上干部由中院管理。同年末，丽水地区9个基层法院院长为副县长级干部。

1993年6月，对法警42人依据其现任职级、德才表现和工作年限，分别评授警衔。1995年5月，初任审判员、助理审判员采用公开考试、严格考核的办法，从具备法官条件的人员中择优提出人选。1999年4月起，法院新进工作人员实行“凡进必考”，严格笔试、面试、政审体检，逐级上报审核，经省高院审核同意后，再向政府人事部门办理审批调动和录用手续。法院补充工作人员，从高校应届毕业生，国家党政机关在编在职干部（公务员）和当年军队转业干部中考试择优选用。学历上，中院和辖区法院补充进人必须具有本科以上学历，基层法院必须有大专以上学历。

2000年7月起，基层法院院长，由各县（市、区）人民代表大会选举任命。2002年，丽水市两级法院录用工作人员实行省级统一招考。2006年开始，全市法院系统干警按照“公务员法”进行管理。2008年9月，丽水市委出台文件支持丽水中院工作，进一步加大丽水中院党组协管干部的力度，加强与县（市、区）委的沟通协商。审判委员会可以设置专职委员2人左右，专职委员按照同级党政部门副职规格和条件配备。至2010年12月，全市法院干部管理体制未变动。

法官 唐代，处州刺史大多为朝廷要员就任，判官、录事、司法、司理、推官等司法审判佐官，除部分庇荫或军功授予外，绝大部分亦要求进士出身者，方可任用。宋元两代，处州司法审判主官、佐官也均为有进士、举人功名或朝廷官员。元代，对主管审判的处州及各县达鲁花赤，还必须是蒙古或色目人。至明清两代，一些有贡生功名者，也可授处州府推官。民国初期对推事资格要求与清末相同。

中华人民共和国成立后根据《法院组织法》和《法官法》规定，法官分为担任领导职务的法官和不担任领导职务的法官两种。但都必须具备担任法官的条件，经法定程序选举和任命。1997年12月，首开法官评级之先河，丽水中院法官实行职务编制等级。首次评定法官的等级起始时间，从1998年11月1日起算。

2002年开始，全市法院初任审判员、助理审判员必须通过“国家司法考试”方能任命。2003年，评定法官等级23人，晋升法官等级60人。2004年4月，全市法院法官等级评定工作会议在青田召开，此次法官等级调整是结束“微调”转为正常晋升的第一次，分为首评和晋升两种。2001年11月1日至2004年4月30日在编在职法官符合条件规定的法官均按期晋升或评定其等级，丽水中院评定法官等级32人，晋升法官229人。2006年2月，省高院首次开展高级法官选升工作，全市法院晋升为三级高级法官的有9人，其中丽水中院6人，莲都、云和、遂昌法院各1人；晋升为四级高级法官的有111人，其中丽水中院21人、莲都区15人、青田12人、遂昌10人、云和5人、景宁8人、松阳7人、缙云13人、龙泉11人、庆元9人。2007—2008年，全市法院评定法官等级97人，晋升法官等级101人。2009年年末，全市法院在册法官451人，其中一线法官331人。2010年3月18日，丽水中院法官19人参加首次举行的法官授职仪式。

2010年12月丽水市法院在册法官一览

表 30-3-1-6　　单位：人

时间	审判机构名称				所辖县域					合计
	一级	二级	三级	四级	一级	二级	三级	四级	五级	
丽水中院	—	1	10	29	21	10	6	5	—	82
莲都	—	—	1	26	22	8	3	4	—	64
龙泉	—	—	—	24	12	—	2	2	2	42
青田	—	—	—	20	19	3	8	5	7	62
云和	—	—	—	9	11	2	1	1	1	25
庆元	—	—	—	21	11	1	2	3	—	38
缙云	—	—	—	17	16	3	7	3	—	46
遂昌	—	—	—	25	8	2	3	2	—	40
松阳	—	—	—	16	15	2	2	—	—	35
景宁	—	—	—	11	13	—	3	3	2	32
合计	—	1	11	198	148	31	37	28	12	466

执行员　清代前，处州及各属县衙门雇佣的衙役与司狱司狱卒兼理诉讼文书及执行判决。

清末，丽水地方审判厅和县司法处置承发吏1—2员，职责为发送法院之文书，奉令执行判决。承发吏之地位既非职官，亦非隶役，为国家法权的行使者。承发吏执行职务均受其所属之书记官、推事及长官的监督与指挥。

民国初承清末制。民国21年(1932)11月，改承发吏为执达员。

中华人民共和国成立初，没有专设执行员，由各审判庭法官兼行执行员职责。1973年恢复丽水中院，案件执行由各审判庭法官和司法警察兼行执行工作。1978年，丽水中院始设执行员2人，按照干部录用程序录用，并报省司法厅任命。此时执行员由所在审判庭管理。1985年，丽水中院各审判庭均配置执行员1—2人，仍归各庭管理。1987年，全区有执行员16人。1988年12月，丽水中院设立执行庭，专设执行机构，负责审判案件执行。2000年，全市有执行员70人，占在编干警人数的11%。2001年，全市法院执行庭改为执行局，有执行员96人。至2006年，全市执行员人数增至113人，占在编干警人数的17%。至2010年12月，全市有执行员135人，其中大专科以上文化程度130人，中专(高中)文化程度4人，初中文化程度1人。

司法警察　唐宋时期的处州州衙法曹、司理院、马步院，元明清时期的处州府衙刑厅署、司狱司、经历署以及属县典史署、县狱均为类似司法警察组织。上述组织除主要吏员外，其他衙役及狱卒，无品秩，由州县主官雇佣。

司法警察制度始于清末民初。民国初期，司法警察多由行政警察兼充，后地方法院、执法科、审检所、司法科、监狱等各个时期的审判机关内配设的司法警察，均由该机关长官雇用任职。职责为受审判长官及检察官之指挥监督实施侦查，辅助检察官或审判官逮捕人犯、搜查证据，及押解人犯、送传刑事文书、值庭维护庭审秩序、保卫主管人员安全等项事务。

1950年4月，浙江省法院丽水分院设司法警察1人，负责人犯提解。1963年，丽水中院没有司法警察。1973年，丽水中院设司法警察2人。1978年起，丽水中院司法警察人数增至6人。1981年，全区有法警46人，其中丽水中院8人。1989年，全区有法警39人，其中丽水中院有法警10人。

1993年6月，首次组织全市法院系统的法警评授警衔。此次授衔有41人，其中三级警督3人，一级警司14人，二级警司18人，三级警司5人，一级警员1人。1995年4月，丽水中院成立司法警察处。同年，丽水地区各县（市）法院均成立司法警察大队，全区司法警察增至77人，经批准授衔56人。

2002年，全市有授衔晋衔29人。至2008年，全市有在编司法警察143人（女警23人），其中丽水中院25人、基层法院118人。

2010年，全市有在编司法警察144人，其中丽水中院26人、基层法院118人。

书记员　唐代处州州衙及属县县衙称为书吏，掌管州府文书、档案，协助州府、县主官审案记录。

民国时期，丽水地方法院、地方审判厅、司法处等审判机关均设有书记官，主要是掌理记录、编案、文牍、统计及其他事务。各级法院及分院书记官长、书记官服从长官之命令执行职务。书记官在法院开庭审判时服从审判长之命令执行职务。书记官随从推事执行职务时服从该推事之命令。书记官只能按规定的权限以及法院内部分配之事务行使其职务，不得行使审判和检察职务。

书记官大多为委任制。民国11年（1922）10月，永嘉地方审判厅丽水分庭有书记官长1人、书记官2人。民国19年，龙泉地方法院有书记官长1人、书记官1人、学习书记官1人，检察处有主任书记官1人、候补书记官1人、学习书记官1人。

中华人民共和国成立后废书记官，改书记员，主要职能为担任审判庭的记录工作，办理有关审判的辅助性事项，如开庭的准备工作，保管证据、整理卷宗、处理文书工作，司法统计工作，接待来访、处理来信工作，协助审判人员进行调查以及对政策、法规的宣传工作等。1950年，丽水专区有书记员7人，其中省法院丽水分院设书记员1人，丽水、缙云、松阳、景宁、庆元、宣平等法院各1人，龙泉、云和法院由审判员和缮校员兼任。该时期书记员录用程序无明确规定，由分院院长任命。1963年，丽水专区有书记员7人，丽水中院和各基层法院各1人，由所在法院任命。1973年，丽水中院设书记员3人，录用程序按照国家干部使用标准执行，对优秀的书记员经法院考核，可转岗为法官。1980年，丽水中院有书记员3人（均由法警转岗）。1989年，全区有书记员103人，其中丽水中院有书记员13人、丽水县法院5人、青田法院14人、缙云法院16人、云和法院12人、景宁法院9人、遂昌法院12人、龙泉法院7人、松阳法院8人、庆元法院7人。2003年10月，丽水中院开始执行《法院书记员管理办法（试行）》，建立书记员单独序列，实行聘任制和合同管理。招录初任书记员必须参加全省统一的国家公务员考试。对书记员实行领导职级配备，分正处级、副处级、正科级、副科级等4个等级。至2010年12月，全市有书记员66人。

县（市、区）法院

民国以前，各县审判民刑合一，均由县衙主政官员掌理，刑科典史协理。

民国元年（1912）8月，丽水县成立乙种等级法院，处属其他9个县设执法科。民国2年3月，丽水县法院改组为初级审判厅。5月，执法科改设县署审检所。11月，丽水初级审判厅并入丽水地方审判厅，名为初地合厅。民国3年4月，审检所裁撤，民、刑诉讼案件由县知事兼理。民国5年4月，复设各县审检所，设专审员。民国6年3月，审检所再次撤销，司法事务仍由县知事兼理。民国11年

10月，浙江永嘉地方审判厅丽水分庭成立。民国13年，龙泉县承审处更名司法科。

民国16年(1927)8月，丽水分庭改组为丽水地方法院。其余各县公署更名县政府，知事改称县长，仍兼理县司法事务，内设司法科。10月，浙江省特种刑事法庭地方临时庭丽水分院代行分庭职权，管辖区域丽水、龙泉、云和、庆元、遂昌、松阳、景宁。民国18年10月，龙泉县设立法院。民国24年4月，浙江省政府下令各县政府设军事法庭。7月，龙泉县法院更名龙泉地方法院。

民国26年(1937)4月，处属十县除丽水、龙泉县外，其余8个县司法科更名司法处。民国32年，青田县司法处改设青田地方法院。民国37年，缙云、松阳县司法处改设缙云、松阳地方法院。7月，遂昌县划归第三行政督察区，青田县划归第五行政督察区。至1949年5月，丽水解放止，除丽水、龙泉、缙云、松阳设有地方法院外，其余4个县都只设司法处。

1950年4—8月，丽水所辖8个县成立县法院。1958年，撤销松阳县，并入遂昌县；撤销庆元县，并入龙泉县；撤销云和县，并入丽水县。1960年，撤销景宁县，并入丽水县。被撤销4个县法院并入各县法院。1962年6月，恢复云和县，重建云和县法院。1963年5月，恢复丽水专署，丽水中院成立，辖丽水、青田、遂昌、云和、缙云、龙泉6个县法院。

1968年4月，各县法院实行军事管制。11月，各县先后成立革命委员会人民保卫组，取代审判职能。

1973年1月，各县法院恢复，内设刑事、民事审判庭和办公室。1975年，恢复庆元县法院。1982年5月，松阳县法院恢复。1984年10月，恢复景宁畲族自治县法院。

1974—1985年，各县法院增设森林审判庭、经济审判庭、法医技术室、信访室、纪律检查组、执行庭(后升级为执行局)。1986年4月，丽水县法院更名丽水市法院。1986—2000年，各县法院撤销森林审判庭、经济审判庭、信访室。增设行政审判庭、告诉申诉庭(后更名立案庭)、少年刑事合议庭、审判监督庭、民事审判二庭(原民事审判庭更名民事审判一庭)、政工科(后更名政治处)、司法行政管理科(后更名司法行政装备管理科)、督查室、纪检监察室、司法警察大队。1991年1月，龙泉县改为县级市，龙泉县法院更名龙泉市法院。2000年5月，丽水撤地设市，丽水市(县级)改为莲都区，丽水市(县级)法院更名莲都区法院。

2010年丽水市法院内设机构和干警一览

表30-3-1-7

法院名称	内设机构数量(个)	干警人数(人)
丽水市莲都区法院	14	108
龙泉市法院	12	82
青田县法院	14	112
云和县法院	12	62
庆元县法院	12	70
缙云县法院	14	92
遂昌县法院	12	74
松阳县法院	11	69
景宁畲族自治县法院	14	70

人民法庭

人民法庭沿革　1950 年 11 月，丽水专区丽水、龙泉、庆元、缙云、松阳、景宁、宣平等 7 个县均成立县人民法庭(属特别法庭)，由各县县长兼任审判长，此为丽水专设人民法庭之始。丽水县设县人民法庭分庭 2 个，龙泉县设县人民法庭分庭 5 个，庆元县设临时法庭 4 个。1951 年 1 月，云和县设县人民法庭。丽水县设县人民法庭第三、四分庭。至此，全区有县人民法庭 8 个和分庭 19 个。1954 年末，县庭、分庭，临时法庭撤销。此后，各基层法院建常设人民法庭。1964 年 4 月，丽水县法院设立碧湖人民法庭。1965 年 10 月，云和县法院设沙湾、渤海人民法庭，景宁人民法庭改为红星人民法庭。

1968 年 11 月，各县法院人民法庭撤销。

1973 年 6 月，根据中共浙江省委〔1972〕22 号、〔1972〕62 号文件精神，全区需要恢复和建立人民法庭 25 个，其中恢复的 16 个，新建的 9 个。其中，丽水县设碧湖、曳岭、丽云、雅溪人民法庭 4 个，青田县设章村、船寮、北山、港头人民法庭 4 个，遂昌县设西屏、古市、大柘、垵口等人民法庭 4 个，云和县设红星、渤海、沙湾人民法庭 3 个，缙云县设壶镇、盘溪、新建、大洋等 4 个人民法庭，龙泉县设庆元、荷地、梅岭、八都、安仁、城郊人民法庭 6 个。每庭配备干部 2 人以上，其中，庆元、红星、西屏 3 个人民法庭配备干部 3 人以上。此后，全区又增设人民法庭 6 个。1979 年，在原有 31 个人民法庭基础上，新建 2 个，基本实现一区一庭和一庭 2 人的要求。

1988 年，根据《国务院办公厅转发最高法院、国家计委关于各级法院审判法庭建设意见的通知》，全区设人民法庭 62 个，建好有 18 个，建筑面积 3306.45 平方米，其中，丽水、庆元两市县占 12 个。其余未建的 44 个人民法庭大多无办公用房。1994 年，全区法院人民法庭建设工作会议在丽水召开，1988—1994 年，全区建人民法庭 20 个，建筑面积 9578 平方米。1997 年，全区人民法庭经撤并调整后，设有人民法庭 52 个。1997 年 5 月 7 日，中共丽水地委政法委作出《关于向壶镇人民法庭学习的决定》。同年，缙云县壶镇人民法庭被最高法院荣记一等功。

2000 年 3 月，丽水地区人民法庭进行撤、扩、并工作和规范化建设。经撤并，将原有 52 个缩减至 40 个。2001—2002 年，撤并人民法庭 27 个，保留人民法庭 13 个。2004—2005 年，撤销人民法庭 6 个，保留莲都区碧湖，青田县温溪、万山、章村，松阳县古市，缙云县壶镇，庆元县荷地人民法庭 7 个。2010 年 5 月，莲都区设立南城人民法庭。9 月，青田县增设船寮人民法庭。至 2010 年 12 月，丽水全市有人民法庭 9 个。

五好法庭　1992 年，全区法院首次开展创“五好人民法庭”①活动。龙泉市龙渊、缙云县壶镇两个人民法庭被省高院首批评为“五好法庭”。1994 年，松阳县松阳法庭、玉岩法庭、丽水市碧湖法庭、缙云县新建法庭经省高院考评，被授予“省级五好法庭”称号。1996 年，松阳县靖居法庭被省高院第三批授予“五好法庭”荣誉称号。1998 年，庆元县松源法庭、松阳县古市法庭、遂昌县金竹法庭、遂昌县王村口法庭荣获省级“五好法庭”称号。

2000 年 5 月 31 日至 6 月 3 日，省高院俞灵雨副院长一行先后到缙云、丽水、云和、龙泉、庆元、景宁畲族自治县、青田等法院结合第五批五好法庭考评检查指导工作。同年，庆元县荷地法庭、青田

① “五好人民法庭”：指符合“思想作风好、完成任务好、团结协作好、内部管理好、物质装备好”五个条件的法庭。

县万山法庭、景宁畲族自治县沙湾法庭、景宁畲族自治县城关法庭被省高院授予“五好人民法庭”称号。2002年，青田县温溪人民法庭、章村人民法庭被评为省级“五好人民法庭”。2005年，全市有人民法庭7个被评为“省级五好法庭”。截至2010年，莲都碧湖人民法庭，青田温溪、万山、章村人民法庭，松阳古市人民法庭，缙云壶镇人民法庭，庆元荷地人民法庭荣获“省级五好法庭”称号，创建率77.80%。

审判委员会

审判委员会沿革　1950年8月，丽水县法院审判委员会成立。随后、龙泉、青田等各县相继成立审判委员会。1968年起，丽水地区各县审判委员会随公检法机关被人民保卫组代替而自然消亡。

1980年6月，丽水中院第一届审判委员会经省人大常委会任命，由陶谷宝等5人组成。继之丽水、龙泉、庆元等各县法院均恢复设立审判委员会。审判委员会由院长、庭长和资深审判员组成。各级法院的审判委员会委员，由院长提请本级（或上级）人民代表大会常务委员会任免。审判委员会的任务是总结审判经验，讨论重大、复杂或者疑难的案件，讨论其他有关审判工作的问题。审判委员会作出的决定，合议庭必须执行。

1980—1999年，丽水中院审判委员会委员由浙江省人大常委会任命。2000年8月起，改由丽水市人大常委会任命。1980—2010年，丽水中院产生审判委员会16届，任期1—3年不等。

审判委员会制度　1989年，实施《审判委员会议事制度》《关于审判工作的若干具体的规定》。1995年2月21日，丽水中院审委会通过并印发《丽水中院审判委员会工作规则》。2002年9月，印发《丽水市中级法院审判委员会工作规则》，原工作规则同时废止。2009年10月，丽水市中级法院审判委员会第34次会议讨论通过《丽水市中级法院审判委员会工作规则》《关于丽水市人民检察院长列席丽水市中级法院审判委员会会议的规定（试行）》，并于同年10月28日起施行。

人民陪审员

1951年，云和法院开始试行人民陪审员制度，为丽水专区实行人民陪审员制度之始。1953年，龙泉法院选出人民陪审员155人、遂昌法院选出人民陪审员48人、庆元法院选出人民陪审员7人，参与审判案件。1954年7月，丽水地区各县召开第一届人民代表大会选出人民陪审员，其中丽水11人、青田200人、云和62人、景宁104人、庆元10人。

1963年2月，丽水县选出人民陪审员82人，其中少数民族4人，妇女21人，党员68人，团员2人，连选连任的有36人。

1964年，全区选出人民陪审员288人。

1980年9月，丽水地区各县与县选举委员会商定，人民陪审员的名额分配到乡、镇、机关、企事业单位，由各县选举委员会向他们颁发“人民陪审员当选证”。

1982年，全区一审刑事案件实行公开审判和陪审员辩护制度。据统计，全区依法应公开审判的案件为419件，实行公开审判371件，依法应实行陪审案件414件，实际参与陪审402件。

1990年9月，丽水市法院对辖区人民陪审员134人进行业务培训。自1954年7月至1990年6月，各县（市）人民代表大会都结合一定数额的人民陪审员选举工作。

1991年7月，丽水市法院特邀陪审员16人组成“少年刑事犯罪合议庭”。

1993 年 4 月，遂昌法院新路湾法庭邀请陪审员 2 人组成合议庭，公开审理一起房产纠纷案件。同年底，丽水地区各县法院对新当选的人民陪审员集中进行审判业务培训。

1997 年，松阳法院抓好人民陪审员工作，突出提高政治素质、审判业务水平、陪审制度意识、工作责任感。

2004 年 12 月，丽水中院成立以副院长、政治部主任为组长的人民陪审员工作指导小组。

2005 年 5 月，丽水中院报市人大常委会确定人民陪审员名额 150 人，按照条件和程序，经县（市、区）人大常委会任命人民陪审员 113 人，与法官同权参与审案，任期 5 年。同年参与审理案件 501 件。2005 年，经县（市、区）人大常委会任命人民陪审员 113 人，与法官共同参与审案。

2006 年 5 月，丽水中院在“三项承诺”中要求刑一庭，民一、二庭一审案件使用人民陪审员每季不少于 1 件、行政庭每年不少于 1 件。同年 8 月，省高院授予莲都区法院为“浙江省人民陪审员工作先进单位”。同年，人民陪审员参与审理案件 1148 件。

2007 年 1 月，缙云法院人民陪审员黄日华参加最高院在济南召开第七次民事审判工作会议，受到中共中央政治局常委、中央政法委书记罗干，全国人大常委会副委员长顾秀莲，最高法院院长肖扬等领导的亲切接见，并被最高院授予“全国优秀人民陪审员”称号。

2008 年 9 月，实施《关于人民陪审员参与执行的若干意见（试行）》。

2009 年年底，全市法院有人民陪审员 143 人，其中莲都区 22 人、龙泉县 27 人、青田县 18 人、云和县 15 人、庆元县 5 人、缙云县 17 人、遂昌县 11 人、松阳县 14 人、景宁畲族自治县 14 人。据统计，丽水市基层法院人民陪审员参加审判案件 2016 件、2787 人次。

2010 年 4—6 月，丽水市各基层法院通过市（区、县）人大常委会任命新一届人民陪审员，并签署《人民陪审员履职承诺书》。7 月，丽水中院举办全市法院人民陪审员培训班。9 月，松阳法院人民陪审员程春强被省高院评为“十佳优秀人民陪审员”。12 月，全市法院有人民陪审员 167 人，其中莲都 25 人（内含产权审判专业人民陪审员 2 人），青田 18 人，遂昌 14 人，云和 8 人，景宁 16 人，松阳 21 人，缙云 24 人，龙泉 27 人，庆元 14 人。

第二节　刑事案件审判

20 世纪 50 年代之前，均以刑事审判为主。1966 年 12 月，人民保卫组行使审判权，开展刑事审判工作。1980 年，《刑法》《刑事诉讼法》开始实施，刑事审判工作进入既有实体法可依、又有程序法可循的阶段。1983 年 8 月，丽水地区开展严厉打击严重刑事犯罪活动的斗争，按照依法从重从快的方针，严厉打击杀人、放火、爆炸、抢劫、强奸、流氓集团、重大盗窃、拐卖人口、强迫引诱容留妇女卖淫等严重刑事犯罪行为。1990 年，全区法院再次开展集中统一的“严打”斗争，随之又开展各种专项行动，严厉打击严重刑事犯罪活动。

2001 年，全市法院刑事审判突出打击重点，审结故意杀人、抢劫、爆炸、绑架等严重刑事犯罪案件。2006 年，全市法院以贯彻落实“三项承诺”为载体，以化解社会矛盾、促进社会和谐为主线，刑事审判严厉打击杀人、抢劫、爆炸、绑架等严重暴力犯罪、黑恶势力犯罪及抢劫、抢夺、盗窃等侵犯财产型犯罪。

2010年，全市法院推进社会矛盾化解、社会管理创新、公正廉洁执法三项重点工作，刑事审判宽严相济，严厉惩处故意杀人、抢劫、强奸、涉毒、黑社会性质组织等严重危害社会治安的犯罪案件、非法吸收公众存款、集资诈骗犯罪案件及贪污受贿、渎职类案件。

严重刑事案件审判

隋开皇九年(589)，处州刺史掌管审案，刑民合一，主要审理刑事案件。宋元明清等历代王朝，均由处州主政官员掌管司法审判，无独立审判机构。清末修律，将沿袭已久的旧式法律制度发展到审定罪之有无者，划为刑事案件，归处州知府掌理。

北洋政府执政期间，军事和军法审判占主导地位。这一时期，政治案件归军法审判。民国24年(1935)7月，丽水各县设军事法庭，县长兼任军法官审判特刑案件。民国38年1月，浙江高等法院丽水分院暨检察处准浙江省特刑庭函托授权，代办特种刑事案件。至同年5月丽水解放止，丽水分院受案63件，其中经特刑庭侦查认为罪嫌不足，予以不起诉处分8件，判决5件，未判决50件，押解省政府讯办10人，扣押人犯均案押在丽水监狱。中华人民共和国成立前夕，根据《非常时期疏通监犯临时办法》和《已决政治犯交保释放应注意事项》的规定陆续释放特刑犯。

中华人民共和国成立初，刑事案件大部分经公安机关侦察，捕获之匪特案件，盗窃案件搜集材料，提起公诉。法院受理后，经过审问研究后，直接作出判决书或处分书；对于重大杀人案件，则经过调查核实，研究判决意见，并报省法院核准执行。

1950年4月起，由专署、各县政府、公安、法院代表和社会各界代表组成人民法庭，对恶霸、土匪、反动党团骨干、反动会道门头子和特务分子进行合议判决。1952年，丽水分院裁撤，各县法院二审刑事案件由相应的分院负责。

1963年5月，丽水专区中级人民法院恢复，内设刑事审判庭、民事审判庭，承办一审民事、刑事重大案件和二审民事、刑事案件。1968年11月，法院由革委会人保组替代，实施“群众专政”，造成一批冤假错案。

1973年3月，全区法院重点审理破坏上山下乡知识青年案件。同年，全区审理破坏上山下乡知识青年案件143件。1976年，围绕揭批查中心，以整顿治安秩序为重点，开展刑事审判工作，严厉打击危害社会治安的犯罪分子。

1979年，全区法院复查平反一批因反对林彪、“江青集团”和为邓小平遭诬鸣不平而被判刑的案件及在极“左”路线影响，混淆两类不同性质矛盾的其他冤、假错案件。随后，丽水复查平反工作全面展开。至7月底，全部复查结束，平反46人。

1983年，丽水地区开展严厉打击经济犯罪和严重破坏社会治安犯罪案件的审判工作。同年，全区法院判处“两打”刑事犯罪1934件，2662人。

1986年年底，丽水地区开展复查“文化大革命”期间判处的反革命案件和普通刑事案件，改判和纠正冤假错案549件，其中反革命案件占88.35%。同时复查“文化大革命”前后判处的刑事案件，改判和纠正冤假错案2172件。

1990年起，丽水中院开展以打击“车匪路霸”为突破口，推动“严打”斗争的深入。1991—1992年全区判处车匪路霸案件485起。

1994—1997年，全区法院受理一审刑事案件4716件，审结4762件(含旧存)，判处罪犯5517

人，其中无期徒刑以上刑罚 320 人。

2002 年，全市法院加大打击破坏社会主义市场经济秩序犯罪力度，审结破坏社会主义市场经济秩序犯罪案件 40 件 45 人。

2003 年，全市法院重点打击黑社会性质组织犯罪，严厉惩处爆炸、杀人、抢劫、绑架等严重暴力犯罪，盗窃等严重影响群众安全感的多发性犯罪。全市法院审结严重刑事案件 1307 件，判处罪犯 1778 人。

2006 年，全市法院坚持"严打"方针，贯彻"宽严相济"政策，加大惩处国家公职人员贪污、受贿、挪用公款犯罪，审结 63 件，判处罪犯 85 人。

2008 年，全市法院突出打击重点，对杀人、故意伤害、强奸、抢劫、抢夺、盗窃等严重影响社会治安、严重危害人民群众安全的犯罪，依法从重处罚。全市法院审结严重刑事案件 1679 件，判处罪犯 2593 人。

2009 年，丽水中院判决一批涉嫌非法吸收公众存款罪、诈骗罪等大案要案。在银泰非法集资案侦办过程中，制作案卷 1139 卷，为丽水市历史上案卷最多的个案。

2010 年，全市法院审结严重刑事案件 1729 件，判处罪犯 2939 人。

危害国家安全犯罪案件审判 1949 年 5 月，丽水解放，丽水专署和各县人民政府相继成立。同年，土匪、恶霸及反革命分子活动猖獗，各类罪案蜂起。1950 年 1 月 26 日，庆元县临时人民法庭在庆中操场召开万人公判大会，判处国民党庆元县党部书记长、反革命分子杨某兆元死刑，执行枪决。同年 4 月，浙江省法院丽水分院成立。由政府、公安、法院代表和社会各界代表组成人民法庭，严厉惩处一批恶霸、土匪、反动党团骨干、反动会道门头子和特务分子。从 11 月开始，丽水地区各地法院开展镇压反革命运动（简称"镇反运动"）。镇反运动打击的重点是土匪、特务、恶霸、反动党团骨干和反动会道门头子等 5 类反革命分子。1950 年 11 月至 1951 年 1 月，全区逮捕 5 类反革命分子 1559 人。11 月，专署和各县均成立裁判委员会及人民法庭，审理和宣判反革命案件。同年，丽水分院受理的刑事案件及公安局公诉的第一审刑事案件，以匪特案件为最多。至 1951 年 5 月 17 日，全区逮捕反革命分子 3110 人，举行控诉大会 413 场次，到会群众达 6.90 万人次。

1952 年 1 月至 1963 年 4 月，各县法院开展危害国家安全（反革命）犯罪案件审判工作。

1963 年 5 月，恢复丽水中院。同年，丽水中院审结反革命案件 2 件。

1965 年，丽水中院判处反革命案件 5 件。丽水中院对胡某案进行再审。龙泉县胡某与胡某某存有私仇。土改时胡某划为破产地主，胡某认为是任乡支书的胡某某仗势打击，为报仇预谋杀害胡某某未遂，被判无期徒刑，5 月 28 日，丽水中院撤销原温州中院〔57〕刑改 53 号判决，改判胡某有期徒刑十年。

1966—1968 年，丽水中院判处反革命案件 7 件。云和周某涂写反革命标语，散发反革命传单。1968 年 6 月 13 日，省公安机关军事管制委员会、高院军事管制组批复云和县公安机关军管组以现行反革命罪判处周某死刑，缓期二年执行。

1972 年，缙云县革委会判处一起"国防部青年反共自救军浙东义勇总部"反革命组织集团案件。

1975 年，审理严某武装集团抢劫银行反革命集团案，同年 3 月 3 日，该集团结伙抢劫青田县人民银行，并杀害章村区营业所负责人蔡某。该集团中的首犯严某、主犯吕某、王某、孙某 4 人被判处死刑，立即执行。

1977—1978年，丽水中院判处反革命案件82件。

1979年，全区法院依法判处反革命和其他刑事犯罪分子372人，其中反革命40人，普通刑事犯332人。

1980年，丽水中院审结反革命宣传、煽动案件57件。1981—1986年，丽水中院审结反革命案件188件。1987—1988年，丽水中院审结反革命案件61件，判处反革命罪犯14人。1989年，丽水中院审结反革命案件6件。

1990—1991年，丽水中院审结反革命案件6件。1997年，取消反革命罪。

杀人案件审判　唐代至清代，处州及各县衙门对杀人案件，按照各朝刑律定罪处刑，一般是杀人偿命。清末，处州府衙依照大清律规定，严厉处理杀人案件。杀人案件肇事者大多是斗殴、土地债务、婚姻奸情、窃盗引起，对人犯惩罚处重刑，经县署初审后，送处州府、浙江省按察使、巡抚、刑部逐级上报处理，对犯谋杀罪、危害尊亲属者处凌迟刑。清光绪三十一年(1905)，废除凌迟酷刑，改为斩首。

民国17年(1928)9月起，丽水地方法院按照国民政府颁行的《刑法》，始对杀人案件区别故意杀人与过失致死定罪量刑。

1950年5月，《中华人民共和国婚姻法》公布实施后，受封建婚姻家庭制度的影响，虐杀妇女的案件时有发生。1950年，丽水、庆元、缙云等县陆续发生杀人案件，庆元县一名丈夫杀妻子，丽水县一名媳妇通过奸夫烧死婆婆，缙云县一名妇女谋杀亲夫。丽水、庆元、缙云等县法院均将罪犯处死刑。

1951年，法院普遍结合宣传贯彻婚姻法，严惩一批虐杀妇女的罪犯。同年，全区法院审结一审刑事案件计1382件。其中杀人案件100件。

1960年起，农村中奸情杀人的案件增多。1964年前5个月，丽水县判处杀人案件5起，其中因夫妻关系不和引起的4起，因婚外情引起的1起。

1971—1976年，全区法院新收刑事案件1338件，审结1260件，其中杀人案56件。1979年，全区法院审结一审刑事案件483件，其中杀人案件54件。

1981年，全区法院以整顿社会治安为中心，依法“从重从快”打击处理现行犯罪分子。1981年1—8月，全区刑事犯罪分子凶杀、爆炸致死机关干部群众15人，伤17人。1983年，全区判处杀人犯27人。至1989年，全区法院审结一审刑事案件7996件，其中杀人案件236件，占案件总数的3%。丽水中院审结杀人案件90件。

1991年12月24日，丽水中院和松阳法院在松阳召开宣判大会，判处故意杀人犯周某死刑。1993年8月2日，丽水中院在庆元县召开宣判大会，判处故意杀人犯周某死刑。1995年7月23日，朱某在万象山敲诈勒索，在公安人员对其实施抓捕时持刀杀死一证人，丽水中院在受理后第4天就判处罪犯朱某死刑。至1999年，全区判处杀人罪犯274人。

2002年，全市法院审结杀人一审案件35件，39人，判处杀人罪案件29件，31人。审结故意伤害一审案件257件，364人。判处故意伤害罪案件193件，260人。2004—2010年，全市法院审结故意杀人案件195件，239人。

抢劫案件　唐代至清代，处州及各县衙门审理抢劫案件，按照各朝刑律定罪量刑。清代，抢劫犯罪行为直接侵犯人身和财产权，刑律中规定对抢劫罪严厉惩罚，重者斩首、枭示，轻者充军流放、杖刑。清末颁布的《大清新刑律》将抢劫罪作为强盗罪，处1等至3等有期徒刑。

辛亥革命后，丽水地方审判厅将抢劫归纳为窃盗及强盗一类统计。北洋政府时期，丽水地方审判厅和兼理司法的各县知事，对抢劫案件按《暂行新刑律》中的强盗罪判处。民国20年（1923），丽水地方法院通缉罪犯137人，其中盗匪罪犯82人，占59.9%。

中华人民共和国成立初，抢劫案件减少。1978年改革开放后，此类案件急剧增多。以龙泉县为例，1950—1980年的30年间，龙泉法院受理抢劫案件15件。1981—1993年，仅12年即受理抢劫案件73件。

1983年，全区法院判处抢劫犯28人。

1988年，梁某伙同吴某，先后到龙泉、福建松溪等地，以治伤为名用安眠药掺云南白药骗受害人服用，然后进行抢劫、强奸作案3次。梁某被判处死刑，吴某被判处死刑，缓期二年执行。至1989年，全区法院审结抢劫案件160件，占刑事案件总数1.7%。

1990年，法院严厉打击"车匪路霸"。周某、楼某、楼某等于1990年5月先后结伙持刀对汽车行劫12次。丽水中院一审判处罪犯周某死刑，判处楼某死缓，剥夺政治权利终身。

1991年上半年，全区法院判处抢劫犯81人。其中丽水中院审理抢劫大案8件。1991—1992年全区发生车匪路霸案件485起。

1992年，全区查获各类刑事犯罪团伙315个，成员1050人。1992年7月至1993年6月，张某、龚某等9人分别结伙，采用暴力或胁迫手段，在330国道公路丽水至青田等路段，抢劫货车驾驶员和随车人员、三轮车乘客、过路旅客的钱财，轮奸妇女2次。1994年11月14日，丽水中院以抢劫罪判处张某、龚某死刑，刘某死刑，缓期二年执行，其他同犯三至十五年不等的有期徒刑。

1994年，丽水中院审理云和县符某抢劫局村信用社案，以抢劫罪判处符某死刑。同年，全区法院重点打击抢劫、盗窃、流氓等团伙犯罪，判处团伙犯罪案件20件，团伙罪犯132人。抢劫团伙犯罪占案件总数的三分之一。

1996年，全区受理一审抢劫案件187件。其中青田县邹某、叶某特大抢劫团伙在330国道持刀劫持客车抢劫案，被告人5人被判处死刑，最高法院对此案举行新闻发布会。

1998年，丽水中院审结缙云县蒋某等抢劫案。蒋某伙同田某、苏某、王某等"车匪路霸"18人在公路上拦车抢劫25次。丽水中院判处蒋某、田某、苏某、王某4人死刑，其他被告人14人分别被判处无期徒刑、有期徒刑十五年至二年不等。

2000年，丽水中院判处一批社会反响强烈的抢劫案件。2月28日，丽水中院与云和法院、检察院、公安局联合召开公判大会，对抢劫犯王某、王某（不同的人）宣判死刑，立即执行。7月20日，丽水中院在青田县召开宣判大会，对故意伤害犯陈某、抢劫犯叶某执行死刑。9月21日，丽水中院与遂昌县法院联合召开宣判大会，判处抢劫犯周某、黄某、蓝某死刑。11月3日，丽水中院在青田召开宣判大会，在乐清抢劫杀害出租车司机的罪犯2人谢某、符某被执行死刑。

2003年，全市法院审结一审抢劫案件96件、195人。一审抢夺案件14件、22人。判处抢劫罪案件88件、151人。判处抢夺罪案件14件、22人。2008年5月14日，丽水中院对邹某、叶某、练某非法持枪抢劫案作出一审判决，判处邹某死刑、缓期二年执行，叶某、练某无期徒刑。

2004年1月至2010年12月，丽水市两级法院受理一审抢劫案件644件、1368人，审结643件、

1375人。受理一审抢夺案件158件、260人，审结158件、260人。

盗窃案件 唐代至清代，处州州县衙门对盗窃案件，亦按刑律判处，只是量刑比抢劫的强盗罪为轻。

民国19年(1930)，丽水地方法院审结案件219件，其中盗窃罪30件。民国20年，审结案件230件，其中盗窃罪31件。案件数列刑事案件第二，仅次于“违反禁烟法之罪”。

中华人民共和国成立初，盗窃案件明显减少。20世纪70年代后，盗窃案件又开始增多。1971—1973年，丽水地区两级法院判处的刑事犯罪中，判处的贪污盗窃案件111件。1979—1989年，全区法院受理刑事案件9219件，审结9213件(含旧存)，其中，盗窃案件2591件，占刑事案件总数的28.12%。

1983年，全区法院严厉打击严重犯罪活动。全区新收刑事案件1111件，旧存36件，1147件，判处重大盗窃犯56人。1984年，全区法院受理刑事案件949件，旧存70件，1019件，判处重大盗窃犯45人。1986年，盗窃案件是刑事案件中占的比例最多的案件，而且是团伙犯罪，涉案人员多。全区公、检、法、司各家密切配合，在全区范围内开展以反盗窃斗争为焦点的“严打”第三战役第一仗。同年，全区法院收刑事案件744件，案犯1001人，其中盗窃公私财物案件的就有230件，涉案323人，盗窃案件占刑事案件的32%。

1991年，全区法院开展“扫黄”“反盗窃”等专项斗争。全区法院判处重大盗窃犯101人。1992年7月31日，丽水中院在龙泉市召开宣判大会，判处盗窃龙泉市博物馆青瓷文物的案犯冯某死刑。1993年2月25日，丽水中院重判流窜21县的盗窃团伙，主犯3人被判处死刑。1997年新《中华人民共和国刑法》颁布实施，免除盗窃案件死刑罪。

2008年10月14日，龙泉法院公开审理盗掘全国重点文物保护单位大窑龙泉窑遗址案，以盗掘古文化遗址罪判处叶某有期徒刑十一年，并处罚金5000元。

2010年，全市法院判处盗窃案555起。

强奸案件 唐代至清代，处州州县衙门对强奸、奸淫幼女案件，按各朝刑律定罪量刑。清代，强奸罪称“犯奸”罪。

民国时期，丽水地方法院对强奸、奸淫幼女案件，分别按妨害风化罪中的强奸罪、奸淫幼女罪定罪量刑。民国19年(1930)，丽水地方法院审结妨害风化罪5件，民国20年审结妨害风化罪2件。

1964年12月，丽水中院和各县法院逮捕流氓强奸犯31人，判处15人。原青田大路小学教师王某，先后在执教的3个小学里，强奸13岁至18岁的幼女、少女10人，奸污学生母亲12人，被丽水中院判处死刑。

1971—1973年，判处强奸犯罪案件66件。

1979—1989年，全区法院受理刑事案件9219件，审结9213件(含旧存)，其中，强奸案件678件，占7.40%。其中，丽水中院审结强奸案件29件。

1983年，在“严打”中，强奸犯作为重点打击对象之一。全区判处强奸犯72人，强迫、引诱、容留妇女卖淫犯11人。

1993年5月30日，张某在杭州至瑞安的751次客车上，对女乘客谢某、张某持刀实施暴力性侵犯。6月26日，丽水中院召开宣判大会，以强奸罪判处张某死刑。

2002年，全市法院审结一审强奸案件60件、75人，占刑事案件总数的3.4%。2003年，全市法院审结一审强奸案件46件、55人，占刑事案件总数的3.2%；强制猥亵、侮辱妇女儿童一审案件4件、5人；判处强奸罪案件42件、52人。2007年下半年至2009年2月13日，莲都人陈某通过碧湖中学学生吕某诱带女同学等方式，以及诱骗受害女生诱带其他女生的方式，强奸某中学在读初中女生累计14人（其中强奸幼女9人），强制猥亵妇女7人，猥亵儿童10人。2009年9月24日，陈某被判处死刑。吕某被判处有期徒刑五年。

2010年，全市法院判处强奸案32起。

拐卖妇女儿童案件 民国时期，丽水地方法院对拐卖妇女、儿童的犯罪案件，分别按照妨害自由罪中的掠诱妇女结婚罪或妨害婚姻及家庭罪中的略诱罪分别定罪科刑。民国19年（1930），丽水地方法院审结妨害自由罪20件。民国20年，审结妨害自由罪10件。

民国24年（1935）起，丽水各地法院（司法处）对未成年人犯罪案件的审判，按照国民政府颁行的刑法规定，对未满14岁的不罚，14岁以上未满18岁的，减轻处罚，且除犯杀害直系血亲尊亲属罪外，不判处死刑或无期徒刑。民国28年，龙泉地方法院审结妨害自由罪3件，占当年刑事案件总数的2.80%。

1983年，全区法院判处拐卖人口犯23人。至1989年，全区法院审结拐卖妇女儿童案件124件。其中，丽水中院审结拐卖妇女儿童案件5件。

1991年至1993年4月，全区查破拐卖妇女、儿童案件47件，抓获人贩子62人，摧毁贩卖人口犯罪团伙6个，解救妇女儿童166人。2002—2003年，全市法院受理拐卖妇女、儿童案件24件，审结35件。至2010年，全市法院审结拐卖妇女、儿童案17件，23人。

毒品案件 民国17年（1928）4月，国民政府公布《禁烟条例》，同年7月改颁《禁烟法》。这类案件经法院审判逐步增多，案件数量为各类刑事案件之首。民国19年，丽水地方法院审结各类案件219件，其中禁烟法之罪44件，占20.1%。民国20年，丽水地方法院审结各类案件230件，其中禁烟法之罪64件，占27.83%。

1986年，全区严厉打击一批制造贩卖运输毒品的案件，罪犯11人有9人被处以徒刑。

1998年，全区法院审理涉毒案件4件8人。其中有2件3人参与制造、贩卖、运输毒品在1000克以上，有2件5人参与制造、贩卖、运输毒品在50克以上。冯某、杨某贩卖、运输毒品案，丽水中院一审以贩卖、运输毒品罪，判处冯某无期徒刑，剥夺政治权利终身，以贩卖毒品罪判处杨某有期徒刑十五年，剥夺政治权利三年。

2002年，全区法院审结毒品犯罪案件9件、12人，其中非法种植毒品原植物案件1件。

2009年7月29日，青田法院一审审结一起特大贩毒案（查获毒品957.16克、仿“六四”手枪1支和2发子弹）。2010年，全市破获涉毒犯罪案件51起，查获吸毒人员812人次，移送起诉涉毒犯罪嫌疑人148人，缴获各类毒品2400多克，摧毁3人以上贩毒团伙18个。同年，全市法院生效判决涉毒案件68件，128人。

2009年，杨某、刘某、詹某等以莲都区厦河商城35幢为据点，非法出售冰毒。2010年12月，丽水中院以贩卖、运输毒品罪判处杨某死刑。以贩卖、运输毒品罪判处刘某死刑，缓期二年执行。以贩卖、运输毒品罪判处詹某死刑，缓期二年执行。

1999—2010年丽水市审结毒品犯罪案件一览

表30-3-2-1

毒品种类	鸦片						海洛因						甲基苯丙胺										合计	
年份	不满二百克		不满一千克两百克以上		一千克以上		不满十克		不满十五克		五十克以上		不满十克		不满五十克十克以上		五十克以上		其他毒品		种植毒品植物			
	件	人	件	人	件	人	件	人	件	人	件	人	件	人	件	人	件	人	件	人	件	人	件	人
1999	1	5	1	1	1	1	—	—	—	—	—	—	—	—	—	—	—	—	1	1	2	2	6	10
2000	—	—	—	—	1	1	2	3	—	—	—	—	—	—	—	—	—	—	—	—	—	—	3	4
2001	—	—	—	—	1	1	—	—	—	—	—	—	—	—	—	—	—	—	—	—	—	—	1	1
2002	—	—	1	1	1	1	4	6	—	—	2	2	—	—	—	—	1	2	—	—	—	—	9	12
2003	—	—	—	—	—	—	—	—	—	—	—	—	—	—	—	—	—	—	—	—	—	—	—	—
2004	—	—	—	—	—	—	3	3	—	—	2	7	—	—	—	—	—	—	1	1	—	—	6	11
2005	—	—	—	—	—	—	11	19	—	—	—	—	1	1	2	3	—	—	1	2	—	—	15	25
2006	—	—	—	—	—	—	9	9	—	—	—	—	—	—	—	—	—	—	9	16	—	—	18	25
2007	2	5	—	—	—	—	11	13	1	5	—	—	1	1	2	25	—	—	14	22	—	—	31	71
2010	—	—	—	—	—	—	5	5	1	8	—	—	30	44	7	16	11	26	10	15	—	—	64	114
总计	3	10	2	2	4	4	45	58	2	13	4	9	32	46	11	44	12	28	36	57	2	2	153	273

1965—2010年丽水中院刑事二审案件一览

表30-3-2-2

年份	旧存	新收	已结	未结	已结案中													
					维持原判		改判		改判人数					发回重审	撤诉	其他	终止
					件	人	件	人	加重刑罚	减轻刑罚	免予刑事处分	无罪	其他				
1965	11	92	99	4	35	—	31	—	4	45	—	12	2	—	—	—	15
1967	6	5	4	7	4	—	—	—	—	—	—	—	—	—	反革命案件5件	—	—
1974	3	25	19	9	—	19	—	—	—	—	—	—	—	—	—	—	—
1975	8	18	18	8	18	—	—	—	—	—	—	—	—	—	—	—	—
1976	9	19	17	11	17	—	—	—	—	—	—	—	—	—	—	—	—
1977	11	38	27	22	—	—	—	4	—	—	—	—	—	—	—	—	—
1978	22	33	43	12	30	3	3	—	2	—	—	—	—	—	—	10	—
1979	12	115	107	20	76	20	21	3	14	2	5	—	4	—	—	7	—
1980	20	101	93	28	57	28	—	29	17	7	3	7	4	—	—	4	—

续表 30-3-2-2

年份	旧存	新收	已结	未结	已结案中												
					维持原判		改判		改判人数					发回重审	撤诉	其他	终止
					件	人	件	人	加重刑罚	减轻刑罚	免予刑事处分	无罪	其他				
1981	8	109	95	22	73	17	20	63	11	6	1	—	1	—	—	4	—
1982	22	127	132	17	102	18	23	37	16	7	2	—	3	—	—	9	—
1983	27	146	137	12	107	26	28	45	9	12	5	3	1	5	—	12	—
1984	32	168	192	8	134	161	48	62	4	46	7	5		7	3	—	—
1985	8	105	104	9	72	92	25	30	6	17	5	0	2	6	1	—	—
1986	9	122	122	9	95	115	13	20	3	13	2	1	1	11	1	2	—
1987	9	105	100	14	74	86	20	22	1	12	2	—	7	6	—	—	—
1988	14	144	140	18	112	135	19	23	1	7	—	2	13	9	—	—	—
1989	18	182	184	16	143	187	28	40	3	26	2	8	1	12	6	1	—
1990	16	181	187	10	131	188	35	40	2	23	3	4	8	6	14	1	—
1991	10	163	149	24	106	181	35	48	4	24	8	2	10	8	—	—	—
1992	24	200	198	26	140	229	48	61	1	25	5	9	21	7	2	1	—
1993	25	124	138	11	94	151	33	35	2	24	3	4	2	7	3	1	—
1994	11	130	141	0	97	162	34	41	5	29	3	1	3	2	4	4	—
1995	0	124	124	0	83	106	22	26	0	19	1	2	4	4	2	13	—
1996	0	141	133	8	86	99	27	31	3	19	0	6	3	3	2	15	—
1997	8	156	154	10	111	149	29	30	3	20	0	5	2	3	0	11	—
1998	10	175	154	31	125	181	19	23	1	12	1	5	4	4	0	6	—
1999	31	213	219	25	168	293	38	46	7	26	2	3	8	4	2	7	—
2000	25	202	212	15	181	327	20	27	2	10	0	4	11	3	3	5	—
2001	15	233	221	27	195	362	14	20	1	13	2	2	2	6	0	6	—
2002	26	190	206	10	165	309	27	56	6	25	—	—	25	5	6	3	—
2003	10	150	156	4	132	242	17	20	—	18	—	—	2	1	4	2	—
2004	4	124	122	6	95	145	18	18	1	14	—	1	2	3	4	2	—
2005	6	131	130	7	113	218	12	13	—	12	—	—	1	3	1	—	—
2006	7	142	144	5	118	250	21	22	3	17	—	1	1	3	2	—	—
2007	5	157	149	13	126	195	16	17	1	15	—	—	1	3	3	1	—
2008	13	181	185	9	151	382	22	35	—	31	—	—	4	8	4	—	—
2009	9	236	226	19	187	377	24	37	9	25	2	—	1	5	10	—	—
2010	19	198	204	13	176	448	21	22	4	18	—	—	—	2	4	1	—
合计		5059	5048		3822	5875	783	935	137	607	59	84	153	141	81	116	15

经济犯罪案件审判

概况　清代，经济犯罪作普通刑事案件处理。其中，窃盗案件是各类刑事案件之首，其次是诈骗案件。

民国时期，经济犯罪类目逐步具体，含渎职、窃盗、诈欺及背信罪、盗匪罪等。丽水各县地方法院均受理第一审经济犯罪案件。窃盗、诈欺、背信、侵占等案件比例将近占全部经济犯罪一半。

20 世纪 50 年代至 60 年代初期，全区法院着重打击诈骗、盗窃国家财产，严重偷工减料、破坏国家计划以及恶意挑拨公私关系、严重破坏国营经济的犯罪分子。

1967 年起，在“一打三反”[①]运动中，全区法院把贪污盗窃、投机倒把案件作为打击重点。上山下乡运动中，又将贪污、挪用上山下乡安置经费物资等案件作为审判重点。

1982 年 1 月，丽水地区开展严厉打击严重经济犯罪活动斗争。1983 年，全区法院判处经济犯罪案件 41 件，106 人。

1989 年，全区受理经济犯罪案件 324 件(另有旧存 16 件)，办结 310 件，判处经济罪犯 406 人。其中贪污、受贿、投机倒把分子 68 人。经济罪犯 406 人中被判处 5 年以上有期徒刑、无期徒刑直至死刑的 71 人，为国家、集体挽回经济损失 193.92 万元。

1990 年，全区法院把贪污、受贿、投机倒把等经济犯罪活动列入打击重点。受理各类经济犯罪案件 294 件(加旧存 31 件，共计 325 件)，办结 303 件，判处经济罪犯 424 人，其中贪污 51 人，受贿 35 人，投机倒把 3 人。在判处的经济罪犯中，非法所得在万元以上的 53 人，直接为国家、集体挽回经济损失 156.81 万元。1980—1990 年，丽水地区基层法院判处各类刑事案件 9150 件，其中审判贪污受贿等经济犯罪案件 1354 件。

1991 年，全区办结经济犯罪案件 237 件，判处经济犯罪分子 253 人。其中非法所得在万元以上的 35 人。

1995 年，全区法院重点打击贪污、受贿和破坏经济秩序的诈骗、偷税、投机倒把等严重经济犯罪。审结经济犯罪案件 118 件，判处经济罪犯 140 人。其中判处县处级领导干部经济罪犯 2 人、科级干部经济罪犯 5 人。

1996 年，全区法院重点打击贪污、贿赂和破坏经济秩序的诈骗、偷税、投机倒把等严重经济犯罪。同年审结一审经济犯罪案件 149 件，158 人，其中贪污犯罪 25 件，受贿犯罪 50 件。判处的经济犯罪中，县处级领导干部 2 人。

1997 年，全区法院受理一审经济犯罪案件 118 件，175 人，办结 124 件，174 人，为国家集体挽回经济损失 565.53 万元。

1999 年，全区法院重点打击贪污、受贿、挪用公款罪、诈骗等经济犯罪，受理一审严重经济犯罪案件 129 件，办结 125 件，其中副处级以上领导干部犯罪 3 人，为国家和集体挽回经济损失 519.14 万元。

2000 年，全市法院严厉打击贪污、受贿、挪用公款、玩忽职守等职务犯罪，其中，判处县处级以上干部 2 人。2001 年，全市法院审结破坏市场经济秩序犯罪一审案件 37 件，判处罪犯 58 人。2002 年，

---

① “一打三反”：指打击反革命破坏活动，反对贪污盗窃、反对投机倒把、反对铺张浪费。

全市法院受理破坏市场经济秩序犯罪案件33件，办结34件，判处破坏市场经济秩序犯罪案件29件，罪犯40人。2003年，全市法院审结破坏市场经济秩序犯罪案件21件，判处罪犯32人。2006年，全市法院依法惩处国家公职人员贪污、受贿、挪用公款等犯罪案件63件，判处罪犯85人。

2008年，丽水市依法惩处国家公职人员贪污、受贿、挪用公款等职务犯罪，审结108件，判处罪犯130人。严厉打击商业贿赂犯罪，审结此类案件84件。

2010年，丽水市审理一批社会反响强烈的翁某、郑某、叶某贪污受贿案和郜某诈骗案。全市法院审结经济犯罪案件72件、127人。

贪污受贿案件　民国初期，丽水审判机关对贪污案件，分别依照暂行新刑律中侵占罪的公务、业务侵占罪判处。民国19年(1930)，丽水地方法院审理侵占罪5件。民国20年，审理侵占罪3件。民国21年，因犯侵占罪被丽水地方法院通缉有4人。民国22年，因犯侵占罪被丽水地方法院通缉有2人。龙泉县住龙乡乡长兼乡仓保管员罗某于民国31—33年间，利用职务之便，连续侵占赋谷及优待谷9453.25千克。民国37年5月5日，龙泉地方法院以侵占公有财产罪判处罗某有期徒刑7年，剥夺公权7年，侵占赋谷及优待谷9453.25千克追缴归公。

1950年，根据《惩治贪污条例》和浙江省颁布《惩治贪污暂行办法》作为惩治贪污犯罪的法理依据，再按其贪污动机、原因等酌情增减。全区审结贪污案件7件。

1952年1月至1963年4月，没有二审贪污案件的审判。

1971—1973年，全区法院判处的刑事犯罪中，判处的贪污盗窃案件111件。1979年，全区法院审结贪污案件13件。

1982年，全市各级法院认真执行全国人大常委会《关于严惩严重破坏经济的罪犯的决定》，加强对贪污经济犯罪案件的审理，开展严厉打击经济犯罪和严重破坏社会治安犯罪案件的审判工作。全区新收经济犯罪案件33件，办结28件，34人。其中贪污20件，22人。犯罪金额二十万元以上的1人。同年，丽水中院审理受贿案件1件1人。1983年，办结受贿案件1件。

1985年6月，丽水中院审理地区汽车运输公司东坑车站业务员吴某贪污国家汽车运输货运款58936元的案件，判处吴某死刑。

1986年，全区受理贪污案件63件，判处贪污犯52人，居各类经济犯罪案件首位，而且大案要案多，罪犯个人所得金额在万元以上的有25人。为国家挽回经济损失78.40多万元。遂昌县纤维板厂过磅员高某，利用职务之便，内外勾结，贪污公款40多万元，牵涉到同案犯10人。丽水中院一审判处主犯高某死刑，缓期2年执行。

1991年，缙云县五云镇东门村出纳员贪污22万元，挪用11万多元一案，丽水中院一审以贪污罪和挪用公款罪并罚判处被告人死刑。1996年，全区法院审结贪污案件25件，受贿案件50件。1997年，丽水地区烟草专卖局原局长姚某受贿38.20万元，被一审判处无期徒刑。1999年2月8日，丽水中院受理省人大丽水地区工委原副主任时某(副厅级)涉嫌受贿8万多元一案，经审理，判处有期徒刑5年。

2002年，全市法院受理国家公职人员贪污、受贿、挪用公款等职务犯罪案件41件，办结40件，涉及科级干部7人。

2003年，依法严惩贪污、贿赂等职务犯罪，全市法院审结国家工作人员贪污、贿赂等犯罪案件61件，判处犯罪分子66人，涉及处级干部1人，科级干部13人。丽水市公安局原调研员赵某因受贿罪被判处有期徒刑10年。

2007年，依法惩处国家公职人员贪污、受贿、挪用公款等犯罪，重点打击商业贿赂犯罪，审结此类案件86件，判处罪犯102人。依法惩处各类破坏社会主义市场经济秩序犯罪，审结此类案件46件，判处罪犯80人。

2008年5月4日，景宁法院以受贿罪判处丽水市经贸委原副主任李某有期徒刑8年。11月7日，青田法院对丽水市莲都区梅山中学原校长王某以受贿罪判处有期徒刑5年。11月13日，莲都区法院以受贿罪判处莲都区教育局原副局长徐某有期徒刑10年，并处没收财产人民币10万元，其违法所得18.5万元予以追缴。

2009年6月，丽水市建设局副局长季某因其在担任丽水污水处理工程总指挥、丽水市处州公园建设指挥部指挥期间收受贿赂，以受贿罪被判处有期徒刑7年。7月，丽水市建设局原副局长邹某因犯受贿罪，被判处有期徒刑12年6个月。11月27日，丽水中院在遂昌开庭审理国家工作人员职务犯罪案件。郑某于2002—2009年担任丽水市国土勘察测绘规划院院长、副院长期间，贪污225万多元，受贿150万元，以郑某犯贪污罪、受贿罪，数罪并罚，判处有期徒刑19年，没收财产40万元。

2010年11月29日，丽水中院以翁某犯贪污罪，判处无期徒刑。翁于2005年12月至2008年8月期间利用担任景宁畲族自治县教育会计核算中心基建会计的职务便利，采用修改报销凭证虚报冒领和擅自登陆出纳、复核人网上银行系统转账的方法，先后5次侵占基建专户资金226.7万元。

渎职犯罪案件审判　民国19年(1930)，丽水地方法院审理渎职罪4件。民国20年，审理渎职罪4件。民国36年5月16日，丽水地方法院院长潘某虐待囚犯，受提案弹劾，监察院移付中央公务员惩戒委员会审核后以徇私渎职降一级改用他职。

1949—1988年，丽水地区没有开展渎职案件审判。

1997年，全区法院审理侵权渎职案件16件，其中司法、行政执法人员徇私舞弊犯罪案件3件，金融部门违反金融规章制度造成巨额贷款无法挽回的重特大玩忽职守案件6件。1998年，立案审判各类侵权渎职案件5件，其中滥用职权案1件，玩忽职守案1件，司法工作人员徇私枉法案2件，利用职权侵犯公民权利案1件。2001年，办理渎职侵权案件28件，办案数居全省第一。2002年，办理渎职侵权案件24件，立案数连续两年居全省第一，其中司法机关工作人员渎职侵权案件8件，林业工作人员违法发放林木砍伐证16件。2003—2008年，审理渎职侵权案件75件。2009年，审理重特大渎职侵权案件10件。遂昌县农业局局长罗某多次收受他人贿赂款项14.2万元、购物卡3000元、多次侵吞公款11.3万元，将2006年6月至2008年6月的水利局费用47.5万元纳入代管的实业公司列支。2010年1月11日，丽水中院以罗某犯贪污罪、受贿罪、滥用职权罪，判处有期徒刑14年6个月。2010年，全市法院审理重特大渎职侵权案件17件，比上年上升70%。

诈骗案件　清代，审判衙门对诈骗犯罪案件按照大清律中刑律的诈伪目十一条款定罪科刑。清末处州府衙门审理诈骗案件均按“诈伪罪”处理。

民国初，改定为欺诈取财罪。民国8年(1919)，丽水、龙泉两个地方审判厅审结诈欺案件35件。民国19年，丽水地方法院审结欺诈背信罪案件2件。民国20年，审结欺诈背信罪案件2件。

中华人民共和国成立初，丽水专区没有诈骗犯罪案件审理。1964年1月，贯彻中共中央关于依靠群众专政、少捕、矛盾不上交的方针之后，法院对这类犯罪，除惯骗、累犯、流窜犯和重大诈骗犯予以惩处外，对一般的诈骗犯罪分子，大多交当地群众批判教育后，由基层组织及其亲属监督改造。在此期间判处的诈骗罪犯，绝大多数是编造谎言，假冒身份，伪造公文、证件，或以帮助购买物品，骗取他人财物，诈骗的数额一般不大。

20世纪80年代初，诈骗犯罪活动有所增多。1982年4月，全区法院将诈骗公共财物的犯罪分子列入打击重点范围。1986年11月21—23日，丽水中院在龙泉公开审理王某、黎某、冯某、阎某诈骗大案。王某等以“龙泉县光华股份有限贸易公司”为名，骗取钢材预付款和群众股金，计1157.19万元。主犯王某被判处无期徒刑。

1989年5月，丽水中院判处诈骗犯张某无期徒刑。1998年，遂昌县林某诈骗银行资金1000万元，骗取他人资金400万元，翁某诈骗银行资金600万元，遂昌县农行原主持工作副行长许某非法出具总额为1400万元的银行承兑汇票，受贿37660元。丽水中院以贷款诈骗罪判处林某、翁某无期徒刑，以非法出具金融票证和受贿罪判处许某有期徒刑16年，为国家、集体挽回经济损失866.25万元。

自2000年起，诈骗名目日趋繁多，有婚姻诈骗、贷款诈骗、票据诈骗、金融凭证诈骗、信用卡诈骗、保险诈骗、合同诈骗、集资诈骗、电话短信诈骗、退税、退费诈骗，等等。2006年3月16日，莲都区法院审理非法刊物《中华新青年》假记者祝某、吴某等7人诈骗、敲诈勒索一案。一审判处祝某有期徒刑十年，并处罚金20.5万元，吴某有期徒刑6年，并处罚金10.5万元。二审维持原判。

2009年1月，杜某因集资诈骗罪终审判处死刑。同年，审结生产、销售伪劣商品、非法吸收公众存款、集资诈骗等严重破坏市场经济秩序犯罪案件73起。

2010年，全市法院审结诈骗案件80件，126人。

投机倒把案件 清代以前刑律未定有投机倒把罪，只是食盐由官府专营，违反者以私盐罪科刑。

民国时期《刑法》，也未定有投机倒把罪，除仍颁行禁止私盐条例外，还公布一些工商法规，惩处违法者。诸如民国27年(1938)颁行的《非常时期违反农矿工商管理条例》中，定有投机、操纵罪；民国30年的《非常时期违反粮食管理治罪条例》中，定有囤积居奇罪等。

中华人民共和国成立初，一些不法分子沿袭投机经营手法，进行商业投机。

“文化大革命”期间，对转手倒卖，长途贩运，买空卖空，居间牟利，投机倒把国家派购、统购物资和计划分配的工业品、票证等，均定为投机倒把犯罪。

1964年12月16日，丽水中院以犯投机倒把罪，判处陈某有期徒刑3年，并没收铁零件266斤、铜零件5斤。同日，丽水中院以犯投机倒把罪，判处李某管制3年，并没收其非法所得暴利320元、弹棉花机2台、砖木结构三层楼房屋1座(5间)。

自1970年“一打三反”运动开始后，对投机倒把犯罪处刑较重。1971—1973年，丽水地区两级法院判处的经济犯罪中，判处投机倒把案件40件。

1979—1989年，丽水地区两级法院审结投机倒把案件48件。

1992年，丽水地区两级法院开展打击生产和经销假冒伪劣商品的违法行为，依法严惩生产和经销假冒伪劣商品的犯罪分子。1994年1—10月间，胡某以缙云县宏达有限公司名义购领3本增值税专用发票，提供给温州鸥海利达经营部的黄某使用，并以开出票面价税额的3%收取开票费。丽水中院以胡某犯虚开增值税专用发票罪，判处有期徒刑15年，剥夺政治权利5年，并处罚人民币8万元。1997年，《中华人民共和国刑法》取消投机倒把罪。

第三节 民商事案件审判

20世纪50年代之前，民事案件审判仅次于刑事案件审判。1966年12月，人民保卫组行使审判权。1969年起，人民保卫组不受理民事案件。

1980年，《中华人民共和国民事诉讼法(试行)》和《中华人民共和国民法通则》等法律法规实施，民事审判工作有实体法可依。1988年，法院通过审理清理公司引发的债务纠纷、压缩基建投资规模引起的建筑工程承包合同纠纷和金融领域的回收逾期贷款案件，保障国家治理经济环境、整顿经济秩序的贯彻执行。

1991年4月，《中华人民共和国民事诉讼法》实施，全区民事审判程序进一步规范。1995年，审理一批类型新、标的大、涉外、涉港澳台经济纠纷案。1995年，全区一审办结经济纠纷案件1734件。至1997年，一审办结经济纠纷案件4131件。

2001年，全市法院经济审判着重抓好金融借贷、企业改制、涉农案件，审结各类经济纠纷5155件，解决标的额6.5亿元。民事审判重点抓好群体性纠纷、婚姻家庭、土地、房产、工伤、劳动争议等案件。

2006年，全市法院民商事审判着重审理信贷、保险、票据等各类金融纠纷及知识产权案件，保护金融债权和维护金融秩序。

2010年，全市法院民事审判着重审理企业破产清算案件、土地使用权流转纠纷、宅基地纠纷及农村土地征用补偿款纠纷，支持林权制度改革。首次公布八大知识产权典型案例，强化知识产权的司法保护。依法平等保护中外当事人合法权益，营造良好贸易投资环境。1981—2010年，丽水地区两级法院受理一审民事案件107965件(不含旧存)，办结108336件(含旧存)。

民事案件审判

概况　古代采用诸法合体结构，司法上民、刑不分。讼案统由当地州、府、县衙门审理。而民间的大量民事纠纷，则由乡里保正调处，或由府绅、族长调解判断。清宣统三年(1911)，始在地方审判厅内专设民事庭，审理民事案件，遵循实体法系《大清现行刑律》中的户役、田宅、婚姻、钱债等属于民事之部分，不再科刑。

民国2年(1913)，丽水地方审判厅依据民国元年3月大总统令，审理民事案件仍沿用《大清现行刑律》中除与国体相抵触之部分外的民事各条(称之为前清现行律之民事有效部分)。民国15年，依照北洋政府司法部通令，把修订法律馆拟定的民法草案作为条理采用。

1950年4月，浙江省法院丽水分院设民事庭，受理民事案件。1950年下半年开始实行土地改革，民事案件明显增多，尤其是离婚案件和佃权、侵占、伤害等案件占很大比重。

1963年4月至1966年，丽水地区按照“依靠群众、调查研究、调解为主、就地办案”的原则，民事案件逐年减少。1963年7月，丽水中院发通报介绍缙云法院依靠基层调解组织边训练边办案的经验。1965年12月，丽水中院印发《人民调解工作的一面旗帜》一文向全区推广遂昌县西屏镇调委会经验。

1973年2月，恢复丽水中院，逐步恢复各级民事审判机构。

1980年起，地、县两级法院受理的民事案件日趋增多，尤其房屋纠纷案件、赔偿纠纷案件大幅度增加。

1988年11月，全区法院开始执行公开审判制度，丽水中院在龙泉县公开审理李某某因房屋所有权纠纷提起上诉的二审民事案件。

1998年，全区法院在民事审判中，强化审理婚姻、债务和损害赔偿三类案件，消除不安定因素，依法审理好房屋、土地不动产案件，推动住房制度改革和房地产业发展，审理劳动争议和社会保障方面的案件，促进社会保障和再就业制度建立。景宁畲族自治县朱某某、汤某某等1118人诉中保公司景宁畲族自治县支公司、人寿保险丽水地区分公司、人寿保险景宁畲族自治县办事处返还保险费74.66万元及赔偿损失一案。该案社会影响大，涉及面广。丽水中院一审受理后，多次召集当事人做调解工作，促成当事人案外和解，原告撤诉。

1999年，针对交通事故损害赔偿案件特点，松阳、丽水等县(市)法院建立交通事故专门审判庭，及时调解纠纷，妥善处理交通事故损害赔偿案件。

2000年3月16日，丽水中院对丽水法院1999年5月一审的利用刊登寻人启事的罕见手法、诽谤名誉的刑事附带民事自诉案件作出终审裁定。5月8日中央电视台第一套节目《今日说法》播出该案件。

2001年，全市法院妥善处理群体性诉讼案件，注重教育疏导，促使双方当事人互谅互让，做到案结事了。莲都区皇鼎联华超市系列案件、1888户瓜农状告浙江大学科技中心种子质量纠纷赔偿的妥善处理。

2006年，全市两级法院对民商事审判立足化解矛盾纠纷，特别是对山林纠纷、劳动争议、土地征用等可能影响社会安定的群体性纠纷的矛盾易激化案件，尽可能以调解方式解决纠纷，民商事案件的调解撤诉率49.6%。

2007年，全市法院审结民商事案件撤诉率50.99%，比2006年上升0.36%。全市人民法庭审结的民商事案件调解撤诉率65.35%。

2010年，丽水市两级法院实行民商事案件繁简分流，民商事案件简易程序适用率70.37%。同年民商事案件调解撤诉率52.21%。12月，丽水中院设立丽水市司法调解中心，将丽水中院司法调解及诉调对接工作融入市委大调解工作中。

婚姻家庭案件　民国时期，丽水法院审理婚姻案件按照《民法》亲属编中有关规定进行处理。辛亥革命后提倡保护妇女权益，但实际上各地方法院、司法处等司法机构仍旧继续确认封建家族制和一夫多妻制，广大妇女在政治和经济地位上未能解脱。如民国5年(1916)9月21日，龙泉县民季某有一妻一妾，其妻向县公署告夫宠妾弃妻，承审员于当月29日开庭，以“弃无实据不理”结案。

1950年，《中华人民共和国婚姻法》的颁布实施，各地的婚姻纠纷案件增加。1950年，全区法院收民事案件1333件，其中婚姻案件436件，占总案件数的32%。丽水分院审理民事案件204起，其中婚姻纠纷107起，占总数的52%，个别法院婚姻案件占民事案件的95%。

1951年1—9月，全区法院收初审民事案件2514件，其中婚姻案件1623件，占64%。丽水分院受理二审民事案件119件，其中婚姻案件64件，占总案件数的53%。

1954—1960年，离婚案件逐步下降，其中属包办强迫婚姻的减少，因其他原因提出离婚的相应增多。

1963年10月5日，丽水军分区政治部、丽水专员公署办公室、丽水中院、丽水检察分院联合发出《关于进一步检查处理破坏军人婚姻案件的联合通知》，加强破坏军婚案件审判。同年，丽水中院收审破坏军婚案件7起。

1965年，全区法院审结准予离婚案件113件，不准离婚案件49件。调解离婚案593件，其中离婚的336件，不离婚的257件。婚姻家庭案件中，家庭暴力比较常见。同年，全区审结破坏军婚案件10件。

1966年，针对农村中婚姻家庭方面存在严重的封建思想残余和旧的风俗习惯，丽水中院从遂昌西屏、枫坪公社搜集到一些典型事例，印发《婚姻法宣传资料》2700份，结合社教运动，供基层干部口头宣传。

20世纪70年代初期，破坏军婚案件增多。1974年1月14日，雷某因犯破坏军婚罪，被判处有期徒刑1年6个月。1971—1973年，全区法院判处破坏军婚犯罪案件64件。

1981年1月1日，第二部《中华人民共和国婚姻法》实施。1981—1983年，全区审结离婚案件2163件，离婚后财产、生活费案件14件，扶养、赡养案件181件。

1984年1月28日，丽水中院印发《关于开展“维护妇女、儿童合法权益法制宣传月”活动，严惩残害妇女、儿童的犯罪分子的通知》。同年2月，全区法院从重从快审理残害、虐待妇女、儿童的犯罪案件44件，判处罪犯49人，其中强奸妇女28人，奸污幼女3人，流氓3人，拐卖儿童、妇女5人，虐待老人5人，暴力干涉婚姻1人，重婚4人。1988年，在全面调解处理民事纠纷中，重点处理好离婚案件。全区法院受理离婚案件1307件，办结1295件，分别占民事案件收结案总数的26.2%和28.80%，均居其他各类民事案件的首位。注意正确把握离与不离的标准，在办结的离婚案件中，调解和好的262件，占20.2%；调解离婚的657件，占50.7%；调解率70.9%。判决不离婚的64件，占4.9%；判决离婚的140件，占10.8%。

1990年，全区法院新收离婚案件1635件(加旧存的290件，1925件)，审结1673件。在已结离婚案件中，调解离婚的789件，调解不离婚的284件，判决离婚的222件，判决不离婚的83件。至2001年，丽水地区两级法院审理婚姻家庭案件23165件，其中离婚案件20933件，其他婚姻纠纷案件2232件。

2004—2010年，丽水市两级法院受理婚姻家庭一审案件21508件，结案21528件(含旧存)，诉讼标的总金额1.7亿元。其中受理离婚案件19577件，结案19594件(含旧存)，诉讼标的总金额1.4亿元。受理三养(扶养、抚养、赡养)案件814件，结案809件(含旧存)，诉讼标的总金额181.82万元。其中审理刑事案件，判处重婚罪的22件、32人，遗弃罪的2件、3人，虐待罪的3件、3人。丽水中院受理婚姻家庭二审案件305件，结案306件(含旧存)，诉讼标的总金额1549.77万元。其中受理离婚案件227件，结案228件(含旧存)，诉讼标的总金额1377.82万元。受理三养(扶养、抚养、赡养)案件44件，结案44件(含旧存)，诉讼标的总金额30.9万元。

山林案件 民国时期，丽水法院对山林纠纷案件按照《民法》和《森林法》等有关规定进行审判，未列有专项的统计数字。

中华人民共和国成立后森林审判工作作为全区法院较为特殊的一项审判任务，对发展林业生产具有重要意义。20世纪50年代，景宁县梅歧公社桂远大队与文成县黄寮公社黄曲寮大队的山林纠纷，历时4年。

1961 年 6 月 26 日，各县开始执行中共中央《关于确定林权、保护山林和发展林业的若干政策规定(试行草案)》。

1966 年起，法院森林审判工作停滞。

1979 年 2 月，国家颁布《中华人民共和国森林法(试行)》。1979 年，全区法院判决和调处山林纠纷案件 125 件，占民事纠纷案件总数的 10.8%。1980 年，龙泉、云和、庆元等县设立森林法庭。同年，全区法院调处山林水利纠纷 291 件。

1981 年，丽水中院、青田、缙云、遂昌法院设立森林法庭。至 1981 年，全区有森林审判干警 36 人。同年，全区处理山林纠纷 169 件，涉诉山林面积 9591.33 公顷①。1981 年，地、县法院相继建立审判庭。中院受理丽水地区县与县之间山林纠纷案件和对基层法院判决或裁定不服的上诉案件。

1982 年，全区法院依法惩办乱砍、滥伐森林案件的犯罪分子，特别是对为首者依法从重惩罚。同年，全区判处盗伐森林的犯罪分子 56 件 74 人，解决森林纠纷 97 起，面积 4741.8 公顷，其中丽水中院办结山林二审案件 16件。龙泉、青田等县召开万人大会，对盗伐林木，杀人灭口的罪犯刘某判处死刑，同案犯刘某判处有期徒刑十二年。对盗伐千年古樟的邹某、张某、张某等分别判处有期徒刑刑罚。

1986 年，丽水地区除云和外，其他 8 个基层法院均建立森林审判庭。同年，全区受理一审山林纠纷案件 155 件(加旧存 49 件)，204 件，办结 169 件。丽水中院办结二审山林纠纷案件 49 件。

1987 年，全区受理盗伐、滥伐林木案件 52 件，办结 43 件。受理初审森林民事案件 132 件(旧存 35 件，167 件)，办结 142 件。丽水中院受理二审森林民事案件 61 件(旧存 27 件，88 件)，办结 65 件。同年，有山林权属纠纷 9806 起，其中县内 9200 起，县际 500 多起，地际 41 起，省际 60 起。

1989 年，全区法院受理一审森林纠纷案件 130 件，二审 53 件，办结一审森林纠纷案件 128 件，二审 40 件。同年，新办理的森林纠纷案件，没有发生群体性事件。

1990 年，全区受理一审山林纠纷案件 81 件(加旧存 38 件，119 件)，办结 71 件。受理二审山林纠纷案件 28 件(加旧存 28 件，56 件)，办结 38 件。

1998 年，全区法院审结盗伐林木、滥伐林木等破坏森林资源犯罪 12 件，惩处罪犯 14 人。如遂昌法院审结的涂某某盗伐林木案，涂盗伐林木 324 立方米，被依法从重判处有期徒刑 9 年。20 世纪 90 年代后，森林案件数量减少。1991—2001 年，全区法院审结山林水利纠纷案件 174 件。

2008 年，丽水市政府把集体林权制度改革列为政府十件大事之一，要求法院山林案件审判为林权改革服务。

2009 年，全市逐步推行“补种复绿”工作措施，由法院居中协调，让失火或盗滥伐林木案件被告人与受害人之间达成补种复绿谅解协议，约定由被告人在毁损林地补种树苗或播种，从司法角度推进毁坏山林的生态还原。

2010 年 4 月，丽水中院与市林业局联合制定《关于做好林权抵押不良贷款资产处置变现工作意见》。2007—2010 年，全市法院审结山林水利纠纷案件 57 件。

房屋宅基地案件 清代，田宅诉讼，各县县衙、处州府衙均按《大清律》之“田宅律”审判，处罚违法者，保护业主所有权。具体处理房屋诉讼，各县衙依律处罚盗卖、换易、冒认及侵占他人房屋

① 其中丽水中院处理山林纠纷 9 起，争山面积 321.33 公顷；木材抢夺纠纷 1 起，处理木材 312.40 立方米。

者，房屋还给原主。重复典、卖者，以所得价钱计赃照窃盗论处，追价还后典、买主，房屋归原典、买主为业。房屋典期已满，准许业主回赎。典主托故不肯放赎者，予以处罚。典期未满，业主强赎者，亦照律处罚。

民国时期，地方法院依据国民政府公布施行的《房屋租赁条例》等法规，审理房屋案件。房屋案件占民事案件的较大比重。民国19—20年(1930—1931)，丽水地方分院一审审结建筑物案件38件(其中绝大多数属于房屋案件)，占同时期审结民事案件总数的10.7%。民国33年之后，由于出现恶性的通货膨胀，房屋典当回赎的价款和房屋租赁租金的约定，都受币值的急剧变动而引起争执，导致诉至法院的这类案件增多。民国37年，浙江高等法院第五分院审结房屋案件73件。

1950年，法院处理房屋案件是依据中央关于城市房产屋租相关政策，参照各大城市所颁布的房屋租赁条例处理。对于乡村房屋，根据契约，土地价值有否胁迫行为与低级成分来决定。押租偿还的标准，按照其原有购买力折算为原则。

1958年，9个县法院审结一审房屋纠纷案件74件。

1962年，全区房屋案件增多。1963—1965年，全区法院审结一审房屋纠纷案件801件。

1981年起，房产纠纷越来越多，而且出现历次运动中遗留等诸多新情况、新问题。1981—1983年，全区审结房屋案件1744件。1985—1986年，全区审结房屋案件1295件，占民事案件总数的21.60%。

1990—2001年，丽水地区两级法院审结一审房屋纠纷案件3022件。

2004—2010年，丽水市两级法院收房地产开发经营合同纠纷一审案件520件，审结525件(含旧存)，诉讼标的总金额1.27亿元。丽水中院审结房地产开发经营合同纠纷二审案件239件，诉讼标的总金额1089.89万元。其中2010年，丽水中院审结房屋案件62件。

债务案件　清代，借贷之债诉讼，处州府衙及各县衙依据大清钱债律审判，限制高利贷，保护债权人、债务人的合法权益。

民国初期，经济案不多。民国18年(1929)11月22日，民法债编公布后，债分为24类，收案增多。民国19—20年，丽水地方分院审结金钱案47件，占民事案件总数的13.2%。国民政府时期，法院在审理债务案件的过程中，债务人到庭应诉，必具原告所诉的债额妥保，或交保证金，否则可被收押。

1949年8月开始，法院受理债务案件。至1956年，丽水地区各级法院受理债务案件33件。丽水地区各级法院审理这类案件，主要依据1950年10月政务院通过的《新区农村债务纠纷处理办法》、最高法院《关于法院审理借贷案件若干意见》等规定和1951年2月最高法院华东分院《关于城市债务处理问题的指示》等规定。对中华人民共和国成立后形成的债务关系，一般承认其继续有效。对中华人民共和国成立前形成的债务关系，凡劳动人民欠地主债务的，一律废除；劳动人民欠富农的债务，付利已倍于本金的，停利还本，付利已二倍于本金，本利停付，付利不足本金之一倍的，得于付利满二倍后解除债务关系；人民之间的债务关系，则承认其继续有效。

1956年，基本实现生产资料所有制的社会主义改造之后，民事法律关系的基础缩小，债务纠纷案件逐年大幅度下降。

1963—1967年间，全区法院审理债务纠纷90件。1968年起，没有审理债务案件。1977年，全区法院审理债务案件2件。1980年，发展社会主义市场经济，生产流通领域债务骤增，收案上升。1984年经济体制改革转入以城市为重点，此类案件开始呈剧增之势。至1989年，受理债务案件1534件，至1999年，增至2928件。2000年后，债务纠纷剧增之势不减。

2010年，全市法院受理债务纠纷6801件，审结7020件（含旧存），诉讼标的总额126152.99万元。

损害赔偿案件 清代，损害赔偿诉讼，县衙依据大清田宅、钱债、厩牧、斗殴律审判，处罚致害人，赔偿受害人财产损失。

民国时期，损害赔偿属债务诉讼范围，无专项司法统计。民国18年(1929)10月10日，《民法总则》实施。地方法院依法审判此类案件，保护受害人的人身、人格和财产权利。地方法院对不法侵害他人的身体、名誉、自由和财物权益的案件，依照《民法总则》中有关侵权行为的规定，判令侵权人承担损害赔偿的责任。

1950年，全区法院依据民事政策等规定，审结人身、财产损害赔偿案。同年，全区法院审结损害赔偿案件22件。1963—1965年，全区法院赔偿一审案件134件。1967年，全区审结赔偿一审案件9件。

1977年起，全区法院开始审理有关经济方面的侵权损害赔偿纠纷案件。1977—1989年，丽水地区两级法院赔偿一审案件3381件。

20世纪90年代，产品责任纠纷损害赔偿案件开始起诉到法院。1990—2001年，全区法院审理赔偿一审案件8823件。

2000年，因伪劣种子、化肥、农药等的生产、销售引起的经济损害赔偿纠纷开始诉诸法院。全区法院将此类案件列为经济损害赔偿纠纷案件的重点进行审理。2001年5月24日，莲都区法院对当地百多辆出租车配置纠纷案进行公开宣判，判令被告丽水市运输公司和丽水市外事旅游汽车有限公司赔偿出租车经营户111人47.7万元。至2003年，全市法院受理财产损害赔偿一审案件257件，审结265件。赔偿标的440.73万元。受理人身损害赔偿纠纷一审案件4662件，审结4692件（含旧存）。

2005年12月，云和法院调解涉及菇农55人的买卖合同纠纷案，得到赔偿款计3.7万元。2007年，全市法院为交通、工伤事故等受害人追索赔偿金2305.86万元。

2010年，全市法院审结涉及医疗、交通、工伤事故等人身损害赔偿纠纷案件1912件，调解撤诉率69.3%。同年，庆元法院在交警大队设立便民工作室，调处交通事故损害赔偿纠纷118件，调解撤诉率92%。

土地纠纷案件 民国时期，土地诉讼有确权、买卖、租赁、抵押、回赎等类。这时期的土地纠纷频发，成为最主要的民间纠纷案件。如民国19—20年(1930—1931)，丽水地方分院审结土地纠纷案件115件，占民事案件总数的32.40%。

1950—1966年，全区法院依据1950年6月29日中央人民政府公布的《土地改革法》判处各类土地案件。侵占他人土地的，责令侵权人恢复原状，归还产权人土地。

1963—1965年，丽水地区两级法院审结土地纠纷案件139件。

1977—1989年，丽水地区两级法院审结土地纠纷案件402件。

1990—2001年，丽水地区两级法院审结土地纠纷案件219件。2002年，判处非法占用农用地罪案件1件，2人。2003年，审结一审宅基地案件2件。

2006年，丽水中院制定下发《关于审理农村土地承包纠纷案件有关问题的指导意见》。同年，审结土地征用费分配案件48件。同年3月10日，吴某等52户因处州大酒店非法侵占土地侵犯其合法权益，请求丽水市国土局履行依法查处的法定职责一案，丽水中院作出终审判决，判令丽水市国土资源局履行法定职责。同年8月25日，丽水中院审结的莲都区大港头镇云雾坑村与玉溪村土地补偿纠纷案，涉案村民700多人，经调解促使双方达成协议。2008年10月，松阳法院妥善执结一批“农嫁非”土地征用补偿费重点信访案。2009年，丽水中院制定《关于做好涉农案件审判工作的指导意见》。同年，全市法院审结土地承包、土地使用权流转等案件75件，调解、撤诉23件，调撤率30.67%。2010年，丽水市两级法院审结土地使用权流转纠纷、宅基地纠纷及农村土地征用补偿款纠纷等案件15件，调解撤诉率86.67%。

劳动争议案件 民国36年（1947）11月起，劳资纠纷由隶属于各县政府的劳资评断委员会裁决，主管机关强制执行。

中华人民共和国成立初，丽水专区劳动争议通过调解、仲裁、诉讼三个途径解决，但争议案件较少。1987年，恢复劳动争议仲裁制度，劳动合同纠纷案件由法院受理。1993—1995年，丽水地区各级法院依据《中华人民共和国劳动法》等法律、法规，维护劳动者和用人单位的合法权益。

2003年，全市法院受理劳动争议一审案件193件，审结184件。受理劳务合同纠纷案件176件，办结174件。2005年11月28日，莲都区法院审结一起民工50人诉讼要求支付拖欠工人劳动报酬纠纷案件。同年，全市审结劳动争议案件315件。2007年，全市法院加强劳动争议案件的审理，依法保护劳动者合法权益，审结此类案件141件。注重对权益受损害方和弱势群体权益的保护，审结追索劳动报酬、伤残赔偿金等案件1196件，为劳动者追索劳动报酬403.62万元。2008年，全市法院抓好涉及民生案件的审判执行，建立企业职工群体性案件应急处置机制，开辟诉讼绿色通道，对涉及弱势群体的案件，做到快立快审快执。同年审结劳资纠纷和劳动争议案件1320件，涉案金额2009.59多万元，比上年分别增长489.3%和308.5%。为劳动者追索劳动报酬825.59万元。2010年，全市审结劳动争议案件942件，调解撤诉率78.98%。

涉外涉港澳台案件 1994年起，丽水中院开始审理涉外涉港澳台购销合同纠纷案件，依法保护涉外涉港澳台合法交易。如缙云华顺精饰品有限公司与中国香港地区群顺有限公司购销合同纠纷一案。中国香港地区群顺有限公司虚报价格，将6.7万美元的设备以22万美元卖给缙云华顺精饰品有限公司。1994年，丽水中院通过审理，查清被告在价格上的欺诈事实，促使双方达成调解协议。缙云华顺精饰品有限公司支付的12.73万美元货款，退还7万美元。1994—1995年，丽水中院审结涉及11个国家旅居华侨和华裔外国公民的案件30件。

2000年，涉外案件20件，其中购销合同案件9件、借款合同案件6件，其他案件5件，涉港案件2件。2001年，涉外案件2件（合伙内部财产纠纷案件）。2002年，涉台刑事一审案件2件，涉台婚姻家庭、继承纠纷一审案件6件。2003年，涉台刑事一审案件1件，涉澳刑事一审案件1件。

2007年，经最高法院第四次指定，丽水中院有权审理第一审涉外，涉港、澳、台民商事案件的法院。

2010年6月1日，中国台湾地区人李某、叶某、张某在浙江、江西等地总计施骗金额人民币284.36万元。其中在丽水市辖区内被骗的受害人20人，被骗金额人民币149.73万元。丽水中院以李某犯诈骗罪，判处有期徒刑11年，叶某、张某犯诈骗罪，判处有期徒刑各10年。2010年，全市法院依法审结涉外商事案件27件。

1963—2001 年丽水市一审民事案件一览

表 30-3-3-1 单位：件

年份	旧存	新收	已结	结案方式			案件类型											未结
				调解	判决	其他方式	离婚	其他婚姻纠纷	赡扶养	继承	债务	赔偿	山林水利	房产纠纷	土地	工商合同纠纷	其他	
1963	528	1387	1402	—	—	—	1183	159	24	38	29	51	151	185	48	9	38	513
1964	576	2506	2617	1574	325	633	1413	248	39	82	31	65	166	363	64	8	53	415
1965	415	1591	1708	1097	218	393	994	154	30	48	24	18	130	253	27	4	25	298
1967	270	799	552	403	40	109	308	69	7	12	6	9	38	60	15	1	20	517
1974	1030	817	593	391	42	160	—	—	—	—	—	—	—	—	—	—	—	1254
1975	984	522	638	433	44	161	—	—	—	—	—	—	—	—	—	—	—	869
1976	868	424	505	358	51	96	—	—	—	—	—	—	—	—	—	—	—	787
1977	785	517	650	338	52	260	356	—	12	27	2	14	59	125	—	—	55	652
1978	652	755	801	525	59	217	368	4	23	19	2	11	82	233	—	—	59	606
1979	606	1217	1163	829	51	283	479	7	26	51	5	57	71	358	—	—	109	660
1980	692	2053	2110	1383	110	617	626	10	88	83	8	124	291	637	—	—	246	592
1981	592	2205	2239	1629	138	472	760	4	81	74	14	216	249	579	—	—	262	558
1982	558	2477	2575	1721	203	651	784	11	97	110	38	254	255	661	—	—	365	460
1983	462	1984	1950	1479	204	267	608	8	93	73	62	251	133	511	1	—	184	496
1984	496	2416	2258	1754	249	255	678	5	134	85	45	297	148	497	44	—	325	654
1985	654	2948	2963	2261	381	321	818	7	164	109	128	421	175	678	74	—	389	639
1986	639	3401	3178	2324	459	395	943	94	225	117	289	439	169	656	88	—	152	862
1987	862	3691	3507	2321	682	504	1117	82	229	119	396	452	155	733	71	—	153	1046
1988	1046	4997	4496	3041	898	551	1295	130	184	97	934	606	123	810	85	—	207	1547
1989	1547	5534	5785	3597	1308	880	1671	174	234	105	1534	660	135	928	83	—	261	1296
1990	1296	4791	4964	2930	1107	927	1673	127	186	83	1212	693	77	561	53	—	299	1123
1991	1123	4659	5124	2550	1434	1140	1790	151	223	19	275	119	17	86	5	—	82	658
1992	658	4400	4477	2164	1312	1001	1773	185	196	50	1055	631	22	344	17	—	226	581
1993	581	4091	4146	1972	1199	976	1818	185	168	28	872	639	8	249	18	—	163	526
1994	526	4215	4362	2045	1291	1026	1823	157	196	51	1058	622	13	244	26	—	172	379
1995	379	4597	4657	2234	1331	1092	1934	203	175	32	1223	615	9	246	18	—	202	319
1996	319	4533	4522	1974	1520	1028	1854	213	154	24	1269	608	5	186	21	—	188	330
1997	330	4924	4908	2021	1739	1148	1806	230	186	33	1568	675	8	188	12	—	218	346
1998	346	6069	6020	2449	2240	1331	2004	211	180	27	2365	738	4	262	11	—	218	395
1999	395	6941	6924	2734	2674	1516	2022	203	202	26	2928	1031	6	250	10	—	246	412
2000	412	8095	8031	2973	3074	1984	1994	234	214	31	3904	1023	4	191	5	—	151	476

续表 30-3-3-1

年份	旧存	新收	已结	结案方式			案件类型											未结
				调解	判决	其他方式	离婚	其他婚姻纠纷	赡扶养	继承	债务	赔偿	山林水利	房产纠纷	土地	工商合同纠纷	其他	
2001	476	8233	8197	2779	3107	2311	2115	260	225	28	3635	1429	1	215	23	—	266	512
合计		107789	108022	56283	27542	22705	37007	3525	3995	1681	24911	12768	2704	11289	819	22	5334	—

2002—2010 年丽水市法院民事一审案件一览

表 30-3-3-2　　单位:件

年份	旧存	新收	已结	结案方式			未结
				调解	判决	其他方式	
2002	765	12441	12570	4702	4717	3151	636
2003	636	11454	11504	4277	4690	2537	586
2004	586	10972	11087	3664	4826	2597	471
2005	471	10080	9930	2910	4326	2694	621
2006	621	10735	10700	3008	5143	2549	656
2007	656	11720	11562	3574	5386	2602	814
2008	814	15496	15148	4436	6974	3738	1162
2009	1162	17970	17919	4823	8664	4432	1213
2010	1213	16620	16942	5520	7699	3723	891
合计	不能汇总	117488	117362	36914	52425	28023	不能汇总

1964—2001 年丽水中院二审民事案件一览

表 30-3-3-3　　单位:件

年份	旧存	新收	已结	未结	已结案中					
					维持原判	改判件数		发回更审	撤诉	其他
						部分变更	全部变更			
1964	55	89	85	59	66	3	8	1	—	6
1965	59	72	99	32	67	5	8	1	18	—
1967	30	37	28	39	—	—	1	—	—	—
1977	42	28	35	35	—	—	—	—	—	—
1978	35	31	29	37	24	2	1	1	—	1
1981	47	94	71	70	55	10	3	2	—	1
1982	54	136	116	74	80	17	11	3	—	5
1983	74	193	129	138	64	33	17	2	—	13

续表 30-3-3-3

年份	旧存	新收	已结	未结	已结案中					
					维持原判	改判件数		发回更审	撤诉	其他
						部分变更	部分变更			
1984	92	201	199	94	101	53	14	8	—	23
1985	94	214	209	99	92	45	10	4	5	1
1986	97	329	252	174	134	38	13	24	5	4
1987	174	431	332	273	172	68	31	32	4	29
1988	273	544	602	215	372	99	41	36	5	49
1989	215	722	629	308	356	108	64	36	17	48
1990	308	541	668	181	393	101	58	30	28	58
1991	181	634	566	249	336	95	51	24	—	60
1992	249	478	568	159	305	90	62	39	23	49
1993	159	353	460	52	247	79	52	27	23	32
1994	52	343	353	42	204	44	35	15	31	24
1995	42	311	320	33	150	45	42	8	—	69
1996	33	348	343	38	180	48	34	14	—	65
1997	38	361	358	41	184	43	35	21	—	75
1998	41	403	403	41	232	77	—	15	—	79
1999	41	507	454	94	210	89	—	22	—	133
2000	94	467	514	47	197	104	—	34	—	179
2001	47	589	534	102	198	96	—	32	—	208
合计	2626	8456	8356	2726	4419	1392	591	431	159	1211

2002—2010年丽水中院民事二审案件一览

表 30-3-3-4　　单位：件

年份	旧存	新收	已结	未结	已结案中					
					维持原判	改判件数		发回更审	撤诉	其他
						部分变更	全部变更			
2002	137	597	664	70	299	95		26	114	130
2003	70	589	616	43	275	43		13	141	144
2004	43	785	797	31	284	114		21	133	245
2005	31	667	637	61	196	49		25	126	241
2006	61	646	675	32	271	52		26	169	157
2007	32	652	644	40	238	66		20	149	171

续表 30-3-3-4

年份	旧存	新收	已结	未结	已结案中					
					维持原判	改判件数		发回更审	撤诉	其他
						部分变更	全部变更			
2008	40	762	755	47	285	65		26	152	227
2009	47	856	893	10	377	96		25	160	235
2010	10	940	936	14	398	89		15	185	249
合计	—	6494	6617	—	2623	669		197	1329	1799

商事案件审判

隋唐至清代，处州长期处于自给自足的小农经济状态，商事案件发生较少。清末，随经济贸易发展，开始有民商事纠纷，由各县知县依据清律审判民商纠纷案件。

民国时期，民商事案件不分。民国初年，丽水地方审判厅依据前清律及北洋政府颁布的《商人条例》《公司条例》《证券交易法》等法规审判经济纠纷案件。民国18年(1929)后，丽水地方法院(分院)依据国民政府公布施行的《民法债编》《票据法》《公司法》《海商法》等法规审判买卖、租赁、承揽、行纪、运送、营业、合伙、证券等经济纠纷案件。

1949年8月至1955年，丽水处于经济恢复和对生产资料私有制改造时期，经济纠纷分为工商业纠纷(合伙合营、预购合同、加工承揽、运输)、公私纠纷(加工订货、收购包销、代购代销、银行和信用社贷款)两大类。

1956年，国家对农业、手工业、资本主义工商业社会主义改造基本完成后，强化计划经济管理，经济纠纷多由行政主管部门调处或仲裁解决，民事诉讼很少。

1966—1978年，由行政主管部门调处经济纠纷。

1980年11月，丽水中院建立经济审判庭，开展经济审判。1981年，青田、缙云、遂昌县相继建立经济审判庭，全区有经济审判人员12人，依法调处经济纠纷44件，诉讼额138180元。

1984年，丽水、庆元、松阳等县法院新设经济审判庭，全区经济审判干部增至35人。1984年2月17—18日，丽水中院召开第一次全区法院经济审判工作会议。同年，全区有丽水中院、龙泉、青田、云和、缙云、遂昌县法院设经济审判庭。

1988年4月，省、地两级法院审理龙泉县万字号宝剑厂侵犯龙泉宝剑厂商标权案，判处万字号宝剑厂停止使用“龙泉宝剑”篆字和“龙凤七星”图案，全额赔偿37088元。同年，全区法院办结农行贷款合同纠纷案件6498件，依法帮助农行收回逾期贷款本息2306.45万元。

1992年4月20日至5月20日，丽水县法院开展专项审判，为市农行系统收回逾期呆滞贷款本息100万元。1994年4月14日，丽水县法院审结丽水地区首例信用卡透支纠纷案。1995年，全区法院受理一审经济纠纷案件1728件(旧存198件，1926件)，办结1734件，解决诉讼标的总金额2.30亿元。其中审结购销、借款合同纠纷案件1283件，占办结数74.2%。同时积极审理企业转换经营机制中的联营、承包、租赁等纠纷案件和涉农纠纷案件。

1996年，全区法院受理一审经济纠纷案件2990件(另有旧存198件)，办结2857件，解决诉讼标的总金额3.67亿元。在审结的经济纠纷中,借款合同纠纷案件2090件,占办结数的73.2%,为银行等金融部门追回逾期欠款1.67亿元。全区审理国有企业改革、产业结构调整过程中出现的承包、租赁、联营、转让、破产等案件144件。开展新类型案件如汇票承兑合同、债务代理发行合同、不正当竞争等案件的审理,整个审判工作出现经济纠纷案件成倍增加的态势。

1997年,全区法院重点审理好购销合同纠纷,借款合同纠纷和企业破产等案件,审结购销合同纠纷553件,借款合同纠纷2949件,解决争议标的金额3.78亿元,企业破产案件12件。

1998年,全区法院受理一审经济纠纷案件5335件(包括旧存326件),办结4948件,解决诉讼标的总金额8.72亿元。受理二审经济纠纷191件(包括旧存15件),办结170件。在审结的经济纠纷中,借款合同纠纷案件3907件,占办结数的79%,为银行等金融部门追回逾期欠款4.50亿元。全区法院同年受理破产案件76件,审结36件。

1999年2月,丽水中院设立经济审判第一庭、第二庭。同年,全区法院受理经济纠纷案件6335件,办结5947件,解决争议标的金额11.17亿元。重点审理好金融借贷纠纷案件,同年受理金融借贷4444件,办结4285件,解决争议标的总金额4.98亿元。稳妥审理好涉及国有企业、集体企业改制、农村承包纠纷以及与农业、农村发展相关的案件,同年受理企业破产案件101件,审结67件,涉及资产10.74亿元。

2000年,全市法院受理一审经济纠纷案件6089件(含旧存335件),审结5805件,结案率95.30%,解决诉讼标的额6.40亿元。受理二审经济纠纷案件195件(含旧存40件),审结180件,结案率92.30%。审结企业改组、联营、兼并、承包、租赁、转让、破产案件等国有企业改革案件121件,其中破产案件29件,涉及资产1.7亿元。审结农村承包、粮食购销、农产品加工销售、股份合作纠纷等涉农案件651件,切实保护农民的合法权益。

自2001年年底起,根据最高法院《法院五年改革纲要》,经济审判机构进行相应调整,知识产权、涉外商事、海事审判从经济审判中分离,经济审判的名称被民商事审判所替代。知识产权、技术合同等案件逐步增加。同年,全市法院审结各类经济纠纷案件5155件,结案率95.3%,解决争议标的金额6.5亿元。

2002年6月,经济审判第一庭、第二庭合并到民二庭,审理经济合同纠纷、涉外经济纠纷、农村承包合同纠纷、经济损害赔偿、经济行政案件和其他经济纠纷案件,同时受理对基层法院判决或裁定不服的上诉案件。2008年,丽水中院出台《关于运用审判职能全力促进经济平稳较快发展的指导意见》。

2009年,丽水中院制定《服务和保障丽水市经济平稳较快发展的若干措施》。审结金融类、涉企业债务类案件3517件,调解、撤诉1513件,调撤率43.02%。查处虚假诉讼27件,其中,驳回原告诉讼请求12件、准予原告撤诉15件、予以训诫16人、罚款7人、司法拘留3人、移送公安机关立案侦查7件7人。

合同纠纷案件　民国时期,购销、加工承揽、财产租赁、借款、保险等合同纠纷均属民事审判。

中华人民共和国成立初至20世纪70年代,各类经济合同纠纷属民事审判。

20世纪80年代初,推行合同制,经济合同纠纷案件大量出现,这类案件归经济审判。1983—1984年,全区法院审结一审经济合同案件261件。

1990年,丽水中院受理第一起建设工程合同案件。1994年,哈尔滨七星公司收到丽水市物资总公司300万元预付款后，违反规定不交付货物，丽水市物资总公司面临倒闭的困境，丽水中院依法快审、快结、快执行，促使被告退回300万元预付款，支付违约金100万元。

2001年，全市法院审结农村承包合同纠纷、农产品购销合同等案件47件，切实维护农民的合法权益。在受理的建设工程合同案件中，以工程款纠纷和工期延迟纠纷案件为主。丽建安装公司与省林业厅汽车第七分队因工程款纠纷，经丽水中院调解达成协议，省林业厅汽车第七分队付给丽建安装公司工程款29万元，同时扣除工程延期费3万元。

2002年3月至2003年12月期间，纳爱斯公司以谭某、何某的名义出借给杨某等18人96210万元。2004年，纳爱斯集团有限公司将杨某等诉至丽水中院，要求归还借款。丽水中院受理后，经过诉前保全，多次调解，杨某等归还30937万元、价值28793万元的股票以及部分股票。

2003年，全市法院审结各类合同纠纷案件6108件，解决诉讼标的3.8亿元。丽水中院审结各类合同纠纷案件430件，解决诉讼标的2.2亿元。审结涉及国有企业改制和破产纠纷案件17件，其中丽水中院2件。审结借款、存单、保险、融资租赁、证券以及金融机构整顿过程中发生的各类案件3431件，其中丽水中院97件。

2005年，全市法院审结合同纠纷案件5466件，解决诉讼标的额4.07亿元。6月10日，丽水中院成功调解一起历时5年，涉及当事人31人的供电合同纠纷。

2004—2010年，全市法院受理合同纠纷一审案件55044件，办结54783件。丽水中院受理合同纠纷二审案件2910件，审结2922件。

金融借贷案件　金融借贷案件审判始于20世纪70年代。1981—1982年，全区法院审结一审债务案件55件。

1988年，全区法院为各地农行收回逾期贷款本息2306.45万元。同年，全区法院受理各类案件14553件，办结14001件(其中农贷款纠纷案件6498件)，收结案数均创历史最高纪录。

1993年6月18日，丽水中院经济纠纷调解中心成立并挂牌。

1995年，丽水中院受理由省高院交办的标的1000多万元的重大案件3件。如缙云银桥贸易公司与中国久远物资贸易公司北海公司等借贷纠纷案件，总标的金额达4100万元。

1999年12月2日，丽水中院民庭审结浙江移动通讯有限责任公司丽水分公司诉李某等被告383人拖欠话费及滞纳金142.18万元一案。

2002—2003年，丽水市两级法院受理借款合同纠纷一审案件7399件，办结7455件，借款标的总金额5.86亿元。丽水中院受理借款合同纠纷二审案件77件，审结79件，解决借款标的453万元。

2005年，全市法院审结借款、保险、融资租赁、证券以及金融机构整顿过程中发生的案件2915件，审结涉及国有企业改制和破产纠纷案件8件。

2008年6月4日，丽水中院调解云和县青山水电开发有限公司债权人223人人民币4300万元的欠款问题。

2009年，全市法院审结金融类、涉企业债务类案件3517件，调解、撤诉1513件，调撤率43.02%。至2010年12月，全市法院受理借款合同纠纷一审案件32302件，审结32109件，解决借款标的总金额47.69亿元。丽水中院受理借款合同纠纷二审案件628件，审结628件，解决借款标的7609.42万元。

知识产权案件　明洪武年间，丽水县城人王廉在任河南渑池县丞时，著有一部解说经义的《四书详说》，书稿寄存该县学生员曹端处。后王廉升任山西布政使。直至王廉卒，书稿仍存曹端处。至明宣德间（1426—1435），苏州知府况钟得到《四书详说》书稿，以府学名义刊刻。曹端见后，即向况钟投牒申诉，称此书乃自己所著。王廉已死，竟成曹端越位侵权的单面官司。最终，《四书详说》的著述权利，落到曹端之手。这是中国历史上最早的版权纠纷案。

民国17年（1928），施行《著作权法》。同年初，光华火柴公司状告丽水燧昌火柴公司的“刘海商标”与其“和合商标”相似，侵其商标权。民国18年4月24日，浙江省政府（训令建字第一五八五号）令全省各市县封存丽水燧昌火柴公司“刘海商标”火柴，并提请工商部撤销丽水燧昌火柴公司刘海商标。

中华人民共和国成立后至20世纪80年代，丽水法院没有开展这方面的审判工作。1983年3月1日，《中华人民共和国商标法》实施，此后丽水中院开始受理涉及商标的民事纠纷案件。

2003年，全市法院受理知识产权案件4件，其中著作权侵权案件2件，技术服务合同侵权纠纷2件。2006—2009年，丽水中院受理各类知识产权案件44件，审结涉及著作权侵权、商标权侵权纠纷、商标权合同转让纠纷、技术服务合同纠纷、侵犯出版者权纠纷等案件43件。2008年以来，丽水中院判决一审知识产权案件14件，无一例改判和发回重审。同年起，丽水中院每年开展“知识产权宣传周”活动。

2009年10月，丽水中院成立专司知识产权民事案件知识产权审判庭。同年，审结知识产权案件16件。

2010年12月，丽水中院召开新闻发布会，向社会各界通报2006—2009年间丽水中院知识产权审判工作情况，并公布北京中文在线文化发展有限公司诉丽水市网程教育信息咨询有限公司著作权纠纷案等八大知识产权典型案例。

至2010年，丽水中院受理知识产权案件82件，审结81件。其中，中级人民法院受理知识产权二审案件3件，审结3件。

企业破产案件　民国时期，企业破产案件归民事审判。中华人民共和国成立后50—80年代，丽水地区无此类案件。20世纪80年代末，随着市场经济的发展，有些企业无力清偿到期债务，债权人或债务人申请宣告破产。

1994年，全区法院受理企业法人破产案件16件，办结11件。丽水中院顺利审结丽水市塑料总厂破产案。该厂财产近1200万元，破产债务1800万元，安置在职职工200多人，退休职工100多人。

1999年，丽水中院审结丽水地区农药厂、丽水地区汽车配件公司、丽水地区农机总公司等7个单位破产案件。

2004年1月7日，莲都区法院宣告浙江碧湖啤酒有限责任公司进入破产还债程序，指定成立破产清算小组，明确清算小组的职责。8月24日，莲都区法院宣告浙江安托油泵嘴有限公司进入破产还债程序，指定成立破产清算小组。11月12日，丽水中院裁定丽水市明珠大酒店有限公司破产。

1995—2004年，莲都区法院审结53家企业的破产案件，其中影响较大的全民国营破产企业有丽水动力机械厂、浙南制药厂、丽水飞雁羽绒厂、浙江碧湖啤酒有限公司、浙江安托油嘴油泵有限责任公司等。2004年，莲都区法院顺利审结曾一度引发大规模群体性上访的浙江碧湖啤酒有限公司破产案件和浙江安托油泵油嘴有限责任公司破产案件。

2009年2月26日，丽水中院一审审结丽水市瑞丹皮业公司解散。2010年，依法保障中小企业创业创新发展，审结企业破产清算案件4件，解决标的金额7947.2万元。

至2010年，全市法院新收破产案件53件，另有旧存33件，审结84件。在审结的破产案件中，破产的26家，驳回申请3家，终结破产程序的49家，其他的6家。破产的资金总额6.94亿元，债务总额13.27亿元，其中银行债权4亿元。破产企业职工3.97万人。

第四节 行政审判与国家赔偿

民国初年颁发的《临时约法》，在中国历史上第一次作出有关行政诉讼的法律规定。在中央设行政法院，掌管全国行政诉讼审判事务。

中华人民共和国成立后至20世纪70年代，无专门的行政审判制度，亦无专门的国家赔偿制度。

1982年，《中华人民共和国民事诉讼法(试行)》颁布实施。丽水地区两级法院虽未设行政审判庭，但开始受理法律规定由法院受理的行政案件。有关食品卫生行政管理等经济行政案件由经济审判庭受理，有关城乡规划行政案件由民事审判庭办理，有关山林纠纷行政案件由森林庭办理等等。

1987年1月1日，《中华人民共和国治安管理处罚条例》实施，丽水中院审理全区首起因不服公安机关处罚向法院诉讼的治安行政案件，指定由民庭受理。

1988年9月，缙云法院设立全区首个行政审判庭。同年12月，丽水中院设行政审判庭，受理不服省级行政机关作出的行政处罚、处理决定或复议裁决的第一审案件、涉外行政案件和基层法院判决、裁定的上诉案件。

1989年4月4日，《中华人民共和国行政诉讼法》颁布，标志着具有中国特色的行政诉讼制度正式确立，行政诉讼法律制度进入一个完善发展的新时期，行政诉讼活动走向法制化、规范化轨道。同年，丽水地区两级法院全部建立行政审判庭，独立受理行政诉讼案件，实行合议、回避、公开审判、两审终审制度，实行一审、二审、审判监督程序。

1995年1月实施《中华人民共和国赔偿法》。1997年，丽水中院依据《中华人民共和国赔偿法》审结全区首例刑事案件国家赔偿。

2007年9月，丽水中院制定出台《关于试行行政审判案件相对集中指定管辖制度的意见》，决定试行相对集中指定管辖制度，即利用指定管辖的方式，把丽水市基层法院的一审行政审判案件交由行政审判力量较强、地理和交通条件相对便利的法院管辖。该意见确立莲都区法院和龙泉法院(2008年11月增加松阳法院)为相对集中指定管辖法院，对当事人提出申请，或者受案法院认为不宜由其审理的一审行政案件，由中院指定邻近的集中指定管辖法院审理。同年，全市法院新收行政一审案件111件，(不含旧存11件)，办结108件。收行政二审案件58件，(不含旧存1件)审结57件。至2009年9月，全市法院受理一审行政案件303件，报请丽水中院指定管辖的案件是113件。同年10月，丽水市政府制定出台《行政机关负责人出庭应诉工作方法》。

2008年1月至2009年9月，市县两级行政机关负责人出庭应诉的案件28件，占同期一审结案数的11.81%。该制度的实施，改善行政案件审判环境，有利于提高行政机关依法行政能力。

1988—2010年，全市受理行政一审案件3655件，审结3649件，审结率99.9%。受理二审行政案件1308件,审结1306件,审结率99.80%。丽水市两级法院判决行政赔偿金额为283.37万元,刑事、民事、行政诉讼中司法赔偿金额48.87元。

行政案件审判

清代,没有行政审判制度和案件。民国3年(1914)5月18日,北洋政府公布《行政诉讼条例》,设置平政院,受理中央和地方行政诉讼。民国17年10月,《国民政府组织法》颁布,国民政府实行立法、行政、司法、考试、监察五院制。司法院设行政法院受理行政案件。民国21年11月17日,国民政府公布《行政诉讼法》《行政法院组织法》。行政法院于民国22年6月成立,隶属司法院,与最高法院并列,受理全国土地、捐税、关务、商标、教育、农工商等行政案,由评事5人组成合议庭审判,一审终审。民国期间,丽水地区行政审判案件统计情况不详。

中华人民共和国成立初至1987年,法院无行政审判案件。

1988年7月,丽水中院审结遂昌县大柘供销社不服遂昌县计量所对其违反计量行政处罚案,依法改判行政处罚200元,并维持县计量所对供销社主管经理和司称员的处罚决定。此为全区首起计量行政处罚案。

1990年10月1日,《中华人民共和国行政诉讼法》实施。同年,全区法院受理一审行政案件91件(另有旧存13件),办结86件。丽水中院受理二审行政案件20件(另有旧存3件),办结21件。

1991年,省高院确定缙云法院为行政诉讼法联系单位。1992年10月,丽水市法院驻丽水市公路段审判站成立,开展案前服务。

1996年,全区法院受理一审案件226件,比上年增长9.7%,占全区各类案件总数的16.4%,办结229件(含旧存)。

1998年,全区法院着重抓好集团性行政诉讼和山林纠纷的审判,同年受理一审行政案件128件,办结117件(含旧存)。受理二审行政案件65件,办结62件(含旧存)。2000年,全市法院审结涉及土地、治安、山林、城建、工商、卫生等各类行政案件200件,执行行政部门申请执行的非诉讼案件593件。

2001年,全市法院受理各类一审行政案件165件,比2000年上升20.4%,结案率91.7%。办结非诉讼行政执行案件778件。

2002年8月,全市行政审判工作会议在青田召开,总结推广青田的先进经验。

2004年,全市法院受理一审行政案件291件,办结294件(含旧存)。受理二审行政案件82件,办结81件(含旧存),其中维持行政机关决定39件,撤诉59件,驳回起诉或诉讼请求42件,确认行政机关行政行为违法或无效9件,撤销或变更决定43件,判决行政机关赔偿1件,移送及其他方式处理101件。

2005年,丽水中院加强全市行政审判协调力度。同年,全市法院受理一审行政案件128件,办结128件(含旧存)。受理二审行政案件75件、办结76件(含旧存),其中维持一审裁判60件、改判11件。

2006年,全市审结各类一审行政诉讼案件111件。其中维持行政机关决定、驳回起诉或诉讼请求46件,撤诉34件,确认行政机关行政行为违法或无效18件,移送及其他方式处理13件。

2007年,全市法院审结一审行政诉讼105件,二审行政诉讼案件57件。对疑难复杂且全市社会影响较大的案件，经过协调以原告撤诉形式结案25件，占结案总数的23.15%。

2009年10月，丽水市二届人大常委会专题审议丽水法院行政审判工作。同年，全市法院新收行政一审案件201件，审结207件(含旧存)，结案率94.09%。

2010年5月20日，丽水中院与市政府法制办联合召开行政审判与行政复议联系会议。6月10日，省高院院长齐奇对丽水中院实施行政诉讼相对集中指定管辖制度运行情况报告作重要批示。同年，全市法院新收行政一审案件150件，审结156件(含旧存)。其中，判决维持21件，撤销4件，驳回起诉8件，撤诉51件，履行法定职责1件，移送50件，其他21件。收行政二审案件57件，审结65件(含旧存)。其中，判决维持41件，判决改判的5件，裁定驳回起诉11件，裁定撤诉7件，其他1件。开庭审理25件。协调解决51件。审查行政非诉执行案件400件，准予执行330件。制定《关于促进行政机关负责人出庭应诉制度实施意见》，行政机关负责人应诉率68.4%。完善行政诉讼相对集中指定管辖制度，行政案件异地管辖率48.9%。

1988—2010年丽水市法院行政一审案件一览

表30-3-4-1　　单位：件

年份	旧存	新收	已结												未结
			维持	撤销	变更	驳回起诉	撤诉	履行法定职责	移送	终结	其他	提起行政赔偿调解	小计	标的金额(万元)	
1988	3	40	15	6	—	—	16	—	1	—	—	—	38	2.68	5
1989	5	63	20	11	3	—	19	—	2	—	—	—	55	9.73	13
1990	13	91	26	7	3	—	44	—	2	4	—	—	86	16.84	18
1991	18	175	51	19	—	—	63	—	1	12	—	—	146	68.43	47
1992	47	199	63	42	1	—	96	—	1	4	—	—	207	—	39
1993	39	165	64	24	4	—	77	—	3	1	—	—	173	—	31
1994	31	163	70	35	3	10	48	—	0	3	—	—	169	—	25
1995	25	206	63	37	2	4	81	2	0	21	—	—	210	—	21
1996	21	226	69	49	4	10	92	1	3	0	—	1	229	—	18
1997	18	164	48	36	5	12	68	0	0	0	—	1	170	—	12
1998	12	116	34	28	2	11	40	0	2	0	—	0	117	—	11
1999	11	162	63	30	3	13	51	3	0	0	1	0	164	—	9
2000	9	140	39	35	1	12	41	3	5	0	1	0	137	—	12
2001	12	168	63	32	3	11	36	4	1	0	15	0	165	—	15
2002	15	231	49	17	0	78	84	2	1	0	2	1	234	1.39	13
2003	12	161	61	19	3	14	59	0	1	0	4	0	161	—	13
2004	12	291	50	36	0	29	59	4	4	0	108	4	294	41.90	10
2005	12	128	42	23	0	20	28	0	1	0	14	0	128	0.06	10
2006	12	110	40	15	1	8	34	1	4	0	5	3	111	186	9

续表 30-3-4-1

年份	旧存	新收	已结											标的金额（万元）	未结
			维持	撤销	变更	驳回起诉	撤诉	履行法定职责	移送	终结	其他	提起行政赔偿调解	小计		
2007	11	111	31	14	1	11	25	1	14	0	9	2	108	—	12
2008	14	191	39	26	0	8	28	3	42	1	37	0	184	—	19
2009	21	201	41	12	0	31	40	2	52	0	11	18	207	47.66	13
2010	15	150	21	4	0	8	51	1	50	0	21	0	156	—	7
合计	—	3652	1062	557	39	290	1180	27	190	46	228	30	3649	374.69	—

1988—2010 年丽水中院行政二审案件一览

表 30-3-4-2　　单位：件

年份	旧存	收案	结案	在审结案件中									未结
				判决		裁定						调结	
				维持	改判	发回重审	撤诉	驳回	终结	撤销裁定	其他		
1988	—	11	11	7	3	1	—	—	—	—	—	—	—
1989	—	21	18	11	5	0	2	—	—	—	—	—	3
1990	3	20	21	11	6	1	2	—	—	—	1	—	2
1991	2	43	37	24	6	3	1	—	—	3	—	—	8
1992	8	54	61	44	9	4	2	—	—	—	2	—	1
1993	1	52	49	33	12	0	4	—	—	—	—	—	4
1994	4	49	53	36	9	1	7	—	—	—	—	—	0
1995	0	68	67	42	16	0	7	—	—	—	2	—	1
1996	1	57	53	34	11	3	5	—	—	—	—	—	5
1997	5	42	42	27	14	1	0	—	—	—	—	—	5
1998	5	60	62	34	17	1	3	6	—	—	1	—	3
1999	3	59	62	38	5	6	6	5	—	—	2	—	0
2000	0	60	55	33	11	3	3	4	—	—	1	—	5
2001	5	59	62	38	5	6	6	5	—	—	2	—	2
2002	2	123	120	33	10	4	14	55	0	3	1	0	5
2003	5	61	65	36	9	0	5	13	0	2	0	0	1
2004	1	82	81	48	11	2	6	12	0	1	0	1	2
2005	2	75	76	37	11	0	3	23	0	0	0	2	1
2006	1	50	50	30	6	0	1	13	0	0	0	0	1
2007	1	58	57	25	6	0	6	17	0	3	0	0	2

续表 30-3-4-2

年份	旧存	收案	结案	在审结案件中									
				判决		裁定						调结	未结
				维持	改判	发回重审	撤诉	驳回	终结	撤销裁定	其他		
2008	2	66	64	24	4	2	7	17	1	6	3	0	4
2009	4	81	75	41	9	0	3	18	0	3	1	0	10
2010	10	57	65	41	5	0	7	11	0	0	1	0	2
合计	2	1308	1306	727	200	38	100	199	1	21	17	3	—

国家赔偿

1958 年，丽水县碧湖镇第三社社员沈某等社员 6 人给国家主席毛泽东写信，反映碧湖镇第三社干部虚报产量，而群众缺乏口粮上吊、跳塘自杀等现象。当地领导得知消息，给沈某戴上破坏“帽子”，并判处有期徒刑 5 年。1963 年 5 月，沈某刑满后要求平反，恢复名誉。丽水中院院长周春和亲自负责，作专案办理，给予沈某平反，在经济上补助人民币 250 元。

1968 年，云和县吴某写“敬祝刘少奇万寿无疆”标语，被云和县公安机关军管组判处有期徒刑 5 年。1979 年，经云和法院复查，宣告吴某无罪，并在当地召开平反大会，当场发放冤案补助费 200 元。1981 年，云和法院又主动补助其 100 元。

1987 年 8 月，丽水中院审理景宁畲族自治县沙湾镇女孩蔡某触电，造成双手致残损失赔偿案，查明景宁畲族自治县交通局既是变压器产权人，又在该变压器下堆放铁人字屋架；泰顺县交通局使用变压器未采取安全使用措施；景宁畲族自治县电力公司安装变压器时，未及时检查安全用电措施。判处上述 3 个单位赔偿蔡某医疗费和生活补助费 13681 元。

1994 年，全区法院受理行政一审案件中，附带提起行政赔偿案件 1 件，决定赔偿 1 件，行政赔偿金额 500 元。

1995 年 1 月 1 日起，《中华人民共和国国家赔偿法》实施。同年，全区法院受理行政一审案件中，附带提起行政赔偿案件 1 件。行政赔偿金额 700 元。

1997 年，全区法院受理行政一审案件中，单独提起行政赔偿案件 1 件。附带提起行政赔偿案件 4 件，经调解结案 1 件，行政赔偿金额 1.76 万元。同年，丽水中院依据《中华人民共和国国家赔偿法》，办结全区首例刑事案件赔偿。1987 年 11 月 6 日，龙泉八都高浦木材收购组保险柜现金 17000 元被盗，龙泉农业银行屏南营业所职工梁某和其母沈某，被作为犯罪嫌疑人收审，1988 年 9 月 24 日被检察院批准逮捕。1991 年 1 月 2 日，龙泉法院以犯盗窃罪判处梁某有期徒刑 12 年，沈某有期徒刑 3 年，缓刑 4 年。1996 年 10 月 30 日，省高院撤销原判，宣告梁某等无罪。根据赔偿法有关规定，按丽水中院 40%，龙泉法院、龙泉检察院、龙泉公安局各 20%的比例分担，支付梁某赔偿金 68061.6 元。支付沈某赔偿金 16870.5 元。

1998 年，丽水中院受理国家赔偿案件 5 件，办结 5 件。其中有属冤、错案的国家赔偿案件 2 件。

1999 年，受理行政赔偿一审案件 4 件，其中林业 1 件，其他 3 件。判决赔偿 3 件，裁定 1 件，赔偿金额 1.01 万元。在行政二审案件中，单独提起行政赔偿案件 1 件，判决维持 1 件。附带提起行政赔偿案件 1 件，裁定发回重审 1 件。

2000 年，丽水中院受理再审宣告无罪赔偿案件 2 件，赔偿 2 件，决定赔偿金额 1.8 万元。同年，丽水中院赔偿委员会受理请求检察机关国家赔偿案件 1 件，审理后，由检察机关支付赔偿金 5000元。

2001 年，全区受理行政赔偿一审案件 6 件（含旧存 1 件），其中受理行政一审案件中，附带提起行政赔偿案件 2 件，结案 4 件。已结案中，决定赔偿案件 1 件。支付赔偿金额 1.7 万元。丽水中院受理国家赔偿案件 7 件，其中，法院作为赔偿义务机关直接受理的 2 件。法院赔偿委员会受理的 5 件。在结案中，决定赔偿的案件 4 件，支付赔偿金 7.12 万元。其中，丽水市人民检察院、丽水市中级人民法院共同赔偿陈某（捕前系江苏省太仓市人武部职工）被错误羁押 558 天的赔偿金计人民币 20830.14 元，缙云县人民检察院赔偿侵犯项某（缙云县壶镇青川村农民）人身自由的赔偿金计人民币 4753.32 元。决定不赔偿案件 3 件。

2002 年，全区受理行政一审赔偿案件 12 件，结案 11 件。在结案中，判决赔偿的 3 件，支付行政赔偿金额 1.39 万元。丽水中院受理国家赔偿案件 3 件，决定不赔偿案件 3 件。

2003 年，在行政一审收案中，单独提起行政赔偿案件 5 件，附带提起行政赔偿案件 8 件，计 13 件。在审结案件中，判决赔偿 9 件。丽水中院受理国家赔偿案件 3 件，决定赔偿案件 3 件，支付赔偿金额 22.1 万元。

2005 年，丽水中院受理国家赔偿案件 7 件，办结 7 件。3 月，松阳法院判决松阳县工商行政管理局赔偿松阳个体工商户方某房租费 632 元，二审维持原判。同年 9 月，丽水中院赔偿因再审改判无罪的义乌市恒风路桥有限公司技术员何某限制人身自由赔偿金计人民币 54000.18 元。2006 年，审理国家赔偿案件 2 件。

2007 年 8 月 27 日，莲都区太平乡竹舟村农民周某因再审判决宣告无罪，向丽水中院申请被限制人身自由 944 天的赔偿。丽水中院赔偿委员会决定支付周某赔偿金计 78975.04 元。

2008 年 8 月，丽水中院赔偿莲都区太平乡太平村农民谢某被限制人身自由 720 天赔偿金 71503.20 元。

2010 年 2 月，因水事纠纷，莲都区琯头电站与丽水市水利局行政赔偿一案，莲都区法院判决被告丽水市水利局补偿原告莲都区琯头电站 20 万元。琯头电站不服莲都区法院判决，提出上诉。丽水中院审理后作出准许双方撤回上诉，按原判决执行的裁定。

2004 年 1 月至 2010 年 12 月，丽水地区基层法院受理行政一审赔偿案件 40 件，其中，单独提起行政赔偿案件 29 件，附带提起行政赔偿案件 11 件。在审结案件中，判决赔偿 5 件，一审行政赔偿金额为 275.63 万元。其中公安 11.4 万元，资源 10 万元，城建 2 万元，工商行政管理 184.06 万元，乡政府 20 万元，其他 48.16 万元。丽水中院受理国家赔偿案件 8 件，结案 8 件。在审结案件中，撤回赔偿请求案件 1 件，决定赔偿案件 3 件，决定不赔偿案件 3 件，其他 1 件。决定赔偿案件中，有错捕错判 1 件，有再审改判无罪 2 件。支付赔偿金额 17.35 万元。

第五节 立案告诉与审判监督

唐至清代，处州各级衙门对民众的申诉，因律法无再审的规定，除上级衙门指令重新审理外，不再受理。清末改革法制，对告诉限制条款有所革除，颁布的刑民诉讼法律始规定有再审条款，但未实施。民国时期，丽水各县地方法院（分院、司法处）才正式按照刑、民事诉讼法律规定的再审程序，审理再审案件。

1953年，丽水、龙泉等县率先设置人民群众来信来访接待室，受理人民群众告诉、申诉、检举、控告，维护人民群众诉讼权利。1978年后，各类申诉案件增多。1989年，全区法院先后设置告诉申诉审判庭，从组织机构上实行立案与审理分开。

1967—1972年，审判监督工作停顿。1973年法院恢复后，审判监督随即恢复。全区法院把复查纠正冤假错案作为一项主要工作来抓，全面复查“文化大革命”期间以及1977—1978年判处的反革命案件和其他刑事案件，并按审判监督程序提起再审，平反纠正冤假错案。1980年以后，全区法院对“文化大革命”历史遗留案件中的冤假错案，尤其是统战方面的冤假错案进行复查纠正。

1986年8月至1987年7月，认真贯彻中办发〔1986〕6号文件精神，全区法院刑事复查工作基本上完成“一个重点、两个遗留”①案件复查工作。1986年，全区法院办结各类刑事申诉案件773件，其中改判531件。

1996年，告申工作突出“立审分离”“审监分立”原则。1997年，全区法院办结申诉案件50件。同年，依照《中华人民共和国行政赔偿法》办结首例刑事赔偿案件。1998年，推行审执分离制度。1999年，丽水中院设置审判监督庭，审理刑事再审案件。2004年，全市法院统一完善立案制度，扩大司法救助范围，对经济上确有困难的交通、医疗、工伤等事故受害人要求赔偿提起诉讼的，给予缓交诉讼费。2010年，全市法院完善立案大厅诉讼服务体系，推行立案、诉讼指导、风险告知、信访接待等“一站式”服务，方便群众诉讼。完善诉调对接工作机制。

立案告诉

立案　中华人民共和国成立至20世纪70年代后期，丽水地区两级法院审理民事、经济纠纷和刑事自诉案件，由有关审判庭自行审查立案。1985年，全区一审刑事案件620件，一审民事案件2948件。1986年，丽水市法院、龙泉法院等逐步推行立案与审理分开的做法。

1989年起，丽水中院及各县市告诉申诉审判庭相继成立。

1991年，丽水中院召开全区告诉工作座谈会，专门研究解决告诉立案的问题。龙泉、松阳、景宁等法院告诉立案工作实行统分结合的做法，即院机关业务庭的案件均由告申庭统一立案（公诉案件、行政案件除外），各法庭的案件，由法庭立案，告申庭定期实行检查指导，有效避免一些人情案，以结代收现象的发生。景宁法院告申庭开展告诉立案工作，清理以往积压在庭里的诉状276份，其中予以立案61件，需转交基层法庭审查立案的109件，及时转交基层法庭审查立案。

1993年9月1日起，丽水中院先后将刑事自诉和民事、经济案件的立案权归由告申庭统一行使，告申庭审查立案后移送有关业务庭办理。至1993年年底，全区有丽水（县级）、龙泉、青田、云和、庆元、松阳、景宁等法院7个实行由告申庭统一立案制。

---

① “一个重点、两个遗留”：一个重点：1966年前判处的反革命案件和其他政治性案件。“两个遗留”：1966—1976年判处的刑事案件复查工作中的遗留问题和落实统战政策工作中遗留的问题。

1994—1996 年，全区法院健全和完善“统一立案制度”。为提高立案工作的全程监督和双方监督，丽水市法院实行流程卡和重审、改判案件登记制度，松阳法院推行“大告申，全监督”制度，景宁法院坚持立案跟踪卡制度。

1998 年，全区法院进一步完善统一立案制度。1999 年，丽水地区基层法院制定出台《立案实施细则》《当事人举证须知》《立案工作操作规程》等一系列规定，拓宽告申庭原有的职责范围，建立案件流程管理制度、排期开庭制度等。

2000 年 8 月，丽水中院告申庭更名立案庭。2002—2005 年，全市法院进一步完善统一立案制度，及时推出便民措施，方便群众诉讼。对受理案件推行立案大厅审查办理“一站式”服务。至 2006 年，丽水市基层法院均建立规范化立案大厅，实行立案导诉、“一站式”服务、一次性告知、限时办结等制度。改进基层法院的立案管理，探索邮寄立案、网上立案、上门立案和预约立案等多种立案方式，方便群众诉讼。2007 年 11 月，最高法院就互联网远程立案、审理、送达等情况是否有必要制定有关司法解释，派员到青田法院专题调研。2008 年，全市法院突出抓好便民诉讼，进一步加强立案大厅规范化建设，完善、拓展立案大厅服务功能，方便当事人诉讼。青田、云和等法院与当地公安机关建立当事人身份查询制度，方便当事人起诉。2010 年，丽水中院及莲都、青田、云和法院被省高院授予省级“立案大厅规范化建设文明窗口”称号。

2010 年，丽水中院成立“立案信访窗口”建设工作领导小组，推进全市法院立案接待大厅规范化建设工作。同年，丽水中院和司法局联合出台《关于深化完善诉调对接机制的指导意见》，成立诉调对接工作领导小组。全市法院立案信访大厅制作公示牌，公布立案庭干警的照片、职位、姓名和监督电话。

信访工作　中华人民共和国成立初，丽水分院及各县法院没有专门的信访机构，群众来信来访都由办公室收发传达工作人员接待处理。

1950—1953 年 7 月，全区法院收到群众来信 1540 件，处理 1342 件。1953 年 4 月，丽水、龙泉、缙云等各县于同年成立法院接待室，并配备专职干部。1953 年 8 月至 1966 年 8 月，全区法院接待处理人民群众来信、来访 5537 件次。

1968 年，法院所有组织机构陷于瘫痪状态，后与公安、检察机关合并，更名人民保卫组。群众来信来访工作由保卫组所属的接待室办理。1973 年，丽水中院来信来访接待室成立，专门负责信访工作，归口丽水中院办公室管理。同年，丽水、龙泉等县法院恢复人民群众来信来访接待室，由秘书室人员兼理此项工作。1978 年，丽水中院信访科成立。

1980 年，丽水、龙泉等各县法院确定干部 1 人专门负责信访工作。同年，全区法院接待处理人民群众来信来访 25537 件次。同年，龙泉县在全区率先建立“院长接待日制度”。

1984 年，各县法院先后设立执行庭，信访工作由执行庭管理。同年 4 月，丽水法院建立院领导直接处理人民群众来信来访制度，规定每月的农历初三、十三、二十三日为院长接待日，正、副院长轮流值班在信访室接待群众来信来访。

1985 年，丽水、龙泉等县法院建立信访工作岗位责任制。1987 年，刑事申诉复查任务基本完成，各县法院信访工作归院办公室管理。

1989 年，丽水中院撤销信访科，由告诉申诉庭兼理群众来信来访工作。同年起，各县(市)先后建立告诉申诉庭，信访室归告申庭管理。

1985—1990 年，丽水中院接待来访 6211 人次，处理群众来信 23936 件。

1993 年 7 月，全区法院实行告申分离制。1996 年，全区法院接待群众来访 5329 人次，处理群众来信 7657 件次。

1997 年，地、县两级法院开展创建“文明接待室”活动。1998 年，接待群众来访 6146 人次，处理群众来信 13653 件次。1999 年，接待群众来访 4332 人次，处理群众来信 13521 件次。

2001 年 7 月，撤销告申庭，设立立案庭后，信访接待室归属院办公室管理。同年接待群众来访 5212 人次，处理群众来信 18387 件次。2002 年，全市法院接待群众来访 5820 人次，处理群众来信 8964 件次。其中丽水中院院长接待日接待群众来访 219 人次，审查后答复当事人 54 件。

2003 年，全市法院处理来信 6225 件，接待来访 7859 人次。青田法院推行院长随时接待当事人制度。同年，青田法院信访量下降 75%。

2004 年，法院构建“大信访格局”，莲都区被评为全省法院信访工作先进单位。同年，全市法院处理来信 5886 件，接待来访 6134 人次。

2005 年，全市法院处理来信 3171 件，接待来访 2639 人次。

2006 年，丽水市两级法院坚持实行中层以上干部联系人大代表制度，以岗位责任制的形式规定每个季度不少于一次的联系活动，通过上门走访、约访和邀请来访等形式，及时听取代表对法院工作的意见和建议。完善院长信访接待日，接访方式采取约访、下访、联合接访等多种形式的院长随时接访制度。全市处理来信 5490 件，接待来访 5398 件。

2007 年，全市法院积极落实信访工作责任制，坚持领导接访、联合接访等工作制度，建立处理涉诉信访的长效工作机制。

2008 年，全市法院树立“全院人员都是信访接待员”的信访工作观念，开展“迎奥运百日值班”“院长大接访”活动，北京奥运会期间，未出现涉及丽水市法院系统的涉诉进京上访情况。全市处理来信 443 件，接待来访 841 人次。

2009 年，全市法院狠抓信访调处工作，妥善息访多起越级访案件，全力做好 60 周年国庆等重点敏感时期社会和谐稳定。

2010 年，全市法院审结申诉和申请再审案件 106 件，改判、发回重审 17 件。开展集中清理涉诉信访积案活动，化解 2009 年年底以前发生尚未息访的涉诉信访积案 163 件，信访积案化解率 79%。通过无理访甄别，规范涉诉信访秩序，申报无理访案件 9 件。

审判监督

案件复查　中华人民共和国成立后丽水地区两级法院遵循实事求是、有错必纠的原则和《法院组织法》有关审判监督程序的规定，对错判的案件均依法予以改判纠正。

1953 年 6 月，全区法院通过清理积案、清查监所和处理信访、人代会提案等方面，有重点地复查一部分案件。丽水法院审查 1950—1953 年审结的刑、民事案件 1349 件，查出错案 169 件，占审查数的 12.50%。龙泉法院逐案阅卷审查 1950—1952 年审结的民事、刑事案件 1442 件，查处错案 54 件，全部予以纠正。云和法院复查纠正 1950—1952 年间判处的刑事冤错案 4 件 4 人。

1956 年 8 月，各县公、检、法三部门联合组成“清案小组”，分别平反和改判查出的冤、错案件，并妥善做好善后工作，巩固镇反运动的成果。

丽水县法院审查1955年1月至1956年12月肃反运动中判处的反革命案件和普通刑事案件535件，判处正确的345件，占总数的64.49%，冤案9件9人，占总数的1.68%，错案24件24人，占总数的4.49%，对错案都依据实事求是的原则进行纠正。龙泉法院审查1955—1956年镇反运动期间刑事案件279件，查出冤案2件，错案16件，轻罪重判29件，性质认定错误3件，逐件予以重新审理纠正。缙云法院会同县公安、检察联合组织清案查销小组，复查在镇压反革命运动中逮捕法办的刑事案件，发现存在问题81件，其中错捕错判4件，轻罪重罚22件，分别予以纠正。松阳法院抽查1955—1956年审结的反革命案件和普通刑事案件，纠正129件，其中错判50件，占应纠正案件38.80%；轻罪重判74件，占应纠正案件57.4%；重罪轻判5件，占应纠正案件3.9%。云和法院复查1955年1月至1956年9月间肃反运动中捕判的反革命和普通刑事案件130件，纠正冤案2件，错案5件，轻罪重判14件，涉及当事人22人。其中无罪释放8人，减刑14人。

1961年8月至1962年，全区法院复查1958—1960年的刑事案件。

1968年11月，法院职能由革命委员会人民保卫组替代，复查工作停顿。

1977年1月，丽水中院复查1966—1976年“文化大革命”十年中判处死刑案30件，涉及34人，其中反革命6件8人。

自1978年开始，全区法院复查1966—1976年所判的案件。同年11月，丽水中院复查纠正“文化大革命”期间冤假错案，公开平反因反对林彪、反对“江青反革命集团”和为邓小平遭诬陷鸣不平而被打成反革命的“三类案件”，到1979年7月底全部复查完毕，46人全部平反。1979年，丽水中院从各部门抽调干部18人组成复查冤假错案班子，各县法院也成立复查办公室进行复查工作。至同年底，复查“文化大革命”期间判处的反革命案件465件580人，纠正327人（其中全错全平的235人，部分错部分平的92人）；复查“文化大革命”期间判处普通刑事案件1180件1325人，纠正91人（其中全错全平的56人，部分错部分平的35人）；复查“文化大革命”前判处的申诉案件纠正88件89人；复查粉碎江青反革命集团后判处的案件纠正23件23人。

1980年，丽水地区复查因刘少奇冤案受株连的案件，纠正反革命案件147件。

至1981年12月，全区法院均设立申诉复查办公室，复查1966年前申诉案592件，其中反革命案件322件，改判160件，178人；普通刑事案件270件，改判96件，102人；复查1966—1976年判处的刑事案件1651件，其中反革命案件457件，改判404件，474人，普通刑事案件1194件，改判148件，161人；复查1977—1978年判处的刑事案件376件，其中反革命案件135件，改判122件，152人，普通刑事案件241件，改判25件，29人。

1981—1987年上半年，全区两级法院先后复查原中共地下党有关人员（含老游击队员、老交通员、老接头员、老苏维埃干部），国民党起义投诚人员，台胞台属，侨胞侨属，知识分子、民主党派中被判刑的案件（下称五个专项案件）以及其他历史遗留案中有申诉的案件。

1982年，全区法院审结各类申诉案件894件，改判264件，271人，其中免予刑事处分73人，宣告无罪181人。丽水中院审结各类申诉案件50件，改判31件，55人，其中免于刑事处分27人，宣告无罪11人。

1985年，全区复查各类申诉案件647件，其中刑事案件617件，改判纠正332件，363人（加刑1人，减刑10人，免刑59人，宣告无罪275人，其他处理18人）。同时复查“文化大革命”前后判处的刑事案件，至1986年年底，改判和纠正冤假错案2172件。

1986年，充实复查班子力量，全区法院有从事申诉工作的干部100人（借用56人）。1986年9月至1987年8月，丽水地区复查历史老案案件1911件，改判1068件。

审判监督　1987年，全区法院针对近年来打击重点和平时社会上有反映，近几年当事人反复申诉以及内部不统一的案件作为重点检查的案件，抽查各类案件4196件。对个别判处不当的案件，都以再审程序及时予以改判。

1988年，复查刑事申诉案件339件，改判133件，受理民事经济纠纷等申诉案件31件，改判6件。1980—1988年，丽水中院复查“文化大革命”期间的刑事案件820件，其中维持原判441人，改判379人，宣告无罪256人；复查建院以来至1988年的普通刑事案件288件，其中维持原判60件，改判196件，其中宣告无罪108件。

1989年，丽水地区有丽水中院、丽水（县级）、龙泉、青田、缙云、遂昌等法院6个设立告诉申诉庭。同年办结民事申诉案件82件，其中维持46件，改判22件，撤诉1件，作其他处理13件。

1990年，丽水地区刑事申诉收案数大幅下降，同年，收案36件。丽水地区两级法院办结各类申诉案件172件，经复查改判42件。同年，全区法院审结人民检察院抗诉的刑事案件16件，其中改判4件。

1991年，全区法院各类刑事申诉案件113件，改判42人，其中宣告无罪22人；办结各类民事申诉案件85件，改判18件。丽水中院办结各类刑事申诉案件15件，改判10件12人，其中宣告无罪9人；办结各类民事申诉案件44件，改判16件。

1992年，全区办理各类申诉案件219件，改判32件。丽水中院办理各类复查案件85件，改判各类申诉案件18件，其中刑事申诉复查改判宣告无罪5人。

1993年，丽水中院通过二审程序，加强审判监督和业务指导，每季度召开一次上诉案件讲评会，对二审案件逐个对照审判程序、审判条例找原因，提出具体改进措施，通报下发各基层法院。同年，全区处理各类申诉案件232件，其中民事117件，刑事98件，经济11件，行政6件。通过审判监督程序改判39件。全区法院办结审判监督程序案件414件。

1994年，全区法院办理审判监督程序案件129件，其中经再审改判的31件。建立民事、经济二审发送案件联系卡制度。

1995年，全区法院受理申诉案件86件，通过审判监督程序改判26件。丽水中院受理申诉复查案件64件，通过审判监督程序改判12件。

1996年，进一步开展告诉申诉工作，实行“审监分离”。全区法院办结申诉案件41件，通过审判监督程序改判18件。丽水中院办结申诉案件14件，通过审判监督程序改判6件。

1997年，办结申诉案件50件，通过审判监督程序改判24件，丽水中院办结申诉案件23件，通过审判监督程序改判9件。7月18日，丽水中院告申庭选择省检察院提起抗诉的、丽水市城关镇新长征塑料厂与丽水市白蛇弄居委会的厂房产权纠纷案，进行再审公开观摩审判。

1998年，全区法院办结申诉案件77件，通过审判监督程序改判30件，其中丽水中院办结申诉案件33件，通过审判监督程序改判11件。

1999年，两级法院对检察院抗诉的案件一律公开开庭审理，提起再审的案件（除刑事外）也都公开开庭审理。1999年9月丽水中院建立审监庭。丽水地区两级法院受理各类申诉复查、再审和抗诉案件85件。其中抗诉30件，启动再审程序的29件，驳回申诉的26件。全区办结申诉案件64件，其中丽水中院办结申诉案件28件，通过审判监督程序改判8件。

2003年，丽水中院审判监督庭每年对各业务庭所办的案件进行抽查，抽查率在30%以上，发现有差错案，按《岗位责任制》进行处罚。全市法院审结再审生效案件71件，改判29件。丽水中院审结再审生效案件33件，改判4件。

2004年，全市法院审结再审生效案件76件，改判18件；办理抗诉案件62件，其中改判11件，撤诉17件，维持23件，终结、驳回、调解及其他11件。丽水中院审结再审生效案件17件，改判6件，办理抗诉案件7件，其中维持1件，终结、驳回、调解及其他6件。

2005年，对进入审判监督程序提起再审的民事案件，注重调解结案，丽水中院审结的民事案件29件中，调解结案16件，调解率55.2%，此项工作受到最高法院的肯定。

2006年，严格审查申诉和申请再审案件，依法审理再审案件64件，其中检察机关提起的抗诉案件34件，审结的再审案件中，改判、发回重审的24件，以其他方式结案40件。丽水中院审监庭受理各类案件195件，审结194件，审结的民事再审案34件中，调解占10件。

2007年，丽水中院审结抗诉案件19件，其中维持10件，调解、撤诉5件，改判、发回重审4件，审结其他再审案件9件（其中维持3件，调解3件，改判、发回重审3件）。同年评查案件518件，占全院2006年10月至2007年9月办结1253件案件的41.3%。

2010年，全市法院系统开展案件质量专项评查活动，评查2008年前的历年越级访案件和部分2009年审结的民商事案件215件。制定《关于规范上下级法院审判业务关系的若干规定》，并下发《关于报送督查案件的通知》，两级法院沟通协调机制进一步完善。审结检察机关抗诉案件75件，其中改判或发回重审25件，调解、撤诉9件。

假释减刑

假释制度始于民国元年（1912）的暂行新刑律。国民政府颁行的刑法对假释作专门规定。民国时期，对罪犯的假释需呈报司法行政最高官署核准。

减刑在清代只作为赦免的一项内容。民国时期，除在赦免令中使用外，还单独颁布过减刑法令。民国13年（1924）1月，处属各县开始执行北洋政府发布减刑免刑令。对减刑人员，发给释票。民国33年6月，国民政府颁布过《监狱减刑办法》，但仍属于赦免性质。这两次减刑法令在丽水的具体执行情况缺资料。

1951年5月，全国公安会议通过的《组织全国犯人劳动改造问题的决议》，始将减刑作为对服刑犯的最高奖励加以规定。而假释当时只在一些刑事法规中对某种犯罪作过规定。1954年9月，政务院颁行《中华人民共和国劳动改造条例》，肯定减刑和假释制度。1966年“文化大革命”开始后，这项工作陷于停顿状态。1973年起虽有所恢复，但仍不正常。

1980年1月实施的《中华人民共和国刑法》和《中华人民共和国刑事诉讼法》，对减刑和假释分别作明确的规定，减刑、假释工作有法可循。

1986年，假释减刑188人，其中假释36人，减刑152人。云和县人叶利平，因犯诈骗罪，云和县法院于1986年判处有期徒刑6个月。叶利平在服刑期间劳动积极，确有悔改表现。云和县公安局看守所提出《关于对叶利平给予假释报告》，经丽水中院审核查明，准予对罪犯叶利平予以假释。

1989年2月，最高院以《座谈会纪要》形式，对减刑、假释问题，作出具体规定，使减刑、假释工作趋于规范。

1995 年，丽水地区办结减刑 120 件，假释案件 15 件。告申庭于 4 月和 12 月，在丽水地区公安处看守所分别召开减刑大会，减刑处理罪犯 32 人。1996—1999 年，全区法院办理减刑、假释案件 215 件。

2003 年，丽水市办理减刑案件 132 件。2005 年，全市法院办理减刑、假释 96 件。

2006 年首次推行减刑假释公开听证制度。丽水市中级法院审判监督庭的合议庭成员于 2006 年 4 月 21 日，在丽水市看守所对丽水市公安局提请减刑的罪犯 6 人首次进行公开听证。2006 年，丽水市减刑 25 人，是历年来减刑数量最少的一年。

1984—2010 年，全市法院假释、减刑 2273 人，其中假释 671 人，减刑 1602 人。

司法救助

1999 年之前，全区法院没有开展司法救助工作。

2000 年起，法院对经济确有困难的当事人提起诉讼时允许减交、免交或缓交诉讼费。同年，全市法院同意当事人减、缓、免交诉讼费案件 26 件，同意缓交 110875 元，同意减交和免交 32332 元。

2001 年，全市开始实施司法救助制度，对经济确有困难的当事人，尤其是老弱病残等特殊群体，按照规定给予免交、减交、缓交诉讼费用。同年，全市法院批准司法救助案件 283 件，免交减交诉讼费 47286 元，缓交诉讼费 418934 元。

2002 年，全市法院减交 13 件，免交 39 件，缓交 265 件，费用 91.77 万元。其中丽水中院，免交 5 件，缓交 21 件，费用 11.61 万元。

2003 年，全市法院减交 29 件，免交 47 件，缓交 312 件，费用 71.56 万元。其中丽水中院免交诉讼费 2 件，缓交 9 件，批准免交、减交、缓交诉讼费 55644 元。

2004 年，扩大司法救助范围，对经济上确有困难的交通、医疗、工作等事故的受害人要求赔偿而提起诉讼的，给予缓交诉讼费。全市法院批准免交、减交、缓交诉讼费 82.7 万元。

2005 年 4 月，全市法院开始执行最高法院审判委员会修订的《最高法院关于对经济确有困难的当事人提供司法救助的规定》。同年，全市批准免交、减交、缓交诉讼费 90.8 万元。

2006 年 9 月 22 日，丽水中院成立司法救助基金管理委员会，积极推进司法救助基金的建立，至 11 月底，全市法院均建立司法救助基金，落实救助基金 260 万元，实施司法救助。全市法院批准减、免、缓诉讼费 137.7 万元。

2007 年，发挥司法救助机制作用，为当事人 133 人实施司法救助，发放救助基金 89.75 万元。全市法院依法缓、减、免收诉讼费 166.75 万元。丽水中院缓、减、免收诉讼费 23.22 万元。

2008 年，两级法院依法批准减、免、缓交诉讼费 267.66 万元，发放各类司法救助金 107.83 万元。丽水中院减、免、缓交诉讼费 33 件 20 万元，发放各类司法救助金 14 件 43 万元。

2009 年，全市法院减、免、缓缴诉讼费 151.69 万元，发放司法救助金 105 万元。丽水中院受理缓交诉讼费案件 21 件，金额 14.17 万元，发放各类司法救助金 32.45 万元。

2010 年，全市法院为经济确有困难的当事人依法减、免、缓交诉讼费 162.98 万元，发放各类司法救助金 113.94 万元。丽水中院依法减、免、缓诉讼费 20.37 万元，发放各类司法救助金 50.5 万元。

第六节 案件执行

丽水的执行工作，早在清光绪三十年（1904）就有档案记载，龙泉县民申请龙泉县衙的执行文书原件现存龙泉市档案局。民国初期，丽水各地方法院（司法处）受理执行案件沿用《民事诉讼执行规则》。民国22年（1933）5月，改行司法行政部颁布的补订民事执行办法。民国29年1月，贯彻国民政府公布的《强制执行法》，在丽水地方法院设民事执行处，由专任推事、书记官督同执达员办理强制执行事件，包括民庭移送执行的案件和依照法律规定得申请法院强制执行的事件。

中华人民共和国成立以后丽水两级法院较长时间实行审、执合一的体制，法院一些发生法律效力的民事、经济案件及刑事判决、裁定中财产部分都由审判人员负责执行，多数当事人均能履行法律文书确定的义务。1982年《中华人民共和国民事诉讼法（试行）》颁布，涉及财产的民事纠纷案件大幅度增加，执行任务日趋繁重，"执行难"逐渐成为社会关注的热点难点问题。1981年，丽水地区两级法院开始成立执行庭，专司诉讼和非诉讼行政案件的执行。1988年，丽水地区地县两级法院全部成立执行庭。1995年1月开始实施《浙江省各级法院执行工作细则（试行）》。1996年年初，地委、行署与各县签订《综合治理责任状》，将支持丽水中院执行工作列入考核内容之一。2004年，丽水市8个基层法院被省高院授予"执行工作良性循环法院"。至2010年，全市法院推进"执行征信、执行查控、执行惩戒、执行监督和执行保障"五大系统建设。同年全市法院执结各类案件11056件，执行标的81991.53万元。

刑事案件执行

元代以前，处州刑场具体地点无考。明清时期，处州府刑场位于行春门外校场圩。执行由刽子手执行，每执行1次，刽子手可到府城各肉店收钱（官府规定数量）。

清末，丽水刑场改置南明门外，死刑执行方式由杀头改以枪决。

中华人民共和国成立后除死刑执行外，刑期执行由公安或司法行政部门负责。1949—1996年，执行死刑一律用枪决的形式执行。丽水刑场先后置城西北塘山岭背及城西南垟店岭、联城武村太平港口溪滩等地。

1997年1月1日起实施的修订后的《中华人民共和国刑事诉讼法》规定："死刑采用枪决或者注射等方法执行。"采用注射方式执行死刑，是死刑执行制度向文明化、人道化方向发展的重要标志。

2004年，丽水刑场（训练基地）移至联城镇林宅口村南。2005年1月1日，丽水开始采用注射方法执行死刑。至9月1日，丽水市各县一律实行注射执行死刑。

民事案件执行

清光绪三十年四月四日，龙泉县人殷韩氏因廖某某等人盗砍杉木，向龙泉县衙申诉。龙泉县衙判令廖某某等赔偿殷韩氏大洋500元。然廖某某等拒不缴付。8月8日，殷韩氏向龙泉县衙具状请求强制执行。龙泉县衙陈知县批示限差勒催给领。

民国12年（1923），丽水分庭受理执行案件109件（含旧受28件），执结98件。有关发生效力的民事案件由民庭自审自执。民国18年，丽水地方法院受理强制执行案件134件，执结110件。民国23年，龙泉地方法院受理执行案件229件，为民国时期龙泉历史受理执行件数最高年份。

中华人民共和国成立后，义务人对法院发生法律效力的判决、裁定和调解协议中的有关人和物，即应自动履行。拒不履行，权利人可以申请法院强制执行。执行措施主要有，查封、扣押、冻结、变卖、扣留、提取、划拨、强制搬迁、委托他人完成或指定行为等。

20世纪80年代以前，丽水地区两级法院没有专门的执行员，需要执行的案件由审判各庭负责。1979年，第五届全国人大通过的《法院组织法》为法院加强执行工作，实行审执分立提供法律依据。

1981年10月，青田法院配备执行员，成立执行组，开始专门的执行工作。1982年10月1日，《中华人民共和国民事诉讼法(试行)》施行，使执行工作走上依法办事的轨道。1983年，全区法院执行案件503件，占应执行数的97%。1984年，各县法院大多数民事案件实行巡回审理，就地办案，并加强执行工作。同年，依法执行565件，占应执行数的79%。1985年，全区法院执行案件684件，其中民事案件597件，经济案件87件。

1986年以前，发生法律效力的刑事附带民事案件由刑事审判庭自行执行；生效的民事、经济纠纷案件的判决、裁定和调解协议，如一方当事人拒绝履行的，由主管案件审判的民事庭、经济庭配以司法警察进行案件执行。同年，丽水地区除中院、云和、松阳外，均设立执行庭。全区法院执行案件689件，其中民事案件537件，经济案件123件，刑事案件有关财产部分10件，其他19件。

1987年，全区受理执行案件1112件，旧存330件，执行853件，其中，其他法院委托执行的案件15件。1988年12月丽水中院设立执行庭。全区法院受理执行案件1883件，执行1669件(丽水中院执行9件)，执行率达89%。1989年，全区法院受理当事人申请执行和审判庭移送执行的民事、经济、森林、行政案件1835件(其中丽水中院32件)，执行1652件(丽水中院执行25件)，执行率90%。

1990年，法院执行案件明显增多。全区受理执行案件2990件(加旧存986件，3976件)，比上年上升62.90%。全区法院全面部署执行大会战，解决“执行难”问题。同年，全区法院执行各类案件2666件(丽水中院执行21件)，比上年上升45.30%。其中执行大会战中执行案件813件，占30.50%。

1991年10月15日至11月15日，丽水地区开展第二次执行大会战。同年全区法院执行各类案件3111件(丽水中院执行19件)，执行标的总额达1000多万元。其中到外省执行案件37件，收回标的额131多万元。丽水法院在执行一件逾期5年的农贷纠纷案件中，执行人员对其房屋等财产进行查封、扣押，被执行人当天还清欠款11789.07元。

1992年，全区法院执行省高院《关于加强省内案件委托执行的意见》，积极办理省内各法院委托执行的案件，执行省内委托案件35件，标的45万多元。1992—1993年，全区法院执行诉讼案件3466件(丽水中院执行42件)，执行标的总额2660.73万元①。

1994年，全区法院执行案件1971件，执行标的3235万元。丽水中院执行各类案件83件，执行标的915.57万元。

1995年，全区法院办结诉讼执行案件2159件，执行标的5976.66万元。1996年，丽水地区实行审执分立制度，全区法院办结诉讼执行案件2721件，执行标的7055.87万元。

---

① 从1992年开始，执行标的额均含非诉讼行政案件执行额。

1997—1998 年，开展集中清理执行积案行动，全区法院执结执行案件 10062 件，执行标的额 5.84 亿元。丽水中院执结执行案件 298 件，执行标的额 1.63 亿元。缙云法院在全区首次采用以劳务清偿欠款方法。

1999—2000 年，组织力量执行一批久拖未决、拒不执行的典型案件，公开惩处暴力抗法者。2 年间，全区法院执结诉讼执行案件 14837 件，执行标的 80277.26 万元。丽水中院受理诉讼执行案件 409 件，执结 553 件。

2001 年，全市法院分权制约、统一管理的执行工作新机制初步得以建立。两级法院新收执行案件 8417 件，旧存 1031 件，执结诉讼案件 7712 件。其中，丽水中院新收诉讼执行案件 221 件，执结案件 264 件。

2002—2004 年，全市法院将外省法院委托执行的案件作为清理重点。全市法院执结诉讼案件 16725 件，执行标的 90123.6 万元。其中丽水中院执结 398 件，执行标的 39570.26 万元。8 个基层法院被省高院授予“执行工作良性循环法院”。

2005 年，全市法院受理执行案件 6111 件，执结诉讼执行案件 5262 件，执行标的 20912 万元。其中，丽水中院受理执行案件 162 件，执结 160 件，有效执结案件 78 件，执行标的 5936.6 万元。

2006 年，全市法院执结各类诉讼执行案件 5029 件，有效执行 4235 件，执结标的金额 47600 万元。其中丽水中院受理执行案件 170 件，办结 145 件，其中有效执结 75 件，执结标的金额 10703 万元，实际到位资金 6220 万元。

2007 年，全市法院开展夏季集中执行活动和清理以法人为被执行人的执行积案专项活动。全市法院执结各类诉讼执行案件 5699 件，有效执结 4755 件，执行标的额 31251.88 万元。其中丽水中院执结 158 件(含提级执行 18 件)。

2008 年，丽水市委成立由市委副书记、政法委书记为组长，市纪委等 17 个部门负责人为成员的清理执行积案领导小组，协同解决执行难问题。全市基本上形成对被执行人的出入境定期通报备案制度，向公安出入境管理部门报备 2153 人，吊销护照 72 人，采取拘留措施 175 人次，追究刑事责任 5 人。全市法院执结各类诉讼执行案件 7334 件，执结标的为 65158.56 万元。在全省中院范围内，丽水中院执行案件平均执行天数、平均执限天数、有效执结率均名列全省第一，实执率、执结率分别名列全省第二名、第三名。

2009 年，丽水中院成立执行指挥中心。建立健全司法警察直接参与执行常态机制，司法警察直接参与执行特色做法被最高法院《关于进一步加强和规范执行工作的若干意见》采纳。2009—2010 年，丽水市推进“执行征信、执行查控、执行惩戒、执行监督和执行保障”五大系统建设，全力破解执行难。2 年执结诉讼执行案件 19851 件，执行标的 139270.89 万元。丽水中院与人民银行丽水支行联合出台《执行案件信息对接银行征信系统的意见》，与市公安局联合制定《关于执行联动机制实施意见》。2010 年，全市法院拘留 187 人次，罚款 10 人(次)，以涉嫌拒执罪移送公安机关 14 人，以拒不履行判决裁定罪判处 4 人。对被执行人为党员、公务员、行政机关等特殊主体的案件，在立案后发出通知书的同时，将案件情况及债务履行情况向被执行人所在单位、组织部门、党政机关等进行通报，2010 年通报 147 件，执结 106 件。落实执行曝光制度，选择典型案例在省、市、县等媒体和法院门户网站曝光“老赖”1301 人。

1985—1997年丽水地区法院案件执行情况

表 30-3-6-1　　　　　　　　　　　　　　　　　　　　单位:件

年份	全区	丽水中院	其中						
			民事	经济	行政	刑事	行政非诉	其他	标的(万元)
1985	684	—	597	87	—	—	—	—	—
1986	689	—	537	123	—	10	—	19	—
1987	853	—	679	145	—	—	—	29	—
1988	1669	9	984	509	106	11	—	59	—
1989	1652	25	1047	356	356	19	—	80	—
1990	2666	21	1653	746	746	33	—	53	—
1991	3111	19	1613	1095	1095	35	—	86	—
1992	1821	17	1030	519	519	32	185	24	857.98
1993	2018	25	876	872	872	45	188	9	1784.75
1994	2153	81	1060	840	840	44	182	15	3235
1995	2607	63	1200	1071	1071	54	255	7	5976.66
1996	2721	77	1353	1069	1069	62	193	11	7055.87
1997	5129	105	2228	606	606	168	374	61	23434.79
合计	27773	442	14857	8038	8038	513	1377	453	42345.05

1998—2010年丽水地区法院案件执行情况一览

表 30-3-6-2　　　　　　　　　　　　　　　　　　　　单位:件

年份	全区	丽水中院	其中										
			民事	经济	行政	行政			行政非诉	仲裁	公证债权文书	其他	执行标的额(万元)
						罚金	没收财产	附带民事					
1998	5598	193	2426	2860	52	96	2	201	291	4	49	37	35323.80
1999	8161	264	3123	4182	30	227	9	191	380	15	2	2	39011.60
2000	7649	290	3086	3158	10	323	14	248	593	28	5	4	41265.70
2001	8490	264	3535	3874	13	58	16	194	778	19	2	1	24901.80
2002	6677	177	5743	—	27	13	4	209	585	73	0	23	32932.20
2003	5975	171	5206	—	22	24	2	136	528	40	0	17	36928.70
2004	5868	134	5025	—	7	5	1	126	682	16	0	6	20262.80
2005	6041	160	5059	—	17	40	2	113	779	28	0	3	20911.50
2006	5583	145	4790	—	11	36	1	123	554	68	0	0	24997.90
2007	6276	158	5418	—	4	75	2	98	577	65	0	37	31251.90
2008	7724	157	7089	—	5	50	1	71	390	78	0	40	65158.60

续表 30-3-6-2

年份	全区	丽水中院	其中										
			民事	经济	行政	行政			行政非诉	仲裁	公证债权文书	其他	执行标的额(万元)
						罚金	没收财产	附带民事					
2009	9505	264	8410	—	6	42	2	75	381	484	0	105	57279.40
2010	11056	143	10120	—	0	80	39	200	329	203	1	66	81991.50
总计	94603	2520	69030	14074	204	1069	95	1985	6847	1121	59	341	512217

非诉讼行政案件执行

1986 年，全区法院开始开展非诉行政案件执行工作。1988 年，遂昌法院在该县土地管理局、城关区、三川乡、云峰乡政府等有关部门的配合下，对三川乡、云峰乡 16 户农民毁田建房，拒不履行乡政府处罚的农民依法强制执行，拆除全部违法建筑物。

1992—1997 年，全区法院执结非诉讼行政案件 1377 件（不含旧存 64 件），其中土地案件 138 件、城建案件 172 件，计划生育案件 171 件、税务案件 50 件、其他案件 846 件。1998—2002 年，全市法院执结非诉讼行政案件 2627 件。

2003—2006 年 10 月，全市法院受理各类非诉行政案件 2551 件，其中受理计划生育案件 1468 件，土地类案件 314 件，建设类案件 190 件。基层法院对非诉讼行政案件进行合法性审查后，裁定准予执行 2404 件，占非诉行政案件受理总数的 94.23%。执行内容全部执行完毕，结案的 1139 件，占执结案的 49.39%；裁定终结执行的 961 件，占执结案的 41.60%。2006 年 8 月，莲都区法院增设全国首家“行政强制执行局”，专事执行非诉行政强制执行案件。

2007—2009 年，全市法院执结各类非诉行政案件 1348 件。其中，自然资源案件 199 件，城建案件 231 件，计划生育案件 652 件，农业案件 3 件，其他案件 263 件。

2010 年，丽水市基层法院受理行政机关申请执行案件 334 件（含旧存 8 件）。其中，自然资源案件 13 件，城建案件 20 件，计划生育案件 202 件（含旧存 3 件），农业案件 1 件，其他案件 98 件（含旧存 5 件）。2010 年 12 月，丽水中院制定出台《丽水市中级法院执行公开细则（试行）》。

执行监督

执行监督始于 20 世纪 90 年代初。1990 年前，法院的执行工作由执行员负责。

2001 年 5 月，丽水中院执行庭结合工作实际，大胆改革运行机制。执行庭分为执行组、综合裁判组、执行监督组，在规定的时限内各司其职、相互监督、相互配合。同年 8 月，莲都区法院设立执行监督庭。

2006 年，全市法院邀请人大代表、政协委员参与执行工作 83 次。同年，根据省高院要求将委托拍卖、评估从执行权中分离出来。此后，进行委托拍卖、评估，法院纪检监察部门必须参与监督。

2007 年，强化监督指导，丽水中院对被执行人有履行能力、但基层法院受各种因素干扰不能执结的案件及时提级执行，同年提级执行 18 件，有效执结 16 件。

2008 年，营造接受监督机制。同年，中院主动向市人大报告法院工作 1 次，报告重大案件审判执行情况 5 次。

2009 年 8 月，全市法院建立执行分权制约机制，莲都、龙泉、青田等法院试行“分段执行模式”，将执行案件流程分为准备、查控、研判、结案等阶段，由不同机构和人员分别负责、分段管理，打破过去由执行承办人一人一案“包案到底”的工作模式。同年 10 月，丽水中院增设执行监督处。

2010 年，丽水在全省率先建立全市法院院长定向联络市人大代表制度，在全市法院统一开展“公众开放日”活动。

第七节　法医技术鉴定

法医组织

宋代开始，处州出现辅助官吏验尸的仵作。元至大年间，温州人王与任处州路总管府知事。王是当时著名的法医学家，在处州任职期间，曾编写《钦恤集》等法医学文献。清末变革司法，处州府开始培养仵作，甄选为检验吏。北洋政府时期，仵作改称检验员。

民国时期，各县相继建立法院，不设地方法院的县则设司法处，法院（司法处）内设有检验吏一职，大多为清代仵作充任。民国元年（1912），丽水各县署的检验吏负责尸体检验和伤情鉴定。民国 24 年，将检验吏名称改为检验员。民国 33 年，更名法医检验员。民国 35 年，丽水、龙泉、青田地方法院检察处配备有法医师 1 人。当时法医检验的主要工作一是验尸（含现场非正常死亡与刑场死刑犯死亡的检验），二是验伤，通常由检察官带领进行检验。

1950 年，省法院丽水分院配备兼职法医，开展非正常死亡和刑场验尸等法医检验工作。各县法院与人民医院协商，指定医师 1 人负责法医技术鉴定工作，全区有兼职法医 11 人。1979 年后，丽水中院配备法医。

1980 年 3 月，丽水中院设法医室，配备法医 2 人，丽水地区 7 个基层法院除缙云法院外，均配备法医 1 人。1984 年，全区配备法医 9 人。1985 年 2 月，遂昌法院设法医检验鉴定诊所，龙泉法院设法医验伤门诊。1986 年 4 月，遂昌法院法医检验鉴定诊所改法医技术室，在全县各区、乡镇卫生院聘请兼职法医 8 人。至 1987 年，丽水地区两级法院全部配备专职法医。1989 年，省高院颁发首批法医学鉴定人资格证书，丽水中院及各县（市）法院有法医 10 人成为首批具有资格证书的法医。

1990 年 11 月，丽水中院法医室改法医技术室。1993 年 4 月，丽水中院分别在丽水碧湖人民医院、青田县浮弋中心卫生院成立“丽水中院法医伤检室”。

1994 年 12 月 20—22 日，全区法院法医工作会议在丽水召开。

1998 年 12 月，丽水中院法医技术处制定出台《丽水地区法院系统法医技术人员鉴定错案责任追究办法》。

1999 年 11 月 8 日，法医技术室更名法医技术处。

至 2010 年 12 月，全市法医鉴定组织有法医 9 人，其中法医师 8 人，其他法医工作人员 1 人。

技术鉴定

《重刊补注洗冤录集证》记载，宋绍兴十六年(1146)，汪待举任处州郡的知州时，曾处理花瓶水毒人案件。通过现场调查和鉴定，查清案情，为被告摆脱干系。

民国元年(1912)，《刑事诉讼法》颁发，明确规定“遇有横死人或疑为横死之尸体应速行检验，检验得发掘坟墓，解剖尸体，并实验其余必要处分。”民国2年11月，北洋政府内务部公布中国首个《解剖规则》。民国37年2月3日，云和县司法处受理杨某某图财物殴伤叶某某致死案，其案发生于民国36年9月，县司法处奉令起尸验骨。浙江高等法院丽水分院检察处法医师王中时到云和蒸骨验尸。

中华人民共和国成立至1978年之前，丽水地区凡需法医鉴定的人身案件，轻伤者由丽水中院兼职法医或委托各县人民医院检验，重伤者委托温州市中级人民法院法医鉴定。

从1980年上半年开展专门法医工作，到1981年12月底，全区法院复核鉴定凶杀、伤害案件57例，单独或与公安等有关部门法医一起进行尸体检验63例。

1981年12月27—31日，丽水中院召开全区第一次法医工作座谈会。到1984年8月，丽水中院组织培训4次，召开法医专业会议3次。

1984年，全区法医作尸体检验74具，作伤害案件鉴定115件，其中出具文证76份。在公讼案件中，出庭答问22次，与精神病院配合作精神病检13件。

1980—1984年，全区法医单独或与公安法医一起作尸体检验141具，作伤害案件鉴定179件，其中出具文证138份。在公诉案件中，出庭答问24次。与精神病院配合作精神病检13件。解答信访140件，参与合议庭办案113件。

1985年，全区法院作尸体检验82具，活体鉴定172件，出具文证143份，出庭答问30件次，精神病检18人，其他病检31人，处理来信39件，接待来访578人次，参加办案110件。

1986年，全区法院作尸体检验57具，伤害鉴定87件，出具文证99份，出庭答问58件次，精神病检12人，其他病检7人，处理来信74件，接待来访612人次，参加办案74件。丽水中院会同公、检、司及卫生局等单位联合签发《关于法医人体损伤检验的几点意见》，对全区开展损伤检验工作进行指导。

1987年，除云和县法院外，其他法院都开展法医验伤门诊工作。丽水中院开设人体损伤检验中心。遂昌法院审理一起医院错调婴儿案。该案审结后，《人民日报》于1987年11月22日头版头条(国内版、英文版、海外版)以《遂昌县发生一起亲子纠纷案》为题，报道此案始末。

1990年，中院开始办理人身保险、交通肇事案件的法医鉴定。同年全区办理各类法医案件4859件，其中丽水中院970件。11月19日，丽水中院设立法医技术室。1991年，办理法医鉴定案件300多件，法医验伤6000多人次。1992年，全区鉴定各类案件293件，活体检验4361件，尸体检验27次。丽水中院办理各类法医鉴定、验伤案件1334件。1993年，全区法院法医室鉴定各类案件429件，活体检验4615件，尸体检验35具。1994年，全区法院鉴定各类案件444件，活体检验3843件，尸体检验55具。1998年，丽水中院法医检验工作办结鉴定案件96件，活体检验211件，尸体检验36具。

2004年，在省高院组织的全省各中院法医办案质量检查中，丽水中院取得第二名。2005年，丽水中院办理各类司法鉴定案件138件，法医学尸体检验鉴定7具，伤残评定12人，对外委托司法鉴定19件，完成注射执行死刑的鉴定任务。同年，《全国人大常委会关于司法鉴定管理问题的决定》规定从10月1日起，法院的司法鉴定机构一律停止法医类、物证类、和声像科类的司法鉴定工作。12月，省高院要求基层法院审判中的对外委托司法鉴定、评估工作从审判业务庭中分离出来，统一归口管理。

2006年，丽水中院司法鉴定处迅速完成由法医鉴定审查的职能转变，同年，对外委托司法鉴定41件，完成法医学鉴定审核10件，接受本院及基层法院法医鉴定咨询36件。2008年，丽水市基层法院鉴定案件363件、拍卖案件86件。丽水中院司法鉴定处为审判工作提供技术咨询10件，同时对基层法院进行对外委托的业务指导和培训，同年，被省高院评为委托管理工作先进集体。

2010年，丽水中院为审判工作提供法医技术咨询5件，办理对外委托鉴定16件，对外委托拍卖16件，为基层法院选定拍卖机构119件。

第八节　审判改革

审判改革始于1979年。20世纪80年代初，全区法院由原先的独任制采用合议庭制。20世纪90年代中，随着互联网应用，审判文书的式样、形式均得到优化。1996年起，全区开展审判方式改革，完善人民法院审判模式，从不完全公开审判向公开审判转变，提倡透明的“阳光下的审判”。1999年，全区法院根据《人民法院5年改革纲要》《最高人民法院关于民事经济审判方式改革问题的若干规定》，审判组织制度和审判方式改革进入新的进程。

2000—2010年，法院改革遵循公开审判原则，深化审判方式改革。以强化合议庭和法官职责为重点，建立符合审判工作特点和规律的审判管理机制。以加强审判工作为中心，改革法院内设机构，提高审判工作效率和管理水平，健全各项监督机制，保障司法人员的公正、廉洁。此外，还对法院的组织体系、法院干部管理体制、法院经费管理体制改革等进行积极探索。

审判方式改革

1979年以前，审判采取非公开形式进行。丽水地区法院审判方式改革始于20世纪80年代初。1982年，丽水地区一审刑事案件实行公开审判制度。同年，全区依法应公开审判的案件为419件，实行公开审判的371件。

1989年，丽水中院对二审抗诉案件全部实行公开审判。9月1日开始，丽水中院率先实行由告申庭审查立案，再移送有关业务庭办理。此后，丽水中院部分二审案件也逐步走向规范化审理。丽水中院民事庭改过去单纯书面审理为召集双方当事人开庭审理。在庭审中，注意强调当事人的举证责任，并充分发挥合议庭作用。丽水（县级）、景宁法院等基层法院积极探索“一步到庭”的审判方式。

1994年，全区法院坚持和完善举证须知、举证通知、证据收集制度。同年，各县（市）法院开展普通程序和简易程序的规范化审理观摩活动，缙云法院还实行院长、庭长示范庭制度。

1996年9月，遂昌法院按新《中华人民共和国刑事诉讼法》规定在全区首开试点庭，通过观摩交流，各县（市）法院普遍开展刑事普通程序和简易程序的庭审试点工作。11月26—28日，丽水中院在丽水召开贯彻新《中华人民共和国刑事诉讼法》专题会议暨审判方式改革研讨会。缙云、遂昌等法院成立专门的审判方式改革指导组。

1997 年，全区法院重点推进民事、行政审判方式的改革，规范审判活动，充分发挥庭审功能，强化合议庭的职能作用，突出控辩双方、当事人的举证责任，加强审判活动透明度。

1998 年，全区法院均成立审判方式改革领导小组及办公室，制定《审判方式改革第一阶段实施方案》。8 月，丽水中院和各基层法院均举行规范化庭审方式改革示范庭。

1999 年，全面实施公开审判制度，提高当庭宣判率。除依法不公开开庭审理的案件外，一审刑事、民事、经济、行政案件均实现公开开庭。刑事二审开庭率 30%，同时不断提高当庭宣判率，经济一审案件当庭宣判率 20%以上。建立案件流程管理制度、排期开庭制度等。丽水中院设立审判监督庭，加强审判监督工作。同年，丽水中院和丽水法院的案件全流程管理初步展开。

2000 年 3 月 28—29 日，丽水中院召开全区法院审判改革工作会议，制定《丽水中院 2000 年审判改革实施方案》。同年，全市法院加大庭审方式改革力度，强化当事人举证责任，发挥当庭举证、当庭质证、当庭认证、庭审小结等形式的作用，试行庭前证据交换、庭前听证会等方法。丽水中院、龙泉、云和、缙云、景宁法院在门厅设立“立案大厅”，实行受理、收费等“一条龙”柜台式服务。实施案件审判全流程管理，全面实行排期开庭。

2001 年，全市法院坚持公开审判制度，规范法庭质证、认证活动。开展巡回审判，便利当事人诉讼。对审判人员适当放权，减少层层审批案件，提高审判效率，严格差错案件责任追究制度，防止审判权的滥用。同年 10 月，审判方式改革后，二审法官由书面审理为主走向开庭审理为主的角色转换。

2002 年，统一立案、统一排期开庭和审判流程管理制度逐步完善。案件繁简分流制度在基层法院普遍推开。5 月 1 日之后，从 1984 年开始沿袭的肩扛红徽章、头戴大盖帽的法官制服被法官袍和点缀着胸徽的西服式制服取代，并实行开庭用法槌制度。丽水中院制定实施《庭审司法礼仪规则》，规范法官庭审中的言行举止，树立文明司法形象。

2003—2005 年，全市法院全面推行以公开举证、质证、辩论、认证、裁判为主要内容的庭审方式。改革完善审判方式和诉讼证据制度，实行庭前证据交换、证据展示等制度。

2006 年，完善司法便民的各项措施，莲都、龙泉、青田等 9 个基层法院均建立规范化立案大厅，实行立案导诉、“一站式”服务、一次性告知、限时办结等制度。改进基层法院的立案管理，探索邮寄立案、网上立案、上门立案和预约立案等多种立案方式，方便群众诉讼。坚持巡回审判制度，基层法院在有关乡镇、中心村设立审判流动站（点）53 个，并以派出审判组、实行法庭下乡等方式巡回办案。同年，各基层法院适用简易程序审理的案件数占结案总数的 66.9%，莲都、云和、缙云、景宁等法院还专门设立速裁机构。

2007 年，全市法院建立案件进展情况查询说明和判后答疑释理制度，听证制度在执行、申诉复查、国家赔偿、减刑假释等工作中得到进一步推广。提高二审案件公开开庭率，丽水中院二审案件公开开庭率达到 72.08%。青田法院针对涉侨案件推出 QQ 语音视频开庭。丽水中院制定出台《关于进一步加强巡回审判工作的实施意见》。

2008 年，全市法院建立审判、执行质量效率评估体系，促进审判管理监督。青田、云和等基层法院与当地公安机关建立当事人身份查询制度。6 个基层法院通过立案速裁方式调解案件 1296 件，占同期审结民事案件的 12.71%。巡回审判采取随时机动与定时定点相结合的方式，使有需求的群众能够真正得到巡回审判的便利服务，莲都、龙泉、青田等9个基层法院巡回办案538次，办结案件666件，提供法律咨询3855人次。

2009年，全市建成数字法庭19个，在建47个，对庭审进行同步录音录像，并有视频资料存案备查。全面推行电子审务，建立完善涵盖部门和个人的审判执行质量效率评估体系，依托信息化办案方式。制定《关于案件跟踪监督和办理反馈的暂行规定》，完善案件质量评查和案件督查工作，定期开展审判工作通报和评析活动，及时纠正基层法院审判工作通报中存在的问题。全市法院巡回办案880次，办结案件754件。

2010年，全市法院强化庭审规范化建设，定期开展庭审观摩、评比活动。建成数字法庭77个，实现所有开庭案件同步录音录像。在全市9个看守所设立远程视频提审室，远程提讯、审理案件。开展司法服务下基层活动，全市基层法院巡回办案786件。云和法院运用“车载法庭”，同年下乡巡回办案92件，调解撤诉率100%。全市法院均建立法院门户网站，实行开庭排期网上预告，开通案件查询系统。

组织制度改革

1979年前，一般实行独任制审判。自20世纪80年代初起，全区法院在强化合议庭职责、审判长的选任、规范审判委员会的工作职责和完善人民陪审员制度等方面，均做出大量积极有益的探索。

1980年，全区法院开始成立审判委员会，对重大、疑难和复杂的案件进行讨论，作出决定。1988年，改变审判委员会包揽案件决定权的做法，使合议庭充分行使法律规定的职权。丽水中院二审案件，维持原判的由合议庭合议决定，审判委员会讨论少数重大疑难案件。1989年，丽水中院制定实施《审判委员会议事制度》。

1994年，强调当事人举证责任，充分发挥合议庭作用，防止庭审流于形式。1998年，庆元法院对案件的审判实行主审法官责任制。

2000年，根据丽水中院党组决定，自2月中旬开始，刑事审判实行还权与合议庭的改革，凡在无期徒刑（含无期徒刑）以下量刑的案件，除特殊原因外，均由合议庭评议决定，并直接下判，同时授权合议庭审判长负责对案件有关法律文书的签发。至此，打破延续多年的丽水中院刑事一审案件均需报审判委员会讨论决定的惯例。同年，全面推行审判长、独任审判员选任制。全市法院根据“还权明责、审判合一”的原则，建立主审法官负责制。

2001年，丽水中院经二庭积极推行合议庭评议制度改革，制定出台《合议庭评议案件规则》。

2005年，丽水中院进一步完善审判委员会议事规则和合议庭评议规则，明确和细化案件承办人、合议庭成员、审判长、庭长、院长、审判委员会的责任，规范讨论、评议案件的具体内容、程序。

2007年，丽水中院制定出台《进一步强化院、庭（局）长管理指导审判执行工作职责的规定（试行）》，强化和明确院、庭（局）长的监督管理职责，加强对审判权的监督制约。建立完善全市法院及内设审判机构之间法律观点和认识的协调统一机制，规范法官对案件的自由裁量权。完善审判委员会工作机制，发挥审判委员会作用。

2009年，丽水中院建立基层法院院长列席丽水中院审判委员会制度，丽水中院审判委员会对具有示范意义的疑难复杂案件进行重点讨论，注重准确把握立法本意，逐步健全两级法院裁判标准和尺度的协调统一机制。通过主办案件、审核法律文书、要求合议庭复议、提请审判委员会讨论等方式，强化监督管理，提升办案质量。

2010年4月1日起，全市施行最高法院、最高人民检察院文件精神，各级人民检察院检察长可以列席同级法院审判委员会会议，检察长不能列席时，可以委托副检察长列席同级法院审判委员会会议。

审判文书改革

1993年，丽水中院组织开展全区刑事裁判文书评选活动。5月，丽水中院分别对龙泉、云和、松阳、景宁法院诉讼文书样式试行情况进行评查。1999年，最高法院制发刑事诉讼文书新样式后，丽水地区两级法院全部采用新样式制作刑事裁判文书。同时，对民事、经济、行政法律文书，加强分析论证。两级法院普遍把裁判文书的质量作为案件质量优劣的重要内容进行评查，并列入岗位目标责任制予以考核。丽水市法院实行最优、最差裁判文书评选、通报的制度。

2001年，全市法院实行裁判文书对证据采信的论证和对裁判结果的说理改革，《〔2001〕丽行终字第38号行政判决书》《行政判决书〔2001〕丽中行终字第1号吴玉奇与庆元县公安局及第三人姚庆火治安处罚行政争议上诉案》等行政裁判文书2篇入选《法院裁判文书选（浙江卷）》被评为全省法院优秀行政裁判文书二等奖、三等奖。

2003—2004年，全市法院注重对证据的分析和适用法律的阐述，增强裁判文书的说理性。逐步实行裁判文书公开查阅制度，提高裁判结果的公开性和透明度，接受社会各界和人民群众的监督。2004年、2006年全市开展优秀裁判文书评选活动，以促进裁判文书质量的提高。其中2007年，扩大裁判文书公开范围。开展正规化分类培训和岗位技能培训，提高法官驾驭庭审、认定证据、适用法律、调处纠纷、制定裁判文书等技能。2009年，全市有法院6个开通外网，法院裁判文书上网公开。2010年，丽水中院开展年度裁判文书评比活动，评选出优秀裁判文书10篇和较差裁判文书5篇。

第五章　司法行政

隋开皇九年（589）置处州后，历朝均有兼理司法行政的机构。隋唐时期，处州司法参军设立。五代时，处州马步院设立，掌系囚犯、审刑狱。宋开宝六年（973），处州司寇院设立，掌管狱讼。元明时，处州路（府）置司狱司掌狱政。清承明制。清康熙三十九年（1700），裁处州府司狱司，事归处州府经历司管辖。处州府设清丈总局专掌鱼鳞图，规范管理土地、房产公证事宜。清宣统元年，处州府属县各乡在选民中选举乡议事会，根据《城镇乡地方自治章程》设乡董、乡佐各1人，开展民间纠纷调解。清宣统三年（1911）11月，处州军政分府成立，下设司法部。民国元年（1912），撤销军政分府及司法部，成立第十一地方法院，司法行政工作由法院兼理。民国25年，丽水律师黄景之在丽水县城设黄景之律师事务所。民国32年2月，省高等法院第三分院自绍兴迁丽水，丽水临时庭撤销，由第三分院兼理地方监狱、公证、律师等司法行政事务。抗战胜利后，迁回绍兴。

1949年10月中华人民共和国成立初，丽水地区没有专门机构管辖司法行政工作。1950年4月，浙江人民法院丽水分院成立，兼管监狱、公证、律师等司法行政工作。1981年3月，丽水地区司法处成立，开展对基层人民法院的管理和公证、律师、人民调解、法制宣传、法学教育的管理、培训司法干部等业务活动，从此有专门的司法行政机构。

1985年起，丽水地区先后成立地区律师事务所、地区涉外律师事务所、地区法律服务中心等法律服务机构10多个。同年11月，丽水地区启动"一五"普法活动，全面推进各项事业依法治理。2000年起，丽水司法机关开展司法行政工作改革探索，改革律师、公证等管理机制，实施工作目标管理，市属各律师事务所全部实行自收自支，促进律师事业的健康发展；各县设立公证处。至2010年，全市有律师事务所22家，公证处9个，乡镇（街道）法律服务所24个，初步形成市、县（市、区）、乡镇（街道）三级法律服务网络。1980—2010年，全市各律师事务所承办经济、刑事、民事案件88239件，担当政府、企事业单位法律顾问780家，办理非诉讼业务23468件，代写各种法律文书184441件。1980—2010年，全市公证机关办理公证854325件，其中国内公证200009件，涉外公证654316件，建立各级人民调解组织3994个，调解员13559人，成为社会治安综合治理的一支重要力量。

第一节　机　构

隋开皇九年置处州后，历朝均有兼理司法行政的机构。1981年，丽水地区行署司法行政处从丽水地区中级人民法院拆分设立。同年，全区有司法行政干部编制316名，实有66人，内设处室6个，直属机构1个，县级司法局4个。此后，司法局职能几经调整。2000年，更名丽水市司法局。

市本级机构

局机构　隋唐时期，处州设司法参军协助刺史、县令兼理鞫狱等司法行政事务。唐末五代时，马步院设立，由亲信衙校任马步都虞侯、马步判官，系囚犯、审刑狱。宋开宝六年（973），司寇院设立，选派新及第进士或文臣任司寇参军，掌管狱讼。后，司寇院改为司理院，司寇参军改司理参军。元明时期，置司狱司掌狱政。清承明制。处州府还设清丈总局专掌鱼鳞图。清康熙三十九年（1700），裁司狱司，事归经历司管辖，延至清宣统三年。

清宣统三年（1911）11月25日，光复军光复处州城。27日，处州军政分府成立，下设司法部等5部，陈逸任首任司法部长。民国元年（1912），撤销军政分府，实行省都督府直辖县制，司法部随之撤销。同年，第十一地方法院成立，司法行政工作由法院兼理。民国3年3月，法院裁撤，各县司法行政事务由县长掌理。民国11年10月，永嘉地方审判厅丽水分庭成立。后改丽水临时庭，司法行政与审判工作实行合一制。民国32年2月，省高等法院第三分院迁至丽水，撤销丽水临时庭，由第三分院兼理丽水地方监狱、公证、律师等等司法行政事务。抗日战争胜利后，省高等法院第三分院迁回绍兴，改设浙江高等法院丽水分院，实行司法行政与审判工作合一制。

1949年10月中华人民共和国成立初，丽水没有专门机构管辖司法行政工作。1950年4月，浙江人民法院丽水分院成立，兼管监狱、公证、律师等司法行政工作。1952年1月，浙江人民法院撤销丽水分院，设立各县人民法院，兼管监狱、公证、律师、人民调解等司法行政工作。1963年4月，恢复丽水专区中级人民法院机构，监管辖区监狱、公证、律师、人民调解、法制宣传等司法行政工作。1968年4月，丽水专区中级人民法院实行军事管制。11月，丽水地区革命委员会人民保卫组代行司法行政权。1973年3月，恢复丽水地区中级人民法院机构，兼管司法行政工作。

1981年3月，丽水地区行政公署司法处成立，首任处长赵忠钰。1995年8月，更名丽水地区司法局。2000年5月，更名丽水市司法局。2010年，丽水市司法局内设处室11个，直属机构2个，有司法干部48人。县(市、区)司法局9个，全市有司法行政干部编制442名。

内设机构　1981年3月，丽水地区司法处设办公室、人事科、法院科、宣教科、律师管理科等5个科室，均为正科级。1996年至2010年，调整职能，内设教育科、公证管理科、行政法制科、社区矫正工作管理处、法律援助中心、法学会秘书处、人民调解中心等。

2001年12月，丽水市司法局执行市编委文件规定，内设机构由“科”更名“处”，行政级别不变。

2010年，市司法局有政治部(纪检监察审计室)、办公室、法制宣传教育处(普法办)、行政法制处、基层工作管理处、社区矫正工作管理处、律师管理处、公证管理处、法律援助中心、市法学会机关秘书处、人民调解中心(市人民调解指导中心)11个内设机构。

直属机构　1981年，地区司法处设立。此后，陆续增撤的有公证处、律师事务所、政法干校、劳改大队、法律服务中心、开发区司法所等机构。

丽水市司法局直属机构和派出机构一览

表30-4-1-1

科室名称	建制性质	级别	起止时间	撤销与改制时间
地区法律顾问处	直属单位	正科级	1981年5月—2000年12月	1985年8月改律师事务所，2000年改制
地区水东劳改管教大队	直属单位	正科级	1984年4月—1988年4月	1988年撤销
地区九里劳动教养所	直属单位	正科级	1984年9月—1986年4月	1986年撤销
政法干校	直属单位	正科级	1985年1月—1996年12月	1996年撤销
地区涉外律师事务所	直属单位	正科级	1990年6月—2000年12月	2000年改制
地区法律服务中心	直属单位	正科级	1993年11月—2001年12月	2001年改政通法律服务所，与市司法局脱钩
地区公证处	直属单位	正科级	1993年3月—	2006年9月设丽水市莲城公证处
地区经贸律师事务所	直属单位	正科级	1993年3月—2000年12月	2000年改制
地区大众律师事务所	直属单位	正科级	1994年1月—2000年12月	2000年改制
地区资政律师事务所	直属单位	正科级	1996年1月—2000年12月	2000年改制
直属开发区司法所	派出机构	副科级	2009年10月—	—

机构职能　隋至清光绪年间，丽水司法行政职能主要有狱政、公证、民间调解、律例宣传等事项。清宣统二年(1910)，政府颁《大清刑事民事诉讼法》，律师管理列入。民国时期，相沿不改。

1949—1980年，司法行政职能中的民间调解改人民调解，律例宣传改法制宣传，狱政改劳动改造，由地区(专区)中级人民法院负责管辖。

1981年地区司法处负责编制全区司法行政工作中长期规划、年度计划、制定司法行政工作的各项规章制度并监督实施；承担行政、企事业单位法律顾问工作并参与行政执法检查、司法鉴定工作，依法承办仲裁机构有关事项；管理和指导全区两劳回籍人员的帮教工作；制定全区法制宣教规划并组织实施，指导各县各行业依法治理工作；管理和指导全区律师和法律顾问工作、综合管理社会法律服务机构；管理和指导全区公证机构和公证业务活动；管理指导全区人民调解和司法助理员工作，参与社会治安综合治理；指导、组织全区各类法学教育工作；指导全区司法行政系统的队伍建设和思想政治工作，协助各县管理司法局的领导干部；负责法院的机构设置、人员编制、物资装备和司法统计，管理司法干部；协同法院建立健全各种审判制度。

1983年5月，地区司法处执行司法部、最高人民法院《关于司法厅(局)的部分任务移交人民法院主管的通知》，将法院的机构设置、人员编制、物资装备和司法统计及管理司法干部等职能划归法院，不再管理法院的行政事务。此后，有普法、社区矫正、司法考试等部分司法行政职能增加。

1996年2月，地区司法局强化职能五项，即研究制定全区司法行政工作的发展规划和政策；宏观管理全区法律服务工作；指导行政机关、企事业单位法律顾问工作；管理指导两劳回籍人员的帮教工作；组织指导全区法学教育、法制宣传及依法管理工作。转移或下放职能3项，将公证员、律师资格考试前期准备工作，基层乡镇法律服务机构的设置、审批等转移到基层司法局，减少局直接管理干部的数量，不再直接管理事业单位的具体事务。

2000年，市司法局职责改为制定全市法制宣传与普法教育的规划并组织实施；指导各县(市、区)、各行业的依法治理和法制宣传工作；指导监督全市律师、律师事务所、律师协会及法律援助工作；指导监督全市公证机构和公证业务活动；指导监督全市司法鉴定机构和司法鉴定业务活动；综合管理社会法律服务机构和法律服务工作；指导监督全市司法行政机关管理基层司法所和基层法律服务、人民调解、刑释解教人员安置帮教、社区矫正工作；指导协调全市“12348”法律服务工作；参与社会治安综合治理。截至2010年12月，丽水市司法局职能未变。

人员编制　1981年3月，丽水地区有司法行政干部编制316名，实有干部66人，其中地区司法处机关19人，公证处4人，法律顾问处17人。其中，青田县司法局机关3人，县公证处2人，县法律顾问处3人；遂昌县司法局机关2人，县法律顾问处5人；龙泉县司法局机关4人；缙云县司法局机关2人，县法律顾问处2人；云和县法律顾问处3人。同年底，全区司法行政干部133人，其中律师工作人员21人，公证干部20人，司法助理员59人。1982年，全区司法行政干部173人，其中律师工作人员25人，公证干部25人，司法助理员65人。1990年，全区有司法行政干部336人，其中地区司法处48人。1997年，全区有司法行政干部423人，其中地区司法处57人(实有48人)。

2010年，全市有司法行政干部编制442名，实有385人，市司法局实有48人，其中领导职数4人，局长1人、副局长2人(其中1人兼纪检组长)，政治部主任(副县处级)1人，科级领导职数17人(含直属机关党委专职副书记1人)。

各县司法行政机构

明代以前，处州属县司法行政事务主要为监狱管理，该职均由各县主政官员亲自掌理，县丞协理。明代，县衙置刑科掌管缉捕、监狱诸事。丽水县刑科司吏1人，典吏2人，其余各县基本相同。清宣统三年(1911)，各县设立初级审判厅，掌管审判及监狱、公证等职权。

民国时期，各县实行司法行政与审判合一制。民国元年(1912)，松阳县政府设立执法科，兼理司法行政事务，设科长、科员各1人，狱卒各2人，司法警察8人。民国2年，青田县政府设审检所。民国5年，各县政府均设审检所，民国6年裁撤。民国16年，松阳县政府设司法科。民国25年4月，各县政府设司法处，县长兼理司法行政与审判职权。民国32年起，各县先后设立地方法院。地方法院书记室设立监狱科、公证处，专门负责监狱管理、公证等司法行政事务。

1949年10月中华人民共和国成立后，松阳县率先设立司法科，掌理司法行政事务（未成立司法科的县由县政府民政科兼理）。1950年，各县县人民政府成立司法科。旋改设县人民法院，负责审判、兼理监狱管理、公证、人民调解、法制宣传等司法行政事务。1966年5月至1976年10月，"文化大革命"期间，各县革委会人民保卫组行使司法行政职权。"文化大革命"结束后，各县逐步由人民法院兼理司法行政事务。1981年起，各县政府先后设立司法局，独立行使司法行政职权。1984年12月，各县司法局所有内设"股"，均改为"科"。截至2010年，丽水市辖区有莲都区、龙泉市、青田县、云和县、庆元县、缙云县、遂昌县、松阳县、景宁畲族自治县司法局。

2010年丽水市各县（市、区）司法局一览

表30-4-1-2

名　称	成立时间	人员编制情况		内设科室（个）
		编制（名）	实有（人）	
莲都区司法局	1981年2月	47	43	7
龙泉市司法局	1981年2月	41	37	11
青田县司法局	1981年2月	50	44	11
云和县司法局	1981年9月	35	33	9
庆元县司法局	1981年4月	42	35	6
缙云县司法局	1981年2月	50	48	8
遂昌县司法局	1981年2月	41	27	7
松阳县司法局	1982年5月	42	31	8
景宁畲族自治县司法局	1984年6月	38	36	7

基层司法所

1977年以前，丽水地区无基层司法所和司法助理员。1977年12月开始，各县在各公社设置兼职司法助理员。至1978年年末，全区各公社全部配置兼职司法助理员。

1981年，丽水地区司法处建立，开始开展指导基层司法所建设。省司法厅分配给丽水地区各县公社司法助理员名额84人，其中丽水（县级）12人，龙泉13人，青田14人，云和10人，庆元9人，缙云10人，遂昌16人。之后，各县（市）区（镇）陆续建立司法办事处或司法办公室、司法点。

1982年，地区司法处陆续在各县乡镇配备专职司法助理员（司法特派员）。至1983年，全区有司法助理员80人，其中丽水15人，龙泉12人，青田16人，云和13人，庆元3人，缙云10人，遂昌8人，松阳3人。

1984年1月，省司法厅发文要求县辖区配备司法特派员1—2人，镇、公社（乡）配备司法助理员1人。8月10日，丽水县对5个县辖区、1个县辖镇派司法特派员10人。12月底，全区有司法助理员

356 人，其中专职司法助理员 94 人，兼职司法助理员 262 人。

1988 年，全区配置司法特派员 56 人，司法助理员 280 人。1989 年 8 月，各县（市）区（镇）司法办事处或司法办公室、司法点，统一更名司法所。司法所与原区（镇）法律服务所实行一套人马，两块牌子，受县（市）司法局和区（镇）双重领导。

1990 年，各县陆续开展司法所建设工作。至 1991 年，全区乡镇 386 个有 98%配备司法助理员、特派员 389 人，其中专职 176 人。1992 年，全区乡镇 194 个全部配备专职或兼职司法助理员。

1994 年，全区有司法所 61 个，司法助理员 211 人，司法特派员 67 人。至 2004 年年底，全市所有乡镇均建立司法所，195 个，总人数 628 人，其中收编所 29 个。

2008 年，丽水市开展直属司法所建设试点。全市有司法所 182 个，其中直属所 41 个，总人数 600 人。2009 年，全市设置跨乡镇和公安派出所相对应司法所，有司法所 182 个，其中直属所 47 个，人员 603 人。

2010 年，市局直属开发区司法所成立，为副科级机构，核定行政编制 4 名，下设水阁街道和富岭街道两个联络点。同年年底，全市有司法所 182 个，其中直属所 70 个，总人数 603 人。

2005—2010 年丽水市基层司法所一览

表 30-4-1-3　　单位：个

年份	市级		莲都		龙泉		青田		云和		庆元		缙云		遂昌		松阳		景宁	
	司法所	收编直属所	司法所	收编直属所	司法所	收编直属所	司法所	收编直属所	司法所	收编直属所	司法所	收编直属所	司法所	收编直属所	司法所	收编直属所	司法所	收编直属所	司法所	收编直属所
2005	1	—	22	5	19	3	31	—	14	—	20	—	24	6	20	—	20	—	24	—
2006	1	—	17	5	19	3	31	7	14	1	20	—	24	6	20	—	20	—	24	1
2007	1	—	17	5	19	3	31	7	14	1	20	—	24	6	20	—	20	—	20	1
2008	1	—	17	5	19	3	31	7	14	4	20	1	18	6	20	4	20	6	22	5
2009	1	1	16	9	19	4	31	7	14	4	20	1	18	6	20	4	20	6	22	5
2010	1	1	16	9	19	9	31	11	14	4	20	5	18	10	20	10	20	6	22	5

第二节　法制宣教

丽水法制宣传教育活动发轫于唐代处州州学对生员的律例教育。宋元明清时期，旌善亭、示禁立碑等法制宣教形式出现于各乡里坊。民国时期，有通过法律援助、公证、著书等多种法律宣传形式。中华人民共和国成立后法制宣教制度日益规范，活动形式、载体形式多样。1985—2010 年，全市组织实施五年普法规划 5 个。通过解放后特别是近 20 年的全民普法教育，以《中华人民共和国宪法》为核心的法律 200 多部、行政法规、地方性法规和规章近 1000 部得到普及，全区 95%以上的市民不同程度地接受法制教育。至 2010 年，全市有省级“民主法治村（社区）”41 个，市级“民主法治村（社区）”416 个，县级“民主法治村（社区）”2429 个。

法制宣教机构

丽水法制宣教制度，始于唐代处州州学法令教育。此后历代州(府)学、县学设有专门的法制教育机构。州(府)学、县学内设礼科。州、县官员及乡首、里正等为兼职群体。

民国时期，先后有处州军政分府司法部、司法处、地方法院等机构，负责法制宣传事务，但未建立长效性宣传制度和渠道，主要通过政务会议、学校课堂进行宣传。

1950 年 4 月，设立浙江省人民法院丽水分院，法制宣传逐步走上正规化渠道。随专区行政建制，开展不定期法制教育。1952 年 1 月，浙江省人民法院丽水分院撤销，由各县人民法院负责法制宣传教育。1963 年丽水专区中级人民法院恢复后，负责法制宣传事务。1966—1972 年，丽水地区没有法制宣教机构。1973 年地区中级人民法院重新恢复后至 1980 年，法制宣传工作继续由中级人民法院司法行政科负责。

1982—1984 年，全区有法制宣传员 1246 人。1981—1984 年，法制宣传重点主要是纠纷较多、违法犯罪活动比较严重的工厂、学校和乡镇。1984 年 9 月，成立丽水地区法制宣传办公室，由公安、检察、法院、司法、民政、工会、共青团、妇联、广电、文化、教育各抽调工作人员 1 人组成，办公室设地区司法处，法制宣传工作得到长效管理和落实。

1985 年 12 月，成立丽水地区普及法律常识工作领导小组，建立普及法律常识办公室(简称“普法办”)。地区普法办公室设在司法处，与宣教科合署办公，由司法处抽出干部 2 人专事负责。

1986 年 1 月至 2006 年 6 月，先后制定五年普法规划 5 个，有组织、有计划地开展全民普法宣传教育。“一五”普法，重点对象是工人、农民、知识分子、干部、学生、军人以及其他劳动者和城镇居民中有接受能力的公民。“二五”普法，重点对象是县(团)级以上各级领导干部；执法人员，包括司法人员、行政执法人员；宣传教育工作者；青少年，特别是大、中学校的在校生。“三五”普法，重点对象为各级领导干部、执法人员、企事业经营管理人员、青少年、外来人员。“四五”普法，重点对象为丽水地区各级干部(职工)、中小学生、企业管理人员等。“五五”普法，重点在公务员尤其是领导干部以及青少年学生、企业经营管理人员、农村农民、外来务工人员中大力开展法制宣传教育。

法制宣传教育

隋开皇九年(589)，建处州，均开展以本朝律例为主的法制宣教活动，隋有《开皇律》、唐有《贞观律》《大中刑律统类》、宋有《宋刑统》等。如宋乾道五年(1169)，处州知州、吴县人范成大为加强通济堰的管理和养护，制定《通济堰规》，书写立石，以供百姓周知遵守。明代，处州地方主政官员，通过审理案件，宣传教化百姓，社会效果尤为明显。明洪武五年(1372)，处州府、各县衙及各坊里厢，均例置申明、旌善二亭。申明亭为读法、明理、彰善瘅恶、剖决争讼小事、辅弼刑治之所。旌善亭亭上书写善人善事、恶人恶事，以示惩劝。明万历间，丽水知县锺武瑞“治县教化而后诛罚，听讼唯恐冤民”。

清代，官府受理民间词讼，要求标准的状词，在格眼状后面附加一个状式，即是否受理案件的基本条件，开列相关的诉讼程序规则，寓用法、学法、守法于教化之中。清光绪年间，处州知府赵亮熙，常将审案地点从大堂移至府衙前进行公开审理，以起到警示劝诫之效。

民国时期，丽水各县政府曾进行过以《惩治贪污暂行条例》《浙江省政府关于肃清烟毒善后办法》《严禁溺女婴虐妇》《严厉废除娼妓》《惩治贪污条例》《严禁鸦片赌博》《摘示法律常识》等为内容的宣传。丽水、龙泉等县的一些学堂，偶尔开设法制教育课。在民间，一些宗族经常对同族民众进行族规训导。民国16年(1927)起，各县政府将《刑法典》及《法院组织法》《考试法》《土地法》《公务员惩戒法》等作为重点宣传。民国25年，《中华民国兵役法》颁布后，境内各县印刷或购买《兵役法》日历发至乡镇保甲，并组织宣传队到民间宣传。政府当局为维护其统治，警察局、法院也搞过一些法律宣传。1937年年底，抗日战争全面爆发，省国民政府迁丽水。丽水地方国民政府将这一时期颁发的《国家总动员法》等法典作为宣传重点，但没有专门机构负责普法活动。

1951年年初，丽水专区组织广泛宣传《中华人民共和国婚姻法》《中华人民共和国土地改革法》。

至1952年，专区开展镇压反革命运动，宣传重点为《惩治反革命条例》。专区法院选择典型案件，在召开公开审判大会，宣判一批罪犯，直接参加旁听群众6000多人，同时设有线广播分会场，旁听群众10多万人。同年9月，丽水等各县举办《中华人民共和国婚姻法》图片展览。1953年3月，中共中央发出《关于开展宣传贯彻〈婚姻法〉运动月》的指示后，由各县总工会、民主妇女联合会、县法院等有关部门抽调干部深入到城乡基层单位，向广大干部和群众广泛地宣传《中华人民共和国婚姻法》，着重宣传男女婚姻自由、一夫一妻、男女平等的新婚姻制度。

1955年7月，试行义务兵役制，《中华人民共和国兵役法》宣传活动开展。1954—1957年，各县法院除通过民、刑案件召开小型公审会进行宣传外，还大规模地召开公审大会5次，直接参加会议受教育的群众有2万多人，同时组织市民收听广播大会实况录音。报纸发表消息、社论，教育公民守法。1958—1967年，法院助理审判员以上干部除结合大型公判会向群众宣传法律外，每人每月在本辖区内文化馆、工厂、企业、学校、街道、农业社作一次法律讲演，投一篇有关法律宣传方面的稿件。各县法院的黑板报每月出两次，同时根据本法院的案件情况，通过印发布告或判决书进行宣传。专区法院司法行政科还与有关部门配合，每月举办一次有关加强法制宣传的展览会，编印宣传画。

1967—1973年“文化大革命”期间，地区中级人民法院撤销，法制宣传工作处于停滞状态。

1973年，丽水地区中级人民法院重新恢复后，法制宣传工作继续由地区中级人民法院司法行政处负责。主要采取公开审判刑事、民事、经济案件等形式，以增强全民的法制观念。旁听的群众少者千人左右，多者达数万人。1979年3月，宣传贯彻《中华人民共和国森林法(试行草案)》。10月中旬，指导基层人民法院，配合社会形势，开展全区性的《中华人民共和国刑法》《中华人民共和国刑事诉讼法》“法制宣传月活动”。

1981年为学校、厂矿、企事业单位上法制宣传课357堂，受教育245637人次。配合社会形势，开展《中华人民共和国刑法》《中华人民共和国刑事诉讼法》《中华人民共和国婚姻法》宣传，组织群众参加旁听地区、县法院的开庭审判和宣判大会34场次，受教育群众达2万多人。

1982年，结合“五讲四美”活动，继续开展全区性的《中华人民共和国刑法》《中华人民共和国刑事诉讼法》《中华人民共和国婚姻法》宣传工作，并于11月开展全区性的《中华人民共和国婚姻法》宣传月活动。同年上法制课36堂，受教育12.4万人次。编发《法制宣传》和各类简报167期46500份，放映幻灯片1007场次，受教育群众65.48万人次。举办违法青年学习班21期，受教育529人。4月9日，贯彻全国人大《关于严惩严重破坏经济罪犯的决定》，地区司法处统一编发黑板报、宣传栏宣传材料，印发大字布告22800张，在全区范围广发宣传。

1983年5月，全区开展宣传新《中华人民共和国宪法》活动。6—8月，各县开展法制宣传月活动。9个县设立法律咨询站10个、法制宣传站51个。举办法制报告会10场，法制课1100堂。出动宣传车11台,117天次。印发法制宣传材料689593份,受教育群众达55万人次。张贴布告、大幅公益广告8290张。刊出专栏6588期,放幻灯3180场次。同年9月至1984年12月,配合严厉打击刑事犯罪斗争开展法制宣传教育。组织司法干警深入到工厂、企业、机关、学校,采用报告、专题讲座等形式,宣传严厉打击刑事犯罪的有关法律、法规,宣讲42次,有1万多人受到教育。转发省司法厅下发的法制宣传参考和法制文艺会演材料7900多份。“严打”期间,全区公开审理和大型宣判会7场,受教育人数10多万人;小型开庭审判会43场,受教育群众2万多人。

1984年12月,利用多种形式,开展《中华人民共和国宪法》的性质、公民的权利和义务等13个专题的宣传。展出宣传图片51套,印发法制宣传材料2800多份。同年,全区印发各种宣传资料214160份,《丽水司法》及专辑58期88000份,上法制课510堂,展出图、照片617幅,刊出栏窗1756期,放幻灯3889场,宣传车巡回305天次,文艺演出91场。

1985年11月,全区开展“一五”普法活动,以“十法一条例”为主要内容,对全体公民进行社会主义法制启蒙教育。“十法”,即《中华人民共和国宪法》《中华人民共和国刑法》《中华人民共和国刑事诉讼法》《中华人民共和国民事诉讼法》《中华人民共和国民法通则》《中华人民共和国婚姻法》《中华人民共和国继承法》《中华人民共和国经济合同法》《中华人民共和国兵役法》《中华人民共和国森林法》,“一条例”《治安管理处罚条例》。景宁畲族自治县还重点开展《民族区域自治法》宣传。“一五”普法针对不同的普法对象,采取以面授为主,多种形式相结合的方法,还采取和灵活多样、群众喜闻乐见的观看法制电影、电视录像片、文艺节目。摄影、绘画、书法、板报、图片展览、模拟法庭等生动活泼的形式进行法制教育。1989年4月,经验收,丽水地区9个县(市)及地直机关普及法律常识全部合格,全区应普人数155.45万人,参加普及法律常识学习公民145.16万人,占应参加学习人数的93.4%。其中干部45520人,职工86851人,居民26757人,农民1105901人,分别占应普人数的98.5%、95.7%、92%、91.6%。5月,地委、行署召开普法表彰大会,表彰丽水(县级)、龙泉、庆元为普法先进县(市),普法先进集体60个,普法先进个人87人。1990年12月,省人大常委会组织检查,验收通过地区第一个五年普法教育。丽水市(县级)、庆元县被评为全国普法先进县,龙泉县委副书记王秀琴被评为全国普法先进个人。

1991年,启动“二五”普法活动,开展以《中华人民共和国宪法》为核心,以《中华人民共和国行政诉讼法》《中华人民共和国义务教育法》《中华人民共和国集会游行示威法》《中华人民共和国国旗法》《中华人民共和国国徽法》《中华人民共和国婚姻法》《中华人民共和国公司法》《中华人民共和国产品质量法》《中华人民共和国反不正当竞争法》《中华人民共和国国家赔偿法》《中华人民共和国担保法》为重点的法制宣传教育。全区单位601个建立“二五”普法领导机构,单位555个制定“二五”普法规划,单位76个进行依法治理和普法试点。1990—1995年,在龙泉、庆元等县的乡镇开展法治乡试点10多个,在松阳县玉岩镇溪口村开展法制村试点,新兴中学开展依法治校试点。全区培训“二五”普法师资1939人,参加企业经济法岗位培训的厂长、经理、供销人员880人。全区各级党政领导发表广播电视讲话66次,广播专栏626期,图片、画廊79期,宣传窗7477期,各种竞赛69场次,参加人数45387人,组织培训班181期,参训人员68444人,发放资料14万份,举办演讲会200次,演出法制文艺节目539台,征订普法教材3万多套,普法师资选送中央培训31人、省级5人、地县(市)级1898人。地区司法处组织编印《法律知识读本》,发放13万册。“二五”普法,9县(市)通过验收考核。参加“两本书”学习机关干部4万多人,人均93分通过,占干部总数95%。应普法人数189.34万人,参加普及法律常识学习公民179.80万人，占应参加学习人数的94.96%。庆元县被评为全国普法先进单位。

1996年，“三五”普法活动启动，突出法制教育与法治实践相结合，全面推进各项事业依法治理。普法内容有《中华人民共和国行政处罚法》《中华人民共和国国家赔偿法》《中华人民共和国知识产权法》《中华人民共和国消费者权益保护法》《中华人民共和国劳动法》《中华人民共和国国际经济法》《中华人民共和国保守国家秘密法》《中华人民共和国档案法》《中华人民共和国教育法》等。1997年，普法重点内容为《中华人民共和国刑法》《中华人民共和国公司法》《中华人民共和国行政监察法》。1998年，重点开展《中华人民共和国宪法》修正案及《中华人民共和国合同法》《中华人民共和国担保法》《中华人民共和国行政复议法》《中华人民共和国预防青少年犯罪法》《中华人民共和国未成年人保护法》《中华人民共和国村民委员会组织法》等。全区制定县级“三五”普法规划9个，乡镇、行业“三五”普法规划377个，各级办事机构226个，普法工作人员463人。1997年，全区发放《实用法律手册》《干部学法建档考试法律知识读本》普法资料6万册，重点培训县处级领导干部、科局级干部、机关一般干部及企业中层以上经营管理人员、青少年。1998年，组织人大任命干部上岗前法律考试8次，普法参考6万多人。1999年，组织人大任命干部上岗前法律考试3次，普法参考5万多人。2000年5月，地区普法办组织对9县(市)进行普法验收。全区应普人数248.58万人，参加普及法律常识学习公民236.4万人，占应参加学习人数的95.1%。全市依法治理覆盖率乡镇100%、机关90%、企事业单位85%，丽水市通过省普法领导小组组织的考核验收。庆元县被评为全国普法先进单位。

2001年，“四五”普法活动启动，围绕“两个转变，两个提高”的目标，深入开展法制宣传教育和依法治理活动。“四五”普法内容是《中华人民共和国民法通则》《中华人民共和国公司法》《中华人民共和国合同法》《中华人民共和国消费者权益保护法》《中华人民共和国劳动法》等。每年市普法办精选重点普及宣传的法律编著成《法律知识读本》供学习参考。“四五”普法宣期间，主要采取法制讲座形式授课宣讲、送法下乡、法制征文、演讲比赛等。在莲都区白云、永辉社区，青田县月里湾、塔下社区开展法律进社区工作。2001年，开展“12•4”全国法制宣传日活动。2004年，首次将法律教材编入丽水市中小学地方教材《浙江绿谷》。全市参加干部(职工)学法建档考试20万人次。组织企业管理人员法制讲座390次，受教育人数近5万人次。组织副处级以上领导干部参加法制培训考试660人次，组织干部职工5.6万人参加普法建档考试。向农村、社区群众发放《实用法律知识读本》1万多册。开展在莲都、青田等6个县(市、区)“依法行政”法制巡回讲座，培训副科级以上干部近4000人。2005年，“四五”普法工作顺利通过省普法领导小组考核验收。全市应普人数251.19万人，参加普及法律常识学习公民240.64万人，占应参加学习人数的95.8%。全市99.5%的中小学校开展普法宣传教育，中小学校学生法律知识普及率98%，民主法治村创建率90%，三星级以上民主法治村1840个，达标率53.8%。民主法治社区创建率100%，三星级以上民主法治社区24个，达标率31.2%。庆元县被评为全国普法先进单位，市财政局被评为全国法制宣传教育先进单位。

2006年6月，“五五”普法活动启动。以“法律六进”①活动为主要载体，内容以宪法为核心，《中华人民共和国公务员法》《中华人民共和国侵权责任法》《中华人民共和国人民调解法》《中华人民共和国节约能源法》等各部门法律法规、规章及地方性法规等。每年市普法办精选重点普及宣传的法律汇编成《法律知识读本》供学习参考。建立领导干部法律知识任职资格制度，组织各级党委(党组)中

① “法律六进”：法律进机关、法律进乡村、法律进社区、法律进学校、法律进企业、法律进单位。

心组理论学习集体学法1000多次。2007年，全市开展“法律六进活动”。2008年，全市开展《中华人民共和国价格法》实施10周年、安全生产月、环境保护宣传月、国际禁毒日、交通安全宣传周、青少年法制教育宣传月等系列宣传培训活动。同年7月，全市开展“五五”普法中期检查，省“五五”普法中期督察组充分肯定丽水市普法工作。2009年，在电台、电视台和报刊开辟法制宣传栏19个，普法网站10个，发放宣传资料24万份，开展法律咨询活动单位600多家，受教育群众200万人次。建立完善重大决策法律咨询、干部法律考试考核等制度6项，省管领导干部完成学法用法网上作业50多人，干部参加学法用法考试考核5.5万人，参考率95%，合格率98%。建立乡镇法制辅导站180个，青少年法制教育基地66个，各类法制学校114个。2010年，组织优秀法制宣传干部为非法邪教组织人员上法制教育课2期，向农村发放宣传资料24万份，接受法律咨询12万人次，开展法制讲座592次，开设法律宣传专栏2722个，干部职工参加学法用法考试考核5.7万人，在全市开展诚信守法企业活动。20个企业获市级诚信守法企业称号。8月，“五五”普法通过省普法领导小组检查验收。全市应普人数259.65万人，参加普及法律常识学习公民250.04万人，占应参加学习人数的96.3%。全市有县级民主法治村（社区）2429个，市级民主法治村（社区）416个，省级民主法治村（社区）41个，全国民主法治村（社区）3个，创建率82%。松阳、景宁荣获首批“全国法治县（市、区）创建活动先进单位”称号。丽水电业局被评为全国法制宣传教育先进集体。卢向俊、郑延光被评为全国法制宣传教育先进个人。

法学研究

1981年，地区司法处宣教处负责法学研究工作，为丽水市法学研究之始。1983年5月，司法处下发《法学基础理论》学习计划，以提高司法行政干部的理论修养和法学基础。1984年6月，每月1期的《丽水司法》报创刊，每期设置法学理论栏目，刊发法学研究类文章。发放范围为省级政法系统机关，地、县党政军机关，各级公检法司机关，各乡（公社），村，居委，厂矿，企事业单位，学校，人民调解组织等。《丽水司法》报至1986年下半年停刊。

1987年2月，地委批准成立以政法委书记陈家毛为组长的丽水地区法学会筹备小组。同年，丽水地区法学会成立，办公室设在地区司法处。会员为地、县（市）公、检、法、司和政府机关从事法制工作的干部。后因经费、人员编制问题，法学会工作停滞。2009年6月26日，丽水市法学会成立。宋永平当选首任会长，有团体会员756个，个人会员367人。市法学会秘书处为市司法局正科级内设机构。2010年9月，市法学会秘书处创刊《丽水法学》杂志，截至2010年12月，刊发3期。编辑《丽水法学要报》1期。组织会员参与省山区经济法治研究会暨山区经济发展法治论坛征文活动，丽水市选送的论文《当前深化集体林权制度改革工作存在问题与探讨》获一等奖。市法学会组织的省法学会重点课题《利用未公开信息交易罪若干问题研究》通过省法学会专家组验收，研究成果在法学核心期刊《河北法学》发表。2010年12月，市法学会划归市委政法委管理。

第三节 人民调解

宋代，丽水碧湖一带遇有水利方面的维护、灌溉等纠纷，由通济堰堰首负责调解处置，这是丽水地区最早有文字记载的行业性调解组织。明初，各乡里出现专门调解的申明亭制度。民国时期，处属各县均设有乡一级的调解组织。中华人民共和国成立初，基层法院在部分乡镇建立调解委员会组织。1954年2月，政务院颁发《人民调解委员会暂行组织通则》，农村以乡为单位，城市以镇为单位，建立调解委员会，1956年，建立以公安派出所辖区为单位的大型调解委员会。1966—1976年，人民调解工作处于停顿状态。1973年，恢复调解委员会。1979年，地区、县两级法院分别设司法行政处、司法行政科负责人民调解管理。1981年始，由地区司法处管理人民调解工作。至2010年，丽水市有各级人民调解组织3994个，调解员13559人。调处民间纠纷111371起，调处成功108604起。全市受市级以上人民政府（或主管部门）表彰人民调解委员会121个次，人民调解员235人次。

调解组织

唐代，处州各县乡里分设乡正、里正、族长，有权处理地方上的轻微刑事案件，并对民事纠纷进行调解仲裁，不能取决方交州县官衙处理。至宋代，丽水碧湖一带遇有水利方面的维护、灌溉等纠纷，由通济堰堰首负责调解处置，这是丽水地区最早有文字记载的行业性调解组织。元代，法律规定村社（类似里、保基层组织）的社长具有调解之职。《至元条格》规定："诸论诉婚姻、家财、田宅、债负，若不系违法重事，并听社长以理谕解，免使妨废农务，烦扰官司。"处州专门的调解组织，始于明洪武初。由各县地方官府负责在乡、里选择设立老人一职，专事调解乡民、族众之间的各种民间纠纷。里中户婚、田宅、斗殴相争一切争讼之事，不准直接上告官府，一般均由老人、里长组织当事人双方在申明亭剖断。里甲处理不了或案情重大的刑事案件，也要经老人的同意，才能到衙门告官申理。还对申明亭制度赋予法律保障，其中对"拆毁申明亭"的规定："凡拆毁申明亭房屋及毁板榜者，杖一百，流三千里。"清代后期，申明亭制度自然消亡。宣统元年，处州府属县各乡根据清政府颁布《城镇乡地方自治章程》，在选民中选举产生乡议事会，设乡董、乡佐各1人，遇有民间纠纷，由各乡议事会组织负责调解。

辛亥革命后，各县属乡、村设"息讼会"，专门负责调解各地纠纷。息讼会设会长一人，公断员5人或7人，会长及公断员之任期一年，但可连选连任。公断时以公断员多数取决，可否同数时由会长决定，但实际上多数为当地绅士、族长、地主所把持。民国19年（1930）12月，开始执行国民政府公布《民事调解法及施行规则》，同年1月，处属各县地方法院或司法处设立民事调解处，委派推事、书记官负责调解事务。民国20年4月，开始执行国民政府颁布实施《区乡镇坊调解委员会权限规程》，对乡镇调解委员会组织权限、调解刑事与民事案件范围、调解方法等作出具体规定。丽水等各县、乡镇都建有调解委员会，委员一般由乡镇长、学校校长、保长、民众代表等组成。民国32年10月，开始执行《乡镇调解委员会组织规程》《区乡镇坊调解委员会权限规程》同时废止。民国35年4月，根据浙江省民政厅发训令，各县按照《乡镇调解委员会组织规程》设置调解委员会，厉行调解制度，以减少诉讼案件，并要求各调解委员会每月将调解结果上报县政府和县法院备案。乡镇调解委员会组成人员由乡镇或代表会推举，设主席1人，委员5至9人，任期1年，也可连选连任。乡镇长不可任调解委员会主席。民国36—38年，在乡镇建立调解组织的同时，各县警察局设司法科，负责调处基层调解组织解决不了的疑难纠纷。

中华人民共和国成立初，基层法院结合民主建设和司法改革，在部分乡镇建立调解委员会组织。1951年年底至1952年年初，丽水专区各乡（镇）村普遍建立人民调解组织，均称"人民调解委员会"，设主任委员1人，委员若干人。丽水专区、各县人民法院无专门人民调解管理机构，由民事庭审判人员负责，通过分片包干、就地办案、吸收调解人员担任陪审员等方法，对调解人员进行业务指导。1953年11月，龙泉县人民法院召开14个乡调解委员会会议。1954年2月，根据政务院颁发的《人民调解委员会暂行组织通则》，农村以乡为单位，城市以镇为单位，建立调解委员会，调解民间一般的民事纠纷与轻微的刑事案件，并通过调解进行政策法令的宣传教育。城镇调解委员会由居民代表推选，乡调解委员会由乡人民代表大会推选。1956 年，撤销以居民委员会为单位建立的小型调解委员会，建立以公安派出所辖区为单位的大型调解委员会。1959 年，人民调解委员会统一改为调处委员会。同年，随着人民公社化“政社合一”和公、检、法联合办公，将原调处委员会与治安保卫委员会合一，设立治保调处委员会。其中龙泉县建立治安调处组织 531 个。1962 年上半年，治保与调解组织又实行分设，恢复人民调解委员会，设置上有的是以公社（乡镇）为单位设置，有的则以居民委员会、行政村为单位设置。1964 年 1 月，各县贯彻浙江省民事工作会议精神。上半年起，各县统一以公社、大队、城镇居民委员会为单位设立调解委员会和调解小组。年底，全区调解组织成员发展到 13242 人。

1966—1972 年“文化大革命”期间，全区人民调解工作处于停顿状态。

1973 年，随着地区、县人民法院的恢复，全区普遍恢复建立城市以居民委员会为单位、农村以生产大队（后改为村民委员会）为单位的调解委员会。中共十一届三中全会以后，由于经济建设的发展，职工中的纠纷增多，全区在职工 200 人以上的企事业单位试建调解委员会。地区、县两级法院分别设司法行政处、司法行政科负责人民调解管理工作。1981 年，人民调解管理工作由人民法院移交司法处（局），司法处（局）内设法院科（股）管理丽水地区各级人民调解组织。城乡、企事业单位调解组织有新发展。遂昌县在古市区赤寿公社进行整顿健全调解组织试点，全公社除田岗大队外，其余 18 个大队全部建立调解组织，有调解员 75 人。

1982 年，各县全面铺开调解组织整顿工作。至 12 月，全区应建调解组织 4220 个，建成 4129 个，调解员 19368 人，调处纠纷 27308 件，其中轻微刑事案件 9358 件，防止非正常死亡 208 人，相当于当年全区法院一审民事案件数的 10.16 倍。

1983 年，全区建有人民调解组织 5407 个，其中乡级调解组织 397 个，村级调解组织 4535 个，居委会 128 个，厂矿企业 340 个，调解员 22026 人。

1984 年，全区建有人民调解组织 4168 个，其中乡级调解组织 316 个，村级调解组织 3573 个，居委会 111 个，厂矿企业 167 个，调解员 15072 人。同年，整顿调解组织 2533 个，培训调解人员 6849 人次。

从 1985 年起，推行人民调解承包责任制。丽水地区乡镇、农村和企事业单位的调解组织，形成分设人民调解委员会（调解小组）的三级调解网络。至 1990 年，丽水地区有基层人民调解委员会 4013 个，调解人员 13583 人。

1997 年，全区有标准化人民调解委员会 2784 个，1998 年 3700 个。

2001 年，市司法行政系统构建大调解格局，建立立体型、全方位的调节体系。推广云和县赤石乡司法首问制典型经验，促进基层依法治理。同年，全市有人民调解委员会 4122 个，其中标准化人民调解委员会 2772 个。

2003 年，着力推进毗邻跨界地区联调网络人民调解组织建设。以遂昌垵口、龙泉城北、松阳枫坪为代表，建立毗邻跨界地区联调网络，形成毗邻跨界地区联调工作“三项制度”，即联席会议制度、信息沟通制度、专项排查调处制度。建立毗邻边际联调组织 28 个。

2005 年，建立毗邻边际联调组织 36 个。

2006 年，建立完善人民调解委员会与信访、综治、公安等部门联动机制，实行县、乡、村三级共调机制。

2007年，市级首先建立诉讼调解和人民调解对接机制，逐步在全市推广。6月，市司法局与市中级人民法院联合制定出台《关于加强人民调解与诉讼调解衔接联动工作的若干意见》，鼓励县级争取在基层法院设置调解窗口，使人民调解进一步发挥案结事了，方便当事人的作用。至2008年，市级及9个县（市区）全部建立诉调对接机制。全市建立人民调解委员会4005个，其中乡镇（街道）、村、社区居委会3750个，200人以上企业101个，其他机关及行业154个。

2009年11月，建立丽水市司法局人民调解中心，该中心为全省首个市级人民调解中心。

2010年4月，市司法局与市卫生局联合成立丽水医患纠纷调解委员会，负责市级各类医疗机构医患矛盾纠纷调解。9个县（市、区）也先后成立医患纠纷调解委员会。11月，市司法局和市中级人民法院联合出台《关于深化完善诉调对接机制的指导意见》，在9县（市、区）进一步推广诉调对接工作。12月，在市司法局设市人民调解指导中心，与市司法局人民调解中心合署办公，负责协调指导全市人民调解工作。同年，全市有各级人民调解组织3994个，调解员13559人。其中村（含社区、居委会）调解组织3530个，乡镇街道192个，企业调解组织199个，事业单位调解组织28个，区域性行业性调解组织35个、其他调解组织10个。县（市、区）的诉调对接人民调解委员会9个，医患纠纷人民调解委员会10个，劳动争议纠纷调解委员会1个。

调解业务

清代以前，调解民间纠纷主要有婚姻家庭、田宅财产、债负、宗族事务、斗殴、田亩灌溉、牲畜食践禾田等等。经双方或一方当事人申请，由当地绅士、族长、里长等人士召集双方进行调解。清末，各乡设议事会，遇有民间纠纷，由各庄、都上报乡议事会，乡董、乡佐在了解纠纷事实基础上，召集双方当事人及相关证人调和结案。

民国时期，民间调解组织主要调处各类民事纠纷和刑事案件，民事纠纷包括缴租退佃纠纷、家庭纠纷、相邻权纠纷、山林纠纷、房屋宅基纠纷等。可进入调解程序的刑事案件有伤害风化罪、妨害婚姻家庭罪、伤害罪、妨害名誉及信用罪、妨害秘密罪、盗窃罪等。对每起调解案件必须制作和解笔录。

中华人民共和国成立初，调解业务主要是婚姻家庭纠纷、邻里纠纷、房屋宅基地纠纷等矛盾纠纷。1966—1976年，以阶级斗争为纲的大背景下，纠纷数量大大减少。

20世纪80年代，随着社会主义市场经济的发展，矛盾纠纷的主体、内容日益多样化、复杂化，山林纠纷、合同纠纷、赔偿纠纷、劳动争议纠纷、村务管理纠纷逐渐增多。1988年，庆元县将山林办划归县司法局统一管理，由司法局牵头山林纠纷处置。截至1990年，调处县内山林权属纠纷32起，涉及山林面积504公顷，调处与福建毗邻山林纠纷181起。

20世纪90年代，各级人民调解组织针对新形势下矛盾纠纷的特点，积极参与调解企业改制、重组、破产工作中产生的纠纷。基层调解员通过向双方当事人收取调解费，作为调解误工补贴。1991年10月，地区转发司法部第15号令《人民调解委员会及调解员奖励办法》，落实相关奖励经费。各县按照总人口每人3分至5分的计算标准安排调解费。

2000年始，随着社会经济快速发展，丽水市城市化进程的加快，重点工程建设项目征地拆迁、补偿、农村生产结构调整、土地及承包、村务公开、劳动争议、医患、环保等领域成为人民调解化解社会矛盾纠纷的重点。

2007年2月，在全省地级市率先推行“以奖代补”政策，市政府转发市司法局《关于进一步加强新时期人民调解工作的意见》，明确人民调解员办理重大疑难调解案件每件50—100元的补贴，解决人民调解员无办案补贴的问题。

2008年，市司法局抽调司法行政干部13人，组建江滨拆迁矛盾纠纷调解组6个，积极开展江滨区块旧城改造工程中矛盾纠纷排查调处工作，受理纠纷120件，调解拆迁户的矛盾纠纷500多户，占总拆迁户的13%，涉及拆迁面积近6000平方米，涉及金额6100万元，调解结案119件，成功率99.2%，确保江滨区块旧城改造工程拆迁进度。同年，被市委、市政府授予2008年度创业创新奖。后《法制日报》以题为《人民调解“铺路”旧城改造 丽水40多万平米拆迁无一上访》，在头版发表长篇通讯，对此予以报道。

2010年8月28日，第十一届全国人大常务委员会第十六次会议通过《人民调解法》，人民调解程序主要分为双方申请、纠纷受理、调查事实、调解纠纷、履行协议、回访、结案归档等程序。11月，市司法局和市财政局联合制定出台《丽水市人民调解案件补贴办法（试行）》，由市级人民调解中心指派律师担任调解员。并对律师担任调解员的补贴标准作出规定。

1981—2010年丽水市人民调解一览

表30-4-3-1

年份	调委会（个）	人民调解员（人）	调处成功（件）	防止群体性械斗（件）	防止群体性上访（件）	防止民转刑（件）
1981	3464	13280	23113	—	—	—
1982	3884	15987	27308	—	—	168
1983	5407	22026	30123	—	—	435
1984	4168	15072	22858	—	—	135
1985	4199	14123	23114	—	—	223
1986	4215	13564	29200	—	—	400
1987	4298	12345	24627	—	—	251
1988	4293	13245	30074	—	—	218
1989	4295	14046	28550	—	—	152
1990	4124	13761	21812	—	—	214
1991	4013	13583	20874	—	—	198
1992	3561	12881	18564	—	—	170
1993	3814	12617	17665	—	—	190
1994	3975	12001	16782	—	—	187
1995	3988	12882	15023	—	—	234
1996	2784（标准化）	12321	10772	—	—	132
1997	3700（标准化）	12578	15173	—	—	178
1998	3700（标准化）	12431	9028	—	—	165
1999	3651（标准化）	12567	10048	—	—	238

续表 30-4-3-1

年份	调委会(个)	人民调解员(人)	调处成功(件)	防止群体性械斗(件)	防止群体性上访(件)	防止民转刑(件)
2000	3979(标准化)	12897	13839	—	—	387
2001	3923	12548	1278	—	—	226
2002	3967	12677	1211	—	—	221
2003	3933	12682	9992	—	—	218
2004	3965	12613	8227	—	—	130
2005	3942	12634	8126	134	282	94
2006	3921	12631	8480	124	276	84
2007	3913	12609	12894	102	258	100
2008	4005	13789	15405	135	287	178
2009	3994	13559	18471	175	354	207
2010	3992	14111	21335	128	243	706

第四节　司法公证

民国 24 年(1935)7 月，南京国民政府司法院公布《公证暂行规则》，独立的公证制度由此确立。民国 32 年，国民政府颁布《中华民国公证法》。中华人民共和国成立后公证制度进一步规范。1956 年，根据司法部《关于公证业务范围问题的通知》，丽水、龙泉、青田、缙云等县确定工作人员 1 人负责公证工作。1959 年后，公证机构多次撤立。至 2010 年，全市有 9 家公证处，公证工作人员 87 人，其中公证员 25 人。办理公证 854325 件，其中国内公证 200009 件，涉外公证 654316 件。

公证机构

宋代，处州及各县设置“书铺”，主要职能是公证履历，为最早的官方公证机构。凡进京到省赶考的生员，必须带上经书铺钤印、能证明自身履历的各种档案材料。南宋时，还诞生土地清丈法的鱼鳞册制度，州、县官府专对田地所有或过户时，对其优劣、面积进行登记公证，并作为征税依据。元明清时，州、县户科掌税契、鱼鳞册等制度。明清时，处州府设清丈总局专掌鱼鳞图。清代，境内民间买卖田地、房屋、山林，以及产嗣、借贷、遗嘱、继承等行为，一般采取立契约的私证形式，请地方上有名望的知名人士、族中长老、亲友作为中人，在契约上签名画押，称“白契”。也有许多私证双方恐对方毁约，呈送县衙，由知县钤印，称“红契”，为官府认可并具法律效力的产权凭证。

民国初，由军政分府司法部负责公证事务。民国 2 年(1913)后，公证事务由地方法院书记室兼办，由推事主办或兼办、书记官协办公证事务。该规则规定，公证处的业务范围包括为法律行为等提供公证书，对私证书进行认证等。经过公证的债权文书可以强制执行。民国 31 年，丽水县公证处成立。民国 32 年 3 月，国民政府颁布《中华民国公证法》，对公证事务的范围和公证程序有更具体的规定。民国 35 年，丽水各县地方法院设立公证处，公证处的公证人由推事兼任。乡镇聘请公证劝导员和公证宣传员，公证劝导员由乡镇长兼任。民国 36 年 10 月，司法行政部派张祖良兼充龙泉地方法院公证处公证人，派潘伟兼充公证处佐理员。

中华人民共和国成立初，丽水没有专门的公证机构，公证工作由设在浙江省人民法院的丽水分院和各县人民法院办理。1956 年 1 月 31 日，司法部在《关于公证业务范围问题的通知》中指出，公证工作“应该大力加强并开展有关公民权利义务关系方面的公证业务”。同年起，丽水、龙泉、青田、缙云等县确定工作人员 1 人负责公证工作。1959 年，丽水等各县司法行政职能被取消，随之各县公证处(室)也都被撤销。

1977 年，青田县人民法院成立公证处，配备公证员 2 人，办理归侨、侨眷涉外公证事务。1979 年，地区中级人民法院设公证处，配备公证员 3 人，负责办理除青田县以外的各县涉外公证事务。1980 年，丽水地区公证处建立，隶属于丽水地区法院，公证员吴聪英。1981 年 3 月，地区公证处划入司法处，公证员 2 人，助理公证员 1 人。6 月 16 日，丽水县公证处成立，公证员 2 人，另有助理公证员 1 人。8 月，龙泉公证处成立，公证员 1 人。9 月 26 日，缙云公证处成立，公证员 1 人。10 月 7 日，庆元县公证处成立，公证员 1 人。遂昌县公证处成立，公证员 2 人。至此，除云和县外，其他 6 县均建立公证处，配备公证干部 20 人。1982 年，云和县公证处建立，公证员 1 人。7 月，松阳县公证处建立，公证员 2 人。同年，全区公证机构有公证人员 16 人。1983 年，撤销丽水地区公证处，其时全区有公证人员 30 人。1984 年 10 月 29 日，地区公证处恢复，全区有公证人员 33 人，其中公证员 18 人、助理公证员 5 人、其他公证人员 10 人。1985 年 6 月，建立丽水地区法律文书翻译事务所，挂靠地区公证处。1987 年，丽水地区公证处撤销。

1990 年，全区有公证处 9 个，配备公证员 48 人，其中二级公证员 2 人，三级公证员 13 人，四级公证员 16 人，公证员助理 11 人。1993 年 3 月，恢复丽水地区公证处，与公证管理科合署办公。1994 年，建立丽水地区公证员协会。同年，全区有公证人员 53 人。

2000 年，丽水地区公证处改丽水市公证处，原丽水市公证处改丽水市莲都区公证处。市公证处与市司法局公证管理处合署办公，属行政编制。主要负责区、县(市)和乡镇(街道)公证处、法律服务所的公证业务指导、监督；负责检查指导公证办证质量和效率，培训公证人员；负责编制年度工作计划和目标管理细则；承办不服公证事项的申请，行使复议，审批、处理复杂疑难公证事项；负责公证人员考核、职称评定和综合信息工作。

2002 年 8 月 13 日，市公证处从司法局机关体制中分离出来，过渡期 2 年，至 2004 年 7 月正式改制为中介机构。其时，市公证处有工作人员 8 人，其中公证员 7 人，均由公务员兼任，另有翻译 1 人。改为中介机构后，有工作人员 11 人，其中公证员 3 人。2003 年 1 月，青田县等各县(市、区)公证处先后改制为自收自支事业单位。

2006 年 3 月 1 日起，施行《中华人民共和国公证法》。8 月，市、县(市)公证处前加冠“浙江省”。9月 19 日，丽水市公证处、莲都区公证处注销，建立浙江省丽水市莲城公证处，为市司法局下属科级纯公益类事业单位。

2007 年 2 月 5 日，莲城公证处正式运行，核定事业编制 7 名，编外用工 8 人，科级职数 2 人。实有工作人员 19 人，其中公证员 4 人，公证员助理 2 人。同年全市公证工作人员 69 人，其中公证员 21 人，公证员助理 19 人，其他工作人员 29 人。

2008 年 1 月，龙泉市公证处改制为自收自收单位。同年 10 月，公证处单位类别调整为准公益类事业单位。

至2010年，全市有公证处9家，公证工作人员87人，其中公证员25人，行政体制公证员11人，公证员助理25人，其他工作人员51人。其中莲城公证处人员24人，其中正式编制7名，公证员4人。

公证业务

国内公证 唐代，州县有买卖奴婢、马、牛、骡和驴、买卖田宅等证明行为。宋代，有土地、奴婢、牛马等买卖及遗产继承、文书等证明行为。遗嘱必须“经官印押，出执为照”。田宅买卖，沿用前朝“税契”制度，有田宅争讼，税契可直接作为证据采用。元明清时期，路、府、县有典卖田地、宅院等证明行为。

民国34年(1945)，专署、县地方法院受理赠与、契约、委托书、赁贷借契、结婚契约、证明书、买卖契约、和解证书、遗嘱、字据、合伙契约、不动产买卖、动产买卖契约等公证事项。由于公证收费标准高(涉及财产方面的公证，按标的额10%收费)，申请办证的极少。

丽水解放之初，鲜有公证事务。1956年起，加强对合同公证及遗嘱、继承、收养子女、房屋买卖和租赁、委托书、亲属关系、失踪、死亡等方面的证明业务。1957年3月18日，龙泉县供销社土产采购批发站(乙方)向外地采购水菖花苗木6万株，与县林业局签订合同，确定查田2.8万株，塔石1.5万株、兰巨1.7万株，下达所在农业合作社种植。苗木运输要求乙方按质按量按时负责直接运往各农业合作社，苗木单价每株0.5元。如货到后未能付清苗木价款，概由县林业局偿付。县法院在双方签订合同后，受理并验证核实，依法予以公证。同年，龙泉县人民法院受理公证事件23件，其中证明公私间合同5件，证明公与手工业合作组织合同1件，证明公民之间合同3件，证明公与公组织合同14件。1958年，龙泉县人民法院受理证明公与农业合作组织合同4件。1959年后，丽水地区停止办理公证事务。1977年，随着经济的发展，公证业务重新开展，全区办理公证业务15件。

1980年，地区公证处开始办理国内民事权利义务公证事务。1981年，各县公证处办理委托书、债权书、继承权、遗嘱、出生、婚姻状况、合同、保管文件、保全证据、开奖等15项公证业务。

1982年，龙泉县开始办理农业生产责任制承包合同公证。7月27日，地区司法处将公证书审核事项部分审批权下放至部分县司法局。其中青田县的涉外文书办理除外资合同、遗产继承、商标注册外，一般公证事项由青田司法局审核签发；丽水(县级)、龙泉、青田、缙云四县办理国内各类公证文书，除数额在2万元以上的遗产继承公证、城镇居民收养7岁以上农村户口为养子女的公证、5万元以上的经济合同公证外，均由各县司法局审核签发。

1983年7月30日，地区司法处再次调整公证办理权限，国内公证由各县司法局负责审核签发。同年办理以山林、农副业承包、建筑、拆迁、科研、渔业饲养为重点的经济合同公证1182件，占国内公证总数的70.3%。

1987年，全区公证业务从原先的一般经济合同、公民权利义务公证拓展到企业承包租赁、银行信贷、生猪购售、农村果树承包、工程建设、企业拍卖、房屋财产拍卖、证据保全公证等。

1988年2月，地区司法处会同地区计委、经委、农经委等单位，联合发文，对国营、集体、乡镇企业及事业单位的招标、租赁、承包等，各企事业单位之间横向联合经营，丽水地区标的在20万元以上的供方购销合同，生猪及其他农副产品的订购合同，与外地建筑施工企业签订的标的在20万元以上的建筑承包合同，国家发放资金的速生丰产林和扶贫资金发放合同，劳务输出合同，各种定向人才培训合同等9种类型行为要求办理公证，以提高合同履约率，减少企业损失。4月，地区司法处又发文要求工商业企业的招标承包、租赁、拍卖合同，企业之间横向联营合同，职工购买旧住房合同，购销、建筑工程承包、加工承揽、货物运输、供用电、仓储保管、借款、财产保险、科技合作及其他经济合同等应当办理公证。翌年，开始办理手扶拖拉机养路费稽征公证、计划生育合同公证。

1990年，开始办理生猪定购合同公证，遂昌县同年办理此项公证280件。同年，全区办理各类公证2961件，其中国内公证2314件、涉外公证647件，业务收费46563元。

1992年，全区新开辟土地使用权招标、拍卖公证，公民职业、户口和退休公证，市场摊位、企业资信等十多项证源。

1994年，缙云、云和等县开始办理涉外公证业务。同年，两县开办农村养老保险合同公证，庆元县开办机动车辆保险合同公证，丽水市（县级）开办破产企业职工安置协议公证，松阳县开办房屋拆迁公证，遂昌县开办林业责任制公证。

1998年，全区首次办理第二轮农村土地承包公证。云和县公证处开展“下山脱贫”“农转非”公证。青田县公证处办理章旦乡千亩股份干水果基地开发合同公证，公证首次进入农业股份开发领域。翌年，松阳县开展证人证言保全公证、农业扶贫贷款公证等。

2000年，市公证处拓展金融、房地产业重点建设项目等领域的公证业务。

2006年，开展工程招投标公证业务。

2008年，全市办理涉农公证事项1159件，减免公证费用21.80万元。

2009年，莲城公证处参与丽水江滨旧城改造工程，成立专项公证服务工作组，开通绿色通道，以最快的速度、最优质的服务为拆迁户办理继承权公证163件。同年，全市办理各类公证54258件，其中国内公证11960件。

2009年4月，莲城公证处办理全市第一宗抚养事实公证，困扰夏某夫妇13年的私自收养弃婴（儿）落户问题得到解决。

2010年，围绕丽水市委、市政府调整经济结构、促进产业升级、增强企业活力、强化自主创新等中心工作，提供公证法律服务。同年办理各类经济公证事项1588件，其中重点工程招投标公证873件，涉及金额36.38亿元。至2010年，全市办理国内公证200009件，占公证总数23.40%。

涉外公证　1980年，青田县高潮公社副书记饶光要求办理出境公证。经向省司法厅报告，同意在经组织部门同意的前提下，予以办理。这是全区首次办理机关工作人员出境公证。1981年全区办理涉外公证503件。各县涉外公证以亲属关系、出生、婚姻最多，占涉外案件总数70%。1983年以前，全区公证办理以涉外公证为主。1983年，办理涉外公证1682件，占公证总数的69.4%。此后，涉外公证办理比例逐年降低。1990年，办理涉外公证7435件，使用涉外公证文书的国家和地区31个，占公证总数的43.0%。

1995年以后，全区涉外公证办理比例逐年提高。2000年，全市办理涉外公证32060件，占公证总数86.1%。同年，市级公证处办理公证1804件，青田公证处办理公证30078件。

2006年，各县均开始办理公民出国公证业务。

2009年，全市办理涉外公证42298件，至2010年办理654316件，占公证总数76.6%。

公证管理

公证员管理 民国时期，丽水地区开始有公证员资格管理。公证员由司法行政部任命。

1949年8月至1952年，公证员由浙江省人民法院丽水分院审判员兼任，由法院报丽水专区专员公署任命。1952年1月，丽水分院撤销，各县人民法院审判员兼任，法院报县人民政府任命。1963年4月，丽水专区中级人民法院成立，由中级人民法院审判员兼公证员。1968年4月，实行军事管制，公证工作由中国人民解放军专区公安机关军事管制委员会和群众组织指定人员代行公证员工作。同年11月，改由地区革委会保卫组指定人员代行公证员工作。1973年3月，地区中级人民法院重新组建后，由中级人民法院任命公证员。1977年，青田县人民法院成立公证处，由县人民法院报县人民政府任命公证员。1979年，地区中级人民法院设公证处，由地区中级人民法院任命公证员。1980年，中共丽水地委组织部任命地区公证处首任主任（公证员）。

1981年6月之后，各县陆续成立公证处。公证员报省司法厅任命，助理公证员由地区司法处任命。1984年11月，地区公证处制定《公证处岗位责任制实行方案》。1985年8月，司法部下发《关于司法行政系统工作人员奖惩暂行办法》。1986年5月，地区司法处批复丽水市司法局对公证员江某承办涉外公证发生错证处理意见。1983—1985年，江某从从事公证工作，在办理公证过程中擅改年龄、擅自出证17件。

1988年3月，公证人员进入专业技术干部管理序列，实行评聘制，明确规定公证处要定编定员，公证员职务应有合理的结构比例。并实行限额聘任或任命制度。1988年7月，地区司法局成立公证员职务评审委员会，负责全区中、初级公证员职务评审工作。评聘二级公证员2人，三级公证员13人，四级公证员16人，助理公证员11人。1989年，举行涉外公证员统一考试，合格者方可承担涉外公证办理业务。1989年7月，地区司法处制定《公证处办公制度》《公证处内部管理制度》《公证人员守则》《办证情况意见表》等规定。同年10月，成立地区公证中级职务评审委员会，任期1年，任满重选。1991年1月，地区司法处成立公证系列专业技术年度考核小组。

1995年，有公证人员9人参加全国公证员资格考试合格，经司法部核准，授予公证员资格。2001年，有公证人员7人参加全国公证员资格考试合格，经司法部核准，授予公证员资格。2006年，有公证人员10人参加全国公证员资格考试合格，经司法部核准，被授予公证员资格。2008年，景宁畲族自治县公证处傅丽云荣获首届全省司法行政系统“百名优秀人物”和“十大最具影响力人物”称号。

2009年，开展公证员法律责任感和法律技能教育培训，增强公证员为构建社会主义和谐社会的公平正义、社会诚信提供法制保障和服务能力。

2010年，对全市公证员25人的公证执业证进行考核年检，其中二级公证员1人，三级公证员5人，四级公证员3人，公证员助理17人。经考核，全部合格通过。

公证案件管理 1981年起，公证案件由地区、县司法局公证管理处（科）负责。监管内容是指导、管理、监督辖区公证机构和公证业务活动；查处公证员违纪违规案件；检查有关公证工作的法律、法规和规章贯彻实施情况等。1981年4月2日，外交部领事司行文至青田公证处，该处为旅法归侨陈信斋出具的健康证明书因出具的时间问题，致使“浙青公证字〔80〕第323号”健康证明书无效。要求该处按法国养老机构的时间规定重新出具。1983年5月，地区司法处在全区开展办证质量大检查。在各类公证事项1348件中，检查出不符合办证要求的12件。1985年10月，开展全区公证质量大检查，抽查 2231 件，存在审批程序问题 126 件，违规办理涉外亲属关系假证 3 件，还有经济合同审查不到位、卷宗装订不符合要求等问题。1986 年，开展全区经济合同公证检查，检查经济合同公证 2413 件，其中查处错证 11 件，查处质量一般公证 2180 件，主要存在证据不足、合同条款不全、不符合办证程序、收费偏高或偏低、卷宗装订格式不符合规定、错漏字等问题。1989 年，全区查处办理假公证 28 件，并对办理错证的人员予以通报。1989 年 4 月，公证员傅某违规办理涉外公证 3 份，被取消公证员资格。

1990 年，全区普遍实行公证办理立案、收费、建档、管理“四统一”和挂牌办证、收费标准、办证条件“四公开”制度。查处公证人员收受贿赂，出具假证 10 人，受党纪政纪处分 5 人，受检察机关立案侦察 1 人。松阳县公证员王某被判有期徒刑 1 年 6 个月、撤销公证员资格。1991 年，全区推行《公证目标管理责任制》。1992 年 8 月，开展全国公证质量检查活动。1995 年 6 月，龙泉市司法局对一份盗伐封山育林林木的违法合同作出撤销公证的决定，这是该局 15 年来首次作出的撤销决定。1996—2009 年，全区没有发生公证员因违规公证受党纪政纪处分。2010 年 5 月，青田县公证处夏某因受贿被检察机关逮捕。

至 2010 年，全市撤销公证 21 件，其中以遗嘱公证居多。当年撤销公证 3 件，均为遗嘱公证。

公证收费

清代，对不动产买卖、典当等契约，经官府加盖官印前，必须纳税。买契征 9%，典契征 6%，正税外另征附加税，逾期、匿报都要受到处罚。

民国元年(1911)始，各县政府对经审核登记的民间买卖契约实行收费制度，并确认其法律效率。老竹镇东西岩脚一农户家，至今保存着一份民国元年松阳县古市镇田亩买卖红契，是叶蓝氏的田亩买卖契约。经当时的民国松阳县政府登记，其买卖田亩为 1 亩 5 分，上交价银 78 元。

民国 24 年(1935)始，丽水行政督察区开始执行南京国民政府司法院公布《公证暂行规则》，以训令形式发至各县。该《规则》对债权、地役权、地上权、租赁权、定期给付或定期收益、孳息损害赔偿、法律行为标的等公证收费的各种对象、情形作详细规定，并对不预纳公证费又不提供担保的，公证处有权拒绝当事人请求。公证处征收各费要提供定式收据，否则当事人有权拒绝缴纳国内公证费用。民国 32 年 7 月 1 日，国民政府颁布《公证费用法》，修正公证收费标准。民国 35 年 6 月 20 日对《公证费用法》进行再次修正。

1957—1974 年，各县法院根据 1956 年省人民委员会《浙江省征收公证费暂行规定》进行收费，并将公证收费列为地方财政预算。1957 年 11 月 7 日，开始执行最高人民法院《关于统一涉外公证费征收标准的通知》，实行按件收取公证费，外国公民因私申请公证的每件收费 10 元，中国公民收费 5 元。

1976 年 8 月 25 日，丽水地区办理译文收费业务每件收 5 元。1980 年 8 月，地、县公证处开始代美国等 21 个驻华使馆收取认证费。费额最高为埃及使馆的商标注册等外贸文件，每本 45 元，9 月 17 日，省司法厅通知地区中级人民法院和青田法院，公证费一律上缴国库。

1981 年起，根据国家司法部、财政部下发《关于检发〈公证费收费暂行规定〉的联合通知》及浙江省司法厅《关于公证费收费暂行规定的补充通知》的规定，对申请人为外籍公民、居住在域外的华侨、港澳同胞要求中国公证处办理公证的一律加倍收费，公证费收入提留 40%用于补充公证业务方面的开支，其余部分上缴财政和省司法厅。

1981—1982年，各公证处可提留70%。

1983年7月4日，根据司法部、财政部联合下发的《关于修改、补充〈公证费收费暂行规定〉的通知》，对证明经济合同、证明股票、房屋转让、买卖、遗赠、证明财产继承证明财产分割、证明债权文书等收费标准进行修改。1988年2月11日，根据国家司法部、财政部、物价局《关于下发〈公证收费规定〉的通知》，为丽水地区各公证处收费标准。

1999—2010年，执行《浙江省公证服务收费标准》。收费类别有证明法律行为，证明有法律意义的事实，证明有法律意义的文书，提存公证，赋予债权文书具有强制执行效力，办理遗嘱公证及其他相关业务，证明财产的清点、清算情况，证明其他民事法律行为的设立、变更、终止，依法办理其他公证业务，提供其他服务的十大类。此外对正在受理的公证事项，申请人要求撤回的，可收取手续费。未经审查的每件收取10元，审查完毕的按照该公证事项收费标准的50%收取公证费。

1980—2010年丽水市公证办理一览

表30-4-4-1

年份	内地公证（件）	内地民事公证（件）	内地经济公证（件）	涉外及涉港澳公证（件）	小计（件）	收费（万元）
1980	23	—	—	392	415	—
1981	99	—	—	503	602	1.02
1982	47	—	—	508	555	0.90
1983	740	—	—	1682	2422	1.77
1984	997	365	632	1525	2522	4.23
1985	2711	663	2048	1647	4358	—
1986	2675	799	1855	1937	4612	—
1987	2919	1691	1228	2997	5965	10.96
1988	5550	—	—	3145	8695	—
1989	9591	5877	3714	4152	13743	—
1990	9831	6578	3253	7435	17266	—
1991	8201	3442	4759	8279	16480	—
1992	13286	3045	10241	7711	20997	—
1993	7346	2930	4416	8500	15846	—
1994	11929	5513	6416	8785	20687	—
1995	11100	4318	6782	13500	24600	—
1996	8186	1813	6376	15057	23246	—
1997	9563	—	—	15705	24968	—
1998	9643	—	—	28120	37863	—
1999	8123	—	—	24931	33054	—
2000	3981	—	—	30829	35810	36.40

续表 30-4-4-1

年份	内地公证（件）	内地民事公证（件）	内地经济公证（件）	涉外及涉港澳公证（件）	小计（件）	收费（万元）
2001	4076	—	—	35467	39543	—
2002	2917	—	—	41000	43917	—
2003	5207	—	—	43176	48383	—
2004	7521	—	—	44497	52018	—
2005	7217	—	—	57142	64359	—
2006	6970	—	—	57030	64000	—
2007	7540	—	—	60220	67760	—
2008	7564	—	—	48412	55976	904.10
2009	11960	—	—	42298	54258	1052.23
2010	12496	—	—	37634	50130	1248.36
合计	200009	—	—	654316	854325	—

第五节　律师事务

清宣统二年（1910），《大清刑事民事诉讼法》颁发，律师制度正式确立。民国 5 年（1916），永嘉律师公会入驻龙泉，丽水地区始有律师协会性组织。民国 28 年，丽水律师黄景之，以其开办的律师事务所作为中共浙江省委联络点，掩护革命工作。中华人民共和国成立初，有律师活动而无律师机构。至 1980 年年底，全区配备律师 21 人。此后，律师队伍逐渐扩大，律师业务迅猛增加，律师管理日益规范。律师业务从单一的刑事辩护，发展到法律咨询、民事代理、非诉讼，进而发展到法律顾问、经济、行政代理等各个方面。至 2010 年，全市有律师事务所和律师事务所分所 22 家，执业律师 218 人。年办案数量由 1980 年的 51 件增至 2010 年的 7022 件，法律顾问发展到 780 家。

律师组织

律师事务所　民国时期的律师事务所均为个人开办。民国 5 年（1916），永嘉律师公会登陆龙泉，龙泉人季观周、吴嘉善加入永嘉律师公会，为丽水地区最早的律师。民国 18 年，永嘉律师公会律师王演等入驻龙泉，受理律师业务。民国 25 年，丽水律师黄景之在丽水县城花园弄 2 号设立黄景之律师事务所。黄景之以律师身份，为党组织秘密工作。民国 26 年，松阳县创办黄庆符律师事务所。民国 28 年春，中共浙江省委由温州移至丽水，以丽水县城花园弄 2 号黄景之律师事务所作为省委机关联络点。民国 37 年，丽水县有律师事务所 5 家，律师 5 人。1949 年，各县律师事务陆续停办。

1957 年，丽水县人民法院成立法律顾问处，各县也陆续成立并开展工作。1958 年，法律顾问处撤销。1978 年，丽水地区中级人民法院成立法律顾问处。到 1980 年年底，全区律师 21 人，其中女律师 2 人，20 世纪 50 年代老律师、司法工作者 10 人；政法院校毕业 2 人，高中程度 12 人，初中程度 7 人；党员 7 人。

1981年1月，中级人民法院将地区法律顾问处移交地区司法处管理。同年，地区司法处设置律师管理科，人员编制3名。其职能主要是管理指导全市的律师工作。1982年，龙泉、庆元县法律顾问处成立。1985年4月，地区法律顾问处更名地区律师事务所。5月，丽水县法律顾问处更名丽水县律师事务所。至年底，辖区内所有法律顾问处均更名律师事务所，并实行承包制。全区发展特邀兼职律师10人，律师工作者38人。

1987年，丽水地区各县(市)法律顾问处均更名律师事务所。至1988年，全区有律师事务所10个，律师人员125人，其中专职律师64人。1991年11月，地区涉外律师事务所成立，与地区律师事务所合署办公，挂两块牌子。1992年2月，根据律师制度有关通知精神，推行合作所试点。同年，全区有律师事务所10家，从业律师69人。1993年3月，地区经贸律师事务所、松阳县蓝天律师事务所等合作制律师事务所成立。同年，全区有律师事务所16家，从业人员123人。

1994年8月，地区涉外律师事务所单独设置，为地区司法处下属的自支自收、自负盈亏的科级事业单位，定编8名。同年，全区律师事务所19个，从业人员151人。1995年3月，地区律师事务所和地区涉外律师事务所均为事业单位，各定编制10名，实行自支自收，自负盈亏。地区经贸律师事务所和地区大众律师事务所均为事业性质，不占编制，实行自支自收，自负盈亏。1996年1月，成立地区资政律师事务所，作为省司法厅公职律师事务所的试点，负责无偿参与政府有关法律事宜谈判及为社会提供无偿法律援助。至10月，从单一的国资所发展到国资所、合作所并存，全区有律师事务所20家，执业律师137人。此后，部分优秀律师到杭州、义乌等发达地区执业，部分青年律师进入国家机关，全区律师总数基本维持在130人左右。同年，地区司法处律师管理科更名地区司法局律师管理科，管理职能不变。

1997年，撤销松阳兰天律师事务所等律师事务所3家。1998年，全区有律师事务所21家，执业律师138人。2000年，国资律师事务所实行改革，全市国资所14家，改制成合伙律师事务所7家，注销登记4家，安置在编律师27人，行政、工勤人员9人。2000年8月，丽水地区司法局律师管理科更名丽水市司法局律师管理科。次年，更名丽水市司法局律师管理处，管理职能均未变更。

2001年，全市有律师事务所18家，执业律师140人。2008年，全市新增律师20人，万人律师比由2007年度的0.60提高到0.71。全市有律师事务所19家，执业律师142人。

至2010年，全市有律师事务所和律师事务所分所22家，执业律师218人，其中专职律师164人、兼职律师8人、法律援助律师33人、公职律师13人。按全市人口计算，律师万分比为万分之0.80。

律师协会　宋绍定年间，处州民间出现专门教人词讼的机构——“业嘴社”。南宋文学家周密《癸辛杂识》续集云：“闻括(处州古称‘括州’)之松阳有所谓业嘴社者，亦专以辩捷给利口为能，如昔日张槐应，亦社中之琤琤者焉。”至明代，处州乡民因经济利益上的冲突，或选择婚配毁约，因争讼而引起的械斗现象也常常发生。如缙云县，“迩者人恣刚勇，竞事斗讼。”因此，丽水、龙泉、缙云等各县出现民间讼师自发组织“作文会”“仓颉会”之类的讼师协会，以加强讼师之间业务交流。民国5年(1916)，永嘉律师公会进驻龙泉县，为常驻龙泉开业会员。该律师加入该公会。至民国10年，有律师6人加入并执业。后丽水、松阳等各县律师公会相继成立。民国32年5月，丽水律师公会在丽水成立，为首个全区性律师公会，址设丽水城文昌阁吉祥巷，宗旨为“以推进法治，伸张正义，维持会员福利”，随后，分别在丽水、龙泉、缙云、松阳等各县办公，其中蒋绍棠、周良、朱兆丹等人还在杭州开业办公。民国36年2月，龙泉县律师公会成立，有从业律师15人，推选出常务理事1人，理事3人，监事3人。1949年5月，处属各县解放，丽水、龙泉等县律师公会组织停止活动。

1998年以前，地区律协联络小组负责律师行业联络工作。1998年5月，召开地区第一次律师代表大会，参加大会正式代表50人，通过《丽水地区律师协会章程》，选举产生第一届常务理事会、理事会，会长、副会长、秘书长，成立地区律师协会。2000年，市基层法律工作者协会成立。2004年8月，召开市第二次律师代表大会。正式代表74人、特邀代表22人。大会选举产生第二届常务理事会、理事会，会长、副会长、秘书长。会长、副会长全部由执业律师担任，为全省首家会长由执业律师担任的律师协会。市律师协会下设维权、纪律委员会和业务交流等委员会，并在各县(市、区)成立联络组。2008年1月，召开市第三次律师代表大会。选举产生会长、副会长和常务理事等三届理事会组成人员。律协组织机构的全体人员均由执业律师担任。调整各专门委员会的设置，成立纪律与惩戒委员会、维护律师执业权益委员会、资产管理与财务委员会、对外宣传与联络委员会、文化建设与会员管理委员会、业务指导和职业培训委员会、未成年人保护委员会、女律师和青年工作委员会等专门委员会8个。至2010年12月，市律协领导成员11人，其中会长1人，副会长4人，秘书长1人，副秘书长5人。

律师业务

刑事辩护 刑事代理辩护为处州历代讼师的主要业务。清光绪年间(1875—1908)，青田讼师、小源庄章楷到京应试，途径桐庐，适遇青田人在此伐竹误伤人命，对方要求其偿命。章楷将诉状“流竹伤人”改成“竹流伤人”，并上官府辩护，终以免于偿命，判以经济赔偿。

民国时期，刑事代理辩护也是律师的主要业务。民国5年(1916)至1949年，丽水地区律师代理辩护各类刑事案件2372件。龙泉城内下林叶某某系张某某之妻，生有子女6人。叶某某与邻居鳏夫刘某某通奸。民国26年农历十二月初十日午夜，乘张某某微睡之际，叶某某、刘某某二人一人用尖刀、一人用铁尺，对张某某实施杀害。翌日，诿为自杀。保甲长以张某某死因不明，报法院验究。经检察官带吏前往验明尸伤，断定为他杀。经蔡文汉、聂象贤律师出庭辩护，判决共同杀人犯各处死刑，剥夺公权终身。

中华人民共和国成立后，刑事辩护亦是律师的主要业务之一，律师一方面帮助被告人行使辩护权，另一方面从有利于被告人出发，提供事实和证据，协助法院确切了解案情，以做出正确判决。1958—1977年，全区没有开展律师业务。1979年5月，重新筹建法律顾问处，工作人员接受市中级人民法院的指定，分别为被告人案件担任辩护人。1980年，律师参加刑事辩护39件，没有从事刑事辩护民事代理之外的业务。1990年，全区律师担任刑事辩护925件，避免经济损失900万元。

2010年，全市律师参加刑事辩护1534件。

民事代理 民事案件代理为古代讼师的主要业务之一。民国16年(1927)，丽水律师黄景之在代理婚姻案件时，就《婚姻法》中离婚要式行为问题向浙江高等法院声请。民国17年2月28日，最高法院函复浙江高等法院答复：“迳启者案准贵院第1050号函开案，据丽水分院呈称律师黄希宪(即黄景之)声请：(一)查浙江省最近政纲第九款第一项载妇女在法律上与男子有同等权利，依现行律及前大理院解释例判例等定妇女在法律上之行为能力等于禁治产者。现在政纲既有此项规定，则妇女行为能力是否与男子同等；……(三)由同政纲同款第五项载结婚离婚自由，依前大理院解释例判例等规定，离婚条件须经主婚人同意，现在既许自由是否无须条件，不须主婚(据宪意见如仍须条件与主婚，

则离婚自由之规定未免毫无疑义,成为赘文);……上述问题颇滋疑义,理合备文,声请速赐解释……”

1956年,丽水、青田等县律师开展律师调解工作(非诉讼事件代理,范围窄,仅限于民间简易纠纷)、民事代理等业务。1981年,丽水地区律师开始办理民事案件法律服务活动。全区办理民事案件12件,1982年,开始办理经济案件。1990年,全区律师代理经济案件284件,民事案件1277件。1992年,律师办理的经济法律事务主要有两项,一是对形成过程中的经济法律关系以及反映或调整这一关系的文件进行审查,向委托人提供意见或就某法律关系提供可行性分析;二是通过参加各类贸易、协作、合作、联合以及纠纷的洽谈、磋商、参与调解、仲裁乃至诉讼。全区办理民事案件1023件,办理经济案件645件。

2000年起,一些新型经济纠纷、版权纠纷、物权纠纷等案件逐步增多。8月28日,松阳机械制造公司、松阳铸钢厂以松阳神舟会计师事务所无资产评估主体资格,且将两原告单位资产合并评估,使其无法领取新的营业执照,造成损失为由,诉请法院判令被告松阳神舟会计师事务所返还评估费8000元并赔偿损失40000元,引起松阳县和丽水市新闻媒体的高度关注,市、县电视台、丽水日报社对该案一、二审庭审过程和有关情况进行报道。浙江省资产评估协会还就此案有关问题专门发文,向国务院"清整办"请示,财政部专门对此作出批复《财政部关于资产评估机构从事房地产评估业务有关问题的批复》财会。经一审、二审法院审理,均采纳李光耀律师的代理意见。一审法院判决驳回原告诉讼请求,二审法院维持原判。该案为全省首例资产评估委托合同纠纷案。

2005年6月,中国文联音像出版社对浙江省、丽水市电信公司等被告向丽水中院提起诉讼。李光耀律师接受电信公司委托,仔细分析案情、查阅相关法律法规及研究类似案件判决后,认为电信公司系"星空影视网"网络服务提供商,而非内容提供商,其为网站提供网络链接服务仅系浅层链接,对网站传播内容的合法性不具有审查义务,不构成侵权,不应承担侵权责任。丽水中院采纳李光耀律师的代理意见。判决认为,电信公司提供的链接服务仅系网络基础技术服务,对网站上传播内容的合法性不具有审查义务。最终判决驳回文联出版社对电信公司的诉讼请求。

至2010年,律师参加民事代理(含经济代理)5368件。

行政代理　1991年,丽水地区律师办理行政案件代理101件。2002年,行政案件代理发展到753件。2003年,庆元县左溪一二级因水电站占地近千亩,致10个村数千户农民面临失地断水,且其补偿标准远远低于浙江省国土厅制定的原则性补偿价格。失地断水的农民与左溪开发公司、庆元县政府发生矛盾。浙江万申佳律师事务所毛华敏律师代理该案。为庆元县左溪镇左溪行政村、印浆行政村2个村村民500多人向浙江省政府申请行政复议。2004年9月16日,庆元县政府根据省人民政府和省国土资源厅有关文件调整水电站征用林地补偿标准,并在2004年10月31日前依法补偿到村集体经济组织,维护被征地农民的合法利益,确保电站建设的顺利进行。

至2010年,行政案件代理下降到120件。

其他业务　古代讼师,属自由职业者,非诉讼业务为讼师的主要业务。民国时期,非诉讼业务也是各县律师业务重点。1956年,丽水、青田等县律师开展律师非诉讼事件代理,但范围窄,仅限于民间简易纠纷。

1981年,丽水地区律师开始办理法律咨询、非诉讼和代书业务。1982年,丽水地区律师事务所担任法律顾问2家。

1990年,全区有律师担任法律顾问的行政、企事业单位325家。此后,全市律师法律顾问业务成逐年增长之势。1998年，全区律师首次参与地县两级领导信访接待日，为领导处理信访案件提供法律解释、意见。1999年，全区有律师担任法律顾问的行政、企事业单位582家。

2004年，开始在金融、房地产、企业兼并与重组、招投标、投资等领域等非诉讼业务以及社会矛盾化解取得突破性进展。

2008年，全市律师参与市、县领导信访接待和跟随领导下访提供法律服务123次，缓解群体性上访319件，协助基层政府调处矛盾纠纷2322件，成功率98%。为企业兼并、重组、清算等法律服务减免费用124万元，挽回经济损失1000多万元。

2010年2月21日，原告珠海治嘉投资有限公司以浙江正达置业股份有限公司（下称正达公司）、丽水市通惠投资有限公司（下称通惠公司）等6个被告，在2009年6月12日与原告签订《杭州天名房地产有限公司之股权转让协议书》时存在重大欺诈且协议显失公平，各被告向原告隐瞒项目可开发建筑面积42085平方米的事实为由，诉请浙江省高级人民法院撤销原被告《转让协议书》，赔偿原告损失21000万元。律师李光耀为被告正达公司、通惠公司的代理律师，促成委托人在省高院主持下达成调解协议。同年，全市律师办理非诉讼业务147件、担任法律顾问780家、代书14327件。律师进农村法律服务342人次，解决涉法问题213个。参与处理市县两级政府重大事项法律服务36起，涉及金额8.51亿元，涉及人员7.2万人。参与市、县领导信访接待144次，接待群众1万多人。

1980—2010年丽水市律师业务一览

表30-4-5-2　　单位：件

年份	代理案件刑事	代理民事案件	代理行诉案件	代理经济案件	非诉讼业务(件)	总数	担任法律顾问(家)	业务收入(万元)
1980	39	12	—	—	—	51	—	—
1981	136	23	—	—	3	159	—	0.81
1982	213	106	—	36	14	369	2	0.84
1983	227	171	—	32	38	430	11	2.36
1984	414	160	—	26	54	600	31	6.70
1985	436	311	—	185	122	932	97	10.20
1986	407	493	—	192	134	1007	100	15.49
1987	459	1328	—	367	165	2154	149	17
1988	534	1324	—	432	189	2290	159	17.56
1989	755	1474	—	545	204	2774	200	18.38
1990	925	1272	—	284	87	2481	325	34.50
1991	852	1101	101	608	469	2662	409	48.90
1992	768	1023	97	645	389	2533	437	80
1993	608	951	85	708	402	2352	543	—
1994	798	1404	59	986	490	3188	590	—
1995	848	1380	125	743	339	3635	723	201
1996	631	853	112	604	3100	2200	710	—

续表 30-4-5-2

年份	代理案件刑事	代理民事案件	代理行诉案件	代理经济案件	非诉讼业务(件)	总数	担任法律顾问(家)	业务收入(万元)
1997	440	906	97	689	1110	2242	560	—
1998	924	1654	116	1034	826	4554	607	—
1999	435	1078	245	1094	2465	2852	582	—
2000	513	1123	435	829	1700	2900	680	—
2001	601	1076	465	458	2100	2600	660	—
2002	681	1074	737	802	2050	3239	580	—
2003	680	1001	753	756	2049	3190	520	—
2004	676	1088	130	864	3626	4066	482	1010
2005	652	2162	105	1317	424	4236	435	1020
2006	819	2873	142	900	356	4734	486	1818
2007	1246	2502	116	1278	208	5026	432	1794
2008	994	3875	65	—	143	4869	482	2223
2009	1632	5115	144	—	65	6891	624	3020
2010	1534	5368	120	—	147	7022	780	3500
合计	20877	63113	4249	—	23468	88239	—	—

说明：据1950年丽水地委各县行政概况及组织概况统计表和《武义县志》，镇数依据《丽水地区志》和《武义县志》载

律师管理

办案监督　清代以前，处州府、县衙门对讼师严厉规制。“凡教唆词讼及为人作词状，增减情罪诬告人者，与犯人同罪。”还规定：“代人捏写本状，教唆或扛帮到京，及到督抚并按察司官处，各奏告强盗、人命重罪不实，并全诬十人以上者，俱问发近边充军。”

民国时期律师管理实行司法监督与行业管理的双重管理体制。民国元年（1912），律师的监督管理由第十一地方检察厅负责。为保障律师执业的独立性、公正性，根据《律师暂行章程》限制律师兼职一些事务。规定，地方检察长如认为执业律师的行为有违反法律规定、应予惩戒的，即可依其职权呈请高等检察长向高等审判厅提起对该律师的惩戒诉讼。民国4年7月，分别从律师与当事人的利益关系、律师的管理责任及疏忽赔偿责任、律师的诚实、信用原则等方面加强对律师的管理。

民国7年（1918）起，领取律师证书的律师，必须到执行职务所在地的地方法院进行登录。由律师所在的律师公会将其函告执业地法院，经法院核准后方能在该法院管辖区域内执行职务。龙泉市民国档案中，完整保存着20份当时永嘉律师公会致龙泉法院的律师登录函件。注销登录、亡故、撤销资格的律师，由律师公会提交常任评议员会议决议除名，然后函告其职业区域的地方法院备案。民国16年《律师章程》公布后，改由地方法院负责律师管理。

民国时期，丽水律师公会还通过制定《会则》，维持律师道德。对违反法律和公会《会则》的律师，有声请惩戒的权利。律师有违反《律师章程》和《律师惩戒规则》，地方法院首席检察官如依职权作出

处罚决定的，向惩戒者提出理由书。被惩戒的律师对惩戒裁判不服的，可向上级律师惩戒委员会提出申辩书。惩戒处分有警告、训诫、停职执行职务、除名 4 种。律师公会对会员管理也有强制性措施。对违反《律师公会会则》行为，经律师公会常任评议员会议决议，提请所在地地方法院首席检察官给予惩戒。民国 19 年(1930)10 月 29 日，永嘉律师公会函告龙泉地方法院，该会会员施苏庶拖欠经常费(会费)7 元，律师公会按《公会会则》将其退会，并函告其执业地的龙泉地方法院，取消其执业资格。后施苏庶补交经常费，永嘉律师公会又恢复其会员资格。

中华人民共和国成立后对律师的考核奖惩，主要是从其执行律师职务时的道德品质和业务素质两方面考核。自 1955—1980 年，律师管理部门要求律师在执行职务中严格遵守法制原则；坚持原则，不顺风倒；敢担风险，刚正忠诚；热爱律师事业，为当事人提供法律帮助热情、真诚、积极、主动，不敷衍塞责，不轻易拒绝；尊重法庭而不蔑视，尊重公诉人而不嘲讽；对同行相帮不相轻、不垄断、不保守、互帮互学；工作作风严肃认真、一丝不苟；工作方法严密细致。1981 年，全区开展律师资格审批考核工作。考核形式有查阅考核对象的人事档案、业务案卷，旁听出庭辩护、接待来访解答法律询问、进行法律知识业务口试，查证重大问题和好坏典型事例以及群众评议等。1986 年起，要求律师事务所对乡镇法律服务所开展业务予以指导帮助。1988 年 12 月，兼职律师陈某在地区律师事务所兼职律师工作中违规操作，被撤销兼职律师职务。1989 年，景宁畲族自治县律师事务所余某，违反律师守则，被撤销律师资格。

1991 年 1 月，地区司法处成立律师系列专业技术年度考核小组。地区律师事务所率先推行《综合目标责任制》，对律师实行目标量化管理。1992 年，全区落实司法部提出的律师履职《十要十不要》和《五坚持五反对》。1993 年 7 月，丽水地区律师事务所对律师业务实行效益工资制。1994 年 4 月，根据司法部《律师惩戒规则》(司法部第 24 号令)规定，建立地区律师惩戒委员会，设主任委员 1 人，副主任委员 1 人，委员 3 人，任期 3 年。同年，云和县取缔 1 处未经审批的“黑律师”场所，并对相关当事人实施罚款处罚。1998 年，地区司法局抽查全区律师事务所 21 家办理的案件 4554 件，查处问题案件 13 件，行政处罚违纪律师 3 人。

2001 年，市司法局加强律师行业服务质量管理，抽查全市律师事务所 18 家办理的案件 2600 件，查处问题案件 5 件，行政处罚违纪律师 1 人。2002 年，开展律师职业道德和执业纪律评查，专项检查律师事务所 6 家，查处投诉律师案件 8 件。2004 年 9 月，全市开展律师队伍教育整顿月活动，对律师机构散乱差现象、职业道德纪律、法律服务质量等方面进行专题教育。2005 年，组织全市律师进行规范管理考试，制定出台《丽水市律师管理警示性谈话办法》。至 2010 年，全市有律师 13 人被惩处，其中被判有期徒刑 1 人，行政处罚 12 人。

资格管理　民国元年，处州各县执行《中华民国律师总工会章程》对律师资格授予须经审核程序。民国 6 年(1917)，根据《律师暂行章程》和《修正律师暂行章程》进行。取得律师资格的条件必须是中国年满 20 岁以上的男子，依律师考试章程考试合格或依本章程有免考试之资格者。

民国 10 年(1921)，国民政府司法行政部制定《甄拔律师委员会章程》，经审核合格者，由司法部总长签发律师证书。按司法部规定，退职的司法官，须回避 3 年后，方能在莲都区域内执行律师职务。

民国 16 年(1927)，《律师章程》公布后，律师资格年龄改为 21 岁，同时允许女子充任律师，扩大律师从业人员的范围。民国 35 年 3 月，在龙泉地方法院登录的律师 7 人中，毕业于浙江公立政法专门学校 4 人、毕业于上海法学院 2 人、毕业于上海持志学院法律科 1 人。

民国19年(1930)12月,国民政府考试院出台《高等考试司法官律师考试条例》,明确司法官亦须通过司法考试。

中华人民共和国成立后丽水专区法院律师检核委员会对律师资格按期进行检核。1955年7月,司法部以司公字1042号通知各地,规定从事律师工作须具备的条件。

1958年12月,律师组织被撤销,律师审批活动中止。

1981年10月,地区司法处下发《关于开展律师资格考核审批工作的实施意见》。同年11月,全区法律顾问处6个的工作人员14人参加律师资格考核,经认真审核,经省司法厅批准,评出律师9人,实习律师5人。按当时的人口计算,平均每24万人有律师1人。

1982年10月,省司法厅发文,各县律师改行必须报地区司法处审核,并经省司法厅批准,方能调动。

1983年,省司法厅对兼职律师审批工作规定,各县司法局成立律师资格审核小组,拟定考评意见,报地区司法处审核,省厅发证。

1984年3月,司法部规定律师不准担任兼职仲裁员。5月,《浙江省兼职律师、特邀律师试行办法》出台,由本人申请、县司法局考核,地区司法处审核后报省司法厅审批。

1986年,司法部改律师资格考核为统考,凡未经统考者一律不得取得律师资格。4月12日,司法部下发《关于全国律师资格统一考试的通知》规定报考人员的范围。9月27—28日,由省司法厅统一组织考试,首次对律师资格实行统考。全区专职人员21人、兼职人员13人参加考试。同年,全区有专职律师人员42人,其中律师14人,实习律师11人,律师工作人员17人。兼职、特邀律师75人。

1987年12月,省职称改革领导小组批准转发省司法厅《浙江省律师职务聘任制度实施细则(试行)》。文件规定律师职称设一、二、三、四级律师和律师助理。

1988年3月,成立地区律师职务评审委员会。评审出一级律师1人,二级律师3人,三级律师13人。

1989年10月,成立地区律师中级职务评审委员会,由主任1人,委员4人组成。全区参加律师资格考试146人,及格63人,其中缙云律师事务所的杨晓峰总分403分,名列全省第一。

1990年,全区评出一级律师1人,二级律师3人、三级律师17人、四级律师30人。参加全国律师资格统考获得律师资格25人。1991年,评出3级律师3人,四级律师7人,助理律师2人。

1992年5月,丽水地区律师中、初级评审委员会成立。8月,评出三级律师5人,四级律师4人。1993年,评出三级律师12人,四级律师5人。

1994年9月,成立丽水地区中级律师专业技术职务评审委员会。同年,评出四级律师1人。

1995年,被省司法厅、人事厅评为二级律师(副高职称)3人。丽水地区中级律师专业技术职务评审委员会评出三级律师9人,四级律师3人。

1998年,参加律师资格考试157人,考试合格19人。2000年,被省司法厅、人事厅评为二级律师(副高职称)1人。

2002年开始,国家对初任法官、检察官和取得律师资格实行统一的司法考试制度,丽水市司法考试中心成立。9月,首次组织全国司法资格考试。丽水考场有403人报名参加,其中30人上线并经司法部审批,成为中国首批获得法律职业资格者。

2002—2010 年丽水市参加司法考试人数一览

表 30-4-5-3　　单位:人

年份	参加考试人数	获法律职业资格人数	年份	参加考试人数	获法律职业资格人数
2002	403	30	2007	428	88
2003	232	23	2008	518	110
2004	223	23	2009	599	96
2005	285	57	2010	588	87
2006	422	47	—	—	—

收费管理　民国 7 年(1918),丽水地区律师收费有《分收公费办法》和《总收公费办法》。当时收费额比较高,一般当事人无力支付。律师公会《分收公费办法》有二十项。但诉讼物价额(标的额)在 5 万元以上的,收公费为诉讼物价额的 2%。

民国元年(1912)9 月 16 日,《律师暂行章程》正式公布实施。章程规定律师公会对执业律师在收费方面实施监督,其具体方法是确定律师收费的最高标准,并监督收费的实际情况。根据《律师暂行章程》,律师公会应以制定会则的方式,确定"公费"(律师费用)与"谢金"的最高限额。

民国 20 年(1931),国民政府司法行政部公布《律师公会平民法律扶助实施办法》,对平民请求法律扶助,无资力负担酬金者,经邻居二人以上或保甲长之证明书,律师可不收酬金,必要时由律师公费负担。

1955 年 5 月,律师工作机构设立时,国家确定编制,经费纳入国家预算,由国家财政拨款。1956 年 5 月 25 日,国务院第 29 次全体会议批准的《律师收费暂行办法》公布。1957 年 6 月,法律顾问处按国务院批准的收费办法和司法部的通知执行。律师承办法律事务收费数额由法律顾问处主任和当事人协议,法律顾问处统一收费并开具收据,不允许律师收取任何费用。

从 1979 年 7 月律师组织恢复至 1980 年末,律师办理各种业务按 1956 年的律师收费标准执行。

1981 年 4 月 18 日,遂昌县法律顾问处制定《收费暂行办法》,收费标准参照 1956 年的《律师收费暂行办法》并略有提高。该办法还对经济困难者、中国台湾地区同胞、因工伤请求赔偿的、请求赡养费或抚育费的、因受虐待请求生活费的、请求抚恤金等服务对象予以酌情减免费用。7 月,缙云县法律顾问处制定《收费暂行办法》。12 月 9 日,司法部与财政部下发《律师收费暂行办法》(修改)。1982 年 1 月 1 日起按新规定执行收费。当时法律顾问处财务未独立,财务收支由司法行政机关管理。

1983 年,律师办理业务仍由法律顾问处统一收费,并开具收据。律师不得私自收费。律师收费暂行办法除担任法律顾问没有明确收费标准外,对其他各项业务的收费作出具体规定。

1984 年 12 月,龙泉县实行法律顾问处经济包干试点工作。

1986 年,根据司法部、财政部下发的《关于法律顾问处经费管理问题若干补充规定》执行。

1990 年 2 月 15 日,司法部会同财政部和国家物价局下发《律师业务收费管理办法及收费标准》。各律师事务所于同年 4 月 1 日开始执行。律师事务所根据律师承办业务的繁简程度、需时长短、标的大小、律师专业职务等级、委托人指定等情况,按司法部规定的收费标准确定具体收费标准,计算收费数额。

业务指导　1980年以前，由地区中级人民法院负责律师业务指导工作。1981年地区司法处律师管理科，负责全区律师的业务指导，指导律师开展业务工作和律师队伍管理的任务。对律师办理的重大疑难案件和涉外案件，组织有关人员进行研究讨论，提出指导性意见。1984年3月，地区司法局律师管理科举办一期企业法律顾问培训班，聘请专家讲授各种法律，为企业培养法律人才。各律师事务所也通过对企业法律顾问人员进行专业法律培训，指导工作。1986年，开始在全区律师工作机构实行目标管理，使比较分散的律师业务趋向条理化。组织有关人员研究讨论律师办理的重大疑难案件和涉外案件提出指导性意见。11月15—29日，地区首次组织律师8人参加省司法厅组织的《中华人民共和国民法通则》培训。1989年年初，司法行政机关负责对企事业单位的法律顾问室工作进行指导。同年12月，地区司法局指派干部87人对全区大、中、小型企业的法律顾问室情况进行调查了解。在全区大、中型企业中设立法律顾问室43家，其中有企业21个设置专职法律顾问人员。1992年、1997年，两次举办律师实务理论研讨，两次获得省司法厅颁发的组织奖。1998—2010年，征集论文304篇，其中102篇获市律师实务理论研讨会一、二、三等奖，有20篇获省律师实务理论研讨会二、三等奖。

1996年按照《中华人民共和国律师法》的要求，深入推进律师体制改革，逐步向司法行政机关宏观管理下的律师协会行业管理的体制过渡。在分配体制上，在有条件的律师所进行效益工资改革，条件不成熟的所，继续保留财政拨款或补助的体制。律师所组织形式的改革，从原来单一的国资所，向国资所、合作所、合伙所等多种形式并存的格局。

1997年，全区开展文明律师事务所创建活动，评出省级文明所1家，地级文明所6家及十佳优秀律师。

1999年，推行丽水市律师法律服务公示制度和律师事务所服务公开制度，增加律师服务的透明度，明示律师与当事人的权利义务关系。并与公安局、检察院联合出台《关于律师会见犯罪嫌疑人、被告人暂行规定(试行)》，规范律师会见被押当事人工作和代理当事人申诉工作。

2009年，市司法局制定出台《关于全面推行“乡村法律顾问制度”的实施意见》，由执业律师、基层法律工作者、公证员等担任村集体法律顾问，义务为村委会、经济合作社、困难群众提供法律服务。全市2489个行政村配备，配备比例71.5%。

2010年，市委、市政府制定出台《关于加快推进律师业发展的若干意见》的文件，对新增初次执业律师每年补助5000元，新设律师事务所每年补助20000元，时限3年。

基层法律服务

服务组织　1985年8月，各县陆续组建区、乡镇法律服务所(站)。1986年12月，全区建立区、乡镇基层法律服务所(司法办)79个。

1987年7月，全区乡镇法律服务机构统称法律服务所。乡镇(街道)法律服务所的主任，由本乡镇(街道)司法助理员兼任，并聘用工作人员1—2人。全区建立乡镇法律服务机构73个。

1989年7月，法律服务所更名，将县、区两级挂名改为由县一级挂名。1990年，经整顿，全区法律服务所51个。1991年，全区有乡镇法律服务所50个，其中发给合格证书的46人。1993年，全区有法律服务所53个。11月，丽水地区法律服务中心成立。庆元、云和等县法律服务中心相继成立。至1994年，全区各县全部成立法律服务中心。全区法律服务所60个，法律工作者400人。

2000 年，丽水市基层法律工作者协会成立，为全市性社会团体，由基层法律工作者和法律服务所组成。

2001 年，丽水市法律服务中心改丽水市政通法律服务所，实行自支自收，与丽水市司法局脱钩。之后，全市各地法律服务中心先后更名法律服务所，并与所在地司法行政部门脱钩。

2010 年，全市有乡镇法律服务所 24 个，其中发给合格证书的基层法律工作者 96 人。

服务业务　基层法律服务所业务范围主要是为机关、企业、事业单位和公民提供法律咨询，代写法律文书，接受当事人委托参与民事诉讼、非诉讼调解和仲裁活动，应聘担任乡镇(街道)机关、企业、事业单位和个体工商户法律顾问。

1985 年 8 月建所初期，主要开展解答法律咨询、代写法律文书和非诉讼调解等业务。至年底，全区基层法律服务人员代书 21 件，民事代理 11 件，调处纠纷 3217 件。1986 年至 1990 年，以调处民事纠纷、担任法律顾问、代书等业务为主。1995 年，丽水市司法局各法律服务所开展为农业、农民、农村的“三农”法律服务活动，每一农户交 18 元法律顾问费，即可得到全年法律咨询、代写法律文书、合同契约等多项服务。该做法得到《中国律师报》、《浙江日报》、钱江电视台等各级媒体作为典型经验宣传报道。1991—2010 年，以代理诉讼案件、法律援助案件、农户法律顾问等业务为主。

1986—2010 年丽水市基层法律服务所主要业务一览

表 30-4-5-4

年份	调处民事纠纷(件)	代理诉讼案件(件)	担任法律顾问(家)	法律援助案件(件)
1986	4200	—	—	—
1987	1094	—	20	—
1989	1084	586	256	—
1990	1044	1313	220	—
1991	—	1450	273	—
1992	—	1463	378	—
1993	—	1608	463	—
1995	—	1319	5100	—
1996	—	1936	—	—
1999	—	1848	17726	—
2000	—	1409	397	174
2004	—	1571	230	—
2005	—	1793	222	187
2006	834	1422	180	—
2007	391	1236	180	—
2010	569	1243	178	—

服务人员管理　1985—1986 年，各县(市)司法局重点进行法律服务机构的试建和全面组建，配备法律服务机构工作人员。由各乡镇司法所负责日常管理工作。1986 年起，各县(市)司法局每年举办一次法律服务工作人员业务培训班，由律师、公证处负责人讲授法律服务方面各项业务知识，并

把业务培训纳入目标管理。

1987年11月，开展乡镇法律工作者资格统一考试工作。1988年，地区司法局为所属乡镇（街道）法律服务所统一办理收费许可证，统一收费标准，制定财务管理制度，加强财务管理。

1989年，检查验收全区法律服务所92个，基本符合条件52个，清理不合法成立的法律服务机构6个，其余改为代书点、调解办。8月，地区司法处出台《丽水地区基层法律服务所工作若干办法》，对基层法律服务所的组织、管理、收费业务等作详细规定。1990年地区司法局统一印制下发乡镇（街道）法律服务所各项制度，全市乡镇法律服务工作基本上实现制度化、规范化。2000年起，每年对辖区基层法律服务机构及法律工作者进行考核年检，不合格的予以取消资格。2010年，全市参加年检基层法律服务所25家，经年检合格24家，不合格1家。参加年检基层法律工作者103人，合格101人，不合格2人。

第六节　法律援助与司法鉴定

法律援助制度最早源于清末法制改革时的救助会。民国时期的法律援助，发轫于法院“指定辩护”制度。1950—1956年，由法院临时指定工作人员开展法律援助活动。1957年，各县人民法院成立法律顾问处，负责开展法律援助工作。1958年，全区法律顾问处撤。1978年2月起，丽水地区法律顾问处恢复，负责法律援助事项。1997年起，市、县相继设立法律援助中心，法律援助经费列入同级人民政府财政预算。至2010年，全市有法律援助机构10个，从业人员40多人，法律援助律师34人。有乡镇（街道）法律援助工作站179个，村（居）委员会法律援助点2805个，并在各级工会、共青团、妇联和残联等社会团体设立法律援助工作站40多个。

司法检验起源于古代。唐宋时期，实行尸表检验制度。至明清沿袭。民国时期，因政局不稳，战事纷纷。中华人民共和国成立初，中央政法委、卫生部采取恢复、发展司法鉴定与研究的一些措施。“文化大革命”期间，司法鉴定工作停滞。1978年，国家出台各项司法鉴定法规。1996年，龙泉、庆元率先成立司法鉴定中心，其司法鉴定业务为单纯的人体损伤鉴定。至2010年年底，全市有司法鉴定所3家，司法鉴定业务包括法医病理鉴定、法医临床鉴定、法医精神病鉴定和法医毒物鉴定等4类。

法律援助

援助制度　南京国民政府时期，处属各县法律援助机构有公设辩护人制、地方法院民刑诉讼程序询问处、律师公会。公设辩护人制为公共辩护机关。民国28年（1939）3月，南京国民政府公布《公设辩护人条例》。司法行政部随即制颁《公设辩护人承办案件月报表格式》，要求公设辩护人承办案件按月填造，报由地方法院院长转报司法行政部，以资考核。

民国30年（1941）9月12日，《律师公会平民法律扶助实施办法》颁布，开展平民法律扶助成为具有国家意志力的每个律师的法定义务。该办法规定由各地方律师公会负责法律扶助事务。每日办公时间，律师公会安排理事轮流值班接待平民申报法律扶助事项。民国32年11月，司法行政部先后发布训令4次，下发《浙江永嘉律师公会平民法律扶助实施办法细则》，以为各律师公会制定细则的样本。该细则规定律师公会定每日下午1时至4时（或上午8时至12时）为办公时间。律师公会全体理事轮流值日，处理平民法律扶助事项。

民国31年(1942)1月2日，司法行政部公布《高等以下各级法院民刑诉讼程序询问处通则》，规定于高等以下各级法院内设立询问处，法院指派人员，为不明诉讼程序而到法院询问者免费解答。

民国37年(1948)6月，司法行政部公布《公设辩护人服务规则》，丽水各县实施公设辩护人制。公设辩护人享受国家公务员的待遇和要求，或享受法院检察官、推事官的待遇和要求。法院询问处为公共咨询机关，属国家法律援助机构。

1954年，首部《中华人民共和国人民法院组织法》颁布，规定人民法院认为有必要时，可指定辩护人为被告人辩护。1956年，司法部发布《律师收费暂行办法》，规定律师免费或减费给予法律帮助的具体案件范围。

1979年后，陆续颁布实施《中华人民共和国刑事诉讼法》《中华人民共和国民事诉讼法》《中华人民共和国律师暂行条例》等法律法规，规定一些相关的法律援助内容。

1994年，司法部正式提出建立中国法律援助制度。同年，丽水地区司法处要求各律师事务所开展法律援助活动，为经济困难的当事人及企业提供无偿的法律援助。松阳兰天律师事务所率先开展。

1997年1月1日，修订后的《中华人民共和国刑事诉讼法》和《中华人民共和国律师法》的正式实施，为公民要求获得法律援助提供法律依据。4月，丽水地区法律援助基金成立，之后各县法律援助基金相继成立。

2003年9月，国务院颁布实施《法律援助条例》，由政府承担法律援助责任的原则由此正式确立。

2005年经修正的《浙江省法律援助条例》规定，该条例所称法律援助，指县级以上人民政府设立在司法行政部门的法律援助机构组织的法律服务机构及法律援助人员，为经济困难或者特殊案件的当事人提供无偿的法律服务。本条例所称法律服务机构，是指律师事务所、公证处和基层法律服务所。

援助机构　1979年之前，由地区中级人民法院负责法律援助工作。1980年，地区司法处律师管理科负责法律援助工作。1995年，松阳县兰天律师事务所率先开展法律援助工作。1996年1月，成立浙江资政律师事务所，为地区司法局下属全民科级单位，专门负责法律援助工作，为无力承担律师费用的法人和公民提供无偿的法律援助服务。

1997年11月，地区法律援助中心成立，与浙江资政律师事务所合署办公。之后，松阳等各县(市)法律援助中心相继成立。1998年12月31日，地区“1600148服务专线”电话网络建成开通，这是全省首条设法律援助中心的法律服务专线。服务内容为法律咨询、调解、公证等法律服务。同年，9个县(市)法律援助中心全部成立。1999年，9个县(市)均建立“1600148服务专线”电话。

2003年5月，市法律援助中心单列，更名市法律援助中心。法律援助中心为市司法局的内设机构。同年，“148”服务专线电话更名“12348”服务专线电话。2004年，市、莲都区两级法律援助中心进行人财物资源整合，合署办公。其他各县法律援助机构单设。2006年，青田县建立以法律援助中心为龙头的法律援助工作网络，该县行政村400多个建立联络员制度。同年，市司法局出台《关于加强农村法律援助的若干意见》，为农民(农民工)提供法律援助。2010年，分别在丽水军分区、武警丽水市支队和武警丽水市消防支队等驻丽团以上部队设立军人维权法律援助工作站，在市林业局及龙泉、云和、缙云、遂昌、松阳县林业局设立林业局法律援助工作站6个。

至2010年，全市有法律援助机构10个，分别是丽水市法律援助中心，莲都、龙泉、青田、云和、庆元、缙云、遂昌、松阳、景宁畲族自治县法律援助中心。从业人员40多人，法律援助律师34人。全市建立乡镇(街道)法律援助工作站179个，村(居)委员会法律援助点2805个，并在各级工会、共青团、妇联和残联等社会团体设立法律援助工作站40多个。

援助业务 民国3年(1914)2月，丽水地方政府开始执行《核准指定辩护人办法令》，法律援助的事项主要为刑事案件。20世纪40年代，处属各县律师公会及永嘉律师公会龙泉办事处开展“平民法律扶助”工作。至1949年中华人民共和国成立前夕，丽水地区受理各类法律援助案件203多起，解答法律疑难300多件。

中华人民共和国成立后法律援助事项扩展到请求国家赔偿的；请求给予社会保险待遇或者最低生活保障待遇的；请求发给抚恤金、救济金的；请求给付赡养费、抚养费、扶养费的；请求支付劳动报酬的；请求医疗事故、交通事故、工伤事故赔偿的；聋哑盲和其他残疾人追索侵权赔偿的法律事项；请求主张因见义勇为行为产生的民事权益的；其他需要提供法律援助的事项。可以申请法律援助的刑事案件当事人有犯罪嫌疑人在被侦查机关第一次讯问后或者采取强制措施之日起，因经济困难没有聘请律师的；公诉案件中的被害人及其法定代理人或者近亲属，自案件移送审查起诉之日起，因经济困难没有委托诉讼代理人的；自诉案件的自诉人及其法定代理人，自案件被人民法院受理之日起，因经济困难没有委托诉讼代理人的等。

1950—1956年，由县人民法院临时指定工作人员开展法律援助活动。1957年，各县人民法院成立法律顾问处，负责开展法律援助工作，各县办理法律援助案件159件。1958年，撤销全区法律顾问处。1978年2月起，丽水地区法律顾问处恢复，负责法律援助事项。至1996年，全区办理法律援助案件667件。1997年起，由各县法律援助中心负责法律援助案件，全区法律援助机构办理援助案件70件。

2008年，全市法律援助机构按照“应援尽援”服务承诺，实现全市困难群众全覆盖，为困难群众提供法律援助2187件，提供法律咨询11924人次，挽回困难群体经济损失1948.92万元。

2009年4月3日，南京军区某集团军某部队士官谢某某由部队领导与缙云县人武部领导陪同到缙云县法律援助中心，申请对其家人因在交通事故中3人死亡的案件进行法律援助。县法律援助中心维护国防利益法律援助站当即予以受理并为其办理申请法律援助的相关手续，为求助者提供维权服务，使谢某某心平气和地接受法律裁判。

至2010年，全市办理法律援助案件17290件。同年，历时3年、6次援助的“龚某某工伤认定案”圆满结案。经过丽水市法律援助中心多次协调，于2010年8月2日在法院调解下龚某某与宏远公司达成协议，双方解除事实劳动关系，宏远公司一次性支付给龚某某各项赔偿款74000元。

2000—2010年丽水市法律援助案件一览

表30-4-6-1

年份	诉讼案件(件)	12348接待来访(人次)	诉讼类受援人数(人次)	法律援助工作站(个)	法律援助点(个)
1997	186	—	—	—	—
1998	221	4012	288	—	—
1999	243	4211	302	—	—
2000	263	4235	312	—	—

续表 30-4-6-1

年份	诉讼案件（件）	12348 接待来访（人次）	诉讼类受援人数（人次）	法律援助工作站（个）	法律援助点（个）
2001	330	4539	352	—	—
2002	321	4916	367	—	—
2003	496	10308	584	—	—
2004	778	28417	971	—	—
2005	1199	17851	1661	94	—
2006	1801	11878	2352	159	—
2007	1711	10108	2895	187	—
2008	2187	11924	3187	216	—
2009	4091	13698	4251	218	2505
2010	3463	11515	4708	191	2460
合计	17290	138212	22230	—	—

援助经费

民国时期，各县地方法院公设辩护人和询问处开展法律援助的费用来源于国家。律师公会和律师开展法律援助的费用全赖自身资力。法院每案给一定车费，举凡阅卷、抄录、拟辩护意旨书及出庭辩护，均义务为之。

20 世纪 50 年代初，开展法律援助经费均由政府财政开支，至 1999 年，没有专门援助案件补贴及标准。2000 年，援助案件补贴标准是在市区及莲都区范围内办理案件每件补贴 200—300 元，其他地区适当提高。2006 年，援助案件补贴标准再次调整，在市区及莲都区范围内办理刑事案件补贴 400 元每件，民事案件补贴 700 元每件，其他地区适当提高。2010 年，援助案件补贴标准是开庭地点在市区及莲都区范围的，刑事案件补贴 600 元每件，民事案件补贴 900 元每件。同年，全市支付法律援助案件补贴 15.60 万元。

司法鉴定

司法鉴定组织　1996 年，龙泉、庆元等县相继成立司法鉴定中心。1997 年，丽水地区司法局司法鉴定中心成立，下设法医鉴定室、文字鉴定室、见证室。

1998 年 9 月，庆元县司法局法医验伤室成立，为省内首家司法行政机关直属法医验伤室，主要从事人体损伤鉴定工作。12 月 30 日，司法部司法鉴定科学技术研究所丽水地区司法鉴定指导中心、丽水地区司法鉴定中心成立，主要从事人体损伤、文字、见证等鉴定工作。

1999 年，丽水地区各县（市）均成立司法鉴定中心。开展法医伤检鉴定、文印鉴定、财产鉴定工作。

2004 年 8 月 26 日，丽水天平司法鉴定所成立，为独立司法鉴定机构，鉴定范围为法医临床鉴定。

2006 年 4 月 17 日，丽水大众司法鉴定所成立，为丽水市人民医院内设所，鉴定范围为法医临床鉴定。

2008 年 1 月 30 日，丽水市第二人民医院司法鉴定所成立，为丽水市第二人民医院内设所。

至2010年年底，全市有司法鉴定所3家，分所1家(隶天平所，驻缙云)。执业司法鉴定人21人，其中从事法医临床鉴定12人，法医精神病鉴定9人，司法鉴定助理7人。

司法鉴定管理　隋唐时期，刺史主管，司法参军协理。各县由县令主管，县丞协理。宋代，知州主管，推官协理。各县由知县主管，县尉协理。元代，路总管主管，推官协理。各县由县尹主管，典史协理。明清时期，知府主管，推官协理。各县由知县主管，典史协理。

民国期间，由各县司法处(地方法院)或警察局(科)负责司法鉴定工作。

丽水解放后，各县人民法院负责司法鉴定工作。1966—1976年"文化在革命"期间，全区没有司法鉴定工作管理机构。1973—1980年，由丽水地区中级人民法院和各县人民法院负责司法鉴定工作。

1981年起，丽水地区司法处(市司法局)受省司法厅委托，负责对全区司法鉴定人和鉴定机构的登记、名册编制和公告。各县(市、区)司法局负责区域内司法鉴定人和鉴定机构业务指导和日常管理工作。鉴定人或者鉴定机构有违反规定行为的，由地区司法处(局)报省司法厅予以警告，责令改正，给予停止从事司法鉴定业务三个月以上一年以下的处罚；情节严重的，可撤销登记。

1991年2月，丽水地区司法处增设行政法制科，作为司法鉴定管理的内设科室，与办公室合署办公。1997年，行政法制科单列。2006年至2010年年底，受理违规鉴定投诉8起，查实并作出处罚3起。

司法鉴定业务　1998年，庆元县法医伤检室开展人体损伤鉴定工作，同年受理案件91件，出具鉴定书82份。

1999年，全区各县均开展法医伤检鉴定、文印鉴定和财产鉴定，同年办理司法鉴定1500件。

2004年8月，由天平司法鉴定所率先开展法医临床鉴定，至2010年年底，全市办理法医临床鉴定12375件，占鉴定业务的97.2%。

2008年1月，市第二人民医院司法鉴定所开展法医精神病鉴定业务。至2010年年底，办理法医精神病鉴定352件。同年，天平司法鉴定所率先开展法医病理鉴定。

2004—2010年，全市接受鉴定委托12727件，其中丽水天平司法鉴定所7387件，丽水大众司法鉴定所4988件，丽水市二院司法鉴定所352件。

第七节　监狱管理

丽水监狱机构始于隋开皇九年(589)。此后，历代均有监狱。民国时期，处属各县相继设立类似安置帮教组织的出狱人保护会，以促进出狱人保护工作展开。1954年8月，政务院颁布《劳动改造罪犯刑满释放及安置就业暂行处理办法》。但出狱人保护的主张与实践始于1978年。1982年开始，随着严打活动深入开展，全省各地劳改场所人满为患。1984年1月1日，丽水地区水东劳改大队建立，隶属地区司法处。1988年4月裁撤。1995年，丽水地区按照中央要求及时建立刑满释放、解除劳教人员安置帮教组织。2006年，开始建立社区矫正工作组织。

监狱沿革

自隋开皇九年(589)建处州，历代州、路、府及所属各县均有监狱。历代州狱址均附州治，元、明、清专设司狱管理狱政。明代，设司狱司(亦称司监)提拿控管狱囚。处州府司狱司司狱(掌印)一员，狱典一员，禁子二十员。清康熙中，裁司狱，由处州府知府主宰、经历兼理狱政。清光绪年间，处州府及所辖各县监房分男监、女监，关押刑事未决犯，并设班房，临时看管人犯。监狱由知府、知县主宰，置狱吏一员，狱卒若干人，负责检查、看管囚徒。

古代处州及属县监狱一览

表 30-4-7-1

朝代	监狱名称	地址	设立时间	备注
隋唐	处州狱	小栝苍山（2010 年紫金街道古城）	隋开皇九年至唐中和年间	—
		西山（2010 年万象山公园）	唐中和年间至天祐四年	—
	松阳县狱	旌义乡（2010 年古市镇）	隋开皇九年	—
		紫荆村（2010 年西屏镇）	—	唐贞元间随县治迁徙此
	栝苍县狱	茭山	开皇九年	—
	缙云县狱	翠微山麓	唐武德年间	—
	青田县狱	青田山下	唐景云二年	—
	遂昌县狱	君子山麓	唐景云二年	恢复县制
	龙泉县狱	九姑山阳	唐乾元二年	—
五代宋	处州马步院	茭山	吴越宝正元年	—
	丽水县监狱	茭山	—	—
	松阳县狱	紫荆村	—	—
	缙云县狱	翠微山麓	—	—
	青田县狱	青田山下	—	—
	遂昌县狱	君子山麓	—	—
	龙泉县狱	清渠坊	—	宋大观二年迁徙此
	庆元县狱	县城东北镜山麓	宋庆元三年	
元明	处州路府狱	枣山南麓（2010 年区总工会）	—	元至元二十七年迁址
	丽水县监狱	枣山东南县治仪门外	—	元大德六年迁址
	松阳县狱	县城北隅（古紫荆村）县治仪门外西侧	—	—
	缙云县狱	翠微山麓县治西曹下	—	—
	青田县狱	青田山下县治仪门外右侧	—	—
	遂昌县狱	君子山麓县治仪门外左侧	—	—
	龙泉县狱	清渠坊县治仪门外西侧	—	—
	庆元县狱	县城东北镜山西南县治仪门外西侧	—	—
	云和县狱	鲤鱼山南	明景泰三年	—
	宣平县狱	占鳌山南县治仪门外西侧	明景泰三年	—
	景宁县狱	石印山下（原潘氏址）县治仪门外右侧	明景泰三年	—
	处州府狱	枣山南麓	—	—
	丽水县狱	枣山东南	—	—

续表 30-4-7-1

朝代	监狱名称	地址	设立时间	备注
清	松阳县狱	紫荆村县治仪门外西侧	—	—
	缙云县狱	翠微山麓县治西曹下	—	—
	青田县狱	青田山下县治仪门外右侧	—	—
	龙泉县狱	清渠坊县治仪门外西侧	—	—
	遂昌县狱	君子山麓县治仪门外左侧	—	—
	庆元县狱	县城东北镜山西南县治仪门外西侧	—	—
	云和县狱	眠犬山麓朝阳坊县治仪门外西侧	—	清顺治三年徙此
	宣平县狱	占鳌山南县治仪门外西侧	—	—
	景宁县狱	桂山石印下县治仪门外西侧	—	清康熙四十四年徙此

民国元年(1912),丽水各县监狱称县监狱署,附设看守所及民事管收所,由各县公署管辖。民国2年,各县警察所成立,划为警察所管理。民国16年10月,丽水县监狱看守所成立,浙江省政府拨款建筑开办费8000银元。民国17年,丽水地方法院会同丽水监所协进会在城内高岭弄新建监狱1所。民国19年1月,根据省政府指令,各县监所移交县法院管理。法院看守所附设监狱设管狱员兼看守所长1人。之后,随着关押犯人的增加,各县监狱管理人员也有大幅度增加。民国22年8月,龙泉法院监狱建成,浙江高等法院委派金华地方法院衢县分院书记官长瞿善闻验收。同年12月,因经费拮据,龙泉监狱所设教诲师被裁撤。28年,龙泉县看守所附设监狱,有所长兼监长、医士各1人,主任看守2人,看守7人。同年夏,龙泉地方法院奉令建造临时监狱,拟收容战区人犯,监狱址设西平街地方法院东侧(龙泉电影院旧址)。原在永嘉的浙江省第四监狱(专事前方移禁重犯)屡遭日寇敌机轰炸,迁入龙泉县,址设龙泉地方法院临时监狱。分别为浙江省第四监狱解决监狱工场场舍。民国30年2月,依照《看守所暂行规则》,各县监狱更名地方法院看守所附设监狱。民国34年8月,浙江省第四监狱迁回永嘉。民国35年,丽水、龙泉等县成立出狱人保护会,为出狱人介绍就业、遣送回籍、贷款救济等。民国37年,丽水各县开始执行《看守条例》,民国38年,开始执行《监狱条例》。专署及各县当局对共产党员、爱国民主人士和所谓"触犯特种刑事"的人任意局部关押,甚至枪杀。

1949年5月丽水解放,各县军管会接管民国县政府看守所及监狱,成立丽水犯人院。同年,第七专区专员公署公安局在丽水县城关镇太保庙设劳教所,下设织布厂、鸡鸭农场、竹篾手工场。1950年4月,浙江省人民法院丽水分院成立,接管丽水专区犯人院。1951年,犯人院划归丽水公安部门管辖。

若干年份宣平县监狱执行刑期实数一览

表 30-4-7-2　　单位:人

年份(民国)	无期徒刑	十五年以上	十年以上	五年以上	三年以上	二年以上	一年以上	二个月以上	拘役	总计
12	3	—	3	—	10	—	5	—	5	26
13	2	1	3	—	9	—	5	3	—	23
14	2	1	3	3	9	5	3	1	—	24

续表 30-4-7-2

年份（民国）	无期徒刑	十五年以上	十年以上	五年以上	三年以上	二年以上	一年以上	二个月以上	拘役	总计
21	4	11	24	2	11	—	4	—	—	56
23	2	2	4	—	2	—	7	—	1	18
33	—	—	—	—	—	11	9	7	109	127

狱政管理

宋宝祐元年五月，天台人胡太初任处州知州，刊行其著作《书簾绪论》，发放至处属各县，提出七条治狱要求："一曰禁系必审，二曰鞫视必亲，三曰墙壁必完，四曰饥寒必究，五曰疾病必察，六曰疑似必辨，七曰出入必防。"该著作为丽水最早的狱政管理文献。

明万历间，著名戏剧家汤显祖任遂昌知县，曾邀名医何晓为幕宾，遇百姓打架斗殴，先令何晓治伤，然后审案。遇囚犯患病，常自己出钱，请何晓买药治之。偶遇审案用刑致人受伤，立命何晓诊治。组织囚犯上河桥，在原是官眷赏灯之所观花灯之"纵囚观灯"典故，为历代治狱之典范。

民国期间，丽水各地监所每月向地方法院上报劳役人犯行状月报表，内容除人犯姓名、罪行、刑期、个性、言行、思想等个人信息外，还有服役成绩、原缺薪金、奖给生活费等。各县警察局选派警察 2 人协同防护。并择监内品行善良、秉性忠诚者执勤看守。对送给人犯的书信、物件，家属探亲，实行检查监视制度。每日工场收工时，由警察或看守人犯对作业器具进行清点检查，防止携入监房。

民国 16 年(1927)10 月 16 日夜 3 时，丽水县监狱第三笼案犯 11 人越狱潜逃。当夜抓获逃犯 2 人，其余 9 人未获。民国 18 年 12 月，各县看守所、监狱一律划归法院管理。民国 20 年 3 月 1 日，福建盗匪攻入景宁县城，捣毁景宁监狱笼门，劫走已决犯 13 人、未决犯 12 人。浙江高等法院检察处以第 1210 号训令发往全省各地，通缉犯人。

民国 22 年(1933)4 月 20 日凌晨 5 时，龙泉县法院未决盗窃犯越狱逃脱。浙江高等法院发通缉令，令各级法院和各县协缉。

民国 25 年(1936)3 月 23 日，龙泉监狱向法院呈报："监所有 16 间，只可容人犯 110 人，现尚有已决未决犯 210 人之多，请函转县政府设法疏通。"

民国 28 年(1939)2 月 12 日，龙泉监狱犯人 6 人代表在押人员 185 人，向龙泉县长唐巽泽要求改善伙食。唐批："购肉十元赠赏。"4 月 29 日夜 12 时，龙泉监狱犯人梁振南等 36 人(其中 4 人为浙江第四监狱寄禁刑事犯)越狱逃脱。同年 8 月，龙泉监狱看守所看守夏鸿升 2 人仗势向囚犯勒索钱财，被县长唐巽泽以违反军法罪提审收押处理。

民国 29 年(1940)夏，丽水地方法院监狱遭日寇敌机轰炸，10 多人炸死于狱中。民国 32 年，寄押犯人因缺乏御寒衣被，致百病丛生，诊治无效，相继死亡 21 人。

民国 26 年至 1949 年，丽水各县监所职员的奖励类别有存记升用、记功、嘉奖 3 种。对嘉奖 3 次的，记功 1 次；记功 3 次的，予以存记升用。监所职员的惩处类别有停职移送惩戒、记过、申诫 3 种。对申诫 3 次的记过 1 次，记过 3 次的，予以停职移送惩戒。奖惩的依据主要是人犯有无暴动、越狱等事件发生。

劳动改造机构

1951年7月，丽水专区公安处劳改大队成立，有干部47人，拥有固定资产7亿多元(旧币)。同时，各县设劳改中队。1952年丽水专区撤销，公安处劳改大队更名丽水县劳改大队，划归温州公安处管辖。1953年4月，温州市新生(劳改)纸伞厂迁丽水县城关镇，与丽水劳改大队合并为丽水劳改雨伞厂。仍由温州公安处管辖。1954年改由省公安厅直属，更名浙江省地方国营丽水雨伞厂(对内称"浙江省劳改局第十九劳改大队")。1958年，因大办钢铁缩小企业，下放由温州专署公安处管理。1959年冬，温州专区公安处在龙泉县河村建立温州专区第一教养所(地方国营河村农场)。主要从事小麦、蔬菜、肉猪、小猪、砖瓦等农产品、畜牧产品、工业产品生产。1963年，丽水专区恢复，地方国营河村农场、丽水劳改雨伞厂划归丽水专区公安处管理。至1963年10月，雨伞厂总人数1654人，其中行政管理干部59人，犯人1225人，工程技术人员6人，就业人员217人。其他人员370人。雨伞厂占地面积4.01万平方米，其中工业生产用地1.95万平方米，非工业生产用地2.03平方米。企业建筑物面积1.63万平方米，其中车间0.72万平方米，生活区0.78万平方米。1964年4月，丽水劳改雨伞厂撤销。该厂地、房除大部分由丽水专区接收外，另1万多平方米由地区公安处民警大队占用。1964年12月，地方国营河村农场撤销。场地交由龙泉县政府管理。1966年，民警大队改部队建制后，由丽水军分区占用。1983—1984年，司法处向浙江省军区请示，要求归还。

1984年1月1日，丽水地区水东劳改大队(丽水劳改支队第一大队)成立，对外称丽水地区地方国营水东农场，为正科级建制，实有行政干部22人，武警27人。劳改大队接收好溪农场土地49.8公顷、房屋4300平方米。收押对象是本地区刑期十年以下的男犯。2月22日，成立丽水地区劳改工作领导小组。领导小组办公室设在司法处，赵忠钰任领导小组办公室主任。9月6日，丽水地区九里劳改大队(地方国营浙江省丽水地区九里机械厂)成立，址在丽阳乡凉塘村，监狱用房为原解放军陆军第三师营房，经55万元购得，总面积3.8万平方米，其中房屋面积0.6万平方米，固定资产175.48万元。九里劳改大队负责经营各种机械、交通工具的修配和金属加工等生产。

1986年2月，成立地方国营处州建筑工程队。3月，水东水泥制品厂改为全民所有制地方国营丽水地区处州水泥预制品厂。3月，水东、九里劳动改造大队合并为丽水地区劳动改造管理教育大队。大队部址在水东农场。大队设政委和大队长，下设办公室、管理教育科、生产供销科。水东大队改制成中队4个，重点发展种植、养殖和水泥预制品加工业。九里大队改制成中队3个，重点发展金属加工、综合加工、机械维修和建筑队。年底，配备狱侦干部10人，建立耳目22人。开设文化班9个，其中初中班2个，高小班2个，初小班2个，扫盲班1个。

1987年2月，丽水地区劳改大队设四个劳改中队及一个警务中队，撤销原有的工业生产科及农业生产科，并临时组建一个基建中队。1988年4月5日，撤销丽水地区劳动改造大队，在押犯人全部押送省属劳改单位，其他有关狱政、装备事项移交省司法厅处理。

劳动改造管理

1984年5月28日，九里劳改大队开始收押犯人，3天时间就收押人犯89人。至年底，收押301人。犯人主要从事柑橘种植、鸡鸭猪鱼养殖等农、副业生产。6月，新建的水东劳改大队开始收押犯人时，监舍无警戒围墙、无电网，警戒设施不完善，干警编制不足，无武装看押部队警戒，防逃工作中存在隐患漏洞，同年水东劳改大队逃跑犯人 3 人，捕回 3 人。10 月 11 日，建立水东农场水泥预制品厂和水东农场综合加工厂，开展工业生产。1984 年 10 月 27 日，地区行署同意，司法处收回龙泉河村农场场地办劳教劳改机构。1984 年，开展每批收押犯人的入监教育七课，内容包括犯人守则、检举揭发余罪、劳改机关的性质任务及方针政策等，训期 20 天。地区公、检、法、司主要领导不定期到水东劳改大队与犯人谈话，揭发监内外作案线索 230 条。对积极改造、确有悔改表现的给予减刑、假释、提前解教，结合三次调犯送西北劳改，进行政策、法制和前途教育。遣送西北劳改 3 人。

1984 年 4 月 9 日，叶宗养以解手名义逃跑，10 分钟后被抓捕归案。5 月 3 日，九里劳改大队犯人范友亮趁劳动休息之际逃跑，至九里村西，被劳教干部发现后抓获。对带班干部扣发奖金 1 个月的处理。7 月 15 日，九里劳改大队犯人娄佳顺利用欺骗手段，乘车逃脱，11 月 21 日抓捕归案。8 月 2 日，九里劳改大队犯人楼礼林等 3 人越墙逃跑，次日抓捕归案。处理管教责任人 24 人，分别扣除 1 个半月至 1 年岗位津贴。10 月 2 日，九里劳改大队犯人杨孟进以解手之名逃脱，处理管教责任人 2 人，分别扣除 3 个月至半年岗位津贴。1985 年，开展狱内侦察工作，在犯人中选择建立“耳目”，实行审批、考核、奖惩制度，每月进行一次审查考核。遣送西北劳改犯 6 人。收到坦白材料 56 份，占犯人总数 10%；检举材料 277 份，占犯人总数 50%；狱内发破获案 1 件。每周对犯人、劳教人员开展 2 个课时的人生观教育大课。水东劳改大队举办新春茶话会、“五讲四美三热爱”等活动。水东劳改大队创办《熔炉火花》（半月刊），作为宣传法律，陶冶情操的辅助性教育。水东、九里劳改大队均开设文化学校和扫盲班，设初小、高小、初中三个层次。九里劳改大队减刑 14 人，记大功 5 人，记功 8 人，记小功 3 人，加刑 6 人，记大过 3 人，记过 1 人，警告 3 人。至 1985 年年底劳教干部 46 人，83021 部队看押干部战士 15 人，收押收容犯人 264 人。

1986 年年底，实际关押犯人 398 人，释放 160 人，假释 20 人，改判 1 人，遣送外地 8 人，保外就医 17 人。实现总产值 90.7 万元，犯人越狱 3 人次。

1987 年，开展“百日安全竞赛活动”，受到浙江省监狱管理局嘉奖。实际关押 327 人，新收押 71 人，释放 151 人，遣送外地 5 人，加刑 2 人，破获盗窃案 2 起。增设警务中队，全年没有发生犯人脱逃事故，大队被省司法厅评为监管安全单位。

劳改支队对犯人奖惩工作遵循的原则，对表现好，劳动成绩突出的奖励 138 人次。其中减刑 124 人次，记功 69 人次。对那些在改造中严重违反监规守则，破坏改造和生产秩序或重新犯罪的给予严惩。总计惩处罪犯 147 人次。其中加刑的 45 人次，禁闭处罚的 67 人次，给予记过的 21 人次，警告的 102 人次。

第八节　安置帮教与社区矫正

安置帮教

民国 20 年（1931），根据《出狱人保护会组织大纲》，处属各县相继设有类似安置帮教组织的出狱人保护会，以促进出狱人保护工作展开。

民国 35 年（1946）8 月 24 日，龙泉县出狱人保护会成立，址设龙泉县地方法院。颁布《组织规程》，其任务是为出狱人介绍执业、遣送回籍及贷款救济等。民国36年，遣送出狱人回籍7人，分别为云和、缙云、东阳、萧山、乐清、湖南等地，计经费34万元。

1954年8月，中华人民共和国政务院颁布《劳动改造罪犯刑满释放及安置就业暂行处理办法》。但出狱人保护的主张与实践始于1978年。

1995年，丽水地区按照中央刑满释放、解除劳教人员安置帮教领导小组及其办公室的要求，庆元、遂昌、云和、松阳等县建立两劳回籍管理教育科。庆元县两劳回籍管理科的工作人员4人被省司法厅授予人民警察警衔。

1996年，各县(市)成立综治委归正人员安置帮教工作协调小组及其办公室，办公室设在市司法局，增设劳改劳教人员管理科，负责领导小组日常工作。并在全市194个乡镇(街道)建立由社会治安综合治理专管副职牵头，综治办、公安、司法、工商、民政、劳动、共青团、工会、妇联等部门负责人参加的安置帮教工作领导小组，具体负责安置帮教工作，在乡镇(街道)司法所增挂两劳人员工作站103个，与司法所合署办公，负责安置帮教领导小组的日常工作。同时，在行政村和部分居委会、厂矿企事业单位层层建立帮教小组789个，基本形成市、县、乡、村四级完整的安置帮教工作网络。同年，全区有地、县(市)级两劳回籍人员管理科9个，两劳管教站103个，基层帮教组织789个，过渡性安置基地5个。同年，龙泉市成立司法警察大队。

1997年4月，成立地区两劳回籍人员安置基金，之后各县相继成立。同年，建立两劳管教工作站167个，基层帮教组织1581个，过渡性安置基地13个。

1998年，建立两劳管教工作站137个，基层帮教组织1790个，过渡性安置基地4个。

2000年，建立两劳管教工作站194个，基层帮教组织3368个。通过安置、帮教工作，力争使大多数刑满释放、解除劳教人员增强改过自新的信念和就业能力，在就业、上学和社会救济等方面不受歧视，坚持组织一体化、帮教社会化、安置市场化的安置帮教工作新机制，有效地预防和减少刑释解教人员重新违法犯罪，为维护全市的社会稳定和促进经济发展发挥重要作用。

2001年，排摸刑释解教人员5000人，分类登记造册，全面掌握人员动态。2004年，全市落实"导航工程"，安置部分归正人员进入企业。市司法局组织政府探监帮教团，到省一监、十里丰、十里坪等监狱，与服刑人员进行面对面帮教。邀请省属监狱、劳教单位领导，到莲都、景宁、缙云、青田等地与地方党委、政府共商安置帮教大计。同年印制致丽水籍服刑在教人员公开信5000多份，教育其悔过自新，重新做人。

2006年，全市建立市、县级安置基地17个，乡镇安置基地33个，安置归正人员3人。龙泉市选择效益好的企业作为安置基地2家，并将统管山20公顷作为过渡性安置基地。2007年，重点加强就业安置和生活保障工作，督促落实归正人员就业培训、低保救助等相关政策。对所有归正人员开展二次以上回访考察，重点抓好涉非法邪教活动、涉毒、涉黑和人户分离对象的管理防控。全市列管归正人员5574人，其中新接茬1049人，安置1027人。2008年，全市建立安置基地19个，其中市级6个，县级13个，基本形成纵到底、横到边、辐射到点的安置帮教网络。

2009年，全市乡镇街道180个、居委会115个、行政村3480个设立社会帮教组织，建立县乡安置基地171个。至2010年，全市列管刑释解教人员5406人，安置率98.6%，帮教率99%，重新犯罪率0.83%。

2000—2010年丽水市两劳回籍人员安置帮教情况一览

表 30-4-8-1

年份	接茬归正（人）	衔接率（%）	安置（人）	安置率（%）	帮教（人）	帮教率（%）	重犯（人）	重犯率（%）
2000	1094	100	952	87.00	1032	94.30	19	1.70
2001	1158	100	1152	99.50	1151	99.40	31	2.68
2002	1357	100	1323	97.50	1352	99.60	21	1.50
2003	1334	100	1224	91.75	1334	100.00	39	2.91
2004	1074	100	1058	98.51	1072	99.80	39	3.63
2005	1048	100	1024	97.70	1029	97.20	—	—
2006	852	100	846	99.00	850	99.00	66	1.28
2007	1049	100	1027	97.90	1027	97.90	95	1.85
2008	1069	100	1056	98.00	1063	98.00	97	1.75
2009	1214	100	1197	98.60	1202	99.00	20	1.60
2010	1309	100	1287	98.00	1297	99.00	89	1.55

社区矫正

组织制度　2006年，根据司法部《关于开展社区矫正试点工作的通知》（司发〔2003〕12号）等通知精神，丽水市制定下发《关于丽水市社区矫正试点工作的意见》的通知，2006年7月，建立市社区矫正工作委员会，由市委常委、常务副市长沈仁康任主任，社区矫正工作委员会办公室设在市司法局，负责具体日常事务。

2007年3月9日，将两劳回籍人员管理处更名社区矫正工作管理处，承担社区矫正和两劳回籍人员的安置帮教工作。丽水市九县（市、区）建立社区矫正工作委员会，组织、领导本地区的社区矫正工作。办公室设在县（市、区）司法局，由司法局社区矫正管理科承担日常工作。乡镇（街道）187个成立社区矫正工作领导小组，由乡镇（街道）党委副书记任组长，司法、公安、民政、劳动和社会保障等部门参加，领导小组办公室设在乡镇政府或街道办事处，由司法所具体承担社区矫正的日常工作。各乡镇（街道）组建由社区矫正工作者和社区矫正志愿者工作队伍。社区矫正工作者主要由司法所工作人员和公安派出所民警组成。社区矫正志愿者队伍主要由工作（居住）在社区内、热心于社区矫正工作的专家学者、干部、教师、高校优秀学生、社会团体人员、社区服务人员以及社区矫正对象的近亲属和原工作单位人员组成。

2008年，市委、市政府出台《关于进一步加强社区矫正试点工作的意见》。

2009年，市司法局在全省率先出台《丽水市社区矫正对象监督管理规定》《丽水市社区矫正专项经费管理办法》《丽水市社区矫正考核评分标准》《丽水市非监禁刑罚社会调查评估办法》等一系列制度，明确公检、法、司等部门工作职责。

2010年12月，全市有从事社区矫正工作的司法行政人员540人，社区工作者66人，社区志愿者3549人。

矫正工作　2006年7月，市社区矫正试点工作在莲都区、龙泉市实施。2007年，第二批社区矫正试点工作在庆元、景宁、缙云、松阳四县实施，对辖区内五类罪犯1201人进行调查，逐人建档，矫正行为。2008年，根据省司法厅《关于进一步扩大社区矫正试点范围的通知》，全市铺开社区矫正试点工作，组织社矫对象集中教育5230人次、公益劳动4738人次、回访考察8124人次，再犯新罪率0.07%。2009年，为丽水市社区矫正规范落实年。同年，全市接收社区矫正对象1202人、解除接收社区矫正对象1151人、收监执行22人，托管率0.75%，再犯新罪率0.24%，无一矫正对象漏管。省委常委、副省长葛慧君对丽水市社区矫正工作两次批示："这是社区试点工作中的一种积极探索，请抓好落实，并在实践中不断加以总结完善。省司法厅要予以关注和支持"及"丽水市社矫工作领导重视、注重探索、成效明显"。

2010年，全市接收社区服刑人员5569人、解除矫正3018人、在册2551人、建立教育基地31个、建立公益劳动基地88个，建立就业基地9个。同年，积极创新监管方式，丽水市在全省率先使用GPS手机定位管理特殊人员，实现全市9个县（市、区）180多个乡镇（街道）GPS手机定位信息管理平台全覆盖。市司法局率先与市中级人民法院联合出台《丽水市非监禁刑罚社会调查评估办法》，切实提高社区矫正工作质量。浙江省高级人民法院院长齐奇批示"及时规范，好。望积极推进，有利帮教，促进社区和谐稳定"的重要批示。全市司法局部署"环沪护城河"工作，先后召开社区矫正各级会议2099次，全面排查摸底在册的社区服刑人员和刑释解教人员，实现全市无一社区服刑人员和刑释解教人员到上海世博会上访，圆满完成世博会安保任务。

2007—2010年丽水市社区矫正工作情况一览

表30-4-8-2　　单位：人

年份	接收服刑人员	解除矫正	登记在册	社矫总数	再犯新罪	脱管漏管
2007	—	—	1202	—	—	—
2008	965	749	2516	3265	4	15
2009	1236	1338	2530	3868	12	19
2010	1432	1339	2623	3962	8	5

第三十一篇

军　　事

1. 驻军
2. 兵役
3. 民兵
4. 战备
5. 国防动员与人民防空
6. 战事
7. 军事组织

概 述

丽水市地处浙江西南部，位于浙闽两省结合部，是浙江通向纵深腹地的交通要道。境内万山叠翠，岩崖深峻，湍流险阻，马道崎岖，关隘林立，易守难攻，乃天然屏障。自隋朝建州以来，历设千户所、万户所、处州卫、处州协城守营、处州巡防队等驻守。历代农民、工人反抗封建统治和外强侵略，战事频仍，曾有过许多著名战事。明代，抗倭明将戚继光、俞大猷、卢镗战功卓著，名垂青史；清代，处州总兵郑国鸿抗击英国侵略军，壮烈牺牲；辛亥革命时期，缙云光复会吕逢樵、赵舒等率兵光复处州。

土地革命时期，民国19年(1930)，中国工农红军游击队攻打处州。同年8月，中国工农红军第13军攻克缙云县城。民国23年8月，中国工农红军北上抗日先遣队一度攻克庆元县城。民国24年3月，中国工农红军挺进师进入浙西南，开始为期三年的游击战争，建立浙西南革命根据地，粉碎敌人三次“清剿”，牵制国民党40个团的兵力，支援中央红军北上抗日。

抗日战争时期，丽水地区是浙江省战时省会。民国31年(1942)5月18日，浙江省国民政府从永康迁至松阳，6月2日迁至云和，直至民国34年9月，抗战胜利后迁回杭州，历时3年多。当时，丽水地区一度成为浙江的政治、经济、文化中心，驻扎着省国民政府机关、学校以及企事业单位299个，分散驻扎在东至青田县鹤城镇、南至庆元县松源镇、西至龙泉县八都镇、北至缙云县壶镇的大批城镇村庄。浙江临时省会迁云和县，成为抗日战争的大后方，军民合力抗击日寇，保卫云和、景宁、龙泉、庆元县免遭日本侵略军铁蹄蹂躏。民国31—34年，全区征用民夫73.22万人。日本侵略军入侵丽水期间，军民同仇敌忾，英勇抵抗，先后歼灭日寇千多人。

解放战争时期，中共处属特委成立处属特委武工队、浙江壮丁抗暴自救军第3总队，后改为浙南人民解放军第3支队，开展游击战争，配合中国人民解放军解放丽水地区。中华人民共和国成立后丽水军分区、县(市、区)人武部和武装警察部队以及广大民兵在剿匪平暴、参战支前、战备执勤、抗洪救灾、维护社会治安和军警民共建社会主义精神文明等方面做出重要贡献。1949—1952年6月，开展剿匪作战114次，搜捕49次，毙匪704人，俘匪2178人，捕获8441人，自首匪徒4256人，缴获八二迫击炮和土炮10门，轻重机枪10挺，长短枪742支，基本肃清境内匪患。1955年，《中华人民共和国兵役法》颁布后，开始由志愿兵役制度转为实行义务兵役制。1966—1976年，丽水军分区和县人武部建设以及民兵建设都受到严重干扰和破坏，大批军事干部参加支左、支工、支农、军管、军调(简称“三支两军”)，成立生产办公室，对当时稳定局面起到积极作用。1978年，中共十一届三中全会后，丽水军分区、人武部和武警支队开创正规化建设和民兵工作新局面，狠抓各项军事工作落实，切实做好战备、军训、军队行政工作。加快国防后备力量建设，认真履行国家武装力量的神圣使命，为维护祖国统一和社会稳定，促进地方经济快速发展做出贡献。2010年，认真开展国防教育，1—11月，先后组织军事理论，参谋业务、专业科目、指挥技能、战术作业集中训练，累计完成课目50多个，参训率87.5%，经省军区考核，取得较好成绩。

第一章 驻 军

唐、宋、元、明、清政府都曾驻军丽水。民国19年(1930)3月,浙江保安第4团由温州调驻丽水。民国20年7月,国民革命军第10集团军总司令部(总司令刘建绪)驻丽水。这是国民政府早期在丽水的驻军。后来在丽水、丽水碧湖、松阳、云和、龙泉、缙云、青田等都有国民政府的驻军。

民国17—26年(1928—1937),先后在遂昌、缙云、青田、松阳等地建立和活跃着工农革命武装——红军。民国24年3月底,中国工农红军挺进师成立,政治委员刘英,师长粟裕,下辖支队3个,直属队1个,进入浙西南地区,建立革命根据地。革命武装转战浙西南,历经抗日战争,解放战争。1949年5月,中国人民解放军第2野战军第3兵团所属的第11军、第12军和第5兵团所属的第16军各一部进军浙江,从金华、龙游、衢州分三路向丽水地区挺进,于5月8—17日解放丽水地区各县,进驻县城,并成立缙云、丽水、松阳、龙泉、庆元县军事管制委员会和丽水警备司令部,以及龙泉、遂昌城防司令部。成为人民解放军早期驻扎丽水地区的部队。

第一节 古代驻军

隋置栝苍,设县尉管理地方治安。唐初,行府兵制,置军府以统军戎。唐武德四年(621),置栝苍总管府,唐武德七年(624),改都督府。唐乾元元年(758),置浙江东道节度使,治越州,领处州八州兵事。

宋,有禁、厢军,诸州镇兵称厢军。处州①驻禁厢军,宋庆历年间(1041—1048),有宣毅军,宋熙宁年间(1068—1077),有威果军,宋建炎年间(1127—1130),有崇节军、雄节军,员额不详。

元,于诸路置万户府,元至元二十二(1285),置处州万户,设达鲁花赤,统兵3000人,归浙江省枢密院节制。

明,处州卫原额旗兵5600人,后改466人。处州卫指挥使3人,正三品。指挥同知6人,从三品。署指挥同知1人,指挥佥事13人,正四品。

清,处州协营马步战守兵1252人。处州镇左、右、中三营2631人。清康熙五十二年(1713)拨平阳镇之薄塘镇兵295人,处州镇本标三营兵140人,合435人设丽水城守营专营,分防碧湖要汛。清雍正五年(1727)2438人,清同治八年(1869)变通营制,减定1070人。至清道光二十五年(1845)兵额345人。清同治六年(1867),减兵增饷,实存207人。清光绪二十八年(1902),裁撤卫所,改省防军为

① 2010年称丽水。

巡防队，第五路巡防队驻温、处二府。清宣统二年(1910)废镇，裁撤绿营，改编为陆师巡防队，后路巡防队辖防温、处两府，统统据永嘉，帮统据丽水。

第二节 民国政府驻军

民国19年(1930)3月，浙江保安第4团由温州调驻丽水。民国20年7月，国民革命军第10集团军总司令部(总司令刘建绪)驻丽水。民国24年6月，浙南“剿匪”指挥部进驻遂昌。浙江9个保安团队分驻遂昌、松阳、龙泉一带，配合第18军“清剿”中国工农红军挺进师。同年9月，第18军军部移驻丽水，军长罗卓英。所属第11师(师长黄维)辖第61、第63、第68团驻云和、龙泉，第14师(师长霍揆彰)辖第79、第81、第84团驻遂昌，第67师(师长罗卓英兼)辖第397、第399、第402团驻丽水碧湖，第94师(师长李树森)辖第559、第561、第564团驻松阳(后移驻江山)，军特务团驻丽水。第18军隶属闽浙赣皖“清剿”总指挥部。民国25年6月1日，第18军调往湖南。民国24年秋，第9师(师长李延年)驻丽水。民国26年12月，第34师驻遂昌。

民国27年(1938)1月，浙江省警察大队驻丽水县赵村。2月，浙江省游击总司令部(总司令黄绍竑兼)，军事训练总队部及所属部队驻丽水碧湖。10月，第5防空监视队驻丽水。民国28年，第10集团军总司令部移驻云和。民国29年12月，闽浙赣三省边区绥靖指挥部在龙泉成立，民国33年底撤销。民国30年4月30日，浙江省军管区司令部由金华迁遂昌。丽云师管区司令部驻云和。军政部第16荣誉军人临时教养分院驻遂昌县云峰乡。

民国31年(1942)5月，第3战区警备司令部驻丽水。第10集团军总司令部移驻遂昌。同月，第74军(军长王耀武)辖第51师(师长李天霞)、第57师(师长施中诚)、第58师(师长余程万)，从湖南衡山地区调驻浙江龙游、汤溪、武义、遂昌一带，军部驻遂昌，归第10集团军指挥。8月，该军调回湖南。9月，第10集团军总司令部从遂昌移驻衢州。同年5月2日，第25集团军总司令部重新成立(总司令李觉)，驻缙云，暂编第32师(师长黄权)、暂编第33师(师长肖骥勉、周淘漉)驻丽水。6月，第25集团军总司令部移驻龙泉。浙江省军管区司令部由遂昌移驻龙泉。同月，浙江省国民政府主席兼第3战区副司令长官黄绍竑移驻云和。同驻云和的部队有新编第21师、暂编第13师、浙江防空司令部、防空情报部、第32集团军兵站总监部、财政部税警第10团、盟军顾问处、浙江省警察大队(省会警察队)、浙江保安第1、第3、第5团、基干团，以及军委会抚恤委员会驻浙抚恤处。驻丽水的部队有军委会陆军突击总队第2、第3队，暂编第9军驻丽水办事处，独立第11旅，浙江省战时警察训练所，浙江省青年铁卫队，军政部第188伤病官兵收容所，美国军事代表团驻丽水小组。9月，第25集团军总司令部移驻丽水碧湖。第88军驻缙云。10月，第88军划归第32集团军指挥。11月，第25集团军总司令部移驻江山。驻龙泉的部队有军政部第204兵站医院，后勤部第25兵站医院，浙江省军管区司令部，浙江省警备司令部，浙江省第1防空监视队，浙江省保安处第1辅助医院，后勤部第16军械库，第25集团军兵站分监部直属粮服仓库第1甲种堆集所，第32集团军兵站分监部，第88军野战仓库，暂编第13师军械仓库，英国军事代表团驻龙泉小梅。

民国32年(1943)7月，浙江省保安处从丽水迁驻云和赤石。10月，第32集团军从福建崇安调驻浙江，总司令部先驻丽水碧湖，后驻云和，总司令李默庵。同月，第88军(军长刘嘉澍)军部驻丽水大港头、河边金。英国军事代表驻县头村。民国33年6月，第88军所辖第73师、第79师(师长段林茂)、暂编第33师(师长肖骥勉、周淘漉)、暂编独立第21旅(旅长李启蒙)分驻宣平、松阳、丽水。9月，第88军新编第21师(师长罗君彤)驻丽水，第79师驻松阳，暂编第33师(师长周淘漉)驻缙云。新建龙(泉)庆(元)云(和)警备司令部驻龙泉[①]。浙江省保安处特务第1、第2大队、浙保第5团驻云和。浙保第1团调驻缙云。独立第6大队驻青田。第3战区兵站第43粮库驻松阳。民国34年，第32集团军撤销。3月，财政部税警第6团驻丽水、青田。特务第1大队驻龙泉。

民国35年(1946)，浙江省保安处第2总队驻丽水。民国36年8月，浙江保安第2团建立丽缙宣三县边区剿匪指挥所驻丽水县西溪村。9月，浙江保安第3团从温州调驻丽水。11月，闽浙赣三省剿匪指挥部进驻龙泉小梅，第9行政督察区专员公署兼保安司令部副司令童烈坐镇指挥，对龙泉、庆元进行"清剿"。浙江保安旅直属连和浙江保安第2团第3营驻青田，浙江保安第4团第3营驻青田船寮。浙江保安第3团驻缙云壶镇。保安独立第7营驻丽水。民国38年春，第17兵团(司令侯镜如)驻龙泉。浙江省游击总司令部驻丽水。第11师、浙江保安第3团在丽水老竹设立"剿匪"指挥部，"清剿"松阳、丽水两支起义部队。第85军第32师一部驻缙云。第6兵团(司令李延年)、第13兵团及其所属第18军、第73军、第85军、第88军驻丽水。

第三节　人民武装

中国工农红军与游击队

民国17—26年(1928—1937)，中共浙江省委和浙西南特委领导发动农民暴动，建立红军游击队。

民国17年(1928)4月，中共遂昌县委组建工农革命军，下辖大队3个，有500多人，负责人傅以和(兼)、涂法寿。10月中旬，遭浙江省防军镇压。民国18年11月，中共缙云县委在壶镇黄余田下坑真因寺(今磐安县)建立浙西工农革命军第3支队，下辖大队2个，130人。总司令包得胜，支队长杨岩溪(县委武装委员)，政治委员卢湛(县委书记)。民国19年7月，该支队编入中国工农红军第13军第3团。

民国19年(1930)4月，青田农民武装400多人，编为中国工农红军第13军第1团补充营。缙云南溪、木栗的游击队编为红1团。5月，缙云、永康、仙居等县农民武装1500多人，编为红13军第3团，下辖大队3个，归永康中心县委领导。9月5日，该团攻打壶镇战斗失利。民国22年冬，以第3团余部重建浙西工农红军第1、第2大队，活动在缙云、永康、仙居、东阳边境地区。民国24年11月，第1、第2大队与中国工农红军挺进师会师。民国25年7月12日，第2大队干部、战士被错杀19人[②]。民国19年7月，遂昌县建立红军第7纵队第3支队，活动在遂昌、松阳等县。

民国23年(1934)8月，中国工农红军北上抗日先遣队从福建寿宁进入庆元、龙泉。9月，主力撤离浙西南，留下第55团第2营在庆元、龙泉、遂昌一带坚持游击活动。民国24年3月底，中国工农

① 民国34年8月改为丽水警备司令部，移驻丽水，同时建立浙东绥靖第8区指挥部龙泉办事处。

② 1985年5月20日，中共浙江省委为被错杀者平反昭雪。

红军挺进师成立，师长粟裕，政治委员刘英，下辖3个支队，1个直属队。进入浙西南地区。同月，师属支队扩编为纵队。第1纵队下辖第1、第2支队，纵队长朱宝芬[后为王蕴瑞(兼)、王屏]，政治委员刘达云(兼)、杨金山；第2纵队下辖第4、第6支队，纵队长李重才(后为赵春和)，政治委员洪家云[后为张文碧、许信焜(兼)杨干凡(兼)]；第3纵队下辖第7、第9支队，纵队长刘汉南(后为王武礼)，政治委员方志富(后为陈海球)。4月，以通信人员为基础，组建第4纵队，下辖第10、第12支队，纵队长王裔三，政治委员李凡林。6、7月间，以独立第15支队为基础，扩编第5纵队，下辖第13、第15支队，纵队长刘文生，政治委员柯勤发。民国26年10月，中国工农红军挺进师改编为国民革命军闽浙边抗日游击总队，政治委员刘英，司令员粟裕，下辖支队3个，教导队1个。民国27年3月18日，粟裕率部开到皖南，编入新四军第2支队。

民国24年(1935)6月，中国工农红军挺进师政治委员会在松阳小吉决定成立浙西南军分区，政治委员刘英(兼)，后为黄富武(兼)，司令员粟裕(兼)，后为王蕴瑞(兼)，特派员欧阳道，参谋长李树正。军分区受挺进师和浙西南特委的双重领导。同年10月，遭国民党军队“清剿”，组织被破坏。

民国24年(1935)7月，松(阳)遂(昌)龙(泉)游击总指挥部成立，有1000多人，总指挥陈凤生，副总指挥卢子敬。同年10月，遭国民党军队“清剿”，干部战士被捕牺牲105人，组织遭破坏。民国25年2月，浙西南独立师成立，师长粟裕(兼)，政治委员谢文清。民国26年10月撤销。

民国27年(1938)3月，新四军浙江办事处在丽水县城高井弄9号成立，主任吴毓。同年10月撤销。民国29年3月，青(田)景(宁)丽(水)武工队成立。民国36年7月，改编为浙南第2县队。郭道款、廖春生、岳维寿、刘正发先后任队长。民国30年11月，中共闽浙边委武工队成立，队长吴德昌、政委宣恩金。

民国34年(1945)5月，中共处属特委武工队成立。至民国36年，各县委先后成立武工队，有队员1000多人。民国36年8月，中共处属武工队和金属武工队合并成立浙江壮丁抗暴自救军第3总队，政治委员傅振军，总队长宣恩金，下辖大队2个。民国37年9月，第3总队改编为浙南人民解放军第3支队，支队长宣恩金，政治委员傅振军，下辖大队5个和独立中队1个。民国38年5月，该支队与南下的中国人民解放军会师后整编，番号撤销。

民国38年(1949年9月30日止)2月，中国人民解放军闽浙边独立支队①成立，政治委员高展，支队长李华雄，下辖大队2个，200多人。4月番号撤销。部分人员参加浙东人民解放军第6支队，其余返回家乡。民国38年3月13日，松阳县县长祝更生率自卫队和县政府工作人员600多人起义，改编为松宣遂人民游击支队。政治委员林艺圃，支队长祝更生。民国38年3月14日，丽水县自卫总队副总队长胡允孚率自卫队500人起义，改编为丽缙永武人民游击支队。政治委员张之清，支队长胡允孚。同年4月，松宣遂人民游击支队和丽缙永武人民游击支队隶属浙东人民解放军第2游击纵队路南军分区。5月，两支队奉命整编，番号撤销。

中国人民解放军

1949年5月，中国人民解放军第2野战军第3兵团所属的第11军、第12军和第5兵团所属的第16军各一部进军浙江，从金华、龙游、衢州分三路向丽水地区挺进，于5月8—17日解放丽水地

① 中国人民解放军闽浙边独立支队：又称缙(云)磐(安)游击独立支队。

区各县，进驻县城，并成立缙云、丽水、松阳、龙泉、庆元县军事管制委员会和丽水警备司令部，以及龙泉、遂昌城防司令部。第 11 军第 33 师、第 12 军第 34 师分驻缙云、丽水、青田县；第 11 军第 32 师分驻遂昌、松阳、云和县；第 16 军第 47 师分驻龙泉、庆元县。5 月底全部撤离。

1956 年 5 月，中国人民解放军第 17 预备医院院部和 2 分院驻丽水，1958 年秋迁温州。1958 年，空军在丽水、龙泉设雷达站，后龙泉雷达站撤离，保留丽水雷达站，称雷达连。

1962 年 2 月，由温州军分区高炮营、台州军分区高炮营、第 20 军高炮团两个营、海军东海舰队高炮连和探照灯连组成高炮群，进驻青田县鹤城镇。1964 年 10 月撤离。1962 年 4 月，铁道兵第 8 师第 40 团支援瑞东公路东坑至西坑段建设，团部驻东坑。1965 年 10 月撤离。1962 年 6 月，第 63 兵站在丽水组建，隶南字 348 部队建制领导。1969 年 9 月，该兵站移驻金华。1979 年 4 月撤销。

1966 年 4 月，浙江省军区独立第 1 师第 3 团进驻龙泉、云和，1967 年 7 月调驻温州。1972 年 12 月调回丽水。1975 年 5 月，该团与安徽省军区独立第 1 师第 3 团对调防务和番号。1981 年 3 月，第 3 团番号撤销。1967—1968 年，浙江省军区警卫营、教导大队、独立第 2 师第 4 团、第 20 军一个营进驻丽水、龙泉、遂昌县执行“支左”任务。1967 年 5 月至 1971 年，351 部队驻云和。1971 年 8 月，第 20 军第 60 师进驻缙云，执行浙东南和福建沿海机动作战任务。1971—1972 年，解放军某部队驻云和。

1983 年，解放军某部队 2 个营先后进驻丽水，1989 年 9 月撤离。该部教导队移驻丽水，同年撤离。2000 年 3 月，解放军某部驻防青田，2003 年 10 月，解放军某部驻防莲都区。

第二章 兵 役

先秦时期实行民军制。三国、两晋、南北朝时期，实行世兵制。隋唐时期，实行府兵制。五代至宋代主要实行募兵制。元代，实行世兵制。明代，实行卫所制。民国初期，国民政府试图实行征兵制。民国 25 年（1936）3 月，国民政府实行征兵制。中国共产党领导的人民军队，主要采取动员群众参军和自愿报名参军相结合的志愿兵役制。1949 年 10 月中华人民共和国成立后，中国人民解放军仍实行志愿兵役制。1955 年，根据《中华人民共和国兵役法》，实行义务兵役制。1978 年，中国人民解放军改行义务兵与志愿兵相结合的兵役制。1984 年 10 月后，中国人民解放军实行义务兵役制为主体的义务兵与志愿兵相结合、民兵与预备役相结合的兵役制度。

民国 25 年（1936），温（州）处（州）师管区成立，驻丽水，辖永嘉、临海、丽水、云和团管区 4 个。同年 4 月，丽水、云和团管区成立，各设一个补充营，县兵役工作由民政科负责。民国 26 年 10 月，丽水、云和团管区补充营扩大为补充团，县兵役工作由第三科负责。民国 27 年 7 月 24 日，政府设兵役科，主管兵役工作。民国 29 年，县兵役科并入国民兵团。民国 30 年，温处师管区改为丽云师管区。民国34年9月，撤销县国民兵团，改设军事科，主管兵役工作。10月，丽云师管区改为丽龙师管区，辖团管区3个、补充团3个、县13个。民国35年9月，丽龙师管区改为丽水团管区，辖丽水、缙云、东阳、义乌、永康、遂昌、松阳、龙泉、庆元、景宁、云和、宣平12县。民国38年，丽水团管区撤销。

中华人民共和国成立后丽水军分区、县（市、区）人武部是各级人民政府的兵役机关，负责办理莲都区域的兵役工作。1960年后，兵役工作在地、县委民兵工作组领导下进行。1962年，各县更名人民武装委员会。1969年10月，丽水地区征兵工作由各级革命委员会领导，征兵办公室具体承办。1979年，丽水地区恢复地、县委人民武装委员会，领导兵役工作。1984年10后，实行义务兵役制为主体、义务兵与志愿兵结合、民兵与预备役相结合的兵役制度。同年，丽水军分区、县（市、区）人武部，设征兵办公室，负责办理各自区域的兵役工作。

第一节　募兵制与征兵制

募兵制

民国初期，丽水兵役沿用清末新军的募兵制，由军队自行就地募兵，志愿者报名入营。投军者多系破产农民和市井无赖。民国26年（1937），抗日战争爆发后，在正常征兵难以满足部队兵员补充的情况下，在实行征兵的同时兼行募兵。民国27年，国民政府颁布《战时募兵统制办法》，规定在未设管区的地方实行募兵，已设管区的地方不再募兵；各部队募兵额须呈请军政部核准，经省军管区划定区域，由县（市）政府负责招募；禁止各部队擅自招募或向地方勒派。2月，云和县国民兵义勇壮丁常备队队员122人，志愿加入补充营，开到前线抗日。

民国32年（1943）12月至民国34年，国民政府规定凡中等学校以上学生和受中等以上教育学生，年满18岁以上，志愿服役，身体符合条件，经学校登记并由校医或派医生到学校按规定作身体初步检查合格后，报当地军（师）管区复查验收，合格者均可从军，并享受除依优待出征抗敌军人家属条例及其他规定之优待外，本人还可享受保留学籍、保留职务等优待。民国33年10月，丽水县成立知识青年从军委员会，开展10万知识青年从军运动，报名参军91人。民国35年6月，国民党发动反共反人民内战，在正常征兵十分困难、完成配额缺口很大的情况下，各部队私自招募现象十分普遍，强行招募、乱拉壮丁时有发生，成为当时社会的一大公害。

征兵制

民国25年（1936）3月1日，国民政府施行兵役法，兵役分为国民兵役和常备兵役两种。年满18—45岁的男子，在不服常备兵役时，服国民兵役，平时接受规定的军事、教育训练，战时由国民政府下令召集入营。常备兵役分现役、正役、续役三种。现役是平时征集年满20岁、经检查身体合格的男子入营服役，为期3年；正役以服满现役退伍者充之，为期6年，平时在乡参加规定的演习，战时动员召集回营；续役以服正役期满者，役期自转役之日起至年满40岁止，任务与正役相同。常备兵役，在战时得延长其服役期。同年8月，国民政府公布《兵役法实施暂行条例》，将国民兵役分为初期、前期、中期、后期四个阶段；将常备兵役分为必任义务制（称为征兵）与志愿制（称为募兵）两种。

征兵工作分为壮丁身家调查、免缓役审查、体格检查、抽签、征集五个阶段。壮丁身家调查每年4—6月举行，由县（市）政府责成乡镇长督率所属保甲长分头办理。申请免缓役由壮丁家长填具申请书，连同证明文件，经保甲长署名登记，呈报国民兵团审批后张榜公布。民国27年（1938），丽水县壮丁总数1.84万人，申请免缓役者占50%以上。体格检查由县征集所组织实施。应征抽签，经体格检查，符合征集条件的壮丁于每年9月到县政府集中，由县长主持召开抽签大会，按年次、兵种分别进行抽签。中签者按当年征兵配赋额依抽签序号征集。

征兵制实行初期，新兵入营，地方开欢送会，设宴饯行，奖励衣物，优待军属，伤亡者给予抚恤，应征者踊跃。后来征兵人员营私舞弊，敲诈勒索，买兵卖兵，强抓硬拉，致使壮丁逃跑、自伤自杀事件时有发生。丽水县白砬下村有适龄壮丁33人，其中被强抓服兵役23人。遂昌县淤竹乡壮丁吴文根，抽丁不到，乡保甲长带警士催征，吴全家抗拒，文根逃跑，其父被扭送县衙。民国30年（1941），集中在龙泉县大沙乡曾家村的新兵大批逃亡，国民党军接兵人员竟用机枪扫射，致新兵死伤多人。据民国35年12月统计，龙泉县自抗战以来，发生逃丁1146人。民国30年、35年、36年、37年，第7（丽水）专区征兵5083人。

民国25—34年（1936—1945）温处、丽云师管区历年征拨所到兵额一览

表31-2-1-1　　单位：人

年份	单位	征兵人数	拨交中央部队	拨交地方部队	拨交远征军
民国25年	温处师管区	824	—	—	—
民国26年	温处师管区	10083	—	—	—
民国27年	温处师管区	25070	23178	1892	—
民国28年	温处师管区	54409	47723	6686	—
民国29年	温处师管区	41688	34810	6878	—
民国30年	温处师管区	20594	19389	1205	—
民国31年	丽云师管区	13601	12386	1215	—
民国32年	丽云师管区	14422	12839	1583	369
民国33年	丽云师管区	19781	18757	1024	956
民国34年	丽云师管区	9312	8762	550	—
合计	—	209784	177844	21033	1325

若干年份丽水各县征兵分配数额一览

表31-2-1-2　　单位：人

县名	民国20年	民国30年	民国35年	民国36年	民国37年
丽水县	100	100	146	188	66
龙泉县	107	105	124	205	68
青田县	55	235	342	416	109
云和县	54	45	85	202	35
庆元县	55	55	117	140	39

续表 31-2-1-2

县 名	民国 20 年	民国 30 年	民国 35 年	民国 36 年	民国 37 年
缙云县	129	127	266	332	109
遂昌县	90	90	160	190	63
松阳县	93	93	160	191	62
景宁县	78	78	134	154	43
合 计	761	937	1534	2018	594

第二节 志愿兵与义务兵役制

志愿兵役制

民国 19 年(1930)5 月,由地方红军游击队 30 多支,整编成中国工农红军第 13 军,有青田、缙云和遂昌县游击队。民国 24 年 1 月,中国工农红军挺进师成立,组织地方工作团,深入农村,宣传群众,组织群众。挺进师在浙西南坚持三年游击战争,先后扩军 1500 多人,其中民国 24 年"八一"前后,扩军 400 多人。民国 36 年 8 月,中共处属武工队与金属武工队合并成立浙江壮丁抗暴自救军第 3 总队,民国 37 年 9 月,改编为浙南人民解放军第 3 支队。民国 38 年 3 月,争取国民党松阳县县长祝更生率自卫队和政府工作人员 600 多人起义,改编为松宣遂人民游击支队。丽水县自卫总队副总队长胡允孚率 500 多人起义,改编为丽缙永武人民游击支队。同年 5 月,庆元县自卫总队副总队长郑可健向人民解放军投诚 410 人。

1977 年前,丽水部队采取超期服役办法保留骨干。但诸多实际困难得不到解决。1978 年,丽水部队将单一的义务兵役制改为义务兵役制为主体的义务兵与志愿兵相结合的兵役制度,义务兵技术骨干和专业人员,改为志愿兵继续留队服役,年限一般为 15—20 年,年龄一般不超过 40 岁。志愿兵退出现役后,由国家负责安置工作。超期服现役的义务兵,服现役满 5 年,成为部队专业技术骨干的,经师以上机关批准,可以改为志愿兵。志愿兵服现役的期限为 15—20 年,年龄一般不超过 40 岁。志愿兵实行工资制与供给制相结合的制度,除按标准供给伙食和被装外,另按不同级别发给工资,每年有探亲假期。1998 年 12 月 29 日,修改后的《中华人民共和国兵役法》规定义务兵服现役期限为 2 年,义务兵服现役期满,根据军队需要和本人自愿,经团级以上单位批准,可以改为志愿兵。志愿兵实行分期服现役制度,从改为志愿兵之日算起,至少 3 年,一般不超过 30 年,年龄不超过 55 岁。

义务兵役制

1955 年 7 月 30 日,《中华人民共和国兵役法》颁布施行,义务兵役制取代志愿兵役制。

兵员征集年龄 1955 年兵役法规定通常征集当年 12 月 31 日前年满 18—22 周岁的男性公民。当年未被征集、年龄在 22 周岁以前的,次年仍可被征集服现役。但多数年份是征集 18—20 周岁 3 个年龄。根据部队需要和本人自愿的原则,也征集过当年未满 18 周岁的男女公民服现役。

兵员政治条件 1955年《兵役法》规定反革命分子和被剥夺政治权利的人，不得服兵役；应征公民在被逮捕、判刑或被管制期间，亦不得征集。1962年5月，公安部和总政治部《关于不得征集政治条件不好的人入伍的规定》，兵员征集的主要对象是出身于工人、贫农、下中农、革命军人、革命干部和其他劳动人民家庭的革命青年。地主、富农、资本家等非劳动人民家庭出身的青年，本人历史清白，政治思想表现好，能自觉站在劳动人民立场上，坚定走社会主义道路，并与家庭划清界限的，也可征集。1980年10月，公安部、总参谋部、总政治部《关于征集兵员政治条件的规定》颁布，征集服现役的兵员必须是政治历史清楚，拥护中国共产党，热爱社会主义祖国，热爱劳动，遵纪守法，道德品质好，决心为保卫祖国英勇奋斗的适龄公民。不得征集依法被判处徒刑、拘役、管制和剥夺政治权利者；依法被劳动教养、少年管教、期满后经两年考验仍未改正错误和恶习者；对共产党和社会主义制度心怀不满、政治思想反动者。

应征公民体格检查标准 国防部对应征公民的身高、体重、视力、听力和血压等常规项目标准作出具体规定；对内科、外科、眼科、妇科、耳鼻喉科等项目也有详细要求；同时，对一些慢性病和有类似病史者作出严格的界定。后来对个别项目又规定更高的标准。

兵员文化程度 1979年起，中国人民解放军对征集对象的文化程度提出较高要求。优先征集具有高中、初中毕业文化程度的适龄青年，并要求女兵必须具有初中毕业以上文化程度。20世纪90年代后期，丽水地区每年征集的新兵中，高中以上文化程度50%左右。2002年征集的新兵中，高中以上文化程度占56.5%。2005年全市征集的新兵中，党(团)员比例占71.7%，高中以上文化程度占59.6%。2009年全市征集的新兵中，高中文化程度占新兵总数的87.3%；党员、团员占新兵总数的77.5%。

义务兵征集 丽水市义务兵征集一般每年进行一次，少数年份一年征集两次，在春季或冬季进行。1966年、1967年，丽水市义务兵征集在年末进行。1978年、1984年和1985年，中国人民解放军招收飞行学员，由地、县招收飞行学员办公室办理，与年度征兵分开单独进行，主要招收初、高中应届毕业生。丽水地区招收飞行学员。

1990年，丽水市义务兵征集春冬两次征兵。1955—2002年，丽水市征兵47次。

第三节 兵役登记

1995年8月，丽水地区开展兵役登记和颁发公民兵役义务证，年满18岁的男性公民参加登记和颁证，并对适龄青年进行身体初检和政治初审，落实预征对象，适龄青年参加体检，初检合格率79.68%，终检合格率72.23%，顺利完成新兵征集任务，实现连续9年10次无责任退兵。1997年，丽水地区狠抓兵役法规的宣传，健全和完善兵役工作的地方性法规。各县(市)出台兵役费社会统筹办法，提高军属优待标准，有力地促进征兵工作的开展，保质保量完成征集新兵任务。全区参加兵役登记的颁证率100%，确定预征对象占20.62%。1998年，丽水地区征兵办公室对适龄青年进行兵役登记，对高考落榜生进行排队摸底。在征兵过程中严把廉洁征兵关，政审体检关，狠抓征兵宣传、定兵、走访和运输工作。并在景宁畲族自治县开展面向社会公开征集女兵的试点。是年为部队输送的合格新兵中，高中以上文化程度的占51%。

2001年7月，丽水市开始进行兵役登记，适龄青年参加体检，初检合格率76%。新兵中高中以上文化程度占50.4%。2002年7月，丽水市发放公民兵役义务证。10月，各单位进行目测、初检和政治初审，落实预征对象。军分区在莲都区和青田县分别进行在校大学生征集和女兵公开征集试点。推广使用《征兵管理系统》电脑软件，推动征兵工作规范化建设，圆满完成年度征兵任务。全市送检合格率69.1%。

2004年，丽水军分区着重抓好审批定兵、新兵起运前管理等关键环节，按时保质保量地完成新兵的征集任务。全市送检合格率65.5%。新兵中高中以上文化程度51.3%。根据省征兵办新兵交接方式改革，加强组织领导、健全运行机制、坚持公开公正等几个环节入手，坚持跟踪指导，全程参与，确保交接兵试点工作任务的圆满完成。

第三章　民　兵

民兵是人民解放军助手和后备力量，土地革命战争时期，丽水有农民自卫军和赤卫队。抗日战争时期和解放战争时期，丽水有民兵游击队和武工队。这些群众武装组织配合红军挺进师、游击队和人民解放军开展艰苦卓绝的革命武装斗争，对创建游击根据地和解放区，建立不朽的功勋。

1949年10月，中华人民共和国成立初，随着剿匪反霸、土地改革、镇压反革命运动的蓬勃开展，丽水专区普遍建立民兵组织，在斗争中做出重要贡献。1950—2002年，丽水民兵建设先后经历普遍民兵制、大办民兵师、“文化大革命”后的整顿恢复和调整改革等几个阶段，逐步建立健全民兵组织、民兵领导体制和领导机构，培养一支过硬的人民武装干部队伍，加强民兵军事训练和政治教育，改善民兵武器装备。民兵组织从单一的步兵向多兵种发展。70年来，丽水民兵不仅配合部队和公安部门完成剿匪平暴、战备执勤、边界联防和维护社会治安等任务，而且在发展生产、脱贫致富奔小康以及完成急难险重任务中发挥重要作用。2010年4月，以县人武部为单位，集中集训专武干部216人。

第一节　民兵训练

1950年，丽水民兵训练以政治教育为主、军事训练为辅的方针，本着做什么学什么，有什么武器训练什么兵的原则。利用农闲季节、生产空隙和业余时间，采取小型、就地、分散、多样的方法，开展群众性练武活动。1951年4月，军分区教导大队在丽水县大港头举办丽水专区民兵骨干集训，主要学习使用手中武器、军事技能、战斗勤务等一般军事常识。1952年起，民兵训练根据不同地区、不同行业所担负的任务，有侧重地进行专业技术训练，山区民兵着重学会打空降的基本要领和山地战斗动作。

1958年，各县大办民兵师。广大民兵边生产边练兵，“走路练步伐，车间练转法，会前练集合，工余练枪法”。

1962年，紧急战备期间，各县加强民兵防空降、防暴乱的训练。龙泉县在联防区组织民兵进行防空降演习，开展夜间紧急集合、巡逻放哨和手榴弹投掷等科目的突击训练。1963年，民兵训练大力推广郭兴福教学法。军分区在缙云县进行民兵训练试点。1964年，全区普遍开展民兵大比武和军事演练。1965年3月，丽水地区参加全省民兵比武大会，单位获奖5个，民兵6人获“神枪手”“技术能手”称号。同年11月，浙闽两省三地区在云和县上标林场[①]举行反空降战术演习，军地干部莅临参观指导。

1966年，“文化大革命”后，全区民兵训练一度停止。1969年，全区恢复民兵训练。1970年4月，云和县民兵独立营进行野营拉练。1971年国庆节，丽水地区开展武装民兵紧急集合演练。1973年，丽水地区开始开展有计划、有重点的民兵军事训练。丽水军分区主要负责培训专职武装干部，每年集训一个月。县人武部负责训练民兵营连长，每年集训10—15天。公社负责训练民兵，每年集训15—20天。1978年6月，军分区在丽水县联城公社召开全区民兵军事训练比武考核大会，进行射击、投弹、刺杀、爆破和班进攻战术比武考核。

1980年起，丽水地区从实际出发，对民兵军事训练大胆进行调整改革，由过去小型、就地、分散训练改为县、区集中训练。把每年训练15天、两年完成一个周期训练日30个，改为集中一次使用，一次完成训练任务。1984—1990年，丽水军分区开展民兵军事规范化训练，抓教导队和县(市)民兵训练基地建设。

1992年7月3日，丽水军分区举行全区民兵应急分队军事比武。1995年5月，丽水军分区开展军事科长、政工科长、办公室主任和参谋人员培训，提高人武部干部的军政业务水平。1996年6月，遂昌县民兵应急连参加在余杭县举办的浙江省军区军事比武，8项比赛中获团体总分第二名、单项第一名3个、单项第二名2个、单项第三名1个。7月10日，丽水地区行署、丽水军分区在遂昌县举行庆功大会，为遂昌县民兵应急连3个集体、3人记二等功，2个集体、2人记三等功。1998年，丽水军分区组织9个县(市)民兵应急分队进行升级训练15天。6月，全区民兵应急营连训练经考核验收，总评成绩良好以上。丽水地区民兵应急营参加浙江省军区考核，获优秀4个、良好1个，连续第三年获浙江省总评优秀。

2001年，丽水军分区开展基干民兵、应急分队和专业技术分队民兵技术、战术、爆破和实弹射击等科目训练，学习高科技知识，合格率100%。2003年，丽水军分区重点抓专业技术分队协同训练和民兵应急分队战术训练，加强对口专业分队的接口补差训练研究。5月开始，在龙泉、遂昌、景宁3个县(市)分别组织民兵通信、工兵、炮兵三个专业技术分队训练改革试点。同时指导各县(市、区)开展学生军训学校31所，组织学生参加军训2.03万人。

2005年年初，丽水军分区开展“业务技能训练、指挥教学技能训练、实弹实爆训练”的集中训练，参训民兵教练员96人，历时12天。同年2—4月，全市采取调查摸底、编写教案、试编试训、总结提高等方法步骤，指导部分民兵专业分队完成训练试点任务。摸索军兵种对口专业分队训练路子，汇

① 2010年属丽水市景宁畲族自治县。

编成训练教案一套50万字，拟制训练纲目，配合浙江省军区召开全省军兵种民兵对口专业分队训练工作会议。4—7月，指导各县(市、区)抓好民兵水上抢险分队、专业技术分队、民兵应急分队等接口补差训练、方案性训练和应用训练。2010年，丽水军分区完成民兵军事训练85次，考核成绩在良好以上。

2007年，丽水市按照“三个现地”办法，全面展开训练。3月至10月底，全市民兵立足训全训实，完成年度训练任务指标84次和分队民兵演习任务58次。4—7月，结合民兵组织整顿，全面落实“三个现地”训练，落实分队数量占年度正常任务指标的46.8%。2010年4月，以人武部为单位，集中集训专武干部。5月，重点抓好全省民兵预备役干部骨干山林灭火专业跨区联训及县属民兵应急连集中训练。6—7月，重点指导人武部抓好二炮民兵对口专业分队与二炮部队接口训练及防汛救灾、其他分队训练7次。

第二节　民兵教育

20世纪50年代初，丽水围绕剿匪、镇反、土地改革和抗美援朝运动，开展民兵阶级教育、爱国主义和国际主义教育，揭露帝国主义的侵华罪行和国民党反动派的本质，组织民兵参观展览会，参加控诉会，提高民兵的阶级觉悟，激发民兵的爱国热情，广大民兵踊跃报名参军参战，保卫胜利果实，保卫新生的人民政权。同年底，全区开展党在过渡时期的总路线教育，使广大民兵成为贯彻执行总路线的模范，他们积极参加互助组和农业生产合作社，成为推进农业合作化的骨干和带头人。1953年，各县民兵认真学习《中华人民共和国民兵组织暂行条例》，认清加强人民武装建设的重要意义，贯彻实施普遍民兵制。

1954—1955年，各县广泛深入地进行实行义务兵役制的宣传教育，提高民兵依法服兵役保卫祖国的光荣感和责任感，涌现出大批青年民兵自愿报名应征入伍。1958年，各县大办民兵师，广泛进行人民战争思想教育，广大民兵树立在和平建设时期做好战争准备的思想。同时进行社会主义建设总路线的教育，教育民兵热爱党，热爱祖国，热爱集体，热爱劳动。广大民兵在大搞农田基本建设、植树造林、推广新技术和增产节约方面发挥突击作用。

1962年，国民党中国台湾地区当局疯狂叫嚷“反攻大陆”。丽水、龙泉、缙云等县在民兵中进行战备教育。夏季，圆满完成战备征兵任务。1962—1965年，全区围绕民兵工作“三落实”①活动，开展“三大任务、十项守则”教育，组织民兵学习毛泽东著作，学习雷锋和南京路上好八连，开展创建民兵工作“三落实”先进单位和争当雷锋式好民兵活动。

1977年，丽水地区主要开展“六个坚持、六个反对”②教育，使大家划清民兵建设上的一些是非界限，进一步明确民兵建设的方向，恢复和发扬民兵工作的优良传统。

---

① 三落实：组织落实、政治落实、军事落实。

② 六个坚持、六个反对：坚持毛泽东人民战争思想，反对资产阶级军事路线；坚持野战军、地方军和民兵三结合的武装力量体制，反对自成体系，另搞一套；坚持实行中共中央、中央军委统一领导下的地方党委和军事系统对民兵工作的双重领导制度，反对分裂统一的战斗整体；坚持党的阶级路线，反对擅自脱离生产、制造劳武对立；坚持民兵的无产阶级专政工具的职能，反对篡改民兵性质和任务。

1978年中共十一届三中全会后，丽水地区开展新时期总目标、总任务教育和社会主义初级阶段基本路线教育，以及共产主义理想、道德和人生观教育。同时进行以国防教育为主要内容的现实思想教育，以爱国主义为主要内容的战备形势教育，以兵役法为主要内容的法规法纪教育，以及民兵光荣传统教育。广大民兵带头贯彻执行党的路线方针政策，拥护改革开放，坚持四项基本原则，努力在发展商品经济和农村联产承包责任制中起带头作用，走勤劳致富的道路。1979年，丽水军分区编印民兵斗争故事《仙霞烽火》，深受民兵欢迎。1984年，全区农村俱乐部3262个，占行政村数的93.8%，文化中心205个、文化户105个，作为民兵政治教育阵地。3月，浙江省委书记王芳到遂昌县大田村巡视，为民兵俱乐部题词："保持光荣，争取再先进。"1989年12月，丽水地区以民兵预备役人员为主要对象，开展国防政治、国防精神、国防义务的普及教育，举办国防知识竞赛，使广大民兵增强居安思危的国防意识和保卫祖国的责任感。

1995年，丽水地区在民兵中广泛开展在经济建设上建功立业活动，全区建立文明示范点213个，学雷锋小组826个，扶贫帮困小组625个，与贫困户结对扶贫近5000个。同年脱贫613户。1997年，丽水地区组织民兵开展扶贫帮困、"双拥"共建活动。全区人武系统扶贫结对1087户，建立民兵文明示范点61个，被评为"双文明家庭"的民兵家庭6734户。1998年年初，丽水军分区总结推广龙泉市人武部在民兵中开展"五个三"①活动的经验，组织发动民兵"做山城文明人，树山城新形象"。10月，浙江省军区在龙泉市人武部召开全省民兵预备役部队开展精神文明活动座谈会，肯定丽水地区在民兵中开展"五个三"活动的经验。

2003年，丽水军分区注重加大民兵政治教育的改革和探索力度，提高民兵队伍政治思想素质，创新教育的方法和手段。针对广大民兵的思想实际，把坚定理想信念作为教育的核心内容，始终抓住不放。2007年，丽水军分区扎实做好民兵预备役政治工作和群众工作，解决影响和制约民兵预备役政治工作的重难点问题，协调地方组织、人事等部门，出台专武干部队伍管理意见，着力规范专武干部的选拔配备、教育管理，深化民营企业贯彻落实"军民结合、寓军于民"战略思想的研究，寻求战斗力新的增长点。

2010年，丽水市严格落实党管武装各项制度，学习贯彻新颁发的《民兵政治工作条例》和《浙江省后备力量基层建设规范》，规范民兵预备役政治工作。结合民兵整组和基层武装部规范化检查，抓好民兵组织调整中民兵干部队伍建设，检查民兵干部进"两委"制度的落实情况。

第三节　民兵执勤

中华人民共和国成立后丽水地区民兵继承和发扬战争年代的光荣传统，在剿匪平暴、参战支前、战备执勤、抢险救灾、维护社会治安等方面，发挥重要作用，做出突出贡献。

剿匪平暴

1950年4月24日，云和县沙铺乡朱宅村民兵配合县大队全歼匪浙江省第七区龙庆景云边区

① 五个三：三爱：爱祖国、爱家乡、爱本职；三讲：讲公德、讲道德、讲美德；三学：学理论、学科学、学技术；三抓：抓教育、抓队伍、抓窗口；三树：树新风、树形象、树典型。

行动总队，活捉匪首梅志雄。缙云县新建区人民政府发动民兵配合区中队，对匪特开展强大的政治攻势，在短短20多天里，到区人民政府自首的土匪大队附、中队长、副官有58人，交出各种枪械31支，子弹150多发。1951年1月23日，青田县温溪民兵80多人冒雪搜山，擒获土匪大队长两人。同年7月，丽水专署、军分区召开全区第一次民兵大会，表彰民兵参加剿匪斗争的英模人物。1952年5月，青田县北山区“七星会”道徒200多人伙同文成县“七星会”道徒400多人参加暴乱，青田民兵配合区中队迅速平息暴乱，抓获参加暴乱的“七星会”道徒400多人。1958年6月4日，青田县万山区匪首丁某某等组织自由中国青年救国军，发动反革命武装暴乱。攻打万山区平溪乡，杀害副乡长季斌。驻青田等县部队以及民兵，经10天围捕平息暴乱，击毙暴徒8人，抓获28人，迫使投案自首51人。立功受奖民兵84人，浙江省人民委员会授予平溪乡民兵“生产当尖兵，治安做模范”奖旗。1949年7月至1952年6月，丽水专区民兵，配合部队和公安部门参加剿匪战斗。

战备执勤

1960年9月起，各县民兵参加浙闽联防指挥部及龙泉、云和与福建省浦城、松溪、寿宁县联防指挥所、缙云县大洋民兵联防区、云和县上标地区①反空降联防区、云（和）泰（顺）寿（宁）三县联防指挥部执勤。6月19日、21日，青田县潘山民兵对空瞭望哨发现敌机1架，及时报告后被人民空军击落。1970年6月，遂昌县调动在九龙山地区搜索被空五军击落的美国高空侦察气球，历时7天，搜索面积324平方千米。1978年，遂昌县参加战备执勤民兵，守卫重要目标20个。1981年，边界联防指挥部和民兵瞭望哨撤销。

农业生产保障

灭兽除害　1954年上半年，龙泉、庆元、景宁、青田等县民兵打猎队捕获害兽140多只。1953—1955年，青田县高湖乡民兵队长赵玉甫，带领由民兵组成的打猎队11人，捕获害兽4000多只，他一人就捕获600多只。1959年，景宁民兵打猎队捕获野猪491只，其他害兽6460只。

山林大火扑救　1987年1月，松阳县谢村乡人武部组织民兵，扑灭山林过火面积33.33多公顷。2000年，全市成建制组织民兵213次，出动民兵扑灭山林火灾203次。

农田水利兴修　1970年12月，遂昌县雅溪公社②集中民兵进行野营拉练，清晨训练，白天开荒，晚上学习，经10多天努力，开荒66.67公顷。1977年12月16—31日，遂昌县组织民兵参加治理松阴溪水利工程。1992年，松阳县民兵参加农田水利建设，开荒108.33公顷，造林357.43公顷，发展袋料香菇420万袋。

突发事件处置

1988年7月25日，萧山市长河镇特大持枪抢劫杀人案，蒙面持枪杀人犯3人潜逃云和县。公安干警和民兵设卡围堵、搜捕36小时，于26日当场击毙开枪拒捕的案犯吴某某，活捉案犯戚某某、周某某，缴获七七式手枪1支、子弹31发。1998年4月27日，空军第某师某团2架飞机在松阳县玉岩镇白沙岗村失事坠毁。军分区、松阳县人武部立即组织民兵上山搜寻，经过12小时奋战，找到飞行

① 2010年属景宁畲族自治县。

② 雅溪公社：2010年属松阳县。

员和飞机残骸及部分弹药。1999 年 4 月 21 日晚，缙云县东渡镇附近发生列车脱轨事故。东渡民兵参与抢救，疏散旅客，维持秩序，连续执勤 5 个小时。

抗洪救灾

1989 年 7 月，遂昌县龙垟乡人武部部长葛德法，带领民兵 16 人，奋战两个多小时，战胜洪水，保住价值 9 万多元的水电站。8 月 20 日，12 号台风袭击景宁畲族自治县，造成洪涝灾害。该县人武部组织民兵 170 人，参加抗洪抢险，抢运各种物资 8 万千克，转移险区群众 124 户，抢救被洪水围困的群众 24 人，抢修堤坝 100 多米。1998 年 6 月，军分区、各县(市)人武部组织民兵参加抗洪抢险。全区民兵在抢险救灾中挖出遇难者尸体 11 具，抢救重伤员 14 人，转移受灾群众 946 人，物资 49 万千克。5 人在抢险救灾中英勇献身。2006 年 8 月，抗击桑美强台风，驻丽水部队组织现役干部和民兵预备役人员解救被困群众 27 人，转移群众 17169 人，抢运各类物资 7 万千克，为灾区人民捐款 63981 元。

社会治安维护

1959 年，丽水县民兵守护工厂 1 座，桥梁 3 座，渡口 3 处，水库 34 座，粮库 27 座，配合公安部门破案 76 起。1978 年，丽水地区民兵协助公安部门破案 1224 起，抓获犯罪嫌疑人 1259 人。1988 年，云和县城镇民兵配合公安部门破获各类案件 278 起，调解民事纠纷 137 件，处理其他案件 236 件。1992 年，松阳县出动民兵协助公安部门维护社会治安，组织民兵巡逻队，抓获犯罪嫌疑人 5 人。1996 年，全区民兵参加维护社会治安等重大活动 950 多次，配合公安部门开展“严打”斗争，先后出动民兵应急分队，破获各类案件 82 起，抓获犯罪嫌疑人 289 人。受到浙江省政府、省军区通报表彰的先进单位 3 个、先进个人 5 人。1999 年，全区出动专武干部、民兵干部和民兵，协助公安部门清理邪教组织练功点，取缔非法传销活动。

第四节　民兵装备

武器配备

1949 年10 月，中华人民共和国成立初，民兵武器数量少、质量差、品种繁杂，主要是大刀、长矛、土铳和汉阳造、三八式、捷克式步马枪，以及部队交给地方的少量冲锋枪、轻机枪。1958 年后，大刀、长矛等冷兵器和土枪、土炮淘汰。1962 年起，民兵逐步用上部队换装下来的五三式步骑枪以及少量的五六式武器。1965 年，浙江省军区下拨一批旧制式武器和观测器材。全区基本上达到社社有武器，纵深配备合理。1973 年 5—7 月，基本上完成轻重机枪、冲锋枪等 5 种旧杂式武器的试改工作，经多次实弹射击和技术鉴定，质量良好。1975—1979 年间，民兵武器更新，六三式、六五式半自动步枪、冲锋枪、班用机枪等新式国产武器开始装备民兵。1985—2010 年，民兵武器装备实现国产化。

武器管理

武器装备管理历来由军分区后勤部设军械科管理。1973 年前，丽水地区民兵武器以个人保管为主，一支枪配持枪手 3 人，定人、定枪、定责任，枪弹分开保管。1973 年后，丽水地区民兵连建立武器室，配置枪柜、枪架，备有弹药箱和修理工具箱。夜间由民兵轮流住宿看管。1966—1976 年“文化大革命”时期，有的县民兵武器被抢、武器装备出现流失。1979 年，丽水军分区、人武部开始抓民兵武器装备仓库建设，组织 188 人普查登记全区武装连的武器 339 个，彻底清理旧杂式武器。1982 年，丽水军分区组织 57 人分成普查小组 21 个，对全区单位保管的武器装备进行安全管理普查和技术鉴定 386 个。1983 年 9—12 月，全区开展民兵武器装备管理“百日安全无事故”活动，基层兵器室基本达到合格标准 148 个。1985 年 3 月，浙江省政府和省军区联合召开民兵武器管理安全无事故表彰大会，丽水军分区被评为全年民兵武器管理安全无事故军分区，景宁畲族自治县、庆元县、丽水县人武部被评为民兵武器管理先进单位。1985 年后，丽水军分区对民兵武器的管理，除经过批准留用单位外，全部集中到县民兵武器装备仓库，按技术要求进行除锈、检修、珐琅沾油、装箱，实施封存保管。1992 年起，丽水军分区司令部主管武器装备。

2001 年，丽水军分区组织人员检查民兵武器装备。2002 年，丽水军分区司令部对报废弹药、危险品进行清理，集中到军分区仓库统一保管。2003 年，全市整修和改造库所办公楼、资料室、库房、监控系统等设施。实现“110”联网报警、脉冲电网防潜和养犬警戒，县级装备仓库全部实现电视监控，全市安全措施进一步加强。

2005 年，对武器擦拭保养，做到无丢失、无损坏、无锈蚀、无霉烂变质。全市武器装备管理连续 22 年安全无事故，军分区本级仓库实现第 34 个安全管理年，被南京军区司令部和政治部评为先进单位。

2008 年，丽水市组织熟悉装备训练现役干部 3 次、专武干部 2 次，组织仓库看管人员业务集训和武器维修技能集训 1 次，动用各类武器 6026 件次，无一损坏现象发生。同年，丽水军分区民兵武器装备仓库进行应急预案演训 2 次。全市武器装备管理连续 25 年安全无事故，军分区本级仓库实现第 37 年安全管理年。

2010 年，丽水军分区民兵武器装备仓库、修理所及靶场迁建项目一期工程建设顺利推进。坚持依法管装、科学管装，组织规范仓库“四个秩序”观摩，装备管理正规有序。

武器维修

1949 年 10 月，中华人民共和国成立初，主要由县农机厂承担民兵武器的维修任务。1963 年，丽水军分区建立修械所，每年两次组织职工到各县检修民兵武器，并制造部分枪械零备件，培训基层军械修理工。1979 年以后，有的县组建民兵武器维修分队，每队 10—20 人，作为民兵专业技术兵进行培训，使他们既承担民兵武器维修任务，又是军械技术兵的后备兵员。1985 年，正式将民兵军械修理分队列入基干民兵编制序列。2001 年，丽水市修理武器 96 件。2003 年，丽水市检修有故障武器 44 支。2004—2010 年，丽水市武器保养工作落实到位，武器无损坏。

第五节 民兵组织

民国19年(1930)8月31日,缙云县农民赤卫队配合红1团攻占缙云县城。民国24年3月下旬,红军挺进师进入浙西南,广泛恢复和发展农民赤卫队。5月,在龙泉县竹岱头村组织农民赤卫队30多人,高山、坑源底、住龙、水塔、碧垄、上田、李山头、黄桶等地相继建立农民赤卫队1000多人。6月,松阳县安岱后、大潘坑、玉岩、枫坪、小吉,遂昌县王村口、独口,龙泉县住溪以及丽水县雅溪等地,也都相继建立农民赤卫队或游击队等群众武装。民国24年5月上旬,在龙泉县老鸦尖等地,挺进师第2纵队与国民党军三个营激战,张志孝带领赤卫队一个小分队担负诱敌进入伏击圈的任务,毙伤敌军数十人。9月19日,王村口、对正、山前的农民赤卫队100多人,在队长宣恩金带领下,配合红军在遂昌馒头岭堆起"石楼",英勇奋战三昼夜,打退敌人多次进攻,杀伤大量敌人,为挺进师安全转移以及安置伤病员赢得时间。民国38年1月,青(田)景(宁)丽(水)边区有民兵1.5万多人,有土枪1690支,大刀长矛5100把(支)。

1949年5月10日,丽水解放。各级党组织结合剿匪反霸、土地改革、镇压反革命和抗美援朝运动,大力发展民兵组织,村建立民兵队,以优秀民兵组建区中队。

1951年5月16日,中央军委发出《关于加强民兵建设的指示》后,全区实行普遍民兵制度。规定凡18—40周岁的男性公民都有义务参加民兵,接受军事、政治训练,其中18—25岁的编为基干民兵。1955年,以乡为单位组建基干民兵队,配发部分武器。1958年大办民兵师。

1962年起,各级人武部整顿民兵组织,实行组织、政治、军事三落实。1963年起,各县以公社为单位建立武装基干民兵连(简称"武装连"),配发武器。1966—1976年"文化大革命"期间,民兵组织遭破坏。林彪、江青反革命集团大搞"第二武装",建立"民兵指挥部",损害民兵声誉。

1970年3—9月,丽水地区组建民兵独立团。1976年,粉碎林彪、江青反革命集团后,整顿恢复全区民兵组织。

1981—1982年,丽水地区调整民兵组织。民兵年龄从16—45岁改为18—35岁,女民兵18—28岁,基干民兵年龄从16—35岁改为18—28岁。经过调整,民兵人数占总人口比例从25%下降到11.8%。取消民兵师、团建制,改为普通民兵和基干民兵两种。民兵组织实行"两个结合",即民兵制度与预备役制度结合,民兵工作与战时动员工作结合。1986年,丽水军分区加强民兵预备役和快速小分队建设,并探索城市民兵改革的路子。

1995年,丽水军分区在龙泉市进行民兵整组规范化试点,统一民兵整组的程序、点验标准及配套措施。全区45%的基干民兵营、连被丽水地区行署、军分区评为民兵整组工作先进单位。1997年,全面整顿基干民兵组织,完成民兵专业分队组建任务。丽水市和龙泉市组建医疗救护专业分队。1998年1月,军分区与丽水地区行署联合下发《丽水地区深化民兵预备役工作改革方案》。4月,军分区组织各县(市)人武部领导和专武干部,在松阳县民兵训练基地进行民兵工作调整改革业务培训20天。9月,在遂昌县人武部召开全区民兵预备役工作调整改革座谈会,总结推广遂昌县的做法,研究部署全区深化民兵预备役工作调整改革任务。至2000年,压缩基干民兵组建规模,调整民兵组织结构,增加科技含量,优化整体素质,完善规章制度,提高民兵执行急难险重任务的能力。

7月31日至8月2日，浙江省军区民兵组织调整改革检查验收组进行检查验收，充分肯定丽水“六到位”[①]的做法，评价丽水军分区工作扎实、效果显著。

2001年2月，丽水军分区部署城市民兵调整改革任务，在缙云县非公有制企业建立民兵组织的试点。3月，组织城市民兵工作调整改革调研，制定《丽水市民兵应急分队建设实施办法》，经市政府常务会议审议通过颁布施行。及时组建民兵炮兵专业保障分队。2002年，军分区继续抓城市民兵调整改革工作，在深入调查研究，摸清城市基本情况的基础上，修订《丽水市城市民兵调整改革实施方案(征求意见稿)》。至2003年6月，完成对城市民兵工作调整改革任务，完善法规制度，优化民兵组织结构，减少步兵分队数量，加强技术含量，提高民兵执行任务的能力。2004年，重点抓基干民兵队伍建设，重新规划全市基干民兵布局和编组。在330国道、金丽温铁路和高速公路沿线，新组建部分民兵专业分队。莲都区、青田县、缙云县新组建民兵信息、电子对抗、防化、气象等对口专业分队，专业技术民兵的比例比年初提高。2007年，丽水军分区深化后备力量作战资源整合，成立市、县两级领导小组，把民兵整组工作列入重要的议事日程，常抓不懈，确保整组工作顺利推进。围绕应急管用的目标，着眼担负任务需要，结合区域作战环境，突出应急动员力量组建质量。2010年，丽水军分区贯彻全省民兵工作调整改革试点成果与“宁波研讨会”精神，围绕“三化”[②]要求，借鉴地方党建工作新经验，指导莲都区、龙泉市、青田县、遂昌县探索区域性、跨企业、跨行业建立武装组织、民兵队伍的方法路子。同时，统筹协调国动委专业队伍和应急专业队伍建设。

第四章 战　备

1949年10月，中华人民共和国成立初，丽水军分区经过三年剿匪作战和政治瓦解，肃清匪患，安定社会秩序。1952年7月后，军事工作重点转向民兵建设、战备训练。1962年夏天，中国台湾地区当局叫嚣“反攻大陆”，军分区、人武部主要执行以反空降、反渗透、防暴乱为重点的战备任务。1966年起，“文化大革命”，民兵武器被抢夺，武斗事件不断，战备训练受到严重干扰破坏。1978年，中共十一届三中全会后，丽水军分区战备、训练、管理工作逐步走上正规化。1979年，丽水军分区机关和独立连抽调老战士，充实参战部队，参加对越自卫还击作战。2010年，丽水军分区参加省军区战役理论集训和战役演习。完成信息化建设单位5个。组织专武干部集训军事技能、本职业务和开展组织指挥训练。

① 六到位：一是思想认识到位；二是组织领导到位；三是经费保障到位；四是组织准备到位；五是试点工作到位；六是基础训练落实到位。

② 三化：编组模块化、功能专业化、使用多样化。

第一节 战备演练

1962年11月,龙泉县开展联防区民兵反空降演习。1965年8月5—10日,丽水、温州、福安军分区在云和上标[①]召开反空降演习预备会议,11月17—19日,在望东垟[②]地区举行反空降战术演习,浙闽两省3个地区18个县31个区73个公社的党政军领导和专武干部到场参观民兵演习。

1972年1月17—21日,云和县人武部组织县中队和民兵在大都公社[③]举行军民联合反空降演习,计划参演民兵连,演习开始后,附近民兵积极踊跃参加。

1979年,丽水军分区普遍勘察7个县的地形、洞穴、矿井。1981年,丽水军分区研究确定全区军事设施保卫目标,协助地方有关部门制定丽水境内大型桥梁保障措施应急行动方案,建立小型桥梁保障措施卡。配合浙江省汽车战备第3团在龙泉组织战备运输演练。

1984年,在遂昌县进行军警民联防综合演练试点,制定民兵武器装备仓库军警民联防预案县。

1986年,丽水军分区领导带领机关干部实地勘察主要作战方向、重要目标、交通要道。

1988年3月,丽水军分区领导带领机关有关人员对主要作战方向的地形进行勘察。全区组建连级快速小分队9个,壶镇、东坑、温溪3个战备执勤点组建排级快速反应小分队。遂昌县与龙游县联合组织快速反应小分队,在两县结合部围歼"歹徒"的演练。重新调查核实兵要地志资料和数据,完成军分区、各县(市)《兵要地志》的编辑工作。

1989年春夏之交北京发生政治风波,民兵应急分队配合公安部门维护社会治安。

1997年,丽水军分区组织野外战备通信演练,采用通信车辆机动开进,利用超短波无线电台联络方式,达到"动中通"的要求。

2003年,丽水军分区和各县(市、区)人武部对重要目标的防空防卫、部队机动过境保障、信息作战和特种作战等重难点课题进行研究。重点对入闽通道的保畅通、重要目标的防空防卫和大型化工厂遭袭后的应急化学救援问题进行深入调查研究。全区撰写研究文章20篇,其中《登岛作战丽水地区保畅通行动》在浙江省军区战役集训时进行交流。

2005年,丽水军分区围绕"加强信息化条件下司令部机关建设"主题,每周集中学习两个晚上,重点突出《关于信息化条件下应急作战指挥若干问题》和反"台独"军事斗争背景意图和军分区任务定位的学习研究,狠抓新老干部"六会"基本功和"五能"训练,提高参谋人员信息化建设、掌握信息化指挥手段的能力。丽水军分区先后组织全区现役干部业务集训1期、军分区、人武部两级主官指挥技能集训1期。组织人武部军事科长和部分参谋人员参加浙江省军区组织的军事科长集训和新(预)任参谋集训。严密组织在职参谋人员"日做一题,周标一图,月写一文"训练,提高参谋人员的专业技能。

2008年上半年,丽水军分区开展奥运期间战备工作,以确保政治、财经、车辆和自身安全稳定为

① 2010年属丽水市景宁畲族自治县。
② 2010年属丽水市景宁畲族自治县。
③ 2010年属丽水市景宁畲族自治县。

突破口，健全完善教育管理、隐患排查、安全保障等制度，确保奥运会和残奥会期间的安全稳定，圆满完成奥运安保任务。

2009年，全区组建军兵种部队动员任务力量，退伍军人和各类专业技术人员优先编入专业技术分队，专业对口率70%以上。

2010年，丽水军分区参加省军区战役理论集训和战役演习，完成全省山林灭火专业骨干联训及县属民兵应急连集中训话。

第二节　战备训练

首长机关训练

1963年5月，丽水军分区恢复重建，立足现有武器装备，进行想定作业和演练。1965年12月，丽水军分区组织参加浙江省军区组织的三级机关演习。1971年1月，缙云县人武部和县机关干部265人，参加野营拉练，行程150千米。

1980年10月，丽水军分区组织首长机关山地防御战斗图上演习，提高首长和机关干部在未来作战中的组织指挥能力和参谋业务水平。1981年，丽水军分区机关进行军事知识的学习和研究，探讨未来反侵略战争如何开展游击战的问题。军分区直属分队进行射击、单兵战术、夜间科目和共同科目的训练，年终考核成绩均在良好以上。1982年8月，军分区主要领导参加浙江省军区组织的集团军抗登陆战役集训。1984年，军分区组织抗登陆作战想定作业和室内沙盘推演。1989年，丽水军分区机关进行军事训练4次，组织局部战争动员想定作业，对人武部科以上干部进行集训和考核，组织人武部干部参加浙江省军区人武干部在职函授训练和统考，有单位2个、干部4人，受到浙江省军区通报表彰。

1990年，丽水军分区、人武部两级领导干部进行专业技能训练和新式武器实弹射击。1994年，丽水军分区组织学习高科技知识和研究现代局部战争，围绕现代局部战争快速动员准备这个重点，从战备训练、组织体制、政治工作、后勤保障和战争潜力动员等多方面进行研究。开展参谋“六会”[①]业务训练。9月，军分区司令员、参谋长带参谋3人，参加浙江省军区组织的首长、机关指挥效能竞赛，取得团体第二名。

1995年8月28—30日，丽水军分区和人武部参加浙江省军区组织的三级首长机关演习，在浙江省军区导调组指导下进行，以作战预案为背景，以未来作战任务为主线，进行战备等级转换、扩编动员、动员补充、过境保障、支前参战各阶段的行动演练，参加演习127人，处置各种情况130多次，完成战斗文书911份。

1996年7月6日至9月3日，丽水军分区组织海岸岛屿防御战斗室内演习。围绕登陆战役中快速动员和支前保障等问题，采取统一计划、统一内容、统一时间、集中辅导和个人自学相结合的方法进行。8月，组织军分区机关进行海岸岛屿防御战斗室内想定作业。1997年9月22—25日，军分区

① 六会：会读、会画、会写、会记、会算、会传。

组织应急动员行动战术演习，摸索高科技条件下应急动员程序和方法，初步形成未来登陆作战转入战时体制应急动员研究成果，提高首长机关组织指挥能力，拓宽平时动员准备工作思路。

1998年9月20—22日，丽水军分区、人武部组织首长机关战场保障战术演习。围绕“军分区在登岛战役中的战场保障行动”总课题，展开保障登岛作战部队机动集结和机动过境、防空防卫作战保障行动演练。2001年11月，丽水军分区组织“红星一号”计算机软件应用培训，85%的机关干部获浙江省计算机操作二级证书，基本达到能用计算机绘制首长决心图和查找地图资料的要求。2003年，突出抓好丽水军分区人武部两级首长机关的“六会”“五能”和协同训练。3月，全市参谋人员27人开展参谋业务技能竞赛，选拔部分参谋尖子集中强化训练，并参加浙江省军区竞赛，培养一批参谋人才，有力推进机关全面建设。

2006年7月和9月，丽水军分区开展丽水军分区、人武部首长机关指挥技能强化训练和考核2次。8月，开展人武部主官集中强化训练和首长机关战术作业网上集训。9月，丽水军分区、人武部两级首长机关和青田县人武部带部分实兵参加省军区组织的演习。10月，丽水军分区机关和莲都、缙云人武部参加省军区组织的按纲施训普考，丽水军分区普考人武部首长机关训练。提高首长机关业务素质和指挥谋略水平。

2008年2月，丽水军分区突出抓轻武器精度准确射击训练，重点组织丽水市现役干部完成不少于三种轻武器的实弹射击。2010年，丽水军分区以省军区大比武为牵引，全年首长机关训练落实47天不少于569小时训练，完成训练课目54个，参训率85%以上，消耗枪弹6500发，考核成绩军事理论合格率84.8%，识图用图合格率76.1%，作战文书合格率95.7%，战术标图合格率87%，手枪精度射击合格率73.9%，所属武器装备操作合格率83%，体能合格率81.5%。

专武干部训练

1988年，龙泉县人武部集中全县专武干部学习条令条例，以条令条例和规章制度规范其言行，从严要求，严肃纪律，提高专武干部的军政素质。1990年，遂昌县组织全县专武干部集训，学习军事业务知识和轻武器常识，进行手枪、冲锋枪和半自动步枪实弹射击训练。1992年7月29日，景宁畲族自治县专职武装干部28人，参加全省军事业务考试，其中获得优秀成绩25人。1999年，组织新任或未当过兵的专职武装干部集训110人，学习军事理论、军事技能、新条令条例以及民兵预备役工作的有关文件，进行队列训练。2002年4月初，组织全区新任专职武装干部军政业务集训，参训98人，为期16天，并举行阅兵式，接受丽水市委、市政府主要领导检阅。2006年5月，莲都、青田、遂昌、景宁人武部分别组织一期专武干部和民兵连长集训。各县(市、区)通过短期培训、以会代训、参与重大活动等方式方法，加强专武干部和民兵干部能力素质建设，有效促进民兵军事训练工作的落实。2007年6月，开展新任、转岗专武干部和重点乡镇专武部长集中强化训练，参训80人，落实兼职民兵教练员59人，落实专项补助18万元。2008年7—8月，丽水军分区开展专武部长集训及考核比武竞赛，集训课目经人武部普考、分区抽考，平均合格率92.5%，总评成绩合格。2009年8月，丽水军分区组织现役干部、专武部长、民兵应急连班长、“四会”教练员、民兵装备修理工、民兵仓库保管员等六类人员进行专攻精练。在省军区组织的军事训练大比武中，取得个人名次7个、集体名次4个的好成绩。2010年4月，组织专武干部开展军事技能、本职业务和组织指挥训练。18—19日，省军区考核组对全区专武部长进行手枪射击、教育学法、军事理论等课目的考核。

武警军事训练

1950年至1966年上半年，部队主要开展队列、射击、看守、警卫、押解等训练。1953年6月起，积极开展以战斗训练为主的正规化训练。主要是业务、射击、队列、军事体育以及战术训练。1969年，主要开展三防（防坦克、防空袭、防空降）训练，重点开展打坦克训练。1972年，军分区举办骨干培训班2期，参训88人，并请兄弟部队代训基层干部40人。1974年，技术训练科目有射击、投弹、刺杀、爆破，战术训练完成单兵、小组和班进攻、土工作业，以及手榴弹实弹投掷、擒敌技术和游泳训练。

1976年，民警科举办一期为期一个月有38人参加的骨干集训，学习擒敌技术、逮捕、押解、看守、射击、队列等科目，为培养来年的正副班长打基础。1981年3月30日至5月4日，民警大队举办骨干集训班1期，骨干参训26人，主要进行五大勤务和射击学习和训练。勤务理论考试总评成绩98.8分，教案实施动作总评成绩优秀，第二练习实弹射击总评成绩良好。1982年，大队党委狠抓部队的基础训练，普遍建立军训教学组，训练流动红旗，成绩建档和考核奖励制度。年终考核队列83.5分，擒敌84.6分，军体（单双杠）85.4分，射击82.3分。特等射手考核参加88人，合格24人。

1984年，武警中队突出勤务训练，抓好技术、战术、夜间训练和共同科目训练。1987年，支队突出干部骨干训练，狠抓基础训练。按计划完成射击、战术、队列、擒敌、执勤业务、军事体育和条令条例等训练科目，参训率在80%以上，各科成绩均在及格以上，其中射击、战术、擒敌达到优良。1988年，支队在抓好共同科目训练的基础上，增加5千米越野、攀登等科目训练。5月，支队举行“拳头班”军事比武，内容有射击、投弹、擒敌、攀登、军体和5千米越野等6项。遂昌、龙泉和直属中队分获团体总分前三名。1991年年初，支队开展射击、擒敌、战术、军体和5千米越野“五项全能”（五千米武装越野、四百米障碍、器械体操、擒敌术、射击和战术）训练竞赛活动。3月初，支队组织“五项全能”军事比武，训练骨干31人参加，获“五项全能”称号12人。1992年10月，支队参加总队组织“尖子班”比武，获团体总分第四名，取得单项第一名3人。1994年4月，支队机关率驻丽部队110人，模拟进行跨地区支援金华支队制止大规模群众械斗处置突发事件（以下简称“处突”）演练，提高部队执勤和“处突”能力。进行跨壕沟、越矮墙、过独木桥等实战训练，突出山地捕歼中格斗和仰俯角射击练习，并把5千米长跑和爬山作为早操主要内容。1997年4月，支队组织骨干35人，进行专勤专训，重点是勤务法规、“作战勤务值、勤务编班、勤务领班；站哨、上哨、换哨、下哨”（以下简称“三班四哨”）动作、押解、追捕和哨兵反袭击动作等科目8个组织指挥，主要解决中队、班（组）如何组织勤务教学法与训练问题，提高骨干队伍组织勤务和指挥作战能力。10月，支队组织军事训练年终考核，各中队各科目成绩均达到优良。

2000年，支队在直属中队进行以“小块场地、小块时间、小群练兵、小辅导、小情况处置”（以下简称“五小练兵”）试点并推广做法。2003年2月15日，支队从基层选拔军事素质过硬的优秀干部、战士26人在教导队进行集训。10月，组织基层警官军事比武，在总队组织的防暴分队军事大比武中，获团体第二名，支队被全军评为“执勤分队军事训练先进单位”。2005年，支队以迎接武警部队考核为契机，开展越野、爬山等体能和设卡堵截、山地行动防暴队形、协同动作等内容的训练，官兵的执勤能力进一步增强，在武警总部考核中取得全优的好成绩。2008年，喀什袭警事件后，支队与丽水特警支队，先后两次进行以劫持人质为背景的联合演练，提高反恐作战水平。

2010 年，丽水军分区完成信息化建设单位 4 个，参加总队参谋业务集训，作训股、通信股被评为先进单位，支队司令部被总队评为先进司令部。

第三节 战备执勤

1983 年 8 月 19—24 日，全区部队参加“严打”第一战役第一次拉网战斗，后又陆续抓获一些漏网分子。截至 9 月 10 日，武警部队出动干部战士 576 人次，搜捕罪犯 57 人，收审人员 159 人。1988 年 7 月 25 日下午，支队组织人员参加捕歼“7•25”萧山特大蒙面持枪杀人抢劫案案犯 3 人的战斗。至 26 日，武警指战员与公安干警一道，击毙歹徒 1 人，生擒 2 人，缴获七七式手枪 1 支，子弹 31 发。部队出动官兵 108 人次，无一伤亡。云和县中队荣立集体三等功，支队政治处干事王明坤荣立一等功。

1988 年 10 月 17 日晨，投宿温州某旅馆的劳改单位干部 1 人手枪被盗。调查中发现同房间的湖北籍旅客殷某一大早结账后离开旅馆，被列为重大嫌疑对象。青田县中队迅速派出 4 人上路设卡堵截。坚守岗位 15 个小时，检查过往车辆3000 多辆(次)。22 时 10 分，青田县中队检查人员在发现目标之后迅速上前，配合公安人员将嫌疑犯制服，在殷犯座位底下找到失窃的枪支弹药等物品。

1990 年 7 月 20 日凌晨 2 时许，龙泉县茶丰乡石隆村发生一起特大爆炸案，当场炸死 4 人、炸伤 10 人，炸毁民房 64 间。龙泉县中队多次配合公安局实施追捕和堵截。7 月 31 日，发现线索后，中队副指导员章又南率官兵 10 人，与公安干警一同赶到现场，踢开两道房门，一举将特大爆炸伤人案犯生擒。1991 年 5 月 24 日傍晚，青田县鹤城镇老大街一处民房失火。青田县中队中队长毛明横、指导员王秋洋带领官兵 26 人，投入灭火战斗。王建根、张晓威、史卫平不顾个人安危冲进火场，抢出随时可能爆炸的一只液化气钢瓶。参与灭火的官兵在没戴防毒面具没穿耐火衣的情况下，与烈火搏斗近 3 个小时，终于和消防官兵、人民群众一道将大火扑灭。战斗中受伤 22 人。

1992 年，“8•31”强热带风暴袭击，武警官兵竭尽全力投入抗洪抢险第一线。青田县中队先后派出官兵 200 多人次，抢救邮包 700 多件，抢救电石、电器等物资价值 40 多万元，营救群众 44 人，清理淤泥 3 万千克。云和县中队冒着危险营救遇险群众 33 人，从废墟中挖出遇难者尸体 4 具。1998 年 1 月 4 日，青田县腊口镇车匪路霸 8 人，手持钢珠枪抢劫旅客财物。青田县中队赶往案发地点，展开围捕行动。奋战一昼夜，先后抓获案犯 5 人。

2001 年 1 月 6 日，武警支队深入丽水厦河桔园某制毒工厂进行现场勘察，并抓获制毒贩毒嫌疑人 7 人，成功捣毁制毒工厂，缴获成品冰毒 108.85 千克，半成品 40 千克及大量的原料和制毒设备。2001 年 6 月 12 日，在金温铁路水东大桥进行维修工作的两台大型维修作业铁船深夜被洪水冲走，船上维修人员 10 多人不知去向。支队官兵在黑夜中冒着大雨，在江边寻找，终于在出事地点 10 多千米的地方找到被洪水冲走的铁船和维修人员。2002 年 8 月 1 日，庆元县中队班长程杰锋带领战士吴学彬执行押解任务，当囚车行至龙泉市竹舟地段急转弯处时，与对面驶来的大货车相撞，致使囚车严重损坏，两干警严重受伤，罪犯 11 人发生骚动。班长程杰锋不顾个人伤痛，果断处置，避免一起车毁人伤和罪犯趁机脱逃的重大事故，武警浙江总队给程杰锋、吴学彬分别记二等功和三等功。

2003年6月24日，缙云县连降暴雨，导致洪水泛滥。一辆载有乘客30多人的中巴客车，在经过城郊南山桥时被突如其来的洪水卷走，支队官兵与公安干警不顾个人生命安危，从洪水中救出26条生命。2005年6月22日晚，在缙云县滴水岩大桥附近，一辆卧铺客车翻入40多米深谷。支队救援官兵在山谷中几上几下，先后救出受伤旅客11人，运送遇难尸体7具。武警总部司令员吴双战、副司令员朱曙光作出重要批示，对救援工作进行表扬。

第五章　国防动员与人民防空

1995年12月16日，丽水地区国防动员委员会（以下简称“国动委”）成立后，机构设置几经调整。1998年，缙云县国动委被南京军区评为国防动员工作先进单位。1999年，丽水地区国动委研究解决国防动员和人民武装工作的有关问题，进一步加强县（市）乡镇两级人武部建设。同年，制定“十五”国防交通计划，完成国防动员数据库的采集和录入工作，并组织数据录入业务培训。

2000年，丽水市国动委开展国防潜力调查软件应用培训。7月，在全市范围内开展国防潜力调查，摸清并评估丽水国防潜力。8月，召开全市武装工作会议暨市国动委全体成员会议，交流党管武装工作经验，进一步加强县（市、区）人武部和基层人武部建设。2002年7月23日，丽水市召开武装工作会议暨市国动委第五次会议，按“三个代表”重要思想要求加强党管武装工作，加强全市后备力量建设。

2003年，丽水市国动委进一步完善国防动员体制，以适应打赢高技术条件下局部战争快速动员的要求，着眼军事斗争准备需要，紧扣“六化”[①]目标，围绕重点求突破、打牢基础求实效、解决问题求发展的指导原则，全面加强国动委办事机构规范化建设。2004年，丽水市协调落实市国动委综合办及其他办公室专职地方人员编制，开展市国动委重点部门国防动员工作。

2005年，丽水市突出民兵组织建设和后备力量建设，按照“重点队伍重点投入重点建设、一般队伍落实编组和年度整组”要求，统筹后备力量建设规模、种类、布局。2006年，丽水市开展战备教育，落实战备物资“三分四定”和首批通用装备物资储备。浙江省军区推广丽水军分区战略物资储备的做法。2007年，丽水市深入贯彻浙江省军区“德清会议”精神，围绕“双应”[②]需要，注重与军事斗争准备任务、快速动员遂行任务能力相适应。5月和9月，结合国动委演习和民兵整组拉练，把国防动员方案明确任务的民兵分队全部拉练一遍、训练一遍、考核一遍。2008年，丽水市国防动员主要突出“防卫”和“支前”基本特征，区分层次，重点研究新形势下提高军事斗争准备和应急动员支前能力。

① 六化：机构设置合理化、工程程序规范化、动员信息预案化、指挥手段自动化、战时动员预案化、领导活动制度化。

② 双应：平时能应急和战时能应战。

2009年2月20日，丽水市召开武装工作会议暨市国动委第11次会议，研究部署加强与农村农民融合、推动经济和军事统筹发展工作。

丽水地区的人民防空初创于抗日战争时期。民国31年（1942）6月，浙江省国民政府迁驻云和县，丽水地区成为日本侵略军空袭的重点地区。各县均建立防空机构，构筑一定数量防空工事，为防御日本侵略军空袭起到一定作用。中华人民共和国成立后人民防空被列为国防建设的重要组成部分。1972年，丽水县被浙江省定为人防重点城镇。2000年撤地设市后，丽水市被定为国家重点防空城市。青田县、龙泉市、遂昌县为浙江省第二批人防重点城镇。2010年，依托政府网站和人防网站，开辟《人防60周年》宣传专栏，宣传人防法律、法规、人防知识。

第一节 国防动员

国防动员演练

1973年10月26日，地、县人防办选定丽水电池厂作为防空演习的试点单位，组织各单位负责人前往参观学习。防空演习分白天与夜间两次进行。11月1日14时50分—16时为白天演习。演习重点在丽水县城东南一片，参加演习5700多人，占丽水县城关镇总人口的16.3%，演习内容是隐蔽人员进入防空工事，疏散人员向指定地点行进，对空射击、救护、治安、通信专业分队立即进入指定位置执行任务，消防、抢修专业分队到达指定地点待命。11月2日19时30分—20时30分为夜间演习。演习内容有灯火管制、治安保卫和县机关干部进入指挥所。城区灯火除坚持必要生产工厂车间外，全城基本上做到无暴露灯光。

1999年，召开地区国动委全体成员会议，研究解决国防动员和人民武装工作的有关问题。制定"十五"国防交通计划，完成国防动员数据库数据的采集和录入工作。

2000年，地区国动委组织各县（市、区）国动委有关人员30人，进行国防潜力调查应用软件培训。7月，在全市范围内开展国防潜力调查，初步摸清国防潜力有关情况，并进行评估。8月，召开市武装工作会议暨市国动委全体成员会议，交流党管武装工作经验，研究解决国动委和人民武装工作的有关问题。

2001年4月下旬，丽水市国动委组织国防动员战时行动室内演练，丽水市党政领导和市机关23个部门、135人参加演练，提高参演人员的组织指挥能力，熟悉战时国防动员工作的内容、程序、方法和要求。5月，丽水市国动委组织人员整理导调文书和作业文书下发各县，丽水市各县（市、区）都组织演练。庆元、松阳两县还组织退伍军人应急动员演练。

2002年6月上旬，丽水市国动委、丽水军分区分两个阶段组织首长、机关和市国动委综合办、人防办、交战办以及县（市、区）人武部有关人员45人，行程862千米，对防区的地形、机动道路、集结宿营地域、重要军事目标和战争动员潜力等进行实地勘察和研究。

2004年4月24日，组织民兵保畅通实兵演练，市经济开发区帮助改造演练场地。市本级拨专款80万元，各县（市、区）拨专项经费20万元—50万元，筹集和征用各类器材1350多件。出动交警80人，"120"急救车3辆，演练任务顺利完成。

2005年10月11日，丽水市国动委组织丽水市城市防空袭研究性演习。市委、市政府主要领导和职能部门23个参加室内指挥机构演练，通信、治安、消防、医疗救护、防化防疫、交通运输、抢险抢修等7支人防专业分队进行疏散隐蔽和伪装防护、抗击敌空袭、解除空袭后的动作等三项行动，学校、社区企业等3类人员约500人利用人防坑道、隧道、就近防空有利地形、高层建筑防空地下室等4种场所进行紧急疏散演练。

2006年9月28日，由经动办组织丽水经济动员保障队伍抽组演习活动。由缙云人武部组织实施，参演专业分队4支，运用各种车辆、机械9台(套)。根据作战进程，采取时间跳跃、目标移位、内容合并、以简代繁、以少代多、以虚代实的方法，扎实推进反“台独”应急作战综合保障各项准备，确保战时能拉得动、供得上、打得赢。

2008年4月26日，在市区组织凤凰、左渠门、大水门社区人口疏散演练，参演272人。9月，组织人防应急能力检验性演练、战略钢桥架设演练及网络攻防演练。2009年12月12日，组织市区东银苑、西银苑家庭博物馆人口疏散演练，动用3辆车，将90人疏散到仙渡乡葛畈村接收地。

国防动员教育

丽水地区的国防教育始于1988年。1988年5月28日，丽水地委宣传部、军分区司令部等11个部委局处联合发出文件，启动国防教育。至11月15日，全区成立县国防教育领导小组8个，召开国防教育会议456次，编发国防教育资料25种、2.65万份，培训国防教育骨干2028人次，县以上领导干部讲授国防教育课58人次，组织国防教育报告团、演讲团10个56人，参加国防知识竞赛2.42万人。1989年，遂昌县成立全区第一所预备役军人学校。

1990年9月25日，丽水地区国防教育委员会成立。丽水地区9县(市)相继成立国防教育委员会及其办公室。丽水地委党校从1990年下半年起开设国防教育课，至1991年底对全区50%的县级领导干部和95%的乡镇主要领导干部开展轮训。

1991年3月24日，丽水地委宣传部发出《关于国防教育几点意见的通知》，由丽水日报社牵头组织全区国防教育知识竞赛，由宣传部门牵头举办“八一”“军旗颂”歌咏晚会。

1995年4月，地区国防教育办公室与地区教委共同组织预备役军人学校学生军事比武。10月6日，丽水地区行署命名首批爱国主义教育基地24个。全区有中小学生近3万人阅读《国防教育知识读本》。地委党校承办的干部培训班10期，都安排国防教育课，受教育的干部615人。

1996年，丽水地区爱国主义报告团10个，老干部300多人，分别在机关、学校、企业事业单位宣讲1200多场次，受到爱国主义教育者40万人次。1997年，全区组织县以上领导干部在有关会议上宣传《中华人民共和国国防法》38人次，新闻单位开辟《中华人民共和国国防法》宣传栏目。丽水地区获全国国防知识竞赛先进单位，获全国个人二等奖1人、三等奖2人。1999年，全区组织中小学校51所学生参加全国“保卫二十一世纪中国”万校国防教育活动，举办国防教育论文征集评选。在国防知识竞赛、征文、演讲中，单位获优秀组织奖10个，分别获得全国和浙江省一、二、三等奖45人。全区党政干部1.9万人和学生16万人接受国防教育。

2001年9月15日为第一个全民国防教育日。市国防教育委员会主任在《丽水日报》上发表文章，在广播电台、电视台发表讲话。参加《中华人民共和国国防教育法》知识竞赛和征文比赛17万人，收回答卷65000多份。2002年，全市预备役军人学校和少年军(警)校发展到21所，配有专职国防教员6人，兼职国防教员1800人。有省级国防教育基地2个，省级爱国主义教育基地5个，市级国防教育基地3个，县级国防教育基地18个，爱国主义教育基地33个。

2003年"八一"期间，丽水市"四套班子"领导带头过"军事日"，市直机关干部也分批次轮流过"军事日"。全市党政干部参加国防教育人数达32000多人。2006年9月，全市开展以中小学生为重点的"燕京"杯红色旅程国防知识竞赛等系列活动，开展学生国防教育活动350次，参加学生46272人次。

2008年，全市开展国防教育165次，辐射大中专院校和中小学生3万多人。

2010年，坚持突出以党政干部、学生和民兵预备役人员为重点，通过上国防教育课、举办国防知识竞赛、领导干部过1次"军事日"等活动，两次邀请南京陆军学院王曙光教授给党政干部上国防知识讲座，受教育人数1000多人。

人防教育

20世纪50年代初期，为防中国台湾地区国民党当局飞机袭扰，减少人员伤亡和财产损失，主要对干部群众进行防空袭常识的宣传教育。20世纪50年代后期，根据"长期准备，重点建设"的人防工作方针，突出宣传与人防工作有关的科技知识。1957年5月，人防重点城镇利用报告会、幻灯片、黑板报、印发资料等形式，宣传现代空袭武器的种类、性能和简易防护方法，机关干部职工受教育面占城镇干部职工总数80%以上。

1962年夏天，全区结合战备教育积极开展人防宣传，进行个人防护训练和小型防空演习，举办防空图片展览，放映《人民防空》影片。1966年6月，中共丽水县委宣传部组织放映23场，观众4.21万人次，向人民群众进行防原子、防化学、防细菌武器常识教育。

1969年3月，苏联入侵珍宝岛。中共丽水地委、军分区积极宣传毛泽东同志关于"要准备打仗"指示，全面开展防空战备教育。1971年1月，浙江省人防办下发《人防常识挂图》向人民群众进行形象化宣传。1977年4月，浙江省人防办在全省人防重点城镇丽水县城关镇，内部组织放映《唐山地震后人防工事考察》《走访地下城》影片2部。

1984年7月20日，国务院、中央军委颁发《人民防空条例》。丽水地区人防部门开展学习、宣传、贯彻条例活动。1988年11月，丽水市人防办在市梅山中学进行"三防"[①]教育试点。至2001年，丽水市区开设"三防"教育课学校6所。

1990年9月18日至1992年2月，丽水市人防办刊出人防墙报26期，内容有人防科普、知识乐园等。1993年6月，全省人防建设成果图片展，在丽水市展出，参观展览约2万人。1996年10月，丽水市人防办与丽水电视台等单位举办"平安欢乐夜"——庆祝《中华人民共和国人民防空法》颁布电视晚会，党政军民100多人参加晚会。

2000年9—10月，开展庆祝人防工作50周年大型宣传活动。市人防办与《丽水日报》联合举办迎国庆、爱家乡人防知识竞赛，收到有效答卷960份，评出一、二、三等奖27人。上街设点开展《中华人民共和国人民防空法》咨询活动，发放宣传资料700份。2002年9月，全市开展庆祝《中华人民共和国人民防空法》颁布5周年宣传月活动。9月16日，在《丽水日报》开展"爱祖国、爱家乡、

① 三防：防原子武器、防化学武器、防细菌武器。

爱人防”知识竞赛，在丽水电视台播放《铸就和平之盾》人防教育片。青田、龙泉、遂昌人防办均配合当地人武部一起宣传。

2003年4月，在丽水人民广播电台开设“人防之声”栏目。5月1日，在丽水电视报开设“人防之窗”栏目。5月7日，丽水市人防宣传报道组成立。8月20日，丽水市人防办与丽水市教育局联合召开市区人防教育座谈会，市区中学6所的校长和人防任课教师参加会议。12月4日，参加市统一组织普法宣传活动，人防干部职工上街进行人防普法宣传、咨询。

2004年4月6日，市本级首次在市委党校开设人防教育课，乡镇干部班受到教育38人。2005年5月，组织印发《人民防空知识手册》《人民防空政策法规选编》3000册，发至各县(市、区)及市直各机关。7月5日，市人防办参与小记者夏令营活动，在开营仪式上，梅山中学老师陈华山讲解自救互救基本常识，放映人防教育片——《永远的蓝天》。夏令营分3期，参加350多人。10月12日，浙江省人防办(民防局)副主任(副局长)赵德兴到丽水市委党校上人防知识课，参加听课100多人。

2008年，市区有成立人防工作领导小组的街道4个，成立人防工作站的社区22个。5月5日，市人防办到莲都区联城镇落实人防知识教育学校。9月5日，部署市区街道开展人防宣传教育工作。全市中学40所、学生1705人接受人防教育。

2010年，依托政府网站和人防网站，开辟《人防60周年》宣传专栏，宣传人防法律、法规、人防知识。各街道、社区向居民宣传防空救灾知识，出黑板报22期，发放人防宣传品2111件。开展人防知识教育学校43所，爱教育学生1807人。

第二节 人民防空

人防工程

民国26—34年(1937—1945)，全面抗日战争时期，丽水县城内由防护团构筑防空壕14处，防空洞210个，市民自己挖的防空洞达上千个。民国26年，松阳县在县城四门构筑防空壕47处。民国27年构筑掩蔽部80多处。民国28年增筑防空洞120多个。民国33年3月，在丽水县城内梅山背建立警报塔，置手摇警报器。

民国28—32年(1939—1943)，云和县在县城附近鲤鱼山、白塔山、猛虎山、马鞍山、角山、八卦坪等地挖防空洞572个，可容纳5000多人。其中鲤鱼山顶和山腰两个防空洞由浙江省国民政府拨法币2.59万元(实耗3.1万元)，请人挖凿，洞内呈“凸”字形，长7.8米，宽7米，高1.8米，每个洞可容纳80人。民国31—32年，在城郊山脚挖防空壕6处，总长72米。民国31年，缙云县构筑防空避难所6处、防空壕6处。青田县有防空避难所5处，防空壕30处，防空洞120个，在防护日本侵略军空袭中曾起到过一定作用。

人防通信

1972年，丽水地区人防工程开始施工，丽水县第一台警报器在梅山背安装成功。1978年5月，移至万象山大观亭上。龙泉、青田、云和、缙云、遂昌等县人防工程相继开工。2000年8月，市人防办投资 8 万元，建成单边带电台室，实现与全省人防通信联网。2001 年 9 月 24 日，安装 CWYK 中央控制器，警报试鸣全部实行无线遥控操作。2002 年，市人防办增置警报器 2 台，在国庆节前夕，全市警报器参加试鸣，效果良好。2003—2005 年，增置警报器 8 台，同时装置广播、电视警报发入系统，配备移动警报指挥车 1 台。2004 年年底，市人防办建成人防指挥系统通信网络、人防综合业务网，实现视频会议、内部电话全省联网，并开通军线电话、全省 OA 办公自动化局域网。2007 年 9 月 15 日，组织全市警报试鸣，警报完好率、鸣响率 100%。

平战结合

1982 年，丽水地区人防工程开始实行平战结合，部分军用坑道用作生产和储藏。1986 年，全国人防建设与城市相结合座谈会后，人防工程建设重点转移到平战结合上来，注意解决已用工事的通风、防潮、除湿、照明、排污等问题。此后原丽水市人防办大胆改革，敞开人防大门，变封闭型为开放型，军事使用面积每年均在 2000 平方米以下，工事有偿服务使用费逐年增加。1987 年，首次突破万元，1995 年跃上 10 万元。截至 2002 年，市人防部门收取人防工程使用费约 200 万元，为国家提供税源 217 万元，每年可解决就业 100 多人。经营项目从原来单一香蕉经营发展到他储业、娱乐业和种植业等门类。2004 年，对万象山一号口外场地重新浇筑，管理房粉刷、油漆，重新出租。同年，平战结合收入约 50 万元。2009 年，丽水军分区出租空余房地产项目 7 个，签订合同 7份，出租房屋 1676 平方米、场地 400 平方米，范围均位于军事行政区以外，用途主要为修理铺、餐饮、酒吧等，租赁项目均符合《军队空余房地产租赁管理规定》，出租空余房地产年租金(按履行的项目)为 42 万元。

第六章　战　　事

丽水位于浙闽两省结合部，是浙江通向纵深腹地的交通要道。境内山高林密，关隘林立，易守难攻，及天然屏障，自古以来就是兵家必争之地。封建社会，处州是驻兵的雄镇，农民、工人反抗封建统治和外强侵略，处州大地战争连绵不断，农民起义此起彼伏，曾有过许多著名战事。宋代，松阳洪载聚众响应方腊起义。元代，青田县季文龙率淮军起义抗元，龙泉县张三八率起义军攻克庆元县城，处州詹老鹞起义。明代，庆元叶宗留率矿工起义，戚继光、俞大猷、卢镗抗击倭寇战功卓著。清代，耿精忠叛军攻占处州，太平军转战处州，处州总兵郑国鸿抗击英国侵略军，英名远播。民国时期，缙云光复会吕逢樵、赵舒等率兵光复处州。浙南红军攻袭处州城，红 13 军攻克缙云城，中国工农红军北上抗日先遣队竹口大捷，中国工农红军挺进师转战浙西南，丽水军民誓死反抗日本侵略军，中国人民解放军解放丽水。中华人民共和国成立后丽水军分区、县(市、区)人武部和武装警察部队以及广大民兵在剿匪平暴、参战支前、战备执勤、抗洪救灾、维护社会治安等方面做出重要贡献。

第一节　古代战事

卢约响应黄巢起义

唐乾符六年(879)，遂昌县人卢约响应黄巢聚众起义。唐中和元年(881)，率兵攻克处州及青田、缙云、松阳等县，自命处州刺史，依山筑城，凭带冈阜，南傍大溪，险固而难攻。唐天祐二年(905)八月，命其弟卢佶攻占温州。唐天祐四年三月，吴越王钱镠命其子传瑓、传瓘伐卢佶，卢佶兵败，被斩于青田县腊口。五月，吴越军包围处州城，处州刺史施史君率兵屯寨，收集义勇，计擒卢约后诛。

方腊起义军攻克处州

宋宣和二年(1120)三月十五日，方腊部将洪载率起义军攻克松阳县城，斩县丞梅溶。宣和三年(1121)一月下旬，方腊兵分两路，一路西攻信州，一路东进攻取缙云、青田，自率大军直指处州。三日，处州守将齐茂率精兵2万人拒守。方腊听取大将郑魔王智取之计，选胆壮妇女、童子装扮妖神为前队，起义军头巾上各饰铜镜一面充“神兵”，守军惊恐慌乱。方腊乘机挥师猛攻，一举攻克处州城。北宋朝廷命江淮荆浙宣抚使童贯、两浙置制使谭稹率兵数十万镇压。四月二十七日，方腊被俘。八月，洪载投降。

季文龙、张三八反抗元朝统治

元至元十四年(1277)十月，青田县季文龙、章焱率张世杰旧部淮军起义抗元，杀知府，据处州，自署两浙安抚使，处州路所属各县响应。处州路总管府达鲁花赤赵赍亨率兵镇压，起义军突围后又聚众2万多人与元军激战于恶溪①南岸，季文龙战败溺死，处州城复陷。

元至元十五年(1278)六月，龙泉县张三八率农民2万多人起义，攻克庆元县城，杀达鲁花赤也速台儿。部将郑先锋、陈寿山率3000人，与赵赍亨战于浮云乡，伤亡300多人。张三八亦于县西三战三败。同月衢州陈千二聚众2万人，遂昌叶炳六聚众3000人起义，援张三八，均为赵赍亨镇压，张三八投降。

詹老鹞、林雄反抗元朝统治

元至元二十四年(1287)初，处州詹老鹞、温州林雄聚众抗元。队伍很快发展到7万多人，在青田县叶山建立根据地，设枢密都督府，置官吏，形成独立政权。十一月，元江淮行省参知政事高兴出兵，突袭叶山根据地。詹老鹞、林雄等200多人被俘，在温州牺牲。

耿再成、胡大海攻占处州

元至正十八年(1358)三月，朱元璋攻克婺州后，即命枢密院判官耿再成进军缙云，驻扎缙云黄龙山②，准备进攻处州。元处州守将江浙行省参知政事石抹宜孙派元帅叶琛等屯军桃花岭、葛渡，镇

① 2010年称好溪。

② 黄龙山：缙云县城西。

抚陈仲贤屯军樊岭，与吴军①对峙。又命元帅胡深进驻松阳、龙泉以拒吴军。元至正十九年(1359)十一月，参将胡大海与耿再成部会合，集中兵力进军处州，一举攻下桃花岭、葛渡二寨，胡大海乘胜进袭樊岭，陈仲贤战败，吴军攻克处州城。石抹宜孙与叶琛、章溢率部分元军败退福建建宁。元军元帅胡深以龙泉、庆元、松阳、遂昌四县降吴。改处州为安南府，立安南翼元帅府。留耿再成守处州。

元至正二十年(1360)六月，石抹宜孙率部进攻处州，至庆元被耿再成战败，石抹宜孙为乱军所杀。元至正二十二年二月，朱元璋为征伐武昌陈友谅，下令集结衢、婺、处三州苗军西上，婺州苗军元帅蒋英等得讯反叛，处州苗军元帅李佑之亦叛，杀枢密院判官耿再成、都事孙炎、知府王道同及元帅朱文刚等。朱元璋命平章邵荣进军缙云，徐图进取。胡深亦自龙泉引军随邵荣讨叛，耿再成子耿天璧则纠集再成部众进攻苗军，再次攻克处州，斩杀李佑之等。六月，邵荣拥兵处州谋反，未遂伏诛。遂以耿天璧守处州。

叶宗留、陶得二起义

明正统九年(1444)七月，庆元银矿矿工叶宗留及丽水人陈鉴湖等，到福建省福安县开矿。闰七月，福建参将宋彰宣布将银矿收归官办，岁课银3090两，比永乐元年(1403)增加1000多两，叶宗留等不堪官府盘剥，率矿工起义。明正统十一年(1446)三月，叶宗留被推荐为“大王”，与福建邓茂七领导的起义军相配合，攻破浙闽赣边界府县多处，东南震动。明廷遣御史柳华督三省兵分头镇压，先后为起义军击败。明正统十三年七月，叶宗留大败明军于处州境，杀都督佥事陈荣(一说陈诏)，后移军转战于金华诸县，其苏牙、俞伯通部(起义军遂昌部)一度攻克兰溪，后被金华知府石瑁击败，苏牙阵亡。起义军退回丽水宣慈乡②。明正统十四年正月，矿工陶得二率数千人围攻处州城，杀参议耿定、佥事王晟，声势复振。四月，陈鉴湖自称大王，国号太平，改年号泰定元年，设立官吏将帅。朝廷命兵部尚书孙原贞诱降陈鉴湖、叶宗留，解送京师遭诛(《明史》载，起义军内讧，陈鉴湖杀叶宗留)。叶宗留部将陶得二坚决拒降，杀明廷使者，领导起义军继续斗争，攻克遂昌县，杀指挥弓礼、县丞张智。明景泰二年(1451)九月，朝廷命孙原贞率大军进捣浙南，在瑞安县南部山区③击败起义军，陶得二被俘牺牲，招抚3600多人。

抗倭斗争

明嘉靖三十二年(1553)，日本倭寇500多人窜犯青田、丽水境地，转掠松阳，知县罗拱宸率兵阻击，倭寇从水道逃走。参将俞大猷率水兵追击，毙俘倭寇69人。明嘉靖三十四年四月，倭寇数百人窜犯青田县小峙、沙埠等地，烧杀抢掠，兵民被杀害和溺水而死2000多人。明嘉靖三十七年四月十七日，倭寇再窜青田，烧毁民房5000多间，杀死3000多人，掳去男女1000多人，围城7个昼夜。县丞熊缨率军民奋战，民壮杜定等射杀倭寇10多人。叶仁锡等偷营火烧贼巢，杀死杀伤倭寇200多人，倭寇劫走20多船物资东逃。五月，倭寇再犯青田县城，围城10日，后窜向丽水，分守参议曹金率部登城拒守，戒备森严，倭寇不得逞，4日后退去。处州把总陈冕率兵出御台州，抵达台州临海白水洋，一举擒倭200人，授千总衔。明嘉靖四十三年，陈冕率兵夜袭寇穴，并追下海，斩杀倭寇800人，溺毙

① 吴军：朱元璋称吴国公，其军队亦称吴军。
② 宣慈乡：2010年属武义县。
③ 南部山区：2010年属泰顺县境。

倭寇 3000 人，营救被掳群众千多人。

平定耿精忠之乱

清康熙十三年（1674）三月二十九日，靖南王耿精忠应吴三桂之约，据福州起兵反清，迅速掠取福建全境，五月分兵三路进取浙江，耿精忠东路主将曾养性率徐尚朝、冯公辅、沙有祥等将领，以前军万余人攻陷龙泉、云和、遂昌、松阳、景宁，六月十三日，丽水、青田、缙云相继陷落。清康熙十四年四月，硕康亲王杰书遣副都统玛哈达自金华率军攻处州，于桃花岭[①]击败耿精忠部将沙有祥，克缙云，占处州。同年夏，清镇东将军拉哈达攻克云和、松阳等县。清康熙十五年十月，龙泉耿军冯公辅部降清。清康熙十九年八月二十一日，耿精忠在浙江沿海水师被歼灭或归降。

第二节　近代战事

太平军转战处州

清咸丰八年（1858）三月十九日，太平天国翼王石达开命部将协天燕石镇吉率部从龙游翻越春萌岭，二十日占领遂昌，二十三日攻占松阳，打死知县张士超等。二十七日攻占处州府城。四月初七，石镇吉在丽水北乡银场发起攻击，打败周天受部，打死知府唐宝昌、都司马元镇、守备封汝蒲等清军官兵。次日，占领缙云。二十三日，占领云和。石达开因久攻衢州不下，转进福建。驻缙云、宣平、处州、云和、松阳等地太平军相继撤离，集结龙泉县。七月初七，清军抵达龙泉杨梅岭，向太平军发起攻击，双方激战三天三夜，太平军主力部队越过仙霞岭，进入福建浦城。

清咸丰十一年（1861）五月初六，太平天国侍王李世贤部黄呈忠、范汝增、练业坤合军攻占遂昌，十一日占领松阳，十二日在松阳和丽水交界处的堰头，打败阻截的清军，打死处州知府李希郊。十四日，占领宣平。十六日，再克处州府城。十九日，攻占缙云，次日退出，前往永康，与李仁寿部会师。二十八日，前往金华与李世贤会合。九月十一日，李世贤部花旗军自龙游南进，连克遂昌、松阳，十七日，三克处州府城。清总兵特保、知府李澍败逃青田石帆。清同治元年（1862）正月二十日（2 月 18 日），李世贤部将白承恩率领数万太平军自处州攻克青田。二十九日直扑温州府城，数战未克。五月十三日（6 月 19 日），经青田、过景宁、出云和，与李世贤主力部队会合。七月，李世贤、谭体元部与福建总兵林文察部作战于遂昌大柘峡门口，太平军失利。七月十九日，福建总兵秦如虎、林文察、台湾总兵曾元福攻占处州府城。处州、缙云相继失守，太平军北撤。

光复处州城

清宣统三年（1911）十一月二十五日，光复军领导人吕逢樵率光复军 300 多人，编为 3 队，分别由赵舒、吕嘉益、吕振中指挥，进军丽水虎啸门外，地方士绅孙寿芝、项际虞等劝导浙江后路陆师巡防队帮统李茂清投诚，处州知府萧文昭交出印信簿籍，光复处州城。

---

① 桃花岭：2010 年缙云县城西南。

缙云之战

民国16年(1927)1月2日,北伐军第26军得悉北洋军阀孙传芳部第12师师长周荫人部北上,即指派驻金华的1师1团3营向处州方向疾进,以迟滞周部的行动。3日,该团进至永康与缙云交界的前仓附近。5日,周部得悉北伐军逼近缙云,6日9时,急忙将其驻黄碧街的先头部队撤回缙云县城。北伐军1团3营追至缙云城北之黄龙、凤岭下。周部二三百人守卫在城北莲塘、七里、经堂、三里街等前沿阵地。7日6时30分,3营10连突破莲塘,向三水塘前进。7时,北伐军占领三里街,缴获机枪2挺。12连连长胡云樵阵亡。10时30分,周部约2个团在缙云北门集结,向北伐军反扑。11时30分,9连连长丁友松和1排排长鲁伟负伤,士兵伤亡八九十人。9日上午,1团退至永康,12日到龙游五都,与第26军1师会合。

第三节　现代战事

浙南红军攻袭处州城

民国19年(1930)3月17日,中共永嘉县中心县委召开第三次扩大会议,决定攻打反动势力比较薄弱的丽水城(旧处州府城)。浙南红军游击总指挥部400多人,在总指挥胡公冕的率领下,从缙云、永嘉边界出发,有步枪、土枪300多支,还有大刀、长矛、木棍等器械。部队经青田到丽水。3月19日凌晨,胡公冕带领几个人登上处州城的厦河门城头,再悄悄地摸下城去,设法打开城门,攻城的大队人马迅猛地冲入城内。攻打警察局的一路人马,动作最快,率先进攻,抓到一批俘虏,缴获部分枪支。但这时攻打司令部的队伍尚未到达,无法歼灭守军的有生力量,反而招来国民党武装的反击,双方展开巷战。终因寡不敌众,撤出战斗。大部回师永嘉五濑。

红军第十三军攻克缙云城

民国19年(1930)8月25日,中国工农红军第十三军政治部主任陈文杰和第一团团长雷高升率红军1000多人,在永嘉与缙云交界的上董集中。30日出发,第二天到达缙云县城南郊。缙云县城四周群山环绕,好溪自东往西沿城而过,溪上有一座铁索桥和一座石板桥。红军首先向守桥的国民党保安部队发起强攻,击溃其一个机枪连。县长郑禧闻风逃遁。红军部队占领县城,缴获机枪2挺、步枪50多支、驳壳枪20多支、子弹9担。红军在城内对群众开展宣传活动,并将没收的盐、布匹等分给穷人。9月2日,主动撤离缙云县城。

竹口大捷

1934年8月30日,红军北上抗日先遣队前卫师到庆元竹口后,在瓦窑山上部署一个连,担任警戒任务,在培兰亭安排步哨2人。

浙保第一纵队第二支队司令杜志成率浙江保安第3团(欠一营)、浙江省政府保卫团2个基干队,由庆元县保卫团带路,向庆元县进发。下午4时,发觉红军守住瓦窑山隘口,部署一个连从小溪东岸进攻红军，一个连占领山角林尖。杜志成率其余部队通过后坑桥，在桥西南高地部署一个机枪连，指挥所和迫击炮分设前后岗，主力则绕道至瓦窑山西侧的官山一线。军团部即令第三师一个营，在黄坛堵截敌援兵，军团部率部赶往竹口。军团司令指挥部设在村对面山上，寻淮洲、粟裕等军团首长亲临阵地指挥。瓦窑山红军突遭攻击。前卫师指挥所向瓦窑山阵地增派2个连。浙保三团团长何世澄亲至官山督阵，一个连被打垮，又调一个连，倾其全力争夺瓦窑山。红军坚守阵地，连续打退敌人十几次冲锋。天黑前，红军组织反击。东路前卫师的一个连，占领后坑桥东侧的山地，西路加强师主力，从下济桥至洋源一线向前后岗侧后突击，占领制高点。在红军猛烈反击下，前后岗上的敌指挥所仓皇后撤，迫击炮连和后坑桥西南高地上的机枪连弃炮丢枪，四处奔逃。杜志成率残部于天亮时逃到小梅，退至龙泉城固守待援。9月1日上午，红军在后坑村活捉国民党庆元县长张致远。竹口战斗，歼敌300多人，俘虏200多人，缴获迫击炮2门、轻重机关枪11挺、长短枪200多支、弹药若干。浙保三团团长何世澄自杀身亡，庆元县保卫团副团长丁南被击毙。红军牺牲20多人。

红军挺进师转战浙西南

庆元斋郎战斗 民国24年(1935)4月24日，中国工农红军挺进师摆脱尾追的国民党军，至庆元县斋郎村。28日，浙江保安第一团团长李秀率1200多人，福建保安第二团团长马洪琛率1000多人，并在近千人大刀会徒配合下，从东北、正东和东南三个方向，对红军挺进师实行分进合击。28日上午，战斗打响。手持刀枪的大刀会徒，漫山遍野地压向红军部队。挺进师指战员军事和政治双管齐下，不到半天，将他们瓦解。浙保第一团李秀部骄纵轻进，红军小分队将其诱至大岩头、牧牛场红军预设阵地前沿，居高临下，突然冲杀，杀伤敌300多人，俘虏约200人，缴枪150多支。敌团长李秀被打断一只手，率残部向斋郎东北20千米的英村逃窜。从东南方向烂泥村赶来的福建保安第二团团长马洪琛感到孤立无援，带着部队遁走，斋郎战斗结束。

第一次反清剿 民国24年(1935)8月，国民党当局成立“闽赣浙皖边区清剿总指挥部”，调集以第十八军为主力共40个团约7万兵力，“清剿”浙西南革命根据地。是时，挺进师和地方游击队、各级苏维埃政府人员仅3000多人。面对严峻形势，挺进师各部根据挺进师政委会决定，分头行动：第二、五两个纵队坚持根据地内斗争，其余主力跳出国民党军包围圈，挺进敌后，调动和打击国民党军。但国民党军仅派出五个团“追剿”挺进师主力，大部队仍留在浙西南“清剿”。第二、第五纵队及地方游击队坚持在根据地内浴血抗击。至10月底，根据地遭血洗，中心区域丧失，地方党组织、苏维埃政府、地方游击队、革命群众组织被破坏殆尽。第一纵队第一支队挺进浙东，寻找浙东党组织，巩固、扩大浙东游击区。第三纵队第九支队进入庆元、景宁、云和以南，泰顺、寿宁以西北地区活动。刘英、粟裕率师直属队和第一纵队第三支队、第三纵队第七支队等南下闽浙边境，并与闽东红军会合，成立中共闽浙边临时省委，开展游击斗争，创建新的根据地。

第二次反清剿 民国26年(1937)1月，国民党当局闽浙赣皖边区主任公署主任刘建绪，调集43个团共10多万兵力，“清剿”四省边区，企图在第二次国共合作之前剿灭南方红军游击队。“清剿”重点是浙西南、闽浙边(含浙南)地区。粟裕率部第四次返回浙西南，坚决开展反“清剿”斗争，采取“化整为零”战术，与浙西南特委、第二纵队一起，时而分散、时而集中打击敌人。其间，许信焜、杨干凡、肖国标等领导人牺牲。同时，中共闽浙边临时省委和挺进师各部领导人向国民党地方当局发

出“停止内战，一致抗日”的呼吁。民国 26 年 9 月，国民党军迫于全国抗日形势压力，停止“清剿”挺进师和革命根据地。

民国 24—25 年(1935—1936)丽水地区中国工农红军挺进师主要战斗一览

表 31-6-3-1

战斗名称	作战日期	作战地点	参战兵力		战斗结果
			工农红军	国民党军	
溪头战斗	1935 年 3 月下旬	龙泉县溪头村	挺进师 500 多人	浙江保安基干中队	歼保安基干中队
小梅战斗	1935 年 3 月 25 日	龙泉县小梅镇	挺进师 500 多人	浙江保安基干队 1 个分队	全歼保安基干队 1 个分队
沙湾战斗	1935 年 4 月	景宁县沙湾镇	挺进师主力	景宁县民团	歼民团 30 多人，缴枪 40 多支
斋郎战斗	1935 年 4 月28 日	庆元县斋郎村	挺进师 500 多人	浙江保安第 1 团、福建保安第 2 团和地主武装“大刀会”3000 多人	歼保安团 500 多人，缴枪 150 多支。挺进师宣传科科长王维信等 20 多人牺牲
茶岙岭战斗	1935 年 5 月	龙泉县茶岙岭	挺进师第 2 纵队	浙江保安团	打垮保安团 1 个营
古市镇战斗	1935 年 5 月17 日	松阳县古市镇	挺进师第2 纵队	保安基干队	歼保安基干队，缴获长短枪 20 多支
住溪战斗	1935 年 7 月中旬	龙泉县住溪乡	挺进师第 1、2、3 纵队	龙泉县保安基干中队	全歼保安基干中队，缴长短枪 30 多支
王村口战斗	1935 年 7 月	遂昌县王村口	同上	遂昌县保安基干中队	全歼保安基干中队
燕田战斗	1935 年 8 月28 日	松阳县燕田村	挺进师第 5 纵队 300 多人	浙江保安第 3 团	歼保安团 10 多人，缴获轻机枪 1 挺，步枪 4 支。挺进师牺牲 12 人，伤 10 多人
麻士尖战斗	1935 年 9 月2 日	松阳县庄后村	挺进师第 5 纵队和地方游击队 300 多人	浙江保安团 2 个营	歼保安团 4 人，游击队牺牲 20 多人，伤 10 人
上田战斗	1935 年 8 月8 日	龙泉县上田村	挺进师和游击队 200 多人	浙江保安团独立第一营	毙伤敌100 多人，缴获武器弹药一批
赤源战斗	1935 年 9 月25 日	龙泉县安仁镇赤源村	挺进师第 3 纵队和师直属队	—	挺进师第 3 纵队纵队长刘汉南等牺牲
青草坪战斗	1936 年 3 月	龙泉县青草坪	浙西南独立师一部和广浦独立营	福建浦城保安团	歼保安团 1 个连

日军入侵丽水

空袭轰炸　全国抗战前期，日军自民国 27 年(1938)2 月首次轰炸丽水机场，后长期轰炸丽水，以期摧毁这一浙江抗战的后方基地；民国 31 年日军开展浙赣战役期间，疯狂轰炸丽水，以便配合地面部队入侵丽水；抗战末期，为了挽回败局而发动“大陆交通线战役”的日军，又数次大规模轰炸丽水。日军对丽水的轰炸区域广，除景宁县因山高飞机难以低空盘旋而幸免于被轰炸之外，其余各县均遭日机轰炸。日军对丽水的轰炸时间长，自民国 27 年 2 月首次轰炸，至民国 34 年 8 月抗战结束，连续 8 年都有轰炸。日军对丽水的轰炸次数多，丽水各县遭日机 450 多次轰炸，仅丽水县就遭 365 次轰炸。日军对丽水的轰炸造成损失大，尤其以丽水、龙泉、遂昌等县城最为惨重，其中丽水县城三坊口、四牌楼、府前、仓前等繁华地段，被炸毁后又重建，重建后又被炸毁，竟达三四次之多。

地面入侵　民国 31 年(1942)6 月 22 日，小薗江混成旅团主力分左、右两个纵队，从武义出发，南下经缙云县境向丽水县城入侵。右纵队约 3000 人，经缙云西乡新建区避开缙(云)丽(水)公路间的国民政府军正面阵地，从东渡、桃花岭、丽水北部太平乡一线突入。24 日傍晚，日军占领丽水县城。同日，浙江省国民政府机关从云和县迁往景宁县。之后，小薗江混成旅团的左纵队也侵入丽水县城，汇合后的日军约 5000 人，后随战局发展日军人数有所增减。日军占领丽水城之后，一部留守丽水城，其余主力分南北两路沿瓯江两岸往东攻掠，7 月 9 日占领青田县城，进而发动温州战役，与日本海军会合，将沿途劫掠的大量物资从海上运走。

7 月底，原田混成旅团自龙游入侵遂昌，8 月 1 日破遂昌县城，随后南犯松阳古市。同时，日军奈良支队由丽水城出发，经碧湖西窜松阳裕溪，与日军原田旅团会合并从属于该部。8 月 3 日，日军进占松阳县城。同日，日军企图进攻原浙江战时省会云和，在松阳、云和边界方山岭遭中国军队阻击，地面入侵云和未果后，日军试图沿丽(水)云(和)公路进击云和小顺的浙江铁工厂，进而攻击云和县城，遭到国民政府军 32 师阻击而未能得逞。

此后两军在丽水地区的作战进入相持阶段，前后进行了数十次大小战斗。丽(水)温(州)战役期间，驻温州的日军亦数度侵入青田。8 月 26 日至 27 日晚，日军分三批撤离丽水城，沿金(华)丽(水)公路经缙云黄龙、黄碧退向永康，其中步兵居多，兼有骑兵、炮兵、民夫，并有青年女子数百人，共 14000 多人。28 日，浙江省保安第五团收复丽水城。与此同时，盘踞松阳的日军撤离。9 月 1 日，浙江省战时省会由景宁回迁云和，浙赣战役丽水战事结束。此次日军地面入侵丽水地区，计有丽水①、缙云、青田、宣平、遂昌、松阳等 6 个县沦陷。

民国 33 年(1944)，日军在太平洋的海上交通线被美国海军切断，日军发动旨在打通本土和南洋联系的“大陆交通线”战役，各战区日军配合作战。8 月，日军发起第二次浙赣战役，也称龙(游)衢(县)会战。盘踞金华、武义的日军 70 师团、60 师团之 5 个大队 6000 多人，在伪军 3000 多人配合下，再次入侵丽水。22 日开始，日军突破中国军队的节节阻击，于 26 日中午兵临丽水城下。驻守的国民政府军 21 师 63 团以一团兵力抵抗近万之敌，死守孤城。经一日激战，包括团长彭孝儒在内，全团官兵千余人大部阵亡，丽水县城陷落。29 日，日军三四千人企图沿瓯江东犯青田、温州，因一路受到阻击，至 9 月 3 日，日军方能向海口、青田县城移动。11 日，日军千余自青田回窜丽水。16 日上午 9 时，日军撤离丽水县城。

在日军两次地面入侵中，除云和、景宁、龙泉、庆元 4 个县外，其他 5 个县(宣平县于 1943 年 5 月划归第四行政督察区管辖)相继沦陷。缙云县数度沦陷，日军 7 次过境；丽水城于 1942 年 6 月 24 日至 8 月 28 日、1944 年 8 月 27 日至 9 月 16 日两度沦陷；遂昌县城于 1942 年 8 月 1 日至 2 日、8 月 15 日至 19 日两度沦陷；松阳县城于 1942 年 8 月 3 日至 28 日沦陷；青田县城于 1942 年 7 月 9 日至 10 日、7 月 28 日至 29 日、8 月 5 至 6 日、8 月 18 日至 19 日、1944 年 9 月 4 日至 6 日、7 日至

① 2010 年称莲都区。

13 日六度沦陷。

丽水解放战事

游击战争发展 民国 36 年(1947)8 月中旬，组建浙江壮丁抗暴自救军第 3 总队。8 月，浙江保安 2 团陈柬夫组织丽水、缙云、宣平三县边区清剿指挥所，进驻丽水西溪村进行清剿。8 月 31 凌晨 2 时，袭击丽水县碧湖区署、警察所，上午袭击大港头国民党浙江铁工厂，俘敌 7 人，缴获中正式步枪 60 多支，套筒枪 20 多支。伏击尾追国民党浙保 2 团一个连，毙伤敌 10 多人，缴枪 3 支。民国 37 年 8 月 25 日，自救军第 2 大队攻打缙云县双溪口二百田村国民党缙云县第 2 常备队，俘队长以下 33人，缴获步枪 28 支、轻机枪 1 挺，打开粮仓分粮 25000 多公斤，济贫 3000 多人。同年 9 月，浙江壮丁抗暴自救军第 3 总队更名浙南人民解放军第 3 支队。10 月 10 日，浙江保安旅一部和青田县自卫总队约 3000 人，分四路包围青田缴获轻机枪 4 挺，步枪 25 支。民国 38 年 1 月 21 日，民国缙云县长陈祖康率县自卫队到舒洪、新美征粮，浙南人民解放军第 3 支队政委傅振军率警卫大队在缙云县稠门岭袭击，毙敌 3 人，俘 2 人。1 月 26 日，第 3 支队第 2 大队大队长张之清、副大队长李新依据万山革命根据地，率浙南游击纵队第 13 区队在黄垟进行反击，毙敌官兵 15 人、生俘 43 人。袭击叟岭区公所，毙敌 1 人，伤 1 人，俘 10 多人，缴获枪 20 多支，打开老竹粮库，将 15 多万公斤粮食分给贫苦农民。

国民党松阳、丽水县长起义 民国 38 年(1949 年 9 月 30 日止)3 月上旬，浙东人民解放军第 6 支队第 8 大队 100 多人抵松阳县三都乡淡竹村。支队长应飞、路南特派员卜明与特委委员林世圃商谈后，策应国民党松阳县长祝更生起义。11 日傍晚，引导祝更生至淡竹村，与卜明、应飞商讨起义计划。12 日傍晚，祝更生以召开县政会议为名，召集豪绅 20 多人开会，宣布起义。午夜，又召集县府官员和职工，痛陈蒋介石祸国殃民的罪行，号召大家起义，参加革命队伍。13 日早晨，县府门前高悬“欢迎松阳解放”的横幅。14 日，策应丽水县自卫队总队副总队长胡永孚率领导 500 多人在碧湖起义。15 日，松阳县县长祝更生和丽水县县长张慕槎联名发表《致全国同胞书》，向全国各界发出起义通电。两县起义人员在宣平县畎岸马村[1]与浙南人民解放军第 3 支队第 2 大队、浙江人民解放军第 6 支队第 8 大队会师。成立中共松宣遂工委，林艺圃为书记。将松阳起义部队 300 多人改编为松宣遂人民游击支队，祝更生任支队长，林艺圃任政委。丽水县起义 300 人，改编为丽缙永武人民游击队，支队长胡永孚，政委张之清。

3 月 18 日，浙江省国民政府调陈诚部第 11 师和浙江保安团 6000 多人到丽水、松阳“围剿”起义部队。4 月 1 日，松阳县民主政府副县长王桂五率松宣遂人民游击支队第 2 大队到高亭村。2 日拂晓，国民党军 11 师 33 团偷袭第 2 大队，支队秘书吴鑫虎等 15 人壮烈牺牲，王桂五等 38 人被俘。大队教导员耿易带部分战士突出重围。4 月 16 日，政委林艺圃率松宣遂人民游击支队攻克松阳县城，歼丽水保安营第 5 连。松阳再次解放，县长李和涛越墙逃跑。

中国人民解放军解放丽水 民国 38 年(1949 年)5 月 8 日，中国人民解放军第 2 野战军第 11、第 12、第 16 军各一部，从金华、龙游、衢州分三路向南进军。浙南人民解放军第 3 支队、松宣遂人民游击支队和各县武工队、民兵积极配合，围歼国民党军第 6 兵团李延年残部。至 5 月 17 日，丽水地区 9 个县全部解放，歼敌 2 万多人。5 月 8 日，第 11 军第 32 师解放遂昌县。第 11 军 32 师第 96 团进

---

① 2010 年称莲都区。

驻松阳县城。5月9日，第11军第32师、第12军第34师解放缙云县。5月10日，第33师、第34师解放丽水县，国民党军第6兵团李延年残部仓皇南逃。5月11日，第32师第95团解放云和县。5月12日，中共景宁县委率领武工队进城宣布景宁县解放。5月13日，第33师第97团在浙南游击纵队第2支队第1大队和民兵配合下解放青田县。5月13日，第16军第47师解放龙泉县。5月17日，第47师第139团解放庆元县，该县自卫总队副总队长郑可健率部410人投诚。

剿匪战事

1949年5月17日，丽水全区解放。全区有土匪40多股，匪徒8000多人。经部队、民兵和公安部门武装剿捕、政治瓦解，至1952年6月，剿匪作战144次，搜捕49次，基本肃清匪患，毙、俘、自新土匪7979人。

陈迪化等股匪歼灭　1949年7月，匪首陈迪化组织浙东义勇总队第11支队，自任支队长，下辖9个大队和1个独立中队300多人，有轻机枪7挺和冲锋枪300多支，是丽水地区人数最多的一股土匪。8月16日，文成县游击队，在中共丽云区委的配合下，冲进郑地村，经过半小时激战，毙匪40多人，俘匪84人，抓获支队长陈迪化。8月24日夜，由于看守不严，陈迪化挖洞越狱逃跑。9月中旬，陈迪化恢复第11支队，下属大队18个，1300多人。建立边区政府办事处3个、情报站(组)27个，委派"乡长"30人，一时横行于浙西南山区。9月9日，陈迪化率匪徒400多人，在云和石塘马坑桥伏击从丽水护送物资的中国人民解放军。杀害5人，绑架26人，抢去轻机枪1挺、步枪10支、子弹2000多发，人民币700多万元(旧人民币)，以及被服等物资。10月25日，松阳县大队在丽水曳岭区畎岸剿匪被陈匪包围，大队长杨凤山、中队长谷明月等7人牺牲，抓走14人。10月下旬，匪浙东义勇总队司令陈庆尚与陈迪化的11支队纠集在一起。

第7(丽水)军分区将主力集结于大港头，调各县武装，清剿匪徒11支队。11月1日拂晓，军分区警备团2营及侦察连一部，在丽水县大队和民兵配合下，向畎岸发起突然袭击，一举歼灭匪边区政府办事处及警卫大队大部。11月2日6时许，剿匪部队在黄弄村合击匪支队部，经1小时激战，歼匪4个大队及独立中队，夺回边区政府办事处3个，俘匪司令陈庆尚及匪徒140多人。陈迪化股匪尚有400多人。剿匪部队对土匪开展强大的政治攻势。老竹村匪徒自首近40人，正岙、郑地匪徒自首20人。12月2日夜，丽水县缸窑村农民协会开会，陈迪化股匪60多人包围并冲进会场，用冲锋枪扫射，27人倒在血泊中。1950年2月23日夜，陈迪化被其部属击毙在白云山上。不久，陈匪残部有的被歼灭，有的被瓦解，全部消灭。

潘荣股匪组织的闽浙赣边区人民反共救国军第1纵队第2总队和柳师元股匪组织的浙江反共青年救国军第1团，各有匪徒200多人，流窜于景宁、庆元、寿宁县边境，烧杀抢掠，严重威胁新生的人民政权。1950年7月至1951年7月，第七军分区剿匪部队和民兵多次围剿搜捕，毙俘匪30多人，携械投诚数十人，缴获长短枪48支，匪首潘荣、柳师元潜逃后被民兵抓获，1952年1月和2月分别被处决。

龙泉县以陈启新为首的股匪270多人与地主勾结，杀害乡村干部、群众40人。1951年1月15日，在青溪乡红岩被剿匪部队和民兵包围全歼。

至1951年5月，松阳县剿匪采取"军事清剿，政治攻势，群众工作"三结合方法，俘获土匪510人，肃清境内股匪活动。

1949年5月，遂昌解放初期，遂昌县武装土匪3股，残杀干部、民兵和积极分子，抢劫湖山供销社，混入人民政府机关和农会组织，造谣惑众，严重威胁人民生命财产安全。至1950年，遂昌县剿匪部队军事清剿与政治瓦解相结合，基本肃清境内土匪，缴获轻机枪5挺，步枪106支，手枪2支，子弹760发，手榴弹5枚。

偷渡登陆的海匪歼灭　1951年7月24日4时许，浙江人民反共突击军第7纵队和第28纵队[①]约360多人，携60炮、轻重机枪、冲锋枪、卡宾枪、手枪、火箭筒、电台等武器装备，在乐清湾偷渡登陆，向雁荡山纵深地区流窜。在龙西乡上山村，解放军第105师所属部队、乐清县独立营和民兵歼灭陈和贵匪部200多人，仅陈和贵带20多人逃跑。以陈杰为首的海匪160多人窜入青田、缙云县交界的大洋山。7月31日，缙仙区民兵1个班与海匪交火，伤2人、亡3人。8月1日晨，海匪窜到木栗，洗劫大洋区公所。缙云县独立营500多人在民兵配合下前往截击。3日下午，该营第3连与海匪交火，毙匪36人。4日，海匪袭击青田县船寮区公所，区长王道成等干部12人被杀害。13日，窜到景宁海匪10多人，被小顺乡平盘村民兵队长叶耀水发现。渤海区政府区长詹志言带领民兵8人，埋伏在同桥汇角，毙匪8人，俘匪3人。一股海匪87人窜到丽水黄山头、清水塘、七百秧一带，被丽水军民围歼，毙俘70多人，缴获电台2部、重机枪4挺、枪支弹药一批。经第5(温州)、第7(丽水)军分区联合剿匪指挥部组织部队和民兵近一个月的清剿，除匪首陈杰等7人逃跑外，其余全部被歼灭。剿匪部队和民兵伤亡12人，其中伤2人，亡10人。

“七星会”暴乱平息　1952年5月9日上午，“七星会”约700人，其中青田北山“七星会”道徒有200多人，在刘振初、雷天成指挥下，在文成县南田区发动暴乱，有枪支、大刀的武装暴徒10多人，袭击乡政府，杀害乡干部，扬言要铲平文成、青田、景宁三县交界的几十个区乡，攻占县城，直取温州。青田、文成、景宁三县成立反道指挥部，青田县副县长杨进尧任指挥，县人武部副部长潘如楷任副指挥，率区中队和民兵参加平息暴乱，抓获参加暴乱的“七星会”道徒400多人。文成平暴部队和民兵抓获“七星会”道首27人，道徒305人，7月3日，七星会“皇帝”李荣银被民兵抓获。至11月28日，查清“七星会”坦门495处，道首227人，“七星会”被定为反动道会门取缔，道徒6728人退会。

附

丽水市抗日战争时期人口伤亡和财产损失

2006年3月至2008年8月，中共丽水市委党史研究室对丽水市抗日战争时期人口伤亡和财产损失进行调查。

人口伤亡

民国27年(1938)2月6日，日本侵略军首次轰炸丽水，日机3架，投弹6枚，炸死修丽水机场民工一批，炸毁民房3间。至民国34年8月，丽水各县轰炸450多次，其中丽水县365次，投弹1796枚，直接人口伤亡1895人，其中炸死1242人，炸伤653人。民国31年4月23日，轰炸丽水日机8架，投弹8枚，其中燃烧弹3枚，一枚炸塌姜山背槐花树下防空洞口，躲在洞里的职工、居民遇难60多人，其中邮电职工和家属死亡54人，朱家堡局长一家8口全部遇难。

---

① 浙江人民反共突击军第7纵队和第28纵队：代号“黑虎部队”，以陈杰、陈和贵为首。

民国31年(1942)6月至33年9月,日本侵略军侵犯缙云、青田县4次,侵犯丽水县2次,侵犯遂昌县、松阳县1次。直接人口伤亡6978人,其中死亡2956人,受伤1803人,失踪2219人。据松阳查实,日本侵略军入侵使松阳军民死亡1217人,其中西屏镇南街电灯厂水池内尸体140多具,日本侵略军标明"南死刑场",集中安葬无名尸体墓78具。

民国27年(1928)冬至34,日本侵略军细菌直接人口伤亡7844人,其中染病死亡6204人,受伤1640人。丽水县保定村传染鼠疫81人、死亡69人,张通宝全家死绝,房屋被焚。

丽水市直接人口伤亡16717人,其中死亡10402人、受伤4096人、失踪2219人。间接人口伤亡8032人,其中死亡2013人、受伤4157人、失踪1862人。单独统计人口伤亡5338人,其中驻丽国民党军103人,丽水籍抗日国民党军5218人,境内汉奸17人。累计伤亡人口24869人。

财产损失

抗日战争期间, 丽水地区财产损失48801.18万元。社会财产直接损失折合民国26年(1937)7月法币(下同)8064.17万元,其中工业1963.82万元,农业712.72万元,交通641.6万元,财政5.23万元,商业974.37万元,金融6.52万元,文化37.43万元,教育1369.92万元,公共事业56.43万元,人力资源1.09万元,其他损失2295.05万元。

社会财产间接损失37714.46万元,其中工业5099.44万元,农业23385.36万元,交通39.5万元,邮政0.42万元,商业1031.39万元,财政25.44万元,金融6.3万元,教育13万元,公共事业7814.66万元,人力资源110.03万元,其他损失188.93万元。

居民财产损失3022.54万元,其中房屋1365.75万元,禽畜122.08万元,土地2.76万元,树木30.82万元,粮食87.29万元,服饰1016.83万元,生产工具3.19万元,生活用品201.26万元,其他损失192.06万元。

第七章　军事组织

隋朝,处州府成立之初,并无军事机构。丽水军事机构设置始于唐代。浙江东道节度使统领处州等八州兵事。宋代,军种比较复杂,分禁军、厢兵和乡兵、蕃兵①。其中禁军建制有厢、军、指挥(营)、都②。宋处州设1指挥。元代,诸军建制为队、百户、千户、万户③。百户和千户设所,万户设府,府分上中下④,府设达鲁花赤、万户、事万户各1人。元设处州下万户府,明代,军队的基本组织形式是卫所

① 禁军、厢兵和乡兵、蕃兵:禁军即中央正规军;厢兵即诸州镇兵;乡兵即不脱离生产的壮丁;蕃兵即西北边羌族之兵。

② 厢、军、指挥(营)、都:百人为都,五都为指挥,五指挥为军,十军为厢。

③ 队、百户、千户、万户:十人为队,十队为百户,十百户为千户、十千户为万户。

④ 府分上中下:统兵7000人以上称万户府,统兵5000人以上称中万户府,统兵3000人以上称下万户府。

制，凡重要城镇、交通要道路、关隘路口设卫所。明处州设寻守御千户所。清，处州卫改为处州协城守营。民国时期，国民政府设丽水专区保安司令部，中国工农红军挺进师设立浙西南军分区。中华人民共和国成立后成立丽水军分区，1952 年 6 月丽水军分区撤销，1963 年 5 月重建。

第一节 唐至清代军事组织

唐乾元元年（758），置浙江东道节度使，治越州，领处州等八州兵事。

宋庆历年间（1041—1048），两浙路驻有 18 指挥。处州设 1 指挥，编制员额 500 人，由指挥使和副指挥使统领。

元至元二十二年（1285），设处州下万户府，府设达鲁花赤、万户、副万户各 1 人，统兵 3000 人，归江浙行省枢密院节制。

明洪武元年（1368），处州始行军卫法，寻守御千户所。明洪武八年，置处州卫，设指挥使 3 人，指挥同知 6 人，指挥佥事 13 人，辖镇抚司和左右中前后 5 千户所，原额旗军 5600 人，隶属浙江都指挥使司。明嘉靖三十一年（1552），浙江设提督军务巡抚 1 员（简称“都抚”），下辖兵备 6 员。温处兵备 1 员，驻温州，分巡温州、处州二府兼管兵备。明嘉靖三十五年，置温处参将，驻温州，辖中军名色把总 1 人，陆兵名色把总 9 人，哨官 36 人，陆兵 9 总，有军兵 4594 人，水兵 2 支，有军兵 3068 人，战船 68 只。明嘉靖三十九年，置温处兵巡道，辖中军名色把总 1 人，哨官 4 人，陆兵 1 总，有军兵 498 人，水兵 1 支，128 人，战船 8 只。

清顺治六年（1649），处州卫改为处州协城守营，设副将 1 人，辖左右 2 营，有官兵 1257 人，分别防守各县，大县 80 人，中县 50 人。清康熙四十九年（1710），处州协营副将移驻平阳。平阳镇总兵移驻处州，更名处州镇，设总兵 1 人，下辖镇标中左右 3 营，有游击、守备、千总、把总等官 42 人，马步战守兵 2631 人。处州镇辖金华协城守营、衢州协城守营。清康熙五十二年，置丽水协城守营，有守备、千总、把总等官，马步战守兵 435 人。清雍正十三年（1735），衢州协城守营改为衢州镇，处州镇辖处州、金华城守营，隶提督管辖。校场在南明门外，小校场在枣山铺，火药局在兴贤铺万象山麓。清光绪二十八年（1902），裁撤卫所，改省防军为巡防队。第五路巡防队驻温、处二府，统领驻永嘉，帮统驻丽水。清宣统三年（1911），处州巡防队帮统李茂青向光复军投诚，成立处州军政府分府。

清代处州军事官员一览

表 31-7-1-1

姓　名	籍　贯	职　务	任职时间
刘世昌	辽东	处州协营副将	顺治年间
李　荣	辽东	处州协营副将	顺治年间
王茂才	—	处州协营副将	顺治年间
管良壁	—	处州协营副将	顺治年间
申宏论	—	处州协营副将	顺治年间

续表 31-7-1-1

姓　名	籍　贯	职　务	任职时间
姜腾蛟	—	处州协营副将	顺治年间
熊兆乾	—	处州协营副将	顺治年间
孔国元	—	处州协营副将	康熙十六年(1677)
刘天锡	—	处州协营副将	康熙二十年(1681)
赵彝鼎	绥德	处州协营副将	康熙二十一年(1682)
武得荣	尉氏	处州协营副将	康熙二十四年(1685)
马鼎元	长安	处州协营副将	康熙二十八年(1689)
朱元英	京卫	处州协营副将	康熙二十九年(1690)
颇群佑	宣化	处州协营副将	康熙年间
李宗仁	湖广	处州协营副将	康熙年间
左世平	正黄旗	处州协营副将	康熙四十八年(1709)
姚　堂	福建临安	处州镇总兵	康熙四十九年(1710)
崔相国	湖北	处州镇总兵	康熙五十一年(1712)
薛士杰	山东高密	处州镇总兵	康熙五十五年(1716)
王安国	陕西成县	处州镇总兵	雍正元年(1723)
冉起风	江南	处州镇总兵	雍正六年(1729)
马　璘	—	处州镇总兵	雍正年间
方文登	江都	处州镇总兵	雍正年间
于文焕	—	处州镇总兵	乾隆年间
许世德	成都	处州镇总兵	嘉庆七年(1802)
郭文魁	四川	处州镇总兵	嘉庆十八年(1813)
哈丰阿	满洲	处州镇总兵	道光四年(1824)
韩正国	—	处州镇总兵	道光九年(1829)
汪道诚	江西	处州镇总兵	道光十二年(1832)
高明德	直隶	处州镇总兵	道光十九年(1839)
郑国强	湖南凤凰	处州镇总兵	道光十九年(1843)
梁胜灏	顺天	处州镇总兵	道光年间
韩则禄	凉州	处州镇总兵	道光二十八年(1848)
德　胜	蒙古	处州镇总兵	道光二十九年(1849)
富尔杨阿	满洲	处州镇总兵	咸丰元年(1851)
哈丰阿	满洲	处州镇总兵	咸丰三年(1853)
阿麟保	满洲	处州镇总兵	咸丰五年(1855)
福　胜	满洲	处州镇总兵	咸丰七年(1857)
卓文林	—	处州镇总兵	咸丰八年(1858)
贾开泰	榆林	处州镇总兵	咸丰八年(1858)

续表 31-7-1-1

姓　名	籍　贯	职　务	任职时间
特　保	满洲	处州镇总兵	咸丰十年(1860)
刘万德	四川	处州镇总兵	同治二年(1863)
马德顺	洛阳	处州镇总兵	同治五年(1866)
彭大光	长沙	处州镇总兵	同治七年(1868)
方友才	长沙	处州镇总兵	同治九年(1870)
梁成华	广东	处州镇总兵	同治十年(1871)
刘松亭	长沙	处州镇总兵	光绪元年(1875)
蒋益贤	湖南	处州镇总兵	光绪十三年(1887)
雷芸桂	湖北	处州镇总兵	光绪十三年(1887)
刘元勋	广东	处州镇总兵	光绪十三年(1887)
林耀光	湖南	处州镇总兵	光绪十五年(1889)
秦怀亮	湖南	处州镇总兵	光绪十七年(1891)
曹正兴	湖北	处州镇总兵	光绪十八年(1892)
杨美胜	湖南	处州镇总兵	光绪十八年(1892)十二月
陈济清	湖南	处州镇总兵	光绪十九年(1893)
煜　麟	旗人	处州镇总兵	光绪二十年(1894)
孙昌凯	湖南	处州镇总兵	光绪二十一年(1895)
林耀光	广东	处州镇总兵	光绪二十二年(1896)
郑得标	平阳	处州镇总兵	光绪二十六年(1900)
贺吉祥	湖南	处州镇总兵	光绪二十六年(1900)八月
煜　麟	旗人	处州镇总兵	光绪二十八年(1902)
赵永铭	宁夏	处州镇总兵	光绪二十八年(1902)四月
文占魁	湖南	处州镇总兵	光绪三十二年(1906)
刘东益	湖南	处州镇总兵	光绪三十二年(1906)十月
万起顺	辽西	处州镇总兵	光绪三十三年(1907)
赵永铭	宁夏	处州镇总兵	光绪三十四年(1908)
李茂青	湖南湘乡	巡防队帮统	宣统二年(1910)

第二节　民国时期军事组织

专区保安司令部

民国 21 年(1932)8 月，浙江省政府设置衢处边防司令部，统辖衢州、处州所属各县及遂安、泰顺、平阳等县军事力量。

民国22年(1933)2月,浙江省保安处下设分处4个,其中第4分处辖温、处所属各县,分处驻丽水,分处处长为陈式正。

民国24年(1935)8月,浙江省设置行政督察专员公署9个,同时设置地区保安司令部,专员兼任保安司令。丽水行政督察区保安司令部驻丽水,专员兼保安司令陈式正。

民国27年(1938)12月,丽水行政督察区国民抗敌自卫团成立,专员兼司令。

民国29年(1940)9月,丽水行政督察区国民抗敌自卫团撤销,改编为保安大队。

民国30年(1941)5月,丽水行政督察区保安大队缩编为保安中队,同年下半年,扩编为保安独立大队。民国32年又缩编为保安中队。

民国33年(1944)9月,龙(泉)庆(元)云(和)警备司令部成立,驻龙泉。

民国34年(1945)8月,龙庆云警备司令部更名丽水警备司令部,驻丽水。11月,专区设保安司令部,专员兼司令。

县军事组织

民国17年(1928),中共遂昌县委成立。4月,遂昌县工农革命军建立。民国36年7月,遂昌县武工队成立。

民国20年(1931)4月,各县保卫团队成立,县设团部,由县长兼任团长;区设区团部,由区长兼任区团长。并分别设立县区基干队、常备队。

民国22年(1933)4月,各县保卫团由浙江省保安处接管,并将保卫团改编为基干队、常备队。

民国26年(1937),县保卫团裁撤,更名国民抗敌自卫团司令部,县长兼司令,下辖一至数个中队。

民国27年(1938),更名县社会军事训练总队部,县长兼总队长,下辖常备中队和区队。

民国29年(1940),县社会军事训练总队部更名县国民兵团,县长兼团长。民国31年,各县国民兵团辖区壮丁联队16个、乡镇壮丁队290个、保壮丁分队2855个、壮丁班30202个,壮丁245001人。

民国34年(1945),裁撤县国民兵团,县政府设军事科,辖自卫队、常备队、后备队。

民国35年(1946)县民众自卫总队部成立。辖民众自卫队和民众总队常备队,有自卫队5个、中队134个、队丁98112人,常备总队26个、队丁2438人,配备各种武器1425件。

民国35年(1946)冬,中共组建丽(水)青(田)松(阳)边武工队。

民国36年(1947)春,中共组建缙云县各区武工队。

民国36年(1947)5月,中共云和县委组建云和县委武工队。

民国38年(1949)2月,闽浙边区人民解放军独立支队组建。

民国38年(1949)3月,中共组建丽(水)缙(云)永(康)武(义)人民游击支队。

中共浙西南军分区

民国24年(1935)6月中旬,中国工农红军挺进师在松阳县小吉村召开政治委员会,决定建立浙西南军分区,司令员王蕴瑞,政治委员黄富武。

民国24年(1935)7月,组建松(阳)遂(昌)龙(泉)游击总队。民国30年11月,组建闽浙边委武工队。民国34年4月,组建处属特委武工队。民国36年8月,组建浙江壮丁抗暴自救军第3总队。

民国 37 年 9 月，更名浙南人民解放军第 3 支队。

民国时期丽水地区军事组织领导人一览

表 31-7-2-1

姓　名	籍　贯	单位职务	任职时间
陈式正	浙江省奉化县	第二特区县政督察专员公署专员兼保安司令	民国 22 年(1933)2 月至 24 年 8 月
许宗武	广西省桂林市	丽水行政督察区专员公署专员兼保安司令	民国 24 年 9 月至 26 年 5 月
余森文	广东省梅县	第九行政督察区专员公署专员兼保安司令	民国 26 年 9 月至 27 年 1 月
杜　伟	浙江省青田县	第九行政督察区专员公署专员兼保安司令	民国 27 年 2 月至 28 年 9 月
余森文	广东省梅县	第九行政督察区专员公署专员兼保安司令	民国 28 年 9 月至 35 年 5 月
徐志道	四川省合江县	第九行政督察区专员公署专员兼保安司令	民国 35 年 12 月至 37 年 9 月
朱沛霖	浙江省东阳县	第七行政督察区专员公署专员兼保安司令	民国 37 年 9 月至 38 年 5 月
王蕴瑞	河北省巨鹿县	浙西南军分区司令员	民国 24 年 6—11 月
黄富武	江西省弋阳县	浙西南军分区政治委员	民国 24 年 6—10 月

第三节　中华人民共和国成立后军事组织

丽水军分区

1949 年 7 月 1 日，以鲁中南第一军分区南下干部、第 21 军抽调的部分干部和浙南人民解放军第 3 支队为基础成立浙江省第七军分区，隶属浙江省军区。军分区机关设司令部、政治部、供给处、卫生处。

1950 年 1 月，浙江省第七军分区增设管训处。同年 10 月，浙江省第七军分区增设军法处。1951 年 4 月，浙江省第七军分区增设干部管理部和新训处。军分区直属单位有警通连、医疗队、教导大队。1951 年 8 月 13 日，浙江省第七军分区更名丽水军分区。1952 年 6 月 25 日，撤销丽水军分区番号，其机构改编为华东军区建筑工程第 6 师师部。1963 年 5 月 2 日，重建中国人民解放军浙江省丽水军分区。丽水军分区机关设司令部、政治部、后勤处，1970 年 2 月，后勤处更名后勤部。1966 年 7 月，丽水专区公安大队划归丽水军分区建制。各县公安队更名人民解放军县中队，划归县人武部建制。1975 年 12 月，县中队移交当地公安部门，更名民警中队。

1949 年 7 月，中共浙江省第七地委书记兼任军分区政治委员。1951 年 4 月，县人武部编入军队序列。5 月，县委书记兼任人武部政治委员。1969 年，免除地、县委书记兼任军分区、人武部政治委员。1978 年，地、县委书记兼任军分区、人武部第一政治委员。1986 年，免除地、县委书记兼任军分区、人武部第一政治委员，此后，地、县委书记只兼任军分区、人武部党委第一书记。

丽水军分区党委

1949 年 8 月，中共浙江省第七军分区委员会成立，直属第 7 地委领导。

1950年5月，中共浙江省第七军分区委员会改为第七军分区党委，归浙江军区兼第七兵团党委和丽水地委领导。1951年8月，更名丽水军分区党委。

1952年6月25日，丽水军分区撤销，军分区党委随之取消。

1963年5月2日，重建浙江省丽水军分区。7月，丽水军分区临时党委成立。1964年3月，更名丽水军分区党委。

1965年7月26—29日，中共丽水军分区第一次代表大会召开。大会选举产生丽水军分区第一届党委。

1970年4月27—29日，中共丽水军分区第二次代表大会召开。大会选举产生丽水军分区第二届党委。

1979年10月19—22日，中共丽水军分区第三次代表大会召开。大会选举产生丽水军分区第三届党委。

1984年1月12—14日，中共丽水军分区第四次代表大会召开。大会选举产生丽水军分区第四届党委。

1998年7月13—15日，中共丽水军分区第五次代表大会召开，大会选举产生丽水军分区第五届党委。

2004年7月17—19日，中共丽水军分区第六次代表大会召开，大会选举产生丽水军分区第六届党委。

2010年7月27—28日，中共丽水军分区第七次代表大会召开，大会选举产生丽水军分区第七届党委。

丽水市国防动员委员会

1995年12月16日，丽水地区根据国务院、中央军委和浙江省政府《关于成立各级国防动员委员会的指示》精神，成立丽水地区国防动员委员会（简称“丽水地区国动委”），属浙江省国防动员委员会和丽水地委、行署、丽水军分区领导下的议事协调机构，下设秘书组、人民武装动员办公室、经济动员办公室、人民防空办公室。同年底，各县（市）都建立国防动员委员会及其办事机构，国动委与人民武装委员会实行一个机构两块牌子。由地委书记任第一主任，行署专员任主任，行署常务副专员、丽水军分区司令员、政治委员任副主任。

1997年12月22日，丽水地区国动委主任办公会议决定，由地区行署办公室、计经委、交通局内设机构，分别增挂丽水地区人民防空办公室、丽水地区经济动员办公室、丽水地区交通战备办公室牌子。

2002年5月28日，丽水市国动委根据浙江省国动委的指示精神，调整市国动委组成人员及其办事机构，由市委书记任第一主任，市长任主任，丽水军分区司令员任党务副主任，丽水军分区政治委员、市委副书记、党务副市长任副主任。下设综合办公室和人民武装动员、政治动员、科技动员、信息动员、经济动员、人民防空、交通动员办公室，办公地点设在军分区机关大院内。

2003年，丽水市国动委进一步完善国防动员体制，健全办事机构，落实办事人员，制定规章制度，明确工作职责，完善办公条件，全面加强国动委办事机构规范化建设。2004年，丽水市国动委继续加强机构建设。2月，完成市县两级国动委成员及所属办事机构人员调整。同时，协调落实市国动委综合办及其他办公室专职地方人员编制。

1998年、2002调整国动委两次，2004年起，每年调整一次，至2010年先后调整国动委领导人员九次。

人武部、武委会

人武部　1950年2月，建立丽水县人武部。9月，建立缙云、遂昌县人武部。10月，建立青田、云和、景宁县人武部。1951年2月，建立庆元县人武部。4月，建立龙泉、松阳县人武部。1950年2月至1952年6月，丽水军分区辖丽水（县级）、龙泉、云和、庆元、缙云、松阳、景宁、宣平等8个县人武部。1952年6月，丽水军分区撤销，丽水（县级）、龙泉、云和、庆元、景宁县人武部划归温州军分区，松阳、宣平县人武部划归衢州军分区，缙云县人武部划归金华军分区。1954年9月，更名县兵役局。1959年9月，仍名县兵役局。1959年12月至1960年3月，复称县人民武装部。1961年4月26日起，县人武部相继建立党委会。1962年1月起，在人民公社设人武部，配备专职人武干部。1963年5月，丽水军分区重建后，辖丽水（县级）、龙泉、青田、云和、缙云、遂昌等6个县人武部。1973年11月、1982年4月、1984年9月，重建庆元、松阳和景宁畲族自治县人武部。1986年6月，县（市）人武部改归地方建制。1996年4月，县（市）人武部收归军队建制。至2010年12月，丽水军分区辖莲都、龙泉、青田、云和、庆元、缙云、遂昌、松阳、景宁等9个县（市、区）人武部。

人民武装委员会　1952年12月，建立各县人民武装委员会，由同级地方党委书记兼任主任，人武部是人民武装委员会的办事机关。1956年，人民武装委员会改为兵役委员会。1960年，兵役委员会改为民兵工作组。1961年12月，复改为人民武装委员会。1966年“文化大革命”开始后，武委会工作一度中断。1978年10月，恢复各级人民武装委员会，在研究解决民兵建设和兵员动员、征兵、退伍军人安置中发挥重要作用。

中国人民武装警察部队丽水市支队

中华人民共和国成立初，各县成立军事管制委员会，下设保卫组。1949年7月下旬，浙江省第7专区专员公署成立政治保卫队。8月1日，成立第7专区专员公署公安处，各县成立公安局，下设公安看守武装班。1950年4月，各县公安武装整编为县公安局公安队。1950年10月，更名中国人民公安部队浙江省丽水专区专员公署公安处公安队。1952年1月23日，丽水专区撤销。丽水（县级）、龙泉、云和、庆元、景宁县划归温州专区，松阳、宣平县划归衢州专区，缙云县划归金华专区。1952年6月，各县公安队统一整编为中国人民解放军公安部队浙江省××县公安队。

1955年8月1日起，各县公安部队一律改为人民武装警察部队，属各级公安机关建制。1961年11月23日起，人民武装警察部队恢复军队建制，实行军事系统和公安机关双重领导。从1963年2月1日起，中国人民武装警察部队更名中国人民公安部队。1963年5月9日，恢复丽水专区，辖丽水（县级）、龙泉、青田、云和、缙云、遂昌6个县。8月4日，成立丽水专区公安大队，辖县队6个和直属中队2个，有干战287人。1964年7月，直属第二中队建制撤销。1966年6月，丽水专区公安大队下辖直属中队1个县队6个，有干战408人，其中干部48人。大队部设参谋、干事、助理员、书记、会计，有干战21人。

1966年6月30日，中国人民公安部队丽水专区大队撤销大队直属中队，移交丽水军分区，改编为独立连。县中队归属各县人武部建制，接受公安部门业务指导。1975 年 12 月，丽水军分区所属 7 个县中队移交丽水地区公安处和各县公安局，更名县公安局人民武装警察中队。1976 年 2 月 5 日，丽水地区公安处成立武装民警科，属地方行政编制，下辖丽水（县级）、龙泉、青田、云和、庆元、缙云、遂昌 7 个县公安局武装民警中队。1980 年 9 月，组建丽水地区人民武装警察大队（对内仍称地区武装民警科）。

1983 年 1 月，丽水地区人民武装警察大队与丽水地区公安处消防科合并，组建中国人民武装警察部队丽水地区支队。下辖丽水（县级）、龙泉、青田、云和、庆元、缙云、遂昌、松阳 8 个县的武装、消防中队 15 个。1984 年 5 月 9 日，组建水东劳改农场看押中队（即直属中队）。1985 年 10 月，丽水地区支队消防科及各县消防中队从武警支队划出，移交给丽水地区公安处及各县公安局直接领导，并保留武警番号。地区消防科对外更名消防大队。1990 年 12 月，中国人民武装警察部队丽水地区消防支队成立，地区公安处消防大队更名地区公安局消防支队。2000 年撤地建市后，地区公安消防支队更名丽水市公安消防支队（也称中国人民武装警察部队丽水市消防支队），辖莲都区、龙泉市、青田县、云和县、庆元县、缙云县、遂昌县、松阳县、景宁畲族自治县消防大队 9 个、消防中队 10 个。1988 年 4 月，丽水地区劳改大队撤销。9 月 27 日，直属中队更名中国人民武装警察部队丽水地区机动中队。1992 年，复称直属中队。1998 年 3 月，组建中国人民武装警察部队浙江省丽水地区支队直属第二中队，拟担负金温铁路缙云隧道看护勤务。1999 年 3 月，解除该中队的看护勤务，人员充实到其他中队。

2001 年 1 月 10 日，更名中国人民武装警察部队丽水市支队。2005 年 6 月，武警丽水市支队编制类别由五类支队调整为三类支队。同年 12 月，武警丽水支队被武警总部授予基层全面建设标兵支队，并荣立集体三等功。

人民防空机构

民国 25 年（1936）11 月，人民防空协会丽水支会成立，丽水县县长兼任会长，有会员 1000 多人。青田、松阳、遂昌等县相继成立防空机构。民国 26 年，各县成立防护团，由县长兼任团长。丽水县防护团编有救护队、担架队和消防队 7 个，团员 547 人。同年，丽水县城区设五八防空监视哨，碧湖设九七防空监视哨，太平区设辅助防空监视哨。民国 27 年 10 月，五八防空监视哨扩充为第 5 防空监视队，辖青田、景宁、云和、龙泉、松阳、遂昌、缙云、壶镇、碧湖等防空监视哨所 9 个。每个防空监视哨编执勤班 1 个，配 8 倍以上望远镜 1 副，电话机 1—2 部，以及定向仪、指北针、时钟、对空联络布板等。所得防空情报，报监视队汇集，转报省防空情报所，电达第 27 空军站。同年，成立丽水防空气象测报站。民国 30 年 10 月，云和县成立防空步枪高射组。民国 32 年，成立丽水防毒队。同年 4 月，县防护团并入县国民兵团。民国 33 年 7 月，各县重新成立防护团。民国 34 年 11 月，防护团专职人员遣散，只保留防护团名称，其业务交由县警察局办理。民国 36 年，设丽水情报搜集站，辖云和、龙泉、缙云等监视哨 3 个。民国 38 年 5 月撤销。

1962 年 7 月，云和县成立人防指挥部。1965 年 7 月 9 日，成立丽水专区暨丽水县人防委员会、丽水专区暨丽水县人防指挥部、丽水专区暨丽水县人防委员会办公室。军分区司令员刘林斌任主任。1969 年 12 月，丽水县人防领导小组成立。1978 年 9 月 16 日，丽水地区人防领导小组改为丽水地区人防办。同年下半年，丽水地区人防工作由军分区领导为主改为地委、行署领导为主。1979 年 4 月 26

日，丽水县人防领导小组成立。1982 年 4 月 12 日，丽水县人防领导小组改为丽水县人防委员会。

2000 年 5 月，丽水地区撤地设市，地、市人防机构合并，成立丽水市人民防空办公室，正处级单位，丽水市为国家人防重点城市。由本机关相关职能部门抽调人员组成抢险抢修、医疗救护、防化防疫、交通运输、通信、治安、消防人防专业队 7 支，有队员 440 人。12 月，龙泉市、青田县、遂昌县为省第二批人防重点城镇。2004 年 9 月 20 日，丽水市人防办办公地址从栝苍路 675 号搬迁至丽阳街 98-2 号新办公大楼办公。9 月，丽水市莲都区碧湖镇，被列为全省 158 个人防重点镇之一。2005 年 1 月 18 日，设立丽水市人防通信站，为市人防办所属事业单位。1 月 19 日，设立丽水市“2026”工程管理所，为人防办下属副科级全额拨款事业单位。3 月 10 日，云和、庆元、缙云、松阳、景宁 5 个县为省人防城市。10 月 12 日，丽水市民防局正式挂牌成立。丽水市人防办被国家国动委评为全国人民防空先进单位，吴效钦主任（局长）被国家人防办评为全国人民防空先进个人。

2010 年 10 月 26 日，在北京人民大会堂召开的第六次全国人民防空会议上，丽水市被国家国防动员委员会评为“全国人民防空先进单位”，这是全国人民防空事业的最高荣誉。

联防机构

1960 年 9 月，建立浙闽联防指挥部和龙泉、云和与福建浦城、松溪、寿宁联防指挥所。1961 年 2 月，建立缙云大洋民兵联防区，缙云、青田、永嘉、仙居 4 个县 6 个区 19 个公社参加联防，划为联防区 5 个，联防小组 11 个。1962 年 11 月，在云和县上标[①]地区建立反空降联防区。1963 年 4 月，建立云（和）泰（顺）寿（宁）三县联防指挥部。丽水专区建立民兵对空瞭望哨，民兵参加瞭望执勤 108 人。1963 年 6 月 19 日，青田县潘山民兵对空瞭望哨发现敌机 1 架，及时报告后敌机被空军击落。8 月 6 日，丽水专区“三防”指挥部成立。12 日，召开第一次会议，研究制定“三防”作战预案。1979 年，调整民兵对空瞭望哨 8 个。1981 年，撤销民兵对空瞭望哨 8 个和边界联防指挥部（所）5 个。1985 年，各县建立军警民联防指挥部，重点地区建立联防分部 20 个、联防小组 400 个。

① 2010 年属丽水市景宁畲族自治县。

第三十二篇
教　育

概 述

丽水教育历史悠久，民间耕读传家之风盛行，素有尊师重教传统。松阳县学是处州最早的官学，创建于唐武德四年(621)。唐元和十二年(817)，处州州学建立。宋代，处州书院盛行讲学之风。宋嘉祐七年(1062)，太常博士龚原在遂昌应村妙靖寺设馆讲学，开处州书院之先河。元至清代处州，社学兴起，遍布学塾。

清末，废科举，处州兴学堂。同期，丽水留学日本有志青年近百人。其中，多人回国后，以兴办教育为己任，为丽水近代教育启蒙发展作出贡献。清光绪二十五年(1899)，青田留日学生孙日彰创办简明小学堂，为丽水近代小学教育之始。清光绪二十七年，缙云县陈雅娟创办坤范女子小学堂，开丽水近代女子教育之先河。清光绪二十八年，处州府莲城书院更名崇正学堂，后又先后更名为处州中学堂、浙江省立第十一中学堂，为丽水近代中学教育之开端。清光绪三十一年，松阳县刘德怀创办震东女子两等小学堂；云和县蒙养院创办，为丽水近代幼儿教育之始。同年，丽水先后创办织布学堂、私立实业豫利学堂、处州初级师范学堂等，开启丽水师范教育和职业教育的序幕。

民国元年(1912)，处州学堂改称学校，官立、公立、私立学校并存。丽水小学校分初等、高等，境内有小学校 168 所。民国 26 年全面抗日战争爆发后，浙江省教育厅内迁丽水，外地学校也纷纷迁到丽水，丽水一时成为全省文化教育中心。民国 28 年，民国浙江省政府在丽水创办英士大学，在龙泉设立浙江大学龙泉分校，丽水境内始有高等学校。民国时期，丽水教育事业虽有所发展，终因经济落后，战争频繁，民众生活困苦，政府投入甚微，国民教育难以推行，少年儿童失学多，丽水青壮年文盲占 80%，辖区内接受高等教育者较少。

1949 年 10 月中华人民共和国成立后，丽水教育事业进入全新发展阶段。1978 年中共十一届三中全会后，丽水教育战线拨乱反正，加大政府财政投入，深化教育改革，逐步改善办学条件，提高教育普及水平，教育事业进入前所未有的发展时期。

丽水学前教育在发展中加强。1990 年，丽水召开丽水地区幼儿教育工作会议，提倡以多种形式办园和发展民办幼儿园。2006 年 2 月，丽水市政府办公室制定《关于加快我市幼儿教育事业改革和发展的意见》，提出以公办幼儿园为骨干和示范，公办、民办共同发展的目标。2010 年，丽水市有幼儿园 877 所、班级 3222 个，在园幼儿 84889 人。

丽水基础教育在巩固中提高。1988 年，丽水 9 个县(市)先后通过“基本普及初等教育，基本扫除青壮年文盲”验收。1997 年，丽水地区基本普及九年制义务教育。2006 年，丽水开始高标准、高质量普及义务教育。2005—2010 年，丽水市 9 个县(市、区)先后被评为省级教育强县。2010 年，丽水市初中毕业生升高中的比例达 95%以上，15 年教育普及。同时，特殊教育、民族教育得到发展。

丽水职业教育在发展中壮大。1949 年 10 月中华人民共和国成立后，丽水先后建立林校、卫校、农校、商校、工校和浙江省少数民族师范、松阳师范、龙泉师范等中等专业学校。20 世纪 80 年代后，丽水贯彻执行大力发展职业教育的国家方针，职业教育得到迅速发展。2010年，丽水市有职业高中17所，其中国家级重点中等职业学校5所、浙江省一级重点职业高中2所、浙江省二级重点职业高中4所，国家级实训基地3个，省级实训基地9个，省级示范专业21个。

丽水高等教育在整合中发展。1978年，丽水师范专科学校创立。1979年2月，浙江广播电视大学丽水分校成立。1999年12月，丽水职业技术学院成立。2003年9月，丽水师专职业技术学院独立设置办学，升格为丽水职业技术学院。2004年5月，丽水师专升格为丽水学院。2008年，教育部批准丽水学院为学士学位授予单位。

2000年丽水撤地设市后，丽水市加大教育投入，加快推进教育基础设施建设，教育设施得到较大改善。丽水标准化学校建设见成效，教育信息化水平提高，教学设备得到改善。2010年，丽水市基本形成从幼儿教育、小学教育、初中教育到普通高中教育、中等职业技术教育、师范教育、高等教育、成人教育、特殊教育协调发展的比较完整的教育体系。同年，丽水市提前完成《丽水市国民经济和社会发展第十一个五年规划纲要》所制定的指标。

第一章　旧　学

唐武德四年(621),松阳州学创办,是丽水最早的官学。唐宪宗元和十二年(817),处州刺史李繁首建处州州学,韩愈作《处州孔子庙碑》。同期,府、县学教育内容分礼、射、书、数四科。北宋嘉祐七年(1062),遂昌学者太常博士龚原在遂昌应村妙靖寺设馆讲学,开处州书院之先河。清代,处州境内书院约50所。城乡有社学、私塾等,启蒙教育孩童。处州州(府)学、县学、书院、学塾等不同层次、不同形式构成封建社会丽水教育的基础。

第一节　州(府)、县学

州(府)学

唐元和十二年(817),刺史李繁在府治南建孔庙,创州学。宋景祐年间(1034—1038),处州知州孙沔在城东贵恕铺另建州学,原州学改为丽水县学。宋宣和三年(1121),兵毁州学。宋宣和五年(1123),处州知州黄葆光重建州学。南宋咸淳七年(1271),处州知州李雷奋重建讲堂。元代,州学改称路学。元至元三年(1266),处州总管卢景重修路学。明代,处州州学改称府学。明正统七年(1442),鼎新大成殿成立。明景泰四年(1453),重建明伦堂。明天顺五年(1461),重建大成殿。明万历四十二年(1614),重修明伦堂。清康熙四十九年(1710),明伦堂毁坏。清雍正三年(1725),重建明伦堂。清咸丰八年(1858),毁于兵火。清同治四年(1865),重建明伦堂。

县　学

丽水县学　宋景祐年间(1034—1038),处州知州孙沔另建州学,将原州学所址改办丽水县学。宋宣和年间(1119—1125),州学毁于兵。南宋绍兴十三年(1143),重建。其后多次修葺。清康熙十八年(1679),重修。清康熙二十四年(1685)至道光二十六年(1846)年间,曾重修9次。清咸丰八年(1858),毁于兵。清咸丰九年,修复,清咸丰十一年,又毁于兵。清同治九年(1870),重建。

龙泉县学　北宋天禧二年(1018),龙泉县在县金鳌峰之东①创建县学。北宋元丰四年(1081)县令黄发兴学校,给诸生讲课,入学者众。南宋建炎年间(1127—1130),学宫被毁。南宋绍兴(1131—

① 金鳌峰之东:2010年属龙泉市区江滨路德光花园。

1162)初，重建学宫。明嘉靖三十八年(1559)，重建明伦堂。明万历十一年至二十九年(1583—1601)，重修3次。清乾隆二十六年(1761)重建。清道光二十七年(1847)，重修大成殿、大成门、崇圣祠、明伦堂、尊经阁。

青田县学 宋庆历年间(1041—1048)，青田县在县治东门外崇阜之巅创县学。宋宣和年间(1119—1125)重修县学，后毁于兵。南宋绍兴元年(1131)重建。元至正十六年(1356)，复毁。明洪武年间(1368—1398)，重建。明嘉靖三十七年(1558)，毁于兵，移置城中福胜寺址。明嘉靖四十二年，复建于县东之旧址。清顺治六年(1649)，再次毁于兵。清康熙十一年(1672)，重建。清康熙十九年，毁于火。清雍正三年(1725)，重修。清乾隆三十七年(1772)，改建于城内三坊。清同治元年(1862)，毁于兵。清同治二年，重修。

云和县学 明景泰六年(1455)，云和县建县学于县治西。清康熙二十八年(1689)，重建。清乾隆、嘉庆、道光间，接续修建。清同治六年(1867)，重修。

庆元县学 南宋庆元三年(1197)，庆元县在城北渎田上村[①]设置县学。明洪武十四年(1381)改建于就日门外。明天顺二年(1458)，复迁渎田故址。明隆庆二年(1568)，迁县治东。明崇祯三年(1630)，迁于城隍庙左[②]。清乾隆三十七年(1772)，重修。

缙云县学 唐上元二年(761)始建，于县城东门。宋庆历四年(1044)、元至正二十七年(1367)、明宣德二年(1427)，均进行重修。清顺治五年(1648)，毁于兵，清顺治七年，重建文庙，清顺治十七年，建明伦堂。清康熙十三年(1674)，再次毁于兵。清康熙二十年，重修。清乾隆二十四年(1759)、清嘉庆八年(1803)、清道光十七年(1837)，均进行重建。

遂昌县学 北宋雍熙二年(985)，遂昌县在县城西郭创建孔庙，设学其间。宋皇祐年间(1049—1054)，在县城东南隅始创学宫，设立县学。宋宣和三年(1121)，毁于战火。宋绍兴十一年(1141)，重建。明正德十二年(1517)，毁于火，又重建。明万历十六年(1588)，再次毁于火。明万历十八年，重修。明万历二十一年，遂昌县令汤显祖建学舍、射堂，明万历二十二年，建尊经阁，明万历二十三年，建象德堂。清康熙五十年(1711)，再次重修。清咸丰八年(1858)，毁于兵。清同治四年(1865)，修复。

松阳县学 唐武德四年(621)，松阳县在州治瑞应里[③]东南创建县学，为丽水地区最早建置的地方官学。唐永贞元年(805)，随县治迁至紫荆村[④]。北宋宣和三年(1121)，毁于火。南宋建炎三年(1129)，重建。元元贞年间(1295—1297)，拆旧更新。明万历十年(1582)，改建于郊外。明万历三十一年，复徙旧址。清康熙十八年(1679)、五十四年(1715)，清乾隆十九年(1754)、三十三年(1768)，均进行重修。

景宁县学 明景泰三年(1452)，景宁县将县西北城外的贯道书院改建为县学。明崇祯十四年(1641)改建于石印山麓。清乾隆二十七年(1762)，迁于城东春华门外。清道光二十七年(1847)，改建于县治东隅上桥头[⑤]，至清咸丰元年(1851)竣工。

---

① 城北渎田上村：2010年属庆元县学后。
② 城隍庙左：2010年属庆元第二中学校址。
③ 县治瑞应里：2010年属松阳县古市镇。
④ 紫荆村：2010年属松阳县西屏镇。
⑤ 县治东隅上桥：2010年属景宁县孔庙庙址。

教学和管理

生员　宋代，处州府学、县学生员无定额。明代，生源定为府学40人，州学30人，县学20人。明万历九年(1581)，处州府学廪膳生员40人，增广生40人，附学生员不置额，180人。丽水县学廪膳、增广生各20人，附学生员140人。青田县学廪膳、增广生员各20人，附学生员140人。清代，处州府、县儒学学额为府25人，丽水县25人，青田县、松阳县、龙泉县各16人，缙云县20人，遂昌县、庆元县、景宁县各12人，但在执行中往往突破定额。

教官　处州府学、县学均设教官掌教。处州府自南宋至清代，府学有名可考者教授139人。丽水县自元至清有教谕127人，训导118人。龙泉县自建学至同治十三年(1874)有教谕103人，训导91人。遂昌自宋至清有教谕127人，自明至清有训导146人。云和县明制设教谕1人，训导2人。庆元县元代设教谕1人，明代设教谕1人，训导2人。景宁县明清期间有教谕101人，训导104人。

课程　处州府学、县学以儒家经书为主要学习内容。明代教学内容分礼、射、书、数四科。礼包括经史、律令、诏诰、礼仪等内容；射指朔望时在射圃演习；书指书法，日习500字；数则以《九章》为教材。清代府、县学主要学习四书五经及《性理大全》《大学衍义》《历代名臣奏议》《文章正宗》等。

学田　处州州(府)学、县学经费主要来自学田地租。学田来源包括官府划拨的废寺田、荒山和荒地，官员捐资购买，公有族产拨充，士民捐赠。

学规　处州府学、县学十分注重生员考试。月考每月1次，由教官主持，岁考、科考由省提学官主持，在其任3年内，两试诸生，第一次为岁考，第二次为科考，提取岁考一、二等生员，加以复试，考试上等者可获得应乡试资格。府学、县学在管理上，异常严苛。清顺治九年(1652)，龙泉县学镌刻《钦颁禁例》卧碑于明伦堂之左。清康熙三十九年(1700)，颁圣谕十六条，规定教官每月朔望传集生员宣读。清雍正年间(1723—1735)，订颁《圣谕广训》，作为生员行为准则。清乾隆五年(1740)，把清高宗颁发的《训饬士子》谕旨镌刻石碑立于学宫。其他各县大致相同。

第二节 书 院

书院设置

处州府　明嘉靖二十四年(1545)，处州知府高超建紫阳书院于府治南城隍庙旧址。明万历二十二年(1594)，处州知府任可容建圭山书院于府治东南圭山文昌阁。清康熙三十三年(1694)，知府刘廷玑首建南明书院于圭山文昌阁东。清乾隆十七年(1752)，知府赋琏利用南明书院旧址改建为莲城书院，原圭山书院也改为莲城书院。清咸丰八年(1858)，莲城书院被毁。清同治四年(1865)，处州知府清安重建莲城书院。

丽水县　清同治十三年(1874)，知县彭润章会同贡生陈凤锵等把仓圣庙右(择)山义塾改成圭山书院。

龙泉县　南宋端平年间(1234—1236)，张奉议在龙泉县西严垟建桂山书院。南宋端平三年

(1236)，太学生赵宗(王晋)于县郭溪南[①]建笏洲书院。南宋咸淳年间(1265—1274)，邑人章公权在县西25千米浆安村[②]建仙岩书院。元至元中，并入桂山书院。元至元十六年(1279)，季正迁笏洲书院于剑湖渎田。

明嘉靖三年(1524)，安仁村刘、项二姓创建仁山书院。聚英书院，始建于明代，岁久废，清时重建。

清乾隆二十七年(1762)，知县苏遇龙将育婴堂及留槎阁房屋改成留槎书院。清乾隆三十二年，刘献、季文藻在县署东[③]创建金鳌书院。

青田县 南宋庆元二年(1196)，郑汝谐在青田县城东门外介石泉旁创建介石书院。元至元三十一年(1294)，县学教授吴梦炎、县尹王麟孙率老儒筹资创立石门书院。

明洪武年间(1368—1398)，刘仲璟建易斋讲舍于武阳尖东十五公坪。明正德年间(1506—1521)，主簿李微在十四都海西庄[④]创鹤山书院。明嘉靖三十二年(1553)，知县李楷在太鹤山旧府馆创心极书院。明嘉靖年间(1522—1566)，知县徐瑛在太鹤山混元峰下创瑞龙书院。生员厉思九、叶嘉谟、留萃等在混元峰上建混元书院。明崇祯三年(1630)，知县韩晃重建混元书院，更名文明书院。明万历五年(1577)，知县梅时雨创新建书院。

清乾隆二十三年(1758)，知县张日盥在太鹤山麓刘公祠旁创正谊书院。清道光五年(1825)，知县董承熙将其移建于赵山。清道光三年，叶廷建在叶村创立振文书院。清咸丰十年(1860)，叶应选募捐在鹏岭[⑤]创立鹏岭书院。清光绪二年(1876)，詹诚、郭肖礼在鹤城镇泥弯屿创立兀突书院，后更名鹤皋书院。

云和县 清道光七年(1827)，知县郑锦声同绅士魏文瀛等在云和县创建箬溪义学。清道光二十二年，改箬溪义学为箬溪书院。

庆元县 明万历(1573—1620)，庆元县知县沈维龙命义民吴诏捐资建松源书院[⑥]。清康熙初，知县程维伊在城隍庙右创办育英学庄，在城北程公桥首创办储英学庄，在竹口创办储贤学庄。清康熙年间(1662—1722)，大济贡生吴王眷在村中创设日涉书院。清乾隆七年(1742)，知县邹儒在丰山门外文庙之左建对峰书院。清末，在逢源镇[⑦]建立逢源书院。

缙云县 北宋绍圣年间(1094—1098)，胡份辞官归里，在缙云县上宕设馆讲学，馆名"尚友堂万松书舍"。宋嘉定年间(1208—1224)，叶嗣昌建独峰书院，地址在今笋川村东北隅。宋咸淳七年(1271)，潜说友于旧址扩建，后毁。至清时重建。宋嘉熙年间(1237—1240)，县令陈大猷、县尉陈实在"县治东六十里"[⑧]创建美化书院。

明嘉靖四年(1525)，县令方润于学宫后建五云书院。明嘉靖三十二年，樊献科在独峰书院旧址建仙都草堂。明万历十八年(1590)，李健等四人，不满朝政，隐居于仙都芙蓉峡紫芝坞内读书讲学，乡人称之为"铁城书院"。

---

① 郭溪南:2010年属龙泉市蒋秦圩。
② 浆安村:2010年属龙泉市八都镇四村。
③ 县署东:2010年属龙泉市东大寺。
④ 十四都海西庄:2010年属青田县海溪乡。
⑤ 鹏岭:2010年属青田县船寮镇。
⑥ 松源书院:2010年属庆元县弦歌坊附近。
⑦ 逢源镇:2010年属庆元县举水村。
⑧ 县治东六十里:2010年属缙云县壶镇镇。

清乾隆三十年（1765），知县令狐亦岱在县西关帝庙旧址创立金莲书院。清嘉庆二十年（1815），楼步云、陶天位等23人捐资在新建建立“右文馆”（书院）。清道光四年（1824），丁汝嘉等10家合资于靖岳清风桥建立仙都书斋。清咸丰元年（1851），壶镇人吕载希创设崇正书院。清同治年间（1862—1874），在普化寺建立普化书院。清同治十二年，乡绅沈怀洛等倡捐重建独峰书院，迁址好山之麓，清光绪元年（1875）建成。清同治十二年，朱品洪等捐建正本书院，址在澄川庄①。

遂昌县　北宋嘉祐年间（1056—1063），龚原在遂昌县应村妙靖院设馆讲学，为处州最早的书院。北宋元符年间（1098—1100），尹晖在大柘溪东创建环波亭，开馆讲学。南宋绍兴五年（1135），大柘黄坞柘溪尹姓创办西庵书院。

明弘治十三年（1500），项泗在遂昌县城北郊创办双溪书院。明嘉靖四十四年（1565），知县池浴德在湖山创办凤池书院。明隆庆年间（1567—1572），吴孔性在石练创办练溪书院。明万历年（1573—1620）初，长濂郑姓在长濂马鞍山创办鞍山书院。明万历七年，遂昌知县钟宇淳在城郊瑞山始建相圃书院，明万历二十三年，遂昌知县汤显祖建成并定名。明末，包万有在遂昌城北创办兑谷书院。

清康熙中期，尹可亭在大柘泉湖寺创办文阁书院。清康熙四十八年（1709），知县缪之弼在奕山村创建奕山书院。清乾隆元年（1736），改县城东不息楼为昌山书院。清乾隆十五年，马头村民集资在上马头村创办养正书院。清道光二年（1822），遂昌知县郑鸿文在妙高山创办妙高书院。清同治年间（1862—1874），徐景福在石练创办清华书院。

松阳县　南宋咸淳年间（1265~1274），叶再遇在松阳县旧市②创建明善书院。元元统元年（1333），书院扩建有御书楼、择礼馆、万寿亭、大成殿等建筑。元末，书院焚毁，惟存大成殿。清乾隆十五年（1750），知县陈朝栋倡捐重建，在县城东门朱子祠左侧重建书院，俗称第二明善书院。清嘉庆五年（1800），遭水毁。清嘉庆二十四年，在旧址重建。清咸丰十一年（1861），书院再次焚毁。清同治六年（1867），知县徐葆清、山长饶庆霖捐资重建书院，址在城北门天后宫街。

景宁县　明景泰年间（1450—1456），潘氏在景宁县鹤溪潘氏宗祠建贯道书院。明嘉靖三十二年（1553），知县钟夏于景宁县西南建豸山书院。明嘉靖年间（1522—1566），大均村贡生李鉴堂在本村创建明德书院，贡生吴九皋在三都英川村创建继志书院，庠生吴学明在三都鸬鹚村创建庐山书院。明万历间（1573—1620），知县姜师闵建鹤溪书院于承恩门外，知县角韶建三胜书院于行春门外。明万历六年，知县林乔松将原敬山社学改建为崇正书院，院址在城东500米。

清康熙五十年（1711），博爱书院在县北建成。清雍正七年（1729），知县汪士璜在学宫右创办鹤溪讲堂。清乾隆三十八年（1773），知县张九华将其改为指南书院。清光绪二十三年（1897），知县冯秉钺在指南书院原址上建鸦峰书院。

教学和管理

书院主持人负责书院的管理，担负书院的主要教学工作。书院主持人，通常称为“山长”。书院一般都订立“学规”或“学训”。清光绪十九年（1893），龙泉县金鳌书院订立《金鳌书院条规》，内容包括书院宗旨，朔课、望课、经古课开课次数，朔课生、望课生按名次发放膏火标准，田产管理措施，书院、

① 澄川庄：2010年属缙云县东渡镇郑坑口。

② 旧市：2010年属松阳县古市镇。

山长束脩及书院房屋修理经费来源等，书院的经费主要来自院田地租，也有乡绅资助。

书院教学以学生自学为主，听讲和教师指导相结合。书院的考课，分官课、师课。官课由县官主办，师课由山长主办，每月朔望2次。课程分正课、外课、附课三种，每课又分生、童两级。

清代末年废止科举考试，兴办学堂，各县书院改办学堂。

清代丽水各县书院改办学堂一览

表32-1-2-1

县名	书院名称	院址	学堂名称	改办年份
丽水县	莲城书院	圭山文昌阁东首	崇正学堂	清光绪二十八年
	圭山书院	仓圣庙右	崇实两等小学堂	清光绪三十一年三月
龙泉县	金鳌书院	县署东	官立剑川高等小学堂	清光绪三十一年四月
	仁山书院	东乡安仁镇	仁山初等小学堂	清光绪三十二年二月
云和县	箬溪书院	城内县前铺	官立两等小学堂	清光绪三十二年
庆元县	松源书院	弦歌坊附近	官立两等小学堂	清光绪三十三年三月
缙云县	五云书院	城内吏隐山	五云两等小学堂	清光绪三十二年正月
	右文馆	城西新建	公立右文两等小学堂	清光绪三十三年正月
	独峰书院	好山之麓	公立鼎湖两等小学堂	清光绪三十三年正月
	金莲书院	县西关帝庙	金莲学堂	清光绪三十三年
	崇正书院	壶镇	崇正高等小学堂	清光绪三十二年
	正本书院	澄川庄	正本初等小学堂	清宣统二年
松阳县	明善书院	城北天后宫街	官立两等小学堂	清光绪三十一年三月
遂昌县	妙高书院	城郊妙高山	官立两等小学堂	清光绪三十一年三月
景宁县	鸦峰书院	学宫右	官立务本学堂	清光绪三十二年十月

第三节 学塾

学塾包括社学、义学、蒙馆、族塾、私塾等启蒙教育儿童的各类学校。社学是元、明、清三代诏令由地方官府设立的学校。义学、蒙馆、族塾、私塾或由私人设立，或由家族设立。

学塾设置

丽水县 明万历年间(1573—1620)，丽水县在望京门、通惠门、括苍门、南明门、行春门、岩泉门、醮楼亭各设置社学。清康熙三十三年(1694)，改圭山书院为圭山私塾。清同治、光绪间(1862—1908)，创办履端义学、育英义馆、同仁义塾。

龙泉县 明嘉靖年间(1522—1566)、万历年间(1573—1620)，龙泉县设置籍桂社学、显德社学、槎北社学，桥南社学、桥心社学5所。元、明、清期间，创建义塾7所。

青田县 明崇祯年间(1628—1644)，青田县在县治前设社学。元至清代，在二都、八都、九都、十一都、十二都、十三都、十四都等处，兴办义塾14所。

云和县　明代，云和县有社学3所。清同治二年(1863)，云和县设置社学2所。义塾有浮云义塾、东塍义塾、石圹义塾、泉溪义塾、生成义塾5所。另有借观家塾、荔枝私塾、梅家私塾、景德寺私塾、杉坑岭村塾。

庆元县　明嘉靖年间(1522—1566)、万历年间(1573—1620)，庆元县创立桂香社学、儒效社学、兴贤社学、济川社学、神童社学。

缙云县　缙云县在龙津桥南设社学1所。清康熙二十二年(1683)，在朱子祠设童蒙义学。

遂昌县　明正德六年(1511)，遂昌县创立东、西社学，明嘉靖二十九年(1550)，增置南、北社学。自宋至清，设置义塾、私塾9所。

松阳县　松阳县在县西设社学1所。明、清期间松阳县创立杨氏义学、蒙童义学、山下阳族塾，春泽私塾等4所。

景宁县　明代景宁县创立在郭社学、敬山社学、张村社学、仙姑社学、渤海社学、卢山社学、库村社学、祭峰社学8所。在六都有濮阳义塾，在二都有明德书塾。

教学和管理

处州学塾的教材比较庞杂，因生而异，因师而选，普遍采用《百家姓》《三字经》《千字文》《四言杂字》《女儿经》《增广贤文》《幼学琼林》《千家诗》等。社学大体上是以《孝经》《小学》《大学》《论语》《孟子》等为基本教材，教育内容还包括御制大诰、本朝律令及冠、婚、丧、祭等礼节。一些学塾[①]，主要攻读儒学经典及注疏文学，教材以"四书""五经"为主。同时学作诗赋和八股文，涉猎"程墨""房稿"之类的时文，为科举应试作预备。

学塾的经费主要来自宗祠、寺庙捐田捐资，有的来自官绅义捐乐助，有小部分来自学生家长。社学经费，有官府拨发，有民间筹集。

第四节　科　　举

隋至清代，处州有进士1148人，其中隋1人，唐10人，五代6人，宋959人，元19人，明131人，包括武进士2人，清22人，包括武进士9人。宋代有榜眼郑克宽、蔡仲龙、蒋世珍、沈佺，探花陈存。明代有武状元周敖，探花吴公达。

历代各县(市、区)进士数一览

表32-1-4-1　　　　单位：人

县别	进士								武进士			合计
	隋	唐	五代	宋	元	明	清	小计	明	清	小计	
丽水县	—	—	—	318	3	42	—	363	—	2	2	365

① 学塾：也称经馆。

续表 32-1-4-1

县别	进士								武进士			合计
	隋	唐	五代	宋	元	明	清	小计	明	清	小计	
龙泉县	—	—	—	226	1	4	—	231	—	—	—	231
青田县	—	—	—	89	3	13	2	107	—	4	5	111
云和县	—	—	—	14	—	4	—	18	—	—	—	18
庆元县	—	—	—	28	—	3	1	32	—	—	—	32
缙云县	1	9	6	146	8	35	4	209	—	2	2	211
遂昌县	—	—	—	49	2	16	2	69	2	1	3	72
松阳县	—	1	—	78	2	7	4	92	—	—	—	92
景宁县	—	—	—	11	—	5	—	16	—	—	—	16
合计	1	10	6	959	19	129	13	1137	2	9	12	1148

第二章　学前教育

清光绪年间(1875—1908),云和蒙养院创办,是丽水最早的幼儿教育机构。民国 11 年(1922)执行,中华民国教育部公布《学校系统改革案》,云和蒙养院更名幼稚院。民国 12 年,处州初级中学附小设幼稚园 1 所。1949 年 10 月中华人民共和国成立后,幼稚园改称幼儿园。1959 年,丽水各县幼儿园 1732 所。1966—1970 年,丽水地区幼儿园减至 10 所。1975 年,丽水地区机关幼儿园①创办。1980 年起,丽水地区和各县托幼办公室成立。1984 年,丽水地区有幼儿园 568 所。1997 年 10 月,丽水地区幼儿教育事业管理部门逐步由妇联向教育部门过渡。2000 年起,丽水市公办幼儿园实行 3 年制,分大、中、小班。2001 年,丽水市幼儿教育课程划分为健康、语言、社会、科学、艺术等领域 5 个。2006 年 2 月,丽水市政府办公室印发《关于加快我市幼儿教育事业改革和发展的意见》,提出以公办幼儿园为骨干和示范,公办、民办共同发展的目标。2010 年,丽水市有幼儿园 877 所,班 3222 个,省一级幼儿园 8 所,省二级幼儿园 10 所,省三级幼儿园 114 所。在园幼儿 84889 人,3 周岁至 5 周岁幼儿毛入园率 93.66%。

第一节　发展概况

清光绪三十一年(1907),云和创办蒙养院。清光绪三十三年,云和创办蒙养院 3 所,在院幼儿64 人。松

① 丽水地区机关幼儿园:2010 年是丽水市机关第一幼儿园。

阳创办蒙养院1所，在院幼儿47人。清光绪三十四年(1910)，遂昌创办蒙养院1所，在院幼儿25人。

民国12年(1923)，处州初级中学附小设幼稚园1所，在园幼儿20多人，教员2人。民国27—28年，浙江省战时第一、第二儿童保育院相继在丽水县碧湖镇、云和县河上村建立，其中3至7岁的儿童编为幼稚班。民国27年，湘湖师范在松阳古市开办幼稚园，招收幼儿30人。遂昌妙高中心小学附设幼稚班，招收幼儿40人。同年，缙云办幼稚园2所。民国28年，云和箬溪中心小学附设幼稚园，招收幼儿40人。民国29年，龙泉东升、西平两镇联立中心国民学校开设幼稚园。民国30年，松阳毓秀中心小学附设幼稚园，招收幼儿30人。民国32年，浙江省电信管理局员工子弟小学迁龙泉查田下保村，曾附设幼稚班。民国36年，松阳县“儿童乐园”在县城城隍庙创办，招收幼儿30人。民国37年，青田县立简易师范附属小学创办幼稚园，招收幼儿9人。

1949年10月中华人民共和国成立后，幼稚园改称幼儿园。1950年，丽水专区有幼儿园3所。1952年，青田、庆元、缙云、遂昌、松阳等县的8所中心小学和处州师范附属小学均附设幼儿园(班)。1953年，云和箬溪小学附设幼儿园。1958年，幼儿园增加较多，丽水各县有2087所。1959年，丽水县幼儿园增235所，景宁县增36所，青田县增44所，其他各县却明显减少，丽水各县有幼儿园1732所。1961年，丽水地区开始整顿幼教。至1965年，丽水专区减至27所。1966—1970年，丽水地区幼儿园减至10所。1975年，丽水地区机关幼儿园创办。同年，丽水地区有幼儿园38所，在园幼儿2478人。

1980年，丽水地区有幼儿园586所。1984年，丽水地区有幼儿园568所。1990年，丽水地区召开幼教工作会议，提出发展民办幼儿(托儿)园(班、所)。丽水地区教委、妇联联合下发《关于举办农村暑期学前班的几点意见》，要求学龄儿童在入学前至少受1—2个月的学前教育。1992年，丽水地区机关第二幼儿园创办。1995年，丽水地区幼儿园588所，其中，教育部门办36所，集体办300所，私人办231所，其他部门办21所。在丽水地区1056个幼儿班中，有学前班245个。同年5月，丽水地区教委根据《幼儿园工作规程》，拟订《丽水地区幼儿园分级标准(试行)》，将幼儿园分成三级，以一级为优。松阳县实验幼儿园、庆元县机关幼儿园、青田县中心幼儿园、景宁畲族自治县中心幼儿园、丽水地区机关第一幼儿园、缙云县壶镇幼儿园被认定为首批一级幼儿园。

2007年，丽水市有省级示范幼儿园6所，市级示范幼儿园18所。2008年，丽水市机关第一幼儿园在花园路创设阳光分园，丽水市机关第二幼儿园在水木清华苑创设水木清华分园。同年，省教育厅改变幼儿园等级评定制度，幼儿园分为一级、二级、三级和准办级四个等级。

2010年，丽水市有幼儿园877所，班3222个，在园幼儿84889人。省一级幼儿园8所，省二级幼儿园10所，省三级幼儿园114所。3周岁至5周岁幼儿毛入园率93.66%。

1949—2010年丽水幼儿入园情况一览

表32-2-1-1

年份	合计			年份	合计			年份	合计		
	园数(个)	班数(个)	在园幼儿数(人)		园数(个)	班数(个)	在园幼儿数(人)		园数(个)	班数(个)	在园幼儿数(人)
1949	2	—	—	1952	11	11	373	1955	29	37	1387
1950	3	3	91	1953	11	16	644	1956	29	40	1375
1951	3	3	86	1954	10	15	571	1957	53	71	1529

续表 32-2-1-1

年份	合计 园数（个）	合计 班数（个）	合计 在园幼儿数（人）	年份	合计 园数（个）	合计 班数（个）	合计 在园幼儿数（人）	年份	合计 园数（个）	合计 班数（个）	合计 在园幼儿数（人）
1958	2087	2211	62155	1976	47	79	2845	1994	643	1181	33668
1959	1555	1563	40875	1977	50	83	3070	1995	588	1056	29308
1960	738	899	26452	1978	162	205	6000	1996	546	993	24864
1961	266	280	7737	1979	567	602	16376	1997	584	1036	25706
1962	24	48	1409	1980	586	684	20303	1998	825	1470	34823
1963	21	47	1444	1981	513	615	18458	1999	1057	1702	42322
1964	28	43	1433	1982	469	655	19803	2000	1057	1851	43131
1965	27	42	1556	1983	525	701	20652	2001	828	1923	43063
1966	11	28	905	1984	578	760	24176	2002	770	1926	44569
1967	9	17	536	1985	698	920	26568	2003	879	2231	51630
1968	9	17	530	1986	826	1082	30739	2004	1139	2665	62712
1969	10	21	690	1987	973	1280	36608	2005	1157	2829	65626
1970	10	22	735	1988	909	1261	36017	2006	1082	2772	66765
1971	15	32	1139	1989	912	1258	34471	2007	1011	2812	71690
1972	18	36	1319	1990	876	1329	35721	2008	982	2911	74723
1973	29	49	1843	1991	869	1402	38329	2009	943	3023	79130
1974	33	58	2270	1992	856	1430	41082	2010	877	3222	84889
1975	38	68	2478	1993	670	1255	37272	—	—	—	—

2010年丽水市幼儿园分布情况一览

表 32-2-1-2　　　　单位：所

	城市				县镇				农村				合计
	教育部门办	集体办	民办	其他	教育部门办	集体办	民办	其他	教育部门办	集体办	民办	其他	
市辖区	3	—	1	—	—	—	—	—	—	—	16	—	20
莲都区	3	—	58	1	4	—	10	—	12	—	17	—	105
龙泉市	2	—	19	—	4	—	36	—	5	—	56	—	122
青田县	—	—	—	—	8	—	59	—	18	—	37	—	122
云和县	—	—	—	—	2	1	24	—	—	7	6	—	40
庆元县	—	—	—	—	4	—	28	1	5	—	29	—	67
缙云县	—	—	—	—	5	1	26	—	5	—	69	—	106
遂昌县	—	—	—	—	12	—	37	—	15	—	77	—	141

续表 32-2-1-2

	城　市				县　镇				农　村				合计
	教育部门办	集体办	民办	其他	教育部门办	集体办	民办	其他	教育部门办	集体办	民办	其他	
松阳县	—	—	—	—	1	—	18	—	23	—	73	—	115
景宁畲族自治县	—	—	—	—	8	—	15	—	10	—	6	—	39
合计	8	—	78	1	48	2	253	1	93	7	386	—	877

第二节　管　　理

管理体制

民国时期，处州幼稚园由主办单位或个人管理。

1952 年中华人民共和国教育部颁布《幼儿园暂行规程（草案）》后，丽水县幼儿园由县人民政府统一领导，教育部门负责业务领导，卫生部门负责保健业务指导。1958 年起，丽水城镇幼儿园仍保持原来管理体系，农村幼儿园由人民公社或生产大队管理。“文化大革命”期间，丽水幼儿园管理处于放任自流状态。

1977 年，中华人民共和国教育部颁布《幼儿园工作条例》。1979 年 10 月，中共中央、国务院转发《全国托幼工作会议纪要》。1980 年，丽水各县妇联、教育局、卫生局、总工会联合组成托幼领导小组，由教育局负责业务指导、师资培训，妇联负责组织、宣传、行政管理。1982 年，丽水地区教研室配备幼儿教育教研员。1984 年，丽水地区教体局普教科设兼职幼儿教育干部。

1987 年 10 月，丽水地区贯彻执行国务院批复国家教委、计委等九部委《关于明确幼儿教育事业领导管理职责分工的请示》，根据“地方负责、分级、分口管理”原则，幼儿教育事业由教育、卫生、计划、财政、劳动人事、城乡建设、妇联等部门联合管理。幼儿教育业务指导与培训由教育部门负责，幼儿园的行政领导由主办单位管理。地区机关幼儿园由设在妇联内的托幼办公室管理。

1989 年，国务院颁布《幼儿园管理条例》，国家教委颁发《关于实施〈幼儿园管理条例〉和〈幼儿园工作规程〉（试行）的意见》。1997 年 7 月，浙江省人民政府发布《关于进一步明确我省幼儿教育管理体制的通知》。同年 10 月，丽水地区行署办公室发出《关于明确幼儿教育事业管理体制的通知》。丽水地区幼儿教育事业的管理逐步由妇联向教育部门过渡。2007 年 12 月，丽水市机关第一、第二幼儿园归属教育局管理。

管理模式

丽水市公立幼儿园园长由教育行政部门任命，私立幼儿园园长由业主任命。

公立幼儿园扩编教师，原则上由劳动人事部门、教育局通过公开招考，招收在编幼儿教师。也有部分教师由幼儿园自聘。幼儿园设园长 1 人，副园长 1—2 人，规模较大的公办幼儿园，下设园长助理、办公室主任、教务处主任、教科室主任。2010 年 4 月起，丽水市幼儿园增设安保人员。

第三节　课程与学制

教学任务

清末，《奏定蒙养院章程及家庭教育法章程》规定，蒙养院教育的宗旨是保育教导儿童，旨在发育其身体，渐启其心知，使之远于硗薄之恶习，习于善良之规范。

民国28年(1939)，民国政府教育部公布《幼稚园规程》规定，幼稚园的教育目的为增进幼稚儿童身心之健康；力谋幼稚儿童应有之快乐与幸福；培养幼稚儿童关于人生之优良习惯；协助家庭教养幼稚儿童并谋家庭教育之改进。同时，云和县、龙泉县开办幼稚园的宗旨是招收幼稚儿童，指导他们过适当的生活，增进他们身心健康，使他们在抗战中成长。

1952年，中华人民共和国教育部颁布《幼儿园暂行规程(草案)》，对幼儿园提出任务是根据新民主主义教育方针教养幼儿，使他们的身心在入小学前获健全的发育；同时减轻母亲对幼儿的负担，以便母亲有时间参加政治生活、生产劳动、文化教育活动。1956年，丽水县通惠门小学附设幼儿园提出贯彻"教养并举"方针，将幼儿教好、养好，使他们德智体全面发展；创造条件实行半托，减轻母亲的负担。缙云县五云小学附设幼儿班把幼儿认数和简单的计算作为一项任务。1963年，丽水县城关镇中心幼儿园提出为幼儿服务、为家长服务、为社会服务。

20世纪80年代，丽水县机关幼儿园的办园宗旨是保教结合，培养幼儿全面发展，解除家长后顾之忧。1989年6月，贯彻国家教委颁发的《幼儿园工作规程(试行)》，进一步明确幼儿园的任务是"实行保育和教育相结合的原则，对幼儿实施体、智、德、美诸方面全面发展的教育，促进其身心和谐发展"。1996年6月1日起施行《幼儿园工作规程》，幼儿园工作任务与1989年提法相同。

课程教材

清末，蒙养院无统一课程和教材，由教养员自行排编。民国28年(1939)，教育部颁布《幼稚园规程》，儿童活动项目为音乐、故事、儿歌、游戏、常识、工作、静息、餐点等。

1949年10月中华人民共和国成立后，参照苏联《幼儿教学大纲》，幼儿园以讲故事、唱歌、游戏为主，同时采用幼童读本进行识字教学，以实物教学1—10数字认识。1952年下半年，教育部规定开设的课程是体育、语言、认识环境、图画、音乐、计算。教材自行编排。1955年，丽水开始使用省编《幼儿教育参考教材》。1960年，开始按《浙江省幼儿园作业计划(草案)》排课。1960—1982年，缙云县五云小学幼儿园开设拼音、语常、音乐、美工、计算等课程，每周各3节，体育及游戏每周各1节。

1981年，省教育厅编印《浙江幼儿园教材》1套5册。1982年，教育部编写体育、语言等7种9册教材。各幼儿园或用省编课本，或用部编课本，或两种兼选。

从1982年开始，各幼儿园参照教育部《幼儿园教育纲要(试行草案)》安排各科课程。1992年起，遵照国家教委《关于印发〈关于在幼儿园加强爱家乡、爱祖国教育的意见〉的通知》，充实热爱家乡、热爱祖国的教学内容。2001年，教育部颁发《幼儿园教育指导纲要(试行)》，把幼儿教育课程划分为健康、语言、社会、科学、艺术等领域5个。各幼儿园选用由省教材审定委员会审定的教材。

2007年，丽水市教研室组织丽水市幼儿园开展地方课程资源的开发与利用研究，较有代表性的园本课程有，景宁畲族自治县中心幼儿园编写的《畲乡幼儿本土活动课程》，青田县幼儿园编写的《青田乡土文化教育主题活动预设》，庆元县地方课程《庆元县幼儿园主题活动方案集锦》，莲都区花园幼儿园编写的《美丽的家乡——丽水》。

学 制

清光绪三十年(1904)，《癸卯学制》规定，招收5岁至6岁幼儿入蒙养院，年限4年。

从1952年开始，遵照《幼儿园暂行规程(草案)》，幼儿园招收3足岁到7足岁幼儿。部分幼儿园招收3足岁至6足岁幼儿。1956—1990年间，丽水各县城镇规模较大的幼儿园学制一般为3年，小班1年(3岁至4岁)，中班1年(4岁至5岁)，大班1年(5岁至6岁)。乡村幼儿园大都以混合编班为主，学制不一。

1996年，按国家教委颁布的《幼儿园工作规程(试行)》，幼儿园收3周岁以上学龄儿童，一般为3年制，也有1年制，2年制。丽水地区机关第二幼儿园实行4年制，招收2周岁的幼儿入托，直到幼儿园大班毕业。

学前班的学制没有统一规定，一般为1年。

2000年后，丽水公办幼儿园都实行3年制，分大、中、小班。一些乡镇公办幼儿园，根据需要，增添小小班，兼带托儿所的任务，学制延伸为4年。

第三章　小学教育

清光绪二十五年(1899)，青田县倡明简易小学堂创办。清光绪三十一年，清政府下令废科举、兴新学。同年，松阳县明善书院改为官立毓秀初高两等小学堂。清光绪三十二年，处州女子教育渐兴，缙云县壶镇育英女子学堂、松阳第一女学堂等相继创办。民国元年(1912)，处州学堂改称学校，小学分为初等、高等两级。学制为7年，其中初小4年，高小3年。官、公、私立并存，境内小学校骤增。民国21年，景宁县创办全省第一所专招畲族儿童的惠明寺初等小学。1949年5月丽水解放后，各县人民政府整顿小学教育。1958年，丽水各县小学教育快速发展。丽水各县有小学2677所，在校生161082人。1966年“文化大革命”开始，耕读小学被迫停办。1978年中共十一届三中全会后，丽水开始重视提高小学教育质量。1986年，丽水地区有各类小学4299所，小学生259373人，学龄儿童入学率98.7%。1993年2月，浙江省第一所村级希望小学——青田贵岙乡双坑希望小学落成。1996年6月，国家教委制定《小学管理规程》，规定小学实行校长负责制，校长全面负责学校行政工作。2000年10月，丽水市执行《浙江省义务教育试行教学计划》。2007年，丽水市建立和健全包括教师、设备、图书、校舍等资源的均衡配置制度，推广城乡学校结对（或联合）的集团办学模式和校区管理模式。

第一节 发展概况

普通小学教育

清光绪二十五年（1899），青田籍日本留学生孙日彰在青田创办倡明简易小学堂。清光绪二十七年，守约小学堂创办。清光绪三十一年，清政府颁诏“停科举以广学校”。从此，处州各县相继兴办新学。光绪三十一年至三十四年，各县纷纷将书院改为学堂。同时，创办一批官立、公立或私立小学堂。松阳县改明善书院为官立毓秀初高两等小学堂，创办公立文德、育英、启秀、崇正、明达初等小学堂、私立世珍、杨家堂初等小学堂。丽水县改圭山书院为崇实初高两等小学堂，创办私立植基初高两等小学堂、震丽初高两等小学堂。缙云县改五云书院为官立五云初高两等小学堂，其后，独峰、金莲、崇正等书院也改为小学堂，创办私立萃英半日制小学堂、义阳初等小学堂。遂昌县改妙高书院为官立初高两等小学堂，创办私立基圣、屏山初等小学堂。云和县改箬溪书院为官立初高两等小学堂，创办官立两坊初等小学堂、公立勤江初高两等小学堂、私立萃英高等小学堂。景宁县改雅峰书院为官立务本初等小学堂。庆元县改松源书院为官立初高两等小学堂。龙泉县改金鳌书院为官立剑川高等小学堂。青田县创办官立青田县高等小学堂、私立养正、东源初等小学堂。至清光绪三十四年，处州境内有官立小学堂19所，公立小学堂78所，私立小学堂20所。女子小学堂也开始创建，清光绪三十二年，云和创办公立女子高等小学堂、益智初等女学堂。松阳创办公立松阳第一女学堂、私立震东女子初高两等小学堂、成淑女子初高两等小学堂。缙云创办壶镇育英女子小学堂、处州济美女学堂。青田创办果行女子小学堂、北山女子小学堂。龙泉创办私立毓英初等女学堂。景宁创办振兴女子小学堂等。

民国元年（1912），学堂改称学校，小学校分为初等、高等两级。学制为7年，包括初小4年，高小3年。官、公、私立并存，境内小学校骤增。民国2年，处州境内小学校达419所，在校学生17704人。民国4年，初等小学校改称国民学校，由乡镇设立。高等小学校由县设立。民国5年，教育部推行四年制义务教育。民国12年，国民学校改称初级小学校。初等、高等兼设的小学校与单设的高等小学校分别改称完全小学校与高级小学校。同年，境内有小学校937所，在校生32702人。民国13年，因军阀混战，经济萧条，丽水学龄儿童入学率仅为20%。民国16年，小学校改称小学，取消初等、高等两级，分低、中、高3段，每段各2年。

民国24年（1935），浙江省义务教育进入全面实施阶段，同年，境内有失学儿童82318人。丽水各县纷纷创办短期小学，亦有附设于完全小学内的短期班。境内有短期小学85所，附设短期小学班66个，招收失学儿童8970人，占失学儿童数的10.8%。短期小学学制1年，主要进行简易识字教学。民国26年，抗日战争爆发，省政府、教育厅和一些省立小学如省立建国小学、省邮电小学、省五峰小学，私立武德小学等先后内迁丽水。民国27年，省教育厅根据战时环境，举办各种战时民众学校。在缙云、丽水县设有战时流动学校3所。青田、松阳、庆元、云和等县也试办流动学校15所。

民国29年（1940），国民教育开始实施，将义务教育和民众补习教育合二为一，规定每乡必须设

1 所中心学校，每保设 1 所保国民学校。同年，遂昌县强迫入学委员会率先成立。民国 31 年，日本侵略军犯境，部分学校遭到严重破坏，一度无法上课。民国 32 年，著名教育家俞子夷到处州，选址云和县创办国民教育实验区。丽水、青田、云和、松阳、龙泉等县开始实施“水上教育”，对居无定所的瓯江船民、渔民及其眷属施教。

民国 33 年 2 月至 34 年 2 月为教育年，龙泉、松阳等县强迫入学委员会相继成立，每乡设教育警察 2 人，督促学龄儿童和失学民众入学。中心学校改称中心国民学校，私立学校改为代用或试用国民学校。据民国 34 年 3 月统计，丽水乡镇中心国民学校 253 所，保国民学校 1802 所。

民国 37 年(1948)丽水辖区内小学一览

表 32-3-1-1

县　名	乡镇中心国民学校(所)	保国民学校(所)	私立小学(所)	学生(人)	教员(人)
丽水县	20	192	5	9388	515
龙泉县	30	226	12	10259	445
青田县	37	221	5	16855	—
云和县	14	124	—	5026	226
庆元县	27	134	—	3504	367
缙云县	50	3	4	8790	280
遂昌县	29	172	—	7471	306
松阳县	32	182	6	10066	475
景宁县	16	131	1	4817	—
合计	255	1385	33	76176	2614

说明：1.松阳、景宁县为民国 35 年统计数。2.合计中缺青田、景宁县教员数

1949 年 5 月，丽水各县军管会（人民政府）接管各类公、私立小学。1951 年，接管教会小学。农村取消乡镇中心国民学校和保国民学校名称，一律以所在村命名。设立县、区两级中心小学。学校沿用 6 年学制，儿童 6 周岁入学。1952 年秋，根据中华人民共和国政务院《关于改革学制的决定》，小学推行五年一贯制，入学年龄为 7 周岁。同年，丽水专区辖区有小学 2627 所，学生 109693 人。1953 年，改春秋两季招生为秋季招生。同年秋，停止推行五年一贯制，恢复 6 年学制。1955 年，丽水小学加速发展，丽水各县学龄儿童入学率由 1949 年的 38.2%上升到 56.9%。

1958 年，丽水小学快速发展。有小学 2677 所，在校生 161082 人，分别比 1957 年增加 11.68%和 35.3%。1958—1962 年，丽水各县小学学制改为 5 年。1960—1962 年，各县贯彻国家办学与群众办学并举，公办与民办并存，全日制小学与半日制小学、两部制小学并存的“两条腿走路”方针。创办及“转制①”一批民办简易小学②，小学教育加快发展。1963 年，根据教育部通知，小学改为 6 年制。1965 年，丽水专区有小学 3246 所，在校学生 162229 人，入学率 85.6%，其中，耕读学校 2491 所，学生

① 公立初小转为民办。

② 后改称耕读小学。

43309 人，占入学儿童的 21.1%。

1966 年 6 月，“文化大革命”开始，“两种教育制度”受到批判，耕读小学停办，小学停课。翌年复课。1968 年，农村公办小学下放到生产大队办，公办教师回队任教，实行民办公助。同年秋，丽水地区小学又改为 5 年制，一直沿至 1986 年。1970 年，提出“把学校办到家门口”，要求读小学不出村，初中不出大队，高中不出公社。部分小学“戴帽”办初中班。1971 年，贯彻周恩来总理关于“把普及小学教育作为一件大事来抓”的指示，丽水各县注重抓偏远地区、山区、自然村的小学教育。由于办学体制下放和中央领导的重视，丽水地区小学普及程度提高。到 1978 年，丽水地区小学数增至 5359 所，在校学生 323574 人，入学率 96.8%，比 1965 年提高 11.2 个百分点。

1978 年中共十一届三中全会后，各地开始重视提高小学教育质量。1978 年，丽水县西溪小学被定为省、地重点小学。其后，丽水各县也先后确定一批县重点小学。1980 年，贯彻党中央《关于普及小学教育若干问题的决定》，各县制定《普及初等教育规划》，实行“学区包干，任务到校，责任到人”的岗位责任制。开展以“确保入学率，降低流生率，提高合格率，控制留级率”为内容的普及小学教育活动。丽水地区教委制定《丽水地区实施初等义务教育的意见》。

1986 年，丽水地区各类小学 4299 所，小学生 259373 人，学龄儿童入学率为 98.7%，在校生巩固率 98.82%，毕业率 99%，初等教育普及率 97.1%，已达到基本普及初等教育的标准。同年，国家教委等部门《关于实施〈义务教育办法〉若干问题的意见》提出，九年制义务教育实行小学六年、初中三年的“六三”制，或“五四”制，或九年一贯制。此后，丽水地区小学的学制分 3 种情况，丽水、龙泉实行六年制，其余 7 个县继续实行五年制。地区实验学校实行“九年一贯，五四分段”制。1988 年，丽水地区小学适龄儿童入学率98.9%，巩固率 99.4%，被认定为基本普及初等教育地区。

1993 年，各县（市）开始创办“希望小学”。同年 2 月，青田贵岙乡双坑希望小学落成，这是浙江省第一所村级希望小学，帮助重返校园失学儿童 80 人。同年 9 月，浙江省第二所希望小学——景宁鸬鹚小学落成，帮助重返校园失学儿童 123 人。至 1995 年，丽水地区建成希望小学 9 所。1995 年以后，为改变“小而全”的办学格局，丽水地区小学从 1995 年的 2880 所，调整为 2000 年的 1432 所。1998 年，丽水地区小学由五年制改为六年制，入学年龄由 7 周岁改为 6 周岁，实行就近免试入学。翌年，丽水地区适龄儿童入学率 99.9%，巩固率 99.97%。

2000 年，丽水市实施“下山脱贫”等政策，促使农村人口向乡镇聚居，一些山村小学成无生源的空壳学校。丽水市教育部门适时调整小学布局，丽水市小学从 2000 年的 1432 所，调整为 2010 年的 264 所；办学规模从 2000 年校均 4.1 个班，扩大为 2010 年的校均 14.9 个班；班级规模从 2000 年的平均每班 28 人提高到 2010 年的 40 人。教育资源得到较合理的配置。随着城市建设步伐的加快，大量民工进入城区，带来子女入学问题。丽水市教育局规定，流动人口子女，按照就近原则，可根据自身实际，选择城郊或乡镇学校就读，按规定标准收取借读费。对于低收入流动人口子女，可自愿选择去民办学校或者到政府指定的重点接收民工子女的公办学校就读。到公办学校就读的困难民工子女，借读费可减免。2002 年，市区新建成莲都小学。随后，按照市政府《丽水市市区中小学（幼儿园）布局发展规划》，实施市区义务教育阶段七大建设工程。至 2007 年，市区义务教育七大建设工程完成，新建和扩建后庆小学、水东小学、天宁小学、刘英小学等小学和梅山中学、天宁中学等初中以及民办莲都区外国语学校初中部、丽水市外国语实验学校小学部。

2000—2010 年丽水市全日制小学一览

表 32-3-1-2

年份	学校(所)	班级(个)	招生(人)	毕业生(人)	在校学生(人)	教职工(人)	
						合计	其中专职教师
2000	1432	5886	38592	39319	167326	11700	10261
2001	1106	5589	37223	36731	168638	11626	10219
2002	939	5331	31731	30830	168277	11558	10169
2003	584	4907	28287	26743	169132	11353	10119
2004	491	4595	26509	24868	169503	11323	9954
2005	398	4372	25674	26415	167905	11074	9539
2006	365	4268	27627	25923	169816	11161	9509
2007	314	4136	26228	30013	165178	11023	9591
2008	287	4030	26062	31053	159847	11012	9737
2009	274	3955	25167	28164	155288	10912	9831
2010	264	3936	28096	25983	156308	10694	9664

民族小学教育

清光绪二十四年(1898),云和贡生蓝宝成创办畲汉共学的学塾。民国元年(1912),遂昌县后江畲族村创办明德小学校。民国 2 年,松阳板桥畲族村创办板桥初级小学校。民国 6 年,遂昌县后垄畲族村创办万嵩小学校,苦竹坑畲族村创办定观小学校。民国 8 年,云和县有畲民子女入学的小学校 23 所,占小学总数的一半,抗战时期增加到 48 所,其中 4 所以畲族学生为主体。民国 21 年,景宁县创办全省第一所专招畲族儿童的小学——惠明寺初等小学。民国 29 年,省立临时联合师范民教馆在丽水县创办民族小学 1 所。

1949 年,丽水专区有畲民 31379 人,其中小学畲民毕业生 2368 人,占 7.55%。畲民 90%以上是文盲。同年,景宁县有畲族小学生 75 人,畲族学龄儿童入学率为 8.89%。至 1953 年年初,景宁县有畲族小学 17 所,在校畲族学生 391 人,兼招畲族儿童的小学 113 所,收畲族小学生 541 人,全县畲族小学生 932 人。1954 年,兼招畲族儿童的小学增加到 118 所。1966 年,畲族小学发展到 21 所,畲族小学生 991 人;丽水县 1952 年有畲族小学生 512 人。1956 年,在畲村创办民族小学 5 所,包括初小 2 所,完小 3 所。1959 年,畲村小学发展到 27 所,畲族小学生增至 1649 人。1964 年,畲村创办简易小学 9 所,全县畲族小学生 1196 人,畲族学龄儿童入学率 80%,比全县小学学龄儿童入学率高 9.7 个百分点。

1976 年,遂昌县畲族小学生相当于 1966 年的 3 倍。1980 年,贯彻教育部、国家民委《关于加强民族教育工作的意见》,要求各地“集中力量办好一批民族中小学和举办寄宿制的民族中小学”。1984 年 5 月,浙江省教育厅和民族事务局在丽水召开全省首次民族教育工作会议。同年,景宁畲族自治县成立。1985 年,景宁全县畲族小学生增至 2480 人。1988 年,畲族学龄儿童入学率 98%。1984 年,丽水县批准小学 16 所为民族小学,畲族学生占在校学生总数 50%以上。1988 年,全县在校畲族小学生 1539 人，入学率 98%。1985 年，遂昌县有民族小学 7 所，1988 年全县在校畲族学生 983 人，入学率 98%；同年，云和、松阳、青田等县在校畲族小学生分别为 790 人、516 人、178 人。1988 年，丽水地区少数民族地区基本普及初等教育，少数民族在校小学生 6947 人。

1989 年，丽水地区民族小学 124 所，1994 年调整为 74 所。1995 年，丽水地区在校少数民族小学生 6969 人，占在校小学生总数的 3.42%；有专任小学教师少数民族 507 人，占丽水地区小学专任教师总数的 5.93%，两项均高于少数民族人口在丽水地区人口总数中所占的比例。

若干年份景宁、遂昌少数民族小学生一览

表 32-3-1-3　　单位：人

年份	1949	1953	1958	1963	1966	1978	1980	1985	1990	1995
景宁县	75	932	1287	908	991	2118	1907	2480	1597	1558
遂昌县	283	493	390	575	702	1833	2044	1228	955	1225

说明：遂昌、景宁两县分别于 1984 年、1988 年普及初等教育

第二节　管　理

管理体制

清末，处州各小学堂设堂长。民国元年(1912)，堂长改称校长。

1949 年 10 月中华人民共和国成立后，规模大的小学实行校务委员会制，由人民政府委任正、副主任和委员，实行集体领导，民主管理，规模小的学校仍实行校长制。1952 年 3 月，教育部颁行《小学暂行规程(草案)》，实行校长负责制，并陆续制定学生入学、转学、休学、复学、退学等学籍管理办法。1958 年，实行学生住校化、生活集体化、行动军事化，曾一度模仿部队的管理形式管理小学。1963 年 3 月，教育部颁发《全日制小学暂行工作条例(草案)》，规定校长为学校行政负责人，负责全校工作，学校党支部对学校行政负有保证和监督的责任。

1966 年，"文化大革命"开始，小学管理处于混乱状态。1968 年，废除校长，农村小学由贫下中农管理，城镇小学由工人毛泽东思想宣传队进驻管理。不久，革命委员会成立。

1978 年，省教育厅颁发《浙江省中小学学生教育管理工作的暂行规定》，重新规定课堂常规、成绩考核和学籍管理办法。同年 9 月，《全日制小学暂行工作条例(试行草案)》修改，实行党支部领导下的校长分工负责制。

1985 年，贯彻《中共中央关于教育体制改革的决定》，丽水地区各小学陆续制定分级办学、分级管理的有关规定。丽水地区小学逐步实行校长负责制、教师聘任制、岗位负责制、考核奖惩制；完善教师管理制度、学习制度、办公制度、教研制度、进修制度、请假制度、考勤考核制度、对学生家访制度、年终考核评比制度、奖惩制度、职称评定制度和教师职业道德规范；建立业务档案等。

1996 年 6 月，国家教委制定《小学管理规程》，规定小学实行校长负责制，校长全面负责学校行政工作。农村地区可视情况实行中心小学校长负责制。

2007年，丽水市建立和健全包括教师、设备、图书、校舍等资源的均衡配置制度，推进义务教育的均衡发展。推广城乡学校结对（或联合）的集团办学模式和校区管理模式。2010年7月，丽水市教育局选派校长25人参加国家教育学院“基础教育改革动态”培训，提高小学校长的能力。

学籍、教学管理

民国时期，学生经过学业考查，语、算两科都不及格，或语、算中的一科加上其他的两科不及格，或其他三科不及格的留级。

1949年中华人民共和国成立初，评定学生学业成绩的方法是重平时、看发展。1952年，教育部制定《小学暂行规程（草案）》。1964年，丽水执行《浙江省小学学生成绩考查、评定办法及升留级、毕业标准（修订稿）》。1978年10月，执行《浙江省中小学学生教育管理工作的暂行规定》，小学生经过考核评定，德、智、体几方面都符合要求的准予升级，准予毕业；成绩优异的，由学校批准予以跳级。20世纪80年代初，丽水各县教育局提出控制留级面，城镇小学控制在5%以内，农村小学可适当放宽。1986年，《中华人民共和国义务教育法》颁布后，各县逐步废除留级制度。

1990年，根据省教委《浙江省全日制中小学学籍管理暂行办法（试行）》，丽水地区开始规范中小学生的学籍管理。1991年，实行“浙江省义务教育登记卡”制度。建立学号制，严格入学、休学、复学、转学、插班、借读、升级、留级、毕业等各个环节的管理。1993年3月，国家教委下发《关于减轻义务教育阶段学生过重课业负担全面提高教育质量的指示》。1996年，执行国家教委《小学管理规程》和省教委《关于当前加强中小学教育教学工作若干问题的意见》。1997年7月，贯彻省教委《关于全面推进中小学素质教育的若干意见》。

1998年，丽水地区推进现代教育技术应用，创建现代教育技术实验学校。至2002年，丽水市小学有国家级现代教育技术实验学校2所，省级现代教育技术实验学校15所。1999年，地区教委下发《关于进一步推进中小学素质教育的通知》《关于全面推行小学素质教育报告单的通知》，转发省教委《关于减轻中小学生过重课业负担的十项规定》。2000年年初，下发《关于贯彻落实国家教育部小学“减负”的〈紧急通知〉和省教委〈十项规定〉的若干意见》。并多次组织减负工作专项检查，及时查处有关学校的违规行为。

1999年开始，丽水地区中小学开展争创各类示范学校活动。2005年，学生学籍管理采用省教育厅监制的电子学籍管理系统。2006年，丽水市有省级示范小学25所，市级示范小学81所，有省级绿色小学45所，市级绿色小学91所。2010年，全省中小学电子学籍管理系统实现全省联网管理，丽水市为首批联网地市之一。

第三节　课程与学制

课　程

清光绪二十九年（1903），清政府规定，各小学堂课程分必修学科和随意（选修）学科两类。民国7年（1918），省教育厅通令各小学一律采用统一编写审定的教科书。

1949年秋，丽水专区废除公民、童子军等课程，增设政治课。1952年秋，初级小学设语文（包括常识）、算术、体育、美工等课程；高级小学设语文、算术、自然、历史、地理、体育、美工、音乐等课程。实行理论与实际一致的教学方法；以上课为教学基本形式，启发儿童的自觉性和积极性，课内和课外活动配合进行。1953年，丽水各县全面学习苏联教育理论和经验，各县各小学的教材、教学大纲、教学资料均参照苏联四年制小学的版本，学习成绩采用五级记分法。1954年，四年级增设珠算课。1955年秋，教育部颁发《小学教学计划》，增设手工劳动课，把生产劳动列入课外活动内容；小学授课总时数为5032课时。1956年，小学一年级开始学习汉语拼音。1957年，小学增加周会、时事政策、农业常识课。1963年，执行教育部颁布的教学计划。1964年4月，省教育厅颁发《浙江省农村简易小学教学计划（草案）》，丽水各县耕读小学的课程简化为周会、语文、算术、农业常识4门，采用省编耕读小学课本。

"文化大革命"开始，小学一度停课，1967年相继复课。开设语文（一年级使用《毛主席语录》）、政治、数学、革命文艺、军事体育、劳动等。1973年，《浙江省中小学教学计划（试行草案）》颁布，规定小学的课程为政治、语文、数学、常识、体育、音乐、美术等。1978年，开始执行教育部《全日制十年制中小学教学计划（试行草案）》，使用全国统编教材。

1981年，丽水地区执行教育部《全日制五年制小学教学计划（修正草案）》，三、四、五年级增设思想品德课和自然课，四年级恢复地理课，五年级恢复历史课。1983年秋，执行《浙江省全日制六年制小学教学计划（试行草案）》，采用京、沪、津、浙联合编写的小学六年制教科书。1987年，小学一至五年级增设卫生课，并在高年级思想品德课中增加法律常识内容。教育部允许各地实验小学根据本校实际和教改的需要调整课程。同年，地区实验学校开始进行初中小学"九年一贯，五四分段"学制实验。1988年，丽水地区复式班采用省编复式教材。1989年，地区教委编印《可爱的家乡——丽水》作为中小学乡土教材。1993年秋季，丽水地区开始执行省教育厅《义务教育试行教学计划》。

2000年秋，丽水市执行《浙江省义务教育试行教学计划》。主要内容有小学五、六年级增设外语选修课，每周3课时；小学四至六年级增设信息技术选修课，每周1课时；小学三至六年级语文课每周各减少1课时；小学常识课五、六年级由每周4课时减为3课时；小学五、六年级生活与劳动课不再开设。2002年，丽水市所有小学从三年级开始开设英语课。2003年，莲都区、缙云县两个省级基础教育课程改革实验区执行《浙江省省级实验区义务教育阶段课程设置及课时安排》，小学课程为，品德与生活、品德与社会、语文、数学、外语、体育、音乐、美术、科学、信息技术、综合实践活动①等课程。2004年秋，龙泉、青田、云和、庆元、遂昌、松阳、景宁7个县（市）的小学进入新课程改革实验。

学 制

1993年11月，国家教委印发《关于全面贯彻教育方针，减轻中小学生过重课业负担的意见》。1995年4月，贯彻省教委《关于对导致中小学生课业负担过重的几个突出问题的整改意见》。1995年5月，省教委印发《关于实行每周40小时工作制后调整中小学教学计划的意见》。1999年，各县（市）完成义务教育由"五三"学制向"六三"学制的过渡。2000年10月，丽水市执行《浙江省义务教育试行教学计划》，实行义务教育"六三"学制。

① 综合实践活动：地方课程和学校课程。

第四章　中学教育

清光绪二十八年(1902),处州府属莲城书院改为崇正学堂①,是丽水最早的中学。民国 27 年(1938),省立处州初级中学增设高中部,更名浙江省立处州中学,是处属第一所高级中学。民国 38 年 6 月,处州有中学 13 所,其中省立高中 3 所,初级中学 10 所。1949 年 10 月中华人民共和国成立后,各级人民政府整顿中等教育。1956 年 8 月,丽水辖区有中学 21 所,在校学生 8122 人。同年 9 月,浙江省处州中学更名浙江省丽水中学。1966 年"文化大革命"开始后,全区中学停课。1968 年复课,初中恢复招生。1970 年,全区高中恢复招生。1978 年,全区调整中学网点。学制初中 3 年,高中 2 年。至 1984 年,丽水地区普通完(高)中调整为 34 所,初中 173 所。1986 年开始,全区逐步实施九年义务教育。1993 年 2 月,全区贯彻教育部《中国教育改革和发展纲要》,实行校长负责制。1994 年 8 月起,全区重点中学实施等级评估制度,分一级、二级和三级重点中学。1997 年,丽水地区被省政府公布为基本普及九年义务教育地区。1998 年 8 月,丽水地区教育工作会议全区,确定加快发展高中段教育。同年,丽水地区有普通高中 31 所,在校学生 16316 人,初中毕业升入高中比例 41.4%。2000 年撤地设市后,丽水市中学在调整中发展。初中从 160 所降为 78 所,普通高中从 33 所降为 21 所。2005 年,丽水市民族地区基本普及高中教育。2009 年,丽水市实施《浙江省新课改高考方案》。

第一节　发展概况

普通中学教育

清光绪二十七年(1901),清政府下《兴学诏》,改书院为中学堂。清光绪二十八年,处州府莲城书院改为崇正学堂。清光绪三十一年,更名处州府中学堂。清宣统三年(1911),改称浙江省立第十一中学堂。

民国元年(1912)秋,学堂改称学校。省立第十一中学堂改称省立第十一中学校。民国 11 年,北洋政府颁布《学校系统改革案》,将 4 年制中学校改为"三三"制初级中学校和高级中学校。丽水处属县立女子师范学校,改为处属联合县立女子中学校。民国 15 年,松阳县创立初级中学校②。民国 18 年,丽水处属联合县立女子中学校改为处属公立初级中学;缙云县创办私立仙都初级中学。民国 22

① 丽水中学前身。

② 松阳一中前身。

年，处属联合县立初级中学更名浙江省立处州初级中学。民国 24 年，青田县私立阜山乡村简易师范更名阜山初级中学。

抗日战争初期，缙云、青田、松阳等地先后创办战时中学。民国 27 年(1938)8 月，由杭州高级中学、杭州初级中学、杭州师范、杭州女子中学、省立民众教育实验学校、嘉兴中学、湖州中学等校组建省立临时联合中学，迁丽水县碧湖镇，设高中部、初中部、师范部。同年，省立处州初级中学增设高中部，更名浙江省立处州中学，是处属第一所高级中学。翌年，省立临时联合中学分为省立临时联合高级中学、省立临时初级中学、省立临时联合师范学校。此后，省立温州中学、金华中学、建国中学、浙江邮电女子中学、浙东第二临时中学、浙东第三临时中学以及私立杭州树范中学、杭州安定中学、杭州清波中学、上海君毅中学、新群高级中学、绍兴稽山中学等校亦先后迁入丽水境内。抗日战争胜利后，外地中学先后迁回。

民国 33 年(1944)，缙云县创办缙云县立初中，私立仙都初级中学增设高中部，更名缙云县私立仙都中学，松阳县创办私立俭公中学，遂昌县创办遂昌县立初级中学，青田县创办青田县立海口初级中学，后改为私立正教初级中学。民国 34 年，龙泉县创办龙泉县初级中学；青田县创办私立黄坛初级中学。民国 35 年，缙云县将杭州私立安定中学壶镇分校改为缙云县立初中壶镇分部，民国 36 年，更名缙云县私立崇正初级中学；松阳县将私立国强战时初中学生补习学校改为私立国强初级中学。民国 36 年，青田县创办私立石门中学。民国 37 年春，丽水县创办私立刘基中学，7 月停办。同年 8 月，创办私立南明中学。民国 38 年，青田县私立石门中学增设高中部。

至民国 38 年(1949 年 9 月 30 日止)6 月，处州境内有中学 13 所，其中省立高中 1 所，包括处州中学；私立高中 2 所，包括缙云县私立仙都中学高中部和青田县私立石门中学高中部。初级中学 10 所，其中县立 4 所，私立 6 所。

民国 38 年(1949 年 9 月 30 日止)丽水各县中学一览

表 32-4-1-1　　单位：人

校　名	校　址	学生数	教职工数
省立处州中学	县城卢镗街东原校士馆	1004	78
丽水县私立南明中学	城关上水南	110	16
龙泉县立初级中学	龙泉县宫头	246	20
青田县私立石门中学	青田县城东门外	224	—
青田县私立阜山初级中学	青田县鹤城镇	291	—
缙云县私立仙都中学	缙云县城孔庙	564	—
缙云县立初级中学	缙云县新建镇	100	—
缙云县私立崇正初级中学	缙云壶镇	150	—
缙云县私立励志初级中学	缙云白丰湖	243	—
遂昌县立初级中学	遂昌妙高山	140	20
松阳县立初级中学	松阳县西屏镇东门	381	31
松阳县私立国强初级中学	松阳县西屏镇南门	136	22
松阳县私立俭公初级中学	松阳古市卯山	191	23

1949 年 10 月中华人民共和国成立后，人民政府接管公立中学和部分私立中学。1950 年上半年，丽水专区停办缙云县私立仙都中学，在原仙都中学和缙云县立初中基础上成立缙云县立中学，增设高中部。青田县私立阜山初级中学并入青田县立初级中学。云和、景宁、庆元三县的简易师范学校改为县立初级中学。松阳县立初中改为松阳县第一初级中学。

1954 年，省立处州中学被列为省 16 所重点中学之一。1956 年，丽水各县私立中学一律由政府接收。私立俭公初中改称松阳县第二初级中学；私立国强初中改为松阳县第三初级中学；缙云县私立壶镇初中，改为缙云县第一初级中学；青田县私立石门中学并入青田县立初级中学，更名青田县中学，增设高中部。此外，各地又创办中学 10 所。至 1956 年 8 月，辖区有中学 21 所，在校学生 8122 人。同年 9 月，浙江省处州中学更名浙江省丽水中学。

1957 年，丽水县创办民办中学 2 所，缙云县创办民办中学 1 所，青田县创办民办中学 5 所。1958 年，青田县又创办民办中学 3 所。1958 年，在“大跃进”影响下，境内中学增加到 67 所，在校学生 13716 人，学校数、在校学生数分别为 1950 年上半年的 4.5 倍和 4.8 倍。同年，遂昌、云和、龙泉、庆元、景宁县中学，增设高中部。1961—1963 年，丽水贯彻“调整、巩固、充实、提高”的方针，调整学校数和布局。1963 年，辖区有中学 39 所，其中完全中学 9 所，每县 1 所。

“文化大革命”开始后，丽水各中学停课“闹革命”。1968 年复课，初中恢复招生。1970 年，高中恢复招生。实行“二二”学制，初高中各 2 年。其后，在“读小学不出村，读初中不出大队，读高中不出公社”的口号指导下，许多小学办起初中班，初中增设高中班。1971 年，丽水地区中学增至 346 所。1977 年，有初中 68 所、完（高）中 174 所，高中数量多于初中。

1978 年，丽水地区调整中学网点。学制初中 3 年，高中 2 年。至 1980 年，丽水地区有初中 159 所，完（高）中减至 50 所。1981 年 4 月，省政府批准丽水中学、缙云中学、龙泉一中、青田中学、云和中学、庆元中学和遂昌中学为省重点中学；确定丽水中学为省首批办好的重点中学，恢复高中三年制。1981—1983 年，继续调整中学布局。至 1984 年，丽水地区普通完（高）中调整为 34 所，初中 173 所。1985 年，松阳县、景宁县恢复建制，松阳一中、景宁中学列为省重点中学。

1986 年开始，丽水地区在基本普及初等（小学）教育的基础上，逐步实施九年义务教育。同年 7 月，丽水师专附属学校更名丽水地区实验学校，试行“九年一贯，五四分段”学制。其他中学均实行“三三”制。1987 年，各县（市）修定《九年义务教育规划》，丽水、龙泉、缙云、遂昌、松阳等县的 12 个乡镇，23.5 万人口地区首先宣布实施九年（或八年）义务教育，占乡镇总数的 6.18%、人口总数的 10%。1989 年，丽水地区教委制定《丽水地区教育发展规划（1989—2000 年）》。

1991 年，丽水地区普通完（高）中已由 20 世纪 70 年代的 174 所减到 33 所。1992 年，丽水地区小学毕业生升初中的人数比例 84.44%，比 1986 年提高 17.53 个百分点。1995 年，缙云县通过省政府“两基”①评估验收。同年，丽水地区在 169 个乡镇、224.89 万人口地区实施九年义务教育，分别占乡镇总数的 87.11%和人口总数的 92.71%，九年义务教育学龄人口入学率 93.88%；丽水地区有公办初级中学 179 所，在校学生 105407 人，民办初中 7 所，学生 2826 人。初中阶段适龄少年入学率 84.04%，在校生年巩固率 96.71%，17 周岁人口的初中教育完成率 72.2%。同年，省教委召开普通高中工作会议，并下发《关于改革和发展我省普通高中教育的若干意见》，提出到世纪末全省初中毕业

① “两基”：基本普及九年义务教育和基本扫除青壮年文盲。

生升入高中段的比例为60%左右的目标。同年，丽水地区普通完（高）中调整为28所，包括普通高中4所、完全中学24所，在校学生13272人。民办高中2所，学生516人。丽水地区初中毕业生升入高中的比例39.23%。1996年10月，省政府通过对丽水、云和、龙泉、庆元、遂昌、松阳等6县（市）“两基”评估验收。1997年，青田、景宁两县通过省政府“两基”评估验收，并通过国家教委的抽查。同年，丽水地区被省政府公布为基本普及九年义务教育地区，比原定目标提前3年。

1998年8月，丽水地区召开教育工作会议，确定加快发展高中段教育。同年，丽水地区有普通高中31所，在校学生16316人，初中毕业升入高中比例为41.4%。

1999年，缙云中学从五云镇吏隐山西麓迁至五云镇社，是丽水地区重点中学中第一个异地新建的校园。同年，遂昌中学迁建工程完成，8月，遂昌中学迁入新校园。

2000年，丽水市有普通高中33所，在校学生23619人，初中毕业升入高中比例59.4%。

2000年撤地设市至2010年，丽水市中学在调整中发展。初中从160所降为78所，撤并82所，办学规模从校均14.14个班级扩大为23.62个班级，每班平均学生数从49.24人降为45.47人。普通高中从33所降为21所，撤并12所，办学规模从校均14.36个班级，提高到35.43个班级，班额从49.84人，降为49.59人。2002年，青田中学、庆元中学相继迁入新建校园。2003年，龙泉一中迁入新建校园。2005年，丽水市初中毕业升入高中的比例86.98%，超过省定85%的要求。2006年，景宁中学迁入新建校园。松阳一中、云和中学也都进行校园改、扩建。到2007年，丽水市新建和改、扩建的9所重点中学都成为省一级重点中学。2009年，丽水中学新校园建成。

1995—2010年丽水市全日制普通高中教育基本情况一览

表32-4-1-2

年　份	学校(所)	班级(个)	招生(人)	毕业生(人)	在校生(人)	专任教师(人)
1995	28	288	5053	3816	13272	1014
1996	29	297	4588	3663	13652	1037
1997	29	312	5829	4128	14844	1101
1998	31	333	6551	4481	16316	1145
1999	35	399	7948	4145	19534	1310
2000	33	474	10067	5203	23619	1653
2001	33	543	10217	5972	26628	1776
2002	27	604	12006	7040	30693	1865
2003	24	663	12026	8867	33172	2067
2004	21	710	12810	9501	35506	2170
2005	21	708	12716	11143	36507	2235
2006	20	703	11759	11216	36013	2208
2007	19	687	11466	12182	34739	2388
2008	18	776	13760	13536	39283	2351
2009	19	708	12173	11160	35295	2377
2010	21	744	12400	11185	36896	2568

1995—2010 年丽水市全日制初中教育基本情况一览

表 32-4-1-3

年　份	学校(所)	班级(个)	招生(人)	毕业生(人)	在校生(人)	专任教师(人)
1995	179	2146	40077	28308	105408	5515
1996	177	2242	36958	28340	110733	5772
1997	175	2227	35559	33952	109012	5820
1998	170	2178	36276	36056	104528	5997
1999	163	2225	39857	33160	106946	6249
2000	160	2262	39153	31609	111377	6386
2001	158	2285	36718	32902	112005	6346
2002	151	2139	31327	36449	104132	6222
2003	131	1942	27248	36145	93251	6041
2004	115	1712	25136	34115	82209	5738
2005	108	1748	26353	29974	77515	5534
2006	93	1728	26902	25840	77971	5434
2007	84	1781	30512	24140	83014	5592
2008	85	1821	31601	25055	87513	5922
2009	83	1865	28058	25599	88555	6052
2010	78	1842	25735	28812	83756	6043

民族中学教育

1949 年前，丽水地区受过中学教育的畲民寥寥无几。

1949—1953 年，景宁县没有 1 个在校畲族中学生。1953 年，景宁畲民入初中才 1 人，1956 年增加到 2 人。1950 年，遂昌县在校畲族初中学生 2 人，1952 年 9 人，1955 年 12 人。1950—1965 年，处州(丽水)中学有畲族初、高中毕业生 68 人。

1968 年开始，丽水各县在畲民聚居的公社先后创办公社初中或小学附设初中班。1976 年，遂昌县将后江少数民族小学附设初中班改为少数民族初中，招收新生 1 个班 64 人，1983 年扩为 4 个班。

1984 年，云和中学开办民族高中班，招收新生 46 人。丽水县碧湖中学创办民族高中班，招生 50 人。遂昌县创办大柘中学民族高中班，招生 40 人。1985 年，松阳县创办靖居中学民族初中班，招生 50 人。1986 年，创办景宁民族中学。1989 年，丽水地区有民族中学 2 所、附设民族高中班 12 个、民族初中班 3 个，在校少数民族中学生 3106 人。1994 年，景宁畲族自治县少数民族聚居的乡镇 8 个，基本普及九年义务教育 6 个。遂昌县三仁民族乡少数民族小学毕业生升初中的比例 99%。

若干年份景宁和遂昌两县少数民族中学生数一览

表 32-4-1-4 单位：人

年份	1949	1953	1958	1963	1966	1978	1980	1985	1990	1995
景宁县	0	1	48	18	30	307	250	301	637	723
遂昌县	4	17	37	30	29	407	601	740	616	643

1994 年，丽水地区独立设置的民族中学 2 所，在校学生 766 人。1995 年，独立设置的民族中学在校学生 3107 人，占在校中学生总数的 2.62%。

1982—1995 年丽水地区少数民族学生和教师一览

表 32-4-1-5 单位：所

年份	学生				教职工							
					总数				其中专任教师			
	中学	小学	特殊教育	幼儿园	中学	小学	幼儿园	合计	中学	小学	幼儿园	合计
1982	2163	8232	—	—	—	—	—	545	—	—	—	474
1983	2159	7631	—	—	—	—	—	544	—	—	—	474
1984	2623	8055	—	—	—	—	—	531	—	—	—	442
1985	3221	8102	—	—	—	—	—	570	—	—	—	488
1986	3713	7748	3	351	174	408	20	602	148	354	17	519
1987	3663	7301	3	376	196	422	35	653	161	361	35	557
1988	3455	6947	3	449	193	457	35	685	160	367	30	557
1989	3106	6815	4	547	190	440	31	661	167	364	26	557
1990	2843	6509	3	737	182	502	30	714	148	402	26	576
1991	3545	6929	4	879	252	573	72	897	202	483	68	753
1992	3178	6627	3	688	224	510	31	765	174	429	24	627
1993	2812	7323	2	707	216	536	24	776	166	465	19	650
1994	2861	6861	1	521	190	516	38	744	147	460	15	622
1995	3107	6969	1	423	219	577	18	814	177	507	14	698

1997 年，丽水地区民族地区基本普及九年义务教育，少数民族小学毕业生升入初中比例 92.13%。2005 年，丽水市少数民族初中毕业生升入高中比例 80.05%，民族地区基本普及高中教育。丽水市教育局被省政府授予“民族团结进步模范集体”称号。2006 年，丽水学院附中、市职业高中、丽水旅游学校、云和中学等校增设民族高中班。同时，各校在高中招生中继续实行少数民族学生加分政策，对就读的少数民族中学生按“应补尽补”的原则，发放教育资助金。

第二节　管　　理

清光绪二十八年(1902),中学堂设监督,主管校务。民国元年(1912)秋,学堂改称学校,监督改称校长。

1949年5月,丽水各中学实行校务委员会制,废除"训导处",设立生活指导处。1950年,生活指导处和教务处合并为教导处。1952年,教育部颁发《中学暂行规程(草案)》,校委制改为校长制。1955年,各县中学都配备党员校长或副校长。1957年,各中学中共支部相继成立,统一学校领导工作。1958年,实行党支部领导下的校长负责制,学校设党支部书记、校长、教导主任、总务主任等职。

"文化大革命"时期,丽水各中学管理混乱。1968年,废除校长制,建立革命委员会或革命领导小组。"工人毛泽东思想宣传队"进驻城镇中学,"贫下中农毛泽东思想宣传队"进驻农村学校,乡中学下放大队办。

1978年,丽水地区恢复校党支部领导下的校长负责制。1979年,试行教育部《中学五十条》和《中学生守则》,教学秩序渐趋正常。1985年,丽水地区执行"分级办学,分级管理"体制,中学分县属和乡(区)属二级管理。1986年10月,贯彻《中学生行为规范》,加强中学生的德育,教导处分为教务处和政教处。

1990年1月,丽水地区根据《浙江省全日制中小学学籍管理暂行办法(试行)》和《浙江省1990年普通高中证书会考实施方案》,进一步规范中学生学籍管理。1993年2月,教育部颁布《中国教育改革和发展纲要》,实行校长负责制。1994年8月,省教委印发《关于进一步办好重点中学的意见》,实施等级评估制度,分一级、二级和三级重点中学。地区按等级评估标准,各重点中学逐步分离初中部,成为单独设置的普通高级中学。11月,地区教委对丽水地区初中298所,包含单设初中、完中初中部和小学附设初中班进行分类。第一类是办学条件和教学基础都比较好的初级中学,计45所;第二类是办学条件和教学基础较弱的初级中学,计113所;第三类是办学条件和教学基础都薄弱的初级中学,计140所。对这3类学校,在小学升初中比率、在校学生年巩固率、初中毕业会考合格率、高中招生考试优良率以及体育锻炼达标率等方面提出不同的要求。1995年9月,浙江省等级重点普通高中和浙江省示范性综合高中、示范性特色高中开始评估。丽水中学为省首批一级重点高中,缙云盘溪中学为省首批示范性综合高中。

1996—2006年,丽水市有省级示范性初中24所,市级51所。1998年,丽水地区有国家级现代教育技术实验中学2所,省级18所;至2006年,丽水市有省级绿色中学35所,市级56所。1997年7月,地区教委转发省教委《关于推进中小学素质教育的若干意见》和《关于加强和改进中学思想政治和教学工作的意见》。同年9月,丽水地区组织教学工作大检查,督导检查各县(市)贯彻教育方针、规范办学行为、减轻课业负担、推进素质教育等方面。2001年,省教育厅公布缙云盘溪中学、缙云壶镇职业高中、缙云二中、松阳二中、青田船寮高中为省第一批综合高中。

2010 年丽水市浙江省一级重点普通高中基本情况一览

表 32-4-2-1

校名	评定年份	班级(个)	在校学生(人)	专任教师(人)	学校占地(平方米)	校舍建筑(平方米)
丽水中学	1996	60	2688	210	132814	68516
龙泉一中	2005	47	2491	175	80000	48700
青田中学	2004	41	2101	151	130000	52493
云和中学	2005	36	1666	122	84087	27758
庆元中学	2006	43	2308	152	88866	37291
缙云中学	1998	48	2535	235	121991	53327
遂昌中学	2004	48	2499	160	80040	35737
松阳一中	2006	42	2077	183	145458	39365
景宁中学	2007	33	1650	122	80000	34100

2010 年丽水市浙江省二、三级重点普通高中一览

表 32-4-2-2

级别	校名	班级(个)	在校学生(人)	专任教师(人)	学校占地(平方米)	校舍建筑(平方米)
二级	丽水学院附属高中	34	1602	133	68701	43356
	缙云新建中学	24	1862	92	69300	21686
三级	缙云壶镇中学	36	2026	144	26977	19164

第三节　课程与学制

清光绪二十九年(1903),处州中学堂按《奏定学堂章程》规定,排定课程表,开始形成按班分节的教学制度。

民国元年(1912),教育部《中学校令》规定中学课程。民国 12 年 6 月,颁布《中小学课程标准纲要》。省立第十一中学遵照《纲要》开设课程。民国 36 年,教育部修订中小学课程标准,减少科目和教学时数,简化和调整课程内容。

1950 年 7 月,丽水专区执行教育部颁发的《中学暂行教学计划(草案)》。1951 年 3 月,教育部召开第一次全国中等教育会议,通过《中学暂行规程》。1953—1957 年,全面学习苏联的教育体系,教材以苏联的中学课本为蓝本,结合中国实际进行改编,搬用苏联的教育理论和教学方法,学业成绩考核推行五级记分法。

1958 年,丽水各县在"大跃进"的形势下开展"教育革命",以搞政治运动方式组织师生参加大办钢铁和农田生产劳动,打乱教学秩序,降低教学质量。1961 年,教育部制定《全日制中小学教育计划

（草案）》。1963 年秋季，教育部颁布各科教学大纲。各中学使用人民教育出版社各学科教材，并贯彻教育部《全日制中学暂行工作条例》，加强基础知识教学与基本技能训练，成绩考核采用百分制，教学质量逐步提高。

“文化大革命”时期，丽水多数中小学改为 10 年制，包括小学 5 年、初中 3 年、高中 2 年。

1978 年，丽水地区执行教育部《全日制十年制中小学教学计划（修正草案）》，采用人民教育出版社出版的中学教材，恢复高等学校、高中和初中统一招生考试。1981 年，教育部颁发《全日制六年制重点中学教学计划（草案）》。1982 年，丽水地区各重点中学开始执行。1986 年，陆续取消初中招生考试，小学毕业生免试升入初中。1987 年，丽水地区开始实行省普通高中证书会考制度。1989 年，丽水地区初中开始实行结业会考制度，由地区统一命题，分县（市）统一评卷。初一、初二为学科结业会考；初三学生参加地区“三考合一”考试，成绩作为初中毕业，高中招生及初中中专预选考试的依据。

1992 年，丽水地区召开农村教育改革研讨会，要求农村中学加强劳技课和社会实践。推广多种教育改革模式，有缙云县杨梅园初中、松阳县水南初中的分流教育模式，云和县赤石初中的 3+1 模式，遂昌县后江初中的社会实践模式，丽水市联合中学的渗透型模式以及丽水地区 9 个县（市）试点的按程度编班模式。同年秋，丽水地区开始执行国家教委《现行普通高中教学计划的调整意见》。课程结构由学科课程和活动课程两部分组成。同时实行普通高中统一会考考籍管理。高一新生在取得学籍的同时必须取得会考考籍，规定学生参加省教委规定的学科会考，合格学科达到规定数目才能取得毕业证书。

1994 年开始，丽水地区开展义务教育新教材初中学科教学质量检测评价，全面执行教学计划。1998—2000 年，加强各中学校园文化建设，优化育人环境。

2001 年秋，丽水市普通高中全面实施教育部《全日制普通高级中学课程计划（试验修订稿）》，使用人民教育出版社出版的各科新教材。

2003 年，莲都区、缙云县作为基础教育课程改革省级实验区，从初一年级开始进行基础教育课程实验。翌年秋，青田、遂昌、松阳、云和、景宁、龙泉、庆元等县（市）的初中也进入新课程改革实验。2005 年，市教育局印发《关于切实减轻中小学生过重课业负担，维护正常教育教学秩序的紧急通知》和《关于开展规范教育教学行为专项督查的通知》，组织教育教学行为专项督查。2006 年，在新课程改革实验区莲都区、缙云县启动与新课改相配套的中考改革工作。同时，丽水市启动 2007 年新课改后首届初中毕业生学业考试的改革工作。同年秋，丽水市普通高中新课程改革正式实施。2009 年，丽水市实施《浙江省新课改高考方案》。

第五章　中等职业教育

清光绪三十一年（1905）后，丽水先后创办织布学堂、私立实业豫利学堂、处州初级师范堂、处州工业实业学堂预科班、种植学堂等，拉开丽水师范教育和职业教育的序幕。民国时期，丽水各个县创办简易师范学校和各类职业学校。1949 年 10 月中华人民共和国成立后，丽水中等职业教育得到发展。1951 年，丽水初级师范学校创办。1953 年，省立处州师范学校更名浙江省丽水师范学校。同年，丽水林业学校创办。1965 年，丽水卫生学校创办。“文化大革命”期间，中等专业学校停止招生。1978 年，丽水商业学校创办。地区农林学校改为丽水林业学校。1979 年 6 月，丽水林业学校更名浙江林业学校。1979 年 9 月，建丽水农业学校。1980—1986 年，各县先后创办职业高中。至 1986 年，丽水地区基本形成每县设置重点职业中学 1 所的布局。1999 年 12 月，丽水工业学校与丽水农业学校合并，成立丽水职业技术学院。2000 年 9 月，浙江林业学校与浙江省丽水商业学校合并，成立丽水师专职业技术学院。2003 年 3 月，丽水职业技术学院与丽水师专合并，并以此为基础筹建本科层次的丽水学院。丽水师专职业技术学院升格为丽水职业技术学院。2007 年 3 月，丽水学院组建丽水学院医学院，丽水卫校并入丽水学院。

第一节 普通中师教育

清光绪三十二年（1906），处州中学堂附设师范速成科，学制 1 年，学生 58 人。云和县、遂昌县创办师范传习所。清光绪三十三年，处州中学堂分出附设师范速成科，建立处州初级师范学堂。清光绪三十四年，处州初级师范学堂设完全、简易两科，招收学生 116 人。简易科招收高小毕业生，学制 2 年，培养初小教员；完全科招收高小毕业生，学制 5 年（含预科 1 年），培养高小教员。招收体育专修班，学生 25 人，学制 1 年。缙云县在县立两等小学堂附设师范讲习所。

民国元年（1912），教育部颁布《师范教育令》。同年，处州师范学堂改称处州师范学校。民国二年，又更名浙江省立第十一师范学校。民国 5 年，处州第一女子学堂改为处属县立女子师范学校，每年招班 1 个，招 4 届。民国 12 年，省立第十一师范学校并入省立第十一初级中学，为师范部。处属县立女子师范学校并入处属县立女子中学，为师范部。此后，松阳、云和、遂昌、龙泉、缙云、宣平等县都先后创办师范讲习所。庆元办小学教师讲习会，松阳县立初中和处属联立农职业学校设立女子师范讲习所。民国 21 年，青田私立阜山乡村师范学校创办。民国 22 年，改为青田私立阜山乡村简易师范学校。民国 23 年 7 月，省立第十一中学师范部开始招收四年制简易师范生。民国 24 年，处属联立初级农业职业学校与处属县立女子中学合并，改办处属联立简易乡村师范学校，招收班级 3 个。民国 25 年，停办。

抗日战争期间，省立湘湖乡村师范、省立杭州师范、省立慈溪锦堂乡村师范迁入松阳、丽水、缙云等地。丽水各个县相继创办简易师范学校。民国 26 年，遂昌县创办简易师范学校；民国 27 年，云和县创办简易师范学校；民国 28 年，龙泉县创办简易师范学校；民国 30 年，缙云县创办简易师范学校；民国 31 年，庆元县创办简易师范学校；民国 32 年，青田县创办简易师范学校；民国 33 年，丽水县创办简易师范学校；民国 33 年，松阳县创办简易师范学校；民国 33 年，景宁县创办简易师范学校。

民国 27 年（1938），省教育厅从杭嘉湖地区相继迁至丽水碧湖的省立杭州高级中学、省立杭州初级中学、省立杭州女子中学、省立杭州师范学校、省立民众教育实验学校、省立嘉兴中学和省立湖州中学等学校 7 所组成浙江省立临时联合中学（简称联中），分高中、初中、师范三部。民国 28 年秋，省立联中改组，以杭师为主体和浙江省民众教育实验学校等组成“浙江省立临时联合师范”（简称联师），校址在碧湖三峰村，分普师部、简师部、艺术师范科，并设附属小学和民众教育馆。民国33年，省立第十一中学师范部停办，学生并入湘师、联师。抗日战争胜利后，外地师范学校陆续返回。民国34年，省教育厅在云和县黄水碓瓦窑重建省立处州师范学校。民国35年3月10日，省立处州师范学校开学，在校生266人。民国36年，辖区内有省立师范学校1所，县立简易师范学校9所，在校学生2105人，教职工192人。民国37年2月，省立处州师范学校开办6年制艺术师范科，主要招高小毕业生，春季招生71人，秋季招生49人。

1949年7月，处州师范从云和迁至丽水三岩寺，同时，省立处州农业技术学校也从松阳迁至丽水与处州师范合并，称浙江省立处州师范农业联合学校。同年8月，各县立简易师范停办，未毕业学生并入县立中学。1950年9月，处州师范与省立处州农业技术学校分设。1951年秋，丽水在南明山仁寿寺创办丽水初级师范学校，首批招生240人，学制3年。1952年9月，迁至丽水城内梅山背孔庙。同年，松阳、龙泉举办初级师范短训班，学制1年；1953年，改招初级师范班，学制3年。1953年、1954年，两校先后并入丽水初级师范。1952年，云和举办初级师范短训班，学制1年，首届招生100人，由云和、景宁、丽水、龙泉四县保送畲族子弟入学。1953年，改办初级师范，更名云和县兄弟民族初级师范学校，直属省教育厅领导。同年8月，定名浙江省立少数民族初级师范学校。1953年10月，浙江省立处州师范学校更名浙江省丽水师范学校。1954年1月，浙江省少数民族初级师范学校从云和迁至丽水县碧湖镇，招生范围扩大到杭州、温州、金华三个地区的17个县（市），包含畲、回、蒙、满等民族的学生。1956年7月，丽水初级师范并入丽水师范，未毕业的1个小教轮训班并入乐清初级师范。

1958年上半年，经省政府批准，丽水师范专科学校建立，与丽水师范一套班子、两块牌子。师专设文史、数理专业2个，学生88人，学制2年，招收普师应届毕业生和在职小学教师。丽水师范附设幼师班2个，学制2年，招收高小毕业生。1958年8月，浙江省少数民族初级师范学校迁往云和镇①，转办普师，更名浙江省少数民族师范学校。1959年，招收包括畲、回、蒙、满、汉等民族学生，首届普师班2个。1958年9月，庆元、景宁、青田举办初级师范学校。1959年8月，丽水师范专科学校撤销，恢复丽水师范，专科部学生并入温州师范学院。同年，创办龙泉师范学校②，有初师、普师、幼师班各1个。1960年，遂昌师范学校创办，招普师班2个、幼师班2个。缙云县创办缙云师范学校，招生300人。青田初级师范改为青田师范学校，招普师、初师、幼师班各2个。9月，浙江省少数民族师范学校从云和镇迁至鹤溪镇。1961年，初级师范全部撤销，缙云师范、遂昌师范停办。1962年，撤销龙泉师范、青田师范。1963年1月，浙江省少数民族师范由景宁迁至丽水三岩寺，同丽水师范合并，两块牌子、一套领导班子，少数民族学生单独设班。“文化大革命”开始后，师范学校停止招生。1970年，丽水师范、浙江省少数民族师范由丽水迁至松阳西屏镇。1971年4月，省革委会撤销浙江师范学院，将1/3的师资（76人）和图书仪器设备分到丽水师范。其后，丽水师范举办中学教师培训班，办3期，学员350人。1972年，丽水师范、浙江省少数民族师范迁回丽水三岩寺。同年秋，浙江省少数民族师范恢复招生。1973年，丽水师范恢复招生。1973年2月，丽水师范在缙云县东方红中学（仙都）举办为期半年的民办教师培训班，丽水地区招收高中毕业生250人。1975年9月，丽水师范设立龙泉分部。

① 时属丽水县。

② 附设在龙泉中学。

1978 年 3 月，丽水师范(含龙泉分部)招高中毕业生，分中文、数学、物理、化学专业 4 个，学制 2 年，培养初中教师。

1978 年 3 月，丽水地区在丽水师范组建浙江师范学院丽水分校。同年 12 月 28 日，国务院批准成立丽水师范专科学校，撤销浙江师范学院丽水分校。1978 年 6 月，省革委会批准丽水师范龙泉分部独立建校，定名浙江省龙泉师范学校。7 月，省革委会批准创办浙江省遂昌师范学校。1979 年 4 月，省革委会批准浙江省少数民族师范学校与丽水师范专科学校分开办学，改办 4 年制普师，地址在丽水城西通山脚下。1982 年 4 月松阳恢复建制，浙江省遂昌师范学校更名浙江省松阳师范学校。

2000 年 6 月，丽水市政府决定停办龙泉师范学校，改由龙泉市政府创办龙泉市中等职业技术学校。2000 年 8 月，浙江省少数民族师范学校、松阳师范学校并入丽水师专。松阳师范改为丽水师专松阳校区。2003 年 3 月，丽水师专松阳校区从丽水师范专科学校剥离，更名“丽水中等专业学校”，增挂“丽水艺术学校”牌子。2008 年 11 月，增挂“丽水教师进修学校”牌子。

第二节　普通中专教育

清光绪三十四年(1908)，处州工业实业学堂创办预科班，招生 59 人。清宣统二年(1910)，创办种植学堂。

民国元年(1912)，种植学堂更名处州农业学校，民国 5 年，更名处属县立乙种农业学校。民国 6 年，省实业厅在龙泉筹办浙江省改良瓷业工厂，在宫头村设立传习所。招收学生 40 人，举办 2 期后停办。民国 12 年，处属县立乙种农业学校更名处属联合县立农业学校。民国 20 年，处属联合县立农业学校更名丽水处属联立初级农业职业学校。民国 24 年，与处属联合初级中学合并，改办处属联立简易乡村师范学校。翌年停办。抗日战争时期，有外地职业学校 7 所迁入境内，为丽水培养一批技术、管理等各行业的人才。民国 30 年，省立杭州高级医事职业学校迁缙云壶镇雅湖村，设护士、助产、助产特科班 6 个，学生 110 人，翌年迁往临海乡下。民国 31 年 5 月，宁波高级工业职业学校迁至云和赤石。同年 9 月，省教育厅将原浙江省立临时联合高级中学的商科单独划出，成立浙江省立高级商业职业学校，开设会计、统计两个专业。民国 32 年，省立杭州蚕丝职业学校迁至缙云县壶镇五里牌，并附设丝厂。同年 7 月，杭州市私立大陆高级测量科职业学校从江山迁至遂昌县西街，有班级 10 个，学生 251 人，教职员 25 人。民国 33 年下半年，永康私立崇实初级农业职业学校迁至遂昌县石练办学，招收农桑科班 5 个，学生 187 人。抗日战争胜利后，这些学校先后迁返原地。

民国 34 年(1945)秋，省保安处在丽水县西郊桃山原桐油公司旧址创办私立武德农业学校，五年制农科班 1 个，学生 51 人。民国 35 年春，迁到碧湖三峰原联师校址，增招工科班 1 个，学生 48 人，畜牧科班 1 个，学生 13 人，学制为 3 年，改校名为私立武德农工职业学校。民国 36 年秋，迁往杭州。民国 35 年 2 月，创办浙江省旧处属联立农工职业学校，校址在丽水城内高井弄口，招收高级农艺科新生 50 人，学制 3 年。民国 36 年春，迁到松阳县西屏镇西门外①。同年 7 月，浙江省旧处属联立农工职业学校更名浙江省立处州高级农业职业学校。民国 36 年至民国 38 年上半年，有 2 届学生毕

① 松阳县西屏镇西门外：原省农业改进所旧址。

业，毕业生44人。民国37年9月，省立处州医院建立高级护士职业学校，学制3年。招收护士科新生23人，1949年7月停办。

1949年10月中华人民共和国成立后，省立处州高级农业职业学校迁回丽水，与处州师范学校合并为处州农业师范联合学校。1950年，省立处州高级农业职业学校分立，更名浙江省立处州农业技术学校，迁址丽水碧湖镇①，隶属省农业厅领导。翌年，招收五年制班2个，三年制班1个。1952年秋，处州农业技术学校添设森林科，招收五年制新生班2个。1953年，处州农业技术学校迁址丽水县北郊白云山脚。同年9月，处州农业技术学校改为浙江丽水林业学校，金华农校森林科并入，学生505人，教职员93人。1955年秋，衢州林校并入。1956年，学校规模发展到班级23个，在校学生899人，教职员143人。1958年8月，丽水林业学校改办温州林学院。1959年9月，温州林学院撤销，大学部并入天目林学院，恢复丽水林校建制。1965年，丽水林业学校与地区林场合并，学生实行半工半读。1965年9月，丽水卫生学校创办，借用丽水师范部分房屋为校舍，开设医士、助产医士专业2个，学制3年，学生半工半读，毕业后回农村亦农亦医。

“文化大革命”开始，中等专业学校停止招生。1970年，丽水地区中等专业技术学校成立，先后举办农、林、水产、牧医、财务等短期训练班16期。1971年秋，招收农业、牧医、农机专业班3个，学制1年。1972年，更名丽水地区农林学校。1973年9月，复办林业专业，学制2年。1974年，复办农学专业。

1972年9月，丽水地区卫生学校恢复招生，设医士、妇产医士专业2个，学制2年。

1975年4月，浙江省国防工业办公室决定在龙泉宫头村复办技工学校，校名为浙南技工学校。

1978年6月，丽水地区在浙江省商业学校丽水教学点基础上，建立浙江省丽水商业学校。同时，丽水地区农林学校恢复浙江丽水林业学校名称。同年11月，在丽水天宁寺组建丽水地区农业学校，原林校的农学专业和部分教师划归农校。1979年6月，浙江丽水林业学校更名浙江林业学校。1980年12月，浙江林业学校被林业部和教育部确定为全国重点中等专业学校。

1986年1月，浙江省国防工业技工学校和丽水地区工业干部学校合并，建立丽水地区工业学校。1988年11月，丽水地区广播电视中等专业学校创办，学制脱产3年，半脱产3年半，业余4年。1990年，丽水地区有农、林、工、商、卫等中等专业学校5所，在校生2419人，教职工490人。1977—1990年，中等专业学校毕业生5796人。1999年12月，丽水工业学校与丽水农业学校合并，成立丽水职业技术学院。2003年3月，与丽水师专合并，并以此为基础筹建本科层次的丽水学院。

2000年9月，浙江林业学校与浙江省丽水商业学校合并，成立丽水师专职业技术学院。2003年3月，升格为丽水职业技术学院。2007年3月，丽水学院组建丽水学院医学院，丽水卫校并入丽水学院。

第三节 技工学校教育

浙江省国防工业技工学校

1965年9月，浙江省国防工业办公室在云和、遂昌、龙泉分别设立浙南第一、第二、第三半工半读

① 2010年属碧湖中学校址。

机械技工学校，招生班级24个，1105人。1968年，首届毕业学生被分配到红旗机械厂、东风机械厂、新华机械厂、浙江木材厂、解放机械厂、永新化工厂、利民化工厂等企业工作，之后，3所技工学校停办。

1975年4月，浙江省国防工业办公室（简称省国防工办）决定在龙泉宫头村复办浙南技工学校。同年7月，迁址云和县。1976年4月，省国防工办将浙南技工学校更名浙江省国防工业技工学校，隶属浙江省国防工业办公室领导，并由云和新华机械厂协管。学制分别为3年、2年。1986年1月，省教委与省计经委联合批复同意浙江省国防工业技校和丽水地区工业干部学校合办，建立浙江省丽水工业学校，保留浙江省国防工业技校校牌。1988年9月，丽水工业学校迁址丽水三岩寺。省国防工办决定将丽水工业学校移交丽水地区行署管理。省国防工业技校为国防系统及其他企事业单位输送毕业生2490人，先后举办1年制培训班5期，培训技工1047人。

浙江汽车驾驶技工学校丽水分校

1971年6月，丽水县运输段在龙泉县小梅创办汽车驾驶员训练班，1971年至1973年10月，办3期，培训学员173人。1974年7月，改为浙江汽车驾驶技工学校丽水分校，设汽车驾驶、汽车修理、轮胎修理3个专业，学制2年，每年招生100人左右。1984年1月，迁至丽水黄泥山与地区运输公司职工学校合并。1974—1984年，培养毕业生1000多人。1984年，学校合并以后，学校划归丽水地区运输公司管理，成为丽水地区运输公司汽校，招收短期汽车驾驶培训。

县属技工学校

1979年，丽水地区先后建立技工学校10所，丽水地区建筑安装技工学校、丽水县工业技工学校、丽水县财贸技工学校、青田县技工学校、云和县技工学校、缙云县技工学校、龙泉县技工学校、庆元县林产化技工学校、遂昌县工业技工学校和浙江省丽水粮食技工学校（省粮食局在丽水设立），当年招生767人。1981年，丽水地区建筑安装技工学校、龙泉县技工学校和庆元县林产化技工学校停办；省粮食技工学校改办为粮食干校。1984年，丽水县财贸技工学校停办。1985年8月，遂昌县工业技工学校与农林技术学校合并，改办为县职业技术学校（职业中学）。1986年丽水地区有技工学校4所，丽水市技工学校、青田县技工学校、云和县技工学校、缙云县技工学校。1986—1989年，在省劳动人事厅统一组织下，对技工学校按照“四定”[①]和《技工学校工作条例》的要求，进行调整整顿，技工学校4所先后通过检查验收。1991年，丽水市技工学校被批准为丽水地区重点技工学校。1995年9月，云和县技工学校并入云和县中等职业技术学校；2002年5月，青田县技工学校并入青田县职业高级中学[②]。2011年8月，丽水市技工学校并入丽水职业高中。2006年8月，缙云县技工学校并入缙云电大。

第四节　职业中学教育

民国12年（1923），省立第十一初级中学兼设职业科，男生习农业、工艺，女生习家事、缝纫、园

① “四定”：定规模、定工种专业、定人员、定编制。

② 青田县职业高级中学：后更名青田县职业技术学校。

艺等。民国29年，缙云县农林场与胪膛镇公所创办战时农业学校，招收农村青年40人。民国32年，缙云县应刘村创办建国农业职业学校。

1956年，景宁县创办道化农业中学。1958年，缙云县创办初级农业技术学校、林业技术学校。1960年，青田、遂昌、龙泉、丽水、缙云县新办职业学校17所，招收小学毕业生2014人。1961年，进行整顿，大部分农、职业学校停办，有的改为业余学校。1965年，丽水专区有半农半读职业学校63所，在校学生2818人，教职工164人。“文化大革命”开始后，农职业学校停办。

1978年，丽水地区恢复和新办农、职业技术学校18所，在校学生1488人。1983年后，普通中学高中部开办农、职业高中班，普通中学附设农、职业班。1990年，丽水地区有农、职业技术学校24所，在校学生4570人，教职工444人。普通中学附设农、职业班9所。1977—1990年，农、职业学校毕业生10541人。

1990年8月，丽水地区行政公署颁布《关于实行农科教结合，大力发展农村职业技术教育的决定》。1991年，缙云县中等职业技术学校被省政府认定为首批省重点职业学校。同年，经丽水市（县级）人民政府批准，丽水市第二中学改制，与职业高中合并，校名定为丽水市职业高级中学。1994年5月，丽水地区职业中等专业学校设立，总部设在丽水市职业高中，并在缙云县中等职业技术学校、遂昌县职业技术学校、龙泉市职业技术高中分设教学点。1997年，缙云县中等职业学校、遂昌县职业技术学校改称为职业中等专业学校。1998年，松阳县中等职业技术学校也被批准改称为职业中专。1998年9月，丽水地区引资举办的股份制私立职业学校丽水黎明中等职业学校开始招生。

2000年6月，丽水市政府决定停办龙泉师范，改由龙泉市政府创办龙泉市中等职业技术学校。2001年5月，缙云县职业中等专业学校通过国家级重点中等职业学校的评估验收。2001年，遂昌县投入7400万元，建设占地面积15公顷的职教园区。2005年9月，缙云县工艺美术学校在丽水大港头创办丽水古堰画乡分校。

2010年，丽水市有职业高中17所，其中有国家级重点中等职业学校5所、浙江省一级重点职业高中2所、浙江省二级重点职业高中4所，有国家级实训基地3个，省级实训基地9个，省级示范专业21个，市级示范专业40个，市级先进制造业和现代服务业技能人才培养培训基地15个。

2001—2008年丽水市中等职业技术学校一览

表32-5-4-1

学校名称	丽水市职业高级中学	缙云县职业中等专业学校	遂昌县职业中等专业学校	龙泉市中等职业学校	云和县中等职业技术学校	庆元县职业高级中学	青田县职业技术学校	景宁畲族自治县职业高级中学	缙云县工艺美术学校	丽水旅游学校
等级及认定年月	国家级 2008年3月	国家级 2001年5月	国家级 2007年3月	国家级 2008年3月	国家级 2006年11月	省一级 2006年12月	省二级 2005年1月	—	省二级 2005年12月	省二级 2006年1月
占地面积（平方米）	134961	106560	155845	162000	83176	77939	108586	24012	16000	46023
建筑面积（平方米）	75220	60000	53150	68360	30207	35309	50711	12122	14950	11827
建筑面积（平方米）	75220	60000	53150	68360	30207	35309	50711	12122	14950	11827

续表 32-5-4-1

学校名称	丽水市职业高级中学	缙云县职业中等专业学校	遂昌县职业中等专业学校	龙泉市中等职业学校	云和县中等职业技术学校	庆元县职业高级中学	青田县职业技术学校	景宁畲族自治县职业高级中学	缙云县工艺美术学校	丽水旅游学校
专业设置	#电子与信息技术,#烹饪,#数控技术应用,*汽车运用与维修,*学前教育,*旅游服务与管理,化学工艺,电气运行与控制	&电子技术应用,#汽车运用与维修,#机电设备安装与调试,#机械加工技术(数控技术应用),*会计电算化,*计算机网络技术,机电技术应用,服装设计与工艺,旅游服务与管理,模具制造技术,园林绿化,建筑工程施工	#机电技术应用,#电子与信息技术,#电子商务,计算机及应用,旅游服务与管理,学前教育,汽车运用与维修,林特产品加工	#陶瓷工艺,#机电数控技术,*计算机网络,*旅游与饭店管理,*财会,*学前教育,国际经济与贸易,美术,电子电工	#电子电器应用与维修,#木制玩具设计与制作,#特种零部件加工技术,汽车运用与维修,电子商务,学前教育,旅游服务与管理	#电子电器应用与维修,#会计, *机械制造与控制,服装制作与营销,计算机网络技术,旅游服务与管理,学前教育	#石雕工艺,#烹饪,*服装设计与工艺,学前教育,酒店服务与管理,会计电算化,计算机应用	#旅游与餐饮服务,#水电厂机电设备安装与运用,*机械加工,*电子电工,电子商务,汽车维修与制造(与吉利汽车学校联办)	#*工艺灯饰,#婚纱摄影,商品油画,电脑动漫,美术绘画	#旅游服务与管理,*旅游表演,数字旅游,铁道运输管理,现代林业技术,市场营销,汽车运用与维修
省级以上实训基地	省综合公共实训基地、餐饮服务实训基地	机电类综合公共实训基地、电子装备技术实训基地、数控技术实训基地	机械制造实训基地	陶瓷工艺实训基地、机电实训基地	木制玩具制造实训基地	机电实训基地	工艺石雕实训基地	—	创意设计基地	现代服务业实训基地
实验实习设备设施价值(万元)	1237.57	2600	931	1153	924	133	682	360	376	350
在校生人数(人)	3402	3689	3060	3501	1807	2141	2275	904	1349	1572
教职工总数(人)	180	196	200	271	131	148	135	80	103	123
专任教师人数(人)	154	169	175	226	110	121	121	65	88	80
副高职称人数(人)	66	56	55	83	21	41	32	15	15	8
中级职称人数(人)	52	65	110	124	59	55	44	31	37	28
双师型教师人数(人)	46	65	63	41	44	42	35	29	26	11

说明:在专业名加“&”的专业为国家级示范专业,前面加“#”的专业为省级示范专业,前面加“*”的专业为市级示范专业

第六章　高等教育

民国 28 年(1939)年 5 月,民国浙江省立战时大学[①]在丽水县创办。7 月,浙江大学在龙泉县浙东分校创办[②]。民国 34 年抗日战争胜利后迁回杭州。1958 年 9 月,浙江省政府决定将浙江丽水林校更名温州林学院,建立丽水师范专科学校,不久两校撤销。1978 年 12 月,国务院批准建立丽水师范专科学校。1979 年 2 月,浙江广播电视大学丽水分校建立,后更名丽水广播电视大学。1999 年 12 月,丽水工业学校与丽水农业学校合并,成立丽水职业技术学院。2000 年 4 月,浙江省少数民族师范学校、松阳师范并入丽水师专,原松阳师范学校部作为丽水师范专科学校松阳校区。同年 9 月,浙江林校与丽水商校合并,组建丽水师专职业技术学院。2003 年 9 月,丽水师专职业技术学院独立设置办学,升格为丽水职业技术学院。2004 年 5 月,丽水师专升格为丽水学院。2007 年 1 月,在丽水卫生学校的基础上组建丽水学院医学院。

第一节　发展概况

民国 26 年(1937),全面抗日战争爆发,浙江沿海各大学纷纷西迁。民国 27 年,浙江省政府决定筹建浙江省立战时大学,筹备处设丽水三岩寺今丽水学院址。民国 28 年 5 月,校名改为浙江省立英士大学,分设工、农、医三学院。同年 10 月开学。

民国 28 年(1939)4 月,教育部批准浙大在浙闽之间设立分校,招收各系一年级新生并设置大学先修班,其他学校到浙大借读学生也由浙大登记。同年 6 月,勘定龙泉县坊下村为校址。同年 7 月在永康招生,录取正取生 120 人,备取生 30 人,实到 141 人,于 10 月 1 日开学。民国 29 年春,校名定为国立浙江大学龙泉分校。

民国 31 年(1942)5 月,日本侵略军进逼丽水,英士大学先后迁至云和、泰顺。同年 6 月,日寇侵占丽水,云和、龙泉告急,浙江大学龙泉分校于 8 月 1 日迁至闽北山区松溪县大布镇弥陀寺。初秋,日本侵略军退出丽水,分校旋即迁回龙泉。

民国 31 年(1942)12 月,国民政府行政院决议将省立英士大学改为国立,同时将东南大学的法学院及艺术专修科并入英士大学,将英士大学工学院划出,另设立国立北洋工学院。民国 32 年 4

① 浙江省立战时大学:后更名英士大学。

② 浙东分校:后称龙泉分校。

月，正式更名国立英士大学。

民国 34 年(1945)11 月，浙江大学龙泉分校迁杭州，并入浙江大学本部。民国 35 年，国立英士大学迁金华，后并入国立浙江大学。

1958 年 9 月，省政府决定将浙江丽水林校改为温州林学院，设林学专业和林化专业，招收本科生 85 人。同年，省政府决定在丽水师范建立丽水师范专科学校，招收文史、数理两个专业新生 88 人。

1959 年 8 月，温州林学院被撤销，并入浙江天目林学院，恢复丽水林校。撤销丽水师范专科学校，学生并入温州师范学院。同年，温州工学院筹建云和分校，校址在云和瓦窑，招生 100 人，设冶金、采矿、土木工程等专业，学制 2 年。同年，因瓯江水电站工程建设需要，创办瓯江水利电力专科学校，校址在青田石臼。1960 年，在校生 267 人。1961 年，瓯江水电站工程下马，学校停办。1962 年春，温州工学院云和分校停办。

1978 年 4 月，浙江省革委会决定在丽水师范基础上建立浙江师范学院丽水分校。同年 12 月 28 日，国务院批准建立丽水师范专科学校，校址在三岩寺，浙江师范学院丽水分校撤销。1979 年 2 月，建立浙江广播电视大学丽水分校。之后，各县相继建立电大工作站。1980 年，丽水地区教师进修学院成立。曾举办高师函授、初中教师培训和教育行政干部培训，承办丽水师专校外班等，1985 年停办。1988 年 3 月，丽水广播电视中等专业学校成立，与浙江广播电视大学丽水分校两块牌子一套班子。1999 年 2 月，学校更名丽水广播电视大学。

1999 年 12 月，丽水工业学校与丽水农业学校合并，成立丽水职业技术学院，地址在原丽水工业学校。

2000 年 4 月，浙江省少数民族师范学校、松阳师范并入丽水师专，原松阳师范学校部作为丽水师范专科学校松阳校区。同年 9 月，浙江林校与丽水商校合并，组建丽水师专职业技术学院，地址在原浙江林校。

2003 年 3 月，丽水市筹建本科层次的丽水学院。9 月，丽水师专职业技术学院独立设置办学，升格为丽水职业技术学院，校址在浙江林校原址。丽水师专松阳校区从丽水师范专科学校剥离，更名丽水中等专业学校，增挂丽水艺术学校校名。

2004 年 5 月，丽水师专升格为丽水学院。2007 年 1 月，在丽水卫生学校的基础上组建丽水学院医学院。2008 年 4 月，教育部批准丽水学院为学士学位授予单位。2009 年 3 月，丽水职业技术学院被确定为省级示范性高等职业院校建设单位。

第二节　普通高等教育

1978 年秋，丽水师范专科学校创建，设有中文科、数学科、物理科、化学科。1979 年，增设外语科。1985 年，增设政史科。1992 年，学校下设教学科 6 个统一改为教学系。1999 年，在原计算机中心基础上成立计算机系。2000 年，浙江省少数民族师范学校、松阳师范并入。2001 年，丽水师专成立美术系和音乐系，同时增设初等教育系和管理系。2002 年，在原公共体育部基础上成立体育系。2003 年，原丽水职业技术学院并入。

2004 年 5 月，丽水师专升格为丽水学院。学院设有教学机构 19 个，包括中文系、数学系、物理系、化学系、外语系、政史系、计算机系、音乐系、美术系、初等教育系、经贸与管理系、体育系、机械工程系、电子信息工程系、建筑工程系、应用生物工程系、环境资源系 17 个专业系和成人教育部、社科院。2005 年 4 月，整合为教学机构 10 个，包括人文学院、数理学院、外国语学院、化学与生命科学学院、计算机与信息工程学院、教师教育学院、艺术学院、经济贸易与管理学院、机械电子与建筑工程学院、成人教育学院，另设体育系。2007 年 3 月，增设医学院。2008 年 7 月，增设体育学院。2010 年 6 月，增设摄影系（隶属艺术学院）。2010 年，依托二级学院，组建民族学院、青瓷学院、华侨学院等具有地方特色的新型学院。

至 2010 年 6 月，丽水学院专业设置涵盖本科专业 29 个、专科专业 23 个，本科专业涵盖文学、理学、工学、法学、经济学、教育学、管理学、农学、艺术学等学科门类 9 个。有省级重点学科 3 个，包括区域经济学、生态学、基础数学；省级重点建设专业 7 个。普通全日制在校生 12000 人，其中本科生 7780 人；在职教职工 983 人，其中有教授、副教授 312 人，取得博士、硕士学位的有 340 人；省级教学团队 3 个；省高校中青年学科带头人 10 人；入选省“151 人才工程”11 人；享受国务院特殊津贴 2 人。校园占地面积 65.33 公顷，校舍建筑面积 32 万平方米。图书馆藏纸质图书 130 万册，期刊 2100 多种，电子图书 128 万册。建成信息网络现代电子图书系统。建有各类实验（实训）室（中心）21 个，教学实验仪器设备总值 7000 万元。至 2010 年，培养专科毕业生 30210 人、本科毕业生 6387 人。

第三节　高等职业教育

1999 年 12 月 6 日，浙江省人民政府批复同意丽水工业学校与丽水农业学校合并，成立丽水职业技术学院（筹），地址在原丽水工业学校。学校设有高职专业 4 个，包括计算机辅助设计及制造、应用电子技术、土地规划与利用、环境污染治理。校园占地面积 13.27 公顷，建筑面积 11.6 万平方米。

2000 年 9 月，省政府同意浙江林业学校与丽水商业学校合并，组建丽水师专职业技术学院，地址在原浙江林业学校。2002 年，学院开展 3+2 中高职协作教育、5 年一贯制中高职一体化教育、五年一贯制中高职合作办学三种模式的中高职衔接教育改革试点。

2003 年 9 月，省政府批准丽水师专职业技术学院独立设置，举办全日制高等专科职业教育学院，定名为丽水职业技术学院。2003 年 9 月，学院设有环境与资源、建筑工程、会计、经贸管理、计算机、工艺美术、外语、音乐、体育 9 个系，设有大学专科专业 21 个，另设函授部、培训部。

2004 年，丽水职业技术学院通过合格评估。同年，学院技术人员改造云和县实生板栗基地 667 多公顷，亩产达到 250 千克，获 2004 年丽水市人民政府星火三等奖。改造云和雪梨，使之成为中华名果，山地 2000 公顷增收 6000 多万元，获 2005 年丽水市人民政府科技进步二等奖。2005 年，与中国石油浙江销售分公司合作举办“中油班”，连续开班 3 年，每年培养石油职业经理人 100 人。其后，又与中国电信、中国联通、奥康集团等知名企业签订人才培养协议。

2007 年，丽水职业技术学院被评为国家级“高职高专院校人才培养工作水平评估优秀学院”。2008 年，通过评审跨入浙江省示范性高职院校建设行列。被授予全国绿化模范单位、全国五四红旗团委创建单位、浙江省文明单位、浙江省平安校园、浙江省群众体育先进单位、国家教学资源库（会计专业）建设单位、中国商业会计学会高职高专部主任单位、浙江省高职教育研究会常务理事单位、浙江省高职高专农林牧渔类专业教学指导委员会主任单位。同年 12 月,“香菇育种新技术的建立与新品种的选育”项目获国家科技进步奖(二等奖,颁奖单位国务院)。2009 年,学院“构建‘专业—基地—农户’教学平台,培养创业型新农民”项目获得国家教学成果二等奖和浙江省高等教育教学成果一等奖。

2010 年,校园占地增加到 31.33 公顷,校舍建筑面积 15.8 万平方米,固定资产总值 20202 万元,教学仪器设备总值 3200 多万元,图书馆总藏书 51.02 万册,其中电子图书 19 万多册。学院设有机械工程系、电子工程系、建筑工程系、计算机系、应用生物工程系、环境资源系、经济贸易系、艺术系、人文系和公共基础部。学制 3 年。全日制在校生 7400 多人,成人教育在册学员 1137 人。形成农、工、经济、人文等学科协调发展的专业框架和农林、商贸为主的专业特色。学校设有实验实训室 95 个,实训中心 7 个,校内生产性实训基地、校外实训基地 100 多个,拥有国家级、省级技能鉴定站 18 个。有教职工 370 人,其中专任教师 297 人,正高职称 14 人、副高职称 100 人,教育部高职高专人才培养工作水平评估专家 1 人,教育部高职高专教指委成员 2 人,省级高校教学团队 1 支,省高职教育专业大类教指委成员 5 人,省高校教学名师 3 人,省高校教坛新秀 3 人,省高校中青年专业带头人 4 人,省“151”人才 11 人。学院获国家教育成果二等奖、国家科技进步二等奖。

2000—2010 年丽水高等职业教育招生和毕业生就业情况一览

表 32-6-3-1

年份	计划数(人)	录取数(人)	录取率(%)	报到数(人)	报到率(%)	毕业数(人)	就业率(%)
2000	70	70	100.00	60	85.70	—	—
2001	750	651	86.80	448	68.80	—	—
2002	1000	1045	104.50	865	82.80	—	—
2003	1350	1389	102.90	1118	80.50	59	96.60
2004	1765	1777	100.70	1479	83.20	457	96.50
2005	2150	2187	101.70	2005	91.70	832	94.00
2006	2900	2901	100.00	2556	88.10	1204	94.20
2007	2800	2843	101.50	2618	92.10	1462	98.20
2008	2712	2758	101.70	2578	93.50	2011	97.10
2009	2580	2584	100.20	2432	94.10	2325	95.90
2010	2534	2481	97.90	—	—	2541	97.91
合计	20611	20686	100.40	16159	88.80	10891	96.10

第四节 广播电视教育

1979 年 2 月,浙江广播电视大学丽水分校创建,招收工科电大学员 488 人。同年,丽水、青田、缙云、遂昌、龙泉、云和等 6 个县相继建立电大工作站。

1982 年,电大丽水分校开始配备基础课教师,增设中文专业,首次开办直属教学班。同年,庆元、松阳2个县建立电大工作站。1983年，增设经济类专业7个，首次招收全日制普通专科班（学制3年），同年，电大首届大专生毕业71人。1985年，文科类新设档案、新闻、图书馆、干部管理、文史、法律等专业。1986年年初，电大丽水分校搬入新建的教学办公楼。分校教职工增至20人，其中专职教师10人，自办教学班5个。1987年，中央电大在中央教育电视台增开电大和继续教育节目。分校在云和、缙云、遂昌、景宁、松阳、青田等县电大工作站先后安装卫星电视地面接收装置。同年，景宁县电大工作站建立。1988年3月，以电大丽水分校为依托，丽水地区广播电视中等专业学校建立，开设机电、建筑施工管理等中专专业班4个。1989年起，各县电视中专分校陆续成立。同年，电大丽水分校增开对外经济贸易专业和英语专业普通专科班（师范类）。

1990年，按国家教委要求，电大丽水分校暂停招收电大普通专科班。1992年，恢复招收普通专科班。同年，招计算机应用工程专业普通专科班。1993年，开展第二专科学历教育。1995年，9个县（市）电大工作站全部建立电视中专分校，招收电视中专新生535人。同年，电大分校及遂昌、青田、缙云、景宁4个县工作站首次招收财会、法律两专业注册视听生。1997年，电视中专增设文秘与档案、幼师、经济信息管理、财会电算化等专业。

1998年7月，丽水政府同意电大丽水市工作站（含丽水市广播电视中专）并入电大丽水分校。电大丽水市工作站所属土地、校舍及教学仪器等公有资产一次性并入。1999年2月，电大丽水分校更名丽水广播电视大学（简称“丽水电大”）。同年，丽水电大与浙江大学签订协议，建立浙江大学远程教育丽水教学站，联合开展现代远程教育，进行大学本科学历和研究生课程进修教育，招收法学专业本科生100人。同年2月，学校被中央广播电视大学确立为“人才培养模式改革和开放教育”项目试点单位。

2000年7月，丽水地区广播电视中等专业学校更名丽水广播电视中等专业学校。

2001年，丽水广播电视大学现代远程教育研究学会成立。学校通过浙江广播电视大学组织的“人才培养模式改革和开放教育试点”工作中期检查评估。同年，学校与莲都区人民法院签订法学专业实践基地协议。

2003年，电大青田工作站更名浙江广播电视大学青田分校。此后，遂昌（2004年）、龙泉（2005年）、景宁（2006年）、松阳（2008年）、云和（2008年）、缙云（2009年）、庆元（2009年）等县（市）电大工作站先后更名浙江广播电视大学分校。

2005年，丽水广播电视中等专业学校通过总结性评估，评估结果为合格。同年开始，学校分别与浙江大学、中国人民大学、北京航空航天大学、中国医科大学、大连理工大学等院校联合开展现代远程教育，与湖北工业大学联合举办研究生学位教育。2006年5月，丽水广播电视大学增挂丽水社区大学牌子。同年，其他各县（市）电大分校增挂社区学院牌子。

2010年，电大首届农民大学生毕业。同年，丽水市有在校生11263人。学校有教职工57人，其中教授2人、副教授（含副高职称）17人，有硕士研究生学位的16人，另有兼职教师30多人。市电大本部先后投入1000多万元，建立现代远程教育卫星接收系统，加入浙江省电大宽带专用网，接入邮电宽带网，建立视频教室1个、多媒体网络教室29个、电子阅览室11个。学校拥有双向视频会议系统，构筑卫星电视网络、计算机网络和教学支持服务网络相结合的现代远程教育系统。先后开设理工、文科、经济、外语、农学门类5个，设有机械工程、电气（含电子）、化工、土建、管理工程、中文、图书馆、档案、文史、新闻、干部专修科、法律、工业企业管理、商业企业管理、工业会计、商业会计、工业统计、财税、金融、物资管理、财会、审计、经济法、英语、政法、保险、外贸、农学、计算机应用工程等本、专科专业29个和中专专业8个。

至2010年，丽水市电大培养大学本科毕业生7262人，大学专科毕业生25472人，中专毕业生3392人，非学历教育各学科结业2万人次。

第七章　成人教育

清光绪三十三年(1907)，遂昌县公立竞先初等小学堂开设夜校。民国时期，各县通过开设夜校、创办图书馆、阅报室、简易识字学塾、宣讲所、贫民习艺所等形式，开展社会教育。1949年10月中华人民共和国成立后，丽水社会教育改称成人教育。1949年冬，丽水各县农村举办夜校，大规模进行扫盲。20世纪50年代，丽水的成人教育以文化基础教育为主要内容，农民业余文化学校、职工业余文化补习学校和机关干部业余文化补习党校陆续创办。“文化大革命”期间，各类业余教育机构遭破坏。1978年起，丽水成人教育得到恢复和发展。职工业余文化学校相继恢复，各行业主管部门创办一些行业性职工学校和干部学校。1979年2月，浙江省广播电视大学丽水分校建立，各县电大工作站也相继建立，开展成人教育。20世纪80年代，丽水地区主要开展青壮年职工初中文化和初级技术补课教育，同时农村实用技术教育逐步开展。丽水地区9个县(市)先后通过省、地两级扫盲验收。1989年，各县实施“燎原计划”。20世纪90年代末，丽水成人教育的重点逐步转到中等、高等文化教育和农村实用技术培训。21世纪，丽水市先后启动“百万农民培训工程”、企业职工和农民“双证制”教育培训、“百万农村劳动力素质培训工程”。2005年4月，丽水市被浙江省委确定为农村党员干部现代远程教育扩大试点市。2010年，丽水市实施以技能培训、技能帮带、技能比武、技能竞赛四位一体的职工技能提升工程，构建初、中、高级工以及技师、高级技师多层次、规范化教育培训格局。

第一节　农民教育

扫除文盲

1949年，中华人民共和国成立之初，丽水专区农村青壮年中文盲、半文盲占80%左右。1949年冬，各县农村举办夜校，大规模进行扫盲。10月，专署文教科在丽水县城关镇建立冬学实验示范区3个，入学农民300多人。同年，办冬学近600所，参加学习农民2.3万人。1950年冬，各县举办冬学师资培训班，办冬学 1257 所，近 7 万农民参加学习。1951 年 8 月，专区举办速成识字师资训练班，培训扫盲教师 300 多人。1952 年至 1953 年初，各县扫除文盲工作委员会相继建立，下设扫盲办公室。丽水、云和、庆元、龙泉、景宁等县办有冬学和业余学校班 2343 个，参加学习 12.8 万人。

1956 年上半年，县、区、乡各级分别成立扫除文盲协会。在农业合作化高潮中，各地创造出“见物识字”“绘图识字”“购物识字”“设立识字岗”“送字上门”“互教互学”“包教包学”等教学方法，收到较好的效果。龙泉县安下村提前实现《农业发展纲要》中扫除文盲的要求，受到省委表扬。1960 年 5 月，村民校教师、扫盲模范李招娣，出席全国文教群英会。

1958 年，在“大跃进”影响下，不少县提出“苦战三个月，实现无盲县”等口号，出现片面追求高指标、高速度等做法。同年，参加文化学习的农民 31 万人，扫除一批文盲，但复盲率也很高。如遂昌县复盲 13394 人，占脱盲总数的 53.4%。1961 年，整顿农民业余教育。各县参加文化学习的农民为29395 人。“文化大革命”开始后，扫盲工作基本停止。

1978 年年初，丽水地区农村 12—45 周岁少青壮年中文盲、半文盲计 38.54 万人，占少青壮年总数的 46.2%。1979 年，贯彻国务院《关于扫除文盲的指示》，丽水地区和各县工农业余教育委员会相继建立，重点抓扫盲。同年底，丽水地区配备业余教育专职干部 141 人，举办农民业余学校 2303 所，有民师 3429 人，入学农民 6.83 万人。

1980 年 3 月，丽水地区行政公署批转地区工农业余教育委员会《关于加快完成扫盲任务的意见》。6 月，丽水召开地区农村教育工作会议，部署分期分批完成扫盲任务，贯彻“一堵、二扫、三提高”[①]的方针。同年，丽水地区建立区 38 个，公社工农业余教育委员会 232 个，配有专职干部 314 人；有办学大队 1518 个，占大队总数的 45%，有学员 4.74 万人，其中参加扫盲学习的 3.2 万人，占 67.64%。同年底，进行文化普查，丽水地区农村 12—40 周岁少青壮年 85.5 万人，其中文盲、半文盲 23.6 万人，占 27.6%。

1981 年 1 月，丽水地区在青田召开地区农民业余教育经验交流会。6 月，在缙云雅江公社召开丽水地区扫盲验收现场会。同年底，丽水地区有公社（镇）31 个和大队 317 个成为基本扫除文盲单位。1984—1988 年，丽水地区 9 个县（市）先后通过“基本普及初等义务教育、基本扫除青壮年文盲”验收。

1988 年 2 月，国务院颁发《扫除文盲工作条例》，扫盲教育进入巩固提高阶段。1990 年是国际扫盲年，国家教委等 10 个单位联合召开迎接国际扫盲年电话会议。各县（市）扫盲工作协调小组建立，掀起扫盲工作新高潮。1991 年 8 月，青田县开展课题实验，内容为将《安子介现代千字文》用于成人识字教学，专门设立《安子介识字教学法》教研室。1992 年，在全县推广，先后举办《安子介识字教学法》教学班 398 个，学员 1.5 万多人。

1993 年，行署提出“1998 年前实现丽水地区乡乡、村村按高标准扫除文盲”的目标。1995 年 10 月，缙云县率先通过省人民政府“两基”[②]评估验收。随后，其余 8 个县（市）相继通过“两基”评估验收。

---

① “一堵、二扫、三提高”：“堵”，普及初等教育，堵塞新文盲产生；“扫”，扫除青壮年中现有文盲；“提高”；让脱盲农民继续受教育。

② 两基：基本普及九年义务教育、基本扫除青壮年文盲。

1995—1997 年丽水地区各县(市)"两基"评估验收时扫盲一览

表 32-7-1-1

县(市)名称	青壮年总数(人)	青壮年非盲率(%)	非盲率达 95%以上行政村比例(%)	通过省验收合格时间
丽水地区	184396	97.20	98.90	1996 年 10 月
龙泉县	150686	97.04	96.60	1996 年 10 月
青田县	278998	96.17	95.69	1997 年 10 月
云和县	60366	97.56	97.06	1996 年 10 月
庆元县	109486	96.29	97.57	1996 年 10 月
缙云县	232739	96.77	95.65	1995 年 10 月
遂昌县	130031	96.74	96.92	1996 年 10 月
松阳县	128251	96.22	97.25	1996 年 10 月
景宁畲族自治县	102498	96.93	98.94	1997 年 10 月

说明:高标准扫除文盲单位标准,农村 15—40 周岁青壮年农民中非盲率达到 95%以上,95%以上行政村的非盲率达到 95%以上,并落实脱盲农民的巩固提高工作

1996 年 2 月 28 日,全国扫盲工作现场会议在青田召开,国家教委主任朱开轩、副主任王明达、全国妇联、共青团中央的领导,30 个省(市、自治区)教委(教育厅)负责人以及地、县领导 140 多人应邀到会,充分肯定青田的扫盲工作经验。1996 年 10 月,青田县被国家教委、财政部授予"全国扫盲工作先进县"称号。青田县人民政府获国家"中华扫盲奖",同时获此荣誉的还有松阳县叶村乡中心学校。

农民业余文化学校

1952 年开始,各县冬学陆续转为常年民校。分设初级班(初小程度)和高级班(高小程度)。按照"农闲多学、农忙少学,大忙放假,忙后复课"的原则,全年学习 240 小时。1952 年 9 月,丽水各县有常年民校 655 所,班级 904 个,学员 26747 人,教师 677 人,其中兼职教师 403 人,群众教师 1608 人。1953 年后,各县县、区、乡三级业余教育网先后建立。到 1955 年,区一级均设立业余教育中心学校,丽水各县配备中心学校专职正副校长、教导主任 59 人。同年,各县办冬学和民校 3429 所,入学农民 15.2 万人。1956 年后,业余初中出现发展。业余初中开设语文、数学、理化常识或农业知识等课程 3 门。1956 年,丽水县城关、碧湖、曳岭等地办业余初中班 8 个,有学员 300 多人。云和县开设业余初中班 13 个,有学员 323 人。1958 年,丽水县业余初中学员增至 6675 人。1960 年,缙云县开设业余初中班 221 个,学员 3372 人。

1963 年 5 月,丽水专区恢复。11 月,召开地区业余教育干部座谈会,提出在坚持以扫盲为重点的同时,积极发展业余高小、办好业余初中。同年底,丽水专区参加业余文化学习的农民达 5.5 万多人。1964 年,贯彻全国农村业余教育会议精神,农民业余教育有新发展。同年,丽水专区入学农民达 6.9 万多人。"文化大革命"开始,农民业余文化学校改为"政治夜校",以学政治、"大批判"为主要内容。

1978年，丽水地区恢复业余文化学校。1980年，丽水地区有常年民校376所，季节性民校1700多所，入学总数4.74万人。其中，高小班6946人，初中班2850人。1986年，丽水地区有业余高小班489个，学员11017人；业余初中班104个，学员3879人；业余高中班17个，学员471人。

1997年后，农村业余文化学校逐步向初中、高中发展。1998年，丽水地区有农民业余初等学校373所，教学班531个，学员9950人；农民业余初中3所，学员286人；农民业余高中3所，学员574人。丽水地区基本普及九年制义务教育和基本扫除青壮年文盲。此后，农民业余初等学校逐步减少、停办。

农民业余技术学校

农民业余技术教育起步于农业合作化后。1956年，丽水县泄川乡创办农民业余技术学校，有学员15人。1958年，青田、庆元等县创办过“红专学校”。缙云城北公社举办农业技术夜校和短训班，培训农民2000多人次。1960年后，各地举办学政治、学文化、学技术“三结合”业余学校，开展农技教育。1964年，缙云县周村大队创办业余初级农技学校。

1979年推行农村家庭联产承包责任制后，农民业余技术教育有较大发展。同年，丽水地区有公社、大队办农技校或教学班66个，学员2012人。1980年，有农技校（班）158个，学员4542人。1981年各县开始有计划地发展农业技术教育，开设的课程主要有种植、养殖、农机维修等。1982年，丽水地区办农技校325所，有学员2.3万多人。

1983年，丽水地区40%以上大队开办农技校（班），有班1300多个，学员近2.5万人。至1998年，丽水地区有农民业余技术学校2336所，教学班2900个，学员210845人。

乡（镇）成人文化技术学校

1984年始，农民业余教育的重点逐步转为职业技术教育。1984年，缙云县城北乡率先创办乡成人教育中心，是文化、技术教育相结合的新型农民学校。1985年，丽水地区有乡（镇）成人教育中心31个，乡、村农技校492所，专职干部359人、专兼职教师2625人，培训农民27083人次。

1986年，国家教委等5单位发出《关于“七五”期间加强农村青年实用技术培训工作的通知》。同年，丽水地区有乡（镇）成人教育中心31个，学员1013人；乡（镇）农技校128所，学员4463人；村农技班970个，学员38400人；举办各种农村实用技术短训班1510期，受教育农民12.34万人次。

1987年12月，国家教委颁布《乡（镇）农民文化技术学校暂行规定》，要求按照乡（镇）中心小学或初中的建制规格，逐步把乡（镇）成人文化技术学校办成具有一定规模的教学实体。1988年后，农民教育机构更名乡（镇）成人文化技术学校和村成人文化技术学校。

1988—1995年丽水地区乡（镇）农民文化技术学校一览

表32-7-1-2

年份	乡镇级学校数（所）	占乡镇总数比例（%）	村级学校（个）	占行政村数比例（%）	培训人次（人）
1988	104	31.14	756	20.76	129390
1989	—	—	3572	—	164641
1990	159	47.60	1203	33.04	309633

续表 32-7-1-2

年份	乡镇级学校数(所)	占乡镇总数比例(%)	村级学校(个)	占行政村数比例(%)	培训人次(人)
1991	180	53.90	852	23.40	434463
1992	113	58.20	1167	31.90	486291
1993	160	82.50	1505	41.50	539140
1994	165	85.00	1471	40.30	376901
1995	183	94.30	1973	53.90	352326

说明:1989 年,村级学校为班级 3572 个

1992 年,缙云县壶镇镇、丽水市联城镇、龙泉市锦溪镇等成人文化技术学校 3 所,被省教委确定为联系点。至 1994 年,丽水地区有乡(镇)成人文化技术学校 165 所,教职工 525 人,其中专职教师 136 人。被批准为乡初中建制 14 所,有独立校舍 39 所,有教学生产实验基地 16 所。1995 年,丽水地区有乡(镇)183 个建立成人文化技术学校,组织各种实用技术培训 35.2 万人次。1999 年,丽水地区有乡(镇)成人文化技术学校 191 所、村成人文化技术学校 2257 所,在读学员 197095 人。

2001 年,全省启动"百万农民培训工程"。以乡(镇)成人文化技术学校为基地,通过农业广播学校、农函大等多种形式,以农业专业大户、营销大户和科技示范户为重点,以传播农村实用技术、推广名特优新成果为主要内容,开展农民实用技术培训、致富带头人培训和农村转移劳动力培训。同年,丽水市有乡(镇)137 个启动该工程,培训农民 200679 人。2003 年,实施"百万农民培训工程"的乡镇数 169 个,受训人数达 42.51 万人,其中实用技术培训 38.31 万人,致富带头人培训 1225 人,农村转移劳动力培训 29799 人。

2007 年,丽水市有省示范性成技校 7 所,省一级成技校 12 所、二级 102 所。2008 年,丽水市后备劳动力培训 2933 人结业,其中 2593 人获得职业高中毕业证书或技能证书。2009 年,丽水市培训农民工 9927 人,包括技能培训 4041 人、创业培训 1400 人、基础培训 4486 人,其中获劳动部门颁发的技能证书 2489 人。

"燎原计划"①

1989 年 1 月,丽水地区教委召开成人教育年会,开展"燎原计划"示范乡镇试点。12 月,行署召开农村职业技术教育工作会议。丽水地区 9 个县(市)先后建立由教育、科技、农业、林业等部门组成的"燎原计划"领导小组。丽水市联城乡、缙云县方川乡和城北乡、云和县沙溪乡、景宁畲族自治县张春乡、龙泉市锦溪镇、庆元县小安乡、青田县高湖乡、遂昌县妙高镇、松阳县枫坪乡等乡(镇)10 个,被确定为第一批实施"燎原计划"示范乡(镇)。1990 年 1 月,配备专职干部 11 人,举办农技培训 154 期,培训农民 20823 人次,推广农技项目 46 个次。

1991 年 1 月,地委、行署在缙云县召开"燎原计划"示范乡(镇)经验交流会。缙云方川乡、丽水联城乡、遂昌妙高镇、云和沙溪乡、龙泉锦溪镇被评为"燎原计划"示范先进乡(镇)。同年,丽水地区示范乡(镇)发展到 28 个,涉及乡(镇)人口 26.4 万人。各示范乡(镇)均建立乡(镇)成人文化技校,

① 燎原计划是国家教委 1988 年正式部署实施的一项旨在推进农村教育改革发展,促进农村经济发展和社会进步的计划。

村级成人文化技校发展到245所，占示范乡（镇）行政村总数的61.1%，配专职教师30人，兼职教师347人。举办农技培训班1423期，培训农民12.9万人次，受训面52.3%。推广农技项目114个次，有乡级农民技术员272人、村级农民技术员1067人、科技示范户2618户。1992年11月，浙江省南片（温州、丽水、金华、衢州、台州）农科教结合、实施“燎原计划”经验交流会在龙泉市召开。同年，丽水地区“燎原计划”示范乡（镇）发展到42个，占地区乡（镇）总数的21.3%，涉及94.5万人口，占农村总人口的39.2%。全年，举办农技培训2203期，培训农民19万多人次。1994年6月，行署在丽水召开丽水地区“燎原计划”现场会。同年，丽水地区“燎原计划”示范乡（镇）发展到58个，占乡（镇）总数的30%，涉及乡（镇）人口数118万人，占农村总人口的49.2%。

1995年，丽水地区“燎原计划”示范乡（镇）发展到65个，占乡（镇）总数的33.5%。1997年，实施“燎原计划”百、千、万工程，开展项目培训，推广新技术。“燎原计划”示范乡（镇）农民实用技术培训面达81.62%。

农业广播电视学校

1981年7月，中央农业广播学校丽水地区办公室成立，以举办中专学历教育、为当地培养应用型中等农业技术人才为主要任务。各县也分别成立领导小组和办公室，由各级农业部门主管。实行由中央农业广播学校垂直管理的体制。招收具有初中文化的县、乡、村三级农业干部和技术员、农林场职工以及农村知识青年入学。

1985年，浙江省农业广播电视学校丽水地区分校在丽水设立，下辖丽水、龙泉、青田、云和、庆元、缙云、遂昌、松阳、景宁9个县（市）分校。教学班以县为单位按专业组编。学制3年，由中央农业广播电视学校统一命题考试，省教委验印发中专毕业文凭，国家承认学历，不包分配。至1994年，先后开设农学、农业经济与管理、淡水养殖、果树、财务会计、会计统计与审计、乡镇经营管理、畜牧兽医、兽医卫生检疫检验、林业等专业，招生2180人，毕业847人。

从1991年开始，丽水市农业广播电视学校举办为期1年的“绿色证书”培训。至1995年，有765人领到农业部颁发的农民技术员资格证书。2001年，丽水市农业广播电视学校评为全国农业广播电视学校远程教育先进集体。

农村致富技术函授大学

1988年6月，浙江省农村致富技术函授大学创办。至1994年，丽水、遂昌、缙云、庆元、云和、龙泉等6所农函大县（市）分校相继创办。各分校建立校务委员会，设立正、副校长（兼职），主持日常校务，办事机构设在科协。基层办学工作纳入各乡、镇成人文化技术学校。学制1年，经考试合格，由总校或省校颁发结业证书。

1987—1994年，农村致富技术函授大学先后开设果树、蔬菜、茶叶、食用菌、中草药、兽医、服装加工、乡镇企业管理等数十个专业，招生6525人，结业4743人。结业生中获得农民技术职称的有助理技术员268人、技术员139人、助理技师78人、技师15人。

至2000年，丽水市农函大学有16105人获农民技术职称，其中高级农民技师92人。2005年，丽水市有市、县农函大辅导站134个，村级辅导站1186个。2006年，丽水市获农民技术职称7737人，其中农民技术员4912人、农民助理技师1785人、农民技师1003人、农民高级技师37人。

乡村经济管理专业成人中专班

1995年3月,省委组织部和省教委举办,培训乡村基层干部。学制脱产2年、业余3年。当年,丽水地区招收新生489人,由各县(市)电视中专分校组织教学。1999年,乡村经济管理专业成人中专班在丽水地区招收乡、村年轻干部196人。2000年,乡村经济管理专业成人中专班在丽水地区招生192人。

第二节 职工教育

1950—1958年,丽水职工业余教育由教育行政部门领导,工会联合各方面协力进行。1959—1966年,在党委统一领导下,由工会负责办理,其他组织协助。1978—1993年,地、县各部门先后恢复和创办各类职工学校31所。

1981年2月,中共中央、国务院颁发《关于加强职工教育的决定》。5月,丽水地区职工教育管理委员会成立,下设办公室。1982年,各县相应机构建立。1984年,丽水地区职工教育管理委员会撤销,其办公室保留。1992年12月,办公室并入丽水地区教委。

职工业余文化学校

1950年下半年,浙江省总工会丽水专署办事处在丽水县城区借用囿山小学校舍,举办工人夜校,吸收厂矿企业职工、商店店员和手工业工人参加学习,班5个,学员250多人。同年,丽水县碧湖镇、大港头镇工会相继举办职工业余文化学校。遂昌县城区创办职工业余文化学校,造纸厂4个,入学工人202人。1951年,丽水、遂昌、松阳、青田、缙云等县有县总工会主办的职工业余文化学校6所,班37个,学员1554人。1952年,9个县有职工业余学校18所,班84个,学员3192人。以识字教育为重点。

1956年2月,省教育厅等4个单位发出《关于大力开展职工业余教育工作的通知》,要求在抓紧扫盲和业余高小教育的同时,积极发展业余初中教育。同年,丽水、云和、龙泉、遂昌等县开始举办职工业余初中班。1957年,丽水、缙云、遂昌、松阳、庆元等县有初中班20个,学员897人。1958年后,除工会系统举办职工业余文化学校外,各县工交、财贸、建筑、林业等系统和厂矿企业也掀起办学热潮,至1959年,职工入学人数达9351人。

1965年,丽水县职工中文盲、半文盲下降到25%左右,青壮年职工基本扫除文盲;遂昌县扫除文盲4522人,高小毕业503人。1978年后,各县相继恢复职工业余文化学校。

1982年1月,全国职工教育管理委员会、教育部等5个单位发出《关于切实搞好青壮年职工文化、技术补课工作的联合通知》,规定"凡1968年至1980年初、高中毕业而实际文化水平达不到初中毕业程度的职工,和未经专业技术培训的三级工以下的职工,均应补课"("双补")。1982—1985年,丽水地区职工教育以青壮年职工"双补"为中心开展工作。

1985年,丽水地区职工教育办学单位发展到429个,参加学习的职工28731人,占职工总数的38%。至1985年10月底,丽水地区文化补课对象29388人中,已有24374人合格,合格率82.9%;技术补课对象21761人中,已有13245人合格,合格率60.9%。丽水地区青壮年职工中初中以上文化程度的比例，已从1982年的8.7%上升到73%。

1990年，丽水地区有职工高中8所，教学班55个，毕(结)业生1121人，招生1950人，在校生2633人。职工高中文化考试科目设政治、语文、数学、历史、地理5科。1993—1998年，丽水地区职工高中毕业生4730人。

2000年后，随着高中段教育的普及，成人高中学历教育日渐式微。2000年，丽水市成人高中注册学生仅27人。2003年，成人高中教育纳入企业职工和农民“双证制”教育培训范畴，成人高中教育有所回升。2005年，丽水市成人高中注册学生886人。2010年，丽水市成人高中注册学生317人。

职工岗位技术培训

20世纪70年代始，交通运输、邮电、林业、商业、供销、卫生等部门，先后创办职工学校或成立培训中心(部)，结合行业特点有针对性地开展职工岗位培训。

1986年，职工教育的重点转向岗位技术业务培训。同年，丽水地区参加各种技术业务培训的职工8524人次。1987年始，丽水地区对40岁以下三级工以上的技术工人进行中级技术培训。1989年，开始进行高级技工培训，培训对象主要是已在高级工岗位工作，但实际技术水平还达不到高级工标准的工人和取得中级技术合格证书即将走上高级工岗位的工人。1990年，丽水地区参加各种形式岗位培训的职工1.7万人。至1994年，初级工培训结业为32178人，中级技工培训结业10714人，高级工培训结业人数为1713人。1999年，丽水市职工参加技术培训7951人次，岗位练兵1.65万人；开展下岗职工转岗、再就业培训32期，培训2356人，下岗职工重新就业1326人。

2003年6月，丽水市首期企业职工“双证制”教育培训工程在遂昌县启动。2005年，丽水市建有市及县(市、区)职工技能培训基地10个，依托基地开展职业技能培训、技能比武等活动。2010年，丽水市实施以技能培训、技能帮带、技能比武、技能竞赛四位一体的职工技能提升工程，构建初、中、高级工以及技师、高级技师多层次、规范化教育培训格局。

职工专业教育

1974年4月，青田县化工厂创办“七二一”工人大学，开设无机化学专业，学制2年。有脱产学习工人8人，有专职教师1人，兼职教师6人。1976年7月，庆元县化肥厂创办“七二一”工人大学，招收青年职工9人脱产学习，学制2年。有专职教师1人、兼职教师3人。同一时期，丽水动力厂、遂昌县造纸厂、解放机械厂，云和县农机厂、电机厂等亦先后办过“七二一”工人大学。

1983年，丽水职工中等卫生学校创办。同年招收西医士专业班1个，学生50人，学制3年。同年，丽水农业学校、浙江林业学校开办职工中专班招生64人。1984年，丽水县机械职工中等专业学校创办，由丽水油嘴油泵厂主办，隶属丽水市经委。开设机械制造专业，学制3年。举办2期，培养毕业生69人。1990年停办。

1985—1995年，丽水地区职工大专毕(结)业3663人，中专毕(结)业3546人。

2001年起，杭州师范大学、浙江大学远程教育学院、浙江省中医药大学成教学院先后在丽水市职工中等卫生学校设立教学点，开设临床医学、预防医学、高级护理学、药学、中医、中西医等专业，开展成人本、专科教育。2004年4月，丽水市第一期农村卫生人员学历教育培训班开班，招生673人。2009年4月，浙江省教育厅发文，从2009年开始停止招收全日制成人中专普通班学生。

第三节　干部教育

1950年，遂昌、青田县机关干部业余文化补习学校成立，分别吸收初中以下文化程度干部109人和入学105人。1951年2月，行署机关干部职工业余学校创办，专职教员4人，兼职教员6人，学员178人。云和、丽水、缙云、庆元等县机关干部业余文化补习学校相继建立。1954年，抽调部分初中以下文化程度的区级干部，到温州、金华专区工农速成初等学校学习。1955年6月，丽水、云和、景宁、龙泉、庆元、青田等县在丽水县城关镇联合试办乡级干部脱产文化学习班，为时3个月。1958年，丽水各县开展干部业余函授学习文化、技术等。“文化大革命”开始后，机关学校停办。

从1980年开始，丽水地区各部门相继建立各类干部学校8所，分期分批培训干部岗位业务。1984年，各县机关干部学校相继恢复，举办区、乡干部为主的初高中文化补习班15期，学员714人。参加大、中专函授、刊授学习1400多人，考进大学干部专修科35人。1985年，参加浙江省刊授政治专业学校学习干部2100多人，其中区、乡干部1083人。1987年，参加各种形式学习干部12744人，其中岗位培训1453人，技术业务培训3829人，高等教育3283人，中等专业教育3633人，高中学习491人，初中学习55人。1984—1994年，丽水地委学校举办各种进修班、岗位职务培训班93期，培训干部6478人次。

1995年，丽水地委组织部、地区劳动人事局联合下发《关于在全区开展计算机应用能力培训考核工作的通知》，开展计算机应用能力的培训。1995—1997年，丽水地区县处级以上领导干部参加地级以上党校一个月的培训276人次；举办县处级领导干部在职短训班15期，受训673人。同时，开展对乡镇主要干部的集中培训。1997年，丽水地区举办行政执法人员资格培训班，培训4138人。

2001年，丽水市公安系统举办培训班16期，培训公安干警1077人次。2002年始，市委党校与省委党校研究生部合作举办干部研究生班，先后开设区域经济、政治经济学、马克思主义哲学、政治学理论专业4个，招生202人。2002年4—5月，组织丽水市机关公务员进行WTO知识培训。2004年始，丽水市分期分批开展公务员电子政务、行政许可法、公共管理基础课程等培训，提高机关公务员队伍的综合素质。2005年始，市委党校与浙江师范大学合作举办干部研究生班，开设公共管理专业。2008年，全面开展以《组织行为学》《法治浙江与和谐社会建设》《公共危机应急管理》为主要内容的公务员轮训。2009年，组织各县（市、区）领导干部参加欠发达地区领导干部培训班50人。2010年，党校函授教育停办。

第八章　特殊教育

1984年，丽水地区聋哑学校成立，开启丽水的特殊教育事业。1988年12月，浙江省特殊教育工作会议在丽水召开，加快推动丽水特殊教育事业的发展。1992年，各县(市)普通小学增设智障儿童随班就读点。1999年，丽水地区义务教育阶段“三残”[①]儿童少年1162人，入学976人，入学率83.99%。2004年，丽水市聋哑学校更名丽水市特殊教育学校。同年，丽水市特殊教育学校实施智障教育。2005年，通过发放“助学券”等形式，解决“三残”少年儿童入学困难问题，丽水市义务教育阶段“三残”少年儿童入学率96.4%。到2010年，丽水市特殊教育系统培养初中、高中毕业生595人，大部分毕业生自谋职业，成为自食其力的劳动者。

第一节 发展概况

20世纪80年代初，丽水区域没有特殊教育学校。一些家庭经济条件较好的盲、聋、哑少年儿童到浙江省盲童学校和邻近地区的聋哑学校就读，极少数智障儿童在当地普通小学随班就读。绝大多数“三残”少年儿童没有受教育的机会。

1983年1月，丽水行政公署筹建地区聋哑学校。1984年上半年，选调教职工10人，将其中送到杭州市聋哑学校培训教师5人。筹集开办资金6.45万元，借用丽水县城郊凉塘村原部队营房200平方米作校舍，创建丽水地区聋哑学校。同年秋，招收班2个，32人。

1988年12月，浙江省特殊教育工作会议在丽水召开，推动丽水特殊教育事业的发展。1989年，辖区内聋哑儿童少年入学率75%左右。1991年，省盲童学校在丽水地区招收盲童学生4人。同年10月，丽水市城关镇小学创办智障儿童辅读班，招生10人。1992年，各县(市)在普通小学增设智障儿童随班就读点。1993年，丽水地区有智障儿童辅读班6个，学生67人，随班就读点207个，学生521人。

1995年，丽水地区有在普通小学随班就读视障儿童7人，其中遂昌2人、松阳2人、龙泉3人。同年，辖区内义务教育阶段“三残”儿童少年1818人，入学1362人，入学率75%。1999年，丽水地区义务教育阶段“三残”儿童少年1162人，入学976人，入学率83.99%。其中，视残39人，入学33人，入学率84.62%；听残219人，入学184人，入学率84.02%；智残904人，入学759人，入学率83.96%，基本达到“三残”儿童少年入学率80%以上的要求。

2000年，丽水地区义务教育阶段“三残”儿童少年1190人，入学976人，入学率82.02%。同年，丽水撤地设市，丽水地区聋哑学校改称丽水市聋哑学校。

2001年，丽水市教育局发布《关于提高我市义务教育阶段“三残”儿童少年入学率的意见》，要求各县(市、区)要把“三残”儿童少年入学就读依法纳入“普九”轨道，保证“三残”儿童少年与正常儿童少年同步接受九年义务教育。同年，“三残”儿童少年入学率85.9%，比2000年提高3.88个百分点。2003年，丽水市教育局下发《关于切实抓好“三残”儿童少年入学工作的通知》，要求各县建立“三残”少年儿童入学动员责任制和扶贫机制，完善“三残”少儿入学途径，切实做到“视障少儿送省学习无遗漏，听障少儿送市学习有提高，智障少儿随班就读有保障”。

2004年，丽水市聋哑学校更名丽水市特殊教育学校，搬迁到城北欣苑路211号新校园。同年，丽

① 三残：听残、视残、智残。

水市特殊教育学校实施智障教育，招收智力开发班2个，学生22人。2005年，学校开设工艺美术专业职高班1个，招生12人。特殊教育开始向高中段延伸。丽水市“三残”儿童少年入学率达到92.51%。2005年，通过发放“助学券”等形式，解决“三残”少年儿童入学困难问题，丽水市义务教育阶段“三残”少年儿童入学率96.4%。

2009年，丽水市特殊教育班23个，在校学生514人，其中随班就读220人，其中女生179人。在校学生中，小学338人，初中136人，高中40人；视力残疾13人，听力残疾235人，智力残疾184人，其他残疾82人。有特教教职工64人，其中，专任教师59人，其中女39人、畲族1人。专任教师中具有大学本科学历34人，专科学历12人，高中毕业13人；中学高级教师5人，小学高级教师31人，小学一级教师16人。2010年12月，丽水市特殊教育学校被省教育厅、省环境保护厅评为省绿色学校。同年，丽水市“三残”儿童少年毛入学率96.03%。

1993年丽水地区智障教育辅读班、随班就读点一览

表32-8-1-1

县(市)	辅读班(个)	学生数(人)	随班就读点(个)	学生数(人)
丽水地区	1	10	39	73
龙泉县	1	10	89	131
青田县	1	12	18	143
云和县	—	—	6	35
庆元县	1	12	7	18
缙云县	1	10	5	16
遂昌县	1	13	2	12
松阳县	—	—	39	75
景宁畲族自治县	—	—	2	18
合计	6	67	207	521

第二节　制度与管理

资　格

1986年4月12日，《中华人民共和国义务教育法》规定，“地方各级人民政府为盲、聋哑和弱智的儿童、少年举办特殊教育学校(班)。”残障儿童义务教育入学年龄为6—15周岁，不具备入学条件的允许适当延后。视障少儿到省盲校就读，听障少儿到市特殊教育学校就读，智障少儿除莲都区到市特校就读外，其他县(市)到当地普通小学、初中随班就读。2004年秋季，丽水市特殊教育学校开设启智部，向辖区各县(市、区)招收部分中、重度智障学生。2005年秋季开办听障职业高中教育。

学 制

1984—1996年，听障教育的学制实施初等教育，学制8年。入学年龄7—10周岁。1997年秋，开始实施9年制义务教育，学制与普通全日制小学、初中相同，小学6年，初中3年。2005年开始，听障教育向职业高中教育延伸，学制3年。智障教育的学制随班就读的与全日制普通小学、初中相同，小学6年，初中3年。

课 程

1983年1月，丽水行政公署筹建地区聋哑学校。小学课程开设品德与生活、品德与社会、科学、语言、数学、沟通与交往、体育与健康、律动、书法、美工、生活指导、劳动技术、综合实践活动、校本课程。初中课程开设品德与社会、生物、物理、化学、语文、数学、体育与健康、书法、美术、劳动技术、综合实践活动。听障、智障随班就读点与全日制普通小学、初中开设课程相同。启智教育开设生活语文、生活数学、生活适应、劳动技能、唱游与律动、绘画与手工、运动与保健、康复训练、第二语言、校本课程。1984年开始，执行教育部统一制定的《全日制八年制聋哑学校教学计划》。开设思想品德、语文、数学、常识、律动、体育、图画、手工劳作、职业技术课程9门。

1997年秋季开始，执行《义务教育九年制全日制聋哑学校课程》计划，学校根据实际情况，开设课程有所调整。2004年，培智教育实行"7+5"课程体系，开展以生活为核心的个别化教育。2005年，听障教育职业高中创设以商品油画专业为引领的美术校本课程体系。

教 学

1983年，聋哑学校开始创办，针对听障学生的心理、生理特点，在教育管理和教学工作中，采取一些有别于普通中小学的方法和途径。每班一般为8—14人，最多不超过18人。聋哑学校把安全教育放在首位，采取各种措施，保证学生安全。在学生中开展多种形式的道德教育活动，规范学生行为，使学生养成遵纪守法的行为习惯。加强心理健康教育。坚持以口语为主，口语与手语、板书相结合。重视直观教学，加强个别辅导，保护好学生的残存听力。

2004年秋季开始创办的智障教育，以爱心建立良好的师生关系为施教基础，把传授知识技能，进行思想品德教育与矫正学生身心缺陷有机结合起来。组织学生参加校内外活动，通过比先进、评先进活动，强化学生日常行为规范训练。通过"经典儿歌""三字经"诵读活动，提高智障学生的语言能力。通过个案研究，最大限度挖掘学生的智力潜力。通过医教结合康复训练，提高智障学生肢体协调能力。

2005年，丽水市特殊教育学校职业高中部依托"古堰画乡"油画基地开设商品油画专业，为学生毕业就业奠定基础。根据听障学生特点，学校加强长跑和乒乓球两大传统项目的训练。周末兴趣活动，开设儿童画、素描、手工、口语交际、书法、写作、乒乓球等课程27门，从中发现培养学生一技之长。2009年7月，市特殊教育学校智障学生参加省特奥会，取得7金14银12铜的好成绩。

至2010年，丽水市特殊教育系统培养初中、高中毕业生595人。其中市特殊教育学校培养初中毕业生271人，高中毕业生33人，各县(市、区)随班就读有初中毕业生288人。大部分毕业生自谋职业，成为自食其力的劳动者。市特殊教育学校毕业生95%以上在丽水、温州、义乌、杭州等地福利企业工作。

第九章　招生与自学考试

民国时期，丽水学校实行自主招生、教育主管部门备案的办法。1951 年，全区高中实行全省统一招生、分区录取的办法。1952 年始，丽水专区实行高等学校全国统一招生。成立招生工作委员会，下设办公室。1966 年“文化大革命”开始后，高校、大中专、高中停止招生。1970 年夏，全区恢复大学、中专招生，实行“推荐与选拔相结合”的办法，招收工农兵学员。1970—1971 年，各县高中相继恢复招生。1977 年 8 月，全区恢复高考制度。成立丽水地区高等学校招生领导小组，下设办公室，负责高校和中专招生工作。1978 年，丽水地区参加全国高校统一招生。1981—1984 年，丽水相继开启成人中专学历教育、成人高校、自学考试。1993 年，全国高校全面扩大招生。1995 年，浙江省进行高考科目改革，实行“3+2”方案，即各类考生共同考试科目为语文、数学、外语，文史类考生加试政治、历史；理工类考生加试物理、化学。1997 年起，自学考试逐步由单一的学历考试向非学历考试延伸。2000 年，考试科目改为“3+综合”。2002 年，丽水市招生办公室与自学考试办公室合并为丽水市教育招生中心。2007 年，全省初中毕业生学业考试制度建立，取代以往的初中毕业和高中招生考试。随着经济社会的发展，高中段教育逐步走向普及，职业教育与普通高中教育协调发展，2010 年，初中毕业生升高中段的比例95.02%。

第一节　考试制度

科举考试始于隋，成于唐，延续至清末。处州历代进士 1148 人。贡生数唐宋已佚无考，元代有 87 人（不计例贡，下同），明代 1864 人，清代 1880 人。

民国时期，丽水实行学校自主招生、教育主管部门备案的办法。处州中学、处州师范、处州农校和各县简易师范、公立私立中学、教会学校，自行确定招生名额、报名和考试时间，各自命题、阅卷、录取。抗战期间，全省各地搬迁到丽水的学校均自主招生。发榜时有“正取”和“备取”两类，正取生没有按时报到，由备取生依次递补。各校录取名册报送教育主管部门备案，取得学籍，保证足额录取新生。

1949 年夏，各校招生名额由专署或县文教科确定。学校招生委员会或招生工作组成立，负责招生工作。处州中学、处州师范、处州农校在丽水专区各县范围内招生，各县中学在本县范围内招生。1952 年始，实行高等学校全国统一招生。随着建设事业的发展，亟须大量人才，高等教育加快发展，但生源不足。除广泛动员应届、历届高中毕业生及同等学力知识青年积极报考高校外，还采取“保送”和“调干”的办法招收新生。保送生是由中等专业学校，根据分配的名额，挑选优秀毕业生，送到相应专业的高校深造（须参加入学考试）。处州师范毕业生保送到浙江师范学院，处州农校毕业生保送到南京农学院（处州农校改办丽水林校后毕业生保送南京林学院）。中等师范实行保送与考试相结合的招生办法，保送对象是小学教师和应届初中毕业生。调干生制度是选调有一定学历的在职干部、教师进各类大学学习，其经济待遇不变，称“带薪读书”。丽水专区选送调干生始于1952年。复员军人中的知识青年也是保送和调干的对象。1955年秋，有一批回国的志愿军尉级军官免试进入丽水林校。1956年，丽水师范毕业生保送到浙江师范学院28人。

1963年5月恢复丽水专区，丽水恢复招生工作，招生委员会成立，下设办公室。高中、中专招生借用温州专区的考卷，抽调各县教师到丽水阅卷，按省招生计划名额录取。高校招生由省负责。1965年7月，省国防工办在丽水专区创办三所半工半读的浙南技工学校，由全省各地区招生委员会招收初中、高中毕业生，经省国防工办政审后入学，招300人。

“文化大革命”开始，大中专停止招生。

1970年夏，丽水地区恢复大学、中专招生，实行“推荐与选拔相结合”的办法，招收“相当于初中毕业文化程度，有两年以上实践经验”的工农兵学员。地区招生领导小组根据省招生领导小组下达的招生计划，将名额分配到县。各县招生机构也相应建立，将招生名额分配到各公社、工厂。下乡和回乡知识青年由有关生产大队推荐到公社，工人由车间推荐到工厂，报送县招生领导小组选拔。县将推荐名单和材料送到地区招生领导小组，确定录取对象，各招生学校派人到地区录取。这种招生办法延续至1976年。

1970—1971年，各县高中相继恢复招生，春季、秋季各招1次。1973年起改为秋季招生，也采用推荐与选拔相结合的办法，由县负责。

1977年8月，丽水地区恢复高考制度。丽水地区高等学校招生领导小组成立，下设办公室，负责高校和中专招生工作。考生经地、县初选后参加由省命题的全省统一考试。地区组织考试和阅卷，县负责体检。按照德智体全面考核、择优录取的原则，由各校分头录取，省招办批准，学校发录取通知。

1978年，丽水地区改为全国高校统一招生，由教育部统一命题，省招生委员会组织考试和录取工作。地、县招生委员会成立，按照省统一部署组织实施考生报名、考试、阅卷、体检、填报志愿、建立考生档案等工作。高中、中专由省命题。高校、中专招生考卷均由地区组织阅卷评分。

1979年，高考招生考卷由省组织评分。中专、技校由省命题，地区组织阅卷。

1980年，国务院发文规定“中学应在统考之前，对应届高中毕业生的政治态度、思想觉悟、道德品质作出全面鉴定。”政审重在个人表现，改变过去重视家庭出身和社会关系的做法。1985年，高校、高中中专实行“一条龙”招生办法。高中中专也分文理科考试，文科考政治、语文、数学、历史、地理、外语；理科考政治、语文、数学、物理、化学、外语，用全国统一命题试卷，外语成绩按50%计入总分，其他各科计分方法均与高考相同。成人高校、职工中专报考由省招办组织命题，于普通高校考试结束后考试。同年，各高校开始从考生中招收少量计划外自费生，实行不收费的国家计划招生和收费的国家调节招生并存的“双轨制”。高校为用人单位培养急需的短线专业人才，实行委托代培招生。1986年，丽水地区颁布《高等学校、中等专业学校招生工作细则》。1988年开始，高中毕业生需具有参加社会实践活动的鉴定。考生在统考后，分数线公布前填报报考志愿，志愿表上报县招生办公室后不得改动。

1990 年，高校文史类考政治、语文、数学、历史、地理、外语；理工农医类考政治、语文、数学、物理、化学、生物、外语。外语类专业上线考生，需进行口试。艺术、体育类考生还需在统考前参加术科测试，成绩达到最低控制线者方可参加统考，术科测试的成绩按一定比例计入总分。高中中专与普通高校用同一试卷，文科类考政治、语文、数学、地理、历史；理科类考政治、语文、数学、物理、化学。在英语继续采用“标准化”考试的基础上，开始推行各科全面“标准化”和分卷考试。高校录取工作贯彻德智体全面考核，择优录取的原则，分 5 批，包括提前批、第一、二、三批和自费生，划定最低控制分数线，在省招生办公室监督下，由招生学校录取，发放《录取通知书》并负责处理遗留问题。高中、中专的录取由地区招生委员会负责。

1993 年，全国高校全面扩大招生。1995 年，浙江省进行高考科目改革，实行“3+2”方案，即各类考生共同考试科目为语文、数学、外语，文史类考生加试政治、历史；理工类考生加试物理、化学。报考外语专业的考生首次进行听力测试。

2000 年，考试科目改为“3+综合”。共同考试科目不变，文史类考生加考“文科综合”，理科类考生加考“理科综合”。全体考生均参加外语考试的听力测试。2001 年开始，普通高校招生考试，语文、数学、外语由省命题。2002 年，丽水市招生办公室与自学考试办公室合并为丽水市教育招生中心。2006 年，丽水市根据省教育厅部署，全面实施普通高中课程改革。2008 年 4 月，浙江省颁布《浙江省新课改高考方案》，适应高中新课改需要。

2009 年，丽水市实行在全科会考基础上的分类测试、分批选拔、综合评价、全面考核、择优录取的选拔模式。在文科、理科、艺术、体育等学科分类的基础上，以文、理两大科类为主线，以“语、数、外”3 门课程为主体，将测试和选拔科目分为 3 类。考生自主选择报名和参加考试的相应类别，分批填报志愿，分批择优录取。

2010 年，丽水市教育招生中心有工作人员 11 人。管理制度日臻完善，改进和加强考试安全保密工作，配置“机读卡”，编排试场、评分登分、划线录取全面实行计算机管理。

第二节　高中招生

普通高中招生

1949 年，中华人民共和国成立初，丽水地区只有公立中学 1 所和私立中学 2 所开设高中部。要读高中的学生或到丽水报考处州中学，或到外地报考其他高中。1957 年，丽水各县完全中学增至 5 所，由教育行政部门确定招生计划，各校按计划招生。其中除学生自行报考外还有少量保送生。1963 年夏，丽水专区恢复时，丽水专区有完全中学 9 所，高中由专署招生委员会统一招生。“文化大革命”期间，高中招生由各县负责，实行推荐招生。1973 年，实行过 1 次考试方式招生。1977 年始，普通高中招生由地区教委（教育局）统一管理，县教委（教育局）实施。

随着经济社会的发展，初中毕业生升高中段的比例逐年提高。2000 年 59.4%，2001 年为 62.01%，2005 年 86.98%，2009 年 94.97%、2010 年 95.02%。高中段教育逐步走向普及。

1983—2010年丽水市普通高中招生人数一览

表 32-9-2-1　　单位：人

年份	1983	1984	1985	1986	1987	1988	1989	1990
录取人数	4663	5223	5495	5608	5698	5439	5600	5038
年份	1991	1992	1993	1994	1995	1996	1997	1998
录取人数	4835	4337	3998	4797	5053	4588	5829	6551
年份	1999	2000	2001	2002	2003	2004	2005	2006
录取人数	7948	10067	10217	12006	12028	12810	12716	11759
年份	2007	2008	2009	2010	—	—	—	—
录取人数	11466	12202	12173	12400	—	—	—	—

职业高中招生

高中段招生计划随着经济社会发展进行相应调整，使职业教育与普通高中教育协调发展。2000—2010年，职业教育招生与普通高中招生比例，基本上保持1∶1水平。

1983—2010年丽水市职业高中招生人数一览

表 32-9-2-2　　单位：人

年份	1983	1984	1985	1986	1987	1988	1989	1990
录取人数	1123	1280	1529	1934	2172	1988	1900	2193
年份	1991	1992	1993	1994	1995	1996	1997	1998
录取人数	2878	2592	3558	3549	3156	3704	3966	4031
年份	1999	2000	2001	2002	2003	2004	2005	2006
录取人数	4285	5459	6468	10028	11739	11607	10055	10251
年份	2007	2008	2009	2010	—	—	—	—
录取人数	9966	10260	10077	12609	—	—	—	—

中专(中师、中技)招生

清光绪三十二年(1906)，处州中学堂师范速成科创办，招生58人，清光绪三十四年，处州初级师范学堂招生116人，处州工业实业学堂招生59人。丽水县、云和县的职业学校，由学校自行招生。

民国28年(1939)，省教育厅决定省立中学、师范由省教育厅统一招生，丽水区域招生办事处设在处州中学。民国34年，处州师范、农校改为单独招生。

1949年，中华人民共和国成立初，中师、中专由专署文教科确定招生名额，各校单独招生。1952年，全省统一招生。1955年起，各校单独招生。1963年，恢复统一招生，省属学校面向全省招生；地属学校在本地区招生，有的专业由省安排在全省招生。1964—1965年，中专招生仍采用与高中招生统一报考，分批录取的方法。“文化大革命”开始，中专停止招生。1971年，部分中专恢复招生。1977年，中专、中等技工学校恢复全省统一招生。1978年始，中专分招收高中文化程度(高中中专)和招收初中文化程度(初中中专)两类。1979 年,技校招收高中文化程度(高中技校)和招收初中文化程度(初中技校)两类。

1983 年,初中中专(技校、中师民师)命题权下放到地区。1984 年,初中中专实行预选,预选上线的考生参加全省统考。1988 年始,中专招生指标原则上全部分配到县(市),中师民师班停止招生。1995 年始,初中中专不再进行预选考试,报名考生全部参加全省统考。1997 年始,初中中专(技校)命题权再次下放地区。初中中专(技校)、高中招生考试与初中毕业考试"二考合一",委托省教研室命题。

2000 年,初中中专全部并轨招生,录取新生不再分统招生、委培生、自费生,招生计划不再分配到县(市)。中专招生工作全部由市(地)负责。高中中专停止招生。2005 年,除 5 年一贯制招生由丽水市教育招生考试委员会统一划定最低分数线外,中专学校招生录取不再划定最低录取控制分数线。

1978—1999 年丽水地区高中中专报考及录取一览

表 32-9-2-3　　单位:人

年份	1978	1979	1980	1981	1982	1983	1984	1985
报考人数	1733	10256	5235	4784	3809	2748	2910	—
录取人数	549	702	305	323	354	441	464	507
年份	1986	1987	1988	1989	1990	1991	1992	1993
报考人数	2581	4160	4159	2823	4381	4327	4874	3182
录取人数	420	398	530	515	525	612	672	736
年份	1994	1995	1996	1997	1998	1999	—	—
报考人数	2184	—	—	—	—	—	—	—
录取人数	909	501	372	313	178	50	—	—

说明:1985 年、1995—1999 年,高校、高中中专统一报名,统一录取;高中中专的报考人数包含在高校的报考人数里

1977—2010 年丽水市初中中专录取人数一览

表 32-9-2-4　　单位:人

年份	1977	1978	1979	1980	1981	1982	1983
录取人数	968	475	341	750	706	629	763
年份	1984	1985	1986	1987	1988	1989	1990
录取人数	709	955	1006	1191	1153	1164	1137
年份	1991	1992	1993	1994	1995	1996	1997
录取人数	1144	1226	1857	2244	3062	2940	3605
年份	1998	1999	2000	2001	2002	2003	2004
录取人数	3591	3849	4843	3266	5156	4793	3899
年份	2005	2006	2007	2008	2009	2010	—
录取人数	2252	1218	1440	1576	1140	1574	—

1977—2005年丽水市中技录取人数一览

表 32-9-2-5　　单位：人

年份	1977	1978	1979	1980	1981	1982	1983	1984
录取人数	185	301	411	185	83	186	349	387
年份	1985	1986	1987	1988	1989	1990	1991	1992
录取人数	242	337	376	266	257	258	323	433
年份	1993	1994	1995	1996	1997	1998	1999	2000
录取人数	699	931	918	946	942	566	457	431
年份	2001	2002	2003	2004	2005	—	—	—
录取人数	809	112	67	51	45	—	—	—

成人中专招生

成人中专以在职职工、社会人员为招生对象。省下达招生指标，参加统一考试，国家备案，承认学历，不转粮户关系，不包分配。丽水地区的成人中专学历教育起步于1981年的中央农业广播学校丽水分校，当年招生443人。

1983年，丽水职工中等卫生学校创办，是丽水创办最早的职工中专。首届招生50人。1984年，招生50人，并在遂昌设分校招生44人。至1995年培养毕业生852人。1984年5月，丽水油嘴油泵厂创办丽水市机械职工中专，办2届，毕业69人。同年7月，丽水商校开办职工中专班。1985年7月，丽水粮食干校开办中专班。1985年，丽水地区工商干校、财税干校、政法干校等举办各类中专班，毕(结)业干部9947人次。1989年3月，丽水地区举办农村成人教育管理函授中专辅导班，学制业余2年，招生36人。

1990年后，电视大学招收成人中专班。同年，中师函授教育招生实行全省统一考试。

2000年始，成人中专招生权限下放到各市(地)，招生录取工作由市(地)招生委员会组织实施，新生录取名单由市(地)招生部门审批。初中毕业年满20周岁的职工可免试入学。2001年，成人中专取消入学考试，免试入学。

1984—2002年丽水市成人中专招生人数一览

表 32-9-2-6　　单位：人

年份	1984	1985	1986	1987	1988	1989	1990
报考人数	1059	1079	664	378	377	802	290
录取人数	606	—	216	227	185	584	130
年份	1991	1992	1993	1994	1995	1996	1997
报考人数	690	760	406	460	641	1262	1339
录取人数	527	537	327	381	517	1051	1202
年份	1998	1999	2000	2001	2002	—	—
报考人数	2254	1324	927	834	—	—	—
录取人数	2153	1288	921	793	370	—	—

说明：1984年达到录取分数线人数为606人

第三节　高校招生

普通高校招生

民国时期普通高校自主招生，各校自行命题、自定考试日期、自定招生名额、自行录取。抗日战争期间，丽水的英士大学、浙江大学龙泉分校面向全国招生。

1949年，中华人民共和国成立初，丽水仍实行各高等学校自主招生或几所高校联合招生的办法。招生中强调家庭出身，大量招收工农青年、干部子弟。1952年，高等学校实行全国统一招生考试制度。1952—1957年，普通高校招收“保送生”和“调干生”。1958年，改革全国高校统一招生制度，实行学校单独招生或联合招生。1959年，高校招生实行全国统一命题、一次考试、分批录取的办法。“文化大革命”开始后，高等院校停止招生。1970年11月，恢复大学招生，实行“推荐与选拔相结合”的办法，招收相当于初中毕业文化程度，有两年以上实践经验的工农兵学员，应届高中毕业生基本被排除在外。

1977年，高考制度恢复。1978年，全国普通高校统一招生，由教育部统一命题，省印发试卷，县组织考试。1979年，普通高校招生考试试卷由省统一组织评分。1982年，普通高校招生录取实行优惠加分政策。1983年，开始实行“定向招生，定向分配“制度。1984年，高等艺术院校招生。1986年，普通高校招生计划分国家任务、委托培养和自费生3种。

1993年，普通高校开始扩招。1995年，浙江省进行高考科目改革，实行“3+2”方案，即各类考生共同考试科目为语文、数学（文、理）、外语，文史类考生加试政治、历史；理工类考生加试物理、化学。1997年，高校全面实行并轨招生。

2000年，浙江省普通高校招生入学考试进行科目设置改革，采取“3+综合”形式。2001年，普通高校招生取消“年龄一般不超过25周岁”和“未婚”的限制。2004年，普通高校招生考试语文、数学、英语3科首次由浙江省自行组织命题，考试性质仍属国家统一考试。文科综合、理科综合仍由教育部统一命题。2009年，实施《浙江省新课改高考方案》，实行以“3+X”①为基础的分类测试、分批选拔、综合评价、全面考核、择优录取的选拔模式。

1977—2010年丽水市普通高校报考及录取人数一览

表32-9-3-1　　单位：人

年份	1977	1978	1979	1980	1981	1982	1983	1984	1985
报考人数	9582	14225	4899	3591	2811	2739	2392	2197	5194
录取人数	266	500	491	417	421	435	582	723	935
年份	1986	1987	1988	1989	1990	1991	1992	1993	1994
报考人数	3740	3319	3734	3620	2732	2916	2144	2431	2665
录取人数	1051	1073	1242	1040	944	958	1132	1646	1881

① 3+X：3包括语文、数学、外语，X包括综合。

续表 32-9-3-1

年份	1995	1996	1997	1998	1999	2000	2001	2002	2003
报考人数	4482	4348	4685	5009	4766	4955	5999	7605	9936
录取人数	1751	1646	1632	1538	2125	2828	3945	5347	7380
年份	2004	2005	2006	2007	2008	2009	2010	—	—
报考人数	10756	13436	13967	14945	15082	12807	12674	—	—
录取人数	7761	9205	9225	9918	10349	9806	9892	—	—

说明：表中 1977 年、1978 年、1979 年、1980 年、1981 年、1985 年报考人数含高中中专录取数

高等职业院校招生

高等职业院校招生始于 1994 年，当时全省有普通高校 3 所、成人高校 3 所和省 4 所、部级重点中专试办的高等职业技术教育班。采取学校推荐加统一考试的招生办法。推荐对象以对口或相近专业的应届职业中学毕业生为主，个别专业招收应届不包分配的中专毕业生；职教师资班同时招收少量近年留校任教的专业教师。

1997 年起，高职招生统一考试由招生办公室负责，考试时间与普通高校招生相同。考试管理按普通高校招生模式规范。

1999 年，高职招生从报名、考试到录取全部由招生部门负责组织实施。

2005 年，浙江省“单考单招”高职科类由上年的 20 个，缩减为 17 个。高职考生与普通高校考生同时参加统一考试。

2009 年，高职院校自主招生分“单独考试、单独录取”和“校考与高考结合”两种模式。

1998—2010 年丽水市高职院校报考及录取人数一览

表 32-9-3-2 单位：人

年份	1998	1999	2000	2001	2002	2003	2004
报考人数	323	509	873	1256	1571	2284	2371
录取人数	51	201	431	1021	1181	1771	1723
年份	2005	2006	2007	2008	2009	2010	—
报考人数	2978	2974	2132	1365	908	850	—
录取人数	1707	1658	568	376	758	763	—

成人高校招生

浙江省成人高校招生始于 1984 年。有职工业余大学、干部专修班、电视大学、夜大学、函授大学等，从单独招生到参加全国统一招生考试。从招收在岗人员发展到同时招收没有工作岗位的人员。

1985 年，最高人民法院法律业余大学总校浙江分校在丽水设立分部，以丽水地区法院干警为招生对象，学制 3 年。1987 年后参加全国高校统一招生考试，择优录取。1987 年，北京财贸学院在丽水成立函授站，面向衢、金、温、丽地区，经全国成人高校统一招生考试，招收 3 年制大专班。杭州商学院、浙江财经学院、华东政法学院等均在丽水设立函授（分）站，招收专科或本科生。

1994 年，成人高校专升本招生全国统一考试。2001 年，专升本招生考试分师范类和非师范类。2002 年，允许中专、技校应届毕业生成人高校。

1984—2010 年丽水市成人高校报考及录取人数一览

表 32-9-3-3　　单位：人

年份	1984	1985	1986	1987	1988	1989	1990	1991	1992
报考人数	971	1063	1244	1173	1354	716	727	1396	1500
录取人数	237	—	702	711	734	429	416	504	682
年份	1993	1994	1995	1996	1997	1998	1999	2000	2001
报考人数	922	1330	2280	1994	3191	4977	4030	7620	10585
录取人数	576	734	937	854	1337	1535	2143	3723	5685
年份	2002	2003	2004	2005	2006	2007	2008	2009	2010
报考人数	8512	6448	4744	4697	4195	3752	3431	3786	3847
录取人数	4517	3199	3637	3199	2727	2826	2307	2677	3108

说明：1984 年录取数为上线人数

第四节　自学考试

机构与管理

1984 年，丽水地区开始高等自学考试。地、县自学考试办公室成立，负责组织考生报名、提供学习资料和组织考试。

1984 年 12 月，浙江省首次开考专业 6 个，基础课程 5 门。从 1985 年起，高等教育自学考试每年举行 2 次。1986 年，自学考试开始向中专延伸。10 月，首次开考汉语言文学专业本科。同年始，高等教育自学考试承担对部分业余、函授、刊授院校学生认定学历的抽查考试。此后，停止该项考试。

1993 年开始，丽水在部分乡镇试行建立自学考试联络站。1994 年起，中专自学考试各专业陆续停考。1995 年，丽水根据实际，选择一批乡镇，以成人文化技术学校为依托，建立乡镇自学考试联络站，由这些联络站直接承担办理报名手续等工作。1997 年起，自学考试向非学历考试延伸，承担全国计算机等级考试、全国英语等级证书考试、中小学信息等级考试、剑桥少儿英语等级考试、教师资格考试、教师录用考试等多种考试。1997 年秋，丽水地区自学考试办公室开始承担全国计算机等级证书考试，从此，自学考试向非学历考试延伸。

2000 年，丽水地区高等教育自学考试办公室更名丽水市高等教育自学考试办公室。2002 年，丽水市高等教育自学考试办公室与丽水市高等教育招生办公室合并为丽水市教育招生考试中心。至 2009 年，丽水市通过自学考试，获得大学本科文凭 3535 人，获得专科文凭 8207 人。丽水市有自学考试联络站 141 个，建站率 73.8%，有学习活动室 62 个。

学历考试

1984 年 12 月，丽水地区开始学历考试，首次开考汉语言文学、数学、英语、党政干部基础科、商业企业管理、统计学等专科专业 6 个，基础课程 5 门。其中市区报考 592 人，丽水地区本次考试实考者，及格率 53.28%。

1986 年，自学考试延伸到中专层次，丽水市开考中师、护士、财会等专业。之后，陆续开考邮电管理、公安、统计、物资管理、实用机电、水利工程、工民建、计算机应用、市场营销、实用英语、现代文秘等专业。

1987 年上半年，丽水地区最早开考的 5 个专业完成全部考试科目并通过思想品德考核有 106 人，成为高等教育自学考试首批毕业生。同年 10 月，首次开考汉语言文学专业本科课程。

随着全日制高中段教育尤其是中等职业教育规模的扩大，中专自学考试的报名人数逐年减少。1994 年起，中专自学考试各专业陆续停考。同时，报考高等教育自学考试的考生逐年增加，丽水市报考人数由 1984 年开考时的 1514 人，增加到 1998 年的 22449 人。2001 年起，自学考试由每年 2 次增加到 4 次，分别在每年的 4 月、7 月、10 月、12 月举行。2003 年，改为在每年的 1 月、4 月、7 月、10 月举行。

2004 年高等教育自学考试开设专、本科专业 110 多个，开考课程近 700 门，报名人数 20896 人，报考 44169 科次。考试合格 10318 科次。

1984—2010 年丽水市学历自学考试情况一览

表 32-9-4-1

年　份	报名人数（人）	报名科次（次）	合格科次（次）	毕业人数（人）
1984 年下半年	1514	2886	943	—
1985 年上半年	1579	2724	677	—
1985 年下半年	2229	4539	1523	—
1986 年上半年	2258	5890	1897	—
1986 年下半年	3641	8406	1787	—
1987 年上半年	3694	8830	2496	87
1987 年下半年	4052	10470	2858	106
1988 年上半年	2132	5065	2526	113
1988 年下半年	1819	3552	1655	81
1989 年上半年	3512	7894	2017	156
1989 年下半年	3688	7973	2250	183
1990 年上半年	4245	7763	1753	137
1990 年下半年	3873	8697	2251	138
1991 年上半年	4270	9471	2217	150
1991 年下半年	4589	10263	2376	127
1992 年上半年	5573	12198	3147	77
1992 年下半年	5299	11486	3315	101

续表 32-9-4-1

年 份	报名人数(人)	报名科次(次)	合格科次(次)	毕业人数(人)
1993 年上半年	4213	9370	2959	79
1993 年下半年	4241	8941	2978	134
1994 年上半年	3963	8196	2849	75
1994 年下半年	4244	9064	3600	233
1995 年上半年	5501	11564	4200	160
1995 年下半年	6049	13666	4618	165
1996 年上半年	6726	14325	4490	201
1996 年下半年	7570	16344	5700	138
1997 年上半年	8313	17936	6233	64
1997 年下半年	8319	17836	5710	131
1998 年上半年	10161	22107	7920	194
1998 年下半年	12288	25839	7003	286
1999 年上半年	13021	26832	8619	213
1999 年下半年	14237	29751	7808	405
2000 年上半年	14254	29040	9503	278
2000 年下半年	14837	30718	9133	419
2001 年上半年	13525	27952	7069	284
2001 年下半年	14843	33682	7062	706
2002 年上半年	14637	36010	7689	483
2002 年下半年	13222	31913	7347	637
2003 年上半年	13418	32378	7027	530
2003 年下半年	12060	27988	4887	622
2004 年上半年	11035	23774	5261	501
2004 年下半年	9861	21395	5057	622
2005 年上半年	9199	19347	5709	522
2005 年下半年	9315	18128	5378	669
2006 年上半年	6754	13591	3436	334
2006 年下半年	5732	11546	3050	479
2007 年上半年	5539	10969	2492	318
2007 年下半年	3661	7328	1543	346
2008 年上半年	3827	7882	1799	329
2008 年下半年	3164	6553	1247	172
2009 年上半年	3408	7147	1226	160
2009 年下半年	2356	5028	1013	207
2010 年上半年	1950	4229	720	108

非学历考试

1997 年起，自学考试逐步由单一的学历考试向非学历考试延伸。同年，丽水地区自学考试办公室首次承担全国计算机证书考试。1999 年下半年，开考全国英语等级证书考试。2000 年上半年，开考剑桥少儿英语等级证书考试；下半年，增加工商管理部门委托的工商执法岗位证书考试。2002 年秋，开考中小学、幼儿园教师资格认定的教育学、心理学考试和中小学信息技术等级证书考试。2003 年下半年，承担综合高中学生基础课合格考试。

2009 年，丽水市组织非学历教育证书考试，涉及全国计算机等级考试、全国英语等级证书考试、剑桥少儿英语等级证书考试、心理健康教育基础知识培训证书考试、小学英语教师培训合格证书考试、社会工作与管理证书考试、教师资格认定考试、教师录用考试等项目 10 多个。

2003—2010 年丽水市非学历自学考试人数一览

表 32-9-4-2　　单位：人

年份	全国英语等级考试	全国计算等级考试	剑桥少儿英语	中小学信息技术	教师资格认定	综合高中
2003	1135	1185	248	19850	264	1089
2004	1023	2098	122	24546	919	4006
2005	845	1720	344	23232	1460	391
2006	544	1596	314	20351	1584	—
2007	608	663	77	18149	1843	—
2008	321	647	—	19615	1738	—
2009	486	501	—	—	1890	—
2010	204	625	—	—	7456	—

第十章　教育教学研究

民国时期，处州各县先后成立教育会、小学教育研究会、地方教育辅导机构、中学教学研究会、国民教育研究会等，从事教育和教学科研工作。1949 年 10 月中华人民共和国成立后，丽水各种不同形式的教研组织相继建立，教研活动随之开展。1954 年 11 月，青田县教育局教研组成立，后改称教研室。1956 年，原丽水专区各县均成立教研室。1963 年 6 月，丽水专署文卫办公室成立教研室。“文化大革命”期间，地、县教研室被撤销。1978 年，丽水地区重建教研室。1981 年 5 月，丽水地区教育学会成立。1988 年 1 月，丽水地区教育科学研究所成立。2001 年 12 月，丽水市教育局成立市中小学心理健康指导中心。各教研机构通过举办讲座和培训班、建立教育科研基地、规划教育科研课题、推广优秀科研成果、创办教研刊物等，推动教学活动的开展和教学质量的提高。至2010年4月，丽水市教研室有教研员33人，含教科所2人，其中，中学高级教师29人。涵盖高中、初中、小学、幼教所有学科。各县(市、区)教研室有教研员151人。

第一节 研究机构

民国时期

教育会 民国元年(1912)，龙泉、青田、缙云、遂昌、松阳县成立县教育会。民国2—至20年，丽水、云和、庆元、景宁4县成立教育会。民国20年，丽水县5个区均建立教育会，有会员253人。至民国31年，丽水县各乡镇都建立教育分会，有会员713人。

小学教育研究会 民国4年(1915)4月，处州小学教育研究会成立。民国7年7月，景宁县小学教育研究会成立，县劝学所所长兼任会长，全县小学教职员均为会员。民国9年，松阳县小学教育研究会成立。民国16年，遂昌县小学教育研究会成立，全县小学教员为会员。民国34年4月，丽水县小学教学研究会成立，并创办《丽水教育》月刊。同年夏，丽水县碧湖区小学教学研究会成立。

中学教学研究会 民国23年(1935)，省立第十一中学成立英语、数学、自然、社会、艺术等5个学科的教学研究会，后又增设国文、军体童(军训、体育、童子军)两个学科教学研究会。

国民教育研究会 民国30年(1941)12月，教育部颁发《各级教育研究会组织通则》及《教育研究会筹组办法》等文件，规定“各级国民教育研究会之筹组应按照乡(镇)、县(市)、省立师范学校、区省(市)顺序，逐级向上进行。”据此，青田、松阳县率先成立县及区乡国民教育研究会。民国31年9月，云和县国民教育研究会成立，吸收小学校长、教师和幼稚园艺友参加。龙泉县城区、八都、小梅、安仁、道太等区国民教育研究会先后成立，民国32年，合并为县国民教育研究会。同年，遂昌县国民教育研究会建立，各乡(镇)均建立分会，属县立简师辅导。民国33年12月，浙江省国民教育研究会在云和成立。民国36年，处属各乡镇及师范均建立国民教育研究会。

中华人民共和国时期

教学研究室 1954年11月，青田县教育局教研组[①]成立。1956年9月，省教育厅发文要求“各县、市应配备教学研究人员”。至同年底，原丽水专区各县教研室均成立。1963年5月，恢复丽水专区。6月，专署文卫办公室成立教研室，仅有2人。1965年，增至6人，涵盖语文、数学、俄语、物理4个学科。“文化大革命”期间，地、县教研室被撤销。1978年，重建地区教研室，仅3人。此后，人员逐年增加，至2010年4月，市教研室有教研员33人，含教科所2人，其中，中学高级教师29人。涵盖高中、初中、小学、幼教所有学科。各县(市、区)教研室有教研员151人。

教育学会 1981年5月，丽水地区教育学会成立，首批个人会员50人，各县教育学会和地区各

① 1958年，更名教研室。

学科学会[1]为团体会员。1981 年 3 月至 1991 年，丽水地区 9 个县教育学会先后成立。

教育科学研究所　1988 年 1 月，丽水地区教育科学研究所成立，专职人员 2 人。同时聘请地、县教育局、教研室和重点中小学部分人员担任兼职科研员。1992—1995 年，各县及部分学校先后建立由兼职人员组成的教科室或教科组。至 2010 年，丽水市有市、县级专职和兼职科研员 19 人。丽水市建立教科室的学校 140 所。其中，市直 12 所，莲都区 25 所，青田县 14 所，云和县 7 所，龙泉市 5 所，庆元县 10 所，缙云县 11 所，遂昌县 39 所，松阳县 8 所，景宁畲族自治县 9 所。

第二节　研究活动

教育研究活动

民国时期，龙泉、青田、缙云、遂昌等县教育会曾组织教师学习美国教育家杜威的教育理论。民国 21 年（1932），处属教育学会创办《丽水教育研究》，面向各校教师。民国 28 年 4 月，浙江省中等教育教学研究会在处州中学举行第七届年会。民国 31 年 8 月，省教育会迁到云和，开展战时教育研究和辅导工作。民国 33 年冬，省教育厅云和国民教育示范区主任俞子夷以黄水碓小学为中心，设立古竹、小徐、古坊、睦田、象山等国民教育示范小学 5 个，进行抗战教育、生活教育、普及国民教育和教材教法研究。教育部督学到丽水视察，认为成绩卓著，传令嘉奖。12 月，浙江省国民教育研究会成立大会和全省中等教育会议在云和召开，以“研究教育，改善教学，以推进国民教育之普及”和“发展战时中等教育”为主题。

1949 年 10 月中华人民共和国成立后，1949 年冬、1950 年春，丽水专区文教干校举办两期小学教师学习班，每期 100 多人，学习新民主主义教育方针等内容。1952 年 1 月，丽水专区撤销，所属各县教育教学研究分别由温州、金华、衢州专区负责组织。此后 10 年，各县教育部门和中小学、中师、中专广泛深入学习苏联教育家凯洛夫的《教育学》和心理学家巴甫洛夫的《心理学》，以及苏联的教育制度，对教育教学工作产生巨大影响。

1956 年下半年，各县组织中小学教师学习各科教学大纲，推行五级记分法，举办小学教师普通话培训班，推广普通话教学。1959 年，各县组织教师学习和推广辽宁省黑山县北关实验学校语文“集中识字，精讲多练，提早写作”和算术“集中学，集中练，学、练、用分步进行”的经验；中学研讨“精讲多练”、加强“双基”教学的经验。1963 年秋，在缙云中学，召开丽水专区完中、中专、中师领导干部现场会议。冬，又在该校召开丽水专区教育工作现场会。1964 年，各级教研机构组织教师学习毛主席“春节讲话”，以减轻学生课业负担、培养活泼主动的学习精神为目标，进行教学改革。同年，贯彻“两种教育制度”[2]，各县都开办半工半读农校或林校 1—2 所。“文化大革命”开始，教研活动停顿。

1978 年，丽水地区教研室重建。1979 年“文化大革命”后，各科新教材出版，举办新教材学习班，语文、数学、物理、化学学科 4 门，参加 500 多人。1980—1982 年，组织其余学科教师备课。1982 年，

① 1991 年，更名学科专业委员会。

② “两种教育制度”指全日制和半工半读教育制度。

吸收各校骨干教师73人，组建地区学科教研大组8个，开展教研活动。根据应对高考的实际，编印高考复习资料，组织高考复习活动。1980—1983年，丽水地区教研室先后组织地县教研员和部分骨干教师到上海育才中学、南洋模范中学、大同中学、复旦大学附中、上海师院附中、杭州高级中学、学军中学、杭四中、杭七中以及苏州、南京等地名校听课、参观，并将他们的经验写成书面材料，印发丽水地区。邀请上海特级教师、浙江省特级教师到丽水讲课。1984—1985年，探讨教学常规的建立，制定《农村语文教学常规》《语文学习常规》《数学学习常规》《教研组工作常规》等，并组织检查落实。1985年，启动评选教坛新秀活动。当年，中学、小学评出首届县级教坛新秀235人、地区级116人、省级4人。1988年，评出第二届教坛新秀，地区级169人、省级10人。1990年，评出第三届教坛新秀，地区级175人、省级10人。

1996年，丽水地区出台《丽水地区高中学科教学质量监控实施方案》，对高中9所实施教学质量监控。1997年，以提高课堂教学质量为目标，组织各学科教师全面开展基本功比赛。教师参加地区比赛426人，获一等奖36人，获二等奖114人。同年，各科制定《教学常规》，规范备课、上课、作业、课外活动和考试评价、教学研究等。1998年，以落实素质教育为内容，举办培训班，丽水地区参加教研员243人。组织丽水地区50岁以下的教研员参加省计算机辅助教学（CAI）技术培训。

1999年，丽水地区评出首批中小学学科带头人79人。2000年，推广“幼儿听读游戏识字实验”，丽水市有幼儿园91所，幼儿参加5789人。1月，丽水地区省特级教师、学科带头人讲师团小学组在龙泉举行讲学活动。2002年，举行首届基础教育教学研究成果展示活动，启动初中教学质量监控工程。2002年、2003年两次组织高考备考研究活动，请南京、天津、山西、江西等地专家讲学，教师参加分别有1600多人、1300多人。2004年，组织高中新课程培训10次，参加520多人。初中新课程培训6次，参加800多人。小学新课程培训8次，参加1500多人。体艺新课程培训5次，参加500多人。职教新课程培训4次，参加72人。2005年，举办丽水市首届基础教育课程改革课堂教学展示活动。小学在莲都区举行教学观摩和讲座，参加1000多人。初中在缙云县举行，250多人参加。同年，在缙云成功承办浙江省小学科学课堂教学观摩会。2006年4月，在莲都区召开校本教研工作研讨会。各县教研室、中小学和幼儿园负责人160多人参加。2007年，举办首届特级教师课堂教学展示和专题讲座，教师参加500多人。2008年，在莲都区召开第二届校本教研工作研究会，参加110多人。观摩示范学校和幼儿园，听专家讲座。同年，组织不同学段学科27个，优秀教师70位（市学科带头人、教坛新秀）送教下乡，参加活动教师1740多人。2008年，评选出第5批学科带头人54人。同时，重新确认第1至第4批学科带头人275人。2009年，制定并开始实施“促进丽水市高中教育发展五项行动计划”，实施教育教学进步奖，提升学校管理水平，促进教师专业发展，提升学校管理水平，推进学生自主发展。

教育科学研究

讲座和培训班　1987年起，丽水地区每年举办家庭教育讲座，1988年，为丽水地区教研员作教育统计知识讲座。1992年，为小学校长举办教育学、心理学和学校管理讲座，举办兼职科研员培训班。1993年，为各县教研员作教育科研基础知识讲座，委托华东师范大学举办教育科研骨干培训班。1994年，委托杭州大学举办两期教育科研培训班。2000年5月，组织到上海师范大学培训科研骨干100多人。2003年，举办中小学心理健康教育培训。2005年12月，组织各县（市、区）教科所所长、实验小学校长43人到云南师范大学参加中央教科所举办的教育理论培训。至2009年，取得心

理健康教育上岗资格证书有教师2835人。

教育科研基地　1986—1995年，丽水地区将基础较好的小学8所改为实验学校[①]。1989年，在遂昌召开丽水地区实验学校工作座谈会，制定实验学校工作目标。1994年，在缙云召开实验学校教育改革研究会。1997年，以缙云县实验小学、水南小学、南顿小学、龙泉市实验小学、丽水地区实验小学、丽水市囿山小学、大洋路小学等9校为基地，承担中央教科所《东南沿海地区小学道德启蒙教育专题研究》立项课题子课题《东南沿海地区小学思想品德课教学中的道德启蒙教育》专题研究。2004年6月，确定中小学22所作为丽水市教育科学研究基地。

课题　1989年起，丽水地区设立立项课题，至1994年，丽水地区申报课题700多个，批准立项302个，其中省级立项28个，国家级立项3个。1996年6月，召开丽水地区首届教育科研大会，贯彻《丽水地区教育科研“九五”发展规划》。2002年制定《丽水市教育科学研究“十五”规划》，并在缙云县召开第二届教育科研大会予以贯彻。2007年6月，在云和县召开丽水市第三届教育科研大会，确定《丽水市“十一五”教育科研规划》，公布《关于进一步加强和改进教育科研工作的意见》《丽水市教育科学研究管理办法》。2008年2月，启动省立项课题《促进丽水市农村基础教育优质化发展的保障机制研究》。

优秀科研成果　1990—1995年，丽水地区推广“三算结合”实验有小学49所，教学班86个、学生3480人，执教教师76人。此外还有858人参加兴趣小组68个。2004年4月，在缙云县新建镇中心小学召开成功教育开发性研究成果推广会。2006年10月，组织推荐浙江省第三届基础教育教学成果奖11项。

教改实验　1989年，松阳县实验小学进行校园文化整体优化实验。地区实验学校进行“五四分段[②]，九年一贯”和语文教学整体改革实验。丽水、遂昌、松阳实验小学开展快乐教学实验。丽水囿山小学进行建立立体型教育体系实验。丽水城北小学、遂昌县实验小学、松阳县实验小学进行注音识字，提前读写实验。云和县赤石乡校进行普教、职教、成教“三教统筹”实验。松阳师范进行提高口头表达能力和改革乡村师范教育实验。遂昌县职业技术学校实施农科教结合实验。1991年，青田县组织“安子介现代千字文”用于成人扫盲的实验。1992年开始，景宁畲族自治县沙湾镇小学进行德育为首，整体优化学校教育、教学管理的实验。丽水中学进行地理实验区教学实验。1993年，青田船寮一小进行整体优化，综合改革实验。1993—1994年庆元小学进行快速阅读实验。1994年，丽水囿山小学开展考试改革实验。1998年，推荐基础教育教学成果12项参加省该奖项首届评奖活动。

科研管理　1992年，丽水地区教育科研课题成果评审小组建立。1994年制定《丽水地区教育科研管理暂行条例》，27条。1995年，建立档案制度，有科研人员、科研申报、科研成果、科研文件、科研资料等档案365卷。1996年5月，地区教委下发《关于加强我区教育科学研究工作若干意见》。2010年5月，下达省教育科学规划2010年度课题22项。

编印教科刊物　1989年9月，丽水地区开始汇编《教育论文集》。1992年5月，更名《处州教育科研》。1994年开始，编印《处州教育科研信息》。1997年，地区教委创办《丽水教育》，至2001年，由市教研室与教科所共同主办，每年出版6期。2002年开始，《丽水教育》杂志由市教育局主办。

---

① 丽水地区实验学校、遂昌县实验小学、丽水市实验小学、松阳县实验小学、庆元县实验小学、龙泉市实验小学、缙云县实验小学、青田县实验小学。

② 五四分段：小学五年，初中四年。

教育学会活动

1982—1995 年，丽水地区每年都举办研讨会，有中小学德育工作、实验学校教改、九年制义务教育、寓德育于教学、家庭教育、残疾儿童随班就读等。1986 年，组织智力测试组对景宁民族中学、景宁中学、松阳师范部分学生进行对比性智力测试，形成报告，发表在《心理动态》上。1990—1995 年，组织调查组专题调查遂昌、缙云、云和、青田、景宁等县部分乡镇、学校农村教育发展状况等。

2000 年 1 月，丽水市召开“校园网络”研讨会，探讨在 WPS 教学中遇到的问题与对策，以及小学低年级计算机教学、多媒体课件制作等问题。12 月，在青田县实验小学举行“创新教育”研讨会。2001 年 5 月，在遂昌县实验小学举行“中小学信息技术教育”研讨会。2002 年 6 月，在丽水举行心理健康教育研讨会。2003 年 1 月至 2005 年 5 月，分别在莲都、青田、云和、庆元、缙云、松阳县（区）举行“课堂教学方法改革”“新课程改革”“校园文化建设”“德育工作”等专题研讨会。2006 年 4 月，在景宁畲族自治县举办丽水市首届基础教育课程资源博览会，并召开改进学校管理模式研讨会。2007 年 12 月至 2010 年 5 月，分别在丽水市、遂昌、云和、莲都、庆元、松阳县（区）举行“课堂问题心理”“创建和谐师生关系”“轻负担，高质量”“农村中小学新课改”“寄宿制学校管理”等专题研讨。

第三节 研究成果

教学研究

1983 年，丽水地区获浙江省物理趣味实验赛二等、三等奖 2 人，获华东六省一市征文奖 5 人。1985 年，全国哲学小论文比赛中，获二等奖 1 人。1989 年，在华东地区首届小学生作文比赛中，获奖 13 人。1991 年，获省昆虫标本考察一等奖 1 项、三等奖 1 项，并获唯一的集体优胜奖。同年，在全国首届昆虫考察比赛中，获一等奖 1 项、二等奖 4 项、三等奖 5 项。在全国数学、物理、化学奥林匹克联赛中，1985 年云和中学陈丽娅获高中数学一等奖、1990 年丽水中学许宇宏获高中数学一等奖、1992 年云和中学廖昕获高中数学一等奖、松阳一中蔡茂军获浙江赛区化学竞赛一等奖。1991 年，在全国化学竞赛中，丽水地区获奖 37 人。1991—1995 年，在全国小学数学奥林匹克竞赛中，丽水地区获奖 383 人。1996—2009 年，省级竞赛中获奖学生 383 人。2009 年，国际天文年活动成果评比中获一等奖 3 人、获二等奖 3 人、获三等奖 6 人。

丽水地区教研室《山区复式教学的现状和发展趋势》获省普教科研论文二等奖，后被报送联合国亚太地区教科文组织，在山西太原举办的“复式教学研讨会”上第一个发言。编印特级教师教学经验集，录制特级教师教学录像片。1991 年 8 月，《尹樟达复式教学》录像片在内蒙古召开的跨省市复式教研会上获一等奖。

1998—2006 年，丽水市获浙江省人民政府基础教育教学成果一、二等奖 18 项。

1996—2009 年，丽水市教师获省教研论文一等奖 95 篇。

1996—2009 年，丽水市荣获省级教学研究先进个人称号的教研员和教师 27 人。

1996—2009 年，丽水市教师在全国观摩课、优质课、课堂教学设计、论文评比中荣获一等奖 24

人，获省课堂教学评比一等奖 45 人，获省教研论文一等奖论文 87 篇。

2005 年，丽水市小学语文教学研究会被中国教育学会评为小学语文系统先进单位。

2009 年 6 月，丽水市教研室组织市级与莲都区音乐教师成立“大樟树教师合唱团”。

2010 年 7 月，丽水市在绍兴举行的国际文化交流基金会“世界合唱公开赛”上，获女声室内合唱组金奖。

1980 年开始，丽水地区编印《语花报》，培养一批师生写作能手。1984 开始，先后编写并多次修订生物、语文、地理、化学、历史、美术等学科乡土教材。1989 年，《两栖动物和珍禽益鸟》（浙江教育出版社出版）获全国乡土教材评比一等奖。1992 年，丽水地区开始编写综合性乡土教材（全套 3 册），经省教材审定委员会审定，每年进行修订，使用 10 年。2003 年，编写地方教材《浙江绿谷》。至 2008 年，丽水完成一至九年级全套教材的修编，并经省教材审查委员会审定通过，被列入地方课程选用教材目录，正式出版发行。

教育科学研究

丽水教育科研活动得到省教育行政和教科部门的肯定。青田县教委、青田县实验小学、庆元县实验小学、松阳县教师进修学校、龙泉一中、遂昌县大柘镇中心小学被省教委公布为 1995 年度教育科研先进集体。1997 年，青田县教委《成人识字教学中安子介千字文识字教学法的运用》被国家教育科学规划办批准为“九五”教育科学研究立项课题，是浙江省 36 项国家级课题中唯一一项由县级承担的课题。景宁畲族自治县教育局被省教科院评为 1998—1999 年度重视教育科研先进单位。

2001—2002 年，丽水中学、松阳县职业中专、遂昌县实验小学、景宁畲族自治县第二实验小学被评为省教育科研先进集体。2002 年，丽水中学、缙云中学、景宁县民族中学、云和二中、缙云县实验小学、景宁畲族自治县第一实验小学、遂昌县实验小学、松阳县实验小学被省教科院评为教育科研 200 强。2005—2010 年，浙江省每年举办 1 次心理健康教育科研优秀成果、优秀活动课设计和优秀辅导个案评比（简称“三优评比”）。丽水市在省“三优评比”中，荣获 57 项，其中一等奖 4 项。

1989—1995 年度丽水地区教育科研课题立项及获奖一览

表 32-10-3-1　　单位：个

年份	立项与获奖	丽水市（县级）	龙泉市	青田县	云和县	庆元县	缙云县	遂昌县	松阳县	景宁畲族自治县	地直单位	合计
1989	立项	4	—	—	1	—	2	5	3	—	13	28
1990	立项	8	—	1	1	2	3	6	3	—	8	32
	获奖	7	—	—	1	—	1	4	2	—	7	22
1991	立项	13	3	—	4	3	12	4	5	2	18	66
	获奖	8	—	—	1	2	2	7	5	—	4	29
1992	立项	9	6	3	7	3	7	6	7	2	25	75
	获奖	12	2	2	2	1	7	4	3	1	5	39
1993	立项	6	4	8	3	4	5	6	6	3	6	51
	获奖	4	6	1	1	1	5	5	1	2	4	30

续表 32-10-3-1

年份	立项与获奖	丽水市（县级）	龙泉市	青田县	云和县	庆元县	缙云县	遂昌县	松阳县	景宁畲族自治县	地直单位	合计
1994	立项	10	11	2	4	6	5	7	3	7	3	58
	获奖	8	—	5	—	2	9	2	2	1	2	31
1995	立项	17	25	6	2	11	1	9	9	4	3	87
	获奖	4	9	2	—	2	1	1	3	4	—	26
合计	立项	67	49	22	22	29	35	43	36	18	76	397
	获奖	43	17	10	5	8	25	23	16	8	22	177

说明：立项课题在次年度评审，每年各县可送1—3项非立项课题参评

1996—2010年度丽水市教育科研课题省级立项与获奖一览

表 32-10-3-2　　单位：个

年份	立项与获奖	市直	莲都区	龙泉市	青田县	云和县	庆元县	缙云县	遂昌县	松阳县	景宁畲族自治县	合计
1996	立项	8	1	1	1	0	1	4	2	3	3	24
	获奖	—	—	—	—	—	—	—	—	—	—	—
1997	立项	—	—	—	—	—	—	—	—	—	—	
	获奖	1	—	—	—	—	—	1	—	—	—	2
1998	立项	4	1	2	3	1	2	3	4	2	2	24
	获奖	1	1	—	—	—	—	2	—	—	1	5
1999	立项	2	3	2	2	2	3	2	0	1	3	20
	获奖	—	—	—	—	—	—	—	—	—	1	1
2000	立项	2	3	0	1	1	3	6	2	4	2	24
	获奖	—	2	—	—	—	—	—	—	—	—	2
2001	立项	3	3	0	0	1	3	3	4	1	1	19
	获奖	—	—	—	—	—	—	1	1	—	—	2
2002	立项	2	4	2	0	0	3	2	5	1	2	21
	获奖	—	1	—	—	—	—	—	1	1	2	5
2003	立项	5	2	0	0	3	3	3	0	2	3	21
	获奖	—	—	—	—	—	—	—	1	—	—	1
2004	立项	3	3	1	3	2	2	1	3	1	4	23
	获奖	2	—	—	—	—	—	—	1	1	—	4
2005	立项	4	4	2	2	4	0	2	3	1	4	26
	获奖	—	1	—	—	—	1	—	—	—	1	3
2006	立项	5	4	2	1	3	0	1	3	1	3	23
	获奖	—	—	—	—	1	—	1	—	—	1	3

续表 32-10-3-2

年份	立项与获奖	市直	莲都区	龙泉市	青田县	云和县	庆元县	缙云县	遂昌县	松阳县	景宁畲族自治县	合计
2007	立项	3	4	0	2	1	2	2	1	1	1	17
	获奖	—	—	—	—	—	—	—	—	—	—	—
2008	立项	2	2	3	3	3	1	5	2	0	0	21
	获奖	—	2	—	—	1	—	—	—	—	—	3
2009	立项	2	4	2	2	3	3	2	4	2	4	28
	获奖	—	—	—	—	—	—	—	—	—	—	—
2010	立项	5	1	1	2	2	3	2	2	5	0	23

说明:1997 年浙江省教科院没有安排课题立项

1996—2010 年度丽水市教育科研课题立项与获奖一览

表 32-10-3-3 单位:个

年份	立项与获奖	市直	莲都区	龙泉市	青田县	云和县	庆元县	缙云县	遂昌县	松阳县	景宁畲族自治县	合计
1996	立项	3	17	11	19	1	8	12	11	21	12	115
	获奖	4	7	9	2	0	3	8	6	1	4	44
1997	立项	10	29	26	11	2	7	3	15	43	13	159
	获奖	0	12	8	3	0	2	3	3	12	1	44
1998	立项	6	16	27	2	4	13	30	15	41	12	166
	获奖	8	16	10	8	2	5	7	17	26	5	104
1999	立项	4	19	19	16	17	11	19	18	19	18	160
	获奖	2	9	16	0	4	15	13	11	18	5	93
2000	立项	7	28	38	36	21	18	29	30	25	27	259
	获奖	8	21	12	7	21	8	19	17	15	13	141
2001	立项	16	39	43	41	40	42	43	46	34	44	388
	获奖	5	27	21	13	16	11	34	26	20	25	198
2002	立项	39	44	49	59	39	51	48	57	47	50	483
	获奖	14	32	28	13	27	22	40	27	19	28	250
2003	立项	22	67	43	67	47	55	68	57	46	44	516
	获奖	17	36	31	25	24	24	38	32	31	38	296
2004	立项	26	58	48	74	47	35	51	52	41	53	485
	获奖	12	68	31	35	30	32	52	36	21	33	350
2005	立项	30	57	42	66	40	43	36	50	30	48	442
	获奖	21	58	37	48	37	21	43	44	20	44	373
2006	立项	34	55	45	69	59	35	61	56	39	61	514
	获奖	18	57	33	48	42	35	50	41	20	28	372

续表 32-10-3-3

年份	立项与获奖	市直	莲都区	龙泉市	青田县	云和县	庆元县	缙云县	遂昌县	松阳县	景宁畲族自治县	合计
2007	立项	27	76	49	71	37	37	65	52	24	45	483
	获奖	30	60	24	46	46	27	40	27	15	36	351
2008	立项	38	76	65	75	49	40	58	34	47	45	527
	获奖	23	61	32	42	29	29	41	36	17	34	344
2009	立项	40	78	67	78	39	37	60	38	44	49	530
	获奖	31	72	39	49	32	28	47	37	12	38	385
2010	立项	44	78	61	73	48	46	63	56	33	42	544

说明：年度立项课题均在第二年进行评比，如 1996 年立项课题在 1997 年进行评比

第十一章　教　　师

丽水历来尊师重教。清宣统元年（1909），处州教师实行聘任制。民国 8 年（1919），经省第二次无试验检定，丽水获担任正教员和助教员资格小学教员 60 人。民国 37 年，丽水有中小学教师 3744 人。1949 年 10 月中华人民共和国成立后，丽水教师地位得到提高，被称为“人民教师”。“文化大革命”期间，丽水教育工作受到摧残，教师受到冲击。1978 年中共十一届三中全会后，全区确立教育在社会主义现代化建设中的战略地位和基础性作用，恢复和发扬尊师重教的传统，教师社会地位提高，生活待遇改善。广大教师通过脱产学习和业余进修，提升自身素质和岗位能力。1987 年，丽水地区首次开展中小学教师专业技术职务评审。1995 年，丽水地区参加高等师范专业专科自学考试在册学员 1172 人，参加本科自学考试在册人员 255 人。2003 年 11 月，丽水市首次面向社会人员认定教师资格。2005 年，市教育系统推行教师聘任制和岗位聘任制。2010 年，丽水市有高等院校教职工 1554 人，中等专业学校教职工 189 人，普通中学教职工 10059 人，职业中学教职工 1956 人，小学教职工 10694 人，幼儿园教职工 6530 人，特殊教育学校教职工 68 人，其他机构 85 人。

第一节　发展概况

清宣统元年（1909），教师实行聘任制。处州中学堂有教习 10 人，师范学堂有教习 7 人。府及所属县有各类小学堂 142 所，教习 252 人。

民国34年(1945),小学教师从民国17年的2129人增加到4600人。民国37年,丽水有中小学教师3744人。

1949年下半年,丽水专区有小学教职员2656人,中学教职员445人,中等专业学校教职员83人。土地改革以后,增加许多民办教师。1952年下半年,民办小学陆续转为公办,民办教师全部转为公办。丽水专区小学教职员4828人,中学教职员488人,中等专业学校教职员186人。1958年,各县以民办教师或代课教师方式吸收社会人员充实教师队伍。丽水各县民办教师从1957年的350人增加到1326人。1959—1961年,根据教育部《编制标准暂行规定(试行草案)》,精减整编教师队伍。1962年,丽水各县有小学教职工5032人,中学教职工914人,中等专业学校教职工149人。1964年,各地兴办耕读小学,丽水专区有耕读小学教师3438人。

“文化大革命”期间,师范院校停止招生,师资严重不足,大量从社会青年中吸收民办教师。1977年,有中小学职工18783人,其中民办教职工占54.44%,尤其是小学,民办教职工占69.62%。1978年后,师范院校毕业生增加,停止招收民办教职工。1980年,有民办教职工9847人,占中小学教职工48.5%。1982年,经过再次整顿,民办教职工降至7641人,占教职工数39.2%。1985年,丽水地区各级各类学校有教职工20730人。

2003年11月,丽水市首次面向社会人员认定教师资格。2005年,市教育系统推行教师聘任制和岗位聘任制。2007年,确认省名师培养人选74人,省中小学名校长培养人选12人。同年,成立由中小学管理骨干97人组成的市级中小学后备校长人才库。2008年,评选出第二批市中小学名校长8人,重新确认第一批市中小学名校长13人。至2010年,幼儿园、小学、初中、普通高中、职业高中专任教师学历合格率分别为96.99%、99.84%、99.3%、98.17%、93.07%,提前完成“十一五”规划所制定的指标。

2010年,丽水市有高等院校教职工1554人,中等专业学校教职工189人,普通中学教职工10059人,职业中学教职工1956人,小学教职工10694人,幼儿园教职工6530人,特殊教育学校教职工68人,其他机构85人。

1949—1986年丽水市各级各类学校教职工人数一览

表32-11-1-1　　单位:人

年份	高等学校	中等专业学校	普通中学		职业中学	小学	幼儿园
			高中	初中			
1949	—	83	445	—	2656	—	—
1950	—	63	327	—	2057	—	—
1951	—	78	300	—	4157	—	—
1952	—	186	488	—	4828	—	—
1953	—	208	535	—	4446	—	—
1954	—	178	498	—	4166	—	—
1955	—	174	525	—	4159	—	—
1956	—	229	553	—	4353	—	—
1957	—	256	653	—	4702	—	—

续表 32-11-1-1

年份	高等学校	中等专业学校	普通中学		职业中学	小学	幼儿园
			高中	初中			
1962	—	149	914	—	5032	—	—
1963	—	126	968	—	5465	—	—
1964	—	175	995	—	6520	—	—
1965	—	207	1007	—	6348	—	—
1966	—	240	1080	—	7035	—	—
1967	—	243	1117	—	7209	—	—
1968	—	243	1249	—	7427	—	—
1969	—	146	1525	—	7573	—	—
1970	—	215	1555	—	8800	—	—
1971	—	216	2440	—	9801	—	—
1972	—	170	2363	—	10809	—	—
1973	—	203	2407	—	11166	—	—
1974	—	206	2853	—	11600	—	—
1975	—	185	3660	—	13049	127	—
1976	—	222	4951	—	13298	144	—
1977	—	237	5729	—	12672	145	—
1978	62	258	5749	—	12646	295	—
1979	131	468	5554	—	13275	611	—
1980	175	565	5512	74	13030	1220	—
1981	213	611	5345	74	12923	1072	—
1982	244	647	5373	78	12923	1072	—
1983	260	671	5488	106	12205	840	—
1984	271	725	5527	195	11978	1118	15
1985	299	752	5947	222	12291	1219	—
1986	309	755	6160	295	12277	1333	18

1987—2010 年丽水市各级各类学校教职工人数一览

表 27-1-1-1　　单位：人

年份	高等学校	电视大学	中等专业学校	普通中学		职业中学		小学	幼儿园	特殊教育学校
				高中	初中	高中	初中			
1987	310	—	888	6492		360		12303	1597	23
1988	309	—	878	6873		435		11790	1585	28
1989	300	—	837	6990		430		11519	1621	34

续表 27-1-1-1

年份	高等学校	电视大学	中等专业学校	普通中学		职业中学		小学	幼儿园	特殊教育学校
				高中	初中	高中	初中			
1990	280	—	832	6944		440		9751	1713	40
1991	289	—	832	7224		536		9778	1676	45
1992	287	—	795	7498		598		9778	1693	45
1993	284	—	819	7497		671		9730	1578	45
1994	286	—	840	7582		684		9784	1781	49
1995	292	71	855	1014	5515	496	26	9917	1510	48
1996	304	78	876	1037	5772	500	27	10290	1487	49
1997	309	87	901	1101	5820	513	20	10994	1513	53
1998	304	82	909	1145	5997	594	10	11094	2094	57
1999	303	92	944	1310	6249	663	—	9917	2104	50
2000	795	99	898	1653	6386	938	—	11700	2610	57
2001	1151	100	278	1776	6346	1055	—	11626	2557	57
2002	1224	110	306	1865	6222	1510	—	11558	2180	58
2003	1102	110	555	2067	6041	1756	—	11353	2687	59
2004	1168	112	630	2170	5738	1947	—	11323	3690	62
2005	1149	165	641	9131		1949	—	11074	3979	66
2006	1243	164	690	9097		2163	—	11161	4115	70
2007	1323	168	801	9389		1866	—	11023	4455	70
2008	1332	181	369	9673		2090	—	11012	4874	66
2009	1345	182	276	9771		2070	—	10912	5717	64
2010	1554		189	10059		1956	—	10694	6530	68

第二节　进修与培训

学历进修

1955 年秋，丽水师范函授部成立。在丽水、龙泉、青田、云和、庆元、缙云、松阳、景宁等 8 个县，招收未达初师毕业的在职小学教师。

1957 年下半年，丽水师范函授部并入温州函授师范学校。在开展初师函授同时，招收未达中师毕业的在职小学教师参加中师函授。1958 年下半年，温州函授师范学校撤销，丽水、青田、景宁建立函授学校。1960 年 3 月，景宁函授学校并入丽水函授学校。1961 年，丽水函授学校并入丽水师范学校，函授部成立。

1962年9月，省教育厅规定丽水师范学校函授部负责丽水、青田、云和①、龙泉②、缙云、遂昌③等6个县中师函授工作。1964年，丽水专区有参加函授学习小学教师2304人。“文化大革命”开始后，中师函授教育中止。

1979—1985年，丽水师专、丽水地区教师进修学院在丽水、缙云、遂昌、松阳、龙泉等县的初中教师中招收高师专科函授生。1984年5月，龙泉师范建立函授部，负责丽水地区中师函授教育。面授与辅导，由各县教师进修学校组织实施。1995年8月，龙泉师范函授部撤销，函授工作并入龙泉师范教务处。

1995年，丽水地区参加高等师范专业专科自学考试在册学员1172人，参加本科自学考试在册人员255人。1996年，高师专科自学考试首批毕业生910人。1997年，高师本科自学考试毕业生181人。2000年，高师专科函授毕业生261人。至此，教师学历补偿教育基本结束。

丽水地区若干年份各县(市)教师进修学校概况一览

表32-11-2-1

校　名	成立年月	校　址	行署批准时间	省教委备案时间	其他
缙云县教师进修学校	1980.03	五云镇寺后	1984.09	1984.11	凡经省教委备案的教师进修学校，享受与中等师范同等待遇
丽水市教师进修学校	1979.08	城关镇海潮岗	1985.08	1986.06	
龙泉市教师进修学校	1979.02	龙渊镇金沙路	1987.06	1987.08	
庆元县教师进修学校	1980.01	松源镇云山路	1993.03	1993.10	
青田县教师进修学校	1978.02	油竹下村	—	—	
云和县教师进修学校	1979	云和镇狮山	—	—	
松阳县教师进修学校	1980.12	西屏镇塔寺下	—	2007.12	
遂昌县教师进修学校	1982.05	妙高镇	—	—	

1987—1996年丽水地区中师自考历年报名、考试、毕业一览

表32-11-2-2

年份	报名人数(人)	报考科次(次)	实考科次(次)	实考率(%)	及格科次(次)	及格率(%)	毕业人数(人)
1987年上	118	2841	1672	58.60	235	14.10	—
1987年下	481	1189	558	46.90	220	39.40	—
1988年上	467	1169	697	59.20	188	27	—
1988年下	520	1378	832	60.40	217	26.10	2
1989	411	1312	628	47.90	173	27.50	2
1990	717	2108	1043	49.50	230	22.10	1
1991	475	972	498	51.20	93	18.70	0
1992	219	434	229	52.80	76	33.20	2

① 含2010年景宁畲族自治县。
② 含2010年庆元县。
③ 含2010年松阳县。

续表 32-11-2-2

年份	报名人数（人）	报考科次（次）	实考科次（次）	实考率(%)	及格科次（次）	及格率(%)	毕业人数（人）
1993	411	1312	687	52.40	278	40.50	2
1994	386	1535	1051	68.50	631	60	17
1995	881	4284	3214	75	1299	40.40	36
1996	486	2286	1894	82.90	1346	76.10	44
合计	5581	20820	13003	62.50	4986	38.30	106

说明:1997 年起,中等师范教育自学考试终止

岗位教育

民国时期,丽水、龙泉、云和、庆元、遂昌等县利用假期举办过各种短期的讲习会。还组织部分教员参加省教育厅和浙江大学合办的教学服务人员暑期讲习会,参加省立联合师范、湘湖师范、锦堂师范、处州师范举办的暑期讲习会。民国 37 年(1948),处州师范举办国民教育师资培训班,时间 1 年。

1949 年冬至 1950 年春,丽水专区文教干校举办两期小学教师学习班,学习社会发展史和新民主主义教育方针,每期 100 多人。1952 年下半年起,丽水、缙云、云和等县先后创办星期学校,即每周日学习文化业务半天。1954 年,丽水初师举办两年制公办小学教师轮训班,招收学员 90 多人。1961 年 9 月至 1963 年,丽水师范举办小学教师轮训班 2 期,学员 108 人;小学校长轮训班 2 期,学员 78 人,学习时间均为半年。1971 年 4 月,丽水师范举办一年期师训班,中文学员 69 人,数理学员 71 人。1972 年 9 月,举办中学语文、数学教师培训班,时间半年,有学员 92 人。1975 年,丽水师范举办"三算结合教学"骨干培训班。

1980 年前后,各县教师进修学校举办各种教材教法培训班,以教材教法过关为内容,开展顶职的小学新教师的上岗前培训和文化补习,提高文化知识水平和教学能力。1985 年始,丽水地区教研室组织初中语文、数学、化学、物理教师进修教材教法,先后有经考核获得合格证书教师 2104 人。

1990 年 4 月,丽水地区教委印发《关于开展改进和加强小学师训工作的实施意见》,明确小学师训工作的重点从学历教育转向岗位培训。1994 年开始,浙江省实行新教师试用期培训制度,各县(市)教师进修学校利用暑假,集中开展中小学新教师试用期培训工作。1996 年 9 月,丽水地区推行中小学校长"持证上岗"制度。小学校长和后备干部岗位培训由县级教师进修学校负责,中学校长和后备干部岗位培训由丽水师专负责。1997 年,丽水地区举办小学校长提高班 5 期 190 人,中学校长提高班 1 期 50 人。同年,参加浙江教育学院举办的首期完(高)中校长提高培训班培训 4 人,高中教师参加浙江师范大学高中骨干教师培训 36 人。此后,丽水地区中小学新任校长均参加上岗培训。1999 年开始,全面开展以学科教育技能为主的小学教师继续教育和分学科分专业的初中教师继续教育,丽水地区小学教师继续教育受训率 95%以上。

21 世纪开始,教师继续教育的重点转到教师专业成长上,把培训重点转向农村。丽水市教育局分期分批举办各种培训班,组织市级骨干教师、学科带头人等培训。2000 年,参加国家级骨干教师培训 13 人、骨干校长培训 3 人。举办市级中小学校长提高培训班 6 期。同年,全面开展中小学教师计算机应用能力培训。2001 年,完成小学教师全员学科技能培训。2004 年,组织初中和小学起始年级的教师参加新课程师资通识培训。2007 年,丽水市教育局启动"中小学教师高级研修班""义务教育

阶段农村校长研修班”，培训271人。2008年，丽水市教育局印发《关于组织实施农村中小学教师“领雁工程”的实施意见》，组织省、市、县三级骨干教师培训。2010年7月，市教育局组织52所义务教育阶段学校的骨干校长组成初中校长教育管理创新班，到国家教育学院参加第73期“基础教育改革动态”专题研究培训。

第三节　教师待遇

社会地位

丽水民间素有尊师重教的优良传统，府(州)、县学的教授、教谕，书院的山长、教习，均受到尊敬。在乡村执教的塾师，也受到群众礼待，但大多数从教者生活穷困。

民国时期，一般教员，待遇微薄，工作无保障，社会地位也不高，时有失业之虞。民国20年(1931)，教育部规定每年6月6日为教师节，意在稳定教师队伍。

1949年10月，中华人民共和国成立后，国家提高教师的社会地位。1950年8月4日，政务院通过的《关于划分农村阶级成分的决定》，指出教师为职员。1951年，教育工会成立，明确教师是工人阶级的一部分。1952年，公办学校教师纳入国家工作人员编制。1982年1月，丽水地、县隆重举行“30年教龄”庆祝大会，会上有获荣誉证书和纪念品教师145人。

1985年，全国人大常委会决定每年9月10日为教师节。1993年10月31日，第八届全国人民代表大会常务委员会第四次会议通过的《中华人民共和国教师法》规定，“全社会都应尊重教师”“保障教师的合法权益，提高教师的社会地位”。

参政议政　1950年起，各级召开的政治协商会议和1956年起召开的人民代表会议，每届都有教师代表。1981年7月，庆元中学沈敏娟、青田鹤城中学陈慕榕被选为全国第六届人民代表大会代表。1992年10月，遂昌县王村口镇上垟小学教师傅亚芹被选为中国共产党第十四次代表大会代表。2000年，丽水撤地设市以后，丽水市被选为市人民代表大会代表的教师，第一届11人，第二届13人。被推举为市政治协商会议委员的教师，第一届27人，第二届29人。至2009年，丽水市有被选为省人民代表大会代表教师4人，有被推荐为省政治协商会议委员教师3人。

荣誉　1959年，省政府授予丽水师范吴显郎等教师13人“浙江省1958年文教战线社会主义建设积极分子”称号。1960年，省政府授予丽水中学丁仁光等教师14人“浙江省1959文教方面社会主义建设先进工作者”称号。同年6月，缙云县孙明标、龙泉县李招娣、尹文英和唐马珠、遂昌县罗志兴全国先进工作者出席全国群英会等5人。1979年，共青团中央授予丽水林校沈坚敏“全国新长征突击手”称号。1983年4月，教育部、中国教育工会授予丽水县囿山小学朱广华、庆元县荷地区校吴新富、龙泉县瞿源小学叶菊如“全国五讲四美为人师表优秀教师”称号。1986年9月，国家教委、中国教育工会授予丽水县城关镇中学舒里红“全国教育系统劳动模范”称号。国家教委、中国教育工会授予遂昌中学雷月明“全国五一劳动奖章”。1988年，国家教委授予遂昌县实验小学王朝全“全国小学德育先进工作者”称号。1989年，国家教委、人事部、全国教育工会授予戴茂荣等27人“全国优秀教师”称号。国家教委、人事部、全国教育工会授予缙云县新建中学杨铭焜、遂昌县上垟小学傅亚芹“全国教育系统劳动模范”称号；授予缙云胪膛小学徐新霞、缙云壶镇中学吕耀松、丽水县联城中学潘和萍“全国优秀教育工作者”称号。国务院、中华全国妇女联合会授予丽水县第三中学舒里红“全国先进工作者”“全国三八红旗手”称号。

1991年，国家教委、人事部授予丽水中学李仁美、遂昌县妙高镇小赵慧敏、景宁畲族自治县小苏鸿英、云和县朱村张兰小学雷云仙“全国优秀教师”称号，授予庆元县教育局吴积木、缙云壶镇中学吕耀松“全国优秀教育工作者”称号。国家教委、中国教育工会授予松阳实验小学杨堂金“全国教育系统劳动模范”称号。全国总工会授予青田章村区辅导学校贺金林“全国优秀教育工作者”称号，并荣获“五一劳动奖章”。国家教委授予遂昌县应村乡中心小学杨尧根“全国扫盲工作先进工作者”称号，授予景宁畲族自治县招生办夏培松“全国高校招生先进工作者”称号。1993年，国家教委、人事部授予庆元新村中学张继誉“全国教育系统劳动模范”称号；授予缙云中学徐月新、丽水中学童跃生、青田中学叶伯钦、龙泉一中陆新、松阳一中李文标、景宁沙湾中学徐振邦、云和中学高洪波、遂昌上垟小学邱荣等“全国优秀教师”称号。1995年5月，遂昌县上垟小学傅亚芹被国务院命名为“全国先进工作者”。9月，国家教委、人事部授予庆元实验小学夏富财“全国劳动模范”称号；授予缙云长坑小学樊厚通、遂昌中学程建成、龙泉一中方松根、云和中学傅德勤、丽水（今莲都区）叶凭文、松阳一中张碧联、青田中学郑仁敏“全国优秀教师”称号。

2001年，缙云中学徐月新获“全国模范教师”称号。松阳三中陈月梅、青田中学蒋海鸥、莲都区中山小学张永蕾获“全国优秀教师”称号。2004年，龙泉一中方松根获“全国模范教师”称号。松阳二中潘人发、丽水市实验学校潘新潮、龙泉一中徐海文获“全国优秀教师”称号。2007年，遂昌中学郭跃安获“全国模范教师”称号。丽水二中刘为邦、青田实验小学叶永平、庆元实验小学姚丽雅获“全国优秀教师”称号。丽水市教师培训中心叶月萍被评为“全国语言文字工作先进工作者”。缙云县长坑小学获“全国教育系统先进集体”称号。2009年，缙云县实验小学杨丽佳获“全国模范教师”称号，同年又被评为“全国教育系统巾帼建功标兵”。莲都区大洋路学校桑丽虹、松阳第二中学叶勇军、遂昌二中毛卫平获“全国优秀教师”称号。至2010年，丽水市有教师、教育行政人员592人获“春蚕奖”或“绿叶奖”。

1951—1992年教师队伍中的浙江省劳动模范一览

表32-11-3-1

年　份	姓　名	评定时所在单位
1951	林光发	处师附小
1951	丁才芳	云和县中
1960	汪卸牛	丽水林校
1982	蓝观树	遂昌后垄学校
1985	陈春平	丽水师专
1985	雷益珠	景宁东坑镇小
1987	张　彦	景宁一中①
1991	贺金林	青田章村区辅导学校
1992	傅亚芹	遂昌上垟小学

① 2007年，景宁一中更名景宁中学。

1998—2010年获评浙江省功勋教师一览

表32-11-3-2

年份	姓名	颁奖时所在单位
1998	尹樟达	遂昌大柘中心小学
2001	杜树英	丽水市实验学校
2004	蒋海鸥	青田中学
2004	孙长坚	缙云职业中专
2007	方松根	龙泉一中
2010	郭跃安	遂昌中学

1981—2010年获浙江省特级教师名录一览

表32-11-3-3

批次	年份	姓名	评定时所在单位
二	1981	朱广华	囿山小学
三	1986	舒里红	丽水城关镇中学
		朱章宝	缙云中学
		周秀芬	景宁第一实验小学
		卢淑璠	遂昌城关区中心小学
四	1990	鲁有福	云和中学
		吕基昌	缙云中学
		吕根法	缙云中学
		黄宣兰	庆元县小
		周葛斌	缙云槐花村小
		尹樟达	遂昌白麻小学
五	1994	林增广	丽水中学
		李开棣	庆元中学
		李松章	缙云中学
		柳美花	丽水地区聋哑学校
		吴世亮	松阳实验小学
		孙梅菊	景宁第一实验小学
六	1998	程继伍	松阳一中
		赵益美	丽水莲都区城北小学
		陈孟义	松阳师范
		朱芝颖	缙云县教研室
七	2000	江　吟	松阳师范
		杨建伟	松阳师范
七	2000	黄少英	云和中学
		丁敏方	缙云中学
		李和秀	庆元实验小学
八	2002	孙碧云	丽水中学
		王　斌	缙云实验小学
		蒋海鸥	青田中学
		柳敏敏	景宁第二实验小学
九	2006	桑丽红	莲都大洋路学校
		何竹生	莲都小学
		陈　彤	缙云紫薇小学
		姚丽雅	庆元实验小学
		潘人发	松阳一中
		赵群筠	青田二中
		吴丹青	龙泉教研室
		何一萍	丽水市职高
十	2010	林维山	丽水市教研室
		胡碧漪	丽水中学
		陈东晓	丽水学院附中
		毛卫华	遂昌二中
		王碧峰	青田二中
		林怀传	龙泉一中
		韩慧琴	云和中等职业技术学校
		张绍军	莲都区碧湖小学

经济待遇

科举时代，教授、教渝、训导等学官薪酬由国库支出，塾师由办学者支付或收取束脩。清中叶，蒙师束脩不过数十文。民国时期，少数省立和县立学校教师薪金较丰厚，一般学校教师薪金微薄，生活清苦。民国27年(1938)，庆元县立小学教员最高24元，最低16元，乡村小学教员平均11元。丽水县小学教员最高22元，最低6元。民国29年，遂昌县小学教员月均法币12元，最高30元，最低5元。抗日战争以后，通货膨胀，物价飞涨，生活更趋困难。

1949年，丽水解放初，多数县实行大米工资制，各县标准不一，景宁县平均月薪110千克，龙泉县75—90千克(村小60—70千克)，庆元县小学100千克、中学100—125千克。青田县50—75千克，遂昌县小学30—40千克、中学40—50千克。1952年9月，开始实行工资分制，根据原折实单位折合为工资分。小学教师的工资分为80—210分，中学教师工资分为120—315分。1955年，币制改革，教职工工资于7月起改为货币工资制。1956年，进行工资改革。丽水各县按三类地区的工资标准发放工资。教师工资提高的幅度比较大。1963年，中小学教师进行工资调整，升级面40%以上，升级对象为工作积极、工资偏低的教职工。1977年，按40%的升级面调整教职工工资。

1981年，按国务院批发教育部《关于调整中小学教职工工资的办法》，调整教职工工资。1985年，全面进行工资改革，实行以职务工资为主要内容的结构工资制。分基础工资、职务工资、工龄教龄津贴和奖励工资4个部分。1987年，实行专业技术职务评聘。民办教职工工资也有不同程度的提高，1989年，丽水市民办教师月均实际收入103元。1993年，实行专业技术职务等级工资制(称为套改)。1997年7月、1999年7月、2001年1月和2001年10月连续4次调整工资标准。2009年1月，义务教育阶段教师开始实行绩效工资。

第四节　资格与职评

教师资格认定

民国元年(1912)，教育部《小学校令》规定，小学教员必须是师范学校或教育总长指定的学校毕业或经小学教员检定委员会检定合格，并持有许可证者始得充任。师范教育发展缓慢，教师不符合任职资格者甚多。民国初期，规定中学教员以高等师范毕业为准，或经检定委员会认为合格者充任之。民国24年，处属部分县小学教员检定情况，丽水县合格19人，由县发证代用教员26人。云和县合格22人，未登记71人。龙泉县合格53人，未登记84人。青田县合格30人，代用教员79人，未登记248人。松阳县合格132人，未登记115人，不合格3人。处州中学专任教员31人，经省检定合格11人，未经检定20人。民国32年，青田中学专任教员26人，检定合格仅1人。民国35年，丽水简师12人教员上报省教育厅，核准备案仅4人。

1949年10月中华人民共和国成立后，各级各类学校迅猛发展，合格师资奇缺。1951年，全国第一次初等教育和师范教育会议拟定幼儿园工作人员资格为幼儿师范毕业，中等师范或高、初中毕业曾受过幼儿教育专业训练者。

1993年10月31日，《中华人民共和国教师法》第十一条对教师资格应具备的相应学历作出规定。2003年，根据《浙江省实施〈教师资格条例〉细则（试行）》和《浙江省教育厅关于全面实施教师资格制度的通知》，市教育局面向社会人员每年春、秋两季各进行1次认定。2004年5月和11月，认定高中教师资格829人，中等职业学校教师资格331人。2006年，认定高中教师397人，中等职业学校教师36人，初中教师934人，小学教师240人，幼儿教师215人。2007年上半年高中（中职）教师资格认定，报名528人，通过450人；下半年，报名254人，通过128人。2010年上半年，报名887人，通过793人；下半年报名134人，通过90人。

教师职务评审

1987年，丽水地区首次开展中小学教师专业技术职务评审，丽水地区中小学教师18417人，参评教师15960人。

小学教师职务按《中小学教师职务试行条例》规定，设小学高级教师、小学一级教师、小学二级教师、小学三级教师。21世纪开始，增设小学挂靠中学高级教师，删去小学三级教师。

中学教师职务设中学高级教师、中学一级教师、中学二级教师、中学三级教师。2009年起，增加享受教授级待遇中学高级教师。中等专业学校教师职务设高级讲师、讲师、助理讲师、教员。

21世纪开始，新设置的教师专业技术职务有，教育管理，分高级、中级、初级；实验师，分高级实验师、实验师；研究员等。

2010年7月，丽水市幼儿园高挂小学高级教师9人，幼教高级教师277人，幼教一级教师294人，幼教二级教师179人，幼教三级教师11人，未评聘3506人；小学高挂中学高级教师61人，小学高级教师5394人，小学一级教师3161人，小学二级教师270人，未评聘945人；特殊教育中学高级教师5人，中级职称31人，初级职称16人，未评聘7人；初中，中学高级教师671人，中学一级教师2868人，中学二级教师1684人，中学三级教师117人，未评聘712人；高中享受教授级待遇中学高级教师6人，中学高级教师830人，中学一级教师867人，中学二级教师566人，中学三级教师11人，未评聘103人；中职学校副高级346人，中级649人，初级499人，未评聘157人。

第五节　教师管理

晚清时期，中学堂的教员由知府聘任，小学堂教员由堂长聘任。

民国时期，省立中学、省立师范的教员须呈报省行政长官（民国18年后改由县教育局转报省教育厅）备案。私立小学、中学的教员由校长聘任，但必须报县政府备案，教员聘任期一般为半年。

1949年10月中华人民共和国成立后，中小学教师一般由县文教科统一调派。有的由校长（或主委）聘任。1951年开始，师范学校毕业生由省教育厅分配到县，再由县文教科委派任用。1952年起，中学教师由专署和县文教科双重管理。

1960年后，中学教师由县文教局管理。1978年，国务院批转教育部《关于加强中小学教师队伍管理工作的意见》规定，中小学公办教师的管理调配应当在党的一元化领导下，由县以上教育行政部门负责，师范院校毕业生全部分配到教育部门工作，各级行政部门不应占用教育事业编制；民办教师的任用、辞退、调动，均由县教育行政部门批准。1985 年实行分级管理后，地区直属学校由地区教育局管理，县属学校教师由县教育局管理，区、镇、乡所属学校教师由当地政府管理。跨地区或跨系统调动教师，必须经县局同意后报地区教委批准。1987 年实行教师职务聘任制后，中小学高级职务教师分别由地、县教委(局)任命，中级、初级职务教师由学校聘任。高等学校、中等专业学校的教师，根据专业技术职务，由学校自行聘任或任命。

1993 年，丽水地区教委印发《丽水地区中小学教师、干部年度考核暂行办法》，规定教师、干部年度考核分德、能、勤、绩四个方面，学校(单位)要建立考核小组，地、县(市)教委(局)要建立教师年度考核领导小组。教工(干部)个人在自我总结的基础上进行自评打分；考核组根据考核量化表对每个教工(干部)进行考评打分。考核等级分优秀、称职、基本称职、不称职四级。考核结果与教师职务晋升、评先进、聘任等挂钩。2001 年，丽水推行学校领导竞聘上岗制度。2002 年，丽水市教育局开展师德师风教育和检查，严肃查处有悖师德行为。2004 年 10 月，市教育局、市人事劳动社会保障局、市财政局联合下发《关于进一步加强我市中小学师资队伍管理的若干意见》。2010 年，市教育局印发《关于开展“讲党性、重品行、做表率”活动实施意见》，明确规定中小学师德师风标准和要求。开展市直教育系统师德师风建设责任书签订和自觉遵守“十条禁令”签名仪式。完善和落实教师违规进行有偿家教处罚制度，构建有序的校外教育管理机制，严格实行有偿家教“一票否决制”。

第十二章　经费与资产

清末，处州府、县学堂经费，以学田租、书院款产、公益捐款、私人捐资、学生缴纳及摊派为主要来源。民国时期，处州教育经费拮据，校舍残破，设备简陋。1949 年 10 月中华人民共和国成立后，丽水教育经费来自政府拨款、征收教育事业费附加、捐资集资、学杂费和勤工俭学收入提成等。1978 年起，丽水地区教育经费逐年增加。1979 年，丽水地区教育经费财政拨款 1212.6 万元，比上年增长 20.54%，1980—1984 年，丽水地区教育经费平均递增 15.83%。1985 年，丽水地区基础教育由地方财政负责，分级管理。经费支出主要用于人员经费、公用经费和基本建设经费。2000 年，丽水市大力推进教育基础设施建设，教育设施得到极大改善。2010 年，丽水市教育经费财政拨款 30.63 亿元，地方教育费附加 4.76 亿万元，学杂费及其他收入 8.38 亿元。丽水市校舍占地 92.82 万平方米，建筑面积 44.17 万平方米，固定资产总值 44.5 亿元。

第一节　经费来源

清末，处州府、县学堂经费以学田租、书院款产、公益捐款、私人捐资、学生缴纳及摊派为主要来源，官拨款甚少。清宣统元年（1909），处属各县学堂岁入办学经费34990元（银圆，下同），其中产业租金14365元，存款利息583元，官款拨给1149元，公款提充4940元，派捐3778元，乐捐5964元，学生缴纳3454元，杂入757元。民间学塾，经费由举办者自行解决。

民国时期，省立学校经费，由省教育厅核拨；县立学校经费，初期由教育款产支付，后由县财政统收统支；乡村学校和私立学校的经费，主要依靠提拔祀产、筹募基金、学生缴纳和私人捐资等办法解决。

1949年10月中华人民共和国成立后，教育经费来自政府拨款、征收教育事业费附加、捐资集资、学杂费和勤工俭学收入提成等。

政府拨款

1949年6月后，公立学校办学经费向当地政府领取，民办学校实行民办公助，大部分农村学校由当地自筹解决。同年10月，各县公立学校办学经费，分配情况是，丽水县学校5所，分配大米7480千克；缙云县学校6所，分配大米7500千克；松阳县学校7所，分配大米13700千克；龙泉县学校5所，分配大米5350千克；云和县学校8所，分配大米8420千克，景宁县学校4所，分配大米3890千克。

1950年12月，省文教厅向丽水专区拨小学改建补助经费计大米8万千克，重点补助丽水、松阳、缙云三县设区公立小学。1952年，各县小学全部转为公办，办学经费由县财政统筹，省、地适当补助。从1953年起，教育经费逐年增加。如青田县，1953年28万元，1955年28.1万元，1958年45.9万元，1959年53.4万元，1963年64.4万元，1967年90.7万元。缙云县，1953年30.63万元，1956年66.6万元，1958年73.7万元，1963年90.4万元，1966年138.9万元。

1978年，中共十一届三中全会后，教育经费增加较快。1979年，丽水地区财政拨款1212.6万元，比上年增长20.54%。1980—1984年，平均每年递增15.83%，超过当年财政增长幅度。

1995年9月，《中华人民共和国教育法》规定，各级人民政府财政对教育拨款的增长，应当高于财政经常性收入的增长，并按在校学生人数的平均教育费用逐步增加，保证教师工资和学生人均公用经费逐步增长（简称“三个增长”）。丽水地区各级人民政府认真执行《中华人民共和国教育法》，保证预算内教育经费的“三个增长”。

1986—2010年财政拨款教育经费一览

表32-12-1-1　　单位：万元

年份	其中			合计
	县市财政核定预算	省教委、省财政厅下达一次性补助	省财政厅及其他部门下达一次性补助	
1986	4168.70	253.80	—	4422.50

续表 32-12-1-1

年 份	其 中			合 计
	县市财政核定预算	省教委、省财政厅下达一次性补助	省财政厅及其他部门下达一次性补助	
1987	4346.48	84.40	10.00	4440.88
1988	5745.90	398.30	6.00	6150.20
1989	6438.30	290.90	13.00	6742.20
1990	7015.80	257.20	124.50	7397.50
1991	7605.80	331.30	5.50	7943.60
1992	—	—	—	10567.50
1993	—	—	—	11588.50
1994	15457.10	314.00	35.50	15806.60
1995	18415.20	1203.00	60.00	19678.20
1996	21034.90	276.00	76.00	21386.90
1997	24875.80	930.00	90.00	25895.80
1998	28991.60	739.40	114.00	29845.00
1999	32534.10	436.40	—	32970.50
2000	36828.10	395.00	—	37223.10
2001	57270.00	4043.00	—	67313.00
2002	82600.00	6176.00	—	88776.00
2003	88400.00	5648.40	—	94048.40
2004	110200.00	12000.00	—	122200.00
2005	109900.00	15000.00	—	124900.00
2006	139971.10	20000.00	—	159971.10
2007	181678.90	31700.00	—	213378.90
2008	201367.40	46000.00	—	247367.40
2009	234176.80	42143.20	—	276320.00
2010	259823.60	46436.70	—	306260.30

1996—2010年丽水市财政预算内教育经费“三个增长”一览

表 32-12-1-2

年份	财政预算内安排教育经费				年生均教育经费								年生均公用经费							
	地方财政经常性收入（元）	比上年增长（%）	预算内安排教育经费（元）	比上年增长（%）	小学		普通初中		普通高中		职业高中		小学		普通初中		普通高中		职业高中	
					生均经费（元）	比上年增长（%）	生均经费（元）	比上年增长（%）	生均经费（元）	比上年增长（%）	生均经费（元）	比上年增长（%）	生均经费（元）	比上年增长（%）	生均经费（元）	比上年增长（%）	生均经费（元）	比上年增长（%）	生均经费（元）	比上年增长（%）
1996	57863.00	23.84	21034.90	12.73	510.56	21.95	501.84	−2.09	1185.65	23.16	1077.88	55.68	24.55	13.13	48.43	−60.32	341.81	164.73	135.66	5.05
1997	50332.00	−13.01	24875.80	18.26	610.57	19.59	596.33	18.83	1262.21	6.46	1028.31	−4.60	46.96	91.28	87.76	81.21	248.85	−27.21	36.87	−72.82
1998	47210.00	−6.20	28991.60	16.55	717.00	17.43	739.00	23.92	1213.00	−3.90	1161.00	12.90	39.00	−16.95	165.00	88.01	100.00	−59.82	105.00	184.78
1999	44218.70	−6.34	32534.10	12.22	879.57	22.67	727.62	−1.54	1395.05	15.01	1320.11	13.70	45.96	17.85	52.74	−68.04	233.49	133.49	146.66	39.68
2000	54069.80	22.28	36828.10	13.20	1082.55	23.08	843.03	15.86	1412.58	1.26	1326.49	0.48	58.35	26.96	90.82	72.20	210.96	−9.65	208.21	41.97
2001	101022.10	86.84	50727.00	37.74	1441.90	33.19	1040.48	23.42	1968.49	39.35	1455.36	9.71	55.92	−4.16	69.44	−23.54	340.97	61.63	186.58	−10.39
2002	110601.20	9.48	82597.70	62.83	1898.69	31.68	1441.39	38.53	2255.79	14.60	1477.99	1.55	167.19	198.98	168.32	142.40	442.03	29.64	163.37	−12.44
2003	128077.00	15.80	88359.60	6.98	2237.00	17.82	1975.28	37.04	2591.34	14.88	1526.27	3.27	240.08	43.60	313.29	86.13	558.47	26.34	153.80	−5.82
2004	148611.10	16.03	110198.80	24.72	2765.90	23.64	2773.40	40.40	2949.76	13.83	1744.00	14.27	305.24	27.14	511.64	63.31	231.57	−95.78	121.86	−20.77
2005	179613.00	20.86	109852.30	−0.31	2854.41	31.96	3032.91	9.36	3468.70	17.59	1841.98	5.62	193.65	−36.56	256.72	−49.82	74.41	−67.87	39.37	−67.69
2006	234439.00	30.52	139971.10	27.42	3450.68	20.00	3812.54	25.71	3226.39	−6.99	2262.51	22.83	325.68	68.18	416.85	62.38	87.74	17.91	161.29	309.68
2007	304746.50	29.99	181678.90	29.80	4003.11	16.01	4648.69	21.93	4430.05	37.31	4040.28	78.58	426.47	30.95	651.03	56.18	348.47	297.16	297.79	84.63
2008	310319.70	1.83	201367.40	10.84	4494.59	12.28	5750.89	23.71	4485.43	1.25	5096.99	26.15	502.98	17.94	670.47	2.99	228.67	−34.38	337.60	13.37
2009	326569.00	5.24	234176.80	16.29	6355.66	41.41	6791.56	18.10	4989.29	11.23	4786.53	−6.09	569.32	13.19	735.27	9.66	247.87	8.40	584.64	73.18
2010	359858.70	10.21	253951.00	8.44	6355.66	27.25	6974.10	2.69	5018.17	0.58	5341.95	11.60	594.02	4.34	769.51	4.66	298.13	20.28	936.67	60.21

征收教育事业费附加

1986年，丽水地区开始征收教育费附加。1986—1997年，丽水地区征收数分别为214.8万元、355.6万元、435.5万元、714.5万元、631.5万元、877.1万元、1048万元、1777.2万元、2572.02万元、2741.3万元、3141.5万元、3185.9万元。1998年开始，丽水地区征收地方教育附加费。

2002年，浙江省委、省政府下发《关于全面进行农村税费改革的通知》，取消面向农民征收的政府性收费和集资。此后，丽水市农村学校经费主要来自财政拨款。

1998—2010年丽水市教育费附加等收入一览

表32-12-1-3　　单位：万元

年份	其中				合计
	城市教育事业费附加	农村教育事业费附加	地方教育附加费	地方教育基金	
1998	1254.10	2520.20	140.90	—	3915.20
1999	1425.50	3391.10	670.00	—	4883.60
2000	1867.80	3200.60	—	—	5068.40
2001	2467.10	3172.80	1138.00	—	6777.90
2002	3531.00	530.00	751.20	—	4812.20
2003	3804.70	216.50	201.70	—	4222.90
2004	5094.10	5.00	590.00	—	5689.10
2005	4788.80	—	783.50	—	5572.30
2006	7572.10	186.20	712.80	—	8471.10
2007	9475.10	—	6297.10	—	15772.20
2008	7589.60	—	4430.80	6435.00	18455.40
2009	7314.80	—	4395.30	14502.80	26212.90
2010	13329.00	—	10212.40	24073.00	47614.40

勤工俭学收入提成

20世纪50—60年代初期，丽水各县学校兴办工厂、农(林)场，收益用于改善师生生活。

1980年，丽水地区勤工俭学总收益由1979年的24.75万元增加到40.4万元。1982年开始，丽水地区提成勤工俭学收入用于教育。

1982—2007年丽水市勤工俭学收入提成用于教育一览

表32-12-1-4　　单位：万元

年份	1982	1983	1984	1985	1986	1987	1988
金额	12.33	15.84	14.48	25.61	36.32	50.80	96.30
年份	1989	1990	1991	1992	1993	1994	1995
金额	110.40	158.70	216.20	297	359	407	497.70

续表 32-12-1-4

年份	1996	1997	1998	1999	2000	2001	2002
金额	399.80	389.80	274.20	238.10	182.00	227.70	180.40
年份	2003	2004	2005	2006	2007		
金额	135.90	92.60	45.70	75.10	38.20		

学杂费等收入

1949 年下半年，丽水专区学生每学期学杂费缴纳标准为，省立普通中学和师范学校，大米 0.63 石；县立普通中学和师范学校，大米 0.76 石；县立小学，大米 0.15 石①。

1952 年，浙江省文教厅核定丽水各县乡村小学学生每学期收费标准为，五、六年级每生大米 17.5—30 千克；三、四年级每生大米 15—20 千克；一、二年级每生大米 12.5—17.5 千克。城市小学可酌高于此标准。

1953 年，浙江省财政厅、文教厅对普通中学、师范学校收费标准作调整，公立普通中学每生每学期学费标准为，初中住宿生 12 万元(旧币，下同)，通校学生 10 万元；高中住宿生 13 万元，通校学生 12 万元。各级师范学校免收学费。私立中等学校收费标准，由校长、教职工代表、学生家长代表会商，自行拟定。

1984 年秋季起，丽水地区各县根据省教委、省财政厅确定的原则，确定全日制中小学学杂费收费标准。

根据省人民政府《关于实施义务教育经费保障机制改革的通知》精神，丽水市从 2006 年秋季起免收义务教育阶段学生学杂费；从 2007 年秋季起免收义务教育阶段学生课本费、作业本费。以上 2 项免收资金由省财政全额转移支付，拨到学校。

1986—2010 年中小学学杂费及其他收入一览

表 32-12-1-5　　单位：万元

年　份	其　中		合　计
	学杂费收入	其他收入	
1986	370.10	36.70	406.80
1987	491.17	97.18	588.35
1988	704.50	53.70	758.20
1989	859.90	138.64	998.54
1990	886.70	226.90	1113.60
1991	978.44	—	978.44
1992	1284.20	—	1284.20
1993	2173.70	—	2173.70
1994	2296.20	—	2296.20

① 1 石=75 千克。

续表 32-12-1-5

年　份	其　中		合　计
	学杂费收入	其他收入	
1995	3822.10	416.40	4238.50
1996	4320.30	102.90	4423.20
1997	5395.60	140.00	5535.60
1998	5659.40	4906.40	10565.80
1999	5212.00	5755.10	10967.10
2000	9066.90	6533.10	15600.00
2001	14717.70	7216.80	21934.50
2002	18452.30	8325.60	26777.90
2003	20710.80	7336.70	28147.50
2004	21219.00	5534.20	26553.20
2005	26724.60	12127.70	38852.30
2006	25797.20	15718.70	41515.90
2007	30084.00	21903.90	51987.90
2008	36890.10	13459.30	50349.40
2009	38618.10	15931.70	54549.80
2010	48926.50	34855.40	83781.90

捐资集资

1950—1991 年，青田县海外侨胞和中国港澳台同胞为家乡教育事业捐资人民币 214 万、美元 14.4 万、港币 8.5 万、荷兰币 4.4 万盾。

1985 年，丽水地区行署下达筹集地区聋哑学校办学经费任务，丽水县 2.63 万元，青田县 3.34 万元，缙云县 3.41 万元，遂昌县 1.69 万元，松阳县 1.55 万元，庆元县 1.39 万元，云和县 1.07 万元，景宁畲族自治县 1.23 万元，地本级 0.5 万元，合计 19 万元。各县均按要求完成。1989 年，地区和各县(市)人民教育基金会相继成立，至同年 8 月筹集 150 多万元。

1992 年，社会各界捐资兴建希望小学，帮助贫困地区学龄儿童入学。至 1995 年，丽水、青田、云和、缙云、遂昌、景宁等县(市)接受 462.02 万元。1995 年，青田、云和、庆元、松阳、景宁等县列入省扶贫建校计划的学校 32 所，建设项目 65 个，扶建资金 2118 万元，其中省财政拨款 1067 万元，单位认捐 1051 万元。

2002 年 7—8 月，丽水市开展“爱心助学行动”，募集助学资金 651.9 万元。资助贫困大学生 1581 人，贫困中小学学生 7325 人，其中市本级募集助学资金 143 万元，资助贫困大学生 523 人。2002—2003 年，各县(市、区)根据省政府办公厅《关于开展教育对口支援工作的实施意见》，与经济发达地区签订对口援建项目 35 个，资金 2841 万元，结对学校 120 多所。支援地区 120 多所学校向丽水市结对学校赠送价值 300 多万元的图书和教学仪器设备。2003 年 5 月，市人民政府办公室下达《关于建立市本级贫困学生助学金制度的通知》，同年，丽水市资助贫困学生 19380 人，金额 964.19 万元。

丽水市因贫失学学生无一人。2004年，市教育局进一步完善以奖、贷、助、补、减为主要内容的资助贫困学生的政策与制度。丽水市募集助学资金1856万元，资助贫困中小学学生31860人、大学生570人。2010年，丽水市筹集扶困助学资金8666万元，用于教育券享受人数42368人，营养餐享受人数13万人，中等职业教育享受国家助学金人数32248人。

第二节　经费支出

清代以前，学田租息，主要用于府、县学和书院的办学经费，包括房舍和修葺和孔庙的祭祀等。官拨款项，多用于训导、教谕等学官及杂役的薪俸和廪膳伙食补贴。

清宣统元年(1909)处州府、县学务经费支出一览

表32-12-2-1　　单位:元

项目	职员薪修	教员薪修	仆役工食	租息粮税	服食用品	试验消耗	图书标本消耗	营建修缮	杂用	合计
府	1348	4495	722	—	3550	—	178	75	502	10870
各县学堂	2975	16314	2503	1613	7378	246	1426	2699	3615	38769
总计	4323	20809	3225	1613	10928	246	1604	2774	4117	49639

民国时期，丽水各县教育经费支出有4个方面，教育行政费，包括教育局、教育委员会、教育款产管理委员会等支出；学校教育费，包括初等教育、中等教育的教职工薪俸，学生公费及困难补助费、房屋修缮费、设备购置费等；社会教育费，包括图书馆、民众教育馆、民众学校、讲演所、运动场、教师培训等；其他教育费，包括区乡私立小学补助、辅导会议及其他集会等会议经费、奖励优待、县教育会补助教师养老金、教职工生活补助、省立学校学生及国内外大学生补助等。

民国22—25年(1933—1936)部分县教育经费支出一览

表32-12-2-2　　单位:元

县别	民国年份	教育行政费		学校教育费		社会教育费		其他教育费		总　计	
		金额	%	金额	%	金额	%	金额	%	金额	%
丽水	22	3607	20.85	6694	38.70	1373	7.94	5622	32.51	17296	100
庆元	23	2652	17.72	10608	70.87	826	5.52	882	5.89	14968	100
缙云	23	3840	19.80	10714	55.23	1866	9.62	2978	15.35	19398	100
青田	23	2737	22.26	7232	58.81	1159	9.42	1169	9.51	12297	100
龙泉	24	3315	20.16	9166	55.74	1833	11.14	2131	12.96	16445	100
遂昌	25	2397	17.36	7327	53.07	1736	12.58	2345	16.99	13805	100
松阳	25	2383	12.48	12478	65.33	2105	11.02	2134	11.17	19100	100

1952年后，丽水各县采取重点建设与局部维修相结合的办法，陆续改造一批危房和破旧房，并建

成一批新校舍。1978年后,国家加大对教育投入,支出主要是人员经费、公用经费、基本建设经费。

人员经费

20世纪50—90年代,丽水区域人员经费支出比例占教育事业费总支出的75%—80%,经济困难的县要占到90%以上。人员经费支出项目,从20世纪50年代的“教职工工资”“教职工福利费”和“学生助学金”,逐步增加到“教职工工资”“补助、津贴、绩效工资”“教职工福利费”“离退休费用”“奖学金助学金”“副食品价格补贴”“民办教师补助”“其他支出”等。20世纪90年代末,人员经费占教育总支出的比例开始下降到70%。

公用经费

公用经费是学校除人员经费以外的经常性支出经费。1949年,中华人民共和国成立初,学校公用经费很少,特别是农村(山区)小学几乎没有公用经费。支出项目主要有公务费、业务费、修缮费、设备购置费、材料费和其他经费。公务费包括公费、水费、电费、差旅费等;业务费包括培训费、维护费、材料费。

1986—2010年丽水市教育事业费中人员经费、公用经费一览

表32-12-2-3　　单位:万元

年份	人员经费		公用经费		总计
	金额	占总计%	金额	占总计%	
1986	2965.80	68.41	1369.30	31.59	4335.10
1987	3254.49	73.44	1177.06	26.56	4431.55
1988	4417.20	73.22	1615.50	26.78	6032.70
1989	5036.30	73.72	1795.80	26.28	6832.10
1990	5545.50	77.87	1576.30	22.13	7121.80
1991	6001.50	75.36	1962.60	24.64	7964.10
1992	7519.40	79.95	1885.60	20.05	9405.00
1993	9016.40	83.62	1766.60	16.38	10783.00
1994	14111.50	88.62	1811.40	11.38	15922.90
1995	15362.40	84.50	2817.50	15.50	18179.90
1996	18051.70	87.32	2621.70	12.68	20673.40
1997	20824.30	84.96	3686.60	15.04	24510.90
1998	27926.20	65.06	14996.40	34.94	42922.60
1999	31548.10	62.58	18862.40	37.42	50410.50
2000	36968.40	62.17	22493.90	37.83	59462.30
2001	51098.80	64.08	28646.40	35.92	79745.20
2002	66694.70	66.91	32984.10	33.09	99678.80
2003	78060.10	64.68	42635.30	35.32	120695.40

续表 32-12-2-3

年份	人员经费		公用经费		总计
	金额	占总计%	金额	占总计%	
2004	141683.80	95749.30	67.58	45934.50	32.42
2005	148239.50	107439.50	72.48	40800.00	27.52
2006	172682.20	113471.60	65.71	59210.60	34.29
2007	208676.20	138191.30	66.22	70484.90	33.78
2008	250341.70	170236.60	68.00	80105.10	32.00
2009	277360.30	200016.80	72.11	77343.50	27.89
2010	337348.30	218100.90	64.65	119247.40	35.35

基本建设经费

基本建设经费包括新校舍建设和原校舍中危房、破旧房改造支出。1986—1999 年，丽水地区校舍修建经费支出 41541.60 万元，其中 1986 年 1073.7 万元，1990 年 2331.3 万元，1995 年 5213.3 万元，1999 年 5888.7 万元。

2000 年，丽水市政府加大对教育的投入。2000—2010 年，丽水市学校基建经费支出 223974.4 万元，其中高等学校 46428.4 万元，中等职业学校 30062.2 万元，普通中学 96678.7 万元，小学 48520.3 万元，特殊教育学校 1881.7 万元，幼儿园 944.1 万元。其他 458.5 万元。这 11 年的教育基建支出经费是 1986—1999 年支出经费的 5.39 倍。

第三节　经费管理

1950—1953 年，省立、县立中学经费列入省预算计划，由省文教厅拨款，学校自行管理。公立小学经费由县人民政府拨款，县文教科统一分配，实行县文教科、区中心学校、乡镇中心学校三级管理。1954 年起，丽水实行条块结合，以块为主的财政管理体制。各县教育经费的预算编制和执行，由各县政府负责。1955 年，丽水各县区中心小学建立辅导区一级核算制度，配备专职会计。乡中心小学按月造表，向区中心小学报销结账。区中心小学每月底汇总丽水各县经费，上报县文教科（局）。村校不立账，直接向乡中心小学报销。

1962 年，丽水各县对学校经费实行“项目包干，分成上解，以收抵支”的管理办法，即人员经费由国家包干，学杂费收入采取上下分成。1966 年起，丽水专区学校学杂费收入改由各中学、学区包干使用。1963 年，学校财务管理实行“统一领导，集中管理，分工负责”的原则。各县区中心小学建立教育事业单位预算制度，配备专职会计和兼职出纳员。1968 年，各县教育经费先后由县革委会办事组、生产指挥组管理。各区教育经费由区教育革命办公室管理。1969 年，小学教育经费由县教育革命办公室直接拨到各公社革委会，公社定期向县教育革命办公室结算。1972 年，浙江省开始把教育经费“戴帽”下达到各县。县属中学和县属区管中学的经费，由县教育局直拨到学校，学校自行管理。小学和乡（镇）初中经费仍实行县教育局、区教办和乡镇中心学校三级管理。

1995—2010 年丽水市教育基建经费支出一览

表 31-12-2-4

单元：万元

年份	高等学校				中等职业学校			普通中学			小学	特殊教育	幼儿园	其他	合计
	丽水学院	丽水职技院	成人高校	计	中专	职高	计	高中	初中	计					
1995	—	—	—	—	251.00	98.00	349.00	—	—	2158.80	1430.80	—	—	—	3938.60
1996	—	—	—	—	67.50	118.30	185.80	—	—	1981.90	1848.70	—	—	—	4016.40
1997	48.00	—	—	48.00	98.00	217.00	315.00	—	—	1732.10	1573.60	—	—	—	3668.70
1998	170.00	—	—	170.00	185.00	600.30	785.30	—	—	2266.00	1818.90	—	—	—	5040.20
1999	170.00	—	50.00	2200.00	896.10	639.90	1536.00	—	—	2677.20	1385.50	50.00	20.00	—	5888.70
2000	680.00	—	50.00	7300.00	132.10	1119.60	1251.70	—	—	4426.70	2716.80	116.00	10.00	—	9251.20
2001	2755.00	—	—	2755.00	45.00	1569.70	1614.70	—	—	7196.30	4206.00	—	10.00	319.30	16101.30
2002	9870.00	—	30.00	9900.00	131.40	3475.00	3606.40	—	—	12504.70	3502.70	—	30.00	—	29543.80
2003	45.00	—	—	45.00	20.00	2799.90	2819.90	—	—	4255.80	1907.20	—	—	30.00	9057.90
2004	1482.40	—	—	1482.40	320.40	2710.00	3030.40	6809.20	6373.30	13182.50	7266.40	510.00	8.10	—	25479.80
2005	3602.00	1000.00	—	4602.00	781.80	3098.10	3879.90	5150.10	4445.80	9595.90	4873.10	182.70	—	—	23133.60
2006	3950.00	1400.00	—	5350.00	1472.30	4687.10	6159.40	7979.60	5892.40	13872.00	7779.80	—	—	25.00	33186.20
2007	8650.00	1950.00	30.00	10630.00	—	3608.00	3608.00	4167.60	3666.10	7833.70	4850.00	373.00	386.00	64.00	27744.70
2008	1580.00	1100.00	—	2680.00	—	1200.00	1200.00	1934.80	5800.00	7734.80	3692.00	280.00	—	—	15586.80
2009	6404.00	1850.00	—	8254.00	380.00	1401.08	1781.80	1942.30	10407.70	12350.00	3182.60	420.50	300.00	20.20	26309.10
2010	—	—	—	—		110.00	110.00	1257.80	2468.50	3726.30	4543.70	—	200.00	—	8580.00
总计	39406.40	7300.00	160.00	46866.40	4780.60	27452.70	32233.30	—	—	107494.70	56577.80	1932.20	964.10	458.50	246527

说明：1. 表中各项数字均已剔除教育事业费中用于校舍修建经费。 2. 2007 年和 2009 年“其他”项为教育行政支出经费

1980年起，丽水地区教育经费仍由省“戴帽”[①]下达各县，专款专用。各县教育局预算包干到乡(镇)、区和县属中学，一次性下达全年教育经费。1985年，教育经费实行预算定额包干。1986年将公办教师工资、民办教师工资国家补贴部分和学校公用经费等切块包干下达到县属学校和乡(镇)财政。由县属学校和乡(镇)教育委员会掌握使用。

2002年，丽水市治理中小学乱收费。查处违规收费行为50件，金额118.6万元，全部清退。教育收费实行公示制度。2001年11月至2002年12月，丽水市清退中小学乱收费291.66万元，罚没违规收费104.7万元。2003年，丽水市查处学校乱收费案件18件，金额106.73万元。2005年，丽水市继续规范教育收费行为，实施“阳光收费”，印发《关于进一步加强教育收费管理的通知》。严格执行义务教育阶段公办学校“一费制”收费办法，严格执行公办普通高中招收择校生“三限”政策，继续稳定高等学校收费标准，坚决制止与招生挂钩的各种形式的乱收费。建立和完善教育收费的责任制、公示制、督查制、审计制和责任追究制等。2007年9月起，市教育局所属单位、学校的各项财务收支均纳入统一核算范围，由丽水市会计核算中心教育分中心统一会计核算。2010年，市教育局制定《丽水市直中小学校财务管理制度》，开展“标准化财务室”建设工作。

第四节　教育资产

清宣统元年(1909)，丽水县有学堂屋宇及地基价值9000两白银。处属各县学堂的图书、标本、教学仪器等设备价值总计11978元(银圆，下同)，其中府学堂3577元、丽水县1037元、青田县1234元、云和县769元、庆元县640元、缙云县764元、遂昌县1514元、松阳县1950元、景宁县493元[②]。

民国时期，处属各县学田数，民国18年(1929)，景宁25.64公顷；民国33年，庆元90.77公顷，缙云421.8公顷，遂昌166.73公顷。校舍以祠堂、庙宇和租用民房为主，新建校舍无几，且简陋。民国15年，松阳县有小学118所，校舍设在祠堂、庙宇、民房的有114所，占96.6%。教学设备极少，绝大多数小学仅有课桌凳、黑板和时钟，有的贫困山区小学甚至没有课桌凳。只有县立初中、小学才有少量的教具和教学仪器，如地球仪、地图、动植物和矿物标本、教学挂图，音体美用具只有篮球、排球、风琴和石膏模型等。

1949年10月中华人民共和国成立后，教学、生活用房和教学仪器设备不断得到充实和改善。1995年，丽水地区教育固定资产总额283240万元。其中普通中学占地面积1913039平方米，校舍建筑面积716465平方米，固定资产100453万元；职业中学占地面积2920755平方米，校舍建筑面积75712平方米，固定资产15531万元；小学占地面积2550174平方米，校舍建筑面积1235517平方米，固定资产126736万元；特殊教育学校占地面积14319平方米，校舍建筑面积5918平方米，固定资产1180万元；幼儿园占地面积35924平方米，校舍建筑面积23554平方米，固定资产4936万元；教育事业单位固定资产11874万元。

2010年，丽水市学校占地面积9281770平方米，校舍建筑面积4417250平方米，固定资产总值445009.57万元。其中，幼儿园占地面积683561平方米，校舍建筑面积488323平方米；小学占地面

① 专项转移支付。

② 龙泉县缺数据。

积 2616145 平方米，校舍建筑面积 1136884 平方米，固定资产总值 106575.35 万元；普通中学占地面积 3636071 平方米，校舍建筑面积 1671019 平方米，固定资产总值 184676.26 万元；中等职业学校占地面积 1263011 平方米，校舍建筑面积 602189 平方米，固定资产总会 63941.8 万元；特殊教育学校占地面积 36108 平方米，校舍建筑面积 15659 平方米，固定资产总值 2359 万元；高等教育学校占地面积 1046874 平方米，校舍建筑面积 503176 平方米，固定资产总值 85939.8 万元。

第五节 校 舍

校舍修建

20 世纪 50 年代，本着“安全第一，节约修缮”的原则，丽水各县进行校舍局部维修。1958 年，丽水中小学校数激增，各县维修、扩建、新建一批校舍。1959 年，遂昌县投资 87552 元，全县中小学 11 所新建校舍 3722 平方米。1958—1959 年，缙云县投资 117772 元，扩建、新建校舍 5817.92 平方米。

“文化大革命”期间，校舍遭到破坏或被占用。1968 年 8 月 2 日，青田县城武斗，县中心小学教室、办公室、教师寝室被烧毁 17 间。青田县校舍被占用 9462 平方米，遂昌县城镇被占用校舍 4000 多平方米，松阳县城镇被占用校舍 3500 平方米。丽水师范学校和浙江少数民族师范学校师生食堂、厨房、操场被丽水地区机床厂占用建厂房。

1978 年起，丽水地区学校新建校舍逐年增加。1980—1985 年，遂昌县投资 341 万元，修建校舍 34958 平方米。1979—1990 年，青田县投资 1891.64 万元，拆建、新建学校 441 所，建筑面积 16 万平方米，全县校舍面积达 29.2 万平方米，比 1951 年增加 25.78 万平方米。

1978 年后，丽水地区中等专业学校发展迅速。新建遂昌师范学校①、龙泉师范学校、丽水商业学校和丽水工业学校。重建浙江少数民族师范学校、丽水农业学校和丽水卫生学校。至 1995 年，松阳师范学校占地面积 51480 平方米，校舍建筑面积 25846 平方米；龙泉师范学校占地面积 28182 平方米，校舍建筑面积 12489 平方米；丽水商业学校占地面积 31350 平方米，校舍建筑面积 15000 多平方米，另有实验商场 780 平方米。丽水工业学校占地面积 42900 平方米，校舍建筑面积 20000 多平方米；浙江少数民族师范学校占地面积 67980 平方米，校舍建筑面积 19605 平方米；丽水农业学校占地面积 66000 多平方米，校舍建筑面积 15000 多平方米；丽水卫生学校占地面积 40629 平方米，校舍建筑面积 23421 平方米。

2001 年，丽水师专校园扩建工程被列入省重点建设项目，投资 2.5 亿元。其中一期工程投资 1.47 亿元，新建教学楼 2 幢、学生公寓 4 幢以及图书馆、艺术馆、实验楼、学术报告厅和标准运动场等。同年，丽水市修建小学校舍 11.2 万平方米，小学校舍面积 104.45 万平方米，校均校舍面积 944 平方米，比 2000 年增加 179 平方米；修建普通中学校舍 11.85 万平方米，普通中学校舍面积达 103.88 万平方米，校均校舍面积 5439 平方米，比 2000 年增加 355 平方米；修建职业中学校舍 2.31 万平方米，职业中学校舍面积达 14.37 万平方米，校均校舍面积 5988 平方米，比 2000 年增加 1417 平方米。

① 遂昌师范学校，后更名松阳师范学校。

2002年1月，经省人民政府批准，丽水职业技术学院建立。一期工程投资1.20亿元，新建实验大楼、艺术楼、实验楼、实验中心、学生食堂、学生公寓、田径运动场等。同年，丽水市普通中小学、职业中学新建校舍10.03万平方米、修建校舍4.9万平方米、在建3.57万平方米。小学校舍面积105.77万平方米、比2001年增加1.32万平方米；普通中学校舍面积112.75万平方米，比2001年增加8.87万平方米；职业中学校舍面积16.92万平方米，比2001年增加2.55万平方米。2003年9月，丽水市投入校舍建设资金2.18亿元，普通中小学、职业中学校舍面积达252.74万平方米，比2002年增加11.19万平方米。其中，小学校舍面积108.65平方米，比2002年增加2.88万平方米；普通中学校舍面积116.5万平方米，比2002年增加3.75万平方米；职业中学校舍面积27.59万平方米，比2002年增加4.56万平方米。

2004年，丽水市特殊教育学校迁建工程竣工，学校从三岩寺螺蛳田背搬迁到市区欣苑路211号。新校园占地面积36108平方米，校舍建筑面积10954平方米。同年，丽水市投入校舍建设资3.09亿元，普通中小学、职业中学校舍面积达255.33万平方米，比2003年增加2.59万平方米。其中小学校舍面积112.97万平方米，比上年增加4.32万平方米；普通中学校舍面积112.4万平方米，因学校布局调整，校舍面积比2003年减少4.1万平方米；职业中学校舍面积29.96万平方米，比2003年增加2.37万平方米。2005年，丽水市投入资金3381.1万元，完成中小学改水、改厕工程48项，改造寄宿制学校的学生食堂和宿舍35016.8平方米。2006年，市区推进义务教育七大建设工程，除水东小学在建外，莲都区外国语学校初中部、梅山中学、天宁小学、后庆小学、天宁初级中学、刘英小学等工程均竣工投入使用。丽水中学食堂和教学用房，丽水二中科技楼实验楼，丽水学院附属高级中学扩建的学生宿舍和食堂等也竣工投入使用。同年，丽水市完成中小学改水、改厕工程25项，投入资金158.2万元。改造寄宿制学校食堂和宿舍117535平方米，投入资金12522万元。2007年，投入资金26697.04万元，改造学生宿舍196976平方米、食堂91883平方米。2008年，投入资金3.2亿元，改造寄宿制学校学生宿舍和食堂项目336个，面积32.25万平方米。丽水市义务教育阶段标准化学校232所，占义务教育阶段学校数的62.7%。同年2月6日，丽水中学迁建工程开工建设。

2009年，丽水中学从市区卢镗街153号搬迁至寿尔福北路1号新校园。新校园占地面积132814平方米，校舍建筑面积73866平方米。原丽水中学校舍交莲都区改办莲都区处州中学。同年，丽水学院校园占地面积608867平方米，校舍建筑面积294342平方米；丽水职业技术学院校园占地面积313490平方米，校舍建筑面积148213平方米，另有实训用房6000平方米，生态园林类教学实践基地和盆景园以及水培基地15200平方米，根雕房300平方米；丽水电视大学（含各县、市电大分校）校园占地面积264213平方米，校舍建筑面积35930平方米。

危房改造

丽水辖区内中小学校舍中的“庙宇房”“跃进房”“文革房”，有的因年久失修，结构老化，变形霉烂而成危房；有的因建造时无设计，无图纸，管理不严，偷工减料，造成建筑结构不合理，质量低劣，相继成为危房。1973年，龙泉县中小学校舍面积99536平方米，其中危房面积19389平方米，其中80%是“庙宇房”。1978年后，各县重视中小学危房改造工作。1981年，地区将省政府分配的校舍危房改造经费20万元，拨给龙泉县，进行校舍危房改造试点。龙泉县加大投入，至1991年，基本上完成中小学危房改造工作。1982—1987年，松阳县投入危房改造经费298.23万元，改造校舍危房

16283 平方米，全县校舍中的危房比例，由 1984 年的 16.17%下降到 9.17%。

1988 年 6 月 20 日，青田县东江乡平山小学教室倒坍，死伤 19 人。行署向各县(市)人民政府发出紧急通知，禁止学校在危房内教学。7 月下旬，在缙云县召开丽水地区中小学危房改造会议。各县(市)分管教育的县(市)长、教委主任参加会议。副省长李德葆到会并讲话。行署与各县(市)人民政府签订《中小学危房修缮改造协议书》。县(市)教育局(委)与乡(镇)人民政府签订排除危房协议书，制订改造危房计划。

1988—1990 年，丽水地区投入资金 6811.1 万元，改造危房 28.87 万平方米，改造破旧房 24.98 万平方米，新建校舍 17.46 万平方米。危房占校舍总面积的比例，由 1987 年的 11.1%下降到 0.71%。1990 年，省政府下发《关于浙江省中小学破旧校舍改造规划的通知》，要求在 1995 年前全省基本完成改造破旧校舍任务，使破旧校舍占中小学校舍总面积的比例控制在 1%以内。丽水地区教委制定改造破旧校舍规划，1991—1995 年，投入资金 13881.7 万元，改造危房 8.21 万平方米，破旧房 37.98 万平方米。新建校舍 26.7 万平方米。

2001 年，国务院办公厅下达《转发教育部等部门关于实施中小学危房改造工程意见的通知》，8 月，丽水市教育局上报省中小学危房改造项目 175 个，被省政府批准列入中小学布局调整、危房改造项目 52 个，得到省补助资金 1520 万元。同年，丽水市投入校舍建设资金 2.84 亿元，新建校舍 5 万平方米，改造危房、破旧校舍 6.78 万平方米。2002 年，丽水市投入资金 11724.5 万元，改造危房 11.87 万平方米，占在册中小学危房面积的 91.15%。结合中小学布局调整和薄弱学校改造，新建校舍 10.03 万平方米，改造破旧房 4.9 万平方米。危房面积比上年减少 4.75 万平方米，破旧房减少 1.24 万平方米。2003 年，丽水市投入资金 636 万元，改造危房 2.62 万平方米。完成 2001 年在册的中小学危房改造任务。经查丽水市仍有危房 1.4 万平方米，破旧房 36.02 万平方米。2005—2006 年，丽水市投入资金 2529.5 万元，改造危房 30976 平方米；投入资金 9146.5 万元，改造破旧房 6.97 万平方米。至 2006 年，丽水市基本完成中小学危房改造任务。

1986—1995 年丽水地区校舍修建一览

表 32-12-5-1

年份	修建面积(万平方米)				投入资金(万元)		
	危房改造	破旧房改造	新建校舍	总面积	财政拨款	多渠道筹集	总计
1986	7.42	—	2.23	9.65	639.10	434.20	1073.30
1987	9.82	2.18	3.69	15.69	601.80	558.20	1160.00
1988	13.18	2.19	5.61	20.98	930.30	1238.40	2168.70
1989	13.76	10.88	5.51	30.15	985.80	1325.30	2311.10
1990	1.93	11.91	6.34	20.18	800.70	1530.60	2331.30
1991	1.44	6.96	1.78	10.18	423.10	659.70	1082.80
1992	1.19	7.79	6.43	15.41	880.20	1394.00	2274.20
1993	0.74	6.90	6.30	13.94	645.60	1771.90	2417.50
1994	3.43	7.95	4.84	16.22	680.20	2213.70	2893.90
1995	1.41	8.38	7.35	17.14	1451.10	3762.20	5213.30

扶贫建校

20世纪90年代初期,“希望工程”得到社会各界支持。到1995年,中青基金会、省轻工业厅、上海东南信用社、杭州汽轮动力集团公司、省青基金会、广东家洁集团、省青年成才基金会、中国银行浙江省分行、省福利企业协会、中国工行上海市分行、宁波市团委、上海氯碱化工股份有限公司,日本国利民工程等单位和赵安中先生,为丽水、青田、云和、缙云、遂昌、松阳、景宁等县(市)援建希望小学16所,援助资金210.5万元,援建校舍建筑面积8523.6平方米。

1995年,浙江省政府发动经济发达地区扶贫建校,青田、云和、庆元、松阳、景宁等县,列入省扶贫建校计划中学32所,建设项目65个,扶建校舍9.37万平方米,总投资4750万元,扶建资金2118万元,其中财政拨款1067万元,单位认捐1051万元,其余2632万元由县自筹。

第十三章　教育督导

丽水近代教育督导制度发端清末。民国3年(1914),处属各县均设视学。民国18年,处州各县视学改称县督学。1949年10月,中华人民共和国成立,丽水专区各县设有视导员或视导组。此后,受“左”倾思想影响,各县视导机构陆续被撤销。1988年9月,丽水地区教委督导室建立。1996年9月,丽水地区行署教育督导室成立。2000年丽水撤地建市后,丽水地区行署教育督导室改称丽水市人民政府教育督导室。丽水教育督导机构建立以来,先后开展义务教育专项检查与评估验收、教育强县(市、区)评估验收、教育强镇(乡)评估验收、学前教育工作督查、合格学校督导评估、学校发展水平评估等教育督导工作,推进丽水教育事业协调健康发展。

第一节　设　置

清光绪三十一年(1905),处州学部设视学官。清光绪三十二年,要求“各州、县劝学所设视学1人兼充学务总董”。青田、缙云、遂昌等县均设有视学1人兼充学务总董。

民国元年(1912),中华民国临时政府教育部设视学室,配备视学16人。省教育行政长官通令各县设置视察员,教育科2人以上者,科员兼任视察员。民国3年,处属各县均设视学。民国18年,县视学改称县督学。民国29年,青田、遂昌等县增设国民教育指导员,以加强督学职能。督学和指导员每学期分地段下乡视导学校。此后,丽水、庆元、缙云、松阳等县督学人数有所增加。督学制延伸至民国38年。

1949年11月1日，中央人民政府教育部成立，视导司作为教育部的5个内设司(厅)之一，主要任务是检查各大行政区对于中央人民政府各项教育政策、决议、指示的执行情况。丽水地区各县设有视导员或视导组，人数不等，少的1—2人，最多的有7人。后因受“左”倾思想影响，视导机构陆续被撤销。

1988年9月，丽水地区教委督导室建立，配备专职督导人员2人。1989—1990年，各县(市)督导室先后成立，系教育行政科室设置。1990年10月，地区教委督导室合并到教研室，为事业编制，督导室与教研室合署办公。1994年2月，地区教委聘任县(市)教委副主任7人为兼职督学。1996年9月，丽水地区行署教育督导室成立。配备专职或兼职督导人员8人，主任由行署副专员担任，副主任由行署副秘书长和地区教委主任担任，地区教委督导室工作人员为行署教育督导室专职人员，专职督导员根据本人条件可定为副县级。同年11月，丽水专区行政公署任命副县级教育督导员2人。此后，各县(市、区)人民政府教育督导室相继建立。主任由分管教育副县长担任，副主任由分管(联系)教育的政府办公室副主任和教育局长、分管(联系)教育督导的副局长担任。

2000年撤地建市后，丽水地区行署教育督导室改称丽水市人民政府教育督导室。2007年3月，市政府教育督导室、市教育局聘任市特邀督学21人。2008年9月，市政府教育督导室、市教育局公布市直学校和9个县(市、区)的责任区督学29人。2010年5月，经浙江省公务员局批准，丽水市人民政府教育督导室参照公务员法管理。

丽水各县(市)教委督导室成立一览

表32-13-1-1

县　别	成立时间	批准部门	当时人数(人)
丽水市(县级)	1989年5月	市编委	2
龙泉县	1989年11月	县教委	2
青田县	1989年2月	县教育局	2
云和县	1989年12月	县编委	1
庆元县	1990年9月	县编委	2
缙云县	1989年8月	县教体局	2
遂昌县	1990年9月	县教委	2
松阳县	1989年8月	县编委	1
景宁畲族自治县	1990年3月	县编委	2

丽水各县(市、区)人民政府教育督导室建立一览

表32-13-1-2

县　别	成立时间	批准单位(部门)
丽水市(县级)	1999年1月	丽水市政府
龙泉市	2005年12月	龙泉市政府
青田县	1997年7月	青田县政府
云和县	2003年12月	云和县政府办公室
庆元县	1997年10月	庆元县编制委员会

续表 32-13-1-2

县 别	成立时间	批准单位(部门)
缙云县	2003 年 9 月	缙云县政府
遂昌县	2003 年 12 月	遂昌县政府
松阳县	2003 年 12 月	松阳县政府办公室
景宁畲族自治县	1998 年	景宁县政府

第二节 制 度

清光绪三十五年(1909),清政府颁布《视学官章程》。这是中国近代史上第一个有关教育视导的文件,共 33 条,对视学区域、视学资格、视学权限、视学职任、视学经费等内容作出规定。视学官不设定员,以学部人员或直辖学堂的管理员、教员之职分相当者充任,属临时差委性质。

民国 2 年(1913),教育部颁布《视学规程》。此后,相继公布《视学处务细则》《视学留部办事规程》《视学室办事细则》等,对中央一级教育督导机构的设置、职能、任务、职权等作规定和要求。民国 7 年,教育部颁布《县视学规程》,要求各县设视学 1—3 人。民国 18 年,教育部颁发《县督学服务细则之标准》,县视学改称县督学。遂昌、松阳、龙泉等县结合当地实际情况,分别制定出本县督学服务细则。民国 21 年 12 月,《修正浙江省各县规定县督学服务细则之标准》颁布。

民国期间,省督学也曾多次到丽水、龙泉等县视察,对各县县长、教育局长办学政绩和城乡学校的教育教学、校长教师工作情形、学生学习、教育经费筹措及民众教育馆、图书馆、民众运动场等进行检查,并作出评估。

1955 年,教育部发出《关于加强视导的通知》,强调教育视导工作是教育行政工作的一部分,其主要任务是对所属学校实行国家监督和指导。

1983 年 7 月,教育部在全国普通教育工作会议上提出《建立普通教育督学制度的意见》。1987 年 3 月,国家教委发出《关于转发〈国家教委督导工作座谈会纪要〉的通知》,对督导工作的范围、内容、任务,督导机构的设置以及督学人员的条件、培训和选拔办法等作出规定。

1988 年 8 月,国务委员、国家教委主任李铁映批示,要加强执法监督,强化教育督导制度,不仅“督学”,而且要“督政”。当前国家教委督导工作的重点是对下级政府教育工作的督导。9 月,国家教委、人事部联合发出《关于建立教育督导机构问题的通知》。

1989 年 3 月,地区教委制定《丽水地区初中合格督导评估方案(试行稿)》和《丽水地区小学合格督导评估方案(试行稿)》。

1991 年 4 月,国家教委颁布《教育督导暂行规定》,教育督导的任务是对下级人民政府的教育工作,下级教育行政部门和学校的工作进行监督、检查、评估、指导,保证国家有关教育的方针、政策、法规的贯彻执行和教育目标的实现。同年 5 月,印发《普通中小学校督导评估工作指导纲要》。1991 年 12 月,国家教委制定《国家教育委员会督学聘任暂行办法》。

1995 年,《中华人民共和国教育法》颁布,将“国家实行教育督导制度和学校及其他教育机构教育评估制度”列为中国八项教育基本制度之一。

1997 年 8 月，丽水地区教委下发《关于开展创建教育强镇活动的意见》，制定“丽水地区教育强镇评定标准”。

2005 年 8 月，丽水市人民政府教育督导室下发《关于对县级人民政府教育工作开展督导评估的意见》，建立每年 1 次开展对县级人民政府的教育工作督导评估制度。

2008 年 9 月，丽水市政府教育督导室、市教育局印发《丽水市教育督导责任区实施方案》和《丽水市直属学校教育督导责任区实施方案》。

2009 年 8 月，丽水市政府教育督导室、市教育局印发《丽水市普通高中发展水平督导评估方案（试行）》。

第三节　实　施

依法督政

1988 年 9 月，丽水地区教委督导室配合全国人大、国家教委检查组对缙云县义务教育工作进行检查。1988 年 11 月，参与省政府对景宁畲族自治县普及初等教育、扫除青壮年文盲的“双验收”工作。1989 年 6 月，组织丽水地区开展“五项督导检查”[①]自查工作。1991 年上半年，各县（市）对实施九年义务教育情况开展自查，形成《丽水地区实施九年制义务教育督导报告》。1994—1995 年，对重点普通高中进行体育卫生工作督导评估检查。1995 年，缙云县通过省政府“两基”评估验收。1996 年，丽水市、云和县、龙泉市、庆元县、遂昌县、松阳县通过“两基”评估验收，青田县和景宁畲族自治县通过“扫盲”评估验收。1997 年，青田县和景宁畲族自治县通过“普九”评估验收。松阳县接受国家教委对浙江省“扫盲”评估验收的复查。从 2003 年开始，丽水市开展高标准高质量普及九年义务教育县（市）评估验收（简称两高“普九”评估验收）。12 月，对缙云县进行两高“普九”评估验收。2005 年 1 月，莲都区、云和县、遂昌县通过两高“普九”评估验收。2005 年 12 月，青田县、庆元县、松阳县和景宁畲族自治县通过两高“普九”评估验收，云和县顺利通过教育强县评估，是丽水市第 1 个成功创建教育强县。2006 年 1 月，龙泉市通过两高“普九”评估验收。同年，对县级人民政府教育工作开展以教育经费投入和“十一五”教育发展规划为主要内容的专项督导评估。2007 年，对县级人民政府教育工作开展以义务教育经费保障机制改革和职业教育六项行动计划为主要内容的专项督导评估。2008 年，对县级人民政府教育工作开展以教育经费保障和学前教育为主要内容的专项督导评估。2009 年，对县级人民政府教育工作开展以教育经费保障和教育均衡发展为主要内容的专项督导评估。2010 年，龙泉市、庆元县、松阳县和景宁畲族自治县通过第六批教育强县评估验收。

依法督校

1989 年 4 月，丽水地区对缙云县壶滨初中、壶镇小学的教育教学管理工作进行督导评估。1990

① “五项督导检查”：指一查教育经费增长和教师经济待遇的落实情况，二查校舍危房的改造情况，三查制止中小学生流失情况，四查纠正乱收费现象情况，五查《中共中央关于改革和加强中小学德育工作的通知》初步贯彻情况。

年4月，组织各县（市）教育督导人员对松阳县实验小学、水南初中的教育工作进行督导评估。1992年上半年，丽水地区开展中小学德育有关法规、文件落实情况自查。6月，对丽水中山小学、梅山中学德育工作进行督导评估。1992年10月，向省教委推荐丽水地区实验学校等学校6所为省级先进学校。1993年2月，省教委发文公布丽水地区实验学校、丽水市中山小学、庆元县新村中学、遂昌县职业技术学校、遂昌县后垄小学为省级先进学校。此后，义务教育阶段学校的督导评估工作，主要由各县（市）教育督导机构负责。1994年3—5月，对青田中学、遂昌中学、龙泉一中进行合格督导评估，该3所学校被认定为合格的省重点中学。4月，丽水中学被省教委认定为基本合格的省首批办好的重点中学。1995年4—5月，对云和中学、松阳一中、庆元中学进行合格督导评估，该3所学校被认定为合格的省重点中学。同年7—12月，对景宁一中、缙云中学的合格督导评估，该2所学校被认定为合格的省重点中学。至2009年，丽水市有省一级重点普通高中9所、省二级重点普通高中2所、省三级重点普通高中1所。2009年，对市直高中和各县（市）省一级重点普通高中开展学校发展水平评估2轮。至2010年，通过评估验收认定全部程序，丽水市有国家级重点中等职业技术学校5所，浙江省一级重点中等职业技术学校2所、二级重点中等职业技术学校4所。丽水市有省一级重点综合高中1所、省二级重点综合高中2所。

2010年丽水市高中段省等级重点学校一览

表32-13-3-1

类别	级别	学校名称及认定年份	合计（所）
普通高中	省一级	丽水中学（1997年），浙江省缙云中学（1998年），遂昌中学（2004年），浙江省青田中学（2005年），浙江省龙泉市第一中学（2005年），浙江省庆元中学（2006年），松阳县第一中学（2006年），浙江省云和中学（2005年），景宁中学（2007年）	9
	省二级	丽水学院附属高级中学（2006年），缙云县新建中学（2007年）	2
	省三级	缙云县壶镇中学（2004年）	1
综合高中	省一级	丽水第二高级中学（2006年）	1
	省二级	缙云县盘溪中学（2003年），松阳县第二中学（2005年）	2
	省三级	缙云县第二中学（2005年）	1
职业高中	国家级	缙云县职业中等专业学校（2001年），遂昌县职业中等专业学校（2006年），云和县中等职业技术学校（2006年），龙泉市中等职业学校（2008年），丽水市职业高级中学（2008年）	5
	省一级	松阳县职业中等专业学校（2006年），庆元县职业高级中学（2006年）	2
	省二级	丽水黎明学校（民办，2001年），青田县职业技术学校（2005年），丽水旅游学校（民办，2006年），缙云县工艺美术学校（2006年）	4

第三十三篇

科 学 技 术

1 科技创新

2 科技成果

3 科技信息服务

4 地震测报

5 机构与队伍

概　　述

春秋战国时期，龙泉铸剑艺人运用精湛技艺铸造的“七星剑”，为中国古代十大名剑之一。南朝时，龙泉开始烧制青瓷，历经隋唐五代至北宋早期，龙泉窑烧制技艺日趋精良，部分上等瓷器被征为贡品。“通济堰”作为南朝至清代水利建筑，拥有科学选址、拱形坝体、铁水灌缝和松木填基、科学排沙等先进技术，是中国最古老的大型水利工程之一，能确保碧湖平原中部、南部2667多公顷粮田的丰收。民国27年（1938）1月，浙江省农业改进所迁至松阳县，在丽水、云和、松阳等县设立试验场，开展良种和新技术推广，对推动丽水农业发展起到积极作用。

1949年中华人民共和国成立后，丽水专区及各县科研管理机构和科学研究机构陆续建立，制定推动科技进步的政策和规划，宣传与普及科技知识，开展群众性科学实验活动，研究并推广新技术，科学事业得到较快发展。20世纪70年代后期，丽水科学技术研究和普及在农业新技术和品种选育、工业新产品开发、传统行业技术革新、综合资源开发利用等方面都取得显著成果。

20世纪80年代，丽水地区科研项目管理先后实行统一计划，分级管理，先论证，后列题，重点项目合同管理，科研经费实行无偿和有偿相结合，贴息贷款，科技开发基金建立，科研机构事业费实行减拨或包干制等措施。21世纪初，丽水市科技项目逐步实行公开发布申报指南，立项专家预审，公开招标和科研经费实行配套上级经费50%和预留部分经费待项目完成后拨付的措施，提出“四外两基地”①科研发展新思路，科研管理体系逐步趋向完善。丽水市本级科技经费投入逐年递增，2001年科技投入4093万元，2010年投入2.45亿元。各类专业技术人员不断涌现，从1949年833人，增至2010年74933人。中高级技术职称人员分别从1984年583人和8人，增至2010年30916人和5081人。科技项目从低水平的简单实验逐步向较高层次的技术创新和开发应用发展。发展高新技术产业和推行科技特派员制度，实行星火计划，逐步拓宽科技创新和科技推广平台，使全市科技成果逐年增加，科技水平不断提高。2010年，市委、市政府召开全市科学技术大会暨人才工作会议。1978~2010年，丽水市科技成果803项，其中获省级以上的科技成果60项，有多项成果达到国内先进水平。

① “四外两基地”：科研在外、人才在外、实验在外、市场在外，丽水成为孵化基地和生产基地。

第一章 科技创新

民国9年(1920)开始，丽水先后在遂昌、松阳县培育、推广早稻南特503、505，中籼1号、8号、10号、605号、5441号。抗日战争时期，松阳塔寺下香樟油提炼厂建立，利用樟树生产代用汽油和照明油。中华人民共和国成立后，科技创新工作在农业、林业、工业等各生产领域开展。20世纪80年代后，丽水地区进行新技术产业研究。至20世纪90年代，丽水地区在农业林业选育、引进和推广良种，防治病虫，应用技术186项。21世纪后，体制机制的创新推动科技创新在各个领域深入开展，并取得显著成果。2003年，丽水市推行科技特派员制度。2005年，实施科技富民强县专项计划。至2010年，丽水市建立省级区创中心(生产力促进中心)10个，市级科技创新服务中心4个。

第一节 农业科技创新

创新服务平台

丽水市农村科技工作以农业增效、农民增收为目标，以农业创新服务平台建设及农民培训平台建设为载体，推动农业科技进步。至2010年，丽水市建立国家农业产业技术体系丽水综合试验站2个，省级区创中心(生产力促进中心)10个，市级科技创新服务中心4个，全市有绿洁食品有限公司等省级农业科技型企业56家，浙江省缙云麻鸭科技研发中心等省级农业科技型企业研发中心9家。

科技特派员制度推行 2003年4月，首批省级科技特派员入驻丽水。2003—2010年，丽水市派出省、市、县三级科技特派员1112人次；开发科技项目1258多项，争取省级以上扶贫资金2571多万元；引进新品种1952个、新技术1199项，科技示范基地5467多公顷。举办各类科技培训班2725期、受训农民15万多人次，为当地主导产业提供科技支撑。

科技富民强县专项行动计划实施 2005年7月，科学技术部、财政部联合下发《关于印发〈科技富民强县专项行动计划实施方案(试行)〉的通知》。2008年，丽水市有7个县(市、区)被列入国家富民强县行动计划，分别为缙云家禽业、龙泉竹产业、景宁惠明茶、庆元香菇产业、松阳茶产业、云和黑木耳、莲都特色果业。县域主导产业2个列为省级行动计划，分别为遂昌竹产业、青田油茶产业。至2010年，景宁、龙泉、缙云等3个县(市)第一轮科技富民强县项目顺利通过验收，龙泉、景宁等2个县(市)第2轮科技富民行动专项项目获科技部立项，项目2个获国家、省级扶持经费620万元。

传统提升产业 丽水竹产业实现竹材加工从低水平到较高水平的跨越，毛竹产业产值从2000

年的3亿元提高到2010年的35亿元。食用菌产业在食用菌纯化多糖等高新产品开发上获得小试阶段成果，利于形成产业化。水干果产业引进和培育翡翠柚、甜橘柚、甜油桃、白沙枇杷等水果品种，形成一批名特优新品种，优化水果产业结构。

农业科技成果推广　2006—2010年，丽水市争取省级以上农业科技成果转化资金项目66项，获资金1265万元，共安排市级农业成果转化项目58项，支持经费计890万元。

农业科研

1957—1963年，云和薯类作物研究所和青田县农业科学研究所分别对甘薯、马铃薯、水稻、小麦等作物的品种引进、品种选育、区域适应性和高产栽培等开展大量试验研究，建立甘薯选种圃、甘薯良种区试场，探索总结甘薯、早稻、小麦等作物高产栽培技术，为当地农业生产提供技术支撑。

丽水市农业科学研究院是丽水山区农业科技创新的主体，自1964年成立至2010年，建立之初只对种植类的粮油作物的产前、产中相关技术进行创新研究，后逐步扩展到种、养、加的产前、产中、产后多领域的创新研究，涉及的产业有粮油、水果、蔬菜、食用菌、茶叶、中药材、食品加工和畜牧养殖等，取得科研成果250多项。

新品种选育　丽水市农业科学研究院建所之初，主要从事农家品种的发掘和整理、引种和示范工作。1967年，开始立项开展常规早稻育种，1971年，开始立项开展小麦育种，1975年开始立项开展常规晚稻育种，1976年，开始秋大豆新品选育和杂交晚稻新组合选育，2001年开始水果新品种选育，2004年开始蔬菜新品种选育。先后选育成功农作物新品种24个，其中水稻新品种15个，分别为二选早、矮科早、春秋1号、浙733、二九晚、浙丽1号、浙丽1号、处州糯和汕优862、汕优6216、II优6216等 杂交水稻新组合3个，小麦新品种有丽麦16、丽恢4号，大豆新品种有丽秋1号和丽秋2号，水果新品种有丽椪2号椪柑和丽油3号油桃，蔬菜新品种有丽茭1号茭白、丽芸1号菜豆和之豇108豇豆。其中汕优6216和II优6216分别于1992年和1995年通过浙江省农作物品种审定委员会审定，推广应用面积33.33万公顷，创造经济效益3亿元；丽麦16于1987年通过浙江省农作物品种审定委员会审定，推广9.21万公顷，增产4143万千克，净增产值3314万元；丽椪2号无核椪柑于2008年通过国家林木良种审定委员会审定，推广面积66.67公顷；丽油3号甜油桃2006年通过国家林木良种审定委员会审定，推广面积470公顷，年创产值3413万元。随着农业产业结构不断调整，农业科研方向也随着调整，于2000年退出小麦育种研究，水稻育种的研究力量也逐渐被削弱。

丽水山区单季杂交稻适应性试验研究　1977年，丽水地区农科所组织实施“丽水山区单季杂交稻适应性试验研究”项目，在不同海拔（200米、400米、600米、800米、1000米左右）开展高产示范、杂交组合比较及分期播种移栽等多项试验研究工作。通过3年试验，基本明确单季杂交稻增产显著，推广杂交稻是夺取山区单季稻高产的新途径。摸清山区气候的特点及不同海拔高度杂交季单稻的生态变化规律和不同组合单季杂交稻的种植海拔上限。选择不同海拔的适宜杂交组合及适宜的播种移栽期，制定几项促进早熟、防止单季杂交稻冷害夺高产的关键技术措施等，从而为山区大面积推广应用杂交稻提供重要科学依据。

水稻病虫害综合防治技术研究　1986—1989年，丽水地区农科所组织开展丽水山区单季稻主要病虫害综合防治技术研究，以云和梅源作为试验基点，开展综合防治关键技术的试验研究和示范推广工作，浙西南山区单季稻病虫综合防治技术体系以抗病高产良种为中心，改水灌溉和健身栽培为基础，协调用药和保护利用天敌为辅助，并制定出规范图，建立地、县、乡、村四级的综防组织，形成试验、示范、推广的辐射体系，成果在丽水山区大面积推广，取得显著经济效益和生态、社会效益。

浙江省蝴蝶种类研究　1979—1994年，丽水地区农科所对浙江省的蝴蝶种类、发生、分布等进行系统的、全面的调查研究。通过调查、饲养研究，采集浙江蝶类标本3万多号，鉴定出浙江蝶类11科，340种，其中省内新纪录146种，在《中国蝶类志》上发表新种4个和新亚种4个；国内首次发现并报道蝶类27种的发生世代，蝶类26种的越冬虫态和蝶类25种的寄主植物。首次摸清并报道黑紫蛱蝶、叉纹剑凤蝶等珍蝶的生活史；掌握浙江省主要农林蝶类害虫的发生、为害情况，在研究中，先后在国内外专业期刊上发表蝶类论文17篇，编著出版《浙江蝶类志》，在丽水建立首家蝴蝶馆，向中小学生和市民免费开展科普教育，其研究成果居国内蝶类研究领先水平。

长豇豆无公害生产技术研究与推广　2003—2004年，丽水市农科所组织技术团队开展长豇豆无公害生产技术研究与推广，利用研究成果在莲都区推广面积849.13公顷，增加经济效益435.8万元，同时促进农田生态系统向良性发展。

蔬菜嫁接栽培技术应用研究　丽水市农科所针对茄果类、瓜类蔬菜土传病害重而开展，2003—2009年通过选用抗病性强的砧木和丰产性好接穗在番茄、茄子、黄瓜、西瓜等作物上进行应用，取得很好的效果。5年推广1333.33公顷，有效减轻黄瓜根腐病、西瓜枯萎病、番茄青枯病、茄子黄萎病的发生。

植物快繁技术研究　2002年，丽水市农科所研究成功植物快繁技术，有国内外单位500多家和个人引进该技术，推广面积9900公顷，增加产值4.45亿元，净增产值2.23亿元。

红棕象甲的发生与防治　2008年，丽水市农科所科技人员在园林病虫害调查中，发现森林检疫性害虫——红棕象甲在莲都城区严重为害近年引进种植的加纳利海枣绿化树种。该虫在浙江省属首次发现。由于该虫繁殖量大，且在寄主体内隐蔽危害，防治难度大，对丽水市区及各县(市)的加纳利海枣绿化树种造成毁灭性的危害。丽水市通过调查，初步明确该虫在丽水市发生、分布及为害情况；并根据该虫发生为害特点，提出做好检疫工作，严禁从疫区引进带虫苗木等的防治措施。

小秧带泥插　小秧带泥插是缙云县农民自发总结出的一种早稻育秧新技术。其特点，节省秧田、防止烂秧、早发早熟，早稻产量从200千克/亩提高到350千克/亩。1967年，缙云县壶镇开始试验小秧带泥插技术。1970年，缙云县应用面积4666.67公顷，占全县可种早稻面积50%以上。1971—1972年，缙云县推广面积又有所增加。

林业科研

20世纪70年代初，龙泉县林业科学研究所培育成功杉木良种“龙15”，并建立县级杉木良种繁育基地，1984年被列为全国林木种子公司与省林业厅联办杉木良种基地。至1990年，全县建杉木种子园58.84公顷，杉木无性繁殖采穗园1.02公顷，提供接穗1500多株、根蘖插穗7万多株，生产杉木良种7545.29千克，育苗100.60公顷，利用量种造林1.37万公顷。1979年，青田油茶科研所完成的《油茶煤污病防治》获省科学大会奖一等奖。20世纪80年代初，地区科委组织科考队对九龙山、凤阳山、百山祖、大洋山开展自然资源综合科学考察，为自然资源的保护和利用提供可靠的科学依据。

丽水市林业科学研究院自1975年成立以来，针对丽水山区实际，对森林资源与环境、食用菌、中药材、果树、竹类等领域开展创新研究，在工业原料林培育、油茶高效栽培技术引进与研发、乡土观赏植物资源开发与应用、实用林业机械研发、牛肝菌仿生栽培技术研究、中药材种质资源收集、林药复合经营技术研究、中药材保健食品研发、竹类资源的开发与利用，竹林培育与经营管理，优良经济竹种选育等方面都取得较大创新成果，成功选育出“处红柚”“翡翠柚”“无籽瓯柑”等拥有自主知识产权的果树良种3个。

特色山野菜有机化栽培示范与推广　2006—2008年期间，丽水市林科院通过对马兰、马齿苋、败酱、树参、水竹5种山野菜的有机化栽培技术研究，提出并完善5种山野菜的有机化栽培技术规程，集成并提升5个种的有机化栽培关键技术。项目通过采取“公司+农户+基地”的推广模式，与当地加工企业合作5家，建立示范基地，现场技术指导，技术培训，效果显著。2007—2009年，推广面积1240公顷，加工产量1109000千克，新增产值5894万元，新增利润2697万元。

鱼腥草种质资源收集与GAP种植技术研究　2006—2008年期间，丽水市林科院通过研究首次收集全国鱼腥草主产区种源23个，建立种质资源圃，并开展种源试验、生物学特性与DNA分子标记研究，提出可以将鱼腥草划分为类型2个。研究建立鱼腥草气相色谱指纹图谱、高效液相指纹图谱及主要活性成分含量测定方法，发现14个不同种源鱼腥草的主要挥发油成分含量均存在极显著差异，并与形态特征、分子标记存在显著的相关性。对23个鱼腥草种源的地上茎叶、地下根干鲜品产量和主要有效成分甲基正壬酮及黄酮含量比较研究，筛选出浙江嘉善、浙江嵊州优良种源2个，同对照浙江莲都种源相比，其地上茎叶单位面积产量分别高50.50%和44.50%，甲基正壬酮含量分别高141%和27.10%。制定《鱼腥草》企业标准，先后建立青田海口、龙泉竹垟、松阳小槎等示范基地3.33公顷，为鱼腥草产品生产企业提供优质资源。

野生灌木地被种质资源库构建及开发利用研究　2006—2008年期间，丽水市林科院通过调查研究收集野生地被植物优良类型70个，建立区域性野生灌木地被植物种质资源库；建立野生地被植物的综合评价体系，并利用该体系评价野生地被植物资源36种；系统研究野生灌木地被植物资源12种的生物学、生态学特性，野生地被植物资源10种的产业化关键技术，野生灌木地被植物15种的园林应用技术，进行新开发产品的园林应用示范和苗木生产示范；研究制定《小叶蚊母扦插苗生产技术规程》《小叶赤楠籽播育苗生产技术规程》《朱砂根籽播容器苗生产技术规程》等苗木生产企业标准。

牛肝菌仿生栽培技术研究　2003—2006年期间，丽水市林科院通过调查研究，初步摸清缘盖牛肝菌、褐环粘盖牛肝菌发生和发育的生态条件，明确适宜其子实体发生和发育的林分结构、立地条件、降雨量、温度等指标。首次采用菌塘复壮、林分改造和人工催菇技术，对缘盖牛肝菌的仿野生栽培进行系统研究，建立以菌塘复壮和人工催菇技术为主，以林分结构调整和子实体合理采摘为辅的增产增效技术体系。研究出褐环粘盖牛肝菌菌种分离、培养、菌塘复壮和菌根苗培育技术，并成功地以马尾松、湿地松种苗为材料，接种褐环粘盖牛肝菌菌丝体，在苗圃地栽培出批量褐环粘盖牛肝菌子实体，突破褐环粘盖牛肝菌人工栽培关键技术。项目研究处于国际先进水平，在褐环粘盖牛肝菌菌种扩繁和苗圃地人工栽培方面填补国际同类研究领域的空白。

食用菌产业　20世纪80、90年代，开展食(药)用菌高产稳产栽培技术研究、黑木耳制种、代料人工栽培香菇、灰树花高产栽培技术研究、长裙竹荪人工室外栽培研究等创新研究。“十五”以来，丽

水市实施食用菌科技项目 79 项，投入科技经费 1800 多万元，着力推进食用菌产业产前、产中、产后科技创新。实施的项目涉及菌种选育、有机栽培、精深加工等整个产业链。投入 120 多万元的“牛肝菌菌根成因及仿生栽培技术研究”项目的实验室试种和室外小规模试种都获成功，开创菌根食用菌人工栽培新领域，填补国际同类研究的空白。

第二节　工业科技创新

丽水地处山区，工业基础比较薄弱，但科技人员对工业科技创新的热情始终很高。在 20 世纪 70、80 年代，开展双层双密度干电解电容器纸、小功率电涡流测功机研制、废羽毛制蛋白胨、瓷器乌金釉研究、CTK 型可控硅调光器、云峰牌 1100 型柴油机、MSO—Ⅱ型可调式金属头颅咬合架、遂昌金矿金银回收率研究、人工花粉育蜂灵研制、天然沸石作水泥混合材和洗衣粉助剂研究、毛竹旋片生产工艺、小功率柴油机喷嘴结构参数改进、宋窑瓷器与哥窑形象开片研究等 120 项创新研究，促进企业效益的提高。1972 年，缙云县发现天然沸石，至 1990 年开采沸石 3.7 万千克，供水泥混合材和洗衣粉助剂利用，创利约 1000 万元。1984 年，缙云县科委实验室研制的人工花粉育蜂灵，至 1990 年共生产销售 12 万千克，增值 900 多万元。

2000 年，丽水撤地设市以来，提出“生态立市、工业强市、绿色兴市”，高度重视生态建设，生态工业企业创新意识和能力逐步增强，规模以上工业企业开展科技活动比例提高，丽水市科技局项目经费 1/3 以上用于工业科技创新项目，重点产业科技创新步伐加快，微电机、带锯床、汽车空调零配件产业建立省级高新技术特色产业基地，松阳建立不锈钢管业省级区域创新服务中心。实施《特色机电装备产业提升关键技术研发与应用》《汽配产业转型升级关键技术研发与示范》《大型带锯床关键技术研究及产业化应用》《合成革产业循环经济关键技术研发与示范》《合成革工艺废水治理技术研发与示范》《革基布行业水循环综合利用技术研发》《合成革绿色生产工艺及品质提升关键技术开发与示范》《原位杂化改性高物性新型 PU 合成革的研究和开发》《合成革用水性聚氨酯树脂的研发与应用》《水性树脂在离型纸上的应用研究》《遂昌金矿残矿回采及空区处理技术研究》《一种电解电容器纸及其制备方法》《替代光气、氯化亚砜等有毒有害原料的绿色化学技术开发及推广应用》《大口径不锈钢连铸圆（方）坯》等省市重点科技项目。2010 年，丽水市规模以上工业新产品产值率 11.8%。

第三节　其他行业的科技创新

1970 年，缙云县盘溪梯级电站开始建设，利用水头落差大的特点，反复利用尾水，至 1986 年先后，建成六级电站，装机 8930 千瓦，至 1990 年，发电 4 亿多千瓦时，产值 3000 多万元，利润 1500 多万元。2008 年，丽水市完成省重大科技项目合成革循环经济发展关键技术研发的各项任务与目标，安排“丽水市农业废弃物与城市淤泥循环利用关键技术开发与产业化”等一批循环经济发展项目。

推出生态科技大项目，全面完成生态市建设的科技任务。继续推进莲都区、遂昌县省级可持续发展实验区的建设。2009年，丽水市政府与同济大学共同出资组建“同济大学丽水中药研究院”，同济大学副教授以上级别的专家、学者10人常驻丽水，组建科技创新平台4个，实施“薏苡种质资源多样性评价及利用研究”等一批中药材发展项目。组织实施一大批中医药科技项目，“十五”以来实施中药材项目119项，落实科研经费2126.5万元。

“十一五”以来，丽水市加大社会事业领域科技进步的支持力度。重点引进和开发清洁生产、节能降耗等方面的先进实用技术，形成循环经济发展的技术支撑体系。2010年，钢铁废水金属回收、绿色皮革制造、化工绿色合成、生物法废气处理、中水回用、工业余热回用等清洁生产关键技术攻关取得突破性进展，并实现规模化推广应用。太阳能热泵、水锤泵等清洁能源技术在城市和农村加速推广，太阳能热水器、农村沼气等技术在城乡基本普及。

第二章　科技成果

1978年中共十一届三中全会后，丽水科技事业发展较快，科技水平不断提高。1985年，丽水地区实施《中华人民共和国专利法》，地、县科委兼管专利工作。至1990年，丽水地区申请专利185项，其中获得专利权102项。21世纪，丽水市加大政府政策引导，推动企业自主创新，提高企业核心竞争力。2001—2010年，丽水市获国家级奖励4项，省科学技术奖31项。2001—2005年，丽水市专利申请量1688件，专利授权量837件。至2010年，丽水市有省级高新技术特色基地3个、国家重点支持高新技术企业42家、省级科技型中小企业45家、省级创新型试点企业7家、省级高新技术企业研发中心31个，丽水市高新技术企业及高新技术产品实现产值92.80亿元。

第一节　知识产权

1985年4月，实施《中华人民共和国专利法》，丽水地区科委兼管专利工作。1985年5月，丽水师专陈春平“七柱式叠片单铁心三相饱和电抗器”被国家专利局授予专利权。进入21世纪，市委、市政府实施“三市并举”发展战略，坚持以“加大政府政策引导，着力推动企业自主创新”为工作主线，加大知识产权的宣传和培训力度，健全和完善政府有关知识产权方面的激励政策，加强知识产权保护力度，鼓励企业创新立业，提高企业的核心竞争力。丽水市获国家知识产权试点、省知识产权示范、市专利示范企业称号企业39家。“十五”期间，丽水市专利申请量为1688件，专利授权量837件。“十一五”期间，丽水市专利申请量5885件，专利授权量4468件。

2001—2010 年丽水市专利一览

表 33-2-1-1　　　　单位：件

年　份	申请量	授权量
2001	184	136
2002	212	155
2003	268	122
2004	340	152
2005	684	272
2006	836	560
2007	923	652
2008	976	692
2009	1582	991
2010	1568	1573

第二节　高新技术产业

丽水高新技术产业主要集中在光机电一体化、新材料、生物医药等领域，主要分布在市本级及缙云、遂昌、青田、龙泉 4 县，占丽水市高新技术产业产值 93%。1996 年起，丽水地区科委开展省级高新技术企业及产品认定工作。2000 年 8 月，丽水市政府制定《丽水市高新技术企业（产品、项目、成果）认定办法（试行）》，丽水市高新技术认定委员会成立，负责市级高新技术企业及产品认定工作。到 2008 年，丽水市省级高新技术企业 47 家，省级高新技术产品 102 个，丽水市认定市级高新技术企业 21 家，市级高新技术产品 40 个。2008 年 7 月，科技部、财政部、国家税务局联合印发《高新技术企业认定管理办法》及《国家重点支持的高新技术领域》，省、市高新技术企业、产品认定工作暂停。

至 2010 年，丽水市认定国家级高新技术企业 40 家，实现工业产值 48.80 亿元，销售收入 43 亿元，创利税 6.83 亿元。2010 年，丽水市实现高新技术产业增加值 22.81 亿元，同比增长 65.29%，高新技术产业增加值占工业增加值比重 7.93%，高新技术产业实现利税 6.83 亿元。

高新技术企业和科技型中小企业

至 2010 年，丽水市有省级高新技术特色产业基地 3 个，国家级高新技术企业 40 家，其中市本级 14 家，省级创新型试点企业 3 家，科技型中小企业 59 家。

2010 年丽水市高新技术企业一览

表 33-2-2-1

序号	企 业 名 称	县别	认定批次	地　　址	法人代表
1	浙江富来森中竹科技有限公司（原浙江富来森中竹科技股份有限公司）	市本级	2008.03	天宁工业区天宁街 888 号	张德先

续表 33-2-2-1

序号	企 业 名 称	县别	认定批次	地　　址	法人代表
2	浙江众益制药股份有限公司（原浙江丽水众益药业有限公司）	市本级	2008.03	丽水市水阁工业区绿谷大道279号	周益成
3	浙江方正电机有限公司	市本级	2009.02	丽水市天宁工业区24号	张　敏
4	浙江瑞泰电力电子有限公司	市本级	2009.02	丽水市人民路888号	夏小锋
5	浙江鸿汇医药物流有限公司	市本级	2010.01	丽水经济开发区垟店路5号	王培衡
6	浙江维康药业有限公司	市本级	2010.01	丽水经济开发区水阁工业区	刘忠良
7	浙江万赛软件科技有限公司（原浙江联信软件科技有限公司）	市本级	2010.01	丽水市莲都区丽阳街459号5楼	朱奕霏
8	中业阀门集团有限公司	市本级	2010.03	水阁工业区石牛路252号	林永通
9	天特阀门集团有限责任公司	市本级	2010.03	水阁工业区垟店路3号	柳温柔
10	浙江泰德新材料有限公司	市本级	2010.03	水阁工业区绿谷大道335号	陈迎春
11	浙江顺虎德邦涂料有限责任公司	市本级	2008.04	丽水市水阁工业区绿谷大道70号	胡士满
12	浙江丽水有邦新材料有限公司（浙江丽水有邦化工有限公司）	市本级	2010.03	水阁工业区绿谷大道339号	夏剑锋
13	丽水市南明化工有限公司	市本级	2010.02	丽水经济开发区通济街19号	夏仲平
14	浙江三联环保机械设备有限公司（原丽水市三联环保机械设备有限公司）	市本级	2010.02	水阁工业园区云景路94号	纪伟勇
15	浙江乾麟缝制设备有限公司	莲都区	2008.04	丽水天宁工业区和平路69号	赵乾麟
16	丽水万控电气有限公司	莲都区	2009.03	丽水市莲都工业区南山园区	王兆玮
17	瓯宝安防科技股份有限公司	莲都区	2010.02	丽水市碧湖镇碧兴街809号	陈晓建
18	浙江三田滤清器有限公司	龙泉市	2010.03	龙泉市五金汽配科技园	陈积松
19	浙江创新汽车空调有限公司	龙泉市	2010.03	龙泉市工业园区广通街83号	叶伟锋
20	浙江利隆精密轴承制造有限公司	云和县	2010.01	云和镇祥云路15号	林　和
21	浙江鑫通电子有限公司	云和县	2010.03	云和镇兴昌街68号	陈伟民
22	浙江方格药业有限公司	庆元县	2009.02	庆元县松源镇星光路花园桥	徐财泉
23	浙江双枪竹木有限公司	庆元县	2009.03	庆元县会溪工业园	郑承烈
24	浙江佳缘竹木有限公司	庆元县	2010.03	庆元县竹口镇工业区	吴泽平
25	浙江锯力煌锯床有限公司	缙云县	2008.04	缙云壶镇南湖工业区	李新富
26	浙江省缙云县天煌实业有限公司	缙云县	2008.04	缙云壶镇贤母路107号	胡梅媛
27	缙云县高新机械制造有限公司	缙云县	2008.04	缙云县壶镇镇西山路209号	林绿高
28	浙江山蒲照明电器有限公司	缙云县	2009.02	缙云壶镇南湖工业区	江　涛
29	浙江晨龙锯床有限公司	缙云县	2009.02	缙云壶镇镇东北路158号	丁泽林
30	浙江金马逊机械有限公司	缙云县	2009.02	缙云县工业区（新碧镇）	林伟明
31	浙江一胜特工模具股份有限公司	缙云县	2009.03	缙云五云镇上交岭	田庆亮
32	浙江硅都电力电子有限公司	缙云县	2009.03	缙云五云镇大桥南路295号	金小玲
33	浙江正邦电力电子有限公司	缙云县	2009.03	缙云五东工业区	李永晋

续表 33-2-2-1

序号	企业名称	县别	认定批次	地址	法人代表
34	浙江江兴汽车检测设备有限公司	缙云县	2010.03	缙云工业园区新辉路 18 号	周申生
35	浙江伟业锯床有限公司	缙云县	2009.04	缙云县壶镇镇姓汪村	汪伟燕
36	浙江省凯恩特种材料股份有限公司	遂昌县	2008.02	遂昌凯恩路 108 号	王白浪
37	浙江利民化工有限公司	遂昌县	2008.03	遂昌县庄山	赖志成
38	浙江凯恩电池有限公司	遂昌县	2009.03	遂昌县环城南路 182 号	潘洪革
39	浙江科马摩擦材料股份有限公司	松阳县	2008.03	松阳县望松工业区	王宗和
40	浙江康恩贝中药有限公司	松阳县	2010.03	松阳县县城环城西路 150 号	徐建洪

2010 年丽水市省级创新型试点企业一览

表 33-2-2-2

序号	企业名称	县别	地址	法人代表
1	浙江三辰电器有限公司	青田县	浙江省青田水南公路 41 号	陈立荣
2	浙江省凯恩特种材料股份有限公司	遂昌县	遂昌凯恩路 108 号	王白浪
3	浙江利民化工有限公司	遂昌县	浙江利民化工有限公司	赖志成

2010 年丽水市科技型中小企业一览

表 33-2-2-3

序号	企业名称	县别	年份	备注
1	浙江顺虎德邦涂料有限公司	市本级	2003	认定高新技术企业
2	丽水市奥士玛蓄电池隔板有限公司	市本级	2008	—
3	丽水市振华轴承制造有限公司	市本级	2008	—
4	丽水乾麟缝制设备有限公司	莲都区	2003	—
5	丽水市天乐巾被有限公司	莲都区	2007	—
6	丽水市宝欣催化剂分子筛有限公司	莲都区	2008	—
7	龙泉市兰通空调设备有限公司	龙泉市	2003	认定高新技术企业
8	浙江国镜药业有限公司	龙泉市	2003	—
9	浙江商讯科技有限公司	龙泉市	2003	更名商讯集团有限公司，认定高新技术企业
10	龙泉市龙化有限责任公司	龙泉市	2003	—
11	龙泉市宏金制冷设备有限责任公司	龙泉市	2003	—
12	龙泉市松信汽车空调有限公司	龙泉市	2003	—
13	浙江德利赛空调有限公司	龙泉市	2008	—
14	浙江欧亚迪汽车空调器有限公司	龙泉市	2008	—
15	浙江毅力汽车空调有限公司	龙泉市	2009	认定高新技术企业
16	浙江创新汽车空调有限公司	龙泉市	2009	认定高新技术企业

续表 33-2-2-3

序号	企 业 名 称	县别	年份	备　注
17	浙江龙泉兄弟之星汽配有限公司	龙泉市	2009	—
18	浙江蒋氏刀剑有限公司	龙泉市	2009	—
19	浙江博威汽车空调有限公司	龙泉市	2010	—
20	浙江伟林机械零部件有限公司	龙泉市	2010	认定高新技术企业
21	青田特种设备制造有限责任公司	青田县	2003	更名绿水分离设备有限公司，认定高新技术企业
22	云和县木制工艺品有限公司	云和县	2003	—
23	云和县半球实业有限公司	云和县	2004	—
24	云和县振鹏实业有限公司	云和县	2006	—
25	浙江鑫通电子有限公司	云和县	2006	—
26	丽水市云和县金马工艺品有限公司	云和县	2007	—
27	云和县正艺玩具厂	云和县	2007	—
28	浙江和信玩具有限公司	云和县	2007	—
29	浙江新云工艺品有限公司	云和县	2009	—
30	云和县金茂工艺品有限公司	云和县	2008	—
31	庆元县金源真菌多糖制品有限公司	庆元县	2003	—
32	浙江节节高炭业有限公司	庆元县	2006	—
33	浙江双枪竹木有限公司	庆元县	2007	认定高新技术企业
34	浙江久灵笔刷有限公司	庆元县	2008	—
35	浙江佳缘竹木有限公司	庆元县	2009	认定高新技术企业
36	庆元县富来森中竹炭业有限公司	庆元县	2009	—
37	浙江可信竹木有限公司	庆元县	2010	申请认定高新技术企业，已公示
38	浙江安南炭业科技有限公司	庆元县	2010	申请认定高新技术企业，已公示
39	浙江鸿瑞基业汽车零部件有限公司	庆元县	2010	认定高新技术企业
40	浙江南方竹木制品有限公司	缙云县	2003	—
41	浙江东方工具制造有限公司	缙云县	2003	更名浙江一胜特工模具股份有限公司，认定高新技术企业
42	浙江锯力煌锯床有限公司	缙云县	2003	认定高新技术企业
43	浙江天喜实业集团有限公司	缙云县	2003	—
44	浙江晨龙橡胶实业有限公司	缙云县	2003	—
45	浙江众发实业有限公司	缙云县	2003	—
46	浙江省恒强针车实业有限公司	缙云县	2003	—
47	浙江晨龙锯床有限公司	缙云县	2003	—
48	浙江同德电子机械有限公司	缙云县	2008	—
49	缙云县高新机械制造有限公司	缙云县	2008	认定高新技术企业
50	浙江得力机床制造有限公司	缙云县	2008	认定高新技术企业

续表 33-2-2-3

序号	企业名称	县别	年份	备注
51	浙江正达模具有限公司	缙云县	2009	—
52	遂昌县文照竹炭有限公司	遂昌县	2008	—
53	浙江遂昌惠康药业有限公司	遂昌县	2008	—
54	浙江池禾化工有限公司	遂昌县	2003	更名浙江合新科技有限公司,认定高新技术企业
55	遂昌碧岩生态资源开发行	遂昌县	2010	—
56	浙江英特制药有限公司	松阳县	2003	—
57	松阳县同济机械厂	松阳县	2006	—
58	浙江雷克机械工业有限公司	松阳县	2008	—
59	浙江联达电机有限公司	松阳县	2008	—

高新技术研发与产业化

1986—1990年,实施"星火计划"68项,其中国家级项目有代料栽培香菇高产技术等5项;省级项目有免烧化学砖生产技术及压砖机研制、镰刀机械化生产线、食用菌机成套设备研制、黑钢玉树脂砂轮技术、出口木制玩具、阀门生产技术、植物香料开发等25项;地级有异型荧光灯生产技术,笋用竹高产技术,白鹅养殖及综合利用技术等6项。县(市)级项目32项。投入资金4311.05万元,新增产值26168万元,税利1038.5万元,创汇3201万美元,转移农村劳动力312万人,贫困户脱贫致富2000多户。1988年10月,参加省星火计划成果展览交流会23项,出售新产品4种,成交额456.4万元,其中出口加拿大黑钢玉砂100万千克,价值250万元。1989年,有单位34个、项目64个参加全国星火计划成果展览交易会,成交额居全省第二位。至1990年,获省星火计划项目先进集体二等奖2项、三等奖3项,个人三等奖2项;省星火计划成果展览交流会奖18项;国家星火计划成果展览交易会金奖10项,银奖16项,并获展团一等奖。

2010年,浙江山蒲照明电器有限公司建立浙江省电光源工程技术研究中心。到2010年,丽水市有高新技术企业研发中心30家,省级工程技改研究中心1家。

2010年,申报省重大科技专项43项,公益技术应用研究计划项目82项;新上国家创新基金项目9项,获创新基金补助经费840万元,新上国家自然科学基金项目1项,经费33万元,这2项创下历年争取同一批次项目经费之最。

2010年丽水市高新技术企业研发中心一览

表 33-2-2-4

序号	名称	县别	批准年份
1	浙江凯恩特种材料纸高新技术研发中心	遂昌县	2000
2	浙江利民化工高新技术研究开发中心	遂昌县	2001
3	浙江寿尔福有机硫高新技术研究开发中心	缙云县	2002
4	浙南环保型蓄电池隔板省级高新技术研究开发中心	市本级	2003
5	有邦固体光气技术省级高新技术研究开发中心	市本级	2003

续表 33-2-2-4

序号	名　　称	县 别	批准年份
6	三辰电器省级高新技术研究开发中心	青田县	2003
7	四方电力半导体器件省级高新技术研究开发中心	缙云县	2003
8	方正电机省级高新技术研究开发中心	市本级	2004
9	商讯数据电缆省级高新技术研究开发中心	龙泉市	2004
10	顺虎德邦环保型涂料省级高新技术研究开发中心	市本级	2005
11	华星电机省级高新技术研究开发中心	市本级	2005
12	松信汽车热交换器省级高新技术研究开发中心	龙泉市	2005
13	青田水处理设备省级高新技术研究开发中心	青田县	2005
14	天煌节能灯省级高新技术研究开发中心	缙云县	2006
15	科马摩擦材料省级高新技术研究开发中心	松阳县	2006
16	瑞泰电气控制与检测设备省级高新技术研究开发中心	市本级	2007
17	新劲汽车空调自控元件省级高新技术研究开发中心	龙泉市	2007
18	恒丰汽车空调配件省级高新技术研究开发中心	龙泉市	2007
19	纳富特生物医药省级高新技术研究开发中心	龙泉市	2007
20	方格真菌深加工省级高新技术研究开发中心	庆元县	2007
21	金马逊管件成型装备省级高新技术企业研究开发中心	缙云县	2008
22	众益固体制剂(微丸)省级高新技术企业研究开发中心	市本级	2008
23	池禾造纸化学品省级高新技术企业研发中心	遂昌县	2008
24	山蒲电光源省级高新技术企业研发中心	缙云县	2008
25	硅都晶闸管芯片省级高新技术企业研发中心	缙云县	2008
26	国境药物省级高新技术企业研发中心	龙泉市	2008
27	晨龙数控带锯床省级高新技术企业研发中心	缙云县	2009
28	缙云高新拉削装备省级高新技术企业研发	缙云县	2009
29	锯力煌带锯床省级高新技术企业研究开发中心	缙云县	2010
30	凯恩新型动力电池省级高新技术企业研究开发中心	遂昌县	2010

第三节　科技成果奖励

1977—1990 年，丽水地区获科技成果奖励 504 项，其中全国科学大会奖 3 项、国家发明四等奖 1 项、国家科技进步一、三等奖各 1 项，省人民政府科学大会一等奖 1 项、二等奖 4 项、科技进步一等奖 1 项、二等奖 7 项，地区行政公署科学大会表彰成果 117 项、科技进步奖 176 项。2001—2010 年，丽水市获国家级奖励 4 项，其中国家技术发明二等奖 1 项，国家科学技术进步奖二等奖 3 项。省科学技术奖 31 项，其中省科学技术二等奖 5 项，省科学技术三等奖 26 项。评出市科学技术进步奖 230 项，其中市科学技术一等奖 21 项，市科学技术二等奖 79 项，市科学技术三等奖 130 项。市星火奖 34 项，其中市星火奖一等奖 4 项，市星火奖二等奖 10 项，市星火奖三等奖 20 项。

若干年份丽水市获得国家级奖项目一览

表 33-2-3-1

编 号	项目名称	主要完成单位主要协作单位	主要完成人员	等 级
	水稻秧苗带土移栽	缙云县雁岭公社、壶镇公社		1978 年全国科学大会奖
	耐高温干电解电容器纸	遂昌造纸厂		1978 年全国科学大会奖
	中国沸石矿的发现及在海水提钾和催化剂中的应用研究	缙云县科委		1978 年全国科学大会奖
	无隙电抗器	丽水师范专科学校等 2 个单位	陈春平、周德贤	1987 年国家发明四等奖
	东风 8 型内燃机车（该厂完成机车柴油机燃油系统油泵总成、嘴油器总成）	浙江丽水油嘴油泵厂		1990 年国家科技进步一等奖
	新型蜂王浆高产全塑台基条研制	缙云县科委实验室等		1990 年国家科技进步三等奖
F-213-2-04	替代光气、氯化亚砜等有毒有害原料的绿色化学技术开发及推广应用	浙江工业大学、遂昌利民化工有限公司	苏为科、夏建胜、李永曙、李峰、梁现蕊、谢媛媛	2007 年度国家技术发明奖二等奖
J-251-2-13	都市型设施园艺栽培模式创新及关键技术研究与示范推广	中国农业科学院农业环境与可持续发展研究所、北京市农林科学院、中国农业大学、上海交通大学、丽水市农业科学研究院、北京中环易达设施园艺科技有限公司、上海交鑫生物科技有限公司	杨其长、李远新、宋卫堂、牛庆良、赵冰、黄丹枫、徐伟忠、魏灵玲、汪晓云、程瑞锋	2009 年度国家科学技术进步奖二等奖
J-202-2-07	竹碳生产关键技术、应用机理及系列产品开发	浙江林学院、南京林业大学、遂昌县文照竹碳有限公司、衢州民心碳业有限公司、福建农业大学、浙江富来森中竹科技股份有限公司、浙江建中竹业科技有限公司	张齐生、周建斌、张文标、马灵飞、鲍滨福、陈文照、陆继圣、邵千钧、叶良明、钱俊	2009 年度国家科学技术进步奖二等奖
J-201-2-05	香菇育种新技术的建立与新品种的选育	上海市农业科学院、三明市真菌研究所、华中农业大学、浙江省庆元县食用菌科学技术研究中心、武义县真菌研究所、浙江省林业科学研究院	潘迎捷、黄秀治、林芳灿、吴克甸、李明焱、谭琦、曾金凤、陈俏彪、陈明杰、朱惠照	2008 年度国家科学技术进步奖二等奖

1979—2010 年丽水市获省科学技术进步奖一览

表 33-2-3-2

获奖年份	项目名称	完成单位	完成人员	获奖等级
1979	链篦机—回转窑金属球团(中试)	[完]云和钢铁厂		一等奖
1979	九龙山发现林相较好的天然林和较丰富的森林植物资源	[完]遂昌县林科所、地区林科所、浙江林校、庆元县林科所		二等奖
1982	深山含笑、巨紫荆等 11 个乡土树种发掘利用	[完]松阳县林科所等单位	周家骏、郑富元、汤兆成、徐荣章、雷根法、吴鸣翔、程忠生	二等奖
1983	粮食作物主要害虫天敌资源调查与利用	[协]缙云县农科所	徐加生、程忠方、李思椿、戴雪琴等	二等奖
1985	提高浙江省遂昌金矿金、银回收率研究	[完]遂昌金矿等单位	刘宝恒、马凤钟、姜炳华	二等奖
1985	杉木种子园亲本选择及其育种程序	[完]龙权县林科所等 9 个单位		二等奖
1988	多效唑控制连晚秧苗徒长技术及作用机理研究	[完]丽水地区农科所	王熹、张金渝、陈善坤、董祖淦、王祥根	二等奖
1989	水稻“三病三虫”综合防治技术研究	[完]丽水地区农科所等单位	黄次伟、高春生、许爱华、林毅、王连生等	二等奖
2001	ML 型粉状乳化炸药	[完]浙江利民化工有限公司 [协]北京矿冶研究总院	汪旭光、赖志成、康廷璋、李峰、张晓智、李子强、戴建毅等 20 人	三等奖
2002	“九五”星火 5—10 工程	[完]丽水市科技局、遂昌县科委、龙泉市科委、松阳县科委、云和县科委、景宁畲族自治县科委	胡雪强、谢根宝、王小平、徐经验、张显招、张贤忠等 23 人	三等奖
2002	WS2 型电解电容器纸	[完]浙江凯恩特种纸股份有限公司	陈万平、王白浪、叶跃源、朱春树、邱忠瑞等 12 人	三等奖
2003	一体机热敏蜡纸原纸	[完]浙江凯恩特种纸股份有限公司	雷荣、王贤炉、华肖平、王法水、毛香琴	三等奖
2003	遂昌金矿残矿回采及空区处理技术研究	[完]浙江省遂昌金矿设计研究所	饶运章、高国庆、翁庆云、赵奎、何益民、朱建新、施东风、熊正明、杨文煌、饶俊、杨建国、毛伟雄、付宁、查艺飞、孙庆林、邵全军、钏春惺、叶亲忠	三等奖
2003	厚朴生产质量管理规范化技术研究	[完]丽水市林业科学研究所、浙江林学院 [协] 中国医学科学院药用植物研究所、景宁畲族自治县科技开发服务部、景宁畲族自治县林业总场、景宁畲族自治县林业局	斯金平、童再康、郭宝林、曾燕如、刘饶、朱玉球、倪海鹏	三等奖

续表 33-2-3-2

批准年份	项目名称	完成单位	完成人员	获奖等级
2004	高湖纤恙螨恙虫病临床合并症的研究	[完]浙江省丽水市中医院 [协]丽水市中心医院	刘忠达、李权、陈海泉、陈根生、吕莉君、徐璐洁、叶益平	三等奖
2004	东方百合种球种苗脱毒繁育技术研究	[完]丽水格丽雅蔬菜花卉有限公司 [协]丽水市农业局经济作物站、浙江大学分析测试中心	叶美琴、洪健、郑朝忠、叶建忠、柳静萍、黄顺敏、贾亚妮等 22 人	三等奖
2005	苯硫酚衍生物系列产品的研究开发	[完]浙江寿尔福化学有限公司	朱俊飞、樊培仁、刘碧见、陶明	二等奖
2005	香菇新菌株“庆科 20”选育研究	[完]庆元食用菌科学技术研究中心	陈俏彪、吴庆其、甘庆军、叶长文、吴银华、叶晓星、吴应淼、周知群、钟小玲、陶祥生、练长勋、毛可荣、沈高潮	二等奖
2005	丽水特色柑橘良种选育与开发利用研究	[完]丽水市林业科学研究所	斯金平、徐象华、应云连、蓝云龙、阮秀春、章志勇、谢建秋、曾燕如、郑仕华、丁丽惠、何小勇、徐水娣、赵鹂、程晓东	三等奖
2005	KK3000A/2600V 大功率快速晶闸管研制开发	[完]浙江硅都电力电子有限公司	金小玲、胡问满、沈首良、孟庆宗、赵伟南、范新喜	三等奖
2005	QDJ6515 外壳内螺旋单向离合器	[完]浙江丽水信毅单向器有限公司	陈萌、陈力	三等奖
2006	B 型钠尿肽的临床研究	[完]丽水市中心医院	韦铁民、曾春来、陈礼平、金烈、赵瑞英、陈群英、陈方红、吕玲春、吕干新	三等奖
2007	数字式智能电力保护测控装置	[完]青田三辰自动化有限公司	胡万里、郭巍	三等奖
2007	经济作物免疫增产蛋白农药研发与示范推广	[完]丽水市农业科学研究所、中国农科院农业环境与可持续发展研究所	苏朝安、吴全聪、邱德文、杨秀芬、丁潮洪、刘志龙、李小荣、王连生、张伟梅、吴传库、叶旺发	三等奖
2007	菊米对心血管作用的有效成分及其提取技术研究	[完]丽水学院 [协]浙江大学医学院、丽水市中心医院	叶挺梅、沈岳良、陈莹莹、朱立	三等奖
2007	丘陵山地果园立体生态护理研究与科技示范	[完]莲都区科技培训中心	吴全聪、郑仕华、周建中、王烨冰、王贤芳、谢发贤、周国华、江伟林、刘庭付、熊晓燕、李小荣	三等奖
2008	智能型多轴弯管装备 CNC 系统数控弯管机	[完]浙江金马逊机械有限公司 [协]电子科技大学、浙江工业大学	林伟明、黄大贵、冯代伟、李克彬、蒋兰芳、吴献钢、黄小刚、陈朝阳、陈金才、徐剑	二等奖
2008	畲族医药研究与开	[完]浙江省丽水市人民医院、温州医学院附属第六医院 [协]浙江省丽水市药品检验所、浙江省丽水市中医院、至灵中西医结合门诊部、浙江维康药业有限公司、丽水市康寿堂生物科技有限公司	雷后兴、李水福、刘忠达、鄢连和、徐志林、徐得志、刘忠良、郑宋明、陶云海	三等奖

续表 33-2-3-2

批准年份	项目名称	完成单位	完成人员	获奖等级
2008	PGD7 总线式智能型直流电源柜	[完]浙江三辰电器有限公司 [协]三辰电器省级高新技术研究开发中心	胡万里、郭巍、林剑、李建新、王昕、徐和平、占云	三等奖
2008	无核椪柑品种选育及栽培技术研究	[完]丽水市农业科学研究所	叶伟其、黄大贵、冯代伟、李克彬、蒋兰芳、周杰、曹阳、吴献钢、黄小刚、陈朝阳、陈金才、徐剑	三等奖
2008	大口径不锈钢连铸圆(方)坯	[完]浙江青山钢铁有限公司	陈杰、项炳和、郭溥学、姜海洪、张玉辉	三等奖
2009	丽水市农村科技信息化建设	[完]丽水市科技信息中心	王少军、毛玉清、周炜坚、郑一丁、曹美娟、陈文耀、谭华、吴家星、吴瀚、刘亚丽、郎卫红、杨伟明、方员、徐斌、李民	三等奖
2009	牛肝菌仿生栽培技术研究	[完]浙江省丽水市林业科学研究院 [协]丽水市食用菌研究开发中心中国林科院亚热带林业研究所、庆元县庆元林场、中国林科院热带林业研究所	应国华、吴学谦、吕明亮、陈连庆、陈奕良、梅建伟、顾新伟、李海波、周伟坚、李伶俐、蓝云龙、麻益杰、贾亚妮	三等奖
2009	食用菌质量安全及标准化生产关键技术集成与示范	[完]丽水市食用菌研究开发中心	吴学谦、柴振林、魏海龙、陈青、吴庆其、付立忠、李海波、贺亮、程俊文、蒋应梯、吴子敬、吴其耀、吕爱华、苏庆亮、叶帮伟	二等奖
2009	一种电解电容器纸及其制备方法	[完]浙江凯恩特种材料股份有限公司	陈万平、王白浪、计皓、王贤炉、李南华、占浩、雷荣、王艳华	三等奖
2010	无公害代料黑木耳集成配套技术研究与标准化生产示范	[完]浙江省农业推广基金会丽水执行部、云和县农业局 [协]丽水市林业科学研究院、龙泉市农业局、景宁畲族自治县农业局	王伟平、童雪松、应国华、何建芬、吴邦仁、董益坤、孙蔚丽、蓝月相、沈虹、徐见月、吴岩课、陈志伟、饶小丽、徐小燕	二等奖
2010	丽水市食用菌珍稀菇品种引进及产业化	[完]丽水市农业科技开发公司 [协]上海市农业科学院食用菌研究所、丽水市农业科学研究院	苏朝安、刘德云、谭琦、郑巧平、曹晖、刘志龙、吴春玲、李阳、曾凡清、宋小亚、项寿南、鲍文辉	三等奖
2010	浙西南森林野菜产业化关键技术研究推广	[完]丽水市林业科学研究院 [协]浙江省林业科学研究院、丽水职业技术学院、丽水市科学技术协会、遂昌县林业技术推广总站、庆元县林业技术推广服务病站、丽水市莲都区林业技术推广服务中心	刘跃钧、叶荣华、胡伯智、柳新红、潘心禾、吕明亮、何小勇、练发良、唐隆校、谢益贵、胡永旭、谢建秋、应国华	三等奖
2010	食用菌产业信息化服务体系构建与应用	[完]丽水市中菌网科技信息有限公司 [协]丽水市科技信息中心、丽水市食用菌研究开发中心、丽水市富来森绿色产业集团有限公司、景宁畲族自治县大自然食品有限公司	周炜坚、王少军、毛玉清、顾新伟、曹美娟、应国华、吴庆其、刘德云、吴邦仁、陈文耀、郎卫红、杨伟明、吴家星、吴青庆、叶晓星	三等奖

注:表中[完]指完成单位,[协]指协助完成单位

第三章 科技信息服务

1949 年 10 月中华人民共和国成立后，丽水开始培训农民技术员和区乡干部。1956 年，各县建立科学普及协会，开展科普宣传活动。1978 年，中共十一届三中全会后，丽水科技组织不断健全、科普宣传形式多样、科普活动更加丰富，科技交流与合作、科技服务逐步开展。2001 年开始，丽水市每年举办科技（科普）活动周。2002 年，丽水市科技信息网和丽水网上技术市场开通。2003 年起，丽水实施“325”工程，开展“星火科技 30 分”视频资源库建设、农业专家知识系统建设、国家农业科学数据浙南分中心建设。推进“四外两基地”科技发展战略，采取“校—企”“校—校—企”等多种合作模式，广泛开展科技交流与合作。2004 年 11 月，浙江省“山海协作工程”暨“丽水市科技洽谈会”在丽水举行。2008 年 6 月，丽水市网络图书馆正式开通服务，成为全国首家免费为全体市民服务的地市级网络图书馆。2010 年 12 月，丽水市网络图书馆项目获“浙江省 2010 年度十大民生工程”称号。

第一节 科技服务

科技培训

20 世纪 50 年代始，丽水主要培训农民技术员和区乡干部。1978 年后，开展多层次技术培训。至 1990 年，举办 200 学时以上培训班 25 期，受训 3524 人次，20 学时以上 327 期，受训 2.14 人次。丽水（县级）、庆元、缙云、遂昌招收中国农村致富函授大学学员 1516 人。2000 年起，丽水市开展形式多样的科技培训，提升科技管理者水平，服务企事业和三农，取得较好的经济和社会效益。2002 年开始，省、市科技部门每年组织科技副乡、镇长培训 1—2 次。国家、省、市、县各级科技部门每年举办各类科技计划项目申报和经费管理的培训，科技管理工作人员、科技副乡镇长、高等院校、科研院所、其他企事业单位科技管理负责人等参加。至 2010 年，丽水市培训人数 2000 万人次。

高级人才待遇

1991 年 6 月 9 日，中共中央、国务院发出《关于给做出突出贡献的专家、学者、技术人员发放政府特殊津贴的通知》。1992 年开始，丽水市评选政府特殊津贴人员，每 2 年选拔 1 次。2002 年开始，第 2 轮人才人选。2009 年，丽水市人才总量 20.46 万人。至 2010 年，丽水市培养市“138 人才工程”113 人，其中入选省151 人才第一层次 1 人，第二层次 13 人，第三层次 69 人。享受政府特殊津贴有 46 人。

第二节　科技信息

科技信息网络

1978年，丽水地区科技情报所建立，各县（市）先后建立科技情报机构。1985年后，地、县（市）又相继成立科技和经济信息开发中心及各类民间科技情报机构20多个。2001年，更名丽水市科技信息中心。2002年，丽水市科技信息网作为科技电子政务网站开通，实现与国际互联网、全国各省科技网、省内各市、县（市、区）科技信息网等信息网系统互联。2002—2004年，丽水市科技信息中心连续3年被浙江省科技厅评为市级网管工作先进集体。2005年，"中国·丽水"门户网站子网站评比活动中，丽水市科技信息网被评为综合优秀子网站。2006年，丽水市科技信息中心被国家科技部评为全国星火科技先进集体。2009年，丽水市科技信息中心承担的"丽水市农村科技信息化建设"项目获浙江省科学技术奖三等奖。2010年，丽水市科技信息中心承担的丽水市网络图书馆项目获得"浙江省2010年度十大民生工程"称号。到2010年，丽水市科技信息网成为科技部门面向社会、服务公众的重要窗口，形成集丽水科技信息网、技术市场网、星火科技30分、农村科技信息网、农业知识专家系统、科技与人才网、时代先锋网、食用菌信息网等"多网合一"的科技信息综合服务大平台。到2010年，科技信息网的总点击量1500万次，在市直部门网站点击次数排行中名列前茅。

农村科技信息化

"325"工程　从2003年开始，市科技信息中心每年针对丽水产业制作农业实用技术专题片20个、举办现场培训20期、培训人员2万人次，连续实施5年。5年来，组织实用技术和就业技能远程培训108期，摄制丽水农业实用技术视频专题片105部，通过网络视频系统授课直接培训农民10万多人次，通过网络视频互动系统、转播系统、点播系统等多种形式，培训总人数100多万人次。

"星火科技30分"视频资源库建设　2005年5月，市科技信息中心与国家农村技术开发中心、浙江省科技信息研究院签订联合共建"星火科技30分"视频数据库的协议，将1999年以来在央视7套播出的《星火科技30分》电视节目专题片在丽水实现数字化，开通《星火科技30分》网。截至2010年，上网的星火专题片达4294部，成为中国规模最大的为"三农"服务的农村先进实用技术网络视频资源库。

农业专家知识系统建设　2006年5月，市科技信息中心与省科技信息研究院合作，组织本地农业专家编写农业知识库。至2010年，完成食用菌、蔬菜、水干果等农业产业9个农产品85项生产知识的编写、审核和发布工作。

国家农业科学数据浙南分中心建设　2009年5月，丽水市科技信息中心与中国农科院合作，建立国家农业科技文献与信息服务平台丽水推广示范基地和国家农业科学数据共享中心浙南服务站。

网上技术市场

2002年开始，丽水市科技信息中心开展中国浙江网上技术市场•丽水市场和浙江科技信箱丽水站的建设工作。2002年6月，丽水网上技术市场开通。2007年6月后，丽水市设立浙江科技信箱系统管理站(点)单位1791家，发展注册会员12448人。至2010年，丽水网上技术市场发展网上会员5111个，发布上网企业、科技成果、技术难题、人才招聘等各类供求信息3万多条，促成丽水技术难题与省内外高校院所签约1077项，签约金额5.50亿元。

网络图书馆

2007年，丽水市网络图书馆项目立项，由丽水市政府投资，市科技信息中心承建。2008年6月，丽水市网络图书馆正式开通服务，成为全国首家免费为全体市民服务的地市级网络图书馆。到2010年，网络图书馆馆藏学术论文、电子图书、期刊、报纸、学术视频、农业科教视频、各类社会考试系统、中学教参等数据资源30种，总容量达30TB，点击量突破2000万人次，文献下载量超过250万篇。2010年12月，项目获"浙江省2010年度十大民生工程"称号。

第三节 交流合作

科技交流

1978年起，丽水地区广泛开展学术交流。1988年8月，庆元、龙泉县科协与福建政和、松溪县科协举行科协工作研讨会，先后举行8次。1989年11月，在安徽省黄山市召开闽赣皖毗邻九地市科协第一次联席会议，建立科协协作网。至1990年，举办地区级国内学术报告会170次，听报告7717人次，国内学术会议158次，参加会议4802人次。参与科学考察47次，参加456人次。2001—2010年，市政府与省内外高等院校、科研院所20家签订长期科技合作协议，分别到北京、南京、成都、西安、武汉等地组织开展规模较大的科技合作洽谈活动10次。据不完全统计，丽水市科技合作项目总数1166项，合作项目的研究开发经费5.26亿元，引进共建创新载体21家，引进博士64人，正高职称62人。

2002年3月，邀请浙江大学、省农科院、林科院及丽水市的农业专家近100人，在莲都区碧湖镇举行"百名专家送科技下乡"活动。2002年9月，清华大学博士后科技交流团到丽开展科技交流活动，并与丽水市企业签订合作协议。2003年11月，丽水市科技合作团到清华大学开展"丽水—清华大学项目对接活动"，清华大学组织博士、博士后60多人进行科技成果发布，并与丽水市进行科技项目对接。2004年11月，浙江省"山海协作工程"暨"丽水市科技洽谈会"在丽水举行。清华大学、中国农科院、中国科学院上海分院等省内外高校院所23家与企业200多家进行科技对接，科技成果3000多项，科技成果资料3500多份。2007年11月，丽水职业技术学院—浙江工业大学科技合作活动在丽水举行，双方签署合作协议。2007年11月，丽水市与浙江大学开展科教合作活动，浙江大学与丽水学院开展科技交流活动。2008年7月，杭州电子科技大学到丽水进行科技服务，建立长期合作机制。2010 年 10 月,举办“首届中国(丽水)中医药科技创新国际论坛”,邀请国内外专家学者 50 多人,通过举办国际论坛,推进丽水与国内外的科技交流活动,拓展丽水的知名度,有利于更好地发挥丰富的中药资源,推动丽水市经济社会发展。

科技合作

1989 年,丽水地区组织参加“六五”期间和 1986—1987 年自然科学优秀论文评选论文 2296 篇,获一等奖 12 篇、二等奖 93 篇、三等奖 274 篇、四等奖 70 篇。至 1990 年,丽水地区举办地区级国内学术报告会 170 次,听报告 7717 人次;国内学术会议 158 次,参加会议 4802 人次;交流学术论文 2047 篇;参与科学考察 47 次,参加 456 人次。创办学术期刊 13 种,出版 4400 多册。

丽水市把推进丽水市企业与省内外高等院校、科研院所加强科技合作,主动“走出去,请进来”,拓展科技合作区域,接轨大上海和“长三角”地区的指导思想,拓宽科技合作的区域,加强与省内外高等院校、科研院所科技合作,寻求一流技术,服务丽水市企业。2001 年 7 月 3 日,丽水市人民政府与浙江林学院签订科技合作协议,与浙江大学在杭州签订紧密型科技合作协议,开展全面科技合作。2001 年 8 月,丽水市政府与浙江工业大学达成开展长期合作协议。2003 年 8 月,丽水市人民政府与天津科技大学签订合作协议。同年 9 月,丽水市人民政府与中国科学院上海分院签订开展全面科技合作协议,在会上签约科技合作项目 17 个。2004 年 11 月,丽水市人民政府与电子科技大学签订全面科技合作协议。2005 年 10 月,丽水市人民政府与四川大学签订全面科技合作协议,双方签订科技合作项目 10 项,企业提供研发经费 353 万元,达成科技合作意向协议 12 项。

2006 年 6 月,丽水市与浙江大学、浙江工业大学、浙江林学院、西北高校院所开展科技合作洽谈会暨项目签约活动。会上,丽水市人民政府与浙江大学、浙江工业大学分别签订“浙江大学—丽水市人民政府全面合作协议书”和“丽水市人民政府—浙江工业大学科技合作协议书”,并签署科技合作项目 16 个,合同金额 335 万元。同年 11 月,丽水市与西安科技合作洽谈会暨合作项目签约仪式在西安举行。丽水市经济开发区与陕西科技大学签订科技合作协议。签约仪式上分别与陕西科技大学、西北工业大学、西北农林大学等高校院所签订项目合作协议企业 10 家。2007 年 9 月,丽水市科技合作代表团与南京高校院所进行科技合作对接,丽水市人民政府与南京林业大学签订长期科技合作协议。2009 年 6 月,丽水市与省内高校院所举行科技合作恳谈会,会上,丽水市人民政府与浙江省农业科学院、浙江省社会科学院、浙江省林业科学院、中国农业科学院茶叶研究所等高校院所签订全面科技合作协议,企事业单位与省内高校院所签订合作协议 20 项,合同金额 803 万元。同年 11 月,丽水市与省外高校院所科技合作恳谈会,丽水市人民政府与南京理工大学、上海农科院、中科院农业信息研究所签订全面科技合作协议,并与电子科技大学续签全面科技合作协议,丽水市企事业单位,与省外高校院所签订合作协议 5 项,合同涉及金额 71 万元和部分股权转让。2010 年 11 月,丽水市人民政府与浙江工商大学、浙江中医药大学科技合作座谈会暨签约会议在丽水召开。会上,市人民政府与浙江工商大学、浙江中医药大学签订全面科技合作协议,与两所高校签订科技项目的企业 5 家。

至 2010 年,丽水市与高等院校、科研院所建立科技合作关系 58 家,其中与市政府签署全面合作协议的 20 家。“十一五”期间,丽水市对外科技合作项目 730 项,合作金额 3.1 亿元。

第四章　地震测报

丽水地域属断裂构造发育，处于丽水—余姚深断裂，北西向的松阳—平阳大断裂、淳安—温州大断裂等，历史上曾发生过多次破坏性地震。1996 年，地区科委综合科挂牌丽水地区地震局开展地震测报工作。2001 年，庆元测震台建成。2004 年，丽水市地震监测站成立，后更名市地震测防中心，2008 年 4 月，市科技局正式挂牌丽水市地震局，负责丽水市地震监测预报和开展防震减灾宣传教育等工作。2010 年，丽水市地震数据中心建成，实现丽水地区测震、强震动、前兆、应急、信息等地震专业数据收集、数据传输、共享等功能，同时建立基本地震信息获取和发布平台 1 个。丽水市地震监测能力可以达到 ML2.50 级以上。“十一五”时期，丽水台站全部建成后，大部分地区可达 ML2.00 级以上。2010 年 11 月，丽水市综合应急救援队成立。至同年底，丽水市陆续新建龙泉测震台，联城、龙泉前兆台，联城强震台，缙云、龙泉 GNSS 观测基本站和景宁 GNSS 观测基准站，在建台站 6 个。

第一节　组织机构

管理机构

1996 年 3 月，丽水地区行政公署办公室《关于印发丽水地区科学技术委员会职能配置、内设机构和人员编制方案的通知》，核定地区科委下设职能科室 3 个，其中综合科挂丽水地区地震局牌子。2001 年 7 月，丽水市人民政府办公室根据《中共浙江省委、浙江省人民政府关于丽水市党政机构改革方案的通知》，将丽水市科学技术委员会更名丽水市科学技术局。市科技局内设职能科室 4 个，其中科技综合科挂丽水市地震局牌子。2007 年 9 月，丽水市编委批准同意，在市科技局下属科技信息中心（地震监测站）增加事业编制 1 名，用于地震监测专业人员。2008 年 4 月，丽水市编委批准同意在市科学技术局增挂市地震局牌子，原在科技综合处增挂的地震局牌子撤销。同年 6 月，丽水市编委批准同意在市科技局内设处室科技综合处增挂防震减灾处牌子。同时，将原与市科技信息中心合署办公的市地震监测站更名市地震测防中心，并改为单独设置，为市科技局下属相当于正科级纯公益类事业单位，核定编制 3 名，其中科级领导职数 1 个。

测震台站

2001年，庆元地震台建成，是丽水市最早的地震台。至2010年，根据省防震减灾规划的总体部署及丽水市震情监测的实际需要，丽水市陆续新建龙泉测震台，联城、龙泉前兆台，联城强震台，缙云、龙泉GNSS观测基本站和景宁GNSS观测基准站。在建台站有6个。滩坑水库建有地震监测台3个，分别为峰源、万阜和景宁测震台。2010年，丽水市地震数据中心建成，实现丽水地区测震、强震动、前兆、应急、信息等地震专业数据收集、数据传输、共享等功能，同时建立基本地震信息获取和发布平台1个。丽水市地震监测能力可以达到ML2.50级以上。"十一五"时期，丽水台站全部建成后，大部分地区可达ML2.00级以上。所有台站监测数据通过网络传入市地震数据中心及省局台网中心，省地震局通过计算机系统实时接收汇集台站监测数据，经分析软件实现地震信息处理。丽水市区域地震监测台网由市、县地震台(站)和企业地震台组成，台站的日常经费由地方和企业负责，业务技术遵从国家地震局制定的统一规范，由省地震局给予指导协作。

第二节　震　　情

丽水地区断裂构造发育，按断裂走向主要有四组，相互交切成网状。其中北东向断裂规模最大，且密集成带，其次为北东向断裂。北西向和东西向断裂分布比较零散。其中深大断裂有北北东向的丽水—余姚深断裂，北西向的松阳—平阳大断裂、淳安—温州大断裂等。

丽水—余姚深断裂主要经过丽水的庆元、景宁、莲都、缙云等地。该断裂带及附近历史上曾发生过多次破坏性地震。根据《庆元县志》等史料记载："万历二年甲戌地大震，官舍民居倾颓"。[①]通过科技工作者的反复考证，该地震震中烈度达到Ⅶ度。根据处州府志、景宁县志等史料记载："同治五年八月十三日地震声如雷，屋宇倾侧"[②]，"同治五年八月十三日地震，声如雷鸣，屋宇倾仄"[③]该地震震中烈度达到Ⅵ度。《中国地震强震目录》等资料中把上述两次地震分别确定为1574年庆元5.50级地震和1866年9月21日景宁4.75级地震。20世纪后，景宁、庆元、缙云、青田等地曾先后发生过ML1.00—4.00级的地震100多次。2000—2010年，该断裂带小震活动较为频繁，南段的庆元、中段的新昌—嵊州以及中北段的宁波鄞县，均有地震活动。丽水市发生的几次地震都集中在该断裂带附近。

松阳—平阳大断裂主要经过松阳、云和、景宁，淳安—温州大断裂主要经过缙云。此外，丽水距中国台湾海峡较近，因此中国台湾海域发生6.50级以上地震，丽水普遍有震感。

① 载于清康熙《庆元县志》十卷二页。

② 载于清光绪《处州府志》二十五卷二十六页。

③ 载于清同治《景宁县志》十二卷二十四页。

第三节 防震减灾

防灾减灾安全教育

地震既是一种灾害性的自然现象，又是一种极为复杂的社会现象。市地震局在每年“5·12”防灾减灾活动周、党员服务一条街、安全生产活动月、科普活动周等主题活动期间，通过展出图板、发放宣传单、设立咨询台等多种形式，宣传防震减灾知识，提高全民的防震减灾意识。同时开展业务培训和经验交流会，加强防震减灾知识教育，发现地震谣传，立即组织调查，进行平息工作。

重大工程抗震设防管理

2009年5月，下发《关于将地震安全性评价工作和重大建设工程抗震设防要求管理纳入固定资产投资管理程序的通知》，明确工程建设可行性研究中地震安全性评价的要求。2010年9月，市政府召开协调会，形成《建设工程抗震设防行政审批工作会议纪要点》，解决抗震设防管理工作中存在的问题，理顺工作机制，明确学校、医院等人员密集场所的建设工程，必须根据《中华人民共和国防震减灾法》要求，按照高于当地房屋建筑的抗震设防要求进行设计和施工。积极配合教育部门，推进中小学校舍安全工程。2010年11月，丽水市综合应急救援队在市消防支队挂牌成立。防震减灾应急救援队伍在原来防震减灾助理员队伍的基础上建立。开展全省万校师生应急避险演练活动。

第五章 机构与队伍

民国时期，丽水没有专门管理科技的行政机构，有关科技工作由管理经济建设的部门兼管。中华人民共和国成立后，丽水各县科技管理机构陆续建立。1964年6月，丽水专区科学技术委员会成立，负责科技政策和规划制定等管理工作。同时，随着经济社会的发展和工农业生产发展的需要，一批科研机构如丽水专区农业科学研究所、丽水地区林业科学研究所等相继成立，推动科学技术的研究、应用和推广。1980年开始，从科技管理机构到科研所，从科研经费到科研计划，逐步开展科研体制改革。1987年，进一步完善科研计划管理，对重点项目和“星火计划”项目实行合同管理。2001年7月，丽水市科学技术委员会更名丽水市科技局。2004年，提出“科研在外、人才在外、实验在外、市场在外，丽水成为孵化基地和生产基地”为主要内容的开放型科技发展思路。2010年，丽水市委、市政府召开丽水市科学技术大会暨人才工作会议。同年10月，丽水市政府制定《关于依靠科技进步促进经济转型升级的意见》。至同年底，丽水市事业单位各类技术人员 43538 人，企业单位科技人员 30395 人。

第一节　科技机构

管理机构

明清时期，府衙中未设专管科技的机构和人员。工房掌管工程、工匠、水利、交通等政令，兼管科技。据明万历七年（1579）何镗《括苍汇纪》记载，处州府衙设吏、户、礼、兵、刑、工等六房，所辖各县衙也均设六房。其中工房有司吏二人、典吏四人（县二人）兼管科技。清沿明制。

民国时期，处州没有专门管理科技的行政机构，由管理经济建设的部门兼管。民国 16 年（1927）始，各县县政府均设立建设科，各区公所设建设指导员。民国 24 年，第九行政督察区专员公署（丽水督察区专员公署）由第三科兼管科技工作。

中华人民共和国成立后，丽水专区及各县科技管理机构陆续建立，形成比较完善的科技管理体系，负责丽水专区的科技政策和规划制定等管理工作。1964 年 6 月，浙江省丽水专区科学技术委员会成立。1978 年 6 月，丽水地区革命委员会决定建立丽水地区科学技术情报研究所，隶属于地区科委。1982 年 3 月，丽水地区行政公署批准将丽水地区工业科学研究所由地区科委划归地区经委领导。1986 年 1 月，丽水地区行政公署办公室批准将丽水地区标准计量所由原来丽水地区科学技术委员会归口管理改为丽水地区计经委管理。1991 年 4 月，丽水地区编制委员会印发《关于理顺科委下属企事业机构职能的批复》，规定科委下属科技开发中心，属事业单位，经费自收自支，内部实行企业化管理。原挂在科委计划科的“星火计划办公室”单设，并在“星火计划办公室”增挂科委企管科的牌子，实行二块牌子，一套人马。科委行政编制 13 名，科技开发中心事业编制 14 名，科委内设机构 4 个。1992 年 12 月，丽水地区行政公署印发《同意建立丽水地区科技开发总公司的批复》，同意建立丽水地区科技开发总公司，性质为全民企业，实行独立核算，自主经营，自负盈亏。注册资金由科委负责筹集，有关基金和固定资产与创办公司的关系按文件规定办理。1996 年 3 月，丽水地区行政公署办公室下发《关于印发丽水地区科学技术委员会职能配置、内设机构和人员编制方案》，规定地区科委设职能科室 3 个，办公室、计划科（挂星火计划办公室牌子）、综合科，核定行政编制 12 名，其中含后勤服务人员；领导职数，主任 1 个、副主任 2 个（不包含兼职）；科室领导职数 3 个。委属科级事业单位 4 个，其中丽水地区计算机应用研究所，为差额拨款科级事业单位，定编 15 名，其中科级领导职数 2 个；丽水地区科学技术情报研究所，为差额拨款科级事业单位，定编 12 名，科级领导职数 2 个；丽水地区科学技术开发中心，为自收自支科级事业单位，定编 15 名，其中科级领导职数 2 人；新成立丽水地区专利事务所，为自收自支科级事业单位，定编 5 名，其中科级领导职数 1 个。1997 年 10 月，地区机构编制委员会办公室同意地区科委下属“丽水地区专利事务所”更名“丽水地区处州专利事务所”。

2001 年 7 月，丽水市人民政府办公室下发《关于印发丽水市科学技术局职能配置、内设机构和人员编制规定的通知》，将“丽水市科学技术委员会”更名“丽水市科学技术局”，内设职能科室 3 个，办公室、科技计划科（星火计划办公室）、科技综合科（市知识产权局、市地震局），核定行政编制 12

名。其中，局长1人，副局长2人；科级领导职数4个。下属市科技信息中心和市农村能源办公室[1]。2001年10月，丽水市编委核定市科技局直属事业单位机构编制3名，其中丽水市科技信息中心，由原市科技情报所更名组建，正科级全额拨款事业单位，编制7名，领导职数2个；丽水市农村能源办公室，正科级全额拨款事业单位，编制3名，领导职数1个；原丽水市科学技术开发中心撤销，丽水市处州专利事务所予以转制。2008年6月，丽水市编委同意在市科技局内增设"知识产权处"，对外称知识产权局，并增加行政编制1名，核增科级职数1个。

科研开发机构

民国时期丽水农业科研机构　民国7年(1918)，松阳县医学研究社成立。民国25年，遂昌县推广纯系稻种办事处设立。民国27年，改为中心农场。民国31年，又改为农业推广所，附设农林场。同时在大柘、蕉川两地设繁殖场。

民国26年(1937)，日本侵略军紧逼浙江。民国27年1月，浙江省农业改进所迁至松阳县望松岭太保庙，在白龙堰沿建办公用房76间，内设农业实验室、血清制造室。省农业改进所先后在松阳县大竹溪乡设立稻麦试验场，在项弄设稻作试验区，在樟溪乡设种畜繁殖场，在赤寿乡设蚕种原种场，在水南乡横山村设茶叶试验场。此后，省农业改进所迁到云和县霞晓桥。民国33年7月，省农业改进所迁景宁县，在松阳县设办事处。民国34年3月，在景宁、丽水、云和、松阳、庆元等5县附设陆稻良种示范区。同年10月，省农业改进所迁回松阳县，在云和县设立浙江省农业推广所、浙江省农场，在丽水县碧湖镇设有机肥料厂。

民国27(1938)年7月，浙江省手工业指导所在丽水建立。省工业改进所先后迁丽水、云和、龙泉县，下设机工实验室和机工实验工厂第一工场，化工实验室和化工实验工厂第一工场。在丽水县设太平区乡村工业实验区、工业陈列馆。

民国28年(1939)，浙江省农业改进所[2]在松阳南门外购地建农艺实验室、办公室等，在各县建立推广中心农场。民国35年5月，省农业改进所迁回杭州。

民国31年(1942)7月，缙云县农业推广所成立，地址在县城水南丽阳殿。民国34年2月，移至北门樊氏宗祠。民国37年撤销。

20世纪50—60年代丽水科研机构　1957年，温州专署农业实验站在云和设分站，后更名浙江省云和薯类研究所。1959年，分别在丽水、青田县建立农业科学研究所。1964年，云和、青田两县农科所撤销，丽水专区农业科学研究所建立。1964年4月，丽水计量检定所[3]建立，负责丽水专区计量检定工作。

丽水市农业科学研究院　1964年6月，浙江省人民委员会批复同意撤销云和、青田两县农科所，建立丽水专区农业科学研究所(简称"地区农科所")，定员37人，其中科技人员15人，所址在丽水城郊天宁寺，土地19.76公顷。

1979年前，地区农科所由地区行署领导。1979年4月至1985年4月，归属省农科院分支机构，实行院与地方政府双重领导，党政由地方领导，业务归省农科院负责，事业费由省农科院直拨地区财办(财税局)划转。1985年4月剥离省农科院的归属关系，恢复地方领导。1990年，有职工76人，

---

① 2006年市农能办划到市农业局管辖。

② 2010年为丽水中等专业学校。

③ 丽水计量检定所于1971年12月改为丽水地区标准计量所。

用房面积1.10万平方米，耕地7.67公顷。1996年2月，根据丽水本级党政机构改革“三定”工作实施意见，行署批准《丽水地区农业科学研究所职能配置、内设机构和人员编制方案》，确定地区农科所为全额拨款事业单位，核定编制75名，是以农业应用研究为主和开发研究为重点的山区农业研究机构。2000年6月，丽水撤地设市，更名丽水市农业科学研究所。2008年7月，浙江省机构编制委员会批准将丽水市农业科学研究所机构规格由相当于副处级调整为相当于正处级，并更名丽水市农业科学研究院。2007年，省级丽水市水果产业科技创新服务中心和省级莲都豆类蔬菜创新服务中心建立。2008年，国家食用菌产业技术体系丽水综合试验站成立。2009年10月，丽水市机构编制委员会批准丽水市农业科学研究院为市政府直属纯公益类事业单位，机构规格相当于正县级，核定编制85名，内设党政办公室、科技管理处、后勤管理处、农作物研究所、园艺研究所、食(药)用菌研究所、动物科学研究所、茶叶科学研究所和中药材研究所职能处室9个。截至2010年，在职在编人员74人，有专业技术人员67人，其中高级职称29人，中级职称21人，省“151”第二层次人才2人、第三层次人才4人和市“138”人才2人。先后承担完成国家、省、市科研项目250项。选育成功农作物新品种24个，其中水稻15个，小麦、大豆、水果各2个，蔬菜3个，仅“汕优862”“汕优6216”“II优6216”杂交稻新组合3个和“丽麦16”“丽恢4号”小麦新品种2个，推广面积60万公顷，增产粮食2亿千克，创造经济效益3.50亿元；成功研究或引进农作物高产高效生产技术100多项，其中“杂交水稻作三熟制晚稻高产栽培技术”“全年三熟高产综合配套技术”“双季杂交稻吨粮技术”“水稻病虫害综合防治技术”“长豇豆无公害生产技术”“低产田改造技术”“油菜‘花而不实’症防治技术”“瓜果蔬菜嫁接技术”“反季节高温香菇栽培技术”“泡沫房纯稻草熟料栽培草菇技术”“植物非试管快繁技术”“豆类蔬菜高质脱水技术”等技术被广泛应用于丽水农业产中、产后的生产环节中，产生显著的社会、经济和生态效益。先后获国家、省、市各类科技成果150项次，其中“都市型设施园艺栽培模式创新及关键技术研究与示范推广”获2009年度国家科学技术进步奖二等奖，“浙江省蝴蝶种类研究”“水稻三虫三病综合防治技术”“多效唑控制连晚秧苗徒长技术及其作用机理研究”等成果8项获浙江省科技进步二等奖，“小麦高产新品种丽麦16”“多抗性水稻品种浙丽1号”“丽水山区单季杂交稻适应性试验研究”“经济作物免疫增产蛋白农药研发与示范推广”“无籽椪柑品种选育及栽培技术研究”“丽水市食用菌珍稀菇品种引进及产业化”等成果19项获浙江省科技进步三等奖。2010年，国家茶叶产业技术体系丽水综合试验站成立。

丽水市林业科学研究院　1975年2月，丽水地区革命委员会批准建立丽水地区林业科学研究所。所址在地区实验林场，后迁址百果园，2010年地址在城西叶塘下。1990年，有职工25人，其中高级技术职务2人，中级技术职务6人，用房面积2680平方米，实验基地100公顷。有食用菌实验室、图书资料室等科研设施，有树木标本1000多份，浙南野生真菌标本2000多号。撤地设市后，更名丽水市林业科学研究所。2008年7月，市机构编制委员会批准更名丽水市林业科学研究院。设有院办公室、森林资源与环境研究所、食用菌研究所、果树研究所、竹类研究所、中药材研究所职能科室6个。截至2010年，在职干部职工31人，其中专业技术人员25人。专业技术人员中教授级高工1人，高级工程师9人，工程师6人；硕士研究生9人，大学、大专学历13人；省“151”第二层次人才1人、第三层次人才2人。建有百果园科研生产基地100公顷，白口容器苗繁育基地3.33公顷。共建浙江省丽水食用菌技术创新服务平台、浙江省丽水中药产业区域科技创新服务平台，加入浙江省农业育种团队的野生花卉、中药材、食用菌等专项团队，牵头或联合组建中药材、食用菌等丽水市重点科技创新团队，与市内外农业龙头企业、专业合作社、专业大户等合作共建林菌林药复合经营、油茶香榧木本油料高效栽培等科技示范基地，每年推广林木良种苗木近百万株。

1975年建立以来，先后承担完成国家、省、市科研项目100多项，获国家、省、市各类科技成果78项次，其中省部级二等奖9项，三等奖23项；发明专利7项。

丽水地区工业科学研究所　1978年丽水地区工业科学研究所建立，有专业技术人员25人。1990年，有职工29人，用房面积4000多平方米，先后组织实施科研项目20项，完成工程设计和技术服务50项，获省、地科技成果4项。后撤销并入地区质量监督局。

丽水地区科技情报研究所　1978年6月丽水地区科技情报研究所建立。1990年，有技术干部10人，有科技图书1万册、中外期刊544种6300多册，论文研究报告1013篇，标准文献资料1348本，传递设施有复印机、图书传真机、照相机、三用机等，先后承担科研项目12项。2001年10月，更名丽水市科技信息中心，机构编制3名，为丽水市科技局直属正科级全额拨款事业单位。

丽水地区计算机技术研究所　1984年5月，丽水地区计算机应用研究室建立，有科技人员3人。1987年8月，更名丽水地区计算机技术研究所，有用房面积845平方米。1990年，有职工6人。先后承担科研项目12项，转让技术成果2项，获中国专利局专利证书2项。

丽水市食用菌研究开发中心　2004年，丽水市食用菌研究开发中心建立，由自收自支的事业单位改制成合伙制企业，主要从事食用菌精深加工技术成果转化和向菇农推广应用最新栽培技术成果，并开发食用菌深加工产品。多次与浙江大学、浙江工业大学、浙江科技大学合作，开展省食用菌多糖分离化等多个项目及国家863课题径向流色谱规模化分离食用菌活性多糖关键技术研究。

同济大学丽水中药研究院　同济大学丽水中药研究院由同济大学与丽水市政府联合共建。2009年4月3日，丽水市政府与同济大学在上海签署《联合共建同济大学丽水中药研究院协议书》。2009年8月，第一届理事会第一次会议推选裴钢院士任理事长。2010年1月22日，同济大学丽水中药研究院挂牌成立，核定编制30名，同济大学和丽水市政府注入资金200万元，市政府落实道地中药材研究基地200公顷。组建以同济大学校长裴钢院士领衔、各相关科研院所和高校高层次专家45人参与的开放式创新团队，其中中科院院士2人，工程院院士1人，教授18人。建立植物分类学、中药标准化、天然药物化学、中药分子药理、药物筛选和中药信息学等实验室，与本地科研院所联合组建中药道地性及GAP种植研究中心、中药药理毒理研究中心、畲医药传承研究中心、药用试验动物模型研究中心等科技创新平台。至2010年，已开展丽水药用植物资源普查、道地中药材成分研究等科研工作，研制出以中药为原料的饮料和精油两大系列产品，先后与浙江天地和药业、丽水浙九味开发公司、景宁畲族自治县鹤泉酒厂等企业5家建立长期合作关系，与丽水市农科院和丽水市林科院联合共建道地中药材种质资源库，开展中药材标准化栽培示范基地建设，与丽水市质检院共建“分析测试中心”，与丽水市中医院共建“中药制剂研究中心”等。

龙泉青瓷研究所　1975年8月，龙泉青瓷研究所建立。研究所成立后，科技人员开展胎骨配方、釉水配方、改进选型和成型模具、刀型及烧炼、青瓷釉下彩等试验。1979年，“青瓷薄胎”和“青瓷釉下彩”荣获省科技进步三等奖。1986年，青瓷研究所脱离龙泉瓷厂总厂管理，成立龙泉县青瓷研究所独立机构，办公地点不变。1994年，所址搬到龙泉县城。到20世纪90年代末，随着社会的开放和经济体制改革，龙泉青瓷生产企业纷纷改制转型。2000年，龙泉青瓷研究所改制。

庆元县食用菌科学技术研究中心　1979年，庆元县食用菌科学技术研究中心建立，属差额拨款全民事业单位，从事食用菌育种驯化、高产栽培技术研究、新资源开发、产品精深加工、科技成果及产品开发、食用菌信息处理。2010年为浙江省重点实验室——省食用菌开发中试基地、浙江省农科教结合示范区食用菌科教基地、浙江省食用菌一级种定点生产单位，全国食用菌行业科研单位，是国内最大的食用菌原种生产供应单位。中心下设研究所、菌种站、推广站、综合服务站、庆元县天宝食用菌有限公司、中国食用菌网总部等机构，有员工28人，其中研究员1人，高级农艺师2人，农艺师8人。入选省“151”人才2人，市中青年技术拔尖人才1人、市科技新秀2人。

第二节 科技队伍

事业单位科技队伍

1949年，丽水有各类专业技术人员833人（不包括中小学教师，下同）。1984年，增至9086人，其中自然科学类7290人，社会科学类1796人；具有高级技术职务8人，中级技术职务583人，初级技术职务5473人。1990年，有各类专业技术人员18472人，其中自然科学类854人，社会科学类8618人。具有高级技术职务193人，中级技术职务2513人，初级技术职务13284人。2010年，丽水市事业单位各类技术人员43538人，其中按学门分，自然科学类36522人，社会科学类7016人。按行业分，农林牧渔业3392人，交通运输和邮政业576人，信息传输计算机和软件业21人，科学研究技术服务和地质勘查业323人，水利环境和公共设施管理业1282人，教育业23057人，卫生服务业9093人，文化体育业2369人，公共管理3398人；具有高级技术职称4873人，中级技术职称19622人。

企业单位科技队伍

2004年，丽水市规模以上中小型企业拥有科技活动人员1468人，其中高中级技术职称人员535人，占36.40%。2008年，丽水市规模以上中小型企业拥有科技活动人员2448人，其中高中级技术职称人员929人，占37.90%。2010年，丽水市企业单位科技人员30395人，其中按学门分，自然科学类18898人，社会科学类11497人；按行业分，农林牧渔业61人，采矿业632人，制造业2884人，电力煤气及水生产供应业805人，建筑业13960人，房地产业1951人，交通运输和邮政业6463人，科学研究技术服务和地质勘查业20人，水利环境和公共设施管理业3280人，文化体育业1289人；具有高级技术职称208人，中级技术职称11294人。

第三节 管理机制

科研管理机制

1980年，丽水地区科研与推广实行统一计划，分级管理，科技三项经费实行无偿和有偿使用相结合。1983年，实行全年滚动计划，先论证，后列议题，成熟一项，审批一项。1984年，丽水地区推行有偿项目合同制，逐步做到科研经费自理。1985年，采用科研经费贴息贷款办法。1987年起，进一步完善科研计划管理，对重点项目和“星火计划”项目实行合同管理。重点科研、推广项目和“星火计划”中无偿部分实行先贷后拨、分期结算的办法，建立科技开发基金，以有偿为主使用基金和科技投资分成的方式实施省、地科研计划和“星火计划”；地区科研机构事业费由地区科委拨款，其中地区工科所、计算机所，按开发型科研机构管理事业经费，逐年减拨事业经费；地区农科所、林科所、情报所，实行事业经费包干制。1989年，提出科技计划安排应以农业为重点，促进“两优一高”农业发展。1993年开始，集中有限资金确保重点项目，同时改部分无偿为部分有偿。2001年，公开登报发布申报指南，推行立项专家预先评审。2002年，推出科技计划项目公开招标。同年6月，丽水市科技局与市财政局联合制定《丽水市科技计划项目管理试行办法》，对规范化管理科技计划项目作出比较全面、具体的规定。2003年，在继续推进科技招投标的同时，进行两项改革探索，采取配套上级经费50%的措施，鼓励市科技创新主体争取国家、省级科技项目和经费支持；采取预留部分经费待项目完成后拨付的措施，促使科技项目达到预期目标。2004年，修订下发《丽水市本级科技计划项目与经费管理办法》，并提出即科研在外、人才在外、实验在外、市场在外，丽水成为孵化基地和生产基地（简称“四外两基地”）为主要内容的开放型科技发展思路。2009年12月，在省人民大会堂举行丽水市政府和浙江省科技厅《厅市工作会商制度议定书》签字仪式暨第一次工作会商会议，浙江省科技厅与丽水市的工作会商机制正式启动。

科技投入机制

2001年后，丽水市科技投入体系不断完善，初步形成财政、企业、银行、社会资本等多元化、多渠道的投入格局。在财政科技投入和相关政策的支持下，企业成为科技投入的主体，企业投入占全社会科技投入的比重70%以上。2001年，丽水市财政科技投入4093万元，比2000年增长66.9%，其中科技三项经费投入2899万元。2005年，丽水市财政科技投入1.1亿元，比2004年增长5.8%，其中科技三项经费7746万元。2010年丽水市财政科技投入2.45亿元，比2009年增长16.1%。

2006—2010年丽水市科技支出情况一览

表33-5-3-1　　单位：万元

年份	丽水市	其中		市本级	其中	
		国家、省专项	其他		国家、省专项	其他
2006	13506	1013	319	2766	123	17
2007	16436	644	405	3613	87	15
2008	19339	457	977	3823	196	—
2009	21086	943	523	4108	222	133
2010	24478	988	917	4411	97	—

第三十四篇

文　　化

① 文学与戏剧

② 美术与书法

③ 音乐、舞蹈与曲艺

④ 摄　影

⑤ 群众文化

⑥ 电影与图书

⑦ 文化市场管理

⑧ 档　案

⑨ 地方志

概　述

丽水的文明历史，可上溯到新石器时代。境内的缙云仙都，相传为华夏始祖轩辕帝飞天之地。遂昌县好川文化，距今4300多年，是古瓯越人繁衍生息的遗址。瓯江水系孕育丰富灿烂而又独具特色的丽水文化艺术。

相传战国时期，欧冶子为楚王铸造龙渊、泰阿、工布三剑，始有龙泉宝剑。南北朝，青田石雕问世。唐代杜光庭传奇小说《虬髯客传》，刻画尤为鲜明突出，文笔亦细腻生动，被认为是中国“武侠小说”的鼻祖。北宋何执中曾为米芾书《题多景楼诗》作跋。宋代诗人叶绍翁，一句“春色满园关不住，一枝红杏出墙来”成为经典。张玉娘的《兰雪集》，奠定其宋代四大女词人的地位。南宋绍兴年间（1131—1162）丽水出现有历史记载的最早志书《处州图经》。明代开国功臣刘基能书会画，留下《郁离子》《覆瓿集》等文集。明代汤显祖，其代表作《牡丹亭》是中国戏曲史上浪漫主义的杰作。松阳高腔诞生于元末明初松阳玉岩白沙岗村，是浙江省现存最古老的汉族戏曲剧种之一，被称为是浙江省“戏曲界的活化石”。清代，庆元合湖乡村民结合生产生活演绎出菇民戏，遂昌社后村创办昆曲班，处州乱弹、鼓词、花鼓等民间戏曲盛行一时。丽水早期的班社如蔡和班、白沙岗班、黄庄班、子仙班等，曾一度流行于周边毗邻地区。清代爱国诗人吴世涵，著有《又其次斋诗集》。韩锡胙善书工画，著有《滑疑集》。清光绪三十年（1904），缙云县王富春书店开业。

民国时期，西学东渐，丽水地域有书店、书局等60家。同期，各县民众教育馆设图书部。民国15年（1926），青田县天然照相馆成立。处州中学礼堂放映无声电影。以上这些构成丽水现代意义上书店、图书馆、摄影、电影的雏形。民国时期，楼村是“西泠印社”早期社员、南社社员，其书画为吴昌硕等名家所器重。现代文学、现代音乐、现代舞蹈涌现，与丽水传统的文学、民间音乐、民间舞蹈、民间曲艺激烈碰撞、交流、交融而共生发展。抗日战争时期，由于外敌入侵而爆发的爱国情操，把同时期的丽水文化艺术推向一个高潮。省立处州民众教育馆举办照片展览5次，展出抗战时期国内外时事照片。著名文学评论家邵荃麟等在龙泉县创办《大家看》刊物，发表《给小朋友》《走进动荡的山乡》等文章，诗人力扬著有诗集《枷锁与自由》《我的竖琴》《射虎者》。版画家金逢孙的作品《读报》被鲁迅选送法国展览。版画家林夫、郑野夫等在丽水举办木刻函授班，出版《抗争门神》《旌旗》《号角》《战鼓》《铁骑》《反攻》《怎样研究木刻》等专集，组织木刻展览会，参展作品500多幅。民国34年4月，杭州西泠印社在龙泉县展出潘天寿、徐悲鸿、张大千、齐白石、刘海粟等画家的作品。同年，丽水各地组织歌咏队，歌唱《义勇军进行曲》《大刀进行曲》《黄河大合唱》《国际歌》等歌曲。民国34年，云和县组织千名青年大合唱，庆祝抗日战争胜利，文艺界著名人士邵荃麟、骆耕漠、张锡昌、王朝闻、汪海粟、葛琴、蒋治、林夫等参加活动。1949年中华人民共和国成立后，丽水开启文化艺术事业发展新时代。1949年11月，浙江省立丽水人民文化馆成立。文学刊物《丽水文艺》《林海》创办，吸引一大批文学爱好者。1950年4月，丽水人民电影院建立。1951年，地委文工团成立。1952年，丽水有职业剧团18

个。1953年，景宁县吴葆让收集整理民歌30多首和民间文艺20多种，获浙江省文化局“民间艺术社会活动”奖章。1954年，《春之舞》获全国青年创作集体舞一等奖。1955年，《推车舞》《郎胜踢球》等，获省首届民间古典舞蹈观摩大会创作奖、演出优秀奖。1956年，各县文化馆推广交谊舞。同年，丽水县、青田县、龙泉县、遂昌县相继成立档案馆。1958年，创作剧目《钢帅升帐》《老黄忠》等获省创作奖。1964年5月，浙江省电影发行放映公司丽水专区公司成立。“文化大革命”期间，丽水文化艺术事业遭重创。1978年十一届三中全会以后，文化艺术事业重新焕发生机。

20世纪80年代后，丽水文化艺术事业全面发展，1981年，丽水地区举办首届莲城音乐会，演出节目80多个，歌曲《生活啊，就像欢腾的小河》获省创作奖。短篇小说《“天使”与“野马”》获萌芽文学奖，长篇小说《铁弓传奇》出版。1983年，龙泉林海诗社成立。作家阙迪伟、何丽萍等活跃于全国文坛，丽水诗歌散文创作在国内有一定的影响。一大批丽水本土摄影家在全国摄影界崭露头角。1987年，丽水地区地方志编纂委员会成立，1988年4月，丽水启动第一轮修志工作。1989年，吴品禾获首届中国摄影艺术金像奖。1992年，举办丽水首届摄影艺术节。1999年12月，丽水承办中国最高规格的摄影盛会——中国第四届摄影艺术节，丽水也被中国摄影家协会命名为中国第一个“摄影之乡”。

21世纪后，随着丽水撤地设市和改革开放的深入，丽水文化艺术事业进入繁荣时期。2001年，《畲山风》(歌舞剧)代表浙江省参加第二届全国少数民族文艺会演，获创作金奖、演出金奖。2003年12月，丽水再次与中国摄影家协会合作，首次承办中国第十届国际摄影艺术展。丽水市委、市政府与中国摄影家协会签订丽水连续10年举办5届国际摄影艺术展览的协议，成为摄影界的“丽水现象”。2004年，举办爱我中华首届“绿谷之韵”创作歌曲大赛。同年，“在水一方写生基地”和“巴比松写生创作基地”建立，丽水巴比松油画陈列馆成立。“巴比松油画”在全国美术界享有美誉。2005年12月，丽水市美协在大港头“古堰画乡”成立丽水油画院。2006年7月28日，中共浙江省委书记习近平视察古堰画乡。2007年8月，古堰画乡被中国文联、中国民间文艺家协会命名为全国首个地(市)级综合性“中国民间艺术之乡”。民间艺术在继承中发展，丽水发掘整理民间艺术500多项，其中被列入国家级非物质文化遗产代表性项目名录7项，被列入省级非物质文化遗产代表性项目名录69项、列入市级非物质文化遗产代表性项目名录111项。丽水各级党委政府加强文化基础设施建设，广泛开展群众性文化艺术活动，广场舞成为丽水一道靓丽的风景线。2007年11月，中国第一家摄影博物馆——中国·丽水摄影博物馆落成开馆。文化产业蓬勃发展，电影公司和国有书店全面完成改制，经济实力和社会效益不断增强，在农村和社区推行公益性放映。2008年10月，丽水市启动第二轮修志工作。2009年，丽水市国有书店营业面积11958平方，年发行量1602万册，销售金额14647万元。2010年8月，丽水市图书馆有藏书22.90万册，其中古籍3000多册，珍贵地方文献5000多册(份)。丽水市档案馆馆藏全宗有170个、157725卷、37527件。

第一章 文学与戏剧

唐代杜光庭，著有传奇小说《虬髯客传》。宋代诗人叶绍翁，著有诗词集《靖逸小集》，其名诗句“春色满园关不住，一枝红杏出墙来”传诵至今。女诗人张玉娘被誉为宋代四大女词家之一，著有诗集《兰雪集》。明代，汤显祖被誉为“东方的莎士比亚”，代表作《牡丹亭》是中国古代戏剧创作的巅峰之作。清代，爱国诗人吴世涵著有《又其次斋诗集》。“五四运动”后，丽水现代文学创作兴起，尤以抗日战争时期的抗战文学较为突出。1949 年 10 月中华人民共和国成立后，丽水创办文学刊物《丽水文艺》《林海》，深受一批文学爱好者喜爱。“文化大革命”期间，丽水文学创作备受摧残。20 世纪 80 年代，丽水文学出现起色，吴广宏短篇小说《“天使”与“野马”》获萌芽文学奖，唐宗龙长篇小说《铁弓传奇》出版。1983 年，龙泉林海诗社成立，一批年轻诗人、散文家崭露头角。20 世纪 90 年代，丽水文学创作进入繁荣时期。作家阙迪伟、何丽萍等活跃于全国文坛，丽水诗歌散文创在国内也有一定的影响，代表人物有闻欣、夏季风和叶丽隽等。

元末明初，松阳高腔源于松阳县白沙岗。清初，庆元县合湖乡始有菇民戏。清咸丰九年(1859)，青田县黄肚村始有处州乱弹。清光绪二十九年(1903)，遂昌县社后村始有昆曲。这些产生于民间的剧种带有深厚的地方特色，并为此产生丽水早期的剧团班社如蔡和班、白沙岗班、黄庄班、子仙班等，曾一度流行于周边毗邻地区。随着时代的变迁，这些传统的剧种、剧团趋于衰弱。21 世纪后，国家对传统文化遗产保护，濒临灭绝的丽水地方剧种焕发生机。2006 年，松阳高腔被列入国家级非物质文化遗产代表性项目名录。2008 年 6 月，遂昌昆曲十番被列入国家级非物质文化遗产代表性项目名录。

第一节 文 学

小 说

丽水最早的小说家，可追溯到唐末五代的杜光庭，其传奇小说《虬髯客传》在中国文学史上有很高的地位。

此后，直到 1919 年“五四”运动，丽水小说家创作情况没有留下资料。

民国 8 年(1919)，“五四”运动后，丽水革命文学创作兴起，尤以抗日战争时期的抗战文学最为突出。小说创作有旅新加坡丽水籍华侨林参天的长篇小说《狼烟》《热瘴》和短篇小说集《余衷》，松阳人江天蔚的长篇小说《情魔》，许廑父的长篇小说《镜花新缘》，流萤的短篇小说《一件小事》，以及一些到丽水的进步人士，如葛琴等人的中篇小说《窑场》、短篇小说集《生命》《伴侣》等。

1955年，丽水县文化馆主办《岩泉》。1957年3月，龙泉、云和、庆元、景宁县合办文艺刊物《林海》。反右派斗争后两刊停办。“文化大革命”期间，文学创作受摧残。1974年，小说《科学的主人》被诬为“大毒草”，受到批判，作者遭残酷斗争。“文化大革命”结束后，遭受长期禁锢的文学创作蓬勃发展。1982年，吴广宏的短篇小说《“天使”与“野马”》获萌芽文学奖，短篇小说《梅花天宝》获浙江省1981—1982年优秀作品奖，1984年，结集出版《“天使”与“野马”》。同年，唐宗龙的长篇小说《铁弓传奇》出版。

20世纪90年代，丽水小说创作进入繁荣时期。作家阙迪伟开始活跃于全国文坛，先后在《人民文学》《十月》《上海文学》《钟山》《作家》等刊物上发表长篇小说1部，中篇小说近40部，短篇小说30多篇，电影剧本2部以及报告文学、散文若干。《小说选刊》《小说月报》《中篇小说选刊》《作品与争鸣》和一些年度选本，多次选载其作品。中篇小说《乡村行动》被改编拍摄成电影《光荣的愤怒》在全国公映。短篇小说《村长有事》获《小说月报》第八届百花奖，中篇小说《一曲未了》《新闻》《一亩二分地》等连获三届（1990—1999）浙江省优秀文学作品奖，中篇小说《绑架》获《广州文艺》朝花文学优秀小说奖，短篇小说《割稻》获《长江文艺》方圆杯优秀文学奖。2003年4月，浙江省作家协会在杭州为阙迪伟举办小说研讨会，参与研讨会的作家和文学评论家对其小说创作与艺术追求给予高度评价。2009年，阙迪伟获丽水市政府首届绿谷文化奖文学突出成就奖。坚持乡村小说创作的韦晓光，先后发表中篇小说《摘贫帽》《村办厂》《头头脑脑》等10多部，短篇小说若干，多部小说入选《中篇小说选刊》《新华文摘》，中篇小说《换头》获浙江省优秀小说奖。2003年，何丽萍在《收获》发表小说处女作《底线》，此后，在《收获》《人民文学》《当代》《上海文学》《钟山》《大家》等杂志发表中短篇小说、散文80多万字。短篇小说《深挖洞》入选《小说选刊》。《柔软》《水在瓶中》入选人民文学出版社年选。2009年获丽水市政府首届绿谷文化奖文学提名奖。夏季风先后在《人民文学》《花城》《作家》《天涯》《钟山》等刊物发表小说，部分作品被《小说月报》《中华文学选刊》及年度权威选本转载。小说集《罪少年》入选中华文学基金会“21世纪文学之星丛书”。曾3次获浙江省优秀文学作品奖，获2001年度“浙江省青年文学之星”称号。阿航出版长篇小说《走入欧洲》《漂泊人生》《遥远的风车》等，有中短篇小说见于《收获》《钟山》《美文》等刊物。2003年，陈宗光结集出版小说集《醒醒湖》。唐宗龙出版长篇小说《古道侠踪》《金鞭无敌》，中篇小说合集《上海滩神偷手》。作家李青葆出版长篇小说《情海无悔》《奇石流梦》，小说集《与鬼共舞》。此外，还有韦琳等一批小说作者。

诗　词

古诗词　北宋，管师复（1055年前后在世），龙泉人，工诗文，著有《白云集》。

南宋，姜特立（1125—卒年不详），丽水人，著有《梅山集》《梅山续稿》。陈汝锡(1073—1161年)，青田人，7岁能写诗文，著有《鹤溪集》12卷。郑汝谐（1126—1205），青田县城人，著有《东谷集》。章良能（生年不详—1214），丽水县人，有《嘉林集》百卷。何澹（1146—1219），原籍龙泉，后居丽水，著有《小山杂著》。梁安世（1114—1195），丽水人，著有《远堂集》。王镃（生卒年不详），遂昌湖山人，著有《月洞吟》。周权(1275—1343年)，松阳人，有《此山集》传世。沈说（生卒年不详），龙泉人，著有《庸斋集》。叶绍翁（1169—1239），龙泉人，著有《靖逸小集》，佳句“春色满园关不住，一枝红杏出墙来”传诵至今。张玉娘（1250—1276），松阳人，著有《兰雪集》2卷，中国文学史把她与李清照、朱淑贞、吴淑姬誉为宋代四大女词人。王琮，丽水人，著有《雅林小稿》。

元代，王毅(1303—1354)，龙泉人，著有《木讷斋集》。练鲁(生卒年不详)，松阳人，著有《倥侗子文集》。郑元佑(1292—1364)，遂昌人，著有《侨吴集》十二卷。

明代，刘基(1311—1375)，青田九都武阳村人①，著有《诚意伯文集》20卷。胡深(1314—1365)，龙泉人，著有《芸斋集》。李棠(1400—1460)，缙云人，著有《蒙斋文集》。金文(生卒年不详)，丽水人，著有《镜潭杂咏》《履素闲吟》《和唐百绝》《东游稿》等。金忠(生卒年不详)，丽水人，著有《翁天稿》《东瓯童子吟》。赵政(1334—1412)，缙云人，著有《西湖子》15章。刘琏(1347—1379)，青田人，刘基之长子，著有《自怡集》。赵琏(1415—1484)，字仕英，缙云人，著有《复庵集》《公余集》《台中草》《闲时吟》等。樊贵(生卒年不详)，缙云人，有《桂冈集》。樊阜(生卒年不详)，缙云人，著有《樊山摘稿》。汪瑛(生卒年不详)，字子修，著有《抱关稿》。李颢(生卒年不详)，缙云人，著有《悯志稿》。潘援(生卒年不详)，景宁人，著有《东崖摘稿》《诗林辨体》。陈中州(1491—卒年不详)，青田县城人，著有《太鹤山人集》10卷。李键(1520—1610)，缙云人，著有《赐养堂诗集》。何镗(1507—1585)，丽水人，著有《翠微阁集》等。樊献科(1517—1578)，缙云人，著有《旅游山居吟稿》等。赵仪(1536—卒年不详)，缙云人，著有《表斋拙稿》《世芳摘集》。郑汝璧(1546—1607)，缙云人，著有《由庚堂诗文集》。王养端(生卒年不详)，遂昌人，著有《震堂集》。叶火圭(生卒年不详)，丽水人，著有《椒山文集》。叶曾(生卒年不详)，丽水人，著有《梅言余言》八卷。朱应钟(1504—1534)，遂昌人，著有《阳仲诗选》五卷。王一中(1586—1639)，青田人，著有《瑞芝堂集》。李邦柱(生卒年不详)，缙云人，著有《紫云山房集》《木越 涧吟草》。郑之鳌(生卒年不详)，宣平老竹人，著有《竹箭集》《松轩草》。郑士宏(生卒年不详)，字孟仁，明天启年间(1621—1627)缙云人，著有《清懒窝吟稿》。

清代，王继祖(生卒年不详)，丽水人，著有《芝山文集》。李用勤(生卒年不详)，缙云人，著有《端居诗集》8卷，《诗余》1卷。李绥祺(生卒年不详)，缙云人，著有《青芝山房诗集》8卷。陈大受(生卒年不详)，丽水人，著有《问天楼草》。毛恒(1684—1742)，遂昌人。著有《远抱楼诗集》。韩锡胙(1716—1776)，青田人，著有《滑凝集》。端木国瑚(1773—1837)，青田人。著有《太鹤山人诗集》13卷，《定香亭赋》等。尤宗价(生卒年不详)，丽水人，著有《映而稿》《历朝诗选》。吴世涵(1798—1855)，遂昌石练人，著有《又其次斋诗文集》《平昌诗草》。徐望璋(1776—1857)，丽水人，著有《芸亭诗钞》。朱辉(生卒年不详)，缙云人，著有《梅岩诗稿》。应文鸿(生卒年不详)，缙云人，著有《龙溪杂咏》《守拙斋稿》。应朝清(生卒年不详)，缙云人，有诗集。严用光(1826—1899)，景宁人，著有《述古斋古今体诗集》8卷。端木百禄(1824—1860)，青田人，著有《石门山房诗抄》。朱小塘(1852—1907)，缙云人，著有《遁夫诗草》。

清末民国时期，魏兰(1866—1928)，云和人，著有《再生室吟草》《浮云集》《魏氏诗集》。舒望周(1866—1945)，缙云人，著有《鸣凤山房文集》《爱莲集诗抄》。楼村(生卒年不详)，缙云人，著有《楼辛壶印存》《意庐诗钞》《清风馆集》《西湖十景册》。徐容丛(生卒年不详)，青田北山人，著有《铁遗梦草》。赵舒(1884—1948)，缙云壶镇人，著有《红蓼馆诗草》。樊光(生卒年不详)，缙云人，著有《仙都山房诗文集》《在山吟》《清泉集》《水草吟》《国忧集》。

新诗　抗日战争时期，诗人力扬著有诗集《枷锁与自由》《我的竖琴》《射虎者》。还有一些诗人的抗战诗歌发表于丽水报刊上，如怒啸的《送别九区剧团工作同志》，持中的《怒吼吧！中国的儿女》等。

---

① 青田九都武阳村人：2010年属温州市文成县南田。

1958年，新诗创作反映“大跃进”时期的生活情况，较有影响的作品有《丰收》《山村春雨》等。《东海文艺》出版社出版《丽水大跃进诗选》。20世纪60年代初，诗《天外还有水车声》受到读者的欢迎。

20世纪80年代中后期，在诗人闻欣等人的带领下，龙泉一批年轻的诗人投入创作，有流泉、江晨、云鸟、王宏、夏明、陈欣永、李开、王慧、蒋世荣、金少芬等。同时，丽水有夏季风、陈墨、郁芬等。进入21世纪以来，一批七八十年代出生的诗人不断涌现，有叶丽隽、乐思蜀、郁颜、何山川、叶琛、毛魏松、陶雪亮、张晓东、洪峰等。加上这个时期恢复写作的一批作者，丽水的诗人开始进入全国一线创作行列，诗歌作品频频亮刊于《诗刊》《人民文学》《诗歌月刊》《诗选刊》《诗潮》《星星诗刊》《天涯》等国家级和各省级刊物，以及各种诗歌选本和各种诗歌年度精选，在全国诗歌界产生一定的影响。

20世纪80年代中后期，丽水诗歌创作的代表人物有闻欣、夏季风和叶丽隽。闻欣在《诗刊》《东海》《江南》等刊物上发表诗歌数百首，1991年出版诗集《带蜜的云》，1993年出版《岁月之旅》。曾获“奔马奖”诗歌大赛奖等奖项。夏季风出版过诗集《学习写作》《感伤言辞》，获过诗刊社首届“珍酒杯”新诗大赛奖等十多项诗歌奖和2001年度的“浙江省青年文学之星”奖。2004年，叶丽隽参加诗刊社举办的“青春诗会”，大量诗作出现在《诗刊》《人民文学》《天涯》等各类期刊和诗歌选中。2005年出版诗集《眺望》，2009年出版诗集《在黑夜里经过万家灯火》，曾获“诗之旅”诗歌奖、浙江省青年文学之星提名奖等。获丽水市政府首届绿谷文化奖文学提名奖。

21世纪以来丽水诗歌创作的代表人物流泉、郁颜、乐思蜀、陈墨。流泉出版诗集《谁在逼近我们》，郁颜出版诗集《郁颜诗集》，乐思蜀出版诗集《未完成》，陈墨出版诗集《历史弹奏》等。

散 文

丽水历代散文，有资料可查的不多，最早可追溯到南宋。

南宋时，季南寿（约1111—1180），龙泉人，宋绍兴五年（1135）进士，累官至吏部侍郎，著有《入蜀日记》《眉之近古堂编》等。郑汝谐（1126—1205），青田人，字舜举，号东谷居士。宋绍兴二十七年（1157）进士，官至吏部侍郎，著有《东谷易翼传》《论语意源》《东谷集》等。蒋继周（1134—1194），青田人，字世修。宋绍兴二十四年（1154）进士，官至吏部尚书，著有《中丞奏书》《礼记大义》《经讲义》等。潜说友（1216—1277），字君高，号赤壁子，缙云人，著有《宋故于都知县朱公墓志》《处州万象山崇福寺记》。叶宗鲁（生卒年不详），丽水人，宋淳熙二年(1175年)进士，官湖南提举，著有《应星楼记》。

元末明初王毅（1304—1355），龙泉人，著有《与叶景渊书》。郑元祐，元代浙江儒学提举司，著有《侨吴集》《山居文集》。

明代刘基（1311—1375）著有《郁离子》《覆瓿集》《犁眉公集》等。潘琴（1424—1514），景宁鹤溪人，明天顺年间（1457—1460）进士，官至福建兴化知府，著有《竹轩集》《山居杂咏》等。虞瑶（1437—1499），缙云人，明天顺八年（1464）进士，累官至南京兵部右侍郎，著有《恤民疏》。戴梦龄（生卒年不详），明洪武年间（1368—1398），青田人，著有《项羽闻楚歌赋》。何镗（1507~1585），著有《古今游名山记》《中州人物志》《修攘通考》《翠微阁集》等，明万历七年(1579)总纂《括苍汇纪》。王顺序（生卒年不详），字鸿翔，明代青田人，著有《游南明山记》。

清代和民国时期丽水散文作品保留不多。

中华人民共和国成立至六七十年代，由于各种政治运动频繁，尤其是10年“文化大革命”，文学创作受到摧残，这时期的丽水散文创作几近空白。

21世纪80年代后，丽水散文创作发展，出版部分散文集，如袁春根的《瓯江帆影》、闻欣的《遥远的背影》、陈宗光的《瓯江月》、阿航的《雪若梨花》等。2006年12月，《丽水绿谷文化丛书》出版，分6册，由阙迪伟的《龙泉宝剑》、陈宗光的《龙泉青瓷》、吴立南的《青田石雕》、何丽萍的《畲乡景宁》、吕驾宇的《缙云黄帝祠》和郑晓英《秀山丽水》组成。《丽水绿谷文化丛书》获2006年首届丽水市文学创作大赛金奖；闻欣的《布满鸟声的小镇》，获1995年浙江省17报1刊花为媒散文大奖赛铜奖。

至2010年，丽水的散文家主要有闻欣、金兆法、伊舒拉、阿航、鲁晓敏等。鲁晓敏散文创作较为活跃，作品先后载于《散文选刊》《中华散文》《散文百家》《美文》《天涯》《黄河文学》等报刊，近30万字。

民间文学

丽水民间文学主要有民间故事传说、民间歌谣、民间谚语、民间灯谜等。丽水各县(市、区)搜集记录整理民间文学作品成千上万篇，先后在全国及各省、市报纸杂志上发表数千篇(首)，其中有多篇作品获得各类奖项，并被编入《中国新文艺大系》《中国民间故事选》《中国民间故事选》《中国民间故事精品文库》《中国少数民族故事精选》《中国少数民族爱情故事选》《中国民间故事精品系列》《中国民俗故事集》《神秘文化精品系列》《中国民故事精品系列》《中国动物故事选》《中外民间故事选》《中华民俗源流(故事)集成》《神话与传说》《中华五千年传说》等民间文学经典文集。《山海经丛书》收录丽水作者创作的多篇民间文学作品。自1988年始，丽水地区各县(市、区)先后编印《民间文学三集成》。1993年，浙江文艺出版社出版《丽水地区民间文学三套集成》故事卷、歌谣与谚语卷。故事卷中收编神话35篇，传说227篇，故事219篇。1997年，中国ISBN中心出版的《中国民间故事集成·浙江卷》，收编丽水神话7篇，传说44篇，故事24篇。

民间文学爱好者辑集的有《神郎与彩姑》《三公主的凤冠》《龙泉水》《魔宫夺火》《吴越聊斋故事》《山魈奇谭录》《五子戏观音》《剑石瓷》《仙都民间故事》《香菇的传说》《叶法善的传说》《刘伯温的传说》《刘伯温倚柱吞金》《青田石雕的传说》《猴子的故事》等，由文联等部门编辑出版的有《青田民间故事大观》《刘伯温传说故事》《丽水地区民间故事选》《金童玉女造莲城》等。

第二节　戏　剧

戏剧创作

元代，永嘉高则诚在丽水县姜山悬藜阁撰《琵琶记》，被古今戏曲家推为“南戏之祖”“南曲之首”。明万历二十一至二十六年(1593—1598)，遂昌知县汤显祖创作《牡丹亭》。抗日战争期间，一批客籍作家云集丽水，自编《牧童》《牛顿》等剧目演出。

中华人民共和国成立后，群众自编自演较多。1949年，景宁葛山小学民主剧团自编自演《木兰从军》《牧草姑娘》等剧目。1953年，全省农村剧团就地会演，《喜事》《杀人偿命》《童养媳》《血海深仇》等获自编自演一等奖。1954年后，剧目《杨滚花枪》《两兄弟》《雷雨夜》获省创作奖。1958年，戏剧创作反映“大跃进”时期的生活情况，创作剧目《钢帅升帐》《老黄忠》《英雄赛好汉》《三八妇女炼钢炉》获省剧目奖、演出奖。1964—1965年，丽水地区建立创作组，加工现代剧《畲庄新歌》《龙头岩》《分配之争》《佛面狼心》等剧目。“文化大革命”期间，文艺界首当其冲，广大文艺工作者仍创作《雁溪风雷》《喜事新风》《山乡红小兵》等剧目。

1976年粉碎江青反革命集团后，丽水地区文艺创作异常活跃，剧目《巧相亲》《汤公除霸》《八百两》《冒尖户的亲事》等获省创作奖、作品奖和演出奖。1977—1983年，文艺创作调演剧目获地区级奖124个，获省级奖34个，获国家级奖7个。1984年，《三公主》获全国少数民族剧本团结奖。1985年，《范进中举》获省第二届戏剧节演出二等奖，《莫问奴归处》获戏剧创作二等奖。

剧种

缙云婺剧　缙云婺剧亦称“缙云徽戏”，源于安徽徽戏，至今有400多年历史，基本保留安徽徽戏、处州乱弹两腔原味，都含着徽戏、乱弹、昆腔、高腔、滩簧、时调等六种唱腔。这两种古老唱腔在原地都已失传。缙云婺剧在器乐演奏、戏腔道白和唱腔及表演方面，讲究武戏文做，文戏武做，具有自己独特的风格和特征。

松阳高腔　松阳高腔是浙江省现存的最古老的剧种之一，相传源于唐代的傩戏，形成于元末明初，兴盛于清乾隆至道光年间，其最著名的传承地是松阳县玉岩区的白沙岗村。该村自创松阳高腔班社以来，历23代，尚保留演出剧目40个，有“白沙岗土调”之称。松阳高腔是浙江八大高腔系统中的独立分支，属单声腔剧种，而且是浙江省唯一尚能演出的高腔剧种。松阳高腔以松阳、龙泉、遂昌为中心，流行于处州、金华、衢州、江西上饶和福建浦城等地。清初建立新聚堂、秀和、兴盛等班社22个，剧目41本，代表作《夫人戏》《耕历山》，曲牌有120多支，保存的仅76支，尚有松阳县玉岩镇周安、白沙岗2个民间剧团演出。2006年，松阳高腔被列入国家级非物质文化遗产代表性项目名录。

菇民戏　菇民戏又称二都戏，清初庆元县合湖乡创建福进班。清末民国，有锦福班、三星班、永昌班等班社10多个，活跃在庆元、龙泉、景宁一带以及福建省的政和、松溪、浦城、建阳、寿宁等县。有大小传统戏93本，代表性剧目《九龙鞭》。音乐声腔由京胡戏（皮簧）、横风箫戏（文官平板、二凡、反宫、三夹子）、乱胡戏（二胡、滩簧）3类板调组成。解放后，庆元县竹坪、三际、合湖、斋郎、三堆和景宁县柳八漈等地民间剧团常有演出。

处州乱弹　处州乱弹在清中叶盛行。丽水、青田、缙云、松阳、遂昌、云和等县都有班社，以莲都碧湖一带居多。主要流行于丽水、温州、金华地区及江西、福建二省毗邻城乡。主要唱调有西皮、二簧、平板、乱弹尖、慢板心、二汉（唤）、罗卜子、反调等数种，传统剧目120本，代表作《一把抓》。表演传统特技有耍乐、变脸、甩佛珠、摸烛花、挟卵、滚打、射叉、双龙出水等。中华人民共和国成立前有缙云子仙班，中华人民共和国成立后登记为缙云婺剧团。

木偶戏　明末清初，在庆元、龙泉、景宁、云和、丽水、青田、松阳、遂昌等县盛行木偶戏，大多为提线木偶。许多班社剧团除在本地区演出外，还到金华、衢州、温州以及福建省毗邻山区巡回演出。木偶班子一般4~5人，傀儡行头和乐器道具只有一担，便于上山下乡。剧目有传本戏17部，正目109本，杂目75折。音乐主要有高腔、皮簧、徽调、乱弹、滩簧、时调6种。1952年，云和县木偶戏班登记发证工作，有职业、半职业木偶剧团40多个，景宁县葛山木偶剧团转为新艺术木偶剧团。1964年，遂昌县对木偶艺术进行改革，创办以演现代戏为主的大型木偶戏团。“文化大革命”，龙泉县上东公社东书、仓砇大队2个木偶剧团祖代相承的300多个木偶被焚。1979年，云和、丽水等县木偶剧团恢复。1982年，丽水地区有木偶剧团42个，坚持演出的21个。

遂昌昆曲十番 明代汤显祖在遂昌任知县时，得以传播的民间艺术，有400多年历史。遂昌昆曲十番是明代晚期流行于江南民间的一种器乐演奏形式，它以多种乐器组合，轮番演奏多个曲调而称“十番”。各地的十番因乐器组合和演奏内容的不同，而有不同的名称。遂昌昆曲十番由笙、笛、梅管、云锣、板鼓、提琴、双清、三弦等乐器组合，演奏传统名剧《牡丹亭》《紫钗记》《南柯记》《邯郸记》《长生殿》《浣纱记》等剧目的昆曲曲牌，在国内罕见。遂昌昆曲十番一般用于春节灯会和迎神庙会的巡街游行，或节日聚会、喜庆堂会等演奏，它几百年来在民间流传，这与汤显祖在遂昌任知县5年有密不可分的关系。2008年6月，被列入国家级非物质文化遗产扩展项目名录。

剧 团

丽水早期主要剧团班社有蔡和班、白沙岗班、黄庄班、子仙班、叶群玉昆班、新舞台工班、新连昌班、章旦班、易俗舞台、吉昌班、莲城京剧科班、同福昌班、林月台班、包山花鼓班、渡蛟马灯戏班、小溪采茶戏班等。1951年，丽水地委文工团建立，1952年1月，撤销。1952年，有职业剧团18个。1962年，有剧团22个。1970年，各县职业剧团撤销，地区文工团和各县毛泽东思想宣传站建立，1975年，有国营剧团10个，1977年后恢复职业剧团。职业剧团和民间剧团主要有丽水地区越剧团、丽水市越剧团、龙泉市越剧团、云和县越剧团、青田县越剧团、庆元县越剧团、缙云县婺剧团、缙云县越剧团、遂昌县婺剧团、遂昌县越剧团、景宁县越剧团。农村职业和半职业剧团有丽水碧湖剧团、丽水河边金剧团、丽水丽新婺剧团、丽水保定剧团、玉岩松阳高腔剧团、景宁英川乱弹剧团、景宁渤海越剧团、云和梅花越剧团、云和云峰乡社后婺剧团、青田北山越剧团、东源越剧团、遂昌妙高镇飞鹤婺剧团、龙泉八都越剧团、庆元区文工团、缙云县群艺婺剧二团、缙云缙南婺剧团、缙云方川婺剧团、缙云蟠龙村婺剧团、缙云新建区婺剧团、缙云碧河公社婺剧团、缙云溪南公社婺剧团、缙云盘溪区婺剧团、缙云三溪越剧团、松阳越剧团、遂昌官塘地方班、缙云碧川业余剧团、松阳古市镇业余剧团、丽水山村业余剧团、云和赤石剧团、丽水新生平剧社等。

蔡和班 蔡和班俗称“蔡源班”，是以演徽戏为主兼演乱弹的古老班社。明嘉靖二十四年(1545)，遂昌县蔡源乡蔡源村建蔡和班。有清道光年间(1821—1850)抄本《阴阳斗》即《松蓬会》等古本流传至今。该班社由遂昌县蔡源村人集资创办，演出地域遍及金、衢、处三州。

白沙岗班 松阳高腔自明天启年间(1620—1627)艺人李凤相起，在白沙岗历传二十三代。白沙岗班所演剧目，以《夫人戏》最受欢迎，另有《脱靴记》《金印》《琵琶记》《白兔记》等高腔传统剧目近40个。

黄庄班 黄庄班俗称“处州乱弹班”。清咸丰九年(1859)建立，班址在青田黄肚村前祠。虽然仅有100多年历史，但影响较广，温州等地及闽北诸县皆有该班足迹。上演的剧目有《杨七郎》《活捉三郎》《百寿图》等。

丽水地区越剧团 丽水地区越剧团成立于1979年6月，原为地区文工团，建于1970年，以歌剧为主兼演京剧和越剧，曾排演过京剧《沙家浜》《龙江颂》《杜鹃山》，越剧《海岛女民兵》。1988年12月，撤销。

丽水市越剧团 丽水市越剧团前身是宣平菲菲越剧团，由班主王昌明建于民国37年(1948)，又称“宣平班”“昌明班”，于1950年由丽水县人民政府接收，归属文化馆管理。1993年8月，和原丽水市文化馆合并。

剧院

1949年丽水解放后，丽水各县、各地剧场、戏院陆续建立。1952年有4座，1962年有9座。据1986年普查，原明、清建筑的庙台、祠堂台、祭亭台、万年台、草台、露天台等古戏台1432座，2010年存677座。1990年，丽水区就城镇演出场所而言有12座，其中丽水、龙泉、缙云、遂昌、松阳等县(市)有剧院7座，各县农村大会堂兼影剧院888座。

丽水地区的戏曲演出场所大体可分为6类，其中，活动戏台一般设在农村小祠堂的门厅或居户中堂，舞台面积小，临时搭建，拆卸方便，形式简单；庙台、祠堂台大多和庙宇、祠堂、会馆同期建造，建筑年代较早，式样古朴典雅；祭亭台固定建于农村中心，四面凌空，便于出入，台顶较高，戏台明亮通风；剧场、戏院、影剧院旧时为数少，设备简陋。20世纪50年代后，在许多城乡建立，门面宽敞，布局合理；农村会堂，综合利用于开会、演戏、放电影等；露天"草台"，为适应节日庆祝、欢送会、物资交流会等大型活动而设，利用溪滩、草坪、田畈或者广场择地架设。

丽水地区主要的古戏台有庆元大济卢福神庙戏台、庆元县西洋殿戏台、龙泉元公祠戏台、遂昌石练等地的祭亭台、缙云献山庙戏台群、丽水城内的庙台、缙云河阳的大宗祠戏台、遂昌华溪包祠戏台、碧湖镇古戏台等。

丽水地区主要的剧院会堂和影剧院有丽水地区文艺会堂、丽水剧院、青田大会堂、龙泉剧院、松阳剧院、遂昌剧院、景宁影剧院、云和影剧院、庆元大会堂、缙云剧院等。丽水市剧院现存景宁影城、庆元菇城剧院和遂昌影剧院，另有缙云会议中心。

丽水大剧院　丽水大剧院工程于2003年6月25日批文立项，正式立项项目为"丽水文化艺术中心"。2006年11月9日取得用地规划许可证，2007年9月30日，取得施工许可证，工程于2007年10月20日开工，2010年7月9日竣工。丽水大剧院位于丽水行政中心广场东南角。建筑6层，地上5层，地下1层。建筑面积34831.56平方米，建筑合理使用年限，剧院100年，文化馆50年。工程总造价20047.44万元。工程主要功能，一是甲级剧院①，二是群艺馆、影视厅②。工程由浙江省华厦工程勘测院勘察，浙江大学建筑设计研究院设计，中天建设集团有限公司施工，浙江工程建设监理公司监理，丽水市建筑施工图审中心图审。"丽水文化艺术中心"工程竣工验收交付使用后，促进丽水市文化、艺术各项工作。

丽水地区文艺会堂　丽水地区文艺会堂原为丽水军分区"军人礼堂"，地址在丽水城关镇解放街西端万象山脚，建于1950年。1977年，更名丽水地区大会堂，对外营业，影剧两用。1979年，丽水地区行署将大会堂交于丽水地区文化局管理，并进行改建。对内则实行经济承包责任制。1981年后，丽水地区文艺会堂多次被地区文化局评为演出工作先进单位。1987年，更名地区文艺会堂，座位1388个，1992年，丽水地区行署将地区文艺会堂出售给丽水电视台。2000年5月丽水撤地设市后，随着丽水摄影节的举办，丽水市委、市政府决定筹建丽水摄影博物馆，投资800万元。2007年5月15日，对丽水市文艺会堂进行改建。同年11月改建完成，丽水摄影博物馆落成。

丽水剧院　1949年，丽水东岳庙改建戏院，有座位700个，地址在解放街中段闹市区，中华人民

① 甲级剧院是指满足召开两会需要的剧院。

② 群艺馆、影视厅是指满足丽水市群众文化艺术活动需要的馆所。

共和国成立初为股份制。1951 年 12 月，由省立丽水人民文化馆接管，称人民戏院。1953 年由国家接管，改建为人民戏院，年接待专业剧 20 多个，演出近 3000 场，由于设备简陋，多次改建翻新，1980 年扩建，有座位 1167 个，其中楼座 311 个。20 世纪 80 年代后期，特别是 1990 年后，由于演出市场疲软，丽水剧院消防设施不符合要求，加上体制改革，职工身份转换后被安置，剧场转国资委，改作他用。

第二章　美术与书法

北宋，何执中曾为米芾行书《多景楼诗帖》作跋。元代，陈绎曾，善真、草、篆书。明代，刘基能书会画，以山水梅花见长，善行草书。清代，韩锡胙善书工画，著有《滑疑集》。民国时期，楼村是“西泠印社”早期社员，其书画被吴昌硕等名家所器重，丽水籍版画家金逢孙享有盛名。1949 年 10 月中华人民共和国成立后，丽水美术和书法事业进入繁荣时期，广大美术、书法工作者和爱好者积极参与各种书画展赛，作品屡屡获奖。2004 年，丽水建立“在水一方写生基地”和“巴比松写生创作基地”，推进丽水美术书法事业的发展，“巴比松油画”在全国享有美誉。民间工艺美术仍继续发展，青田石雕技艺、龙泉宝剑锻造技艺等被列入第一批国家级非物质文化遗产代表性项目名录。2010 年，全市有丽水市美术家协会、丽水市油画家协会、丽水市女花鸟画家协会和丽水市书法家协会等美术书法团体。

第一节　美　术

绘画作品和展览

明代刘基能书善画，以山水梅花见长。清代魏兰，喜画花鸟虫鱼，尤善画兰花。民国 4 年(1915) 2 月，巴拿马太平洋博览会，丽水县阙尹的麦秆剪贴画《美国总统威尔逊像》获金牌奖，龙泉县彭维鼎国画《牧羊小像》和颜建昌《松菇模型》获银牌奖。张弦教授著有《张弦素描集》。20 世纪 30 年代，版画家金逢孙的作品《读报》被鲁迅选送法国展览。抗日战争时期，版画家林夫、郑野夫等在丽水举办木刻函授班，出版《抗争门神》《旌旗》《号角》《战鼓》《铁骑》《反攻》《怎样研究木刻》等专集，组织木刻展览会，参展作品 500 多幅，省处州民众教育馆多次举办抗日画展。民国 34 年 4 月上旬，杭州西泠画社在龙泉县展出潘天寿、徐悲鸿、张大千、齐白石、刘海粟等画家的作品。1949 年，木刻《加固阵地》《愤怒》参加第一届全国画展。1950 年春节，浙江省立丽水人民文化馆举行国画展览，展出作品 152 幅。“文化大革命”期间，主要是绘制和塑造毛主席像。国画《团代会上》，在全国中国画展览会上展出。连环画《地道战》由浙江人民出版社出版。1981 年 8 月，丽水地区美术作品展览在浙江展览馆展出，10月，又在杭州举行“瓯江画展”，展出书画、盆景325幅(件)。至1983年，丽水地区举办画展10次，展出作品1605件，参加省美术展览126幅，获奖作品有《护苗》《午餐》《黄昏》《书记逛集市》《源远流长》《达尔文教训》等41件。《丹桂馨香》送日本静冈县展出获银质奖。1983年9月，《农家乐》《牧农图》《明珠颂》，获省首届工人、农民画展二等奖。1984年，年画《故乡情》参加第六届全国美术作品展览。青田县画童队作品500多幅，先后在日本、法国、德国和澳大利亚等国展出。1985年，《让竞赛代替战争》获全国儿童展览特别奖。1987年，《儿歌》参加建军60周年全国美展。国画《陌生人》《雾竹》《清声追风远》《畲族的传说》《秀姑》参加全国各类画展或入选作品集。国画《飞瀑》被北京图书馆善本特藏库珍藏。1989年，举办全国第七届美术展，油画《默默的路》《畲家女》《春》《幽谷》和年画《山林女神》等作品入选。1990年，国画《白梅》《牧马人》等七幅在省级以上展出获奖。国画《白梅》被中国画院收藏，《江雪诗意》被柳宗元纪念馆收藏。有油画作品20多幅在国内外出展，其中参加全国百幅油画精品大奖赛7幅，送日本展出6幅，并被日本收藏。

1994年5月，浙江少儿“唐诗”画意水墨画、书法大赛在杭州举行，丽水市获一等奖3人，二等奖2人，三等奖1人。同年9月，油画《还是这条船……》《陇上人家》《竹林之声》获浙江省庆祝中华人民共和国成立45周年美术作品展一等奖。1996年6月，组织少儿美术作品26幅参加省“中华杯”和“华宝杯”少儿现场绘画比赛，获三等奖3人，优秀奖4人。丽水地区群艺馆获优秀组织奖。同年7月，选送油画作品27幅，国画15幅参加省《建党75周年美术展览》。1997年4月，组织作品参加浙江省首届《中青年花鸟画展》，入展作品8件。同年6月1日，举办“六一”少年儿童画展，展出作品100多件。同年12月，油画作品《小树林》获浙江省文化厅主办的“’97浙江省群文美术书法摄影展”二等奖。1999年8月，油画《小树苗》、版画《中国人民是不可战胜的》入选全国第九届美展。同年12月，承办“迎澳门回归千人少儿绘画现场表演赛”。

2001年10月，丽水市参加“浙江省乡镇文化”系列活动，获美术一等奖1人、三等奖1人、优秀奖1人。同年11月，组织作品参加省“东方杯”群星美术、书法大赛，美术获优秀奖4人，入展11人，入选6人。2003年2月，组织女花鸟画作品参加《浙江第三届女花鸟画展》入展作品13幅。同年4月，参加浙江省全国第三届油画大展评选，《风景》等2幅入选。2004年3月，组织美术作者100多人在丽水职技院召开全国第十届美展丽水作品观摩会。同年7月，选送作品参加全国第十届美展，国画《遗忘的角落》、粉画《心灵的守望》入展，《遗忘的角落》获省优秀奖，并被浙江美术馆收藏。同年6月15日，群艺馆举办“丽水市巴比松油画展”。同年8月，全国第十三届群星奖评选，油画《渡口》获金奖，另有获银奖作品4人。2005年11月，组织少儿选手参加“柯小”杯全省少儿现场绘画写生、摄影抓拍比赛。美术获银奖2人，铜奖3人；丽水市群艺馆获优秀组织奖。同年11月，组织作品参加浙江省第二届乡镇美术、书法、摄影优秀作品展览，美术获金奖1人，银奖1人，优秀奖10人，油画作品《风景》获金奖。

2006年7月，丽水市作品参加浙江省文化厅举办的浙江省群文中国画大奖赛，获金奖1人、铜奖1人、优秀奖1人、入展4人，国画作品《无声的诉说》获金奖。同年8月，丽水美术作品参加“浙江省群星奖”评选美术年系列活动之浙江群文青年油画家提名展，油画家1人入选。同年10月，丽水市优秀少儿美术选手参加省第三届少儿现场绘画比赛，获金奖1人、银奖4人、铜奖3人，群艺馆获团体优胜奖。同年12月，2人入选“浙江省群星奖”评选美术年系列活动之浙江群文60家作品展。2007年10月，丽水市美术作品参加“浙江省第四届青年美术展”，获铜奖1人，优秀奖3人，入选14

件。同年10月，丽水作者12人油画作品入选《中韩油画邀请展》。2008年4月，丽水市参加浙江省迎“奥运”少儿美术、书法、摄影评选，《黄土地奥运梦》获银奖、《百年奥运》和《奥运梦想》获铜奖。同年10月，《无声的诉说》入展全国第七届工笔画大展。同年11月，《秋色》入展2008造型艺术家万人展。2009年2月和7月，丽水市美术作品参加全国第十一届美展、浙江第十二届美展48件，其中全国入展1件，省优秀奖1件，入展7件。同年8月，丽水市参加浙江省第六届体育美展，入展4件。同年10月，丽水市参加浙江省群众美术、书法、摄影优秀作品展。油画作品获金奖1个、银奖3个。2010年，丽水市作品参加2010浙江省视觉艺术创作群体奖，入选作品5件。

美术组织

1979年2月，丽水地区群艺馆成立，是社会公益性事业单位。1980年，丽水群艺馆组织美术、书法工作者协会筹备小组，开展各项文化艺术活动。1981年，丽水地区美术工作者协会和丽水地区书法工作者协会合并，成立丽水地区美术与书法工作者协会，林湘兼任美术、书法协会主席。1986年，丽水地区美术工作者协会和丽水地区书法工作者协会再次分设，詹维克为丽水地区美术家协会主席，胡委伦为副主席。1991年7月，丽水书法家协会重新成立。1996年，丽水地区美术家协会进行换届，许继善为协会理事会主席、胡委伦为秘书长。1997—2013年，詹维克为丽水地区美术家协会主席，王文杰为副主席兼秘书长。丽水市油画家协会、丽水市女花鸟画家协会是市美术家协会下属的二级协会。丽水市油画家协会成立时间较早。2000年，丽水市油画家协会换届，詹维克兼任主席，胡委伦、蔡志蔚任副主席，蔡志蔚兼秘书长。丽水市女花鸟画家协会成立于1989年，会员53人，主席王少求，副主席蓝华、廖素兰、秘书长高丽丽。

创作基地

2004年，丽水市政府建立“古堰画乡”大港头“在水一方写生基地”和九龙“巴比松写生创作基地”。同年10月，成立丽水巴比松油画陈列馆，面积350平方米，陈列丽水市画家40多人作品100多幅。2005年12月，丽水油画院在大港头“古堰画乡”成立，面积280平方米，陈列画家40多人作品50多幅。2006年7月28日，中共浙江省委书记习近平，视察古堰画乡，参观丽水油画院。2008年10月，丽水市美术家协会承办“全国知名油画家古堰画乡写生创作行”，到丽水写生创作省内外著名画家14人。2010年11月，处州书画院成立。

第二节　书　法

书法展赛

民国22年（1933），丽水地区首次举办书法比赛。民国34年3月，龙泉县龙渊印社成立，省内外书法家、篆刻家多人参加。

1982年，丽水地区参加四川、浙江书法篆刻作品展览，参展作品2幅。1983年，丽水地区参加中国书协浙江分会会员作品展览，入选作品5幅。1984年，丽水地区参加全国刻字邀请展，参展作品4

幅。1987年，丽水地区参加中日妇女书法作品展览作品1幅。参加全国第三届书法篆刻作品展览，参展作品1幅。1988年，丽水地区参加首届全国篆刻展览，参展作品2幅。1989年，丽水地区参加全国第四届书法篆刻作品展览，参展作品2幅。

1990年，丽水地区参加全国第三届中青年书法篆刻作品展览，参展作品2幅。同年，丽水地区入选《当代中国书法艺术大成》作品4人。1992年，丽水地区参加全国第二届书坛新人展，参展新人1人。1995年，丽水地区参加全国第六届中青年书法篆刻家作品展，获二等奖1人。丽水地区参加纪念抗日战争胜利暨反法西斯战争胜利50周年“国际书画大展”，获一等奖1人。1996年，丽水地区参加全国第一届行草书展，入展1人。丽水地区参加全国第一届扇面书法展，入展1人。1997年 丽水地区参加全国第二届楹联书法展，入选2人。参加全国第三届篆刻展，入选2人。参加全国第七届中青年书篆刻展，入选1人；参加全国百家精品展，入展1人。参加首届全国青年美术书法展，获奖1人，入选2人。1998年，丽水地区参加全国第四届书坛新人展，获新秀奖2人，入展3人。参加首届海峡两岸甲骨文书法联展，入展1人。参加“中亨杯”全国书画大展，获银、铜奖1人。1999年，丽水地区参加全国第三届楹联展，入选3人。参加全国第一届兰亭奖，入展5人。参加全国第七届书法篆刻展，入展3人。参加全国第八届“群星奖”，入选2人。参加第四届国际文化交流赛“克勒杯”中国书法竞赛，获二等奖1人。参加第四届全国电视书法大赛，获优秀奖2人。

2000年，丽水市参加全国书画家新作展，入展1人。全国第八届中青年书法篆刻展，入选1人。参加西泠印社第二届国际篆刻书法大赛，入展2人。2001年，丽水市参加第一届中国书协会员优秀作品展，入展1人。参加新世纪全球华人书法大赛，获铜奖1人。参加“报喜鸟杯”全国书法大赛，获优秀奖1人。参加“果欣杯”全国书法篆刻大赛，获铜奖1人。参加新世纪全国中国画书法精品大展，获优秀奖1人。参加中国韩国书法联展，入展2人。2002年，丽水市参加全国第四届楹联书法展，入展1人。参加全国第三届正书展，入展2人。2003年，丽水市参加首届杏花杯全国电视书法大赛，入选1人。参加全国第二届行草书法大展，入展3人。2004年，丽水市参加全国第八届书法篆刻展入展3人、入围4人。参加纪念邓小平100周年诞辰全国大型书法展览，入展3人。2005年，丽水市参加全国第四届正书展，入展2人。参加全国第四届新人展，入展2人。参加全国第五届篆刻展，入展1人。参加“高恒杯”全国书法艺术大展，获铜奖1人、入展6人。2006年，丽水市参加第六届赵孟頫书画节全国书画家邀请展，入展2人。参加第二届中国书协会员优秀作品展，入展1人。参加全国首届行书、草书大展，入展9人。2007年，丽水市参加首届“中国普洱茶”全国书法展，获优秀奖1人、入展2人；参加“上联杯”首届海峡西岸名人书展，获优秀奖1人。参加首届全国老年书法展，入选4人。2008年，丽水市参加全国千人千作书法大展，入展4人。全国第七届刻字展，入展5人。参加全国第二届草书展，入展1人。参加全国第六届篆刻展，入展2人。2009年，丽水市参加第二十届中日自作诗书法展，入展1人。参加长三角群文书法作品展，获金奖1人、获银奖4人、获铜奖3人。2010年，丽水市参加当代书坛名家工程——五百家书法精品展，入展2人。参加全国第八届刻字艺术展，入展7人。

书法组织

1981年，丽水地区第一次文代会召开，成立丽水地区文学联合会。当时，还没有丽水地区书法家协会组织，书法工作归属于丽水地区美术摄影协会。1991年7月，丽水地区首次书代会在地区群艺馆召开，参加大会代表20人，选举产生丽水地区书法家协会第一届理事会。协会下设组织机构5

个，书法创作评审组、篆刻刻字创作研究组、书法理论研究组、书法教育研究组、书法作品经营部。1997 年 7 月，丽水地区书法家协会第二届代表会议召开。2003 年 7 月，丽水市书法家协会召开第三届代表会议召开。2008 年 5 月，丽水市书法家协会召开第四届代表会议召开。2010 年，丽水市书法家协会有中国书法家协会会员 28 人，浙江省书法家协会会员 130 人。

丽水地区书法家协会成立后，先后组织 1996 年丽水中青年书法家 16 人展，1999 年世纪之交丽水地区书法艺术大展，2002 年经典与当代书风全国获奖书家提名展，2004 年浙江书法群星暨丽水中青年书法比较展，2004 年浙江名家写畲乡书法展，2008 年浙江省第四届中青年书法篆刻展，古堰画乡全国书法名家邀请展，2008 年丽水行草十家展，2009 年山水佳处——全国书画名家邀请展，2009 年丽水书法 60 年大展，2010 年处州应星楼书法主题展等活动。编辑出版专著《丽水中青年书法作品集》《丽水行草十家作品集》《处州历代书法》《处州历代摩崖石刻》《中国书法篆刻技法论稿》《书法教学散论》《爰得我所——王迅书法工作散论》《丽水书法论文选》《丽水书画作品集》《处州历代名人翰墨丛帖》。

第三章 音乐、舞蹈与曲艺

1949 年中华人民共和国成立前，丽水音乐、舞蹈、曲艺主要以民间形式为主，其产生于人们的生产生活，各地因习俗不同而有变化，其作用是为婚丧嫁娶、逢年过节、宗教法事等烘托气氛。中华人民共和国成立后，现代音乐、现代舞蹈有较大的发展，广大音乐和舞蹈工作者深入生活、采风创作，演出大量群众喜闻乐见的音乐和舞蹈节目，并频频在各类音乐和舞蹈展演中获奖。21 世纪，丽水音乐舞蹈事业进入繁荣时期，文艺工作者注重现代与传统的结合，创作大量富有地方特色并在全国有一定影响的音乐舞蹈节目。2001 年，《畲山风》（歌舞剧）代表浙江省参加第二届全国少数民族文艺会演，获创作金奖、演出金奖，2006 年，丽水市大型音乐舞蹈诗《畲家谣》晋京获第四届全国少数民族文艺会演创作金奖演出银奖。同时，民间音乐、民间舞蹈、民间曲艺重新焕生机，许多被列入非物质文化遗产代表性项目名录并加以挖掘和保护。

第一节 音 乐

活 动

民国 24 年（1935），中国工农红军挺进师进入浙西南，教唱《当兵就要当红军》等革命歌曲。抗日战争时期，各地组织歌咏队，歌唱《义勇军进行曲》《大刀进行曲》《黄河大合唱》《国际歌》等歌曲。民国34年，云和县各界青年组织千人大合唱，庆祝抗日战争胜利。1949年5月后，各地流行《东方红》《你是灯塔》《解放军进行曲》等革命歌曲，欢庆丽水地区解放。1953年，各县先后举行音乐、舞蹈会演。同年12月，缙云县《田鸡歌》获省第一届古典音乐舞蹈观摩大会演员奖。1979年3月，七岁儿童王挺到杭州，为叶剑英元帅演出古筝《渔舟唱晚》。1981年，丽水地区举办首届莲城音乐会，演出节目80多个，歌曲《生活啊，就像欢腾的小河》获省创作奖。1982年7月，王挺获全国少年儿童乐器独奏比赛铜牌奖。1984年，《畲家阿妹放木排》获全国职工建设之歌二等奖。1985年，《我爱苏杭好地方》获省群众业余歌曲一等奖。1978—1987年，丽水地区在省以上刊物发表、电台播出和会演的音乐、歌曲作品120多首。1988年，歌曲《流出江南一幅画》获中央人民广播电台全国广播新歌创作奖。1978—1990年，在省级以上刊物发表、电台播出和会演的音乐、歌曲作品140多首。

1992年，丽水地区举办农村社教会演。1994年，丽水地区举办群众声乐大赛。1995年，丽水地区“山花烂漫”文艺调演。1998年，应中华人民共和国文化部和国家民委邀请，大型四幕风情歌舞剧《畲山风》到北京演出，获创作、演出双金奖，其它单项奖若干。2000年，丽水市举办首届社区文艺会演和大中专院校文艺会演。

21世纪，丽水市音乐活动跨出一个新台阶。2001年，丽水市举办“百歌颂党”广场合唱大赛，参赛代表队13支，参赛演员1000多人。同年，丽水市举办“益群杯”丽水市首届声乐大赛。2004年，丽水市举办首届“绿谷之韵”创作歌曲大赛，举办“人民的儿子”纪念邓小平百年诞辰大型音乐舞蹈诗晚会。同年，丽水市举办“唱唱亲爱的共和国”广场歌咏晚会。2005年，丽水市举办“旅游杯”暨第二届“绿谷之韵”创作歌曲大赛，纪念抗战胜利60周年“牢记历史，珍爱和平”广场群众歌咏大会。同年，丽水市举办首届国际摄影节大型广场歌舞《畲山印象》。2006年9月，丽水市至北京参加全国第四届少数民族文艺会演，大型四幕音乐舞蹈诗《畲家谣》获创作金奖、演出银奖，其他单项优秀奖若干。2007年，丽水市举办首届原创歌曲大赛。之后，第二届、第三届原创歌曲大赛相继举办。同年，丽水市举办“酷儿杯”少儿歌手大赛。同年11月17日，丽水市举办国际摄影节大型四幕音乐舞蹈诗《瓯江谣》。2008年，丽水市举办“迎奥运文艺晚会”“首届农村器乐大赛”“绿谷之声”松阳月宫神韵音乐会、新年音乐会，该音乐会由中国黄帝祠宇民乐团演出，国家一级指挥张怀新先生应邀担任指挥。

创　作

1992—2008年，丽水市创作音乐作品1056件，其中在国家级获奖21件、省级获奖97件、“五个一工程”奖6件、鲁迅文艺奖1件、发表32件。歌词作品在国家级发表10件，获奖3件，省级发表1000多件，主要作品有，1992年《序曲》获“香菇杯”全国歌坛新秀邀请赛优秀创作奖；1998年大型四幕风情歌舞《畲山风》获全国第二届少数民族文艺会演创作演出双金奖，歌曲《楠溪江之恋》获“奥尔康杯”全国歌曲邀请赛创作三等奖。1999年，少儿歌曲《五十六个小朋友手拉手》获全国少儿歌曲作品电视“宇宏杯”电视大赛创作银奖。2003年，音乐小品《心灵的通道》获全国海事系统文艺调演优秀奖，歌曲《竹乡桥·竹乡谣》《党旗》获中国音协《歌曲》“晨钟奖”。《三月三》获第四届共青团中央“五个一工程”奖，《春江柳丝绿》获全国群众音乐大赛银奖，《畲乡风雨桥》获共青团中央“五个一工程奖”。2006年，大型音乐舞蹈诗《畲家谣》晋京获第四届全国少数民族文艺会演创作金奖演出银奖，单项优秀奖若干，少儿歌曲《我亲亲的小海螺》获全国第七届少儿卡拉OK电视大赛创作银奖。2007年，《山里的妞妞啊啰喂》获全国第八届中国少儿歌曲电视大赛创作银奖，《畲山沟》获全国第五届“北极星杯”新人创作大赛金奖，《民工谣》获创作铜奖。

1982年代起，丽水地区先后出版《五彩河》《处州歌声》《莲城歌刊》6期，刊登歌词歌曲作品100多件。1989年，《莲城歌刊》更名《丽水音乐》，刊出历年优秀歌曲249件。1999年，《丽水音乐》更名《瓯江歌刊》，每年一期。至2007年出刊9期，刊出歌曲作品350件，歌词作品108件。2001年，《瓯江词苑》创刊。至2008年，《瓯江词苑》出刊18期，刊出本土作者歌词作品296件。主要作品有《水妹子》《秋妹子》《畲水秋歌》《三月三》《五十六个民族五十六根弦》《畲家阿妹放木排》《故乡小山寨》《乡情醉心头》。

2000年，丽水作品《珊卡歌曲选》由上海音乐出版社出版。2002年，丽水歌词集《空谷回声》由广西民族出版社出版。2003年，丽水歌词集《风情驿站》由中国广播电视出版社出版。2004年，丽水歌曲集《野山风笛》由香港名人出版社出版。

民间音乐

丽水民间音乐分民歌音乐、民间器乐、曲艺音乐等。丽水民歌音乐可分汉族民歌、畲族民歌2大类。汉族民歌又分为号子、山歌、小调、灯调、莲花、仪式歌、儿歌7大类。

唱山歌是畲民文化生活主要活动方式之一。婚丧嫁娶、逢年过节、生产劳动、招待客人、闲暇休息、谈情说爱……都要唱山歌。1983年，收集整理畲族文化遗产，新编畲歌1000多首。2006年5月，畲族民歌列入第一批国家级非物质文化遗产代表性项目名录。

丽水民间乐曲有记录的有400多首，民间乐队班社组织几乎遍及各县市，大多以艺人所在地命名，如遂昌“湖山乡弈山村十番班”、松阳“竹溪锣鼓班”、青田“章村锣鼓班”、云和“包山民乐队”等。由于民间宗教音乐活动的开展，也出现“道士班”“和尚班”“尼姑班”等。丽水的民俗民间器乐曲大致可分为3类，民间器乐曲、寺院宗教乐曲、古典音乐。民间器乐曲又分吹打乐、丝竹乐、丝竹（弦）锣鼓乐和锣鼓乐。吹打乐是丽水民间器乐的主要乐种，它以唢呐为主，加入打击乐器和丝竹。代表曲目有《十番》《闹场》等，有处州府台礼仪乐四大名曲，《将军令》《落山虎》《大号一杆枪》《小号一杆枪》。丝竹乐大多流行于县城集镇中。曲目有《梅花三弄》《八板》《贞姑赶船》《小朋友》以及戏曲曲牌等。主要乐器有笛、二胡、三弦、箫、扬琴等，以笛为主奏，除自娱自乐外，还为丧葬白事人家演奏。丝竹（弦）锣鼓乐以丝竹为主，辅以小敲小打，有时也用大锣大鼓，是一种较大型的民间乐队。主要分布于缙云、景宁、松阳、遂昌等县。锣鼓乐也称清锣鼓，代表曲目有《竹溪锣鼓》。用于元宵灯会、迎神庙会、赛龙舟等活动。“道士班”“和尚班”做功德音乐中也有开场锣鼓，代表曲目有《冬当渡》。

宗教乐曲有道教、佛教两种。道教又分天尊玄始教和张天师教。各派做功德的程序，曲牌均大同小异，有曲目70多首，并成套曲演奏。最富代表性的古典音乐为《月宫调》。此曲流行于松阳一带，相传为盛唐道士叶法善所作。至2010年，缙云黄帝祠宇整理有《祭典音乐》。

第二节 舞　蹈

活 动

1949 年，丽水解放初，各地盛行扭秧歌、打腰鼓、舞花棍、走高跷等舞蹈。1954 年，丽水舞蹈《春之歌》获全国青年创作集体舞一等奖。1955 年，丽水舞蹈《推车舞》《郎胜踢球》，获省首届民间古典舞蹈观摩大会创作奖、演出优秀奖。1956 年，各县文化馆推广交谊舞。1966—1976 年“文化大革命”期间，丽水地区流行跳“忠”字舞。1978 年，丽水、云和、龙泉、遂昌等县举办舞蹈学习班。1981 年，丽水舞蹈《瓷花姑娘》《瓯江放排》《鱼灯》，获浙江省业余文艺创作节目会演创作奖、演出奖。1983 年，迪斯科舞在丽水青年中流行。1985 年，丽水地区舞蹈作品参加浙江省舞蹈大奖赛，《行嫁》《摇竹》获二等奖，《弹棉》《选种歌》获三等奖，《瓯江情》获鼓励奖。1987 年，丽水中老年盛行迪斯科。1988 年，丽水迪斯科柔姿舞获省自娱性舞蹈调演二等奖，中老年迪斯科健身舞获中老年迪斯科舞三等奖。同年，丽水地区舞蹈作品参加浙江省第二届音乐舞蹈节，《涧风》获二等奖，《小屋》获三等奖。1990 年，丽水地区舞蹈作品参加浙江省第三届音乐舞蹈节，《竹楼春》《砍樵乐》获创作二等奖，《扇风》《剑魂》获创作奖。

1992 年，丽水少儿舞蹈《年年高》获浙江省少儿舞蹈比赛创作一等奖。1993 年，丽水舞蹈《路的使者》获浙江省交通系统文艺会演一等奖。1994 年，丽水舞蹈《哦！奶奶》获浙江省首届老干部文艺汇演一等奖。舞蹈《天外情诗》获浙江省烟草系统调演二等奖。1995 年，《畲家女》获浙江省“金穗杯”舞蹈新作大奖赛一等奖。1996 年，《山转水转》获全国“群星”优秀奖。同年，《山转水转》获“全国东海明珠现场会”大型广场文艺调演金奖和浙江省乡村舞蹈比赛创作二等奖、表演一等奖。1997 年，舞蹈《畲族彩带献深情》获浙江省法院系统文艺会演金奖。畲族舞蹈《泼妮仔》获华东地区舞蹈赛金奖。少儿舞蹈《春牛吉祥》获省第五届音乐舞蹈节创作一等奖、表演二等奖。1998 年，《英特网进畲乡》获省电信系统文艺调演一等奖。四幕畲族风情歌舞剧《畲山风》获全国第二届少数民族文艺会演创作金奖、演出金奖、优秀演员奖和优秀新人奖。1999 年，舞蹈《樟树亲娘》获省群星优秀奖。2000 年，情景舞蹈《畲山情》获全省大学生舞蹈比赛金奖。畲族舞蹈《畲乡乐》获中国第二届小荷风采少年儿童舞蹈会演铜奖。2002 年，舞蹈《雨中情》获华东地区金融系统演出金奖。少儿舞蹈《畲娃球恋》获浙江省“哲商杯”少儿舞蹈大赛创作二等奖和演出金奖。2004 年，舞蹈《竹编的花衣多好看》获浙江省群众舞蹈大赛创作银奖。少儿舞蹈《球娃梦》获浙江省“群星奖”。2006 年，畲族舞蹈《养路谣》获浙江省公路段系统文艺汇演二等奖。四幕畲族舞蹈诗《畲家谣》获第三届全国少数民族文艺汇演创作金奖和优秀节目奖、优秀演员奖、优秀新人奖等奖项 11 个，同时代表团还获得组织奖。2007 年 4 月，蔬果服饰秀《田园新歌》获浙江省首届农民艺术节“春涌浙江”乡镇优秀节目展演金奖。2008 年，畲族舞蹈《穿木屐的泼妮仔》获浙江省质量技术监督局文艺会演金奖。舞蹈《美丽的彩带》获浙江省国资国企改革开放 30 周年大庆银奖。2008 年，排舞《美丽人生》获浙江省第二届排舞大赛最佳活力奖和指导铜奖。舞蹈《山哈布妮崽》《水灵灵》获浙江省乡村舞蹈大赛创作金奖、表演金奖；舞蹈《山哈布妮崽》获浙江省“千镇万村种文化”文艺展演获银奖。2009 年，舞蹈《幽谷秋韵》获浙江省优秀舞蹈作品金奖，并在中央台播出。

作　品

《山转水转》《山转水转》以畲族原始体育项目“稳凳”为素材，采用现代的艺术手法，表现一群畲族男女青年在赶“三月三”的对歌场途中，比本领、结友爱的过程，烘托出畲族青年在新时代中“山也转来水也转，转出畲乡新时代”的主题。

《幽谷秋韵》《幽谷秋韵》舞蹈表现一群率真、质朴的畲族姑娘，在幽谷田间，辛勤劳作的背景秋收欢快喜悦的心情。体现畲乡妇女热爱生活，热爱家乡的美好情感，同时也让人感受到她们创造生活、建设家长的炽热热情。舞蹈运用原始劳动工具簸箕，展现民俗元素和原生态文化，舞出畲族民俗风情和当代农民的时代风采。

《竹编花衣多好看》《竹编花衣多好看》舞蹈表现畲族妇女倚靠山乡竹子多的优势，运用最新科技，用竹子编织出一件件五彩缤纷的花衣服，她们穿上花衣服载歌载舞、尽情欢乐的幸福情景。舞蹈采用畲族妇女在生活、劳动中形成的特性动作为原素，如，劈竹子、编竹物等，发展成新的畲族舞蹈语言，表现畲族妇女勤劳致富的风貌。

《穿木屐的泼妮崽》《穿木屐的泼妮崽》舞蹈以穿木屐走山路的响声，表达新时代畲族姑娘的喜悦心情。舞蹈语言除原始的畲族动作外，融入现代踢踏舞动作，用古老的音乐编成畲族舞。

《畲山风》（歌舞剧）《畲山风》全剧分为序《火歌》，第一幕《冬祭》，第二幕《春歌》，第三幕《夏恋》，第四幕《秋嫁》。2001 年，代表浙江省参加第二届全国少数民族文艺会演，获创作金奖、演出金奖、优秀演员奖和优秀新人奖等奖项 16 个。

《畲家谣》《畲家谣》分为序，第一幕《水吟》，第二幕《火咏》，第三幕《风语》，第四幕《山颂》。2006 年，代表浙江省参加全国第三届少数民族文艺会演，获创作金奖、优秀节目奖、优秀演员奖等 11 个奖项。

民间舞蹈

民间舞蹈有舞龙、舞狮、采茶、采花、鸟灯、花灯。龙灯、鱼灯、高跷、抬阁、火花树等。1984 年，鱼灯、百鸟灯参加浙江省庆祝国庆 35 周年活动和中日青年联欢活动。

青田鱼灯舞　青田鱼灯舞流行于青田县农村。相传在唐时，就有鱼灯在节庆活动中表演。明代开国功臣刘基，把家乡青田的鱼灯编排成舞蹈，同时把军事阵图融入鱼灯舞中，使鱼灯表演带有明显的军事操练风格，并一直流传至今。

百鸟灯　百鸟灯是青田农村春节表演的传统灯舞。据清康熙《青田县志》记载，唐景云二年（711），青田建县时就有青田百鸟灯。清乾隆年间（1736—1795）广泛流行。至 2010 年。青田百鸟灯在山口一带仍有灯队在春节等节日演出。

龙泉安仁板龙　龙泉安仁板龙是龙泉村民中秋时庆贺丰收的传统娱乐活动，相传有 1000 多年的历史，有板龙、滚地龙、稻草龙 3 种。2006 年 8 月，在安仁镇老年体育运动大会上，曾出现过一条 80 多米长的稻草龙。

缙云钢叉舞　缙云钢叉舞是流传于缙云的民间表演艺术，源于明万历年间（1573~1620）。缙云雁岭乡金竹村的钢叉舞流传四百多年。钢叉舞原是罗汉队中的一个表演项目，常参与庙会迎神活动。2007年,钢叉舞被列入省级非物质文化遗产代表性项目名录。

遂昌台阁　遂昌台阁是一种民间传统的娱神和自娱自乐表演活动，相传始于明万历年间(1573~1620)。常在求神祭会和元宵佳节出现。2004年10月,遂昌台阁应邀参加中国—丽水国际摄影文化节开幕式的踩街活动。2008年11月，遂昌台阁应邀参加由文化部民族民间艺术司主办的"2005'宋城杯'南北民间绝艺王擂台赛"和"2005杭州西湖博览会"大型踩街活动。2006年9月,遂昌台阁应邀参加在浙江桐庐举办的"国际剪纸节"大型踩街活动。2006年,遂昌台阁被公布为丽水市第一批非物质文化遗产代表性项目名录。

第三节　曲　　艺

丽水曲艺音乐按曲种分,有鼓词、莲花落、花鼓、道情、弹词等。

鼓 词

丽水市各类鼓词的统称。流传于莲都、青田、缙云、松阳、云和、景宁等县(区)。由于方言不同、曲调各异、伴奏乐器有别,故又以县名相区别,分称松阳鼓词、莲都鼓词、缙云鼓词、青田鼓词、云和鼓词、景宁鼓词等。

莲 花

俗称唱莲花。清末流行于庆元、龙泉、云和、青田、丽水、松阳等县。单人、两人或多人,以莲花板击节演唱。主要曲目有《十房媳妇》《十杯喜酒》《新十字》《老实字》《保佑你身体健康》等,均用方言演唱。

花 鼓

相传明代由安徽凤阳卖唱艺人传入,流传在青田、云和、景宁、龙泉、庆元等县,初为男女两人自编自演,唱出颠沛流离的情景,后来发展为花鼓灯戏。主要曲目有《牛郎织女》《白蛇传》《梁山伯与祝英台》等。1979年春节,有花鼓班34个。1985年春节,景宁畲族自治县有花鼓队85个。2009年,云和县"包山花鼓戏"被列入浙江省第三批非物质文化遗产代表性项目名录。

道 情

又称渔鼓道情,流传于松阳和遂昌等县。一般认为源于唐代道教的"经韵",后吸收词牌、曲牌,演变为在民间布道时演唱的"新经韵",也称"道歌"。

弹 词

清末民国初从兰溪传入。丽水人周崇祖在兰溪学习,20世纪20年代,回丽招收女青年4个,传授《西湖十景》《貂蝉拜月》《酒楼醉归》等弹词(说唱)曲目。此后,丽水弹唱在丽水扎根发展。

第四章　摄　　影

民国15年(1926)，青田县天然照相馆创办。清光绪二十四年(1898)，丽水县人阙伊在丽水开展摄影活动。清光绪三十二年，松阳精美照相馆张耀哉拍摄的《潘益澄六十大寿照》是丽水有记载以来发现最早的照片。民国17年(1928)，著名摄影家陈万里在龙泉、缙云、云和拍摄大量摄影作品。抗日战争时期，省立处州民众教育馆举办照片展览，展出抗战时期国内外时事照片。中华人民共和国成立后，照相馆局限于人像拍照。1978年开始，丽水摄影逐步走向社会，并形成立足本地，写实为主的丽水摄影群体。20世纪80年代，丽水汇集一批高水平的摄影家，摄影团体涌现，作品在国际和全国摄影比赛中屡屡获得大奖，丽水摄影逐渐走向全国和世界。1989年9月，吴品禾获首届中国摄影艺术金像奖。1992年，丽水举办首届摄影艺术节。1999年12月，丽水承办中国最高规格的摄影盛会——中国第四届摄影艺术节，丽水也被中国摄影家协会命名为中国第一个“摄影之乡”。2003年12月，丽水再次与中国摄影家协会合作，首次承办中国第十届国际摄影艺术展。中共丽水市委、市政府与中国摄影家协会签订丽水连续10年举办5届国际摄影艺术展览的协议。2007年11月，中国第一家摄影影博物馆——中国•丽水摄影博物馆落成开馆。至2010年，全市摄影作品数万幅，参加省级以上各类展览、比赛和在报纸杂志上发表、展出，获奖1600多幅。

第一节　组织与创作基地

组　织

1981年，丽水市美术摄影书法协会成立。1986年，更名丽水市摄影家协会。基层摄影组织有：丽水市汽车运输公司职工摄影协会、丽水学院摄影协会、丽水电业摄影协会、邮电摄影协会、灯塔村摄影小组、丽东村摄影小组、丽水市人民医院摄影焦点俱乐部、丽水市国税局摄影家协会、紧水滩水力发电厂摄影协会、丽水老年大学摄影班、大洋路学校朝阳摄影社、丽水市实验学校摄影协会、丽水市“交运之光”摄影俱乐部、人民银行丽水中支摄影协会”、丽水市烟草局摄影协会、工商银行丽水分行摄影俱乐部、丽水市政协摄影社”、丽水市老年摄影家协会等。2010年，有市级会员500多人，省级会员300多人，全国会员106人。

创作基地

1999年，仙都、百山祖、凤阳山被中国摄影家协会命名为“国家级摄影创作基地”。 2005年，丽水市评选出市级“摄影创作基地”12 个。这 12 个摄影创作基地有以农耕、渔耕民俗文化为特色的摄影创作基地，如莲都区“古堰画乡”、景宁畲族自治县“畲山耕乐”、云和县“云湖帆影”；有以畲族文化为特色的“畲乡风情”摄影创作基地；有以民俗文化为特色的“双岩梦境”“河阳民居”“石仓古风”摄影创作基地；有以风光为特色的“云披丽日”“松古田园”“龙谷神韵”“梦幻廊桥”“石门访古”等。2010 年，莲都区仙渡乡建桃花摄影创作基地。

第二节 摄影展览

展览和作品

1972 年，纪念毛泽东同志《在延安文艺座谈会上的讲话》发表 30 周年，展出照片 150 幅。1980 年，《影途遇敌》获联合国教科文组织亚洲文化中心奖。1981 年，《护排》获《中国青年报》举办的 80 年代青年人摄影比赛一等奖。1982 年春节，杭州、丽水摄影作品 700 多幅，分别在杭州、丽水展出。同年 5 月，丽水地区参加省首届摄影展览作品 50 多幅。1983 年 2 月，举办丽水地区摄影艺术展览，展出摄影作品 100 多幅。同年 5 月，在北京举行“丽水风貌影展”。至 1985 年，创作摄影作品近万幅，参加全国各类展览和报刊发表 1000 多幅，国际性影展 10 多幅。1986—1990 年，在国际影展中入选、影展中获奖 100 多幅，《佳音》《春音绕梁》《嫁妆》《送嫁妆》《我的学生》《山乡新教师》 等作品获亚太地区影赛亚洲文化中心奖。《戏迷》获澳大利亚第四届国际沙龙优质奖。《成功的喜悦》获匈牙利第六届国际卫生题材影展一等奖。《希望》《育苗》分别获第三、第四届国际影展铜牌奖。《银龙戏凤》参加国际摄影联合会举办的彩色隔年展。《傣乡小调》《晚归》《天地之间》等作品 40 多幅被选送到美国、加拿大、日本等 100 多个国家展出。在国内各种影展、影赛、报刊上发表的 6000 多幅，其中获奖 600 多幅，《银龙出山》在十一届亚运会中国风光展摄影奖中名列榜首。《基石》获全国青春美影赛一等奖。《银龙戏凤》获全国固定杯影赛一等奖。《助人为乐》获全国 1990 年当代风采影赛一等奖。《上班一日》获全国“好得”影赛一等奖。《明天更美好》获全国家庭影赛一等奖。《为了明天》获全国卫生影赛一等奖。《希望》获全国“春”摄影艺术大赛金牌奖。《舒心》获全国第十四届影展银牌奖。《多子多“福”》获全国第十六届影展铜牌奖。1988 年 6 月至 1989 年 5 月，地区机关摄影工作者 2 人，途经省、市、自治区 29 个，行程 5 万千米，摄影 3 万多帧，出版大型影集《中国感受》。1989 年 9 月，吴品禾获首届中国摄影艺术金像奖。

1992 年，丽水工业摄影图片到北京展出。同年，吴品禾获第二届中国摄影节组织工作“开拓奖”，并获首届全国专业反转片摄影大赛十大优秀摄影师称号。作品《秋归》获中国秋摄影比赛专业组金奖，《丽水风情》 获中国摄影金像奖，《可口可乐》 获联合国教科文组织亚太文化冈本奖。1993 年，《台角》 获联合国教科文组织亚太地区摄影大赛特别奖。1994 年，组织碧湖科技一条街摄影比赛。1995 年，举办丽水—宁波摄影联展。1996 年，举办金丽温铁路摄影大赛、“青春风采”摄影比赛。同年，《育苗》在约旦第二届国际展获银奖。1997 年，举办丽水地区摄影作品展。1998 年 3 月，举办“统一祖国、振兴中华”全国摄影大赛。1998 年，在北京艺术博物馆展出丽水摄影作品，举办“丽得杯”丽水摄影抓拍赛。

2001年,《乡村学子》获瑞士ABB国际摄影大奖。2002年,在奥地利超级国际摄影沙龙大赛中,丽水,入选作品37幅。《山娃戏珠》获冠军,另有获金奖3个,获银奖1个,获铜奖1个。2003年,《风韵》获第十届中国国际摄影艺术展银牌。2004年10月,举办首届中国·丽水国际摄影艺术节和百万元国际摄影大赛。同年,《人间自有真情在》在第二十一届全国摄影艺术展览中摘取桂冠。焦光华《千钧一发》获第11届奥地利超级摄影巡回展"动感"专题类金奖。2005年创办"瓯江行"全国摄影大赛,此后每年举办一次,成为全国有较大影响的摄影品牌。同年,吴品禾《瞧这一家子》获中国国际摄影艺术展银牌,《晨作》获第十一届中国国际摄影艺术展银牌。2006年始,每年1个摄影师展览到法国参加自然与风情节的展览。同年11月,丽水摄影精品到台州展出,"瓯江行摄影大赛"作品在杭州展出。同年12月,在北京人民大会堂展出丽水摄影作品。2007年5月,到联合国欧洲总部瑞士日内瓦万国宫展出。同年,丽水风光摄影作品到山西平遥展出。同年,《雪野》获第13届奥地利超级摄影巡回展银牌。《不见不散》《春》分别获国际影展银奖,另有《好大一场雨》《收获》《喜遇金猪》等12人16幅作品入选。2008年3月,举办"丽水抗雪灾摄影作品展"及比赛。同年11月,王培权的《中国廊桥》在美国休斯敦举办个展,同年12月在罗马尼亚展出。2005—2009年,连续成功举办三届中国·丽水国际摄影节暨中国·国际摄影展。在2009年摄影节期间有展览100多个,展出摄影作品1万多幅,有百名国外摄影家参加,举行讲座和研讨会8次,组织"感受丽水"大型的摄影创作、比赛活动。2009年,丽水·国际摄影节被中国摄影家协会评为"中国年度最佳摄影节"。同年,丽水市摄影家协会与蔡源乡大柯村联合举办乡村摄影节,组织"丽水百名摄影家作品展"。同年5月,王培权的《中国廊桥》在安哥拉展出。2010年,举办"诺日士—高清魅力"杯摄影大赛。至2010年,摄影作品数万幅,参加省级以上各类展览、比赛和在报纸上发表、展出,获奖1600多幅。参加国外重大比赛展览100多幅。

丽水摄影节

1992年,举办丽水首届摄影艺术节,有摄影一条街、丽水摄影作品展、摄影一日赛、摄影咨询、摄影表彰会、研讨会、交流会、抓拍赛等活动八项。1999年12月,丽水举办20世纪中国最高规格的摄影盛会——中国第四届摄影艺术节,丽水被中国摄影家协会命名为中国第一个"摄影之乡"。2003年,首次承办中国摄影家协会第十届国际影展的评选及展览活动。2004年,丽水市人民政府首次独立举办"2004首届中国·丽水国际摄影艺术节"和百万元国际摄影大赛。摄影节推出展览54个,作品7000多幅;国内外知名摄影家参加摄影节。同时举办首届中国国际艺术摄影高级论坛。主办方在丽水防洪堤搭建长廊3000多米展出摄影作品6000多幅。2005年,丽水摄影节首度和中摄协合作,丽水市人民政府与中国摄影家协会商定,双方从2005年开始,每2年1届(2005—2013)共同举办中国国际摄影艺术展览暨中国丽水国际摄影节,其中,"中国国际摄影艺术节展览"是中摄影创办的传统品牌展览项目,以中摄协实施为主体;"丽水国际摄影节"以丽水市人民政府为实施主体。2005年摄影节在市政府新大楼(刚建成未交付使用)展出展览40多个,作品4000多幅。包括第十一届国际摄影艺术展览、国际摄联珍藏品作品展、英国法国希腊摄影家作品展、第21届全国影展、全国摄影网站精品展、全国摄影专业媒体作品展、全国各省摄影家协会主席作品展、华侨风采丽水风情摄影作品展、丽水摄影家个展等,此外还配套展出根雕、折纸、瓯江奇石、巴比松油画、畲族服饰、龙泉青瓷等文化展览。

2007年，在丽水书城(刚建成未交付使用)推出展览100多个，38个国家和地区摄影家的摄影作品6000多幅参展。摄影节还推出广场版《瓯江谣》大型文艺表演、南明湖龙舟大赛等，丽水摄影博物馆在摄影节期间隆重开馆。2009年，丽水摄影节成功转型，实现向学术性转变，推出“十大策展人”评选。国际知名摄影节和国际著名机构负责人22个，34个国家和地区的国外摄影家170多人参加本届摄影节。开辟油泵厂、摄影博物馆、白云山、民俗乐园四大展区。展览总数273个，作品数量1万多幅。2009年，丽水·国际摄影节被中国摄影家协会评为“中国年度最佳摄影节”。

摄影博物馆

2007年11月18日，中国第一家摄影影博物馆——中国·丽水摄影博物馆落成开馆。坐落丽水市莲都区万象山脚下。上下二层，总建筑面积2650平方米。内部设施完备，摄影史料、器材、作品存储库房，多功能媒体厅，大型展厅一应俱全。自开馆后，一直免费对外开放。先后邀请意大利、比利时、美国等著名国际摄影机构、摄影家以及国内各省市影协举办作品展。先后得到数国外著名摄影家十人捐赠作品，接收国内外社会各界捐赠的各类摄影史料、器材和作品1000多件，藏品总计3538件。

第五章　群众文化

1949年10月中华人民共和国成立后，丽水各县文化馆相继建立，乡镇文化站建立，开展群众文艺宣传活动。1978年中共十一届三中全会召开，为丽水群众文化创造新的发展空间。1979年2月，丽水地区群众艺术馆成立。丽水初步形成地区、县、乡镇三级文化工作网络。20世纪90年代，丽水群众文化进入繁荣时期。各地政府不断加大投入，加强文化基础建设，培训群众文艺骨干，开展经常性的群众文化活动，满足人们日益增长精神文化需求。同时，加强对丽水传统文化的保护和利用。2007年8月，丽水市被中国文联、中国民协命名为全国首个地(市)级综合性中国民间艺术之乡。在丽水发掘整理的民间艺术项目500多项中，被列入国家级非物质文化遗产代表性项目名录有11项，被列入省级非物质文化遗产代表性项目名录72项、列入市级非物质文化遗产代表性项目名录174项。

第一节　文化事业单位

市级文化馆

群众艺术馆　1949年11月，接收省立处州民众教育馆，丽水建立浙江省立丽水人民文化馆，

1952年4月，并入丽水县文化馆。1979年2月，丽水地区群众艺术馆成立。2000年7月，更名丽水市群众艺术馆，2006年4月，和丽水市文化艺术研究培训中心合并。2009年4月，增挂“丽水市非物质文化遗产保护中心”牌子。2010年，增挂“丽水书画院”牌子。

丽水文化艺术中心　丽水文化艺术中心于2010年7月竣工。位于市城区北面，宇雷路以西、人民路以北、处州公园以东、市广电中心以南。由丽水大剧院、群众艺术馆和影院区域三个部分组成。可以满足各种类型歌舞剧、晚会、戏曲表演和大型交响乐演出，同时，能够满足大小型会议召开。群艺馆业务用房具备表演艺术、造型艺术、创作研究、休闲娱乐和培训活动功能，最大限度满足群众文化艺术活动基本要求。

各县文化馆

莲都区文化馆　莲都区文化馆始建于1949年9月30日。2010年，有编制41名，人员37人。内设综合办公室、社会文化指导部、社会文化活动部、文化艺术培训部，每年举办各类文化活动30多次。每年培训少儿文艺骨干500多人次，培训农村业余文艺队伍骨干100多人，村级文化管理员30多人。2010年省级以上发表和获奖的有17件，其中国家级4件、省级13件。连续3次被评为省特级文化馆，文化部标准文化馆。

龙泉市文化馆　龙泉市文化馆始建于1949年11月。原为龙泉县人民文化馆，1982年，龙泉市文化馆旧馆舍建成，位于龙泉市中山西路45号；1990年12月26日，国务院批准龙泉撤县设市后，更名“龙泉市文化馆”。2008年10月，正式动工兴建文化馆大楼。2010年，龙泉市文化馆有编制14名。设音舞辅导部、戏曲辅导部、美术摄影辅导部、办公室、艺术档室等。多次举办乡村艺术节，帮助乡镇创办“东海明珠”和“山花工程”。参与“龙泉青瓷•宝剑节”等节庆活动。

青田县文化馆　青田县文化馆始建于1949年5月13日，原名青田县人民文化馆。2010年，有编制15名。每年送戏下乡近200场，举办“灯舞大赛”“万人登山健身走”“青田月 中国心”中秋晚会和送文艺、送电影、送图书下乡等活动，承办丽水市乡村文化艺术节暨乡村腰鼓大赛等。创作歌词《红色绿色都是歌》获中国消防之歌大赛（浙江赛区）二等奖、《你向我》获全国交通之歌大赛优秀奖、演讲稿《榜样就在我身边》获丽水市国土系统演讲大赛一等奖，省三等奖。

云和县文化馆　云和县文化馆前身为民国19年（1930）成立的云和县立民众教育馆，馆址设在城隍庙，1949年5月11日云和解放，民众教育馆被军管会接管，1950年，军管会将民众教育馆改组为“云和县人民文化馆”，1952年，改名云和县文化馆。1958年，云和县建制撤销并入丽水县，同时云和县文化馆改为丽水县云和区文化站。1961年11月，县机关迁到云和镇，丽水县文化馆馆址迁至阙家祠堂，同时云和区文化站并入丽水县文化馆；1962年分县，复建云和县文化馆。1987年，馆址迁至青少年宫一楼。1997年3月15日，迁至云和镇老镇委。2003年10月16日，迁入新建南路新建成的县文化中心，馆舍面积4035平方米。2010年，有编制15名，设办公室、表演艺术部、造型艺术部、社会文化指导部、非物质文化遗产办公室等机构。先后组织中国玩具节、云和梅源梯田开犁节、民间民俗文化艺术月活动。组织大型展览17次、各类研讨活动和对外交流活动6次，完成送戏下乡演出任务100多场。2010年举办文化馆站人员培训班3期，其他各类培训班14期，培训，辅导学生地市级以上获奖10人。

庆元县文化馆　庆元县文化馆前身是建于民国20年（1931）的庆元民众教育馆，2010年有编制

12名，设艺术培训中心、非物质文化遗产保护中心、基层文化工作室、业务辅导室等。1996年，被评为一级文化馆。2006年，启动第一届农村文艺会演，2007年，启动第一届社区文艺会演，2008年，启动企业文艺会演，先后举办“农村文化队伍素质提升工程”、第八届中国庆元香菇文化节等活动。至2010年，各专业人员获国家级奖项59件、省级奖项117件、市级奖项270件。

缙云县文化馆　缙云县文化馆建于1949年10月。2010年，设行政办公室和业务辅导2个部门，有在职人员9人。承办丽水市乡村文化艺术节等大型群众文化活动300多场。举办各类艺术培训班200多期，参加学员5000多人次。参加市以上可比性活动获奖200多项，创作文艺作品500多篇，出版专著5部。《缙云钢叉舞》参加第七届中国艺术节开幕式，“风从东海来”演出获金奖。1988年被省文化厅授予先进集体称号。2007年，获文化部授予全国二级馆称号。2008年，获浙江省“文化遗产日奖”。

遂昌县文化馆　遂昌县文化馆成立于1949年8月。2010年，有在编干部12名。设美术书法、摄影、音乐、舞蹈、戏剧、音响、艺术档案、财务组8个。举办遂昌民间文化大集、中国遂昌汤显祖文化节暨汤显祖国际学术研讨会、遂昌汤显祖文化·劝农节暨仙县遂昌休闲游的“班春仪式”等大中型文化系列活动100多场次，《昆曲茶艺》多次参加国内外演出，还举办遂昌美术双年展、摄影工作年会、中国丽水摄影博物馆南尖岩“人与自然”摄影展、“发现神龙谷”摄影大赛获奖作品展等学术交流活动。

松阳县文化馆　1982年5月，松阳县文化馆成立。2010年，有编制16名，在职干部11人。先后协助举办松阳县第二届《快乐阳光》童歌会、“移动杯”2010松阳县十佳电视少儿主持人大赛，承办第三届农民文化节“戏曲演唱歌手大赛”“小品大赛”“器乐演奏大赛”“松阳县首届乡镇文化员才艺大赛”等。2007~2010年，举办培训8次，251人。先后举办器乐培训班、木兰扇培训班、戏曲培训班和排舞培训班等。

景宁畲族自治县文化馆　景宁畲族自治县文化馆创办于1950年，有演绎厅、音乐室、录音室、摄影室、文学室、美术室、戏剧室、艺档室和财务室。2010年，有在编人员20人，为省二级文化馆，被评为浙江省先进文化单位和县级先进文化集体。《祈福铃刀》在第三届畲族民歌艺术节大赛中获演唱金奖、表演金奖，组唱歌曲《走进布妮崽的畲家寨》获铜奖。“创先争优”文艺会演中，群舞《采茶布妮崽》获金奖。在丽水市第五届原创歌曲大赛中，获创作金奖1个，银奖1个，演唱银奖2个。

乡镇文化站

民国26年(1937)，有区民众教育馆分馆46个，翌年，改为流动施教团。1952年4月，丽水县碧湖文化站建立。同年12月，遂昌县大柘区文化站建立。1953年，青田县温溪、水南区，缙云县壶镇区文化站建立。同年，有文化站7个。1960年6月，青田县北山公社文委会、水南公社文委会被国务院命名为全国先进集体。1979年，有文化站99个，其中乡文化站54个。1984年，有文化站328个，其中乡镇文化站277个。1990年，有文化站382个，其中乡镇文化站326个。2005年，丽水市有乡镇文化站180个，总面积36728平方米，在编文化员266人。

第二节　群众文化活动

1995年6月初，出台《丽水地区山花工程规划》，从文化机构、设施、网络、队伍建设，以及艺术生产、文化活动、文化市场、文化法制等方面，提出总体设想。同年7月，制定《丽水地区文化发展的“九五”计划和2010年远景规划》，突出文化工作“统筹规划，掌握政策，信息引导，组织办调，提供服务，检查督促”的改革精神。专业剧团改革迈出新的步子。缙云县婺剧团实行团长负责制，充分调动演员积极性，7个月演出400多场，并与地区公安局取得联系，组成金盾艺术团，排演反映公安干警工作、生活的歌舞小品专场，丽水地区巡回演出数十场，取得明显的经济和社会效益。1996年，开展文化下乡活动，丽水地区送戏下乡100多场，观众20万人次；送电影下乡80多场，观众9万人次；送书4万多册；组织书画工作者送春联、书画3000多对(幅)。松阳县文化部门坚持文艺下乡连续9年，受到省文化厅表彰。

2000年4月，地区文化局在青田县举办小品创作加工会。同年12月4—9日，全省第十一届戏剧小品邀请赛在青田县举行，丽水市参加决赛节目4个并获表奖。同年5月，在龙泉市举办丽水市音乐作品采风、创作加工会，来自丽水市作者19人，加工歌词作品50多首，曲作品40多首，7月19日，为庆祝丽水撤地设市演出，11月，为召开中共丽水市第一次代表大会文艺演出。《青田鱼灯》参加由省委宣传部省文化厅、省广播电视厅等联合举办的省广场民间舞蹈大赛获金奖，应邀参加全国“群星奖”舞蹈大赛颁奖晚会演出。同年8月中旬，遂昌县文化馆业余演出队表演的睦剧小戏《杜鹃花开》，晋京参加全国部分省市农村题材小戏调演，并多次在中央电视台播出。市群艺馆少儿舞蹈队舞蹈《畲家乐》获省有线广播电视台全国“小荷风采”优秀少儿舞蹈表演比赛铜奖，并应邀参加天津、深圳两地国际少儿舞蹈艺术节演。

2010年，完成省首届体育大会开幕式表演、丽水市撤地设市庆祝文艺晚会、省体育大会闭幕式、省少数民族运动会开幕式等大型文艺表演活动，提升丽水影响力。省首届体育大会开幕式表演是丽水市有史以来演员阵容最大、观众人数最多、主办规格最高的一次活动，参与演员近4000人。2010年开展节日文化活动，丽水市通过开发、扶持、挖和创新等方法，形成一大批传统节日文化活动。青田具开展“迎春文体大联欢”“青田月，中国心”中秋联欢晚会，龙泉市开展“安仁板龙元宵”“龙泉端午龙舟赛”，庆元县开展“月山春晚”和缙云县“新春剧大展演”等活动，市区在元宵节明间开展多点唱大戏、猜灯、看歌每等活动。2010年，深入开展农村公共文化服务，“绿谷风”文化大篷车下乡演出158场，“绿谷大舞台”演出14场，举办“绿之声”系列音乐会5场，坚持开展“文化三下乡”活动，丽水市送戏下乡演出1394场，送书下乡105640册，完成农村公益电影放映22764场，组织第三届丽水市乡村艺术节系列活动，参与群众达12万人。

第三节　文化设施

1995年，丽水地区文化系统有艺术表演团体5个，表演场所6个，公共图书馆9个，群艺馆1个，文化馆9个，文化站166个。丽水地区各类表演团体演出580场，观众312万人次，演出收入51万元；电影放映3.15万场次，观众441.9万人次；新华书店图书销售1422万册。

2010年，丽水大剧院工程竣工并启动使用。各县(市、区)重点文化设施相继建设与建成。龙泉市的青瓷博物馆、青瓷公园、宝剑博物馆、图书馆剧院等一大批文化惠民工程相继竣工。农村文化阵地建设有新推进。同年，各县(市、区)开工建设乡镇文化站35个，建成村文化活动室454个。至同年底，莲都、龙泉、云和、缙云、遂昌5个县（市、区）实现省标乡镇文化站全覆盖，丽水市乡镇文化站建有率94%；丽水市行政村综合文化活动室建有率超过13%，基本实现“十一五”文化规划目标。2010年，文化设施配套建设和软件质职量有新提升。加强对乡镇文化站设施演配套、文化员配备、财政资金保障、群众文化活动开展等方面的考核力度，有力地推进文化服务向基层延伸。龙泉市住龙镇、景宁畲族自治县大均乡通过省级综合文化站试点工作验收。丽水市新增省级“东海明珠”乡镇2个，包括莲都区仙渡乡和龙泉市宝溪乡；市级“山花乡镇”3个，包括遂昌北界、龙泉宝溪和庆无百山祖；省级文化示范村、示范社区点4个，包括缙云县壶镇镇新范村、遂昌县云峰镇刘坞村、庆元县松源镇大济村和莲都区白云街道灯塔社区。

第四节　非物质文化遗产保护

20世纪80年代初，根据文化部、省文化厅等有关部门的统一部署，丽水市先后启动民间文艺十大集成（志书）工作。1980年8月，召开丽水地区民歌选编工作会议，成立丽水地区民歌编委会，部署本地区民歌选编工作。1982年3月，成立丽水地区民族民间舞蹈集成领导小组，研究部署本地区民舞集成工作，在此前后对濒临失传的青田民舞“百鸟灯”进行抢救整理。1985年4月，成立民族民间文学艺术集成领导小组及工作班子，确定民族民间舞蹈集成、民族民间器乐曲集成、曲艺音乐集成、民歌集成等4个系列的编辑人员。1987年，完成《民族民间器乐曲集成》（地区卷）、《戏曲志》（地区卷—表演部类）、《曲艺音乐集成》（地区卷）的采编、整理、付印，《民族民间舞蹈集成》也在之后完成。20世纪90年代，完成《丽水地区群众文化志》《丽水地区民间故事集成》等。1992年，完成《丽水地区革命文化史料汇编》，对近代革命文化史料进行发掘整理。1998年，完成《丽水地区曲艺志》的编纂，各县（市）都完成曲艺志资料本的汇编。完成丽水地区三大剧种松阳高腔、庆元二都戏、处州乱弹的编辑整理，并分别形成数十万字的油印资料本。

2003年3月，召开丽水市分管文化文物局长会议，对传统民间艺术的抢救保护工作作部署，并将松阳高腔、庆元二都戏、遂昌昆曲十番、畲族文化、龙泉剑瓷文化、云和客家文化、莲都泄川采茶灯、青田鱼灯、缙云民间广场艺术等被列入丽水市各地民间艺术资源保护项目，由县（市、区）文化、财政局联合向省有关部门申报专项资金。启动民族民间艺术资源普查，经过3年时间的普查、整理、汇编，普查挖掘民族民间艺术项目558件，其中造型艺术190件、表演艺术317件，民俗类51件。在普查同时积极开展非物质文化遗产保护工作，初步建立国家、省、市三级保护名录体系，入选第一批国家级代表性项目名录项目4个，入选第二批国家级代表性项目名录项目7个；入选第一批省级代表性项目名录项目7个，入选第二批省级代表性项目名录项目25个，公布第一批市级名录48个，各县（市、区）也都建立国家、省、市、县四级保护名录体系。

2007年，开始启动非物质文化遗产普查，景宁畲族自治县、遂昌县作为浙江省普查试点单位，率先开始调查线索和编制调查文本。2008年年初，丽水所属9个县（市、区）全面铺开普查活动，并于2008年8月基本完成。这次非物质文化遗产普查是丽水近年来规模最大的一次普查活动，无论从参与普查的人数，还是发现的线索和调查的项目数量，都是前所未有的，也发现很多在20世纪80年代汇编十大集成时未发现的新项目。这次普查挖掘非物质文化遗产线索212068条，整理出涵盖门类18个的调查项目16956个，加上民族民间艺术资源普查的成果，丽水基本摸清本地非物质文化遗产的存量和重点，并掌握主要项目的文字、照片和影像等翔实材料。入选第三批省级代表性项目名录项目40个，入选第二批市级代表性项目名录项目67个，入选第三批市级非遗代表性项目名录项目46个，入选第四批市级非遗代表性项目名录项目42个。2009年9月，龙泉青瓷烧制技艺被世界教科文组织正式被列入人类非物质文化遗产代表作名录，同年，丽水市政府公布首批市级非遗项目代表性传承人154人。2010年，公布第二批市级非遗项目代表性传承人27人。

2006年5月国务院公布的第一批非物质文化遗产一览（丽水市）

表34-5-4-1

序号	名　称	类　别	申报单位
1	龙泉青瓷烧制技艺	传统手工技艺	龙泉市
2	龙泉宝剑锻制技艺	传统手工技艺	龙泉市
3	青田石雕	民间美术	青田县
4	松阳高腔	戏曲	松阳县

2008年6月国务院公布的第二批非物质文化遗产一览（丽水市）

表34-5-4-2

序号	名　称	类　别	申报单位
1	刘伯温传说	民间文学	青田县
2	灯舞（青田鱼灯舞）	民间舞蹈	青田县
3	木拱桥传统营造技艺	传统手工技艺	庆元县
4	畲族医药（痧症疗法）	传统医药	丽水市
5	畲族三月三	民俗	景宁畲族自治县
6	畲族民歌（国家级第一批扩展名录）	民间音乐	景宁畲族自治县
7	十番音乐（遂昌昆曲十番）（国家级第一批扩展名录）	民间音乐	遂昌县

2005年5月浙江省人民政府公布的第一批非物质文化遗产一览（丽水市）

表34-5-4-3

序号	名　称	类　别	申报单位
1	龙泉青瓷	民间造型艺术	龙泉市
2	龙泉宝剑	民间造型艺术	龙泉市
3	青田鱼灯	民间表演艺术	青田县
4	青田石雕	民间造型艺术	青田县
5	松阳高腔	民间表演艺术	松阳县
6	畲族民歌	民间表演艺术	景宁畲族自治县
7	景宁畲族祭祀仪式	民俗	景宁畲族自治县

2007年6月浙江省人民政府公布的第二批非物质文化遗产一览(丽水市)

表34-5-4-4

序号	名　称	类　别	申报单位
1	刘伯温传说	民间文学	青田县
2	畲族叙事歌	民间音乐	松阳县
3	缙云丝竹锣鼓	民间音乐	缙云县
4	遂昌昆曲十番	民间音乐	遂昌县
5	竹溪锣鼓	民间音乐	松阳县
6	钢叉舞	民间舞蹈	缙云县
7	茶灯戏(唱灯)	传统戏剧	遂昌县、庆元县
8	菇民戏	传统戏剧	庆元县、景宁畲族自治县
9	问凳	传统体育、游艺与杂技	景宁畲族自治县
10	剪纸(缙云剪纸、临海剪纸、桐庐剪纸)	民间美术	缙云县
11	根雕(嵊州根雕、开化根雕、缙云根雕)	民间美术	缙云县
12	编梁木拱桥营造技艺	传统手工技艺	庆元县
13	黑陶烧制技艺	传统手工技艺	遂昌县
14	畲族彩带编织技艺	传统手工技艺	景宁畲族自治县
15	畲族医药	传统医药	丽水市
16	畲族三月三	岁时节令	景宁畲族自治县
17	畲族婚俗	人生礼俗	景宁畲族自治县
18	道惠夫人会	民间信仰	松阳县
19	菇神庙会	民间信仰	庆元县
20	轩辕氏祭典	民间信仰	缙云县
21	畲族民歌(浙江省第一批扩展名录)	民间音乐	云和县
22	乱弹(浙江省第一批扩展名录)	传统戏剧	莲都区
23	炼火(浙江省第一批扩展名录)	传统体育、游艺与杂技	云和县、龙泉市

2009年6月浙江省人民政府公布的第三批非物质文化遗产一览(丽水市)

表34-5-4-5

序号	名　称	类　别	申报单位
1	叶法善传说	民间文学	松阳县
2	陈十四传说	民间文学	丽水市
3	龙泉窑传说	民间文学	龙泉市
4	缙云歌谣	民间文学	缙云县
5	畲语	民间文学	景宁畲族自治县

表 34–5–4–5

序号	名　称	类　别	申报单位
6	叶法善道教音乐(月宫调)	民间音乐	松阳县
7	汀洲吹打	民间音乐	云和县
8	独角台场	民间音乐	缙云县
9	处州板龙	民间舞蹈	丽水市
10	包山花鼓戏	传统戏剧	云和县
11	青田鼓词	曲艺	青田县
12	遂昌茶园武术	传统体育、游艺与杂技	遂昌县
13	上宕功夫	传统体育、游艺与杂技	缙云县
14	凳花	传统体育、游艺与杂技	龙泉市
15	叠牌坊(缙云迎罗汉)	传统体育、游艺与杂技	缙云县
16	开天门	传统体育、游艺与杂技	龙泉市
17	赶野猪	传统体育、游艺与杂技	景宁畲族自治县
18	操石磉	传统体育、游艺与杂技	景宁畲族自治县
19	石雕(缙云石雕)	传统技艺	缙云县
20	传统榨油技艺	传统技艺	青田县
21	豆制品传统制作技艺	传统技艺	遂昌县
22	遂昌竹炭烧制技艺	传统技艺	遂昌县
23	木玩具制作技艺	传统技艺	云和县
34	瓯江帆船制作技艺	传统技艺	云和县
25	香菇砍花技艺	传统技艺	龙泉市、庆元县
26	松阳端午茶	传统医药	松阳县
27	畲族服饰	民俗	景宁畲族自治县
28	班春劝农	民俗	遂昌县
29	梅源开犁节	民俗	云和县
30	抢猪节	民俗	景宁畲族自治县
31	青田龙舟节	民俗	青田县
32	七夕习俗(张山寨七七会)	民俗	缙云县
33	菇民习俗	民俗	景宁畲族自治县
34	高机与吴三春传说(浙江省第二批扩展名录)	民间文学	龙泉市
35	婺剧(浙江省第二批扩展名录)	传统戏剧	缙云县

第六章 电影与图书

明正德十六年(1521),处州兵备张柬之聚书置于括苍行院。清光绪三十年(1904),缙云县王富春书店开业。辛亥革命后,丽水地域有书店、书局等60家。各县民众教育馆设图书部。民国15年(1926),丽水始有电影放映。1949年5月丽水解放后,丽水开启电影图书事业的发展。1949年8月,新华书店丽水中心支店开业。1950年4月,丽水人民电影院①建立。1952年,丽水县文化馆设图书室。1978年,中共十一届三中全会后,丽水电影图书事业快速发展。1978—1984年,丽水各县图书馆相继建立,1990年,丽水有放映单位493个,观众3570万人次,放映收入584.90万元。有国营书店9家,集体书店2家,个体书摊105家,年发行量1392万册,销售金额1299万元。21世纪,随着丽水撤地设市以及文化体制改革的深入,丽水电影图书事业进入繁荣时期。电影公司和国有书店完成改制,在农村和社区推行公益性放映。2009年,丽水市国有书店营业面积11958平方米,年发行量1602万册,销售金额14647万元。丽水市图书馆由县级市馆升格为地级市公共图书馆,2010年8月,丽水市图书馆有藏书22.9万册,其中古籍3000多册,珍贵地方文献5000多册(份)。

第一节 电 影

放 映

民国15年(1926),处州中学礼堂放映英国无声电影《五十年代》。民国18年春,云和县云和镇居民购买35毫米放映机一套,用蓄电池瓶作电源,为居民放映卡通片。民国19年,龙泉县岱垟乡源底村一乡民买回手摇放映机1台在家乡放映。温州、上海等地商人到丽水各县城镇进行营业性电影放映。民国26年12月起,浙江省第八电影施教队在丽水等地放映《民族痛史》《热血忠魂》《克复台儿庄》等影片。民国27年,第十一学区教育电影巡回队在各县巡回放映《放毒》等科教影片,第四电影教育巡回队在各县巡回放映《浙沪前线》《平型关》等影片。

1950年4月,丽水县私人集资建丽水人民电影院。1951年,转为公私合营。同年底,浙江省文化局派电影队到丽水专区各县放映。1952年,省电影队第六队在丽水专区各县巡回放映。1953年,温州、金华专区有电影队5个长驻丽水专区。1957年,有电影放映队10个。1959年8月后,各县电影

① 1950年,丽水人民电影院地址在三坊口。

放映队建立。1963年，有电影放映队26个。“文化大革命”时期电影队基本停止。1970年9月，浙江省电影公司在龙泉县凤鸣公社试办8.75毫米电影放映队。1978年，丽水地区放映单位发展到361个，其中8.75毫米261个，放映8.2万场次，观众5311万人次。1987年，有放映技师30人，一等放映员16人，二等放映员24人。1988年，龙泉县新华电影院被广播电视部授予1988年度全国电影发行放映先进集体。1990年，丽水有放映单位493个，其中35毫米47个，16毫米347个，8.75毫米99个。职工1067人，其中电影系统管理人员155人，职工358人。各县城有电影院11座，其中有冷气设备的4座；农村、集镇电影院15座。放映电影10.54万场次，观众3570万人次，放映收入584.9万元。

2002年7月，全省电影院线制改革，丽水市本级、龙泉、云和、景宁、缙云县城市电影院加入浙江省时代院线，莲都区电影院加入雁荡院线，其他县城市电影院停映。2008年，丽水市农村和社区推广公益性放映。2008年8月，丽水市时代农村数字电影有限公司成立，拥有0.80k数字电影设备28套。2009年，各县城有影院6座；农村集镇电影院1座。同年，放映农村电影16970场，观众564.22万人次，中心覆盖率75.10%。开展电影进校园活动，放映1689场，观众66.41万人次。

发　行

1964年5月，浙江省电影发行放映公司丽水专区分公司建立，职工6人。1971年9月，改称浙江省丽水地区电影公司。1980年6月，更名丽水地区电影发行放映公司。1990年，丽水地区电影发行放映公司有职工21人，发行收入267.6万元。2006年11月，重新组建国有独资模式的“丽水市电影有限公司”。

1959年，青田县电影事业管理站建立。至1963年，各县电影事业管理站相继建立。1978年，改称电影发行放映公司。1990年，各县（市）电影发行放映公司有管理人员134人。2000—2006年，电影公司机制改革，松阳、遂昌县电影公司撤销，云和县重组后场地租赁经营。

创　作

1957年，上海电影制片厂在缙云拍摄《凤凰之歌》，此后北京电影制片厂、八一电影制片厂、长春电影制片厂、浙江电影制片厂等到莲都、龙泉、青田、云和、缙云、遂昌等地取景拍摄，有《阿诗玛》《摩雅傣》《两家人》《连心坝》《漂泊奇遇》《八仙的传说》《奢香夫人》《喜相逢》等。

本地作者创作的电影剧本有，《喜鹊岭茶歌》《果园春秋》《青山明珠》《仙都》《一百个放心》《光荣的愤怒》等。《喜鹊岭茶歌》，作者是景宁人萧坚（原名周志坚）。1982年，由珠江电影制片厂拍摄完成，6月在国内公映。《光荣的愤怒》是根据阙迪伟的中篇小说《乡村行动》拍摄的。该小说发表于《上海文学》1997年第1期，由云南千溪影视公司、北京金榜中视文化传播公司、北京标准映像文化传播公司联合拍摄完成。影片在第九届上海国际电影节上，获亚洲新人奖、评委会特别大奖和大学生最喜爱电影奖，并代表中国参加蒙特利尔电影节，2007年10月在国内公映。2008年，阙迪伟创作的电影剧本《雨季》，获第二届浙江省电影文学剧本“凤凰奖”全国征文比赛一等奖，载于《浙江省电影剧本创作与评论》2009年第7期。2009年，金沙创作的电影文学剧本《野人谷》，发表于《电影文学》第3期。阿航的长篇小说《走入欧洲》原载中国文联出版公司《四海》杂志，后被改编成20集电视连续剧，由浙江教育电视台、温州巨龙影视公司投拍。

第二节 图 书

图书馆

丽水市图书馆　明正德十六年(1521),处州兵备张柬之聚书325种,计数千册,置于括苍行院。清道光间(1821—1850)丽水人谭学镕藏书数万卷。民国期间,县民众教育馆设图书部,有商务印书馆《小学生文库》1套。省立处州民众教育馆设图书股,有图书出借处、图书阅览室和公共阅报处,藏书7000多册。县民教馆、省立处州民教馆、处州中学各有1套商务印书馆《万有文库》。抗日战争时期,在丽水有浙江省立图书馆丽水分馆、省立英士大学图书馆等。

1949年11月,省立丽水人民文化馆图书部接收处州民教馆全部藏书,新购图书2348册,订报纸7种,刊物39份,在城内街道设阅报站7个。1951年,丽水全县农村图书流通站98个,1952年,改称丽水县文化馆设图书室。1963年5月,县文化馆建立图书馆,藏书3万多册。1969年,改名县毛泽东思想宣传站图书室。1972年12月,省图书馆拨给图书2000多册。1979年7月,县图书馆独立建制,藏书5万多册。1981年,全县农村图书室58个,图书流通站115个,乡文化站图书室25个,藏书1.70万多册。

2000年撤地设市后,丽水市图书馆由县级市馆升格为地级市公共图书馆,隶属丽水市文化广电新闻出版局。

2001年,丽水完成市本级家谱340种的著录,征集清末民国各种契约收据、借据135件,金逢孙先生画作76幅,其他各种文献资料300多册。同年,学会年刊《图苑科艺》创刊。2002年,评选产生丽水市首届“十佳藏书之家”。完成《全国家谱总目》家谱329种的著录工作。2003年,全国文化信息资源共享工程丽水市级分中心建成,拥有独立的卫星接收系统和电子阅览室100平方米,开辟市图书馆网站,至2010年8月,点击率逾428813人次。《浙江省家谱总目》丽水市部分编纂完成,家谱1400种通过初审,总量居全省首位,同年,多次下乡为乡镇图书馆分编各类图书5000多册,8月,图书馆管理系统软件升级为ILAS3.0网络版。2004年,征集文献资料200多种(册),修复古籍100多册。至2010年8月,在社区、乡镇、企业、公安、部队、学校等设立流动图书室24个,乡镇送书点9个;完成市级支中心VPN网络框架构建,在莲都区建立乡镇村基层点3585个,延伸站点192个,覆盖率100%。

至2010年8月,丽水市图书馆有职工13人,其中高级职称3人,中级8人。有藏书22.9万册,其中古籍3000多册,珍贵地方文献5000多册(份),初步形成以市本级为主并涵盖丽水市9个县市区的地方文献特色馆。较为珍贵的文献有《处州府志》《丽水县志》以及宗谱100多种、畲族民俗文化典籍等。其他有文澜阁《四库全书》1套,还收藏有解放前的《民国日报》《晨报》《大公报》缩印本等。2000年7月以来,办理借书证13522件,接待读者112.6万人次,借阅图书73.5万册。

龙泉市图书馆　龙泉市图书馆的前身是创建于民国6年(1917)的龙泉县通俗教育讲演所民众阅览室。1978年,龙泉县图书馆成立。1990年,龙泉撤县建市,改称龙泉市图书馆。馆舍600平方米,工作人员11人,其中中级职称5人,藏书16万册。图书馆设有外借室、报刊阅览室、儿童阅览室、资料阅览室、农村辅导室等服务窗口。龙泉市图书馆曾被省文化厅授予“文明图书馆”称号，2004 年，全国公共图书馆评估定级中被评为三级公共图书馆。

青田县图书馆　青田县图书馆的前身是成立于民国 16 年（1927）的青田县立图书馆。1979 年，青田县图书馆成立。现有馆舍 2245 平方米。工作人员 12 人，其中，高级职称 1 人，中级职称 4 人。现有藏书 10 多万册，藏有多种版本的《青田县志》，青田石雕、青田籍华侨的资料等地方文献。2004 年全国公共图书馆评估定级中被评为三级公共图书馆。

云和县图书馆　云和县图书馆的前身是创建于民国 16 年（1927）的云和县公立图书馆，1930 年，更名云和民众教育馆图书部。1950 年，更名云和县人民文化馆图书室。1978 年，云和县图书馆成立。1984 年，单独建制。馆舍建于 2000 年 12 月，占地面积 3500 平方米，建筑面积 3380 平方米。有工作人员 11 人，其中大专 8 人，研究馆员 1 人，馆员 2 人。有藏书 17.5 万册，特色馆藏有世界范围的玩具图书、资料、样本、图纸等；古今中外木制玩具经典代表作品；提供创意而开发的样品产品 100 多种。设有外借室、阅览室、儿童阅览室、地方文献室、采编技术室、参考阅览室等服务窗口。年流通人数 6 万多人次，借阅量 20 多万册。2004 年、2009 年，被评为国家一级公共图书馆。

庆元县图书馆　庆元县在清末设立供民众阅览的藏书楼。民国 8 年（1919），姚文林创办庆元县立公共图书馆。1979 年，庆元县图书馆成立。2010 年，馆舍 300 多平方米，工作人员 7 人，其中馆员 4 人。设外借、阅览、少儿、采编、农村辅导、行政办公室业务室 6 个。藏书 8 万多册，其中古籍 340 部，5100 多册。2002 年 8 月 24 日，正式成为浙江图书馆庆元分馆，2002 年 12 月，与县科技局共建科技阅览室。2004 年，被评为三级公共图书馆。

缙云县图书馆　缙云县图书馆创建于 1979 年 6 月。馆舍建于 1997 年，面积 1540 平方米。设有图书外借室、报刊阅览室、料查阅室、古籍室、地方文献室、采编、辅导、电脑中心、办公室等科室。工作人员 11 人，中级职称 3 人。图书馆有藏书 10 万多册，其中古籍 7000 多册，地方文献千册。在馆外开设图书流通站（点）12 处。1999 年，启动计算机管理，采用 ILAS II 系统管理文献。2004 年，被评为二级公共图书馆。2005 年，全省知识信息共享工程基层一级中心建立。年接待读者约 8 万人次，流通书刊 6 万册，举办读者活动 8 次，参与读者约 5 万人次。

遂昌县图书馆　遂昌县图书馆成立于 1979 年 7 月。馆舍 1700 平方米，工作人员 12 人，其中中级职称 6 人。图书馆现有藏书 9 万多册，其中古籍 3658 册。设有外借、阅览、少儿、地方文献、参考资料、采编、电子阅览室等服务窗口，馆外图书流通服务点 20 个，年接待读者 3.20 万人次。2004 年，被评为三级公共图书馆。

松阳县图书馆　1982 年 5 月，松阳县图书馆成立。图书馆占地面积 3400 平方米，建筑面积 3119 平方米。工作人员 11 人，其中高级职称 1 人，中级 5 人。图书馆有藏书 8 万多册（件），订阅报刊近 300 种。图书馆设有外借室、成人阅览室、少儿阅览室、采编室、视听室、演讲厅、地方文献库、电子阅览室等服务窗口。年接待读者 8 万多人次。2004 年，被评为三级公共图书馆。

景宁畲族自治县图书馆　景宁畲族自治县图书馆前身是创建于民国 11 年（1922）的县立通俗图书馆。1984 年，景宁畲族自治县图书馆成立。馆舍建于 1998 年，建筑面积 2086 平方米，阅览室位 120 多个。有工作人员 10 人，其中中级职称 4 人。有藏书 4.5 万多册，期刊 259 多种，报纸 60 多份。图书馆设有外借室、阅览室、采编室、少儿阅览室、地方文献室、资料室、电子阅览室等服务窗口，年接待读者 3 万多人次。2004 年，被评为三级公共图书馆。

书 店

清光绪三十年(1904),缙云县王富春书店开业。辛亥革命后,丽水地域有书店、书局等60家,其中丽水县16家,缙云县15家,龙泉县10家,青田县6家,松阳县5家,遂昌县4家,云和县3家,庆元县1家。民国28年(1939),在中共浙江省委领导下,丽水创办新知书店丽水分店、新知书店龙泉支店、浙东书店,开展图书发行,排印进步书籍,传递报刊文件,掩护革命同志等活动。

1949年8月20日,新华书店丽水中心支店开业。1950年,松阳、龙泉县新华书店建立。1952年1月,新华书店丽水中心支店更改为新华书店丽水支店。1956年,有新华书店9家,职工55人,销售额40多万元。同年,各区、乡镇供销社始设图书代销店或图书专柜。最多时400多处。1971年,新华书店丽水支店改为丽水地区新华书店。1977年,中山街新营业大楼落成投入使用。1978年,丽水地区有国营图书店12家,供销社销售网点300多家,销售金额145万元。1990年,有国营书店9家,集体书店2家,个体书摊105家,供销社销售网点273处,专职发行人员211人,兼职421人,年发行量1392万册,销售金额1299万元。1995年,丽水地区图书批销中心成立,辐射丽水地区9个县(市)及周边地区。2000年,更名丽水市新华书店。同年10月,更名浙江丽水市新华书店有限公司,加入浙江新华发行集团,成为国有独资公司的全资子公司。2000年,丽水市9家公司年发行量1368万册,销售金额7005万元。集体书店10家,私立书店136家,供销社代销点10家,各类书行网点计217处。2002年5月,丽水市公司成为集团组建后全省首家全连锁书店,解放街2200平方米图书超市开业。2004年,丽水市国有书店9家完成“事转企”改制。2008年,市区紫金路636号“丽水书城”开业,建筑面积11150平方米,图书营业面积4500平方米。2010年,丽水市国有书店营业面积11958平方米,发行人员289人,年发行量1602万册,销售金额14647万元,固定资产7246万元。

第七章　文化市场管理

20世纪80年代末,丽水文化市场呈现繁荣景象,侵权、盗版、非法经营等随之而来。1989年3月,丽水地区文化局文化市场管理办公室建立。1996年3月,丽水地区文化市场管理稽查队成立。同时,电影、广电等多部门也行使着部分文化市场的监管职能。2000年7月,丽水地区文化市场管理稽查队和丽水市(县级)文化市场管理办公室人员合并,组建丽水市文化市场稽查队,文化市场的监管实行由多部门监管到一个部门监管。2005年3月,丽水市文化市场管理稽查支队更名丽水市文化市场行政执法支队,统一行使文化市场的监管职能。通过采取全面清查与重点复查、日常检查与集中检查、突击检查与错时检查等相结合的监督管理方式,开展“扫黄打非”,加强对营业性娱乐场所、电子游戏场所、互联网上网服务场所、营业性演出市场、出版物印刷市场、音像制品市场、文物行政执法等，推动丽水文化市场的健康有序发展。

第一节　文化市场监管

1989年，浙江省政府颁发《浙江省文化市场管理暂行办法》后，丽水地区依照《浙江省文化市场管理暂行办法》对歌舞娱乐（卡拉OK）、音乐茶座、电子游戏机室、录像制品放映、零售、出租、书报刊零售出租、保龄球、台球、棋牌等文化经营进行管理，并实行许可证制度。各级文化主管部门向管辖的经营服务单位和个人收取管理费，用于文化市场管理和社会文化事业发展。同年5月，文化稽查人员统一使用省文化厅制发的浙江省文化市场稽查证。1990年1月1日起在丽水地区范围内统一使用由浙江省文化厅印制的文化经营许可证、文化服务许可证、文化经营临时许可证。1990年11月至1991年2月，首次对丽水地区文化经营单位进行年检工作。1994年，中华人民共和国文化部对各种文化经营活动实行文化经营许可证制度。截至1996年，丽水地区有歌舞娱乐（卡拉OK）、电子游戏机室、音像制品零售出租放映、报刊书店（摊）零售出租、台球室、保龄球、旱冰场等经营门类，940家。

2005年，实行文化市场综合行政执法，截至2010年，监管范围及经营门类五大门类，事项23个。其中文化类731家，包括歌舞娱乐、网吧、音像制品、电子游戏机房、演出场所等经营项目。新闻出版类648家，有书报刊零售出租、印刷复印单位等经营项目；广播影视类32家，有电影发行放映、视频点播、境外地卫接收、境内地卫设施安装等经营项目；文物类1766处（家），有文物经营单位、博物馆（纪念馆）、全国重点文保单位、省文保单位、省级历史名城（保护区）、县（市）级文保单位、文物保护点等。

扫黄打非

1996—1997年，丽水地区文化市场出动管理部门检查人员5035人次。检查音像经营单位、歌舞娱乐场所1180家次，收缴录像带、LD 16068盒，收缴VCD1532盒，非法书刊1950册，查扣VCD、录音带、录像带7448盒，查获淫秽录像带42盒，销毁非法音像制品4720盒，销毁非法书刊1236册，停业整顿录像放映62家，关闭镭射放映厅14家，处罚105家，罚款29496元。

2002年，对市区书报刊、音像店进行检查1130次，检查经营单位1738家次，收缴非法音像制品近2万张（盒），非法书刊8000多册，罚款近13万元。

2003年，重点查缴政治性非法出版物，包括煽动民族分裂和宣扬“东突”恐怖主义的非法出版物，淫秽色情出版物。打击软件盗版和盗版教材、教辅读物，收缴涉嫌盗版电脑软件1089盒（片），收缴、查封盗版自考教材和教辅800多册。

2004年8月至2005年8月，开展“反盗版百日行动”，丽水市出动检查人员4873人次，检查音像店4275家，书报刊店（亭）1419家，印刷、打字复印店等1051家。收缴非法音像制品67681片（盒），非法书刊17047本，盗版软件5952张，录音带953盒。

2006年，丽水市文化市场行政执法机构出动6140人次，检查经营单位16734家，查获违规单位896家，受理举报207件，取缔无证经营96家，立案处罚182件；收缴非法音像制品38056盒，非法图书、电子出版物7120册(张);罚没款40万元。其中市支队出动932人次,检查经营单位2984家,查获违规单位175家,取缔无证经营30家,立案处罚53件,收缴非法音像制品5297盒、非法图书、电子出版物2690册(张),罚没款11万元。

2007年,丽水市本级支队出动953人次,检查经营单位3162家,受理举报131次,查获违规单位172家,市场良好率95%。立案处罚20件,其中网吧16件,处以罚款13件,停业整顿3件;其中电子游戏机1件,罚款1万元。取缔无证经营63家,其中收缴无证经营游戏机电路板56块,赌博机17台,游戏机主机7台。收缴非法音像制品7790张,非法图书、电子出版物5388册(张),非法报纸1588张, DVCD机5台,音像设备5台,其他物品19件。罚款5.63万元。丽水市出动6086人次,检查经营单位14746家,查获违规单位411家,市场良好率97%。

2008年,丽水市出动检查人员5924人次,检查各类经营场所11850家次,发现违规492家次,市场良好率96%。受理各类举报172件,行政处罚案件立案111件,办结案件108件,罚没款50.88万元,停业整顿13家,吊销经营资格1家,收缴非法音像制品56216张,非法书报刊9067册。

2009年,丽水市开展整治互联网低俗之风专项行动和整治低俗音像制品专项行动,坚持24小时举报值班制,实行“零报告制度”。丽水市出动检查人员3321人次,检查出版物市场、店档摊点2754个次,检查印刷复制企业1157家次,取缔关闭出版物市场、店档摊点338个,印刷企业3家。收缴非法出版物34828件。其中,侵权盗版物33394件,盗版音像制品26966件,盗版图书6216册,盗版电子出版物212件,盗版教材教辅读物162件,非法报纸期刊194件。查办“扫黄打非”案件9件,其中,侵权盗版出版物3件,行政处罚6件。

2005—2009年,丽水市集中销毁盗版音像制品206342张、盗版书报刊32711本、盗版软件4492张、赌博游戏机105台、游戏机电路板117张。

营业性歌舞娱乐场所监管

营业性歌舞娱乐场所实行文化经营许可制度。1990年,开始对卡拉OK厅使用的激光视盘、录像伴奏带清理,按照文化部规定经审核后并贴上省文化厅准映证方能使用。9月,对卡拉OK进口节目(激光视盘、录像伴奏带)进行造册登记,凡未经文化部或当地文化主管机关审查批准的,一律封存,停止使用。1991—1993年,丽水地区歌舞厅、卡拉OK厅参加省文化厅、公安厅、卫生厅先后举办的“五好歌舞厅、卡拉OK厅”和“文明娱乐厅”活动。1993年,丽水地区舞厅被评为“五好歌舞厅”3家,歌舞厅被评为“文明娱乐厅”6家。

1994年,文化、公安部门联合开展对营业性歌舞厅、卡拉OK厅娱乐场所封闭式包厢、“黑灯舞”进行清理整顿活动,一律按规定标准设置包厢并安装长明灯。1995年1月1日起,停止审验非国家正式出版社出版发行的卡拉OK激光视盘,省文化厅委托各市、地、县文化行政管理部门验贴卡拉OK激光视盘。同年,地区行政公署印发《关于丽水地区营业性歌舞娱乐场所管理规定的通知》进一步规范丽水地区营业性歌舞娱乐场所。各级文化市场(管理)及稽查机构组织文化稽查人员开展歌舞娱乐场所专项和集中整顿。1996年,举办歌舞厅经理或负责人培训班,颁发上岗证70人。开展丽水地区歌舞厅评定等级活动,被评为特级歌舞厅8家,一级24家,二级42家,三级29家。同年,丽水地区物价局和地区文化局联合发出《关于丽水地区营业性歌舞娱乐场所等级和收费(价格)管理办法》,按照“按质论价”的原则,制止乱定价、滥收费的价格违法。同年9月,丽水地区行署办公室发出《关于在全区范围内开展歌舞娱乐场所集中整治的通知》，丽水地区出动535人次，检查歌舞娱乐场所203家，受处罚歌舞厅16家，其中因"三陪"色情服务移交公安部门处理的4家，吊销营业执照1家，停业整顿4家，限期整改4家，其他处罚3家；拆除封闭式包厢19个，受处罚卡拉OK厅10家，收缴歌厅非法录像带194盒，CD片3张，VCD28盘。

1999年7月1日起，取消丽水市娱乐场所管理费，同时，对娱乐业中的歌厅、舞厅、卡拉OK厅、游戏机活动场所经营项目的营业税税率由10%调整为13%；从2000年起，各级文化市场执法机构对娱乐场所监督检查所需对经费，由同级财政列入预算安排。

2001年，根据国务院、省政府统一部署，市文化、公安、工商等部门密切配合，开展整顿和规范歌舞娱乐经营场所。2003年7月1日，市政府颁发《丽水市文化娱乐经营场所管理办法》进一步规范歌舞娱乐、电子游戏、游艺机、网吧、演出、体育等文化市场经营活动。

2006—2009年，贯彻国务院新修订的《娱乐场所管理条例》，按照《娱乐场所管理条例》规定，歌舞娱乐场所统一制作未成年人禁入标志和举报电话12318警示牌，统一制作娱乐场所《从业人员名簿》《营业日志》；开展娱乐场所专项检查行动，严厉检查歌舞娱乐场所播放音乐、曲目、画面等具有文化内容的文化产品及接纳未成年人等违规行为。同时，会同工商部门开展联合执法，依法取缔擅自从事娱乐场所经营活动的、超范围经营从事娱乐场所经营活动。截至2010年6月，丽水市有歌舞娱乐场所125家，其中市本级37家。

电子游戏机监管

1989年8月，开展对丽水市电子游戏娱乐场所进行整顿、重新审核、换证工作。1991年10月，丽水市范围内暂停扑克机、跑马机、水果机、麻将机等有奖电子游戏机经营活动，并停止审批。1995年，丽水地区行政公署印发《关于丽水地区营业性综合游乐、台球、电子游戏机娱乐场所管理规定的通知》。同年7月1日起，在丽水市对营业性电子游戏机实行准营证管理。1996年11月，对丽水地区电子游戏机进行集中整治，处罚17家，其中停业15家，查封2家；清理有奖机（包括麻将机）174台，收缴麻将机电路板3块。1998年9月，开展清理整顿和取缔经营性电脑游戏娱乐经营活动。

2000年8月24日，开展电子游戏专项治理，停止审批新的电子游戏经营场所，不再审批现有的电子游戏经营场所增添或更新任何类型的电子游戏设备；重新审核标准，最大限度地压缩电子游戏经营场所总量。市本级原有电子游戏经营场所16家，压缩到8家。

由于停止审批新的电子游戏经营场所，无证照电子游戏非法经营活动屡禁不止，文化会同公安、工商部门开展专项整治。2006—2009年，以丽水水阁工业区、市区为重点取缔无证电子游戏室，发放《限期自行停止违法经营行为通知书》41份，自行停止违法经营行为15家，整治取缔63家，收缴电子游戏机电路板137块、赌博机48台、电视游戏机主机131台、游戏光盘109张。

2008年2月27日，省公安厅、省文化厅联合下发《关于规范电子游戏机机型、机种、电路板等游戏设施设备具有赌博功能认定工作的通知》，明确认定主体，电子游戏机机型、机种、电路板等游戏设施设备是否具有赌博功能，由县级以上公安机关认定，具体工作由公安机关的治安部门负责。明确认定标准，具有赌博功能的电子游戏设施设备是指可以在游戏中选定赔率等以小博大的电子游戏机机型、机种、电路板等游戏设施设备。截至2010年6月，丽水市电子游戏机房33家，电子游戏机1819台，其中市本级9家，电子游戏机446台。

网吧监管

2000年起，信息网络服务业蓬勃发展，但是互联网上网服务营业场所过多过滥，管理混乱，经营无序。2001年4月，文化、公安、工商行政管理部门集中3个月时间，对本地区网吧等互联网上网服务营业场所进行专项清理整顿。重点是治乱治散，坚决打击违法违规经营活动。文化部门主要负责互联网上网服务营业场所中含有色情、赌博、暴力、愚昧迷信等不健康电脑游戏的查处。

2002年5月10日至10月1日，在丽水市开展网吧等互联网上网服务营业场所专项治理。重新审核登记，由县(区、市)以上文化行政部门进行初审，经省文化厅终审后，统一换发由文化部监制的文化经营许可证。专项治理结束，各地一律停止审批新的网吧等互联网上网服务营业场所。同年5月10日至10月1日，开展网吧等互联网上网服务营业场所专项治理，严厉查处网吧接纳未成年人上网违法行为，对市区网吧等互联网上网服务营业场所统一设置“未成年人禁入”标志，在营业场所入口处显著位置悬挂，对在中学、小学校园周围200米内合法的网吧进行迁移整改工作。2002年11月15日，实施《互联网上网服务营业场所管理条例》。县以上文化行政部门负责互联网上网服务营业场所经营单位审批和监督管理，统一使用由文化部监制的网络文化经营许可证。严格按照《互联网上网服务营业场所管理条例》规定和“谁审批，谁负责”的原则开展网吧等互联网上网服务营业场所监督管理工作。

2003年下半年，安装网吧调试“净网先锋”网络监管平台。2004年，丽水市网吧建立和使用“净网先锋”网络监管平台，实现与全省实时网络监管平台。2003—2009年，每年对市区网吧70多家开展2—3次“零点行动”，严厉查处网吧在规定的营业时间以外营业和接纳未成年人上网违规行为。2004年4月，开展丽水市网吧专项整治统一行动。同年7月26—31日，检查验收丽水市9个县(市、区)的网吧专项整治工作，检查验收网吧107家，查处违规网吧9家，网吧市场良好率91%。2006年，建立日常巡查制度，对市区每家网吧全年检查最低不少于10次，对各县(市)的检查1年内最低不少于4次。2006年7—9月，开展三个月文化市场集中执法季行动。2006年10月27日，丽水市网吧行业协会成立。2006—2009年，检查网吧6408家次，查处网吧违规案件121起。截至2010年6月，丽水市网吧等互联网上网服务营业场所274家，市本级76家。

营业性演出市场监管

1988年，丽水地区演出管理站成立，主要监督管理营业性演出和组团演出。1993年后，根据文化部、省文化厅有关规定，对本地区营业性时装表演活动进行监督管理。实行地区、县(市)、乡三级责权利分层次管理，查处无证虚假广告演出7家。1996年，地区文化市场管理稽查队成立后撤销演出管理站。1997年10月1日，施行《营业性演出管理条例》后，演出市场管理实行归口管理，分级负责。加大对演出团体、演出内容、演出场所的检查管理，重点监督管理演出团体及演出经纪机构的登记备案、演出节目内容的审查和演出场所的安全检查，使丽水市演出市场健康有序发展。

2002年，加大对营业性演出市场的监管力度，重点检查与日常检查相结合，出动检查150人次，检查300多场次，并对企业广告性演出进行规范管理，进一步规范营业性演出市场。2004年，市文化局发出《关于对丽水市演艺活动加强监管的紧急通知》，对丽水市文化娱乐场所进行全面清查整顿，坚决取缔色情娱乐场所，依法查处涉嫌进行色情表演的场所。召开演出娱乐场所经营业主会议。对市本级娱乐演艺场所7家进行专项检查，严格审查演出团体、演出内容，对演艺场所实行全程监控，取缔在大街小区和城乡接合部的非法演出20家。2005—2009年，根据文化部、省文化厅的统一部署，继续加大对大型演出活动及演出场所的监督管理，加强对各类演出团体及演出经纪机构的登记备案，加强演出节目内容的审查和演出场所的安全检查，严厉打击假唱、假演奏以及表演禁止内容等违法演出活动，规范演出市场。

至2010年6月，丽水市营业性演出单位38家，演出经纪机构3家，民办非企业演出单位8家，演出场所7家。

第二节 广播影视市场监管

2000年以前，地区广播电视局负责广播电视社会管理工作。2000年撤地设市后，设市文化广播电视新闻出版局（体育局）。受市文化广播电视新闻出版局委托，广播电视社会管理工作由市文化市场行政执法支队承担。

2003—2006年，会同公安、工商、安全局等部门联合开展丽水市境外卫星电视传播秩序专项整治工作，联合下发《关于认真做好境外卫星电视传播秩序专项整治工作的通知》。严查居民小区和宾馆、饭店、乡镇农村非法安装和使用卫星设施活动。丽水市出动检查人员549人次，发放拆除通知单1396份，拆除非法安装和使用卫星设施829座，其中市本级出动检查人员183人次，张贴《通告》600多张，发放拆除通知单45份，拆除126套，查封手机短信6条，查处地下销售窝点1个，查获卫星设施150多套。通过整治，非法安装卫星电视设施违规活动基本得到遏制。

2007年6—12月，公安、综治办、发改委、工商、广电、邮电、电力8个部门在丽水市范围内开展打击盗窃破坏电力电信广播电视设施违法犯罪专项斗争。同年8月，为确保中共十七大胜利召开，与市广播电视网络公司配合开展莲都区部分街道、乡镇农村个人安装地卫设施使用转星调整工作，按照计划完成转星调整工作任务。2008—2009年，会同工商、公安部门，查处市区非法销售地卫设施窝点3个，查扣地卫设施卫星电视接收机224台、卫星电视接收天线322件、-5电缆166圈、高频头133只，卫地接收设施8套。查处违法从事信息网络传播视听节目案3起，关闭违法网站5家。查处损坏广播电视设施违法行为3起，当事人赔偿金额1944.15元。2009年，开展创建无非法卫星接收设施乡镇（街道）工作，青田县山口镇人民政府、松阳县四都乡人民政府被省广播电影电视局评为全省创建无非法卫星接收设施乡镇（街道）。

第三节 新闻出版市场监管

出版物、印刷市场监管

1989年，根据浙江省政府《浙江省文化市场管理暂行办法》，对丽水地区的报纸、期刊、图书（含图片、年画、年历、挂历）零售、出租进行管理，并颁发文化经营许可证。同年7月，开展检查、整顿书刊市场，查缴宣扬资产阶级自由化、淫秽、色情、迷信、凶杀暴力、低级庸俗的出版物。同年9月，开展（内部）图书馆（室）藏书清理工作，清理范围包括机关、学校、群众团体、部队、城市街道等各级各类（内部）图书馆、资料室。1996—1997年，收缴非法书刊1950册，销毁非法书刊1236册。1998年11月至1999年6月，丽水地区开展印刷业清理整顿工作。

2002年8月，丽水市开展期刊、报纸、出版物市场专项整治工作，严厉封堵和查处政治性出版物和非法出版物。丽水市出动检查237人次，检查印刷企业单位273家，书报刊经营部436家次，取缔游商、游贩、无证经营27个，处罚45家，罚款34448元，收缴非法出版物6579册，其中"口袋本""卡通读物"4325册，吊销出版物发行许可证2家。2003年，会同市教委自考办在市区范围内开展严厉打击非法印刷、销售盗版自考教材和教辅行动，收缴、查封盗版自考教材和教辅800多册，总价值洋码价格15000多元人民币。同年9月，市区开展打击盗版软件专项治理行动，出动检查人员53人次，检查经营场所12家次，收缴涉嫌盗版电脑软件1089盒（片）。2007年，丽水市开展出版物市场"反盗版天天行动"，迎接中共十七大胜利召开。2008年4—9月，开展以"创建平安文化市场，奥运保障行动"为主题的文化市场专项检查。

2001—2009年，通过采取全面清查与重点复查、日常检查与集中检查、突击检查与错时检查等相结合的监督管理方式，严厉查缴政治性非法出版物、盗版书报刊、电子软件等非法出版物，收缴非法盗版书报刊45150本，收缴非法盗版电子软件8806张。

音像制品市场监管

1988年，文化系统音像制品的销售和放映由地区文化局群众文化科分管。地区群众艺术馆成立文化系统音像制品发行站，负责丽水地区的文化系统音像制品发行工作。1989年至1994年9月，根据国家机构编制委员会、浙江省政府有关音像制品管理规定，明确音像制品出版物的出版、发行实行新闻、广电、文化归口管理。明令禁止私人从事营业性的录像放映。分别由文化、电影、广电部门负责本系统的音像制品的批发、零售、出租和放映的监督管理工作。

1994年10月，国务院颁发《音像制品管理条例》，明确国务院文化行政部门负责全国音像制品的批发、零售、出租和放映的监督管理工作。县级以上地方各级人民政府有关部门在音像制品行政管理工作上的分工，由省人民政府确定。地区根据省规定实行分部门、分级管理①。

1996—1998年，省里决定将音像制品出租单位审批权下放，音像制品放映单位审批权收回，加强对音像市场的宏观调控，停止音像制品经营单位审批，实行全省音像制品发行、出租统一管理。1996年10月1日起，音像出版单位发行音像制品必须加贴防伪标识。1997年1月1日起，批发、零售、出租和放映的音像制品未加贴防伪标识的，一律视为非法音像制品，不得以任何形式在市场上流通。

1999年，丽水地区全面发动群众，实行上下、左右、城乡三结合的方法，彻底收缴非法出版物。严厉惩治盗版VCD的特别活动，为庆祝国庆50周年和澳门回归营造良好的音像市场环境。全年检查出动人员750人次，查获非法音像制品8320多片（盒），取缔非法经营16处。

2002年2月1日起，实施新修订《音像制品管理条例》，明确县级以上地方人民政府文化行政部

① 即文化、电影、广电部门分别负责本系统的音像制品市场的监督管理。

门负责本行政区域内音像制品的进口、批发、零售和出租的监督管理工作。实现从分部门管理到统一一个部门管理音像流通市场新的管理模式。同年，按照省音像市场“压缩总量，调整结构，规范市场”的建设发展基本思路，整治和规范音像市场，取消各县（市）音像制品专供机构。逐年压减放映单位，各地一律不得新批或变更音像制品放映单位。截至2006年，丽水所有的音像制品放映单位全部关闭。

2003—2007年，开展“反盗版百日行动”“学校周边环境整治”“保护知识产权、打击侵权盗版”“反盗版天天行动”“阳光2号”行动等一系列集中和专项行动。在音像市场整治中，出动检查9291人次，查获非法音像制品100788张（盒），取缔违规经营277家。2008年，围绕“我为奥运做贡献、文明经营我争先”为主题，开展“保护知识产权，打击侵权盗版”集中销毁违法音像制品活动，销毁非法音像制品52154张（盒）。组织召开丽水市音像制品经营单位负责人培训会。按照丽水市“十小”行业整治与规范工作要求，制定《全市“小音像小网吧”行业规范标准》，对音像店进行调查摸底，建立信息库，进行试点，逐步规范音像市场。2008年，出动检查8500人次，查获非法制品56216片（盒），取缔无证经营46处。

2009年，落实中央、省委“扫黄打非”办《关于开展清缴整治低俗音像制品专项行动的紧急通知》精神和总体部署，召开“小音像小网吧”行业整治规范培训会。开展“小音像店小网吧百点示范”活动。全年出动检查1321人次，查获非法音像制品28852片（盒），取缔违法经营30家，音像市场逐步走向健康规范方向发展。至2010年6月，丽水市音像制品零售出租经营单位152家，其中市本级29家。

第四节　文物监察

2006年6月，丽水市文物监察支队挂牌成立，行使《中华人民共和国文物保护法》赋予的行政执法职责，开展文物行政执法。同年，举办文物执法人员培训，对市级以上文保单位开展巡查，摸清底子，登记造册。2007年，建立和健全文物监察巡查制度，定期组织执法人员检查和巡查文物保护单位，严厉查处各类文物违法违规活动。市本级全年出动检查人员96人次，巡查文保单位59处，其中国家级文保单位7处，省级文保单位23处，市级文保单位28处，古墓葬发掘点1处。巡查文物市场商店15家。向公安机关移交盗掘古窑遗址1起。联合莲都区公安、水政执法部门及时制止在国家级文保单位通济堰上游非法采砂。发放整改通知书2份，发出停工通知书2份。

2008—2009年，巡查全国、省、市级文保单位，重点查处破坏文物的违法行为，加强对文保单位的安全监管，做好文保单位的防火、防盗、防拆等日常管理和安全防范工作。丽水市文物行政执法机构检查全国、省、市县文物保护单位2714家次，出动检查人员1700人次，处理文物行政违法案件6起，罚款5万元，警告8起，限期整改29起，发停工通知书16起。各级文物行政执法机构积极配合，移送公安、司法部门盗掘古文化遗址、古墓葬、破坏古建筑等文物违法犯罪案件7起，判刑20人，刑期最高10年，追回二级文物2件、三级文物2件、一般文物1件。龙泉市、松阳县、庆元县、缙云县文物监察大队先后被浙江省文物局评为文物执法先进单位，市文物监察支队连续4年被浙江省文物局评为文物执法先进单位。

第五节　机构与队伍

市级文化执法机构

1988 年 8 月，丽水市(县级)文化市场管理办公室成立。1989 年 3 月，丽水地区文化局文化市场管理办公室建立。1996 年 3 月，丽水地区文化市场管理稽查队成立(正科级)，事业编制 5 名。

2000 年 7 月，地区文化市场管理稽查队和丽水市(县级)文化市场管理办公室人员合并，组建丽水市文化市场稽查队。2001 年 10 月，核定编制 17 名，领导职数 3 个。承担市本级和莲都区各乡镇农村文化市场的监管工作。各县(市)的文化执法机构陆续转为依照国家公务员管理的事业单位。

2005 年 3 月，丽水市文化市场管理稽查支队更名丽水市文化市场行政执法支队。各县(市)文化市场管理稽查大队相继更名文化市场行政执法大队。2006 年 6 月，丽水市文物监察支队挂牌成立，与丽水市文化市场行政执法支队，两块牌子，一套班子。内设办公室、城东大队、城西大队、督查(文物监察)大队。各县(市)级陆续挂牌成立文物监察大队。

县级文化执法机构

龙泉市文化市场行政执法大队　1988 年，龙泉县文化市场管理办公室成立，隶属县文化局，有专职管理人员 4 人。1996 年 6 月，成立龙泉市文化市场管理稽查队，事业编制 7 名。2005 年 3 月 28 日，龙泉市文化市场行政执法大队组建成立，核定事业编制 7 名，依照公务员制度管理。

青田县文化市场行政执法大队　1988 年 6 月 3 日，青田文化市场管理站成立，编制暂定 3 名。1989 年 4 月 20 日，青田县文化稽查队建立，编制 2 名。1996 年 2 月 12 日，青田县文化市管理站更名青田县文化市场管理办公室。2005 年 8 月 3 日，青田县文化市场行政执法大队设立，为青田县文化广电新闻出版局下属全额拨款全民事业单位，核定全额拨款事业编制 5 名，同时撤销青田县文化市场管理办公室(3 名)、青田县文化稽查队(2 名)，并核销编制。2008 年 7 月 14 日，青田县文化市场行政执法大队增挂青田县文物监察大队牌子。

云和县文化市场行政执法大队　1988 年 11 月 8 日，云和县文化市场管理办公室成立，事业编制 3 名，与云和县演出管理站合署办公。1996 年 3 月 28 日，云和县文化市场管理稽查大队成立，事业编制 5 名。2004 年 3 月 19 日，云和县文化市场管理稽查大队列入依照国家公务员制度管理的事业单位，2006 年 6 月 23 日，更名云和县文化市场行政执法大队，编制 5 名，股级职数 2 个，作为文化广电新闻出版局直属机构，以局名义对属地实施综合执法。2006 年 6 月 23 日，增挂文物监察大队牌子，与云和县文化市场行政执法大队，两块牌子，一套班子。

庆元县文化市场行政执法大队　1987 年 8 月，庆元县文化局工商局文化市场管理所建立，1989 年，文化市场稽查队设立，有队员 16 人。负责监督、稽查全县文化市场，并对各经营点进行登记、审核、办证，制定和颁发管理规则。 2003 年 10 月，文化市场稽查队更名庆元县文化市场管理稽查大队。2005 年，更名庆元县文化市场行政执法大队，编制 5 名。2007 年 1 月，庆元县文化市场行政执法

大队增挂文物监察大队牌子，增加文物执法职能。

缙云县文化市场行政执法大队 2000年5月，经缙云县机构编制委员会批准，缙云县文化市场稽查大队成立。2006年11月，经批准易名为缙云县文化市场行政执法大队(缙云县文物监察大队)，为参照公务员法管理的全额事业单位，定编10名，承担县本级和各乡镇农村文化市场的监管工作。

遂昌县文化市场行政执法大队 1989年初，遂昌县演出管理站(公司)设立；同年9月，遂昌县文化市场管理办公室成立，有工作人员3人。1995年12月，县文化市场管理办公室与县演出管理站合署办公。1998年9月，遂昌县文化市场稽查队成立，原文化市场管理办公室编制3名划归文化市场稽查队。2005年5月，遂昌县文化市场稽查队更名遂昌县文化市场行政执法大队，有工作人员8人。2006年12月，遂昌县文物监察大队成立，文化市场行政执法大队同时挂文物监察大队牌子。

松阳县文化市场行政执法大队 1982年，松阳县文化市场管理稽查队成立，为文化局下属事业单位。2005年3月，松阳县文化市场管理稽查队更名松阳县文化市场行政执法大队。2006年12月8日，增挂文物监察大队牌子，与松阳县文化市场行政执法大队实行两块牌子一套人员。

景宁畲族自治县文化市场行政执法大队 1986年8月，景宁畲族自治县文化市场管理办公室成立。1997年6月12日，景宁畲族自治县文化市场稽查队成立，为全额拨款股级事业单位，定编5名，其中股级领导职数1个。2004年8月31日，核定为依照国家公务员管理的事业单位，承担县域内文化市场的监管工作。2006年7月11日，景宁畲族自治县文化市场稽查队更名景宁畲族自治县文化市场行政执法大队，并挂牌景宁畲族自治县文物监察大队牌子。2008年10月9日，新增文化市场行政执法大队(景宁畲族自治县文物监察大队)参照管理事业编制1名，定编6名。

第八章 档 案

古代，处州府衙、县衙设典史署管理官府档案。民国时期，处州档案由地方政府秘书处(室)设股管理。1959年，丽水县、青田县、龙泉县、遂昌县档案室相继成立。“文化大革命”期间，丽水档案被查封。1979年，整顿恢复档案工作。1980年1月，丽水地区档案馆建立。至1987年7月，丽水地区各县档案馆建立。1986年8月，丽水地区档案局建立。1996年1月，丽水地区档案馆与地区档案局合并。2000年7月，丽水地区档案局(馆)更名丽水市档案局(馆)。丽水市各级档案局(馆)加强馆藏档案建设和档案的保护开发利用，加强档案法制化和信息化建设。2009年，丽水市档案与电子文件登记备份中心成立。2010年，丽水市档案馆馆藏全宗有170个、157725卷、37527件，录音录像磁带15盘，照片3082张，电子档案磁带50盘、磁盘4张、光盘37张，各类图书资料13099册。

第一节 档案管理

馆藏档案

档案馆馆藏中华人民共和国成立前档案种类有，国民党党务、政务、司法、教育、交通、邮政、金融、土地、山林、物资、粮食等，有民国档案70452卷、2041件。丽水市档案馆馆藏有1930—1949年丽水货物税分局、地方银行丽水分行、丽水电信局、处州师范学校4家单位的全宗民国档案848卷，各县(市、区)档案馆数量不等，其中，龙泉市档案馆有民国档案2万多卷，为浙江县级综合档案馆之冠。

丽水市档案馆馆藏档案主要来自丽水市(地)委、市政府(行政公署)以及市(地区)机关各部门、企事业单位归档整理的档案，按照档案进馆期限的规定，定期移交进馆的。至2010年，丽水市档案馆馆藏全宗有170个、157725卷、37527件，录音录像磁带15盘，照片3082张，电子档案磁带50盘、磁盘4张、光盘37张，各类图书资料13099册，市民个人寄存的电影海报、油画6000多件。

各级档案馆馆藏的中华人民共和国成立后档案主要来自党委、政府机关各部门、企事业单位归档整理的档案。其中以文书档案和会计档案为主。档案载体以纸质为主。截至2010年，丽水市各级档案馆馆藏档案计全宗1635个，954190卷；以件为保管的档案193058件，其中中华人民共和国成立前档案70452卷，2041件。中华人民共和国成立后883738卷，191017件，录音录像磁带档案499盘，照片档案48934张，底图65753张，电子档案磁带114盘、磁盘9张、光盘1367张，缩微胶片10幅。

1990年丽水地区档案馆馆藏情况一览

表34-8-1-1

馆名	建馆时间	档案（卷）	1949年5月前档案（卷）	1949年5月后档案			资料（册）	档案馆干部（人）
				文书档案（卷）	科技档案（卷）	专业档案（卷）		
丽水市档案馆	1959	21094	1400	19561	—	133	5230	8
龙泉县档案馆	1959	46860	24183	18677	373	3627	9679	6
青田县档案馆	1959	35892	10060	23728	11	2093	16582	12
云和县档案馆	1980	29023	9827	15755	331	3110	16515	5
庆元县档案馆	1980	14490	712	12334	50	1394	2624	5
缙云县档案馆	1981	22707	3021	17881	65	1720	11776	6
遂昌县档案馆	1960	32141	13586	12902	39	5614	7408	7
松阳县档案馆	1985	16518	684	13201	61	2572	6696	6
景宁畲族自治县档案馆	1987	11005	4197	6738	42	28	1272	5
地区档案馆	1980	19737	834	15673	620	2610	10438	10
合计		249467	68504	156450	1592	22901	88220	70

档案保护

2009年，缙云县档案局（馆）修裱抢救、整理20世纪50年代初的土地清册及房地产证存根。云和、庆元、遂昌、景宁畲族自治县档案馆对馆藏民国档案开展病档检查、抢救修复工作。2010年，松阳县档案局开展“松阳县畲族文契古籍”档案文献抢救保护整理工作，整理古籍200多件，内容涉及清代及民国的赋税、契税、杂税、田赋执照、畲族医药等。莲都区档案局与市博物馆合作，开展摩崖石刻档案抢救工作，对摩崖石刻档案进行拓片、裱糊、扫描、复制。

档案利用

1982年10月，全区档案馆有馆藏档案96878卷，提供利用5423人次，7713卷次。1985年，丽水地区有档案馆10个，馆藏档案167452卷，档案资料50852卷（册），编写档案资料33种，23万多字，提供利用17690人次，1988年5月，地、县档案馆首批向社会开放中华人民共和国成立前档案67134卷，占中华人民共和国成立前档案90%；开放中华人民共和国成立后满30年档案34101卷，占应开放数的1/3。1990年，馆藏档案249467卷，资料88220卷（册），提供利用13194人次，档案48619卷（册），资料5836本（册），编写档案资料24种，72.94万字，复印档案资料38657页（份）。

丽水市档案馆编印各类档案材料19种，其中《丽水地区1963年以来粮食生产变化情况》《丽水地区历年来自然灾害对农业生产的影响》获1989年浙江省档案编研成果三等奖。2006年11月至2007年年初，丽水市档案馆编印《新中国电影海报选编》《流金岁月的痕迹——新中国电影海报赏析》。2007年，丽水市档案馆举办《新中国电影海报展》。2009年，举办《庆祝建国60周年馆藏精品油画展》，接待5000多人次。

2005年起，遂昌县档案馆编印《遂昌县档案馆藏中草药标本汇编》《县档案馆的镇馆之宝——木刻族谱》《古县志里寻“宝藏”》《今日遂昌要事集萃》等资料。2009年，龙泉市档案局承办《龙泉市改革开放30周年成就展》，在浙江大学龙泉分校旧址举办《浙江大学龙泉分校档案史料展》。2008—2010年，龙泉市档案馆编辑出版《龙泉—浙江抗战大后方》史料专辑和《龙泉民国档案系列（概要、文献选编、专题介绍）》《民国时期龙泉瓷业生产与研究》《抗战时期迁驻龙泉的省会机关单位》《民国时期龙泉济川桥修建始末》，其中《龙泉民国档案辑要》获浙江省“百项档案编研精品工程”一等奖。

2006—2010年，丽水市各县（市、区）编写专题研究、年鉴、档案汇编、图集等各类资料34部、636万字。龙泉《清源何氏宗谱》、遂昌《遂昌户地联络图》和《潘氏宗谱印刷板片》入选“浙江档案文献遗产名录”。

档案法制

1987年，《中华人民共和国档案法》颁布实施，丽水各级综合档案馆贯彻实施《中华人民共和国档案法》，建立《档案执法监督检查制度》，1993年，制定《丽水地区档案馆开放档案实施办法》。

2003—2010年，丽水市先后颁布一系列档案管理政策文件，《丽水市重点档案管理办法（2003年）》《丽水市重点建设项目档案管理办法（2003年）》《丽水市委办公室市政府办公室关于加强新时期档案工作的实施意见（2005年）》《丽水市委办公室、丽水市政府办公室关于加强民生档案工作的意见(2008年)》《中共丽水市委办公室、丽水市人民政府办公室关于开展重点档案征集和移交工作的通知(2009年)》《丽水市委办公室、市政府办公室关于电子文件和数字档案登记备份实施意见(2010年)》,初步建立比较完善的档案行政管理体系。

执法检查

1993年和1997年,开展档案行政执法检查。1999年,全面落实档案行政执法责任制。2000年,开展对省级重点档案执法检查。2001年,市档案局成立档案执法监督处(法制处),自2002年起,每年开展对市直机关、企事业单位的综合档案室和年度归档工作的检查,将结果发文通报。2002年起,对市直部分机关单位、企事业单位、社会保障和重点工程的档案进行执法检查。2010年,档案工作首次被纳入"平安浙江"考核体系。同年12月,市局组织人员分两组摸底检查丽水市平安建设档案部分工作情况。至2010年,丽水市各级档案行政管理部门持行政执法证人数38人,检查单位602家,查处档案违法行为2起。

档案信息化

2000年前,档案检索基本处于手工查找阶段,没有开展档案著录和数字化加工。2000年起,丽水市本级、莲都区、龙泉市、青田县档案馆陆续配置数字档案馆设备,专门配备服务器、磁盘阵列、多功能安全网关、杀毒软件等设备,初步建立馆内数字档案管理体系。同年,各级档案馆组织人员开展馆藏档案条目的录入工作,形成目录数据410多万条。档案全文扫描数据库是数字档案馆工程的重要组成部分。市本级、莲都区、龙泉市、青田县等档案馆积极整合单位资源,抓好档案全文扫描数据库的建设。丽水市全文扫描工作自2004年起,完成700多万页档案的全文扫描工作。

2009年,丽水市本级档案馆于开发新的档案管理软件,购置专业数据库。成立丽水市档案与电子文件登记备份中心,2010年,丽水市各县(市、区)均成立档案与电子文件登记备份中心,开展部分涉及民生领域的数据登记备份工作。

第二节 基层档案

基层档案室

1956年,各县党委和人民政府办公室建立档案室,配备专(兼)职人员从事档案资料收集、整理和利用。1959年,县级机关各单位配备兼职档案工作人员,管理文书档案工作。"文化大革命"期间,档案被查封,造成部分档案资料散失,档案工作处于停顿状态。1979年,整顿恢复档案工作,地区直属单位建立档案室76个。1982年,丽水地区有档案室593个,文书档案干部560个,其中专职档案干部41人。有科技档案的单位212个,相继建立档案室,配备科技档案干部223人,其中专职科技档案干部18人。清理文书档案资料55227卷,科技档案资料14030卷,并开展财会、统计档案资料的清理档案工作。1988年,地直单位建有档案室123个。1990年,建有机关单位综合档案室1130个,其中达到省档案局制定的综合档案室标准的有425个,占综合档案室数的

37.61%。

至2010年，丽水市有机关档案室854个，建有综合档案室的机关有764家，其中综合档案室529个达到省级标准、综合档案室286个达到县级标准。市本级有机关综合档案室81家，达到省级标准的档案室有30个。丽水市3480个行政村中2105个村建有档案室，其中省级行政村示范档案室27个，省级规范化档案室47个，市级规范化档案室5个。丽水市农民专业合作社、农业产业化龙头企业的建有档案室163个。

2003年起，丽水市根据省档案局的部署开展社区档案工作，至2010年，丽水市有社区81个，居委会34个，建立档案工作69个，建档率86%。建成省级社区示范档案室10家，规范化档案室17家。

档案培训

丽水解放后，档案行政管理由地、县党委办公室负责，档案室（馆）负责业务指导。1978年后，地、县委办公室设档案处、科，和档案馆合署办公，进行档案业务指导。1981—1987年，地区举办文书档案业务短期讲座26期，培训1840人次。1985年起，地区和丽水、遂昌、云和举办文书档案专业电大班，接收高等教育学员150人。1987年，进行档案专业职务评审，至1990年，丽水地区有副研究馆员1人，馆员29人，助理馆员139人，管理员113人。建立林业生产责任制档案2.25万卷。企业档案上等级34家，其中国家二级1家，省级22家，地级11家。

至2010年，各县（市、区）档案局举办档案业务培训班333期，参加培训2万多人次。市本级举办档案培训班34期，参加培训1698人次。

重点建设项目档案

2003年，丽水市政府办公室出台《丽水市重点建设项目档案管理办法》。2003年9月，市档案局、市建设局、市重点建设领导小组办公室联合印发《丽水市重点建设项目档案管理办法实施意见》。2005—2010年，检查市级重点建设项目201个，省级重点建设项目123个，其中通过档案专项验收的省级重点建设项目28个、市级重点建设项目6个。

民生档案

2001年起，丽水市档案局加大对民生档案监管的力度，梳理丽水市重点涉民档案目录清单，责任分解到具体行业主管部门，先后两次联合市人大文教工委对重点涉民档案单位进行重点涉民档案管理执法检查及一次市政协委员视察，开展对重点民生档案接收进馆的工作，其中市本级接收公证档案42998卷，国有破产、转制企业档案33家61893卷。

至2010年，丽水市通过档案工作认定的社保（医保）中心3个，社保建档数32343卷，182524件，其中市本级社保档案1456卷，113073件。丽水市低保档案建档数10611卷、46754件，其中市本级低保档案建档19845件。丽水市新农医档案建档数831卷、749663件，其中市本级新农医建档426卷，439663件。莲都、龙泉、青田、云和、庆元、遂昌、松阳等地完成山林延包档案的接收进馆工作，计13777卷，其中云和、龙泉、青田完成山林延包档案的数字化。青田县档案局将山林延包档案进行数字化处理工作，全部完成山林延包档案925卷全文扫描工作。总录入条目50618条，全文扫描128060页。

第三节　组织机构

机构沿革

1949年5月，丽水各县陆续解放，新政权接收旧政权遗留的档案资料。1959年后，丽水、青田、龙泉、遂昌县档案馆相继建立，有档案干部7人，保存档案资料18932卷（册）。1962年，开展档案清理鉴定工作。1973年2月，丽水地委办公室下设档案室。1979年6月，改设地委办公室档案科。1980年1月，丽水地区档案馆建立，建筑面积537平方米。1981年2月，档案科改设档案处（馆）。至1981年，云和、庆元、缙云县档案馆建立。1983年10月，档案处改称地委办档案科（馆）。1985年，松阳县档案馆建立。1986年8月，成立丽水地区档案局，局、馆编制正式分开，隶属丽水地区行署。1987年7月，景宁畲族自治县档案馆建立。同年底，丽水地区有档案馆10个，库房面积6050平方米，档案干部42人，馆藏档案167452卷，档案资料50852卷（册），编写档案资料33种，23万多字，提供利用17690人次。1988年5月，地、县档案馆首批向社会开放中华人民共和国成立前档案67134卷，占中华人民共和国成立前档案90%；开放中华人民共和国成立后满30年档案34101卷，占应开放数的1/3。同年，有档案馆库房面积6599平方米。1996年1月，丽水地区档案馆与地区档案局合并，保留档案局牌子。2000年7月，撤销丽水地区建制，设立地级丽水市，丽水地区档案局（馆）更名丽水市档案局（馆）。2010年，丽水市档案局（馆）设有办公室、业务指导处、保管利用处、执法监督与信息技术处（登记备份中心）职能处室4个，在职人员18人。丽水市国家综合档案馆10个，工作人员134人。

场馆建设

丽水市档案局（馆）原馆舍建于1979年，位于丽水市区灯塔街91号原丽水地委机关大院西北侧。2007年3月，迁入花园路1号丽水市档案馆大楼办公。新馆总建筑面积5642.4平方米，其中库房面积1132平方米，密集架1155立方米。至2010年，丽水市国家综合档案馆有建筑面积2.3万平方米，其中库房面积8千平方米。

丽水市档案馆库房有单独的恒温恒湿系统，保持库房内的稳定环境。除档案库房外，另设有查阅中心、陈列室、全宗室、特藏室、消毒室、整理室、计算机房、会议室等辅助用房。全馆拥有集中式空调系统2套、消防系统2套、去湿机2台、高速扫描仪2台、复印机4台、服务器1台、计算机40台、照相机3台、防磁柜8个及摄像机、电视机、DVD机、刻录机、消毒柜、消防器材、阅读机、吸尘器等。

至2010年，丽水市有国家综合档案馆10个，专业档案馆（城建档案馆）2个。龙泉市馆为国家三级馆，市本级为省一级馆，莲都区、青田县、云和县、遂昌县、松阳县和景宁畲族自治县档案馆为省二级馆，庆元、缙云县档案馆为省三级馆。市城建档案馆为省一级馆，青田县城建档案馆为省二级馆。

第九章　地 方 志

丽水方志文化渊源深厚,历来有修志传统。丽水最早的志书是南宋绍兴年间(1131—1162)修纂的《处州图经》。庆元、龙泉、青田、缙云等县也在南宋时期编纂县志。元皇庆元年(1312),编纂《处州路志》。明清时期,丽水志书编纂达到鼎盛。宋至清代,丽水及各县修志 89 次。由于历史原因,丽水很多志书久佚而消失在历史长河中。民国时期,由于战乱,丽水本级未修志,部分县进行过志书编纂。抗日战争期间,在云和曾设立浙江通志馆,收集各方史料,计划编修《浙江通志》,因战乱未果。中华人民共和国成立后,开展社会主义时期新方志的编写。1987 年,丽水地区地方志编纂委员会成立,1988 年 4 月,丽水启动第一轮修志,至 1996 年,丽水地区和各县基本完成第一轮志书的编纂。随着丽水第一轮修志工作的推进及完成,丽水兴起专业(部门)志和其他志书编纂的高潮,编纂成果大量涌现。1996 年,开展《丽水年鉴》编纂。2006 年,清光绪《处州府志》标点本出版发行,有力地推进旧志利用工作。2008 年 10 月,丽水市启动第二轮修志工作。至 2010 年,丽水有各种专业(部门)志 194 多种,《丽水年鉴》编纂出版发行 15 部,丽水市 9 个县(市、区)编纂出版地方综合年鉴 44 部。

第一节　综合性志书

市(府)志编修

旧时修志　南宋绍兴年间(1131—1162),修《处州图经》,久佚,纂修人不详。南宋乾道《括苍志》楼璩序、明成化《处州府志》有郭中序及修志事由著录。

南宋绍兴二十七年(1157),知州谢少卿修《括苍志》,久佚。南宋嘉泰年间(1201—1204)《括苍续志》陈百朋序、元皇庆《处州路志》有吴海序著录。

南宋乾道六年(1170),知州楼璩修《括苍志》,教授曾贲编,7 卷。刊本久佚。明成化《处州府志》转载楼璩序云:“余守括苍,得旧图经,甚详。惜其猥酿讹舛,不足以传久,乃属郡博士与乡之老成更加是正,而为之志,刊为七卷。”后知州楼璩修《括苍志补遗》,4 卷。传本不复可得,《直斋书录解题》著录。

南宋嘉泰二年(1202),知州胡澄修《括苍续志》,主簿陈百朋编,10 卷,已佚。明成化《处州府志》转载陈百朋序云:“续志弗修,亦后来考古者之愧,百朋念此久矣,因裒摭前后所闻见者,辑而广之,以备观览”。

元皇庆元年(1312),达鲁花赤脱钵昭勇修《处州路志》,教授杜熙等编,进士吴海删改,梁载订正成书，20卷，传本久佚。明成化《处州府志》转载吴海序云：“参旧俗，揭新条，列七邑之事萃于一郡之中，凡二十卷，曰《处州路志》。”

明洪武年间（1368—1398），修《处州府志》3册，已佚，纂修人未详。《文渊阁书目》卷十九旧志类著录。

明成化年间（1465—1487），修《处州府志》8本，未见传本，撰修人不详。《直斋书录解题》著录。明成化十八年（1482），知府郭忠修《处州府志》，刘宣编，18卷首1卷，二十二年刊本。丽水市档案馆藏有宁波天一阁、上海图书馆藏本的复制胶卷和影印本。

明弘治年间（1488—1505），郡人郑宣编《括苍郡志补遗》5卷，未见传本。明万历《括苍汇纪》著录。

明万历七年（1579），知府熊子臣修《括苍汇纪》，郡人何镗编，15卷，刊本。丽水市档案馆藏有上海图书馆藏本的复制胶卷和影印本。明万历三十一年（1603），知府许国忠修《续处州府志》，郡人叶志淑编，8卷。三十三年刊本。丽水地区档案馆藏有上海图书馆藏本的复制胶卷和影印本。

明崇祯八年（1635），知府朱葵修《处州府志》，郡人王一中编，18卷，刊本。丽水市档案馆藏有国家图书馆藏本1—3卷、7—8卷、14—18卷复印本。

清顺治七年（1650），知府王崇铭修《处州府志》，推官张元枢编，未见传本。据清康熙《处州府志》人物志转载王崇铭序云：“余因综其散帙，并新订而详加蚤覈焉，自乙亥至今十六载内，天事人事可谓表里相宣极。”

清康熙二十九年（1690），知府刘廷玑修《处州府志》，教授徐元荐等编，12卷，刊本。丽水市档案馆藏有上海图书馆1959年传抄本的复印本。

清雍正十一年（1733），知府曹抡彬修《处州府志》，教授朱肇济等编。20卷，16册，刊本。丽水市档案馆藏有上海图书馆藏本的复印本。

清光绪三年（1877），知府潘绍诒修《处州府志》，周荣椿等编。30卷首1卷末1卷，刊本。丽水市档案馆藏有上海图书馆藏本的复印本。

民国期间，丽水地区本级未修志。

新方志编纂　20世纪60年代以后，丽水地区曾出现短暂的编修志书行为，因政治运动兴起，修志工作中断。丽水社会主义时期第一轮修志工作开始于20世纪80年代末。1987年9月，丽水地区地方志编纂委员会成立。1988年1月，下设办公室，设置正式编制5名。各县地方志机构同时期成立。1988年4月，召开丽水地区第一次修志工作会议，启动《丽水地区志》编修工作。经过3年的编纂，1991年3月，召开《丽水地区志》志稿评审会。1992年2月，志稿交浙江人民出版社出版，1993年1月第一版。《丽水地区志》叙述上至事物发端，下至1990年，全书约80万字，主体部分包括大事记、分志23编、人物传、专记等，主编虞文喜。

2008年10月22日，丽水市召开第二轮修志工作动员大会，决定新修丽水市志和续（重）修县（市、区）志。2010年，《丽水市志》处于编纂中，完成部分资料的收集工作。

县志编修

莲都　清乾隆三十年（1765），丽水县志初修，清嘉庆十年（1805）增纂，清道光十六年（1836）刻，曰《丽水志稿》，凡4卷，金学超原纂，屠本仁增纂，陈棠整理。清道光二十六年（1946），张铣所纂修，凡14卷。清同治十三年（1874），由彭润章等纂修，凡15卷。处州知府潘绍诒序云：“丽水旧志知为道光丙午县令张君镜蓉所编葺。咸丰戊午、辛酉，迭遭粤匪窜陷，版毁无存，民间藏本亦鲜，余深惜之，即议令重修付梓。”此志卷一为舆图，二疆域、城池、公署与学校，三山水与水利，四田赋、户口、积贮与兵制，五祠祀，六古迹与冢墓，七寺观，八职官与宦绩，九选举，十、十一为人物，十二列女，十三经籍、风俗与物产，十四兵戎，附灾异，十五集记。

民国15年(1926)，李钟岳、孙寿芝所纂修，凡14卷，为铅印本。卷一为旧志序、同治旧志凡例、纂修采访及筹捐者题名、续修凡例、目录及舆图。卷二为疆域、城池、公署与学校。卷三为山水与水利。卷四为田赋、杂赋、盐课、仓储、育婴、兵制、物产、林场与工厂。卷五为祠祀、寺观与教堂。卷六为古迹、坊表与冢墓。卷七为职官、宦绩。卷八为选举，卷九、十为人物，卷十一为列女，卷十二为文艺与风俗，卷十三为兵戎，附灾异，卷十四为杂记。

20世纪60年代初期，丽水地委、专署规划编修各县地方志书。计划首先在丽水县实施。当时没有地方志机构，由文物管理委员会承担。1965年10月，经数易其稿，完成初稿，排版印刷10多本，送领导和专家审阅。“文化大革命”开始后，修志工作受到冲击书稿未能出版。《丽水县志》体例采用大编体，整书分为政治、经济、文教等部分。由书稿部分内容刻印而成的《丽水县政治志》为市博物馆、市档案馆及莲都史志办收藏。《丽水县政治志》全书10多万字，书稿记载隋唐至20世纪60年代丽水县的历史情况。

1988年，丽水县启动第一轮修志工作。《丽水市志》(县级)由叶兆熊主编，首设《概述》《大事记》，内容贯串古今，所记事物断限力溯事物发端，下迄于1990年，1994年4月出版。

2008年，莲都区启动二轮修志工作。《莲都区志》为重修。全书规划33篇，字数180万字。2010年，处于编修中。

龙泉　南宋嘉定二年(1209)，龙泉县修第一部县志，修纂者系县人何澹，已久佚。元代，龙泉无修志记载。明代，龙泉先后三次修纂县志，均已佚。明正统(1436—1449)间，《龙泉县志》9卷、4册。明嘉靖(1522—1566)间，叶溥、李溥修纂。明万历二十六年(1598)，邑令夏舜臣编。清代，龙泉修志3次，补刊2次。清顺治十二年(1655)，知县徐可先修并序，胡世定纂《龙泉县志》10卷。日本国会图书馆支部内阁文库有刊本4册收藏，上海图书馆翻拍胶卷交龙泉县档案馆收藏，龙泉市地方志办公室留存誊抄本。清乾隆二十七年(1762)，龙泉知县苏遇龙修并序，县学博沈光厚纂，绅士连声献、林浩、季汝刚等襄赞其事。乾隆《龙泉县志》系重修，刊本5册，列12卷86门并首1卷，今存。清乾隆三十四至三十六年间(1769—1771)，教谕陆国栋续纂《龙泉县志》，惜已佚。清同治二年(1863)，知县祝绣绅补修《龙泉县志》6册。天津图书馆收藏。清光绪四年(1878)，知县顾国诏、补用知县张世堉总修，教谕程炳藻、训导戴穗孙协修，参校采访有举人吴世珍等33人。顾国诏、张世堉及处州知府潘绍诒分别作序。光绪四年刊本，6册。今传本尚多。民国32年(1943)1月，龙泉成立县修志馆，吴梓培任馆长。曾拟就工作纲要及志书章目。但因经费困难，未几即停顿。至民国37年，有宁海干人俊在省通志馆采集有关龙泉资料，编就《民国龙泉县新志稿》，凡22卷，未正式付梓。

1988年4月，龙泉县启动一轮修志。1994年6月，《龙泉县志》由汉语大词典出版社出版，林世荣主编。所记事物上限力求上溯，下限迄于1988年，大事记及部分事件延伸至志书定稿时。《龙泉县志》记述龙泉县自然、政治、经济、军事、人文各方面的历史与现状，以文为主，辅以图、表和照片，图文并茂，由概述、大事记、各专志、人物传和附录组成，全书115万字。

2008年，根据丽水市统一部署，龙泉市启动二轮修志。《龙泉市志(1989—2010)》为续修。全书规划 40 编,字数 150 万字。2010 年,处于编修中。

青田 青田修志始于南宋理宗绍定五年(1232),王汉纂修,卷数不详。明代两度纂修县志,一为叶仕宁修明景泰《青田县志》,二为陈中州修明嘉靖《青田县志》。清康熙二十五年(1686),知县张皇辅主修县志,凡 12 卷。清雍正六年(1728)万里续修之。清康熙《青田县志》卷首为凡例、纂修执事及图说。全书分 12 门、90 目。卷一舆地、二建置、三贡赋、四风俗、五物产、六典礼、七古迹、八官师、九选举、十人物、十一杂志、十二艺文志。清乾隆四十二年(1777),知县吴楚椿纂修《续青田县志》,6 卷。清光绪元年(1875),知县雷铣等重修县志,合康熙、乾隆 2 志增删而成。此志卷首为序目、姓氏、凡例与舆图。卷一至三、卷八至十与清康熙志同。卷四风土,卷五至七为古迹,含金石,卷十一列女,卷十二至十六艺文,十七集志,十八附志,包含辨误、存疑、附录与补遗。

20 世纪 60 年代以后,一些青田籍在台人士,为寄托乡愁,依托同乡会一类的民间社团,进行过一些零星的修志活动,编纂完成中国台湾地区版的《青田县志》。

1984 年,青田县启动一轮修志,陈慕榕任主编,历时 5 年,1990 年 10 月,完成《青田县志》编纂出版工作。2008 年,《青田县志 1988—2007》启动编修,陈慕榕再任主编。《青田县志 1988—2007》由浙江人民出版社出版发行。全书总字数 170 万字,收录大量图照资料。

云和 明嘉靖四年(1525),知县胡希铨修,汪屺修纂《云和县志》5 卷,传本久佚。清康熙二十九年(1690),知县林汪远重修《云和县志》,邑人柳之元等纂,处州府事辽海刘廷玑、邑人选贡生柳盛枝序,清康熙三十一年(1692)刊本。云和县志办有上海图书馆藏本的影印本。清乾隆四十二年(1777),知县窦绘重修《云和县志》,教谕方宏模纂,未见传本。清嘉庆十四年(1809),知县陈治策纂修《云和县志》,22 卷,未见传本。清咸丰五年(1855),知县伍承吉修《云和县志》,王蕴生纂。清同治元年(1862),知县涂冠续修,邑人王士鈖纂,清同治三年(1864)刊本。温处兵备道温州府知府益阳周开锡寿山、处州府知府乐平吴泽小峰序。云和县档案馆、图书馆、县志办藏有传本。

1996 年,云和县完成一轮修志。《云和县志》由方金雨任主编。该志书采用述、记、志、传、图、表、录等综合体裁。首置概述、大事记,中列专志 26 编,后殿人物、丛录。志书内容贯穿古今,上限视资料而定,力求追溯事物的发端,下限截至 1990 年;概述、大事记、重要会议、人物延伸至 1993 年,个别重要事件延伸至 1994 年 5 月。

2008 年,根据丽水市统一部署,云和县启动二轮修志。《云和县志(1991—2010)》为续修。全书规划 7 篇,字数 100 万字。2010 年,处于编修中。

庆元 庆元自南宋宁宗三年(1197)建县至民国修志 12 次,成书 8 本。宋邵笥撰《括苍庆元志》1 卷,早佚。元代有《松源志》,散佚无考。明正统间,曾修庆元县志,旧志缺失无考。明万历四年(1576),县令沈维龙修《庆元县志》。明万历四十六年,汪献忠增补。明崇祯十五年(1642),杨芝瑞复增重印。清康熙十一年(1672),知县程维伊重修县志,10 卷。清嘉庆六年(1801),知事关学优续修县志,12 卷,增补康熙志以后 120 年的逸闻轶事。清道光十二年(1832),吴纶彰续修 6 卷,增补嘉庆元年以后 30 年事迹。清道光二十三年(1843),宋琛补修 6 卷,将道光十二年以后的事迹收录。清光绪三年(1877),林步瀛、史恩纬重修庆元县志 12 卷,增补道光二十三年后的事迹。民国 21 年(1932),庆元设修志馆,由姚文林主修,志稿完成未刊印。

1996 年,庆元县完成一轮修志。《庆元县志》(1996 年版)主编余绪。该志记述庆元政治、经济、自然、人文、社会的各个方面。重点记述中华人民共和国成立以后的诸事,上限力求从远,下限一般截至1990年，重要事件则延伸至志书截稿时止。全志以文为主，辅以图、表和照片，32卷，首设概述、大事记，末设志余。全书84.5万字，印数2000册，1996年1月，由浙江省人民出版社出版发行。

2008年，庆元县启动二轮修志。《庆元县志（1991—2010）》为续修。全书规划46篇，字数110万字。2010年，处于编修中。

缙云　缙云县志之修，始于南宋度宗咸淳七年（1270），时县令陈绍若委邑士孙友益纂。明万历六年（1578），黄季茂等纂修邑志，但不详其卷数。清康熙十年（1671），曹懋极纂修之，凡10卷。清康熙二十三年，霍维腾续修之，凡4卷。清乾隆三十二年（1767），令狐亦岱等修之，凡8卷。清道光二十九年（1849），刻《缙云县志》，汤成烈修，凡18卷。卷首为舆图，卷一舆地志，二营建志，三赋役志，四学校志，五禋祀志，六兵防志，七官师志，八选举表，九至十四列传，十五、十六为艺文录，十七志余，十八为叙录。清光绪二年（1876），何乃容等又纂修之，清光绪七年，知县葛华校刻之，凡16卷。卷首为旧序、图绘，卷一地舆，二田赋，三营建，四学校，五禋祀，六职官，七选举，八至九人物，十耆寿，十一、十二艺文，十三列女，十四风俗、物产，十五兵专、灾祥，十六志余，卷未为补录、集证与跋。另有《缙云志余》1卷，清佚名纂，为清古藤书屋稿本，藏于北京大学图书馆。《缙云县志》1卷，释尘空纂，民国31年（1942）世界佛学院丛书本，藏于常熟市文教馆。

1981年，启动一轮修志，《缙云县志》总纂金兆法。全志系统地记述缙云县自然、政治、经济、社会、文化等各方面的历史与现状。全书101.5万字，25篇，历时15年完成。1996年4月，浙江人民出版社出版。该志获浙江省地方志优秀成果评比一等奖。

2008年，根据市统一部署，缙云县启动二轮修志。《缙云县志（1993—2010）》为续修。全书规划58篇，字数191万字。2010年，处于编修中。

遂昌　明成化本《处州府志》卷首“处州府修志事由”有云：“《平昌志》，即遂昌县志，岁久失传，莫详年月，并编志姓氏。”则此《平昌志》恐为遂昌有志之始。明嘉靖、隆庆、崇祯间曾修《遂昌县志》。清康熙五十一年（1712），缪之弼、程定纂修《遂昌县志》，凡10卷。清乾隆三十年（1765），知县事王登纂修之志，凡12卷。清道光十五年（1835），知县朱煌等纂修之志，凡12卷。卷一舆地，二赋役，三建置，四禋祀，五官师，六选举，七人物，八兵戎，九、十、十一艺文，十二杂事。清光绪二十二年（1896），胡寿海、史恩纬、褚成允等纂修之《遂昌县志》12卷及《外编》4卷。首为序、旧序、凡例、纂校姓氏及图。卷一为疆域、沿革表、城池、公署、学校、二山水、水利，三田赋、积储、兵制，四祠祀、寺观，五古迹、冢墓，六职官，七选举，八人物，九列女，十艺文，十一风俗、物产、兵戎，十二灾祥、杂志、补遗。《外编》4卷，卷一典礼汇考，载祭孔典礼甚详。二艺文辑存，三旧志拾遗，四捐产备查。

1989年，遂昌县启动一轮修志。《遂昌县志》由浙江人民出版社出版发行，总纂刘宗鹤。该志上溯事物发端，下迄1990年，32卷，142章，109万字。首设概述、大事记，末置后记。全书16开本，印数4000册。

2008年，根据丽水市统一部署，遂昌县启动二轮修志。《遂昌县志（1991—2010）》为续修。全书规划43篇，字数100万字。主编王正明。2010年，处于编修中。

松阳　松阳修志始自元武宗至大四年（1311），曰《松阳志略》，吴莱纂，卷数不详。明正统和隆庆年间，曾修志，未见传本。清顺治十一年（1654），知县佟庆年修，胡世定纂《松阳县志》，凡10卷。清乾隆三十一年（1766）修，清乾隆三十二年刊本，曹立身、潘茂才等续修，凡12卷，为目78。卷首为舆图，卷一舆地，二赋役，三学校，四建置，五风俗，六禋祀，七官秩，八选举，九人物，十兵制，十一艺文，十二杂事。清同治十三年（1874），支恒春等纂修，清光绪元年（1875）三月成书，亦12卷，为目80。卷首为序、旧序、纂修职名、凡例与目次，自卷1至卷12与乾隆旧志全同。民国15年(1926)，吕耀钤、高焕然纂修县志，凡14卷，为活字本。视旧志增教育、烈女、金石3门，而并去禋祀1门，为14门。惟卷首有纂修衔名、凡例、目录、图说等，卷末则列跋语、捐户芳名及校勘记。

20世纪60年代后，一些松阳籍在中国台湾地区人士，进行过一些修志活动。1981年，《松阳县志续编》12卷1册，中国台湾松阳同乡会刘耀、叶梦麟主编。《松阳县志续编》中主要记述1927年后松阳抗战概况，松阳民俗礼仪及松阳籍寓台人员等事略。

1986年5月，松阳县启动一轮修志。1996年2月，出版发行，历时10年，主编叶永萱、吴关燧。

2009年，根据丽水市统一部署，松阳县启动二轮修志。《松阳县志》为重修。全书规划49篇，字数200万字。2010年，处于编修中。

景宁　景宁邑志之修始于明嘉靖六年(1547)，续修于明万历十一年(1583)，刻于明万历十六年，姜师闵、赖汝霖纂修，凡6卷。前有舆地图，卷一地理，二公署，三民政，四秩官，五人物，六杂志。清康熙五十年(1711)，知县张琢主修，不详其卷数。清雍正十三年(1735)李应机纂修，凡10卷。清乾隆四十三年(1778)，知县张九华等重修，凡12卷。卷首为序文、凡例、目录与图画。卷一封域，二风土，三建置，四赋役，五秩祀，六官师，七选举，八人物，九学校，十武备，十一、十二艺文。清同治十一年(1872)，知县周杰等又重修，翌年七月告竣，凡14卷。卷首刊原序、凡例、图，卷一封域，二建置，三赋役，四秩祀，五学校，六武备，七职官，八宦绩，九选举，十人物，十一列女，十二风土，十三艺文，十四金石。卷末为志余与跋。民国22年(1933)，吴吕熙、柳景元纂修《景宁县续志》，凡16卷。较之旧志增加党务、自治与实业三志。在卷一封域内列有气象、雨量、水量等目。

1990年11月，景宁畲族自治县启动一轮修志。1995年12月《景宁畲族自治县志》由浙江人民出版社出版发行，主编柳意城。

2008年，根据丽水市统一部署，景宁畲族自治县启动二轮修志。《景宁畲族自治县志(1990—2010)》为续修。全书规划49篇，字数120万字，主编彭岳舜。2010年，处于编修中。

第二节　专业(部门)志

元至正八年(1348)，道士陈性定编纂《仙都志》，这是丽水有历史记载最早的专业志。历代已知的专业志书数量很少，清代有《括苍金石志》《通济堰志》。20世纪90年代，随着丽水第一轮修志工作的推进及其结束，丽水地区、县两级地方志机构大力推进专业志和部门志的编纂，以此为下轮综合志书编修工作打下基础，专业志和部门志编纂成果迭出，大部分公开出版发行。有《丽水地区人物志》《瓯江志》《浙江省丽水地区畲族志》《丽水地区戏曲志》《丽水地区电力工业志》等，至2010年，丽水有各种专业(部门)志194多种。其中市本级有23种，县级有171种。

第三节　其他志书

地方志书除市、县综合志书、专业志书外，还包括其他一些地方志书籍，如乡镇村志等。其他地方志书的编修都是从20世纪90年代前后开始。其他又如家谱、族谱以及建立在二者基础上的姓氏志，也可称为特殊形态的志书。这类志书编撰历史源远流长，但大规模的编修行为也是在20世纪90年代后开始出现。

乡、镇、村志

20世纪90年代后，第一轮修志工作的推进，激发丽水民间社会力量对编纂乡、镇、村志的热情。在地区(市)、县两级地方志机构的指导下，一些乡、镇、村启动乡、镇、村志的编纂。2010年，丽水市有乡、镇、村志有《八都地方志》《龙泉城北区志》《锦溪乡志》《安吉村志》《碧龙村志》《梅地村志》《下沙曾家志》《城北乡上田村志》《方山乡志》《姓王村志》《界首村志》《竹坪村志》《石仓村志》《大田村志》《后山村志》《横街村志》《越陈村志》《青田县鹤城镇志》《走进河阳》《千年古镇——碧湖》《鹤溪古镇》等。

姓氏志

姓氏志是地方志书有关居民的编中的重要内容。从20世纪90年代开始，缙云、松阳等县开展姓氏志的编纂。在占有大量家谱、族谱资料的基础上，梳理、统计、汇总。1997年，缙云县地方志办公室编纂《缙云姓氏志》，组织编写人员以实地调查、检阅宗谱、专人约稿等方式收集县内个姓氏宗族资料。1999年，《缙云姓氏志》由方志出版社出版，主编金兆法。全书收姓氏106个，每个姓氏分源流、人物、丛录3个部分载录，55万字，是浙江省第三部姓氏志。该志以意识超前、资料翔实、特点鲜明、体例完善而被浙江省社科院评为优秀科研成果一等奖。2005年，松阳县史志办着手对松阳县姓氏进行整理，遵循"细工慢活出成果"的宗旨，开展全县姓氏情况、族谱分布情况的摸底工作，编写各姓族人收藏宗谱清册、各乡镇宗谱收藏人名册及松阳县姓氏人口状况等，对松阳县286个姓氏郡望及郡望地名进行调查。

第四节　年　鉴

1996年，《丽水地区年鉴》创刊，每年编纂出版1部。2000年，随着丽水撤地设市的行政区划管理体制变化，《丽水地区年鉴》改为《丽水年鉴》。《丽水年鉴》由中共丽水市委、丽水市人民政府主办，丽水市地方志编纂委员会及其办公室负责编纂的综合性地方年鉴。全面、系统地记录丽水市政治、经济、文化、社会建设以及生态文明建设等发展与变化，充分发挥年鉴为现实社会服务、存史资政、宣传丽水的作用。《丽水年鉴》分类编辑，框架结构由卷首、百科、卷尾三个部分组成。除特载、专辑、文件选编采用综合性文体外，其他类目均采用条目体。百科部分设类目、分目、条目三个层次。2002年，《丽水年鉴》从黑白印刷改为部分彩印到全彩色印刷，并从小16开本改为大16开本，全书图文并茂。2010年，《丽水年鉴(2011卷)》设置类目39个，编纂分目239个、条目1295个，94.40万字。

至2010年，《丽水年鉴》编纂出版发行15部。丽水市9个县(市、区)编纂出版地方综合年鉴44部。除综合年鉴外，丽水市还编纂出版《丽水科技年鉴》《丽水统计年鉴》《缙云统计年鉴》《松阳统计年鉴》《云和统计年鉴》等专业年鉴。

第五节　旧志整理

首轮修志工作结束后，丽水市、县二级地方志部门开始旧志整理、点校和出版工作。

府志整理

2003年，丽水市地方志办公室在前期准备的基础上开始清光绪《处州府志》的点校工作。2006年3月，清光绪《处州府志》标点本由方志出版社出版发行。新版清光绪《处州府志》标点本为32开本，分上、中、下3册，约170万字。

县志整理

1985年3月，庆元县政协文史资料研究委员会完成出版庆元县志(清光绪三年版)；从中国台湾影印复制回康熙十一年(1672)、嘉庆六年(1801)两部庆元县志。1991年12月，云和县图书馆、云和县志编纂委员会完成清同治三年版《云和县志》点校，由龙泉市复印综合服务社印刷发行。2006年4月，松阳县史志办以原松阳孔教会藏本《松阳县志》为底本，参照《中国地方志集成影印本》进行标点，于2007年3月正式出版发行。2007年，遂昌县史志办公室聘罗兆荣完成清康熙《遂昌县志》和清乾隆《遂昌县志》标点本的初稿工作。2008年11月，莲都区志办决定将复印于南京大学的《丽水志稿》及清道光版《丽水县志》重新合刊点校。2010年7月，《清·道光〈丽水县志〉〈丽水志稿〉合刊点校本》由方志出版社出版发行。

第三十五篇

文　物

1 古遗址与古墓葬

2 古建筑与古题刻

3 博物馆

4 文物保护

概 述

丽水历史悠久，人文荟萃，不仅铸就丽水区域特性，而且在丽水境内遗存有众多文物古迹，包括古遗址495处、古墓葬221处、古建筑5422处、石窟寺及石刻131处、近现代重要史迹及代表性建筑1907处、其他9处，文化内涵深厚，具有较高的历史、科学、艺术价值。

牛门岗古文化遗址、阴岗山古文化遗址、好川文化遗址的发现，证明丽水早在新石器时代就有人类活动的印记。战国时期的青铜剑展示龙泉宝剑的深厚积淀。建于南朝萧梁天监四年(505)的通济堰，有1500年历史，是浙江省最古老的大型水利工程，是碧湖平原上的水利命脉，各朝代都曾经无数次对其加以整修、养护、管理，较完整地保存古代灌溉网系的原貌，发挥着巨大的灌溉效能。龙泉青瓷是非常具有中国特色传统瓷器珍品。南北朝时期，浙江龙泉人利用当地优越的自然条件，制造青瓷。南宋时，龙泉烧制出晶莹如玉的粉青釉和梅子青釉，使龙泉青瓷达到巅峰。龙泉烧制青瓷的古代窑址有500多处，龙泉市境内有360多处，史称龙泉窑。明天启五年(1625)修建的如龙桥，构造复杂，工艺精湛，功能完备，系迄今发现有确切纪年的时代最早的木拱廊桥，是现存木拱廊桥中的典型范例。历经历史沧桑，丽水大地上保留众多的矿冶遗址、古道、古建筑、古墓葬、摩崖题刻碑刻等遗存，对研究各个朝代丽水区域的生产生活、宗教文化、人文史料及墓葬习俗有较高的价值。近代以来，作为浙西南革命根据和“抗日战时省会”，丽水留下大量近现代重要史迹及代表性建筑，如中共浙江省委机关旧址、遂昌王村口红军挺进师革命旧址、青田陈诚故居、云和黄绍竑公馆、龙泉浙大分校旧址等。

1951年6月，丽水专署发出通知，征集各种文物及古籍。丽水人民文化馆征集到1批香炉、铸马、观音像等文物。“文化大革命”，许多文物被打、砸、抢、烧。1979年，地、县文物管理委员会建立，广泛开展文物展览、征集文物和采集标本。1984年，丽水县文管会办公室成立，开启丽水文物事业的发展。1985年以来，丽水先后开展文物普查3次。本着“保护为主，抢救第一，合理利用，加强管理”的文物工作方针，完善文物保护措施，实施南明门古城墙、丽阳门古城墙、王村口革命纪念建筑群等一大批文物保护修缮工程。2000年丽水撤地设市后，丽水博物馆事业进入大发展时期，丽水市博物馆升格为地级市博物馆，各县(市)专题性博物馆大量涌现。2010年，丽水市博物馆新馆动工建设。截至2010年，丽水有全国重点文物保护单位6处、省级文物保护单位31处，市(县)级文物保护单位、文物保护点1496处，省级历史文化名城2座，省级历史文化保护区(历史文化村镇)9处。

第一章　古遗址与古墓葬

丽水历史悠久，新石器时期就有人类在此繁衍生息，留有众多的古文化遗址，有牛门岗古文化遗址、阴岗山古文化遗址、好川文化遗址。丽水地面文物遗存也极为丰富，作为龙泉青瓷的主产地，丽水区域内保留大量保存完好的古代窑址，对研究龙泉青瓷有重大的意义。还有众多的矿冶遗址、古道、古墓葬等遗存，对研究当时丽水居民的生产生活、宗教文化、人文史料及墓葬习俗有较高的考古价值。

第一节　古遗址

新石器文化遗址

好川文化遗址　好川文化遗址位于遂昌县三仁乡好川村岭头岗。遗址总面积约101824平方米，重点保护范围面积约12720平方米。1997年4月，好川村开山造田时发现该遗址，后由浙江省文物考古研究所主持进行抢救性发掘，揭露遗址面积约3千平方米，清理出墓葬80多座，灰坑3个。根据墓葬随葬品的类型学排比和墓葬层位关系推断，好川墓地的相对年代相当于良渚文化晚期到夏末商初，距今约4300—3700年，前后积年约600年。1997年，好川文化遗址的发掘项目被评为全国十大考古新发现提名荣誉奖，同时在《好川墓地》发掘报告中被命名为“好川文化”。2005年，被公布为省级文物保护单位。

龙泉市牛门岗古文化遗址　1958年，在龙泉市牛门岗古文化遗址发现石斧、石刀、石锛、石镞、石纺轮、石坠等器物，1981年又发现印纹陶片、原始瓷片、恐龙蛋化石等物，经考古工作者鉴定，系新石器时代遗址，属良渚文化类型。

松阳县古市镇筱铺村阴岗山古文化遗址　松阳县古市镇筱铺村阴岗山古文化遗址先后出土石斧、石镞、石环、石刀及印纹凹底罐和印纹陶片，纹饰有雷纹、米字纹、席纹、叶脉纹等，属新石器时代。

窑　址

大窑龙泉窑遗址　大窑龙泉窑遗址分布于龙泉市小梅镇大窑村一带，包括大窑、高际头、垟岙头、金村、溪口等片，占地约471.9公顷，有窑址126处。创烧于五代，发展于北宋，南宋和元代为鼎盛时期，明末清初窑业衰落。大窑古称琉田，宋元时期窑业十分发达，为龙泉窑青瓷的主要产地，也是全国的瓷业中心之一，传统“哥窑”亦产于此。瓷品不仅供皇室御用和满足国内市场需求，而且远销亚、非、欧许多国家。窑址区域内文化层及其历史环境、自然风貌保存基本完整。1988 年，被公布为第三批全国重点文物保护单位。

源口青瓷窑址　源口青瓷窑址位于龙泉市道太乡源口村。创烧于宋，是元代龙泉窑青瓷生产的 1 处重要瓷场，面积约 4000 平方米。产品种类繁多，以碗、高足杯、洗、盘等为大宗。1982 年，浙江省文物考古研究所为配合紧水滩电站工程对该窑址进行考古发掘。发掘龙窑长达 97 米，有窑床 7 条相互迭压，制瓷作坊遗存 4 处，坯泥池子 12 个，拉坯修坯陶车坑 10 个，素烧窑炉 4 座，以及房屋残基和流水沟设施等遗址多处，为龙泉窑研究提供最完整的资料。1989 年 12 月，被公布为第三批省级文物保护单位。

金村下坑窑址群　金村下坑窑址群位于龙泉小梅镇金村夏坑屋后林一带山坡上，有窑床 3 条以上，窑炉形式为龙窑，长约 40~60 米，窑头均朝西南。堆积丰厚，器物种类较丰富，常见器物以碗为大宗，盘、洗、碟次之。纹饰有双面刻花，并在花卉中填以蓖（点）纹、荷花、莲瓣、S 云纹、缠枝花卉等。釉色以青色居多，胎多呈灰白色，装饰手法以刻、印花为主。窑具为匣钵和泥、瓷质垫饼，烧制时间为宋至元代。1988 年 1 月，被公布为第三批全国重点文物保护单位。

金村大窑犇窑址群　金村大窑犇窑址群位于龙泉小梅镇金村 1 号（大窑犇），与庆元县上垟村连成一片，有 13 处，其中龙泉境内 6 处。窑炉形式均为龙窑，窑头朝南或朝东，长约 40—60 米。堆积丰富，器物种类繁多，质地精良。常见器物有瓶、壶、碗、钵、洗、盏托碟等，纹饰有双面刻花卉，并在花卉中填以蓖纹、折扇、莲瓣、荷花、葵口、S 云纹、双鱼及各种花卉。釉色有淡青、青绿、粉青、青灰等。胎质白、灰白、灰色。装饰手法以刻、划、印花为主。窑具为匣钵、喇叭形垫柱、垫川和泥、瓷质垫饼，烧制时间为五代至元代。1988 年 1 月，被公布为第三批全国重点文物保护单位。

大窑山头埕窑址群　大窑山头埕窑址群位于龙泉小梅镇大窑村岙底山头埕。窑炉形式均为龙窑，长约 40—60 米，朝东。堆积丰富，器物种类繁多，地表暴露以大盘、炉、瓶、缸等大件器居多，另有洗、碗、盖缸等。纹饰有莲瓣、双鱼、菊花、牡丹和弦纹等。装饰手法为刻、印、贴。胎色灰白，釉色青。窑具为匣钵和瓷、泥质垫饼。烧制时间为宋至明代。1959—1960 年，省文物专家朱伯谦等对 A3—51 号窑进行考古发掘。1988 年 1 月，被公布为第三批全国重点文物保护单位。

大窑岙底枫洞岩窑址　大窑岙底枫洞岩窑址位于龙泉小梅镇大窑村岙底枫洞岩。2006 年 9 月至 2007 年 1 月，浙江省文物考古研究所、北京大学考古文博学院和龙泉市博物馆联合组建考古队，对窑址进行主动性考古发掘。发掘面积 1600 多平方米，揭露房子 6 处，包括至少有 7 次叠压打破关系的龙窑 1 处，轱辘坑 2 处，素烧炉 1 处，储泥池 2 处，及与房子配套的卵石铺的路面、排水设施等多处。出土遗物器型丰富，其中较多的为明代龙泉青瓷，有碗、钵、盆、盘、洗、瓶、壶、炉、灯、塑像、鸟食罐等。重要遗物有莲口牡丹花纹大盘、鼓钉炉、三足花盆、爵杯、莲瓣纹高足杯、方口福寿瓶、牡丹花纹梅瓶、五爪龙纹盘残片、“顾氏”印文碗、“美酒飘香”盖罐、执壶、童男童女塑像、“吉”字狮形小挂件、牡丹纹玉壶春瓶残件、刻铭文窑具等等。瓷片标本釉色莹绿，做工精细，纹饰精美，是龙泉窑以往考古发掘调查中未曾发现的。烧制时间为元至明代。1988 年 1 月，被公布为第三批全国重点文物保护单位。

溪口瓦窑垟窑址群　溪口瓦窑垟窑址群位于龙泉小梅镇溪口村北约 2.5 千米瓦窑垟。窑床分别位于瓦窑西南山坡 2 处，东北山坡 1 处。窑炉形式均为龙窑，朝东。堆积十分丰厚，产品种类十分丰富。有琮式瓶、龙耳瓶、凤耳瓶、鱼耳瓶、虾耳瓶、灵芝耳瓶、双耳环瓶、贯耳瓶、长颈瓶、白菜瓶、七弦瓶、龙虎瓶、盘口瓶、牡丹纹瓶、葱式瓶、壁挂瓶、花觚、执壶、水滴、鬲式炉、奁式炉、八卦炉、印盒、小缸、鸟食缸、渣斗、盖缸、撇口碗、敛口碗、鸡心底、梅花碗、斗笠碗、菊瓣碗、双鱼洗、印花洗、盏托等。釉色青色居多，不少粉青色，胎色有白胎和黑胎两大类。黑胎产品特征是紫口铁足，胎质黑或灰褐色，胎薄如纸，釉厚如玉，釉面面满纹片。少纹饰，多以造型和釉色取胜。烧制时间为宋至元代。1988 年 1 月，被公布为第三批全国重点文物保护单位。

吕步坑窑遗址　吕步坑窑遗址位于莲都区吕步坑村西侧社山的东北坡、西北坡。吕步坑窑始烧于南北朝(六朝)，至唐晚期衰落。产品有碗、盅、罐、砚、盘口壶、灯盏、钵、盘、执壶、缸等。器物胎骨较粗厚，釉色有青褐、青灰、黄绿等，采用龙窑明火叠烧。吕步坑窑遗址是瓯江中上游发现的时代最早的青瓷窑址，对研究瓯江流域青瓷发展史具有重要意义。2003 年，被公布为市级文物保护单位。2011 年，被公布为第六批省级文物保护单位。

保定窑遗址　保定窑遗址位于莲都区碧湖镇保定村。分窑址 12 处(编号：丽 BY1-12)，1—8 号窑址分布于村内及水尾处，即通济堰干渠两岸；9—12 号窑址分布于村西北约 1 千米处的“阁山边”和“后窑山”一带，依低缓山坡分布。保定窑始烧于南宋晚期，元代为鼎盛期，明代逐渐衰落，是元代龙泉窑系的重要窑场之一。每处窑址有窑床数条，为斜坡式龙窑，遗迹范围都在 2000 平方米以上。产品以碗为主，次之为盘和高足杯等。产品器形规整，胎骨较为厚重，胎色灰白。釉色以青绿、青中泛黄和青黄为主。纹饰有变形云纹、莲花、鱼纹和吉祥文字等。窑具为匣钵和垫饼，并有少量韩瓶和黑釉盏类产品，黑釉盏制作较粗，形制与建窑产品相近。2003 年，被公布为市级文物保护单位。

上垟窑址　上垟窑址分布在庆元县竹口镇上垟村上垟溪沿线两岸山坡，属龙泉窑系，分布范围约 10 万平方米，以溪流为纵轴线，根据窑炉及产品的分布状况，可分为窑址 8 处，暴露堆积断面厚处达 5 米。从出土的大量器物标本上判断，上垟窑址的发展历史大致可分为 4 个时期，其中第 2、3 期为兴盛时期。第 1 期为北宋早期，产品以碗、罐、钵为主。第 2 期为北宋中期至北宋晚期，器物以碗为大宗。第 3 期为南宋时期，遗物最为丰富，产品以碗、盘、碟为大宗，胎色呈灰白、施青黄釉，碗底印“金玉满堂”等款识。第 4 期从南宋末至元代，产品有盘、碗、碟、洗、瓶等。窑床都为斜坡或龙窑，依山而建，窑体庞大。窑具有匣钵、垫珠、垫圈、蛰饼、筒形支座等。上垟窑址作为龙泉窑的 1 个重要窑区，有持续 500 年甚至更长的烧制历程，对于研究龙泉窑系及其发展历史具有十分重要的意义。1997 年 8 月，被公布为第四批省级文物保护单位。

潘里垄窑址　潘里垄窑址位于庆元县竹口镇竹上村潘里垄山上。距村的西北向 1 千米处为 1 号点，分布范围约 3 千平方米。窑床为龙窑形式，依山而建，窑床部位明显凹陷，朝东南，窑床长约 40 米，窑宽约 3 米，龙窑首尾之间，高差约 3 米。两侧的废品堆积较厚，且明显高于地面。从地表的器物标本判断，主要烧制黑釉盏。各类黑盏的共同特征是，阔口小足，形如漏斗，胎体厚重，质地较粗糙，腹底部及足部露胎。窑具有“漏斗形”和“M 形”匣钵及大量的垫饼等。烧造年代约为南宋时期。2 号点距 1 号点约 100 米，主要烧制盏，无其他精工碎片，窑具以“漏斗型”为主，未见窑床，堆积约 8 米，面积约 1000 平方米，倒塌墙就是堆积丰富点。潘里垄窑址为浙江境内仅见的专烧黑釉盏为主的窑址，其地理位置处于闽江的上游地区，对研究建窑类型窑址的分布地域及两宋时期闽浙毗邻地区的瓷业、文化交流具有典型意义。2010 年，被评定为第六批省级文物保护单位。

大溪滩窑址群　大溪滩窑址群位于缙云县壶镇镇大溪滩村西南方约 400 米处的山坡上，为宋元时期的青瓷窑址，于1982年被发现。1986年10—11月，由省考古所专家作过专题地面调查，1985年10月，被公布为县级文物保护单位，1989年12月，被公布为省级文物保护单位。窑址未经挖掘，经调查山上约1平方千米的范围内有窑床17处，属龙泉窑系，窑炉形式均为龙窑，长度在30—90米之间。主要分布于5座小山坡上，分别为大坟山4处，窑山头6处，四叉门前3处，馒头山2处，花角山2处。采集标本中大部分为民用瓷器，主要器型有碗、盘、碟、盏、壶、罐、碾钵等；装饰手法以刻、划花为主；装饰纹饰有莲花、水草、云纹、莲瓣、菊瓣等；釉色以青绿、青灰为主，有少量黑釉；装烧工艺以龙窑、匣钵、垫饼、筒柱、叠烧等方式进行。大溪滩窑址群整体保存一般，堆积丰厚，产品种类丰富，为处州青瓷研究提供可靠的实物资料。1989年12月，被公布为第三批省级文物保护单位。

矿冶遗址

银坑山古银矿洞群　银坑山古银矿洞群位于遂昌县濂竹乡治岭头村黄岩坑上游支沟银坑山口上方，故也称“黄岩坑”，雍正《浙江通志》载：“万历中，开采黄岩坑，先用辇水役徒数百人。”明邑人项应祥《醯鸡斋稿》载：“黄岩一洞，车库三年，杳无底迹。”所谓“黄岩坑”即指此处。矿洞群内有矿洞20多处，规模较大的有4个，分别编号为1、2、3、4号洞口，其中4号洞规模最大，为斜穴式矿洞，洞内曲折枝蔓，古人采矿随矿脉走向掘山而入使然，矿洞下方有大量废弃的矿石，并有运矿小道，通往山下。据有关文献记载，官府曾大规模开采于明万历年间（1573—1620）。

银场山采矿遗址　银场山采矿遗址是莲都区银场村周围5千米范围内银矿遗址的总称。古矿冶开采于元、明时期。在老鼠垵古矿洞下方岩石上有“辛酉口至治元年开坑纪念”摩崖题记。据载，银场山开采的矿石都是在当地冶炼的。2004年，被公布为市级文物保护单位。

局下银坑洞群　局下银坑洞群位于遂昌金竹镇王村局下自然村，隔溪对岸公路内侧山上，距村庄高度约200米，明代开采银矿时的矿洞群遗址。遗存有矿洞近300个和马栏、太监局、冶炼场、马路遗址。银坑洞1号洞位于千人坑东北20米，为竖穴，洞口3.5米×2米，洞高5米。2号洞位于马栏基岗，洞口东北朝向，为横穴，洞口高度2.5米。3号洞距2号洞北20米，朝向东南，为横穴，洞口区石坍塌，内有2道矿道，左平、右竖，洞高2.8米。马栏遗址位于千人坑东北50米，南北横排，现遗块石砌筑墙基，为运输矿石马匹圈养处，面阔约23米，进深约18米，面积414平方米。太监局即银官局，面积约600平方米，灌木成林，少有痕迹，遗存有水塘1口。早年开山时曾掘出梁钉和太监印鉴，印鉴于20世纪90年代末被卖，传为4厘米×5厘米左右方形无钮铁印，字体为篆体。冶炼址位于局下村后柏树坑，遗有大片矿渣，面积约450平方米。马路位于局下村至马栏址段，为块石砌筑，路宽0.5—1米，为矿石运输通道。局下银坑洞遗存尚好，《遂昌县志》上有明确记载，有较高的文物价值。

朱口银坑洞　朱口银坑洞位于遂昌县垵口乡朱口自然村东约200米公路南侧银坑山上。村民介绍山上有许多古代开矿的坑洞，整座山都被挖空，5号洞口摩崖题记有“天顺六年”“成化十五”等字样，系明代开采遗迹。

枫树湾银矿洞遗址　枫树湾银矿洞遗址位于松阳县大东坝镇山徐行政村平岗自然村东2千米枫树湾山中。1号洞为横穴洞，洞口高1.8米，宽1.3米，进深15米后向下斜，洞深不可测。该银矿洞洞口岩壁上阴刻“时/成化四年二月/恨”，字径0.06米×0.05米，这一题刻长35厘米，字径6厘米×6厘米，楷书，阴文直书。2号洞洞口闭塞，斜穴。距1号洞100多米处。3号洞洞口迂塞，竖穴。距题刻100米处矿洞较大，洞口高约2米，宽1.6米，洞口东北向，深50米左右能直立行走，并延伸。4号洞深不可测，洞内积满淤泥，闭塞。洞口岩壁上，阴刻竖书“正德七年十一月”等字，字径 0.06 米×0.06 米。距题刻约 200 米处。

回龙山银矿洞　回龙山银矿洞位于云和县沙铺乡回龙山村白马山上，离回龙山自然村约 3 千米。占地面积约 5000 平方米，明代期间开采，坐南朝北的 1 座山脉两侧大小洞 10 多处，大洞高为 3 米左右，宽 3 米左右；小洞高 1.5 米，宽 1.5 米。在银坑洞南边坡上有 1 块岩壁刻有很多字，人称香火榜，中间楷书阴刻：“张公相公公位。”岩壁最左边石块刻有：“正德元年、嘉靖十六年七月”。回龙山银矿洞的发现丰富云和银矿遗址的实物资料，有较高的历史、科学价值。2009 年，被推荐为第七批全国重点文物保护单位。2010 年，被评定为第六批省级文物保护单位。

寨岩背银矿洞　寨岩背银矿洞位于云和县石塘镇大源口行政村寨下自然村寨岩背。明代开采，遗址占地约 3 千平方米。坐西北方向，洞口至山顶斜坡距离约 15 米，遗留有洞址 8 个，洞址被封盖 4 个，西边洞口呈圆形，洞口约 1.1 米，高约 0.9 米，可见深度约 2 米，泉水常年不竭，进深为斜坡形。洞北面约 40 多米有一处洞址，洞口高约 1.3 米，宽约 2 米，深度约 3 米，无积水，洞址周边森林茂密，保存基本完好。寨岩背银矿洞是研究云和银矿遗址的实物资料，有较高历史、科学价值。2010 年，被评定为第六批省级文物保护单位。2009 年，被推荐为第七批全国重点文物保护单位。

金村村银矿洞　金村村银矿洞位于云和县朱村乡金村村硫磺坞（山名）。明代开采，矿洞分布在 1 座坐西朝东的山脉。1 号矿洞，朝东，洞口宽 0.7 米，高 1.9 米，无斜坡，可测深约 8.7 米；2 号矿洞，朝东，下半部分被埋。3 号矿洞，朝南，洞口宽 0.6 米，洞口高 1.4 米，洞口基本无斜坡，此矿洞深约 50 米，有一采空区较大，约 60 立方米。矿洞一般较深，有的洞中有洞，在转弯处有分洞，并设置有排水系统和通气口。2010 年，被评定为第六批省级文物保护单位。2009 年，被推荐为第七批全国重点文物保护单位。

龙儿洞银矿洞　龙儿洞银矿洞位于云和县赤石乡麻垟簇村龙儿洞山，明代开采。分布面积近 2 千平方米，山体呈西北走向。山上约有矿洞 6 处，洞口形状不一，实际普查到 2 处。其中 1 号矿洞，朝北，海拔 861 米，洞口高 2.14 米，宽 0.92 米，可测深度 13 米，无斜坡。2 号矿洞，海拔 870 米，洞口高 1.9 米，中间宽 0.9 米，底宽 1.2 米，可测深约 11 米。洞内有积水，多为平穴式。洞址周边树林茂密，保存基本完好。2010 年，被评定为第六批省级文物保护单位。2009 年，被推荐为第七批全国重点文物保护单位。

黄源银矿洞　黄源银矿洞位于云和县黄源乡黄家畲村对门山，明代开采。明天顺二年（1458），设有银官局，矿洞分布在 1 座坐西朝东的山脉，分布面积约 2 万平方米；银矿洞大大小小约 16 处，洞口形状不一。其中 1 号矿洞，朝东，洞口高 2.2 米，宽 1.2 米，可测深度 10 米，斜坡约 10 度；2 号矿洞，朝北，洞口高 2.16 米，宽 1.42 米，可测深度 5 米，斜坡约 45 度。3 号矿洞，朝南，洞口高 2.5 米，宽 0.6 米，可测深度 20 米，斜坡约 45 度；4 号矿洞，朝南，洞口高 5.3 米，宽 0.6 米，很深，无法测量，斜坡约 30 度；10 号矿洞，朝东，洞口高 0.7 米，宽 1.35 米，可测深度 6.5 米，斜坡约 30 度。11 号矿洞，朝南，洞口高 1.32 米，宽 1.12 米，可测深度 12 米，平穴式。银矿洞数目较多，洞口形态大致可分 3 种类型，斜穴式、平穴式、复合式。2010 年，被评定为第六批省级文物保护单位。2009 年，被推荐为第七批全国重点文物保护单位。

黄家畲冶炼遗址　黄家畲冶炼遗址位于云和县黄源乡黄家畲村南面。1988 年 10 月建设变电所时，遭到严重破坏。遗址面积约 3580 平方米，但遗址主体部分为黄源供电营业所建筑。建设变电所时，遗址内出土大量红烧土、炉渣，及石磨、石臼等工具。2010 年，被评定为第六批省级文物保护单位。2009 年，被推荐为第七批全国重点文物保护单位。

大棚基冶炼遗址　大棚基冶炼遗址位于云和县赤石乡麻垟村大棚基山。山体至东向西倾斜，海拔 696 米的 1 块平地，当地人称“大棚基”，平地面积约 200 平方米，平地的南面约 15 米有一条小溪流。平地的边缘部分砌有残垣，外侧尽是炉渣，分布在平地的西侧和北侧，炉渣分布较广，南北面宽约 40 米，东西面长约 70 米，分布面积约有 2800 平方米，炉渣堆积上层厚，下层薄，厚度平均约 1.5 米。堆积层还有大量的红烧土，周围杂草丛生，森林茂密。2010 年，被评定为第六批省级文物保护单位。2009 年，被推荐为第七批全国重点文物保护单位。

苍岱银矿洞　苍岱银矿洞位于庆元县淤上乡局下村苍岱自然村西山腰。开采于明成化年间(1465—1487)，据当地村民介绍，该村仍留有上百个大小不一的矿洞，普查时登入 8 处较为明显的矿洞，矿洞洞口均朝东，其中 1 号矿洞，深 15 米处有分洞 3 个；2 号矿洞，洞深 6 米，狭窄；3 号矿洞，洞口高 3 米、宽 2 米、深 5 米；4 号矿洞，洞口高 4 米，宽 0.6 米，深不可测。8 号矿洞岩壁上有“成化十五年”等字样。据村民介绍，内有矿工采矿遗物。

西一村大漈银坑洞　西一村大漈银坑洞位于景宁畲族自治县大漈乡西一行政村西一自然村雪花漈景区南侧 2 千米小佐溪西侧半山腰。为明代开采银矿所留洞穴遗址。其洞口西朝小佐坑溪，离溪垂直高差 50 多米，离上面大漈通往小佐公路高差也在 50 多米，地形险恶。洞口呈长方形，宽约 1 米，高 2 米多。入洞渐窄而下倾有 8 米左右矿道，洞内有洞口多处相通，有宽敞石室。

驿站古道遗址

栝苍古道　栝苍古道始建于唐末宋初，栝苍古道北接仙(仙都)缙(缙云)古道，是连接温(州)处(州)两地、通往京城的要道。从缙云东渡镇樊庄开始，一直到丽水岩泉村为止，是古处州上省进京的“通京大道”，自唐至清不断修筑，沿用至民国初年，从丽水至缙云，全程 45 千米。分为三望岭段、高清段、老鸦矿段、却金馆段、枫树湾段、余岭头段。三望岭段到余岭头段全长 16 千米，宽 1.5—2 米不等，依山势而筑，时而平坦，时而拾级而上。坡度有大小约 30—65°。现存卵石古道约 6 千米。沿途古建筑有关帝庙，已焚毁。沿道文物主要有孝子牌坊、却金馆及却金馆村 24 号和 12 号民居、石碑等。栝苍古道为研究该地区古代的交通、社会活动以及地理沿革提供可靠的实物资料。2009 年 9 月，被公布为丽水市第四批市级文物保护单位。

大济古驿道　大济古驿道位于庆元县城南门至大济村之间，是古时大济通往县邑的人行路道。据史料记载，由于屡受朝廷嘉封赏赐，吴氏仕族分别在村中建造 1 座“圣旨门”和 1 座“接官亭”，并修筑圣旨门前至县邑南门 2.5 千米的青砖墁道。路道约始建于宋代，现存砖墁路面为明代遗构，历经续修补配。路道依山就势构筑，东南、西北走向，全长约 2.5 千米，采用质地致密的条状小青砖纵向铺墁，砖墁路心宽约 0.8—1 米，两侧压砌卵石。整体结构平整坚固，精工考究，适用美观，为浙江省内孤例。道路沿线还建有接官亭、墩甘亭(2004 年迁建)、上亭、下亭等古凉亭 4 座，可供行人少憩避雨。2005 年，被公布为第五批省级文物保护单位。

黄家畲对门山西矿石搬运古道　黄家畲对门山西矿石搬运古道位于云和县黄源乡黄家畲村对门山西侧。原古道总长约 2424 米。90 年代初，因黄家畲村坑底自然村机耕路修建被毁 842 米，现存约 1600 米。古道大致呈西南向东北走向，依山盘旋而上，用天然块石铺砌，两旁为梯田和林木。每步宽约 1 米，深约 0.4 米，台阶高差约 0.2 米。起点坐落在坑底村机耕路北侧，海拔 1043 米；终点坐落在黄家畲村对门山的山顶弯，海拔 1139 米；落差 96 米。此古道建于明代，是当时矿工搬运矿石的主要通道之一，有一定的历史价值。2010 年，被评定为第六批省级文物保护单位。2009 年，被推荐为第七批全国重点文物保护单位。

郑岗岭古道 郑岗岭古道位于遂昌县云峰镇中北部。自云峰镇龙口村起至金华县溪口镇，全长约 22 千米。明代建筑。现保存完整路段自云峰祥川村桑突头自然村至岭根村传济自然村，长约 8 千米。郑岗岭古道全段为块石铺砌，部分路面破损，局部块石不存，最宽处 2.2 米，最窄处 0.8 米，大部分路宽在 1—1.4 米。沿山间田垅盘旋，平均坡度 30 度，郑岗岭路段有近千米台阶，坡度达 45 度至 50 度，险徒无比。自桑突头村起沿路有自然点 6 个，其中路亭 3 座，桑突头路亭、高田坑路亭、郑岗岭路亭；摩崖 1 处；高田堪摩崖，是界石，清代石刻；庙宇 2 座，龙王庙位于半坑村、观音庙位于传济村。郑岗岭古道完整路段较长，有较高的历史、文化价值。

第二节 古墓葬

汉代至宋代时期

黄龙墓群 黄龙墓群位于缙云县城北乡黄龙村黄龙景区内。从墓砖上记有“大康七年”，即西晋大康七年（286），为西晋墓。墓葬坐东朝西，占地面积约 300 平方米。2008 年 4 月，在景区进行开发建设时，发现露出地表的墓砖，并挖出大量古墓砖，经专家考证属西晋墓葬 4 座。古墓由南向北有序排列，4 座古墓形制为“甲”字形，由甬道和墓穴两部分组成，1 号长 4.8 米，宽 1.5 米，甬道长 1.6 米，券高 1.2 米；2 号长 4.47 米，宽 1.88 米，甬道长 1.89 米，券高 1.2 米；3 号长 4.48 米，宽 1.77 米，甬道长 1.2 米，券高 1.2 米；4 号长 4.47 米，宽 1.52 米，甬道长 1.52 米，券高 1.2 米；大量墓砖都刻有精美的纹饰，还有的呈现为龙纹或羽人纹。墓底层采用双层古砖错缝铺设。墓砖长 36 厘米，宽 17 厘米，厚度为 4.5 厘米。出土文物有钱币、耳杯、网格纹瓷碗、陶盂、陶灶、陶香薰、银钗等计 24 件。

东角垄古墓群 东角垄古墓群位于松阳县古市镇东角垄村西社庙山。占地面积 1 万多平方米，为东汉至隋古墓群。1987 年被盗墓分子盗掘，墓群遭破坏。出土收缴文物有青瓷水盂（东汉）、青瓷虎子（东汉）、青瓷堆塑谷仓（东汉）、重列式神兽铜镜（西晋）、青瓷盘口壶（西晋）、青瓷钵（西晋）等。墓砖纹饰有网纹、钱纹、鱼纹、人像等，记年砖铭文有“东汉建昭宝叶”“元康七年七月卅日叶家富贵”等。1989 年，被公布为县文物保护点。

潘山墓地 潘山墓地位于松阳县裕溪乡潘山村后山坡上。背靠大山，山坡陡峭，墓地辟为通行山上的道路及用以种植板栗等。墓地东西长约 9 米，南北宽 7 米，占地面积 63 平方米。2009 年 8 月初，墓祭坛栏板石被村民在挖地基时挖出，经省考古所专家确认，2009 年 8 月底，在省考古所专家指导下进行抢救性清理。该墓距地表约 4 米，为夫妻合葬墓，坐北朝南，墓室长 2.3 米，双室宽 2.3 米。墓室用不规则的青石板砌筑，墓室前祭坛栏板石雕图案精美，有双狮戏球、双羊对峙、牡丹花卉等纹饰。墓内清理出土韩瓶 1 对，金耳坠 1 对，银钗 1 件（残断不完整），钱币若干（有元祐通宝等）。

汤思退墓 汤思退墓位于丽水城区上风化村山坡上。南宋乾道二年十二月（1166）甲申葬于此，

坐西北朝东南。墓葬在20世纪50年代末被当地村民破坏。墓园被平，墓穴扰乱，石翁仲等构件散失。汤思退是南宋重要的历史人物之一，字进一，浙江青田人[①]，在南宋立宗和孝宗朝曾两任丞相。其在执掌朝柄时，承袭秦桧的投降路线，破坏抗金斗争，被视为奸臣。史料记载较简单，存在许多疑点。丽水发现其墓地、墓志铭有一定的史料价值。

李垕妻姜氏墓　李垕妻姜氏墓位于丽水市富岭街道下仓村。南宋壬午年(1222)，坐北朝南，为单穴砖室墓。2005年12月，墓葬由丽水市博物馆组织人员抢救性清理。出土保存完整的龙泉青瓷6件和古铜镜1件以及古铜钱数枚等，同时还出土1块上面刻有文字、宽度约为60厘米、长约40厘米的墓志铭。在同1个墓葬里，除发现多件完好的龙泉青瓷以外，还发现有纪年的墓志铭，为龙泉青瓷的断代提供依据，有较高的历史、科学、艺术研究价值。

正屏山墓地　正屏山墓地位于云和县石塘镇小顺村正屏山南麓。据推测为南宋期间建造，墓葬坐北朝南，墓葬规模宏大，占地面积近0.1公顷，由北向南有围墙(环墉)、封土、墓穴、拜坛、台阶、墓前祭祀建筑(墓祠)、神道等部分组成。营建考究，以条砖、方砖、条石、鹅卵石等多种建材，用材粗大，保存较好。尤其是墓前的墓祠建筑，其基址尚完好保存，为带回廊3开间建筑，面阔16.8米、进深8米，四周环以排水设施，设计合理。2007年4月5日至6月13日，浙江省文物考古研究所同云和县文物管理委员会办公室对该墓进行抢救性考古发掘。

龙岩村吴三公墓　龙岩村吴三公墓位于庆元县百山祖乡龙岩村五叶兰花山上。占地面积约30平方米，据初步判断，该墓为宋代墓。墓用卵石砌筑，墓碑前施三阶踏步，碑文阴刻“吴三公之墓……”字样，字迹不清，较难辨认。南向有2穴墓葬，其中1穴，吴三公之父吴十五公墓，西向、北向为山坳。宗谱载：“吴氏祖先于唐代由山阴(今绍兴)迁至庆元”，吴三公于宋高宗建炎四年(1130)三月一十七日出生在龙、庆、景之交的龙岩村，姓吴，名煜，因其在兄弟中排行第3，故称三公，是世界“砍花法”人工栽培香菇技术创始人，被菇民信奉为菇神。“砍花法”制菇打开食用真菌的宝库，为人类的文明作出杰出的贡献。

坳底村何八公墓　坳底村何八公墓位于景宁畲族自治县景南乡东塘行政村坳底自然村南侧。建于宋淳祐七年(1247)，坐北朝南，面积70平方米。墓由墓体与墓坛两部分组成，墓体由圆形石块铺设而成，长7米，宽约4.5米。环墉是泥石结构，有2层，高差为0.5米。墓坛较小，无风水池。墓前以卵石铺砌一马蹄形祭台，墓碑上阴刻“敕封何八相公讳璘公之墓”。墓结构简朴，保存较好，呈现南宋时期贫困山区的墓葬风貌，对研究当地的宗教文化、人文史料及宋代的墓葬习俗有较高的价值。

元明清时期

盖竹村王毅墓　王毅(1304—1355)，字刚叔，号木讷斋。龙泉竹垟畲乡盖竹村人。曾谒金华许谦，悟理一分殊之旨。北上至燕京，得大臣黄文献、揭文安、欧阳玄、危素等印重，荐为检讨编修，坚辞。还乡里，设教席。胡深、章溢、徐操、季汶等均为其高足。著《木讷斋集》5卷，附录1卷。宋濂作序，称其“刻志经传所学，必欲见之于实用”。元至正十五年(1355)，指使章溢等率乡兵顽抗红巾军。并斥责县达鲁花赤台宝忽丁畏战潜逃，请求上官办其罪。忽丁怀恨，于同年十一月将毅刺死于盖竹寓所。墓地有2处，先葬村西北石板殿，朝北。墓碑：“元世祖乡贤王公墓。”民国21年(1932)，又迁

① 明景泰三年(1452)，青田与景宁分县。2010年属景宁畲族自治县鹤溪镇。

北约500米花龙岗，朝东，占地面积106平方米。墓前南北侧原建有守墓房。墓呈椭圆形，用混凝土浇筑。墓碑上为“族祖元季乡贤讳毅宇刚叔王公墓，中华民国二十一年八月十三日巳时，吉旦”等。墓堂有4柱，墓壁前有墓志铭和章溢、胡深等人题记等。

门潭村刘基母富氏墓　门潭村刘基母富氏墓位于景宁畲族自治县渤海镇大都行政村门潭自然村湖边山坡上，当地人称之为“刘伯温母亲墓”。建于元至正二十二年（1362），规模较大，面积约130平方米。墓呈葫芦状，墓体后倾，墓碑立于墓体后侧，墓前一元宝状香炉，墓石隔板上刻有花、云纹图案，前方为祭拜台，两边各一墓台，风水池较大，四周挡墙。门潭村刘基母富氏墓保存较好，造型优美，对研究刘基文化有一定作用，对元代时期墓葬风俗有一定的参考价值。

薛希琏墓　薛希琏墓位于莲都区城西村薛坟岗村。坐西北朝东南，原面积约3亩地，1968年前，墓坛尚有石翁仲达10多个，碑亭、拜亭等尚存。1968年，城西村薛坟岗村（大队）砌氨水池，将此墓的石碑及墓穴的石板起出。1973年，在墓坛处办畜牧场，并掘毁石廓墓穴。在正中的墓室处，出土有墓志铭及陶器。墓坛被平整土地，并修建养兔场。兔场围墙外的西北方尚留有大封土堆1处，径约10米，高2.5米。据村民称其水泥地下及墙下、墙脚中有该墓石翁仲砸坏的碎块，墓碑被砌入氨水池中。

薛希琏，字廷器，丽水人。明宣德五年（1430）进士。任江西巡抚时，铲除赋役积弊，劝民出谷储于义仓，修筑堤塘等，民甚感恩，后升任刑部尚书。明景泰三年（1452），奉命到山东视察，罢免贪官污吏250多人，救活无数灾民。帝赐诰褒美，进阶资德大夫、正治上卿。明天顺二年（1458）卒。薛希琏是明代历史上的重要人物之一，其墓葬虽被扰乱，但仍有较高的历史研究价值。

吴政墓　吴政墓位于莲都区雅溪镇洪渡村西，坐西朝东，占地约300平方米。墓园外围由卵石砌筑成半圆形围坎，直径约16米。墓园分3层台地，第一层台地为墓园入口，原铺设石板，已不存，两侧设1对方形神道柱。第二层台地为圆形围坎入口，两侧设1对石书卷。第三层台地围砌石墙中部设拱券门，石墙现不存，门宽1.3米，高2.1米，厚30厘米。门内1.5米处为墓园封土堆，封土高3.5米，直径4米，墓面设浮雕石板，有虎纹、豹纹、仰莲纹、覆莲纹等，部分地面铺砌石砖。

据民国37年（1948）延陵郡《吴氏宗谱》记载，吴政，先名善才，字正之，括北红川①人。生于明洪武壬戌年（1382）二月十六日，卒于明天顺癸未年（1463）八月初三日。吴政于明永乐十二年（1414）考中举人，明永乐十三年经会试、殿试，中陈循榜进士。授行在礼部主客司主事。

俞俊墓　俞俊墓位于丽水市富岭街道乌潭背村。坐东南朝西北，明代墓葬。墓葬在“文化大革命”时期被毁，一些石像生、石构件等被毁或埋于地下。原墓葬面积较大，有100多平方米。调查发现村委会清理的石虎、石乌龟等存在村中。

俞尚书，原名俞俊，字尚贤，明成化八年（1472）进士，历官南工部尚书，《丽水县志》清道光二十六年刊本有记载。俞俊墓及石构件的发现，为历史记载提供实物见证，有较高的历史人文研究价值。

倪良佩兄弟合葬墓　倪良佩兄弟合葬墓位于青田县方山乡松树下村山麓，坐西朝东，修建于明正德十三年（1518），墓占地面积约53平方米，为倪良佩、倪良辉兄弟合厝，用花岗岩条石砌筑，依山势而筑。墓地面宽6.7米，深7.8米，分4级墓坦，两侧均有护翼，1、2级墓坦两侧置平台，墓坦高顶立墓铭亭，形似古建三牌楼做法，碑宽0.5米，高0.8米，碑额刻“倪氏墓铭”全文楷体直书，21行，凡

① 括北红川：2010年属洪度村。

行 25 字。倪良佩兄弟合葬墓有一定研究地方丧葬习俗价值。

蔡昆墓　蔡昆墓坐落在青田县吴坑乡塘坑村，坐东朝西。据墓碑记载建于明正德十四年(1519)，占地面积 160 平方米。蔡昆卒后至弘治七年葬乔山，明正德十年(1515)与妻章氏合葬。明正德十四年(1519)修建墓域。墓为三圈样式建筑风格。墓地建筑毁于清乾隆年间(1736—1795)，部分石构件被拆用于两座后裔墓地，墓碑被搬迁在坟头顶。墓地曾有盗掘痕迹。

蔡昆(1431—1490)，字孔光，行二号简庵。系北宋端明殿学士、著名书法家蔡襄(1012—1067)第十五世孙。其先祖由江苏弃官迁徙棠川[①]，因“输粟惠民济困，朝廷诏敕为两都万石长”(指永嘉县廿七都、廿八都“即菇溪桥头源”)。

郑汝璧墓　郑汝璧墓位于缙云县东渡镇兰口村西侧山上，坐西朝东。郑汝璧卒于明万历三十五年(1607)。墓后侧石碑为 3 开间，上部有盖，饰石斗拱。盖下方刻“钦赐全葬”4 字，两行、竖写。正中碑石竖写“皇明通仪大夫、总督兵部侍郎昆岩郑公墓”，北侧石碑为“皇明世袭锦衣卫所伯侯冲涵郑公墓”。环墉用条石环砌，封土直径为 7.4 米，高约 1 米，用卵石覆其上。祭坛现分 3 级，残存石翁仲 2 件，石马、石羊、石虎各 2 件，墓坛石狮有一。石牌坊柱雕有二，两柱间距 23 米。郑汝璧墓规模大，石翁仲、石兽等构件保存较好，雕刻精美、简洁而气势恢宏。

樊敬墓　樊敬墓位于缙云县城北乡白峰湖村山麓。据墓碑载，大明宣德葵丑年 12 月庚申立，坐南朝北。占地面积 446.98 平方米。樊敬墓规模较大，共 4 级墓坛，第一级坟坛面积 139.92 平方米，立有敬公神道碑 1 通。第二级坟坛面积 133.21 平方米，立有 3 块资助碑。第三级坟坛面积 88.92 平方米，立有石马 2 只(东石马部分残缺)，石豹 2 只(西石豹残缺)雕像古朴雄浑。第四级坟坛面积 55.76 平方米，立有 1 只石像生山羊，两文臣雕像(西面文臣像残)，香炉 1 只。坟面石长 11 米，高 1.3 米，质地花岗石，坟面石上有小望柱 8 根，围成栏杆，刻有梅花、松树、鸟等图案。环墉直径 9.6 米，墓碑高 2.5 米，宽 1.6 米，有字“伏维先考行行奇五讳敬公之墓”(大明宣德葵丑年 12 月庚申立)东西两侧书“青霄近人，天朝文穆”8 字。樊敬墓整体保存完整，具有较高的文物保护价值。

岩腰村周淑人墓　岩腰村周淑人墓位于缙云县东方镇岩腰村山上。为明代墓。墓向朝南，弧形剖面。墓后有墓碑，碑高 1.1 米，宽 0.6 米，为 3 开间式，碑盖设石斗拱，明间刻有字“明诰赠题妣周氏淑人之墓”，环墉为 12 米，为石板环砌。封土高 0.6 米，封土底部直径约 2 米，贴面石东面为“咸丰五年”，西面为“重修之墓”。贴面石两侧望柱高为 0.9 米，两柱之间距离为 2.38 米。拳首用条石，拳首上也设有望柱，高 0.5 米。两柱之间 2.25 米，柱头刻有莲花瓣。祭坛高 0.7 米，进深 0.5 米。拜坛半月形，高 2.5 米，进深 4.9 米，宽 9 米，面积 37 平方米。周淑人为郑汝璧妻，此墓规模较大，展现明代的墓葬形制，有一定的保存价值。

王一卿墓　王一卿墓位于云和县紧水滩镇菖蒲砻村飞凤山。建于明万历十六年(1588)，墓坐西朝东，占地面积约 807 平方米。一度被盗，第四坛部分遭破坏，1982 年修复，1986 年 10 月，水电部十二局重修，原址第 1 坛建房，石牌坊被破坏。墓自东向西依次分 4 级(4 坛)。第一坛原为石牌坊，约180 平方米，已毁，现建房。第二坛约 151 平方米，面阔 13 米，进深 11.65 米，自东向西列牌坊 1 座、石羊 2 座、石马 2 座和墓碑 1 通，新建牌坊为 3 开间，通面阔 5.1 米，明间牌额阳刻“云广兵巡坊”，次间牌额分别阳刻“威震南疆、泽及万民”，石羊头部已破坏，碑名为“云广兵巡王一卿墓”。第三坛约 52 平

① 棠川：2010 年为塘坑。

方米，比第一坛高 4.5 米，面阔 13 米，进深 4.05 米。原有石凳、石桌，现已破坏。第四坛约 250 平方米，比第三坛高 1.97 米，为鹅卵石砌墓穴，呈椭圆形，横向直径 17.85 米，墓背用六边形石块筑成。

杨广三墓　杨广三墓位于云和县沙铺乡林山行政村林岱自然村村头，杨广三（1520—1565），明嘉靖年间（1522—1566）银矿业主。墓建于 1565 年，坐东朝西，占地面积 70 多平方米。墓为土坑墓，总宽 12 米，坟坛宽 8 米，进深 1.7 米。原墓前立石碑 1 通，现已毁，墓前原 4 根望柱，现存两根，置抱鼓石饰垂带。杨广三是一位历史人物，在田坑银坑洞采银，皇帝封赏称“珠宝王”，杨广三墓有一定的历史、文化价值。

黄莲坑王公合葬墓　黄莲坑王公合葬墓位于遂昌西畈乡黄连坑村村后。坐北朝朝偏东 40 度，建于明嘉靖五年（1526），为合葬墓。但墓主人则系宋代，系他处移葬至此。该墓三级墓坛，进深 25.74 米，宽 14.82 米，高 11.75 米，面积 282 平方米。中部有一直径为 1.1 米的鼓形石，周围呈放散型条石铺砌，东西距 2.4 米各有一直径 0.5 米的鼓形石，东侧石上阴刻“五四兒之墓”，西侧石上阴刻“王巨妹之墓”，墓石后 1 米各有 1 座卵石砌筑封土包。墓坛两端设石望柱 1 对。墓坛与坟圈间置 19 级条石台阶。1 级台阶东西两侧立石望柱，柱南侧置有抱鼓石，2 级台阶上立有两圆首墓碑，分别楷书阴刻“明荣十九实人叶氏之墓”“明荣十九宜人叶氏之墓”，6 级台阶上同样立有 1 座圆首墓碑，已缺失。第 19 级台阶东西立石望柱 1 对。坟圈卵石砌筑，中心立有墓碑 1 块，圆首，高 1.58 米，其中碑座高 0.35 米，宽 0.53 米，厚 0.16 米。阳面楷书阴刻“宋千五朝奉王公　千五安人周氏之墓”，背面碑额楷书阴刻“王公墓记”，正文 15 行，行约 35 字，款署“大明嘉靖五年十二月二十四日壬申十世孙王理同弟侄顿首百拜书”。墓前正中阶沿砌有石制香炉。据《月山王氏宗谱》载，墓主为月山太原王氏弟七世祖克仁公，字存德行千五，生于宋淳熙年间（1174—1189），娶邑西周氏，此墓即为二者合葬墓，二级台阶上之墓，和克仁公下十世孙理会、珈公之妻。“五四兒之墓”和“五巨妹之墓”无考。黄连坑王公合葬墓墓制较大，保存较好，对遂昌望族王氏的分布有很高的研究价值。

梅文垵墓　梅文垵墓位于景宁畲族自治县大漈乡潘宅行政村垟心自然村山坡上。建于明嘉靖二年（1523），座西北朝东南，分布面积约 995 平方米。墓体呈半圆形，墓碑立于墓体前侧，块石屋檐，两边条石上刻有“卍”云纹标志，墓体前面为一墓台，边上雕有鹿、鹤等图案，墓室 7 开间，石望柱 6 根，用石块构成石板墙，石望柱底端有抱鼓撑，中间两石望柱上有“十”字形斗拱。用石板墙隔开墓室一祭台，祭台两边各一石望柱，下方为二进拜台，上进拜台较简单，两边各一墓台及石望柱，下进拜台两边为弧状，球状顶石望柱立于两边，两边各一墓门，门前 6 级青苔石阶拾级而上，通往风水池，风水池规模极大，约 936 平方米。据家谱记载，梅文垵，字瑞，原配刘氏，四子一女，女嫁潘守志，为梅氏第 17 代子孙，梅文垵为当地银王。该墓规模壮大，远看极为壮观，造型优美独特，为当地的银王墓，对明代的墓葬习俗及古代造墓技术的研究有较高的参考价值。

渤海村陈坦菴墓　渤海村陈坦菴墓位于景宁畲族自治县渤海镇渤海行政村渤海自然村北侧。建于明嘉靖八年，由于建设滩坑水电站，陈坦菴墓于 2007 年由景宁畲族博物馆负责整体搬迁于此，坐北朝南，分布面积 300 多平方米。迁建后保持原有的风貌，坟坛用蛋形小石铺设图案花纹，外侧环墉用均匀的条石砌成。坟圈和全墓外围系用块石垒砌而成。甬道环廻于坟圈脚旁，东侧立一石碑，高 1.85 米、宽 0.95 米、厚 0.15 米，碑垫高 0.45 米，长 1.03 米，宽 0.34 米，阴刻全文，额小篆书“坦菴先生陈公墓志铭”9 个字，碑文末叙“大明嘉靖八年岁次己丑孟东吉旦立，永嘉王九瑜镛”，楷书尽工整。该墓用石板条盖作墓壁，在壁上雕刻狮子、故事人物、古钱、鸟兽等瑞兽物，雕工精致，特色显明。

陈绍虞公墓　陈绍虞公墓位于莲都区黄村乡严溪村后。坐南朝北，占地面积约143.4平方米，墓外围呈半圆形，圆形封土直径6.2米，高3.1米，上立墓碑，西侧立后土之神位。墓碑碑文为楷书，竖排3行，上款："行名三百二十八。"正文："国学生陈公讳绍虞号亹卿仝妣上氏之墓"。下款："皇清光绪二十七年"。墓下为拜台设2级衬砌石条台地，墓面及拜台、第2级台地两侧用条石衬砌围筑成八字形状，两端设方形神道柱6根。据严溪1993年重修版《陈氏宗谱》载："绍虞公字日畤，系清太学生，自幼攻读诗书经史，博学多才，笔书端秀，识天文，知地理……"

詹运庄墓　詹运庄墓位于青田县石溪乡下坦村山麓。坐西南朝东北。据墓碑记载建于清代，占地面积约300平方米。墓面宽15米、通进深20米、墓坎至墓顶通高约18米，全以青石条、花岗石筑砌呈双圈观音兜式，墓圈立面用方块花岗石错缝叠砌而成。墓坦石构件毁坏严重，部分条石于1958年被村民拆用于建桥；墓地以条石错缝堆砌，高于一级墓坦2米，3爿墓穴门阳刻"詹公墓"3字；墓志铭被水泥浇筑，碑铭文字已毁。詹运庄（1841—？）青田石溪村人，清光绪间举国学生。詹运庄墓为浙西南典型墓葬，墓域面积较大，建筑形制考究，对研究青田葬俗文化起着实物作用。

毛阳徐介亭墓　毛阳徐介亭墓位于遂昌县柘岱口乡毛阳村西黄连坞。坐南朝北，偏东10度，清光绪九年（1883）建造，面积277.56平方米。徐氏墓块石砌堪坟坛，内置半圆形块石砌筑墓圈，拜坛块石平铺，墓门为牌门式，4柱3门，莲花柱头，门顶镌刻云纹、龙纹、鱼纹，中门为墓碑，上镌墓主名讳："皇清诰授奉政大夫晋封中议大夫同知页衔原任江苏常熟县知县辛未进士显考介亭府君墓"，次门楷书阴刻墓主介亭墓志铭，铭文由江苏候补知州陶甄撰，两块37行，行20字。墓顶为封土，块石包砌，内覆泥土。

徐介亭，名景福，字介亭，清同治辛未进士，生于道光六年（1826），卒于光绪七年（1881），据墓志铭载，曾任荆溪知县，荆溪[①]人，著有《海岛录》《校补遂昌杂录》《清华轩诗文集》。《遂昌县志》有载。徐氏墓保存完好，有一定的文保价值。

第二章　古建筑与古题刻

丽水悠久的历史、造就丽水丰富的地面文物遗存，在丽水地域保存有不同时代、不同功能、具有丽水特色的古建筑。通济堰建于南朝萧梁天监四年（505），整个水利工程，连同碑刻，是研究古代水利工程的珍贵资料。明天启五年（1625）修建的如龙桥，是全国迄今有确切纪年、寿命最长的木拱桥。丽水美丽的山川，吸引众多名人在丽水游历，给丽水山川留下大量题刻。如缙云仙都的摩崖题记、南明山摩崖石刻等。同时作为革命老区，丽水留下大量的红色印记。如中共浙江省委机关旧址、遂昌王

① 荆溪：2010年属江苏宜兴。

村口红军挺进师革命旧址等。

第一节　古建筑

全国重点文物保护单位

通济堰　通济堰位于丽水市莲都区碧湖镇，创建于南朝萧梁天监年间(502—519)，由拱形大坝、通济闸、石函(三洞桥)、渠道、叶穴(淘沙门)、概闸、湖塘等组成，是中国古代著名的大型水利工程之一。1961年，被公布为第一批省级文物保护单位，2001年，被公布为第五批全国重点文物保护单位。

通济堰拱坝位于碧湖堰头村外，松阴溪入瓯江汇合口上游1.2千米处。初建时为木筱坝，至南宋开禧元年(1205)何澹主持改为石坝，现存拱坝长275米、底宽25米、高2.5米，为世界已知最早的拱坝。距通济闸300米的干渠上，有始建于宋政和初年(1111)的石函，是中国现存最早的立体排水工程实例。石函下约1千米建叶穴(淘沙门)，洪水期开闸泄洪走淤沙。再下约1千米为开拓概，干渠从此分南枝、中枝、北枝，实行"三源"轮灌。堰渠纵贯碧湖平原，干渠长22.5千米，分凿支渠48派(条)、毛渠321条，概闸72座，并开挖众多湖塘储水，形成以引灌为主，储、泄兼顾的竹枝状水利灌溉网系，历经千年不变，是中国古代水利灌溉工程的成功范例。通济堰是碧湖平原上的水利命脉，各朝代都曾经无数次对其加以整修、养护、管理，较完整地保存古代灌溉网系的原貌，依然发挥着巨大的灌溉效能。

时思寺　时思寺位于景宁畲族自治县大漈乡西二村南端，建于宋绍兴十年(1140)，初名"时思院"。明洪武元年(1368)诚意伯刘基书额"时思道场"，明宣德元年(1426)，改院为寺，清顺治、乾隆年间两度修缮。由山门、心经钟楼、大雄宝殿、三清殿、马仙宫、梅氏宗祠等古建筑组成。总体布局坐西朝东，中轴线上有弥勒殿(已毁)。保留宋代建筑风格，是1处具有宋、元、明、清各时代特征的古建筑群。时思寺前沐鹤溪自北向南汩汩流淌至不远处直泻深谷，形成百仞飞瀑，名"雪花漈"。寺前彼岸为狮山，附近有"石马潜渡""龙舌喷珠"等景点，与时思寺合称为大漈八景，曾被誉为"云中桃园"。寺北侧巨杉与山门内2棵参天古柏与时思寺相映生辉，更具古刹幽邃的意境。时思寺的起源和生存与梅氏宗族有着密切的渊源关系，具有深刻的文化内涵，对研究民俗、宗教文化具有重要价值。2001年，被公布为全国重点文物保护单位。

如龙桥　如龙桥位于庆元县举水乡月山村南侧。横跨于举溪，南北走向，因其势与后山山脊古松依稀相连，桥似龙首下倾，故名。明天启五年(1625)修建。系木拱廊桥，由木拱架和廊屋两部分构成。木拱架为单孔，外观呈八字形，内由数十根粗大圆木纵横组合卯接而成，形成架设廊屋的拱骨平面。廊屋全长28.2米、净跨19.5米，设廊屋9间，面阔5.09米，3开间，明间为桥之通道，两次间设木凳供行人小憩。桥北端建三重檐歇山顶钟楼，南端设桥亭，其与廊屋当心间皆为重檐歇山顶。当心间设神龛，旧时为祀奉大禹之所，上悬"如龙桥"3字古匾，顶部施藻井。桥身外壁鳞叠铺钉风雨板。屋面施方椽、望板，小青瓦合铺。木拱廊桥的出现和改进，标志着中国古代桥梁技术的一大进步。这一类型桥梁在国内属少见，仅在浙江省的西南部和福建的北部山区尚有少量分布。如龙桥构造复杂，工艺精湛，功能完备，系迄今发现有确切纪年的时代最早的木拱廊桥，是现存木拱廊桥中的典型范例，具有一定的代表性和较高的历史、艺术、科学价值。2001年，被公布为全国重点文物保护单位。

延庆寺塔 延庆寺塔位于松阳县城西2.5千米云龙山下，3面环山，南临广袤田园。建于北宋咸平二年(999)，咸平五年告竣。塔体现存"淳化五年六月中"砖铭，佐证建塔历史。因塔址在云龙山下延庆寺前，故以寺而名。延庆寺塔为楼阁式砖木结构舍利塔。塔高38.32米，6面7级，副阶重檐。每层设平座回廊，可登临远眺。斗拱五铺作双卷头，塔檐平缓舒展，颇具唐风。铁质塔刹相轮为卷草图案。塔身粉墙有宋、元、明游人题记，有飘飘欲仙的朱画飞天，有栩栩如生的墨画罗汉。延庆寺塔是江南地区保存较为完整的宋塔之一，具有很高的历史、艺术、科学价值。1963年3月，被公布为省级文物保护单位。1988年，进行塔基加固和塔体维修，1991年12月，正式对外开放。2006年5月，被公布为全国重点文物保护单位。

浙江省级文物保护单位

处州府城墙 处州府始建于隋开皇九年(589)。处州府城建于元至元二十七年(1290)，系割旧城之半，即以万象山南麓为界重新修筑。有门楼6座，即望京门(丽阳门)、岩泉门(虎啸门)、行春门(下河门)、南明门(大水门)、括苍门(小水门)、通惠门(左渠门)。此后历朝对府城均有修缮。处州府城墙现存行春门至南明门及万象山南麓城墙约900多米，丽阳门49米砖砌城墙，以及泄水闸口、护城河遗址、城濠等城墙相关遗迹和遗存。古城墙相继进行保护修缮，恢复历史面貌。2005年，被公布为省级文物保护单位。

谭宅 谭宅位于丽水市区大众街酱园弄内，由谭宅和小谭宅两座院落构成。谭宅建于清道光年间(1821—1850)，占地面积1760平方米，2层楼砖木结构，布局有门厅、正厅、后寝、下房四进。小谭宅建于清代中后期，占地面积530平方米，布局分为正屋和偏房两部分。谭宅构造考究，布局合理，工艺精美，是浙西南地区清式住宅的典型实例，也是丽水城区规模最大、具有代表性的古建筑。谭宅与谭氏家族相维系，承载着特定的文化内涵和历史信息。2005年，被公布为省级文物保护单位。

灵鹫寺石塔 灵鹫寺石塔原在丽水城东灵鹫寺，1980年迁建于万象山，共4座。塔建于南宋嘉定年间(1208—1224)，系"窣堵坡"式石佛塔。平面呈六边形，最大径1.36米，通高4米多，由塔座、塔身、塔顶三部分组成，每塔均有建塔题记。灵鹫寺石塔采用青石高浮雕做法，工艺精湛，极具匠心，具有很高的历史、艺术价值，对研究宋代佛教文化和建塔形制具有重要意义。1989年，被公布为省级文物保护单位。

厦河塔 厦河塔位于丽水市区东南角佛头岩上，临瓯江。建于明万历十三年(1585)，为8面9层楼阁式砖塔，高约38.48米，由塔座、塔身、塔刹三部分组成。塔身全部用青砖砌筑，塔内置有砖梯，可登临至7层。厦河塔建筑精巧，外观秀丽挺拔，与周围青山秀水相映生辉，是丽水古城的重要标志。2003年，进行全面修缮，复建塔刹。2005年，被公布为省级文物保护单位。

巾山塔 巾山塔位于丽水城南巾山之巅，始建于明代，清道光二十五年(1845)重修。整座塔就地取材，采用巾山紫红色灿角砾岩筑成。塔为6面7层楼阁式石塔，高约13.23米，每层开启券门和壁龛，龛内嵌碑，佛教、道教人物像，刻建塔题记等。巾山塔建在巾山之巅，是丽水古城的重要方位标志，又是1处优美古朴的人文景观。2003年，被公布为市级文物保护单位，2005年落架大修。2011年，被公布为省级文物保护单位。

白茅云衢坊 白茅云衢坊位于缙云县前路乡白茅村，建于明永乐十九年(1421)，为单间木构坊门，门坊用1个大额枋及2道穿枋组成，柱上出一穿梁承檐枋，另出一竹节形上昂支撑檐枋，为稳定门坊，柱前后皆以方石柱稳固。最具时代特征的是斗拱制作规整，额枋及穿枋下皮均刻有代表明式简朴风格的装饰图案。该坊为明永乐十八年庚子科举人赵宗荣所建，是浙江省现存最早的木结构门坊。1997年，被公布为省级文物保护单位。

慕义桥　慕义桥位于缙云县前路乡前路村，跨漳溪，为古代永康、壶镇通往仙居、温州方向的行道桥梁。建于清道光十二年（1832）。石拱廊屋桥。全长53米、宽3.5米、孔净跨8.6米。慕义桥构造复杂，工艺精湛，功能完备，系迄2010年为止发现有确切纪年的石拱廊桥，是存世石拱廊桥中不可多得的典型范例。2005年，被公布为省级文物保护单位。

九进厅　九进厅位于缙云县壶镇镇工联村，建于清嘉庆年间（1796—1820）。总面积3300平方米。建筑依次为南、中、北排列，按中轴线分为3组，每组三进，共九进。每组建筑中轴线上依次布局门厅、前天井、正厅、后天井、后厅，南北两边设厢房，各组建筑之间既互相贯通又相对独立，其风格十分独特。1997年，被公布为第三批省级文物保护单位。

仙都石梁桥　仙都石梁桥即仙都丁步桥群，位于缙云县仙都风景区，横跨于好溪。由板堰、鼎湖峰、练溪3座丁步桥构成。时代为明清。板堰丁步桥在板堰村西，条石结构，长115米。鼎湖峰丁步桥在鼎湖峰前，条石结构，长为77米。练溪丁步桥在鼎湖峰到倪翁洞两个景点之间的好溪上，风光旖旎，双条石直立为墩，长145米。仙都丁步桥群是仙都好溪的特有建筑，是此类桥梁中不可多得的典型范例，具有较高的历史、艺术、科学价值。2005年，被公布为省级文物保护单位。

东坑下桥、莲川大地桥　东坑下桥位于景宁畲族自治县东坑镇，跨东坑溪上，东西走向。建于康熙二十八年（1689），系木拱廊桥。全长29.15米，宽4.6米，净跨21.8米，矢高3.5米。莲川大地桥位于沙湾镇，跨黄坑上，东西走向。建于清嘉庆八年（1803），系木拱廊桥。全长41.15米，宽4.8米，净跨31.1米，矢高5.8米。2005年，两桥合并被公布为省级文物保护单位。

永和桥　永和桥位于龙泉市安仁镇，建于明代，横跨于西溪上。为悬臂式廊屋桥，木石结构。桥总长126.3米，宽5.6米，高10.65米。桥梁采用简支、悬臂结合式方法建筑，用条石砌筑桥墩五座。桥墩上木梁双向平衡展出，并逐层加距出跳，使之缩短桥端的跨度，以减轻桥梁负荷。桥面设重檐廊屋42间，抬梁式五架梁结构。东西两端用条石踏跺砌成桥头堡，设4柱7檐牌坊式门楼。1989年，被公布为省级文物保护单位。

古溪桥、顺德桥　黄南古溪桥位于龙泉市小梅镇黄南村，横跨古溪，原名长桥。始建于道光元年（1821），清道光十八年（1838）遭洪水冲毁重建。系石拱廊屋桥，东西走向，全长29.3米，宽5.2米。共覆重檐廊屋9间，桥头堡为牌楼式，翼角起翘。顺德桥位于屏南镇坪顺村，横跨于坪顺溪上。原桥建于清道光二十年（1840），民国3年（1914）毁于火，民国4年重建。系木拱廊桥，由木拱和廊屋两部分构成，东西走向，全长35米，宽4.6米。设廊屋16间，抬梁式五架梁结构。该桥木拱及梁架所有木材均为甜槠，历经百年不变，且选材粗大，木作精良，颇具风格。2005年，被公布为省级文物保护单位。

西洋殿与兰溪桥　西洋殿又名松源殿，坐落于庆元县五大堡乡西洋村松源溪畔，与兰溪桥毗邻，系龙、庆、景3个县菇民为祀奉香菇鼻祖吴三公而建，后重建于清光绪元年（1875），占地面积1200多平方米。西洋殿雕刻精细，做工考究，融工程与艺术与一体。兰溪桥建于清乾隆五十九年（1794），横跨松源溪。原位于下游兰溪桥水库淹没区，1985年按原貌迁建现址。系木拱廊桥，全长

48.12 米，宽 5 米，净跨 36.8 米，矢高 9.8 米，建廊屋 19 间。该桥系浙江省单孔跨度最大的木拱廊桥。1997 年，西洋殿与兰溪桥合并被公布为省级文物保护单位。

卢福庙　卢福庙又名大济庙，位于庆元县松源镇大济村，元至正元年（1341）始建，清乾隆五十八年（1793）重修。建筑依山而建，坐东朝西，后靠山，前临村，南面山墙开启大门，庙前现代增建石牌坊 1 座。占地面积约 2300 平方米，通面宽 37.55 米，通进深 63.6 米。建筑平面采用中轴线对称布局，依次有前院（含倒座、戏台、中亭、左右厢房）、过厅、正殿、后堂四进，各进之间设连廊通道。卢福庙因地构筑，层叠高出，更显屋宇气势。建筑布局合理巧妙，实现建筑艺术和实用功能的统一，是庆元县宗教建筑的典型代表，传统祀奉、庙会、祈签方等旧俗沿袭至今。1984 年，被公布为县级文物保护单位，2005 年，被公布为第五批省级文物保护单位。

吴文简祠　吴文简祠位于庆元县举水乡月山村，于清顺治十一年（1654）立柱，康熙五年（1666）建成，占地面积约 660 平方米。建筑布局分门楼、正堂、后堂三进。门楼重檐歇山顶，檐下四周通施斗拱。正堂明间采用减柱造法，抬梁式梁架，悬山顶。后堂倚地势而建，与正堂高差 3.56 米。吴文简祠营造法式规范严谨，做工考究，工艺精湛，颇具明代遗风，有较高的历史、艺术、科学价值。1997 年，被公布为省级文物保护单位。

普济桥　普济桥位于松阳县玉岩镇玉岩村，横跨于玉岩溪之上，东西走向，系两孔石墩伸臂木梁廊屋桥，其结构为石墩上架设木梁铺以木板，上盖以廊屋组成。桥长 26.5 米，宽 5.5 米。中间桥墩呈船形，其迎水面砌成分水雁翅。廊屋 9 间，当心间为重檐歇山顶，由 18 攒斗拱承托构成方形藻井天花，结构复杂。据玉岩《叶氏宗谱》记载，普济桥系叶氏祖宗兴建于明正德年间（1506—1521）。2005 年，被公布为省级文物保护单位。

黄家大院　黄家大院位于松阳县城北 2 千米的乌井村，始建于清同治年间（1862—1874），民国 7 年（1918）建成，由当时松阳首富黄中和祖孙三代苦心经营、精心规划构筑。主要单体建筑有武技楼、家祠、梅兰轩、竹菊轩、百寿厅等，总占地面积近万平方米。大院布局合理，构筑精巧，各单体建筑疏密相间，井然有序。木雕技艺精湛，装饰题材丰富，尤为可贵的是百寿厅雕刻的 200 多个篆体“寿”字，写法无一雷同，是集书、画、雕艺术为一体的杰作。黄家大院古朴精美的雕刻艺术，凝聚劳动者的智慧和艺术才华，是浙西南民居建筑艺术宝库中的灿烂明珠。2005 年，被公布为省级文物保护单位。

詹宝兄弟牌坊（含寺口进士牌坊）　詹宝兄弟牌坊位于松阳县城城东下马街，寺口进士牌坊位于西屏镇南郊寺口村中，两座牌坊均为功名坊，是明代为旌表获取功名的贤士而立。两座牌坊均建于明弘治九年（1496），青石仿木结构，4 柱 3 间 5 楼，高 8.6 米，宽 6.35 米。牌坊建筑结构严谨，造型优美。牌坊石雕工艺精湛，技法娴熟，集圆雕、镂雕、平雕等多种雕刻手法，有人物故事，动、植物图案，形态各异，栩栩如生。2005 年，合并被公布为省级文物保护单位。

长濂村古建筑群　长濂村古建筑群位于遂昌县长濂村，村落群山环抱，濂溪傍村而出。俗谣云：“长濂村，不到不见村。”郑秉厚府第（明德堂）、郑氏宗祠等明清建筑群位于长濂村中心，具有较为合理的人居空间和环境。构造装饰较有特色，装饰手法采用木雕、石雕、砖雕、瓦饰、墨画等各种技法，对部位的不同，视距远近诸因素采取不同的技法，体现地方特色的建筑文化。2005 年，被公布为省级文物保护单位。

独山石牌坊　独山石牌坊位于遂昌县焦滩乡独山村东南隅，明嘉靖四十一年（1562），独山村叶以蕃考中二甲第19名进士，官至工部员外郎，明嘉靖四十五年卒。明隆庆三年（1569），遂昌知县池浴德在独山村建此牌坊，以示叶氏家族沐受天子宠任之意。整座牌坊花岗石构筑，建筑雄伟，梁枋浮雕龙凤、狮子等图案，装饰美观大方。1997年，被公布为省级文物保护单位。

陈家大屋　陈家大屋位于遂昌县城北街四弄，坐东朝西，始建于明代末期，系遂昌乡贤包万有所建（清代末年，包姓人卖给陈姓）。建筑总面宽27.7米，进深56.54米，面积约1560平方米，主体建筑三进。结构布局具有典型的明代风格，具有较高的保护、利用的价值。1995年4月，在此辟作汤显祖纪念馆。1997年，被公布为省级文物保护单位。

山口林宅　青田县山口镇系青田石雕发祥地，林氏二房住宅位于山口镇山口村石东头南路7号，俗称林宅。林冬园（1815—1877）从福建莆田孝义里迁至，为林氏第16世孙，清咸丰五年（1855）岁贡生，授修职郎，候选训导，守典奉法，雅慕古文词。在青田建义仓，有政声。清咸丰三年建林宅。林宅系四合院式2层木构建筑，占地面积约1814平方米，坐西南朝东北。建筑由照壁、前厅、前厢房、正厅、后厢房、北附房、南附房及院落空间组成。中轴线建筑由前厅、前厢房、正厅、后厢房组成，平面略显“日”字形，为二进二明堂布局。建筑正立面设一个4柱3楼门楼，南、北、西院墙朝天井各设一照壁。天井用方形、长条石板墁地。梁、栋、门窗雕刻工艺讲究，以门楼柱顶处用大件青田石雕装饰的“五福临门”雕件作为建筑装饰尤为独特。2005年，被公布为第五批省级文物保护单位。

丽水市级文物保护单位

天妃宫后寝　天妃宫又名天后宫，建于清乾隆十八年（1753）。原建筑规模宏大，构造考究，占地面积1788平方米。20世纪70年代，前庭、两廊、拜亭、正殿被毁，现仅保留后寝及部分遗构、遗址，占地面积约940平方米，后寝坐北朝南，面宽25.5米，进深12.8米，2层楼，7开间，带前后两廊，2层前廊施美人靠。抬梁穿斗混合梁架，硬山屋顶。2004年，被公布为市级文物保护单位。

水障　水障位于丽水小水门瓯江边缘，始建于元大德七年（1303），明、清两代均增石修筑。水障为硕石叠砌而成，呈三角锯齿状，高7.5米，迎水面底长22.8米，背水面底长13米，从瓯江北岸突入江中，阻挡洪水横决入城。2004年，被公布为市级文物保护单位。

洞天楼　洞天楼位于丽水万象山东南麓，临近瓯江。《大明一统志》载，洞天楼“在府城南，因括苍洞天而名”。建筑依地势而建，由石砌拱门和门楼组成，座西北朝东南。石拱券用平整块石砌筑，矢高5米，宽4.2米，纵深9.3米。门洞上额镌刻“洞天古迹”4个字。门楼几经兴废，现存建筑为民国期间修建，占地面积186平方米，外观西洋风格装饰。洞天楼是古代通往万象山的主要通道，登楼可观赏瓯江和城市景色。2004年，被公布为市级文物保护单位。

仁寿寺大殿　仁寿寺原名“佛日仁寿寺”，位于丽水城南南明山，始建于宋乾德三年（965），南宋时改名“佛日报严寺”，后易名“仁寿寺”。历史上曾多次毁建。现存大殿为清嘉庆八年（1803）重建，后进行过多次修缮，2002年，大修。大殿3开间，面宽15米，进深15.4米，为重檐歇山顶式木构建筑。2004年，被公布为市级文物保护单位。

观前井　观前井又名“大井”，在市区厦河门老君庙[1]边，是老城区著名古井之一。六边形石井

① 厦河门老君庙：曾称开元观、天庆观，俗称关帝庙。

圈，口径 1.5 米，高 0.8 米。外壁刻“皇明万历七年重修”“大清同治甲子三年重修”“民国二十五年合村重修，冬立”等题记，井口沿绳纹使用痕迹明显，井内壁用规整卵石砌成。2009 年，被公布为市级文物保护单位。

万年桥 万年桥位于莲都区紫金办事处开潭行政村大岙自然村村口，东西走向，桥下涧水自南向北汇入瓯江。桥面板上有“清道光十三年(1833)重建万年桥”等题记。桥为悬臂式单孔石梁桥，3 层三丁出跳承托桥面石板，构造巧妙，结构稳固。桥面板由 3 组五纵石板并铺，略呈拱形。桥长 9.6 米，宽 2.7 米，净跨 4.2 米，高 5.5 米。2009 年，被公布为市级文物保护单位。

顾宅 顾宅位于丽水市区文昌路 54 号，建于清代，为四合院式 2 层楼砖木结构居宅，坐北朝南，占地面积 559 平方米。整座宅院筑台基而建，由大门、天井、厢房、正楼等组成。穿斗式梁架，檐梁、门窗等处有精美的雕花。硬山顶屋面，小青瓦合铺。整体构造考究，布局合理，工艺精美。2009 年，被公布为市级文物保护单位。

观音阁 观音阁位于丽水市区紫金大桥西侧江滨公园(原厦河村内)，又名观音庵，始建明代，清光绪年间(1875—1908)重建，坐北朝南。现存观音阁大殿 3 开间，通面阔 11.9 米，通进深 11.35 米。前半部分为抬梁式梁架，明间前单步廊六架用 3 柱，次间设山柱。后半部分为楼阁式结构。屋面硬山顶。2008 年，修缮，复建前戏台，增建围墙。2009 年，被公布为市级文物保护单位。

第二节 古题刻

摩崖石刻

仙都摩崖题记 仙都摩崖题记主要分布在国家 AAAA 级旅游区——缙云县仙都风景名胜区内的小赤壁、初阳山、鼎湖峰、仙水洞、铁城、小赤壁等风景点内，留存的摩崖题记 125 处。时代为唐至现代。摩崖题记大多数是名人、书家、官宦慕名访胜时所留的游记，较著名的有唐代的李阳冰、宋代的沈括、明代的李健、清代的袁枚、民国的楼村和现代的沙孟海等。书体有篆、隶、行、楷、草等体。最早的摩崖石刻为唐代乾元元年(758)篆书名家李阳冰的“倪翁洞”3 字篆书和唐建中元年(780)的 1 条游记。仙都山是中国道教名山，有不少题记内容和道教有关，题记中多次记录仙都山的道教以及儒家的活动情况，是不可多得的文字资料。仙都摩崖题记延续 1000 多年，书法品类众多，风格各异，而且有很多精品出自名家之手，因而在中国书法史上是不多见的。2001 年，被公布为全国重点文物保护单位。

南明山摩崖石刻 南明山摩崖石刻位于丽水城南南明山。南明山是浙南名山之一，素有“括苍之胜推南明”的美誉。山上各处崖壁上留有东晋至清代的珍贵题刻 58 处，主要分布于石梁、高阳洞、云阁崖 3 个地方。其中有东晋著名道学家、医学家葛洪题写的“灵崇”、北宋杰出书画家米芾题写的“南明山”、北宋绍圣年间(1094—1098)处州郡守刘泾的书赞题刻、宋代科学家沈括的题记等。南明山摩崖石刻具有历史年代跨越长，布勒密度高的特点，多数出自名人、书家、朝使，且内容丰富多样，有书名、题咏、军事、水文等题刻，堪称古代文化艺术的宝库。1963 年，被公布为省级文物保护单位。

石门洞摩崖题刻 石门洞摩崖题刻位于青田县高市乡瓯江沿岸石门洞景区。旗鼓山两峰壁立，对峙如门。石门洞域群山环抱，林木葱郁，古迹纷呈，尤以垂天飞瀑著称于世。“高可眺、清可隐、幽可适、奇可咏”是石门风光的绝妙写照，唐代列为道家第十二洞天。自南北朝至民国时期，历代名人、官宦、学士到览胜题咏，赞美石门飞瀑奇观与石门胜景，挥毫留墨勒石100多处，布勒在旗、鼓壁山摩崖题刻16处、月洞摩崖题刻64处、碑刻26通。著名者数六朝山水诗人谢灵运“石门新营”“石门最高顶”，宋代科学家、政治家沈括题记，元代刘基导师郑复初诗刻，清代著名学者阮元诗刻，民国浙江省政府主席鲁涤平题名。摩崖石刻与石门仙境融为一体，更显历史价值、文学鉴赏价值。1963年，被公布为第二批省级文物保护单位。

太鹤山摩崖题记 太鹤山摩崖题记位于青田县鹤城镇北隅，因古时有白鹤在此长栖而得名。相传唐代叶法善在此炼丹试剑劈巨石一分为四，故名“试剑石”，又称“青田山洞”，为道教第三十洞天。太鹤山以奇松、怪石、亭台、庙宇构成游览胜地。自宋至清代的名人、官宦在此题咏勒石15处，其中宋代2处、元代1处、明代4处，清代5处，另3处年代不明。摩崖石刻有题名、题记、人物刻像3类，行、楷、篆、草皆备，尤以明天启三年(1623)青田教谕郑奎光画刻杨枝观音像为浙江首例，颇有影响。宋绍圣四年(1097)刘泾题刻《慕仙铭》诗刻书体秀丽俊逸。宋淳熙十六年(1189)叶俊明“混元峰”题名，书法苍劲雄厚。元代青田县令曹用《遗刘处闲剑诗》诗刻、明天启三年郑奎光“长松介石”、张尊三“试剑石”和“叶法善得道处”、郭钟岳“太鹤洞天”等摩崖石刻颇有历史、文化、书法研究价值。2005年，被公布为第五批省级文物保护单位。

三岩寺摩崖石刻 三岩寺摩崖石刻位于丽水市区三岩寺景区。三岩寺与南明山一样，都是丽水历史上的名胜之一，其自然风貌的特点是“白云”“朝曦”“清虚”三洞鼎足而立，又有飞瀑、清潭、暗泉，独具特色。在岩壁和洞穴之间有唐以来历代题刻37处，其中唐代著名书法家李邕的正书“雨崖”刻石时代最早，历史、艺术价值最高。2004年，被公布为市级文物保护单位。

括苍古道摩崖 括苍古道摩崖位于莲都区岩泉街道银场村外(330国道复线处)。明清两代，这里曾为温、处二府的通京大道。“括苍古道”摩崖篆书4字，竖刻，字径1.1米。款铭“嘉庆九年春浙江巡抚扬州阮元题”正书14字。阮元，江苏扬州人，清代著名学者，曾任浙江巡抚，湖广总督，长于考证，尤精经学，所著甚丰。2004年，被公布为市级文物保护单位。

碑坊石刻

双巷桥贞节坊石刻 双巷桥贞节坊石刻位于缙云县新建镇双巷桥村西两小溪汇合处山崖上。通面阔3.7米，高4米。上有题记“‘圣旨’‘贞节’‘旌表陶尔泰妻马氏坊’‘缙云县知县汤成烈、儒学田希伊’”，落款为咸丰十一年(1861)。刻线比较浅，局部损泐，字迹很难辨认。1997年，被公布为省级文物保护单位。

缙云县五云镇城隍庙碑 唐乾元二年(759)书法家李阳冰任县令时撰写，北宋宣和五年(1123)依据拓片重刻。

青田县秦观《千秋岁》词碑 青田县秦观《千秋岁》词碑位于青田鹤城镇水南村栖霞寺莺花亭内。秦观，北宋著名词人，宋绍圣初年(1094)谪任监处州酒税时游宿栖霞寺，题留《千秋岁》词，并刻石。清光绪二十一年(1895)，秦观后裔在原地重书立碑，碑质青石，高1.72米，宽0.85米。

第三节　近现代重要史迹与代表性建筑

浙江省级文物保护单位

中共浙江省委机关旧址　民国 28 年(1939)3 月,为便于领导全省党的工作和抗日救亡运动,中共浙江省委机关从温州迁至丽水,在城内和郊区开辟十多处秘密活动点。省委书记刘英化名王志远,以兴华广货号百货店老板身份,领导抗日救亡运动,为浙江革命做出不可磨灭的贡献。中共浙江省委机关在丽水的主要活动点有,省委办公处、刘英书记寓居所——厦河村 77 号,省委联络处——兴华广货号,省委重大活动处——黄景之律师事务所等。2005 年,被公布为省级文物保护单位。

浙江大学龙泉分校旧址　浙江大学龙泉分校旧址位于龙泉市剑池街道芳野村,民国 21 年(1932),由芳野村曾水清建造,故名"曾家大屋"。总建筑面积 2293.5 平方米,二进,一进与两侧厢房及伙房均为 2 层,二进为 3 层。民国 26 年(1937)"七七事变"后,浙江大学被迫向内地迁移,总校迁至贵州省遵义市。民国 28 年(1939)秋,在龙泉设置分校,开设文、理、工、农、师学院 5 个和附属小学 1 所。"曾家大屋"为分校总部。1945 年秋,抗战胜利后,浙江大学龙泉分校迁回杭州。2005 年,浙大龙泉分校旧址被公布为省级文物保护单位。

王村口红军挺进师革命旧址群　王村口是浙西南山区遂昌县的重要集镇。民国 24 年(1935),红军挺进师在遂昌王村口建立游击根据地中心,成立浙西南特区王村口苏维埃政府,开展轰轰烈烈的革命运动,谱写浙南 3 年游击战争的壮丽诗篇,留下众多的革命史迹。古镇老街两旁是清代建筑风格的天后宫、蔡相庙、廊屋桥、古民居、古店铺等革命旧址群,较完整地保留村落的历史格局和传统风貌。1997 年,被公布为省级文物保护单位。

吴乾奎旧居、家庙、宗祠　吴乾奎(1873—1937)系青田县方山乡龙现村人,是青田早期华侨的代表,为青田石雕促销美洲、欧洲市场作出卓越贡献。民国 18 年(1929),吴乾奎回国,协同商友在广州创办青田华侨史上较早的贸易公司——德源出入口公司。吴乾奎热心地方建设,为家乡社会公益事业捐资,原青田国民政府县长郑迈为吴乾奎题赠"*惟善为宝*"匾额。吴乾奎旧居位于方山乡龙现村十字桥北 50 米,中西合璧式住宅建筑,占地 1032 平方米,平面呈长方形四合院式,总体布局有照壁、门楼、宅楼、厢房。龙现村以吴氏延陵郡支系为旺族,吴氏宗祠始建于明,清康熙三十二年(1693)修建。布局为三进两厢一戏台,占地面积约 387 平方米。宗祠北侧为吴乾奎家庙,建于民国 19 年(1930),依山势建造两进。二进台基高于一进,以花岗石构筑成古建筑形式,取材独特。明间置吴乾奎墓地,为青石镌刻,工艺精致。2005 年,被公布为第五批省级文物保护单位。

丽水市级文物保护单位

新四军办事处旧址　新四军办事处旧址位于丽水市区高井弄 9 号、7 号。民国 27 年(1938)3 月,新四军驻浙江办事处在丽水城内高井弄 19 号成立。办事处代表新四军同国民党地方政府交涉,推动国共合作,为筹措军需供给,保证由红军改编的抗日游击队顺利北上抗日,联系上层人物,协同处属党组织动员介绍青年学生奔到抗日前线等方面进行大量工作。同年 10 月,形势发生变化,省委

决定关闭该办事处。新四军办事处旧址为2层砖木结构楼屋，建筑面积约764平方米。2004年，被公布为市级文物保护单位。

丽水地委机关旧址　丽水地委机关旧址位于市区解放街59号7幢，坐北朝南。建于民国，夯土墙木结构2层楼，占地面积约438平方米，面阔28.8米，进深15.2米。旧址曾是丽水县最早的女子师范学校，后改为崇德小学，直到丽水解放。丽水解放初，为中共丽水地委机关办公用房。2009年，被公布为市级文物保护单位。

城关丽阳学校旧址　城关丽阳学校旧址位于丽水白云山脚，建于20世纪60年代。依山而建，坐北朝南，由前后两幢砖混2层教学楼及阶梯连廊组成，平面格局规正，占地面积840平方米。外墙面采用青石混合三合土垒砌装饰，大门正额墨书“城关丽阳学校”6个大字。2009年，被公布为市级文物保护单位。

第三章　博　物　馆

1984年，丽水县文管会办公室成立，是丽水市博物馆的前身，标志着丽水博物馆事业发展的开始。1986年，松阳县博物馆成立。1989年，龙泉青瓷博物建成。2000年丽水撤地设市后，丽水博物馆事业进入大发展时期，丽水市博物馆升格为地级市博物馆。各县（市）专题性博物馆大量涌现，青田石雕博物馆、中国畲族博物馆、中国竹炭博物馆等先后成立。2010年11月，丽水市博物馆新馆动工建设。2010年，丽水市各级博物馆有藏品2万多件，其中一级品48件，二级品177件，三级品939件。

第一节　综合博物馆

2010年，丽水市有地级市综合性博物馆1座，即丽水市博物馆。县级综合性博物馆2座，即缙云县博物馆，松阳县博物馆。

丽水市博物馆

1984年，丽水县文管会办公室成立，以丽水市（县级）天妃宫为馆办公处。1997年1月，迁至今丽水市区西南万象山公园东南麓，南临瓯江，北靠万象山，旁有处州府古城墙及明代建筑洞天楼。2000年8月，丽水撤地设市后升格为地级市博物馆。

馆舍占地面积2615.28平方米。由1栋3层砖混框架结构办公楼和1栋2层钢混结构文物库房及2层砖木结构洞天楼组成。办公楼位于整个馆区中心，朝南。文物库房位于馆区西北。办公楼为砖混结构，建筑面积677.19平方米，3楼为露天上人屋面，建仿古亭楼1座、六角亭2个。库房为钢筋混凝土结构，建筑面积330平方米。洞天楼为青瓦砖木结构，由圆形门洞和庑殿顶楼组成，通往万象山的古道经门洞拾阶而上，是古代通往万象山的通道。门洞为明代建筑，上层楼屋为民国重建，面积122.97平方米。藏品以农耕文物、民俗文物、畲族文物、陶瓷类及革命文物为主。以反映地方历史文化特别是畲族文化、民俗文化为特色。

2006年，丽水市博物馆新馆建设被纳入丽水市江滨景观带建设规划之中，为滨水公园项目工程之一。新馆位于丽水市区行政—文化中轴线的花园路南端、滨水公园西侧。博物馆建筑面积为13694.93平方米，占地面积为8149.55平方米，工程概算为4500万元。其中展厅面积8000多平方米，有大面积的展厅8个。新馆由3幢2层的建筑单体组成，建筑之间通过廊道联系起来。3个建筑之间围合形成多个中式庭院，构成庭院式的博物馆。

缙云县博物馆（李震坚艺术馆）

2004年10月22日，缙云县博物馆试开馆。馆址位于缙云县城新区黄龙路与翠竹路交叉路口地段，坐北朝南，功能齐全，集美观实用为一体。博物馆总用地面积5375平方米，建筑面积3780平方米，为2层框架结构建筑。缙云博物馆藏品种类有陶瓷、玉器、书画、碑帖、史料、古籍、民俗文物及革命文物十多类。藏品主要以李震坚书画为特色。馆藏珍品有，唐云龙双鹊衔绶月宫镜、元青瓷水丞、李震坚人物画《静》纸本镜心等。

松阳县博物馆

松阳县博物馆，成立于1986年4月，馆址坐落在县城西屏镇中弄12号，县级文物保护单位汤兰公所（称兰溪会馆）内。2007年，松阳县博物馆新馆开始动工兴建，2009年，迁至县城市政广场附近。2010年年初，完成陈列布展，“5•18”国际博物馆日试行对外开放。新馆坐落于松阳县市民广场西侧吴家山山脚，占地面积2856平方米，建筑面积3600平方米，包括展厅4个、文物库房4个、视听室1个及其他用房。新馆基本陈列以传统馆藏为基础，同时结合当地历史文化，引进触摸屏等多媒体科技。文物藏品有从新石器时代至现代各时期的历史文物1350多件，其中国家珍贵文物101件，有石器、青铜器、铁器、陶器、瓷器，漆木器等以及革命时期文物。

第二节　特色博物馆

2010年，丽水市有特色（专题）博物馆（纪念馆）10座，龙泉青瓷博物馆、遂昌汤显祖纪念馆、中国竹炭博物馆、青田石雕博物馆、中国庆元香菇博物馆、中国畲族博物馆等。市本级有特色（专题）博物馆（纪念馆）3座。

龙泉青瓷博物馆

龙泉青瓷博物馆老博物馆坐落在龙泉市九姑山公园，占地0.333公顷，建筑面积2千平方米，1989年建成，后改为龙泉宝剑专业博物馆。龙泉青瓷博物新馆于2010年11月16日试开放。龙泉青瓷博物馆是系统介绍龙泉窑发展历史的专题博物馆，人类非物质文化遗产——龙泉青瓷传统烧制技艺的展览地。新馆舍位于龙泉市城南剑川大道旁，依山而建，总建筑面积1万平方米，展览面积4000平方米。馆主体建筑由中国工程院院士程泰宁设计，以大面积的单、双曲面清水混凝土，烘托代表青瓷釉色的圆台状幕墙彩釉玻璃，配合风格质朴的文化石饰面效果的设计方案，完美体现龙泉青瓷的各种元素。龙泉青瓷博物馆分为A、B、C区3个。A区位于整座建筑的中心，为博物馆的主体展示部分，1层为1号展厅，主要展示龙泉窑的历史及“人类非遗”——龙泉青瓷传统烧制技艺等相关专题，推出“青瓷的记忆”“火与土的交响”“瓷海明珠”等专题展7个。2层为2号展厅，展览主题为“烈焰中的凤凰”。主要展示从20世纪50年代恢复时期到当下大师们的青瓷作品。B区位于建筑的东北部，为办公行政区。C区位于建筑的东南部，为对外交流区，共2层，1层为临时展厅，2层为报告厅。

青田石雕博物馆

2006年，青田石雕博物馆对外开放。青田石雕博物馆是中国唯一一座石雕文化主题博物馆。馆址位于县城水南。总建筑占地面积2159平方米，建筑面积11511.2平方米，正立面由3个斜切后的5层正方体和圆锥体组合而成，紧贴着后面的长方体上。主体建筑设计灵感来源于印学艺术。主展示区位于博物馆3楼，由古萃厅、石艺一厅、石艺二厅、印石厅展厅4个组成，馆藏历代著名艺人、工艺美术大师等石雕艺术家的精品400多件，国内外篆刻名家的作品及各类印章雕刻品，以及品种众多的青田石，是青田石雕文化1700多年的缩影。

中国庆元香菇博物馆

中国庆元香菇博物馆成立于1997年，是全国最早创建的香菇专题博物馆。2010年，中国庆元香菇博物馆迁建新址，12月11日，第八届中国庆元香菇文化节期间正式开馆。新馆坐落于县城生态公园内，总建筑面积2380平方米，是1家以展示香菇历史文化和产业发展为主题的专业性和综合性相结合的博物馆，馆藏内容丰富，陈列形式新颖，集收藏、展陈、宣传、科普、教育以及研究于一体，设香菇之源、香菇之路、香菇之韵、香菇之问、香菇之歌5个单元和1个临时展厅，全方位、多角度的展示香菇文化的源远流长，香菇产业的绚丽辉煌。

中国畲族博物馆

中国畲族博物馆，位于景宁畲族自治县城鹤溪南路与环城南路交叉口东侧，占地面积3400平方米，建筑面积3545平方米。该馆舍于2007年7月动工建设，2008年1月底完成主体工程建设，2010年10月对外免费开放。展馆建筑以传统的畲族民居为主调，融入现代畲族建筑元素，土墙青瓦，古朴典雅而清秀。展厅面积600平方米，展示畲族的历史文化、风俗信仰、生产生活、环境聚居、饮食服饰及歌舞等。此外，馆内还藏有畲族各个时代流传下来的陶瓷器、传统服饰、生产工具、玉器、木雕等历史文物4000多件，是人们了解畲族人文历史，解读畲族文化的重要窗口，是全国最有影响力的畲族文化展示交流中心。藏品类别主要有生产生活用具、畲族服饰、文献、祭祀等道场用具。展厅分布为序厅、起源与迁徙、环境与聚居、生产与交换、饮食与服饰、社会与风习、信仰与崇拜、文化与艺术8个单元。藏品1800多件。

中国竹炭博物馆

中国竹炭博物馆，馆址位于遂昌县上江竹炭园区，是国内首家以炭历史文化及国内外炭产品展示为主题的博物馆。2008 年 10 月建成，占地面积 15525 平方米，总建筑面积 9641 平方米，是 1 座建筑气势宏伟殿宇式仿古 2 层建筑。1 层为炭祖殿，2 层是炭文化及综合应用展馆，有炭祖大殿、炭文化历史展、炭综合应用展馆、炭科学原理体验馆（青少年科普中心）、炭缘客栈、竹炭美食、炭窑酒吧、炭养生馆、炭旅游休闲购物 1 条街。

第三节　馆藏文物

丽水市各级博物馆有藏品 2 万多件，其中一级品 48 件，二级品 177 件，三级品 939 件。各馆藏品种类遍及革命文物、民族——畲族文物、书画、碑拓、陶瓷器、农耕民俗等各类藏品，品类齐全、特色突出。如丽水市博物馆的“丽水浙江龙”恐龙化石，即为恐龙的新属新种。龙泉青瓷博物馆的青瓷藏品 5 千多件代表龙泉窑各个时期藏品特点。丽水市博物馆、中国畲族博物馆的畲族藏品，丽水市博物馆的农耕民俗藏品，丽水市摄影博物馆的摄影专题收藏等等，突出丽水区域的文物特色，代表各个历史时期的文化特点。

2010 年丽水市博物馆馆藏一级文物一览

表 35-3-3-1

序号	文物名称	质地	时代	尺寸（厘米）或重量（克）	现状	鉴定等级	来　源
1	太平天国门牌	纸质	民国	纵 50 厘米，横 31 厘米	多处旧损破	一级	1959 年，征集入馆
2	龙泉窑莲瓣纹碗	青瓷	南宋	高 7.5 厘米，口经 18 厘米，足径4.4 厘米	器物完整	一级	1964 年 10 月，城西北三岩寺金桥头挖墙基时在南宋德祐元年（1275）墓中出土；送交丽水县文管会保存；1984 年，改置丽水市博物馆，随所有藏品入馆收藏
3	民国中华自由党党证	纸质	民国	横长 15.5 厘米，竖宽9.8 厘米	基本完整	一级	永丰乡赤坑土安村畲民雷明瑚为自由党员，获此证书及徽章。雷明瑚后人雷水林收存。1977 年 2 月，蓝周根向雷水林收集，保存至 1987 年2 月。蓝周根转交本馆收藏
4	民国中华自由党党章	纸质	民国	纵 5.6 厘米，宽 3.7 厘米	基本完整	一级	永丰乡赤坑土安村畲民雷明瑚为自由党员，获此证书及徽章。雷明瑚后人雷水林收存。1977 年 2 月，蓝周根向雷水林收集，保存至 1987 年 2 月。蓝周根转交本馆收藏
5	民国中华自由党党章	金属	民国	纵 5.6 厘米，宽 3.7 厘米	完整	一级	永丰乡赤坑土安村畲民雷明瑚为自由党员，获此证书及徽章。雷明瑚后人雷水林收存。1977 年 2 月，蓝周根向雷水林收集，保存至 1987 年 2月。蓝周根转交本馆收藏
6	龙泉窑粉青印花粉盒	青瓷	南宋	高3.9 厘米，口径 8 厘米，底径4.6 厘米	完整	一级	2005 年 12 月 21 日，富岭乡下仓村南宋嘉定壬午年（1222）李垕妻姜氏墓出土，收藏入馆

续表 35-3-3-1

序号	文物名称	质地	时代	尺寸(厘米)或重量(克)	现状	鉴定等级	来源
7	龙泉窑粉青盂形罐	青瓷	南宋	高 4.8 厘米,口径 6.7 厘米,底径 4.2 厘米	完整	一级	2005 年 12 月 21 日,富岭乡下仓村南宋嘉定壬午年(1222)李垕妻姜氏墓出土,收藏入馆
8	龙泉窑菊花鼓钉三足炉	青瓷	南宋	高 4.7 厘米,口径 7.2 厘米,底径 3.3 厘米	完整	一级	2005 年 12 月 21 日,富岭乡下仓村南宋嘉定壬午年(1222)李垕妻姜氏墓出土,收藏入馆
9	龙泉窑粉青象钮盖罐	青瓷	南宋	高 14.9 厘米,口径7.1 厘米,足径 5.7 厘米	完整	一级	2005 年 12 月 21 日,富岭乡下仓村南宋嘉定壬午年(1222)李垕妻姜氏墓出土,收藏入馆
10	龙泉窑粉青象钮盖罐	青瓷	南宋	高 15.1 厘米,口径7.2 厘米,足径 5.2 厘米	完整	一级	2005 年 12 月 21 日,富岭乡下仓村南宋嘉定壬午年(1222)李垕妻姜氏墓出土,收藏入馆
11	龙泉窑粉青象钮盖罐	青瓷	南宋	高 15.3 厘米,口径7.1 厘米,足径5.1 厘米	完整	一级	2005 年 12 月 21 日,富岭乡下仓村南宋嘉定壬午年(1222)李垕妻姜氏墓出土,收藏入馆

2010 年龙泉市青瓷博物馆馆藏一级文物一览

表 35-3-3-2

序号	文物名称	质地	时代	尺寸(厘米)或重量(克)	现状	鉴定等级	来源
1	龙泉窑淡青釉莲瓣纹带盖五管瓶	青瓷	五代	通长 20.6 厘米,通宽 20.5 厘米,通高 34.9 厘米,重量 3.45 克	盖钮残修复	一级	1976 年,冬茶丰墩头村在后垅源兴修水库时出土,王元培上交
2	龙泉窑青釉观音塑像	青瓷	南宋	通长 13.3 厘米,通宽 7.5厘米,通高 28.5 厘米,重量1.24克	盖顶有残,鼻损,耳及绶带有损,左手腕前残	一级	1990 年,兰巨乡蜜蜂岭村出土,兰巨乡派出所移交
3	龙泉窑青釉堆塑龙纹带盖瓶	青瓷	南宋	通长 14 厘米,通宽 14 厘米,通高 26.5 厘米,重量 1.9 克	盖顶凤头残,口沿有损,瓶部有裂痕 3 条	一级	1986 年 12 月,龙泉县工商局移交
4	龙泉窑粉青釉堆塑虎瓶	青瓷	南宋	通长 13.5 厘米,通宽 13.4 厘米,通高 25 厘米,重量 2.2 克	缺盖	一级	1991 年 10 月,龙泉县公安局城郊派出所移交
5	龙泉窑淡青釉双系长颈盘口带盖瓶	青瓷	五代	通长 17.8 厘米,通宽 17.7 厘米,通高 33.1 厘米,重量 2.45 克	完整	一级	1976 年,冬茶丰墩头村在后垅源兴修水库时出土,王元培上交
6	龙泉窑青釉带盖五管瓶	青瓷	北宋	通长 14.2 厘米,通宽 14.1 厘米,通高 30.5 厘米,重量 1.68 克	盖沿微残,一管微残	一级	1991 年 3 月,兰巨乡坛湖村出土,蔡勇平上交

2010 年龙泉市博物馆馆藏二级文物一览

表 35-3-3-3

序号	文物名称	质地	时代	尺寸(厘米)或重量(克)	现状	鉴定等级	来源
1	龙泉窑淡青釉双系盘口执壶	瓷	五代	通长 12.5 厘米,通宽 10.5 厘米,通高 17.6 厘米	基本完整	二级	1976 年 12 月,龙泉县茶丰乡[①]墩头村后垅源出土

① 茶丰乡:2010 年属查田镇。

续表 35-3-3-3

序号	文物名称	质地	时代	尺寸(厘米)或重量(克)	现状	鉴定等级	来　源
2	龙泉窑淡青釉莲瓣纹七管瓷瓶	瓷	北宋	通长 18.5 厘米,通宽 18.5 厘米,通高 24.8 厘米	严重残缺(含缺失部件)	二级	1980 年 3 月 14 日,龙泉县查田镇下圩村出土
3	龙泉窑青釉盘口双系长颈带盖瓷瓶	瓷	北宋	通长 17.2 厘米,通宽 17.2 厘米,通高 35.9 厘米	完整	二级	1986 年 10 月,宏山乡[1]茶坦村周岩锡捐赠
4	龙泉窑淡青釉刻画莲瓣纹五管瓷瓶	瓷	五代	通长 14.9 厘米,通宽 14.9 厘米,通高 30.9 厘米	基本完整	二级	1988 年 8 月,宏山乡山里村民盗掘出土,后被公安、工商、文物等部门组成的“专业队”查获收缴,并移交本馆收藏
5	龙泉窑青釉刻划画瓜棱形执壶	瓷	南宋	通长 18.2 厘米,通宽 12.6 厘米,通高 16.5 厘米	严重残缺(含缺失部件)	二级	1984 年,龙泉市竹垟乡出土
6	龙泉窑青釉刻花盘口双系长颈瓷瓶	瓷	南宋	通长 15.3 厘米,通宽 15.2 厘米,通高 16.5 厘米	严重残缺(含缺失部件)	二级	1973年2月,龙泉县南窖乡[2]东音村(东音庙址)出土
7	龙泉窑青釉鸡钮盖五叶瓷瓶	瓷	北宋	通长 13.8 厘米,通宽 13.6 厘米,通高 31.6 厘米	完整	二级	1986 年 3 月,茶丰乡墩头村王品聪等人盗掘出土,后被城南[3]工商、公安与本馆联合“打击”收缴,并移交本馆收藏
8	龙泉窑青釉狗钮盖五叶瓷瓶	瓷	北宋	通长 14.2 厘米,通宽 14.1 厘米,通高 30.1 厘米	基本完整	二级	1986 年 3 月,茶丰乡墩头村王品聪等人盗掘出土,后被城南工商、公安与本馆联合“打击”收缴,并移交本馆收藏
9	龙泉窑青釉刻画花长颈带盖瓷瓶	瓷	北宋	通长 13 厘米,通宽 13 厘米,通高 29.3 厘米	基本完整	二级	1986 年,茶丰乡小查田村坑里自然村江小明等人盗掘出土,后主动上交本馆收藏
10	龙泉窑青釉刻画花带盖五管瓷瓶	瓷	北宋	通长 15.2,通宽 15,通高 29.1	基本完整	二级	1972 年 11 月,龙泉县查丰乡墩头村村民在劳动中出土,并上交县文物管理小组[4]收藏
11	龙泉窑青釉刻画花带盖五管瓷瓶	瓷	北宋	通长 13.9,通宽 13.9,通高 27.5	基本完整	二级	1986 年 12 月,龙泉县打击盗掘和走私文物专业队收缴移交
12	龙泉窑青釉刻画花长颈带盖瓷瓶	瓷	北宋	通长 14.3,通宽 14.2,通高 29	完整	二级	1986 年10 月,龙泉县打击盗掘和走私文物专业队收缴移交

① 宏山乡:2010 属龙渊镇。
② 南窖乡:2010 年属龙泉市八都镇。
③ 城南:2010 年属小梅。
④ 县文物管理小组:2010 年属市文物管理委员会。

续表 35-3-3-3

序号	文物名称	质地	时代	尺寸(厘米)或重量(克)	现状	鉴定等级	来源
13	龙泉窑青釉刻画花长颈盘口带盖瓷瓶	瓷	北宋	通长 16.4 厘米,通宽 16.2 厘米,通高 31.7 厘米	基本完整	二级	1986—1987 年,龙泉县打击盗掘和走私文物“专业队”收缴移交
14	龙泉窑青釉带盖五管瓷瓶	瓷	南宋	通长 11.8 厘米,通宽 11.8 厘米,通高 21.8 厘米	完整	二级	1987 年 8 月,龙泉县剑湖乡[①]安吉村村民盗掘古墓出土,后被公安、工商、文物部门组成的“专业队”查获,收缴并移交本馆收藏
15	龙泉窑青釉刻画花盂口瓷瓶	瓷	北宋	通长 13.5 厘米,通宽 13.5 厘米,通高 22.4 厘米	严重残缺(含缺失部件)	二级	1977 年,原林垟乡[②]秋畈村出土
16	龙泉窑青釉刻画牡丹纹瓷粉盒	瓷	北宋	通长 11.4 厘米,通宽 11.4 厘米,通高 3.7 厘米	基本完整	二级	1983 年,龙泉小梅至瑞垟改线公路,金村大窑畈窑址出土
17	龙泉窑青釉弦纹瓷梅瓶	瓷	南宋	通长 10.3 厘米,通宽 9.8 厘米,通高 19.8 厘米	基本完整	二级	1986—1987 年,龙泉县打击盗掘和走私文物专业队收缴,移交本馆收藏
18	龙泉窑青釉刻莲瓣纹六管瓷瓶	瓷	北宋	通长 13.3 厘米,通宽 13.3 厘米,通高 17.8 厘米	严重残缺(含缺失部件)	二级	1989 年 9 月,龙渊镇九村吴章福(吴小忠)非法收购。被公安、工商、文物部门组成的打击盗掘和走私文物“专业队”查获,收缴并移交本馆收藏
19	龙泉窑青釉双系长颈盘口瓷瓶	瓷	五代	通长 15.1 厘米,通宽 15 厘米,通高 27.5 厘米	基本完整	二级	1986 年 12 月,龙泉县打击盗掘和走私文物专业队收缴,移交
20	龙泉窑青釉刻画花长颈盘口带盖瓷瓶	瓷	北宋	通长 16.4 厘米,通宽 16.4 厘米,通高 35.3 厘米	基本完整	二级	1986—1987 年,龙泉县打击盗掘和走私文物“专业队”收缴,移交本馆收藏
21	龙泉窑青釉堆塑虎纹带盖瓷瓶	瓷	南宋	通长 14.3,通宽 13.8,通高 30.6	基本完整	二级	1986 年 6 月,查田镇查三村,吴青根等人,在大虎弯盗掘出土
22	龙泉窑青釉瓷卧足碗	瓷	元	通长 14.2,通宽 14.2,通高5.2	完整	二级	1986 年,龙泉宝溪乡溪头村在建造电瓷厂的基建工地出土,并向县文物管理部门报告,由当时打击盗掘和走私文物专业队收取,移交本馆收藏

① 剑湖乡:2010 属兰巨乡。

② 林垟乡:2010 年属塔石乡。

续表 35-3-3-3

序号	文物名称	质地	时代	尺寸(厘米)或重量(克)	现状	鉴定等级	来　源
23	龙泉窑青釉三足钵式瓷炉	瓷	元	通长13.2厘米，通宽13.2厘米，通高5.9厘米	基本完整	二级	1988年，龙泉县瀑云乡①翁某等人盗掘古墓出土，后被公安、工商、文物部门组成的“专业队”查获收缴，并移交本馆收藏
24	龙泉窑青釉棒槌式长颈瓷瓶	瓷	南宋	通长13.2厘米，通宽13.1厘米，通高29.6厘米	基本完整	二级	1989年8月7日，龙泉车站派出所查获收缴，并移交本馆收藏
25	龙泉窑青釉棒槌式长颈瓷瓶	瓷	南宋	通长13.2厘米，通宽13.1厘米，通高29.8厘米	基本完整	二级	1989年8月7日，龙泉车站派出所查获收缴，并移交本馆收藏
26	龙泉窑青釉印福禄寿纹瓷盘	瓷	元	通长17.4厘米，通宽17.4厘米，通高4.5厘米	基本完整	二级	1985年1月30日，查田镇溪口村村民在劳动中出土，后由该村文保员吴观佑征得，上送县文管物管理委员会收藏
27	龙泉窑青釉开片瓷碗	瓷	元	通长16.8厘米，通宽16.6厘米，通高6.5厘米	完整	二级	1979年10月，龙泉县茶丰乡墩头村出土
28	龙泉窑青釉开片瓷盘	瓷	元	通长16.3厘米，通宽16.2厘米，通高4.5厘米	基本完整	二级	1979年3月，为配合紧水滩水库沿线考古发掘，在龙泉市道太乡坑口村上严儿自然村征得
29	龙泉窑青釉刻云凤纹玉壶春瓷瓶	瓷	明	通长14.7厘米，通宽14.7厘米，通高29.5厘米	基本完整	二级	1980年7月，原龙泉县供村乡在龚村明正德墓出土
30	龙泉窑青釉荷叶盖瓷罐	瓷	明	通长13.6厘米，通宽13.6厘米，通高11.4厘米	完整	二级	1980年7月，原龙泉县供村乡在龚村明正德墓出土
31	龙泉窑青釉花口小瓷碗	瓷	明	通长8.5厘米，通宽8.3厘米，通高4.5厘米	完整	二级	1980年7月，原龙泉县供村乡在龚村明正德墓出土
32	龙泉窑青釉刻花高足瓷杯	瓷	明	通长11.6厘米，通宽11.6厘米，通高8.7厘米	完整	二级	1980年7月，原龙泉县供村乡在龚村明正德墓出土
33	龙泉窑青釉花口贴露胎贴花云鹤纹盘	瓷	明	通长16.5厘米，通宽16.5厘米，通高3.1厘米	完整	二级	1980年7月，原龙泉县供村乡在龚村明正德墓出土
34	龙泉窑青釉鼎式瓷炉	瓷	明	通长12.3厘米，通宽12.3厘米，通高8.5厘米	完整	二级	1980年7月，原龙泉县供村乡在龚村明正德墓出土
35	龙泉窑青釉连座式琮式瓷瓶	瓷	明	通长5.8厘米，通宽5.6厘米，通高14.3厘米	完整	二级	1980年7月，原龙泉县供村乡在龚村明正德墓出土
36	龙泉窑青釉长颈瓷瓶	瓷	元	通长9.9厘米，通宽9.9厘米，通高14.6厘米	基本完整	二级	1979年，安仁口村会计季天佑捐献

① 瀑云乡：2010年属龙泉市八都镇石坑村。

续表 35-3-3-3

序号	文物名称	质地	时代	尺寸(厘米) 或重量(克)	现状	鉴定等级	来　源
37	龙泉窑青釉瓷执壶	瓷	明	通长 18.1 厘米,通宽 12.5 厘米,通高 17 厘米	基本完整	二级	龙泉县福源乡①安福村窑址出土,1984 年 4 月 21 日,征集
38	龙泉窑青釉瓷执壶	瓷	明	通长 16.3 厘米,通宽 10.9 厘米,通高 15.3 厘米	基本完整	二级	1987 年,在安福村文物普查时征得,由金成章捐献
39	龙泉窑青釉花口高足瓷杯	瓷	明	通长 12.6 厘米,通宽 12 厘米,通高 11.9 厘米	基本完整	二级	1982 年 3 月 12 日,大窑村征集
40	龙泉窑青釉印历史人物故事纹瓷碗	瓷	明	通长 14.5 厘米,通宽 14.5 厘米,通高 8.5 厘米	基本完整	二级	1984 年 3 月 2 日,原福源乡安福村金可校捐献
41	龙泉窑青釉模印瓷蔴鼓	瓷	明	通长 6.8 厘米,通宽 6.7 厘米,通高 4.7 厘米	完整	二级	1979 年,龙泉大窑出土
42	龙泉窑青釉历史人物故事纹瓷碗	瓷	明	通长 17.9 厘米,通宽 17.7 厘米,通高 10.4 厘米	完整	二级	1986 年,从龙渊镇后甸村张金根处查获收缴
43	龙泉窑青釉瓜棱形长颈盘口瓷瓶	瓷	北宋	通长 15.4 厘米,通宽 15.4 厘米,通高 30.6 厘米	基本完整	二级	1984—1986 年,龙泉县打击盗掘走私文物"专业队"收缴,移交本馆收藏
44	龙泉窑青釉唇口瓷瓶	瓷	五代	通长 16.4 厘米,通宽 16.4 厘米,通高 26 厘米	基本完整	二级	1986—1987 年,龙泉市打击盗掘和走私文物专业队收缴,并移交本馆收藏
45	龙泉窑青釉带盖五管瓷瓶	瓷	南宋	通长 13.6 厘米,通宽 13.6 厘米,通高 23.8 厘米	完整	二级	1988 年 10 月,龙泉市查田镇查三村出土,后被公安、工商、文物部门组成的打击盗掘和走私文物"专业队"收缴,并移交本馆收藏
46	龙泉窑青釉带盖五管瓷瓶	瓷	北宋	通长 13.9 厘米,通宽 13.9 厘米,通高 25.4 厘米	基本完整	二级	1987 年4 月,龙泉县剑湖乡②独田村村民盗掘出土,后被公安、工商、文物部门组成的打击盗掘和走私文物"专业队"查获,收缴并移交本馆收藏
47	龙泉窑青釉带盖五管瓷瓶	瓷	北宋	通长 14.2 厘米,通宽 14.1 厘米,通高 30.1 厘米	基本完整	二级	1986—1987 年,龙泉县打击盗掘和走私文物"专业队"收缴,移交本馆收藏
48	龙泉窑青釉双系瓷执壶	瓷	北宋	通长 13.2 厘米,通宽 11 厘米,通高 19.8 厘米	基本完整	二级	1989 年 7 月,瀑云蜈蚣村出土,打击盗掘专业队收缴移交本馆
49	龙泉窑青釉凤尾瓷瓶	瓷	元	通长 9.2 厘米,通宽 9.2 厘米,通高 18.7 厘米	基本完整	二级	1989 年 1 月 27 日,原县体育场(今废)工地出土

① 福源乡:2010 年属龙泉市安仁镇。
② 剑湖乡:2010 年属龙泉市兰巨乡。

续表 35-3-3-3

序号	文物名称	质地	时代	尺寸(厘米)或重量(克)	现状	鉴定等级	来　源
50	龙泉窑青釉龙瓷瓶	瓷	南宋	通长 13.3 厘米，通宽 13.2 厘米，通高 24 厘米	严重残缺（含缺失部件）	二级	1990 年，龙泉公安局城郊派出所收缴，移交本馆收藏
51	龙泉窑青釉刻划花五管瓶	瓷	北宋	通长 12.5 厘米，通宽 12.5 厘米，通高 27.9 厘米	基本完整	二级	1977 年，村垟乡秋畈村村民吴昌福在建房时挖出，后送至县文物管理委员会收藏
52	龙泉窑青釉带盖五管瓷瓶	瓷	北宋	通长 18.9 厘米，通宽 18.9 厘米，通高 31.3 厘米	残缺	二级	1991 年7 月，盛溪乡[①]吴岱村季樟星挖掘出土，于同年7 月 13 日上交本馆收藏
53	龙泉窑青釉带盖五管瓷瓶	瓷	五代	通长 16.5 厘米，通宽 16.4 厘米，通高 33.3 厘米	基本完整	二级	1984—1986 年，龙泉县打击盗掘和走私文物“专业队”收缴，移交本馆收藏
54	影青龙首水注	瓷	南宋	通长 9.1 厘米，通宽 8.1 厘米，通高 7.8 厘米	完整	二级	1989 年 9 月，龙泉车站派出所查获，并移交本馆收藏
55	影青龙首瓜棱形瓷水注	瓷	南宋	通长 13.3 厘米，通宽 11.2 厘米，通高 13.9 厘米	完整	二级	1989 年 9 月，龙泉车站派出所查获，并移交本馆收藏
56	龙泉窑青釉双系盘口瓷瓶	瓷	五代	通长 14.8 厘米，通宽 14.8 厘米，通高 30 厘米	基本完整	二级	1986—1987 年，龙泉县打击盗掘和走私文物专业队收缴移交
57	龙泉窑青釉带盖五管瓷瓶	瓷	北宋	通长 15.6 厘米，通宽 15.6 厘米，通高28.5 厘米	基本完整	二级	1989 年12 月，龙泉县城北乡季岱村出土
58	龙泉窑青釉带盖五管瓷瓶	瓷	北宋	通长 14.9 厘米，通宽 14.4 厘米，通高 26.1 厘米	基本完整	二级	1990 年 10 月，龙泉市兰巨乡桐山村叶楠等盗掘出土
59	龙泉窑青釉刻画花瓷梅瓶	瓷	北宋	通长 18.7 厘米，通宽 18.3 厘米，通高36.1 厘米	基本完整	二级	1994 年 10 月，兰巨乡蜜蜂岭村村民盗掘出土

2010 年青田县文管会一、二级文物一览

表 35-3-3-4

序号	文物名称	质地	时代	尺寸(厘米)或重量(克)	现状	鉴定等级	来 源
1	龙泉窑青瓷葫芦瓶	青瓷	元	口径 4.4 厘米，足径 7.5 厘米，最大腹径 16 厘米，高 30 厘米	完整	一级	采集
2	龙泉窑青瓷玉壶春瓶	青瓷	元	口径 7.4 厘米，足径 7.4 厘米，高 25.5 厘米	微残	一级	采集
3	龙泉窑青瓷带座如意大吉瓶	青瓷	元	口径 2.2 厘米，足径 4.2 厘米，高 20 厘米	完整	一级	采集
4	龙泉窑青瓷金刚杵碗	青瓷	元	口径 20.7 厘米，足径 7.2 厘米，高 9 厘米	微残	一级	采集
5	龙泉窑青瓷刻花牡丹碗	青瓷	元	口径 170 厘米，足径 5.8 厘米，高 7 厘米	完整	一级	采集
6	龙泉窑青瓷刻花牡丹碗	青瓷	元	口径 21.2 厘米，足径 7.5 厘米，高 8.9 厘米	完整	一级	采集

① 2010 年称城北乡。

续表 35-3-3-4

序号	文物名称	质地	时代	尺寸(厘米)或重量(克)	现状	鉴定等级	来源
7	龙泉窑青瓷刻花牡丹碗	青瓷	元	口径 20.8 厘米，足径 7.5 厘米，高 9 厘米	完整	一级	采集
8	龙泉窑青瓷菱瓣荷花大盘	青瓷	元	口径 34 厘米，足径 16.5 厘米，高 6.7 厘米	完整	二级	采集
9	龙泉窑青瓷刻花缠枝菊瓣大盘	青瓷	元	口径 34 厘米，足径 12 厘米，高 8 厘米	完整	二级	采集
10	龙泉窑青瓷刻花牡丹碗	青瓷	元	口径 21 厘米，足径 7.5 厘米，高 8.7 厘米	基本完整	二级	采集

2010 年云和县馆藏一、二级文物一览

表 35-3-3-5

序号	文物名称	质地	时代	尺寸(厘米)或重量(克)	现状	鉴定等级	来源
1	龙泉窑青瓷瓜棱执壶	瓷	北宋	口径 6.4 厘米，底径8.5 厘米，高 25.8 厘米	稍残	一级	出土
2	龙泉窑青瓷双线莲瓣纹梅瓶	瓷	北宋	口径 5 厘米，足径 8.5 厘米，高 29.5 厘米	稍残	一级	出土
3	青铜海兽葡萄镜	青铜	唐	直径 9.6 厘米，厚 1 厘米	完整	二级	出土
4	青铜弩机	青铜	汉	高 15.2 厘米，长12.6 厘米	完整	二级	出土
5	龙泉窑青瓷素面小执壶	瓷	明	口径 3.9 厘米，足径 4.3 厘米，高 8.9 厘米	完整	二级	出土

2010 年庆元县香菇博物馆馆藏一、二级文物一览

表 35-3-3-6

序号	文物名称	质地	时代	尺寸(厘米)或重量(克)	现状	鉴定等级	来源
1	龙泉窑六管盖瓶	瓷	北宋初期	高 33.5 厘米，口 10 厘米，足径 10.2 厘米	器盖 2 处受损，经黏合修补	一级	竹口一带打击盗掘(缴获、公安局移交)
2	龙泉窑莲纹盘口瓶	瓷	北宋	通高 31.5 厘米，口 10 厘米，底 8.5 厘米	钮盖残损，口部残缺 1 处	一级	墓葬出土。1997 年，竹口征集
3	越窑谷仓	瓷	西晋	高 50 厘米，腹 27.5 厘米，底 5.5 厘米	堆塑部分局部受损	二级	县工商局新窑检查站缴获
4	褐彩淡青釉大盖罐	瓷	唐	口 34.5 厘米，高 68 厘米，腹径 35.7 厘米，底 13.5 厘米	腹部有多条裂痕	二级	2000 年 10 月，竹口镇出土，松源镇练发勇移交

2010年缙云县博物馆馆藏二级文物一览

表35-3-3-7

序号	文物名称	质地	时代	尺寸(厘米)或重量(克)	现状	鉴定等级	来源
1	民国处州军政分府光复处州纪念章	其他金属	民国	长7.5厘米，宽5.5厘米	完整	二级	靖岳址墩李柏丁所有，李金兰捐
2	1947年"浙东人民解放军第三总队政治部"木印	木	民国	长13厘米，宽2.5厘米，高3.4厘米	完整	二级	1994年，党史办诸葛蓉征集(老游击队员李民英从方溪乡北坑村征集，原收藏人为胡旺兴)
3	1947年"浙东人民解放军第三总队政治部关防"木印	木	民国	长7.6厘米，宽4.8厘米	完整	二级	1994年，党史办诸葛蓉征集(老游击队员李民英从方溪乡北坑村征集，原收藏人为胡旺兴)
4	云龙纹双鹊衔绶月宫镜	铜	唐代	直径15.1厘米	完整	二级	1997年10月6日，仙都派出所移交
5	七乳七禽镜	铜	南北朝	直径10.9厘米，厚0.6厘米	完整	二级	1991年7月14—18日，新建洋山红砖厂出土
6	龙泉窑青瓷蛙人水盂	青瓷	元代	口经1.9厘米，底径5.3厘米	完整	二级	三里出土
7	点彩双复系青瓷盘口壶	青瓷	东晋	高22.5厘米，口经12.5厘米	完整	二级	1996年10月29日，永康农经委交换应均书法一幅
8	张瑞图行书轴	丝	明代	纵160厘米，横38厘米	完整	二级	旧藏，20世纪50年代上交
9	孟习欧山水图轴	丝	明代	纵167厘米，横25厘米	完整	二级	旧藏，樊震初，20世纪50年代上交

2010年遂昌县文管办馆藏一级文物一览

表35-3-3-8

序号	文物名称	质地	时代	尺寸(厘米)或重量(克)	现状	鉴定等级	来源
1	青瓷弦纹带盖瓶(太白瓶)	瓷	南宋	底径7.4厘米，通高28厘米，盖高4.3厘米，盖径7.3厘米	完整	一级	松阳出土，分县后留作纪念
2	青瓷弦纹带盖瓶(太白瓶)	瓷	南宋	底径7.1厘米，通高28厘米，盖高4.5厘米，盖径7.4厘米	完整	一级	松阳出土，分县后留作纪念
3	青黄釉长颈瓶	瓷	南宋	高30厘米，口径12.2厘米，底10.2厘米	口沿有一缺口	一级	1990年1月20日，公安局交
4	青瓷虎瓶	瓷	南宋	高30厘米，口径12.2厘米，底10.3厘米	完整	一级	梅溪庵出土，李小福交

2010年遂昌县文管办馆藏二级文物一览

表 35-3-3-9

序号	文物名称	质地	时代	尺寸（厘米）或重量（克）	现状	鉴定等级	来源
1	四系点彩青瓷盘口壶	瓷	东晋	高23.2厘米，底径10.4厘米，口径12.5厘米	完整	二级	1991年8月3日，妙高前山出土
2	青瓷玉管龙瓶	瓷	南宋	高23.8厘米，底径7.5厘米，口径8厘米	管有破损	二级	妙高梅溪庵出土，李小福交
3	白瓷青花盖瓶	瓷	明	高11厘米，底径5.7厘米，口径4.5厘米	完整	二级	1987年12月25日，王村口山旱坪出土
4	白瓷青花盖瓶	瓷	明	高11厘米，底径5.7厘米，口径4.5厘米	完整	二级	1987年12月26日，王村口山旱坪出土
5	青釉双耳三足炉	瓷	南宋	通高11.2厘米，口径12厘米	完整	二级	县刑警队交，大柘后山村“吴处”古墓出土，2006年6月15日，收集
6	赭色缎寿被	瓷	清	长20.6厘米，宽107厘米	有残洞	二级	乾隆五十一年(1786)墓出土
7	青瓷瓶	瓷	北宋	高22.6厘米，口沿9.6厘米，圈足8厘米	完整	二级	1958年9月22日，大柘横街出土
8	青瓷虎子	瓷	西晋	长20.5厘米，口径6.7厘米	完整	二级	流散
9	遂昌令印	青铜	汉	高2.5厘米，底边长2.5厘米×2.6厘米	完整	二级	滕州市博物馆调拨

2010年松阳县博物馆馆藏一、二级文物一览

表 35-3-3-10

序号	文物名称	质地	时代	尺寸（厘米）或重量（克）	现状	鉴定等级	来源
1	龙泉窑粉青釉凤耳瓶	青瓷	南宋	口径10厘米，高27厘米，底径10.3厘米	完整	一级	1983年，西屏镇道班工地出土
2	龙泉窑青釉弦纹盖瓶	青瓷	南宋	口径6.5厘米，通高28.2厘米，盖高4.3厘米，底径7.1厘米，盖径5.9厘米	完整	一级	1979年4月，水南乡横山村出土
3	青瓷刻花小口瓶	青瓷	北宋	口径5.5厘米，底径9.4厘米，通高35厘米	完整	一级	1977年4月，古市镇出土
4	贴S纹原始瓷罐	青瓷	西周	口径13.5厘米，底径12厘米，高15厘米	完整	一级	1986年8月，新兴乡大石村出土
5	青釉印花罍	青瓷	三国	口径22.5厘米，底径17厘米，高34.5厘米	完整	一级	1994年7月30日，赤寿乡择子山出土
6	青瓷罐	青瓷	三国	口径13厘米，底径9.8厘米，高19.5厘米	完整	一级	1994年11月2日，阳溪乡周垒村坛砝岩嘴出土

续表 35-3-3-10

序号	文物名称	质地	时代	尺寸(厘米)或重量(克)	现状	鉴定等级	来源
7	龙泉窑青釉弦纹盖瓶	青瓷	南宋	口径5.5 厘米，底径 7.1 厘米，高 27.2 厘米，盖径 7.2 厘米，盖高 4.3 厘米	完整	二级	1979 年5 月，水南乡横山村出土
8	龙泉窑青釉弦纹瓶	青瓷	南宋	口径 3.5 厘米，底径 7.2 厘米，高 21.4 厘米	完整	二级	1979 年 5 月，水南乡横山村出土
9	龙泉窑青釉刻花梅瓶	青瓷	北宋	口径 5.4 厘米，底径 9.4 厘米，高35 厘米	口沿一处稍缺，粘合，长3 厘米	二级	1979 年 4 月，水南乡横山村出土
10	景德镇窑影青瓜棱执壶	青瓷	南宋	口径 6.8厘米，底径 9.4 厘米，通高 16 厘米，盖径 7.2 厘米	嘴口沿稍损，长度 0.8 厘米，执柄断裂后黏合	二级	1985 年 2 月，西屏镇水牵面弄出土
11	龙泉窑粉青釉凤耳瓶	青瓷	南宋	口径 9.8 厘米，底径 10.2厘米，高 27 厘米	圈足两处破损，分别为 2.5 厘米和 2 厘米	二级	1983 年，西屏镇道班工地出土
12	龙泉窑青釉菱口大盘	青瓷	元	口径 33.2 厘米，底径 13.5 厘米，高 7.3 厘米	完整	二级	1984 年 8 月，蛤湖乡政府基建工地出土
13	龙泉窑青釉菱口大盘	青瓷	元	口径 33.7 厘米，底径 13.9 厘米，高 6.8 厘米	完整	二级	1984 年 8 月，蛤湖乡政府基建工地出土
14	龙泉窑青釉菱口大盘	青瓷	元	口径 33.7 厘米，底径 13.9 厘米，高 6.6 厘米	完整	二级	1984 年 8 月，蛤湖乡政府基建工地出土
15	龙泉窑青釉菱口大盘	青瓷	元	口径 33.6 厘米，底径 13.3 厘米，高 6.7 厘米	完整	二级	1984 年 8 月，蛤湖乡政府基建工地出土
16	龙泉窑青釉菱口大盘	青瓷	元	口径 33.3 厘米，底径 13.9 厘米，高 7.1 厘米	完整	二级	1984 年 8 月，蛤湖乡政府基建工地出土
17	龙泉窑青釉菱口大盘	青瓷	元	口径 32.3 厘米，底径 16.5 厘米，高 6.7 厘米	完整	二级	1984 年8 月，蛤湖乡政府基建工地出土
18	云雷纹圆底深腹带把硬陶罐	陶	商	口径 10.2 厘米，腹径 14.5 厘米，高 17 厘米	口沿4 处稍残损	二级	1984 年，古市镇出土
19	龙泉窑青瓷刻花粉盒	青瓷	北宋	口径 12.3 厘米，高 4 厘米	盖边缘稍损 0.5 厘米	二级	1986 年 8 月，水南乡出土
20	重列式神兽镜	铜	西晋	直径 12.2 厘米，厚 0.3 厘米，钮径 2.6 厘米	基本完整。镜中心有一裂痕，长 6.6 厘米	二级	1987 年9 月，古市镇东角垄盗墓案，古市派出所移交
21	景德镇窑影青莲瓣碗	青瓷	南宋	口径 12 厘米，底径 6.2 厘米，高 7 厘米	完整	二级	1988 年 3 月，古市镇阴岗山出土
22	印纹硬陶盉	陶	商	口径 4.4 厘米，底径 8.8 厘米，高 18.4 厘米，嘴径 2.7 厘米	嘴部 4/3 稍残，底部 3 处稍残，分别 1.5厘米，2 厘米，2.2 厘米。鋬由多块黏接而成	二级	1988 年6 月，新兴乡出土

续表 35-3-3-10

序号	文物名称	质地	时代	尺寸(厘米)或重量(克)	现状	鉴定等级	来源
23	青瓷盘口壶	青瓷	三国	口径11.5厘米，底径14厘米，高24厘米	口沿有1处破损，腹至底部有1道裂纹	二级	1994年11月2日，阳溪乡周坌村坛砿岩嘴出土
24	景德镇窑菊瓣形粉盒	青瓷	南宋	母口径8.1厘米，子口径7厘米，底径5.5厘米，通高5.3厘米	完整	二级	2003年12月23日，西屏镇云岩山脚新华北路工业园区出土
25	景德镇窑菊瓣形粉盒	青瓷	南宋	母口径数据缺，子口径6.9厘米，底径5.6厘米，通高5.5厘米	完整	二级	2003年12月23日，西屏镇云岩山脚新华北路工业园区出土
26	景德镇窑影青菊瓣形碟	青瓷	宋	口径10.2厘米，底径4.4厘米，高2.3厘米	完整	二级	2003年12月23日，西屏镇云岩山脚出土
27	景德镇窑影青菊瓣形碟	青瓷	宋	口径10厘米，底径3.9厘米，高2.5厘米	完整	二级	2003年12月23日，西屏镇云岩山脚出土
28	景德镇窑影青菊瓣形碟	青瓷	宋	口径10厘米，底径4厘米，高2.5厘米	完整	二级	2003年12月23日，西屏镇云岩山脚出土
29	景德镇窑影青菊瓣形碟	青瓷	宋	口径10.1厘米，底径4.2厘米，高2.5厘米	完整	二级	2003年12月23日，西屏镇云岩山脚出土
30	景德镇窑影青菊瓣形碟	青瓷	宋	口径10.2厘米，底径4.1厘米，高2.4厘米	完整	二级	2003年12月23日，西屏镇云岩山脚出土
31	龙泉窑青瓷菊花纹盘	青瓷	南宋	直径18.5厘米，底径6.1厘米，高4.3厘米	完整	二级	2003年12月23日，西屏镇云岩山脚出土
32	龙泉窑青瓷菊花纹执壶	青瓷	宋	口径7.2厘米，底径11.4厘米，高18厘米	口沿1处略损，长度2.5厘米，壶把有窑粘	二级	2003年12月23日，西屏镇云岩山脚出土
33	龙泉窑青瓷缠枝花纹器座	青瓷	南宋	直径13.4厘米，底径11.4厘米，高7.2厘米	完整	二级	2003年12月23日，西屏镇云岩山脚出土
34	景德镇窑影青带盖执壶	青瓷	南宋	口径5厘米，底径6.8厘米，高16.2厘米	完整	二级	2003年12月23日，西屏镇云岩山脚出土
35	景德镇窑影青四系小罐	青瓷	南宋	口径3.8厘米，底径3.9厘米，高8.4厘米	完整	二级	2003年12月23日，西屏镇云岩山脚工业园区出土

续表 35-3-3-10

序号	文物名称	质地	时代	尺寸(厘米)或重量(克)	现状	鉴定等级	来源
36	景德镇窑影青瓷罐	青瓷	宋	口径 9.8 厘米,底径 3.4 厘米,高 8.4 厘米	完整	二级	2003 年 12 月 24 日,西屏镇云岩山脚工业园区出土
37	建窑黑釉扣银盏	青瓷	宋	口径 12.5 厘米,底径 3.7 厘米,高 5.1 厘米	裹银口 1/4 损毁	二级	2003 年 12 月 24 日,西屏镇云岩山脚工业园区出土
38	扣银花口漆碗	青瓷	宋	口径 13.2 厘米,底径 6.6 厘米,高 7.1 厘米	口有 2 瓣残破,长 8.5 厘米,外底有 2 处漆脱落,内底有 1 处漆脱落,内部有一细裂纹,长 2.5 厘米	二级	2003 年 12 月 24 日,西屏镇云岩山脚工业园区出土
39	裹银漆盒	青瓷	宋	高 4 厘米,通高 12.5 厘米	器物严重残。裹银全部脱落,子口、母口部分损毁,仔屉稍残	二级	2003 年 12 月 24 日,西屏镇云岩山脚工业园区出土

2010 年景宁畲族自治县馆藏二级文物一览

表 35-3-3-11

序号	文物名称	质地	时代	尺寸(厘米)或重量(克)	现状	鉴定等级	来源
1	1949 年土药炮	木铁	民国	纵 230 厘米,横 8 厘米	铁锈	二级	1986 年,征集入馆

第四章　文物保护

20 世纪 40—80 年代,由于自然、人为等因素,丽水文物受到不同程度的损坏。1985 年开始,丽水先后开展文物普查 3 次。完善文物保护措施,先后实施南明门古城墙、丽阳门古城墙、观音阁、通济堰堰头村村街古道、陈诚故居、王村口革命纪念建筑群、延庆寺塔基础设施建设、龙泉浙大分校旧址等一大批文物保护修缮工程,并对历史文化遗存丰富的省级历史文化名城、省级历史文化保护区、历史文化村镇加以重点保护。

第一节　文物普查

1985年和 2002 年,丽水市先后进行文物普查 2 次。2007 年 9 月至 2011 年 12 月,丽水市第 3 次文物普查。丽水市组建普查队19个，一线普查员79人，全面普查丽水市行政村3471个，自然村12935个。行政村到达率100%，自然村到达率95%。调查野外不可移动文物1万多处，录入文本8185处，其中新发现6341处、复查1844处、信息点2809处，消失文物347处，其中新发现6341处，复查1844处。内容涵盖古遗址495处、古墓葬221处、古建筑5422处、石窟寺及石刻131处、近现代重要史迹及代表性建筑1907处、其他9处。普查登记的对象包括不可移动文物的各种类型，文化内涵深厚，具有较高的历史、科学、艺术价值。普查工作注重普查与保护工作相结合，2009年9月18日，丽水市本级公布第四批市级文物保护单位，各县(市、区)也相继公布市、县级文物保护单位和文物保护点。

第二节　文物保护工程

省级历史文化名城

2000年1月21日，松阳和龙泉入选浙江省第二批省级历史文化名城。

松阳县　松阳县始建于东汉建安元年(196)，历史有1800多年，当时的县域包括2010年丽水市全部和武义、台州等地的一部分，是浙西南开发、建县最早的县。县治在松阳县古市镇，属会稽郡。唐贞元年间(785—805)迁至紫荆村[1]。松阳四望松阴溪如带，层峦迭翠，松古盆地如金瓯玉盆，美丽富饶，人杰地灵，名胜古迹众多，素有“文物之邦”“处州粮仓”之美誉。

松阳历史悠久，文化遗存丰厚。城南及古市新石器时代遗存点出土的石斧、石镞、石环，城西紫荆村、石门等地出土的商代印纹陶器，等等，证明早在四千多年以前我们的祖先就在松阳这块古老、富饶的土地上劳动、生息。

县城西屏镇明清至民国初年建筑风格的传统街区，前店后宅，依旧集贸繁荣，人气兴旺。保存较好的文物建筑有汤兰公所(又名关圣宫)、城隍庙、文庙、药王庙、夫人庙、太保庙等，这多庙并存的文化现象给人以一种神秘的感觉。漫步古街，洋溢着浓厚的历史文化信息。位于城西的省级文保单位延庆寺塔是江南诸塔中保存最完整的北宋原物。城东建于明代弘治九年(1496)的省级文保单位詹宝兄弟进士牌坊，具有很高的历史和艺术价值，重教崇学历史故事对当今社会仍具有现实意义。位于北郊被誉为木雕艺术殿堂的黄家大院，高品位的艺术价值和深层次的文化内涵，被越来越多的人所憧憬和认识。距县城25千米处具有山地特色的清代民居群40多幢，规模恢宏，鳞鳞大厦布列于青山绿水间的石仓省级历史文化保护区，为今人提供思古探源，研究地方发展史、人口迁移、民俗风情、建筑艺术等方面提供实物资料，也为发展旅游经济保存丰富的文化资源。

龙泉市　龙泉是一座具有悠久历史和光荣革命斗争史的浙西南边缘山城，素有“处州十县好龙泉”和“瓯婺八闽通衢”之美誉。从牛门岗一带古文化遗址出土的磨制石器和陶器表明，早在新石器时代晚期就有先民在这块土地上劳动生息。春秋战国时期开始铸造龙泉宝剑。尤以“坚韧锋利、刚柔并寓、寒光逼人、纹饰巧致”之特色而驰誉中外，亦成为龙泉置县之标志。龙泉青瓷以其青丽的釉色，

---

① 紫荆村:2010属西屏镇。

优美的造型而久负盛名，被誉为青瓷皇冠上的一颗璀璨明珠。龙泉制瓷具有一千多年的历史，到南宋和元代，龙泉窑进入鼎盛时期，制瓷技艺登峰造极，形成一个窑场众多、范围很广的龙泉窑系。今龙泉境内就有窑址 364 处。龙泉青瓷由宋代起即远销亚、非、欧三大洲的许多国家和地区，为世界文明作出重要的贡献。龙泉是香菇栽培的发源地，人工栽培香菇约始于宋代，到元代成为龙泉农村的主要产业。宋嘉定二年(1209)，何澹著《龙泉县志》中就把种植香菇技术之精华概括成 185 个字，在时间上比 1313 年王桢在农书《菌子》篇中所载香蕈部分的记述提前 104 年。宋代龙泉文人辈出，从北宋天圣二年(1024)至南宋淳熙十年(1274)的 250 年间，龙泉就有进士 246 人，其中北宋熙宁六年(1073)全国及第进士 596 人，浙江 37 人，处州 19 人，而龙泉就占 11 人。古老的龙泉山城形成以龙泉青瓷、宝剑、香菇为特色，融儒、佛、道三教文化为一炉的龙泉文化。有国家级重点文保单位 1 处、省级文保单位 4 处、市级文保单位 42 处。

省级历史文化保护区(历史文化村镇)

截至 2010 年，丽水市有省级历史保护区(历史文化村镇)9 处。

独山村　独山村位于遂昌县城西部九龙山麓乌溪江畔，距遂昌县城约 55 千米。村庄周围高山耸立，村西天马山孤峰独峙，村以山名——独山村。独山曾是遂昌古时有名的寨村，村中尚有保存完好的谯楼、残垣断壁的寨墙。寨墙分南墙和北墙，与独山的天马山和笔峰、石梯诸峰相连，使独山村处于寨墙和高山环抱之中。明万历年间(1573—1620)，汤显祖任遂昌知县，和独山村叶澳结为至交，多次游览独山，写有《赤壁望浦城》《青城山》等诗。据考证，南宋孝宗年间(1163—1164)，松阳县叶法善的后裔、古市卯山后村叶梦得(曾任尚书左丞相)的曾孙叶峦迁居独山，始成村落。历元至明，叶、朱、周、邵诸姓共居此。明天顺(1457—1468)以后，朱、周、邵 3 个姓相继外迁，村中以叶姓为主。明嘉靖四十一年(1562)，村人叶以蕃殿试得中二甲第 19 名进士，任官工部员外郎，父母均受到朝廷恩封。因此名声卓盛，村容大壮，民间有“独山府”之称。

独山村“明代一条街”，长约 200 米，宽约 3 米，南北走向，路面由板石和卵石铺砌而成。沿街有叶氏宗祠、葆守祠等；街道北端有财神庙，门内有古桂 1 棵和罗汉松 1 棵；街道南端有建于明隆庆三年(1569)石牌坊 1 座。村中还有明正统九年(1444)古井、明隆庆元年(1567)古井、明代未名古井。此外，村内还有栖灵岩摩崖、清乾隆十年(1745)的旌节牌门、同治年间(1862—1874)的蔡相庙等文物古迹。1991 年，独山村被公布为浙江省首批 3 个历史文化保护区之一。

河阳村　河阳村位于缙云县新建镇，距缙云县城之西 15 千米。村南北长 496 米，东西长 729 米，总面积 0.4 平方千米。为朱氏聚居地。村落内现存较为完整的明、清传统建筑，有四合院式“十八间”古民居 19 幢，其他古民居 10 多幢，现存古民居总计 1500 多间、朱氏大小宗祠 15 座、古庙 6 座、古桥 1 座、古井 24 口、传统商业街 1 条，还保存着较完整的元代风格的环村水系。河阳古民居保留传统建筑风格，白墙青瓦，屏风山墙，风格统一，古朴自然。前厅为堂、大天井小院落，布局合理，装饰考究，砖雕、石雕、牛腿、门窗、梁架、壁画等工艺细腻生动。河阳为浙西南古村落的代表，具有较高的历史、艺术、科学价值。村内与居民生活息息相关的多种多样的日用器物比比皆是。另外还保留剪纸工艺和民俗年画等传统民间艺术。2000 年，被公布为省级历史文化保护区。

石仓古民居群　石仓古民居群位于松阳县大东坝镇，名称来源于石洞流米拯救饥民的传说。居民自明末清初从福建上杭迁入，以阙氏为主家族地。自清乾隆嘉庆至咸丰同治，陆续建造宅院 18

幢。步入石仓，首先映入眼帘的是高翘的马头墙，错落有致的马头墙下是恢宏的门楼。近前细看，一座又一座雄伟的门楼上嵌有十分精致的砖雕，人物、花卉、鸟兽、寓意吉祥，栩栩如生。门楼内都有一庭院，大至一二百平方米，小则三五十平方米，地面用各色小卵石精心砌成各种图案。屋内雕梁画栋，流光溢彩，匾额齐整，斯文风雅，每幢大宅都有堂号，如怀德堂、光裕堂等，厅堂题额多当地显贵名流，内容多重耕崇学、彰善瘅恶。大厅内神龛保留完好，除大小节气进物上供外，除夕、新年隆重的祭祖仪式一如旧制。建于清乾隆年间（1736—1795）的“余庆堂”占地3260多平方米，内有厅堂9个，天井18个，立柱552根，有大小房间129间，正房、厨房、偏房自成格局又浑然一体。另一建于清道光年间（1821—1850）的“光裕堂”大院格局方正，四壁墙脚一色条石砌成，前后三进，为9间六客轩，仅天井四周走廊即可置放八仙桌24张宴请宾客。

松阳人口十之三四系八闽移民，自明清之际迄今300多年，绝大多数闽籍移民早与当地居民无异，唯石仓源一带山民仍操闽语、循闽俗。建造大型组合式建筑群合族而居，即是1例，正如福建永定“启承楼”“永隆昌”之类建筑群。2000年，石仓被浙江省人民政府列为省级历史文化保护区。

大济村　大济村位于庆元县城东南2.5千米，属松源镇管辖。东南群峰起伏，西北为河谷盆地。原名椤洋源，据大济《吴氏宗谱》记载，北宋景德元年（1004）五世孙吴崇煦迁居大济，始称大济村。宋天圣二年（1024）至明永乐十五年（1417），人口不足300人的大济村先后考取进士26人，故被誉为“进士村”。村落内传统风貌与格局保存基本完整，现存古驿道、古地道、卢福庙、吴氏宗祠、木拱廊桥、古墓葬、明清民居建筑群等诸多文物古迹。明清民居有聿新堂、怀德堂、齿德堂、挹清楼、修德堂、慎修堂等20多幢，古民居布局合理，造型古朴、工艺精细、具有鲜明的时代特征和浓厚的地方特色。自庆元城南门至大济村长约1千米的古驿道以青砖墁砌，做法特殊，具有明代遗风。埋藏在古村落地下的明代古地道更是神秘莫测，现暴露地表的地道口有7处。村落内有省级文保单位2处，包括古驿道、卢福庙，县级文保单位1处，包括古地道。2000年，被公布为省级历史文化保护区。

西溪村　莲都区西溪乡西溪村，又称锦溪，地处莲都区西北部。村落群山环抱、秀水临村，海拔823米的棋盘山屹立于西北，蜿蜒西行的锦溪“之”字形环村而过，西溪由此得名。全村总面积5.6平方千米，耕地面积599亩，山林面积7512亩，辖村民小组13个，425户，人口1246人。西溪始建于唐中和年间（881—885），距今有一千多年的历史。以李、朱两大姓氏为主，李舒为西溪村肇基始祖，朱氏于南宋建炎二年（1129）迁至西溪。村内贯穿南北的通京古道（稽勾古道）是栝苍古道形成之前处州人通往武义、金华直至进京城的必经之地。西溪村历史格局和自然风貌保存完整，明清时期的古民居鳞次栉比，面积约1万平方米。“正昌货号”“山川环拱”“沛国旧家”“怀古山房”“与德为邻”等古民居和宗祠20多座、商铺错落有致地分布在贯穿南北的通京古道两旁，处处透露着古朴独特、清新雅致之美。传统文化项目有采茶灯、板龙灯、楹联创作、根雕工艺、书画等。西溪村是省级“全面建设小康示范村”，2006年，被公布为第三批省级历史文化名镇。

王村口村　遂昌县王村口镇坐落在仙霞山脉的九龙山麓，乌溪江与其支流关川溪的汇合地带，古称王溪。初有王姓人定居于此，故亦名王村口。镇政府所在地即在王村口，西临乌溪江，关川溪由东而来，将村庄分为桥东、桥西行政村2个，呈三角形块状聚落。宏济桥连接桥东、桥西两村，形成一道独有韵味的风景。王村口水路与衢州相通，陆路与龙泉、江山、福建浦城相连，独到和优越的地理条件，使得王村口成为福建浦城、龙泉西北、遂昌西南一些地区的商品集散地。明末清初，有很多福建移民到此开山种靛，或开田种稻而定居下来。又有遂昌县城华姓族人、江西人、台州人、兰溪人等迁至王村口。清代中叶，安徽程姓商人也接踵而至，村庄日盛，王村口成为多姓聚居的集镇。镇内商业发达，市场繁荣，约略统计，民国16—22年间(1927—1933)，镇上有肉铺5家，药店4家、染坊3家、糕饼坊3家、烛坊1家、榨油坊3家、糖坊2家、转运行3家、佛香制作店1家、豆腐店约8家、食宿店约8家，销售地方特产和处进商品的综合商店约有20多家。乌溪江上专替王村口至衢州运载商品的小船100多艘。商业的兴盛，使王村口成为当年的浙西南名镇。老街两旁集中保留有清代建筑风格的天后宫、蔡相庙、廊屋桥、古民居、古店铺、古树等，这些清代建筑保存基本完整，布局合理，门楼、厅堂、门窗、牛腿、雀替等雕刻相当精致。老街两旁古民居群白墙灰瓦，硬山顶，马头墙高低错落有致，连绵成片，较完整地保留古村落的历史格局和传统风貌。王村口还是1处红色古镇。民国24年(1935)，粟裕率领红军挺进师进军浙西南，开辟以王村口为中心的游击根据地，成立浙西南特区王村口苏维埃政府，政府办公地点设在蔡相庙。挺进师师部设在桥西村程春和家。在王村口地区成立乡、村苏维埃政权，组织分田委员会、游击队、农会、妇女会等一系列组织，广泛深入地发动群众，开展轰轰烈烈的打土豪、分田地运动，革命形势如火如荼，谱写浙南3年游击战争的壮丽诗章。以王村口为中心的游击根据地在浙江革命史中具有重要地位。当年的苏维埃政府旧址、师部旧址，红军召开大会的宏济桥、天后宫均完整保存下来。

1997年，王村口红军挺进师革命旧址群被公布为省级文物保护单位，2001年，王村口被公布为省级革命传统教育和爱国主义教育基地，2006年，被公布为第三批省级历史文化名镇。

界首村　松阳县赤寿乡界首村位于松古平原入口处松阴溪畔，与遂昌县交界，故称界首。古村落依山傍水，呈带形块状聚落，村中老街与松阴溪和龙丽公路平行，呈西北至东南走向，历史上是松阳出境的古驿道。老街两旁集中保留有清代中期建筑风格的宗祠、庙宇、牌坊、古民居、古店铺22处之多，古井6口，古树6株。这些清代建筑均为白墙灰瓦，硬山顶马头墙，门楼、厅堂、格扇门窗等装饰五彩纷呈，木雕、砖雕技艺精湛。古民居群连绵成片，较完整地保留古村落的历史格局与传统风貌。界首村还是县内闻名的古文化村，历来有勤耕重读的好民风，早在清光绪三十二年(1906)，该村就开办“震东女子两等小学堂”，是浙西南地区较早招收女生的学校。界首具有千年历史文化积淀，是浙西南地区古村落变迁、发展的典范，古村落中文物古迹集中，区域内的建筑物、构筑物及道路、河流，古树等均为历史原物，具有较高的历史文化价值。2006年，被公布为第三批省级历史文化村镇。

上田村　龙泉市城北乡上田村位于松、遂、龙三县交界处，距龙渊镇约55千米。曾名蓝田，地处海拔455米高地，有较大田畈，因名上田。村民多数系毛姓族聚，清康熙年间(1662—1722)从遂昌关川迁此始居。上田村素有九桥十三碓，蓝田十景的美誉。老街东西走向，上田溪将村分为南北两面，村舍沿溪呈团聚状。其北面景观风貌遭到一定破坏，而南面老街区则保存较好，块石、卵石路面长约750米。老街俗称大路，据说清末民国初期间药铺有，济生堂、恒生堂、广生堂；商店有，顺源号、信源号、振源号、兴源号；还有糕饼店、水作坊等等。全村还较完整的保留着清末民国初期的古民居30多座，两侧的临街店铺等基本保存着清末民国初的格局。临街建筑绝大部分是清代至民国时期所建，白墙灰瓦，连绵成片。整个街区的街巷、道路、住宅等都较完整地保留传统风貌与历史格局。2006年，被公布为第三批省级历史文化村镇。

阜山村　阜山位于青田县城西南面12千米，海拔475米。四面环山，有“低山平原”的特征。村落布局紧密，王费潭、安店、朱岙、红富垟、周宅、陈宅连成一片。王费潭村部分古民宅沿公路两侧。安店村位于王费潭东面，一溪之隔，民宅建筑基本保持原貌，特别是安店老街店铺、步廊依然如故。周宅村紧依安店村南面，廊桥、宗祠及一批民国时期的民宅建筑保持原貌。陈宅村位于周宅村南面1千米处，村北古桥亭阁、宗祠、古树皆全，为一幅亮丽风景画。村内古廊桥、石板桥、鹅卵石垒砌的庭院式民宅，错落分布。岙底村紧依陈宅村南面，村貌与民宅等建筑基本保持原貌。朱岙村位于乡政府驻地西南面2.3千米处，除较有影响朱岙殿外，其他民宅建筑风格保持原状。红富垟村距乡政府驻地0.5千米处，一批具有民国时期归侨改建的庭院式民宅建筑零星部落，其他民宅均保持原貌。阜山诸村四周均为田畈、公路与山丘。阜山历史悠久，文人辈出。据考《陈氏宗谱》，该村自明、清二代就有秀才150多人，现代有中科院院士、博士，著名画家等出生于陈宅村。清真禅寺始建于元末，明清时期不断发展，是浙西南一带享有盛誉的佛教圣地，属全国名寺百例。庙会中的“千斤巨烛”更是华夏一绝。阜山又是青田华侨发源地之一，晚清、民国时期，许多人渡洋到欧洲经商，致富返故里建造一批具有时代建筑风格的庭院式住宅，如，青田名人陈瑛的旧居“裕堂别墅”是这一历史时期的文化佐证。传统风俗文化有春节祭祖、挂诗灯、老人酒、唱词、分岁饼，庙会，打采茶、舞鱼灯等，白宝镶嵌是阜山独特传统工艺，享誉国内海外。村落中的古建筑、古树名木、风景名胜、名人史迹、宗教文化、民俗风情、工艺特产等，衬托出古朴醇厚的山村自然风貌和历史文化底蕴。2006年，阜山被公布为第三批省级历史文化村镇。

文物修复工程

丽水历史文化遗存丰富。不可移动文物涵盖古建筑、古遗址、摩崖题刻、近现代重要史迹和代表性建筑等多个门类。丽水文物保护工作遵循“保护为主，抢救第一，合理利用，加强管理”的文物工作方针，开展文物调查研究，完善文物保护措施，先后实施一大批文物保护修缮工程。

丽水市本级重点实施南明门古城墙、丽阳门古城墙、观音阁、洞天楼等文物保护修缮工程近10项。丽水市委市政府为保护新发现的行春门遗址将新大猷街主干道北移。

莲都区对通济堰堰头村村街古道、堰头村社公庙、龙庙、“懋德勤学”等古民居修缮。2010年7月，莲都区对通济堰堰头村村街古道开展维修工作，同年底完工。对堰头村社公庙、龙庙着手编制维修方案，对“懋德勤学”等古民居开展现状调查，计划申报维修项目。

青田县修缮县保单位“裕堂别墅”、陈诚故居等。2007年6月，启动阜山裕堂别墅修缮工程，2008年7月，竣工，由浙江匀碧文物古建筑工程有限公司负责承修。2009年3月，启动陈诚故居修缮工程，2010年9月，竣工。

遂昌县修缮王村口革命纪念建筑群、长濂古建筑群等。2005年8月，遂昌县启动王村口革命纪念建筑群之蔡相庙维修工程，12月，竣工。2005年11月，启动王村口革命纪念建筑群之宏济桥维修工程，12月，竣工。2009年10月，启动长濂古建筑群之郑秉厚府第、蒙童书堂、绣楼的维修工程，2010年7月，竣工。

松阳县完成延庆寺塔基础设施建设、黄家大院整体保护规划编制，对损毁特别严重的5座廊桥编制维修方案并进行修缮。2010年3月，黄家大院正式启动维修。

云和县编制《云和县抗战历史文化遗址群的保护利用规划》，完成“黄绍竑公馆”“王氏宗祠”修缮工程，并着手修改石门桥修缮方案。2009年11月，云和启动抗战遗址一期修缮工程黄绍竑(浙江省主席)公馆和王家祠堂(省警察大队部)修缮工程正式启动，2010年5月，如期竣工并通过验收。

龙泉市对省保单位浙大分校旧址、省保单位顺德桥、永和桥、古溪桥等进行修缮。2010年3月，启动浙大分校旧址后花园整治项目开工，7 月完工。2010 年 5—7 月，修补省保单位永和桥护水坡水毁区域。2010 年 6—9 月，整治省保单位顺德桥护周边环境区域。

缙云县进行九进厅、河阳虚竹公祠、西岸吕氏宗祠和中共缙云县一大会址、河阳省级历史文化保护村内朱大宗祠的修缮工程、古民居的抢险加固等工程。

景宁畲族自治县完成滩坑库区陈坦庵墓的整体搬迁，时思寺、东坑下桥、敕木山畲族古民居（1 号）抢救性维修等。

第三节　文物保护单位

2010 年，丽水有全国重点文物保护单位 6 处、省级文物保护单位 31 处，市（县）级文物保护单位、文物保护点 1496 处。“处州廊桥”“南明山摩崖题刻”等 16 处被推荐为第七批全国重点文物保护单位，使一批数量众多的珍贵文物得到有效保护。

2010 年丽水市全国重点保护单位一览

表 35-4-3-1

类　别	序号	名　称	时 代	级别	批次	公布日期	所在地
古遗址	1	大窑龙泉窑遗址	宋至明	国保	三	1988 年 1 月	龙泉市小梅镇大窑村
古建筑	1	时思寺	宋至清	国保	五	2001 年 6 月	景宁畲族自治县大漈乡西二村
	2	如龙桥	明天启五年（1625）	国保	五	2001 年 6 月	庆元县举水乡月山村
	3	延庆寺塔	宋	国保	六	2006 年 5 月	松阳县西屏镇塔寺下
摩崖石刻	1	仙都摩崖题记	唐至现代	国保	五	2001 年 6 月	缙云县五云镇仙都风景区
其他	1	通济堰	南朝萧梁	国保	五	2001 年 6 月	莲都区碧湖镇堰头村

2010 年丽水市省重点保护单位一览

表 35-4-3-2

类　别	序号	名　称	时 代	级别	批次	公布日期	所在地
古遗址	1	源口窑址	元	省保	三	1989 年 12 月 12 日	龙龙泉市道太乡源口村
	2	大溪滩窑址群	宋至元	省保	三	1989 年 12 月 12 日	缙云县壶镇
	3	上垟窑址	五代	省保	四	1997年 8 月 29 日	庆云县竹口镇上洋村
	4	好川遗址	新石器时代（4000 年前）	省保	五	2005 年 3 月 16 日	遂昌县三仁乡好川村
	5	吕步坑窑址	南北朝至唐	省保	六	2011 年 1 月 7 日	莲都区吕步坑自然村社山东北侧
	6	安仁窑址	宋至明	省保	六	2011 年 1 月 7 日	龙泉市安仁镇
	7	云和银矿遗址	明	省保	六	2011 年 1 月 7 日	沙铺、朱村、黄源、赤石
	8	潘里垄瓷窑址	南宋	省保	六	2011 年 1 月 7 日	庆云县竹口镇竹上村

续表 35-4-3-2

类 别	序号	名 称	时 代	级别	批次	公布日期	所在地
古建筑	1	灵鹫寺石塔	南宋	省保	三	1989年12月	丽水市区万象山
	2	九进厅	清	省保	四	1997年8月29日	缙云县壶镇镇
	3	白茅云衢坊	明	省保	四	1997年8月29日	缙云县前路乡
	4	王村口红军挺进师革命旧址群	民国24—26年(1935—1937)	省保	四	1997年8月29日	遂昌县王村口镇
	5	陈宅大屋	明末	省保	四	1997年8月29日	遂昌县妙高镇北街四弄12号
	6	独山石牌坊	明隆庆三年(1569)	省保	四	1997年8月29日	遂昌县焦滩乡独山村
	7	吴文简祠	清	省保	四	1997年8月29日	庆云县举水乡月山村
	8	西洋殿(含兰溪桥)	清	省保	四	1997年8月29日	庆云县五大堡乡西洋村
	9	厦河塔	明	省保	五	2005年3月16日	丽水市区
	10	谭宅	清	省保	五	2005年3月16日	丽水市区大众街酱园弄
	11	处州府城墙	元至清	省保	五	2005年3月16日	丽水市区
	12	山口林宅	清咸丰三年(1853)	省保	五	2005年3月16日	青田县山口镇山口村头南路7号
	13	慕义桥	清	省保	五	2005年3月16日	缙云县前路乡
	14	仙都石梁桥	明至清	省保	五	2005年3月16日	缙云县五云镇
	15	长濂村古建筑群[郑秉厚府第(明德堂)、绣楼、蒙童书堂、郑氏宗祠、公正亭、宝俭堂、滋德堂]	明至清	省保	五	2005年3月	遂昌县云峰镇长濂村
	16	詹宝兄弟进士牌坊(市口村进士牌坊)	明弘治九年(1496)	省保	五	2005年3月	松阳县西屏镇
	17	黄家大院	清	省保	五	2005年3月	松阳县望松乡乌井村
	18	普济桥	明	省保	五	2005年3月	松阳县玉岩镇玉岩村
	19	卢福庙	清	省保	五	2005年3月16日	庆云县松源镇大济村
	20	巾山塔	明正统三年(1438)	省保	六	2011年1月7日	莲都区富岭街道叶村巾山下自然村
	21	西溪乡土建筑	明至清	省保	六	2011年1月7日	雅溪镇西溪村
	22	碧湖沈家邸	清乾隆八年(1743)	省保	六	2011年1月7日	莲都区碧湖镇古井村卫生巷5号
	23	西畈花门楼	清乾隆	省保	六	2011年1月7日	莲都区太平乡西畈村
	24	梁村河桥	明嘉靖二十一年(1542)	省保	六	2011年1月7日	莲都区老竹镇梁村
	25	龙泉廊桥 永和桥	清至民国	省保	六	2011年1月7日	安仁镇
		龙泉廊桥 顺德桥					屏南镇垟顺镇

续表 35-4-3-2

类 别	序号	名 称		时代	级别	批次	公布日期	所在地
古建筑	25	龙泉廊桥	古溪桥	清至民国	省保	六	2011年1月7日	小梅镇黄南村
			永庆桥					城北乡溪下村
			济川桥					城北乡东书村
			遂龙桥					城北乡东书村
			合兴桥					石达石乡秋丰村
			福善桥					龙南乡上南坑村
			宝车桥					锦旗镇中锦村
			坤德桥					竹垟乡盖竹村
			双溪桥					小梅镇孙坑村
			蛟龙廊桥					龙南乡蛟垟村
	26	龙泉市龙南菇民建筑群	龙井菇神庙	清至民国	省保	六	2011年1月7日	龙南乡龙井村
			下田菇神庙					龙南乡下田村
			麻竹坑菇神庙					龙南乡麻竹坑村
			凤阳山菇神庙					龙南乡凤阳山管理区服务区南侧
			杨山头余家大屋					龙南乡五星村
			杨山头柳家大屋					龙南乡五星村
	27	龙泉窑制瓷作坊	木岱口曾芹记古窑坊	清至中华人民共和国	省保	六	2011年1月7日	上垟镇木岱口村溪南路1号
			下基坑尾龙泉窑制瓷作坊					上垟镇岱源村下基坑尾自然村
			木岱口金宏龙泉窑制瓷作坊					上垟镇木岱口村白坑淤
			八都“哥弟古窑”龙泉窑制瓷作坊					八都镇瓷厂路
			大坦龙泉窑制瓷作坊(大坦瓷厂)					八都镇大坦村
			大坦龙泉窑制瓷作坊(大坦青瓷厂)					八都镇大坦村
			溪头陈家厂龙泉窑制瓷作坊					宝溪乡溪头村老桥头南侧
			溪头李家厂龙泉窑制瓷作坊					宝溪乡溪头村老桥头7号宅西侧
			溪头钤辘厂龙泉窑制瓷作坊					宝溪乡溪头村红军纪念亭北侧
			溪头金品厂龙泉窑制瓷作坊					宝溪乡溪头村上畈9号宅南侧
			溪头寺后东龙泉窑制瓷作坊					宝溪乡溪头村上畈25号宅南侧
			溪头寺后西龙泉窑制瓷作坊					宝溪乡溪头村上畈寺后桥头

续表 35-4-3-2

类别	序号	名称	时代	级别	批次	公布日期	所在地
古建筑		溪头黄溪岙龙泉窑制瓷作坊		省保	六	2011年1月7日	宝溪乡溪头村北约1千米黄溪岙
	28	叶溥故宅	明	省保	六	2011年1月7日	龙泉市西街街道宫头村
	29	平水王社庙	明	省保	六	2011年1月7日	龙泉市龙渊街道徐山后村
	30	陈宅古桥群	明至清	省保	六	2011年1月7日	青田县阜山乡陈宅村
	31	北山吴氏宗祠	清	省保	六	2011年1月7日	青田县北山镇北山村
	32	河阳村乡土建筑	明至清	省保	六	2011年1月7日	缙云县新建镇
	33	道门进士第	清	省保	六	2011年1月7日	缙云县壶镇镇
	34	前岙村卢氏民居	清	省保	六	2011年1月7日	缙云县壶镇镇
	35	贤母桥、竞爽桥	清	省保	六	2011年1月7日	缙云县壶镇镇
	36	独峰书院	清	省保	六	2011年1月7日	缙云县仙都管理区
	37	蕉川乡土建筑	清	省保	六	2011年1月7日	遂昌县新路湾镇蕉川村
	38	黄沙腰李氏大屋(含李氏宗祠)	清	省保	六	2011年1月7日	遂昌县黄沙腰镇黄沙腰村
	39	苏村苏氏大屋(含苏氏家庙)	清至民国	省保	六	2011年1月7日	遂昌县北界镇苏村村
	40	三庙	清	省保	六	2011年1月7日	松阳县西屏镇
	41	刘氏祖居门楼	明	省保	六	2011年1月7日	松阳县古市镇刘边村8号
	42	石仓乡土建筑	清	省保	六	2011年1月7日	松阳县大东坝镇
	43	景宁廊桥	清	省保	六	2011年1月7日	景宁畲族自治县东坑镇东坑村、沙湾镇莲川村
	44	鹤溪潘家大屋	明	省保	六	2011年1月7日	景宁畲族自治县鹤溪镇戏台后
	45	敕木山村畲族民居	清	省保	六	2011年1月7日	景宁畲族自治县鹤溪镇敕木山村
	46	王家祠堂	清	省保	六	2011年1月7日	云和镇勤俭村司前巷20号
	47	石门桥	宋	省保	六	2011年1月7日	云和镇红光村新华街东南方(人民医院正前方)
	48	黄坛季氏宗祠	清	省保	六	2011年1月7日	庆云县竹口镇黄坛村
	49	庆元廊桥：后坑桥	清至民国	省保	六	2011年1月7日	竹口镇枫堂村
		黄水长桥					合湖乡黄水村
		半路亭桥					黄田镇陈边村
		步蟾桥					举水乡月山村
		来凤桥					举水乡月山村
		龙济桥					隆宫乡隆宫村
		甫田桥					松源镇大济村
		袅桥					松源镇西门村
		咏归桥					松源镇北门村
		白云桥					举水乡月山村
		济川桥					黄田镇上济村
		护龙桥(杨家庄)					岭头乡杨家庄村

续表 35-4-3-2

<table>
<tr><th>类 别</th><th>序号</th><th colspan="2">名 称</th><th>时 代</th><th>级别</th><th>批次</th><th>公布日期</th><th>所在地</th></tr>
<tr><td rowspan="12">近现代重要史迹及代表性建筑</td><td>1</td><td colspan="2">丽水中共浙江省委机关旧址（刘英旧居、兴华广货号旧址、黄景之律师事务所旧址）</td><td>近现代</td><td>省保</td><td>五</td><td>2005年3月16日</td><td>丽水市区</td></tr>
<tr><td>2</td><td colspan="2">浙江大学龙泉分校旧址</td><td>民国</td><td>省保</td><td>五</td><td>2005年3月16日</td><td>龙泉市剑池街道芳野村</td></tr>
<tr><td>3</td><td colspan="2">龙现吴氏旧宅（含家庙、宗祠）</td><td>清至民国</td><td>省保</td><td>五</td><td>2005年3月16日</td><td>青田县方山乡龙现村</td></tr>
<tr><td rowspan="5">4</td><td rowspan="5">龙泉革命建筑纪念群</td><td>仓坛红军挺进师政委会会址</td><td rowspan="5">民国</td><td rowspan="5">省保</td><td rowspan="5">六</td><td rowspan="5">2011年1月7日</td><td>城北乡仓坛村村尾水口</td></tr>
<tr><td>碧龙中共龙遂县委旧址</td><td>住龙镇碧龙村</td></tr>
<tr><td>溪头中共工农红军北上抗日先遣队随军银行旧址</td><td>宝溪乡溪头村老街19号陈佐汉宅</td></tr>
<tr><td>塘源红军挺进师师部会议旧址</td><td>宝溪乡塘源村43号</td></tr>
<tr><td>季步高烈士故居</td><td>安仁镇季山头村</td></tr>
<tr><td>5</td><td colspan="2">陈诚故居</td><td>清光绪元年（1875）</td><td>省保</td><td>六</td><td>2011年1月7日</td><td>青田县高市乡高市村外村</td></tr>
<tr><td>6</td><td colspan="2">裕堂别墅</td><td>民国6年（1917）</td><td>省保</td><td>六</td><td>2011年1月7日</td><td>青田县阜山乡红富垟村中部</td></tr>
<tr><td>7</td><td colspan="2">夏超旧居</td><td>民国13年（1924）</td><td>省保</td><td>六</td><td>2011年1月7日</td><td>青田县万阜乡新庄村村中</td></tr>
<tr><td>8</td><td colspan="2">黄绍竑公馆</td><td>民国</td><td>省保</td><td>六</td><td>2011年1月7日</td><td>云和镇瓦窑村（云和县职业技术学校校园内）</td></tr>
<tr><td>摩崖石刻</td><td>1</td><td colspan="2">南明山摩崖石刻</td><td>晋至民国</td><td>省保</td><td>二</td><td>1963年3月</td><td>丽水市区南明山</td></tr>
<tr><td>石刻</td><td>1</td><td colspan="2">双港桥贞节坊石刻</td><td>清</td><td>省保</td><td>四</td><td>1997年8月29日</td><td>缙云县新建镇</td></tr>
<tr><td rowspan="2">石窟寺及石刻</td><td>1</td><td colspan="2">石门洞摩崖石刻</td><td>南北朝至民国时期</td><td>省保</td><td>二</td><td>1963年3月11日</td><td>青田县高市乡高市村石门洞国家森林公园</td></tr>
<tr><td>2</td><td colspan="2">太鹤山摩崖石刻</td><td>宋至清</td><td>省保</td><td>五</td><td>2005年3月16日</td><td>青田县鹤城镇一村太鹤山公园</td></tr>
<tr><td rowspan="3">其他</td><td>1</td><td colspan="2">大济古驿道</td><td>明至清</td><td>省保</td><td>五</td><td>2005年3月16日</td><td>庆云县松源南门至大济村</td></tr>
<tr><td>2</td><td colspan="2">南尖岩梯田</td><td>清</td><td>省保</td><td>六</td><td>2011年1月7日</td><td>遂昌县王村口镇南尖岩村</td></tr>
<tr><td>3</td><td colspan="2">梅源梯田</td><td>宋</td><td>省保</td><td>六</td><td>2011年1月7日</td><td>云和县崇头镇下垟村</td></tr>
</table>

说明：表中公布时间为2011年1月7日的省重点文物保护单位评定时间为2010年

2010年丽水市本级市级文物保护单位一览

表 35-4-3-3

类 别	序号	保护单位名称	时 代	地理位置	级别、公布时间	批次
古建筑	1	水障	元至明	丽水市区小水门	2004年3月25日	三

续表 35-4-3-3

类 别	序号	保护单位名称	时 代	地理位置	级别、公布时间	批次
古建筑	2	洞天楼	明至民国	丽水市区万象山	2004年3月25日	三
	3	天妃宫后寝	清乾隆十八年(1753)	丽水市区卢镗街	2004年3月25日	三
	4	仁寿寺大殿	清嘉庆八年(1803)	丽水市区南明山	2004年3月25日	三
	5	银场山采矿遗址	元至明	莲都区岩泉街道办事处银场	2004年3月25日	三
	6	括苍古道	隋唐至清	莲都区岩泉办事处岩泉行政村岩泉岭—缙云东渡	2009年9月18日	四
	7	观前井	明	莲都区万象办事处关帝庙以南	2009年9月18日	四
	8	万年桥	清道光十三年(1833)	莲都区紫金办事处开潭行政村大岙自然村村口岙自然村村口岙自然村村口	2009年9月18日	四
	9	顾宅	清	莲都区文昌路54号	2009年9月18日	四
	10	观音阁	清	莲都区万象办事处紫金大桥下	2009年9月18日	四
近现代重要史迹及代表性建筑	11	丽水地委机关旧址	民国	丽水市区解放街59号7幢	2009年9月18日	四
	12	城关丽阳学校旧址	20世纪60年代	莲都区白云街道办事城北行政村丽阳坑口村27号处城北行政村丽阳坑口村27号	2009年9月18日	四
摩崖石刻	13	三岩寺摩崖石刻	唐至近代	丽水市区三岩寺	2004年3月25日	三
石刻	14	“括苍古道”摩崖	清嘉庆九年(1804)	莲都区岩泉街道办事处银场村	2004年3月25日	三
革命史迹	15	新四军办事处旧址	民国27年(1938)	丽水市区高井弄	2004年3月25日	三

第三十六篇

新闻出版

① 报社与广播电视台

② 报纸、通讯与刊物

③ 广播电视

④ 新闻宣传

⑤ 图书音像出版

概 述

民国17年(1928),处州各县政府设置收音室,收录浙江省无线电台新闻。民国20年,浙江省第十一行政督察区创刊《处区民国日报》。民国27年,缙云县励志通讯社设立,是丽水最早的广播、报纸、通讯。全面抗日战争时期,丽水报纸、刊物出版发行出现一个高潮,有《民生日报》《浙南日报》《浙南时报》《丽水快报》等报纸27家,《合作先锋》《合工十日》《处州社教》等刊物91种,发挥唤醒民知、团结抗日的作用。1949年5月丽水解放后,丽水专区创办《时事简讯》《工农大众》。

1949年中华人民共和国成立后,丽水报纸广播电视通信出版事业发展。1950年9月,遂昌县创办广播收音站。到1955年10月,丽水、云和、龙泉、松阳等县广播收音站相继建立,接收中央人民广播电台、浙江人民广播电台新闻节目。1951年,中共丽水专委建立报道组。1955年11月,丽水县文化馆主办《丽水文艺》。1956年4月,中共丽水县委主办《丽水报》。同年,缙云、青田、龙泉、庆元、景宁、遂昌、松阳县县报相继创办。1964年,《浙江日报》驻丽水记者站建立。1969年5月,丽水地区革命委员会主办的《新丽水报》创刊。1970年,丽水地区建立地、县报道组。1972年,丽水广播转播台建成。1977年5月,丽水电视差转台在丽水县陈寮山建立,以金华电视转播台为信号源,用6频道向丽水城关镇定向发射,转播浙江电视台节目。1978年9月,丽水电视调频转播台建成。1984年5月,中共丽水地委地机关《丽水报》创刊,1988年7月,《丽水报》更名《丽水日报》。

20世纪90年代后,丽水新闻出版事业快速发展。1990年7月1日,丽水有线电视台成立。1993年7月1日,丽水人民广播电台开播。1994年1月,《处州经济生活报》创刊,1996年1月1日,更名《处州晚报》。1997年1月,《丽水日报》改为自办发行。1999年8月,丽水日报社购进胶印轮转机并试印彩报成功。2001年7月1日,丽水有线电视台与无线台合并为丽水电视台。2003年7月18日,《浙江绿谷网》开通。2005年7月1日,《浙江绿谷网》更名《丽水网》。2006年10月,丽水电视台、丽水人民广播电台合并为丽水市广播电视总台。2010年,丽水市级形成丽水日报、处州晚报、丽水网、广播新闻综合频率、广播交通音乐频率、电视新闻综合频道、电视经济生活频道、电视文化休闲频道的新闻媒体格局。各县(市)有县广播电视台、县新闻中心(县报)和新闻网。

丽水各新闻媒体围绕党委政府工作中心和工作重点,坚持正确的舆论导向,弘扬主旋律,先后开展撤地设市、市第一次党代会、城市化进程、工业经济、重大项目建设、"浙江绿谷"、"三市并举"、纪念改革开放30周年、北京奥运会、建设生态文明、贯彻落实科学发展观等一系列重大主题报道,为丽水经济社会发展营造良好的舆论氛围。加强典型报道,推出一大批有影响力和感染力的先进人物和先进事迹。关注民生,加强舆论监督,做好民生新闻。深化品牌建设,开办一大批群众喜闻乐见的品牌栏目和节目。新闻作品在历届全国、省、市评奖中获得佳绩。新闻工作部门引进先进科技和管理,深化内部管理,探索多元化经营,自身综合实力不断增强。图书音像出版管理部门通过宣传活动、专项整治、执法检查等措施,促进丽水文化市场的健康有序发展。

第一章　报社与广播电视台

1978年中共十一届三中全会以后，丽水新闻事业进入大发展时期。报纸、广播、电视等新闻媒体形成既相互竞争又相互合作的格局。

1984年5月，丽水日报创刊，创办时称《丽水报》，为中共丽水市委机关报。1988年7月，《丽水报》更名《丽水日报》。丽水日报社强化新闻采编和报业经营，新闻作品在历届全国、省新闻评奖中获得佳绩。丽水日报社探索多元化经营，广告业和发行量持续增长。加强内部管理和队伍建设，推进报社事业发展。2010年，丽水日报社形成"两报一网一刊两公司"①。全报社新闻采编人员100人，有新闻系列正高职称2人，副高职称10人，中级职称37人。

丽水市广播电视总台(以下简称"总台")前身为1983年建立的丽水电视台。2006年10月26日，经丽水市委、市政府批准，丽水电视台、丽水人民广播电台合并，丽水市广播电视总台成立，机构升格为正县处级。总台实行党委领导下的总台长负责制。丽水市广播电视总台重视新闻采编和经营工作，加强内部管理，促进新闻事业、经营工作和各项事业得到全面发展。2010年，丽水广播电视总台成为集广播、电视、报纸、网站、传输于一体的综合性传媒，包括新闻综合频道(lstv1)、经济生活频道(lstv2)、文化休闲频道(lstv3)、导视频道电视频道4个和新闻综合频率、交通音乐频率广播频率2个，有《丽水广播电视报》、丽水市广播电视总台网站、丽水市广播电视发展有限公司和浙江丽水广播电视传输网络有限公司。

第一节　丽水日报社

发展概况

1983年12月10日，丽水地委向浙江省委报告，要求创办《丽水报》。1983年12月16日，浙江省委宣传部批复同意创办《丽水报》。地委下发《关于建立丽水报筹备工作组的通知》，决定建立丽水报筹备工作组。1984年3月16日，丽水地委下发《关于建立丽水报社编辑委员会通知》，丽水报社编辑委员会建立。

---

① 两报一网一刊两公司：两报即丽水日报、处州晚报，一网即丽水网，一刊即丽水摄影，两公司包即丽水日报社新闻发展公司、丽水日报社视频传媒公司

1984年5月1日,《丽水报》作为中共丽水地委的机关报创刊。4开4版,每星期二、五出版。员工21人,报纸发行量1.90万份,报纸由丽水市(县级)印刷厂印刷。办报经费和人员工资等由财政全额拨付。1986年4月,编制82名。1987年1月1日,《丽水报》改为周三报,每星期二、四、六出版。

1988年7月,《丽水报》更名《丽水日报》,每周出6期(周日休刊),1989年1月1日实施。1990年,报社员工95人,其中采编人员41人。1993年,《丽水日报》改为日报,每日出报。同年,丽水日报社创办《处州经济生活报》。1994年,丽水日报社队伍发展到160多人。1995年1月1日,《丽水日报》由原来四开四版小报改版为对开大报。1996年1月,《处州经济生活报》更名《处州晚报》。2000年1月,《丽水日报》星期五、星期日从对开4版增扩为对开8版。《处州晚报》从周4报扩为周5报,从7月开始改4开4版为4开8版。《丽水日报》新闻版也从一、四版2个版面增至一、二、四3个版面。同年3月,"城市在线专刊部"设立。

2000年2月3日,丽水日报社接管《丽水青年报》。2001年5月,根据浙江省委、省政府办公厅《关于清理整顿报刊出版发行秩序的通知》精神,《丽水青年报》予以停办。2000年4月,丽水日报社重新设置采编部室,实行采编分离。丽水日报社有新闻等专业技术人员77人,其中具备高级职称4人、中级职称42人、初级职称31人。2002年,丽水日报社在全省媒体中率先推出采编岗位全员职称评聘分开,采编岗位人员原有的各类技术职务和相应的工资待遇标准一律放入个人档案,技术职务实行动态管理,半年一个考核期,根据考核结果聘任技术职务,打破人员身份、学历、资历、职称界限,实行公平竞争,充分调动采编人员的工作积极性。2004年7月,《丽水日报》对原有栏目设置进行调整,评论部、摄美部等部室根据自身特点开辟《观点启迪》《光影世界》《视觉世界》《竞技娱乐》等新栏目。2006年,新闻调查部与市纪委效能投诉中心密切配合,把《效能投诉台》栏目改为《百姓热线》栏目,同年底刊出35期。

2007年4月,经丽水市委批准,丽水日报社由党委领导下的总编负责制改为党委领导下的社长负责制。党委书记、社长主持报社全面工作,总编辑负责新闻采编工作。2008年,丽水日报社有采编人员85人,具有新闻系列正高职称2人,副高职称7人,中级职称41人。

到2010年,丽水日报社形成"两报一网一刊两公司"的规模。

机构设置

1984年至2007年4月,报社领导体制为总编负责制,2007年5月,实行社长负责制。至2010年,丽水日报社机构设中共丽水日报社党委会、社长办公会、编辑委员会,下设办公室、总编办、纪检办公室、工会、计财部、新闻研究室、日报记者部、日报编辑部、日报摄美部、日报瓯江特刊部、日报经济社会部、日报校对室、报社发行中心、报社广告中心、报社印刷厂、报社传媒公司、视频传媒公司、丽水网。处州晚报编委会下设总编办、晚报采访中心、晚报编辑中心等机构。2010年,丽水日报社新闻采编人员100人,有新闻系列正高职称2人,副高职称10人,中级职称37人。丽水日报社在丽水市莲都区丽阳街491号。

新闻业务

1990年,丽水日报社重视新闻业务提高,全报社在《中国记者》《新闻战线》《中国地市报人》《新闻实践》等全国和本省新闻刊物刊用论文73篇。在历届省新闻奖评选中,新闻作品获一等奖18件、二等奖 42 件、三等奖 39 件，另有作品 1 件获浙江省飘萍新闻奖。其中叶增恩、方卫民采写的消息《农民徐火松办起"垃圾工厂"》获 1990 年中国新闻奖三等奖。同年，丽水日报记者杨国平获得全国优秀新闻工作者称号。1991 年《丽水日报》编发稿件 1.2 万篇，报道组和通讯员提供的占总用稿量的 66%。田志伟、吕国昌采写的消息《浙南"活树买卖"日趋活跃》，获 1991 年度中国新闻奖三等奖。连续 2 年取得中国新闻奖获奖成绩，成为浙江新闻界"丽水现象"。

2001 年，《丽水日报》获第二十届浙江省新闻奖二等奖 3 篇，三等奖 4 篇，报纸版面作品三等奖 1 个，获浙江省第四届新闻业务论文评选三等奖 2 篇。2002 年，丽水日报社提取 20 万元，分别设立日报、晚报好稿奖励基金，制定月度年度好稿奖励办法，实行评选月度年度好稿。实行版面发排编前会制度。同年，创办《丽水报苑》双月刊，强化新闻业务研究探讨。

2004 年 11 月，丽水日报社举行《丽水日报》创刊 20 周年庆祝活动。省委副书记梁平波题词"春华秋实"，省委常委、宣传部部长陈敏尔题词"厚德载物"。市委书记、市人大常委会主任楼阳生为《丽水日报》题词并发贺信。

2006 年，丽水日报社组织开展"走百村、进千家、访民情"活动，深入各县（市、区）、乡镇、村开展农村调查，全面了解丽水社会主义新农村建设情况，及时报道农村中的新风尚、新生活、新典型，撰写调研文章 58 篇，发表各类文章 103 篇。2007 年，丽水日报社开展新闻宣传"创新年"活动。

2010 年，丽水日报社出台外宣发稿奖励办法，鼓励报社采编人员对外投稿，对外发稿 300 多篇，尤其是新闻图片对外发稿数量多、稿件质量高、宣传效果好。报社记者在省级和中央级媒体发表 100 多篇（次）图片新闻。"莲都消防营救被困群众"的图片新闻被分别刊登在《人民日报》《浙江日报》《钱江晚报》等媒体的重要版面，并由新华社制作成全国通稿。《西新小学里的特殊班级》被《中国画报》转载，并被翻译成英文向世界发行。

处州晚报

1993 年，丽水日报社创办《处州经济生活报》。1994 年元旦正式创刊，出四开 4 版周三报。1996 年 1 月 1 日，正式更名《处州晚报》，报纸由原来的周三报改为周四报，逢周一、二、四、五出版，发行量 15000 份。同年 1 月 19 日，全国人大常委会副委员长陈慕华为《处州晚报》题词"导向正确，形式活泼"。人民日报社社长、全国记协主席邵华泽为《处州晚报》题写报名，并题词"市民之友"。2000 年 7 月 3 日，报纸由原来的四开 4 版扩为四开 8 版的周五报。2001 年 12 月，公开选拔《处州晚报》负责人。2003 年 1 月 1 日，周一至周五扩为每日 12 版；2004 年 3 月始，周一至周五由每日 12 版扩为 16 版，6 月，"侨乡青田"和"今日莲都"新闻版开设。2005 年 8 月，晚报再次进行改扩版，每周三从 16 版增至 24 版，新增《新闻·民生》《生活·家庭》《今日关注》等栏目，提出"优化市民生活，塑造城市精神"的办报理念和"让每一页报纸都能打动人心，让晚报天天精彩"的目标。2006 年 3 月，周一至周五每天扩至 20 版，新增《新闻·社区》等栏目。2007 年 12 月，《处州晚报》改扩版，周一至周五每天扩至 24 版，版面从每周 116 个增加到每周 132 个，推出 8 大本土新闻版块。每周新增"新闻·帮办"版 5 个，天天为市民提供帮助。每周新增加"新闻·民生"版 2 个，为市民提供更多有用资讯。2008 年 1 月，处州晚报举行"民工服务月活动"。这一活动品牌被写入《浙江省改革开放 30 年·丽水卷》。2010 年 1 月，晚报采用国际流行的长报样式，使整张报纸更加精致、美观。同年，晚报为纪念丽水撤地设市十周年，与丽水市地方志办公室联合开展"处州十大历史名人"评选活动，参与读者近 13 万人次。

丽水网

2003 年 7 月 18 日，丽水浙江绿谷网开通。2004 年，浙江绿谷网改版，有日报电子版，有综合新闻、自采栏目，日点击率 1 万多人次。2005 年 7 月 1 日，经丽水市委宣传部和浙江省外宣办批准，原浙江绿谷网更名丽水网，并设立丽水网编辑部。网站以《丽水日报》和《处州晚报》的新闻资源为依托，汇集丽水经济、教育、文化、服务等行业的相关信息。2009 年，丽水日报社投入资金 340 多万元，用于丽水网升级改造，新建传播服务平台、网视演播室，提升网站技术装备水平。同年 6 月，丽水网举办“丽水市委常委在线访谈”活动，丽水市委常委走进丽水网演播室，与广大网民朋友们零距离进行互动交流活动，县市领导网上访谈节目受到广大网民的热烈欢迎。丽水网陆续推出“丽水南城开发与生态保护建设”网上交流互动活动、“丽水市网络图书馆知识竞赛”等活动。2010 年，丽水日报社投入 20 多万元完成音频设备及线路改造。丽水网以创新办网理念，举办“春联灯谜串串串”有奖竞争评选、“生态丽水、生态之美市民网络摄影大赛”等活动，打造《问政面对面》和《百姓热线》两大品牌栏目。

经　营

印刷厂　1985 年1 月，丽水日报社印刷厂基建动工，1986 年 4 月建成。1990 年 4 月，卫星小站建成，通过卫星接收新华社电讯。1990 年，印刷厂产值 40 万元。1992 年，采用电脑激光照排，印刷厂职工 30 人。1995 年，报社印刷、电讯、激光照排设备进一步改进，增强报纸的清晰度，提高印刷速度。1999 年 8 月，购进胶印轮转机并试印彩报成功。2000 年，印刷厂投资 43 万元购置进口激光出版机投入运行，提高出报时效，印报质量特别是彩印质量有明显提高。同年 7 月，第一次被省报协评为优质报。2005 年，印刷厂对外印务收入 260 万元，报纸印刷质量提高，连续 4 年被评为省优质报。2009 年，报社启动印刷厂（二期）项目建设，投入资金 700 多万元购置新的高斯印刷机及配套设备，并对相关人员进行培训，保证印报安全，提高印刷质量。2010 年，印刷厂整体搬迁到水阁工业园区新厂房，新的印刷设备于 2010 年元旦正式投入使用，印刷厂完成产值 828 万元，实现利润 113 万元。

广告　1990 年，《丽水日报》发行量 3.14 万份，1992 年，广告收入 193 万。1994 年，丽水日报社开展多种经营，发展广告业务，开展印刷外加工，开办经济实体。同时在内部积极转换经营机制，实行多种形式的经济目标责任制。编辑部配置 XD-12 电信接收机 2 套。1996 年，丽水日报社对所属丽水地区广告公司进行整顿，恢复企业性质，更名丽水日报广告公司，实行编委会领导下的经理负责制，依法自主经营、独立核算、自负盈亏、自我发展。同年年底，公司实现扭亏为盈目标。1999 年，丽水日报广告收入 635 万元。2000 年，广告实行承包经营，广告纯利 600 多万元。同年，丽水日报社广告经营体制从半风险目标管理责任制向全风险规范化责任制转变，成立广告部 4 个，纯收入比 1999 年增长 76%。2002 年 3 月，丽水日报社成立丽水日报社新闻发展有限公司。2005 年，丽水日报社年广告经营收入 2200 万元，比 2004 年增长 20%以上。同年，丽水日报传媒有限公司成立。2010 年，丽水日报社总收入 5000 万元（税前），其中报纸广告收入 3050 万元。

发行　1997 年 1 月，经丽水地委批准，《丽水日报》改邮发为自办发行。同年 7 月，地委决定成立《丽水日报》自办发行筹备工作领导小组。1997 年度，《丽水日报》征订首次突破 4 万份，走出发行量多年来在2万至3万份间徘徊的困境，超额完成地委下达的征订任务。建立地区、县（市）、乡（镇）三级投递网络，招聘、培训专职、兼职投递员290多人，购置投递专用车4辆。丽水地区9个县（市、区）委大院除庆元外，每天上午9时许就可以看到当天出版的《丽水日报》。丽水地区90%乡镇机关可以收阅当天的报纸。2005年，丽水日报社发行中心成立，投递员350人。2010年，报款税后收入1500万元，《丽水日报》发行量5万份，《处州晚报》发行6万份。

基础建设

1992年10月，丽水日报社投资103万的宿舍楼竣工。1993年6月，丽水日报社新办公大楼动工兴建。至1994年，丽水日报建成印刷厂、办公大楼和职工宿舍。1995年1月，丽水日报社新办公大楼建成投入使用，总投资171万元，建筑面积2388平方米。2000年，报社广告公司扩建办公楼投入使用，固定资产总额翻一番。2006年，丽水日报社加大各项事业发展投入，全年用于各项事业投入614万元。投入370万元在水阁工业区建成印务中心厂房，投入74.84万元进行广告、发行、信息资源检索系统建设。投入133.5万元进行《处州晚报》改版扩版。2010年，丽水日报社用于事业发展投入近300万元。投入40万元购置发行用车5辆，投入50万元用于《处州晚报》改版，投入100多万元调整改造部分部室的办公区域，更新电脑80多台，改善员工的办公设施，提高采编工作效率。

人事改革

1996年4月，丽水日报社开始实施内部改革。开展人事用工制度改革，实行两级全员聘任制。第一级为总编辑聘用全体员工，逐步打破干部、工人身份界限。第二级为总编辑聘任部室主任等中层干部，主任聘任编辑、记者和工作人员，实行双向选择，就地组合。开展分配制度改革，实行定岗、定编、定任务、定要求、定奖惩，奖勤罚懒，多劳多得。开展经营管理制度改革，对不同经营部门和单位，实行风险抵押承包、投标招标、责任承包、缴纳管理费等方式，激发各部门的积极性。至2010年，丽水日报社一共进行内部改革8轮，完善体制机制。

第二节　丽水市广播电视总台

机构设置

丽水市广播电视总台前身为1983年创办的丽水电视台。2006年10月，丽水电视台、丽水人民广播电台两机构合并，组建丽水市广播电视总台，对外保留丽水电视台、丽水人民广播电台称号。丽水市广播电视总台为丽水市委、市政府直属的社会公益类准公益性正处级事业单位，实行党委领导下的总台长负责制。总台内设办公室、总编室、纪检监察室、财务核算部、人力资源部、经营管理部、技术发展部、电视新闻综合频道、电视经济生活频道、电视文化娱乐频道、广播新闻部、广播新闻综合频率、广播交通音乐频率、广播电视报社等机构14个。核定编制270名。2008年8月，丽水市广播电视总台调整内设机构，撤销广播新闻部，新设丽水市广播电视总台网站。至2010年，总台各类人员500人，新闻系列高级职称31人，中级职称111人，初级82人。

管　理

2007年，丽水市广播电视总台修订和制定《新闻宣传把关规定》《关于规范广告播（刊）发的有关规定》《经营创收活动管理办法》《广播电视自办节目考核办法》《广播电视广告经营责任制》等管理制度20多项。

丽水市广播电视总台广播频率推行总监负责制和节目（版块）负责人制，引进竞争机制，按照节目定位的划分设立新闻资讯、生活服务和文化娱乐节目组3个。对总台广播新闻部、广播新闻综合频率、广播交通音乐频率的班组长职位实行竞争上岗。加强管理宣传、经营、技术、后勤等方面，建立并完善网上新闻稿件处理系统，实现广播、电视、报纸资源的共享利用。新增电视图文点评系统、广播级标清摄录像机，办公电脑、不间断电源、简易非编兼FPT传输服务器等设备。实现交通音乐频率在丽水市的覆盖。文化大篷车顺利完成送戏下乡任务。2008年，丽水市广播电视总台与全台事业在编以外的职工98人签订劳动合同。同年8月，开展现任中层干部述职选聘和部分中层干部岗位竞聘上岗工作。2010年，广播收听率调查制度和科学完善的节目考评体系建立。

业　务

2007年，丽水广播电视总台升级并扩充非编网、增加编辑工作站。改造市区部分网络，铺设各类光缆38千米，建设光工作站17个，改造光工作站26个，完成城区部分区域有线电视线路光纤改造，覆盖用户2万多户，提升网络传输质量。完成枫树湾、秋塘“村村通”任务，发展有线电视新用户2824户。同年底，“村村通”建设工程通过省广电局组织的验收。

2008年，丽水市广播电视总台推进广播、电视、报纸、网站四大媒体的资源整合。广播、电视两档《百姓热线》栏目合作，整合“12345”市长热线和部门投诉热线相关资源，丰富节目。广播电视报与交通音乐频率联办广播访谈专题《生活空间·特别节目》，主持人对报纸记者进行访谈，形成多媒体互动，实现自采稿件（话题）的深度开发。创新经营策略，开辟创收渠道。广告刊、播量比2007年增长10%，电视广告全年创收3500万元，比2007年增长16%，增幅居全省市级台前列。广播广告全年创收488万元，客户满意度提升。广播电视报开展版面联办效果良好，全年创收355万元。广播电视发展公司营业额400万元。

2010年，广播《百姓热线》创新节目形态，拓展信息来源，整合县、市资源，市（区）两级上线部门和单位131家，加强与丽水在线网站的合作力度，及时更新节目内容，开展监督，取得较好效果。电视《百姓热线》精心设计节目形式、话题、流程设置、主持人等，不断谋求新突破。市委宣传部、市广播电视总台组织开展首次《飞越丽水》大型航拍活动，用国内最先进的高清摄像机，拍摄素材40多个小时，全景式记录丽水秀美山川和经济社会发展，特别是撤地设市十年来丽水大地发生的沧桑巨变和巨大成就。利用航拍成果，精心制作丽水首部外宣片《秀山丽水》。陆续推出撤地设市10周年成就专题片4集、主题系列报道30集以及各县（市、区）精制航拍宣传片等。

节目改版　2009年4月，丽水市广播电视总台广播电视节目全面改版。改版后的新闻综合频道《丽水新闻》带给观众新的视觉。新推出一档晚间新闻节目《新闻夜视》。对《新闻追踪》《瓯江警视》《纪事》《乡里乡亲》等栏目进行重新包装。推出丽水第一档电视直播新闻《瓯江报道》，增强电视节目的新闻性和时效性。《社区直通车》从《瓯江报道》中脱离出来，扩版为20分钟。文化娱乐频道更名文化休闲频道，开办方言民生新闻栏目《老白谈天》，初步形成“平民主播、百姓话题”的特色。频道与市社科联联办，推出公益性人文社科知识讲座节目——丽水人文大讲堂。《百姓热线》改版后从周一到周五实现在线直播，上线单位增加到96家，节目联动电视、网络、报纸等媒体，听众参与更加方便，涉及内容更加丰富，问题解决更加及时。《绿色淘金》《文馨读报》等节目改版后也有全面提升。交通音乐频率以新闻资讯节目为主线，以交通、车市、生活服务节目为主打，形成交通音乐广播“快速、休闲、轻松、互动”的风格。新推出的《丁靖工作室》《1069直播丽水》两大直播节目，增强节目的原创性和地域特色。周末开设科普节目《小霞说气象》。另外，《丽水交广新闻》《一炮双响我为车狂》《武林话江湖》《音乐一级棒》等一批深受听众喜爱的节目也进行全新演绎，使之更加适应听众的需求。3个电视频道的晚间时段全年平均收视份额29.1%，比2008年上升2.5个百分点。尤其是有线户收视份额创新高，为29.8%，上升4个百分点，首次超过中央台位居第一。2009年4月，电视文化娱乐频道改名电视文化休闲频道。同年11月，丽水在线网站开通。2010年1月1日，电视节目实行24小时播出。

新闻直播　2009年，丽水市广播电视总台策划直播活动，使直播成为经常性的重要传播手段。《瓯江报道》打破常规编排，对台风“莫拉克”进行5次超过3个小时的直播，凸显电视直播魅力，全年进行外景直播30多次。广播新闻综合频率以《城市在线》为主打平台，同步直播重大突发新闻事件，实时关注事态发展，全年推出连线报道300多篇。交通音乐频率大量采用连线报道方式，全国10多家电台主持人先后参与连线直播报道，丰富节目内容。2010年，丽水市广播电视总台推出《庆祝丽水撤地设市十周年》专栏，从实力丽水、生态丽水、活力丽水等10个方面全面生动地反映丽水撤地设市10年来取得的巨大成就，广播电视播出报道200多篇。做好省体育大会的报道，推出《建设生态文明，推进小康社会—迎接浙江省首届体育大会》《体育大会进行时》《体育明星》等子栏目多个，及时报道各项比赛。做好世博会的报道，开辟《走进世博会》专栏，制作《秀山丽水 生态名城》形象专题片，在世博会浙江馆展播。

数字电视　2009年6月，丽水广播电视传输网络有限公司因股东发生变化，总台与杭州华数公司成为公司的两大股东，公司进行变更，新的丽水华数数字电视有限公司成立。加快推进有线广播电视网数字化改造工程建设。同年，进行11900用户规模的网改工程，完成改造用户近5.2万户，约占丽水市本级网78%。新安装用户2740户。完成省传输网丽水段南北线的改造工程7.8千米，完成丽水市传输网松阳、龙泉等地传输网线路17千米的架设和迁移改造，完成传输设备更新和路湾、秋塘、枫树湾行政村3个的“村村响”工程。同年12月，投资1200万元的数字有线电视网络平台建成并投入运行，丽水市区开通数字电视。

惠民工程　2009年，丽水广播电视总台完成广播电视“村村通”后续工程、广播电视对农宣传节目、有线广播“村村响”“广电低保”、无线覆盖、电影“2131”[①] 等广播电视惠民工程6项。丽水市新建“村村通”后续工程联网行政村53个、20户以上自然村36个，完成行政村的广播“村村响”建设任务1382个，免费为低保户安装有线电视21303户，完成无线覆盖工程点2个的建设任务。全年放映“2131”公益电影17032场次，观看群众300多万人次。开展丽水市“彩虹行动攻坚活动”，为困难户捐赠电视机5615户，基本解决困难户无电视机的问题。

品牌建设　2010年，丽水广播电视总台深化品牌建设，栏目的品牌效应进一步提升。《丽水新

① 电影2131：在21世纪初，实行的农村电影“三个一”目标，即一村一月放映一场电影。

闻》《瓯江报道》《新闻追踪》《社区直通车》《绿谷采风》《百姓热线》《绿色淘金》等原有的品牌栏目不断提升质量，新的品牌栏目不断涌现，形成新老品牌栏目集群崛起的良好势头。《老白谈天》栏目重点打造老白的“老娘舅”角色，推出“老白看赛事”“老白好人榜”“老白谈健康”等专栏，凸显民生性、公益性和权威性，社会影响力不断扩大。《乡里乡亲》栏目紧紧围绕“架城乡沟通桥梁，做农民贴心朋友”的栏目定位，力求增强节目的可看性和实用性，节目质量不断提高。广播电视节目品质的不断提升，也带动收视（收听）率的稳步提高。3个电视频道的晚间时段收视份额从2009年平均值29.5%上升到平均值32.5%；尤其是《老白谈天》的收视率节节攀升，周平均收视率最高15.5%，市场份额46%。

广播电视自办节目实现24小时播出。完成丽水市移动多媒体（CMMB）网络覆盖规划方案。改造电视新闻综合频道的新闻制作系统，完善丽水新闻的制作流程，提高可靠性。搭建新的导视频道播出系统。更新改造广播服务器。顺利完成市出租车服务明星颁奖晚会、金温铁道扩能开工等47场次的广播电视直录播工作。

第二章　报纸、通讯与刊物

民国20年（1931）夏，《处区民国日报》在浙江省第十一行政督察区创办，是丽水最早的官办报纸。民国27年，缙云县励志通讯社设立。此后，官办和民间办报纸大量涌现，部分县通讯社也相继建立。在抗日战争时期，报纸、刊物的出版发行出现高潮。报纸有27家，刊物91种，发挥唤醒民知、团结抗日的作用。1949年5月丽水解放后，丽水专区创办《时事简讯》《工农大众》。1951年，中共丽水地委报道组建立。1955年11月，丽水县文化馆主办《丽水文艺》。1964年，《浙江日报》驻丽水记者站建立。1969年5月，丽水地区革命委员会主办的《新丽水报》创刊。1984年5月，丽水地委机关报《丽水报》创刊，1988年7月更名《丽水日报》。刊物主要以学术性和专业性为主。

第一节　报　纸

民国时期报纸

民国17年（1928）9月，《新缙云》创办。主要宣传党的路线、政策，揭露国民党政府及封建地主阶级的罪恶，号召农民团结起来开展“二五”减租，建立农民协会。中共缙云县委秘密编印，不定期油印。每期印数50份左右，共出10多期。民国18年春停刊。

民国20年(1931)夏，创刊《处区民国日报》。浙江省第十一行政督察区主办。4开2版。办报经费由当时处区10县集资。社址在丽水城内帝师坊[1]，总编辑阙维熙，丽水碧湖人。报纸内容以刊登国民党中央社消息为主，辟有《本省新闻》与《本区新闻》专栏，二版辟有《万象》副刊。自办有昌明印刷厂。民国23年上半年，因经费不足而停刊。

抗日战争时期，处州报纸27家，其中外地迁入的有《浙江日报》《东南日报》《正报》。地区办的有《民生日报》。各县办的有《丽水民报》《儿童报》《青田报》《民众周刊》《缙云报》《云和快报》《云和报》《龙快报》《龙泉日报》《庆元日报》《新庆元》《庆元导报》《抗敌三日刊》《遂昌早报》《遂昌民报》《景宁周报》《景宁抗日民报》等17家。区办的有《海口通讯》《竹口》《新大柘》《焦川》。私人办的有《诚报》《松阳民报》。抗战胜利后办的有地区《浙南日报》《浙南时报》，丽水县《处州日报》和缙云县《缙云民报》。

民国23年(1934)8月，创刊《壁报》，景宁县民众教育馆主办，日刊，油印，刊载时事、新闻，发各乡镇张贴。民国24年4月停刊。民国24年3月《青田报》创刊。8开2版，5日刊，国民党青田县党部主办。办报约1年，因经费困难而休刊。民国28年10月10日复刊，为3日刊，后期改为4开4版。民国31年，因日本侵略军窜境而第二次休刊。民国32年3月11日，由青田县动员委员会发起第三次复刊，不定期刊出。民国33年3月终刊。民国27年2月发刊《龙泉快报》，油印，月刊。民国27年4月1日创刊《抗日民报》，由景宁县抗日自卫委员会主办，双日刊，设《抗日消息》《国际要闻》《本县新闻》等栏目，民国30年12月停刊。民国27年，省立处州中学主办校刊《处中旬刊》。民国27年4月9日创刊《景宁通讯》。景宁县政府主办，内有中共地下党员参加办报。双日刊，设《消息》《公文》《军事常识》《自由谈》等栏目。同年9月停刊。民国27年7月创刊《景宁周报》。内有中共地下党员和进步人士参加办报。8开2版，石印。民国28年12月停刊。民国27年6月10日《缙云报》创刊。国民党缙云县党部主办。8开铅印，3日刊。民国27年6月17日《庆元日报》创刊。国民党庆元县党部主办。4开石印。主编姚嗣崇系中共地下党员。同年11月因刊登毛泽东的《论持久战》而被勒令停刊。民国27年6月1日《新庆元日刊》创刊，同年11月20日停刊，出版153期。系县民众教育馆出面主办的中共庆元县委机关报。抨击腐败，宣传抗日，刊登战事消息，常附以漫画、诗歌、杂文，深受读者欢迎。民国28年1月1日创刊《遂昌早报》。遂昌县政府主办。石印，日刊。同年5月1日改铅印。民国29年底停刊。民国28年8月13日《云和报》创刊，云和县政府主办。铅印，3日刊。后因经费困难于35年3月停办。民国28年，三青团丽水分团部主办《丽水团讯》。民国29年，省立民众教育馆主办的通俗月刊《处州社教》。民国29年，中共处属特委文化党团主办《文艺丛刊》。民国29年2月5日，《民生日报》创刊，4开4版，浙江省第九行政督察区专员公署主办，以宣传抗日战争和后方建设为主，社址设丽水城内通惠里一、二号，民国30年4月印刷厂被日本飞机炸毁后停刊。民国29年5月，《龙泉日报》创刊，主编系中共地下党员。民国31年4月停刊。民国29年10月15日，《景宁政治》创刊。景宁县政府主办，中共地下党员和进步人士参加办报。不定期刊，8开2版，铅印。民国30年9月停刊。同年11月《庆元导报》创刊，庆元县政府主办，民国31年12月停刊。民国11年6月，抗战南迁的《浙江日报》从永康方岩迁丽水碧湖赵村，不久撤退云和。民国13年8月22日迁往龙泉西街街道宫头村，8月26日即在龙泉县新址出报。著名哲学大师严北溟先生任社长兼发行人，江阴文豪陈虞荪任总编，许多共产党员和进步人士也参与《浙江日报》的采编工作。民国34

① 花园弄口。

年6月25日的头版，刊发一篇题为《柳州城内火光烛天 南郊顽敌据险困斗 浙东乐清北溃敌已窜入黄岩》的消息稿件。民国34年8月11日，发表文章《狂欢之夜，狂欢的山城》，向全省传递抗战胜利消息。民国34年9月中旬，浙江日报社从龙泉迁回杭州。民国34年2月《处州日报》创刊，民国36年12月停刊。国民党丽水县党部主办。民国35年4月创刊《缙云民报》。国民党缙云县政府主办。民国36年6月24日《浙南日报》创刊，4开2版。由当时上海招商局造船厂厂长陈绍焕提供办报经费。社址在丽水城内灯塔街东段①。报纸于37年1月停刊。民国38年由中共路南特派员②和浙东人民解放军路南军分区司令部（六支队）主办《路南简讯》。社长潘钧（张洁），主编徐克明（林克）。初为4开4版油印，3日刊。同年4月中旬改为日报。同年5月8日进入永康城后改为铅印，由同文书局承印。同月22日终刊，出报32期、快报3期和号外2期，同时还由报社抄录延安新华社电文编印《学习文献》3本。报社由路南地下党购得五灯收音机一架，由潘钧改装成收报机建立电台。该报免费赠阅，主要对象是游击队、地下党和外围组织、进步人士，有的还特地送进国民党长官和土豪劣绅家中，扩大政治影响。报纸的发行工作由设在缙云雪峰山区双坑村的六支队交通总站通过地下交通网发行。民国38年5月22日，《新路南报》全套人马迁入金华，与金华军管会主办的《金华新闻》合并。民国38年2月《浙南时报》创刊。浙江省第九行政督察区主办。系日报，对开2版。社址在丽水城内番薯丝行③，专员朱沛林任社长，主编吴瑜。《浙南时报》于丽水城解放前两天（1949年5月10日）停刊。

中华人民共和国成立后报纸

1949年5月丽水全境解放，中共处属特委成立后，即派黄培元、仲侠等接管国民党浙江省第七区行政督察专员公署主办的《浙南时报》，筹备出版新报。限于当时的办报条件，特委决定报纸先编发新华社的电讯，故暂定名《时事简讯》，于1949年6月上旬创刊，对开2版，日刊。由中共处属特委主办，主编沙蒂，社址即浙南时报旧址，有编辑、电讯工作人员5人。同年7月中旬，报纸停刊。1949年10月24日，特委决定出版一小型通俗的报纸，定名为《工农大众》。创办报纸的报告经省委批准后，作出关于出版《工农大众》的决定。《工农大众》报于1949年11月1日创刊。4开，5日刊。特委宣传部部长张之清兼任社长。省委宣传部为支持办报，特从杭州新华印刷厂抽调印刷职工10多人，随带4开机1台，圆盘机2台，铸字机1台先期到达丽水，筹建丽水新华印刷厂④，主要承印《工农大众》报，兼印地委机文件资料。报社和印刷厂址设在原继光街178号。报社宣传版面栏目有地方新词、时事消息、小评论、农村通讯、服务专栏、工农文艺等。稿件内容、编排、形式等方面，常采用小故事、庄稼活、连环画、快板、小调、歌谣等形式，介绍时事新闻、剿匪消息、农村新貌、生产知识、卫生常识以及群众运动的指导经验等，通俗生动，适合工农大众口味。为办好报纸，报社重视通联工作，设有特约通讯员，由各县委确定，报社聘请。为抓好每县的通讯工作，各县委均配备专职的通讯干事，并建立中心通讯小组，推动全县通讯工作。因国家财政困难，为响应“增产节约”号召，《工农大众》报于1950年4月停刊。1956年4月，中共丽水县委主办《丽水报》。同年，缙云、青田、龙泉、庆元、景宁、遂昌、松阳县县报相继创办。1960年6月，缙云县报被国务院命名为全国先进集体，1961年县报撤销。

---

① 2010年，丽水城内灯塔街东段在原中共丽水地委院内。

② 中共路南特派员：地区级党组织，当时实行特派员制。

③ 丽水城内番薯丝行：2010年位于丽水市工人文化宫。

④ 丽水新华印刷厂：丽水市印刷厂前身。

1969年5月16日，经浙江省革命委员会批准，由丽水地区革命委员会主办的《新丽水报》创刊，4开4版，社址设在丽水城郊五宅底丽水林校内，办报初期为隔日刊，1970年1月1日开始改为周六刊，星期天休刊。1971年2月28日《新丽水报》革命委员会成立。《新丽水报》的宣传报道以长文章多，信息量少，无固定宣传栏目，经常全文转载当时《人民日报》、《红旗》杂志、《解放军报》两报一刊的编辑部文章。1972年年初，中共浙江省委决定，保留《杭州日报》，停办其他地区报8家，集中力量办好《浙江日报》，并解决报刊用纸紧张问题。按照省委指示，《新丽水报》于当年3月1日停刊，出刊836期。

1984年5月1日，丽水地委机关报《丽水报》正式创刊。1988年7月，改名《丽水日报》，为周六报。1993年，《丽水日报》改为日报，每日出报。

第二节　通　　讯

中华人民共和国成立前通讯组织

民国27年(1938)，缙云县励志通讯社设立。民国33年，丽水县虎啸通讯社设立。民国34年，丽水县东南通讯社设立，遂昌县飞鹤通讯社设立。民国35年，丽水县处声通讯社设立，缙云县大同通讯社设立，云和县国民通讯社设立，遂昌县妙高镇黄一峰的谷新通讯社设立。民国37年，丽水县丽铎新闻社设立。

中华人民共和国成立后通讯组织

1951年，中共丽水地委报道组建立，配备干部3人，隶属地委宣传部。各县委宣部设通干事1人。1962年，《浙江日报》在各县委建立通讯站，配专职干部1人。1964年，《浙江日报》驻丽水记者站建立，配记者1人。“文化大革命”期间，地、县通讯站干部一度集中丽水，称《浙江日报》小分队，后改为《浙江日报》驻丽水记者站。

1970年，丽水地区建立地、县报道组。1982年，地委办公室设新闻科，与《浙江日报》驻丽水地区记者站两块牌子，一套人马，合署办公。1983年9月，撤销丽水地委办公室新闻科，保留《浙江日报》驻丽水地区记者站，配专职干部2人。1985年1月，浙江省人民广播电台驻丽水地区记者站建立，配专职干部2人。1988年6月3日，丽水日报社驻各县(市)记者站建立，与各县(市)委报道组为两块牌子，一套人马。2005年，松阳、云和、庆元4个县的报道组(丽水日报记者站)并入县新闻中心(县报)，其他县(市)报道组(记者站)仍保留原来格局。

第三节　刊　　物

民国时期刊物

抗日战争时期，处州有刊物91种，其中浙江省政府及其所属单位办的有《浙江自治》《合作前锋》《合工十日》《浙江民众周刊》《战时中学生》《调整》《浙江工业》《社教通讯》《浙江合作通讯》《浙江建设》《浙江潮》《英文周刊》《浙江教育》《浙光》《桐油》《进修》《警察》《乡建通讯》《浙江农学》《湘海弹讯》《碧湖旬刊》《党军》《经济建设》《浙合旬报》《浙江社教》《浙江图书馆月刊》《浙江税务》《浙江省通志馆馆刊》《三民主义制度导报》《国民教育指导》《浙江教育行政月刊》《会员通讯》《浙江日报月刊》《战时合作》《文献汇刊》《浙江妇女》《浙江政情通讯》《浙江商业》《碧湖》《时事半月刊》《儿童报》《战时木刻》《木刻艺术》等 43 种。

各县刊物有 《动员周刊》《太平周报》《吼声集》《抗战歌声》《解放漫画》《抗敌》《抗战建设》《东南儿童》《东南木刻》《剧野》《抗战画报》《儿童新闻》《读书杂志》《农牧导报》《儿童歌声》《胜流》《胜利杂志》《新经济》《云和教育》《农声》《云和诗刊》《真话》《交通通讯》《青年文学时报》《人报》《动员》《大家看》《垦荒》《合作》《新活力》《龙泉青年》《丘八》《庆元公报》《大众吼声》《烽火》《青田卫生》《青田青年》《普化》《人间佛教》《遂昌青年》《农情》《非常半月刊》《丽萃通讯》等 43 种。

第九行政督察区有关部门创办的刊物有 5 种。民国 27 年(1938)《处中旬刊》创办，省立处州中学主办的校刊。民国 28 年《丽水团讯》创办，三青团丽水分团部主办。民国 29 年《处州社教》创办，省立民众教育馆主办的通俗月刊。民国 29 年《文艺丛刊》创办，中共处属特委文化党团主办。民国 34 年 11 月《民众科学》创办，浙江省立处州民众教育馆创办。

中华人民共和国成立后刊物

解放初，出版刊物较少。1955 年 11 月，丽水县文化馆主办《丽水文艺》，后改为业余刊物《岩泉》。1957 年 3 月，龙泉、云和、景宁、庆元县合办文艺刊物《林海》。1976 年后，地、县办刊物 25 种，其中地区级 10 种，县级 15 种。1987 年报刊整顿，重新登记 10 种。1989 年，有刊物 11 种，其中地区级 8 种，县级 3 种。

地区级刊物 7 种，其中，《丽水农业科技》于 1972 年 3 月创刊，地区农科所主办，16 开季刊，赠阅对象中低级农业科技工作者，期印数 1000 册。1977 年，地区文化局主办不定期文艺宣传资料《宝山红花》，1978 年改名《丽水文艺》，16 开季刊，期印数 2000 册。1984 年改由丽水地区文联主办，1985 年改名《丽水文学》。1981~1987 年公开发行。现为内部赠阅刊物，有专职编辑人员 3 人。《丽水师专学报》于 1979 年 10 月由丽水师范专科学校主办，16 开季刊，主要发表学术理论文章，期印数 2000 册，公开发行。1985 年 3 月创刊《丽水剧作》，地区文化局主办，16 开不定期戏剧创作刊物，内部赠阅，期印数 500 册。1989 年 12 月改名《艺术创作与研究》。《科技情报》于 1985 年由地区科委情报所主办，16 开不定期内部赠阅讨物，期印数 210 册。《丽水金融》于 1986 年 1 月由地区金融学会主办，16 开季刊，不定期金融业务刊物，期印数 700 册。《教学与民研》于 1987 年 3 月由浙江省少数民族师范学校主办，16 开半年刊，以中师、小学教改和畲族研讨为主，期印数 500 册。《中共丽水地委党校学报》是于 1989 年 2 月由中共丽水地委党校主办的理论学术刊物，16 开季刊，内部赠阅，期印数 l000 册。

2010 年，丽水市公开发行的报纸 4 种，年发行量达 3615 万份，平均每千人每天拥有报纸 37 份。

2010年丽水市报纸刊物一览

表36-2-3-1

名　称	主办单位	主管单位	批准单位	刊　号
丽水日报	丽水日报社	丽水市委宣传部	国家新闻出版总署	CN33—0012
丽水广播电视报	丽水电视总台	丽水市委宣传部	国家新闻出版总署	CN33—0094/10
丽水学院报	丽水学院	丽水市教育局	国家新闻出版总署	CN33—0806/C
青田侨报	青田侨报社	青田县委宣传部	国家新闻出版总署	CN33Q第007号
畲乡报	畲乡报社	景宁畲族自治县委宣传部	浙江省新闻出版局	浙字第029号
丽水人大	丽水市人大常委会	丽水人大常委会	浙江省新闻出版局	浙内准字第K001号
今日丽水	中共丽水市委	中共丽水市委	浙江省新闻出版局	浙内准字第K002号
丽水市人民政府公报	丽水市人民政府办公室	丽水市人民政府	浙江省新闻出版局	浙内准字第K003号
丽水党建交流	丽水市委组织部 丽水市委党校	丽水市委组织部	浙江省新闻出版局	浙内准字第K004号
丽水研究	丽水市社科联	丽水市社科联	浙江省新闻出版局	浙内准字第K005号
丽水文学	丽水市文学艺术联合会	丽水市文学艺术联合会	浙江省新闻出版局	浙内准字第K006号
企业论坛	丽水市经贸委	丽水市经贸委	浙江省新闻出版局	浙内准字第K007号
丽水农业科技	丽水市农科所	丽水市农业局	浙江省新闻出版局	浙内准字第K008号
绿色丽水	丽水市环保局	丽水市环保局	浙江省新闻出版局	浙内准字第K009号
丽水教育	丽水市教育局教研室 丽水市教育科学研究所	丽水市教育局	浙江省新闻出版局	浙内准字第K010号
丽水党史	丽水市委党史研究室	丽水市委党史研究室	浙江省新闻出版局	浙内准字第K011号
丽水政协	丽水市政协	丽水市政协	浙江省新闻出版局	浙内准字第K012号
丽水林业	丽水市林业局	丽水市林业局	浙江省新闻出版局	浙内准字第K013号
丽水摄影	丽水日报社	丽水市委宣传部	浙江省新闻出版局	浙内准字第K014号
丽水国际经贸	中国国际商会丽水商会	丽水市对外贸易经济合作局	浙江省新闻出版局	浙内准字第K015号
丽水统战	丽水市委统战部	丽水市委统战部	浙江省新闻出版局	浙内准字第K016号
丽水市安全监管	丽水市安监局	丽水市安监局	浙江省新闻出版局	浙内准字第K017号
丽水民进	民进丽水市委	丽水市委统战部	浙江省新闻出版局	浙内准字第K018号
丽水九三	九三丽水市委	丽水市委统战部	浙江省新闻出版局	浙内准字第K019号
丽水职业技术学院学报	丽水职业技术学院	丽水市教育局	浙江省新闻出版局	浙内准字第K020号
丽水侨联	丽水市归国华侨联合会	丽水市归国华侨联合会	浙江省新闻出版局	浙内准字第K021号
丽水方志	丽水市地方志	丽水市地方志办公室	浙江省新闻出版局	浙内准字第K022号

续表 36-2-3-1

名 称	主办单位	主管单位	批准单位	刊 号
处州集邮报	丽水市集邮协会	—	市文化广电新闻出版局	浙 K—001
丽水电力报	丽水市电业局	—	市文化广电新闻出版局	浙 K—002
三辰报	浙江三辰电器有限公司	—	市文化广电新闻出版局	浙 K—003
凯恩报	凯恩集团有限公司	—	市文化广电新闻出版局	浙 K—004
纳爱斯报	纳爱斯集团	—	市文化广电新闻出版局	浙 K—005
丽人木业	浙江丽人木业集团有限公司	—	市文化广电新闻出版局	浙 K—007
中心医院报	丽水市中心医院	—	市文化广电新闻出版局	浙 K—008
医苑报	丽水市人民医院	—	市文化广电新闻出版局	浙 K—009
丽水市中医院报	丽水市中医院	—	市文化广电新闻出版局	浙 K—010
丽水汽运报	丽水市汽运集团有限公司	—	市文化广电新闻出版局	浙 K—011
方正电机报	丽水市方正电机股份有限公司	—	市文化广电新闻出版局	浙 K—012
田氏伤科报	缙云田氏伤科医院	—	市文化广电新闻出版局	浙 K—013
东方工具报	浙江东方工具制造有取胜公司	—	市文化广电新闻出版局	浙 K—016
丽水市第二人民医院报	丽水市第二人民医院	—	市文化广电新闻出版局	浙 K—018
晨龙报	浙江晨龙锯床集团有限公司	—	市文化广电新闻出版局	浙 K—019
紧电报	紧水滩水力发电厂	—	市文化广电新闻出版局	浙 K—020
丽水商会报	浙江艾莱依羽绒制品有限公司	—	市文化广电新闻出版局	浙 K—021
青医奉献报	青田县人民医院	—	市文化广电新闻出版局	浙 K—022
杨帆报	浙江杨帆集团有限公司	—	市文化广电新闻出版局	浙 K—023
处州水报	丽水市供排水有限公司	—	市文化广电新闻出版局	浙 K—024
钭氏医疗报	缙云县钭氏伤科医院	—	市文化广电新闻出版局	浙 K—025
兽霸集团报	兽霸集团有限公司	—	市文化广电新闻出版局	浙 K—026
金龙地产报	金龙集团	—	市文化广电新闻出版局	浙 K—027
丽水自强报	丽水市残疾人联合会	—	市文化广电新闻出版局	浙 K—028
丽水联通报	中国联通丽水分公司	—	市文化广电新闻出版局	浙 K—029
同心报	浙江同心集团	—	市文化广电新闻出版局	浙 K—030
梦天报	庆元梦天公司	—	市文化广电新闻出版局	浙 K—031
丽水职院报	丽水职业学院	—	市文化广电新闻出版局	浙 K—032
名典报	中国名典鞋业集团	—	市文化广电新闻出版局	浙 K—033
庆医院报	庆元县人民医院	—	市文化广电新闻出版局	浙 K—034
丽水少年作家报	浙江少年作家协会丽水基地	—	市文化广电新闻出版局	浙 K—035
妇幼保健报	丽水市妇幼保健院	—	市文化广电新闻出版局	浙 K—036
九和报	浙江九和置业有限公司	—	市文化广电新闻出版局	浙 K—037

第三章　广播电视

民国17年(1928),丽水各县政府设置收音室,收录浙江省无线电台新闻。

1949年10月中华人民共和国成立后,丽水广播事业发展加快。1950年9月,遂昌县广播收音站创办。到1955年10月,丽水、云和、龙泉、松阳等县广播收音站相继建立,接收中央人民广播电台、浙江人民广播电台新闻节目。1972年,丽水广播转播台建成。1978年9月,丽水电视调频转播台建成。20世纪90年代,丽水广播电视事业步入新的发展时期。1990年7月1日,丽水有线电视台成立。1993年7月1日,丽水人民广播电台开播,是丽水地区第一家调频广播电台,集时政新闻、经济信息和文化娱乐为一体的综合性广播电台。1999年4月,丽水广播覆盖网络建设全面建成,人口覆盖率70%以上。21世纪,丽水广播电视事业飞速发展。2006年10月,丽水电视台、丽水人民广播电台合并组成丽水市广播电视总台。丽水广播事业创新思路、创新管理、创新节目,在新闻宣传、节目质量、技术保障、队伍建设、经营创收等方面都上升一个新台阶。2008年5月,随着景宁畲族自治县九龙乡有线电视开通,全省实现所有乡镇有线电视全覆盖。至2008年,丽水市有线电视用户总数6.6万户,转播中央电视台、浙江电视台、丽水电视台和部分外省卫视节目35套。2010年,全市全面推进丽水市有线电视数字化发展工作。至同年底,丽水市完成有线电视整转工作177490户。

第一节　广　播

有线广播

1950年9月,遂昌县广播收音站创办,隶属县文化馆,到1955年10月,丽水、云和、龙泉、松阳等县广播收音站相继建立,接收中央人民广播电台(简称中央台)、浙江人民广播电台(简称省台)新闻节目。1951年10月,浙江省立丽水人民文化馆建有线广播站,至1956年,丽水、遂昌、龙泉、庆元、松阳、缙云、云和、景宁、青田县有线广播站相继建立。1958—1959年,各县架设广播专线2552千米,利用农村电话线3259千米,发展广播喇叭7620只,各生产大队通广播。1960—1963年,广播喇叭减少1000多只。1960年起,缙云、青田、遂昌等县广播站办水泥杆厂,用水泥杆更换木杆。1964—1966年,架设广播专线1157千米,发展广播喇叭1万多只。1969—1970年,建公社广播放大站87个,架设广播专线14380千米,发展广播喇叭10万只。1976年,有公社广播放大站288个,广播专线2万多千米,广播喇叭20只,生产队90%通广播,喇叭入户率50%以上。广播宣传以转播和读报为主。1979年,缙云县城至公社广播线路全部用水泥杆。1982年,各县广播站每天早、中、晚播音3次,时间7小时,先后办起《本县新闻》《农科知识》《山区建设》《文化园地》等专题。1983年10月,云和县广播站开办《今日快讯》。1984年5月,缙云、遂昌县广播站增办《今日新闻》,9月,各县广播站联合开办《丽水地区新闻联播节目》。1985年10月,景宁畲族自治县广播站采用调频信号,向乡广播站33个传送节目。1990年,丽水地区有县(市)广播站9座,区、乡、镇广播站334个,村广播室1616个,干部、职工1363人;扩大机630部,合计功率138.89千瓦。县至乡广播专线2075.77杆千米,乡以下广播专线14575.96杆千米。广播喇叭26.82万只,入户率43%。至2010年,丽水市级有线广播消失,部分有线广播主要分布在各县至农村的有线广播喇叭。

无线广播

民国17年(1928),各县政府设置收音室,收录浙江省无线电台新闻。民国27—31年,浙江省政府无线电台迁至丽水。民国36年,在龙泉建立分台。

1971年12月,丽水、遂昌、龙泉广播转播台筹建,隶属丽水地区革命委员会。1972年,丽水广播转播台建成,转播省台第一套节目,功率1千瓦。庆元、云和、青田县广播转播台相继建立,转播中央台和省台第一套节目。1974年,除丽水广播转播台外,各县广播转播台均归各县县委宣传部领导。后改属各县广播事业管理局领导。1978年元旦,丽水广播转播台扩建为功率10千瓦的中型i转播台,先以1千瓦机转播中央台第二套节目。后以10千瓦机转播中央台第一套、省台第一套节目。同年11月,丽水、庆元、云和、遂昌、龙泉广播转播台使用全国中波广播同步频率广播。1985年12月,丽水广播转播台试用微型计算机自动控制广播发射机开关及运行。1990年,丽水地区有收音机18.5万台,录音机4.5万台,中波广播覆盖人口136.25万人,占总人口的56.76%。1999年4月,丽水人民广播电台庆元差转台开播。至此,丽水地区覆盖网络建设全面建成。丽水人民广播电台的节目覆盖丽水地区,人口覆盖率70%以上。2010年,丽水市完成行政村的广播"村村响"建设任务1382个,完成无线覆盖工程建设任务。

中波转播台

1971年,南京军区司令部和浙江省革委会决定在丽水建立广播转播、干扰台。同年,丽水地区革委会抽调原无线电厂、丽水县广播站、丽水电信局以及缙云、龙泉、遂昌等单位和县市有关人员,利用原丽水地区公安局的房子,安装收讯天线和发射机。1972年10月,丽水地区广播转播台开始试播,功率为1千瓦,核定编制14名。

1973年,丽水地区广播转播台扩建,属科级事业单位,由丽水地区行署直属领导,功率由1千瓦扩大到10千瓦,人员定编30名。1974年,更名丽水广播转播台。

2001年,丽水广播转播台更名浙江省丽水中波转播台,归属浙江广播电视集团。2003年5月,浙江省丽水中波转播台更名浙江丽水广播转播台。2003年12月,国家广电总局同意丽水广播转播台迁建至莲都区紫金街道河林村地块,规模为自立式铁塔5座,总输出功率26千瓦。

丽水人民广播电台

1992年下半年,丽水人民广播电台建立,同浙江省丽水中波转播台合署办公,属科级事业单位,电台本部在丽水市(县级)继光街361号。1993年6月13日,丽水人民广播电台开始试播。1993年7月1日,丽水人民广播电台正式开播,是丽水地区第一家调频广播电台,集时政新闻、经济信息和文化娱乐为一体的综合性广播电台。丽水人民广播电台采用调频和中波双重覆盖,调频105.80兆赫,100瓦发射;中波720千赫,1000瓦发射,覆盖范围也仅限于丽水城区,覆盖人口仅占全区总人口的4%。1995年9月,丽水地区编委下发文件,丽水人民广播电台升格为副县级单位。

1995年,丽水人民广播电台陈寮山调频发射台开始筹建,投资20多万元。1996年1月,陈寮山调频发射台以功率1000瓦,频率94兆赫,向丽水地区传送调频立体声信号。同年,丽水人民广播电台完成"三定"方案,设立办公室、总编室、新闻部、文艺部、广告部、专题部、技术部、发射部(原丽水中波转播台),核定编制50名。1996年,丽水人民广播电台青田、龙泉、遂昌差转台先后建成。丽水人民广播电台9县(市)记者站全部建立。1997年,丽水人民广播电台云和、缙云、松阳等县调频差转台建立,人口覆盖率66%。1997年11月,丽水人民广播中心大楼投入使用,建筑面积5502平方米,总投资600多万元。同时,丽水人民广播电台投资25万元,建成音频工作站,节目管理、制作编排、播控、直播融为一体。

1999年4月,丽水人民广播电台庆元差转台开播。至此,丽水人民广播电台节目覆盖全区,人口覆盖率70%以上。

2002年,丽水人民广播电台投资180万元,完成发射系统的更新改造,完成微波的安装调试,完成音频工作站的升级和音频设备改造,完成高压线路和低压配电系统改造。这一系列的改造,提高播出的安全性,信号的覆盖效果和收听质量明显得到改善。同年,丽水人民广播电台新闻部建立自动文稿办公系统。新闻采编人员人手配备电脑和MD采访机,写稿和编稿实现电脑输入。同年,丽水人民广播电台完成微波数字化改造工程,更新改造陈寮山避雷接地系统和五宅底中波机房。丽水电视台完成新闻稿件计算机处理系统、两个频道机房计算机管理系统和摄录像设备计算机管理系统,完成网络电视系统。丽水有线广播电视传输中心完成路段4个、地埋管道6千米建设工程,架设光缆44.77千米,实现光缆到楼幢光节点13个、1万用户,改造周边12个村的线路,架设电缆24千米,建立光工作站双向监视系统和地理信息系统,制定《丽水市有线电视管网专业规划》。2002年,丽水市广播覆盖率83.2%,比2001年净增2.1%;电视人口覆盖率92.82%,比2001年净增2.3%。

2003年年初,丽水人民广播电台筹建第二套广播节目—交通音乐频率,投资40多万元。同年3月,丽水交通音乐频率开始试播。同年5月,丽水交通音乐频率经国家广电总局批准正式开播。同年,丽水人民广播电台自办节目播出6415小时,转播上级台节目14656.4小时,台内停播率均达零秒。2004年,电台自办节目播出13062小时,转播上级台节目1456.4小时,台内停播率均达零秒。

2005年,丽水广播转播台迁建工程开工。电台第二套节目下传的前期工作,除莲都区外对8县(市)及温溪、壶镇等下传频点10个进行实地收测绘图,同年10月份,省广电局批准10个点的频率规划。自动化控制项目正式启动,电台与浙江传媒学院合作开发中波调频远程自动化项目,集计算机技术、网络管理技术、通信技术及自动控制技术为一体,一期工程投资54万元,进入软件开发阶段。中波台迁建投资5310万元,完成前期大部分工作,通过项目可行性研究报告的批复、初步设计的批复、领取项目规划用地许可证。发射机远程智能监控项目,获2005年浙江省广播电视局科技创新奖高新技术研究与开发奖一等奖,国家广电总局科技创新奖高新技术研究与开发三等奖。同年,丽水人民广播电台广告创收突破300万元,全面完成年初下达的广告指标。

2006年10月,丽水人民广播电台与丽水电视台合并为丽水市广播电视总台。2010年,丽水广播电视总台“广播播控和直播室系统”及“科技和技术管理技术手册”项目获省广播电视局科技创新奖。

第二节　电　　视

有线电视

丽水有线电视台　1989年8月,丽水地区广播电视局和丽水市两级广播电视局联合召开筹建丽水有线电视台协商会议,同意地区、市合办有线电视台,挂靠丽水地区广电局,实行地区、市广电局双重领导、以市局为主的体制,组建联合筹建机构,负责有线电视台建设的领导协调和技术施工工作。1989年8月,丽水地区行政公署召开专员会议,同意筹建丽水有线电视台。

1990年6月6日,丽水地区编制委员会下发《关于同意成立丽水有线电视台的批复》,同意成立丽水有线电视台,明确其隶属于丽水地区广播电视局,科级全民事业单位,实行独立核算,自负盈亏。1990年6月20日,丽水有线电视台开通试播,播出中央电视台、浙江电视台、丽水电视台、云南台、贵州台、新疆台和自办节目(录像)等电视节目8套,发展有线电视用户1138户。同年,丽水有线电视台有职工10多人,主要为工程与技术人员。自办节目播出约3小时/天,以影视剧为主。1990年7月1日,丽水有线电视台正式成立。

1991年,丽水有线电视台发展有线电视用户2159户。同年10月,采用播放录像方式转播上海电视台第一套节目。1992年,投资2万多元,丽水有线电视台购置小微波设备。同年6月初,丽水有线电视台开始实时转播浙江电视台第二套(文艺)节目。1993年,丽水有线电视台有线电视用户增加至近万户。

1994年4月,丽水地区广播电视局和丽水市(县级)广播电视局协商议定,丽水城区有线电视网络按地区局统一规划、统一技术方案,实行地、市两局分片建设、管理。同年上半年,丽水有线电视台开始尝试广告创收业务。同年9月初,丽水广播电视局迁址至市区解放街314号新办公楼,面积500多平方米。

有线电视节目　1995年1月1日开始,丽水有线电视台增加自办节目播出量,每晚播出综合性节目约5小时,以动画片、影视剧和外购节目为主。至同年底,丽水有线电视台转播电视节目18套,调频广播节目3套,有线电视用户发展到1.5万多户。1996年6月,丽水有线电视台开通中央电视台卫星电视加密频道4个。至此,丽水有线电视台传送有线电视节目增加至20多套。同年8月,丽水有线电视台开始筹备自办新闻节目,调入部分从事新闻采、编、播人员,购置专业摄像机2台,编辑线1条,播控设备若干。同年10月1日,丽水有线电视台自办新闻节目《有线报道》正式开播,每周播出3档,每档节目长度10分钟。《有线报道》侧重社会和社区新闻,贴近生活和平民化特色。同年,《有线报道》栏目新闻参加电视新闻作品评选,获省级新闻三等奖3项。

1997年,《有线报道》栏目突出扶贫攻坚宣传,专题片《告别贫困》于中共十五大召开前夕在浙江省有线电视台播出。采制播出宣传丽水地区广大干部群众在脱贫奔小康道路上取得业绩的系列报道11集。其中一篇作品获省级优秀电视新闻作品(政府奖)三等奖。有线电视用户增加至2.20万多户。同年11月，丽水有线电视台的行政管理和新闻部门搬迁到丽水人民广播电台大楼6楼，建设演播厅，改善办公和工作用房条件。

1998年2月28日，丽水有线电视台经国家广电部批准重新登记，批准可以开办自办频道2个。丽水有线电视台投资200多万元，增置新闻采编录播设备，完成播控系统的自动化改造。同年9月，丽水有线电视台开设《有线报道•周末版》，以对社会热点话题的深度挖掘为定位。同年底，《有线报道》从原来每周3档改为每周6档，实现新闻日播，新闻宣传水平明显提高，自办新闻节目的社会影响力扩大。同年，丽水有线电视台新闻参加全省广播电视新闻评奖，获三等奖1项；参加全省"有线新闻"优秀作品评奖，获二等奖1项、三等奖2项；参加地市新闻评奖，获一等奖1项、二等奖1项、三等奖2项。同年，丽水有线电视台向本省省级台选送新闻播出167条，首次被中央电视台选播1条。同年12月底，丽水有线电视台自办节目信号送到整个丽水市区及部分乡镇。

网络建设　1999年2月8日，丽水地区有线广播电视传输网建成，投入试运行，丽水有线电视台第1套节目下传到各县(市)有线电视网，实现丽水地区覆盖。2005年，丽水地区有线广播电视传输网完成丽水电视台3套节目模拟传输转数字传输项目的技术方案，完成设备安装调试。实施用户接入网技术改造，当年完成灯塔小区、丽东二村等片区网改工程量用户5000多户。2007年，丽水地区有线广播电视传输网在市区新建住宅及商住园区(楼幢)12个铺设光缆23千米、电缆38千米，开通有线电视。完成市区网络改造工程地段8个、用户2万多户。同年7月，丽水地区有线广播电视传输网实施广播电视"村村通"工程，莲都区辖内枫树湾、秋塘两个行政村的有线电视网络完成安装，开通信号，覆盖两村约400户农家。同年底，"村村通"工程通过浙江省广电局验收。2008年5月13日，景宁畲族自治县九龙乡有线电视开通。至此，全省实现所有乡镇有线电视全覆盖。至2008年底，丽水市有线电视用户总数6.6万户，转播中央电视台、浙江电视台、丽水电视台和部分外省卫视节目35套。

机构改革　2001年3月，丽水有线广播电视台的"网台分离"工作正式展开，按"人随事走，物随人走"的原则进行职能、人员、财产等划分。其中与新闻宣传、广告等相关的职能及人、财、物与丽水电视台合并；与网络相关的职能及人、财、物与丽水市广电传输中心合并，组成新的广播电视传输中心。同年6月30日，丽水有线广播电视台完成"网台分离"工作，有线电视网络走向专业化发展。同年7月1日，新的丽水市有线广播电视传输中心统一原两个单位的财务。同年9月，丽水市有线广播电视传输中心完成内部机构设置，制定内部运行方案。丽水市有线广播电视传输中心隶属丽水市文体广电局，机构规格为科级事业单位，为全额自收自支单位，主要负责丽水市有线广播电视传输主干网的建设、管理、运营；负责丽水市城市规划区范围内有线电视用户接入网的建设、管理、运营；负责广播电视节目的安全播出传输；开发多功能综合业务，为社会信息化提供服务。

2003年2月，《丽水市区有线电视接入网改造方案》经省、市广电主管部门组织专家论证通过。同年，完成传输网松阳、龙泉等5个县(市)境内多路段23千米的光缆干线迁建，完成全线其中150千米干线的整改。完成接入网括苍路南段、中山街北段等20千米的线路改造。安装开通城东金东新村、河村、黄泥墩、东升北区等连片有线电视网。在抗击"非典"中，按市政府要求在规定期限为丽阳应急病房专线开通有线电视用户终端45个。利用有线电视网络宽带资源与丽水网通分公司合作开发宽带互联网业务，当年发展用户500多家。同年6月25日，丽水市文体广电局与浙江广电集团采用股份制形式，合作组建浙江丽水广播电视传输网络有限公司，其中丽水方股份由丽水市国资经营公司持股。同年6月26日，丽水市文体广电局与浙江广电集团签订《合资组建浙江丽水广播电视传输网络有限公司合作协议》。同年12月8日，丽水市国有资产经营有限公司与浙江广播电视集团同意出资组建浙江丽水广播电视传输网络有限公司，注册资本3100万元，其中丽水方以丽水市广播电视传输中心经评估的资产认缴出资，占注册资本的34%；浙江广播电视集团以现金认缴出资，占注册资本的66%。同年12月18日，浙江丽水广播电视传输网络有限公司第一届股东会、董事会、监事会在杭州召开，通过《公司章程》，聘任总经理。

2004年3月29日，浙江丽水广播电视传输网络有限公司注册成立。同年4月底，浙江丽水广播电视传输网络有限公司调整内部机构，聘任中层干部，制定部门定责、定员工作，修订或制定内部管理规章制度14个。同年9月28日，公司从温州接入数字电视信号，在丽水市城区开通有线数字电视，以市场运作方式向社会推销数字电视产品。同年底向青田、缙云、云和3个县下传数字电视。

2005年，浙江丽水广播电视传输网络有限公司实现国有资产保值增值，业务收入比2004年增长11.35%，净资产同比增长3.18%，注册资本收益率2.8%。

2009年1月，《丽水有线数字电视平台建设技术方案》通过专家组论证。同年6月，丽水市人民政府同意，将丽水市国有资产经营有限公司所持有的34%股权，委托丽水市广播电视总台负责管理运营，每年分红所得全部返还丽水市广播电视总台，用于广播电视事业发展。同年6月22日，浙江丽水广播电视传输网络有限公司召开二届一次股东会会议，并通过有关决议事项，同意公司在完成新的股权结构后，更名丽水华数数字电视有限公司。

无线电视

1976年9月，丽水地区广播事业管理局在丽水县南明山试收金华电视转播台节目。1977年5月，丽水电视差转台在丽水县陈寮山建成，以金华电视转播台为信号源，用6频道向丽水城关镇定向发射，转播浙江电视台节目，发射功率10瓦，覆盖面积16平方千米。1978年9月，丽水电视调频转播台在陈寮山建成，发射功率1千瓦，用9频道播出。1980年元旦，丽水电视调频转播台转播浙江电视台节目，覆盖面积432平方千米，人口45万人。1981年11月，丽水电视调频转播台在丽水城北建成，发射功率10瓦发射点，从杭州录制中央电视台节目，用11频道播出。1984年，丽水电视调频转播台发射功率增至50瓦。到1979年9月，缙云鸪鸪山、遂昌牛角尖、青田佛顶山、云和牛角山、庆元石龙山、龙泉石马山电视差转台相继建成，保证各县城镇居民可看到一套电视节目。除庆元县电视差转台收转福建电视台节目外，其他各台收转浙江电视台节目。1990年，丽水地区有1—300瓦电视差转台365座，电视覆盖人口173.76万人，占总人口72.38%，电视机10.9万台，闭路电视系统48个，保证各县城居民能收看电视节目两套以上。1983年，在丽水电视调频转播台基础上，丽水电视台建立。1985年春节，丽水电视台首次在电视调频转播台播出自己摄制的两组新闻和一组专题。同年2月，丽水电视台试办《丽水新闻》节目，在9频道播出。同年5月，丽水电视台成立，在陈寮山建发射功率3千瓦发射点，用24频道播出，建50瓦发射点，用7频道播出。同年12月，丽水电视台《丽水新闻》由每周一档增至两档。1986年4月，金华电视台至丽水电视台大微波线路建成。同年3月，丽水电视台广告业务开办。同年12月，《丽水新闻》由每周两档增至三档，并增播《一周新闻片选播》。1986年9月，庆元县卫星地面收转站建成，收转中央电视台节目。此后，云和、龙泉、遂昌、景宁、青田、缙云、松阳县及丽水市（县级）卫星地面收转站相继建成，部分电视大学工作站卫星地面单收站和厂矿卫星地面收转站相继建立。1988年，丽水地区建成卫星收转站和单收站27座。遂昌、云和、庆元、景宁、松阳、龙泉、青田、缙云县广播电视局先后购置电视摄录像设备，摄制一些电视新闻片。1990年，丽水地区有卫星电视地面站110座，中央电视台节目覆盖率47.86%。

1989年1月11日，丽水市(县级)电视台撤销。同年10月1日，丽水电视台自办二十四频道试播《丽水新闻》。同年11月4日，《丽水电视报》创刊，为8开2版周报，后调整为4开4版周报。1990年7月1日，丽水市城关镇第一批有线电视开通，每天可收看中央、浙江、丽水、云南、贵州、新疆等电视台节目8套。同年，丽水电视台播发丽水新闻3527条，其中图像新闻1392条，口播新闻2135条，一周新闻片选播456条;报送省台播出73条，报送中央台播出4条。1994年3月，丽水电视台第一档社教类节目《好望角》创办，每周一档，每档时长20分钟。1996年3月，丽水电视台第一档娱乐节目《平安欢乐夜》开设，一周一档，每档时长45分钟。1999年5月，丽水电视台第一档法制类节目《瓯江警视》创办，每周一档，时长12分钟。2001年2月，丽水电视台第一档新闻类评论栏目《新闻追踪》开设，每周3档时长12分钟。2007年12月，丽水电视台第一档对农节目《乡里乡亲》创办，每周一档，时长12分钟。2009年9月，《乡里乡亲》调整为每周2档。2008年11月，丽水电视台在花园路2号广电大楼建300瓦发射点，11频道改为30频道，播出中央一套节目。采用36频道播出中央七套对农节目，覆盖人口30万人。2008年12月，丽水电视台在广电大楼建1千瓦发射点，用27频道播出移动多媒体广播电视节目。

丽水电视台

丽水电视台成立　1983年，丽水电视台筹建。1985年5月，丽水电视台正式成立。1984年，丽水电视台在国庆展览会上播放自己摄制的专题《今日丽水》。1985年春节，丽水电视台首次在电视调频转播台播出自己摄制的两组新闻和一组专题。同年2月，丽水电视台试办《丽水新闻》节目，在九频道播出。同年12月，《丽水新闻》由每周一档增至每周两档。1985年5月，丽水县电视台建立，插播本县新闻。1986年4月14日，金华电视台至丽水电视台大微波线路建成。同年3月，丽水电视台开办广告业务。同年12月，《丽水新闻》由每周两档增至三档，并增播《一周新闻片选播》。1988年，遂昌、云和、庆元、景宁、龙泉、松阳、青田、缙云县广播电视局先后购置电视摄录像设备，摄制电视新闻片若干。1993年4月，丽水电视台成立庆元、缙云、云和、龙泉、松阳、遂昌、青田记者站，记者16人。1998年，丽水电视台各县记者站撤销，记者站人员全部回本台工作。1998年、1999年，丽水电视台投资160多万元，基本完成电脑信息网络工程建设，初步实现文字处理、文档管理、财务管理、技术管理、机房管理和办公的自动化等。同年，丽水电视台购买电视摄像机6套，数字特技机1套，改造编辑线2条，提高新闻节目和综艺节目技术质量。此外，丽水电视台进一步完善电视信号分配与调度系统，实现编辑线5条，具备直接与全省广电光缆网信号实时交换的功能，具备与全省各兄弟台异地直播的的条件。1999年，丽水电视台与省电视台成功进行新闻直播。同年，丽水电视台参加节目录制技术质量评比，在全省获奖若干。

1989年1月11日，丽水市(县级)电视台撤销。同年10月1日，丽水电视台通过24频道向全区播出节目，播出信号覆盖1.13万平方千米，占全区总面积的65%。1997年，丽水电视台投资1000多万元，建成新办公楼，建筑面积3414平方米。1998年和1999年，丽水电视台基本完成电脑信息网络工程建设，初步实现办公自动化。1999年2月，丽水电视台节目信号采用广播电视光缆传输，提高传播质量，可收视人口400万人。2000年，丽水电视台固定资产1819万多元，在编人员110人，其中大专以上文化程度的干部职工 51 人，高级专业技术职称的干部职工 4 人，中级职称的干部职工 31 人，初级职称的干部职工 34 人。同年，丽水电视台自办节目《丽水新闻》《好望角》《经济视点》《欢乐演播室》《影视剧场》等，播出节目时间不少于 15 小时/天。1997 年，丽水电视台新大楼落成，总投资 1000 多万元，建筑面积 3414 平方米，内设监控、节目审看、电脑网络、内部通话、报警、防火等系统；安装 16 通道，集自动、手动、紧急于一体的播出系统，2 讯道模拟分量新闻演播系统，3 讯道模拟分量演播系统；有新闻、文艺、广告、社教专用编辑线 5 条，三维动画制作编辑线 1 条。同年 12 月，丽水电视台整体迁至新大楼。2002 年，丽水电视台电视节目通过因特网全天实时播出。2005 年 9 月，丽水市广播电视中心项目开工，投资近 1 亿，建筑面积 26000 多平方米。2006 年 10 月，丽水电视台和丽水人民广播电台合并，成立丽水市广播电视总台，机构升格为正处级事业单位。

电视节目　1985 年，《丽水新闻》开办之初，每周 1 档。2000 年，《丽水新闻》增加到每周 6 档，节目长度由 10 分钟/档增加到 15 分钟/档。同年 11 月 4 日，《丽水电视报》创刊，8 开 2 版周报。后调整为 4 开 28 版周报。1990 年 7 月 1 日，丽水市（县级）城关镇第一批有线电视开通，可收看中央、浙江、丽水、云南、贵州、新疆等电视台节目 8 套。1994 年，丽水电视台开办新闻杂志型节目《好望角》，每周一档。后调整为每周三档。1996 年起，《丽水新闻》实现每日一播。1996 年 10 月，丽水电视台开播《有线报道》。

2000 年，丽水电视台制作的新闻《金温铁路金缙段开通临运》《瓯江水清了》获浙江省好新闻一等奖，《丽水石蒙圩村发生哄抢柑橘事件》《省委书记现场传授“养猪经”》获浙江省优秀电视新闻二等奖，《宝兄》获首届全国电视纪录片评选二等奖。

2001 年，丽水电视台推出《新闻追踪》《纪事》《瓯江警视》等新闻专题栏目一批。2001 年 7 月 1 日，丽水有线电视台与丽水无线台合并，成立新丽水电视台，使用新台标，实行两个频道播出，分别是新闻综合频道和经济生活频道。同时开播《瓯江报道》《特别关注》《彩虹桥》《绿谷采风》等新闻节目和社教栏目一批。

2005 年，丽水广播电视报新闻专访《东东：愈成名愈谦虚》获全国城市广播电视报优秀稿件评选二等奖、丽水市广播电视政府新闻类一等奖，通讯《村里有个女孩叫陶玉》获全国城市广播电视报优秀稿件评选三等奖、浙江省残疾人事业好新闻报刊类二等奖、丽水市新闻奖二等奖，专访《洪燕：土家族飞出的小百灵》获丽水市新闻奖一等奖，通讯《“东篱爱心助学”志愿者：一群爱心天使》分获丽水市新闻奖三等奖、丽水市广播电视政府奖新闻类三等奖。

2009 年，丽水广播电视报新闻参加浙江新闻奖和省广播电视政府评比，获奖项 33 个，其中一等奖 3 项、二等奖 9 项、三等奖 21 项。2010 年，丽水采编的新闻《建材下乡接力家电下乡，农村住房建设提速》在中央电视台《新闻联联播》头条播出，是丽水工作典型首次上《新闻联播》头条。

第三节　县级广播电视台

龙泉市广播电视台

1995 年 12 月，龙泉市广播电视台建立，实行局台合一体制，其中开办固定自办电视栏目《龙泉新闻》《剑川视点》。其中电视节目全天播出14小时，广播节目全天播出12小时。广播栏目有《龙泉新闻》《美丽新农村》《快乐生活》等，对农栏目每周各一档，自办节目时间广播1小时/天，电视2小时/天。2007年5月，龙泉市广播电视台农业栏目《剑川热土》开办。

青田县广播电视台

2005年6月，青田县广播电视台成立，为青田县委、县政府的直属正科级事业单位，内设股室13个，下辖广播电视管理站11个和广播电视站31个，实行广播和电视、新闻和网络合二为一的管理体制。青田县广播电视台办有1套电视和广播节目，广播电视自办节目全天不间断播出时间16个小时30分钟以上。《金色田野》栏目是青田电视台品牌栏目，是电视对农版块节目，每期10分钟。 2006年7月，作品参加首届浙江省县级台电视对农节目评比获“十佳”称号。同年，作品获浙江省广播电视新闻奖评比三等奖，丽水市广播电视新闻奖评比一等奖。2007年，作品获浙江省对农节目提名奖。同年，《金色田野》获丽水市品牌栏目。

云和县广播电视台

云和县广播电视台为县委、县政府直属事业单位。其中内设部室9个、栏目组2个。自办栏目《云和新闻》、手语新闻《新闻周报》，电视专题《云山箬水》《点滴》，农业科技电视专题节目《星火科技》、电视剧节目《周末剧场》，少儿栏目《木娃娃》。广播自办节目有《云和新闻》《新华网快报》《云和新闻》《农民之友》《健康杂志》《农广天地》等。

庆元县广播电视台

庆元县广播电视台前身为庆元县广播站，1992年，升格为庆元县广播电视局。2001年，与文化局、体育局合并为一，称文体广电局。2005年，实行局台分离，组建广播电视台，为正科级事业单位。庆元县广播电视台以《庆元新闻》和对农宣传栏目《菇乡绿野》为载体，深入推进“走基层、转作风、改文风”活动，办好《聚焦项目，给力十二五》《耕耘在菇乡》《纪念建党90周年》《推进三大目标 实施三大跨越》《创建国家生态示范县》《创建国家卫生县城》《耕耘在菇乡》等专栏。

缙云县广播电视台

缙云县广播电视台成立于1998年2月，为缙云县委县政府直属正科事业单位。缙云县广播电视台全天广播播放时间16.5小时，自办节目8小时；全天电视播放时间15.5小时，自办节目6小时。2008年，缙云广播电视台全面完成“村村通”工程。投入资金2110.81万元，架设光缆杆路635.92千米，行政村253个、自然村265个实现广播电视的“村村通”，全县有线电视覆盖率96.9%。《金色田园》节目是除缙云广播电视台《缙云新闻》以外的服务“三农”的主打品牌节目，栏目时长30分钟，周一至周六每日播出两次。

遂昌县广播电视台

遂昌县广播电视台成立于1950年9月，是具有地方特色的以自办节目为主的县级广播电视台。2010年，全台职工101人。自办栏目有《遂昌新闻》《平昌视野》《农村新天地》《百姓热线》《党建采风》《健康桥》等。广播和电视的主要新闻节目是《遂昌新闻》。《平昌视野》，专题节目题材涉及工业经济、旅游发展、文化、民生等多个方面。《农村新天地》栏目是关注“三农”发展，报道“三农”的创新举措及经验的栏目。至2010年，遂昌县广播电视台被省委宣传部、省广电局授予浙江省广播电视安全播出平安单位奖，“村村通”工程被丽水市人民政府授予“优秀工程建设奖”，浙江省发改局、省财政厅、省广播电视局授予遂昌县广播电视台“浙江省广播电视村村通工程建设先进集体”称号。

松阳县广播电视台

1950年10月，松阳县收音站建立。1953年，松阳县有线广播站建立。1957年1月30日，松阳县人民广播站正式开播。1958年11月，松阳县建置撤销，并入遂昌县，原松阳县广播站更名松阳转播站。1982年5月1日，恢复松阳县建置，松阳县广播站恢复开播。1992年开始，松阳县广播电视台筹建。1994年10月8日，松阳县广播电视台开播。2007—2008年，松阳广播电视台全面完成广播电视“村村通”工程，部署农村有线广播“村村响”工程。2010年，松阳广播电视台新闻采编播人员26人，自办节目有广播、电视《松阳新闻》，其中广播每周六档新闻，电视每周一至周五每天一档，周六、周日播出一周要闻，《松阳新闻》广播电视新闻节目时长15分钟/档。电视专题《农业在线》每周一档，节目时长13分钟/档。电视专题《时空漫步》每周一档，《时代风帆》每月一档。广播对农节目《每周农经》《金色田园》每周一档，节目时长13分钟/档。还有自办图文频道节目“八面来风”“报刊文摘”“世界之窗”“健康导视”4个，每天更新报道县内外时政、生活等资讯。

景宁畲族自治县广播电视台

1984年，景宁畲族自治县广播电视局成立。后几经撤并。2005年，景宁畲族自治县广播电视台成立，属正科级事业单位，内设办公室、计划财务部、电视新闻部、广播新闻部、广播电视专题部、节目播出部、畲乡文化采编部（第二频道）、技术发展部、新媒体部、广告部和鹤溪、渤海、沙湾、东坑、英川乡镇广电站5个。2006—2010年，景宁畲族自治县全面完成“有线电视村村通”和“广播村村响工程”。

第四章 新闻宣传

1949年中华人民共和国成立后，丽水新闻媒体坚持正确的舆论导向，组织策划采访报道。1990年，丽水新闻媒体开展“两沿一镇”报道。1990—1999年，丽水新闻媒体多次开展解放思想大讨论，组织开展纪念改革开放20周年、新中国成立50周年和澳门回归祖国、中国摄影艺术、扶贫攻坚的宣传报道。2000—2008年，丽水新闻媒体开展撤地设市、市第一次党代会、城市进程化、重大项目建设、“浙江绿谷”“接轨大上海，融入‘长三角’”“三市并举”、纪念改革开放30周年、北京奥运会、建设生态文明的宣传报道。2010年，丽水新闻媒体开展学习实践科学发展观、“六城联创”、庆祝丽水撤地设市十周年的报道。同时，本着贴近实际、注重实效、正面引导的原则，做好典型宣传，重点报道江家余、周丽俊、胡爱华、陈金、张献斌、左秀俊等先进人物和先进事迹。同时，丽水日报推出《新闻调查》《百姓热线》版面和栏目，丽水广播、电视推出《好望角》《新闻追踪》《社区直通车》《百姓热线》等节目，关注热点难点问题，做大做强民生新闻，加强舆论监督，实施精品战略，深化品牌建设，推出一大批品牌栏目、节目、活动，如《丽水日报》的《瓯江特刊》，《处州晚报》的《新闻·帮办》，丽水广播电视总台的《瓯江报道》《老白谈天》等。

第一节　《丽水日报》新闻报道

重大主题报道

解放思想大讨论　1991年4月，《丽水日报》开辟《从金笔谈市场，谈观念》专栏，配合丽水地委开展解放思想大讨论，编发《解放思想　更新观念》等评论员文章。1995年，丽水日报社筹划《解放思想，抓住机遇，深化改革，加快发展》专题，宣传历时5个月，出专栏67期，发表各类文章近百篇。1997年4月，《丽水日报》头版头条报道《女厂长赵子群挥泪别畲乡》，在全区引发一场如何优化工业经济发展环境的大讨论。丽水日报社开设《合力扶工，振兴丽水工业经济》专栏，发表各类文章100多篇。

扶贫攻坚　1995年，丽水日报社开设《扶贫攻坚战行动》《扶贫攻坚纪实》专栏，刊出69期，刊发稿件130多篇，重点报道在扶贫攻坚中涌现出来的新典型、新经验、新成果。

中华人民共和国成立50周年和澳门回归祖国　1999年8月，《丽水日报》开辟《庆祝建国50周年》专栏，《瓯江特刊》举办《我与共和国》征文活动，《处州晚报》也推出专栏。

中国摄影艺术节　1999年12月7—10日，第四届中国摄影艺术节在丽水举行。丽水日报社专门成立采访组，由记者、编辑14人组成，采访见报文字稿33篇和新闻图片稿55幅。经第四届中国摄影艺术节组委会研究决定，丽水日报社被评为突出贡献奖。

撤地设市　2000年6月，《丽水日报》开设《怎样建设新丽水，我为新丽水做什么？》专栏，组织大讨论征文，并在《丽水日报》一版开设《向市党代会献礼》专栏。

市第一次党代会　2000年9—10月，《丽水日报》一版开设《建设新丽水，迎接党代会》专栏，二版开设《向党代会献礼》专栏，理论版以专版的形式，深刻阐述“丽水精神”的内涵实质。党代会期间，报社组织文字、摄影记者24人，全程采访大会，《丽水日报》《处州晚报》《丽水青年报》全面展现丽水市第一次党代会盛况。党代会后，宣传党代会提出的奋斗目标和今后五年的主要任务，宣传各县（市、区）、市直各部门学习贯彻党代会精神。

纪念建党80周年　2001年6月，丽水日报社组织开展丽水市共产党斗争的光辉历史，介绍在革命斗争中牺牲的4位特委书记及有关老同志革命斗争回忆录。在一版开辟《为党旗增辉》专栏，宣传一批老区面貌发生深刻变化的典型，宣传报道小康示范村、致富带头人及先进基层党支部和优秀共产党员的先进事迹。报道“七一”前后丽水举办的各项纪念中国共产党成立80周年的纪念活动。

农业和农村经济发展　2002年，丽水日报社宣传农业和农村经济结构调整，重点宣传报道大田结构调整和种养殖业结构调整的典型，发展效益农业和增加农民收入的典型，发展无公害食品、农村特色经济发展的典型。宣传报道新一轮山地规模开发和建立山地流转机制，用工业的理念经营农业以及建设各类农业示范园的典型，农村劳动力转移、劳务输出以及农村人口向城镇集聚的典型。

城市化进程　2002年，丽水日报社着重宣传报道交通、住房、道路、旅游等城市基础设施建设、社区文化建设，创建卫生城市和文明城市的典型，推进城市化进程对推动社会经济发展的典型建设，推动城市亮点建设和取得成就。

“浙江绿谷”　2002年，丽水日报社宣传建设“浙江绿谷”的各项举措，围绕建设“浙江绿谷”的“五大工程”即生态农业、生态工业、生态林业、生态旅游、生态城镇建设，深入宣传“浙江绿谷”的主题、内涵和功能，打响“秀山丽水”“浙江绿谷”品牌。

接轨大上海，融入“长三角”　2003年4月，丽水日报社开辟专栏《接轨大上海，融入“长三角”》，介绍“长三角”的概念和基本情况，阐述接轨大上海，融入“长三角”经济圈的内涵，对如何接轨、如何融入等作深入分析，并介绍各行业一些成功做法，刊发各类稿件100多篇。《丽水日报》还派出记者专程到上海，连续在一版显著位置刊发《融入“长三角”记者上海行》深度报道5篇，发表《接轨大上海，融入“长三角”大有作为》本报评论员文章10篇。《经济周刊》精心策划解读篇、采风篇、访谈篇、研讨篇、接轨篇，先后刊发专版15个，全面细致地宣传接轨大上海。《瓯江论坛》组织学者、专家撰写接轨大上海的理论文章，刊发专版9个、文章33篇。

“三市并举”　2004年，丽水日报社开设《“三市并举”，加快发展》《大力推进重点工程建设》《心系滩坑，情系移民》《实施“百千工程”，统筹城乡发展》《坚持求真务实，推进效能建设》《建设“平安丽水”，推进“三市并举”》《关注丽水“三农”行》等栏目15个。新开栏目发稿375篇，为历年之最。同时派出记者到绍兴、金华、义乌、武义、龙游等地采访，在《他山之石新视野》栏目中发长篇通讯8篇。

纪念撤地设市5周年　2005年7月，丽水日报社组织丽水撤地设市五周年的新闻宣传，策划《五年巨变看丽水》的报道，着重从市民看、谈的角度来展示五年具体、生动的变化，以小见大，由点到面，刊发《三个丽水人，一座丽水城》《万家灯火火万家》《丽水的中国第一》等报道。

建设生态文明　2008年，丽水日报社深化生态文明建设宣传报道。将一版集约型栏目改为《高举旗帜，创业创新，建设生态文明》，下设“深入开展十七大精神主题宣传教育活动”“创业先锋创新典型”等子栏目10个，全年发稿600多篇。

纪念改革开放30周年　2008年7月7日开始，丽水日报社推出《高举旗帜，创业创新，建设生态文明——纪念改革开放30周年》栏目。分别从“数字变化看发展”“新旧影像看发展”“百姓生活看发展”等方面通过文字和图片反映丽水经济社会的发展和变化。推出“纪念改革开放30周年·我最难忘的事”征文活动，多形式地反映丽水的巨大变迁和群众思想理论观念的转变，唱响共产党好、社会主义好、改革开放好的时代主旋律。

北京奥运会　丽水日报社做好2008北京奥运会的宣传报道工作，早策划、早布置、早动员、早行动，对奥运宣传进行全面部署，力求大版面、全方位报道百年盛事。全面展示“绿色奥运”“科技奥运”“人文奥运”的魅力，充分报道丽水市人民支持奥运、参与奥运、服务奥运的主人翁精神，为北京奥运会营造良好的舆论氛围。从奥运会倒计时100天开始，每周推出3期“奥运中国”专版，从科技、绿色、人文几个方面传播奥运精神，全面报道北京奥运会准备情况。2008年8月9日起，一版开设“我们和奥运零距离”栏目，刊发《丽水日报》北京采访稿件30多篇。同年8月9—25日，每天推出“奥运特刊”版面4个详细报道奥运会赛事。奥运期间，刊发“奥运特刊”版面66个。

抗灾救灾　2008年年初，全国遭遇特大冰雪灾害，面对灾难，丽水日报社上下齐心，编辑部和记者部通力合作，迅速行动，精心组织，完成重大主题宣传任务。同年2月，《丽水日报》刊发丽水本地抗灾救灾稿件160篇、图片80幅。同年5月12日，四川汶川大地震发生后，全面报道全国各地支援灾区、情暖灾区的报道。2008年5月19—21日全国哀悼日期间，日报连续3天刊发“这三分钟，我们把悲痛化为无穷的力量”“这几天，我们的心和灾区贴得更近”“这几天，我们用行动传递爱心”专版，报道丽水市干部群众在哀悼日里化悲痛为力量、积极工作支援灾区的情况。处州晚报连续40多天推出“众志成城抗震救灾”特别报道版面152个，其中本地65版，国内87版。

建设生态文明　2010年，在《丽水日报》一版开设《建设生态文明推进全面小康》主栏目，下设“争做生态文明先锋”“加快推进农村危旧房改造”“推进六城联创”“建设生态文明城市”等固定的子栏目11个，对市委市政府各阶段的重点工作进行宣传报道。

纪念撤地设市十周年等“四会合一”活动　2010年4月，丽水日报社推出福彩杯“我与丽水共成长——庆祝丽水撤地设市十周年征文”活动，开设《庆祝撤地设市十周年》专栏，报道撤地设市十周年以来丽水大地发生的喜人变化。刊发丽水撤地设市以来历任市委书记和市长访谈、丽水撤地设市十周年成就展、撤地设市十周年十件大事等专版8个。晚报为纪念丽水撤地设市十周年，与丽水市地方志办公室联合开展“处州十大历史名人”评选活动，参与读者近13万人次。

典型报道

1995年，丽水日报社组织专门采访小组，挖掘总结省下派干部、松阳县科技副县长江家余关于服从组织安排、密切联系群众、廉洁奉公、勤奋工作的先进事迹。同年10月23日，《丽水日报》以刊发长篇通讯《为了老区这片热土——记省下派干部、松阳县科技副县长江家余》。江家余同志的感人事迹在丽水地区干部、群众中引起强烈反响。《丽水日报》又陆续发表《做人民的忠实公仆》《大力弘扬敬业奉献精神》等评论员文章6篇，开设学习江家余先进事迹的专栏，及时报道丽水地区开展学先进、见行动、贡献在岗位的情况。

1996年5月11日，丽水市（县级）老竹镇派出所民警周丽俊在“严打”斗争中不幸以身殉职。丽水日报社立即组织记者进行采访，在丽水日报头版头条发表长篇通讯《青春热血写人生》。在一版开设《学习周丽俊，敬业奉献在岗位》专栏，及时、全面报道各行各业深入开展学习周丽俊先进事迹的动态。

1999年，丽水日报推出典型报道《好民警胡爱华》《百山祖的儿子》等长篇通讯及《二次创业潮涌龙泉》《积木搭出大世界》《五朵金花显实力》等典型经验报道6篇。

2002年，以长篇通讯推出莲都区仙渡乡半岭村村委主任周翠英，龙泉市龙渊镇街道村头村党支部书记陈金，中共十六大代表、景宁鹤溪镇扫口村党支部书记蓝水梅等先进典型人物。典型报道依靠感人的细节，写出人物的思想发展轨迹，给人以启迪和感召，颇具感染力。

2009年，丽水日报社推出张献斌的先进事迹，刊发长篇通讯《赤子情深》，刊发评论员文章，连续报道各界学习张献斌先进事迹的情况。新华网、光明网、新民网等国内知名网站也纷纷推出“向张献斌同志学习”的相关报道，张献斌的先进事迹迅速传遍全国各地，在广大干部群众中引起强烈反响。《瓯江特刊》推出一个整版《父亲节心祭》，从张献斌女儿的角度追忆张献斌的事迹，刻画女儿眼中的张献斌的形象。

2010年，丽水日报、处州晚报、丽水网联动，以通讯、评论、图片等形式全方位宣传报道丽水市消防支队士官左秀俊救人的先进事迹，引起社会各界的广泛好评。新华网、浙江日报、云南日报等各大媒体纷纷转载相关报道。中央电视台新闻综合频道《身边的感动》栏目派出记者，专程到丽水采访左秀俊，并以《生死救援》为题在《新闻联播》播出。

舆论监督

1985年，丽水日报推出“村长无理毁坏香菇寮”的连续报道。1986年，刊发松阳3位老党员关于“振奋精神，振兴山区”来信。1987年，推出“遂昌化肥事件”的连续报道等，在丽水地区引起强烈反响。

1991年6月，丽水日报推出“鸡舍事件”[①]的报道，报道行政机关官僚主义、办事拖拉、消极推诿、冷漠对待群众的现象。

1998年，丽水日报在一版开设《社会立交桥》和《百姓话题》专栏，涉及百姓生活的方方面面，贴近群众，切中时弊。刊发《谣传不可信 别再砍果树》《救救这块绿地》《工业氧气，请远离病人》《四季豆为何只开花不结果》等评论，引起读者共鸣。

2001年，《丽水日报·瓯江特刊》推出垃圾箱系列报道《是谁卖垃圾给猪吃？》《消灭垃圾猪到底有多难》《难道市民就该吃垃圾猪》，蔬菜农药系列报道《农药令人生畏》《市民说：“我们都不敢买蔬菜”》《关键是没有一个部门管到底》，以及“简易棚事件”“自来水座度费”等系列报道，取得良好的监督效果。2002年，《丽水日报》对党和政府重视、人民群众关心的问题，进行舆论监督。《交警的缺位》《这11棵绿树不能砍？》《防洪堤美丽柱灯屡遭黑“手”破坏》等文章，在读者中产生强烈反响。

2004年，丽水日报社组建新闻调查部，编辑《新闻调查》专版23期，《内参》21期，接待信访案件376件。《新闻调查》首次推出每月信访情况，对行业领域的信访情况进行定量监督。首次实现报社与市纪委、市人民检察院等监督部门联动，处理《内参》上刊登的问题，如《市区农民建房难》《松阳两军嫂含泪过“八一”》《庆元森林保护面临新难题》等，引起市委领导的高度重视，全年市领导在《内参》上批示的有8期。

2005年3月，丽水市纪委和丽水日报社合作，在《新闻调查》专版开辟《效能投诉台》栏目，定期公布部分重要投诉的受理和办理情况。2005年7月，新闻调查部与丽水移动公司、联通公司分别签约，共同打造《调查关注》栏目中的短信调查平台，开通短信投诉热线。2006年，丽水日报社全年编辑《新闻调查》专版24期，《内参》24期，其中领导批示19件，接到群众信访案件380件。市区“污水蔬菜”上市民餐桌问题经报道后引起市政府领导高度重视，在有关部门共同努力下得到整治。缙云仙都景区国宝级摩崖石刻遭《大旗英雄传》剧组抹黑事件见报后引起全国媒体极大关注，问题最终得到处理解决，该新闻被评为浙江省年度好新闻一等奖。同年，新闻调查部与市纪委效能投诉中心密切配合，把《效能投诉台》栏目改为《百姓热线》栏目，至同年底刊出35期。

① “鸡舍事件”：1991年，丽水市土管局和水东乡政府办事效率低的官僚主义作风的批评。

2008年10月，丽水日报社推出“解决创卫难题，期待您的建议”，将难题整理归纳为10大类公布，向广大市民征集意见和建议，为创建国家卫生城市工作起到推动作用。《热点互动》相继推出《受伤的白云山我们能为你做点什么》《我给丽水公交提建议》版面。全年《新闻调查》版面刊发46个，发稿51篇，其中85%以上稿件为监督稿，有明显结果的8件，起到较好的监督效果。

2010年8月，丽水日报与市政协一起开展“我看丽水人陋习”系列互动报道，从文明礼貌、爱护公物、保护环境、遵纪守法等方面揭示生活中的种种陋习，并对改变陋习进行引导。《新闻调查》版面先后策划“正在消失的千年古道系列报道”“市政协二届四次会议提案办理‘回头看’系列报道”等一批颇具影响力的系列报道。

第二节　广播节目

1993年7月10日，丽水人民广播电台正式播出自办节目，每天播出9小时，其中文字节目3个多小时，文艺节目5个多小时。开办的节目主要有《丽水新闻》《信息摘要》《丽广午间60分》《金苹果》《夏天的歌》等，融新闻性、知识性、服务性和娱乐性于一体。同年，丽水人民广播电台组建记者和通讯员队伍。稿件《畲乡有这样一位老师》获得浙江新闻奖二等奖，丽水地区优秀广播作品一等奖。

1995年，“世界反法西斯战争和中国抗日战争胜利50周年”纪念活动开展，丽水人民广播电台首次制作专题节目《历史回声》，参加全省30多家电台联播，并在全省的评比中获三等奖。同年，丽水人民广播电台对节目进行大幅度的调改，突出时政新闻，增加板块节目、直播节目，扩大栏目总量，全天播出14小时25分，其中自办节目时间12小时25分。重点形成大直播板块，即早上的新闻信息类节目《丽广时空》，中午的生活服务类节目《午间工作室》，晚上的文艺类节目《金色旋律》，同时，《丽水新闻》每天2档新闻滚动播出，先后开设《城市天空》《正午直通车》《如约而至》《绿色淘金》《热线追踪》《校园来风》《相伴到午夜》等节目。

1997年，丽水人民广播电台首次联合9个县(市)记者站推出大型特别节目《秀山丽水迎回归》，喜迎中国香港回归祖国。节目长2小时13分，内容丰富。中国香港回归之夜，派出记者、主持人8人，采访社会各界人士30多人，电话采访中国香港市民、采编播人员，赶制播出30分钟的录音报道——《山城不眠夜》，是丽水新闻媒体中播发最早的一篇相关报道。同年，与浙江经济台联办《飞越天堂》节目，每天播出3小时。

1998年11月，丽水人民广播电台派记者到北京采访“丽水地区北京海淀区文化交流暨经济合作活动”，并与中央人民广播电台经济部、民族新闻部联合制作专题节目2档，在中央台播出6次。2009年，丽水人民广播电台新闻报道着重围绕中华人民共和国成立50周年庆典展开，举办《我说五十年》征文活动，采访各条战线中与共和国同龄的人，用同龄人的眼光看身边的变化。2000年，丽水撤地设市，丽水人民广播电台及时推出《建设新丽水，走向新世纪》专栏，集中反映丽水的成就和展望。同年，节目经过不断调改，设置日趋合理，内容和模式不断变化，听众群也不断扩大，全天播出15小时45分。

2003年，丽水人民广播电台广播交通音乐频率开播。主要设有《欢乐伴我行》《一路上有我》《城市新干线》《悠游走天下》《音乐一级棒》等节目，为市民提供最新的交通路况、生活服务、音乐旅游等信息。至此，丽水人民广播电台拥有新闻综合和交通音乐两套节目。《发生在缙云擦鞋匠身上的收费风波》获全国广播电视好新闻三等奖、浙江省好新闻一等奖。

2006年，丽水人民广播电台和丽水电视台合并后，广播两套节目进行全新改版，新闻综合频率《丽广新闻》节目延长到20分钟，新推出《新闻早八点》《财经时间》《新闻盘点》等强档节目，强化新闻特质。交通音乐频率新创办的《丽水交广新闻》，丽水开始出现交通新闻。另外两频率新开设《一炮双响，我为车狂》《拇指大赢家》《生活进行曲》《都市丽人》等十几档服务、文化、休闲类节目，节目内容更加丰富多彩。

2009年，广播节目以搬迁新大楼为契机，对节目进行调改，使节目设置更趋合理。新设《文馨读报》《章嘴就来》《丁靖工作室》《1069直播丽水》等节目。两套广播节目全天播音36小时，播出自办节目30多个。

第三节　电视节目

1985年5月，丽水电视台只有一档自办节目《丽水新闻》，每周1档，之后相继推出其他节目。1990年，丽水有线电视台创办后，《有线报道》《特别关注》《万象风》等栏目开设。1995年，丽水电视台（24频道）每天播出15小时，从早上8点到次日零点。全年播出5149小时。覆盖人口约400万人。全年播发《丽水新闻》3760条。

《好望角》创办于1994年，是一档以舆论监督、深度报道和叙说百姓真实故事为主的新闻杂志型栏目，在政府与百姓之间架起沟通的桥梁，起到良好的舆论引导作用。1997年，《法制日报》以整版篇幅详细报道这个“山区里的好望角”。

1998年，电视新闻节目全面改版，内容更具贴近性和鲜活性。1999年，全国第四届摄影节在丽水举办，《丽水新闻》首次打通编排，全方位报道开幕式盛况，使新闻节目的组织策划能力和节目统筹能力得到明显提升。2000年，电视新闻为每周6档，节目长度由原来的每档10分钟，增加到15分钟。主要是对一些重要活动、重大事件和群众关心、领导重视的问题采制系列报道、深度报道。同年，围绕丽水撤地设市，重点宣传报道对丽水经济和社会发展产生的重大影响，以及新丽水面临的新机遇等。2007年，《丽水新闻》扩版为25分钟。扩版后的《丽水新闻》致力于办成一档时段较长、容量较大、影响力较强的综合性新闻节目。其中，《金温铁路金缙段开通临运》《瓯江水清了》获省好新闻一等奖；《丽水石蒙圩村发生哄抢柑橘事件》《省委书记现场传授“养猪经”》获省优秀电视新闻二等奖；《宝兄》获首届全国电视纪录片评选二等奖。

2001年7月，推出新闻综合和经济生活两个频道。《新闻追踪》《瓯江警视》《纪事》《瓯江报道》《社区直通车》《欢乐天地》《生活参谋》等栏目相继开办。《瓯江报道》是经济生活频道一档民生新闻栏目。开办之初为15分钟。2006年改版后，时长增为30分钟。2009年，《瓯江报道》由录播改为直播，开创丽水电视直播新时代。同时，《社区直通车》从《瓯江报道》中脱离出来，成为独立的栏目。

2005年9月，文化娱乐频道推出，《快活一家亲》《绿谷采风》《小东说事》《老白谈天》等有影响力的栏目先后开办。

2007年，丽水市广播电视总台重点开展中共十七大、丽水市“两会”“三市并举”战略、“作风建设年”、绿谷文化、摄影文化节等主题报道。广播电视组织有关中共十七大宣传稿子370多篇，其中被省级媒体录用30多条。广播电视节目进行改版，广播新闻综合频率《丽广新闻》节目延长到20分钟，新推出《新闻早八点》《财经时间》《新闻盘点》等强档节目。推出《走遍丽水》大型采访活动，在为期半年的时间里，记者分8批走遍丽水8个与外省、外市交界的县市区；交通音乐频率开办《丽水交广新闻》。新闻综合频道《丽水新闻》扩版为25分钟，新开设服务“三农”节目《乡里乡亲》。三个电视频道的晚间收视份额有较大提高，平均值从2006年的17.4%上升到19.3%。中秋节前夕，经济生活频道《瓯江报道•社区直通车》和省台教育科技频道《小强热线》携手，成功举行“小强走丽水，丹婷祝团圆”大型直播现场会，参加一个小时的直播市民上千人。同年3月15日，广播《百姓热线》与省电台《阳光行动》栏目联合举办“阳光行动”走进丽水大型直播活动，市委副书记、市长陈荣高走进新闻综合频率直播室，围绕“消费•和谐”主题，与全省听众进行直接的对话交流。此外，还举办“送福进万家”“丽水一家亲”社区公演、本土小明星选拔大赛、“小东来了”现场会、《瓯江警视》开播8周年广场文艺庆祝活动及文集首发式、“同一片蓝天下”—大型爱心暖冬行动、封面女孩总决赛等品牌活动。

2008年，丽水市广播电视台开设《高举旗帜、创业创新、跨越发展——深入开展十七大精神主题宣传教育活动》和《高举旗帜，创业创新，建设生态丽水》专栏，组织中共十七大精神宣传稿件450多篇，生态文明主题的稿件900多篇。同年，三个电视频道晚间收视份额26.4%。

2009年，丽水市广播电视总台广播电视新闻栏目开辟《高举旗帜，创业创新，建设生态文明——扎实开展深入学习实践科学发展观活动》专栏，播出相关内容的稿件410多篇。2009年2月初开始，总台各频道、频率开展“五个在丽水”宣传报道。同年4月，广播电视节目全面改版。新闻综合频道新推出一档晚间新闻节目《新闻夜视》。《瓯江报道》实现直播。《社区直通车》扩版为20分钟，成为一档独立的栏目。全年在省电台用稿305篇，在省电视台用稿335篇。《河阳纸韵》《蔡和班的春天》等电视专题片24部被黄河台选送海外播出。获2008年度省以上政府奖18个奖次，其中广播公众性节目《走进月山春晚》荣获浙江新闻奖一等奖，《改革开放三十年—我们身边的变化》《青田城管打人事件调查》获浙江新闻奖二等奖，《大树》获省广播电视政府奖二等奖。《看丽水人欢猴乐生态图》获全省外宣金鸽奖暨浙江新闻奖二等奖。《体验夜市》获第九届CCTV少儿艺术电视大赛电视作品铜奖。

2010年，丽水市广播电视总台重点做好庆祝撤地设市十周年宣传报道、省体育大会、上海世博会、深入学习实践科学发展观活动、创先争优活动、加快经济转型升级、生态文明建设、农村信用体系建设、农村危旧房改造、“六城联创”、“三农”报道、重点工程建设、“市两会”、语言迎评、“四会合一”等一系列重大主题宣传。开展第四届小主持人大赛、丽水第二届南明湖纳凉节、《老白谈天》周年庆系列活动、老白快乐运动会、老白社区光明行、愿望手牵手——最美夕阳红活动、首届社区服务节、大众汽车CC发布会、“听交通广播，获平安礼包”活动、高考应急服务公益活动等等，在受众中产生广泛的影响。同年2月27日，组织策划的《建材下乡接力家电下乡，农村住房建设提速》一稿在中央电视台《新闻联播》头条播出，这是丽水市工作典型首次上中央台《新闻联播》头条。同年9月，组织“飞越丽水”大型航拍活动。2010年三个电视频道的晚间时段收视份额为33.9%。开展广播收听率调查，广播两个频率占丽水地区约65%的市场份额，在本地广播市场占主导地位。获2009年度省以上政府奖、新闻奖33个奖次。广播新闻专题《华侨彩车背后的故事》、电视外宣节目《摄影人》双双荣获省广播电视政府奖一等奖，广播专栏《百姓热线》荣获名栏目奖。

第五章　图书音像出版

20世纪90年代，丽水地区文化部门建立文化市场执法机构，通过宣传活动、专项整治、执法检查等措施，促进文化市场的健康有序发展。1999年6月，丽水地区文化部门组织开展音像市场反盗版宣传周活动，打击非法音像录像制，丽水市区集中销毁盗版光碟17023张。2000年，丽水市开展“扫黄打非”活动。2001年，新一轮机构改革，丽水市文化市场综合执法大队建立，统一文化市场管理，承担出版市场、印刷企业、歌舞娱乐、演出、网吧、文物管理等经营职能、经营活动管理。2003年，丽水市严肃查处违规经营网吧，加强从业人员进行资格审查、入场登记和场地巡查等制度。2008年，丽水市文化广电新闻出版局报刊审读小组成立，加强对报纸刊物的管理。2009年1月，丽水市内部报刊学会成立，加强内部资料性出版物管理工作，强化行业自律。

第一节　图书印刷与内部出版物管理

图书出版

2006年年初，丽水市文化广电新闻出版局成立新闻出版处，完善新闻出版管理职能。同年，丽水市文化广电新闻出版局加强印刷业管理，维护印刷业经营者的合法权益和社会公共利益，促进印刷市场健康、规范发展。丽水市印刷企业发展稳定，资产总额13.47亿元，年工业总产值11.21亿元，利税总额7044.18万元，对外加工贸易额1480万元，年用纸量3236.15万千克。2008年，丽水市有印刷企业477家，其中，有出版物资质的印刷企业7家，包装装潢印刷企业98家，其他印刷企业88家，打字复印284家。2010年，丽水市图书出版企业428家，其中出版物印刷企业7家，包装装潢印刷企业116家，其他印刷企业81多家，打字复印店224家。丽水市整个印刷行业的生产总值17亿元。

内部出版物管理

2008年，丽水市文化广电新闻出版局成立报刊审读小组，聘请专门审读报刊和图书2人，编写报刊审读与管理信息。同年，丽水市地方报刊学会成立。丽水市出版物(批发、零售、出租)经营单位或个人184家，其中，新华书店8家，新华书店小连锁7家，零售、出租169家，音像制品经营单位或个人121家。丽水市有内部期刊25种，年出版28多万份，企业报37种，年出版400多万份，内部图书审批33种，出版3万多本。

2009年1月，丽水市内部报刊学会成立，通过《丽水市内部报刊学会章程》，公布首届丽水市内部报刊学会会长、副会长名单。2010年，丽水市加强企业报刊内部资料管理，建立审读与管理信息平台编写报刊审读与管理信息12期，部分审读信息得到市政府领导批示。同年，审核验收丽水市农家书屋116个，审核命名丽水市藏书2000册以上、面积20平方米以上、有管理人员的农家书屋71个。2010年，丽水市有国内公开发行报纸3种，年发行量达3615万份，平均每千人每天拥有37份报纸。

第二节　音像管理

经营管理

2000年12月，丽水市政府将丽水市音像市场管理职能划归市文化局管理。2001年5月，丽水市开展“打击走私，保护知识产权”为主题的音像市场法制宣传月活动，丽水市原有电子游戏场所346家，经加强管理整顿压缩至138家。2002年，对市区音像制品经营单位79家开展专项整治换证工作。2003年，严肃查处违规经营网吧，对从业人员实行资格审查、入场登记及场地巡查等制度。2004年5月，进行音像市场法制宣传日活动，开展“尊重知识、拒绝盗版”广场千人签名活动。组织音像制品经营业主到学校销售正版音像制品2次。同年，第一家民营音像录像制品批发单位成立。2005年5—9月，举办音像制品从业人员和网吧业主培训班4次。2009年，丽水市文化出版系统加大扫黄打非力度，加强执法检查，推进文化市场建设。2010年，加强市场规划和项目指导，做好审批项目引导和事前监管。

市场整顿

1995年8月1—31日，全市开展娱乐市场和音像市场“扫黄”“打非”。同年10月，《丽水地区营业性综合游乐、台球、电子游戏机娱乐场所管理规定》发布。1999年6月，丽水地区开展音像市场反盗版宣传周，打击非法音像录像制品。丽水城区集中销毁盗版光碟17023张。2000年，开展扫黄打非活动，执法行动1161次，收缴非法音像制品35022盒(张)。2001年12月，收缴非法音像制品、电子出版物8万多盒。2003年，收缴非法音像制品54945盒(张)。2004年，收缴各类非法出版物102715册(张)，其中盗版音像制品83607张。2005年1—11月，收缴非法音像制品63982盒(张)。2009年，收缴非法音像制品28526张。2010年，全面整治规范丽水市音像、网吧、歌厅等经营场所，组织执法检查5641人次，收缴非法音像制品42300张。

第三十七篇

卫　　生

1. 医　疗
2. 疾病预防与控制
3. 妇幼保健
4. 公共卫生
5. 卫生科教
6. 卫生行政管理
7. 医疗机构

概　述

丽水历代名医辈出，悬壶济世，亦有医学著作传世，皆为中医。明初，县设医学训科，为官方医学机构之始。清代在知县之下设警务长掌管卫生等事项。民国初年，沿用清制。民国12年(1923)，处州始有第一位西医青田人徐杰，在丽水城关西园庙弄开设体苍医院。民国31年开始，丽水、青田、龙泉等县卫生院成立，负责掌管县内卫生行政并开展医疗业务。

1949年前，丽水地瘠民穷，缺医少药，各种疾病流行。人民患病，多乞求于巫婆神汉，历代当政者则多漠视民命，对疾病不作防治，病疫发生时，往往死者枕藉。民国31年(1942)起，丽水县境内腺鼠疫流行达6年之久，死亡896人，为浙江省鼠疫主要疫区之一。

1949年中华人民共和国成立后，丽水各县医疗卫生事业得到较大发展，逐步建立起以地级医疗卫生单位为技术指导中心的完整县、区、乡、村四级医疗卫生保健网。1978年中共十一届三中全会后，丽水推行承包责任制、技术经济责任制、科室工作人员聘任制等一系列管理制度改革，医疗卫生有新的发展，人民群众基本上能够得到及时有效的医疗卫生服务。1990年后，丽水地区医疗技术水平不断提高，医疗设备逐步充实。丽水市中心医院、丽水市人民医院、丽水市中医院、丽水市第二人民医院成为丽水中西医临床、教学、科研基地。县级医院能进行各种常见病、多发病的治疗，危重病人抢救、疑难疾病诊治。乡镇卫生院能解决一般疾病的中西医诊治、中毒抢救。丽水市95.24%的村建立村卫生室，达到有医有药有人负责预防工作的要求。

1978年12月中共中央十一届三中全会召开后，丽水积极开展疾病预防与控制、妇幼保健工作，卫生面貌大为改观，各种疾病的发病率大大降低。消灭鼠疫、霍乱、天花三大烈性传染病。至2010年，连续29年未发生白喉病例，连续27年未发生脊髓灰质炎病例。控制丝虫病、疟疾、地甲病均已达标。1959年以后，新法接生率均保持在96%以上。住院接生率逐渐上升，1988年87.7%。孕产妇系统管理及0—3岁儿童系统管理普遍开展，大大降低产妇及围产儿死亡率，提高婴幼儿的健康水平。以丽水卫生学校、丽水市卫生进修学校为基地开展多层次、多方面医学教育。各医疗卫生单位重视开展科学研究工作，取得显著成果。2002年，丽水市卫生系统有医疗卫生机构406个，其中城市医院5个，县级医院11个，中医院8个，农村卫生院331个，卫生机构51个。医疗卫生机构职工9018人，其中执业医师2764人，助理执业医师720人。医疗卫生机构核定病床5464张，每千人口有病床2.19张，病床使用率59.65%，其中农村卫生院核定病床1112张，病床使用率19.96%。医疗单位病人治愈率52.16%，好转率34.27%。

至2010年，丽水市疾病的诊治、疾病预防与控制、卫生应急、母婴保健、卫生保障、健康教育等工作进一步加强，农村卫技人才队伍建设、责任医生团队工作得到进一步落实，基本实现老百姓在家门口就能享受到医疗卫生服务。

第一章 医 疗

古时，丽水医疗以中医诊治为主。南宋时期，青田陈言是闻名遐迩的名中医。中医沿用传统方法，行医方式以开铺设堂较多。畲族医药是传统医药中的瑰宝，是中国传统医药的重要组成部分。民国初年，西医陆续引到丽水，能做一些类似切开排脓、清创缝合等简单外科手术。医疗设备主要是听诊器、血压计、注射器等简陋设备。

1949 年中华人民共和国成立后，丽水医疗卫生事业开始进入新的发展阶段，逐步建立起以地级医疗卫生单位为技术指导中心的完整县、区、乡、村四级医疗卫生保健网。能做难度较大的异体肾移植、脑瘤摘除、断肢断指再植、骨移植等手术，以及进行心力衰竭、呼吸衰竭、肾功能衰竭处理等，各种辅助科室及功能检查技术水平不断提高。21 世纪后，丽水医疗技术飞速发展，西医方面能开展心脏移植、肝脏移植、骨髓移植等高难度手术。注重中医事业的发展以及中西医的结合，中医诊疗技术不断发展。2007 年，《丽水市中医事业发展第十一个五年规划》制定。护理制度从责任制护理发展到以病人为中心的整体护理。医疗设备更新，引进先进的医疗设备。

第一节 中 医

发展概况

丽水历代中医多系祖传、师徒传授或自学成才。在历史上，南宋时期青田人陈言是闻名遐迩的名中医。其后，在各个朝代各个地方均存在在当地有一定知名度的中医。明代，有丽水县祝定、缙云县田伟、松阳县周汉卿、青田县陈适孙。清代，有缙云县陶瑞鳌，遂昌县周长有、王灏、周维屏，龙泉县曾有龄，庆元县姚安世等名医。行医方式以开铺设堂较多。民国以后，中医有部分是从中医专门学校毕业。民国 13 年(1924)，缙云县吴仕朝、丽水县唐国俊从浙江省兰溪中医专门学校毕业。民国 23 年，丽水县王以文从上海中国医学院毕业。民国 32—36 年，丽水、云和、松阳、遂昌等县相继筹建中医师工会，会员一般 10—100 人。

1949 年 5 月丽水解放初，各县成立中医师协会等组织。1952 年后，各地中医师陆续参加联合诊所。1955 年 9 月，丽水医院①中医病室始建，特邀城区中医联合诊所中医师吴庚伯任主治医师。1962

① 丽水医院：2010 年为丽水市人民医院。

年，省卫生厅命名吴庚伯为专区名中医，各县名中医 53 人。1963 年，有中医 689 人，其中著名中医 49 人，中医学徒 186 人。1965 年，丽水、遂昌、景宁医院各分配中医院校毕业生 1 人。1972 年 4 月，丽水卫生学校举办中西医结合班，西医参加学习 59 人。

20 世纪 70 年代，丽水地区中西医结合在临床工作中得到应用，广泛使用中草药和针灸治疗疾病。龙泉县第二人民医院采集草药近 5000 千克，制成草药针剂和膏、丹、丸、散 20 多种，用中草药成功地抢救毒蛇咬伤病人 10 多例，治愈急慢性阑尾炎、慢性骨髓炎、小儿肺炎等病例。丽水市中医院以中西医结合治疗慢性肾炎、尿毒症、风湿性心脏病致二尖瓣狭窄伴关闭不全心源性休克等，疗效显著。各县医院不断改进中医诊疗方法，传统的望、闻、问、切与现代科学技术相结合，依靠各种功能检查、放射、临床检验等设备，更科学地诊治疾病，疗效不断提高。1978 年 2 月，省卫生厅命名丽水地区老中医（药）人员 37 人。同年 12 月，丽水县中医院建立。1983 年，丽水县中医院中医师王以文被省卫生厅命名为省名老中医。1987 年 11 月，丽水市中医院购置中医电脑诊疗仪 1 台，至 1990 年，治疗病人 798 例，有效率 95.3%。

2000 年 8 月，丽水市中医院建立。2003 年 9 月，丽水市中医工作会议召开，制定《2003—2010 年丽水市中医事业发展规划》，对农村中医事业发展、中医医院建设、中医临床学科建设、中医科技创新、人才培养等方面作出规划。会前召开第五次中医学会代表大会，选举产生新一届理事会。

2004 年，丽水市有 79.5%的乡镇卫生院和 30%的村卫生室开展中医药服务，有 75.6%的乡镇卫生院设有中医科，有 78.5%的乡镇卫生院设有中药房，有 74.5%的社区卫生服务中心和 90.6%的社区卫生服务站能开展中医药服务。同年 7 月，缙云、松阳、云和县通过省卫生厅中医药管理局农村中医重点县建设验收，莲都区、缙云县、云和县、松阳县被评为省级农村中医工作先进县，遂昌县为全国农村中医工作先进县。2006 年，遂昌县三仁畲族乡社区卫生服务中心积极应用中医药为广大农民看病，有中草药 400 多种，免费为农民提供推拿、针灸、拔火罐等传统中医药疗法。

2007 年，《丽水市中医事业发展第十一个五年规划》制定。丽水市中医院和遂昌县中医院被省中医药管理局确定为省级中医名院扶持单位，丽水市人民医院中西医结合风湿免疫医学、丽水市中医院中西医结合呼吸内科被列入省中医重点学科，丽水市中医院中医妇科和针灸推拿科、遂昌县中医院中医肝病专科、青田县中医院中西医结合糖尿病专科、庆元县中医院中西医骨伤科、松阳县中医院中医肝病等中医专科 6 个被列为省级中医名科建设项目。丽水市中心医院、丽水市人民医院、青田县人民医院的中医科被省卫生厅列入省级示范中医科建设单位。丽水市人民医院被评为全国综合医院中医药工作示范单位。同年，丽水市级名中医和优秀中青年中医师评选活动开展，确定市第二批名中医 13 人，市首批优秀中青年中医师 12 人。中医药参与城乡社区卫生服务示范单位创建工作开展，制定《丽水市社区中医药服务达标建设项目评估方案》。

2008 年，丽水市组织实施《浙江省中医药攀登工程》，以实施“名院、名科、名医”建设项目为契机，提高中医药科技创新能力和中医人才队伍素质，重视中医院办院特色，提高科研能力，加强教育培训，完善综合服务能力，充分发挥中医药的疗效和优势。同年，丽水市顺利通过省中医药管理局浙江省基层名中医培养项目结业考核学员 6 人。丽水市有省级名中医 3 人，市级名中医 21 人，优秀中青年中医师 12 人。推广中医适宜技术，汇编成《丽水市中医药适宜技术》，组织社区医生 40 人参加丽水市中医适宜技术推广班。同年，丽水市申报的畲族医药痧症疗法破列入为国家第二批非物质文化遗产保护名录。市人民医院《畲族痧症治疗方法研究》被列为 2008 年浙江省基层中医药适宜技术项目研究计划。市中医院完成以山腊梅叶为主要原料的《脾胃舒胶囊的研制与开发》和《山腊梅叶油平喘、止咳、祛痰作用的研究》课题。同年7月，丽水市中医适宜技术推广培训班举办，城区各社区医疗服务机构参加培训责任医师40人。课程主要有针灸技术、推拿技术、指压技术、拔罐技术、电刺疗法、刮痧、足浴疗法等中医适宜技术16项在社区常见病、多发病中的治疗应用。同年，首期农村中医骨干人才培训班举办。各县(市、区)、乡镇卫生院(社区卫生服务中心)及村卫生室(社区卫生服务站)参加培训学员60多人。

2010年，丽水市中医院中西医结合呼吸内科和市人民医院中西医结合风湿免疫病通过省级重点学科评审，市人民医院科研项目"畲医痧症治疗方法研究"获2010年度省中医药科学技术二等奖。

中　药

清嘉庆年间（1796—1820），兰溪人诸葛文则在城内开设生生堂药店。据清光绪年间(1875—1908)《处州府志》载，处州有草木藤本中药材品种58个。清光绪十年，天良堂开业。此后，长春堂、济仁堂、致中和、回生堂等相继开业。

民国时期，生生堂和致中和药店各养鹿50多头，年繁殖小鹿均在10头以上，每年农历三月三日、九月九日绞鹿制药。民国22年(1933)，丽水有中药店36家。同年，城内处州药房开设。民国25年12月，华美药房从杭州迁至丽水。民国29年，有中药店74家。

1957年9月，丽水市有野生中药材440多种，丽水县雅溪区西溪、洪渡等地有人工培植芍药、山药。1958年，引种外地药材，试验家种家养野生药材。同年，丽水林场庵堂林区种厚朴2公顷，杜仲1.3公顷。1962年试种紫苑。1966年6月，丽水县卫生科在丽水林场磨刀坑建百草园，植药材100多种。

1971年，丽水试种米仁成功。1973年，试种三七成功，三年生三七最大单支重28克，亩产48千克，省医药公司在丽水县召开全省重点县三七栽培现场会。1967—1977年，各县建中药材生产基地553.33公顷，种有怀山药、川芎、云南木香、云南三七、白术、白药、浙贝、枳壳、白菊花、白芷、玄胡、玄参、北沙参等。

1982年，查处仙渡公社私种罂粟者，铲除罂粟植株500多千克，摘罂粟果125千克。1983—1987年，查处私种罂粟者19户，铲除罂粟植株2203株。1986年，查获贩卖鸦片者1人，交司法部门依法判刑。1988年，中药材基地面积减少至93.6公顷，1990年，减少至61.33公顷。1990年，丽水市主要地产中药材282种。其中植物类247种，动物类25种，菌藻类6种，矿物类4种。此后，丽水中药材生产曾一度萧条。

进入21世纪，随着传统中医药的兴起，丽水中药材产业焕发生机，种植规模逐步扩大。至2010年，丽水中药材种植面积1.33万公顷，产量约2494000千克，产值约2.51亿元，以木本药材为主。木本中药材以厚朴人工种植规模最大，约1万公顷，产量约845000千克。菌类药材主要有茯苓、灵芝、灰树花。茯苓产量约20000千克，占全国产量30%。灵芝产量约40000千克、灵芝孢子粉产量20000千克，占全国的80%。灰树花产量约占全国90%左右。人工栽培的红豆杉初具规模。市林科院系统收集厚朴、雷公藤、肿节风、鱼腥草、五味子、灵芝、金银花全国分布区种源120个，建立种质资源库，进行有效保存。研发出肿节风、雷公藤、鱼腥草、灵芝快繁技术、野生种家化栽培关键技术。制定雷公藤、椴木灵芝企业标准2个，帮助企业制定无公害肿节风企业标准1个，协助成立中药材种植专业合作社1家。培育良种100万株，建立示范基地130多公顷，推广基地近660公顷，在百果园基地建立华东地区道地药材种质资源保存库。丽水市秀山雷公藤种业公司在龙泉建立20公顷优质种源雷公藤基地，在莲都沙溪完成年产百万株优良种源种苗基地建设。

2010年1月，同济大学丽水中药研究院挂牌成立，同济大学和丽水市政府注入资金200万元，市政府落实道地中药材研究基地200公顷，开展丽水药用植物资源普查、道地中药材成分研究等科研工作。

第二节　西　医

发展概况

清末民国初年，各县西医诊所陆续开设。抗日战争时期，浙江省政府在丽水组织战时救护总队，附设省立诊疗所。民国28年(1939)，丽水卫生院城区门诊部成立。各县卫生院均设门诊部。1949年，丽水专区有卫生技术人员199人，病床204张。省立处州医院内科只能诊治一般常见病，外科仅能切开排脓、清创缝合，化验主要是三大常规、康氏反应。

1952年起，处州医院医师洪伟杰在丽水发现首例恙虫病、肺吸虫病及热带性嗜酸性细胞增多症。同年，处州医院医师陈韶华为军属杨金娋割除悬垂颜面40年、重4.38千克的大瘤，一时轰动丽水县。1956年，庆元县荷地区卫生所所长林梓被国务院评为全国卫生先进工作者。1973年后，丽水地区人民医院和丽水县人民医院泌尿外科、脑外科、胸外科、肿瘤外科、骨科先后开始诊治病人。外科能做难度较大的异体肾移植、脑瘤摘除、肺叶切除、心脏房室间隔修补、二尖瓣主动脉瓣置换、断肢断指再植、骨移植等手术。内科能进行心力衰竭、呼吸衰竭、肾功能衰竭处理，开展心电监护、心肺脑复苏、血液透析、钴60放疗等治疗。各种辅助科室及功能检查技术水平较高。

1985年，丽水县人民医院成功抢救一例电击伤心跳停止60分钟的危重病人。1987年，丽水地区人民医院成功抢救一例因车祸致13个脏器严重复合伤的6岁病孩。1990年，丽水市人民医院开展脾片移植手术、胎脑移植手术、颈椎前路减压治疗颈椎骨折高位截瘫等手术。各县医院亦能诊断、治疗一些疑难病症。区级医院能诊治各种常见病，进行危重病人抢救。乡卫生院主要是诊治小伤小病，农药中毒抢救等疾病。

2000年后，丽水市医疗技术快速发展。2010年，外科已能开展心脏移植、肝脏移植、骨髓移植、活体肾移植，冠状动脉搭桥手术以及各类显微神经外科、微创外科技术等高难度手术。内科能开展肝硬化食道胃底静脉曲张破裂大出血等消化道大出血的抢救及镜下急诊止血治疗，早期食道癌、胃癌、大肠癌的发现及黏膜切除剥离术，各种消化道支架的置放等消化道异物的取除，胆道疾病的诊治、消化介入技术及重症胰腺炎诊治、炎症性肠病的诊断治疗，内瘘改良成型术、介入引导下左侧颈内静脉长期导管留置术为血管条件差的血液透析患者开辟“生命通路”，能开展有创和无创呼吸机治疗各种急慢性呼吸衰竭，支气管动脉介入治疗肺癌、大咯血，采用国内最新方案开展肺癌化疗、生物靶向治疗、抗血管生成治疗等综合治疗模式，透视引导下经支气管镜肺活检术，纤支镜下肺灌洗术，气道内异物取出术等诊疗技术。妇产科能开展腔镜手术、阴式手术等微创外科技术，内窥镜下各类妇科手术，重症孕产妇抢救，妇科肿瘤的诊治达到省级先进水平。

医疗设备

民国前，处州医院和各县卫生院主要用听诊器、血压计、注射器等简陋设备诊治疾病。

1949 年，中华人民共和国成立初，处州医院仅有 30 毫安 X 光机，油电两用冰箱和小型发电机等设备，均因缺乏技术或零件不配套未能使用。显微镜是当时高级设备。20 世纪 50 年代，县级医院普及 X 光机。20 世纪 60 年代，配备救护车，部分医院有万能手术台、超声波诊断及超短波诊疗机、麻醉机等设备。

1988 年，丽水地区地、县(市)医院普及胃镜、肠镜、超声心动图、200—500 毫安 X 光机和心电监护仪等设备。有购置 B 型超声诊断仪医院 13 所。丽水地区人民医院购置计算机 X 光体层摄影机(CT)、彩色电脑扫描仪，丽水市人民医院购置钴 60 放疗机，两院都购置体外震波碎石机。区级医院多数有 X 光机、化验设备，超声波、心电图、胃镜等功能检查设备和腹部手术器械。乡卫生院除少数配备 X 光机、显微镜、电冰箱、音频电疗机外，大多依靠听诊器、血压计、体温计诊治疾病。

2008 年，丽水市中心医院、丽水市人民医院均按三级甲等综合医院的要求，配置临床诊疗所需的各类先进设备。重点设备有直线加速器、多排高速螺旋 CT、超导 1.50T 核磁共振、西门子 ECT、数字胃肠造影机、西门子 DRX 线机、介入治疗使用的大型数字减影造影机、高分辨率彩超、全自动生化分析仪、流式细胞仪等。

医疗技术

民国 26 年(1937)，创伤手术是丽水地、县(市)医院的特长项目，主要手术有四肢截断、肋骨切除、血管结扎缝合、兔唇修补、包皮割除、子弹及弹片取出、腐骨及碎骨撤除、骨折整复、肿瘤摘出等。

1949 年年初，丽水地、县(市)医院内科能诊治一般常见病，外科主要是脓肿切开、外伤缝合等小手术，化验有三大常规、大便隐血试验和康氏反应等。1950 年后，妇产科主要推广新法接生，处理一般难产。1950—1969 年，上颌窦穿刺术、齿龈翻瓣术、鼻中隔手术、鼻黏膜下塑料填塞术、白内障手术、青光眼手术、眼球摘除术、耳下腺管瘘修补术、单乳突凿开术、中耳根治术、鼓室形成术、白内障囊内摘除术、牙槽修补术、牙髓病治疗等五官科(口腔科)手术开展。20 世纪 70—80 年代，扁桃体快速摘除术、白内障冷冻摘出术、青光滤帘切除术、硅胶珠白内障摘出术、视网膜剥离环扎术、眶内巨大肿瘤摘除术、角膜板层移植术、玻璃体切割置换术、腮腺全切除术、鼓膜修补术、内耳成形术、下颌骨切除术、义齿矫形装钻修复术、腭裂修补术、电测听和支气管检查、眼底照相、支撑喉镜声带显微手术等手术陆续开展。1952 年，气管切开、胃切除等外科手术开展。20 世纪 50 年代，能做胆囊摘除术、脾切除术、良性肿瘤切除术、胃次全切除术、股关节结核病灶清除术、柳枝接骨术等手术。1955—1959 年，内儿科能诊治急性重型肝炎、中毒性肝炎、心脏传导阻滞、白喉和重症喉炎、人工冬眠法治支气管哮喘、高热、惊厥、小儿重症肝炎。可开展组织疗法和人工气腹。

1960 年后，妇科能进行剖腹产术、引产术、子宫广泛性切除术。1960—1970 年，能做直肠代膀胱术、盲肠癌术、胰腺头癌术、腰交感神经节切除术等手术。

1970 年起，传染科、肺科、心血管、消化和神经内科等专科有较大发展。1970 年以后，能进行阴式和腹式子宫切除术、子宫颈癌盆腔清扫术、宫颈糜烂激光治疗、阴式复杂尿瘘修补术、输卵管吻合术、人工阴道皮瓣形成术、晚期宫颈癌和卵巢癌局部化疗、羊水栓塞抢救等妇科手术。1970—1979

年，泌尿外科、脑外科、胸外科、肿瘤外科、骨科有较快发展。

1980年后，二尖瓣狭窄式分离术、缩窄性心包炎手术、食道癌根治术、纵膈肿瘤摘除术、肺叶切除术、胸椎结核病灶清除术、脊柱结核病灶清除术、断指再植术、断掌再植术、髋造盖术、股四头肌替代术、人工股骨头置换术、椎骨巨细胞瘤切除术、肾部分切除术、同种异体肾移植术、全膀胱切除加代膀胱术、大脑半球肿瘤摘除术、肝左外叶切除术、闭孔神经加内收肌切断术、矢状窦处凹陷粉碎性骨折手术、大隐静脉移植吻合右颈总动脉与颈内动脉、开颅清除脑内血肿、脑立体定向术治疗帕金森氏综合征等手术陆续开展。

1980年后，心脏超声负荷试验、心脏起搏术、肺功能测定、超声造影术、食道调搏术、各种纤维内窥镜检查术、心、肺、脑复苏术、半身化疗术、钴60放疗术、血、腹析术等手术开展。1987年，开展B超引导下注射无水乙醇治疗肝癌，胎肝细胞治疗再障。重症肝炎抢救成功率40%左右。

2000年，丽水撤地设市后，医疗技术快速发展。2008年，市级医院能开展普通外科肝胆胰、胃肠、乳腺、肛肠、血管、小儿、烧伤等亚专业。肝胆胰外科开展肝移植、复杂大肝癌切除、胰头十二指肠切除等重大手术；血管外科应用外科手术、腔内介入、药物治疗等多种治疗方法，诊治大动脉疾病、急慢性肢体缺血、透析用血管通路、深静脉血栓等病种。乳腺外科能开展乳腺疾病微创治疗、乳腺癌保乳手术和乳房整形再造手术及乳腺肿瘤综合治疗等技术。心胸外科开展心脏移植、冠状动脉搭桥等高难度手术，各种食道纵隔疾病手术治疗，各种心脏瓣膜置换，胸腔镜下肺大泡切除、肺叶切除、交感神经切除漏斗胸纠治等微创外科手术，其中心脏瓣膜置换手术死亡率1%以下，达到省内先进水平。妇产科以腔镜手术、阴式手术等微创外科技术为特色开展宫颈癌诊治，内窥镜下各类妇科手术。重症孕产妇抢救、妇科肿瘤的诊治达到省级先进水平。神经外科开展锁孔颅内动脉瘤夹闭、经迷路听神经瘤切除、单鼻孔入路经蝶窦垂体瘤切除等术式，开展脑干病变、复杂颅底畸形等高难度、高风险领域的手术。骨科开展退行性颈腰椎疾病的治疗、脊柱外科微创技术、急性脊柱骨折脱位及脊髓损伤治疗、严重多发伤救治、人工全髋和全膝关节置换、关节镜下各类手术、显微外科手术及运动医学、小儿骨科等方面的治疗。泌尿外科开展的等离子电切技术用于前列腺增生、前列腺肿瘤、膀胱肿瘤、尿道狭窄等疾病。腹腔镜手术应用于肾上腺肿瘤、肾肿瘤根治、肾囊肿去根、肾盂输尿管取石术、结核肾切除术。输尿管镜下尿道结石、膀胱结石、输尿管结石碎石取石术，经皮肾穿刺碎石取石术。

眼科代表性技术有，白内障超声乳化加折叠式人工晶体植入术、玻璃体切除联合激光治疗复杂性玻璃体视网膜病变、准分子激光治疗近视眼、角膜移植术、眼眶肿瘤摘除术、泪囊鼻腔吻合术治疗泪囊炎、眼科整形术、上睑下垂矫正术、双重睑成形术、斜视矫正术、抗青光眼手术、弱视培训等。耳鼻喉科开展睡眠呼吸疾病（鼾症）的诊治，悬雍垂、腭咽成形术（UPPP）及射频UPPP术，喉恶性肿瘤的根治性及功能保全性手术（全喉切除、各类喉部分切除及发音重建术）及下咽癌手术。口腔科开展颌骨坚固内固定术、头面部血管瘤及淋巴管瘤的多种治疗、颌面部恶性肿瘤切除及根治术、腮腺巨大肿瘤切除、各种自体骨或人工骨的移植修复、采用微血管吻合或带血管蒂的皮瓣或复合组织瓣进行软硬组织再造、功能性颈清扫、唇腭裂矫治等最大限度地恢复面部的形态和功能、复杂根管治疗、光固化树脂前牙美容治疗、多系列固定矫治、功能性矫治和活动矫治技术、种植牙等技术。

放射科介入诊疗开展肝癌、肺癌介入综合治疗，肠道支架植入术，胆道支架植入术，椎间盘激光髓核消融术，CT引导的肿瘤射频消融术、无水酒精或沸水消融术及碘油瘤内注射术。心血管内科开展代表性技术有经皮冠状动脉气囊成形术及支架植入术、射频消融术、永久性心脏起搏器植入术(包括ICD,CRT)、先天性心脏病的介入诊疗术等。消化内科开展的肝硬化食道胃底静脉曲张破裂大出血等消化道大出血的抢救及镜下急诊止血治疗,早期食道癌、胃癌、大肠癌的发现及黏膜切除剥离术,各种消化道支架的置放,消化道异物的取除,胆道疾病的诊治,消化介入技术及重症胰腺炎诊治,炎症性肠病的诊断治疗。

肾内科以内瘘改良成形术、介入引导下左侧颈内静脉长期导管留置术为血管条件差的血液透析患者开辟"生命通路"。肿瘤内科开展肿瘤生物靶向治疗、热化疗、经皮肝癌无水酒精注射治疗(PET),骨转移肿瘤的多学科综合治疗、顽固性癌痛控制治疗等技术。神经内科开展脑血管病介入治疗尤其缺血性脑血管病介入治疗,在颈动脉支架、椎动脉支架及颅内动脉支架植入及脑动脉溶栓方面技术优秀。呼吸内科开展有创和无创呼吸机治疗各种急慢性呼吸衰竭,支气管动脉介入治疗肺癌、大咯血,采用国内最新方案开展肺癌化疗、生物靶向治疗、抗血管生成治疗等综合治疗模式,透视引导下经支气管镜肺活检术,纤支镜下肺灌洗术,气道内异物取出术等诊疗技术。

血液科开展自体造血干细胞移植技术治疗恶性淋巴瘤,分子靶向治疗联合化疗治疗多种恶性血液病。儿科开展儿内科危重症监护有创机械通气和无创机械通气序贯疗法,新生儿及小婴儿大型手术后的监护、治疗,展肺表面活性物质防治早产儿肺透明膜病,换血疗法治疗新生儿高胆红素血症及脐静脉插管术,经外围中心静脉插管术。内分泌科开展难治性糖尿病和酮症酸中毒、高渗综合征等糖尿病急性并发症进行胰岛素泵和动态血糖监测配套强化治疗;糖尿病血管并发症治疗;内分泌性高血压、内分泌性低血钾以及发育异常等少见疑难病诊治。

医疗护理

民国32年(1943),浙江省第一辅助医院[①]二期护士训练班在龙泉县青坑及查田镇黄楠先后举办。民国35年7月,丽水县卫生院第一期医护佐理员训练班开办,学员9人,结业后分配丽水、缙云、松阳县工作。民国36年12月,"浙江省立处州医院附设高级护士职业学校"成立。民国37年,向全省招生23人,民国37年9月23日,正式开学。1949年春,因时局混乱,学校停办。

1952年11月至1953年5月,浙江省人事厅、卫生厅举办护训班,丽水区域参与培训学员39人,结业32人。1965年9月,丽水地区卫生学校成立,设有护理专业,统一招生,毕业后统一分配。1974年和1976年,县级人民医院为丽水卫生学校教学点,先后开办护士班2届,学制均为2年,培训护士63人,毕业后由丽水地区人事局统一分配。1996年6月,县级医院的心内科、神经外科、消化科、骨科、ICU、普外科病区开展系统化整体护理。1996年,开展母婴同室特色护理。1998年,推广周围静脉留置技术。

2000年,县级医院系统化整体护理全面推广。2002年,配合同种异体肝移植手术的术前护理、术后监护和护理,产科开展新生儿抚触业务。同年8月,丽水市医院招收首批男护士5人。2003年,产科开展责任制助产新模式,即"一对一"全程陪伴分娩责任制。2004年,配合同种异体肝肾联合移植手术、胰肾联合移植手术的术前护理、术后的监护和护理。同年,产科开展新生儿游泳业务、连续性血液滤过(CRRT)技术。2006年,开展外周静脉置入中心静脉导管技术。

① 丽水市人民医院前身。

2008年，丽水市护理学会、护理质控中心在各县级综合性医院实施分管院长、护理部主任、科护士长、护士长四级垂直管理体系。建立院控（护理部）—科控（护士长、科室质控员）—自控（护理人员）三级纵向质量控制体系及质控小组组成的科室间横向控制体系。六大护理质控考评小组运作常规化、制度化、规范化，成立输液护理管理小组、压疮护理管理小组、危重病护理管理小组和糖尿病健康教育小组等，强调环节管理、细化管理。相继完成省、市级科研课题5项，新技术、新项目10项，获国家实用型专利6项。2010年，丽水市在二级以上综合医院开展“优质护理服务示范工程”，夯实临床基础护理工作，提升护理服务品质。

第二章　疾病预防与控制

古代，处州官府在传染病流行时，均采取必要的隔离措施。民国时期，丽水各个县卫生院防疫科和环境卫生科设立，承担种痘及疫情报告等工作。1949年中华人民共和国成立后，丽水加强卫生防疫工作，设立卫生防疫机构，广泛开展注射疫苗、报告检疫、环境卫生整治等工作。20世纪90年代以来，加强艾滋病的防治。2003年，开展传染性非典型肺炎防治，丽水市未发现“非典”诊断病例和疑似病例。2010年，丽水市报告甲、乙、丙类法定传染病17791例，发病率731.07/10万，比2009年下降0.85%，报告死亡病例25例，死亡率1.03/10万，病死率0.14%。丽水市2010年全年甲、乙类传染病报告发病数居前5位病种依次为病毒性肝炎、梅毒、肺结核、淋病、痢疾。

第一节　疾病防治

传染病防治

民国时期，丽水重点防治传染病11种。抗日战争期间，日本侵略军发动细菌战，鼠疫、霍乱、天花和疟疾流行广，时间长，危害大。1949年中华人民共和国成立后，基本上消灭鼠疫、霍乱、天花等烈性传染病。

鼠疫　民国18年（1929）9月，庆元县隆宫乡吴姓商人在福建省松溪县染上鼠疫，回家后死亡，随后当地鼠疫流行。民国24年，鼠疫传入景宁县，发病97人，死亡96人。抗日战争期间，日本侵略军发动细菌战，丽水、龙泉、庆元、云和等县鼠疫流行，各级卫生防疫部门采取封锁疫点、管制交通、隔离病人、注射防疫针、烧毁病人住所及动员民众灭鼠、加强环境卫生等措施。1950年后，无鼠疫发生。1980年后，各县设立鼠疫监测点，进行定期监测。

2007年，庆元县被列为国家级监测区，龙泉市被列为省级乙类监测区，莲都区、云和县被列为省级二类监测区，青田县、缙云县、松阳县、景宁畲族自治县被列为省级三类监测区，设立固定、流动监测点开展鼠疫监测工作。监测点捕获活鼠5047只，细菌培养4730份，间接血凝4925份，检测结果全部阴性。2010年，庆元县被列为国家级监测区，龙泉市被列为省级一类监测区，莲都区、云和县被列为省级二类监测区，青田县、景宁畲族自治县、松阳县、缙云县被列为省级三类监测区，并设立固定流动监测点开展鼠疫监测工作。2010年，各监测点捕获活鼠5176只，细菌培养5072份，间接血凝5063份，检测结果全部阴性。

霍乱　民国29年(1940)，丽水各县均有发生霍乱。民国35年，发病113人，死亡19人。民国29—38年，丽水发病189人，死亡50人。1952年，缙云县发病3人，死亡1人。1996年，丽水地区县以上医院开设肠道门诊，对来自疫区的3000人进行疫情监测，未发现霍乱。

2003年9月8日，云和县控制一起因婚宴引发的霍乱疫情。同年底，丽水市报告霍乱病人6例，带菌者3例。

2007年，在霍乱流行季节(5—10月)，开展海产品、卤制品、熟食、乳制品监测。根据实际情况，设置外环境监测内容，涵盖江河水、井水、河塘泥、公共厕所、苍蝇等。同年4—10月，监测水体样本411份，未发现阳性标本。监测海水产品1037份，阳性标本1份，阳性率0.49%。同年10月，在水产品中监测到稻叶型霍乱弧菌，市疾病预防控制中心及时复核，并上送省疾病预防控制中心鉴定，结果均为非流行株。

天花　处州自明代起即有流行天花。民国29年(1940)后，各县每年都有流行。民国29—38年，丽水发病1079人，死亡312人，病死率28.92%。其中，民国36年，缙云县发病418人，死亡247人，病死率59.09%。1950年，龙泉县天花流行，发病60人，死亡20人。1951年后，丽水专区未发生天花病例。

疟疾　民国29年(1940)，丽水县疟疾发病7127人，死亡70人。民国29—38年，丽水发生疟疾59802人，死亡424人，病死率0.71%。1949年，中华人民共和国成立初，疟疾发病率比较高，1958年起，逐渐下降。1973年1—6月，遂昌县松阳区①发病11684人，采取防治措施后，未发生新病人。1987年开始，连续4年发病率在1/10万以下。1989—1992年为基本消灭疟疾实施阶段。1993—2009年为巩固监测阶段，报告疟疾243例，年均报告率0.58/10万，感染源主要以输入性为主。

血吸虫病　缙云县是丽水市唯一一个血吸虫病历史流行县，全县从1956年发现首例血吸虫病人以来，至1981年共发现血吸虫病人305例，其中慢血病人1例，病牛32头。分布于全县乡镇2个、行政村9个，螺区面积210560平方米。因经济发展需要，有部分螺区已被改为厂房。到2010年底，新碧街道现有螺区面积103500平方米，比原有螺区减少35000平方米；壶镇雁岭片螺区不变，仍为72060平方米，全县合计螺区面积175560平方米。1993年，血吸虫病达到消灭标准，进入巩固监测阶段，根据省血防办要求，定期对历史螺区各村进行轮查、扩查，及时监测螺情，巩固血防成果。

结核病　2005年，第三轮CIDA-WHO结核病项目新登涂阳病人发现698例，新登涂阳率27.99/10万，完成任务数的105.28%；丽水市初治涂阳病人2个月阴转率78.68%，治疗满3个月阴

① 2010年属松阳县。

转率 87.37%，基本达到 CIDA—WHO 项目的要求。同年 8—9 月，在市区开展传染性肺结核病排查工作，采集疑似病人痰样本 3000 多份，检出新登痰阳肺结核病人 19 例。有效处置青田县船寮中学、遂昌中学、云和县职高暴发肺结核病疫情。2007 年，第三轮 CADA-WHO 中国结核病控制项目结束，转入省级项目阶段。丽水市结核涂阳病人发现指标 623 例，完成 633 例；新涂阳病人发现率 71.12%，新登涂阳病人治愈率 91.58%，均达到规定指标要求。开展结核菌培养及耐药监测，提高复治病人治愈率。

2010 年，实施结核病医防整合，丽水市将结核病控制项目实施由原采用的市疾病预防控制中心负责查、治、管一体化的归口管理模式转变为由市疾病预防控制中心与市中医院合作模式，将结核病治疗门诊转至市中医院。丽水市发现涂阳肺结核病人 679 例，涂阴肺结核病人 762 例，其中新涂阳病人 595 例，涂阳新病人完成率 101.02%，治愈率 89.98%。全面开展全球基金耐多药结核病防治项目，2010 年，对疑似耐多药肺结核病人 413 例开展痰培养，对其中阳性菌株 323 例开展药敏试验，发现耐多药病人 36 例，纳入项目 19 例，按照项目方案服药治疗 19 例。

传染性非典型肺炎　2003 年，丽水市制定《丽水市传染性非典型肺炎防治工作实施方案》《丽水市传染性非典型肺炎病人收治工作实施细则》等文件。开展丽水市医疗卫生单位工作人员“非典”知识培训 300 多次，覆盖率 100%，印发《非典型肺炎常见问题解答》等健康教育资料 91.3 万份，建立“非典”疫情监测点 59 个，实行“零病例”日报告制度。丽水市各级医疗机构投入资金 2709 万元，改善医疗设备及条件，设立发热门诊和隔离病房，提高“非典”救治能力。丽水市健康体检 12 万多人，现场应急调查 15732 人次。丽水市未发现“非典”诊断病例和疑似病例。

艾滋病　1997 年 8 月，丽水市报告首例艾滋病病例。2007 年，丽水市发现艾滋病感染者 44 例，历年 141 例，主要在被监管人员和娱乐场所人员中监测到感染者。丽水市各疾病预防控制中心开展艾滋病自愿免费血液初筛和咨询。丽水市 VCT 点接受咨询 2407 人次，筛检 2394 人次，发现 HIV 抗体阳性 9 例。丽水市开展艾滋病防治知识宣传教育，指导开展艾滋病高危人群行为干预，促进安全套的推广与正确使用。对艾滋病感染者进行免费 CD4 细胞监测 32 例。2010 年，丽水市发现艾滋病感染者或病人 66 例，比 2009 年发现数增长 46.6%。丽水市自愿咨询检测点 29 个接待咨询 5324 人次，其中接受 HIV 抗体检测 5324 人次，检出艾滋病阳性病例 14 例。

地方病防治

地方性甲状腺肿　1984—1985 年，丽水地区普查发现有地方性甲状腺肿病乡 170 个，占乡数 51%，病人 51965 人。1986 年，用碘油丸进行防治。1987 年 12 月，在病区推广食盐加碘。1988 年，供应碘盐乡 170 个，丽水、龙泉、缙云、遂昌县（市）观察，疗效在 50%—80%之间。2007 年，完成食用碘盐监测 2692 份，合格率 97.67%。遂昌、松阳两县碘盐监测各项指标合格率 100%。抽检景宁畲族自治县 8—10 岁学生 124 人，检出甲状腺肿大学生 9 人，重大率 7.25%，低于国家标准。

地方性氟中毒　丽水市有历史地氟病流行区 4 个，分别为莲都区、龙泉市、青田县、缙云县，疫点 23 个，受威胁人员 2 万多人。症状以氟斑牙为主，未见氟骨症。2007 年，丽水市对 4 个疫区 8—12 岁儿童开展健康体检 1637 人，检出氟斑牙阳性 48 例，阳性率 2%，采集水样 99 份，含氟量超标 13 份。通过对部分高氟水地区进行改水工作，收到防治效果。

肠道寄生虫病　1953 年，丽水县碧湖区钩虫感染率 70%，全县钩虫病人 26298 人继续进行药

物治疗。1989 年，龙泉县钩虫感染率 25.3%。1985 年，丽水县仙渡乡钩虫感染率 43.57%，蛔虫感染率 70.14%，鞭虫感染率 22.94%。

麻风病　1959 年，景宁县张村乡有麻风病人 4 人，仅有临床诊断，没有病理学及病原学证据。1985 年，有麻风病人 65 人，其中男 58 人，女 7 人；现症病人 17 人，住院治疗 9 人，院外治疗 8 人。1990 年，庆元县有麻风病人 2 人，其他县(市)基本消灭。

恙虫病　恙虫病俗称“疔疮”“六月客”，青田县高源、东源一带流行 100 多年，多发生在 5—10 月，死亡率很高。1954—1956 年，高湖患疔疮 104 人，死亡 10 人，病死率 9.6%。1957 年，浙江省军区后勤部卫生防疫检验所至高湖追踪调查病史。调查 1715 户 5959 人，患病 1076 人，患病率 18.05%。经病理检验和环境研究，确定为恙虫病，媒介是高湖纤恙螨。1957 年，确定高湖恙虫病因后，采取相应防治措施，发病率由 1957 年的 34.5/10 万降至 1985 年的 0.64/10 万。1958 年以后无病人死亡。

钩端螺旋体病　1961 年 8 月，松阳古市区医院发现首例钩端螺旋体病病人。1970 年，松阳县的松阳、古市两区发病 365 例，死亡 17 人。1971 年，组织钩体病专业防治组，全面开展流行病学调查和防治工作，查清黑线姬鼠和猪是主要传染源。即开始推行钩端螺旋体多价疫苗预防注射，采取灭鼠、关养毛猪等一系列综合性防治措施，疫情逐步得到控制。1987 年 8 月，板桥畲族乡桐榔村发病 15 例，死亡 1 例。1989 年，全县发病 15 例，死亡 2 例。1990 年发病 18 例，死亡 1 例。1992 年，发病 12 例。2000 年后，未发现病例。

丝虫病　丝虫病俗称“大脚病”，1949 年中华人民共和国成立前在松古盆地广泛流行。1955 年，从应征体检的青年 4141 人耳垂采血检查微丝蚴，发现阳性率 13.46%。1955 年 3 月，成立松阳县丝虫病普查工作试点小组，到赤寿乡赤岸村、界首村开展工作，在 1277 人中查出血中微丝蚴阳性 209 人。后又在重点疫区开展丝虫病普查，历时 4 个月，查出 19123 人，发现阳性 1502 人，阳性率 7.85%，对阳性病人全部进行治疗。1981 年，县卫生防疫站抽查赤寿、岗寺、望松、水南、阳溪等公社的大队 220 个，血检 10204 人，未发现阳性血片，达到基本消灭丝虫病标准。1949—1986 年，作血液检查 70 万人次，治疗 1.51 万人次。1987 年，血液检查 14.5 万人次，有微丝蚴阳性 92 人，阳性率 0.06%。1992 年，在赤寿乡界首村和叶村乡河头村采血片 800 人份，检测微丝蚴均阴性。1997 年，捕获中华按蚊 275 只，解剖未发现感染微丝蚴的按蚊。1998 年，采血片 6173 片，捕捉并解剖中华按蚊 1166 只，均未发现阳性血片，并检查晚期丝虫病人 28 例及外来人员 276 人，也未发现丝虫病患者及血检微丝蚴阳性者。同年 12 月 21—23 日接受省、地考核组考核，通过消灭丝虫病县标准达标考核验收。

土源性线虫病　2009 年，松阳县被浙江省疾病预防控制中心列为土源性线虫病监测县之一。2009 年 5 月中旬，在浙江省寄生虫防治病所专家指导下，县疾病预防控制中心组织人员随机抽取赤寿乡叶川头村、大川村、红莲村、卯山后村 3 周岁以上常住居民 1006 人，采集粪便镜检，3—12 岁儿童加做透明胶纸肛拭法查虫卵，镜检发现 8 人感染钩虫、6 人感染蛔虫，对感染者均进行驱虫治疗。2010 年，随机抽取赤寿乡叶川头村、大川村、红莲村、卯山后村 3 周岁以上常住居民 1011 人，开展土源性线虫病监测及驱虫治疗。采用改良加藤法对采集粪便进行镜检，感染率 0.79%。其中，钩虫感染 6 人、蛔虫感染 2 人。3—12 岁儿童 165 人加做透明胶纸肛拭法检测蛲虫卵，结果均为阴性。感染者 8 人均采用睡前服用阿苯达唑片 0.4 克/次进行驱虫治疗。

疾病防治机构

民国时期，丽水各个县卫生院设防疫科和环境卫生科，承担种痘及疫情报告等工作。

1949 年，中华人民共和国成立初，丽水县人民政府卫生院设防疫科。1956 年，各县相继成立防疫站。1964 年，建立地区防疫站。1971 年，更名卫生防疫站。

1990 年，丽水地区卫生防疫站有职工 44 人，其中卫生技术人员 41 人。各县（市）卫生防疫站有职工 271 人，其中卫生技术人员 209 人。2000 年，丽水撤地设市，丽水地区卫生防疫站更名丽水卫生防疫站。2001 年 8 月，由于机构改革，在原丽水市卫生防疫站基础上组建丽水市疾病预防控制中心、丽水市卫生监督所，撤销原莲都区卫生防疫站。

2007 年，丽水市疾病预防控制中心实验室进行计量认证第二次复评审，制定第三版实验室管理体系文件，编制原始记录表格 50 种，各种表格 95 项，手机更新标准文件 428 份，申请计量认证产品（参数）项目七大类 191 项，试运行所有申请项目。同年 2 月，通过省质量技术监督局计量认证复评审现场考核。加强实验生物安全管理，成立生物安全工作领导小组，制定生物安全各种手册，建立食物中毒会诊制度。同年，市疾病预防控制中心取得职业健康监护和职业病诊断资质以及职业卫生技术服务机构资质，艾滋病确证实验室通过评审。2010 年，丽水市有疾病预防控制中心 9 家。

第二节　预防接种与计划免疫

1996 年，丽水地区以乡镇为单位的计划免疫接种率 85%以上。青田县通过国家抽样审评，“四苗”[①] 接种率超过 90%。同年年初和同年年底，4 岁以下儿童 20 万人次进行脊灰强化服苗，统计服苗率及抽样服苗率均在 95%以上。15 岁以下儿童急性弛缓性麻痹（AFP）报告 7 例，未发现野毒株脊灰病人，丽水地区消灭脊髓灰质炎。1999 年 8 月，接受卫生部以乡为单位的儿童接种率调查，丽水地区计划免疫单苗接种率都在 95%以上。1998—2000 年，青田县开展消灭脊髓灰质炎二次四轮强化服苗，省、地派出督导员督导，其他县（市）开展查漏补种。

2002 年，丽水市卡介苗、脊灰疫苗、百白破疫苗、麻疹疫苗、乙肝疫苗接种率分别为 98.85%、98.65%、98.6%、98.1%、99.43%。

2005 年，丽水市常住儿童“五苗”接种率分别为卡介苗 98.44%、脊灰疫苗 98.51%、百白破疫苗 98.31%、麻疹疫苗 97.77%，乙肝疫苗 99.04%、HBV 及时接种率 91.84%，“四苗”覆盖率 97.77%，“五苗”覆盖率 97.77%。流动儿童接种建卡率 78.69%、卡疤率 73.25%、卡介苗接种率 81.8%、脊灰疫苗全程接种率 80.09%、百白破疫苗全程接种率 79%、麻疹疫苗接种率 75.12%，“四苗”全程接种率 68.74%，乙肝疫苗接种率 76.52%。同年 12 月开始，一类疫苗不收任何费用。

2007 年，丽水市常住儿童卡介苗接种率 99.21%，脊灰疫苗接种率 98.65%，百白破三联疫苗接种率 98.07%，麻疹疫苗接种率 97.83%，乙肝疫苗接种率 99.3%，乙肝疫苗及时接种率 92.6%。“四苗”覆盖率 98.1%，“五苗”覆盖率 97.82%。开展入托入学儿童查验补种工作，丽水市小学 372 所，开

① 四苗：卡介、百白破、脊灰、麻疹

展查验372所，查验儿童33624人，补证6012人。丽水市幼儿园、托儿所747所，开展查验747所，查验儿童32191人，补证1411人，补种4221人。开展免疫规划接种规范门诊建设，丽水市有接种门诊246家，其中规范化门诊72家，占29.27%，合格门诊169家，占68.7%，合格以上接种门诊246家，占总接种门诊100%。莲都区老竹、丽云、黄村和平原中心卫生院为免疫规划示范接种点。

2008年，丽水市所有儿童卡介苗接种率99.14%、脊灰疫苗接种率98.88%、百白破疫苗97.9%、乙肝疫苗99.27%、麻疹类疫苗98.52%、乙肝疫苗首针接种及时率93.7%。

2010年，丽水市卡介苗接种率99.87%，脊灰疫苗接种率96.3%，百白破疫苗96.93%，乙肝疫苗98.64%，麻风疫苗95.09%，乙肝疫苗首针接种及时率99.49%。

第三节 精神卫生

1982年，丽水地区精神病防治院[①]开始筹建。同年，在丽水县城城郊征用（划拨）土地5000平方米，1982年8月，建造住院病房（床位150张）、专科门诊楼及职工宿舍计4700平方米，1984年6月交付使用。1986年，经丽水地区计委批准，丽水地区精神病防治院投资18万元建造职工宿舍1096平方米，1987年上半年竣工。1987年6月，因病员康复治疗需要，在院区西侧征地5687.21平方米。1993年上半年，职工宿舍和综合门诊部（一楼）1632平方米建成并投入使用。

1997年7月，丽水地区精神病防治院扩建病房楼1200平方米。1999年，丽水地区精神卫生工作办公室成立，同年，地区内首条心理咨询热线电话开通。1999年12月，老年病房综合大楼动工兴建，建筑面积6146.71平方米（一期），2001年6月竣工并投入使用。2005年12月，开工建设老年病房综合楼（二期）续建工程3479.55平方米，2007年4月，竣工并投入使用。综合楼开设有门诊、手术室以及内科、外科、骨伤科、妇产科、心身科、老年科、康复中心等病区，开放床位200张。

2000年，丽水市内首个精神卫生网站建立。2003年12月，丽水市委、市政府制定出台《丽水市精神卫生工作规划（2003—2010）》。2004年，省内首家心理医院——丽水市心理医院挂牌。2006年，莲都区精神卫生社区防治试点区建立。2006年12月，丽水市政府发文成立以副市长庄志清为组长的精神卫生工作领导小组。2008年6月，丽水市心理卫生协会成立。2009年5月，改扩建丽水市社区药物维持治疗门诊用房120平方米。至2010年，计建筑面积16139平方米。

丽水市第二人民医院普通精神科作为市级重点学科，有中高级专业技术人员20人。2008年，实际开放精神病专科床位300张。开设精神专科男、女病区，心身科，老年科，戒毒科五大专科病区。1984年至2008年6月，精神专科门诊收治精神分裂症、躁郁症等各类精神疾病患者初复诊728396人次，年收治住院患者2000多人次。2008年，医院形成一整套系统有效的治疗方法，精神科疾病诊治有效率99.6%。

① 丽水地区精神病防治院：后更名丽水地区第二人民医院。

第三章　妇幼保健

民国时期，丽水个别城镇有产科诊所，设备十分简陋。1949 年中华人民共和国成立后，丽水各县妇幼保健机构相继建立，加强妇女和儿童保健。推广新法接生，开展种牛痘、卡介苗、驱蛔等防治工作。实施孕产妇保健、母婴健康工程、妇女病普查普治、婚前保健，加强计划生育技术指导，有效保障妇女和儿童的健康。2000 年 7 月，丽水地区妇幼保健所更名丽水市妇幼保健院。2004 年 2 月，丽水市妇幼保健院成立新生儿监护中心。2005 年 12 月，丽水市妇幼保健院顺利通过浙江省二级乙等妇幼保健院评审。2008 年，丽水市妇幼保健院拥有职工 197 人，其中高级职称 24 人，中级职称 50 人，卫生技术人员占 83.2%。

第一节　新法接生

民国 10 年(1921)，龙泉县郭奉召到上海宝隆医院妇产科学习，回县后施行新法接生。民国 30—35 年，丽水县新法接生产妇 593 人。

1949 年中华人民共和国成立后，陆续开办训练班，推广新法接生。1959 年，丽水县新法接生率 98.7%。1980 年，丽水地区新法接生率 92.97%，1990 年，丽水地区新法接生率 98.9%。在普及新法接生基础上，提倡住院接生。1985 年，住院接生率 51.32%。1988 年，住院接生率 68.2%，基本消灭产妇产褥热。1980 年，新生儿破伤风死亡率 0.32%，1988 年降至 0.18%。2010 年，丽水市孕产妇死亡率 19.79/10 万。婴儿死亡率 6.78‰，五岁以下儿童死亡率 9.05‰。

1951—2008 年丽水市区新法接生一览

表 37-3-1-1

年份	接生总数(人)	新法(人)	新法接生率(%)	年份	接生总数(人)	新法(人)	新法接生率(%)
1951	3429	240	7.00	1980	3657	3617	98.91
1952	6548	1192	18.20	1981	4570	4552	99.60
1953	7011	3106	44.30	1982	5685	5662	99.60
1954	6080	3040	50.00	1983	4795	4767	99.42
1955	3351	3017	90.00	1984	4278	4259	99.56
1956	5105	3466	67.90	1985	3955	3945	99.74

续表 37-3-1-1

年份	接生总数(人)	新法(人)	新法接生率(%)	年份	接生总数(人)	新法(人)	新法接生率(%)
1957	5666	4008	70.70	1986	4572	4555	99.62
1958	5486	5063	92.30	1987	4867	4857	99.79
1959	5308	5244	98.70	1988	4358	4347	99.74
1960	8543	8255	96.60	1989	4461	4456	99.88
1961	8201	7943	96.90	1990	3762	3761	99.90
1962	8002	7933	99.10	1991	2677	2673	99.90
1963	10067	9976	99.10	1992	3346	3335	99.70
1964	8663	8420	97.20	1993	3569	3565	99.90
1965	7810	7611	97.50	1994	3414	3413	99.90
1966	7397	7198	97.30	1995	3357	3350	99.80
1967	7541	7452	98.80	1996	2985	2974	99.60
1968	6390	—	—	1997	2702	2695	99.70
1969	6402	—	—	1998	2426	2425	99.80
1970	6400	—	—	1999	2647	2643	99.80
1971	7257	7167	98.76	2000	2995	2994	99.90
1972	6306	6206	98.41	2001	2682	2669	99.50
1973	5133	5101	99.38	2002	2757	2744	99.50
1974	3875	3853	99.43	2003	2377	2370	99.70
1975	4394	4360	99.23	2004	3071	3064	99.80
1976	3909	3867	98.93	2005	3222	3220	99.90
1977	3710	3697	99.65	2006	2991	2989	99.90
1978	3789	3760	99.23	2007	3313	3313	100.00
1979	3915	3886	99.26	2008	3272	3271	99.90

第二节 妇女保健

20 世纪 50 年代，丽水各县指导妇女“四期”①卫生。机关、企事业单位，对职工实行产前、产期、产后及哺乳期生活照顾。20 世纪 60 年代，进行妇女闭经、子宫脱垂及尿瘘等疾病治疗。1981 年，有子宫脱垂病人 1816 人，治疗 1624 人，治疗率 89.4%。尿瘘病人 140 人，治疗 112 人，治疗率 80%，治愈 95 例，治愈率 84.8%，死亡 2 人。

1973 年起，丽水等县开展以防癌为主的妇女病普查，对宫颈炎、宫颈癌患者进行治疗。1985 年，

① “四期”：指经期、孕期、产期、哺乳期。

开展孕产妇系统管理，死亡率 3/万。1990 年，丽水地区孕妇建卡率 86.7%，人均产前检查 5.1 次，产后访视率 88.9%，孕产妇死亡率 5.11/万。

2002 年，丽水市调整产科布局，严格执业许可，保留接产单位 218 家，比 2001 年减少 81 家，对保留的接产单位核发“接生许可证”，对助产人员进行培训考试，合格者发给“助产资格证”。丽水市有孕产妇 21295 人，新生儿活产数 21352 人，孕产妇保健覆盖率 95.93%，孕产妇系统管理率 81.57%，孕产妇标准系统管理率 72.92%。筛查出高危孕妇 5600 例，高危住院分娩率 99.5%。孕产妇死亡 5 例，死亡率 23.42/10 万，均死于非产科直接原因。

孕产妇保健

2007 年，丽水市活产数 21993 人，孕产妇系统管理率 92.23%，住院分娩率 99.49%，县级高危筛查率 91.96%，重度高危孕产妇 1093 例，成功抢救危重孕产妇 188 例。产前筛查 10489 例，筛查率 41.4%，比 2006 年提高 15.5 个百分点，筛出高风险孕产妇 349 例，经产前诊断确诊 21–三体综合征 2 例，神经畸形 2 例，超声检查发现其他异常胎儿 70 例。全面启动免费艾滋病咨询和孕产妇检测工作，全年完成孕产妇 HIV 检测 20469 例，检测率 93.35%，检出阳性孕妇 3 例。

2008 年，丽水市活产数 21709 人，孕产妇系统管理率 92.9%，住院分娩率 99.82%，县级高危筛查率 94%，重度高危孕产妇 1140 例，危重孕产妇成功抢救 309 例。产前筛查 12904 例，筛查率 52.08%，比 2007 年提高 10.68 个百分点。筛出高风险孕妇 476 例，转诊 292 例，高风险率 3.7%，产前诊断率 56.7%。经产前诊断确诊 21–三体综合征 4 例，18–三体综合征 1 例，NTD 高风险孕妇中确诊神经管畸形 3 例，胎儿其他先天异常 18 例。

2010 年，丽水市户籍产妇数 20059 人，活产数 20210 人，孕产妇系统管理率 93.73%，住院分娩率 99.88%，县级高危筛查率 95.06%，筛查出重度高危孕产妇 1578 例，高危产妇管理率 99.91%。孕妇 HIV、梅毒抗体检测率分别为 97.13%、96.99%，检查出 HIV 阳性孕产妇 6 例，按要求实施母婴阻断干预措施。产前筛查 12199 例，筛查率 66.01%，其中云和县、遂昌县、莲都区、庆元县的筛查率 70%以上。筛出高风险孕妇 466 例，高风险率 3.82%，产前诊断率 63.5%。经产前诊断确诊 21–三体综合征 2 例，18–三体综合征 1 例，神经管畸形 3 例，胎儿其他先天异常 4 例。

母婴健康工程

2001 年，丽水市实施“母婴健康工程”项目，加强基层妇幼人员培训和高危孕产妇管理，充分发挥抢救中心作用，落实危重孕产妇转诊、会诊、救治工作。丽水市孕产妇死亡率 22.73/10 万（包括外地逃生），其中丽水市孕产妇死亡率 15.77/10 万。婴儿死亡率 8.09‰，五岁以下儿童死亡率 10.96‰。举办妇幼保健和产科业务培训 35 期，参加培训人员 1444 人次。选派业务骨干参加省、市、县级业务进修 116 人次。

2008 年，全面实施“母婴健康工程”项目，丽水市孕产妇死亡率 4.61/10 万，降至历史最低水平；婴儿死亡率 8.2%，五岁以下儿童死亡率 11.98%。

2010 年，丽水市孕产妇死亡率 19.79/10 万。婴儿死亡率 6.78‰，五岁以下儿童死亡率 9.05‰。同年，丽水市继续推进市级孕产妇、儿童保健规范化门诊创建，有金竹等乡镇卫生院 8 家通过市级验收。建立并完善重度高危妊娠临床与保健信息交换制度和流动人口妇幼保健信息交换制度，密切保健与临床联管，提高高危联管质量。加强县级孕产妇抢救中心建设，调整基层产科布局，丽水市保留助产机构43家，其中市级4家，县级18家、乡镇卫生院20家，私立医院1家。举办市、县妇幼保健和产科业务培训36期，参加培训人员1380人次，选派业务骨干参加省、市、县级业务进修86人次，县内组织妇幼保健业务培训班，参加培训1380人次。各地选送人员到省、市、县级进修75人次。

妇女病普查普治

1996年，丽水地区检查妇女14948人，查出妇女病患者9177例，疾病检出率61.29%，其中宫颈癌患者9例，占检查妇女数0.06%；滴虫性阴道炎458例，占3.06%；宫颈糜烂5337例，占35.7%；淋病3例，占0.02%。2002年，丽水市应查妇女91158人，实查20082人，检查率22.03%，查出妇科病人13512人，疾病检出率67.28%，其中宫颈糜烂5371例，检出率26.75%。滴虫性阴道炎874例，检出率4.36%。宫颈癌9例，检出率44.82/10万。淋病1例，尖锐湿疣1例，Ⅱ度以上子宫脱垂7例。对检出疾病者分别作不同程度的治疗。

2007年，“妇女健康促进工程”项目全面启动并实施，丽水市妇女进行妇科病普查189912人，普查率42.03%，其中宫颈癌、乳腺癌和卵巢癌72例，梅毒等性病75例，宫颈癌、乳腺癌和卵巢癌检出率分别为26.33/10万、10.53/10万、1.05/10万，梅毒等性病检出率39.49/10万，高于全省平均发病率。

2008年，丽水市妇女进行妇科病普查（包含市本级）370437人，普查率69.64%，妇科疾病检出率40.47%，宫颈癌、乳腺癌和卵巢癌164例，宫颈癌、乳腺癌和卵巢癌检出率分别为32.93/10万、9.99/10万、1.35/10万，其中宫颈癌发病率明显高于全省平均水平。检出梅毒等性病130例，梅毒等性病检出率35.09/10万。

2010年，“妇女健康促进工程项目”全面实施，对妇女进行检查179013人，查出妇科疾病75221人，其中宫颈癌70人、乳腺癌10人、卵巢癌2人，检出梅毒等性病47例，检出的患病妇女及时进行治疗，提高妇女生命质量和健康状况。

1973—2008年丽水市区妇女病普查、治疗一览

表37-3-2-1　　单位：人

年份	检查数	查出妇科病数	疾病检出率（%）	治疗数	疾病检查情况		
					宫颈癌	乳腺癌	卵巢癌
1973	18811	12163	64.70	3649	33	0	0
1974	6057	3615	59.60	2409	15	0	0
1975	13141	7815	59.40	6478	8	0	0
1976	2562	1693	66.00	1500	4	0	0
1977	7557	4807	63.60	3545	7	0	0
1978	3489	1700	49.30	1500	8	0	0
1979	9144	5988	65.00	4133	31	0	0
1980	2648	1503	56.70	455	0	0	0
1981	9191	5346	58.20	3742	13	0	0
1982	—	—	—	—	—	—	—

续表 37-3-2-1

年份	检查数	查出妇科病数	疾病检出率（%）	治疗数	疾病检查情况		
					宫颈癌	乳腺癌	卵巢癌
1983	3327	2014	60.50	1662	1	0	0
1984	2750	1503	55.00	1263	1	0	0
1985	—	—	—	—	—	—	—
1986	2478	1577	63.60	1070	—	—	—
1987	3270	2601	79.50	2115	—	—	—
1988	4453	2485	55.80	1795	—	—	—
1989	1304	995	76.30	914	1	1	0
1990	9330	6165	66.10	—	2	0	0
1991	3318	2210	66.60	994	1	1	0
1992	6353	3944	62.10	1105	2	1	0
1993	3794	2502	65.90	775	2	1	0
1994	7108	4155	58.50	261	0	0	0
1995	7549	4462	59.10	—	1	0	0
1996	6719	4217	62.80	2079	1	0	0
1997	5935	3342	56.30	836	4	1	0
1998	5807	3387	58.30	1509	3	2	
1999	8887	6918	77.80	3581	3	0	0
2000	10333	8303	80.40	3602	1	2	0
2001	6592	5633	85.50	2252	0	3	0
2002	8114	6291	77.50	3184	2	2	0
2003	11303	9616	85.10	7655	6	2	2
2004	12264	10177	83.00	4996	7	6	1
2005	17913	13402	74.80	3889	17	8	0
2006	23101	16185	70.10	7827	11	9	0
2007	33814	19488	57.60	7387	3	14	0
2008	32570	17487	53.70	15525	13	8	0

婚前保健

2002 年，丽水市婚前应检人数 38691 人，实检 35815 人，婚检率 92.57%，查出患病者 4686 人，疾病检出率 13.08%，其中患法定传染病 1192 例，包含性病 195 例；严重遗传病 22 例；精神病 11 例；生殖系统疾病 2684 例；内科系统疾病 638 例。对婚育疾病患者进行指导，建议暂缓结婚 135 人，不宜生育 22 人，限制生育性别 3 例。

2007 年 9 月，青田县启动免费婚检工作，云和、缙云、青田县婚检率分别为 70.06%、35.57%、

2.65%。丽水市婚前医学检查率8.2%，同比提高4.34个百分点，婚前检查疾病检出率13.51%，其中指定传染病中性病占24.66%，生殖系统疾病占54.62%。

2008年，丽水市有6个县(市、区)开展免费婚检工作。婚检率前三位的依次是云和、缙云、景宁，分别为75.03%、35.67%、31.24%。丽水市婚前医学检查率16.47%。

2010年，丽水市全面铺开免费婚检、农村妇女增补叶酸和农村孕产妇住院分娩补助等重大公共卫生项目，较好完成省厅下达的年度工作目标。免费婚前检查28713人，婚检率81.47%，检出疾病5390人，疾病检出率18.77%，其中松阳县、云和县、庆元县、景宁畲族自治县婚检率超90%。叶酸服用14414人，叶酸服用率80.39%，目标人群增补叶酸知识知晓率90.6%，服务对象满意度抽查96%；农村孕产妇住院分娩补助12572人，完成任务的70.11%，补助发放对象问卷调查满意度97.6%以上。2010年，莲都区完成农村妇女宫颈癌检查30797例，超额完成年度工作目标。查出CIN Ⅰ[①] 101人，CIN Ⅱ48人，CIN Ⅲ8人，宫颈癌5人。

第三节　儿童保健

20世纪50年代，每年“六一”儿童节进行儿童健康检查，开展种牛痘、卡介苗、驱蛔等防治工作。

1979年，丽水部分县对1—18个月的婴幼儿进行佝偻病调查治疗。丽水县调查528人，发现患者100人，发病率18.9%。

1985年，丽水地区有乡卫生院141个，开设儿童保健门诊，对0—3岁儿童进行系统管理，围产儿死亡率24.78%，1990年，0—3岁儿童119192人，系统管理29447人，系统管理率24.72%，围产儿死亡率20.72%。

2003年，丽水市7岁以下儿童154753人，保健管理人数131462人，管理率84.95%。3岁以下儿童系统管理率79.4%。4个月内母乳喂养率92.88%。5岁以下儿童死亡311人，死亡率15.14‰。婴儿死亡246人，死亡率7.79‰。出生低体重新生儿466例，低体重新生儿发生率2%。5岁以下儿童营养不良患病率2.56%。城镇托幼机构卫生保健合格率78.3%，儿童贫血检出率16.74%，佝偻病检出率1.11%，儿童口腔保健率7.97%，眼保健率6.64%，听力保健率8.63%。

2007年，丽水市7岁以下儿童保健管理率91.83%，3岁以下儿童系统管理率91.52%。5岁以下儿童中重度营养不良患病率1.52%，低体重出生发生率2.67%。新生儿听力筛查率65.72%，听力异常7人。新生儿疾病筛查率95.77%，确诊先天性甲状腺功能低下患者17例。丽水市托幼机构855所，年度卫生保健检查911所，合格率97.22%。

2010年，丽水市7岁以下儿童保健管理率93.24%，3岁以下儿童系统管理率94.1%，检查出体弱儿1325人，管理1323人，管理结案1042人。五岁以下儿童中重度营养不良患病率1.1%，低体重出生发生率2.78%。新生儿遗传代谢病(两病)筛查23229例，筛查率100.4%，其中莲都区、龙泉市、青田县、云和县、缙云县、遂昌县的筛查率100%，确诊“甲低”15例。丽水市新生儿听力筛查率

① 妇女宫颈癌前病变Ⅰ期

82.44%，确诊听力异常 7 例。丽水市托幼机构 746 所，年度卫生保健检查合格 558 所，合格率 95.22%，在丽水市逐步推广托幼机构卫生保健等级量化管理模式。

2001—2008 年丽水市区幼儿死因顺位一览

表 37-3-3-1

年份	一	二	三	四	五
2001	出生窒息	溺水	其他先天异常	早产	先心
2002	早产	先心	出生窒息	其他肿瘤	其他先天异常
2003	出生窒息	溺水	交通意外	其他神经系统疾病	先心
2004	早产	先心	肺炎	出生窒息	其他先天异常
2005	先心	早产	交通意外	出生窒息	其他先天异常
2006	先心	肺炎	意外窒息	出生窒息	早产
2007	先心	意外窒息	其他先天异常	早产	出生窒息
2008	先心	其他先天异常	意外窒息	溺水	早产/败血症

第四节　保健机构

市级机构

1980 年 1 月 26 日，丽水地区妇幼保健所成立。所址在行署大院内，办公用房 12 平方米，工作人员 2 人。1982 年 12 月 18 日，妇保科、计划生育技术指导科、儿保科、行政后勤科、检验室、药剂室设立，职工 10 人。1983 年 2 月，在灯塔街 240 号新建门诊办公综合用房一座，面积 671 平方米，并开展婚姻保健试点工作，当年门诊人次数达 10124 人次，业务收入 6000 多元。1986 年，人员编制增至 12 名，在职人数 15 人，新增宣教科。2000 年 7 月 20 日，丽水地区妇幼保健所更名丽水市妇幼保健院。同年 10 月，莲都区妇幼保健所并入丽水市妇幼保健院，莲都区妇幼保健职能由丽水市妇幼保健院承担。2003 年 1 月，丽水市妇幼保健院设置院办公室、保健部、医教科、院感科（护理部）、总务科、财务科等职能科室。2003 年 12 月 9 日，丽水市妇幼保健院与浙江大学医学院附属妇产科医院结为帮扶对子，成为浙江大学医学院附属妇产科医院的协作医院。2004 年 2 月，丽水市妇幼保健院成立新生儿监护中心，设病床 10 张，实行免陪服务。2005 年 12 月，保健院顺利通过浙江省二级乙等妇幼保健院评审。2007 年 4 月，增设预防保健科。

2008 年，丽水市妇幼保健院职工 197 人，其中高级职称 24 人，中级职称 50 人，卫生技术人员占 83.2%。核定床位 60 张，其中妇产科床位 50 张，新生儿监护中心（儿科）病床 10 张，全院分行政后勤、保健、临床、社区卫生服务中心等部门，行政后勤设院部办公室、医教科、保健部、护理部、院感科、财务科、总务科、预防保健科等职能科室。院内拥有 GE730 三维彩超、全自动生化分析仪、全自动血细胞分析仪、荧光早期肿瘤诊断仪、麻醉机、纽邦呼吸机、多功能监护仪、宫颈疾病治疗仪等医疗保健设备 500 多件，各项医疗保健设备齐全，形成一整套严格规范的管理体系。

2010年，丽水市妇幼保健院建立完善重度高危妊娠临床与保健、流动人口妇幼保健信息交换制度，密切保健与临床联管，提高高危联管质量。

县级机构

民国时期，丽水个别城镇有产科诊所，但设备简陋。各医疗单位有助产士15人。

1953年，丽水各县妇幼保健站(所)建立。1960年6月，丽水县丽云人民公社母子康乐园被国务院命名为全国先进集体。1980年，各县(市)妇幼保健站(所)有干部职工136人，其中卫生技术人员115人。病床17张。2008年，有县级妇幼保健机构8家，职工190人，病床30张。

2010年，丽水市有县级妇幼保健机构9家，职工254人，病床50张。

第四章 公共卫生

20世纪50年代开始，丽水开展爱国卫生运动和"除四害"运动，整治城乡环境卫生。1963年，丽水专区爱国卫生运动委员会成立。20世纪70年代末，在丽水农村地区开展改水改厕，农民饮用水安全逐渐得到保障。21世纪以来，丽水加强食品卫生、公共场所、医疗卫生、职业卫生、学校卫生等公共卫生的监督。2001年，丽水市卫生监督所成立。2002年，丽水市结合创建全省卫生城市，开展公共卫生领域的专项整治。2003年，丽水抗击"非典"卫生执法行动开展，督促餐饮单位落实预防有关措施。2006年，农村公共卫生工作实施意见制定。结合社会主义新农村建设和"千村整治，百村示范"工程，开展农村环境整治。2007年，《丽水市卫生乡标准(试行)》《丽水卫生村标准(试行)》制定，将农村公共卫生三大类12项纳入考核体系，开展卫生乡村创建活动。组织农村健康体检，顺利完成第一轮农民健康体检工作。建立丽水城区社区卫生服务体系，组织责任医生到居民家中开展健康档案建立及慢性病随访。2010年，丽水市参加新型农村合作医疗186.6万人，参合率93.41%，全年新农全筹资水平由2009年的每人140元提升到每人190元，增幅36%。

第一节 基层卫生

农村公共卫生

2006年，丽水市9个县(市、区)政府均制定农村公共卫生工作实施意见，行政村3480个配备公共卫生信息员3541人，县、乡、村三级管理网络基本建成。丽水市落实农村公共卫生专项经费1680

万元，实行定员定额和项目管理相结合的办法，制定农村公共卫生服务项目评估考核和经费分配方案。2007年，健全农村公共卫生领导制度和网络，规范相关制度。丽水市所有社区卫生服务机构配备责任医生，落实城乡社区责任医生1953人，其中农村1718人。城乡社区责任医生比2006年增加310人。统一丽水市农村公共卫生服务项目规范文本。全面建立农村公共卫生服务项目责任指导员制度。继续开展农村公共卫生服务项目工作，定期开展工作检查和考核。丽水市农村公共卫生服务项目达标率92%。丽水市建立农民家庭档案51.7万份、个人健康档案164.5万份，建档率85.4%、84.1%。建立农民健康学校274所、固定健康宣传栏3598个，60岁以上老人健康管理89.3万人次，随访管理高血压、糖尿病等慢性病39.8万人次，群众满意率85%以上。2008—2010年，丽水市农村公共卫生服务项目平均综合达标率稳定在92%以上。

农村改水改厕

2002年，丽水市建有农村自来水站（点）6229个，受益群众168.62万人，占农村总人口的80.78%。新改造卫生厕所6.5万户，丽水市卫生厕所33.48万户，占农村总户数的54%，比上年提高10.5个百分点。2005年，丽水市进行农村安全饮用水和卫生厕所建设，新增饮用自来水1.8万人，农村自来水普及率85.49%，改水受益人口200.67万人，占丽水市总人口的96.11%。新增卫生厕所2.38万户，使用卫生厕所43.57万户，卫生厕所普及率70.2%。2006年，结合社会主义新农村建设和“千村整治，百村示范”工程，开展农村环境整治，农村改水新增受益人口5.59万人，总受益人口187.31万人，改水普及率94.68%。新增卫生厕所3.14万户，普及率79.52%。2007年，新开工建设改水工程214处，解决农村人口12.55万人的饮用水卫生问题，占丽水市农村总人口6.37%，其中自来水受益人口73.84%。以示范村、整洁村为龙头，开展以清除露天粪缸（池）和简易棚厕、修建卫生厕所为重点的环境整治工作，取得明显成效。2008年，丽水市安排农村饮用水安全项目64项，受益农民69.7万人。

2010年，丽水市实施农村安全饮用水工程22个，受益村275个，解决和改善17.39万农民饮水问题。结合村庄整治，新增开展污水治理农户33.36万户，新增卫生改厕农户3.1万户，新增公厕407座，消除露天粪坑（缸）1.28万个。丽水市自来水普及率91.56%，粪便无害化处理率50.42%，分别比2009年提高3.8个百分点和2个百分点。

农民健康体检

2006年，丽水市开展农民健康体检单位162家，其中乡镇卫生院131家、城市社区卫生服务机构11家、县级医疗机构16家、其他4家。体检项目包括物理体检、三大常规、B超（肝、胆）、心电图等，对胸透项目，大部分相应选择血型、血糖、谷丙转氨酶、表面抗原等项目替代。丽水市体检106.96万人，全部建立农民健康档案，其中成年人80.6万人，体检率72.94%，检出病人14.33万人，占13.4%，检出高血压病人7.59万人。2007年，顺利完成第一轮农民健康体检。2006—2007年，体检136.58万人，占2007年参合人数的77.84%，检出病人17.6万人，疾病检出率13%，其中高血压9.8万人、糖尿病0.6万人，全部建立健康档案，定期上门随访。2007年，各县（市、区）投入958万元，加强乡镇卫生院设施建设，B超、心电图仪、血球数仪、尿液分析仪、半自动生化分析仪配置率51%，比2006年增加18.4个百分点。2008年，丽水市参加合作医疗农民体检82.55万人，体检率44.64%，查出病人 154996 人，其中高血压 49886 人、糖尿病 5697 人、胆囊炎 21311 人。

2010 年，丽水市开展第三轮农民免费健康体检工作。丽水市第三轮农民健康体检 737868 人，体检率 39.5%，查出病人 192985 人，其中高血压 60950 人、糖尿病 10531 人、胆囊炎 23450 人、乙肝表面抗原阳性 5672 人等。

城乡社区卫生服务

2003 年，丽水市建立社区卫生服务中心 55 个，比 2002 年增加 10 个。建立社区卫生服务站 165 个，比 2002 年增加 33 个。建立农民健康档案 36.8 万份，占丽水市农业人口 17.5%，比 2002 年提高 5.3 个百分点。2007 年，建立丽水城区社区卫生服务体系。在紫金、万象、白云、岩泉和水阁街道各设立社区卫生服务中心 1 家，下设服务站 7 个。各社区卫生服务机构组织责任医生团队深入社区，进入居民家中开展健康档案建立及慢性病随访等工作，进社区开展公共卫生服务有责任医生团队 57 支、责任医生 135 人，建立家庭健康档案 17319 份，建档率 30.6%，个人健康档案 44632 份，建档率 32.3%，流动人口建档 10242 人，建档率 9.8%。掌握患慢性病居民 4292 人，刊出宣传专栏、黑板报 82 期，发放宣传资料 5 万多份。丽水市 9 家社区卫生服务中心积极创建省级规范化社区卫生服务中心，并通过省级考核验收。2008 年，丽水市设置服务中心 134 家、服务站 191 家。落实城乡社区责任医生 1953 人，其中农村 1718 人。城乡社区责任医生比 2007 年增加 310 人。2010 年，丽水市新建（改扩建）村卫生室（社区卫生服务站）295 个，并通过设立巡回医疗点形式，实现基层医疗卫生服务全覆盖。

2010 年，莲都区机构编制委员会设立岩泉街道社区卫生服务中心等城区医疗机构 4 家为区卫生局下属股级准公益类事业单位，核定编制数 223 名。

2010 年丽水城区社区卫生服务机构人员一览

表 37-4-1-1　　单位：人

单位	学历			职称				人员编制		
	中专及以下	大专	本科及以上	无职称	初级	中级	高级	正式	临时	其他
白云社区卫生服务中心	8	18	1	1	15	9	2	7	18	2
灯塔社区卫生服务站	7	1	1	0	7	2	0	0	9	0
三岩寺社区卫生服务站	9	2	0	2	7	2	0	0	11	0
万象社区卫生服务中心	8	11	5	3	16	4	1	6	17	1
左渠门凤凰社区卫生服务站站	11	9	0	5	9	5	1	0	20	0
大水门厦河门社区卫生服务站	5	6	0	9	1	1	0	0	11	0
紫金社区卫生服务中心	5	12	15	2	14	9	7	23	8	1
银苑万丰社区卫生服务站	22	5	1	12	12	2	2	0	28	0
东升社区卫生服务站	5	5	0	0	10	0	0	7	3	0
岩泉社区卫生服务中心	6	8	2	5	9	2	0	6	10	0

续表 37-4-1-1

单　位	学　历			职　称				人员编制		
	中专及以下	大专	本科及以上	无职称	初级	中级	高级	正式	临时	其他
丽阳社区卫生服务站	8	2	0	0	10	0	0	6	4	0
合计	94	79	25	39	110	36	13	55	139	4
构成比(%)	47.50	39.90	12.60	19.70	55.60	18.20	6.60	27.80	70.20	2.00

2010 年丽水城区社区卫生服务中心设备一览

表 37-4-1-2

设备名称		白云	万象	紫金	岩泉	配置率(%)
诊疗设备	观片灯	有	有	有	无	75
	体重身高计	有	有	有	有	100
	治疗推车	有	有	有	有	100
	供氧设备	有	有	有	有	100
	电动吸引器	有	有	有	有	100
	手推式抢救车	有	有	有	无	75
	抢救设备	有	有	无	有	75
	妇科检查床	有	有	有	有	100
辅助检查设备	X 光机	有	无	无	有	50
	B 超	有	有	有	有	100
	心电图	有	有	无	有	75
	血球计数仪	有	有	无	无	50
	尿液分析仪	有	有	有	无	75
	半自动生化分析仪	无	无	无	无	0
	显微镜	有	有	有	有	100
	离心机	有	有	无	有	75
	血糖仪	无	有	无	有	540
	电冰箱	有	有	有	有	100
	恒温箱	有	无	无	无	25
	药品柜	有	有	有	有	100
	中药饮片调剂设备	无	无	无	有	25
	高压蒸气消毒器	无	有	无	无	25
预防保健	体重身高(长)计	无	有	有	有	75
	听力测量工具	无	有	无	无	25
	视力测量工具	有	有	有	无	75
	电冰箱	有	有	有	有	100

续表 37-4-1-2

设备名称		白云	万象	紫金	岩泉	配置率(%)
预防保健	紫外线灯	有	有	有	有	100
	康复、理疗设备	有	有	无	有	75
健康教育及其他	影像设备	无	无	无	无	0
	电脑	有	有	有	有	100
	打印机	有	有	有	有	100

第二节　环境卫生

爱国卫生运动

1950年春，丽水各县清洁卫生运动委员会或防疫卫生委员会建立。1953年，更名爱国卫生运动委员会。1958年，开展“除四害”①运动。同年7月，庆元县被评为全国“四无”县。此后，爱国卫生运动会一般冬春季以灭鼠灭蚤为主，夏秋季以预防肠道传染病为主。农村结合积肥，进行清扫，改良畜栏及粪便管理。每年元旦、春节、“五一”、国庆等节日，开始室内外突击清扫活动。1963年，丽水专区爱国卫生运动委员会成立，爱国卫生公约制定，门前“三包”② 和检查评比制度建立，在遂昌、云和、缙云县部分乡村进行粪管水改试点，修建厕所、贮粪发酵池和简易自来水。20世纪70年代，全面开展“两管五改”③。1979年后，发动群众自筹资金，继续农村改水。至1990年，兴建农村简易自来水厂(站)3560座，受益人口122.54万人，占农业人口57.28%，加上其他形式改水，农民饮用水卫生条件得到改善，受益人口193万人，占农业人口90.18%。

2007年，丽水市以爱国卫生月活动为载体，确立活动主题，设计多种活动，进行环境卫生整治。丽水市区开展“洁净丽水创和谐”活动，动员市、区各部门，街道办事处，驻城单位，驻丽部队和广大市民群众积极参与，集中时间、集中力量整治市区环境卫生，以“三清”④为主要内容进行环境卫生整治。缙云县组织开展以“全民动员、人人参与”为主题的城乡环境大清理活动，整治重点放在县城出入口、城乡居民生活区、城乡农贸市场等，清理垃圾140万千克。青田县开展以“清理整治卫生环境，完善卫生设施建设，消除鼠患孳生地，加大健康宣传教育”为主题的爱国卫生运动，清理卫生死角330多处，清扫垃圾30万千克，新建垃圾箱580个，发放卫生宣传资料1万多份。庆元组织开展大规模集中整治环境卫生活动2次，清理卫生死角30多处，清运垃圾4万千克，疏通水沟和河道6800多米，新增绿地2000多平方米。龙泉市建立“一把扫帚扫到底”的长效环境卫生保洁机制，实行“数字城管”，实施“小巷工程”，全面整治“两违”⑤，城市卫生面貌发生较大变化。对瓯

① 除四害：即除老鼠、苍蝇、蚊子、麻雀，后麻雀改为臭虫。

② 三包：即包卫生、包绿化、包秩序。

③ 两管五改：即管水、管粪，改造水井、厕所、畜栏、炉灶及改善环境。

④ 三清：即清除社区垃圾、清除河道垃圾、清除城市“牛皮癣”。

⑤ 两违：违法用地和违法建设行为。

江干流市本级段沿线村庄环境进行整治。开展“五整治一建立”[①] 活动，使沿线各村达到环境卫生整治目标，无暴露垃圾，无露天粪坑，村村设置布局合理的环卫设施；主干道两侧、房前屋后无乱堆乱放、乱搭乱建，池塘河道无淤积、漂浮物和暴露垃圾；畜禽养殖污染得到有效治理；村村建有环卫保洁队伍，落实长效管理制度，村容村貌有明显变化，64 个沿江村庄环境卫生有极大提高。2008 年，丽水市有单位 189 个被命名为浙江省卫生先进单位，村 30 个被命名为浙江省卫生村，被评为全国爱国卫生先进工作者 1 人，单位 6 个被评为浙江省爱国卫生先进单位，被评为浙江省爱国卫生先进工作者 39 人。

2010 年，缙云县省级卫生县城通过复查，龙泉市宝溪乡、塔石乡申报省级卫生乡，缙云县检察院等单位 19 个获省卫生先进单位，庆元县举水乡月山村等村 27 个被命名为省卫生村，莲都区大港头镇小山村通过复查，继续保持省卫生村荣誉，丽水市农办等单位 6 个获省爱国卫生先进集体。获省爱国卫生工作先进者 10 人，评出丽水市卫生先进单位 17 个，卫生村 44 个。

城乡除四害

2006 年 5—6 月，在丽水市区开展灭鼠巩固工作，投放 0.005%溴鼠灵毒饵 13000 千克、蜡块 250 千克，粘鼠胶 1200 张。同年 7 月 4—5 日，对灭鼠效果组织考核，经鼠密度检测，总阳性率 1%，有效地巩固“灭鼠先进城区”成果。每月开展蚊子、苍蝇、蟑螂和鼠密度动态监测，绘制季节消长曲线，为除“四害”工作提供科学依据。开展“毒鼠强”回头看工作督查。2007 年，丽水市 8 个县(市)先后通过市级“灭鼠先进城区”考核，丽水市本级(莲都区)为省级“灭鼠先进城区”。各地坚持春秋两季开展城乡统一灭鼠活动，巩固灭鼠成果。市本级通过省爱卫会组织的灭蟑 5 年[②]复查确认。

2010 年，丽水市根据四害密度监测情况，针对性地开展外环境消杀活动。市本级顺利通过省爱卫会组织的“灭鼠先进城区”复查。缙云、庆元、云和、青田县通过市爱卫会组织的“灭蟑先进城区”复查。

健康教育

2002 年，丽水市区社区 22 个及学校、医院、企业、窗口单位和新闻媒体等单位 100 多个建立健康教育组织，开展形式多样的健康教育活动，进行卫生知识宣传。2002 年，全年发放各类健康教育资料 13 种 15 万份，其中《丽水市健康教育读本》6 万本，《艾滋病防治基本知识》3 万册，《丽水市健康教育手册》6000 册。2007 年，组织开展健康教育进社区活动。组织专项督查组队对各地创建工作开展督查指导。庆元县松源镇、景宁畲族自治县东坑镇、莲都区碧湖镇平原办事处、青田县山口镇、松阳县赤寿乡、云和县云和镇、缙云县石笕乡、遂昌县三仁乡、龙泉市龙渊街道 9 个乡镇(街道)通过省卫生厅组织的“全国亿万农民健康促进行动暨浙江省农村公共卫生项目健康教育示范乡(镇)”复核命名。“加强农村健康教育，推进农村公共卫生”经验在全省爱国卫生暨卫生强市强县建设工作会议上作书面交流。继续推进健康促进学校项目，举办推进健康促进学校项目培训会。开展主题宣传咨询活动，在“3•24”结核病日、“4•7”世界卫生日、“4•25”计划免疫日、“5•15”碘缺乏病日、“5•31”无烟日等相关卫生宣传活动日，各地都组织卫生医疗单位及相关部门设立宣传咨

① 五整治一建立：整治垃圾、整治厕所、整治畜禽养殖污染、整治河沟池塘、整治违法占地、违章建筑和建立环卫保洁长效运行机制。

② 灭蟑 5 年：1997 年创建，2002 年首轮复查确认。

询点，向市民开展健康教育。2008 年，丽水市建成健康教育示范点 53 个，省级“亿万农民健康促进行动”示范乡(镇)3 个。城区社区 22 个、村 27 个设有卫生宣传栏，每个社区卫生服务中心建立市民健康教育学校。

2010 年，丽水市组织开展健康教育讲座、讲课，受众 86920 人次。组建市直及城区健康促进与教育网络，76 个单位(系统)170 人被聘为健康教育员。以卫生日为主题，开展丰富多彩的主题健康教育活动。制定下发《健康教育与健康促进工作实施意见》《丽水市创建国家卫生城市健康教育教育网络建设实施意见》《丽水市莲都区公民健康素养监测方案》等规范文件和工作方案，完善健康教育网络，开展丰富多彩的主题健康教育。丽水市申报健康教育学校 22 所，通过评审 18 所。

卫生乡、村创建活动

2007 年，丽水市制定《丽水市卫生乡标准(试行)》《丽水卫生村标准(试行)》，将农村公共卫生三大类 12 项纳入考核体系。在丽水市开展“丽水市卫生乡”“丽水市卫生村”创建活动。龙泉市石达石乡、云和县安溪畲族乡通过市级卫生乡考核验收。龙泉市下樟村、茶坦村，景宁畲族自治县大漈村、深垟村、伏叶村、大均村、周湖村、三枝树村，松阳县丁山头村，云和县岩下村，庆元县菊水村、洋边村，缙云县岭口村，莲都区西溪村、小安村、下陆村，青田县陈宅村、冯垟村等村 18 个通过市级卫生村考核验收。

第三节 卫生监督

监督机构

2001 年 8 月，根据《关于丽水市级卫生监督体制与预防保健体制改革实施方案的批复》文件精神，丽水市卫生监督所设立，隶属市卫生局，人员编制 37 名，领导职数 3 个，内设办公室、健康相关产品监督科、环境卫生监督科、医疗卫生监督科、培训办证科和稽查科。2002 年 4 月，丽水市卫生监督所单位性质转为参照公务员管理。2009 年，核定编制 42 名，设本所一个，开发区分所一个(编制 4 名)，实有人员 53 人，其中参照公务员管理 32 人，工人编制 9 名，临时工(卫生监督协管员)12 人，内设办公室、监督一科、二科、三科、四科、办证科、法制稽查科，承担市本级卫生监督执法任务和丽水市 9 个县(市、区)执法指导工作。

2010 年，丽水市立案查处 557 件，办结 510 件，处罚金额 89.7 万元。丽水市接受社会各类投诉、举报、咨询 305 起，出动执法人员 2800 多人次，监督检查重大社会活动 107 起，完成各项重大活动的卫生保障工作。

环境卫生监测

水质监测　1972—1979 年，瓯江水质开始受监测，1972 年合格率 99.81%，1974 年合格率 99.72%，1975 年合格率 98%，1977 年合格率 97.43%，1978 年合格率 98.34%，1979 年合格率 97.68%。测定主要污染物有氨、氮、氰化物、铅、锌、铬酚、镉等。1983 年 5 月，选择丽水、缙云、云和县不同类型水源48座6种的自来水采样检测，泉水的水质较好，合格率98.1%；地面水较差，其中溪水和山坑水合格率分别为66.67%和78.16%。1984年起，每年检查建制镇水厂14个的水质1次，并逐步实行"定时、定点、定项"监测。至1990年，确定采样点62个，监测水样1416份，获得数据3192个。有城镇水厂9座的水浊度、余氯、细菌总数、大肠杆菌指标平均合格率98.3%，其余建制镇水厂合格率83.6%。

"三废"监测　1972年开始，遂昌金矿金属废水污染环境情况受长期动态监测，厂方投资127万元修建污水治理工程，污水处理260000千克/小时，改变环境生态状况。1973年和1978年，监测厂矿企业32个的废水排放污染指标11项。1979—1987年，先后调查丽水五金厂烟尘浓度、青田钼矿废水污染水源和遂昌城镇粪便、垃圾管理等情况，并对无污水处理设施的县级以上医院7所，继续进行污水卫生学调查监测。1990年，对全民、集体和乡镇企业厂矿843个进行生产环境有害物质浓度测定，粉尘合格率占68.6%，化学因素合格率占77.6%，物理因素合格率占54.5%。

食品卫生监督

1949年，中华人民共和国成立初，主要在机关、企事业单位食堂和炊事员中开展食品卫生工作。1965年，国务院转发《食品卫生管理试行条例》后，重点在饮食行业开展食品卫生工作。1979年，《中华人民共和国食品卫生管理条例》颁布后，检测酒厂20家生产的酒类，检测样品55份，其中蒸馏酒合格率62.9%，发酵酒合格率75%。1980—1981年，主要检测食品中黄曲霉毒素B1含量，检测样品583份，达标568份，超标15份。1981年9—11月，测定肉、蛋、稻谷、蔬菜有机氯农药残留量，检测样品603份，达标545份，达标率90.38%。有机氯残留量平均值蛋类最高，肉、蔬菜、稻谷其次。1985年，有食品卫生监督员61人，食品卫生检查员323人。食品生产单位建立化验室62个，配备化验员94人。1983—1988年，检测各类食品22302份，行政处罚严重违反食品卫生法的食品生产单位，销毁各种变质食品166300千克，罚款8.93万元。1985—1990年，发生食物中毒53起，计776人，其中30人以上集体中毒5起，死亡4人。1990年，检测各类食品3470份，合格率77.29%。警告限期改进169户（次），责令追回产品24户（次），责令停业改进34户（次），法院强制执行10户（次），收回变质食品21390千克，罚款3.23万元。当年新发放食品卫生许可证2697户。

2002年，丽水市结合创建省级卫生城市，全面开展卫生许可专项整治和食品卫生监督专项检查，并顺利通过省级卫生城市验收。2003年，抗击"非典"卫生执法行动开展，丽水市政府督促餐饮单位落实预防"非典"有关措施。同时为优化卫生监管模式，推行食品卫生监督量化分级管理。2004年，丽水市开展围剿劣质奶粉，非法添加色素，白糖茶叶，散装食品卫生管理，凉菜间卫生及加药保健酒执法检查等一系列专项整治行动。2005年，丽水市开展食品卫生安全专项整治，推行乡村土厨师体检培训，建立农村家庭集体聚餐申报备案制。2005年9月28日，"丽水市餐饮协会"挂牌成立。2006年，食品卫生许可专项整治工作开展，全年新办食品卫生许可证1124家，换发食品卫生许可证584家。在市本级建立餐饮食品安全预警机制，确立城区餐饮单位12家为预防食物中毒监督监测网点，实施跟踪监督监测工作。2007年，丽水市食品卫生监督量化分级管理实施率100%，同时对开展量化分级管理的餐饮单位建立分户档案。进一步完善预警网点的监测机制，扩大监测网点，同时增加监测项目。2007年6月，《丽水市"农家"卫生许可条件（试行）》出台并在全市实施。同年8月下旬，丽水政府开始在餐饮消费领域开展"十万餐饮，百日整治"，建立社区卫生监督协管网络，在餐饮业推行“五常法”[1]试点管理工作，市区有餐饮单位25家实施“五常法”管理。2008年，建立以“条块结合、分工清晰、职责明确、服务优化”的工作机制，将丽水城区卫生监督工作划分为片区5个，形成1个领导、1个科室负责1个区域的综合执法格局。

2008年，丽水市区有食品生产经营单位3308家，其中批发零售业1920家，饮食服务1235家，自制零售118家，生产加工业35家。2009年6月1日《中华人民共和国食品安全法》实施后，卫生部门只承担餐饮业的卫生监管，市区有餐饮单位1017家，其中餐馆268家，小吃和快餐店555家，学校、企业及工地食堂194家。

2010年，丽水市出动执法人员14500多人次，检查各类餐饮服务单位15100多户次，建立食品卫生信息公示制度1634家。丽水市持1年以上有效餐饮服务许可证单位3672家，全部实施量化分级管理，其中A级单位62家，B级单位96家，C级单位3514家，实施和正在实施“五常法”管理餐饮单位102家，体检和培训乡村厨师2455人，指导农村集体聚餐的食品卫生3804次。丽水市纳入整规的小餐饮单位4046家，达到小餐饮整治基本要求的单位4012家，小餐饮整规合格率99.16%。丽水市出动执法人员9897人次，检查各类小餐饮单位13782多户次，培训小餐饮经营人员13753多人次，开展宣传报道168次，发放宣传资料8264份，取缔无证小餐饮84户次，立案查处严重违反食品安全法律法规的小餐饮单位76家，处罚没款18.36万元。监督抽检餐饮业高风险食品和原辅料8个大类、21个品种及餐饮具，抽检样品2353份，合格2097份，合格率89.12%，其中原辅料和高风险自制食品抽检600份，合格523份，合格率87.16%；餐饮具抽检1753份，合格1574份，合格率89.12%。

公共场所卫生监督

1985年，对丽水汽车客运站候车室空气环境进行卫生学调查。1986年，对电影院10家的观众厅进行卫生学调查，对城乡旅馆、理发、剧院、浴室等994家进行卫生基本情况调查，提出改进措施。1988年，对公共场所7大类、21种行业，全面开展卫生管理工作。1990年，丽水地区建制镇有公共场所2394处，卫生合格发证率94.9%，从业人员8092人，健康检查率97.32%，公共场所监督率100%，监测率23.1%。

2007年起，丽水市改进传统监督模式，在集中式供水单位、住宿场所、游泳场所中逐步推行卫生监督量化分级管理和信息公示。至同年底，有集中式供水单位12家、住宿场所219家、游泳场所2家开展卫生监督量化分级管理。2008年，丽水市卫生监督所对市区范围内小餐饮店、小浴室、小美容美发厅、小歌舞厅、小旅馆、小网吧等“六小”行业4000多家的卫生状况，进行分片区、分阶段实施专项整治。通过创卫办联合工商、文化、环保、城管、公安、经贸等执法单位，对市区“六小”行业进行集中整治，在城区建立规范街8条。

2010年，丽水市住宿场所量化开展率94.4%，游泳场所量化开展率100%。丽水市出动监督员4400多人次，检查各类公共场所5200多户次，责令改正1551户次，查处违法案件130起，处罚金额8.81万元；监测各类公共场所337家，合格率86.35%；监测空气、公共用品用具2135份，合格率83.41%。

---

① “五常法”：即常清洁、常规范、常自律、常整顿、常清洁。

医疗卫生监督

1995年，丽水地区卫生行政部门组织药品生产企业7家、药品批发企业15家、药品零售企业108家和医院抽剂室15家换发药品许可证。1999年，丽水地区开展医疗机构依法执业检查，发现擅自扩大诊疗科目60家，擅自变更执业地点40家，聘用非卫生技术人员48家。核发《医疗机构执业许可证》1728家，打击游医169起，取缔无证行医257家。

2000年，丽水市开展一次性医疗器械专项整治活动，增强各经营和使用单位依法管理和使用一次性医疗器械的意识，保证医疗安全。2003年，开展《中华人民共和国传染病防治法》执法检查，检查医疗卫生机构38家，立案查处一次性医疗器械使用后未进行无害化处理的医疗机构8家。2005年，联合公安、工商、药监、计生、宣传和监察等部门，加大打击非法行医的监督执法力度，采取疏堵结合，建立医疗机构量化管理等长效的管理机制。丽水市取缔"黑诊所"、游医、假医等437家(起)，查处医疗机构386家聘用非卫生技术人员行医531人，医师护士未经注册上岗359人，医疗卫生机构出租、承包科室2家，非法从事性病诊疗活动12家，医托165起，医疗机构弄虚作假、夸大治疗效果的各类医疗广告23起等。依法取缔412起，立案处罚236起，没收药品、诊疗器械价值127万多元，罚款114.5万多元。2008年12月底，丽水市有医疗、预防、保健等机构1815个，其中医院28家，妇幼保健院9家，社区卫生服务机构62家，乡镇卫生院260家，门诊部42家，个体诊所304家，村卫生室(所)944家，其他医疗机构166家。其中属于中小医疗机构的1644家。至2009年，实行量化分级管理的989家，占60.2%。2007年，丽水市区率先实施量化分级管理，走在全省量化分级管理的前列。

2010年，丽水市检查医疗机构3377户次，监督覆盖率100%。各市、县(市、区)卫生局、公安局均联合挂牌成立公安局驻卫生局打击非法行医联络室，丽水市查处无证行医43起，取缔41起，移送公安机关刑事追究1起。使用无证行医"黑名单"录入程序，实现执法信息共享。全面检查医疗机构的发热门诊或收治发热病人情况、医疗机构法人门诊规范运转情况、消毒措施的落实、个人防护、医疗废弃物的处置和消毒剂使用等情况。组织县级卫生监督员中的医院感染监督业务骨干，分批到市中心医院和市人民医院进修培训，成为全省第一个开展医疗机构消毒管理进修培训工作的市。设立信息平台，发放预警信息，让辖区每家医疗机构负责人及时掌控传染病新动向。开展公共场所艾滋病防治监督检查。开展消毒产品违法宣传疗效和添加药物专项整治行动。丽水市出动监督员422人次，全面检查丽水市生产抗(抑)菌剂的消毒产品生产企业6家的生产现场、成品仓库，药品经营企业174家销售的消毒产品797种，查出涉嫌违法宣传药品功能的消毒产品136种。

职业卫生监督

20世纪50年代，景宁县对职工进行职业病调查，以外伤、触电等事故多发，气管炎、矽肺病为多发病。龙泉、庆元县对林业工人和部分陶瓷、搬运工人14000多人进行职业病普查，发现林业工人以肺气肿多发。20世纪60年代，劳动卫生以通风防尘、夏季降温防暑为主。20世纪70年代，广泛开展劳动卫生监测，加强矽肺和职业中毒防治工作。1973年，丽水县农药厂工人体检，有机磷中毒人数占30%。1980—1986年，遂昌永新化工厂各生产工序检测空气样品219份，合格80份，合格率36.53%，简易厂房改进生产工艺后，合格率提高到90.28%。1981年起，专题调查和防治养路工矽肺，羽毛、木尘职业危害，司炉工尘肺，水泥、蜡石粉尘危害等职业病。1986年，调查矿点400多个，尘肺病因16种，粉尘危害接触约4万多人。1988年，省卫生厅在青田县进行为时一个月的尘肺流行病学调查试点。同年6—12月，各县尘肺调查企业233个，接触粉尘的14153人，核实尘肺患者665例，尘肺发病率46.99‰，其中一期293例，二期235例，三期46例，IT（一期尘肺并发肺结核）47例，ⅡT（二期尘肺并发肺结核）32例，ⅢT（三期尘肺并发肺结核）12例，死亡93例。同时，检查工人接触苯、铅农药的情况，提出改进作业工艺的建议，加强职业中毒防治工作。

至2008年，丽水市职业卫生健康体检机构5家，职业病诊断机构1家。职业病鉴定机构1家，职业病危害检测评价机构1家。丽水市职业卫生专职监督员2人，兼职19人，快速检测仪8台。丽水市存在职业危害企业587家。主要职业危害因素为粉尘、苯、二甲苯、硫化氢、铬、铅、汞、硫酸、汽油、高温、噪音等，其中以粉尘、苯、二甲苯、硫化氢、汞为主，存在粉尘类职业危害因素的企业190家，有机溶剂19家，其他379家。丽水市有企业300家建立职业卫生管理台账。2009年，重点监督检查用人单位126家，其中机械铸造、水泥、矿石加工行业企业87家，有机溶剂3家，其他行业36家。用人单位126家有职工7914人，接触职业危害因素人数1136人，占用人单位职工总数的14.35%。进行在岗期间健康检查883人，占接害人数的77.73%；建立职业健康监护档案756人，占进行健康检查人数的85.62%。

2010年，丽水市确定职业危害重点治理企业336家，企业完成职业危害网络申报320家，占应治理对象的96%，各地与企业380家签订《职业病危害防治承诺书》或《职业病危害防治责任书》，企业110家对工人进行职业健康检查3561人次，企业50家对工人进行保健型和筛查性健康检查2000多人次，企业79家开展作业场所职业危害因素监测，监测832个点，企业318家建立职业卫生管理台账。对照《浙江省粉尘与高毒物品危害治理对象验收标准》检查重点治理企业299家，基本达标85家。

2006—2009年丽水市职业卫生监督情况一览

表37-4-3-1

年份	企业总数（个）	监管企业数（个）	职业危害申报数（个）	建立职业卫生管理台账企业数（个）	行政处罚（家）	处罚金额（元）
2006	857	330	253	75	1	1000
2007	1131	319	341	151	3	260000
2008	1679	503	448	209	0	0
2009	1940	569	531	300	0	0

2006—2009年丽水有毒有害作业工人健康监护一览

表37-4-3-2

年份	企业总数（个）	应检人数（个）	实检人数（个）	实检率（%）	检出人数（个）	检出率（%）	调离人数（个）	禁忌证人数（个）
2006	494	5206	1355	26	90	6.60	77	23
2007	527	10404	3688	35.40	9	0.24	10	9
2008	665	10085	3525	34.90	30	0.85	30	61
2009	668	11898	4217	35.40	31	0.70	153	166

学校卫生监督

民国29年(1940),丽水县组织学校健康比赛,参赛中学生1583人,小学生3221人。经医师检查,患眼病的中学生48.56%,小学生79.17%,患扁桃腺病的学生30.95%,牙病的中学生23.56%,小学生23.69%,淋巴腺病的小学生33.96%。身高体重符合标准、身体各部无病变仅26人。

1952年,丽水开始培训学校保健教师。1981年3月,对中小学学生进行视力检查,受检23949人,视力低下5226人,近视率21.82%。1986年,受检11284人,视力低下2746人,近视率24.34%。1987年,受检10111人,视力低下3126人,近视率30.92%。对近视学生采取综合防护措施。评价学生营养情况,调查学校24所,学生16110人,其中营养良好10730人,占66.6%;轻度营养不良4186人,占25.99%;中度营养不良726人,占4.51%;重度营养不良56人,占0.35%;明显肥胖60人,占0.37%;超重343人,占2.13%。生长发育评价1—3年级小学生3752人,生长发育低下14人,占0.37%。1986年和1987年,对五年级小学生449人和960人进行寄生虫调查,蛔虫感染率77.28%和70.01%,对蛔虫感染学生进行驱蛔治疗。1987年,对中小学生58557人进行头虱调查,感染率25.54%,对感染头虱学生进行药物治疗。同年,中小学生开设卫生课。1988年,中小学生肝功能检查31657人,表面抗原阳性2820人,阳性率8.91%。发现肝炎病人212例,患病率0.67%,对病人及时隔离治疗。1989—1990年,根据《浙江省学校卫生监督方案》,对一些中小学校进行卫生监督,调查学校的设备、教学、教师、体育等情况。1989年,调查学校41所,其中二类16所,三类25所,课桌合格率16.61%。1990年,调查学校22所,其中二类10所,三类12所,课桌合格率8.4%。1990年,有学校保健教师105人。

2005年,丽水市制定《丽水市学校食品安全管理办法》,推行"两员监督,全程监管"的学校食品安全管理试点工作。2006年,全面开展幼儿园"放心餐工程"专项整治工作,市区的幼儿园食堂实行"分类许可,动态监管,集中整治",幼儿园食堂持证率由原来的41%提高到96.6%。2007年,开展学校食品卫生许可和卫生稽查联动执法检查,并通报联动检查情况。2008年,市卫生监督部门联合教育行政部门开展学校卫生许可专项整治,推进校园卫生健康行动。丽水市学校食堂卫生许可证持证率由2007年的45%(含幼儿园)提高到90.54%,其中,各县(市、区)学校食堂卫生许可证持证率由2007年的45%提高到88.58%。市区有学校、幼儿园食堂128家,其中学校食堂43家,幼儿园食堂85家。在每年的春季、秋季开学之际,丽水市卫生监督部门均对市区所有学校、幼儿园食堂及周边食品生产经营单位开展专项检查,加强餐饮具的监督监测力度。在"双考"前夕,组织开展"保障考生饮食安全"专项行动,与各校签订食品安全责任书,保障考生饮食安全。

2010年,丽水市开展春、秋季学校卫生专项监督检查,全力保障"双考"期间食品、饮用水卫生安全,及时制订《专项检查工作实施方案》,全面检查丽水市学校、幼儿园1305家的食品安全、饮用水安全及传染病防控情况,切实履行监管职责。继续探索学校卫生监管新模式,提升学校卫生综合监管水平,在中小学30家进行学校卫生综合评价试点。

第五章　卫生科教

1949年10月中华人民共和国成立后，丽水医疗卫生单位从防病治病、临床诊治的实际需要出发，积极开展各项医学科研，取得一定成效。20世纪80年代后，随着医学科学的发展，丽水医疗机构先后建立独立的医学科研机构，医学科学研究有长足的进步，在神经外科学、肝胆外科学、血液科学、心血管内科学等学科中形成一定学科优势。加强医学继续教育，2001年10月，丽水市职工中等卫生学校（挂卫生培训中心牌子）成立。积极与高等院校联合办学，开展合作共建，培养医学人才，成为杭州师范学院医学院、浙江大学远程教育、浙江医学院高等专科学校教学点和浙江大学研究生学院培训点。2008年，丽水市卫生培训中心被浙江大学确定为首批15个重点建设学习中心之一。

第一节　医学科研

1952年起，处州医院医师洪伟杰在丽水发现首例恙虫病、肺吸血虫病及热带性嗜酸性细胞增多症。1972年1月，丽水市人民医院开展毛披树根治疗心血管炎，毛披树根合剂治疗老年慢性支气管炎，毛披树根针剂治疗闭塞性脉管炎、中心性视膜炎、冠心病研究工作。1973年，开展胃癌早期诊断及利用田螺菜等中草药防治胃癌的研究。1976年，首次发现丽水流行性出血热。

1982年，杨川、吴琢、张凯跃开展“比目鱼肌移位术治疗小腿慢性溃疡”，获丽水地区科研成果四等奖。1986年，医师李殿菊首次发现丽水血卟啉病。1987年，邹福安、张宝金、张文娟开展“血液透析治疗急性肾功能衰竭”，获丽水地区科技成果三等奖。1987年，邹福安开展“胆总管十二指肠后（孔洞式）吻合术治疗胆道结石”，获丽水地区科技成果三等奖。1988年，王继超、陈伟伟的“肾功能损害者血清肌红蛋白增高的临床意义”，获丽水地区科技成果二等奖。

1991年，雷后兴、戴丽珍、连勤宝、陈永金、殷贵珠开展“婴幼儿产不耐热肠毒素性大肠杆菌肠炎的研究”，获1990年度丽水地区科技进步二等奖。1992年，张诚、叶碎林、金一勤、张学磊、成力伟开展“脑立体定向技术的临床应用和研究”，获丽水地区科技进步三等奖。1994年，协作单位课题负责人方宗桥、吕伟超参加“中国围产儿出生缺陷监测及高危高发出生缺陷的病因学探讨”，获卫生部颁发的二等奖。1994年，邹福安开展“EHIME可控行尿流改道研究”，获浙江省医学科学技术进步三等奖。1995年，方国美研制“一次性输氧湿化装置”，获国家专利（专利号：ZL92208852.7），有效期五年。1997年3月，王如伟、徐向东“抗银霜的制备与临床应用”获浙江省青工“五小”科技竞赛二等奖。1999年，陈军贤、朱安善“幽门螺杆菌与胃癌的分子生物技术研究”，获浙江省卫生厅医学科技二等奖。

2001年8月24日，金晓波、杨越涛、兰金耀、何调华、梅祎军、陈招方、宋健安、彭淑牖的“复杂肝内胆管结石的外科治疗”被浙江省卫生厅评为省医药卫生科技创新三等奖。2002年1月28日，丽水市人民医院完成市首例肝移植手术；10月14日，完成全省首例电视腔镜下宫颈癌根治术；10月26日，成功开展颈动脉狭窄血管腔内支架成形术。2002年9月，周健发现丽水市首例猫抓病。

2003年，丽水市中心医院心血管科《慢性非传染性疾病综合防治丽水社区诊断》《自体角膜缘上皮移植术治疗翼状胬肉的研究》获2003年度丽水市科技进步三等奖。丽水市人民医院《浅表性胃炎与功能性消化不良的关系研究》获丽水市科技进步三等奖。丽水市中医院的《高湖纤恙螨恙虫病临床合并症的研究》获2003年度丽水市科技进步一等奖，《柔肝合剂治疗肝纤维化肝硬化疗效分析》获2003年度丽水市科技进步三等奖。丽水市第二人民医院开展新技术、新项目23项，在省级以上专业杂志发表论文13篇。丽水市妇保院在省级以上专业杂志发表论文13篇。丽水市疾病预防控制中心获浙江省医药科技创新协作单位一等奖，省级“非典”防治工作健康教育资料制作优秀奖。丽水市卫生监督所获全省卫生监督工作成果展板评比三等奖。

2007年，丽水市直单位获省级科研项目11项，卫生部“十一五”攻关协作项目1项。在省级以上发表论文600篇，其中被SCI收录5篇。获省级I类继续医学教育项目5项。承办省级I类继续医学教育项目11项。丽水市在建省级重点学科（含扶持）5个，省级重点中医专科6个，市级医学重点建设学科9个，包括神经外科学、肝胆外科学、血液科学、心血管内科学等学科。建立全国首个“畲族医药开发研究专用数据库”，编写并出版《中国畲族医药学》。畲族医药被浙江省人民政府列为省级非物质文化遗产进行重点保护。2008年，有省级科研立项项目20项，完成医学科技攻关项目1项；协助完成卫生部项目2项。通过各级科技成果鉴定（评审）40多项，获市级以上科技成果奖励16项（次），其中获浙江省医药卫生科技创新奖获3项，备案项目4项，市本级承办省级及以上继续教育项目13项。丽水市在国内外医学专业学术期刊发表论文600多篇。

2010年，科技立项57项，其中省部共建科学研究基金1项、省科技厅公益性技术应用研究计划1项、省自然科学基金项目5项、卫生厅医药卫生科技项目3项、省医药卫生科学研究基金项目5项、省中医科技计划5项、省中医药重点项目项、省医学会科研基金2项、市科技局科技项目38项。获省级以上继续医学教育项目16项。

第二节　医学教育

民国时期，丽水尚无医学教育记载。1949年10月中华人民共和国成立后，丽水开始加强医学教育工作，就地培养丽水的医务人员。1965年7月，浙江省卫生厅副厅长李明德与丽水地委商谈新建学校事项，学校筹建组成立。1965年9月24日，丽水卫校开学，借用丽水师范学校教室、宿舍，开启了丽水全日制医学教育新时代。1966年，受“文化大革命”影响，丽水卫校未能完成招生计划。1966年9月，丽水卫校全面停课。同年10月，丽水卫校开工兴建新校区，由浙江省卫生厅投资，位于丽水地区林场东边庵堂生产队山脚下①。1967年11月，丽水卫校首批新教师进驻，其中浙江医科大学毕

① 2010年，该校址位于白云山森林公园大门东侧100多米处。

业生7人，温州卫校毕业生3人。1968年4月，丽水卫校全体师生到温州卫生学校开始专业课学习，为期3个多月。同年7月月底，丽水卫校首批毕业学生分别到丽水地区和金华地区有关医院实习。1968年11月，丽水卫校新校园竣工。同年12月月底，首届毕业生96人毕业上岗。1969年4月，丽水卫校与丽水林业学校、丽水师范学校撤销停办，丽水地区“中专斗批改学校”成立。

1971年4月，丽水地区革命委员会请示建立丽水地区医院、丽水地区卫生学校，两块牌子，一个班子，定址于丽水城关镇凤凰山，获浙江省卫生厅批复同意。1972年4月14日，丽水卫校西医离职学习中医培训班开学，学员59人。1972年9月，丽水卫校招收医士、护士两专业学生80人，学制2年。同时还招收录用丽水地区医院，丽水地区防疫站，丽水县人民医院，青田县人民医院检验、药剂、放射和护理等专业职工26人，插班学习一个学期。1973年9月，学校招收妇幼和护士两专业学生80人，学制2年。1974年10月，学校招收医士、妇幼医士和护士3个专业学生208人。1975年9月，学校招收医士、妇幼和护士等专业学生109人。1976年9月，学校招收医士、妇幼、护士等专业学生119人。

1978年3月，丽水卫校招录恢复中考后的第一批统招生。1978年9月，丽水卫校招录第二批统招学生179人。1979年1月9日，丽水地委同意设立丽水卫校党总支委员会。1979年1月16日，丽水地委同意丽水卫校分设为丽水地区人民医院和丽水卫生学校。1979年7月16日，丽水地委批准建立丽水卫校党委，学校实行党委领导下的校长负责制。1978年年底，浙江省卫生局统招五年制中医学徒，招录全省范围内部分1978年高考未上线考生、高中毕业生和医院职工，安排到各地医院进行带徒培养。1980年1月，丽水地区卫生局委托丽水卫校举办全民所有制中医学徒培训班，招收学徒20人。

1980年9月，丽水卫校面向全省招录口腔医士专业学生30人。这是继浙江医科大学1976年创办口腔医学专业以来，浙江省第二个创办口腔医学专业的学校，是当时全国有资格招收口腔医士专业学生的10所中等卫校之一。1983年，丽水卫校护理专业、妇幼医士专业实行全省卫校系统毕业统考。其中丽水卫校护士专业统考总平均成绩在全省15所卫校中位列第五。1983年8月开始，丽水卫校招收四年制医士班、口腔医士班和妇幼医士班。1984年9月，丽水卫校招收护士职工班学生43人，学生带薪学习。丽水卫校适当降低录取分数线，招收医士专业民族班学员40人。1985年9月，丽水卫校招收医士专业民族班学员38人。较大改变丽水地区少数民族地区缺医少药的情况。

1985年10月，丽水卫校新教学楼开工兴建，并于1987年8月投入使用。1986年9月，学校招收医士专业49人、护士专业38人、口腔专业33人。同年，学校还面向全省招收中医专业职工班学生46人，学生带薪学习。1987年，丽水卫校获得香港华夏基金会价值70万元港币的设备资助。1988年，丽水卫校实验楼开工，总投资80万元，浙江省卫生厅、丽水地区行署和丽水卫校三方各出资1/3。1990年7月，实验楼投入使用。

1991年10月，丽水卫校成立丽水地区医学教育函授中心和乡村医师合格考试指导中心。1991年11月，浙江省教育厅到丽水卫校开展合格评估。1992年3月，丽水卫校被浙江省教委、浙江省计划委员会授予浙江省合格中等专业学校证书与铜牌。1993年11月26日，浙江省教委、浙江省计经委批文，同意丽水卫校在校生规模为640人。

1994年，丽水卫校与温州医学院开展教学合作，温州医学院成人教育学院丽水教学站成立，成人教育专科开设临床医学、口腔医学、护理学、妇产科学及药学专业。丽水站成人教育工作在温州医学院每年年度考核中均名列前茅。1995年，丽水卫校负责丽水地区住院医师规范化培训工作。1996年，丽水卫校增设4年制全科医学专业，招生42人。

1996年4月,浙江省中等医学教育研究室到丽水卫校开展检查评估,授予"2A2B"好成绩。1997年9月,丽水卫校成教处成立,负责全区各层次卫技人员的培训和继续教育工作。1997年,学校增设社区医学(五官科方向)、口腔工艺技术和助产专业。1999年4月,丽水卫校接受浙江省教学管理评估组教学管理检查评估,被认定为良好等级。1998年,学校新增设中西医结合和口腔护理专业,在校生人数首次突破2000人。1999年,在校生2122人,是学校历史上单纯中专在校生人数最多的一年。1998年12月,丽水卫校收购丽水地区汽车运输总公司职工医院,改造为丽水卫校附属医院。2000年6月,丽水卫校附属医院迁至莲都区万丰东路58号。同年7月,丽水卫校附属医院开始试运行。

2000年,丽水卫校增挂丽水师专医学部牌子,并开始招生。同年9月,丽水卫校口腔医学专科与护理学专科招收首届学生59人。丽水卫校首次突破了中专办学层次对学校发展的束缚,从单一的中专生培养模式向大专生培养模式转型。2001年11月,浙江省卫生厅同意设置丽水卫校附属口腔医院。2003年1月,浙江省卫生厅发文,同意丽水市口腔医院执业。2002年,丽水卫校与浙江省医学高等专科学校合作办学,联合举办护理专业3+2高等职业教育。其中,丽水卫校负责前3年中专教学。同年,丽水卫校增设中专层次药剂专业。2005年,丽水卫校创办大专层次的护理学(口腔专门化)和口腔医学技术专业。与宁波天一职业技术学院联合办学,开展3+2护理高职教育。

2006年4月,"浙江省丽水卫生学校"印章停用,启用"丽水市卫生学校"新印章。校牌也由"浙江省丽水卫生学校",换成"丽水市卫生学校"。2006年,丽水卫校创办中专层次中西医结合专业针灸推拿方向。2007年1月4日,丽水市委副书记、代市长陈荣高到丽水卫校调研丽水学院医学院组建事宜。同年1月25日,丽水市人民政府同意将丽水卫校划转丽水学院管理,组建丽水学院医学院,暂时保留丽水卫校建制,医学院领导班子由丽水学院任命,丽水卫校领导班子由市委、市政府任命,委托丽水学院管理,实行"两块牌子、一套班子"。2007年3月12日,丽水学院在图书馆9楼会议室隆重召开医学院成立大会。

2007年3月20日,丽水学院医学院成立。2007年,医学院招收大专生252人,其中护理专业93人、护理(口腔专门化)38人、口腔医学专业88人、口腔医学技术33人。培养毕业生207人。2007年,丽水卫校招收中专生243人,培养毕业生676人。2008年,医学院招收大专生253人,其中护理专业92人、护理(口腔专门化)44人、口腔医学专业91人、口腔医学技术26人,培养毕业生205人。丽水卫校招收中专生251人,培养毕业生612人。

2009年8月6日,丽水学院召开新专业申报专家评审会。12月11—13日,教育部专业评审组专家成员到医学院进行临床医学专科专业申报实地考察。2010年5月26日,浙江省教育厅发文,丽水学院临床医学专科、护理学本科新专业申报成功。2009年8月30日,大专班老生寝室从凤凰山搬迁至丽水学院。医学院的行政科室与学生教室搬迁至教13幢。2009年,医学院招收大专生331人,创办护理(助产方向)新专业,其中护理专业101人、护理(口腔专门化)50人、口腔医学专业95人、口腔医学技术35人、护理(助产方向)50人。培养大专毕业生308人,其中护理学173人、护理(口腔专门化)33人、口腔医学84人、口腔医学技术18人。丽水卫校招收中专生426人,培养中专毕业生484人。2009年9月,丽水学院2009级新生到丽水学院本部报到,丽水卫校2009级中专新生到凤凰山校区报到。

2009年下半年,医学院党总支成立。2010年6月25日,医学院确定课程28门为合格课程。护理学基础被评为校级优秀精品课程,口腔颌面外科学、健康评估、妇产科护理学、儿科护理学申报校级优秀课程。《免疫学与病原生物学》成功申报校级精品课程。2009 学年第二学期，医学实验楼投入使用。医学实验中心的教学实验室设分中心 3 个：基础医学实验分中心、临床和护理实验实训分中心、口腔实验实训分中心。

2010 年，医学院招收首届护理学专业本科学生 36 人，标志着医学院正式跨入本科教学阶段。招收大专生 308 人，其中护理专业 91 人、护理（口腔专门化）39 人、口腔医学专业 56 人、口腔医学技术 30 人、护理（助产方向）44 人、临床医学专业 48 人。培养大专毕业生 252 人，其中护理学 93 人、护理（口腔专门化）38 人、口腔医学 88 人、口腔医学技术 33 人。丽水卫校招收中专生 420 人，培养中专毕业生 193 人。2010 年 11 月 25 日，医学院人体科普教育基地通过丽水市委宣传部、市科协、市教育局、市科技局专家的评审。

第三节　卫生培训

1979 年，丽水县卫生进修学校批准建立。1979 年 10 月 21 日，丽水县卫生进修学校借用丽阳公社上岗背大队驻军营房，举行“丽水县卫生进修学校成立暨妇幼保健人员学习班开学典礼”，首期妇保人员学习班由地、县妇保所和学校联办，培训学员 98 人。11 月 27 日，学校迁至城北三岩寺，举办医学基础学习班，借用某部队教导队营房继续办学，培训学员 77 人。

1980 年 2—12 月，丽水县卫生进修学校培训药剂培训班学生 40 人、卫生防疫进修班学生 36 人、计划生育干部学习班学生 42 人、中医中药班两期学生 114 人、西医基础复习班学生 51 人、护理员培训班学生 57 人、西医士复习班学生 82 人。

1981 年 4 月，丽水县卫生局划拨县中医院位于城关镇西井弄 4 号的 200 平方米拆迁周转房和一块空址给学校，并拨款建造教学办公楼 412 平方米。1982 年 1 月 7 日，丽水县卫生进修学校迁到新址办学。1981 年 3 月至 1985 年 5 月，学校举办各级各类培训班 15 期，培训学员 618 人。

1986 年 9 月，丽水县卫生进修学校新校舍一期主体工程竣工，由省计委批准建造，位于城郊黄泥山①。1986 年 9 月 15 日，学校搬迁至新校舍开学。1987 年夏，学校二期工程和附属设施相继建成，包括教学、办公楼一幢，学生宿舍 1472 平方米和食堂楼一幢 856 平方米；教工住宅楼一幢 942 平方米；建有操场 798.6 平方米。1990 年，学校新建学生宿舍和师生食堂 1363 平方米，学校占地总面积 6761 平方米。

1983 年 6 月 27 日，丽水职工中等卫生学校批准建立，分本部和分校两部分。本部设在云和县卫生进修学校内，招收医士专业；分部设在遂昌县，设中医士专业，归地区卫生局领导。1985 年 9 月和 1986 年 6 月，学校分校和本部分别迁至丽水市卫生进修学校。两校合署办公，实行“两块牌子一套班子”的管理体制。迁址期间，学校 84 级中医士班和 84 级医士班分别从遂昌和云和迁到丽水继续学习，学校列入全省成人中专招生计划，向全省招收职工中专生。1987 年、1988 年，丽水职工卫校作为丽水卫校教学点，招收全日制护士班 2 个，并向社会招收了部分自费生。1983 年 9 月至 2010 年，学校培养中专全日制中医士 121 人、中西医结合 631 人、护理 1711 人、乡村医生 15 人、医士 592 人、急救 105 人、社区医学 1019 人；培养业余中专卫生保健 429 人、2+2 试点成人中专 50 人。1986—2000 年，学校举

① 2010 年为丽阳街 60-3 号。

办各级各类培训班32期，培训学员2712人，完成一年制中医进修学习52人、乡医二年半函授253人。

2001年11月，丽水职工卫校升格为丽水市级单位，更名丽水市职工中等卫生学校（挂卫生培训中心牌子），编制30名，领导职数3个。同年，与杭州师范学院医学院联合办学，举办成人高等学历教育（业余函授），开设临床医学、护理学、预防医学等专业，并相继在龙泉、庆元、景宁、青田、遂昌等点开设校外教学点，2001—2010年，学校培养临床专科491人、护理专科218人、预防医学专科27人；临床本科152人、护理本科160人、预防医学本科118人。

2002年，学校与浙江大学远程学院联办医学远程学历教育，开设临床医学、护理学、药学、卫生事业管理等专业。2002—2010年，学校培养护理专科80人、护理本科692人、临床本科83人、药学本科232人、卫生管理本科5人。2003年，学校与浙江医学专科学校联办业余函授班，开设乡医大专专业，培养乡医专科学员34人。2006年，与浙江大学研究生学院联合举办研究生课程进修班。2006—2010年，学校培养临床医学专业432人、护理专业27人。2007年，与浙江中医药大学联办成人业余函授班，开设中医专科、中西医临床本科专业，至2010年，培养中医专科45人、中西医临床本科39人。

2001—2010年，丽水市培训中心完成初级卫技人员岗位培训7979门次、乡村医生全科医学知识培训867人、全科医师岗位培训1167人、社区护士岗位培训276人、农村护理学历教育192人、社区学历教育1001人、两年一轮乡村医生执业注册培训822人、农村卫生骨干培训333人、好医生远程学分教育282人、农村中医骨干培训67人、中医规范化培训67人、中医适宜技术推广培训68人、二级生物安全培训354人、基层超声检验培训690人、西学中培训91人、执业医生考前辅导488人、重点传染病师资和全员培训8242人。2009年，丽水市开展定向培养农村社区医生试点，招录临床专科医学生70人。2010年，丽水市招收卫生院定向培养社区医生85人。

第四节　职称评聘

1953年，丽水县人民政府批准处州医院助理护士晋升为护士2人。

1972年7月，丽水县革命员委会政工组批准丽水县人民医院戴辰、陈韶华、方宗桥、罗华郎4人任主任医师，洪伟杰、詹鸿鹏2人任副主任医师。1979年，丽水地区卫生技术管理干部技术职称评定委员会组织统一考试、考核、评审。通过考试考核，从集体所有制卫生人员及“赤脚医生”中选拔全民所有制中医药人员13人。

1981年8月，丽水地区卫生系统对“文化大革命”期间入学的大学毕业生进行定职前的考试考核。1983年，根据考试考核成绩确定医（技）师职称。1983年，丽水地区职称晋升工作一度停顿。1987年，恢复职称晋升工作。同年3月，丽水地区初级卫生专业技术职务评审委员会成立，由23人组成，下设办公室，所属单位相应成立职称改革办公小组。

2005年，丽水市组织初、中级卫生技术职称考试1294人，通过评审晋升高级卫生专业技术资格118人。中级卫技人员考试合格338人、初级卫技人员考试合格620人。开设浙大研究生班，参加学习35人。2008年，丽水市卫生系统有主任医师（技师）133人，副主任医师（技师）352人，主治医师（技师）1255人，初级职称2077人。2010年，丽水市卫生系统（公立机构）有主任医师（技师）142人，副主任医师（技师）386人，主治医师（技师）1347人，初级职称2174人。

第五节　医疗对外援助

1972 年 8 月至 1974 年 11 月，丽水地区医院医师戚思平参加援助马里医疗队。

1978 年 6 月至 1980 年 10 月，丽水地区医院医师牟惠元参加援助马里医疗队。

1992 年 7 月，以丽水市人民医院为主的援助马里医疗队，包含沈樟校、尤美如、戴丽珍、朱来娣、尤爱娟、诸葛智佑队员 6 人，到非洲马里共和国，为马里人民服务。

2007 年 8 月至 2009 年 8 月，丽水市中心医院普外科主任医师丁智勇、丽水市中心医院内科副主任医师潘群婕、丽水市妇保院妇产科副主任医师曾升梅、遂昌县人民医院儿科主治医师汤红芳、丽水市中医院中医科副主任医师王慧萍、丽水市第二人民医院放射科副主任医师张一平、青田县人民医院麻醉科副主任医师任建军、缙云县人民医院三级烹饪师李兴统等 8 人参加浙江省第 20 批援马里医疗队，并由丽水市单独组成第 20 批援马里医疗队马尔格拉分队，丁智勇担任分队长。

第六章　卫生行政管理

1949 年 10 月中华人民共和国成立后，丽水卫生行政机构设立。20 世纪以来，丽水进一步深化医药卫生体制改革，推进公共卫生服务、医疗保障、医疗服务、药品供应保障体系的完善和建立，满足人民日益增长的医疗卫生服务的需要。开展推进以社区服务项目建设和乡镇卫生院产权制度改革为重点的农村卫生工作，全面启动农村社区卫生服务发展项目。推进公立医疗机构职工聘用制改革，开展创建文明医院、医院管理年、院务公开、社会办医疗机构量化分级管理等活动，加强医院管理、卫生应急与医疗急救管理、医政药政管理、医务人员管理、血液管理等，提升医疗机构的医疗水平和管理水平。积极推进卫生行政审批制度改革，减少行政审批事项和审批时限。2007 年，制定《关于进一步采取措施降低医疗费用切实解决群众看病就医问题的若干意见》，做到合理检查、合理用药、合理治疗、合理收费，减轻人民群众负担。

第一节　卫生管理体制改革

1999 年，丽水地区、各县卫生部门推进医疗卫生单位人事制度改革，地直医疗单位及缙云、遂昌、松阳等县实行中层干部竞争上岗。2002年，推进以社区服务项目建设和乡镇卫生院产权制度改革为重点的农村卫生工作。全面启动农村社区卫生服务发展项目，丽水市争取到省政府扶持欠发达地区卫生经费200万元，建立社区卫生服务中心45个、社区卫生服务站132个，建立农民健康档案21.5万份，农民健康档案建档率11.8%。同年5月21日，《丽水市区域卫生规划（2001—2005）》颁布实施，规划到2005年初步建立起医疗服务体系、疾病预防控制、妇幼保健网络体系、卫生监督体系和卫生信息网络体系，确定居民健康水平指标以及卫生资源配置和调整原则。丽水市公立医疗机构制定岗位工作标准，实行定编、定岗，结合"病人选医生"工作，推进"双向选择、竞争上岗"的职工聘用制改革。同年8月，根据《丽水市人民政府关于深化市级行政审批制度改革的实施意见》，市卫生局将卫生行政审批事项中的"市级权限内审批的各类监督员"转为备案事项；将卫生行政核准事项中的"健康合格证"转为申办卫生许可证的前置条件，由市行政审批中心卫生窗口办理；将"大型医用设备质量许可和使用人员上岗证"转为备案事项。减少卫生行政审批事项44%，实行卫生许可证的申请、受理、审查、签发"一条龙"服务，所有审批项目都在6个工作日内办理，时限减少1个多月。2003年3月25日，市政府颁发《关于公布市级38个部门二轮审批制度改革实施方案》，卫生行政审批事项由5项减为4项，核准事项由4项减为2项，行政审批事项全部进入市政府行政审批中心办理，同时实施告知承诺前置审批制度。全年接受群众咨询4000多人次，受理各类卫生许可证申请2300多家，所有卫生行政审批事项100%在承诺时限内办结。

2005年，丽水地区、各县卫生部门积极探索多种形式的改革路子，增强乡镇卫生院的活力。遂昌县开展合作经营。缙云县、莲都区推行以"动产拍卖、不动产租赁"为核心的经营体制改革。松阳县开展乡镇卫生院股份制改革试点，全面推行"计卫合作"服务模式，将乡镇计划生育服务站的技术服务职能划归乡镇卫生院承担，建立新型计划生育和医疗卫生联合服务体系。景宁畲族自治县充分发挥计生卫生合署办公的优势，实现计划生育与妇幼保健信息互补。2005年，丽水市通过考核验收创建规范化村卫生室83家，进一步加强村卫生室用人管理，规范村卫生室诊疗行为。

2010年，在丽水市区公立医院门（急）诊实行病历"一本通"，统一规范病历格式。丽水市三级医院全面实行预约诊疗制度，建立现场预约、网上预约、电话预约、复诊预约、诊间预约，实行错时就医，避开就医高峰，全年预约诊疗近6万人次。推行临床路径工作，市中心医院被列为卫生部试点单位，市中心医院、市人民医院和青田县人民医院3家试点医院建立临床路径64条，完成1000多例。建立城市医院志愿县级医院制度，制定《丽水市继续实施"万名医师支援农村卫生工程"工作方案》，市中心医院和市人民医院分别扶持县级医院3家，丽水市第二人民医院与龙泉市精神卫生中心建立帮扶关系。

第二节　医院管理

医疗内部管理

1949年中华人民共和国成立初，丽水医疗单位较长时间不搞经济核算。1979年，地、县人民医院建立金额管理、数量统计、实耗实销的药品管理制度。丽水县人民医院开始实行“五定一奖”①管理制度。1980年年初，实行“五定一奖”管理制度的县以上医院11所。1982年后，各公社卫生院实行独立核算、自负盈亏、按劳分配、民主管理制度。1985年1月，龙泉人民医院技术经济岗位责任制经验推广，各医院分别实行技术经济责任制、岗位责任制、人事聘用制、承包责任制。有的科室试行定额管理、质量控制、逐级包干、超额提成、评分计奖的经济承包责任制。部分医院实行优质优价。

1984年开始，丽水地区开展创建文明医院活动。1986年和1987年，丽水市人民医院、丽水市中医院分别被卫生部授予全国卫生文明先进集体称号。1990年，县医院5所，区、乡卫生院44所，分别被省卫生厅授予文明医院和文明卫生院称号。

2004年，丽水市开展医院评审回头看暨医院管理年活动，同年10月、11月组织专家组检查评估丽水市县级以上医院18家的医院管理年活动。2007年，开展市区社会办医疗机构“信用门诊部（诊所）”创建活动，丽水汪氏骨伤门诊部、丽水至灵中西医结合门诊部、丽水张祖联中西医结合门诊部、丽水卫君咏梅诊所、丽水叶莉诊所等5家被评为首批丽水市区信用门诊部（诊所）。制定并实施《丽水市社区社会办门诊部、诊所卫生监督量化分级管理办法》，将社会办医疗机构执业信誉度分为A、B、C、D四个等级进行管理，A级为示范化医疗机构、B级为规范化医疗机构、C级为合格医疗机构、D级为不合格医疗机构。

2007年，丽水市制定《关于进一步采取措施降低医疗费用切实解决群众看病就医问题的若干意见》，意见要求医疗机构做到合理检查、合理用药、合理治疗、合理收费，维护群众利益。主要内容是，加强医疗服务质量管理，推行医疗机构之间辅助检查相互认可制度，保证门诊和住院检查项目的有效连贯性，建立医用高值耗材使用审批制度，建立完善医院临床合理用药三项监控公示通报制度②，医师合理用药情况列入年度高值考核和执业医师年度考核，建立和完善医师合理使用抗菌药物制度，单病种质量费用控制，实行临床药师制度试点工作，建立济困病房，加强对医院的监督管理。

2008年，丽水市继续开展社会办医疗机构量化分级管理，结合《浙江省2008年中小医疗机构依法执业分级管理实施方案》要求，量化管理扩大到市区内的社区卫生服务机构。对市区中小医疗机构75家进行量化评分，经审定，达到规范要求17家，达到合格要求55家，因拆迁、搬迁未参加评审3家。2010年，在市区公立医院门（急）诊实行病历“一本通”，统一规范病例格式。丽水市三级医院全面实行预约诊疗制度，建立现场预约、网上预约、电话预约、复诊预约、诊间预约，实行错时就医，避开就医高峰，全年预约诊疗近6万人次。

医疗安全管理

1979年开始，对丽水地区医院污水实行监测，监测指标由少到多，逐渐完善。1984年，县卫生防疫站与浙江省卫生防疫站环卫科合作，检测丽水地区医院污水处理效果，采集样品138个，肯定该院污水处理基本符合国家规定的医院污水排放标准。1985年8月，抽查检测丽水地区医院、地区第二医院、丽水县人民医院、丽水县中医院排放的污水，检测pH值、总余氯、DO、COD、酚、汞、镉、大肠

① “五定一奖”：定床位、定人员、定任务、定业务技术指标、定经费补助，超额奖励。

② 医院临床合理用药三项监控公示通报制度：医院单品种用药总量监控公示制度、医师用药情况监控通报制度、合理用药评价通报制度。

菌群、沙门氏菌、志贺氏菌等项目10个。结果参照《医院污水排放标准(试行)》《工业“三废”排放标准》及《地面水质卫生标准》,10个项目中除pH值、汞、镉3项外,其余均不符合标准。检测工作完成后,督促各医院按规定要求做好污水消毒处理。1988年,检测市人民医院、地区医院污水排放口水样30份,获参数256个,总合格率78.41%,其中地区医院86.3%,市人民医院72.5%。

1994—1996年,丽水地区县以上医疗单位以“医疗质量年”活动为中心,开展医疗质量教育。1999年,制定县级以上医院医疗质量考核方案,规范医疗质量管理制度。2000年4月,丽水地区开展“新世纪医疗质量大行动”,通过业务培训、技术考试、质控中心考核、知识讲座等多种方式,提高医务人员质量意识、服务意识、医疗安全意识。2004年,丽水市医疗质量控制分析会议召开。

2007年1月,丽水市召开丽水市医院感染管理年会,邀请专家讲座,学习《医院感染管理办法》。同年7月25日,召开丽水市医院感染管理工作会议,部署丽水市感染管理工作。同年8月,采取县(市、区)之间、市直医院之间交叉检查方式,组织对丽水市所有县级以上医院的内镜室、口腔科、血透室、检验科、医疗废物管理等进行医院感染管理专项检查。

2008年,丽水市建立健全医疗制度,规范药品使用和临床用药行为。各级医疗机构认真执行《处方管理办法》,结合实际实行处方点评制度,实施药品动态监测和超常预警管理,促进处方规范化管理和药品合理应用。市卫生局制定《进一步加强医院临床合理用药的意见》,督促医院建立单品种用药总量监控公示制度、医师用药情况监控通报制度、医师合理用药评价通报制度。建立和完善医师合理使用抗菌药物制度,对抗菌药物用量实施动态监测、超常预警和通报制度,及时干预和处罚超量使用药品行为。分析点评丽水市县级以上医院“医院管理年”活动和医疗质量检查的情况。制定《关于进一步加强医疗安全工作的通知》,召开丽水市县级以上医院医疗安全工作会议,重点加强质量管理制度的落实和医疗服务过程中重点环节、重点科室、重点人员的管理。落实首诊负责制,严格遵守医疗质量管理制度,严格按照技术权限开展诊疗活动,强化环节管理和重点病人管理。健全丽水市卫生系统道路交通事故紧急抢救机制。同年6月,组织和参与丽水高速公路青田段交通事故抢救应急演练,市、县(市、区)卫生局、疾控中心和青田县人民医院等单位参加。

2010年,丽水市组织专家30多人专项检查指导拟创建二级甲等综合医院的单位8家。聘任专家137人为市级医疗质量观察员,采取质量管理培训、质量分析会、医疗纠纷案件点评、合理用药点评、质量管理规范讲座等形式不断改进医疗质量。总结药事管理“品管圈”经验,并在医疗护理质量管理中推广。丽水市中心医院和丽水市人民医院在总结、积累前期“品管圈”经验基础上,在全院推广“品管圈”活动,持续改进医疗护理质量。

医务人员管理

2003年,丽水市报考全国执业医师资格考试713人,其中西医569人、中医144人。同年9月,组织医务人员实践技能考试,合格640人,合格率75.7%。同年11月,组织医务人员综合知识笔试,合格366人,合格率67.8%。2003年8—12月,开展医疗机构医师执业注册,丽水市注册执业医师4800人,进一步规范医疗市场从业行为。

2005年,丽水市医务人员参加医师执业资格考试1405人,比2004年增加388人,经审查有符合报考资格1387人,其中通过实践技能考试991人,合格率71.45%;有通过全国执业医师考试综合笔试508人,获得执业医师资格303人、执业助理医师资格205人、合格率51.26%。

2008 年，丽水市卫生系统有主任医师（技师）133 人，副主任医师（技师）352 人，主治医师（技师）1255 人，初级职称 2077 人。同年，在丽水市县级以上医院开展以“三基三严”[①] 为重点内容的岗位练兵活动，同年 11 月，丽水市县级以上医院代表队 22 支、选手 64 人参加丽水市卫生系统第二届青工技能暨“民生杯”医学知识综合大赛。

若干年份丽水卫生机构和卫生技术人员一览

表 37-6-2-1

年份	卫生机构（个）			卫生技术人员（人）						病床（张）
	其中		总计	卫生技术人员	其中				总计	
	医院	其中县和县以上医院			医生	其中				
						中医	西医师	医士		
1949	8	—	13	345	193	—	—	—	—	202
1952	29	—	60	636	312	—	—	—	—	294
1957	74	9	289	1369	649	442	60	147	—	421
1962	117	9	452	1948	1021	567	132	322	—	1042
1965	342	9	506	2278	1365	651	247	467	2492	1209
1970	341	9	400	2585	1592	901	1799		2700	2164
1972	333	11	452	3395	1860	647	573	640	3776	2523
1978	339	14	505	4770	2124	691	646	787	5312	2809
1980	343	12	535	5141	2050	602	790	657	5865	3136
1981	348	12	550	5431	2154	626	824	704	6527	3212
1982	347	12	554	5702	2320	716	839	765	6578	3669
1983	347	15	557	6029	2439	725	890	824	6954	3863
1984	357	17	577	6054	2468	714	911	843	7060	3996
1985	334	15	587	6188	2496	716	877	903	7193	4376
1986	337	17	599	6179	2670	730	812	839	7382	4603
1987	337	17	599	6346	2534	724	796	1014	7518	4660
1988	337	18	605	9481	2920	498	1302	1120	7759	4820
1989	336	18	599	6869	2964	624	1347	993	8124	5052
1990	337	19	594	7124	3130	641	1491	998	8397	5168

第三节　卫生应急与医疗急救管理

1988 年 2 月，丽水市人民医院急救站成立，位于丽阳门诊部。同年 9 月，经市人民政府批准，该

① “三基”即基础知识、基本理论、基本技能，“三严”即严格要求、严密组织、严谨作风。

站更名丽水市急救站。人员、设备、场地均由市医院负责，行政上暂归市医院领导。

2001年，丽水市急救中心成立，设编制2名，实有编内人员1人，临时工作人员7人，统一调度市内各家医院的急救车辆。2002年，急救中心实际接到求救电话2172起，调度救护出车2172车次，其中丽水市人民医院调度救护出车1065车次，丽水中心医院1043车次，碧湖医院39车次，市二院15车次，其他医疗单位10车次。在市人民医院和中心医院出车救护的2108车次中，因车祸出车564起，占26.8%；因外伤出车525起，占24.9%；其他1019起，占48.3%。

2004年，丽水市财政局划拨款100万元购买“120”急救指挥平台。丽水市政府将灯塔街284号办公楼以100万元转让给丽水市“120”急救指挥中心。同年12月，急救中心搬迁到新址办公。同年12月底，急救中心完成指挥平台的安装。2004年，急救中心实际接到求救电话3117起，调度救护出车3117车次，其中丽水市人民医院1525车次，丽水中心医院1528车次，莲都区碧湖医院43车次，市二院12车次，市中医院9车次，根据呼救人所报疾病分类，因车祸出车982起，占31.5%；因外伤出车669起，占21.5%，因昏迷出车252起，占8.1%。

2005年，丽水市急救中心（指挥型）通过省卫生厅验收，配备国内较先进的“120”急救指挥平台。市区医院5家都加入急救服务网络，实现急救资源共享，急救服务覆盖人口40多万人，救护车9辆配备GPS卫星定位系统。全年接到有效求助电话3506起，出车3506次，为市民提供快速医疗急救服务。2006年1月20日，浙江省卫生厅批复同意丽水市急救中心（指挥型）执业，至此，丽水市120急救指挥中心正式成为卫生系统中的医疗单位。2006年，丽水市院前急救管理工作会议召开，组织丽水市代表队11支进行院前急救知识和操作技能竞赛，向市民宣传急救知识，扩大急救中心知名度，取得良好社会效果。组队参加全省院前急救知识竞赛，获第二名。

2008年，丽水市中心医院、丽水市人民医院急诊科是医疗急救的重点建设学科，都建立院前急救、急诊抢救、急症危重病EICU治疗三位一体完整先进急救体系，各设有床位30—40张，医护人员40多人，有高级职称人员。拥有进口麻醉机、进口电刀中央心电监护系统、进口呼吸机、急救转移呼吸机、进口除颤仪、心肺复苏机、全自动洗胃机等先进设备。除能完成各种普通急诊的治疗外，还能迅速有效抢救各类急危重症患者以及快速完成各种突发事件的医疗救护。每年抢救各种休克、急性心肌梗塞、急性呼吸衰竭、严重多发伤，各种中毒、毒蛇咬伤、急性脑血管病等急危重病人千人以上，在各种抢救治疗中充分体现出急、快、准的特点，抢救成功率92.5%以上。

2006年丽水市“120”急救指挥中心呼救情况一览

表37-6-3-1　　单位：次

疾病	市医院	中心医院	碧湖医院	中医院	二院	老竹医院	合计
车祸	440	429	166	159	171	8	1373
外伤	256	250	68	130	81	4	789
不详	162	148	23	45	44	—	422
昏迷	115	119	13	67	55	—	369
醉酒	43	54	4	23	28	—	152
抽搐	54	35	3	16	20	1	129
中暑	20	33	7	17	17	—	94

续表 37-6-3-1

疾病	市医院	中心医院	碧湖医院	中医院	二院	老竹医院	合计
产妇	29	31	6	4	—	—	70
出血	6	14	1	3	2	—	26
高血压	16	7	—	3	—	—	26
心脏病	24	26	3	4	4	—	61
中毒	18	26	4	3	6	—	57
溺水	2	3	3	—	2	—	10
中风	19	18	8	4	4	—	53
腹痛	22	40	8	5	14	—	89
哮喘	8	5	1	3	1	—	18
自杀	6	9	—	2	6	—	23
过敏	2	4	1	1	—	1	9
精神病	—	—	—	—	28	—	28
高热	11	15	1	3	2	—	32
胸闷	8	8	1	1	3	—	21
其他	84	66	6	19	24	—	199
合计	1345	1340	327	512	512	14	4050
空车	78	94	28	33	38	1	272
无车	2	18	30	9	4	—	63

2008 年丽水市“120”急救指挥中心呼救情况一览

表 37-6-3-2　　单位：次

疾病	1 月	2 月	3 月	4 月	5 月	6 月	7 月	8 月	9 月	10 月	11 月	12 月	合计
车祸	128	124	96	134	147	126	138	141	133	133	121	139	1560
外伤	77	74	79	74	99	84	83	83	89	90	94	80	1006
不详	56	61	52	46	43	39	26	46	50	34	39	41	533
昏迷	28	50	40	30	40	47	47	39	27	29	28	37	442
醉酒	24	34	19	16	14	17	20	18	15	20	28	21	246
抽搐	4	10	12	8	11	20	12	11	12	7	13	12	132
中暑	—	1	4	6	4	11	20	13	6	6	4	—	75
产妇	12	8	4	2	10	6	6	5	3	6	5	3	70
出血	4	9	2	6	3	3	4	2	6	3	2	6	50
高血压	4	3	2	2	3	4	1	2	6	1	3	5	36
心脏病	6	7	8	5	9	6	6	7	4	4	5	7	74
中毒	7	11	5	5	12	14	6	4	10	6	12	4	96

续表 37-6-3-2

疾病	1月	2月	3月	4月	5月	6月	7月	8月	9月	10月	11月	12月	合计
溺水	—	1	1	—	2	1	3	4	2	1	—	—	15
中风	10	8	9	10	4	5	3	7	12	3	9	5	85
腹痛	12	17	10	18	13	11	18	16	15	14	15	5	164
哮喘	4	8	2	2	1	4	1	—	3	1	3	5	34
自杀	4	—	1	1	2	4	6	4	2	2	1	3	30
过敏	1	1	1	1	1	—	1	—	3	2	2	—	13
精神病	1	6	6	2	2	2	2	4	4	4	2	3	38
高热	2	5	2	3	3	5	2	3	6	6	3	3	43
胸闷	2	5	1	1	3	2	3	—	2	3	1	4	27
其他	10	16	11	7	10	11	12	9	8	14	10	13	131
合计	396	459	367	379	436	422	420	418	418	389	400	396	4900
空车	15	25	17	18	15	25	15	10	18	18	13	12	201
无车	2	2	5	8	5	6	5	3	—	2	2	6	46

2010年丽水市“120”急救指挥中心呼救情况一览

表 37-6-3-3　　单位：次

疾病	市医院	中心医院	中医院	二院	碧湖医院	合计
车祸	493	493	424	3	176	1589
外伤	368	368	299	1	86	1122
不详	207	221	139	13	24	604
昏迷	173	148	137	9	29	496
醉酒	103	91	106	9	11	320
抽搐	74	54	38	1	9	176
中暑	37	27	39	—	4	107
产妇	29	22	6	—	5	62
出血	15	19	4	—	1	39
高血压	15	23	10	—	3	51
心脏病	46	48	12	1	5	112
中毒	28	28	20	1	8	85
溺水	9	6	4	—	4	23
中风	30	38	14	—	4	86
腹痛	48	67	41	2	5	163
哮喘	15	18	7	—	2	42
自杀	11	5	5	—	—	21
过敏	—	2	2	—	—	4

续表 37-6-3-3

疾病	市医院	中心医院	中医院	二院	碧湖医院	合计
精神病	—	—	—	30	—	30
高热	18	19	6	—	2	45
胸闷	8	16	4	—	2	30
其他	36	51	23	1	5	116
合计	1763	1764	1340	71	385	5323
空车	24	63	36	1	10	134
无车	5	19	5	—	22	51

第四节　医政管理

1996 年，行署批转地区卫生局关于贯彻落实国务院《医疗机构管理条例》意见的通知，成立丽水地区贯彻医疗机构管理条例协调小组，各县(市)均成立相应组织。地区在龙泉市试点，狠抓医疗市场整顿，整治私人医疗机构。同年 11 月，召开现场会，推广龙泉市试点经验。

2005 年，丽水市继续深入开展药品集中招标采购工作，中标品种 9000 多种，中标药品总体价格比 2005 年下降 7%，丽水市药品采购金额近 5 亿元，占医疗机构用药的 84.7%，比 2005 年提高 3 个百分点，让利近 1 亿元。市卫生局组织集中采购高值医用耗材 2058 万元，降低采购金额 235 万元。

2006 年，丽水市第二人民医院被评为三级乙等精神专科医院，龙泉市人民医院被评为二级甲等综合性医院。丽水市中心医院、丽水市人民医院，丽水市中医院、缙云县人民医院通过省卫生厅等级评审回头看检查。

2008 年，丽水市卫生局成立“三鹿”婴幼儿配方奶粉重大食品安全事故医疗救治领导小组和医疗救治专家组，丽水市医疗机构接诊筛查使用含三聚氰胺婴幼儿配方奶粉的婴幼儿 59460 例，临床诊断患儿 574 例，没有危重患儿。

2010 年，省卫生厅启动第三轮医院等级评审活动。同年 12 月，省卫生厅组织评审专家 18 人全面评审市人民医院和市中心医院的依法执业、行风建设、综合管理、质量安全、技术水平、服务管理、患者安全目标、医疗和护理质量管理与持续改进情况。经省医疗机构评审委员会评议，确认丽水市中心医院和丽水市人民医院为浙江省三级甲等综合医院，全省仅有宁波、嘉兴和丽水三地市同时拥有三级甲等综合医院 2 家以上。

第五节　药政管理

药品监督

1964 年，地、县卫生行政部门配备专职或兼职药政管理干部。1973 年 4 月，成立丽水地区药品检验所。1978年后，各县相继成立药品检验所或药品监督检验所，对药品生产、销售、使用进行监督检查。1979年，建立药品生产审批文号制度，加强对医药市场管理，经药检部门验收合格的地、县医院13所，发给制剂许可证，准许生产灭菌制剂、普通制剂及中药制剂。同年，丽水地区药检所开展药品质量检查工作。

1985年，地、县卫生部门配合工商行政部门，查处伪劣药品。缙云县用商陆制作假红参出售的有乡8个，村54个，2451户。青田县外出贩卖假红参、假三七的有乡7个，520人，均区别不同情况进行处理。没收销毁处理医药、卫生系统大量购进的福建省晋江及其他地区生产的假药。青田县万山区一些不法分子在外地长途贩卖假药，被判刑12人。

1979—1988年，完成检品6128件，合格率75.4%；抽检率75.8%，查处不合格的普通制剂和中药材、中药饮片900件。1989—1990年，地、县药检所完成检品2472件，合格率66.5%，抽检率84%。1990年，有专职药检人员50人，其中卫生技术人员43人，药品质量监督员37人。一些基层医疗卫生单位及个体医生组织设药品质量检查员。

2000年，药政药检划归医监局管理。2002年，丽水市县级以上医疗单位24家，全部参加药品集中招标采购。药品涵盖抗生素类、心血管类、消化道类、生物制品、中成药等临床基本用药品种270多个。采用互联网招标形式，省内外药品生产经营企业参与投标60多家，进一步推进招标程序的规范化。在全省第四次农村卫生院装备交流会上，经过乡镇卫生院招投标，购置X光机、B超、监护仪等品种71个、设备521件，总报价1285万元，成交金额728万元，节省经费557万元。

血液管理

中华人民共和国成立后，丽水各医院自采自供血液，血液检测标准不一，血源紧缺、血液质量低下，临床用血安全不能保证。1994年，地区行署决定筹建丽水地区中心血站。1995年10月，丽水地区中心血站正式成立。1995年年初，血站筹建工作领导小组一班人筹资金、租房子、建队伍、购设备，从市直各医院抽调工作人员7人，租借军分区征兵办公室150平方米，在旧房基础上改造作为工作场所，购置必要的仪器设备。1997年，经省卫生厅验收合格并开展采供血业务，全面实施“三统一”血液管理制度①。

2000年7月，丽水地区中心血站改为丽水市中心血站。2001年9月，丽水市中心血站改为全额拨款单位。同年12月，丽水市中心血站通过ISO 9001:2000认证。2002年3月，丽水市人民政府办公室印发关于2002年无偿献血计划的通知。市中心血站在各县(市、区)设立固定采血点。全年丽水市无偿献血2.5万人次，无偿献血量占临床用血量的97.7%，为历年最高。庆元、遂昌、云和、松阳、景宁县的无偿献血量占临床用血量100%。成分输血率提高到57.5%。同年9月，丽水市中心血站综合楼建成启用，系国债项目、市政府重点工程，坐落丽水市寿尔福路38号，占地面积4000平方米，建筑面积4118平方米，总投资1412万元。2004年，血液检测5.5万多人次，总淘汰率3.73%，其中ALT淘汰率1.32%，HbsAg淘汰率1.13%，HCV淘汰率0.32%，HIV淘汰率0.06%，梅毒淘汰率1.06%，淘汰率符合ISO 9001质量目标低于5%的要求。

2005年，丽水市无偿献血22071人次，比2004年减少2920人次，无偿献血693.65万毫升，比

① “三统一”血液管理制度：即统一采供血机构、统一血源管理、统一采供血。

上年增加22.92万毫升。丽水市临床用血693.65万毫升；红细胞使用率42.78%，比2004年提高5.8%；成分输血率66.87%，比2004年提高1.57%。初步实现无偿献血量由200毫升向300毫升、400毫升转移。2006年，成立丽水市血液质量控制中心，同时在丽水市8个县(市)建立储血点。2006年，开始供应浓缩红细胞(CRC)、少白细胞红细胞(LPRC)、红细胞悬液(CRCs)、洗涤红细胞(WRC)、冰冻红细胞(FTRC)、辐照红细胞(IRC)、浓缩血小板(PC)、浓缩粒细胞(GRANS)、新鲜冰冻血浆(FFP)、普通冰冻血浆(FP)和冷沉淀(Cryo)等血液品种十几个。

2006年，丽水市进行血液HIV和其他血液传播疾病原体的筛选、检测。按传染病报告制度，向有关部门报告传染病298例，其中梅毒296例，抗-HIV初筛2例。同年，健康公民参加无偿献血22066人次，无偿献血总量7364升，全年临床用血总量7202升。成分输血率75%。农民参加无偿献血占献血总人数的45%。加入机采血小板名库1680人，捐献780人次。在8个县(市)成立储血点，成立丽水市血液质量控制中心。

2007年，丽水市推行无偿献血者办理"健康证"免于相关体检和免交相关费用的举措。纳爱斯公司建立纳爱斯集团应急爱心血库，丽水职业技术学院举行"感恩从心开始，让爱温暖人间"无偿献血签名仪式，并确定每月25日为该院无偿献血日。开展无偿献血先进县评比活动，龙泉市获2007年度无偿献血先进县一等奖，松阳县、遂昌县获二等奖，云和、庆元、景宁、缙云等县获三等奖。2008年6月，在中山街闹市区建起集采血、教育、宣传诸功能于一体的"爱心献血屋"。2008年5月，"丽水市中心血站质量体系文件B版"正式完稿，并于5月11—19日对各受控部门和人员分层次开展新文件的学习培训，5月20日正式实施。全年丽水市无偿献血25994人次，其中机采血小板857人次，无偿献血人数同比增长21.05%；献血量8914.15升，同比增长13.5%；临床用血量8470升，同比增长17.9%；无偿献血量占临床用血量的105%，满足丽水市临床用血需要。全年血液检测标本26108人份，其中机采检验855人份，血液检测率100%，血液检测量比上年增加2.55 %，血液检测合格率96.26 %，不合格率3.74%。其中检测出梅毒215例，HIV阳性病例经浙江省疾控中心HIV确诊实验室确诊1例，检测出Rh阴性确认标本120例。2009年6月2日，成立无偿献血志愿者服务队。有注册队员500多人，非注册队员2600多人。

2010年，丽水市无偿献血26802人次，其中机采血小板1367人次，无偿献血人数同比降低2.7%，献血量9751.9升，同比降低3.3%。临床用血9356.2升，同比降低3.2%。成分输血率为98.7%，无偿献血量占临床用血量的104.2%，满足临床用血的需要。临床用血量9356.2升，与2009年相比降低3.2%，建站以来首次出现全年临床用血量的负增长。同年5月，对各受控部门和人员分层次开展新文件的学习培训。同年6月，丽水市中心血站C版质量体系文件正式完稿，于6月1日正式实施。丽水市有6个县(市、区)无偿献血占临床用血比例超过100%，其中松阳县205.5%。建立丽水市志愿者协会无偿献血分会，丽水市连续3次获"全国无偿献血先进城市"称号。加强临床合理用血、科学用血的指导，举办丽水市临床用血业务培训，学习《浙江省医疗机构临床用血管理考核实施细则(试行)》，检查丽水市临床用血医院的血液安全工作，向临床用血单位38家下发整改通知书。加强临床用血管理，市中心医院和市人民医院开展自体输血技术。

2010年，丽水市配备流动采血车、大容量冷冻离心机、全自动血细胞分离机、全自动血液检测系统、全自动生化仪、血细胞检测仪、全套血液储存等先进设备；装备全省统一的采供血信息管理软件、血液检测质量控制软件和温控设备监控软件，总投入1686万元，固定资产总值达到3800万元。

2010年，丽水市中心血站有职工58人，其中卫生专业技术人员44人，占职工总数的76%。具有高级职称人员6人，占职工总数的10.3%。具有中级职称人员11人，占职工总数的19%。所有从业人员均经过专业培训和考试取得相应执业资格。血站设有办公室、宣传科、财务科等行政科室3个和献血科、检验科、质管科、供血科等业务科室4个。截至同年底，丽水市享受免费用血4000多人次，返还用血费用300多万元，有符合终身享受免费用血条件的献血者1万多人。

至2010年年底，丽水市参加无偿献血30多万人次，临床用血量从建站之初的2000千克激增至2009年的1万千克，无偿献血率100%，成分输血率98%以上，血液质量100%符合卫生部要求，各临床用血单位未发生重大输血安全事故。

第七章　医疗机构

清光绪二十三年(1897)，德国传教士在松阳县开设博爱医院。民国18年(1929)，建立青田县立医院。民国30年，建立第九行政督察区中心卫生院，民国32年夏，改名省立第二传染病院，不久撤销。民国34年9月，省立第一辅助医院迁丽水县，改名省立第五医院。民国35年1月，改名省立处州医院。1949年5月，丽水专区公立医疗卫生机构15个，教会医院2所，私人诊所12所。

中华人民共和国成立后，丽水各县医疗卫生事业发展迅速。1990年，丽水地区乡以上医疗卫生机构594个，其中乡以上医院337个，机关、企事业单位门诊部(所)220个，卫生防疫站10个，妇幼保健站10个，药品检验所10个，其他卫生机构6个。卫生技术人员7124人，每千人口拥有医生1.3人。病床5168张，每千人口拥有床位2.14张。21世纪，综合性医院规模扩大，中医医院和专科医院数量增多，街道卫生院和乡镇卫生院逐步向社区卫生服务机构转型，民营医疗机构发展迅速，妇幼保健机构功能逐步完善。

2010年，丽水市卫生项目建设完成投资3.5亿元。其中实施县级医院7项、筹建县级医院项目1项、乡镇卫生院(社区卫生服务中心、村卫生室)改扩建项目39项，全面实施村卫生室补网工程，夯实基层医疗卫生服务网底。市本级基建项目顺利推进，市人民医院门诊医技楼投入使用，市中医院扩建项目、市妇幼保健院迁建项目均结顶，进入内部装修阶段。市中心医院综合病房大楼完成主体三层。

2010年，丽水市有医疗卫生机构765个，其中县级以上公立医院22家，包含综合性医院12家，中医医院8家，精神病专科医院1家；民营医院8家；乡镇卫生院263家；其他社会办医疗机构420家；卫生单位44家，包含疾病预防控制中心9家，妇幼保健院(所)9家，卫生监督所10家，中心血站1家，中等卫校1家，其他卫生机构14家。丽水市有村卫生室882家。丽水市卫生系统有15041人，其中卫生技术人员12444人，执业助理医师及执业医师5521人；丽水市设有病床7288张，其中县及县以上医院床位数6353张。按常住人口计算，丽水市每千人医生数2.04人，每千人床位数2.13张。丽水市三级甲等综合性医院2家，分别为市中心医院、市人民医院，三级乙等专科医院1家(市二级)。二级甲等综合性医院4家，二级甲等中医院1家。二级乙等综合性医院6家，二级乙等中医院6家。

第一节　市级医疗机构

丽水市中心医院

丽水市中心医院前身为丽水地区医院，筹建于1971年4月。1972年4月，投资5万元，建设建筑面积1599平方米的门诊楼。1973年初，开始收治住院病人，住院部设简易病床50张，职工人数124人，年末医院业务总收入8.74万元。1978年，投资6.4万元建成传染病房，建筑面积763平方米。医院设病区4个，床位250张，职工213人，年业务总收入49.97万元。1984年11月，内科病房竣工，投资50.8万元，建筑面积3145平方米。全院分病区9个，设床位400张，职工386人，年业务总收入132.88万元。1996年9月，外科大楼建成，高11层，总投资2385.6万元，建筑面积1.04万平方米。医院病床增至600张，职工760人，年业务总收入5556.77万元。

2000年1月，丽水地区医院被浙江省卫生厅批准为三级乙等医院。2000年7月丽水撤地设市后，更名丽水市中心医院。2002年，医院占地60000平方米，医疗用房建筑面积52000平方米。核定床位600张，实际开放床位750张，设临床专科28个，病区20个，医技科室16个。员工1052人，年业务总收入1.57亿元。2003年3月，丽水市中心医院门急诊综合大楼正式启用，系市政府重点工程，建筑面积29738平方米，总投资9589万元。2005年1月，丽水市中心医院晋升为三级甲等综合性医院。2008年5月，市重点工程，25层、总面积5万平方米的外科大楼破土动工。2008年，医疗用房建筑面积6万平方米，总资产6.5亿元。核定床位900张，开放床位1110张。2010年12月，全院临床专科37个、病区29个。职工1757人，高级职称卫技人员268人，其中正高职称72人。

丽水市人民医院

丽水市人民医院前身为浙江省第一临时辅助医院，民国26年(1937)9月成立于杭州市望江门外海潮寺，全院占地面积不到4000平方米，有房屋5幢，其中二层楼房2幢，平房3幢。民国34年9月，迁入丽水城内，借用城关镇府前继光街原处州小学作为院址，占地5588.7平方米，内有房屋3幢和偏舍1幢22间，建筑面积1174.61平方米，作为门诊部。民国35年春，更名浙江省立处州医院。民国36年春，又借用旧处属十县联合农工业职业学校作为临时院舍，占地16898.08平方米，内有房屋3幢和偏舍1幢23间，建筑面积3564.68平方米，作为住院部。1954年1月，划归丽水县人民政府管理，更名丽水医院。1956年4月，更名丽水县人民医院。1959年，驻扎在高井巷医院隔壁的省驻丽水鼠疫防治站撤销，将房屋3幢划给丽水县人民医院，至此医院占地面积2.67公顷。

1986年4月2日，丽水县人民医院更名丽水市人民医院。1991年9月，丽水市人民医院投资124万元，征地、拆迁、购买土地204.33平方米，计建筑面积408.66平方米。2000年3月，被评为三级乙等医院。2000年7月20日，划归丽水市卫生行政部门管理。2002年7月15日，市政府重点工程市人民医院外科大楼投入使用。2005年，诞生丽水市首例试管婴儿。2006年，丽水市人民医院占地面积

29904.3平方米，建筑面积56963.4平方米。医院有职工1240人，其中高级技术人员149人，中级技术人员415人。年门诊59万人次以上，住院部核定床位600张，实际开放725张，住院病人在16000人次以上。2008年9月，丽水市人民医院占地8879平方米、建筑面积33654.6平方米的门诊医技综合楼动工兴建。2010年，医院有职工1250人，其中高级技术人员152人，中级技术人员413人。年门诊50.8万人次以上。住院部核定床位600张，实际开放723张，住院病人在16000人次以上。

丽水市第二人民医院

1984年6月，丽水地区精神病防治院开始门诊，9月设病床。1985年1月，改名丽水地区第二人民医院，又称丽水地区精神卫生中心。1988年9月，经省卫生厅确认具有精神病司法鉴定资格，并成立司法鉴定室。1990年，建筑面积8300平方米。职工157人，其中卫生技术人员91人，具有中级技术职称12人。住院部设病区4个，病床200张，门诊9344人次，住院579人次。1993年上半年，丽水市第二人民医院职工宿舍和综合门诊部（一楼）1632平方米建成投入使用。1997年7月，扩建病房楼，面积1200平方米。1999年12月，动工兴建老年病房综合大楼，建筑面积6008平方米，2001年6月竣工。2005年12月，开工建设综合楼（二期）续建工程3396平方米，2006年，竣工并投入使用。2008年，医院总占地面积14332.15平方米，建筑面积16139.94平方米。2009年10月，职工336人，卫生技术人员285人，其中高级职称29人，中级职称99人。省卫生厅核定床位300张。2010年，新的医院院址选定在联城镇，总占地面积4万平方米，建筑面积约3万平方米。

丽水市中医院

1978年12月，丽水经浙江省卫生厅批准，以城郊区卫生院为基础，合并城关镇联合医院建立丽水县中医院。1979年4月，医院总建筑面积1048.53平方米，工作人员116人，其中卫技人员98人，卫技人员中师级职称12人，士级职称25人。科室设置有中医科、西内科、伤外科、牙科、妇产科、妇产科病床5张。同年9月，1436.73平方米的门诊楼建成，开设综合性病床40张。1982年，开设中医眼科、中医妇科、推拿科。1986年4月，更名丽水市中医院。1996年8月，丽水市中医院新门诊大楼4714.86平方米竣工启用。

2000年8月，丽水市中医院升级为市（地级）级中医院。2001年9月，投资60多万元购置的东芝SSA-340ACAI彩色B超投入使用。2004年12月，扩建住院楼600平方米。2008年5月，新增床位150张，核定床位400张。同年底，医院有职工385人，其中高级职称33人，中级职称108人，床位400张。骨伤科、中医妇科、针灸推拿科为省中医重点专科，呼吸内科为省中西医结合重点建设学科。2010年，医院扩建项目结项，进入内部装修阶段。

第二节　县（市、区）级医疗机构

综合医院

民国18年（1929）9月至民国31年10月，丽水建立各县卫生院。民国33年，有职工149人，病床61张，卫生经费196.5万法币。

中华人民共和国成立后，丽水县卫生院并入省立处州医院。其他县卫生院改名县人民政府卫生院。1956年，又更名县人民医院。省立处州医院改名丽水县人民医院。1960年，龙泉县庆元人民医院[①]被国务院命名为全国先进单位。1986—1988年，丽水市碧湖区和缙云县壶镇区医院先后定为县(市)级人民医院。1990年，有县级综合性医院12所(包括遂昌金矿医院)，病床2424张，职工2754人，其中卫生技术人员2142人，具有高级技术职称28人，中级技术职称395人。

2003年，丽水市有县级医院19个，有床位2407张，病床使用率71.2%。执业医师2851人，助理执业医师777人，每千人口有医生1.46人。县级医院门急诊病人300.84万人，比上年增加6.64万人次；出院病人8.5万人次，增加0.23万人次。手术总例29325人次，增加3674人次。病人治愈率57.95%，好转率36.16%。卫生系统业务收入9.58亿元，财政补助0.89亿元。2005年，丽水市医院完成等级评审工作15家。其中青田、遂昌、缙云县人民医院被评为二级甲等医院，庆元、云和、景宁、松阳县人民医院、缙云县第二人民医院、碧湖医院为二级乙等综合性医院，庆元、松阳、遂昌、缙云、青田县中医院为二级乙等中医医院。2008年，县级以上公立医院22家，其中综合性医院12家，中医医院8家；卫生技术人员9619人，执业助理医师及执业医师4484人；丽水市设有病床6097张，县级医院病床2576张。

2010年，丽水市有县级以上公立医院22家，其中综合性医院12家，精神病专科医院1家；民营医院8家。

中医院

1978年3月，遂昌县中医院建立。1985年后，丽水、云和、龙泉、松阳、缙云、庆元县(市)先后建立中医院。1990年，有中医院7所，职工602人，其中卫生技术人员501人，内有中医药人员191人。除云和县中医院未设病床外，医院6所设病床385张。1999年，遂昌县创建全国农村中医工作先进县通过国家中医药管理局验收。松阳、缙云、云和县被列入全国重点农村中医建设县。2008年，丽水市有县级中医院7所，职工923人，其中卫生技术人员788人，病床636张。2010年，丽水市有中医院8家。

第三节　基层医疗卫生机构

中心镇卫生院

民国时期，丽水县碧湖区、松阳县古市区、遂昌县湖山区设卫生所，有卫生技术人员9人。1952年起，各县设区级卫生机构，负责卫生行政管理、医疗、防疫保健等工作。1990年，有全民所有制区医院42所，集体所有制区中心卫生院1所，有病床746张，职工947人，其中卫生技术人员824人，有区(镇)卫生办公室10个，职工66人，其中卫生技术人员55人。2000年，乡镇撤扩并后区级医院撤销，调整为中心卫生院，以防为主，防治结合。2010年，丽水市中心卫生院47所，职工

① 龙泉县庆元人民医院：2010年是庆元县人民医院。

1273 人，病床 714 张。

乡镇卫生院

1952 年，丽水各县民间个体医生组织联合诊所。1958 年，转为乡办卫生机构，称人民公社卫生院。1984 年，改称乡卫生院，属集体所有制。1990 年，有乡卫生院 274 所，设有简易病床 931 张。职工 1135 人，其中卫生技术人员 1117 人。2003 年，农村乡镇卫生院 324 个。同年，青田县山口镇、龙泉市八都镇、莲都区双溪镇、松阳县古市镇、缙云县大源乡、庆元县竹口镇、景宁畲族自治县沙湾镇、遂昌县大拓镇中心卫生院 8 个被省卫生厅列为重点中心卫生院建设，在基础设施、医疗设备、人才培养等方面给予扶持。2005 年，落实专项资金 116.6 万元，用于农村集镇示范卫生院建设，松阳县玉岩、景宁畲族自治县英川和庆元县荷地新被列入省农村集镇示范卫生院建设。龙泉市八都中心卫生院和松阳县古市医院通过农村集镇示范卫生院建设评估。缙云、松阳、庆元、龙泉、景宁畲族自治县（市）投入 1273 万元，危房改造乡镇卫生院 22 个。2006 年，省卫生厅专项补助资金 1004 万元，用于农村集镇示范卫生院建设。遂昌县云峰、缙云县新建中心卫生院新列入省农村集镇示范卫生院建设。缙云县大源、庆元县竹口、景宁畲族自治县沙湾中心卫生院通过省卫生厅农村集镇示范卫生院建设评估，丽水市建成农村集镇示范卫生院 12 所。丽水市乡镇卫生院 34 个列入省卫生厅危房改造项目。丽水市投入资金 952 万元，其中省级财政补助 501 万元，添置乡镇卫生院医疗设备，以县为单位建制乡镇卫生院“新五件”[①] 配置率 32.6%。2008 年，丽水市农村乡镇卫生院 262 所。2010 年，丽水市有乡镇卫生院 263 所。

村卫生室

20 世纪 50 年代中期起，农业生产合作社有保健员。60 年代初，改称卫生员，不脱离生产，为农民治疗常见病、多发病并负责卫生防疫工作。1969 年，开始建立人民公社生产大队医疗站，培训“赤脚医生”。1977 年 8 月，有大队医疗站 2378 所，占大队数 69%，以“赤脚医生”联合承包、个人承包、个人开业等多种形式办医。1982 年，丽水地区卫生局统一将“赤脚医生”改称“乡村医生”。1990 年，设医疗点的行政村 1579 个，占行政村数 43.2%；设医疗点 1627 个，其中集体办 151 个，乡村医生和卫生员联合办 31 个，乡卫生院设点 85 个，个人办 1307 个，其他 53 个。有乡村医生 982 人，卫生员 1730 人，农村接生员 2830 人。2010 年，丽水市有村卫生室 861 家。

单位医务室

民国时期，省立处州中学[②] 设校医室，有医生、护士各 1 人。1949 年，丽水专区专员公署设医务室。1963 年起，有条件的机关、企事业单位逐步建立医务室。1990 年，丽水地区有机关、企事业单位医务室 194 个（不包括医院设门诊部），其中机关 15 个，工矿企业 115 个，学校 53 个，农林牧渔场 11 个。有病床 20 张，卫生技术人员 373 人。

---

① “新五件”：B 超、心电图仪、血球计数仪、尿液分析仪、半自动化生化分析仪。

② 丽水中学前身。

私营、个体医疗机构

民国时期，丽水有个体医生 80 多人。中华人民共和国成立后，少数个体医生参加公立医疗机构。1952 年起，各地个体医生逐步组织联合诊所，社会上仍有少数个体医生开业。“文化大革命”中个体医生停业。1979 年后，丽水地区对个体医生进行考核发证。1984 年，经审查批准开业个体医生 258 人。1990 年，个体医生增至 953 人，分布城乡，设点坐堂，方便群众就医。2008 年，丽水市有民营医院 10 家，其他社会办医疗机构 418 家。2010 年，丽水市有民营医院 8 家，其他社会办医疗机构 406 家。

第三十八篇

体　育

① 群众体育

② 竞技体育

③ 机构与产业

概　述

古代,处州府、县儒学设射圃。明清时期,处州有武进士 11 人,武举人 151 人。清光绪二十九年(1903),利用织布公司设丽水县体育会。民国 6 年(1917),省立第十一中学[①]举办第一次运动会。民国 26 年“七七”事变后,省立杭州师范学校体育科 30 人迁至丽水碧湖。民国 27 年,民国浙江省政府机关迁至丽水,丽水山城体育较为活跃。

1951~1952 年,丽水各县先后举办运动会。1953 年,丽水各县中小学普遍开展广播体操和其他体育活动。1954 年,丽水各县中小学贯彻执行“劳卫制”。1964 年,丽水专区改进“青少年体育锻炼标准”。1975 年 4 月,丽水地区实施《国家体育锻炼标准条例》,开展学校体育“达标活动”,建立学生业余运动队。同期,丽水各县举办职工运动会、农民运动会、少数民族传统体育表演会。20 世纪 60—70 年代,丽水、龙泉、遂昌、缙云、云和、青田等县先后兴建灯光球场和体育健身培训用房。建成学校、企事业单位体育场地,体育运动记录被刷新,体育人才不断涌现。

20 世纪 80 年代初,地、县两级少体校建立,开展田径、羽毛球、游泳、篮球、乒乓球、跆拳道、赛艇、皮划艇等体育训练项目 10 多项。2000 年起,丽水市中小学实施阳光体育。至 2010 年,丽水市创建省级青少年体育俱乐部 40 个,省级青少年户外营地 1 个。

至 2010 年,丽水市体育人口占总人口的 32.5%,高于全省体育人口 1%,建设省级新农村小康体育村 1360 个,创建省级体育强镇(乡)31 个,先进街道 1 个,省级农村俱乐部 40 个,城镇体育先进社区 6 个,培训社会体育指导员 2649 人。实现丽水市社区 100%、农村 70%有体育健身队伍。丽水市街道社区都有健身设施活动场所,农村有活动场所 80%以上,建立健身辅导站(点)273 个,标准体育场馆 914 个,非标准场馆 535 个,人均拥有场地面积 0.53 平方米。2000—2010 年,丽水市一批现代化的体育场馆建成。市政府先后举办两届市运会,并成功承办浙江省首届体育大会。

至 2010 年,丽水市参加国内外各级别重大体育比赛 6000 多人次,全国比赛获金牌 88 枚;省级比赛金牌 309 枚。获世界级比赛金牌 28 枚,银牌 4 枚,铜牌 5 枚;国际级比赛获金牌 26 枚,银牌 5 枚,铜牌 7 枚;亚洲级比赛获金牌 7 枚,银牌 5 枚,铜牌 1 枚。

① 丽水中学前身。

第一章　群众体育

丽水学校体育承袭于古代六艺传统，以“射”“御”为主要内容。清末期，丽水近代体育进入学校课堂。

1949 年 10 月中华人民共和国成立后，丽水群众体育蓬勃发展。学校体育逐渐规范，体育课成为各级各类学校学生的必修课。20 世纪 80 年代，丽水体育教育以国家体育锻炼标准为依据，并逐渐与保健、体质测试结合在一起。1995 年，丽水地区执行国务院颁布的《全民健身计划纲要》，群众体育趋向社会化，群众体育业余组织发展壮大，农民运动会和职工运动会兴起。2002 年，丽水市承办浙江省全民健身活动暨百万职工健身活动启动仪式。2005 年起，丽水市开展争创体育强镇（乡）、扶持建设新农村小康体育村、争创省农村体育俱乐部活动及城镇体育先进社区。

丽水老年人体育和残疾人体育发展迅速。1987 年 2 月，丽水地区老年人体育协会成立，2004 年 10 月，全国第一届老年人气排球比赛在丽水举行。至 2010 年，丽水市 9 个县（市、区）成立老年协会的乡镇 188 个、街道 7 个、社区 76 个。组团参加浙江省残运会、全国残运会和亚洲残运会，2010 年 12 月，丽水市肢残女运动员蔡余庆燕勇夺亚洲残运会 400 米自由泳 S9 级金牌。

丽水少数民族体育、民间武术有新的发展。挖掘、整理加工、推广畲族传统体育，整理挖掘出失传多年的畲族传统体育“摇锅”“赶野猪”。2010 年 11 月，丽水代表团在第四届浙江省少数民族传统体育运动会中，以金牌 25 枚名列奖牌榜第一位。各类民间武术学校成立，习练武术成为人们养生健体的重要方式。至 2010 年，丽水市经常练习太极拳、剑等武术器械有 5600 多人。

第一节　学校体育

中小学体育

体育课　儒家“六艺”教育中的“射”“御”是古代学校教育的体育内容。清光绪二十五年（1899），青田县简易小学堂设体操课。清末期，清政府“废科举，办新学”，公立学堂开始重视体育。处州中学增设体操专修科，周伯平任教，招 25 人。民国 19 年（1930）年，瑞士传教士罗新德等人在丽水城内所建教会学校崇德小学、崇真小学，倡导足球、羽毛球、击剑等体育活动。

中华人民共和国成立后，体育课成为各级各类学校学生必修课。中小学每周体育课 2 课时。1949 年 6 月至 1965 年，丽水专区中小学体育课每周 2 节，教学内容分整队、步伐、广播操、游戏、球类等

8类。1966—1977年，中小学体育课改为军体课，教学内容为军事基本操练投弹、射击、野营拉练。1978—1982年，体育课每周2节，按体育锻炼标准实施教学。1983—1991年，小学体育音乐合并为游唱课，每周2—4节(二至六年级每周2节)，按游唱课教材上课。1992—2001年，开设体育与保健课，按体育与保健教材上课。2002—2010年，按课改教材上课。

体育考核　民国11年(1922)，体操科改称体育课，小学体育课不进行考试，中学实行考试。民国18年，民国政府教育部颁布“国民体育法”。处州中小学设体育课，实行体育考核，制定体育课考查标准。

1954—1962年，丽水各县中小学体育课考核“劳卫制”规定项目。1963—1977年，丽水地区中小学体育课考核，对照“劳卫制”项目，以平时和定期考核的百分比评定学期、学年总成绩。1978—1992年，丽水地区中小学体育对照国家体育锻炼标准项目考核(1982年开始用新体育锻炼标准)。1993—2002年，丽水市中小学以新的体育锻炼标准为依据，采用平时与定期考核相结合办法。2003—2010年，丽水市中小学体育课考核改为每年对学生进行一次体质测试。测试项目有身高、体重、视力、肺活量、力量、协调耐力(跑、跳、推举)等项目多个。测试水平分等级5个。

体育师资

中小学体育师资培训　清光绪三十二年(1906)年4月，处州、缙云开办体育会。清光绪三十四年，处州初级师范学堂招收体操专修科1班，学员25人。民国26年(1937)，杭州师范学校体育师范科30多人到丽水碧湖，传授体育技术。1956年，实施中小学体育教学大纲，开展中学体育教学研究活动。1970年12月至1971年2月，杭州大学体育系在龙泉县举办丽水地区体育教师培训班，学员近100人。1978—1980年，丽水师范专科学校举办中师体育班2期，培养中小学体育教师70人。1980年，丽水地区中小学专职体育教师205人。1982年6月，丽水地区举办中小学体育教师培训班，参加68人。1990年，丽水有中、小学体育教师433人。庆元中学体育教师彭德南、松阳县古市小学体育教师徐增发被评为全国千名优秀体育教师。1995年，丽水地区普通中小学有体育专任教师525人。2002年，丽水市有市级体育学科带头人12人，省体育名师2人。2003年11月，丽水市教研室组织体育教师70多人参加在海宁举行的全国体育课堂教学展示会。2005年，市教研室举办2期《体育与健康》新课程培训班，体育教研员及骨干教师114人参加。2007年，举办丽水市田径、跆拳道教练员培训班，丽水市专、兼职教练员200多人参加。2008年，丽水市有被评为市级中小学校业余训练优秀体育指导师教师69人。

体育学院　2004年5月，在丽水师范专科学校和丽水职业技术学院合并的基础上，经教育部批准升格更名丽水学院，设立体育系。2005—2007年，丽水学院主持省级以上课题8项，发表民族传统体育研究论文40篇，获省部级科研成果奖3项，国家专利5项，专著2部。学院民族体育运动队多次代表浙江省参加全国民运会，屡获大奖。2008年，民族体育被评校级重点学科建设项目和省级精品课程、省级教学团队。2008年7月，丽水学院成立体育学院，属于丽水学院下属二级分院，下设体育系、公体部、成教部。设有体育教育本科和成人专科专业，建有民族体育研究所、浙江省民族体育训练基地、跆拳道训练中心、丽水市国民体质检测中心。2010年，体育学院有教职员工45人，其中教授3人，副教授7人，讲师25人，硕士17人，在校生323人，毕业学生1108人。

体育传统项目学校　1984年4月，丽水地区建立少体校。20世纪80年代，全省传统体育项目布局在丽水地区有5处，丽水地区实验学校（羽毛球、田径）、丽水县囿山小学（田径）、丽水县城北小学（游泳）、遂昌中学（田径）、龙泉县第二中学（篮球）。1991年，景宁一中教练潘智慧率队首次夺得全省传统男子项目篮球赛冠军，取得该项目丽水的首枚金牌。2000年起，体育运动后备人才培养采取体教结合。2010年，丽水市建成省级阳光基地校5座，省级特色学校22座，丽水市体育特色学校26座，设羽毛球、篮球、田径、游泳、跆拳道等业余训练项目20个。

学生运动会

民国5年（1916）11月，省立第十一师范学校、处属县立师范学校、省立第十一中学参加在杭州举办的浙江省中等学校第一次联合运动会。民国6年秋，缙云县举办第一届运动会，参加兵式操小学8所。民国28年秋，联高[①]、联师[②]和处州学校[③]，在丽水碧湖举办联合运动会。

1949年起，丽水区域城镇中小学运动会每年举办1次，乡村中、小学因场地限制，举办跳绳、踢毽子、拔河、滚铁环等单项或多项运动会。“文化大革命”期间，中小学运动会中断。1977年，在丽水县人民广场举办地区中小学学生田径运动会，男女运动员252人。缙云县代表队获总分第一名，丽水县第二名，龙泉县第三名。1979年起，地区各县中小学，每年举办学生运动会1次。各县根据地区体委和教委下达的参赛运动员资格规定运动成绩标准，选派运动员参加地区选拔赛。

1997年7月12—16日，遂昌县承办浙江省第三届县级田径运动会。全省参赛县86个，运动员622人。丽水地区9个县（市）均派运动员参加。2000年11月9—12日，在缙云县举办丽水市首届学生田径运动会，参赛运动员357人。缙云中学获高中组第一名，莲都区获普通组第一名。2001年，在缙云中学举办浙江省第八届中学生田径运动会，全省参赛队22个，运动员433人。2002年4月29—30日，在松阳县举办丽水市学生田径运动会，参加比赛运动员500多人。11月13—16日，在缙云县举办丽水市中学生篮球赛。景宁、云和、缙云县队获男队前三名；缙云、龙泉、莲都区获女队前三名。2003—2005年，丽水市中小学每年都举办运动会，比赛项目有田径、篮球、乒乓球、羽毛球、游泳等六大类。2006—2007年，每年举办传统学校田径运动会、小学生女子足球赛，少儿乒乓球赛、少儿羽毛球赛，传统学校篮球赛，少儿跆拳道赛，青少年游泳比赛。2008年，丽水市举办学生田径、篮球、女子足球、跆拳道、羽毛球等体育赛事大项11个，参与学生1000多人。2008—2009年，市体育局在省体育局注册运动员1000多人。2010年5月13—16日，在云和县举办丽水市中小学生田径运动会。参赛代表团35个，运动员536人。莲都区、青田县、遂昌县获普通组团体总分前三名，缙云中学、丽水中学、青田中学获高中组团体总分前三名，遂昌职中、龙泉职校、缙云职中获职高组团体总分前三名。至2010年，丽水市创建省级青少年体育俱乐部40个，省级青少年户外营地1个。

---

① 联高：杭州一中、嘉兴一中、湖州三中。

② 联师：杭州师范、嘉兴师范、湖州师范。

③ 处州学校：处州中学、处州师范。

第二节 农民体育

农民体育活动

民国 21 年(1932),各县推广民众体育活动,有划龙舟、舞狮子、舞龙灯、放风筝、游泳、叠罗汉、下棋、举石担、舞大刀等项目。

1949 年 5 月丽水解放后,农村以共青团、民兵组织为主体,开展体育活动。1951 年,丽水专区召开农村体育工作会议,要求各县、区、乡建造篮球场,组织农民篮球队。同年,丽水县大港头农民篮球队成立。龙泉县举办首届县运动会,参赛农民 250 人。1952 年,丽水县在林宅口举办农民运动会,参加比赛农民 136 人。比赛项目有爬山、100 米负重等。10 月 10 日,青田县举办首届群众运动会。1959 年元旦,丽水各乡举办农民运动会 30 场,参加比赛农民 8160 人。1953 年,缙云县民兵代表队获金华军分区首届运动会表演赛冠军。1958 年冬,丽水县组队参加温州专区农民运动会。1959 年, 龙泉县锦旗公社大垄坑社员陈观行获温州专区全民运动会打猎射击表演赛冠军。1964 年,丽水片举办全省农民篮球赛选拔赛。1965 年,云和县农民男篮代表丽水地区获省农民篮球比赛第 7 名,荣获风格奖。1971 年和 1972 年,丽水县城关镇灯塔村女子篮球队两次代表丽水地区参加省农民篮球赛,分别获第 4 名和第 1 名。1975 年,丽水地区举办农民篮球赛,参赛男女队 12个,运动员 144 人。龙泉县男篮获冠军,丽水县女篮获冠军。同年,缙云城南乡获全国群众体育先进单位称号。

1984 年 4—5 月,丽水地区举办首届农民运动会选拔赛,参赛农民 72 人。6 月,参加浙江省首届农民运动会,参赛农民 32 人。1992 年,齐建来获省第二届农运会 1000 米项目第二名,郑俊卿获铅球项目第二名,两人均荣获道德风尚奖。1996 年,全国第三届农运会上,缙云县壶镇镇获“全国亿万农民健身活动先进乡镇”称号,吴小灵获武术比赛金牌。2008 年,参加省第 6 届农运会,获得一等奖 1 个,二等奖 10 个,三等奖 7 个,团体总分列全省第 7 名,有项目获道德风尚奖 4 个。

全国体育先进县

1985 年,全省开展争创全国体育先进县活动。1986 年 11 月,丽水市(县级)体委制定下发《丽水争创全国体育县具体实施意见》。1987 年,丽水市(县级)各单位落实经费,建立运动队伍,开展体育活动。1987—1988 年,丽水市(县级)争创全国体育先进县领导小组分期分批下农村、学校、工矿企事业单位,督查开展争创进展,协助乡、镇建篮球场活动室,协助碧湖中学建成 400 米田径场。同年,城关灯塔村投资 80 万元,兴建占地 0.83 公顷的室内外丽水游泳池 3 个。1989 年 7 月,成功承办全省少年儿童游泳比赛。

1990 年 3 月,丽水市(县级)创建全国体育先进县通过省级考核。10 月,省人民政府授予丽水浙江省体育先进县称号。1991 年 5 月,丽水市(县级)创建全国体育先进县通过国家体委考核。1991 年 8 月,丽水市(县级)获全国体育先进县称号。

体育健身工程

1997年，丽水地区全面启动全民健身计划，在农村建立体育工作机构，启动“三边工程”。开辟晨晚新健身点，完善全民健身路径和活动场地。开展“送体育器材设施，送体育健身指导，送体育健身活动节目到农村”活动。2001—2010年，丽水市农村城镇社区健身路径2290条，资助村2034个，每村平均健身器材费15000元。培训社会体育指导员，推广“五禽戏”“八段锦”“易筋经”“六字诀”医疗保健操和健身气功4种。2005年起，丽水市开展争创体育强镇（乡）、扶持建设新农村小康体育村、争创省级农村体育俱乐部活动及城镇体育先进社区。至2010年，丽水市创建省级体育强镇乡31个，省级农村体育俱乐部40个，扶持建设新农村小康体育村1688个，城镇体育先进社区6个，800以上人口的行政村都有体育设施，实现全覆盖。100%社区、70%农村都有体育健身队伍。丽水市体育社会指导员2649人。

第三节　职工体育

清光绪二十九年（1903），丽水利用织布公司设体育会，练功习武。抗日战争时期，省政府机关和多家企事业单位迁入丽水地区，职工体育活跃。民国26年（1937），丽水碧湖举办“五四”运动会和“森文杯”[①]篮球赛。民国28年，省运输公司组织交通篮球队，开展挑战赛。民国29年4月，省建设厅在丽水县举办“廷飏杯”[②]篮球赛，参赛球队20多支，历时18天。“五四”青年节，举办球类、自行车、负重、环城越野赛及手榴弹投掷表演。民国33年2月，在丽水县碧湖镇举办“默庵杯”[③]和“鸣涛杯”[④]足球赛。民国34年元旦、春节期间，在云和县举办“默庵杯”和“霞天杯”[⑤]篮球赛。

中华人民共和国成立后，开始建立俱乐部，开辟活动室，建造篮球场，组织篮球队、乒乓球队，活动频繁。1952年10月，青田县举办首届职工运动会。1954年5月，丽水县举办首届工人运动会。1954—1955年，遂昌县举办全县工人运动会2次。1956年10月，朱善章等4人参加浙江省首届工人运动会，取得优异成绩。1956年，缙云县举办首届职工运动会。1961年，各县机关事业单位开展工间操、商店实行开门操、工厂提倡班前班后操等体育活动。20世纪60年代起，丽水职工刘化斋每天早晨坚持跑步1小时，42年晨跑里程绕地球3圈多。蒋锡唐坚持每天晨练打太极拳剑，并带出弟子1000多人。

1983年，举办地区机关干部职工首届运动会，1985年5月，地区举办首届工人运动会。同年，参加省第二届工人运动会，获男子团体第四名，女子团体第六名。松阳县运动员路海军获标枪第一名，成绩53.88米。2000年起，市直机关每年举办干部职工运动会。丽水市职工15万人，经常参加体育活动的有70%。11月，参加杭州全国长跑邀请赛，获获团体冠军。2002年5月，在纳爱斯广场举行浙

① “森文杯”：以第九行政督察区专员公署专员余森文名字命名。
② “廷飏杯”：以省建设厅厅长伍廷飏名字命名。
③ “默庵杯”：以第三十二集团军总司令李默庵名字命名。
④ “鸣涛杯”：以省保安处处长竺鸣涛名字命名。
⑤ “霞天杯”：以中国国民党浙江省党部书记长罗霞天名字命名。

江省全民健身活动暨百万职工健身活动启动仪式，参加职工 2200 人。2008 年，丽水籍的李玲蔚成为杭州站奥运火炬第一棒火炬手，在北京奥运会开幕式上担任奥运会会旗旗手，丽水市的奥运火炬手参加温州站奥运火炬传递活动 12 人。2005 年和 2009 年，举办市职工运动会 2 届。2009 年 3—9 月，举办丽水市第二届职工足球联赛。2010 年，丽水市举办首届省体育大会。

1979—2010 年丽水市区职工群众体育活动一览

表 38-1-3-1

时间	运动会名称	地点	举办单位
1979 年 5—10 月	市区职工篮球联赛	体育场 篮球场	体委 工会
1979 年 8 月	浙江省业余体校羽毛球赛	丽水中学大会堂	省体委主办 县体委承办
1979 年 11 月	市区机关企事业单位职工乒乓球赛	体育场 乒乓球室	县体委 机关工委总工会
1980 年 5 月	市区职工篮球锦标赛	体育场 篮球场	县体委 工会
1980 年 10 月	市区职工、干部、农民象棋比赛	体育场 乒乓室	县体委
1980 年 8 月	省业余体校排球赛	丽水中学 会堂	省体委主办 丽水县体委承办
1981 年 8 月	浙江省业余体校羽毛球赛	体育馆	省体委主办 丽水县体委承办
1981 年 9 月	省运输公司第二届职工篮球赛	体育馆	省运输公司主办 丽水运输公司县体委协办
1982 年 2 月	市区中国象棋比赛	门厅三楼活动室	县体委
1982 年 5 月	市区职工乒乓球比赛	体育馆	县体委 县经委
1982 年 9 月	省七运会篮球预赛	体育馆	省体委主办 丽水县体委承办
1982 年 4 月	省业余体校篮球赛	体育馆	省体委主办 丽水县体委承办
1983 年 5 月	市区文化中心乒乓球邀请赛	碧湖中学	县体委 县文化局
1983 年 7 月	省业余体校羽毛球赛	体育馆	省体委主办 丽水体委承办
1983 年 12 月	丽水市区教工篮球赛	体育馆	县教委 县体委
1984 年 8 月	省首届青运会排球赛	体育馆	省体委主办 丽水县体委承办
1984 年 10 月	市区第三届职工运动会田径比赛	体育场	地县体委 地县总工会
1984 年 8 月	市区第三届职工运动会篮球赛	体育馆	体委 总工会
1985 年 5 月	丽水地区首届工人运动会	体育场	地区工会办事处 地区体委
1985 年 5 月	省邮电系统职工篮球赛	体育馆	省邮电局主办 丽水邮电局体委协办
1985 年 12 月	市区职工篮球联赛	体育馆	体委
1986 年 5 月	丽水地区林业系统职工篮球赛	体育馆	丽水地区林业局主办 丽水县体委协办
1986 年 5 月	省八运会羽毛球赛	体育馆	省体委主办 丽体协办
1986 年 5—11 月	市区经委系统首届职工运动会	体育馆	县经委 体委
1986 年 10 月	丽水地区银行系统职工篮球赛	体育馆	中国人民银行丽水支行委
1986 年 2 月	“莲城杯”篮球邀请赛	体育馆	八一男篮、女篮 浙江男篮、女篮
1987 年 3 月	“飞雁杯”篮球邀请赛	体育馆	新疆、重庆、甘肃、南京男篮
1987 年 9 月	浙江省游泳队蹼泳队表演赛	丽水灯塔游泳池	市(县)体委 灯塔村

续表 38-1-3-1

时间	运动会名称	地点	举办单位
1987 年 4 月	市职工“飞雁杯”篮球邀请赛	体育馆	市体委 羽绒厂
1987 年 3 月	市职工“飞雁杯”游泳邀请赛	游泳池	地县体委 羽绒厂
1988 年 5 月	地区水电系统职工篮球赛	体育馆	地区水电局主办 市体委协办
1988 年 5 月	丽水地区粮食系统职工乒乓球赛	体育馆	地区粮食局主办 市体委协办
1988 年 7 月	“飞雁杯”市区职工游泳邀请赛	游泳池	市体委 羽绒厂
1989 年 7 月	省少年儿童游泳比赛	游泳池	省体委主办 市体委承办
1989 年 10 月	市区职工围棋升段赛	门厅三楼活动室	市体委
1989 年 11 月	市区职工足球赛	体育场	市体委 总工会
1989 年 12 月	市区职工田径运动会	体育场	市经委 建委 体委 工会
1990 年 5 月	浙江省“国土杯”篮球赛	体育馆	省国土资源局主办丽水国土局市体委承办
1990 年 5—6 月	市区职工中国象棋等级赛	门厅三楼活动室	市体委 经委
1990 年 10 月	市区职工篮球等级赛(第二阶段)	体育馆	市体委
1990 年 10 月	迎接省、国家体委对丽水市全国体育工作先进县考察审评	抽查丽水市工厂、学校乡镇等单位	省体委省总工会 国家体委考评组
1991 年 5 月	省卫生系统职工乒乓球赛	体育馆	省卫生厅主办 丽水市体委协办
1991 年 7 月	市区中学生篮球赛	体育馆	市教委 体委
1991 年 10 月	市区经委系统职工游泳比赛	游泳池	市经委 体委
1992 年 3 月	市区群众长跑(环城)活动	市区环城路	市体委 总工会 机关党委等
1992 年 5 月	市区体育舞蹈预选赛	体育馆	市体委
1992 年 7 月	市区小学生游泳比赛	游泳池	市教委 体委
1993 年 8 月	瓯江游泳活动	大水门瓯江水域	体委 教委 机关工委 人武部 总工会
1993 年 8—9 月	市区老年人运动会预选赛	体育馆 体育场	地区老体协 市体委
1993 年 7 月	市区小学生乒乓球比赛	体育馆	市教委 体委
1994 年 7 月	市区小学生游泳比赛	游泳池	市教委 体委
1994 年 9 月	地区体委备战十运会	体育场、馆	地区体委
1994 年 10 月	市区职工篮球邀请赛	体育馆	市体委人武部
1995 年 5 月	迎接省体委对丽水市全国体育先进县的复查工作	学校、机关、企事业乡镇有关单位	市府办 体委
1995 年 9 月	丽水地区农民运动会代表队备战省第三届农运会	体育场、馆	地区农委(农业局) 地区体委
1996 年 5 月	丽水地区代表队备战省工人运动会	体育场、馆	地区工会办事处 区体委
1996 年 5 月	省老年门球赛分区赛	丽水	省老年体协主办 区老体协承办
1996 年 10 月	“紧电杯”桥牌锦标赛	丽水	丽水市体委
1997 年 3 月	全国第七届富士道桥牌通讯赛	丽水	地区体委 区桥牌协会
1997 年 5 月	“电力杯”桥牌锦标赛	丽水	丽水地区电力局 区体委

续表 38-1-3-1

时间	运动会名称	地点	举办单位
1997 年 10 月	全国健美操比赛丽水预选赛	体育馆	地区体委
1998 年 7 月	全国国际象棋国家大师赛	丽水	地区体委 球棋牌公司
1998 年 8 月	第十三届“希望杯”棋类比赛	丽水	丽水青少年宫 水体委
1999 年 9 月	“联通杯”宝龄球大奖赛	丽水	丽水联通委
1999 年 10 月	“青鹤泉杯”健美操比赛	丽水	青鹤泉公司 丽水体委
2000 年 5 月	国际体育舞蹈等级赛预选赛	体育馆	市体育局 舞蹈协会
2000 年 9 月	龙泉登山节登山比赛	龙泉	龙泉市政府
2000 年 10 月	“山水杯”全国网友桥牌赛	丽水	市体育局
2000 年 10 月	中美男女篮球对抗赛中瑞乒乓球对抗赛	体育馆	市体育局
2000 年 12 月	全国国际象棋锦标赛	丽水	市体育局 星球棋牌公司
2001 年 3 月	丽水市全民健身万里行丽水站支持申奥大签名	丽水	省体育局 丽水市政府
2001 年 5 月	“健身杯”象棋、围棋比赛	丽水	市体育局
2001 年 6 月	“大红鹰杯”申奥足球赛 1500 人参加环城跑	丽水	市体育局 烟草公司
2002 年 4 月	浙江省全民健身活动暨百万职工健身活动启动仪式	丽水	省总工会 省体育局 丽水市政府
2002 年 5 月	丽水市首届残疾人运动会	丽水	市残联 丽水市体育局
2002 年 10 月	浙江省“桥协杯”桥牌比赛	丽水	省桥牌协会 市体育局
2003 年 6 月	“红石梁杯”全民健身抗“非典”活动月	丽水	丽水市政府
2003 年 8 月	“丽汽杯”健身秧歌赛	丽水	体育局 丽汽集团
2003 年 9 月	省职工乒乓球赛	体育馆	省总工会 省体育局
2003 年 10 月	“龙卡杯”登山比赛	白云山	市建行 体育局
2004 年 3—10 月	丽水市职工第二届运动会设呼啦圈等活动比赛 8 项	体育馆等场所	市总工会 市体育局
2004 年 11 月	华东地区老年气排球比赛	体育馆	市老体协
2005 年 7—9 月	丽水市第一届全运会	体育场、馆	市政府
2005 年 7—9 月	浙江省全民健身展示会(浙西片区丽水分会场)	遂昌	省体育局 市体育局 遂昌县政府
2005 年 9 月	“鲁能杯”中乒俱乐部超级联赛丽水赛区	丽水	中央电视台中乒协 丽水体育局承办
2005 年 10 月	省第 4 届职工运动会象棋比赛	丽水	省总工会省体育局主办
2005 年 11 月	全国老年气排球赛	体育馆	丽水市政府 市老体协
2005 年 11 月	全国第 12 届老年骑游健身展示大会	丽水	市老年骑协
2006 年 2 月	市直机关全民健身启动仪式及万人健身走活动	丽水	市政府

续表 38-1-3-1

时间	运动会名称	地点	举办单位
2006 年 5 月	“体彩杯”“闽峰杯”“开发区杯”系列活动，老中青职工篮球赛	丽水	共青团市委 体育局
2006 年 10 月	省第 5 届领导干部乒乓球赛	丽水	省体育局主办 体育局承办
2007 年 2—11 月	“全民健身与奥运同行”系列活动	丽水	市机关工委 体育局
2007 年 5—6 月	市首届龙舟赛及畅游南明湖系列活动	南明湖	市体育局
2007 年 10 月	第三届全国亿万妇女健身展示大赛	丽水	市妇联 体育局
2008 年 2—8 月	“童心迎奥运、文明我先行”市直机关干部职工 1+1 健身活动	丽水	市机关工委 市体育局
2008 年 5 月	参加全省公务员体能测试大赛	丽水	市府办 体育局
2008 年 5 月	浙西片全民健身展示	云和	省体育局主办 市体育局 云和体育局承办
2009 年 5—10 月	丽水市第二届全运会	丽水市区 遂昌等地	市政府
2009 年 10 月	省龙舟锦标赛暨丽水市第二届全运会龙舟比赛	丽水南明湖	省体总 政府
2009 年 3—9 月	市第二届职工足球赛	市体育中心	市体育局 市总工会
2009 年 8 月	“全民健身日”暨万人健步走活动环南明湖同时举办游泳等系列活动	滨水公园	市政府
2009年 10 月	参加全省首届社区运动会	杭州	省体育局
2009 年 10 月	参加全民健身与奥运同行浙中片种文化活动	丽水	省体育局主办 市体育局承办
2010 年 4 月	浙江省首届体育大会	丽水	浙江省政府主办 丽水市政府承办
2010 年 10 月	参加省 14 届全运会	嘉兴	浙江省政府主办 嘉兴市政府承办

第四节 全民健身

全民健身活动

1995 年 7 月，丽水地区行署批转《全民健身计划纲要》。1997 年，丽水地区建立全民健身领导小组的乡镇有 76 个。丽水市(县级)和云和县全部乡镇建立，各县(市)机关单位全部建立。6 月，丽水地区启动全民健身月。6 月 19 日，遂昌县举办“’97 全民健身环城慢跑”，参加 4000 多人；6 月 20 日，龙泉市举办迎中国香港回归环城赛跑，参加 8000 人。1999 年，丽水地区举办奔向 21 世纪“全民健身节”活动。2002 年，丽水市承办浙江省全民健身活动暨百万职工健身活动启动仪式。同年，丽水市参加各类健身活动和比赛 50 万人次。2004 年，丽水市开展全民健身，推广国家体育总局推荐的五禽戏、八段锦、易筋经、六字诀等健身气功 4 种。2005 年 7 月 9 日，在遂昌县大柘镇举办 2005 年浙江省(浙西片区丽水分会场)全民健身展示活动。比赛项目有登高望茶、锯木拉力、挑粮接力、喜吃丰收瓜、力拔千钧等5个。参赛的有天台、仙居、文成、泰顺以及丽水市9个县(市、区)的代表队13支、运动员200多人。2006年,"小康健身工程"向农村乡镇纵深发展,掀起新一轮全民健身热潮。2008年5月,在云和举办浙西片区全民健身大展示暨丽水市第4届农民趣味运动会。丽水市开展"一路宣传奥运跑步奔向北京""童心迎奥运文明我先行"等大型活动5次,参加112000多人次。2009年10月2—6日,组队参加浙江省全民健身与奥运同行"浙中片区种文化"活动,参加长三角龙舟比赛及全省首届社区运动会。2010年,丽水市深入贯彻《全民健身计划纲要》《浙江省全民健身条例》,体育健身人员逐年增加,市区街道6个、社区23个建立全民健身活动领导小组,制定健身活动计划,有固定或临时活动场地,有社会体育指导员。2009年8月7日全国首个全民健身日①前夕,在南明湖滨水公园举办丽水市"全民健身日"暨万人健步走活动启动仪式。

国民体质监测

丽水地区国民体质监测进行过3次。1999年6月,丽水市(县级)对国民体质进行抽样监测。监测项目设体重、身高、血压、心率、肺活量、推力、仰卧起坐、体前屈等项目14个。2000年9—11月,各县(市、区)全面进行国民体质监测样本的现场测试工作,较上一年增加幼儿和老年年龄组2个。丽水市国民体质监测总样本5621个,其中幼儿组样本1967个,合格率城市90.34%,农村89.46%。成年人样本3220个,合格率82.29%。老年组样本434个,合格率81.34%。2005年,丽水市第二次国民体质监测,体质监测1324人。城市组合格率92.52%,农村组合格率90.71%。2010年,丽水市第三次全国国民体质监测。城市组合格率94.65%,农村组合格率91.83%。

第五节　老年人体育

组　织

1987年2月20日,丽水地区老年人体育协会成立。1987年4月至1988年12月,各县老年人体协先后成立。2002年8月10日,市政府召开贯彻省政府〔2002〕16号专题会议纪要会议,专题听取市文体广电局、老年体协汇报。至2010年,丽水市9个县(市、区)乡镇188个、街道7个、社区76个都成立老年体协。丽水市建立中老年健身辅导站273个。

活　动

市老年体协每年都组织老年人开展多种多样的健身活动,有爬山、健步走、太极拳剑、健身球、柔力球、门球、地掷球、街舞、气排球等项目20多个。2004年10月23—26日,在丽水举办全国第一届老年气排球比赛,丽水气排球女队获第三名,男队获第六名。11月,丽水市举办全国老年骑游健身展示大会,参加队伍116个,职工骑游爱好者、市老年职工骑游爱好者112人参加。

① 全民健身日在每年的8月8日

1990—2005年丽水市荣获全国老年体育先进集体、先进个人一览

表38-1-5-1

全国先进集体、先进个人	获奖时间	称号
沈卫荣[(丽水市(县级)]	1990	先进个人
李生德(遂昌县)	1993	先进个人
王淑秀(丽水地区)	1993	先进个人
遂昌县老年人体协	1993	先进集体
丽水地区老年人体协	1997	先进集体
郑炳湘[丽水市(县级)]	1997	先进个人
樊哲雄(龙泉市)	1997	先进个人
丽水市老年人体协	2000	先进集体
龙泉市老年人体协	2001	先进集体
徐仁俊(丽水市)	2001	先进个人
颜增涛(莲都区)	2002	先进个人
徐仁俊(丽水市)	2003	先进个人
傅益南	2003	先进个人
龙泉市八都镇老年体协	2003	先进集体
丽水市老年人体协	2005	先进集体

第六节　少数民族体育

畲族传统体育项目

清光绪三十一年(1905),浙江景宁、苍南和福建宁德一带出现畲族体育项目——“抢山猪头”,并在畲族居住地区流传。民国32年(1943),丽水富岭大凉山畲民居地曾有畲民“火功”表演。“火功”表演者赤脚踩踏通过烧红的木炭地(7尺×3尺)。

中华人民共和国成立后,丽水畲族传统体育有新的发展。1985—1992年,浙江省丽水少数民族师范教师挖掘、整理加工畲族传统体育,如“问凳”“腹顶棍”,在学生中施教推广。1997年2月起,景宁畲族自治县深入畲民居住地调研畲族传统体育。2005年,挖掘整理出失传多年的畲族体育“赶野猪”。2009年,挖掘整理出畲族传统体育“摇锅”“腹顶棍”“赶野猪”“操石磉”“问凳”“摇锅”等节目,在景宁、丽水、衢州、温州等地推广。

问凳　问凳起源于畲族早期的宗教祭祀活动,后逐渐变成民间体育活动。问凳以蹬、转、翻、旋、翘、摇、摆等为基本动作,并结合难度较大的插旗、套圈等形式进行竞赛。该项目曾参加第四、五、六、七、八届全国民运会,均获金奖。

操杠　古时候畲族人民为抵御外敌入侵,经常开展操杠活动和竞赛,有效提高腿臂力量和作战

技能。操杠的形式多样，主要有金鸡独立操抄杠、蹬腿步操杠、四角操杠等。该项目曾多次参加全国民运会，屡获银奖。

摇锅　摇锅源于景宁畲族自治县民间健身游戏，极具娱乐趣味性。参赛每队单人、双人、多人都可以（男女不限）。比赛有限距、限时两种，限距比赛为运动员站在大锅里，运用身体重心的变化将锅向指定方向移动，以锅的任何部位抵达终点线后沿垂直面瞬间为止，用时少者为胜。限时比赛是在设定的比赛时间内，领先者为胜。

少数民族运动会

1986 年 4 月，浙江省首届少数民族传统体育运动会在景宁畲族自治县举办。参加比赛的浙江省少数民族运动员、教练员 170 多人。丽水地区代表团推荐的“打尺寸”“操石磉”项目 2 个，获表演优秀奖。同年，龙泉县竹垟畲族乡被评为全国少数民族体育先进单位。1990 年 10 月，在丽水举办浙江省第二届少数民族传统体育运动会，参加的丽水地区畲族运动员有 25 人，表演项目“土枪打飞鸟”受好评。1994 年 10 月，浙江省第三届少数民族传统体育运动会在嘉兴市举行。丽水地区体育代表队参加比赛的项目有问凳、腹顶棍、毽球等，获 26 金、15 银、12 铜。2007 年 11 月，中华人民共和国第八届少数民族传统体育运动会在广州举行。浙江省丽水市体育局被国家民委授予“先进集体”称号。2010 年 11 月 22 日，浙江省第四届少数民族传统体育运动会在丽水大剧院开幕。参赛市级代表团 11 个以及景宁畲族自治县代表团，参加人员 1100 多人。丽水市代表团 150 人，参加全部竞赛项目 8 个和表演项目 3 类的比赛。景宁代表团运动员 53 人参加竞赛项目 8 个和表演项目 2 类的比赛。参赛民族有畲族、满族、回族、土家族、壮族、蒙古族等 25 个。大会设蹴球、陀螺、射弩、高脚竞速、板鞋竞速、押加、武术、珍珠球竞赛项目 8 个和竞技类、技巧类、综合类（含民族健身操）表演项目 3 类。丽水代表团获金牌 25 枚，列排名奖牌榜第一位。

1986—2007 年丽水市少数民族运动员参加全国民运会一览

表 38-1-6-1

时间	地点	名　称	参赛人数	参赛项目	获奖情况	教练
1986 年 8 月	新疆	全国第三届少数民族传统体育运动会	6 人	打尺寸操石磉	表演（未设奖）	赵理强
1991 年 11 月	广西	全国第四届少数民族传统体育运动会	8 人	问凳操杠	一等奖 二等奖	赵理强
1995 年 10 月	云南	全国第五届少数民族体育运动会	20 人	问凳 操杠 毽球	一等奖 二等奖 女子第八名 男子第十名	赵理强 方哲红 赵理强
1996 年 10 月	上海	全国第三届农民运动会	21 人	问凳 毽球	一等奖 第十一名	赵理强 方哲红
1999 年 8 月	西藏	全国第六届少数民族传统体育运动会分会场	10 人	射弩 腹顶棍	个人第九名 团体第六名 二等奖	赵理强

续表 38-1-6-1

时间	地点	名　称	参赛人数	参赛项目	获奖情况	教练
1999 年 9 月	北京	全国第六届少数民族传统体育运动会	28 人	问凳 操杠 毽球 蹴球	一等奖 二等奖 第十名 精神文明运动队 男单第六名	赵理强 方哲红 刘俊峰 王跃聪
2003 年 9 月	宁夏	全国第七届少数民族传统体育运动会	66 人	十字稳凳 操石磉 操杠 腹顶棍 射弩 高脚竞速 男子珍珠球	一等奖 二等奖 三等奖 三等奖 全能第四名 立姿第五名 跪姿第八名	赵理强 徐海波 王晓飞 高伟淼
2007 年 11 月	广州	全国第八届少数民族传统体育运动会	82 人	问凳 操石磉 操杠 畲族器械健身操 畲族徒手健身操 赶野猪 高脚竞速 射弩 蹴球 武术 男子珍珠球	二等奖 二等奖 二等奖 一等奖 二等奖 二等奖 4*100 接力第七名 团体第七名 男子双蹴第六名 男女混蹴第六名 男子单蹴第七名 拳术第六名	赵理强 洪玫 蓝进平 王晓飞 徐海波 李晓明 钟菊花 赵环春

第七节　残疾人体育

1949 年前，丽水没有残疾人体育。20 世纪 50—80 年代，丽水福利厂有少数残疾人参加体育活动，聋哑学校开展体育教学和课外活动，但内容较单一，只有跑和跳。20 世纪 80 年代后，广大残疾人积极融入社会生活，参与各种体育活动。2010 年，丽水市残疾人 16.5 万人，居住在城镇的 5.2 万人，其中经常参加体育活动约 25%。

市残疾人运动会

2002 年 10—11 月，市第一届残疾人运动会在丽水举办，比赛项目有田径、游泳、乒乓球、射击、举重、羽毛球、男子坐地排球(集体)、男、女盲人门球(集体)。竞赛组织者对运动员进行医学功能能力分级，提高竞技性和竞争性，参加比赛残疾运动员 90 多人。2010 年 4 月 17—18 日，市第二届残疾人运动会在丽水举办，设田径、游泳、乒乓球、羽毛球、举重、飞镖、中国象棋、盲人门球、坐式排球等竞赛项目，参加比赛残疾运动员 100 多人。

浙江省残运会

1998 年 5 月，浙江省第五届残运会在杭州举办，设田径、游泳、射击、乒乓球、羽毛球、举重、盲人门球（集体）、坐式排球（集体）等项目。全省 11 个市（地）残疾人运动员参加，丽水代表团由 38 人组成，获总积分 108 分，居全省第七名。2002 年 10 月，浙江省第六届残疾人运动会在杭州举办，设田径、游泳、举重、乒乓球、羽毛球、射击、盲人门球（集体）、坐式排球（集体）等项目，丽水市参赛运动员 57 人，获金牌 16 块，银牌 14 块，铜牌 13 块，总分 266 分，居全省第六名，并获组织奖。2004 年 11 月 15—20 日，浙江省首届聋人运动会在杭州举办，丽水市组队参加。2006 年 10 月，浙江省第七届残运会在杭州举办，设盲人门球（集体）、坐式排球（集体）、田径、游泳、射击、举重、乒乓球、羽毛球、硬地滚球等项目，丽水市参赛运动员 62 人。其中，丽水市女子盲人门球队获冠军，男子盲人门球队获亚军，女子坐式排球获第 6 名，男子坐式排球获第 7 名。2008 年 6 月，浙江省第二届聋人运动会在杭州举办。丽水市代表队获金牌 4 块，银牌 6 块，铜牌 10 块，团体总分 162 分，列全省第 6 名。2010 年，浙江省第八届残运会分别在嘉兴、绍兴举办。丽水市参赛残疾运动员 65 人。

全国和亚洲残运会

2007 年 10 月，在昆明举办第七届全国残疾人运动会，丽水市参赛残疾人运动员 4 人，其中蔡旌豪获羽毛球双打冠军，单打季军。2010 年 12 月，在广州举办亚洲残疾人运动会，丽水市肢残女运动员蔡余庆燕勇夺亚洲残运会首金——400 米自由泳 S9 级。

2010 年丽水市残疾人运动员参加省第八届残运会成绩一览

表 38-1-7-1

姓　名	性别	籍贯	成　绩	日期地点
陈宗飞	男	云和县	田径 400 米金牌和 100 米、200 米、五项全能铜牌	2010 年嘉兴
叶巧珍	女	景宁畲族自治县	田径 100 米第六名、200 米第五名、400 米第四名	
蒋　津	男	青田县	田径 400 米第六名	
吴常力	男	缙云县	田径 100 米铜牌、200 米第四名	
吴炉飞	男	庆元县	田径 800 米和 1500 米金牌、400 米铜牌	
甘志雄	男	庆元县	标枪银牌、100 米和 200 米铜牌	
吴慧淋	女	庆元县	田径 100 米第五名、200 米第五名、跳远第五名	
陶秋萍	女	庆元县	铅球铜牌、100 米第四名、200 米第四名	
蔡旌豪	男	龙泉市	羽毛球上肢单打金牌、双打金牌	
陈　兵	男	遂昌县	羽毛球上肢单打第四名、双打金牌	
王葛水	男	缙云县	乒乓球 TT10 金牌、公开级第六名	
郑伟强	男	缙云县	乒乓球 TT8 铜牌	
严　杰	男	莲都区	乒乓球单打铜牌、双打银牌	
叶建鸿	男	莲都区	乒乓球双打银牌、单打第五名	
王森广	男	青田县	乒乓球双打铜牌	

续表 38-1-7-1

姓　名	性别	籍贯	成　　绩	日期地点
林建波	男	松阳县	乒乓球双打铜牌	
蔡余庆燕	女	莲都区	游泳 50 米自、蝶 100 米自、200 米自、100 米、100 米仰等金牌 5 块和 200 米混、100 米蛙等银牌 2 块	2010 年绍兴
林军玲	男	青田县	游泳 50 米自、100 米自、40 米自、100 米仰等金牌 4 块	
胡惜时	男	莲都区	中国象棋盲人组第五名	2010 年嘉兴
林丽芳等	—	—	女子盲人门球第四名	2010 年余杭
蒋津杰等	—	—	男子盲人门球第三名	

第八节　民间武术

发展沿革

丽水民间武术源远流长。先秦时，龙泉是铸剑地。古时，松阳古市樟溪一带有习武健身防身世代相承的尚武之风。明嘉靖三十五年(1556)，遂昌县周鳌考取武进士。明清时期，处州府有武进士 11 人、武举人 151 人，这些武进士、武举人都有高超的武术技能。19 世纪后，丽水地区受义和团、太平天国及辛亥革命影响，群众性的武术活动开展较广泛。

民国 17 年(1928)，丽水城太保庙设坛教授拳术与刀剑、武术技能。同年，浙江省国术馆招收第 3 期学员，丽水学员有 6 人。民国 18 年，青田祯埠拳师在区公所教太极等拳术。同年，龙泉县、缙云县成立国术馆。抗日战争时期，遂昌、云和等县民教馆设立国术馆或国术班，聘请拳师任教。民国 26 年，丽水太保庙举办武术擂台赛，项目有刀术、剑术和南拳，参赛者约 20 人。1938—1949 年，丽水北乡、龙泉、遂昌一带浙西南游击区不少战士，采用武术器械抗击敌人。

1960 年，青田北山区成立白岩业余武术学校，青田大路乡成立武术小组 10 个。20 世纪 80 年代，丽水市(县)个体户开办灵山武术学校、三岩寺武术学校、水南南明武术学校，招收全国学员 3000 多人。1983 年，开展武术挖掘整理工作。丽水县有太极拳(杨式、吴式)、武松脱铐、六合雪花双刀、梅花枪、连步拳、三节棍。青田县有太极拳(陈式)、拦门栓、少林合占拳、虎头双、双戟、板凳花、扁担花。松阳县有小洪拳、五虎下山、四门、三步拳、六肘拳、梅花拳、六节棍、吞吐、十二步拳、双峰(南拳)、杨家钻。龙泉县有五鸡四步拳、十八步棍、三步五指拳、鸡拳、黑虎拳、双头棒、七步拳、十二门棒、十四门棒。1985 年 11 月，在杭州举办全省武术展览，丽水地区展出的武术器械有“太平军大刀”，据考证是清咸丰八年(1858)太平军攻占云和县城后，在梅源将军桥与清军大战，打败清军后，太平军把此刀送给当地畲民，后来一直为畲民练武之用。庆元县送展的“关公大刀”，属清道光六年武生吴日剑、鲍玉汉所用，刀长 2.30 米，重 60 千克。云和县提供展品“石鼎”，来源于云和赤石乡，1898 年吴馥齐(焕骥)考中武秀才时用的，重 100 千克。松阳县提供展品“九节锤”“钩联枪”。云和紧水滩坝底挖掘出的“青铜剑”，属越国时铸造(约前 200 年)，作战时作兵器，平时作防身之用，由省体委转送北京作为珍品收藏。1986 年 11 月，龙泉县龙渊镇个体户开办“少林传统武术馆”，至 1988 年，共办12期，学员400多人。至2010年，丽水市经常练太极拳、剑各种武术器械的人达5600多人。

主要门类

剑术　丽水市区流传民间剑术多种，如太极剑、木兰剑等。龙泉剑术流传历史悠久，始于春秋战国时期，有2600多年的历史。民国4年（1915），龙泉剑术被列为比武赛中的表演项目，民国29年，龙泉县第二届运动会表演项目中有武术一项。现代龙泉宝剑则是群众练武强身健体器材。

棍术　古时青田，武术以“青田棍”闻名，有“青田棍子，刘家的刀”之谓。明代，青田棍为军中有名技艺。清乾隆四年（1739），金华武状元朱秋魁“擅长剑技，其术青田棍也”（《干城录》）。清代以后，青田棍少为世人所知。

健身气功　龙泉人叶芳扬著有《人体信息气功诊治法》一书，被列入《当代医疗气功师名人录》。1995年，丽水地区流行多种健身气功，如五禽戏、八段锦、易筋经、六字诀。这4种健身气功古代流传于民间，经专家发掘整理，更加科学，易于操练。2004年起，丽水市推广健身气功，健身辅导总站举办培训班多期。

丽水市武林突出人物一览

表38-1-8-1

年　代	姓　名	性　别	籍　贯	武术类别
民国时期	阙孔林	男	丽水	武术拳术师
	罗伯顺	男	青田	杨式太极教练
	黄顺道	男	丽水	杨式太极教练
	田兆麟	男	杭州	太极武术教练
	陈　达	男	丽水	武术教练
	阙伊华	男	丽水	武术教练
	李春贤	男	云和	武术、拳师
	孔世林	男	丽水	武林高手
	全恩德	男	丽水	武术、太极教练
	俞崇诗	男	丽水	武术太极教练
	黄品兰	男	丽水	武术拳术教练
	王寄业	男	丽水	武术教练
	魏　兰	男	云和	武术教练
	叶仰高	男	云和	武术教练、武林高手
	许冠俊	男	丽水	武术、太极教练
	沈伯青	男	温州	拳术教练
	全恩德	男	丽水	武术、太极教练
	俞崇诗	男	丽水	武术太极教练
	王寄业	男	丽水	武术教练

续表 38-1-8-1

年代	姓名	性别	籍贯	武术类别
中华人民共和国	沈夏淳	男	瑞安	杨式太极、南拳教练
	沈卫荣	男	丽水	杨式太极教练
	姜兆荣	女	江苏	杨式太极教练
	李赛光	男	缙云	杨式太极教练
	吴慧英	女	永嘉	木兰扇、剑教练
	朱丽俊	男	丽水	陈式太极教练
	吴德胜	男	丽水	吴式太极教练
	许君武	男	丽水	孙式太极教练
	留丽华	女	丽水	街舞教练
	朱善民	男	丽水	健身气功教练

第二章　竞技体育

20世纪初，近代竞技体育引入丽水，因趣味性和竞争性而逐渐推广。20世纪30年代开始，逐渐开展田径、游泳、篮球、乒乓球、足球、网球等比赛。中华人民共和国成立后，丽水传统竞技运动进一步发展，体育人才队伍不断壮大，并在各类比赛中取得佳绩。同时一些新兴竞技项目兴起，如海模、轮滑、皮划艇、跆拳道等，尽管起步晚，但后来居上，在各类比赛中取得优异成绩。20世纪80年代以来，丽水涌现李玲蔚、沈松平、丁锦辉、王浩、蔡余庆燕等一大批著名运动员，同时也为省队、国家队输送大量的各类优秀体育人才。

1951年，丽水县举办第一届运动会。1978年5月，地区第二届运动会在丽水举办，至1994年，地区共举办五届运动会。2005年7月，丽水市举办首届运动会。2010年11月，浙江省首届体育大会在丽水市体育中心举行，市级代表团11个和行业体协代表团14个参加比赛，有运动员、裁判员、工作人员和观众23000多人，丽水市代表团参会运动员622人，获奖牌141.5枚，其中金牌69枚，银牌31枚，铜牌41.5枚，总分1714.5分，在金牌榜上排名第二，在奖牌榜上位列前三，团体总分榜上位列第四，实现历史性突破。

第一节　田径运动

民国2年(1913)，龙泉县举办第一届运动会，设有提灯竞走项目，这是田径运动竞赛项目之一。

民国5年11月，省立第十一师范学校、省立第十一中学、处属县立女子师范学校参加浙江省中等学校第一次联合运动会。全省有学校48所参加这届运动会，主要有跑、跳、投、掷等比赛项目。

1952年，在林宅口举办丽水县农民运动会，比赛项目有爬山比赛、负重跑步比赛。1955年和1956年，丽水单子文参加浙江省田径运动会，分别获高栏110米第5名和铁饼第3名。1972年7月，青田县学生刘绍平获全国田径分区赛少年甲组铅球第1名，成绩13.6米。1978年，叶建龙获浙江省第三届大学生运动会110栏第一名，400栏第二名。1979年，周中华获浙江省青少年田径运动会少年组跳远第一名。1982年，夏小玲获浙江省少年儿童田径赛100米第一名。1984年7月，龙泉女运动员金少铭在福建参加全国业余体校甲组比赛获铁饼第一名。1985年，张亮在西安参加全国少年甲组200米比赛获第三名。1987年9月，丽水运动员金涛获全国青年田径冠军赛撑杆跳高第一名。1988—1990年，丽水地区田径队连续三年在全省少体校比赛中取得团体冠军。

1965—2010年，丽水崔玲、陶剑荣、金涛等田径运动员32人进入省队。2010年，丽水市田径运动员田笠君获十四届省运会1500米冠军，高谦获100米冠军，丽水市在田径项目获2金、11银、4铜。

第二节　水上运动

游　泳

1963年，青田县王冠和获浙江省第四届运动会游泳比赛200米自由泳第一名。1966—1978年，丽水地县组织群众横渡瓯江（大水门—水南岸），畅游瓯江（碧湖洪圩—大水门）活动，参与群众1000多人。丽水青少年游泳开展正规训练较迟。1987年，丽水灯塔村游泳池建成。1989年7月，浙江省少年儿童游泳比赛在丽水灯塔游泳池举办。1991—2010年，丽水游泳队获全省少年儿童游泳比赛金牌35枚，银牌39枚，铜牌34枚，7人次破省年龄组记录。2010年，蔡余庆燕获广州亚残运动会女子400米自由泳冠军S9级。同年，丽水市游泳运动员代表队在浙江省第14届运动会游泳比赛中获3金、1银、4铜。

赛艇、皮划艇

丽水市现代船艇运动开展较晚。1991年，皮划艇最早出现在庆元县的松源溪上。4月，庆元县建立皮划艇队，队员20多人。1991—1994年，参加浙江青少年皮划艇比赛，获金牌3枚，银牌4枚，铜牌2枚。参加第十届省运会，获铜牌2枚。1994年，沈森萍入选省体工队，后入选国家队。

2006年，丽水市皮划艇队组建，水东桥下南明湖水域水上运动训练基地建立，配置训练器材，聘请教练员。2008年，参加省皮划艇比赛，获个人皮艇200米第一名、500米第二名，赛艇女子双人组获第二、三名。2009年，浙江省青少年赛艇、皮划艇锦标赛在丽水举办，丽水市队获2金、3银、3铜。同年，松阳皮划艇队参加市第二届运动会青少年皮划艇比赛，获金牌11枚，庆元队获金牌5枚。至2010年，丽水赛艇、皮划艇项目有国际级运动健将沈森萍，有运动员入选省体工队8人。

第三节　球类运动

篮　球

20世纪20年代，篮球运动传入丽水。教会学校崇德小学、崇真小学出现篮球运动。因趣味性、竞争性强，逐渐在丽水地区推广。抗日战争期间，省交通队、联高队、英大队、税务队、32集团军篮球队、盐业队、电讯队等经常开展篮球活动。民国29年(1940)4月，丽水县教育局举办"五四"节活动，设女子篮球、男子排球等项目。民国32年秋，第九行政督查区(丽水)举办运动会，设有篮球比赛项目。民国33年5月，第九行政督查区举办"青年杯"篮球比赛。

中华人民共和国成立后，丽水各县普遍开展篮球运动。1955年1月，丽水县篮球队到温州参加比赛。1957年，在丽水简易灯光球场举办浙江省男、女篮球队表演赛，受到群众欢迎。20世纪60—80年代，丽水地区各县各部门组织篮球队，经常开展比赛，其中以林业、教育、公安部门最为突出，龙泉林业系统有篮球队14支。1975—1989年，丽水地区每年举办中小学生篮球赛。1984年，龙泉、云和、丽水等县建立少体校篮球训练点。1984—1987年，丽水先后邀请解放军"八一"篮球队、广州部队、陕西、重庆、新疆、甘肃、南京、浙江等篮球队参加邀请赛。

1965—2010年，崔胜芝、曾伟平、蒋小刚、张华珍、丁锦辉等丽水籍优秀运动员入选省篮球队。1993年，潘智慧教练率丽水队参加全省第十一届省运会，夺得青少部男子篮球季军，创丽水市青少年三大球历史最好成绩。2006年，丽水市运动员丁锦辉入选国家二队，2007年，上调国家一队。

羽毛球

民国24年(1935)，崇德、崇真教会学校出现传教士打羽毛球。此后，一些教师和学生开始练习打羽毛球，并在丽水中小学传播开来。

中华人民共和国成立以后，羽毛球活动在丽水青少年中兴起。20世纪70年代初，城关六校[①]和人民广场有专门培训。参加第一批训练的有李玲蔚、卢燕华等。1973年，丽水地区体委开始组队参加省里比赛。3月，丽水羽毛球队参加全省羽毛球比赛，获少年组男子组团体第二名和女子组团体第三名。此后，丽水羽毛球队参加每年全省业余体校羽毛球赛，同时参加自第5届省运会开始的省运会羽毛球赛，涌现出李玲蔚等一批优秀运动员。1981年起，全省羽毛球比赛频繁在丽水举办。

羽毛球运动是中华人民共和国成立以来丽水体育战线成绩最辉煌的项目。至2010年，有国际级运动健将李玲蔚，国家级运动健将卢燕华，李玲蔚入选国家队，卢燕华等队员入选省队7人。参加世界级比赛19人次，参加国际级比赛21人次，参加亚洲比赛2人次，参加全国比赛35人次。

乒乓球

20世纪20年代后期，乒乓球运动由杭州、温州传入丽水。民国26年(1937)，处州民众教育馆、

① 城关六校：丽水市实验学校前身。

处州师范、处州中学、囿山小学、崇德小学先后设有乒乓球活动场所。20 世纪 40 年代，各县乒乓球运动先后开展起来。

中华人民共和国成立后，乒乓球运动因所需场地小、设备简单、趣味性强的优势，在丽水地区城乡学校普遍开展。20 世纪 50—60 年代，丽水工人文化宫、丽水文化馆设有乒乓球活动室。丽水工人文化宫每逢节假日，经常举办乒乓球比赛。20 世纪 70 年代初，丽水县体委在人民体育场（人民广场）西南角乒乓球房建成，可同时摆放 3 张球桌，有 4 级看台，占地 420 平方米。1973 年 8 月，举办丽水县工人首届运动会乒乓球赛。1982 年 5 月 9—11 日，丽水县体委、丽水县总工会举办职工乒乓球赛。1984 年开始，缙云县、云和县、青田县设有乒乓球业余训练点。2006 年，遂昌县中小学校开展阳光体育，乒乓球水平提高快。2010 年，遂昌县吴以菲与张妹敏参加第 14 届省运会乒乓球比赛，获女子双打甲组金牌。

足　球

20 世纪初，足球运动传入浙江，后传入丽水。20 世纪 30 年代中期，处州师范、处州中学、囿山小学、云和中学、龙泉中学有足球场，丽水运动场和丽水碧湖汤坟操场有足球活动场地。抗日战争时期，丽水足球运动开展活跃。民国 32 年（1943）夏，毛志恒率领联中足球队从碧湖到云和，与英国军事代表团足球队举办友谊赛。民国 34 年，龙泉县足球队与驻龙泉的英国军事人员足球队举办友谊赛，纪念龙泉县体育会成立。

中华人民共和国成立后，丽水中小学开展足球运动，但参与人数较少。20 世纪 60 年代，丽中、龙中、云中把足球列为学生体育课和课外活动项目之一，参与者增多。1974 年，丽水地区足球队到杭州参加第五届省运会比赛。1979 年初，地区体委在云和县举办小学生足球赛。7 月，组队参加省比赛，获第三名。1985 年 6 月中旬，丽水中学生足球队在丽水集训，组队参加省比赛。7 月，参加浙江省中学生足球比赛，获第七名。1997 年，丽水大洋路学校建立足球队。2000 年，参加省女足比赛，获第三名。

2006 年，莲都区大洋路学校女足代表丽水市参加省比赛，获省小学生比赛第四名。此后，每年都参加省中、小学生足球赛。2008 年，获省中学生比赛第二名。2010 年，获省第十四届全运会甲组第四名，为丽水市争取 2 金。获乙组第五名争取 0.50 金。

缙云县紫薇小学从 2006 年起推广“快乐足球”，学生人手一球，足球成“校球”。2010 年 6 月，丽水举办市青少年足球比赛，紫薇小学女子足球队获银牌 1 枚。

网　球

网球运动传入丽水较晚。民国 28 年（1939），杭州联高教师在碧湖汤坟操场打网球。

中华人民共和国成立后，因教练和场地缺乏，丽水网球运动发展缓慢。1986 年，丽水市（县）体委组织丽水网球训练班，招收业余运动员 8 人。2004 年和 2005 年，纳爱斯广场和体育健身大楼分别建立网球场地，参加网球运动的人逐年增多。丽水市体育中心第一期工程完成后，开辟网球场 6 片。丽水市体育局在市体育场馆中心配备兼职网球教练员，每年招收学员，促进丽水网球竞技水平提高。2010 年 4 月，市体育馆中心傅军虎参加 2010 年赛季中网级别联赛华东区精英组春季赛，获男单冠军。

第四节 航海模型与轮滑

航海模型运动

20世纪60年代初，丽水中学、囿山小学科技兴趣小组曾制作纸、木、铁皮制的航空模型、航海模型，并进行试飞试航，深受学生喜爱。1977—1978年，省体委举办海模训练班5期，轮训全省体委干部和教练员。1979年，丽水航模运动队建立，招收丽水二中初中生8人。1983年，地区海模队自参赛起，在历届省级比赛中保持团体前三名。1984—1989年，获第一名15个，第二名9个，第三名6个。1991年，吴丽强入选浙江省体工二大队，1997年退役后，担任丽水海模队主教练。至2010年，丽水海模队参加世界级比赛10人次，获6金、1银、2铜。参加国家级比赛53人次，获28金、14银、5铜和一等奖1个，二等奖3个。丽水海模队有高级教练2人，世界冠军2人，青少年世界冠军4人，国际级运动健将2人，国家级运动健将12人。

轮 滑

1983年，丽水县人民体育场西南端建起旱冰场（康乐溜冰场），丽水地区轮滑运动开始兴起。1989年，因人民广场改造而停止运营。2001年，轮滑运动培训工作展开。2002年，丽水成为第一批开展自由式轮滑的城市之一。2004年，丽水队获北京自由式公开赛获冠、亚军奖牌。2009年，丽水市轮滑运动员参加世界自由式轮滑锦标赛，获3金1银3铜。其中郭方获成人男子组速度过桩冠军，蓝王恒获青年男子组速度过桩和花式绕桩两项比赛冠军。2010年6月，在韩国南原举办国际自由式轮滑大奖赛，中国队选手3人全部来自丽水，缙云实验小学11岁的卢芊芊获女子组速度过桩和花式绕桩两个项目的冠军。7月，丽水选手参加第14届亚洲轮滑锦标赛，蓝王恒获青年组速度过桩和花式绕桩两块金牌。10月，丽水选手参加世界自由式轮滑锦标赛，蓝王恒获青年组速度过桩第一名和自由式轮滑第三名。11月，参加省首届体育大会，丽水选手包揽自由式轮滑全部6枚金牌。

至2010年，丽水市轮滑爱好者1万多人。建有丽水、龙泉、景宁、缙云、遂昌轮滑队5支。

第五节 跆拳道、体操与自行车

跆拳道

丽水跆拳道运动始于20世纪90年代后期。著名教练韩国平利用业余时间带训丽水运动员。1997年，云和谢隆泰、松阳王浩等人拜师韩国平学跆拳道。2000年，谢隆泰入选省体育运动技术学院。同年，参加韩国青州举办的跆拳道公开赛，数月后又参加美国公开赛。2002年，谢隆泰当选国家级运动健将，2007年10月，分配到丽水市体育运动训练中心，担任跆拳道教练。松阳籍运动员王浩被中国跆拳道界誉为“金腿”，2005 年，获第十届全运会 68 千克级冠军，2009 年，获第十一届全运会 80 千克级亚军，多次获“最佳技术奖”，2010 年 6 月，王浩被委任为跆拳道国家队教练。2008 年，市跆拳道队李民入选省跆拳道队，2010 年 12 月 7 日，代表浙江队出战全国比赛，获男子 54 千克级第三名。

2007—2010 年，丽水跆拳道训练馆 5 处。松阳、缙云、青田等地设有跆拳道馆。2010 年春，参加 200 多人。丽水跆拳道运动项目稳步发展。

体　操

清光绪三十年（1904），处州府崇正学堂和云和县先志学堂设体操课。清光绪三十四年，处州学堂设体操专修科，招学生 25 人。民国 2 年（1913），龙泉县举办第一届运动会，设有体操项目——手旗操、哑铃操。

1951 年，丽水地区中小学普遍开展广播体操活动。1954 年，政府机关、工矿、企事业单位开展工间广播操活动，广播体操成为群体主要活动项目之一。由于体操项目对器械和场地的要求较高，丽水开展不普遍，体育系统很少组织参赛。

2005 年开始，丽水市区和各县幼儿园开展幼儿基本体操训练，培养幼儿柔软、灵敏、协调和健康活泼的素质。2006 年，莲都花园幼儿园开办幼儿体操。2007—2009 年，参加省幼儿体操比赛，均获得一等奖。2010 年，莲都花园幼儿园，青田、缙云幼儿园小朋友参加浙江省首届体育大会幼儿体操比赛，获得铜牌 2 枚。

自行车

丽水自行车运动竞技比赛开展得较晚。1975—1979 年，丽水县体委每年国庆节或元旦举办自行车骑行比赛，比赛分为丽水至碧湖和城内环城赛程 2 项。1980—1995 年，机关、单位运动会增设自行车慢骑项目。2004 年，丽水组织自行车运动员训练，参加省、全国比赛。同年，龙泉市组建自行车运动队，招收业余运动员 20 人，2005 年，参加省里竞赛，获 1 银、3 铜。2010 年，丽水市自行车运动员参加省 14 届全运会，获 3 分，入选省队试训 1 人。

第六节　射击与射箭

射　击

抗日战争时期，各县中学实行军事训练，射击训练也在其中。

20 世纪 50 年代后期，国家提倡国防体育，普通射击手训练活动，在丽水地区各县开展。以民兵、共青团员为主，参加训练人数连年增加。1956 年 4 月，省体委举办浙江省第一期射击训练班，丽水县体委派人参加培训。1958 年，第三届省运会把射击列入竞赛项目，丽水林校、丽中组织射击业余训练小组。“文化大革命”期间，训练停止，枪弹上交人武部。1979 年，省体委业余训练布点，丽水遂昌县射击普通班招收 14 人。1980 年 8 月，遂昌县射击队参加在金华举办的省青少年射击比赛，获小口径步枪（3×10 米）第 8 名，小口径步枪（5×20 米）第 10 名，气步枪（10×40 米）第 13 名。1984 年 9 月，丽水地区代表队参加浙江省第一届青少年运动会射击比赛，男女团体均获第 3 名。20 世纪 80—90 年代，遂昌县少体校射击训练进入规范，1985—1986 年，参加全省业余体校射击比赛，团体成绩在前六名。

射　箭

丽水市的射箭运动源远流长，历史悠久。州、县儒学均设射堂，射箭列为课程。居住在丽水、景宁、龙泉山区的畲民，经常三五一群，带着弓箭在深山老林中狩猎。

2008 年，市体育局与云和县体育局在云和组建射箭队，学生队员 10 多人，利用课后时间训练。2010 年，丽水代表队派出队员 8 人参加浙江省第十四届运动会，获 4 分。

第七节　举重与拳击

举　重

1987 年，丽水地区少体校建立举重队。1990 年，因缺少专业教练员解散。2005 年 12 月，庆元县举重队成立。曾代表丽水市参加省举重比赛 6 次，获金牌 8 枚，银牌 25 枚和铜牌 23 枚。2007 年、2008 年庆元县举重队姚伟平、周发斌、汤永平获浙江省青少年举重冠军。

拳　击

20 世纪 80 年代，丽水县开展拳击训练。1990 年，浙江省正式恢复拳击队，拳击比赛被列入第九届省运会比赛项目。1991 年，丽水市（县）体委培训业余运动员 20 多人。1995 年，丽水承办浙江省青少年拳击锦标赛，丽水运动员获金牌 6 枚。1997 年起，拳击逐渐淡出丽水竞技体育舞台。

2006 年，市体育局决定扩大参赛项目，重新组建丽水拳击运动队，落实在天宁中学，引进专业教练，进行系统训练。2010 年 9 月，丽水队派出队员 5 人参加在桐乡举办的省第十四届运动会。蒋鑫以 15 比 1 的成绩击败东道主选手，为丽水拿下第一枚省运会拳击金牌。另有运动员 2 人分别获得银牌 1 枚和铜牌 1 枚。

第八节　体育赛事

市级体育赛事

民国 29 年（1940）4 月，丽水县教育局举办“五四”节体育大会，设女子篮球、男子排球、自行车、男子乒乓、环城越野赛跑等项目，参加单位有英士大学、电力厅、建设厅、教育厅、专员公署、处州中学、地方银行等 16 个。同年，丽水地区举办“森文杯”篮球比赛，丽水交通队胜。丽水举办地区运动会，设田径、球类等项目，联高足球队与驻丽水英国军事代表团足球队举办友谊比赛。民国 33 年 5 月，丽水专区举办“青年杯”篮球比赛。民国 34 年，龙泉浙大分校所在地，浙大分校队与浙盐队举办篮球友谊赛，浙盐队胜。

1951 年，丽水县举办第一届运动会，选拔田径、篮球运动员 37 人，组成专区代表团。11 月，参加在杭州举办的浙江省首届运动会。1963 年 10 月 20 日，浙江省第四届运动会在杭州举办，丽水刚从温州分出，恢复专署，派出篮球、乒乓球队参赛，篮球男队获第 12 名，乒乓球男队获第 11 名，女队获第 7 名。1978 年 5 月，地区第二届运动会在丽水举办，项目设田径、篮球、乒乓球、羽毛球、射击等，参赛运动员 260 多人。1982 年，丽水组队参加省第七届全运会。1990 年 3 月，丽水地区举办第五届运动会。5 月，参加浙江省第九届全运会。浙江省人民政府授予丽水地区体育事业贡献奖，同时省政府授予丽水市（县级）为浙江省体育先进县。1994 年，地区举办第六届运动会，选拔运动员。5—9 月，参加第十届省运会。

2005 年 7 月 25 日至 9 月 25 日，丽水市举办首届运动会。运动会分设大众体育部和青少年部。参加代表队 16 支、运动员 4000 多人。运动会设大项 17 个，小项 188 个，产生金牌 465 块。2009 年 5—10 月，举办丽水市第二届全运会。参加代表团大众部 16 个、青少年部 9 个，运动员 5000 多人，竞逐篮球、乒乓球、羽毛球、田径、游泳等大项 23 个、小项 297 个、金牌 394 枚。莲都区、龙泉市、青田县获大众部金牌总数前三名，莲都区、遂昌县、青田县三个代表团获青少年部金牌总数前三名。10 月 18 日，市第二届全运会开幕式暨市体育中心主体育场落成典礼在“丽水鸟巢”举办。丽水市 9 个县（市、区）及七大系统的代表队相继入场。开幕式上，表彰群众体育先进集体和先进个人。会后进行大型文艺表演——《健美丽水》。2010 年，丽水市体育代表队参加第十四届省运会，派出男、女运动员 317 人，参加田径、女足、乒乓球、羽毛球、游泳、举重、跆拳道、赛艇、皮划艇等项目 17 个。获金牌 23.5 块，银牌 19.5 块，铜牌 24 块。位居综合奖牌榜第九名，实现历史性突破。

承办省级、国家级体育比赛

省级体育比赛　民国 30 年（1941），浙江省教育厅在永康方岩举办“季宽杯”篮球比赛，丽水交通队获胜。32 集团军在永康举办“默庵杯”篮球赛，丽水交通队获胜。民国 31 年 5 月，金华举办“中正杯”篮球比赛，参赛单位有上海暨南大学、福建后勤部队、浙江省内各队篮球队 30 支，丽水交通队获胜。民国 32 年，丽水专区举办运动会，设田径、篮球等项目。

1972 年 4 月，浙江省民兵、解放军篮球赛在丽水举办，参赛男女篮球队 18 支，运动员 240 人。1973 年 6 月，丽水地区承办浙江省武术比赛，参赛运动员 270 人，特邀代表 10 人。1975 年 4 月，地区体委承办省青少年排球赛。1978 年 8 月，丽水县体委承办省第六届全运会羽毛球比赛。1979 年 8 月，丽水县体委承办省业余体校羽毛球赛。

1981 年 7 月 26 日至 8 月 2 日，丽水县体委承办省业余体校排球赛。1981 年 9 月，丽水运输公司、丽水县体委承办省运输公司职工第二届篮球赛。1982 年 9 月，浙江省第七届全运会篮球预选赛在丽水举办，丽水女队获第三名，丽水男队获第四名。1983 年 7 月，举办浙江省业余体校羽毛球比赛丽水赛区比赛，丽水地区男子获团体第四名，女子获团体第二名。1984 年 8 月，浙江省第一届青少年运动会排球预选赛在丽水举办。宁波、金华、湖州、台州、丽水代表队参赛。1985 年 2 月，浙江省射击个人冠军赛在遂昌举办，杭州、省二队、黄岩、丽水等代表队 12 支参赛。同年，浙江省青少年拳击锦标赛在丽水举办，丽水队获金牌 6 枚。1986 年 4 月 21—26 日，浙江省第一届少数民族传统体育运动会在景宁畲族自治县举行，景宁参加项目《操石磉》获一等奖。1986 年 5 月，丽水举办浙江省第八届全运会羽毛球比赛，丽水队获女子团体第二名，卢燕华获单打第三名，杨年红获单打第四名。1989年7月，在丽水灯塔游泳池举办浙江省少年儿童游泳比赛，参赛运动员216人。1990年10月25—28日，浙江省第二届少数民族传统体育运动会在丽水举行，景宁参赛项目《畲族武术》。1997年7月，遂昌县人民政府承办浙江省第三届县级田径运动会，全省参赛县（市、区）86个、运动员622人，天台、海宁、温岭分获团体前三名，丽水地区获13金，总分592分。

2001年5月，浙江省第八届中学生运动会在缙云举办，丽水代表队高中组11人、初中组13人参赛。2003年8月，浙江省青少年田径锦标赛在青田举办，参赛地级市11个300多人，丽水队获2金、9银、9铜。2004年10月，缙云县举办浙江省中学生篮球锦标赛。2006年8月，缙云县举办浙江省第10届中学生运动会。2007年，丽水市承办浙江省青少年跆拳道锦标赛，丽水市队获3金、3银、6铜，男女团体均获第三名，获浙江省最佳赛区奖。2007年10月，缙云县举办浙江省第三届中学生健美操锦标赛。2008年，丽水市举办全省业余网球公开赛、体育舞蹈大奖赛。10月，缙云县举办阳光体育浙江省首届中学生篮球联赛（初中组）。2009年3月，丽水市成功申办浙江省首届体育大会。4月，缙云县举办浙江省第二届中学生篮球联赛。7月，浙江省青少年皮划艇锦标赛在丽水市南明湖举办。参赛队有杭州市、宁波市、温州市、丽水市等17支，丽水市获团体总分47分，第十一名；金牌2块，第七名。10月，浙江省龙舟选拔赛在丽水市南明湖举办。参赛代表队有青田县龙舟队、温州市威华龙舟队等15支，队员389人。温州威华、温州飞腾、温州将军龙舟队分获团体总分前三名，丽水龙泉龙舟队获总分3分，第八名。

2010年11月，浙江省首届体育大会在丽水市体育中心举办。首届省体育大会设轮滑、桥牌、健美操、龙舟、高脚竞速等大项47个，小项338个。参加市级代表团11个和行业体协代表团14个，运动员、教练员、裁判员、工作人员和观众23000多人。杭州、宁波、丽水代表团位列奖牌总数前三名；杭州、宁波、温州位列团体总分前四名。丽水市代表团参会运动员622人，获奖牌141.5枚，其中金牌69枚，银牌31枚，铜牌41.5枚，总分1714.5分，在金牌榜上排名第二，在奖牌榜上位列前三，团体总分榜上位列第四，实现历史性突破。莲都、缙云、景宁、青田、松阳等5个县（区）进入此次体育大会县（市区）团体总分前三十强，其中莲都区位列第二。2010年11月22—25日，浙江省第四届少数民族传统体育运动会在丽水举行。景宁参赛项目《摇锅》《赶野猪》《畲族武术》。《摇锅》获一等奖；《赶野猪》获二等奖；《畲族武术》的畲族拳获二等奖，畲族棍获三等奖。

国家国际体育比赛　1984年3月，举办首届“莲城杯”篮球邀请赛，广州军区队、陕西省队、广西藏族自治区队、浙江省队参赛。1986年2月，举办第二届“莲城杯”篮球邀请赛，中国人民解放军“八一”男、女篮球队和浙江省男、女篮球队参赛。1987年3月，举办“飞雁杯”篮球邀请赛，新疆、重庆、甘肃、南京市、男篮4个队参赛。1999年7月，承办首届全国国际象棋国家大师赛，全国21个省市自治区参赛象棋高手109人。1999年8月，第十三届“希望杯”全国青少年宫系统棋类比赛在丽水举办，全国16个省市参赛青少年棋手450人。2000年10月，承办中美男女篮球对抗赛、中瑞乒乓球对抗赛。丽水市桥牌协会主办全国网友桥牌大赛，来自北京、上海、广东、省内外参赛代表队40支牌手200多人。同年12月，承办全国棋类比赛，设国际象棋锦标赛与国际象棋个人称号赛。全国18个省市参赛代表队20支运动员93人。2005年9月，“鲁能杯”中乒俱乐部超级联赛丽水赛区由中央电视台、中乒协、丽水市体育局承办。2008年，承办中国国际象棋元老杯赛。2009年9月，承办第二十三届全国百龄杯桥牌邀请赛，包括内地、中国港澳台地区以及美籍华人组成的代表队28支200多人参赛。同年“国庆”期间，第一届全国智力运动会国际跳棋热身赛暨“星球杯”第一届全国国际跳棋公开赛在丽水市举办。9月，“星球杯”中国国际象棋国际公开赛在丽水举办。中国、印度尼西亚、越南、格鲁吉亚、南非和蒙古等国棋手近60人参加比赛。由中国国际象棋协会和丽水市人民政府主办。中国队派出棋手44人参赛，包括温阳、王瑜、余泱漪等国际特级大师8人。越南神童黎光廉以6胜3平和7.50分高居榜首。中国女将张晓雯积6分，排名女选手第一名。2010年8月，承办第二届全国国际跳棋公开赛，国际跳棋高手120多人参加。丽水队有选手11人参加此次比赛，阿拉腾花获得女子百格比赛冠军，陈天淇获得男子64格少儿组第三名，并进入国家少年集训队。

第九节　国内外体育比赛参加

中华人民共和国成立以来，丽水市运动员参加国内外各级别的体育运动比赛，获得世界级比赛金牌28块、银牌4块、铜牌5块。获得国际级比赛金牌26块、银牌5块、铜牌7块。获得亚洲级比赛金牌7块、银牌5块、铜牌1块。获得全国比赛金牌88块、银牌51块、铜牌24块。获得省级比赛金牌309块。参赛运动员6000多人次。

1980—2010年丽水籍运动员参加全国、国际、洲际、世界运动竞赛成绩一览

表38-2-9-1　　　　单位：枚

参赛项目	参赛时间(年)	参赛级别	金牌	银牌	铜牌	主要情况
羽毛球	1980—1989	世界	13	2	—	李玲蔚13次获世界羽毛球赛冠军
	1980—1989	国际	17	1	3	
	1980—1989	亚洲	2			
	1980—2010	全国	5	3	2	
海　模	1987—2010	世界	12	1	2	吴晖、郑祺等获世界航模冠军
	1985—2010	全国	39	24	10	
跆拳道	1999—2010	国际	3	1	1	王浩获第10届全运会冠军、第11届全运会亚军、卡塔尔亚运会亚军
	2006	亚洲	—	1	1	
	1999—2010	全国	16	7	8	
游　泳	2009	国际	1	2	—	蔡余庆燕获2010年广州亚洲残运会400米自由泳冠军S9级
	2010	亚洲	1	2	—	
	1997—2010	全国	3	2	—	
轮　滑	2008—2010	世界	3	1	3	—
	2007—2010	国际	2	1	1	—
	2007—2010	亚洲	2	2	—	—
	2007—2010	全国	6	2	1	
篮　球	2010	亚洲	1	—	—	2010年广州亚运会丁锦辉获男篮金牌
	2006—2010	全国	2	—	—	

续表 38-2-9-1

参赛项目	参赛时间(年)	参赛级别	金牌	银牌	铜牌	主要情况
赛　艇	1998	国际	—	—	1	—
	1998	亚洲	1	—	—	
	1996—2006	全国	—	3	3	
田　径	1989	国际	1	—	—	1989 年青田金冠国代表浙江队到日本参加马拉松赛
	1978—2010	全国	12	6	6	
网　球	2007—2010	华东	2	—	—	全国业余网球赛团体第 5 名
	2009	全国	—	—	—	
攀　岩	2010	全国	2	1	—	—
围　棋	2009—2010	国际	2	—	1	—
国际跳棋	2008—2010	全国	3	2	1	—
滑翔伞	2008—2010	国际	—	—	1	
散　打	1998	全国	—	1	—	—

丽水市运动员获世界冠军名单

李玲蔚　　女　　羽毛球(20 世纪 80 年代获世界冠军 13 次)
吴　晖　　男　　海　模(1987 年德国第 5 届世锦赛 F3-E 级冠军)
郑　祺　　男　　海　模(2009 年匈牙利第 15 届帆模世锦赛 F5-E 级冠军)

青少年组

杨　毅　　男　　海　模(1999 年捷克第 10 届世界青少年世锦赛 F3-V 级冠军)
陈　伟　　男　　海　模(2004 年波兰第 12 届世界青少年世锦赛 F3-V 级冠军)
汪　杰　　男　　海　模(2004 年波兰第 12 届世界青少年世锦赛 F1-F3.5-V 级冠军)
李宗杰　　男　　海　模(2009 年匈牙利第 15 届世界青少年世锦赛 F5-E 级冠军)

丽水市运动员获亚洲冠、亚军名单

丁锦辉　　男　　男　篮(2010 年广州亚运会男篮冠军队员之一)
蔡余庆燕　女　　游　泳(2010 年广州亚残运动会 400 米自由泳 S9 级冠军)
王　浩　　男　　跆拳道(2006 年卡塔尔亚运会 68 千克级亚军)
沈森萍　　女　　赛　艇(1998 年泰国第十三届亚运会赛艇冠军)

1951—2010 年丽水市运动员参加浙江省体育运动竞赛成绩一览

表 38-2-9-2　　单位:枚

参赛项目	参赛时间(年)	金牌	银牌	铜牌
浙江省第一届运动会	1951	—	—	—

续表 38-2-9-2

参赛项目	参赛时间(年)	金牌	银牌	铜牌
省级运动会田径、篮球、游泳、羽毛球、乒乓球等项目	1952—1978	7	6	5
省级运动会各项体育比赛	1979—2010	299	330.50	310

第三章　机构与产业

民国 8 年(1919),处州民众教育馆成立,是丽水民间体育组织,对促进体育活动的开展发挥积极作用。中华人民共和国成立前,丽水没有专门管理体育的政府机构。1975 年 3 月,丽水地区体委成立。1988 年 9 月,恢复丽水地区体委,各县(市、区)也先后成立体育委员会。此后体育管理机构经过多次合并。2008 年 4 月,丽水市体育局单独设立。

20 世纪 90 年代,丽水地区体育设施进入大发展大建设时期,先后建成一批高档次的体育场馆,推动体育活动的开展。2004 年,丽水市区建成丽水市第一座多功能体育健身大楼。2009 年,丽水市体育中心主体育场落成,能够承担国内外大型体育赛事。体育产业发展迅速,体彩业、体育健身业、体育用品制造业兴起。2010 年,丽水市电脑体彩销售 1.42 亿元。

第一节　体育设施

体育场馆

民国 5 年(1916),丽水县在城西北隅旧左营守备操场开辟公众运动场。民国 13 年,龙泉县民众运动场建立,占地 3.2 万平方米。民国 22 年,云和县体育场建立,占地 1.16 万平方米。民国 31 年,缙云县水南体育场建立,先后举办过体育比赛 3 次。抗日战争时期,浙江省政府主席黄绍竑在云和县瓦窑岗建造一个 50 米长的游泳池,举行过游泳比赛和游泳、跳水表演,并在附近开辟篮球场、网球场。1949 年之前,丽水城区有场地 5 处,处州运动场,大衙门坛体育场,处州中学操场[①],处州师范操场,碧湖汤坟操场。缙云县有水南体育场、壶镇简易体育场等体育场地 5 个。青田、庆元各有体育场地 4 个。遂昌有体育场地 2 个。

1949 年 10 月,在大衙门坛拓宽简易体育场占地 7800 平方米。1951 年,丽水初师师生在南明山开山辟地,修建篮球场 2 个。1952 年,处州师范、林校相继扩建运动场地,处州中学开辟新体育场约

① 2010 年处州中学内。

11000平方米，包括1个250平方米的田径场、4个篮球场。1967年，丽水县在虎啸门文化宫旁建成有水泥看台2500座位的露天灯光球场，占地1652平方米。1968年，丽水县建成占地20196平方米的人民体育场，并有司令台一座。20世纪50—70年代，地区各县体育场地建成，据1983年普查，丽水地区体育场所50年代53个，60年代108个，70年代394个。

1979年起，丽水县通过社会集资和政府补助的方式，建设体育场馆。1981年3月，在原灯光球场场址上建成建筑面积3200平方米、1700个座位的多功能现代体育馆，当时被誉为浙南第一馆，当时居浙江省第二。1982年，丽水县体委通过社会集资和献工献料等办法，改建府前泥沙地运动场。改扩后的运动场为300米八条煤渣跑道，场地四周建有6级看台，并绿化运动场。1987年5月，丽水市（县级）建成3个室内外游泳池。同年，地区体委在大院里建成灯光球场1个和羽毛球训练馆1座。1979—1990年，丽水县先后建成康乐旱冰场，碧湖中学田径场，市区室外灯光球场2个。乡镇建成篮球场35个。

2002年，丽水市区纳爱斯健身广场建成，面积2万平方米。内设门球、排球、篮球、网球、羽毛球等场地。2004年，丽水市第一座多功能体育健身大楼建成，面积7600平方米，7层。2005年11月，在市行政中心东侧新建市体育中心，占地13.73公顷，总用地面积56216平方米，建筑面积23268平方米，观众座位19000座，四周座位全由钢结构框架盖顶，场内建有标准塑胶跑道8条，400米田径场及标准自然草坪足球场，项目总投资约1.80亿元。内有主体育场、体育馆、游泳馆、网球馆、田径训练场等综合体育设施。2006年，第一期工程田径训练场及网球场建成并投入使用。2009年10月，市体育中心主体育场落成。

2009年3月，丽水市水上体育中心基地初步建成，船艇库房、临时码头、赛道、水域疏浚无障碍等工程全部完成交付使用。2010年3月，丽水市东西岩攀岩场地建成。9月，丽水市轮滑场建成，地址在市区水东大桥旁，江滨路与防洪堤之间。9月，丽水郎奇钓鱼场地建成。

2000—2010年，龙泉、景宁、庆元、青田、云和、缙云、松阳、遂昌、莲都相继新建较先进的体育馆和400米标准田径场、网球场、游泳池等体育设施。丽水学院、丽水职业技术学院、缙云中学、丽水中学、丽水实验学校等一批大中小学陆续新建体育馆和标准体育场。2010年年底，丽水市体育场地总数1449个，其中标准场地914个，非标准体育场地535个。

农村社区体育设施

1949年前，农村体育活动大多利用祠堂、寺庙内的空地和村头村尾空旷处，正规的体育设施很少。中华人民共和国成立后，城镇居民体育活动场地主要利用居委会活动室（有的与办公室兼用）或者社会公共体育设施。改革开放后，体育部门与乡镇政府密切配合，走社会办体育之路，建设城乡体育场地。1987—1989年，丽水市（县级）开展争创全国体育先进县活动，先后建成篮球场和活动室的乡镇有35个。1997年，开辟新的晨晚练健身点。至1999年，市区有健身辅导站（点）57个。2001年，丽水市建设全民健身路径，安装健身路径13条。2001—2010年，丽水市建成社区、农村健身路径2290条，支持创建省级体育强镇（乡），扶持建设省级体育小康村，配送体育器材的村有2034个，拨给每个村体育器材费平均15000元。市体育局为丽水市培训社区、农村社会体育指导员一级50人、二级50人、三级2290人，培训文体站长189人，游泳救生员60人。

2010年12月，丽水市创建省级体育强镇（乡）31个，先进街道1个，先进社区6个，扶持建设省级小康体育村1360个。丽水市省级小康体育村创建比例47.4%(丽水市行政村2852个)。市区街道6个、社区23个,各县市区、社区全部建起健身路径,开辟活动场地。在农村的中心村建起健身路径,开辟群众活动场地。丽水市建立健身辅导站(点)273个。实现市区、各县(市)社区100%、农村中心村70%都有体育健身队伍。丽水市体育场地面积1230611平方米,人均占有体育场地面积0.52平方米。体育场馆的大建设,推动丽水市体育活动的开展。

1981—2010年丽水市体育场馆设施一览

表38-3-1-1

序号	项目名称	场馆规模	建成时间(年)
1	丽水市体育馆	1700座位	1981
2	青田夏康体育馆	1355座位	1986
3	庆元县体育馆	1300座位	1987
4	灯塔游泳池	室内25米游泳池	1988
5	丽水市羽毛球训练馆	比赛场地5片	1990
6	丽水市实验学校体育馆	无座位	1995
7	丽水学院	400米标准塑胶田径场	1998
8	青田中学体育馆	无座位	2000
9	遂昌县网球场	比赛场地4片、塑胶面层	2000
10	景宁畲族自治县体育馆	1500座位	2001
11	龙泉市体育馆	2589位	2002
12	缙云中学体育馆	1000座位	2002
13	青田县网球场	网球场4片、塑胶面层	2002
14	缙云中学篮球训练馆	无座位	2002
15	莲都区花园中学体育馆	1000座位	2002
16	莲都外国语学校体育场	无座位	2002
17	云和县田径场	400米标准塑胶田径场	2003
18	云和二中体育馆	无座位	2003
19	缙云中学	400米标准塑胶田径场	2003
20	丽水纳爱斯健身广场	篮球场2片、羽毛球场1片、门球场2片、网球场1片	2004
21	云和中学	400米标准塑胶田径场	2004
22	丽水市健身中心	7层、包括跆拳道、乒乓球馆、健身房、台球馆等设施	2005
23	民俗乐园	室外50标准游泳池、室内25米游泳池	2005
24	丽水职业技术学校	400米标准塑胶田径场	2005
25	庆元中学	400米标准塑胶田径场	2005
26	青田中学	400米标准塑胶田径场	2005
27	丽水市体育中心篮球场	灯光篮球场6片	2007
28	丽水市水上运动基地	—	2007

续表 38-3-1-1

序号	项目名称	场馆规模	建成时间(年)
29	遂昌县体育馆	2700 座位	2007
30	缙云县钓鱼基地	可容纳比赛运动员 200 人	2007
31	缙云县乒乓球训练馆	无座位	2007
32	莲都区碧湖中学田径场	400 米煤渣地跑道	2007
33	莲都区梅山中学田径场	400 米塑胶跑道田径场	2007
34	莲都区外国语学校游泳池	50 米室外池	2007
35	丽水市网球中心	网球场 6 片	2008
36	云和县体育馆	2000 座位	2008
37	丽水职业高中田径场	400 米标准塑胶田径场	2008
38	丽水职业高中体艺馆	无固定座	2008
39	丽水市体育中心主体育场	400 米标准塑胶田径场、19000 座位(看台盖顶)	2009
40	丽水中学体艺馆	无座位位	2009
41	丽水中学田径场	400 米标准塑胶田径场	2009
42	丽水市轮滑场	200 米轮滑道(第 1 期工程)	2010
43	丽水市朗奇钓鱼基地	6.67 多公顷水塘钓鱼基地	2010
44	缙云县门球场	标准场地	2010

第二节　体育产业

体育彩票

1995 年，丽水市(县级)体委销售浙江省体育彩票 20 万元。1996 年，丽水市(县级)体委销售即开型中国体育彩票 50 万元。1997 年，销售中国体育彩票 100 万元。2000 年 3 月，市体育彩票管理中心成立。3 月 8 日，开始在丽水销售电脑中国体育彩票。5 月 20 日，电脑体彩落户青田、龙泉、缙云、遂昌、松阳、云和。12 月，景宁、庆元及市区经济较发达的乡镇设立销售网点。至此，丽水市范围设立电脑体彩销售网点 34 个。全年销售 600 多万元。2004 年，电脑体彩玩法从“6+1”“足球彩票”2 种，又陆续推出“29 选 7”“20 选 5”“排列 3”“排列 5”“超级大乐透”“快乐扑克”等 7 种。2006 年 2 月 12 日，市体彩全热线升级成功，完成切换，实现通买通兑，确保开奖安全性。全年新增销售网点 28 个，销售金额 8196 万元，丽水获“2005 年度浙江省体育彩票销售进步奖”及“2005 年度浙江体育彩票工作考核奖”一等奖。被评为全国优秀销售网点 3 个，被评为全省优秀销售网点 1 个。2006 年，实现年销售量突破亿元大关目标。2007 年，发行电脑体育彩票 1.14 亿元，比 2006 年增长 12.4%，丽水市新增销售网点 47 个。开展体育彩票知识竞赛活动，评选彩民 66 人参加“浙江省体彩现场开奖”观摩团，到杭州、北京观看体彩现场开奖活动。2008 年，丽水市开通销售即开型彩票电脑网点 182 个，其中市本级 41 个，社会行业渠道销售网点 60 个。全年丽水市体育彩票销量 1.2 亿元，其中电脑型彩票 1.01 亿元，即开型彩票 1924 万元，完成年初制定的目标任务。2009 年，丽水市电脑型体育彩票网点 202 个、“顶呱刮”代理销售站点 60 多个，直接提供就业岗位 460 多个。全年丽水市总销售 1.23 亿元，比 2008 年增长 2.68%。其中，电彩销售 9863 万元、即开型彩票销售量 2438 万元。2010 年，丽水市电脑体彩销售 1.42 亿元，同比增长 14.7%，其中电彩销售 1.14 亿元，同比增长 14.8%，即开型销售 2802 万元，同比增长 13.9%。在全省体彩总销售额度中占 2.75%。

健身娱乐业

1984 年秋，工人文化宫、县文化馆、地区群艺馆等多处开设台球场(馆)。1985 年，丽水县体委在人民广场西南角开设康乐溜冰场，丽水师专校区内，县文化馆内等地先后都建有溜冰场，青少年参与溜冰运动踊跃。1988 年，丽水青少年宫[①]开设营业性乒乓球馆。1989 年，城关灯塔游泳池出租承包对外开放。1992 年，地区羽毛球训练馆向社会开放，招收学生培训羽毛球运动员。2004 年，丽水学院跆拳道馆，招收学员(交学费)教授跆拳道。2005 年，市健身大楼建成投入使用。开设台球、健美操、跆拳道、保龄球、乒乓球等项目多个。同年，市纳爱斯广场设临时场地教练轮滑。丽水市各县(市、区)广泛开展体育产业经营活动，如缙云县的游泳池、松阳县的跆拳道馆、龙泉的武术馆、青田的渔灯舞武术馆等。

2006—2010 年，丽水市网球中心、南明湖水上临时运动中心、市体育中心主体育场、丽水轮滑场、丽水东西岩攀岩基地、丽水朗奇钓鱼基地相继建成。截至 2010 年底，丽水市有体育健身娱乐服务经营户 208 家，从业人员 500 多人。

体育用品制造

丽水市体育用品生产历史悠久，有的产品驰名中外，如龙泉宝剑。1977 年，龙泉体育用品厂建立，后改为浙江世强体育用品有限公司，生产羽毛球拍、网球拍，出口世界各地。1992 年，浙江不知慢运动服饰有限公司成立，生产的运动休闲系列服装，成为运动健身者的首选运动服装之一。1993 年，缙云浙江金棒器材有限公司成立，生产活力板、轮滑鞋等产品，是中国较早专门从事发光轮产业技术研究和轮滑产品生产的企业。2010 年，生产总值超 1 亿元。此外，还有丽水星球棋牌有限公司，青田意尔康运动鞋、运动服饰，云和玩具足球等民营企业多家。

第三节　管理机构

市级体育管理机构

民国 8 年(1919)，处州民众教育馆成立，馆址在丽水城内华寺岭脚万寿宫内。20 世纪 30—40 年代，民众教育馆对倡导体育，组织国民体育活动等起到作用。

1949 年 5 月，丽水专区设文教科，体育工作由文教科管理。1952 年 1 月，丽水专区撤销。1963 年

---

① 位于永晖社区内。

5月，恢复丽水地区专员公署，下设文卫办公室，体育属文卫办管理。1968年11月18日，成立丽水地区革委会，政工组下设文艺办公室，分管文化、体育、卫生。1969年，体育实行军事管制，由丽水军分区接管。1973年下半年，军管组撤销，体育工作归属地区革委会政工组。

1975年3月，丽水地区体委，成立。1983年9月，地区体委与地区教育局、地区卫生局合并，丽水地区教育卫生体育办公室建立，下设体育科。1984年8月，撤销地区教卫体办，改设丽水地区教育体育局。1988年7月，教体局撤销，成立教委。9月，恢复丽水地区体委。2000年11月，莲都区体委合并到市体委。2001年，组建丽水市文化、体育、广播电视局。

2008年4月，市体育局单独设立，为正县处级监督管理类事业单位。内设办公室(法规产业处)、竞赛训练处、群众体育处3个处室。体育局下设市体育培训中心，为直属事业单位。2009年4月，市体育培训中心分设机构3个，市体育运动训练中心(挂市少年儿童业余体育运动学校牌子)，相当于正科级公益类事业单位。市体育场馆管理中心，为局下属相当于正科级准公益类事业单位。体育彩票管理中心，为局下属相当于正科级公益类经费自理事业单位。市体育总会秘书处设在局内，增加体育总会专项编制3名，其中专职副主席1名，秘书处处长1名。同年7月，市体育局法规产业处单独设置，核增科级领导职数1个。2010年5月，丽水市体育局增设人事教育处。

各县(市、区)体育管理机构

民国9—10年(1920—1921)，先后成立民众教育馆，民众体育由民众教育馆组织。1949年5月后，体育工作归文教科管理。1969年，各县体育军管小组建立。1978年，各县先后撤销军管，恢复县体委单列建制。1975年，庆元县由龙泉县分出，恢复建制。1982年，松阳县从遂昌县分出，恢复建制。1984年，景宁畲族自治县从云和县分出，恢复建制。1984年机构改革时，各县体委并入教委。2000年，体委又与文化广电局合并为文化体育广播电视局。2000年11月，莲都区体委并入丽水市体委。2005年，各县(市)体育局挂牌。2009年，莲都区体育局成立挂牌。直至2010年，各县(市、区)体育局与文化广电部门合署办公一套班子，体育有分管负责人和具体办事人员。

第三十九篇

文献 著述

1. 文献
2. 著述
3. 诗文选辑

概　　述

丽水地处偏僻浙西南山区，交通不便，经济滞后，但不乏硕学深思之士闭户笔耕，编著立说。唐代开始，处州就有文献著述，在《四库全书》《四库全书存目》《续四库全书》史书中就收录缙云杜光庭的多部著作。明代，是丽水古代历史上文献著述的一个高峰。清光绪《处州府志·艺文志》（书目）收录历代邑人及寓贤作者 576 家，著作 1109 种。本编古代文献著述主要依据其收录，并通过其他文献资料予以补充，不管书是否佚亡，均存其目，以资考核。收录民国以前历史文献 104 种，民国至中华人民共和国成立后历史文献 207 种，民国前各类著述 1469 种。鉴于民国期间著述跨近现代作品多而不易区分，当代著述作品更是数量繁多而内容繁杂，限于篇幅，只选取收录部分民国著述，当代著述则主要收录反映地情概貌的书目。

第一章　文　献

丽水历史文献资料丰富，收集宋代历史文献9种，27卷以上，元代历史文献4种，24卷以上，明代历史文献33种、146卷以上，清代历史文献58种、630卷以上，民国历史文献9种、122卷以上，中华人民共和国成立后历史文献199种。

第一节　宋代文献

宋代丽水文献一览

表39-1-1-1

书　目	纂修时间	卷数	纂修人	保存情况	具体事项
《处州图经》	南宋绍兴年间（1131—1162）	—	未详	久佚	见南宋乾道《括苍志》楼璩序、明成化《处州府志》郭中序及修志事由著录
《括苍志》	南宋绍兴二十七年（1157）	—	知州谢少卿	久佚	见南宋嘉泰《括苍续志》陈百朋序、元皇庆《处州路志》吴海序著录
《括苍志》	南宋乾道六年（1170）	7卷	知州楼璩修，教授曾贲编	久佚	见《直斋书录解题》《宋史艺文志》《文献通考》、宋尤袤撰《遂初堂书目》《国史经籍志》著录
《括苍志补遗》	南宋乾道年间（1165—1173）	4卷	知州楼璩修	久佚	见《直斋书录解题》著录
《括苍续志》	南宋嘉泰二年（1202）	10卷	知州胡澄修，主簿陈百朋编	久佚	明成化《处州府志》载陈百朋序云
《括苍庆元志》	宋	1卷	邵笥撰	久佚	见《宋史艺文志》著录
《龙泉县志》	宋嘉定二年（1209）	—	何澹	久佚	见乾隆、光绪《龙泉县志》例言云
《青田县志》	宋绍定间（1228—1233）	—	—	久佚	见嘉靖《浙江通志》卷五十四著录
《缙云县志》	宋咸淳间	—	孙友益	久佚	—

第二节 元代文献

元代丽水文献一览

表 39-1-2-1

书 目	纂修时间	卷数	纂修人	保存情况	具体事项
《处州路志》	元皇庆元年(1312)	20 卷	达鲁花赤脱钵昭勇修,杜熙等编	久佚	《文渊阁书目》卷四(旧)志"暑字号第二厨书目"著录
《松阳志略》	元代	—	吴莱撰	久佚	见嘉靖《浙江通志》卷五十四、钱大昕《补充史艺文志》《续文献通考》《金华经籍志》著录
《松源志》	元泰定至天历年间(1324—1328)	—	—	久佚	源自《化成寺碑》,此碑系元至正十年(1350)县尹孔暘所立。碑文提到化成寺和咏归桥等是根据《松源志》的记载写的
《仙都志》	元至正八年(1348)	2 卷	道士陈性定撰	久佚	国家图书馆藏

第三节 明代文献

明代丽水文献一览

表 39-1-3-1

书 目	纂修时间	卷数	纂修人	保存情况	具体事项
《处州志》	明洪武前	3 册	未详	久佚	《文渊阁书目》卷四(旧志)"暑字号第二厨书目"著录
《处州府志》	明成化二十二年(1486)刻本	18 卷首 1 卷	知府郭忠修,刘宣编	刻本	北京(存卷 3,4,7—10,13—18),天一阁(存卷 1—2,5—6,9—12,16—18)
《括苍郡志补遗》	明弘治(1488—1505)前后	5 卷	郡人郑宣编	未见传本	明万历《括苍汇纪》著录
《括苍汇纪》	明万历七年(1579)	15 卷	知府熊子臣修,郡人何镗编	刻本	上海、南京图书馆有藏本
《续处州府志》	明万历三十三年(1605)	8 卷	知府许国忠修,郡人叶志淑编	刻本	上海图书馆有刻本,浙江图书馆有影抄本
《处州府志》	明崇祯八年(1635)	18 卷	知府朱葵修,郡人王一中编	刻本	北京图书馆藏(存卷 1—3,6,7,14—18)
《古括遗芳》	明	4 卷	郑宣编	未见传本	《四库全书》据浙江巡抚采进本书目
《丽水县志》	明正统前	—	—	未见传本	见《文渊阁书目》卷四(新志)往字号第一厨书目著录
《青田县志》	明正统前	—	—	未见传本	见《文渊阁书目》卷四(新志)往字号第一厨书目著录
《遂平县志》	明正统前	—	—	未见传本	见《文渊阁书目》卷四(新志)往字号第一厨书目著录

续表 39-1-3-1

书　目	纂修时间	卷数	纂修人	保存情况	具体事项
《龙泉县志》	明正统前	—	—	未见传本	见《文渊阁书目》卷四(新志)往字号第一厨书目著录
《松阳县志》	明正统前	—	—	未见传本	见《文渊阁书目》卷四(新志)往字号第一厨书目著录
《缙云县志》	明正统五年(1440)	—	樊浚	未见传本	见《文渊阁书目》卷四(新志)往字号第一厨书目著录
《庆元县志》	明正统前	—	—	未见传本	见《文渊阁书目》卷四(新志)往字号第一厨书目著录
《龙泉县志》	明嘉靖四年(1525)	20卷	县人叶溥、李溥修纂	久佚	见《千顷堂书目》卷七、《通志》著录
《龙泉县志》	明万历二十六年(1598)	—	邑令夏舜臣编	未见传本	见乾隆、光绪版《龙泉县志》著录
《龙泉景物志》	明	—	陈孝积纂	未见传本	见《千顷堂书目》卷七、光绪《处州府志》著录
《庆元县志》	明万历四年(1576)	—	知县沈维龙纂修	未见传本	见《千顷堂书目》卷七、《通志》著录
《庆元县志》	明万历四十六年(1618)	—	知县汪献忠修	未见传本	见《千顷堂书目》卷七著录
《庆元县志》	明崇祯十五年(1642)	8卷	知县杨芝瑞修	—	见《千顷堂书目》卷七、《通志》著录,上海市图书馆有残本
《云和县志》	明嘉靖四年(1525)	5卷	知县胡希铨修,汪屺纂	久佚	见《千顷堂书目》卷七、《通志》著录
《遂昌县续志》	明嘉靖十五年(1536)	—	邑人翁学渊撰	久佚	见《千顷堂书目》卷七、《通志》著录
《遂昌县志》	明隆庆二年(1568)	—	邑令池浴德主修	久佚	见《千顷堂书目》卷七、光绪《处州府志》著录
《遂昌县志》	崇祯十五年(1642)	—	知县许启洪修,许九纶、周士廉纂	未见传本	见《千顷堂书目》卷七著录
《青田县志》	明成化间(1465—1487)	4卷	知县单瑛主修,县人叶仕宁纂	久佚	见《千顷堂书目》卷七著录,清光绪《青田县志》为"明景泰间"
《青田县志》	明嘉靖三十三年(1554)	4卷	知县李楷主修,县人陈中州纂	久佚	见《千顷堂书目》卷七著录
《景宁县志》	明嘉靖六年(1527)	—	知县程达修,潘援纂	久佚	见《千顷堂书目》卷七、《通志》著录
《景宁县志》	明万历十六年(1588)刻本	6卷	知县姜师闵修,赖汝霖纂	刻本	见《千顷堂书目》卷七著录,北京图书馆有藏本
《缙云县志》	明万历六年(1578)	—	邑令黄季茂	未见传本	见《千顷堂书目》卷七著录
《松阳县志》	明隆庆间(1567—1572)	—	作者不详	未见传本	见《千顷堂书目》卷七、《通志》著录
《宣平县志》	嘉靖二十五年(1546)	4卷	萧彦修,郑禧纂	—	见《千顷堂书目》卷七著录,北京图书馆有藏本
《仙都山志》	—	5卷	李时孚撰	—	《尤氏艺文志》《通志》著录
《仙都志》	—	—	缙云人李永明撰	—	见《千顷堂书目》卷八著录

第四节　清代文献

清代丽水文献一览

表 39-1-4-1

书　目	纂修时间	卷数	纂修人	保存情况	具体事项
《处州府志》	清顺治七年(1650)	—	知府王崇铭修，张元枢编	未见传本	见康熙《处州府志》载王崇铭序云
《处州府志》	清康熙二十九年(1690)	12 卷	知府刘廷玑修，教授徐元荐等编	刻本	复旦大学图书馆有藏本，上海图书馆藏抄本
《处州府志》	清雍正十一年(1733)	20 卷	知府曹抡彬修，教授朱肇济等编	刻本	北京、上海、浙江、温州等图书馆有藏本
《处州府志》	清光绪三年(1877)	30 卷首 1 卷末 1 卷	知府潘绍诒修，周荣椿等编	刻本	北京、上海、浙江、温州图书馆和丽市博等有藏本
《括苍金石志》	清同治十三年(1874)	12 卷续 4 卷	李遇孙辑	浙江处州府署刊本	丽水市博物馆藏有原刻版
《括苍风物记》	—	—	徐松撰	未见传本	见光绪《处州府志》、民国《丽水县志》著录
《处州银冶志》	—	—	—	未见传本	《通志》著录
《丽水县志略》	清雍正九年(1731)	1 卷	—	未见传本	见雍正《浙江通志》卷二百五十三著录
《丽水志稿》	清道光十六年(1836)	4 卷	金学超编	—	南京大学图书馆有藏本
《丽水县志》	清道光二十六年(1846)	14 卷	张铣纂修	—	北京、上海等图书馆有藏本
《丽水县志》	清同治十三年(1874)	15 卷	彭润章等纂修	—	丽水市档案馆有藏
《松阳县志》	清顺治十一年(1654)	10 卷	知县佟庆年修，胡世定纂	刻本	南京图书馆有藏
《松阳县志》	清乾隆三十一年(1769)修，清乾隆三十二年(1770)刊本	12 卷	知县曹立身修，潘茂才纂	刻本	北大、上海、南京图书馆有藏
《松阳县志》	清光绪元年(1875)	12 卷首 1 卷	知县支恒春修，丁凤章等纂	刻本	浙江、温州图书馆有藏，流传尚多
《龙泉县志》	清顺治十二年(1655)	10 卷	徐可先修，胡世定纂	刻本	原刻本在日本内阁文库，上图有影印本，北大图书馆有残本
《龙泉县志》	清乾隆二十七年(1762)	12 卷首 1 卷	苏遇龙修，沈光厚纂	刻本	浙江、温州等图书馆有藏
《龙泉县志续》	清乾隆三十四至三十六年间(1769—1771)	—	陆国栋纂	久佚	见林撝撰《龙泉林氏家乘》提及
《龙泉县志》	清同治二年(1863)	6 册	知县祝绣绅补修	—	上海、天津图书馆收藏
《龙泉县志》	清光绪四年(1878)	12 卷首 1 卷	顾国诏修，张世堉纂	刻本	浙江、温州等图书馆有藏，今传本尚多

续表 39-1-4-1

书　目	纂修时间	卷数	纂修人	保存情况	具体事项
《青田县志》	清康熙二十五年(1686)	12卷	张皇辅修，钱喜选纂	刻本	北京、上海、浙江、温州等图书馆收藏
《青田县志》	清雍正六年(1728)	12卷	知县万里主修，沈渊懿纂	刻本	上海、浙江、温州等图书馆收藏
《续青田县志》	清乾隆四十二年(1777)	6卷	吴楚椿纂修	刻本	故宫、中国台湾有收藏
《青田县志》	清光绪二年(1876)	18卷首1卷	雷铣修，王棻纂	刻本	浙江、温州等图书馆有藏，今传本尚多
《青田县志》	清光绪二年(1876)	18卷首1卷	雷铣修，王棻纂	铅印本	民国24年(1935)重印，上海、浙江等图书馆有藏
《缙云县志》	清康熙十年(1671)	10卷	县令曹懋极纂修	抄本	上海图书馆有藏
《缙云县志》	清康熙二十三年(1684)	4卷	霍维腾纂修	刻本	北大、上海、南大图书馆有藏
《缙云县志》	清乾隆三十二年(1767)	8卷	令孤亦岱修，沈鹿鸣纂	刻本	故宫、山大、中国台湾有藏，上海图书馆(存卷1-6)
《缙云县志》	清道光二十九年(1849)	18卷首1卷	汤成烈修，尹希伊、余伟纂	刻本	上海、温州等图书馆有藏
《缙云县志》	清光绪七年(1881)刻本	16卷首1卷末1卷	何乃容、葛华修潘树棠纂	刻本	浙江、温州等图书馆有藏，今传本尚多
《缙云文征》	清道光三十年(1850)	20卷补编1卷	汤成烈辑	五云书院刊本	
《缙云志余》	清	1卷	佚名纂	—	北大图书馆藏有清古藤书屋稿本
《遂昌县志》	清顺治十一年(1654)	10卷	知县徐治国修，胡世定纂	久佚	雍正《浙江通志》卷二百五十三有载
《遂昌县志》	清康熙五十一年(1712)	10卷	知县缪之弼修，程定纂	—	南京大学图书馆有藏
《遂昌县志》	清乾隆三十年(1765)	12卷	知县王憕主修	刻本	故宫、上海图书馆等有藏
《遂昌县志》	清道光十五年(1835)	12卷首1卷	朱煌修，郑培椿等纂	刻本	中国科学院图书馆有藏
《遂昌县志》	清光绪二十二年(1896)	12卷首1卷附外编4卷	胡寿海、史恩纬修，褚成允纂	尊经阁刻本	浙江、温州、遂昌等图书馆有藏
《云和县志》	清康熙三十一年(1692)	5卷	林汪远修，柳之元 等纂	刻本	北京、上海图书馆有藏本
《云和县志》	清乾隆四十二年(1777)	—	知县窦绘重修，教谕方宏模纂	未见传本	见清同治《云和县志》载窦绘序云
《云和县志》	清嘉庆十四年(1809)	22卷	知县陈治策纂修	未见传本	见清同治《云和县志》载陈治策序云
《云和县志》	清咸丰七年(1857)修，清同治三年(1864)续修刻本	16卷首1卷	伍承吉修，涂冠续修，王士鈖纂	—	浙江、温州等图书馆有藏，传本尚多

续表 39-1-4-1

书　目	纂修时间	卷数	纂修人	保存情况	具体事项
《云和县大庆寺》	清咸丰二年(1852)	—	梅榕辑	刻本	南京图书馆有藏
《景宁县志》	清康熙五十年(1711)	—	知县张琢修,潘可藻纂	刊本未见	《通志》著录
《景宁县志》	清雍正七年(1729)	—	知县汪士璜修,潘可藻纂	—	《通志》著录
《景宁县志》	清雍正十三年(1735)	10卷	知县李应机修,潘可藻纂	刻本	北京、温州图书馆藏刻本,浙图藏抄本
《重修景宁县志》	清乾隆四十三年(1778)	12卷首1卷	张九华修,吴嗣范纂	刻本	上海、浙江图书馆有藏
《景宁县志》	清同治十二年(1873)	14卷首1卷末1卷	周杰修,严用光、叶笃贞纂	—	浙江、温州等图书馆有藏,传本尚多
《庆元县志》	清康熙十一年(1672)	10卷	程维伊修,吴运光等纂	刻本	北京图书馆藏有刻本,浙图(存卷1—5)
《庆元县志》	清嘉庆六年(1801)	12卷	关学优修,吴元栋纂	刻本	故宫、上海图书馆有藏
《庆元县志》	清道光十二年(1832)	12卷图1卷	吴纶彰修,周大成等纂	刻本	北京、上海图书馆藏有刻本
《庆元县志》	清道光二十三年(1843)	6卷	知事宋琛补修	补刻本	北京、上海图书馆藏有补刻本
《庆元县志》	清光绪三年(1877)	12卷首1卷	林步瀛、史恩纬修,史恩绪等纂	刻本	上海、温州图书馆有藏
《宣平县志》	清顺治十三年(1656)	10卷	知县侯杲修,胡世定纂	刻本	原在日本内阁文库。上海、南京图书馆有刻本胶卷
《宣平县志》	清康熙	12卷		无传本	见民国《宣平县志》著录
《宣平县志》	清乾隆十八年(1753)	16卷首1卷	陈加儒修,祝复礼、潘士仁等纂	刻本	上海、温州等图书馆藏有,浙图藏有抄本
《宣平县志》	清道光二十年(1840)	18卷首1卷	汤金策修,俞宗焕纂	刻本	北京、上海图书馆有藏
《宣平县志》	清光绪四年(1878)	20卷首1卷	皮树棠纂修	刻本	浙江、温州等图书馆有藏,传本尚多
《通济堰志》	清同治九年(1870)重修	2册	—	—	国家图书馆有藏
《通济堰志》	清光绪三十四年(1908重修)	2卷	沈国琛纂修	—	浙江图书馆藏第二卷

第五节　民国文献

民国丽水文献一览

表 39-1-5-1

书　目	纂修时间	卷数	纂修人	保存情况	具体事项
《丽水县志》	民国 15 年(1926)	14 卷	李钟岳、李郁芬修,孙寿芝纂	启明印刷所铅印本	传本尚多
《景宁县续志》	民国 22 年(1933)	17 卷首 1 卷	吴吕熙修,柳景元纂	刻本	浙江、温州等图书馆有藏,传本尚多
《民国缙云县新志稿》	民国	16 卷	干人俊	稿本	国家图书馆有藏
《民国龙泉县新志稿》	民国 37 年(1948)	22 卷	干人俊	稿本	龙泉市图书馆有藏
《松阳县志》	民国 15年(1926)	14 卷首 1 卷末 1 卷	吕跃铃修,高焕然纂	活字本	浙江等图书馆有藏,传本尚多
《缙云文征》	民国 26 年重刊(1937)	20 卷	—	—	缙图、丽博有藏
《庆元县志》	民国 36 年(1947)	14 卷	姚文林修	—	1 至 5 卷缺。民国 21 年(1932)设修志馆。志稿完成时正值抗日战争爆发,未行刊印。民国 36 年复馆,由吴钟祥馆长续修
《仙都记游》	民国 10 年(1921)	—	项元勋著	油印本	浙江图书馆有藏

第六节　中华人民共和国成立后文献

中华人民共和国成立后丽水文献一览

表 39-1-6-1

书　目	纂修时间	纂修人	保存情况	具体事项
丽水地区志	1993 年 6 月	虞文喜	浙江人民出版社	丽水地区地方志编纂委员会主编
丽水地区戏曲志	—	华　俊	—	浙江省丽水地区文化局《丽水地区戏曲志》编辑委员会
瓯江志	1995 年 3 月	吴松涛	水利电力出版社	—
丽水地区人物志	1995 年 3 月	虞文喜	浙江人民出版社	—
丽水医药站志	1993 年 1 月	朱文义	—	《丽水医药站志》编写组编
浙江省丽水地区教育简志	1990 年 12 月	黄尚厚	上海文化出版社	浙江省丽水地区教育委员会编
丽水地区计划委员会专业志	1990 年 8 月	于宗叙	—	丽水地区计划委员会编
浙江省丽水地区畲族志	1992 年 3 月	雷松庭	电子工业出版社	—
丽水地区工业志	1995 年 5 月	张德堂	—	丽水地区工业志编纂委员会编

续表 39-1-6-1

书　目	纂修时间	纂修人	保存情况	具体事项
丽水地区电力工业志	1995 年 3 月	姜丽敏	水利电力出版社	—
丽水地区曲艺志	1998 年 10 月	王星贵	—	《丽水地区曲艺志》编辑委员会
丽水地区交通志	1995 年 11 月	杨一民	海洋出版社	—
丽水地区烟草志	1995 年 12 月	李致川、谢秋林	浙江人民出版社	丽水地区烟草志编委会
丽水地区财税志	1995	陈仕明	新华出版社	—
丽水公安志	2004	华乃强	方志出版社	丽水公安志编纂委员会编著
丽水市土地志	2000	王一民	中华书局	丽水市土地志编纂委员会编
丽水地区工会志（1927—1995）	—	毛士龙	—	—
丽水地区教育志	2000年 11 月	方德光	—	—
丽水市军事志	2007 年 11 月	秦景号	—	丽水市军事志编纂委员会编
丽水邮电志	2008	李伟	浙江人民出版社	《丽水邮电志》编纂委员会编
丽水市人民医院院志（1997—2007）	2007	朱士宇	—	—
丽水市志	1994 年 4 月	叶兆雄	浙江人民出版社	—
丽水市地名志	1986 年 12 月	包秀贤	—	丽水市地名志办公室编
丽水市教育志	1994 年 3 月	庄祖定	西安地图出版社	浙江省丽水市教育志编纂办公室编
丽水粮食志	1992 年 5 月	叶根德	—	丽水粮食局
丽水市供销合作社志（1933—1992）	1994 年 5 月	陈志祥	—	丽水市供销合作社
丽水市卫生志	1992	周村农	—	丽水市卫生局编
丽水市医药志	1991 年 5 月	李寿珍	—	《丽水市医药志》编辑委员会编
丽水市电力工业志	1992 年 12 月	种道群	—	—
丽水市物价志	1989	薛玉莲	—	丽水市物价局
丽水市文化简志	1992 年 6 月	吴刚戟		丽水市文化局编
丽水市工商行政管理志（1905—1988）	1989 年 7 月	陈高修	—	丽水市工商行政管理局编
丽水市交通志	1993 年 10 月	季宗希	海洋出版社	丽水交通局编
丽水市工会志	1995 年 4 月	郑洄	—	丽水市总工会编
丽水市人民医院院志（1937—1997）	1997 年 2 月	朱士宇	—	—
丽水市民政志	1995 年 10 月	陈子玉	—	丽水市民政局编
丽水市土壤志	1984 年 10 月	陈晓南	—	浙江省丽水县土壤普查办公室编
丽水市莲都区人民代表大会志（1949—2008）	2010 年	叶松青	—	《丽水市莲都区人民代表大会志》编纂委员会编
青田县建设志	2003 年 3 月	章东星	—	—

续表 39-1-6-1

书　目	纂修时间	纂修人	保存情况	具体事项
青田县志	1990 年	陈慕榕	浙江人民出版社	青田县志编纂委员会编
青田县文物志	1999 年	王友忠	—	—
青田县交通志	1992 年 5 月	沈心予	海洋出版社	青田县交通局编
青田县广播电视志	1998年 12 月	张钱松、郑纯超	浙江人民出版社	青田县广播电视志编纂委员会编
青田县人民医院志(1929— 1999)	2000 年	贺侠	—	青田县人民医院志编纂委员会
方山乡志	2004 年	陈正波	方志出版社	《方山乡志》编纂委员会编
青田石雕志	1987 年	夏法起	—	—
青田县地名志	1983 年 11 月	—	—	—
青田县教育志	1994 年 9 月	—	浙江人民出版社	青田县教育志编纂委员会编
青田县工会志(1930—1990)	1995 年 5 月	张爱芝	—	浙江省青田县总工会
青田县公安志	2006 年 7 月	—	浙江人民出版社	青田县公安志编纂委员会编
青田县农业合作化史	1992 年 12 月	—	—	青田县农业经济委员会编
青田县工商行政管理志	1991 年 10 月	—	—	青田县工商行政管理局编
金温铁路青田段工程建设志	1999 年	夏如九	—	金温铁路青田县工程建设指挥部编
青田县粮食志	2000 年 6 月	—	—	青田县粮食志编纂委员会编
青田县财税志	1989 年 3 月	—	—	浙江省青田县财政税务局编
青田人大志	2009 年 9 月	—	浙江人民出版社	《青田人大志》编纂委员会编
青田风俗志	1987 年 6 月	—	—	青田县文联编
青田县军事志	2010 年 12 月	潘新雄	—	青田县军事志编纂委员会
青田县民政志	1994 年 10 月	叶富深	—	青田县民政局民政志编纂室编
青田县土壤志	—	—	—	青田县土壤办公室
太鹤大桥工程建设志	2001 年	洪干民	—	
龙泉市水利志	2010 年 4 月	乐法文	方志出版社	《龙泉市水利志》编纂委员会编纂
龙泉城北区志	1990 年 2 月	毛良	—	中共城北区委
龙泉县交通志	1993 年 8 月	陈洁帆	海洋出版社	龙泉县交通局著
龙泉市政协志	2005 年 1 月	陶中亮	—	—
龙泉市财税志	1995 年 10 月	—	—	—
龙泉市林业志	2009 年	陈豪庭	中国林业出版社	龙泉市林业局编
龙泉县公安志	1994 年	程亦云等	汉语大词典出版社	龙泉市公安局编
龙泉县教育志(1018—1990)	1996 年 10 月	吴有本	西南地图出版社	龙泉县教育志编纂办公室编
龙泉县工会志(1927—1990)	1992 年 10 月	方玉同	—	龙泉县总工会编
龙泉县粮食志(1387—1988)	1991 年6 月	沈建伟	—	龙泉县粮食局编
浙江省龙泉县地名志	1984 年 12 月	—	—	—
龙泉县检察志	—	—	—	龙泉县检察院

续表 39-1-6-1

书　目	纂修时间	纂修人	保存情况	具体事项
龙泉乡镇企业志(1958—1988)	1990 年 9 月	—	—	龙泉乡镇企业志编纂组
龙泉法院志(1911—1993)	1996 年 5 月	季中等	汉语大词典出版社	龙泉市人民法院编
龙泉市军事志	—	—	—	本编委会
龙泉市土地志	—	刘耀林	—	土壤普查办
龙泉县烟草志	—	周树松	—	—
龙泉市邮电志	1998 年 5 月	赵火蛟	—	—
龙泉县土壤志	1986年 10 月	—	—	—
景宁林业志	2001 年 10 月	梅荣其	—	景宁畲族自治县林业志编辑委员会编
景宁畲族自治县志	1995 年 12 月	柳意城	浙江人民出版社	—
景宁畲族自治县交通志	1993 年 12 月	陈　清	海洋出版社	景宁畲族自治县交通局编
景宁畲族自治县地名志	1990 年 12 月	柳意城	—	浙江省景宁畲族自治县地名志编纂委员会编
景宁畲族自治县教育志(1109—1991)	1995 年 12 月	陈既生	西安地图出版社	景宁畲族自治县教育局编
景宁畲族自治县畲族志	1991 年 6 月	雷先根	—	景宁畲族自治县民族事务委员会编
景宁畲族自治县人民医院院志	—	—	—	浙江省景宁畲族自治县人民医院编
景宁畲族自治县卫生志	—	—	—	浙江省景宁畲族自治县卫生局编
景宁畲族自治县财税志	1992 年 12 月	占天寅	—	景宁畲族自治县财政局编
景宁畲族自治县工会志	1996 年 10 月	杨柳水	—	景宁畲族自治县总工会编
景宁土壤志	1988 年 10 月	—	—	景宁畲族自治县农牧特产局等编
缙云县交通志	1991 年	赵锡光	—	《缙云县交通志》编纂办公室编
缙云姓氏志	1991 年 1 月	金兆法	方志出版社	缙云县地方志办公室主编
缙云县志	1996 年 4 月	金兆法	浙江人民出版社	缙云县地方志办公室主编
缙云县商业志	1986 年	董万春	—	—
缙云县公安志	1992 年	郭树仁	—	缙云县公安局编
缙云县财税志	—	钭瑞申	—	—
缙云县计经委工业志	1992 年	孙绍富	—	—
缙云县工业志	1991 年	李泽豪	—	缙云县工业局编
缙云县民政志稿	1992 年	李兆升、王子珍	—	—
缙云县电力工业志	1992 年	吕丁喜吕阿民、	—	缙云县电力工业局编
缙云县二轻工业志	1992 年	丁立宪	—	—
缙云县工会志	1994 年	章建明	—	缙云县总工会编
缙云县教育工会志	1996 年 12 月	李朝升	—	缙云县教育工会编

续表 39-1-6-1

书　目	纂修时间	纂修人	保存情况	具体事项
缙云县乡镇土壤志	—	—	—	浙江省缙云县农牧特产局、浙江省缙云县土壤普查办公室编
缙云县医药志	1990 年	郑子宽	—	本书编委会编
缙云县教育志(713—1985)	1988 年 12 月	金兆法	—	本书编委会编
缙云县卫生志	1984 年 10 月	—	—	《缙云县卫生志》编写小组编
缙云县人大志	1992 年	陈明枝	—	本书编委会编
缙云县政协志	1999 年 4 月	樊有富	—	本书编委会编
浙江省缙云县土壤志	1985 年	—	—	缙云县土壤普查办公室编
缙云县方言志	—	吴越	—	—
缙云邮电志	1998 年 8 月	郑培兴等	—	缙云邮电志编纂领导小组编
缙云县军事志	2010 年	—	—	缙云县军事志编纂委员会编
独峰书院志	2006 年	—	—	独峰书院志编辑部编
缙云县中医院院志	—	—	—	缙云县中医院编
缙云县供销社志(1949—2009)	1987 年	王国代	方志出版社	缙云县供销社志编纂委员会编
缙云县工商行政管理志	1989 年	赵子法等编	—	—
缙云县宗教志	1989 年	丁加福、陈以成	—	—
缙云县民族志	1989 年	丁加福、陈以成	—	—
庆元县志	1996 年 1 月	余绪	浙江人民出版社	庆元县志编纂委员会编
庆元县群众文化志	1992 年 2 月	叶庆泉	—	庆元县文化局、文化馆编
庆元县工会志(1931—1990)	—	叶庆泉、朱克金	—	庆元县总工会编
庆元县军事志	2010 年 12 月	应文琛	—	庆元县军事志编纂委员会编
庆元县交通志	1993 年 3 月	刘化涛	海洋出版社	庆元县交通局编
庆元土壤志	1986 年	姚传本	—	庆元县农牧特产局编
庆元县工商行政管理理志(1918—1988)	1989 年 11 月	毛邦兴	—	庆元县工商行政管理局编纂组
庆元县职工教育志	1994 年 4 月	练荣标	—	庆元县职教委办公室编
庆元县粮食志	1992 年 11 月	孙知非等	—	庆元县粮食局编
庆元县财税志	1993 年 10 月	—	杭州大学出版社	庆元县财政税务局编
庆元县卫生志	1993 年 12 月	刘昌富	—	庆元县卫生局编
庆元县教育志	1994 年 4 月	练正森	西安地图出版社	庆元县教育局编
庆元县地名志	1990 年 10 月	余绪	杭州大学出版社	庆元县地名委员会编
庆元县金融志	1992 年 8 月	吴声良	—	庆元县金融志编写组
庆元县农业志	1995 年 6 月	胡兆行	黄山书社	庆元县农业志编纂办公室编

续表 39-1-6-1

书　目	纂修时间	纂修人	保存情况	具体事项
庆元县供销社志	1985 年 12 月	叶福荣	—	庆元县供销社编
庆元县商业志	1990 年 12 月	朱克金	—	庆元县商业局编
云和县水利志	1996 年 7 月	张乃民	浙江人民出版社	《云和县水利志》编纂委员会编
雾溪水库志	—	—	—	浙江省云和县雾溪水库工程管理处编
云和县志	1996 年 5 月	方金雨	浙江人民出版社	云和县志编纂委员会编
云和县畲族志（草稿）	—	—	—	中共云和县委统战部
云和县金融志（1912—1987）	1989 年 5 月	朱千河	—	云和县金融志编写办公室编
云和县财税志	1991 年 8 月	—	—	浙江省云和县财政税务局编
云和县交通志	1994 年 2 月	朱佐成	海洋出版社	云和县交通局编
云和县电力工业志（1938—1990）	1997 年 3 月	—	—	云和县电力工业局编
云和县邮电志	1995 年 11 月	—	—	云和县邮电办公室编
云和县图书馆志	—	任晓伶	—	—
云和县畜禽疫病志	—	—	—	云和县农业局编
云和县地名志	1986 年 12 月	方金雨	—	浙江省云和县地名委员会编
云和县教育志	1992 年 12 月	徐致和	西安地图出版社	云和县教育志编纂委员会编
云和县城乡建设环境保护局志	1990 年 12 月	—	—	云和县城乡建设环境保护局编
云和县军事志（初稿）	—	—	—	浙江省云和县人民武装部编
云和县法院志（1864—1990）	1990 年 12 月	—	—	浙江省云和县人民法院编
浙江省云和县土壤志	1986 年	王志航	—	云和县土壤普查办公室编
云和县商业志	—	—	—	云和县商业志办公室编纂
云和县公安志（1949—1989）	—	—	—	云和县公安局编
云和县烟草简志（讨论稿）	—	—	—	云和县烟草专卖局编
云和县人大志（1949—2000）	—	—	海洋出版社	《云和县人大志》编纂委员会编
云和县水利志	1996 年 7 月	—	—	—
松阳县卫生志	1990 年 10 月	—	—	松阳县卫生局编
松阳县粮食志	1991 年 5 月	—	—	粮食局编
浙江省松阳县地名志	1988 年 10 月	金兆吉	—	—
浙江省松阳县财税志	1991 年 8 月	—	—	—
松阳烟草志	1993 年 8 月	丁群亮	浙江人民出版社	本书编委会
松阳县交通志	1993 年 5 月	张向北	—	—
松阳一中校志	—	—	—	—
松阳县水利志	2006 年	毛培林	—	松阳县水利局
松阳县校史志	—	—	—	松阳县教委
松阳县供销合作社志	1991 年	—	—	—
松阳县民政志	1993 年 5 月	—	—	—

续表 39-1-6-1

书　目	纂修时间	纂修人	保存情况	具体事项
松阳县电力工业志（1925—1990）	1994 年 10 月	郭燕萍	—	—
松阳县教育志（621—1991）	1994年 8 月	—	西安地图出版社	本书编纂委员会
浙江省松阳县土壤志	1986 年 8 月	—	—	松阳县土壤普查办公室
松阳县畜禽疫苗志	1991 年 6 月	曹根生	—	松阳县家畜家禽防疫检疫站
松阳县志	1996 年 2 月	叶永萱	浙江人民出版社	松阳县志编纂委员会
松阳国有工业志	1994 年 5 月	—	—	松阳县工业局
松阳县人民代表大会志	2007	叶永萱	方志出版社	县人大会志编委会
松阳县政协志	2007 年 1 月	阙良庆	—	松阳县政协
松阳县畲族志	—	—	大百科全书出版社	县统战部、县民族宗教事务局编
遂昌县志	1996 年 10 月	刘宗鹤	—	遂昌县志编纂委员会编
遂昌县交通志	1992 年 3 月	华文英	海洋出版社	遂昌县交通局编
遂昌检察志	1997 年 6 月	斜革非	黄山书社	遂昌县检察志编纂委员会
遂昌民俗志	2001 年 1 月	乔野	—	—
遂昌政协志	2005 年	廖昌平	—	—
遂昌县军事志	2008 年	丁志斌	—	—
浙江省遂昌县地名志	1988 年 10 月	—	—	遂昌县地名办公室编
遂昌县工业局志	1991 年 1 月	叶文彬	—	遂昌县工业局志编纂室
浙江省遂昌金矿志	1995 年 4 月	刘宗鹤	浙江古籍出版社	遂昌金矿志编纂委员会编
遂昌县财税志	1990 年 12 月	詹天寅		遂昌县财税志编写组
遂昌县城乡建设志	2001 年 6 月	叶松青	浙江古籍出版社	遂昌县建设局、遂昌县环境保护局编
遂昌县电力工业志（1944—1990）	1992 年 12 月	严元华	浙江大学出版社	遂昌县电力工业志编委会
遂昌县法院志（1912—1988）	1990 年 4 月	谢金根	—	遂昌县人民法院编志组
遂昌县工会志（1928—1990）	1992 年 7 月	王立丹	—	遂昌县总工会编
遂昌县供销合作社志	1992 年 3 月	徐昌裕	—	遂昌县供销合作社编纂室
遂昌县教育志（985—1990）	1993 年 1 月	郑存宜	西安地图出版社	遂昌县教育委员会编
遂昌县金融志（1929—1990）	1991 年 11 月	—	—	遂昌县金融编纂组
遂昌县水利志	1991 年 6 月	范义勤	—	遂昌县水利志编写组
遂昌县卫生志	1997 年 6 月	张昌桐	浙江古籍出版社	遂昌县卫生志编纂委员会
浙江省遂昌县土壤志	1986 年 8 月	—	—	遂昌县土壤普查办公室

第二章　著　　述

丽水著述资料丰富，收集唐代著述17种、194卷以上，宋代著述254种、672卷以上，元代著述88种、192卷以上，明代著述752种、2674卷以上，清代著述360种、770卷以上，民国著述118种、207卷以上，当代著述244种。

第一节　唐代著述

唐代丽水著述一览

表39-2-1-1

作　者	书　目	卷数	具体事项
杜光庭	《录异记》	八卷	《四库全书》小说家类存目
	《杜天师了证歌》	一卷	《四库全书》医家类存目
	《道教灵验记》	十五卷	《四库全书》道家类存目
	《神仙感遇传》	五卷	《四库全书》道家类存目
	《墉城集仙录》	六卷	《四库全书》道家类存目
	《洞天福地岳渎名山记》	一卷	《四库全书》道家类存目
	《广成集》	十二卷	《四库全书》别集类
	《道德真经广圣义》	五十卷	《续修四库全书》
	《道教科范大全集》	八十七卷	《道藏》
	《历代崇道记》	一卷	《道藏》
	《古今类聚年号图》	一卷	清光绪《处州府志》著录
	《帝王年代州郡长历》	二卷	清光绪《处州府志》著录
	《续成都记》	一卷	清光绪《处州府志》著录
	《青城山志》	一卷	清光绪《处州府志》著录
	《武夷山记》	一卷	清光绪《处州府志》著录
	《仙传录异》	—	《录异记》提要

第二节　宋代著述

宋代丽水著述一览

表 39-2-1-2

作 者	书 目	卷数	具体事项
王义朝	《易论》	五卷	清光绪《处州府志》著录、《通志》作王朝义
	《易说》	十卷	清光绪《处州府志》著录
	《礼制》	五卷	清光绪《处州府志》著录
闾邱昕	《二五君臣论》	一卷	清光绪《处州府志》著录
叶　葑	《菜山集》	—	清光绪《处州府志》著录
姜特立	《梅山诗稿》	六卷	清光绪《直斋书录解题》
	《梅山续稿》	十七卷	清光绪《四库全书》别集类
姜特立	《梅山小稿》	—	《两宋名贤小传》
王　信	《武昌志》	三十卷	清光绪《处州府志》著录
	《是斋文集》	—	清光绪《通志》著录
梁安世	《远堂集》	—	清光绪《处州府志》著录
叶　宏	《孙子注》	—	清光绪《处州府志》著录
章良能	《嘉林集》	—	清光绪《处州府志》著录
潘叔豹	《笔记》	三卷	《括苍汇纪》著录(《通志》引,作“潘应发”)
林　椅	《周礼纲目》	八卷	《括苍汇纪》著录
	《摭说》	一卷	清光绪《处州府志》著录
梁　椅	《论语翼》	—	《括苍汇纪》著录
吴　梅	《四书发挥》	—	《括苍汇纪》著录
陈百朋	《括苍后集》	五卷	《宋史艺文志》
	《括苍续志》	一卷	《直斋书录解题》
叶梦云	《通鉴发挥》	—	《括苍汇纪》著录,并作元代叶梦登
俞文豹	《清夜录》	一卷	《四库全书》小说家类存目
	《吹剑录》	一卷	《四库全书》杂家类存目
	《吹剑录外集》	一卷	《四库全书》杂家类
	《古今艺苑谈概》	上集六卷、下集六卷	《四库全书》杂家类存目
	《吹剑续录》	—	《说郛》著录
	《唾玉集》	—	《说郛》著录
叶自勉	《岫云集》	—	清光绪《处州府志》著录
叶宗璘	《兰雪诗集》	—	清光绪《处州府志》著录
叶　诜	《拙修文集》	—	清光绪《处州府志》著录

续表 39-2-1-2

作　者	书　目	卷数	具体事项
吴思齐	《左氏传阙疑》	—	清光绪《处州府志》著录
	《俟命录》	—	清光绪《处州府志》著录
	《全归集》	—	清光绪《处州府志》著录
	《风雨集》	—	清光绪《处州府志》著录
	《汐社诗集》	—	清光绪《处州府志》著录
	《集陈亮叶适二家文选》	—	宋濂《吴思齐传》
	《杜诗跋》	—	宋濂《吴思齐传》
叶宗英	《玉林集》	—	《丽水县志》著录
叶　骙	《晋斋集》	—	《丽水县志》著录
李如篪	《东园丛说》	三卷	《四库全书》杂家类
赖文俊	《催官篇》	二卷	《四库全书》术数类
管师复	《卧云集》	—	光绪《处州府志》著录
管师常	《白云集》	—	《括苍汇纪》著录
鲍慎由	《夷白堂小集》	二十卷	清光绪《处州府志》著录、《括苍汇纪》著录作《夷白堂集》
	《别集》	三卷	清光绪《处州府志》著录、《括苍汇纪》著录作《夷白堂集》
何执中	《周易解》	—	《括苍汇纪》著录
	《孝经解》	—	《括苍汇纪》著录
	《论语讲义》	—	《括苍汇纪》著录
	《政和重修敕令格式》	五百四十八册	《宋史艺文志》著录
季　陵	《白云文集》	十卷	《两浙名贤录》
季　相	《柟山老人集》	八卷	《直斋书录解题》
季南寿	《资深文集》	—	《括苍汇纪》著录
	《近古堂编余》	—	《括苍汇纪》著录
何　偁	《奏议内外制》	—	《括苍汇纪》著录
	《孝经本说》	—	清光绪《处州府志》著录
	《中兴龟鉴》	—	《括苍汇纪》著录
	《中兴龟鉴》	—	《括苍汇纪》著录
	《王府大学讲义》	—	《通志》著录
何　偁	《注关尹子》	九卷	《括苍汇纪》著录
	《玉雪堂集》	—	《括苍汇纪》著录
何　侑	《家集》	五十卷	清光绪《处州府志》著录
	《览古史断》	二卷	《括苍汇纪》著录
	《存斋诗文》	五十卷	清光绪《处州府志》著录

续表 39-2-1-2

作 者	书 目	卷数	具体事项
何 侑	《天爵铭》	—	清光绪《处州府志》著录
	《吏治戒》	—	清光绪《府志》著录
叶 适	《水心文集》	—	《括苍汇纪》著录
	《荀扬问答外稿》	—	《括苍汇纪》著录
张 津	《公简笔录》	—	《括苍汇纪》著录
	《曲江集》	—	《括苍汇纪》著录
	《四书疑义》	—	《括苍汇纪》著录
何 澹	《小山集》	八卷	《龙泉县志》著录
	《历代备览》	二卷	《龙泉县志》著录
沈 说	《庸斋小集》	一卷	《名贤小集》
叶绍翁	《四朝闻见录》	五卷	《四库全书》小说家类
	《靖逸小稿》	一卷	《中国丛书综录》
	《靖逸小稿补遗》	一卷	《中国丛书综录》
陈 炳	《退庵集》	十五卷	清光绪《处州府志》著录
季 可	《大易体卦》	五十卷	清光绪《处州府志》著录
	《文集》	—	清光绪《处州府志》著录
真山民	《真山民集》	一卷	《四库全书》别集类
王 伋	《心经》	—	清光绪《处州府志》著录
	《问答语录》	—	清光绪《处州府志》著录
叶 涛	《叶涛诗集》	—	清光绪《龙泉县志》著录
章公权	《古文集》	一卷	清光绪《龙泉县志》著录
管 鉴	《养拙堂词》	一卷	《龙泉县志》著录
何 汶	《竹庄诗话》	二十四卷	《四库全书》诗文评类
叶大庆	《考古质疑》	六卷	《四库全书》杂家类
季立道	《春秋贯串》	—	《县志》著录
痴 海	《金山水陆仪文》	—	《两浙名贤外录》
陈汝锡	《鹤溪奏议》	—	清光绪《府志》著录
	《鹤溪集》	十二卷	《宋史艺文志》《括苍汇纪》著录为《鹤溪集并奏议》
蒋存诚	《国子先生集》	五卷	《括苍汇纪》著录
潘特竦	《富川志》	六卷	清光绪《处州府志》著录
余 纲	《选奇方》	十卷、《后集》十卷	清光绪《处州府志》著录
汤思退	《永祐陵迎奉录》	十卷	《宋史艺文志》著录
陈 言	《三因极一病证方论》	十八卷	《四库全书》医家类
	《易疑四卷经义考》	—	《通志》著录

续表 39-2-1-2

作　者	书　目	卷数	具体事项
朱　筠	《竹轩小集》	五卷	《括苍汇纪》著录
林　越	《汉隽》	十卷	《四库全书》史钞类存目
	《少陵诗格》	一卷	《四库全书》诗文评类存目
陈景行	《陈行之奏议》	—	《府志》著录、《括苍汇纪》著录为《奏议并文集》
	《陈行之文集》	—	清光绪《处州府志》著录
郑汝谐	《论语意原》	二卷	《四库全书》四书类
	《东谷易翼传》	二卷	《四库全书》易类乱
	《东谷集》	十卷	《括苍汇纪》著录
	《五经四书注》	二十卷	《括苍汇纪》著录
蒋继周	《经筵讲义》	五卷	《括苍汇纪》著录
	《中丞奏议》	十卷、《台评》二卷	《括苍汇纪》著录
	《礼记大义》	七卷	《括苍汇纪》著录
叶贺孙	《经筵讲义》	—	《括苍汇纪》著录
	《朱子语录》	四十三卷	《括苍汇纪》著录
	《仪礼解》	—	《括苍汇纪》著录
赵师善	《赵元之诗集》	—	清光绪《处州府志》著录
王梦松	《礼记解》	—	《括苍汇纪》著录
	《易解》	十三卷	清光绪《处州府志》著录
	《书解》	十卷	清光绪《处州府志》著录
	《论语解》	十卷	清光绪《处州府志》著录
	《中庸大学解》	五卷	清光绪《处州府志》著录
	《孟子解》	七卷	清光绪《处州府志》著录
	《杂著》	二十卷	清光绪《处州府志》著录
	《学庸解》	五卷	清光绪《处州府志》著录
余学古	《大学辨问》	一卷	《括苍汇纪》著录
陈希点	《澹斋笔谈》	六卷	《括苍汇纪》著录
	《淇渌遣兴》	四卷	《括苍汇纪》著录
	《璧水杂着》	四卷	《括苍汇纪》著录
	《西掖类稿》	十卷	《括苍汇纪》著录
	《经筵讲解》	八卷	《括苍汇纪》著录
	《奏议》	二卷	《括苍汇纪》著录
潘　翼	《九域赋》	一卷	《括苍汇纪》著录
	《星图证验》	三卷	《括苍汇纪》著录为《星图》
	《尔雅释》	—	清光绪《处州府志》著录

续表 39-2-1-2

作者	书目	卷数	具体事项
潘　翼	《韵补、补注韵略》	—	清光绪《处州府志》著录
叶谦亨	《中书集》	五卷	《括苍汇纪》著录
	《外制》二卷《奏议》一卷	—	《通志》著录、《括苍汇纪》仅著录《奏议》一卷
季致平	《精览归一图解》	二卷	《处州府志》著录
陈　禘	《蒙隐集》	二卷	《四库全书》别集类
洪师中	《乐闲集》	—	清光绪《处州府志》著录
余　璘	《介山集》	—	清光绪《处州府志》著录
刘若济	《石门洞集》	—	清光绪《处州府志》著录
林　伟	《崇儒编》	—	清光绪《处州府志》著录
	《斥佛编》	—	清光绪《处州府志》著录
周启明	《古律诗赋笺启杂文》	一千六百余篇	清光绪《处州府志》著录
	《宋史隐逸传》	—	清光绪《处州府志》著录
胡　份	《胡份诗集》	—	清光绪《处州府志》著录
赵　期	《国学奏议》	—	清光绪《处州府志》著录
	《屯御奏议》	—	清光绪《处州府志》著录
	《定鼎奏议》	—	清光绪《处州府志》著录
	《采薇吟》	—	清光绪《处州府志》著录
	《抒心篇》	—	清光绪《处州府志》著录
沈　造	《沈造集》	二十卷	清光绪《处州府志》著录
田君右	《周易管见》	—	清光绪《处州府志》著录
	《春秋管见》	三卷	清光绪《处州府志》著录、《括苍汇纪》著录为《易春秋管见》
	《诸史类考》	—	《括苍汇纪》著录
	《太极通书说》	—	《括苍汇纪》著录
	《性理》	七篇	清光绪《处州府志》著录
	《河图洛书大衍揲蓍太元准易说》	—	《府志》著录
	《律吕天文地理精考》	—	《府志》著录
	《参同契辨》		《括苍汇纪》著录
鲍　彪	《鲍氏战国策注》	十卷	《四库全书》杂史类
	《杜诗注》	—	《括苍汇纪》著录
	《书解》	—	清光绪《处州府志》著录
叶　樾	《端溪砚谱》	一卷	《四库全书》谱录类
赵　奉	《制诰奏议》	—	光绪《处州府志》著录
	《五云清唱》	—	新《缙云县志》著录
	《风雅遗音》	—	新《缙云县志》著录

续表 39-2-1-2

作 者	书 目	卷数	具体事项
田 渭	《辰州风土记》	六卷	《直斋书录解题》
	《玺斋集》	—	《括苍汇纪》著录
	《朋云刀笔》	—	清光绪《处州府志》著录
赵 渡	《建储奏议》	—	《处州府志》著录
	《恢复奏议》	—	清光绪《处州府志》著录
	《攻守元机》	—	清光绪《处州府志》著录
朱 藻	《西斋集》	十卷	《民国续县志》著录
羊永德	《春秋发微》	—	《括苍汇纪》著录
叶季韶	《兰谷集》	—	《括苍汇纪》著录
赵崇洁	《司谏奏议》	—	清光绪《处州府志》著录
赵元鹿	《平寇十策》	—	清光绪《处州府志》著录
赵崇鏕	《公余集》	—	清光绪《处州府志》著录
黄邦彦	《宽廉公勤四铭》	—	清光绪《处州府志》著录
羊 哲	《指南集》	—	《括苍汇纪》著录
梅 隐	《梅山集》	—	《括苍汇纪》著录
赵 雷	《尊所闻集》	—	《通志》著录
	《私淑集》	—	《处州府志》著录
赵顺孙	《四书纂疏》	二十六卷	《四库全书》四书类
	《经解》	—	《通志》著录
	《格庵奏议》	—	《括苍汇纪》著录
	《中庸纂疏》	三卷	清光绪《处州府志》著录
	《孝宗系年录》	三卷	清光绪《处州府志》著录
	《中兴名臣言行录》	—	清光绪《处州府志》著录
	《近思录》	—	清光绪《处州府志》著录
	《精义录》	—	清光绪《处州府志》著录
	《格庵文集》	—	清光绪《处州府志》著录
潜说友	《咸淳临安志》	九十三卷	《四库全书》地理类
赵道炳	《万古讴歌》	十篇	清光绪《处州府志》著录
	《刍苇吟》	—	清光绪《处州府志》著录(苇作荛)
陶 传	《惜阴寤纂》	—	清光绪《处州府志》著录
赵必瞻	《黍离吟》	—	清光绪《处州府志》著录
梅宽夫	《裕堂讲议》	—	清光绪《处州府志》著录
郑 欢	《东壁稿》	—	清光绪《处州府志》著录
卢 祁	《樵牧集》	—	《缙云县志》著录
孙友益	宋咸淳《缙云县志》	—	《通志》著录

续表 39-2-1-2

作者	书目	卷数	具体事项
项安世	《周易玩辞》	十六卷	《四库全书》易类
	《孝经说》	一卷	《直斋书录解题》
	《项氏家说》	十卷、《附录》二卷	《四库全书》儒家类
	《毛诗前说》	一卷	《宋史艺文志》
	《诗解》	二十卷	《宋史艺文志》
	《周礼丘乘图说》	一卷	《宋史艺文志》
	《平庵悔稿》	十五卷、《后编》六卷	《直斋书录解题》
	《平庵悔稿》	一卷	清光绪《处州府志》著录
	《经史子传疑难》	—	清光绪《处州府志》著录
	《中庸集说》	一卷	清光绪《处州府志》著录
刘　炎	《迩言》	十二卷	《四库全书》儒家类
张玉娘	《兰雪集》	二卷	《四库全书》别集类存目(《府志》作贞女张若琼)
叶梦得	《易书春秋传》	—	《括苍汇纪》著录
	《春秋谳并考论语释言》	—	《括苍汇纪》著录
	《孟子通议》	—	《括苍汇纪》著录
	《金石类考》	—	《括苍汇纪》著录
	《书传》	十卷	《宋史艺文志》
	《石林诗话》	二卷	《直斋书录解题》《括苍汇纪》著录为《石林燕语》
	《避暑录话》	—	(自《三因极一病证方论》四库全书提要)
刘澹然	《午溪集》	—	《括苍汇纪》著录
潘好古	《诗春秋语孟中庸说》	五十一卷	《括苍汇纪》著录
叶　时	《礼经会元》	四卷	《四库全书》礼类
	《对制谈经》	十五卷	《四库全书》类书类存目
项宗嘉	《震谷集》	十三卷	民国《松阳县志》卷九著录
龚　原	《颍川倡和集》	三卷	清光绪《处州府志》著录
	《周易新讲义》	十卷	《续修四库全书》易类
	《续解易义》	十七卷	清光绪《处州府志》著录
	《周易图》	十卷	清光绪《处州府志》著录
	《孟子解》	十卷	清光绪《处州府志》著录
	《文集》	七十卷	清光绪《处州府志》著录
	《易解》	—	《括苍汇纪》著录
龚敦颐	《芥隐笔记》	一卷	《四库全书》杂家类
	《元祐建中列传谱述》	一百卷	清光绪《府志》著录、《括苍汇纪》著录为《列传谱述》
	《续释常谈》	—	《直斋书录解题》
	《续稽古录》	一卷	《直斋书录解题》

续表 39-2-1-2

作　者	书　目	卷数	具体事项
张贵谟	《泮林讲义》	三卷	《宋史艺文志》
	《九经图述》	—	《括苍汇纪》著录
	《诗说》	三十卷	《宋史艺文志》
	《韵略补遗》	—	《括苍汇纪》著录
	《临汝图志》	十五卷	《宋史艺文志》
刘　赞	《易统》	—	《括苍汇纪》著录
尹起莘	《资治通鉴纲目发明》	五十九卷	《括苍汇纪》著录为《纲目发明》
王　镃	《月洞吟》	一卷	《四库全书》别集类
	《月洞诗集》	—	清光绪《处州府志》著录
吴　庸	《明性集》	—	新《庆元县志》著录
	《发微正论》	—	新《庆元县志》著录
戴梦龄	《项羽闻楚歌赋》	—	《括苍汇纪》著录，谓其为“神童”
王　琮	《雅林小稿》	一卷	《通志》著录
胡　筠	《耕录稿》	—	《通志》著录
何宗姚	《希古集》	一卷	《通志》著录
叶　留	《为政劝惩录前集》	十卷、《后集》十卷	《通志》著录
鲍　鲵	《鲍以行诗》	—	杜本《谷音》著录
詹　渊	《括苍集》	三卷	《宋史艺文志》
吴飞英	《括苍集》	—	《括苍汇纪》著录
柳大雅	《括苍别集》	四卷	《宋史艺文志》
刘应真	《道德经解意》	—	《括苍汇纪》著录
叶士龙	《朱子语录类要》	十八卷	《通志》著录

第三节　元代著述

元代丽水著述一览

表 39-2-3-1

作　者	书　目	卷数	具体事项
陈绎曾	《文说》	一卷	《四库全书》诗文评类
	《文筌谱论》	八卷	《府志》著录
	《古今文矜式》	二卷	《府志》著录
	《科举文阶》	—	《府志》著录
潘　弼	《读易管见》	四卷	《府志》著录
	《宜山集》	—	《府志》著录
叶应咸	《栖闲集》	一卷	《府志》著录

续表 39-2-3-1

作 者	书 目	卷数	具体事项
黄 许	《易大意》	—	《府志》著录
	《书总断》	—	《府志》著录
	《四书类观》	—	《丽水县志》著录
	《文通》	—	《府志》著录
叶登龙	《周易记》	—	《括苍汇纪》著录
俞 杰	《论语训蒙》	—	《府志》著录
赵友桂	《易诗书录辨》	—	《府志》著录
	《夏小正集解》	一卷	《府志》著录
	《南泉稿》	—	《府志》著录
陈康子	《通鉴节要》	—	《括苍汇纪》著录
	《闺秀集》	二卷	《府志》著录
徐 氏	《闺秀集》	二卷	《直斋书录解题》(通志:为括苍祝玑之妇)
叶 烶	《和陶集》	—	《括苍汇纪》著录
叶 浚	《石山樵唱》	—	《括苍汇纪》著录
陈 镒	《午溪集》	十卷	《四库全书》别集类
僧以假	《白云樵唱》	—	《府志》著录
姚 桀	《论孟直笔》	—	《通志》著录
	《云外樵歌》	—	《括苍汇纪》著录
项 垒	《山中言志》前后续集	八卷	《括苍汇纪》著录
杨 载	《杨仲弘集》	八卷	《四库全书》别集类
	《诗法家数》	一卷	《四库全书》诗文评类存目
	《杜律心法》	一卷	《诗学指南》
季仁寿	《春谷读书记》	—	《府志》著录
	《春谷集》	—	《括苍汇纪》著录
	《易诗书春秋四书衍义》	—	《府志》著录
	《四书质疑》		《府志》著录
	《策枢通览》	—	《府志》著录
	《诗林钩玄》	—	《府志》著录
	《弓冶录》	—	《府志》著录
王 毅	《木讷斋集》	五卷、《附录》一卷	《府志》《括苍汇纪》著录
季 钟	《云萍集》	—	《括苍汇纪》著录
郑滁孙	《大易法象通赞》	七卷	《四库全书》易类存目
	《大易法象通赞》	—	《府志》著录
	《中天述考》	—	《府志》著录
	《述衍》	一卷	《府志》著录

续表 39-2-3-1

作　者	书　目	卷数	具体事项
郑滁孙	《周易记玩》	—	《括苍汇纪》著录
	《真说通略》	十三卷	《府志》著录
	《郑滁孙文集》	—	《府志》著录
	《义阳诗派》	—	《府志》著录
郑陶孙	《郑氏文集》	—	《府志》著录
余希声	《诗说》	四卷	《括苍汇纪》著录
郑镇孙	《历代史谱》	二卷	《府志》著录
	《历代蒙求纂注》	一卷	《府志》著录
	《真说通略》	十三卷	《青田县志》著录
留　睿	《留子九篇》	—	《府志》著录
蒋　琰	《葆光集》	—	《通志》著录
王德甫	《松隐集》	二卷	《括苍汇纪》著录
叶　岘	《见山集》	—	《括苍汇纪》著录
杨　和	《璧水集》	—	《括苍汇纪》著录
陈　谷	《存存生集》	—	《府志》著录
陈德载	《山村杂兴》	五卷	《府志》著录
范　霖	《历代编年图》	—	《括苍汇纪》著录
	《指掌图》	—	《府志》著录
	《元卦图》	—	《府志》著录
	《龟鉴编》	—	《府志》著录
	《奏议》	—	《府志》著录
	《文集》	—	《府志》著录
	《天碧稿》	—	《府志》著录
	《春蚓集》	—	《府志》著录
	《岁寒小稿》	—	《缙云县志》著录
陈性定	《仙都志》	二卷	《府志》著录
赵拱辰	《身潜稿》	—	《府志》著录
朱　植	《拙斋集》	—	《府志》著录
朱　垣	《菊巢诗抄》	—	《府志》著录
季　祥	《耕云集》	—	《括苍汇纪》著录
应觉翁	《苍山集》	—	《府志》著录
朱咏道	《义阳诗派》	八卷	《府志》著录
周　权	《此山集》	四卷	《四库全书》别集类
	《中庸解》	—	《括苍汇纪》著录
王文焕	《大学发明》	一卷	《括苍汇纪》著录

续表 39-2-3-1

作　者	书　目	卷数	具体事项
王文焕	《孟子解》	—	《括苍汇纪》著录
	《道学发明》	—	《括苍汇纪》著录
	《中庸孟子解》	—	《括苍汇纪》著录
	《心镜图治心铭》	—	《府志》著录
练　鲁	《古今考议》	一卷	《括苍汇纪》著录
	《倥侗集》	八卷	《通志》著录
	《外集》	四卷	《通志》著录
	《中庸说》	一卷	《括苍汇纪》著录
尹廷高	《玉井樵唱》	三卷	《四库全书》别集类
郑元祐	《侨吴集》	十二卷	《四库全书》别集类
	《遂昌杂录》	一卷	《四库全书》小说家类
	《遂昌山人杂录》	一卷	《括苍汇纪》著录
	《山居文集》	—	《括苍汇纪》著录

第四节　明代著述

明代丽水著述一览

表 39-2-4-1

作　者	书　目	卷数	具体事项
王　廉	《四书详说》	—	《括苍汇纪》著录
	《史纂》	—	《括苍汇纪》著录
	《茭山集》	—	《括苍汇纪》著录
	《左氏钩玄》	—	弘治《绍兴府志》著录
	《三礼纂要》	—	《府志》著录
	《南征录》	—	《括苍汇纪》著录
	《茭山迂论》	—	《府志》著录
徐　松	《诸经证辨》	—	《府志》著录
	《括苍风物记》	—	《府志》著录
	《皇极理数源流》	—	《府志》著录
潘伯济	《巢云集》	三十卷	《括苍汇纪》著录
李　参	《泉石稿》	—	《括苍汇纪》著录
祝定注	《窦太师标幽赋》	—	《府志》著录
吴廷桓	《百韵梅花诗》	一卷	《府志》著录
	《咏史诗》	一卷	《府志》著录
	《槐溪吟稿》	一卷	《括苍汇纪》著录

续表 39-2-4-1

作 者	书 目	卷数	具体事项
吴允传	《溯阴吟稿》	—	《括苍汇纪》著录
叶　鉅	《乐邱集》	—	《府志》著录
何　焘	《效颦纪》	—	《府志》著录
	《舒啸东皋篇》	—	《府志》著录
	《沧螺录》	—	《府志》著录
	《青桂轩集》	—	《府志》著录
	《四书集义》	—	《府志》著录
	《春秋诛意》	—	《府志》著录
	《好生录》	—	《府志》著录
麻一琴	《易经训解》	—	《府志》著录
	《四书正说》	—	《府志》著录
金　文	《好生录》	三卷	《括苍汇纪》著录
	《镜潭杂咏》	—	《府志》著录
	《晋阳稿》	—	《府志》著录
	《履素闲吟》	—	《括苍汇纪》著录
	《和唐百咏》	—	《括苍汇纪》著录为《和唐百绝》
	《谳狱余兴》	—	《括苍汇纪》著录
	《东游稿》	—	《括苍汇纪》著录
金　忠	《瓮天稿》	三卷	《括苍汇纪》著录
	《东瓯童子吟稿》	三卷	《括苍汇纪》著录
	《广会集方》	—	《府志》著录
	《埙篪和声》	—	《府志》著录
金袨(旅)	《白湖诗文集》	—	《通志》著录
	《易意》	—	《括苍汇纪》著录
	《白湖集》	—	《通志》著录
金　祺	《避名稿》	—	《府志》著录
	《茅斋集》	—	《括苍汇纪》著录
金　禩	《代博集》	—	《府志》著录
金　信	《溟蠡稿》	—	《府志》著录
郑　宣	《古括遗芳》	四卷	《四库全书》总集类存目
	《古括遗芳》	四卷	《括苍汇纪》著录
	《郡志补遗》	—	《括苍汇纪》著录
	《纲目愚管》	二十卷	《括苍汇纪》著录
	《宋元纲目》	—	《府志》著录
汪　瑛	《抱关稿》	—	《括苍汇纪》著录

续表 39-2-4-1

作 者	书 目	卷数	具体事项
汪 瑛	《西岩文集》	—	《括苍汇纪》著录为《西岩集》
	《南明纪游诗》	一卷	《通志》著录
沈 炼	《兵法尺牍》	—	《府志》著录
	《青霞山人集》	五卷	《府志》著录
	《鸣剑集》	六卷、《续集》六卷	《府志》著录
	《读书集》	六卷	《府志》著录
	《塞垣尺牍》	—	《府志》著录
叶 桢	《家礼便览》	—	《府志》著录
	《韵府释义》	—	《府志》著录
	《石川稿》	—	《府志》著录
卢 镗	《浙海图》	—	《府志》著录
	《浙洋哨守册》	—	《府志》著录
何琮(球)	《策府集要》	—	《府志》著录
何 镗	《括苍汇纪》	十五卷	《四库全书》地理类存目
	《修攘通考》	四卷	《四库全书》地理类存目
	《古今游名山记》	十七卷、《总录》三卷、《附游名山记》一卷	《四库全书》地理类存目
	《高奇往事》	十卷	《通志》著录
	《中州人物志》	十二卷	《府志》著录
	《醒心六集》	—	《通志》著录
	《翠微阁集》	—	《府志》著录
叶志淑	《续处州府志》	八卷	《通志》著录
叶 曾	《梅下余言》	—	《府志》著录
戴 铨	《会正录》	十二卷	《府志》著录
叶 烇	《遵制录》	二十卷	《括苍汇纪》著录
	《椒山文集》	—	《括苍汇纪》著录
李承勋	《名剑记》	一卷	《府志》著录
祝 金	《吟痴集》	—	《括苍汇纪》著录
潘 初	《雉足稿》	—	《括苍汇纪》著录
黄 池	《石楼文集》	—	《括苍汇纪》著录
王 隽	《友梅集》	—	《府志》著录
	《槐屋集》	—	《括苍汇纪》著录
王存诚	《如愚集》	—	《括苍汇纪》著录
王一中	《瑞芝堂集》	—	《府志》著录
	《柱下焚余》	—	《府志》著录

续表 39-2-4-1

作　者	书　目	卷数	具体事项
王一中	《禄勲疏草》	—	《府志》著录
	《处州府志》	十八卷	《府志》著录
	《经书疏解》	—	《府志》著录
	《靖匪录》	—	《府志》著录
	《东巡疏草》	—	《府志》著录
李应春	《字学一斑》	—	《府志》著录
	《上雍下丸天笔记》	—	《府志》著录
	《耕石斋集》	—	《府志》著录
	《清溪濯缨草》	—	《府志》著录
叶仕演	《素朴子诗集》	—	《府志》著录
辜存衷	《瓯庐草》	—	《府志》著录
	《莲瓯子集》	—	《府志》著录
胡　深	《芸斋集》	—	《括苍汇纪》著录
章　溢	《龙渊集》	—	《括苍汇纪》著录
	《章氏家乘四篇》	—	《通志》著录
刘　明	《刘明诗集》	四卷	《通志》著录
叶子奇	《太玄本旨》	九卷	《四库全书》术数类
	《草木子》	四卷	《四库全书》杂家类
	《齐东野语》	三卷	《括苍汇纪》著录
	《地理节要》	—	《括苍汇纪》著录
	《医书节要》	十卷	《括苍汇纪》著录
	《静斋诗集》	四卷	《括苍汇纪》著录
	《静斋文稿》	二十卷	《括苍汇纪》著录
	《诗宗选玉》	—	《括苍汇纪》著录
季　喜	《范通》	二卷	《括苍汇纪》著录
季公纪	《范通玄理》	二卷	《府志》著录
陈孝积	《本草节要》	二十卷	《括苍汇纪》著录
李　溥	《乐隐诗集》	—	《括苍汇纪》著录
	《栖白斋集》	—	《括苍汇纪》著录
	《龙泉景物志》	—	《括苍汇纪》著录
	《心统》	—	《府志》著录
	《雪松子集》	—	《括苍汇纪》著录
	《易学逢源》	—	《府志》著录
	《经纶大本》	—	《府志》著录
	《金函会要》	—	《府志》著录

续表 39-2-4-1

作者	书目	卷数	具体事项
叶溥	《龙泉县志》	二十卷	《通志》著录
	《槎溪集》	—	《府志》著录
王应宣	《西游诗集》	—	《府志》著录
刘基	《国初礼贤录》	一卷	《四库全书》杂史类存目
	《多能鄙事》	十二卷	《四库全书》杂家类存目
	《郁离子》	二卷	《四库全书》杂家类存目
	《清类天文分野之书》	二十四卷	《四库全书》术数类存目
	《白猿经风雨占候说》	一卷	《四库全书》术数类存目
	《披肝露胆经》	一卷	《四库全书》术数类存目
	《演禽图诀》	—	《四库全书》术数类存目
	《佐元直指图解》	十卷	《四库全书》术数类存目
	《诚意伯文集》	二十卷	《四库全书》别集类
	《春秋明经》	四卷	《括苍汇纪》著录
	《翊运录》	二卷	《续文献通考》
	《洪武戊申大统历》	四卷	《通志》著录
	《三命奇谈滴天髓》	一卷	《明史艺文志》著录
	《覆瓿集》	二十四卷、《拾遗》二卷	《明史艺文志》著录
	《犁眉公集》	四卷	《明史艺文志》著录
	《天文秘略》	一卷	《明史艺文志》著录
	《观象玩占》	十卷	《明史艺文志》著录
	《玉洞金书》	一卷	《明史艺文志》著录
	《注灵棋经》	二卷	《明史艺文志》著录
	《解皇极经世稽览图》	十八卷	《明史艺文志》著录
	《一粒粟》	一卷	《明史艺文志》著录
	《地理漫兴》	三卷	《明史艺文志》著录
	《灵城精义》	二卷	《府志》著录
	《金弹子》	三卷	《府志》著录
	《百战奇法》	—	《文渊阁书目》
	《注玉尺经》	四卷	《府志》著录
	《写情集》	四卷	《括苍汇纪》著录
	《效颦集》	—	《括苍汇纪》著录
	《刘石倡和诗》	—	《续文献通考》
王润孙	《周易图解》	—	《括苍汇纪》著录
包瑜	《韵府续编》	四十卷	《四库全书》类书类存目
	《周易衍义》	—	《括苍汇纪》著录

续表 39-2-4-1

作　者	书　目	卷数	具体事项
包　瑜	《左传事类》	四十卷	《府志》著录
	《春秋讲义》	—	《括苍汇纪》著录
	《通鉴事类》	一百二十一卷	《括苍汇纪》著录
	《读史六事》	—	《府志》著录
	《史书系韵》	三百卷	《括苍汇纪》著录
	《读书备忘》	一百卷	《括苍汇纪》著录
	《纲目事类》	—	《括苍汇纪》著录
刘　璟	《易斋集》	二卷	《四库全书》别集类
	《越吟稿》	—	《括苍汇纪》著录
	《闲闲子集》	—	《括苍汇纪》著录
	《闻见录》	—	《括苍汇纪》著录
	《阁门恩遇录》	二卷	《括苍汇纪》著录
	《无隐集》	—	《括苍汇纪》著录
陈　诏	《会元古义》	四卷	《括苍汇纪》著录
陈中州	《居学馀情》	三卷	《四库全书》小说家类存目
	《太鹤山人集》	—	《括苍汇纪》著录
	《青田县志》	四卷	《府志》著录
	《易意》	—	《括苍汇纪》著录
	《青田三传》	—	《括苍汇纪》著录
	《白鹤春秋》	四卷	《括苍汇纪》著录
	《五经晬盘》	—	《括苍汇纪》著录
	《正蒙存疑》	—	《括苍汇纪》著录
	《四书俗说》	—	《府志》著录
	《诗感》	—	《府志》著录
	《白鹤春秋》	四卷	《府志》著录
	《亢惕子》	—	《府志》著录
	《字学要类》	—	《府志》著录
叶　素	《隙觐集》	—	《两浙名贤录》
	《易经羡记》	—	《府志》著录
	《四书节释》	—	《括苍汇纪》著录
	《宋元纲目断》	—	《括苍汇纪》著录
厉　光	《潜居集》	二卷	《括苍汇纪》著录
刘　琏	《自怡集》	一卷	《四库全书》别集类
	《无隐集偈颂》	三卷	《府志》著录
陈　定	《伤寒铃领一篇》	—	《府志》著录

续表 39-2-4-1

作　者	书　目	卷数	具体事项
陈　定	《痘疹歌诀》	—	《府志》著录
刘　鹰	《翊运录》	二卷	《四库全书》传记类存目
	《盘谷倡和集前后》	二卷	《府志》著录
	《盘谷集》	十卷	《明史艺文志》著录
林伯光	《观光集》	—	《括苍汇纪》著录
	《实录诫》	—	《府志》著录
叶仕宁	《知非集》	—	《括苍汇纪》著录
	《青田县志》	四卷	《通志》著录
陈彦思	《纪行集》	—	《括苍汇纪》著录
	《舜江吟》	—	《府志》著录
	《归田集》	—	《府志》著录
蔡子宜	《披云集》	—	《府志》著录
	《丧记》	—	《府志》著录
叶瑞龄	《礼记粕说》	—	《府志》著录
	《春秋集注》	—	《府志》著录
	《杞忧略》	—	《府志》著录
潘大熙	《平黎集》	—	《府志》著录
	《闲居漫草》	—	《府志》著录
	《随笔》	—	《府志》著录
	《珠崖小稿》	—	《府志》著录
蒋　鹄	《菊庵稿》	—	《两浙名贤录》
	《丧亲记》	—	《府志》著录
厉一增	《教子类语》	—	《府志》著录
	《治家摘要》	—	《府志》著录
留处黯	《观期消息》	—	《府志》著录
	《堪舆应迹》	—	《府志》著录
	《贞白野语》	—	《府志》著录
蒋　谧	《慰思集》	—	《府志》著录
叶　献	《冰蘖集》	一卷	《括苍汇纪》著录
	《甲子录》	一卷	《府志》著录
蒋光奎	《世僻训》	—	《府志》著录
项昌铭	《中山吏隐集》	—	《括苍汇纪》著录
张文逸	《云光集》	—	《府志》著录
刘雅言	《刘氏集》	四卷	《府志》著录、《括苍汇纪》著录为《刘雅言集》
郑希穆	《拙庵诗稿》	—	《府志》著录

续表 39-2-4-1

作　者	书　目	卷数	具体事项
徐仲成	《竹隐集》	—	《府志》著录
沈孟操	《东麓集》	—	《府志》著录
洪　绳	《明农稿》	—	《府志》著录
留长祚	《竹园敝帚》	—	《府志》著录
厉　述	《真休稿》	—	《府志》著录
陈　暕	《幽兰集》	—	《府志》著录
留　禄	《风木楼集》	—	《府志》著录
杜　莹	《檐霰集》	六卷	《括苍汇纪》著录
陈　璲	《学庸图解》	—	《府志》著录
叶　愚	《如存集》	—	《府志》著录
刘　惓	《稼隐集》	—	《府志》著录
留　洞	《蹇斋集》	—	《府志》著录
叶　谧	《慰思集》	—	《府志》著录
留万石	《江山漫兴集》	—	《府志》著录
蒋　陬	《仁溪樵唱》	四卷	《府志》著录
董　耻	《巢云集》	—	《府志》著录
叶　瑰	《丹崖集》	—	《括苍汇纪》著录
刘　祥	《寻乐集》	—	《括苍汇纪》著录
陈　谷	《存存生集》	—	《府志》著录
刘世懋	《莲城诗集》	—	《府志》著录
陈　偕	《道教源流》	—	《府志》著录
	《天台胜记》	—	《府志》著录
	《古今政本》	—	《府志》著录
刘孔昭	《星占》	三卷	《四库全书》术数类存目
王用臣	《明志录》	—	《府志》著录
	《劝农戒》	—	《府志》著录
	《忏庵初集》《二集》《三集》	—	《府志》著录
厉立身	《初籁集》	—	《府志》著录
张永植	《家训要言》	—	《府志》著录
蒋方萼	《纲鉴类摘》	—	《府志》著录
	《随喜新编》	—	《府志》著录
蒋一鳌	《涤余集》	—	《府志》著录
赵　埙	《琴鹤集》	—	《括苍汇纪》著录
	《白鹿吟》	—	《府志》著录
	《洗尘吟》	—	《府志》著录

续表 39-2-4-1

作者	书目	卷数	具体事项
李忱	《云外集》	—	《括苍汇纪》著录
王涛	《愚泉集》	—	《括苍汇纪》著录
陶厚善	《南乐幽居集》	—	《括苍汇纪》著录
郑濂	《望云集》	—	《府志》著录
朱维嘉	《素履集》	—	《括苍汇纪》著录
陶玺	《静观堂稿》	—	《括苍汇纪》著录
	《清隐集》	—	《括苍汇纪》著录
赵延	《旅游吟》	—	《府志》著录
	《赏心编》	—	《府志》著录
蒋思庸	《艮峰集》	—	《括苍汇纪》著录
何泰	《樵云集》	十卷	《括苍汇纪》著录
杨庸	《菊轩集》	—	《括苍汇纪》著录
夏清伯	《宋史提纲》	四十卷	《括苍汇纪》著录
陶坡	《洼尊稿》	—	《括苍汇纪》著录
	《思鸣稿》	—	《括苍汇纪》著录
	《为仁录》	—	《括苍汇纪》著录
	《观光稿》	—	《府志》著录
赵鲁	《太古集》	—	《括苍汇纪》著录
王文振	《江湖纪行稿》	—	《括苍汇纪》著录
陶宏	《觉非集》	—	《括苍汇纪》著录，为“陶弘”
樊敬	《慎斋集》	—	《括苍汇纪》著录
樊叙	《用拙稿》	—	《府志》著录
樊浚	《樊浚云门集》	—	《括苍汇纪》著录
	《缙云志》	—	《府志》著录
樊源	《竹轩集》	—	《府志》著录
樊通	《默庵集》	—	《括苍汇纪》著录
	《缙云集》	—	《府志》著录
李棠	《蒙斋集》	—	《括苍汇纪》著录
	《蒙斋奏议》	—	《府志》著录
	《将鉴节要》	—	《府志》著录
	《储庆集》	—	《府志》著录
李珉	《闲写稿》	—	《府志》著录
	《晴冈吟》	—	《府志》著录
李楹	《钝斋吟稿》	—	《府志》著录
樊侃	《怀养集》	—	《府志》著录

续表 39-2-4-1

作　者	书　目	卷数	具体事项
赵　琏	《复庵集》	—	《括苍汇纪》著录
	《和杜诗》	三卷	《府志》著录
	《公余集》	—	《缙云县志》著录
虞　瑶	《台谏奏疏存稿》	—	《府志》著录
赵　广	《玩易轩集》	—	《府志》著录
	《庭汉先生五笔》	—	《府志》著录
陶　澧	《草堂赓和集》		《括苍汇纪》著录
郑　恢	《壁经疏义》	—	《府志》著录
陶　娄	《菊隐集》	—	《括苍汇纪》著录
蒋　莱	《存耕余集》	—	《括苍汇纪》著录为《存耕遗稿》
樊　甫	《硐栎集》	—	《通志》著录
樊　贵	《桂冈集》	—	《府志》著录
周　瓘	《两汉书疏》	八卷	《通志》著录
	《读书类记》	—	《府志》著录
	《怡菊稿》	—	《府志》著录
	《应酬稿》	—	《府志》著录
陶　显	《逸庵文集》	—	《括苍汇纪》著录
李　隐	《省庵集》	—	《府志》著录
李　灏	《悯志著录稿》	—	《府志》著录
郑　绰	《竹坡律诗》	四卷	《府志》著录、《括苍汇纪》著录为《竹坡集》
	《歉庵稿》	—	《府志》著录
	《待评录》	—	《府志》著录
樊　阜	《樊山集》	—	《括苍汇纪》著录
周　南	《白斋稿》	—	《府志》著录
	《盘错集》	—	《括苍汇纪》著录
	《和许郢州诗》	—	《括苍汇纪》著录
樊伦有	《竹轩稿》	—	《府志》著录
郑　铿	《竹心亭录》	—	《括苍汇纪》著录
樊　昌	《友菊诗》	—	《府志》著录
樊　铎	《退斋稿》	—	《府志》著录
樊　哲	《凤山集》	—	《括苍汇纪》著录
陶　嵩	《惕斋存稿》	—	《括苍汇纪》著录
	《士罄集》	—	《府志》著录
	《治河便宜八事》	—	《府志》著录
李文江	《呕心集》	—	《括苍汇纪》著录

续表 39-2-4-1

作　者	书　目	卷数	具体事项
李　寅	《旸谷空音》	—	《括苍汇纪》著录
	《钓台集》	—	《府志》著录
李　长	《掖垣疏草》	—	《府志》著录
	《闲时录》	—	《括苍汇纪》著录
李　玺	《一泉文集》	—	《府志》著录
	《倅渝集》	—	《府志》著录
	《就正集》	—	《府志》著录
李　玠	《东楼遗稿》	—	《括苍汇纪》著录
郑　禧	《周易本义音释》	—	《府志》著录
	《范文正公年表》	—	《括苍汇纪》著录
	《齐东野语辑略》	—	《府志》著录
	《东湖文集》	—	《府志》著录
	《吟鞭小稿》	—	《府志》著录
	《宣平县志》	—	《内阁书目》
	《忠贤奇秘录》	—	《府志》著录、《括苍汇纪》著录为《群忠事略》
郑　鉴	《竹心亭录》	—	《府志》著录
吕　琅	《初学考》	—	《括苍汇纪》著录
朱　梁	《守株集》	—	《府志》著录
樊　守	《樊山后集》	—	《府志》著录
陶　标	《周易肤说》	—	《括苍汇纪》著录
	《昭远录》	—	《括苍汇纪》著录
	《柏轩集》	—	《括苍汇纪》著录
	《怡椿堂稿》	—	《括苍汇纪》著录
郑　谦	《松洲集》	—	《府志》著录
独山后人	《李村诗派》	—	《府志》著录（名字无考）
李　佩	《万松集略》	—	《府志》著录
李　琛	《东溪汇稿》	—	《府志》著录
李　琩	《翡翠台吟稿》	—	《府志》著录
李　玱	《敏庵文略》	—	《府志》著录
	《肖翘集》	—	《府志》著录
李　珊	《诗韵音释》	—	《府志》著录
	《月岩偶然录》	—	《府志》著录
	《醒脾铁镜》	—	《府志》著录
	《余录》	—	《府志》著录
	《续瘽瘽老人传》	—	《通志》著录

续表 39-2-4-1

作　者	书　目	卷数	具体事项
赵　恕	《身范十二篇》	—	《府志》著录
	《捻须集》	—	《府志》著录
	《会景楼集》	—	《府志》著录
	《会心稿》	—	《府志》著录
施　山	《图治奏疏》	—	《府志》著录
	《柏台文稿》	—	《府志》著录
	《龙湖杂咏》	—	《府志》著录
李锦修	《我泉集》	—	《府志》著录
	《林居集》	—	《府志》著录
	《李锦修二程全书》	—	《府志》著录
樊献科	《旅遊吟稿》	二卷	《府志》著录
	《山居吟稿》	—	《通志》著录
	《读史补遗》	—	《通志》著录
	《诗韵音释》	—	《通志》著录
	《樊公疏议》	—	《府志》著录
	《樊山摘集》	—	《府志》著录
郑　教	《双溪遗稿》	—	《府志》著录
李　键	《赐养堂集》	—	《府志》著录
	《五经正义》	—	《府志》著录
	《二十一史汇纂》	—	《府志》著录
	《性理明解》	—	《府志》著录
郑文茂	《性理辑略》	—	《通志》著录
	《审录江南疏稿》	—	《府志》著录
郑思齐	《静芳堂集》	—	《通志》著录
	《周易理解》	—	《府志》著录
	《经书精蕴》	—	《通志》著录
李彦时	《五经质疑》	—	《府志》著录
	《读史臆见》	—	《府志》著录
	《名山业》	—	《府志》著录
李阳泰	《闲来吟》	—	《府志》著录
	《混珠录》	—	《通志》著录
李　镆	《山亭草》	—	《府志》著录
李应时	《卫生全书》	—	《府志》著录
李阳吉	《易经口义》	—	《通志》著录
李　镆	《小学外编》	—	《府志》著录

续表 39-2-4-1

作 者	书 目	卷数	具体事项
李 镆	《来紫轩吟稿》	—	《府志》著录
	《续小学》	—	《通志》著录
李 鉒	《三朝奏疏》	—	《府志》著录
	《三游诗稿》	—	《府志》著录
	《乐泌堂文集》	—	《府志》著录
	《恩休纪》	—	《府志》著录
李逢雷	《三畏箴》	—	《府志》著录
	《馔玉篇》	—	《府志》著录
郑汝璧	《明帝后纪略》	一卷、附《藩封》	《四库全书》别史类存目
	《明功臣封爵考》	一卷	《四库全书》职官类存目
	《明臣谥类抄》	八卷	《四库全书》政书类存目
	《五经旁训》	一卷	《府志》著录
	《由庚堂集》	—	《通志》著录
	《皇明同姓诸王表》	三十四卷—	《府志》著录
	《大明律解附例》	—	《府志》著录
	《抚东疏略》	—	《府志》著录
	《封司典故》	八卷	《明史艺文志》著录
	《延绥镇志》	八卷	《明史艺文志》著录
李兆龄	《适适草》	—	《府志》著录
丁继雷	《缵槐集》	—	《通志》著录
樊 澧	《永思录》	—	《府志》著录
丁 慈	《五经粹语》	—	《府志》著录
	《为善集》	—	《府志》著录
	《竖岩集》	—	《府志》著录
李大夏	《容膝斋集》	—	《府志》著录
吕 管	《崇孝集》	—	《府志》著录
	《慕萱草》	—	《府志》著录
李正蒙	《白华楼集》	—	《通志》著录
李正员	《自哂轩集》	—	《府志》著录
李正开	《两边纪略》	—	《府志》著录
	《伍草子稿》	—	《府志》著录
	《闲轩集》	—	《缙云县志》著录
李淑凝	《翠阁稿》	—	《府志》著录
赵仪静	《拙斋稿》	—	《府志》著录
	《赵氏世芳摘集》	—	《通志》著录

续表 39-2-4-1

作　者	书　目	卷数	具体事项
丁如皋	《礼记家说》	—	《府志》著录
	《训子录》	—	《府志》著录
郑日强	《杜诗注》	—	《缙云县志》著录
	《易经家说》	—	《府志》著录
	《南华臆稿》	—	《通志》著录
	《四书镜》	—	《府志》著录
	《哦松草》	—	《府志》著录
周　仪	《鹑庵集》	—	《府志》著录
李永明	《仙都诗志》	—	《府志》著录
	《信芳园集》	—	《府志》著录
	《北游草》	—	《府志》著录
	《竹下吁喁》	—	《府志》著录
	《仙都志》	—	《通志》著录
李遇培	《易注增删》	十二卷	《府志》著录
	《春秋约旨》	十二卷	《府志》著录
郑邦焕	《道德经注解》	—	《府志》著录
李如桂	《礼记宗旨》	—	《府志》著录
丁元甲	《四书语要》	—	《府志》著录
	《瀛寰集》	—	《府志》著录
李邦栋	《燕闲集》	—	《府志》著录
李邦柱	《紫云山房集》	—	《府志》著录
	《测蠡稿》	—	《府志》著录
	《樾涧吟草》	—	《府志》著录
李邦梁	《大易剖》	—	《府志》著录
	《大学讲义》	—	《府志》著录
	《老子元解》	—	《府志》著录
	《捕虎奇门》	—	《府志》著录
	《积石山房集》	—	《府志》著录
焦　毅	《老人文集》	—	《府志》著录
李　洊	《未信编》	—	《府志》著录
	《盟鸥草》	—	《府志》著录
李腾蛟	《不窥园草》	—	《府志》著录
李廷楠	《燕处超然集》	—	《府志》著录
郑士宏	《宗镜语录》	—	《府志》著录
	《清懒窝吟稿》	—	《府志》著录

续表 39-2-4-1

作 者	书 目	卷数	具体事项
郑士毅	《破万自娱集》	—	《府志》著录
吕鸣阳	《易奥记愚》	—	《通志》著录
	《登临记》	—	《府志》著录
	《记愚录》	—	《府志》著录
吕鸣珂	《太常记》	二十二卷	《府志》著录
吴承恩	《东郊草堂杂录》	—	《府志》著录
	《醉素堂吟稿》	—	《府志》著录
郑之训	《觉哙堂集》	—	《府志》著录
郑子寿	《易经心传会说》	—	《府志》著录
	《四书心传会说》	—	《府志》著录
	《漱芳堂稿》	—	《府志》著录
樊邦哲	《樊山遗韵》	—	《府志》著录
郑宪卿	《逋园吟》	—	《府志》著录
	《北游稿》	—	《府志》著录
李继荛	《凌虚子集》	—	《府志》著录
朱邦沛	《兰亭诗体》	—	《府志》著录
吕有音	《集古孝行》	—	《府志》著录
	《陟屺歌》百二十章	—	《府志》著录
陈有道	《养生真诀》	—	《府志》著录
	《青玉堂吟稿》	—	《府志》著录
李 范	《博爱编》	—	《府志》著录
	《葆和集》	—	《府志》著录
李省教	《八难记》	—	《府志》著录
	《幕风记事》	—	《府志》著录
李以衮	《六衣阁诗稿》	—	《府志》著录
	《求生草》	—	《府志》著录
田正春	《金丹稿》	—	《府志》著录
	《游梁集》	—	《府志》著录
	《战牍》	—	《府志》著录
李省启	《竹轩诗集》	—	《府志》著录
丁翼元	《春秋剩义》	—	《通志》著录
	《成人纂说》	—	《府志》著录
	《鸿岩秘草》	—	《府志》著录
郑赓唐	《读易搜》	十二卷	《四库全书》易类存目
	《古质疑》	一卷	《四库全书》史评类存目

续表 39-2-4-1

作者	书目	卷数	具体事项
郑赓唐	《春秋引断》	—	《府志》著录
	《春秋质疑》	—	《府志》著录
	《唐宋节录》	—	《府志》著录
	《两汉语林》	—	《府志》著录
	《古今同异辨》	—	《府志》著录
	《空斋遗集》	十二卷	《府志》著录
赵绍电	《一班集》	—	《府志》著录
赵明夫	《管见集》	—	《府志》著录
陶 枌	《东郊吟稿》	—	《府志》著录
丁一贯	《龙冈吟稿》	—	《府志》著录
丁一中	《顺溪集》	—	《民国续志》著录
樊 氏	《绿绮吟》	—	《府志》著录，樊氏为缙云李开来妻
	《孝思宜雅》	—	《府志》著录
	《玉洁冰清录》	—	《府志》著录
	《通德名宦录》	—	《府志》著录
	《言行录》	—	《府志》著录
	《通德乡贤录》	—	《府志》著录
	《淑世徽音录》	—	《府志》著录
卢 法	《钓隐集》	二卷	《府志》著录
卢 珍	《联吟稿》	—	《府志》著录
	《遗环诗稿》	—	《府志》著录
卢 桷	《柏轩集》	—	《府志》著录
卢应期	《太虚楼赋》	—	《府志》著录
	《穷兽赋》	—	《府志》著录
	《北乐府吟》	—	《府志》著录
卢应壁	《五湖扁舟记》	—	《府志》著录
卢 瑶	《璇玑赋五篇》	—	《府志》著录
卢应元	《梅花百韵》	—	《府志》著录
赵 赞	《西山余稿》	二卷	《民国续志》著录
陈 遂	《孝顺言行录》	—	《府志》著录
包文举	《两庵集》	—	《括苍汇纪》著录
	《和陶集》	—	《府志》著录
	《壁水集》	—	《通志》著录
	《海岱集》	—	《通志》著录
	《春秋微意发端》	—	《括苍汇纪》著录

续表 39-2-4-1

作 者	书 目	卷数	具体事项
叶希贤	《雪庵集》	—	《括苍汇纪》著录
	《东湖外史》	—	《括苍汇纪》著录
王 景	《玉堂稿》	—	《括苍汇纪》著录
	《南诏稿》	—	《括苍汇纪》著录
周景辰	《东蒙集》	—	《括苍汇纪》著录
潘 静	《五经疏》	—	《两浙著述考》
	《二十一史定论》	—	《两浙著述考》
	《续性理奥旨》	—	《两浙著述考》
毛 辉	《留耕集》	—	《括苍汇纪》著录
	《全归文翰》	—	《括苍汇纪》著录
叶芳萼	《西昆集》	—	《府志》著录
陈德询	《少微集》	—	《括苍汇纪》著录
卢 玑	《河图衍义》	—	《括苍汇纪》著录
	《洪范集解》	—	《括苍汇纪》著录
	《英主类编》	—	《括苍汇纪》著录
	《贞字补遗》	十卷	《括苍汇纪》著录
	《辨三教平心论》	一卷	《括苍汇纪》著录
	《外纪辨疑》	—	《括苍汇纪》著录
毛 仲	《六十甲子解》	—	《括苍汇纪》著录
	《七十二候解》	—	《括苍汇纪》著录
	《中山子自述》	—	《括苍汇纪》著录
	《易经辨义》	—	《括苍汇纪》著录
	《理数启钥》	—	《括苍汇纪》著录
	《常道异端论》	—	《府志》著录
詹 雨	《素履堂集》	—	《松阳钩沉》著录
詹 宝	《静斋集》	—	《括苍汇纪》著录
徐梦易	《征伯集》	—	《府志》著录
	《李杜诗评》	—	《松阳县志》著录
	《大易参同契解》	—	《通志》著录
毛文邦	《春野集》	—	《府志》著录
詹嘉言	《墨守书》	—	《府志》著录
	《海外篇》	—	《府志》著录
王 诏	《靖难诸臣传赞》	—	《通志》著录
毛 复	《耦耕集》	—	《松阳县志》著录
	《避色录》	—	《松阳县志》著录

续表 39-2-4-1

作　者	书　目	卷数	具体事项
叶永华	《稽山日讲》	—	《府志》著录
	《读书日记》	—	《府志》著录
	《藕孔集》	—	《府志》著录
	《续河图衍义》	—	《府志》著录
毛元淳	《寻乐编》	一卷	《四库全书》杂家类存目
	《日新录》	—	《松阳县志》著录
程必进	《大易讲参》	—	《府志》著录
	《河图衍义》	—	《府志》著录
吴孔雍	《振世希声》	—	《府志》著录
黄　铎	《澹泊轩遗稿》	—	《括苍汇纪》著录
吴　志	《介庵文集》	四卷	《括苍汇纪》著录
朱仲忻	《介庵诗稿》	二卷	《括苍汇纪》著录
郑　还	《理气管见》	—	《括苍汇纪》著录
	《图学蒙谈》	—	《府志》著录
	《一元付笑》	—	《府志》著录
	《乡党须知》	—	《府志》著录
应　果	《春螯诗集》	—	《括苍汇纪》著录
应　槚	《慎独录》	—	《括苍汇纪》著录
	《警庵书疏》	六卷	《括苍汇纪》著录
	《苍梧军门志》	二十四卷	《府志》著录
	《大明律释义》	—	《括苍汇纪》著录
	《谳狱稿》	—	《府志》著录
黄　中	《南窗纪瘝》	四卷	《括苍汇纪》著录
	《西野文集》	三卷	《府志》著录
	《吹剑集》	—	《府志》著录
	《西台奏议》	二卷	《括苍汇纪》著录
	《易经纪蒙》	—	《府志》著录
	《侨吴集》	—	《府志》著录
	《南明纪游诗》	一卷	《遂昌县志》著录
朱应钟	《阳仲诗选》	五卷	《括苍汇纪》著录
王养端	《震堂集》	六卷	《四库全书》别集类存目
	《遂昌三赋》	一卷	《通志》著录
	《山居论》	—	《括苍汇纪》著录
	《六拟》	—	《府志》著录
吴孔性	《管见训俗》	—	《府志》著录

续表 39-2-4-1

作 者	书 目	卷数	具体事项
包 熺	《宋儒语录抄释》	—	《府志》著录
王之臣	《心葵诗集》	—	《府志》著录
朱景和	《学邵窝迂谈》	—	《府志》著录
	《求我斋类稿》	—	《府志》著录
王 氏	《古今异苑》	—	《府志》著录
王养度	《古泉诗略》	一卷	《府志》著录
黄九章	《秋水斋什二草》	—	《府志》著录
黄九鼎	《拟古诗》	—	《府志》著录
	《七二草》	—	《府志》著录
	《湖山百咏》	—	《府志》著录
黄九斗	《凤栖冈集》	—	《府志》著录
黄九津	《星槎草》	—	《府志》著录
黄九方	《东壁图书稿》	—	《府志》著录
黄一阳	《岳立轩稿》	—	《府志》著录
王季种	《真乐处诗集》	—	《遂昌县志》著录
王季皋	《蓬累稿》	—	《府志》著录
王季穉	《燕闲草》	—	《府志》著录
	《丹崖草》	—	《府志》著录
	《浦阳草》	—	《府志》著录
	《云室草》	—	《府志》著录
	《石羊草》	—	《府志》著录
华彦民	《击壤闲录》	—	《府志》著录
王廷赞	《耕余录》	—	《府志》著录
郑秉厚	《苍濂奏疏文集》	—	《府志》著录
项应祥	《酰鸡斋稿》	七卷	《府志》著录
	《问夜草》	七卷	《府志》著录
	《国策脍》	—	《府志》著录
叶 澳	《淇筠志感》	—	《府志》著录
	《四书注翼》	—	《府志》著录
	《周易本义通》	—	《府志》著录
包志伊	《哦松集》	—	《府志》著录
包万有	《范数赞辞》	四卷	《府志》著录
	《四礼损益》	四卷	《府志》著录
	《五经同异》	二百卷	《府志》著录
	《编年合录》	八十卷	《府志》著录

续表 39-2-4-1

作　者	书　目	卷数	具体事项
包万有	《史编余言》	—	《府志》著录
	《小学遗书》	—	《府志》著录
	《食货录》	—	《府志》著录
	《月旦会簿》	—	《府志》著录
	《书院约言》	—	《府志》著录
	《正蒙集解》	—	《府志》著录
	《唐山寤歌》	—	《府志》著录
	《讲学札记》	—	《府志》著录
徐　棣	《虚谷汇编》	—	《府志》著录
郑秉铎	《五木公传》	—	《府志》著录
郑　补	《皇极赞数》	—	《府志》著录
	《学庸衍义》	—	《府志》著录
	《纲目管见》	—	《府志》著录
项宗尧	《敬聚堂稿》	—	《府志》著录
叶继康	《梅菊百咏》	—	《府志》著录
包蒙吉	《古史补》	二百卷	《府志》著录
朱自强	《易经破愚》	—	《府志》著录
叶茂林	《甬上吟》	—	《府志》著录
	《卧竹亭稿》	—	《府志》著录
	《飞鸿阁诗略》	—	《府志》著录
朱九纶	《懒云窝集》	—	《府志》著录
	《庭训格言》	—	《府志》著录
郑一豹	《淑世语》	—	《府志》著录
郑九炯	《清淹禁疏》	—	《府志》著录
	《灵阳苏困录》	—	《府志》著录
徐应干	《士林正鹄》	四卷	《府志》著录
	《昌岩藏稿》	四卷	《府志》著录
	《士林正鹄》	四卷	《府志》著录
项天衡	《闽中吟》	—	《府志》著录
黄国用	《隐城小草》	—	《府志》著录
王　纪	《碧峰樵唱》	—	《府志》著录
郑一课	《清白斋稿》	—	《府志》著录
郑九州	《香云集》	—	《府志》著录
朱家瓒	《四书述》	十卷	《府志》著录
	《螺青沤言》	四集	《府志》著录

续表 39-2-4-1

作者	书目	卷数	具体事项
朱家瓒	《螺青蛩鸣》	二集	《府志》著录
	《燕游草》	四集	《府志》著录
	《诗说解颐》	—	《府志》著录
童进思	《溪上吟》	—	《府志》著录
	《童子离骚》	—	《府志》著录
华　纲	《松坡集》	—	新《遂昌县志》著录
黄　灏	《慎徽遗稿》	—	《遂昌县志》著录
吴绍生	《默斋集》	—	《遂昌县志》著录
华　纪	《南垣集略》	—	新《遂昌县志》著录
包　樟	《去思录》	—	《平昌包氏宗谱》
	《蒙求续编》	—	《平昌包氏宗谱》
王廷宥	《鸥侣诗集》	—	《月山王氏宗谱》
王可谅	《忘三草诗集》	—	《月山王氏宗谱》
王邦仰	《何陋居诗集》	—	《月山王氏宗谱》
王都儁	《耆德堂诗集》	—	《月山王氏宗谱》
王季科	《伊蒿子集》	—	《遂昌县志》著录
王震世	《四书汇纂》	—	《月山王氏宗谱》
包宇健	《木草类录》	五十卷	《月山王氏宗谱》
翁德升	《燕石稿》	—	《遂昌县志》著录
王民表	《淡宇斋诗集》	—	《月山王氏宗谱》
王民懿	《以约斋诗稿》	—	《月山王氏宗谱》
王既尊	《方书纂要》	—	《月山王氏宗谱》
	《医学易知》	—	《月山王氏宗谱》
	《脉论》	—	《月山王氏宗谱》
	《杂症家秘》	—	《月山王氏宗谱》
叶子晓	《雪溪唱和集》	一卷	《府志》著录
王　标	《扣缶集》	—	《括苍汇纪》著录
王一卿	《奏议》	一卷	《府志》著录
尤存古	《映松堂文集》	—	《府志》著录
	《哦山诗集》	—	《府志》著录
吴金陵	《琴谱指南》	—	《府志》著录
	《画鉴直指》	—	《府志》著录
赵德光	《笔耕纪缪》	三卷	《括苍汇纪》著录
	《松云樵唱》	四卷	《通志》著录
	《桃源旧稿》	二卷	《通志》著录

续表 39-2-4-1

作　者	书　目	卷数	具体事项
吴敬臣	《此君爱助集》	—	《龙泉县志》著录
	《撷璘馆招剑篇》	—	《龙泉县志》著录
	《竹林百咏》	—	《龙泉县志》著录
刘康祉	《识匡斋文集》	十卷	《龙泉县志》著录
周光世	《暗斋近集》	—	《龙泉县志》著录
张彦方	《文天祥传》	—	《通志》著录
吴　述	《东轩集》	四卷	《府志》著录
	《存存集》	六卷	《府志》著录
吴可行	《经史汇参》	—	《府志》著录
姚文焻	《北游草》	—	《府志》著录
	《文章正轨》	—	《府志》著录
吴庆会	《四书义》	—	《府志》著录
	《岩居诗稿》	—	《府志》著录
叶　瑗	《熏风吟》	五卷	《府志》著录
吴懋修	《举溪篇》	—	新《庆元县志》著录
	《文明塔记》	—	新《庆元县志》著录
潘　琴	《山居录》	—	《府志》著录
	《竹轩集》	四卷	《括苍汇纪》著录
	《咏史和唐诗》	—	《府志》著录
潘　倧	《稚岩遗稿》	—	《府志》著录
潘　辰	《南屏集》	二卷	《府志》著录、《括苍汇纪》著录为《南屏遗稿》
潘　掇	《东崖集》	—	《府志》著录、《括苍汇纪》著录为《东崖摘稿》
	《诗林辨体》	—	《府志》著录
潘　彰	《燕山集》	一卷	《括苍汇纪》著录
	《槐溪吟稿》	—	《宣平县志》著录
吴庭槐	《咏史稿》	—	《宣平县志》著录
	《百韵梅花诗》	—	《宣平县志》著录
	《槐溪吟种》	一卷	《括苍汇纪》著录
梁　楚	《樗叟吟》	—	《府志》著录
陈朝佐	《樵唱集》	—	《宣平县志》著录
朱　泗	《兰轩诗集》	—	《括苍汇纪》著录

第五节　清代著述

清代丽水著述一览

表 39-2-5-1

作 者	书 目	卷数	具体事项
钱金生	《居陵笔略》	—	《府志》著录
	《海槎归咏》	—	《府志》著录
王继祖	《芝山文集》	—	《府志》著录
僧桂轮	《白云山志》	—	《府志》著录
郑继统	《驴背闲吟》	—	《府志》著录
徐望璋	《芸亭诗抄》	二卷	《府志》著录
戴　琛	《鸡肋诗草》	—	《府志》著录
王惟球	《冷香印谱》	—	《府志》著录
	《小自在山房文集》	—	《府志》著录
	《珊瑚钩诗草》	—	《府志》著录
王尚赓	《丽水金石志目录》	一册	《丽水县志》著录
	《淳化阁帖释文辨正》	十卷	《丽水县志》著录
	《云凫诗抄》	一卷	《丽水县志》著录
	《续括苍金石志》	四卷	《丽水县志》著录
董　迪	《菊轩诗草》	—	《丽水县志》著录
黄　电	《地理元文参同契》	一卷	《丽水县志》著录
章志源	《梦余轩七律》	一卷	《府志》著录
何云炜	《集经句》	—	《丽水县志》著录
	《避难文》	—	《丽水县志》著录
魏廷亮	《遭难录》	二卷	《丽水县志》著录
王云章	《虏中纪实》	—	《丽水县志》著录
	《一峰文集》	—	《丽水县志》著录
	《三香堂诗抄》	—	《丽水县志》著录
郑以德	《轩诗抄息》	—	《丽水县志》著录
	《息轩文抄》	—	《丽水县志》著录
	《息轩骈体文抄》	—	《丽水县志》著录
	《说文便览二册》	—	《丽水县志》著录
陈大爱	《问天楼草》	—	《府志》著录
陈大鹃	《怡情集》	—	《府志》著录
张继书	《竹庄诗抄》	一卷	《府志》著录

续表 39-2-5-1

作　者	书　目	卷数	具体事项
董凤池	《信天翁诗存》	一卷	《府志》著录
	《静庵斋病榻近吟》	一卷	《府志》著录
张惠畅	《悟禅遗稿》	一卷	《府志》著录
张芳年	《富山堂诗抄》	四卷	《府志》著录
林育万	《豆蔻村人诗稿二册》	—	《府志》著录
王尚忠	《哀余问答》	一卷	《丽水县志》著录
	《芝庭诗抄》	—	《府志》著录
朱有章	《烬余残稿》	一卷	《府志》著录
姚士麟	《闽峤宦游草》	一卷	《府志》著录
	《退食闲吟草》	一卷	《府志》著录
朱为攕	《小窗余事》	—	《丽水县志》著录
	《西溪樵唱》	—	《丽水县志》著录
郑景翘	《白云山樵诗草》	二卷	《丽水县志》著录
许一钧	《看山楼诗抄》	二卷	《丽水县志》著录
熊开世	《林园杂咏》	一卷	《府志》著录
周　评	《天米记》	二卷	《府志》著录
	《伯瑜泣杖辨》	—	《府志》著录
	《禽言乐府》	一卷	《府志》著录
季忠元	《疟痢寒热虚实辨》	—	《府志》著录
连声献	《易学资始》	—	《府志》著录
吴志健	《燕游草》	—	《府志》著录
	《纪胜集》	—	《府志》著录
	《世美堂印谱》	—	《府志》著录
	《吹豳馀韵》	—	《府志》著录
林　抝	《读史比事》	五卷	《府志》著录
	《宁海典略》	一卷	《府志》著录
	《龙泉典略》	一卷、续编一卷	《府志》著录
	《括苍典略》	—	《府志》著录
	《西溪剩稿》	—	《府志》著录
	《纪程小稿》	—	《龙泉县志》著录
	《学庸释义》	—	《龙泉县志》著录
	《寄园诗抄》	—	《龙泉县志》著录
范括华	《敬业轩文稿》	四卷	《府志》著录
	《古今体诗》	二卷	《府志》著录
	《摛藻集》	八卷	《府志》著录

续表 39-2-5-1

作者	书目	卷数	具体事项
范炳华	《龙泉典略》	一卷	《龙泉县志》著录
王树人	《晴天片云录》	十卷	《龙泉县志》著录
	《湘江渔笛》	四卷	《龙泉县志》著录
丁尹咸	《忌乐指要集注》	—	《龙泉县志》著录
周耿光	《求是于古斋读书三种》	—	《龙泉县志》著录
周冰鹤	《拯西厢》	—	《浙图古籍善本书目》
蔡世镠	《荷花诗钞集成》	—	《丽水地区人物志》著录
徐上成	《鹤阿初集》	一卷	《府志》著录
	《居山草》	一卷	《府志》著录
	《苕署录草》	一卷	《府志》著录
	《闽游草》	一卷	《府志》著录
	《治心八则》	一卷	《青田县志》著录
周三第	《五代史补》	—	《府志》著录
陈应登	《河洛图解》	—	《府志》著录
韩锡胙	《滑疑集》	十八卷	《府志》著录
	《古貌》	一卷	《府志》著录
端木国瑚	《周易指》	三十八卷	《府志》著录
	《易例》	一卷	《府志》著录
	《易断辞》	一卷、《附录》一卷	《府志》著录
	《杨曾地理元文注》	四册	《府志》著录
	《太鹤山人诗集》	十三卷	《府志》著录
	《太鹤山人文集》	四卷	《府志》著录
	《辨正图说》	一卷	《青田县志》著录
	《周易葬说》	一卷	《青田县志》著录
	《易图》	五卷	《青田县志》著录
林中墨	《论语辑腋》	四册	《府志》著录
林人杰	《定静轩小集》	—	《府志》著录
朱上杞	《樵雨诗文》	二卷	《府志》著录
端木百禄	《石门山房诗抄》	四卷	《府志》著录
	《鹤田先生年谱》	一卷	《青田县志》著录
端木顺	《古香室遗稿》	—	《府志》著录
宗　庆	《古欢室稿》	—	《府志》著录
刘　均	《篁村诗抄》	二卷	《青田县志》著录补遗
李以雅	《云憨堂集》	—	《府志》著录
李瑞庚	《莲岩山房集》	—	《府志》著录

续表 39-2-5-1

作　者	书　目	卷数	具体事项
李瑞启	《东明阁吟稿》	—	《府志》著录
李昌期	《燕台集》	—	《府志》著录
李光斗	《涟园集》	—	《府志》著录
李用勤	《端居集》	—	《府志》著录
	《客星集》	—	《府志》著录
陈澄心	《铁梅阁史参八十篇》	—	《府志》著录
	《瘦铁吟》	—	《府志》著录
	《非白楼草》	—	《府志》著录
	《二十一史评略》	—	《缙云县志》著录
朱怀衮	《时习录》	—	《府志》著录
	《平斋集》	—	《府志》著录
朱　焕	《史论》	—	《府志》著录
	《缙云名山志》	—	《府志》著录
	《括苍山志》	—	《府志》著录
	《镜心录》	—	《府志》著录
	《大冶集》	—	《府志》著录
	《诗学参机》	—	《府志》著录
	《海宇奇观》	—	《府志》著录
	《梅花鼓吹》	—	《府志》著录
	《广卧游录》	—	《民国缙云县续志》著录
陶瑞鳌	《紫虚口诀》	二卷	《府志》著录
郑惟飙	《感应通义》	—	《府志》著录
	《石梁诗》	—	《府志》著录
	《轮雅集》	—	《府志》著录
	《南征草》	—	《府志》著录
	《前后诗镜》	—	《府志》著录
郑载飏	《金华稿》	—	《府志》著录
	《宛陵遗集》	—	《府志》著录
	《儒禅一理论》	—	《府志》著录
樊京元	《西野集》	—	《府志》著录
李绥祺	《青芝山房诗集》	—	《府志》著录
李聃年	《吏隐山房诗集》	—	《府志》著录
季轩年	《敦圃集》	—	《府志》著录
丁叔舟	《四书辑要》	—	《府志》著录
	《筱斋续集》	—	《缙云县志》著录

续表 39-2-5-1

作　者	书　目	卷数	具体事项
丁叔舟	《锦川时艺》	—	《缙云县志》著录
朱球棠	《溪草堂集》	—	《府志》著录
叶凤翔	《药愚编》	—	《府志》著录
周家相	《嵩山集》	—	《府志》著录
吕　鸿	《读书录》	—	《府志》著录
	《漏天存稿》	—	《府志》著录
朱　辉	《梅岩诗稿》	—	《府志》著录
朱　彰	《憩云斋集》	—	《府志》著录
应文鸿	《龙溪杂咏》	—	《府志》著录
	《守拙斋稿》	—	《府志》著录
吴廷荣	《仿古咏史集》	—	《府志》著录
	《杂垢轩吟稿》	—	《府志》著录
赵永龄	《性理质疑》	—	《府志》著录
黄景耀	《琢山诗稿》	—	《府志》著录
刘祖河	《寸心草》	八卷	《府志》著录
应献荣	《东麓吟稿》	—	《府志》著录
赵以泰	《读诗悱》	—	《府志》著录
卢　松	《晚成解》	—	《缙云县志》著录
	《多男说》	—	《缙云县志》著录
王　诰	《仙都百咏》	—	《民国续志》著录
丁国华	《桂岩课草》	—	《缙云县志》著录
	《浯州课士录》	—	《缙云县志》著录
王　谟	《指南文集》	—	《府志》著录
汤成烈	《缙云文征》	二十卷补编一卷	《缙云县志》著录
潘朝清	《回澜文集》	—	《府志》著录
施　霖	《试艺》	—	《府志》著录
潘震川	《瑞槐课艺》	—	《府志》著录
	《泽山杂咏》	—	《府志》著录
赵维英	《友鹤山房试帖》	—	《府志》著录
	《杂咏》	—	《府志》著录
朱大文	《方舆考略》	四十卷、图八卷	《府志》著录
朱国珍	《周礼注数》	二十四卷	《府志》著录
	《孝诗》	一卷	《府志》著录
卢树敏	《磨铁山房诗稿》	—	《府志》著录
李志球	《金沙偶集》	一卷	《民国缙云县续志》著录

续表 39-2-5-1

作　者	书　目	卷数	具体事项
赵保滋	《保滋文存》	—	《缙云县志》著录
楼步云	《右文馆志》	一册	《缙云县志》著录
沈书船	《雁山集诗草》	—	《缙图书目》
施则行	《独峰书院志》	一册	《缙云县志》著录
吕朝阳	《五云胡家义田录》	二卷	《丽水文史集粹》
陈元飏	《经济言增补》	—	《府志》著录
刘迈英	《易经解义》	—	《府志》著录
王玉汝	《墨竹山房诗草》	—	《府志》著录
叶方暄	《四书单字解》	六卷	《府志》著录
沈　昌	《墨香草堂诗稿》	一卷	《府志》著录
丁正中	《素园诗集》	—	《府志》著录
	《素园续广集》	—	《松阳县志》著录
丁　植	《丁植诗稿》	—	《府志》著录
刘　杰	《吾庐文稿》	—	《府志》著录
孟称舜	《张玉娘闺房三清鹦鹉墓贞文记》	—	《松阳县志》著录
叶守一	《金刚经注解》	—	《松阳县志》著录
叶佐清	《简明蚕桑说略》	—	《松阳县志》著录
	《蜥蜴八卦祈雨法图说》	—	《松阳县志》著录
叶景适	《鳣遗庭平声千字文》	—	《松阳县志》著录
	《续仄声平韵千字文》	—	《松阳县志》著录
	《十三经提要注解》	—	《松阳县志》著录
杨孙芝	《瑞草堂诗抄》	二卷	《松阳县志》著录
饶庆霖	《记述吟草》	一卷	《松阳县志》著录
	《消夏录》	五卷	《松阳县志》著录
	《五经经义附注》	二卷	《松阳县志》著录
高肯构	《草药金丹》	二卷	《松阳县志》著录
	《卜筮断验》	二卷	《松阳县志》著录
包日生	《双溪草堂诗稿》	—	《松阳县志》著录
丁汝为	《描诗拙草》	一卷	《松阳县志》著录
	《炉余编》	一卷	《松阳县志》著录
包立俊	《感应篇注解》	—	《松阳县志》著录
叶起鸿	《妇科切要》	—	《松阳县志》著录
潘益涛	《天香诗稿》	—	《松阳县志》著录
张麟书	《医学发明》	—	《松阳县志》著录
	《经验医方》	—	《松阳县志》著录

续表 39-2-5-1

作　者	书　目	卷数	具体事项
张麟书	《长至日闰月考辨》	—	《松阳县志》著录
叶景春	《庸盦杂吟》	二卷	《松阳县志》著录
	《压线集》	一卷	《松阳县志》著录
高斐然	《知裁集录》	—	《松阳县志》著录
吴春泽	《勤补拙斋杂文》	—	《松阳县志》著录
	《诗存》	—	《松阳县志》著录
许万青	《绿水园诗钞》	—	《松阳县志》著录
杨光淦	《寒瘦斋诗集》	二卷	《松阳县志》著录
高焕然	《瑞鹊堂诗文杂录》	八卷	《松阳县志》著录
	《四书讲义》	四卷	《松阳县志》著录
	《经说存疑》	四卷	《松阳县志》著录
	《切韵举偶》	一卷	《松阳县志》著录
	《家训八要歌》	一卷	《松阳县志》著录
	《地理折衷》	一卷	《松阳县志》著录
	《南洋辖轩录》	二卷	《松阳县志》著录
	《学道爱人治粤书》	四卷	《松阳县志》著录
郑元乾	《觉世金绳》	—	《府志》著录
	《含香斋随笔》	—	《府志》著录
	《欧阳文忠公读书法》	—	《府志》著录
包蒙亨	《易经衷统合参》	—	《府志》著录
	《心斋诗集》	—	《府志》著录
项世臣	《梅花百咏》	—	《府志》著录
王　锡	《偶诗吟》	—	《府志》著录
刘应时	《易经解》	—	《府志》著录
	《四书讲义》	—	《府志》著录
黄豸声	《韵汇草》	—	《府志》著录
	《苕溪冷笔》	—	《府志》著录
周　谦	《宾月楼诗稿》	—	《府志》著录
王启云	《亦政堂四书讲义》	十九卷	《月山王氏宗谱》
	《史衡》	五十卷	《月山王氏宗谱》
	《技谭》	一卷	《月山王氏宗谱》
毛　桓	《荔园文集》	—	《府志》著录
	《远抱楼诗集》	—	《府志》著录
	《四书解义》	—	《府志》著录
童国柱	《四书讲说》	十卷	《府志》著录

续表 39-2-5-1

作　者	书　目	卷数	具体事项
王梦篆	《窥园诗抄》	—	《府志》著录
徐来章	《东溪楼诗草》	—	《府志》著录
	《不息楼文集》	—	《府志》著录
朱　奎	《易经心解》	—	《府志》著录
	《四书约义》	—	《府志》著录
	《诗韵音义注》	—	《府志》著录
朱　霖	《雨亭吟草》	—	《府志》著录
朱宗锵	《孤屿吟》	—	《奕山朱氏宗谱》
吴秉纯	《卧云吟草》	一卷	《府志》著录
王正化	《数园稿》	—	《府志》著录
	《芥纳轩诗集》	—	《府志》著录
	《茂槐堂诗集》	—	《遂昌县志》著录
	《纪游草》	—	《遂昌县志》著录
王　瑛	《数园稿》	—	《遂昌县志》著录，王正化之子
	《芥纳轩诗集》	—	《遂昌县志》著录
周长有	《内经翼注》	十二卷	《府志》著录
吴世涵	《又其次斋文集》	—	《府志》著录
	《又其次斋诗集》	—	《府志》著录
	《平昌诗萃内编》	—	《府志》著录
	《宜园笔记》	—	《遂昌县志》著录
吴　林	《求心堂集》	—	《府志》著录
朱　达	《企山诗稿》	—	《府志》著录
朱灿榆	《见山草堂文集诗集》	四卷	《府志》著录
华知京	《适居集》	二卷	《遂昌县志》著录
包允明	《拱壁诗草》	—	《平昌包氏宗谱》
朱圭敬	《安遇草》	—	《遂昌县志》著录
项宗旭	《缶吟集》	—	《遂昌县志》著录
毛以澳	《吸月楼诗稿》	—	《遂昌县志》著录
王麟英	《四书遵注合参指南》	—	《月山王氏宗谱》
朱　楷	《梅冈集》	—	《遂昌县志》著录
朱　榜	《酒泉诗集》	—	《奕山朱氏宗谱》
项椿业	《平昌项氏箧中诗抄》	八卷	《遂昌县志》著录
刘　霞	《余绮堂文集》	—	《遂昌县志》著录
周应枚	《雪村偶存》	—	《遂昌县志》著录
王　珩	《闲窗偶吟》	—	《遂昌县志》著录

续表 39-2-5-1

作者	书目	卷数	具体事项
华萃德	《合刻平昌二华诗》	—	《遂昌县志》著录
陈世修	《昌山诗萃内编》	六卷	《遂图》
朱　敞	《梅花三百咏》	—	《奕山朱氏宗谱》
朱宗濂	《莲叶分珠》	—	《奕山朱氏宗谱》
华日融	《蕉石堂诗草》	—	《遂昌县志》著录
戴　鳌	《下里存诗》	四卷	《遂昌县志》著录
黄　煦	《心爱集诗文》	十卷	《遂昌县志》著录
华昌基	《新甫吟》	一卷	《遂昌县志》著录
王廷楷	《则亭诗稿》	—	《遂昌县志》著录
吴焕文	《见山楼文钞》	—	《遂昌县志》著录
	《众绿轩赋抄》	—	《遂昌县志》著录
	《碧云斋试帖》	—	《遂昌县志》著录
	《仁孝录》	—	《遂昌县志》著录
	《诚敬录》	—	《遂昌县志》著录
	《锦机学绣》	—	《遂昌县志》著录
包国勋	《向求轩诗稿》	—	《平昌包氏宗谱》
徐同善	《抗月吟社诗抄》	一卷	《遂昌县志》著录
徐景福	《补遂昌山人杂录》	二卷校	《遂昌县志》著录
	《丹泉海岛录》	四卷	《遂昌县志》著录
	《清华轩诗文集》	二卷	《遂昌县志》著录
叶永英	《继香文稿》	—	《遂昌县志》著录
华国仪	《射圃吟》	一卷	《遂昌县志》著录
季　灯	《四书本义》	—	《府志》著录
	《周易传义纂》	—	《府志》著录
	《唐诗类选》	—	《府志》著录
	《古文类选》	—	《府志》著录
	《四六类林》	—	《府志》著录
	《古文摘金》	—	《府志》著录
周之冕	《省愚集》	—	《府志》著录
吴登瀛	《群书精华》	—	《府志》著录
	《经余汇参》	—	《府志》著录
吴荣祖	《素轩吟草》	—	《府志》著录
叶上选	《闽游诗草》	—	《府志》著录
姚钧培	《燕北诗草》	—	《府志》著录
	《公余笔记》	—	《府志》著录

续表 39-2-5-1

作　者	书　目	卷数	具体事项
姚安世	《杂病》	—	《庆元县志》著录
	《麻痘症治》	—	《庆元县志》著录
陈于公	《伤寒辨论》	—	《府志》著录
王万廪	《庐中梦集》	—	《府志》著录
柳盛枝	《寄园诗稿》	—	《府志》著录
王　酚	《浪游集》	—	《府志》著录
	《浪士微吟》	—	《府志》著录
	《古今心镜奇搜便揽》	—	《府志》著录
柳之元	《松楸集》	—	《府志》著录
	《唾余草》	—	《府志》著录
	《读史闲评》	—	《府志》著录
柳乔彬	《友竹轩诗集》	—	《府志》著录
李显宗	《春秋传解》	—	《府志》著录
尤宗价	《耕余类纂》	二十卷	《府志》著录
	《历朝诗选》	—	《府志》著录
	《映而稿》	—	《府志》著录
张　浚	《吹剑编》	—	《府志》著录
	《鸿爪吟》	—	《府志》著录
张　涛	《岭南杂咏》	—	《府志》著录
王汝勋	《四书寻源》	—	《府志》著录
魏精化	《石山房诗稿》	—	《府志》著录
王宸正	《顾庐吟稿》	一卷	《府志》著录
王树英	《删诗草存》	—	《府志》著录
	《古槐书屋诗稿》	—	《府志》著录
柳翔凤	《心笔轩诗稿》	—	《府志》著录
柳应池	《华园吟草》	—	《府志》著录
魏文瀛	《供观楼诗稿》	—	《府志》著录
	《燕游草》	—	《府志》著录
	《鸣琴余》	—	《府志》著录
蓝三满	《长毛歌》	—	《丽水地区人物志》著录
蓝火新	《串钱歌》	—	《丽水地区人物志》著录
王士鈖	《燕台诗存》	—	《丽水地区人物志》著录
	《懒云小舍》	—	《丽水地区人物志》著录
	《同治云和县志》	—	《丽水地区人物志》著录
叶天芳	《南北纪游集》	—	《府志》著录

续表 39-2-5-1

作　者	书　目	卷数	具体事项
叶天芳	《归来吟诗草》	—	《府志》著录
潘可藻	《懒庵集》	—	《府志》著录
严用光	《述古斋古今体诗》	八卷	《民国景宁县续志》著录
	《诒穀堂稿》	二卷	《民国景宁县续志》著录
叶笃勋	《待月轩稿》	—	《民国景宁县续志》著录
王维藩	《燕游草》	—	《府志》著录
李仁灼	《柳斋集》	—	《府志》著录
梁祚璇	《味道集》	—	《府志》著录
郑之鳌	《竹箭集怀松轩》	—	《府志》著录
孔曾师	《学庸注解补遗》	—	《宣平县志》著录
	《星象指掌》	—	《宣平县志》著录
	《济世将略》	—	《宣平县志》著录
	《齐家指南》	—	《宣平县志》著录

第六节　民国著述

民国丽水著述一览

表 39-2-6-1

作　者	书　目	卷数	具体事项
端木彧	《处州丛书》	—	《丽水地区人物志》著录(仅印序目)
王如海	《怎样改变耕作制度》	—	《丽水地区人物志》著录
叶元珪	《实用图案画》	—	《丽水地区人物志》著录
	《水彩画技法》	—	《丽水地区人物志》著录
	《绘画透视画法》	—	《丽水地区人物志》著录
	《小学美术教材》	—	《丽水地区人物志》著录
	《儿童劳作丛书》	—	《丽水地区人物志》著录
	《小学生分年补充读本》	—	《丽水地区人物志》著录
	《初中劳作》	—	《丽水地区人物志》著录
	《小学工艺新教材》	—	《丽水地区人物志》著录
	《活页木工作图》	—	《丽水地区人物志》著录
孙寿芝	《丽水县志》	—	《丽水地区人物志》著录
卢国扁	《针灸灵龟八法子》	—	《丽水地区人物志》著录
	《国医根源学》	—	《丽水地区人物志》著录
宋　晞	《宋史研究论丛》	—	《中国国民党百年人物全书》著录
	《旅美论丛》	—	《中国国民党百年人物全书》著录

续表 39-2-6-1

作　者	书　目	卷数	具体事项
宋　晞	《中国史学论集》	—	《中国国民党百年人物全书》著录
	《正史论赞》	—	《中国国民党百年人物全书》著录
	《司马光史论》	—	《中国国民党百年人物全书》著录
	《中国现代史论丛》	—	—
	《方志学研究论丛》	—	—
朱鸿宾	《东南亚各国政府及政治》	—	《丽水地区人物志》著录
叶葆元	《医案遗稿》	—	《丽水地区人物志》著录
何联奎	《民族文化研究》	—	《丽水地区人物志》著录
	《中国社会研究》	—	《丽水地区人物志》著录
	《台湾风土志著录》	—	《丽水地区人物志》著录
	《台湾省志著录》(礼俗编)	—	《丽水地区人物志》著录
	《蔡元培民族学论著》	—	《丽水地区人物志》著录
	《何联奎文集》	—	《丽水地区人物志》著录
叶霞翟	《家政概论》	—	《丽水地区人物志》著录
	《家政学》	—	《丽水地区人物志》著录
	《新家政学》	—	《丽水地区人物志》著录
	《婚姻与家庭》	—	《丽水地区人物志》著录
潘如澍	《美国老人问题》	—	《丽水地区人物志》著录
	《婚姻与家庭》	—	《丽水地区人物志》著录
叶梦麟	《六礼杂钞》	—	《丽水地区人物志》著录
	《积诚丛书》(十四种)	—	《丽水地区人物志》著录
陈　琪	《中国参与巴拿马太平洋博览会纪实》	—	《丽水地区人物志》著录
张　弦	《张弦素描》	—	《丽水地区人物志》著录
力　扬	《枷锁与自由》(诗集)	—	《丽水地区人物志》著录
	《射虎者》	—	《丽水地区人物志》著录(1951 年再版时改《射虎者及其家族》)
	《我的竖琴》	—	《丽水地区人物志》著录
	《给诗人》	—	《丽水地区人物志》著录
陈　诚	《关于诗的民族形式》	—	《丽水地区人物志》著录
	《八年抗战经过概要》	—	《丽水地区人物志》著录
	《如何走向安全和平之路》	—	《丽水地区人物志》著录
章乃器	《从政回忆》	—	《丽水地区人物志》著录
	《章乃器论文选》	—	《丽水地区人物志》著录
	《激流集》	—	《丽水地区人物志》著录
	《中国货币金融问题》	—	《丽水地区人物志》著录

续表 39-2-6-1

作　者	书　目	卷数	具体事项
章乃器	《出狱前后》	—	《丽水地区人物志》著录
	《抗日必胜论》	—	《丽水地区人物志》著录
	《民众基础论》	—	《丽水地区人物志》著录
	《论中国的经济改造》	—	《丽水地区人物志》著录
伍　律	翻译《昆虫生理学》	—	《丽水地区人物志》著录
	主编《普通生物学》	—	《丽水地区人物志》著录
	《贵州动物学》	—	《丽水地区人物志》著录
	《生物学》	—	《丽水地区人物志》著录
	《动物生态学》	—	《丽水地区人物志》著录
刘耀东	《括苍丛书》	九十卷	《丽水地区人物志》著录
	《南田山谈》	—	《丽水地区人物志》著录
	《南田山志著录》	—	《丽水地区人物志》著录
	《石门题咏录》	—	《丽水地区人物志》著录
	《刘文成公年谱》	—	《丽水地区人物志》著录
	《韩湘岩年谱》	—	《丽水地区人物志》著录
郭永芳	《中国古代海洋史》	—	《丽水地区人物志》著录
毛育刚	《台湾地主佃农之经济调查》	—	《丽水地区人物志著录》
刘劲持	《周凤歧的二十六军军官团》	—	《丽水地区人物志》著录
	《守备安康经过》	—	《中国国民党百年人物全书》著录
	《淞沪警备司令部见闻》	—	《中国国民党百年人物全书》著录
杨廷英	《新疆和平起义的前前后后》	—	《丽水地区人物志》著录
季　灏	《民法亲属法》	—	《丽水地区人物志》著录
周　桢	《测树学》	—	《丽水地区人物志》著录
章　培	《蒋介石 1927 年下野返浙点滴》	—	《丽水地区人物志著录》
魏　兰	《畲客风俗》	—	《丽水地区人物志》著录
	《再生宝吟草》	—	《丽水地区人物志》著录
	《浮云集》	—	《丽水地区人物志》著录
	《魏氏诗集》	—	《丽水地区人物志》著录
唐公宪	《中国历史纲要》	—	《丽水地区人物志》著录
王克思	《X 线学》	—	《丽水地区人物志》著录
	《电疗学——附镭疗法和紫外线疗法》	—	《丽水地区人物志》著录
王昌杰	《小学生箴言》	—	《丽水地区人物志》著录
	《四书提要问答》	—	《丽水地区人物志》著录
	《醒世浅言》	—	《丽水地区人物志》著录
	《啸亭诗文集》	—	《丽水地区人物志》著录

续表 39-2-6-1

作　者	书　目	卷数	具体事项
李　定	《局部解剖学》	—	《丽水地区人物志》著录
	《常用处方集》	—	《丽水地区人物志》著录
赵　舒	《明止文集》	—	《丽水地区人物志》著录
	《红蓼馆诗草》	—	《丽水地区人物志》著录
楼　邨	《楼辛壶印存》	—	《丽水地区人物志》著录
	《意庐诗钞》	—	《丽水地区人物志》著录
	《清风馆集》	—	《丽水地区人物志》著录
	《西湖十景册》	—	《丽水地区人物志》著录
樊　光	《仙都山房诗文集》	—	《丽水地区人物志》著录
	《小学集》	—	《丽水地区人物志》著录
	《在山吟》	—	《丽水地区人物志》著录
	《清泉集》	—	《丽水地区人物志》著录
	《水草吟》	—	《丽水地区人物志》著录
	《国忧集》	—	《丽水地区人物志》著录
樊崧甫	《我在反袁战争中》	—	《丽水地区人物志》著录
	《中原大战亲历记》	—	《中国国民党百年人物全书》著录
	《徐州会战片断》	—	《中国国民党百年人物全书》著录
	《我所知道的陈诚》	—	《中国国民党百年人物全书》著录
李　雄	《五权宪法之研究》	—	《丽水地区人物志》著录
李师颐	《银耳、香菇种植律》	—	《丽水地区人物志》著录
彭维鼎	《彭维鼎画谱》	—	《丽水地区人物志》著录
姚岳山	《杜美埃评传》	—	《丽水地区人物志》著录
	《麦尔德》	—	《丽水地区人物志》著录
	《美学》	—	《丽水地区人物志》著录
	《戈雅评传》	—	《丽水地区人物志》著录
	《静物画》	—	《丽水地区人物志》著录
吴锡泽	《中国政治思想论丛》	—	《丽水地区人物志》著录
	《战后日本论》	—	《中国国民党百年人物全书》著录
吴　正	《皖中稻米调查》	—	《丽水地区人物志》著录
	《农村问题》	—	《丽水地区人物志》著录
	《台盐十年》	—	《丽水地区人物志》著录
	《改废土为良田》	—	《丽水地区人物志》著录

第七节　当代著述

当代丽水著述一览

表 39-2-7-1

书　目	作　者	出版单位	出版年月
畲族民间故事	陈玮君整理	浙江人民出版社	1979 年 9 月
景宁畲族自治县概况	《景宁畲族自治县概况》编写组编	浙江人民出版社	1986 年 11 月
庆元县概况	余绪	庆元县地名委	1982 年 4 月
浙江林校校史(1953—1985)	浙江林校编	浙江林校	—
畲客风俗	魏兰著,陈惠明校注	—	1989 年 10 月
浙江省丽水地区地名通览	杨鸿寿,丽水地区地名办公室主编	—	1987 年
刘基	吴克裘、叶兆雄编著	浙江人民出版社	1986 年 12 月
不忘国耻爱我中华(抗日烽火忆丽水)	陈国锋主编	中共丽水市委宣传部	1995 年
畲乡风云录	叶玲文等主编	中国国际广播出版社	1991 年 11 月
丽水文学史料集	吴刚戟主编	丽水地区文联	1997 年 10 月
浙江省丽水市第三产业普查资料	—	丽水市人民政府	1994 年 8 月
丽水革命斗争史料	丽水县地方党史资料征集小组编	—	1981 年
中国民间文学集成浙江省丽水地区丽水市故事歌谣谚语卷	丽水市民间文学集成办公室编	—	1989 年 9 月
处州状元谱	中共丽水地委办公室编	—	1984 年 1 月
丽水地区名特产	丽水日报社编	丽水日报社	1986 年
浙江省丽水地区蝶类名录	(日)童雪松•潜祖琪著	—	1986 年 1 月
畲家情歌	唐宗龙、袁春根编	浙江人民出版社	1982 年 9 月
万象艺文录	吴刚戟著	厦门大学出版社	1993 年 7 月
括苍情缘(万象偶记)	吴刚戟著	天马图书有限公司	1993 年 5 月
畲族研究论文集	施联朱主编	民族出版社	1987 年 4 月
丽水地区集镇通览	中共浙江省丽水地委办公室	—	1993 年
丽水市名胜	—	国际文化出版公司	1999 年 5 月
可爱的云和		浙江教育出版社	1999 年 1 月
张玉娘	松阳县文联	—	1998 年
丽水 20 年(1978—1998)	丽水市委宣传部	—	1999 年
青田石雕瑰宝	—	上海科学技术文献出版社	1995 年 6 月
青田石雕与传说	—	中国建设杂志社	1987 年
遂昌著述考	项兆丰	—	1995 年
畲族史源	浙江省丽水市民族科	—	1994 年
丽水名胜与风情	浙江省丽水地区文联	—	1996 年 9 月

续表 39-2-7-1

书　目	作　者	出版单位	出版年月
丽水风俗	浙江省丽水地区文联	—	1995 年
畲家情歌	—	浙江人民出版社	1982 年 9 月
丽水地区大事记(1949—1998)	丽水地区地方志办公室	—	1999 年 8 月
丽水地区注册商标汇编	丽水地区工商行政管理局	—	1993 年
丽水地区投资概况	浙江省丽水地区行政公署办公室	—	1993 年
缙云英烈谱	陆定兆	—	1990 年 3 月
浙西南英烈	中共丽水地委党史研究室编	中国方正出版社	1995 年 10 月
丽水百事通	朱祖新编著	湖南地图出版社	2000 年 7 月
古老珍贵的庆元方言(上、下册)	吴式求编著	—	2002 年
青田	林言椒主编	中国城市经济社会出版社	2003 年 3 月
侨乡之光	竺伟亚主编	—	2001 年 8 月
通济堰	钱金明编著	浙江科学技术出版社	2000 年 6 月
刘基研究论文集	丽水师专刘基研究所、文成县刘基研究会编	延边大学出版社	2002 年 12 月
畲客风俗	魏兰著,陈惠明校注	—	1989 年 10 月
中华石艺珍宝	董秉弟著	—	1999 年 10 月
青田石雕艺杰	张钱松主编	中华书局	1999 年
历史文化名城•松阳	政协松阳县文史资料委员会编著	—	2004 年
生态环境第一县•庆元	中共庆元县委宣传部编著	—	2003 年
松州古韵(松阳民族民间文化)	李红明编著	—	2005 年
二都戏(庆元地方剧)	浙江省庆元县文化馆编著	国际炎黄文化出版社	2005 年
发现(大明处州龙泉官窑)	叶英挺、华雨农编著	西泠印社	2005 年 10 月
抗战与鼠疫	浙江省云和县政协文史委员会编著	—	2005 年
龙泉青瓷赏析	石少华著	学苑出版社	2005 年
千金寸璧青田石	陈墨撰文,曲利明、陈月生摄影	海潮摄影艺术出版社	2005 年
龙泉东区窑址发掘报告	浙江省文物考古研究所编	文物出版社	2005 年
处州史话	赵治中、刘克勤编著	中国文学出版社	2006 年
青田民间故事大观(上下册)	曾娓阳、李青葆编著	中国文联出版公司	2006 年
龙泉青瓷研究	浙江省轻工业厅编	文物出版社	1989 年 12 月
丽水北乡地区革命斗争史	丽水北乡地区革命斗争史编辑组编著	—	2006 年
香菇之源考	樊寿康编著	—	2003 年
青田话	张钱松、詹海峰、陈志望合编	中国社会出版社	1995 年
地方传说与风俗	吴刚戟著	炎黄文化出版社	2001 年
景宁畲族自治县诞生记	—	国际炎黄文化出版社	2000 年
走进河阳	金兆法著	中国青年出版社	2005 年 10 月

续表 39-2-7-1

书　目	作　者	出版单位	出版年月
名家笔下的青田	李青葆	作家出版社	2001 年
松阳英烈传	王人勤	—	1998 年 3 月
丽水市故事(歌谣、谚语卷)	支存定	—	1993 年 12 月
巴西青田籍华人华侨纪实	郭秉强	—	2005 年 9 月
九龙山自然资源综合科学考察报告	浙江省科学技术协会编	—	1982 年
箬寮风雷	王人勤	中国档案出版社	1996 年
在海外的青田人	曾娓阳	作家出版社	2001 年
历代名人与处州(处州史话)	赵治中著	作家出版社	2001 年
丽水文物精华	—	西泠印社	2000 年
畲族风俗	雷先根编著	—	2003 年 12 月
缙云文献(中国历代名人诗文)	钭设坡	国际炎黄文化出版社	2005 年
缙云古今	钭设坡	人民日报出版社	2005 年
松阳钩沉	叶祖青	方志出版社	2005 年
菌菇菜谱	庆元县委宣传部	—	2005 年
遂昌革命故事选	周德春等	—	2002 年
千古人豪(刘基传)	万斌、吕立汉编著	浙江人民出版社	2005 年
遂昌百年纪事(1900—1999)	刘文献	—	2000 年
秀山丽水创业人(民营企业篇)	李文秋	—	2003 年 2 月
刘基与朱元璋	毕英春、胡一华编著	西北大学出版社	2005 年
畲族文献研究资料索引	丽水学院	—	2005 年
千秋遂昌	车震亚	方志出版社	2006 年
丽水—开发中的宝地	徐仁俊、焦光华	浙江人民出版社	1995 年
千年西溪	王文青	中国戏剧出版社	2007 年
青田百名将军录	陈木云、詹海峰	中国美术出版社	2005 年
莲城话古今	汪云豪	—	1994 年
畲族叙事歌集粹	雷阵鸣、雷招华	中国人事出版社	2002 年 9 月
处州廊桥	丽水市政协文史资料委员会编	中国民族摄影艺术出版社	2006 年 12 月
中共青田党史(第一卷)	中共青田县委党史研究室编著	中共党史出版社	2004 年
科学发展观在丽水的实践	虞红鸣编著	中共中央党校出版社	2006 年
龙泉情思	叶放编著	香港天马图书有限公司出版社	1993 年
秀山丽水	虞红鸣、郑晓英编著	西泠印社	2006 年
缙云黄帝祠	虞红鸣、吕驾宇编著	西泠印社	2006 年
畲乡景宁	虞红鸣、何丽萍编著	西泠印社	2006 年
青田石雕	虞红鸣、吴立南编著	西泠印社	2006 年

续表 39-2-7-1

书　目	作　者	出版单位	出版年月
龙泉宝剑	虞红鸣、阙迪伟编著	西泠印社	2006 年
龙泉青瓷	虞红鸣、陈宗光编著	西泠印社	2006 年
遂昌廉政故事	中共遂昌县纪律检查委员会编著	—	2006 年
丽水精神	徐峻编著	—	2000 年
丽水东西岩	李万年编著	浙江人民出版社	2005 年
龙泉揽腾	叶放编著	炎黄文化出版社	2001 年
刘基散论	留葆祺编著	作家出版社	2001 年
历史人物与青田	王圣光编著	作家出版社	2001 年
青田历代山水诗文选	李青葆编著	作家出版社	2001 年
莲都古代诗词选	中共丽水市莲都区委宣传部	浙江古籍出版社	2007 年
遂昌县乡镇要略	遂昌县史志办公室编著	中国文史出版社	2006 年
红军挺进师与浙南游击区	浙江省新四军历史研究会编著	浙江人民出版社	2007 年
滩坑情缘	郭杭生编著	中国民族摄影艺术出版社	2007 年 2 月
滩坑日记	郭杭生编著	中国民族摄影艺术出版社	2005 年 8 月
畲乡风情(中国畲乡景宁行)	陈天舒	中国摄影出版社	2006 年
中国廊桥之都•庆元	庆元县县委宣传部	西泠印社出版社	2007 年 2 月
处州乡土史	吴克裘编著	中国文史出版社	2007 年 10 月
抗日战争时期浙江省会云和	浙江省云和县政协文史资料委员会编著	—	2007 年
中国畲族医药学	雷后兴、李水福编著	中国中医药出版社	2007 年 10 月
通济堰	中共丽水市莲都区委宣传部	浙江古籍出版社	2008 年
丽水三宝•青瓷	虞红鸣编著	—	2007 年 6 月
丽水舞台艺术荟萃	赵建华编著	西泠印社	2000 年
古邑松阳	车震亚主编	方志出版社	2007 年 12 月
走进松阳	松阳县委宣传部编著	西泠印社	2008 年 5 月
丽水稻作	何建清主编	农业出版社	2008 年 5 月
处州古代著述考	虞红鸣主编	浙江古籍出版社	2008 年 5 月
处州历史人物评传	虞红鸣主编	浙江古籍出版社	2008 年 5 月
历史名人与处州	虞红鸣主编	浙江古籍出版社	2008 年 5 月
解读刘伯温	虞红鸣主编	浙江古籍出版社	2008 年 5 月
处州摩崖石刻	虞红鸣主编	浙江古籍出版社	2008 年 5 月
处州历代书法	虞红鸣主编	浙江古籍出版社	2008 年 5 月
处州菜	邹培书主编	丽水市绿网文化传播有限公司	2008 年
战斗在丽青松边区(亲历者回忆录集)	中共丽水市委党史研究室编	—	2008 年 3 月
滩坑纪实(上下)	虞红鸣、张成祖顾问	—	2008 年

续表 39-2-7-1

书　目	作　者	出版单位	出版年月
大迁移(抗日战争时期国民党浙江省党政军机关在丽水史料)	丽水市政协文史资料委员会编	中国文史出版社	2008 年
见证丽水	毛传书著	中国民族摄影艺术出版社	2009 年
缙云文化研究	王达钦著	浙江大学出版社	2008 年 9 月
括苍古道	括苍古道保护与开发课题组编著	中国文史出版社	2009 年
括苍古道保护与开发	《括苍古道保护与开发》课题组编著	丽水市新时代教育印刷有限公司	2009 年 1 月
莲都名胜古迹	中共丽水市莲都区委宣传部编著	中国文史出版社	2009 年
莲都历史人物	中共丽水市莲都区委宣传部编	中国文史出版社	2009 年
古城·古镇·古村	浙江省丽水市政协文史委员会编	中国文史出版社	2008 年
碧湖古镇	丽水市莲都区政协文史委员会编	中国民族摄影艺术出版社	2009 年
龙泉宝剑锻制技艺	吴锦荣编著	浙江摄影出版社	2008 年
丽水巴比松油画	王文杰编著	西泠印社	2000 年 9 月
影像滩坑	丽水市移民办主编	炎黄文化出版社	2008 年 12 月
中国丽水百名摄影家	赵志伟主编	中国摄影出版社	2009 年
千秋菇史,璀璨文化	张寿橙著	西泠印社出版社	2008 年 12 月
大均景观	李开晴主编	中国民族摄影艺术出版社	2009 年
处州史略	钭革非著	银河出版社	2009 年
叶法善传奇	李德贵著	中国民族摄影艺术出版社	2009 年
栝州梅氏文化研究	一枝梅花(原名梅显才)编	—	2010 年
丽水太极湾	何成贵主编	研究出版社	2010 年 1 月
挺进师	吴利明著	浙江文艺出版社	2009 年
松阳茶文化	卢良根、王陈亮主编	中国文联出版公司	2010 年
兰雪集校笺	松阳县文联编	中国民族摄影艺术出版社	2010 年
轩辕黄帝与缙云仙都	《轩辕黄帝与缙云仙都》编辑委员会编	浙江人民出版社	2010 年
庆元记忆	中共庆元县委宣传部编	—	2010 年
缙云古城	王达钦主编	—	2010 年
丽水工商指南(2009—2010)	《丽水工商指南》编辑部编	—	2010 年
乡土云和	无为著	中国天马出版公司	2009 年 6 月
处州文化史	袁占钊、陈建波主编	浙江古籍出版社	2010 年 2 月
处州名胜古迹	刘秀峰编	浙江古籍出版社	2010 年 2 月
处州历代文选	许旭尧编注	浙江古籍出版社	2010 年 2 月
处州历代诗词选	李蒙惠著	浙江古籍出版社	2010 年
处州史事钩沉	赵治中著	浙江古籍出版社	2010 年
丽水民俗活动大观	潘力峰总编	中国文史出版社	2010 年

续表 39-2-7-1

书　目	作　者	出版单位	出版年月
走向记忆的山村(浙江松阳山村纪实影像)	叶赞平著	西泠印社	2009 年 9 月
处州文化与地方文献	吕鸿编著	西泠印社	2010 年
辛亥督军吕逢樵	朱文风著	—	2010 年
浙西南古民居	吴剑梅著	—	2010 年 10 月
水下故园	景宁畲族自治县政协文史资料委员会	浙江人民出版社	2008 年
品味庆元	胡刚主编	炎黄文化出版社	2008 年
我舞影零乱(国营龙泉青瓷如是说)	周春梅著	作家出版社	2009 年 9 月
遂昌县抗战时期人口伤亡和财产损失纪实	遂昌县史志办公室编	作家出版社	2010 年 9 月
松阳高腔音乐与研究	刘建超主编	作家出版社	2008 年
畲族传统与风情文化	蓝秀平著	浙江古籍出版社	2009 年 5 月
畲族饮食文化	梅松华著	中国文史出版社	2010 年
遂昌昆曲十番	罗兆荣主编	浙江人民出版社	2007 年 12 月
中华龙泉剑	吴锦荣编著	中国民族摄影艺术出版社	2009 年
丽水经济普查年鉴(2004)	丽水市第一次经济普查领导小组办公室编著	中国民族摄影艺术出版社	2004 年
庆元香菇与文化	甘长飞主编	中国摄影出版社	2010 年
丽水记忆	吴刚戟著	西泠印社出版社	2008 年
丽水改革开放 30 年	虞红鸣主编	中国文史出版社	2008 年
仙都导游词	俞云初主编	—	2005 年 11 月
抗战与鼠疫(云和文史资料)	浙江省云和县政协文史委员会编著	中国中医药出版社	2005 年
丽水市乡镇街道通览	丽水市地方志办公室编	浙江古籍出版社	2009 年 12 月
丽水文史集粹(政治军事/工商经济)	丽水市政协文史资料委员会编	—	2004 年 11 月
缙云剪纸艺术	缙云县非遗保护中心编	西泠印社	—
缙云乡土史	浙江缙云县教研室编	方志出版社	—
穿越瓯江	徐国跃主编	西泠印社	2005 年
话说刘伯温	刘定卿编著	农业出版社	—
松阳高腔	刘建超编著	浙江古籍出版社	—
畲族妇女口述史研究	朱丹著	浙江古籍出版社	—
中国龙泉投资指南	招商引资办劳动者	浙江古籍出版社	—
龙泉经济和社会发展报告	龙泉市统计局编印	浙江古籍出版社	—
龙泉古代十大名人	管日高	浙江古籍出版社	—
龙泉风物特产	沈惠国编辑	浙江古籍出版社	—
龙泉投资指南	龙泉市人民政府办公室编	丽水市绿网文化传播有限公司	—
龙泉畲民山歌集	浙江省少数民族初师民族考研室著	—	—

续表 39-2-7-1

书　目	作　者	出版单位	出版年月
龙泉民间故事	龙泉县文化局著	—	—
中华龙泉剑	吴锦荣著	—	—
龙泉青瓷复兴之路	政协文史资料委员会著	—	—
龙泉 浙江抗战大后方	王水德主编	—	—
中国传统宝剑	钟琦著	人民美术出版社	2008 年
中国传统龙泉青瓷	钟琦著	人民美术出版社	2010 年
龙泉市辖区概览	龙泉市人民政府编印	—	—
龙泉乡镇通览	叶水清主编	—	—
大窑寻梦	叶放著	—	—
龙泉木本植物资源丛录	龙泉市林业局编印	—	—
中国少数民族古籍总目提要（龙泉市畲族卷）	雷火元	—	—
青田古今名人录	留伯仙	国际炎黄文化出版社	2005 年 7 月
巴西青田华侨史	郭秉强主编	—	1996 年
青田民间传说故事	浙江省青田县文化局编	—	1984 年 4 月
青田石雕概述	柴子立	—	1976 年
中华青田石	曾娓阳	—	2005 年
青田石雕论文集	杨忠贵	中国文联出版公司	2001 年 9 月
青田民间器乐集成	郭秉强	—	2005 年
中国青田石集藏	世缘阁编	—	1995 年 7 月
青田在台新世代	李佐良	台北市青田同乡会	2007 年
媒体看青田	青田县风景旅游局编	—	—
华东百山祖昆虫	吴鸿主编	中国林业出版社	—
多姿多彩庆元话	吴式求著	庆元	2008 年
庆元方言研究	吴式求著	浙江大学出版社	2010 年 5 月
苏醒的百山祖	彭荣根著	国际炎黄文化出版社	2004 年 1 月
中国香菇城	黄立鹏、吴周敏、吴达祯等	庆元	—
历史文化名城松阳	松阳县政协文史委员会编	—	—
松阳县革命遗址图鉴	中共松阳县委党史研究室编	—	—
遂昌历史人物百咏	邝和编	—	—
遂昌历史•人物•其他	项兆丰编著	—	2008 年
老车游记	车震亚著	—	—
云和移民史话	傅瑜主编	中国文联出版公司	—
云和历史人物资料汇编	中共云和县委统战部编	—	—

续表 39-2-7-1

书　目	作　者	出版单位	出版年月
云和县乡土史	省云和中学编	—	—
云和畲族迁徙考	蓝荣清著	—	—
抗日战争时期浙江省铁工厂纪事	中共云和县委党史研究室编	—	—
中国历代兴亡鉴	钭革非编著	海天出版社	1993 年 6 月
中国历代贤能录	钭革非编著	海天出版社	1993 年 6 月
处州史略	钭革非编著	银河出版社	2009 年 8 月
自强求索	齐育华、钭革非主编	中国文史出版社	2008 年 12 月
中国历代治国之道	钭革非编著	银河出版社	2009 年 8 月
中国历代用人之道	钭革非编著	银河出版社	2009 年 8 月
国历代清官列传	钭革非编著	银河出版社	2009 年 8 月
千手观音传奇	赵周瑞、金新友、钭革非著	国际炎黄文化出版社	2001 年 1 月
华丽的孤独	谷潘著	浙江文艺出版社	2006 年 5 月

第三章　诗文选辑

丽水诗文资料丰富，收集诗文 107 篇，文选 20 篇。

第一节　诗　词

登石门最高顶

南朝宋·谢灵运

晨策寻绝壁，夕息在山栖。
疏峰抗高馆，对岭临回溪。
长林罗户穴，积石拥阶基。
连岩觉路塞，密竹使径迷。
来人忘新术，去子惑故蹊。
活活夕流驶，噭噭夜猿啼。

沈冥岂别理，守道自不携。
心契九秋干，目玩三春荑。
居常以待终，处顺故安排。
惜无同怀客，共登青云梯！

说明：谢灵运，南朝宋诗人，袭封康乐公。永初三年（422）任永嘉太守时，"蹑屐来游，始开此洞"，信笔赋诗。

石门留题诗

唐·李　白

何年霹雳惊，云散苍崖裂。
直上泻银河，万古流不竭。

忘归台铭

唐·李阳冰

迭嶂回抱，中心翠微。
隔山见川，沟塍如棋。
环溪石林，春迷四时。
曲成吏隐，可以忘归。

恶溪铭

唐·李阳冰

天作巨堑，险于东南。

岌丘嘲[1]呀，苍山黑潭。殷云填填，怒虎虩虩。一道白日，四时青岚。鸟不敢飞，猿不得下。舟人耸棹，行子夹马。知雄守雌，为天下溪蹊。烜赫如此，人将畏之。水德至柔，狎侮而死，畏而亦死，宁敢放彼。

无　题

唐·叶法善

适向人间世，时复济苍生。
度人初行满，辅国亦功成。
但念清微乐，惟忻下界荣。
门人好住此，翛然云上征。

千秋岁

宋·秦观

水边沙外，城郭春寒退。花影乱，莺声碎。飘零疏酒盏，离别宽衣带。人不见，碧云暮合空相对。

① 嘲：应为"㘎"，音：hǎn，意：虎吼。

忆昔西池会，鹓鹭同飞盖。携手处，今谁在?日边清梦断，镜里朱颜改。春去也，飞红万点愁如海。

说明：秦观，字少游，江苏高邮人。北宋国史院编修。工诗词，有《淮海集》行世。这首词是绍圣初谪监处州酒税时游青田栖霞寺所题。

初至松阳

宋·沈晦

羲之去会稽，便为会稽居。
与东土人氏，尽山水之娱。
我无逸俗韵，亦复居之俱。
朝弋林中禽，暮钓溪上鱼。
胜游穷山海，埋光混里闾。
聊为一日欢，不暇论所余。
西归道路塞，南去交亲疏。
惟此桃花源，四塞无他虞。
况复父老贤，挽留使者车。
便应寻支许，投老青山隅。

游竹溪

宋·沈晦

（一）

寒流穿西岸，古径入翠微。
山深古木合，林静珍禽飞。
居人本远俗，游客亦忘饥。
归路晚烟暝，新月照柴扉。

（二）

溪山清见底，游鱼如浮空。
壁立千丈山，屈曲细路通。
艾纳渍苍碧，凌霄发高红。
平生山水思，尽偿老景中。

游三岩

宋·姜特立

一见便非凡世界，恍然兜率化成宫。
未分混沌天无巧，已凿谽谺鬼有功。
百尺飞泉晴亦雨，四时阴穴夜吹风。
莫将俗驾污仙镜，明日红尘在眼中。

游园不值

宋·叶绍翁

应怜屐齿印苍苔，小扣柴扉久不开。
春色满园关不住，一枝红杏出墙来。

无　题

宋·苏轼

道人晓出西屏山，来施点茶三昧手。
忽惊午盏兔毫班，打作春瓮鹅儿酒。
天台浮花世不见，玉川凤液今何有？
东坡有意续茶经，要使祖谦名不朽。

说明：清光绪元年《松阳县志》载，昔祖谦禅师居邑之西屏山，尝游京师，与苏学士友善，此东坡赠诗。

赠景德寺诗僧道通

宋·苏轼

雄豪而妙苦而腴，只有琴聪与密殊。
语带烟霞从古少，气含蔬笋到公无。
香林乍喜闻檐卜，古井帷惭断辘轳。
为报韩公莫轻许，从今岛可是诗奴。

石门山

宋·陆游

昔读康乐诗，梦到石门山。
中有醉道士，倒佩落其冠。
来游一一是，嵌岩如屋宽。
喷薄三百尺，万珠落跚跚。
峭壁天削成，盘不容投竿。
摩挲苍藓字，喟发千载叹。
老洪梦中旧，两脸依然丹。
语我君少留，山瓢勿嫌酸。
涧果四时有，收拾若不难。
旋炊胡麻饭，荐以枸杞盘。
手摘石上茶，风炉煮甘寒。
扰扰尘土中，未易得此欢。
濯足山下潭，戏惊蛟龙蟠。
醉面索吹醒，坐待风雷翻。

忆石门(七绝二首)

宋·陆游

绍兴庚辰，余游谢康乐石门，与老洪道士痛饮赋诗。既还山阴，王仲信为予作《石门瀑布图》。今二十有四年矣，开图感叹作。

二十余年别石门，灯前感旧欲销魂。
人生万事皆如梦，自笑区区记剑痕。
爱酒黄冠鬓如雪，石门邂逅一樽同。
悬知久作此山土，愁对画图秋雨中。

说明：陆游，南宋诗人，号放翁，浙江山阴①人。孝宗时进士，官至宝章阁待制。有《剑南诗稿》《渭南文集》。

九姑山

宋·姚珏

一亭重构冠崇岗，下瞰千岩挟四旁。
作意祇图分野景，凌空应得近天光。
银河入夜侵衣冷，玉桂乘秋泛席香。
我辈公余堪宴集，登临何必近重阳。

游云庵访月上人

宋·僧道通

闻说云庵好，相呼谢皎然。
溪山名胜地，桃李艳阳天。
曲径穿丛竹，方池印野泉。
老来登陟懒，重到复何年。

出守括苍酬范希文欧阳永叔饯别作

宋·王元

晨风吹洛水，飘然离帝乡。
君恩一何厚，分符守括苍。
苍山隔千里，道路阻且长。
宾朋互骈集，饮饯倾壶觞。
我生已衰迈，鬓发披如霜。
努力事圣君，欢会不可常。
遥望春波绿，碧草萋以芳。
挥手一长叹，垂涕沾衣裳。

① 山阴：2010 属绍兴。

吏隐山

宋· 詹迥

五云古名邑，维东有崇山。
群峰屹罗列，一水相回环。
李侯筑崇台，吏隐于其间。
斯人不可见，篆蚀苔文斑。
我来访遗迹，临风发长叹。
洗尊挹醽醁，落日犹忘还。

处州苍岭

宋· 翁卷

步步蹑飞云，初疑梦里身。
村鸡数声远，山舍几家邻。
不雨溪长急，非春树亦新。
自从开此岭，便有客行人。

山　中

宋·王镃

荣枯皆定数，枉作送穷吟。
有色非真画，无弦是古琴。
青松秦世事，黄菊晋人心。
尘外烟萝客，相寻入远林。

注：王镃，西乡湖山人，宋末授金溪尉。善赋诗。

夜起一律

宋·文天祥

梦破东窗月半明，此生虽在只堪惊。
一春花里离人泪，万里灯前故国情。
龙去想应归海岛，雁飞犹未出江城。
旅愁多似西山雨，一任萧条白发生。

游石门洞

宋·王十朋

雁山饱见两龙湫，洗眼新观石洞流。
欲向故乡寻白鹿，先来仙隐访青牛。
破荒喜诵刘郎句，跻险思从谢客游。

天下林泉看未足，分将身世早为休。

说明：王十朋，浙江省乐清县人，宋绍兴廿七年(1158)丁丑科状元。

延庆寺塔

宋·朱琳

祇恐云霄有路通，层层登处接星宫。
洗花寒滴翠檐雨，惊梦夜摇金铎风。
僧老不离青嶂里，樵声多在白云中。
相逢尽说从天降，七宝休夸是鬼工。

卯　山

宋·吴天泽

丁字碑残惊梦笔，卯山丹就建元坛。
犹余地下仙棋子，留与人间作石看。

采莲曲

宋·张玉娘

女儿采莲拽画船，船拽水动波摇天。
春风笑隔荷花面，面对荷花更可怜。

山之高

宋·张玉娘

山之高，月出小；月之小，何皎皎!
我有所思在远道，一日不见兮，我心悄悄。

望松岭

宋·张玉娘

岭上松如旗，扶疏铁石姿。
下有烈士魂，上有青兔丝。
烈士节不改，青松色愈滋。
欲试烈士心，请看松下枝。

牧童辞

宋·张玉娘

朝驱牛，出竹扉，平野春深草正肥。
暮驱牛，下短陂，谷口烟斜山雨微。
饱采黄精归不饭，倒骑黄犊笛横吹。

哭沈生

宋·张玉娘

中路怜长别，无因复见闻。
愿将今日意，化作阳台云。

暮暮夜里

宋·张玉娘

夜凉春寂寞，淑气浸虚堂。
花外钟初转，江南梦更长。
野禽鸣涧水，山月照罗裳。
此景谁相问，飞萤入绣床。

苏幕遮·春晓

宋·张玉娘

月光微，帘影晓。深沉庭院，宝鼎余香袅。
浓睡不堪闻语鸟。情逐梨云，梦入青春杳。
海棠阴，杨柳杪。疏雨寒烟，似我愁多少?
谁唱竹枝声缭绕。欲雨临风，自诉东风早。

戏和李易安

宋·张玉娘

门外车驰马骤，绣阁犹熏春酒。
顿觉翠衾寒，人在枕边如旧。
知否，知否，何事黄花俱瘦。

北斗山

元·练鲁

隐者巢居在翠微，松花服食茑萝衣。
人间万事不着眼，坐看浮云天际飞。

田　家

明·刘基

田家无所求，所求在衣食。
丈夫事耕稼，妇女攻纺绩。
侵晨荷锄出，暮夜不遑息。
饱暖匪天降，莱尔筋与力。
租税所从来，官府宜爱惜。

如何恣刻剥，渗漉尽涓滴。
怪当休明时，狼藉多盗贼。
岂无仁义矛，可以弥锋镝。
安得廉循吏，与国共欣戚。
清心罢苞苴，养民瘳国脉。

晚同方舟上人登狮子岩

明·刘基

落日下前峰，轻烟生远林。
云霞媚余姿，松柏澹清阴。
振策纵幽步，披榛陟层岭。
槿花篱上明，莎鸡草间吟。
凉风自西来，飕飕吹我襟。
荣华能几时，摇落方自今。
逝川无停波，急弦有哀音。
顾瞻望四方，怅焉愁思深。

泊舟戈溪

明·刘基

日薄云阴雪在山，野寒溪静客舟还。
乾坤板荡逾三载，风俗乖张似百蛮。
废井衰芜霜后白，空村乔木晓余殷。
独怜节序逢冬至，不得安栖学闭关。

说明：刘基，南田[1]（今属文成县）人，助朱元璋建立明朝，任太史令、御史中丞，封诚意伯。有《诚意伯文集》二十卷问世。

玉岩山

明·李仁灼

异境从天造，奇岩立地标。
峰峰皆插汉，石石自凌霄。
日月山头过，烟霞洞口飘。
清风穿峡迅，白雾隔村遥。
崖陟飞双壁，溪深界万条。
巨灵运鬼斧，碧落驾霓桥。
星可眉间摘，云从足下撩。
花幽香欲喷，泉冷署全消。

① 南田：2010 年属文成县。

磴道随云折，行人骇魄摇。
寄游思旧侣，吊古忆前朝。
诗赋留多士，坚贞数二乔。
血痕金石碧，志节日星昭。
不尽登临兴，踌躇首欲搔。

却金馆

明·许国忠

迢迢俞岭数登临，仙吏由来此却金。
孤馆无尘遗素节，层台有客寄高吟。
青山不改当年色，明月常悬去后心。
我亦勉为清白吏，更从何处觅知音。

仙桃山

明·吴倴

桃峰突兀紫烟开，空翠蒙蒙拂袖来。
山际远看疑雁岩，石梁遥度忆天台。
春归别圃丛花发，日落高林众鸟回。
斗酒不禁诗兴剧，只今谁是谪仙才。

留槎阁观竞渡

明·夏舜臣

曾闻槎阁泛银河，谁构危楼牛斗过。
时值中天佳气盛，游乘政隙客情多。
驾龙恍若蓬瀛境，夺锦追芳魏阙阿。
凭眺浮生云是乐，星房宾主事如何？
楼开溪角水天悬，半倚长虹半倚川。
佳节伤心标虎艾，汨罗抒愤斗龙船。
羽觞飞逐酣歌舞，锦绮重围杂管弦。
溪水新添波献秀，登临逸兴即真仙。

留别松源父老

明·陈九功

我爱山城不我欺，山城偏与我相宜。
催科更不烦敲扑，狱讼何曾结谳疑。
无事小窗惟读易，有时过野只烹葵。
来朝马首丽阳去，一片白云系所思。

掀蓬室

明·金忠

倚蓬独立晚风前，满目溪山锦半川。
别墅云遮春药碓，中流人泛采莲船。
水滨台榭疑无地，物外烟霞别有天。
几度来游余兴在，梦魂还绕五湖边。

书斋夜坐

明· 赵仪

夜坐吟孤馆，飘然异世情。
松风侵榻冷，山月入帘明。
笛弄梅花落，杯凝竹叶清。
吾心有真趣，何必慕浮名！

出塞曲[①]

明·郑汝壁

俊鹘思掣鞲，良骥耻伏枥。
壮士骋雄图，勋名起沙碛。
斥堠夜传烽，边关晓飞檄。
厉部登层陴，单于在西北。
胡马蹴平沙，阳光黯无色。
骁骑四五动，迅奋无坚壁。
后队未渡濠，前军已俘馘。
振旅奏铙歌，辕门殊未夕。

缙　云

明· 陈子龙

烟火传深谷，何年聚邑成？
悬崖开小市，垒石置疑城。
草木云中见，溪山雨后明。
仙都青霭断，回首欲忘情。

含晖洞

明·屠隆

谽谺咫尺开双洞，虚敞何年凿五丁。

① 此为明郑妆壁三首出塞曲之一。

闻有羽人修玉液，久无云屋贮仙经。
松间神雾寒长住，石上灵泉泻不停。
天气欲沉秋飒飒，疏星斜迸断崖音。

说明：屠隆，四明[1]人，明万历进士，礼部主事，诗人，汤显祖好友。

白马山

明·屠隆

青冥万丈接丹梯，山气高寒鸟不啼。
隐隐空中落钟磬，茫茫霞外拥招提。
上方只讶星河近，下岭才知雷电低。
太白胡僧长耳相，好于此外结龛栖。

百步岭

明·叶澳

层崖一径入云端，秋色深沉日景寒。
虫语白茅相历乱，鸟翻红树半凋残。
三千奋击南溟近，九十踟蹰末路难。
因上望村村上望，风南天北是长安。

说明：叶澳，独山人，明万历二十二年(1594)举人。百步岭，在石练西北，去黄沙腰古道由此开始攀登。

丁酉平昌迎春口占

明·汤显祖

琴歌积雪讼庭闲，五见春阳凤历班。
岁入火鸡催种蚤，插花鞭起睡牛山。

说明：作于万历二十五年(1597)春。睡牛山，一名瑞山，在城东。

石门泉

明·汤显祖

春虚寒雨石门泉，远似虹霓近若烟。
独洗苍苔注云壑，旋飞白鹤绕青田。

说明：汤显祖，临川人，明万历进士，官礼部主事。著名戏曲家、文学家。此诗是他贬谪遂昌知县时所作。

青田留别

明·杨文骢

青山邑也，山川友朋之胜，鸡犬桑麻之乐，有古风焉。余承乏一载，如入洞渔郎，须眉襟袖之间，

① 四明：2010年属宁波。

皆染古意。无端别去，不胜怆怀。且无论友朋父老，堕泪兴悲，即草木山川，眷恋动色。成诗七章，所以志感也。

（录一）

君恩难负敬微官，情性相依一载欢。
才拙何能方卓鲁，时危不敢用中韩。
三章有约余无事，七窍全留尔自安。
元鹤城边凄切泪，至今挥手未曾干。

说明：杨文骢，字龙友，贵阳人。明崇祯青田知县，隆武帝立，任兵部右侍郎，后死于抗清。此诗是他离开青田时所作。

西屏山

明·王琨

西屏兰若向溪流，春染苍苔点石头。
偃月泉深明见性，凌霄台古坐生愁。
钟声雨霁千门晓，树影风光满阁秋。
幸际太平无事日，何妨公暇乐遨游。

石笋山

明·王景

何人醉卧木兰船，杨柳风高浪欲颠。
溪上棹回无贺老，江东鹤化有坡仙。
烟消古寺山横野，露落苍梧月满天。
谁谓胜游非昔日，太平原是旧山川。

百仞山

明·王应兰

长松最高处，不与万山连。
矗立临清渚，凭虚近碧天。
烟霞千古胜，钟鼓半空传。
不尽皈依愿，飘飘竟欲仙。

万象山

明·朱葵

爽气涤烦嚣，山空云影净。
登眺偶相过，烟岚四周映。
气象有百千，极目未能竟。
峰态见青莲，溪光碧于镜。
亭高览世际，寺寒僧苦行。

村树识民居，庄严悟佛性。
还思东土尊，何似西方圣？
试结浮生缘，爇炉致瞻敬。

南明山

明·陆起元

多病郁不乐，况复迈长夏。
开户眺层峦，南明宅其下。
夙游既已饫，行吟俗所诧。
感兹秋载新，年华忽萎谢。
我有素心友，愿与值休暇。
出郭跨飞虹，扪萝陟危榭。
衔杯漱甘泉，选石相枕藉。
人生贵自娱，尔我不相借。
米颠与屠叟，今昔齐声价。
遗迹空复存，人琴杳长夜。
达观去住踪，身名俱幻化。
嗟彼牖下人，头白营田舍。

仙都山

明·李建中

岩岩仙都山，肃肃轩后宫。
巨石灵广宅，千仞凌高穹。
肇当融结初，全得造化功。
深可盘厚壤，峭疑载冥鸿。
云骈去路存，丹鼎遗迹空。
抽润草心碧，敷香莲叶红。
升龙攀矫矫，飞凤鸣嗈嗈。
而我集仙署，尝比瀛洲雄。
星移婺女间，夙驾浙水东。
到觉毛骨爽，生如羽翼冲。
万事皆氛埃，一气归鸿濛。
遐哉上圣道，邈与元化同。
金简奠至诚，玉书铭代工。
功成解冠剑，栖息期此中。

白云山

明·皇甫汸

春风行处尽，始觉白云深。
锡化无僧在，钟鸣有客寻。
花溪遥隐壑，萝径曲通林。
坐得浮生理，悠然忘我心。

刘山却金馆

明·顾大典

华馆抗崇林，清风振古今。
高人敦素节，精志薄黄金。
岭锁秋风冷，亭虚夜月侵。
宦游当此地，俯仰意何深。

鼎湖石

明·樊敬

万丈丹梯迴，巍巍带紫芬。
孤峰环列岫，迴地起层云。
日落台光近，天空鹤唳闻。
不须嫌独立，山色共氤氲。

愚谷杂咏八首

明·郑汝璧

愚谷从吾好，茆茨取次裁。
百盘依馨折，三径就花开。
日薄仙岩寺，春深吏隐台。
烟霞堪寄傲，青鬓赋归来。

委巷稀尘鞅，城居似远村。
芰荷衣乍制，松菊径犹存。
晦迹从牛侩，闲情共鸟言。
平生饶野趣，乐志仲长园。

卜筑家山半，双峰对草堂。
岩歌斜引磴，松碍别开廊。
留客呼浮白，逢僧学坐忘。
陆沉徒复尔，广莫是吾乡。

烟树澹空空，春灯人夜红。
下山花吐月，醒酒石生风。
源水行相引，华胥梦欲通。
尊留余兴在，取醉复墙东。

此子宜邱壑，端居养性灵。
室中一榻白，竹外万峰青。
种药供多病，开尊笑独醒。
元经慵罢草，双寂子云亭。

秋声忽在竹，行乐一窥园。
蛱蝶翻风细，芙蓉裛露繁。
遂初闲欲赋，幽意静谁论。
徙倚层台望，冥鸿万里骞。

为辟种瓜地，因成选胜游。
斗池虚纳月，竹径曲藏楼。
振策千峰响，停云万壑幽。
黄花开正好，与客醉篱头。

水竹自成居，烟霞曲抱除。
泉鸣阶下石，花扑案头书。
待月坐高岭，看云过太虚。
邻翁曾卜夜，谷口命巾车。

处州杂言八韵

清·刘廷玑

（一）

城里荒山城外溪，可怜今剩几残黎。
十三年遇兵戈后，八丈波同石柱齐。
官舍夜深曾过虎，人家日午不闻鸡。
招徕半是闽中客，代种三春雨一犁。

（二）

不通车马不通帆，半在风林半在岩。
腊月有时衣尚夹，全家终日食无咸。
谋生沙里三斤铁，治产云中数亩杉。
谁信浙东有此地，尽教泪湿旧青衫。

（三）

荒凉满眼费经营，羞说三年政有成。
八九人充童子试，斗升米上讼堂争。
秋常垒石修新堰，夜旋陶砖补破城。
最是一番心事苦，括苍门外草纵横。

（四）

但可人耕岭上田，一层高比一层难。
连宵有雨沟全没，几日才晴土又干。
地已困穷偏信鬼，俗尤顽梗不尊官。
我今翻与诸君约，只作儿孙一样看。

（五）

登高无地不凄然，岭下桃花另有天。
官货偶来经丽水，海潮从不过青田。
吏人落落清晨散，案牍寥寥白昼眠。
聊以解忧诗共酒，翻称太守似神仙。

（六）

俯仰山川忆昔时，少微独照一星奇。
布衣著作千秋史，铁瓦功名一代师。
高下有情峰叠叠，回环不尽水迟迟。
乾坤依旧钟灵秀，继起英贤近是谁？

（七）

檐前高柳一旗风，破屋初添瓦一丛。
临水几枝修竹净，隔篱无数野花红。
村中昨夜迎新妇，市上今秋有醉翁。
不怕催租人又到，收成颇比去年丰。

（八）

为邦自古忌因循，独驾熊车问俗频。
矿是前朝开敝政，寇缘内地隐奸人。
桑麻但得农夫好，蔬水何妨刺史贫。
况有俸钱堪奉母，与民同庆太平春。

南明山

清·陈璚

葛翁仙去也，何处觅丹砂。
虹断石梁瀑，莺留山洞花。
离文天焕象，丽景物增华。
独立峰头啸，云开烂晚霞。

沙湾放船

清·端木国瑚

恰好新晴放野航，轻鸥个个出回塘。
一溪绿水皆春雨，两岸青山半夕阳。
时节刚逢挑菜好，女儿多见采茶忙。
沙头剩有桃花片，流出村来百里香。

太鹤山八首(选二首)

清·端木国瑚

鹤 洞

阆风有鹤巢，言是亭亭云。
云吹坠作石，碧嵌天茵蒀。
老鹤认巢归，石气云无分。
养子三千年，携之朝灵君。
奇音久旷寂，人世无由闻。
日暮石坛上，松花落纷纷。

丹 井

混元不施凿，仙绠落上界。
金炉浴寒丹，去向五狱卖。
阴火海眼通，上受天沆瀣。
松毛隳千年，碧烂色无坏。
一滴洒入喉，洗却烟霞疥。
沉舟傥或存，异星发光怪。

说明:：端木国瑚，青田县城人。清道光间进士，著有《周易指》等。

万象山

清·徐望璋

城端几叠拥仙鬟，底处飞来有此山?
半幅归云依木杪，数声清磬出禅关。
绿藤春老人何在? 碧藓碑深字欲删。
乘兴凭栏闲眺望，疏松阴里一僧还。

柴 根

清·吴世涵

晨有鬻薪者，荷担来前村。
槎枒满肩头，云是山柴根。

鬻者利其价，价高竞狂奔。
买者利其质，质坚耐燧燔。
朝掘陟峻岭，暮掘遍荒原。
岭原掘已尽，斤锄尚云屯。
吾乡富林麓，习闻父老言。
往昔居人少，千山草木蕃。
四望气葱郁，取给若家园。
自兹数十年，斩伐及荃荪。
千折根复断，童山余苔痕。
薪稀价愈贵，趋利无朝昏。
后此曷由继，资生穷厚坤。
吁嗟群生理，根本均宜敦。
堂圮缘弃基，流涸因塞源。
若今本先拔，根叶何由存。
因薪发长叹，斯意谁共论。

侵云岭

清·吴世涵

缥缈流云半在天，岧峣峻岭与云连。
行人已向云中过，岭树犹看云表悬。
一水崖前飞白练，万山足底涌青莲。
乡关此去重回首，多在层云叆叇边。

说明：侵云岭，古为去京、杭要道，现称青云岭。

畲　客

清·吴世涵

吾乡佃作黎，强半属畲客。
遗种传盘瓠，派衍五姓僻。
岩栖亘茅舍，火耕剧绣陌。
辛勤事土著，屈身侪臧获。
乐部及舆丁，往往供驱役。
妇女帕蒙头，高冠缀小石。
鬻薪入市尘，隆冬双脚赤。
人生重本务，耕作有余积。
嗟此五姓人，操业实劳剧。
男女并力田，尚被饥寒迫。
徒使并兼家，仓箱日充斥。

往者大吏奏，俾获通仕籍。
其奈顽蠢姿，俊秀鲜难择。
乃知大造恩，厚薄固悬隔。
等兹林总氓，独令伤踽蹐。
寄言齐民者，曷由跻衽席。

剑池湖怀古

清·吴志健

纯钩湛卢久飞去，此地剩有剑池湖。
灵迹不随历劫坏，精神自与造化符。
七井旁罗斗杓布，缅怀欧冶空嗟吁。
闻昔神功施妙技，太乙下观雷雨俱。
若耶溪铜堇山锡，一一采供百炼须。
吴有干将并世出，销金以人金乃濡。
阳作龟文阴漫理，断发剪爪投洪炉。
岂若欧子技也进乎道，薛烛赏识言不诬。
阖闾终受乌喙戮，屡镂之赐愚夫愚。
我括旧属越所隶，将军庙祀炳雄图。
至今池畔露金屑，英光闪烁走觋巫。
邑有嘉名锡自古，泉通稽圣浚成渠。
物华洵由人杰致，神宝迥与珠玉殊。
回首童骏钓游地，青萍寥落石苔枯。
今我作歌摅所喟，剑芒空射月光孤。
池水深看盘且汙，安得神龙蜿嬗归来乎！

剑池雨霁

清· 徐应亨

溪路入龙泉，才通上濑船。
湖波新涨雨，剑气尚冲天。
万树鸣秋叶，千家起暮烟。
殷勤松际月，向客两回圆。

茶厂谣

清· 林撝

二月农事忙，村民竞田作。
保正相催促，家家派茶务。
龙泉邑大二百里，邑里山山有茶树。

国家茶利何曾榷，云胡此役为民蠹。
官钱官米无所赉，给以腰牌不敢忤。
输茶日日到茶厂，官差瞋目呵斥屡。
茶青四两务取盈，取盈不得官差怒。
深山豺虎饥伺人，陟岘攀岩极辛苦。
暮春雨寒冻入骨，况是无衣更无裤。
归来土锉寂炊烟，仰卧吞声竟谁诉。
借问此害始者谁？传闻父老犹能知。
当年承奉长官好，遂使今日增困疲。
县官守土作民牧，寄语革弊慎勿迟。
鸣呼，寄语革弊慎勿迟。

龙泉竹枝词

清·许田

守岁檀栾夜向阑，只鸡斗酒祝平安。
师巫铜钹琅琅动，莫把方言作咒看。
卷篷妆好掠乌云，一点胭脂口上分。
院主①自然多出众，桃花布袖木棉裙。
淡淡春风映口朱，谁家毛主②订婚无？
蝤蛴粉颈盘银钥，卖弄罗敷自有夫。
月月夫人庙里逢，盈阶妇女拜芳容。
生儿但保无灾害，赤写黄幡手自缝。
羯鼓新腔夜沸腾，流传旧例是催灯。
醵钱社叟沿门乞，台阁今年要两层。
行灯各庙卜佳辰，队队笙歌赛百神。
未暮便来街畔立，真教忙煞画眉人。

说明：①方言称主妇曰院主。②方言奴婢称姑娘曰毛主。

松源川

清·吴邦銮

一望松源势泬滘，春光霭霭十分浓。
庭前古柏巢飞鹤，岸上高桥起卧龙。
济水资灵灵间毓，苍山拱秀秀频钟。
藏书万卷推先哲，此日何人步往踪。

双潭石印

清·余钧

岸阔双潭回，烟开片石浮。
分风拖燕尾，负水出龙头。
带绕千重翠，文成五色幽。
更看明月夜，倒影落长流。

霞帔丽日

清·田嘉言

山名霞帔写春容，掩映晴光积翠浓。
绿树迎风摇翡翠，嫣花含露簇芙蓉。
晓帘初启朝阳殿，绣帐还开白纻峰。
更有一般堪比似，玉环方拜紫泥封。

巾子祥云

清·田嘉修

嵯峨巾子列晴空，瑞霭遥连紫气通。
锦障千层衔丽日，星桥百丈驻飞虹。
烟浮露冕金炉馥，光耀华簪宝髻工。
纠缦无心原不定，山灵应许古今同。

箬溪八景

清·王士鈖

鲤山登高

鱼岩状谽谺，登眺余企慕。
我欲继游踪，一亭补清趣。

龟岩垂钓

龟溪桃涨新，龟麓柳丝细。
借问垂钓人，几时长鱼鳜。

前港春云

一轮花里藏，双港柳前溉。
满径封白云，时闻喧水碓。

后溪贮月

人言前溪云，不道后溪月。
我爱六桥游，镜光波面凸。

杉岭樵歌

樵担隐烟萝，歌声出云木。

杉坑寂无人，虚籁答空谷。

梨园牧径

满园香雪飞，一径夕阳送。
花下卧青牛，梨云许同梦。

大庆晨钟

名兰创有唐，三大尚留庆。
几杵僧楼钟，耐人五更听。

西城秋社

西城华黍丰，含哺乐歌舞。
秋赛奏神弦，街头闻社鼓。

凤凰山

清·王标

山如飞凤势翩翩，人去登仙迹尚传。
灶里丹成留伏火，洞前花落泛春泉。
飘摇懈叶连行径，偃蹇枯槐卧断烟。
惟有山光长不改，春来秋去自年年。

鲤鱼山

清·张可仕

山前公署长官居，署后山名唤鲤鱼。
翠鬣晓烟诸草上，锦鳞春雨百花余。
何时得水归溟海？镇日朝天仰太虚。
欲待风雷问消息，禹门今昔事何如。

白龙山

清·张可仕

既有龟山与凤山，龙山应得峙其间。
碧霄蟠影云阴合，丹穴流涎石髓环。
高卧犹疑诸葛里，登龙初见老聃颜。
从来积土兴云雨，况汝为霖志未闲。

牛头山古松歌

清·柳翔凤

牛头山顶松，长不满三尺。
松肪入云根，千载成琥珀。
自有此山生此松，松根穿石石为坼。

主人好奇思拿云，购得石工凿山脉。
连根带石担松回，鳞甲虬龙赏高格。
莳来古盎罗前庭，月挂东溪无此青。
万仞峰头落平地，松针短劲风扬馨。
一盎古松价无匹，主人乃得郭驼种树经。
蟠屈虬枝有老匠，连蜷云盖无枯形。
我闻峨嵋顶上万年干，夜坛香气接云汉。
又闻天都峰头四面松，纵横正侧枝盘空。
即今箬溪牛头山八面，登巅望见括州之十县。
惟高斯寒松骨坚，是松是石种来已在造化先。
浮丘容成相往还，主人爱松迎松仙。
松如童子俯我前，我日闭户著书烧松烟。
缩龙成寸游砚田，松风飒飒吹落珠珍船。

入方溪

清·陈澄心

攀萝登绝巘?扪壁入幽都。
壑暗藤花老，溪寒松影孤。
半村樵牧谱，一片水云图。
为问穆天子，游踪却到无?

妙高山

清·朱楷

在麓但言高处妙，登高众妙一齐收。
半天泼墨孤城雨，群树红添万壑秋。
山势西从姑蔑起，溪声东绕括苍流。
北辰非远何由觐，安得青云载梦游。

说明：朱楷，西乡奕山人，诗人。

石门洞谒刘文成遗像

清·袁枚

远望一条白，嵌空落翠微。
甘霖真岳降，匹练作龙飞。
遗像瞻司马，隆中想布衣。
伤心山下水，能出不能归。

说明：袁枚，浙江钱塘人。清乾隆进士。著有《小仓山房集》《随园诗话》等。

风雨龙吟楼

民国·徐声越

一楼风雨情，帘卷南山影。
午夜读阴符，波涛来隔岭。
霜皮三百树，拄此尧禹天。
会待春雷发，蛟龙惊昼眠。

龙泉不寐　得句旋足成之

民国·郑晓沧

龙泉宁有潜龙蛰，俗敝民贫奈尔何！
烈日敲神祈免旱，深宵振鼓听驱傩。
人穷半仰菇为活，田少长愁谷不多。
赴壑流民来避地，山中豹变待南讹。

莫忘菜根香

李逸民

弹指流光六十年，几经沧海变桑田。
长征两万五千里，入狱三千六百天。
马列造成新世界，头颅换取旧山川。
挥锄种菜传家宝，菜根香处出英贤。

送子从军抗日

民国·褚雪琴

促子去从戎，春寒料峭中。
征衣单莫怯，举国寇方凶。
壮志冲霄汉，丹心格上穹。
平夷破虏日，高唱《满江红》。

石龙山

民国·吴廷献

一片岩山号石龙，朝朝暮暮有云从。
甲鳞隐现迷烟树，头角峥嵘插汉峰。
灵气每添晨气润，吟声应带雨声浓。
蒙洲胜迹洵称最，千载游观不厌重。

庆元杂咏

民国·姚文林

（一）

世界那知汉与秦，羲皇以上称斯人。
秋风叶落僧缝衲，春日花飞客坐裀。
编竹作墙遮凤尾，剥松为瓦庇龙鳞。
此间也是桃源境，渔父何从觅隐纶。

（二）

环庆皆山面面遮，倚山架屋几人家。
门前有渡名桃叶，廓外无村不杏花。
每见衣冠存古处，多培竹木作生涯。
编氓大丰艰衣食，比户居民戒侈奢。

丹　桂

民国·魏兰

庭前两树桂花开，馥郁清香扑鼻来。
淡绿千层承雨露，深黄万点映楼台。
风飘似粟从天降，花落疑金向地堆。
欲把一枝攀在手，高朋置酒此徘徊。

云和杂咏

民国·魏兰

山外青山溪外溪，趁溪几处有黔黎。
只因崖石多磊落，勉筑街衙不整齐。
雨后欣闻环树鹃，夜深静听隔村鸡。
居民只有耕为业，不是肩樵便把犁。
舟去舟来不举帆，只缘滩险有巉岩。
地虽近海商偏少，水出青山味不咸。
共道箬溪皆是箬，空传杉岭却无杉。
葛天风俗犹存否，个个何穿短褐衫。
山腰岭畔昔屯营，险隘天然画不成。
土地荒凉无处好，犬羊凶逆几经争。
千层嶂迭常如垒，四面山环俨似城。
远树遥看浑莫辨，而今犹讶帜旗横。

青田有奇石

当代·郭沫若

青田有奇石，寿山足比肩。
匪独青如玉，五彩竞相宣。
百花颂东风，百果庆丰年。
鸢飞百兽舞，百木森岸巅。
人物尽风流，英雄与婵娟。
开天还辟地，雁荡生云烟。
忽见打鱼船，凤尾银鳞连。
忽见插秧者，青苗满稻田。
忽然破沧溟，长鲸吸百川。
忽然成大堤，天池映九天。
下有潜水艇，上有飞行船。
飞上广寒宫，嫦娥舞蹁跹。
斧凿夺神鬼，人巧胜天然。
建国亦犹此，鼓劲着先鞭。

一九六四年五月十七日道次青田，参观石雕工厂，信笔题此，以志观感。

说明：郭沫若，四川乐山人。作家、社会活动家。曾任中央人民政府委员、中共中央委员、全国人大常委会副委员长、全国政协副主席。有《郭沫若文集》行世。

石门口占

陈叔通

石门深处听潺潺，疑在龙湫有无间。
为诵坡仙诗句好，不知门外有人寰。

说明：陈叔通，浙江杭州人。清末翰林，留学日本。曾任全国人大常委会副委员长、全国政协副主席。此诗是1935年游石门洞所作。

赠章乃器

柳亚子

青田人物数南章，肯为刘基作雁行。
驰誉不同明七子，赏音谁是蔡中郎？
范滂抗节犹物党，管仲匡时亦重商。
二字天真君溢我，杜陵李白太寻常。

说明：柳亚子，江苏吴江人。曾任孙中山总统府秘书、上海通志馆馆长、中央人民政府委员。擅诗词，有《柳亚子诗词选》行世。

凤阳山

姜东舒

挺胸昂首大将军，剑倚龙泉倍有神。
兵戟森森千岭树，阵旗猎猎万壑云。
瀑擂通鼓开军宴，鹰踞危崖护大门。
捋髯笑看江水转，风帆叶叶接嘉宾。

1981年5月作

龙泉青瓷颂

翟翕武

龙游苍海，泉涌剑池。
瓷成天青，窑开山碧。
晴空云鹤，玉润金紫。
哥弟争辉，彩霞无际。
宋明逊色，誉驰遐迩。
物华天宝，激励来兹。

1982年9月6日龙泉瓷厂

谢王村口乡亲

当代·楚青

于1985年4月5日，到王村口月光山祭奠粟裕同志英灵，成诗二首，以谢王村口父老乡亲。

（一）

山色迷朦云雾里，清溪曲折万山中。
一村老幼扶携出，月光园内仰遗风。

（二）

当年鏖战此山中，热血染得乌溪红。
鱼水相依深情在，浩气长存月光峰。

注：楚青，粟裕夫人。诗题编者加。

第二节　文　选

重修《处州府志》序

明·夏寅

《处州[府]志》者，志处州事也。其古列史之遗意乎？其间，盛衰之际，迁变之由，不取而登载之。久将放失，而况有民人社稷之寄，欲稽古制、正风俗、辨民物，推行于有政，舍志焉求？此郭侯忠庶事甫理，所以继及而不敢浚者也。处州，汉晋之间属会稽、永嘉为县，至隋始置处州。而图志之修，则始宋绍兴（1131—1162）、乾道（1165—1173）间，至嘉泰（1201—1204）及元之皇庆（1312—1313），亦各有续。自皇庆至于今，又几何时？岁月不已久乎！盛衰不有关乎？迁变不有在乎？嗣修之责，其诿诸谁？侯之不敢浚者，为是惧也。志自宋修以来，多就漫灭，惟皇庆一书仅存。本朝正统癸〈乙〉亥（1335），亦尝修辑，而缮写脱落，未甚完整。侯乃访郡邑，师儒之名能文学者，重加纂辑，芟繁举要。侯之自公躬复校订，阅三时而志成，乃使人书来求序。吾尝一行处州山中，升高吊古，怀旷代之贤不可复作，独念我大明太祖高皇帝以一旅起淮西，转战渡江，所用皆鹰扬枭俊。既定金华入处州，首聘文儒数辈，以共赞王业，光复诸夏。时有若刘基伯温者，处之青田人也。太祖方驱除庶雄，每致书延访，用汉高字子房例，而不名厥浚馘（割耳）汉缚吴，北定中原，扫元裔于朔庭。伯温帷幄赞画居多，定功封诚意伯为开国文臣之首。诗曰："维岳降神，生甫及申，其有以夫。"吾观天地好生，六合之内何物不有？然必圣哲产于中华，珍奇出于绝域。处在禹服要荒之间，今则人文驾中州矣！夫何重山复岭，宝藏聿兴，朝廷任官制贡岁久，宝竭而贡不息，民始疲矣。吾又安得山高如嵩，降灵生贤以济国家天下之务为宝，不犹愈乎？处当吾所，部分既复，侯请因私致其感焉。

成化二十二年（1486）丙午夏四月之吉，亚中大夫浙江等处承宣布政使司右参政华亭夏寅撰。

重修《处州府志》序

清·潘绍诒

自班氏易《八书》为志，而后世郡县记事之书亦谓之志，犹古侯国之史也。顾作史难，作志未尝不难。而栝州之志，则修与作俱难。盖山陬僻壤，家鲜藏书，则考据难也。代远年湮，复经变乱，则补缀难也。地瘠民贫，人皆食力，则集赀难也。至旧志自宋迄明，或创或修，不下十余家，又皆散佚无存。今唯雍正间前守曹炳庵先生手编二十卷，尚有全书。而其中粗率琐冗，体制未精，引援失实，不免有訾议处。重加厘订，殊费踌躇，则又一难也。不然，百四十余年来，岂无贤吏留心著述，有志表彰，起而任其责者，何竟听其波靡，莫与修明。大抵存其难其慎之思，不觉迁延以至于今也。洎近岁迭遭兵燹，已失者不可复得，而仅存者亦渐即销亡。继此不修，势必孑焉终敝。典守者，讵能谢其过乎？余下车之始，谘诹舆论，披览旧书，心窃哽焉？不敢存畏难之见，惕然自勉，遂与十邑诸令长谋，将县乘之宜辑者先纂之，费用之待筹者酌捐之，其文献之无征者则取之旧藏以备参考，访之耆老以资抉择。如是者亦有年。而前所谓难者，已稍稍就绪矣。然犹虑秉笔者之难其人也，适友人以宜兴潘君宅仁荐，即聘请焉。方设局，程功纂葺《山川》《水利》，次及《建置》。乃属稿未竟，复以应乡闱去不返。创始之际，忽焉中阻。天下成事之难，类如是乎？因思遂昌校官周君荣椿，余旧友也，向同捧檄申江，知其娴名法，长吏治。及改官遂昌，而余亦奉命来守郡，往还较密，相与谭古今人物，持论得平。益叹其学问渊粹，根柢槃深也。速之来郡，为总其成。周君欣然任事。发凡起例，点窜篇章，并裁子目，取潘君所脱稿，复加审定。其旧志中余间有指摘者，周君皆一一订正，实获我心。且芟其繁芜，纠其舛讹，绝其攀援，补其阙漏。每一裁篇，往返商榷，与余意见悉合。计三易稿而本定，十阅月而书成。其为愉快何如哉！余不敏，何敢遽云一郡信史，唯百余年，留贻掌故，修葺綦难。幸得周君竭虑殚心，兼综条贯，克期以告成功。益信凡事得人而理，始事难而成事易者，亦类如是也。爰识其颠末于简端。时光绪三年岁次丁丑仲冬穀旦，盐运使衔知处州府事卓异候升元和潘绍诒撰。

雍正旧志序

清·曹抡彬

郡邑之有志，不徒藉以考疆域之广隘、山川之名胜。与夫鸿文巨笔，载于简册者，足以供学士之流连讽咏、夸多斗靡也。盖语形势，或昔险而今平，则守御因之知缓急。稽户口，或始衰而近盛，则政治由之考得失。且忠孝节烈，时不乏人，后人将于是观感焉。而物产地宜，又因时变易，则亦资守土者之区画也。故有志而历数十余年不加纂辑者，与无志等。栝苍旧志，今皆鲜存。其可见者惟何镗之《汇纪》、叶志淑之续编及朱太守葵之郡志三书而已。亦皆断残蠹阙，不为完备。本朝刘观察在园，仅一续焉，论者以不及见宋之《图经》、《栝苍志》为憾。余谓旧志之散轶，固好古者所系思也。然山川之明秀如故，往哲之风流可考，虽城非故址，地改繁华，按其籍犹可一一而逆求之。独是形势之险夷，户口之盛衰，以及物产地宜，不能不因时有异。阅数十载后，犹执故籍而问之，不特目前之殚智力以经营者不可得而见，即后之人且将无所资以为宜民善俗之治，可不深长思乎？栝郡群山叠峙，界于闽越，土著与异籍错杂。兵防其最急者，昔惟郡置协、各邑屯一二十戍卒而已。是以烽烟数起，控制维艰。至康熙庚寅，制府请于朝，始移瓯平阳镇于郡城，而龙泉与遂昌皆设重兵，以为臂指之应。凡昔时险要之区，今已为坦途，此形势之不可不纪也。

国初，山寇未靖，兼有水患，田芜不治，十邑皆然。荷圣祖仁皇帝六十一年煦育之恩，今天子治益求治，志切民瘼。栝苍虽东浙最僻境，民生日繁，山坞泽畔，几无不耕之土。其户口之繁庶，土田之广辟，执旧册以求之，不适见其诬欤。往哲以忠节为重，昔人卓卓可纪者，固已登之册，然不皆邀旌门之典，犹是乡之私评耳。今天子命郡邑设忠孝节义祠，俾山陬僻壤行谊，足为世所矜式者，咸得入主于祠。自康熙庚午以后，已难缕指，顾可使其邀国家之崇祀，而不见于故里之纪载乎？镔铁，惟栝最良，而云和、松阳、遂昌三邑为夥，顾松、云冶铁，皆在群山之中，距民地远甚，故有利无患。遂邑山切近民居，年来沙积水壅，阡陌或冲而为溪，或壅而成路，其为害田庐，计已千亩有余。而茔墓之漫为平陆者，又不知几许矣。余巡行其地，破积习而力禁之，此亦不可秘之为己善，而不为后之守土者告也。洪惟国家为民兴利复古，不遗远迩，若栝之通济堰久废不治，既准有司所请，动公项而复修。及丽之济川浮桥，旧志虽存其名，而陈迹久没，及余守土后，为之重建焉。使不著其利，则后之人有莫知其害而思必去之矣。余惟数事，有关于栝匪细，常欲续入郡志而未果。今年春，幸政有余闲，属十邑之令长、博士，各编次其邑之所宜载者，而以总辑任之教授朱肇济，训导周雯、徐长泰，余复加综核之，阅十月而书成。其间，学士大夫登眺游览之作，摅志寓意之文，人有专集，不敢多收，止录昔贤之最传诵者，以著其概。而于形势、土田之关民生利害者，务详述之，冀无负于续辑之名与实也。今天子方命词臣纂修《一统志》，又谕直省各辑其志，两浙亦既有成书矣。余复为是续辑者，良以省志贵于简核，郡志不厌精详。譬之经以载其纲，而传以述其目。则余之是志，殆首为全浙志之传云尔。时雍正十一年岁次癸丑桂月中浣。

崇祯旧志序

明·王一中

栝郡志，前所创修，湮没无存。惟成化壬寅，郡侯肥乡郭公命学博刘宣编辑颇悉。万历己卯，新昌熊公承学宪檄，敦请先达宾岩何公总裁修辑，征郡邑诸生三十余人，开馆编摩，分类校正，匝岁始成《汇纪》。癸卯，宣城许公又属乡绅罗阳叶公增补缺遗，谓之《续志》。今惟《汇纪》《续志》，尚庋郡阁，而前郭公旧志，漫灭莫考矣。壬申，郡守滇南朱公以长，才规远略，甫下车，值祝融肆虐，冯夷迭灾，拮据拊循，焦劳备极。已，乃搜郡乘，慨自癸卯迄今，又三十余载。天道以三十年为一世，其间建置沿革、吏治民生、芳规懿行，不无可纪。若复缺焉不修，前此者不益沦落，后此者保无遗忘乎？乃商诸郡丞溆浦舒公、司理平乐王公，以余废弃山居，无所事事，俨然造庐，属以编修。余谢不敏，辞不获已，因请于公，或续为一编，以附貂尾。公以统修合刻，始成全书。先期，檄十邑令长，广文裒集应修志事类报。会辑届期，幨帏北上，而诸邑之报亦复参差。甲戌，觐回，守道温陵诸葛公督成。前志《汇纪》校辑多人，猝难招集，仅命二三生参陪分较。又以督学按郡，隆冬晷短，剞劂工稀，至乙亥之夏乃克竣事。参之旧志，邑各一编，似无统绪，不若《汇纪》类聚支分，乃成郡体。《汇纪》建置次舍武职阙如，《续志》补辑虽宜，芜秽当汰。今刻较《汇纪》稍备，于《续志》微严焉。大抵舆地、山川等类，准之旧籍。官师治行，泽在人心，自不能忘。惟往哲揄扬先美，人各有心，并以哲名，似无分别。且立德、立功、立言，自昔志之故，或以幽潜，或以仕显，或以德重，或以文名，有兼收，无滥美，要如苍松翠柏，异卉奇花，点缀岩阿邱壑间，撷采无遗，第恐耳目未逮也。若复铺叙过情，阿徇鲜实无论。见者腹诽，亦恐当者索照眩真必且爽。然自失如卢橘黄甘，非上林所有，即乌有先生奚取本来面目乎？故其铨次，悉听各邑之报章；其分类，按之事实之肖似。余不佞，何敢参私臆谬刻画焉？乃志成，窃有感于今昔之际也，幅员如故，而水火迭遭，灾伤屡告，则陵谷之变迁倏易；土田如故，而登耗无常，征输倍亟，则流移之逋负滋多；版籍学校如故，而资生无策，振作无机，则生齿之盈缩、进取之兴替，不无递改。水火旱潦，天制之征，输缓亟上操之。至于策勤振惰，兴人事而挽天功，则固人自为政也。反灾为祥，是所祈于天；宽输保赤，是所吁于上。力作兴起，又非所望于吾侪自为振奋哉！是役也，修校镌刻，工费尽出于郡守朱公之捐赀，不动官民半缗，亦不假十邑津助。公造河桥，葺城堡，赈恤灾黎，费既不赀，士民共戴其恩，兹举且以一岁规千秋之业，其垂惠我栝更悠且久矣。而司理王公之同心共济，厥功为多。先郡丞舒公之先事协谋，今郡丞临川许公之力襄盛举，聿观厥成。并宜书。

万历续志序

明·叶志淑

国必有志，志国事也。即《史记》之遗规，信今而传后者也。是故君子恒究心焉。若稽诸古王国志于《尚书》、侯国志于《麟经志》，莫尚于是矣。周官职方氏掌天下舆图，而周知其利害，然后随所施而咸宜。酂侯入关，收秦图籍，以是知天下阨塞强弱，佐汉高成帝业，而居元功之首，志之有当于用也如此哉。处州，当古侯国。汉、唐以来，为县不一，沿革靡常，或隶会稽，或隶临海。诸事多附于郡，无专志也。宋、元而下，如绍兴之《图经》、乾道之《栝苍志》、皇庆之续修，又历时之久，其详不可得闻矣。明初，混一区宇，奄有万方。凡风俗、山川、典章、人物，与夫贡赋、戎兵之属，胥于志焉见之。成化癸卯，郡守肥乡郭公，爰命学官，辑为郡志。至万历己卯，几近百年，新昌熊公承学宪之檄，敦请乡达何宾岩先生为总裁，又征府学暨十邑诸生三十四人，分类校正，凡八阅月而成，即所称前志是也，迄于今且逾二纪。其间建置事宜与仁贤芳规，多有可述者。此而不志，后能免遗忘乎？宣城许公，初以郡丞来莅吾栝者八年，车辙殆遍十邑。于凡土俗民情、利弊兴革，靡不洞知。因念文献足征，斯考据有自，府志之绩，是诚不可缓者。既而，晋秩守郡，遂慨然曰："续志，兹其时乎？可以毕吾愿矣。"于是急檄诸县，备悉具陈。以予在前志时，曾与校修之列，于科指为习娴，乃以总修见属。余亦勉承德意，搜采编摩，别为续志，以附其后。公更躬加诠次，历三时而竣于事。厘为八卷，裒为两帙，续于前志之末。刻成，庋之郡阁，以俟后之合修云。抑余犹有说焉，志以乘名，取记载也，而观感之机寓焉。故观题咏，知山川之形胜；观碑记，见创建之规模；观陂堰、桥渡之利民，而兴饥溺之思；观坑冶、征税之厉民，而杜衅隙之渐；观治行，则守匹龚黄，令媲卓鲁，而师可苏湖矣；观往哲闺操，则士砥名节、民端淳庞，而女慕贞洁矣。至若观武功，则任干城之寄，而底戡定之绩者，将代不乏人矣。治隆于上，俗美于下，实转移化导之功，其有裨于吾栝者非浅鲜也，岂徒取诸空籍已哉！此太守公续志之深意，予因表而出之。

叶道元尊师碑铭并序

唐·唐玄宗

朕闻轩辕三皇之盛者，尊广成。唐尧五帝之盛者，师尹寿。夫以圣人之道，教圣人之才。守之七日，又守之九日。朝彻而后能见。独是道也，入水不濡，蹈火不热。啸叱风云，鞭笞魔魅。无方而后进物，是神也。神则惟变，道亦旁通。苟得其人，抑所谓神道设教者也。师讳法善，字道元。自诸梁食沈，是谓叶公，邑亦如之，因而命氏，则昔为南阳人也。曾祖道兴，祖国重，父慧明，赠歙州刺史。贲邱园者，一贯吾道。食旧德者，百代可知，故名溢宇宙之中，身在江海之上，则今为括苍人也。至隋大业，岁在丙子，法师是生，凡六百二十四甲子。洎我开元，岁在庚申，形解升云，则春秋百有五矣。其生也年长，而色若孺子。其化也委蜕，而神则默仙。尝从朕游，仰之弥高，钻之弥坚。藏察无象，钩致不测。若言匡国辅主，鼓舞发挥焉。朕可推而尊之，不可得而臣也。

其始终出处之迹，可得言者。初，师七岁，涉江而游，迨及三年，人以为溺。及还，问其故？则曰："二童子引之，憩于华堂峻宇，咽灵药，吸云浆，太上镇之，是以留也。"十五，中毒死，又见昔青童曰："天台茅君，飞印印腹。"其始殊闷绝，良久豁如。师以灵应感通，殊尤若此。遂乃杖策，游诸名山，远访茅君而遇。岳骨上起，目瞳正方。冰雪绰约，嫣焉微笑曰："尔来乎？尔名已登仙格。身逢魔试，故此相救，宜勉之。"当以辅教为意，无汲汲于去来。由是，更于青城赵元阳，受遁甲步元之术，于嵩高韦善俊，传八史云蹻之道。宴息于括苍罗浮，往还于蓬莱方丈。灵图秘诀，仙符真度。宝篆生券，冥感空传。临目而万八千神，咽胎而千二百息。或潜泳水府，或飞步火房。或刮腹涤肠，勿药自复。或刳肠刮膜，投符有加。或聚合毒味，腹之自若。或征召鬼物，使之立至，呵叱群鬼，奔走众神，若陪隶也。故海内称焉，千转万变。先朝宠焉，一书三接。朕在藩邸，屡闻道要。及临寓县虚伫昌，言奸臣寓谋，凶丑潜迹，未尝不先事启沃，亟申幽赞。故特加紫绶，以大公侯之门，而确固黄中，不承轩冕之贵。可谓德博而施，道尊而光者也。适来无迹，为夫子之时；迩去无吝，为夫子之顺。岁在鹑尾，月鹑火是时，反真悬解。翊日，追赠越州都督。逾月，归藏于括苍之山，免朝章，从其志也。先生幼有奇质，长标特操，神照体外，骨秀形表。故万先生目之曰："子书成仙格，方自仙宫，吾将及尔，为同僚也。"信哉！《易》曰："君子或出或处。"出者，无山林之逸；处者，无轩冕之贵。虽道同则应，而迹异难兼。先生养神太和，观妙元牝，君子或处之盛也；金印袭贵，紫绶方来，君子或出之盛也。非夫道臻博大，德合神明，其孰能与于此也！故于王室，则承恩者五代。当朕时，则传道者数人，皆曰宗师，无间然矣。夫为文者，纪其实。称德者，尚其训。先生知余，余实不述。试寓言而无愧，可披文而相质。铭曰：

忽然勃然，莫不出焉。油然浏然，莫不入焉。
百昌之源，万化之泉。于此观妙，实云列仙。
列仙伊何？销化却老。观妙伊何？岂假至道。
旁通幽赞，神变灵造。淫祠厉阶，无隐不讨。
讨逆辅顺，功就佐时。藏往察微，业与神奇。
章绶加等，方来不欺。视缘若遗，恍然我思。
大有元吉，黄中通理。默仙委蜕，元达无已。
叶县凫飞，辽城鹤止。元风盛烈，郁乎千祀。

开元二十七年岁在己卯，为叶仙卿作。

书处州孔子庙韩文碑阴

唐·杜牧

天不生夫子于中国，(中国)当何如？必〈曰〉不夷狄如也。荀卿祖夫子，李斯事荀卿，一日宰天下，竟〈尽〉诱夫子之徒与书坑而焚之，曰："徒能乱人，不若刑名狱吏治世之资〈贤〉也。"彼商鞅(者)，能耕能战，能行其法，基秦为强，曰："彼仁义虱官也，可以置之(置之，言不用也)。"自董仲舒、刘向，皆言司马迁(良史也，而迁)以儒分之为九，曰："博而寡要，劳而无功，不如道家者流也。"自有天地以来，人无(有)不死者。海上迂怪之事，特出言曰："黄帝炼神砂，为黄金以饵之。书曰〈昼日〉乘龙上天，诚得其药，可如黄帝。"(以)燕昭王之贤，破强齐，几于霸。秦始皇、汉武帝之雄才，灭六疆，辟四夷，尽非凡主也。皆甘其说，耗天下、损骨肉而不辞，至死而不悟。莫尊于天地，莫严于宗庙社稷。梁武帝起为梁国者，以笋脯面牲为荐祀之礼，曰：佛之教，牲不可杀。以天子之尊，舍身为其奴，散发布地，亲命其徒残之。有天地日月为之主，阴阳鬼神为之祐。夫子巍然统而辨之，复引尧、舜、禹、汤、文、武、周公为之助，则其徒不为劣，其治不为僻，彼四君二臣不为无知。一日〈旦〉不信，背而之他，仍灭族之。傥不生夫子，纷纭冥昧，百家蜂起，是己所是，非己所非，天下随时而宗之，谁敢非之？纵有非之者，欲何所依据而为其辞？是以杨墨骈慎以降，百家之徒，庙貌而血食。十年一变法，百年一改教，横叙天下不知止泊。彼夷狄之俗一定而不易，若不生夫子，是知其必不夷狄如也。韩吏部《夫子庙碑》曰：天下通祀，惟社稷、夫子。社稷坛而不屋，取异代而配。未若夫子巍然当座，用王者礼，以门人为配。自天子至于庶人，亲北面师之。夫子以德，社稷以功，固自有次第哉。因引《孟子》曰：自生民以来，未有如夫子者也。自古称夫子者多矣，称夫子之德莫如孟子，称夫子之尊莫如韩吏部。故书其碑阴云。

(清光绪《府志》)注：宋姚铉撰《唐文粹》卷五十一题为"书处州韩吏部孔子庙碑阴"。

旧州治记

宋·喻良能

浙东山水甲天下，括苍复甲浙东。州宅奇秀，又括苍之杰特伟观。由清香桥入贤星门，上九盘岭，委蛇曲折，凡四百许步，至谯门，双松夭矫，状如龙蛇，对峙门之左右。又行二百步许，至仪门，又北行百许步，穿戟门，行数十步，至设厅。由设厅右行至便厅，太守治事之所也。由便厅而入柱廊，谓之"凝香"。由"凝香"至燕喜堂，幽邃静深，洒洒可爱。由燕喜至志喜堂，遂至月台。台旧名"拜香"。"天王"

居其前，“石僧”出其侧，山之翠微，近在杖席下。其东则凝霜阁，杨公大年之所建也。由凝霜下行至好溪堂，轩楹开豁，栋宇宏丽，层级三休，至烟雨楼。凭栏四顾，目与天远，如登双溪楼，如陟蓬莱阁，气象绝似，而爽垲过之。万山峨峨，横在一目，或矻如楼台，或耸如帆樯，或如虎豹之蹲骅骝之驰，或如惊麋之出巨林鱼之闯波。下睹千井提封，隆楼杰阁，绿窗朱牖，掩映于晴霏夕霭之近远，丹青水墨之所不能尽。令人目眩心怿，徘徊而不忍去。由好溪折而右，至浙东道院，帘影无尘，草色映阶，阒然萧然，不知其为公宇也。其西则洄溪、少微二阁，绵延青山在上，流水在下，如烟雨画屏，愈看愈奇。沿修廊至夕霏轩，见壁间尽刻名贤法书，如《兰亭序》，如《黄庭经》，如《乐毅论》，熟复细味，似入太庙观彝器，令人肃然敛衽。由夕霏至照水堂，所践胜于前，所喜愈于初。仰睟霄汉，凭虚欲仙。又见四松出于檐楯外，如高山老人，衣冠伟甚，微风过之，如琴如筑，如蛟龙吟，如海潮声。真人世之绝境，宇宙之奇观也。历阶而下百许步，至拟滁亭，规模虽小，而意趣绝远。坐胡床，对溪山，下临绝壑，南明诸峰，相距无一里。琵琶捍拨，横陈洲渚，渔舟贾楫，出没烟波中，欸乃之声，不绝于耳。虽巧于摹写如柳仪曹、刘宾客辈，犹不能得其仿佛，况讷于辞而拙于笔如余者乎？姑存梗概，以示后之人云。绍兴庚戌(1130)五月既望记。

重修府学记

宋·陈孔硕

处故有孔子庙，唐李邺侯繁所创。昌黎伯韩愈为之文者，在櫸山之巅，今为县学校。《图经》及郡记，国朝康定中，孙威敏公沔始徙学建庙于今址。然考之郡守题名碑及苏舜钦他记，则威敏之来，实景祐四年。迨宝元二年，而席侯已至，则庙学经始当在景祐、宝元之间。盖遭宣和三年盗火，而旧刻荡然。《图经》舛矣。又二年，而侍御黄公葆光复建焉，天子书殿榜以赐。阅岁六十有六中夏洪水，基制颓陷，材植蠹败，间经葺治，率以意迁就，楹础凿枘，各不相合。太守柳侯谒而叹曰：“今不修且压，顾事无急于此者。然郡方贫，奈何？”乃核他费聚材，逾年始克兴役，遂具礼祝告，徙神像于讲堂。倾危既正，圮陷既筑，变朽以良，代桡用壮，百废具举，丹垩如制。复念像设之漫漶，采章之舛讹，乃订礼经更始绘事。凡庙之事，悉变而新之。孟秋初吉，侯率宾佐生徒释菜告备，退即学饮酒观瞻，咸喜有作而言曰：“吾邦素贫。异时长民者，穷力钱谷，会期间且不给，设置是不问，宁复吏责。非侯裕于政理，而识所先后，谁暇及此？”又曰：“若邺侯之为庙，实己酉岁。今岁适己酉，岂事废兴，亦有数乎？宜有纪也。”愚惟古者释菜，乃即学宫，不为庙宇肖形，而庙食始起于唐乎？夫礼固不以像祀也。今使拜而谒者，目瞻睟容，心宪圣则，仪想先哲，而起思齐之念，不在兹乎？夫民有常性，后绥厥猷。若昔盛王因其有君臣父子夫妇昆弟朋友之则，而为之教，故曰学所以明人伦也。然非文不行，故又有诗书礼乐射御书数之习，而谓之艺。本末盖相因也。先圣先师之训，述此而已。今欲宪而慕焉。《论语》《中庸》《大学》与七篇之书，万世而下，所以心见圣贤者也，于此焉求之，亦惟曰博学、审问、慎思、明辨、笃行之耳。苟为置本而事末，后德而先艺，背道而营利，又何庸先圣先师之为宪哉？嗟夫，世之为学，有不利焉者，寡矣。舜、跖之所由分，可不异哉！孔硕幸得尸教事而相斯役，故乐书其本末，因窃推古昔圣贤之所以教者，将为吾徒勉焉。且俾知仆所有事者，意不在此，而在彼也。

应星楼记

宋·叶宗鲁

古括士风彬彬，著闻东浙。尝观今昔，韦布之彦，缙绅之贤，舒翘扬英，砥节厉操，载之文章，措诸事业。大者光明隽伟，轨辙相望；小亦代不乏才，揆厥所元，维见可考。盖天之生贤，必有钟赋。非山岳之炳灵，则星精之毓粹。仰观乾象，少微四星在太微西，士大夫之位也。一曰“处士”，明大而黄，则贤士举。在昔有隋，“处士”星见，因置处州。然则，吾州素号多士，衣冠文物之盛，得非星分之应耶？

州治东南三百余步，有应星桥，会城郭之水，尾闾□〈其〉下，归于大溪。桥之西隅，居民屋坏，每遇溪流□〈骤〉涨，必为冲浸。嘉祐间（1056—1063），郡守崔公愈，始作石堤，以捍水患，就桥立屋。时迁岁久，雨剥风颓，庳陋不耸，无以壮水口之势，士民佥（皆，都）以为言。岁在丁卯（宋开禧三年—1207）七月初吉，郡守寺丞王公庭芝，撤旧图新，敞以高楼，载揭扁〈匾〉榜，因以名之。栋宇翚飞，四顾轩豁。山光水色，儒宫道（观），通衢列肆，鳞差栉比，总寓目前。四序之间，良晨清夜，万籁已收，一尘不到。高睨远眺，相羊其上，如乘风驭，如泛灵槎，如据巨鳌之首，如运大鹏之翼，神舒意畅，飘飘然有凌云气；星辰可摘，足以助胸中之磊块者，岂但侈土木之丽、面势之雄也哉！

《易》曰：“天垂象，见吉凶。”凡璇玑之运动，分野之照临，得之一身则为一身之应；得之一方则为一方之应。傅〈传〉说之箕尾，萧何之昴宿，李白之长庚，德星聚于颖川，使星向于益部，岁星福于吴越，各有其验，殆若桴鼓。乃知是楼鼎创，宜其上挹景纬（日与星）之精，下为誉髦（喻英杰）之应也。

公昔为成均名士，辍从鸳缀，来守处士之邦，自足友一邦之善士。凡所建立，又能振起士气，其加惠于此，固不浅矣。为士者曷〈盍〉亦激昂自奋，览辉昭代，掇巍科，跻膴仕，使声名赫奕，勋业显著，增光少微，不负贤侯作新之意可也。方时羽檄交驰，在他人供亿军需有不暇给，公才力敏强，遇事辄办，独能成此奇事，非特巍然一楼。至如薙荒剔蠹，填漏支倾，靡废不举。又知节用爱人，蠲诸邑之逋负，代下户之供输，驭军弭盗，邦人类能诵之。并书于末，以传不朽云。

开禧三年孟秋既望，朝散大夫主管建宁府武夷山冲佑观叶宗鲁记。观文殿学士金紫光禄大夫提举临安府洞霄宫何澹书。

三岩寺

宋·李尧俞

括苍三岩，距城一里余，据西山之垠，土人不之奇，官于是者迹罕到。皇祐（1049—1054）初，余因治事暇，同幕僚韩纯遍访近郭溪山之胜，寻幽索奇，因而得之。始出左渠，缘民田数百步，循方塘两岸狭径，入茂林修竹，间有岩焉。却负叠（左山右献），广如十楹，景物萧然，疑在方外，遂目之曰“清虚”。南过石径，直上磴道十余级，又有岩广阔高大复倍于前。洞门面巨石，势若壁立方正。山椒（山顶）有飞泉洒落石外，帘栊水晶，掩映屏幛，寒暄之气变于跬步，目之曰“白云”。由白云转两石，门下有方沼。上度横石如小梁，复有岩岿如高屋，深袤五丈，广逾六寻，面势向东，如砌如杷，可以开饮帐、设宴豆，目之曰“朝曦”。其北有石谷如犬窦，钟成深溪，燧火而入，邃如房宇，但见积水清澈，不复穷其远近。三岩前有池，不啻数亩广，水光山色，高下相激，夺人目睛。前记谓括苍[有]成德隐元洞天，乃仙人灵真之宫，此之地也乎？昔谢公为永嘉守，极山水之观，有石门石岩之游，至今人流咏不已，较於是远所不及。何数百年不能遇一人之称道，得非地物亦系穷通耶？

嘉平月既望□腊□，因率同僚命驾而来，高会剧饮，清歌遏林籁之外，箫鼓发云汉之端，精神超然，不复有人间思虑。盘桓夕景，跃马而归，乘兴挥毫，题于洞壁，且识一时之胜耳！

治滩记

宋·龚原

括属县，大溪三，皆会于丽，由之达瓯入海，暗崖积石，相蹙成滩。舟行崎岖，动辄破碎。盖尝变色而惴栗，失声而叫号，冀万一无他，以讫所济然为上者。每闻覆溺事，则曰此险也，殆非人力可施，恬不为怪。[宋]元祐六年(1091)冬，左朝散郎会稽关公[景晖]来守是邦。视事之暇，披诸邑图而观之曰："嘻，奚滩之多也，水行阻深一至于是，欲去害兴利，顾有甚于是耶？使俯有力仰有余，余不敢后。"言一传，旬浃四境，闻者欣然曰："吾州滩会平矣！"明年春，龙泉民出钱愿治其事。闻他邑亦继有请，冀与龙泉比。公以上部使者，且愿农隙行下，及期按图以事属令，以役付尉。随远近剧易，并作疏浚排凿，继以淬锻，顾力不可加乃已。为上下港以便往来，或两岸崭绝路断，则斫以通挽役，并城者躬往省焉，而犒其勤。起七月戊申，逮以十二月壬申毕。合百六十有五滩，龙泉居其半，缙云亦五之一。凡昔所以难尽成安流，舟昼夜行无复激射覆溺之虞。郡人相与语曰："遗此险几百千年，岁败舟几百，至以溺死者又几何人？自今计之，其利为何如？"旧传缙云、丽水间，苦水怪，有恶名。唐太守段成式至，害遂息，更称好溪。今滩复治，何斯民之重幸也。君子之于事，苟可以为人务尽心焉而后已。汉之治水者，尝镌底柱矣而水益怒，以不善其事也。公于是役，因民之力，授吏以方，不半岁诸邑告就绪，而水行者赖焉。惟存心仁、处事当，故成功不难。余方与郡人蒙赐无穷，复言操笔载始末，窃怀不自已，系之以诗曰：

维处多溪，溪属山行。石激成滩，诡状殊形。
浪波相激，而势相倾。互为起复，剑立冈横。
舟经其间，盘折绕萦。瞬息不支，命鸿毛轻。
岂实安此，惜日幸生。诿曰地险，谁为经营。
有倬太守，洞彻物情。顾事无难，患在弗诚。
兴言念兹，小大具听。效智陈力，来应使令。
按图鸠工，坐须厥成。功成不日，彻险为平。
水行如砥，驯服不惊。诉讼〈溯沿〉无虞，棹歌相迎。
昔病昼涉，乃今宵征。济我利我，太守之明。
惟唐段公，德茂政清。水怪不作，溪更恶名。
今滩复治，功利实宏。较勤昔人，异世齐声。
我为公歌，亦助斯甿(民)。形容本末，与后作程。

府学归田记

元·柳贯

处州路学田之在青田县黄肚、黄里两源者，宋康定初，郡守孙威敏公买之民间，以隶于学。有田，有山，有园地，总之为十三顷八十六亩四十步。砧基在学，图牒在有司。至元二十七年，僧官杨总统倚法始横，延庆寺僧师晟因构诬词陈之，统所利两源之便己。饰言曰：卢使君约建寺，于唐乾符中施田二十顷，四至内无官民田土。宋宣和元年改寺为观，三年而复，五年知州黄葆光遂夺之人学。盖学自康定有田，逮至元三十年，历岁二百五十，寺未尝无僧，独无一言及此，何也？且约起群盗，据州以叛，自称刺史，吴越遣将讨平之。即其所施，亦得之乱贼之手固明。是田为康定始有之田矣，郡府方上其议。明年，诏赡学地土，贡士庄田，禁无侵夺。于是，郡符首下挈其田还畀路学。无几，寺僧素礼如京师诉宣政院，院臣纳其偏词，直奏言，宜如师晟所陈田三顷七十二亩付之。寺僧复沿是启倖心，不尽夺不厌。郡府酌情论法，檄青田主簿柴瓘、教授杜熙躬即其地，量计田、山、地凡十四顷二十二亩，共以田三顷七十二亩予寺僧，余十顷五十亩予路学，依验砧基帐籍，人其赋租。自皇庆元年以始，郡具上帅、宪二府，报下如章。越五年，延祐三年，僧元清再诉之宣政，大变其词，谓所余十顷五十亩皆在卢施四至之内，学非所当有。复奏回付寺。盖久而莫能自明。迨元统二年，载锡玺书申严侵夺学校地土之禁，学录薛元德历陈其事，职事赵良乘等汇词白郡，府檄缙云主簿郑伯达儿与青田县官重行简栝。其冬，佥宪吴公按部至郡，府备成案上之，得报，宜奉诏行事。吴公去，而宪副李公实来，薛元德复白寺僧谩令之状。公聚案阅之，悉知其奸，乃具移总管卢公责之所属，且俾经历王君视书牍，除原标两源田五百三段合三顷七十三亩人之寺僧外，余田、地、山十顷五十亩尽还路学。其见佃汤文等十二甲征至钞米，就给养士。以归田本末具鑱诸石，俾后有考。李公，名端，保定人。吴公，名焘，广平人。卢公，名景，大名人。

元统五年岁次乙亥九月望日记。

少微山眉岩神仙宅记

明·刘基

神仙果有宅乎？超无为以至清，与太初而为邻，又乌有所谓宅也！神仙果无宅乎？左带瑶池，右环翠水，缭以赤城，玉楼十二，其传非一，惜乎吾不得而见之也。世之人由不能见，遂并神仙以为无有。呜呼！是非知造化之情状者也！夫造化之神妙，岂夫人所能穷哉！天地生物，各禀气以成形。人亦物之一也，物能化，人奚为不能化？故雀化为蛤，鼠化为驾，麦化为蛾，鳖化为蝉，蠋化为蝶，鱼与蛇化为龙；吴之桑、晋之石、楚之枯木，冥顽无灵，去人甚远，乃或化而为人，或忽然而人言焉。由是观之，天下之物，无不能变化也审矣！何独于最灵之人而疑之哉？

缙云之山，洞溪出焉，东南流人于好溪。其南曰“少微”之山，是为括苍洞天，有观曰“紫虚”。紫虚之山水，清奇幽邃，瓯、括之间无与为比。自唐、宋以来，神仙钟离、先生吕洞宾皆尝来游，而章思廉、徐泰定即共观之道士也，皆以羽化去。其事迹显著，人能言之不可尽也。履其地，思其人，宁不飘然有凌云之志哉？观之南有山，曰“眉岩”，章先生羽化之后，葬其冠舄之所也。今道士梁惟适及其弟子王有大，每至其所必裴回(徘徊)兴感，嗟先生之绪不续，故於岩傍作室，以邀先生岁时致享祀，而以神仙宅名之。

夫先生神游八表，雷霆为舆，风雨为驾，蹑光景，超灭出没，亦安事夫宅哉？其或鉴二子之诚心而为之一来，不可知也。故为述其事，而继以歌。惟适，字安宅，基祖母永嘉郡夫人之侄孙也，基之外侄也；有大，字处谦。皆括苍人。歌曰：

幽华兮春菲，明月兮秋辉。仙人去兮何时归？空山寂寥兮使我心悲。梁为檀兮楠为柱，白石承楹兮青萝为宇。攀桂枝兮延伫，高元〈玄〉无梯兮泪零如雨。瑶璧兮丹崖，鹤晨鸣兮猿夜哀。怳恨兮倚长怀，望夫君兮来不来？挹寒泉兮荐芳芷，长烟徘徊兮清风四起。洞谷谽谺兮笙竽盈耳，松篁戛摩兮毛发飒洒。采琼英兮琅玕，将以遗兮飞鸾。盼肸蚃兮杳冥，吟环佩兮云端。逍遥兮夷犹，伤心兮离忧。拜稽首兮陈情，冀神君兮长留。

菜窝说

明·刘基

菜窝者，宗侄彬之所以名其居室也。彬，字宗文，少好学，有识而未用。其居，在处州府城之东门。每求予为文，而恒弗得暇。今年，予来京师，而彬亦以儒士贡为工部主事，因戏作《菜窝说》，且以勉而进之云尔。

犁眉公谓东门子贌曰："子之居东门也，井地十亩，既夷既壤；俯濠为沟，倚城为墉；藩以枳林，纬以蘖场；是盖比如束针，锬若攒枪，蛇蜴不能求其缝罅，蚍蜉不能为之穴隙也。何不垦之以种树乎？又何不耕之以艺稷黍乎？不然，何不大为之池，分北山之泉流，以养鳖与鱼乎？徒何为乎筑陋室于其中，墼粪土以为壁，茨以腐茅，蟦蝎是宅，藉以瓦砾，羊蹄豕迹，与鼢鼠为主客？平明出门，不马不车，不骡不驴，以造他人之庐，呼朋命徒，左跄右趋，谈无用之空言，强相名而曰儒。坐视殷赈之腴，索为蓬藋之区，不亦悲乎？吾闻燕秦枣栗，穰橙邓橘。李梨蕙郁，秦杏周漆。柿桃柰楔，琬容瑱质。椅桐栝柏，坚缋有瑟。桂椒萸榝，吐芳馞馝。木瓜榅桲，薯蓣葛艻。从蔓轇輵，彼孳此茁。或庸其材，或以其实，或黄如金，或赤如日，翘萧远条，可蜂以蜜；克勤厥营，苟获其一。富拟封君，受天之秩。范子所至，穿池种鱼，史传货殖，盛称陶朱。八口之家，五亩之宅。墙下栽桑，足以衣帛。今子不士，不农，不商，不工，缀籍州庠，口体不充，人皆子嗤，子曷不懵！"

东门子贌听之愀然，思之杳然，瞿然而作，再拜而怍，立而言曰："公有言，吾获矣！而吾亦有知焉，请以复于公。吾将以艺稷黍乎？则古人一夫，受田百亩而给，今将以五亩为宅矣，则所羡不过二十之一，不能以不饥也。抑将以种树乎？则近者非四三年不成，不知远者又几年乎？不可以悬吾釜而俟爨也。抑且为池以畜鱼乎？则我身畸耳。贷力于人，何日成乎？不可以暵吾肮而待汲也。今将种菜而鬻焉，尚庶几哉可也夫！夫菜也者，采也，君子之所采也。或谓之蔬焉，蔬也者，疏也，食粱肉者之所疏也。君子所采，而食粱肉者疏之，庶几或者可以裕我矣乎？"

乃往访于溪南之圃人，得膏土沃泉之术，搜四鄙之菜，类其族而种之。买牛牯一牸二，拨〈钹〉其莱芜，芟去奥秽，拔其荄杜。阜翳箨而炮之，穿井于其四隅，建桔槔焉。潴水有池，泄水有渠，或培或滋，或从或奇，灌溉攸宜。或耘或耔，疏稠比稀，慈稚举肥，根茎实荑，各随其时。罗之离离，槛之菲菲。未浃旬日，而东门氏之童，色泽如也，貌怿如也。窥其园，则郁郁芊芊。入其门，则盎然春温，有酒盈尊。

他日，犁眉公过焉，东门子贌御诸门，犁眉公笑曰："子亦足于斯而已乎？"东门子贌再拜谢曰："吾愿见公而有陈焉久矣！请坐于吾庐，而为公言之，可乎？"公曰："吾愿也。"东门子贌曰："公能悉识吾菜乎？"公曰："未也。"请之园而言焉，曰："始吾之不营是园也，漠乎其无思也，今吾之既营是园也，惟其所以壮吾址而厚吾生，则非一日也。天地久其道而万物生，圣人久其德而庶功成，士农工商久其业而百务贞。故植韭以为之君；韭者，久也，所以久吾生也。致久必慎其揆，故植之以葵，葵者，揆也。揆得其道，则视明而听聪，故植之以葱。聪达则得算多，故植之以蒜；蒜，算也。算不失，家必丰，故植之以葍。丰则强矣，故植之以姜；姜，强也，物太强则过刚，刚过则折，君子戒焉，故植之以芥；芥者，戒也。戒事者思必苦，思苦则毒，故植之以荼。荼，毒罹于中，而用力勤，故植之以芹。勤极则病，故植之以蒲；蒲，痡痡也，病之剧也。病剧必弱，故植之以荏。荏，柔而弱也，弱则微矣，故植之以薇；

微，骭疡也。骭微则羸其行，故植之以蒌；蒌者，偻也。愈病必以药，故植之以芍药。药，攻病不失其养，故植之以鞠；鞠，养也。得其养而后苏，故植之以苏。苏则起矣，故植之以芑。起必慎，以保其后，故植之以瓠；瓠者，护也。护不违乎道，则难舒而福生焉，故植之以芷；芷者，祉也。引祉莫大乎育穗，故植之以蓄。蓄必有济，故植之以荠；荠者，济也。济自近而之远，自卑而底高也，故植之以菘；菘者，高也。高极必穷，故植之以芎。虑穷者，必早计，故植之以蓟；蓟者，计也。吾朝而游焉，观其莑莑菁菁，可以悦吾目而畅吾情；夕而游焉，撷其芳而茹其英，可以旨吾腹而曼吾龄，又可以究吾知而通物理，安得不悠然而永怀，怡然而自善哉。夫吾庐，窝也，不足以延长者，而长者肯临焉，不可以不志，请名之曰“菜窝”，愿公为吾志之。”犁眉公大悦，遂旅其菜，酌其酒，书其言而去。

卖柑者言

明·刘基

杭有卖果者，善藏柑，涉寒暑不溃。出之烨然，玉质而金色。置于市，贾十倍，人争鬻之。

予贸得其一，剖之，如有烟扑口鼻，视其中，则干若败絮。予怪而问之曰：“若所市于人者，将以实笾豆，奉祭祀，供宾客乎？将炫外以惑愚瞽也？甚矣哉，为欺也！”

卖者笑曰：“吾业是有年矣，吾赖是以食吾躯。吾售之，人取之，未尝有言，而独不足子所乎？世之为欺者不寡矣，而独我也乎？吾子未之思也。

今夫佩虎符、坐皋比者，洸洸乎干城之具也，果能授孙、吴之略耶？峨大冠、拖长绅者，昂昂乎庙堂之器也，果能建伊、皋之业耶？盗起而不知御，民困而不知救，吏奸而不知禁，法斁而不知理，坐糜廪粟而不知耻。观其坐高堂，骑大马，醉醇醴而饫肥鲜者，孰不巍巍乎可畏，赫赫乎可象也？又何往而不金玉其外，败絮其中也哉？今子是之不察，而以察吾柑！”

予默默无以应。退而思其言，类东方生滑稽之流。岂其愤世疾邪者耶？而托于柑以讽耶？

抱瓮子传

明·宋濂

予尝游栝之少微山，俯瞰四周，如列屏障。山之趾有随地形高下，为蔬圃，约二十亩，凡可茹者咸艺焉，傍列桃、杏、梨、李诸树。时春气方殷，蔬苗怒长，满望皆翡翠色，树亦作红白花，缤纷间错，如张锦绣段。心颇讶之，曰：以为是必有异。曳杖而降，冉冉至其处，气象幽琼，绝不闻鸡犬声。遥望草庐一区，隐约出竹阴间，疑中有隐者，亟前候之。良久，见一士戴棕叶冠，身被紫褐裘，抱瓮出汲水灌畦。予进问曰：“夫子何名？”曰：“山泽之民，无所名也。”强之，曰：“人以吾匏瓮，遂呼为抱瓮子耳。”曰：“丈夫处世，亦多术矣！出则华轩结驷，人则钟鸣鼎食，有志者辄能致之。夫子恒营营逐逐于一瓮间，无乃自苦乎？”抱瓮子輾然一笑，指苔磴，揖予坐，置瓮于地，叹答曰：“吾受血肉躯与人同，岂不乐荣贵与人异哉？顾念之颇熟矣。百岁之间，宁复几何？与其强情而徇世，不若任真以自放也。吾圃之西则九盘山，山之巅宋州廨建焉。侧有烟雨楼，当山，云初兴，景象万态，极可玩。李邺侯、马庄敏公尝登之而感慨矣！其东清溪，秦观贤良谪官而来，亦游憩其上，时坐莺花亭赋诗，而今竟安在哉？非惟人随流水而逝，异日凌霄之崇构，皆荡为氛埃。一凝伫间，野草荒烟，若愁思之不可禁。世事往往类此，是何足深道？吾所以抱瓮出入而弗辞也。且当抱瓮之时，嗒然忘形，志虑外绝，精神内营，目不见色，耳不闻声，招之弗前，麾之不惊，委蛇容裔，而万物莫吾敢撄，自以为无愧于赫胥尊卢之民。子以吾为逐逐营营，不亦过与！”曰：“然则，灌畦亦有道乎？”曰：“有。蔬性不欲燥，燥则生意，厄而不伸；蔬性宜湿，湿或过焉，则气伤而浸屈。吾日夜调之、燮之，俾适夫厥中，则芃然而秀，嫣然而荣矣！”言讫，抱瓮而去。予深味其言，盖有道而隐者也。所谓强情而徇世，曷若任真而自放，不几于乐其天者欤？所谓人物代谢，而楼观不能以存，一俯仰间而感慨系之，不几于达人大观者与？所谓抱瓮有术，心与耳目之官，内而弗外，不几于守一不二者与？所谓艺蔬得中，不使倚于一偏，不几于治民有政者欤？疾起而追之，抱瓮子入竹阴间，闭户高卧，扣之不应，若无闻者，予怃然而退。

史官曰：予既归金华山，日思抱瓮子不少置，及官南京，见朝绅中貌有相肖者，问其同列曰：“是岂栝之灌畦者耶？”曰：“然。”曰：“奈何仕为？”曰：“去年应聘而起，典仪晋王府，转官起曹，剪剔浩穰，声望盖庞郁云。”曰：“其氏名谓何？”曰：“此乌伤校官刘浩卿子也，名彬，其字宗文。”予不觉叹曰：“浩卿，吾故人也。其有贤子若此，予不能知之，可愧矣！夫虽然宗文当元季政乱，肥遁山林，若将终身焉。及逢有道之朝，辄蹶然兴起，以力政著闻，其得出处之正者矣！向予意其为有道之士者，果非过与？果非过与！使宗文非有道之士，则长往山林而不返矣！谓之贤也，得乎？”因记问答之语，为《抱瓮子传》。

重修处州府城记

明·卢勋

余行观列郡城，大率崇厚用石，而吾括城顾以砖，高不逾寻丈，址又弗坚也。岁久则四弛旁颓，多有拾级处。夜扃门则越者如从枕席上过。承平偷安，可漫不问。比岁始一议及，而以财诎，徘徊久之。当辛酉，侍御崔公阅视，骇焉。顾有司问状，对括民艰啬，猝不能就业。会报永丰积粟，数十载几至腐败，为窖蠹者什二三，又颇失籍。公曰：“胡不出是朽粟代民赀？”时司理张君振之视郡篆，条画有绪，而公行矣。询士大夫父老多愿事，顾豪猾一二辈，倡言繇赋烦浩，诣诸道上不便状。人情相驳，有司莫敢应。明年仲夏，今侍御张公按部于兹，风度廪廪。至阅城，则益骇曰：“安有为周卫阽危者若是，而弗之省耶？”即属郡伯张公，公于是酌条前张君议，大约随旧裁割，期于补绽支倾。取石近，用力均，减估顾需金八千余，而粜前粟三万余石。与侍御公区画功费，语合心一，而宪使陈公、参伯张公，相与扬榷，既有程矣。于是，侍御公乃毅然下令曰：“民所以苦者，职繇赋。尔赋吾能取诸粟，又独如繇何？今夫下邑辽远，召力役则妨农，盍征以僦直当几何？”曰：“邑不过二百金，而令匠石自往募壮者，则费省而倍得庸作力，诚称两便。”于是，奉令承指郡公贰翟，夙夜拊循不怠。属丽水殷令廷举总其出人，约周九里三十步，为长一千五百八十丈，丈给价六两。始癸亥仲夏，至十一月二十日工成。虚仓廪，故民赀省；平繇价，故民力节；核章程，故役工敏，皆我侍御公达权独断，定制施宜。崔公始事于是乎成，群公集议于是乎决，而累世之业于是乎固。畴不谓非常之功哉！

五云书院记

明·周南

道在天地而寓于人，无一息息也。可息，则人之类灭，而斯道无所寄。贤者出，特为此惧。尊师重傅，敦典庸礼。性失者反之，欲炽者遏之。故父子亲，君臣义，夫妇别，长幼序，朋友信。而学校庠序之立于三代者，无非匡直辅翼，沾染薰陶，消人心以复道心，而其学之建，岂徒然哉！缙云有邑，肇自李唐，水抱山环，蔚为形胜之区。钟灵毓秀，人士固彬彬也。至赵宋，朱先生抱圣贤之学，衍孔孟之传，偶持常平之节。履缙地，目击独峰、美化二乡山水尤清绝，愿留授徒。士人若陈邦衡、邦钥辈师尊之，得穷理尽性之学。用是则士尚廉介，事弦诵，俗用丕变，于以见斯道固在人心，赖翁有以明之也。翁既去，缙士德翁慕翁，各立书院，而岁时祀翁。顾书院之设，所以萃英秀而道问学，于斯道之助，非细细也。历岁久就圮，二地鞠为灌莽，故老间能谈之，而后生小子茫然不知其颠末，能谈者亦鲜矣。是非吾缙教化之一大缺典欤？乃嘉靖乙酉，南畿古歙双州方公莅吾邑，公业礼经，得其精要，遂以是魁天下，抱负属望于人者，积非一日。今乃操屠龙之器，而住诸鸡肋之区，废坠起作，而发蒙振槁，无难为者，因慨然曰："朝家置令，为民劝农桑，足衣食，谨簿书，亟摩抚，靖贼盗，虽息生以遂吾之事也。而教化有缺，谓之知务则未闻。考邑志，昔晦翁先生寓吾治所，当时人士咸师尊之，而风俗益趋于正。兹书院废而祀典缺，如前所云者。今欲复其旧观，以收人心之已涣，责不在我乎？"乃以状达诸当道，若兵备宪使黄公、郡侯张公，咸曰："尔智者也。其知所当务乎？"公率士民相地于邑治东北隅，背北向离，厥土亢爽，景更清绝。材市于山，甓瓦范于陶，工匠一以募，费出公帑而不为扰。士民闻之曰："是举也，关教化，变习俗，真所谓佚道也。吾辈奚为不鼓舞，有众以从役，使是役之速成耶？"其规制，以址则横倍于纵，东为堂三间，中肖翁象，以高弟黄直卿、蔡元定二先生配之，缙邦衡、邦钥二公亦在陪祀之列。左右栖士之舍，以间计者各十。曰前门，曰雨道，西退息厅事曰正门，以间计者各三。墙墉庖厨，鐍钥咸备，以美化、独峰，恐不欲并立。考旧号五云，更名曰五云书院。经始于是年七月朔，告成于来年四月朔。阖邑士民谒公曰："公下车，凡有举动，拂人心、妨政理者弗为。是营于舆论允协，况有营不记，于理未宜。惟我公图之。"公曰："然事之颠末，作之裨益。若知白周先生，缙产，知之悉而论之素，将于彼是托。"时择吉率僚属踵余门，道创建之意，余治下目兹盛举，虽老朽不文，亦不敢多让。嗟夫！天下事有道存焉，但其中有缓急先后。缓者先之，急者后之，则施为失序，不可谓之知务也。公之作宰，以廉介自守，济通敏之术，缓急先后，余固无以疵公也。余于公是举，窃有征焉。公徽人，属考徽邑婺源，邑大夫创周、程三先生祠堂，丐晦翁先生记其事，翁曰："三先生于婺源，非其乡，非其寓，非其尝宦游之邦，执不可。"邑人又谓三先生之学，性诸天而成诸己，授受传流，遍及宇内，而宇内靡然向之，奚以是泥焉。且翁实井里，先贤素所私淑，非乡非寓，非尝宦游之地，而书院之建也允宜。余也老钝，仰追晦翁过化于数百年之前，今又喜公宰邑于数百年之后，慨古思今，不胜恋慕，如之何而不记也。愿公例古司徒，提撕警觉。如工之有肆，专习业而精会文，俾道散于五伦者，萃于一身。浮靡是濯，敦悫是成，公将为斯文宗主，区区宰绩之最，足以尽公哉。士众曰："若然，则人能宏道而斯道永传矣。"余敢以是复之公，公曰："有是哉！"遂书以为书院记。黄公质名，张公元电名，方公润名，皆时名臣云。

佛头岩塔记

明·文似韩

括苍东山有塔，起自吾乡喻枫谷先生(明万历十三年—1585)。以括人文未畅，从郡大夫士之欲，作塔以发山川之奇，既以迁擢未竟。而皖〈宛〉陵养宏任公来，乃成(万历二十二年—1594)厥功，功半而力倍之。大夫士谓功成当记诸石，而以属[嘱]余。谓郡邑诸记，余尝代草，此不宜独靳。噫嘻！诸大夫士谬好余文，实乌足当诸君之好。顾质直少文，且惜其去，姑留一言以志。曰：人文果系地力乎哉？括苍山川纠缪，自昔多奇士。青田刘公[基]，功业文章，不以科名显。即龙泉叶公[子奇]与金华宋公[濂]，并为明初文学之宗。而松阳叶公[希贤，号雪庵。]，亦与方逊志幽显抗节，无事科名也。顾今多制科，诸大夫士欲借助山川之灵。且栝东山，丽、云、龙、松、缙、遂诸邑之水皆出其下，而以一山当之，真萃秀之区也。东望好溪则五云、仙都，朱、吕诸贤之所从游也。其西南则石门、雁荡山海之观，李邕、康乐诸人之所欲寻而未遍者。而塔其巅，真足发山川之奇哉，第山川以发胸中之奇耳。仰观俯睇，令人若有干霄映斗之文而出，有壁立千仞之节所称。括苍先达之风，将复出并兴。盖虽得山川之助，而实自露其奇也。虽然，不特文也，而得学道焉。《语》云："为山九仞，功亏一篑。"兹塔未成，犹一篑之亏也。任公成之，则为完塔。学日进不止，则为完功。北斗泰山，百代瞻仰，岂独文雄一世，科名当时云乎哉！郡公同僚咸以余言山川人文而论及学，可以风士。宜勒诸石。

招鹤辞

明·潘　琴

吾乡旧称沐鹤溪，世传浮丘伯养鹤日浴于溪，故名。仙去鹤亦遂往。余宦游已久，霜色侵鬓，既倦于游，亦可归矣!而鹤乃奋寥廓，薄云汉，久而未归。岂以时不古若而见遗耶?抑以鹤之狗食而忘返耶?概彼仙纵，惟鹤乃着，爰作招鹤辞三章。异日得遂解组，与一二知己，坐松阴白石上，汲溪泉煮山茗石鼎中，命小童击筑而歌以招之。鹤如有知，当联翩来归，与吾侪徜徉以永年，使清溪之灵不蹙额于樵童牧叟之濯足也。抑闻之上世无仙，仙皆出逝世，又安知不有若浮丘者出遗世，驭气为鹤之主人也耶?！鹤哉，鹤哉，无患乎古今人不相及也!

鹤兮，尔来! 好溪流水清无涯，锦鳞戢戢冲紫苔，松花初老芙蓉开，云云细浪香扑鳃。虞罹既远无防猜，天门万里高崔巍，日月闪铄金银台，尔翼已倦身已骀。霜衣霞顶多尘埃，毋徒骋尔仙骥才，欲凌倒景窥蓬莱。尔鹤兮，归来! 无徒使我怅望时兴怀!

尔鹤归来兮，勿迟。嗟尔一出今几时?故居芜秽久勿治，乘轩有辱人共嗤;宠深禄极危所基，尔何翩翩如未知?云逵雾海恣远飞，流行坎止当见几;停餐不惜禁脔肥，彼梁有鱼勿朵颐。雁鹜腥饱不若饥，溪水可浴松可依，腰缠不重无我疑。鹤归兮，莫迟。爰止爰止慰我思!

尔鹤归来兮，毋久留。食力思义为远猷，胡为久淹兰杜洲?高举欲造文鹓俦，物各有分苦外求。琼浆玉饮徒增忧，景升千里称大牛，负重不若羸㹀优。涂泽立伏陪仙驺。薄功厚享志莫酬。金笼鹦鹉口起羞，密云不雨惭鸣鸠，尔当量力早自休。鹤归来，毋久留!

畲民考

清·吴楚椿

顺治间，迁琼海之民于浙，名畲民，而处郡十县尤多。在青田者，分钟、雷、蓝、盆、娄五姓。力耕作苦，或佃种田亩，或扛抬山舆，识字者绝少。土民以异类目之，彼亦不能与较。我国家休养生息，人文蔚起。畲民有读书者，入衙门充书吏，未敢考试。间出应试，土人辄攻之曰："畲民系盘瓠遗种，兽类也。"昔范蔚宗《后汉书•南蛮传》谓高辛氏，有畜犬曰盘瓠，常衔犬戎将军首诣阙下，帝妻之以女，入南山，其后号曰蛮夷，自长沙武陵至交趾咸称焉。又按《明史》，成祖郡县交趾，名曰安南，黎姓多，因名黎人。广东琼州府五指山，其人有生黎、熟黎。又按《浙江通志》，顺治十八年，浙江巡抚朱昌祚因闽海交讧，迁海滨之民于内地，给田，给牛，俾安本业。是由交趾迁琼州，由琼州迁处州。畲民之称盘瓠者，此其由来也。查字典，只有畲字，音余，亦音奢。新田曰畲，土人不以美名予之。因其自番而入，遂捏造一畲字。而《说文》《韵会》《玉篇》《正字通》，皆未有也。今夫习俗之弊，莫甚于党同伐异。范蔚宗著《西羌传》，谓越嶲为牦牛种，广汉为白马种，武都为参狼种，与南蛮为犬种之说，同出一辙。如果皆为兽类，则是越嶲、广汉、武都、武陵概不得立学，而安南不得封王也。岂非谬戾之甚者哉！我国家中外遐迩，一视同仁，导民为善。惰民、乐户，皆准改业。獞猺荒徼，增设苗学，况畲民本属琼海淳良，奉官迁浙，力农务本，已逾百年，合处属计之，奚啻千户？而一任土民谬引荒诞不经之说，斥为异类，阻其上进之阶，是草野之横议也。乾隆四十一年秋，署府宪梁命余查办，余已备详在案。又据处属各县均查明，实系农民，亦在案。因试期太迫，未暇详请，谨为著其大略如此。

万象山淮海先生祠堂碑

清·秦瀛

处州，故余远祖淮海先生监酒税处也。先生在处时，尝访昙法师于兹仁院。既去，院僧绘像立祠。具载《处州府志》。今，祠废而像亦不可考。乾隆癸丑（五十八年—1793）冬，瀛奉天子命备兵温处，将重建祠而遽以迁调去。乙卯（六十年—1795）冬，始自杭州刻先生像，移奉处州圭山莲城书院。又阅一年，杭郡丞修君奉檄权处州事，将行来谒别，余语及之。修君莅处，以书来谂（规劝）曰："书院地，故湫隘不克称。有万象山者，故郡城最高处。其上为崇福寺，极爽垲。今以寺中之东偏三楹，重加黝垩，设神龛奉先生像祀焉。祀之日，自郡大夫以下及处之士民，咸往瞻拜如礼。"此处州万象山之所由有先生祠也。

瀛惟先生少负经世略，强志盛气好谈兵，为苏文忠公所赏。既而，不效于世，乃一意托之于文章。迨坐党籍，出倅杭州，言者论其增损实录，横罹贬谪监酒税于此，而小人承望风指犹未已，卒以谒告写佛书，削先生秩，迁徙岭海。《易》曰："君子得舆，小人剥庐。"君子小人之进退剥复，系于国家之治忽。宋自党祸兴，而神州陆沉。后世士君子过先生祠，所当太息痛恨于[宋]绍圣（1094—1098）之已事也。顾当时之祸先生者，其骨已朽；而先生及诸君子之名，至今犹在天壤。亦可见小人之祸君子无往不福君子，小人之智适成为小人之愚已〈已〉矣！而先生踪迹所至，官于其地者，无不为之流连感慕。况又为其子孙如瀛者欤！

瀛往来处州，未至万象山，闻其地俯临城郭，近挹溪光，望之若图画，盖括苍一郡之胜。而又与姜山近，即宋时酒税局，先生之灵其依凭于是无疑也。修君名仁，汉军镶蓝旗人。由举人出为知县，迁杭州府总捕同知，今署处州府知府。祠之成，翳（衍入）君成之。丽水县知县常熟邵培德、处州府教授海宁张骏、丽水县典史无锡侯宝树并襄其事，例得具书。时[清]嘉庆元年丙辰（1796）十二月望前五日。

劝农文

明·倪澄

为括苍之农，不勤得乎？环千里地，高原下隰，大率山之馀也。至有连数百亩，微窳（凹陷）坎之蓄，土力若此，水利复然，司雨旸之职者，厥惟艰哉！抑又有甚焉耳：曰吏，曰卒，曰哗，三窟相因阱奸，流毒推剝以空，人勤苦之积，拘絷以夺人。种艺之时，螟螣蟊贼何其纷纷，与为括苍之农忧不易矣！太守生长邻壤，土风民俗，颇接耳目。竭来十阅月，窃惟自念，所以实惠闾阎者，豪发未有。兹举彝典，劝耕于郊，对尔父老，盖甚自愧。太守只一本分书生，了无缘饰，蚤夜率僚吏，奉天子法自身始，事有害于民者，如疾痛切己，必务划除，知之不敢不行，行之不敢不力。盍告而子弟，凡为农必勤，为括苍之农当尤勤。若播、若耔、若溉、若获，事事当勤。能日日勤，人人勤，瘠可使腴，薄可使厚。古书有曰："民生在勤，勤则不匮。"此理明甚，何惮不为？其或不敬父母，不睦亲姻，酣饮好博，很〈狠〉斗嚣讼，神明所不佑，乡井所共恶，官府所必惩。凶于而家，菑〈灾〉于厥身，勤亦何益？必孝弟[悌]，必和顺，节用殖财，勤身畏法。秋风禾黍，田畴鸡豚，斗酒团栾，笑语自酬。耒耕之劳，为括苍良民何不乐之有？

元夕观龙灯歌

清·伍承钧

西北火龙飞下天，衔烛百丈山欲然。风雷殷殷振竹爆，云雾馥馥缊香烟。怪尔扬鬐鼓鬣常昂首，胡然屈蠖一朝落人手。不潜渊，不在田，竟随牧儿竖子相狂走。主伯翻作豢龙氏，董父驱之刘累负。八十一鳞鳞甲成，形状毕竟不世有。嗟彼叶公所好非真龙，画虎添翼劳形容。顾痴通神称绝技，何人偷取腾跃元宵中。凤膏豹髓耀狂炬，五色拥护红云红。朱帔仙女伴皎兔，白发老子骑长虹。星桥灿烂霞城敞，羽衣仙乐飘春风。荧荧夜彻水晶殿，许我踏足登龙宫。相逢道是钓鳌客，直取颔下骊珠光。熊熊世上小儿竞歌舞，不夜城中闹箫鼓。那知大物一出非偶然，来向人间作霖雨。

石门瀑布赋

清·陈开基

伟洪钧之结撰，启灵秀于芝田。建天关之双阙，挂银汉之长川。对立如屏，疑擘巨灵之两掌；高飞似屑，宛修月斧于三千。惟时水腹初坚，泉源甫渫。青减云林，红明霜叶。人着屐以寻蹊，舟问津而理楫。山如太古，敛灏气于重阴；水若鸣弦，奏流泉之万迭。尔乃松阴一带，云幄数重，中流习坎，旁挺千峰。高岩腹豁以如瓮，连？(左山右献)堵立而成墉。浪卷碧山，泻银涛之浩浩；水流丹壑，倾云液之淙淙。尔其为状也，盘旋纠纷，联翩磅礴。涣若云雾之亘空，震若雷雨之将作，起若白鹤之翔林，注若银蛇之赴壑。倒悬织女之练，满幅全开；散垂泉客之绡，千丝未约。尔其为声也，活活净净，潺潺蹇蹇，调无常律，音无定本。御气而行，因风而返。花宫夜静，杂仙梵而齐清；石室昼间，与松涛而共远。若夫映日如虹，皴风似没縠，乱密雪之翩跹，助微霖之霡霂。同轻云以出岫，共薄雾而萦木。谢公奔响之句，拟议如闻；谪仙喷壁之章，形容在目。自夫灵迹既彰，选胜愈繁。游人刻石以林立，墨客题崖而云翻。大郎策杖之前，尽迷此路；海客泛槎以后，莫识其源。彼夫雁顶河倾，台山云喷。香炉汉落而三千，巴江雪溅而盈万。同垂美于仙经，难争长于尺寸。然此以景秘而成奇，彼以显露而尚逊。辟洞门于驿路，似在人间；隐仙迹于丹林，殊堪肥遁。是以轩辕留丹灶之邱，文成筑琴书之址。老氏凿石以藏经，素猿下藤而饮水。莫不望悬瀑以枕流，承飞波而洗耳。至若迭嶂回环，阡陌洞豁，澄潭之朗月圆浮，洞口之村烟横抹，恍仁智之相依，洗尘俗其若脱。

说明：陈开基，青田湖边人，清乾隆时优贡，任永嘉训导。

第四十篇

精神文明建设

① 思想道德教育

② 文明创建

③ 机构与管理

概　　述

精神文明建设是丽水文化软实力建设的基石。精神文明建设包括文化建设和思想建设两个方面。文化建设主要是教育、科学、文化艺术、新闻出版、广播电视、卫生体育等各项文化事业的发展和人民知识水平的提高。本篇着重记述丽水从20世纪80年代以来思想建设的情况。1978年中共十一届三中全会确定把全党工作重点转移到现代化经济建设上来之后，中共中央强调物质文明与精神文明一起抓。1982年9月，中共十二大明确提出“要努力建设高度的社会主义精神文明”的战略方针，丽水地区开始推进以社会主义价值观为核心的社会主义精神文明建设。1983年，丽水地区“五讲四美三热爱”活动委员会成立。丽水地、县两级精神文明建设机构相继成立。1986年9月，中共十二届六中全会专门作出《关于社会主义精神文明建设指导方针的决议》，深入阐明精神文明建设的战略地位、根本任务和重大方针。1989年，丽水地区精神文明建设指导小组成立。各县(市)也相继建立组织机构。1993年，丽水地区精神文明建设指导小组办公室建立。1995年，丽水地区精神文明建设指导小组更名丽水地区精神文明建设指导委员会，下设丽水地区精神文明建设指导委员会办公室，为正科级机构，归口丽水地委宣传部管理。

2001年，实施《丽水市党政机关改革方案》，丽水地区精神文明建设指导委员会更名丽水市精神文明建设指导委员会。2002年，丽水市精神文明建设指导委员会办公室升格为副处级机构。2003年11月，丽水市创建省级文明城市工作领导小组建立，下设办公室。同时，设立督查组和专项工作组6个。2004年，丽水市精神文明建设指导委员会办公室增设综合协调处、城市文明建设指导处内设机构2个。2006年，丽水市精神文明建设指导委员会办公室综合协调处增挂未成年人思想道德建设处牌子。

1980—2010年，丽水精神文明建设取得积极进展和明显效果，找准社会主义核心价值观与人们思想的共鸣点、与群众利益的交汇点，坚持把社会主义核心价值体系融入精神文明建设的全过程，灵活运用各种平台，采用人们喜闻乐见的方式，让核心价值观在制度建设和治理实践中，在市民公约、乡规民约和学生守则中，自觉传递惩恶扬善的正能量，塑造激浊扬清的良好社会氛围。同时，发挥榜样的力量，以身边人教育身边人，树立一批先进典型、道德楷模、最美人物、身边好人。

第一章　思想道德教育

20 世纪 80 年代，丽水地区开始开展“五讲四美三热爱”活动。全区在开展社会公德教育的同时，公民道德教育向职业道德教育领域推进。1983 年开始，全区党政机关、商业、卫生、政法、教育、工商、厂矿系统开展职业道德教育，各窗口行业围绕提高服务质量开展职业道德教育。20 世纪 90 年代，职业道德教育在更广泛的领域更加深入地开展。1993 年，丽水地区精神文明建设指导小组办公室成立，党的基本路线教育更加规范化、系统化。

21 世纪，丽水市委、市政府更加重视家庭美德建设，家庭美德建设在政府公民道德建设工作中占的比重越来越大。2000 年 4 月，丽水地区社科联开展“丽水精神”研讨活动，经过近 4 个月的讨论及市委常委会讨论审定，将“丽水精神”概括为“勤劳质朴、坚忍不拔、负重拼搏、务实创新”。2005 年，全市开展以“为国教子、以德育人”为主题的“双合格”家庭道德教育宣传实践活动。2009 年，全市开始实施农村未成年人思想道德建设“春泥计划”，建成一批校外活动中心。2010 年，全市关注留守儿童，继续加大“春泥计划”的实施力度。2009 年至 2010 年 2 月，丽水市开展科学发展观学习实践活动。

第一节　理想信念教育

革命传统教育

1984 年 3 月，丽水地区开展以“向雷锋同志学习”为重要载体的精神文明宣传活动。同年，全区组织学雷锋小组 8000 多个、义务服务队 1100 多个，参加活动 11.3 万人次，涌现出先进集体 700 多个、先进个人 4000 多人。

1995 年 5 月 25 日，丽水地委印发《关于在全区党员中开展建设有中国特色社会主义理论和党章学习活动的实施意见》，部署开展“双学”活动。《丽水日报》开辟理论版，坚持每月 1 版，全年出版专版 12 期。举办“双学”骨干培训班，培训干部 1800 多人。丽水地委书记陈仲方撰写《关于丽水地区发展战略的思考》，被浙江省委宣传部评为 1995 年度县以上党委理论学习中心组成员优秀理论文章一等奖。

1998 年 3 月 5 日，丽水地区举办纪念周恩来 100 周年诞辰报告会。1999 年，全区开展加强“三观”“三个主义”“三德”系列宗旨观念教育，宣传一批具有时代特点和人格感召力的先进典型和先进模范，推出人民好民警胡爱华的先进典型，增强党员干部的群众观念和服务意识。

2001 年 4 月，丽水军分区开展“赞颂党的业绩、强化军魂意识”专题教育，着力解决正确认识中国共产党的领导地位和执政地位、认清党对军队绝对领导是人民解放军永远不变的军魂、自觉为实现党的“三大任务”而不懈奋斗等问题，强化党对军队的绝对领导。6 月 26 日，召开抗战时期入党老同志座谈会，市委书记丁耀民出席。6 月 29 日，召开纪念建党 80 周年暨“七一”表彰大会，举办“百歌颂党”大型歌咏比赛活动。

2002 年，丽水市深入开展“五大主题教育”，举办纪念建党 81 周年“党的光辉”大型歌咏晚会，组织迎接十六大“颂歌献给党”文艺晚会 13 场。

2007 年，丽水市开展社会主义荣辱观主题实践活动。在党政机关，重点开展“做文明表率，为人民服务”活动；在窗口行业，重点开展“诚实守信，信誉立业”教育活动；在学校，重点开展“知荣辱，讲文明，洁净丽水我先行”主题活动。

思想解放教育

1978 年 5 月，《光明日报》发表题为《实践是检验真理的唯一标准》的特约评论员文章，对“两个凡是”提出质疑。龙泉、遂昌、青田、庆元等县相继展开关于真理标准问题的讨论。10 月，中共丽水地委召开全区关于真理标准问题学习讨论会，把这场讨论推向更大范围。12 月，中共十一届三中全会召开。丽水地委、行署在贯彻落实全会精神，开展政治上、组织上拨乱反正的同时，开展思想上的拨乱反正。丽水地委、行署多次召开会议，引导广大干部群众，联系本地实际，围绕“四个为什么”开展关于真理标准问题的大讨论。通过讨论，大家认识到问题的根源是“左”的思想在作怪，没有冲破“两个凡是”思想禁区。这次解放思想大讨论一个重要特征就是大讨论与全区上下大兴调查研究之风相结合，参与讨论的干部群众思想都很活跃，边调查边议论山区建设问题。1979 年，丽水地委、行署以贯彻中共中央《关于进一步加强和完善农业生产责任制的几个问题》为契机，在坚持土地等主要生产资料公有制为主体的前提下，推行多种形式的联产承包责任制。1981 年，推行“包产到组”。1982 年，丽水地区全面推行“包产到户”。在林业生产上，全面铺开稳定山林权属、划定自留山、确定林业生产责任制的“三定”工作。统管山减少，自留山、责任山扩大，农民劳动主动性与积极性提高，林业生产加速发展。

1985 年 3 月，丽水地区召开各县县委书记、地直机关各单位负责人会议，开展全区性第二次解放思想大讨论，提出进一步解放思想，共同讨论研究丽水山区经济发展问题，指出严重阻碍丽水山区经济发展的“六大问题”，提出“解放思想，打开山门，锐意改革，拼搏创新，加快步伐，提前翻番”的经济发展具体目标。丽水地委、行署通过大讨论找到问题根源，全面深化改革开放。在改革方面，调整农业结构，把发展乡镇企业作为振兴丽水经济的突破口，大力发展家庭工业和联户企业，逐步把务农的劳动力转到第二、第三产业，促进全区个体和私营经济的发展；在继续搞好粮食生产的同时，提倡种植经济作物，积极发展水果、花卉、渔业、畜牧业和禽蛋生产；推进林业体制改革，林业生产责任制以家庭经营为主。在开放方面，内设温溪、新碧、竹口等“窗口”集镇，外在上海、深圳、温州等开放城市设立窗口；利用山区资源，建立水电、林产化工、中草药、柑橘、山珍基地，发展旅游业；积极开发山区交通；采取优惠政策吸引人才。

1991 年，丽水地委、行署继续解放思想、更新观念，开展第三次解放思想大讨论。1991 年初，丽水地委主要领导到各地宣讲。随后，组织各县(市)五大班子领导成员召开解放思想学习会。然后，把大讨论活动引向广大干部群众，更新观念着重于“五破五立”。丽水地委、行署抓住地区农垦场申请扩建鸡舍项目遭受“公文马拉松”的典型事件，把解放思想大讨论引向深入，开展“马上就办”活动。同时进行人事制度改革和机关职能转变，推广缙云县广大农民自编自演的小戏，宣传解放思想、转变观念，发展农村商品经济，因地制宜发展“一村一品”山区经济的典型经验。

1994年冬，丽水地委向全区发出《关于进一步开展解放思想大讨论的通知》，召开全区9个县(市)副县级以上领导干部和地直机关副科级以上干部大会，动员和部署解放思想大讨论。大讨论主要内容是引导广大干部群众增强不进则退的忧患意识、敢于参与市场竞争的意识、艰苦创业求发展的意识和实干意识，使“实干兴区”成为全区人民的实际行动。1995年1月，地委、行署在此基础上提出“优化环境，扩大总量，脱贫致富奔小康”的经济发展战略和相配套的经济发展主攻方向3个，即在稳定粮食生产的同时，大力抓农业综合开发；在搞好国有、集体企业的同时，大力发展个体私营经济；大力发展外向型经济。

1998年5月和7月，丽水地委、行署相继召开全区领导干部学习会和以“解放思想，抓住机遇，抓好项目，加快发展”为主题的全区解放思想跨世纪大发动动员大会暨重点建设工作会议。会议重点解决阻碍山区经济发展的小农经济传统意识和计划经济陈旧观念，如在建设项目开发上缺乏工作主动性、积极性和创业精神，满足于守摊子、混日子；习惯沿用计划经济条件下处理问题的方式方法去处理市场经济条件下的项目开发问题，因循守旧，墨守成规；因思想观念问题造成工作作风飘浮、效率低下、唯利是图、不讲大局，没有全区“一盘棋”思想，片面强调自己小团体利益等。此后，丽水地区成立招商领导小组和地区招商局，地区和大部分县(市)建立重点建设领导小组及办公室、领导联系重点项目建设制度，多数县(市)确定一批重点扶持的优先发展项目，出台抓项目的奖励政策和措施。

2000年5月3日，黑龙江省一辆运货大货车进入缙云境内，遭到新碧木材检查站“扣、卡、要”，这一事件暴露出丽水经济发展软环境诸多问题。6月4日，丽水地委召开全区优化经济发展软环境大讨论动员会。会议要求全区各级、各部门从“5•3”事件中吸取深刻教训，在全区范围内开展优化经济发展软环境的大讨论。在此基础上，2001年9月11日，丽水市委发出《中共丽水市委关于开展解放思想大讨论的通知》，决定在全市范围开展以“提高办事效率、提高服务质量”为主题的解放思想大讨论，将解放思想、更新观念落实在机关日常具体工作中，推动丽水市经济社会跨越式发展。这是丽水改革开放以来的第六次解放思想大讨论。

2003年，中共丽水市委落实省委“把丽水培育成全省新的经济增长点”的要求，提出“三市并举”发展战略和“北承沪杭金，东接甬台温，突破点线面，融入长三角”的发展思路。市委在全市领导干部大会上提出在思想观念上要着重思考、研究和解决的10个问题，如欠发达地区能不能成为全省新的经济增长点、新的经济增长点的支撑是什么、我们的优势是什么、我们的劣势是什么、制约我们发展的瓶颈是什么、欠发达地区能不能接轨上海等。会后，各地干部群众围绕问题进行调研和讨论，深化市情认识、理清发展思路。12月26日，丽水发生金龙•沃尔得购物广场开业演出执法事件，暴露出机关效能建设、优化发展软环境方面问题。2004年3月9日，中共丽水市委、市政府发出《关于开展机关效能建设的决定》，在全市乡镇以上各级机关和有行政管理职能的单位开展以“勤政廉洁、提高效率、优化环境、执政为民、促进发展”为主要内容的机关效能建设，目标“重在提质，贵在提速”，打造“我比人家办得好，我比人家办得快”的“丽水速度”。丽水市委、市政府制定《丽水市公务员能力建设和绩效考核若干意见（试行）》，各级机关全面建立和健全各项制度。

2008 年 3 月，中共丽水市委在全市开展以“加快创业创新、建设生态文明、推进丽水新跨越”为主题的解放思想大讨论活动，着眼于欠发达的最大实际和生态的最大优势，把丽水潜在的后发优势、比较优势转化为经济社会发展的现实优势，培育和提升综合竞争力。丽水市委重点在“六破六立”上下功夫，着力转变不适应、不符合科学发展观和建设生态文明的思想观念，着力解决影响和制约丽水新跨越的突出问题，用改革创新思维突破各种瓶颈制约。8 月，丽水市委下发《丽水市生态文明建设纲要（2008—2020）》，提出建设生态文明、推进跨越发展、惠及全市人民的战略目标和建设生态文明的总目标、总任务、总要求。

教育基地

丽水地区爱国主义教育基地从各自独有的角度，不断充实和丰富教育基地的内涵，主要反映丽水地区在近现代的反抗侵略和革命斗争历史、党的光辉历史、自然遗产以及当代文明，是民众培养爱国情感、培育民族精神的重要阵地。1984 年，青田县东源镇周恩来题词纪念碑被青田县委列为全地区首个县级爱国主义教育基地。

2010 年 8 月，浙西南革命根据地纪念馆开工。2011 年 6 月，建成开馆。纪念馆位于莲都区大猷街 135 号，包括中共浙江省委机关旧址、刘英旧居等单体建筑 5 个，由浙江大学建筑设计研究院设计，体现江南园林建筑风格。项目总占地面积 12000 平方米，建筑面积 3581 平方米，总投资 4500 万元。全馆通过文字介绍、照片、图表、统计表、实物、场景复原、雕塑、电子三维、屏幕声光电等多种形式，生动展现浙西南革命根据地光辉的革命历史。纪念馆建设被列入丽水市委、市政府重点工程和市区重大旅游项目，其中“中共浙江省委机关旧址”被列入全国第二批红色旅游经典景区。

2010 年，丽水市有省级爱国主义教育基地 8 处，市级爱国主义教育基地 27 处，县（市、区）级爱国主义教育基地 48 处。每年市、县（市、区）各级机关、学校、企业组织干部群众、学生、员工到爱国主义教育基地缅怀革命先烈、接受主题教育、举行纪念活动。

2010 年丽水市爱国主义教育基地一览

表 40-1-1-1

序号	名　称	位　置	等级	定级时间
1	中共浙江省委旧址	莲都区紫金大桥北端西侧	省级	1997 年
2	原浙江省委书记刘英旧居	莲都区紫金大桥北端西侧	省级	1997 年
3	龙泉市烈士陵园	龙泉市安青山	省级	1995 年
4	龙泉青瓷博物馆	龙泉市剑川大道旁	省级	1997 年
5	紧水滩水力发电工程	云和县紧水滩镇	省级	1995 年
6	王村口红军革命纪念地	遂昌县王村口镇桥东村	省级	2001 年
7	遂昌汤显祖纪念馆	遂昌县妙高镇北街四弄 12 号	省级	1997 年
8	浙西南革命根据地领导机关旧址	松阳县安民乡、枫坪乡、大东坝镇、玉岩镇	省级	2007 年
9	莲都区万象山革命烈士纪念碑	莲都区万象街道	市级	1995 年

续表 40-1-1-1

序号	名　称	位　置	等级	定级时间
10	莲都区通济渠水利工程	莲都区碧湖镇	市级	1995 年
11	莲都区南明山风景区	莲都区	市级	1995 年
12	龙泉市博物馆	龙泉市龙渊街道	市级	1995 年
13	龙泉市凤阳山自然保护区	龙泉市	市级	1995 年
14	青田县华侨历史陈列馆	青田县鹤城街道	市级	1995 年
15	青田县石门洞风景区	青田县高市乡	市级	1995 年
16	云和县紧水滩水力发电厂	云和县	市级	1995 年
17	庆元县松源殿	庆元县	市级	1995 年
18	庆元县百山祖自然保护区	庆元县	市级	1995 年
19	庆元县石龙山烈士陵园	庆元县	市级	1995 年
20	缙云县革命烈士陵园	缙云县五云街道	市级	1995 年
21	缙云县盘溪流域梯级电站	缙云县	市级	1995 年
22	缙云县仙都风景区	缙云县	市级	1995 年
23	遂昌县王村口革命纪念馆	遂昌县王村口镇	市级	1995 年
24	遂昌县汤显祖纪念馆	遂昌县妙高街道	市级	1995 年
25	遂昌县遂昌金矿	遂昌县	市级	1995 年
26	遂昌县九龙山自然保护区	遂昌县	市级	1995 年
27	松阳县西屏山革命烈士陵园	松阳县西屏街道	市级	1995 年
28	松阳县延庆寺塔	松阳县西屏街道	市级	1995 年
29	景宁畲族自治县寨山革命烈士陵园	景宁畲族自治县鹤溪街道	市级	1995 年
30	景宁畲族自治县畲族文物陈列室	景宁畲族自治县鹤溪街道	市级	1995 年
31	景宁畲族自治县大漈时思寺	景宁畲族自治县大漈乡	市级	1995 年
32	三岩寺红军烈士纪念碑	莲都区太平乡三岩寺	县级	1994 年
33	兴华广货号	莲都区大众街 32 号	县级	1994 年
34	黄景之律师事务所	莲都区梅山弄 19 号	县级	1994 年
35	新四军驻浙江办事处	莲都区高井弄 9 号	县级	1994 年
36	国民党丽水县自卫总队起义旧址	莲都区碧湖镇龙子庙粮食仓库	县级	1994 年
37	莲都区老竹畲族镇大片村	莲都区老竹镇大片村	县级	2000 年
38	中国人民武装警察部队丽水中队	莲都区中东路 215 号	县级	2000 年
39	莲都区档案馆	莲都区档案局	县级	2006 年
40	莲都区仙渡乡北乡革命历史纪念馆	莲都区仙渡乡葛畈村	县级	2006 年
41	中共丽水县委旧址	莲都区雅溪镇岱后村	县级	2009 年
42	丽水市档案馆	丽水市档案局	县级	2010 年
43	青田县华侨历史陈列馆	青田县鹤城镇	县级	1995 年
44	青田县腊口麻植纪念碑	青田县腊口镇	县级	2000 年

续表 40-1-1-1

序号	名　称	位　置	等级	定级时间
45	武警青田县中队	青田县鹤城镇	县级	2000 年
46	青田县烈士陵园	青田县鹤城镇	县级	1997 年
47	高湖镇内冯村	青田县高湖镇	县级	1997 年
48	东源镇周恩来题词纪念碑	青田县东源镇	县级	1984 年
49	周恩来视察“浙铁”纪念碑	云和县石塘镇小顺村	县级	1995 年
50	云和革命烈士墓	云和镇南山公园	县级	1995 年
51	云和县档案局	云和县府前路 6 号	县级	2005 年
52	云和武警中队	云和县云和镇	县级	2001 年
53	竹口战斗纪念碑	庆元县竹口镇竹下村	县级	1986 年
54	闽浙边地委住地	庆元县黄田镇崔上村	县级	1986 年
55	武警庆元县中队营区	庆元县松源镇弦歌坊 101 号	县级	2001 年
56	红军战斗胜利纪念碑	缙云县壶镇镇金竹村	县级	1995 年
57	中共缙云县第一次代表大会旧址	缙云县壶镇镇(高潮村)	县级	1995 年
58	处属游击支队兵工厂旧址	缙云县方溪乡师姑田村	县级	1995 年
59	江西山后处属特委丽水机关旧址	缙云县大源镇稠门村	县级	1995 年
60	汤畈村红军标语墙	缙云县东方镇	县级	1995 年
61	缙云县武警中队	缙云县五云镇	县级	2000 年
62	西青头村革命历史展示馆	缙云县新建镇	县级	2008 年
63	遂昌县武警中队	遂昌县龙潭小区池莲自然村	县级	2000 年
64	中国工农红军挺进师纪念亭	遂昌县妙高镇妙高山	县级	1996 年
65	遂昌县革命烈士陵园	遂昌县妙高镇妙高山	县级	1996 年
66	中共遂昌县委旧址	遂昌县金竹镇塘岭村	县级	1996 年
67	白马山森林公园	遂昌县白马山	县级	1996 年
68	九龙山自然保护区	遂昌县黄沙腰镇黄坛淤	县级	1996 年
69	遂昌县成屏水力发电厂	遂昌县妙高镇下淤村	县级	1996 年
70	遂昌县档案局	遂昌县政府大院内	县级	2005 年
71	松阳县博物馆	松阳县西屏镇	县级	2000 年
72	松阳武警中队	松阳县西屏镇半岗山	县级	2000 年
73	松阳县谢村源水库电站	松阳县新兴乡合湖村	县级	2000 年
74	松阳县档案馆	松阳县西屏镇	县级	2008 年
75	浙江松阳卯山国家森林公园	松阳县古市镇	县级	2008 年
76	黄家大院	松阳县望松乡	县级	2008 年
77	石仓古民居群	松阳县大东坝镇	县级	2008 年
78	李振彪烈士墓	景宁畲族自治县九龙乡	县级	1996 年
79	上标电厂	景宁畲族自治县雁溪乡雁溪村	县级	1996 年

2010年，丽水市有党史教育活动基地39处。其中，中共创立与大革命时期基地2处，土地革命战争时期基地15处，抗日战争时期基地9处，解放战争时期基地4处，综合纪念馆（园）9处。

第二节　爱国主义与社会主义教育

爱国主义教育

1985年11月18日，丽水地区举办对越自卫反击战英雄事迹报告会，邀请中国人民解放军英雄模范汇报团作报告。1991年，丽水地区举办丽水地区革命斗争史图片展览，参展12天，参观群众1万多人次。1995年，中共中央制定《爱国主义教育实施纲要》后，丽水地委及时制定贯彻纲要意见，制定“红五月”爱国主义教育活动月工作方案，组织宣传团到各地宣讲爱国主义教育。9月26日，地委党史研究室与地委宣传部、地区新四军研究会、地区社科联、地区党史学会联合举办纪念抗日战争胜利50周年学术研讨会。研讨会交流论文22篇，集中反映抗日战争时期，丽水地区是浙江抗战的后方，丽水人民为抗日救亡运动作出贡献的历史事实。10月，丽水地委党史研究室编纂出版《浙西南游击根据地》和《浙西南英烈》。10月17—20日，举办纪念中国工农红军挺进师入浙创建浙西南、浙南游击根据地60周年活动。浙江省委党史研究室、省新四军研究会、中共丽水地委和中共温州市委在丽水联合举行纪念活动。

1996—1997年，丽水地区举办“迎回归”系列活动，迎接香港回归祖国。具体有“庆七一、迎回归”大型文艺晚会、十万人签名活动、“金牛”读书演讲比赛、图片展览、国旗下迎回归、迎回归座谈会等活动50多项。1999年4月21日，丽水地区举办渡江战役50周年纪念会。9月23日，举办纪念新中国诞生暨丽水解放50周年学术讨论会。10月25日，举行纪念中国人民志愿军抗美援朝出国作战50周年电影招待会。同年，全区开展走访慰问人民志愿军老战士、烈属、遗属活动，宣传志愿军英雄模范事迹。丽水地区举办唱响“祖国颂、社会主义颂、改革开放颂”活动，纪念建国50周年和迎接澳门回归。浙南民族艺术团创作排练《可爱的家乡——丽水》《祖国颂》等，到县（市）巡回演出20多场，观众5万多人次。丽水地区举办“可爱的家乡——丽水”大型艺术作品展、“祖国颂”文艺晚会、“情系祖国”中央歌舞团晚会、“世纪之星”群众卡拉OK赛、“千名少儿书画迎回归”广场活动。举办第四届中国摄影艺术节、缙云县首届婺剧周、龙泉凤阳山登山节、云和县国庆龙舟赛、景宁畲族自治县首届“三月三”畲乡风情旅游节、遂昌龙游建德三县（市）摄影联展文艺联欢、青田石雕艺术活动等一批有影响有特色的活动。

2005年，丽水市开展纪念中国工农红军挺进师创建浙西南游击根据地70周年暨中共浙西南特委成立70周年、刘英100周年诞辰、撤地设市5周年系列主题教育活动。印发《关于加强爱国主义教育基地建设的意见》《丽水市爱国主义教育基地的建设和管理及使用试行办法》，开展第二批爱国主义教育基地评选活动。积极推出红色旅游精品线路，组织全市党员干部和青少年3万多人重游红色故地，接受传统爱国主义教育。在全省率先启动红色旅游活动，将大景区开发带动农家乐旅游和红色旅游的发展内容列入《丽水市生态文明建设纲要（2008—2020）》。市党史部门全面普查革命历史遗址，采取多种渠道向上级争取建设资金，修缮全市红色旅游景点。市委党史研究室提出以厦河中共浙江省委机关旧址为中心、辐射到9个县(市、区)“一个中心十条黄金线”的丽水红色旅游总体思路。市旅游局编印丽水《红色之旅线路手册》,启动以“重温红色激情、畅游秀山丽水”为主题的丽水“红色之旅”主题活动。中共浙江省委机关旧址等景点被纳入《浙江省红色旅游发展规划(2006—2010)》,成为全省重点提升和建设的9个红色旅游经典景区之一。2005—2008年,丽水参与红色旅游180万人次。2006年,丽水市开展社会主义荣辱观宣传教育,出台《关于在全市开展社会主义荣辱观教育活动的实施意见》,召开社会主义荣辱观座谈会,对荣辱观宣传教育实践活动提出具体要求。

2010年8月30日,丽水市举行纪念抗日战争胜利65周年座谈会,部分参加过抗战的老战士、老干部参加,市委书记陈荣高出席并讲话。6—11月,丽水市举办庆祝丽水撤地设市10周年系列纪念活动,内容包括“丽水撤地设市10周年庆祝大会暨中国·丽水第二届国际生态经济博览会”“十年新跨越——丽水撤地设市10周年成就展”“丽水撤地设市10周年‘20个创业创新样本’‘30个精品工程’评选活动”。11月9日,举行丽水撤地设市10周年庆祝大会暨中国·丽水第二届国际生态经济博览会开幕式,全国政协副主席、台盟中央主席林文漪出席并宣布开幕,浙江省委书记赵洪祝发贺信。

社会主义教育

政治路线教育　1981年,丽水地区宣传贯彻《关于建国以来党的若干历史问题的决议》。1983年10月,丽水地区思想战线开展“清除精神污染”运动,后来演变成对普通人生活方式的指责,譬如不许烫发、穿喇叭裤、跳舞,甚至不许养花、养鸟,否则便是“资产阶级自由化”。1984年10月,丽水地委建立讲师团,组织学习《政治经济学》《中国社会主义建设基本问题》《中共党史》,干部参加考试3700多人,结业2900多人。1986年12月,丽水地区开展“坚持四项基本原则,反对资产阶级自由化”教育。1987年11月,丽水地区设立路线教育办公室,宣传中国特色社会主义理论和中国共产党在社会主义初级阶段的基本路线,反对资产阶级自由化,引导干部群众正确认识国情。此后10多年,全区持续开展农村党的基本路线宣传教育和企业形势任务教育。1989年,在农村全面开展中国共产党的基本路线教育,参加乡镇322个,占乡镇数的96.4%。

1990年,丽水地区继续在农村开展党的基本路线教育,在厂矿职工中开展形势任务教育,增强职工主人翁责任感。1991年,全区全面开展党的基本路线教育,将稳定大局放在首位。1993年,丽水地区精神文明建设指导小组办公室成立,党的基本路线教育(以下简称“路教”)更加规范化、系统化。1994—1996年,全区继续开展“路教”。1997年,丽水地区农村“路教”主题为“宣传贯彻十五大,加快脱贫奔小康”,重点是青田县、云和县、景宁畲族自治县的贫困乡镇48个,解决农村在改革发展、基层组织建设和精神文明建设中存在的突出问题。9月中旬起,丽水地区在景宁畲族自治县开展为期40天的试点,其他8个县(市)选择1个乡镇进行40天左右的试点。10月30日,地委召开全区农村“路教”工作会议。11月中旬全面铺开农村“路教”,12月底结束。多数县(市)制定乡镇“路教”检查验收考核标准。地区“路教”办围绕“高举邓小平理论旗帜不动摇”“深化农村改革”“加强农村精神文明建设”“加强党的基层组织建设”“大力弘扬艰苦创业精神”等专题,以乡镇、村、企业领导干部和党员为重点教育对象,分期分批集中培训,普遍培训3—5天,参训率超过95%。加大对农民群众的宣传教育力度,促进全区农村“两个文明”建设。

1998 年，丽水地区开展学习邓小平理论教育活动，注重发挥丽水地委理论学习中心组理论学习的龙头作用和地、县（市）、乡镇党委理论中心组的示范作用，着眼思考实际问题，围绕全区改革与发展的重大问题，精心设计专题，带着问题学理论，学以致用，完善理论学习制度，推动全区用邓小平理论武装全党、教育群众活动向广度和深度发展。全区县处级以上在职领导干部和各县（市）科局级党委（党组）中心组成员近 600 人参加理论知识考试。

1999 年，丽水地区开展"三讲"主题党性党风教育。7—10 月和 10—12 月，丽水地区领导班子和领导干部、地区直属单位领导班子和领导干部分别作为第一、第二批次参加"三讲"教育。2000 年 4—7 月，各县（市）领导班子和领导干部作为第三批次参加"三讲"教育。2000 年 2 月，总书记江泽民在广东考察工作时发表重要讲话。丽水地区以党员干部为教育重点，在机关、企业、农村、学校、社区开展"双思"主题的党性教育活动。4 月，全区进行调查研究。5 月，开展"双思"教育活动试点。6 月，全面铺开"双思"教育活动。7 月中旬，全市"双思"集中性教育活动结束。

经济形势教育　1980 年，丽水地区宣传国民经济"调整、改革、整顿、提高"的方针。1982 年 9 月，全区宣传贯彻中共十二大提出的全面开创社会主义现代化建设的总目标。1988 年 3 月，全区宣传社会主义初级阶段理论，开展生产力标准问题的讨论。10 月，全市宣传全面深化改革，抽调干部 1044 人治理经济环境、整顿经济秩序。

1994 年，丽水地区重点宣传发展个体私营经济。1995 年，全区开展"加快脱贫致富奔小康农村"主题的"路教"，重点对象是全区贫困乡镇 48 个。10 月 27 日，丽水地委下发《关于 1995 年农村党的基本路线教育的意见》。10—11 月，选择云和县云丰乡进行教育试点。10 月 30 日至 11 月 1 日，在云和县召开全区"路教"会议进行全面部署。11 月中旬，全面铺开，至年底基本结束。1996 年，丽水地区以宣传贯彻党的十四届六中全会精神、加强农村精神文明建设为主题，继续开展"路教"，加强建设基层组织，壮大农村集体经济，推进经济体制和经济增长方式的根本性转变。以乡镇干部、村两委班子成员和乡镇企业经营者为重点教育对象，开展理想、信念、宗旨教育和自力更生、艰苦创业的思想教育。9—11 月，选择缙云县舒洪镇、景宁畲族自治县梧桐乡、龙泉市城北乡、遂昌县妙高镇进行试点，其中舒洪镇为地区试点单位。11 月 1 日，丽水地委下发《关于 1996 年农村党的基本路线教育的实施意见》。11 月 5—6 日，召开全区精神文明建设工作会议，部署农村"路教"工作。12 月底，农村"路教"基本结束。

2000 年，丽水市委创作舞台剧《雪峰人》《神雕展翅竞风流》《闯世界的青田人》，宣传缙云县双川乡雪峰村坚持修路 13 年，自强不息的纳爱斯公司，闯荡世界的青田人等事迹；报道全国城市美容师、遂昌环卫所所长徐素花等先进典型；提炼新时期"勤劳质朴、坚忍不拔、负重拼搏、务实创新"丽水精神。2009—2010 年，丽水市开展科学发展观学习实践活动，围绕"坚持科学发展，促进转型升级，建设生态文明，推进全面小康"实践总载体，对照"党员干部受教育、科学发展上水平、人民群众得实惠"总目标，立足实际，精心组织，扎实推进，取得阶段性成果。全市参加单位 55406 个、党员 143926人，其中副处以上党员领导干部 690 人，社会各界代表参与群众满意度测评 95843 人，满意度 98.5%。

思想理论教育　1996 年 6—9 月，丽水地区地直机关开展"争做模范、争创一流"教育活动，以《党章》对党员干部的要求为目标，加强政治教育、宗旨教育、创业教育、廉政教育。6 月 12 日，丽水地委下发《关于在地直机关开展"争做模范，争创一流"教育活动的意见》。6 月 13 日，丽水地委召开动员大会。活动期间，地委领导上政治教育、创业教育、宗旨教育、廉政教育党课；地区党政领导与分管联系单位领导干部谈心，带头参加组织生活会，参与分管单位民主生活会；举办陈金水、赵丽俊先进事迹报告会，组织党员观看电影《孔繁森》及电化教育片 3 部；开展机关纪律整顿，通报机关干部按时上下班情况和上班时间"炒股票"情况检查结果；下发《县（处）级领导干部诫勉制度（试行）》《县（处）级领导干部经济责任审计制度（试行）》。10 月 14 日，召开总结交流会，丽水地区安全局等单位 5 家作典型发言。12 月 1 日，《浙江日报》头版头条报道丽水地委开展"双争"教育活动情况。

2001 年，丽水市在党员干部中开展学习范匡夫从政道德主题教育；在全市各生产经营单位和个体私营劳动者、私营企业主中开展"诚实立身、信誉兴业"主题教育。2003 年，全市领导干部和市、县（市、区）委兼职讲师团，深入基层宣讲中国共产党的路线、方针、政策。2004 年，全市农村党的基本路线教育以建设社会主义新农村为主题，开展宣讲形势送政策活动。

2005 年，丽水市宣传滩坑水电站移民安置工作形成的"万众一心，攻坚克难，真心为心，无私奉献"滩坑精神。滩坑精神事迹生动，是丽水共产党人在新形势下，发扬党的优良作风、密切联系人民群众所创造的又一种精神。2005—2006 年，全市开展保持共产党员先进性教育。2007 年，丽水市开展作风建设年和基层组织党建教育活动，以创"五好"①为目标、"先锋工程"为载体，深化"三级联创"②活动，建设社会主义新农村，构建和谐社会。丽水市委制定《关于贯彻落实中共中央、浙江省委保持共产党员先进性长效机制文件的实施意见》。

2008—2009 年，丽水市开展党的十七届三中全会精神专题学习教育活动。全市乡镇、村、企业、社区、新社会组织、机关和事业单位参加学习会 10.23 万人，接受乡镇党委主要负责人、机关和事业单位负责人党课教育 7.13 万人，听取驻村干部和农村工作指导员形势宣讲 11.09 万人，走访慰问农村"三老人员"③、困难党员、低收入农户 8.18 万人次，慰问金 1025.13 万元，解决农村突出遗留问题 0.76 万件；结成共建对子机关党支部 1314 个、农村党支部 1285 个。

第三节　公民教育

社会公德教育

公民公德教育　1983 年，丽水地区开展以"五讲四美三热爱"为内容的群众性精神文明建设活动。20 世纪 80 年代中期，这项活动成为一项深受群众拥护的精神文明建设运动。1990 年，丽水地区全面掀起学雷锋活动高潮，其中云和县开展"开好一个会，安排好一个总体规划，抓好一次大规模学雷锋活动，搞好一个立体宣传"活动；龙泉县将 2 月中旬至 3 月中旬定为全民学雷锋活动月；遂昌县开展"岗位学雷锋"，树起城关第一粮店、县中队和消防队等先进典型；地区工交企业开展"我为企业献一工、排一难、献一计"活动；教育战线开展"少先队员向赖宁看齐、辅导员向全国劳模傅亚芹学习"活动。活动中涌现出许多身边典型，如丽水城关镇陈青勇擒歹徒、景宁畲族自治县沙湾中学学生

① 指"五好"党支部，即支部班子好、党员管理好、组织生活好、制度落实好、作用发挥好。

② 指在县、乡镇和村三级党组织中，开展的以"五好"村党组织、乡镇党委和农村基层组织建设先进县为主要内容的创建活动。

③ 指建国前入党的农村老党员、老游击队员和老交通员。

林斌临危救人、遂昌县全国劳模黄培新等。1993年，丽水地区开展道德建设“四个层次”教育活动。同年，丽水地区开始评选十佳文明市民、十件好事。

1994年，丽水地区获浙江省城市文明竞赛思想道德教育单项奖。1996年2月，全区开展主题为“三大创建”的群众性精神文明创建活动。4月，丽水地区召开全区经济工作会议，颁发文明县城竞赛优胜锦旗和奖金。丽水地区文明委公布地级文明示范点50个。全区结合行风评议与文明行业创建，推进窗口行业文明建设。全区加强文化市场管理，开展“扫黄打非”行动。开展《公民手册》知识普及教育。

1998年，丽水地区文明委组织“文明用语进万家”系列活动，加强社会主义道德建设。春节前后，全区发放“七不言行规范”小卡片20万份、年历画1万张；征集文明用语5000多条，编写《文明用语手册》，集文明生活用语、文明电话用语、行业文明用语、涉外交际用语、文明宣传标语和文明用语诗歌等内容为一体，发行13.5万册。1999年，全区举办第四届中国摄影艺术节、缙云县首届婺剧周、龙泉凤阳山登山节、云和县国庆龙舟赛、景宁畲族自治县首届“三月三”畲乡风情节、遂昌龙游建德三县（市）摄影联展文艺联欢、青田石雕艺术活动等活动。

2001年6月，丽水市文明委公布《丽水市民文明公约》，编发《丽水市文明市民读本》8万册。9月，全市贯彻《公民道德建设纲要》，修订完善各行各业行为规范，落实“四有”公民培养，倡导“爱国守法、明礼诚信、团结友善、勤俭自强、敬业奉献”20字基本道德规范，开展“四有”职工教育和“四有”接班人教育，开展“做文明市民”广场知识竞赛。

2002年，丽水市开展公民道德建设系列活动，新闻媒体开辟专栏专题，系统宣传《公民道德建设实施纲要》《浙江省公民道德规范》。举办“法规与道德”有奖征答、大型彩灯、赠送《规范·字帖》活动。组织开展文明劝导、志愿者服务等公民道德实践系列活动。结合丽水卫生城市、中山街文明示范街创建活动，设置纲要和规范公益性宣传牌、橱窗30处，其中莲都区设置社区居民之窗3000块、社区宣传栏20多个。其他县（市）普遍制作公益性宣传牌。

2003年，丽水市开展多种形式公民道德宣传教育和实践活动。市文明委下发《关于开展“改陋习，树新风”活动意见》，举办公民道德宣传日座谈会。3月，全市采取措施有效控制“非典型性肺炎”疫情蔓延。丽水市人民医院医师潘炯伟被评为全国卫生系统抗击“非典型性肺炎”先进个人。全市结合抗击“非典型性肺炎”，开展“改陋习，树新风”活动。

2004年，丽水市组织实施“市民素质工程”，开展公民签名仪式、“小手拉大手共创文明”“千名义工万名志愿者进社区”活动。开展网吧和电子游戏经营场所专项整治，加强“扫黄打非”力度，净化文化环境，向未成年人免费开放公益性文化设施。落实中央电视台少儿频道的落地覆盖，举办“关注未成年人心灵成长”巡回报告会、未成年人思想道德建设研讨会。开展创建文明城市大讨论，举办“向陋习宣战”摄影巡回展览，组织“改陋习、树新风”漫画竞赛、“争当文明驾驶员”评选、市区“文明市民”评选、“文明城市创建”知识竞赛和“万民评行业窗口”活动。举办公民道德宣传暨迎国庆清洁家园活动，庆祝第2个“公民道德宣传日”。

2005年，丽水市开展丽水人文精神讨论，倡导“创业创新、敢闯敢试、开放求实、诚信和谐”的精神品格。举行全市文明礼仪宣传教育实践暨全国第3个“公民道德宣传日”活动启动仪式；开展文明交通劝导、“还人行道给行人”、义工服务等活动，参与干部群众1万多人。编印《文明礼仪手册》，开展“文明单位送礼仪”活动，举办“讲文明、重礼仪”全市社区文艺会演。

2006年，丽水市举行“践行社会主义荣辱观宣传日暨公民文明素质提升行动”启动仪式，开展“从我做起、知荣明耻，共建文明丽水”千人签名及“千人巡街宣传”“万人清洁莲城”和“两普”（普法、科普）宣传展览等活动。开展优秀广告作品大赛暨文明礼仪公益广告大赛，评选一批反映社会主义荣辱观和文明礼仪的优秀公益广告作品。组织“八荣八耻”展板和张贴画展览，扩大覆盖面，免费赠送农户“和谐丽水”和社会主义荣辱观年历挂图10万本。加强和改进未成年人思想道德建设，开展评选“百佳师德标兵、百佳文明示范班级、百佳文明示范生”（简称“三百佳”）及“家庭才艺大比拼”、“爱心助学”、“共建和谐家园”主题读书月、家庭教育巡讲等活动。

2007年，丽水市开展“文明出行树新风”活动，举行文明出行宣传启动仪式、文明出行文艺会演、文明出租车评选活动，在主要街道设置党员文明劝导岗。加强未成年人思想道德建设，开展校边环境专项整治，推出“流动少年宫进农村”“代理家长与留守儿童”结对、青少年法制宣传年等活动，继续营造全社会关注、关心、关爱未成年人成长的社会环境。

2009年5月，丽水市组织开展首届“十大爱心人物”评选活动。2009年，全市开始实施农村未成年人思想道德建设“春泥计划”，以农村行政村为单位，依托现有各类场所，整合社会资源，建成一批校外活动中心、青少年之家、春泥书屋、春泥基地等，满足未成年人校外活动的需要。截至2010年底，全市建成“春泥计划”实施村517个。

学校公德教育　20世纪50—80年代，“五爱”①教育成为国民公德教育的核心内容。1963年3月起，丽水地区群团组织相继组织学习和宣传雷锋精神，开展形式多样的学雷锋做好事活动，涌现出许多雷锋式的先进人物，形成良好的社会新风气。此后，丽水地区每年都开展与时俱进的学雷锋活动。

1982年，《全日制五年制小学思想品德课教学大纲（试行草案）》将“五爱”规定为国民公德教育内容后，全区中小学校将“五爱”作为学校思想品德课的基本内容，全面开设思想品德教育课程。1986年，《全日制小学思想品德课教学大纲》首次将公德列为小学思想品德课的教学内容。全区各级公办和民办小学将“五爱”和“五讲四美三热爱”纳入社会公德教育和社会常识教育。

1997年，全区中小学贯彻执行《九年义务教育小学思想品德课和初中思想政治课课程标准（试行）》，开设公德教育课程，推进校园文化建设，加强青少年思想道德教育。2010年，丽水市开展中小学生首届“读好书，做好人”活动，先后组织“‘我最喜爱的一本书’读后感征文”“小学生自编手抄报现场制作大赛”“‘微笑·感恩’体验活动”等系列活动，参与学生52321人。

职业道德教育

1983年，丽水地区围绕提高服务质量，在党政机关、商业、卫生、政法、教育、工商、厂矿等窗口行业开展职业道德教育。4—7月，全区组织职业道德教育检查与评比活动，表彰先进。8月，丽水地区林业局在庆元县召开林业系统职业道德教育座谈会，制定《林业职业道德守则》；地区电业局制定职业道德教育规范，在全系统颁布实施。1984年起，丽水地区贯彻落实《中小学教师职业道德要求

① 指爱祖国、爱人民、爱劳动、爱科学、爱社会主义教育的简称。是中国国民公德，学校德育的基本内容。1949年9月通过的《中国人民政治协商会议共同纲领》第42条规定：“提倡爱祖国、爱人民、爱劳动、爱科学、爱护公共财物为中华人民共和国全体国民的公德。”1982年12月第五届全国人民代表大会第五次会议通过的《中华人民共和国宪法》第24条仍以“五爱”为社会主义公德，把“爱护公共财物”改为“爱社会主义”。

(草案)》,开展师德教育。1987 年,丽水地区召开文明镇工作会议,提出在党政机关、政法、工商等 7 大系统率先开展职业道德教育。此后,职业道德教育活动覆盖到各系统。

1990 年,丽水地区深化职业道德,坚决纠正行业不正之风,落实"三主动、四结合"。开展《市民守则》宣传周活动。1996 年起,全区开展行风评议,加强各行业职业道德教育。1997 年,全区召开职业道德教育研讨会,参会窗口行业单位 20 多家,代表 70 多人,论文 36 篇。

1995 年 5 月 25 日,丽水地委制定《关于在全区党员中开展建设有中国特色社会主义理论和党章学习活动的实施意见》,具体部署全区"双学"活动。《丽水日报》开辟理论版,坚持每月 1 版,全年出专版 12 期。地委书记陈仲方撰写的论文《关于丽水地区发展战略的思考》,被省委宣传部评为 1995 年度县以上党委理论学习中心组成员优秀理论文章一等奖。

2001 年,全市党员干部特别是副处级以上领导干部开展学习范匡夫从政道德主题教育;全市各生产经营单位和个私劳动者、私营企业主开展"诚实立身、信誉兴业"主题教育;全市青少年开展"实践'五爱要求,争取'四有'新人"主题教育。2007 年,全市深入开展社会主义荣辱观主题实践活动,党政机关重点开展"做文明表率,为人民服务"活动;窗口行业重点开展"诚实守信,信誉立业"教育活动;学校重点开展"知荣辱,讲文明,洁净丽水我先行"主题活动。2008 年起,丽水市贯彻落实新修订《中小学教师职业道德规范》,开展师德教育和实践活动。

家庭美德教育

2005 年,丽水市开展"双合格"家庭道德教育宣传实践活动,主题"为国教子,以德育人",多渠道普及家庭教育知识,推动科学教子进家庭。全市成立家教工作领导小组和家庭教育讲师团,召开家庭教育工作会议,表彰一批家教工作先进个人和集体。全市开展拥军优属活动,评选表彰丽水市"十佳好军嫂""十佳兵妈妈"。

2006 年,丽水市继续开展"双合格"家庭道德教育实践活动,组织评比、表彰"示范性家长学校",开展家庭教育知识巡讲。全市中小学校、幼儿园及社区组织家教知识专题讲座 23 场,参与家长 7000 人。丽水日报开设《家教专栏》,宣传家教知识。

2007 年,丽水市创建文明和谐家庭。在全市开展推荐浙江省十佳热心老人、十佳贴心婆媳、十佳爱心父母、十佳孝心子女候选人工作。开展丽水市首届"皇都房产杯"十佳和谐家庭评选活动,举行颁奖晚会,表彰"十佳和谐家庭""和谐家庭入围奖"家庭。全市开展丽水市文明家庭、创建活动先进组织评选。召开全市"平安家庭"创建活动推进会,开展"平安家庭"创建工作示范社区(村)、示范户评选工作。印发《筑拒腐防变防线建廉洁和谐家庭》倡议书,倡导学习廉政文化、建设廉政家庭、弘扬廉政新风。至年底,全市农村"平安家庭"创建率超过 60%。

2008 年,丽水市创建绿色家庭,评选市级"绿色家庭"15 户。举办"丽水市首届邻居节"活动。全市开展"平安家庭"创建,召开"平安家庭"建设表彰会,城镇社区"平安家庭"创建率超过 90%,农村创建率超过 70%。全市开展"无毒家庭"创建活动,成立丽水市首支禁毒志愿者支队,开展禁毒宣传咨询,将"无吸毒、无贩毒、无种毒、无制毒"列入"平安家庭"创建考核评选内容。推进"廉政文化进家庭"建设,举办廉政工艺品大赛。

2009 年,丽水市深化平安家庭、绿色家庭、文明家庭等家庭文明建设载体,在《丽水日报》上向全市广大家庭及妇女发出"节能减排从我做起,共建生态绿色家园"倡议;推进丽水生态市建设,评出省级绿色家庭15户、市级绿色家庭15户。倡导以廉为荣、以贪为耻良好风尚，培育家庭廉政文化。莲都区天宁社区、庆元县妇联、松阳县妇联被评为省级廉政文化先进示范点。深化平安家庭创建，开展“不让毒品进我家”活动和“无毒家庭”创建；举办艾滋病预防知识宣传培训班，做好艾滋病预防知识宣传教育。

2009年4—8月，丽水市开展“做一个有道德的人”征文活动。5月起，举办丽水市首届“十大爱心人物”评选。2010年3月，许翠娥、邱利呈、吴火菊、陈秀珍、柯剑秋、沈良、周祖东、周定珠、陆中超、鲍晟被评为十大爱心人物。杨晓丽、朱连钗被省委宣传部、省文明办等部门授予浙江省首届道德模范称号。8月，丽水市组织丽水市第二届社区邻居节活动，举办文明礼仪知识竞赛。命名表彰一批市级文明单位、文明示范窗口、爱国主义教育基地。

2010年，丽水市关注留守儿童，加大“春泥计划”实施力度，建成“春泥计划”实施村517个。开展中小学生首届“读好书，做好人”活动，提升青少年道德素养。继续开展校园周边文化环境系列整治，净化未成年人成长环境。开展万名家庭教育志愿者进村入户送家教活动。开展“春蕾计划”，设立专项助学资金，助学结对贫困生906人（其中女童227人），资助金额18.16万元。“六一”期间，各县（市、区）领导慰问学校、幼儿园、儿童福利院222所，捐款赠物折价总额56.51万元。全市与留守儿童结对帮扶代理家长3000多人，建立“留守儿童俱乐部”“留守儿童之家”86个。

第四节　先进典型宣传

丽水市学习宣传先进典型分为先进集体和先进个人学习教育两类，更注重对先进个人的学习，用身边的人和事育人。

先进集体

1988年2月9日，《丽水日报》刊发《推荐一个党政分开初见成效的典型——关于丽水啤酒厂的调查报告》。同年，地委宣传部工作组进驻丽水市化工厂①。《丽水日报》推出思想工作典型经验的系列报道。

1990年11月17日，《丽水日报》刊发《农村脱贫致富的好榜样——来自青田鹤城镇一村九队的报告》。1996年10月24日，《丽水日报》刊发长篇通讯《山乡文明之星——丽水市大片村文明建设纪实》，介绍大片村全面开展文明建设的先进经验。

2000年，丽水市委大力宣传宣传缙云县双川乡雪峰村坚忍不拔、矢志不渝修路13年的《雪峰人》、表现纳爱斯公司自强不息的《神雕展翅竞风流》、反映青田人闯荡世界的《闯世界的青田人》，报道全国城市美容师、遂昌环卫所所长徐素花等先进典型，进而提炼出新时期的“勤劳质朴、坚忍不拔、负重拼搏、务实创新”丽水精神。2005年，市文明办宣传在滩坑水电站的移民安置工作中形成的滩坑精神——“万众一心、攻坚克难、真心为心、无私奉献”，是丽水共产党人在新形势下，发扬党的优良作风，密切联系人民群众所创造的又一种精神。

① 1993年，进行股份制改造，改称纳爱斯集团股份有限公司。2001年，组建集团。

先进个人

陈翠梅　1986年，丽水地委、地区行署开展学习优秀人民教师陈翠梅活动。1964年起，丽水丽新畲族乡民办教师陈翠梅，先后在丽新畲族乡塘寮、上垟、畈岸、马村、咸宜村等小学任教，工薪微薄，她却愿终生为园丁。1985年患肝癌，她仍抱病上课，四肢浮肿，忍受剧痛，在课堂上晕倒，不久即去世。1986年9月，浙江省教育委员会授予陈翠梅“优秀人民教师”称号。

蓝伟亮　1989年，丽水客运分公司开展学习全国劳动模范蓝伟亮活动。蓝伟亮是丽水客运分公司客车司机。1988年，被评为浙江省劳动模范。1989年，被国务院授予全国劳动模范称号。1992年，蓝伟亮出席中共第十四次全国代表大会。其后，被评为丽水市十大杰出青年、丽水市第一届十佳好市民。

周丽平　1991年，丽水地区开展学习周丽平活动。1991年7月，周丽平在南京军区某部三连任见习排长，连续6个昼夜巡视守护河堤。7月19日，凤台县船运公司1艘装满救灾物资的水泥船搁浅在颍上县鲁口镇高庄村淮河沙家洼河面上。周丽平在参与救援船只时被卷入急流，不幸牺牲。南京军区某部党委批准他为革命烈士，授予“抗洪抢险模范”称号，追记一等功。中央军委秘书长、总政治部主任杨白冰在北京慰问周丽平母亲朱美娟，要求全军广大官兵向抗洪英雄周丽平学习。中央军委授予周丽平“抗洪救灾模范”称号。1992年1月19日，中共中央总书记、中央军委主席江泽民视察周丽平生前所在部队时题词：“学习周丽平，献身为人民。”4月2日，莲都区万象山公园建成周丽平烈士纪念碑。

杨建荣、叶伟胜　1992年，丽水地区开展学习杨建荣、叶伟胜活动。1992年7月4日，衢州龙游县城龙北姜家地段水深超2米，群众500多人被洪水围困。浙江省武警第二支队[①]战士35人受命参加抢险，营救被围困群众。云和籍、松阳籍战士杨建荣、叶伟胜光荣牺牲，和同时牺牲的张梁、苏进春、李世亮、黄凯被尊为“龙游六烈士”。

刘玲英　1994年3月，丽水地区开展学习金融卫士刘玲英活动。1993年12月22日，有歹徒手持尖刀，闯入云和县云和镇信用社局村分社的柜台内。信用社会计刘玲英与歹徒英勇搏斗，身中31刀，最深一刀达14厘米，颈动脉分支被割开。1994年2月，浙江省委在省人民大会堂隆重召开大会，号召全省共产党员和广大干部、群众向刘玲英学习，并授予刘玲英“敬业奉献，无私无畏”牌匾。3月9日，地委、行署召开刘玲英英雄事迹报告会，号召全区向刘玲英学习。1995年，刘玲英当选全国劳模。1997年，出席中共第十五次全国代表大会。

卢林火、陈肖麟　1994年3月，丽水地区检察院开展学习卢林火、陈肖麟活动。缙云县检察院驾驶员卢林火，面对持械行凶的犯罪分子6人，临危不惧，挺身而出，当场擒获凶犯1人。青田县检察院副科长陈肖麟，不畏艰险，机智地打入犯罪团伙内部，为反偷渡斗争作出突出贡献。丽水地区检察院为2人记个人二等功。

江家余　原浙江农业大学食用菌研究所副研究员江家余，1992年6月由省委组织部下派松阳县任科技副县长。其间，他服从组织分配，克服年龄大、身患病痛等困难，积极发动、引导群众发展食用菌生产，为松阳县经济建设作出突出贡献，被群众亲切地为“香菇县长”。1995年11月17日，丽水

---

① 2010年称武警衢州支队。

地委召开江家余事迹报告会，地委书记陈仲方出席讲话，江家余事迹报告团成员介绍江家余同志的感人事迹。9 月 28 日，丽水地委印发《关于开展向江家余同志学习活动的决定》，号召全区共产党员和各级干部认真学习、广泛宣传江家余同志的先进事迹和崇高精神。《丽水日报》发表评论文章《做人民的忠实公仆》和报告文学《为了老区这片热土》，全面报道江家余的事迹。地委在全区范围举办江家余事迹巡回报告会。

赵丽俊　1996 年 6 月，丽水地委开展学习赵丽俊活动。缙云县方溪镇北坑村人赵丽俊，丽水市(县级)公安局老竹派出所民警。1996 年 5 月 10 日晚上，他在追捕 1 名重大逃犯途中遭遇车祸，不幸以身殉职，年仅 24 岁。1996 年 7 月，被省公安厅追记一等功。

徐洪佐　1997 年 12 月，丽水地区文明委开展学习徐洪佐活动。青田县土地管理局地政监察股股长徐洪佐，1990 年转业到地方后，兢兢业业，忘我奉献。浙江省土地管理局、青田县委、丽水地区土地管理局分别作出向徐佐洪学习的决定。

陈　金　2002 年 9 月 3 日，丽水市委印发《关于开展向陈金同志学习活动的决定》。陈金从 1978 年任龙泉市龙渊街道村头村党支部书记、村委主任以来，带领全村干部群众大力发展生产，不断提高村民生活水平，改变贫穷落后面貌，将村头村建设成省级小康示范村。9 月 16 日，在丽水文艺会堂举行首场陈金先进事迹报告会。会后，报告团到各县(市、区)向广大党员干部巡回宣讲陈金同志的先进事迹。市委决定，在全市共产党员和干部中广泛开展向陈金学习活动。

赵向东　2005 年 5 月 23 日，丽水市开展向赵向东学习活动。赵向东是缙云县教育局教研室干部，一心扑在工作上，鞠躬尽瘁直至生命结束，人称“新时代老黄牛”。他先后被评为缙云县先进工作者、优秀共产党员、丽水地区优秀政治教师(教研员)，被浙江省人民教育基金会授予“春蚕奖”。2000 年，赵向东作为百名专家代表之一，应邀出席在北京人民大会堂举行的中华民族大团结各界代表新年座谈会。2006 年，丽水市委将赵向东的先进事迹作为保持共产党员先进性教育的生动教材，组织先进事迹报告团到全市各地巡回报告。

魏剑明　2006 年 7 月，丽水市委开展学习魏剑明活动。云和县法院院长魏剑明在担任院长期间，专门成立涉法涉诉信访处理工作领导小组，亲自担任组长，并设立“院长随时接访制度”，解决一批重大的疑难信访案件，创造连续五年“零上访”的司法系统奇迹。2005 年 9 月，中央政法委给予通报表扬。2006 年 4 月 13 日，魏剑明由于工作劳累过度，倒在办公室，因公殉职，时年 49 岁。2007 年 10 月 10 日，最高人民法院和中共浙江省委联合召开表彰大会，追授魏剑明“全国模范法官”“人民的好法官”荣誉称号，号召全省党员干部和政法干警向魏剑明学习。

周生佑　2007 年 9 月，丽水市委下发《关于开展向周生佑同志学习活动的决定》，决定在乡镇(街道)和社区开展“学习周生佑、迎接十七大”主题实践活动。周生佑是龙泉市岩樟乡柳山头村民政助理员，他扎根基层，爱岗敬业，埋头苦干，默默奉献，在平凡的工作岗位上，在面对洪灾的关键时刻，用自己的实际行动阐释共产党员全心全意为人民服务的宗旨。2007 年 8 月，周生佑被中共丽水市委、市政府授予“优秀住村干部”荣誉称号。2007 年 8 月，被中共浙江省委、省政府授予“浙江省优秀农村指导员”荣誉称号。2007 年 12 月，被评为浙江省基层站所行风建设先进个人。2007 年，被授予“丽水市 2007 年抗洪救灾先进个人”荣誉称号(特别奖)。2008 年 1 月，获“2007 年度浙江骄傲最具影响力人物”提名奖。2008 年 4 月，被评为丽水市劳动模范。

沈立荣　2008 年，丽水市委开展学习沈立荣活动。沈立荣是景宁畲族自治县政法委副书记、滩坑水电站景宁库区移民和复建工作指挥部副总指挥。2002年以来，他全心全意用真情去做移民工作，心系群众，长期忘我奋战在工作一线，苦苦寻求打开移民心结的钥匙，业绩突出。

张献斌　2009年5月，丽水市委在全市开展向张献斌学习活动。莲都区丽新畲族乡农技站站长张献斌，从事基层农技推广工作30多年，始终勤勤恳恳、任劳任怨，常年奔波在田间地头，深受群众的欢迎和尊敬。2月23日，张献斌因长期工作劳累，突发心脏病不幸去世，年仅52岁。2009年6月，农业部号召全国农业系统干部职工向张献斌学习。同年，张献斌被国家农业部评为新中国成立60周年"三农"模范人物。

第二章　文明创建

20世纪80年代，丽水地区持续推动文明创建活动，提升人民群众精神文化水平。1982年，丽水地区首次开展文明城镇创建。此后，各级政府及社会各界纷纷开展文明创建活动。创建层级有"五好家庭""文明单位""文明城镇""文明村镇""卫生城市""文明县城"等，创建内容有"文明礼貌常识""优质服务""岗位学雷锋、树新风"等。1995年开始，丽水地区开展数轮文明县城创建，并举行竞赛活动。1999年，全区文明县城创建进入新阶段，创建活动向集镇、乡村延伸和辐射。2003年，全市整体推进文明县城创建活动，市本级启动创建省级文明城市活动。2010年，丽水市通过省级园林城市、省级森林城市、省级环保模范城市创建考核。

20世纪80年代起，丽水文明共建活动屡有创新。全区基层单位相互协作，取得如军民共建、警民共建等活动方法的创新。2008年，丽水市委、市政府启动"六城联创"活动，全面推进文明县城创建。2009年9月，丽水市实施城乡共建，扎实推进乡风文明建设，制定《丽水市生态文明村创建评比办法（试行）》。2010年8月，全市开展"文明单位共建生态文明村"活动。10月，丽水经济开发区开展结对共建，机关党支部分别与农村、企业党支部结对。

第一节　城市文明创建

文明县城（城区）创建

文明城镇创建　1982年，丽水地区首次开展文明城镇创建。1983年，丽水地委再次召开创建文明城镇工作汇报会，明确重点是创建文明单位、文明楼院和五好家庭，开展七大系统职业道德教育，刹住"赌博、婚丧事大操办和封建迷信"三股歪风。1984年，丽水地委第3次召开创建文明城镇工作汇报会。

1985年，丽水地区继续开展文明城镇创建。地区商业、供销、粮食、物资等七大系统参加职业道德教育1000多人。各地创建活动各有特色。丽水市（县级）城关镇开展“优质服务”教育试点；龙泉县龙渊镇开展“文明礼貌常识”教育；云和县云和镇开展“请、您好、对不起、再见”十字礼貌用语教育；遂昌县妙高镇开展“五好家庭”“文明楼院”评比，评出县级“文明楼院”51幢。全区评选出“五好家庭”4.25万多户，文明单位51个，创建精神文明先进集体212个。部分县还评选单项先进和“五讲四美三热爱”活动积极分子。

1986年8月30日至9月1日，在龙泉县召开全区城镇精神文明建设工作座谈会，研究部署在新形势下加强文明城镇建设问题。与会人员现场参观文明单位龙泉县人民医院、城郊林业站、农贸市场，听取龙泉县委、遂昌妙高镇等8个单位的经验介绍。丽水地委副书记徐松林作《适应改革形势，切实加强领导，努力建设文明城镇》的报告。丽水地区妇联负责人作发言。各县（市）委副书记、县（市）委宣传部长、工会、共青团、妇联负责人，建制镇党委和地区有关部门负责人参加会议93人。

1988年9月，丽水地区继续推进文明城镇创建，坚持“两个文明一起抓”，做到“两亲自、三不动摇”。庆元县定期召开协调会，组建市容监察、突击治脏、治安联防和青年突击队，县六套班子每人联系街道1条，书记、县长带头上街打扫、检查卫生。青田县拨款5万元，组建由退伍军人25人组成的专业联防队1支，昼夜执勤。

1989年，丽水地区成立创建文明城市领导小组办公室。推选丽水市（县级）参加浙江省创建文明城市竞赛。10月29日，全区召开第四次创建文明城镇工作会议。地委宣传部长、地区精神文明建设指导小组组长徐仁俊作主题报告。各县（市）委宣传部长、各县（市）城关镇委书记、分管副镇长和地区精神文明建设指导小组成员参加会议60多人。

1990年，全区召开第五次创建文明城镇工作会议，开展“岗位学雷锋、树新风”活动，评选“学雷锋标兵”“最佳人民公仆”“十佳营业员”。

文明县城创建　1995年，丽水地区开展第一轮创建文明县城竞赛。丽水地委、行署组织地直有关部门检查评比9个县（市）的文明县城创建工作。1998年，丽水地委召开扩大会议，研究部署丽水市创建文明城市工作。6—8月，丽水市（县级）集中整治市容市貌，拆除主街人行道上的电话亭和空调室外机。10月12日起，丽水市（县级）在城区开展“四禁”活动，取得初步成效。全区两次组织治脏大行动，参与近万人；举办地级文明单位负责人培训班3期，系统培训全区文明单位负责人和各县（市）文明办主任150人。各县加强和规范文明单位的建设管理，缙云、青田、松阳、云和等县（市）分批分系统培训本级文明单位干部。遂昌县完成东街、北街改造工程，完成东街拆迁工作，拆迁114户，面积1.9万平方米；松阳县建成综合市场，建筑面积1.1万平方米，投资5400万元建设城南路工程；云和县打通新建路，建设后溪大桥和30米宽的浮云大桥；缙云、遂昌开工建设一流学校；龙泉、遂昌、青田、云和、缙云等县（市）开工建设无害化垃圾处理场。各县（市）同时注重文明县城创建长效管理，建立综合执法队伍，基本实行城区12小时保洁制，提高主要街道的保洁水平；青田、遂昌、云和等县更换行道树种，增加城区绿地面积；青田县实施“街景化妆”，使侨乡亮丽起来；丽水地区筹资400多万元，在城区中东路设置公益广告灯箱118个。

1999年，丽水地区创建文明县城进入新阶段，推动创建活动向集镇、乡村延伸和辐射。5月14日，地委召开全区精神文明建设工作会议，部署新时期的文明县城创建任务。11月25日，地委办公室、行署办公室转发《地区精神文明建设委员会关于开展创建地级文明县城和文明集镇活动的实施意见》《地区精神文明建设委员会关于丽水地区农村社会主义精神文明建设实施意见（2000—2020）》，积极开展“洁、绿、畅、亮、美”主题的创建文明县城竞赛，集中整治马路市场、店外摊点、垃圾死角、水沟、河道。

2000年，丽水市改变文明县城创建活动制度，结合“申报制”和“竞赛制”。全市建立健全创建领导体制和工作机制。各县（市、区）集中整治环境卫生、交通秩序和市容市貌等群众反映强烈的问题。2001年，丽水市文明城市创建工作有新突破。推出市本级城市文明创建“十件实事”；开展“爱国卫生活动月”集中行动日活动，整治城区“脏、乱、差”；开展“迎国庆万名志愿者文明在行动”活动，义务服务市区文明创建。遂昌县申报市级文明县城，被浙江省委、省政府评为文明县城创建工作先进县。其他各县（市）开展创建文明县城竞赛。2002年，丽水市区继续推进文明创建“十件实事”。2003年，全市整体推进文明县城创建，市本级启动创建省级文明城市。

2004年，丽水市文明县城创建工作分层推进、整体提高。市本级坚持市区联动，重点打造五个示范窗口和开展“十项活动”，加大城市绿化、亮化、净化、硬化、美化力度，集中整治违法建筑和违法用地。解决府前菜市场内外环境“脏乱差”、人力三轮车和机动营运三轮车影响市容、主街道建筑立面杂乱陈旧等一批市民群众反映强烈的“老大难”问题，提升丽水城市形象。市本级顺利通过考核验收，被省委、省政府命名表彰为浙江省文明城市。云和县成功创建国家卫生县城，莲都区成功创建省级文明城区，松阳县、缙云县成功创建全省创建文明城市工作先进县，景宁畲族自治县、庆元县、龙泉市成功创建市级文明县城（城市）。

2005年，丽水市本级启动创建“全国文明城市工作先进城市”和“国家卫生城市”（简称“双创”）工作，成立组织机构，召开动员大会。集中开展以“治乱（乱停、乱放）、治差（环境卫生差、行为习惯差）、治违（违章建筑、违法用地）”为重点的城市环境综合整治活动，提升丽水形象。出台《丽水市人民政府关于丽水市城区限制燃放和销售烟花爆竹的通告》《关于丽水市区畜禽养殖禁养区限养区划分方案》等地方性政策规定。组织全市文明办（创建办）主任到宁波市学习考察全国文明城市创建经验。多次现场调研指导争创省级文明城市的云和、遂昌等县，推进文明县城创建。经考核验收，云和县、遂昌县荣获省级文明城市称号，庆元县荣获全省创建文明城市工作先进县称号，缙云县积极争创省级卫生城市。

2006年3月，丽水市本级启动国家环保模范城市、中国优秀旅游城市等创建活动，研究制定《创建国家卫生城市工作方案》《创建国家卫生城市工作重点项目分工》，实施“455文明素质提升行动”，开展“文明服务、文明经营、文明行路、文明如厕”专项活动4个，重点抓好乱设摊、乱停车、夜市排档、“双违”①、乱张贴广告等“五大整治”，积极创建文明管理示范街、文明管理示范社区、交通文明示范路口、文明礼仪示范窗口、星级公厕。加强城市基础设施建设，完成南明湖蓄水、垃圾填埋场污水提升改造工程、仓前临时菜场改建工程，建成公厕8座、垃圾中转站1座、停车场3处，新增城市绿化面积59公顷，有效改善城市形象。经考核验收，青田县荣获省级文明县城称号，龙泉市、景宁畲族自治县荣获全省创建文明城市工作先进县称号，缙云县荣获省级卫生县城称号。

2007年，丽水市全面开展“洁净丽水创和谐”活动，加大整治乱堆垃圾、乱摆摊、乱张贴、乱搭建等突出影响城市形象的问题，开展城中村和南明湖周边环境整治、中山街周边环境整治、乱设置广

① 指违法建设和违法占地。

告和“牛皮癣”等不文明现象整治，市容市貌改善明显。组织“讲文明、树新风——此时此刻看文明九县（市）行”活动4次。云和县启动省级示范文明县城创建，缙云县、庆元县开展省级文明县城创建，龙泉市争创省级卫生县城。经考核验收，缙云县、庆元县被命名为省级文明城市。2008年，丽水市委、市政府启动“六城联创”①活动，继续推进文明县城创建，重点整治城区环境“脏乱差”现象。启动城区旧城、内河、道路“三大改造”工程，开展“门前三包”专项整治和“洁净丽水大整治”活动，推出“数字城管”运行模式，实施府前菜市场、城西菜市场改造提升工程，推进滨水公园、滨江景观带、白云山森林公园等公共绿地建设，启动实施中山街商业步行街改造、霓虹灯亮化一条街、市医疗废物处理中心等重点项目。各县（市、区）深入开展文明创建。经考核验收，龙泉市、云和县、松阳县分别被省委、省政府命名为省级示范文明县城、省级文明城市（县城）。

2009年，丽水市继续推进“六城联创”工作，文明县城创建取得进展。推进市区“旧城、内河、道路”三大改造，完成一批旅游设施项目建设，开工建设滨江景观带之城市意象区、南明山主入口工程，完成重点单位拆墙透绿工作，市区新增绿化面积58.35公顷，务岭根垃圾填埋场、医疗废弃物处置中心项目等一批市政设施配套项目建成投运。开展“迎国庆洁净丽水整治行动”，整治乱设置户外广告、乱设摊、乱停车、乱搭建，健全“门前三包”制度。各县（市、区）文明县城（城区、城市）创建工作继续深化。经考核验收，景宁畲族自治县被命名为省级文明县城。12月，丽水市被国家旅游局授予“中国优秀旅游城市”称号。2010年，丽水市文明县城创建继续推进“旧城、内河、道路”三大改造，启动以“破三难、创三新、建三网”为主要内容的城市环境综合大整治，实施和推进农贸市场、停车场等一批创建共享性项目。同年，丽水市通过省级园林城市、省级森林城市、省级环保模范城市创建的考核命名。

“六城联创”活动

全国文明城市创建　2002年，丽水市本级开始创建省级文明城市。2004年，丽水市被命名为浙江省文明城市。2005年，市委、市政府决定开展争创“全国文明城市工作先进城市”和“国家卫生城市”工作，巩固和发展省级文明城市创建成果。5月，全面开展创建活动。2006年，印发《丽水市环境综合整治实施方案》《“455公民文明素质提升行动”实施方案》，深入推进“双创”工作。2007年起，先后完成城中村改造27个，道路实行雨、污分流，强、弱电管线下地，改善小区照明、绿化和环卫设施。2007年，印发《关于转发〈丽水市市区开展城市管理执法进社区活动实施方案〉的通知》，集中整治主次街道、社区及城中村乱设摊、店外经营、乱养畜禽、违章搭建现象，市容市貌明显改观。

2008年5月，丽水市委、市政府启动“六城联创”，召开市“六城联创”工作领导小组全体（扩大）会议，正式启动以争创全国文明城市为龙头的“六城联创”工作。同月，市委、市政府召开市区旧城、道路、内河“三大改造”动员大会。6月，下发《中共丽水市委、丽水市人民政府关于推进“六城联创”工作的实施意见》。10月，下发《市委办、市府办关于印发“六城联创”工作方案的通知》，开展城市环境“脏乱差”整治，重点改造内河。2009年3月，市委办下发《2009年“六城联创”重点工作安排及责任分工》，市文明委印发《关于印发〈丽水市“保护生态环境、树立文明新风”主题实践活动实施方案〉的通知》，在市区全面开展主题实践活动。2010年3月，丽水市委办下发《2010年“六城联创”重点工

① “六城”指中国优秀旅游城市、国家环保模范城市、卫生城市、园林城市、森林城市和全国文明先进城市。

作安排及责任分工》的通知。丽水市召开“六城联创”工作领导小组全体成员（扩大）会议，总结2009年全市“六城联创”工作，部署2010年“六城联创”工作任务。4月，市文明委举办“微笑丽水”文明行动启动仪式暨中山街文明宣传一条街活动。2010年，丽水市政府在31.89平方千米的建成区内，结合城市道路建设，建成“一环、五横、五纵”，有主次干道41条、总长184千米的道路网框架。丽水市区有各类公园14个、广场绿地3个、小游园14个，基本建成城乡公交网络。

中国优秀旅游城市创建　2005年1月，丽水市委、市政府明确旅游产业发展定位，下发《关于进一步加快旅游产业发展的意见》。2006年1月，市第二届人民代表大会第一次会议通过《关于丽水市国民经济和社会发展第十一个五年规划纲要的报告》，明确创建中国优秀旅游城市的工作要求。11月，向省旅游局提交《丽水市人民政府关于要求参加中国优秀旅游城市创建活动的函》。2007年，明确把旅游业培育成丽水的支柱产业。将创建国家AAAA级旅游景区、推进旅游产品体系建设作为旅游工作重点，以“建设一批大景区”为推动力，解决旅游产品供给不足的矛盾，实现丽水旅游短时期内的低位突破。7月，市政府召开全市旅游工作会议，与各部门签订《创优工作任务书》。2008年，全市旅游总人数首次突破1000万人次。2009年5月，市人大常委会通过《关于促进我市旅游产业发展的决议》，进一步明确旅游产业发展的目标要求和工作重点。12月，丽水市正式被国家旅游局命名为中国优秀旅游城市，在“六城联创”中率先创建成功。2006—2009年，全市旅游接待总人次和旅游总收入两项指标增幅连续5年居全省各市首位。2010年，全市AAAA级以上景区增至12个，高等级景区创建数量全省最多，排名从全省末位跃升到第三。省政府批准瓯江风情省级旅游度假区建设规划。

国家森林城市创建　2007年，丽水市委、市政府启动创建国家森林城市工作。2008年1月，市政府下发《关于组织开展“关注森林”活动并开展“森林城市（城镇）”创建工作的通知》。4月，印发《丽水市湿地保护与利用规划（2006—2020）》。10月，出台《关于全面推进生态林业建设的意见》，印发《浙江丽水九龙国家湿地公园总体规划》。2009年1月，市林权制度改革工作获评“浙江省行风建设十大新事”。8月，市政府组织论证《丽水城市森林建设总体规划》。12月，市政府递交《关于申报浙江省森林城市的函》。2010年3月，印发《丽水市城市森林建设总体规划（2008—2020）的通知》。4月，市政府向省林业厅提交《关于要求转报国家森林城市的函》。6月，浙江省森林城市预检专家组对丽水创建省森林城市工作进行预检。10月，市委书记陈荣高向国家林业局专题汇报丽水市创建“国家森林城市”工作。年底，丽水市被命名为省级森林城市。2012年7月，在第九届中国城市森林论坛上，丽水市获国家森林城市称号。

国家园林城市创建　2007年5月，丽水市委、市政府正式启动园林城市创建，召开城市工作会议暨国家园林城市创建工作会议。成立以市长陈荣高为组长的创园工作领导小组，制定创建园林城市实施方案。2007年8月，推行“园林式单位”“园林式小区”评选制度。编辑丽水市创建园林城市宣传手册《家庭绿化指南》。实施居住绿地、单位庭院绿化蓬勃发展，成功创建市区园林式单位98家，建成白云花苑、怡景花苑、绿洲花苑、正达阳光城、万锦花苑等“园林式小区”38个。2008年8月，市创建园林城市工作领导小组向莲都区人民政府和市直单位27个印发《创建园林城市工作责任书》《丽水市创建园林城市工作责任分解表》《创建园林城市工作测评标准》。

2009年起，丽水市区实施拆墙透绿，实现绿地共享，用围栏取代的围墙，让原本“关”在墙里的绿化景观展现在广大市民眼前。沿街市直单位率先实施拆墙透绿28家，丽水市行政中心周边单位不设围墙。2009 年 3 月，市政府批准实施新一轮《丽水市中心城市绿地系统规划》，从建设生态园林城市的目标出发，突出城市绿地系统的生态整合功能，从区域生态建设和城市生态安全的角度配置城市绿地系统，优化绿量和格局。规划将城郊广阔的生态绿地通过河、溪、渠、路等绿带向城区渗透，并与城区绿地系统融合，形成“点、线、面、环、楔”相结合的城市绿地整体空间形态。突出城市生态特色，建设山水生态城市，创造“天蓝、水清、地绿、气爽”的最佳人居环境。4 月，市区绿化工作领导小组办公室办制定《丽水市绿地“三认”工作实施方案》，并印发倡议书，丽水市绿环园林工程有限公司、丽水宜家物业公司、武家余、周正廷等单位和市民积极参与养护公益活动，先后建成“老白公益林”“处州晚报林”等一批纪念林。

2010 年，丽水市政府制定《丽水市城市绿化管理办法》(修订)、《丽水城市绿线管理办法》，加强城市园林绿化管理。丽水市建设局印发《丽水市城市古树名木保护管理办法》，制定《丽水市城市公园管理标准》《丽水市城区绿化养护技术标准》《丽水市区园林绿化工程项目管理暂行规定》《丽水市城区大树移植管理制度》等系列标准规范和规章制度，编印《丽水市城市园林绿化法规规范和文件汇编》。11 月，浙江省人民政府考核验收丽水市创建省级园林城市工作，丽水市考评成绩位列当年参评全省地级市第一名。2011 年 1 月，浙江省人民政府正式命名丽水市为“浙江省园林城市”。丽水市进入国家园林城市创建阶段。

国家卫生城市创建　2002 年，丽水市委、市政府启动省级卫生城市创建(以下简称“创卫”)。10 月，省“创卫”调研组来丽检查“创卫”工作。11 月，省级卫生城市评估团来丽水考核评审市区创建省级卫生城市工作。年底，丽水市被命名为省级卫生城市。

2005 年，丽水市委、市政府启动国家卫生城市创建。5 月，下发《关于开展争创全国创建文明城市工作先进城市和国家卫生城市工作的实施意见》《丽水市城市环境综合整治方案》，全面开展“双创”工作和城市环境综合整治活动。2006 年，进一步推进国家卫生城市工作，制定《丽水市创建国家卫生城市工作重点项目责任分工》，启动城市基础设施建设项目多个。同年开始，实行公开招投标，聘请专业清洁公司清理街头小广告(俗称“牛皮癣”)，开辟专门场地宣传合法广告。2007 年，印发《丽水市市区开展城市管理执法进社区活动实施方案》，集中整顿治理主次街道和社区及城中村乱设摊、店外经营、乱养畜禽、违章搭建等违法行为，市容市貌明显改善。2008 年 8 月，市政府召开创建国家卫生城市工作会议，与创建部门签订《丽水市创建国家卫生城市责任书》。9 月，下发《丽水市创建国家卫生城市倡议书》。12 月，丽水市再次被确认为浙江省卫生城市。

2009 年 8 月，丽水市政府召开全市创卫工作会议，印发《2009 年创建国家卫生城市工作目标责任》，与丽水经济开发区管委会签订《丽水市创建国家卫生城市责任书》，市城管执法局与中山街经营户签订《城市共建共管协议》，联手协管门前卫生。2010 年 7 月，丽水市召开城市环境综合整治大行动动员大会，部署城市环境综合整治工作。7 月底，印发《2010 年丽水市区实施“六小”行业卫生管理和整顿提升工作方案》。9—10 月，市创卫办专项督查丽水城区秋季爱国卫生运动及环境整治活动月开展情况。12 月，市卫生局开展为期一周的集中整治市区“六小”行业和无证照经营工作。

国家环保模范城市创建　2006 年 6 月，丽水市委、市政府启动国家环保模范城市创建(以下简称“创模”)。11 月，向国家环保总局报送《丽水市人民政府关于申报创建国家环境保护模范城市的函》和《丽水市创建国家环境保护模范城市方案》。2007 年 11 月，市创建工作督查组实地督查九县(市、区)的生态省建设、创建环保模范城市、“8•11”环境污染整治、节能减排工作。2008 年 8 月，

《丽水市创建省级环保模范城市规划》通过省环保局污控处组织的专家论证。9月2日，向省环保局递交《丽水市人民政府关于创建浙江省环境保护模范城市的申请报告》。

2009年9月，丽水市政府召开全市创模工作交流暨创模规划修编会议，将国家级创模规划的修编工作任务分解到各部门。2010年9月，向省环保厅递交《丽水市人民政府关于申请验收浙江省环境保护模范城市的函》。10月22日，丽水市创建省级环保模范城市工作顺利通过省环保厅技术评估。2011年初，丽水市被命名为省级环保模范城市。

第二节　基层文明创建

文明单位(行业)创建

文明单位　1983年，丽水地区文明城镇建设重点是创建文明单位、文明楼院和五好家庭，开展七大系统职业道德教育，刹住“赌博、婚丧事大操办和封建迷信”三股歪风。全区评选出文明单位550个，文明楼院501幢。1984年，丽水地区开展全民文明礼貌月活动。突出爱国主义、共产主义教育，以建设文明单位为目标，继续综合治理“脏、乱、差”，广泛开展“三优一学”竞赛活动。全区评选出文明单位51个，创建精神文明先进集体212个，有些县还评出单项先进和“五讲四美三热爱”活动积极分子。

1986年，丽水地区文明单位创建工作有新进展。丽水市(县级)创建“优质服务”活动，遂昌创建“文明楼院”活动，龙泉县创新“龙渊镇文明镇目标管理”等。9月，地委召开城镇精神文明建设座谈会。1987年年初，全区评出地级文明单位180个。1990年，全区召开第五次创建文明城镇工作会议，具体落实规划，制定考核标准，组织督促检查。1986—1990年，全区评出文明单位730个，文明楼1260幢。

1991年，丽水地区深化创建文明单位。全区获得部级文明单位4个，省级文明30个，县级文明单位、文明村1500多个，文明楼院2260多幢，受团省委表彰的“学雷锋、树新风”先进集体13个、先进个人6人。

1996年，丽水地区制定《丽水地区文明单位建设管理办法》。1997年，开展文明单位和文明窗口创建活动，全区按照文明单位管理条例进行建设和管理的省、地、县(市)级文明单位1100个。经考核验收，确定地级文明服务示范点创建23个，评选囿山小学等第二批地级文明单位47个，丽水金笔厂等第一批地级文明单位复评合格95个，农行遂昌县支行、青田县人民医院、缙云东渡镇麻弄村被撤销地级文明单位称号，被警告单位4个。1998年，丽水地区根据省文明委部署，考核申报、复评省级文明单位，确定中国建设银行丽水地区分行等单位28个申报第6批省级文明单位，丽水地区人民医院等前5批省级文明单位64个复评合格，建议撤销云和县雾溪水库工程管理处等单位9个的省级文明单位荣誉称号。

2001年，丽水市加强文明单位管理，提高文明单位创建水平，下发《丽水市文明单位建设管理办法》，实行文明单位申报届期制。开展全市省级文明单位复评，16个市级文明单位被省委、省政府命名为省级文明单位。2003年，丽水市加强市级文明单位的建设和管理。2003年是市级文明单位申报年，全市命名市级文明单位275个。

2005年，丽水市加强各级文明单位的规范化管理，修订《丽水市文明单位建设管理办法》，印发《文明单位创建台账目录》，组织开展新申报单位的调研指导和考核验收，有效提升文明单位的创建水平。全市评选出市级文明单位81个，纳爱斯集团有限公司被评为全国文明单位，丽水学院、丽水公路客运西站、燕京啤酒（浙江仙都）有限公司、青田县邮政局被评为全国精神文明建设工作先进单位。2006年，丽水市深入开展文明单位创建活动。纳爱斯集团等单位89个通过省级文明单位复评，丽水出入境检验检疫局等单位23个被评为2006年度省级文明单位。

2008年，丽水市开展国家级文明单位、村镇，省级文明单位、村镇创建工作和省级文明风景旅游区创建工作。紧水滩电厂获全国文明单位称号，丽水市国税局、中国人民银行丽水市分行、丽水市出入境检验检疫局、丽水市电力局、丽水市缙云中学获全国文明单位创建先进单位称号，云和县云和镇获全国文明村镇称号；单位38个获省文明单位称号，莲都区黄村乡下陆村获浙江省文明村镇称号；缙云县仙都风景区、遂昌县南尖岩风景区被评为省文明风景旅游区。2010年，丽水市持续开展创建文明单位活动，丽水市质量技术监督局等单位30个被评为浙江省文明单位。2月，丽水市人民检察院等单位54个被评为市级文明单位。同年，全市成功创建全国文明单位2个、全国精神文明创建工作先进单位9个、省级文明单位157个、市级文明单位429个。

文明行业　1984年，丽水地区开展全民文明礼貌月活动。综合治理“脏、乱、差”，其中“治差”从服务行业抓起，商业、医院、邮电、交通为重点部门。1985年，丽水地区开展优质服务和社会主义劳动竞赛。全区商业、供销、粮食、医药、物资、二轻等7个有商店的系统开展以优质服务为中心的社会主义劳动竞赛。1986年5月，丽水地区交通、金融、电力、卫生、文化等文明窗口单位又相继开展优质服务活动。丽水地区商业系统开展“三争一优”活动。

1990年，丽水地区各系统落实第五次创建文明城镇工作会议精神，制定考核标准，组织督促检查。地区商业服务系统开展“迎亚运、迎国庆、迎旺季”优质服务活动，美化店容店貌，做到“四个信得过”；丽水地区汽车运输公司开展“党内评先评优”“学雷锋树新风”“先进集体、积极分子”“岗位练兵、技术比武”等评比活动，被浙江省交通厅授予“双文明单位”称号，丽水地区汽车站和遂昌县车站被评为“省级文明车站”。龙泉城郊林业站、丽水毛巾厂、云和县粮食局、地区实验学校、松阳县粮食局、青田县糖酒菜公司被省委、省政府评为“省级文明单位”。

1995年，丽水地区文明行业的创建重点在党政机关、政法、工商、交通、卫生、教育、电力、城建、邮政、电信、金融、商业、粮食、供销、铁路等行业。各行业主管部门先后组织开展“百城万店无假货”“社会服务承诺制”“为人民服务，树行业新风”“讲文明树新风”“行业规范化服务”活动。1999年，丽水地区党政机关、铁路等行业开始创建文明单位。紧水滩水力发电厂被评为全国精神文明建设先进单位，丽水地区粮食局等单位27个被命名为省级文明单位，丽水百货大楼、庆元香菇市场被命名为“百城万店无假货”活动省级示范点，其中庆元香菇市场被评为全国级示范点，浙江省少数民族师范学校等单位56个被评为第三批地级文明单位，丽水市人民医院等第一批和第二批地级文明单位复评合格128个，丽水市城关镇灯塔村等地级文明单位称号被撤销、不予保留或自然取消20个。

2000年，丽水市窗口服务行业和执法部门开展文明行业创建，市电力系统开展创建“双文明单位”活动，推动电力企业“达标创一流”工作，加强行风建设，树立企业良好的社会形象。全区开展“百城万店无假货”活动，丽水市水花电器有限公司和青田中国石雕工艺品市场被省文明委命名为省级

“百城万店无假货”示范点。多数县(市、区)举办文明单位负责人培训班,提高文明单位的创建水平。全市单位81个被命名为第四批省级文明单位。

2001年,丽水市委、市政府评定中国工商银行丽水市分行等行业8个为市级文明行业,表彰市级文明单位216个。2003年,丽水市坚持从单位创建抓行业创建,加强市级文明单位的建设和管理。市委、市政府命名表彰市电业局、工商银行等2002年度市级文明行业8个。2004年,丽水市坚持从行业文明抓社会文明,加强文明行业创建工作。市联通、移动、公路管理处、邮政、人寿、农发行、航管处等系统7个开展创建市级文明行业工作,文明行业创建推动行业自身建设,带动社会风气好转,维护党和政府在人民群众中的形象。开展“百城万店无假货”,创建绿色社区、平安社区、文明样板路、文明家庭、军民共建等活动,推进城乡精神文明建设。

2005年,丽水市文明委评选出市优质服务先进窗口单位10个,具体是市地税局、市邮政局、市国税局、市政府审批中心、丽水出入境检验检疫局、中国银行丽水市分行、市房地产管理处、市中心医院、市人民医院、农业银行丽水市分行。2006年,丽水市首次开展“诚信经营、礼仪服务”文明示范窗口创建活动,与人民群众工作生活密切相关的服务窗口15个被命名为市级文明示范窗口。2008年,省电力公司紧水滩水力发电厂被评为第二批全国文明单位。2010年,云和县云和派出所等单位19个被评为市级文明窗口。

文明社区创建

活动创建 1997年,丽水地区加强文明社区创建,文明片区120多个发挥共建优势,整治“脏、乱、差”,创建达标文明社区。1998年,全区深化文明社区创建,基本建立“五有”共建机制。青田县建片10个,筹措共建资金80万元,拆除违章建筑150多处,新建花坛100多个。景宁畲族自治县年初评价检查所有共建单位,每月评分、年终总评,初步形成“县文明委—鹤溪镇文明共建片—共建单位—各楼院—居民”的创建管理网格。

2001年,丽水市按照“总体规范、分级创建、逐年推进、五年覆盖”的要求,推进全市文明社区建设和管理制度化、规范化,社区创建突出抓基层、抓基础,积极推进文明社区创建。市文明委制定《丽水市文明社区建设管理的暂行规定》。3月,莲都区白云社区被命名为第一批省级文明社区。4月,莲都区金苑社区等社区16个被命名为第一批市级文明社区。市、区两级政府联合召开社区建设试点大会,推广白云社区创建经验。松阳县被列入全省社区建设实验县。全面启动青年文明社区创建,发动和组织团员青年参与社区服务、社区文艺演出、“双整治”、第五次全国人口普查、扶贫帮困、优抚费收缴等多项工作。莲都、遂昌、庆元、云和等地积极开展青年文明社区创建试点。创建活动涌现出先进典型2个,分别是遂昌县妙高镇东街社区和庆元县松源镇第五社区。

2002年,各县(市、区)持续加强社区组织建设,落实社区办公用房,公开招选工作人员,制定社区工作规章制度,形成“党委政府领导、民政部门牵头、有关部门配合、社区居委会主办、社会各界支持、群众广泛参与”的社区建设领导体制和工作运行机制。按照“资源共享、社区共建”原则,普遍进行调整重组原社区居委会,新型社区建设、管理、服务能力大大提高。全市许多社区设置警务室,开展“零点巡逻”活动,开设医疗服务站,初步形成社区便民服务网络。一些社区把就业安置、社区保障、计划生育等纳入社区工作范围。在全市开展平安社区、绿色社区、特色楼院等社区特色创建活动。各级政府挤出资金,投入社区建设,社区环境明显改善。莲都区抓住丽水市创建省级卫生城市契机，新建社区垃圾箱210只，清除垃圾上千吨。遂昌县探索社区体制改革新路子，把社区环境建设列入文明创建“十件实事”之一。青田县坚持“抓特色、重民情、强服务”创建思路，加大投入，落实社区办公用房，争创一流社区。同时，各级团组织结合当地文明城镇创建，积极发动和组织广大团员青年参与“青年文明社区”创建活动。莲都区万象街道建成“天天”社区青少年服务中心，是全市第一个融教育、文化、娱乐、服务为一体的综合性社区青少年校外教育阵地。景宁畲族自治县组织学生500人利用课余时间上街文明劝导，推动县城人民中路文明示范街创建。庆元县松源镇团员青年开展清除“牛皮癣”行动和“文明在庆元”知识竞赛。遂昌县基层团组织举办青年文化广场活动，筹措共建资金，营造健康文明的社区环境。遂昌县妙高镇东街社区和庆元县松源镇第五社区获得第二批省级“青年文明社区”称号。

2004年，全市召开社区工作经验交流会，进一步深化社区体制改革，推进文明社区创建，加强社区基础设施建设，完善社区服务功能，提高社区创建水平。莲都区广泛开展“五进社区”活动，实施“洁美工程”，加强“三室二站一校一场所”设施建设，建成一批设施齐全、功能完善的文明示范社区。2月，莲都区灯塔社区等社区13个被命名为第三批市级文明社区。2005年，继续深化社区体制改革，开展文明社区创建评选，提高社区创建水平。推动城乡精神文明建设，开展“百城万店无假货”活动以及绿色社区、文明样板路、文明家庭、军民共建等基层创建活动。1月，莲都区北郭桥社区等社区11个被命名为第四批市级文明社区。

2006年，持续开展“百城万店无假货”、绿色社区、文明样板路、文明家庭等基层创建活动，进一步提升基层文明创建水平。2月，莲都区凤凰社区等社区7个被命名为第五批市级文明社区。2007年，全市创建推进会召开，开展创建工作示范社区（村）示范户评选。2008年开始，每年举办丽水市社区邻居节活动，邻居节成为全市社区居民提高文明素质、丰富文化生活的重要平台。至2010年底，全市建成5批市级文明社区61个，建成省级文明社区11个。2009年，遂昌县妙高镇叶坦社区、景宁畲族自治县鹤溪镇仙童社区被评为第9批省级文明社区。

活动宣传　1990年，启动县（市）文明社区创建活动。各县（市）积极筹措资金，加快基础设施建设，龙泉、松阳等县（市）重新调整社区规模。全区达到市级文明社区标准16个，其中莲都区金苑社区被命名为省级文明社区。2001年，丽水市区组织开展社区文艺大调演活动，参赛社区32个、代表队32支。2004年，举办全市“走向文明”社区文艺会演。参加全省第二届城市社区优秀文艺节目展演，《五个婆婆乐悠悠》获演出银奖和组织银奖。2005年，举办第二届全市社区文艺会演，《梅灵》《屋里屋外》参加全省第二届优秀节目展演，分获银奖和优胜奖。

文明村镇创建

活动创建　1984年，丽水地区启动文明村镇创建。各县表彰建设精神文明先进单位和个人。1986年，全区开展创建文明村活动。1989年4月，遂昌县妙高镇启动“刹、评、创”①试点工作。此后，全区开展创建活动，参与乡镇140个，占全市乡镇总数42%。

1996年10月24日，《丽水日报》刊发长篇通讯《山乡文明之星——丽水市大片村文明建设纪实》，

① 刹、评、创：“刹”是指刹聚众赌博、封建迷信、婚丧事大操大办三种歪风；“评”是指评“五好家庭户”和“遵纪守法户”；“创”是指评不上“五好家庭户”和“遵纪守法户”的户创造条件跨入“两户”。

介绍丽水市(县级)老竹畲族镇大片村全面开展文明建设的先进经验。1997年,确定遂昌县石练镇等村镇18个为创建文明村镇示范点。遂昌、景宁、庆元、青田、龙泉、缙云、云和等县(市)开展文明乡镇竞赛检查考评。1999年,全区围绕农业和农村现代化集中教育,开展"治路、治脏、治厕、治坟、治庙"工作。松阳县古市镇实施街道拓宽工程,主要街道全部硬化,人行道铺设彩砖,清理占道设摊,卫生厕所普及率80%。庆元县竹口镇以"治路、治脏、治厕"为重点,集中解决多年难以解决的问题。青田县方山乡重点抓好菜市场、停车场、垃圾填埋场和公共厕所的建设,村村铺浇水泥路,改变侨乡面貌。丽水市(县级)、景宁畲族自治县推行殡葬改革,在规定区域内实行遗体火化。

2000年,全市持续创建精神文明村镇。各县(市、区)以"双思"教育①和农业农村现代化教育为契机,推动农村"治路、治脏、治厕、治坟、治庙"工作。莲都区富岭乡实现村村通水泥路。2002年,丽水市探索文明村镇创建新机制、新途径。4月,丽水市、县、乡(镇)三级联动组织较大规模和声势的"科技赶集"活动,其中市级组织9次,下村蹲点技术指导专家和科技人员621人。8月,推出龙泉市龙渊街道村头村党支部书记陈金典型事迹,在全市农村开展"学陈金精神,做农村致富的带头人"学习宣传活动。拍摄制作《丽水农民实用技术》VCD教育片,无偿赠送给农民6000张。《丽水电视台》开辟《金钥匙》栏目,《丽水日报》开辟《潮涌瓯江》《农业科技致富》栏目。《丽水电视·绿色淘金》栏目,报道致富典型,推广农技新成果。全年举办农村科技培训班2778期,参训36.47万人次。继续开展农村居住环境、社会风气"双整治"活动,改善居住环境、社会风气和提高生活质量。全市整治非法小庙小庵75座、滥建坟墓2222处,拆除露天粪坑9394个,清理河道257.6千米,新建垃圾中转站、填埋场、垃圾箱1606个,新建无害化公厕148个,农村实现垃圾袋装化61个。组织推进"双建设"活动,广泛开展"破旧俗,立新风,争做新型农民"教育。全市建成农民公园12个、村级文体活动室527个,建立业余科技宣传员队伍4042人,新建村级宣传窗762个、农民文明学校56所、农民图书室194个,新发展文化(科技)示范户1827户。

2003年,丽水市贯彻省文明委"百镇创文明"战略,以全市经济重镇32个的创建为龙头,带动其他镇、乡、村的创建。市文明委制定《丽水市创建市级文明村、镇实施意见》,在全市启动申报创建市级文明村镇,根据"自愿申报、逐级推荐、提前公示、择优评选"的原则,评选出市级文明村19个。结合实际 实施"千村整治、百村示范"工程,巩固和深化"双整治、双建设"成果。开展"五个送""六个一"等活动,完善农村文化设施。2004年,丽水市先后召开"双建设、双整治"暨基层文化阵地建设工作会议、中共十六届四中全会精神主题教育活动电视电话会议。各地开展新一轮农村环境"脏乱差"整治和基层文化建设,推进"百村示范、千村整治"工程建设,重点是"三沿"②及集镇、中心村。缙云县以文化示范户建设为抓手,扎实推进基层精神文明建设。遂昌县的"民间文化大集"、莲都区的"首届乡村民间文化节"、景宁畲族自治县的"农民精神文化套餐"等群众性文化活动,参与面广、受益面大,深受基层群众的欢迎。

2005年,丽水市委办、市府办转发《市文明委关于深化"双建设、双整治"工作,认真开展"百村千户文化示范工程"结对共建活动的实施意见》,以"三沿"地区和集镇、中心村为重点创建文明村镇。全市召开文明办主任会议和市直属文明单位负责人会议,全面部署结对共建。抓好缙云、龙泉、

① 2000年2月21—25日,总书记江泽民在广东考察工作时提出:当前,很有必要在广大干部群众特别是在发展较快地区的干部群众中开展"致富思源,富而思进"的教育活动。

② 指沿铁路、沿公路(包括县乡各级公路)、沿通航河道两侧。

松阳3个县(市)结对共建试点,制订市级文化结对共建三年规划,落实示范村100多个、县级文化示范村700多个和文化示范户1000多个。青田县集中开展"三沿"环境综合整治,莲都区开展"乡村洁净行动"。莲都区老竹畲族镇大片村被中央文明委命名为全国文明村镇;云和县云和镇、松阳县新兴乡内孟村被命名为全国创建文明村镇工作先进村镇。

2006年6月,丽水市在松阳县召开"百村千户文化示范工程"结对共建工作现场会,推动城乡结对共建文明工作。全市参与结对单位1055个、行政村723个、农户1157户。全市开展"丽水文化名村"创建,评选村级班子强、文化底蕴深、群众文化氛围浓、村风村貌好的文化名村11个。全市深入开展"双万双千""绿谷风"大篷车送文化下乡活动,丰富基层群众文化生活。2007年,丽水市组织开展以"知荣辱、改陋习、树新风"为主题的乡风评议试点,进一步深化"百村千户文化示范工程"结对共建活动,命名表彰市级文明单位、文明村镇、文化示范村、文化示范户、文明家庭及和谐家庭一批。

2008年,丽水市深入开展"百村千户文化示范工程"结对共建工作,发动文明单位参与"种文化"活动。全市参与结对单位1055个,推动农村文化建设和新农村建设。2009年9月,丽水市开展生态文明村创建工作,制定《丽水市生态文明村创建评比办法(试行)》,以社会主义新农村建设为目标,以村级生态经济、生态环境、生态文化、生态班子建设为核心。同年,全市继续深化"百村千户文化示范工程"结对共建活动,以低收入农户集中村结对、生态文明村结对、"种文化"结对等3个层次的城乡共建为重点,推进乡风文明建设。

2010年,丽水市制定下发《关于在全市开展生态文明村创建工作的实施意见》《丽水市生态文明乡镇(街道)创建管理办法(试行)》,在景宁畲族自治县召开全市农村精神文明建设暨生态文明村创建现场会,推动各类群众性基层文明创建。全市启动"千家文明单位共建生态文明村"活动。

评选表彰　1984年,丽水地区除缙云县外,其他8个县(市)评选文明村30个。1987年年初,丽水地区评选文明村185个、五好家庭1.16万户。1986—1990年,全区评选文明村650个、文明楼1260多幢、五好家庭185600多户。1997年,各县(市)创建文明户、五好家庭活动有新进展,评选县(市)级文明户10068个。松阳县古市镇、丽水市(县级)老竹畲族镇大片村分别被中央文明委评为全国创建文明村镇工作先进镇和先进村。

2000年,遂昌县石练镇等集镇3个提出申报市级文明集镇。石练镇等9个村(镇)被命名为省级文明村镇。2004年,云和镇等6个村(镇)被评为省级文明单位和文明村镇。2005年,丽水市评选出市级文明村镇16个。莲都区西溪村、缙云县河阳村、松阳县界首村、遂昌县长濂村、松阳县石仓六村、龙泉市下樟村、青田县龙现村、景宁畲族自治县大漈村、云和县坪垟岗村、庆元县大济村、莲都区堰头村等村11个被命名为首批"丽水文化名村",每村奖励10万元。

2006年,遂昌县石练镇等村镇14个通过省级文明村镇复评,龙泉市住龙镇等村镇10个被评为2006年度省级文明村镇。2008年,丽水市开展第二批"丽水文化名村"创建评选活动,庆元县菊水乡月山村等村9个被评为"丽水文化名村"。推进文化示范村(户)创建工作,命名市级文化示范村16个、市级文化示范户106户。莲都区老竹畲族镇大片村被评为第二届全国文明村镇。庆元县松源镇、松阳县大东坝镇、景宁畲族自治县鹤溪镇、莲都区黄村乡下陆村、莲都区雅溪镇双源村、龙泉市西街街道下樟村、青田县章旦村章旦村、云和县云和镇大坪村、云和县石塘镇小顺村、遂昌县石练镇上街村、松阳县西屏镇丁山头村被评为省级文明村镇。

2009年,丽水市启动第二批"丽水文化名村"创建评选,庆元县举水乡月山村、龙泉市小梅镇大窑村、莲都区老竹畲族镇沙溪村、景宁畲族自治县大均乡大均村、青田县山口镇山口村、松阳县新兴乡内孟村、缙云县五云镇官店村、遂昌县黄沙腰镇黄沙腰村、云和县石塘镇孝顺村等村9个被命名为丽水文化名村。云和县云和镇、遂昌镇云峰镇长濂村、云和县雾溪畲族乡坪垟岗村被评为第三届全国文明村镇。2010年，丽水市创建生态文明村505个，表彰市级农村文明户97户。青田县高湖镇等被评为单位浙江省文明镇(乡、街道)，云和县雾溪乡雾溪村等单位14个被命名为浙江省文明村(社区)，遂昌县云峰镇长濂村、松阳县新兴乡内孟村被评为第四批全国文明村镇。全市开展农村“三十佳”评选活动。全市创建国家级文明镇1个，省级文明县(乡、街道)、文明镇(乡、街道)12个，市级13个；省级文明村26个，市级文明村31个；“丽水文化名村”20个；市级文化示范村56个。

文明家庭创建

五好家庭　1981年，丽水地区妇联开展创建“五好”家庭活动。1980—1981年，丽水地区在各县乡镇开展“五好”家庭活动初级阶段的试点和宣传发动，地区妇联办事处在全区妇女干部培训班上传达贯彻省关于开展“五好”家庭活动的有关精神。丽水县城关镇二居委、缙云县东川乡、遂昌县斋坦乡分别开展“五好”家庭活动试点。1980年，全区评选第一批地级“五好”家庭350户。1981年，丽水地区评选“五好”家庭1602户，其中地级200户，县级525户；“五好”个人5198人，其中地级39人，县级1716人。荣获省级“五好”家庭39户。“五好”家庭活动初见成效。1982—1983年，丽水地区全面开展“五好”家庭评选活动，全区评选出地级“五好”家庭3531户。

1984—1986年，丽水地区广泛、深入开展“五好”家庭评选活动，成为地区妇联的重点工作。各县因地制宜地开展活动。在农村，把制定“五好家庭”公约与制定家庭致富规划相结合，把争创“五好”家庭与争创专业户、重点户相结合；把开展“五好”家庭活动与普法教育、计划生育、扫盲工作相结合，做到相互转化。1985年，各县贯彻落实全国“五好”家庭活动经验交流会精神，在“五好”家庭活动的指导思想、活动内容、活动规模、工作方法、组织领导上有新的进展和突破。在城镇，一些县(市)把“五好”家庭活动纳入城镇文明建设总体规划，与创建文明楼院、文明单位、文明村镇结合起来，推出更多具有时代特色的新型“五好”家庭，成为“两个文明”建设系统工程的基础工作。1984年，庆元县黄新乡评出“五好”家庭43户，其中专业户33户，占“五好”家庭总数的76%。1985年，云和县评出“五好”家庭873户，其中专业户、重点户479户，占“五好”家庭总数的54.9%。丽水市(县级)评选“五好”家庭8000户，其中勤劳致富家庭3001户，开拓进取型家庭397户，移风易俗型家庭903户，有“好家长”家庭3292户。全区评出“五好”家庭42562户，占全区总户数的8.4%。

1981—1986年，丽水地区获全国表彰“五好”家庭2户，获省级表彰的“五好家庭”2户、女改革者1人，获地级表彰的“五好家庭”266户、“五好个人”313人、“三八”红旗手250人、“三八”红旗集体202个，挂上五好家庭光荣牌的“五好家庭”8722户。涌现出一大批五好个人、文明庭院、文明墙门。

五好文明家庭　1997年，丽水地区启动“五好文明家庭”评选，以“爱国守法，热心公益好；学习进取，爱岗敬业好；男女平等，尊老爱幼好；移风易俗，少生优育好；勤俭持家，保护环境好”为内容。全区评选地区“五好”文明家庭25户，省级“三八”红旗集体2个、“三八”红旗手7人。

1998年，丽水地区继续开展“五好文明家庭”评创活动。全区评出县级“五好文明家庭”3310户。3月，启动“尊老爱幼活动月”活动，丽水地、市妇联组织单位16个、100多人在中山街、继光街开展

“尊老爱幼”宣传咨询服务活动，咨询近1000人次，发放宣传资料1050份，健康体检300多人次。组织专家医生10多人，为郑榴娟敬老院老人22人和市儿童福利院孤儿7人体检。庆元县五大堡乡农民陈芬被授予全国“三八”红旗手称号，景宁畲族自治县妇联和云和县雾溪畲族乡党委书记、乡长蓝春英分别被全国妇联、国家民委授予各族妇女团结进步模范单位和先进个人称号，青田县季宅乡妇联主席叶素青荣获第四届全国巾帼扫盲奖。

1999年，丽水地区结合“五好文明家庭”创建活动与“双学双比”“巾帼建功”，继续抓好创建评比和典型宣传。3月7日，地区举办“庆三八争做新世纪高素质女性”演讲会，地区妇联向全区妇女发出《面向新世纪争做高素质女性》倡议书。全市评选地级“五好”文明家庭9000户、县（市、区）级“文明家庭”17970户，完成年初确定的文明家庭户达20%的目标。

2000年12月，丽水市委、市政府在遂昌县专门召开“双禁”专项整治工作会议，遂昌、青田等县取得阶段性成果。景宁畲族自治县在农村开展“十星级”文明户创评。全年全市有受全国表彰的先进集体2个、先进个人2人，获省第二届“五好文明家庭”称号2户，获省“模范敬老好儿女”称号1人，获省“双学双比”先进女能手称号9人，获省“双学双比”活动先进工作者称号4人。

文明家庭　2001年11月，丽水市统一家庭创建活动，“文明家庭”“五好文明家庭”“新家庭”合并为“文明家庭”创建活动，实行统一领导、统一规划、统一标准、统一评选，分工负责、分级管理、成果共享。全市妇联组织以家庭为阵地，大力实施“文明家庭工程”活动。全市参加争创“文明家庭”活动家庭12.8万个，被评为乡（镇、街道）级“文明家庭”8.5万户、县（市、区）级“文明家庭”6926户、市级“文明家庭”100户、省级“文明家庭”2户。

2002年，丽水市继续深入开展创建文明家庭工作。4月，印发《丽水市家庭教育工作“十五”计划》。6月，召开“文明家庭”表彰大会，表彰市级“文明家庭”100户。受表彰的市级“文明家庭”向全市家庭发出倡议书。7月，与《处州晚报》联合开展“治家之言”征集活动。10月，召开家庭教育工作会议，表彰家庭教育先进单位10个、先进工作者10人、示范性家庭学校2所、先进家长学校18所。8月，丽水市向归侨侨眷家庭和海外亲属发出“寄乡音、唤亲情、爱祖国”一封信。2003年，丽水市继续贯彻落实《公民道德建设实施纲要》，开展“文明家庭”创建活动，表彰市级“文明家庭”100户，被评为全国级“五好文明家庭”2户、省级“学习型家庭”7户，被评为省级“文明楼栋”2个。开展“好媳妇、好丈夫、好妻子”评选活动，评出“好媳妇”10人、“好丈夫”10人、“好妻子”10人。

2004年，丽水市妇联从家庭入手，组织引导妇女开展文明家庭创建活动。全年表彰市级文明家庭100户、市级学习型家庭10户、市级文明楼栋10个、市级文明家庭创建活动先进组织10个。开展“绿色家庭”知识竞赛，参加全国“绿色家庭”知识竞赛家庭3355户，免费赠送《走向绿色家庭》1000本。开展绿色家庭创建活动示范点和“绿色家庭”创建评比，评出市级绿色家庭16户，推荐认定省级绿色家庭创建活动示范点2个、省级绿色家庭9户。组织“环保与我家”征文活动，参与省“环保与我家”征文活动，获二等奖3人、三等奖4人。市妇联荣获省级、全国级优秀组织奖。

2005年，丽水市创新文明家庭创建工作，开展“美德在农家”创建活动。制定《“美德在农家”创建活动实施意见》，注重“千村示范、万村整治”，建设学习型家庭、绿色家庭、五好文明家庭，开展“农家乐”“红色之旅”活动，加强未成年人思想道德建设、农户增收致富。开展“文明礼仪规范”宣传教育实践活动，出台《家庭礼仪宣教实践活动实施方案》。开展以“为国教子，以德育人”为主题的“双合格”家庭道德教育宣传实践活动，推动科学教子进家庭。市、县（市、区）牵头召开全市家庭教育工作会议，成立家教工作领导小组和家庭教育讲师团。召开纪念“三八”国际劳动妇女节95周年暨表彰大会，举办市直单位妇女趣味运动会和妇女健身操大赛，举办“人民医院杯”摄影一日赛。联合市“双拥”办开展“十佳好军嫂”“十佳兵妈妈”评选表彰活动。

2006年，丽水市深化“家庭文明工程”，开展绿色家庭、美德在农家、廉洁之家、学习型家庭、平安家庭、无毒家庭创建活动。完成《“十五”妇女儿童发展规划》终期监测评估，编制《“十一五”妇女儿童发展规划》。全年创建全国文明家庭2户，创建省级文明家庭4户、学习型家庭15户、绿色家庭15户，评选表彰市级美德之家18户、文明家庭100户、学习型家庭15户、绿色家庭17户。市妇联、松阳县妇联被评为省级文明家庭创建活动先进组织。授予市级文明家庭创建活动先进组织称号10个。

2007年，丽水市召开创建家庭文明建设工程推进会，深化“平安家庭”创建活动。评选周荣英等市文明家庭50户、管兴标等市学习型家庭20户；叶方旭等美德之家20户。莲都区大港头镇妇联被评为市文明家庭创建先进单位。全市农村“平安家庭”创建率超过60%。全市开展丽水市首届“皇都房产杯”十佳和谐家庭评选表彰活动及浙江省“十佳热心老人”“十佳贴心婆媳”“十佳爱心父母”“十佳孝心子女”候选人推荐工作。发出《筑拒腐防变防线，建廉洁和谐家庭》倡议书。2008年，丽水市继续推进“家庭文明建设工程”，深入开展“平安家庭”创建。召开全市“平安家庭”创建表彰会，全市城镇社区创成率超过90%，农村创成率超过70%。举办廉政工艺品大赛。举办“丽水市首届邻居节”活动，评选“绿色家庭”15户。成立丽水市首支禁毒志愿者支队。2009年，丽水市继续以平安家庭、绿色家庭、文明家庭、邻居节为载体，加快文明家庭建设。被评为省级绿色家庭15户、市级绿色家庭15户。举办市第二届邻居节活动。深化“平安家庭”创建，引导创建一批典型社区(村)。

2010年，丽水市家庭文明建设突出家庭主题创建、百年主题纪念、妇工主题宣传。制定《丽水市农村文明户创建管理办法(试行)》，创建评选“五型文明户”。实施文明户“道德信贷”工程，推动生态文明进村入户。建立市、县、乡(镇)三级评选表彰文明户机制。在庆元县召开全市“平安家庭”创建表彰会，引导全市妇女从家庭着手为“平安丽水”建设作贡献。创建“五型文明户”评选农村“三十佳”。创成丽水市农村文明户97户，建成全国级文明家庭2户、省级文明家庭4户、省级学习型家庭4户、省级绿色家庭15户、省级廉政文化“六进”示范点3个、省级绿色家庭创建活动示范点2个。

第三节　文明共建活动

军民共建活动

1981年，丽水军分区与地区行署开展“拥军优属、拥政爱民”共建活动。1987年，丽水军分区开展扶贫帮困活动，联系贫困户1014户，帮助脱贫703户。1989年，全区开展服务部队系列活动。1992年，丽水军分区、人武部开展服务地方活动，组织和发动民兵预备役人员开发农林业、兴修水利、科技兴农、脱贫致富、维护社会治安。全区建立示范点229个，有人武系统扶贫户2388户，帮助脱贫884户。1993年，丽水军分区开展经济建设主战场上建功立业竞赛。全区建立扶贫帮困小组625个，结对贫困家庭近5000个。1990—1993年，全区出动民兵参加抢险救灾460次，抢救遇险群众862

人，基干民兵因抢险救灾牺牲5人。1997年，各县(市)以共建文明县城、共创双拥模范城、共建文明乡镇、组织扶贫帮困等新时期军民共建为主要内容，制定制度，落实措施，全区建立民兵文明示范点61个，民兵家庭被评为“双文明”家庭6734户。1998年，做好驻浙某部在丽水地区执行光缆施工任务的服务保障，组织慰问施工部队，帮助排忧解难。全区向施工部队慰问20多万元，慰问品折价30多万元。6月，丽水军分区司令部、政治部资助景宁畲族自治县新建洋村孤儿2人的学习、培养费用。1981年起，军分区司令部、政治部、后勤部分别与地区公路稽征处、电业局等单位建立军民共建文明单位。8月，长江流域发生洪灾，军分区、人武部官兵捐献救灾款8.34万元。

2000年，丽水市军分区组织民兵预备役人员积极参加两个文明建设，参与抢险救灾、维护社会治安，完成各种急难险重任务。丽水市出动人武干部、专职武装干部和民兵3900多人次，做好转移受灾群众、清理道路塌方、抢运物资等任务。2001年，丽水市深入开展军民共建、警民共建等各具特色的文明创建活动，扩大文明创建覆盖面。2003年，丽水军分区发动民兵参加社会公益活动1.7万多人次。2004年，丽水市组建民兵道桥抢修分队10支、其他对口专业分队13支。2005年，丽水军分区支援地方建设项目35个，为民做好事890件，参加义务劳动1800人次，捐款捐物8万多元。2006年，丽水市首次荣膺省级“双拥”模范城称号。

2007年，丽水市持续开展“双拥”共建。8月，丽水市遭遇台风“桑美”袭击，出动现役干部和预备役人员9436人次，解救被困群众27人，转移群众17169人，抢运物资7万多千克。同年，丽水军分区开展向灾区“送温暖、献爱心”活动，全年捐款63981元。2008年，丽水市遭遇50年一遇雨雪冰冻灾害，出动民兵预备役人员清扫冰雪道路111.7千米，运送电力抢修物资19.63万千克，修复电力塔架2处、电杆750根、断电点235处、线路107千米。灾后，森林火灾频繁，出动民兵15686人次，控制火情蔓延。5月，四川发生汶川特大地震，丽水军分区开展向灾区“送温暖、献爱心”活动，捐款76221元，交纳特殊党费166565元，捐赠衣被等物资221件(套)、军用帐篷20顶。2009年，丽水军分区深入开展军民“双拥”参建活动，建立新农村示范点20个、扶贫联系点28个，确定帮扶对象730户，落实帮扶资金33.2万元，脱贫367户。积极参加抢险救灾、应急维稳等急难险重任务，全年出动民兵抢救群众3901人，抢运物资4207.4万千克，捐款1.04万元，捐物2810件。

警民共建活动

“枫桥经验”学习　1964年7月，丽水地区开始学习推广“枫桥经验”，组织一批公安干警参加社会主义教育运动试点。1965年10月底，全区进一步学习推广“枫桥经验”，将教育人、改造人的工作列为第一位任务，做到治安秩序好、案件发生少。1966—1976年“文化大革命”期间，丽水地区推广“枫桥经验”受阻，被攻击为“和平改造的黑旗”“修正主义的样板”。1977年，丽水地区重新学习推广“枫桥经验”。地委批转地区公安局党委《关于贯彻省委推广落实“枫桥经验”的实施意见》，要求各级党委将“枫桥经验”落实到每个乡村基层，矛盾不上交。1978年，地委先后两次批转地区公安处推广“枫桥经验”的经验，在青田县船寮公社[①]召开推广落实“枫桥经验”座谈会。全区选择镇7个、公社107个、生产大队874个、厂矿13个、居民区3个进行试点推广，占总数的30%。

① 1985年改称船寮镇。

20世纪90年代，丽水地区学习推广“枫桥经验”，总结推广遂昌“云峰经验”。2010年，丽水市继续深化“枫桥经验”推广，市委、市政府率先在全省制定《关于构建“大调解”体系，促进社会和谐稳定的意见》，落实“大调解”工作和“一办四中心”①办事机构编制，由省综治办向全省推广“大调解”模式。在全省政法会议上交流青田县“大调解”工作经验。

平安社区共建　1990年，各县(市)公安机关实施社区和农村警务战略，警民共建平安社区，有效预防减少违法犯罪和事故，保障民众安居乐业。1991年，全区机关、工矿、企事业单位开展治安安全单位创建。1994年，全区开展以打击流氓恶势力为重点、以治乱为突破口的治安3年重点整治。全区整治乡镇139个、行政村1173个、单位170个、场所526个，查破案件5476起，处理违法犯罪人员8299人。1995年，全区公安机关开始实施“12345平安工程”建设。1996年，全区乡、镇、村和居民区开展“平安小区”和“平安村居”创建（统称“平安社区”创建)。1997年，丽水地区公安机关开展“平安社区”创建。全区创建“安全小区”387个、“安全村居”1668个，创建率45%。1998年，全区创建“安全小区”443个、“安全村居”2718个，创建率74.29%。1999年，再掀“平安社区”创建新高潮，层层签订治安责任书。

2000年起，丽水市开展“治安安全单位”和“平安社区”创建，建立社区警务室，深入开展“平安工程”建设，实行社会治安综合治理。2003年，下发《关于创建“平安乡镇(街道)”“平安社区”活动的实施意见》，选取创建工作试点乡镇、社区18个，全市涌现出一批安全文明小区、安全文明村居。2007年，全市启动社区综合工作中心和综治工作站建设。2008年，继续开展社区综合工作中心和综治工作站建设，完善基层综治网络。全市乡镇179个的综治工作中心规范化建设率98.88%，社区综治工作站(室)80个全部达到规范化建设标准。2009年7月，丽水市开展平安社区创建，制定《市平安办成员单位建设“平安丽水”工作责任制暂行规定》，健全平安创建工作组织体系和考评体系。

2010年，丽水市完善基层平安创建“抓街道带社区、抓乡镇带农村、抓系统带单位、一级带一级”工作机制，以基层基础建设年活动为载体，深入开展矛盾纠纷排查化解。丽水市被省委、省政府命名为平安市，实现平安建设“六连冠”目标，全市9个县(市、区)均被省委、省政府命名为平安县(市、区)。2001—2010年，推行“一区一警和一区多警”模式。组建社区警务室87个，配备民警153人、协警366人，组建率100%。111个没有设派出所的乡镇建立农村警务室129个，落实驻村民警144人、协警85人。

城乡共建活动

新农村共建　2004年2月，丽水市举办“浙江省百强企业、著名企业亲近丽水”活动，开展“结对帮扶、走访慰问”活动。2005年，开展“百村千户文化示范工程”结对共建活动，全市文明单位1055个与行政村940个、农户1157户结对共建，开展丽水文化名村、文化示范村、文化示范户创建。2006年，全省积极参加万家工商企业、万个城市文明单位、万名科教人员结对共建新农村活动。

2009年，丽水市委开展城乡基层党组织“结对共建”活动，下发《关于深化“六个双百”和“一户一策一干部”机制，切实做好结对帮扶工作的通知》。上半年，参与结对的市直部门党员干部3098人，帮扶农户2187户、6049人深化文明单位结对共建“百村千户文化示范工程”活动，重点

① 以政务服务管理办公室为核心，下辖政务服务中心、公共资源交易中心、电子政务中心和公共服务中心。

是低收入农户集中村结对、生态文明村结对、“种文化”结对 3 个层次，推进乡风文明建设。2 月，市财政地税局实行企业结对服务联系制度，纳爱斯集团公司等重点税源企业 38 家被纳入结对服务联系对象。

2010 年 8 月，丽水市开展“文明单位共建生态文明村”活动，全市县级以上文明单位参与结对 1000 多家。10 月，丽水经济开发区开展结对共建活动。机关党支部分别与农村、企业党支部结对(简称“红色 1+2”)，农村和企业党组织按照“地域相邻、工作互促”的原则结对。

留守儿童关爱　2007 年，丽水市妇联开展共同关爱留守儿童活动。建立留守儿童俱乐部、留守儿童之家 86 个。全市有代理家长 3087 人与留守儿童结对帮扶。2008 年，全市创办中小学、幼儿园家长学校 821 所，社区家长学校 31 所，广播电视家长学校 74 所。代理家长 3087 人继续与留守儿童结对帮扶。2010 年，市妇联组织实施“妇女儿童关爱工程”，开展万名家庭教育志愿者进村入户送家教知识活动。代理家长 3000 多人与留守儿童结对帮扶。

民族村共建　2008 年下半年，丽水市贯彻落实浙江省少数民族低收入群众增收帮扶行动计划。浙江省公布首批帮扶结对民族村 115 个，其中丽水市有 58 个，占全省的 50%。绍兴市等地统战部门和民建浙江省委、民革浙江省委、九三学社浙江省委、民进浙江省委、台盟浙江省委、浙江省工商联等结对单位和个人，分别与丽水民族村结成一对一帮扶对子，实施增收项目帮扶。

第四节　文明新风建设

20 世纪 80 年代初，丽水地区改革开放，社会物质文明进步。20 世纪 80 年代末，丽水地区开始开展文明新风建设，组织破除迷信、推广科普的活动，健全社会机制，推动民间慈善事业，光大见义勇为壮举。1989 年起，丽水地区开展“刹三风、评三户”活动。2000 年开始，全区实行“双思”教育和农业农村现代化教育。20 世纪末各县慈善机构成立前，由民政部门履行慈善事业机构职能。2005 年，丽水市慈善总会成立，健全慈善工作的社会机制，慈善事业更加全面、健康发展。1994—2010 年，丽水市举行一系列弘扬见义勇为壮举的表彰活动。

封建迷信破除

活动整治　1989 年 4 月起，丽水地区农村开展“刹歪风、评三户、创建文明村镇”活动。创建文明村镇 140 个，占全区乡镇总数的 42%。1990 年，“刹歪风、评三户”活动向各城关镇推广，活动更具特色。3—5 月，丽水地区各城关镇评选“三户”活动个体工商户近 3000 户、“三星”文明工商户 89 户、“两星”五好经营户 561 户、“一星”遵纪守法户 1840 户。

1996 年 2 月开始，丽水地区开展反对封建迷信活动，制止非法建造寺观教堂，专项治理滥建坟墓现象。丽水地区向浙江省委专项治理领导小组上报《关于继续做好专项治理防止“回潮”发生的报告》，浙江省委常委、宣传部部长梁平波作出批示，浙江省委办《信息通报》转发。丽水地区召开清尾留、防“回潮”工作会议，开展“两项清理”工作，重点检查“三沿两区”，对清明扫墓活动作出明确规定，防止清明节期间“回潮”现象的发生。

1997 年，丽水地区执行浙江省人民政府办公厅《关于“九五”期间进一步加强殡葬改革工作的通知》，开展殡葬改革准备。1999年，全区推行遗体火化。丽水市(县级)全面实行遗体火化，景宁畲族自治县在规定区域内实行遗体火化。开展提倡科学、反对封建迷信教育，揭露批判邪教“法轮功”歪理邪说。

2000年，丽水市实行“双思”教育和农业农村现代化教育，推动农村“五治”。2001年，全市开展“双禁”，整治社会风气；开展“治脏、治路、治厕”，改善居住环境。全市开展“扫黄打非，禁赌禁毒”集中整治，改善农村社会风气和居住环境。2003年8月，丽水市反邪教协会成立。2003年，全市深化农村“双整治、双建设”，实施“千村整治、百村示范”工程。开展“五个送”和“六个一”等活动，完善农村文化设施。

2004年，丽水市开展“沿江、沿路、沿景区”以及集镇、中心村新一轮农村环境“脏乱差”整治。全市生态墓区行政村覆盖率超过50%，其中松阳县、缙云县生态墓区行政村覆盖率95%。龙泉市殡仪馆被省民政厅评为省级行风建设先进单位。2005年，全市逐步实现农村墓地生态化，经营性公墓园林化，消除“青山白化”现象。全市“三沿五区”坟墓治理率75%，行政村生态葬法覆盖率80%。

2006年，丽水市继续积极推进农村墓地生态化、经营性公墓园林化，消除“青山白化”现象。全市行政村生态葬法覆盖率83.9%，公墓绿化率70%。2007年，丽水市行政村生态葬法覆盖率88%。2008年，全市制定“三沿五区”坟墓治理和生态墓区建设五年规划，明确2008—2012年县(市、区)“三沿五区”坟墓治理率和生态葬法覆盖率任务，行政村生态葬法覆盖率86.5%。

2009年，丽水市加强清明节祭祀管理，引导群众自觉树立移风易俗、文明祭祀观念。全市全面部署公墓年检和清理整顿工作，经营性公墓全部年检合格。加快生态墓区建设，行政村生态葬法覆盖率89.89%。2010年，丽水市开展生态公墓建设，全市行政村生态葬法覆盖率92.04%，火化区火化率100%。

活动宣传 2005—2010年，全市组织科普宣传活动6300多次，参加工作人员3.5万多人次；举办科普讲座1.4万多场，听众198万多人次，其中领导干部科普报告会45场；举办科普展览2400多次，参观人数441万多人次；展出科普橱窗11万多米；有线广播科普宣传5600多次；开设电视科普栏目5个；放映科普电影、录像7452场，观众414.69万人次；编写科普图书资料370种、印刷131.38万册；出版科普报刊387期、印发4.8万份；发放科普宣传资料1407种、382万份；编印科普挂图71种、9264幅；制作科普图板1.6万块，展出8万多米；科普文艺演出19场；科普大篷车下乡246次、观众33万人次。

慈善活动

善款募集 2005年，丽水市慈善总会募集慈善资金3213.4万元。其中，市本级募集善款1800多万元(包括冠名资金270万元)，物资折价100多万元。浙江省慈善总会“胜华慈善基金”援助丽水市助学金30万元。2006年，丽水市募集善款3500多万元，物资折价90多万元。市本级募集善款38万多元，物资折价6万元。

2007年，丽水市募集善款3456.42万元，物资折价90多万元。市本级募集善款1033.96万元，物资折价39.37万元。11月，开展第一个“社会慈善捐赠月”活动，募集善款404.43万元。2008年，丽水市募集经常性善款1.28亿元。组织募集四川汶川地震赈灾款物3888.83万元、经常性善款2809.61

万元，其中市本级募集赈灾款物1342.24万元、经常性善款719.34万元。全市慈善组织募捐经常性善款12844.95万元。2009年5月，丽水市开展以“不忘5•12，不忘有灾难，不忘有贫困”为主题的第二个全民慈善捐赠月活动，募集善款600万元。同年，全市募集善款4169.67万元，其中市慈善总会本级752.4万元。

2010年，丽水市募集善款6090.35万元，其中市本级1637.44万元。全市开展第三个全民慈善捐赠月活动，举行青海玉树地震灾区赈灾活动，募集善款1428.27万元，定向玉树捐款148.86万元。

助困救济　2006年，丽水市区水东大桥附近民工大棚发生火灾，丽水市慈善总会及时发放大米等生活用品，救助灾民32户。2007年，丽水市举办“慈善年夜饭”400桌，参加孤寡老人4000多人。其中，市本级举办第三届慈善年夜饭，参加慈善年夜饭400人。

2008年，丽水市开展“慈善关爱送万家”和“救助贫困•喜迎奥运”活动，为困难群众发放电视机、轮椅和医疗卡一批。2009年，丽水市慈善机构慰问困难群众近万人。帮助2个乡的贫困群众增加收入。春节前夕，丽水市举办第五届“慈善年夜饭”，安排慈善年夜饭420桌，参加困难群众4176人。

2010年，丽水市发放救助金2455.92万元，帮助困难群众107216人次，其中市本级发放救助金433.31万元，帮助困难群众4975人次。春节期间，丽水市慈善总会发放慰问金、慰问物资80多万元，受益群众6000多人；举办第六届“慈善年夜饭”，安排年夜饭50桌。各县(市、区)也举办活动，受惠群众4000多人。

帮老助残　2006年，丽水市慈善总会与韩国国际狮子协会慈善活动志愿团联手向全市残疾人及市区老人捐赠轮椅100辆和老花镜1000副。在“爱耳日”和“爱眼日”，与市残联联手开展助残活动。

2007年，丽水市开展“慈善关爱送万家”活动。春节期间，丽水市慈善总会慰问联城、太平等乡镇和水阁、富岭街道的敬老院、孤儿院。协助浙江省慈善总会和华日电冰箱有限公司，在丽水纳爱斯广场举行“华日情系敬老院”启动仪式，向全市敬老院61家首发电冰箱94台。丽水市慈善总会积极落实省慈善总会“浙江中烟光明行动”白内障复明手术活动，初检白内障老年患者426名，实施康复手术患者102人，涵盖县(市、区)5个。

2008年，丽水市开展“慈善关爱送万家”活动，发放电视机、轮椅和医疗卡。2009年，丽水市组织义工为敬老院老人开展“四个一”活动。全市落实“爱心列车”项目，帮助残疾贫困家庭的大学生和先天性心脏病患儿。

2010年，丽水市连续四次启动困难群众基本生活价格补贴发放，向城镇“三无”和农村“五保”对象、城乡低保对象、重度残疾对象等困难群众发放价格补贴7.2万人次、1336.78万元。全市建立困难群众白内障复明手术长效机制，实施白内障手术困难群众86人。

助学助医　2005年，丽水市慈善总会在莲都区社区服务中心举行医疗救助物资发放仪式，向“五保户”“三无”对象、低保对象、在乡重点优抚对象、下岗失业和退休困难职工、在校孤儿等困难人群发放价值500元/张的医疗救助卡400张，支出善款105万元、物资折价100多万元。

2006年，丽水市慈善总会继续做好省慈善总会在全市的助学项目，如“胜华慈善基金——丽水助学项目”和“忠福慈善基金”项目。浙江万地房地产投资集团设立“万地爱心助学快车”，捐资15万元，资助特困优秀大学新生15人；加多宝集团设立“王老吉•学子情”助学金，捐赠丽水市助学资金

5.50 万元；浙江华星电机有限公司设立慈善助学基金，扶助贫困大学生 10 人和贫困中小学校 1 所。全市发放价值 500 元/张的医疗救助卡 400 张，惠及乡镇 13 个、社区 22 个。

2007 年，丽水市以助学为重点，支出助学善款 170 多万元。发放价值 500 元/张的医疗卡 371 张。丽水市慈善总会落实嘉兴市慈善会助学项目“开明高级中学励志班”，选送品学兼优、家境贫困的初中毕业生 1 名，免费入读“励志高中班”。2008 年，丽水市开展“百名贫困大学生慈善助学”和“慈惠童心”先天性心脏病少年救助活动。全市发放助学资金 112.77 万元。2009 年 7 月，丽水市启动“百名贫困大学生慈善助学”项目，该项目分慈善助学金 7 类，发放善款 100 多万元，惠及贫困学子 200 多人。全市启动“慈惠童心”助学金，帮助贫困小学生 200 多人。

2010 年，丽水市继续启动“百名贫困大学生慈善助学”项目，发放助学金 125.53 万元，惠及贫困学子 425 人。发放大病救助金三批次，帮助贫困患者 113 人，发放善款 68 万元。

见义勇为

1986 年 3 月 3 日下午，遂昌县濂竹乡治岭头森林发生火灾。矿工张发荣、徐金宝、郑绍涓、杨文华、戴宏伟发现火情后，立即赶到濂竹乡治岭头救火。因火势过猛，伤势过重，5 人先后光荣牺牲。3 月 28 日，张发荣等 5 名矿工被浙江省政府授予“革命烈士”称号。

1992 年，缙云县壶镇镇治安纠察队副指导员应伟雄，在一次抢救井下中毒人员时立功。11 月，应伟雄获浙江省第三届见义勇为先进人物称号。

1993 年 10 月 12 日，庆元县举水乡照田村民兵吴达勇、吴富来冲进火海抢搬稻谷时，被突然倒塌的泥墙压在墙下，经抢救无效，英勇献身。中共庆元县委、县政府隆重表彰 2 人。

1993 年 6 月 17 日，松阳县象溪镇象溪村发生特大洪灾，象溪村个体户青年高贵洪在抢救村民王金兰时，因房屋倒塌而英勇献身。松阳县委、县政府开展学习抗洪勇士高贵洪活动。7 月 11 日，松阳县樟溪乡包村发生特大火灾，包村退伍军人何水土为抢救群众财产光荣牺牲。1994 年 5 月 26 日，松阳县石油公司加油站北亭加油机及油罐口着火，松阳一中学生徐剑峰用灭火器灭火，避免一场恶性灾难发生。1994 年 8 月，松阳县委、县政府通报表彰何水土、高贵洪烈士以及徐剑峰等人。浙江省委副书记、省长万学远，丽水地委书记陈仲方专门慰问亲属。1997 年，缙云县沈云旺参加第五次全国见义勇为先进分子表彰大会，被评为全国见义勇为先进分子。

2001 年，丽水市市民 2 人被杭州市授予见义勇为积极分子荣誉称号。2002 年，青田县朱雄彬被推荐为全国见义勇为先进分子候选人。2003 年 10 月 21 日，丽水市人民政府发文成立丽水市见义勇为基金会。2003 年，全市挖掘公民道德典型，弘扬社会正气，在《丽水日报》头版发表长篇述评《七勇士我们身边的英雄》。《丽水日报》还组织刊登全市近年见义勇为事迹回访 2 期。2004 年 12 月 28 日，丽水市见义勇为基金会筹备领导小组建立，丽水市委常委、公安局长陈钟任组长。

2006 年 12 月 15 日，丽水市首届见义勇为先进人物表彰大会召开，6 人被授予丽水市见义勇为勇士荣誉称号，2 人被授予丽水市见义勇为积极分子荣誉称号。2007 年 11 月，全市开展“见义勇为，好人好报”系列活动。2008 年 1 月 8 日，丽水市举办见义勇为基金会筹建活动暨开展“见义勇为，好人好报”系列活动新闻发布会。组织“见义勇为，好人有好报”主题论坛与网民进行互动，开展“关注好人，寻访好人”活动，走访多名见义勇为先进人物及其家属，撰写“关注好人，寻访好人”报告5篇，拍摄专题电视片 6 个。2008 年起，丽水市每年春节慰问见义勇为先进人物。2009 年春节前夕，浙江省见义勇为基金会、丽水市慈善总会和丽水市见义勇为基金会(筹)联合向见义勇为者及家庭发放春节慰问和困难补助金 11.2 万元。截至 2009 年,全市见义勇为者受到省、市表彰 41 人,其中被授予和追授浙江省见义勇为勇士荣誉称号 10 人,被授予和追授浙江省见义勇为先进分子荣誉称号 21人。

2010 年,丽水市长运出租车公司出租车驾驶员楼峻获第七届“全国十大见义勇为好司机”荣誉称号,是浙江省 2010 年唯一获此殊荣的出租车驾驶员。8 月 10 日,缙云县消防大队战士左秀俊与父亲左兴保成功救出一起面包车交通事故中的受困群众 7 人。2012 年 7 月 19 日,左秀俊获“全国见义勇为模范”荣誉称号。至 2010 年,全市涌现见义勇为者 500 多人。

第三章　机构与管理

20 世纪 80 年代开始,社会主义精神文明建设在改革开放事业中的地位越来越重要,丽水地委和行署相继成立地、县两级精神文明建设专门机构,加强队伍建设和管理力度,建立相关规章制度,持续开展检查考核、评比表彰,贯彻落实精神文明建设各项任务。1981 年 6 月,中共十一届六中全会讨论通过《关于建国以来党的若干历史问题的决议》,把社会主义精神文明确定为全党新的历史发展时期奋斗目标的重要组成部分。1982 年 9 月,丽水地委贯彻执行中共十二大提出的“要努力建设高度的社会主义精神文明”的战略方针。1983 年,丽水地区建立“五讲四美三热爱”活动组织机构。1986 年 9 月,中共十二届六中全会专门作出《关于加强社会主义精神文明建设若干重要问题的决议》,进一步明确精神文明建设的指导思想和奋斗目标。1989 年,丽水地区成立精神文明建设指导小组办公室。近 30 年来,丽水市社会主义精神文明建设先后开展“五讲四美三热爱”“大力弘扬正气,开展全民学雷锋”“七不言行规范教育”以及“丽水人文大讲堂”等一系列活动。

第一节　组织机构

1983 年,丽水地区“五讲四美三热爱”活动委员会成立。1989 年,丽水地区精神文明建设指导小组成立。各县也相继成立组织机构。1993 年,丽水地区精神文明建设指导小组办公室成立。1995 年,丽水地区精神文明建设指导小组更名丽水地区精神文明建设指导委员会,下设丽水地区精神文明建设指导委员会办公室,为正科级机构,归口地委宣传部管理。

2001 年,根据《丽水市党政机关改革方案》,丽水地区精神文明建设指导委员会更名丽水市精神文明建设指导委员会。2002 年，丽水市精神文明建设指导委员会办公室升格为副县处级机构。2003 年 11 月，丽水市建立创建省级文明城市工作领导小组，下设办公室。设立督查组和专项工作组 6个。2004 年，丽水市精神文明建设指导委员会办公室的内设机构增设综合协调处、城市文明建设指导处。2006 年，丽水市精神文明建设指导委员会办公室综合协调处增挂未成年人思想道德建设处牌子。

2008 年 4 月 17 日，丽水市建立“六城联创”工作领导小组，市委书记陈荣高任组长，下设综合办公室和专项创建工作组 6 个，综合办公室设在市文明办。2009 年，丽水市精神文明建设指导委员会办公室单独设置未成年人思想道德建设处，综合协调处增挂农村文明协调处牌子。2010 年，组织机构维持不变。

第二节　组织管理

活动概况

1983 年 5 月，丽水地区成立“五讲四美三热爱”活动委员会，在全区开展以“五讲四美三热爱”为内容的群众性精神文明建设活动。1986 年，全区首次将公德列入小学思想品德课的教学内容。在公办和民办小学全面开展“五爱”和“五讲四美三热爱”等社会公德教育和社会常识教育，培养学生良好的思想品德和行为习惯。

1990 年，丽水地区开展“大力弘扬正气，开展全民学雷锋”活动，做到“研究部署早、声势规模大、学雷锋学根本、社会效果好”。1993 年，全区开展道德建设“四个层次”教育活动。并开始评选十佳文明市民、十件好事。1996 年年初，丽水地区召开文明委扩大会议，研究部署创建文明县城竞赛的检查评比。5—7 月，丽水地委扩大会议三次听取精神文明建设工作汇报，具体部署全区各阶段精神文明建设、创建文明县城特别是丽水市(县级)的创建工作。11 月 5—6 日，全区召开精神文明建设工作会议。丽水地委副书记、行署专员徐培金强调全区精神文明建设要加强领导，统一协调，把各项工作落到实处；强化政府职能，加大行政拉力；地直机关作出表率，争做模范，争创一流。丽水地委副书记钟小毛作报告，指出要继续抓好农村路线教育，开展企业形势任务教育，组织好创建文明县城竞赛检查，全面深入开展综合治理基层基础建设年活动。会上，缙云县舒洪镇等农村路线教育和集体资产管理体制改革的试点单位介绍经验；表彰第一批地级文明单位 103 个。

1997 年，丽水地区开展社会公德、职业道德、家庭美德和“七不言行规范”教育，推进校园文化建设，加强青少年的思想道德教育。全区中小学贯彻落实《九年义务教育小学思想品德课和初中思想政治课课程标准(试行)》，开设公德教育课程。1998 年 4 月 15 日，丽水地委召开全区精神文明建设工作会议，认真贯彻全省精神文明城市创建工作会议精神，研究部署丽水市创建文明城市工作。丽水地、市文明委多次召开主任联席会议，制定创建工作目标、措施。召开丽水地、市、镇“治脏治乱”动员大会和地直单位精神文明建设工作会议，组织有万人参与的治脏大行动 2 次。地委主要领导专题调查研究、检查指导丽水市(县级)的创建工作和中心城市建设 3 次。1999 年，全区社会主义精神文明建设以提高人民群众的思想素质、提高城乡文明程度、提高人民生活质量为目标，围绕“加快小康建设步伐”这一中心，坚持开展思想道德建设和“三大创建”活动。

2000年，丽水地区深入贯彻落实《中共中央关于加强和改进思想政治工作的若干意见》，广泛开展一系列教育活动，广大党员特别是县（处）以上领导干部结合“三讲”教育和警示教育，认真学习“三个代表”重要思想和党的十五届五中全会精神，进一步坚定理想信念，增强党性观念。2001年，丽水市群众性精神文明创建抓好“双整治”①，通过“双禁”②和“治脏、治路、治厕”，迈出农村精神文明建设新步伐。2002年，全市深入开展在副处级以上领导干部中深化从政道德教育；在工商企业、特别是个私工商业主中开展诚实立身、信誉兴业教育；在青少年中开展“实践五爱要求，争做四有新人教育；在社区中开展讲公德修养，做文明市民教育；在农村组织开展破旧俗，树新风，争做新型农民教育”（简称“五大主题”教育）。2003年3月，丽水市委、市政府有效控制丽水市“非典型性肺炎”疫情的蔓延，全市人民众志成城、共克时艰，展示良好的思想道德风貌。2004年，全市召开加强和改进未成年人思想道德建设工作会议，下发《关于进一步加强和改进未成年人思想道德建设的实施意见》。

2005年，丽水市开展第二批市级爱国主义教育基地评选，印发《关于加强爱国主义教育基地建设的意见》和《丽水市爱国主义教育基地的建设和管理及使用试行办法》，推出红色旅游精品线路。2006年，制定《关于在全市广泛深入开展社会主义荣辱观教育活动的实施意见》，树立一批学校教育和家庭教育的先进典型。2007年，丽水市开展社会主义荣辱观教育，做好全国道德模范评选推荐，推出一批引领社会风尚的道德楷模，开展思想道德公益广告作品征集。2008年7月，丽水市委第二届委员会第九次全体会议通过《丽水市生态文明建设纲要（2008—2020）》。这是全市生态文明建设的纲领性文件，也是精神文明建设的具体指针。2009年5月，丽水市组织开展首届“十大爱心人物”评选。2010年，丽水市开展首届中小学生“读好书，做好人”活动，加强和改进未成年人思想道德建设，丰富未成年人节假日文化生活，全市参与学生52321人。

丽水人文大讲堂

2009年6月，丽水市委宣传部、市社科联主办的丽水人文大讲堂，在丽水学院学术报告厅举行开讲仪式暨首场报告会。讲坛注重“传播时代思想、弘扬人文精神、发展公共文化、提升城市品质”，坚持每月一讲，满足市民多层次、多样化的精神文化需求。2009—2010年，丽水市先后邀请阎崇年、鲍鹏山、鲍昆、董平、葛炜等知名学者、作家、科学家、企业家，围绕“学史长智慧”等专题举办讲座报告12场。

道德模范评选

2008年5—9月，丽水市启动首届道德模范评选表彰活动，设立“全市助人为乐模范”“全市见义勇为模范”“全市诚实守信模范”“全市敬业奉献模范”“全市孝老爱亲模范”，每个类别表彰2人。在公众投票基础上，市组委会确定全市道德模范名单10人，报市文明委审批。最终评选徐伟忠、林发生、杨晓丽、毛根菊、林佩英、何尚清、朱连钗、杨九铅、潘勇杰、李美圭为首届丽水市道德模范，

① 整治居住环境、整治社会风气。

② 禁止非法建造寺观教堂、禁止滥建坟墓。

其中杨晓丽、朱连钗获首届浙江省道德模范。

2010年，丽水市开展社会主义荣辱观教育，围绕“微笑丽水”文明行动，设立“微笑斑马线、文明过马路”“微笑在窗口、满意在市民”“微笑在景区、满意在游客”系列载体活动。开展“迎体育大会、树文明新风”、第二届全市道德模范评选、第三届社区邻居节活动。评选第二届丽水市道德模范邱利呈、梁岳、兰建安、吴火菊、王道友、郑志义、吴强忠、张献斌、叶凤莲、金冬兰。左秀俊、左兴保被授予丽水市道德模范特别奖，左秀俊当选2010年度浙江骄傲最具影响力人物。

处州十大历史名人评选

2010年，丽水组织评选处州十大历史名人活动，纪念丽水撤地设市10周年，弘扬丽水精神。评选活动历时半年，最终评选出民国以前（1911年以前）处州十大历史名人刘基、汤显祖、卢镗、张玉娘、叶绍翁、杜光庭、何澹、范成大、吴煜（吴三公）、陈言。

2010年评选处州十大历史名人一览

表40-3-1-1

姓　名	朝 代	功　名	籍 贯	主要成就
刘　基	元、明	弘文馆学士	青田县	著《郁离子》10卷，《覆瓿集》24卷，《写情集》4卷，《犁眉公集》5卷等
汤显祖	明	遂昌知县	江西临川	代表作戏剧作品《牡丹亭》
何　镗	明	云南参政	丽水县	编《古今游名山记》《中州人物志》，撰《修攘通考》《翠微阁集》等，总纂《括苍汇纪》
张玉娘	北宋	—	松阳县	遗稿诗作《兰雪集》
叶绍翁	南宋	刑部郎中	龙泉县	著《靖逸小集》和《四朝闻见录》
杜光庭	唐	崇真馆大学士	缙云县	著作30多种，200多卷。著传奇小说《虬髯客传》等，文学史上颇有影响
何　澹	南宋	同知枢密院事、参知政事	龙泉县	奏请疏浚通济堰，改木筱为石坝。修撰《龙泉县志》，开龙泉修志之先河。著《小山集》，修撰《龙泉县志》（第一部）
范成大	南宋	参知政事、处州知州	平江吴郡（今江苏吴县）	著《石湖居士诗集》《石湖词》等
吴　煜	南宋	—	庆元县	总结砍花制菇技艺并传授乡亲，被后尊为“菇神”吴三公，立庙祀奉
陈　言	南宋	—	景宁县	著《三因极一病源论粹》，近24万字，18卷，录医方1050多道，被列为中华医典名著

丽水市志

丽水市地方志编纂委员会 编

第五册

方志出版社
Publishing House of Local Records

总 目 录

Lishui Municipal Annals
Contents

目 录

（第五册）

第四十一篇 人事劳动与社会保障

第四十二篇 民 政

第四十三篇　华　侨

第四十四篇　畲　族

第四十五篇　宗　　教

第四十六篇　社会生活

第四十七篇 县(市、区)概貌

第四十八篇　人　物

第四十一篇

人事劳动与社会保障

1. 人事行政管理
2. 劳动行政管理
3. 工资与福利
4. 离退休管理
5. 劳动监察与仲裁
6. 社会保障
7. 组织机构

概 述

隋唐时期，处州州衙设吏科，协助刺史管理州衙吏员。州衙县衙仅有主官及少量辅助吏役等公务人员。明代，府衙官员及吏隶数量增多。明万历年间(1573—1620)，处州府衙有典史等以上官吏66人，皂隶、禁子等公人70人。民国2年(1913)，处州改设瓯海道观察使行政公署，配置公署观察使，下设内务、财政、教育、实业4科，官吏总数不超过16人。1949年10月中华人民共和国成立后，公务人员队伍增加。1950年，丽水专区有行政编制(不含公安机关)300名，各县(含区乡)行政编制2838名，其中县级行政编制1516名。2010年，全市有行政编制16878名，事业编制55921名。其中市本级行政编制2324名，事业编制9912名。

中华人民共和国成立初，各县均成立劳动管理科。1956年，丽水县成立劳动力招收小组，介绍就业。20世纪60年代初，各县设劳动部门，就业由国家统包统配。1978年，职工退休、离休、退职后均可由子女顶替。1984年，改革全民所有制企业用工制度，开始推行劳动合同制，合同制职工一律实行招收录用。1986年，全面改革劳动制度，废止内招和子女顶替制度。1997年起，实行公务员招考录用，取消分配形式，推进"凡进必考"的公务员笔试面试程序。1999年12月，全区事业单位实行聘用制。地直广电系统事业单位率先开展事业单位人事制度综合配套改革，重点是推进全员聘任制。2000年，在全市全面推开全员聘任制。

中华人民共和国成立初，丽水专区没有统一的工资制度，机关及其直属事业单位的工作人员实行供给制。中华人民共和国成立后，参加工作的人员部分实行工资制。1956年，工资制度第一次改革启动，实行职务等级工资制。1985年，丽水地区工资制度第二次改革启动，实行以职务工资为主的结构工资制。1993年，丽水地区工资制度第三次改革启动，机关干部实行职级工资制，事业单位职工实行职务(岗位)等级工资制。2005年，丽水市工资制度第四次改革启动，稳妥开展公务员工资制度和事业收入分配制度改革工作，建立适应公务员和事业单位人员特点的工资分配制度。2006年，丽水市机关事业单位工资收入分配制度改革全面推行，机关实行职级工资制，事业单位实行岗位绩效工资制；调整公务员和事业单位工作人员基本工资结构，改善工资运行机制，进一步理顺工资关系，确定工资套改办法，确保不突破总体增资水平，实现新旧工资制度平稳过渡。2008年，全市全面规范公务员工资制度，贯彻落实公务员级别与工资等待遇适当挂钩、向县乡党政主要领导实行工资倾斜的办法，配合财政、纪委等有关部门做好规范公务员津贴补贴和考核奖励性补贴工作；加强事业单位收入分配宏观调控，实施事业单位岗位管理制度，按专业技术人员确定的岗位等级执行岗位工资标准，实现事业单位岗位工资制度的整体入轨运行。

中华人民共和国成立初，全区少数私营企业倒闭，导致工人待业。20世纪70年代后期，大批知识青年开始返城，待业人数增多，安置压力增大。1995年开始，启动国企改革，出现大批工人下岗，就业形势较为严峻。1998年，全区有下岗工人2万多人。同年，地区行署成立丽水地区国有企业下岗职工基本生活保障和再就业工作领导小组，开展再就业服务。2001年开始，下岗员工不再进入再就业服务中心，直接进入劳动力市场实现就业，或与企业解除劳动关系后，领取经济补偿，享受失业保险金。至此，国有企业下岗职工基本生活保障与待业保险制度并轨。

第一章　人事行政管理

东汉建安四年(199),置松阳县,县衙设县令等官职。隋开皇九年(589),置处州,府衙设刺史、长史、司马等官职。后府衙主官又称知府等。民国元年(1912),设立处州军政分府,置都督等官职。民国21年(1932)8月,设浙江省第九(丽水)行政督察区专员公署,内设秘书及民政、财政、教育、实业等科官职。抗日战争时期,涌现各种抗战团体,增加职位设置。1950年,丽水专区有行政编制300名,各县有行政编制2838名。1963年,丽水专区建置恢复,地专机关干部部分从金华、温州专区调入,部分从各县调入。随着社会分工逐渐复杂,干部队伍逐渐庞大。1981年10月,丽水地区有行政编制5984名,其中地区机关482名。1986年,丽水地区实行地属事业单位定编定员,严格控制国家机关和事业单位增加机构人员。2005年,丽水市深化政府机构改革,核定市、县(市、区)行政编制16768名,实有干部15817人。

第一节　编制管理

行政编制管理

东汉建安四年(199),松阳县建立,这是丽水地区成立最早的县级建制。松阳县设县令1人,执掌治民、显善劝义、禁奸罚恶、理讼平贼等;置县丞1人,执掌文书、典知仓狱等;置县尉1人,主管盗贼。隋开皇九年(589),处州始置,主官为刺史,佐官为长史、司马、诸曹参军事、典签等。此后,历经朝代更迭,处州(路、府)地方职官均按朝廷规制严格设置。

历代处州府地方官制情况一览

表41-1-1-1

朝代	地方建制	职　官	秩　禄
隋代	处州	刺史	正四品
		长史	正五品
		司马	正五品
		录事参军	从七品
		诸曹参军事	正八品
		典签	正九品

续表 41-1-1-1

朝代	地方建制	职　官	秩　禄
唐代	处州	刺史	正四品
		别驾	正五品
		长史	正六品
		司马	正六品
		录事参军	正八品
		诸曹参军事	正八品
		录事	从九品
宋代	处州	知府 1 人	正四品
		同知 1 人	正五品
		通判 1 人	正六品
		推官 1 人	正七品
		吏房司吏 1 人	—
		吏房典吏 2 人	—
		户房司吏 2 人	—
		户房典吏 4 人	—
		粮科司吏 1 人	—
		粮科典吏 2 人	—
		礼房司吏 1 人	—
		礼房典吏 2 人	—
		兵房司吏 2 人	—
		兵房典吏 4 人	—
		刑房司吏 2 人	—
		刑房典吏 4 人	—
		工房司吏 2 人	—
		工房典吏 4 人	—
		承发司典吏 2 人	—
		架阁库典吏 1 人，门子 5 人，皂隶 37 人	—
		经历司经历 1 人	正八品
		经历司知事 1 人	正九品
		经历司典吏 1 人，皂隶 4 人	—
		照磨所照磨 1 人	从九品
		照磨所检校 1 人	—
		照磨所典吏 4 人，皂隶 2 人	—
		儒学教授 1 人	从九品
		儒学训导 4 人	—

续表 41-1-1-1

朝代	地方建制	职　官	秩　禄
宋代	处州	儒学司吏 1 人	—
		司狱司司狱 1 人	正九品
		司狱司狱典 1 人，禁子 20 人	—
		税课司大使 1 人	从九品
		税课司司吏 1 人，巡检 2 人	—
		大有库攒典 1 人	—
		永丰仓大使 1 人	从九品
		永丰仓副使 1 人	—
		永丰仓攒典 1 人	—
		括苍水驿驿丞 1 人	—
		括苍水驿驿吏 1 人	—
		阴阳学正术 1 人	从九品
		医学正科 1 人	从九品
		僧纲司都纲 1 人	从九品
		道纪司都纪 1 人	从九品
元代	处州路总管府	达鲁花赤	正三品
		总管	正三品
		同知	正六品
		判官	正七品
		知事	正八品
		录事	正八品
明代	处州府	照磨	正九品
		儒学教授	正九品
		儒学训导	—
	处州府	知府 1 人	从四品
		同知 1 人	正五品
		通判 1 人	正六品
		推官 1 人	正七品
		吏房司吏 1 人	—
		吏房典吏 2 人	—
		户房司吏 2 人	—
		户房典吏 4 人	—
		粮科司吏 1 人(清康熙三十九年裁)	—
		粮科典吏 2 人(清康熙三十九年裁)	—
		礼房司吏 1 人	—
		礼房典吏 2 人	—

续表 41-1-1-1

朝代	地方建制	职　官	秩　禄
明代	处州府	兵房司吏 2 人	—
		兵房典吏 4 人	—
		刑房司吏 2 人	—
		刑房典吏 4 人	—
		工房司吏 2 人	—
		工房典吏 4 人	—
		承发司典吏 2 人	—
		架阁库典吏 1 人。门子 5 人，皂隶 37 人	—
		经历司经历 1 人	正八品
		经历司知事 1 人	正九品
		经历司典吏 1 人，皂隶 4 人	—
		照磨所照磨 1 人	从九品
		照磨所检校 1 人	—
		照磨所典吏 4 人，皂隶 2 人	—
		儒学教授 1 人	从九品
		儒学训导 4 人	—
		儒学司吏 1 人	—
		司狱司司狱 1 人	正九品
		司狱司狱典 1 人，禁子 20 人	—
		税课司大使 1 人	从九品
		税课司司吏 1 人，巡检 2 人	—
		永丰仓大使 1 人	从九品
		永丰仓副使 1 人	—
		永丰仓攒典 1 人	—

历代处州各县官制情况

表 41-1-1-2

朝代	地方建制	职　官	秩　禄
东汉	松阳县	县令	一千石
		县丞	—
		县尉	—
隋代	栝苍县、松阳县、永嘉县、临海县	县令	从七品
		县丞	从八品
		县尉	从九品
		主簿	—

续表 41-1-1-2

朝代	地方建制	职　官	秩　禄
		功曹	—
宋代	丽水县、松阳县、遂昌县、龙泉县、缙云县、青田县	县令	正七品
		县丞	正八品
		县尉	从八品
		主簿	从八品
		儒学教谕	—
元代	丽水县、松阳县、遂昌县、龙泉县、缙云县、青田县、庆元县	达鲁花赤	从六品
		县尹	从六品
		县丞	正八品
		县尉	从八品
		主簿	正九品
		教谕	—
		训导	—
		典史	—
明代	丽水县、松阳县、遂昌县、龙泉县、缙云县、青田县、庆元县、宣平县、云和县、景宁县	知县 1 人	正七品
		县丞 1 人	正八品
		主簿 1 人	正九品
		幕典吏 1 人	—
		吏、户、礼、兵、刑、工各司吏 1 人，典吏 2 人	—
		粮科司吏 1 人	—
		承发司典吏 1 人	—
		铺长司吏 1 人	—
		架阁库司吏 1 人	—
		儒学教谕 1 人	—
		儒学训导 1 人	—
清代	丽水县、松阳县、遂昌县、龙泉县、缙云县、青田县、庆元县、宣平县、云和县、景宁县	知县 1 人	正七品
		县丞 1 人	正八品
		主簿 1 人	正九品
		巡检 1 人	从九品
		典史 1 人	—
		吏、户、礼、兵、刑、工各司吏 1 人，典吏 2 人	—
		粮科司吏 1 人	—
		承发司典吏 1 人	—
		铺长司吏 1 人	—
		架阁库司吏 1 人	—
		儒学教谕 1 人	—
		儒学训导 1 人	—

民国元年（1912），处州光复军推翻处州地方封建专制统治，建立处州军政分府，置都督1人，首任都督缙云县人吕逢樵；下设司法、民政、教育等部门，管理地方事务。民国2年，设立瓯海道观察使行政公署，辖处州、温州下属各县，设观察使1人；下设内务、财政、教育、实业4科，置科长1人，科员若干人，总数不超过16人。各县行政长官称知事，主持办理全县行政事务、任免、监督行政人员；县知事公署下设民政、财政、教育、实业等科，分置科长1人；设县警察所长1人、公安局正副局长各1人。民国3年，改设瓯海道尹公署，管理道内行政事务，考核道内行政官员，辖县不变；设道尹1人，隶属省行政长官；下设机构、官员定额不变，另设秘书1人，技正、技士若干人。

民国15年（1926）10月，实行省、县两级制度，处属10县知事公署更名县政府。民国16年5月，贯彻执行《浙江省县政府组织暂行条例》，各县政府设县长1人，下设总务、民政、财政、教育、建设5科，分掌县政，各科置科长1人。

民国21年（1932）8月，改设浙江省第九（丽水）行政督察区专员公署（以下简称专员公署），属省政府辅助机关，协助督查丽水、龙泉、青田、云和、庆元、缙云、遂昌、松阳、景宁、宣平10县行政事务；内设秘书1人，科长2~4人，科员2~4人，事务员3~6人，视察1人，技士1~2人。

民国30年（1941）6月，开展县等级划分工作，根据县内面积、人口、经济、文化、交通等项内容，划分一等至六等6个等级，其中青田县为二等；遂昌、龙泉、缙云、丽水为三等；松阳、庆元、景宁为四等；云和、宣平为五等。同年起，专员公署与第九区保安司令部合并，专员兼任保安司令。

1950年，省编制委员会核定丽水专区行政编制300名（不含公安机关）；各县（含区乡）行政编制2838名，其中县级行政编制1516名。

1963年，丽水专区行政建制恢复，核定专区机关行政编制180名（含公、检、法机关21名），各县行政编制3343名。

1981年10月，省编制委员会编制计划数，核定丽水地区行政编制5984名，其中地区机关482名。

1983年，省编制委员会核定丽水地区机关行政编制数500名。

1985年4月，丽水地区机关实行定编定员管理。地区编制委员会核定机关编制500名、定员596名，事业编制228名。

1986年开始，全区地属事业单位实行定编定员管理，严格控制国家机关和事业单位增加机构人员，行政机关和事业单位设置部分行政干部职务。地直部门设科的单位，设正副职1—2人，正副科长与工作人员比例不超过1:3.5；县（市）直部门设正副职2—3人，正副职与工作人员比例不超过1:5；不设科的党委部门可设正副主任干事、干事，行政部门可设正副主任科员、科员、办事员；年龄50岁以上、工龄30年以上、符合任职条件的干部，则不受设科或不设科限制，均可一次性定为正副主任科员。

1987年，省编制委员会核定丽水地区、乡镇党政机关行政编制4319名。同年，全区核定行政干部6215名，其中副主任科员以上2786名。地区行政机关及所属事业单位有行政干部1041人，其中局级干部125人，正副科长和科级调研员291人，正副主任科员103人，科员、办事员522人。

1988年，省编制委员会核定丽水地区行政编制9655名（不含公、检、法、司和国家安全部门），其中地区机关行政编制563名，县（市）机关行政编制4773名，区、乡镇机关行政编制4319名。全区行政机关实有人数 10788 人，其中地区机关 890 人，县（市）级机关 5322 人，区、乡镇机关 4576 人。

1989 年，全区统一管理编制与工资基金，严格控制机关和事业人员编制。省编制委员会核定丽水地、县（市）级机关行政编制 5382 名，实有 6064 人，其中地区机关行政编制 598 名，实有干部 850 人；全民事业单位编制 36552 名，实有干部 35214 人；政法系统编制 3211 名，实有干部 3061 人，其中地区政法系统编制 419 名，实有干部 403 人。

1990 年，省编制委员会核定丽水地区机关行政编制 603 名，实有干部 868 人；政法系统行政编制 429 名，实有干部 408 人。

1993 年，省编制委员会核定丽水地区党政群机关行政编制 5476 名，其中地区本级 617 名；县（市）机关行政编制 4859 名；乡镇机关行政编制 4446 名。全区实有工作人员 6150 人，其中地区本级实有干部 899 人，县（市）实有干部 5251 人，乡镇实有干部 4314 人。

1995 年，全区加大地直党政机关机构和人员编制控制力度，推进地区党政机构改革。至年底，地直机关实有人数 1261 人，比上年底减少 76 人，减少 5.68%。

1996 年 2 月，省编制委员会核定丽水地区行政编制 900 名，其中县（市）行政编制 4870 名，乡镇党政编制 5317 名。全区县（市）党政机构改革工作启动，分流机关工作人员 115 人。11 月起，地区机构编制委员会组织检查验收。至年底，地区县（市）党政机关机构改革工作基本结束。同年，浙江省丽水地区编制委员会更名浙江省丽水地区机构编制委员会，浙江省丽水地区编制委员会办公室更名浙江省丽水地区机构编制委员会办公室。

2001 年，省编制委员会核定丽水市行政编制 1092 名，莲都区行政编制 495 名，莲都区乡镇党政行政编制 348 名。

2005 年，全市深化政府机构改革，核定丽水市、县（市、区）行政编制 16768 名，实有 15817 人，其中市级行政编制 3303 名，实有干部 3168 人；政法系统行政编制 4908 名，实有干部 4403 人，其中市级政法系统行政编制 1330 名，实有干部 1239 人；事业编制 54533 名，实有干部 51185 人。

2008 年，丽水市编制委员会办公室贯彻执行中编办、监察部的《机构编制监督检查暂行规定》和浙委办《关于进一步加强和完善机构编制管理，严格控制机构编制的实施意见》，制定《丽水市党政机关消化超编人员工作规划》《关于莲都区富岭街道委托丽水经济开发区代管并进一步完善开发区管理体制的意见》《关于进一步完善丽水经济开发区体制机制的若干意见》等文件。

2010 年，丽水市编制委员会办公室下发《丽水市市级机关事业单位机构编制实名制管理办法》，全面启动市级机关事业单位机构编制实名制管理。

事业编制登记与管理

1986 年，全区实行地属事业单位定编定员，严格控制国家机关和事业单位增加机构人员，宏观控制干部队伍。

1996 年，全市全面展开地直事业单位法人登记工作。地直事业单位 164 个，参加法人登记事业单位 142 个，其中法人单位 105 个，非法人单位 37 个；全额拨款事业单位 69 个，差额拨款事业单位 19 个，自收自支事业单位 54 个。

1998 年，全区开展事业单位和内部分配制度改革，选择丽水人民广播电台、丽水有线电视台、地区建筑设计院作为试点单位。年底，丽水人民广播电台基本完成全员聘用制和内部分配制度改革试点工作，丽水有线电视台、地区建筑设计院提出试点方案。各县（市）选择一批试点单位进行改革，对改革进行探索。

1999年12月，丽水地区人事劳动局全面推行事业单位人事制度综合配套改革，印发《关于丽水事业单位人事制度综合配套改革的实施意见》《关于转发〈浙江省事业单位实行聘用制暂行办法〉的通知》《关于转发贯彻〈浙江省事业单位实行聘用制暂行办法〉若干问题的通知》。地直广电系统事业单位率先推开事业单位人事制度综合配套改革，重点是推进全员聘任制，搞活内部分配制度。各县（市）事业单位改革范围进一步扩大。

2001年，全市抽调人事、编制、财政、体改等部门人员，组成市直事业单位改革调研组，对市直事业单位185个进行调研，根据事业单位所承担职能、经费来源、市场化程度和今后发展趋势，提出划分为4种类型，对条件成熟的生产经营类、中介服务类事业单位实行产权制度改革，其他类型事业单位逐步推行工资分配制度配套改革的思路。全市出台《关于深化市直属事业单位改革的意见》《关于市直事业单位改制工作的实施办法》，成立市属事业单位改革领导小组，开始启动条件基本成熟的生产经营、中介服务类事业单位改制工作。各县（市、区）分别调研事业单位改革工作，做好事业单位改革的准备。

2003年，全市组建市直事业单位改革分类工作组和改制工作组，全面启动事业单位分类改革，按照政事、事企分开原则，合理划分政府机关与事业单位的职能，改变政事职责混淆状况；剥离事业单位中可社会化的生产经营、中介服务职能，改变事企不分状况；以功能定类别，综合考虑职能、经费来源、市场化程度等因素，初步划分事业单位的类别。各县（市、区）乡镇同时启动事业单位改革。

2007年，全市基本完成公务员登记审核审批工作，其中市本级公务员登记1534人，暂缓登记75人，不予登记8人；县（市、区）公务员登记10740人，暂缓登记863人，不予登记28人。

2008年，市本级和莲都区基本完成事业单位分类工作，青田、庆元下发监督管理类事业单位分类文件。全市事业单位登记1875个，年检率96%，年检合格率99%。其中市本级事业单位登记184个，年检率96%，年检合格率100%。市本级设立登记事业单位10个，因上年未年检而重新办理设立登记事业单位19个，办理变更手续事业单位24个。同年，全市完成公务员日常登记及参照管理事业单位人员登记工作，经省人事厅审核批准的依照公务员制度管理事业单位164个，拟批准17个，暂缓20个，明确不批准11个。

2009年，全市规范机构编制管理，加强事业单位登记管理工作。全市登记在册的事业单位1890个，年检率96%，年检合格率99%。其中市本级登记在册事业单位196个，年检率96%，年检合格率100%。同年，市本级办理设立登记的事业单位11个，办理变更手续的事业单位50个，办理注销手续的事业单位17个。

2010年，市委执行省编办下发的《关于深化完善事业单位分类工作的实施意见》，制定《丽水市事业单位岗位设置管理实施意见（试行）》。8月，省编制委员会办公室批复同意确定承担行政职能的事业单位37个；逐步转为行政机构或将行政职能划归行政机构的事业单位11个；需要相应调整，符合条件后再上报审核的事业单位3个；其余未定为承担行政职能的事业单位14个。同年，全市登记事业单位1942个，年检1608个，年检率83%，年检合格率100%；市本级登记事业单位211个，年检178个，年检率85%，年检合格率100%。同年，市本级办理设立登记的事业单位13个，办理变更手续的事业单位50个，办理注销手续的事业单位3个。

第二节　干部管理

干部调配

1963年，丽水专区行政建制恢复，丽水专区机关干部一部分从省级机关和温州、金华专区调入，其余从各县调入。1965年，全区调配干部717人，其中，支援国家重点建设177人，充实基层财贸单位82人。

1971—1980年，全区由中央部属单位和外省调入干部769人，调出334人。

1981年，全区调入夫妻分居两地干部120人，政法部门调入286人。

1984年，丽水地区人才交流咨询服务中心成立。

1985年起，全区加强控制企业单位职工调入事业单位、事业单位职工调入行政机关。全区调出干部1242人，其中中专以上文化或有职称842人；调入干部727人，其中中专以上文化或有职称477人。3月，丽水地区召开人才交流会，现场办理科级干部调动43人。

1987年起，全区调整干部结构，充实政法、税务、工商行政管理和金融部门干部。

1988年，全区调入干部230人，其中中专以上或有职称155人；调出干部220人，其中中专以上或有职称171人。1986—1988年，全区调配干部6735人，其中区内调整干部6085人，中专以上或有职称干部3664人；工作需要调动干部4382人，解决夫妻分居干部927人、照顾家庭困难干部893人，调整学非所用干部110人，其他原因423人。

1991年，全区调入公务员（干部）294人，其中地直机关57人，县乡机关237人；调出公务员（干部）331人，其中地直机关39人，县乡机关292人；充实重点建设部门2人，均在地直机关；充实县乡党政机关39人；调整精简安置干部93人，其中地直机关4人，县乡机关89人；调整县乡学非所用干部7人；解决夫妻分居干部36人，其中地直机关2人，县乡机关34人；照顾县乡家庭困难干部34人；其他原因120人，其中地直机关31人，县乡机关89人。

2000年，全市调入公务员（干部）555人，包括国有企业单位54人，其中市直单位6人，县乡单位48人；党政机关、参照公务员管理单位501人，其中市直单位37人，县乡单位464人。全市调出公务员（干部）543人，包括国有企事业单位31人，其中市直单位9人，县级单位22人；党政机关512人，其中市直单位26人，县乡单位486人。

2005年，全市开展机关、事业单位人员公开招聘、选调工作，贯彻执行省人事厅出台的《关于国家公务员调任有关问题的通知》，研究制定《市级机关事业单位人员调配若干意见》。全市调入公务员（干部）1325人，包括党政机关、参照公务员管理事业单位1037人，其中市直单位132人，县乡单位905人；国有企业单位95人，其中市直单位17人，县乡单位78人；机关单位整建制转入公务员117人，其中市直单位28人，县乡单位89人；国有企事业单位整建制转入公务员49人。全市调出公务员（干部）1163人，包括党政机关、参照公务员管理事业单位973人，其中市直单位52人，县乡单位921人；国有企事业单位71人，其中市直单位7人，县乡单位64人；整建制转入党政机关117人，其中市直单位19人，县乡单位98人；整建制转入国有企事业单位2人，均为县乡单位人员。

2010年，全市调入公务员（干部）1796人，包括国有企业单位16人，其中市直党政机关1人，县乡单位 11 人，市直参照公务员管理事业单位 2 人，县乡参照公务员管理事业单位 2 人；党政机关、参照单位 1323 人，其中市直党政机关 123 人，县乡单位 945 人，市直参照公务员管理事业单位 68 人，县乡参照公务员管理事业单位 187 人；机关整建制转入公务员 31 人，其中县乡 22 人，市直参照公务员管理事业单位 9 人；国有企事业单位整建制转入 406 人，其中市直党政机关 7 人，市直参照公务员管理事业单位 34 人，县乡参照公务员管理事业单位 365 人。全市调出公务员（干部）1246 人，包括党政机关、参照公务员管理事业单位 1214 人，其中市直党政机关 51 人，县乡单位 1022 人，市直参照公务员管理事业单位 24 人，县乡参照公务员管理事业单位 117 人；国有企事业单位 10 人，其中县乡单位 9 人，市直参照公务员管理事业单位 1 人；整建制转入机关公务员 22 人，均为县乡单位人员。

干部培训

民国 27 年（1938）4 月，丽水县举办第九专区战时妇女训练班，培训抗日救亡事宜，参加培训 100 多人，中共党员杜永康等担任指导员和教官。民国 27 年 11 月至民国 28 年春，中共处属特委在龙泉县水塔村叶岭头举办党支部书记训练班 2 期，宣传党的基本知识和形势任务，每期 30 人，为时 60 天。民国 29 年 3 月，中共处属特委在丽水县太平区西溪村举办党员训练班，研究搞好党的秘密工作，太平区党员参加。6—8 月，中共遂昌县委在石练镇千佛山举办党员训练班 3 期，培训党的基本知识，恢复和发展基层党组织。

1949—1950 年，中共处属特委先后举办干部、粮政、会计、小学教育培训班，参训学员 1021 人。1951 年，丽水专区干部学校成立；1952 年 1 月撤销。1963 年 3 月，中共丽水地区党校成立后，举办大学毕业生培训班 2 期，参训学员 126 人。1964 年起，中共丽水地区党校师生到丽水、诸暨、缙云县参加社会主义教育运动，1966 年返校。1963—1965 年，全区党校参训学员 822 人次。1969 年，中共丽水地委党校更名丽水地区机关斗批改干校、丽水地区革委会毛泽东思想学习班。1971 年，丽水地区机关斗批改干校、丽水地区革委会毛泽东思想学习班两校合并，更名丽水地区五七干校，举办干部轮训班 2 期，轮训地、县机关干部，公社书记、主任 641 人。1973 年 3 月，丽水地区五七干校更名中共丽水地委党校，举办干部轮训班和读书班数期；各县（市）委党校也先后恢复，培训干部 51280 人，其中丽水、龙泉、青田、云和、庆元、缙云、遂昌县委党校举办中专班，培训中专文化学员 749 人。1976—1983 年，中共丽水地委党校举办领导干部轮训班和读书班多期，主要学习马克思主义基本理论和中共中央文件，参加培训地、县、区、乡领导干部 4085 人。1984 年秋季，贯彻执行《中共中央关于实现党校教育正规化的决定》，举办二年制大专培训班 84 级、85 级、86 级 3 届，培养大专毕业生 130 人；党校电大党政干部专修科 84 级 1 届，培养毕业生 53 人；中央党校函授学院 85 级大专班 1 届，培养大专毕业生 51 人。1984—1989 年，中共丽水地委党校培养大专毕业生 234 人。1987 年起，中共丽水地委党校干部培训班停止招生，保留函授招生工作，招收 88 级大专函授学员 137 人、89 级大专函授班学员 451 人。同时，举办各种形式的短期进修班、岗位职务培训班，学习马克思主义基本理论、党的路线方针政策以及岗位业务知识，培训干部 4277 人。1990 年，各县（市）党校举办理论读书班 25 期，培训 11561 人，其中副科级以上干部 765 人，理论辅导员及骨干 311 人，其他干部 505 人。

1994 年，全区举办各级领导干部培训班 13 期，其中县处级进修班 6 期，参训干部 900 多人，选送 357 人到省委党校及省以上部门举办的培训班学习。同时，举办青年干部培训班 2 期，参训干部 93 人；地直单位科级干部短训班 2 期，参训干部 560 人；妇女干部培训班 1 期，参训干部 56 人；党外干部培训班 1 期，参训干部 43 人。

1995 年，全区开展国家行政机关工作人员岗位培训工作，培训干部 9006 人，其中人事部门培训干部 8786 人，地委组织部委托地委党校培训干部 220 人。1996—2010 年，稳定开展机关工作人员岗位培训，并且每年有数人至 100 多人接受出国培训，还有计算机应用能力培训等。

2010 年，全市开展公务员 4 项培训，组织公共危机应急管理、组织行为学、法治浙江与和谐社会建设 3 门课程培训考试，参加培训考试 1.23 万人。开设中国国情概要、社会主义市场经济、公务员法释义、实用公文写作、公共管理、依法行政和普通话测试等课程，完成 2009 年初任培训班 1 期，参训干部 77 人；完成 2010 年初任培训班 1 期，参训干部 84 人。举办部队转业干部培训班 1 期，参训干部 12 人。举办公务员（干部）培训班，参加培训 10099 人次，其中公务员 8795 人次，参照公务员管理 1304 人次；参加培训人员 8195 人，其中公务员 7070 人，参照公务员管理 1125 人；出国出境培训 143 人，其中公务员 137 人，参照公务员管理 6 人。

干部考核与奖惩

考核　1995 年，全区考核地直行政机关工作人员 1297 人，其中优秀 177 人，占 13.65%；称职 1106 人，占 85.27%；不称职 1 人，占 0.08%。暂缓确定等次 5 人。受党纪政纪处分未定等次 8 人。未参加考核 14 人。

1997 年，全区考核公务员（干部）10306 人，优秀 1258 人，其中市直单位 114 人，县乡单位 1144 人；称职 8689 人，其中市直单位 856 人，县乡单位 7833 人；不称职 26 人，其中市直单位 1 人，县乡单位 25 人；不定等次 333 人，其中市直单位 47 人，县乡单位 286 人。

2003 年，全市贯彻落实省人事厅《关于进一步完善考核办法、加大考核工作力度的意见》，建立公务员平时考核制度，强化公务员考核监督，制定《丽水市公务员能力建设和绩效考核若干意见》，把公务员管理与机关效能监督结合起来，建立健全以业绩为重点，以品德、知识、能力等要素构成的公务员考核评价体系，开展市级“人民满意的公务员”评选活动。全市考核公务员（干部）14414 人，优秀 1630 人，其中市直单位 228 人，县乡单位 1402 人；称职 12722 人，其中市直单位 1589 人，县乡单位 11133 人；基本称职 1 人，其中县乡单位 1 人；不称职 36 人，其中市直单位 2 人，县乡单位 34 人；不定等次 25 人，其中市直单位 5 人，县乡单位 20 人。

2010 年，全市考核公务员（干部）13318 人，优秀 2055 人，其中公务员 1809 人，参照公务员管理干部 246 人；称职 10767 人，其中公务员 9439 人，参照公务员管理干部 1328 人；基本称职 29 人，其中公务员 25 人，参照公务员管理干部 4 人；不称职 14 人，其中公务员 9 人，参照公务员管理干部 5 人；不定等次 453 人，其中公务员 370 人，参照公务员管理干部 83 人。

奖惩　1951 年 12 月至 1952 年 6 月，丽水专区机关开展反贪污、反浪费、反官僚主义（简称“新三反”）运动，处理干部 44 人，其中刑事处分 7 人，行政处分 37 人，收缴赃款 73111 元。1956—1958 年，各县开展肃反、审干工作。1957—1958 年，各县开展整风反右派斗争，错定一批“右派分子”。1959 年 9 月，各县开展反右倾斗争，整错一批干部。1960 年 6—7 月，各县开展“新三反”运动。1963 年 6 月，丽水专区开展反对贪污盗窃、投机倒把、铺张浪费、分散主义和官僚主义（简称新“五反”）运动。

1966 年，“文化大革命”开始，丽水专区大批党政领导干部遭批斗。1967 年 12 月 12 日，“解放”丽水专区机关县级干部 3 人。1969 年 3 月，丽水地区机关大多数领导和干部集中丽水地区机关斗批改干校学习；1970 年，学习结束，部分干部转五七干校劳动。1972 年 8 月，全区清查与林彪反革命集团有牵连的人和事。

1977 年至 1979 年 6 月，全区清查与“江青反革命集团”有牵连的人和事，查出县级以上机关犯错误的干部、职工 245 人。1978 年，全区平反“文化大革命”冤假错案 4019 件，其中将性质由敌我矛盾重新认定为人民内部矛盾的干部 622 人，撤销党纪处分的干部 297 人；平反集团性案件 156 件，受害干部、群众 15208 人，受牵连的干部 10775 人。1979 年后，全区复查“文化大革命”案 2595 件，平反纠正 2332 件，恢复干部公职 355 人，恢复党籍干部 37 人，补发工资或经济补助干部 4929 人，补发金额 70.6 万元。

1982 年 3 月，全区审理与“林彪、江青反革命集团”案件有牵连的人，定性处理干部 643 人。1983 年 12 月至 1987 年，全区清理追随“林彪、江青反革命集团”造反起家的人、帮派思想严重的人和打砸抢分子，定性处理干部 57 人。

1983 年，全区复查“文化大革命”前历史老案 3931 件，平反纠正 2457 件，恢复工作干部 565 人，恢复党籍干部 240 人，办理离休、退休或退职干部 1126 人，给予生活补助干部 812 人。

1984 年，全区复查中华人民共和国成立前入党、有遗留问题的干部 1560 人，恢复党籍或更改党龄干部 538 人；对历史上受限制使用干部 323 人，分别作出撤销、解除、注销结论。

1986 年，全区落实遭受历史错误处理、农业人口转为非农业人口的干部 1307 人，调整工资的干部 864 人，清理档案材料的干部 21200 人。

1989 年 8 月至 1990 年 8 月，全区清查与 1989 年春夏之交北京发生的政治风波有关的事件 35 件、有关人员 74 人，其中处理 10 人。

1991 年，全区公务员（干部）受处分 12 人，其中开除 12 人（市直单位 1 人，县乡单位 11 人）。

1992 年，全区奖励公务员（干部）1452 人，其中记功 27 人，记大功 4 人，颁发奖品或奖金 1183 人，晋升职级 48 人，晋升职务 2 人，通令嘉奖 47 人，其他 141 人；处分公务员（干部）57 人，其中警告处分 20 人，记过 7 人，记大过 13 人，降低职级 4 人，撤销职务 8 人，开除公职 5 人。

1993 年，全区奖励公务员（干部）817 人，其中记功 37 人，记大功 1 人，颁发奖品或奖金 577 人，晋升职级 83 人，晋升职务 2 人，通令嘉奖 43 人，其他 74 人；处分公务员（干部）33 人，其中警告处分 9 人，记过 8 人，记大过 7 人，降低职级 5 人，撤销职务 2 人，开除公职 2 人。

1995 年，全区处分公务员（干部）4 人，其中开除公职 4 人。

1997 年，全区处分公务员（干部）12 人，其中开除公职 12 人（市直单位 2 人，县乡单位 10 人）。

1998 年，全区处分公务员（干部）22 人，其中开除公职 22 人。

2000 年，全市奖励公务员（干部）324 人，其中市直单位 74 人，县乡单位 250 人；记三等功 44 人，其中市直单位 15 人，县乡单位 29 人；记二等功 2 人，其中市直单位 1 人，县乡单位 1 人；授予荣誉称号 3 人，其中市直单位 2 人，县乡单位 1 人。全区处分公务员（干部）43 人，包括警告处分 10 人，其中市直 6 人，县乡单位 4 人；记过 3 人，其中市直单位 1 人，县乡单位 2 人；记大过 3 人，其中市直单位 1 人，县乡单位 2 人；降级 7 人，其中市直单位 3 人，县乡单位 4 人；撤职 14 人，其中市直单位 11 人，县乡单位 3 人；开除 6 人，其中市直单位 3 人，县乡单位 3 人。

2003 年，全市奖励公务员（干部）238 人，其中市直单位 32 人，县乡单位 206 人；记三等功 107 人，其中市直单位 33 人，县乡单位 74 人；记二等功 6 人，其中市直单位 2 人，县乡单位 4 人；记一等功 1 人，其中县乡单位 1 人；授予荣誉称号 5 人，其中县乡单位 5 人。全区处分公务员（干部）59 人，包括受警告处分21人，其中市直单位1人，县乡单位20人；记过14人，其中县乡单位14人；记大过5人，其中市直单位1人，县乡单位4人；降级5人，其中县乡单位5人；撤职6人，其中市直单位1人，县乡单位5人；开除8人，其中市直单位3人，县乡单位5人。

2004年，全市奖励公务员（干部）308人，其中市直单位9人，县乡单位299人；记三等功84人，其中市直单位25人，县乡单位59人；记二等功6人，其中市直单位3人，县乡单位3人；记一等功1人，其中县乡单位1人；授予荣誉称号5人，其中市直单位1人，县乡单位4人。全区处分公务员（干部）35人，包括受警告处分6人，其中县乡单位6人；记过5人，其中市直单位2人，县乡单位3人；记大过4人，其中县乡单位4人；降级8人，其中市直单位1人，县乡单位7人；撤职6人，其中市直单位2人，县乡单位4人；开除10人，其中市直单位1人，县乡单位9人。

2005年，全市奖励公务员（干部）218人，其中市直单位25人，县乡单位193人；记三等功97人，其中市直单位26人，县乡单位71人；记二等功3人，其中市直单位1人，县乡单位2人；授予荣誉称号2人，其中市直单位1人，县乡单位1人。全区处分公务员（干部）27人，包括受警告处分2人，其中县乡单位2人；记过2人，其中市直单位1人，县乡单位1人；降级4人，其中市直单位1人，县乡单位3人；撤职10人，其中市直单位4人，县乡单位6人；开除9人，其中市直单位3人，县乡单位6人。

2006年，全市奖励公务员（干部）222人，其中市直单位33人，县乡单位189人；记三等功83人，其中市直单位17人，县乡单位66人；记二等功3人，其中县乡单位3人；记一等功1人，其中市直单位1人；授予荣誉称号51人，其中市直单位9人，县乡单位42人；审核推荐部、省级先进集体54个，先进个人81人。全市处分公务员（干部）22人，包括受警告处分3人，其中市直单位1人，县乡单位2人；记过2人，其中市直单位1人，县乡单位1人；记大过7人，市直单位2人，县乡单位5人；降级1人，其中县乡单位1人；撤职3人，其中县乡单位3人；开除6人，其中县乡单位6人。

2007年，全市奖励公务员（干部）239人，其中市直单位30人，县乡单位209人；记三等功95人，其中市直单位25人，县乡单位70人；记二等功3人，其中市直单位2人，县乡单位1人；记一等功1人，其中县乡单位1人；授予荣誉称号6人，其中市直单位4人，县乡单位2人。全市处分公务员（干部）26人，包括受警告处分2人，其中县乡单位2人；记过3人，其中县乡单位3人；降级3人，其中县乡单位3人；撤职5人，其中市直单位1人，县乡单位4人；开除13人，其中市直单位4人，县乡单位9人。

2008年，全市奖励公务员（干部）467人，其中公务员466人，参照公务员管理1人；记三等功105人；记二等功6人。全市处分公务员（干部）44人，其中受警告处分12人，记大过1人；降级11人，其中公务员9人，参照公务员管理2人；撤职9人；开除22人。

2009年，全市奖励公务员（干部）520人，其中公务员492人，市直单位参照公务员管理7人，县乡单位参照公务员管理21人；记三等功121人，其中公务员117人，参照公务员管理4人；记二等功2人；授予荣誉称号4人。全市处分公务员（干部）52人，包括受警告处分13人，其中公务员12人，参照公务员管理1人；记过4人；记大过1人；降级1人；撤职8人，其中公务员5人，市直单位参照公务员管理1人，县乡单位参照公务员管理2人；开除26人，其中公务员24人，参照公务员管理2人。

2010年，全市奖励公务员（干部）798人，其中公务员738人，参照公务员管理60人；记三等功89人，其中公务员87人，参照公务员管理2人；记二等功15人。全市处分公务员（干部）56人，包括受警告处分16人，其中公务员12人，参照公务员管理4人；记过2人；记大过3人；降级1人；撤职6人，其中公务员4人，参照公务员管理2人；开除32人，其中市直单位3人，县乡单位29人。

干部结构

干部队伍结构　1949年，全区有干部2220人，其中丽水专区机关干部318人；人员构成分为坚持地方斗争的本地干部、“南下”干部、新参加工作干部和原有干部留用。1951年，全区有干部4077人，其中丽水专区机关干部399人。1963年，全区有干部6548人，其中丽水专区机关干部231人。1971年起，全区大中专毕业生分配和军队转业干部开始增多。1979年起，全区干部增加较多，主要增加方式为社会录用、“以工代干”①、人员转干等。1983年，全区有干部29622人，其中地直行政机关610人。1990年，全区有干部49561人，其中地直行政机关1205人。

1995年，全区有干部56478人，其中行政机关15633人，事业单位33060人，企业单位7785人。地直单位有干部5218人，其中行政机关干部1175人，事业单位干部2865人，企业单位干部1178人。1997年2月，丽水地区本级和丽水、龙泉、青田、缙云、遂昌、松阳6县（市）党政机关首次面向社会和应届高校毕业生，公开招考国家公务员（机关工作人员）。全区报考1322人，其中报考地直机关513人。8月，经笔试、面试、体检和政审，全区录用102人，其中地直机关录用40人。同年5月6日，地委召开地直机关推行国家公务员制度实施工作动员大会。12月，全区基本完成行署下属单位34个的职位设定，地直机关人员过渡工作600多人；审批县（市）推行国家公务员制度的实施方案和非领导职务设置办法。同年，地直机关基本建立国家公务员制度。

2001年，全市加强公务员队伍“进、管、出”等环节依法管理，人员定岗普遍推行竞争上岗和双向选择，推进岗位轮换和交流，优化公务员队伍结构，提高公务员队伍素质。中层干部岗位轮换106人，竞争上岗参与率超过85%，中层职位平均年龄比定岗前降低4.5岁，大专以上文化比例提高20%，一般干部岗位轮换147人。

2002年6月，丽水市面向社会招考录用县级以上机关国家公务员，实行“全市统一组织、按专业分类报考”，打破县（市、区）地域限制，同类专业从高分到低分录用；未被录用的入围考生，实行资格有效制度。全市计划招考389人，报名3471人，计划录用率11.2%。通过笔试、面试、体检和考核环节，全区录用350人，实际录用率10.1%；有具备公务员录用资格的入围考生146人。

2003年，全市进一步加强公务员制度建设和队伍建设，加强进人渠道的管理，实行“凡进必考”制度。全市录用乡镇机关及基层法院、检察院等部门公务员71人，人民警察52人，具有公务员资格48人，乡镇选聘制领导干部105人。市政府制定《丽水市国家公务员非领导职务设置办法》《机关事业单位人员调配若干意见》等文件，进一步规范公务员调任、转任和改进公务员考核办法。

2005年，全市规范和完善公务员考试录用工作，实行面试考官异地交流、体检异地交叉进行等办法，确保公开公平公正。同年，全市招考录用公务员（机关工作人员）287人。

2006年，全市面向社会招考录用公务员399人；完善公务员考核监督等日常管理，加强机关事业单位工作人员的年度考核工作；做好公务员奖励表彰工作，审核推荐国土、民政、科协、财政、卫生、档案等系统的部、省级先进集体54个，先进个人81人。

2010年，全市政府系统有公务员（干部）13124人，其中市直机关公务员1756人，各县（市、区）公务员7241人，乡镇街道公务员2345人；参照公务员法管理的事业单位干部1736人。同年，全市录用公务员403人，其他干部46人。

---

① 指未办提干手续选调工人从事干部岗位的工作。

1949—1987年丽水地区干部基本情况统计一览

表41-1-2-1　　单位：人

年度	总数			文化程度					政治情况			年龄						行业分布							
	其中		合计	大专以上	中专	高中	初中	小学以下	共产党员	共青团员	非党干部	25岁以下	26—35岁	36—45岁	46—55岁	56—60岁	61岁以上	党群	政法	农林水	财贸	工交邮电	文教卫生	中小学教师	其他
	女性	少数民族																							
1949	208	—	2220	61	—	249	692	1218	1064	—	1156	—	1174	995	51	—	—	302	561	616	732	—	—	—	9
1950	292	—	2971	55	—	289	962	1665	1176		1795	—	1450	1427	94	—	—	291	1196	443	1039	—	—	—	2
1951	—	—	2798	—	—	—	—	—	—	—	—	—	—	—	—	—	—	—	—	—	—	—	—	—	—
1963	1049	54	6548	392	—	1642	3011	1503	2280	1605	2661	559	4031	1550	354	38	16	239	440	1010	1821	743	1081	—	1214
1964	1238	78	7677	550	—	1891	3578	1658	3153	1681	2843	507	4662	2052	392	50	14	236	481	1038	2037	786	1188	—	1132
1965	—	—	6985	—	—	—	—	—	2415	—	4570	—	—	—	—	—	—	231	371	1044	2079	924	1261	—	1075
1971	1705	148	11376	938	—	2244	4754	3440	5744	1820	3812	68	2582	666	1778	189	93	3469	508	1093	2860	1613	1445	—	390
1972	4304	366	19295	2922	—	5863	7043	3467	6473	4208	8614	1036	5645	9388	2796	313	117	3549	463	1596	3232	1720	2102	6581	52
1973	4332	383	19416	3193	—	5882	7012	3329	6385	4032	8999	910	5547	9364	3130	340	125	3580	451	1605	3207	1786	2150	6619	18
1974	4370	417	19421	—	—	—	—	—	6560	3694	9167	756	5079	9281	4264	515	177	3018	421	1796	3272	1752	2266	6757	575
1975	4575	442	19821	—	—	—	—	—	6595	3781	9445	657	4983	9270	4264	515	177	3018	421	1796	3272	1752	2266	6757	539
1976	4713	489	20620	—	—	—	—	—	6757	4289	9574	1101	4741	9027	4965	585	201	2999	429	1858	3303	1862	2539	7030	240
1977	5147	496	21105	—	—	—	—	—	6829	3727	10639	1377	4492	8481	5826	774	245	3140	435	1800	3273	1992	2725	7207	623
1978	5166	483	22421	3608	—	7844	6377	2055	5574	3433	10877	1307	4385	7334	5732	846	280	2790	1195	1922	3262	2530	10489		333
1979	5770	593	23541	3665	—	8565	8129	3182	8254	3504	11783	1680	5362	7598	7593	1032	276	2967	1236	2222	3165	2057	10891		552
1980	6206	561	24375	4125	6626	3557	10067		8703	3628	12044	2336	5760	7415	7837	800	230	1998	3001	1995	3052	2648	3301	8389	2
1981	6631	628	25491	4438	7100	3801	10152		9086	3858	12547	2550	6296	7321	8166	940	218	1993	3186	2394	2832	2552	3365	9162	7
1982	7285	669	28048	4986	8723	3832	10507		9645	4798	13605	3762	6946	7208	8750	1086	296	2169	3423	2514	3036	2947	2855	10093	11
1983	7655	731	29622	5598	9513	4120	10391		9939	5408	14275	4295	7559	7192	9041	1338	255	2256	3790	2789	3289	3513	3534	10399	52

续表 40-1-2-1

年度	总数			文化程度					政治情况			年龄						行业分布							
	其中		合计	大专以上	中专	高中	初中	小学以下	共产党员	共青团员	非党干部	25岁以下	26~35岁	36~45岁	46~55岁	56~60岁	61岁以上	党群	政法	农林水	财贸	工交邮电	文教卫生	中小学教师	其他
	女性	少数民族																							
1984	8763	752	33542	5940	10693	5601	11308		11716	6338	15488	5730	9868	7725	9543	1568	223	2833	4810	2859	3805	3584	4799	10720	132
1985	10210	897	36778	6663	11685	6692	11738		14092	7246	15440	6922	9856	8629	9534	1657	202	3098	6358	3068	4227	3298	5781	10889	49
1986	10795	966	39064	7572	12859	7095	11538		15927	7256	15881	7806	10678	8806	9587	1958	229	3167	7714	3219	4538	2734	5381	11763	48
1987	—	—	40584	—	—	—	—	—	—	—	—	—	—	—	—	—	—	3124	—	—	24615	—	—	12845	—

说明：1. 以上数据包括行政和全民企事业干部，不包括集体所有制干部。1972 年数据包括教师

2. 1952 年 1 月至 1963 年 5 月为丽水专区撤销期间，1966—1970 年"文化大革命"期间无统计资料

1988—1993 年丽水地区国家干部基本情况统计一览

表 41-1-2-2

单位：人

年度	总数							文化程度				政治情况				年龄						系统分部					
	合计	其中		行政	事业	企业	中小学校	大专以上	中专	高中	初中以下	共产党员	共青团员	民主党派	无党派	25岁以下	26—35岁	36—45岁	46—54岁	55—59岁	60岁以上	党群		国家机关		其中：乡镇	
		女性	少数民族																			行政	事业	行政	事业	行政	事业
1988	43043	11980	1165	14274	8829	6178	13762	10329	15218	7019	10477	18175	8138	176	16554	8813	12547	9822	9288	2494	113	2709	289	11565	8540		
1989	45642	14342	1113	14383	9629	5944	15686	11788	16368	6895	10591	18107	8518	188	18829	8704	14338	10574	9132	2670	44	2624	305	11759	9324	3616	398
1990	49561	14743	1225	14755	11064	7354	16388	12929	18005	7165	11462	19411	10891	284	18975	8906	16540	11753	9382	2948	32	2650	320	12105	10744	3797	325
1991	51945	17417	1493	15207	11341	8733	16664	14647	19455	7209	10634	19920	10530	308	21187	8970	17995	12714	8460	3662	144	2681	330	12526	11011	3919	245
1992	54857	18296	1458	15380	11454	10581	17442	16087	20931	7664	10175	20510	10943	315	23089	9327	19307	13792	8636	3660	135	2436	329	12944	11125	4516	420
1993	55030	18619	1502	15376	12455	9748	17451	16827	21640	7557	8948	20705	11140	314	22871	9530	18821	14395	8729	3464	118	2487	336	12889	12119	4334	763

1949—1990 年丽水地区干部结构情况一览

表 41-1-2-3　　　　单位：人

年　份	总　　数			
	其　中			合　计
	女　性	少数民族	中小学教师	
1949	208	—		2220
1951	—	—		4077
1963	1049	54	—	6548
1964	1238	78		7677
1971	1705	148		11376
1973	4332	383	6581	19416
1975	4575	442	6757	19821
1978	5328	560	—	22421
1980	6206	561	8389	24375
1983	7655	731	10399	29622
1985	10210	897	10889	36778
1990	14743	1225	16641	49561

1991—2010 年丽水地区实有公务员民族、性别结构情况一览

表 41-1-2-4　　　　单位：人

年份	实有公务员	市直		县乡		女性	占比例	少数民族	占比例
1991	12526	1108		11418		1976	15.80	273	2.20
1992	12944	1089		11855		2053	15.90	315	2.40
1993	12889	1070		11815		2025	15.70	297	2.30
1996	15446	1239		14209		2866	18.60	466	3.00
1998	14967	1282		13685		2970	19.80	439	2.90
2000	15116	1640		13476		3175	21.00	447	3.00
2001	15050	1731		13319		3128	20.80	481	3.20
2002	14456	1832		12624		3006	20.80	418	2.90
2003	14435	1982		12453		3087	21.40	404	2.80
2004	14669	2012		12657		3113	21.20	396	2.70
2005	14937	2106		12831		3258	21.80	428	2.90
2006	15381	2187		13194		3341	21.70	435	2.80
2007	15434	2222		13212		3434	22.20	446	2.90
2008	15763	市直	2171	县乡	12652	3628	23.00	474	3.00
		市直（参公）	388	县乡（参公）	552	—	—	—	—

续表 41-1-2-4

年份	实有公务员	市直		县乡		女性	占比例	少数民族	占比例
2009	16800	市直	2241	县乡	12720	3995	23.80	513	3.10
		市直(参公)	556	县乡(参公)	1283	—		—	—
2010	17395	市直	2307	县乡	12673	4204	24.20	525	3.20
		市直(参公)	639	县乡(参公)	1776	—		—	—

文化结构　1949 年，全区干部高中文化以上 310 人，占 13.96%；初中文化 692 人，占 31.37%；小学以下文化 1218 人，占 54.9%，其中文盲 109 人，占 0.5%。1978 年，高中以上文化 11757 人，占 16.4%；初中文化 7487 人，占 33.39；小学以下文化 3183 人，占 14.19%。1990 年，高中以上文化 38099 人，占 78.45%，其中大专以上文化 12929 人，占 26.1%，初中以下文化 11462 人，占 23.1%。1991—2010 年，公务员（干部）整体文化显著提高，由大学专科及以下文化占主体转变为以大学专科及以上文化占主体。

若干年份丽水地区干部文化结构情况一览

表 41-1-2-5　单位：人

年份	大专以上	占百分比	高中以上	占百分比	初中	占百分比	小学以上	占百分比	文盲	占百分比
1949	—	—	310	13.96	692	31.37	1218	54.90	109	0.50
1978	—	—	11757	16.40	7487	33.39	3183	14.19	—	—
1990	12929	26.10	39099	78.45	11462	23.10	—	—	—	—

1991—2010 年丽水市(地区)干部文化结构情况一览

表 41-1-2-6　单位：人

年份	研究生文化	占百分比	大学本科	占百分比	大学专科文化	占百分比	中专及以下文化	占百分比
1991	—	—	787	6.30	2740	21.90	9025	71.80
1992	—	—	905	7.00	3043	23.50	9008	69.50
1993	—	—	798	6.20	3300	25.60	8796	68.50
1996	9	0.06	1065	6.90	5051	32.70	9323	60.34
1998	17	0.10	1143	7.60	6030	40.50	7771	51.80
2000	47	0.30	1532	10.10	7163	47.40	6374	42.20
2001	62	0.40	1819	12.10	7854	52.20	5313	35.30
2002	65	0.40	2194	15.20	7590	52.50	4607	31.90
2003	74	0.50	2918	20.20	7607	52.70	3836	26.60
2004	47	0.30	4606	31.40	7175	48.90	2841	19.40
2005	97	0.60	5732	38.40	6631	44.40	2477	16.60
2006	127	0.80	6766	44.00	6331	41.20	2157	14.00
2007	148	1.00	7568	49.00	5819	37.70	1899	12.30

续表 41-1-2-6

年份	研究生文化	占百分比	大学本科	占百分比	大学专科文化	占百分比	中专及以下文化	占百分比
2008	222	1.40	8233	52.20	5517	35.00	1791	11.40
2009	238	1.40	9442	56.20	5473	32.60	1627	9.80
2010	304	1.70	10440	60.00	5164	30.00	1487	8.30

1991—2010 年丽水市(地区)干部年龄结构一览

表 41-1-2-7　　单位：人

年份	35 岁以下	占百分比	36—40 岁	占百分比	41—45 岁	占百分比	46—50 岁	占百分比	51—54 岁	占百分比	55 岁以上	占比
1991	6378	50.90	1549	12.40	1290	10.30	1022	8.20	878	7.00	1409	11.20
1992	6450	49.80	1909	14.70	1285	9.90	1126	8.70	810	6.30	1364	10.60
1993	6218	48.20	2130	16.50	1361	10.60	1188	9.20	834	6.50	1158	9.00
1996	7229	46.80	2890	18.70	1987	12.80	1454	9.40	929	6.00	959	6.30
1998	6685	44.70	2599	17.40	2407	16.10	1449	9.70	990	6.60	837	5.50
2000	5586	37.00	3295	21.80	2738	18.10	1712	11.30	957	6.30	828	5.50
2001	5188	34.50	3375	22.40	2803	18.60	1856	12.30	1009	6.70	821	5.50
2002	4836	33.50	3370	23.30	2598	18.00	2073	14.30	952	6.60	627	4.30
2003	4489	31.10	3157	22.00	2667	18.50	2294	15.90	1121	7.80	707	4.70
2004	4381	29.90	2840	19.10	2893	19.70	2517	17.20	1232	8.40	842	5.70
2005	4271	28.60	2660	17.80	3163	21.20	2525	16.90	1390	9.30	928	6.20
2006	4448	28.90	2472	16.10	3285	21.40	2551	16.60	1587	10.30	1038	6.70
2007	4371	28.30	2415	15.60	3441	22.30	2397	15.50	1724	11.20	1086	7.10
2008	4095	26.00	2444	15.50	3307	21.00	2654	16.80	2005	12.70	1227	8.00
2009	4515	26.90	2568	15.30	3255	19.40	3040	18.10	2206	13.10	1335	7.20
2010	4719	27.10	2569	14.80	2974	17.10	3371	19.40	2228	12.80	1534	8.80

录用和聘用

录用　中华人民共和国成立初，全区主要吸收农村党员和优秀知识青年任干部。20 世纪 60 年代，各县吸收一批半脱产(工分加补贴)干部。1979 年，全区录用人民公社干部 1019 人，其中工分加补贴的半脱产干部占多数。1980 年起，全区将一批公安户籍、刑事、治安民警、司法民警、交通民警身份转为干部。1982 年，全区招收农村青年干部 128 人。1980—1982 年，全区招收公社会计辅导员、财政员、税务员 777 人。1983—1990 年，全区招收政法、财税、工商行政、银行、保险、人武等部门干部 2642 人，民办教师转公办教师 2662 人。1988 年，全区面向社会公开招考录用政法、税务、工商和银行等系统干部 327 人。1989—1990 年，全区面向企事业单位公开招考选调干部，充实地、县行政机关，录用 101 人，其中地区机关 27 人。1991 年，全区县乡录用干部 101 人。1992 年，全区录用干部 64

人，其中市直机关1人，县乡机关63人。1996年，全区录用干部36人。1997年起，全区全面实行公务员（干部）招考录用制度。1998年，全区调整招考选调干部录用方式，取消面向企事业单位公开招考选调干部；面向乡镇选聘制领导干部择优录用国家干部，录用38人，对象为经选举产生的乡镇党委正副书记、委员、纪委书记，人大主席团正副主席，正副乡镇长；面向应届高校毕业生公开招考国家公务员，录用17人，其中地直机关5人。全区考试录用公务员473人，其中地直机关53人；各县（市）政府机关考试录用公务员211人，乡镇机关选调进入国家公务员78人，其他方式进入国家公务员101人；全区乡镇机关94个通过选人选调和其他方式进入国家公务员167人。

2003年，全市考试录用国家公务员（机关工作人员）292名。2005年，首次明确公务员定岗考录少数民族办法，为培养少数民族干部奠定基础。

2007年，全市招录公务员324人。

2008年，全市招录公务员490人，其中市直机关42人，县乡机关438人，参照公务员管理市直单位6人，县乡单位4人。

2009年，全市公务员招录计划398人，报名资格审查合格和参加笔试10153人，录用379人；招录人民警察学员28名，司法助理员学员5名。

2010年，全市公务员招录计划490人，其中面向优秀村干部招考乡镇公务员18人；报名资格审查合格和参加笔试11163人，取消和核减招录计划13人，实际招录计划477人；实际招录公务员495人，其中市直机关33人，县乡机关374人；参照公务员管理市直单位8人，县乡单位80人。

聘用　1983年，全区通过选举和聘用，充实乡党委、乡政府和乡经济联合社人员，面向农村或企业单位选举和聘用干部346人。1987年起，全区实行选举产生乡政府领导人制度，一般干部增补实行聘用制，聘用干部不得吸收为国家干部。1983—1988年，全区选举、聘用乡镇干部2074人，其中乡镇行政机关1690人。1990年，全区乡镇机关选举、聘用干部1502人，其中乡长、副乡长，党委书记、副书记525人。同年，全区完善乡镇干部聘用制度，明确乡镇长、乡镇党委书记聘用5年以上，录用为国家正式干部。全区录用乡镇长、乡镇党委书记为国家正式干部46人。1984—1990年，全区选任、聘用干部时落选和解聘37人。1991年，全区选任聘用干部81人，其中县乡机关81人。1992年，全区选任聘用干部134人，其中市直机关3人，县乡机关131人。1993年，全区选任聘用干部41人，其中县乡机关41人。1996年，全区选任聘用干部29人。1997年，全区开始面向乡镇机关选聘制干部录用国家干部。录用对象为乡镇机关编制定员以内、县（市、区）组织人事部门批准的选聘制干部，具体包括任职满2年的在任乡镇党委书记、人大主席团主席、乡镇长；任职满4年的在任乡镇党委副书记、人大主席团副主席、副乡镇长、党委委员及乡镇妇联主席、团委书记；1993—1995年度考核连续3年优秀或其中2年优秀、聘期满10年的其他选聘制干部。全区审核上报省人事厅444人，实际录用405人。1999年，地委推行干部聘任制和中层领导职位竞争上岗工作，下发《关于在地直机关推行干部聘任制和中层领导职位竞争上岗的意见》文件，选择地委组织部、地区人事劳动局在地委政法委、地区中级人民法院、地区公安局、地区司法局、地区安全局、地区物价局、地区医院、地区防疫站率先试行干部聘任制和中层领导职位竞争上岗。此后，地直单位和各县（市）普遍推行干部聘任制和中层领导职位竞争上岗。2007年，全市贯彻执行浙江省人事厅下发《浙江省事业单位招聘人员暂行办法实施意见》，建立事业单位新进人员公开选调招聘制度。同年，市直单位招聘工作人员81人。

以工代干　20世纪60年代以来，从工人中选调人员从事干部工作，称为“以工代干”。1966—

1976年"文化大革命"期间，全区有"以工代干"人员7523人，占干部总数的29%。1985年，全区开始整顿"以工代干"人员，补办干部手续和转干4217人。1992年，录用"以工代干"人员158人，其中市直机关6人，县乡机关152人。1993年，录用"以工代干"63人，其中市直机关7人，县乡机关56人。1996年，录用"以工代干"人员46人。1997年起，实行招考录用制度，取消"以工代干"方式。同年，全区县级以上机关"以工代干"人员可经考试录用为国家公务员。全区上报1993年9月30日前在县级以上党政机关干部岗位上工作的工人身份人员306人，经省人事厅审核，符合报考资格297人，实际参加考试295人，合格271人，办理录用手续271人。同年，全区财税系统资格审查符合条件的"以工代干"人员35人、聘用制干部118人，经考试考核，录用为国家公务员"以工代干"人员30人、聘用制干部117人。

高校和中专毕业生分配　1950—1964年，全区接收大专毕业生935人。1966—1967年，全区停止为大中专毕业生分配工作。1968年8月，全区开始分配大中专毕业生工作。1965—1990年，全区接收大专毕业生8880人，中专毕业生13200多人。1991年，全区分配大学生(含大专)73人，其中市直单位7人，县乡单位66人。1992—1993年，全区分配大学生(含大专)82人，其中县乡单位82人。1995年，全区接收中专毕业生1412人(不含师范类)，落实分配1187人，占84.07%；待分配225人。

1996年，全区分配大学生96人。1996年8月，地区开始公开招考机关工作人员。地直机关面向高等院校应届毕业生公开招考机关工作人员，报名应考27人，实际录用11人。同年，面向民办教师公开招考公办教师，录用民办教师为公办教师594人。1995年，全区公开招录中小学教师，录用中小学教师79人；录用教育系统"双招生"为国家干部(教师)32人。

1997年起，全区取消大中专毕业生分配制度，实行招考录用公务员制度。全区面向应届大中专毕业生公开、择优录用部分乡镇机关工作人员，提高乡镇机关干部队伍素质。同年全区报考乡镇机关965人，经笔试、面试、体检和政审，实际录用143人。地直机关和6个县(市)向社会和应届高校毕业生招录国家公务员102人。1996—1997年，全区未落实中专毕业生分配1120人，其中农林财经类毕业生大部分未分配。

1998年，全区接收中专毕业生1898人，其中"统配生"503人，"委培生"917人，"自费生"426人，"定向生"52人。中专毕业生落实就业1352人，占当年毕业生总数的71.23%。

1999年，全区举办毕业生就业洽谈会，为毕业生和用人单位提供自主择业、双向选择的机会，协助解决大中专毕业生就业困难问题。全区接收中专毕业生2027人，经人事部门办理手续落实工作单位720人，其中推荐到非公有制企业就业190多人。

2000年，全市人事部门引导毕业生多渠道就业，解决中专毕业生就业矛盾突出的情况。全市接收中专毕业生2300人，经人事部门办理手续落实工作单位953人，其中推荐到非公有制企业就业364人。

2007年，全市制定《丽水市引导和鼓励高校毕业生到农村和社区工作的实施意见》，招聘录用高校毕业生到农村和社区工作351人，通过人才中心安置大中专毕业生1709人。

2009年，全市发布岗位信息19727个，举办高校毕业生招聘会专场20场次，为困难家庭高校毕业生提供就业援助839人；聘用高校毕业生475人；建立见习训练基地26个，提供见习岗位652个，落实见习学生220人。同年，全市接收回原籍的高校毕业生5532人，落实就业4932人，就业率89.2%。同时面向高校毕业生公开招聘事业单位工作人员，参与招聘单位300多个，实际聘用工作人员1600多人。审核批准丽水学院、丽水职业技术学院、市卫生系统等事业单位招聘普通高校硕士及以上毕业生的公开招聘计划 70 人，实际聘用 49 人。

2010 年，全市制定《关于建立大学生就业创业指导站的实施意见》，举办高校毕业生招聘会专场 23 场；建立高校毕业生见习训练基地 67 个，推出见习岗位 1131 个，落实见习学生 225 人。同年，全市接收回原籍的高校毕业生 4379 人，落实就业 4131 人，就业率 94.3%。丽水学院毕业生就业率 96.67%，丽水职业技术学院就业率 97.81%，均完成浙江省下达的总体就业率目标。同年，全市落实普通高校毕业生到农村和社区工作计划 80 人，实际聘用 79 人。

军队转业干部安置　20 世纪 50 年代，全区军队转业干部大部分充实到各级领导班子。20 世纪 60 年代初，大部分军队转业干部到财贸系统担任领导职务。1969—1975 年，全区接收军队复员干部 501 人。1980 年，全区军队复员干部重新办理转业手续，恢复干部待遇 495 人。1978—1990 年，全区接收军队转业干部 1458 人，其中团职干部 118 人，营职干部 448 人，连排职干部 739 人，技术干部 153 人，大多数安置在县级以上机关和全民企事业单位。

1990—1996 年，丽水市（县级）接收安置军转干部 231 人，其中团职 19 人[①]、营职 63 人、连排职 77 人、技术干部 72 人。全区军转干部主要安置在公安局、检察院、法院、财税局等部门，其中党政机关 207 人，占 89.61%；全额拨款事业单位 13 人，占 5.63%；国有企业单位 11 人，占 4.76%。

1997 年，全区接收安置军队转业干部 25 人，其中团职干部 5 人，营职干部 8 人，连排职干部 5 人，技术干部 7 人；接收安置随军家属 8 人。军转干部安置在地直单位 9 人，丽水市（县级）6 人，青田县 6 人，庆元、景宁、松阳、缙云县各 1 人；随调（迁）家属全部落实工作单位。

1998—2010 年，每年均安置军队转业干部数十人及随军家属，安置的军转干部原级别从团职到连排职，以及技术干部，接收单位有国家机关及省、部属单位。2001 年后，安置方式新增自行联系单位和货币安置。2010 年，全市接收安置军转干部 22 人，随调家属 3 人，推荐安置随军家属 2 人。同年，全市调整发放退休企业军转干部生活补贴 278 人。

第三节　专业技术干部管理

科技干部队伍

1949 年，全区有专业技术人员 833 人[②]。

1981 年，全区有自然科学类技术职称干部 1375 人，社会科学类技术职称干部 182 人。1983 年 8 月，全区有专业技术人员 14247 人，有技术职称干部 6654 人。1984 年，全区有专业技术人员 9086 人，其中自然科学类 7290 人，社会科学类 1796 人；有高级技术职称 8 人，中级技术职称 583 人，初级技术职称 5473 人。

1988—1991 年，全区开展农民技术职称评定，专业分农业、牧医、农机、特产、农经、林业、水利、电业、水产、土地管理、农电、农村能源，参评人员 11264 人，评定技术职称 9202 人，其中技师 923

① 正团 1 人，副团 18 人。

② 数据不包括中小学教师，下同。

人，助理技师 2449 人，技术员 4239 人，助理技术员 1591 人。

1988—1989 年，全区开展乡镇企业技术职称评定，参评人员 1600 人，评定技术职称 1514 人，包括自然科学类技术职称 454 人，其中高级工程师 2 人，工程师 29 入，农艺师 2 人，助理工程师及技术员 421 人；社会科学类技术职称 1060 人，其中经济师 50 人，会计师 16 人，助理经济师及经济员 400 人，助理统计师及统计员 50 人，助理会计师及会计员 544 人。

1989 年丽水地区专业技术人员情况一览

表 41-1-3-1　　单位：人

	自然科学人员		社会科学人员		总 计
	中级以上	小 计	中级以上	小 计	
全区合计	2542	11796	2711	20373	32169
地直	586	1735	357	1409	3144
丽水市（县级）	440	1886	497	2952	4838
龙泉县	236	1140	231	2450	3590
青田县	203	1098	295	2976	4047
云和县	140	689	185	1265	1954
庆元县	108	706	163	1378	2084
缙云县	360	2030	376	3114	5144
遂昌县	216	1058	239	1735	2793
松阳县	178	925	256	1856	2781
景宁畲族自治县	75	529	112	1238	1767

1998 年，地区人事劳动局制定《丽水地区跨世纪学术和技术带头人培养规划实施意见》（简称“138 人才工程”），明确到 2000 年，全区要选拔学术和技术带头人进入省级“151 人才工程”序列 10 人左右；选拔培养 50 岁以下能够代表丽水地区学科优势和学术、技术水平的专家 30 人左右；选拔培养在各自学科领域有较高学术造诣、成绩显著、起骨干作用的年轻优秀人才 80 人左右。同年，全区选拔“138 人才工程”培养人选 122 人，其中第一、二层次 27 人，陈万平、陈军贤、吴学谦、金崇华被列入省“151 人才工程”第二层次培养人选。

1999 年，全区继续实施丽水地区跨世纪学术和技术带头人培养规划，选拔各层次学术和技术带头人 116 人，其中第一、二层次 11 人，刘忠达、王如伟、斯金平被列入省级“151 人才工程”第二层次培养人选；选拔省级人才工程人选 6 人、地级人才工程人选 32 人。

2005 年，丽水市继续实施“138 人才工程”，以继续教育、职业教育为抓手，积极开展高层次人才选拔培训、职称评审和资格鉴定工作，推进专业技术人才队伍和高技能人才队伍建设。非公有制经济组织人才拥有量大幅度增长。全市入选省“151 人才工程”11 人、市“138 人才工程”78 人，享受政府特殊津贴 41 人；全市人才总量 11.5 万人，其中高技能人才 18971 人、农村实用技术人才 2981 人；每万人拥有人才 459 人。

2007 年，丽水市印发《关于加强专业技术人才队伍建设的意见》《关于加强高技能人才队伍建设的意见》等人才工作配套政策文件8个。全市人才总量16.18万人，其中党政人才1.54万人，企业经营管理人才4万人，专业技术人才5.2万人，高技能人才2.13万人，农村实用人才3.31万人；入选省“151人才工程”27人、市“138人才工程”83人，享受政府特殊津贴45人；每万人拥有人才647人，副高以上职称的人才占总人口0.13%。

2008年，丽水市印发《关于加强专业技术人才队伍建设的意见》《关于加强高技能人才队伍建设的意见》《丽水市人事代理暂行办法》等人才工作配套相关政策文件6个；建立竞争激励机制，改进高层次人才遴选方式，重视从优秀企业经营管理人才和有杰出能力的高技能人才、乡土人才中选拔高层次人才。全市人才总量18.6万人，其中党政人才1.77万人，企业经营管理人才4.62万人，专业技术人才5.98万人，高技能人才2.44万人，农村实用人才3.81万人；入选省“新世纪151人才工程”54人、市“新世纪138人才工程”73人，享受政府特殊津贴46人；每万人拥有人才728人，副高以上职称的人才占总人口0.18%。

2009年，丽水市印发《丽水市农林产业首席专家（顾问）制度建设实施方案》，制定专业技术领军人才结对帮带，全市工艺美术大师评审、享受教授级待遇，中学高级教师评审等工作制度和政策。各县（市、区）也加快落实人才配套政策，景宁畲族自治县出台人才引进工作暂行办法，遂昌县出台加强农村实用人才培养与开发的实施意见，青田县出台社会主义新农村建设“十类人才、百名精英”评选意见、高层次专业技术人才政府津贴享受人员管理办法、引进高层次人才考核管理办法、学科首席带头人管理办法，龙泉市出台事业单位人才引进办法、鼓励企业人才和智力引进暂行办法。市、县两级政府都设立人才工作专项资金，逐步加大人才投入力度。全市投入人才专项资金2174万元，其中市直单位669万元。全市人才总量20.46万人，每万人拥有人才795人，享受政府特殊津贴241人。

2010年，丽水市印发《关于加强专业技术人才队伍建设的意见》，实施政府岗位津贴，对在市直企事业单位中具有教授级专业技术资格或取得博士学位的高层次专业技术人员，经单位考核合格，由市政府给予每月500元津贴。全市专业技术人员总量7.49万人，其中高级职称0.51万人、中级职称2.92万人、初级职称4.07万人；享受政府岗位津贴286人。

职称评聘

1980年3月，地区科技干部技术职称晋升工作领导小组成立。5月，更名丽水地区科技干部技术职称评定委员会，开展技术职称评定工作。4—6月，面向1966年年底以前的大中专毕业生，开展技术职称套改和复查，评定技术职称607人。

1983年9月起，全区贯彻中央、国务院关于整顿职称评定工作的通知文件精神，暂停职称评定工作。

1986年2月起，全区恢复事业单位职称评定，由点到面地进行职称改革，成立地区职称改革领导小组及办公室，组建高级职称评审委员会1个、中级职称评审委员会25个、初级职称评审委员会76个，实施专业技术职务聘任制。到1988年6月，全区有事业单位798个，专业技术职务类别22个，专业技术人员2.8万人，评定专业技术职称2.3万人，其中高级职称498人，中级职称4659人，初级职称17827人。

1988年3月至1989年3月，全区开展企业单位专业技术职务评聘工作。全区参评企业1023个，其中全民所有制企业579个，集体所有制企业444个；参加评聘专业技术人员8769人，评定任职资格 8120 人，其中高级职称 47 人，中级职称 744 人，初级职称 7329 人；接受聘任 7400 人。

1988 年 4 月至 1989 年 8 月，全区开展乡镇企业职称改革，评定高级职称 2 人，中级职称 97 人，初级职称 1415 人。

1989 年，全区开展事业单位专业技术人员补缺评审，企事业单位职称评聘正常化。全区评定专业技术职称 1500 人，其中晋升高级职称 41 人，晋升中级职称 428 人。

1997 年，全区评审通过或首次确认专业技术职称 5486 人，其中公安机关 198 人；中级职称 1536 人，初级职称 3752 人。全区组织全国统一的经济、会计、统计等专业技术人员资格考试，参加考试 6596 人。全区有专业技术人员 40230 人，其中高级职称 851 人，中级职称 8787 人，初级职称 30592 人。

1999 年，全区评审通过或首次确认专业技术职称 4147 人，其中正高级职称 10 人，副高级职称 206 人，中级职称 1679 人，初级职称 2252 人。组织全国统一的经济、会计、监理工程师、注册税务师专业技术人员资格考试，参加考试 4449 人。全区有专业技术人员 42239 人，其中高级职称 1040 人，中级职称 11450 人，初级职称 27711 人，未聘任 2038 人。同年，地区人事劳动局积极参与农村乡土人才开发工作，调查摸底全区个体私营企业中的专业技术人员数量、文化和专业技术职务评聘情况，组织开展青田石雕、龙泉青瓷和宝剑等非公有制专业技术人员的职称评审。

2000 年，丽水市印发《关于丽水地区非公有制企业单位人员专业技术职务评聘工作的意见》，全面开展非公有制企业和乡镇企业职称评审工作。全市有初级以上职称的非公有制企业从业人员 1633 人，其中中级职称 628 人，初级职称 1005 人。全市评审通过或首次确认专业技术职称 4985 人，其中高级职称 256 人，中级职称 2477 人，初级职称 2252 人。参加全国经济、会计、注册税务师资产评估师、房地产估价师等系列专业技术人员资格统一考试 4747 人。年末，全市有各级各类专业技术人员 42704 人，其中高级职称 1161 人，中级职称 11675 人，初级职称 27602 人，未聘任 2266 人。同年，开展非公有制企业专业技术人员职称评审，全市经评审取得非公有制企业专业技术职称 710 人，其中中级职称 628 人、初级职称 82 人。

2002 年，全市事业单位评审职称不再下达指标，依据事业单位人员情况和工作性质，采取专业技术职务（岗位）数额和专业技术职务结构比例相结合的方法，进行宏观控制管理，在结构化比例内逐步到位。全市评审通过或首次确认专业技术职称 6128 人，其中高级职称 296 人，中级职称 2755 人，初级职称 3077 人；参加全国经济、会计、注册税务师、国际商务师、监理工程师等专业技术人员资格统一考试 6361 人；组织青田石雕、龙泉青瓷和宝剑等特殊行业职称评审；组织开展非公有制企业专业技术人员职称评审，获初级以上职称 1803 人，其中中级职称 559 人，初级职称 1244 人。同年，全市有专业技术人员 61294 人，其中高级职称 1787 人，中级职称 14832 人，初级职称 44675 人。

2003 年，全市规范和完善非公有制企业专业技术职务评审工作，继续组织青田石雕、龙泉青瓷和宝剑等特殊行业职称评审，进一步为非公有制企业经济持续、快速、健康发展提供人才智力服务。全市有初级以上职称 1473 人，其中中级职称 494 人，初级职称 979 人；评审通过或首次确认专业技术职称 5422 人，其中高级职称 401 人，中级职称 2236 人，初级职称 2785 人；参加全国经济、会计、注册税务师、监理工程师、资产评估师等专业技术人员资格统一考试 6434 人。同年，全市有专业技术人员 66716 人，其中高级职称 2188 人，中级职称 17068 人，初级职称 47460 人。

2006 年，全市加快非公企业人才资源开发的步伐，重点开展私营、个体工商户等非公企业职称评审；拓宽人才服务渠道，做好人事代理、人才派遣工作，落实高校毕业生到基层就业的相关政策，引导高校毕业生到企业、基层就业和服务。全市参加各类专业技术人员资格考试 1.3 万人次，评审通过或首次确认专业技术职称 5969 人，其中高级职称 652 人，中级职称 2750 人，初级职称 2567 人；市直单位首次确认 382 人。

2007 年，全市参加各类专业技术职务人员资格考试 1.4 万人次，评审通过或首次确认专业技术职称 5677 人，其中高级职称 683 人，中级职称 3026 人，初级职称 1968 人；市直单位首次确认 616 人；开展全国职称英语考试、计算机应用能力模块考试，会计、卫生、经济等专业 23 个或执业资格序列中（初）级资格考试、二级建造师考试、计算机技术与软件专业技术资格考试，获相应资格 27585 人。全市启动专业技术人员继续教育和知识更新工程①，先期试行的缙云、庆元、松阳 3 个县培训专业技术人员 6000 多人次；举办各类研修班、讲座 100 多期，参训 1.8 万多人次；举办各类培训班 200 多期，参训 3 万多人次。

2009 年，全市进一步完善事业单位专业技术职务结构比例宏观控制和评聘分离工作，对评审条件、相关政策作明确要求，制定各类专业技术职称评审时间安排表，确保专业技术职称评审工作有序推进。全市完成工程、农业、高校教师、中小学教师等系列 20 个的中级专业技术职称评审（推荐），推荐高级职称参评对象 617 人，评审并报省厅审核通过中学高级教师职称 439 人；评审通过中级职称 603 人，其中确认 9 人。市本级评审通过初级职称 1643 人，其中确认 536 人。同年，全市参加中、初级专业技术职称评审的非公有制企业 112 家，参加申报 2983 人，获非公有制中、初级专业技术职称 1914 人；参加 2009 年度全国职称外语、全国计算机技术与软件专业技术职称（水平）、药学、医疗器械、档案、房地产经纪人协理等专业技术（执业）资格考试 8 项，报考近 1 万人；开展会计、卫生、统计等专业技术资格考试；完成社会工作者职业资格等 28 项资格考试的报名组织、现场审核确认。

2010 年，全市完成工程、农业、高校教师、中小学教师等系列 23 个的中级专业技术资格评审（推荐），评审通过或确认取得高级职称 830 人，中级职称 3621 人。全年参加经济、二级建造师等资格考试 12 项，报考 1.2 万多人；组织专业技术人员计算机应用能力模块化考核，报考 9956 人次，实考 9302 人次，合格率 90.4%。全市组织开展非公有制单位专业技术人员公需科目培训，涉及工程、经济、会计等系列 7 个、专业 10 个。非公有制企业单位专业技术人员参加评审 2916 人，评审通过专业中、初级专业技术职称 1682 人，评审通过率 57.68%。

1990 年丽水地区专业技术职称人数汇总情况

表 41-1-3-2　　单位：人

县(市)名	高 级	中 级	初 级	员 级	合 计
地直单位	189	723	1289	641	2842
丽水市(县级)	115	1135	2670	1173	5693
龙泉市	46	537	1828	1618	4029
青田县	61	654	1906	2040	4661

① 又称“653 工程”。2005 年 9 月，人事部会同有关部门正式启动专业技术人才知识更新工程，即从 2005—2010 年的 6 年时间里，要在现代农业、现代制造、信息技术、能源技术和现代管理五大重点领域，培训紧跟科技发展前沿、创新能力强的中高级专业技术人才 300 万人。

续表 41-1-3-2

县(市)名	高 级	中 级	初 级	员 级	合 计
云和县	28	369	864	739	2000
庆元县	19	348	1235	1167	2769
缙云县	80	915	2649	2497	6141
遂昌县	41	506	1376	1428	3351
松阳县	50	484	1325	1148	3007
景宁畲族自治县	10	294	970	1116	2390
总计	639	5965	16112	14167	36883

2010 年丽水市专业技术职称人数汇总

表 41-1-3-3

市(区、县)	高 级	中 级	初 级	合 计
市直单位	1625	4863	5290	11778
莲都区	410	2677	3428	6515
龙泉市	504	3249	4611	8364
青田县	443	3197	4532	8172
云和县	231	2148	3159	5538
庆元县	299	2435	3236	5970
缙云县	608	3943	5928	10479
遂昌县	426	2591	3952	6969
松阳县	315	2523	4088	6926
景宁畲族自治县	220	1546	2456	4222
总 计	5081	29172	40680	74933

科技人才开发交流与智力引进

人才开发、交流　1997 年 4 月，地委办、行署办印发《丽水地区跨世纪学术和技术带头人培养规划》。

1998 年，全区加大引智力度，下发《关于对引进国外智力项目实行奖励制度的通知》；引进国外智力项目 3 个，分别是景宁畲族自治县引进西班牙马铃薯栽培和深加工技术、地区农科所引进日本食用菌栽培技术、遂昌凯恩集团引进法国电解纸造纸工艺技术。全区初步形成人才流动网络，地区本级和各县(市)全部建立人才市场并投入运行。地、县(市)两级人才中心有实现人事代理管理的用人单位 137 家、2294 人；丽水、龙泉、青田、缙云等县(市)举办人才交流大会。加大人才市场人才介绍与推荐力度，实现就业和流动 2159 人次。

1999年，全区举办人才交流洽谈会 23 次，参与应聘用人单位 510 多家，进场应聘 7943 人，达成意向 3063 人。组团参加全国、全省人才智力交流大会，引进各类人才 1552 人。地区、县(市)两级人才中心扩大人事代理范围，由城镇延伸至农村，实现人事代理管理的用人单位 53 家，专业技术人员、管理人员及大中专毕业生3583人；地、县(市)加强人才信息库建设，逐步建立人才信息网络。全区引进国外智力项目5个，分别是景宁畲族自治县农业局引进英国马铃薯发展途径及高产高效栽培技术，遂昌木业有限公司引进德国中密度纤维板用脲醛树脂胶新配方、新工艺技术，松阳稀得蔬菜食品厂引进日本小黄瓜高产栽培技术，浙江碧湖啤酒有限公司分别引进奥地利和德国啤酒酿造技术。

2000年，全市举办人才交流洽谈会101次，参与应聘用人单位590多家，进场应聘14439人，达成意向3736人。市人事劳动局制定下发《关于大力引进人才的若干政策》，组团参加省内外招聘活动21次，引进各类人才336人；引进国外智力项目1项，即青田特种设备制造有限公司引进德国卧室螺旋卸料离心机改进技术；市、县(市、区)两级人才信息库及其网络建设初见成效，实现人事代理管理的用人单位81家，专业技术人员、管理人员及大中专毕业生4356人；继续执行新世纪学生和技术带头人培养规划，选拔各层次学术和技术带头人123人，其中列入省"151人才工程"人才7人、市级"138人才工程"人才42人。

2002年9月，丽水市印发《丽水市"新世纪138人才工程"(2001—2010年)实施意见》，明确实施新世纪人才工程的指导思想、目标任务、范围条件、选拔程序、培养措施、考核管理。到2010年，全市选拔培养"新世纪138人才工程"第一、第二层次人才114人，其中被列入省"151人才工程"第一层次人才1人、第二层次人才13人、第三层次人才70人。

智力引进　截至1994年，全区引进技术项目7项，引进专家31人次；工商企业引资项目6项，选派56人；工、农、林、水、交通、能源、医疗、环境保护、科技等行业受益比较明显。

1995年，全区引进国外专家项目18项，其中国营大中型企业项目6项，农业项目10项，高科技出口创汇项目2项。当年落实项目15项，引进外国专家24人次。全区选派出国进修、培训人员21人。

1996年，全区组织实施国家立项资助的引智项目3项，引进海外专家16人。全区选派专业技术人员、管理人员到海外留学、进修、培训23人。

1997年，全区引进浙江省外国专家局批准项目17项，获资助21万元；执行1997年和结转执行1996年引进项目15项，引进外国专家18人次。全区到国外进修培训项目立项3项，选派专业技术人员31人；省外国专家局审核国外进修培训项目2项，核定专业技术人员23人，当年执行2项，核派专业技术人员18人。

1998年，全区引进国外智力项目12项，引进外国专家和选派专业技术人员进修、培训、留学36人次。

1999年，全区引进外国专家项目7项，引进外国专家13人次、经济合同类专家15人次；派出专业技术人员留学、进修、培训33人次，其中农业、环保、重点工程、技术改造、高新技术产业方面人员占67%。

2000年，全市贯彻执行全省引智工作"找准位置、立足服务、选准项目、提高效益、促进推广、扩大影响"的要求，上报引智项目29个，获国家外国专家局立项资助13项，资助金额21.9万元；到国外培训项目立项2个，核派专业技术人员39人。

2001年11月，丽水市科技人才专家库建成，有成员562人。有集体人事代理单位114家，集体代理人数953人，个人委托代理3656人。引进国外智力项目4项。举办"浙江省高级专家科技服务团丽水行"活动，参加活动3000多人，其中省内高校、科研院所高级专家33人，洽谈项目191个，达成合作意向15个。举办大型人才交流会11次，参加用人单位602家，提供就业岗位5470个，达成意向 2998 人次；举办人才集市、人才洽谈日 107 次，参加用人单位 490 家，提供就业岗位 1713 个，达成意向 1248 人次。组团参加省外招聘活动 18 次，引进各类人才 768 人。

2002 年，全市举办大型人才交流会 13 次，参加用人单位 671 家，提供就业岗位 8237 个，达成意向 3809 人次。举办人才集市、人才洽谈日 148 次，参加用人单位 671 家，提供就业岗位 1924 个，达成意向 803 人次。组团参加省外招聘活动 15 次，引进各类人才 904 人，其中高级人才 11 人、本科以上学历人才 233 人。全市有集体人事代理单位 129 家，集体代理人数 1424 人，个人委托代理 3980 人。全市入选省“新世纪人才工程”7 人，入选市“138 人才工程”40 人。缙云县引进荷兰马铃薯专家培育的脱毒马铃薯“鲁引 1 号”品种 1 万千克，繁殖“鲁引 1 号”品种面积 107.19 公顷，生产种子 347.5 万千克；在全县推广种植 48 公顷，增产 148.8 万千克，增值 119 万元，平均亩产 2024.9 千克，增长 46.2%。

2003 年，全市举办大型人才交流会 11 次，参加用人单位 619 家，提供就业岗位 9177 个，达成意向 2019 人次。举办人才集市、人才洽谈日 58 次，参加用人单位 123 家，提供就业岗位 1011 个，达成意向 604 人次。组团参加省外招聘活动 16 次，达成引进意向 321 人。集体人事代理单位 96 家，集体代理人数 1498 人，个人委托代理 3690 人。全市入选市“138 人才工程”43 人，享受政府特殊津贴 37 人。

2004 年，全市举办人才交流会 12 次，人才洽谈日 157 场次，参加各类人才 1.8 万人次，引进外国专家 3 人。组团参加省内外大型人才招聘活动 8 次，达成引进意向 787 人。入选市“138 人才工程”53 人，享受政府特殊津贴 38 人。全市人才总量 7.4 万人，每万人拥有人才 308 人。

2005 年 1 月，丽水市人事劳动社会保障局人才开发处增挂外国专家局牌子。11 月，丽水市在北京举办高层次人才招聘会，达成引进意向博士后 1 人、博士 1 人、硕士 40 人；组织在京在沪丽水籍高级人才“家乡行”活动、外国专家到丽水解决技术难题活动；参加省投资贸易洽谈会。

2006 年 9 月，丽水市委制定《丽水市“十一五”人才发展规划》，下发《关于进一步加强人才工作的决定》，制定并完善以人才培养、人才引进和人才使用为重点的相关配套政策，其中缙云、庆元、松阳 3 县率先试行，培训专业技术人员 6600 多人。全市组织专业技术人才研修班、讲座 200 多期，受训人员 2.5 万人次；入选省“151 人才工程”15 人，入选市“138 人才工程”78 人，享受政府特殊津贴 45 人；参加 2006 年浙江投资贸易洽谈会，引进企事业单位智力项目 5 个，正式签约企业与外地高校、科研院所的项目 41 项，合同金额 2890 万元；组团参加贵州、杭州等省内外大型人才招聘活动 41 次，引进各类人才 600 多人。全市人才总量为 15.39 万人，其中党政人才 15325 人，企业经营管理人才 36903 人，专业技术人才 49335 人，高技能人才 20358 人，农村实用人才 31692 人；每万人拥有人才 615 人。

2007 年，全市入选高技能人才 3754 人，引进新西兰、韩国、法国等国家高层次人才 5 人，帮助市农科所等多家企事业单位实施引智项目 5 个。组团参加省内外大型人才招聘会 33 次，引进各类人才 771 人，其中组团参加“浙洽会”、长三角（江苏）外国文教专家（教育）供需见面会、2007 中国国际人才交流大会，达成引智意向项目 19 个、达成引进人才意向 5 人。举办各类人才交流会 15 次、洽谈日 36 次，各类人才参会求职 2.86 万人次。

2008 年，市政府重点资助和培养入选“138 人才工程”的人才，对第一层次人才，在省资助科研经费每人每年 2 万元的基础上，给予配套资助每人每年 6000 元；对第二层次人才，给予配套资助每人每年 3000 元。全市人才总量为 18.6 万人，其中党政人才 17749 人，企业经营管理人才 45917 人，专业技术人才 59826 人，高技能人才 24447 人，农村实用人才 38077 人；入选省"新世纪 151 人才工程"54 人，市"新世纪 138 人才工程"73 人，享受政府特殊津贴 46 人。每万人拥有人才 728 人，副高以上职称的人才占总人口的 0.18%。

2009 年，丽水市举办引进海外人才智力 10 年成果展。申报 2009 年度国外智力引进项目 31 项，引进海外人才智力项目 29 个，其中浙江金马逊机械有限公司、松阳县大富地农业发展有限公司等项目 7 个得到省外国专家局的专项补助，丽人木业、奥兰科技等项目 6 个得到市政府的专项补助。全市引进各类高层次人才 1128 人，其中市本级 447 人。举办各类人才交流大会 24 次，参加招聘单位 1098 家，其中市本级举办 3 次，参加招聘单位 264 家。全市组团外出引才 32 次，其中先后组团参加湖北、杭州、宁波、重庆、北京、上海等地高层次人才招聘会，参加招聘单位 73 家，提供岗位 1165 个，接待求职人员 3865 人；外出引才引进人才 812 人，其中本科学历以上 698 人。6 月，全市参加 2009 年浙江投资贸易洽谈会，推出洽谈项目 19 个，组织进行项目对接的国家 5 个、外国专家 7 人。全市入选省"新世纪 151 人才工程"第三层次人才 20 人，市中心医院韦铁民获 2009 年度省有突出贡献中青年专家称号，黄少英等 6 人被评为首批享受教授级待遇中学高级教师；"新世纪 138 人才工程"第二层次人才 19 人。全市涌现一大批工艺美术专业技术人才，其中国家级工艺美术大师 10 人、省级工艺美术大师 30 人。

2010 年，丽水市开展市"新世纪 138 人才工程"人才考核，考核合格人才 104 人，发放科研资助经费 27 万元。享受按月发放政府特殊津贴专家 23 人，发放津贴 16.56 万元。全市加强国际人才交流合作，吸收国外智力和科技成果，举办各类人才交流大会 26 次，参加招聘单位 1192 家，其中市本级举办 3 次，参加招聘单位 285 家。组织申报国外智力引进项目 32 项，其中申报省百村引智示范项目 3 个，引进外国文教专家的单位 10 家。全市积极组织用人单位到市外、省外开展人才招聘活动，先后举办湖北、杭州、宁波、兰州、北京、上海等地高层次人才招聘会，参加招聘单位 98 家，提供岗位 1265 个，接待求职人员 4896 人。其中组团参加"浙洽会"，推出引进国外智力项目 19 个；参加杭州国际人才交流与合作大会，参加洽谈企事业单位 8 家、海外留学回国人员 36 人，达成合作意向 16 项。全年引进各类高层次人才 1296 人；上报引进国外项目 28 项，获省外国专家局立项资助 10 项，推广国外项目 3 项，资助专项经费 23.6 万元；上报培训项目 3 项，获批准资助 2 项，派出人数 52 人；省立项赴外项目 3 项、65 人次。12 月，省人力资源和社会保障厅批准浙江方正电机有限公司开展博士后工作试点。

第二章　劳动行政管理

传统农业社会时期，丽水农业以外就业面狭小，一些手工业从业人员自行拜师学艺，政府无专门劳动行政管理机构。20世纪50—70年代，丽水各县劳动行政管理部门主要管理城镇劳动事务，解决就业安置和职工管理问题。安置工作有精简城镇职工、知识青年上山下乡、下岗人员再就业等。1961年，精简职工。1955—1978年，丽水各县政府组织知识青年上山下乡。1978年改革开放后，许多国有及集体企业职工下岗，一些下岗职工在劳动部门帮助下重新就业，农村富余劳动力向其他行业转移。劳动行政管理体制和管理、服务的内涵逐渐变化发展，劳动行政管理部门完成计划体制遗留的下岗失业人员就业工程，开展农村劳动力就业转移工作。劳动就业管理由政府安置转向就业市场吸纳。劳动培训、劳动信息、劳动力市场等机制逐渐形成并完善。

第一节　劳动就业

城镇就业安置

民国以前，丽水就业门路狭小，主要通过个人自谋职业、拜师学艺，也有经亲朋好友介绍进入私营作坊、工厂工作。

中华人民共和国成立初，丽水县少数私营企业倒闭，部分工人待业。县人民政府安置待业职工201人。

1956年，丽水县劳动力招收小组成立，介绍当地就业84人、外地做工50人，安置临时性工作40人。

20世纪60年代初，各县劳动部门成立，统包统配就业。

1963—1965年，各县招收全民所有制工人1328人，其中招收城镇工人549人、农村工人402人、复员退伍军人377人。

1970年，全区统一招收一批农村复员退伍军人、知识青年，安置到工商企业工作。

1971—1977年，全区招收全民所有制职工8016人，其中城镇工人2528人、农村工人4070人[①]、复员退伍军人1077人、复员干部341人。

1975年5月1日起，全区实施矿山井下、野外勘探、森林采伐等艰苦行业特殊用工制度，允许相关企业出现员工退休、退职、病亡等自然减员时，可以由成年子女顶替或从本单位职工子女中招收录用。

1978年起，全区部分全民所有制企业与集体所有制企业员工出现混岗使用，一批集体所有制工人被安排在全民单位混岗使用。1978年，全区全面实施特殊用工制度，规定凡职工退休、离休、退职后，均可由其子女顶替工作。1978—1979年，全区招收录用工人17083人，其中全民所有制工人4194人。

1979年开始，全区部分改革用工制度，采取公开考试、择优录取的办法招录职工。

1981—1983年，全区全民所有制单位招收录用子女顶替职工2178人。1983年起，全区规定工人提前退休、退职和干部离退休后，子女不能顶替招收录用为工人。1983年8—9月，丽水碧湖知青商场受到全省发展集体和个体经济安置城镇青年先进表彰大会表彰。

1984年，全区改革全民所有制企业用工制度，一律招收合同制职工。

---

① 含“上山下乡”知识青年1977人。

1986 年，全区全面改革劳动制度，废止内部招工和子女顶替用工制度。

1987 年，全区安置"文化大革命"期间累积的城镇待业人员 4364 人，其中全民所有制单位 2152 人，占安置总数 49.3%；个体劳动者 494 人，占 11.3%；临时性安置工作 379 人，占 8.7%。青田、云和、松阳 3 县安置 419 人，使用贴息贷款 76316.8 元。

1989 年起，全区清理机关、企事业单位计划外用工 21722 人。1990 年，全区全民所有制单位计划外用工 17022 人。全区全民所有制单位混岗集体工人纳入计划管理。全区职工 165924 人，国有经济单位职工 126227 人，其中地区本级职工 11231 人，增加 219 人。

1990 年 12 月，全区职工 166375 人，其中合同制职工 56855 人，占职工总数 34.17%；地区本级 11450 人。国有经济单位职工 123781 人，地区本级国有经济单位合同制工人 2733 人。1981—1990 年，全区安置就业 47227 人，其中全民所有制单位 22384 人，县级以上集体所有制单位 8628 人，街道办等集体单位 3330 人，个体劳动者 4206 人，其他就业 8679 人；待业人员 5714 人。

1996 年，全区安置职工 2995 人，其中国有企业 690 人，城镇集体企业 337 人，城镇私营企业和个人竞技组织 1749 人，机关事业单位 84 人，其他就业 135 人；安置待业职工 1221 人，再就业率 26.7%。全区从业人员 160403 人，其中职工 158904 人，比 1995 年减少 7471 人，减少 4.49%。全区合同制职工 64298 人。全区国有单位职工 121625 人，比上年减少 2156 人，减少 1.74%；有合同制职工 3811 人，增加 1078 人。地区本级国有单位职工 11137 人，比 1995 年减少 313 人；企业单位职工 57317 人，占 47.14%；事业单位职工 44010 人，占 36.18%；机关单位职工 20298 人，占 16.69%。全区下岗职工 6206 人。全区招收录取技工学校新生 947 人。

2000 年，全市职工 132714 人，比 1999 年减少 3.75%。全市国有单位职工 93912 人，减少 5.35%。其中市直属国有单位职工 11313 人，增加 2084 人；机关单位 20619 人，占 21.95%；事业单位 46435 人，占 49.45%；企业单位 26858 人，占 28.6%。全市城镇集体经济单位职工 15327 人，下降 14.53%；其他所有制单位职工 23475 人，增长 13.26%。

2004 年 8 月，撤并丽水市人才市场和劳动力市场，组建丽水市人力资源市场，规范市场管理，完善服务功能。举办人力资源交流大会，进场设摊招聘企业和培训机构 150 家，求职者 1.1 万人。各县（市、区）分别建立乡镇（街道）劳动保障站（所），其中莲都区建立乡镇（街道）劳动保障所 22 个，核定事业编制 15 名，实行差额拨款，实有工作人员 32 人；缙云县建立乡镇（街道）劳动保障所 30 个，其中 3 个乡镇（街道）劳动保障所配备了差额拨款事业编制人员各 1 人，其余为兼职；青田县建立乡镇（街道）劳动保障所 31 个，实有人员 31 人，全部为兼职；松阳县建立乡镇（街道）劳动保障所 20 个，社区劳动保障所 1 个、工业园区管委会 1 个，实有人员 27 人，全部为兼职；遂昌县建立乡镇（街道）劳动保障所 20 个，人员全部兼职；景宁畲族自治县沙湾、英川等乡镇建立劳动保障所，人员全部兼职。

2010 年，全市有劳动力市场 10 个，工作人员 52 人。

精简安置

1961 年，全区贯彻执行国家和省委精简干部的指示精神，进行精减职工，压缩城镇人口，支援农业生产。1980 年，执行省委办公厅《印发处理精简下放遗留问题座谈会纪要等两个文件的通知》，安置落实 20 世纪 60 年代被精减人员，明确精简退职职工选择回城落户改吃国家商品粮的，不享受生活困难补助；继续留在农村的给予定期生活困难补助每人每月 15 元。

2005年，全市享受定期生活困难补助的精减、退职职工4730名，其中机关、事业单位2124人，企业2606人。2005年1月1日起，定期生活困难补助提高到每人每月315元。2008年1月1日起，定期生活困难补助提高到每人每月510元。

知识青年上山下乡

知青“上山下乡”安置　1955年年底，各县响应中共中央关于知识青年“上山下乡”的政策号召，按照上级部署，组织动员中小学毕业生到农村插队，参加农业生产劳动。此后，到各公社生产大队插队的知识青年担任农村会计、卫生员、农科员、兽医员等工作。

1958年春，丽水中学组织青少年学生到农场参加农业生产劳动锻炼，在富岭朱弄生产队创办校办农场，田地面积13.33公顷。1959年，丽水中学在“农”字中学本领，在厦河门外大洋河边建起教学实验基地，面积4公顷，促使学生得到全面发展。1959—1960年，丽水、青田、遂昌、缙云县选派青年支援宁夏社会主义建设2395人。1961年4月，丽水中学开展支农行动，走向农村生产第一线初中学生146人、高中学生26人。

1962年起，丽水中学经常化、制度化组织师生上山下乡，支持农业生产。丽水中学坚持每年两次，每年夏收夏种和秋收冬种季节，分别到丽水县黄村公社的戈割、黄村等大队，黄畈公社的里佳源大队，均溪公社的张山后大队，联合公社大济、中岙、中溪等大队，龙江公社下章、沙溪等大队，联城公社白前、官桥、凤鸣等大队，丽阳公社青林、社后等大队，水阁公社张村等大队，城关镇的丽华、大众、水南等大队，参加收种劳动、采摘油茶及收割稻谷等，白天与社员同劳动，晚上访贫问苦，做到吃住在社员家中。

1966—1968年，丽水地区到农村去参加农业生产劳动社会青年11021人，其中初高中毕业生7322人，城镇青年3699人。1968年，全区贯彻执行毛泽东主席“知识青年到农村去，接受贫下中农再教育，很有必要”的指示，开始有组织、大规模地把大批城镇青年送到农村去。1968年冬，丽水中学“老三届”(1966、1967、1968)中学毕业生，开始自告奋勇地到农村去插队落户。据统计，丽水中学初中班17个、830多人，高中班6个、300多人，全部下到丽水县农村各区(镇)、公社、大队插队落户，尤以到碧湖平原、城郊接合部的有关社队居多。

1969年，丽水地区革委会成立地区知识青年上山下乡办公室革命领导小组和毕业生工作领导小组，负责制定有关政策，逐步安排城镇知识青年“上山下乡”。3月，丽水地区革委会办事组召开“上山下乡”、支边及复员退伍军人安置工作会议，号召全市知识青年和社会青年积极投身到农村和边疆参加生产劳动。11月，缙云县第一批下乡插队知识青年255人。青田县第一批下乡插队知识青年2020人，其中落实国营农场200人；支边知识青年80人(到黑龙江60人，到内蒙古20人)。其他各县也纷纷开展“上山下乡”运动。

1970年2月，丽水地区革委会下发《关于在解放军农场锻炼的大专院校毕业生分配问题的通知》后，在解放军农场锻炼的66届、67届大专院校毕业生，全部分配到各县和地区直属单位。同月，丽水地区革委会下发《关于立即动员已返浙的支边青年回县抓革命、促生产的通知》，将知识青年13人分配在山区、农村及工矿企业，参加生产劳动或安排其他工作。3月，丽水地区革委会下发《关于接受安置好温州市知识青年工作的通知》，接受安置温州下放知识青年2000人，其中安置缙云300人，丽水350人，云和300人，龙泉500人，遂昌500人，青田50人。7月15日，丽水地区革委会生产指挥组下发《关于六九届毕业生与温州来丽的“上山下乡”知识青年插队落户有关事项的补充通知》，明确69届毕业生与温州到丽“上山下乡”知识青年插队落户后的宣传发动、经费保障、口粮供应等内容。1971年5月，丽水地区革委会下发《关于安置城关镇上山下乡社会青年的通知》，安置落实丽水县城关镇“上山下乡”社会青年250人，其中安置平原公社70人，联城公社50人，水阁公社40人，水东公社10人，石牛公社40人，富岭公社40人。安置户籍在农村的全部初高中毕业生，直接返回原籍所在生产队参加生产劳动。丽水地区安置“老三届”初高中毕业生11021名，其中农村户籍知青回生产队参加集体生产7322人，城镇户籍知青分散安置在各县农村3699人。1973年10月，丽水地区执行浙江省委《关于知识青年上山下乡若干问题试行规定》，不再安置知识青年到省外农场、兵团或农村插队落户，区内安置改为集体安置、城乡配合等方式。1970年起，云和县赤石公社安置城镇“上山下乡”知识青年212人，其中安置社办农场1个、青年点2个、大队林场或生产队5个，创办知识青年食堂5个。1973—1977年，丽水地区实验林场火炬集体青年队安置知识青年35人；青田县油竹公社赤岩青年队安置知识青年83人；龙泉县凤鸣公社安置城镇知识青年94人；丽水县富岭公社安置城镇知识青年知识青年18人；庆元县良种场安置城镇知识青年15人。全区设场队34个，安置知识青年633人；国营农场20个，安置知识青年252人，占全区“上山下乡”知识青年总数的10.9%。1977年12月，丽水地区召开首届“上山下乡”知识青年代表大会，全面总结知识青年“上山下乡”工作，参会知识青年代表406人，评选先进集体9个，先进个人48人，动员安置先进单位18个。

1969—1978年，全区动员“上山下乡”知识青年14311人，分布全区公社（乡镇）224个、生产队1032个。

1978年，全区执行中共中央“对知识青年上山下乡政策稳妥地作一些适当调整”的指示精神，停止知识青年“上山下乡”。1980年，丽水地区撤销地区和各人民公社知识青年安置办公室机构，无偿移交各地“知青房”给所在社队。至此，丽水地区知识青年“上山下乡”运动宣告结束。

安置和遗留政策　1959年，各县贯彻执行中共中央《关于动员青年前往边疆和少数民族地区参加社会主义建设的决定》，丽水、青田、遂昌、缙云县支援宁夏社会主义建设知识青年2395人。1960年起，支援宁夏社会主义建设知识青年由于气候不适应、经济很困难、生活不习惯等原因，陆续返回原籍安置。

1961—1967年，全区动员“上山下乡”中学毕业生和待业知识青年929人。1968年，全区开始大规模动员知识青年“上山下乡”。1969年1月，全区“上山下乡”知识青年3248人，其中到内蒙古支边67人。全区解决知识青年住房问题，划拨知识青年“上山下乡”建房用的木材、钢筋、水泥和建房补助费，核发定额补助费每人130元。1970年，定额补助费调整为每人230元。1973年，定额补助费调整为每人480元。1971年起，“上山下乡”知识青年开始回城安置。1973年，地、县知识青年工作领导小组成立，下设办公室，负责知识青年“上山下乡”具体事宜。1974年，全区开始创办集体所有制知识青年场队。到1977年，全区创办知识青年场队57个，安置知识青年805人。1973—1982年，全区安置回城“上山下乡”知识青年11339人，工龄从批准下乡之日算起。1984年起，出台知识青年“上山下乡”后续遗留政策，允许在农村结婚的知识青年，15岁以下子女可以转为城镇户口1人。

下岗待业人员就业安置

1991年，全区安置就业4087人，其中净就业3245人，待业转就业的842人；实有待业人员

5287 人，待业率 3%。丽水、遂昌县实行就业贴息贷款，安置就业 476 人。

1993 年，全区取消计划招工制度，建立劳动力市场机制。

1995 年，全区技校录取新生 939 人，其中地属技校招生 814 人。

1996 年，全区下岗职工 6206 人，其中新增下岗职工 2375 人；城镇待业人员 11025 人，其中上年度结转 8650 人。

1997 年，全区受亚洲金融危机影响，企业经营困难，普遍实行减产裁员。全区企业 500 多个，下岗职工 1 万多人。1998 年元旦、春节期间，全区开展解困慰问工作，深入企业和困难职工家庭慰问，发放解困慰问金 148.86 万元，慰问困难职工 6046 户，其中特困职工 745 户，发放慰问金 24.56 万元；困难职工 4651 户，发放慰问金 105 万元；困难待业职工 241 户，发放慰问金 5.7 万元；离退休职工 409 户，发放慰问金 13.6 万元。同时，安排资金 19.6 万元，慰问困难企业 21 个。地区就业局将省就业管理服务局下拨的再就业补助经费 63 万元，安排给各县（市）下岗、待业职工。

1998 年，全区加大下岗职工生活保障和就业安置工作力度，成立丽水地区国有企业下岗职工基本生活保障和再就业工作领导小组，妥善安置下岗职工。8 月，召开全区国有企业下岗职工基本生活保障和再就业工作会议，与各县（市）签订再就业工作目标责任书。9 月，成立丽水地区国有企业下岗职工服务中心和丽水地区国有企业再就业服务中心；出台下岗职工基本生活保障有关规定，国有企业下岗职工基本生活保障资金按照“三三制”原则筹集，即财政划拨 1/3，企业自筹 1/3，社会筹集（含待业救济金调剂）1/3，企业困难的由财政兜底解决。补助下岗职工基本生活费标准为每人每月 190 元，丽水地区国有企业再就业服务中心代缴社会保险金。同年，全区筹集保障资金 1054.5 万元，其中财政划拨 616.5 万元，企业自筹 237.6 万元，社会筹集 200.4 万元；发放基本生活费 221.2 万元，代缴养老、待业、医疗保险金 185.5 万元；结余保障资金 1055.7 万元（含上年解困资金结转）。全区下岗职工 11872 人，其中国有企业 6545 人，集体企业 5076 人，其他企业 251 人；城镇待业人员 10559 人，安置就业 2616 人；分流安置国有企业下岗职工 5527 人。

1999 年，地区行署下发《关于加快企业改革的若干意见》，制定《丽水地区破产国有企业职工分流安置办法》，对符合条件的下岗职工，由当地劳动和社会保障部门通过所在企业再就业服务中心发放“下岗职工证明”；下岗职工凭“下岗职工证明”领取基本生活费，享受有关政策规定的服务和待遇。1998—1999 年，全区建立再就业服务中心 147 家，接纳下岗职工 2.05 万人，其中国有企业下岗职工 1.4 万人；筹集资金 4952 万元，发放下岗待业职工基本生活费 2024 万元，代缴社会保险费 1292 万元，确保国有企业下岗基本生活费按时足额发放和社会保险费缴纳，无一发生拖欠现象。

2000 年 12 月，全市建立再就业中心 94 个，其中国有企业 80 个，集体企业 14 个；有下岗职工的国有、集体企业 114 个，下岗职工 1820 人，其中国有企业 1291 人，集体企业 529 人；实现下岗职工再就业 4211 人。

2001 年起，全市调整下岗职工管理服务政策，新增企业下岗职工不再进入再就业服务中心，直接进入劳动力市场实现就业，或在与企业解除劳动关系后，领取经济补偿，享受失业保险金。至此，全区实行国有下岗职工基本生活保障与待业保险制度并轨。同年，全市登记待业人员 5088 人，城镇登记待业率 3.5%。

2002 年 9 月，全市全面实现下岗职工基本生活保障与待业保险制度并轨，所有下岗职工全部退出再就业服务中心；下岗职工实现再就业 1.36 万人；登记待业人员 5804 人，城镇登记待业率 4.2%。

2003年4月，市委下发《关于进一步做好下岗待业人员再就业工作的实施意见》，发放《再就业优惠证》，从税收、社会保险补贴、小额担保贷款等方面扶持下岗待业人员；鼓励自谋职业、自主创业；鼓励企业招聘录用下岗待业人员。同年，全市筹集下岗再就业专项资金1007万元，发放《再就业优惠证》4428本。

2004年，全市筹集就业再就业专项资金1192万元，发放再就业优惠证8656本；下岗待业人员免除行政事业性收费3583人，从事个体经营或自主创业享受税收扶持政策1680人，录用为服务型企业职工享受税收扶持政策656人；办理小额担保贷款200笔，金额400多万元。其中，市本级筹集再就业专项资金793万元，发放《再就业优惠证》3358本，发放社保补贴46.7万元、岗位补贴7.8万元、职业介绍补贴12.3万元。全市新增城镇就业岗位10151个，完成任务数的101.5%，其中开发社区就业岗位3080个，完成任务数的102.4%。下岗待业人员实现再就业5115人，完成任务数的102.3%，其中就业困难人员再就业2083人，完成任务数的104.2%。丽水市财政局获“全国再就业先进工作单位”称号，缙云县人民政府、丽水市莲都区就业管理服务处获全省再就业工作先进集体称号，丽水市人事劳动社会保障局副局长周正春获全省再就业工作先进个人称号。

2005年12月，全市安排就业再就业专项资金2645万元，发放就业再就业资金2510万元、再就业优惠证11793本。下岗待业人员享受免交行政事业性收费政策4929人，从事个体经营或自主创业享受税收扶持政策2718人，被录用为服务型企业享受税收扶持政策944人，享受社会保险补贴政策1055人，从事社区公益性岗位享受社保补贴172人，享受岗位补贴33人，办理小额担保贷款440万元。

2006年9月，市政府下发《关于进一步做好就业再就业工作的实施意见》。全市筹集就业再就业专项资金2645万元，新增城镇就业岗位11268个，发放再就业资金2510万元、再就业优惠证11793本。下岗待业人员享受免交行政事业性收费政策4929人，办理小额贷款440万元；参加再就业培训3325人，实现再就业5210人；从事个体经营或自主创业的下岗待业人员享受税收扶持政策2718人。城镇登记待业率4.3%。

2007年，全市新增城镇就业14234人，完成任务数的101.7%；下岗待业人员实现再就业4342人，完成任务数的108.6%，其中就业困难人员再就业1234人，完成任务数的123.4%。城镇登记待业率3.8%。发放再就业优惠证4558本；享受社会保险补贴9109人，补贴金额1509.4万元，其中灵活就业7248人，补贴金额1212.1万元；享受职业介绍补贴594人，补贴金额7万元；“零就业家庭”实现就业和再就业253户，基本消除城镇“零就业家庭”。

2008年，全市初步建立就业服务网络，通过举办人力资源交流大会、招聘会、岗位技能对接和开设招聘集市等活动，为城乡劳动者求职和择业提供方便，降低劳动者的求职就业成本，基本实现对劳动力资源的动态管理和用工信息收集、发布、招聘等一条龙服务。全市新增城镇就业14261人；下岗待业人员实现再就业4830人，其中就业困难人员再就业1232人。城镇登记待业率3.9%。发放再就业优惠证1754本；享受社会保险补贴7588人，补贴金额1478.2万元，其中灵活就业6326人，补贴金额1255.5万元；享受职业培训补贴931人，补贴金额45万元；享受职业介绍补贴60人，补贴金额0.6万元。

2009年，丽水市在全省率先制定并组织实施减轻企业负担稳定就业局势的实施意见，企业养老保险统筹部分缴费比例平均调低5%，全市减轻企业负担约5345万元，集中减征社会保险费4786

万元。获岗位补贴等政策补贴困难企业40家、资金566万元。全年全市享受社会保险补贴人数2169人，其中被企业吸纳329人，灵活就业1837人。

2010年，丽水市下发《关于享受待业保险待遇期间自谋职业自主创业人员申领其未领完的待业保险金作为创业扶持资金的通知》，制定《丽水市就业和待业登记管理暂行办法》，全面推进“充分就业村(社区)”创建。全市统筹部分企业社保费集中减征，节省企业支出3000多万元；认定稳定就业企业53家，支付稳定就业岗位补贴327万元；向社会发布“投资少、风险低、见效快、易操作”的第一批创业项目28个；认定“充分就业村”的行政村1056个，占行政村总数37.2%；认定“充分就业社区”32个，新申报39个，占社区总数的84.5%。同年，全市消除城镇零就业家庭36户。

农村劳动力转移就业

1990年，丽水、青田、松阳3个县(市)建立劳务监察机构和各区镇劳务管理所，形成城乡劳动力管理网络，率先实施务工许可证和临时就业证制度，发布杭州、宁波、嘉兴、广州、深圳等地劳动力市场信息，开展定向招聘和劳务输出。

1996年，全区输出农村劳动力5779人，使用外地民工3870人，其中外省农民工1062人。

2003年，丽水市召开全市职业技能培训和劳务输出电视电话会议，下发《关于推进职业技能培训和劳务输出工作的意见》。同年，全市组织劳务输出3.47万人。

2004年，全市建立培训基地47个，安排培训经费251万元；培训2.23万人，其中下岗待业人员0.51万人，农村富余劳动力1.67万人，被征地农村劳动力0.05万人，经过培训实现就业1.37万人。其中，丽水莲都职业技能培训中心组织培训下岗待业人员和农村富余劳动力1177人，实现就业下岗待业人员277人、农村劳动力222人。举办全省山海协作劳务招聘大会，参加招聘用人单位92家，提供就业岗位14869个，进场应聘2.6万人，当场录用1285人，达成意向3919人；与发达地区签订劳务协作培训协议30份，组织劳务输出3.19万人。

2005年，丽水市采取“订单培训，定向输送”的方式，积极向用工需求较大的纺织服装企业、星级宾馆、制鞋业、省属大型企业输送劳动力。全市组织劳务输出3.16万人，其中市本级输出7180人。

2007年，全市组织劳务输出31749人。农村低保家庭劳动力实现就业和再就业3586人。

2009年，丽水市调整和出台就业政策，通过贷款发放、税费减免、工商登记、信息咨询、补贴奖励等政策倾斜，鼓励返乡农民工就业创业。景宁畲族自治县设立返乡农民工帮扶贷款，开通就业辅导热线，推出电焊工、电工、茶叶加工、数控车工、电脑绘图等培训项目和畜禽养殖、中药材种植等特色项目20多个，返乡农民工实行特色养殖、联合开发1000多人。全市享受免费职业技能培训补贴6450人，享受免费职业技能鉴定补贴3784人。6月，制定《关于做好就业工作促进社会和谐的实施意见》，举办较大规模招聘会36场次，参加用人单位1608个，提供岗位4.95万个，进场求职12.54万人次，录用和达成意向1.83万人。

2010年，全市参加省人事厅组织的到四川、青海等地招聘活动和在杭州举行的“2010浙江省际劳务合作洽谈会”；与广西、四川、河南等劳务输出大省中的13个劳务输出大市(县)签署劳务合作协议，建立劳务合作关系。各县(市、区)全部建立农村劳动力资源数据库和每个农村劳动力的电子信息档案，摸清并掌握全市农村劳动力资源基本情况。到2010年6月30日，全市农村劳动力总量123.08万人，占农业总人口212.29万人的57.98%，其中转移就业77.18万人，占农村劳动力总量的62.71%。

劳动力市场

1992年，全区各类民办职业介绍机构40多家。

1993年1月，丽水劳务市场开业，为求职者和用工单位实行双向选择提供服务。

1996年，全区有通过年检、年审的各类民办职业介绍机构9家。

1997年3月，全区规范职业介绍行为，丽水市（县级）建立丽水劳动力市场。

2000年7月，丽水劳动力市场划归市就业管理服务局管理。

2001年，全市继续完善劳动力市场网络，劳动力市场网络触角向乡镇延伸；规范职业介绍机构管理，重点整顿社会、个人主办的职业介绍机构。全市建立乡镇劳动力管理站130个，占乡镇总数64%；职业介绍机构32家，其中市劳动部门主办的职业介绍机构10个；劳务输出3.96万人；登记求职2.01万人次，介绍成功1.32万人次。

2002年，全市贯彻执行《浙江省劳动力市场管理条例》，全面检查、清理、整顿劳动力市场，加强劳动力市场内部管理。年底，全市有职业介绍机构116家，本地在外就业劳动力28.2万人次，外来劳动力进入本地就业3.8万人。丽水市对口帮扶劳务协作办公室成立，全市对口输送劳务13800人。

2003年8月18日，丽水市人力资源市场成立。同年，举办首届丽水市人力资源交流大会，进场设摊招聘（招生）企业和培训机构150家，求职者1.1万人；借助"山海协作工程"，加强与嘉兴、湖州、绍兴、温州等发达地区沟通和联系，采取"订单培训，定向输送"方式，向用工需求较大的服装企业等输出劳务3.16万人，其中市本级输出7180人。

劳动服务体系

1979年10月，青田等县相继成立劳动服务公司。

1982年8月3日，丽水地区劳动服务公司成立，隶属地区劳动局，人员由地区劳动局内部调剂。

1985年，全区各类劳动服务公司114家。1985年下半年开始，全区全面整顿劳动服务公司，保留劳动服务公司82家。

1990年2月4日，丽水地区劳动服务公司更名丽水地区就业管理服务局，各县（市）劳动服务公司更名就业管理服务处，承担部分行政职能，管理劳动就业工作。同年，全区劳动服务公司（不担负行政职能）96家，从业人员1591人，生产经营收入2577万元，上缴税收80万元。

1996年，全区职业介绍机构149个，工作人员290人。包括劳动部门主办职业介绍机构118个，其中乡镇街道主办的职业介绍机构77个；非劳动部门主办的职业介绍机构31个，其中民营职业介绍机构24个。

2001年10月22日，丽水市机构编制委员会制定《关于核定市直机关事业单位机构编制的通知》，重新核定丽水市就业管理服务局为正科级全额拨款事业单位，编制18名，领导职数2人。

2005年4月1日，市人事劳动社会保障局根据职能划分，将外国人和港澳台人员在丽就业行政许可职能移交市就业管理服务局行使。同年，全市待业人员管理、岗位开发、就业援助、职业介绍、城乡劳动力管理等就业服务工作逐步延伸到乡镇（街道）、社区，建立乡镇（街道）劳动保障机构176个、社区劳动保障机构46个，分别占乡镇（街道）、社区总数的89.8%和47.4%。其中，全额拨款事业机构162个，核定编制人数149名，实有专职工作人员104人。

2009年3月17日,浙江省人事厅批复同意丽水市就业管理服务局重新确定为参照公务员法管理的事业单位,全市县级以上就业管理服务机构全部确定为参照公务员法管理的事业单位。

就业培训

1990年8月开始，丽水地区劳动人事局实行新的待业登记制度。待业青年必须参加就业前培训,经考核合格,领取培训证后再领待业证,然后凭两证应聘工作。同年,全区城镇待业人员培训结业2994人,其中培训后就业2331人。

1994年4月,丽水地区职业技能鉴定中心成立。全区初步形成多层次、多形式、广覆盖的职业技能培训考核、鉴定网络;有就业训练所(中心)10所,就业培训994人,实现就业646人,占培训人数的65%,其中地区就业训练中心培训90人,全部实现就业。

1996年起,全区开展“再就业工程”,做好下岗待业人员的再就业培训。全区劳动就业服务机构培训劳动者4312人,其中农业劳动力1352人,实现就业3578人;评定技术等级2450人,其中高级技术工人238人,中级技术工人773人,初级技术工人1439人。全区全面开展计算机应用技术培训,设立培训考核站12个。

1997年,全区举办各类职业技能培训班55期,参加技术等级考核3171人,其中初级工1273人,高级工74人。评定工人技师18人,其中驾驶员13名,水电工5名。同年,在丽水地区招生技校23所,工种(专业)66个,计划招收1536名,实际录取944人,其中丽水市(县级)、缙云县、青田县技术学校和地区汽车技工班录取644人。

2000年起,全区开设下岗待业人员职业指导培训班,登记待业人员参加。

2003年，丽水市莲都区职业技能培训中心成立，负责下岗待业人员和农村劳动力转移就业培训,集教学、实习、娱乐、住宿、就餐为一体,依托山海协作工程,推行“订单培训、定向就业”新机制,开设电脑绣花、缝纫、餐饮饭店服务、保安、美容美发、计算机操作、物业管理、营销员、家政服务、电工等工种10多个。同年,参加培训1179人,其中下岗待业人员227人,农村劳动力222人。全市下发《关于推进职业技能培训和劳务输出工作的意见》，确定全市2003—2005年职业技能培训和劳务输出的目标,建立培训基地47个,市、县两级财政安排培训资金251万元。全年培训劳动力2.23万人,其中下岗待业人员5100人,农村富余劳动力1.67万人,被征地农村劳动力500人,实现就业1.37万人。

2006年,全市参加再就业培训的下岗待业人员3325人,培训转移农村劳动力43388人。

2008年,全市参加再就业培训的城镇下岗待业人员3364人,培训转移农村劳动力52647人。

2010年,拓宽职业技能和创业培训工作思路,举办培训专业15个、班18个,其中包括网店、农产品营销创业培训专业9个。大学生1055人和城镇失业人员、农村劳动力和在岗员工参加培训。

劳动就业服务企业

全区劳动就业服务部门创办新型集体经济组织，安置待业职工和企业富余人员，缓解就业压力。1990年,丽水地区劳动就业服务企业成立,挂靠丽水地区劳动局。全区劳动就业服务企业96家,从业人员1591人,其中当年安置175人,经营收入2577万元,实现利税144万元。

1996年,全区职业介绍机构149个,其中劳动部门主办118个(含乡镇街道77个);非劳动部门主办31个(其中民营24个),工作人员290人。

1952—1999年丽水地区全社会经济类型从业人员总数情况

表 41-2-1-1　　单位：万人

年 份	职 工	国有经济	城镇集体经济	其他经济	城镇私营和个体从业人员	乡村从业人员	其他从业人员	全社会从业人员总数
1952	—	—	—	—	—	38.42	—	—
1953	—	—	—	—	—	38.81	—	—
1954	—	—	—	—	—	39.52	—	—
1955	—	—	—	—	—	40.30	—	—
1956	—	—	—	—	—	40.78	—	—
1957	—	3.16	—	—	—	41.63	—	—
1958	—	5.87	—	—	—	46.82	—	—
1959	—	6.68	—	—	—	44.80	—	—
1960	—	7.75	—	—	—	45	—	—
1961	—	4.75	—	—	—	42.78	—	—
1962	4.79	3.12	1.67	—	0.38	42.59	—	47.76
1963	4.96	3.05	1.91	—	0.13	43.38	—	48.47
1964	4.91	2.88	2.03	—	0.27	44.26	—	49.44
1965	5.34	3.14	2.20	—	0.17	46.37	—	51.88
1966	—	3.20	—	—	—	47.56	—	—
1967	—	3.34	—	—	—	48.94	—	—
1968	—	3.43	—	—	—	50.69	—	—
1969	—	3.63	—	—	—	52.77	—	—
1970	5.84	4.16	1.68	—	0.03	53.85	—	59.72
1971	—	4.67	—	—	—	60.35	—	—
1972	—	4.88	1.53	—	—	53.94	—	—
1973	—	4.95	2.02	—	—	58.64	—	—
1974	—	4.96	2.17	—	—	59.25	—	—
1975	7.79	5.12	2.67	—	0.05	60.14	—	67.98
1976	8.56	5.38	3.18	—	0.03	56.89	—	68.48
1977	9.66	5.52	4.14	—	0.02	61.80	—	71.48
1978	11.88	7.37	4.51	—	—	61.59	—	73.47
1979	12.41	7.89	4.52	—	0.06	62.37	—	74.84
1980	13.13	8.54	4.59	—	0.13	64.55	—	77.81
1981	13.92	9.34	4.52	—	0.09	73.92	—	87.83
1982	13.66	9.95	3.71	—	0.22	73.70	—	87.58
1983	14.04	10.21	3.83	—	0.56	76.70	—	91.30

续表 41-2-1-1

年　份	职　工	国有经济	城镇集体经济	其他经济	城镇私营和个体从业人员	乡村从业人员	其他从业人员	全社会从业人员总数
1984	14.69	9.85	4.84	—	0.34	84.89	—	99.92
1985	15.13	9.79	5.34	—	0.48	94.94	—	110.55
1986	15.51	10.29	5.22	—	0.56	97.58	—	113.65
1987	16.53	11.12	5.41	—	0.87	99.85	—	117.26
1988	17.30	11.73	5.57	—	0.70	101.90	—	119.90
1989	17.06	11.89	5.17	—	0.78	104.44	—	122.28
1990	17.39	12.25	5.14	—	0.98	107.70	—	126.07
1991	18	12.82	5.18	—	1.03	114.18	—	133.21
1992	17.61	13.06	4.55	—	1.67	115.91	—	135.19
1993	16.89	13.02	3.84	0.03	2.15	117.53	0.35	136.92
1994	16.59	12.62	3.51	0.46	2.58	117.89	0.38	137.44
1995	16.64	12.38	3.65	0.61	4.41	118.35	0.24	139.64
1996	15.89	12.16	3.07	0.66	4.80	118.73	0.36	137.31
1997	15.46	11.59	2.81	0.70	4.43	119.43	0.34	137.86
1998	14.69	10.78	2.44	1.47	6.49	119.78	0.16	136.84
1999	13.79	9.92	1.99	2.08	7.41	119.62	0.18	137.23

1978—1999 年丽水地区三大产业全社会从业人员总数情况

表 41-2-1-2

年份	绝对数(万人)			构成比例(以合计=100)		
	第一产业	第二产业	第三产业	第一产业	第二产业	第三产业
1978	—	—	—	—	—	—
1979	—	—	—	—	—	—
1980	—	—	—	—	—	—
1981	—	—	—	—	—	—
1982	—	—	—	—	—	—
1983	77.03	9.87	8.43	80.80	10.35	8.84
1984	72.80	14.90	10.93	73.81	15.11	11.08
1985	77.55	17.32	19.59	67.75	15.13	17.12
1986	80.57	18.04	15.96	70.32	15.75	13.93
1987	83.05	18.83	15.38	70.83	16.06	13.11
1988	84.93	19.26	15.71	70.83	16.06	13.11
1989	87.70	13.49	21.09	71.72	11.03	17.25

续表 41-2-1-2

年份	绝对数(万人)			构成比例(以合计=100)		
	第一产业	第二产业	第三产业	第一产业	第二产业	第三产业
1990	90.93	14.01	12.13	72.13	11.11	16.76
1991	95.03	13.31	24.87	71.34	9.90	18.67
1992	96.57	13.56	25.06	71.43	10.03	18.54
1993	92.07	16.30	28.55	67.24	11.91	20.85
1994	91.98	19.21	26.25	66.92	13.98	19.10
1995	89.60	21.13	28.91	64.16	15.13	20.71
1996	88.94	19.64	28.73	64.77	14.30	20.93
1997	89.12	20.11	28.63	64.65	14.59	20.76
1998	89.00	19.50	28.34	65.04	14.25	20.71
1999	897.51	20.05	29.67	63.77	14.61	21.62

1978—1999 年丽水地区从业人员人数情况

表 41-2-1-3 单位:万人

年份	丽水市	龙泉市	青田县	云和县	庆元县	缙云县	遂昌县	松阳县	景宁畲族自治县	全 区
1978	12.03	—	14.36	3.52	4.20	13.60	—	—	4.26	73.47
1979	12.44	—	14.23	3.71	4.10	14.01	—	—	4.27	74.84
1980	12.42	—	14.47	3.86	4.40	14.34	—	—	4.29	77.81
1981	13.20	—	16.17	4.08	4.90	15.45	—	—	4.36	87.83
1982	13.25	—	16.69	5.56	5.10	15.62	10.18	—	5.03	87.58
1983	13.88	—	17.24	4.87	5.45	17.18	10.21	—	5.25	91.30
1984	14.61	11.56	17.95	3.79	6.37	18.92	10.67	10.30	5.75	99.92
1985	15.42	12.05	20.00	4.11	6.56	20.37	12.02	10.97	6.61	110.55
1986	15.97	12.54	20.44	4.60	7.12	21.16	12.10	11.25	6.82	113.65
1987	16.47	12.76	21.49	5.08	7.79	22.02	12.26	11.79	6.89	117.26
1988	17.74	13.17	22.24	5.64	8.20	22.98	12.96	—	7.15	119.90
1989	17.94	13.28	22.76	5.85	8.40	21.66	12.92	—	7.23	122.28
1990	18.55	13.45	24.10	6.25	8.50	20.65	13.11	12.28	7.38	126.07
1991	19.53	13.84	25.34	6.55	9.20	21.62	13.71	12.77	7.70	133.21
1992	19.54	14.25	25.91	6.46	9.90	20.11	13.80	13.19	7.85	135.19
1993	18.73	14.44	25.74	6.83	10.74	23.91	14.43	12.74	8.53	136.92
1994	18.10	14.78	25.72	6.29	8.52	74.30	13.97	13.06	8.05	137.44
1995	20.26	14.84	26.08	6.41	10.71	24.33	14.14	13.26	8.20	139.64
1996	18.90	14.92	27.90	6.31	10.87	74.57	13.96	13.32	8.25	137.31

续表 41-2-1-3

年份	丽水市	龙泉市	青田县	云和县	庆元县	缙云县	遂昌县	松阳县	景宁畲族自治县	全 区
1997	18.73	15.23	27.51	6.85	10.70	25.10	14.03	13.09	8.25	137.86
1998	18.56	14.95	25.73	6.68	10.65	25.12	13.95	13.19	8.27	136.84
1999	—	—	—	—	—	—	—	—	—	137.23

1957—1999 年丽水地区各所有制经济类型职工人数情况

表 41-2-1-4　　单位：万人

年　份	国有经济	城镇集体经济	其他经济	全部职工
1957	3.16	—	—	—
1958	3.87	—	—	—
1959	6.68	—	—	—
1960	7.75	—	—	—
1961	4.75	—	—	—
1962	3.12	1.67	—	—
1963	3.05	1.91	—	—
1964	2.88	2.03	—	—
1965	3.14	2.20	—	—
1966	3.20	1.05	—	—
1967	3.34	—	—	—
1968	3.43	—	—	—
1969	3.63	—	—	—
1970	4.16	1.68	—	—
1971	4.67	—	—	—
1972	4.88	1.53	—	—
1973	4.95	2.02	—	—
1974	4.96	2.17	—	—
1975	5.12	2.67	—	7.79
1976	5.38	3.18	—	8.56
1977	5.52	4.14	—	9.66
1978	7.37	4.51	—	11.88
1979	7.89	4.52	—	12.41
1980	8.54	4.59	—	13.13
1981	9.34	4.58	—	13.92
1982	9.95	3.71	—	13.66
1983	10.21	3.83	—	14.04
1984	9.85	4.84	—	14.69

续表 41-2-1-4

年　份	国有经济	城镇集体经济	其他经济	全部职工
1985	9.79	5.34	—	15.13
1986	10.29	5.22	—	15.51
1987	11.12	5.41	—	16.53
1988	11.73	5.57	—	17.30
1989	11.89	5.17	—	17.06
1990	12.25	5.14	—	17.39
1991	12.82	5.18	—	18
1992	13.06	4.55	—	17.61
1993	13.02	3.84	0.03	16.89
1994	12.62	3.51	0.46	16.59
1995	12.38	3.65	0.61	16.64
1996	12.16	3.07	0.56	15.89
1997	11.95	2.81	0.70	15.46
1998	10.78	2.44	1.47	14.69
1999	9.92	1.79	2.08	13.79

1978—1999 年丽水地区工人人数情况

表 41-2-1-5　　单位：万人

年份	丽水市	龙泉市	青田县	云和县	庆元县	缙云县	遂昌县	松阳县	景宁畲族自治县	全 区
1978	2.92	1.85	1.70	0.77	0.82	1.34	—	—	0.68	11.88
1979	3.06	1.70	1.78	0.96	0.85	1.33	—	—	0.67	12.41
1980	3.26	1.81	1.84	1.08	0.91	1.50	—	—	0.65	13.13
1981	3.37	1.90	1.91	1.26	0.95	1.66	—	—	0.64	13.92
1982	3.43	1.76	1.82	1.36	0.91	1.59	1.30	0.88	0.60	13.66
1983	3.55	1.86	1.78	1.40	0.91	1.67	1.34	0.90	0.62	14.04
1984	3.76	1.84	1.82	1.41	0.98	1.77	1.40	1.01	0.70	14.69
1985	4.12	1.84	1.91	0.93	1.03	1.90	1.54	1.08	0.78	15.13
1986	4.29	1.89	1.90	0.95	1.05	1.90	1.55	1.16	0.83	15.51
1987	4.36	1.95	2.00	1.14	1.08	2.09	1.78	1.26	0.87	16.53
1988	4.59	2.06	2.03	1.17	1.14	7.11	1.88	1.29	0.90	17.30
1989	4.52	2.10	2.02	1.17	1.14	2.00	1.89	1.27	0.93	17.06
1990	4.64	2.14	1.85	1.08	1.23	2.05	1.91	1.35	0.97	17.39
1991	4.86	2.16	2.01	1.15	1.24	2.10	2.01	1.50	0.99	18.00
1992	4.49	2.19	1.97	1.16	1.28	2.16	1.90	1.44	1.02	17.61
1993	4.37	2.67	1.88	1.05	1.18	1.94	1.85	1.44	0.99	16.89

续表 41-2-1-5

年份	丽水市	龙泉市	青田县	云和县	庆元县	缙云县	遂昌县	松阳县	景宁畲族自治县	全 区
1994	4.23	2.09	1.91	0.98	1.18	1.90	1.97	1.32	1.02	16.59
1995	4.29	1.98	1.98	0.98	1.18	1.85	1.92	1.40	1.06	16.64
1996	4.00	1.96	1.83	0.82	1.13	1.90	].82	1.44	0.98	15.89
1997	3.85	1.95	1.84	0.83	1.05	1.80	1.80	1.39	0.95	15.46
1998	3.82	1.68	1.76	0.80	1.05	1.62	1.73	1.30	0.94	14.69
1999	3.59	1.59	1.55	0.76	0.94	1.62	1.62	1.22	0.90	13.79

第二节　劳动管理

职工队伍

所有制结构　民国 20—23 年(1931—1934),据丽水、松阳、青田、缙云、景宁等县调查,丽水县有燧昌火柴厂、普昌梗片厂、利用织布厂、洽济织布厂 4 个厂,职工 1447 人,松阳县粗纸、鞭炮作坊职工 710 人。

1951 年,丽水专区有机械动力的工业企业职工 904 人,其中丽水县 734 人,松阳县 97 人,缙云县 38 人,龙泉县 28 人,云和县 7 人。

1957 年,各县全民所有制职工 31630 人,集体所有制职工 17800 人①。

1958 年,各县大办工业,从农村大量招收工人,职工人数猛增。

1960 年,各县全民所有制职工 77506 人,集体所有制职工 18900 人②。

1961 年,各县贯彻执行国民经济"调整、巩固、充实、提高"方针,停办工矿企业一批,精简回农业生产第一线职工若干。

1964 年,全区全民所有制职工 28771 人,集体所有制职工 20300 人。

1965 年起,全区工业生产开始恢复发展,职工人数逐渐增加。

1966—1976 年"文化大革命"期间,多数工厂停工。

1978 年,全区全民所有制职工 73700 人,集体所有制职工 45100 人。

1990 年,全区全民所有制职工 122452 人,集体所有制职工 51378 人。

1997 年 12 月,全区在职职工 154563 人,比上年减少 2.73%,其中国有经济单位职工 119537 人,比上年减少 1.72%;地属国有经济单位职工 10873 人,比上年减少 264 人;城镇集体经济单位职工 28056 人;其他所有制单位职工 6970 人。全区下岗职工 119537 人,其中机关 20888 人,占 17.47%;事业单位 44929 人,占 37.59%;企业 53720 人,占 44.94%。

1999 年 12 月,全区在职职工 137881 人,比上年减少 6.13%,其中国有经济单位职工 99222 人,机关单位 21025 人,事业单位 45576 人,企业单位 32621 人,比上年减少 7.92%;地区直属国有经济

① 数据不包括丽水、庆元县。
② 数据不包括丽水、庆元县。

单位职工 9229 人，减少 1003 人；城镇集体经济单位职工 17932 人，比上年减少 26.41%；其他所有制单位职工 20727 人，比上年增加 40.34%。

2001 年，全市在职职工 128836 人，比上年减少 2.93%，其中国有经济单位职工 90274 人，减少 3.88%，机关单位 21724 人，事业单位 47015 人，企业单位 21535 人；市直属国有经济单位职工 15467 人，增加 4154 人；城镇集体经济单位 11224 人，减少 26.77%；其他所有制单位职工 27338 人，增加 16.46%。

2005 年，全市在职职工 136522 人，其中国有经济单位职工 87400 人，机关单位 23372 人，事业单位 48649 人；企业 15379 人；市直属国有经济单位职工 17322 人；城镇集体经济单位职工 6919 人；其他所有制单位职工 42206 人。

若干年份丽水各县(市)职工所有制结构情况

表 41-2-2-1　　单位：人

年份	性质	丽水市	青田县	云和县	龙泉市	庆元县	缙云县	遂昌县	松阳县	景宁畲族自治县	合计
1949	全民	—	—	200	100	—	800	400		300	1800
	集体	—	—	1100	—	—	—	—		1600	2700
	小计	—	—	1300	100	—	800	400		1900	4500
1957	全民	4600	4700	1200	5800	2500	3400	5600		3000	31600
	集体	—	3500	1500	1800	—	4000	4800		2200	17800
	小计	4600	8200	2700	7600	2500	7400	10400		5200	48600
1960	全民	11500	16500	2500	17700	6200	4100	10800		8200	77500
	集体	—	4500	1500	4000	—	2900	4000		2000	18900
	小计	11500	21000	4000	21700	6200	7000	14800		10200	96400
1965	全民	6900	3800	2400	6000	1800	3100	5400		2000	31400
	集体	5800	3400	1000	3500	1300	1200	2800		1300	22000
	小计	12700	7200	3400	9500	3100	4300	8200		3300	51700
1970	全民	11500	5100	3400	6600	2100	4700	5900		2400	41600
	集体	4600	3600	1400	1700	600	1400	2100		1400	16800
	小计	16100	8700	4800	8300	2700	6100	8000		3800	58500
1975	全民	13100	6700	4100	7500	2900	6300	7700		3000	51200
	集体	6100	4400	2100	3600	700	4300	3200		2300	26700
	小计	19200	11100	6200	11100	3600	10600	10900		5300	78000
1978	全民	19000	8700	5400	11800	5200	9500	10300		3800	73700
	集体	10200	8300	2300	6400	3000	6300	5700		3000	45100
	小计	29200	17000	7700	18200	8200	15800	16000		6800	118900
1980	全民	23300	10200	8300	11900	5900	9300	12800		3800	85400
	集体	9300	8200	2500	6200	3100	5600	8200		2700	45900
	小计	32600	18400	10800	18100	9000	14900	21000		6500	131300

续表 41-2-2-1

年份	性质	丽水市	青田县	云和县	龙泉市	庆元县	缙云县	遂昌县	松阳县	景宁畲族自治县	合计
1985	全民	28300	11600	6300	12200	6900	11600	9600	6300	5100	97900
	集体	12900	7500	3000	6200	3400	7300	5800	4500	2700	56400
	小计	41200	19100	9300	18400	10300	18900	15400	10800	7800	151200
1990	全民	35300	12900	8200	15400	8300	13800	13600	8300	6700	122400
	集体	11100	7300	2600	6000	4000	6600	5500	5200	2900	51400
	小计	46400	20200	10800	21400	12300	20400	19100	13500	9600	173800

说明:因龙泉、庆元、云和、景宁等县(市)合并分开,有的年份数字同年报数字有出入,全民、集体相加不等于小计

文化结构　民国时期,职工基本上是文盲。20 世纪 50 年代初,全区开展扫除职工文盲运动,摘掉文盲帽子,但也只普及到初小文化程度。20 世纪 50 年代中后期,各县提高职工文化程度,大部分职工具有小学文化程度,少部分职工有初中文化程度。20 世纪 80 年代起,全区职工文化程度大幅度提高,初、高中以上文化程度占大多数。

若干年份丽水地区(市)研究生文化程度职工占比情况一览

表 41-2-2-2　　单位:人

年份	市直	县乡	研究生	市直	县乡	占比例(百分比)	职工总数
1991	2458	25217	—	—	—	—	27675
1992	2255	26312	—	—	—	—	28567
1993	2702	26868	—	—	—	—	29570
1996	2959	31770	29	21	1	0.10	34729
1997	2954	33400	42	36	6	0.10	36354
1998	3314	35392	47	34	13	0.10	38706
2000	5288	36321	42	32	10	0.10	41609
2001	5624	37336	54	42	12	0.10	42960
2002	6031	38298	70	53	17	0.20	44329
2003	6217	37894	101	82	19	0.20	44111
2009	8627	42836	460	—	—	0.90	51463
2010	8655	42993	545	—	—	1.10	51648

若干年份丽水地区(市)大专以上文化程度职工占比情况一览

表 41-2-2-3　　单位:人

年份	大学本科及以上	市直	县乡	占比例(百分比)	大专及大学本科肄业者	市直	县乡	占比例(百分比)
1991	2518	729	1789	9.10	5917	560	5357	21.40
1992	2663	695	1968	9.30	6391	509	5882	22.40

续表 41-2-2-3

年份	大学本科及以上	市直	县乡	占比例（百分比）	大专及大学本科肄业者	市直	县乡	占比例（百分比）
1993	2949	804	2145	10.00	6714	650	6064	22.70
1996	3179	838	2341	9.20	8885	804	8081	25.60
1997	3327	875	2452	9.20	9815	807	9008	27.00
1998	3730	999	2731	9.60	10911	931	9980	28.20
2000	4480	1604	2876	10.80	12260	1499	10761	29.50
2001	5222	1850	3372	12.20	12916	1480	11436	30.10
2002	5917	2117	3800	13.30	14055	1614	12441	31.70
2003	6739	2410	4329	15.30	15238	1834	13404	34.50
2009	22209	—	—	43.20	13375	—	—	32.40
2010	24559	—	—	47.60	15847	—	—	30.70

若干年份丽水地区（市）中专、高中、初中文化程度职工占比情况一览

表 41-2-2-4　单位：人

年份	中专及肄业者	市直	县乡	占比（百分比）	高中	市直	县乡	占比（百分比）	初中及以下	市直	县乡	占比（百分比）
1991	12011	892	1219	43.40	2684	137	2547	9.70	4545	140	4405	16.40
1992	12801	841	11960	44.80	2657	102	2555	9.30	4055	108	3947	14.20
1993	13456	948	12528	45.60	2715	151	2564	9.20	3716	149	3567	12.60
1996	15942	944	14998	45.90	3133	197	2936	9.00	3561	155	3406	10.30
1997	16591	913	15678	45.60	3187	203	2987	8.80	3392	120	3272	9.30
1998	17477	976	16501	45.20	3332	220	3122	8.60	3209	154	3055	8.30
2000	18340	1553	16787	44.10	3384	406	2978	8.10	3103	194	2909	7.50
2001	18568	1600	16968	43.20	3201	430	2771	7.50	2999	222	2777	7.00
2002	17672	1571	16101	39.90	3566	455	3111	8.00	3049	221	2828	6.90

若干年份丽水市中专、高中及以下文化程度职工占比情况一览

表 41-2-2-5　单位：人

年份	中专及肄业者	市直	县乡	占比（百分比）	高中及以下	市直	县乡	占比（百分比）
2003	16148	1409	14739	36.60	5885	482	5403	13.30
2009	6976	—	—	13.60	5143	—	—	9.90
2010	6213	—	—	12.00	4484	—	—	8.60

职业技术结构　1991 年，全区事业单位职工行业分布具体为农、林、牧、渔、水利业 2480 人，其中地区本级 136 人，县乡 2344 人，占 9%；建筑业 154 人，其中地区本级 38 人，县乡 116 人，占0.6%；

交通运输业383人，其中地区本级240人，县乡143人，占1.4%；房地产管理、公用事业居民服务和咨询服务业652人，其中地区本级105人，县乡547人，占2.4%；卫生、体育和社会福利业4875人，其中地区本级669人，县乡4206人，占17.6%；教育、文化艺术及广播电影电视业18829人，其中地区本级1133人，县乡17696人，占68%；科学研究和综合技术服务业302人，其中地区本级137人，县乡165人，占1%。

1996年，全区事业单位职工行业分布具体为农林牧渔业4339人，其中地区本级125人，县乡4214人，占12.5%；地质勘察业、水利管理业566人，其中地区本级52人，县乡514人，占1.6%；交通运输仓储及邮电通讯业597人，其中地区本级291人，县乡306人，占1.7%；金融保险业31人，其中地区本级25人，县乡6人，占0.09%；社会服务业569人，其中地区本级66人，县乡503人，占1.6%；卫生、体育和社会福利业6338人，其中地区本级829人，县乡5509人，占18.2%；教育、文化艺术及广播电影电视业21448人，其中地区本级1228人，县乡20220人，占61.8%；科学研究和综合技术服务业202人，其中地区本级96人，县乡106人，占0.6%；其他行业639人，其中地区本级247人，县乡392人，占1.91%。

2000年，全市事业单位职工行业分布具体为农、林、牧、渔业4631人，其中市本级82人，县乡4549人，占11.1%；地质勘察业、水利管理业798人，其中市本级71人，县乡727人，占1.9%；交通运输仓储及邮电通信业833人，其中市本级272人，县乡561人，占2%；金融保险业75人，其中市本级25人，县乡50人，占0.2%；社会服务业1581人，其中市本级356人，县乡1225人，占3.8%；卫生、体育和社会福利业7710人，其中市本级2086人，县乡5624人，占18%；教育、文化艺术及广播电影电视业25376人，其中市本级2075人，县乡23301人，占61%；科学研究和综合技术服务业483人，其中市本级286人，县乡197人，占1.2%；其他行业122人，其中市本级35人，县乡87人，占0.3%。

2010年，全市事业单位职工行业分布具体为教育24653人，科学研究414人，勘察设计107人，文化1200人，新闻出版192人，广播电视1023人，卫生9996人，体育102人，农林牧水5212人，交通1391人，气象15人，地震5人，环境保护341人，测绘14人，信息咨询19人，标准计量、技术监督、质量检测212人，知识产权2人，物资仓储、供销36人，房地产服务、城市公用602人，社会福利588人，经济监督360人，机关后勤服务1019人，其他行业4145人。

职业技能鉴定与培训

2001年，全市职业技能鉴定考核13226人，颁发合格证书12596人，合格率95.2%，其中初级工8269人，中级工3967人，高级工360人。

2002年，全市推行职业资格证书制度。全市职业学校（院）毕业生进行技能考试，参加鉴定考试4623人，其中获证书4243人，占92%。全市烹饪、驾驶、维修、计算机、电工、钳工、车工、推销员、文秘、美容美发、餐厅服务员、服装定制等工种职业技能鉴定考核16827人，获资格证书16219人，其中初级工12235人，中级工3747人，高级工93人，技师144人。

2003年，全市开展计算机、电工等职业技能考核鉴定专业（工种）64个，参加职业技能鉴定考核17104人，获职业资格证书15578人，合格率91.08%，其中初级工8835人，中级工6256人，高级工487人。

2004年，全市加强高技能人才培训鉴定工作，拓宽培训领域，培训高级工以上技术工人1368人。

2005 年，全市加强再就业培训、职业技能培训和农村劳动力转移培训，劳动者素质结构明显改善，高技能人才占劳动者的比例有较大提高。全市开展烹饪、汽车驾驶、汽车维修、公路养护等技能鉴定专业工种 24 个，获职业资格证书 26007 人，其中初级工 16724 人，中级工 6501 人，高级工 2080 人，完成省人事厅计划数的 130%；技师 702 人，完成计划数的 175.5%。

2006 年，全市创新培训方式方法，严格职业技能鉴定，提高培训的针对性与有效性。全市培训考核计算机应用能力 8265 人；开展数控加工、电焊工、中式烹饪等技能鉴定专业工种数十个，获职业资格证书 2.77 万人，高技能人才培养近 2500 人。

2007 年，全市采用技能培训和技能鉴定相结合模式，提高劳动者就业竞争能力。全市开展职业技能鉴定考核 3.05 万人，获职业资格证书 2.59 万人，其中技师 11 人，高级工 695 人，中级工 8084 人，初级工 1.71 万人。

2008 年，全市确定丽水职业技术学院、丽水市职业高级中学、丽水市机动车驾驶员培训学校有限公司、丽水市汽车运输集团有限公司汽车技术学校 4 家市直职业技能培训基地；市直职业技能培训费补贴标准从原来的 600 元/人提高到 1200 元/人。全市举办超市经营人才创业培训班、石材经营人才培训班、农家乐创业培训班各 1 期，培训学员 663 人。全市参加技能培训鉴定 30831 人，其中市本级 5657 人。

2009 年，丽水市把强化职业技能培训和创业培训作为提升劳动者素质的一项重要举措，针对城镇下岗待业人员、农村富余劳动力、返乡农民工等群体就业创业的不同需求，推出不同培训项目。全市培训超市经营创业者或超市店长 839 名，培训超市营业员 1333 名。全市开展各行业技能比武竞赛，获丽水市“技术能手”称号 65 人，获省级技术能手称号 3 人。全市开展职业技能鉴定 26954 人，获职业资格等级证书 24215 人，培养高技能人才 3000 多人。

2010 年，全市加大机关、企事业单位和社会各行业人员技能鉴定工作的力度，鉴定专业工种 58 个，参加职业技能鉴定 2.49 万人，其中初级工 16324 人，中级工 7057 人，高级工 740 人，技师 739 人；获职业资格等级证书 22601 人，初级工 14858 人，中级工 6414 人，高级工 655 人，技师 674 人。全市各工种比武 30 场，参赛选手 700 多人；参加 2010 浙江省首届技工人才交流大会，参加企业 20 家。全市开展网店、农产品营销等专业创业培训 15 期，参加人员为大学生、城镇待业人员、农村劳动力和在岗员工 1005 名，其中市本级投资近 100 万元。

2006—2010 年，全市参加职业资格鉴定人数 14.39 万人，年均 2.88 万人，其中参加初级职业资格 9.61 万人，获职业资格等级证书 8.67 万人；中级职业资格 4.04 万人，获职业资格等级证书 3.52 万人；高级职业资格 0.54 万人，获职业资格等级证书 0.4 万人；技师职业资格 0.2 万人，获职业资格等级证书 0.18 万人。全市逐步建立培训、考核、使用、待遇一体化机制，实施技能培训和鉴定工种 31 个，奖励当年获高级工以上资格的高技能人才，如高级技师 1500 元/人、技师 1000 元/人、高级工 500 元/人。

劳动合同制度

1978 年，全区处于从计划经济向市场经济过渡时期，个体和私营等非公有制经济有一定的发展，劳动关系双方存在一定的利益冲突，对劳动关系的调整，开始从行政性的政策调整转向法治化的依法调整。

1982 年，全区开始招收补充用工计划，尝试改革用工形式，解决全民所有制单位劳动力指标不足的问题。

1984年7月起，全区开始试行劳动合同制，城镇退伍军人和技校毕业生作为固定工安置除外。此后，补充用工制逐渐实行劳动合同制。

1986年10月1日起，全区企业用工一律实行劳动合同制，国家机关、事业单位、社会团体参照执行。劳动合同制工人的工资和保险福利待遇，总体与本企业同工种、同岗位的固定工人保持同等水平，可以享受本人标准工资15%左右的工资性补贴，但合同制工人须缴纳不超过标准工资3%的养老保险金，生病有“医疗期”，没有家属医疗补贴。

1992年2月，全区全部企业职工签订劳动合同，统称“企业职工”。

1996年1月1日，全区开始实施《中华人民共和国劳动法》。全区劳动部门在民营重点企业重点推行劳动合同制。全区实行劳动合同制企业1553个，其中国有企业645个。

2005年，全市企业劳动合同签订率84%。2006年，全区企业劳动合同签订率90%。

2009年，全市贯彻落实劳动者劳动保障法律法规，开展企业劳动用工管理操作实务知识培训，参加培训企业1100个、企业负责人和劳资干部1500多人次，其中市本级和莲都区参加培训规模企业400多个、企业负责人和劳资干部600人。全市企业在职职工劳动合同签订率92.87%；走访、检查、服务企业3051个，服务劳动者12.42万人。

劳动保护

民国时期，丽水企业职工劳动条件恶劣，无劳动保护措施。1949年中华人民共和国成立初，丽水军管会开始重视安全生产和劳动保护。1956年，各县贯彻执行国务院下发的《工厂安全卫生规程》《建筑安装工程安全技术规程》《工人职员伤亡事故报告规程》。

1958年，各县一些企业盲目上马，追求高指标、高速度，任意延长劳动时间，增加劳动强度，工伤事故屡有发生。

20世纪60年代，各县相继建立劳保用品和保健食品发放制度。

1978年开始，丽水地区给职工发放清凉饮料费2个月，发放标准是1.5—3元/人•月。

1980年，丽水地区开始治理矿山、水泥等行业尘害。有尘肺病职工1745人，占接触粉尘人员的13.8%。到1987年，全区投资106.5万元，完成劳保技改项目14个，企业劳动条件有改善。

1984年，丽水地区冲压设备安装防护装置288台，占应装数的93.3%。1986年，全区建立社会电工资格定期复审制度，参加全省统考社会职工1253人，获合格证电工1310人。

1988年，丽水地区企业给职工发放清凉饮料费3个月，发放标准是12.15元/人•月。有职业病患者608人，其中多数为矽肺病患者，历年死亡94人。

1990年，庆元县南门红砖厂非法雇用童工1人致残，劳动部门依法罚款3000元，当事人不服，上诉至地区中级人民法院，地区中级人民法院依法维护劳动部门决定。1978—1990年，企业职工因工伤事故死亡172人，重伤454人。

2001—2010年，丽水市企业职工享有大病统筹医疗保险、工伤保险、生育保险以及年休假等福利待遇。

劳动保障机制

1996年8—10月，丽水地区开展《中华人民共和国劳动法》执法大检查活动，处罚单位48个，补签劳动合同1235人，清退招工抵押金14.06万元，补发工资9.13万元，警告批评企业29个，罚金1.96万元。

2007年4月1日起，丽水市本级①建筑领域农民工工资支付保障金制度正式执行，规定新开工的建筑工程施工企业必须交纳一定比例的工资支付保障金。

2008年1月1日，丽水市欠薪应急周转金制度正式建立。

2009年4月，丽水市在建项目缴纳农民工工资支付保障金8140万元，支付农民工工资支付保障金443.5万元，解决农民工工资纠纷案件。出台交通水利行业工资支付保证金制度方案，全市交通水利项目87个，其中建保证金项目83个，收保证金总额913.07万元。全市全部建立应急周转金制度，安排应急周转金650万元，支付应急周转金50多万元，解决农民工工资纠纷案件。此后，全市各县（市、区）根据省政府关于切实做好防范处置企业拖欠工资工作的通知精神，将应急周转金保障额度提高到100万元。

第三章　工资与福利

民国时期，丽水实行公职人员和工厂商店职工月薪制，由于通货膨胀而工资并无增长，大部分人生活艰难。1949年中华人民共和国成立初，丽水专区没有统一的工资制度，实行机关干部供给制、薪金制，推行企业职工"原职原薪"政策。20世纪50—70年代，丽水各县农村居民集体劳动采用工分制，一般青壮劳力工分折合货币每日不足0.2元。1955年7月，各县实施货币工资制，逐步建立工资制度。"文化大革命"期间，丽水地区干部工资调整处于冻结状态；少部分低收入职工工资有微调。1978年后，丽水地区逐步完善工资制度。1985年，丽水地区第二次启动工资制度改革，实行以职务工资为主的结构工资制。1993年，丽水地区第三次启动工资制度改革。2005年，丽水市第四次启动工资制度改革。2006年，丽水全市机关和事业单位全面推行工资收入分配制度改革。2010年12月，全市机关、事业单位工作人员年均工资收入49546元，退休人员年均工资收入30941元。

第一节　公务员工资与福利

工　资

民国时期，丽水职工实行薪金制，公教人员实行月工资制，手工业作坊商店职工一般实行日工

① 含莲都区和市经济技术开发区。

资制和计件工资制。但私营企业主经常拖欠、克扣工资，加上通货膨胀，职工实际收入低微，仅能维持最低水平，生活没有保障。1950 年，丽水专区处于国民经济恢复时期，职工没有实行统一的工资制度，多数机关及其直属事业单位的工作人员实行供给制。1949 年 5 月 10 日丽水解放后，丽水的一部分机关工作人员和教职工实行薪金制。1951 年 1 月开始，丽水专区国家机关工作人员统一采用包干制。1952 年，全区实行第一次工资制度改革，国家机关建立职务等级工资制，厂矿企业建立等级工资制。废除以大米和"折实储蓄单位"计算工资的办法，统一以"工资分"为工资计算单位。

1954—1955 年，各县根据政务院的决定，两次调整国家机关工作人员的工资包干费标准。1955 年 7 月起，各县国家机关工作人员一律采用货币工资制。1956 年，各县实行第二次工资制度改革，废除"工资分"制，采用货币工资制；取消物价补贴，实行类别工资；改进职务等级工资制，执行二类工资及标准。其中国家行政机关行政人员的工资标准分等级 30 个，工农业技术人员标准分为 5 等 18 级，科研、文化、教育、卫生、体育等行业也实行全国统一的工资标准，教师分等级 10 个，工人统一工资等级制度，按照技术标准考核升级。改革后，各县干部职工工资普遍增加，其中职工平均工资提高 14.5%。

1963 年 8 月，丽水专区执行国务院调整低工资收入职工工资文件精神，国家机关工作人员行政 18 级或相当于行政 18 级以下人员调资升级面 40%； 行政 14 级—17 级人员调资升级面 25%；11—13 级人员升级面不超过 5%；10 级以上不升级；工资低于 29 级的，可升至 29 级。全区执行 3 类工资标准，干部职工工资调级 10553 人，其中工资连续调升两级 260 人。

1966—1967 年，丽水专区冻结干部职工工资转正定职工作。1968 年，丽水地区恢复干部职工转正定职工作。1971 年 8 月，全区执行国务院《关于调整部分工人和工作人员工资的通知》，采取"划杠子"办法，按参加工作年限和工资级别，调升低工资工作人员工资，调整面 40%。1977 年 8 月，全区执行国务院《关于调整部分职工工资的通知》，采取群众评议、领导批准办法，按政治表现、劳动态度、贡献大小、技术高低，调整工作多年工资偏低的职工工资，调整面 40%。

1979 年，丽水地区调整 1978 年年底前参加工作的干部、职工工资，升级面 41.24%。全区干部职工工资调级 2113 人，月增资 6.3 万元。1981 年 10 月，全区执行国务院《关于 1981 年调整部分职工工资的通知》，调整全区中小学教职工、医疗卫生单位部分职工、体育系统优秀运动员、专职教练员及部分体育事业人员工资。全区干部职工工资调级 13201 人，其中连续调升 2 级 1343 人，月增资 8.29 万元。1982 年，全区调整国家机关，科学、文教、卫生等事业单位部分职工工资。全区干部职工工资调级 13201 人，其中连续调升 2 级 1343 人，月增资 8.29 万元。1983 年，全区执行干部工资新标准，调整机关干部和事业单位职工工资。全区调整干部职工工资 21860 人。

1985 年 7 月，丽水地区实行第三次工资制度改革，国家机关和事业单位的行政人员和专业技术人员，由单一的职务等级工资制，调整为职务工资为主要内容的结构工资制。1988 年，全区解决部分中青年专业技术人员工资问题，调整 1987 年 9 月 30 日以前具备任职资格、已聘任中级技术职称和行政副科级以上人员(含 1981 年 10 月 1 日前的离退休人员)工资。1989 年，全区机关、事业单位干部职工普遍调升工资。全区机关、事业单位干部职工普加一级工资 46665 人，人均月增资 6.9 元；再调一级和机动增资 3233 人，调升两级比例 69.3%。

1993 年 10 月，丽水地区实行第四次工资制度改革，实行职务级别工资制度，工资按不同职能分为职务工资、级别工资、基础工资和工龄工资部分 4 个。事业单位与国家机关工资制度脱钩，实行专业技术职务等级工资，有专业技术职务岗位工资，艺术结构工资、体育津贴奖金，行政等级工资工资制度5种。全区为机关工作人员16964人、事业单位39477人调整工资，月增资646.55万元。

1993年丽水地区机关事业单位工资改革情况一览

表41-3-1-1

类别	参加工改总人数（人）	工改后月增资（万元）	人均月增资（元）	工改后人均月工资（元）	其中机关工改人数（人）	机关工改月增资（万元）	机关工改后人均月增资（元）	机关工改后人均月工资（元）	其中事业工改人数（人）	事业工改月增资（万元）	事业工改后人均月增资（元）	事业工改后人均月工资（元）
地区本级	5990	77.80	129.90	454	1390	15.90	114.30	436.00	4600	61.90	134.60	460.00
丽水市（县级）	8141	85.76	105.40	411.70	2402	23.13	96.30	406.80	5739	62.63	109.10	413.70
龙泉市	6496	77.95	120.00	—	1721	20.65	120.00	—	4775	57.30	120.00	—
青田县	6487	73.57	113.41	409.96	2209	23.83	107.89	399.83	4278	49.74	116.28	420.09
云和县	3521	39.66	112.63	414.74	1198	12.22	102.00	410.00	2323	27.23	115.69	411.78
庆元县	4343	49.29	113.50	—	1592	17.10	107.40	—	2751	32.19	117.00	—
缙云县	7435	84.48	114.00	—	1971	20.68	105.00	—	5464	63.80	115.00	—
遂昌县	4801	53.56	111.56	—	1523	16.12	105.86	—	3278	33.33	106.67	—
松阳县	5097	58.21	114.20	—	1580	17.21	108.92	—	3517	35.96	102.20	—
景宁县	4130	46.27	112.02	—	1378	14.75	107.00	—	2752	31.52	114.54	—
合计	56441	646.55	114.66	—	16964	181.59	107.47	—	39477	455.60	115.40	—

2006年丽水市机关公务员工资制度改革增资情况

表41-3-1-2

职务（技术等级）	参加套改人数（人）	基本情况		工资情况				
		平均任职年限（年）	平均工龄（年）	套改前月人均工资（元）	套改后月人均工资（元）	套改后月人均增资（元）	最高增资（元）	最低增资（元）
公务员	11696	—	22.22	785.32	1095.78	310.47	910	50
省（部）级正职	0	—	0	0	0	0	0	0
省（部）级副职	0	—	0	0	0	0	0	0
厅（局）级正职	0	—	0	0	0	0	0	0
其中：领导	0	—	0	0	0	0	0	0
其中：非领导	0	—	0	0	0	0	0	0
厅（局）级副职	4	2.50	26.25	1340.25	2182.75	842.50	910	747
其中：领导	4	2.50	26.25	1340.25	2182.75	842.50	910	747
非领导	0	0	0	0	0	0	0	0
县（处）级正职	49	6.24	30.92	1269.29	1903	633.71	880	338

续表 41-3-1-2

职务(技术等级)	参加套改人数(人)	基本情况		工资情况				
		平均任职年限(年)	平均工龄(年)	套改前月人均工资(元)	套改后月人均工资(元)	套改后月人均增资(元)	最高增资(元)	最低增资(元)
其中:领导	38	5.79	30.63	1250.29	1914.16	633.87	880	515
非领导	11	7.82	31.91	1334.91	1864.45	529.55	788	338
县(处)级副职	196	6.96	28.14	1100.01	1553.78	453.77	821	184
其中:领导	160	6.39	27.79	1079.07	1555.90	476.83	821	238
非领导	36	9.50	29.69	1193.06	1544.33	351.28	705	184
科级正职	2725	6.87	29.68	939.76	1363.08	423.31	739	55
其中:领导	1028	7.91	25.03	896.42	1280.27	383.76	695	70
非领导	1697	6.25	32.50	966.02	1413.24	447.21	739	55
科级副职	5812	6.97	23.60	778.37	1086.28	307.91	630	50
其中:领导	1760	7.66	20.49	757.42	1043.80	286.38	578	50
非领导	4052	6.68	24.94	787.47	1104.73	317.26	630	50
科员	2717	—	12.45	633.57	827.93	194.36	594	62
办事员	34	—	10.29	533.71	755.03	221.32	598	113
试用期	159	—	—	487.97	671.57	183.60	186	144

1997 年 1 月起，丽水地区执行机关事业单位工作人员晋升职务工资和调整工资标准，对考核称职(合格)2 年以上的机关、事业单位工作人员第二次正常晋升职务(岗位)工资。全区机关工作人员晋升工资 16458 人，月增资 246074 元；事业单位工作人员晋升职务(定级)工资 39727 人，月增资 1061844 元。7 月 1 日起，全区行政机关工作人员基础工资从 90 元调整到 110 元，人均月增资 20 元；事业单位工作人员各档次工资标准分别提高 14 元。

2001 年，丽水市调整国家机关和事业单位工作人员及离退休人员工资 3 次，人均月增加工资 200 元；印发《关于调整规范市直机关事业单位工作人员补贴标准的通知》，较大幅度地提高机关事业单位工作人员和离退休人员收入，人均增加月工资 200 元。市直机关事业单位工资完善统发工作，纳入统发的机关单位 57 个、事业单位 33 个。

2003 年，丽水市调整国家机关和事业单位工作人员及离退休人员工资 2 次，人均增加月工资 80 元；研究制定市直国家机关和事业单位工作人员及离退休人员地方补贴方案，较大幅度地提高机关事业单位工作人员和离退休人员收入，人均增加工资 500 元。各县(市、区)结合自身实际，制定相应的地方补贴方案。

2005 年，丽水市开始第五次工资制度改革摸底工作，建立国家统一的职务与级别相结合的公务员工资制度。全市机关、事业单位工作人员工资年收入 29311 元；退休人员工资年收入 21220 元。

2006 年，丽水市实行第五次工资收入分配制度改革，国家机关公务员基本工资构成由现行职务工资、级别工资、基础工资和工龄工资 4 项调整为职务工资和级别工资 2 项，取消基础工资和工龄工资；机关技术工人仍实行岗位技术等级工资制，基本工资构成由现行岗位工资、技术等级(职务)

工资和奖金3项调整为岗位工资和技术等级(职务)工资2项;普通工人仍实行岗位工资制,基本工资构成由现行岗位工资和奖金两项调整为岗位工资一项。事业单位岗位绩效工资由岗位工资、薪级工资、绩效工资和津补贴4部分组成,其中岗位工资和薪级工资为基本工资。2009年,丽水市规范市直机关公务员规范津补贴及义务教育阶段中小学教师绩效工资。2009年1月1日起,全市发放市直机关公务员规范津补贴及义务教育学校教师绩效工资。各县(市、区)公务员规范津补贴及义务教育学校教师绩效工资全部发放到位。2010年12月,丽水市机关、事业单位工作人员工资年收入49546元,退休人员工资年收入30941元。

奖 金

1950—1963年,丽水专区行政机关和事业单位实行奖励制度,以精神鼓励为主,辅以适当的物质奖励,如钢笔、笔记本、毛巾、文化用品等。

1966—1976年,“文化大革命”期间,丽水地区开始批判发放奖励制度,认为是“物质刺激”,与无私奉献精神不符。

1976—1979年,丽水地区机关、事业单位停止执行奖金制度。1980年10月,全区执行省人事局、省劳动局联合印发的《关于对未建奖的行政、事业单位人员实行增收节支奖的通知》,规定对机关事业单位的干部、工人(包括经县级以上劳动部门批准工作满3个月以上的临时工)发放增收节支奖,发放标准为60元/人·年;对未建奖的行政事业单位工作人员继续实行增收节支奖,发放标准为60元/人·年,分6月和12月两次发放;产假、婚假、探亲假超过国家规定的假期,作事假计算,当年病假、事假连续超过一个月的,以及当年离退休的人员,根据实际工作的月数按比例发给;在“预算包干”结余资金中支付增收节支奖后还有结余的,可适当增发,但增发数最高不能超过15元/人·年。

1984年,丽水地区国家机关、事业单位职工增收节支奖标准120元/人·月。1985年,全区国家机关、事业单位职工增收节支奖标准5元/人·月,直接计入基础职务工资。

1986年4月,丽水地区执行省劳动人事厅、省财政厅联合印发的《关于1986年国家机关、事业单位奖励工资发放问题的通知》《关于1986年国家机关、事业单位奖励工资发放问题的补充通知》,规定奖励工资按10元/人·月计发,不搞平均主义,表现好、成绩显著的适当多奖;工作表现较一般的适当少奖;工作失误造成严重损失或造成严重损失或受到党纪、政纪处分,缺勤(指病事假)连续15天以上的,不发当月奖励工资。1988年1月,全区执行省改革工资制度领导小组《关于国家机关和企事业单位工作人员增加奖励工资问题的补充通知》,规定奖励工资标准由原10元/人·月提高到15元/人·月;年终另发一次性行政节支奖120元/人。

1991年6月,丽水地区执行省劳动人事厅、财政厅联合印发的《关于调整国家机关和部分事业单位奖励工资的通知》,规定奖励工资标准由原15元/人·月调整到25元/人·月。1992年5月,全区执行省改革工资制度领导小组印发的《关于调整国家机关工作人员奖励工资标准的通知》,规定全区各级党政机关,各民主党派、人民团体,各级人大常委会、政协,法院、检察院机关,截至2010年,奖励工资标准低于全年人均3个月基本工资的提高到3个月基本工资;不搞平均发放,与责任大小和实际工作挂钩,按职务和工作年限拉开差距,按月发放;事业单位奖励工资低于全年人均3个月基本工资的,按3个月基本工资执行;达到或超过3个月基本工资的,按原规定执行,不得提高标准；按职务和工作年限拉开差距，按月发放。

1993 年 10 月，丽水地区实行第四次工资制度改革，停止执行原有的奖金制度；国家机关、事业单位奖励工资改称职务岗位津贴；机关、事业单位奖励工资按当年考核称职以上工作人员发放一个月基本工资作为奖金。

2010 年，丽水市开展事业单位津贴补贴清理核查。出台丽水市本级公共卫生与基层医疗卫生事业单位绩效工资实施办法；加强对学校绩效工资制度调研督查。2011 年起，全市事业单位实行绩效工资，事业单位工作人员奖金全部纳入绩效工资。

补 贴

1949—1963 年，随着工资制度的改革和调整，丽水专区开始建立津贴、补贴。这些津贴、补贴多由部门或地方自行建立，全国统一实施的只有地区津贴、技术津贴和卫生部门保健营养津贴等。

1963—1965 年，丽水专区国民经济明显好转，经国家批准，生产建设部门相继设立津贴、补贴，如地质野外补贴、重点基建施工补贴、森林采伐补贴、矿山井下补贴等。1965 年上半年，全国调整提高粮食销售价格，丽水专区对粮价提高地区的职工实行粮价补贴。

1966—1976 年，“文化大革命”期间，丽水地区津贴、补贴基本上处于冻结状态。唯一例外的是，1975 年，全区经国家批准，对在微波、调频、地震等观测台站工作的职工实行艰苦气象台站津贴制度，标准为 3 元/人/月；1980 年起，气象台站津贴制度调整为工资类别，逐渐冲销，标准降为 1.5 元/人/月。

1977—1992 年，丽水地区深化改革开放，津贴、补贴工作有很大发展。1977 年，全区实行副食价格补贴、粮油价格补贴。1979 年，全区实行副食品价格补贴，标准为 0.5 元/人•月。11 月，设立中小学班主任补贴，中学分 5 元/人•月、6 元/人•月、7 元/人•月，小学分 4 元/人•月、5 元/人•月、6 元/人•月。1986 年，全区增发物价补贴，标准为 8 元/人•月。1987 年，全区增发肉价补贴，标准为 3 元/人•月。1988 年 1 月，全区再次增发主要副食品价格补贴，标准为 10 元/人•月。同年 7 月，全区再次增发主要副食品价格补贴，按各地区物价指数变动情况，增发标准为 7—10 元/人•月；同时设立中小学教师教龄津贴和护士工龄津贴。1984 年，实行知识分子补贴，国家机关大专毕业满 10 年、中专毕业满 15 年，企事业单位具有中级以上职称或具有初级职称、工作满 15 年的职工，享受知识分子补贴，地区和丽水县行政机关标准为 5 元/人•月，企事业单位标准为 7 元/人•月；景宁、庆元县行政机关标准为 9 元/人•月，企事业单位标准为 11 元/人•月；其他县标准为行政机关 7 元/人•月，企事业单位 9 元/人•月。1986 年，全区实行各种津贴近 40 种。新设山区补贴，机关、企事业单位 8 元/人•月。

1993 年 10 月，丽水地区执行省人事厅、省财政厅第四次工资制度改革的有关规定，清理原来执行的各类工资性津贴、补贴，有的继续保留，有的调整发放办法，有的与新建津贴（事业单位活工资部分）合并。全区执行国家统一规定和省政府决定，调整部分津贴、补贴的发放范围、标准，全市统一保留津补贴 93 元；经省政府批准继续保留山区补贴 8 元/人•月、物价补贴 4 元/人•月和知识分子补贴，景宁畲族自治县保留补贴 10 元/人•月；对一些在特殊岗位上工作的职工设立岗位津贴或外勤补贴。

1996 年 12 月起，丽水地区调整机关、事业单位工作人员职务岗位津贴，根据不同职务和岗位，增加 49—133 元/人•月。全区调整职务岗位津贴 60758 人，月增资 3767710 元，人均月增资 62.01

元，其中机关单位17301人，人均月增资63.67元；事业单位43457人，人均月增资61.35元。地直单位调整职务岗位津贴6353人，月增资403273元，人均月增资65.98元；事业单位4968人，人均月增资62.78元。同时，全区提高机关、事业单位离退休人员生活待遇，离退休人员13722人，月增资835378元，人均月增资60.88元，其中地直离退休人员1609人，人均月增资103.67元。

2008年1月1日起，丽水市规范公务员津补贴，除国家规定的基本工资外，其他都纳入公务员补贴范围，市直机关人均补贴标准46971元/年。2009年1月，丽水市执行机关及参照公务员管理单位规范津补贴制度，义务教育学校实行绩效工资，将原来的津补贴进行规范，保留国家规定的特殊岗位津贴。同年，市本级义务教育学校人均绩效工资43000元/年。2010年1月1日起，市本级其他单位实行绩效工资，人均水平44464元/年。

福 利

1949—2010年，丽水市国家机关、事业单位职工享受死亡抚恤待遇和各种假期。

1952年开始，各县国家机关工作人员实行公费医疗。1952—1961年，各县国家机关工作人员医疗费标准18元/人•年；1962年，调整为20元/人•年。1953年，各县国家机关、事业单位开始实行职工死亡丧葬费、一次性补贴、抚恤金和遗属供养制度。

1958—2010年，丽水市实施探亲假、婚丧假制度，按照不同时期国家规定执行。1949年中华人民共和国成立初，全区国家机关和事业单位设立接济家属生活子女、家属医疗补贴费等项目，按每人每月工资标准，分别提取职工福利费。

1965年，丽水专区福利费提取标准调整为工资总额的2.5%。1980年，丽水地区国家机关工作人员福利费提取标准调整为每人每月提取1.5元；事业单位不变。1986年，全区国家机关工作人员福利费提取标准调整为每人每月提取2.8元。

1970年，丽水地区享受公费医疗13203人，人均支出24.7元。1978年，丽水地区医疗费标准调整为30元/人/年。1980年，享受公费医疗24438人，人均支出56.35元。1990年，丽水地区享受公费医疗50613人，人均支出253.89元，其中地区机关和事业单位享受公费医疗5084人，人均支出269.21元。

1987—2010年，丽水市国家机关事业单位工作人员实行年休假制度，按工龄10年以下、10—20年、20年以上3个档次，分别享受10天、20天、30天年休假。1995年5月1日开始，全区执行《国务院关于修改〈国务院关于职工工作时间的规定〉的决定》，实行每周5天工作制，每日工作8小时、每周工作40小时；国家机关、事业单位实行统一的工作时间，星期六、星期日为周休息日；机关（党派、团体）福利费提取标准为每人每月提取10元；事业单位福利费提取标准为工资总额的2.5%。

第二节　职工工资与福利

工 资

民国时期，丽水职工薪酬发放一般为月工资制、日工资制和计件工资制，职工工资水平低下，职工生活没有保障。1949 年中华人民共和国成立初，全区结合工资制和供给制两种制度，对公私营企业职工实行“原职原薪”政策；对国家机关和派驻企业的军代表和工作人员实行供给制。1951 年 1 月开始，全区国家机关工作人员采用包干制。

1952 年，丽水专区实行第一次工资改革，厂矿企业实行等级工资制，国家机关实行职务等级工资制，统一以工资分为工资计算单位。

1956 年，各县实行第二次工资改革，废除工资分制，采用货币工资制，执行二类工资区标准。国家机关工作人员和工人统一实行等级工资制，职工普遍增加工资。丽水县全民企业职工平均月工资从 32.83 元增加到 41.21 元。1959 年，各县调整部分职工工资，调整面不超过 40%。1963 年，各县执行三类工资区标准；升级部分职工工资，升级面 44%，升级工资 10553 人，其中升两级职工 260 人。

1971 年，丽水地区调整部分低工资职工工资。1977 年，全区调整部分职工工资，升级面不超过 40%，17 级以上干部工资不调整。

1979 年，丽水地区调整全民所有制职工工资，升级面 41.24%，调整工资 21131 人，人均月增资 6.13 元，其中地区本级 1313 人；县级以上集体所有制职工调整工资 7432 人，人均月增资 6.3 元。1980 年，全区执行四类工资区标准。1981 年，全区调整中小学教职工和部分医务、体育人员工资。1982 年，全区调整国家机关、科学、文教、卫生等部门职工工资 13201 人，人均月增资 8.29 元，其中升两级 1343 人。1983 年，全区调整企业职工和部分事业单位职工工资 21860 人，人均月增资 6.77 元，其中地区本级 940 人，人均月增资 6.17 元。1984 年，全区调整部分技术工工资，1972 年年底以前参加工作的二级工调升一级工资，惠及 8000 人，人均月增资 6 元，其中地区本级 248 人，人均月增资 6.88 元。

1985 年，丽水地区实行第三次工资改革，国家机关、事业单位执行以职务工资为主要内容的结构工资制，职工工资由基础工资、职务工资、工龄津贴、奖励工资组成，参加工资改革职工 36166 人，人均月增资 20.68 元。全区改革全民企业职工和技校毕业生定级办法，1979 年 1 月以后参加工作的二级工，经考核合格，增加一级工资，惠及 18282 人，人均月增资 5.65 元。全区国家机关、事业单位和经济条件许可的集体所有制单位参照执行。

1985 年，丽水地区执行 5 类工资区标准；企业单位推行工资总额与上缴税利挂钩试点；全民所有制单位职工工资 11526 万元，人均年工资 1207 元。

1986 年，丽水地区执行 6 类工资区标准；实行企业内部工资改革，执行新的等级工资标准。全区参加改革的全民企业 483 家，职工 35079 人，人均月增资 18.67 元；集体企业 372 家，职工 19481 人，人均月增资 17.81 元。

1988 年，丽水地区调整工资偏低的机关、事业单位职工工资，惠及 22150 人，人均月增资 6.16 元，其中提高中小学和幼儿教师工资标准 10%，惠及教师 15191 人，人均月增资 7.96 元；全面推行企业单位工资总额与上缴税利挂钩，省政府与地区行署、各县（市）政府实行“总挂”，地区行署、各县（市）政府与全民企业实行“分挂”，涉及企业 473 个。

1989 年，丽水地区调整机关、事业单位干部职工工资，普加一级工资，惠及干部职工 46665 人，人均月增资 6.9 元，其中全民所有制企业职工普加一级工资 42161 人，人均月增资 11.3 元；再升一级和机动增资 32332 人，其中升二级占 69.3%；机关、企事业单位离退休人员 13494 人，人均月提高离退休费 12.45 元。

1995年，丽水地区机关、事业单位职工工资85584.2万元，比上年增加10261.7万元，增长13.62%；全区国有经济单位职工工资67741.7万元，比上年增加6245.8万元，增长10.16%，其中地区本级国有经济单位职工工资6667.6万元(不含省部属单位)，比上年增加355.2万元，增长5.62%。全区机关、事业单位职工年平均工资5282元，比上年增加650元，增长14.03%；国有经济单位职工年平均工资5537元，比上年增加601元，增长12.17%，其中地区本级国有经济单位年平均工资5729元，增加324元，增长5.78%。全区职工最低月工资标准从200元调整到230元。全区安置城镇待业人员就业2622人，其中安置待业职工就业705人，输向外地农村剩余劳动力8344人。

2001年，丽水市机关、事业单位职工工资165656万元，比上年增长26.22%；国有经济单位职工工资总额123147万元，增长22.82%，其中市直属国有经济单位职工工资24888万元，增长24.83%。机关、事业单位职工年平均工资12890元，增长31.04%；国有经济单位职工年平均工资13647元，增长28.45%。企业职工、事业单位职工、机关单位职工年平均工资分别为13990元、12953元、14896元，分别比上年增长23.73%、27.53%、37.2%，其中市直属国有经济单位职工年平均工资16476元，增长21.44%。全市城镇集体职工年平均工资9199元，增长34.21%。2001—2005年，职工工资水平迅速提高。

2006年，丽水市实行第四次工资制度改革，机关公务员实行职务与级别相结合的工资制度，公务员基本工资由原来的职务工资、级别工资、基础工资和工龄4项调整为职务工资和级别工资2项，取消基础工资和工龄工资；机关技术工人实行岗位技术等级工资制，基本工资由原来的岗位工资、技术等级(职务)工资和奖金3项调整为岗位工资和技术等级(职务)工资2项；机关普通工仍实行岗位工资制，基本工资由原来的岗位工资和奖金2项调整为岗位工资1项。

2006年丽水市机关工人工资改革增资情况

表41-3-2-1

职务(技术等级)	参加套改人数(人)	基本情况		工资情况				
		平均任职年限(年)	平均工龄(年)	套改前月人均工资(元)	套改后月人均工资(元)	套改后月人均增资(元)	最高增资(元)	最低增资(元)
工人	1373	—	22.24	727.50	962.44	234.94	531	78
技师	343	4.93	30.77	931.82	1262.31	330.50	531	134
高级工	287	5.41	24.55	775.06	1023.32	248.28	510	111
中级工	239	4.24	16.91	648.47	835.86	187.39	441	78
初级工	286	—	14.81	584.84	756.72	171.88	390	97
普通工	198	—	23.26	634.36	841.53	207.16	408	92
学徒期、熟练期	20	—	—	447.25	597.25	150.00	186	144

丽水市事业单位工作人员实行岗位绩效工资制度，岗位绩效工资由岗位工资、薪级工资、绩效工资和特殊岗位津贴4部分组成，其中岗位工资和薪级工资为基本工资。

2006年丽水市事业工作人员工资改革增资情况一览

表41-3-2-2

职务(技术等级)	参加套改人数(人)	基本情况		工资情况				
		平均任职年限(年)	平均工龄(年)	套改前月人均工资(元)	套改后月人均工资(元)	套改后月人均增资(元)	最高增资(元)	最低增资(元)
一、管理人员	2818	9.43	23.54	780.61	1083.18	302.57	1726.19	55.00
省(部)级正职	—	—	—	—	—	—	—	—
省(部)级副职	—	—	—	—	—	—	—	—
厅(局)级正职	2	3.00	37.50	1647.86	3197.15	1549.30	1726.19	1372.40
厅(局)级副职	2	4.00	35.50	1405.00	2561.90	1156.90	1247.61	1066.19
县(处)级正职	99	6.72	29.01	1177.14	1950.20	773.06	1068.90	468.57
县(处)级副职	157	6.36	26.08	1042.68	1581.96	539.28	797.97	113.00
科级正职	234	8.41	24.28	882.05	1327.49	445.44	854.69	217.29
科级副职	319	7.42	22.06	819.36	1089.44	270.08	585.13	79.29
科员	1788	9.37	23.76	732.53	981.74	249.21	567.44	55.00
办事员	217	17.52	18.48	626.07	856.82	230.75	478.71	139.29
二、专业技术人员	35656	6.95	18.88	763.28	1122.89	359.61	1475.26	27.86
正高级	131	4.15	28.77	1406.76	2389.42	982.66	1475.26	468.29
副高级	2404	5.19	24.55	1051.99	1679.23	627.24	958.54	214.14
中级	15486	6.85	23.01	833.59	1263.43	429.84	839.26	27.86
初级	15127	6.41	14.56	667.20	931.58	264.37	697.50	45.86
员级	2508	12.58	13.53	598.23	809.53	211.29	589.73	83.57
三、工人	4266	12.80	23.22	672.24	903.65	231.41	655.79	53.71
技师	250	4.46	30.43	821.33	1224.40	403.07	655.79	236.29
高级工	1320	6.55	27.65	737.61	1034.08	296.46	528.00	133.00
中级工	623	6.09	19.61	645.56	842.69	197.12	433.29	103.29
初级工	1253	19.36	20.21	620.40	816.59	196.18	436.43	105.86
普通工	820	20.47	21.24	621.04	775.26	154.22	360.43	53.71
四、新录用人员	1041	—	—	480.38	658.86	178.48	200.00	144.00
五、总计	43781	—	19.32	748.80	1087.93	339.14	1726.19	27.86

2006年，丽水市首次公布工资指导价位的职业(工种)100个，对建立和完善全市劳动力价格形成机制、指导企业搞好内部分配起积极作用。全市职工工资388430万元，比2005年增长12.15%；国有经济单位职工工资283211万元，同比增长8.92%，其中市直属国有经济单位职工工资68288万元，同比增长12.03%。全市职工年平均工资27518元，同比增长10.23%；国有经济单位职工年平均工资31494元，同比增长7.02%，国有企业单位职工、事业单位职工、机关单位职工年平均工资分

别为 39444 元、28392 元、32658 元，分别比上年增长 13.14%、4.61%、6.68%，其中市直属国有经济单位职工年平均工资 37906 元，同比增长 7.04%；全市城镇集体单位职工年平均工资 22636 元，同比增长 14.13%；全市其他经济单位职工年平均工资 20196 元，比 2005 年增长 21.18%。

2007 年 9 月 1 日起，丽水市调整最低工资标准，莲都区、青田县、缙云县最低月工资标准提高到 700 元、最低小时工资标准提高到 6 元，其他县（市）最低月工资标准提高到 620 元、最低小时工资标准提高到 5.3 元；公布工资指导价位的职业（工种）140 个。全市职工工资 452685 万元，比 2006 年增长 16.54%；国有经济单位职工工资 327675 万元，增长 15.7%，其中市直属国有经济单位职工工资 72169 万元，增长 13.82%。全市职工年平均工资 31206 元，增长 13.4%；国有经济单位职工年平均工资 36865 元，增长 17.05%，国有企业单位职工、事业单位职工、机关单位职工年平均工资分别为 44428 元、33309 元、39458 元，分别比上年增长 12.64%、17.32%、20.8%，其中市直属国有经济单位职工年平均工资 42683 元，增长 12.6%；全市城镇集体单位职工年平均工资 29327 元，增长 29.76%；全市其他经济单位职工年平均工资 21361 元，比 2006 年增长 5.77%。

2008 年 9 月 1 日起，丽水市调整最低月工资标准和非全日制工作的最低小时工资标准，最低工资标准分 2 档，其中市本级、莲都区、青田县、缙云县最低月工资标准提高到 780 元、非全日制工作的最低小时工资标准提高到 6.5 元；龙泉市、云和县、庆元县、遂昌县、松阳县、景宁畲族自治县最低月工资标准提高到 690 元、非全日制工作的最低小时工资标准提高到 5.7 元。公布工资指导价位职业（工种）155 个，提供企业分配和劳动力就业指导标准。全市机关、事业单位在岗职工工资 530755 万元，比上年增长 17.25%；国有经济单位职工工资总额 377753 万元，增长 15.28%，其中市直属国有经济单位职工工资总额 88294 万元，增长 22.34%。在岗职工年平均工资 36233 元，增长 16.11%；国有经济单位职工年平均工资 42550 元，增长 15.42%，其中市直属国有经济单位职工年平均工资 50379 元，增长 18.03%；国有经济单位中，企业单位职工、事业单位职工、机关单位职工年平均工资分别为 56072 元、38118 元、42913 元，分别比 2007 年增长 26.21%、14.44%、8.76%；城镇集体单位职工年平均工资 37146 元，增长 26.66%；全市其他经济单位职工年平均工资 25285 元，比 2007 年增长 18.37%。

2009 年，丽水市开展工资调查，调查市区企业 95 个、职工 3986 人、工种 161 个，制定 2009 年市区劳动力市场指导价位；审批申请实行不定时工作制和综合工时制的市直企业 21 个，促进劳动关系和谐稳定发展；没有调整最低月工资标准和非全日制工作的最低小时工资标准。全市职工工资 611768 万元，比 2008 年增长 15.3%；国有经济单位职工工资 441360 万元，增长 16.8%，其中市直属国有经济单位职工工资 81811 万元，增长 40.7%。全市职工年平均工资 41124 元，增长 13.5%；国有经济单位职工年平均工资 48499 元，增长 14%，国有企业单位职工、事业单位职工、机关单位职工年平均工资分别为 60896 元、44516 元、48541 元，分别比 2008 年增长 8.6%、16.8%、13.1%，其中市直属国有经济单位职工年平均工资 51599 元，增长 23.5%；全市城镇集体单位职工年平均工资 40544 元，增长 9.1%；全市其他经济单位职工年平均工资 28109 元，比 2008 年增长 11.2%。全市做好防范处置企业拖欠工资工作，筹集应急周转金近 1000 万元，缴存工资保障金 8300 多万元。各县把应急周转金的保障额度提高到 100 万元。

2010 年 4 月 1 日起，丽水市调整最低工资标准，市本级、莲都区、青田县、缙云县最低月工资标准提高到 900 元，龙泉市、云和县、庆元县、遂昌县、松阳县、景宁畲族自治县最低月工资标准提高到

800 元。全市清理核查事业单位津贴补贴，对事业单位在职人员的基本工资、国家规定津贴补贴、年终一次性奖金、其他收入等项目以及退休人员收入情况进行清理核查；制定《丽水市本级公共卫生与基层医疗卫生事业单位绩效工资实施办法》，12 月 30 日起实施；抽查市区个私企业和股份制企业在职人员的工资收入情况，发布 2009 年丽水市区社会在岗职工年平均工资水平（含私营经济单位）为 22497 元；调查市区 200 多家企业相关工种的工资水平，在企业反馈的问卷中对各工种进行高、中、低位工资进行统计与分析，向社会发布市区职业（工种）的劳动力市场工资指导价位 176 个。

若干年份丽水地区企业职工工资一览

表 41-3-2-3

年份	全民所有制职工		城镇集体所有制职工	
	工资总额（万元）	人均工资（元/年）	工资总额（万元）	人均工资（元/年）
1957	1384	438	—	—
1959	2628	428	—	—
1963	1681	540	665	348
1965	1709	558	—	—
1970	2071	498	—	—
1975	2794	552	1023	396
1978	3822	551	1732	400
1980	5700	704	2370	516
1985	11526	1207	4821	969
1990	26362	2181	8378	1725

1978—1999 年丽水地区各县职工工资一览

表 41-3-2-4　　单位：万元

年份	丽水市（县级）	龙泉市	青田县	云和县	庆元县	缙云县	遂昌县	松阳县	景宁畲族自治县	全 区
1978	1393	948	753	383	377	589	—	—	316	5554
1979	1676	928	880	530	431	679	—	—	336	6493
1980	2138	1148	1063	614	559	932	—	—	381	8070
1981	2303	1233	1134	856	582	1013	—	—	376	8860
1982	2565	1235	1142	985	578	1066	899	576	394	9442
1983	2681	1369	1244	1150	641	1186	924	623	419	10236
1984	3243	1523	1433	1459	786	1454	1139	801	498	12332
1985	4608	2076	1932	990	1073	1840	1539	1122	755	16347
1986	5602	2395	2295	1217	1243	2105	1838	1435	941	19527
1987	6272	2690	2541	1580	1373	2601	2437	1587	1040	22367
1988	7848	3406	3130	2072	1845	3458	3273	2134	1407	28573

续表 41-3-2-4

年份	丽水市(县级)	龙泉市	青田县	云和县	庆元县	缙云县	遂昌县	松阳县	景宁畲族自治县	全区
1989	8865	3926	3414	2300	2054	3553	3701	2413	1611	31838
1990	9767	4102	3707	2344	2260	3944	3983	2738	1896	34740
1991	10863	4521	4067	2602	2516	4325	4551	3062	2014	38520
1992	12731	5414	4545	2973	2965	5089	5153	3436	2495	44801
1993	15533	6572	5465	3370	3586	5857	6596	4285	3145	56423
1994	20841	8396	8593	4420	5334	7932	9726	5764	4317	75323
1995	22988	9386	10427	5291	5692	9219	10867	6705	5009	85584
1996	24390	9981	10468	5128	7073	10362	11763	7703	5105	91971
1997	26740	11292	11014	5548	6759	11474	12364	8118	5747	99057
1998	29982	11427	12716	6734	7154	12109	12756	8813	6085	107775
1999	32363	12409	13548	7354	7764	13706	14163	9472	6927	117705

1978—1999 年丽水地区各县(市)职工年平均工资统计

表 41-3-2-5 单位:元

年份	丽水市(县级)	龙泉市	青田县	云和县	庆元县	缙云县	遂昌县	松阳县	景宁畲族自治县	全区
1978	523	535	443	494	461	445	—	—	524	482
1979	543	540	494	535	508	509	—	—	549	505
1980	683	646	578	571	617	651	—	—	628	648
1981	701	660	594	698	612	642	—	—	648	659
1982	767	713	627	757	635	690	710	653	685	717
1983	778	737	699	797	701	707	705	692	707	1103
1984	883	854	787	1014	798	859	852	796	803	1184
1985	1150	1144	1012	1088	1039	1005	1047	1036	1020	1355
1986	1304	1304	1208	1202	1186	1127	1199	1240	1205	1718
1987	1421	1415	1271	1343	1262	1304	1333	1259	1302	1882
1988	1764	1714	1542	1796	1626	1694	1798	1654	1657	2050
1989	1948	1888	1690	1964	1930	1776	1999	1916	1810	2209
1990	2121	2022	1906	2185	1892	1975	2115	2008	2085	2590
1991	2281	2207	2096	2306	2150	2122	2320	2109	2145	3247
1992	2744	2618	2429	2594	2369	2443	2755	2465	2556	4632
1993	3580	3056	2946	3194	2985	3016	3567	3045	3266	5282
1994	4963	4345	4562	4487	4596	4201	5018	4401	4474	5846
1995	5477	5032	5427	5371	5084	5040	5780	4819	4933	6518

续表 41-3-2-5

年份	丽水市（县级）	龙泉市	青田县	云和县	庆元县	缙云县	遂昌县	松阳县	景宁畲族自治县	全 区
1996	6090	5281	5818	6258	6215	5538	6401	5389	5406	7416
1997	7037	6198	6074	6776	6493	6380	6800	5940	6257	8613
1998	8040	6843	7469	8294	6893	7361	7452	6799	6559	717
1999	9305	7894	8871	9702	8266	8406	8484	7903	7754	1103

奖 金

机关事业单位津补贴　1980 年起，丽水地区国家机关、事业单位职工实行增收节支奖，每人每年 60 元。1984 年，全区调整国家机关、事业单位职工增收节支奖，标准提高到 120 元/人•年。1985 年，全区改革国家机关、事业单位职工增收节支奖，将每月 5 元直接计入基础职务工资。

1993 年 10 月，丽水地区实行第四次工资制度改革，全区除执行全省统一保留津补贴 93 元外，经省政府批准，全区继续保留山区补贴 8 元/人•月、物价补贴 4 元/人•月、知识分子补贴 8 元/人•月，景宁畲族自治县保留畲乡补贴 10 元/人•月。

2008 年 1 月 1 日起，丽水市规范公务员津补贴，除执行国家规定的基本工资外，其他都纳入公务员津补贴范围，市直机关公务员工资年平均 46971 元。

企业奖金　20 世纪 50 年代起，各县建立企业单位职工奖金制度。1958 年“大跃进”运动时，各县取消职工奖金制度。1960 年起，各县建立机关单位服务人员、企事业单位职工综合奖。1966—1976 年，“文化大革命”期间，丽水地区取消职工综合奖。1978 年，全区逐步恢复奖金制度，奖金标准控制在企业在职标准工资 10%以内。同年，全区全民所有制企业年发奖金 80 万元。1979 年，全区工业、交通、建筑、财贸、农林等企业实行奖金制度。同年，全区发放奖金职工 4.5 万多人。1981 年，全区执行省政府规定，企业职工奖金不超过本企业职工 2 个月标准工资总额。

1984 年，丽水地区调整职工奖金标准，企业职工奖金不封顶，开征奖金税。1985 年，全区企业职工发放奖金 38896 人，人均年奖金 148.6 元，上缴奖金税 62 万元。1987 年，全区全民所有制企业职工发放奖金 2093.86 万元，占工资比例 14.6%。1990 年，全区全民所有制企业职工发放奖金 4419.11 万元，占工资比例 16.8%。

20 世纪 90 年代，丽水地区用工类型、方式及奖励机制越来越多样化。

企业补贴　1963 年起，丽水专区实行矿山井下津贴和高温临时补贴；1964 年起，丽水专区实行地质勘探野外补贴；1980 年起，丽水地区对从事环境卫生工作的职工实行环境卫生津贴。在不同时期设立补助职工生活而建立的福利性补贴，如职工上下班的交通费、副食品价格补贴、生活补贴等。

政府特殊津贴　1984 年起，丽水地区执行上级规定，每 2 年组织选拔有突出贡献中青年专家 1 次。1989 年起，丽水地区对获“浙江省有突出贡献中青年专家”称号的专家晋升一级工资。

1992 年开始，丽水地区政府特殊津贴标准分为 2 档，一档为 100 元/人•月，二档为 50 元/人•月。1995 年起，全区执行国务院规定，调整政府特殊津贴标准及发放方式，新选拔的享受政府特殊津贴人员不再逐月发放津贴，改为一次性发放津贴 5000 元/人•年。1990—1994 年，选拔的享受政府特殊津贴的人员仍然按月发放，从 2009 年开始，津贴标准提高到 600 元/人•月。1996 年，丽水地区享受政府特殊津贴专家3人。1992—1996年，全区享受政府特殊津贴专家30人。1997年，经地区推荐、省政府批准，方宗桥等专家32人享受政府特殊津贴。1998年，经地区推荐、国务院批准，童的科、吴赤志2人享受政府特殊津贴。

1999年，丽水地区水电设计院高级工程师张海南和丽水地区医院主任医师陈海泉享受政府特殊津贴。2001年起，丽水市对新选拔的享受政府特殊津贴人员的津贴标准提高到1万元。2004年起，丽水市提高政府特殊津贴标准到2万元。

2005年，丽水市再次调整政府特殊津贴标准，每人每年发放一次性津贴2万元。到2010年，全市获"浙江省有突出贡献中青年专家"荣誉称号5人，其中获"国家有突出贡献中青年"荣誉称号1人。2008年5月，丽水市制定《关于加强专业技术人才队伍建设的意见》，明确在聘的教授级高层次人才和博士，除享受国家规定的待遇外，由当地政府发给岗位津贴500元/人•月。到2010年，全市享受按月发放政府特殊津贴人员23人，享受一次性发放政府特殊津贴人员22人。

2008—2010年丽水市政府岗位津贴申报及发放情况一览

表41-3-2-6

年 份	享受岗位津贴人数(人)	津贴标准(元/人/月)	发放金额(万元)
2008年	204	500	70.90
2009年	241	500	142.25
2010年	286	500	166.30

1992—1996年丽水地区享受政府特殊津贴专家名单

表41-3-2-7

年 份	姓 名	单 位	技术职务
1992	吴克甸	庆元县食用菌研究所	高级农艺师
1992	吴鸣翔	庆元县林技站	高级工程师
1992	方基兴	地区医院	主任医师
1992	童雪松	地区农科所	研究员
1992	吴其张	地区水电设计院	高级工程师
1992	占鸿鹏	丽水市医院	主任医师
1992	盛纯乐	丽水市压铸厂	高级工程师
1992	徐朝兴	龙泉市青瓷研究所	高级工艺美术师
1992	丁茂干	龙泉市农技推广站	高级农艺师
1992	邵 恺	遂昌县农业局	公安机关工程师
1992	俞德珍	遂昌县农业局	高级畜牧师
1992	陈汉林	松阳县林技站	高级工程师
1993	陈春平	丽水师专	高级工程师
1993	张爱廷	青田石雕厂	高级工艺美术师
1993	乐法文	龙泉市水电局	高级工程师

续表 41-3-2-7

年 份	姓 名	单 位	技术职务
1993	吴献昌	缙云县农业局	高级农艺师
1993	邹福安	丽水市医院	主任医师
1993	黄永源	地区防疫站	主任医师
1993	毛正聪	龙泉青瓷研究所	高级工艺美术师
1993	程秋波	地区营林公司	高级工程师
1993	陈美定	云和县农业局	高级农艺师
1993	包闻书	松阳县农业局	高级农艺师
1993	赵长林	遂昌农场	高级农艺师
1993	夏侯文	龙泉市青瓷研究所	高级工艺美术师
1994	陈永金	地区防疫站	副主任技师
1995	谭丽珊	地区植保站	高级农艺师
1995	陈晓	缙云县水电设计室	高级工程师
1996	张诚	丽水市医院	主任医师
1996	余太明	庆元县营林公司	高级工程师
1996	江吟	松阳师范	高级讲师

1979—1990 年丽水地区全民所有制单位奖金、津贴发放情况一览

表 41-3-2-8

年份	奖 金		津 贴	
	总额（万元）	占工资总额（%）	总额（万元）	占工资总额（%）
1979	236.22	5.30	396.74	8.90
1980	552.52	9.70	836.95	14.80
1981	709.30	11.00	969.17	15.10
1982	835.51	11.60	1089.23	15.10
1983	904.69	11.60	1190.54	15.30
1984	1453.88	16.50	1471.41	16.70
1985	1479.88	14.00	1998.17	18.90
1986	1673.24	13.00	2690.75	20.10
1987	2093.86	14.00	3096.18	20.60
1988	3544.49	16.80	6327.49	30.00
1989	4262.59	18.10	7292.69	32.30
1990	4419.11	16.80	8151.15	31.00

企业福利　1949 年 10 月中华人民共和国成立初，丽水设立企业职工福利基金。1953 年，各县企业提取职工工资总额的 2.5%作为职工奖励基金。1958 年，各县企业奖励基金调整为企业基金，提

取职工工资总额的5%，其中一部分用于福利事业。1969年，丽水地区企业基金将奖励基金、福利基金、卫生补助费组合在一起，提取职工工资总额的11%。1978年起，全区企业福利基金实行利润提成，从企业利润中提取，与经济效益挂钩；有的企业仍按职工工资总额按比例提取。福利基金一般用于生活困难补助、子女统筹医疗、幼儿园补助、慰问老弱病残和集体福利事业。2010年，丽水市实行企业福利与企业经济效益挂钩，各企业福利待遇不一，由企业自行决定。

第四章　离退休管理

1949年10月中华人民共和国成立初，丽水干部队伍普遍年轻，无离退休现象。1955年开始，各县办理职工退职手续。20世纪60年代经济困难时期，丽水各县退职一批干部、职工。“文化大革命”时期，丽水地区干部、职工退休制度无法正常执行，干部、职工队伍老化。1978年，丽水地区贯彻执行国务院《关于安置老弱病残干部暂行办法》，开始逐步恢复并健全离退休制度。1995年，丽水地区改革职工养老保险制度，积极推行一体化养老保险制度，并把养老保险范围扩大到城镇所有劳动者。2010年，丽水市有离休干部898人；机关事业单位有退休人员24414人，退职人员232人。

第一节　退　　休

中华人民共和国成立初，丽水干部队伍年龄较轻，同时受财政状况限制，尚不具备干部退休养老条件。

1950年3月，丽水专区执行政务院财政经济委员会颁发的《关于退休人员处理办法的通知》，规定男女职工年龄在50岁以上、工作满10年以上者可以退休。全区无此对象。

1955年起，各县执行国务院《国家机关工作人员退休处理暂行办法》《国家机关工作人员退职处理暂行办法》，明确男60岁、女55岁，工作满5年以上的国家机关工作人员实行退休。1958年2月，各县执行国务院《关于工人、职员退休处理的暂行规定》及其实施细则，放宽退休条件，开始实行干部、职工退休制度。1960年，各县处于经济困难时期，精减干部职工队伍，对符合退休、退职条件的老弱病残和不能从事工作的干部职工，经说服动员、本人同意，按退职、退休办法处理。1966—1976年，“文化大革命”期间，丽水地区大批需要退休的干部职工得不到及时安置，正常干部职工退休制度无法执行，干部职工队伍逐年趋向老龄化。

1978年，丽水地区贯彻执行国务院《关于安置老弱病残干部的暂行规定》，干部退休制度开始形成较为完整的工作体系。1989年，全区职工累计退休21436人，其中集体所有制职工8157人。1990

年12月，全区干部累计退休4784人。1995年，全区改革职工养老保险制度，积极推行一体化养老保险制度，实行“统一制度、统一标准、统一管理、统一调剂”，并把养老保险范围扩大到城镇所有劳动者；地区离退休基金社会统筹办公室更名地区社会保险事业管理局，各县（市）建立社会保险事业管理处；地直机关和丽水、青田、云和、庆元、缙云、松阳、景宁县（市）相继出台一体化养老保险制度，补充和完善1994年以来的养老金计发办法，妥善解决部分退休人员工龄长、待遇低的问题。全区增发离退休工资1300万元，其中地区本级增发90万元；参加职工养老保险单位1900多个，职工8.6万人，享受养老保险待遇的离退休职工1.8万人，其中地区本级参加养老保险单位213家，职工6700人，享受养老保险待遇的离退休职工1000人。

1996年，丽水地区社会保险机构增加参加养老保险的企业离退休职工生活费用。地直企业增加生活费用987人，月增资32335元，人均月增资32.76元。12月，全区机关、事业单位退休职工13722人，其中干部10644人，工人2637人，退休人员441人，其中享受副处级以上待遇退休干部214人（有副厅级3人）、退休高级专业技术人员336人。地直机关事业单位退休职工1586人，其中干部690人，工人848人，退休人员48人，其中享受副处级以上待遇退休干部115人（有副厅级3人），退休高级专业技术人员108人。全区地直单位办理职工退休手续103人。

1997年，丽水地区调整企业离退休人员退休费，按不同年限增加退休费，人均月增资30元。全区企业离退休人员平均月离退休费420元，地属企业离退休人员平均月离退休费477元。

2005年，丽水市机关事业退休人员年平均工资收入21220元。

2010年12月，丽水市机关事业单位累计退休人员24414人，其中机关6753人，事业单位17661人；市本级3071人，其中机关902人，事业单位2169人。全市机关事业退休人员年平均工资提高到30941元。全市机关事业单位退休人员的管理由市、县（市、区）人事劳动局负责；企业实行养老保险制度后，企业退休人员的管理由企业和社区具体负责。

第二节　离　　休

1978年,丽水地区贯彻执行国务院《关于安置老弱病残干部暂行办法》，办理中华人民共和国成立之前参加革命工作老干部的离职休养手续。1980年始，丽水地区贯彻执行国务院《关于干部离职休养的暂行规定》，离职休养条件扩大为凡第一、第二次国内革命战争时期参加革命工作的干部；抗日战争时期参加革命工作的副县长及相当职务或行政18级以上的干部；解放战争时期参加革命工作的正副专员及相当职务和行政14级以上的干部。1982年，全区贯彻执行国务院《关于老干部离职休养的几项制度规定》，改变按时期和职别确定的离休办法，离休条件扩大为凡中华人民共和国成立前，参加中共所领导的革命战争并脱产享受供给制待遇和从事地下革命工作的老干部可以离休。干部离休工作开始经常化、制度化。1986年7月，丽水地区机关老干部活动室成立，建筑面积742.7平方米。1990年，全区离休干部2325人，其中第二次国内革命战争时期5人，抗日战争时期466人，解放战争时期1854人；享受厅（局）级待遇73人，县（处）级待遇914人。离休干部中地区本级299人，其中第二次国内革命战争时期1人，抗日战争时期89人，解放战争时期209人；享受厅（局）级待遇49人，县（处）级待遇171人。全区建立老干部活动室68处。

2010年，丽水市离休干部898人，其中行政机关652人，事业单位246人。市本级离休干部167人，其中行政机关96人，事业单位71人；抗日战争时期112人，解放战争时期786人；享受厅（局）级待遇28人；县（处）级待遇370人。

第三节　退　职

1955年开始，各县出台退职办法，办理退职手续。截至1989年，丽水地区职工退职2805人，其中集体所有制职工432人。1979—1990年，全区办理干部退职294人。

2010年，丽水市机关、事业单位干部职工退职232人，其中机关61人，事业单位171人。市本级职工退职10人，其中机关5人，事业单位5人。退职人员管理与退休人员同样管理。

第五章　劳动监察与仲裁

1986年，丽水地区贯彻执行国务院《国营企业实行劳动合同制暂行规定》《国营企业招用工人暂行规定》《国营企业辞退违纪职工暂行规定》《国营企业职工待业保险暂行规定》，深化劳动制度配套改革，及时处理劳动当事人双方的劳动关系争议，保障劳动者和企业的合法权利。1987年，丽水地区劳动争议仲裁委员会成立，调解企业与工人劳动争议案件。至1988年，丽水地区9个县（市）劳动争议仲裁委员会相继成立。2000年，丽水市劳动人事争议仲裁委员会成立。2010年，丽水市9个县（市、区）劳动人事争议仲裁院相继成立。2006—2010年，丽水市贯彻执行《劳动合同法》《劳动条例调解仲裁法》及相关配套政策法规，开展农民就业培训、权益保护等工作。至2010年，丽水市规模以上企业劳动合同签订率95.2%，查处违法案件4611件，涉及劳动者4.27万人，受理争议案件3599件。

第一节　劳动监察

日常监察

1981年，丽水地区有各种型号锅炉180台，其中带病运转比例30%。1982年，丽水地区执行《锅炉压力容器安全监察暂行条例》，对蒸汽锅炉登记建档，发放使用登记证114张，占应登记发证数85%。1983年起，地区锅炉压力容器检验所对锅炉进行一年一次定期检验。1987年，全区加强承压锅炉安全监察。1988 年，丽水地区有在用锅炉 426 台，其中持证运转 380 台，占 89%。1990 年，全区治理整顿锅炉房和压力容器。1995 年，全区有登记在册锅炉 450 台，新增锅炉 66 台；发生锅炉事故 16 起，比上年减少 24%。

1982 年，丽水地区贯彻执行国务院《矿山安全条例》《矿山安全监察条例》，开展矿山安全监察工作，建立安全监察室。1984 年，丽水地区建立安全技术档案国营矿山 11 个。1985 年，青田钼矿发生重大安全事故，死 9 人，伤 2 人。1988 年起，丽水地区加强乡镇集体矿山安全监察。1990 年，全区开展乡镇集体矿山安全管理资格审定发证工作，发放矿山安全管理资格证 571 张。遂昌县杨梅岗金矿首次实现全区机械通风。1995 年，全区加强劳动安全监察和安全生产宣传教育。开展第五次“安全生产周”活动。举办各种特种作业人员培训班 21 期，培训和考核 1116 人次，发放资格证书（使用证书）1100 份。全区贯彻执行《中华人民共和国矿山安全法》《浙江省实施〈中华人民共和国矿山安全法〉办法》，矿山安全生产状况有较大改善。全区矿山企业发生事故 11 起，死亡 9 人，重伤 6 人，分别比上年下降 39%、59%和上升 33%。

1996 年，全区建立劳动监察制度，依法监察用人单位的劳动用工、工资福利、社会保险等行为。全区劳动部门检查《中华人民共和国劳动法》执行情况，组织检查组 38 个，抽查企业 390 个，处罚违法案件 20 件，罚金 2.57 万元，通报责令整改企业 38 家；受理劳动争议案件 61 件，结案 58 件。2000 年，丽水市劳动监察部门加强标准庭建设，提高办案规范化程度，规范仲裁文书制作。接受群众举报案件 591 件，立案 397 件，结案 377 件，结案率 95%；主动监察用人单位 2091 个，涉及劳动者 13.4 万人；劳动保障年检单位 1271 家，涉及劳动者 5.6 万人，合格率 75%；审查用人单位规章 385 件，纠正因用人单位违法违规案件 108 件，取缔非法职业中介机构 4 个，清退用人单位非法使用童工 43 人，补办流动就业证卡 2488 人；受理劳动争议案件 173 件，结案 168 件，结案率 97%。

2001 年 10 月，丽水市劳动保障监察支队成立，核定参照公务员管理编制 8 名。2003 年，丽水市开展的“三春行动”①，突击性检查建筑企业拖欠工资等一些比较突出的问题或突发紧急事件。2008 年起，每年定期在 5—6 月集中开展“春暖行动”，重点提高用人单位与劳动者劳动合同签订率、推动用工单位招用农民工用工制度的规范化。

2004 年，丽水市发生各类事故 3801 起，比上年下降 13.83%；死亡 495 人，上升 0.2%；受伤 3326 人，上升 31.05%；直接经济损失 3647 万元，下降 23.64%。其中企业职工伤亡事故 79 起、死亡 92 人，比上年分别上升 11.27%和 26.03%；一次死亡 3 人及以下重大企业职工伤亡事故 4 起、死亡 12 人，比上年分别上升 300%和 71.43%。道路交通事故 3286 起，比上年上升 0.37%；死亡 389 人，比上年下降 4.89%。一次死亡 3 人及以上重大道路交通事故 4 起、死亡 13 人，比上年分别下降 42.86%和 53.57%。火灾事故 434 起，比上年下降 59.26%；死亡 14 人，比上年上升 27.27%；直接经济损失 621 元，比上年下降 33.51%。重大火灾事故 3 起，与上年持平；死亡 4 人，比上年上升 100%。未发生水上交通事故和特大事故。同年，全市较好落实省政府安全生产考核 10 项指标，安全生产被省政府考核为良好，市政府对市经贸委安全生产考核结果为优秀，除 1 项指标“一次死亡 3—9 人重大火灾事故起数值表”超过考核指标外，其他 9 项均控制在考核指标内。全市受理举报投诉案件 174 件，帮助被

① “三春行动”，即“春雨行动”，解决拖欠工资问题；“春苗行动”，查禁非法使用童工问题；“春雷行动”，开展劳动力市场整顿和规范用人单位招用工行为。

拖欠、克扣工资工人 1592 人，追回被拖欠、克扣工资 328.18 万元，劳动保障书面审查用人单位 62 个，涉及劳动者 1860 人。

2008 年，丽水市受理举报投诉案件 149 件，帮助被拖欠、克扣工资工人 1056 人，追回被拖欠、克扣工资 193.05 万元，劳动保障书面审查用人单位 125 个，涉及劳动者 1.3 万人。

2005—2008 年丽水市帮助追回个人欠薪情况

表 41-5-1-1

年 份	受理投诉案件(件)	受助工人(人)	追回工资(万元)
2005	230	2203	478.65
2006	324	1319	223.26
2007	205	991	359.83
2008	149	1056	193.05

2008 年，丽水市劳动保障部门检查用人单位 2833 个，受理举报投诉案件 1088 件，结案 987 件，参与处理重大突发性事件 6 起；追回拖欠、克扣工资 2578 多万元，清退风险抵押金近 17 万元；补签劳动合同 18950 份，审查用人单位规章制度 230 件，纠正用人单位违法规章 62 件；作出行政处罚和行政处理案件 36 件，其中非法使用童工案件 16 件，清退童工 17 人；劳动保障书面审查用人单位 2090 个。

2010 年，丽水市加强劳动监察网格化管理工作，主动监察用人单位 3358 家次，书面审查用人单位 2511 家，受理投诉举报和信访转办案件 675 件，办结案件 653 件，办理期限内的案件结案率 100%。责令补签劳动合同 6708 份，追发劳动者工资 3791 人、1975.69 万元。至 2010 年 11 月，市本级和 9 个县(市、区)全部按照 100 万的标准建立政府应急周转金；缴存建筑领域农民工工资保证金 11034 万元、交通工程领域农民工工资保证金 6573.86 万元；推行工程领域记工考勤卡 3.22 万份。莲都区劳动监察大队获“浙江省 2010 年度劳动保障监察工作先进单位”称号，结案率 100%，涉及劳动者 928 人，追回被拖欠、克扣工资 5373774.6 元。

监察仲裁

1997 年，丽水地区劳动监察机构相继成立。全区巡视监察用人单位 1952 个，完成省任务数的 130%；及时清退童工 11 人；为民工追回拖欠、克扣工资 19.73 万元，清退抵押金 7.8 万元；受理劳动争议案件 103 件，结案 12 件，结案率 99%。

2001 年，丽水市接受群众举报案件 550 件，立案 340 件，结案 323 件，结案率 95%；主动监察用人单位 2645 个，涉及劳动者 7.42 万人；劳动保障年检单位 1333 个，涉及劳动者 4.79 万人，合格率 75%；审查用人单位规章 196 件，纠正用人单位违法违章 73 件；取缔非法职业中介机构 3 个；清退用人单位非法使用童工 26 人；补办流动就业证卡 2849 人；纠正违反职业资格和职业培训规定的单位 2 个；清退风险抵押金 28.6 万元；为 2815 人追回工资等 144.41 万元；专项整治非公有制企业的劳动用工、劳动合同、工资发放、社会保险、劳动保护等情况；受理劳动争议案件 171 件，结案率 100%。

2002 年，丽水市加强劳动保障监察机构建设，开展以劳动力市场整治、禁止使用童工和工资支

2003—2010 年丽水市劳动保障监察情况一览

表 41-5-1-2

年份	主动监察			投诉结案数（件）	审查用人单位提交的书面材料		参与处理突发事件		补签劳动合同（份）	追发劳动者工资等待遇			社会保险费征缴				
													督促缴费			督促登记	
	检查单位（个）	涉及劳动者人数（人）	检查单位（个）		单位数（个）	涉及人数（人）	案件数（件）	涉及劳动者人数（人）		金额（万元）	涉及劳动者人数（人）	其中农民工（人）	单位（个）	人数（人）	金额（万元）	单位（个）	人数（人）
2003	1719	59209	—	462	548	39318	2	265	16994	346.35	3621	—	25	1301	77.47	22	279
2004	3364	136239	—	843	733	53102	14	908	16970	1595.09	16926	—	10	137	3.50	9	256
2005	1754	106123	—	1022	653	54775	7	181	15763	1975.65	13481	—	0	0	0	0	0
2006	2506	138881	104057	1141	941	85885	19	735	17424	1551.10	8664	5061	0	0	0	0	0
2007	1948	106683	93291	971	1298	79361	3	260	5262	2578.87	5261	3189	0	0	0	0	0
2008	2433	141260	103076	987	1249	52418	7	264	18950	3084.69	7985	7777	0	0	0	0	0
2009	2790	124224	116689	636	1358	73601	5	979	7057	—	6084	6050	2	48	1.20	0	0
2010	—	—	—	—	—	—	—	—	—	—	—	—	—	—	—	—	—

付为主要内容的三项维权行动；积极开展劳动监察巡查和举报专查工作，接受群众举报838件，立案450件，结案430件，结案率95%；监察用人单位2729家，涉及劳动者7.7万人；劳动保障年检单位1143家，涉及劳动者4.16万人，合格率70%；纠正用人单位违法违章101件；取缔非法职业中介机构3个；清退用人单位非法使用童工38人；补办流动就业证卡5920人；清退风险抵押金6.62万元；为3215人追回工资等295.22万元；处理突发事件11起，涉及劳动者323人；受理劳动争议案件217件，涉及劳动者663人，结案率100%。

2003年，丽水市有劳动保障监察机构10个，专职监察员34人；获省级劳动保障诚信示范企业37家；接受群众举报专查案件412件；主动监察劳动用工单位2656家，涉及劳动者9.58万人；劳动保障年检单位1322家，涉及劳动者7.22万人；整治不规范职业中介机构4个；处罚不规范用工企业2个，清退用人单位非法使用童工14人；为7129人追回工资1288.43万元；受理劳动争议案件219件，结案率100%；签订劳动合同9.51万人，合同签订率65.87%。

2004年，丽水市健全劳动关系三方协调会议机制，及时研究、协调劳动关系调整中的重大问题，快速查处劳动侵权违法案件；劳动保障年检单位733家，涉及劳动者5.31万人；主动监察劳动用工单位3364家，涉及劳动者13.62万人；受理劳动争议案件303件，结案299件，结案率99%，挽回劳动者经济损失814.3万元；劳动合同签订率77.87%。全市加大劳动执法力度，出台《丽水市人民政府关于切实解决拖欠农民工工资问题的意见》，建立治理欠薪的长效机制，为16926人追回被拖欠工资1569.1万元，责令退回涉及劳动者126人的劳动押金4万多元。

2005年，丽水市继续推进“三春行动”，深入开展清欠工资、整顿劳动力市场、打击违法使用童工等专项检查，开通12333劳动保障监察举报投诉电话，及时处理各类劳动争议案件；出台《劳动争议仲裁办案规范》《仲裁员守则》《劳动仲裁书记员工作规范》和《劳动争议案件普通程序仲裁庭审提纲》，推进劳动仲裁制度化、效能化；受理劳动争议案件406件，审结399件；受理劳动投诉案件1023件，涉及13481人，清欠工资2617.03万元；劳动合同签订率81.2%。

2006年，丽水市开展以劳动合同、工资支付为主要内容的日常巡查监管，巡查用人单位2500多个；补签劳动合同1.74万多份，签订劳动合同职工19.02万人，在职职工劳动合同签订率85.12%；开展劳动保障书面审查和劳动保障信用等级评定工作，书面审查规模企业近1000家；市本级（含莲都区）从2007年1月起正式实施保障金制度，其余县（市）建立并实施农民工工资保障金制度的3个，市本级和5个县（市、区）建立工资支付应急周转金制度，筹集周转金190万元；继续开展“三春”行动，受理投诉案件1331件，办结1161件，为劳动者8364人追讨工资1800.65万元，为劳动者106人清退押金3.82万元，查处非法使用童工案件12件，全市农民工工资拖欠案件数量首度实现负增长；受理各类劳动争议案件674件，涉及劳动者1099人，分别为劳动者和用人单位挽回经济损失1334万元和237.52万元，案件结案率97%，调解率78%。

2007年，丽水市加大主动监察和日常巡查力度，主动监察用人单位2598家，涉及劳动者近10万人次；接受投诉举报案件915件，其中立案821件，结案777件，结案率96.88%,为劳动者5670人（其中农民工4950人）追讨工资1530多万元；清退童工37人；劳动合同签订率86.43%，农民工工资拖欠案件数量继续下降；受理劳动争议案件618件，涉及劳动者1201人；结案609件，结案率98.6%；案件调解率82%；分别为劳动者和用人单位挽回经济损失1363万元和33万元。

2008年，丽水市首家人事劳动仲裁院成立，为农民工开设绿色通道，快立快结，优先办理；受理劳动争议案件1122件，涉及劳动者当事人1966人；结案1100件，结案率98.04%；申诉经济标的额2975.88万元，结案经济标的额1775.69万元，分别为劳动者和用人单位挽回损失1743.9万元和31.79万元，案件调解率87.09%。

2009年，丽水市仲裁实体化建设有突破性进展，市仲裁委建立大案要案集体协商机制，成功调解开发区合成革企业技术工人集体跳槽、劳资双方互相申请仲裁的群体劳动争议案件；青田县和缙云县仲裁院相继成立，帮助企业建立劳动争议调解委员会，完善改进企业劳动争议调解组织建设制度、组织调解员培训；受理劳动争议案件1064件，涉及劳动者2003人；结案1001件，结案率93.6%；申诉经济标的额3114.4万元，结案经济标的额1532.3万元，为劳动者和用人单位挽回损失1439.6万元和92.7万元，案件的调解率85.5%。

2010年，丽水市全面落实仲裁机构实体化，探索构建区域性、多层次劳动争议处理“大调解”体系，积极开展乡镇、社区、企业和行业性调解组织建设，不断加强和司法、工会、经贸等部门的合作；龙泉、云和、庆元、遂昌、松阳、景宁等7个县（市）仲裁院相继成立，实现地区全覆盖；受理劳动争议案件745件，涉及劳动者1108人，结案726件，结案率97.4%；申诉经济标的额2636.3万元，结案经济标的额1582.19万元，分别为劳动者和用人单位挽回损失1279.68万元和302.51万元，调解率92.4%。

第二节　仲裁组织

1987年，丽水地区劳动争议仲裁委员会成立，及时处理劳动当事人双方发生劳动关系争议，保障劳动者和企业的合法权利。

1988年，丽水地区劳动人事局增设劳动争议仲裁科，与劳动力计划调配安置科合署办公。至12月，丽水地区9个县（市）劳动争议仲裁委员会相继成立，具体案件由劳动监督管理科承办。1994年，丽水地区劳动争议仲裁委员会成立，在地区劳动人事局下设办公室。1995年，丽水地区劳动人事局单独设立劳动监察与仲裁科，负责劳动监察执法和劳动争议仲裁工作。1996年，全市建立劳动争议仲裁工作例会制度，召开首次例会。

2000年，丽水市劳动人事争议仲裁委员会成立。2008年，丽水市劳动人事仲裁院成立。至2010年11月，丽水市相继成立9个县（市）劳动人事仲裁院，落实人员编制39名。同年，全市全面落实仲裁机构实体化，探索构建区域性、多层次劳动争议处理“大调解体系”，加强和司法、工会、经贸等部门的合作，整合社会调解、行政调解与司法调解资源，促使劳动案件从快从简解决，加快建设乡镇社区企业和行业性调解组织。2010年，全市受理各类劳动争议案件745件，调解率92%。市人事劳动仲裁院被省人事厅授予劳动争议案件处理先进集体称号。

2006—2010年，丽水市规模以上企业劳动合同签订率95.2%，查处违法案件4611件，涉及劳动者4.27万人，受理争议案件3599件。

第六章　社会保障

1949年10月中华人民共和国成立初，丽水开始构筑城乡居民社会保障体系。1951年，丽水专区开始实施《中华人民共和国劳动保险条例》。1952年，丽水国家机关工作人员实行公费医疗。1980年，丽水地区实行干部离休制度。1995年开始，丽水地区建立企业职工工伤保险。20世纪70年代末，丽水地区实行改革开放，进一步加大构筑社会保障体系力度，建立事业保险、生育保险、城乡居民合作医疗、城镇居民最低生活保障制度。至2010年，丽水市初步建成保障项目齐全、基金来源多渠道、覆盖范围全方位、管理服务社会化的社会保险体系，实现单位功能向社会功能、单位人向社会人、社会统筹向社会保险三大转变。社会保险向农村地区覆盖，农村农民基本生活生活保障、新型农村合作医疗、农村居民最低生活保障等制度逐步确立。改革开放以后，随着国家经济发展和人民生活水平的不断提高，农村居民的各项社会保障从无到有，保障水平逐步提高，改善农村养老、医疗等各方面状况。

第一节　城市居民

职工养老保险

1951年开始，丽水专区工矿、邮电、交通等企业，职工在100人以上、生产经营正常的单位，实施《中华人民共和国劳动保险条例》。1984年，在全民、集体企业中实行合同制工人社会养老保险制度。1986年，丽水地区着手实施国有企业离退休人员离退休费社会统筹制度。1987年，丽水地区正式实施国有企业离退休人员离退休费社会统筹制度，统筹范围扩大到集体所有制企业及单位的临时用工。1993年，丽水地区改革企业职工养老保险金计发办法，全部实行个人缴费制度，职工的养老待遇与其个人缴费相挂钩。1999年，浙江省实施《浙江省职工基本养老保险条例》，浙江省境内的所有企业职工和城镇个体工商户、自由职业者被纳入企业职工基本养老保险范围。2001年7月，丽水市本级实施事业单位工作人员养老保险制度改革。全市社保机构采取建立目标责任制、制定优惠政策、加强劳动执法、与工商部门联合行动等办法，做好基金征缴，全年企业养老保险扩面新增4119人。2002年，丽水市继续以个体私营企业为重点，加大社会保险扩面力度。全年参加养老保险96164人，净增5666人。做好养老保险基金征缴和清欠，重点开展缴费基数和缴费人员核查、追补及缴费能力调查，企业养老保险基金收入2.3亿元，清欠回收企业养老保险基金847万元。

2003—2004年，丽水市做好社会保险登记、管理、宣传和执法，开展社会保险扩面和征缴，扩大社会保险覆盖面。2004年，全市企业参保人数10.05万人，净增6433人，基金收入3.47亿元，离退休人员2.84万人养老金支出2.49亿元。2005年，丽水市把五大社会保险费[①]的征缴责任从社保部门移交给地税部门，理顺、完善养老保险费征缴工作机制。筹划“银税联网”征收，探索以全部职工工资总额为缴费基数的社会保险费征管办法，把社会保险费征缴稽查与地税稽查有机结合，确保社会保险费的征收按时足额、应收尽收。以实地与书面、常项与专项相结合的方式，加强社会保险基金的筹集、管理、使用和稽核。

2006年，丽水市改革基本养老金计发办法，1998年1月1日以后参加工作、到达法定退休年龄且缴费满15年的职工，从核准退休次月起按月发给基本养老金。开展社会保险扩面、征缴、稽核，做好新建企业职工参保，动员破产改制失业人员、自谋职业人员和“中断”缴费人员续保。推进社会保险费征缴办法改革，制定《丽水市人民政府关于推进市本级社会保险费五费合征工作的实施意见》。2007年1月1日起，丽水市区正式实行社会保险费“五费合征”，实行“参保登记、征收机构、缴费基数、征缴流程和数据信息”五个统一。各类企业统一以工资总额为基数，由地税部门按一定比例征收社保费，实现社会保险企业及职工全覆盖，提高参保率。做好原国有、集体企业破产改制分流人员社会保险续保，推进非公企业职工和灵活就业人员社保扩面。

2008年，丽水市稳妥推进“五费合征”，扩大社会保险覆盖面。执行基金收支两条线制度，市人事劳动部门与财政、地税、银行等单位配合，共同保证社会保险基金及时入账、转储及支付。加强对破产、解散、改制单位未到位资金的落实、清理和催缴，避免基金流失。配合审计部门定期对社保基金专项审计，确保社保基金的使用遵照有关制度和规定，提高基金抗风险能力。全面部署丽水市社会保险基金专项治理，制定《关于印发丽水市社会保险基金专项治理工作实施方案的通知》，确保基金安全。

2009年，丽水市加大对私营企业、个体经济组织和农民工参保的扩面力度，提高职工参保率，全市企业职工基本养老保险参保人数20.39万人。开展社会保险基金专项治理，规范基金管理，完善社会保险经办机构内控制度，确保基金安全有效。市政府制定《丽水市人民政府关于印发丽水市城乡居民社会养老保险实施办法的通知》，完成覆盖城乡、惠及全民的基本养老保险制度体系的建设，实现人人享有基本养老保障。在丽水全市实行统一政策，统一规定缴费档次和缴费补贴、重度残疾人和低保对象的政府补贴以及基础养老金等标准，避免市内横向攀比，奠定全市统筹的基础。

2010年，丽水市各县（市、区）均制定《城乡居民养老保险实施细则》，抓好基础养老金发放，全市乡镇（街道）187个、村（社区）3585个符合条件的年满60周岁城乡居民31.3万人均领到每人每月60元的基础养老金。各县（市、区）开展劳动年龄段人员的基本养老保险参保缴费。截至2010年年底，包括企业和机关事业的在岗及离退休人员，全市参加基本养老保险34.08万人。同年，丽水市企业职工基本养老保险参保23.99万人，扩面净增参保人数36061人，基金累计结余13.61亿元，支付能力21.75个月；机关事业单位养老保险参保人数4.38万人，基金累计结余2.78亿元，支付能力10.29个月。全市企业退休人员社会化管理服务率99.41%、社区管理服务率29.98%，其中市本级（包括莲都区）社区化管理服务率78.69%。

职工工伤保险

民国时期，丽水政府、企业对劳动者基本无劳动保护措施。中华人民共和国成立后，丽水军管会

① 五大社会保险费包括养老保险、医疗保险、失业保险、生育保险、工伤保险。

重视安全生产和劳动保护，1956年，贯彻执行《工厂安全卫生规程》《工人职员伤亡事故报告规程》。20世纪60年代，丽水地区建立劳保用品和保健食品发放制度，在夏季发放清凉饮料。1980年，丽水地区治理粉尘作业。1988年，丽水地区有职业病患者608人，多为矽肺患者。对电工、锅炉等压力容器操作工实行持证上岗。1995年，丽水地区建立企业职工工伤保险。此后，丽水地区根据原劳动部《企业职工工伤保险试行办法》和省里出台的新政策，及时调整有关政策。2004年1月，丽水市实施《工伤保险条例》，做好工伤接轨，工伤保险参保5.03万人，基金累计结余1624万元。2005年，全市工伤参保5.55万人，基金征缴881万元。2006年9月，丽水市出台实施事业单位、民间非营利组织参加工伤保险办法。2006年，全市非公企业规模较小、生产经营不稳定、职工流动性大，丽水市下发《丽水市人民政府关于进一步加强工伤保险扩面工作的通知》，动员非公企业先全员参加工伤保险，再逐步参加社会保险的其他险种。2007年，丽水市府办转发《关于做好建设项目施工企业农民工参加工伤保险工作意见的通知》，明确在全市行政区域范围内从事建筑、交通、水利等建设项目的施工企业，必须为从事建设施工的所有农民工办理工伤保险，工伤保险费按招标价或合同金额的一定比例征收。规定建设项目立项时应将农民工工伤保险费在工程总预算造价中单独列项，施工企业不得将此作为竞标让利因素。未予办理参保和缴费的施工企业，建设项目行政主管部门不予核发建设工程施工许可证。至2010年年底，全市工伤保险参保27.6万人，当年基金收入6510万元，支出3676万元，结余7959万元。

城镇职工医疗保障

1952年，丽水国家机关工作人员实行公费医疗。1961年前，各县医疗费标准18元/人·年。1962年，各县医疗费标准增至20元/人·年。1970年，享受公费医疗13203人。1978年，各县医疗费标准增至30元/人·年。1990年，享受公费医疗50613人，人均支出253.89元。1995年7月，全区实施企业大病医疗保险制度。1998年，开始改革机关、事业单位的公费医疗制度，控制医疗费用增长幅度。2001年4月，根据国务院《关于建立城镇职工基本医疗保险制度的决定》要求和省里统一部署，全市建立城镇职工基本医疗保险制度，将原已实行的公费医疗和大病医疗制度纳入城镇职工基本医疗保险，初步建立以基本医疗保险为主体、与大病医疗救助制度相配套，多层次、较完善的医疗保险体系。同年，完成方案及配套措施制定、IC卡准确制发、确定定点医疗机构、签订医疗服务协议、医疗保险计算机网络建设等一系列工作。各县(市、区)出台基本医疗保险制度改革方案。全市参加医疗保险13.78万人。

2002年，丽水市运行基本医疗保险制度，实现新老制度平稳过渡。丽水市规范、加强基本医疗保险药品和基本医疗保险诊疗项目目录管理。制定《关于适当提高市本级公务员医疗保险待遇的通知》，规范和完善城镇职工基本医疗保险制度，提高医疗保障服务水平。2004年，丽水市制定《关于定点医疗机构使用中标药品若干问题的通知》《关于建立医疗费用稽核制度的通知》，堵塞制度漏洞，维护参保人员合法权益；审核医疗保险费用，开展医疗费用稽核，扣除不合理的医疗费用；推进医疗制度改革，解决因破产改制造成的集体企业职工不能参保医疗保险问题和灵活就业人员医疗保险问题。

2005年，丽水市完善城镇职工基本医疗保险制度，扩大基本医疗保险覆盖面至参加养老保险的所有非公企业职工和个体、自由职业者。配合社区医疗服务体系建设，扩大医保定点范围，形成“小病进社区、大病进医院”的医疗卫生服务体系。全年参加医疗保险16.8万人，新增参保9543人，基金收入 3.66 亿元，支出 2.02 亿元，累计结余 2.66 亿元。

2006 年，丽水市制定《关于进一步完善市本级基本医疗保险制度的通知》，调整完善市区医疗保险政策。2007 年，制定《关于原国有、集体企业破产改制而中断缴费人员的医疗保险有关问题的通知》，有效解决因企业破产改制而中断缴费人员的医疗保障问题。部分县统一建立企业职工医疗保险个人账户。

2010 年，丽水市出台政策文件，在市级层面统筹职工医疗保险，统一全市职工医疗保险主要政策；建立门诊统筹制度，提高医疗保障水平；确立政府补助机制；设立市级风险调剂金，增强基本保障能力；规范业务流程和定点管理。至年底，全市职工基本医疗保险参保 26.46 万人，当年基金收入 52771 万元，支出 47504 万元，累计结余 61711 万元。

女职工生育保险

1995 年起，丽水地区建立女职工生育保险制度。2004 年，丽水市做好生育保险待遇接轨，生育保险参保人数 4.86 万人，基金结余 1125 万元。2005 年，全市生育保险参保 4.83 万人，征缴基金 485 万元。2006 年，丽水市政府下发《丽水市人民政府关于印发丽水市生育保险暂行办法的通知》，保障女职工生育期间的基本生活和基本医疗保健。至 2010 年年底，全市生育保险参保 12.83 万人，当年基金收入 1848 万元，支出 1421 万元，累计结余 427 万元。

职工失业保险

20 世纪 90 年代，丽水地区企业进行改制。到 1999 年底，全地区参加失业保险单位 2749 个，职工 10.44 万人。1999 年，丽水地区收缴失业保险金 1622.4 万元。发放救济金 720.5 万元。2002 年，全市参加失业保险单位 3065 个，职工 10.4 万人，收缴失业保险金 1941 万元，发放救济金 785.95 万元。2004 年，全市失业保险参保 11.5 万人，领取失业保险金 3728 人。2005 年，全市失业保险参保 11.7 万人，基金收入 3207.6 万元。2006 年，丽水市政府出台《丽水市人民政府关于推进市本级社会保险五费合征工作的实施意见》，养老、医疗、失业、工商、生育五项社会保险费统一以企业工资总额为基数，由市地税部门征收；职工失业后，根据缴费年限长短，最多可领取失业保险金 24 个月。2006 年，丽水市参保 12.04 万人，征缴基金 3734.66 万元，支出 1707.44 万元，累计结余 10669.23 万元。2007 年，全市参保 13.08 万人，征缴基金 5193.07 万元，支出 2863.13 万元，累计结余 12999.18 万元。2008 年，全市参保 14.2 万人，征缴基金 6167.61 万元，支出 3070.96 万元，累计结余 16095.83 万元。2009 年，全市参保 15.02 万人，征缴基金 6420.73 万元，支出 2690.42 万元，累计结余 19826.14 万元。2010 年，全市参保 15.6 万人，征缴基金 7633.3 万元，支出 2614.7 万元，累计结余 24844.73 万元。

职工下岗基本生活保险

20 世纪 90 年代，丽水地区国有集体企业改制，职工下岗较多。1998 年 8 月，丽水地区下岗职工再就业服务中心建立，负责下岗职工基本生活费发放和再就业。1999 年初，丽水地委、行署与各县（市）签订国有企业下岗职工基本生活保障和再就业工作责任书。同年，全区筹集保障资金 1678.9 万元，支出 1199.2 万元，其中发放基本生活费 769.8 万元。7 月 1 日起，调整下岗职工基本生活费发放标准，第一年 245 元/人·月，第二年 235 元/人·月，第三年 225 元/人·月。同年，全区有下岗职工

3269人和失业职工3329人实现再就业。2000年，全市筹集保障资金1757万元，支出1396万元，其中发放基本生活费808万元。国有企业80个、集体企业14个有下岗职工1820人。全市下岗职工实现再就业4211人。2001年，全市筹集保障资金900万元，支出911万元，其中发放基本生活费586万元，纳入社会保险费325万元。4月，丽水市实行下岗职工与失业保险并轨，由各再就业服务中心与下岗职工订立出中心协议，内容包括一次性发放剩余的基本生活费、缴纳各种社会保险、与企业解除劳动合同、享受失业待遇。至年末，全市县（市、区）7个和市本级的再就业服务中心停止运作，下岗职工提前出中心，并与失业保险并轨或实现再就业。2002年9月，全市下岗职工再就业服务中心全部停止运作，全部下岗职工都顺利出中心，实现下岗职工基本生活保障与失业保险全面并轨。职工下岗基本生活保险项目不再存在。

1998年8月至2002年年底，丽水地区下岗职工再就业服务中心收容下岗职工20500人，实现再就业13600人。

城镇居民合作医疗

2006年，丽水市根据浙江省人民政府《关于推进城镇居民医疗保证制度试点工作的意见》，将市本级（含莲都区）、云和县和遂昌县列为全省首批城镇居民医疗保障制度工作试点县（区），其中市本级和莲都区实行统一制度、统一实施。2007年，3个试点单位在完成政策出台、宣传发动和资金筹集的基础上，先后开展医疗费用报结。2008年，丽水市其他6个县（市）全面推进城镇居民医疗保障试点，全部于5月底出台政策。6月，进入宣传发动、资金筹集等阶段。同年底，全市应参保23.68万人，实际参保18.88万人，参保率79.7%。制定《关于进一步做好学生参加城镇居民基本医疗保险工作的通知》《关于做好市本级参加城镇居民基本医疗保险居民健康体检工作的通知》，首次组织市区参保城镇居民7.6万人实行免费健康体检。

自2007年年底确定莲区、云和和遂昌居民医保试点县（区）起至2008年，丽水市全面推开居民医保制度。居民医保制度的筹资模式是个人缴费为主、政府补助为辅，筹资水平和待遇水平处于职工医保和新农合之间。居民医保制度在运行中逐年提高待遇水平，建立门诊统筹制度和健康体检制度，积极保障城镇居民的基本医疗待遇。2009年年底，全市居民医保参保20.23万人，参保率86.5%。截至2010年年底，全市职工医保参保26.35万人，居民医保参保24.51万人，参保率95.1%。

城镇居民最低生活保障

1986年，丽水地区根据国家“七五”计划关于“抓紧建立农村社会保险制度”的要求，开始探索建立农村社会养老保险制度。

1995年，丽水地区在松阳县进行农保试点，随后在9个县（市）全面推开。1996年,丽水地区根据省政府《关于在全省逐步建立最低生活保障制度的通知》，首先在丽水市（县级）开展建立城乡最低生活保障制度。10月，丽水地区开始调查摸底。12月，丽水市（县级）制定实施方案。丽水地区直属企事业单位与丽水市（县级）同步建立职工最低生活保障制度。1997年，云和县首先制定《城乡最低生活保障制度暂行办法》，实施最低生活保障制度，确定最低生活保障线标准为城镇年人均收入低于960元，保障对象621人。至年底，各县（市）均出台实施方案。1998年，丽水地区全部实施城乡最低生活保障制度，完成省政府发出的《关于加快建立最低生活保障制度的通知》要求。全区全年落实保障资金 315.22 万元，解决 14247 人生活困难问题，其中城镇居民 612 人。最低生活保障线标准是丽水、青田 2 个县(市)城镇年人均收入低于 1200 元，其他 7 个县(市)城镇年人均收入低于 960 元；地区本级机关、企事业单位年人均收入低于 1560 元。同年，国家整顿保险业，农村养老保险进入暂停整顿时期。国务院机构改革，农村养老保险的职能从民政部门划转到劳动部门，全地区的农保工作以保持稳定为原则，做到“工作不断、队伍不散、基金不丢”，于 2002 年完成全地区(市)农保机构划转。1999 年，全区落实保障资金 309.35 万元，解决 12753 人的生活困难，其中城镇居民 671 人。根据国务院办公厅转发劳动保障部等部门《关于做好提高三条社会保障线水平等有关工作意见的通知》精神,从 1999 年 7 月 1 日起,将城镇居民最低生活保障标准提高 30%,确定最低生活保障标准是丽水市(县级)、青田县、遂昌县城镇居民年人均收入低于 1560 元，松阳县、庆元县城镇居民年人均收入低于 1260 元，其他 4 个县(市)城镇居民年人均收入低于 1248 元；地区本级机关、企事业单位年人均收入低于 2040 元。

2000 年，丽水市落实保障资金 418.8 万元，解决 14425 人生活困难问题，其中城镇居民 815 人。确定最低生活保障线是莲都区、青田县、遂昌县城镇居民年人均收入低于 1560 元，龙泉市城镇居民年人均收入低于 1440 元，庆元县、松阳县、景宁畲族自治县城镇居民年人均收入低于 1260 元，缙云县、云和县城镇居民年人均收入低于 1248 元；市本级机关、企事业单位年人均收入低于 2040 元。2001 年，丽水市落实保障资金 622.67 万元，解决 20899 人生活困难问题，其中城镇居民 2079 人。确定最低生活保障标准是市本级、莲都区城镇居民年人均收入低于 2352 元，青田县、遂昌县城镇居民年人均收入低于 1800 元，龙泉市、松阳县城镇居民年人均收入低于 1656 元，缙云县城镇居民年人均收入低于 1500 元，庆元县、云和县、景宁畲族自治县城镇居民年人均收入低于 1440 元。2002 年，全市落实保障资金 1305.43 万元，解决 40303 人生活困难问题，其中城镇居民 3480 人。确定最低生活保障标准是云和县城镇居民年人均收入低于 1680 元，其他县(市、区)仍保持 2001 年标准。2004 年，全市落实保障资金 1691.64 万元，解决 46689 人生活困难问题，其中城镇居民 3959 人。确定城镇居民最低生活保障标准是莲都区城镇居民年人均收入低于 2352 元，青田县、遂昌县城镇居民年人均收入低于 1920 元，缙云县、松阳县、庆元县、云和县、龙泉市城镇居民年人均收入低于 1800 元，景宁畲族自治县城镇居民年人均收入低于 1140 元。

2005 年，丽水市落实保障资金 1991.2 万元，解决 46928 人生活困难问题，其中城镇居民 3990 人。确定城镇居民最低生活保障标准是莲都区城镇居民年人均收入低于 2412 元，青田县、遂昌县、云和县城镇居民年人均收入低于 1920 元，缙云县、松阳县、庆元县、景宁畲族自治县、龙泉市城镇居民年人均收入低于 1800 元。2006 年，全市落实保障资金 2627 万元，解决 43339 人生活困难问题，其中城镇居民 3852 人。确定城镇居民最低生活保障标准是莲都区(包括水阁街道)城镇居民年人均收入低于 2688 元，缙云县城镇居民年人均收入低于 2700 元，青田县城镇居民年人均收入低于 2460 元，庆元县城镇居民年人均收入低于 2352 元，遂昌县、景宁畲族自治县、云和县城镇居民年人均收入低于 2160 元，松阳县、龙泉市城镇居民年人均收入低于 2112 元。2007 年，全市落实保障资金 3856.64 万元，解决 44625 人生活困难问题，其中城镇居民 4105 人。确定城镇居民最低生活保障标准是莲都区(包括水阁街道)、青田县、缙云县城镇居民年人均收入低于 2976 元，遂昌县、松阳县、庆元县、景宁畲族自治县、云和县、龙泉市城镇居民年人均收入低于 2592 元。

2008 年，全市落实保障资金 6310.82 万元，解决 66778 人生活困难问题，其中城镇居民 4757

人。确定城镇居民最低生活保障标准是莲都区(包括水阁街道)、青田县、缙云县城镇居民年人均收入低于3360元,云和县、景宁畲族自治县、松阳县、遂昌县、庆元县、龙泉市城镇居民年人均收入低于2976元。2009年,全年全市落实保障资金9318.2万元,解决68229人生活困难问题,其中城镇居民4590人。确定城镇居民最低生活保障标准是莲都区(包括水阁、富岭街道)、青田县、缙云县城镇居民年人均收入低于3744元;遂昌县、景宁畲族自治县城镇居民年人均收入低于3360元;松阳县、庆元县、云和县、龙泉市城镇居民年人均收入低于3312元。差额分档发放的保障金提高到每人每月不低于100元。9月22日,省政府印发《关于建立城乡居民社会养老保险制度的实施意见》,将城镇居民一并纳入制度范围,要求2010年1月1日起,凡符合条件、年满60周岁的本省户籍城乡居民按规定享受政府提供的基础养老金,到2012年实行制度全覆盖。12月28日,市政府印发《丽水市城乡居民社会养老保险实施办法》,各县市区也相继出台实施办法和实施细则,城乡居民社会养老保险制度在丽水市全面推行。

2010年,全市有城乡低保对象67444人,其中城镇居民最低生活保障对象4431人。最低生活保障每人年标准是莲都区(包括水阁、富岭街道)城镇居民年人均收入低于3744元;青田县最低生活保障标准线自4月1日起从3744元提高到4320元;缙云县最低生活保障标准线自7月1日起从3744元提高到4320元;景宁县最低生活保障标准线自4月1日起从3360元提高到3840元;遂昌县城镇居民年人均收入低于3360元;松阳、庆元、龙泉、云和县(市)城镇居民年人均收入低于3312元。截至2010年11月底,全市符合条件、年满60周岁的城乡老年居民31.25万人,全部领到由政府提供的每月60元基础养老金,发放基础养老金2.03亿元,全市完成16—59周岁居民2010年度的集中参保缴费工作,参保58.45万人,收缴养老保险费3.8亿元(包括政府补助2.18亿元),累计结余1.77亿元。城乡居民社会养老保险工作由各县(市、区)人事劳动社会保障行政部门主管,由各县(市、区)社会保险经办机构和乡镇(街道)劳动保障站(所)具体经办。

城镇“三无”对象集中供养

城镇“三无”人员又称城镇社会“特困”人员,即具有城镇户籍,无劳动能力、无生活来源且无法定赡养或扶养义务人,或虽有法定赡养或扶养义务人,但法定义务人无赡养或扶养能力的老年人、残疾人。老年人指年满60周岁以上的老年人;残疾人指年满18周岁以上的残疾人,包括精神和智力残疾人。1949年,丽水解放后,丽水政府以各种形式供养这些人员。2004年,丽水市集中供养城镇“三无”对象352人。2005年,全市集中供养城镇“三无”对象326人。2006年,全市集中供养城镇“三无”对象391人。2007年,全市集中供养城镇“三无”对象383人。2008年,全市集中供养城镇“三无”对象368人。2009年,全市集中供养城镇“三无”对象353人。2010年,全市集中供养城镇“三无”对象354人。

第二节　农村居民

被征地农民基本生活保障

2004年,丽水市政府制定《丽水市区被征地农民基本生活保障暂行办法》,并在丽水市经济开发区试点。至年末，全市为被征地农民办理基本生活保障4123人，参保人员享受基本生活保障待遇1346人。2005年，在试点基础上向市区全面推开。2006年，丽水市加大被征地农民基本生活保障，规范工作流程，做好宣传发动、工作落实、政策兑现、职业培训、资金管理等工作。全市累计参加基本生活保障15350人，筹集资金2.13亿元，享受保障人数6791人，累计支付保障金526万元。2007年，丽水市政府出台《丽水市人民政府办公室关于调整市区被征地农民基本生活保障有关政策的通知》，全市范围内土地征用报批由劳动保障部门对被征地农民基本生活保障措施落实情况进行审查，推动"即征即保"。市区被征地农民基本生活保障范围从原丽水市城市规划区范围扩大到莲都区范围；对实施"即征即保"后个人和集体暂未缴费的被征地农民统一申报参保。2010年，丽水市政府制定《丽水市人民政府关于丽水开发区被征地农民基本生活保障政府出资办法的批复》，健全被征地农民基本生活保障制度，落实"先保后征"措施，政府确定征地项目后，国土部门在上报办理"农转非"前要按规定核定参保指标，按标准计算确定政府出资数额，计入征地成本，并及时将政府出资划至市财政社保专户，待个人实际参保后再行结算。

2006年和2008年，丽水市政府分别调整被征地农民基本生活保障待遇享受标准和缴费标准，其他各县(市、区)也进行调整，"先保后征"转入正常。至2010年年底，全市参加基本生活保障68168人；筹集资金93140万元，其中政府补助37818万元，集体补助3626万元，个人缴费51696万元；享受待遇39399人，支付金额19565万元。

农村合作医疗

1966—1976年"文化大革命"期间，丽水地区农村"赤脚医生"制度一度发挥作用。1969年，丽水地区在各县部分大队实行合作医疗制度。1972年，全区实行合作医疗的大队占大队总数的93.4%。1978年，全区实行合作医疗的大队占大队总数的98.58%，队队有医有药，为合作医疗全盛时期。合作医疗资金一般由集体和社员共同筹集。集体部分大多由大队及生产队两级从公益金中按参加合作医疗的社员人数出资，社员参加合作医疗凭自愿原则，按全家人口数出资。大队、生产队、社员出资比例各地不一，根据集体经济情况而别，有的为4:3:3，有的为4:2:2等等。参加合作医疗的社员诊病费用实行减或免，标准各地不一。合作医疗站强调一根针(针灸)、一把草(草药)治病。使用针灸或医疗站自采自种的草药治病免费；由医疗站介绍至社、区、县医院诊病者，医药费可报销部分，比例各地不一。合作医疗站有队办、社(公社)队联办、社办三种形式，管理机构由社队干部、"赤脚医生"组成。

1979年，丽水推行农村联产承包经营制，出现新的办医格局。由于经费筹集困难及观念上的改变，大队医疗保健站逐渐由"赤脚医生"联合承包或个人承包，合作医疗制度基本消失。

2003年，丽水市开展新型农村合作医疗制度(以下简称"新农合")试点工作，落实青田、遂昌2县为试点县。青田、遂昌县分别落实农村合作医疗办公室人员编制5名和4名，下拨人员经费和工作经费25万元和30万元。同年，青田县有参保乡镇32个、农民7.87万人，平均参保筹资率18.75%，其中有乡镇4个超过50%；遂昌县有参保农民14.4万人，全县参保率75.53%。

2005年，丽水市全面推进新农合工作。与职工医保不同的是，新农合制度在建立初就明确各级政府职责，包括筹资责任、具体筹资标准及管理责任。丽水市逐年提高新农合政府补助资金，待遇水平明显提高，并建立门诊报销制度和健康体检制度，提高农民受惠程度。

2007年，丽水市应参加新型农村合作医疗201.73万人，实际参加175.47万人，参合率86.98%，比2006年提高4.51个百分点。各县(市、区)人均筹资水平从42元提高到60—80元。全市新型农村合作医疗应到位资金11341.3万元，实际到位资金11557.9万元，其中中央财政363万元、省级3680万元、县级4058万元，农民自筹3257.3万元，乡镇和村集体补助150万元。全年住院报销69598人次，报销者住院总费用43544万元，报销支付金额7640.5万元，住院人均报销1097.8元，住院补偿比17.55%；普通门诊报销74.4万人次，报销支付金额632.1万元；综合收益率55.4%。全市9个县(市、区)实行普通门诊报销。全面完成经办机构信息化建设。

2008年，丽水市实际参加新型农村合作医疗184.89万人，参合率90.98%，比2007年提高4个百分点，其中有7个县(市)参合率超过90%。全市人均筹资水平100.58元。各地根据资金运行情况调整补偿方案，减低起付线，提高封顶线。乡镇卫生院起付线均低于300元，甚至是“零起报”；封顶线从2万元提高到4万元，全面提高分段报销的比例，庆元县最高段报销比例60%。全市受益201.23万人次，其中有8.42万人次报销住院费用，192.81万人次报销普通门诊费用。报结者住院总费用56789.88万元，累计支出住院报销费用12833.86万元，支出普通门诊报销费用1903.44万元，次均住院费用6747元，住院人均报销金额1524.8元，综合受益率108.8%，住院补偿率22.59%，住院结报率4.55%。全市新型农村合作医疗定点医疗机构340家，实行信息化管理236家，其中莲都、青田、缙云、松阳等县(区)新型农村合作医疗定点医疗机构信息化管理率100%。2009年，全市参加新型农村合作医疗187.7万人，参合率93.66%。

农村居民最低生活保障

1996年，丽水地区根据省政府《关于全省逐步建立最低生活保障制度的通知》，首先在丽水市(县级)建立城镇最低生活保障制度。1997年，云和县首先制定《城乡最低生活保障暂行办法》，实施最低生活保障制度，确定保障对象621人，农村最低生活保障线标准是年人均收入低于600元。1998年，地区本级和9个县(市)全部实施城乡最低生活保障制度，完成省政府《关于加快建立最低生活保障制度的通知》要求。全区全年落实保障资金315.22万元，解决群众的生活困难问题14247人，其中农村居民13635人。最低生活保障线是庆元县农村年人均收入低于720元，其他8个县(市)农村年人均收入低于600元。1999年，丽水地区落实保障资金309.35万元，解决群众的生活困难问题12753人，其中农村居民12082人。根据国务院办公厅转发劳动保障部等部门《关于做好提高三条社会保障线水平等有关工作的意见的通知》和省政府《关于提高农村居民最低生活保障标准的通知》精神，从1999年7月1日起，农村居民最低生活保障标准在现有基础上提高15%的要求，丽水地区确定最低生活保障线是遂昌县农村居民年人均收入低于840元，景宁畲族自治县农村居民年人均收入低于780元，庆元县、缙云县、松阳县农村居民年人均收入低于720元，其他4个县(市)农村居民年人均收入低于690元。

2000年，丽水市落实保障资金418.8万元，解决群众的生活困难问题14425人，其中农村居民13610人。确定最低生活保障线是遂昌县农村居民年人均收入低于840元，景宁畲族自治县农村居民年人均收入低于780元，莲都区、青田县、庆元县、松阳县农村居民年人均收入低于720元，缙云县、云和县农村居民年人均收入低于690元。

2001年，丽水市落实保障资金622.67万元，解决群众的生活困难问题20899人，其中农村居民

18820人。确定最低生活保障线是松阳县农村居民年人均收入低于1104元，缙云县农村居民年人均收入低于1000元，遂昌县农村居民年人均收入低于966元，龙泉市农村居民年人均收入低于900元，青田县、庆元县农村居民年人均收入低于840元，云和县农村居民年人均收入低于804元。

2002年，丽水市落实保障资金1305.43万元，解决群众的生活困难问题40303人，其中农村居民36823人。确定最低生活保障线是松阳县农村居民年人均收入低于1104元，云和县农村居民年人均收入低于1020元，缙云县农村居民年人均收入低于1000元，遂昌县农村居民年人均收入低于966元，莲都区、庆元县、景宁畲族自治县农村居民年人均收入低于960元，龙泉市农村居民年人均收入低于900元，青田农村居民年人均收入低于840元。

2003年，丽水市落实保障资金1416.58万元，解决群众的生活困难问题44345人，其中农村居民40739人。确定农村居民年人均最低生活保障线是遂昌县农村居民年人均收入低于1140元，松阳县农村居民年人均收入低于1104元，云和县农村居民年人均收入低于1020元，缙云县农村居民年人均收入低于1000元，莲都区、青田县、庆元县、景宁畲族自治县农村居民年人均收入低于960元，龙泉市农村居民年人均收入低于900元。

2004年，丽水市落实保障资金1691.54万元，解决群众的生活困难问题46689人，其中农村居民42730人。确定农村居民最低生活保障线是缙云县农村居民年人均收入低于1200元，遂昌县农村居民年人均收入低于1140元，松阳县农村居民年人均收入低于1104元，青田县、云和县农村居民年人均收入低于1080元，龙泉市农村居民年人均收入低于1020元，莲都区、庆元县、景宁畲族自治县农村居民年人均收入低于960元。全市一次性发放困难群众基本生活物价补贴433.34万元。

2005年，丽水市落实保障资金1991.2万元，解决群众的生活困难问题46928人，其中农村居民42938人。确定农村居民最低生活保障线是缙云县农村居民年人均收入低于1200元，莲都区、遂昌县农村居民年人均收入低于1140元，松阳县农村居民年人均收入低于1104元，青田县、庆元县、景宁畲族自治县、云和县、龙泉市农村居民年人均收入低于1080元。

2006年，丽水市落实保障资金2627万元，解决群众的生活困难问题43339人，其中农村居民39487人。确定农村居民最低生活保障线是莲都区(包括水阁街道)、缙云县农村居民年人均收入低于1620元，青田县农村居民年人均收入低于1500元，庆元县农村居民年人均收入低于1416元，景宁畲族自治县、云和县农村居民年人均收入低于1320元，遂昌县农村居民年人均收入低于1296元，松阳县、龙泉市农村居民年人均收入低于1272元。

2007年，丽水市落实保障资金3856.64万元，解决群众的生活困难问题44625人，其中农村居民40520人。确定农村居民最低生活保障线是莲都区（包括水阁街道）农村居民年人均收入低于1788元，青田县、缙云县农村居民年人均收入低于1800元，遂昌县、松阳县、庆元县、景宁畲族自治县、云和县、龙泉市农村居民年人均收入低于1560元。2007年度差额分档发放的保障金标准不低于50元/人·月。按照城镇不低于25元/人·月、农村不低于15元/人·月的最低标准，为低保对象4.42万人发放物价补贴841.57万元。

2008年，丽水市落实保障资金6310.82万元，解决群众的生活困难问题66778人，其中农村居民62021人。确定农村居民最低生活保障线是青田县农村居民年人均收入低于2040元，莲都区(包括水阁街道)、缙云县农村居民年人均收入低于2016元，云和县、景宁畲族自治县、松阳县、遂昌县、庆元县农村居民年人均收入低于1800元，龙泉市农村居民年人均收入低于1788元。

2009年，丽水市落实保障资金9318.2万元，解决群众的生活困难问题68229人，其中农村居民63639人。确定农村居民最低生活保障线是青田县农村居民年人均收入低于2280元，莲都区（包括水阁、富岭街道）、缙云县农村居民年人均收入低于2256元，景宁畲族自治县农村居民年人均收入低于2040元，遂昌县农村居民年人均收入低于2016元，松阳县、庆元县、云和县、龙泉市、景宁畲族自治县农村居民年人均收入低于2040元。差额分档发放的保障金标准提高到不低于100元/人•月。

2010年，全市城乡有参加低保对象67444人，其中农村低保对象63013人。确定农村居民最低生活保障线是莲都区（包括水阁、富岭街道）农村居民年人均收入低于2256元，青田县农村居民年人均收入低于2592元，缙云县农村居民年人均收入低于2592元，景宁畲族自治县农村居民年人均收入低于2304元，遂昌县农村居民年人均收入低于2016元，松阳县、庆元县、云和县、龙泉市农村居民年人均收入低于1992元。

农村“五保户”供养

1949年中华人民共和国成立初，丽水孤寡老人生活困难，主要依靠群众互助、国家重点救济。1956年，各县对无依无靠的孤寡老人、残疾人员，农业生产合作社实行“五保”，即保吃、保住、保穿、保医、保葬。1958年，各县部分人民公社管理区和生产大队兴办敬老院，每人每月发放住院老人伙食费，至1960年先后解散。1964年，各县选择一个大队进行“五保户”供给补助试点，由点到面地发展家庭副业。1979年，丽水地区农村享受“五保”供养5640户、6769人。1981年,丽水地区集体供给“五保户”现金（实物折合）24.28万元，国家救济5.27万元。1987年，丽水地区有由村供养改为乡统筹供养“五保户”的乡41个。1988年，丽水地区农村集体供养“五保户”3963人，供给现金62.9万元；国家救济3009人，救济费29.7万元；由乡统筹供养80个乡，办敬老院18个乡，住院老人105人。

1990年，丽水地区农村有集体供养“五保户”3141人，供给现金84.1万元；国家救济2275人，救济费33.2万元；由乡统筹供养142个乡，办敬老院18个乡，住院老人107人。1995年，全区有“五保户”6022人。实行“五保”供养统筹乡镇174个，占全区乡镇总数90%。有农村乡镇敬老院107所，集中供养“五保”老人528人。供养标准达到当地群众一般生活水平。敬老院集中供养的标准是751元/人•年，分散供养的标准是503元/人•年。同年，浙江省民政厅下拨敬老院建设专项资金107万元。1996年，全区有农村“五保户”4722户、5204人，乡镇183个实行“五保”人员供养保障，有乡镇敬老院163所，集中供养“五保”老人945人。其中松阳、遂昌、云和、缙云县基本实现各个乡镇有敬老院。敬老院集中供养的标准是967元/人•年，分散供养的标准是672元/人•年。浙江省下拨敬老院建设专项资金76.5万元，兴办敬老院56所。

1997年，丽水地区农村“五保户”5015户、5263人；有敬老院191所，其中乡镇办185所，村办6所；集中供养“五保”老人948人。敬老院集中供养的标准是970元/人•年，分散供养的标准是675元/人•年。浙江省下拨敬老院建设专项资金82.5万元，兴办敬老院22所。

2000年，丽水市开展“五保户”普查建档工作。全市有“五保户”4808户、5165人，农村敬老院192所。遂昌县湖山乡敬老院通过省厅三级敬老院验收。青田县民办华侨敬老院经市计委批准立项。

2004年，丽水市完成敬老院、福利院建设43所，其中新建7所、改扩建36所，有床位3747张。有供养对象4615人，其中农村“五保户”4263人。集中供养3167人，其中入住供养2577人，户院挂钩590人，供养率68.62%，集中供养人均建筑面积超过18.56平方米，完成省政府提出集中供养任务。

2010年，丽水市有敬老院56所，农村“五保”3606人。集中供养3643人，其中入住供养3403人，户院挂钩240人。农村“五保”供养率91.71%，户院挂钩比例6.6%。全市农村“五保”对象平均供养标准4173元/人·年，是2009年丽水市农民人均纯收入5758元的72.5%，超过省政府要求达到2009年度当地农民人均纯收入60%的规定。

第七章　组织机构

隋代，处州置州，州衙设吏科，下辖各县，县衙设吏房。此后，处州沿袭制度，人员有微调。据明《栝苍汇纪》载，明嘉靖年间(1522—1566年)，处州府设吏科，协助知府管理府衙吏人。民国时期，处州专员公署设人事室。1951年8月，浙江省第七行政区(丽水)专员公署设人事科。此后，各县分别设立人事工作机构。1963年5月，丽水专署恢复建制，丽水专员公署设立人事科。1979年9月，丽水地区行署设立人事局。1981年1月，丽水地区劳动局设立。1983年，丽水地区劳动人事局设立。2001年，丽水地区人事劳动局更名丽水市人事劳动社会保障局，与丽水市机构编制委员会办公室合署办公。

第一节　地级人事机构

机构沿革

隋唐时期，处州府衙设吏科，协助处州刺史管理州衙吏员，处理人事文书。宋代，延续唐代吏制。元代，处州路衙门设吏科，协助处州路官达鲁花赤管理处州路总管府知事以下官吏。明代，处州府衙设吏科，协助处州知府管理府衙吏人，置公廨5间。明《栝苍汇纪》载，明嘉靖年(1522—1566)间，处州府设吏科，协助知府管理府衙吏人，置司吏1人、典吏2人，均无品秩。吏科公廨在处州府治大堂东厢，5间。清代，延续明代制度。

民国时期，丽水行政督察区专员公署设人事室，协助专员负责公署及各县署行政人员的任免、迁调、考核、奖惩、退休、抚恤等事务，置主任1人，人事管理人员若干人。

1949年5月，丽水解放。7月，丽水专区专员公署建立。8月，更名浙江省人民政府第七行政区(丽水)专员公署。1951年8月，浙江省人民政府第七行政区(丽水)专员公署设人事科。1952年，丽水专员公署行政建制撤销，人事管理相应并入温州、金华、衢州专署。5月，中共丽水临时工作委员会建立，受温州地委委托管理丽水、云和、龙泉、庆元、景宁5个县，兼职管理人事工作。11月，撤销中共丽水临时工作委员会；中共丽水中心县委成立，指导云和、龙泉、庆元、景宁4个县工作；各县人事分别由温州地委管理。1953年6月，温州地委撤销丽水中心县委，恢复中共丽水县委。

1963年5月，国务院批准恢复丽水专署建制，丽水专员公署建立，为省人民政府派出机构。5月，丽水专员公署设立人事科。1968年11月，丽水地区革命委员会成立，设立办事组、生产指挥组、保卫组和政治工作组，其中政治工作组下设组织办公室，分管干部人事工作。1972年11月，撤销人事科。1977年9月，恢复人事科；建立内务局，负责职工招收、调动，以及劳动人事管理；建立革命指导小组。

1978年11月，内务局负责人改称局长。1979年3月，撤销内务局。1979年9月，地区行署设立人事局。1981年1月，地区行署设立劳动局。1983年，地区行署设立丽水地区劳动人事局，核定局长1人，副局长若干人；内设办公室、调配科、工资福利科、科技干部管理科、劳动保护科等职能科室5个。此后，增设干部科、编制办等职能科室2个。1988年，丽水地区劳动人事局更名丽水地区人事劳动局，内设办公室、编制科、工资福利科、劳动力计划调配科、干部管理科等职能科室5个。

2001年，丽水撤地改市后，丽水地区人事劳动局改为丽水市人事劳动社会保障局、丽水市机构编制委员会办公室2个部门，合署办公；内设办公室、公务员管理科（军队转业干部安置工作领导小组办公室）、人才开发管理科（职称改革领导小组办公室）、人事劳动仲裁科（人事仲裁委员会办公室、劳动仲裁委员会办公室）、教育培训科、工资福利科（退管科、改革工资制度领导小组办公室）、劳动力管理监察科、养老保障科、医疗保障科（劳动鉴定委员会办公室）、机构编制管理科；同时设立局纪检组、局直属机关党委。同年底，职能科室全部更名处室。

2010年，丽水市人事劳动社会保障局（丽水市机构编制委员会办公室）内设办公室、公务员管理处（军队转业干部安置工作领导小组办公室）、人才开发管理处（职称改革领导小组办公室）、人事劳动仲裁处（人事仲裁委员会办公室、劳动仲裁委员会办公室）、教育培训处、工资福利处（改革工资制度领导小组办公室）、养老保障处、医疗保障处（劳动鉴定委员会办公室）、机构编制管理处；同时设立局纪检组、局直属机关党委。核定行政编制41名（含后勤服务人员），其中市编办行政编制4名。

直属机构

1983年，丽水地区劳动人事局下设直属机构有丽水地区劳动服务公司、丽水地区人才交流咨询服务中心、丽水地区锅炉检验所。

1988年10月，直属机构增设丽水地区退离休基金统筹办公室。

1991年7月，直属机构增设丽水地区就业培训中心，属自收自支事业单位。

2001年10月，丽水市人事劳动社会保障局下设直属机构有丽水市人才中心、丽水市就业管理服务局、丽水市职业技能鉴定中心、丽水市社会保险事业管理中心、丽水市事业单位法人登记管理办公室、丽水市劳动监察支队。

2008年4月，直属机构增设丽水市人事劳动仲裁院。

2010年，丽水市人事劳动社会保障局下设直属机构有丽水市社会保险事业管理中心、丽水市就业管理服务局、丽水市人才管理服务局、丽水市劳动保障监察支队、丽水市人事劳动仲裁院、丽水市职业技能鉴定中心、丽水市事业单位法人登记中心、丽水市人力资源和社会保障信息中心（咨询服务中心）、丽水市人力资源市场服务中心（挂市人力资源和社会保障教育培训中心牌子）。

第二节　县级人事机构

唐、宋、元时期，处州下属各县县衙设吏房，管理衙署及乡、都人事工酬事宜。明清时期，处州府下属各县县衙设吏科，负责县衙及各乡、都人事事务，置胥吏2人。

北洋政府执政时期，云和县公署设政务科，负责人事工作。民国28年（1939），云和县政府设秘书室，负责人事管理工作。

民国34年（1945），丽水县政府设人事管理科，管理县署各科、乡镇及庄保人事备案。民国36年，龙泉县政府设人事管理科。民国期间，庆元县政府设人事管理科。

民国35年（1946），松阳县政府设人事室。

1949年7月，庆元县人民政府设人事科。1950年，松阳县民政科兼理劳动就业安置；县政府秘书处人事股办理人事工作。1951年，云和县政府设人事科。6月，龙泉县政府设人事科。10月，松阳县政府设人事科，与县民政科合署办公。1953年3月，遂昌县设立人事科。3月，青田县设立人事科。3月，缙云县设立人事科。4月，景宁县设立人事科。

1958年4月，龙泉县人事科更名龙泉县人民委员会人事劳动科。5月，遂昌县人事科更名县人事劳动科。6月，青田县人民委员会人事科改为县人事劳动科。11月，庆元县行政建制并入龙泉县，庆元县人事科撤销；松阳县行政建制并入遂昌县，松阳县人事科撤销。

1959年7月，遂昌县人事劳动科并入中共遂昌县委组织部。7月，景宁县设立劳动工资科。11月，龙泉县人事劳动科分设县人事科、劳动科。1960年2月，景宁县行政建制撤销，县人事劳动机构同时撤销。11月，青田县人事劳动科分设县人事科、劳动科。

1965年9月，龙泉县人事科与组织部合署办公。1966年4月，遂昌县人事科独立办公。

1968年9月，缙云县撤销人事科，相关职能并入县内务局。11月，各县革委会政工组组织办公室取代人事劳动机构，管理人事劳动工作。12月，各县人事部门撤销。

1973年7月，恢复庆元县行政建制，庆元县设立内务局，管理人事劳动事务。1977年7月，庆元县内务局更名县人事科。9月，青田县恢复人事科。10月，遂昌县恢复人事科。

1978年，缙云县恢复人事科。5月，云和县设立内务局。1979年6月，龙泉县设立人事科；12月，升格为龙泉县人事局。11月，丽水县人事科升格为县人事局。1980年2月，遂昌县人事科升格为遂昌县人事局。6月，青田县人事科升格为县人事局。7月，缙云县人事科升格为缙云县人事局。12月，云和县内务局更名县人事局。

1982年，松阳县行政建制恢复，设立县人事局、劳动局。1984年10月，景宁畲族自治县行政建置恢复，设立县人事局和县劳动局。

1993年6月，丽水市（县级）人事局与丽水市（县级）劳动局合并，更名丽水市（县级）人事劳动局。

1996年8月，庆元县人事局与劳动局合并，更名县人事劳动局。9月，缙云县人事局与劳动局合并，更名县人事劳动局；县机构编制委员会办公室挂靠人事劳动局。10月，云和县人事局与劳动局合并，更名县人事劳动局。10月，景宁畲族自治县人事局与劳动局合并，更名景宁畲族自治县人事劳动局。10月，青田县人事局与县劳动局合并，更名县人事劳动局。12月，遂昌县人事局与劳动局合并，更名遂昌县人事劳动局；松阳县人事局与劳动局合并，更名松阳县人事劳动局。1997年7月，龙泉县人事局与龙泉市劳动局合并，更名龙泉市人事劳动局。

2001年8月，丽水市（县级）人事劳动局更名丽水市莲都区人事劳动社会保障局，属莲都区政府工作部门。2001年8月，龙泉县人事局更名龙泉市人事劳动社会保障局，属龙泉市政府工作部门。10月，青田县人事劳动局更名县人事劳动社会保障局。11月，庆元县统筹办、县公医办并入人事劳动局，更名庆元县人事劳动社会保障局，属县政府工作部门。11月，云和县人事劳动局更名云和县人事劳动社会保障局，属县政府工作部门。11月，遂昌县人事劳动局更名县人事劳动社会保障局，属县政府工作部门。同年，松阳县人事劳动局更名县人事劳动社会保障局。2002年1月，景宁畲族自治县人事劳动局更名自治县人事劳动社会保障局。8月，缙云县人事劳动局更名县人事劳动社会保障局。

2010年，全市有莲都、龙泉、青田、云和、庆元、缙云、遂昌、松阳、景宁畲族自治县（市、区）等下属县级人事劳动社会保障局9个。

第四十二篇

民　　政

1. 基层政权建设
2. 优抚安置
3. 社会福利
4. 老区工作
5. 地名管理
6. 社会组织管理
7. 老龄工作
8. 殡　葬
9. 移　民

概 述

民政工作是最传统的行政管理工作之一。东汉建安四年（199），松阳置县后一直有疆域划分、基层行政组织设置、救灾救济等社会行政事务管理等民政工作。北宋开始，起对墓葬进行管理。元代至元年间（1264—1294）开始，有处州府城地名管理的记载。据清光绪《处州府志》记载，清代康乾时期，出现经常性的救灾救济工作。清末，政府专设民政机构，主管地方行政、地方自治、行政区划、警务治安、户口管理、风尚习俗、灾荒政务、移民事务、土地管理、官办土木工程、医药卫生、宗教寺庙、丧葬事务、编审图志、管理文物等各类民政事务。民国沿袭清末方法，设置民政部门负责地方民政事务，政府内民政为必设机构。

1949 年 10 月中华人民共和国成立后，丽水民政部门的主要职责是地方政权建设、行政区划、优抚安置、救灾救济、土地管理、户籍国籍管理、民工动员、婚姻登记管理、社团登记管理、移民安置、游民改造、禁烟禁毒、老区建设等。1966—1976 年“文化大革命”期间，丽水民政工作受到严重冲击。1978 年，国家恢复统管民政工作的机构，丽水民政部门的主要工作是优抚安置、救灾救济、社会福利、行政区划、基层选举、婚姻登记、殡葬改革及国家政府机构人事管理等。1983 年、1988 年、1993 年，三次机构改革对丽水民政部主管的业务都有所调整。根据 1993 年国务院批准的民政部机构改革三定方案规定，民政部主管的主要工作是救灾救济、优抚安置、社会福利、基层政权和基层群众自治组织建设、行政区划和地名管理、社团管理、婚姻登记管理、殡葬管理、收容遣送等工作，丽水民政机构沿袭上级职责。至 2010 年，民政职责没有发生变化。

第一章　基层政权建设

旧志记载明、清时县以下基层政权组织有乡、里、都、图、庄、保、甲等不同层级、不同形式的管理组织。

民国23年(1934),国民党通过《改进地方自治原则》,明确规定县地方制度采用县乡(镇、村)两级。民国政府推行地方自治基本上只限于制度形式层面,更多的是推行融“管教养卫”一体的保甲体制。民国24年8月,国民党第十八军“进剿”浙西南革命根据地后,在丽水乡村地区加强保甲体制。20世纪上半叶的民国政府时期,乡村治理主要实行的是名义自治实则军政控制的体制。

中华人民共和国成立后,运用国家政权的力量根本变革农村,建立和形成国家政权集中管理为特点的乡级体制。1953年3月,根据《中华人民共和国全国人民代表大会及地方各级人民代表大会选举法》(以下简称“《选举法》”)规定,丽水进行第一次基层选举。1954年9月通过的中华人民共和国第一部宪法,规定乡级政权机关为乡级人民代表大会和人民委员会。乡镇人代会代表由选民直接选举产生并接受选民监督,乡镇人民委员会由乡镇人代会选举产生。随着基层政权体系的建立,中国共产党的组织系统也在农村广泛建立起来,党组织在乡村治理中发挥着领导核心作用。农村基层政权体系建立后,由于土地改革和合作化运动而处于不断变化之中,直到1958年农村治理体系才基本定型,建立人民公社体制。人民公社一乡一社,特点是政社合一,即生产组织和政权组织的一体化。公社与原来的乡最大不同之处是,从事直接的生产管理。公社下设生产大队、生产队。这一体制一直延续20多年。

1983年10月,根据中共中央《关于实行政社分开建立乡政府的通知》,丽水各地实行政社分开,建立乡政府,同时按乡建立乡党委。乡的规模一般以原有公社的管辖范围为基础。在乡以下建立村民委员会,实行村民群众自治。

第一节　组织换届

民国30年(1941),国民政府公布《县参议员选举条例》《乡镇代表选举条例》,推行地方自治,进行县、乡、保民意机构选举,实为乡保长操纵。

1953年3月,进行第一次基层选举。到1965年,全区各县均进行基层选举6次,分别选出历届乡镇人民代表大会代表,并通过乡镇人民代表大会选举产生乡镇人民政府组成人员和出席县人民代表大会代表。

从1960年第四次基层选举起，取消乡镇政府，乡镇党委改为公社党委，乡镇人民委员会改为公社社务委员会，人民公社政社合一，实行统一领导、分级管理的制度，一般分为公社管理委员会、生产大队、生产队3级。1966—1979年，基层选举工作中断。

1980年，举行第七次基层选举，县级人民代表由乡镇人民代表大会选举改为选民直接选举，等额选举改为差额选举。1982年10月，中央决定乡镇人民代表大会延期至1984年与县级选举同时进行。1983年，政社分设。1984年，举行第八次基层选举。1987年，举行第九次基层选举。1989年11月至1990年6月，举行第十次基层选举。1995年，全区换届村委会365个，占应该换届的91%。次年，换届选举村委会963个。1997年，全区换届选举村民委员会1238个，占村民委员会总数的33.82%。至1999年，全区到届的村委会3506个，换届选举34906个，占应换届选举总数的99.71%。

2000年，全市村委会实行届期统一换届选举。2002年，第六届村民委员会换届选举启动。全市村委会3479个，完成换届选举工作村委会3432个，占98.6%。参加投票选举145.92万人，参选率87%。2003年，全市开展第六届村委会换届选举"回头看"。完成村委会选举8个，补选32个；补选村委会主任5人，村委会成员43人。2005年，全市第七届村委会换届选举工作基本完成。全市村委会3480个，完成换届选举村委会3319个，占总数95.5%。因库区移民、撤村建居及其他原因，经批准暂缓换届的村委会106个。全市平均参选率93%以上。选出新一届村委会成员11104人。

2007年，开展第八届村级组织换届选举。先开展8个乡镇村委会换届选举试点工作。采用"海推直选"32个，采取"自荐直选"66个，其他海选方式23个。在试点成功的基础上，全面开展村级组织换届选举。全市行政村3480个，应换届行政村3360个，因撤村建居、库区移民、整村搬迁等原因，暂缓换届的行政村120个。完成换届选举村委会3292个，占应换届村总数98%。其中采取有候选人选举的行政村699个，占21%；采用无候选人选举的行政村2593个，占79%。2009年，全市开展村民委员会换届选举"回头看"活动，对未换届村20个进行计划安排，采取工作措施，联系包干的县领导、乡镇领导、具体联系人。2010年，全市第九届村级组织换届选举开展试点工作。全市试点乡镇9个、行政村157个。大学生"村干部"当选17人。

第二节　组织管理

管理沿革

明成化《处州府志》载，县级以下基层政权有乡、里、图；清光绪《处州府志》载，县级以下基层政权有乡、都(类似于乡)、图、庄。

民国时期，国民政府在乡村基层组织体系的建立过程中，广泛采用"保甲制"。民国24年(1935)8月，国民党第十八军"进剿"浙西南革命根据地后，在丽水乡村地区加强保甲体制，在遂昌等地还强迫群众移民并村，建立"清乡善后委员会"，组织"剿共义勇队"，以图加强基层控制，摧毁红军挺进师进行游击斗争的群众基础。1949年4月，全区有乡镇230个，保2598个，甲24582个。

1949年5月，丽水解放。9月，地、县组织大批干部到农村，配合中国人民解放军，依靠人民群众，开展剿匪反霸，废除保甲制度，建立乡人民政权。1950年，全区组建乡镇人民政府442个，村行政委员会2814个。专区地委在斗争中锻炼培养脱产乡干部1038人，半脱产乡干部237人，不脱产村干部16114人。1958年，全区建立人民公社57个，入社农户398577户。1963年，共有公社287个，生产大队3511个，生产队23492个。

1981年，共有人民公社302个，生产大队3493个，生产队22951个。1983年3月，丽水地、县委组织工作组，在丽水县新合、平原人民公社进行政社分设试点。此后，各县由点到面铺开。1984年7月，全区乡镇312个，行政村3403个，在建立中共乡镇党委和村党支部的同时，建立乡镇人民政府和乡镇经济联合社，村民委员会和村生产合作社，实行党政分开，政企分开。

1992年，撤区扩镇并乡。1995年，有乡镇194个，村民委员会3661个和居民委员会147个。全区有村民自治示范乡镇1个，自治示范村79个。同年，缙云县壶镇镇湖川村民委员会被评为全国模范村民委员会，丽水市丽光村村民委员会主任刘满春被评为全国优秀村民委员会主任。1998年，有建制镇65个，乡129个，居民委员会176个，居民小组1474个；村民委员会3662个，村民小组23802个。行政村1197个建立村民代表会议制度，占村总数32.7%。1999年，举办村民委员会组织法培训班231场次。次年，全市为新当选的村委会成员进行培训。

2001年，开展创建村民自治示范县、村民自治示范乡（镇）、村民自治示范村活动。缙云县被评为省级村民自治示范县。同时，全面实行村务公开和建立村民代表制度。次年，培训第六届村民委员会新当选村委会成员9622人，并探索“无候选人”选举办法。莲都区、松阳县被省民政厅命名为村民自治模范区、县。2003年，开展村民自治示范活动和村务公开检查。村级会计委托代理和电算化管理大体形成，运转正常、透明，广大干部群众的知情权、参与权和监督权基本得到落实。次年，遂昌县被省民政厅命名为村民自治模范县。2005年，结合第七届村委会换届选举工作，对新当选的村委会成员9000多人进行培训。2006年，建立健全乡镇（街道）村务公开和民主管理工作领导机构。建立民主议事协商、集体财务审计监督、民主评议村干部3项制度。村务公开栏设置率100%。全市村1543个达到省村务公开和民主管理规范化示范标准。遂昌县被评为省级示范县，街道10个（乡、镇）被评为省级示范乡镇，村34个被评为省级示范村。2007年，建立健全市、县（市、区）城市社区建设工作协调（领导）小组，制定成员单位及办公室工作职责，制定《关于推进和谐社区建设的意见》《关于开展农村社区建设试点工作的实施意见》。次年，全市第八届村级组织换届选举工作结束后，县（市、区）开展对村委会成员和村民代表培训，提高村干部管理水平。

2009年，围绕村务公开和民主管理“三个三”要求，深化村务公开和民主管理规范化、民主政治、民主法制建设。全市行政村3480个，有行政村3340个达到村务公开和民主管理示范村标准，达标率96.1%。2010年，开展整治“难点村”工作。在深入调查的基础上，摸清难点村数，剖析存在原因及造成影响，提出整治工作方案和具体措施。全面实施村两委主要领导工作待遇，落实村书记主任的基本报酬，基本报酬不低于当地农民劳动力平均收入水平。健全村干部考核、基本报酬发放和财政资金管理机制。

村“两委”办公用房建设

20世纪60—70年代，全地区村“两委”基本无办公用房。村干部商议村务大多临时利用祠堂之类场所或村干部家。20世纪70—80年代，一些经济条件较好的村新建大会堂和办公房。2006年，执行省委办公厅、省政府办公厅《关于认真解决集体经济落弱村村级组织活动场所问题的意见》，开展村级组织活动场所建设。全市列入省村级活动场所建设计划的村1802个，年底全部建成并投入使用。

至2007年，全市新建、修建和购买租赁村级活动场所2018个，建筑面积超过25万平方米。投入公建资金10108.39万元。其中，省财政补助2132.1万元，省直部门帮扶546.5万元；市财政补助656万元，市直部门帮扶85.68万元；县(市、区)财政投入2257.31万元，县(市、区)部门、乡镇帮扶247万元；村级自筹资金2500多万元，村级党员干部投义务工1万多个。2010年，全市对活动场所较为破旧的行政村336个进行二轮修建，村级活动场所缺乏、破旧的问题得到全面解决。

第二章 优抚安置

优抚安置，是国家对从事特殊工作者及其家属，如军人及其亲属予以优待、抚恤、安置的一项社会保障制度。抗日战争胜利后，国民政府编制《中华民国忠烈将士名录》，褒扬在抗日战争时期阵亡的国民党军将士，名录中载有丽水籍阵亡将士1968人。1949年10月中华人民共和国成立后，丽水民政优抚安置的对象主要是红军、解放军的烈军属、复员退伍军人、残疾军人及其家属。优抚安置的内容主要包括革命烈士报批，提供优抚安置对象抚恤金、优待金、补助金，举办军人疗养院、光荣院，安置复员退伍军人等。

第一节 抚恤定补

1949年10月至1950年1月，抚恤对象926人。

1950年，对牺牲、病故、伤残军人、革命工作人员和参战民兵民工家庭发放一次性抚恤金。此后，提高牺牲、病故、伤残人员抚恤标准5次。

1985年1月1日起，革命烈士家属、因公牺牲军人家属和病故军人家属定期定量补助改为抚恤金。1985—1990年，发放一次性抚恤金35.66万元，定期抚恤金139.16万元，残废抚恤金158.66万元。

1993年，全区优抚对象76614人。优抚总金额192.6万元，其中优待军属金额177.9万元。1994年，优待总金额216.8万元，其中优待军属金额200.3万元。1995年、1998年、1999年、2000年，优抚对象人数、优抚标准稍有变化。

2000—2002 年丽水市优抚对象月抚恤补助标准情况

表 42-2-1-1　　单位：元/月

类别		标准		
烈士、因公牺牲军人家属定期抚恤费		2000 年	2001 年	2002 年
	城镇户口	210	230	280
	农村户口	190	210	260
病故军人家属定期抚恤费		—	—	—
	城镇户口	205	225	270
	农村户口	185	205	250
在乡复退军人定期补助费		—	—	—
	抗战时期入伍	169	179	200
	解放战争时期入伍	163	173	195
	建国后入伍	158	168	190
	其中孤老人员	不低于 179	189	不低于 230
红军失散人员定期补助费		—	185	—
	在红军部队 1 年以下	175	—	210
	在红军部队 1—3 年	178	—	220
	在红军部队 3 年以上	180	—	230
	其中孤老人员	可高于上述标准		

2000—2002 年丽水市革命伤残人员抚恤(保健)金标准

表 42-2-1-2　　单位：元/年

伤残等级	伤残性质	在乡标准			在职标准		
		2000 年	2001 年	2002 年	2000 年	2001 年	2002 年
特等	因战	6000	7000	8400	1180	1500	1800
	因公	5840	6840	8240	1150	1470	1770
一等	因战	4600	5400	6480	980	1200	1440
	因公	4470	5270	6350	940	1160	1400
	因病	4340	5140	6220	930	1150	1390
二等甲级	因战	2480	2900	3330	515	600	690
	因公	2370	2790	3220	495	580	670
	因病	2280	2700	3130	475	560	650
二等乙级	因战	1680	1940	2230	420	500	580
	因公	1600	1860	2150	400	480	560
	因病	1560	1820	2110	390	470	550

续表 42-2-1-2

伤残等级	伤残性质	在乡标准			在职标准		
		2000 年	2001 年	2002 年	2000 年	2001 年	2002 年
三等甲级	因战	1050	1180	1360	320	380	440
	因公	1030	1160	1340	300	360	420
三等乙级	因战	930	1050	1210	265	320	370
	因公	930	1050	1210	265	310	360

2005 年，制定《重点优抚对象优抚标准自然增长机制实施办法》。在按照国家基本标准抚恤补助基础上，提高烈属、因公牺牲军人家属、病故军人家属和革命伤残军人抚恤补助标准，提高本乡复员军人，红军失散人员和带病回乡退伍军人的定补标准。

2006 年，完善重点优抚对象医疗保障制度，将重点优抚对象纳入农村转型合作医疗体系和医疗资助范围。从 1 月起，将全市红军失散人员和本乡抗战老战士纳入基本医疗保险管理范围，医疗待遇参照县（市、区）企事业退休人员待遇。全市享受义务兵家庭优待 2556 户，其中城镇 439 户、农村 2177 户。发放优待金 756.95 万元。

2007 年 8 月开始，按照中央和省的统一部署，再次大幅度提高优抚对象抚恤补助标准。完成部分参加作战人员的界定工作，并给予发放定期生活补助。进一步完善重点优抚对象医疗保障制度，全面落实相关医疗保障政策，确保重点优抚对象医疗保障落实到位。全市享受优待义务兵家庭 2567 户。发放优待金 1006.1 万元。

2008 年，全市优抚对象 7.85 万人。10 月，按照中央和省统一部署，再次大幅度提高每个优抚对象抚恤补助标准。加强优抚政策法规体系建设，制定出台《丽水市军人抚恤优待实施细则》，起草《进一步做好丽水市区重点优抚对象医疗优待工作的意见》，在全市形成较完备的优抚政策法规体系，确保重点优抚对象各项保障政策落实到位。

2009 年，全市优抚对象 7.85 万人。从 1 月 1 日，开始施行《丽水市军人抚恤优待实施细则》。3 月初，出台丽水市人民政府办公室《关于进一步做好市区抚恤优待对象医疗保障工作的通知》。各县（市、区）相继印发《军人抚恤优待实施细则》和《医疗保障办法》。优抚政策法规体系不断完善，确保重点优抚对象各项保障政策落实到位。全市义务兵家庭优待金大幅提高。全市享受优待户 2510 户。全市义务兵家庭优待户均 5311 元。

2010 年，再次全面提高市区烈士遗属、因公牺牲军人遗属、病故军人遗属优抚金标准。

2009—2010 年市区烈士遗属等优抚金标准情况

表 42-2-1-3　　单位：元/人•年

户口类别	牺牲性质	标　准	
		2009 年	2010 年
城镇	烈士遗属	15768	16500
	因公牺牲军人遗属	14460	15120
	病故军人遗属	13140	13752

续表 42-2-1-3

户口类别	牺牲性质	标准	
		2009 年	2010 年
农村	烈士遗属	13140	13752
	因公牺牲军人遗属	11832	12372
	病故军人遗属	10512	10992

2009—2010 年市区在乡失散红军等人员优抚金标准情况

表 42-2-1-4　　单位：元/人•年

类别或入伍时间	标准	
	2009 年	2010 年
红军失散人员	11172	11952
抗日战争入伍的复员军人	6756	7719
解放战争或建国后入伍的复员军人	6756	7236
带病回乡退伍军人	5970	6216
解放战争或建国后入伍的复员军人孤老	7152	7839

2009—2010 年参战退役人员优抚金标准情况

表 42-2-1-5　　单位：元/人•年

户口类别	类别	标准	
		2009 年	2010 年
城镇	参战退役人员	4800	5040
农村	参战退役人员	3600	3840

2009—2010 年市区残疾军人、伤残人民警察、伤残国家机关工作人员、伤残民兵民工残疾抚恤金标准情况

表 42-2-1-6　　单位：元/年

残疾等级	残疾性质	抚恤金标准
一级	因战	28690
	因公	27780
	因病	26870
二级	因战	25960
	因公	24600
	因病	23680
三级	因战	22770
	因公	21410
	因病	20040

续表 42-2-1-6

残疾等级	残疾性质	抚恤金标准
四级	因战	18670
	因公	16850
	因病	15490
五级	因战	14580
	因公	12750
	因病	11840
六级	因战	11390
	因公	10780
	因病	9110
七级	因战	8660
	因公	7740
八级	因战	5470
	因公	5010
九级	因战	4550
	因公	3640
十级	因战	3190
	因公	2730

第二节　拥军优属

中华人民共和国成立后，每年“八一”建军节和元旦、春节期间，开展拥军优属、拥政爱民活动。1949 年 10 月至 1950 年 1 月，安置和抚恤优抚对象生活 926 人。1950 年，对牺牲、病故、伤残军人、革命工作人员和参战民兵民工家属发放一次性抚恤金。此后，提高牺牲、病故、伤残人员抚恤标准 5 次。1951 年春节，广泛开展抗美援朝、拥军优属宣传。1950 年 6 月至 1951 年 6 月，因生活困难、自然灾害等临时补助 145 人。1951 年 9 月，全区优待烈军属 2817 户，占烈军属户 71.4%，代耕土地 850.4 公顷。1953 年 2 月，组织各县人民春节慰问团进行慰问。1964 年，优待烈军属5223户，占烈军属户 52%，优待劳动日 2.79 万个，粮食 26.05 万千克，现金 3.77 万元。1964 年，定期补助 416 户，户均 86 元。

1977 年 1 月，浙江省革命委员会组织新年、春节拥军慰团第九分团慰问驻丽部队。1979 年优待烈军属 8076 户，占烈军属户 63%,优待劳动日 49.62 万个，粮食 4.23 万千克，现金 13.01 万元。1979 年，定期补助 1357 户，户均 92.4 元。

1979—1984 年，结合对越自卫反击战，在烈士所在地召开庆功会、追悼会。每年拥军优属活动，由地、县党政领导向当地驻军慰问和向烈军属、革命伤残军人拜年，致慰问信，举行军民联欢、座谈会及向烈军属送对联、光荣牌。1980 年，定期补助 2164 户、2236 人，人均 282 元。1981 年，优待烈军属优待金户均88.8元，1984年，为170元。

1985年1月1日起，革命烈士家属、因公牺牲军人家属和病故军人家属定期定量补助改为抚恤金，享受定期抚恤金的642人，月人均22元，1990年，享受定期抚恤金的645人，月人均43元。1985—1990年，发放一次性抚恤金35.66万元，定期抚恤金139.16万元，残废抚恤金158.66万元。

1985年后，地、县党政领导对驻军慰问和向烈军属、革命伤残军人慰问活动从简，地、县一般只召开小型军民座谈会、文艺联欢会或电影招待会。1988年，优待烈军属优待金户均296.6元，1990年，342元。1979—1990年，发放临时补助288.1万元，定期补助1003.49万元。

1992年起，地区每年新春举行拥军座谈会。地区五大班子和丽水军分区驻丽部队、武警支队、消防支队等党政领导出席。同时，“八一”建军节前后，丽水地、市党政领导及有关部门的负责人，分别走访驻丽部队，向解放军指战员和武警官兵表示节日的亲切问候。

2000年，全市全年慰问部队经费171.55万元（含慰问物资），支持部队建设投入经费280.97万元；赠送驻丽部队电脑20台，赠送图书2250册；培养军地两用人才260人，科技拥军投入6.5万元；出台拥军政策文件7个；安置转业干部63人，安置“军嫂”13人，解决部队子女入学入托28人。全市全年优待军属4065户，发放优待金户均1272元。10月25日，市党政军领导，与市直单位及莲都区志愿军烈属、志愿军老战士200多名代表在丽水万象山下，举行丽水市纪念中国人民志愿军抗美援朝出国作战50周年纪念大会。10月中旬，全市开展慰问、帮扶志愿军烈属和志愿军老战士活动。全市投入24.6万元为志愿军烈属和志愿军老战士1141人解决实际困难。

2002年，慰问驻丽水部队经费和物资199.68万元，支持部队建设投资445.6万元，科技拥军13.9万元；安置转业干部28人，安置城镇退役士兵380人，安置随军家属13人，培养军地两用人才144人。

2006年1月16日，省委、省政府、省军区命名表彰丽水市和遂昌县、庆元县、缙云县为省双拥模范城（县）。1月20日，武警丽水支队获武警总部授予“基层建设标兵支队”称号，市委、市政府做出向武警丽水支队学习的决定，号召全市干部群众学习武警丽水支队的先进事迹。市双拥办公室和市妇联开展第二届丽水市“十佳好军嫂”“十佳兵妈妈”的评选、表彰和宣传活动。开展纪念中国红军长征胜利70周年系列活动。

2007年7月25日晚，举行建军80周年联欢晚会暨“绿谷风”文化大篷车进军营活动启动仪式，市、区四套班子领导，市、区双拥领导小组成员，驻丽部队官兵，社会各界爱国拥军代表3000多人参加。晚会表彰丽水市第三届“十佳好军嫂”“十佳兵妈妈”。市国防教育委员会办公室、市双拥领导小组办公室等单位联合举办建军80周年纪念邮展。全年慰问驻地部队经费和物资398万元；支持部队建设投入经费3330多万元；科技拥军投入51万元，培养军地两用人才872人。安置驻丽水部队干部随军家属就业11人，解决子女入学入托98人。

2008年，全市慰问驻地部队经费和物资800.8万元，支持部队建设经费2599.4万元，科技拥军投入38万元，培养军地两用人才293人。安置驻丽水部队随军家属就业16人、解决子女入学入托96人。

2009年，市财政安排部队基本建设经费4482万元，为军分区民兵训练中心、军分区装备修理所、水阁消防站、武警支队迁建工程等建设提供充足的经费保障。组织“丽水文艺家送戏进军营”“文化大篷车进军营”“电影进军营”“图书进军营”“舞蹈培训进军营”等活动。全市各级党委、政府和社会各界慰问驻地部队经费和物资506万元，支持部队建设投入经费10807万元，科技拥军投入125万元，培养军地两用人才256人。安置驻丽部队干部随军家属就业11人，解决子女入学入托86人。

第三节　复退军人安置

1950—1957年，主要安置复员军人。1958年，开始安置退伍军人，本着“按系统分配任务，包干安置”的原则进行安置，至1979年，安置退伍军人28709人。1984年后，重视对军地两地人才的使用，至1987年，接收农村退伍军人3966人，其中有一技之长的1196人，适当安排对口工作，占农村退伍军人数的30.15%。1987年5月，普查红军失散人员711人，补助金额2.5万元，月人均29.31元。1989年，接收安置退伍军人687人。1950—1990年，安置复员军人16841人，退伍军人43336人，接收安置军队离退休干部57人。

2001年，全市退役士兵自谋职业就业率98%，提前一年实现安置改革的预期目标。松阳县为民政部退役士兵安置工作试点单位，在全国退役士兵安置工作经验交流会上介绍经验，自谋职业率达100%。

2002年，除服役满10年以上的士兵、进藏兵、伤残士兵等重点对象就业安置外，2001年冬季退役士兵自谋职业率100%。开发使用军地两地人次95%以上。至2002年，全市基本形成“安置就业、扶持就业、自谋职业和经济补助相结合”的退役士兵安置保障体系。3年间，全市筹措发放安置保障金1500万元，为鼓励、支持退役士兵自谋职业，各地出台一系列扶持政策，保障退役义务兵自谋职业享有优惠政策。

2003年，发放自谋职业补助金440万元，待安置期间生活补助费25万元。同年起，每年均有部分退役士兵选择自谋职业，政府发给一定的安置保障金及退役士兵安置期间生活补助费。

2005年，市区安置转业士官首次实行安排就业和自谋职业结合，采取文化考试与现实表现相结合的方法，顺利完成安置工作。丽水市人民政府被省政府、省军区评为2004年度冬季退役士兵安置工作先进单位。

1995—2010年丽水市(地区)退役士兵安置情况

表42-2-3-1　　单位：人

年份	接收总数	义务兵	转业志愿兵	农村安置	城镇安置	退役自谋职业
1995	1031	1000	31	795	236	—
1996	748	80	603	225	2	—
1997	546	509	37	395	151	3
1998	958	923	35	732	226	—
1999	900	852	48	225	675	—
2000	1576	1511	65	453	1123	—
2001	1232	1175	57	345	887	—

续表 42-2-3-1

年份	接收总数	义务兵	转业志愿兵	农村安置	城镇安置	退役自谋职业
2002	1393	1337	56	380	1013	—
2003	1244	1197	47	255	989	—
2004	1413	1372	41	251	1162	210
2005	1278	1221	57	295	953	253
2006	1070	1025	45	244	826	213
2007	1181	1143	38	220	961	186
2008	1353	1238	115	196	1042	234
2009	1237	1143	94	265	972	207
2010	1240	1193	47	194	1046	157

第四节　烈士陵园

各县从 1952 年开始分别先后修建烈士陵园。至 2010 年，全市有烈士陵园 11 处。县（市、区）和民政部门制定烈士陵园管理规定、烈士陵园建设、绿化规划、烈士陵园卫生责任制度，明确职责。每年安排一定管理经费，配备专职人员，负责日常巡护、打扫卫生、修剪花木等日常管理工作。

莲都区万象山革命烈士陵园

万象山革命烈士纪念碑，位于丽水市莲都区括苍路万象山公园内。纪念碑始建于 1967 年，占地面积 42.1 平方米。1991 年，重修。2007 年，投资 10 万元，建立莲都区万象山烈士陵园。省民政厅拨款 20 万元重修纪念碑。万象山烈士陵园为县级爱国主义教育基地和县级烈士纪念建筑文物保护单位。

龙泉市革命烈士陵园

1959 年，龙泉县政府在龙泉城区北隅安清山修建龙泉县革命烈士陵园。1980 年，投资 5000 多元修缮龙泉市革命烈士陵园。维修革命烈士陵园门楼，粟裕大将题写“龙泉革命烈士陵园”。1984年，投资 2 万多元，新建季步高烈士纪念亭；投资 2 万多元，新建粟裕将军部分骨灰敬撒处；1989 年，投资 5 万多元，新建烈士陵园管理房和厕所。1991—1993 年，投资 70 多万元，新建革命烈士纪念碑和纪念广场，迁移李逸民纪念碑和张麒麟、许信焜烈士墓。1996 年，投资 6 万多元，进行修缮。粟裕纪念碑重新用花岗岩贴面，新建第一任中共浙西南特委书记宗孟平纪念碑。1982 年，烈士陵园列为龙泉市重点文物保护单位。1995 年，龙泉市革命烈士陵园被省政府授予首批省级爱国主义教育基地。

青田县革命烈士陵园

1953 年，青田县委、县政府在青田县城东门外荒地上收埋烈士遗骸。1958 年，由省人民政府拨款在此兴建“青田县革命烈士陵园”。1997 年 10 月，投资 50 万元修缮青田县革命烈士陵园。投入 5 万元，修建麻植烈士纪念碑。1988 年，投入 10 万元，创建革命烈士陈列室。2010 年，投入 40

万元，修缮烈士陵园管理用房和革命烈士陈列室及烈士墓。烈士陵园为县级爱国主义教育基地。

云和南山革命烈士纪念碑

2003年10月，中共云和县委、云和县人民政府决定建立南山革命烈士纪念碑，工期半年。2004年4月2日，纪念碑落成。南山革命烈士纪念碑位于云和县城中心南面1座100多米高的南山，为云和县爱国主义教育基地。

庆元县石龙山烈士陵园

1978年，中共庆元县委、县政府决定修建庆元县石龙山烈士陵园。1979年，动工，1992年进行2次扩建。2000—2001年，投入45.65万元修缮庆元县石龙山烈士陵园。2005年，庆元县财政投入38万元，安装陵园亮化工程。2006年，投入6.3万元装修布置纪念馆。2007年，投入4.69万元铺设烈士墓前坪花岗岩火烧板263平方米。2008年，投入4.08万元修复纪念碑和六角亭；投入19.98万元新建台阶道路218米。1995年，成为县级爱国主义教育阵地。

缙云县革命烈士陵园

1981年，在缙云县城南部塔下畈建成缙云县革命烈士陵园，整个陵园占地2万多平方米。2000年以后，投入资金100多万元，对陵园进行改造。1991年，被县政府确定为重点烈士纪念建筑保护单位；1995年，被命名为爱国主义教育基地；2002年12月，被省政府批准为省重点烈士纪念建筑物保护单位；2006年，更名缙云县革命烈士陵园。

遂昌县革命烈士陵园

1957年3月，中共遂昌县委在县城车站路原火柴厂后山兴建遂昌县革命烈士公墓。1963年2月20日，遂昌县委决定在县城城东之凤凰山重新兴建遂昌县革命烈士墓，1964年4月5日，举行烈士墓落成和纪念缅怀烈士仪式。1993年12月26日，遂昌县委决定再次迁移革命烈士墓，在县城妙高山兴建遂昌县革命烈士陵园。

2010年，投入资金14万元，对遂昌县革命烈士陵园基地、围栏、广场、烈士墓后墙等进行修缮。遂昌县革命烈士陵园为县级爱国主义教育基地和县级烈士纪念建筑文物保护单位。

松阳县革命烈士陵园

松阳烈士陵园原为松阳县革命烈士墓，始建于1971年11月，位于西屏山巅。1982年恢复松阳县制后，因开辟西屏山公园，在西屏山西麓重新选址扩建烈士陵园，于1989年3月13日，竣工揭碑。新建成的松阳烈士陵园坐落于松阳县西屏山西麓岗顶，占地0.33公顷，建筑面积1039平方米，投资22万元。松阳烈士陵园为丽水市爱国主义教育基地。

景宁畲族自治县寨山烈士陵园

寨山烈士墓建于1952年。时建革命烈士纪念碑，碑高8米，宽1.5米，碑前并列半球状坟墓3处，墓周铭刻抗日战争以来壮烈牺牲的烈士英名。1971年，因纪念碑风化倾斜重新修建。1988年，扩建为寨山革命烈士陵园，占地面积1980.5平方米。曾在景宁工作过的老首长曾涛和浙江省委原书记薛驹分别题撰碑文。1990年，大规模修缮景宁畲族自治县寨山烈士陵园。2003年，投入资金6.3万元，在纪念碑前方两侧建立"英烈亭""青史亭"。2006年，李振彪烈士墓因滩坑电站建设需要，经省政府批准迁建至九龙乡王湾村。寨山烈士陵园、李振彪烈士墓现为县爱国主义教育基地和烈士纪念建筑文物保护单位。

第三章　社会福利

社会福利主要是民政部门对生活能力较弱的儿童、老人、家庭、残疾人、慢性精神病人等的社会照顾和社会服务，主要包括救灾救济、救助管理、社会福利事业、福利企业、福利彩票发行。救灾即灾害发生过程中或灾后政府进行的救护工作。古志中几乎未见记载，清康乾时期，政府救济记录较多。清末，民政记录较少。民国时期，民政记录鲜见。社会救济即人们在其不能维持最低限度的生活水平时，根据有关法律规定，有权要求国家和社会按照法定标准向其提供满足最低生活需求的资金或实物救济的一种社会保障制度。救助管理即是对城市流浪乞讨人员的帮助管理。社会福利事业即是政府主导培育社会机制，完善全社会参与的福利事业。福利企业是安排残疾人员就业的企业。

第一节　救灾救济

救 灾

宋大中祥符九年(1016)，丽水大水，朝廷遣使发粮赈贷。明嘉靖十二年(1533)，因旱免处州府田粮。明隆庆二年(1568)十月，以金、衢、严、处四府旱，停免税粮有差。明隆庆三年，以水灾免丽水、青田、缙云、松阳、遂昌、龙泉、云和等县存留钱粮。清顺治十二年(1655)，庆元大饥，多饿殍，知县石声垣先赈粥五日，民间乐施者日煮粥于塔院。清康熙四十一年(1702)十二月，户部复准缙云被灾田免银一千九百二两四钱，并查明真正灾民，支谷赈济。清康熙五十二年秋旱，户部复准准丽水、缙云、松阳等县受灾田亩应免银两，灾民赈济米谷。清康熙五十三年十一月，户部报秋旱，免丽水、缙云、松阳等县被灾田亩银两，并令查明灾民，动常平仓米谷赈济。清嘉庆五年(1800)，丽、缙、松、遂、宣五县水灾，漂没人口，冲坏桥堰，砂石积压田亩，经奏请赈恤有差。清中期各县均设常平仓，政府夏季购进粮食冬季卖出以稳定粮价，并以部分救济难民。另有一些官办或民办的类似的仓库如社仓、义仓之类。清末，府城城隍殿每天烧有几大锅粥，专门布施给鳏寡孤独等困难户。民国31年(1942)6—8月，日本侵略军窜犯丽水，民国浙江省政府派员抚慰赈济55.5万元。民国33年，日本侵略军再犯丽水，民国浙江省政府派员赈济

55.5 万元。

1960 年，丽水县发生浮肿病。丽水县委派出医疗队，拨出统销粮、救济款、棉衣、棉絮、棉毯，解决浮肿病人的缺粮缺衣问题。

1971 年春、夏、秋发生旱灾。9 月，发生大风雨灾情。省人民政府下拨救灾款 80 万元。

1982 年春，受风、雹、涝等自然灾害袭击，丽水地区行署和各县政府组织工作组下乡救灾。省人民政府拨救灾款 37 万元，救济灾民 26650 人。1988 年，连遭水、旱、风、雹等自然灾害，死 56 人，房屋倒塌 4906 间，损坏 12699 间，累计受灾 154.7 万人，仅水灾 1 项，受灾 4.19 公顷。各级党政领导深入灾区救灾。省政府拨救灾款 418 万元，救济灾民 45368 户，18.7 万人。享受国家救济和集体补助困难户 35758 户，152095 人。发放扶贫资金 139.8 万元；扶持贫困乡 31 个，贫困户 21900 户。当年脱贫乡 11 个，5432 户。

1990 年，全区连遭旱涝灾害，死 23 人，房屋倒塌 4965 间，损坏 44771 间。省政府拨救灾款 419 万元。扶持贫困户 6715 户，脱贫 6648 户。

1992 年 8 月 29—31 日，全区受第 16 号热带风暴影响，淹死 37 人。地区组织干部 5000 多人参加抗洪抢险。

1995—2010 年丽水市灾情及救灾情况

表 42-3-1-1

年份	地点	灾害事件	灾　情	救灾	
				救灾款	救灾物资
1995	全区	风雹灾、水灾、旱灾	灾民 233.88 万人，死 13 人；作物受灾 14.66 万公顷，减产 96.69 万吨，倒塌民房 2874 间，损坏 18.08 万间，直接经济损失 9.36 亿元	政府救济 726 万元	—
1996	全区	水、旱灾和 8 号台风	灾民 180.26 万人，重灾民 10.27 万人，死 79 人；作物受灾 9.04 万公顷，减产粮食 55.46 万吨；倒塌房屋 10708 间，损坏 150413 间。直接经济损失 11.15 亿元	省拨 1356 万元，下拨青田灾民新村补助款 160 万元	衣物 3.13 万件，粮 70 万千克
1997	全区	“7·9”洪灾和 11 号台风袭击	灾民 173 万人，死 12 人，重伤 351 人；作物受灾面积 6.33 万公顷，减产 8.63 万吨；损坏房屋 5.93 万间，倒塌 8265 间	政府救济及个人捐款 1780.7 万元	衣物 2.3 万件
1998.06	全区	洪涝灾害	灾民 158.31 万人，死 39 人；作物受灾 7.81 万公顷，绝收 0.8 万公顷，减产 8.13 万吨；损坏房屋 2.37 万间，倒塌 1.02 万间。直接经济损失 10.45 亿元	政府救济及个人捐款 474 万元	衣物及其他物资一批
1999	全区	6 月洪涝、9 月 9 号台风	农作物受灾面积 2.75 万公顷，减产 2.23 万吨。灾民 80.26 万人，死 20 人。倒塌房屋 3229 间，损坏 1.43 万间。直接损失 3.53 亿元	省拨救灾救济款 545 万元	—
2000	全区	1 月低温、6 月水灾及 8 月台风	作物受灾 4.22 万公顷，减产 4.81 万吨。灾民 108.16 万人，死亡 14 人。倒塌房屋 3764 间，损坏 10481 间。直接经济损失 6.09 亿元	政府救济及社会捐款 814.5 万元	—

续表 42-3-1-1

年份	地点	灾害事件	灾　情	救　灾	
				救灾款	救灾物资
2000	全区	1月低温、6月水灾及8月台风	作物受灾4.22万公顷，减产4.81万吨。灾民108.16万人，死亡14人。倒塌房屋3764间，损坏10481间。直接经济损失6.09亿元	政府救济及社会捐款814.5万元	—
2001	全市	2—3月冰雹和7—8月台风	作物受灾1.85万公顷，因灾减产粮食1.76吨。灾民84.78万人，死亡7人。倒塌房屋1253间，损坏36183间。直接经济损失2.36亿元	省拨救济款811万元	—
2002	全市	低温冰冻、冰雹、强暴雨等	作物受灾4.04万公顷，绝收3761公顷，毁坏耕地151公顷；灾民157.38万人，死亡8人；倒塌房屋3834间，损坏61283间。直接经济损失4.27亿元	政府救济及社会捐款787.5万元	衣物10.23万件(条)；救灾物资44万元
2003	全市	1月大雪、6—7月份，水旱灾害	公路交通、电力供应、广播电视通讯中断。农作物受灾11.23万公顷，灾民10.82万人，死亡7人。倒塌房屋1558间，损坏80939间。直接经济损失12.66亿元	下拨救灾救济款1145万元。	投入救灾物资161万元
2004	全市	低温冰冻、冰雹、大暴雪；台风	受灾1403082人，死亡3人；损坏房屋34399间，倒塌4709间；作物受灾63096公顷，直接经济损失7.04亿元	投入救济款2170.4万元	投入救济物资71万元
2005	全市	冰冻、大暴雨；台风4次	受灾175.4684万人，死亡15人；作物受灾50015公顷；倒塌房屋9621间，损坏70743间。直接经济损失24.07亿元	下发救济款2214.3万元	下拨238.8万元物资，救灾口粮1088.65吨，衣被35620件
2006	全市	强降雨；台风	灾民134.86万，死44人(失踪8人)。作物受灾面积50888公顷，倒塌房屋9561间，损坏50345间。直接经济损失17.04亿元	救济款2687.6万元	救灾物资344.7万元
2007	全市	冰雹、雷击、暴雪、台风	局部地区发生泥石流灾害。死亡11人，失踪1人。损坏房屋2325间，倒塌1419间。直接经济损失12.89亿元	投入救灾救济款826.96万元	投入救灾物资306.3万元
2008	全市	冰雹、雨雪、台风、暴雨、洪涝	死1人；倒塌房屋660间，损坏房屋37645间。直接经济损失29多亿元	救济款1366万元	救灾物资508.13万元
2009	全市	冰雹、台风、洪涝、风雹	灾民62.28万人，死亡2人；房屋倒塌885间，损坏10150间；直接经济损失9.6亿多元。	救济款398.20万元	救灾物资103.5万元
2010	全市	风雹、洪涝、台风、山体滑坡和泥石流、低温冷冻和雪灾	受灾乡镇(街道)644个次，灾民161.2万人次，死6人；倒塌房屋1684间，损坏49391间；作物受灾70.18千公顷。全市直接经济损失25.9亿元	救济款1518.77万元	物资价值293.58万元

扶贫救济

1950年，丽水遭遇2次水灾，丽水军管会组织群众开荒救灾。丽水县开荒70公顷，龙泉县开荒165.4公顷。1951年8月秋，大旱，丽水专区机关组织工作队，到缙云、丽水、松阳县开展抗旱。同年，各县社会互助福利委员会成立，发动社会互助互济。龙泉县福利会募捐办碾米厂，安排失业工人和贫苦农民360人，获工资米1万千克，救济1800多人。1964年8月，丽水县发放救济款1.54万元，以无息贷款形式，扶持困难户1328户，养猪1328头。1979年，丽水地区临时救济28315户，金额40.75万元；社、队补助农村苦难户6758户，金额16.8万元。1983年起，丽水地区扶持贫困户发展生产，开展扶贫乡镇151个，扶持贫困户9814户，脱贫1824户。1986年，丽水地区建立扶贫责任制，地区机关部门11个，分别扶持贫困乡11个，各县(市)选择重点扶持的贫困乡41个。减免贫困户农业税款150万元；发放无息有偿扶贫贷款64.25万元，扶持贫困户4672户，当年脱贫1704户。1988年，丽水地区享受被国家救济和集体补助困难户35758户，152095人，发放扶贫资金139.8万元；扶持贫困乡31个，贫困户21900户，当年脱贫乡11个、5432户，年人均收入不到300元乡109个，占乡镇数32.54%，人口69.04万，占人口数32.46%。1990年，扶持贫困户6715户，脱贫6648户，人均收入不到300元的乡81个，占乡镇数24.17%，人口51.75万，占人口数24.15%。1983—1990年，丽水地区扶持农村贫困户67901户，其中脱贫32628户，部分成为富裕户。1998年6月30日，丽水地区全部实施城乡最低生活保障制度，落实保障资金315.22万元，解决生活困难群众14247人。2010年，丽水市城乡低保对象67444人，城镇4431人、农村63013人。丽水市启动困难群众基本生活价格补贴发放4次，发放价格补贴7.2万人次、1336.78万元。

第二节 收容遣送与救助管理

收容遣送

1986年6月，丽水地区收容遣送站建立，投资15.74万元。同年，丽水地区收容遣送站收容4人，遣回原籍。1987年，地区收容遣送站收容3人，外地转入77人，遣回原籍。1990年，地区收容遣送站收容235人，外地转入84人，遣回原籍。

2001年，市收容遣送站收容遣送2600人次。从盲流人员分类看，偷窃诈骗、吸毒卖淫等违法嫌疑人员、打工无着等其他人员占的比重较大，因灾或生活困难乞讨、以乞讨生财致富、呆、哑、盲、残、精神病患者、被拐骗拐卖妇女、儿童所占比重较小。

2002年，丽水市民政局与市卫生局专门召开专题解决街头危重病人治疗协调会。同年，丽水市收容接收盲流人员96次，收容遣送盲流人员1568人次，其中市遣送站直接收容242人次。兄弟市站以及各县、市遣送站送来505人次，公安收容821人次。

救助管理

1986年起，丽水市实施救助管理，完善收容遣送制度。2003年8月，丽水市实施新的《城市生活无着的流浪乞讨人员救助管理办法》。同年，全市收容遣送流浪乞讨人员 894 人次。对生活无着落流浪乞讨人员采取文明、开放式管理，随时让求助人员打电话与亲人联系，保护他们的合法权益。对有能力回家、自愿要求回家的，提供车票送其上车；对年老体弱、妇女、儿童、残疾人等通知家人来站接回，个别无亲属来站接回的，负责派人护送到原籍给当地政府安置。“非典”期间，收容遣送站积极采取有效措施，制定防治“非典”工作应急措施，并将预案报市防治“非典”领导小组办公室备案。

2004 年，丽水市救助 1118 人。2005 年，丽水市救助生活无着流浪乞讨人员 1287 人次，其中外省户籍 1135 人次，16 岁以下少年儿童 86 人次，危重病人 29 人次，精神病人 33 人次，痴呆人员 27 人次，肢体残疾 131 人次；提供救助车票 1189 人次。

2006 年，丽水市接收求助人员 1392 人次，救助生活无着流浪乞讨人员 1297 人次，其中男性 1159 人次，女性 138 人次；外省户籍 1141 人次，本省户籍 156 人次；16 岁以下少年儿童 96 人次、青壮年 1083 人次、60 岁以上老年人 118 人次；健康人员 1054 人次、危重病人 28 人次、精神病人 37 人次、痴呆人员 29 人次、肢体残疾 149 人次。同年，丽水市提供救助车票 1177 人次、亲戚朋友寄钱返乡 12 人次、单位或亲戚接回 12 人次，流出地民政部门接回 8 人次、提供住食通讯联系 28 人次、帮助找到工作 7 人次、擅自离站 9 人次、拒绝或终止救助 13 人次、护送回原籍 23 人次，会同当地政府安置特殊困难救助人员 5 人次。

2007 年，丽水市救助生活无着流浪乞讨人员 2219 人次，其中市站直接救助 1312 人次。同年，丽水市机构编制委员会《关于市民政局机构问题批复》，“同意市流浪未成年人救助保护中心在本市救助管理站挂牌，给市救助管理站拟加编制 1 名”。10 月 20 日，丽水市救助管理站迁建和未成年人救助保护中心动工，筹集救助管理站建设资金 850 万元，其中省民政厅补助 500 万元、市财政 250 万元、市民政局 100 万元。

2008 年 6 月，丽水市召开全市民政部门分管局长参加的全市救助管理在会议，落实省“十一五”规划“每县、市和有条件的区建立 1 所救助管理站”的要求。至年底，景宁、云和、庆元、松阳、缙云 5 个县建立救助管理站。9 月，丽水市救助管理站设立丽水市反家庭暴力庇护中心。同年，救助生活无着流浪乞讨人员 2776 人次。

2009 年，丽水市落实救助管理信息系统与全省联网工作，基本完成市救助管理站暨流浪未成年人救助保护中心项目主体工程建设，救助生活无着落流浪乞讨人员 3158 人次；外省户籍 2662 人次，本省户籍 496 人次。

2010 年，丽水市救助生活无着流浪乞讨人员 3273 人次，提供救助车票 2146 人次，既提供乘车凭证又提供现金 779 人次，亲戚朋友寄钱自费返乡 69 人次，单位或亲戚朋友接回 12 人次，流出地民政部门接回 7 人次，提供住食通讯联系 70 人次，自愿离站 59 人次，擅自离站 31 人次，拒绝或终止救助 18 人次，护送回原籍 72 人次，会同当地政府安置特殊困难救助人员 10 人次。同年，市救助管理站被民政部评为上海世博会、广州亚运会、亚残会举办期间救助管理工作先进单位。市救助管理站原编制 9 名，担负着丽水市跨省接护送和中转任务，救助管理任务繁重。12 月，丽水市编委批文同意增加市救助管理站人员编制 2 名，编外用工 3人。

第三节　福利机构与企业

福利机构

明成化年间(1465—1487),处州府设养济院,“在城东二里”。清雍正十一年(1733),各县设养济院。清光绪年间,处州养济院或修或迁或废。清乾隆二十年(1755),丽水县在县治东城隍庙右建育婴堂1所。清光绪元年(1875)冬,处州收养、寄育女婴300余人。清道光年间,贡生叶庭晖等人在丽水县西四十里碧湖捐设保婴社。清同治九年(1870),青田知县魏明捐俸百千,创立保婴会,凡是生女儿的家庭均可领到3千钱,用于女童哺育资助费用。缙云县、松阳县、遂昌县、龙泉县、庆元县、云和县、景宁县也均建有育婴堂、养济院、保婴会等,主要用于弃婴、女童的救济救助。1949年中华人民共和国成立前夕,丽水、遂昌、缙云县有育婴堂,遂昌、云和县有养济院。

1949年至1950年1月,丽水专区收容弃婴3人,安置残疾婴儿17人。1950年,丽水县育儿所托养弃婴23人,雇乳母23人。1965年,民政部门负责托养婴孩81人,其中集体托养30人,分散托养51人,年末住院儿童46人。1979年,丽水县社会儿童福利院收养残弱儿童97人,出院26人、死亡4人。年末在院儿童23人。1984年,丽水县、缙云县儿童福利院,收养残疾儿童53人,出院26人、死亡4人。1990年,丽水、缙云2县儿童福利院,收养残疾儿童123人,出院19人,死亡32人。年末在院儿童72人,其中婴幼29人。

1956年,各县实行无依无靠孤老残疾人员“五保”制度。1958年,各县开展兴办敬老院。至1960年,各县敬老院先后解散。1964年,各县选择1个大队进行“五保”户供给补助试点,推行发展家庭副业。1979年,丽水地区农村供养“五保”人员5640户、6769人。1981年,丽水地区集体供给“五保”户现金(实物折合)24.28万元,国家救济5.27万元。1987年,丽水地区“五保”户由村供养改为乡统筹供养的乡41个。1988年,丽水地区农村由集体供养的“五保”户3963人,供给现金62.9万元;国家救济的3009人,救济费29.7万元;乡统筹供养的乡80个,办敬老院的乡18个,住院老人105人。1990年,农村由集体供养的“五保”户3141人,供给现金84.1万元;国家救济的2275人,救济费33.2万元;乡统筹供养的乡142个,办敬老院的乡18个,住院老人107人。

1995年,丽水地区有综合福利院、儿童福利院4家,床位245张,收养儿童66人。社会救济标准:儿童福利院收养儿童每人每月100元。地区收容遣送站收容的流浪乞讨人员,每人每天2元。城镇“三无”孤老,每人每月90元。享受40%救济的精减老职工,每人每月150元。年老体弱无依无靠,无生活来源,不具备享受40%救济的老职工,每人每月120元。

1996年,丽水地区有综合福利院,儿童福利院4家,床位245张,收养儿童73人。在建或购买房子的福利事业单位有地区处州福利中心、云和县福利中心、丽水市敬老院、遂昌县福利中心、青田县福利中心。主要收养无依无靠无生活来源的孤、老、残、幼。社会救济生活标准:儿童福利院收养儿童,每人每月110元;城镇“三无”孤老,每人每月90元;享受40%救济的精减老职工,每人每月150元;年老体弱、无依无靠、无生活来源,不具享受40%救济的老职工,每人每月120元。1997年9月,丽水市敬老院开院,收养自费老人35人。10月,松阳县综合福利院开院,收养自费老人27人。社会救济生活标准：儿童福利院收养儿童每人每月110元；城镇“三无”孤老每人每月90元；享受40%救济的精减老职工每人每月200元；年老体弱、无依无靠、无生活来源，不具备40%救济的老职工，每人每月160元。

1998年，全区有综合福利院、儿童福利院6家，床位263张，收养儿童78人，收养自费老人65人。丽水市儿童福利院、松阳县福利院通过检查评审，达到省三级站标准。社会救济生活标准，儿童福利院收养儿童每人每月提高到120元。1999年，全区有县级以上福利院(中心)9个，占地面积4.83万平方米，建筑面积1.53万平方米。床位482个，其中老人床位342个，儿童床位140个。收养儿童104人。“三无”对象9人，自费寄养老人97人。社会救济生活标准：儿童福利院收养儿童每人每月130元；城镇“三无”孤老每人每月90元；享受40%救济精减老职工每人每月260元，不具备享受40%的老职工每人每月救助210元。2000年，景宁畲族自治县和莲都区新建福利院各1所。同年底，丽水市有国办福利院10所，建筑面积1.99万平方米，设有床位675张。有入院老人和儿童285人，其中收养“三无”老人11人，自费寄养老人157人，儿童117人。莲都区民办福利院收养10人。

2001年，丽水市福利院10所和民办福利院1所，床位775张。入院老人304人、儿童159人和优抚对象13人，收养“三无”孤老17人，弃婴86人，自费寄养老人183人。民办福利院收养老人4人。2002年，丽水市入院老人379人，儿童125人和优抚对象27人，其中收养“三无”老人128人，自费寄养老人219人。民办福利院收养老人20人。全省第二批“星火计划”实施项目27个(就建项目3个，改建项目24个)，其中莲都区15个、龙泉市6个、青田县6个。投资总额549.89万元，其中政府投入310.61万元，社会集资和街居自筹134.28万元，福利金补助105万元(其中省补助福利金38万元)。2003年，丽水市敬老院入院老人418人，儿童129人，优抚对象11人，其中收养“三无”人员121人，自费寄养老人258人。民办福利院收养老人30人。全省第三批“星火计划”实施项目32个，其中莲都区4个、龙泉市4个、青田县2个、缙云县5个、遂昌县3个、松阳县3个、云和县3个、庆元县5个、景宁畲族自治县3个。总建筑面积3670平方米，其中新建1个项目200平方米，改建项目31个3470平方米。投资总额755.5万元，其中政府投入419.5万元，社会集资和街居自筹资金110万元，福利金补助226万元(其中省补助福利金197万元)。

2004年，丽水市国办福利院10所，民办福利院1所，建筑面积22240平方米，设有床位755张。入院老人285人，儿童113人，其中收养“三无”人员16人，自费寄养老人252人。民办福利院收养老人61人。筹集社会福利金1540万元。2006年，全市有福利院14所，其中国办福利院9所、民办福利院5所，设有床位998张。国办福利院入院459人，其中老人339人、儿童120人，其中收养“三无”人员165人、自费寄养老人294人。民办福利院收养老人179人。2010年，丽水市县级以上国办社会福利或老年公寓9所(其中儿童福利院1所)，床位1085张，入住老人364人，入住儿童95人。民办养老机构7所，床位947张，收养老人440人。

福利企业

民国时期，丽水县办有贫民习艺所，初习制作毛笔、毛巾、篾箕工艺，后又改习竹工、金工，招徒20人，技师2人。

1952年，遂昌县创办军属福利生产鞋庄。1954年停办。1958年8月，遂昌县福利厂创办，职工28人。1960年，缙云县办集体所有制福利生产单位3个，职工119人，其中残疾人44人，当年亏损 3.14 万元。1985 年起，依靠社会力量发展乡镇福利厂 52 个，年产值 205 万元。1986 年，乡镇福利厂增加到 70 个，职工 1126 人，其中残疾人 349 人，产值 1163.3 万元，利润 27.2 万元。1988 年，有县和乡福利厂 177 个，职工 2180 人；其中残疾人 868 人。产值 1700 万元，利润 136 万元。1989 年，丽水地区整顿社会福利工厂。1990 年，全区有县和乡镇福利厂 104 个，职工 1503 人，其中残疾人 594 人，产值 1800 万元，利润 97 万元。

1995 年，全区福利企业 179 家，职工总数 2504 人，安置有劳动能力残疾人员 945 人。完成工业产值 1.61 亿元，实现税利 1100 万元，出口创汇 120 万美元。参加全省福利工业八项经济指标综合考评，获 189.15 分，列全省首位。被省民政厅评为省先进管理单位 1 家，被评为省管理先进个人 2 人。企业被评为地区“十佳”福利企业 10 家，被评为地区福利企业优秀厂长（经理）12 人。

1996 年，丽水地区开展福利企业年检年审工作。同年，全区有福利企业 166 家参加年检。经过 5 个月自查，各县（市）年检领导小组普查，地区抽查，报请省审核批准，有合格企业 132 家，占总数 79.52%，换发福利企业合格证书；因生产不正常，难以保障残疾职工生活和安置残疾职工比例不足等，达不到福利企业标准，取消福利企业资格 34 家，占总数 20.48%。新办社会福利企业 20 家，安置残疾职工 120 人。全年全区福利企业工业总产值 1.8 亿元，完成销售收入 1.5 亿元，实现利税 0.12 亿元，均比 1995 年增长 10%。在全省福利工业经济指标考核中名列第三。

2000 年，全市福利企业 108 家，职工 1760 人，其中残疾职工 712 人，分别比 1999 年降低 4.42%、8.62%、3.52%。同年，全市福利企业工业总产值 1.8 亿元，销售收入 1.66 亿元，增长 12.45%和 17.91%；利润 814 万元，应交增值税 1020 万元。2007 年，民政福利企业 140 家，经年度资格认定符合 111 家，自动退出和不符合取消 29 家。安置社会残疾人员就业 2649 人，残疾职工人均投保额 0.36 万元，安置比 39.86%；应交增值税 7999 万元；实现利润 12310 万元。2009 年，全市福利企业 120 家，完成工业总产值 20.65 亿元，比 2008 年下降 10.68%，完成销售收入 18.95 亿元，利润 13035 万元。安置就业 7169 人，其中安置残疾职工 2754 人。

2010 年，丽水市政府制定《支持福利企业发展促进残疾人就业的实施意见》。同年，全市有福利企业 113 家，实现工业总产值 25.74 亿元，同比增长 24.63%，实现销售收入 24.35 亿元，同比增长 28.51%，应交增值税 9202 万元，同比增长 13.38%，实现利润 17902 万元，同比增长 37.34%；安置职工 7724 人，其中安置残疾职工 2800 人，安置比例 36.25%，残疾职工人均月工资 1613 元，人均月投保额402 元。

第四节　福利彩票

福彩销售

1987 年，丽水地区启动社会福利有奖募捐。同年，丽水地区销售即开型福利彩票 20 万元。1988 年，销售即开型福利彩票 10 万元。1989 年，销售即开型福利彩票 198 万元。1990 年，销售即开型福利彩票销售 174 万元。1991 年，销售即开型福利彩票 110 万元。1992 年，销售即开型福利彩票 870 万元。1993 年，销售即开型福利彩票 580 万元。1994 年，销售即开型福利彩票 50 万元。

1995年，丽水地区销售社会福利彩票520万元。1997年4月，丽水地区采用大奖组、大宣传、大场面销售方式发行销售中国福利彩票，销售1000万元，筹集资金300万元。1998年3月，青田、缙云、遂昌3个县发行销售社会福利彩票1800万元，筹集社会福利资金540万元。1998年年底至1999年年初，青田、松阳、景宁、云和4个县发行销售赈灾彩票1000万元，福利彩票900万元。1999年，丽水地区发行销售福利彩票3800万元，其中赈灾彩票1000万元。

2000年，丽水市发行销售福利彩票803万元，筹集社会福利资金240.9万元。其中6月18日至12月底，丽水市开通"浙江风采"电脑彩票销售98.8万元。2001年，丽水市发行销售福利彩票734万元，其中即开型大奖组福利彩票438万元，电脑福利彩票296万元。筹集社会福利资金98.97万元。2002年，丽水市发行销售福利彩票1836万元，其中即开型大奖组福利彩票1270万元，电脑福利彩票566万元。筹集社会福利资金642万元。被省民政厅、省社会福利有奖募捐委员会评为福利彩票发行销售先进单位。

2003年，丽水市发行销售福利彩票2717万元，其中即开型大奖组福利彩票897万元，电脑福利彩票1820万元。筹集社会福利资金950万元。2004年，丽水市发行销售电脑福利彩票4400万元，筹集社会福利资金1540万元。2005年，丽水市发行福利彩票1.24亿元，其中电脑福利彩票1.23亿元。筹集公益金4344万元，解决就业230多人。全市福利彩票销售量比2004年增加7927万元，增幅180%，全省排名第七位。全市设站点156个，其中专营店152个，专营店比率97%，全省最高。出现销售量超千万元的站点1个，是浙江省有史以来年销售最高的站点。庆元县中出500万元大奖1注。丽水福利彩票占全市彩票市场份额61%。11月21日福利彩票增加新品种——中福在线。丽水获得2005年市场份额，单机年均销售、专卖店建设、布机、俱乐部销售5个省级单项奖。有站点5个获省级优秀投注站。

2006年，丽水市发行福利彩票销售10734万元，其中电脑福利彩票销售9336万元、中福在线销售1198万元、网点即开票销售200万元。筹集公益金3727万元。占丽水彩票市场份额51%。全市人均购彩票43.28元。荣获2006年全省福利彩票发行工作三等奖。有1个站点获2005—2006年度全国优秀站点，有站点7个获省级优秀站点。6月，丽水市福利彩票发行中心成立，新增销售站点40个。同年，建立丽水福利彩票网（www.lsflcp.com）。11月，首卖"刮刮乐"网点即开票。网点票在全市设中心站5个，设销售站点101个。

2007年，丽水市发行福利彩票销售1.43亿多元。其中电脑福利彩票销售9687万元，中福在线销售3338万元，网点票销售1296万元，筹集公益金4818万元，直接为丽水创造公益1295万元。全市人均购票57.74元，占彩票市场份额55.5%。7月，新增站点17个。相继建成龙泉、青田、遂昌中福在线销售厅3个。刮刮乐网点票开通二维条码系统平台，建立销售点151个。

2008年，丽水市发行福利彩票销售1.16亿元，其中电脑福利彩票销售9525万元，中福在线销售816万元，网点票销售1234万元。筹集公益金4051万元，直接为丽水创造公益金1089万元。全市人均购彩46.67元。成功组织"买福彩6+1、看开奖、游西湖"活动，全市幸运彩民64人分2批免费到杭州观看福彩"6+1"开奖，并游览杭州美景。还开展"15选5"300万元大派送、"3D"组选加奖、"双色球"1.52亿大派送活动。

2009年，丽水市销售福利彩票1.32亿元，占丽水彩票市场份额52%。其中电脑彩票1.17亿元，即开型网点票1220万元，中福在线204万元。为国家筹公益金4393万元。开展"15选5"1080

万元大派送、“3D”组选加奖、“双色球”2亿元派送、“双色球”知识竞赛等活动。在县市组织开展“刮刮乐”小卖场活动100多场。

2010年，丽水市福利彩票销量取得历史性突破，达2.18亿元，增幅66%。筹集公益金6409万元，为丽水直接创造公益金1843万元。人均购买福利彩票88元，占丽水彩票市场份额60.7%。正常运行的销售点193家。建立8个县（市、区）彩票工作站，中福在线销售厅恢复营业4个。投资515万元购置市行政中心的世贸花园178.96平方米的1楼营业用房。市福利彩票发行中心分别在青田、庆元、龙泉、缙云县（市）组织户外集中销售活动，销售860万元。

福彩公益

1987—1995年，丽水地区销售社会福利彩票2400万元，募集社会福利资金720万元，除上交省和中募委外，全区留504万元。有奖募捐工作开展后，全区先后兴建龙泉、庆元、松阳综合福利院3个，新建丽水市儿童福利院。

1998年，丽水地区筹集赈灾资金300万元，社会福利资金270万元。

1999年，丽水地区筹集福利资金1140万元，除上交赈灾资金300万元，上交中央、省福利资金252万元外，全区实际筹集福利资金588万元。

2008年，四川汶川地震发生后，丽水市开展义卖，销售刮刮乐的佣金全部捐出。同年，丽水地市开展“2008福彩助学”大型公益救助活动，贫困大学新生29人每人得5000元资助款。

2009年，丽水市组织“丽水福彩进社区、献爱心、放电影”活动12场，资助贫困大学生26名，人均5000元。捐助见义勇为者黄国华8000元。

2010年，丽水市开设专项公益金20万元，与《处州晚报》合办“福彩帮忙”公益栏目，资助因灾、因病、因困上不起学的家庭和个人。同年，丽水市资助15人，6.4万元。开展“2010福彩百万助学”活动，资助贫困大学生25人、12.5万元，人均5000元。组织“公益彩票、与你同行”活动资助209人，总额14万元。

第四章　老区工作

中国革命老根据地是指土地革命战争时期和抗日战争时期，在中国共产党领导下创建的革命根据地。丽水是全省唯一的所有县（市、区）都是革命根据地县的革命老区，属于老区的乡镇有209个、村有1892个，被追认为革命烈士的有500多人，2010年，全市有老游击队员、老交通员、老党员（简称“三老”人员）3000多人。1949年10月中华人民共和国成立后，丽水人民政府重视老区发展，提高老区人民生活水平。丽水人民政府调查老区分布，帮助老区群众度过生活困难，采取特殊政策推动老区经济和社会全面发展。

第一节　分　　布

老区审批

1985 年 11 月开始，丽水地区根据省民政厅有关划定革命老区村、乡、县的标准，由下而上分级审批，其中老区村由县（市）人民政府审批，老区乡、镇由地区行政公署审批，老区县（市）由省人民政府审批。截至 1988 年 5 月，丽水地区批准革命老区村 1892 个，占行政村数 52%，革命老区乡镇 209 个，占乡镇数 62.6%；革命老区人口 1069173 人。9 个县（市）均为革命老根据地县。1990 年 9 月 14 日，丽水地区召开全区革命老根据地县命名大会，浙江省人民政府授予 9 个县（市）"革命老师根据地县"称号。

老区分布

2010 年丽水市革命老区分布情况

表 42-4-1-1

革命老区县名	其中			革命老区村数（个）	革命老区人口数（人）
	革命老区乡镇（个）	二战时期（个）	抗战时期（个）		
莲都区	20	5	15	154	104856
龙泉市	24	11	13	234	117310
青田县	34	20	14	301	224054
云和县	13	0	13	93	44674
庆元县	25	13	12	155	78240
缙云县	24	10	14	320	178074
遂昌县	26	21	5	264	138112
松阳县	21	21	0	243	110530
景宁畲族自治县	22	15	7	128	73323
合计	209	116	93	1892	1069173

第二节　建设与慰问

老区建设

1952 年 8 月，华东革命老根据地建设委员会和省人民政府多次拨款支援遂昌、青田、庆元等县革命老区建设。1984 年起，浙江省人民政府每年下拨老区建设经费。截至 1988 年，丽水地区接受下拨款 313.5 万元，自筹资金 495.9 万元，投入老区建设资金 809.4 万元。建设项目 274 个，其中自来水项目 34 处，水电站 62 座，学校 48 所，交通 32 处，种养业 44 个，加工业 21 个，革命烈士纪念碑等建筑项目 33 个，受益行政村 719 个，人口 43.2 万人。

1988 年 10 月，丽水地区革命老区开发协调办公室成立，具体负责革命老区建设。1989—1990 年，浙江省人民政府下拨老区建设经费 224 万元。

2002 年，丽水市配合省老区工作促进会，做好遂昌县老区无公害农业示范基地工作。5 月、9 月，丽水市配合省农业厅、农科院、林科院专家、教授，对茶叶、毛竹、高山蔬菜、食用菌等无公害农业进行指导。同年 11—12 月，市老促会分工作组 2 个到遂昌县蔡源乡、青田县万山乡进行老区调研。这 2 个乡是“百乡扶贫攻坚计划乡”，在省扶贫挂钩单位和有关部门支持下，经济和社会事业取得较快发展，基础设施得到改善，老区人民生活提高较快。

2003 年 7 月 15—18 日，莲都、青田、云和、缙云、遂昌、松阳、景宁畲族自治县 7 个县（区）18 个老区乡镇负责人及科技特派员，参加浙江省生态与可持续发展培训班学习。9 月 3—10 日，浙江省革命老区开发建设促进会领导对遂昌县全面建设小康社会进行调研，与乡镇 8 个、政府职能部门 15 个进行座谈，撰写《关于遂昌全面建设小康社会的调查》，上报中国老区促进委员会和省委、省政府，获省委领导批示。

2004 年 3 月，中国老区建设促进会（上海）经济协作委员会专家到遂昌县考察，与当地经济部门座谈，对区域经济发展提出建议，并写出考察报告报中国老区建设促进会。

2005 年，丽水市老促会与莲都区老促会联合开展丽水老区交通情况和郑地乡老区发展高山蔬菜情况调研，并撰写《关于莲都区交通情况的调查报告》上报省老促会。

2006 年，丽水市老促会和民政局调查摸底全市“三老”人员情况，并向省老促会报告。省老促会领导和中国老促会、省农科院专家参加遂昌县老区高山蔬菜产销经验交流会。

2007 年 7 月 20 日，浙江省民政厅、省财政厅、省扶贫办下达革命老区发展资金 245 万元。省老促会在遂昌县举办“发展高山蔬菜繁荣老区经济”培训班，7 个县（市、区）15 个乡镇村分管农业的乡镇干部、农技人员、农民专业合作社成员 16 人参加培训。11 月 15 日，市老促会工作会议在青田县召开。

2008 年，丽水市老促会根据省老促会的要求，市、县（市、区）老促会对结对帮扶工作进行专题调研，撰写《丽水市结对帮扶工作调查报告》，并在省老促会召开的会议上作专题汇报。9 月，市老促会、莲都区、缙云县老促会配合省老促会领导对莲都区碧湖镇绿源长豇豆专业合作社、缙云县珍稀食用菌专业合作社、东方镇均得利禽业有限公司等四家进行考察，为省老促会举办农民专业合作社培训班推荐典型材料。市老促会会同青田、龙泉、云和、莲都、遂昌、松阳、缙云县（市、区）老促会领导对全市“三老”人员补助、生活情况进行调研，并形成《关于要求提高建国前农村老党员、老游击队员、和老交通员生活困难补助标准的报告》，上报省老促会和市委市政府。市老促会、青田县老促会把小舟山乡田鱼养殖作为联系点。同年 7 月 8 日，景宁畲族自治县老促会召开成立大会。至此，全市 9 个县（市、区）都建立老促会。

2009 年，丽水市老促会先后 3 次会同云和、遂昌、松阳、青田、龙泉、庆元 6 个县（市）老促会领导调查全市红色旅游情况，形成“关于开发丽水红色旅游的调查报告”。市老促会将云和县崇头镇梅源村试种紫番薯和遂昌县湖山香榧大苗栽培示范基地作为联系点。为扶持这 2 个联系点，市政府专门落实 5 万元农业发展基金，市老促会对两个联系点各安排 2.5 万元的专项资金。

老区慰问

1949年中华人民共和国成立后，丽水各级党委和人民政府关心老区人民，帮助老区人民解决实际困难。1951年10月，龙泉、青田、云和、缙云、遂昌、景宁等县革命老区代表6人，参加浙江省革命老区赴京国庆观礼代表团，受到毛泽东主席等党和国家领导人接见。

1952年1月，浙江省老根据地访问团第三、第四分团，到缙云县稠门、章村，云和县城区，龙泉县金龙，遂昌县大柘、湖山和青田县万山等革命老区慰问。慰问青田县革命老区时，发现万山区人民缺医少药，浙江省人民政府拨给青田县革命老区人民医疗补助费4500万元（旧人民币）。同年8月起，浙江省人民政府每月拨给900元。

1953年1月起，浙江省人民政府每月改拨430元。10月，浙江省人民政府又拨青田县老区救济款1700元、老区烈军属生活补助款1000元。

1984—1988年，浙江省人民政府经济补助丽水老区587.5万元。

1988—1990年，浙江省人民政府每年拨给农村老党员生活困难补助费26万元。

2004年7月下旬，遂昌县老促会组织县老促会领导、老战士、青少年重走红军路活动。丽水市委党史研究室、丽水市老促会联合向浙江省老促会报告，争取革命遗址修复资金。杭州卷烟厂对遂昌县王村口革命遗址、杭州万向集团对莲都区刘英纪念馆、浙江省电力公司对庆元县斋郎战斗遗址、浙江省供销社和省农发集团对松阳县安岱后革命遗址共捐资80万元。

2005年，丽水市老促会与市直机关老干部书画协会送春联慰问革命老区庆元县黄田镇崔上村，向"三老"人员发放慰问金2000元。浙江省老促会资助15万元修复龙泉市住龙镇"住溪苏维埃政府"革命遗址。中国老促会副会长恒玉珊等参加丽水市委、市政府召开的中国工农红军挺进师创建浙西南游击根据暨中共浙西南特委成立70周年纪念大会，并到莲都区、缙云县、松阳县革命老区调研。中国老促会妇委会领导在遂昌县王村口召开"提高老妇女致富能力"座谈会。

2006年1月，丽水市老促会与市直机关单位老干部书画协会、市老年书画研究会到遂昌县大柘镇街头村送春联慰问革命老区群众，并参观泉湖寺中共遂昌县支部旧址，慰问"三老"人员、困难群众。5月，上海东方电视台"老区行"摄制组到遂昌拍摄反映老区建设新貌电视片。浙江省民政厅和省财政厅下达通知，提高"三老"人员补助标准。

2007年，各县（市、区）老区建设促进会协同民政局、老区办对革命老区基本情况进行全面调查摸底，对"三老"人员进行核实。丽水市老促会、莲都区老促会到莲都区仙渡乡葛畈村开展慰问活动。浙江省新四军历史研究会合唱团在遂昌县广场、中国工农红军挺进师师部所在地王村口演出。遂昌县举行庆祝中共遂昌县委成立80周年活动暨县委旧址修缮落成典礼。

2008年春节前，丽水市民政局前往龙泉市住龙镇走访慰问"三老人员"和贫困户。

2009年，丽水市老促会慰问青田县小舟山乡小舟山村"三老人员"10人。6月，丽水市老促会和莲都区老促会组织丽水市中心医院的医疗专家11人到莲都区仙渡乡葛畈村为老区人民义诊送药，免费为当地乡"三老人员"葛畈村民150多人体检看病，赠药5000多元。

2010年，丽水市老促会慰问云和县崇头镇梅源村贫困户15户。7月，丽水市老促会和松阳县老促会组织丽水市中心医院的医疗专家12人到松阳县板桥乡为老区人民义诊送药，免费为当地"三老人员"村民200多人体检看病，向其中村民102人赠药价值5000元。

第五章　地名管理

地名管理是民政部门依据地名管理法规，对地理实体进行科学的命名、更名，并采取必要的手段和措施推行地名标准化的行政管理工作。主要包括地名普查、地名命名和更名、地名标志设置三个方面。古代无地名管理记载，但志书中有很多地名方面内容的记录。明成化《处州府志》和清光绪《处州府志》均有府城及各县街、坊、巷、岭、村镇等有关地名的记录。民国时期，对一些地名进行重新命名。民国26—34年(1937—1945)，全面抗日战争期间，大量外来人口进入云和等县城，政府加强对地名的标识、命名等管理工作。民国29年，丽水3条街道被命名为继光街、大猷街、卢镗街，以激励民众抗日意志。1949年中华人民共和国成立后，对一些民国时期政治色彩较浓厚的地名进行更改。1981年，丽水地区民政部门对地名进行普查，一些"文化大革命"期间政治色彩浓厚的地名被更改，一些地名被重新命名。20世纪90年代，各地地名志等研究成果和管理政策陆续出版出台，地名管理日渐规范。

第一节　地名普查

1981年3月,丽水地区依据浙江省人民政府《关于开展地名普查工作的通知》，在丽水县丽阳公社进行地名普查试点，各县设置地名办公室，由点到面展开地名普查。普查对象包括县、区、镇、公社、居委会、街路、老弄、生产大队、自然村名称，重要的台、站、港、场和企事业单位的名称，名胜古迹、旅游地、公园、革命纪念地以及重要的人工建筑名称，山、山峰、山谷、河流、水潭、地片等自然地理实体名称。对"文化大革命"中更改的地名，或恢复原名，或重新命名；对违背国家方针政策，有损于民族尊严或极端庸俗的地名，予以更名。同年，全区普查地名22125个，建立地名卡片7531张，编写地名概况材料364份。1982年10月，各县地名普查工作经浙江省地名委员会检查验收，发给合格证书。

1985年，丽水地区编印《丽水地区行政区划标准名称录》《丽水地区地名通览》和《丽水地区图》。1986—1990年，丽水、龙泉、青田、云和、庆元、遂昌、松阳、景宁畲族自治县(市)出版《地名志》。《缙云县地名志》于1999年出版。

1991年，丽水地区按照国家、省《关于开展地名补查和资料更新工作的通知》，在地名普查和现有地名档案资料的基础上，通过审核、调查和考证，更正错误的内容，补充遗漏的项目，增加新的资料，以保持地名资料的现时性、实用性、科学性。1994年，丽水、云和2个县(市)完成地名补订更正工作，经省统一组织验收，确认达到省级优秀标准。1996年，青田、缙云、遂昌、松阳4个县完成地名补订更正工作。

截至1998年，全区地名补订更正上报资料经省、地验收的有丽水、青田、云和、缙云、遂昌、松阳6个县(市)，并全部被评为优秀成果。庆元县地名补订更正工作完成，经地区验收达到优秀标准。

2001年，龙泉、景宁畲族自治县(市)完成地名补订更正。2003年，经丽水市民政局验收，龙泉、景宁畲族自治县(市)完成资料上报。

第二节　地名命名与更名

隋开皇九年(589)，置处州。据清光绪《处州府志》载，因建州时“处士星见于分野”而命名。元至元二十七年(1290)，建处州府城。全城建有并命名6个门，北边的名为望京门①，东边的叫岩泉门②，东南的叫行春门③，南边的叫南明门④，西南边的名为栝苍门⑤，西北边的名为通惠门⑥。据清道光《丽水志稿》载，城内有三纵两横五条街，分别是东直街、中直街、西直街、北横街、南横街。民国时期，原中直街丽阳门到太平坊段改称中山街，府前到三坊口叫大众街。北横街和南横街于1940年被命名继光街和大猷街，同时命名的还有仓前的卢镗街。民国26—34年(1937—1945)，全面抗日战争期间，云和县的一些小街小巷也被正式命名。

1949年，中华人民共和国成立后，根据国务院颁布的一系列地名工作指示和规定，丽水专区清理和更改一些历史遗留的、带有特定色彩的地名。1958—1976年，许多城镇、乡村均以革命化名称命名，造成地名严重混乱。

1981—1982年，丽水地区开展地名普查，对全区内重名的公社、县内重名的大队予以更名。1984年，丽水城区街巷统一启用标准名称和新门牌，有使用标准名称的街巷54条。1985年，龙泉小梅乡改称小梅镇，建安乡改称安仁镇；丽水港和乡改称大港头镇；松阳玉岩乡改称玉岩镇；缙云舒洪乡改称舒洪镇。

1986年，丽水城区命名居委会名称20个。云和县设立紧水滩镇。景宁畲族自治县沙湾乡改称沙湾镇。

1987年，遂昌县大柘乡、石练乡分别改称大柘镇和石练镇。庆元县竹口乡改称竹口镇。龙泉市锦溪乡改称锦溪镇。云和县城区命名路、弄名15个。1988年，丽水市双溪乡改称双溪镇，崇义畲族乡更名老竹畲族镇。大港头镇命名路、弄名28个。老竹畲族镇命名路名12个。双溪镇命名路名7个。

1989年，丽水城区命名路、弄名9个。丽阳乡改称岩泉镇。遂昌县云峰乡改称云峰镇。庆元

① 又叫丽阳门。
② 又叫虎啸门。
③ 又叫厦河门。
④ 又叫大水门。
⑤ 又叫小水门。
⑥ 又叫左渠门。

县荷地乡建镇。1990 年，丽水老竹畲族镇命名巷弄名称 14 个。云和县梅源乡改称崇头镇。遂昌王县村口乡改称王村口镇。1991 年，缙云县前村乡改称大洋镇，新碧乡改设建制镇。

1992 年，丽水地区开展政区撤扩并工作，全区撤销县属区 48 个、乡 140 个，确定乡镇名称 194 个，其中建制镇 61 个。撤销的县属区、乡名称均作为历史地名。1994—1996 年，全区各县（市）相继完成地名补订更正（以下简称“地名补更”）资料成果复制上报，报送民政部、浙江省民政厅存档。当时无电脑设备，要求全部手工抄写，复制成果表 3 万多张，体现原始地名资料。同时标注 1:50000 地形图及城镇街路地名图。

1996 年，丽水、云和、缙云、遂昌、松阳县（市）完成地名补更，经浙江省统一组织验收，确认达到省级优秀标准。1998 年，丽水地区完成地名补更，经省、地组织验收的有丽水、青田、云和、缙云、遂昌、松阳县（市），并全部被评为优秀成果。庆元县基本完成地名补更，未验收。

1999 年，丽水地区根据《中华人民共和国地名管理条例》规定，加强地名规范化和标准化管理，除龙泉市、庆元县外，其他各县（市）均制定出台《地名管理实施细则》。丽水、青田、云和、庆元、缙云、遂昌、松阳县（市）完成地名补更的资料验收。

2000 年，丽水市命名地名 21 个，更名 16 个，审批建筑物名称 4 个。审查上报乡镇以上政区名称中的生僻字 50 个、多音字 31 个。

2001 年，莲都、青田、云和、庆元、遂昌、松阳等县（区）完成地名补更。命名街、路名称 12 个，命名小区、新村、建筑名称 58 个。2002 年，丽水市命名街、路名称 71 个，小区、新村等建筑物名称 58 个，社区居委会名称 81 个。2003 年，丽水市命名街、路名称 401 个，社区居委会名称 28 个。

2004 年，丽水市规范命名、更名申报开发小区名称 80 多个。命名水阁开发区道路 43 条、消防通道 20 条。完成地名数据库的数据输入。2005 年，全市规范命名 201 个、更名 8 个，其中水阁工业园区道路 36 条。答复地名咨询 900 多人次。

2006 年，丽水市启动地名公共服务工程。全市审批服务中心设立地名办审批服务窗口。全市规范命名新住宅小区、道路、大楼、移民新村 89 个。丽水市民政局和丽水学院共同编制《丽水市区地名总体规划》。启动市本级数字地名示范城市建设。市本级和县（市）地名数据建设、网络运转进行顺利。

2007 年，丽水市积极推进地名公共服务工程工作，制定实施方案，规范地名命名，编制地名规划，建立地名数据库，为经济社会和政府机关有效管理提供完整、准确、方便、规范的地名信息。完成市本级《丽水市地名管理办法》修订送审稿。全年规范各类地名命名、更名 96 个。丽水市民政局被浙江省民政厅评为地名规范化管理示范单位。丽水市地名办审批服务窗口被评为市级年度优胜窗口。

2008 年，丽水市命名、更名各类地名 61 个。《丽水市地名管理办法》经市政府第 39 次常务会议审议通过。建成市本级和 8 个县（市）地名网站（网页），并完成电子地图制作。在“丽水地名网”输入全市乡、镇、街道办、居委会、村委会名称 3774 个。

2009 年，丽水市实施地名总体规划文本，通过调查并结合社会反映，督促有关单位对非标准地名或地名牌进行调整修改。推进“数字地名”工程，完善市本级和 8 个县（市）地名网站地名信息服务，并向社会提供网上查阅。

2010 年，丽水市地名命名实行咨询论证制度，继续规范地名命名程序，提高地名命名质量。

全市地名命名 78 个、更名 9 个。

第三节 地名标志设置

1996 年,丽水地区统一制作门牌、路标,统一设置国道、省道公路和铁路沿线的村牌,门牌实行“一牌一证”制度。

1997 年,丽水、青田、缙云县(市)开工设置 330 国道沿线乡镇、村牌。9 个县(市)政府驻地镇基本完成路标、门牌设置。

1998 年,丽水地区多数县(市)完成城镇门牌设置,发放门牌证。缙云、青田县人民政府对门牌管理、门牌证的使用发文作出规定,地名管理工作走上规范化轨道。丽水、云和、景宁畲族自治县(市)出版《行政区划图》,丽水市(县级)出版《丽水市行政区划图》,云和县出版发行《交通旅游图》。

1999 年,丽水地区有国道公路 154.24 千米,设标 120.24 千米;省道 946.26 千米,设标 148.26 千米。丽水地区设置街路、巷弄、小区牌 2195 块;楼门、单元牌 8.89 万块;命名地名 111 个,更名 16 个;审批建筑物名称 4 个;纠正违规地名 1 个。2000 年,按照国家强制性标准,丽水市开始设置门楼牌等地名标志。

2001 年,《丽水市地名管理办法》出台。各县(市、区)相继将地名管理和标志设置工作移交民政部门,莲都区地名办并入丽水市地名办。地名标志设置开始按《地名标牌城乡》国家强制性标准实施。全市全年设置省、县道地名标志 47 块,公路设标 114 千米;设置街、路、巷、弄牌 1099 块,幢、门户牌 98 块。2002 年,全市设置省、县道地名标志 30 块,公路设标 120 千米;设置街、路、巷、弄、牌 196 块,幢、门户牌 1.63 万块,单元牌 2116 块,其他标牌 49 块。2003 年,全市设置省、县道地名标志 48 块,公路设标 120 千米;设置街、路、巷、弄牌 507 块,幢、门户牌 2.8 万块,其他标牌 46 块。

2004 年,丽水市新添置门楼牌 28052 块,街、路牌 1000 多块;新添置街、路牌 321 块;新设幢牌、单位牌、门牌 6000 多块。2005 年,丽水市新添置门牌、幢牌、单元牌、户牌、街、路、巷、弄牌 22826 块,其中包括水阁工业园区主要企业 121 家设置夜光大门牌。

2006 年,丽水市完成乡镇地名标志设置。设置各类地名牌 547369 块,乡镇地名标志设置率超过 95%。

2007 年,丽水市本级办理有关地名审批项目、门牌编号、门牌证签发 18152 件。乡镇地名标志设置率 99%。开展新建房屋门牌和移民新村的门牌设置,实地调查核实不规范门牌编码。

2008 年,丽水市设置各类地名牌 771016 块,办理地名初审项目、门牌编号、门牌签发 7555 件。2009 年,丽水市办理地名初审项目、门牌编号、门牌证签发 6543 件。在市区中山街开展门牌整治,启动市区主要道路地名标牌服务工程建设,主道路统一制作、装订 30 厘米×20 厘米门牌。

2010 年,丽水市及时设置城镇新建住宅小区的各类地名标牌,以及新农村建设中新建房屋的门牌。全市新增设地名标牌 93614 块。

第六章 社会组织管理

20世纪50—70年代,丽水民间社会组织很少。1978年12月中共十一届三中全会后,党中央、国务院高度重视社会组织建设和管理,制定一系列方针政策和法规制度,保证社会组织平稳较快发展。至2010年年底,丽水市有依法登记的社会组织1398个,其中社会团体881个,民办非企业单位517个。

第一节 社团登记

1989年10月25日,国务院颁布《社会团体登记管理条例》。

1995年,丽水地区登记社会团体组织741个。其中地区本级149个,丽水市(县级)90个,龙泉市74个,青田县74个,云和县47个,庆元县50个,缙云县79个,遂昌县70个,松阳县62个,景宁畲族自治县46个。

1997年,丽水地区注册登记县级以上社会团体766个。其中地区本级160个,丽水市(县级)90个,龙泉市75个,青田县73个,云和县49个,庆元县48个,缙云县85个,遂昌县69个,松阳县70个,景宁畲族自治县47个。

1998年,经专项治理后,全区有县以上社会团体666个,比上年减少13%。其中地区本级143个,丽水市(县级)81个,龙泉市75个,青田县59个,云和县45个,庆元县44个,缙云县65个,遂昌县54个,松阳县59个,景宁畲族自治县41个。全年批准成立社会团体35个。

1999年,中共中央下发《关于进一步加强民间组织管理工作的通知》。丽水地区民政部门根据浙江省委、省政府统一部署,清理整顿民间组织和社会团体。同年,丽水地区有各类社会团体552个。其中地区本级129个,丽水市(县级)82个,龙泉市75个,青田县61个,云和县41个,庆元县45个,缙云县18个,遂昌县55个,松阳县18个,景宁畲族自治县28个。

2002年,丽水市完成社会团体年检,登记社会团体总数424个,其中市本级137个。

2003年,丽水市农村经济合作组织、行业协会和社区民间组织有较大发展。至9月底,全市登记备案社区民间组织160个。完成社会团体年检,登记社会团体436个,其中市本级149个。

2004年,丽水市开展全市农村专业经济协会调查摸底。同年,全市登记社会团体51个,备案社会团体27个,登记备案率100%。2009年,丽水市本级新登记社会团体14个,民办非企业单位3个。2010年,丽水市本级新登记社会团体4个,民办非企业单位2个。有依法登记的社会组织

1398个，其中社会团体881个，民办非企业单位517个。

第二节 社团管理

1990年10月31日，丽水地区社会团体清理整顿领导小组成立，丽水地区民政局设立社团管理科，开展社团清理整顿。1991年，丽水地区清理整顿社团730个。其中保留566个，缓登56个，撤并56个，解散38个，其他处理14个。

1995年，丽水地区社会团体参加年检716个，占应检数98%，注销连续2年年检不合格的社团7个。地区本级社团参加年检141个，年检不合格社团28个，占总数20%。1996年，丽水地区社会团体的清理整顿与年检同步进行，注销社会团体32个。

1997年9月26日，丽水地区召开加强社会团体管理和专项检查会议，理顺社团管理体制，促进社团内部组织建设。地、县(市)相继成立社会团体管理领导小组和办公室，负责专项检查，减少相同、相似、重复设置的社会团体。同年，丽水地区注销社会团体2个。

1998年，丽水地区按照中央和省政府统一部署，专项清理检查全区县级以上社会团体，换发新证书。清理工作通过全省统一检查。同年，全区合并社会团体56个，注销社会团体78个，撤销社会团体1个。

1999年，丽水地区民政部门会同公安、安全、宣传部门，教育转化参与邪教“法轮功”练习者。同年，调查摸底各类气功社团活动情况，注销气功协会4个。

2000年，丽水市开展气功类社团专项清理。全市组成80多人的工作专班，调查摸底各类气功社团活动情况，注销社团8个。加大力度查处非法民间组织。开展社团年检，检查社团党建。

2001年，丽水市继续加大力度查处非法民间组织、开展气功类社团专项清理。全市完成社会团体年检，调研社团党建，清理社团分支机构和代表机构。2002年，丽水市继续专项清理气功类社团。加强社团党建工作，社团党组织组建率53.6%。

2003年，丽水市开展民间组织违法行为查处，取缔非法民间组织3个。

2004年，丽水市督促社会团体推进党建，要求社会团体建立党组织或配备党建联络员。丽水市委组织部、市直机关党工委把社团党建工作列入年度考核内容。完成民间组织年检，丽水市本级社团参加年检140个，合格率100%。年检结果公布在《丽水日报》。

2005年，丽水市管理民间组织涉外活动。农民工相关组织调研行业协会与区域经济发展情况。完成民间组织年检，丽水市本级社团参加年检147个，合格144个，注销3个，年检结果公布在丽水政务信息网。9月、11月，组织参加浙江省民间组织管理培训18人，交流管理经验。依法查处非法民间组织，禁止非法社团在丽水市的活动。

2006年，丽水市组织调研境外非政府组织在华活动、民间组织国际合作、民办非企业单位登记管理、行业协会改革与发展情况。全市完成民间组织年检，参加年检社团546个，年检率100%。年检合格536个，注销9个，撤销1个。其中市本级社团参加年检160个，合格158个，注销2个。依法查处非法民间组织，禁止非法民间组织的活动1个。

2007年，丽水市行业协会开始与行政机关脱钩，制定《丽水市行业协会与行政机关脱钩工作实施意见》,完成行业协会与行政机关在人员、场所、财务等方面的分离。丽水市有应脱钩行业协会55个,全部完成脱钩任务,完成率100%。其中合署办公场地分设27个,会计台账分设12个,公务员兼职分离47个,分离兼职人员101人。11月,丽水市监察局牵头组成检查组,专项检查市本级行业协会的脱钩工作和社团规范化管理。完成社团年检,全市社会团体参加年检618个,合格606个,限期整改4个,注销8个。市本级社团参加年检174个,合格174个。召开市级先进民间组织表彰大会暨民间组织与和谐社会建设讲座,市药学会、处州育才职业技术学校等民间组织22家获"丽水市先进民间组织"称号。丽水市直机关民间组织负责人180多人参加培训。参加浙江省民间组织综合知识竞赛,丽水市获全省第三名。

2008年,丽水市本级社会组织档案实现规范化管理,归档社团档案199卷。完成社会团体年检。全市社会团体参加年检640个,合格626个,限期整改4个,注销8个,撤销2个。其中市本级188个,合格187个,注销1个。丽水市下发《丽水市关于开展行业协会等社会团体会费收支专项检查工作的通知》,开展以社会团体为检查对象的会费收支专项检查。丽水市出台《关于在全市开展组织评估工作的意见》,成立社会组织评估委员会,建立行业协会和民办非企业单位评估指标体系,启动行业协会试点评估。

2009年,丽水市社会团体参加年检717个,合格700个,注销16个,撤销1个。组织社会组织等级评估,市医药行业协会获评AAAA等级,市粮食行业协会、市食品行业协会获评AAA等级。

2010年,丽水市社会团体参加年检763个,合格751个,不合格3个,注销9个。其中市本级社会团体参加年检206个,合格206个。

第三节　民办非企业单位管理

2000年,丽水市部署民办非企业单位的复查登记,全面开展调查摸底。2001年,丽水市完成民办非企业单位复查和登记。同年,丽水市有民办非企业单位387个,其中市本级12个。

2002年,丽水市完成社会团体年检,登记民办非企业单位410个,其中市本级15个。加强社团党建,民办非企业单位党组织组建率66.6%。2003年,完成民办非企业单位410个的年检,其中市本级15个。

2004年,丽水市本级民办非企业单位参加年检11个,其中合格10个,注销1个。市本级新发展民办非企业单位5个。

2005年,丽水市本级民办非企业单位参加年检17个,合格15个,注销2个。市本级新发展民办非企业单位4个。全市民政部门组织"真情回报社会"服务活动253次。民办非企业单位199个参加活动,提供各类免费服务49036人次、低于成本价服务12306人次。

2006年,丽水市民办非企业单位参加年检287个,合格275个,注销18个,限期整改4个。其中丽水市本级民办非企业单位参加年检18个,合格17个,注销1个。市本级新发展民办非企业单位7个。开展民办非企业单位自律与诚信建设,全市民办非企业单位建立、完善规章制度有355个,建立信息披露制度334个,制定承诺服务制度321个。市民政部门组织"真情回报社会服务活动"281次。民办非企业单位参加活动222个,提供各类免费服务65363人次、低于成本价服务 13317 人次。丽水市青年就业服务中心获全国民办非企业单位自律与诚信先进单位称号。

2007 年，丽水市民办非企业单位参加年检 365 个，合格 358 个，注销 7 个。其中市本级民办非企业单位参加年检 22 个，合格 22 个。新登记民办非企业单位 4 个。全市民办非企业单位建立、完善规章制度有 364 个，建立信息披露制度 363 个，制定承诺服务制度 347 个。丽水市民政部门组织“真情回报社会”服务活动 403 次。民办非企业单位参加活动 254 个，提供各类免费服务 97362 人次、低于成本价服务 12900 人次。其中开展长、短期教育培训 8780 人次，科技咨询服务 14787 人次，医疗卫生服务 41432 人次，展览等其他服务 45283 人次。

2008 年，丽水市本级实现社会组织档案规范化管理，民办非企业单位归档档案 34 卷。完成社会团体年检，全市民办非企业单位参加年检 374 个，合格 358 个，注销 7 个，撤销 9 个。其中市本级合格 26 个。新登记民办非企业单位 5 个。

2009 年，丽水市民办非企业单位参加年检 395 个，合格 384 个，注销 9 个，撤销 2 个。其中市本级民办非企业单位参加年检 30 个，合格 30 个。

2010 年，丽水市民办非企业单位参加年检 437 个，合格 433 个，注销 4 个。其中市本级民办非企业单位参加年检 35 个，合格 32 个，基本合格 1 个，注销 2 个。

第七章　老龄工作

古时，丽水民间无固定老年组织。据清光绪《处州府志》载，处州各县有 90 岁以上老人名录 389 人，其中百岁老人 74 人。1949 年 10 月中华人民共和国成立，丽水人民政府重视老龄事业，开展助老济困活动，为老年人办实事、办好事。1985 年 5 月，青田县温溪镇率先建立全国首家镇级老年人协会，推广老年人事业。1989 年，丽水地区进入人口老龄化社会，比全国平均提前 10 年。2006 年，丽水市政府出台《丽水市优待老年人实施办法》，明确老年人在公交、医疗、旅游等 8 个方面的优待政策。

第一节　组　织

1985 年 3 月 21 日，丽水地区老龄问题委员会成立。1985 年 5 月，青田县温溪镇率先建立老年人协会，是全国首家镇级老年人协会。1989 年 3 月 11 日，丽水地区老龄问题委员会更名丽水地区老龄委员会。1991 年 8 月，丽水地区执行浙江省老龄委出台的《浙江省行政村居民区老年人协会组织通则(试行)》,在居委会、行政村创办老年人协会。1996年9月4日,丽水地区印发《丽水地区老龄办公室机构改革方案》,明确地区老龄委员会为丽水地委、行署的老龄工作综合协调组织,归属党群口。2001年8月20日,丽水市老龄工作委员会成立。2010年4月1日,丽水市委、市政府调整丽水市老龄工作委员会成员。

2010年,丽水市3534个行政村(社区)中,建立老年人协会(老年人体协、关心下一代协会)的行政村有(社区)3123个,占行政村(社区)总数的88.37%,入会人数28.7万人,占老年人总数的73.26%。全市9个县(市、区)先后成立老龄工作委员会,乡镇(街道)181个建立老龄工作办事机构,建立率100%。

第二节 保 障

养老保障

1997年,丽水地区乡镇149个开展农村社会养老保险,参加保险人员30.91万人。2010年,丽水市企业职工养老保险总参保人数23.99万人,退休人员4.07万人;劳动年龄段人员参加城乡居民社会养老保险人数58.58万人;被征地农民基本生活保障参保6.52万人,统筹资金9.31亿元,待遇发放3.94万人,待遇支付1.96亿元。全市全面推进离退休人员社会化管理服务,纳入社会管理企业退休人员1.22万人。

医疗保障

2006年起,丽水市全面实施免费体检制度,对参保老年人提供两年一次的免费体检服务,并建立健康档案。2010年,全市城镇职工医疗保险参保人员26.46万人,城镇居民医疗保险参保人数25.26万人,全市参加新型农村合作医疗186.6万人(60岁及以上老年人32.2万人),参保率达到93.4%。提高医疗保险待遇标准,城镇职工、城镇居民医疗保险统筹基金最高支付限额分别达到当地职工年平均工资、居民人均可支配收入的6倍左右。新型农村合作医疗人均筹资增加到185万元,门诊报销比例超过20%,住院医疗费用报销最高额度提高到10万元,全面实施参保人员大病补助和医疗救助。

社会福利

2010年,丽水市给百岁老人49人发放营养补助金,补助标准300元/月。对年满90周岁及以上,无社会保障、无政府固定补贴的老年人5259人,发放200—300元/年的长寿老人慰问金;对年满60周岁及以上、无社会保障的老年人32.29万人,发放60元/月的养老金。同年,完善全市城乡低保制度,建立农村"五保"和城镇"三无"人员长效供养机制,实现"应保尽保"工作目标。城镇和农村低保标准分别提高到320—360元/月和192—216元/月。农村"五保"人员集中供养率91.7%,城镇"三无"人员集中供养率94.9%。

第三节 事 业

老年人养护

居家养老 2006年，丽水全市开展社区“3587工程”创建工作。全市有社区81个，达标79个，占社区总数的95.5%；挂牌成立居家养老服务（指导）中心（站）的有77个，占社区总数的95.06%。2010年，全市推动居家养老服务体系建设。全市有社区81个，开展居家养老社会化服务的有58个，占社区总数的71.6%，其中获省福利彩票资金补助社区26个，补助资金52万元；获地方财政资金补助社区36个，补助资金26万元。

老年活动场所 2010年，丽水市建有县级以上老年（老干部）活动中心18个、乡镇（街道）老年活动中心61个、农村（社区）老年活动中心（室）1709个、农村（社区）“星光老年之家”1090个。其中缙云、景宁2个县老年活动中心被浙江省老龄工作委员会评为四星级老年活动中心。全市老年活动中心（室）达到三星级标准的有34个，达到二星级标准的有157个，达到一星级标准的有346个。全市建有门球场、气排球场、地掷球场384个。全市全年争取省财政资金1049万元和省老年基金会资金96万元，用于各级老年活动中心（室）的建设。

老年文教

老年文体 2002年开始，丽水市连续9年举办丽水市老年文化艺术周活动。2002年，全市建有各级老年体协组织3629个，经常参加体育锻炼人数19.5万人，占全市老年人总数的51%。有老年体育团队113个，参加人数1万人，占全市老年人总数的5%。每年开展老人健身走、登高等活动，全市普及老年体育和健身活动。2007年，丽水市举办“迎奥运”丽水市第三届老年运动会。2010年，丽水市举办浙江省首届老年活动中心乒乓球邀请赛。2010年，全市建有老年文艺团队638个，参加人数3.08万人。

老年教育 2006年起，丽水市参加老年电大学习人数17.7万人次。丽水市老年电大分校连续获浙江省老年电大办学先进单位称号2次。缙云、云和2个县老年电大分校获浙江省老年电大办学先进单位称号。2010年，全市建有老年大学10所，老年学校146所，在校学员1.33万人次，占全市老年人总数的3.39%。全市建有老年电大分校10所，教学点443个，2010年，入学人数3.74万人次，占全市老年人总数的9.54%。

老年维权

维权机构 2010年，丽水市、县（市、区）、乡镇（街道）和村（社区）四级老年人法律维权服务网络相继建立，落实老年人法律援助和司法救助。丽水市成立老年法律援助中心。全市乡镇（街道）179个全部设立法律援助岗，村（社区）3543个全部设立调解联络员。

老年优待 2006年，丽水市政府出台《丽水市优待老年人实施办法》，明确老年人在公交、医疗、旅游等8个方面的优待政策。丽水市政府连续3年每年拨出市区老年人乘车补贴专项资金

30 万元。60 周岁及以上老年人在市区办理公交车 IC 卡可减免价款 30%，70 周岁及以上老年人可免费乘坐公交车。老年乘客满意率超过 98%。

老龄宣传　2000—2010 年，丽水市组织参加“敬老好儿女金榜奖”“老有所为奉献奖”“支持老龄事业先进奖”等活动评选。在重阳节和春节期间，开展走访慰问特困、高龄老人活动；宣传《中华人民共和国老年人权益保障法》，会同有关部门开展执法检查；加强尊老、敬老、助老宣传，发送公益短信，举办节目，营造社会敬老、养老、助老氛围。不定期在《丽水日报》《处州晚报》、丽水广播电台开设老龄宣传栏目，开设丽水老龄网站；编发《丽水老龄》简报，开展居家养老图片进社区、送文化下乡等活动。

第四节　老年人口

据清光绪《处州府志》载，处州部分县有 90 岁以上老人名录 389 人，其中百岁老人 74 人。缙云县长寿老人最多，有 90 岁以上老人 337 人，其中百岁老人 37 人，90—100 岁老人 300 人。龙泉、松阳 2 个县无记录。

清光绪《处州府志》收录部分县长寿老人情况一览

表 42-7-4-1　　单位：人

县名	100 岁及以上老人	90—100 岁老人	合计
丽水	14	2	16
青田	17	8	25
云和	4	1	5
庆元	1	2	3
缙云	37	300	337
遂昌	0	2	2
景宁	1	0	1
合计	74	315	389

20 世纪 20—70 年代，丽水人口年龄结构比较年轻。1989 年，丽水地区进入人口老龄化社会，比全国提前 10 年，是浙江省较早跨入人口老龄化社会的地区之一。2010 年，丽水市常住人口 211.7 万人，其中 60 周岁及以上老年人口 35.18 万人，占总人口的 16.62%；65 周岁及以上老年人口 24.75 万人，占总人口的 11.69%。60 周岁及以上老年人口中，农村 29.69 万人，占老年总人口的 75.8%；城镇 9.48 万人，占老年总人口的 24.2%。全市有 100 岁及以上老年人口 49 人。其中缙云县百岁老人最多，有 14 人，其次是莲都区和青田县，各有 11 人和 10 人。

2010年丽水市百岁老人一览

表 42-7-4-2

序号	姓名	性别	出生年月	住　址
1	吴宝娟	女	1903年8月	莲都区雅溪镇龙孔村
2	聂　娼	女	1906年10月	莲都区岩泉街道关下村
3	尤细英	女	1908年5月	莲都区峰源乡毛山村
4	徐胡钗	女	1909年1月	莲都区双黄乡里佳源村
5	扬有天	男	1909年9月	莲都区岩泉街道刘祠堂背48号
6	马细宝	男	1909年11月	莲都区碧湖镇联坪上大山村
7	刘翠云	女	1909年11月	莲都区太平乡小安村
8	季从杰	男	1910年6月	莲都区丽光小区7幢202室
9	严锦文	男	1910年6月	莲都区银苑小区213幢201室
10	陈风林	男	1910年9月	莲都区大水门社区
11	叶瑞福	男	1910年12月	莲都区峰源乡夏庄村
12	熊和媛	女	1908年1月	龙泉市住龙镇建明村
13	王学椿	男	1909年1月	龙泉市剑池街道南秦社区
14	李周珠	女	1910年3月	龙泉市龙南乡粗溪村
15	陈珠凤	女	1903年6月	青田县鹤城镇塔下社区
16	周美云	女	1906年6月	青田县海溪乡横树岗村
17	赖才柳	女	1906年11月	青田县温溪镇第七居委
18	徐明岩	男	1907年12月	青田县仁庄镇小令村
19	章珠秀	女	1908年2月	青田县章村乡黄里小坑岗6号
20	陈碎奶	女	1908年6月	青田县章旦乡横山村
21	周成香	女	1908年10月	青田县船寮镇大洋村
22	姚凤柳	女	1909年9月	青田县鹤城镇后街37号
23	叶岩英	女	1910年4月	青田县鹤城镇外旦村
24	林学金	男	1910年9月	青田县贵岙乡塘后村
25	朱金娟	女	1905年6月	缙云县壶镇镇赤溪村
26	施桂春	女	1907年2月	缙云县五云镇寺后中巷38号201室
27	黄延统	男	1908年1月	缙云县壶镇镇道门村
28	丁凤香	女	1908年3月	缙云县五云镇建设村大桥北路盘山二巷38号
29	樊杏娇	女	1908年3月	缙云县新建镇新四村
30	陈梅花	女	1908年6月	缙云县壶镇镇宅塘村
31	周岩友	男	1908年11月	缙云县新建镇谷川村
32	胡秀花	女	1909年5月	缙云县胡源乡章村村
33	吕松妹	女	1909年11月	缙云县壶镇镇南顿村
34	詹陈溪	男	1910年4月	缙云县五云镇詹山村88号

续表 42-7-4-2

序号	姓名	性别	出生年月	住 址
35	应阿凤	女	1910 年 10 月	缙云县壶镇镇云岭村
36	何菊凤	女	1910 年 11 月	缙云县舒洪镇舒洪村
37	丁仲花	女	1910 年 12 月	缙云县舒洪镇杨坑村
38	王欢廷	男	1910 年 12 月	缙云县东渡镇东渡村
39	罗樟星	男	1908 年 1 月	遂昌县云峰镇东姑村
40	尹樟秀	女	1909 年 8 月	遂昌县焦滩乡蔡口村
41	汤凤和	女	1910 年 3 月	遂昌县湖山乡长塘村内西岩
42	张凤球	女	1910 年 8 月	遂昌县应村乡天师坛村
43	宁翠翠	女	1909 年 9 月	松阳县象溪镇靖居包村靖中路 55 号
44	程翠珠	女	1910 年 5 月	松阳县阳溪项桥下村
45	叶火弟	女	1910 年 7 月	松阳县西屏镇古城社区
46	陈陆全	男	1909 年 11 月	云和县崇头镇栗溪村疗坑 26–1 号
47	张章女	女	1910 年 1 月	云和县云和镇杨家村
48	柳王生	男	1910 年 8 月	云和县雾溪乡水竹洋村
49	刘花女	女	1906 年 11 月	景宁县九龙乡徐洋岭村

第八章 殡 葬

古时，丽水处理死亡人员遗体的主要方法是土葬。古代志书有很多土葬坟墓的记载。古人死后一般葬于自家坟山。官府或慈善团体设置漏泽园或义冢，从葬无主尸骨及家贫无葬地者。此殡葬方法及习俗一直持续到 20 世纪 80 年代。据清光绪《处州府志》记载，最早土葬坟墓是南朝詹司马墓；最早的丛葬记录是宋嘉熙四年（1240）在县东北五里堰古置义冢。20 世纪 80 年代，丽水地区行署以节约土地、保护环境、移风易俗、减轻群众负担为宗旨，逐步推行火化。1980 年，丽水县启动建设火葬场。此后，各县先后建立火葬场。21 世纪，丽水市全面实施遗体火化。

第一节 殡葬方式

土 葬

早期，丽水最主要的丧葬方式是土葬（区别于火葬、水葬、天葬等），即先把人的遗体装入棺材，再把棺材埋于土中。传统认为这是使灵魂得以安息的最好办法，所谓“入土为安”。墓碑（墓志铭）或有或无，有的只立坟头石，并无文字。坟前或有祭奠台供后人祭奠。畲族早期葬习为悬棺和火葬，定居后改土葬，再行拾骨二次葬。解放后，丧事从简，很少做功德，只设灵堂，供亲人祭奠。流行哭歌，葬俗无改。

土葬浪费土地和木材。土葬要有一定数量的土地做坟地；每副棺材要消耗木材1个多立方米。土葬的仪式烦琐，整个过程需要大量的人力、物力和财力支持，比如挖坟、下葬、宴请答谢亲朋好友等。土葬对地下环境，特别是对地表水存在负面影响。尤其是在坟墓集中区域，污染更为严重。土葬之俗，劳民伤财，滥占耕地，传染疾病，污染环境。20世纪80年代，殡葬改革推行火葬，即人的遗体先行火化而后埋葬，不再直接埋入土中。

火葬

1980年起，丽水行署大力提倡火葬。同年，丽水县建立火葬场。1981年，火化遗体11具。1984年，火化遗体108具。1990年，火化遗体395具。1995年，火化遗体475具。同年，丽水市（县级）遗体火化率3.06%。1996年，丽水殡仪馆火化遗体601具。1997年，火化遗体616具。同年，景宁畲族自治县殡仪馆主楼落成，获省财政补助150万元。青田、云和县选址筹建殡仪馆。

1998年，丽水殡仪馆建成火化配套设施。同年，丽水殡仪馆火化遗体595具。10月，景宁畲族自治县火葬场建成，并验收通过。1999年，丽水市（县级）火化遗体1770具。景宁畲族自治县火化遗体110具。

2000年，丽水市火化遗体3168具。其中莲都区2402具、云和县97具、景宁畲族自治县669具。2001年，全市火化遗体4365具。2002年，火化7624具。2003年，火化10520具。2004年，火化13761具。2005年，火化14212具。

2006年后，丽水市每年遗体火化率100%。2010年2月，丽水市殡仪馆项目主体工程开工。

第二节　殡葬改革

1949年，丽水一直沿袭用棺木土葬的丧葬方式，但封建迷信的丧葬习俗逐步减少，开始用追悼会、献花圈、戴黑纱等方式寄托哀思。

1980年，丽水县建立火葬场。1984年，丽水县核定火葬场职工9人。1987年，丽水市（县级）火葬场推行承包经营责任制。1990年，丽水市（县级）火葬场有职工10人，收入25.1万元，盈利0.9万元。1995年，丽水地区有火葬场1家[丽水市（县级）火葬场]；殡仪馆3家，分别在丽水市（县级）、龙泉市、遂昌县。

1997年，丽水地区开展殡葬改革规划。1998年，青田、云和、景宁3个县的火化设施建设得到省财政专项拨款补助。缙云县规划投资538万元建设火化设施。

1999年，丽水地区开始殡葬改革，推行火化。丽水市（县级）实行全市区域内遗体火化。景宁畲族自治县开始在县城推行火化。青田县建成火化殡仪馆。云和县殡仪馆立项。庆元县征用土地2公顷建设火化殡仪馆。龙泉、缙云、遂昌、松阳县（市）开始筹建火化殡仪馆。

2000年，浙江省民政厅领导到丽水，就殡葬改革工作现场办公。丽水市政府加大力度推行殡葬改革，加快建设火化殡仪馆。云和县将全县盆地范围内的遗体送往邻县（区）火化；松阳、缙云、云和3县选定殡仪馆建设地址，并破土动工；莲都区开展殡葬改革“回头看”工作，强化殡葬管理；景宁畲族自治县将火化区扩大到所有能通车的村。2001年6月25日，丽水市发布《关于禁止市区丧事大操大办的通告》。同年，莲都、青田、云和、缙云、景宁等县（区）实行遗体火化；龙泉市、松阳县殡仪馆基本结束火化炉安装和内部装修；庆元、遂昌县殡仪馆主体工程破土动工。

2002年，龙泉、庆元、松阳、遂昌县（市）殡仪馆相继建成并投入使用。5月17日，丽水市民政局、市工商局联合发布《关于加强丧事用品制造销售管理的通知》，各县（市、区）民政局、工商局组织检查丧葬用品制造销售，规范丧葬用品市场，没收烧毁一批封建迷信丧葬用品。

2003年，丽水市殡葬改革重点是遗体火化和推行生态墓建设。在“十五”期末达到“三沿五区”[①]无坟化、公墓园林化、村级墓区生态化、骨灰处理多样化。生态墓区做到骨灰深埋，墓穴周围种树、种花、种草，坟不露头。9个县（市、区）都完成生态墓区试点任务。全市有开展生态墓区建设乡镇92个。2004年，丽水市“三沿五区”坟墓治理率34.53%，生态墓区覆盖超过50%的行政村，其中松阳县、缙云县超过95%。龙泉市殡仪馆被民政厅评为行风建设先进单位。

2005年，丽水市逐步实现农村墓地生态化、经营性公墓园林化,消除“青山白化”现象。“三沿五区”坟墓治理率75%，生态葬法覆盖80%的行政村。2006年，丽水市“三沿五区”坟墓治理率83.4%，生态葬法覆盖83.9%的行政村，公墓绿化率超过70%。莲都区殡仪馆主任李涛被人事部、民政部授予全国民政系统先进工作者称号。2007年，“三沿五区”坟墓治理率91%，生态葬法覆盖88%的行政村。

2008年，丽水市深化殡葬改革和管理工作，制定“三沿五区”坟墓治理和生态墓区建设五年规划，明确2008—2012年各县（市、区）“三沿五区”坟墓治理和生态葬法覆盖任务。全年“三沿五区”治理率57.55%，生态葬法覆盖86.5%的行政村。2009年，生态葬法覆盖89.89%的行政村。2010年，生态葬法覆盖92.04%的行政村。

第三节　公墓管理

据清光绪《处州府志》载，宋嘉熙四年（1240），处州知州马光祖在县东北五里堰古置义冢。明成化年间（1465—1487），设漏泽园，“在县东北五里”。清光绪年间（1875—1908），丽水有义冢12处；青田有漏泽园1处；缙云有义冢3处，漏泽园1处；松阳有义冢9处，漏泽园2处；遂昌有义冢14处，漏泽园3处；龙泉有义冢4处；庆元有义冢9处；云和有义冢11处，漏泽园1处；景宁有义冢27处。这些冢、园长期沿用。

民国时期，丽水城左渠门附近有座悯终祠。遇外乡人死亡，在灵柩发回原籍前，或因人命案件

① “三沿”指沿铁路、沿公路（包括县乡各级公路）、沿通航河道两侧，“五区”指水源保护区、文物保护区、风景旅游区、住宅区（包括农村各村民居住点）和开发区。

一时不能安葬，或无后代埋葬的，都抬到悯终祠临时放置。

1990 年，遂昌、云和、缙云县建立公墓。1995 年，丽水地区有丽水市（县级）水阁镇垟店村骨灰公墓和云和县城郊川石山土葬公墓 2 处经营性公墓。其中云和县城郊川石山土葬公墓占地 1 公顷，规划安葬 1500 穴，实际安葬 400 穴。

1996 年，丽水地区民政部门主办的经营性公墓有丽水市（县级）骨灰公墓、云和县土葬公墓、青田县土葬公墓、龙泉市土葬公墓、遂昌县土葬公墓、缙云县土葬公墓、景宁畲族自治县土葬公墓 7 处。1997 年，龙泉、青田、云和、缙云、遂昌、景宁 6 个县（市）土葬公墓开始对外经营。庆元县土葬公墓办理征地立项。松阳县公墓选址筹建。1998 年，9 个县（市）城镇均建成经营性公墓并投入使用。

2005 年，丽水市开始开展火葬年检工作，重点从执行法规政策、组织纪律建设、规划及设施建设、墓区美化绿化、经营管理建设等方面进行检查。10 月，经省民政厅工作组检查验收，全部合格。

2007 年，浙江省民政厅下发《关于开展公墓年检年审的通知》，丽水市开展所辖经营性公墓年检年审工作，由各县（市、区）民政局进行初检，丽水市民政局进行复检，浙江省民政厅组成工作组，抽检、年审经营性公墓。经浙江省民政厅认定，丽水 9 个县（市、区）的 9 个经营性公墓全部达到合格公墓标准。

2009 年，丽水市开展公墓年检和清理整顿工作。同年，全市经营性公墓年检全部合格。

第九章　移　　民

丽水历来是个移民较多的地区。汉初，丽水属东瓯国。由于闽瓯进攻，朝廷命东瓯国 4 万多人举国北迁。此后，丽水长期为纯移民迁入地。东汉、两晋、唐、宋、元及明代，北方长期战火不断，中原人民为躲避战火，纷纷南迁。清初，“削藩”后，大批福建客家移民迁入地广人稀的处州。继唐代雷姓迁入景宁后，明清时期多支畲民迁入景宁、云和等地继而散播各县。清代以后，处州境内各姓氏构成基本稳定，在总人口中比例及顺序的发展变化缓慢。抗日战争时期，各沦陷区迁入丽水人口 20 多万人，分布于丽水各县，抗日战争胜利后，大多数人口回迁。中华人民共和国成立后，随着经济和社会迅速发展，境内移民情况变得非常频繁，搬迁安置数以万计新建水库库区移民。20 世纪 50—70 年代，有部分支边、支农移民，后大部分返回原籍。21 世纪，丽水市政府组织地质灾害隐患点的村民搬迁避灾，偏远山区的农民下山脱贫，整村搬迁到海拔较低、生存条件较好的地方建设新村。20 世纪 80 年代，丽水住民开始自发向经济发达地区移民。2000 年，丽水市常住人口 216.18 万人。2010 年，丽水市有总户数 92.87 万户，总人口 259.65 万人。

第一节　支边与支农移民

支边移民

1959—1960 年，丽水各县贯彻执行支援边疆和少数民族地区发展经济建设的指示，支援宁夏回族自治区生产建设，外迁 4039 人。1961—1963 年，基本返回原籍。

莲都区　1959—1960 年，丽水县[①]支援宁夏回族自治区生产建设，外迁 1030 人。

青田县　1959 年 1 月，青田县动员北山、万山、船寮、章村、城郊区青壮年 1200 人支援宁夏回族自治区社会主义建设。其中男 641 人，女 559 人；家属 333 人。1959 年 5 月和 1960 年 5 月，青田县支边青年迁居宁夏平罗县红星农场和前进农场。

云和县　1959 年，云和县支援宁夏回族自治区社会主义建设。2 月 20 日，云和人民公社首批动员青年 75 人。1960 年 3 月 20 日，云和县[②]第二批动员青年 39 人，其中家属 9 人。1969 年 5 月 5 日，云和县支援边疆知识青年 9 人，其中男性 6 人，女性 3 人，落户黑龙江省嫩江县。

缙云县　1956 年 4 月 27 日，首批到宁夏回族自治区落户 326 人，其中随迁家属 22 人。1960 年 5 月 8 日，第二批到宁夏银川平吉堡农场 500 人，其中随迁家属 130 人。缙云县政府为每人发放棉衣、棉帽、棉鞋、棉被。

遂昌县　1959—1960 年，遂昌县[③]青年 2 批、341 人（包括随迁家属）到宁夏回族自治区参加生产建设。1975 年起，遂昌县支边移民陆续返回，政府妥善安置返籍人员。2010 年，遂昌县有 19 人留在宁夏水电部第三工程局工作。

松阳县　1959 年 6 月和 1960 年 5 月，遂昌县松阳区青年 2 批、367 人（家属 54 人）到宁夏回族自治区参加生产建设，落户吴忠县陈远滩、银川市平古堡农场，后陆续返回。2010 年，松阳县有 21 人留在宁夏水电部第三工程局工作。

支农移民

1955—1978 年，丽水地区知识青年 8000 多人响应毛主席“知识青年到农村去，接受贫下中农再教育”号召，到农村插队落户，支援农业生产。至 1980 年，丽水地区下乡知青陆续返回城镇，均得到安置。

莲都区　1964—1978 年，丽水县知识青年 3243 人下乡。1969 年，知识青年 864 人下乡。1977 年，知识青年 598 人下乡。谭伟华是丽水县知识青年下乡第一人，其接受贫下中农再教育的生动事例，掀起知识青年下乡的高潮。

龙泉市　1958—1960 年，龙泉县从丽水、青田、温州、文成、泰顺、平阳、瑞安、瓯海、永嘉、乐清、温岭、诸暨等县、市迁入林业采伐工人 1.2 万人，其中部队转业 900 多人；家属 5000 多人。1965—

① 2010 年称莲都区。

② 含 2010 年景宁畲族自治县区域。

③ 不包括 2010 年松阳县部分区域。

1966年，龙泉县从杭州、东北等地迁入“小三线”工厂职工及家属900人。1961—1963年，龙泉县精减干部、职工12916人，约半数回乡、迁往外地。1968年，知识青年开始成批上山下乡。至1977年7月，龙泉县城镇初中、高中毕业生下乡2293人，多数分散插队落户。1978年起，停止动员上山下乡。1986年，“小三线”工厂外迁，随厂迁出600多人。

青田县　1969年，青田县动员城镇知识青年下乡，规定年龄17—25岁，初中以上文化程度。后来，范围扩大到高小毕业生。1973年10月，第一个知青点(村)建立，地点在油竹公社赤岩大队。此后，陆续建立知青队9个。1969—1978年，有知识青年下乡落户1698人，其中女性776人(包括到外省、县插队落户44人)；外省到青田插队96人，其中女性56人。

云和县　1955年9月，温州专区知识青年、待业人员到云东区大山开荒342人。

庆元县　1955年9月，温州市社会青年来庆元垦荒91人，被安置在县农场。后来，成立温州专区第一垦荒高级社。1967—1977年，知识青年上山下乡447人，被安置在公社22个、生产队102个。1970年起，下乡知识青年开始返城，被安排到企事业单位工作。至1980年，安置446人，其中病退9人，参军20人，招生90人。在农村成家的下乡知青，允许子女转为城镇户口1人，转户口72人。

缙云县　1968年年底，17—25岁初中以上文化程度的城镇知识青年被动员参加上山下乡、插队落户，不再升学的小学毕业生亦在动员之列。1969年2月8日，在三联、三合、白六、东方、红岩、红旗、新碧、城北、东川、新美公社安置首批276人。4月，采用集体安置、分散落户和回原籍3种形式安置第二批44人。1969—1979年，知识青年下乡落户1010人，其中外省外县到缙云插队111人。

遂昌县　1955年12月，遂昌县接收兰溪县社会失业、无业人员90人，安置在白马山大坪殿高级农林牧生产合作社，参加白马山区垦荒。其中陆续返回原籍78人，由劳动部门安排就业12人。1956年3月，接收杭州市江干区城市失业、无业人员51户、181人，分别安置在蕉川、新民、云峰、螺岩乡的农业生产合作社，参加农业生产。1958年起，返回原籍23户。

松阳县　1956年3月，松阳县接收杭州移民166户、521人，安置在新兴、赤寿、岗寺、庄门、阳溪、樟溪、望松、叶村等乡的高级农业生产合作社16个，参加农业生产劳动。1958年，返回原籍93户、308人。后陆续返回多户，仅留26户。据1988年调查统计，留下的26户繁衍成44户、148人。1964年起，外地知识青年到松阳插队落户5批，分别是1964年四川省永川县5人；1966年，绍兴县324人；1969年，上海、安徽、福建、云南、甘肃等省市和浙江省杭州、宁波、建德、丽水等市县12人；1970年，江苏、湖南等省和浙江省杭州、温州、龙泉等市县5人；1974年，杭州2人。1979年起，绍兴落户居民陆续返回原籍，或移出县境，实留110人。

第二节　异地搬迁移民

避灾搬迁移民

1953年6月29日，景宁县沙溪乡蔡湖蝉村山体滑坡。浙江省民政厅拨款50万元，县民政局拨款65万元，扶持农户搬迁。景宁县毛垟乡底垟村地势低洼，河水经常入村。1965年11月，县民政局补助5000元，底垟村69户、263人全部迁到仙岩村定居。1992年8月30日，澄照乡岩下村山体滑坡，毁坏房屋40多座，死亡13人。县民政局补助11.27万元，全村搬迁至云寿公路边重建新村。

2000年开始，丽水市采取工程措施和搬迁避灾等方法，治理地质灾害。2000—2005年，省级立项的地质灾害防治项目42个，争取到省财政补助资金634万元，地方政府配套资金325万元；地方政府投资1189万元，完成治理、应急排险、搬迁避让项目72个。

2000—2005年，丽水市投资4749万元，完成治理（排险）项目98个，解危人口9552人。同时，丽水市完成6个县的矿山生态环境治理及闭坑复绿34个，建立百矿示范点6个。

2005年起，丽水市结合下山脱贫工作，搬迁避让部分地处偏远山区、基础设施薄弱、治理难度大、费用高的地质灾害点，把这些点的居民迁移到沿江、沿路、中心村居住。

2005年，丽水市政府起草《丽水市人民政府对重要地质灾害隐患点实行搬迁避让的请示》，上报省政府。省政府高度重视，遂决定对全省211个欠发达乡（镇）中涉及地质灾害的贫困户搬迁避灾，补助人均3000元。其中涉及丽水市的地质灾害隐患点42个，2291户，8799人，补助金额2639.7万元。龙泉、庆元、景宁等县（市）险情较严重的隐患点13个，纳入首期搬迁避让计划。

2006年，丽水市进行避灾搬迁行政村73个，隐患点95个，居民1876户、6655人，建成安置小区15个、安置点1个，有效减少地质灾害的威胁，改善群众生产生活条件。

2007年，丽水市编制《丽水市地质灾害搬迁避让规划（2007—2012）》。莲都区启动避灾工程建设，落实避灾中心项目12个。完成碧湖镇、太平乡项目各1个，可临时安置受灾群众300人。

2008年起，丽水市政府实施百村千户避险工程，连续3年将搬迁避灾工作列为全市“十件大事”之一。莲都区完成岩泉街道秋塘村、丽新乡畎岸村等避灾中心改建10个，总改建面积2640平方米，可转移安置灾民1500人。2009年，完成碧湖镇下街等避灾中心改建18个，总改建面积11650平方米，可转移安置灾民3000多人。

至2010年，丽水市投资21091.2万元，完成搬迁地质灾害隐患点164个，搬迁群众4460户、14158人；新建安置小区12个、安置点4个，可容纳地质灾害避让搬迁群众6175户、20953人。莲都区完成碧湖镇河口村等避灾中心改建10个，总改建新建面积2535平方米。

2010年丽水市地质灾害搬迁避让安置点一览

表42-9-2-1

行政区	安置点	位置	面积（公顷）	安置户/人数	移民来源	建成年份
龙泉市	河村畈小区	西街街道河村畈	0.10	10/42	地质灾害避让搬迁	—
	安仁镇下山脱贫小区	安仁镇	5.33	731/2300	安仁镇下山脱贫	2012
遂昌县	小忠安置小区	三仁镇小忠村	0.53	64/249	白麻村	2010
云和县	麻垟新村	赤石乡麻垟村	0.17	20/81	地质灾害避让搬迁	2010
	高畲新村	石塘镇小顺水库边	1.51	48/173	地质灾害避让搬迁	2010
庆元县	洋墩安置小区	濛洲街道洋墩新村	5.00	814/3079	灾害隐患区	2005
	同德安置小区	松源街道同德新村	13.75	1302/4916	灾害隐患区	2010
	同济安置小区	濛洲街道同济新村	26.67	1663/6307	灾害隐患区	2010
	蒲潭安置小区	淤上乡蒲潭村	2.13	119/425	灾害隐患区	2008

续表 42-9-2-1

行政区	安置点	位置	面积(公顷)	安置户/人数	移民来源	建成年份
	安溪安置小区	安南乡安溪村	5.33	224/956	灾害隐患区	2009
	同心安置小区	松源街道五都村	46.20	约 4043/14800	灾害隐患区	—
松阳县	乌井安置点	望松乡乌井村	2.42	123/384	望松乡砌坛村	2009
	泉庄安置点	新兴乡泉庄村	2.46	109/426	新兴乡金坞村	2009
青田县	鹤东安置点	鹤城镇鹤东村	2.00	73/286	灾害隐患区	—
	大安安置点	山口镇大安村	1.67	72/234	灾害隐患区	—

说明：1. 2008 年龙泉市河村畈小区启动，2014 年全部建成；2. 2019 年青田县鹤东安置点部分建成，2013 年全部建成；3. 2011 年青田县大安安置点第一批建成，2013 年第二批建成，2018 年第三批建成

下山脱贫移民

1949 年 5 月，丽水解放，景宁县鹤溪镇红星村 3 个畲族自然村从高山深山搬迁转移下来定居。20 世纪 80 年代，居住在深山老林中的畲汉人民，开始大量向河谷平原盆地搬迁转移。1984 年，青田县山口镇的高山农民自发搬迁转移下山。到 1987 年，向沿江沿路搬迁 1042 户、3573 人。丽水市(县级)老竹畲族镇大片行政村及自然村 6 个，均由周边畲汉人民集聚而成。

1994 年 3 月 14 日，丽水地委、丽水地区行署出台《关于加快"下山"脱贫的若干意见》。

2000 年起，丽水市有组织有领导地实施农民异地转移工程，按照统筹城乡发展要求进行科学规划。云和县"小县大城"城乡统筹发展的做法，得到浙江省委、省人民政府肯定和推广。2001 年，云和县实施"小县大城"发展战略，优先发展县城，加快产业、人口和资源向县城集聚。全县集聚在县城发展企业近 90%，中小学生在县城就读近 85%，人口集中在县城就业 60%，城市化水平 60%。

2006 年，丽水市将就地脱贫与异地脱贫、集中搬迁与分散搬迁结合起来，按照"搬得下、稳得住、富得起"的要求，制定和实施一系列优惠政策，大大加快下山脱贫步伐。全市投资 6.57 亿元，新建续建移民小区 77 个、移民点 54 个，落实建设用地 124.5 公顷，安置下山脱贫 6941 户、26357 人，其中欠发达乡镇 4334 户、16318 人。2006 年开始，市政府落实每年完成异地转移农民 2 万人的任务。

2000—2007 年，丽水市下山脱贫人数 44509 户、168462 人，投入下山脱贫资金 30.92 亿元。

2008 年 3 月 27 日，丽水市委制定《关于加快农民异地转移促进农民增收的若干意见》，重点实施房屋彻底拆除，群众彻底搬迁的整村搬迁。7 月，编制完成《丽水市十万农民异地转移规划(2008—2012)》，全市规划异地转移农民 14.65 万人。在城区建设农民异地转移安置小区(点)22 个，用地 240 公顷，安置 5 万人；在中心镇建设农民异地转移安置小区(点)11 个，用地 110 公顷，安置 2.1 万人；另外在一般乡镇、中心村或分散安置点安置 7.55 万人。

2008 年，丽水市农民异地转移 25648 人，完成年度计划 128.2%；整村搬迁 18258 人，完成年度计划 152.2%；农民转移就业 53510 人，完成年度计划 107%；帮助解决农民就业岗位 16862 个，完成年度计划 112.2%；帮助异地转移农民解决就业岗位 9637 个，完成年度计划 107.1%。农民年人均纯收入 1500 元以下的低收入农户全部实现低保或收入超过 1500 元。农民年人均纯收入 2500 元以下

的低收入农户有32.2%收入超过2500元。113个欠发达乡镇①农民人均纯收入均超过全国平均水平。全市农民年人均纯收入5050元，比2007年增长15.5%，增幅高于全国和全省平均水平。

2009年，丽水市投资8.97亿元，完成农民异地转移7132户、25807人，完成年度计划129.04%。其中，整村搬迁村或自然村288个、3859户、12969人。实现农民转移就业52929人，解决农民就业岗位16234个。其中，解决异地转移农民就业岗位9560人。全市农民人均纯收入5703元，比2008年增长12.93%，增幅居全省首位。

2010年，丽水市委、市政府出台《关于深入实施农村"135"工程不断提升丽水城乡统筹发展水平的实施意见》《关于丽水市推进"三沿"整治创建美丽乡村行动计划的实施意见》，继续把"农民增收六大目标"和农村危旧房改造作为2010年新农村建设的重点内容。截至2010年，丽水市完成农民增收"6+1"工作目标，实现农民异地转移搬迁6596户、21946人；实现农民转移就业52993人，其中异地转移农民9828人，解决农民就业岗位16175个。

2008—2010年丽水市农民异地搬迁情况一览

表42-9-2-2

年度	投资（亿元）	市财政补资金（万元）	全部搬迁		其中整村搬迁			
			户数（个）	人数（人）	行政村（个）	自然村（个）	户数（个）	人数（人）
2008	7.85	2296.60	7541	27004	17	349	5225	18258
2009	8.95	1601.30	7188	26014	5	281	3859	12969
2010	10.60	1540.70	7276	24638	4	270	3911	12421
合计	27.40	5438.60	22005	77656	26	900	12995	43648

第三节　库区移民

瓯江水库电站移民

1958年8月，瓯江水电站开工兴建。青田县采取就地后靠或分散插社的办法安置，移民72352人，拆迁单位及居民房屋13.8万平方米，国家仓库19座、1.02万平方米。实际移民959户、4602人，拆迁房屋1922.5间、12.9万平方米。国家拨给移民经费196.11万元、房屋2.08万平方米。复建移民房屋9万多平方米，其中机关、学校、工矿企业等单位0.15万平方米。

1960年春，青田县建立山区移民点12个，新建和拆移改建房屋750多间。章村区拆掉库区民房346间，移民115户、550人，复建马岭头、龙须洞、包罗厂等移民安置点5个，移民住屋438间。船寮区仁川大队拆掉移民房屋130间、5370.48平方米，复建驮寮山移民房屋12座、72间、4512平方米（其中包括小学750平方米），国家投资42万元。

1962年3月，瓯江水力发电站工程停止实施，青田县城郊区、鹤城镇已迁的619户、3010人就地安置未动，其他绝大多数移民先后迁回原居住地。

① 因乡镇撤并，减少欠发达乡镇5个。

新安江水库电站移民

新安江水电站为中华人民共和国自行设计、自制设备、自己施工的第一座大型水力发电站，移民27.16万人。20世纪60年代初和80年代初，丽水地区龙泉、云和、庆元、遂昌、松阳、景宁6个县安置移民2271户、10976人，为国家水利建设作出重大贡献。

龙泉县安置 龙泉县属新安江水库后期移民安置重点县。1964—1967年，全县接收新安江移民1201户、6268人，其中有计划迁入1176户、6167人，非计划迁入或投亲靠友25户、101人。

云和县安置 云和县接收安置新安江水库移民为时最迟，而且大多系重迁移民。1964年4月至1970年4月，全县接收新安江水库后靠转迁移民295户、1467人。其中有计划迁入292户、1458人，非计划迁入或投亲靠友3户、9人。划拨移民耕地85.73公顷，山林10.06公顷。新安江移民迁入安置后，云和县自行转迁外地移民9户、36人；倒流返库移民32户、147人，其中，经动员教育后返回原安置地区21户、100人，由淳安县转迁江西省安置10户、42人，滞留淳安库区1户、5人。

1984年，云和、景宁2个县重新分设。云和县境内的新安江水库移民436户、1929人①，分布在乡5个，建有移民村10个。

庆元县安置 1964年，庆元县辖区内移民314户、1625人，分布在菊隆区公社5个大队14个。单独建立移民大队（行政村）1个、移民生产队（自然村）13个。

遂昌县安置 1962—1963年，先后2批接收安置新安江移民655户、2848人。其中有计划迁入642户、2840人，非计划迁入或投亲靠友14户、44人。

松阳县安置 1982年，松阳县辖区内新安江移民447户、1902人，分别安置在新兴、赤寿、叶村、樟溪4个乡，单独建立移民安置村10个。

景宁畲族自治县安置 景宁畲族自治县境内有移民85户、424人，均为重迁移民。分别安置在外舍、澄照、景南和东坑等乡4个、行政村6个。

紧水滩水库电站移民

移民动迁安置 紧水滩水电站坐落在云和县境内的瓯江干流龙泉溪上，距县城19千米，装有单机容量5万千瓦水轮发电机组6台，总容量30万千瓦。1977年上半年，开始初步设计。1983年10月31日截流，主体工程动工。1987年投运。1981年11月，移民动迁安置工作开始，1988年结束。库区移民外迁丽水市（县级）安置3340人，云和、龙泉本县范围内迁移安置4801人，库边就地后靠10793人，投亲靠友451人，跨库移民1842人，在外人口464人，合计21700人②。为安置移民而供应的“三材”，计有钢材310万千克、水泥2430万千克、木材18060立方米。移民拆迁旧房554252平方米，复建新房746944平方米（人均34.42平方米）。移民安置地区修建公路1203千米，机耕路234千米，人行道（含手车道）236千米，码头55座，渡船31只，广播、通信线路340.4千米，输电线路319千米，水泵47台、渠道118千米，防洪堤910米，以及其他有关的公共设施。广大移民群众的生产生活环境得到妥当安排。

---

① 数据为1988年实有人口。

② 不包括漏报补列移民人口90人。

紧水滩电站水库移民安置情况汇总情况

表 42-9-2-3

移民迁出地区		丽水市安置		本县外迁安置		就地后靠		投亲靠友		跨库移民		在外人口		合计	
		户	人	户	人	户	人	户	人	户	人	户	人	户	人
云和县	赤石乡	178	901	100	428	399	1686	31	102	135	606	—	—	843	3723
	大源乡	197	1028	177	819	91	339	15	47	37	166	—	—	517	2399
	龙门乡	297	1411	227	1059	152	574	36	119	36	162	—	—	748	3325
	合计	672	3340	504	2306	642	2599	82	268	208	934	103	464	2211	9911
龙泉县	王庄乡	—	—	104	506	160	725	—	—	—	—	—	—	264	264
	双平乡	—	—	134	607	149	635	—	—	22	100	—	—	305	305
	供村乡	—	—	5	26	36	109	—	—	—	—	—	—	41	41
	雁川乡	—	—	104	537	295	1283	—	—	16	70	—	—	415	415
	安仁乡	—	—	120	731	325	961	—	—	31	138	—	—	476	1830
	凤鸣乡	—	—	16	98	515	2253	—	—	—	—	—	—	531	2351
龙泉县	大沙乡	—	—	—	—	90	515	—	—	—	—	—	—	90	515
	龙渊镇	—	—	—	—	453	1708	—	—	133	600	—	—	586	2308
	合计	—	—	483	2504	2023	7594	59	183	202	908	—	—	2767	11789
总计		672	3340	987	4801	2665	10793	141	451	410	1842	103	464	4978	21700

说明：1. 凡在库边本村范围内迁移安置者，为就地后靠移民；超越本村范围迁外县、外乡、外村安置者，为外迁移民。 2. 土地、山林部分被淹而房屋未淹没者，按人均耕地占有面积折算为跨库移民。3. 漏报移民 90 人（云和县 2 人，龙泉县 88 人）未统计在表内

移民扶持　1984 年 3 月，浙江省政府下发《关于紧水滩库区补偿经费分配问题的通知》，启动紧水滩水库移民搬迁工作，单列移民生产补助经费 725 万元，其中丽水县 150 万元，云和县 330 万元，龙泉县 245 万元，用于扶持移民恢复和发展生产。龙泉、云和县相继从集体房屋补偿费中，列支移民购买耕牛、家具补助费 60 元/人；从集体山林补偿费中，列支移民生产生活困难补助 24 元/人。丽水县移民安置地区，则针对移民“新来晚到”人生地不熟的情况，举办各种学习班，向移民介绍当地的自然环境、土质条件、生产技能和生活习惯，规定每个党团员和村干部挂钩 1 户移民，帮教农田操作技术，解决耕牛、种子等困难。

1986 年 3 月，浙江省政府与水电部达成初步协议，紧水滩水电站每度统配电价加价 2 分钱，每年可筹 1000 万元，用 6 年时间筹足 6000 万元，用于扶持移民经济生产，解决遗留问题。1987 年，启动紧水滩水电站开发性移民试点，每度电加价 2 分钱，筹集所需移民发展生产基金，三省一市[①]按分得电量比例分摊，专款专用。8 月，水电部印发《华东电网领导小组第六次会议纪要》，通知各地照此执行。1988 年起，浙江省电力局按 3 省 1 市统配电量实收金额，每半年 1 次，拨付丽水地区财税局。至 1993 年，拨付紧水滩电站移民开发资金 4041.64 万元。

---

① 浙江省、安徽省、江苏省、上海市。

1989年12月，省计经委对库区经济开发问题的规划设计进行评审和修改。1990年8月，地区行政公署在龙泉县召开紧水滩水库（含石塘水库）库区综合开发规划汇报会。确定库区发展模式为“资源开发主导型”，确保库区东西两端和南北两翼构成一个整体，形成“一轴七点”的经济联系网络和空间开发布局。

通过投入扶持资金、开发库区经济，移民生产结构改善，移民的经济收入和生活水平逐步提高。至1990年，紧水滩库区新建库边公路85千米、桥梁20座、灌溉渠道148千米、山塘水库49处，抗旱提水设备186台，输电线路7千米；造田造地12.92公顷；发展干水果798.31公顷（平均每户0.16公顷），其中柑橘416.7公顷（平均每户0.08公顷），板栗160.83公顷，杨梅11.05公顷，其他水果209.54公顷；封山育林4042.67公顷，营造新林3195.4公顷，建设林业基地442.6公顷；放养淡水鱼苗522万尾，养猪1.7万头、鸡10.5万只、鸭1.5万只；创办木制玩具和其他加工产品乡（镇）、村级企业46家，户办企业220家，年产值2000多万元，移民就业1400多人。

石塘水库电站移民

石塘水电站位于云和县石塘镇石塘村附近，是瓯江干流龙泉溪上第二级电站，距紧水滩电站25千米，装机总容量7.8万千瓦。1985年9月13日，主体工程动工。电站1号机组于1989年7月2日、3号机组于1989年12月31日、2号机组于1990年6月5日先后投产。

1987年2月，石塘电站移民搬迁安置启动，至1990年10月全部结束。安置移民5543人，其中库内移民4379人，跨库移民873人，工地移民291人。外迁丽水市安置1365人，其中碧湖镇476人，高溪乡137人，平原乡117人，石牛乡146人，新合乡337人，水阁乡82人，其他乡镇93人。本县投亲靠友1365人，其中沙溪乡203人，小徐乡412人，云和镇750人。外县投亲靠友97人。库边就地后靠2281人。未作动迁安置79人。复建移民住房130702平方米、集体公房6788平方米。移民安置地区新建机耕路12条15.9千米、桥梁8座、人行道9条13.2千米、码头7个，购置机动船6艘，安装自来水管道12处，开挖水井11个，架设照明电线11处16.1千米，安装变压器10台，建设防洪堤坝5条。

滩坑水库电站移民

移民动迁安置　滩坑水电站位于青田县境内瓯江支流小溪中游河段，坝址坐落于北山镇滩坑村下游200米处，是国家重点工程，属浙江省“五大百亿工程”之一。水库总库容41.9亿立方米，正常蓄水位160米，相应库容35.2亿立方米，调节库容21.3亿立方米，系多年调节水库。电站装机总容量60万千瓦，年利用小时1705时，年发电量10.23亿千瓦时。2004年10月31日，电站主体工程全面开工建设。2008年8月16日，滩坑水电站首台20万千瓦发电机组发电。2009年7月13日，3台20万千瓦发电机组发电。

2002年，滩坑电站移民动迁安置工作启动。2008年4月29日，电站下闸蓄水。规划动迁安置移民50000人，涉及市5个，县（市、区）33个，乡镇305个。丽水市内安置3.7万人，涉及乡镇40个，行政村298个，其中青田县21350人，景宁畲族自治县4150人，莲都4500人，龙泉县、松阳县、遂昌县各2000人，缙云县1000人；丽水市外安置1.3万人，其中宁波市6000人，绍兴市4000人，金华市2000人，台州市1000人。北山、岭根、九龙、渤海等集镇4个完成库区复建。

2002年，移民动迁安置工作开始，到2008年2月基本结束，累计安置移民51149人。其中统一定点有土安置33635人，占65.8%；自谋职业安置14438人，占28.3%；自谋出路安置1550人，占3%；投亲靠友安置3人，养老保险安置70人，占0.1%；其他形式安置1453人，占2.8%。安置地点包括浙江省内丽水、宁波、绍兴、金华、台州市的县(市、区)33个。市外安置13021人，涉及市4个、县(市、区)26个、乡镇207个、行政村587个。市内县外安置3203户、10840人，涉及县(市、区)5个、乡镇21个、行政村122个；县内安置8810户、27297人，涉及青田县、景宁畲族自治县的乡镇13个、行政村21个。未安置移民1313人。

移民扶持　根据省政府有关常务会议纪要精神，在推进电站建设的同时，加快迁建、复建和改善移民的生活生产环境。至2008年，完成安置点公建项目投资44822.8万元，其中供排水类项目投资10328.8万元，路桥等交通类项目投资16966万元、水利防洪类项目投资8222.5万元、教育类项目投资3444万元、卫生类项目投资1377.5万元、文化设施类项目投资664万元、广电设施类项目投资744.9万元、平整场地等其他类项目投资3075.1万元。移民安置点供排水、交通、水利、教育、卫生、文化、广电、通讯等基础设施得到改善，满足移民生产生活需求。

城(集)镇复建　滩坑水电站规划集(城)镇迁建2个镇2个乡，其中青田县泉山村为北山镇迁建地，井坪村为岭根乡迁建地，景宁畲族自治县鲍山头村为渤海镇迁建地，大顺乡半斗湾新建九龙乡。城镇复建规模2000人，集镇复建规模800人；建设用地标准按城镇人均80平方米、集镇人均60平方米执行。根据北山、岭根、九龙、渤海集镇迁建《可行性研究报告》审定方案，计划总投资17381.49万元。2004年，启动集镇复建工程，由于规模压缩和投资缺口，实际投入6612.2万元。2006年，北山镇迁建地投入使用。2007年1月，岭根乡迁建地投入使用。2007年1月，九龙乡迁建地投入使用。2007年11月，渤海镇迁建地投入使用。

其他水库电站移民

1964—1985年，遂昌县先后建成成屏二级、一级电站水库，淹没成屏乡枫树坪、骆村村的自然村8个，动迁移民154户、691人，分别安置在成屏、三仁、三川、云峰等乡镇插队落户。

1971年，缙云县兴建大洋水库，其中大堰头村外迁移民89户、424人，除少数移民户迁居大洋岙门等地外，绝大多数移民迁往江西省资溪县；陈家下村外迁移民84户、375人，分别迁往壶镇乡[①]新兴、左库、下潜，新建镇龙湖、内孙、外孙、梅溪、大筠、碧虞、河阳、下杨、交下，盘溪区[②]舒洪、仁岸、车坑、大蓬，大洋前村、铁箱和江西省资溪县等地，其中壶镇乡新兴村安置人数最多，总计24户、51人。陈家下村留居村民向高处迁移，建新村名环湖村。

1977年，建设乌溪江电站水库，水库淹没遂昌县琴淤、湖山、金叶、蔡溪公社大队32个，耕地499.2公顷；需移民2114户、10707人。1980年，松阳区[③]、古市区[④]安置4672人，遂昌县城关、新路湾和大柘、石练等公社安置4035人，就地后靠2000人。另有部分移民迁移安置在福建省建阳县[⑤]、崇

① 2010年称壶镇镇。
② 2010年属舒洪镇。
③ 2010年称松阳县。
④ 2010年称松阳县古市镇。
⑤ 2010年称建阳市。

安县[①]。

1986年，中央和地方合资兴建景宁上标水电站。水库淹没上渔乡下垟村185户、816人。就地后靠安置81户、348人；库外移民104户、468人。1986年11月30日，完成安置任务。其中景宁畲族自治县漈头乡[②]安置10户、416人，白岸乡[③]安置8户、43人，北溪乡[④]安置3户、16人，东坑乡[⑤]安置3户、10人，澄照乡安置19户、100人，大漈乡安置25户、98人，上渔乡[⑥]安置1户、4人，雁溪乡安置1户3人；云和县沙溪乡安置1户、2人；文成县珊溪镇安置2户、12人；福建省松溪县城关安置1户、1人；松溪县花桥乡长衍村安置6户、28人；河东乡长巷村安置5户、22人，岩后村安置7户、39人，长江村安置7户、24人，渭田镇安置1户、2人；建阳县麻坪头村安置3户、13人；寿宁县安置1户、5人。

丽水市部分中型水库动迁情况一览

表42-9-2-4

县(市、区)	工程名称	淹地高程（米）	淹没耕地（公顷）	移民高程（米）	移民（人）	拆迁房屋
莲都区	高溪水库	97.00	200.00	97.50	80	75间
	雅溪水库	250.00	78.00	250.00	359	209间
龙泉市	大白岸电站	215.65	540.00	216.34	261	约174间
	瑞垟水电站	884.00	462.00	881.00	436	748间
青田县	金坑水库	218.60	196.00	—	265	约148间
云和县	雾溪水库	63.00	343.00	67.50	264	250间
	石塘水电站	103.00	2905.00	103.60	5030	189787平方米
庆元县	兰溪桥水库	422.00	277.00	426.50	209	344间
缙云县	大洋水库	847.50	300.00	847.50	799	359间
	岭头方水库	—	—	—	—	—
遂昌县	成屏一级	352.10	537.46	—	710	414间
	成屏二级	267.00	75.70	267.00	91	71间
松阳县	东坞水库	206.61	325.00	206.61	185	102间
景宁畲族自治县	上标水电站	989.10	440.00	989.92	921	24392平方米
小计	13座	—	6679.16	—	9610	2894间、214179平方米

① 2010年称武夷山市。
② 2010年称漈头村，属澄照乡。
③ 1992年并入外舍乡。
④ 1992年并入东坑乡。
⑤ 2010年称东坑镇。
⑥ 1992年并入景南乡。

丽水市小(Ⅰ)型水库动迁情况一览

表 42-9-2-5

县(市、区)	工程处数	淹没耕地(公顷)	移民(人)	拆迁房屋(间)
莲都区	5	52.60	499	433
青田县	5	11.40	117	63
云和县	2	11.67	146	132
庆元县	1	19.80	16	37
缙云县	10	57.33	515	607
遂昌县	4	12.67	84	69
松阳县	4	19.27	148	74
小　计	31	194.20	1525	1415

移民管理机构

丽水市移民办公室　1982 年 10 月，丽水地区移民办公室成立。1988 年 10 月，丽水地区移民办公室增挂丽水地区瓯江经济开发服务处牌子，实行合署办公，两块牌子，一套人马，机构规格为副县级事业单位。2001 年 10 月，丽水市移民办公室核定为副处级事业单位，参照国家公务员制度管理，下设综合科（资金管理科）、动迁安置处、扶持开发科等职能科室 3 个，编制 16 名，科级领导职数 3 个，并建立中共丽水市移民办公室党组。2002 年 2 月，综合处（资金管理处）分设为综合处、资金管理处，核增科级领导职数 1 个。2003 年 2 月，增加科级领导职数 2 个。2003 年 4 月，经省编委批复同意，提升机构规格相当于县处级。2003 年 8 月，建立中共丽水市移民办公室纪检组。2011 年 8 月，丽水经济开发区移民办公室设立，为市移民办派出机构，机构规格相当于正科级，核定事业编制 5 名，科级领导职数 2 个。11 月，丽水市移民办调内设机构整为综合处、扶持开发处（动迁安置处）、资金管理处、信访维稳指导处（挂政策法规处牌子）。

莲都区移民办公室　1982 年 9 月，丽水县移民办公室成立，机构规格为参照国家公务员制度管理的全额拨款副科级事业单位，核定编制 7 名。内设综合科（办公室）、安置科和扶持开发科。1988 年，瓯江经济开发处成立，属全额拨款事业单位，与县移民办合署办公，核定编制 3 名。丽水县移民办公室（瓯江经济开发处）下辖碧湖、高溪、水阁、富岭移民办公室 4 个，但没有财政拨款。2005 年，莲都区移民办由原来兼职主任改为专职主任，设立移民办党组，行政编制扩编到 9 名。2010 年，莲都区移民办公室为区政府直属的副科级事业单位，主任高配正科级。

龙泉市移民办公室　1978 年，龙泉县移民办公室成立。1988 年，下属机构龙泉县移民经济开发服务处成立，属于自收自支事业单位。2007 年，龙泉市移民经济开发服务处撤销。2007 年，龙泉市移民办公室机构规格定为正科级参照公务员管理的事业单位，内设综合科、资金管理科、扶持科（信访科）和安置科，增加财政全额拨款事业编制 6 名，核定行政编制 21 名，实有干部职工 26 人，其中办公室领导 5 人，在编干部 18 人，编外人员 3 人。

青田县移民办公室　1998 年，青田县移民办公室成立，编制 8 名，属正科级事业单位。2003 年 6 月，县滩坑水电站工程建设指挥部成立，与县移民办合署办公。下设办公室、监察信访室、计划财务处、后勤保障处、复建处、保卫处、动迁处、县内安置处、外迁处、政研扶持处、后续处。

云和县移民办公室 1978年9月，县紧水滩电站移民领导小组成立，下设办公室。1980年12月,更名县移民安置办公室。1988年11月，设立县库区开发办公室，与县移民安置办公室合署办公，实行两块牌子、一套人马。1989年3月，县移民安置办公室更名县移民安置库区开发办公室，撤销县库区开发领导小组和下设办公室。有事业编制20名（含参公、工勤人员），其中主任1名、副主任3名，科室领导职数7个。2008年1月，县乡镇移民管理服务站设立，为县移民安置库区开发办公室下属事业单位。

庆元县移民办公室 2007年9月，庆元县移民办公室成立，编制2名。2008年8月，实有干部2人。

缙云县移民办公室 1997年2月，缙云县移民办公室成立，是隶属县民政局的股级单位。2007年7月，机构规格为副科级事业单位，参照国家公务员制度管理，有事业编制6名，其中领导职数3个，股级职数1个。同年9月，增加编制2名。

遂昌县库区移民工作办公室 2000年3月6日，遂昌县库区移民工作办公室从县民政局下属事业单位中独立设置，机构规格为副科（局）级全民所有制事业单位，下设行政财务股、项目管理股、移民安置股，核定编制6名，领导职数设主任1个，副主任1个，股室负责人职数3个。2003年5月，改为县政府直属科级事业单位，事业编制8名（含后勤服务人员）。2007年6月，改为参照公务员制度管理单位。2012年5月，增加编制到10名。

松阳县移民工作办公室 2007年6月，松阳县移民工作办公室成立。7月，建立中共松阳县移民工作办公室党组。2010年，核定编制10名，其中主任1个，副主任2个。下设综合科、扶持开发科、移民安置科。

景宁畲族自治县移民办公室 2002年9月，景宁畲族自治县移民办公室成立，核定全额拨款事业编制8名。2006年10月，参照公务员制度管理，内设综合科、动迁安置科、扶持发展科。领导职数3个，股级职数3个。2009年7月，增加参照公务员法管理事业编制3名，核增纪检组长1人。2010年5月，增加事业编制2名。

第四十三篇

华　侨

1. 迁移
2. 分布
3. 社团
4. 活动
5. 管理

概　述

丽水华侨在丽水发展史中具有重要影响和地位，历史至今有300多年。青田是全国著名的侨乡，是丽水华侨的主体。早期的丽水侨胞，漂洋过海，相互提携，在苦难的环境中顽强生存。2010年，丽水华侨已发展至50多万人，遍布127个国家和地区。丽水华侨与国家和民族同休戚、共命运，梦萦祖国，情系中华，在不同时期为中国建设和发展贡献力量。“五四”运动时期，丽水华侨探索救国道路，促进马克思主义在中国的传播。抗日战争爆发后，丽水华侨为中国抗战大业捐款捐物，有的侨胞回国参加抗日战争。改革开放后，丽水华侨人数倍增，依托国内经济大发展背景，整体经济实力空前提升。丽水华侨在为祖国赈灾扶贫、促进和平统一和经济建设等各项事业中，做出了巨大的贡献。慈善事业的各项工作项目之多、资金数额之巨、惠及地域之广，在全国侨乡中都属罕见。丽水华侨反哺桑梓，以自己独特的方式助推家乡经济社会发展，是振兴丽水经济的重要力量。

丽水华侨是中国与世界各国人民增进友谊、发展交流合作的重要使者，是传播中华民族文化不可替代的纽带和桥梁，是中国人在海外独特的名片和宝贵的资源。丽水侨胞把住在国作为第二故乡，他们与住在国人民休戚相关、患难与共，一道参与一战、二战，为反法西斯侵略洒热血献青春；在新时期为住在国市场繁荣、经济发展献智出力。许多新生代侨胞，学成之后融入当地，成为科技经济领域的高端人才。

第一章 迁 移

丽水华侨华人的产生和发展与青田石雕关系十分密切。明末清初，青田华侨携石雕工艺品到欧洲贩销，边走边卖边雕制。早期到欧美及东南亚行销青田石雕艺术的商贩——“图书客”，有一部分继续滞留当地经商，有的还与当地女子结婚，建立家庭，他们是青田华侨的先驱者。后来的青田华侨，尊称早期的华侨为“老客”。

早期的青田华侨，多数是青田山口、方山一带的石雕艺人。山口、方山不仅是青田石雕艺术的发源地，也是青田乃至丽水华侨华人的发祥地。17—18 世纪，就有少数青田人循陆路经西伯利亚前往欧洲从商，目的地以莫斯科居多。

清嘉庆二年(1797)，青田县山口镇陈半山村村民留国云到日本销卖青田石雕工艺品。截至民国 4 年(1915)，青田县有华侨约 4000 人，主要分布在日本、法国、荷兰、俄罗斯、德国、奥地利、意大利、比利时、葡萄牙、英国、美国、丹麦、西班牙、巴西、新加坡、墨西哥、加拿大、马来西亚、印度等国。他们奠定丽水华侨华人的第一个基础。民国 6 年，北洋政府宣布支持盟国，参加第一次世界大战，派遣战地后勤服务华工 14 万人，其中包括青田华工 2000 多人。“一战”结束后，青田华工留在欧洲谋生有 1000 多人。他们奠定丽水海外华侨华人的第二个基础。1949 年，丽水籍军政人员及其眷属跟随国民党政府迁到中国台湾地区 1 万多人，其中青田籍人员 4000 多人，缙云籍人员 4600 多人，丽水[①]籍人员 300 多人。他们的子孙后代中有许多人到欧美国家深造，学成后大多留在当地就业；还有中国台湾地区军政人员退役、退休 1500 多人，转徙欧美等国谋生，成为华侨。他们奠定海外丽水华侨华人的第三个基础。20 世纪 80 年代，随着中国改革开放和对外交往的不断深入，又有大批丽水人加入华侨华人队伍。

第一节 过 程

零星出国

据青田县山口乡陈半山村《留氏宗谱》载，清嘉庆二年(1797)，青田县山口乡陈半山村村民留国云携石雕艺术品东渡日本销售。这是青田也是丽水有稽可查的出国推销青田石雕艺术品第一

① 2010 年称莲都区。

人。清道光五至十七年(1825—1837),青田县山口乡、港头乡峙下村一些村民东渡日本销售石雕工艺品,后转做苦力或小贩。清道光年间(1821—1850),青田县山口乡部分村民到俄国圣彼得堡、明斯克销售青田石雕工艺品,后转做矿工。此后,青田人在海外卖石刻、做苦力赚钱回来的消息传开,周边贫苦农民也纷纷效仿,以亲帮亲、故带故的方法走出国门。

清代,青田华侨先后到达巴西、墨西哥、美国等国。清咸丰十一年(1861)年,青田华侨首次涉足巴西。清同治四年(1865),青田县小令村①石垄自然村留艺园到巴西销售石雕工艺品。清光绪三十年(1904),青田县雅林村②枫林斗自然村董炳福漂洋过海到巴西。1949 年,青田华侨侨居巴西 120 多人,其中吴岸村③、雅林村华侨定居圣堡罗 6 人。

青田县华侨到各国的最早时间一览

表 43-1-1-1

国　别	最早到达年份	国　别	最早到达年份
日　本	1797	加拿大	1892
新加坡	1862	西班牙	1893
法　国	1821	意大利	1894
荷　兰	1822	葡萄牙	1896
俄　国	1823	英　国	1898
德　国	1827	丹　麦	1902
巴　西	1861	印　度	1905
美　国	1878	比利时	1908
墨西哥	1882	马来西亚	1909
奥地利	1891	—	—

群体“闯番邦”

清道光二十年(1840)鸦片战争后,丽水出国谋生者日益增加。随着青田石雕蜚声于外,销量增加,青田华侨从先驱者零零散散、探险问路式的跑单帮出国,变成结伴而行,批量化、规模化,形成群体“闯番邦”销售青田石雕艺术品的群体。

第一次世界大战后,青田县招募到欧洲的华工 2000 多人,大多留居欧洲所在国,其中留居法国 1000 多人,主要集中居住在巴黎南部的比杨库(音)。此后,这批青田华侨携亲带故,把宗族村民引带出国,华侨队伍进一步壮大。民国 14 年(1925),青田旅欧华侨 2.55 人。民国 9—18 年,青田出国华侨 5298 人,是中华人民共和国成立前青田县出国人数最多的一个时期。这个时期华侨出国并不都是为推销青田石雕,更多的是被“到欧洲去赚钱”所吸引,许多人漂泊到欧洲去谋生。民国 12 年 9 月日本大地震期间,旅日温州、丽水(主要是青田)籍日本华工、商贩惨遭排斥、杀戮。

① 2010 年属青田县仁庄镇。
② 2010 年属青田县仁庄镇。
③ 2010 年属青田县仁庄镇。

多数旅日侨胞选择到欧洲谋生。20世纪70—80年代，华侨原生地大幅度向丽水地区及浙江省内辐射，通过“亲属移民”的方式，走到哪里就把华侨关系带到哪里，逐渐形成一个以青田华侨为核心的华侨团体。2005年7月，丽水市有华侨华人249246人。

第二节　路线与流向

路　线

早期华侨出国大都是走北路（陆路）或南路（水路）。20世纪70—80年代，丽水华侨出行路线涵盖陆路、水路、航空等渠道多种，每一种渠道的具体线路和方式也更加多样化。

陆路　明末清初，青田华侨经北路（陆路）去欧洲。先是从青田乘坐舴艋船到温州，再乘船到上海，转船北上到旅顺或营口，坐火车到东北边陲满洲里出境。据民国24年（1935）《中国年鉴（英文版）》载，17—18世纪，青田人到欧洲贩卖青田石雕工艺品，肩挑装有青田石和石雕工艺品的竹篾编制筐，边走边刻边卖，从亚洲到中亚、西亚，再转到欧洲。这是青田华侨通过贩卖青田石雕艺术品走到世界各国的最早记载。

俄国是早期青田华侨走北路旅欧的中转站。青田华侨除少数滞留莫斯科经商之外，大多数人都略作停留，继而中转到欧洲各国。民国6年（1917）“俄国十月革命”后，部分青田华侨加入当地工会，进国营企业工作。由于时局不稳、社会动乱以及计划经济的束缚，青田华侨在苏联的人数逐年减少。民国时期，在苏联的青田华侨曾有约2000人。民国34年，青田华侨在苏联的人已属凤毛麟角。

水路　青田华侨经南路（水路）到欧洲，主要有办护照和“藏舱”两种方式。办护照出国是一种较主要的方式，上海十六铺有青田鹤城镇人开设的钱庄、栈房、小旅店等，专门为青田、温州等地华侨办理汇款和代办出国护照。20世纪20—30年代，青田人到意大利大都通过上海这些钱庄办出国。“藏舱”（偷渡）出国，即“藏于舱中”，方式很危险。出国者不办理护照和出境手续，只要交银圆①200个给同乡介绍人就可以。上海十六铺一些客栈都有办“藏舱”的秘密机构。经水路去欧、美，还有“跳舱”的方式，就是做船工的海员随船到欧洲或美洲港口后，逃离上岸，滞留不归。

水路去欧洲，路线是从上海坐轮船，经香港、新加坡，过马六甲海峡，横穿印度洋，绕过非洲好望角，从大西洋北上抵欧洲。苏伊士运河开通后，路线不再绕过好望角，越印度洋后，改穿苏伊士运河，过地中海，在意大利或法国马赛登岸。20世纪20年代，上海有专航法国马赛的轮船，马赛有华侨开设的客栈和水手馆，专事代理船公司雇用华工为同乡代办入境手续，安排前往目的地。

亚洲的目的地则以日本为主，路线是从青田乘“航船”到温溪，由小拖轮拖带，顺瓯江潮水而下到温州，转上海再坐轮船东渡日本。也有路线经山东烟台坐轮船到朝鲜仁川上岸，至釜山再乘船到日本。

到美国或加拿大，路线一般是从上海出发，乘船到日本，再转乘远洋轮船横渡太平洋到旧金山或洛杉矶登岸。到巴西、阿根廷、智利等国，早期大多从欧洲前往，也有从水路过太平洋，在巴西

① 当时银圆贵重，三个银圆价值一担稻谷。

里约热内卢或阿根廷的布宜诺斯艾利斯上岸。

流　向

20世纪20—30年代，青田县在西欧华侨约1万人，其中侨居法国3000多人，德国2000人左右，荷兰、奥地利、意大利各1000多人，比利时、西班牙各300多人，葡萄牙200多人，丹麦、瑞典、挪威、荷兰及瑞士，各有几十人或几千人不等。青田华侨不仅在巴黎、里昂、马赛，还在米兰、柏林、汉堡、阿姆斯特丹、鹿特丹等大城市居住下来。青田华侨没有当地语言文字基础,大多靠小本经营安居下来，也有四处流浪。

清光绪八年（1882），美国国会通过对中国侨居美国劳工实行种族歧视的法律——《排斥华工法》（Exclusion Act），禁止中国工人入境，并禁止任何州法院批准在美中国工人取得美国国籍。民国13年（1924），美国国会又通过新《移民法》（被称之为第二个《排斥华工法》），禁止华裔美国公民的中国籍妻子到美国。民国35年8月9日，美国国会修改1924年《移民法》，同意美国公民的外籍妻子到美国。这个时期，除极少数经销青田石雕工艺品的“图书客”外，少有青田华侨入境美国。

清光绪十一年（1885），加拿大联邦议会依靠中国工人帮助建成太平洋铁路后，通过限制中国人移民法案，并开征中国人人头税。此前，加拿大种族主义者曾多次制造排华事件。民国12年（1923），加拿大联邦政府运用行政权通过专门立法，制定1923年《移民法》（共43条，又叫《华人移民条例或禁止华人入境法》），禁止除外交人员、正式商人、留学生等以外的中国人或具有中国血统的人入境。直到民国36年（1947），加拿大联邦政府才废除1923年《移民法》。民国12—36年，青田华人被批准入境不到50人。2006年6月22日，随着华侨华人维权意识和参政议政意识的不断增强、中国国际声望的提高，加拿大总理哈珀就带有种族歧视的“人头税”政策，向侨居加拿大华侨华人正式道歉，并宣布向受害者进行象征性补偿。

清光绪二十四年（1898），青田华侨到英国销售石雕工艺品，但少有留居。清光绪三十一年（1905），英国立法限制中国人入境居住。早期青田侨胞在英国较难安居，只能做流动小贩，但若被警察抓住，就要驱逐出境。

据20世纪30年代早期南京留法学生陈里特调查统计，清光绪三十一年（1905），青田有华侨800人。清宣统二年（1910），青田有华侨1550人。民国4年（1915），青田有华侨6100人。民国9年，青田华侨有1.6万人。民国14年，青田有华侨2.55万人。民国19年，青田有华侨2.5万人。民国24年，青田有华侨1.8万人。

民国26年（1937），青田华侨到巴西、智利、阿根廷、厄瓜多尔等国120多人。20世纪40年代，青田华侨到北美、英国较少，到南美洲相对也较少。

据1992年青田侨情普查载，民国1—38年（1912年至1949年9月30日止），青田华侨分布在国家和地区44个，大部分侨居在欧洲，其次在美洲和亚洲，非洲很少。

民国1—38年（1912—1949）青田华侨分布情况

表43-1-2-1

国家或地区	人数（人）	国家或地区	人数（人）	国家或地区	人数（人）
法　国	3908	英　国	57	埃　及	5

续表 43-1-2-1

国家或地区	人数(人)	国家或地区	人数(人)	国家或地区	人数(人)
日　本	3286	捷　克	56	印　尼	5
俄罗斯	1902	马来西亚	56	加拿大	4
荷　兰	1900	匈牙利	54	土耳其	4
德　国	1888	南斯拉夫	50	秘　鲁	3
意大利	1671	卢森堡	45	海　地	3
奥地利	480	保加利亚	44	智　利	2
新加坡	278	缅　甸	43	芬　兰	2
美　国	266	罗马尼亚	38	墨西哥	2
巴　西	118	丹　麦	30	厄瓜多尔	2
越　南	101	印　度	28	安道尔	2
波　兰	94	瑞　典	24	摩洛哥	1
西班牙	90	瑞　士	10	圭亚那	1
比利时	74	挪　威	6		
葡萄牙	72	阿根廷	5	—	—

说明：不同年份的各国人数为动态，这里统计的是最多年份时的人数

20世纪50—70年代，丽水新一代华侨移居的主要目的地是欧洲，其中青田华侨占绝大多数。20世纪80年代，丽水华侨人数增加迅速，主要分布在法国、西班牙、意大利、荷兰、德国、奥地利及葡萄牙和比利时等国，至2005年，丽水华侨移居法国、西班牙、意大利、荷兰、德国、奥地利及葡萄牙和比利时人数为8000—50000不等。1989年“东欧剧变”后，丽水华侨携带货物，大量涌入东欧从事货物贸易。

第二章　分　布

2007年，丽水市旅居海外华侨华人200671人，其中华人5590人，归国华侨213人；归国华侨、侨眷46260户、176320人。

2008年，丽水市有乡镇（街道）179个，其中有旅居海外华侨华人的乡镇（街道）152个。约占全市乡镇（街道）85%。其中莲都区18个、龙泉市13个、青田县31个（全部）、云和县8个、庆元县12个、缙云县14个、遂昌县19个、松阳县18个、景宁畲族自治县19个。有旅居海外华侨华人超过1000人的乡镇（街道）20个，其中莲都区乡镇（街道）5个，青田县乡镇15个。

第一节 流入地

世界分布

早期冒险到欧洲的华侨先驱者，不断把西方生活富裕的信息传回本土。欧洲各国相邻很近，连成一体，早期华侨来往于各国之间，无须护照，进出自由，谋生辗转余地较大。第二次世界大战后，欧洲社会相对稳定，有的国家还有“大赦”政策，对华侨较为包容，即使是非法入境，若符合“大赦”条件，也可获得居留权。丽水华侨华人多数都把欧洲作为出国谋生首选地。侨居欧洲的丽水华侨华人不仅出国时间较早，而且基础也较好，为后来陆续到欧洲谋生、创业的丽水侨胞打下良好基础。

改革开放后，丽水旅海外华侨华人增加迅速。1989 年年底，丽水地区华侨有海外华侨 35761 人，其中侨居西班牙华侨 6021 人、意大利华侨 3940 人、法国华侨 4558 人、奥地利华侨 1992 人、德国华侨 7563 人、荷兰华侨 4060 人、葡萄牙华侨 481 人、比利时华侨 1450 人。1989—2005 年，丽水旅居西班牙、意大利、法国、奥地利、德国、荷兰、葡萄牙、比利时华侨从 30065 人增加到 171103 人。20 世纪 90 年代，中欧和东欧食品匮乏、物资奇缺，丽水华侨华人纷纷涌入东欧，人数逐年增加。丽水华人华侨从探索冒险到摆摊经商做贸易，开中餐馆、国际贸易公司和商城，形成浩大的中国商品外销大军，遍布南欧、东欧、中欧和独联体各国。这一时期有丽水侨胞超过 3000 人的欧洲国家有 16 个，其中 6 个位于东、南欧和中欧。据 2005 年 7 月调查统计，丽水侨居匈牙利、保加利亚、乌克兰、南联盟①、罗马尼亚、捷克有华人华侨 26981 人，较 1989 年增加数百倍，他们中超过 90%的人是在改革开放后出去的。其中匈牙利从 0 增加到 5619 人；保加利亚从 0 增加到 4087 人；乌克兰从 0 增加到 3116 人；南斯拉夫从 9 人增加到 5614 人；罗马尼亚从 6 人增加到 5319 人；捷克从 8 人增加到 3226 人。这 6 个国家在地理上互为比邻，与西、意、法、奥、德、葡、比等国是连成一片的大陆，构成丽水华侨华人互相连接的重点侨居地。这一地区的丽水侨胞成为在欧洲华侨华人社会中颇具影响的群体。

1989 年，丽水地区华侨华人侨居巴西 1291 人、美国 2336 人。2005 年，丽水华侨华人旅居巴西 10891 人，美国 9975 人，侨居两国的丽水华侨华人占美洲地区丽水华侨华人总人数 80%左右。这两个国家丽水华侨华人人数较多的原因，除侨居的历史较早②、基础较好以外，还因为美国经济比较发达、巴西发展空间相对较大。

法属圭亚那和加拿大的丽水侨胞也增加较快，法属圭亚那 1989 年年底有丽水侨胞 75 人，至 2005 年增加到 1978 人；加拿大 1989 年年底有丽水侨胞 152 人，至 2005 年增加到 1383 人。增加的主要是青田侨胞。

丽水华侨华人在五大洲的分布人数，欧洲居首位，在 35 个国家和地区有 212643 人，占 85.32%

---

① 1992 年 4 月 27 日，南斯拉夫社会主义联邦共和国议会通过新宪法，宣布塞尔维亚和黑山两个共和国联合成立南斯拉夫联盟共和国。南斯拉夫社会主义联邦共和国正式解体。

② 巴西是 1861 年，美国是 1878 年。

（青田县华侨华人在欧洲35个国家有185860人，占青田县华侨华人近87%）；其次是美洲，在23个国家和地区有26189人，占10.51%；第三是亚洲，在35个国家和地区有7432人，占2.98%；第四是非洲，在28个国家和地区有1646人，占0.86%；大洋洲只有4个国家826人，占0.33%。

2010年丽水华侨华人五大洲分布情况

表43-2-1-1　　　　单位：人

分布地区		莲都区	龙泉市	青田县	云和县	庆元县	缙云县	遂昌县	松阳县	景宁畲族自治县	合计	百分比	国家（个）
亚洲		2032	37	5085	75	5	67	50	81	—	7432	2.98	35
欧洲		24727	554	185860	206	58	108	504	368	258	212643	85.32	35
美洲（南、北美洲）		2934	195	21315	118	38	882	134	456	117	26189	10.51	23
非洲		312	6	1825	12	—	1	—	—	—	2156	0.86	28
大洋洲		398	3	325	51	—	30	8	11	—	826	0.33	4
合计	人数	30403	806	214410	462	101	1088	696	916	375	249246	100	125
	国家（个）	43	23	123	17	9	23	20	22	18			

2010年，丽水华侨华人旅居国超过3000人的国家有16个。其中欧洲有14个，按人数排序分别是意大利50399人[①]，其次是西班牙50090人[②]，再次为法国15036人[③]。其他依次是德国13233人、奥地利12844人、荷兰12695人、葡萄牙8683人、比利时8123人、匈牙利5619人、南斯拉夫5614人、罗马尼亚5319人、保加利亚4087人、捷克3226人、乌克兰3116人。美洲有国家2个，分别是巴西10891人和美国9975人。丽水华侨华人侨居西班牙等14个欧洲主要国家198084人，丽水华侨华人占旅欧35个国家总数的94%左右。

各县华侨人数

2010年，丽水地区有海外华侨华人249246人，分布在五大洲的国家和地区125个。其中莲都区30403人[④]，分布在五大洲的国家和地区43个；龙泉市992人，分布在五大洲的国家29个；青田县214410人，分布在五大洲的国家和地区123个；云和县462人，分布在五大洲的国家17个；庆元县101人，分布在亚、欧、美洲的国家9个；缙云县1088人，分布在五大洲的国家23个；遂昌县696人，分布在亚、欧、美、大洋洲的国家20个；松阳县916人，分布亚、欧、美、大洋洲的国家22个；景宁畲族自治县375人，分布在欧、美两大洲的国家18个。2008年，各县（市、区）的华侨人数是莲都区30751人，龙泉市806人，青田县154095人[⑤]，庆元县172人，缙云县1109人，遂昌县873人，景宁畲族自治县265人。

---

① 2006年，统计为52000多人。
② 2007年，统计为61300多人。
③ 2006年，统计为9960多人。
④ 2008年，统计为30751人。
⑤ 青田县数据未包括移居外省、市、县5.4万人。

第二节　流 出 地

2010年，丽水市旅居海外华侨华人超过万人的乡镇(街道)4个，都集中在青田县，其中鹤城镇52623人、温溪镇21000人、仁庄镇20749人、方山乡10713人；5000—10000人的乡镇(街道)有6个，其中青田县山口镇9595人、阜山乡7951人、船寮镇6799人，莲都区白云街道8477人、紫金街道7433人、万象街道5965人。

莲都区

莲都区主要涵盖岩泉、紫金、白云、万象、富岭、水阁街道6个。莲都区华侨出国始于20世纪初，有的是留洋深造，有的是从业谋生。清光绪三十一年(1905)，阙伊到日本学习工艺设计，后又旅美并参加画展。民国4年(1915)，阙伊麦秆剪贴画《美国总统威尔逊像》在旧金山巴拿马国际博览会上获金奖。民国19年，毛宾到法国勤工俭学，入巴黎美术学院学习西洋画。民国9年，解寿缙被公费保送留学美国爱华州大学，攻读地质冶矿专业。民国24年，解寿缙回国受聘于永利化学工业公司南京硫酸厂主任工程师。民国33年，解寿缙到美国任驻美办事处主任至1953年病逝。20世纪40年代，到美国任教授的有孙效文，以及由中国台湾地区转徙美国的孙儒宗、黄宗云、谭太年等，还有项筱湖到巴西做华文翻译工作。

1949—1978年，丽水县出国仅200来人。1978年中共十一届三中全会后，丽水县旅居海外华侨华人增长迅速。2010年，莲都区旅居海外华侨华人30751人。其中欧洲主要分布在意大利、西班牙、法国、德国、俄罗斯、塞黑等国家30多个；美洲主要分布在美国、苏里南、圭亚那、巴西、加拿大等国家7个；亚洲(含旅居中国港澳地区)主要分布在柬埔寨、新加坡、印尼、日本、阿联酋等国家和地区14个，非洲162人，大洋洲48人。

莲都区是侨胞回国投资的集中点，有主要侨资企业近60家。其中房地产企业主要有浙江同心集团、浙江正达集团、浙江金桥华府房地产开发有限公司、浙江天金房地产开发有限公司、浙江万可房地产开发有限公司等；工业、农业企业主要有丽水友邦化工有限公司、丽水欧科人造板有限公司、丽水市都得利农业开发有限公司、丽水禾意牧业有限公司；饮食服务企业主要有东方宾馆、浙江丽水华侨饭店；学校有莲都区外国语学校等。

青田县鹤城镇

青田县是全国华侨华人最多的县之一，鹤城镇华侨华人占青田全县华侨华人25%。2010年，鹤城镇有华侨华人52623人(不含其他乡镇住鹤城镇的侨胞，下同)，分布在56个国家和地区，其中欧洲50815人，占96.5%。旅欧华侨华人主要分布在西班牙(20800人，占总数39.5%)和意大利(13888人，占总数26.4%)。

青田县山口镇

青田县山口镇，位于青田县城(鹤城镇)东南8千米，四都港和方山溪、小平坑三溪汇合处东侧，古称谷口。2007年，山口镇有石雕作坊1000多家，从事青田石雕艺术的有3500多人，年产值2.7亿元。2010年，山口镇有华侨华人9595人,分布在国家和地区50多个，其中大部分在欧洲。山口是青田石雕发源地，也是青田乃至丽水华侨华人发祥地。

青田县方山乡

青田县方山乡位于青田东南，东临温州市瓯海区，南连瑞安市，西邻仁庄乡，北靠山口镇。2010年，方山乡有华侨华人8366人，分布在西班牙4692人、意大利1645人、荷兰489人、奥地利328人、德国232人、法国190人、葡萄牙92人、比利时71人、罗马尼亚68人、保加利亚35人、俄罗斯28人、捷克26人、斯洛文尼亚22人、塞尔维亚19人、斯洛伐克15人、希腊14人、乌克兰13人、波兰4人、瑞典2人、匈牙利1人。以上欧洲20个国家，共计7990人，占比超过95.40%。巴西245人、美国54人、加拿大21人，以上美洲国家3个，共计320人。此外，日本26人，柬埔寨和越南各9人，南非10人，刚果6人。

青田县温溪镇

温溪镇也是青田华侨出国较早的乡镇之一。清道光六年(1826)港头峙下王呈宽，清道光十年(1830)港头王金奎、清道光十一年(1831)港头峙下王周宽、清道光十六年(1836)港头峙下王宽仁等，先后东渡日本贩销青田石雕制品。20世纪10—30年代，港头小峙郭南斋、胡品山，沙埠金山郭祝山、郭周熬、周品山、郭耀三等先后到欧洲谋生，为其后人到欧洲创业打下基础。2010年，温溪镇有旅居海外华侨华人2.1万多人，分布在国家和地区39个，有侨属6000多户、1.2万多人，全镇侨属户占比超过80%。

青田县仁庄镇

清同治四年(1865)，青田县小令村石砻村有人携带青田石雕工艺品单独到巴西销售。清光绪二十三年(1897)，小令村南木宕村的留甘木等多人到英国，后辗转荷兰贩卖青田石雕工艺品，其中留荷兰当海员2人。2007年，仁庄镇有旅居海外华侨华人1.95万多人，分布在国家和地区50多个；侨属4904户、10995人。

青田县阜山乡

旧名阜阳，又称大岭阜。1949年，阜山乡有旅海外华侨华人18人。1950—1977年，阜山乡出国109人。1978—1989年，阜山乡出国475人。1990—2007年，阜山乡出国7349人。2010年，阜山乡有侨眷2127户、旅居海外华侨华人7951人(其中入外国籍163人)。足迹遍布欧洲、美洲、大洋洲、亚洲的意大利、西班牙、法国、巴西等国家50多个。

青田县船寮镇

船寮镇华侨华人出国始于20世纪30年代。1930年，船寮徐岙村周庭出国到荷兰谋生。20世纪90年代，船寮镇华侨华人出国发展较快。2010年，船寮镇华侨华人出国6805人，分布在柬埔寨、老挝、泰国、沙特阿拉伯、越南、阿塞拜疆、巴西、美国、圭亚那、苏里南、阿根廷、埃及、佛得角、赤道几内亚、喀麦隆、西班牙、意大利、南斯拉夫、罗马尼亚、匈牙利、乌克兰、保加利亚、葡萄牙、法国、德国、卢森堡、波黑、希腊、克罗地亚、奥地利、比利时、瑞典、荷兰、捷克、斯洛伐克、波兰、丹麦、阿美尼亚、俄罗斯等国家和地区40多个。其中旅居欧洲的有5600多人,超过全镇华侨华人总数的82%。船寮镇到西班牙有1489人,超过全镇华侨华人总数的17%。从事餐饮服务业2500多人,超过全镇华侨华人总数的37%。

景宁畲族自治县鹤溪镇

2010年,鹤溪镇有旅居海外华侨华人123人,分布在意大利、西班牙、瑞典、荷兰、美国、苏里南、比利时、法国、德国、捷克、斯洛伐克、博茨瓦纳(非洲)、马来西亚、澳大利亚、俄罗斯、南斯拉夫、罗马尼亚、葡萄牙、巴西等国家和地区19个。有侨属79户、364人,归侨4人。

云和县云和镇

2010年,云和镇有华侨华人365人,分布在日本、柬埔寨、新加坡、俄罗斯、意大利、德国、英国、法国、瑞典、奥地利、南斯拉夫、捷克、斯洛伐克、希腊、匈牙利、乌克兰、西班牙、葡萄牙、比利时、美国、加拿大、巴西、澳大利亚及新西兰等国家和地区30个。

龙泉市龙渊镇

2010年,龙渊镇有华侨华人569人,分布在德国、意大利、西班牙、卢森堡、荷兰、匈牙利、法国、比利时、保加利亚、俄罗斯、丹麦、瑞典、葡萄牙、捷克、奥地利、希腊、乌克兰、美国、加拿大、智利、日本、新加坡、菲律宾、越南、印度尼西亚、泰国、澳大利亚、毛里求斯、加蓬等国家29个。有侨属1152人。

遂昌县妙高镇

2010年,妙高镇有华侨华人687人,分布在日本、印度尼西亚、阿联酋、澳大利亚、美国、加拿大、巴西、德国、英国、荷兰、法国、意大利、西班牙、比利时、奥地利、葡萄牙、瑞典、南斯拉夫、罗马尼亚、俄罗斯、塞尔维亚黑山共和国等国家和地区21个。全镇有侨属143户、1102人。还有在国外留学生58人。妙高镇侨资企业有丽水欧华武昌水电开发有限公司、天金房地产开发有限公司、浙江石练菊米开发有限公司、金石门旅游度假开发有限公司、欧华武昌旅游开发有限公司和特斯尼西餐咖啡厅,总投资2亿多元。

缙云县五云镇

1950年前后,缙云县移居欧美各国的中国台湾地区国民党军政人员88人,成为缙云县第一代华侨华人。他们的第二、三代,大多数受到高等教育,成为有住在国高级职称的科技人才。2010年,缙云县五云镇有华侨华人775人,分布在美国、加拿大、澳大利亚、新加坡、巴拉圭、巴西、哥斯达黎加、英国、德国、西班牙、南斯拉夫、法国等国家和地区20多个。有侨属2532人,在国外留学人员143多人。

缙云县壶镇镇

2010年，缙云县壶镇镇有华侨华人131人、侨属156人、在国外留学人员49人。华侨华人主要分布在日本、新加坡、马来西亚、英国、法国、德国、瑞典、葡萄牙、西班牙、荷兰、意大利、南斯拉夫、保加利亚、澳大利亚、新西兰、美国、加拿大、巴西、巴拉圭、哥斯达黎加等国家和地区20多个。

庆元县松源镇

2010年，松源镇有华侨华人102人，分布在法国、西班牙、意大利、德国、葡萄牙、美国、加拿大、巴西等国家。有侨属54户、203人，在国外留学8人。

松阳县西屏镇

2010年，西屏镇有华侨华人900人，分布在日本、科威特、新加坡、马来西亚、丹麦、英国、法国、荷兰、比利时、卢森堡、西班牙、葡萄牙、奥地利、意大利、德国、罗马尼亚、南斯拉夫、捷克、斯洛伐克、尼日利亚、美国、加拿大、巴西和澳大利亚等国家和地区24个。其中美国317人、西班牙129人。有侨属101户、586人，在海外留学生62人。西屏镇侨资和合资企业有旅居西班牙侨胞杨建媚（女）投资的丽水威帝服装有限公司、旅居意大利侨胞蔡茂生投资的浙江茂林机械有限公司等。

第三节　行　业

丽水华侨在海外从事的职业具有很强的时代特征。早期中国贫穷落后，国际地位低下，丽水华侨出国谋生，只能依靠挈卖、做苦力生存。第二次世界大战后，中国作为战胜国国际地位提高，除传统职业外，一些经济能力稍好的丽水华侨开始进军皮革、中餐等行业，并有越来越多的人取得成功。改革开放以后，丽水海外华侨纷纷进入服装、贸易等行业，贸易、批发、零售与中餐并举，进军各种领域，除传统的餐饮等行业外，还从事国际贸易、金融业、建筑业、房地产开发、旅游公司、电脑公司等各种职业，全面融入住在国经济与社会生活。

地摊与挈卖

民国22年（1933），邹韬奋到法国巴黎考察华侨生活后写有《萍踪寄语》一书，其中《在法国的青田人》专门讲述青田人初到法国，“在埠头上道路旁把所带的青田石雕刻成的形形式式的东西排列出来，后来青田人源源而来，当局便加上捐税，中国人在这方面的生意便告中断，于是，便以各种各色的小贩为生”。在巴西，称“挈卖”为“提包”叫卖。清宣统二年（1910），巴西丽水华侨华人开始“提包”叫卖，但与欧洲的“挈卖”有所不同，行商小贩手提或肩背一个或两个大包，里面装满巴西人所需要的货物。“提包”是早期旅居巴西华侨经商的主要形式。从事“挈卖”的小贩成年累月起早摸黑，十分辛劳，收入微薄。

苦　力

早期青田华侨，大多数是青壮年农民，他们除“挈卖”以外，多数是做苦力。据史料记载，有数以百计的青田华工在法国雷诺汽车公司和古洛梅砖瓦厂里、哥梅驿水泥厂矿山上，以及在日本的码头，从事搬运、拉货、装卸和打扫等粗活，遭受雇主刁难凌辱，根本无法融入工业就业大军。

坐　商

20 世纪 20 年代末至 30 年代，一部分丽水华侨开辟新的生存空间，转为经商，开设批发商号、作坊工厂、饮食店、旅馆、水手馆及侨汇钱庄。少数丽水华侨经营进出口贸易，经营的货物主要是茶叶、丝绸、瓷器、刺绣、花边、古董等。有的丽水华侨开办“钱庄”，与国内上海小东门一带“亨达利”“华达利”等钱庄老板是同乡或亲友，联手为华侨办理欧洲和国内的侨汇业务。

皮革业

皮革业是青田旅欧侨胞的第二大经济产业，主要在意大利和法国。第二次世界大战的摧毁当地犹太人的皮革业，战后亟待恢复发展。旅意、法及其他一些国家的青田华侨抓住这个机会，利用苦心攒积的小本做起皮革行业生意，继而风靡欧陆。早在 20 世纪 20 年代中期苏联十月革命胜利后，原来旅俄的青田华侨，开设皮革生产作坊和面粉生产作坊。民国 17 年(1928)，苏联取缔私人经营，许多青田华侨便歇业转移他国。二战后意大利的米兰和博洛尼亚等地有青田侨胞 56 家，其中经营皮革工场和皮包商店的有 47 家。在 20 世纪 50—60 年代，意大利华侨经营的皮革业发展很快，特别是米兰和博洛尼亚两市，华侨最集中，生意也最兴旺。这个时期，在意大利各城市开设皮包业批发公司、皮业工场、皮包店和皮包摊的青田华侨有 120 多家。在法国巴黎一带，青田华侨经营的皮革工场和皮件商店有五六十家。

中餐业

第二次世界大战后仍留居欧洲的华侨，经过多年含辛茹苦的经营和惊人的节俭，多数人小有积蓄，告别原始的“挈卖”生涯，开起夫妻店、小公司、批发行、古玩店、酒楼、餐馆等等。在皮革业日趋疲软的情况下，中餐业勃然兴盛，成为旅欧侨胞的主要产业，出现在欧洲各国市镇。

20 世纪 50—70 年代，饮食业是丽水华侨华人欧洲谋生的一个主要行业，在英国、荷兰、法国、德国、意大利尤为突出。有超过 80%的侨居英国、德国华侨华人靠餐饮业为生。中国餐馆在荷兰各类餐馆中占 28%左右。

21 世纪，欧洲中餐业不时受到冲击，遭受严重影响。2003 年春末夏初，中国发生非典型性肺炎疫情时，欧洲一些媒体不当宣传，丽水华侨大受影响。还常有突如其来的检查，中餐业生意十分困难。

服装业

西欧　20 世纪后期，意大利华侨华人车衣业悄然兴起。1997 年年底，意大利著名的纺织业中心普拉托，有华侨华人开设的大小制衣厂近千家。在意大利的那不勒斯和威尼斯，华侨华人的制衣业发展很快。1997 年，那不勒斯地区有华侨华人制衣厂近 200 家，威尼斯约有 500 家。此外，在米兰区附近和菲伦英及白拉萨等地的服装行业，丽水（青田）华侨华人开设的服装店有数百家。

南欧　20 世纪 90 年代初，西班牙巴塞罗那开始出现华侨华人制衣业。21 世纪初，巴塞罗那桑达哥洛马、马达隆和桑巴德尔 3 个市及周边地区，有华侨华人大大小小服装加工厂（场）超过 600 家。从业人员 8000 多人，其中，青田侨胞有 5000—6000 人。2010 年，丽水华侨华人制衣业已具有一定规模，形成较强经济和技术实力。

东欧　20 世纪末，许多丽水侨胞（青田居多）带着大包小包的商品，乘国际列车进入东欧，从练摊、小贩到办批发公司，坐店经营。各类商品中，服装、鞋帽占很大比例。21 世纪初，改从义乌、广州、宁波、温州等地发集装箱。服装销售成为旅居东欧侨胞重要行业。

美洲　1965 年，美国纽约唐人街有丽水华侨华人开设的服装厂 34 家。1984 年，丽水华侨华人服装厂发展到 500 多家。许多旅美女性丽水侨胞，都在工厂里当车衣工。

20 世纪 80 年代中期，旅居巴西青田侨胞吴伯端创立吴氏家族经济实体。1994 年，吴伯端先后开办服装店 9 家，吴伯端亲戚又先后开办服装店 5 家。在吴氏家族影响下，圣保罗的青田侨胞逐步向服装业发展，形成相对稳定并具有代表性的行业。

多元经营

20 世纪 50 年代，丽水华侨华人除独有的中餐业以及以自己特有方式经营的皮革业和服装业以外，还有房地产业、百货业、金银珠宝礼品业以及进出口贸易公司、中国土产公司、海产批发行、食品公司等。20 世纪 50—70 年代，青田华侨陆续旅居巴西约 200 人。他们经营黄金珠宝生意，形成气候，开始新创业。

20 世纪 80 年代，丽水华侨全面融入住在国经济和社会各方面，贸易、批发、零售与中餐并举，同时涉足国际贸易，建中国商城，开超市，办金融业、建筑业、房地产开发，经营旅游公司、电脑公司等。

第三章　社　团

丽水华侨社团组织最早出现在 20 世纪初。这时期的社团职能比较简单，主要是结社赈济华侨难民和支援祖国抗日。中华人民共和国成立前后，早期华侨社团逐渐沉寂。1978 年，中国实行改革开放，经济发展，随着海外侨胞增加，侨团迅速重新兴起。丽水华侨社团的种类和职能越来越丰富，有地域性、业缘性、亲缘性、文化性、福利性和给合性，等等。有海外侨胞共同参加的社团，也有以丽水各县侨胞或青田籍侨胞为主组成的社团；有一地华侨为主的社团，也有多国侨胞共同参与的社团，如欧洲华侨华人社团联合会（简称欧华联会，英文简称 EFCD）、欧洲中国和平统一促进会等都是著名的跨国华侨团体。华侨社团处于变化发展之中，有的社团活动在某时期减少，有的不断活跃或重组壮大；华侨社团发展的历史，也从另一个角度展示中国国运发展的历史。在不同时期，各华侨社团在联络感情、交流工作和学习信息、增进中外贸易和文化交流、反独促统等方面，发挥重要的作用。

第一节 早期社团

早期闯荡海外的丽水华侨三五成群，居无定所，不具备结社条件。20 世纪初，丽水海外华侨人数大增，开始结社。据不完全统计，20 世纪 50 年代初，丽水侨胞（主要为青田侨胞）参加的侨团有 22 个。侨团的作用主要是联络感情、排忧解难、团结互助、维护权益。民国 26—34 年（1937—1945）全面抗日战争期间，丽水侨胞组织是支援祖国抗日的战时社团之一，主要作用是团结海外侨胞，揭露日寇暴行，募集资金，支援抗战。全面抗日战争胜利后，丽水多数侨团逐渐停止活动。

早期丽水华侨社团情况一览

表 43-3-1-1

名　　称	成立时间	所在地点
中华旅俄华工联合会（1918 年改名旅俄华工联合会）	1917 年 4 月 18 日	彼德格勒
中华民国侨日劳动同胞共济会（简称共济会）	1922 年 9 月 21 日	东京大岛町
荷兰华侨会馆	1922 年 1 月 9 日	鹿特丹
阿姆斯特丹华侨工商联合会	1928 年	阿姆斯特丹
旅欧浙江华侨协进会	1931 年 9 月	巴黎
旅德华侨工商联合会（会员三四百人，均青田华侨）	1932 年	柏林
法国歌梅驿华工联谊会	1935 年 11 月 13 日（1938 年解散）	歌梅驿 Lambert 水泥厂
全欧华侨抗日救国联合会	1936年 9 月 20 日	巴黎
荷兰华侨抗日救国会	1937 年 7 月 7 日	总会设阿姆斯特丹（阿埠、洛塘、海牙、乌埠均设分会）
中国留德学生抗战后援会	1937 年7 月	—
菲律宾浙鲁同乡会	1937 年	吕宋
巴西圣保罗中华会馆	1938 年春	圣保罗
波兰华侨抗日救国联合会	1938 年	华沙
美国三江公所	20 世纪 30 年代	—
旅荷华侨互助会	1940 年 5 月	—
旅德华侨俱乐部	1941 年 10 月	柏林
日本静冈华侨总会	1943 年 9 月	静冈
日本东京华侨总会	1945年 8 月	东京
意大利米兰华侨总会（1970 年改名旅意北部华侨工商会，后又改米兰华侨华人工商会）	1945 年8 月	米兰

续表 43-3-1-1

名　　称	成立时间	所在地点
日本山梨华侨总会	—	山梨
荷兰瓯海同乡会（1953 年改名瓯海华侨会，1963 年改名欧海华侨总会，1968 年改名旅荷华侨总会）	1947 年11 月 27 日	阿姆斯特丹
荷兰华侨总工会（移居中国台湾地区的浙江华侨为主，多为青田侨胞）	20 世纪 50 年代初（1972 年 5 月停止活动）	—

第二节　欧洲华侨社团

跨国华侨社团

丽水侨居欧洲华侨华人结社比较活跃，且活动较多。1983 年 9 月，欧洲华侨华人社团联合会开始筹备。1992 年 5 月，欧洲华侨华人社团联合会在阿姆斯特丹成立，创始会员来自国家 10 个、华侨华人社团 26 个。2007 年，在比利时布鲁塞尔举行 15 周年庆祝会。2008 年，欧洲华侨华人社团联合会发展到国家 30 多个、社团 200 多个，覆盖华侨华人 130 多万人。截至 2010 年，欧洲华侨华人社团联合会先后在欧洲各国首都召开年会 15 次。

2000 年 8 月，欧洲中国和平统一促进会成立。截至 2009 年 7 月，先后分别在柏林、华盛顿、东京、悉尼、莫斯科、曼谷、维也纳、澳门、布达佩斯、洛杉矶举行全球性“反独促统”大会 10 次，先后分别在巴拿马、圣保罗、约翰内斯堡、马尼亚、旧金山、芝加哥、墨西哥和秘鲁利马举行地方性的“反独促统”大会 9 次。

全球华侨华人促进中国和平统一大会，成为广大海外华侨华人致力振兴中华的重要交流平台，承载着海外中华儿女期盼祖国强大和统一的不懈追求和崇高理想。世界 100 多个国家和地区华侨华人组织的中国和平统一促进会里，有近 25%的骨干是青田侨胞。青田侨胞是“反独促统”的一支生力军。

1992—2008 年丽水侨胞参加跨国侨团情况

表 43-3-2-1

名　　称	成立时间	所在地点
欧洲华侨华人社团联合会（简称欧华联会，英文简称 EFCD）	1992 年 5 月 8 日	阿姆斯特丹
欧洲青田同乡会	1996 年 3 月 4 日	巴黎
欧洲中国和平统一促进会	2000 年 7 月	柏林
世界华侨华人联合总会	2001 年 2 月	香港
欧洲华人华侨妇女联合总会	2004 年 2 月	里斯本
欧盟华侨华人基金会	2004 年 3 月	布鲁塞尔
欧洲浙江大学校友总会	2004 年 11 月	阿姆斯特丹
欧洲中国书法协会	2005 年 9 月	梅施德（德国）

续表 43-3-2-1

名　　称	成立时间	所在地点
雅岙全球华侨华人联谊总会	2006 年 10 月	—
全球华文教育促进会	2006 年 10 月	巴塞罗那
旅欧中国松阳同乡会	2008 年 10 月 27 日	马德里

欧洲各县华侨社团

2005 年，丽水侨居欧洲侨胞 21.2 万多人，超过丽水侨胞总数的 85%，其中青田侨胞有 18.5 万多人，超过青田侨胞总数的 86%。丽水旅欧侨胞分布在国家和地区 35 个，其中 25 个国家有由丽水侨胞组成（或参加）的侨团 135 个。还有台北青田同乡会驻欧洲 11 个国家的联络处。

2010 年丽水侨胞参加欧洲各国华侨社团情况

表 43-3-2-2

名　　称	成立时间	所在地点
奥地利华侨华人总会	1991 年 9 月 23 日	维也纳
奥地利奥中友协华人委员会（原为奥中友协顾问委员会，1998 年改名）	1991 年 10 月 31 日	维也纳
奥地利中华团结会（原名旅奥专家协会，1997 年改名）	1993 年	格拉茨
奥华总会上奥州会分	1994 年 6 月	林茨
奥华总会下奥州分会	1994 年 8 月	维也纳
奥地利青田同乡会	1999 年 2 月 1 日	维也纳
奥地利青田同乡总会	1999 年 6 月 15 日	维也纳
奥地利华人餐饮业联合会	2000 年	维也纳
奥中国际经济贸易促进会	2002 年 1 月 7 日	维也纳
奥地利中华联合会	2002 年 6 月	维也纳
奥地利华人妇女联合会	—	维也纳
奥地利中国和平统一促进会	—	维也纳
奥地利华人妇女格拉茨联合会	2006 年	格拉茨
奥地利浙江华人联谊会	2007 年 2 月 18 日	维也纳
奥地利撒茨堡华侨华人联谊会	—	维也纳
保加利亚青田同乡会	1995 年 10 月	索非亚
保加利亚华侨华人联合会	2001 年	索非亚
保加利亚中国商会	2006 年 7 月	索非亚
旅比华侨联合会	1963 年	布鲁塞尔
比利时青田同乡会	1988 年 2 月 23 日	布鲁塞尔
旅比浙江华人工商联谊会	1997 年 11 月 25 日	蒙斯
比利时中国和平统一促进会	2000 年 5 月 19 日	布鲁塞尔
比利时杭州联谊会	2001 年 6 月	布鲁塞尔

续表 43-3-2-2

名　　称	成立时间	所在地点
比利时中华妇女联合会	2002 年 3 月 8 日	布鲁塞尔
比利时浙大校友会	2004 年 11 月 15 日	拉卢维
比利时华侨华人青年联合会	2009 年 5 月 25 日	安特卫普
波兰青田同乡会	2009 年	华沙
波兰华侨华人青年联合会	—	华沙
西德华侨协会	1966 年 11 月	慕尼黑(已无活动)
联邦德国华人联谊会(1990 年后无活动)	1984 年 3 月 15 日	汉堡
全德浙江华人联会总会	1998 年 2 月 4 日	波恩
德国青田同乡会	1998 年 5 月 6 日	柏林
德国华人社团联合总会	1998 年 9 月 30 日	波恩
德国中国和平统一促进会	2001 年 6 月 19 日	浩森
德中文化交流促进会	2004 年 11 月	柏林
柏林中国妇女联谊会	2004 年	柏林
德国中西部华侨华人反独促进联盟	2004 年	—
德中旅游文化传媒协会	2007 年	—
德国中华海峡两岸文化交流协会	2009 年	—
旅德华侨华人爱心协会	2009 年	—
丹麦华人协会(1991 年,在华人协会基础上扩大机构成立总会)	1978 年	哥本哈根
丹麦青田同乡会	1988 年	哥本哈根
丹麦中华工商协会	1991 年	哥本哈根
丹麦华侨人中国和平统一促进会	2003 年	哥本哈根
浙江丽水华人总商会	2007 年 12 月 24 日	莫斯科
芬兰华侨华人联合会	—	赫尔辛基
芬兰青田同乡会	—	赫尔辛基
法国华侨华人会(前身为旅法华侨俱乐部,旅法华侨工商互助会)	1972 年	巴黎
法属圭亚那江浙沪同乡会(2007 年改称华侨华人联合会)	1990 年 9 月	卡宴
法国北方华人协会	1992 年 10 月 11 日	里尔市
法国青田同乡会	1994 年 9 月 15 日	巴黎
法国华人进出口商会	1997 年	巴黎
法国华人服装总会	1999 年 12 月 19 日	—
法国浙江同乡会	2001 年 3 月 12 日	巴黎
法华文化交流促进会(2008 年 3 月,改名浙江商会)	2001 年 9 月	巴黎
法国华商会	2003 年 6 月 18 日	巴黎
旅法中国和平统一促进会	2003 年	巴黎
法华文化交流促进会	2003 年 10 月 23 日	巴黎

续表 43-3-2-2

名　　称	成立时间	所在地点
法国华人高尔夫球协会	2005 年	巴黎
法中商贸联合会	2006 年 12 月 3 日	巴黎
法国华侨华人妇女联合	2008 年 2 月 24 日	巴黎
法属留尼旺浙江同乡会	2010 年 2 月 6 日	圣但尼
荷兰华侨总会	1947 年、1953 年、1968 年	鹿特丹、阿姆斯特丹
中国餐馆业同业公会(1969 年停止活动)	1964 年 7 月 1 日	阿姆斯特丹
中国餐饮业分会	1983 年 1 月 17 日	鹿特丹
荷兰青田同乡会	1983 年 4 月 11 日	鹿特丹
荷兰松柏联合总会	1989 年	阿姆斯特丹
荷兰中国商会	1999 年	鹿特丹
荷兰经济技术发展中心	2002 年 6 月 28 日	鹿特丹
荷兰华人艺术团	2007 年	鹿特丹
荷兰华人青年联合会	2006 年 1 月 31 日	鹿特丹
荷兰华人摄影协会	2008 年 10 月	鹿特丹
荷中文化交流基金会	2009 年	鹿特丹
塞尔维亚华人华侨商业总会	1999 年 12 月	贝尔格莱德
黑山中华商业协会	2003 年 7 月 14 日	波德戈里察
塞尔维亚和黑山华商协会南方分会	2003 年 9 月 9 日	莱斯科瓦茨
黑山中国和平统一促进会	2004 年 8 月 23 日	波德戈里察
塞尔维亚中国和平统一促进会	2003 年 5 月 20 日	贝尔格莱德
中塞文化交流协会	—	贝尔格莱德
捷克青田同乡会	2000 年	布拉格
捷克华侨华人妇女联合会	2004 年	布拉格
捷克华文作家协会	2009 年 4 月	布拉格
捷克华侨华人青年联合总会	—	布拉格
克罗地亚中国和平统一促进会	2003 年 8 月 3 日	萨格勒布
克罗地亚华人协会	2005 年	萨格勒布
卢森堡青田同乡会	1988 年 2 月 23 日	卢森堡
卢森堡中国和平统一促进会	2009 年	卢森堡
罗马尼亚华商联合会	1994 年 12 月 24 日	布加勒斯特
罗马尼亚青田同乡会	1994 年 12 月	布加勒斯特
罗马尼亚中国和平统一促进会	2000 年 8 月	布加勒斯特
旅罗华人商贸总会	2004 年 8 月	布加勒斯特
罗马尼亚浙江同乡会	—	布加勒斯特

① 前身分别是:瓯海同乡会(1947—1952)、瓯海华侨会(1953—1963)、瓯海华侨总会(1968)。

续表 43-3-2-2

名　　称	成立时间	所在地点
罗马尼亚丽水同乡会	2005 年 9 月	布加勒斯特
南斯拉夫华商协会	2001 年 2 月 23 日	贝尔格莱德
南斯拉夫华侨华人联合会	2001 年 7 月 8 日	贝尔格莱德
葡萄牙华侨华人协会	1990 年 3 月 18 日	里斯本
葡萄牙华侨华人总会(原葡萄牙北部华侨华人协会)	1992 年 10 月	波尔图
葡萄牙华人工商联合总会	1994 年 11 月 19 日	里斯本
中葡艺术家协会	1997 年	波尔图
葡萄牙中国和平统一促进会	2000 年 8 月	里斯本
葡萄牙中国友好协会	2002 年 10 月	里斯本
葡萄牙华人企业家协会	2003 年	里斯本
葡萄牙国际龙商联合会	2003 年 11 月 1 日	里斯本
葡萄牙华侨华人联合会	2005 年	里斯本
葡中经贸投资协会	2007 年 5 月	里斯本
葡萄牙华商会	2007 年 7 月 8 日	里斯本
葡中文化交流协	—	—
葡华侨华人联合会	2008 年	—
葡萄牙杭州联谊会	2010 年	—
瑞京华人协会(原名瑞京华人电影俱乐部)	1984 年 4 月	斯德哥尔摩
瑞典青田同乡会	2000 年	斯德哥尔摩
瑞典中国和平统一促进会	2004 年	斯德哥尔摩
瑞典华侨华人工商联合总会	2009 年 6 月	斯德哥尔摩
瑞典华人总会	2009 年	斯德哥尔摩
瑞典浙江商会	—	斯德哥尔摩
斯洛伐克青田同乡会	2001 年 12 月 16 日	布拉迪斯拉发
斯洛伐克华侨华人联合会	2003 年 5 月	布拉迪斯拉发
斯洛伐克中国友好协会	2004 年 10 月	布拉迪斯拉发
斯洛伐克华人联合总会	2008 年 7 月	布拉迪斯拉发
斯洛伐克中国和平统一促进会	—	布拉迪斯拉发
斯洛伐克华侨华人商会	2008 年 9 月 12 日	布拉迪斯拉发
斯洛伐克中国经济贸易协会	2009 年	布拉迪斯拉发
斯洛文尼亚华人华侨联合总会	2005 年 1 月 16 日	卢布尔雅那
乌克兰基辅浙江同乡会	2000 年	基辅
乌克兰敖得萨浙江同乡会	2000 年 4 月	敖得萨
乌克兰敖得萨州华侨华人联合会	2000 年 3 月	敖得萨
乌克兰青田同乡会	—	基辅

续表 43-3-2-2

名　　称	成立时间	所在地点
西班牙华侨华人协会	1983 年 6 月 6 日	马德里
西班牙中华商会	1988 年 12 月 1 日	马德里
巴塞罗那西中友好投资促进协会	1990 年	巴塞罗那
巴塞罗那中华总商会(进入 21 世纪后没有活动)	1991 年	巴塞罗那
西班牙华人总会	1994 年 7 月 7 日	巴塞罗那
西班牙希望工程爱心委员会	1994 年 12 月	马德里
巴塞罗那中国学校董事长	1995 年	巴塞罗那
西班牙华侨华人妇女联合会	1995 年 7 月 26 日	马德里
西班牙瓦伦西亚华侨华人协会	1995 年 8 月 1 日	瓦伦西亚
巴斯地区华侨华人协会	1995 年 11 月	毕里堡
加泰罗尼亚中餐协会	1996 年 4 月	巴塞罗那
西班牙青田同乡会	1996 年 8 月 18 日	马德里
西班牙南部华人协会	1996 年 8 月 13 日	—
加泰罗尼亚华人企业家协会	1996 年 10 月 9 日	巴塞罗那
西班牙中青企业家联合会	1996 年 10 月 9 日	马德里
西班牙中餐业联合会	1997 年 2 月	马德里
西班牙华侨华人联谊会	1997 年 6 月 26 日	马德里
西班牙华侨华人国际商贸联合会	1997 年 10 月	马德里
巴塞罗那中西文化交流协会	1998 年	巴塞罗那
巴塞罗那侨民联合会	2000 年	巴塞罗那
西班牙华商协会	2000 年 6 月 9 日	马德里
西班牙中国和平统一促进会	2000 年 6 月 29 日	马德里
马德里长青俱乐部	2001 年	马德里
西班牙巴塞罗那侨民里边联合会	2000 年	巴塞罗那
加利亚华人协会	2001 年	加利亚群岛
巴塞罗那中国和平统一促进会	2002 年 10 月	巴塞罗那
西班牙中华总商会	2002 年	马德里
西班牙反邪教协会	2002 年 10 月 18 日	马德里
西中经贸文化促进协会	2002 年 12 月 23 日	马德里
西班牙中华妇女联谊总会	2003 年 1 月 12 日	巴西罗那
西班牙南部反邪教协会	2003 年 2 月	马拉加
西班牙华人企业联合会	2003 年 6 月 25 日	马德里
巴塞罗那华侨人反邪教协会	2003 年	巴塞罗那
马德里华人食品行业协会	2004 年 3 月 25 日	马德里
巴塞罗那华侨华人联谊总会	2004 年 7 月 13 日	巴塞罗那

续表 43-3-2-2

名　　称	成立时间	所在地点
巴塞罗那青田同乡会	2004 年 10 月	巴塞罗那
巴塞罗那西中经济贸易协会	2004 年	巴塞罗那
西班牙浙江大学校友会	2004 年 11 月	马德里
巴塞罗那华侨华人纺织服装业协会	2004 年	巴塞罗那
巴塞罗那中西友好协会	2004 年 11 月	巴塞罗那
西班牙华人基督教会	2004 年	马德里
西班牙西华妇女工商会	2005 年 3 月 8 日	巴塞罗那
西班牙华商工贸联合会	2006 年 1 月	巴塞罗那
马拉加华侨华会协会	2006 年 3 月 6 日	马拉加
加泰罗尼亚华侨华人社团联合总会	2006 年 10 月	马拉加
西班牙瓦伦西亚华侨华人商贸总会	2007 年 3 月 6 日	瓦伦西亚
西班牙南部青田同乡会	2008 年 1 月 15 日	马拉加
西班牙中国青年商会	2008 年 2 月	马德里
中西合作发展基金会	2008 年 3 月 5 日	马德里
中西百货协会	2010 年	—
希腊华侨华人联合会	2002 年 9 月 15 日	雅典
希腊青田同乡会	2007 年 6 月	雅典
希腊华侨华人妇女联合总会	—	雅典
希腊华侨华人总商会	—	雅典
匈牙利华人联合总会	1993 年 10 月 15 日	布达佩斯
匈牙利中华工商联	1995 年	布达佩斯
匈牙利青田同乡会	1997 年	布达佩斯
匈牙利华人社团联合会	—	布达佩斯
匈牙利华人商业总会		
中匈人民友好交流协会		
匈牙利浙江商会		布达佩斯
匈牙利中国和平统一促进会	1999 年 8 月	布达佩斯
匈牙利华人妇女联合会	2006 年 8 月 17 日	布达佩斯
匈牙利布达佩斯 GANZI 商业区华人协会	2010 年 11 月 28 日	布达佩斯
意大利米兰华侨华人工商会(成立于 1945.08，称米兰华侨总会，1986 年，定名米兰华侨华人工商会)	1945 年 8 月	米兰
意大利波伦亚中华公所(1970.11 停止活动)	1957 年	波伦亚
旅意中区华侨联谊会	1970 年 11 月	波伦亚
意中文化交流中心	1970 年	—
波伦亚华侨文化中心(前身中华公所)	1979 年	波伦亚

续表 43-3-2-2

名　　称	成立时间	所在地点
米兰文化探索中心	1985 年	米兰
罗马华侨华人联合会(罗马华侨联谊会)	1985 年 12 月 1 日	罗马
都灵华侨华人联谊会	1986 年 10 月 1 日	都灵
格罗塞托华侨华人工商协会	1987 年 2 月 1 日	格罗塞托
意大利佛罗伦萨华侨华人联合总会	1992 年 9 月 27 日	佛罗伦萨
意大利威尼斯华侨华人妇女联合会	1992 年	威尼斯
意大利北部青田同乡会	1995 年 12 月	布雷西亚
威尼斯地区华侨总会	1996 年 5 月 24 日	凰多瓦
意大利热那亚华侨联谊会	—	热那亚
意大利华侨华人贸易协会	1997 年	罗马
意大利华商总会那不勒斯(NAPOLI)商会	1998 年 9 月 10 日	那不勒斯
意大利西部地区六省一市华侨华人联合会	1998 年 2 月 12 日	恩波里
意大利青田同乡总会	1999 年 7 月 11 日	罗马
意大利华侨华人友好协会	1999 年	佛利市
意大利东北四省华侨华人联合总会	1999 年 9 月 20 日	乌迪内
意大利米兰华侨华人商业总会	2000 年 6 月 12 日	米兰
罗马浙江华侨华人联合会	2000 年 7 月 25 日	罗马
意大利艾米莉亚华商联合会	2000 年	雷焦艾米莉亚
意大利罗马华侨华人妇女联谊会	2001 年	罗马
意大利米兰华侨华人联合总会	2002 年 3 月 7 日	米兰
意大利米兰华侨华人妇女会	2002 年 5 月 7 日	米兰
意大利丽水同乡会	2002 年 6 月 3 日	米兰
意大利亚得里亚华商会	2002 年	亚得里亚
意大利华侨华人友好协会北部分会	2005 年 1 月 15 日	—
意大利玛尔凯大区华侨华人企业联谊总会	—	玛尔凯
意大利阿布鲁佐华商会	2006 年 3 月 4 日	TORTORETOLTDO
意大利东海岸华侨华人联谊总会	2006 年 3 月 5 日	ALBAADRIATI
威尼斯华侨华人联合总会	2007 年 1 月 30 日	威尼斯
西西里巴勒莫华侨华人联合会	2007 年 10 月 31 日	西西里
意大利华侨华人慈善基金总会	2007 年 9 月	雷焦艾米利亚
意大利华商总会	2008 年 7 月	罗马
意大利华侨华人饮食协会	2010 年	罗马

第三节　其他大洲华侨社团

美洲华侨社团

2005年，丽水侨胞分布在美洲23个国家、2.6万多人，占丽水海外侨胞的10.5%。其中青田侨胞有2.1万多人，占青田海外侨胞总数的10%左右。有侨团组织的国家，主要是巴西和美国（法属圭亚那侨团统计在法国）。

2010年丽水侨胞参加美洲各国华侨社团一览

表43-3-3-1

名　　称	成立时间	所在地点
阿根廷浙江商会	1999年	布宜诺斯艾利斯
阿根廷华侨华人协会	2001年9月9日	布宜诺斯艾利斯
阿根廷中国青年学生联合会	—	布宜诺斯艾利斯
中巴友好协会	1953年	里约热内卢
巴西华人协会	1980年10月1日	圣保罗
巴西里约华人联谊会	1984年9月	里约
巴西青田同乡总会	1994年7月24日	圣保罗
巴西里约中国和平统一促进会	2001年3月	里约
巴西华人文化交流协会	2000年12月2日	里约
巴西中国贸易促进会	2001年	圣保罗
巴西中国和平统一促进会	2003年	里约
巴西中华总商会	2004年12月	圣保罗
巴西商贸仲裁委员会	2007年9月	里约
巴西中国青年商会	2009年11月8日	里约
巴西华侨华人青年联合会	2009年12月13日	圣保罗
旅台北青田同乡会驻巴西联系处		圣保罗
中南美洲中国和平统一促进会	2001年3月18日	巴拿马
厄瓜多尔青田同乡会	2009年12月	瓜亚基尔
美国国建学术联谊会	20世纪60年代初	纽约
旅美浙江同乡会	1987年	纽约
美华青联会	—	纽约
美中城市友好协会	1997年	纽约
美国浙江总会	1998年1月31日	纽约
美国青田同乡会	2001年9月26日	纽约
北美文化交流协会	—	纽约

续表 43-3-3-1

名 称	成立时间	所在地点
美国浙江经济文化研究会(文化交流协会)	2004 年	纽约
美华民间交流促进会	—	纽约
纽约中国和平统一促进会	—	纽约
美东苏浙沪同乡会	—	纽约
旅台北青田同乡会驻美车联络处	—	纽约

亚非大洋洲侨团

2010 年,丽水侨胞在亚洲有 7400 多人,在非洲有 2000 多人,在大洋洲有 800 多人,分布在国家 67 个,其中亚洲国家 35 个,非洲国家 28 个,大洋洲国家 4 个,比较分散,难以结社。三大洲只有日本、柬埔寨、喀麦隆、乌干达、埃及、佛得角、澳大利亚等国有丽水侨胞的社团组织。

2010 年丽水侨胞参加亚非大洋洲各国华侨社团情况

表 43-3-3-2

名 称	成立时间	所在地点
旅日浙江同乡会	1968 年 7 月 18 日	东京
日本中国科学技术者联盟	1993 年 5 月 15 日	茨城县筑波市
柬埔寨中国商会	1997 年	金边
柬埔寨青田同乡会	2006 年 11 月 21 日	金边
格鲁吉亚浙江同乡会	2007 年	第比利斯
喀麦隆华侨华人协会	2000 年 8 月	雅温得
佛得角华人协会	2001 年 5 月 12 日	普拉亚
中埃华人联谊会	2002 年 3 月 18 日	开罗
喀麦隆青田同乡会	2008 年 1 月 1 日	雅得温
乌干达青田同乡会	2008 年 5 月 14 日	坎帕拉
安哥拉华人建筑协会	—	—
澳大利亚浙江侨民联合会	1996 年 12 月	悉尼

第四章 活 动

丽水华侨有着较深的家国情怀。历史发展的每个时期,他们都是尽自己最大的努力报效祖国和家乡。国内革命战争时期，他们省吃俭用，以绵薄的力量资助革命；他们学习西方先进文化，许多人在国外走上探求救国真理的道路，有的回国投身革命。全面抗日战争时期，他们不怕牺牲，众志成城，全力支持祖国的抗战大业。1949 年 10 月中华人民共和国成立以后，他们又投入国内各个时期的建设事业，或以自己辛勤劳动所得慷慨解囊，为家乡人民赈灾解难；或以满腔热情协助国内各项建设事业开展。当祖国步入和平崛起时期，他们义无反顾致力于民族复兴的伟大事业。许多成功之士回到国内，以自己的聪明才智和毕生心血报效国家。丽水华侨对家乡和祖国的贡献是全方位的，包括政治、经济、文化、教育、交通、医疗卫生、扶贫助残、基础建设等方面。

第一节　革命活动

华侨投身革命

清末，云和人魏兰曾到日本 2 次，与陶成章等人组织光复会东京分会，为推翻清朝封建王朝、复兴中华效力。第一次国内革命战争时期，丽水海外侨胞积极支持国内北伐战争，反对军阀割据。青田留日学生朱光奎、留德学生郑壁（女）等人，回国投笔从戎，参加北伐革命军。

青田仁庄人孙言川在俄国十月革命前到俄经商，从事革命宣传活动，负责编辑《旅俄华工大同报》，分送俄国红军中的中国战士阅读，见过列宁。

“五四”运动时期，部分旅居法国的青田华侨，主动报名参加法国阿伯公学勤工俭学。青田华侨参加中国旅法勤工俭学学生为争取求学权、生存权与中国北洋政府驻法公使馆和法国当局进行的斗争。有的结业后回国参加革命，有的留在法国，参加中共旅欧支部领导的革命活动。

民国 12—13 年（1923—1924），法国比央古献旺脑（译音）铁工厂零件车间和巴黎十二区里昂车站做工的青田华侨 7 人，经中共旅欧支部成员介绍参加共产党，建立海外中共青田小组 2 个。巴黎西郊比央古工业区和里昂车站等地，有青田华工、商人和勤工俭学学生 3000 多人，他们经常参加华工夜校、华工俱乐部的学习和活动，聆听周恩来的演讲。民国 14 年，上海“五卅惨案”消息传到巴黎。6 月 14 日，2 个海外中共青田小组组织旅法青田华工、商人和勤工俭学生 800 多人，汇集到巴黎格勒乃街举行示威游行，声讨帝国主义屠杀中国人民的罪行。6 月 21 日，海外中共青田小组还派员参加旅法华人援助上海反帝运动行动委员会组织的旅法华人代表团，到中国驻法使馆示威，迫使驻法公使在声援电报、通牒上签名盖章。民国 22—25 年，林德光、金直夫、黄里、何志宏、金映光加入中国共产党。民国 26 年“七七”事变后，林德光等人奉命回国抗日。民国 34 年抗战胜利后，林德光等人奉命转战东北。

华侨抗日活动

民国 20 年（1931）“九一八”事变后，青田侨胞徐香进等人从日本回国，投身抗日。留在海外的侨胞，有力出力，有物出物，支援祖国人民抗击日寇。

民国 25 年（1936）12 月 10 日，旅居巴黎各侨团组织营救“七君子”委员会。旅法青田华侨参加的浙江侨商协会等到中国驻法大使馆请愿。

民国 26 年(1937)“七七”事变时,旅居荷兰的华侨在鹿特丹华侨会馆决议成立抗日救国会,支援祖国抗战直至胜利。总会设阿姆斯特丹领事馆,在鹿特丹、海牙、乌勒得支都有分会,进行各种形式的抗战募捐和抗日救国宣传。至民国 27 年 7 月 17 日,抗日救国会募集抗日捐款 45937.6 荷兰盾、1863.6 英镑、寒衣 2107 件。民国 27 年,阿姆斯特丹市政府把 11 月 26 日定为援华募捐日。劝募员 1500 多人冒雨走在天寒地冻的街头, 高呼 “Help CHINA”(救中国), 一天募捐到 12033 荷兰盾。民国 26—34 年,青田方山奎岩庄华侨陈进明连续 8 年捐献 534.5 荷兰盾。华侨抗日正义之举遍及世界各地。民国 28 年秋, 在鹿特丹 StoomvaartmijNedor Land 公司工作的海员 2 人,发现公司的船上满载运往日本的军火,立即向华侨会馆报告。爱国海员不顾自己前途危险,发动罢工。

民国 27 年(1938)春天,在巴西圣保罗中华会馆的大厅里,南美洲抗日救国会会长、青田侨胞周继文控诉日本侵略者发动“七七”事变,动员大家有钱出钱,有力出力,支援祖国抗日,并带头向中国抗日红十字会捐献一辆救护车。

民国 27 年(1938)年初,旅欧华侨提出“亡国宁可亡家”的口号,成立全欧抗日救国联合会,出版《祖国抗日情报》等刊物,报道中国军民英勇抗日的情况和日寇的残暴罪行,宣传支援祖国抗日救国。旅法青田华侨捐献支援祖国抗日救国款 118016 法郎。巴黎里昂车站区和哥鲁梅驿区的青田侨胞,10 个月捐款 41157 法郎,王鹏一人捐款 400 法郎。青田旅法华侨陈则敬以满腔爱国热情,跑到中国驻法使馆领取一本 100 页的抗日救国捐献单据,动员百人捐金数千法郎,送交中国驻法大使馆。

民国 27 年(1938),青田油竹朱祥旅居捷克斯洛伐克时,印刷《抗战报》,奔走发放给侨胞。同时,积极参与募捐筹款,发动抵制日货。青田县仁庄乡阮垟村旅意侨胞王薛芳积极发动侨胞捐资捐物支援祖国抗日, 中国政府曾颁给金质奖章以资奖励。青田双垟金竹垟旅居奥地利华侨严毅庵,负责在奥经常性的抗日募捐,每月将收募的捐款如数按期解送到中国使馆。青田方山下碓华侨郑铭岩,在“七七”卢沟桥事变后,与山东籍侨胞一起组织“浙鲁同乡会”,团结旅居菲律宾华侨,宣传抗日,抵制日货。民国 28 年,郑铭岩回国捐助抗日的同时,利用自己经营的“上海书局”,不断出版抗日书籍,印发抗日传单,并编印《抗敌救国要义暨国民公开信》,义卖筹款银元 3081.05 块。民国 27 年秋,旅居波兰华侨成立波兰华侨抗日救国会。青田温溪旅居波兰华侨王岩郎担任经济委员,并带头捐献铁 250 千克,动员广大华侨捐资献款。

民国 28 年 (1939)7 月, 集居里昂车站的青田华侨吴绍庭等 54 人捐款 607 法郎, 法国邮船“霞飞将军号”和“杜美总统号”的青田华侨海员和其他华侨捐献 5040 法郎。意大利罗马青田华侨 23 人,捐献 1010 里拉。

民国 28 年(1939)3 月,在新加坡日本侵略者开办的隆门铁矿厂,青田侨胞朱圣多和文成[①]侨胞蒋麦阳、蒋学藏、蒋再长、胡岳照、黄体毛、叶阿仁等领导工人发动大罢工,反对日本侵略者开矿炼钢制造武器屠杀各国人民,他们纷纷带头离厂回国。

---

① 有的区域在 1948 年前属青田县。

第二节　回报祖国

赈灾解难

民国18年（1929），青田油竹雅岙旅美华侨金美斋捐助1000银元，筹建县立医院。民国30年，山口乡旅美华侨及旅沪同乡，集资10500银元，购番薯干、大麦、大米，急施救济，赈灾度荒。民国36年，山口旅美华侨林晋南回乡探亲，携药品多种，救治病人，并捐款为地方兴办慈善事业。1959—1961年，中国三年自然灾害时期，旅欧青田华侨纷纷寄猪油、白糖、饼干等食品帮助亲友解困窘、度饥荒。三年自然灾害时期和20世纪70年代末自卫反击战，德国不来梅的青田侨胞郑铭岩都汇款捐资。1976年唐山大地震后，郑铭岩又汇款8000马克。1987年，中国大兴安岭发生森林火灾；1991年，中国南方18个省遭受水灾；1994年夏，17号台风袭击浙江；1996年2月，云南省丽江地区发生强烈地震；1998年夏天，长江、松花江、嫩江流域发生百年罕见的特大洪灾；2003年春天，非典型肺炎病毒在中国大地肆虐；2008年1月，中国南方地区省市20个遭受50年一遇的冰雪灾害；2008年5月12日14时28分，四川汶川发生8级特大地震。以上这些重大灾害事件发生后，丽水华侨华人均发起大规模募捐。

华侨兴办工贸企业

1953年，旅日青田侨胞柳玉春投资1500元，帮助建设国营青田新兴棉织厂。1980年，旅意青田侨胞胡锡珍出资创办青田华侨乳制品厂和中侨汽车出租公司，进口小轿车50辆。1987年，旅意青田侨胞项祝光投资20万美元，创办希美端化妆品厂，从意大利进口原料、机器。后未能成功。1988年，旅意青田侨胞孙子系、金可寅率先在杭州创办华意电器公司。

20世纪90年代始，海外侨胞回国投资成为报国爱乡义举。2004年10月29日，青田旅居海外侨胞在青田成立青田华侨华人回乡投资者协会。2008年，国际金融危机爆发后，丽水海外侨胞投资遍及全国。

1993年4月，旅居西班牙青田侨胞陈冬菊在青田温溪创办浙江青田卡洛斯鞋业有限公司，生产皮鞋、皮包、皮带等，注册资本160万元。同年，旅意大利青田侨胞徐建恩在青田温溪创办兽霸（青田）皮革有限公司，生产皮鞋、皮包、皮带等，注册资本58万美元。

1993年，旅居巴西里约青田侨胞季国俊投资11万美元，与温州市俊辉工艺品公司联营，生产绣服工艺制品，产品出口巴西。旅瑞典青田侨胞柳伯品，投资1000万元，在温州市创办伯品贸易有限公司，出租营业用房。5月，旅居巴西里约青田侨胞季福仁在温州市开办巴西新兴亚东进出口公司温州办事处。1993年6月，旅居巴西里约青田侨胞季福仁在四川都江堰创办中国地质大学都江堰凿岩钎具厂。

1994年3月，旅居西班牙青田侨胞刘建武在青田县创办青田安特仪表集团有限公司，生产机械仪表等，注册资本180万元。1994年，旅居奥地利青田侨胞朱怀民在德清县创办浙江基梁化学建材有限公司，占地3.33公顷，注册资本36万美元，生产塑钢门窗材料。2004年，浙江基梁化学建材有限公司改名浙江赛格斯化学建材有限公司。旅荷青田侨胞吴洪刚在杭州创办浙江伊梦斯克基础公司(浙江打桩龙头企业)、你好园林公司和贸易旅游公司。

1995年,旅居西班牙青田侨胞朱奕龙在宁夏创办益隆工贸有限公司,经营建材,投资80万元。21世纪,朱奕龙投资近亿元,先后创办宁夏银帝实业有限公司、宁夏恒丰不锈钢型材制造有限公司、宁夏银帝房地产开发有限公司、宁夏银帝发展集团有限公司、宁夏银帝装饰设计工程公司等。

1995年11月,旅居加拿大和巴西青田侨胞夏剑锋和夏敏平,在丽水市创办浙江丽水有邦化工有限公司,开发固体光气及下游产品,注册资本760万美元。12月,旅居巴西青田侨胞夏敏平,在青田县船寮镇创办浙江青田金玉光学有限公司,生产太阳镜等,注册资本300万元。同年,旅居法国青田女侨胞杨璧如,投资8000万元,创办温州市机场路开发有限公司,仅用一年就建成温州机场大道。

1997年3月,旅居捷克青田侨胞陈乃科,在青田温溪镇创办浙江青田纳可股份有限公司,生产服装、袜子,注册资本6.5万美元。5月,旅居西班牙青田侨胞吴珠英在青田鹤城镇创办浙江青田春利制衣有限公司,生产衬衫等,注册资本20万美元。9月,旅居荷兰青田侨胞徐建波在青田黄垟乡创办浙江丽水大济铁合金有限公司,生产铝制品,注册资本1000万元。

1998年6月,旅居南斯拉夫青田侨胞朱汉魁在义乌创办正龙国际贸易进出口有限公司,采购日用百货,发货集装箱60个/年。7月,旅居罗马尼亚青田侨胞张王平在温溪镇创办浙江青田华欧服饰有限公司,生产服装、鞋等,注册资本58万美元。同年,旅居南斯拉夫青田侨胞朱汉魁在山西大同创办煤业运销有限公司,注册资本100万元。

1999年8月,旅居比利时松阳侨胞蓝章铭注册资本40万美元,在遂昌县石练工业园创办浙江石练菊米有限公司,生产石练菊米系列产品60多个,通过QS食品质量安全认证、ISO 9001质量管理体系认证、ISO 14001环境管理认证和HACCP食品安全管理体系认证,成为浙江名牌产品。8月,旅居泰国青田侨胞王东在青田县黄垟乡创办浙江青田超霸钼业有限公司,生产钼制品,注册资本400万元。11月,旅居意大利松阳留学生蔡茂生在松阳县叶村工业小区创办浙江松阳茂林化工有限公司,生产活性炭,注册资本10万元。12月,旅居匈牙利青田侨胞季永文在青田温溪开发区创办浙江青田豪泰制衣有限公司,注册资本15万美元。同年,旅居德国青田侨胞孙焕然,先后在无锡、南昌、上海等地合资创办企业。同年,旅居奥地利青田侨胞郑同舟,参股上海奥斯卡娱乐有限公司和上海华侨商务总汇有限公司,进入跨国集团。

2000年12月,旅居匈牙利青田侨胞单建楚在青田温溪镇创办浙江青田灵通服饰有限公司,注册资本12万美元。

2001年1月,旅居匈牙利青田侨胞伍竹光在青田外贸工业区创办浙江青田赛纳制衣有限公司,注册资本111.3万元。旅居西班牙青田侨胞郭忠在青田县船寮镇创办青田金盛服饰有限公司,注册资本10万美元。11月,旅居罗马尼亚青田侨胞季丽广在青田鹤城镇创办青田康秀尔制衣有限公司,注册资本25万美元。同年,旅居巴西青田侨胞张江欧,在青田注册资金2160万元,创办天客隆典当公司。旅居瑞典青田侨胞柳少惠、柳巧兄弟在长兴投资资本3000万元,开工建造金陵商场。2004年,金陵商场竣工,面积6万多平方米。

2001年3月,旅居葡萄牙青田侨胞吴三群,在长兴县小浦工业园区创办浙江特拉建材有限公司,全套引进欧洲最先进墙体、屋顶新型建材自动生产线设备和技术,占地面积 14.67 公顷,投资 2.5 亿元。2006 年,浙江特拉建材有限公司被湖州市评为全市建材先进制造业基地示范项目。2007 年。浙江特拉建材有限公司获中国砖瓦协会质量信誉模范企业称号。

2002 年 1 月，旅居美国青田仁庄侨胞周水根在丽水市天宁工业区创办鞋帝鞋业有限公司，注册资本 86 万美元。5 月,旅居意大利青田侨胞孙建伟,在青田腊口镇石铺创办青田浙南油茶开发有限公司,生产茶油及农产品,注册资本 13 万美元。同年,龙泉旅居西班牙女侨胞苏珍和丈夫郑小宝在龙泉投资 3000 万元,先后创办浙江海阳水泥有限公司、浙江海阳矿业有限公司和龙泉海阳重钙有限公司,总投资 8000 万元。其水泥厂采用高细高产磨、微机中控、高效除尘、粉磨处理技术,年产高标号硅酸盐水泥 30 万吨,年销售额 9000 多万元。

2002 年，旅居荷兰青田侨胞傅旭敏在宁波创办宁波得力信电器有限公司，生产变压器和整流器,占地 1 公顷,注册资本 100 万美元,年产值 5000 万元。5 月,旅居法属圭亚那青田侨胞郭胜华投资 150 万元,创办浙江长兴胜华市场发展有限公司,建立长兴农副产品综合批发市场。后又投资 5000 万元,创办农副产品交易营业市场,建造欧式综合大楼和水产码头 100 米。同年,旅居捷克青田侨胞陈乃科组建国和控股集团,与瑞安市、诸暨市有关针织公司合作,建成加工点 50 多个,生产"NAKE"牌袜子。,旅居柬埔寨青田侨胞邹云在广州市买断意大利针织服装名牌"卡丹路"中国生产经销权。

2002 年，旅居巴西青田侨胞孙华凯在温州创办大西洋购物中心建设有限公司，建成温州大西洋购物中心 ALT—MALL,引入巴西 MaLL 模式。

2002 年,旅居西班牙青田侨胞朱光然与西班牙人 C orusland,S.L.与 Lndustrius Tecnocatalun-ya,S.L 投资 6 亿元,在慈溪市杭州湾新区创建中国宁波欧洲工业园,占地面积 26.67 公顷,建筑面积 28 万平方米,入驻企业 21 家,年产值 20 亿元,职工 2000 多人,产品全部出口。其中西班牙加泰罗尼亚州把宁波欧洲工业园区作为州内企业到中国投资的首选地。

2003 年,旅居法属圭亚那青田侨胞郭胜华和旅居葡萄牙青田侨胞金晓东等,创办云南省龙陵县欧华水电有限公司,开发公养河流域水力资源,总投资约 4.88 万元,总装机容量约 6.99 万千瓦。

2003 年,旅居葡萄牙青田侨胞周文斌、季春玮与葡萄牙投资商合资在山东省潍坊市工业免税区组建葡萄牙爱德路投资集团,开发房产和商业楼,投资 1 亿元,占地 13.33 公顷。

2003 年 4 月,旅居捷克青田侨胞陈乃科参股成立杭州佳容物流有限公司,代理货物出口、订仓、报关及国际快递。5 月,旅居西班牙侨胞陈伯钊在青田县鹤城镇创办青田家豪置业有限公司,生产山泉水、服装,注册资本 8 万美元。8 月,陈乃科成立浙江沃尔得商业经营发展有限公司,从事进出口贸易。11 月,旅法青田侨胞徐孟瑢,注资 100 万元(2009 年增加到 1000 万元),创办嘉兴市和好贸易有限公司,作为法国 LSY 箱包公司全资子公司,经营 LSY 品牌各种软硬旅游箱包,年销货款 500 万美元。同年,旅居匈牙利青田侨胞季永文在青田温溪工业园区创办豪泰矿石有限公司,从事非金属矿开采加工等,注册资本 15 万美元。旅匈牙利青田侨胞季永文在青田温溪工业园区创办豪泰矿石有限公司,开采加工非金属矿,注册资本 15 万美元。旅居荷兰青田侨胞吴洪刚、吴焕民兄弟在青田县温溪镇创办浙江你好电器有限公司,生产电器产品,注册资本 110 万美元。旅居罗马尼亚青田侨胞陈旭良在青田县腊口镇石塔工业园区创办浙江莱利特鞋服有限公司,注册资本 100 万美元。旅居捷克青田侨胞陈乃科与正达集团合作在缙云舒洪工业区创办浙江正达模具有限公司,注册资本512.4万美元,年产值逾亿元。旅居西班牙青田侨胞王建平在义乌市创办王氏国际贸易有限公司,批发五金百货日用品。旅居西班牙青田侨胞周亮洪在义乌市创办欧华服饰有限公司,注册资本1000万元。

2003年,旅居保加利亚青田温溪侨胞章利平取得台湾ABC品牌童鞋生产、销售资格,分别在温州和泉州投资500万元,成立天豪公司和顶地公司。2005年,章利平买断ABC品牌童鞋商标所有权。2008年,章利平收购ABC服装业务,将ABC品牌儿童用品收入旗下。

2004年5月,旅居塞尔维亚青田侨胞何海瑞创办义乌中远报关行暨海伟国际贸易有限公司,代理集装箱运输,年出口额约5亿元。6月,旅法青田侨胞卓旭光在嘉兴市平湖乍浦镇创办嘉兴稳和置业有限公司,注册资本1000万元。旅居巴西青田侨胞叶楚豪创办义乌物流贸易公司,代理客商采购服装、鞋类、电器、文具、玩具、工艺品等。同年,邹云在义乌市创办卡丹路针织有限公司。柳少惠、柳巧在湖州市南浔建设柳园,投资1000万元。

2004年,旅居罗马尼亚青田侨胞林万荣在青田县石郭工业园区创办浙江万荣服饰有限公司,生产服装,注册资本58万美元。3月,旅居韩国缙云侨胞陈立田与港商李宝莲合资注册资金1.57亿元,在缙云壶镇创办韩立锯业有限公司,生产高速工具钢板、模具钢板、合金工具钢板等,总投资3.65亿元,占地面积11999平方米,建厂房8000多平方米。旅居意大利莲都侨胞孙育来在莲都碧湖创办禾意牧业公司,养殖生猪,注册资本20万美元。旅居意大利莲都侨胞叶玲创办丽水都得利农业开发有限公司,注册资本18万美元。旅居韩国青田侨胞林建在青田鹤城镇创办青田瑞兴阀门有限公司,注册资本10万美元。旅居意大利青田侨胞黄克琴,在青田石郭工业园区建创办浙江欧帝莱服饰有限公司,注册资本58万美元。旅匈青田侨胞程宗南筹资1亿元,创办贵州铜仁广和水电有限公司。旅居斯洛伐克青田侨胞王海虹,与贵州中水能源股份有限公司合作,在贵州省毕节地区织金县投资建设1.8万千瓦的自强电站。旅居法属留尼旺青田侨胞林建勤投资1.2亿元,在内蒙古自治区阿拉善左旗创办贺拉山焦煤有限公司。旅居罗马尼亚青田侨胞王肖平,在安徽省庐江县创办庐江恒益矿业有限公司,开采钼矿,注册资本3000万元。

2005年,旅居荷兰青田侨胞吴洪刚、吴焕民兄弟筹资6亿元,在哈尔滨市松北CBD中心建造你好•荷兰城。旅居意大利青田侨胞赖晓鸣在安徽创办青阳县中泰矿业有限公司,投资2000万元,开发铜、钼矿。旅荷青田侨胞傅旭敏在宁波市创办多力浦工贸有限公司,生产电子节能灯和LED产品,注册资本105万美元,建筑面积24060平方米。旅居巴西青田侨胞尹霄敏,在宁波投资注册创办瀚远船务有限公司,生产经营船业运输。旅居西班牙青田侨胞周亮洪在湖州市创办德丰置业有限公司,投资兴建湖州太湖名爵游艇俱乐部,注册资本1000万元。旅荷侨胞周向荣创办浙江特拉建材有限公司,年产值2.5亿元。旅居柬埔寨青田侨胞施海平在义乌市创办国利进出有限公司,年产值5000万元。旅日青田侨胞林海光在青田县石溪乡创办浙江奇达工艺开发有限公司,开发石雕工艺品,注册资本80万元。云和旅法侨胞李孟宗等,投资1.2亿元,在丽水市创办丽水同泰装饰家具城(2007年开业)。3月,旅居埃及云和侨胞陈森云在云和镇创办云和哈曼得工艺木制玩具厂,注册资本120万元。

2005年,旅居奥地利青田侨胞邹继铭和邹立胜成为美国花花公子PLAYBOY品牌中国区总代理后,在桐乡市创办浙江瓯华(合资)实业有限公司,生产花花公子PLAYBOY系列羊毛衫,注册资本700万美元。2007年,浙江瓯华(合资)实业有限公司投产,年产羊毛衫150万件。2008年,浙江瓯华（合资）实业有限公司产值2亿元，在全国商场拥有专柜500多个。

2005年，青田旅居捷克侨胞郑建世在丽水市创办金瓯置业有限公司建造金汇广场，开发原丽水火柴厂地块。2008年1月，全球500强企业沃尔玛集团入驻金汇广场。

2006年，旅居意大利青田侨胞赖晓鸣投资的青阳县中泰矿业有限公司投产，年产值约5000万元，利税1500万元。旅居法国青田侨胞徐金龙在青田县鹤城镇外贸工业园区创办青田吉雅利服饰有限公司，注册资本10万欧元。旅居罗马尼亚青田侨胞林万荣在船寮工业园区创办浙江宠星服饰有限公司，注册资本310万美元；创办万维丝服饰有限公司，注册资本650万美元。旅荷青田侨胞傅旭敏在宁波市创办宁波得力信置业有限公司，开发商务楼，注册资本300万美元。旅居波黑青田侨胞陈春峰将香港步步新有限公司总部迁到义乌，为外贸公司4家采购日用百货，年产值约1.2亿元。

2006年12月，青田旅居美国侨胞林伟平在徐州市创办伟天化工集团。同年，青田侨胞孙华凯在江苏常州投资创办金凯照明电器有限公司。截至2010年，伟天化工集团投资80亿元，建成年产600000万千克焦油加氢制造汽、柴油项目和年产400万吨醇醚燃料项目，投产后每年可节省标准燃煤670000万千克，集团员工3000人。

2007年6月，旅居比利时青田侨胞张永燕创办上海特麦科生物工程公司，承揽城市生态园林建设。邹云在广州市建成卡丹路针织公司总部，生产和销售卡丹路针织服装和袜子系列产品，并衍生出卡丹路皮具、皮革、皮鞋等，年产值20多亿元。旅居西班牙青田侨胞陈林光、尹曙均买断西班牙一高科技消防产品在中国的生产和销售权后，在安徽省合肥市创办公司，生产消防产品，注册资本1200万元。旅居西班牙青田侨胞饶美红在江苏省连云港市创办连云港市福尔多实业有限公司，建立600公顷的国际物流中心，回收加工废旧农机、农资和汽车配件，注册资本600万欧元。旅意龙泉侨胞胡建光在上海市创办胡氏投资有限公司，经营商业地产，注册资本3000万元。同年，旅居匈牙利青田侨胞詹晓荣投资1000万元，在安徽九华银行投入5%股份；在池州天天矿业公司注资40%，开发锰矿；在庐江县恒益矿业公司投入35%股份，开发铜矿。

2007年3月，旅居保加利亚青田侨胞徐文俊在青田仁庄镇创办青田县青尔康果蔬专业合作社，注册资金100万元。11月，旅居柬埔寨青田侨胞王春荣，在丽水市创办丽水市中环涂装保洁服务有限公司，注册资本14万美元。旅意青田侨胞赖理斌兄弟投资2000万元，在青田县海口镇创办浙江欣宏源养殖有限公司，租地6.67公顷，年出栏生猪2万多头。同年，旅居乌克兰青田侨胞舒洪南，在松阳县赤寿乡创办浙江兴荣活性炭有限公司，注册资本51万美元。旅居乌克兰青田侨胞张雪琴，在义乌创办旺琴床上用品厂，加工生产各种绒毯及靠垫、三件套等，销往非洲，年产值100多万元。2007年，旅居葡萄牙青田侨胞詹永巧，在江苏南通投资600万美元，建造优龙（南通）重防腐涂料厂。青田旅意侨胞郭迪科，在上海创办GSR汽车配件有限公司，生产汽车配件，注册资本800万欧元。

2008年，旅居荷兰青田侨胞傅旭敏在宁波市创办宁波华商置业有限公司，开发商务楼，注册资本1000万美元。10月，旅居西班牙青田侨胞周旭锋在义乌小商品市场设立中国西班牙商品中心（西班牙商品馆），经销西班红酒、火腿、橄榄油等食品1000多种。青田旅匈侨胞夏景军在宁波市江东区创办夏郡国际进出口贸易有限公司，出口汽车配件、电子产品，进口法、匈葡萄酒，注册资金50万欧元。旅居巴西青田侨胞尹霄敏在诸暨市创办浙江亿邦兴业箱包有限公司，经营各类箱包业务。

2008年，旅居乌克兰莲都侨胞谢华亭在水阁工业区创办丽水华美皮具公司，注册资本10万美元。旅居塞尔维亚青田侨胞罗小石创办耘生农业开发有限公司，投资800万元，年出栏生猪6000多头，收入1300多万元。至2014年，耘生农业开发有限公司养猪场发展成集畜禽、蔬菜种植、苗圃培养于一体的现代化生态农业示范园，占地20公顷。

2009年11月，旅居巴西青田侨胞张江欧，在义乌创办豪润进出口有限公司，代办货运。同年，旅居巴西青田侨尹霄敏在宁波市创办浙江嘉信投资发展有限公司，从事国内投资业务。旅居意大利青田侨胞叶红秋在遂昌县创办意中体育用品有限公司，生产体育运动用品滚球，注册资本1500万元。旅居西班牙青田侨胞周亮洪在湖州市创办浙江南太湖水上运动发展有限公司，开办水上运动俱乐部，注册资本3000万元。旅居厄瓜多尔青田侨胞杨小爱与新疆阿勒泰地区合作，组建联合矿业投资有限公司，投资开采铁砂矿。丽水侨胞王刚创办维思资本，创业投资超20亿元。

2010年3月，旅居西班牙青田侨胞傅玉楼在龙泉市道太乡创办浙江绿泉农业综合开发有限公司，种植优良品种橄榄树，投资3亿元。4月，旅居塞尔维亚青田侨胞罗小石在黑龙江省齐齐哈尔市创办黑龙江百欧蓝饮品有限公司，生产饮用水等饮品，注册资本5000万元，总投资1亿元。意大利青田侨胞陈秋，在鹤城镇投资创办青田县仁爱之家敬老院。旅居保加利亚青田侨胞章利民在青田县成立起步(中国)有限公司，生产、经营ABC系列儿童用品，投资3.86亿元。章利民将温州和泉州的公司更名起步有限公司。

华侨投资房地产

1993年，旅居法国青田侨胞邱利华在丽水市（县级）创办华夏房地产开发有限公司，投资1500万元。1993年，旅居美国青田侨胞周海荣在江苏省淮安楚州创办实烨房地产有限公司，开发世纪佳苑住宅区98幢，面积36万平方米，投资20亿元。

1995年1月，旅居意大利青田侨胞陈侠等17人在丽水市(县级)创办正达房地产开发有限公司，注册资本1.78亿元。先后开发丽水正达•阳光城、阳光都市、檀香园、丁香公寓、和家园、通惠园、华侨饭店，青田阳光豪景山庄、阳光华庭，杭州淞江公寓，萧山侨商大厦，永嘉阳光财务中心，江苏碧山铭园和天津华门名苑等楼盘20多个，建筑面积150万平方米。4月，旅居葡萄牙青田侨胞在丽水市(县级)创办浙江同心房地产开发股份有限公司，注册资本2.10亿元。

1998年，旅居法国青田侨胞邱丽华和徐乐平在武汉市创办武汉丰泽园房地产开发有限公司，开发商品住宅楼，注册资本3亿元。1999年，旅意青田侨胞王泽厚在青田县山口镇开发中国石雕城，投资3000多万元。

2000年，旅居意大利青田侨胞林伟雄，在安徽合肥创办意发置业有限公司，开发商品房7万平方米。

2001年，旅居罗马尼亚青田侨胞毛伯渊在安徽省池州市青阳县创办安徽中正房地产开发有限公司，投资1000多万元。旅居捷克青田侨胞郑建世开发房地产，开发楼盘18万多平方米，其中金汇广场6.8万多平方米。旅居法属圭亚那青田侨胞郭胜华在青田县创办胜华房地产开发有限公司，投资1亿元；建造圣华商业广场，占地面积1.6万平方米。旅居荷兰青田侨胞吴焕民、吴洪刚兄弟启动青田旧城改造，投资1.47亿元。

2002年6月，旅居西班牙青田侨胞张根生与张朝南等合作，在安徽省芜湖市繁阳镇创办繁阳房地产开发有限公司，注册资本3000万元。张根生独资在繁昌区兴建芜湖华侨国际大酒店。同年，旅居瑞典青田侨胞王柳英在青田县创办英豪房地产开发有限公司，投资3000万元，开发商住房8000平方米。旅美青田侨胞陈志浩，在青田县创办金马房地产开发有限公司。旅居阿根廷青田侨胞叶志一在安徽省池州市创办豪斯房地产发展有限公司，投资7亿元，建成住宅20万多平方米、豪丰专业市场12万平方米。同年，旅居西班牙青田侨胞吴志远在安徽省当涂创办中原房地产开发有限公司，注册资本5000万元，开发商住房10.3万平方米。

2002年，旅居奥地利青田侨胞洪维云在江西省高安市创办德亿房产有限公司，注册资本269.3万美元，先后开发德亿欧洲城等项目，总建筑面积22万平方米；新世纪维也纳住宅区，建筑面积16.8万平方米。旅居荷兰青田侨胞季瑞明，在安徽创办上岛•岸香企业管理（集团），在合肥建成岸香大酒店，投资1亿多元。

2003年7月，旅居葡萄牙青田侨胞詹永巧在青田创办泰川房地产开发有限公司，开发欧洲城商住区，注册资本1180万元，总投资3.5亿元。9月，旅意青田侨胞陈登科在云和县创办广和房地产开发有限公司，注册资本3000万元，开发云和镇商品住宅10万平方米。10月，旅居奥地利青田侨胞林志甫等在江西省鹰潭市创办欧华房地产发展有限公司，开发欧华商住楼，投资2000万元。11月，旅居瑞典青田侨胞王跃永、王永安兄弟在海南省三亚市创办三亚瑞亚房地产开发有限公司，注册资本1000万元。同年，旅居瑞典青田侨胞叶克清在湖北省宜昌创办兴乐房地产有限公司，注册资本1200万元。旅居意大利青田侨胞刘松溪等在福建省宁德地区创办澳泰房地产有限公司，投资2.81亿元，开发商住楼56万平方米。旅居保加利亚青田侨胞孙雄标在江苏扬州市创办江都银峰房地产开发有限公司，投资7000万元，开发商住房。旅居罗马尼亚青田侨胞詹丽红在江苏连云港创办凯益实业有限公司，注册资本500万美元，先后开发浙江小商品批发城、水晶市场等。

2003年，以浙江同心投资有限公司为母公司的浙江同心集团成立，注册资本6.10亿元，先后开发丽水同心大厦、同心商城、同心新村、公安经济适用房、桃源山庄、万锦花苑、水木清华苑，遂昌南苑公寓、西街商住楼、永安花苑，青田谢桥公寓，云和同心花园、水境佳苑，缙云同心华庭、蓬莱花苑，龙泉江南花园等项目。

2004年1月，旅居西班牙青田侨胞陈迪光在安徽合肥创办安徽华光置业股份有限公司，注册资金5000万美元。同年，旅居罗马尼亚青田侨胞陈晓在安徽合肥建成建材市场1.8万平方米。2004年4月，意大利缙云侨胞胡建树在缙云创办欧利华房地产开发有限公司，注册资本410.8万美元，在仙都开发房地产兼开发旅游事业，总投资475.8万美元。2004年6月，旅居瑞典青田侨胞叶克清在内蒙古呼和浩特市创办欧星房地产有限公司，开发牧民经济用房，注册资本8000多万。8月，旅居西班牙青田侨胞徐熟平在丽水市创办万可房地产开发有限公司，注册资本5000万元，先后开发万可•创业苑、万可•新苗苑，及水阁商业中心和发展大厦。11月，旅意青田侨胞周建民在丽水市创办浙江天金房地产开发有限公司，注册资本8600万元，先后开发莲都区囿山路厦河新村天金公寓、怡沁苑、兴和苑、凌云花苑，投资近10亿元。12月，旅居意大利青田侨胞王泽厚在青田县创办浙江金侨华府房地产开发有限公司，在丽水市开设分公司。同年，旅居意大利青田侨胞林伟雄在安徽铜陵创办豪邦置业有限公司，开发商品房14万平方米，投资5亿元。同年，旅居匈牙利青田侨胞詹晓荣创办欧华房地产公司暨安徽省杏花村文化旅游公司，开发商品房30多万平方米。金马房地产开发有限公司更名青田万基置业有限公司，开发金鹤苑住宅小区，投资3亿元。

2005年，旅居罗马尼亚青田侨胞陈晓在安徽大安市新安镇开始农村旧镇改造，建造居民用房约5万平方米。旅美青田侨胞杜孝君在安徽巢湖市创办五湖四海置业有限公司，注册资本3000万元，先后开发商品房30万平方米，投资近1亿元。旅居捷克侨胞陈乃科在江苏创办兴都房地产开发有限公司，开发商住楼房15万平方米，投资5亿元。旅德青田侨胞吴朝平在安徽省枞阳创办奥华房地产开发有限公司，投资6000万元，建造商住楼房。

2005年4月，旅居奥地利青田侨胞林志甫等在青田县温溪镇开发商住楼4万多平方米，投资1.4亿元。2005年4月25日，以天金房地产开发有限公司为母公司，成立浙江天金集团，下有天金建筑工程有限公司、宏佳工贸有限公司、天金物业管理有限公司、天金装饰工程有限公司等。集团注册资金1亿元，总资产近20亿元。7月，旅居罗马尼亚青田侨胞郭相松在江苏省连云港创办盛元房地产开发公司，注册资本2000万元。11月，旅意青田侨胞周建民在遂昌创办天金房地产集团遂昌分公司，注册资金1000万美元，开发遂昌龙潭鑫城商住区，总投资7500万美元。同年，旅居奥地利青田侨胞邹继铭在青田温溪创办江西欧华房地产开发有限公司。旅居西班牙青田侨胞陈泽民在云和创办晋丰房地产置业有限公司，注册资本546万元，开发商住楼3.1万多平方米，总投资8582万元。

2006年6月，旅居葡萄牙侨胞朱丽军等在青田创办欧联房地产开发有限公司，注册资本500万元。2010年11月，签约2000万元，投入油竹新农村建设。2006年10月，旅美青田侨胞陈超凡与旅匈侨胞王春玲合作，在安徽芜湖繁昌注册资本6000万美元，创办华盛房产公司，征地4公顷，开发商品房9万平方米。12月，旅居西班牙青田侨胞陈渔光，在江西九江市创办斯达远东置业（江西）有限公司，注册资本2000万美元；在九江市星子县庐山温泉旅游度假村开发庐山温泉华侨度假村，占地面积13.33公顷，建筑面积6万多平方米。2006年，青田万基置业有限公司在青田县水南开发住宅区，建筑面积约10万平方米。

2007年1月，旅居德国青田归侨王益勇等投资3亿元，开发青田山口镇华侨城。旅居西班牙青田侨胞陈泽民在安徽池洲市创办晋丰房地产置业有限公司，先后开发青溪南苑、白洋名筑苑和明月苑等，投资2.5亿元。5月，旅居意大利青田侨胞徐志勇在青田创办顺佳置业有限公司，注册资本1200万元。6月，旅居比利时青田侨胞张永燕创办上海广昊房产集团有限公司，注册资本1亿元。同年，旅法青田侨胞徐乐平在湖南岳阳创办岳阳丰泽园房地产开发有限公司，注册资本3亿元。同年，旅居罗马尼亚青田侨胞毛遇雄和旅居阿根廷青田侨胞叶志开发商品房4万平方米。旅居意大利青田侨胞刘安康在丽水市创办国商房地产公司，注册资本100万美元，总投资1700万美元。青田旅居西班牙侨胞李丰等在青田县创办青田联华房地产开发有限公司，注册资本7000万元。

2008年，受世界金融危机冲击，丽水市房地产公司由于严重依赖民间融资，资金链紧张，运转维艰，一直延续到2010年。成为房地产行业“危机样板”。

2009年，旅居比利时青田侨胞杨利雄、徐持理在沈阳市创办绿厦房地产开发有限公司，注册资本1亿元。2010年年初，旅居葡萄牙青田侨胞季春玮在南京租赁房屋，开设八八饭店，注册资本500万元。11月，青田欧联房地产开发有限公司投资改造青田油竹雅岙旧村村，签约3000万元。同年，青田旅居西班牙侨胞李丰等在青田县创办青田联华房地产开发有限公司，注册资本7000万元。

华侨投资小水电

1994年4月，旅居奥地利青田侨胞杨焕恩，在青田山口镇大安村，投资1200万元，建造青田焕恩电站，装机容量1500千瓦，年发电量449万度。

1995年8月，旅居瑞典青田侨胞柳伯品，投资1200万元，在青田季宅和良川之间建造伯品电站，装机容量1920千瓦，年发电量676万千瓦时。

1996年12月，旅居意大利青田侨胞叶碎雄，与人合资建造尖溪一级股份制水电站。

1998年，旅居巴西青田侨胞季胜光，与青田县合资开发大奕坑水电站，合计注册资本850万元，引进资金1.12亿元。

1999年8月，旅居西班牙景宁侨胞金时春，注册资本36万美元，总投资48万美元，在景宁县东坑镇白岳村创办景宁北溪电站有限公司。同年，旅居意大利青田侨胞彭志敏，引侨资316万元，在青田汤垟建造金鸡山电站，装机容量640千瓦。

2000年，旅居奥地利青田侨胞杨焕恩、潘建平夫妇，投资1000万元，建造青田坑口电站；投资574万元，建造仁庄电站，年发电量345万千瓦时。至2008年年底，在青田境内建设小型水电站6座。

2003年11月，旅居奥地利青田华侨陈武昌，在遂昌县创办欧华武昌水电开发有限公司，注册资本120万美元，总投资3100万元。建造欧华武昌水电站，装机容量3200千瓦。2007年开始发电，年发电量1000多万千瓦时。

2004年，旅居保加利亚青田侨胞杜国美等，筹资7600万元，建造八源电站，年发电量达1580多万千瓦时。3月，旅居荷兰侨胞齐卫民，合资创办景宁县驮累溪水电开发有限公司，注册资本500万元，总投资200万美元。

2005年，旅居保加利亚青田侨胞罗宝石和其旅居塞尔维亚的弟弟罗小石，联合投资3000万元，开发青田船寮电站，装机容量2400千瓦。

在1995—2006年间，青田县旅海外侨胞投资2亿多元，在青田县建造小型水电站40多座。

华侨投资其他行业

1992年，旅居法国青田侨胞杨璧如在温州创办康来特房地产开发公司，建造温州小南门巴黎大厦，占股份60%。1995年，由旅德华人徐爱荣投资2000万元建造丽水市三星级东方宾馆。占地面积8100平方米，建筑面积7350平方米，有客房70多套，可容纳680人同时就餐。

1997年，杨璧如在宁波创办康来特投资有限公司，建造三星级春天宾馆。1997年，旅居法属圭亚那青田侨胞郭胜华，投资建造杭州五洲大酒店。同年，旅居斯洛伐克青田侨胞林军洪，在义乌投资2000万元，控股建筑面积2.6万多平方米的城市花园酒店。

2001年9月，旅居厄瓜多尔青田侨胞刘永利等投资近2亿元，建成青田飞鹤度假山庄，占地面积10万平方米，建筑面积3万多平方米，有客房158套、餐位1000多座，是一家三星级度假休闲山庄。2001年，旅居斯洛伐克青田侨胞叶芬创办莲都区外国语学校，投资1700万美元。

2003年，旅居西班牙遂昌侨胞程秀清创办遂昌县城特斯妮西餐、咖啡厅，投资200万元。12月，旅居意大利青田侨胞项建军、项雄军创办丽水天源旅游开发有限公司，开发和销售旅游景点产品，投资439.2万美元。2003年，青田捷克归侨陈乃科等组建国和投资控股集团，下辖子公司

20 多家，注册资金 1.5 亿元。旅法侨胞邱丽华在金华创办金华丰泽园房地产开发有限公司，注册资本 3 亿多元。

2005 年 10 月，陈侠等 12 人投资近 5 亿元，建成浙江丽水华侨饭店（华侨开元名都大酒店），占地面积 2.32 公顷，建筑面积 6.4 万多平方米，设客房 370 间，餐位 700 多座，属丽水市第一次华侨大会引资项目。同年，杨璧如筹资 3.9 亿元，建造宁波新民医院①，建筑面积 7.15 万平方米，病床 500 张。旅美青田侨胞陈志浩在义乌市创办万基普森房地产有限公司，开发凤凰城，建筑面积 14 万平方米。旅法青田侨胞徐孟瑢在嘉兴市蓬莱路建筑五星级新洲国际大酒店，建筑面积 12.8 万平方米，投资 1020 万美元，由美国戴斯（DAYSINN）酒店管理集团全权管理。

2006 年 5 月，旅居西班牙青田侨胞胡大荣创办遂昌县金石门旅游开发有限公司，开发金石门旅游度假村，注册资金 70 万欧元。7 月，旅居意大利青田侨胞徐健毅租赁创办香江商务大酒店，总投资 90 万美元，开设餐饮、客房、咖啡厅等。12 月，旅居奥地利青田侨胞陈武昌创办遂昌欧华武昌旅游开发有限公司，注册资本 120 万美元，开发建筑面积 2.2 万平方米，投资 1000 万美元。同年，旅居斯洛伐克青田侨胞林军洪在义乌市控股租赁城市花园酒店，建筑面积 2.6 万多平方米，投资 2000 万元；创办侨泰担保股份有限公司。

2007 年，旅居意大利青田侨胞王家厚等在金华市金东开发区建造宾馆和写字楼。浙江正达集团在青田投资建造四星级宾馆青田正达开元大酒店，占地面积 4032 平方米，建筑面积 28780多平方米，总投资近 2 亿元。旅意侨胞陈英亚兄弟合资创办丽水市辉煌大酒店，占地面积 15878 平方米，建筑面积 28588 平方米，总投资 9800 万元。2009 年年底，建成投入使用。旅居塞尔维亚青田侨胞王兴平创办镜湖度假村，占地面积 1 万多平方米，建筑面积 4000 多平方米，投资 140 万美元。

2008 年，旅居罗马尼亚青田侨胞周永平在义乌租赁创办德丰概念酒店 3500 平方米，投资 800 万元。2009 年，旅居俄罗斯莲都区侨胞严伟丽创办千尊比萨店，总投资 25 万美元，经营餐饮服务。旅居乌克兰侨胞谢华亭创办芭拉特会所（酒店），投资 300 多万元。

2010 年年初，旅居葡萄牙青田侨胞周文斌、季丽凡夫妇在宁波租赁创办华侨饭店，注册资本 500 万元。同年，旅居新西兰青田侨胞杨朝阳在滩坑库区千峡湖创办景宁民族风情度假村，开发千峡湖旅游，购置游船3 艘，投资 2600 万元。

第三节　华侨回馈家乡

侨　汇

早期侨胞在国外节衣缩食，把辛辛苦苦赚到的一锱半珠积攒起来，寄给国内眷属。

1950 年前，丽水海外侨胞多数是通过上海一些私人开办的钱庄寄钱，或交由国探亲的朋友乡人捎带，也有通过香港银行转汇。20 世纪 80 年代前，丽水侨汇主要在青田县，其他各县较少。

① 又称宁波第五医院、新民肿瘤综合医院。

1950—1965年青田县侨汇情况

表 43-4-3-1　　单位：万元

年　份	金　额	年　份	金　额
1950	18866(旧币)	1958	28.90(新币)
1951	57470(旧币)	1959	26.80(新币)
1952	129742(旧币)	1960	33.90(新币)
1953	171476(旧币	1961	42.90(新币)
1954	151812(旧币)	1962	55.80(新币)
1955	186000(旧币)	1963	70(新币)
1956	25(新币)	1964	无数字
1957	29.60(新币)	1965	116(新币)

说明：1955年实行币制改革后，旧人民币1万元折合新人民币1元。1966年“文化大革命”开始后，没有记录。1980—1984年，共计6240万元。

1989—1992年青田县侨汇情况

图 43-4-3-1　　单位：万元

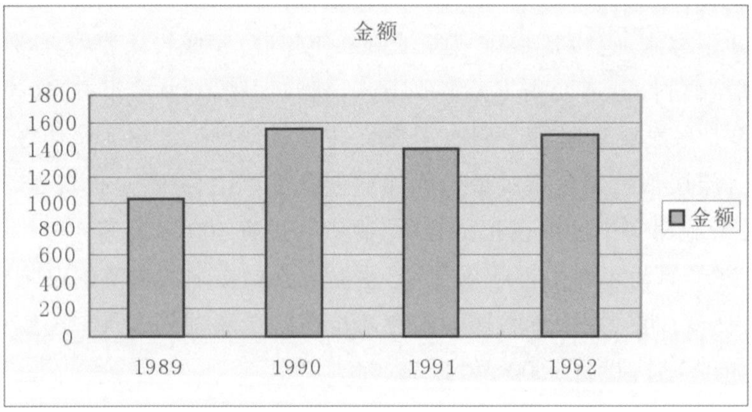

2001年，青田县有各银行外币储存款30907万美元。2003年，青田县侨汇总数超过青田县国内生产总值。

2003—2009年青田县侨汇与青田县国内生产总值比情况

表 43-4-3-2

年度	侨汇与国内总产值比	年度	侨汇与国内总产值比
2003	1.33 : 1	2004	1.53 : 1
2005	1.62 : 1	2006	1.77 : 1
2007	1.94 : 1	2008	1.88 : 1
2009	1.92 : 1	—	—

龙泉市从1985年开始有侨汇统计记录。

1985—1999年龙泉市侨汇情况

图43-4-3-2　　单位：万元

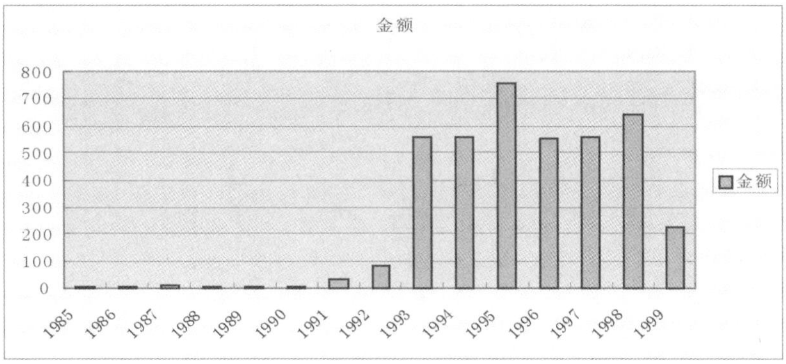

遂昌县1993年开始有侨汇统计记录。

1993—2000年遂昌县侨汇情况

图43-4-3-3　　单位：万美元

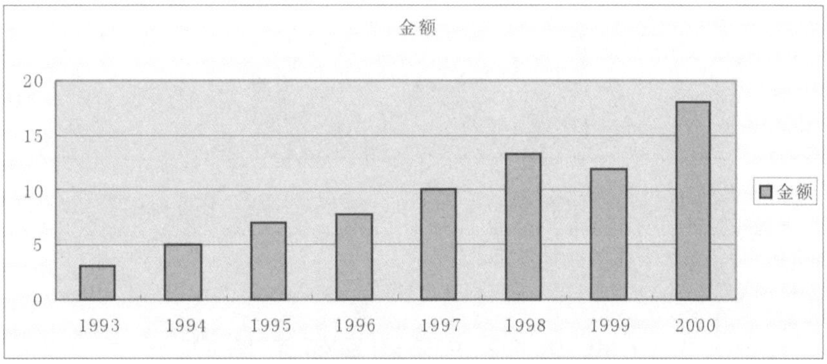

2000年丽水撤地设市后，丽水市外汇管理局开始有侨汇资料。

(一)2000—2009年丽水市本级(含莲都区)侨汇情况

图43-4-3-4　　单位：美元

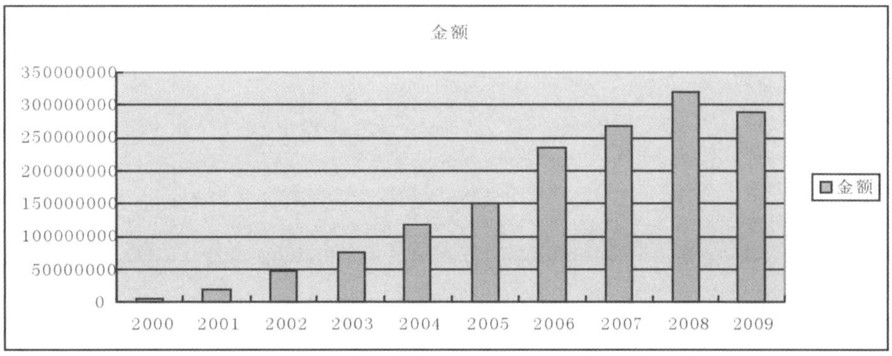

说明：1980—1989年，莲都区侨汇340多万元

(二)2000—2009年青田县侨汇情况

图 43-4-3-5　　　　单位:美元

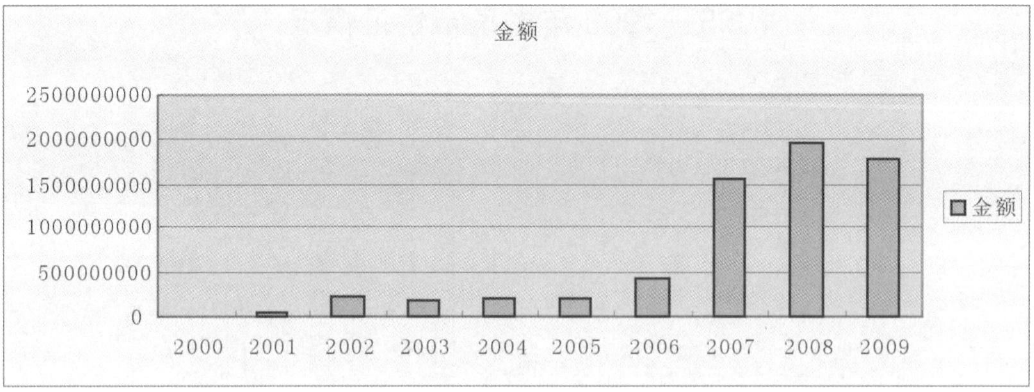

(三)2009年景宁畲族自治县侨汇情况

图 43-4-3-6　　　　单位:美元

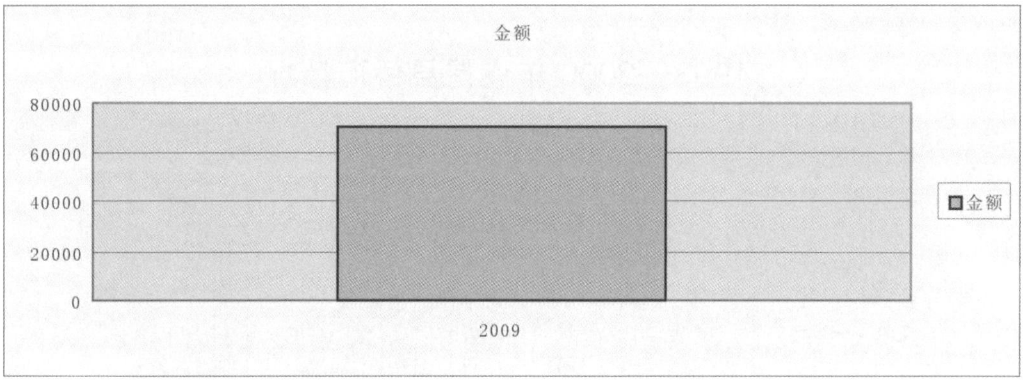

说明:景宁畲族自治县2009年开始有侨汇记录。

(四)2009年云和县侨汇情况

图 43-4-3-7　　　　单位:美元

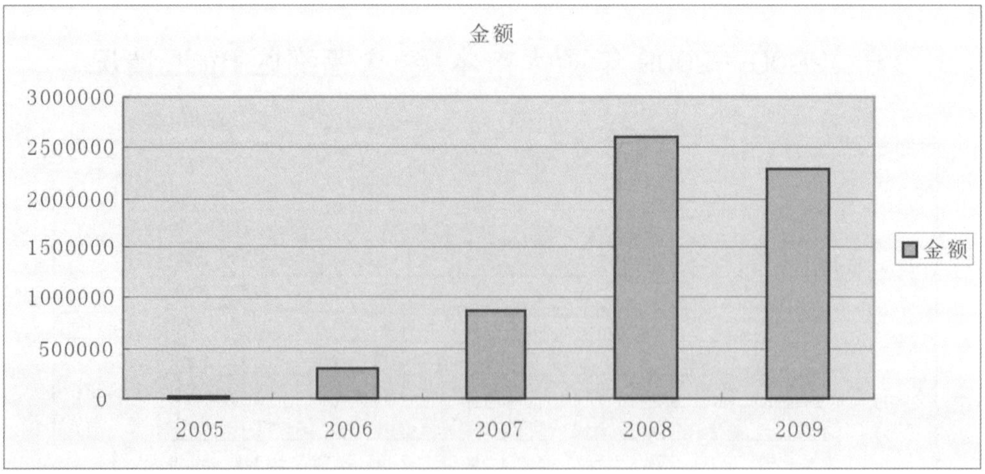

说明:云和县2005年开始有侨汇记录

（五）2000—2009年龙泉市侨汇情况

图 43-4-3-8　　单位：美元

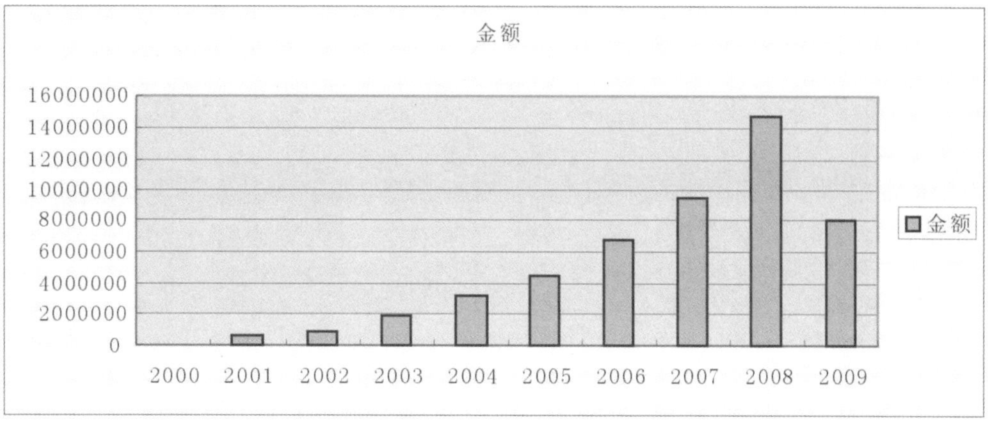

（六）2001—2009年遂昌县侨汇情况

图 43-4-3-9　　单位：美元

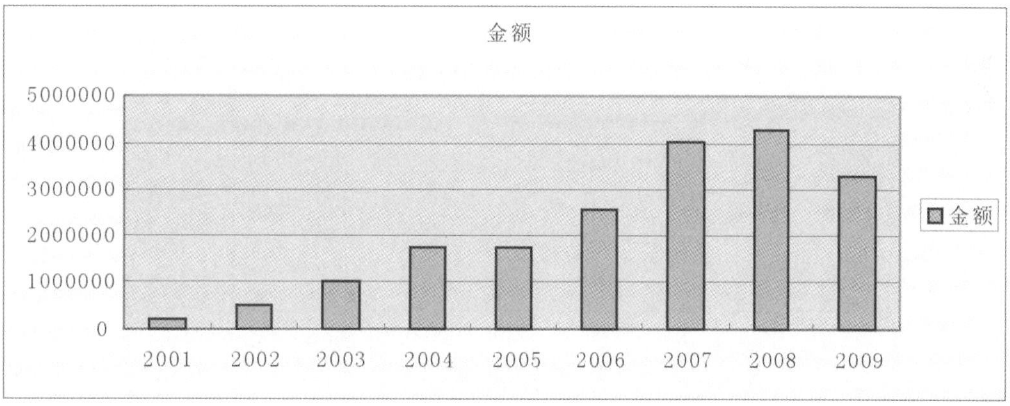

（七）2001—2009年缙云县侨汇情况

图 43-4-3-10　　单位：美元

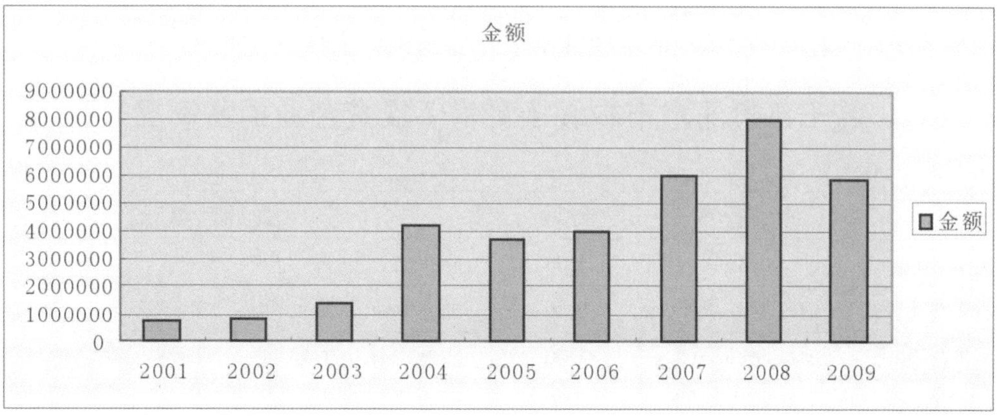

(八)2001—2009年庆元县侨汇情况

图 43-4-3-11　　单位:美元

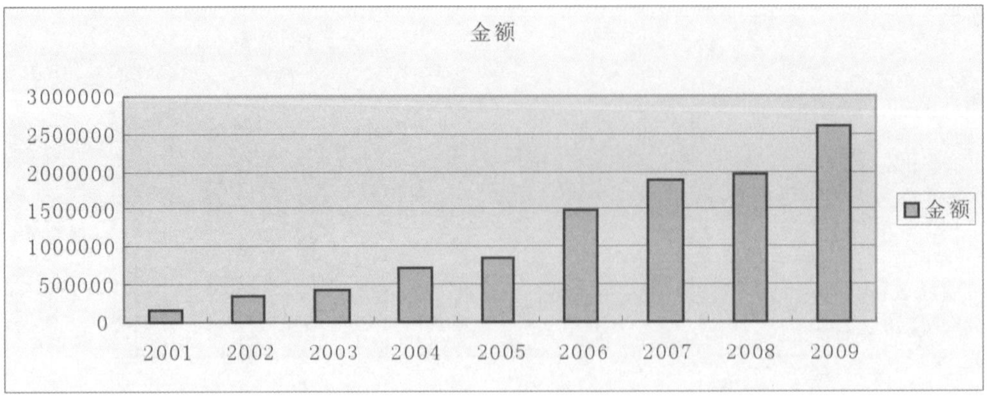

(九)2001—2009年松阳县侨汇情况

图 43-4-3-12　　单位:美元

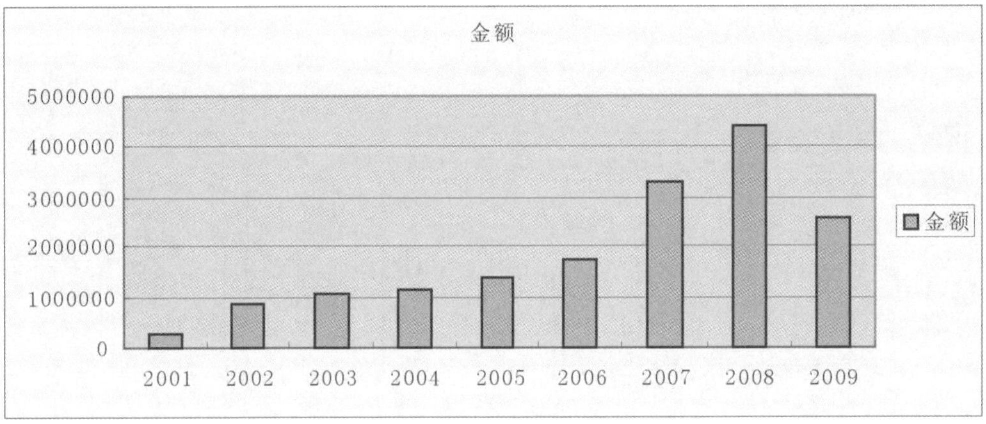

说明:侨汇统计数字未包括侨胞托亲友回国捎带和自己回国随身携带回来的货币,及汇往其他地方领取的货币

捐赠

市直机关单位　1995年开始,丽水地区本级开始接受华侨投资企业捐赠。

若干年份丽水市本级接受华侨投资企业捐赠情况

表 43-4-3-3　　单位:万元

时间	捐赠者	金额	受赠单位
1995年8月	浙江同心集团	1.00	丽水地区机关幼儿园
2000年2月1日	浙江同心集团	0.20	丽水市城东派出所
2000年7月3日	浙江同心集团	1.00	丽水市派出所建设
2001年	浙江同心集团	0.20	丽水中学教育活动
2001年12月12日	浙江同心集团	0.10	丽水中学主持人大赛

续表 43-4-3-3

时 间	捐 赠 者	金 额	受 赠 单 位
2002 年 6 月 10 日	浙江同心集团	0.33	丽水市东城派出所
2002 年	浙江正达集团	230.00	首届丽水(莲都)绿色食品节
2003 年	浙江正达集团	1.00	丽水市人民医院
2003 年 7 月 28 日	浙江同心集团	1.00	丽水武警部队“八一”慰问款
2003 年 7 月 29 日	浙江同心集团	0.50	丽水武警部队“八一”慰问款
2003 年 8 月 15 日	浙江同心集团	0.50	丽水武警部队“八一”慰问款
2003 年 8 月 22 日	浙江同心集团	0.50	市老干部集邮纪念毛泽东邮展
2003 年 9 月 23 日	浙江同心集团	2.00	市侨联
2003 年 9 月 26 日	浙江同心集团	0.30	市气排球比赛
2003 年 11 月 24 日	浙江同心集团	3.80	市侨联
2003 年 12 月 22 日	浙江同心集团	5.00	市“同心杯”书画比赛
2004 年 3 月 12 日	浙江同心集团	1.00	丽水武警部队
2004 年	浙江正达集团	500.00	青田丽水市委“浙江正达青少年发展业”发展基金
2004 年	浙江正达集团	20.00	丽水国际摄影节
2004 年 6 月 4 日	浙江同心集团	6.00	“同心杯”社区老年人健身
2005 年 1 月 10 日	浙江同心集团	39.00	丽水市慈善总会
2005 年	浙江正达集团	50.00	丽水市慈善总会
2005 年	浙江正达集团	10.00	丽水市公安体育运动会
2005 年 5 月 31 日	浙江同心集团	10.00	丽水市公安体育运动会
2005 年	浙江同心集团	0.50	丽水市交通旅游图
2005 年 9 月 2 日	浙江同心集团	125.00	丽水市光彩事业促进会
2005 年 10 月 4 日	浙江同心集团	200.00	丽水市光彩事业促进会
2005 年	浙江天金集团	30.00	丽水武警部队消防支队
2006 年	浙江正达集团	15.00	抗台(桑美)
2006 年	浙江天金集团	5.00	丽水市侨联成立 50 周年
2006 年 7 月 31 日	浙江同心集团	5.00	丽水武警部队慰问款
2006 年	浙江天金集团	3.00	丽水市侨台办
2007 年	浙江正达集团	50.00	丽水光彩事业促进会
2007 年	浙江天金集团	50.00	丽水慈善总会
2007 年	浙江正达集团	23.00	丽水慈善总会
2007 年 1 月 16 日	浙江同心集团	1.00	丽水慈善总会
2007 年 2 月 2 日	浙江同心集团	5.00	丽水武装消防支队春节慰问款
2007 年 4 月 21 日	浙江同心集团	1000.00	丽水市政府新农村建设
2007 年 6 月 5 日	浙江同心集团	3.00	丽水市残疾人书画展
2007 年 11 月 18 日	浙江同心集团	10.00	丽水市慈善总会

续表 43-4-3-3

时间	捐赠者	金额	受赠单位
2007 年	浙江正达集团	23.00	丽水市慈善总会
2007 年	浙江正达集团	50.00	丽水
2008 年	浙江正达集团	2.48	丽水市低收入农民青少年关心活动

说明：凡浙江正达集团、浙江同心集团和浙江天金集团 3 家侨资企业捐资情况，均根据 3 家企业提供的资料辑录

莲都区　莲都区海外侨胞捐资公益慈善事业，从 1984 年开始有记录。

1984—2010 年莲都区海外侨胞捐赠情况

表 43-4-3-4　　单位：万元

时间	捐赠人	侨居国	金额	受捐赠对象
1984 年 4 月	徐志标	法国	5.00	丽水蓓蕾幼儿园
1985 年	胡锡珍	意大利	0.50	丽水儿童公园
1986 年	徐志标	法国	0.60	碧湖蒲塘小学
1987 年	朱章旺	德国	1.00	丽水儿童公园
1988 年	徐法星	法国	10.00	南明山寺庙
1990 年	邱藏书	法国	1.00	侨联买房
—	邱等书	法国	1.00	侨联买房
—	董希圣	法国	0.20	侨联买房
—	朱仁安 朱仁协	法国	0.30	侨联买房
—	詹旭东	法国	0.50	侨联买房
1991 年	朱有林	法国	5.00	灵山寺
—	董希圣	法国	0.70	南明山寺庙
1997 年	叶　某	意大利	0.80	南明山寺庙
1998 年	邱藏书	法国	20.00	长江抗洪，建希望小学
—	周克茂 金美英	荷兰	5.00	区侨联
—	陈军榕	意大利	大米 4 万千克	长江抗洪
—	徐法星	德国	0.30	长江抗洪
2001 年 11 月 20 日	浙江同心集团	—	0.50	岩泉街道办事处
2001 年	徐爱荣	德国	1.50	丽水聋哑学校
—	邱藏书	法国	1.00	丽水聋哑学校
—	邱藏书	法国	0.30	环卫所
2002 年 5 月 1 日	浙江同心集团	法国	25.00	莲都巨溪乡横岗村修小泥路
2003 年	邱藏书	法国	2.00	修路
2005 年 11 月	邱书玉　邱爱华	法国	1.00	碧湖郑柳娟第二敬养院
2006 年	浙江同心集团	—	3.00	联城陈村自来水

续表 43-4-3-4　　单位：万元

时 间	捐赠人	侨居国	金 额	受捐赠对象
2006年1月	邱藏玉 林伯雄	法国	0.50	实物送老竹镇敬老院
2006年	邱藏书	法国	2.00	老竹镇赤塘村水泥路
2006年10月	叶芬 魏彪	捷克	1.00	丽新乡上塘畈建文化室
2006年	周翠兰 刘少秋 林伯雄	—	3.00	老竹镇章村修机耕路
2007年1月	孙育果 杨惠军	—	0.50	慰问碧湖大港头、峰源困难群众
2007年1月	邱藏书	法国	0.20	慰问碧湖大港头、峰源困难群众
2007年	魏彪 叶芬 叶玲	—	4.00	碧湖郎奇村
2007年8月	谢华亭 李和根	乌克兰	0.60	助贫困学生
2007年	王家惠	—	11.00	碧湖下圳村
2007年	谢一龙	—	3.00	太平乡长畈村
2008年1月	邱藏书 林伯雄	法国	1.00	实物慰问景宁畲族自治县受灾群众
2008年	傅少武	—	5.00	太平乡吴弄村
2008年4月	邱藏书	法国	1.00	区政府抗灾
2008年1月8日	浙江同心集团	—	3.00	高溪乡苍坑村水泥路
2008年11月	徐旭梅	意大利	28.00	孤儿院
2009年3月	法国青田同乡会	—	20.00	雅溪镇上金竹畲族村
2009年6月	叶芬　魏彪	捷克	0.40	实物送后庆社区爱心超市
2009年8月	胡培龙 胡培彪	罗马尼亚	25.00	紫金街道 瀑泉村高章自然村筑路
2007年—2016年	陈海华	意大利	每年3万	碧湖中学助学
2009年8月	叶芬　魏彪	捷克	5.00	中国台湾地区“8·8”洪水灾民
2009年9月	叶芬　魏彪	捷克	0.30	中秋慰问儿童福利院师生
2009年10月	王家惠	塞尔维亚	3.80	碧湖圳下村老人协会
2010年1月	陈海华	—	0.30	碧湖郎奇困难户
	严伟丽 徐健毅	—	0.18	

龙泉市　龙泉市于1990年开始有侨胞捐赠统计记录。

1990—2008年龙泉市侨胞捐赠情况

表 43-4-3-5　　单位：万元

时 间	捐赠人	住在国	金 额	受赠对象
1990年7月	李建人	美国	20.00	市民政局福利院
1990年	谢友王	美国	4.00	市养真中学
1992年6月	王尚梅	西班牙	2.00	小梅小学
1998年10月	蔡仁美	美国	0.82	水灾地区
2002年11月6日	浙江同心集团	—	10.00	经贸局举办陶瓷节

续表 43-4-3-5

时 间	捐赠人	住在国	金 额	受赠对象
2003 年 9 月 20 日	浙江同心集团	—	0.40	“同心杯”登山活动
2004 年 10 月 12 日	浙江同心集团	—	5.00	第四届凤阳山登山旅游节
2006 年 11 月 14 日	浙江同心集团	—	5.00	锦溪镇岭上村道路修建
2007 年 7 月 12 日	浙江同心集团	—	6.00	竹垟乡红坞村
2008 年 1 月 8 日	浙江同心集团	—	8.00	竹垟乡红坞村

青田县　青田县海外侨胞捐款善举始于 1929 年。此后，几乎年年都有，且人数越来越多，数额也越来越大。由于捐助公益事业时间长、人数众、数额大、项目多且面广，难以完全统计。

1950—2009 年，青田县侨胞捐款赞助公益事业约 5 亿元。

个人捐赠　1986 年，旅居日本青田侨胞林三渔分别在温州大学、丽水师范专科学校①、青田中学和罗溪小学设立林三渔奖学金。1988—2006 年，青田旅居意大利侨胞孙明权和陈玉华夫妇捐助 20 万美元，设立孙明权陈玉华育才奖学金。

此外，还有邱利华和邱爱华兄妹（旅居法国）、邱伯庄（旅居美国）、周王汉（旅居德国）、王泽厚（旅居意大利）、王凌宙（旅居西班牙）、陈小栋（旅居西班牙）、郑同舟（旅居奥地利）、周骏（旅居巴西）、郭胜华（旅居法国）分别捐赠 5 万至数十万元或 1 万至数万美元，郑郭染兄妹（旅居瑞典）捐赠 100 万元，柬埔寨青田同乡会捐赠 300 万元，分别设立育才、助教、助学、奖学基金。

企业捐赠　1995 年 8 月至 1999 年 8 月，浙江同心集团先后向青田方山乡石前村义平宫捐款 1 万元，为方山乡贫困户 100 人缴纳养老保险金 30 万元，捐款建造方山老人亭 31 万元，赞助方山乡黄阮殿修建 3.38 万元。1998 年，在宁夏投资的旅居西班牙青田侨胞朱奕龙，为宁夏回族自治区成立 60 周年捐款 60 万元。计划捐建 100 所希望学校，为已建的学校 60 所累计捐款 300 万元。2001 年，浙江正达集团向首届青田石雕节捐款 30 万元；2004 年，向滩坑库区困难移民捐款 20 万元。2001 年，为青田退休干部、教师支付活动室租金 4800 元，10 月 1 日，捐赠离退休教工协会 22 万元。2002 年 10 月 1 日，捐助方山乡修建胡山殿 2.1 万元、修路 48 万元。

2003 年 9 月 1 日，浙江同心集团向青田县侨台办捐资 25 万元。2004 年，捐资修建方山乡奎岩庄祠堂 5 万元。2005 年 9 月 1 日，资助奎岩庄村 160 万元。2006 年 1 月 16 日，捐款青田滩坑库区移民 20 万元，同年，先后捐资建造方山乡老人亭 10 万元、方山乡修建公路 50 万元。2008 年 3 月 31 日，捐助奎岩庄村建设 500 万元。

2004 年，浙江天金集团向青田侨网捐助 4 万元。2006—2007 年，向青田县赛龙舟活动捐资 6 万元。2007 年，向青田石雕协会捐资 15 万元。

2004 年，在宁波欧洲工业园投资的旅居西班牙侨胞朱光然，为杭州湾新区马潭路村捐助扶贫款 15 万元。2005 年，为贵州木榨小学捐款 21 万元。2006 年，为青海、河南贫困地区及杭州湾新区学校进行捐助。

2005 年，在江西高安市投资的旅居奥地利青田侨胞洪维云除捐款 100 万元、在高安市设立

① 丽水学院前身。

“德亿学校扶助会”外，还与贫困生100人结对，扶持至大学毕业。2003—2007年，洪维云每年为高安市龙舟赛捐款50万元。

云和县　2002年开始，云和县有侨胞捐赠记录。

2002—2009年云和县侨胞捐赠情况

表43-4-3-6　　单位：万元

时间	捐赠人	住在国	金额	受赠对象
2002年9月13日	浙江同心集团	—	0.80	助学贫困生
2003年5月22日	浙江同心集团	—	100.00	抗击“非典型肺炎”疫情
2003年5月22日	浙江同心集团	—	1.00	抗击“非典型肺炎”专用医疗仪
2003年5月30日	浙江同心集团	—	0.10	建设局老年协会
2004年5月13日	浙江同心集团	—	0.30	县残联
2004年12月1日	浙江同心集团	—	100.00	第二届中国玩具节
2005年10月14日	浙江同心集团	—	50.00	雾溪村文化广场等
2005年	浙江同心集团	—	5.00	低收入农户
2007年6月14日	浙江同心集团	—	50.00	赤石乡垟田村低收入农户
2009年	慈心慈善基金会	美国	50.00	崇头镇医院学校
2009年	金志成	—	1.2万美元	梅源中学、雾溪畲族乡小学

缙云县　缙云县从1984年开始有侨胞捐赠记录。

1984—2008年缙云县侨胞捐赠情况

表43-4-3-7　　单位：万元

时间	捐赠人	侨居国	金额	受赠对象
1984年	麻汝银	加拿大	1.50	前路乡黄坛村公路
1990年	麻汝银	加拿大	2.00	前路乡黄坛村水库
1998年	麻汝银	加拿大	6.50	前路乡黄坛村道路
1999年	麻汝银	加拿大	0.40	前路乡黄坛村凉亭
2002年	唐仲英	美国	33.88	古塘下、木栗、靖岳、丹阳小学
2003年6月2日	浙江同心集团	—	100.00	县民政局抗击“非典型肺炎”疫情
2006年	周中天	意大利	2.00	五云镇笋川村
2004年10月11日	浙江同心集团	—	10.00	2004中国•仙都旅游影视文化节
2006年	朱仁惠	意大利	13.00	五云镇河阳村
2006年	麻汝银	加拿大	2.00	前路乡黄坛村
2006年12月8日	浙江同心集团	—	10.00	外孙村、田洋村
2007年	徐松华	西班牙	10.00	新碧镇外孙村
2007年	周王汉	德国	10.00	溶江乡田洋村
2007年	陈宝林	柬埔寨	3.00	胡源乡上坪村

续表 43-4-3-7 单位：万元

时 间	捐赠人	侨居国	金 额	受赠对象
2008 年	卓志雄	法国	5.00	溶江乡前溪村

遂昌县 遂昌县于 1992 年开始有侨胞捐赠统计记录。

1992—2007 年遂昌县侨胞捐赠情况

表 43-4-3-8 单位：万元

时 间	捐赠人	侨住国	金 额	受赠对象
1992 年 5 月	周英	美国	1100 美元	妙高镇坞尖村碾米厂
1992 年 9 月	陈海萍	美国	1000 美元	妙高镇坞尖村小学
1993 年 2 月	蓝章铭	比利时	0.50	遂昌县气象局
1997 年 10 月	杜树辉	比利时	23.00	蔡源乡希望小学
1998 年 10 月	比利时华商会	—	23.00	石练镇中心小学
1999 年 7 月	苏立群	意大利	1.00	新路湾镇抗灾
2001 年 8 月 1 日	浙江同心集团	—	5.00	环卫事业
2003 年 5 月	石练菊米有限公司	—	3（菊米产品）	县人民医院
2003 年 5 月	石练菊米有限公司	—	7（菊米产品）	丽水市人民医院
2003 年 5 月	蓝章铭	比利时	1.50（测温仪）	丽水市政府
2005 年	天金集团	—	10.00	扶贫
2007 年	天金集团	—	20.00	助百村

松阳县 从 1988 年开始有侨胞捐赠记录。

1988—2009 年松阳县侨胞捐赠情况

表 43-4-3-9 单位：万元

时 间	捐赠人	住在国	金 额	受赠对象
1988 年	钟 松	荷兰	1.10	樟溪乡修建机耕路
1989 年	钟兼亮	荷兰	0.40	樟溪乡修建机耕路
1992 年	占子伍	比利时	1.00	松阳实验幼儿园
1995 年	王所进	美国	0.10	松阳县实验小学
1995 年	王所进	美国	0.10	松阳一中
1997 年	卓伍庚	法国（归侨）	15.00	赤寿乡卓伍公路
1998 年—2000 年	美国唐氏集团	—	33.00	西坌、新处、樟村、王岩学校
1999 年	王存民	比利时	50.00	松阳图书馆
1996 年—2005 年	潘 福	美国	235.74	文化、教育
2003 年	巴塞罗那中国侨民联合会	西班牙	3.09	学生助学 60 人
2003 年	美国唐氏基金会	—	0.27	学生 26 人结对资金
2003 年 9 月	张伯林	西班牙	0.18	城南社区

续表 43-4-3-9

时 间	捐赠人	住在国	金 额	受赠对象
2003 年 11 月	王存民	比利时	0.40	松阳文联(购电脑)
2005 年 11 月	郭晓	塞尔维亚	1.00	望松小学(图书款)
2005 年 6 月	王所进	美国	0.41	松阳实验小学
2005 年 9 月	蒋欣荣、曹幼勤	美国	0.81	松阳实验小学
2006 年 3 月	美国唐氏基金会	美国	1.15	4 所小学贫困生 76 人
2006 年 7 月 3 日	浙江同心集团	罗马尼亚	1.00	古市镇老年体协
2006 年 9 月	胡培彪	罗马尼亚	0.60	玉岩中学贫困生 6 人
2006 年 10 月	美国唐氏基金会	—	0.215	2 所小学贫困生 15 人
2007 年 4 月	美国唐氏基金会	—	0.015	西坌小学贫困生陈杰
2007 年 4 月	王存民	比利时	0.50	板桥畲族乡金村村安装自来水
2007 年 4 月	詹荣鑫	比利时	0.50	
2007 年 4 月	张伯林	西班牙	1.00	
2007 年 4 月	张伯林	西班牙	1.00	古市镇湖溪村装路灯
2007 年 5 月	郭 晓	塞尔维亚	1.00	板桥畲族乡新农村建设
2007 年 8 月	舒洪南	乌克兰	1.50	圆梦行动儿童 5 人助学金
2007 年 8 月	项岱羽	乌克兰	1.50	
2007 年 8 月	徐晓霞	捷克	0.10	城北社区购健身器材
2007 年 9 月	张景东、詹海燕	西班牙	1.00	玉岩中学贫困生 10 人
2007 年 9 月	胡培彪	罗马尼亚	0.60	玉岩中学贫困生 6 人
2008 年 1 月	蓝章铭	比利时	0.20	慰问象溪镇雅溪口村贫困户
2008 年 2 月	蓝章铭	比利时	0.10	慰问桐村贫困户
2008 年 3 月	卓志雄	法国	5.00	望松乡山头背村青水村
2008 年 4 月	陈蔚祯	西班牙	2.00	枫坪乡黄埠坞村潘坑儿自然村
2008 年 9 月	张景东、詹海燕	西班牙	1.00	玉岩中学贫困生 10 人
2008 年 12 月	胡培彪	罗马尼亚	0.60	玉岩中学贫困生 6 人
2009 年 2 月	张景东	西班牙	0.25	玉岩中学结对学生
2009 年 3 月	蓝章铭	比利时	0.50	板桥畲族乡“三月三”活动
2009 年 3 月	张伯林	西班牙	0.50	
2009 年 4 月	陈辉	西班牙	1.00	枫枰乡黄埠坞村
2009 年 6 月	尹霄毅	巴西	25.00	裕溪乡海联希望小学
2009 年 7 月	叶楚	美国	1.66	松阳二中奖学金
2009 年 9 月	张景东、詹海燕	西班牙	1.00	松阳实验小学

景宁畲族自治县 景宁畲族自治县从 1992 年开始有侨胞捐赠记录。

1992—2009年景宁畲族自治县侨胞捐赠情况

表43-4-3-10 单位:万元

时 间	捐赠人	侨居国	金 额	受赠对象
1992年	齐振中	荷兰	4	大顺乡岭里村公路桥
1994年	齐振中	荷兰	5	大顺乡岭里村中心小学
1998年	齐振中	荷兰	6	大顺乡岭里村水泥路
2001年	齐振中	荷兰	7	青田北山镇张坑村小学
2006年—2010年	叶赛雄	意大利	18	贫困生18人
2004年—2007年	天金集团	—	72	扶贫助学
2006年9月	浙江正达集团	—	2	毛垟乡救灾
2006年	天金集团	—	8	贫困生3人
2007年4月	浙江正达集团	—	20	畲乡“三月三”活动
2007年11月	浙江正达集团	—	1	秋炉乡困难户2户
2008年4月	浙江正达集团	—	20	畲乡“三月三”活动
2008年5月	意大利威尼斯华侨总会	—	4	梧桐乡梧桐坑村村庄整治
2009年6月	尹霄敏	巴西	20	乡镇4个建卫生室
2009年5月	谢正达	美国	25	澄照乡慈心医院
2009年7月	法国青田同乡会	—	20	澄照乡金丘村道路硬化

乡村建设

百名侨胞(侨团)助百村 2006年8月,中共丽水市委、市政府推出“百名侨胞助百村”活动,青田县还推出“千名侨胞助千户”活动,得到侨胞热烈响应和大力支持。据丽水市侨台办统计,至2010年5月底,丽水华侨217人、侨团和侨资企业及慈善组织138个结对帮扶村庄228个,实施帮扶项目209个。具体项目有乡村道路、桥梁、水电设施、学校及办公设施等基础设施建设,以及资助老人、扶持贫困学生、发展医疗卫生事业,帮助实施农业开发项目等。丽水华侨1292人,结对帮助困难群众2326户,捐赠3608.2万元。

华侨村干部 旅居西班牙华侨周亮洪,1987年,周亮洪出国,在西班牙和南斯拉夫等国经商23年。2008年,周亮洪回国,当选青田县方山乡周岙村村民委员会主任。发动村民利用山区优势,发展高山水果、稻田养鱼,开发观光农业园。被誉为“农业开发村干部”。

旅居柬埔寨侨胞洪树林。2008年,洪树林回国,当选青田县船寮镇朱店前村村主任。出资100万元,建成1700平方米多功能综合楼1幢,组织闲散劳力劳动。借鉴东南亚农业开发经验,开发山地资源,种水果、药材,把天然淡水湖改成天然游泳池,计划把家乡建成具有东南亚风情的现代休闲农业庄园。被誉为“公益村干部”。

旅居葡萄牙侨胞徐定陆。徐定陆19岁出国,经营中餐业,涉足国家100多个。2008年,徐定陆回国,当选温溪镇港头村村民委员会主任。借鉴发达国家“发展经济要做好环保”的经验和教训，发动村民整治环境，打造绿色人居环境，给后代留下一片青山绿水。被誉为“环保村干部”。

旅西班牙侨胞吴贵权。2008 年，吴贵权离开生活 18 年的西班牙回国，当选仁庄镇冯垟村村主任。成功整理失传 40 多年传统民间艺术龙凤灯，并受邀到杭州表演，被誉为“文化村干部”。

2009 年 6 月 10 日，中央电视台第四套《华人世界》栏目组到青田，召集 1982—2008 年间回乡当村干部的侨胞 38 人，在县政府举行座谈会。这些华侨村干部，年龄在 40—60 岁之间。他们回乡前在国外打拼多年，帮助乡亲共同致富，建设新农村。

2009 年 6 月 22 日，中央电视台第 4 频道《华人世界》以华侨村干部为题，分别报道周亮洪、洪树林、徐定陆、吴贵权的情况。

青田县华侨回国担任村干部人员一览

表 43-4-3-11

序号	姓　名	性别	旅居国家	所在乡镇、村	担任职务	任职时间
1	周亮洪	男	西班牙	方山乡周岙村	村民委员会主任	2008 年 6 月
2	吴贵权	男	西班牙	仁庄镇冯垟村	村民委员会主任	2008 年
3	刘雄海	男	巴西	仁庄镇严寮村	村党支部书记	2005 年
4	彭王彬	男	罗马尼亚	仁庄镇东坪村	村民委员会主任	2008 年
5	邱秀清	男	奥地利	油竹乡雅岙村	村党支部书记	1992 年 3 月
6	徐苏超	男	瑞典	油竹乡油竹下村	村民委员会主任	2006 年 6 月
7	麻成权	男	西班牙	油竹乡麻宅村	村党支部书记	2005 年 5 月
8	姚长林	男	葡萄牙	油竹乡麻宅村	村民委员会主任	2008 年
9	白冠品	男	意大利	油竹乡小口村	村民委员会主任	2005 年 5 月
10	吴华飞	男	匈牙利	油竹乡前仓村	村党支部书记	1982 年
11	王应绑	男	克罗地亚	船寮镇大路村	村民委员会主任	2008 年 12 月
12	洪消玮	男	乌克兰	船寮镇王巷村	村民委员会主任	2008 年 5 月
13	洪树林	男	柬埔寨	船寮镇朱店前村	村民委员会主任	2008 年 5 月
14	陈才雄	男	乌克兰	船寮镇洪府前村	村民委员会主任	2008 年 5 月
15	包万利	男	柬埔寨	船寮镇洪府前村	村村委副主任	2008 年 5 月
16	姚新云	男	塞尔维亚	船寮镇洪府前村	村党支部副书记	2008 年 5 月
17	陈洪国	男	柬埔寨	船寮镇洪府前村	村民委员会委员	2008 年 5 月
18	徐定陆	男	葡萄牙	温溪镇港头村	村民委员会主任	2008 年 5 月
19	叶崇军	男	波兰	石溪乡张山村	村民委员会主任	2008 年 5 月
20	夏方南	男	意大利	阜山乡龙隐村	村党支部书记	2008 年
21	孙仕雄	男	西班牙	汤垟乡汤垟村	村民委员会主任	2008 年
22	王建琴	男	葡萄牙	海溪乡西园村	村党支部书记	2008 年 4 月
23	王敏清	男	南斯拉夫	鹤城镇上岸村	村民委员会主任	2008 年
24	曾松武	男	埃及	腊口镇石塔村	村党支部书记	2008 年 4 月
25	徐向荣	男	西班牙	祯埠乡祯埠村	村民委员会主任	2008 年

续表 43-4-3-11

序号	姓　名	性别	旅居国家	所在乡镇、村	担任职务	任职时间
26	叶志荣	男	西班牙	祯埠乡岭下村	村民委员会主任	2008 年
27	詹冬平	男	西班牙	瓯南街道魁市村	村党支部书记	2003 年
28	王益勇	男	德国	山口镇山口村	村侨联主席 村党支部委员	2008 年 5 月
29	王伯寿	男	葡萄牙	温溪镇高岗村	村民委员会主任	2008年 5 月
30	郑良民	男	西班牙	温溪镇新垟村	村民委员会主任	—
31	叶品照	男	西班牙	山口镇山口村	村党支部副书记	2009 年 4 月
32	董光民	男	奥地利	仁庄镇雅林村	村民委员会主任	2008 年
33	夏大良	男	捷克	仁宫乡仁宫村	村党支部书记	1994 年
34	林宗春	男	西班牙	方山乡石前村	村民委员会主任	1991 年 3 月
35	杨更西	男	西班牙	仁庄镇外垟村	村民委员会主任	2002 年
36	金岳品	男	西班牙	方山乡松树下村	村民委员会主任	2008 年 6 月
37	曾连芳	男	俄罗斯	腊口镇青竹村	村民委员会主任	2008 年 5 月
38	叶南平	男	西班牙	贵岙乡贵岙村	村民委员会主任	2008 年 5 月

第四节　参政议政

全国人大代表和列席全国政协会议

2003 年 3 月，德国归侨、青田县第八届侨联主席陈耀东当选全国人民代表大会代表。

2002 年，全国政协第九届第四次会议邀请海外部分侨团领导人、有贡献学者、企业家代表列席大会。

2002—2010 年丽水华侨华人应邀列席全国政协会议人员一览

表 43-4-4-1

年度与届次	姓　名	性 别	原 籍	所 在 国 侨 团
2002 年 9 届 5 次	徐松华	男	青田	西班牙华侨华人协会主席
2003	林伟雄	男	青田	意大利罗马华人华侨联合总会
2004	张曼新	男	青田	欧洲中国和平统一促进会会长
2005	夏康民	男	青田	德国中国和平统一促进会会长
2005	陈迪光	男	青田	西班牙青田同乡会会长
2006	郑同舟	男	青田	奥地利奥中华人协会名誉主席
2006	林伟雄	男	青田	意大利罗马华人华侨联合总会
2007	郭胜华	男	青田	法属圭亚那江浙沪华侨联合会主席

续表 43-4-4-1

年度与届次	姓 名	性 别	原 籍	所 在 国 侨 团
2007	倪铁平	男	青田	奥中国际经济经贸促进会会长
2007	叶海杰	男	青田	德国中国和平统一促进会会长
2007	尹霄敏	男	青田	巴西华人文化交流协会主席
2008 年 11 届 1 次	陈王斌	男	青田	葡萄牙国际龙商总会会长
2009	王必光	男	青田	奥地利青田同乡总会会长
2010	吴耀宙	男	青田	巴西华人协会会长
2010	徐乐平	男	青田	法国青田同乡会会长
2010	林丽霞	女	青田	德国中国和平统一促进会会长
2010	叶克清	男	青田	瑞典青田同乡会会长
2010	王家厚	男	青田	意大利罗马华侨华人总会

省人大代表和省政协委员

青田旅居德国归侨张苏，当选浙江省第一、第五届人民代表大会代表，政协第二届浙江省委员会委员；青田旅居法国归侨陈则敬，当选浙江省第二、第三届人民代表大会代表；旅居法国归侨陈遇鸿当选浙江省第六、七、八届人民代表大会代表。

2003 年，旅居捷克青田华侨同乡会常务副会长（后为名誉会长）陈乃科，当选浙江省第十届人民代表大会代表。2008 年，当选浙江省第十一届人民代表大会代表。

1993 年，政协浙江省委员会开始邀请丽水华侨华人为委员、特邀委员。

1993 年政协第七届浙江省委员会丽水华侨华人特邀委员一览

表 43-4-4-2

姓 名	性 别	原 籍	住在国及所属侨团
周洪泽	男	青田港头	葡萄牙华侨华人协会会长

1998 年政协第八届浙江省委员会丽水华侨华人特邀委员、特邀列席一览

表 43-4-4-3

姓 名	性别	原 籍	住在国及所属侨团	备注
郭胜华	男	青田石溪	法属圭亚那江浙沪同乡会会长	委员
周洪泽	男	青田港头	葡萄牙华侨华人协会会长	委员
夏廷元	男	青田鹤城	比利时青田同乡会	特邀列席（1999 年 4 月 30 日通过）
徐松华	男	青田港头	西班牙华人协会会长	特邀列席（1999.4.30 通过）
吴朝平	男	青田	德国青田同乡会会长	特邀列席（1999.4.30 通过）

2003年政协第九届浙江省委员会丽水华侨华人委员、特邀列席人员一览

表43-4-4-4

姓 名	性别	原 籍	住在国及所属侨团	备注
郭胜华	男	青田	法属圭亚那江浙沪同乡会会长	委员
季志海	男	青田	意大利华人友好协会委员	委员
徐松华	男	青田	西班牙华人协会主席	委员
陈遇龙	男	青田	浙江省侨联副主席	委员
陈耀东	男	青田	丽水市侨联副主席、青田县侨联主席	委员
徐 艇	男	河南	美中(新州—浙江)城市友好协会会长	列席
夏廷元	男	青田	比利时青田同乡会名誉会长	列席
柳少惠	男	青田	瑞典青田同乡会	列席
朱亚锋	男	遂昌	日本在日科技联盟会长	列席
吴耀宙	男	青田	巴西里约华人协会会长	列席
程松平	男	青田	乌克兰浙江同乡会会长	列席
詹永巧	男	青田	葡萄牙中国友好协会会长	列席

2008年政协第十届浙江省委员会丽水华侨华人委员、特邀委员一览

表43-4-4-5

姓 名	性别	原 籍	住在国及所属侨团	备注
陈 侠	男	青田	意大利青田同乡总会名誉会长	委员
尹霄敏	男	青田	巴西华人文化交流协会会长	委员
卓旭光	男	青田	法国华商会会长	委员
季志海	男	青田	意大利华侨华人友好协会会长	委员
徐松华	男	青田	西班牙中国和平统一促进会会长	委员
郭胜华	男	青田	法属圭亚那江浙沪同乡会会长	委员
高 平	男	青田	西班牙企业联合会主席	委员
徐 艇	男	河南	美中城市友好协会会长	列席
夏廷元	男	青田	比利时青田同乡会永远名誉会长	列席
柳少惠	男	青田	瑞典京城华人协会会长	列席
朱亚锋	男	遂昌	日本在日科技联盟会会长	列席
吴耀宙	男	青田	巴西里约华人协会会长	列席
程松平	男	青田	乌克兰浙江同乡会会长	列席
詹永巧	男	青田	葡萄牙中国友好协会会长	列席
周一平	男	青田	葡萄华人工商联合会会长	列席
吴洪刚	男	青田	荷兰青田同乡会名誉会长	列席
陈志荣	男	青田	西班牙中国和平统一促进会会长	列席

续表 43-4-4-5

姓　名	性别	原　籍	住在国及所属侨团	备注
吴朝平	男	青田	德国青田同乡会名誉会长	列席
陈王斌	男	青田	葡萄牙国际龙商联合会主席	列席

第五章　管　　理

丽水侨务管理机构主要有市政府管理侨务工作的市侨务办公室、市人大常委会的华侨工作委员会、市政协的港澳台侨委员会和群众团体、市归国华侨联合会等。丽水侨务部门贯彻执行上级侨务工作政策，保护华侨和侨属合法权益，为侨胞服务，听侨声、解侨情、聚侨心、集侨智、引侨资、荣侨乡，为侨务管理工作发挥积极的作用。20 世纪 50—60 年代，青田县政府不断出台政策和具体措施，保护侨汇。1976 年开始，青田县侨务部门纠正“文化大革命”时期对归侨、侨属制造的冤、假、错案，落实侨务政策。1978 年中共十一届三中全会后，丽水地区侨务部门搭台牵线，对华侨经贸人士提供业务培训，在为华侨回国投资创业搭建平台、创造环境方面开展大量工作。21 世纪，丽水市侨务部门在关注华侨子女教育、归侨和侨属抚恤慰问方面开展大量工作。

第一节　活　　动

政策落实

1980 年，青田县革委会专门召开大会，为“文化大革命”中被害的归侨柳恒治、侨属胡佐彬昭雪，做好善后工作。

1984 年，丽水地区将侨务办公室单独序列，迅速开展平反纠正在林彪反革命集团、“四人帮”横行时期对归侨、侨属制造的冤、假、错案，落实侨务政策。重点侨乡青田还由县委领导负责，召集人事、组织、统战、公安、检察、法院、城建、财政、信访、侨办等 10 多个部门负责人召开会议，学习中央关于落实侨务政策的文件。1984 年 12 月，青田县落实华侨私房政策领导小组成立，调查研究历史老案，“文化大革命”中的冤、假、错案，土地改革中没收华侨私房和“文化大革命”中挤占华侨私房情况。由点到面，逐乡摸底，逐户登记，逐件复查。至 1986 年，全地区在“文革”中对归侨、侨属的冤、假、错案和历史老案 36 件，全部平反纠正；归侨、侨属职工的档案 250 件，全部进行清理，销毁其中歧视、怀疑和错误的材料；清退土地改革时没收的和“文化大革命”中挤占的华侨私房 576 户，面积

82227平方米。

据1987年青田县的统计，青田县土地改革时，侨属、归侨被划为地主成分有589户，没收房屋2037间、106360平方米。全县退还（补偿）土地改革时没收的华侨私房322户、面积66185平方米，占应清退户数的96.1%，应退面积的95.5%；冤、假、错案10件全部纠正；历史老案需平反纠正的55件，平反纠正40件，其余15件除找不到档案的3件外，在次年相继落实平反纠正；纠正12户错定成分；认真清理归侨、侨属职工120人的档案，错误材料全部销毁。

1987年6月，全地区归侨、侨属中参加中国共产党29人、安排为省或县政协委员71人、当选省或县人大代表30人、晋升技术职称46人。其中，青田县安排政协委员57人（其中政协常委13人）、县人大代表26人（其中常委2人），提升县科局级单位领导55人。

侨汇保护

20世纪50年代中期，丽水实行侨汇专供粮、油、布、糖、肉等物资的办法。青田县建立由银行、财政、经委、公安、商业、粮食、邮电等部门参加的侨汇物资供应协作小组，做到银行送汇上门、邮电送信到家、商业保证物资供应。1961年，浙江省指示青田县银行建立侨汇股，实现重点侨乡（镇）有专人兼管侨汇。1959年10月开始，增加对侨汇供应粮、油、布、肉、糖的特殊供应，具体做法是每笔侨汇每折100元，凭票供应大米6千克、食油1千克、布票3.33米、猪肉1千克、食糖1千克。1960年后，还实行侨汇建筑材料供应的规定。1961年10月，青田县百货公司设立侨汇商品供应专柜。1966年"文化大革命"开始，侨汇物资供应随之中断。1978年，恢复侨汇物资供应和建筑侨汇建筑材料供应。随着国民经济恢复发展，物资丰富，侨汇物资供应不再需要专设。

求学照顾

1978年上半年开始，丽水地区在录取大中专考生时，对报考的侨胞子女实行照顾政策，在其统考总分的基础上，加10分给予投档。全市9个县（市、区），每年报考大中专得到加分照顾的侨胞子女有几十人。1990年后，青田县侨胞子女就读小学、初中、高中，与当地居民子女实行同等待遇，对就读高中的侨胞子女，与中专录取一样，给予总分优惠10分的待遇。2000年后，丽水市每年接待海外侨胞青少年寻根之旅夏令营300人左右，让生活在海外的侨胞青少年学习中华民族传统文化，感受故乡的河光山色之秀美、风土人情之亲切。2008—2009年，在青田县方山乡学校就读的海外侨胞子女有41人。在青田县山口镇中学、小学就读的海外侨胞子女分别有5人、10人，占全校学生总人数13%和14%，分别来自欧洲国家13个、14个。

搭台牵线

1993—1996年，丽水地区先后召开"三胞[①]（友人）联谊会"4次。2002年，丽水市推出华侨要素回流举措，欢迎侨胞回国投资。至2010年，丽水市和青田县华侨大会分别召开3次，丽水市召开华侨经济发展论坛会1次，为华侨回国投资搭建平台、创造环境。

---

① "三胞"指中国港澳地区同胞、中国台湾地区同胞、海外侨胞。

业务培训

2007年开始，丽水市侨务部门不定期举办海外侨胞经贸研习班，分批邀请中青年侨胞企业家参加学习。2007年10月16—18日，举办首期华侨企业家培训。2010年11月10日，在第二届丽水市华侨大会期间，举办第四期华侨企业家培训和"合作发展，共创繁荣"华侨论坛。

抚恤慰问

1963年，青田县民政局补助经济困难的归侨42户、补助生活费1228元。1964年，困难归侨生活费补助增至2810元。1984年9月，青田县侨务办公室向浙江省侨务办公室报告，要求拨专款解决老归侨生活困难。1986年，青田县民政局对经济困难的归侨生活补助费增至12300元。1989年，增至53户，补助费增至50元。1984年，丽水地区侨务办公室单独序列后，每年春都组织助老扶困，探望慰问老归侨。

表　彰

荣誉市民授予　2002年6月21日，第一届丽水市人民代表大会常务委员第11次会议决定，授予"丽水市荣誉市民"称号11人，其中华侨华人7人。2003年，法国最早回国的投资者之一、祖籍青田女侨胞杨壁如，被宁波市人大常委会授予"宁波市荣誉市民"称号。青田旅居圭亚那侨胞郭胜华被金华市人大常委会授予"金华市荣誉市民"称号。2005年9月23日，第一届丽水人民代表大会常务委员会第35次会议决定，授予12人"丽水市荣誉市民"称号，其中华侨华人11人。2008年10月22日，宁波市人大常委会授予青田旅居西班牙侨胞朱光然"宁波市荣誉市民"称号。

侨胞建设家乡贡献奖授予　丽水侨胞热心家乡建设，做出积极贡献。2003年，丽水市实施华侨要素回流工程，丽水侨胞积极响应，反哺故土，回报家乡，对全市社会经济发展做出很大贡献，涌现出一批先进代表、侨资企业和海外侨团。2008年10月19日，丽水市人民政府通报表彰侨胞20人、侨资企业8家、侨团2个。

第二节　机　构

市机构

1979年7月，丽水地区统战部设立侨务办公室。1984年，丽水地区侨务办公室成为单独序列，为县级单位。1992年7月，更名丽水地区行政公署台湾事务办公室。1995年8月，地区侨务办公室和地委台湾工作办公室（行署台湾事务办公室）合署办公。2000年5月丽水撤地设市后，改称丽水市侨务办公室（市委台湾工作办公室）。2005年4月，浙江省政府批准丽水市侨台办与外事办公室合署办公，改称丽水市人民政府侨台（外事）办公室。

县(市、区)机构

1956年3月,浙江省人民委员会批准建立青田县人民委员华侨事务科。1961年5月,青田县人民委员会华侨事务科与县统战部合署办公,对外保留印章和牌子。1966年,"文化大革命"开始,青田县政府机关瘫痪。1972年3月,青田县开始恢复侨务工作。1979年9月,改称青田县外事侨务办公室,1981年7月,改称青田县侨务办公室,隶属统战部,办公室主任由统战部副部长兼任。1984年,青田县根据胡耀邦指示精神,将侨办列入政府序列。之后,青田县侨务办公室单列,为县科局级单位。1980年9月前,丽水县级侨务工作由中共丽水县委统战部兼管。1980年9月15日,丽水县侨务办公室建立。1996年8月,丽水市(县级)侨务办公室与丽水市(县级)统战部合署办公。1983—1984年,其他各县(市)侨务办公室先后成立。

侨　联

1960年,青田归国华侨联合会开始筹建。1961年8月。青田县召开归国华侨联合会筹备扩大会议。9月18日,经青田县人民委员会批准,成立青田县归国华侨联合会。

1982年12月,丽水市(县级)归国华侨联合会成立。1984年9月,缙云县归国华侨联合会成立。

1985年2月,经中共丽水地委办公室批准,成立丽水地区归国华侨联合会,与地区侨办合署办公。1986年3月,丽水地区首次归侨、侨眷代表大会召开。2000年丽水撤地设市后,改称丽水市归国华侨联合会。2003年,丽水市归国华侨联合会单独设立。

1985年2月,松阳县归国华侨联合会成立。1987—1988年,龙泉市、遂昌县、景宁畲族自治县、云和县、缙云县归国华侨联合会先后成立。

第四十四篇

畲　　族

概　述

畲族称谓，历经由“蛮”的泛称和畲瑶并称，及以苗代畲、以瑶代畲，然后统一专称为畲的复杂过程。隋唐之际，包括畲族先民在内的南方少数民族被泛称为“蛮”“蛮僚”“峒蛮”或“峒僚”等。《隋书·南蛮传》载：“南蛮杂类，与华人错居，曰蜒、曰儴、曰俚、曰僚、曰笣，俱无君长，随山洞而居，古先所谓百越是也。”南宋末年，史书上出现“畲民”和“輋民”的记载。“畲民”一词作为一个民族群体的指称，最早见于南宋福建莆田刘克庄《漳州谕畲》一文载：“畲民不悦(役)，畲田不税，其来久矣”，西畲、南畲“皆刀耕火种，崖栖谷汲”[1]。据文天祥《知潮州寺丞东岩先生洪公行状》记载：“潮与漳、汀接壤，盐寇、輋民群聚”[2]。据《宋季三朝政要》记述文天祥、张世杰抗元武装斗争，称居闽、粤、赣3省之交的畲民武装为“畲军”，如“诸畲军皆骚”[3]。《元史》有“(至公元十五年)建宁政和县人黄华……联络建宁、括苍及畲民妇自称许夫人为乱……”[4]的记载。明、清以后，闽、浙等省普遍有“畲民”“畲客”之称，地方志中沿用，并列专章叙述。如清代杨澜《临汀汇考》《青田县志》、清道光《遂昌县志·风俗》、清同治《景宁县志·风土》、清同治《云和县志·风俗门》等有《说畲》《畲民考》(青田县令吴楚椿)、《畲民》(遂昌郑培椿)、《番民》《畲民条》记述，清光绪《处州府志·艺文志》中有屠本仁(丽水教谕)《说畲》[5]。粤、赣各有“輋户”“山輋”等称谓。民国，有称畲族为“瑶人”“苗民”的。畲语“哈”即为“客”。“山哈”即指外地迁居山间的客户。畲汉杂居地区，两族人民在平时交往中，常以客家人、本地人或畲家人、民家人等互称。

1956年8月11日，中共中央统战部指示浙江、福建、广东、江西省委统战部，根据多年识别调查材料和畲民的意见，同意畲民可以认定为一个独立的少数民族，对民族的名称问题，要求各相关省征求畲民意见上报。1956年12月8日，中共中央统战部正式电告浙江等四省省委统战部，认定畲族为单一的少数民族，并确定统一族称“畲族”。

畲族是丽水人数最多的少数民族。2010年，丽水市总人口2116957人，其中汉族人口2085335人，占总人口96.45%；有少数民族民族53个，人口75633人，占总人口3.55%。畲族人口有71917人，占少数民族总人口95.59%。其他少数民族中，苗族人口有901人，其他少数民族大部分是通过婚姻、工作等途径进入丽水的。畲族是一个古老的、迁入年代比较久远民族，唐代就有畲民迁徙丽水本地居住的记录。明、清以后，畲族大量迁入景宁、云和等地，进而散播全境。旧志以“畲民”“畲人”

① 《后村先生大全集》卷九三。

② 文天祥《文山全集》卷十一。

③ 《宋季三朝政要》附卷六。

④ 《元史》卷十《世福本纪七》。

⑤ 又被称为《畲客三十韵》。

和“畲客”等相称。丽水市是畲族聚居地之一，畲民主要聚居或散居在山区，大多与汉族杂居。畲族自称“山哈”“生客”，意指居住山里的客户，或指自身在当地属于陌生的客人，这与畲族历史上长期处于迁徙生活有关。景宁畲族自治县是全国唯一的畲族自治县。

畲族古有雷、蓝、钟、盘四姓，丽水主要有蓝、雷、钟三姓，另有温州地区迁入的李姓等。畲族有自己的语言，但没有文字，仍保留着独有的风俗、体育、服饰等诸多民族特色元素。在长期密切的经济交往、政治交融、文化交流和民族融合中，畲、汉人民相互学习，相互影响，生产方式和生活习惯大同小异。

第一章　迁徙与人口

畲族是中国南方的游耕民族，起源于广东省潮州市凤凰山原始居住地，后四散迁徙。其中一部分经福建陆续迁入丽水。唐永泰二年(766)，最早一支畲族从福建罗源迁居浙江景宁。畲族迁入景宁等县后，或继续迁徙，或于一段时间后继续游耕迁徙，逐渐分布于丽水全市9个县(市、区)及省内外各地。全市9个县(市、区)均有畲族人口。2010年，丽水市有畲族人口71917人，占总人口3.4%，景宁、莲都、遂昌畲族总人口及比例相对较高。

第一节　迁　徙

迁　入

广东省潮州市凤凰山是畲族先祖发祥地。隋末唐初，畲族聚居在福建、广东、江西三省交界的韩江流域。唐总章二年(669)，朝廷派兵镇压，迫使福建畲民由南向北经中部、北部，迁入浙南山区。

雷姓畲族率先迁入栝州(丽水市)。据景宁畲族自治县惠明寺、敕木山两村各存的《唐朝元皇南泉山迁居建造惠明寺报税开垦》记载："唐永泰二年丙午岁(766)，雷太祖进裕公一家五人与僧昌森、子清华两人，从福建罗源十八都苏坑境南坑村，一同来到浙江处州青田鹤溪村住大赤寺①。"雷太祖后居叶山头②。这是畲族入境最早的文字记录，所记录的雷进裕一家也是畲族迁徙浙江最早的一支。

明正德年间(1506—1521年)，畲族蓝姓入迁。始祖蓝敬泉与胞兄蓝敬华、蓝敬泰、胞弟蓝敬连等全家16人，从福建福安县东门村髻蓝迁居浙江处州府云和县岩下村；183世裔孙蓝大十四郎万育，与其胞弟从云和岩下村迁居景宁六都驮磨庵村③。

明洪武八年(1375)，畲族钟姓开始迁入。始祖钟日章由福建连江县清河里迁居浙江处州景宁县二都油田源锦岱垟岭脚。其九世孙钟文亮转迁遂昌县小忠村。钟文亮四世孙钟家凤分迁宣平县黄家弄④。

入迁支族(同祖兄弟分家后支系)：明代30支，清代15支。支族往返迁徙141支，其中云和县30

① 2010年属景宁畲族自治县澄照乡大赤垟村。

② 2010年景宁畲族自治县鹤溪镇包凤村的叶山头自然村。

③ 2010年称澄照乡金丘村。

④ 2010年称丽水市莲都区丽新畲族乡黄家弄村。

支，丽水县[①]25 支，遂昌县 23 支，景宁县 21 支，松阳县 18 支，龙泉县 10 支，青田县 10 支，缙云县 10 支，庆元县 3 支，缙云县 1 支。迁徙的形式多种多样，有的同房兄弟几家一起迁，有的整个支族集体迁，也有单家独户迁。途中走走停停，迭次更换住址。南宋绍熙三年(1192)，钟氏一支从潮州(广东)经福建，辗转迁徙。明万历四十三年(1615)，钟石洪一家 28 人迁景宁县金岱垟村。明崇祯元年(1628)，又迁遂昌县北门蔡村定居，途中先后换址 30 多处，居留一地时间长则数十年，少则二三年，历时 436 年。

迁 出

清代，畲族向外地搬迁的支族 99 支，其中景宁县 62 支，遂昌县 18 支，丽水县[②]10 支，云和县 5 支，庆元县 2 支，松阳县 1 支，龙泉县 1 支。外迁省内县 13 个，其中龙游县 34 支，兰溪县 25 支，武义县 9 支，泰顺县 5 支，建德县 5 支，平阳县 3 支，金华县 2 支，余杭县 2 支，江山、临安、淳安、孝丰[③]、桐庐县各 1 支；迁省外，四川省 8 支，返迁福建省多支。

第二节　人　口

人口规模

清代，畲族没有作为独立民族人口统计的数据。民国 18 年(1929)，丽水畲族人口 39224 人(缺缙云县数据)。由于战争、灾荒、疫病等原因，丽水畲族人口繁衍缓慢。清代中叶，缙云县钟染村钟姓畲族有 200 多人。至解放初，因数次兵燹，畲族房屋 30 多幢仅保留 2 幢、佛殿 1 座，全村存留 17 人。1949 年，丽水畲族人口 31379 人，比民国 18 年减少 7845 人，下降 25%。中华人民共和国成立后，丽水历次全国人口普查的畲族人口具体是 1953 年 39414 人，占总人口 3.12%；1964 年 47687 人，占总人口 3.25%；1982 年 66870 人，占总人口 3.02%；1990 年 75401 人，占总人口 3.21%；2000 年 73054 人，占总人口 3.5%，占少数民族总人口 95.2%；2010 年 71917 人，占总人口 3.4%，其中莲都区 20386 人、龙泉市 8222 人、青田县 940 人、缙云县 603 人、遂昌县 12983 人、松阳县 4259 人、云和县 9964 人、庆元县 1131 人、景宁畲族自治县 14529 人。同第五次全国人口普查相比，丽水市汉族人口减少 5.95 万人，下降 2.85%；少数民族人口增加 1.47 万人，增长 19.37%；少数民族中，畲族人口减少 0.11 万人，下降 1.56%。

若干年份丽水各县(市、区)畲族人口汇总

表 44-1-1-1　　单位：人

县(市、区)名	1929 年	1949 年	1953 年	1964 年	1982 年	1988 年	1990 年	2010 年
莲都区	6000	5912	6379	11676	16517	16338	18554	20386
龙泉市	3000	3250	3293	4050	6384	7039	7549	8222

① 2010 年称丽水市莲都区。
② 2010 年称丽水市莲都区。
③ 2010 年称安吉县。

续表 44-1-1-1

县(市、区)名	1929 年	1949 年	1953 年	1964 年	1982 年	1988 年	1990 年	2010 年
青田县	3000	691	820	868	1250	1333	1795	940
云和县	2500	1262	7447	16397	23322	8660	9138	8864
庆元县	103	201	285	—	927	1063	1200	1131
缙云县	—	154	170	259	425	474	458	603
遂昌县	6085	7982	8186	14437	12893	13310	13912	12983
松阳县	1136	3043	3347	—	5152	5394	5417	4259
景宁畲族自治县	17400	8884	9487	—	—	17051	17378	14529
合计	39224	31379	39414	47687	66870	70662	75401	71917

说明:据《浙江景宁敕木山畲民调查记》《丽水地区志》《丽水地区畲族志》和市统计年报资料

人口分布

畲族定居一般几户或几十户聚居,也有与汉族杂居,“大分散,小聚居”。在大多数村落内,畲族同姓支族分布有条不紊。如云和县雾溪乡坪垟岗村,蓝姓住蓝岗,雷姓住雷岗,自入迁定居至今未变。1988 年,畲族分布在 9 个县(市)、乡镇 286 个、行政村 1016 个,分别占乡镇、行政村数 85.6%和 27.8%。在有畲民的乡镇中,有 2000 人以上人口乡镇 7 个,1000—2000 人乡镇 21 个,100—500 人乡镇 55 个,50—100 人乡镇 25 个,50 人以下乡镇 158 个。

1990 年,景宁畲族自治县有直属镇 1 个,区 5 个,区属镇 2 个,乡 34 个,城镇居民区 8 个,行政村 279 个,有畲民 17387 人,占全县人口 10.04%。云和、龙泉、遂昌、松阳、丽水市(县级)5 个县(市)有畲族乡镇 7 个,分别是云和县安溪畲族乡,畲民 749 人,占全乡人口 27.9%;云和县雾溪畲族乡,畲民 485 人,占全乡人口 22.35%;龙泉县竹垟畲族乡,畲民 2015 人,占全乡人口 27.2%;遂昌县三仁畲族乡,畲民 2096 人,占全乡人口 23.4%;松阳县板桥畲族乡,畲民 1090 人,占全乡人口 22.7%;丽水市丽新畲族乡,畲民 1868 人,占全乡人口 19.9%;丽水市老竹畲族镇,畲民 1521 人,占全镇人口 16.96%。

2000 年,丽水市有畲族自治县 1 个、畲族镇 1 个、畲族乡 6 个。畲族有人口 73054 人,占全市总人口 3.5%,占全市少数民族总人口 95.2%。主要分布全市 9 个县(市、区)的乡镇(街道办事处)176 个、行政村 1283 个、自然村 2196 个。畲族人口超过 5000 人的县(市、区)有莲都、龙泉、云和、遂昌、松阳、景宁;超过 1000 人的乡镇(街道办事处)有 33 个;占人口总数超过 30%的有行政村 184 个、居民委员会 1 个。

2010 年,丽水市畲族人口 71917 人,占全市总人口 3.4%,占全市少数民族总人口 79.4%。畲族人口超过 5000 人的县(市、区)有莲都、龙泉、云和、遂昌、松阳、景宁;超过 1000 人的乡镇(街道办事处)有 33 个;占人口总数超过 30%的行政村有 208 个;设有景宁畲族自治县,老竹畲族镇和丽新、竹垟、三仁、板桥、雾溪、安溪畲族乡 6 个。

人口构成

1949 年,浙西南山区有畲民 31379 人,其中民国时期小学毕业生 2325 人,中学、中专毕业生 195 人,大专毕业生 7 人,受过学校教育的畲民占畲族总人口 8.1%。

据1988年各县(市)畲族人口调查结果载,丽水地区畲族总人口70652人,性别结构是男36534人、女34118人,性别比例是107.08。年龄结构是0—6岁5919人,7—12岁6677人,13—15岁4594人,16—59岁23430人,60岁以上7648人。文化程度结构是小学41278人,占被调查人数59.03%;中学15340人,占22%;大专154人,占0.2%;文盲12824人,占18.4%。职业结构是从事工业643人,占0.91%;手工业842人,占1.19%;商业394人,占0.56%;干部、教师、医生1273人,占1.81%;农业56113人,占79.42%;在校学生11089人,占15.7%;其他298人,占0.41%。

据2010年人口普查结果载,丽水市畲族总人口71917人,性别结构是男36587人、女35330人。年龄结构是0—4岁4973人,5—9岁4888人,10—14岁4696人,15—19岁4730人,20—24岁3760人,25—29岁3823人,30—34岁4436人,35—39岁6410人,40—44岁7591人,45—49岁6591人,50—54岁4429人,55—59岁4849人,60—64岁3121人,65—69岁1940人,70—74岁2221人,75—79岁1891人,80—84岁1092人,85—89岁383人,90—94岁78人,95—99岁8人,100岁及以上2人。0—6岁以上的65801人,文化程度结构是小学25197人,占被调查人数38.29%;中学48044人,占73.01%;大专及以上3382人,占5.14%;文盲6728人,占10.22%。

畲族姓氏

丽水境内畲族有蓝、雷、钟和李等姓。1990年,丽水市(县级)、龙泉市、云和县、遂昌县、松阳县、景宁畲族自治县有畲民70004人,其中蓝姓30534人,占43.6%;雷姓30124人,占43%;钟姓9345人,占13.3%。2010年,有畲民71917人,其中蓝姓47892人,占66.61%;雷姓20117人,占27.98%;钟姓3891人,占5.41%。李姓一支,始祖李廷玉原系福建安溪胡头人,因世乱奔逃福州连江汤岭,赘蓝色艳为婿,奉行蓝家习俗,其后裔景崇、景楮于明代万历年间(1573—1619)迁居平阳县华阳、五亩、枫树弯,辗转进入丽水。

第二章　畲族经济

民国时期,丽水地区畲族生产资料占有严重不均。丽水畲民绝大多数无地或少地,向汉族地主租种。畲民中雇农、贫农占多数,佃中农占相当数量。地主剥削畲民的形式有地租、高利贷、雇工3种。景宁县土地改革时,畲民中雇农占17%,贫农占56.87%,没有地主。

地租有田租、地租、山租、屋基租、牛栏租、粪缸租、猪栏租、灰寮租、牛租、塘租、坟租等。丽水畲民向地主租种土地,先付相当一年租额的押金。每亩租谷约占收获量60%—80%。地主大斗进小斗出,畲民辛劳一年往往不够交租。

民国26年(1937)全面抗日战争爆发前,丽水畲民高利贷一般年息2分,先扣去当年利息,借1

元只拿到 8 角。全面抗日战争爆发后，丽水畲民高利贷以稻谷计算，青黄不接时借 50 千克谷子，秋后本利还 100 千克。

雇工有长工、短工，工钱低微。丽水畲民还受苛捐杂税、抓丁拉夫等压榨。丽水县①北埠乡白坛砭下村，畲族青年 33 人，被抓丁 23 人。政府在畲族地区普遍建立保甲制度，把各乡各村人民编入保甲，所谓“戎令互相觉察，一人窝‘匪’，九家举首，不首者连坐”②。政府还摊捐派款，抓丁拉夫，对畲族民族歧视。

1950 年 10 月至 1952 年 4 月，丽水开展土地改革，畲民分得土地 8682.93 公顷，人均 0.28 公顷，其中水田 3143.27 公顷，人均 0.1 公顷；旱地 149.33 公顷，人均 0.005 公顷；山林 5390.33 公顷，人均 0.17 公顷。此后，丽水畲民地区生产关系随国家政策变化，从互助组发展到农业生产合作社。1958 年，丽水地区畲民实现人民公社化。1980 年，丽水地区畲民实行家庭联产承包责任制，逐步改善生产生活。1988 年，丽水畲民地区有水田 4661 公顷，人均 0.07 公顷；旱地 177.93 公顷，人均 0.003 公顷；山林 6296.13 公顷，人均 0.09 公顷。畲民农业收入 177.9 万元，其中种植业 1213.7 万元，占 68.42%；林业 346.3 万元，占 19.52%；副业 62 万元，占 3.49%；畜牧业 11.68 万元，占 0.66%；其他收入 140.2 万元，占 7.9%。畲民中涌现出许多粮食专业村、专业户，香菇、黑木耳专业户、专业村，林业专业户、专业村。

第一节　农　业

粮食产量

丽水畲民多数居住在偏远山区，气温比平原、丘陵地区低 3℃—5℃，无霜期短，春夏季常有山洪暴发，秋冬季易受干旱。中华人民共和国成立前，畲民刀耕火种，垦山筑团，耕作粗放，粮食产量低。贫苦畲民缺粮可超过半年，多以番薯拌野菜充饥。民国 13 年（1924），据浙江省丽水县碧湖镇畲民调查报告，“以番薯为正粮，玉蜀黍次之，常年食米者，寥若晨星，纯米之饭，仅宴贵客时一用而已，菜除自种蔬菜外，喜食虾皮、海带、豆腐等，很少吃肉……”③据景宁县敕木山村畲民调查报告：“只有富裕的人才吃得起大米饭，所以主食是甘薯。他们一年中绝大部分的日子要依靠甘薯丝来提供营养。此外，还有豆浆（当地称豆腐娘）供给蛋白质，蔬菜供给维生素和盐分，并被看作嗜好品。每天吃两餐，很少吃三餐。这完全跟汉族农民不一样。”④ 1949 年中华人民共和国成立后，丽水地区畲民加强水利建设，改变耕作制度，提倡精耕细作，推广优良品种，提高施肥水平，防治病虫害，生产方式与汉族差不多，粮食产量逐年提高，但亩产仍低于全区平均数。1949 年，全区畲民粮食总产量 266.69 万千克，亩产 54 千克，是全区平均亩产的 52%。1958 年，粮食总产 644.16 万千克，亩产 131 千克。1970 年，粮食总产量 1316.32 万千克，亩产 267 千克，比全区平均亩产低 20%左右。1988 年，粮食总产量 2196.87 万千克，亩产 445 千克，比全区平均亩产低 10%左右。

① 2010 年称丽水市莲都区。

② 据清同治《景宁县志》卷 6《武备志》载。

③ 沈作乾《括苍畲民的调查》，《北京大学研究所国学门周刊》第 4 期，1925 年。

④ 景宁畲族自治县政协《景宁文艺史》第四辑《浙江景宁敕木山村畲民调查记》，1989 年 9 月。

2010年，丽水市少数民族农民人均收入5283元，是全市农村居民人均收入的80.3%、全省少数民族农村居民人均收入的96.05%。畲族农民人均收入低于1500元的有146户、1713人，4000—6000元的有24709人，9000元以上的有829人，其中务农收入占48.1%。2009年，丽水全市范围内部署开展“民族团结进步小康村”创建活动。12月底，省民宗委、省农办发文命名龙泉市剑池街道茶坦村、景宁畲族自治县大均乡伏叶村、遂昌县三仁畲族乡大觉村、莲都区老竹畲族镇沙溪村因经济社会发展走在前列，被命名为首批“浙江省民族团结进步小康村”。2010年，云和县云和镇桁园村、遂昌县新路湾镇夹路畈畲族村、景宁畲族自治县鹤溪镇双后岗村和东坑镇深垟村被命名为第二批“浙江省民族团结进步小康村”。

生产方式

刀耕火种　刀耕火种是畲民长期以来农业生产的生产方式。畲，意为火种，即火烧地表草木，趁土热播种。《龙泉县志》：“畲音奢，火种也，民以畲名，其善田者也。”[①]畲族是一个以农耕为主体的民族，旱地多，种植稻谷少，多种杂粮，沿用刀耕火种法，垦山种粮为生。畲民入迁之初，汉族地主占有大多数自然条件较好的耕地，畲民只有旁山结庐，种山而食。刀耕火种先用刀、斧砍倒山上草木，晒干后放火焚烧，利用灰烬做肥料，用简陋的工具开穴下种。畲民有耕牛的很少，所种多玉米、高粱、旱稻、萝卜、生姜等作物。火种山地一般种3年，产量低微。畲民种山须签订“承让山契”，向山主交山租或点桐插杉归还山主。有的山主见荒山垦熟，不顾山契，强行收回，畲民不敢与其计较，只有另找他地。“故峭壁之巅，平常攀越维艰者，畲客皆开辟之，然每每刀耕火耨之所得，未成卒岁，则掘草药，种茯苓以自活。”[②]随着畲民定居和生产力发展，刀耕火种方式逐渐改变。中华人民共和国成立后，始用打稻机、喷雾器等农机具，多数户养耕牛，少数户拥有手扶拖拉机等农机具。1988年，全区畲民有汽车4辆，手扶拖拉机345台，其他农业机械137件，耕牛8056头，平均每户0.49头。少数偏僻山区仍有刀耕火种的状况。

垦山筑田　畲族定居后在有水源的地方开梯田，采用沿山挖渠、作坝拦水的方法，用毛竹、木槽引水等方法灌溉农田。缺水的辟为坡地。新开地田块小，砂石多，土质贫瘠，水利条件差，多数为“靠天田”。云和县安溪乡黄处畲村26.93公顷耕地，90%分布在陡峭的山坡上，被称为“蓑衣田”“箬帽丘”，产量只有平地的一半。畲民采取加熟土、割青苗、烧满田灰、施栏肥等多种方法改良土壤。据《景宁敕木山调查记》记载，“一户(畲族)农家，要能维持生活，至少得有稻田十五亩。”中华人民共和国成立后，畲民又整修堤、堰、坝，兴修山塘水库，增加灌溉面积，进一步提高地力，使荒坡变成良田，延续垦山筑田的传统。中华人民共和国成立后，较长时间片面强调“以粮为纲”，畲乡生产结构单一。1978年中共十一届三中全会后，畲民调整农业生产结构，在保持粮食生产稳定增产的同时，发展以杉松、水果、中药材为主的林果业，出现一批柑橘、葡萄等专业村。云和县雾溪畲族乡发展种植杉、松130.67公顷，厚朴、杜仲等中药材17.67公顷。1985—1987年，雾溪畲族乡又种植香菇菌种2.18万瓶、黑木耳菌种5.2万瓶、长裙竹荪菌种1万瓶、茯苓菌种3.52万瓶，收入59万元，人均94元。1988年，全区畲民有专业户313户，其中粮食5户，养殖业131户，种植业137户，林业10户，运输业19

① 清光绪《龙泉县志》卷十一。

② 胡先啸：浙江温州处州间土民畲客述略，科学[J]1923，第7卷，第3期。

户，其他 11 户。到 2010 年年底，全市民族村有耕地 6534.47 公顷、山林 7.33 万公顷、经济林木 1.21 万公顷、水干果基地 3896.4 公顷、笋竹两用林 8132.27 公顷、药材 343.33 公顷。畲民深入种植业、养殖业、粮食产业、林业等各个领域，专业户涌现，遍布全市。

第二节　工 商 业

古时，丽水畲民中少有工商业。清光绪二十七年(1901)，处州畲民在云和县城内首开中药店。民国时期，畲民在云和县雾溪村和城内开办杂货店、糕饼店，在青田县建立木材商行。民国时期，丽水没有畲民创办的工厂。1949 年中华人民共和国成立后的较长时间内，丽水也没有畲民创办的工业企业，手工业者亦很少。丽水畲民居住区很少有商店。1979 年开始，丽水地区出现畲民工商业。1983 年，遂昌县畲民开办个体商店 25 家；龙泉县竹垟畲族乡创办林产化工、综合、茶叶加工等乡镇工业企业，年产值 4l 万元。至 1988 年，丽水畲族乡镇工业企业发展到 41 家，从业 467 人，年产值 346.69 万元，占乡镇工农业产值 37.6%。1984 年，丽水县部分畲民集资建民族饭店，职工 22 人。1986 年后，遂昌县兴办浙南民族羊毛衫厂、民族糖果厂、民族手套纺织厂等畲族工业企业 9 家，有固定资产 15 万元，年产值 40 多万元。1988 年，全区畲族乡镇工业收入 135.5 万元，丽水市(县级)和龙泉、云和、遂昌、松阳、景宁等县，有畲民开办商店 53 家，从业 394 人，商业收入 65.53 万元。2010 年，丽水市 7 个民族乡镇的工业总产值 27018 万元，其中老竹畲族镇 1861 万元、丽新畲族乡 2813 万元、三仁畲族乡 9587 万元、雾溪畲族乡 4389 万元、安溪畲族乡 283 万元、竹垟畲族乡 3752 万元、板桥畲族乡 4333 万元。

工　业

1949 年，景宁畲族工业产值 18 万元。1984 年，景宁畲族工业产值 1595 万元。1999 年，丽水地区少数民族工业总产值 6144.6 万元。2001 年，丽水地区少数民族工业总产值 27.02 亿元，其中景宁畲族自治县工业总产值占 85.75%。2010 年，景宁畲族自治县工业产值 23.8 亿元。

手工业　明代，景宁就有畲族手工业，包括采矿、冶银、冶铁、铸锅、烧缸坛等民间手工业。据清同治《景宁县志》载，明代，景宁有冶铁炉 21 处，冶银坑 11 处，此外有缸窑、坛窑、铸坊、铸炉等，生产，“*岁输得额四千四百十六两*”，官署“*以内臣监之*”。清代，朝廷认为采冶陶铸“*易天地之和，撄人鬼之怒*”，从业者“*最为不仁*”，故大加摧残。明弘治九年(1496)，相继封闭矿脉，关闭作坊，并且遣兵缉拿“矿徒”，采矿、冶炼、陶铸各业渐次绝迹，仅存缸坛、砖瓦等日用工业品几项。至 1949 年，景宁县仅存砖瓦、粗陶瓷、土纸工场几处。1949 年中华人民共和国成立后，景宁县实行公有制，个体经营的竹、林、铁、石、泥水 5 匠为数不多，所占比例小。完全脱离农业生产、靠手工业谋生者很少，畲民多为农季种田，农闲外出打工。20 世纪 80 年代后期，畲民开始发展个体、集体的村办和乡镇办工业。20 世纪 90 年代，畲民外出打工人数剧增。

加工业　唐大中年间(847—860)，畲民雷太祖及 4 个儿子在景宁惠明寺旁赤木山村辟地种茶，此后该村历代畲民种植加工惠明茶。民国 4 年(1915)，景宁县选送的惠明茶送到巴拿马万国博览会上，荣获金质奖章和一等证书。

20 世纪 80 年代末 90 年代初，加工业成为丽水畲族地区主要的工业发展形式之一。1992 年，景宁畲族自治县有集体、个体木材加工厂40家，生产各种坯料、木珠、折椅等，从业人员565人，年产值1584万元。1993年，景宁畲族自治县政府致力发展竹木加工业，先后制定优惠政策，扶持培育骨干龙头企业，竹木加工发展成为主导产业。2004年，景宁畲族自治县有企业287家，实现产值1.3亿元，生产的产品有木质儿童智力玩具、木质象棋、细木工板、竹筷等类别30多种、品种1000多个，产品远销美国、日本，打入国际市场。2004年底，景宁畲族自治县有食品加工企业181家，实现产值1.5亿元。

工艺品　丽水畲族民间工艺主要有纺织、竹编、刺绣、雕刻等，独具特色。畲民在生产劳动之余养蚕，植棉、麻，抽取丝纱，以传统的图案加上丰富的想象力，编织和刺绣出的手工艺品，技艺精湛，经济美观，经久耐用。畲家女善用木机织麻布、大带、扎腰、生丝布等，多用麻布制衣，做布袋、蚊帐和豆腐袋。麻布织染是畲族传统技艺。畲民将苎麻剖成麻丝，捻成麻线，使用土制织布机织成布，再用野生靛草对织布进行染色，制成紫蓝粗布。扎腰、大带长丈余、宽尺许，有花纹图案，两端用经线结缨络，用于男子扎腰，畲语叫“扎包”，也用于背小孩，叫“水巾”。彩丝带是畲族妇女擅长的传统工艺，制作精巧，颇具特色，是姑娘必学手艺之一。根据图案分花带与字带。花带有蝴蝶花、水竹花、铜钱花和卍字花等几种；字带由中间黑经线多寡分为三双、五双、十三桁、十九桁和双随（即双排文字图案）等几种，五双最多、双随难度最大，以十三桁最著名。竹编主要用竹篾编织斗笠、线篓、火笼等。畲族用的斗笠以尖顶为特色，以遂昌、龙泉等县（市）畲民所编斗笠最精致。制作斗笠的竹篾细度不到0.1厘米，斗笠上层编有花纹，斗笠带由各色串珠制作，甚为美观。线篓、火笼常作伴嫁。刺绣主要有有花鞋面、服装襟边、兜肚、衣兜、拦腰（围裙）、女子绑腿、扇芯及小孩颈拦、帽子等，多数绣花草和几何图案。刺绣的花样种类繁多，用色也多有变化。在形体上有自然纹和几何形云头纹，弧度不同，形状亦各异。畲族民间有不少雕刻能手，以木匠为主。雕刻技艺在木结构的民房、庙宇建筑及家具中体现。畲族祠堂中的灵牌有龙纹和浮云，传师学师的祖杖刻有龙头图案。景宁畲乡木雕工艺，以精细粗犷的雕法、富丽调和的色泽、巧妙的设计构思和极富装饰性的特色著称，传承畲乡古老独特的风格，象征畲族人民向往幸福生活。

商　业

清中期前，丽水畲村无集市、无商店，畲民均到附近汉族村、集镇进行贸易，从商者较少。民国《景宁县续志》载：“景宁商业，兴于清道光、咸丰年间（182l—1861），渤海最盛；后渐移至大均。咸丰、同治间（1851—1874），兰帮客商入邑，贸易云集；逮衰歇，邑城商业亦陡落百丈。同治、光绪以来（1862—1908），温州、青田商旅往来，沙湾荒僻之沙圩，倏变较为繁盛之场。”民国2年（1913），全县有商铺61家。民国23年，发展到132家。抗战时期，省城（沦陷区）一批公司老店内迁，市场出现短时繁荣。后受内战影响，每况愈下。至解放前夕，全县坐贾不足百家，布匮盐缺，市场萧条。民国18年秋，蓝文治在云和城内司前铺①创办云和县最早的糕饼店“聚芳斋”，赢得顾客赞誉，营业长盛不衰。民国20年，云和县蓝朗廷与蓝应东等6家合资开木行，业务从云和发展到龙泉八都；在青田县城西门外，租用楼房5栋，开设“陆同春”木行。由于资金实力雄厚，公平交易，货款清付及时，放运工吃住免费，“陆同春”门庭若市，年经营额超过3万银元，在青田木行中迅速跃居首位。

畲族商业发展速度不及汉族。1949年丽水解放后，商业流通经历由复苏到兴旺的曲折过程。

① 2010年云和镇解放街268号。

1949—1990年，景宁县社会商品零售总额年递增11.03%。改革开放初，景宁县从商者只有46户、63人，资金24.8万元，户、人、资金分别占全县的2.04%、2.18%、4.6%，远低于全县人口9.9%的比例。中共十一届三中全会后，改革国营商业、供销商业一统流通领域的模式，私营经济、个体商业悄然兴起，形成国营、集体、个体经济优势互补、平等竞争、共同发展的局面。20世纪80年代，随着商品经济发展，部分畲民专业从事流通工作，各畲村由畲民开设代销店、饮食店、旅馆等，丽水地区有从商畲民344人。1984年，丽水县部分畲民集资34万元，在丽青路兴建民族饭店。丽水民族饭店是4层楼房，占地面积1213平方米，建筑面积1360平方米。1992年，景宁畲族自治县商品纯销售总额1.33亿元，比上年增长45.68%，零售总额9760万元，其中全民商业占39.22%，集体商业占41.02%，个体商业占19.76%。2008年，景宁畲族自治县建立民贸企业服务中心，认定全县民贸企业27家，其中景宁畲族自治县龙凤民族服饰有限公司为国家“十一五”时期少数民族特需商品定点生产企业。“十一五”期间，全县民贸商品零售总额9.8亿元。

民族经济开发区

1985年，宁波市鄞县与景宁正式建立结对扶贫关系。1992年下半年，两县签订合同，鄞县在梅墟经济开发区无偿划地4.8公顷，建立“景宁畲族自治县梅墟工业基地”。1994年8月，该基地被省政府批复为“浙江景宁梅墟扶贫开发区”。从1995年产生财政收入到2007年实行属地管理期间，景宁畲族自治县从扶贫经济开发区得到财政总收入4.7亿元，平均每年近4000万元；地方财政收入1.7亿元，平均每年1400多万元。扶贫经济开发区成为景宁畲族自治县财政收入的重要来源之一，提升景宁财政支付能力，一定程度上支撑景宁经济社会的发展。

2008年5月16日，省委省政府制定《关于扶持景宁畲族自治县加快发展的若干意见》，对景宁未来5年的发展作出明确规划。8月，市政府下发《关于设立丽水经济开发区景宁民族工业园的决定》，正式设立丽水经济开发区景宁民族工业园。至2010年年底，一期工程开始向企业供地；113.33公顷的二期工程正式开工建设，计划2011年完工；123.33公顷的三期工程确定建设方案，创下工业园建设的“飞地”速度。丽景民族工业园道路网及配套工程被列入省重点工程，53省道改建工程、水系改造工程、电力输送网工程等项目被列入建设计划。

第三章　畲族教育

据清《处州府志》载：“畲民皆作舆台，为人身役，身家未为清白，不准与考。”民国《景宁县续志》：“邑士艰于际遇，清代以还，干功名而登仕版者，寥寥矣。”清代至国民政府时期，丽水畲民不准住平原、盖瓦房、走大路、上学堂。清嘉庆八年（1803），青田县畲民钟正芳等呈文要求参加科举考试，最终获准。

清光绪八年(1882),云和县杉坑岭村蓝宝成选中恩贡。丽水县雷有高、雷宝田、蓝盛友等相继考中秀才。清光绪三十一年(1905),叶仰高等7人留学日本归来后,渐次设立小学、师范,树新学之先;但吸收畲族子弟入学,仍有种种限制。清宣统二年(1910),云和县赤石乡垟田村蓝应东选中贡生。民国时期,全区有畲族小学毕业生2325人,中学、中专毕业生195人,大专毕业生7人。其中丽水、遂昌、云和县各2人,缙云县1人。中华人民共和国成立后,各级政府重视加强少数民族教育,出台若干扶持政策。畲族地区逐步建成从小学到中学的教育网络,开设大专班,发展成人教育,有专门民族学校和民族教育班,畲族教育规模逐步扩大。20世纪70年代末,丽水地区恢复和改革大中专招生考试制度,照顾和优惠畲族学生,少数民族教育发展较快,高中及以上文化程度的人口占比得到较大提高。

第一节 小学教育

私 塾

历史上畲村单独办私塾者较少。明清时期,景宁县有办私塾的畲村20多个,少数家境较好的男孩入学。明成化年间(1465—1487),景宁张村、渤海、仙姑等地设有社学,周围畲族自然村寨学童前往就学。清至民国,乡村私塾多以宗祠、家族拔"书灯租"或邻里集资开办,通称"书堂"。入学者,小至7岁,大至20岁,极少女性,贫家子弟亦可入学。多数私塾读《三字经》《百家姓》《千字文》,少数读《论语》《中庸》《大学》《孟子》,大都偏重诵读。畲族居住的包凤、东弄、惠明寺、金岱垟、吴山头、大张坑、金丘、四格、季庄、山前、驮戥、黄山头、石门楼等村,设有由汉族教师执教的书堂(私塾)。清宣统年间(1909—1911),缙云县有畲民蓝如槐在养田办私塾;云和县有村办私塾10多个。畲汉杂居区的畲民,经济稍宽裕者子弟一般送邻近汉民村私塾就读,读者亦甚少。民国37年(1948),全县受私塾教育者9420人,占总人口9.92%。1952年后,随着小学教育发展,私塾先后停办。民国时期,青田县只有箬坑村办畲民私塾,先后入学37人,授以《百家姓》《千字文》等课本。

学前教育

民国时期,丽水无畲民幼儿园。1958年,丽水县崇义乡沙溪村办幼儿园,入园儿童36人,中有畲族儿童12人;丽水县丽阳人民公社上岗背村开办幼儿园,入园儿童30多人,其中56%是畲族儿童。1978年后,畲族聚居区的小学陆续办起学前班。1982年,少数畲村小学开办学前班。1983年,景宁县张春畲族乡双后岗村[①]创办幼儿园。幼儿在园常年保持30多人,收费标准1元/人·月,其余由村委补贴,并保证教师工资待遇相当于公办小学教师水平。幼儿园设有唱歌、游戏、劳作、识字等课目。省妇联奖给手风琴1架、录音机1台。1988年,丽水、云和、遂昌、松阳、景宁等县(市)有民族小学56所开办学前班,入学儿童644人。其中,丽水市(县级)民族小学16所都开办学前班,丽新畲族乡上塘畈民族小学的学前班,常年有上学儿童50人,由公办幼儿教师任教;景宁畲族自治县有金丘、王金垟、双后岗、季庄、桃源、深垟畲村6个先后办起学前班、幼儿园,入学儿童200人;遂昌县有畲村办学前班25

① 2010年属鹤溪镇。

个、幼儿 245 人，全县有畲族幼儿教师 13 人。龙泉、云和、松阳等县(市)部分畲村亦先后开办学前班。

小学教育

民国元年(1912)，遂昌县后江畲村创办明德小学。民国 6 年，遂昌县后垅、苦竹坑畲村 2 个各办小学 1 所，名为万嵩小学、定观小学。民国 14 年，松阳县畲民上过小学、初中 16 人。民国 21 年 11 月，景宁县创办城东乡立惠明寺初级小学[①]，成为真正意义上的畲民学校，但畲族儿童入学者寥寥无几。民国 23 年，青田县培头村[②]畲民钟德彰创办崇道小学。云和县杉坑岭、梅垄、岩下、大仓等畲村先后办过国民学校或流动小学。民国 25 年，丽水县陶庄(汉民村)创办一所学制半年的短期小学，免收一切费用，邻近的大元圩、双坑、双坛、尖山丘、西弄等畲村儿童入学就读，畲族儿童占全校儿童 2/3。多数畲族学生小学毕业后，就没有再读书的机会。1949 年，畲民小学毕业(含初小)2368 人，占全区畲民总人口 7.54%，文盲占 92.5%。其中，丽水县畲民受初小教育 400 人，高小毕业 20 人；景宁县畲民受初等教育 40 人。

1949 年中华人民共和国成立后，丽水畲民子女上学率渐增。1949 年，丽水畲族小学毕业生 15 人。1952 年至 1953 年 1 月，景宁县用国家拨给少数民族教育事业补助费 1500 元，创办畲族小学，使畲族小学增至 17 所，有畲族教员 4 人，在校生 391 人。另有小学 113 所兼收畲族儿童 541 人。1959 年，畲族在校学生 121 人。至 20 世纪 50 年代末，丽水、遂昌、景宁县有畲族小学 53 所，畲族儿童入学 3000 人左右，占学龄儿童 68%。1978 年后，加强民族小学教育。1984 年，省教育厅、省民族事务局在丽水召开全省民族教育工作会议，交流民族教育经验。1985 年，有畲族小学 125 所，入学儿童 8163 人。1988 年，丽水、青田、遂昌、松阳、景宁畲族自治县(市)有畲族入学儿童 5894 人，入学率 98%。1949—1988 年，丽水、云和、遂昌、景宁畲族自治县(市)有畲族小学毕业生 60491 人。

1995 年，丽水地区有少数民族在校小学学生 6969 人，专任教师 507 人。2010 年，丽水市有少数民族在校小学学生7012 人，教职工 507 人。

第二节 中等教育

普通中学教育

民国时期，丽水畲乡没有中学，更无民族中学。丽水畲民出外受过中等教育的人数极少。据畲族人口较多的县统计，遂昌县受中等教育者 44 人(师范 23 人、中学 21 人)；丽水县 29 人(师范 2 人、中学 27 人)；云和县 22 人(师范 18 人，中学 4 人)。中华人民共和国成立后，畲民受中等教育人数逐年增加。遂昌县在校生 1949 年 4 人，1956 年 9 人，1958 年 37 人，1985 年 740 人。1988 年，遂昌县有初、高中毕业生 8594 人。丽水市(县级)在校生 1959 年 31 人，1981 年 784 人，1988 年 815 人。1998 年，丽水市(县级)有高中毕业生 907 人、初中毕业生 3680 人。1950—1988 年，有在丽水中学毕业的畲族初、高中生 300 人。

---

① 又称南泉小学。

② 2010 年属文成县。

1984年9月，丽水县碧湖中学、遂昌县大柘中学、云和中学增办民族高中班，采取寄宿制，每班招少数民族学生40—50人，3校招收畲族学生135人。1985年，景宁中学、松阳县靖居中学分别增办民族高中班和初中班，招收畲族学生90人。1986年5月，景宁畲族自治县民族中学创办，招收职业高中班学生108人、初中班学生113人，其中畲族初中生50人。1990年，全区有民族中学1所，民族高中班4个、初中班10个，招收学生325人。1949—1990年，丽水、云和、遂昌、景宁畲族自治县(市)畲族中学(班)毕业21068人；全区畲族学生考取中专1263人、大专268人。1996年，丽水地区少数民族在校中学生3412人，招生1152人，毕业809人，教职员工311人。其中，有独立设置的民族中学2所，在校学生2092人，教职工160人。2010年，丽水市少数民族在校中学生5077人，招生1683人，毕业1773人，教职员工315人。其中，有独立设置的民族中学5所，在校学生7746人。

中等职业技术教育

浙江省少数民族师范学校　简称浙少师。1952年10月，在云和县瓦窑村创办浙少师，是华东地区唯一少数民族中等专业学校，有教职工6人，招收少数民族保送生100人。1954年，浙少师先后搬迁丽水县碧湖镇、景宁县鹤溪镇、松阳县西屏镇等地，学制几经变动。"文化大革命"期间，浙少师停止招生。1972年，浙少师迁至丽水县三岩寺，恢复招生。1981年起，浙少师新建校舍9906平方米，课程增设马克思列宁主义民族理论、民族政策以及畲族史。1990年，浙少师有教职工73人，设有年级4个、教学班10个，在校学生406人，其中畲族学生337人，占83%。1992年，有正式教职工71人，其中少数民族31人，占教工人数43.1%；设有四年制普师年级4个、班8个，三年制普师班2个，在校学生398人，包括畲、回、壮、满、汉民族5个，其中畲族占学生总人数93%。学生来自丽水、温州、金华、衢州、杭州，遍及县(市)26个。学校为全省培养输送少数民族中小学教师和党政干部1500多人。历届毕业生有畲、回、蒙、满、壮、黎族，遍及丽水、温州、金华、衢州、杭州等地(市)的县(市、区)28个。1952—1998年，浙少师培养毕业生2796人，其中畲族2341人，占83.73%。毕业生中除少数调派其他部门工作外，绝大多数均在民族地区担任小学教师，成为教学骨干力量。部分毕业生经过在职、离职进修或成人高校培养，成为中学教师或党政机关、民族部门的领导或工作人员。2000年，浙少师与松阳师范学校并入丽水师范专科学校。

丽水卫生学校民族班　1982年9月至1983年，丽水卫生学校开办民族班，从各县招收畲族初中毕业学生，先后开办定向培养医士专业班2届，毕业60人。1984年，丽水卫生学校民族班停止招生。5月，省教育厅、省民族事务局决定，在丽水卫校恢复民族班，专招少数民族学生。1984—1985年，丽水卫生学校开办民族班2届，招收畲族学生60人。

浙江省少数民族师范学校科技培训班　1985年10月，省人民政府民族事务局委托丽水地区行署民族事务处，在浙江省少数民族师范学校举办少数民族科技培训班。1985年11月至1988年12月，浙少师科技培训班举办13期，培训761人。参加培训者大多数是畲族，培训内容有种植业、养殖业、家用电器及农机修理、幼儿师资等。

民族中学选介

景宁畲族自治县民族中学　景宁畲族自治县政府给予畲族教育事业优惠政策与措施。1986年，景宁畲族自治县委、县政府拨款58万元，建造景宁畲族自治县民族中学，招生对象以畲族学生为主，在文化基础较差的畲族乡村实行定额招生。高中民族班学生学习年限可延长1年。至1999年，景宁畲族自治县民族中学招收学生3387人，其中畲族学生683人；毕业生2179人，考入中专445人，考取高中391人，其中畲族160人。1992年3月，国家教委、国家民委授予景宁畲族自治县民族中学全国民族教育先进集体称号。2008年，景宁畲族自治县民族中学迁入占地52326平方米的新校区。新校区设有班级36个，其中教学班30个，可容纳学生1800人。2010年，景宁畲族自治县民族中学设有专用教室24个，在校生1603人，住校生800多人，其中少数民族学生400多人，占学生总人数25%。

遂昌民族中学　2007年10月，省重点工程遂昌民族中学迁建工程动工，总投资7481万元，占地7万多平方米，可容纳班级48个、学生2400人。遂昌民族中学由西部偏远乡镇中学①6所撤并组建。遂昌民族中学建成后，偏远乡镇初中11所的学生全部集中就读，遂昌县基本实现“农村初中向县城集聚”目标。

龙泉市民族中学　前身是1956年创办的龙泉县第二初级中学，后更名八都中学。1994年，更名龙泉市民族中学。学校占地3.33万平方米，建筑面积18876平方米，绿化面积6200平方米，有教学班级28个、教职工104人。学校环境幽雅，设施完善，生物、化学、物理实验室，阶梯教室、计算机房、图书馆、音美等专用教室一应俱全，配齐所有班级多媒体设备，在校教师人手一台电脑。学校先后被授予“浙江省民族教育先进集体”“浙江省文明学校”“浙江省绿色学校”“浙江省农村示范初中”“丽水市文明单位”“丽水市师德师风创优达标学校”“丽水市民族团结先进集体”等荣誉称号。

松阳县民族中学　2003年8月，松阳县进行教育资源整合，实现规模办学，撤并远在山区、农村的乡镇初中学校9所，建立民族中学。学校占地5.33万平方米，绿化面积15512平方米，建筑面积24360平方米，建有教学楼3幢、学生宿舍楼4幢、师生餐厅1幢、综合科技楼1幢。2010年，有班级45个，在校学生2239人，住校生2037人，其中畲族学生145人，占学生总人数6.5%。招收学生659人，毕业805人，其中畲族学生49人。毕业生考入省重点高中235人，其中畲族学生8人。

莲都区老竹民族学校　2007年，莲都区曳岭中学、老竹民族小学合并为九年一贯寄宿制老竹民族学校。学校承担老竹畲族镇、丽新畲族乡、巨溪乡②的九年义务教育以及成人教育任务。校园占地3.73万平方米，建筑面积16086平方米，总投资2000多万元，建有教学楼、综合楼、宿舍楼、餐厅、室内外运动场等设施。学校拥有按浙江省标准配备的物理、化学、生物实验室5个，多媒体教室37个，计算机房和音乐室各2个，报告厅、图书室、阅览室、舞蹈房、民族文化展览室、留守儿童俱乐部和美术室各1个。学校图书室藏书近5万册。2010年，学校有教职工108人，其中少数民族教师23人。设有教学班级37个，在校学生1335人，住校生1025人，其中少数民族学生350人。

第三节　高等教育

清末至民国时期，丽水接受高等教育的畲民仅4人。清光绪三十年(1904)，遂昌县高碧街村蓝

---

① 原大柘中学、石练镇初级中学、王村口镇初级中学、金竹镇中心学校初中部、黄沙腰镇中心学校初中部、湖山乡中心学校初中部。

② 2006年并入太平乡。

昌训(玉田)留学日本,毕业于东京警务学校;同村蓝德友(云章),毕业于国立南京高等师范学校。民国 36 年(1947),丽水县上岗背村钟乃华(文生)毕业于北京燕京大学。民国 38 年,钟乃华胞弟钟文宗肄业于上海政法大学。

1949 年中华人民共和国成立初,丽水畲民进大专院校受高等教育的仍为少数。1972 年前,景宁县无畲族大学生。20 世纪 70 年代中后期,丽水畲族大学生逐年递增。1950—1972 年,丽水地区畲民进大专院校学习 76 人。1973—1976 年,丽水地区畲族大专以上学生有 33 人。1977 年,丽水地区恢复招生统考制度,和部分高校举办民族班,进高校畲族学生数迅速增加。1977—1988 年,丽水地区畲族大专以上学生增至 184 人,其中景宁畲族自治县考上大学 16 人。1985 年,丽水师范专科学校开办民族班,招收少数民族高中毕业生 35 人,其中畲族 30 人、满族 2 人、回族 2 人、壮族 1 人。省政府拨款 10 万元,委托丽水师专代为培养少数民族学生 1 期。学生来自地(市)5 个的县(市)24 个,其中丽水地区 18 人。2010 年,景宁畲族自治县少数民族学生高中升大学人数 60 人,升学率 92.73%;遂昌县少数民族学生高中升大学 102 人,升学率 83%;龙泉市少数民族学生高中升大学 36 人,升学率 68%;云和县少数民族学生高中升大学 50 人,升学率 85%;松阳县少数民族学生高中升大学 25 人,升学率 55.5%;庆元少数民族学生高中升大学 14 人,升学率 56%;缙云少数民族学生高中升大学 27 人,升学率 93.1%。

第四章　畲族文化

畲族有自己的语言和文化。迁徙过程中,畲族人民在拓荒殖土的同时,创造绚丽多姿的文化艺术,具有鲜明的民族特色。在现代保留的众多史书、民居建筑、文学艺术领域、日常人文风俗以及医学等科学领域中,都可以看到畲族灿烂文化的印迹;畲族民歌、畲族民间故事、畲族音乐和舞蹈、畲族体育、畲医畲药等,都是地方文化的重要组成部分,具有独特的魅力。

第一节　民歌与故事

畲族民歌

民歌是畲族人民在生产、生活中创作的口头文学,是畲族传统文化的重要组成部分。畲民男女老少善歌,喜欢以歌代言,以歌叙事,以歌当哭,以歌代辞,以歌为贺,以歌抒情,以歌为媒,以歌传知,以歌传史颂赞,“比香斗智”。畲族民风崇尚“肚中歌饱人相敬,肚中无歌出门难”。

民国时期,景宁、云和 2 个县 36 个村,有畲民歌手 189 人,其中男歌手 75 人、女歌手 114 人。

1949 年中华人民共和国成立后，浙江省少数民族师范学校和丽水、遂昌、云和县搜集整理民歌 10 本。搜集到清代云和县梅源乡东坑村畲族歌手蓝三满编写的歌颂太平军控诉清政府罪行的《长毛歌》歌本，由浙江省文物管理委员会收藏。景宁县存山歌约 2 万首。20 世纪 80 年代中期，景宁畲族自治县开始全国性搜集整理民歌。20 世纪 80 年代末 90 年代初，景宁畲族自治县出版民间故事、歌谣、谚语文学集成中的畲族部分，有的单独成册。1992 年，景宁畲族自治县出版少数民族古籍《畲族高皇歌》。浙江省畲族文化研究会出版《畲族民歌集》《景宁畲歌民谣作品集》《畲族山歌手抄本》等。同年，景宁畲族自治县建立畲族民歌音像数据库，原生态录音、录像部分优秀畲族民歌。

丽水境内流传的畲族民歌一般以七言四句韵文为一首，即使首句为三字或五字，也要夹进辅音和字面反复为七字句，讲究押韵，第三句末字须是仄声。几十首连唱为连歌。歌唱形式有独唱、对唱、齐唱、双条落（两声重唱）等。山歌多唱“假声”，很少伴随动作和音乐，部分地区有每年三月三举行歌会的传统。

畲族民歌内容广泛，种类繁多，形式多样，主要有叙事歌、风俗歌、劳动歌、情歌、革命山歌和新民歌。叙事歌篇幅较长，叙述完整，有《高皇歌》《火烧天火烧地》《凤凰山》《封金山》《末朝歌》《长毛歌》《打酒局》《打盐霸》《串钱歌》《清朝十皇帝》《苦旱歌》等；风俗歌有礼俗、婚俗、丧俗、祀神和风物等歌，其中以婚俗歌最具特色，从相亲到成亲，每个过程都有歌，如《定亲歌》《行郎歌》《劝酒歌》《脱草鞋歌》《对盏歌》《点心歌》《别爹娘》《送谢歌》《功德歌》等；劳动歌反映畲族人民勤劳勇敢的优良传统，连日常耕织劳动都有一套歌，如《勤耕歌》《种田歌》《种山歌》《种棉歌》《作坝歌》《插杉木歌》《砍柴歌》《种苎织布歌》《织带歌》《养牛歌》《担水歌》等；情歌是民歌中最多的一种，有《同心歌》《成双歌》《念娘歌》《想娘歌》《劝娘歌》《度娘歌》《傍娘歌》《情缘歌》《蝴蝶采花》《白鹤度双》《好娘对着好贤郎》《食了清茶歌音响》《要结良缘莫相退》《一心想郎来管家》《要交姻缘莫大声》《牡丹花开红又红》等；革命山歌有《十送郎》《苦命歌》《参军歌》《红军歌》《游击歌》《解放歌》《蓝大嫂打游击》等；新民歌是新时期创作或在原来民歌中加入流行时尚新内容等元素的歌曲，有《畲民和党心连心》《党是日头我是花》《共产党领导好》《苦尽甜来是党恩》《千歌万曲献给党》《社会主义是金桥》《民族政策放光芒》《抗美援朝歌》《畲民热爱新国家》《同心创造幸福来》《三中全会政策好》《计划生育好处多》等。此外，还有节令歌、时政歌、儿歌、杂歌、小说歌、哲理歌等，内容甚丰。

畲族故事

畲民称“故事”为“古老”“古传”，讲“古老”是畲族民间的一项重要活动。畲族民间故事题材广泛，虚实兼有，褒贬分明，情节有趣，寓意深刻，形象鲜明，优美动听，有神话、传说，有真人实事，有畲族题材，也汲取汉族生活趣闻。内容多以张扬正直善良、勇敢无私、强烈反抗精神为主，以惩治恶迹为反衬，很少庸俗之弊和迷信色彩。畲族民间故事在《中国民间文学集成·景宁畲族自治县卷》中收集 36 条。神话有人类起源、民族起源和诸神起源等神话，反映畲族人民与自然、妖魔的顽强斗争，述说畲族起源与迁徙历程，以及对神的崇敬，如《造天造地》《太阳与太明》《雷公与闪电》《高辛与龙皇》《龙女与凤冠》《猎神》《麦神》等，许多神话寓于民歌之中，民歌自神话而来，神话依民歌流传；传说有人物、风俗、动植物和地名传说等，人物传说有多角度表现畲民抗争命运和献身精神的《插花娘》《雷祖告状》《蓝邦光赴考》等，风俗传说有解说风俗来历的《畲族唱歌的来历》《三月三食乌饭》《穿木屐的传说》等，动植物传说有反映畲族人民乐于助人高尚品质的《甲龙与龙甲》《搁工鸟》、《牛和狗》等，地名传说有劝善惩恶的《雷公岩》《米岩山》《白鹤岗》《银坑》等；故事主要有幻想故事《仙桃》、生活故事《歌为媒》、人物故事《山茶花与无底洞》、笑话《粗尾巴狼》《三哥弟讲戏》以及寓言等，表现畲族人民的善良和智慧、对美好生活的追求和向往。

谚 语

俗语的一种，丽水畲民又称"古俗话"，是一种流传于民间、简练通俗而富有意义的语句，大多反映人民生活和斗争的经验。畲语中也有丰富的修辞、成语、谚语、歇后语、名言律句，有的甚至只能用畲语表达，不能用汉字书写，汉语只能意译。畲族谚语涉及面广，从自然现象到生产活动，从社会交往到日常生活，从时政到思想道德修养。畲族谚语在《中国民间文学集成·景宁畲族自治县卷》中录有83句。

自然类　如：正月雷打雷，二月落唔歇，三月犁白田，四月秧拔节。水打秋头，作田要愁。蚁搬粮，水漾漾。赤天霞，无水烧茶。

生活类　如：人勤田出宝，人懒田出草。一日省一口，一月省一斗。天晴防落雨，日日有得煮。多子多冤家，无子似莲花。树大分叉，子大分家。戒烟戒赌，家庭享福。十赌九死，唔赌最是。家主有样，家会共旺。金银使得了（完），力气使唔尽。

生产类　如：靠山吃山，靠水吃水。人骗土，土骗肚。三分种，七分管。天晴防落雨，熟年防荒年。打铁取短料，做木取长料。人穷出力，山穷出石。教子要好爷，作田要好种。日头天上过，事头手上过。猪仔要游，大猪要囚。

修养类　如：刀钝靠磨，人笨靠学。学勤要三年，学懒在眼前。心地平，做得赢；心地歹，空厉害。树空心；难做梁；人虚心，本事强。老实人，人合人；奸巧人，人害人。

社交类　如：家要有邻，人要有阵（伴）。亲帮亲，邻帮邻，养狗认主人。山哈、山哈，都是兄弟叔伯。有食无食，待人公直。你敬人一尺，人敬你一丈。出门若贪花，打死无稽查。

事理类　如：天变一时，人变一世。海深有底，人心无底。山中无直树，世上无直人。理教好人，法治恶脚（角色）。路唔行，草成窠；理唔平，怨恨多。田荒一季，人荒一世。

时政类　如：国有国法，家有家规。国有国王，家有家主。国家、国家，有国才有家。人死留个名，虎死留张皮。打蛇要打头，铲草要除根。孙传芳，无人帮；蒋介石，无米籴。衙门官鼓，食钱老虎。

第二节　音乐与舞蹈

畲民能舞善歌，喜器乐，无音乐伴奏。打击乐有鼓、锣等，一般在婚礼、丧礼、祭祖时用。弦乐器有二胡、土制板胡、京胡，多在晚上或农闲时在家演奏。吹奏乐有笛、箫、龙角、唢呐，用于婚嫁和丧礼。畲族舞蹈多见于做功德、拔伤、打皇和传师学师、祭祖等活动。在念、唱和锣鼓敲打声中，有独人、二人、四人舞，舞姿粗犷朴实，奔放刚健，节奏明朗。主要舞蹈有安祖舞、传师学师舞、功德舞。安祖舞是祭祖活动时跳的一种舞蹈。安祖[①]时，唱舞结合的有《造五营寨》《造老君殿》《造水洗坛》《造井收师》《团兵》等，有两人唱舞、四人唱舞。舞时所用器乐，主要是铃刀、龙角，舞时边唱边舞，边摆动道具，节

① 汉族学者译成祭祖。

奏感强。传师学师舞以祖先崇拜为主体，保留图腾崇拜痕迹。其仪式由法师舞、唱，讲述祖先“龙麒”上闾山学法，克服重重困难的故事。整个仪式，情节错综复杂，主要有“请师爷”“造寨”“本师公接神”“学师弟子拜天地”“为弟子取法名”“子弟接神”“拜神”“招兵排兵”“唱兵歌”“官兵出营斗王营”“过九重山”“归坛拜祖”“坐筵唱高皇歌”“王岳山老虎抢猪头”“拆寨”等60节。在念、诵、讲、唱中伴随舞蹈动作，有单人舞、双人舞、四人舞和集体舞。舞蹈时，鼓角齐鸣，灵刀作响，变化多样。功德舞是晚辈为成年死者超度亡灵而举行祭祀仪式上跳的舞蹈。《盘瓠世考》记载，畲族祖先盘瓠深受族人爱戴，族人对他的逝世无比悲痛，于是吹着竹子，敲击着刀、锄等呼天号地，长泣当歌，纷纷前来悼念，形成功德舞的雏形，后逐渐演变成为孝文化的一部分。畲族功德舞由请师爷、安祖、当门请神、造井牧师、造老君殿、做奏牒、做祭、炊孝饭、拜七、告退神兵、唱功德歌、撩鹤、招魂、折寨等章节组成。大多是四人唱舞，舞场在死者灵堂。舞步以坐蹲步、悠荡步、猎步、软步、硬步为主。舞姿刚健有力，主要表现古代畲民狩猎、垦荒、收获、扬场等劳作时的动作。

1949年中华人民共和国成立后，丽水畲族音乐和舞蹈经过发掘整理，内容更广泛，歌舞形式更多样，艺术水平也有提高。新增的歌曲有《畲民翻身得解放》、小演唱《幸福路》，器乐“唢呐合奏”和“叶笛表演”等。1972年，《畲民与党心连心》获省民歌优秀奖。1978年12月，山歌剧《巧相亲》获省文艺调演优秀奖。1980年，丽水地区举行少数民族文艺调演，演出4台、节目60多个。9月，参加全国少数民族文艺调演，舞蹈《银耳花开》《送给你》《惠明茶》《催耕鸟》《凤凰彩带飞北京》等节目获奖。1983年11月，遂昌县举办首届畲乡歌会，登台山歌手146人，演唱山歌700多首。1984年元宵，云和县举行首届合乡迎春歌舞会，有舞狮、舞龙、马灯、鱼灯、花鼓、山歌等，参加1000多人。1985年4月22日，庆祝景宁畲族自治县成立，山歌队、龙灯队、狮子队、舞蹈队等参加文艺活动近千人。1986年，电视剧《妹是畲乡人》被搬上屏幕。1987年2月，浙江省民舞集成编辑部和丽水市民舞集成编委会在景宁畲族自治县召开浙江省畲族民舞采编会，全面收集整理畲族民间舞蹈，将流行舞蹈编入中国民间舞蹈集成浙江分卷和浙江省丽水市卷。《做功德》《学师舞》被编入《中国民间舞蹈集成·浙江省卷》。1990年12月，舞蹈《畲山听樵》获全国少数民族舞蹈音乐创作一等奖、编导二等奖、表演三等奖。从2003年开始，丽水市先后编排《畲山风》《畲家谣》《诗画畲山》等大型歌舞剧。2006年9月，代表浙江省参加全国第三届少数民族文艺会演的四幕畲族舞蹈诗《畲家谣》，获创作金奖、优秀节目奖4个，优秀演员奖5个，优秀新人奖2个及参演组织奖等奖项。景宁畲族自治县“中国畲乡三月三”，每年举办1次，规模和影响逐年扩大。1994年，丽水市（县级）老竹、丽新，松阳县板桥及武义县柳城民族乡（镇）4个开始每年联合举办“三月三畲乡歌会”。2010年，“三月三畲乡歌会”已经连续举办17年，成为宣传、展示、弘扬优秀畲族文化的平台。

第三节　文　物

畲族文物是畲族发展史的重要见证。通过畲族起源、发展、居住、生活生产、信仰、习俗、文化艺术等多个方面的历史文物，保存和展示畲族人的生活方式和传统文化。民族文物分为民族史文物、民俗文物、生产工具、生活用品、碑文等几大类。2010年，畲族博物馆在景宁畲族自治县落成。2010年7月27日，丽水市畲族文化研究会成立。丽水市畲族文化研究会立足畲族的历史、经济、社会和文化，团结和组织全市畲族文化工作者，开展畲族文化的研究，挖掘、收集、抢救和整理畲族民间文化遗产，保护和弘扬畲族传统文化。10月，中共丽水市委、市政府召开首次全市少数民族文化工作会议。

畲族史文物

宗谱　各支族记载民族史的文字资料，有石印本、手抄本。景宁畲族自治县博物馆有少量畲族宗谱收藏。

祖图　记载本民族起源的图文资料，大多制作于清代。莲都、龙泉、景宁等县（市、区）有保留。

祖杖　各支族木制的一支龙头杖，悬挂有红布条写的本支族成员传师学师者的法名及传师时间，世代相传。

祖担　竹篾制的箱笼2只，是各支族存放宗谱、祖图、祖杖、祖先香炉、神鞭、笏板的用具，代表各族祠堂。丽水市有两个蓝姓支族保留完整的祖担。

史诗　歌颂畲族史的《高皇歌》。民间多为手抄本流传，无统一版本。

碑文　亦有所保留。如清乾隆二十年（1756）十月，龙游县知县万世荣立《毋许索累畲民藉公索诈碑》，原立龙游县城南靖林寺村，现存景宁畲族博物馆。

民俗文物

位牌　畲族祠堂都供有各支族的祖先牌位，供后裔祭祀。

传师学师经书　传师学师全过程的程序本及各个情节的经文，均为手抄本，莲都、景宁、青田县（区）少数祭师存有全套经书。

头冠　举行传师学师仪式时祭师顶戴，少数能担任祭师者备有。

法衣　第一代学师穿红色衣，称“赤衫”。父传子的穿青色衣，称“乌蓝”；戴青色帽，称“水牯帽”。莲都、青田、景宁等县（市、区）健在的学师者均保留有衣、帽。

老君印　约2厘米×2厘米方形木刻印章，刻有“神仙老君之印”汉字，用时带右衣襟，死后带印入棺，已学师成者均备此印。

道具　有龙角、铃刀、铃钟、交杯、神鞭，凡能担任传师学师仪式的祭师或功德师均备有。

新娘轿　轿架、轿棚、轿椅、轿杠均竹制，丽水市少数畲村存有此轿。

民歌本　大多为清末和民国时期手抄本，内容含各类民歌，有一歌一本或多类歌抄本，大部分民歌手或民歌爱好者均持有民歌本。

功德书　有做功德程序本和各个情节的经文，全为手抄本，大多一个情节一本。功德师均备有功德书。

生产生活文物

生产工具　土猎枪、牛角火药筒、棕包（放火药筒等易潮物用）、脚踏绞花机、手摇纺织车、织土布机、卷纱车、编草鞋工具、割麻刀、刮麻刀、刮麻夹等。山区畲村仍有保留。

生活用品　刺绣花边衣、花边裤、三角绑腿、围裙、丽水式肚兜、景宁式头饰、彩色丝花带、头花、耳环、手镯、项圈、木质水缸、蒲瓜水杓、火刀、竹（连根）烟管、柚制烟包、麻布袋等在少数畲民家庭及老年畲民中尚有保留。

第五章　畲族卫生

畲族人民在特定的历史条件和特殊的地理环境中，长期居住在山区，交通不便，经济落后，家家户户也都自备一些青草药，自用或互相馈赠；不少畲族群众学会一些防病治病技艺，世代相传，有些便成为民间医生。畲医药基础理论主要有痧症理论、“六神”理论、疳积理论等。特色疗法主要有痧症疗法[①]、外治疗法、正骨疗法、食物疗法、心理疗法等。畲医因其防病治病多以青草药为主，因此又称“青草医”。主要医药器具有药背包、药刀、铁研船、药筛、火罐、梅花针、银针、研钵、药耙、捣臼等。畲族医药是长期积累的医疗经验，医术多为祖传，大多靠口传心授，单线传承。

畲族只有语言没有文字，其医术长期以来只限于口语传递，许多精华都缺少文字记载，大多数民间畲医年事已高，个别名畲医已去世。另一方面，畲族民间医药分布分散，有的分布偏远，也使研究受到限制。畲族民间的良药、良方和精良的医药技术不但难以收集整理，而且有失传的危险。

21 世纪，丽水重视传统畲医，兴起对传统畲医的挖掘、整理。2005 年，丽水市向浙江省中医药管理局申报重大立项课题“畲族医药研究与开发”。“中国畲族民间医药调查与整理”通过验收和鉴定。11 月 5 日，在浙江省丽水市人民医院成立全国首家畲族医药研究会——丽水市畲族医药研究会。2006年 6 月，丽水市畲族医药研究会申报的“畲族医药”项目被列入丽水市非物质文化遗产名录。2007 年，丽水市申报的“畲族医药”项目被列入浙江省非物质文化遗产名录，并列入第二批国家级非物质文化遗产名录推荐项目名单。畲族医药理论研究取得新进展，丽水市畲族医药研究所、中南民族大学丽水市畲族医药联合研究院、中南民族大学景宁畲族自治县畲族医药研发中心等科研机构相继成立，全市有从事畲族医药研究机构 10 家；正式出版发行《中华畲族医药学》。10 月 26—28 日，丽水市承办中国民族医药学会首届全国畲族医药学术研讨会。丽水市中医药科研项目“畲族脾胃舒胶囊抗恶性肿瘤作用机制研究与开发”被省卫生厅列为中医药重点科研项目，由丽水市人民医院、市药检所等单位 6 家联合主持完成的《中风症型分析研究》获浙江省中医药创新三等奖。2008 年 6 月 14 日，国务院公布国家级第二批物质文化遗产名录，其中传统医药有 8 项，丽水市申报的“畲族医药（痧症疗法）”名列其中。

第一节　医　　术

在长期生产生活和与各种疾病的斗争中，丽水畲民利用山区得天独厚的中草药资源，积累中草

① 又称发痧疗法。

药防治疾病的丰富经验。畲族医学是重于实践的传统民族医学，畲民在长期实践中总结出许多特殊的治疗方法，在治疗常见病、多发病时，具有操作方便、不良反应少、功效明显和价廉等多种优点。

畲医疗法种类颇多，有常用外治疗法、痧症疗法、正骨疗法、解毒通利法、食物疗法和心理疗法等。

刮痧　是用牛角、玉石等小器物工具在人体皮肤相关部位进行反复刮动、摩擦，以达到疏通经络、活血化瘀、治疗疾病之目的。刮痧部位据病情而定，一般在上肢内侧肘弯处，及颈部大椎两侧或大椎至肩胛或脊柱等处。刮痧时先用清水或茶水、米醋、黄酒或用茶油煮生姜、胡椒的热汁在选定部位上涂抹，然后用手指轻拍至微红，再用骨梳背或掌缘从轻到重来回刮拭至局部充血为止。

撮痧　是畲族最常用的发痧疗法。患处沾上润滑剂(温水、茶水、酒、醋、油等其中一种，畲医视不同病症用不同润滑剂)，用手握空拳状，食指、中指曲挛突出，第一指骨与第二指骨呈 60—90 角度，把选定的部位皮肤撮起用力拔，重复数次至局部充血转为暗红色为止。撮的部位与次数视病情与医者经验而定。

抓筋　是单独治疗痧症医疗方法，也可配合刮痧和撮痧治疗。用拇指与食指用力抓腋窝至胸侧(胸大肌、胸小肌的肌腱)，使上肢有发麻感，直至局部充血为止。此法治疗中暑引起的腹脘痛效果特别显著。

挑痧　患者感到全身不适，似被绳索捆绑，畲医称“发痧”。医者右手斜握银针(三棱针)，针尖露出半米粒长，在十宣、甲沟上边正中及手太阴或手太阳经、期中线、任督脉等处轻挑，除手指外，其他部位一般都挑出血丝来。

挑病珠　也称挑痧珠。患者感到全身不适、难过不堪时，身上会出现“病线”，像蜘蛛网交叉结“珠”。需用银针一次性把“珠”全部挑完，挑出血丝，否则病会复发。

接骨　畲医接骨的方法是手法复位，再用小夹板(用鲜杉树皮、小竹片或小木片)固定，以草药外敷或兼内服草药。接骨初期强调“静”，固定部位；三五天后出现局部皮肤“麻痒”，表示气血已畅，便强调“动”，这时适度活动以起舒筋活络作用。

放鬼箭　下肢筋脉僵硬、酸痛，行走不便，俗称“中鬼箭”。用烧酒擦痛处，以利针刺穴位，放出污血，便能舒展如常。

第二节　医　　药

畲民认为治病就是治毒(排毒、除毒)，治毒就是解除病体内的毒邪。畲医通常称治毒为解毒通利法，通常用清热解毒的凉寒药物，如六角英、八角金盘、千里黄、大青、白花草、金花草、银花草等。通常用石蚕、石仙桃、功劳树、息力荣、白鹤灵芝等清热解毒、润肺化痰的药物治疗肺炎、肺结核、气管炎、气管扩张等病疾。治疗咳嗽、哮喘、肺气肿病疾，用清明草、粪橘草、灯笼草、苦草、苦胆、狗屎满堂等药物；消解毒灭菌，采用力度极强的畲药物中的山板竹、土荆芥、苦栋果、拉叭竹、凉参等良药。

2004 年，丽水市医疗卫生部门联合成立畲族医药研究和开发课题组。开发课题组成员走访调查丽水市及邻近地区和福建部分畲民集居村落 100 多个。察访到畲族名医和传人 100 多人，收集到畲医诊治病种类 356 个、处方 763 个、畲药 1621 种。建立畲族医药数据库，开办民办畲族医学科。科研组筛选归并病名 199 个、处方 568 个和畲民常用药 1072 种。2005 年 9 月，首批筛选出畲药 11 种被浙江省药监局正式定为“畲药”，在《浙江省中药炮制规范》中首次收藏。畲族常用并较有特色的畲药有 500 多种。

畲族民间采用与中药相类似的中草药，亦有其民族独特性药物。地方标准收载畲药有 11 种。

食凉茶（柳叶蜡梅或浙江蜡梅），性味，凉，微苦、辛。归肺、脾、胃经。用以祛风解表、清热解毒、理气健脾、消导止泻。主治慢性胃炎、胃及十二指肠球部溃疡引起的胃胀、胃痛、吞酸；伤食所致的痞满证；防治感冒、流行性感冒。用量 6—15 克，入煎剂宜后下。

小香勾（条叶榕或全叶榕根及茎），取原药材，除去杂质，洗净，润软，切厚片，干燥炮制。用以利湿、健脾。

白山毛桃根（毛花猕猴桃根），取原药材，洗净，润软，切厚片，干燥炮制。用以解毒消肿、清热利湿。

山里黄根（栀子根），取原药，除去杂质，洗净，润软，切厚片，已切厚片者，筛去灰屑炮制。用以清热、凉血、解毒。

美人蕉根，取原药材，洗净，润软，切厚片，干燥炮制。用以清热解毒、调经、利水。

盐芋根（盐肤木根），取原药材，除去须根等杂质，洗净，润软，切厚片，干燥炮制。用以祛风湿、利水消肿、活血散毒。

铜丝藤根（海金沙根），取原药材，除去杂质，洗净，切段，干燥炮制。用以清热解毒、利湿消肿。

嘎狗粘（小槐花），取原药材，洗净，稍润，切段，干燥炮制。用以清热利湿、消积散瘀。

嘎狗噜（地菍），取原药材，洗净，稍润，切段，干燥炮制。用以清热解毒、活血止血。

搁公扭根（蔷薇科植物覆盆子根），取原药材，除去杂质、须根，洗净，润软，切厚片，干燥炮制。用以祛风止痛、明目退翳、和胃止呕。

三脚风炉（异叶回芹），取原药，除去杂质，洗净，稍润，切段，干燥炮制。用以散风宣肺、理气止痛、消积健胃、活血通经、除湿解毒。

第三节　治　病

旧时，畲族村落分散，人口稀疏，交通不便，经济落后，生活困难，疾病较多。有疟疾、痢疾、疥疮、肝炎、天花、结核病、妇女病、地方性甲状腺肿、血吸虫病等病 10 多种，威胁畲民生命和身体健康。民国初期，景宁县敕木山一畲民家在很短时间内相继病亡 12 人，房屋无人敢住。民国 31 年（1942）春，遂昌县石练乡乌瑶畲族村天花暴发，死亡 10 多人；古木树下村雷关瑞 3 个儿子染上天花，7 天内全部丧生。1949 年，龙泉县竹垟乡八仙台畲族村原有 41 人，因病亡只存 13 人。

传统常见病防治

20 世纪 50 年代，浙江省曾先后组织多批医疗队带药下乡，为景宁县畲民进行疟疾、丝虫病、钩虫病等疾病普查防治。1953 年，普查景宁县有疟疾患者 990 人；1956 年，景宁县医疗队对外舍乡王金垟村进行丝虫病调查，血检 179 人，微丝蚴阳性 62 人，感染率 34.6%；1958—1959 年，对有疟疾史的人进行康复治疗，均得以根治。1978 年、1983 年抽检和复检患病较重的畲村，均未发现丝虫病感染者。1971 年 11 月、1984 年 10 月，省医疗队在松阳县靖居、裕溪等畲族聚居村进行疾病治疗与普查防治。1985 年 6 月，省医疗队抽样调查景宁畲族自治县张春、大均、漈头、外舍畲族聚居地小学 4 所的小学生 880 人，发现地方性甲状腺肿 337 人，发病率 38.3%；1987 年，全县 15 岁以下儿童和育龄妇女补碘服药 39287 人，景宁畲族自治县从当年起供应碘盐。1989 年 3 月，调查张春、外舍、白鹤3个乡，受检 1664 人，发现肠道寄生虫病 11 种，感染 1264 人，发病率 75.96%。2004 年，丽水市至灵中西医结合诊所开设畲族医药科，采用畲族传统方法治疗骨伤病和男女不育不孕症，取得良好效果。

中华人民共和国成立前，少数畲村性病流行。中华人民共和国成立后，省、地、县卫生部门多次组织医疗队，深入畲村开展以性病为中心的防治工作。1953 年，丽水县城关区河山村、岗林村，梅毒血检 157 人，阳性占 35%；有淋病症状和病史者 25 例，占 15.9%。1954 年，景宁县北溪乡吴山头畲村血检 172 人，确诊梅毒患者 94 人，其中 64 人有临床表现；经防治后，基本控制性病流行；1981 年，景宁县血检 l0239 人，未发现呈阳性患者。1982 年，遂昌县血检 7897 人，康氏反应阳性 48 人；丽水县曳岭、丽云区及联合、水阁等乡血检 3435 人，康氏反应阳性 23 人。对新发现的病例，逐个进行治疗。

饮水卫生

畲民居住区饮用水困难。遂昌县云峰镇岩里村 18 户、95 人，仅有小水井 1 口，干旱时一天只有几担饮用水，不能满足饮水需求；云和县庄前、严山村，晴则无水，雨则水浊，饮后常发病。1982 年起，各县拨出专款补助畲民安装自来水。1989 年 5 月，调查 66315 人，饮用自来水的 22871 人，占 34.49%。1998 年，景宁、丽水、龙泉、遂昌、云和、松阳、缙云等 7 个县（市）畲民饮上自来水 15634 人，占 7 个县畲族人口的 29%，其中景宁畲族自治县 4150 人、丽水市（县级）1825 人、龙泉市 1094 人、遂昌县 4633 人、云和县 5496 人、松阳县 2351 人、缙云县 75 人。至 2007 年年底，全市 198 个畲族村中，安装自来水 135 个，占 68.18%；2010 年，208 个畲族村中，安装自来水 187 个，占 89.9%。

第四节　畲　医

莲都、景宁、龙泉、遂昌、云和、松阳等县（市、区）有较著名畲医 101 人。主治跌打损伤、蛇伤、风湿、疝气、疟疾、黄疸型肝炎等常见病。有的家传秘方代代相传。

蓝马元，莲都区平原乡道士畋村人，专治儿科 80 多年，诊治小儿万多人。民国时期联城乡武村一小儿患惊厥性疾病（畲语称犯寮櫓），医师 7 人诊治不愈，经蓝马元诊治，用药 6 帖治好，被誉为神医妙手。1987 年病故，享年 98 岁。

蓝章土，莲都区永丰乡牛寨村人，行医 60 多年，擅长治疗中风、肝炎、抽筋疯、关节炎等病。所用草药，采种结合，自种草药 0.03 公顷。医术高明，在当地负有盛名。丽水市苏埠村有个小孩昏迷 7 日不开口，确诊为“鲤鱼产子”病。经治疗，不到一炷香时间，小孩开口，3 日痊愈。

雷瑞明，龙泉县岱垟乡五都楼人，自幼学种草药防病治病。解放后，常以中草药为民治疗。在研究草药性味中，亲尝草药 100 多味，多次发生中毒，自行解救，认识中草药 580 多种。擅长以中草药医治骨膜炎，名扬龙（泉）浦（城）地区。

雷明生，遂昌县妙高镇冬梅村人，用草药专治肝炎，先后治愈400多人。

雷玉珠，女，遂昌县石练乡（镇）上安人，用草药专治小孩疳积，有50多年医史。

蓝水坤，云和县沈村乡沈岸村人，行医20多年，擅长接骨，治愈100多人。

蓝林妹，女，松阳县靖居乡毛弄村人，祖传眼科，使用单方，不动手术，医治眼科多种疾病。

第六章　畲族体育

畲族体育发端于特定的自然环境、社会环境及生活方式，其内容丰富，形式多样，特色突出，表现出注重内外兼修、形神兼备的特点，具有鲜明的民族文化特色和丰富的地域内涵，体现本民族体育文化的个性。畲族传统体育项目源于早期生产劳动、宗教信仰、自卫抗争及娱乐活动等，有丰富的民族历史渊源，具有畲族自然质朴、绵延世泽、眷恋乡土、理解情感、尚人伦、尊祖宗、重道德、崇礼敬的民族品格与精神，也有强身健体、表演、娱乐的作用。发扬畲族体育还有促进地方经济发展、思想教育和文化传承、凝聚民族情感等诸多文化功能。

第一节　体育项目

畲族民间体育流行拳术、棍术、投掷等传统项目。清光绪三十一年（1905），在浙江景宁、苍南和福建宁德一带出现畲族体育项目——“抢山猪头”，并在畲族居住地区流传。民国32年（1943），丽水富岭大凉山畲民居地曾有畲民“火功”表演。“火功”表演者赤脚踩踏通过烧红的木炭地（2.33米×1米）。

1949年中华人民共和国成立后，丽水传统畲族体育有新的发展。1985—1992年，浙江省少数民族师范学校教师赵理强挖掘、整理加工畲族传统体育，如“问凳”“腹顶棍”，在学生中施教推广。1986年12月，龙泉县竹垟畲族乡举办首届体育运动会，比赛项目11项，代表队13个，运动员800多人，赛期2天，被评为全国少数民族体育先进单位。

1986年4月，浙江省首届少数民族传统体育运动会在景宁畲族自治县举行，参加表演的有畲、回、满、苗等族运动项目51个，其中畲族项目8个。“打尺寸”等体育项目被推荐到全国第三届少数民族传统体育运动会表演。畲族民间传统体育项目主要有：打尺寸，俗称“打咯咯”，是流传于浙、闽畲区的民间传统体育活动，朴素而实用，相传是由公元7世纪畲族英雄蓝奉高在反抗唐王朝的武装斗争中，以断弓（尺）将敌箭（寸）拨返敌阵的技艺演变而成；操石磉，操即推，石磉即石块，即用脚踩滚石进行竞赛，该项目曾参加全国第七、八届民运会，分别荣获表演赛银奖和金奖；问凳，源于古时畲族巫师“问凳”工具，该项目曾参加全国第四至第八届民运会，均获表演赛金奖；操杠，不受场地和人数限制，需较高的技巧和较强的毅力，比赛采用分组进行或接力赛形式，由2人在一块长4米、宽0.2米的木板或木凳上，用一根约2米长的棍子各执一端，双脚前后蹲跳，彼此用力对顶，先离开木板或跌倒为败，该项目曾参加全国第四至第八届民运会，均获表演赛银奖；拳术，畲民称为打拳头、打工头，生活在地势险峻的浙南、闽东的畲民，农闲或节日，男女老少个个习武，都会飞腿擦掌，且功夫高深、武术精湛。畲乡也是“拳术之乡”。流行于丽水市的拳术有两种：其一连环拳，流行于景宁畲族自治县郑坑乡叶山头一带畲村，套路有四门拳、五步拳、七步拳、金子拳、拌子拳等环节6个，自称源于祖宗雷大相①的拳花；其二法山拳，流行于浙江龙泉的畲村，相传起源于畲族祖居潮州凤凰山，其特点在于“柔”。龙泉县民族科将法山拳整理成“笛子舞”，节奏明快，动作粗犷，刚柔相济，颇为优美。此外，还有踩石球、摔油茶球、民族棍、打飞抢、老鼠闸及富有山区特色的爬树、吊竹、射竹箭、打弹弓、孵小鸡、老虎吃猪仔等民族传统活动。从1997年2月起，景宁畲族自治县多次深入畲民居住地调研畲族传统体育。2005年，挖掘整理出失传多年的畲族体育“赶野猪”。2009年，挖掘整理出畲族传统体育“摇锅”。“腹顶棍”“赶野猪”“操石磉”“问凳”“摇锅”等节目在景宁、丽水、衢州、温州等地推广。

第二节　体育活动

学校体育

旧时畲族子女多数无教育机会，少数在私塾或简易村校读书，不设体育课，无体育活动。少数入初中后，才开始上正式的体育课，参加一些体育锻炼项目。民国18年(1929)，云和县沈岸村畲民蓝芳南从浙江省体育专科学校毕业，被县民众教育馆聘任为馆员后，开辟体育场地，置办器材。民国19年，县民教馆举办云和县首届民众体育运动会，赢得民众赞扬。

中华人民共和国成立后，学校贯彻德、智、体全面发展的方针，小学普遍开设适合儿童身心发展的田径、球类、跳绳、踢毽子、保健操、少年广播操等活动，推行中、小学《国家体育锻炼标准》，全面开展体育活动。

丽水籍畲族运动员钟柏诚，1957—1959年作为解放军代表运动员，参加省级以上比赛多次获奖；1957年11月，在上海举行的海军体育运动会上获田径短跑100米、200米第2名；1986年，成为国家一级篮球裁判员。丽水籍蓝宏荣，1987年，获浙江省青少年航海模型比赛F—E(B)级冠军；1988年，获全国青少年航海模型F—E(B)级冠军。遂昌籍雷兵，1987年7月，在温州市举行的浙江省业余体校田径分龄赛中，以2382分成绩打破浙江省同龄组中长跑组四项全能纪录。至1990年，全区畲族运动员参加全国、全省比赛6人。获国家级金牌1枚，省级金牌2枚，银牌3枚，铜牌3枚。

2010年，丽水市承办第四届浙江省少数民族传统体育运动会。全省11个地级市和景宁畲族自治县派出代表团12个、650多人参加，其中运动员有民族25个、416人，参加竞赛项目8个(蹴球、

① 雷大相，清咸丰二年(1853)十月二十一日出生于遂昌县大柘，从小练武，武艺高强，后迁入景宁县东坑乡深洋村黄山头，畲族人称他为“大相师”。

陀螺、射弩、高脚竞速、板鞋竞速、押加、武术、珍珠球）和表演项目3类（竞技类、技巧类、综合类）。丽水市代表团荣获金牌26枚、银牌18枚、铜牌15枚，均居各代表团之首，并获得体育道德风尚奖和组织奖。景宁畲族自治县代表团也取得优异成绩。

竞技体育

1986年4月21—25日，第一届浙江省少数民族传统体育运动会在景宁畲族自治县举行，丽水、温州、金华、衢州、杭州、嘉兴、湖州、宁波、台州、舟山等8个地市、5个民族的170人参赛，表演项目40多个，其中畲族表演项目占多数。9月，畲族传统体育"打尺寸""操石磉"被推荐为第三届全国少数民族传统体育运动会的表演项目。

1990年10月26—28日，第二届浙江省少数民族传统体育运动会在丽水市（县级）举行。全省11个地市均派出代表队，有竞技比赛和表演项目。其中畲族的"操杠""问凳""摔跤"等被推荐为第四届全国少数民族传统体育运动会的表演项目。

2006年11月3—7日，第三届浙江省少数民族传统体育运动会在杭州市萧山区举行。有全省11个地市和景宁畲族自治县12个代表团，各族运动员出席运动会400多人，比赛有大项9个、小项53个，产生金牌45枚、银牌44枚、铜牌44枚。其中，丽水代表团以26金、15银、7铜的优异成绩名列金牌及奖牌总数榜首。

2010年11月22—26日，第四届浙江省少数民族传统体育运动会在丽水市举行，丽水市和景宁畲族自治县组队参加。

丽水市参加全国民运会情况

表44-6-2-1

时间	地点	地点	参赛人数	项　目	获奖情况	教练
1986年8月	新疆	全国第三届少数民族传统体育运动会	6	打尺寸 操石磉	表演（未设奖）	赵理强
1991年11月	广西	全国第四届少数民族传统体育运动会	8	问凳 操杠	一等奖 二等奖	赵理强
1995年10月	云南	全国第五届少数民族体育运动会	20	问凳 操杠 毽球	一等奖 二等奖 女子第八名 男子第十名	赵理强 方哲红 赵理强
1996年10月	上海	全国第三届农民运动会	21	稳凳 毽球	一等奖 第十一名	赵理强 方哲红
1999年8月	西藏	全国第六届少数民族传统体育运动会分会场	10	射弩 腹顶棍	个人第九名 团体第六名 二等奖	赵理强
1999年9月	北京	全国第六届少数民族传统体育运动会	28	问凳 操杠 毽球 蹴球	一等奖 二等奖 第十名 精神文明运动队 男单第六名	赵理强 方哲红 刘俊峰 王跃聪

续表 44-6-2-1

时间	地点	地点	参赛人数	项　目	获奖情况	教练
2003 年 9 月	宁夏	全国第七届少数民族传统体育运动会	66	十字稳凳 蹴石磉 操杠 腹顶棍 射弩 高脚竞速 男子珍珠球	一等奖 二等奖 三等奖 三等奖 全能第四名 立姿第五名 跪姿第八名	赵理强 徐海波 王晓飞 高伟淼
2007 年 11 月	广州	全国第八届少数民族传统体育运动会	82	问凳 蹴石磉 操杠 畲族器械健身操 畲族徒手健身操 赶野猪 高脚竞速 射弩 蹴球 武术 男子珍珠球	二等奖 二等奖 二等奖 一等奖 二等奖 二等奖 4×100 接力第七名 团体第七名 男子双蹴第六名 男女混蹴第六名 男子单蹴第七名 拳术第六名	赵理强 洪玫 蓝进平 王晓飞 徐海波 李晓明 钟菊花 赵环春

第七章　畲族语言

畲族使用畲语，通用汉文。畲语常被称作“山哈话”“畲民话”“畲话”，属汉藏语系，是维系民族心理和感情的重要纽带。古志载畲民“话音侏离而不可闻，与邑之操，其土者又迥殊焉”[①]。除广东省惠东、博罗、增城、海丰等 4 个县的畲族人口 1200 多人使用属于汉藏语系苗瑶语族苗语支的一种语言[②]外，全国各地 90%以上畲族人口使用的畲族语言基本共通，地方差异不大。

丽水市的畲民使用统一的畲族语言，可以与省内温州、金华、衢州、杭州及外省福建、广东、江西等地会畲语的人直接通话。丽水市各县（市、区）的畲语，特别是新名词，或多或少地受当地汉语方言的影响，只有语音、语调差异，其基本词汇和语法结构与汉语或方言大体一致。

畲语声母单纯，韵母发达，声调复杂，保留入声，变调现象较普遍，音节多。在语汇、语法等方面也保留着自身的一些特点。因丽水境内畲汉两族杂居、相互交流，畲民通晓汉语方言，杂居村的汉族人也懂畲语，有的甚至还会讲畲语。由于历史和生活环境原因，有部分畲民不会说畲语，如缙云县和

① 见《景宁畲族自治县县志》。
② 游文良先生称之“惠东畲语”。

庆元县的绝大多数畲民、一些父母单方是畲族的畲民子女、特别是在城市长大的青少年畲民。会说畲语的畲族人口呈减少趋势。

第一节　语　音

声　母

声母有 18 个，比现行汉语拼音方案少 3 个。

畲语声母一览

表 44-7-1-1

发音部位		发音方法						
		塞音(清音)		塞擦音(清音)		擦音	鼻音	边音
唇　音	双唇音	p(b)	p'(p)				m(m)	
	唇齿音					f(f)		
舌尖中音		t(d)	t'(t)				n(n)	I(I)
舌根音		k(g)	k'(k)				ŋ(ng)	
舌面音				tɓ(i)	t'ɓ(g)	ɓ(x)		
舌尖前音				ts(z)	ts'(c)	s(s)		

注：括号内为汉语声母，ng 已废

丽水地区畲语中，没有汉语普通话的翘舌音 zh(tʂ)、ch(tʂ')、sh(ʂ)、r(ɹ)四声母，因而没有翘舌音，凡汉语中翘舌都读成舌面音或舌尖前音。如"主(zhǔ)"读成"tɓy^{35}"，"抽(chōu)"读"tɓ'iu^{53}"，"诗(shī)"读"si^{22}"，"热(rè)"读"niɛ^{21}"。另外，它仍保留古议语中的鼻音韵母ŋ(疑母)。如"牛(niú)"读"ŋɑu^{22}"，"咬(yǎo)"读"ŋai^{33}"，"不(bù)"读"ŋ^{22}(唔)"。

韵　母

韵母有 60 个，加上有入声韵的 ɔ、o、æ、iA、iɛ、ic、iɔ、iai、iou、iɑu、iau、ioi、iɔu、ion 及 uo、y，共计 76 个。比现行汉语拼音方案多 37 个，与《中原音韵》相同的有 33 个。由 A、i 发展的韵母很发达，开合元音、齐齿元音多，入声韵也较多，韵母总数比《指掌图》多 3 个，入声韵与它相同。

畲语韵母一览

表 44-7-1-2

	开口呼	齐齿呼	合口呼	撮口呼
单韵母	æ(哎) A[-i](资韵) (A[ɑ]) ɔ(鸦) o[o](哦)	iɛ[ie](也) i[i](衣) iA[iɑ](壁韵) iɔ(呀) io[io](唷)	u[u](乌) (uA[uɑ]) uɔ(话) uo[uo](禾)	(yɛ[uej]) y[ü](圩)

续表 44-7-1-2

	开口呼	齐齿呼	合口呼	撮口呼
复韵母	ai[ɑi](矣) ɔi(个韵) ɑu[ɑu](欧) au(否) əu(毫) oi[oi]援	iɑi[iɑi](基) iɑu[iɑu](小) iau(敌韵) iəu(腰) ioi[ioi](税)	uɔi(歪) uoi[uoi](畏) uei[uei](威)	
鼻韵母	ən[ɑn](恩) ɑm(现) ɔn(安) ɔm(担韵) ən[en](分韵) on(帮韵) n(应) aŋ[ɑng](冷韵) uŋ[ong](翁)	iɛn[iɑn](烟) in[in](英) iɔm(穰韵) iən(印) ion(痒韵) ioŋ[iɑng]材 yŋ[iong](菜)	uon(弯) uən(云) uɛn(温) uɑŋ[uɑng](汪)	yɛn[üɑn](冤) yn[ɔn](匀)
入声韵母	A[ɑ](轭) tɑ(八韵) ot(拨韵) et(跌韵)	it(盖)	uA[uɑ](划) ut(骨韵)	yɛ[üe](越)

注:表中方括号内为汉语拼音

声调与变读

声调有 8 个,与《广韵》的“八声”略同。

畲语声调一览

表 44-7-1-3

调　号	1	2	3	4	5	6	7	8
调　称	高平	中平	低平	高升	中升	中降	高降	低降
调　值	55	33	22	35	23	31	53	21
古　声	去声	上平	下平	上声	上声	去声	入声	入声
畲语例字	t'u^{55}	t'ɑm^{33}	tsəi^{22}	tɑu^{35}	niɑu^{23}	tɓ'y^{31}	t'ɑt^{53}	nɑt^{21}
	兔	天	柴	倒	猫	箸	铁	捺
	ku^{55}	kɑu^{33}	p'iu^{22}	tsɑu^{35}	mɔi^{23}	tsɑn^{31}	kio^{53}	t'o^{21}
	姑	沟	浮	走	麻	玩		摘
	tɑu^{55}	tɑi^{33}	yn^{22}	Wɛn^{35}	yoŋ^{23}	kŋu^{31}	sɑt^{53}	ndt^{21}
	鸟	剃	匀	碗	羊	勾	煞	篾
说　明	第一至第六为舒声调,第七、第八是促声调,发音短促;第一调(高平)类去声,第六调(中降)类上声。							

畲语变调现象较普遍，大致有下列四种情况：

1. 第四调（高升）字后与其它词组合时，变读成高平调。如"倒水"读"tɑu^{55}ɓy^{35}"，"走堂"读"tsau^{55}kau^{22}"，"碗盏"读"Wɛn^{5}tsam^{35}"，然它前面加词组合时读音仍不变。如"洗碗"读"sɑi^{555}Wɛn^{35}"。

2. 叠词变读。如"高（kau33）重叠则读"kɑu^{55}kau^{23}"。"慢（mɛn^{31}）重叠后读"mɛn^{55}mɛn^{25}"，"常（tɓ'ion^{22}）重叠时读"tɓ'ion^{23}"。

3. 口语与歌谣念读的变音。如平时读"郎（lon^{22}）"，念歌时则读"lon^{23}"，"娘（nion^{22}）"读"nion^{23}"。

4. 地名尾音的变读。如"塘（t'on^{22}）"，"牛塘村"的塘念"t´on^{23}"，"垟（yon^{22}）"，"上村垟"的垟就要念作"yon^{23}"，"山（sɑn^{33}）"，"徐山村"的山则读"sɑn^{23}"。

音　节

畲语音节共 635 个，与普通话音节相同的 200 多个，汉语拼音所没有的音节占 2/3，音韵配合能度很高。

畲语音韵能拼度情况一览

表 44-7-1-4

声　母				韵　母			
				开口呼	齐齿呼	合口呼	撮口呼
双唇音	p	p'	m	能	能	能（限 u 四音）	否
唇齿音	f			能	否	能	否
舌尖中音	t	t'		能	能	能	否
	n	l		否	能	能	能
舌根音	k	k'	x	能	能	能	能
	ŋ			能	否	能	否
舌面音	tɓ	tɓ'	ɓ	否	能	否	能
舌尖中音	ts	ts'	s	能	能（限 i）	能	否
零	ø			能	能	能	能

另如 tS、tS'、S 三个声母，不仅有"tSʔ^{35}（止）""tS'ʔ^{33}（雌）""Sʔ^{33}（试）"，还有与"1"相拼的"tSi"有"纪（苎线）""姐""栖（鸡房）""支"，"tSi"有"字""牸（锅铲）"，"Si"有"四""死""诗""荠""丝""匙"等。

有些词的用法即使与汉语同义，读音也有别。

畲语与普通话、丽水方言异音同义词举例一览

表 44-7-1-5

例　字	舔	笑	玩	筛	尿
普通话读音	t'iɛn^{214}	ɓiɓu^{51}	Wan^{214}	Sai^{55}	niau^{51}
丽水方言读音	t'iɛ^{55}	tɑ'iɑu^{51}	kau^{55}	Sʔ^{35}	ɓy^{35}
畲语读音	ɓiai^{33}	Sau^{33}	tSan^{31}	t'uɔi^{33}	nau^{31}

注：汉语四声调值为阴平（55）、阳平（35）、上声（214）、去声（51）

又如“讨（t'au^{214}）”，畲语读“lo^{33}”；“更（kəŋ^{51}）”，畲语读“k'əu^{33}”；“织（tʂi^{51}）”畲语读“kaŋ^{33}”；“挖（wA^{55}）”畲语读“liu^{35}”；再如“推（t'ui^{5}）”，丽水汉语方言读“t'uŋ^{55}”，松阳汉族读“næ^{33}”，遂昌汉族读“ɓyɛ^{35}”，云和汉族读“tS'au^{35}”，而畲语读“naŋ”，差异很大。畲语与普通话、丽水方言读音差不多的情况也有，但数量不多。

畲语与普通话、丽水方言同义近音词举例一览

表 44-7-1-6

例　字	空	劳	里	蕻	你
普通话读音	k'uŋ^{55}	lɑu^{35}	li^{214}	Xuŋ^{51}	ni^{214}
丽水方言读音	k'uɑ^{35}	lɑu^{22}	li^{55}	Xuŋ^{51}	ni^{55}
畲语读音	k'uŋ^{33}	lɑu^{31}	li^{35}	Xuŋ^{33}	ni^{33}

畲语中同义多音现象比较普遍。如形容很黑，就有“乌冷冷（laŋ^{23}）”“乌臭臭（tɓ'iu^{33}）”“乌林林（liən^{35}）“乌墨墨（mæ^{53}）”“乌脚脚（kio^{31}）”“乌降降（kɔm^{31}）”“乌捋捋（let^{53}）”“乌洞洞（tuŋ^{31}）”等，许多动词也是这样。

畲语动词中同义多音词举例一览

表 44-7-1-7

例　字	盖	刨	蹲	喝(斥)	丢
畲语读音	kuoi^{33}	pau^{31}	kiu^{22}	Xæt^{35}	yɑŋ^{31}
	kiɑn^{22}	kiɑit^{53}	kio^{31}	Xɑt^{53}	ɓit^{53}
	k'ɔm^{35}	ket^{53}	kiɔm^{31}	tɓiɔ^{51}	tɓiɑm^{31}

再是多义多音现象也较普遍。

畲语中多义多音词举例一览

表 44-7-1-8

例　字	公	婆	断
畲语读音	kuŋ^{33}（公私）	p'uo^{22}（公婆）	tɔn^{33}（断定）
	kuŋ^{23}（祖父）	p'uo^{35}（外婆）	t'ɔn^{33}（割断）
	kuŋ^{31}（雄性）	p'uo^{31}（岳母）	tuɛn^{31}（交清）
	kuŋ^{55}（外公）	puo^{22}（指女性）	k'ut^{21}（枯竭）

第二节　词　汇

畲语词汇的特点是保留着一些古汉语的词汇，这些词有可能是在上古和中古时期从汉语中借入的，这跟畲族没有文字，一直沿用汉字有关：畲语有着一些自己的特殊词汇，这些词与汉语以及其他的方言都不同：从现代汉语以及其他方言中借入大量的词语，这部分词语各地的畲语说法有很大的不同，主要是受当地方言的不同影响所致。

词法特点

1. 单音节词多。例如：

房间（kiɑm^{31}） 没有（mɑu^{22}） 货物（nɔ^{53}） 稻草（kɔn^{35}）

清理（koi^{33}） 苎麻（tɓ'y^{31}） 芝麻（mɔi^{23}） 蚂蚁（ni^{35}）

2. 保留了相当数量的古汉语词汇，如：

奚（ɓi^{22}）—什么 走（tSɑu^{35}）—跑 啮（niai^{21}）—咬 莫（mo^{21}）—不要 食（ɓi^{21}）—吃

赤（tɓ'iA^{53}）—红 禾（Wo^{22}）—稻 崎（k'i^{33}）—陡 着（tɓio^{53}）—穿

3. 词的变义用法，犹如古汉语的词类活用。

畲语词汇变义用法举例一览

表 44-7-2-1

畲语例词	汉语原义	畲语含义	例 句	用 法
喔（Wo^{35}）	鸣叫声	叫喊	喔人开会	象声词变动词
呸（p'uei^{35}）	象声词	吐	牙血呸出来	象声词变动词
嗷（kiau^{33}）	哭声	哭啼	小孩莫嗷	象声词变动词
戥（tæn^{35}）	小称	用称称	戥肉	名词变动词

4. 词义的转借和引申，变成专义。

畲语词汇词义转借引申举例一览

表 44-7-2-2

畲语例词	畲语含义	例 句
讲究（kon^{55}kiu^{33}）	原因	这个事故有讲究。
干戈（kn^{33}ku^{33}）	牵连	与你冒干戈。
出处（tɓ'it^{33}tɓ'y^{33}）	结果	他会冒出处。
切（tɓ'ɑt^{53}）	想念	切娘洞里好树花。
度（t'u^{31}）	娶	郎要度娘来管家。
乃（nai^{31}）	只	乃听少娘一个名。

5. 存在偏义副词，例如：

饭箸—筷子 酒水—酒 雾露—雾 坑沟—坑（小溪）

6. 构词还带古代语素，例如：

猪囚（tɓ'iu^{22}）—猪圈 牙痕（Xɔn^{22}）—牙印 鸡栖（tSi^{33}）—鸡窝 酒瓯（ɑu^{31}）—酒杯

7. 带有明显的"形象""指意"特色，例如：

很弯—弯虬虬（tɓ'iu^{33}） 很滑—滑溜溜（liu^{22}） 很湿—水渍渍（tɓit^{53}） 很陡—崎蹬蹬（taŋ^{53}）

麻雀—茅槿鸟（做窝茅寮） 到处—满山其（散布广） 火旺—烘燎燎（lau^{22}）

金樱子—甜缸（果子缸形）

8. 一词多义。由引伸或比喻，用在不同的句子中有不同的含义，例如：

世界—做世界（事业）；满世界（地方）；无世界（天下）。

转—转动（旋）；转察（回）；转苋（返青）；转手（换）。

分—分开（分家）：给（分我）；被（分人打）；辨别（分清），量度（分寸）；成数（三分三）。

凑—食点凑（增加）；凑着（碰到）；真凑（巧）；凑下（帮下）。

9. 把修饰、限制的偏词放在主词之后。例如：

公鸡—鸡公；客人—人客；公牛—牛牯；干菜—菜干。

10. 有些词尾带有固定的腔调。几种情况如下：

（1）用“头”表示时间、处所、大约数。例如：中午（日久头）；田岸上（田巡头）；约十月（十头月）。

（2）用“崽”表示小、或作缀词。例如：凳崽（小凳）；伞崽（子）。

（3）用“攮（non^{35}）”表示带柄工具的背部或脑部。例如：刀〔攮〕；斧头〔攮〕；锄头〔攮〕。

（4）用“卵（lɔn^{55}）”“皮（p'i^{55}）”表示形态与性状。例如：光头卵—圆滑；茶子卵—卵形果；苦皮—植物薄皮；石鼓皮—石片。

（5）用“伶（lian^{55}）”表示尖状物。例如：石鼓（伶）—尖石头：田角（伶）—尖形田角；茶壶（伶）—茶壶嘴。

（6）用“公”“牯”“哥”表示雄性，用“娜”“牸”“娘”表示雌性。例如：公牛—牛牯；雌小牛—牛牸；种猪—猪哥；公鸡—鸡公；母猪—猪娘；女子—××娜。

（7）用“（太）tai^{55}”表示试一下。例如：做下（太）—试下看；帮下（太）—请帮一下。

（8）用“甚”“死”表示程度。例如：刁甚—很聪明；差死—很坏；真笑死——十分好笑；到地甚—很漂亮；凑死—凑巧。

（9）用“相”表示“样子”。例如：死相—无精打采；贼相—鬼头鬼脑。

11. 一些地方名与通常汉语称呼有别。

畲语汉语称呼地名对比举例一览

表 44-7-2-3

县　别	汉语称呼	畲语称呼	县　别	汉语称呼	畲语称呼
丽水	道士畔	洋肚	云和	茂端	坟顶
	尖弯	鲤鱼山		山寮	青石岩
	田岗背	大咳		小子坑	七尖
	后坑	前陶		张源头	东岩头
景宁畲族自治县	金仙寺	老鸦间	松阳	岗丘	掌牛山头
	米岩山	大畈洋		下寮儿	上寮
	大张坑	兰考		叶西后	裕溪源内
	上寮	北山	遂昌	钱村	唐下
云和	杉坑岭	半源		乌坦根	荒坞

借　词

借词即借用兄弟民族词语，尤以现代新名词，借用汉语普通话为多，但读音与汉语原音有别，例如：

“北京”读 pæ^{53}kiaŋ^{33}　“电视”读 tan^{31}Sʔ^{31}　“状元”读 tSo^{31}ŋɔn^{22}

“社会”读 ɓiA^{31}foi^{31}　“正经”读 tɓiaŋ^{33}kin^{33}　“结果”读 kiɛt^{53}kuA^{31}

第三节　语　法

畲语的语法结构，是以特定的语序、虚词和语感来表情达意，具有民族性、一致性和稳固性的特点。浙江各地畲语语法结构比较一致，主要特点大同小异，只有部分词的结构方式和现代汉语构词形式不一样。

常用反问句式表示肯定或否定。如“我讲阿唔喔?”(我说的没有错)，“难怪唔？”(难怪、果然是这样)，“就是其顶好啦?”(不一定就是他最好)。

词序与现代汉语不同。如谓语前置:“烂手爪啦啊！”(手烂起来了)；做认真的(认真点做)。宾语前置:“饭食了就来”(吃了饭就来)；“你寮人客来啦”(你家来了客人)。定语、状语后置:“其寮牛买来了，壮壮咯”(他家买来一头肥壮的牛)。汉语修饰限制性的成分在前，如说“公鸡”，而畲语则说成“鸡公”，把修饰限制性的成分放在后边，如牛牯、猪娘、鸡崽、狗崽、鬼崽(小孩)、后生崽(小后生，即小伙子)、杯崽(小杯)、路崽(小路①)，等等，像这样的一类词在畲语中是比较普遍的。补语前置:“我寮猪要好食甚”(我家的猪要吃得很好)。

省略句子成分。如:(我)见日凑着你(“每天碰见你”，省主语)；我讲的(不会错)(省谓语)；奚个鬼捻着(你)啦(“什么鬼缠着你了”省宾语)；(请你)落个边来坐(省兼语)；无(一)日好(省数词)；你寮个个(人)都会唱歌(省名词)；帮我(的)书拿来(省助词)；(把)牛赶去得啦(省介词)；管其(就像)管(自己的)子女(一)样(“管他像管自己的子女一样”多种成分省略)。

使动、意动和被动用法:莫吃亏其(不要使他吃亏)——使动；懒意人(我觉得身体不舒服)——意动；莫打水(不要被雨淋湿)——被动。

畲语中有大量带叠音成分的词，而且一个词常可带不同的叠音成分，有些词的结构方式与汉语构词方式也不相同。

此外，畲语中有借助语气词加强陈述、感叹或反诘的力量，常用复音重语气词。如:我真唔去啰喔。(我真的不去啦！)

第四节　隐　语

隐语，是畲族先民流传下来一种语言方式，具有传统性、民族性和稳固性，起着助趣、避讳、盘问等作用，在不同场合使用。

助趣性

如称吃饭为“撑船”，筷子叫“撑篙”，喝酒为“过水路”，吃干饭为“过燥路”，来客对歌为“烧火灼”，结为夫妻叫“结头对”。

忌讳性

死了人叫“过山了”“走掉了”“老了”“去转”，忌“死”字；出丧时抬棺途中歇一下，叫“升记”，忌

“停”“歇”字。

查问性

查问对方姓氏时，常问你是“顶角”还是“盖耳”，如姓蓝，答“顶角”。姓雷，答“盖耳”；问：“门前几个踏步坎？”（问你家中有几代人）若有二代，答“三个”；问：“你是第几坎？”（问你是第几代人）；问：“一支毛竹破几爿？”（问排行）；问：“一个橘子分几离（瓣）？”（问你有几个兄弟）。

考察性

查考陌生人是否同族，答对即报出家门，可与叙列长幼辈分，待之如亲族故友。先问：“你寮竹鞭是哪里连来”（问你祖籍何处），应答“广东”。再问：“一桁毛竹打几爿”（问排行辈分），可答“我的毛竹破六爿”，或说“破五爿”。“六爿”指蓝姓排行：大、小、百、千、万、念六字序列。“五爿”指雷姓排行：大、小、百、千、万，钟姓排行：大、小、百、万、念。再问：“你是第几爿（问第几代人）”“你的毛竹是上头破落，还是下头破上”，即问排行序列是否周复。未周复，答“上头破落”；已周复，答“下破上”。最后问：“成人未成人”（问资历，履行过传师学师仪式的称“成人”，尚未履行的即未成人）。

第八章　畲族风俗

畲族人民勤劳朴实，热情好客，留存许多古雅、淳朴、优良的传统礼俗。古朴、淳厚、热情、好客的民俗是畲乡自古以来历史和文化的积淀，源出华夏，承续瓯越。随着经济以及自然条件变化发展，广大人民不断创造出新的的畲乡风习俗，具体有农作、撑船、饲养、饮食、服饰、生育、丧葬、婚嫁、祭祖、建房、砌灶、三月三、传统节日、时令节日、宗族、婚礼等方面。

第一节　生产风俗

农　耕

早期畲族先民的农业生产以“刀耕火种”为主，“随山种植”，垦山种粮为生。所耕之地多属缺水旱地，所种作物多为耐旱作物。畲族男女同耕，善于改良土壤。中华人民共和国成立前，畲民沿用原始的刀耕火种方式开展农业生产。畲族的刀耕火种法，又可分为两个发展阶段：明清以前，采用食尽一山则他徙的流动方式；明清时期，开始过定居的耕山生活。畲族农业生产经历由锄掘农业向犁耕农业、由游耕农业向定居农业转变的过程，逐步发展成以耕梯田种水稻和以定耕旱地种杂粮为核心的生产模式。

每年年初，家家户户男女老少一起上山，以户为单位，小户十几亩，大户几十亩，连片地劈倒草木，被砍的草木周围留出宽 3 米多不堆草木的“火路”，防止烧山时把边上的山也烧着。月余烧山。待火灭土凉，撒种入灰。灰厚盖籽，不耘而获。灰较薄者，用木锄翻灰土，使籽入土，且又不伤种子。畲民的刀耕火种一直延续至 20 世纪中叶。20 世纪 50 年代初，畲族地区进行土地改革，畲民分得土地、农具等生产资料。至此，畲族基本停止刀耕火种的原始耕作方式。

祭祀

畲族以农为本，在祭祀日和时令节日都举行祈求神灵庇佑风调雨顺、五谷丰登的仪式。其中，农历正月清醮道场是祈求丰收的祭祀仪式。畲族与生产有关的时令节日有牛歇节、圆冬节等。平时经常举行结合农事的祈福活动。农历正月初一至初四“开正福”，初五有“下神福”，二月初一“春福”，初二有“土地福”，立夏日“夏福”，端午节后“保苗福”，白露日“白露福”，立冬日“冬福”，除夕“完满福”。农忙时节，畲家有“门有落锁”习惯，即全家出工，用一根小竹条或小木棍拴在门扣上，以示屋内无人。冬季收成后，田野作彻底清理，聚族摆宴，男女劳力团聚饮酒庆丰收，俗称“理园埕”。

做福　即开正福，正月初一至初四日，祈求一年四季平安。农历二月初一（或初二），是春福，祈求春耕顺利、五谷丰登。立夏日是夏福，庆祝麦子收成，有吃面条和夏饼习俗；有的畲族人家拿麦子换面。端午节前后（或农历五月三十日）晚稻、番薯栽插，是保苗福，祈求庄稼免遭病虫害、兽灾、旱灾等，求禾苗茁壮成长。白露日是白露福，答谢神明保佑秋粮进仓。除夕是完满福，答谢神明庇佑，庆祝一年的农事活动顺利。

牛歇节　农历四月初八日是畲族的牛歇节。凌晨，畲族农民把牛赶到山上吃露水草，梳洗牛身，打扫牛栏卫生，用泥鳅鸡蛋泡酒或用米粥等精饲料喂牛，严禁耕牛劳作。供祭牛王庙神。

圆冬节　立冬是畲族农户的圆冬节。户户砻糯谷，舂米做糍粑，全家共餐，庆辛勤劳动获得好收成。有的人家还要杀鸡宰鸭烹食，俗称“理园埕”，示田园种植大计到此日料理完毕。个别畲民末做糍，至冬至日也要补餐，或舂米糍或做汤圆先供祖，全家再吃汤圆，以祝来年好收成。

狩猎

畲族男子以狩猎为副业。狩猎，分个人单独行动和集体行动形式。畲民出门行猎时，要拜“猎神”。猎获兽物分配，击中野兽第一铳者，可分得兽头、兽皮和部分兽肉；第一铳击中，野兽仍在奔逃，由另一个人补铳后，野兽才死的，兽头兽皮归第一铳者，部分兽肉则与补铳者均分；其余兽肉按出猎者（含旁观者）人头平均分配。猎到中等野兽（如野兔、雉鸡等），就推举出一人把猎物煮好，各户拿出酒来聚食。

第二节　生活风俗

饮食

旧时，粮食作物以番薯、水稻为主，玉米、麦子、荞麦、黄粟次之，主食是番薯丝，辅以藕粉、苦益菜。中华人民共和国成立后，番薯逐渐成为猪饲料。20 世纪 80 年代，稻米成为主粮，豆制品、笋制品成常年食品，如豆腐娘、霉豆腐、酸笋、咸笋等。畲民喜食热菜、嗜辣。畲族饮食制作多样化，基本与汉民相同，但仍保留畲族的风俗特点，重礼节、重节日的饮食风俗突出。

饮三道茶　喝茶是畲族传统习惯。客人光临，以茶相待，要喝两至三道。畲民称："一碗苦，二碗补，三碗洗洗肚。"客人喝一道是无情茶，喝二道才能走。

喜吃热锅　家常菜蔬喜热吃。家家户户在桌中置风炉，架上小铁锅，边煮边吃。全年 2/3 时间用火锅，有些地方酒席也不例外。

平分食物　"有食大家尝"，买猪肉或杀鸡，煮熟后分食，老幼无别，主客无别，人均一份，延续至今。

糯米糍　糯米除酿酒外，还做成糯米粑。过年、做"七月半"、冬至制作糍粑，取意时（糍）来运转，生活年年（粘粘）甜。俗语"大人生日一臼粑，小孩生日一双蛋"。

此外，畲族好客，在客宴上必备酒，无酒不成宴。多数酒为自家酿的米酒和米烧。米酒多是黄曲酒或白曲酒。景宁山区有一种绿曲酒，味道醇美。每个节日都要制作特色小吃点心，如春节吃黄粿、二月二吃芥菜饭、三月三吃乌饭（乌稔饭）、清明节吃清明粿、端午吃糯粽等。畲族饮食有很多禁忌，如年初一忌喝菜汤，不然播田浮苗，整年出门要打伞；服中药忌吃萝卜等。

服饰

畲民与汉民交错杂居，生活上彼此影响，渐趋接近，其服饰仍保留古朴、鲜明的民族特色。因畲族居住分散，服饰受自然环境、经济状况、生活习惯及其他兄弟民族的影响，不同地区略有差异。畲族传统女性服饰"凤凰装"，由凤冠、花边衫、彩带、拦腰、花鞋五件套组成。

凤冠　旧时，畲族妇女冬夏以花布裹头，中为竹冠，缀以石珠，未嫁者不饰。其头饰绾发椎结，领竹为冠，裹以布，布斑斑；饰以珠，珠累累，均为五色椒珠。民国政府禁止畲族头饰。如民国 18 年（1929），云和县政府取缔畲族"不良装饰"，以二月为限，劝导不改者，罚现洋 1 元以上 5 元以下，当场没收；民国 22 年，政府下令禁止畲民穿戴民族服饰，禁说畲语；民国 23 年 1 月，云和县政府通令施行；景宁县警察把进城的畲族妇女头饰扯下，用脚踩碎[①]。中华人民共和国成立后，凤冠已成古董，鲜有保存。现代人戴"凤冠"的已罕见，一些畲族村只在接待来访宾客或重大节日时佩戴。

花边　畲语称"兰观"，花边衫畲语称"兰观衫"。旧时，男子平时着青色大襟长衫，开襟处镶有月白色或红色花边，下摆开叉处绣有云头。劳动时都穿大襟或直襟短衫。现常见的直襟短花边衫、领、袖、襟均镶花边，口袋绣有花朵。男女都穿宽裤脚直统便裤，女裤脚镶花边。女上衣是大襟衫，长过膝，领、袖、襟均镶花边。布色为青、蓝二种，大多是自织的麻布、棉布或蚕丝布。现代畲族服饰的款式与色彩趋向多样。

彩带　畲族传统的手工艺织品，是美化衣着的装饰物或用作腰带、背带等生活实用品，还是畲族青年男女定情信物、定亲回礼和驱邪祝福的吉祥物。定亲时，不论男方送什么礼物，姑娘回礼必须有自己织的彩带。畲族彩带编织技艺被列入浙江省第二批非物质文化遗产。

拦腰　即围裙。长 1 尺，宽 1 尺 5 寸，青色或蓝色，镶红布拦腰头，两角钉彩带，家务或下田均系拦腰。莲都、青田、松阳、景宁等县（区）畲民妇女的拦腰下端留有约 5 寸长须，并结有精细花纹。新娘

---

① 政协景宁畲族自治县《景宁文艺史》第四辑《浙江景宁敕木山村畲民调查记》，1989 年 9 月。

坐轿，用有花纹的拦腰挂轿门。

花鞋　蓝布里，青布面，四周绣花纹，前头钉鼻梁，扎红缨。女鞋比男鞋花纹多且细，只在结婚、喜庆、走亲访友时穿。抗日战争后，花鞋就少有制穿，现少数老年妇女保留花鞋。

木屐　旧时，畲族男女老幼常穿木屐、草鞋。畲族长篇民歌《封金山》中道："身着自制麻布衣，脚下无鞋着木屐"。据《景宁县志》载："古时的畲族妇女，就是'跣脚椎结'的"。畲族木屐呈长方形(大小长短因脚而宜)、厚1.5厘米、底部有5厘米高鞋齿2个，是不分前后的木质拖鞋，其用意于穿木屐走过，"兽敌"辨不清人的去向。现木屐、草鞋少有人穿。

住宅

早期，畲族辗转迁徙，居无定所，"结庐山谷，诛茅为瓦，编竹为篱，伐荻为户牖"①，聚族或分散居住于偏远山区，生活物质简陋。房屋以寮棚为主，畲语至今称房子为"寮"。房子选择向阳避风近水源之处。屋边村口栽树种竹，俗称"造成风水画成龙"。景宁、云和、青田等县畲族寮多数散布山腰，莲都、龙泉、遂昌等县(市、区)多数散居山脚。畲族民居从传统"悬草寮"到"土墙厝"逐渐发展到现代住宅。解放前，穷苦畲民住山棚，较好者住泥间或土木结构瓦房。解放后，特别近30年，农村畲族聚居村的居民住宅大多为土木或砖瓦建构，简洁宜居，具有自由灵活的江南风格，有少量钢筋水泥结构小洋房。受地形所限和汉族影响，景宁都是"一"字形房子，畲语称"竹篙寮"；莲都、龙泉、云和、遂昌等县(市、区)多数是前后厢房，呈"H"形，前厢称"出手"，后厢称"火厢"，也有少数呈"日"形，四面连筑，称"走马寮"。2009年，丽水市畲族住宅建筑纳入建设部门规划设计工作范围。2010年，形成《畲族风格民居建筑设计方案图集》，用于指导畲族聚居地新农村建设模式和式样，以创建具有浓郁民族风情的特色村寨。

棚　穷苦畲民住所。解放后，此棚除作临时房外，有用于猪圈、茅坑(厕所)，无人居住。

泥间　用黄泥夯成围墙和间隔墙，半腰架上横木，铺上竹片或小木条，垫上实土为楼。屋顶盖上茅草、稻草、树皮或瓦片。解放前，此房占多数，现时少量可见。

瓦房　土木结构。旧时，畲村罕见。现已成为主要建筑物。一般设有一厅堂(可隔为两间)、左右厢房(可隔为四间)。畲族盖房子往往是先立柱上梁，然后屋顶盖瓦，最后才筑墙和整修室内。

第三节　礼仪风俗

婚俗

畲族同姓远房可嫁娶。旧时，主张内婚，少有与平民(指汉人)通婚姻。畲族史诗《高皇歌》云："高辛皇帝曾叮咛，蓝雷钟姓自结亲，有女莫嫁外埠佬(指汉人)，锄头底下有黄金。"一夫一妻，居室不乱，方式有女嫁男家、男嫁女家、做两头家以及子媳缘亲等。畲族婚礼是畲族风俗文化最丰富的部分。由畲族原始婚嫁习俗精编而成的畲族婚嫁习俗，成为畲乡风情表演系列的主打项目之一，内容

① 清光绪《长汀县志》卷三十三，杂识《畲客》。

风趣，情节丰富，游客参与其中，互动热烈，通过拦路、抢鸡、对歌、传代、拜堂等一系列环节展示畲民独特的婚嫁风俗，亦是体验畲族风情的最佳项目。

女嫁男方　青年男女认识后，男方父母亲托人为儿子讲亲，如双方讲成，就择日订婚，也叫“定亲”。男方送定亲礼，由讲亲人送到女方，女方也回礼给男方，如丝织字带一条，叫“定情带”。双方都到婚龄，男方父母择吉日为儿子办婚事。在举行婚礼的半年前，男方父母托讲亲人送去彩礼和一张红纸条，上写结婚日期。女方父母就开始为女儿做嫁妆。结婚那天下午，男方迎亲队伍前往女方家，经过对歌等一系列步骤，将新娘迎娶回家。

男嫁女家　男到女方落户，原是畲族盛行的嫁娶方式。有的人家留女儿在家“招儿子”，把儿子给人家“招女婿”。这种方式，男方叫“去当儿”，女方叫“喊儿”“招亲”或“招儿子”，女方要给男方送彩礼，婚礼与女嫁男基本相同。嫁到女方的男子，按例改女姓，不受歧视，家庭地位和财产继承权平等。

做两头家　即夫妻共同赡养双方父母，种两家田。多为男女双方都是独生子女，或有一方弟妹未成年、缺少劳力。也有在两家劳动，看哪家条件好就到哪家落户。举行婚礼，不需赤郎、行郎，没有嫁妆，先由女到男方摆酒，然后男女双双回到女家摆酒，仪式简单。

丧 俗

老人去世称“老了”“过山了”“归去了”“过辈了”“去转”等。学过师的死后称“亡故仙师”，未学师的死后叫“白身亡人”。“亡故仙师”要做三日三夜功德，富有“亡人”家也做一日一夜“白身功德”，非正常死亡则要“拔伤”。

畲族丧仪主要有报丧、买水洗浴、接娘家、哭歌、炊孝饭、做功德、行棺等环节。以哭歌最具特色。死者下辈人围棺而坐，以歌代哭。其内容多为缅怀死者、赞扬孝顺子孙、斥责不孝者，随编随唱，也可按《哀歌》歌本选唱。哭歌曲调低沉悲切。学师者临终时须祭动身，布置师爷间，做一天一夜或三天三夜功德。功德分请神安祖、出白朝祖、行门烧香和压毕柒(结局)等。

畲族节日

畲族的本民族节日，主要有一年四季的祠堂祭祖活动、三月三、六月辰日尝新米、过年前掸尘等。

祠堂祭祖　多在正月初一、正月十五、三月初三、五月初五、七月十五、八月十五等日举行。年节祭祖(除夕)，悬挂祖图。

三月三　畲族传统节日。旧时，农历三月初三，用乌枝叶或山芋头汁蒸糯米饭，叫染乌饭。认为吃乌饭上山不被蚂蚁咬，格外有力气。景宁县乌饭洽村因此得名。解放后，三月三变成集体对歌日。除对歌外，节日活动有传统的三公主迎亲、婚嫁表演等，后增添具有畲族特色的竹竿舞、木拍铃铛舞、射弩、操石磉、打草鞋、织彩带、打糍粑、手摇爆米花等诸多畲家农事活动。从2004年起，景宁畲族自治县每年举行“中国畲乡三月三”活动。畲族聚居的莲都丽新、老竹，松阳板桥，武义柳城乡镇4个，每年轮流举办“新桥竹柳”三月三歌会等节日庆祝活动，活动的内容和形式有所创新。

过年掸尘　畲语称打浮擦煤。农历十二月十五日或二十四日，家家户户刷壁抹窗，打扫灶头烟尘，擦洗菜柜、桌凳和各种家具，清除屋内外垃圾，干干净净迎新年。

禁　忌

畲族禁忌大致可分为日常生活禁忌、农事生产禁忌、春节禁忌等。

日常生活禁忌　畲汉对话忌用畲客、哈老称呼。吃饭时忌打人。饭粒掉在地上忌用脚踩。平时忌衣服反面穿。人忌从衣裤下穿过。中堂正中忌晒衣服。栋梁忌用无子孙苗的独木。行路时忌用冷水洗脚。忌坐吃饭桌。忌坐别人热板凳。酒后忌剥棕、捣年糕、洗澡。忌年轻人摸年长人的头，忌叫长辈的名字。有孝服人家，一年内不对歌、不舞狮子、不唱花鼓。孕妇忌跨越牛绳、扁担、秤杆，小孩正月忌剃头等。

农事生产禁忌　出工时忌讲不吉利的话。下雨忌耘田。露水未干忌动庄稼。农历四月初八、立夏、夏至、冬至日忌用牛耕耘。屋边不栽葡萄，门前不种棕。忌砍土地庙旁树和村头村尾风水树。种子自家未落泥忌送人。猎物和铳忌人跨越、垫坐。忌空扇风车。忌插门轴。忌抱小孩立槽下。忌攀高负重等。

春节禁忌　正月初一不串门、不喝汤、白天不眠床。正月初一至初四不打扫，垃圾忌往门外倒，不到邻居家点火种，忌向别人借物借钱。初八谷生日，不煮饭。正月十五前不晒衣、不然鹰会抓鸡等。

第四节　信仰风俗

祖先崇拜

畲族信仰为多神崇拜，是畲族精神文化的重要组成部分，富有鲜明的民族特色。

盘瓠崇拜　相传畲族始祖名龙麒。上古时，犬戎进攻，国家危急。高辛帝出榜招贤，若有人得犬戎番王头者，许三公主为妻。龙麒应召而往，乘番王酒醉，取番王首级献高辛帝。龙麒与公主结婚，生下三男一女。长子姓盘，名自能；次子姓蓝，名光辉；三子姓雷，名巨祐；女儿名淑玉，招婿钟智深。龙麒功成引退，挈眷到广东潮州府凤凰山居住，开荒种田，繁衍子孙。畲族以龙麒为图腾，写进族谱，绘成图画，编唱山歌，作为崇拜的偶像。

凤凰崇拜　在畲族传统日常习俗中，凤凰崇拜表现为诸多文化事象，如畲族妇女喜扎“凤凰髻”，衣饰“凤凰装”，婚礼中取“凤凰蛋”、厅堂中贴“凤凰到此”横批。莲都、景宁一带的畲乡流传祖先为“凤父龙母”所诞子孙的传说。

传师学师　传师学师又称做阳、做聚头，是畲族法师向弟子进行传师活动，也是反映畲民从崇拜原始图腾到崇拜部落领袖的一种宗教活动。学师仪式由畲族法师10多人主持；过程要立香案，挂祖图，供师爷杖。法师带领学师者边歌边舞，演示畲族先祖上闾山、茅山学法，发兵行军打仗和狩猎等活动，然后法师为其取法名、报度牒、度法水，再把学师者的法名和学师日期写在长条小红布上，吊挂在刻有龙头像的师爷杖上，“聚头”手续完毕。整个过程3天3夜。学师活动代代相传。中华人民共和国成立后，只有少数家庭进行传师学师活动。丽水市举行过传师学师仪式畲民尚有4户。

1985年3月，浙江省畲族民族民间文艺学会对丽水县龙江乡[1]山根行政村犁头尖自然村蓝成法家举行3天3夜传师学师仪式，进行全过程、主要情节现场电视录像。

历史传说人物

畲族崇拜神灵较多，多数是历史名人。

自然崇拜　中华人民共和国成立前，畲族人民在生产劳动中，为求风调雨顺，五谷丰登，信奉神佛者多，经常祭祀祈福。畲族自然神中与农耕生活最为密切的是谷神、谷娘，如谷仙子、种子仙、稻秧仙、青稻仙、黄稻仙等。崇拜山神、水神、猎神、土地神等。另有位于畲村附近的巨形或奇形岩石神或树木神。中华人民共和国成立后，一些陈规陋习和迷信忌讳逐步革除，消亡。

汉族民间神　畲汉长期杂居，畲族受汉族宗教文化的影响，畲民供奉灶神、土地神。地域差别，亚文化圈差异，各地汉族地区渗入畲村的民间神不尽相同。

其他神祇

插花娘　相传插花娘神原系畲族少女，因反抗地主迫婚而跳崖自尽，同伴亲人以山花遮其遗体成神，称插花娘。祭祀时，以对歌形式进行。凡去插花娘庙朝拜的人，都折一枝山花插入香炉。莲都、松阳、云和等县(区)信奉畲族女神“插花娘”。莲都区丽阳乡[2]灯盏山，松阳县板桥乡插花岗，云和县紧水滩镇樟坪岗、雾溪乡的大仓等处都有“插花娘”庙。

马氏天仙　莲都、云和、景宁等县(区)畲村普遍信仰“马氏天仙”神。相传马氏天仙是唐代一孝女，在景宁鸬鹚成神上天。

汤夫人　云和、景宁等县畲村信仰“汤夫人”神。相传景宁县敕木山的汤夫人用身法运木头至临安，供南宋王朝建造宫殿，受皇帝敕封而成神。

第九章　革命活动

历史上，丽水畲族人民饱受政治压迫、经济剥削和民族歧视，长期住在偏僻山区，过着贫困落后的生活，富于革命和斗争精神。畲族人民多次单独抗争或与汉族人民一起奋起反抗，联合起义，反对汉族地主剥削和统治者压迫，都遭镇压。1921年中国共产党成立后，领导畲族人民积极投身民主革命，争取生存权发展权。不论是土地革命战争、抗日战争、解放战争，还是解放后的剿匪斗争，都有畲族人民的贡献和斗争的业绩。畲族人民在革命斗争中忠心耿耿，坚贞不屈，勇

① 2010年属水阁街道。
② 2010年属岩泉街道。

于献身，斗争性强，保守秘密，组织纪律严明，为中华民族的解放事业做出贡献。许多畲乡是革命老根据地。

第一节　反歧视反压迫

封建统治反抗

闹府衙争考权　清代，统治阶级不准丽水畲民参加科举考试。清嘉庆八年(1803)，丽水、青田、松阳等县畲民合力抗争，上书府院，从省闹到吏部，迫使封建统治者让步，由巡抚阮元会同学使文宁咨准畲民一体考试。但畲族科考权利不能保障，剥夺考权现象屡有发生。清嘉庆十一年，丽水县雷起龙考取庠生。清光绪三年(1877)，丽水县畲族童生蓝邦光等到处州府考武秀才遭侮辱，集丽水、青田、松阳等县畲民数百人闹府衙，官府准许畲民应试，蓝邦光中丁丑科武秀才。清光绪八年，景宁县张春乡东弄村畲民蓝培开、蓝廷福和暮垟湖村蓝炳水到处州会考，步箭、马箭皆中，因畲民身份而落选。畲民20多人闹府衙，府衙被迫承认畲民应考权利。

畲民参加太平军斗争　清咸丰八年(1858)三月十七日，太平天国翼王石达开部攻下处州城。清政府调总兵周天受、明安太及永安、广西、湖南等地清军头目带领"仁勇"3000人，经兰溪、金华、缙云，过桃花岭，于四月十八日达银场[①]，向太平军反扑。当地畲民到府城向太平军报告，由陈寮山畲民做向导，越过白云山，于拂晓至银场，分兵三路包围敌营，不到2小时，歼灭清军。清同治年间(1862—1874)，太平军进驻处州境。云和县梅源东坑村蓝三满亲历其境，将其见闻编成296行畲族民歌《长毛歌》，歌颂太平军纪律严明、英勇善战的事迹，揭露清王朝封建统治阶级欺压人民和清朝军队作恶多端的事实。

畲民与霸占土地斗争　清光绪六年（1880），丽水县巨溪乡[②]西畈村地主霸占富村畈畲民的土地，附近畲民联合反抗，怒斥地主，夺回被霸占土地，取得斗争胜利。

闹县衙降米价　清光绪二十年(1894)，遂昌、松阳久旱无雨，庄稼歉收，饿殍各地可见。二县地主和奸商垄断市场，抬高米价，牟取暴利。松阳畲民蓝土明、蓝土嘉发动畲、汉贫苦人民闹县衙，要求济振救灾，惩办奸商。县官迫于实情，只得下令降低米价。

告山主解冤屈　清光绪二十九年(1903)，云和县小徐乡山脚村(小窟村)畲民合伙租种地主山场，议定年纳租钱16串。山主欺侮畲民不识字，在契文上写成"年纳山租钱六十串"。畲民蓝火新跑遍云和县畲村30多个和丽水县碧湖等地，募资诉讼，联名控告，历时3年，官府迫于民愤，下令"不得欺侮畲民"。畲民将这6字立碑城隍庙内，以作纪念。

国民党统治反抗

打酒局反苛杂　民国初年，景宁县烟酒稽征所不断对村民酿酒课以重税。民国4年(1915)11

① 2010年属莲都区东15千米。

② 2006年并入太平乡。

月，县烟酒稽征所税警荷枪实弹闯到敕木山、暮垟湖畲村，以查酒征税为名，破门入室，翻箱倒笼，抓鸡捉鸭，调戏民女，把畲民首领蓝炳水押解县城。村民追到梅庄亭，救回蓝炳水，缴获税警步枪2支。事发之后，四邻畲民几百人，手持大刀、枪柄、木棍、土铳，集队进城，声援暮垟湖畲民斗争，打砸烟酒稽征所，县知事只得撤换税官，减轻酒税，以白银30两赎回枪支。

打盐霸反垄断　民国19年(1930)，瑞安商人周蔚庭在景宁外舍埠开设“周裕兴盐货店”，实为官商“瓯盐支栈代理处”，垄断食盐，不时抬高盐价，盘剥农民。1月15日凌晨，以畲民蓝正新、雷之成等人为首，在县城附近四格、金丘、张山、东弄、敕木山等畲村27个，发动民众与盐霸评理。1月27日，畲族首领蓝正新、雷之成带领畲汉农民600多人砸毁“代理处”，没收食盐300多担，悉数发给贫苦人民。

第二节　革命斗争

国民党统治反抗

民国16年(1927)9月，民国景宁县政府贴出布告，公然取消“二五减租”，要佃农照旧向地主交租，称：“‘二五减租’势必造成主佃矛盾，影响社会治安。”蓝东林、潘德金、陈振升等畲汉农民当夜在马岭头山林中聚会，商讨对策，决定成立农会。9月30日凌晨，蓝东林等人组织“二五减租请愿团”，率1000多人进城游行，高呼“二五减租非实行不可少”“农会非成立不可”“谁反对农民打倒谁”等口号，包围国民党景宁县党部。10月1日，国民党景宁县党部慑于压力，贴出布告实行“二五减租”。畲汉农民取得斗争的胜利。畲民山歌唱道：“民国丁卯十六年，‘二五减租’为农民，农民齐心不怕死，财主气死个个癫！”12月，中共宣平县委书记曾志达和县委委员陈俊到曳岭区①，在老竹、马村、永丰等畲乡宣传党的革命主张，组织畲民开展减租、反霸、抗捐斗争。

民国17年(1928)3月，丽水县崇义乡②下桥村畲民蓝仁进加入中国共产党。5月，崇义乡老竹、新屋村，丽新乡马村畲民20多人加入中国共产党，建立党支部3个，提出打土豪、分田地，与土豪劣绅进行斗争。

民国19年(1930)夏，丽水县赤坑、胡源、湾山、赤坑垵、上村畈村等一批畲民参加红十三军。

民国24年(1935)4月，中国工农红军挺进师进入浙西南，龙泉县竹垟乡良溪、红坞等村畲民38人加入中国共产党，建立良溪村苏维埃政府，打开地主周家谷仓，把稻谷7.8万千克分给群众度荒。民国25年，畲乡有党支部8个、党员67人。

民国25年(1936)，民国云和县县长赵天河以派挑夫为名，欺骗畲、汉族壮丁136人入营，引起全县人民公愤。6月19日，畲、汉民众三四百人闹县衙，赵天河爬窗逃跑。

抗日战争时期，畲乡党组织发展较快，遂昌县石练、大柘、三仁、妙高、三川等乡镇畲民中有中共党员528人，畲族党员占5个乡镇党员52.7%；石练乡上垵、苏村分别建立畲族妇女党支部，有党员

① 2010年属老竹镇。
② 2010年属老竹镇。

25 人；保仁乡[1]钱村畲族村党员 60 人，其中畲族党员 59 人；石练乡上垵村畲族女党支书蓝金凤带领广大妇女与封建地主作斗争，配合武工队处决叛徒。

民国 34 年（1945）9 月 23 日，碧湖镇地主 14 户在周斜村收租稻谷 1.1 多万公斤。畲汉人民趁地主下山之机，以“神火显灵”计谋连夜入收租寮开仓挑回租谷，放火烧掉收租寮。9 月 24 日早晨，派代表前往碧湖镇报告“火神降临”收租寮被焚。地主管家察看“现场”，不敢声张，抓几把烧焦的稻谷向地主禀报了事。

民国 34 年（1945），全区有畲族党员 893 人。解放战争时期，畲族青年踊跃参加游击队，不少畲民冒死为游击队送信、站岗放哨、掩护革命同志、参加袭击国民党军队，进行英勇不屈的革命斗争，在人民革命斗争史上谱写光辉的一页。

民国 36 年（1947）冬，景宁县大张坑畲村，在中国共产党领导下，组织民兵和儿童团站岗放哨，设置路障，毁坏道路，切断电话线，粉碎军警对畲乡多次围剿。民国 37 年 2 月 7 日，大张坑村民兵 40 多人，背着土铳土炮，联合四邻畲汉民兵 1200 多人，攻打景宁、文成两县交界的梅岐炮台两天两夜，给敌人以沉重打击。2 月 17 日，景宁东坑、梅岐二村畲汉民兵 200 多人配合浙南游击纵队攻打泰顺县城。1949 年 5 月 11 日，景宁县各乡畲汉民兵 3000 多人包围景宁县城。5 月 12 日，民兵 40 多人参加解放景宁县战斗，袭击国民党败兵，缴获轻机枪 1 挺、步枪数支，迎来畲乡解放。

抗日活动参与

民国 27 年（1938），中共浙西南特委在龙泉县竹垟、淡黄等畲民乡村组织民众抗日自卫队和妇女自卫队，当地畲民踊跃参加。民国 28 年 9 月至民国 30 年 10 月，中共遂昌县委先后发动农村党组织开展宣传，在全县乡村张贴《中共中央为纪念抗战两周年对时局的宣言》《毛泽东通电全国痛陈救国大计十端》《中共浙江省委告全浙江民民众书》 和传单。各县畲民党员骨干都在同一夜间爬山越岭去张贴传单、标语。在遂昌县大柘培坞和石练鲤鱼门的畲民家印刷传单。龙泉县岭坤党支部党员 14 人分成 4 路张贴标语。丽水、龙泉、遂昌、景宁等县党组织发动畲民地区的畲汉农民开展减租减息运动。

畲族人民在共产党的领导下，对国民党积极反共、破坏抗日的倒行逆施，展开坚决斗争。1940 年 7 月 7 日晚，遂昌县民众教育馆流动施教团在大柘镇关帝庙举行“七七抗日战争 3 周年”纪念大会。畲族党员和民校学生三四百人参加大会和火炬游行，其中半数是畲民。游行队伍高呼“打倒日本帝国主义”“全国人民团结起来，铲除汉奸卖国贼”等口号。

民国 30 年（1941）4 月，中共遂昌县委书记曾友昔在垵口乡的一山棚里召开县委会，研究反“清剿”措施，决定在后垄、白麻、高垟、下杭、下坑口等畲村建立秘密联络站和物资供应站，储备粮食，传递信息，坚持斗争。组织工作采取单线联系，切实贯彻“隐蔽精干、长期埋伏、积蓄力量、等待时机”的方针和秘密工作守则 14 条，使畲村的党组织更加坚固。民国 31 年 2 月，中共遂昌县委乌尖头山棚遭敌人袭击后，县委书记曾友昔等人突围，先住排前大山脚钟裕德家，后转移至陈河蓝世隆家。因脚疾感染，曾友昔不幸病逝。

丽水县高溪乡畲民青年蓝鑫，利用担任碧湖区队副的身份，把区公所枪支 30 支交给丽水抗日

① 2010 年称三仁畲族乡。

游击队。被区公所开除后，加入地下党组织，担任联络工作。

景宁县东坑区下坑村畲民蓝福生、雷进福等主动外出做工，将所得钱、粮送给游击队，帮助游击队解决困难。

抗日战争时期，遂昌县后垄、丽水县胡椒坑、景宁县大张坑、龙泉县岭坤等畲民村庄，都是游击队和中共党组织的联络站，一直坚持到抗战胜利。

第十章　畲族管理

历史上，畲族社会经济文化发展缓慢、不平衡，统治阶级视畲民为“愚畲”“贱民”，没有专门的民族事务管理机构。畲民无政治地位，受歧视，经济上遭受沉重的剥削。畲民“畏见官府，奸人每多嗑诈”[①]。中华人民共和国成立后，实行民族平等、民族团结和民族共同繁荣的民族政策，畲族人民当家作主，参政议政，享有民族优惠政策，社会地位明显提高；畲族社会经济、文化和各项事业不断进步和发展。

第一节　扶持政策

畲族自治

民族自治县　1984 年 6 月 30 日，国务院批复同意设立景宁畲族自治县。12 月 24 日，召开景宁畲族自治县第一届人民代表大会，代表 199 人，其中畲族 68 人，占 34.2%。1987 年 5 月 28 日，召开第二届人民代表大会，代表 222 人，其中畲族 49 人，占 22.1%。两届县人大常委会主任、县长选举畲族公民担任，两届县人大常委会副主任畲族干部 2 人，副县长畲族干部 1 人；两届县政协副主席畲族干部 2 人。景宁畲族自治县行使宪法赋予的自治权利。1989 年 7 月 1 日，浙江省第七届人民代表大会常务委员会第十次会议批准《浙江省景宁畲族自治县自治条例》。9 月 1 日，景宁畲族自治县人民代表大会常务委员会公布施行[②]。

民族乡　1958 年，根据 1955 年 12 月国务院《关于建立民族乡若干问题的指示》、1957 年 12 月浙江省人民委员会《关于建立民族乡的通知》，建立景宁县外舍、学田、张村，龙泉县竹垟，云和县

① 清同治《景宁县志》。

② 具体情况详见本志《政区·景宁畲族自治县》。

温溪[①]畲族乡。1958 年冬，改为管理区；1961 年，又改为人民公社。根据 1983 年 12 月国务院《关于建立民族乡的通知》等文件，1984 年后，先后恢复和建立畲族乡镇 13 个，有干部 150 人，其中畲族干部 31 人，占 20.7%。乡长由畲族公民担任，乡党委正副书记中有畲族干部 7 人。景宁畲族自治县建立后，取消境内畲族乡名称 6 个。1990 年，全区有畲族乡镇 7 个。民族乡镇长全部由畲族公民担任。各地畲族乡立足优势资源，积极培育经济产业，发展特色经济，取得较好社会成效。云和县安溪畲族乡下武村设有黄鸡养殖场成为支柱产业；雾溪畲族乡平阳岗畲族婚嫁表演是丽水市特色旅游重要文化品牌。遂昌县三仁畲族乡是省“毛竹之乡”，笋竹业占农村农民收入超过 60%。莲都区丽新畲族乡依托“风情东西岩”开发培养旅游业，马村在宣平溪开发竹排漂流。松阳县板桥畲族乡发展传统茶产业，提高畲民收入，促进畲乡经济发展。至 2009 年 12 月，畲族乡镇总人口 5.1 万人，其中少数民族人口 1.2 万人。

优惠政策

经济扶持　中华人民共和国成立后，政府从资金上扶持畲族贫困户发展生产，在畲乡兴办公益事业，对畲民实行医疗费减免等政策。1956—1957 年，丽水县每年拨款少数民族教育补助费 2 万元，新建教室 9 个，添置教具。中共十一届三中全会以后，各级党委和人民政府重视对畲族地区的经济扶持、农业税减免、大中专招生降低分数录取、中小学生学费减免、医疗费减免等等。1984 年，商业部、国家民委、中国人民银行赊销畲族人民纯棉布、棉絮 74.8 万元，全区受补助 1.87 万人。丽水、云和、遂昌、松阳、景宁县每年从民族补助款中拨出 20%左右，先后修建民族中小学 50 多所的校舍，添置教具。1985—1988 年，国家拨出专项资金 244.55 万元开发畲族地区经济，其中省拨款 196.87 万元，各县(市)拨款 47.68 万元。拨款用于种养业 56.03 万元，电力 76.2 万元，碾米厂 7.4 万元，木竹加工厂 1.2 万元，交通 30.2 万元，科技 4.97 万元，教育 37.2 万元，艺术 2.4 万元，卫生 3.9 万元，水改 14.7 万元，困难补助 10.3 万元。政府减免畲族农业税金 236.9 万元。省、地民族管理部门为畲乡举办种植养殖业科技培训班 6 期，培训畲族学员 179 人；各县(市)采取不同形式，举办实用技术短训班 407 期；扶持畲乡发展水果种植 402 公顷，造林 1050 公顷，种中药材 300 公顷，黑麦草 176.67 公顷；发展饲养家畜 34.83 万头(只)；修建机耕路 232.5 千米，受益村 187 个、21571 人；架设电线 500 多千米，受益村 292 个、49443 人，占少数民族人口 69%；兴修水利 37 处，创办民族企业 11 家。2008 年，丽水主动与省委统战部的“少数民族低收入群众增收帮扶行动计划”对接，开展“告别 2500 元少数民族低收入群众增收帮扶行动计划”，计划用 3—5 年时间,为民族村脱贫致富增强“输血造血”功能, 促进少数民族低收入农户增收。9 月，落实帮扶资金 238 万元，实施帮扶项目 20 个，帮扶和慰问低收入群众及困难学生 140 多户，发放慰问物资 11.2 万元。2010 年，政府深入推进“少数民族低收入群众增收帮扶行动计划”，筹措帮扶资金 393.89 万元，年累计 1420.42 万元。

政策措施　景宁畲族自治县依法享受上级国家机关财政、物资和技术等帮助。自治机关依法享有管理地方财政自治权，自主调整财政预算收支、安排使用收入超收和节余奖金等权利。财政收入、财政支出项目享受上级国家机关对民族自治地方的优待。1984 年起，减免农业税；中小学畲族学生

① 2010 年安溪畲族乡。

免收学费，降低录取分数线；对畲民企业减免税收；适当减免畲族贫困户医药费；银行信贷给予优先照顾等。1984—1992 年，省财政补助 9196.6 万元，其中专项拨款 5051.6 万元。国家每年拨出支援少数民族发展生产和生活专项经费及物资。至 1992 年，中央、省、县三级拨给丽水少数民族经费累计 61.5 万元。景宁畲族自治县民族事务委员会根据“急事优先、大村优先、革命老区村优先、自力更生精神好的村优先”的原则，将民族经费用于无息贷款，支持畲民发展养殖和种植业，补助畲村学校修缮危房，补助畲民特困户，畲村生产、生活设施建设。

2000 年 11 月 13—15 日，市委、市政府提出民族地区“三步走”发展战略。第一步，到 2005 年，莲都区老竹畲族镇等尚未实现小康的畲族乡镇 6 个基本实现小康目标；184 个民族村中超过 50%达到小康村标准。2000 年，遂昌县三仁畲族乡通过小康乡镇验收。第二步，到 2015 年，老竹畲族镇等畲族乡镇 6 个基本达到社会主义新农村标准；184 个民族村中，超过 50%达到社会主义新农村标准；三仁畲族乡基本达到农业和农村现代化标准。第三步，到 2020 年，老竹畲族镇等所有的民族乡镇基本实现农业和农村现代化主要指标；184 个民族村中，超过 50%达到农业和农村现代化标准；少数民族地区与汉族地区的差距大大缩小，基本实现共同发展和共同繁荣。12 月 15 日，市委、市政府制定《关于加快少数民族和民族地区经济社会发展的实施意见》，市直机关单位 22 个对口挂钩扶持民族乡镇 7 个。

2005 年，有关部门出台民族教育措施。全市少数民族考生优惠加分从 20 分提高到 30 分，各县(市、区)可以根据情况再加分；定点举办民族班，专门招收少数民族考生。

2006 年，市委、市政府制定《关于加快少数民族和民族地区经济社会发展的实施意见》《丽水市少数民族事业“十一五”发展规划》，把少数民族事业纳入全市国民经济和社会发展总体规划，统筹考虑，全面推进。2009 年，成立丽水市民族工作领导小组，形成党政齐抓共管、民族工作部门综合协调、各部门各司其职、通力合作的民族工作大格局；制定《关于加大少数民族经济社会发展扶持力度的意见》，补助全体参加农村新型合作医疗的少数民族群众；建立完善市四套班子主要领导及 28 人组成的市民族工作领导小组成员单位与畲族乡镇 7 个挂钩扶持制度，加大政策扶持力度。全市推行“民族教育券”制度，以“民族教育券”形式，每学年补助少数民族高中生(含职高)800 元、初中生 200 元、小学生 100 元；实施少数民族群众参加新型农村合作医疗补助政策，补助参加新型农村合作医疗的少数民族群众个人缴费部分 50%；10 月，成立丽水市民族工作领导小组；市委、市政府决定建立市领导和市直有关部门联系民族乡镇制度，进一步推进丽水市少数民族地区经济社会发展。龙泉、云和、遂昌、松阳、景宁等县(市)设立少数民族发展专项资金，资金规模分别达 52 万元、240 万元、20 万元、20 万元、30 万元，其中景宁、遂昌、松阳县分别按上年度县地方财政收入的 1%、1.5%、1.5%安排少数民族专项资金；云和县在当年确定数额基础上按 10%比例逐年增加。2010 年，庆元县安排少数民族发展专项资金 10 万元。至 2010 年年底，莲都区、青田县、缙云县每年安排少数民族管理部门专项资金，尚未设立少数民族发展专项资金；景宁、莲都、云和、松阳、龙泉等县(市、区)每年安排财政列支畲族乡镇不低于 10 万元的民族专项扶持资金。

民族干部 中华人民共和国成立后，注重培养少数民族干部。在土地改革、农业合作化运动中，一批畲族基层干部被吸收为国家干部。1954 年，畲族干部蓝玉璋当选丽水县副县长。1955—1956 年，景宁县畲族干部蓝启成、遂昌县畲族干部蓝惠洪等先后被选送中央民族学院学习。1984 年前，景宁县畲族干部担任乡镇党委正副书记和正副乡镇长的有 106 人。1989 年，全区有畲族干部 1235

人，其中党政机关 349 人，教育、卫生和企业单位 886 人；担任副县级以上领导干部 35 人，其中副地级 2 人、正县级 8 人、副县级 25 人、担任科（局）级领导干部 70 人、乡级领导干部 49 人。1990 年，丽水、龙泉、云和、遂昌、松阳、景宁等县（市）畲族科技干部中，有高级职称 1 人，中级职称 58 人，初级职称 491 人。2000 年年底，全市有各类少数民族干部 2000 人，占全市干部总数 3.2%，其中行政干部 447 人，占全市行政干部总数 2.96%。2009 年，全市有少数民族行政干部 478 人，占行政干部总数 3.25%，接近少数民族人口占全市总人口的比例 3.51%。2010 年，有少数民族行政干部 488 人，其中 35 周岁以下 113 人，地厅级 1 人，县处级 23 人，乡科级 298 人；少数民族高级专业技术职务人才 134 人。5 个少数民族超过万人县（市、区）的党政领导班子都配备少数民族领导干部超过 1 人，畲族乡镇均配备少数民族乡镇长，少数民族超过千人乡镇 33 个均配备同级少数民族领导干部。莲都、龙泉、云和、遂昌、松阳、景宁等县（市、区）每年公务员招考中，都安排一定比例职位，专门用于少数民族干部招考。景宁畲族自治县在每年的乡镇部门公务员、事业单位工作人员公开招考中，都面向少数民族考生单列部分岗位，且少数民族岗位不受报考比例限制。遂昌县规定县管后备干部中少数民族比例不低于 10%，并在 2009 年竞争性选拔领导干部公开招考的科级岗位 10 个中，专设岗位 1 个给少数民族考生报考。

第二节　行政管理

中华人民共和国成立前，历代统治者推行民族压迫和民族歧视政策。中华人民共和国成立后，畲汉人民关系融洽。20 世纪 50—70 年代，由民政部门兼管民族工作。20 世纪 80 年代初，改由各宣传部门管理。1981 年，建立丽水市行政公署民族事务处和青田县人民政府民族宗教科。1988 年，丽水、龙泉、云和、庆元、缙云、遂昌、松阳等县（市）先后建立民族宗教科。1989 年 5 月，成立景宁畲族自治县民族事务委员会。

参政议政

全市畲族当选历届全国人民代表大会代表 9 人、全国政协委员 1 人；当选中共浙江省代表大会代表 5 人、历届省人民代表大会代表 37 人、省人大常委会委员 5 人、省政协委员 5 人、省政协常务委员 3 人。丽水历届中共县（市）代表大会、人民代表大会和政协会议，都有一定比例的畲族代表。丽水市第一次党代会有少数民族代表 21 人，占 6.02%；第二次有少数民族代表 20 人，占 5.7%。2010 年，全市畲族当选市人民代表大会代表 20 人、市政协委员 15 人。

表彰荣誉

中华人民共和国成立后，畲族到北京参加“五一”“十一”观礼 84 人。1952 年，首次代表浙江到北京参加“国庆”观礼的畲族代表有蓝培兴、雷关贤、雷必隆。丽水县畲族人蓝彩根参加中国人民赴朝慰问团慰问中国人民志愿军。1960 年，景宁县鹤溪镇学田村雷桂梅、丽水县联合乡[1]联济村雷仁

① 2001 年并入碧湖镇。

余、龙泉县瀑云乡[①]吴公村雷世英被评为全国先进民兵，出席全国民兵代表大会，受到国务院表彰并各奖自动步枪1支。1988年，浙江省少数民族师范学校、龙泉县竹垟畲族乡被评为全国民族团结先进集体，景宁畲族自治县城郊区农技站副站长潘正平被评为全国民族团结先进个人，受到国务院表彰。同年，被评为浙江省民族团结先进集体单位15个，被评为浙江省民族团结先进个人的畲汉干部48人。1990年，景宁畲族自治县东坑乡徐垄村、龙泉县南窖乡[②]松际村、丽水市丽新乡上塘畈民族小学被评为全国民族团结进步先进集体，云和县人大常委会副主任雷木森、松阳县雅溪乡[③]石马源村党支部书记蓝林德、遂昌县农业区划办公室主任汪益林、中国人民武装警察部队丽水市支队景宁畲族自治县中队队长胡长兴被评为全国民族团结进步先进个人，受到国家民委表彰。各民族平等、团结、互助、合作的新型民族关系进一步形成。2009年，中共浙江省丽水市委统战部、浙江省景宁畲族自治县广播电视台被评为国务院第五次全国民族团结进步表彰模范集体；浙江省丽水学院副院长吕立汉、中共浙江省景宁畲族自治县委员会书记武昌、浙江省云和县安溪畲族乡乡长蓝金玉、丽水市委常委、军分区陈海南被评为国务院第五次全国民族团结进步表彰模范个人。丽水市莲都区丽新畲族乡人民政府、龙泉市竹垟畲族乡人民政府、遂昌县三仁畲族乡卫生院、景宁畲族自治县财政局、中国人民银行景宁畲族自治县支行等单位荣获浙江省第四次民族团结进步表彰模范集体称号；丽水市民族宗教事务局民族处处长蓝宁虹、莲都区民族宗教事务局民族宗教科科长雷岳莲、龙泉市民族中学校长兰盛华、云和县安溪畲族乡乡长钟海燕、遂昌县财政（地税）局农业科科长雷先华等荣获浙江省第四次民族团结进步表彰模范个人称号。

社会组织

中华人民共和国成立前，不少畲村有路会、桥会、狮灯会、禁山会等公益性组织。中华人民共和国成立后，公益事业由社、队统一安排，公益组织自然消失。实行家庭联产承包责任制后，有的畲村恢复公益组织。随着畲族学术研讨活动开展，丽水市成立民族体育研究学会和民族教育研究学会。遂昌、云和县成立畲族民间文学艺术研究学会。

行为规范

畲民在长期生活中形成许多不成文的行为规则，称为习惯法，如在祠堂内须按辈分称呼；不准虐待父母和配偶；不得强占他人之妻或拐卖儿童、妇女；禁止偷窃他人财物；烧毁山林要采苗补种；田边植树要留一定距离；赌博要被强制吃狗屎干；屡教不改的惯偷、惯赌要被赶出村。有的习惯法至今仍沿用，如松阳县石马源村头至今立有禁赌石碑。

① 1992年4月并入八都镇。
② 1992年4月并入八都镇。
③ 2010年属象溪镇。

第四十五篇

宗　　教

1. 佛教
2. 道教
3. 伊斯兰教
4. 天主教
5. 基督教
6. 管理

概　述

三国时期，佛教、道教传入丽水境内。南北朝时期，道教、佛教遍布全境；唐朝，道教、佛教达到鼎盛；五代至宋代，道教、佛教延续发展。清末，西教东渐，天主教、基督教快速传入境内。境内寺庙殿堂众多。2010年，丽水市有佛教、道教、伊斯兰教、天主教和基督教宗教派别5个。

民国时期，宗教事务由政府社会科兼管，实行政教分离。宗教组织独立进行宗教活动，经费自己筹措、自养自办。民国17年（1928），民国政府颁布《神祠存废标准》，规定废除“祭祀日、月、火、五岳、四渎、龙王、城隍、文昌、送子娘娘、财神、瘟神、赵玄坛、狐仙等神。画符念咒的道教也属该废除之列。”各地风行挪用寺院资产办学，有的宗教场所被占用或拆毁。宗教事务由各宗教团体监理。

1949年中华人民共和国成立后，宗教事务由丽水人民政府管理。1958年，各县解散宗教组织，关闭宗教场所。1979年中共十一届三中全会后，丽水地区行署全面落实党的宗教政策，逐步恢复宗教活动。20世纪80年代中期，丽水地区及各县人民政府宗教事务科相继设立。20世纪90年代中期，各县（市）民族宗教事务局相继成立，管理宗教事务。宗教管理部门落实宗教信仰自由政策，落实宗教房产政策、规范宗教活动场所管理，培训宗教人士，制止非法宗教活动，各大宗教有序发展。

丽水境内民间释、道、儒，兼容兼信，又多混合迷信活动。许多宫殿庙宇供奉杂乱，分不清原来所属宗教，有的信徒遇庙即拜，“普结善缘”。20世纪90年代初，丽水地区出现无序建设小寺小庙情况。同期，丽水地区宗教部门进行规范化管理，开展宗教活动场所“临时登记场所”和“保留登记场所”分类发证登记。1995年年末，全区宗教场所登记发证358处，其中佛教75处，天主教11处，基督教272处[①]。2010年，丽水市有佛教、道教、天主教、基督教和伊斯兰教5大宗教，在册宗教信徒9万多人，经批准合法登记的宗教活动场所552处，有宗教教职人员763人。其中，佛教活动场所152处，信徒2.1万人；道教活动场所59处，道士（登记在册）180多人；天主教活动场所14处，信徒3000多人；基督教活动场所327处，信徒6.5万人；伊斯兰教活动场所1处，信徒50多人。宗教活动场所以莲都、青田、缙云3个县（区）最为集中，宗教场所占全市总数超过60%，信徒数量也占全市总数超过一半。佛教、基督教各县（市、区）都有分布，道教大部分集中在青田、缙云，伊斯兰教在莲都区较为集中，天主教在青田较多，莲都、龙泉、遂昌、景宁等有少量分布，信徒人数较少。全市有市级宗教团体3个，即市佛教协会、市基督教三自爱国运动委员会和市基督教协会；县（市、区）级宗教团体29个，其中佛教7个、道教2个、天主教3个、基督教17个。

---

① 1997年卷《丽水地区年鉴》。

第一章 佛 教

佛教自三国时期传入丽水境内，历时 1700 多年，时盛时弱，从未间歇。唐至五代时期是佛教鼎盛时期，处州大地名僧辈出，寺院广建。缙云籍的两位高僧智威（？—680）和少康（？—805），前者为佛教天台宗第六祖，后者为净土宗（莲宗）第五祖，均生活于唐代。他们对于处州佛教的传播和寺庙兴建产生直接和重大的影响。唐代，丽水兴建的寺院以几何级数骤增。唐至宋代，丽水兴建的寺院均明显高于以后的各个时期。元至民国时期，丽水佛教一直香火绵延。“文化大革命”期间，丽水佛教受到重大打击，僧尼还俗，寺院败落。1979 年开始，丽水全面贯彻宗教信仰自由政策，逐步恢复佛教活动。佛教徒纷纷成立佛教组织，僧人和尼姑开始弘法和发展信徒。

21 世纪，丽水市结合文化研究及旅游活动，重修古刹名寺，各地佛教场所纷纷修葺一新，法相庄严。

第一节 佛教传播

吴赤乌元年(238)，丽水[①]始建有普慈寺，缙云建有广严寺。南朝梁时，特别是梁武帝在位期间，崇佛风气深厚。此时佛教迅速传入松阳、遂昌、庆元等地。松阳县盛极一时，建有寺院 12 座；梁大同元年(535)，遂昌县建有延寿院等寺院 3 座；南朝萧梁年间(502—557)，庆元境内始建天铭寺。

隋唐时期，处州佛教更盛，传遍境内，佛寺广筑。隋代，佛教传入龙泉，至唐代建筑崇因禅寺（东大寺）。唐贞观年间(627—649)，景宁境内始建回向寺，建筑寺院 8 座。唐开元年间(713—741)，青田县建显教寺，后大规模建筑寺院 18 座。唐开成元年(836)，云和境内首建妙严寺。

自后梁太祖开平元年(907)五月处州卢约投降吴越后至宋太平兴国三年(978)纳土归宋，社会相对安定，受朝廷倡导和天台佛国的影响，丽水佛教兴盛。天台宗、禅宗、法眼宗、华严宗、净土宗、律宗等诸教派在境内传播，外来与本地僧人云集，从教之风成俗。丽水[②]新建有寺院 17 座，龙泉建有寺院 4 座，青田建有寺院 2 座，缙云建有寺院 16 座，松阳建有寺院 7 座，遂昌建有寺院 10 座，云和建有寺院 4 座。以画罗汉闻名的后蜀名僧贯休，结庐遂昌唐山[③]14 年，对当地文化艺术、佛教艺术产生深远影响。本籍名僧德韶（龙泉人），集佛教的法眼宗、禅宗、天台宗之大成。宋太平兴国四年(979)，

---

① 2010 年称莲都区。
② 2010 年称莲都区。
③ 翠峰院，今妙高镇东门村境。

松阳县行达禅师奉旨到天竺取回《大经论》八部，舍利子49粒，于宋咸平二年（999）在延庆寺筑塔藏舍利。宋时，松阳县有名僧行达禅师、祖谦禅师、道行（雪堂和尚）、守常；南宋嘉定十六年（1223），比丘尼妙楚在古市筏铺开山建佛殿曾圆寺。历经宋、元、明、清各朝，特别是元、明、清各朝，佛教渐走向衰微，寺庵年久失修毁废严重，但受禅宗、天台宗影响，各地又相继建立众多寺院宫庙庵堂。尽管朝代更迭，天灾人祸，屡建屡毁，屡颓屡兴，香火绵延，钟鼓不绝。

民国初期，各县设立中国佛教分会，后来许多寺院挪作他用。新编《景宁县志》载："民国初，各乡创办学校，纷纷请拨寺产充教育田租，僧尼游散。"1996年版《缙云县志》：寺庵"田地山林，均为县款产委员会掌管，拨补为中小学经费"或"直接办校"。抗战时期，丽水、松阳、云和县（区）许多寺院禅房改作驻军、省政府迁丽机关住房，未再恢复。民国26年（1937），丽水成立净土会。

1949年中华人民共和国成立后，丽水人民政府破除迷信，特别是"文化大革命"期间的"破四旧、立四新"中，佛像、神龛均被捣毁，庙宇被侵占或拆除。1979年，丽水地区行政公署贯彻党和国家的宗教信仰自由政策，佛教活动逐步恢复。1983年，福建省松溪县僧人3人到庆元境内发展佛教信徒70多人。1987年，缙云九松寺开始发展信徒。1989年，龙泉佛教会有比丘2人、比丘尼3人，佛教信徒182人。1986—2003年，僧人释步铃在庆元发展佛教信徒220多人。1990年，丽水市（县级）有和尚6人，尼姑2人，信徒1000多人。2007年，全市佛教活动场所换证时有僧尼68人，居士2005人。至2010年，全市有佛教信徒2.1万人。

第二节　佛教活动

三国吴赤乌元年（238），佛教开始在丽水筑寺传扬活动，至唐代达到鼎盛。缙云县有高僧智威、少康，使念佛成为当地一种风尚，念佛的音声时常布满街市。五代时，龙泉有名僧德韶（891—972）。唐末五代著名画僧贯休，结庐遂昌唐山。缙云人彦求①，居修台州六通院。宋代，缙云出家人了翁禅师主持临安陈寺；松阳县有名僧行达禅师、祖谦禅师、道行（雪堂和尚）、守常、比丘尼妙楚。清代，松阳县有名僧通悟、藏生、仙法、贯一等。

民国19年（1930），松阳县有僧人39人。民国21年，青田县有佛教徒777人；缙云县有佛教信徒45250人。民国22年，厦门最高佛学院院长、名僧太虚大法师与阿育王寺圆融法师来丽水南明山讲经半个多月。民国25年，云和县有教徒55人。民国27年，缙云县有佛教徒194人。1952年7月调查，全区有僧尼82人。

1966年"文化大革命"开始，丽水专区佛教全部停止活动。1979年，丽水地区逐步落实宗教政策，佛教恢复活动。1987年12月，全区有僧尼、信徒3000多人。1990年，有比丘25人、比丘尼53人、居士1240人。2000年，有僧58人、尼8人、居士2005人。其中，1989年，庆元县有皈依弟子56人，受戒弟子11人（其中女弟子3人），佛教协会会员1人；1993年，青田县有佛教徒1723人。

1996年，缙云县南宫寺请广东六祖寺大愿大和尚讲经。1999—2007年，九松寺请大愿大和尚讲

① 俗姓叶氏或作彦球。

《药师经》《观世音菩萨普门品》《楞严经》《菩提道次第摄颂》。2009—2010 年请青田仁山法师讲《阿弥陀经》《佛说八大人觉经》。1996 年，南宫寺启建中华人民共和国成立后缙云县第一坛水陆法会，至 2010 年，讲经活动 26 坛。接着有黄龙寺、福昌寺、梵严寺、九松寺、云岩寺、惠明寺、耿峰寺、莲花寺启建水陆法会。至 2010 年年底，丽水市启建讲经活动 70 坛。缙云县举行圣像开光殿宇 40 多处。寺庵逢节日、圣诞都举行拜忏法会。在节日、圣诞、特定日子的打七均以念佛为主和做“三时系念”。每月初一、十五做三时系念，每月念弥陀七；广慈寺经常举行“精进佛七”，其间坚持每天 24 小时念佛。

2001 年，景宁畲族自治县惠明寺举行开光大典活动。2008 年 12 月 1 日，莲都青云寺举行妙德法师升座仪式，妙德是丽水第一个升座方丈。2009 年 9 月，景宁畲族自治县开展创建“和谐寺观教堂”活动，请惠明寺僧人弘扬佛法。12 月 18 日，龙泉市举办华严塔重建落成祈福龙泉法会，邀请省佛教协会副秘书长月真法师，中国佛协理事、杭州灵隐寺监院继云法师以及杭州佛学院师生 22 人在龙泉市主持祈福法会，参加活动群众 1000 多人。

第三节　佛教场所

据清光绪《处州府志·人物志·方外》载：处州“括苍山林幽邃，尤焚修荟萃之区。”寺院浓阴满蔽，朱檐金阁，翠瓦红（黄）墙，高低层叠，绚彩辉煌，晨钟暮鼓，伴和颂经声，是佛家超脱尘世修行悟道的理想“净土”乐园。历代各县（市、区）陆续出现一批重要的寺庵。20 世纪 80 年代中期开始，各地恢复或兴建寺院，群众也自发修建寺庙。2007 年，佛教场所换证 51 处。至 2010 年，全市有佛教活动场所 152 处。

莲都区

据清同治《丽水县志》记载，有寺庵 61 处，其中唐代 16 处、五代 17 处、宋代 13 处、元代 2 处、明代 2 处、清代 1 处、建筑年代无考 10 处，以吴赤乌元年（238）建的普慈寺为最早。抗战期间，寺庵尚存 30 多处。后拆除、毁坏者较多。历代各寺庵均置有田产，至 1949 年，尚有寺产田地 300 多公顷。历代主要寺庵有普慈寺，吴赤乌元年（238）建，已废；天宁万寿寺，唐景云二年（711）建，已废；寿宁寺，唐咸通十三年（872）建，已废；法海寺，唐光化二年（899）建，初名报恩寺，宋大中祥符元年（1008）改法海寺，宋政和七年（1117）更名神霄玉清万寿宫，旋改真身寺，宋建炎元年（1126）复名法海寺，已废；化城寺，后晋天福三年（938）建；仁寿寺，宋乾德三年（965）建；广福寺，俗名三岩寺，宋代建；灵鹫寺，始建之年无考；四果庵，明天启七年（1627）建；大觉庵，建于宋代；紫竹寺，清咸丰十年（1860）建。

1979 年后，经丽水县人民政府批准开放寺院有仁寿寺、四果庵、大觉庵、广福寺、灵鹫寺、化城寺、赤岩寺、紫竹寺、园通寺等 20 多座。2003 年 4 月，为便于加强保护、管理，经多方协商沟通，南明山仁寿寺收归由市民宗局直接管理。至 2010 年，莲都区辖内有经人民政府合法登记的寺庙 20 座。

龙泉市

据清乾隆《龙泉县志》载，有大小寺院宫庙庵堂 120 座。自清乾隆二十七年（1762）至清光绪三年（1877），增建大小寺院 67 座。唐永隆元年（680）的道兴寺（距市东 25 千米）是有史可稽最早的寺院。

五代，建有金沙寺（崇仁寺）、清修寺、崇明寺、集福教寺（西大寺）4座。主要寺庙有常乐寺、栖真寺、圣安寺、瑞相寺、蜚声寺、定明寺、兴善寺、玉峰寺、广修寺、东音寺、昴山寺、鉴心寺、青云庵、鸣钟庵、万善庵、务本堂。清修寺，始建于后晋天福九年（944），原名清修讲院，明正统十年（1445）更名清修寺，清咸丰八年（1858）废毁，清同治年间（1862—1875）重建。1989年，中国佛教协会会长赵朴初为修葺后的寺院题写门额。截至2010年，有经人民政府合法登记的寺庙10座。

青田县

唐开元年间（713—741），首建显教寺。历代相继建寺庵77座，其中唐代22座（已废11座）、五代2座（已废）、宋代17座（已废8座）、元代3座、明代6座（已废1座）、清代25座（已废2座）、民国2座。1990年版《青田县志》载：“青田县有寺庙46座，其中唐代22座、五代2座。其中，乡村39座，县城7座。”至民国年间大都倒毁，至今尚存16座。1990年，尚存栖霞寺、石厂寺、净觉寺、悟性寺、寿隆寺、吉祥寺、梵宗寺、安福寺、清真禅寺、广明堂、灵佑寺、环翠庵、凌云庵、琼莲庵、清心堂、普恩堂。截至2010年，有经人民政府合法登记的寺庙50座。

云和县

唐开成元年（836），首建妙严寺。唐大中二年（848），工部尚书梅系倡再建大庆寺①。历唐、五代、宋、元、明，至清同治，有禅院1座、阁4座、宫7座、堂10座、寺21座、庙32座、庵25座②，大部分分布于城郊。至民国25年（1936），尚存寺、庵、宫、庙20多座。民国31年，省会迁云和，人口骤增，以寺庙修葺改作省级机关办公场所与军队驻所，寺、庵僧尼他迁。现存古寺仅有景德寺、普仁寺、资圣寺、独峰庙。至2010年，有经人民政府合法登记的寺庙4座。

庆元县

南朝萧梁年间（502—557），城东郊始建天铭寺。至清末，有寺、庙、庵、堂150多座。2007年，庆元县依法登记佛教场所有拱瑞堂、大济庙、石龙寺、慈照寺、安禅寺、庄严寺（含建山寺）、横栋庵、龙风庵、乌峰庵、岗头庙（含百花庙）、净悟寺、大觉寺、普化寺（含源隆庵）、庆云寺、南峰寺、云泉寺、碧泉寺、青田庵、鼎岳寺。至2010年，有经人民政府合法登记的寺庙19座。

缙云县

历代建寺庙55座，其中三国1座、南朝1座、唐代12座、五代16座、宋代14座，元、明、清庵堂47座，至清光绪二年（1876），颓废23座。到1952年，尚存27座，属禅宗12座，净土宗15座。1979年后，经缙云县人民政府批准开放寺庙有黄龙寺、九松寺、福昌寺，保留寺庵11座。至2010年，有经人民政府合法登记的寺庙25座。

遂昌县

南朝梁大同元年（535），遂昌县建有延寿院、白佛院和惠众院。历经唐、五代、宋、元、明、清，寺院

① 旧名龟峰寺、垂休禅寺。

② 清同治《云和县志》载。

屡经兴废，至民国 36 年(1947)，尚有大小寺院 40 多座，其中有僧人的寺院 20 多座，有僧徒 30 多人。至2010 年，有经人民政府合法登记的寺庙 4 座。

松阳县

南朝梁普通二年(521)，首建妙善寺(后名净因寺)，后陆续建立法云寺(后名通济寺)、云龙寺(后名延庆寺)、田石寺(后名广慈寺)、圆觉寺、灵岩寺(后名法昌寺)、开善寺(后名法善、善因寺)、景星寺(后名证圣寺)、法宁寺、福安寺、灵水寺(后名玉泉寺)、正信寺(后名正等寺)。历隋、唐、五代、宋、元、明，至清时，佛教最为兴盛，有寺庙 89 座，其中寺院 11 座，庵堂 52 座。至 2010 年，有经人民政府合法登记的寺庙 17 座。

景宁畲族自治县

唐贞观年间(627—649)，在县西始建回向寺，唐代续建有金仙寺、清修寺、惠明寺、真寂寺、澄照寺、普化寺、普福寺、兴教寺。历代建有寺庵古刹 72 处，其中寺 11 座、院 3 座、庵 48 座、堂 10 座。至 2010 年，有经人民政府合法登记的寺庙 1 座。

第四节　佛教组织

古代佛教组织，均是佛教宗派内部自律组织。明、清时期，府设僧纲司于法海寺，丽水、青田、缙云、龙泉、庆元、宣平 6 个县僧会司设于寺庙之中，其他各县未设置或废。至清晚期，各地设立僧侣教育会。每会设僧、绅会长各一，形式上僧俗合一，实以僧侣教育为主，兼办社会教育，是近代佛教组织的基础。民国初，最先由龙泉建立中国佛教会的分会组织，各地随流而立，至中华人民共和国成立后停止活动。解放初，仅缙云县建立佛教协会。后在丽水四果庵建立佛教联络组。1982—2010 年，全市建有市级佛教协会 1 个，县级佛教协会 8 个。

民国元年(1912)10 月，龙泉成立中国佛教会龙泉县分会，僧人静祐(清修寺兼集福寺主持)任理事长，会址设于清修寺，有会员 44 人。民国 35 年，中国佛教会龙泉分会改称中国佛教会龙泉县支会。民国 36 年 5 月 26 日，在东大寺举行第三届会员大会，改选僧人经通(金沙寺主持)为理事长。

民国 17 年(1928)，丽水成立中国佛教会丽水县分会，僧三辉任理事长，有会员 30 多人。民国 21 年，改为中国佛教会丽水支会，有会员 500 多人。民国 26 年，僧三辉、常融以佛教会名义创办华雨小学。净土会成立。民国 29 年 4 月，佛教会组织抗日救护队(担架队)一分队，由崇福寺尚贤和尚任队长，队员有先哲等和尚 3 人和四果庵尼姑成妹及信徒 30 多人。日机轰炸丽水及郊区后，救护队一分队参与抢救受伤群众。

民国 20 年(1931)，缙云成立中国佛教会缙云县分会。民国期间，经历佛教会议 7 届。民国 29 年 7 月，景宁成立中国佛教会景宁县分会。民国 30 年 4 月，遂昌县僧善尧等 30 人发起组织中国佛教会浙江省遂昌县分会,有会员 93 人，其中僧人 16 人、居士 77 人。民国 31 年，举办施诊所，为民免费治病。民国 35 年 4 月，因故被指令解散。民国 36 年 4 月，又获重建佛教遂昌县支会。

1950 年 10 月 16 日，缙云县佛教协会召开第一次代表大会，成立佛教协会，制定《缙云县佛教协会章程》，选举理事 9 人。1953 年 10 月 11 日，召开缙云县第二次代表大会，选举理事 9 人。1982 年 3 月，召开缙云县第三次代表大会。1987 年 12 月 18 日，召开缙云县第四次代表大会，选举理事 17 人。1999 年 12 月 17 日，召开缙云县第五次代表大会，选举理事 24 人。2005 年 4 月 29 日，召开缙云县第六次代表大会，选举理事 29 人。2009 年 5 月 8 日，召开缙云县第七次代表大会，选举理事 37 人。

1986 年 11 月，龙泉县召开清修寺佛教管理人员会议，成立清修寺佛教管理委员会，比丘释贞福为主任。

1987 年 12 月，成立丽水市（县级）佛教协会。1991 年，召开丽水市（县级）佛教协会第二次代表大会，选举理事 9 人。2005 年 7 月 8 日，召开莲都区佛教协会第三次代表大会，选举莲都区佛教协会第三届理事会理事 29 人。

1990 年 10 月 4 日，青田县佛教协会筹备组成立。2002 年，景宁畲族自治县召开佛教协会筹备组成立大会，出席 168 人。

1994 年 7 月，庆元县佛教协会筹备组成立，1998 年 12 月，成立庆元县佛教协会。

2005 年 7 月 7—8 日，丽水市佛教协会第一次代表大会在丽水召开，代表 68 人。选举理事 33 人，常务理事 16 人。释慧舟当选会长。2011 年 8 月 29—30 日，丽水市佛教协会第二次代表大会召开,来自全市 9 个县（市、区）和市属的佛教界代表 75 人应邀到会。选举产生理事 36 人和常务理事 19 人，释大愿当选会长。

2007 年 12 月，龙泉市第一次佛教代表大会召开，成立龙泉市佛教协会，选举理事 37 人，常务理事 21 人。

第二章　道　　教

道教产生于古代的鬼神崇拜、神仙方术，历史久远，派别林立。道教的形成是一个缓慢的发展过程。据丽水地方志书记载，秦汉时期，景宁境内即有道教人物活动。魏晋南北朝时期，丽水境内道教继续发展。莲都区著名道观老君庙即为晋时所建；南明山为东晋道士葛洪修道之处，有摩崖石刻多处，“灵崇”为葛洪所书。唐以前，道教活动多为外来道士。唐宋时期，处州道教本土化，发展盛极一时。唐代松阳叶法善、缙云杜光庭均为著名帝师；缙云县仙都、青田县太鹤山为著名道教洞天。明、清时期，道教的发展受到一定限制，特别是清以后，统治者压制主要为汉族人所信仰的道教，道教从此走向衰落。丽水道教多归为正一派，即火居道士①，出家的全真派道士已不多。丽水道教法脉一直影响至今，今道士多为俗家道士，缙云黄帝祠宇等少数宗教场所尚有少数出家道士，专门

① 也称俗家道士。

的道教活动场所亦已不多。

第一节 道教传播

秦汉时，景宁县境内有原始宗教方士白鹤仙（即浮丘伯）、卢相公活动。汉代，境内有方术道人活动记载。主要是辟谷修炼。东汉著名道士王远、赵炳游道于处州。缙云仙都梯云洞侧建有赵侯（赵炳）庙。三国之后，道教派别众多，境内主要盛行天师道。天师道是道教的一个主要派别，即原来的“五斗米道”，信徒多为贫苦农民，尊张道陵为天师。天师道道治设于师宅，静室设于民宅，缙云县鼎湖峰侧建有“缙云堂”。至晋代，葛洪在境内传教炼丹，丽水南明山留存遗迹。继承葛洪思想的陆修静，则号称南天师道，曾在处州传教布道，影响深远。著名道士孙游岳，“于浙江缙云山拜陆修静为师，居山中修道四十七年，不世接。”仙都古有陶庵，相传为陶弘景留踪。陶弘景（456—536），作品有《本草经集注》《集金丹黄白方》《二牛图》等。南朝梁普通二年（521），南宫山[①]建筑青莲馆，至贞观年间道众700人。缙云阮客洞为县人阮客栖居之处，洞旁阮郎亭，相传羊愔在此顿悟得道。缙云山成为江南道教传播的圣地之一，亦使处州道教文化得到弘扬和传播。三国至南朝时期，多以外来方术道人游历或结庐本地传播道教为主。

自隋唐以后，处州道士逐渐形成，道馆兴建愈见增多，名声远播，并影响遐迩。唐代，处州道教发展盛极一时。松阳县有叶法善、毛云龙、叶藏质，遂昌县有刘处静，丽水县有羊音、马大仙，缙云县有陶松隐、吴善经、元白、许碏、赵初旸、杜光庭等名道士。其中叶法善、杜光庭为著名的道教宗师。宋代是处州道教的又一个繁荣时期。北宋时，松阳有道士刘应真，于宋元祐间（1086—1094）召至京师上清储祥宫，赐紫衣，号灵宝虚应师，有《道德经解义》传世。遂昌道士章思廉、范子岷、项举之俱登仙籍，其中紫极宫道士项举之，宋大观四年（1110）住持东京九成宫，宋徽宗赐号“虚静妙通法师”，宸翰赐额“紫极寿光宫”。南宋时，有道士徐泰定，初习道于紫虚宫，宋开禧初（约1205）居松阳观行庵，年八十“童颜端坐”而逝。宋代，青田县崇奉道教至极。元时，有丰云奢，居松阳卯山修炼，得昔人“剑丹”；元大德六年（1302），龙泉人赵嗣祺学道于福建武夷山天游道院，尔后游走京师，弘广道法，王公贵族多慕而与之交。元延祐元年（1314），有旨命其主持缙云仙都玉虚宫，兼少微山紫虚观提点。元至顺元年（1330），元文宗封赵嗣祺为教门真士玄明宏道虚一先生，卓有影响。元末，道士梁贞任处州玄妙观住持。缙云县仙洞众多，是隐士修炼之所，最盛时有道士、道姑数百人。明、清时期，道教的发展受到一定限制，道教逐渐转衰。明时，域内有潘自然、高聪等名道士；清时，境内黄冠几乎绝迹，仅有少数正一派道人。松阳县内道教以上清派为主，多奉天师、三清、仙真，后归为正一道，民间有闽派道士流行。许多古崖深隙被辟为“仙境”。

清代，丽水道教多归为正一道派之一支，教徒俗称师公，荤食、居家、婚娶，从事符箓经咒、祈雨、请神、招魂、驱鬼、降妖、祈福、禳灾等活动，即火居道士[②]。有少数全真派，以出家修炼为主。遂昌县设有僧尼司于报愿寺、道教司于寿光宫，分别管理佛教和道教的事务。

---

① 2010年属壶镇。

② 也称俗家道士。

明清时期，府衙设立道纪司，县设道会司，设有道官，领一县之教务，清末均废除。民国时期，各县设道教会，道官由省道教会委派。1951 年土地改革后，有的道士还俗。

第二节　道教活动

据清光绪《处州府志》载，秦汉时，景宁县境内有原始宗教方术之士白鹤仙（即浮丘伯）、卢相公；松阳县有原始方术之士活动出现，“戴火仙，入留名山（留明山、大明山）修炼道成”。东汉著名道士赵炳，从天台山转移栝苍，辟谷修炼吐纳符水禁咒之术，名扬道家，影响本地方术之技。三国时，龙泉人槲仙“结庵凤山之巅，持守雌抱一之道”。六朝时，遂昌、松阳县有道教活动记录。隋唐时期，道教活动频繁兴盛。隋大业年间（605—618），遂昌县有尹真人炼丹于百丈崖西山之巅。《仙都志》载，唐天宝七年（748）六月八日“有彩云起于李溪源，覆绕缙云山独峰之顶，云中仙乐响亮，鸾鹤飞舞。俄闻山呼万岁者九，诸山皆应，自申亥乃息。”处州刺史苗奉倩上奏朝廷，敕改缙云为“仙都”，并于当年奉旨修建黄帝祠宇，奉香火岁度道士 7 人。著名道士缙云人吴善经筑室于仙都，后进京太虚观设坛授道，传弟子 500 人。唐中叶[约唐大历年间（766—779）]道士周景复“八十余年住镜岩[①]”[②]。遂昌人刘处静归稳仙都结庐隐真岩修炼，门徒 300 人，其高足弟子闾邱方远[③]后来成为全国道府，赐妙大师玄同先生。栝苍的仙都山成为名山，求仙访道、潜心研修者络绎不绝。五代时，有华亭[④]马氏姐妹在庆元县百丈山[⑤]结庐修炼“得道升天”。

清嘉庆初年至道光七年（1796—1827），景宁县渤海镇安亭村行道者形成门派 5 个，可谓道士之村。至 2010 年，黄坑下村刘德真门派已祖传六代，清嘉庆五年（1800）的道教典籍手抄本也保存完好，该派六代圣真仍从事道士活动。清代重佛抑道，道教逐渐衰落。清、民国时，境内逐步形成正一派[⑥]，被称为“火居道士”。火居道士可以娶妻生子，不出家，专事法术是画符念咒、祈禳斋醮、驱鬼降妖、祈福禳灾，也从事超度亡灵“做道场”等活动。民国 19 年（1930），松阳县有住宫观道徒 15 人。民国 22 年，青田县有道教徒 87 人；景宁县有火居道士 361 人。1996 版《遂昌县志》载，民国 25 年，遂昌县有道教徒 15 人。

1949 年中华人民共和国成立后，特别是中共十一届三中全会以后，贯彻党的宗教政策，丽水塔下寺道教信徒活动逐步频繁。1989 年，庆元县有道士 20 多人。1994 年 12 月 16 日，青田县道教协会筹备组成立。2001 年 7 月 27 日，青田县第一次道教代表大会召开，选举产生道教协会第一届理事会，设会长、副会长、秘书长、常务理事。2002—2005 年，青田县登记发证道教场所 45 处，道士 160 多人，其中较为著名的有万福宫。2005 年 11 月至 2007 年 2 月，丽水市民间募捐集资修复莲都区塔下寺，占地面积 1500 平方米。

---

① 后称仙水洞。

② 皮日休《和陆龟蒙奇题镜岩周景复》。

③ 也作闾丘方远。

④ 2010 年上海市松江区。

⑤ 2010 年属庆云县屏都镇。

⑥ 也称正一道。

第三节 道教场所

据《古今图书集成》载："道书第十洞天之括苍洞：在今浙江台州府临海县之西南、仙居县之东南、处州府丽水县之西、缙云县之东，一名真隐山，又名苍山，又名苍岭山，下有洞，即十大洞天成德隐真天。""处州府括苍山在缙云，一名苍山，道书十大洞天之一。"唐代，道教赐缙云县仙都为第二十九洞天，青田县太鹤山为第三十洞天。各洞天有具有一定规模的宫、观。

莲都区

著名道观有老君庙，晋时建，唐代改为开元观，宋代改天庆观，元改元妙观，明洪武二十三年(1390)焚毁，明天顺年间(1457—1464)重建；龙兴观，唐建，北宋治平年间(1064—1067)改妙成观，元至元二十五年(1288)扩建至一堂一阁一洞一亭一室，明时尚存；黄灵观，城内黄灵桥上，已废；紫极宫，位于少微山，昔传名道葛洪炼丹于此，唐名道杜光庭修炼其地，唐天宝二年(743)建，不久更名真圣观，宋治平二年(1065)改紫虚观，元至元十四年(1277)毁，十五年重建，久圮；祥应观，元代建于懿德乡，明洪武三年(1370)移建于少微山侧，已毁；祥禧观，元代建，已毁；集禧观，元至元二十四年(1287)舍宅改建；崇道观，唐建，旧名"高溪"，宋治平三年(1066)改今名；塔下寺，建于南宋绍熙四年(1193)，至今有800多年；章侯庙[①]，宋淳祐六年(1246)建。截至2010年，莲都区正式登记道教活动场所1处。

龙泉市

知名道观有宝圣宫，唐乾元中(759)建，北宋庆历二年(1042)更名太和宫，北宋元符三年(1100)诏改奉灵宫，北宋崇宁四年(1105)御书"天宁万寿宫"，南宋绍兴七年(1137)更名报恩光孝宫，南宋绍兴十三年(1143)诏复万寿宫。另有隐真观、真常观、合真观、演庆观、衣仙观。截至2010年，龙泉市正式登记道教活动场所5处。

青田县

知名道观有崇道观，唐天宝(742—756)初舍宅建观，北宋治平三年(1066)毁，南宋绍兴二十五年(1155)重建，元至元二十八年(1291)扩建，1956年6月，改建为青田中学；无为观，唐天宝年间(742—756)建，已圮；奉真观，北宋政和年间(1111—1118)建，已圮；太清观，宋咸淳年间(1265—1274)建，已圮；清福观，元至大年间(1308—1311)建，已圮；万福宫，元至顺年间(1330—1333)建，已圮；玉灵宫[②]，元至正年间(1341—1368)建，已圮。另有鹤城镇城隍庙、天岩宫、东岳宫，章旦乡万福宫，温溪镇高垟老殿、洪府殿、风门道院，阜山朱岙殿等。截至2010年，青田县正式登记道教活动场所46处。

云和县

知名道观有万寿观，宋咸淳二年(1266)始建，清康熙年间(1662—1722)改为关帝庙；另有天师坛。

① 原属宣平县。

② 《处州府志》称玉虚宫。

庆元县

知名道观有景星宫，南宋景定元年（1260）建；西洋殿，宋咸淳元年（1265）始建，又名松源殿、吴判府殿、吴三公庙，系古代菇民为纪念香菇鼻祖吴三公而建的纪念性建筑，几经变迁，于清光绪元年（1875）由庆元、龙泉、景宁三县菇民集资重建；双井“神洞”，元大德年间（1297—1307）开拓；隆安庙，建于明成化年间（1465—1487）；马仙宫、北斗宫，建于明万历年间（1573—1620）；三官庙、玄坛庙，建于明天启年间（1621—1627）。另有薰山观，建筑时间不详，清时已圮；叶天师庙，建筑时间不详。截至2010年，庆元县正式登记道教活动场所7处。

缙云县

知名道观有石仙洞、碧云洞、仙水洞、青云洞等隐居修炼之所20多处。玉虚宫，唐天宝七年（748）敕建，李阳冰篆额，北宋治平二年（1065）赐名，北宋宣和三年（1121）方腊兵燹毁后重建，南宋景定元年（1260）奉旨扩建，三殿二厅六厢，轩房99间，并有黄帝祠宇、天一真庆行宫、三元三宫圣堂、洞天仙官祠等殿、堂、祠、宫、馆、亭、轩建筑30多处；妙庭观，唐咸通元年（860）建；寿圣观，北宋嘉祐二年（1057）建；太极观，元至大元年（1308）建；佑圣观，唐乾元二年至唐宝应元年（759—762）李阳冰任缙云县令时建，元代重建，明成化年间（1465—1487）复建；景霄观，始建于南朝梁普通二年（521），初名青莲馆，屡建屡废，北宋嘉祐元年（1056）改称括苍观，北宋治平二年（1065）又改称崇真观，北宋熙宁年间（1068—1077）称九霄观，北宋崇宁二年（1103）命今名，又屡有兴废，至清康熙三十三年（1694）改为佛院，名景云寺。

遂昌县

知名道观有紫极寿光宫（太保庙），在瑞山麓，唐叶法善炼丹地，宋徽宗御书“政和宸翰”篆额，已圮；天师庙，祀叶法善，清顺治六年（1649）改建为佛院冥阳庵；太虚观，唐乾宁二年（895）建，清康熙年间（1661—1722）再建，改为竹隐院，清嘉庆二年（1797）再改僧院；城山殿，始建不详，明嘉靖年间（1522—1566）改为东岳宫。慈福观、延福观，均为元至正年间（1341—1368）建立。

松阳县

知名道观有县逍遥观，南朝梁大同元年（535）建，唐代天师弈世仙隐地；女真观，隋开皇年间（581—600）建；天真观，唐弘道元年（683）建；永宁观，唐开元中（约726）改叶法善舍宅为观，唐玄宗赐书“淳和仙府”，唐乾元二年（759）铸造铜钟置于观内，俗称卯山观，已废，观旁有天师渠，泉水经旱不竭，内有浴丹池，冬夏不涸；广福观，北宋治平元年（1064）建；有道观，宋德祐三年（1276）（景炎元年）建；东林宫，元延祐元年（1314）建；开明观，元至正五年（1345）建；奉真观，元至正二十五年（1365）建，已圮；另有景福观、妙有道观、希夷观、寿昌通天宫，建筑年代不详，均久废。

景宁畲族自治县

知名道观有时思院，宋代建，明洪武年间（1368—1398）刘基书额“时思道场”，山门内建有钟楼，有铜、铁二钟，明宣德元年(1426)改为寺；另有白鹤仙庙、金锡庵、孔庙、文昌阁、关帝庙等儒、仙、道兼容的庙宇12处。自清以后，道观多失修坍塌，少有存者。

第三章　伊斯兰教

伊斯兰教自清代中叶传入丽水，仅限于丽水城区内，时断时续，规模只限于回族人群。20世纪80年代初，丽水地区修缮清真寺，恢复伊斯兰教，信教人群逐步扩大。

第一节　伊斯兰教传播

清代中叶，马、袁两姓回民自陕西迁至丽水县定居，信奉伊斯兰教。伊斯兰教本地也称清真教、回回教、回教。清咸丰元年(1851)，在丽水城内建清真寺1座。先后由阿訇马焕章、马明斋、马加真主持教务。民国32年(1943)，马加真病故，教务活动遂止。1949年，丽水重整教务，有教徒50多人。1956年，有教徒87人。1958年，停止活动。1981年，丽水县人民政府拨专款修葺清真寺。1990年，有教徒135人。2010年，有教徒50多人。每年的开斋节、古尔邦节等节日，到清真寺礼拜的有400多人，主要以新疆等地在丽水经商者为主。

第二节　伊斯兰教活动与场所

活　动

清真寺为容纳和接待外来信奉伊斯兰教的信徒暂住与颂经礼拜场所。主持阿訇均是外来穆斯林。中华人民共和国成立初，有教徒50多人，并由李月良等阿訇2人重整教务。1951年，由李月良代理阿訇主持教务，至1958年活动停止。

20世纪80年代，丽水地区伊斯兰教活动恢复，无阿訇主持。改革开放后，随着丽水经济社会发展，全国各地穆斯林来丽水经商并常驻，有回民60多户、300多人。1999年，清真寺请来阿訇主持教务。平时来寺礼拜的有10多人。每星期五下午，穆斯林在清真寺举行宗教仪式，包括礼拜、听念“呼图白”(教义演说词)和听讲“窝尔兹”(劝善讲演)等，来寺礼拜30—40人，节日来寺礼拜400多人。

每年的开斋节、古尔邦节，清真寺举行庆祝活动。2002年4月2日，丽水市成立伊斯兰教清真寺管理小组。加强对宗教活动、教职人员及寺产的管理。市区内开设清真餐馆20多家，方便伊斯兰教信徒的生活和活动。

2004—2005年间，义乌、杭州、嘉兴、宁波、衢州各清真寺及穆斯林大力资助修葺丽水清真寺，清真寺于2006年开斋节前修葺一新，礼拜活动日趋正常。

丽水市伊斯兰教主要活动有斋月、斋戒、“清真言”、礼拜、天课、开斋节、古尔邦节等。

场　所

清咸丰八年(1858)，在丽水县城内大央沟[①]修建清真寺，原占地近0.2公顷，现占地面积948平方米。

清真寺前门水磨砖砌筑，大门上方直书“礼拜寺”三字，二门为前殿正门，门面用精制砖块砌成拱形状，正上方横书“清真寺”三字并刻有花纹、条鱼数枚和伊斯兰标志；二门内为前殿，砖木构筑，面阔三间，歇山顶，高旷、通畅、古朴、简洁。从前殿经约20米木构轩廊，可直达大殿，大殿正门上匾额刻写奉雍正七年(1792)“上谕”与宣统三年(1911)立人名录。大殿又称礼拜堂或经堂，殿堂三间，内墙上挂着供奉的真主与古兰经主旨，大殿地面铺着清洁地毯，供穆斯林做礼拜之用。殿堂庄严肃穆、清幽典雅。

第四章　天 主 教

明万历四十一年(1613)，耶稣会外籍教士到丽水传教，耶稣教(天主教)开始影响境内。鸦片战争，特别是第二次鸦片战争后，耶稣教逐步向各县浸入，主要由宁波、温州天主教教区传入。民国20年(1931)，天主教丽水教区建立。1950年，丽水有本堂区8个。1949年中华人民共和国成立后，丽水天主教改造旧教会，开展爱国爱教、独立自主、自办弥撒的革新运动。1952年，天主教丽水教区停止活动。1980年，丽水地区部分地方恢复天主教活动。2010年，丽水市有教堂14座，有信徒3000多人。

第一节　天主教传播

天主教是基督宗教的主要宗派之一，又称公教或公教会。明万历四十一年(1613)，耶稣会士神

① 2010年丽水市莲都区高井弄86号。

甫林斐理和修士石宏基在丽水境内进行传教活动。据费赖之撰著《入华耶稣会士列传——林菲理传》记载，1612 年，林斐理曾偕神甫郭居静、修士钟巴相到杭州，最后巡历之地是处州府。据清光绪《缙云县志》载："明崇祯十七年(1644)，有永康人以天主教鼓(蛊)惑人心，屯聚倡乱，缙民多为胁从，知县陈鸿飞会永康知县单世德擒杀其首，余众遂散。"自此天主教开始影响域内。

鸦片战争后，遣使会、高龙朋会等外国修会相继到丽水，传播耶稣教。清同治六年(1867)十二月二日，神甫傅道安在台州进行传教，并在栅桥培养首批传道员，清同治十三年，多名传道员到青田和丽水传教，两地开始有慕道者。清同治十三年七月，丽水城内和青田首批慕道者到栅桥学习教会基本教义，并带回经书。清同治十三年，意大利籍神甫徐志修、法国籍神甫马宗良到丽水传教。清光绪元年(1875)五月，神甫徐志修到丽水给来自处州、温州各地的青年慕道者 26 人举行洗礼。清光绪二年，处州、温州两地教友增至 320 人，慕道者 100 多人。温、处两府上帝教教会首任总本堂为神甫冯烈鸿[①]。第一批信教的教徒是由原来信奉圣水教[②]教徒改奉上帝教而来的。清光绪十一年，由丽水传入青田，属宁波教区。清光绪十八年，丽水吴圩发展慕道者 500 多人，其中部分是向教会要求物质施舍来的，第一批领洗 30 人；大港头设立公所；丽水城内有教友 10 多人，有慕道者 4 户。清光绪二十六年，丽水教务改属温州教区。清光绪二十九年，温州本堂升格为总本堂区，管理温州、处州(丽水地区)教务。天主教传入松阳；清光绪二十七年，由松阳传入遂昌。清光绪二十七年，由法国籍神甫戴丝伦[③]从丽水传入庆元。清宣统二年(1910)丽水教务划归宁波教区。

民国 6 年(1917)，丽水建立加拿大无原罪女修会丽水分会。民国 13 年，丽水设立浙东教区[④]，统称宁波宗座代牧教区[⑤]，宁波主教被称为齐伯代牧[⑥]。民国 15 年，首批中国主教区主教胡若山成立台州宗座代牧，从宁波代牧区划分出来。民国 16 年 4 月，由宁波教区的西班牙籍苏为德、台州籍金楚臣传入龙泉。民国 19 年，丽水教区加拿大籍苏神甫首次到云和传经布道。民国 21 年，苏神甫调离，改由司事孙简卿主持，后由加拿大籍葛神甫主持。民国 20 年，丽水成立处州宗座监区，又称丽水宗座代牧区，由加拿大斯加尔波罗会士主持[⑦]。7 月 2 日，建立丽水教区，总理处州 10 个县事务。天主教丽水教区是天主教在中国浙江省西南部设立的一个教区。罗马教廷从宁波代牧区分出原处州府 10个县，设立处州监牧区，交由加拿大斯加尔波罗会管理。后浙江省第四行政督察区[⑧] 8 个县划入，教会资金由远东传教会支付。民国 25 年，景宁天主教由丽水传入。民国 26 年，青田县政区调整，原属永嘉温溪、贵岙、下贵、葵山、小舟山、潘山[⑨]、塘坑的分堂 7 个划入，仍属温州教区；5 月 18 日，更名丽水监牧区[⑩]。缙云丹址教会归丽水教区。民国 28 年，金华地区划归丽水监牧区。马威廉辞职，高尔登任监牧。民国 35 年，罗马教廷将中国改为"圣统制"，建有"浙江教省"，下辖杭州总主教区，宁波、台州、丽水、温州主教区 4 个。民国 37 年 5月

---

① 法国籍，1899 年来温、处。
② 又称无为。
③ 又称戴思纶。
④ 包括台州、温州、丽水。
⑤ 因宁波是主教长驻地，又因为当时全国称为传教区域，没有正式成为圣统制的教区。
⑥ 齐伯教区原在非洲，因教友失散湮灭，成为挂名教区，宗座将此虚名赐给宁波主教。
⑦ 据《温州教区简史》。
⑧ 原金华府。
⑨ 2010 年称泉城村。
⑩ 资料来源《维基百科》。

13日，升格为丽水教区。主教 Guglielmo MacGrath, S.F.M.[①]、谭尔鼐[②]。1950年，丽水有本堂区8个，信徒4286人。之后，在华外国天主教传教士陆续撤离。1952年，云和县教堂被征用和改建，终止活动。

20世纪80年代，丽水地区部分地方恢复天主教活动，青田传播活动最为集中。1986年，青田县天主教信徒1200多人。1990年，丽水市(县级)、青田县、龙泉市有天主教神甫1人、信徒1304人，教务归属温州教区。

第二节　天主教活动与场所

活　动

清光绪十七年至清光绪十九年(1891—1893)，原属温州本堂区的处州教会划归衢州本堂区。衢州本堂神甫和安当率领传道员曾文林、蔡奉璋2人及蔡的妻子，到金华、丽水传教2年，居住在九龙[③]。神甫和安当曾到吴圩[④]、青田、缙云、云和、丽水城内进行传教活动。遂昌由神甫谭尔鼐、范国昌、山谷声传教。民国8年(1919)11月7日，丽水天主教堂举行“首瞻礼六”开堂典礼，由温州总本堂神甫马福良主持，法国籍神甫林芳谷和郎树望前来参加，副本堂神甫胡保禄介绍丽水天主教开教史，本堂神甫苏若望负责接待。前来参加典礼的有当地官员、绅士、学校校长等20多人，有松阳城内、丽水碧湖、丽水九龙、青田城内、青田白岩、大路等地前来参加的教友400多人。民国23年，龙泉教会在后田[⑤]天主教堂开办私立普爱小学，于1948年停办。缙云丹址教会建立教堂学校，有学生10多人，半年后停办。民国28年，丽水、龙泉设医院各1所，由加拿大籍修女主持工作。创办小学3所，其中丽水县城内一所，名崇真小学[⑥]，让经济困难的百姓子女免费入学，校长莫京。办丽水教会爱心医院，名“圣心”医院，免费为穷人看病；教会举行爱心善事活动，救济穷人。民国期间，青田县鹤城镇教会附设崇真私学，在大路、大丘下、白岩教会附设小学各1所。

1951年，丽水人民政府依法取缔天主教中的反动组织“圣母军”，绝大多数外国神甫回国。1953年，丽水人民政府帮助加拿大籍神甫3人、修女3人返回加拿大。丽水天主教会由本地神甫金虚心和黄胜白2人主持。神甫金虚心在青田天主堂传教。神甫黄胜白在丽水传教，担任丽水县第一届政协委员，由丽水县政府发放生活费，于20世纪80年代病逝。1966年“文化大革命”开始，丽水专区宗教活动完全停止。

1979年始，丽水地区落实宗教信仰自由政策，逐步恢复天主教活动。20世纪80年代初期，丽水天主教宗教活动恢复，在卢镗街老教友付国林家做祈祷。原在金华兰溪天主堂任本堂的丽水籍神甫莫正廉到青田、温州、苍南等天主教会传教。1983年，龙泉城区天主教信徒恢复家庭聚会活动。1985

① 1932年3月4日至1941年。
② 1948年5月13日任命，1983年去世。
③ 2010年属丽水市莲都区。
④ 2010年属丽水市莲都区。
⑤ 2010年属庆元县。
⑥ 后为江滨中学，后又并入处州中学。

年，遂昌恢复天主教活动。1986年，丽水市（县级）碧湖教堂恢复礼拜活动。1987年，“中国天主教爱国会丽水市（县级）碧湖镇筹备组”成立。20世纪90年代初，丽水市（县级）天主教爱国组成立，金培监担任组长。2006年开始，梅仙兰担任爱国组组长，梅仙兰是莲都区第十三届政协委员。1999年12月，龙泉市建立天主教爱国组。1999年12月27—28日，青田县召开天主教爱国会第一次代表会议，选举产生第一届天主教爱国会成员11人。2010年2月21日，碧湖天主堂接受领洗圣事的慕道者有22人。3月，丽水天主堂为教友20多人举行坚振圣事。2010年年底，莲都区有天主教信徒300多人。

场　所

清光绪十一年（1885），青田县在鹤城宝幢街购民宅设立总堂。清光绪三十一年，被火烧毁。同年11月，法籍神甫戴丝伦在宝幢街购买土地一块，建造新房5间。民国11年（1922），圣堂、住房、家具等全被洪水冲毁。1949年5月丽水解放时，青田天主堂区占地面积0.12公顷，折计1182平方米。据记载，清光绪十六年（1890），在青田县的港头、大路、白岩等地设立分堂。民国28年（1939），曾开办崇真小学。

清光绪十八年（1892），丽水县城内租有房子作小圣堂；购买九龙村一块土地，建造圣堂和神甫住房，这是处州地域内建造的第一座天主教堂，在大港头设立公所。清光绪二十一年，青田县鹤城镇教堂建立，设神甫楼、修女房各1座。清光绪二十五年，在丽水城内购买一幢旧房，作为教堂。年底，温州教区派传道员2人，1人住丽水城内，1人住萧家渡。

清光绪二十六年（1900），丽水教务属温州教区，境内有青田、丽水城内、丽水九龙和松阳公所4个。法国籍神甫刘怀德在青田新建小圣堂1座，在丽水城内建造神甫住房。清光绪二十八年，神甫冯烈鸿在丽水城内重建萧家渡小圣堂。6月，由神甫沈若翰监造丽水城内新堂，建筑费银元2000元。清光绪二十七年四月，在松阳县西屏申亭弄洪氏宅内传教；之后，遂昌设立县城西隅、南塘①、下西坑②教堂。清光绪二十八年，庆元县上叶村③设立临时教堂，于清光绪三十年在大坂洋村正式建立天主教堂。清光绪二十九年，法国籍神甫戴丝伦到温州传教，常来处州一带举行圣事。清宣统二年（1910），先后在丽水的九龙、吴圩、碧湖等地设立传教点；松阳县古市设立天主堂。神甫戴丝伦调往衢州任总本堂，法国籍神甫马福良主持丽水教务。

民国初期，青田县增设坦头、大丘下、小源公所3个，后设立温溪、大路、白岩、葵山、小舟山、塘坑、下贵、贵岙教堂8个。民国2年（1913），法国籍神甫苏若望任丽水本堂，建成耶稣圣心堂。分为男堂、女堂两处，并建有崇真小学1座。民国6年，丽水县在县城濠头街建立教堂，3年竣工。民国7年，云和县筹募资金购买郑姓房屋和园地，兴建第一座教堂。民国17年，在龙泉县城西街建立西式圣堂。民国19年，购云和县城内民宅④1幢，作为传教教堂。至民国21年，发展到云和县城镇、独山、石浦、石塘、赤石、云坛等地。民国24年，遂昌县由丽水教区拨款建成南塘、下西坑教堂2座。民国25年，景宁在金钟村建成一座天主教堂，占地190平方米。民国26年夏，松阳县西屏建成西式天主教堂。民国30年，丽水和金华地区有堂口13处、圣堂11座、小学（完小）3所、祷所55处、经言学校11所。民国31年，缙云丹址教堂被日本侵略军焚毁。民国38年初，丽水县有教堂1座、分堂1处、支堂3处。

---

① 2010年属应村乡。

② 2010年属西畈乡。

③ 2010年属松溪镇。

④ 2010年属县人民大会堂。

1950年4月7日，丽水天主教会主教谭尔鼐与丽水县文化馆馆长季行登记丽水天主教的土地、房屋、财产清册。后，丽水教堂被改建成学校。1976年，天主教圣心大教堂拆除，改做学校操场。1986年，青田县天主教堂点分布在鹤城、温溪、大路、白岩、小舟山、葵山、塘坑、上贵、下贵、雷石、平桥，设有鹤城镇、小舟山、大路、葵山教堂教会。2005年，滩坑电站建设，拆除北山镇白岩村天主教堂，购置油竹新区一套房屋设立聚会点。1990年，丽水、青田、龙泉有天主教堂9座、家庭聚会点8处。2004年，莲都区移地另建新堂、神甫楼。2005年，修建碧湖天主堂①，面积约2000平方米。2007年年底竣工。2008年9月，丽水天主教堂落实房产政策，选新址重建。新教堂地址位于市区万象山公园山脚，占地面积3333平方米，财政补助600万元。2009年5月，原天主教旧房拆除，天主教活动场所暂租在东银苑第238幢的民房内。截至2010年，全市有天主教活动场所14处。

第三节　天主教教徒

清同治十三年(1874)，由徐、马二司铎在丽水传教，有教徒100多人。清光绪三年(1877)，江苏江阴籍神甫马宗良到处州传教，在丽水施洗23人。处州府有教友51人，其中青田39人，丽水4人，云和1人。清光绪二十六年，神甫徐仁德在温州培训传道员17人，分配丽水城内和青田各1人，丽水改由德国籍神甫苏若望传教。清光绪二十八年，神甫戴丝伦兼任丽水本堂教职，丽水白岩有慕道者300人。清光绪二十八年，庆元县有教徒30人，至光绪三十年增至60人。清光绪三十一年，丽水发生特大洪水，神甫法国籍冯烈鸿参加地方赈灾；11月，到丽水、青田等地的村庄约300个，发放面粉和银元。同年，处州全境有教友700人，慕道者900多人。

民国9年(1920)，庆元教会改由龙泉教会管理。民国15年1月，加拿大籍神甫樊国柱率神甫萨勒和慕理松2人到丽水。民国16年4月，宁波法国教区西班牙籍苏为德、台州籍金楚臣到龙泉传教。民国19年，建立丽水教区，设主教1人，神甫数人，神职人员30多人，管理丽水、金华所属各县教徒3000多人；松阳县西屏天主教由美国籍神甫慕列生主持，传道员5人，古市由郑绍康主持。民国20年，成立丽水监牧区，当时有圣堂及公所21处，其中3处为租用房屋，其余都是教会产业，有教友2245人。民国21年，丽水、龙泉、丽水碧湖等地有加拿大籍神甫近20人，缙云有教徒1人，青田县有教徒252人。民国21年，丽水地区有教徒1973人。民国25年，遂昌县有教徒35人，景宁有教徒50多人；8月，缙云县由王李光引入永康县小光珠教堂神甫李佩仁，在丹址建立教会，入会者10多人，后发展东渡、川石传教公所。抗日战争时期，日本侵略军进攻浙江后，除龙泉留有神甫外，其他外籍神甫修女全部撤离。民国26年，加拿大籍教会司铎范国昌接任龙泉县教务，在龙泉西街天主教堂修建修女住宅，从丽水调入修女3人，开办西医诊所；夏，松阳西屏教堂建成，先后有外国籍神甫7人前来传教，有传道员10人。民国27年，青田县宝幢街和大路教堂的主持为英国籍神甫司屈令其和英国籍神甫麦克其丁。民国28年，青田县温溪教堂由波兰籍杨长青、波兰籍薛茂华主持，民国34年，改由中国籍陈豪接替。民国31年，日本侵略军进攻，传教活动停止。松阳古市天主堂改由传道员蔡德三主持。民国37年，松阳古市天主堂改由潘忠传道；4月，停办。同年，青田县教堂改由中

① 始建于1933年。

国籍徐鸣野执掌;6月,往加拿大受主教祝圣礼;9月底,返回丽水。民国30年,丽水县有教友6250人、神甫44人(其中外籍38人)、慕道友1182人、外籍修女9人。民国35年后,逐步恢复各地教堂。丽水各堂均住有神甫。青田县教徒发展至712人。民国36年,丽水监牧区改为丽水教区,加拿大籍神甫谭尔鼐任主教①,神甫莫正廉调任丽水任副本堂。民国37年4月,松阳县有教徒55人,其中西屏48人、古市7人。民国38年初,丽水县有教徒181人,龙泉县有教徒81人,云和县有教徒72人。

1950年,丽水本堂区有教堂8个、信徒4286人。3月,松阳县外国籍神甫、教士返国,教务活动停止。1951年,青田县有教徒1033人。1953年,主教谭尔鼐返回加拿大,丽水县改由神甫黄胜白主持教务。1956年,有教徒540人,丽水天主堂在册教友300多人。

1979年,青田县有天主教徒1200多人。1983年,青田县有教徒1110人。1985年,遂昌县恢复天主教活动时,有教徒38人。1987年,青田县发展至1200人。2007年,青田县有信徒3327人,主堂神甫1人,天主教堂9座。2007年,丽水有堂口14个,公所5个,教友人数589人。莲都区平时参加主日礼仪有100多人。截至2010年,全市有天主教信徒约3000人。

第五章 基督教

第二次鸦片战争后,基督教传入处州。先由英国教士传入,后改由德国牧师传教。第一次世界大战后,德国牧师被遣送出境,改由瑞士籍牧师接任。中华人民共和国建立后,基督新教组织改造旧教会,逐步脱离国外传教士的领导和干涉而独立持教,公开活动逐步停止。至1980年后,逐渐恢复基督教宗教活动。基督教内部开展自治、自养、自传的"三自"革新运动,真正走上独立自主自办教会的道路。在丽水市各大宗教中,基督教是历史最短的一个宗教,但自1980宗教活动恢复后,在丽水全域范围内快速发展,其信徒人数、普及面等均明显超过同为外来宗教的天主教,继而超越佛教等本土宗教,成为丽水市规模最大的宗教。

第一节 基督教传播

鸦片战争、特别是第二次鸦片战争以后,基督教传入浙江,再辗转传进处州。绝大多数都是以"差会"的形式进入传教。清光绪元年(1875),温州基督教会派英国籍蔡文才和英国籍杨教士、中国籍传教士蒋良奎和中国籍陈一新到丽水县传教,教堂设县城仓前民宅。清光绪十二年,金华教士张晓峰、上海内地会派英国籍施教士、上海圣经公会中国籍传教士冯文英来丽水传教。清光绪十六年,

① 民国37年(1948)6月,在加拿大受主教祝圣礼,9月底回丽水。

先后由温州、丽水两地传入青田县，温州英属基督教派传教士戚臣昌到青田县讲经传教，在中坊埠姚家祠堂设道所；后于光绪二十七年三月设立教会，并在后街建造第一座基督教堂。清光绪十九年，德国籍牧师廉和清到松阳、遂昌县传教。清光绪二十一年，德国籍传教士密牧师到龙泉县传教；瑞士籍教士傅玉昆到松阳传教，开始向乡镇发展，传至古市，继而向遂昌、宣平传播。上海基督教总会将处属十县划为德籍传教士传教范围。主要属内地会教派，缙云、丽水县有少数属安息日会教派，青田县属循道公会。清光绪二十四年，德国籍牧师奔德到庆元县后田街尾设立传教公所，开展传教活动。清光绪年间，各县相继传入基督教。清光绪二十七年，龙泉建立城区教堂或乡村聚会点9处，培养本地籍的牧师，改属内地会；清光绪二十九年，德国籍奔德与德国籍郭肃清等在龙泉县城东街建造耶稣教堂，成立龙（泉）庆（元）基督教总会，郭梦华任总理事。清宣统二年（1910），奔德入景宁境内传教，其信徒陈星如创建基督教会①，传教活动逐步由城镇向农村扩展。

民国元年（1912），松阳县立龙泉籍王作浩为牧师，这是基督教在域内的第一位本地籍牧师。民国7年，国民政府训令，凡在华德籍教士一律遣送回国，教务改由瑞士籍牧师接管。民国11年5月，丽水县教会以县城总堂、碧湖分堂自立为丽水基督教会。民国14年末，中华基督教青田圣道自理会②在景宁县后坪、松潭、徐洋、坦头、驮圩、鲍岸、圭背等地设立支会。同年，为摆脱外国教会控制，各地自发建立自立会派。民国23年3月18日，玛克德函召旧处属十县教会派员至丽水举行首次基督教联合大会，讨论“自养、自主、自传”方针；民国26年，龙泉县龙庆基督教总会改组，总理事改为理事长；民国27年，由瑞士籍牧师路新柏主持；松阳基督教总会设有分支会26处，其中县内9处、遂昌县13处、宣平县3处、龙游县溪口1处。民国28年7月5日，召开第二次大会，将全区划为牧区5个，并成立浙江旧处属五教区基督教联合会；民国29年10月，在松阳召开第三次大会，讨论编纂各教区历史；民国30年，在龙泉召开第四次大会。后各县教务仍由德国教士主持。基督教主要宗教仪式，有圣诞节、感恩节、大聚会、洗礼、圣餐等。

1949年10月后，基督新教组织在中国共产党的影响下，改造旧教会，逐步脱离国外传教士的领导和干涉而独立出来。外国传教人员陆续离境，少数教徒改作家庭礼拜活动，公开活动停止。

1980年，基督教宗教活动逐渐恢复。基督教内部开展自治、自养、自传的“三自”革新运动，真正走上独立自主自办教会的道路。7月始，云和县借用民宅恢复聚会活动。1985年8月16日，龙泉县东街教堂举行复堂典礼。各县基督教相继开展活动，并先后建立教职团体。

1950年，基督教会举行大聚会和洗礼1次。20世纪80年代后，举行大聚会和洗礼5次，每次参加者数百人。

第二节　基督教活动

内地会

区域内的内地会与基督教互有影响，互为融合。清光绪十六年（1890），上海内地会总部派遣英

① 2010年景宁畲族自治县鹤溪桥底弄8号。

② 后更名青田基督教自立会。

国籍牧师梁道彰驻丽水并迁教会于上真殿弄民宅，教务由英国籍牧师褚道存主持。清光绪十七年，内地会德国籍教士崔明道与中国籍教士洪奎清到云和县传教，租用民宅[①]作教堂。清光绪十九年，德国籍牧师廉和清到松阳县传教，初建时属德华盟会，后与西差会合并改称中华基督教松阳内地会。清光绪二十年，云和县改换常山县德国籍女教士贝定安接管教务，有继任德国籍教士满志贤、德国籍教士贝仁山，聘任本地教徒6人协助传教，有信徒160人，设赤石、石浦上村、小顺、沈村4个教会分堂。清光绪二十一年，牧师梁道彰与上海总监督戴德生、牧师崔明道数度磋商，划定处（州）属各县为德籍教士传道区域。清光绪二十二年，推定牧师崔明道为处属教务总主持，兼管丽水教务。缙云县由英国籍雷牧师传入，先后在岭口江沿、黄畲田建立支会2个，在五云、壶镇、新建、大洋南溪等地建立教会，在大皿、石笕蒙坑、珠村、新建、稠门、胪膛成立布道所6个，有教徒400多人。清光绪二十七年，德国籍牧师奔德到龙泉县改基督教为内地会。民国6年（1917），云和县内地会教会改由瑞士籍教士玛克德接管教务。民国9年，德属丽水内地会传入青田县，在海溪正教寺村设立分会。民国14年11月1日，部分信徒脱离外教，自设中华基督教青田圣道自理会[②]。民国15年，成立中华基督教自立会缙云县分会。民国19年，上海内地会先后派遣奔德、路新柏夫妇和施隆盛、盖世华夫妇接管云和教会。民国38年5月盖世华夫妇回国时，有信徒105人。

自1945年5月丽水解放到“文化大革命”期间，外籍牧师回国，教会公开传道、礼拜活动极少，缙云县前村、南溪设有聚会点，“文化大革命”前解体。

1979年后，内地会活动逐步恢复。1980年年初，缙云县五云镇水南村老信徒率先恢复聚会，借民房为教堂，聚集新老信徒60多人，礼拜天由其主持聚会活动。1983年，缙云各地教会先后均恢复活动，有信徒1531人，设牧区7个、活动点21个。2010年，缙云县内地会有牧区6个、堂点41个。

安息日会

莲都、缙云、松阳3个县（区）有基督复临安息日会活动。基督复临安息日会，简称安息日会，每逢星期六为安息日做礼拜。民国11年（1922），由上海基督教安息日会华东联合会会长吴民生传入。温州安息日会牧师吴哲仁至丽水传道，并建堂于囿山南麓，有教徒100多人。碧湖设立分会，抗战胜利后停止活动。民国18年，由温州浙南区会永嘉籍布道员潘子章传入松阳，后经乐清籍布道员陈文思改组，在松阳东门潘氏宅内设立固定传教点，又传至古市、象溪、竹源、太（泰）芝、望松等地和城内多处，有信徒29人，历6任。民国23年，缙云县稠门村李作生在昌化加入安息日会后，回村向亲友传教；民国25年，成立稠门教区，受温州浙南教会领导。民国29年，传教士易平至缙云县章村传教，成立章村教区，发展信徒40多人。民国36年，缙云县稠门教区分设安息日会部和少年布道团。

1951年，缙云县中断聚会，1958年，停止活动。1959年，丽水县停止活动。1964年，松阳县自行解散。1977年，丽水县恢复聚会，有信徒20多人，慕道友30多人，后购置聚会场所[③]，有信徒80多人。1980年，缙云县稠门教区恢复活动。2000年后，缙云县章村教区恢复活动，有信徒100多人。

---

① 2010年云和县新民路85号。

② 后易名青田基督教自立会。

③ 2010年丽水市莲都区灯塔小区26幢101室。

三自爱国会和协会

基督教传入丽水后，一直由外国人管理。民国 15 年（1926），缙云县基督教成立“中华基督教自立会缙云分会”，民国 18 年接管教会财产，民国 30 年，选举产生第二届自立会。1949 年后，外国传教人员回国，教会贯彻“独立自主、自办教会”方针，开展自治、自养、自传的“三自”爱国运动。

1953 年，缙云县建立基督教自立会筹备委员会。“文化大革命”期间，教会停止活动。1981—1984 年，各县先后建立基督教“三自”爱国运动委员会筹备小组。1981 年，丽水县成立基督教“三自”爱国运动委员会筹备小组。1983 年 1 月 15 日，丽水县基督教“三自”爱国运动委员会和基督教协会成立。1987 年 4 月 20 日，青田县基督教“三自”爱国运动委员会和基督教协会成立。1983 年 10 月 19 日，缙云县基督教徒代表会议召开，下设五云、新建、下小溪、壶镇、前村、南溪、稠门、石笕牧区。1986 年 11 月 20 日，缙云牧区调整为 5 个，有教徒 2100 人。1986 年 12 月，云和县基督教“三自”爱国运动委员会成立。1984 年，遂昌县成立“三自”爱国运动委员会筹备小组。1985 年 4 月，庆元县基督教“三自”爱国运动委员会和基督教协会成立。1986 年 3 月，龙泉县基督教“三自”爱国运动委员会和基督教协会成立。1987 年 4 月 20 日，青田县基督教“三自”爱国运动委员会和基督教协会成立。1988 年 9 月 12 日，景宁畲族自治县基督教“三自”爱国运动委员会和基督教协会成立。1989 年 12 月 16 日，松阳县基督教“三自”爱国运动委员会和基督教协会成立。1994 年，丽水基督教教务联络组成立。2003 年，丽水市基督教“三自”爱国运动委员会和基督教协会筹备组成立。2009 年 12 月 17 日，丽水市基督教召开第一次代表大会，成立丽水市基督教“三自”爱国运动委员会和基督教协会，选举产生丽水市基督教第一届“三自”爱国运动委员会和基督教协会委员 15 人。

第三节 基督教场所

教堂和聚会点

清光绪元年（1875），首设丽水县基督教教堂于县城仓前民宅。清光绪十三年，设教堂于县城花楼井民宅；清光绪十六年，改迁至上真殿弄民宅。清光绪十八年，青田县在中坊埠姚家祠堂成立基督教会，清光绪十九至二十五年，先后在大路、岭根、朱坳、小源[①]、白蓓、夏家地、北山、白山、大双坑、垟坑、箬鸟等地设立支会。清末至民国年间，青田县又增设阜山、仁庄、屿前[②]、港头等支会 37 处。清光绪十九年，松阳县在城北永庆铺弄[③]设立传教点。清光绪二十一年，龙泉县在屏南乡车盘坑村建教堂，创办小学，后在大窑、小梅、大梅、查田、黄南、孙坑、茶丰、屏南、八都、安仁、道太、县城等地建立教堂或聚会点。清光绪二十四年，庆元县后田街尾设立传教公所。清光绪二十七年三月，青田县建基督教堂 1 座，栈房 10 间，占地 1332 平方米。龙泉县建有城区等教堂或聚会点 9 处。清光绪二十八

① 2010 年称东源。
② 2010 年称石前。
③ 2010 年称耶稣堂弄。

年，丽水县教会在姜山背地的泰山宫弄建造教堂及住宅，后建支堂于九龙村。清光绪二十九年，牧师奔德与郭肃清等在龙泉县城东街建造耶稣教堂及住宅。清宣统元年（1909），遂昌县建成下马教堂。宣统二年，遂昌县建成县城西隅街教堂，后在下马、蕉川、北界、金岸设立分堂4处。松阳县建成西屏耶稣教堂。景宁县信徒陈星如在县城[①]创建基督教会，相继设立渤海、官渡、英川、大漈、东塘、梅岐聚会点8处。民国5年（1916），景宁县基督教会建造礼拜堂1座、客舍数间。民国7年，云和县建成教堂。丽水县巨溪建立支堂，之后又建立碧湖分堂及均溪、下园、张村街支堂。民国9年，青田县循道公会在景宁县的后坪、山头、桂根等地设立礼拜点。庆元县改传教公所为耶稣堂，聚会点由县城向农村扩展，至民国25年，陆续在县城内、八都、竹口、安溪、洋头、美源等地建立耶稣堂。民国19年，松阳县建立城北传福音会、古市传福音会、枫岭根基督教、南州基督教耶稣堂。民国27年春，缙云丹址购置民房5间作教堂。青田县方山石前建成基督教堂，占地450平方米。民国37年，青田县因行政区域变动，从永嘉县划入温溪、孙坑、小舟山、小双坑、郑岙、三个脑、葵山、下贵分会和郑山、塘坑支会。

1951年，全区有教堂64座。

1983年，丽水县小水门外建造教堂；青田县设立城关、温溪、杨山、孙坑、港头、方山、仁庄、阜山、北山、船寮、万山、章村牧区12个，辖总会、分会、支会132个。至1985年，青田县基督教活动场所发展到136处，分布于行政村133个，其中教堂68座、家庭聚会点68处。1986年12月，云和县有基督教堂1座，下设云和镇、大丘田、菖蒲垄、麻厂、双港、朱村、泉溪、沈村聚会点8处。1987年，景宁畲族自治县恢复景宁（鹤溪）、大漈教堂。1988年，龙泉县恢复东街、查田、小梅3座教堂，设立聚会点24处。1990年，松阳县设玉岩聚会点，在苏马坪大潭村建立简易教堂。

1990年，全区有教堂123座，家庭聚会点232处，其中丽水市（县级）有碧湖、九龙、均溪、下园、张村街、巨溪分教堂6座，聚会点21处；遂昌县有聚会点24处；松阳县有教堂2座，聚会点9处；庆元县有教堂和聚会点21处。1992年，景宁畲族自治县有鹤溪、徐山、大顺、小顺、外山、山头、坦头、徐洋、大漈、忠溪教堂10座，有石龙、渤海、岭根、标溪、沙湾、新庄、大地、东坑、东洋、谢坑聚会点10处。1996年，丽水市（县级）丽阳街[②]建造大教堂1座，可容纳1000多人，成为丽水市（县级）基督教"两会"的总堂；农村教会先后在芦埠、花场、东城、下坑、路湾、张村、齐村、张村街、巨溪、梁村、老竹、畎岸、陈村、雅溪、里东、莲房、皂树、太平、大港头、均溪、下园、孙畲、碧湖、平原、石牛、林宅口、金乌、黄村、大济、杉树坑、岩泉等地新建教堂35座，极大地改善信徒聚会环境。2006年，经丽水市民宗局批准，创办丽水市基督教培训中心，设于碧湖基督教堂。2008年，景宁畲族自治县有登记在册教堂16座，固定聚会点9处，临时聚会点13处。11月12日，庆元县迁建基督教堂落成，并投入使用。截至2010年，全市有基督教活动场所327处。

附属学校和医院

清光绪二十三年（1897），松阳县创办博爱医院。清光绪二十八年，由西差会出资，牧师崔明道在丽水城区泰山弄购地1.33公顷，东起白蛇弄、西至文墩街、南至姜山背、北至西河沿，在其范围内兴建大、小教堂各1座，并建有外国牧师住宅、小学、诊所、食堂及其他楼房10多座。该教堂规模大、信徒多，是丽水地区基督教活动中心。清光绪三十四年，龙泉基督教会创办养真小学，由德国教会赞

① 2010年景宁畲族自治县鹤溪桥底弄8号。

② 2010年丽水市莲都区丽阳街581—583号。

助。清宣统二年(1910),教会在丽水县城总堂创办男女学堂,民国元年(1912)更名崇德学校,设有女子师范班,后更名崇德小学,1951 年停办。民国 9 年,德国传教士贝•安定养子陈树澜回景宁县开办洪源诊所。民国 10 年,设立松阳县养正高等小学;民国 14 年冬,成立红十字会慈善机构。民国 11 年 5 月,丽水基督教会在总堂设有诊疗机构。民国 20 年,景宁县沙湾村开设日盛西医室,德国牧师开展国际性援助,免费为儿童接种牛痘。

1951 年,养真小学由龙泉县政府接管,更名东升小学。1985 年 5 月,恢复养真,改办中学。2010 年,因龙泉市调整初中校网、缺乏生源而停办。

第四节　基督教教徒

清光绪二十一年(1895),龙泉县基督教徒郭肃清任首任牧师,郭振唐任第二任牧师,开始出现本籍神职人员。清光绪二十九年(1904),龙泉县有教徒 500 多人。自清宣统二年(1910)至民国 25 年(1936),缙云县先后成立支会 3 个,布道所 6 个,有教徒 400 多人。民国 9 年,庆元县教徒发展至 400 多人。民国 19 年,松阳县有传教人员 47 人。云和县开始发展基督教教徒,至民国 21 年,发展信徒 33 人。民国 21 年,全区有基督教徒 2544 人,其中丽水县 459 人、青田县 424 人、云和县 98 人、龙泉县 419 人、庆元县 74 人、缙云县 84 人、遂昌县 246 人、松阳县 321 人、景宁县 419 人。民国 27 年,松阳县有信徒 600 人。民国 28 年,处属各县基督教分牧区 5 个,一牧区丽水、青田县,二牧区缙云、宣平县,三牧区龙泉、庆元县,四牧区松阳、遂昌县,五牧区云和、景宁县。丽水县有信徒 600 多人,其中城关总堂 200 多人,碧湖分堂 200 多人,双溪、巨溪、梁村、张村街、九龙、均溪等支堂 200 多人;景宁县有信徒 500 多人。至民国 38 年,丽水县有信徒 628 人,青田县有信徒 7458 人,缙云县有信徒 161 人。

1951 年,全区有信徒 7000 多人。1953 年,松阳县有信徒 180 人。1955 年,温州基督教内地会派金圣泽教师来丽主持教务工作,建立“丽水基督教处属办事处”。1956 年,有信徒 486 人,慕道友 370 人,传教师 5 人,长老 1 人,执事 21 人。1958 年,景宁县大顺、小顺等堂点 6 个改日聚为夜聚。1959 年,景宁县有信徒 649 人,1970 年,增至 700 多人。

1980 年,基督教开始恢复活动,有老信徒 360 多人。1983 年,缙云县信徒发展到 1531 人;青田县有信徒 14121 人,牧师 1 人,教师 2 人,长老 10 人,义工讲道员和堂务执事组长数百人。1985 年,青田县有信徒 26900 多人,圣职人员 17 人,神学毕业生 10 人,义工讲道员和堂务执事组长 348 人。有牧师 2 人、长老 48 人、传道义工 500 多人。至 1986 年 11 月,缙云县把聚会点 34 个的信徒 2100 人划分为教区 5 个。1988 年,龙泉县有传教人员 2 人,信徒 1800 多人。1990 年,丽水市(县级)有信徒 3500 人,慕道友 2000 人,长老 6 人,义工 40 人;云和县有信徒 600 多人,义工 26 人;遂昌县有信徒 1363 人(其中男 399 人,女 964 人),受洗 763 人;庆元县有信徒 1500 多人。1990 年,全区有基督信徒 27475 人,其中受洗 16186 人。1992 年,松阳县有基督教教职人员 28 人,信徒 1725 人,其中受洗 1190 人,未受洗 535 人;景宁畲族自治县有信徒 2055 人。1999 年,缙云县全县有牧区 6 个、堂点 45 个,信徒 4500 人;2009 年,发展到 6200 人。2009 年,景宁畲族自治县有基督教教职人员 124 人,信徒 3500 多人。2010 年年底,全市基督教有信徒 6.5 万多人,其中莲都区有基督教信徒 6000 多人,讲道员 120 多人;云和县有基督教信徒 1600 多人;景宁畲族自治县有基督教信徒 3500 多人;缙云县有基督教信徒6200多人；青田县有基督教信徒26900多人，有教职人员17人；庆元县有基督教信徒3600多人。

第六章　管　　理

明清时期，处州府衙设阴阳学，配置正术1人，管理方术之士[①]；于法海寺内设僧纲司，配置都纲、副都纲各1人，管理佛教；于元妙观内设道纪司，配置都纪、副都纪各1人，管理道教。县属设僧会司，配置僧会1人，掌管佛教事务；设道会司，配置道会1人，掌管道教事务。

民国时期，佛教、道教失去国家政权的直接支持，由国民党地方党部和政府社会科共同管理。宗教组织需要取得合法地位后才能从事宗教活动。宗教事务由各宗教团体监理。

1949年中华人民共和国成立后，丽水宗教事务由各地人民政府管理。1981年6月，丽水地区宗教事务处设立。1984年12月，丽水地区各县人民政府宗教事务科相继设立。1995年8月，丽水地区民族宗教事务局成立。1996年12月后，各县（市）民族宗教事务局相继成立，管理宗教事务。2001年，丽水地区民族宗教事务局更名丽水市民族宗教事务局。

第一节　场所管理与人员培训

场所管理

旧志对宗教事务管理的记录较简单，没有宗教场所管理方面的具体记录。2000年，以缙云县九松寺、南宫寺等寺庙4座为规范化建设典型，在全市全面推广。至年末，全市有佛教寺院49座和基督教98处、天主教活动场所13处制订和完善相关管理制度，占登记发证场所总数34.4%。2000年12月至2001年5月，全市开展宗教场所年检，整改管理不善、制度不健全、场所不规范的不合格活动场所10个。2001年，丽水市开展非法建造小寺小庙的整治工作，整治清理莲都、青田、遂昌、松阳、云和等县（区）非法建造的小寺小庙，其中拆除32处、改作他用115处、取缔54处、保留15处。2002年5月，丽水市宗教活动场所年检工作全部结束。2003年，全市宗教活动场所年检463处，参检率100%，确定合格456处，合格率98.45%；确定合格，需限期整改7处，占1.51%。整改后合格率100%。2004年，丽水市举办基督教主要堂点负责人培训班，实行非通常宗教活动的审批和跨行政区域邀请教职人员主持宗教活动的备案制度，减少和控制地下和自封传道人的非法活动。2005年，丽

① 借用阴阳五行学说来解释天文、术数、人体生理、病理等各种现象的人。

水市严格大、中型宗教活动审批备案制度。实行宗教活动“临时登记场所”和“保留登记场所”分类处理，其中转为正式登记60个、合并6个、撤销登记76个。2006年，丽水市严格规范非通常大型宗教活动和跨区域邀请教职人员主持宗教活动的审批备案制度，依法处置违章乱建寺庙、私设聚会点及非法传教等行为。2007年，丽水市对宗教事务情况进行检查，上网公开行政许可事项。全市审核批准非通常宗教活动5件。2009年，丽水市开展创建“和谐寺观教堂”活动，组织推动和协调监督工作。2010年，丽水市编印《宗教工作知识手册》，制作“和谐寺观教堂”牌匾，分发到各有关部门和宗教活动场所，指导创建活动。丽水市按时完成首批“和谐寺观教堂”达标考核工作，宗教场所达到创建标准76个，其中受到国家宗教事务局表彰场所2个和团体1个、省表彰场所8个、市表彰场所22个。

人员培训

2000年起，丽水市提高依法管理能力，提高政治思想素质，掌握宗教知识，每年举办宗教人士和基层宗教管理干部培训班1—3次。2000年1月17日，组织各县（市）天主教爱国会、爱国组和活动场所负责人“两讲一提高”学习教育，参加学习20多人。2001年，丽水市举办宗教界人士座谈会2次和培训班1期。9月5—6日，在莲都区黄泥山基督教堂召开全市基督教、天主教团体负责人学习会。9月26—27日，在青田县温溪镇真宁禅寺召开全市佛教团体负责人学习座谈会，各县（市、区）佛教团体负责人20人参加。10月23—25日，举办神、佛学院毕业生学习宗教政策、法律法规的培训班，全市神、佛学院毕业生26人参加培训。2002年，丽水市组织宗教团体、活动场所负责人和各教职人员，学习中央、国务院、省有关宗教政策法规。7月、10月，丽水市分别在遂昌县和缙云县举办基督教、佛教团体负责人和各教职人员宗教政策法规学习培训班，参加60人。2003年9月，丽水市贯彻落实全省宗教工作会议精神，推荐信徒代表4人，分别参加温州教区和省天主教爱国会代表大会。2004年10月25—27日，丽水市举办全市基督教主要堂点负责人培训班，参加培训86人。做好浙江省基督教第七次代表会议代表和省基督教“两会”成员协商推荐工作，推选代表18人，成员8人。2005年，丽水市学习贯彻《国务院宗教事务条例》，加强宗教工作领导干部、宗教工作干部、教职人员“三支队伍”建设。2006年9月、10月，丽水市举办基督教神职人员学习培训班，参加100多人。2007年，丽水市筹备全市基督教第一次代表大会。举办市基督教“两会”培训班，参加场所负责人60多人。2008年，全市举办宗教界代表人士培训班，参加学习56人。2009年5月，全市举办宗教工作干部培训班，参加培训30多人。指导和协助市佛教协会召开常务理事会，协助市佛教协会召开会长会、理事会，增补常务理事2人；指导成立市佛教协会慈善功德会；举办佛教活动场所负责人培训班。7月，召开丽水市佛教界“创建和谐寺观教堂”动员大会，参会130多人。

第二节　政策落实与非法宗教活动处置

政策落实

1978年中共十一届三中全会后，丽水地区逐步落实统战对象各类房产政策。1980年，丽水地区落实宗教房产76处，面积19841平方米。1981年，丽水县政府拨款2万元，另建教堂。1996年1月，调查基督教、天主教教堂。10月底，全区妥善解决青田县鹤溪镇天主教堂，丽水市（县级）城关镇天主教堂、富岭乡周前村天主教堂，龙泉市龙渊镇基督教堂等房产遗留问题6处。2004年，全市解决莲都区碧湖基督教堂、龙泉市八都基督教堂房产遗留问题。2008年8月29日，丽水市妥善解决丽水天主教房产政策遗留问题。

非法宗教活动处置

2000年10月，丽水市与莲都、龙泉、青田、遂昌等县（市、区）民族宗教事务部门人员深入天主教堂点，召开座谈会，组织学习有关政策和法律法规，用事实揭露梵蒂冈“封圣”的反动本质，确保天主教界安定团结。

2001年2月初，市、区组织清真寺管理小组成员和回民群众学习宗教政策法规，增强抵制非法传教的自觉性。2—5月，景宁畲族自治县制止温州瑞安等地在上坑村非法传道12人，收缴非法宣传资料，并对当事人进行宗教政策、法律法规教育。3月，温州、瑞安等地基督教信徒30人乘车到景宁畲族自治县沙湾镇搞非法聚会、煽动当地群众入教，当地相关部门及时给予制止；4月，莲都区制止永康基督教“蒙头会”成员在老竹畲族镇小黄弄村的非法传教活动；6月，庆元县张地村发现“南方教会”非法活动，庆元县依法取缔“南方教会”非法活动点；7月5日，温州苍南县宜山镇二村非法传道员1人到遂昌县云峰洋浩村非法传道，被现场制止；7月，庆元县妥善处置一起有中、小学生50人参加的非法培训活动，对非法传教的2人进行宗教政策法规教育，并责成写出悔过书，依法取缔非法聚会点。9月，遂昌县制止云峰镇湖边村苍南县“蒙头会”信徒的非法活动，并对当事人开展宗教政策、法律法规教育；松阳县基督教爱国运动委员会、基督教协会对参与“蒙头会”非法活动的龙下村基督教聚会点负责人进行教育，并撤销其负责人职务。11月，在丽水市区城西路制止一起基督教非法传教活动，收缴非法传单100份。

2002年，外地伊斯兰教传教士到丽水从事非法活动频繁，丽水市、莲都区民宗局到丽水清真寺组织有关回民群众学习党的民族、宗教政策法规，揭露境外伊斯兰教有关人员到清真寺非法活动的目的，防范非法活动。

2003年，丽水市邀请教职人员到丽水主持宗教活动34批、79人次，有效控制和制止自封传道人的非法宗教活动。2月，青田县制止基督教非法传教活动。

2006年，丽水市严格规范非通常大型宗教活动和跨区域邀请教职人员主持宗教活动的审批备案制度，依法处置违章乱建寺庙、私设聚会点及非法传教等行为。有关县（市、区）有效制止多起基督教非法宗教活动和渗透苗头。

2007年，丽水市及时制止非法聚会10起，其中1000人以上非法聚会3起。

2010年，丽水市规范宗教活动场所设立、大型宗教活动、非通常宗教活动的许可审批，规范行政许可程度和文书，督促各活动场所依法按程序报批各类宗教活动，尤其是跨区域主持宗教活动的备案手续，维护宗教界稳定。

第四十六篇

社 会 生 活

1 方言

2 风俗

3 姓氏

4 居民生活

概　　述

三瓯人(越人)是丽水的原住民。据考古发现,距今4000年前的好川文化是瓯文化的重要代表。此后,瓯人逐渐与北方迁入的居民融合。汉至晋代,北方各族人民开始逐步迁入处州境内。最早迁入松阳的姓氏有劳、丰、瞿、厍(shè)、公、壶、叶等姓。清初,丽水境内主要姓氏逐步形成相对稳定的区域分布情况。

丽水由于地处山区,古时生产力发展水平低下,人民物质生活水平十分贫困。民国时期,处州人民日常生活出现一些现代要素,衣着方面出现机布,少数丽水人出行出现依托交通工具。民国26年(1937),全面抗日战争爆发,丽水生产力受到严重破坏,人民生活水深火热。1949年中华人民共和国成立后,丽水人民生活开始改善。1978年改革开放开始,丽水地区经济发展加快,生活水平不断提高。21世纪,丽水人民走绿色发展之路,实现跨越式发展,社会经济、文化和人民生活不断向全省平均水平靠近。

经过长期的共同生活,丽水区域逐渐形成以方言、民俗为主要内容的地方文化。丽水地方文献中有关于中唐时期求雨的明确记载,历代文献均有丰富的民俗内容记录。由于与周围地区缺少交流,传统社会时期各地在长期相对独立的历史发展的过程中形成大量独特的地方文化。丽水传统民俗的特征是勤劳、简朴、民风刚强好勇,山区人民秉承大山耿直刚勇、重气节的特征。21世纪,随着经济社会的发展,丽水部分传统农耕时期的民俗逐渐消亡,一些新风尚新习俗逐渐形成。

丽水地方文化内容丰富并具显著的地方特色,在语言方面体现尤其显著。丽水方言受越语、瓯语、浙北吴语、北方官话、外来移民携带原居地语言的影响,形成种类众多的地方变体,构成莲都、龙泉、青田、云和、庆元、缙云、遂昌、松阳、景宁9个县(市、区)各有差异而独特的方言。向来有"隔坑隔腔,隔源隔语""处州方言七八十腔"之说,各地差异较大。

第一章　方　言

受原住民瓯人语言长期的历史积淀影响，丽水市方言属汉语吴语浙江分区浙南丽衢片丽水小片方言。丽水方言受越语、瓯语、浙北吴语、北方官话、外来移民的影响，形成种类众多的地方变体，构成莲都、龙泉、青田、云和、庆元、缙云、遂昌、松阳、景宁9个县（市、区）各有差异而独特的方言。景宁又被划入浙南闽语区。

丽水市汉族人口96.5%以上，说丽水方言中包括各县（市、区）地方方言。全市最主要少数民族是畲族，族内说畲语，对外说所在地方言。畲语在各县（市、区）畲族人口中都能相通。全市有少量苗、回、满等少数民族，均说当地方言，少数新迁入的居民说普通话或原出生地土话。处州俗有“隔坑隔腔，隔源隔语”“处州方言七八十腔”之说。各地差异较大。各县（市、区）区域内又有多种腔调或方言，形成一些独特的方言和非吴语方言岛，如云和、松阳等县居住的“汀州人”，对内说“汀州话”，对外使用当地方言；遂昌县黄沙腰自然村等地说“京音”；庆元县东乡荷地、江根一带说“蛮话”（蛮讲）；青田县温溪一带说“温州话”；1962年，新安江（淳安）移民迁入遂昌、松阳等县，主要讲浙北严州方言①，新生一代一般能兼说当地方言。各县（市、区）交际语言，一般以县城所在地方言为主，家庭成员之间以家乡方言为主。

畲语，属汉语客家话系统。详见《丽水市志·畲族篇》。

第一节　演　变

方言现状

全市各县（市、区）之间方言差异较大，县际相互通话程度不一，相邻县份通话程度较高。莲都区与云和县基本可畅通，只是语调差异较大；景宁畲族自治县与云和县、龙泉县与庆元县、遂昌县与松阳县曾经是同县，方言相近，大体可通话；松阳县与莲都碧湖一带经济交往较多，通话程度较高；青田县与景宁畲族自治县、莲都方言相近，可以互相交流，即便青田县温溪一带瓯语成分较多，过去主要靠木船运输，船工与瓯江中上游沿岸交往频繁，彼此能交流，听感较好；受永康话影响较深的缙云县与莲都县东乡和北乡接壤，接触较密，通话程度较高。自明代初期开始，景宁县、

① 淳安话系汉语方言——徽语。

庆元县和龙泉市南乡、东乡“两个半县”的农民，农忙过后，都往外省去做香蕈(香菇)，“同行自有同行语”，甚至与香菇文化相联系的“菇山避讳语”(隐语)也比较一致，一般都能较顺畅地交谈。不过自古以来，处州民众绝大多数以农耕为主，一家一户，自给自足，往来较少，有些山里人家在中华人民共和国成立以前几乎一辈子没有出过村。“十里一腔，五里一调”的现象比较严重，相隔较远的县分，通话存在较大困难。迄今，吴语处州方言小片一直未形成一种能让全市人民都可用来顺畅交际的主体方言。

晚清时期的“官话”运动、民国时期的“国语”运动、1956 年开始的普通话运动，推动处州方言逐步向全民族共同语靠拢。尤其是改革开放 30 多年来推广普通话，成绩十分显著，年轻一代都能讲一口比较标准的普通话。“处州处州，处底啾啾①”，害怕出门的陋习，逐渐消失。使用规范的汉语普通话日渐成为共识；随着视野不断开阔，对乡土、乡音、乡情也倍感珍惜。

方言环境

“隔水不同调，隔山不同腔。”自然地理环境是方言形成与发展的重要因素之一，其作用远远超过和先于行政地理的作用。

丽水市地处瓯江中上游，地势多样，沟壑交错，属浙西南山地。山脉阻隔与水系分布是方言地理的天然分界线。洞宫山脉隔开处州府与温州府，形成不同的方言片。温州市鹿城区和丽水市莲都区，虽然“同饮瓯江水”，而某些字的今韵却相去很远。例如：“帮”，鹿城区读[puç34]，莲都区读[poŋ24]；“双”，鹿城读[çyɔ34]，莲都读[çyɔ34]；“钟”，鹿城读[tçyɔ34]，莲都读[tçioŋ24]等等。温州今韵母的韵尾，在上述字中全部脱落；而处州方言则仍然保留着，形成明显区别。

水系相近方言相同因素就相对较多。仙霞岭隔开衢州府和处州府，但水系联系较紧密，语言演变中的相同点也较多。举例来说，古代汉语的“知”组字，如“猪、置、桩、张、长、肠、帐、桌、中、虫、竹”等，丽衢方言片都保留舌头音读法，今声母读作[t]或[d]。这种“端知不分”的特点是导致丽衢方言片一些中老年人不易说准普通话中的翘舌音和卷舌音的因由。又如丽衢方言片都存在舌面音[tç]或[ç]声母脱落现象，例如“鸡”(jī)读[i]，等等。语言学者多把丽水市和衢州市合并为吴语丽衢方言片，这是切合实际的，两市方言中存在着较多的共同点。“一水远千里，隔山鸟音异”，山水间隔毕竟是造成方言差异的主要因素，处州与衢州方言存在着较大差异，仍是主要的。

方言分布

丽水方言片中，丽水市 9 个县(市、区)的方言地理、自然地理和行政地理自隋唐设立州府建置以来基本一致，各县县城的方言在县境内均可畅通，是各县县内交际的主要语言。各县方言内部又各有差别，形成许多小方言块。

莲都区　全区分为市区话、碧湖话、雅溪话方言块 3 个。市区话以原丽水城老城区为中心，东至风化、开潭、严溪，北至林宅口，西至张村街、界牌，南达大梁山麓。碧湖话以碧湖镇为中心，其范围含大港头、新合、高溪、平原、石牛、龙江、联合、北埠、峰源、郑地等地。雅溪话，含双溪、老竹、太平、莲乐、石礤圩、西溪、泄川、仙渡、皂树、丽新、永丰、巨溪等地。

---

① 意为只在家里叫叫、嚷嚷；也写作“处底周周”。周，读[puɔ34]①，老蹲在家里的意思。

龙泉市 全市分为方言块5个。城区包括龙渊镇、凤鸣、大沙、白云、新民、宏山、兰巨、剑湖等地。东区，以安仁为中心，包括福源、天平、胜利、义和、龙南等地；南区，包括查田、小梅、茶丰、青溪、瑞垟等地。西区，包括八都、南窖、宝溪、瀑云、锦溪、住溪、双岭等地。北区，包括雁川、供村、双平、王庄、上东、盛溪、黄鹤等地。

青田县 全县分为方言块4个。鹤城镇、石溪乡等村落30多个讲鹤城为中心的青田腔。三塘汇以西石帆、章村一带讲丽水话。温溪一带沿瓯江而下，温州腔比较浓重。万埠一带讲"九都腔"（接近文成县南田口音）。

云和县 全县分县城、梅源、石塘、大源、雾溪5块。县城块，涵盖小徐、沙溪、云坛、沈村、局村、紧水滩、赤石等地。梅源块，含崇头、黄源、云丰、沙铺等地。石塘块，含双港、朱村一带，与碧湖腔接近。大源块，含大源、库北等地，这一带"汀州人"较多，当地大多数人能兼说方言2种，互相并存，互不干扰。雾溪块，含雾溪、安溪等地，其中云丰有些村龙泉口音较重。

庆元县 全县除县城（松源）腔外，还有西乡腔（竹口一带接近龙泉话）、北乡腔、万里林腔和江根腔（蛮话——蛮讲）。

缙云县 全县分县城腔、南乡腔、西乡腔、东乡腔方言块4个。南乡腔、西乡腔跟县城腔比较接近，东乡腔差异较大。南乡腔，包括舒洪、大源、双溪、胡源、溶江、东渡、石笕、前村、木栗、南溪等地。西乡腔，包括新建、新碧、新川、双川、七里、城北等地。东乡腔，以壶镇为中心，含前路、东方、三溪、雁岭、白竹等地。

遂昌县 全县以分为以妙高镇和大柘镇为代表的两大方言块。妙高镇，是全县政治、经济、文化中心，与外界接触频繁，方言里文化词语日益增多。大柘镇，处于县境腹地受外界影响较少，较稳定地保留遂昌方言固有特色。

松阳县 全县分西屏腔、古市腔、玉岩腔、靖居腔。其中靖居腔与莲都区碧湖腔十分接近，这一区域的小港源有"汀州话""百步腔"两个方言岛。

景宁畲族自治县 除县城块方言外，全县又分成渤海、东坑、沙湾、英川、毛垟5块，县境内都能顺畅通话。

丽水境内各个方言块内部语音差异较大。例如，青田鹤城镇人说"吃芋"，而青田东源一带口音变作"吃树[zɥ22]"。同为"青田腔"音素和声调，相去甚远。莲都老城区内只隔1条2米来宽的杨家河，语音就有变异。河沟北边"看戏"叫"望四"，南侧的厦河门的老人就说作"望细"（"戏"读"细 xī"与普通话同）。

第二节 语 音

丽水语音是语言中最活跃、最多变的部分，其他语言要融入方言，则一定要经过"改造""磨合"，适合方言的语音系统，才能融入，否则即使"进来"，也往往有隔膜。别说一般外来的弱势方言，即便强势方言，也得符合方言组词的规律，否则也难以融入。例如北方官话中的"他""的""们"之类是从"学官话"中引进的，但这些音节都只有在当地人讲"三合土"式的"官话"时，才有用武之地，若说纯粹的"土话"，就派不上用场，特别是"们"字，作为一个词尾，在土话中至今仍"游离"于处州方言之外，与当地任何一个语素都无法组合。

全市没有一种跨越区域可以顺畅交流的主体方言，其声母韵母自古至今的演变过程中，始终遵循着语言自身规律发展，处州方言传承与嬗变基本特点是一致的。本章把九县（区、市）的方言合列为 1 个声母总表和 1 个韵母总表，声调差异较大的分开描写。

声　母

处州方言有声母（辅音）28 个，零声母 1 个。没有翘舌音和卷舌音，所有舌头音都可以跟单韵母 i、u、y 拼。例如，普通话拼音方案中的“j、q、x”3 个辅音不能跟“ü”拼（为简洁，“u”母上头两个附加的小点可以省略）。j、q、x 可以跟“u”拼，而且是比较常用的音节。

双唇音	p	p‘	b	m		
唇齿音	f	v				
舌尖中音	t	t‘	d	n	l	
舌尖前音	ts	ts‘	dz	s	z	
舌面前音	tɕ	tɕ‘	dʑ	ȵ	ɕ	ʑ
舌面后音	k	k‘	g	ŋ		
浅度喉音	h	ɦ				

单韵母

韵母为单用或跟在辅音后面的元音，单韵母有 6 个，音节发生变化较多，较为复杂。

a（ʌɐɑɒaæ̃ ）　o（ɔɷØ）　ɤ（eəɛE）　i（ʅI ）u　y（ʮ）

复韵母

ai　ei　ua　uɑ　uæ̃　uo　yæ̃　yɷ　yɔ　au　ou　an　ən　əɯ　əŋ　iəɯ　ao　iao　iæ̃　in　iŋ　ia　iau　aŋ　iæn　iaŋ　iɛ　yŋ　uai　uei　uan　uaŋ　uən　uəŋ　yɛ　aʔ　iaʔ　uaʔ　yaʔ　ɔʔ　yɔʔ　æʔ　iæʔ　uæʔ　yæʔ　iʔ　iɷʔ　yiʔ　əɯʔ

声　调

调值用五度音阶记录，5 最高、4 次高、3 为中、2 次低、1 最低。声调由古汉语四声（平上去入）演变而来。古平声，清声母字，今阴平声，浊声母字，今阳平声；古上声，清声母字，今为阴上，浊声母字，今为阳上；古去声，清声母字，今为阴去，浊声母字，今为阳去；古入声，清声母字，今是阴入，浊声母字，今是阳入。阴清阳浊，对应关系很清晰；阴声调相对较高，阳声调相对较低，其中入声字虽然有的起点高，但降得急剧而短促，也易于辨析。但也有例外，庆元话中有些声母清化，整个音节仍读阳调。例如：庆元话里“坐 so221”、“簿 pɤ221”、“弟 tie221”、“厚 ku221”、“上 tɕiaŋ221”、“舅 tɕiɯ221”等音节的声母浊辅音开始清化，而声调仍保留着原先的阳调。这表明处州方言中某些方言块的清辅音与阳调有共现现象，不只是某地语音变化过程中的一种自然展现，也是吴语演进过程中的普遍现象。

丽水各方的声调名、调值以及为简便而设的代码，列表如次：

丽水市9个县(区、市)声调比较一览

表 46-1-2-1

调名与代码	阴平①泌 pi24	阳平② pi12	阴上③皮 pi544	阳上④避 pi11	阴去⑤闭 pi52	阳去⑥比 pi41	阴入⑦碧 pi51	阳入⑧鼻 pi31	字例,此行为莲都语音
莲都(8个调值)	调值 24 家大树	调值 12 麻爬锄	调值 544 史喜死	调值 11 女举朱	调值 52 试息饰	调值 41 帽傲闹	调值 51 鸽刹枭	调值 31 热舌贼	
龙泉(8个调值)	335 刚丁飞	211 才穷平	52 老手古	53 假社近	45 正汉对	24 大树备	54 竹百各	23 岳六歇	
青田(8个调值)	445 猪开三	211 神龙陈	454 古走卖	343 柱社父	33 正世抗	22 共树用	42 竹出割	21 局宅六	
遂昌(8个调值)	55 天讥侈	322 池支田	534 舔摆海	213 动脑满	334 到片送	213 地治豆	51 法督扎	12 毒辣急	
松阳(8个调值)	53 东音金	31 龙阳同	213 胆苦草	22 待痔动	24 冻印旦	13 洞代饭	51 得吉益	21 曰叶服	
云和(8个调值)	35 星空书	24 船扶南	323 蚜古土	212 恼弄箸	42 半价纪	21 路闪践	51 跌铁贼	21 日脉食	
景宁(7个调值)	235 安苏秋	31 寒传人	33 久有古	33 同③	45 去报票	15 浪共暴	51 索骨出	21 液石鼻	
庆元(8个调值)	34 招边伤	53 文穷才	33 写古纸	332 五女买	213 四醉汉	31 射大用	41 额竹七	221 亦厚上	
缙云(8个调值)	44 诗私自	24 时词齐	41 史洗死	32 是世四	53 试后人	214 事誓逝	435 室好嫂	35 实食盐	

第三节　字　　音

字 音

古音的摄[①]、开合、等级、声调、韵部,本章均以中国科学院语言研究所编制的方言调查字表所规定的系统为依据,对照并列举九县(区、市)方言现今的读音,以便从纵向了解处州方言古今变化,从横向了解九县(区、市)互相之间某字今音的异同。除存史而外,更以语言事实的记录,为推行普通话工作提供某些依据。记录方言语音的符号采用国际音标。

丽水市各地方言字音对照一览

表 46-1-3-1

例字音	莲都城关	龙泉龙渊	缙云五云	松阳西屏	遂昌城关	云和城关	景宁城关	青田鹤城	庆元城关
家假开二麻	kuo①	kɔ①	kɷ①	kuʌ①	kɔ① tɕiɔ	ko①	ko①	kɷ①	ko①

① 古指跟某某代表字收声——韵,相同的字归为一类,叫摄音或摄。例如:“假”就是代表字之一,家、嫁等就是同一摄的。

续表 46-1-3-1

例字音	莲都 城关	龙泉 龙渊	缙云 五云	松阳 西屏	遂昌 城关	云和 城关	景宁 城关	青田 鹤城	庆元 城关
嫁假开二麻	yo⑤ kuo⑤	iɔ⑤ kɔ⑤	ia⑤ kɷ⑤	kuʌ⑤	kɷ⑤ tɕiɔ⑤	io⑤ ko⑤	io⑤ ko⑤	kɷ⑤	ia⑤ ko⑤
蛇假开三麻	ʑyo①	ɕiɔ①	ʑia①	ʑyʌ①	ʑiɔ①	ʑiɔ①	ʑiɔ①	iɷ①	ɕia①
姑遇合一模	ku①	kuəɯ①	ku①	kuʌ①	kuɷ①	ku①	ku①	kue①	kuɯə①
步遇合一模	bu⑤	bəɯ⑤	bu⑤	buʌ⑤	buɷ⑤	bu⑤	by⑤	by⑤	bɯə⑤
猪遇合三鱼	ti①	tɔ①	ti①	tuʌ①	tɷ①	ti③	ti③	ti③	to③
梳遇合三鱼	sɿ①	səɯ①	sɿ①	suʌ①	sɔ①	sɿ①	sɿ①	sɿ①	sɯə①
书遇合三鱼	sʮ①	ɕy①	sy①	ɕyɛ①	ɕye①	sʮ①	Sʮ①	sʮ①	ɕye①
锄遇合三鱼	zuo①	səɯ①	sɷ①	zuʌ⑤	zɔ①	zo①	zu①	zɷ①	sȵo①
女遇合三鱼	ȵy③	ȵy③	ȵy③	ȵyɛ③	ȵye③	ȵy③	ȵy③	ȵiʉ③	ȵye③
举遇合三鱼	tsʮ③	tɕy③	cy③	tɕyɛ③	tɕye③	tsʮ③	tsʮ③	tsʮ③	tɕye③
朱遇合三虞	tɕy①	tɕy①	tsy①	tɕyɛ①	tɕye①	tsʮ①	tsʮ①	tɕʮ①	tɕye①
蛛遇合三虞	tɕy①	tɕy①	tsy①	tɕyɛ①	tɕye①	tsʮ①	tsʮ①	ty①	tɕye①
输遇合三虞	sʮ①	ɕy①	sy①	ɕyɛ①	ɕye①	sʮ①	sʮ①	sʮ①	ɕye①
如遇合三鱼	zʮ①	ȵy①	zy①	ȵyɛ①	ʑy①	ȵy①	ʑy①	zʮ①	ȵye①
主遇合三虞	tsʮ③	tɕy③	tsy③	tɕyɛ③	tɕye③	tsʮ③	tɕy③	tsʮ③	tɕy③
雨遇合三虞	y③u⑦ 常雨	y③	y③	ɦyɛ③	ɦyɛ③	y③	y③	vʉ③	ye③
树遇合三虞	zʮ⑤	dʑiu⑤	zy⑤	ʑyɛ⑤	dʑiəɯ⑤	zy⑤	zʮ⑤	zʮ⑤	tɕiu⑤
胎蟹开一咍	tʻɛ①	tʻɛ①	tʻe①	tʻɛ①	tʻeɪ①	tʻa①	tʻa①	tʻe①	tʻɛi①
来蟹开一咍	li①	le① li①	le①	li①	leɪ①	li①	li①	le①	lɛi①
排蟹开二皆	boɒ①	ba①	bɑ①	ba①	ba①	bɔ①	bɔ①	bɑ①	pa①
街蟹开二佳	koɒ①也有 读作家 kuo	Ka①	kɑ①	ka①	ka① tɕia①	kɔ①	kɔ①	kɒ①	ka①
蹄蟹开四齐	di①	di②	di②	diɛ①	die①	di①	di①	di①	tie①
鸡蟹开四齐	tsɿ①	i①（tɕ 母脱落）	tɕi①与普 通话同	tɕiɛ①	ie①tɕ （母脱落）	tsɿ①	tsɿ①	tsɿ①	ie①tɕ 母脱落）
西蟹开四齐	sɿ①	ɕi①	sɿ①	ɕiɛ①	ɕie①	sɿ①	sɿ①	sɿ①	ɕie①
罪蟹合一灰	ze③	se③	ze③	zɛ③	zeɪ③	zeɪ③	zeɪ③	zai③	sɛi③
雷蟹合一灰	le①	le①	le①	lɛ①	leɪ①	leɪ①	leɪ①	lai①	lɛi①
歪蟹合二佳	uɒ①	ua①	hua①	ua①	ua①	ua①	ua①	ua①	ua①
儿止开三支	ŋ② ɦər①	ȵi①	ȵi①	ȵiɛ①	ȵie① l①	ȵi①	ȵi①	ȵə①	ȵie① ȵi①
踟止开三支	ty①	ti①	tsɿ①	tɕiɛ①	tsɿ①	tsɿ①	tsɿ①	tsɿ①	tie①
二止开三脂	ŋ⑥ ɦər⑤	ȵi⑤	ȵi⑤	ȵi⑤	ȵi⑤ l⑥	ȵi⑤	ȵi⑥	nə⑥	ȵi⑥

续表 46-1-3-1

例字音	莲都城关	龙泉龙渊	缙云五云	松阳西屏	遂昌城关	云和城关	景宁城关	青田鹤城	庆元城关
资止开三脂	tsɿ①	tsɿ①	tsɿ①	tsɿə①	tsɿə①	tsɿ①	tsɿ①	tsɿ①	tsɿ①
私止开三脂	sɿ①	sɿ①	sɿ①	sɿə①	sɿə①	sɿ①	sɿ①	sɿ①	sɿ①
迟止开三脂	dzɿ	dzɿ①	dzɿ①	dʑi①	dzɿ①	dzɿ①	dzɿ①	dzɿ①	tɕi①
耳止开三之	ŋ④ əl⑤	mi③ ȵi⑥	ȵi③ zɿ⑤	ȵi③ ti⑤	ȵi③ l③	ȵi③ ti⑤	ȵi③ ti⑤	nːə③ zɿ③	mi③ ȵi③
置止开三之	tsɿ⑤	ti⑤	tsɿ⑤	ti①	tsɿ⑤	ti①	ti①	tsɿ⑤	ti⑤
基止开三之	tɕɿ①	tsɿ①	tɕi①	tɕi①	tsɿ①	tsɿ①	tsɿ①	tsɿ①	tɕɿ①
衣止开三徽	i①	i①	i①	i①	i①	i①	i①	i①	i①
吹止合三支	ts‘ɥ①	tɕ‘y①	ts‘y①	tɕ‘y①	tɕ‘y①	ts‘ɥ③	ts‘ɥ③	ts‘ɥ①	tɕy①
嘴止合三支	tsɥ③	tɕ‘y③	tsy③	tse③	tsueɪ③	tsɥ③	tsɿ③	tsɥ③	tsɛi③
跪止合三支	dzɥ② gue②	tɕy③	ɟy③	dʑy③ gueɪ④	dʑy③ gueɪ④	gzɥ③ guei④	dʑy③ guai③	dzɥ③ duai④	tɕy③ kuɛi③
龟止合三脂	tɥ① kue①	tɕy①	Cy①	tɕy① kue①	tɕy① kueɪ①	tsɥ①	tɕy①	tsɥ① kuai①	tɕy① kuɛi①
谁止合三脂	zui①	ɕy②	zy①	ʑy①	zueɪ①	zɥ①	ʑy①	zɥ①	ɕy①
水止合三脂	sɥ③	ɕy③	sy③	ɕy③	y③	sɥ③	sɥ③	sɥ③	ɕy③
尾止合三微	mi③	mi③	ȵi③ Vi③	mi③	mi③	mi③	mai③	mi③	mi③
鬼止合三微	kue③	kue③	cy③	kue③	kueɪ③	kuei③	kuai③	tsɥ③ kuai③	kuɛi③
宝效开一豪	pʌ③	pɑu③	pə③	pʌu③	pɑu③	pɑu③	pɑu③	pœ③	pɒɔ③
报效开一豪	pʌ⑤	pɑu⑤ pu③新部纸	pə⑤	pʌu⑤	pɑu⑤	pɑu⑤	pɑu⑤	pœ⑤	pɒɔ⑤
交效开二肴	kʌ①	kɑu①	ko①	kɔ①	kɔ①	kɑu①	kɑu①	kɔ①	kɒɔ①
饱效开二肴	pʌ③	pɑu③	po③	pɔ③	pɑu③	pɑu③	pɑu③	pɔ③	pɒɔ③
豹效开二肴	pʌ⑤	pɑu⑤	po⑤	pɔ⑤	pɑu⑤	pɑu⑤	pɑu⑤	pɔ⑤	pɒɔ⑤
蕉效开二宵	tɕiʌ①	tɕiɑu①	tsiə①	tɕiɔ①	tɕiɑu①	tɕiɑu①	tɕiɑu①	tɕiɔ①	tɕioɔ①
娇娇开三宵	tɕiʌ①	tɕiɑu①	ciə①	tɕiɕ①	tɕiɑu①	tɕiɑu①	tɕiɑu①	tɕiɔ①	tɕioɔ①
朝效开三宵	tɕiʌ① （明朝日）	tɕiɑu①	tsiə①	tɕiɔ①	tɕiɑu①	tɕiɑu①	tɕiɑu①	tɕiɔ①	tɕiɔ①
招效开三宵	tɕiʌ①	tɕiɑu①	tsiə①	tɕiɔ①	tɕiɑu①	tɕiɑu①	tɕiɑu①	tɕiɔ①	tɕiɒɔ①
小效开三宵	ɕiʌ③	ɕiɑu③	siə③	ɕiɔ③	ɕiɑu③	ɕiɑu③	ɕiɑu③	ɕiɔ③	ɕiɒɔ③
晓效开四萧	ɕiʌ③	ɕiɑu③	ɕiə③	ɕiɔ③	ɕiɑu③	ɕiɑu③	ɕiɑu③	ɕiɔ③	ɕiɒɔ③
鸟效开四萧	to上古⑦ tiʌ③ ȵiʌ③	tiɑu③ ȵiɑu③	tio③ ȵio③	tiɔ③ niɔ③	tiɑu③ ȵiɑu③	ȵiɑu③	ȵia③	t‘iɔ③ ȵiɔ③	tiɒɔ③ ȵiɒɔ③
走流开一侯	tsəɯ③	tseu③	tsiu③	tse③	tsɷu③	tsɤu③	tsɤu③	tsɜʉ	tsəu③
狗流开一侯	kəɯ③	keu③	kə③	ke③	kəɯ③	kɤu③	kɤu③	kɜʉ③	kəu③

续表 46–1–3–1

例字音	莲都城关	龙泉龙渊	缙云五云	松阳西屏	遂昌城关	云和城关	景宁城关	青田鹤城	庆元城关
周流开三尤	tɕiəɯ①	tɕiu①	tsiu①	tɕiɤə①	tɕiəɯ①	tɕiɤu①	tɕiɤu①	tɕiʉ①	tɕiu①
贪咸开一覃	t‘uɛ̃②	t‘ɯə①	t‘ɛ①	t‘æŋ①	t‘æ̃ŋ①	t‘øə①	t‘øə①	toɛ①	t‘ɛ①
南咸开一覃	nuɛ̃②	nɯə①	nɛ①	nɔŋ①	næ̃ŋ①	nɛ①	nɛ①	noɛ①	nɛ①
担咸开一谈	tã②	taŋ①	tɒ①	tɔŋ①	taŋ①	tãŋ①	tãŋ①	ta①	taŋ①
黏咸开三盐	ȵiɛ①	ȵiɛ①	niɛ①	ȵiæŋ①	ȵiæŋ①	ȵie①	ȵie①	ȵiɛ①	ȵiɛ①
劫咸开三业	tɕiɛʔ⑧	tɕiɛ⑧	ciɛ⑧	tɕiɛʔ⑧	tɕiɛʔ⑧	tɕieʔ⑧	tɕieʔ⑧	tɕiæ⑧	tɕie⑧
甜咸开四添	diɛ①	diɛ①	dia①	diæŋ①	diæ̃ŋ①	die①	die①	dia①	tiaŋ①
鲇咸开四添	ȵiɛ①	ȵiɛ①	ȵia①	miæŋ①	miæ̃ŋ①	ȵye①	ȵye①	ȵia①	miaŋ①
店咸开四添	tiɛ⑤	tiɛ⑤	tia⑤	tiæŋ⑤	tiæ̃ŋ⑤	tie⑤	tie⑤	tiɑ⑤	tiaŋ⑤
挟咸开四帖	kɒʔ⑦(挟菜)	iɛ⑦	cia⑦	kɔʔ⑦	gaʔ⑦	kɔʔ⑦	kɔʔ⑦	kæ⑦	ie⑦
沉深开三侵	dzəŋ①	dæiŋ①	dzaŋ①	dʑiŋ①	dʑiŋ①	dzəŋ①	dzəŋ①	dzaŋ①	tsɛ①
入深开三缉	ȵiʔ⑧	ȵiEi⑧	ȵiɛi⑧	ȵiʔ⑧	ȵiʔ⑧	ȵiʔ⑧	ȵiʔ⑧	zæ⑧	ȵiEɯ⑧
丹山开一寒	tã①	taŋ①	t‘ɒ①	tɔŋ①	taŋ①	tãŋ①	t‘ãŋ①	t‘a①	taŋ①
摊山开一寒	t‘ã①	taŋ①	t‘ɒ①	t‘ɔŋ①	t‘aŋ①	t‘ãŋ①	t‘aŋ①	t‘a①	t‘aŋ①
班山开二删	pã①	pəŋ①	p‘ɒ①	pɔŋ①	paŋ①	pãŋ①	pãŋ①	p‘a①	paŋ①
板山开二删	pã③	pəŋ③	p‘ɒ③	pɔŋ③	paŋ③	pãŋ③	pãŋ③	p‘a③	paŋ③
仙山开三仙	ɕiɛ①	ɕiɛ①	siɛ①	ɕiæŋ①	ɕiæ̃ŋ①	ɕie①	ɕie①	ɕiɛ①	ɕiɛ①
连山开三仙	liɛ①	liɛ①	liɛ①	liæŋ①	liæ̃ŋ①	lie①	lie①	liɛ①	liɛ①
缠山开三仙	ziɛ⑥	dʑiɛ①	dziɛ⑥	dʑiæŋ⑥	dʑiæ̃ŋ⑥	dʑie⑥	dʑie①	dʑiɛ⑥	dʑiɛ①
展山开三仙	tɕi（③	tɕi（③	tsia③	tɕiæŋ③	tɕiæ̃ŋ③	tɕie③	tɕie③	tɕiɛ③	tɕiɛ③
线山开三仙	ɕiɛ⑤	ɕiɛ⑤	siɛ⑤	ɕiæŋ⑤	ɕiæ̃ŋ⑤	ɕie⑤	ɕie⑤	ɕiɛ⑤	ɕiɛ⑤
扇山开三仙	ɕiɛ⑤	ɕiɛ⑤	siɛ⑤	ɕiæŋ⑤	ɕiæ̃ŋ⑤	ɕie ⑤	ɕie⑤	ɕiɛ⑤	ɕiɛ⑤
热山开三薛	ȵiɛ⑧	ȵiɛ⑧	ȵiɛ⑧ ziɛ⑧	ȵiɛʔ⑧	ȵiɛʔ⑧	ȵieʔ⑧	ȵieʔ⑧	ȵiɛ⑧	ȵie⑧
先山开四先	ɕiɛ①	ɕiɛ①	siɛ①	ɕiæŋ①	ɕiæ̃ŋ①	ɕie①	ɕie①	ɕiɑ①	ɕiaŋ①
烟山开四先	iɛ①	iɛ①	iɛ①	iæŋ①	iæ̃ŋ①	ie①	ie①	iɑ①	iaŋ①
田山开四先	diɛ②	diɛ②	dia②	diæŋ②	diæ̃ŋ②	die②	die②	diɑ②	diaŋ②
莲山开四先	liɛ②	liɛ②	liɛ②	liæŋ①	liæŋ①	lie①	lie①	liɑ①	liɛ①
半山合一桓	pɛ⑥	pɯə⑥	p‘ɛ⑥	pæ⑥	pæ̃ŋ⑤	pe⑤	pe⑤	p‘uæ⑤	p‘ɛ⑤
夺山合一末	deʔ⑧	dɯə⑧	dɛ⑧	dɛʔ⑧	dɛʔ⑧	døəʔ⑧	døəʔ⑧	dæ⑧	dɯə⑧
专山合三仙	tɕyɛ①	tɕyuɐ①	tɕyɛ①	tɕyæŋ①	tɕyæ̃ŋ①	tɕye①	tɕye①	tɕyuɛ①	tɕyɛ①
川山合三仙	tɕ‘yɛ①	tɕ‘yuɐ①	tɕ‘yɛ①	t‘yæŋ①	tɕ‘yæŋ①	tɕ‘ye①	tɕ‘ye①	tɕ‘yuɛ①	tɕ‘yɛ①
船山合三仙	ʑyɛ②	ɕyuɐ①	ʑyɛ②	ʑyæŋ②	ʑyæ̃ŋ②	ʑye②	ʑye②	ɦyuɛ①	ɕyɛ②
软山合三仙	ȵyɛ③	ȵyɐ③	ȵyɛ③	ȵyæŋ③	ȵyæ̃ŋ③	ȵye③	ȵye③	ȵyuæ③	ȵyɛ③

续表 46-1-3-1

例字音	莲都城关	龙泉龙渊	缙云五云	松阳西屏	遂昌城关	云和城关	景宁城关	青田鹤城	庆元城关
晚山合三元	mãn④ uãŋ③	maŋ③	mɒ③ vɒ④	mɔŋ③	ɦuaŋ④	mãŋ③ uaŋ③	mãŋ③	mɑ③	mɛ⑤
劝山合三元	tɕʻyɛ⑤	tɕʻyuɐ⑤	cʻyɛ⑤	tɕʻyæŋ①	tɕʻyæŋ⑤	tɕʻye⑤	tɕʻye⑤	tɕʻyuæ⑤	tɕʻyɛ⑤
月山合三月	ȵyɛʔ⑧	ȵyuʌ⑧	ȵyɛ⑧	ȵyəʔ⑧	ȵyɛʔ⑧	ȵyəʔ⑧	ȵyəʔ⑧	ȵyæ⑧	ȵye⑧
真臻开三月	tsəŋ①	tsæiŋ①	tsaŋ①	tɕiŋ①	tɕiŋ①	tsəŋ①	tsəŋ①	tsaŋ①	tɕiEŋ①
身臻开三月	səŋ①	sæiŋ①	saŋ①	ɕiŋ①	ɕyŋ①	səŋ①	səŋ①	saŋ①	ɕiEŋ①
人臻开三真	ȵin① ʑyeŋ②	ȵieŋ① nʌuŋ②	ȵiɛiŋ② zaŋ①	ȵiŋ① nəŋ①	ȵiŋ① ʑyŋ②	ȵiŋ① nɛ①	ȵiŋ① nɛ①	ȵiaŋ① zaŋ①	ȵiEŋ①
认臻开三真	ȵin⑥	ȵieŋ⑥	ȵiɛiŋ⑤	ȵiŋ⑤	ȵiŋ⑤	ȵiŋ⑤	ȵiŋ⑤	ȵiŋ⑤	ȵiEŋ⑤
新臻开三真	səŋ①	ɕieŋ①	saŋ①	ɕiŋ①	ɕiŋ①	səŋ①	səŋ①	saŋ①	ɕiEŋ①
神臻开三真	zəŋ①	ɕiæiŋ①	zaŋ①	ziŋ②	ziŋ②	zəŋ②	zəŋ②	zaŋ①	ɕiEŋ①
斤臻开三殷	tɕiŋ①	kæiŋ①	ciɛiŋ①	tɕiŋ①	tɕiŋ①	tɕiŋ①	tɕiŋ①	tɕiaŋ①	tɕiEŋ①
蚊臻合三文	məŋ①	mæiŋ①	mɛiŋ① vaŋ①	miŋ①	miŋ① vaŋ①	məŋ②	məŋ②	maŋ②	miɛ①
问臻合三文	məŋ⑤	maiŋ⑥	maŋ② vaŋ⑥	meŋ⑥	məŋ⑥ vəŋ⑥	məŋ⑥	məŋ⑥	maŋ⑥	mEŋ⑥
帮宕开一唐	poŋ①	pɔŋ①	po①	poŋ①	pɔŋ①	pɔ̃①	pɔ̃①	po①	po
落宕开一铎	lʌʔ⑧	lo⑧	lo⑧	lo⑧	lɔ⑧	loʔ⑧	loʔ⑧	lo⑧	lo⑧
张宕开三阳	tɕiã①	tɕiaŋ①	tsiɒ①	tɕiaŋ①	tɕiaŋ①	tɕiaŋ①	tɕiãŋ①	tɕi①	tɕiaŋ①
章宕开三阳	tɕiã①	tɕiaŋ①	tsiɒ①	tɕiaŋ①	tɕiaŋ①	tɕiãŋ①	tɕiãŋ①	tɕi①	tɕiaŋ①
装宕开三阳	tsoŋ①	tɕiɔŋ①	tso①	tɕioŋ①	tɕyɔŋ①	tsɔ̃ŋ①	tsɔŋ①	tɕio①	tɕiɔ̃①
姜宕开三阳	tɕiã①	tɕiaŋ①	ɕiɒ①	tɕiaŋ①	tɕiaŋ①	tɕiãŋ①	tɕiãŋ①	tɕi①	tɕiã①
长宕开三阳	dəŋ② dziã①	de①	dziɒ①	dʑiaŋ① dæŋ①	dʑiəŋ① dæ̃ŋ①	dʑiãŋ①	dʑiaŋ①	dʑi①	tɛ①
肠宕开三阳	dʑiã①	de①	dziɒ①	dʑiaŋ①	dæ̃ŋ①	tɕiãŋ③	dʑiaŋ①	dʑi①	tɛ①
浆宕开三阳	tɕiaã①	tɕiaŋ①	tsiɒ①	tɕiaŋ①	tɕiaŋ①	tɕiaŋ①	tɕiãŋ①	tɕi①	tɕiaŋ①
窗江开二江	tɕioŋ①	tɕʻiɔŋ①	tzʻo①	tsʻoŋ①	tɕʻyaŋ①	tɕʻiɔ̃ŋ①	tɕʻiɔ̃ŋ①	tɕʻio①	tɕiõ①
双江开二江	ɕioŋ①	ɕiɔŋ①	so①	ɕioŋ①	ɕyaŋ①	ɕiɔŋ①	ɕiɔŋ①	ɕio①	ɕio①
江江开二江	koŋ① tɕiaŋ①	kɔŋ①	ko①	koŋ① tɕiaŋ①	kɔŋ① tɕiaŋ①	kɔŋ①	kɔŋ①	ko①	ko①
冰曾开三蒸	piŋ①	pieŋ①	mɛiŋ①	piŋ①	piŋ①	piŋ①	piŋ①	peŋ①	piŋ①
直蒸开三职	dʑiʔ⑧	dʐʔ⑧	dʑɛi⑧	dʑiʔ⑧	dʑi⑧	dʑiʔ⑧	dʑiʔ⑧	dʐʔ⑧	tɕi⑦
梗梗开二庚	kã③	kuaŋ③	kã③	kaŋ③	kuaŋ③	kuɛ③	kuɛ③	Kue③	kuɛ③
打梗开二庚	nã③	taŋ③	na③	naŋ③	tiaŋ③	nɛ③	nɛ③	ne③	naŋ③ nɛ①
摘梗开二麦	taʔ⑧ tsaʔ⑧	ti⑧	tʻa⑧	tsaʔ⑧	tiʔ⑧	tiʔ⑧	tiʔ⑧	tʻe⑧	ti⑧

续表 46-1-3-1

例字音	莲都 城关	龙泉 龙渊	缙云 五云	松阳 西屏	遂昌 城关	云和 城关	景宁 城关	青田 鹤城	庆元 城关
兵梗开三庚	piŋ①	pieŋ①	mɛiŋ①	piŋ①	piŋ①	piŋ①	piŋ①	p‘eŋ①	piŋ①
清梗开三清	tɕ‘iŋ①	tɕ‘ieŋ①	ts‘iŋ	tɕ‘iŋ①	tɕ‘iŋ①	tɕ‘iŋ①	tɕ‘iŋ①	tɕ‘ieŋ①	tɕ‘iŋ①
轻梗开三清	tɕ‘iŋ①	tɕ‘ieŋ①	c‘iɛiŋ①	tɕ‘iŋ①	tɕ‘iŋ①	tɕ‘iŋ①	tɕ‘iŋ①	tɕ‘iaŋ①	tɕ‘iŋ①
丁梗开四青	tiŋ①	tieŋ①	nɛiŋ①	tiŋ①	tiŋ①	tiŋ①	tiŋ①	teŋ①	tiŋ①
东通合一东	toŋ①	tʌuŋ①	nɔm①	teŋ①	teŋ①	toŋ①	toŋ①	toŋ①	toŋ①
鹿通合一屋	loʔ⑧	lɜu⑧	lʌu⑧	lɤʔ⑧	ləɯʔ⑧	lɤuʔ⑧	lɤuʔ⑧	lɷ⑧	lu⑧
农通合一冬	noŋ①	nɜuŋ①	nɔm①	nəŋ①	nəŋ①	noŋ①	noŋ①	noŋ①	noŋ①
中通合三东	tɕioŋ① toŋ①	tiɔŋ①	tsɔm①	tɕiəŋ①	tɕioŋ①	tɕioŋ①	tɕioŋ①	toŋ① tɕioŋ①	tiEŋ①
虫通合三东	tʑioŋ①	diɔŋ①	dzɔm①	dʑiəŋ①	dʑioŋ①	dʑioŋ①	dʑioŋ①	dʑioŋ①	toŋ①
竹通合三屋	tiɷʔ⑧	tɜu⑧	tʌu⑧	tiɤʔ⑧	tiɷ⑧	tiɤuʔ⑧	tiɤuʔ⑧	tɷ⑧	tɛu⑧
肉通合三屋	ȵiɷʔ⑧	ȵio⑧	ȵiʌu⑧	ȵiɤʔ⑧	ȵiɷ（⑧	ȵiɤʔ⑧	ȵiɤʔ⑧	ȵiɷ⑧	ȵiu⑧
松通合三钟	ʑioŋ③ soŋ①	se① sɜoŋ①	zo③ zoŋ①	zæŋ③ ɕoŋ①	zæ̃ŋ③ səŋ①	ʑiɔ̃ŋ① soŋ①	ʑyoŋ① soŋ①	io① ɕioŋ①	sɛ⑧ soŋ①
钟通合三钟	tɕioŋ①	tɕioŋ①	tso①	tɕioŋ①	tɕyɔŋ①	tɕiɔ̃ŋ①	tɕyɔ̃ŋ①	tɕio①	tɕio①
胸通合三钟	ɕioŋ①	ɕiɔŋ①	cio①	ɕi（oŋ①	ɕyɔŋ①	ɕiɔŋ①	ɕioŋ①	ɕio①	ɕio①
龙通合三钟	lioŋ①	liɔŋ①	lo②	loŋ①	lyɔŋ①	liɔ̃ŋ①	lyoŋ①	lio①	lio①
重(重复)通合三钟	dʑioŋ①	dʑiɔŋ①	dzo①	dʑioŋ①	dʑyɔŋ①	dʑiɔ̃ŋ①	dʑyoŋ①	dʑio①	tɕio①
绿通合三烛	lʌ⑧	lio⑧	lo⑧	lio⑧	liɔʔ⑧	lioʔ⑧	lioʔ⑧	lio⑧	lio⑧

读　音

方言的差异，在县与县之间的语言交流上造成障碍。清代晚期，人们逐渐意识到克服方言障碍的紧迫性，并作出不懈努力。经过清代末期在府城内开展官话运动，民国初期的国语运动开启注音字母和讲国语之风，特别是中华人民共和国成立之后全民推广与普及普通话，才有今日语言规范，民众间通话无阻。

官话运动

清光绪二十九年（1903）春，处州府崇正学堂总理推广官话，在学堂发起官话教学活动，开创处州官话运动先河。引进 1900 年天津初版、1901 年在日本江户由中国留学生翻印的《官话合声字母》书本。这是清末切音字运动后期主要拼音方案，是汉字笔画式拼音方案的鼻祖。拼音，强调以北京音为标准音拼写，采用双拼制。这对当时习惯于使用反切的人们来说，是一种比较容易掌握的拼读方法。

图（一）

1900 年天津初版《官话合声字母》五十音母（声母）和十二喉音（韵母）及四声符号。

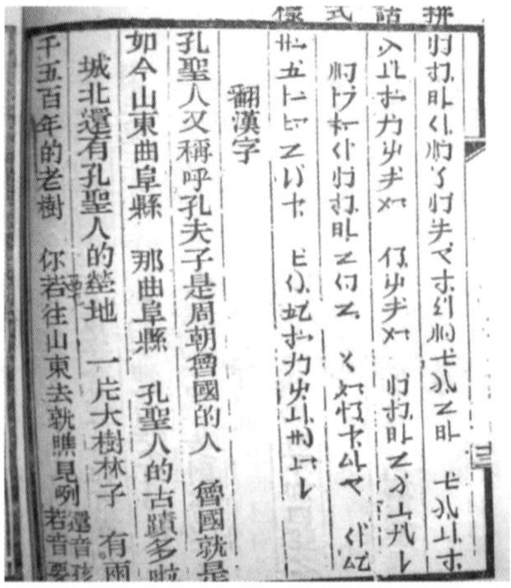

说明：摄自1903年北京裱褙胡同义塾《官话合声字母》重刊版。

图（二）

《官话合声字母》总表（字母62个）。

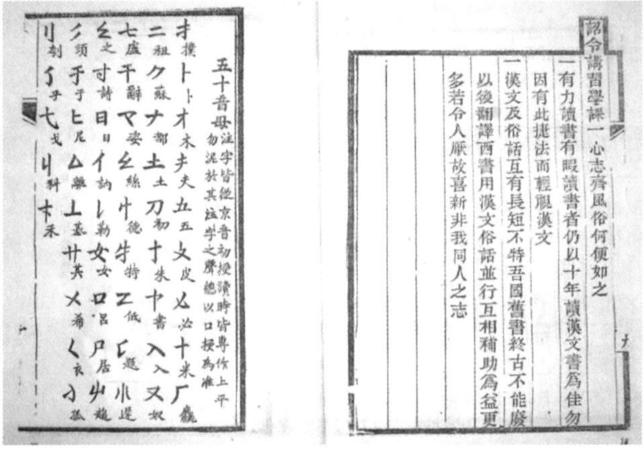

说明：摄自1903年北京裱褙胡同义塾《官话合声字母》重刊版。

处州府崇正学堂还采用《官话合声字母》注音编印的《初学修身》《伦理》《历史》《地理》《地文》《植物》《动物》《外交》等拼音官话书。

图（三）

《官话合声字母》拼话式样和翻译的汉字文章。

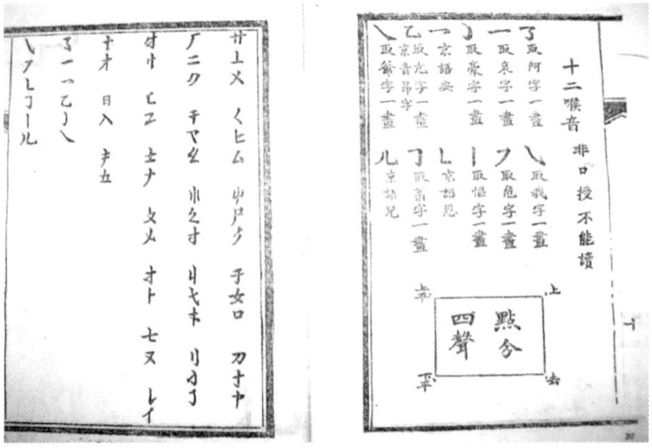

学堂官话水平提高很快，对社会影响迅速扩大，有识之士大多表示赞同。处州府城上层社会中掀起一阵“官话热”。由于清代末期，朝廷风雨飘摇，社会上的官话运动没有多大成效，却为民国之初处州方言区的国语运动奠定基础。

国语运动与文明戏

民国 6 年（1917），在全国掀起白话文运动的同时，处州掀起学习注音字母热潮。在丽水城的浙江省立第十一中学和师范科师生以及附属小学的教师中，率先开始自学国语注音字母。

民国 9 年（1920）暑假，省立第十一中学师范部派遣附属小学优秀教师，到奉令创设国语注音讲习会的上海商务印书馆学习国语注音字母。上海商务印书馆出版的小学教科书编入国语注音字母。先在十一中师范部附小学教师传授，继而在十一中师范部各班的晚自修课传授。在师范部各班开展国语朗诵、演讲比赛及小话剧（文明戏）演出活动，气氛热烈，影响深远。处州开启国语注音字母学习之风。同年暑假，青田县教育科借青田城的耶稣教堂主办国语注音字母讲习班，用手摇留声机播放赵元任灌录的国语注音唱片作为辅助教材。青田城引起轰动，许多民众都前来听“洋戏”。唱片中将注音字母编成歌谱放唱。当时青田各小学教员均规定参加讲习，效果颇佳。1921 年、1922 年 2 个暑假，各县均进行国语注音讲习，由叶以新主讲，并由十一中师范部学生刘少峰担任弹琴助教。此后，省立十一中创办民众教育馆，开展小话剧活动，扩大国语运动的影响。

普通话普及

1949 年 10 月中华人民共和国成立后，丽水大力提倡普通话。土地改革后，丽水在全境农民群众中掀起文化学习和兴办民校热潮。推行速成识字法，以注音字母为“拐棍”进行识字教学，迅速提高识字“扫盲”效果，推广普通话。

1956 年，普通话运动在丽水各县方言区逐步展开。1958 年 2 月 11 日，第一届全国人民代表大会第五次会议批准公布《汉语拼音方案》。通过层层培训，普通话进入各级各类学校教程。普通话成为师生共同的课堂语言。这之后，处州方言的部分声母开始发生变化，例如莲都区“江”[koŋ24]等变读为普通话 jiang，“讲”“降”（下降）等也随之与普通话的读音相接近。这种读音变化是成系列的。从小学一年级开始坚持教拼音带识字，相当长的时间里，人们读文章只会用普通话读，特别是在学校课堂，而不会用土话读。在一段时间里，一些年轻人出现“说”与“读”彼此分离的怪现象。例如在作大会发言时，若离开讲稿边想边说，便满口土话，一回到讲稿时，又只好立即转换成比较纯正的普通话。这种“一阵日头一阵雨”的发言方式，让人觉得好笑，发言者则觉得比较自在。后来普及到幼儿园。幼儿回到家里仍说普通话。例如大人们说“蓬蓬”（婆婆）一词，孩子就立即纠正说：“是婆婆，不是蓬蓬！”。至今许多家庭出现“双语”现象。有些文化水平较高的家庭，对孩子一律讲普通话。

丽水教育的发展，促进普通话普及。特别是改革开放后，随着经济迅猛发展，丽水人员流动频繁，往来交际的需要，人们更觉得学习普通话的重要。近 30 多年，丽水语言的发展仍在渐变之中。丽水方言形成是山水阻隔所致，方言的演变和差异的缩小则是经济、社会发展推动，人们彼此接触之间日益频繁，语言交际范围不断扩大的结果。其中，丽水交通便捷化、高速化拉近地域之间的距离，加快生活节奏，对克服方言障碍起到重要作用。生活工作需要促使人们自觉学习和掌握规范通用的语言。

第四节 语 言

民国17年(1928),著名语言学家赵元任曾指出,吴语是汉语诸方言中惟一完整保留着古汉语“帮滂并、端透定、见溪群”声母(即送气清阻塞音、不送气清阻塞音和浊阻塞音)三分格局的,并结合其他一些条件,把汉族居民中“并、定、群”等声母带音或不带音而有带音气流的语言,归属于吴语。处州方言受闽语影响不大,至今仍保留吴方言的明显特点,并保留较多古吴语的音节和词语。

方言产生

处州方言的产生与发展,是与丽水这一片土地上古人类出现时同时出现的交流形式与手段。例如婴儿吃奶时,高兴时,发出“妈(ma)”或“娘”或“奶”等音节,母亲称谓的词语就此产生,接着其他人也表示认同,也就成为某个群体的通用词语。某一地方的语言受到山水的阻隔,交流的范围较小,继而又成为与别的地方有差异的方言。例如对母亲叫法,9个县(市、区)各不相同:庆元叫娘 ȵiãŋ34、muɔŋ45;龙泉叫娘 ȵiaŋ53、妈 ma53;云和叫妈 mɑ24;景宁叫奶 nia235;松阳叫妈 mai31;遂昌叫妈 mai322;莲都叫每[①]mei12;青田叫嬷 mɔ221moŋ445;缙云叫娘 ȵiɑ41。同一概念,各用各的词语表达,这与地理空间的阻隔有密切关系。

举例:

1. 瓯江上游龙泉市小梅镇和庆元县的曹岭村只有梅溪一水之隔,两边的腔调至今仍有较大差异。这是语言产生之初,差异性就渐次积累起来的缘故。

2.龙泉市城内与水南相隔1座桥,20世纪60年代前,桥北和桥南语音差别仍相当大,城里叫“县城腔”,乡下叫“乡间腔”。例如蚊子,龙泉“县城腔”叫[mæiŋ335][diɔŋ335](蚊虫,其读音近似“门同”),龙泉大桥南面南乡查田一带就叫[miæn211][diɔŋ335](其读音则近似“棉同”)。

3.瓯江北岸的云和县到莲都区石牛村的一片区域,与瓯江南岸语言有较大不同。以莲都区石牛村为例,凡读普通话ai韵的所有音节的韵尾i,都是脱落的,无一例外,“爱”(ai)读作“阿”(a)去声,改、开、慨、忾、哀……韵尾“i”全都是脱落的,云和也是如此。从石牛村摆渡到一水之隔的江南水阁村,就没有ai韵韵尾i脱落现象。山水之隔是造成方言差异的主要原因。小方言点一旦形成,便自成体系。同一语种方言,无论语音、词汇和语法上有多大差异,而骨子里多半是一样的,都孕育在同一文化大背景之下。

语音特点

丽水居民自古以来所操的方言均属浙南吴语。九县(市、区)古今字对照表显示,处州方言在语音方面较为突出的特点有5个:

1.不少古知组字保持舌头音,今声母读[t]或[d]。

① 有人写为“姆”字。

丽水地域方言读音比较(一)

表 46-1-4-1

	莲都	龙泉	青田	云和	庆元	缙云	遂昌	松阳	景宁
猪	ti①	t(①	ti①	ti①	to①	ti①	tɔ①	tuA①	ti①
置	—	ti⑥	—	ti⑥	ti⑥	—	—	ti⑥	ti⑥
桩	dɔŋ①	tiɔŋ①	tio①	tiɔŋ①	tiõ①	tɑ①	tyŋ①	tioŋ①	tiɔŋ①
张	tiaŋ①	tiaŋ①	te①	tiaŋ①	tiaŋ①	tia①	tiŋ①	tiaŋ①	tiaŋ①
长	deŋ②	de②	—	dæ②	tɛ②	—	dæ̃ŋ②	dæŋ②	diæ②
肠	—	de②	—	—	tɛ②	—	dæ̃ŋ①	dæŋ①	—
帐	tiaŋ⑥	tiaŋ⑥	tie⑥	tiaŋ⑥	tiaŋ⑥	tiɒ⑥	tiaŋ⑥	tiaŋ⑥	tiaŋ⑥
桌	tyoʔ⑦	tioʔ⑦	tio⑦	tioʔ⑦	tioʔ⑦	toʔ⑦	tiɔʔ⑦	tioʔ⑦	tioʔ⑦
中	—	tiɔŋ①	toŋ①	—	tiEŋ①	—	—	—	—
虫	—	tiɔŋ①	—	—	toŋ②	—	—	—	—
竹	tiɷʔ⑦	tɜu⑦	tiɷ⑦	tiɣuʔ⑦	tiu⑦	tʌu⑦	tiɷʔ⑦	tiɣʔ⑦	tiɣʔ⑦

以上古知组字声母读成[t]、[d]的现象，衢州的航埠、龙游、开化、常山、江山以及温州市的泰顺也相同。多数语言学者把丽水市与衢州市合为一个方言片主要就是以此为依据。温州市的泰顺县亦有这一现象。据史载，有“大量栝人[①]移入廓郊”的缘故。

2.处州方言舌面音[t]或[d]声母，除青田县之外，都存在明显的脱落现象。

丽水地域方言读音比较(二)

表 46-1-4-2

	丽水	龙泉	云和	庆元	缙云	遂昌	松阳	景宁
嫁	yo⑧	iɔ⑤	io⑤	ia⑤	ia⑧	—	yo②	io⑤
鸡	—	i②	—	ie②	—	ie①	iɛ⑤	—
挟	iɛ⑧	iɛʔ⑧	—	iɛʔ⑧	iɛ⑧	—	—	—
水	—	y⑧	—	—	—	y③	—	—

3.除缙云、青田 2 县外，古咸开一淡韵、咸开二咸韵、衔韵、山开一寒韵、山开二山韵、删韵等，其余 7 县今韵母都读鼻尾韵或鼻化韵。例如丽水“担”读[tã①](鼻化韵)“滩”[tʻã①];“班”丽水读[pã①]，龙泉读[pəŋ①](鼻尾韵)，等等。

4.“儿、二”两字读[n]声母，有松阳、遂昌、云和、景宁、龙泉、庆元、缙云;“耳”，除丽水、青田、龙泉、庆元外，都读[n]声母。龙泉“耳”读[mi]，是一种最古老的读法。“耳”读[mi]是唐音，日本遣唐使留学中国，学去的“耳”字就是读[mi]的，至今未变，只是按日语语音系统读“长音”。

5.处州方言自成一统，被语言学家们单独划分浙南吴语处州方言小片，主要原因是处州方言具有几个独一无二的突出特点:

① 指处州府人。

(1)除缙云县而外，古今音对照显示：古代效开三宵韵的“蕉精”、“朝知”、“招章”、“娇见”4个组的音节每个县的方言中都是同音的。例如：香蕉的“蕉”、明朝(明天)的“朝”、招生的“招”、娇嫩的“娇”，莲都读[tɕiʌ①]，松阳读[tɕiɔ①]，遂昌读[tɕiɑu①]，云和读[tɕiɑu①]，景宁读[tɕiɑu①]，青田读[tɕiɔ①]，龙泉读[tɕiɑu①]，庆元读[tɕiɒɔ①]。

(2)蟹开四的精组、见组，止开三的精组、见组字，大多读舌尖音，而韵母也大多为[ʅ]。最典型的有莲都、云和、景宁、青田县(区)，间或有例外的有缙云、遂昌、龙泉县(市)，全例外的有松阳、庆元县。

列比较表如下：

丽水地域方言读音比较(三)

表46-1-4-3

	莲都	龙泉	青田	云和	庆元	缙云	遂昌	松阳	景宁
妻	ts‘ʅ①	tɕ‘i①	ts‘ʅ①	ts‘ʅ①	tɕ‘ie①	ts‘ʅ①	tɕ‘ie①	tɕ‘i①	tɕs‘ʅ①
西	sʅ①	ɕi②	sʅ①	sʅ①	ɕie①	sʅ①	ɕie①	ɕi①	ɕʅ①
计	tsʅ⑥	tɕi⑥	tsʅ⑥	tsʅ⑥	tɕie⑥	tsʅ⑥	tsʅ⑥	tɕi⑥	tsʅ⑥
溪	ts‘ʅ①	tɕ‘i①	ts‘ʅ①	ts‘ʅ①	tɕ‘ie①	ts‘i①	ts‘ʅ①	tɕ‘i①	ts‘i①
雌	ts‘ʅ①	ts‘ʅ①	ts‘ʅ①	ts‘ʅ①	ts‘ʅ①	ts‘ʅ①	ts‘ʅ①	ts‘ə①	ts‘ʅ①
私	sʅ①	sʅ①	sʅ①	sʅ①	sʅ①	sʅ①	sʅ①	sʅə①	sʅ①
奇	dzʅ①	dzʅ①	dzʅ①	dzʅ①	tɕi①	dʑi①	dzʅ①	dzi①	dzʅ①
饥	tsʅ①	tsʅ①	tsʅ①	tsʅ①	tɕi①	tɕi①	tsʅ①	tɕi①	tsʅ①
其	dzʅ①	dzʅ①	dzʅ①	dzʅ①	dʑi①	dʑi①	dzʅ①	dʑi①	dzʅ①
嬉	sʅ①	sʅ①	sʅ①	sʅ①	ɕi①	ʕi①	sʅ①	ɕi①	sʅ①
希	sʅ①	sʅ①	sʅ①	sʅ①	ɕi①	ʕi①	sʅ①	ɕi①	sʅ①

处州方言中，莲都、云和、景宁、青田等地“喜、死、市、洗”等字同音。莲都每逢农历“三”(三与生同音)、“八”(八与发音近)的日子(初三、初八、十三、十八、廿三、廿八)为集市日，由于“市”与“死”同音，听着不顺耳，于是把“市日”称为“行日”。“行”读作“银行”的“行”，与“旺”音近，有兴旺的意思。“生、发、旺”在当地都有“吉利”的意义，这就是处州方言把“市日”叫“行日”的由来，是地方文化背景下的具体反映。语言的产生与发展、固化与嬗变，无不受自然因素、社会因素、生理因素、心理因素、传统因素以及时尚因素等等的影响和制约。又如，处州人把喜事叫“红事”，把丧事叫“白事”，更好地发挥语言“代码”的作用，形象地传递文化信息。

(3)除遂昌县外，“家”都只有[k-]声母一读；“尾”“晚”除缙云县外，只有[m-]声母一读，龙泉市“耳”的声母也是[m-]，把“耳”读[mi]。此外，蟹合二佳韵的今韵母都读[ua]，例如蛙、歪等。

处州方言读音与衢州方言全然不同，声调也有差别。

第五节　词语与语素

古处州僻居浙西南山地，只有 1 条瓯江和 1 条蜿蜒在群山之中的官马大道及其分支与外界联系，民风淳厚，一般百姓与外界往来甚少。自古以来，处州方言较少受外来语言的冲击。

周边语关系

处州区域的北面是方言特点基本相同的衢州方言小片区，就像一条强有力的缓冲地带，阻挡强势北方官话（方言）的影响，也拦住浙北吴语南下。处、衢两府之间有 1 道仙霞岭山脉自然地理屏障阻隔，更增加处州方言发展的平静。南边闽语从古代文化发展的层次看，特别闽八府靠近浙江的上四府（闽北四府）的闽语不具备北上影响吴语的条件。例如，庆元荷地、江根一带保留一种闽语，当地人称“蛮话”，在庆元土生土长的本地人中有的也学会这种闽语，然而始终没有影响本地方言。又如“汀州人”迁入处州的历史也比较长，当地人也能说外来的“汀州腔”，而这仅局限于很小的区域范围内，也未影响当地方言。抗日战争时期，省政府和杭嘉湖一带有大批机关、大学、普通中学、医院等企事业迁入，时间较为短暂，在一定程度上丰富当地方言词汇，但未影响方言体系。

处州方言发展环境是相对“宁静”的，天天都在变化，但总体变化较小。处州方言是属于存古现象最好最丰富的方言之一。

外来方言融入

处州较完整地存留着浙南吴语的基本特点，内因是任何语言的本身是自成体系的，一旦形成，其棱角很难磨掉。但并不是说处州方言自身不存在吐故纳新的“新陈代谢现象”，而且这是从不间断的。大致有以下几种情况：

文化传播　外来文化的传入，如佛教、天主教、基督教的传入伴随而来的一些词语，例如：和尚、尼姑；神甫、嬷嬷；牧师、教士等与普通话相同的概念，按方音读，语义是基本一致的。但在处州方言口语中大多不规范，甚至往往与本土的道教用语混淆起来。例如寺院（佛家称谓）、庙宇（道家称谓），老百姓口语中都混着叫佛庙。又如龙泉话和尚叫“长老”读近似土话“帐老”[tiaŋ53　lʌo45]，派生出“长老头”一词，即普通话说的“光头”；又派生“长老衣儿”[tiaŋ53 lʌo45i211ȵi53]（婴儿穿的小和尚衣式的紧身衣，“儿”[ȵi53]，是小的意思）等方言词语。劫，佛教用语意为极为久远（梵文 kalpa），处州方言只取其引申义“劫数、劫难”，到农妇口里则变作“孩子无理哭闹不止”的意思，说“劫死”=“哭死”（太会哭），与佛家语已无什么瓜葛。“阿弥陀佛”[①]，在处州方言中有时变成“幸灾乐祸”的语言，例如小朋友看见平时会欺侮自己的人摔了一跤会说：“阿弥陀佛，该的该的！”“……重喜重喜（恭喜恭喜）”。莲都区大洋路口有个四果庵。香客不知道是小乘教派所理想的真果，如无情欲等等，大多是糊涂拜，求的是“福、禄、寿、禧”这“四果”，大相径庭。老百姓的口语中，佛、菩萨的概念是模糊的，无级差，无区分，佛即菩萨，菩萨即佛，这两个词可以互换。观念会影响社会行为。隋唐以后似乎有一种观

① 梵语 Amita(bha，佛光无量，后作诵经佛号以示感谢神灵等。

念：好人都可以成佛、成菩萨。宋元以来，如雨后春笋，产生一大批“本地”的菩萨。如铸剑工欧冶子、纸的发明人蔡伦、药物学家孙思邈、香蕈人工培植创始人吴三公等一大批有贡献的人士都成为处州的佛，并产生一些与之相关的词语，例如祭神用的蚕豆改称佛豆，由于颗粒较大又称罗汉豆。还派生罗汉香、罗汉松（含又粗又长的意思）等词语。民间的庙，一般没有经济来源，看管庙堂的孤寡老人生活清苦，烧菜也用不起油，人们又造新词称之为斋公，农民却干脆叫他“庙佬”。这些当时的新词大大丰富方言词汇。此外，一些品德高尚的人也可以成佛。例如莲都区刘祠堂脚就有座“泗洲娘娘”庙，她在1次百年一遇的洪水中，舍命救活1位素不相识的少女，而自己却被洪水吞没。众人找回她的尸体，厚礼埋葬，并建庙塑像，表彰和纪念她的舍己救人的崇高品德。后来还在庙里设立水龙会，会集许多志愿者，发扬抗洪防火义务服务民众行善事的精神。此后，“救人一命胜似造七级浮图”之类佛家语也在方言中广为流传，并产生与“水龙会”相关的众多词语，如“水枪”“蜈蚣梯”（用1根长杉树制成的轻便楼梯）等。白种人传教士进入本地之后，也产生“番侬（外国人）、番婆（外国女人）、白嬷嬷、红毛人（外国人借代叫法）、吃教（信教）、主内兄弟、教友”等一批词语。语言的产生之初有任意性，但又都受文化背景和方言规则的制约改造。

外来物品　外国、外族传入的农作物、日用品时，也产生新词汇。新作物，如番薯、番蒲（南瓜）、番茄、番椒、洋姜、洋芋、洋葱；新用品，如洋布、洋皂、洋火、洋油、洋钉、洋靴、洋箫、洋枪，凡由国外引进的或舶来品都冠以“洋”字，派生出新的方言名词。中华人民共和国成立后，随着时代的进步，带“洋”字头的词语逐渐地消亡。

区域交流　吴语区内经商往来、人员流动，造成语言的渗透或语音上的变异。这种无形的渗透现象，是有物质基础为通道的。过去处州人出售竹木大多经水路销往温州，或再温州经近海用“小火轮（机动船）”把竹木排拖往南通、常熟一带销售，同时购回用靛青染成的蓝“常熟大（du）布”（手工纺织的粗布）供山民穿着，这种长期的贸易往来，造成某些习惯语的同一性。棉花的“棉”，道观（音贯）的“观”处州方言与官话读音是一致的，受杭嘉湖语音的影响，莲都女性语音发生变异，读成“眉”和“干（gue）”，眉（棉）毛衫、眉毛裤，道干（观），地名“观下”口语中变成“干下（音野）”①。景宁人“对得很”说作“对煞[sa21]，丽水人说“什格”或“贼格”是“难看”的意思，也是抗日战争时受临时内迁的杭嘉湖人的影响。

水路交往　过去靠水路交通，温州人、台州人来处州做生意、做手艺的人特别多，繁华的埠头（莲都大水门）和街道（仓前街、府前街）以及龙泉东街官仓弄至五显庙弄一带大多是温、台商人，过去他们有个“通病”——严重“乡音无改”，至于当时的温州人“打官话”则更听不懂，所以他们大多讲的都是正宗温州话，影响所致，丽水、龙泉一带靠瓯江边的人大多也能说一口较为标准的温州话。正因为会讲，所以并未让温州话影响处州方言的整体。个别词语如“虾汁”按温州话说作“花紫”[hɔ24tsɿ41]，而“阿糟好”（很好）之类则未被吸收。台州话，处州人一般都能听懂，无人专门学台州话，这恐怕与当时处州人的语言审美观或时尚观有关系。例如“吃什么”台州人说作“格呒吃”，动宾倒置，处州人感到别扭。解放前东阳籍在丽水当官、当中学教师的人较多，他们对当地的语言影响力不大。因为处州方言里 i、u、ü 分得很清楚，东阳人“u、ü”不分，“女”读 ŋ̍ü 等，处州人认为这是语言发展中的滞后现象，未能影响当地方言。此外，处州人 n、l，f、h 也都分得很清楚，因而 n、l 不分的西南

① 不知所以然的地名专家却误作“关下”。

官话、赣方言和徽语以及 f、h 不分“吃饭”说作“吃焕”的闽语都未能对处州方言产生影响，对外来方言的融入是有选择性的。温、处在历史上曾多次行政区域合并与析出，语音差异大，但词汇与语法等都比较一致，如“是处”的“是”作存在动词用等都是一样的。吃粽子，粽箬要“解下”就可以，较为复杂的短语也非常一致。后来被日语吸收之后，至今异地保存在日语中。

历史遗言　历史变迁，政权更迭，经济发展等都会带来一大批新词语、新概念、新术语。例如元代带来的蒙语 tai“歹”(dǎi)，意为“不好”，“歹”作为形容词，至今还在处州方言的“乡间话”中使用。例句：“一个侬(这个人)歹很(不好得很)，莫对(跟)他嬉(玩)！”当代的例子：解放、土改、冬学、互助组等等，不计其数。山东南下干部，也带来一些鲁方言如“黄烟”“烟袋”(指烟锅)等，因为这些词在处州方言中有歧义，悄然消失。

人口迁徙　有两种情况，大量迁出，处州人曾大量迁温州泰顺，甚至更远的地方，这是扩散，不影响本地方言；某个时期会有大量迁入，多般只是形成一些方言岛，互不干扰，也不会左右处州方言。例如：小姑，畲族人叫“姑仔”，莲都人叫“娘儿[ŋ52]”。牧牛，畲族人说“仰牛[ŋáu](金庵畲语)”丽水说“望牛[moŋ12ȵiu12]”。又如海南岛人娘舅叫“姑爹”读音近似普通话“裤带”。但由于各自的语言框架(体系)不同，不会发生混淆，这类外来语言也无融入力。

外来语汇　中日文化交流历史悠久，语汇互借的情况错综复杂。隋唐期间，日本国以“遣唐使”形式，派遣大量人员前来留学(其中不少人在江浙一带吴语区)，学走各门各类知识、汉语词汇和构词法以及切音等拼读方法，形成日文。这一时期，从语言方面看，汉语字词只是“出口”“输出”，而对汉语，特别是对处州方言没有什么直接影响。影响较大的是清政府官派留学生，大多送往日本，这一时期留日学生带回一大批隋唐、宋元及其以前“出口”的古汉语词语，例如革命、物理、风琴、主义、干事、经济、理论。这些含新概念的古汉语旧词很快又重新活跃在处州方言里。由日本语按汉语构词法新造的教育用语，上课、下课、进度、体育、体操、进展、母校等，成批地进入清代的学堂和民国的学校，处州也不例外，大量吸收日语这些新词。由于汉字与读音没有必然联系，从日语拿来的词语，有的词形相同，意思相同，词性也相同，只是语音差异很大，但可以你读你的，我读我的，引进比较方便，所以很快也融入处州方言。例如日本造的词语，干部、社长、量子、特务、反动等等也陆续进入处州方言。处州方言对日语词的进入也是有选择的，例如“便当”一词作为方便、便利的意思，自古以来在处州方言中使用频率很高，被日语吸收后，近代兼作盒饭一词，被改为“盒饭”(或快餐)，维护方言的纯洁和健康。“丸剃”(光头)等也予以芟除。此外，值得注意的是方言也像水流一样有自净能力，几年前带进丽水的“卡拉(日语写为‘空’)ok(英语缩写)”一词开始消亡，就是明证。从中国台湾地区流入的“爱之病”一词也被废弃，改用“艾滋病”这一规范译音词。

古汉语痕迹

处州方言中有些词语很古老。例如“短命死”这一短语，出自《论语•雍也》：“*有颜回者好学，不迁怒，不贰过，不幸短命死矣！*”以前处州方言中的用法与孔子时代的用法几乎没有两样，现在被当作骂人的常用语。处州方言中有 1 个战国时代遗留的语气助词“来乎”，而且极为常用，不识字的老妪和小孩都能准确运用。《战国策•齐策•冯谖客孟尝君》：“*(齐人冯谖)歌曰：‘长铗归来乎，食无鱼！’*”其中“来乎”是双音节的语气助词，表示遭贱视而不满的语气。例如莲都区一位 4、5 岁的孩子，到舅妈家玩，被表哥嘲笑，很生气，说：“舅妈，我归去来乎！”这位幼儿的用法与战国时期的口语，没有什么不同。例如“本”原指树根，转化量词称量植物或同一个根源的事物，《汉书•循吏传》云：“百本薤，五十本葱。”处州方言中仍在运用，只是读音与中原不同，读作“蓬”或“洪”“棚”，后来又一分为三，书本的“本”分开来。一本白菜，写为一蓬白菜；一本水，写为一洪（泓）水；一本火，写作一棚火（小一点用把）。《世说新语•规箴第十》有“阿堵”一词，是晋方言，先读“者”音，后读“堵”，是“此处”或“这个”的意思。在处州方言中还在使用，只是读音发生变化，各县（市、区）有差异，莲都、松阳今说作“阿搭”，词义转移，变作远指代词“那里”，而近指则用“一搭”。“吃”，缙云仍然说“食”。鸟，最初读 do 入声，后读 diao 入声，现在 niao 去声（接近普通话，声调不同）。第一种读法的本义消失，作为一个语素的比喻义仍生存着，例如“细干 do（鸟）”（对小孩的昵称）、小鬼 do（鸟）、dodo 儿[①]鸟读 do，作为“鸟儿”这个词，在汉语中消失。处州方言中作为词语的“鸟”，今音读 diáo。古汉语中“雨”读 wu 入声，现处州方言中除青田温溪一带外，都读 yu（去声）。作为语素，在莲都区口语的个别词语中还存在，如丽水话“常（音祥 xīang）雨（音务 wù，夏天的阵雨 yǔ”，这个词在当地有很多人（含文化程度较高的人）不知道怎么写，而说话时经常运用。古词语“亡”（wù，丢失），例如“斧头亡（wù）了。”至今还在 9 个县（市、区）方言中使用，读音、词义、词性都丝毫未变，在读古文遇到这种用法的“亡”时，往往会误读误解，忘了或不知道处州方言中保留着“亡（wù，丢失）这一古老用法。读音有时也是如此，如唐朝杜甫诗：“有客有客字子美，白头乱发垂过耳。岁拾橡栗随狙公，天寒日暮山谷里。中原无主归不得，手脚冻皴皮肤死。”按普通话读，“耳”“里”“死”不是一个韵，有的人用今天的普通话去看，会误以为不合格律，而照龙泉话读都是同韵合辙（格律）的。又如杜甫诗《茅屋为秋风所破》：“忍能对面为盗贼，公然抱茅入竹去。”其中的“能”按“能够”的意思去解释，读不通，而照青田话的读音（nin）和“这样”的意思去理解，就通顺。同样，青田人说“好甚”，若略知一点文言（其实文言也只是古代方言而已），就知道青田人在这里尚有一点儿古人的老习惯，把程度副词放在形容词后面，而在形容词与副词补语之间不加结构助词“得”（de 轻声）。“好甚”就是“好得很”。这种句式中，处州方言各县（市、区）的表达形式都是一样的，只是所用的程度副词不同而已。莲都、松阳、遂昌、云和把“好得很”说作“好显”，龙泉、庆元说作“好很”，缙云说作“好猛”，景宁说作“好鲜”。诸如此类的例子不胜枚举。

古代汉语积淀存活在方言中的词汇多、音韵丰富，这是处州方言一个显著的特点，对汉语史和普通语言学研究等是一种有用的活材料。

第六节　词　　汇

处州方言虽在浙西南流行，却始终是在汉语这一大系统中产生和发展的，无论在语音、词汇和语法 3 大方面都一脉相承。由于时空的局限，形成处州方言自身一些显著特点。

代词举例

人称代词　第一人称：我、我特自，9 个县（市、区）读音有差异。

复数+“勒人”或“勒侬”或“拉侬”或“些侬”或“勒”等。

---

① 鸟鸟儿——相当于北方官话的小鸡鸡。

莲都	龙泉	缙云	松阳	遂昌	云和	景宁	青田	庆元
ŋuo④	ŋɔ④	ŋɷ④	ŋ③	ŋo④	ŋo④	ŋo④	ŋɷ③	ŋo③
ŋodaci	ŋɔtɛɕi	—	—	—	ŋotaɕi	—	—	—

第二人称：你。

复数+“勒人”或“勒侬”或“拉侬”或“些侬”或“勒”等。

莲都	龙泉	缙云	松阳	遂昌	云和	景宁	青田	庆元
ȵi③	ȵi③	ȵi③	ȵi③	ȵie③	ȵi③	ȵi③	ȵi③	ȵi③

第三人称：他、她、它。

复数+“勒人”或“勒侬”或“拉侬”或“些侬”或“勒”等。

莲都	龙泉	缙云	松阳	遂昌	云和	景宁	青田	庆元
gəɯ①	gəɯ①	gə①	gɛʔ①	gyə①	gi②	gi②gy①	gi①	kɯə④

近指代词：这个。

莲都	龙泉	缙云	松阳	遂昌	云和	景宁	青田	庆元
iʔko(	i ki	ɦi kɷ	i ki	iʔ kei	i ki	i ki	ikɒ	tɕiekɛi

远指代词：和别的其他代词，各县（市、区）的读法不一致。

此外，有些明清时期遗留下来的代词如：尔尔[ȵiȵi]，如此如此或如何如何。例如：“别人讲你，尔尔尔尔，你莫听，省里（免得）生气。”（龙泉话）

尔尔尔尔，莲都区、云和等地，说做奈生奈生。

常用词语

常用词语，大同小异。词语是开放性的，只列表简略举例说明与外地有差异的一般词语。

丽水地域常用词语举例

表 46-1-6-1

普通话	莲都	龙泉	缙云	松阳	遂昌	云和	景宁	青田	庆元
太阳	日头、日头佛	日头、日头佛	日头、	日头、	日头、日头佛	日头、日头佛	日头	日头、日头佛	日头、日头佛
月亮	月光、月亮	月	月亮	月亮月光	月光、月亮	月光、月亮	月光、月亮	月光	月
抽屉	抽屉	拔麓	抽屉	抽屉、	抽屉	拔麓	拔麓	抽屉	拔麓
锅灶	镬灶	芒灶	镬灶	镬灶	镬灶	镬灶	镬灶	镬灶	镬灶
蛋	卵	卵	卵	卵	卵	卵	卵	卵	卵
筷子	箸	箸	箸	箸	箸	箸	箸	箸	箸
在家	是处	是处	幽处	是处	是处	是处	是处	是处	是处

续表 46-1-6-1

普通话	莲都	龙泉	缙云	松阳	遂昌	云和	景宁	青田	庆元
事情	事干	事	事干	事干	事干	事干	事干	事干	事
今天	该日	该日	该日	该日	该日	该日	该日	该日	该日
再见	再下日莅、再会	再下日莅、再会	再下日莅、再会	再下日莅、再会	再下日莅、再会	再下日莅、再会	再下日莅、再会	再下日莅、再会	再下日莅、再会
肚子饿极了	肚饥显卟睐	腹该(饥)死白	肚饥猛	腹该显罗	腹该显呗	肚饥不过	肚饥不过	肚饥死	肚饥无涯
笨	木	木	木	木	木	木	木	木	木
菜蔬	菜	菜	菜	菜	菜	菜	菜	菜	菜
闪电	闪龙	闪龙	闪龙	闪龙	闪龙	霍闪	霍闪	闪龙	龙爚
看	相、望	瞅	[ɳ̥ɔ]②	相、望	相、望	相、望	相、望	相、望	唠[lau55]

第七节　语　　法

处州方言“大同”是共性，只是各地说法又有差异，所谓“小异”，是共同语的地方变体。词类划分与普通话基本相同。

特殊词与用法

处州方言词类举要。

名词举例

蚕豆　莲都叫罗汉豆。

豌豆　莲都叫蚕豆，云和、景宁、龙泉、松阳、遂昌叫麦豆。

南瓜　莲都、云和、松阳叫金瓜，龙泉叫番蒲。

豇豆　莲都叫莉豆，云和叫叉豆。

最常见的蔬菜名，近在咫尺，隔一箭之地，叫法就五花八门。又如龙泉人说的“松溪婆（婆读[pu335]）”，一种很漂亮、游得很快的小鱼；莲都区人说的“花婆婆”（音近蓬蓬），也是一种小鱼，因为“好动”而得名。其他县人，“松溪婆”和“花婆婆”是什么，定然听不懂。龙泉人说“大眷”（已婚女人）、“伊慌”（音）（公鸡）、“五斤”（“斤”音，同“根”）也都可能不大明白，特别是其中的“五斤”，其他县可能会误解为“五根（支）”。

动词举例

青田说“寨（音）”，缙云说“赶”“躟”，龙泉说“捺”（nɔ），云和说“跑”，景宁说“躐”，松阳、遂昌说“射”，庆元说“赶”。

存现动词

有的与外地不一致。例如：

在　“在家吗？”“在家。”〔9 个县(市、区)〕(与普通话同)。

是　“是处否？”“是处。”〔9 个县(市、区)〕(温州方言片也有类似说法)。

牢　“牢屋否？”“牢屋。”〔9 个县(市、区)〕。

勾　“勾处底”(莲都区)“勾处上”(松阳县)。

躲　“躲处里”(龙泉县)。

蔫　“蔫处上”(云和等县)。

死　“日日死处里,道路也呒做”(云和话)。

存现动词,基本义都是“在”的意思,有的还可作为介词。例如“是上半日九时半才到丽水。”句中的“是”可以与介词“在”置换。

趋向动词

一种独特的表示上限或下限终止性趋向动词。如：

添：再添①一碗添②。添①是一般动词,无须讨论;添②我们把它看作上限终止性趋向动词,意为“就添一碗,不再增加,但一定要添”这种趋向,表添①这个动词的趋向[①]。

只剩一碗添②。添②在这里是表示下限终止性的,即意为所剩的没有“第二碗了”,表“剩”的终止性趋向。

有时添②可叠用,表对终止性趋向的强调。例如：“动一记添②添②,就给你一拳吃吃。”表“动”的极限终止性趋向。这个“添”②,9 县(市、区)通用,口语中有“最后通牒”的意味,带警告性。

形容词举例

干净　莲都说“清爽”,龙泉说“状利”,云和说“清水”,各地都有一种说法。

漂亮　生好〔9 县(市、区)同〕,与外地不同。

丑陋　死样〔9 县(市、区)同〕、啥格(贼格)、难望(莲都区的说法)、难瞅(龙泉说法)、难相(云和、景宁说法),“四样八开”(是“死样不堪”的讹读——莲都区常用语。旧时,老百姓的新词语,大多从戏文或说书人口中来,全凭口耳相传,不知道字该怎么写,以讹传讹,读音变异)。

有趣　莲都说：“好望显来矣”,云和说：“好相不(音否)过”。例如：“一本(这本)小说好望显来矣(有趣得很)！”“一本书好相不(音否)过。”

各县(市、区)都有以上类似说法。

程度副词

单音节　只可当补语的有显、很、甚、死(极度、非常——宋元时处州口语)等。例如：甜显、甜很、甜甚、甜死。

---

① 有人说是副词、表频率,与再相同,认为同义前后重复,是处州方言的特点。不妥。

可当状语，大多是“出格”的单音词：贼、蛮、老等。例如：老甜、贼好、蛮美、蛮瞅爽。

双音节　不过（最古老的双音程度副词）、挡不牢（一败涂地根本抵挡不住）、不是搞（不是玩的）、没救、死人……。例如：长不过（长得很）、挡不牢漂亮、不是搞干净、无救苗条、死人香（非常香）。

20 世纪 70 年代，由一些丽水中学学生率先重新启用的新增程度副词：“浑”（与普通话“很”的词义和语法功能全等，但与古汉语不同）。例如：浑多、浑好、浑香、浑望爽、浑伟大……

“浑”，这一准普通话程度副词传播与扩散线路：高中—初中—小学—幼儿园—年轻妈妈—带孙子或外甥的老人，遍及全城。农村青年男女进城听到“浑漂亮、浑啥格（难看）”，觉得很时尚，就把“浑”音带到农村。目前，新启用的程度副词“浑”流行范围仍局限于莲都区城乡。由此看来，语言中的新词汇大多从年轻人开始运用与传承。

牵头和煞尾语助词“hɔ（哈），你也是搭（在这里），真难得！”（对话时，先说“哈”把话头牵出来，以免突兀，然后接着说正文）（龙泉县）。

“天晴呗，打（答）”（莲都区——一般不要求回答）。

“真格（真的）！物（[mɛ]）！”[①]。

“摆尻死了布来。物！”（跛脚已经死了，真的！）〔9 个县（市、区）都有这种格式〕。

“哈-囡是我搭”（那女孩在我这里——龙泉话）。

“个（gi）-囡牢我处底”（这个女孩在我家里——云和话）。

“杨梅甜很，物！”（杨梅甜得很，真的！——龙泉话）。

古汉语残留举隅

处州方言语法与普通话规律总体相同，也保留一些特殊的语言习惯。

相同的情形。例句：

“阿个（那个）学生望（看）新课本。”（莲都话）。

用直接成分分析法分析出来的终端成分是一致的。如下图所示：

句　子

|　|

主 语　　谓 语

|　|　|

名词词组　动词　宾语

|　|　|　|　|

定语　名词　|　定语　名词

终端成分：（阿个）学生 ‖　望—（新）　课本 。

（定）（名）　（动）（定）（名）

处州方言的句式结构、组合顺序与普通话相同，只是每个音节（字）的读音不同。处州方言的语序跟普通话基本一致。

处州方言中比较特殊的语言习惯有如下几个方面：

---

① 这个物，见《世说新语》：“阿堵。物！”是强调“真的”意思。

古汉语语法遗留习惯

1.形容词带补语时，直接粘附其后，不加结构助词“得”(de)。

能好甚！(这样好得很)(青田话)。

哈尔好很！(这样好得很)(龙泉话、庆元话)。

一啥(生)好显！(这样好得很)(莲都、云和、景宁话、松阳、遂昌话)。

做人家猛！(节俭得很)(缙云话)。

2.表可能性的补语也可直接粘附在动词后面，不用加“得”。

我担动(我挑得动)。

担一百斤，我吃落(吃得消)。

古汉语字序对换的双音词遗留习惯

1.反序之后词义不变的。客人—人客、喜欢—欢喜、力气—气力、热闹—闹热、牯牛—牛牯、母鸡—鸡母、套鞋—鞋套、拖鞋—鞋拖。(实际上，仄声在后，在方言中说话比较省力)。

2.反序之后词义发生变化，是两个不同的词。动摇—摇动、计算—算计、音乐—乐音、语言—言语。

3.有些遗留的反序词。在当代处州方言中不用。如：本钱—钱本(例“将些钱本与你出去经商……”①)、学习—习学(例“今在家习学，何愁伎艺不成？”②)、狭窄—窄狭(例“只怕窄狭，不够居住。”③)。

“钱本”“习学”“窄狭”等反序词，老年人抑或会用，年纪稍轻的人都不用，说明这类反序词在处州方言中业开始消亡。

通常用一些可怕和绝望的字眼表示程度副词

处州方言仍保持古吴语一些程度副词，不用结构助词。例如：死、死人、挡不牢、无解救、没救、不是搞(不是玩的)、无捱(受不了)。表示极度、非常的意思。

例句：

小哥哥又帅又灵，个囡(这个女孩)喜欢死他〔9个县(市、区)〕。

北京烤鸭死人好吃(莲都、云和等)。

挡不牢忖吃绵花糖(莲都)。

那女孩没救生好(龙泉)！

日头下，若有一把阳伞，便不是搞凉爽(云和)。

妇联主任的心没解救好，各家的女眷都是生讲概来(松阳)。

笋，无捱嫩(庆元)。

---

①《新编五代史平话》汉史卷上。

②《敦煌变文集》卷二。

③《醒世恒言》第三十八卷。

“儿”的用法

儿子比老子辈份小。处州方言把“儿”引申为“小”,因为处州方言中“大”与“细”相对。例如:“大婆(大老婆)细婆(小老婆)”或缩写为“大细婆”。普通话的“大人小孩”,处州方言说“大人细干(小孩)”。“小”是官话中引进的形容词,处州人把“儿”引申为“小”,又不放在名词前作定语。例如:树、板凳、方桌、媛主客,若要指其中个头较小的,在词后加“儿”就变小了。例如:

树+儿=小树

板凳+儿=小板凳

方桌+儿=小方桌

媛主客+儿=小媛主客(个子小的女人或指小女孩打扮得像妇人的样子)

再变小一点,可再加一个“儿”,板凳儿儿,这就比板凳儿要小得多。例如,说“小的小碗”,只要在“碗”后面加两个“儿”,说做“碗儿儿”就可以。

碗+儿=小碗

碗儿+儿=更小的小碗。

处州方言中“儿”非常特殊。

1.“儿”引申为“小”的意思,只可用在名词后面,不儿化,是个实词素。

2.没有“当定语”的语法功能。

3.“儿”含“小”的意思,不能与“细”置换。例如:官话“没大没小”。处州方言说作“没大没细”,而不能说成“没大 du 没儿”(这不成话或会变成“没爹没儿子”的意思)。

“儿”虚化,是词缀,不儿化,不读轻声,强化感情色,使之变得更可爱。例如:白白儿、红红儿、胖胖儿、嫩嫩儿、细细儿、长长儿、香香儿(龙泉话比较典型)。

独有的外来词“司的克”

“司的克”(手杖,英语 stick 的译音词),只在龙泉市通用,这与抗日战争时期,浙大的西语系和抗战时的同盟军的英国代表团在龙泉呆的时间比较长有关。当地人做生意也把手杖叫做“stick”。龙泉俗语中独有的西方外来词,其他 8 个县(区)不通用,普通话中也没有“司的克”译音词。其他县(区)叫卫生棒①、拐杖、手杖。由此看来,外来词往往是在有实际需要时才被吸收,一般是不被引入本地方言。

量词作名词用

量词作名词用时,量词前可加形容词作定语,量词后可加程度词来补充形容词的程度,不用结构词“得”。例如:大担很(龙泉话)、大担显(丽水话)、大担猛(缙云话)、大担无捱(庆元话)、大担不过(云和话)等。是指“很大的一挑子”或“非常大的一担子”的意思。

“先”与“添”可在谓语动词前后并用

“先”同“添”一样,用在谓语动词前,也可后置,可以前后并用。用在后面的“先”,语义与功能不同。

① 抗战时期,卫护生命被人们十分看重,当时出现的新词有卫生院、卫生衣等。

例如：

你讲先。（你先讲）

你先讲先（你先讲）

你唱起莅先。（你先唱起来）

你先唱起莅先。（你先唱起来）

前后并用，并非重复累赘，前面的“先”是强调“必须先”的趋向，后面出现的“先”是趋向动词。“先”兼类，恰恰是简约的表现。处州方言中的“先”与“添”一样。

其他语法规则与普通话相同，略。

保留一些文言句式

例如：

烂尻真吓侬（烂脚真令人害怕——使动用法）。日头雨吓缘主（家庭主妇）（使主妇害怕，怕晒出去的东西被淋湿）。又如：摆尻（跛脚）张嘴（那一张嘴巴）真会说，一开口，就笑死侬（使动用法：让人好笑极了）！

稻，六月（农历）好割者，喊（叫做）早稻；七八月熟者，甚至十月熟者，喊晚稻。[①]

调之我者，我便好言相劝，不对（跟）人计较。

以上句式，在文化程度不高的老派处州人中使用频率仍较高。

第八节　熟语选介

丽水各地有比较通行而形式比较固定的俗语。举隅为例，不作分类，一般不加注释。不用“土造”生辟字，力求以意为主，兼顾读音，向普通话靠拢。

常用俗语

坐一爿地，望一爿天。

收侬（人）钱财，要帮侬（人）消灾。

做一样（一种）道路（工作），换一样筋骨。

鸡大飞过墙，囡大不由娘[②]。

水浇鸭背，滴水不入。

一日赤膊，三日头缩。

越有（富有）越悭。

越有越要[ŋɒu12]，越穷越槁（懒，什么也不想做，不想要）。

① 宋元时留下的句式，沈括《梦溪笔谈》中这种句式就较多，当代处州在不识字的民众口语中也还是非常常用的句式。

② 也可以用“儿大不由娘”。

四月八冻死鸭(指四月初天气有时还会比较冷)。

蜈蚣算卵,一圈圈旋不出头(一般指他人某方面的事情放心不下,动作慢)。

是龙不怕雨,是鳅不怕沙。

没有金刚钻,不揽瓷器活。

豆腐渣假滚(炉子一点上火,就像烧开了的样子,其实还是冷的),莫信他那张嘴(一般用来形容假积极,假表态)。

粽箬填桌脚,高不了多少。

霜莅苦珠(橡栗)只顾保自头。

人怕赤膊穿棕衣,屋吓门窗都朝西。

茶壶否(不)响便是滚(水开了)。

水响未开,开水不响。

省柴没灰,省饭没力。

茅坑里的木棍,闻(文)不得舞(武)不得(软硬都不是)。

打得你过跟你打,打你不过对你烂(撒赖)。

毒辣又贪婪,吃蛇不吐骨。

驼背仰天睡,两头否落地(喻两头不落实)。

扁担无钉两头脱。

见侬(人)说侬话,见鬼讲鬼话。

驼背讲直话。

瘦猪母拉硬屎。

本地菩萨不显灵,外地和尚会念经。

近处菩萨远处显灵,拜佛要到外地拜。

赶到远处拜佛,不如近处修心。

马善被人骑,人木给人欺。

老实锄头老实真,真心实意会感人。

鹿儿衔支草,受恩及时报。

凡事忍一忍,心底变平静。

莫忖(羡慕)长老(和尚)吃馒头,要识(知道)长老火烫头。

细尕(小孩)吓剃头,临老吓望牛。

望牛一半嬉,望羊脚没皮。

讨饭装哭相,种田练扑相。

做篾先学勾(蹲),裁缝先学绉(飞针走线)。

做木怕湿,做篾吓燥。

相打怕和尚,落雨吓光亮(乌天黑暗,突然亮起来就是雨开点了,躲雨不能在突然转亮时才开始躲,要有提前量)。

相骂无好言,相打无好拳。

凡事要有眼睛,切莫托鬼看病。

若让老鼠守谷仓，迟早只剩一堆糠。

托鬼看病，迟早送命。

狐狸借鸡，只借不还。

莫贪省力银，否做害人精。

人越嬉越懒，口越吃越淡。

牛无力拖横钯，人无理讲蛮话。

树老腹底空，人老百事通。

莫倚老卖老，日日村人叨(骂)。

细尕倪手热，老人家口热。

莫讲枞(松)树无用，后生可以采松香，老根可以种茯苓，死了可以剖松明。

船破也有三斤钉。

破锣破鼓好救月。

酒酸还可当醋卖。

最瘦骆驼比马大。

沙漠白杨死而不烂。

夜路走多了难免碰着鬼。

整日水边走，怎能不湿鞋。

百样行当百样烦，讨饭便当逃犬难。

腹痛怨西瓜，人丑恨镜差(形容怨天尤人)。

鸭多不生卵，人多不做事。

一个鸭搅水不浑，人多好办事。

学剃头，总会碰上癞痢头。

三分人才七扮，癞痢一扮变小旦。

篮里拣花，越拣越差。

七拣八拣，拣个破灯盏。

求签诗不专心，罚你清油三斤。

主意不定，罚油三斤。

近水楼台先得月。

上梁不正下梁歪。

大人不自尊，日日害儿孙。

学好一世，学坏一记(一下子)。

拜师三千，不如学通一诀。

纵有父母家私万贯，不如学会一技之长。

先小人，后君子。

上船不断价，落船讨相骂。

宠狗上灶，宠儿不孝。

打仗要兵器，吃饭要腥气(鱼鲞)。

一行服一行，糯米服砂糖（指红糖）。
上屋搬下屋，要去一箩谷。
男人怕担，女人怕生。
赤膊鸡帮（替）鸭愁。
教人种菜，自喝盐汤。
走路不怕慢，只怕一路站。
要与人比做，莫跟人比吃。
好戏引人瞅，好官请人督。
路遥知马力，日久见人心。
大路朝天，各走半边。
礼貌不怕多，恶行不能有。
真诚解危机，虚假必惹祸。
好言暖人心，恶语六月寒。
少时不怕苦，老来不落魂（方言音薄）。
送人玫瑰手留香，帮助别人实帮自。
长路无轻担，起步莫贪多。
婚姻大事如选鞋，鞋不合脚一路苦。
锣不敲不响，刀不磨不亮。
磨刀不误砍柴工。
笨鸟先飞，勤能补拙。
人聪明，更要勤。
官逼民反，狗急跳墙。
人无千日好，花无百日红。
得势莫欺人，下野不悲伤。
东坑无鱼西坑有。
田要骨子好，人要心地好。
不要不问青红皂白，见佛便拜。
病急乱投医。
一张口嘴转三圈，一溪水鬼骗上岸（贬义，讽刺骗功好）。
吃官饭，打官鼓（贬义）。
做事要靠功夫好，不可日日想跳槽。
树根扎得深，不怕枝叶摇。
只要路子正，不怕人影歪。
做事要勤要脑筋，做人要诚要守信。
有床不睡睡地下，有树不爬爬毛竹。
公不离婆，秤不离砣（配套的东西不要随便拆开）。
老竹难弯，冷铁难打。

打铁要趁热。

打铁要靠本身力。

一扇篱三根桩，一个好汉三帮。

养儿防老，家教要好。

下代培养好，国家才兴旺。

天晴防落雨，居安要思危。

做官能爱民，社会就清明。

做官瞎嚷嚷，百姓便遭殃。

讲究科学观，国家有希望。

百姓不是鸟，不能关着养。

一株草一滴露，人自强便有路。

蛇有蛇路，鳖有鳖路，青蛙无路跳三步。

处处有芳草，天无绝人之路。

天让鸟吃虫，要鸟飞去捉。

想要日子好，劳动第一条。

越做越好，越嬉越糟。

抢偷骗盗，迟早坐牵。

萝卜青菜，各自喜爱。

吃亏不是憨，让人不是呆。

贪便宜，失便宜。

一盘虾皮都是头，心不齐协无力头。

各师各法，各殿各菩萨(方法可以多样化)。

嫁人选儿郎，切莫贪家当。

山穷出石，人懒无力。

一样饭养千样人。

一颗死苍蝇，害了一锅粥。

只有钉死的秤，没有生定的命。

好心不着，反遭天雷打。

鸭老无肉，秧老无谷。

七算八算，被鬼偷一半。

偷鸡不着蚀把米。

日日睡到日头红，人家最富也变穷。

门内撒强横，门外吃巴掌。

花对花，柳对柳，畚箕对扫帚。

取得好妻一房，做人一世风光。

猫儿忒爽吃太饱，看见老鼠抢先逃。

猫抄饭甑，替街狗做好。

忍得一时气，可免百日殃。

财大气粗，权重威大，灾祸一到，岁月难度。

强中自有强手，石板还有石板刨。

受人欺侮不要气，恶人自有恶人治。

穿草鞋人赶鹿，穿鞋袜人吃肉。

虱多不痒，债多不愁。

烧火要空心，做人要虚心。

卖牛送根绳，做人留个名。

远亲不如近邻。

莫贪冤枉银，人贵心术正。

天青会落雨，好官不伤民。

有借有还，再借不难。

树直用场大，人直朋友多。

秧好半年谷，妻好一世福。

幼时爹娘养，成人要自强。

不怨天，不怨地，做人靠自立。

细尕倪无假病，大人要关心。

白白吃别人，肚饱心不安。

不怕硬，只怕赖。

有钱过年，无钱过难。

床头有箩谷，死了有人哭。

将军在世闹轰轰，将军死了无人扛（无人抬去埋）。

赢了官司输了钱。

清官难断家务事。

大虫吃细虫，龙蝙吃蜈蚣。

鬼怕恶人蛇怕棒，月怕云遮云怕风。

一物降一物，大毛（老虎）怕鸟污（鸟粪——传说鸟粪会使老虎背上溃烂云云）。

不怕贫，只怕分配不公平。

有了八百想一千，做了皇帝想成仙。

心齐协力大家富，先富莫忘帮后富。

富不到顶世世富，穷不生根世世穷。

有脚有手靠劳动，劳动致富万万年。

先有国才有家，国力贫弱家家苦。

是龙会行雨，是蛇会咬人。

坐得正站得正，不怕三脚凳。

饭莫未嚼便吞，话莫未想就说。

心平好过海，心善有人帮。

大犬爬墙，细犬学样。
人要脸，树要皮。
夜里走弄要瞅天，日里走路靠半边（弄堂墙高路窄，易撞墙，看天反而能看清墙和路）。
礼多人不怪，话多人心烦。
在家千日好，出门半日难。
天晴防落雨，有时防无时（有，富有；无，贫困）。
笔直竹竿做撑篙，一生一世受委曲。
卖醋人总讲自醋酸。
自落（跌进）茅坑，也巴不得别人落茅坑。
面丑不怨镜，人穷不怨命。
靠山山会塌，做人要靠自手脚。
百样生意（行当）要学精，讨饭学个赖哭声。
枪打出头鸟，雨烂出头椽。
天冷取暖莫靠灯，脱贫要靠政策要靠勤。
私心重，祸无穷。
百病百药治，轻骨无药医。
日子越过越顺当，穷苦朋友不能忘。
罗织罪名害忠良，得势一时亦消磨。
荒山弯里种片竹，五年有钱盖新屋。
母语随娘学，语句自生成。
桃三杏四梨五年，枣树当年可收钱。
人生莫识误少年头，宁可笨鸟先飞争前头。
硬气硬到底，麦出不吃米。

歇后语

吓鬼不要锣——人生得忒死样。
该日（今天）肖鸡，明朝（明天）肖鸭——变化无常。
天罗藤、白扁豆——远房亲（当面一般不用）。
金瓜龙带蒲龙——远亲连远亲。
一篙打死一船人——打击面太大。
狗吠自处侬（人）——养不熟。
犬咬拉屎人——恩将仇报。
狗咬吕洞宾——不识好人心。
砻糠榨油——心忒杀（狠）。
薄刀切葱——两头空。
菜篮担水——两头空。
快刀切豆腐——两面光。

天光栽树，黄昏乘凉——等着用。
一记对心拳——击中要害。
分钱捏出汗——真省。
龙死不旱——水源好。
冬至不出年外——拖不久。
一根树做的傀儡——骨子一样。
黄鼠狼给鸡拜年——不安好心。
狐狸借鸡——有借无还。
四边落锁——无路走。
鱼鳅落入猫儿肚——拿不回来。
瞎子怕走水泥路——缺少区分度。
针头削铁——薄利。
烧饼头上捡芝麻——太抠。
龙窝不如狗窟——总是自家好。
过溪甩棒——忘恩。
过河拆桥——忘恩。
穿钉靴踩别人脚背——不知别人痛。
有床不睡睡地上——自讨苦吃。
到和尚寺借篦箕——找错了地方。
鼓楼上的鼓——鸣名声在外。
煮烂的鸭子——嘴硬。
大蛇钻篱笆——不死皮也破。
青蛇钻篾篱（篱笆）——弗死也塌皮。
死犬不怕开水烫——死都死定了无所谓。
褪猪——价格太辣。
鸭听天雷——听不懂。
洋鬼子听戏——一句也不懂。
草鞋克脚——自作自受（农村草鞋大多是自打的）。
捉个狐狸咬自鸡——自己找来的麻烦。
火筒顶倒吹——不在行。
用砍骨斧杀鸡——选工具不当。
鹁鸪拜（求）雨——不断点头。

固定词组

家和万事兴。
国强百姓欢。
黄沙倒坎（填不满）。

临渴掘井。

烂头虱(棘手的事)。

眼瞎靠耳朵。

哑口(巴)眼睛灵。

扁担要软。

棒柱要硬。

长迈正道(正正经经,像模像样的意思)。

千年打一更。

死转莅(回来,生气时说的话)。

上好的事(蛮好的,一点没有出什么意外)。

两好合一好。

十人好帮一。

路途生在口嘴上(要问)。

盲眼摸溪滩(喻辨方向难)。

一条路走到黑。

一本书照字(自)读。

猢狲不识自己屁股红。

不死也要脱皮(凶多吉少,捞不到便宜)。

一个鸡一个鸭(喻彼此的方言听不懂)。

镬灶菩萨(喻管得太宽,连人家吃饭也要管)。

无口嘴(沉默寡言)。

眼火热(眼红)。

酒肉朋友(无真情)。

柴米夫妻(无真爱)。

老鼠爱大米(为吃)。

猫哭老鼠(假慈悲)。

还有干(还有什么用=没有什么用,如“老鼠都吓,还有干！”)。

二五对(脑子有点不灵清,如“一个大眷二五对格,讨不的”)。

像养猪母人(形容衣服不干整洁)。

细尕倪气(小孩子脾气)。

半斤对八两。

七不搭八。

皇天鼓裂(呼天呛地时的语言)。

长住太公无人供。

长病无孝子。

消磨绝灭。

肚饥不吓[ha31]大麦饭。

响锣不用重锤。

七月葱八月蒜，做道路要靠算。

弗稂弗莠（不成才）。

打鼻头铳（嗤笑）。

十分垒堆（十分棘手，难对付）。

无空白地（无端）。

自念和应（自作主张）。

挡不牢臊皮。

少说过头话。

头虚面肿（头和脸都肿起来）。

头毛空心（假冒骗偷漏欠什么都干，压根儿没有一处是实的）。

有事上梨山烧香，无事放尿浇神坛（事，事故、事端、麻烦）。

猢狲掰苞萝（比喻做事浮躁，不专心）。

邻舍过往问声好，莫当路人认不到。

本地话口耳传，不识字也会说。

不管走到何方，唯有乡音不会忘。

家乡变化大，自处（家）不识乞搭（哪里）过（走）。

生地好赚吃，不忘自大（du()人（父母、公婆等长辈）。

镬灶头撮（拾取）薄刀（菜刀）。

顺手牵羊。

无菜汤也好。

芋汤浇饭，毛竹落滩。

嫁鸡随鸡，嫁狗随狗，嫁给苦喧（猢狲）漫山走。

常用词语选注

以莲都区为主。

三厨：三餐。例句："现在日子好过，三厨酒肉不断。"

上横：上座，也叫上横头。（一般指中堂坐北朝南位置）（餐厅门所面对的位置或端菜人递菜位置的对面）

应份：应尽的本份、责任。本来就应该的。

吃醉：喝醉。

吃烟：抽烟，吸烟。

蓬尘落土：灰尘。

挑嘴：搬弄是非。

灵清：清楚。例句："拜托嫂嫂落楼去，对我爹娘讲灵清。"[1]

① 见鼓词《夫人传》。

大毛胆吃底去：老虎胆吃进去，比喻胆子很大，无所顾忌。

诞：差错。例句："酒喝多了，听话全听诞完。"

天光：早晨。也指早餐。例如"吃天光。"

晚格：非亲生的。如"晚儿、晚娘"。

归处：回家。处州方言，家叫处。

簟皮：竹篾编制而成，用来晾晒谷物的农具。

庭柱：房屋的柱子。

相识：很懂得享受。

还有干：还有什么用。

断正：断气、正寝，意为完蛋。[①]

端正：端方正派，如品行端正；五官长得好，如五官端正；事情都办理妥贴了。如，事干都弄端正罢(了)。

落身：小产。

料理：收拾。如料理家务，料理后事。动词。

发火潮热：指身发热不退。有时也指身上穿得太多很热。

出数：出产、经济收入。

奈生：怎么样，什么，疑问代词。

乌颅头：头，脑袋瓜。(丽水话)

头庞：头，脑袋瓜。(松阳话)

怨心：恼火。

杀把：1.非常厉害。例如："这次落沙(北方飘过来的沙尘)真杀把，连对面山都看不清了。2.非常勤劳，干活很努力。例如："大妈，你真杀把，那么早就起来扫地了"。

眼泪踣沙：形容眼泪就像沙子一般纷纷跌落下(也写为"眼泪把沙")。

踣，跌倒了。例如："头踣了个块(跌倒了，头撞了一个肿块)。"

乞搭：哪里，代词。

奈与：难为，礼貌语言。

临：轮流。例句：该年临着我，明年临着你，后年临着他，每人(大家)都临着，最公平。也写作"轮"。

应张口嘴甲：所有的天分都集中在嘴巴上，会说能道，说得好听，从不兑现。

定当：圆满完成了，如事情都做定当了。也作"完蛋"讲，如，"他定当，要'双规'"。

喔起莅：爬起来。起床也叫喔起莅。

担枪：竹竿或木棒两端削尖，用来挑柴草的工具。

一爿单：只有一件单衣，指穿得单薄。

拉天：吹牛。

灰堂：灰寮，灰铺。

---

① 见鼓词《夫人传》。

神头八脑：神经质，脑子不大灵清。

密丝断缝：指严严实实，一点缝隙也没有。

造话：说谎。

断滴：一点也没有。

老老：老三老四。例句：老老添，对你不客气。

大舌头：讲话口齿不清。

多谢：1）请。汉乐府《孔雀东南飞》："多谢后世人，莫忘此教训。"民间艺人演唱完了讨钱时的礼貌语言："多谢，挪（拿、给）粒（一点）支格（那个，代词，在这里是指代好处，是一种委婉说法）"整句意为"请多多关照！"2）谢谢！

无口嘴：不善于说话，沉默寡言。

便当：便利，很方便，形容词。

考介格：比较小的。

口嘴莆：嘴巴。也指一般动物的嘴巴。

旱田壳：极易干的田地。旱地。

新播（报）纸：报纸（龙泉市区土话）。

新播（报）社：报社（龙泉话）。

划浴儿：游泳（龙泉话）。

寮：临时搭建的窝篷。可作舍宿，如"香蕈寮"。也可做别的用场，灰寮。

念话：说，说话。

哪宁：什么（青田话）。

港河：大小溪流、港汊的统称（龙泉话）。

我特自：我的单数，自称。

哦奶：女子、女性（不含已婚女人）。

好望显：好看，漂亮。有时又说做"好望显睐矣"是有趣的意思。例如：这部影片好望显睐矣，我还要望遍添。

豪扫：快，太慢了。

摸摸：揉揉。

后向罗：后，后面，后头。

镬开显：水沸了。

才记尼：刚才。

追力（得）格（他）没路：穷追，追得他走投无路。

夜里：晚上。

哪啥：为什么。怎么。

腈（腹）来饥（音该）死白：饿极了（龙泉话）。

轱辘马：用竹木制作，装有小轮子的童车。童谣：轱辘马（唱时音"麦"），轱辘马，开去打大麦，大麦芒，痒死赤腈贼（在这儿"赤腈贼"是对童车里的幼儿的昵称）。

痒死：痒得很。死，程度副词，非常。

死不腾：痴呆的样子。（元曲又写作“死没腾”、“死没堆”）这个词语今活在龙泉话中，有时说作“不腾”，木、笨的意思。例句：你个死不腾，这样容易的题目也不会做！

安稳：平安稳妥（汉代遗留下来的词语）。例句，他正睡安稳，又给吵醒了。

快慢紧：慢慢地。

车对角：斜对面。

观下：地名，道观下面那个地方，故取名“观（音贯）下”，正如厦河塔的下面那个地方，就取名“塔下”一样。有人把“观下”写作“干下”是受浙北方言杭州话影响所致；有人（如公交车停靠站）写作“关下”则是杜撰，试问“观下”村的上面（即西面）何“关”之有？须知当初取地名时的参照点是道教的道观（音贯）。

阳上：指山区。

阳下：指县城一带较平缓、较热闹的地方。

阳上人：山区人。

阳下人：指平原地带人或城里人。

第二章　风　俗

丽水地处山区，自古与周围地区缺少交流。各地相互之间山水阻隔，交往不便，差异也非常巨大。传统农耕社会时期，各地在长期相对独立的历史发展过程中，形成大量独特的民俗文化，生产习俗、生活习俗、礼仪习俗、岁时习俗、信仰习俗等；耕读文化、华侨文化、剑瓷文化、畲族文化、客家文化、廊桥文化、香菇文化等各地的民俗文化具千姿百态。21世纪，丽水风俗在文化建设中发挥越来越大的作用，越来越展现出独特的魅力。

中唐时期，丽水就有求雨记载：“乾元二年，秋七月不雨。八月既望，缙云县令李阳冰躬祷于神，与神约曰：五日不雨，将焚其庙。及期大雨，合境告足。具官与耆耋群吏，乃自西谷迁庙于山巅，以答神休（庥）。”与李阳冰求雨有关的城隍庙会活动，一直延续到民国时期。宋至清代，丽水一直有相关求雨的记载。关于处州刚正民风的记载，丽水地方志书有较全面的概括，不同时期丽水民风有耿直刚强、特重气节的特征。《处州府志》载：“古称山国之民，其气刚以劲。处介万山，人尚气节，盖亦秉山川之气而然者”。处州人民在历代抗御外族进攻及反抗封建暴政的斗争中，刚强不屈，骁勇善战，斗争此起彼伏，从未停止。新民主主义革命年代，丽水九县都是革命老根据地县。关于风俗方面的记载，唐代处州刺史韦纾的《古郡厅壁记》有“地险而瘠，人贫而劳”的记载。《处州府志》载：“处郡十邑，男鲜罗纨，女无盛饰，崇节约而务朴诚。”《丽水县志》也有“衣斥纨绮，食甘粗粝，女勤纺织”等语。

丽水传统农耕时期社会发展缓慢，许多民俗从古代形成之后一直流传到近现代。民国以后，由于近代科学进入社会生活，一些封建迷信习俗受到冲击或取缔。遍布各地的“阎罗十殿”有的被摧毁，有的改作他用。中华人民共和国成立后，许多民俗或其遗风依然在许多地方长期延续，但大量唯心主义观念为基础的风俗进一步衰落。政府不断推动破旧立新、移风易俗，工作取得较大成绩，如信巫鬼之风开始收敛并逐渐消失。但有一些优秀的民族文化传统也受到破坏，丽水许多传统风俗走向消亡或与周边趋同。改革开放以后，部分传统农耕时期的民俗逐渐消亡。随着经济和社会生活的不断变化，人民群众衣食住行发生巨大变化，一些新风尚新习俗逐渐形成。

第一节　生产风俗

在传统农耕社会时期，由于受到自然条件限制，占天象行事、讲时序节令、祭祀神佛、祖先等习俗就应运而生。农林、牧渔、蚕桑等方面风俗，具体如香菇生产，特色工艺产品青瓷、宝剑、石雕的制造，以及工匠、集市、借贷等风俗，内容丰富。生产实践的宝贵经验传承至今，仍具有指导意义。丽水地形以山区为主，传统农耕社会的生产劳动风俗具有山区特点。20 世纪 80 年代以后，许多习俗尚不同程度地遗留，有的陋俗革除，有的传统习俗得到新发展。

农　业

祭田土地　管辖田地的神灵，丽水俗呼“田土地”。田土地既无神像，亦无神庙，祭祀田土地都在田头地角。农历正月初八日，农民要到自己的田头地角，点燃香烛，祈祷田土地保佑庄稼得到丰收。祈祷毕，将烧纸压在土块下。在拔秧插田时，也要祭田土地，点佛香插在秧田旁，并用烧纸 5 张，卷成筒状，插在秧田田岸上，求插田顺利。农历十二月祭年，农民也要到田头祭田土地，表示农业丰收，酬谢土地神，并祈祷来年丰收。此俗农耕社会年代较普遍，20 世纪 80 年代初尚见，今罕见。

祷雨　丽水每逢久旱，大地龟裂，稻禾枯萎，昔日只有祈祷于神灵。中唐时期就有李阳冰求雨的记载。北宋处州知府杨亿写有《奏雨状》一文，曰处州各县天旱“祈求阖境之名山大川”。宋仁宗至和(1054—1055)年间，丽水县令刘恺之，慕名亲上大杉源祷雨，“果见有赤蛇自潭出，雨遂沾足”。元明清历代都有相关的记载。

今尚存民国时期求雨的记载：旱区群众要虔请师公祷雨。祷雨时，师公头缚神额，手执龙角，脚穿草鞋到神庙或碧潭、泉壑处祷雨。参加祷雨的民众脚穿草鞋，腰系布带，手拿蒲扇跟随师公前往。祷雨队伍到达县衙前，县官要出衙上香祈雨，直到师公呼神求雨完毕，县官方能入衙。祷雨队伍到达神庙或被称为龙窟的泉壑处，摆香案，燃香烛，供祭礼神，由师公祷雨。祷雨仪式结束，祷雨民众齐声吆喝，沿路紧锣密鼓，奔跑而回。

大旱时祷雨，丽水还有禁屠的习俗，全城不杀一猪一羊一牛，还有群众因旱情严重而吃斋，表示心诚求神施雨之意。

中华人民共和国成立以后此俗逐渐减少。

尝新　20 世纪 80 年代初，农村尝新之俗尚普遍。尝新有尝新米和尝新面之分。在稻麦成熟时择吉日进行。如吉日时稻禾未割，要到田间用手捋下成熟谷粒碾成米，和以陈米，共煮成饭，叫做新米饭。如稻谷已收割，则碾成新米煮饭。尝新米时，要先祭祀五谷神、仓神、天地，并祭祀祖先，即在神位前和祖先灵牌前点香烛，奉献新米饭以及酒菜等。祭祀毕，要让长辈先尝新，以表示尊敬。麦收时也

有此举，即将新面做成面饼，祭祀神灵，然后尝新面。此俗20世纪80年代尚普遍。

林 业

植树造林 传统古村落的村头、水口都栽有苦槠树、樟树或枫树、松树等常绿“长命树”，俗称“风水树”，以点缀村庄风光。风水树长得茂盛与否，被看作村庄兴衰的象征。一般称风水树为“村头树”或“水口树”。坟墓周围多栽柏树、松树，取松柏长青之意，并能保护坟墓。有坟山的村庄，山上树木葱茏，称为“老太树”“老太柴”，属祖宗产业。屋前多种石榴、柚树。石榴象征财丁两旺，柚子叶可蒸馍糍用。屋后多栽毛竹、水竹，可制作家具农具。栽毛竹要劈去竹顶，在劈口筒里放一撮盐，日后毛竹质地坚韧。从前住宅栽树重禁忌，所谓“前不栽桃，后不栽柳”，“前不栽棕，后不栽桐”。“桃”与“逃”谐音，寓意灾难；“柳”代表女人，后门栽柳隐喻女人与人私通，败坏门风；栽棕，风吹劈啪响，好像拍巴掌喝倒采；“桐”与“穷”近音，怕沾穷气。

祭山神 旧时，丽水群众上山砍树，要腰插纸马，到达目的地后，要将纸马用石压在树旁，以祭山神。砍树时忌说话。大批伐树时，要在山上用巨石3块，下放2块，上横放1块，在巨石前祭山神，然后砍树。如砍伐时间较长，每月初一、十五2天，还要用三牲祭山神。大片砍伐时，要先试砍1株，按滚滑运输要求，让其向后翻倒。尤其是砍大树，认为有树神看管，先得祭拜树神，再用木匠斧头削去树皮1圈，说是鲁班斧法力大，树神无法阻挡。凡举办公益事业(造桥筑路、造凉亭、办义渡)差1、2根木料，主事者可在山上随意挑选。

山林管理 各地山村普遍订有山林禁例，历代禁行，相沿成俗。各地禁例繁简不一，但主要内容大致相同。村口树木，有关村庄风水，人人有责保护，任何人不能砍伐。坟头树和寺庙前后的林木，一律禁砍。村庄前后山岗和高阜上的树木不许砍伐。房前屋后树木虽属个人，但一般也不砍伐。个人山上的林木，自己有权砍伐，他人不可侵犯，但杂柴和龙翼壳(龙蕨草)任何人都可采伐。离村庄较远的本村公有山林，不属禁区，凡本村群众都可以砍伐树木和杂柴。那些众树、祖树、佛树是绝对不能乱动的，谁若砍枝割叶，等于亵渎神明，忤逆祖宗，败坏风水，全族全村会群起谴责，给以处罚。发展到后来，各地都有护林组织和护林乡规禁约，有的山区还有专业护林员。处罚有放鞭炮、敲锣示众、罚戏罚电影、补栽树苗、强制栽树等，严重的受法律制裁。

20世纪80年代以来，人民政府重视发展林业，丽水市普遍落实山林政策，建立起护林小组，对过去的民约进行修改，制定新的更加严格的乡规民约。例如积极动员造林护林，加强林业管理，坚持谁种谁有继承权等政策。未经审批任何人不准砍伐。对破坏山林的，视情节给予批评教育和罚款，特别严重的送司法部门惩处。

菇 业

奉菇神 相传菇神吴昱，在兄弟中排行老三[①]，南宋时生于龙泉县龙岩村[②]，是种菇的创始人和种菇能手。明洪武时，处州香菇入贡，被朝廷列为佳品，吴昱被封赠为“判府相公”。后世菇民奉吴昱为“菇神”，敬称“吴三公”。菇民进入菇山，要在菇寮设菇神之位。许多村庄建有“吴三公殿”；规模最宏大的是

① 见《吴氏宗谱》。
② 2010年属庆元。

清光绪元年(1875),龙、庆、景三县菇民集资在庆元县西洋村建造松源殿,又叫菇神殿。菇民上菇山前,都要在菇神殿祭祀,祈求菇神保佑上山平安,种菇顺利,品质优良。在菇寮种菇时,都要在菇寮的吴三公神位前和山魈庵两处设祭礼神,俗称"过旦"。奉菇神及其他许多菇民习俗自古代相延至今。

洗谷浴 "枫树落叶,夫妻分别;枫树抽芽,丈夫归家"。这是流传于菇民区反映菇民种菇季节的俗语。20 世纪 80 年代前,香菇生产沿用传统方法,每当枫叶飘零的金秋季节,菇民都有一次传统的"洗谷浴"惯例。这一天,菇民家家户户都要做麻糍、杀猪。菇民家中的妇女,都要吃素沐浴。沐浴后,要用麻糍及肉等,在各村口的吴三公殿礼神,祈求菇神保佑亲人上菇山平安无事,种菇顺利。这种活动就叫做"洗谷浴"。

邀神入股 庆元县菇民上菇山前,都要到县城吴三公殿和拱瑞堂祈祷许愿,并礼请二庙神佛入股种菇。菇事结束后,菇民要如实地将"佛股"送到二庙堂,并在神前点香烛、供祭品,磕头礼拜,致谢神佛护佑立功。"佛股"由庙祝收取,作为庙堂开支。

菇民戏 在菇神殿庙会时演出的庙会戏,是菇民区特有的地方剧种,发祥于景宁英川的叫"英川乱弹",产生在庆元二都的称"二都戏",两者统称为菇民戏。每年农历从六月至九月底分 3 条线路演出,按庙会线路顺序进行。庙会正逢外出菇民在家、农事闲休季节,深受民众欢迎。

落寮 也叫落棚,意即回家。菇民落寮日期,秘而不宣,一般要在远离菇山的地方面谈,商谈后,不能表露"落寮"迹象。落寮日的黎明,菇民互不搭话,各自收拾用具、衣物,挑着就走。菇寮中留有一老菇民,等其他菇民"落寮"后,翻倒饭锅,锁上寮门,匆匆赶上先行的菇民,一起回家。一路上,不能回头看寮,也不能说话,等走出菇山 5 里路后,才能说话。俗怕"寮神"追赶,实为怕人暗害。

渔 业

20 世纪80 年代,丽水瓯江上以渔为生的专业渔民,仅有孙、林二姓,其他渔民为副业人员。二姓于清代迁入,至 20 世纪 80 年代,繁衍至数百人。孙姓由温州逆江迁居丽水,而林姓则由龙泉下迁碧湖一带。他们均以捕瓯江鱼类为业,生产技艺保密,互相通婚,与他姓通婚较罕见。渔民飘泊无定,以船为家,即便婚嫁、生育、年节也都在船上;终年赤脚,即便织网、补网,也都赤脚坐在被窝里劳动,只有礼庆日或赴城时,间或有穿鞋袜的情况。渔民祖籍福建,供奉天妃娘娘。中华人民共和国成立以后,部分渔民上岸定居;紧水滩、石塘等电站建成后,一些渔民逐渐转业;二姓仍以渔为业者稀少,同时鱼类养殖逐渐代替传统渔业。

工 匠

传统工业以手工业为主。木匠、泥水匠、竹篾匠、铁匠、石匠等师父带徒弟,有一定习俗。学艺者先要请拜师酒,请过拜师酒后,方能确定师徒关系。学徒期为 3 年。第一年,徒弟要帮助师父做家务,做粗工;第二年徒弟作为小工使用,如刨板、凿洞等,工余还要做家务;第三年师父认真指点学徒学技术,掌握真本领,但还要为师父家挑水。外出做工,师父不挑担,全由徒弟挑。做工前,徒弟理出工具;做工后,工具也由徒弟理好保管。在主家吃饭,徒弟抢在师父前吃毕,吃饭时只能吃中间的一碗粗菜,摆在四周的菜,不能吃。上工时,只要师父的围裙一缚,徒弟就要迅速干活。第一年,学徒无工资,第二年师父给以少量的零用钱,第三年给以较多的零用钱,出师后随师父做工,给全工资。3 年期满,徒弟出师。出师时,徒弟要摆"出师酒",请师父坐上座,表示感谢师父,同时师父要给徒弟一副全新的工具。

进入工业社会后，传统手工业及其习俗逐渐式微。

民间借贷

清末民初，典当是当时丽水全县仅有一家开设在高井弄口的当铺，门口高悬一大"当"字。穷人典当物资，当铺收取高额的保管费。不易保管的物资，当铺拒绝押当。旧时还有一种借贷方式，其组织叫做纠会，也叫摇会。人们因生产、建房或经商缺乏资金等，邀请亲戚朋友，聚会集资。纠会头头叫做"会首"，其他参加纠会的人叫做"会脚"。会首与会脚一般凑足10人，集资数目一般为银元百元或二百元之数，每人平均分摊。第一期的资金先由会首所得，以后每年按约定日期聚首，将相同的纠会款数集中，由其他人摇骰子，以点数多少来决定该会款项属于何人。凡聚会均由会首设宴招待，直至轮流每人都得到会款。抗日战争前，在丽水还风行一种叫洋钱会的借贷方式。洋钱会亦有会首与会脚。除第一期资金为会首所得外，其余会脚认定先后，先得的多出，后得的少出。按得到资金的先后不同，出资多少不等，但每期都要凑足规定的数目。如以10人集资每年集百金为例，会首应付十五六元，认可第二期的会首少而认可第三期的为多，认可第三期的又是认可第四期的为多，如此类推。认可第十期的，每年仅付五六元。但10人所付之款，每年均为百金。这种洋钱会，本金中寓有利息，所以并无宴请的习俗，也无须摇骰子。

抗日战争时期，由于日机狂轰滥炸，被烧毁的店房极多，而外地商贾迁丽水营业的不乏其人，于是产生建房垫底的习俗。建店屋者与租房者订立合同，租房者先将建房者所需的建房资金，一次付给建店房者。为保证币值，以稻谷论价。房屋建成后，房主将店房交给垫付建房资金的商贾使用，并逐月从商贾垫付的建房资金中扣除房租，直至将垫付建房资金扣除完毕，再按月兑付房租。

旧时比较专业的借贷途径是钱庄。清咸丰十年(1860)，龙泉吴茂生开设忆生钱庄。民国期间，丽水有"信达利"和"义达利"等钱庄10家。钱庄经办存款和借款的业务，存入款项的利息与银行相同，但借出的利息很高。当时银行不办贷款，需钱的店户和群众往往向钱庄借钱。借钱立有借券，并要按期归还。这种钱庄，由股东集资合办，重利盘剥较为严重。

1949年中华人民共和国成立后，丽水人民主要通过银行、农村信用合作社进行借贷。20世纪80年代后，专业银行进入快速发展期，外地银行纷纷到丽水设立分支机构。

第二节　生活风俗

生活风俗包括饮食、服饰、居住建筑、器具、交通运输、医药卫生等方面风俗，由于自然条件与生产条件不同，社会发展分工复杂，以及人们社会地位、信仰和审美趣味的千差万别，丽水社会的生活风俗复杂多样。

饮　食

主食　古时主食主要是大米，明、清以后还有番薯、玉米等。粉干和土索面既是主食，又是客来烧点心的主要食物，原为丽水、青田、遂昌、缙云等县农村制作的传统副食品之一，20世纪80年代初，已遍及全区。粉干与土索面为群众普遍食用，是丽水、缙云等县农村重要传统食物。传统的节令食品还有麻糍、黄粿等。

名酒　宋代丽水名酒有金盆露。金盆露以水和姜汁造粬，以浮饭造酿，酒淳味美，盛名远播。元代宋伯仁所举《酒小史》列名酒102种，处州金盆露名列第11。另有丽水古代名酒括滩清，有“船之大者曰舢板，酒之美者曰括滩清”的历史记载。清中期丽水人朱上杞作《好溪棹歌》：“缘蓑换酒叩柴扉，酌括滩清尽醉归。醉起却歌山月小，鹭鸶拍拍夜惊飞”。由此来看，这种名酒在清代尚有酿制，后来失传。绿衣黄酿酒，以槐绿色的“绿衣粬”酿制而得名，清代尚有酿制，后失传。蓼花红，又称红酒，清后期开始酿制，用“红衣粬”酿成，酒色殷红，称为蓼花红。这种酒色鲜红，味淳和，为百姓喜爱。清末以来盛行城乡，至20世纪80年代长久不衰。

宴席　旧式宴席有燕窝席、鱼翅席、广肚席、海参席、鱼肚席和十大碗。民国时期以广肚席、十大碗最普遍。婚宴一般用广肚席，其他喜庆以十大碗为主。燕窝、鱼翅席属高档酒宴，民间使用较少。旧时一般酒宴是四果碟、四冷盘、四热盘、十大菜。果碟常用青梅、山楂糕、花生、瓜子、桔子、甘蔗等。每客还有点心1袋，如眉毛酥、合子酥等，让宾客宴后带走。在丽水有的宾客还可带回猪肉2块和熟蛋1只。

20世纪50年代以后，丽水以鱼肚席为主，但又不完全相同于老式鱼肚席。有四果碟、四冷盘、四热盘、十大菜、炒面。四果碟为二干二鲜，如花生米、瓜子、桔子（或苹果）、甘蔗等。四冷盘一般是糖酥丸、皮蛋、香肠、火腿等。宾客入席前，果碟和四冷盘已摆好。宾客入席后，开始上菜。先是四热盘，一般都是炒猪肝、肚片、腰花、肉片或糖醋排骨等。接着是十大菜，习俗为鸡、鱼肚、稀卤鱿鱼、鱼、香菇、白木耳（旧式用八宝饭）、莲子、大块肉，其他2道菜肴比较机动，但常用的有三鲜、鲭干等。婚宴香菇上桌时，新郎、新娘要向宾客敬酒。大块肉是最后1道菜。接着炒面上桌，宴席宣告结束。婚宴还要分给每位宾客1袋喜糖。新宴席在菜肴种类上不象旧宴席那么严格，可随意替换。但在上菜顺序上仍有一定讲究，先冷后热，先炒后烧，先咸后甜，先清口后肥重，先菜后点心。20世纪80年代以来，丽水民间宴席在四冷四热十大菜的总格局内花样翻新，菜的种类制作方法和外观上又有各种变化。

纺　织

土布　清乾隆年间，江西人来丽水种植苎麻，以苎麻织布。因为用土布机织布时，织工腰上围着润带，俗称“腰机布”。清代后期，丽水民间普遍都有手摇纺车和麻篮，用来纺棉纱，捻麻线。用土布机织成的棉布称“主家布”。布面粗糙，但很结实。土布的制作穿用以缙云最普遍，延续时间也最长，在农村仍有织用。土布主要染成蓝、绿、红和白地蓝花、蓝地白花等色。用农家自种的红花泡入水中作红色染料，用此染料敷布数次，然后用梅树叶汁冲刷，即成鲜艳的红布，叫做红花布。绿色布是用绿柴叶漉汁，在秋冬季节的霜晨染布，露天晾于阴地，再在阳光下曝晒，反复4、5次而成。布为黑绿色，宜于妇女制作衣裙。此外，将自织土布到染坊染成蓝色，或印成蓝地白花和白地蓝花的花布，或漂成白布。旧时，这些土布均为丽水民间服饰的主要衣料。

机布　俗称洋布，以最初从外国输入而得名。用新式机器织布，有别于土布。清末，丽水创建“利用织布公司”，以细纱织成机布，开始进入市场。产品有斜纹条子布、爱国布、线呢等，丽水群众又称为厂布。外地输入的机布，有哔叽、直贡呢、丝光蓝、士林蓝、府绸、竹布、花印漂布、白细布等，还有杭纺、大绸、湖纺、小纺、华丝葛等丝绸产品。但丽水群众有喜俭朴、不尚华丽之风，平日仍以自织土布为主，只选购布质坚实耐穿的机布。20世纪40年代以后，机布才开始普遍穿用。

化纤布　20世纪60年代进入丽水市场。20世纪80年代开始，尼龙、涤纶、腈纶及其它各种人造纤维和化纤织物层出不穷，品种多样，价廉物美，成为丽水人民主要的穿着衣料。

家　具

陶具　陶器的使用极早，丽水有新石器时代晚期遗存出土的印纹绦片。文物考古工作在四都汉代墓葬中发现釉陶壶。吕步坑窑的早期产品就有粗糙的盘口壶和钵。陶器以其价廉实用在民间延续千年之久，成为不可或缺的基本生活用具。

清末、民国至20世纪50年代，丽水民间常用陶器有各种规格的水缸、米缸、染缸、糟瓮、酒坛、酱扁、头号至三号罇、扁钵、圆头罐、三耳罐、冻罇、小油罐、大茶罐、脚踝头瓮、尿壶等。这些陶器都上有绿褐色釉，既美观大方，又牢固结实，且清洁卫生，易于洗涤。按产地比较，碧湖沙岸的产品最为优良，清末民初销售至处州各地。

随着生活水平的提高，家庭生活用具日渐现代化，家用陶器的应用日益减少。如城市和农村自来水的普遍安装使用，使陶器水缸的销量锐减。搪瓷、玻璃制品和当代进入市场的塑料制品种类繁多，具有美观、轻便及牢固等优点，代替部分中小型陶器。20世纪80年代，陶器在农村尚属普遍，在城镇日用器皿中的比重大大减少，不占主导地位。延续下来并具地方特色的陶具瓦器等生活器具已不多见。

灯具　丽水山区盛产竹木，平原地区多柏树，民间使用的灯具与此有关。旧时山区群众生活艰苦，夜晚外出常点燃火篾当灯。平原地区栽植柏树，柏子可榨青油，山区的桐子又可炼制桐油，平原人家普遍点青油灯和桐油灯照明。常用灯具为油灯盏碟（无架）和有架灯盏。至清同治、光绪年间（1862—1908），洋油（煤油）大量输入，民间灯具亦为之一变，有“手照”“三眼撑”等。后又有柜台灯传入。柜台灯即煤油灯，因点燃的煤油多为美国的美孚油，所以也叫美孚灯，一般店户和中等人家常用。另有一种汽灯，亮度大，多挂在戏台等娱乐场所或婚丧喜庆时照明用，从外国传入后，20世纪20—30年代，在丽水最盛行。

电灯照明始于民国九年（1920），在丽水城东囿山北麓建有普明电灯公司，灯数仅有600盏，只有城内大店铺安装使用。20世纪20年代后期，丽水城镇的电灯较前普及，但油盏、油灯仍极普遍，占主导地位。此种情形，一直持续到20世纪50年代初期。20世纪70年代开始，丽水山区电力事业发展迅速，尤其是山区小水电的建设，使许多深山冷岙装上电灯。20世纪80年代初，全市基本实现电灯照明。

雨具　清末民初，农村雨具为箬帽、蓑衣、钉靴。箬帽有粗料、细料之分，另有一种大箬帽。蓑衣用棕制作，外观很像戏剧的甲袍。蓑衣和箬帽的起源甚早，因便于田间劳动，20世纪80年代初尚见，今罕见。钉靴以牛革制，下有数十棵圆头粗钉，十分坚实。山区穷困，雨雪天行路，鞋子多用棕片包扎。城镇居民脚穿钉靴和橡胶套鞋，以撑油纸伞为主。少量铜骨黑布伞，主要用于遮阳，丽水人称之为“阳伞”。套鞋为低帮圆口式，与圆布鞋相仿。

20世纪20—30年代，油纸伞和套鞋在城镇极为普遍，并深入农村。钉靴已罕见，套鞋风行元宝式，已有人穿着雨衣。抗日战争期间，工业品奇缺，大小箬帽为城乡主要雨具，以棕底抹桐油布鞋和草鞋替代套鞋。

20世纪50—60年代初，油纸伞、花布伞、黑布伞最为普遍。半统雨靴、拉链式套鞋风行。公务人员穿用的长短橡胶雨衣增多。20世纪80年代以后，尼龙伞、布伞和自动折伞更为普及。油纸伞极为罕见。农村基本仿照城镇普及新式雨具，骑自行车者则以使用塑料雨衣为多。

建 房

旧时，建房前要请风水先生选定宅基，定出朝向。一般房屋以坐北朝南为佳，并根据地形、地势，对门户的启闭、沟渠的排水等，都有一定的禁忌。以为若有不当，房宅将不宁，并损丁灭口，家运衰落。如房宅基地选得好，建房妥当将荫及子孙。建房动土，十分慎重，也要请风水先生选择吉日，祭祀安神。房主对栋梁的选择十分重视，一般要到林区去选。择定做梁的树木后，用红纸将树木下部围贴，并点香烛，祭祀山神，祈求砍树人的安全。祭山神后方能砍树。栋梁树不能落地，砍伐的栋梁树要垫以杂草，并在栋梁树桩上放一个红包。上梁要请风水先生择良辰吉日，上梁前要将鸡血淋在栋梁两端及柱脚上，称为“祭梁”。上梁前，还有挑选父母双全、兄妹众多的10多岁男孩2人帮助上梁。上梁后，作头木匠还要在梁上掼馒头和撒五谷。作头木匠边念吉辞边撒五谷、馒头，地面的木匠、帮忙人员同时应和。此时鸣放鞭炮，群孩争抢落在地面上的馒头，欢欣喜乐气氛充满新宅。掼馒头后，主家要在新宅设一方桌，上供三牲、酒菜，并点燃香烛，向鲁班先师致谢，表示新宅落成。新宅落成后要设席酬谢作头老师①，一般是以“十大碗”宴席致谢。宴席后，主家要送“上梁红包”。上梁红包分为大包、小包。小包是送给作头老师的红包（用红纸包裹钱币），大包是用木盘托着上千个铜元，上复盖红纸，请作头老师带回分发给所有的木匠、泥水匠和其他人员。除送上梁红包外，有些地方还各送作头老师一扇糖糕。

交通运输

开路日　明代嘉靖年间(1522—1566)起，龙泉山区民众把农历六月十五日定为开路日。这一日，全村摆设酒宴，饭后众人把村外各道路上的杂草和荆棘清除干净，方便行路往来。至20世纪80年代，龙泉山区此风一直延续；其他地区也有开路习俗。山区开路遗风尚存，也有的地方不设酒席、不定具体日期进行开路。由于公路交通发展，许多古道逐渐失修。

陆路交通　昔日，陆路均得步行或乘轿舆，20世纪80年代初，山区还偶有轿子使用。民国初，城镇出现黄包车，20世纪60年代以后不再使用。20世纪80—90年代，人力脚踏三轮车在城镇迅速发展，出租车出现后逐渐减少。自行车始见于民国初，仅限于城镇少数富户使用。中华人民共和国成立后，物质条件改善，自行车越来越普遍。20世纪80年代以后，居民家家都有一辆以至数辆自行车。现在摩托车、电动车在城乡流行，自行车逐步成为一健身工具。20世纪30年代初，公路交通运输开始。当时的汽车数量很少，而且都是木炭车。汽车的客、货运量很少，坐汽车被人视为奢侈的享受。20世纪80年代后，公路交通飞速发展，市内公共交通亦步入稳定发展期。丽水市公路交通四通八达，长途汽车、短途公共汽车十分方便，各厂矿企业多有货车，甚至还购有大客车和面包车、小轿车。汽车成为丽水山区最普遍、最重要的交通工具，乘坐汽车出行是大多数人的选择。1998年6月，金丽温铁路通车，乘坐火车远行成为丽水人的重要选择。2007年12月，金丽温高速公路通车。

水路交通　宋代已有舢板船，俗称小船，又叫舴艋船。船长12.33米，宽约2米，有篾篷，载重2500多千克。它的起源和使用极早，因船体轻便，溯江可到龙泉。在瓯江中，舢板船最多达1000多只。在公路开通之前，人们到瓯江下游和上游的龙泉多坐舢板船，它是历代重要的水上运输工具。瓯

① 主持做木和做泥水的把关老师。

江建电站后舢板船数量不多，大多作短途运输。清代，大峃船始行驶瓯江，一般在温州至丽水段瓯江航行，但空船上行可达云和县赤石镇。因船工多为大峃①人，习称大峃船。大峃船船体宽大高敞，有篾篷，长 14 米，宽 2.33 多米，载重 7000 千克，既载货也带客，在瓯江中航行非常平稳，其最盛期有 500 多艘。中华人民共和国成立之后，大峃船加大加宽，载重量增加 1 倍。瓯江建电站后大峃船已很少见到。解放后，由舢板船改进而成的机动船，船体结构与舢板船同，唯船体稍大，以柴油机为动力，载重量可达 9000 千克。公路交通兴起后，水运逐渐衰落。

民间交通组织　路会是由 1 个村，或者由几个邻村组成，负责修造道路、凉亭的组织。负责人叫“头首”，都由当地绅士或有名望者担任，负责筹集资金、监督修造等事宜。资金来源主要有寺院田租和里人捐款，凉亭的梁上或檩上常写有“某年某日建造或重建，及某村庄建或某某某捐建”等字样，以示纪念。

桥会的组织形式与路会相似，负责桥梁的修造、管理和立规事宜。其修造有木桥、石桥、廊桥、丁步②。建桥资金除寺院田产外，还有个人捐赠、里人集资、四方捐募和官造等方式。木板被洪水冲垮，沿溪人民有按桥板所刻村名主动送回，或通知桥会取回的良好风尚。

船会负责修造渡船、管理渡口和渡工，由渡口所在村庄有名望和热心公益的人士组成。少数船会由相邻村庄联合组成。船会有田产（常由寺院田产拨出）供渡工耕种。各渡口均为义渡，一般不收渡船费。每年秋收时节，丽水的渡工常挑着箩筐到各地田畈集渡船谷，叫兜渡船谷。20 世纪 80 年代，丽水兜渡船谷的习俗已不普遍，农村渡口一般都直接收费（仅本地或附近村庄不收），归专职船工所有。21 世纪以后，除水库渡船外，各地江河渡船都为桥梁代替，各种船渡管理及其习俗消亡。

埠班是旧时一种码头运输组织，负责将水运货物从码头搬运到店、行、住户。埠班都设在江边码头，如丽水的主要埠班设在瓯江边的小水门、大水门、厦河等地。丽水人称埠班运输为“背埠”，是十分繁重的体力劳动。小水门埠班有背班和担班之分。按人员籍贯，大水门有丽水班和温州班。厦河则有盐班和货班。埠班有股份，运输额按股份分配，股份也可以出让。中华人民共和国成立后，码头运输集体化、国有化，传统埠班也随之解体。20 世纪 80 年代以后，码头运输组织消亡。

轿房在清末已有，城镇中有轿夫组织的租轿地方。有人租轿，轿方即派出轿夫 2 人并负轿体和轿杠而去，价格另议。农村则无轿房，便轿均为个人自备，也无专职轿夫，一般由农民临时拼凑。

医药卫生

医药　旧时多信鬼神，崇巫术，尚祖师。清光绪《处州府志》云：“俗唯侫鬼巫，相沿积习，牢不可破。符箓轮回之说，众口绝称，以为美谈。”民国《丽水县志》亦云：“俗尚巫鬼，病者延医不效，必召巫。”其他各县，崇尚巫鬼之俗，基本类同。由于崇鬼巫，患病多轻医药，甚为严重。

中华人民共和国成立后，科学文化水平迅速提高，信巫鬼之风始渐收敛，患病者往医院就诊渐成新俗。中华人民共和国成立初，西医及医疗机构尚不普及，民间医生多为草医和中医。草医有专业行医，也有以种田、捕鱼、种菜为主，兼带草药治病。由于他们经常参加田间劳动，所以又有“赤脚先生”“草鞋医生”的称呼，主要服务对象是广大贫民群众。所用草药绝大多数自采，也有少量购买。草

① 2010 年属温州市文成县。

② 用平整的大石按一定间隔放置于浅水中，供行人踩石过河。

药先生治病多数为祖传，给人治病不拘条件，随叫随到。在治疗方法上，有的草医并不诊脉、开方，只看舌苔、气色、问病况，药量一般较重；收费只取草药成本费。中医师多数系祖传，也有自学成医或近代从医校毕业行医的。旧时中医一般不专设诊所，只是在自己家中替人看病，或在中药店坐堂看病。病家请医生，也只是到中医家中礼请。丽水的风气，病家对医师十分敬重，除附近街巷、村庄外，稍远的地方就要发轿迎送。中医在病家诊脉开方后，病家要烧点心，远处来的还要待之以酒饭。中医离开病家时，病家要付请轿费，并给中医红包。有些中医不收红包，病家都在年节时送礼，以示酬谢。有些富户家中病人病势沉重，就要礼请数名中医，共同诊断酌方，叫"会诊"。会诊要有一定的社会关系，开支自然也更大。

到20世纪80年代，各县都建有医疗机构；除传统中医之外现代西医也已普及。广大医务人员开展医疗宣传，大力搞好防治工作，不管山高路远，白天黑夜，急病人所急，及时为众治病，新的医风铭刻人心。进入21世纪，人民群众生活水平提高，医疗机构上等级，百姓日常看病非常方便。

卫生　旧时无清洁工，丽水城镇居民有晨起打扫庭院，店家则有早晨打扫店堂及店前街巷的习俗。

四时八节，群众有打扫庭院、清除积尘的大扫除，特别是除夕前的"掸尘"更加普遍和彻底。寺院在佛期①这天，也里里外外打扫得特别干净，以示虔诚。

过去在房间或灶间，都设有专用的洗手"面桶"（木盆），供饭前和大小便后洗手。

农村有上午不在河中洗衣服、不洗涤污物的习俗。上午一般是挑饮用水，或洗菜。也有的农村对村内各池塘自然形成一定规矩，如某口池塘不洗马桶，不洗涤小儿尿布。有些农庄为保持井水清洁，不在井旁洗衣、洗菜。

中华人民共和国成立后，人民政府重视城乡卫生，各地都制定卫生公约，建立卫生包干区，进行卫生检查。社区与农村创建以清洁卫生为条件之一的文明社区和文明村。城乡卫生面貌有改观。20世纪70年代以后，政府专设环卫部门，城乡卫生极大变化。

烟文化

城乡烟俗　自清初烟叶生产在丽水普及以来，吸烟逐渐成为民间风俗。交往应酬，亲朋邻里相聚，都要敬烟。嘉宾贵客来临，主人好烟敬上，以示敬重。人情交往，待客酬宾，烟、茶、酒合为一体，成为社会交际的媒介，构成地方特色的烟文化。20世纪50年代末及至更晚，广大农村多数农家的楼阁屋檐下，晾挂着或多或少的烟叶。成年男性上山下田劳动，或出门探亲访友、或进城赶集，腰别一管短烟筒。劳动间歇时，就地坐在山坡、田头、地边，吸烟解乏。"吸筒烟"成为劳动歇力的代名词。20世纪60年代开始，卷烟逐渐代替旱烟筒，但老年农民还是钟意自家土烟的香味和那股"过瘾"的辛辣劲。

抗日战争以前，经营批发业务的店家商行，主顾来临，一般由店员装好烟敬上。中药铺顾客上门，一般均递上烟筒、烟盒，请坐吸烟，以候撮药。抗日战争期间，卷烟在县城流行，县城居民应酬以卷烟代替烟筒，还帮点火，客人用手遮吸燃，以示谢意。农村居民交往应酬仍敬烟筒。20世纪60年代开始，逐渐以卷烟代替烟筒。风俗沿袭至今，客人进门，一般是第一支烟主人敬客，第二支烟客人回敬主人，以示对主人的尊敬。若是找人办事，则客人进门，先敬主人烟1支。

① 丽水民众称佛生日、佛升天等日子为佛期。

畲民烟俗　畲民吸烟历史悠久，烟文化丰富多彩。民国21年（1932），国立中央研究院社会科学院专刊第6号，发表德国人哈•史图博《浙江景宁敕木山畲民调查记》。其中“食物和饮料”一节记述：“畲民喜爱的嗜好肯定是烟叶，这是他们自己种的。他们按照汉人的方法烤制烟叶后，切成极细的长丝。这工作主要是由家中年纪较大的男人干的。他们坐在竹躺椅上——贫苦人家则坐在脚凳上，点燃着烟袋，一边总是或多或少地聊着天。他们爱用很长的（约有1.50米长）竹管做烟筒，烟锅和烟嘴则是金属制的。烟锅是那么小，抽不到5分钟就抽完，因而吸烟的人经常要放下工作来装烟。人民可以看到，在每户人家的前厅里都放着一个或几个陶制的火盆，里面总是装满着微光的灰烬，以供点燃烟筒之用”。

长烟筒是辈分高低的标志，一般为1米至1.5米左右，配银、铜或玉质烟嘴，是族长和村里辈分最高男人使用的烟具，是权威的标志，其他人不能拥有这类长烟筒。畲民聚集活动时，他们随身携带长烟筒。

烟筒嘴的配置亦有讲究，经过传师学师仪式的人烟筒才可以配置烟筒嘴，传师学师又称“做聚头”或“做阳”。经过这种传师学师活动的畲民，才有资格配置烟筒嘴。故在畲民当中流传“烟筒不带嘴，讲话没油水”。新中国成立后，只有少数畲民还在进行这种活动。此外，有手艺的工匠和教师在畲族属于有地位的人，也有资格使用长烟筒和配烟筒嘴。

第三节　礼仪风俗

旧时丽水婚姻、生育、寿诞、丧葬、社交等礼仪，手续繁多，风俗各异。这些礼仪受儒家思想等传统文化的支配，对规范人生和统一教化起到一定的作用。旧时礼节十分讲究，礼仪程序复杂，现今简化许多，旧风俗有许多被废除，新文明礼貌已成习俗。

婚　姻

旧时，丽水人婚姻须经媒人介绍，男女双方才可缔结姻缘。媒人介绍情况后，男女双方父母要进一步打听对方情况。双方父母认可后，方能合庚帖。合庚定亲后，送日子、送担、搬嫁，最后结婚。婚礼过程有发轿、梳头、辞亲、拜堂、洞房、闹新房、送点心、接回门、送弥月等习俗。

民国14年（1925）前后，受“五四”运动影响，丽水群众逐渐开始提倡仪式简单的文明结婚。男女青年互相接触，自由恋爱，在征求双方父母同意后，遣媒说合，择吉日举行婚礼。结婚时不坐轿，不穿戴凤冠、霞帔，改坐黄包车、戴披纱。举行婚礼时由亲友中名望较高的长者或当地长官为证婚人。主婚人致贺后新郎和新娘各在结婚证书上盖章，互相赠送饰物，接着介绍人、主婚人和证婚人相继在结婚证书上盖章。夫妻相互行鞠躬礼，设宴酬客。新婚礼风行一时，但仅限于官宦人家及知识分子。虽不普及，但影响甚大。

中华人民共和国成立后婚事新办，仍然有许多人遵循传统婚姻礼俗，但也都有所简化。20世纪80年代，传统习俗浓厚的婚姻仍较常见。男女双方由介绍人从中撮合，只要双方父母及男女本人同意，就可以相亲。相亲后履行订婚仪式。吉日时，新娘身穿红色旗袍，脚着长统袜和皮鞋，头戴披纱，一路鸣放鞭炮，由两位兄弟送亲。举行婚礼时废除跪拜及传袋的旧俗，改行鞠躬礼。当日宴客。洞房时除送点心，吃和气饼和闹新房外，其他旧俗免除。但“拜相见”之礼俗犹存。结婚3日，娘家照例要接回门，礼俗不变。现代的婚姻礼俗，除简化旧式婚俗外，有集体婚礼、旅行结婚等。

生 育

民国以前丽水城太平坊鹤鸣井旁，有一座香火极盛的顺懿夫人庙，有许多妇女到此求子。特别是农历正月十四夫人诞辰日，求子妇女络绎不绝。也有的妇女在农历每月初一或十五，到各地送子娘娘庙中祝祷许愿，并拿走庙中夫人娘娘的旧鞋1只，认为回家后就会怀孕。若产下男孩，就要为夫人娘娘做新鞋，并备下龙帐、三牲到庙中还愿。也有的求子妇女偷取夫人娘娘前泥塑小男孩生殖器上的粉末，用纸包回冲饮服，认为可生男孩。中华人民共和国成立后始衰。

妇女生育后亲友要给产妇送礼。送的礼物有红糖、鸡、鸡蛋、豆腐皮等。婴儿满1个月叫“弥月”，也叫“满月”要宴客，叫做弥月酒。娘家要送弥月衣，同时要为婴儿剪发，叫做剃满月头。小孩周岁日，在中堂摆有纸、笔、算盘、锄头等物，父母点香烛向天地祝祷后，母亲抱婴儿至桌边任婴儿扒取物件，可预示婴儿长大后做何事。一般都由母亲引导，扒取父母喜爱的物件。这些习俗一直持续，但送产妇礼品种类更多样化。

寿 诞

民国时期，做寿的习俗较常见。民间习惯年满50以上方称作寿。10岁、20岁、30岁称作生日。40岁以“四”与“死”方言二字谐音，认为不祥，无人做生日。亲友收到寿贴后要送礼贺寿。寿礼中最隆重的是寿屏，其他为寿烛、彩炮、对联、寿面、寿桃、衣料等，在寿日前送往其家贺寿。寿日前一天，就要拢场暖寿，各至亲子侄就要到达。晚宴设“十大碗”或吃寿面以庆贺，叫做“暖寿”。寿日，中堂悬寿屏、对联，各屋柱也要粘贴对联。中堂正中有方桌2、3张连放一起，前缚桌围，桌上有烛台插大红寿烛，并摆设铜香炉以及表示寿庆的物件。当日早晨，子女及下辈要向做寿者拜寿，拜寿时地铺红毯子，请做寿者夫妇上座，子女及下辈要行跪拜礼。一般亲友只在见面时合掌作揖以示庆贺。寿日中餐、晚餐有单吃寿面，也有设宴酬客的，来客多者要连续设宴数天。

20世纪80年代以后，也有做生日、做寿的情况，但已去繁就简，如暖寿、拜寿等已废除，寿礼也较简单，只送衣料和钱币。至今，做生日习俗尚存，但主要内容发生变化，演变成亲友间联络感情的一种方式。

丧 葬

旧时，丧事宜悲宜切，丧俗也较繁冗。父母临终时，儿女及直系下辈必聚集床前哭喊，目睹长者瞑目叫做送终。临终时，要焚烧纸锭送亡。在外地的子女，应在父母病危时尽速返家，为父母送终，不然要被人非议为不孝。父母亡故后，儿子要身穿孝服，脚穿蒲草鞋，头顶微微张开的油纸伞1把，手拿钵头，在河边将铜元1枚丢入河水中，用钵头盛水而回，叫买水。水买回后，子女将毛巾浸入买回的水中，绞干，在亡父或亡母的前胸后背各抹3把，然后由亲人换下亡者的旧衣裤，穿上寿衣。所穿归老鞋的鞋头要缝上珍珠1颗，俗认为冥间黑暗，珍珠可为死者照明。若死者为妇女，归老鞋鞋底上绣有荷花、莲叶，以示脚踏莲花上西天拜佛。

殡殓要选择日期时辰，并请道士主持。死者由亲人抬放入棺时，亲属要放声大哭，死者放端正后，盖上棉被，遍撒纸锭，并放入一些殉葬品。死人入棺后要“祭材头”，即在棺木大头处点燃香烛，供羹饭、三牲等祭奠死者。道士诵经拜忏为死者“劝亡”。盖棺后，棺材头要点材头灯，即油灯，放有灯草，昼夜不灭。此时道士要绕棺念经，儿孙也要跟着道士顺绕3圈，逆绕3圈，其他戚友都在旁送殓。女儿、儿媳、妻子等，要在孝堂内哭灵。如有人送奠礼，孝堂内必有哭声。同时每日晨昏都要哭灵，哭灵后要焚烧纸锭、烧纸。

人死亡后，紧接着开丧，意含正式服丧。开丧仪式由道士与和尚共同主持进行。开丧前，灵堂前悬挂佛像、点燃烛，桌上摆满道士所用法器，桌前地上铺红毯子，在红毯子上用米画佛像，男死画地藏王，女亡画目莲。在佛像四周置放香米5碗，供插香用。铺五色布5块，象征东南西北中方位5个。如若是“破地狱”，还要放上五块覆瓦，也分五方排列。“破地狱”时，和尚赤脚手持禅杖，禅杖上缚着3尺3寸长的黑色禅杖布，身穿袈裟。绕佛像循环而行，口诵佛经。亡者子孙身穿孝服，各人手持佛香1支，跟随和尚而行，叫做“随和尚”。在“破地狱”时，和尚口念佛经，用禅杖击碎瓦片，子孙则持香下跪。如此反复5次，将瓦片5块全部击碎。与此同时，道士数人则在中堂桌旁，口中念辞，敲打法器，与和尚默契配合。妇女亡后要“破血河”，即在目莲像四周按方位放置五个“血河盏”，血河盏中盛有血河水（红糖水），仪式和“破地狱”基本相同，但在“破血河”时，血河水要由儿子喝尽。并将血河盏翻覆，由和尚用禅杖击碎。据说“破地狱”和“破血河”后，父亲可免地狱之苦，母亲可除血河之灾。在农村，和尚较少，开丧时由道士主持。

出殡必选吉日，入圹要择良辰。出殡日，家属下辈、亲戚、朋友、邻居都要为死者送葬。起棺后放鞭炮三响。出殡行列飘路纸者先行，边飘路纸边敲铜锣，恐野魔恶鬼拦住死者，此为出钱买路的意思。接着捋死者遗像，安置在香亭内，前放有香炉碗，由2人抬着。再后面是挽联、挽轴、丧乐、棺木，棺木两旁有孝子、孝孙。孝子、孝孙均穿孝服，腰系草绳，脚穿草鞋，孝子披麻戴三联冠，孝孙戴单联冠，各执孝顺棒扶棺而行，叫做“护材”。棺木后为送葬的人员，媳妇、女儿不护材，但在棺后哭送，她们均头缚白头布，身穿孝服，腰系草绳，手执孝顺棒，一直要护送到坟地。其他戚友或戴白帽，或佩黑纱，或拿白纸花，一般护送半途，挂红纸条而返。出殡时，同时拆除孝堂，搬至坟地焚毁。

入圹前，要在圹中放火盆，叫做“暖圹”。入圹时由风水先生主持。吉辰一到，风水先生要用罗盘正位。如若疆土堆墓，在泥块落棺时，孝子要叫一声父母，并说“泰山倒来啦”，以使死者不惊。坟堆好后封墓，在坟墓前祭坟。祭坟后，风水先生撒五谷，五谷用谷、米、豆、麦混和而成。风水先生边念吉祥语，边撒五谷，五谷只能由儿子接带回家，表示死者保佑儿子发家之吉兆。从坟地回家，任何人都要挂红，儿子要提灯笼回家，表示吉庆，带回好风水的意思。

死后7天叫做“七日”，人死后，游魂飘泊不定，要接七招魂。其中对“头七”“二七”“三七”“七七”的接七仪式较为重视。“头七”要请道士接游魂归家，即由道士带领亡者儿子、女婿等亲属到城隍庙或东岳宫前招魂。他们身穿孝服，手执“魂幡”，在城隍庙或东岳宫口的地上点香插烛，摆羹饭。“二七”“三七”时，不请道士，招魂的路程越过越短。“七七”招魂一般在门口进行，仪式和“头七”一样。

第四节　岁时风俗

丽水人在传统节日表现出的种种习俗，有固定日期、固定活动内容与方式。其春节、元宵、端午、中秋、除夕等佳节活动可谓丰富多样，多姿多彩。

传统佳节

传统佳节有春节、元宵节、端午节、中秋节、重阳节、除夕等，丽水传统佳节有明显地域特色。20世纪80年代初，各种佳节的传统习俗仍浓郁，有许多习俗今仍保持。

春节　俗称“过年”。农历正月为岁首，正月初一为新年，即春节。它以除旧布新、合家团聚、拜天地、祭祖迎神、祝贺人畜两旺、平安幸福为主要内容。

正月初一，子时一到即进入新的一年。此时，家家户户竞放鞭炮，响彻夜空。正月初一，要择吉辰开门，一般由家中年长者主持。开门后要放鞭炮1串和双响炮3个，祝愿开门大吉。

元日开门后，首要之事是敬神。家中长者先洗手洗脸，然后点燃中堂神位前的香烛，中堂檐口处的“三官灯”，同时在先祖神位牌前祭祀。

妇女不上灶头，这天的饭食要由男人负责，意为妇女一年到头都在灶头转，十分辛劳，要让妇女歇力，表示对妇女的体贴。

吃饭不浇菜汤。俗认为年初一这天吃饭浇菜汤，以后出门就要遭雨淋。

禁忌动用菜刀、斧头等物。凡年初一所需木柴、青菜，都要在除夕这天劈好、切好。意为刀、斧属凶器，元日动用不吉利。

禁忌扫地，怕扫走财气。次日扫地，要从门口向屋内扫，否则，运气被扫出门，一年到头要破财，做事不顺利。

拜年是春节期间重要而极为普遍的习俗。年初一晨，在家中，晚辈要向长辈拜年。旧时，长辈坐在中堂正中，前铺红毯子，小辈跪拜。初二开始，至亲好友走家串户登门拜年，致以节日祝贺。现在从年初二始，亲朋至友登门拜年习俗仍然极为盛行。

元宵节　农历正月十五日称为元宵节，又称灯节、上元节。元宵节主要活动在丽水有迎灯、迎夫人、耍龙灯、舞狮子等。

端午节　农历五月初五日为端午节，也叫端阳节。古时端午节有悬艾枝、插菖蒲、喝雄黄酒、挂香袋、吃卷饼与粽子、赛龙舟之俗，辟邪除害、卫生消毒之习，相沿至今。

初一日至端午日，人们把艾枝（茵绵）和状似剑形的菖蒲，用红纸封贴在门上，称为“茵绵旗、菖蒲剑”，借助于艾叶、菖蒲的芳香气味驱邪除害。屋内要打扫得干干净净，并在屋内遍洒雄黄烧酒，杀死屋内的病菌、毒虫。饮食有饮雄黄酒、吃雄黄豆、鸡蛋黄、黄瓜、黄鳝、黄鱼的风俗。若被虫咬，用大蒜浸雄黄烧酒，涂抹患处以解毒消痒。大人还用雄黄酒把小孩涂成花脸，在额头写一“王”字，以避邪除病。同时，可以壮胆助威。古人有云“唯有儿时不可忘，持艾插蒲额头王”。

挂香袋也是端午节的一种习俗，香袋也叫香包，制作精致，内装香料，以彩线结扎。也有用彩缎制成，上绣各种花卉鸟兽，下挂流苏，香袋大小不一，形态各异，小巧玲珑，别出心裁，争妍斗奇，以示手巧。香包有挂在床前的，有佩在孩子身上的，是避邪的信物。同时纪念屈原，寓意屈原的节操美德如馨香溢世，流芳千古。

在端午日，有采“百草（草药）”的习俗。采回的百草供儿童在端午日洗涤用。百草具有杀菌治虫的作用，能使儿童皮肤光洁。

节前各中药铺将废弃药末用纸包好，供群众讨取。人们打扫房间时，将药末放在室内煨着，让药气弥漫，消除秽气。

在端午节这天，父母还有将长命缕缠在婴儿手腕上，可使婴儿胆大。今已罕见。

端午佳节，丽水人独特习惯，在端午节前后，请亲友至好吃卷饼的风俗极普遍。

中秋节　农历八月十五为中秋节。中秋，也叫仲秋，正当喜获丰收季节。中秋之夜，亲友互相馈送月饼，相聚宴会以酬传统佳节，中秋节又俗称团圆节。

重阳节　农历九月初九日，是民间传统的重阳节，重阳也称“重九”。

这天有登高望远的风俗与蒸重阳糕的习俗。“高”与“糕”谐音，寓意“事业皆高”的吉兆。重九寓有长寿之意，历来又有视重阳节为老人节。1989 年，国家定这一天为“老人节”。

除夕　农历十二月最后一天叫除夕，俗叫三十夜，是民间传统中极为重要的佳节。度过这夜，即新年伊始。

在年前的准备工作十分繁重，内容极为丰富，如置办年货、搞卫生、祀神祭祖、拥军优属等等。

掸尘，实际上是年终时的卫生活动，一般选择春节前的 10 多天之内。

过年前要杀猪，猪肉大部自己留用，或制腌肉、或制火腿、腊肉。杀猪当日请亲邻吃“年猪饭”，俗叫“散猪案”，含有与众乡邻团结和睦之意。

中华人民共和国成立后，在春节前有拥军优属的新风尚，一般于农历十二月下旬进行。各级政府单位、人民团体、学校、居委及各村庄，均组织人员敲锣打鼓，带着年礼、年画、春联等至驻军地及烈军属家慰问，演出小节目，并为烈军属担水，扫地搞卫生。同时，各单位、居委、农村也有向五保户、复员退伍军人、劳模、离退休人员进行慰问的活动。

贴春联又名贴门对、对联。古时有“桃符”“门贴”之称。除夕日，家家都要在中堂的柱子上贴春联。旧时还在大门上沿用古代“桃符”之意，贴上“神荼”“郁垒”，俗称门神，有压邪的意思。春联的内容极为丰富，吉祥喜庆。在贴春联同时，要更换“香火榜”。

除夕谢年是一种仪式隆重的传统祭神活动，一般是在除夕前或当夜进行。谢年祭神，由家中长者主持其事，小孩、孕妇不能参与。祭神时，先祭谢天地，将桌案置于中堂前首，设三牲、酒、茶饭，糕点等，并向天地祷告，祈求万事如意，全家平安吉庆，再谢香火菩萨、祭祖。最后去谢本境庙菩萨、土地及太保庙神灵。祭神时，都有一番祈祷。

春节前 1、2 天，有挂画与挂红之风。挂画即在中堂及中堂两旁悬挂古画，中堂画有“松鹤图”“寿星图”等，两旁一般有梅、兰、竹、菊及山水条幅等。挂红就是在粮仓、房门、菜厨、禽舍等处贴上小块方形红纸或长条红纸，上写“五谷丰登”“五福临门”“五味六荤”“禽畜平安”等吉祥语。解放后，还有新年画，题材广泛，形式多样，风格各异，绚丽多彩，深为人们所喜爱。如今张贴年画之风，遍及城乡。

除夕日，在中堂设摆盘桔、佛手之类，上插柏树枝。以“柏”与“百”、“吉”与“桔”丽水方言谐音，称为“百事吉”，取其吉兆，以示 1 年之内，百事大吉。

除夕夜要全家团聚，共进晚餐，叫做吃分岁。即使远离家乡的人，也要在除夕前赶回家去，以便骨肉相聚。除夕夜，长辈要把钱币用红纸包好，分给下辈，小孩拿到压岁钱放在枕头底下，称为压岁。含有“钱币压岁，夜不惊悸”的意思。在居室各处，都要点灯，称为“全堂红”。是夜合家围炉畅叙家常，通宵不眠，谓之守岁。一夜连双岁，五更分二载，既有恋旧之义，又有迎新之意。

新兴佳节

中华人民共和国成立后，形成一些新兴的重大节日，具有纪念、庆贺性质，且有特殊意义。庆祝公历纪年有元旦，纪念妇女有“三八”国际妇女节，纪念工人运动有“五一”国际劳动节，纪念五四运动有“五四”中国青年节，保护儿童有“六一”国际儿童节，庆祝中国共产党诞生有“七一”建党纪念日，纪念军队诞生有“八一”建军节，宣扬尊师重教有“九十”教师节，庆祝中华人民共和国成立有“十一”国庆节。这些节日都是全国性的重大节日，往往由政府和党团组织、人民团体、有关部门举行庆典仪式或联欢娱乐，具有很强的时代气息和浓郁的节日气氛。改革开放以后，尊敬长辈的母亲节、父亲节、老人节，以及西方的圣诞节、情人节等一些西方节日逐渐进入人们的生活。

四时节气

四时节气有立春、清明、立夏、冬至等节，丽水四时节气有明显地域特色。20 世纪 80 年代初，各种节气的传统习俗仍浓郁，有许多习俗今仍保持。

立春　农历立春日，称为新春日，农民认为是吉祥的日子。晨起点香烛祭天地神灵，并燃樟树枝叶于庭院，或者点放鞭炮，称为“接春”也叫“弹春”，含有迎春接福的意思。这一天禁忌打骂小孩。

清明　每年公历四月五日前后为清明节。将公历四月五日定为清明，是因为仲春与暮春之交，天暖草绿，春意盎然，万物生机勃勃，天地清净明朗，故而定名。插柳枝为清明习俗之一，有俗语云：“清明不带柳，死后变黄狗。”清明节也是鬼节，农历三月柳枝新嫩，认为插柳枝能却鬼避邪。

丽水在清明节的前 3 天、后 4 天，都要到祖坟前祭祀祖先，俗称扫墓，也叫上坟。扫墓时，在坟前供祭品、奉点心，点燃香烛跪拜。祭毕，将酒洒在坟前，焚纸锭、纸马，为坟墓添土。把纸马放在坟上各处，称为“飘坟”。解放后，每逢清明，人们除上祖坟外，纷纷到烈士墓前敬献花圈，为革命烈士扫墓，以寄托哀思，使扫墓这种良俗，增添新的色彩。

清明是踏青的好时光。期间，各学校也组织学生进行郊游活动，进行爱乡土教育。

过去太公立有祭田，属该太公子孙的公有田产，不能出卖。每到秋收，由各房子孙按长幼房次轮流收租。到次年的清明节，由收租值祭房份设席，供该太公的所有子孙吃清明。设席菜肴，要按照议定菜单置办。饭后到太公坟扫墓，并在墓地按照丁口及学历、经历的高低分发馒头、钱币给扫墓的族人。有些家族在太公墓祭扫后，则在墓地分肉、粉干等物，由各户带回家去自烧。这种风俗使族人每年都有聚会交谈的机会，同时族长或房长可研究解决房族中的有关事宜，使古老的太公坟每年都有子孙祭扫。现代还以清明为植树节。

立夏　农历立夏日，以笋、豌豆、肉和糯米共煮成饭，称为吃立夏饭。同时还有称体重的习俗。

冬节　农历冬至日称为冬节，是人们心目中的重要节日。丽水群众有“冬节大似年”的说法。这一天，人们都要虔诚地敬祭祖先，祝祷全家平安，百事顺利。这一天要讲吉利的话，不能打骂小孩。晚上合家团聚，共进佳餐，庆贺节日，并且要在家中所设祖先神位前点香灯。冬节这一个节气，已是寒气袭人，富有的人家，全家人围炉过节，欢聚一堂。而贫穷的人家，在这数九寒天，挨冻受饿，过着凄凉的日子。故此，在丽水一带有“有钱人冬节夜，无钱人冻一夜”的俗语。

第五节　信仰风俗

传统的信仰崇拜，对象主要有图腾、自然神、灵魂、祖先、儒道佛、行业神等。其习俗在民间信仰中，在庙会等集体活动中，在家庭和家族求神、拜祭祖宗的活动中得到充分表现。

民间信仰

民间信仰主要存在于民国时期，中华人民共和国成立后大部分习俗弱化，或偶存于一些边远山区。20 世纪 80 年代以后，政府对民间信仰的政策由强制禁止转为科学引导，一些习俗在农村重新反弹，而后又重新走向衰退。

拜亲娘　丽水人信仰顺懿夫人庙娘娘能驱瘟逐疫。小儿多病，父母就去拜夫人娘娘，祈求夫人娘娘保佑小儿除灾灭病，认夫人娘娘为亲娘。也有人因小儿多灾多病，认畲族妇女为亲娘，或认讨饭头为亲爹。其意为畲妇健壮，小儿象亲娘一样，健壮无病。认讨饭头为亲爹，是取其低贱而易于养育的意思。另外也有拜树神、石神为亲娘的。

望风水　旧时人们认为，山川有“龙脉”，高岗低地、一竹一木，均含“风水”，所以凡立庙立祠、建房修屋、择墓地、造阴宅，都要请风水先生望风水、择地基、定朝向，趋吉避凶。村口和坟头，种植风水树。人们对这些风水树自觉地保护，不准砍伐。

海愿　即许愿。家里有人得重病，即在天井摆桌，桌上设三牲等祭品，点香烛向天地许愿，如病愈要向天地还愿。病人的毛病极其沉重，要请师公做法事，用一长梯靠在檐口，师公手持龙角在檐头吹龙角，祈求过往神灵为病人驱逐凶神恶鬼。病愈后还天愿，一般要乌猪白羊供祭，仪式隆重。

护鸟护蛙　禁止掏窝捉燕，因为燕子筑窝象征发财。猫头鹰食鼠，喜鹊主喜，捉住要放生。青蛙食虫护稻，捉蛙“罪过”。

买鼋放生　历来有买鼋放生习俗，在鼋裙上串 3 个铜钱作记号，烧纸作“上路钱”，然后将鼋放回瓯江。

庙　会

太保庙会　民国时期在丽水囿山的顶端，建有 1 座金碧辉煌的忠靖王庙，俗称太保庙。太保庙历史上香火之盛，甲于一郡。传说唐时天降奇祸、瘟疫横行。丽水山城内有一口水井，一天，瘟神施毒药于这口井里，以惩罚众生。这事被善良的太保知道，为使众乡邻免于罹难，心一横就纵身跳入井中，中毒身亡。朝廷追封其为忠靖王。丽水人为祈求忠靖王的神灵以保一方安宁。清乾隆年间，在囿山顶立庙祀神，每年农历三月初三举行盛大的庙会。[①]1950 年 4 月 18 日，太保庙会仍有举行。

三月初三，在太保庙为太保出巡举行隆重礼仪活动，沿途主要街道用白布幔遮盖，双面锣开道，

---

① 见清道光《丽水县志》120 页。

后有执事、旗幡、香亭，以及七星会人员与许愿人员所装扮的犯人、皂役、阴世当差、黑白无常、七星七煞和踩着高跷扮的戏剧故事人物，接着是化装扮演的总帅 3 个，由人抬着，然后是坐轿的蓝面太保神像。太保神像前，还有还愿的群众数十人，腰扎白布，手持小木凳，凳上缚有白毛巾，点燃的佛香插在白毛巾下，他们一路上三步回首一拜；在太保神像的后面，有手执佛香和各色牡丹灯的还愿民众数百人，其中一大部分是经过打扮、由父母抱着的小孩，也有为病牛许愿者手牵用红布缠角的牛。沿街设有路祭，两旁民宅都在家中点燃香烛，观看者人山人海，挤得水泄不通。太保巡行全城，经城郊厦河村后再返回囿山归殿。太保归殿时声势汹汹，所有的人员都弄响手中的器物，狂奔着闯入大殿，并将手中的刀器拍击桌面，此时锣鼓声，吆喝声，器物声，鞭炮声，混成一片，叫做“闯殿”。闯殿的目的，是赶走占据神庙的闲神，然后安神。晚上演完戏，庙会方结束。俗认为庙会之后，可保城乡一年四季平安。

1950 年后，太保庙会消失。

夫人庙会 民国时期，丽水城中有夫人庙 3 座。太平坊鹤鸣井南的顺懿夫人庙，祀唐代闽中女子陈十四，又名靖姑。据传陈氏夫人曾与蛇婆斗法，并亲率神兵斗蛇妖，她又是一位心地慈悲的送子夫人，香火十分兴盛。护国夫人庙建在县城西北隅的茭山上，祀唐代孝妇马氏，俗称催生夫人，妇女难产，都到此祈求保佑。南国夫人庙建在县城西隅的万象山脚，夫人姓林，主管小儿天花，俗称痘夫人，香火不亚于陈、马 2 位夫人。其他各乡、区也建有夫人庙。各夫人庙都有庙会。庙会期，夫人都要出巡。

丽水城内的夫人庙会，昔日是在每年的农历正月十四至十六日举行。正月十四日顺懿夫人庙会，庙会前一天判官出巡清道，判官由人装扮，出巡时照例双锣开道，并有执事、旗幡等前导。夫人庙中张灯结彩、香烟弥漫，在神位前供三牲、设祭品，妇女膜拜，络绎不绝。夜晚，要择福寿双全的年老妇女，为夫人淋浴更新衣。十四日清晨，各地妇女纷纷来庙焚香礼拜，十分拥挤。夜晚，夫人出巡，全城各条街道都张灯结彩，家家户户在家中点燃香烛，设斋饭。出巡行列，前有双锣开道，后有仪仗，各式旗幡随风飘扬。神像大轿由 8 人扛着，神像前有香亭，神像后有还愿的队伍，大多数是由父母抱着或背着的小儿，人人手执夫人灯、花灯、鱼灯等。也有较大的儿童跨着马灯列队于前。一路上唢呐吹奏、鞭炮不绝，观者塞路。行列到达县府衙门前而止，然后送神归殿。正月十五日为护国夫人出巡，正月十六日为南国夫人出巡，仪式基本相同。俗认为夫人出巡后，可保妇女生育顺利，小孩四季平安。

中华人民共和国成立后，夫人庙会消失。20 世纪 80 年代，各地庙会活动重新出现并发展，主要是出现于乡村地区。盛大隆重的夫人庙会尚有缙云县张山寨七七陈十四夫人庙会，莲都区灵山寺平天圣母殿（陈十四夫人）庙会，青林村陈夫人巡游活动，松阳县玉岩镇道惠夫人（陈十四）庙会，景宁畲族自治县汤夫人庙会。庆元、云和、青田县也有隆重的陈十四夫人庙会等活动。

西洋殿香菇庙会 西洋殿香菇庙会从古代相延至今。香菇鼻祖吴三公，庆元县百山祖乡龙岩村人，生于宋代。人工栽培香菇的创始人，被尊为菇神。清光绪元年（1875），香菇发源地庆元、龙泉、景宁 3 县（市）菇民集资为纪念吴三公建造西洋殿，宋咸淳元年（1265），始建于西洋村称灵显庙，后称西洋殿，又名松源殿。菇民重修过多次，完好保存。规模宏大，有正殿、中亭、戏台、厢楼等结构。每年农历六月十六至十九日为供香朝拜期，举行香菇庙会。庙会时，龙、庆、景 3 县（市）菇民外出制菇的都回乡，带上拜祭供品云集西洋殿过节还愿，祀奉吴三公菇神，并请庆元二都戏班演戏酬谢菇神，欢庆丰收。庙会期间举行祭拜仪式、演戏娱乐、敲锣打鼓、鞭炮齐鸣，同时彼此相互联络进行技术交流，习拳练武，会亲访友，展销香菇推广新品种，举办多种文化体育活动等。参观者与宾客从四面八方赶来，热闹非凡。

先祖祭典

轩辕祭典　缙云仙都黄帝文化源远流长，东晋始建缙云堂祭祀轩辕黄帝。唐天宝七年(748)，改建黄帝祠宇，成为中华儿女在南方祭典轩辕氏的唯一场所。虽黄帝祠宇在历史上几经劫难，仅存遗址，但唐代李阳冰撰写的《黄帝祠宇》碑却一直保存。每年清明节，拜祭轩辕氏风俗，在民间代代传承，香火从未隔断。

1994 年，缙云县人民政府报经建设部批准，决定按盛唐风格重建黄帝祠宇。1998 年落成后，每年举行清明节民祭、重阳节公祭，公祭每隔 2 年一大祭。2006 年起，公祭提升为丽水市政府主祭，祭典礼仪设主祭、陪祭、参祭，恭读祭文，敬献三牲五谷，并举行祭乐、祭舞、大型民间艺术表演等活动。每年祭典均请中国港澳台地区同胞及海外侨胞参加，规模宏大、仪式隆重，影响广泛。缙云仙都鼎湖峰黄帝飞升地每年与陕西黄帝陵墓地、河南新郑出生地互派代表参祭，形成“三地”共祭格局。

孔庙祭典　处州府城丽水檡山，唐代处州刺史李繁始建孔子庙，圣庙正位为至圣先师孔子塑像，东配复圣颜子、述圣子思子，西配宗圣曾子、亚圣孟子，其旁立有多位先贤。虽庙殿已废，但处州孔子庙碑(唐韩愈撰文)尚存市博物馆。往昔，孔庙祭典隆重，岁以春秋仲月上丁日行释奠礼，以正官将事，佐二分献，监礼以师儒，赞引以生员，将事之仪，均如太学丁祭礼。供品祀奉给正位、四配位、十二哲从位均规格有别。祭器、奠乐亦有规格。太学朔日释菜以祭酒，望日上香以司业，朔日夙兴，祭酒以下俱行三跪九叩礼。民间子弟与民众到孔庙敬拜较自由，照自己意愿跪拜。

刘基祠祭祀　刘基为明代开国元勋，俗称刘国师。丽水刘氏家族在清明节有祭祀刘国师与刘氏先祖的习俗，仪式简单，因刘基在生前清廉简朴，刘氏子孙在祠堂或墓地拜祭规模并不宏大，其仪式却庄严肃穆。至 20 世纪 80 年代，丽水刘祠堂背刘基祠，太平竹舟、长濑刘基祠堂，青田刘基祠，青田南田①刘基祠及墓地尚有祭拜仪式习俗。

第六节　演艺风俗

丽水戏曲及其他艺术表演种类很多，异彩纷呈。独具地方特色的，戏曲有松阳高腔、处州乱弹、庆元二都戏、遂昌昆曲十番、缙云婺剧、采茶戏等。表演唱歌舞蹈杂技艺术有各县民间小调、木偶戏，丽水莲都、云和、庆元、龙泉、缙云、景宁的板龙、布龙、草龙、狮子舞，青田、丽水的鼓词，云和包山花鼓、青田鱼灯、百鸟灯，莲都的采茶灯、跑马灯、闹荷船，遂昌的抬阁、牵线狮子舞，缙云的打罗汉、老鼠迎亲，青田、龙泉的龙舟赛等。各种表演艺术均为当地民间求神、节日喜庆、祭祀、休闲活动服务。

戏曲演出

奉唐代唐玄宗为戏祖，称“戏神”。戏神是一白面挂三丝，穿黄蟒，戴瓯金帽的木雕坐像。戏班每出外演出，由小丑背着戏神在演员队伍前头行走。到演出地，即将神座设在箱房衣桌中央，日夜上香。

新建戏台落成后，第一次演戏的开台式叫出煞。请戏班的第一场戏，选“红砂日”开演。开演前，演员扮鲁班在长锣声中上香祈祷，当台杀公鸡，以鸡血滴台并揩抹戏台的柱壁下端，以示警鬼，以致“五鬼”(以演员事先化装隐蔽)在台上惊慌奔逃。接着演员所扮的韦驮持杵棒以示佛法镇治，周仓、关平侍随关公手挥挂有已燃鞭炮的大刀逐杀，由戏台、戏场赶至村口百步以外为止，演员就地卸装结束回戏班。信鬼神的人认为，新戏台经“出煞”后，始能保戏班和看戏人平安吉庆，人寿年丰。

演出程式 闹头场：每场演出的常规，即在每场演出前首先演奏一曲吹打乐，以先锋开场，称为闹花台或闹台场，演员不出场，但要做好上台前的准备工作。排八仙：有文武八仙、赐福八仙、偷桃八仙、蟠桃八仙、三星八仙、七星八仙、罗汉八仙、对花八仙和十福八仙等多种形式和名称。三跳：即跳魁星、跳加官、跳财神。演什目：什目也叫找剧，即在正本大戏前，先演折子戏2—3个。闹二场：在折子戏演完至正本大戏开始之前，插加演奏吹打乐。但也常将闹二场一节省略。演正目：正目也叫正本，是当日上演的主要节目。凡上演的正本戏和折子小戏，一般都由当地的头面人物点选。称“点戏”。谢台：也叫拜台、拜堂。每晚戏演结束后，由演员扮无名状元和状元夫人在唢呐乐曲中出场，向台前观众行礼、走圆台入场。判台：也叫“扫台”，是在一处戏台演出的结束仪式。当最后一场戏终后，除扮包公、张龙、赵虎的演员外，全部卸装，行头装箱，留台心桌一盏灯外，场灯全熄。包公在张龙、赵虎的随从下上台诵诗念白，先礼送到场看戏的神祇离场归庙，继再祝祷本地(村)风调雨顺，物阜民康，吉祥如意，三再喝令所有魔鬼山妖立即离村，不准滞留惊扰黎民，违者“尚方宝剑”决不留情。惊堂木连拍，大锣小鼓声阵起，踢倒台心桌(同时村民掀翻一块戏台板)，绕戏台、戏场及全村通道路弄一遍，直出村口百步以外，演员就地卸装结束。

曲 艺

唱鼓词 唱鼓词是丽水盲艺人用丽水方言击鼓唱词的一种娱乐民众的活动，因其以唱词、说白为主，并配以鼓点，所以俗称“唱鼓词”。唱鼓词的渊源待考证，传说在明代有唱鼓词盲艺人出现，后流传于丽水城乡各地。到清光绪二十二年(1896)，唱鼓词盲艺人组织行会，俗称“鼓词行”或“夫人行”，并订立行规。至民国14年(1925)，鼓词行重新修订行规。鼓词分长鼓词与短鼓词。长鼓词以历史故事为内容，如《双珠凤》《珍珠塔》《绿牡丹》《探阴山》《唐明皇游月宫》等。短鼓词俗称门头曲，又叫鼓词头，如《劝世文》《劝郎》《四季劝》《爹娘劝》《十劝经》《十二月守孝》等。旧时鼓词内容陈旧，大部为帝王将相、才子佳人、孝义节烈，其中还夹杂着一些低俗的渣滓。解放后，摒弃陈腐的封建迷信及庸俗下流的内容，开始编唱进步的、有时代精神的新故事。

盲艺人挨家挨户击鼓唱词，所唱的均为鼓词头，一般只有6、7分钟，形若乞丐。但在夏季天气炎热时，人们在门口、檐下、旷野纳凉，常请盲艺人唱长鼓词，唱长鼓词时只用大鼓。长鼓词要3、4个钟头才唱完，有头有尾，故事性强，加上盲人抑扬的声调，喜、怒、哀、乐的表情，配以时紧时慢的鼓点，充分地表达情节的气氛，为人们所喜爱。

唱夫人词 夫人词平常不唱，还夫人愿时唱。还夫人愿的主家，一般选择儿孙“三朝”、“满月”，以及周岁、十岁、廿岁生辰时请盲艺人唱夫人词。唱夫人词都在中堂，开唱前要在中堂挂上夫人画，摆设香案、斋饭、三牲，用箩筐装米，上插秤、尺，并焚香点烛。一般唱1天1夜，也有唱3天3夜的。唱毕，主家要付给盲艺人数十斤米作为酬金，也有付现金的，有的主家还送盲艺人新衣服1套，所供鸡、肉祭品也分一半给盲艺人，桌上的供米也送给盲艺人。夫人词的主要内容是唱陈十四娘娘庐山学法，斩除蛇妖的事迹。唱夫人鼓词现在庙会或农村仍有存在。

其他表演艺术

节庆表演　丽水莲都民间业余艺术表演多种多样，异彩纷呈。莲都区有大港头河边金村、峰源庞山村、丽新畈岸村、新合保定村等业余婺剧戏班，及其山区的多个木偶戏班组表演等。同时，莲都区还有影响甚大的青林、武村等板龙舞、狮子抢球，峰源夏庄跑马灯走阵演唱、雅溪岱后采茶灯(舞)、碧湖闹荷船等等。这些民间业余表演艺术在节庆或农闲表演，由有关村接待。村里有拢头组织负责，一般是村上有名望和有能力的好事者组成，具体筹集资金、搭台、抬戏箱、供应演出戏班伙食、安排住宿等，每村戏剧演出前要祭台拜戏神唐明皇，向神佛还愿许愿，要闹台场请财神，鸣放鞭炮。板龙、狮子、灯队进村要负责引路、大放鞭炮，送龙帖、灯帖，收红包给表演队酬劳。表演后安排酒席举行欢宴。这是一种岁时节令习俗，长期在民间传承。戏班与灯队表演技艺高超，演唱、武打、参阵、滚翻、舞蹈与配曲、奏乐融为一体，形式与技巧灵活多样，表演道具、灯具、工艺美术细致精美，传承着民间艺术的精华，具有较高的审美价值与艺术欣赏价值。既娱神又娱人，不仅增添节庆欢乐热闹氛围，并且丰富城乡民众的文化生活。深受城乡民众欢迎。

踏莲花　水城郊联城佛教拜观音踏莲花，择吉期佳节的初一、十五拜佛日举行。村民与信徒一般到庙宇或在家中设佛堂拜观音菩萨，有身穿花衣裙拜佛人 6—8 人，头戴花冠或插花，头颈挂上佛珠，脚穿花鞋，手执长香，主人带头围成圆圈，边踩踏边绕圈，踩踏几步后，两脚交叉盘曲着跪蹲，双手举着香左右跪蹲朝拜，反复多次进行。踏莲花是拜观音的主要活动仪式，分程序 14 个。出家—化堂经—化身经—九朵莲—开金锁—放莲花——珠—数珠经—踏莲花—收莲—八颗珠——锁经—地藏经—游找。拜观音踏莲花，其目的是祈求观音佛保佑全家平安健康，消灾迎福，发财致富，五谷丰登，家业兴旺，吉祥如意。

开天门　开天门是道教活动一种仪式。丽水城乡旧时多处有此活动，一般在庙会、佛道开光、求雨、做清醮等时日举行。首先要搭楼，须搭成 9—25 张八仙桌高的楼，以单数为好。搭楼要砍又粗又长的大毛竹(顶端留竹叶)4 株作为楼柱，并在八仙桌 4 根桌脚外挖洞，将它埋实踏坚固，再将一张张桌子叠在 4 株毛竹中央，用绳索将每桌脚与毛竹捆绑得紧又牢。然后在最高 1 层顶上挂 1 面令旗，意为告知玉皇大帝凡间有事上奏。而且在第一层至三层桌上摆上不同的供品与器物。楼搭好后，道士主持一定仪式后，就开始上天翻楼，至顶层天门即表演“乌龙绕柱”“金鸡独立”“鲲鹏展翅”等技艺，并作法术、念咒语、吹龙角、舞铃刀，借金锁开上天门，并放下长红布绸 1 条示意为神佛下凡所搭的彩桥。边吟吉辞边祈求玉皇大帝命门神开天门让神佛下凡间，为百姓消灾避邪，保佑凡间风调雨顺，国泰民安，五谷丰登，福星高照，万事大吉。最后，道士从上往下一层层翻楼，表示将凶星翻到西天去，吉星翻来地上人间保佑黎民百姓，当即开天门仪式结束。这虽是一种民间宗教仪式活动，但也是一项体育竞技武术与气功相结合的民间文化活动。

第七节　禁　　忌

在农耕时期的传统社会，山区的忌讳特别多。在这信鬼尚巫的大山里，禁忌是山区民众心理上保护自己的防卫手段，也是在行为上对自己的一种约束。禁忌既表现民众对鬼神的敬畏，也表现一种抗争和企图征服的愿望。禁忌作为渗透在人们生活各个方面的信仰习俗，世代相传，虽然有的禁忌现已失去作用，但尚有许多一直传承到今天，在丽水人心灵里影响很深。

时间忌

正月初一过新年，不准动扫帚、刀斧、笔砚。动了扫帚扫了财，动了刀斧有凶灾，动了笔砚吃官司。初一上午要到当地奉祀的神庙上香，早上要吃素，上庙路上不得随便说话。除了上庙进香外，忌出门。女人正月初一忌下厨，俗信认为妇女不洁，这天下厨会亵渎神灵。后来成为对妇女终年守灶头，过年时好好休息娱乐一下的良俗。初一穿戴要新，虽贫困之家，也力争穿上新鞋一双，迎新纳福。

正月初二日，读书人要“开笔”，用红纸写“开笔大吉”四字。人们要花第一笔钱，即到店铺购一对叫“状元红”的小红烛，不购他物。商家这天也只售红烛，忌卖他物。

正月初八日传为谷神生日，当天忌煮饭，只吃现成饭或杂粮。

正月二十日传为百花生日，忌在花木上挂晒衣物，要在花木上悬红纸祝贺，否则当年果实会遭虫灾而歉收。

二月二日商贾传为财神生日，这天忌卖高价，商品要比平日便宜一些。农村传为百虫生日，要炒米、豆吃，叫“炒虫米”。吃过虫米，当年农作物害虫少，孩子吃过不会被蚊子毒虫叮咬。这天忌在锅里煮食，要吃炒菜、炒面等炒的食品。

三月三，传为百草生日，每家要有人上山采点草药回家，俗谚云“三月三，百草当仙丹”。如犯了忌，当年家中会有人生病。

春分前后逢蛇日即巳日，要吃煮鸡蛋和面条，吃时要念“吃了蛇眼睛，穿了蛇鼻子，上山下田不怕你”。

清明日忌下雨，当地谚：“清明日又清又明，种田人足有收成。”清明日忌全天休息，下午要下田，在田间地头插杨柳枝和杜鹃花，可免病虫、鸟兽侵害农作物，有谚：“清明半天就要落田”。

四月初八吃乌饭，用乌菊叶汁浸米成黑色煮饭叫吃乌饭，传为纪念目连救母之日，这天忌吃白米饭。

立夏忌吃米饭之类散碎状的食品，要吃用米、面粉煮的糊，叫“立夏糊”。吃过立夏糊，田塍糊得牢。男人不吃立夏糊，下田无力气。这天还要写“立夏符”，用草纸1张，上写“今日交立夏，毛虫午时嫁，嫁到青山去，永世不回家”。将符贴在墙上，家里就不生毛虫。

分龙日，夏至前后十日内逢辰之日为分龙日，这天最忌洗衣服、担粪桶，犯忌之人要受全村人的责骂和处罚。处罚就是如果当年旱灾要求雨，罚犯忌之人挑“龙瓶”。龙瓶是陶罐2个，到龙潭装水，捉小鱼1条放入，担瓶之人不准打伞戴箬帽，不准过桥和途中歇肩，是求雨时最苦的差事。

五月初五端午节，用雄黄、菖蒲根投入清水中，能避鬼邪，每人喝口雄黄酒，忌饮茶水。商店忌下午开门做生意。

七月间新谷登场，要尝新米，第一碗饭先敬五谷神，再由家中年长之人先吃一口，大家才可吃，否则来年会歉收。

秋分前后的蛇日即巳日，要祭坟头，即在祖坟四周上香，祭了坟头，蛇不会到祖坟里冬眠。

冬至日要吃赤豆粥或红米饭赶鬼，忌吃白米饭，这是最古老的民俗，据说是驱赶古代部族首领共工氏1个最会作恶事的儿子。

十二月间准备过年，刷尘要选壬癸日，最忌丙丁日刷尘搞卫生，否则会引起火灾。从十二月廿五日起，忌挑粪肥，忌讲不吉的话。从这天起，每夜要放炮仗，俗话有“廿五夜，放炮仗，一放放到三十夜”，家中灯火从这天起忌外人带出门，会损人丁。

除夕夜，忌早睡，有“男人早睡倒田蓬，女人早睡塌灶仓”之说。该夜不眠守岁，叫“坐寿缘”，可得高寿。除夕夜忌炮仗不响。民间传说屋内天井，就是因关门放炮仗方便才设计出来的。除夕夜忌熄灯，要灯火通宵，叫“照耗”，这样鬼怪不敢藏身，财气不会出门。除夕前要理一次发叫“剃年头”，忌带旧发过年。除夕前要将风车、石磨、车轮和刀斧工具箱贴上红纸，叫“红封”，鬼见了红封，就不敢动它，免遭灾难。

忌言与隐语

忌言　忌叫“皇天”。叫“皇天”本是百姓伤疼、无可奈何的一种用语，也用于惊奇感叹。在新年和喜庆场合忌叫皇天，听到别人喊皇天，要避开，否则会有祸。民间传说“皇天”是位解人急难的神，一喊就来救危解困。后来有人大便解不出来也叫皇天，皇天赶来见了大怒，向人们宣告：“今后凡间有事，要点起香烛，站在桌子上叫我才来。”故民间有“离地三尺有神明”的俗话。民间还传说皇天是有耳无眼之神，因神无眼见不到是非，只有远避为妙。

人有病最忌说“生病”，要说“不新鲜”“懒意”“着力过了”等。

人死了，其家人忌说“死”，要说“老人”“好了”“过辈了”等。小孩夭亡，也忌说“死”，要说“逃出去了”“转去了”。最忌说人死是“扁了”“出脱了”的话，如有人这样说被死者亲属听到，会怨恨你一生。

小孩随大人作客，忌称小孩为“客人”，因客字有短暂、临时性之意。

小孩肥胖，忌说“壮”，因本地猪肥叫壮，要以“个头好”“有胚好”以代胖的意思。

医师、师公送出门，忌说“请再来”，更忌医师、师公说“再见”。

夫妻之间忌互喊姓名，本家同辈之间忌喊姓名，只能叫名不冠姓，冠上姓有不亲，不认本家之意。

隐语　隐语是民间语言忌讳的组成部分，是民间鬼神信仰的产物。在山里劳动，怕说话让鬼神听见、听懂而前来侵扰，就仿照鸟兽叫，用“呜呜　”“阿阿”之声来互打招呼，万一需要说话时，就编了一些隐语来交谈，使鬼神听不懂，辨不出是人还是兽。隐语也就是暗语、黑话，山区人对自然界与外来人自卫防护的传统习俗，直到今天仍然在山区奉行。山民在各自的聚居范围内用自己的隐语，隔山隔沟都不相同，隔行也不相同，山中隐语之丰富，尚不可测。这里将常用的部分隐语作一介绍。

遂昌县人隐语：上山——倒草鞋　下山——顺草鞋　休息——翻草鞋　收工——藏刀壳　山神——山伯公　土地——老人家　上香——竖头　猪头——纱帽头　锅刷——蓬头　锅铲——屈背筷子——双尝妻子——婆娘　死人——扁了　十斤——交

龙、庆、景菇民隐语：香菇——香老　香菇棚——香老寮　老酒——黄汤

吃饭——奏戽添　猪肉——歪老　稀饭——平碗　饭碗——饭脑　斧头——钢鼓

菜刀——菜切　睡觉——上席　女人——尖登　老鼠——磁拉

青田炭民隐语：斧头——一伙　柴刀——二伙　铁勾——三伙　板铣——四伙　老鼠——万匣蛇——稻草绳　休息——住草篷　伤出血——过红　肉——硬老　饭——珍珠　开水——龙喷　厕

所——茅司塘

日常行为忌

生产劳动　村民早上磨刀斧，最忌别人问干啥，说是给鬼听见，上山劳动会有祸。

上山劳动忌脚踩上3块石搭的“山魈庙”，忌坐“山魈庙”上休息，冲犯山魈，会跌伤、刀斧伤。

山中劳动时，不小心刀斧自伤，忌叫痛出声，否则鬼会闻声赶来，引起大祸。

割谷时，忌女人坐稻桶歇力，说是亵渎五谷神，来年要歉收；忌用镰刀敲稻桶，说是惊动五谷神，罚你割谷割破手指。

在油车里打油，最忌拍手掌，意为两手空空；最忌坐时架腿，俗叫二郎腿，好比油锤挂起，没有生意，来年油料作物要歉收。

新屋打基、砌墙、立柱时，最忌听到哭声，如听到啼哭声要将畚箕倒覆地上才可免灾。

村民煎桐油、煎糖、做豆腐时，最忌外人闯入，会使产品变质作废，要罚来人到灶下烧火才能解魇。

忌空摇风车，会摇走财气。忌空转石磨，会磨掉福气。

日常生活　平常忌被别人用污水、茶水泼溅在身上，说是沾上“晦气”。身上有晦气，一生少福气，做事没力气。要罚倒水之人放炮仗赶晦气。

忌手提药包或香烛的人来串门，说这些人有鬼跟在身后，会把鬼带进门来。

忌白穿别人的草鞋，来世要罚一还十；忌白吃别人的食盐，来世要罚一还百；忌拿草药不付钱，“白吃草药不治病”。

家里杀猪时，将猪血洒点在草纸上挂到猪栏杆上，插香1束，叫“告猪栏土地”。宰猪时主妇要唤猪3声后念：“养牲杀牲，扁毛畜生，来世变个白面书生”。

药品不能放灶上，会犯了灶神，药力失效。药渣忌存放，要立即倒掉，认为药渣倒得快，病也好得快。

忌看别人解小便，看了有晦气。忌学乌鸦叫，学了口舌要生疮。

吃饭时饭太热，忌用口吹气使凉，这样会冲犯五谷神，罚你“口吹饭，要讨饭”。吃饭时忌饭米散落地，要立即捡起，捡不起来时要连喊3声“可惜”，才不会犯雷神，遭雷击。

交际之忌

待客忌　待客奉茶忌用单手。与客人交谈，忌搁双腿，更不能抖动，否则被视为高傲无礼。待客吃饭忌用自己吃的筷子夹菜给客人，应用公筷讲卫生。在客人面前忌扫地、刷锅，否则有逐客之嫌。与客人接触忌摸头、摸肚，否则不礼貌。

上门之忌　串门时，“男人的店堂，女人的间房”，忌随便进入，以免有失物或男女之嫌。

上门忌揭别家的锅盖与菜篮，否则被视为揭人之短。

探望病人，上门宜在上午，忌下午探访，忌坐床沿、忌靠板壁、忌久坐，一般是凌空坐或站立，探望不宜时间长。

上门向债主讨债，忌在当天早晨，忌在佳节吉庆之日，因主家怕失去好兆头。向店家退货忌在开店门之时，因店家怕影响当天生意，给一天带来不吉利。

第三章　姓　　氏

秦汉时期，北方汉民族开始南迁，至丽水与原住民融合，出现许多丽水名门望族。有文献记载的有：劳姓、丰姓、瞿姓、厍（shè）姓、公姓、壶姓等大姓，他们居住在松阳古市一带和松阴溪两岸的丘陵、平原地带，后来其中的一支或多支成为“松阳郡”。东汉末年，中原大户继续举族南迁，有的迁入松阳。其中最显著的有叶姓一族，今叶姓成松阳显姓，天下叶氏多出于松阳卯山。两晋之间发生“永嘉之难”，中原人民为躲避战火纷纷南迁，“洛阳倾覆，中州士女避乱江左者十六七”①。松阳等县的叶姓、赖姓、纪姓、项姓都是这个时期从中原辗转南方各地，最后迁到松阳并继而散播各县的。据文献记录，唐、五代时期徙居遂昌的有吴、周、张、姜、郑、徐6姓。缙云于唐代建县，据文献记录，唐、五代时期迁入缙云的有杜、沈、朱、马、陈、方、李等姓氏26个。两宋间，北方人民不堪忍受金朝贵族的统治举族迁移境内。松阳洪姓、王姓、周姓、吴姓、杨姓、郑姓、包姓、毛姓、孟姓等都于这一时期迁入。两宋时，迁入缙云的姓氏有卢、田、丁、宋、厉、王、叶、刘、张等97姓。宋代迁入遂昌有44姓。宋代以后，民间流行修宗谱，原住民的瓯越后裔很多都早随中原移民的姓氏，从立谱伊始就认中原汉人为远祖。清初“削藩”后，大批福建客家移民迁入地广人稀的处州地区，一些地区形成人口重建。松阳的阙姓、林姓、许姓、傅姓、邱姓、曹姓、华姓等于这一时期迁入。元明清时期，迁入缙云的有毛、孔、尹、江、方、包等62姓。元代，迁入遂昌的14姓，明代33姓，清111姓（以福建移民居多）。继唐代雷姓迁入景宁后，明清时期多支畲民迁入景宁、云和等地继而散播各县。清代以后，境内各姓氏构成基本稳定，在总人口中比例及顺序的发展变化缓慢。抗日战争时期，沦陷区迁入丽水人口20多万。抗日战争胜利回迁，对丽水姓氏构成没有大的影响。

第一节　统　　计

莲都区

1990年，莲都有姓氏389个，其中复姓5个，人口3000人以上的姓氏有：陈（22880多人）、李（17590多人）、叶（16150多人）、周（16050多人）、王（14380多人）、徐（10530多人）、朱（10440多人）、吴（10340多人）、刘（10300多人）、张（10290多人）、蓝（10010多人）、黄（6720多人）、何（6390多人）、雷（5930多人）、杨（5630多人）、林（5350多人）、谢（5240多人）、郑（5240多人）、潘（5130多人）、江

①《晋书·王导传》。

(3870 多人)、金(3660 多人)、钟(3390 多人)、章(3140 多人)、傅(3050 多人)。存世族谱 120 部。

龙泉市

1988 年,龙泉有姓氏 293 个,其中复姓 4 个,单姓 289 个。人口万人以上的 7 个,1000 人以上的 38 个,100 人以上的 67 个。人口 3000 人以上的姓氏有:叶(22665 人)、吴(19602 人)、张(14080 人)、周(13451 人)、季(11876 人)、刘(11798 人)、陈(11524 人)、王(9252 人)、李(9158 人)、毛(6405 人)、徐(6039 人)、林(5833 人)、杨(5753 人)、方(4731 人)、项(4617 人)、金(3938 人)、蒋(3729 人)、柳(3701 人)、郑(3639 人)、曾(3602 人)、雷(3535)、邱(3442 人)、黄(3346 人)。

青田县

1985 年,青田有姓氏 345 个,其中复姓 2 个。人口万人以上有 11 姓;每姓仅 1 人的有 90 姓。按人口数排列前 50 位的姓氏有:陈、叶、王、徐、张、吴、周、林、季、朱、刘、李、杨、金、夏、黄、潘、郑、章、邱、孙、洪、蒋、留、詹、邹、胡、郭、项、蔡、程、赵、杜、蓝、毛、厉、傅、罗、赖、汤、单、余、舒、尹、饶、裘、殷、何、柳、范、廖。

云和县

1990 年,云和县人口 111465 人,有姓氏 283 个,其中单姓 278 个,复姓 5 个。人口 3000 人以上的姓氏有:王(8249 人)、叶(7820 人)、蓝(7054 人)、张(6268 人)、陈(6161 人)、刘(5838 人)、吴(4609 人)、李(4035 人)、雷(3573 人)、周(3201 人)、林(3179 人)。2000 年,云和县总人口为 103273 人。县人普办对全县 113775 人(包括常住人口和本县户籍外出半年以上人口)的普查登记姓氏进行汇总,并实地考证部分姓氏。统计资料显示:全县有姓氏 277 个,其中,单姓 274 个,复姓 3 个。5000 人以上的有:王、叶、蓝、张、陈、刘姓氏 6 个;3000 人以上的有:吴、李、雷、周、林姓氏 5 个。

庆元县

1988 年底,庆元县 182853 人,有姓氏 251 个,其中吴姓人口最多,计 59864 人,占总人口 32.74%;其次是叶姓,17241 人,占总人口 9.42%;第三是胡姓,12491 人,占总人口 6.83%;第四是周姓,10349 人,占总人口 5.66%。其他姓氏 247 个,82809 人,占总人口 45.35%。

缙云县

据 1990 年第四次人口普查统计,缙云县有姓氏 212 个,其中单姓 208 个,复姓 4 个。缙云是丽水市人口大县,各姓氏中 2 万人以上大姓有陈、李、王、朱、胡姓,1 万人以上大姓有周、丁、吕、应、卢、施、郑、赵、麻、张姓。2011 年,1 万人以上大姓有 15 个,分别为:陈 38906 人、李 33164 人、王 25144 人、朱 21985 人、胡 21293 人、周 15911 人、丁 14423 人、吕 13358 人、应 12917 人、卢 12133 人、施 12048 人、郑 11867 人、赵 11620 人、麻 11157 人、张 10275 人。

遂昌县

据 1990 年第四次人口普查统计,全县有姓氏 286 个。其中 10000 人以上有周、张、吴 3 姓;

5001—10000 人有叶、黄、王、雷、郑、李、刘、罗、朱、潘、徐、陈 12 姓。

松阳县

据 1990 年第四次人口普查统计，松阳有姓氏 287 个，其中复姓 4 个。万人以上人口有叶(28620 人)、王(13840 人)、周(11459 人)、李(11375 人)、潘(10300 人)、吴(10035 人)6 姓，1000 人以上人口 35 姓，100 人以上人口 59 姓，10 人以上人口 65 姓，10 人以下 127 姓。仅 1 人，有 59 姓。

景宁畲族自治县

据 1990 年第四次人口普查统计，景宁有姓氏 226 个，其中复姓 2 个；人口在万人以上者 5 姓；每姓仅 1 人者 48 姓。人口 3000 人以上姓氏有：陈(17057 人)、吴(13952 人)、叶(12892 人)、张(10553 人)、刘(10292 人)、雷(8887 人)、蓝(6716 人)、梅(5978 人)、林(5719 人)、毛(5435 人)、徐(5320 人)、柳(4698 人)、周(4532 人)、李(4443 人)、潘(4307 人)、王(3959 人)、朱(3337 人)、沈(3244 人)、严(3068 人)。2010 年底，景宁畲族自治县根据公安部门人口统计数据，全县人口最多的 10 大姓氏及其具体人数分别是：陈(16832 人)，吴(14170 人)，叶(12242 人)，张(10372)，刘(9479 人)，雷(9688 人)，蓝(5895 人)，林(5758)，毛(5744 人)，梅(5686 人)。

第二节　源流与分布

莲都区　唐代，处州开始有诸姓人口迁入。唐末，朝廷镇压黄巢等农民起义军，多战乱，闽人相率入迁温州、处州一带。五代及北宋末年，北方战乱频繁，北人南流。明代正统、景泰年间，因战事人口减少。清道光至同治间，因战事、大疫和自然灾害，死亡、外流者多，人口减至过半。清末至民国初期，温州、瑞安、青田、缙云等县市因经商迁入人数增多。民国 27 年(1938)后，省级机关、工厂、学校、商店及沦陷区居民陆续迁来，人口骤增。民国 34 年抗日战争胜利后，入迁机关、单位先后迁返，人口减少。1958 年，撤销云和县，人口并入；同年宣平县撤销，曳岭区 5 乡人口并入。1960 年，撤销景宁县，人口并入；1962 年，恢复云和县(包括景宁)，人口划出；1984 年，双港、朱村、金村三乡划归云和县，人口划出。1982—1990 年，云和紧水滩电站、石塘电站部分移民迁入。1982 年后，青田、缙云等县流入丽水经商增多。

境内城关、碧湖两盆地人口密集，约占人口总数 40%以上，峡谷地带及沿溪两岸次之，山区人口分布稀疏。民国 28 年(1939)统计，城区每平方千米 412 人，大港头区 200 人，碧湖区 172 人，太平区 116 人，岩泉区 80 人。1990 年统计，市区城关镇每平方千米 2972 人，碧湖镇 1495 人，城郊区 164 人，碧湖区 206 人，丽云区 80 人，曳岭区 149 人，雅溪区 61 人。

莲都区以陈姓人口最众，族属众多，郡望大部分是颍川郡。画簕陈氏，世居丽水。一世祖陈天岭，越七世，陈昶移居祺沿里。后世分迁县内各地，共十二支。皂树陈氏，宋熙宁年间(1068—1077)，右正言陈禾迁缙云县城丛桂坊，后裔分居丽水皂树。另有大水门陈氏、上陈陈氏、陈村陈氏、陈寮陈氏、梓川陈氏、资福陈氏多族。

李氏最早迁入者为县城李氏，陇西郡望，支分长安。唐时李繁任栝州刺史，后留居小栝苍山。后西溪李氏一支尤为繁众，分居西溪、东山、岩蒙、百步等地。其余有庞山李氏、雅里李氏两支于后世迁入。

周氏最早迁入者为莲房周氏，汝南郡望，支分建康。唐时，周茂德授松阳县令，任满归道，值黄巢之乱，隐居于遂昌西隅，周茂德曾孙启英赘居郡城檡山下。周启英曾孙周养中于宋宣和年间(1119—1125)，因避方腊乱，迁居莲房白岩寨。后世分居永康、东阳等地。城内周氏，宋大中祥符年间(1008—1016)迁入；上黄村周氏，宋淳熙三年(1176)迁入。龙溪周氏，宋建炎年间(1127—1130)迁入。

碧湖叶氏。南阳郡望，支分松阳，后迁河南。唐时，光禄大夫叶炎因避战乱迁入碧湖。后裔分居碧湖、高溪等地。黄畈叶氏、前垟叶氏、金弄口叶氏，均自松阳迁入。碧湖另1支叶氏古楚郡望，支分襄阳，明时迁入。

王氏最早迁入者为下河王氏。太原郡望，支分江南，唐末其始祖王乾元任乐清令，迁居丽水弓岸，明时王年分居处州城东下河。另有城内王氏、奚渡王氏、显滩王氏、大港头王氏 、水阁王氏、碧湖王氏、河边王氏、张山王氏多支。

西坑徐氏，东海郡望，支分江南。宋元之际，迁居碧湖泉庄；太平徐氏，东海郡望，支分龙泉。宋绍兴年间(1131—1162)迁入。

吴氏较早迁入者有县城吴氏，渤海郡望，支分德清，北宋时迁入城内。另有洪渡吴氏、吴处吴氏、龙孔吴氏、青林吴氏、靠坑吴氏、三峰吴氏、何村吴氏多支。

朱氏最早迁入为卢湾朱氏，沛国郡望，唐时迁入，后世迁徙库头、金竹、陈村及缙云河阳、新建，青田海溪等地。西溪朱氏，宋时迁入，后裔分居西溪、百步、潘村等村落。底朱朱氏，宋绍兴年间(1131—1162)迁入芦村庄，遂卜居于此。长乐朱氏，宋靖康元年(1127)，朱弄朱氏分居于此。

龙泉市　中原汉族南迁后，汉人渐从江苏、江西、福建等省辗转迁居龙泉，尤其是五代十国时期(907—960)和金人南下，南宋朝廷偏安临安[①]时期，政治经济中心南移，南迁龙泉的人口大量增加。清初，避“三藩之乱”，闽东北人口迁入龙泉西南乡不少。清雍、乾间(1723—1795)，海禁初弛，商业复兴，江西广丰、浙江兰溪、永康、青田、温州等地商业手工业者纷至沓来，落籍特多，遂有“江西老俵一个包袱一把伞，走到龙泉当老板”之说。

民国26—34年(1937—1945)，全面抗日战争期间，省城杭州等地相继沦陷，外地人口迁居龙泉达到高峰。民国32年，县政府调查报告称：“本县自民国31年度起人口激增，外来机关军队公共户口约3万余人”。外地人于抗战胜利后迁离龙泉，留居极少。

1949年中华人民共和国成立后，由于社会主义建设需要，外省、外县迁入的人口较多：1958—1960年，从丽水、青田、温州、文成、泰顺、平阳、瑞安、瓯海、永嘉、乐清、温岭、诸暨等县、市，迁来林业采伐工人达12000人(其中部队转业900多人)，携带家属5000多人；1964—1967年，迁入新安江水电站库区淳安县移民1412户，5650人；1965—1966年，从杭州、东北等地迁入“小三线”工厂职工及其家属900人。

叶氏是晋栝苍太守叶仲廉后代一支于唐末从松阳卯山迁龙泉。

吴氏是唐天复三年(903)，吴祎一支由瑞安库村迁龙泉松源[②]，其孙公瑜分迁龙泉城内月泓坛；吴良二一支由遂昌迁龙泉锦安。

---

① 2010年称杭州。

② 2010年属庆元县。

张氏是唐末张绰(874—945)一支自福建南浦避地龙泉治平坊;张某一支从苏州迁丽水、再迁龙泉马埠;张常青一支于清初避耿精忠乱,从福建汀州古田迁龙泉住溪。

周氏是唐末,周象贤一支何地迁来无考。另一支于南宋间自杭州武林迁缙云,再迁龙泉城内石板弄。周星明一支于清康熙乙巳年(1665)由福建古田迁龙泉东乡。旌德人周希契一支于明崇祯年间(1628—1644)任龙泉主薄,子孙定居龙泉。宣城人周正春一支于明崇祯年间(1628—1644)任龙泉典史,亦定居城内。

季氏是唐时,季晋守栝苍,后迁龙泉梅墩巷,为一支;另一支,唐玄宗时(712—756),季升(进士)避安禄山乱,迁龙泉宏山。

刘氏是唐开元年间(713—741)刘原起一支自三衢迁龙泉八都横溪,再迁五都楼。刘保太一支于清末购销毛棕从江西迁龙泉城内。刘承聪一支于清雍正二年(1724)由云和县张家地迁龙泉东乡金蝉湖。

陈氏是陈倪一支于五代吴越国纳土归宋时,镇守处州,其三弟偶迁龙泉梓亭;另一支陈上元,清康熙年间(1662—1722)从福建上杭县迁龙泉北乡十九都村头村。

王氏是宋末,王刚叔之祖一支迁龙泉西乡盖竹。清顺治初,安徽歙县王孝立一支、王之路一支来龙泉贩盐定居。

李氏是唐肃宗上元二年(761),沛、溢、洮三兄弟避唐乱,自苏州常熟迁龙泉西乡。沛居八都下窖,溢居瀑云桑溪,洮居岱垟木岱。洮裔孙于元后至元四年(1338)迁龙泉城东为一支。明正统间,浦城人李善任龙泉知县,遂迁龙泉为一支;李金德从福建上杭迁龙泉驮寺门为一支。

青田县　据清光绪《青田县志》载:“青田旧日土旷人稀,外民多聚于此,种麻者多江西人,栽箐者多福建人,砍柴者多广东人,烧炭者多仙居人……”据宗谱记载,唐至清迁入姓氏 93 个,唐咸通至龙纪年间(860—889)5 姓,五代十国 6 姓,北宋 9 姓,南宋 18 姓,明 23 姓,清 32 姓。外省从福建迁入者居多,江西、陕西、河南次之;本省从处州、永嘉迁入居多,缙云、松阳、东阳次之。1990 年时,人口超过 5000 的姓有 22 个,其中最大者有:陈姓为第一大姓,1985 年人口的统计数字为 4.84 万人。主要聚居在县城、雅陈、黄垟、巨浦、陈宅和油竹上村等地。自唐代至清代,有宗谱记载的迁入青田的陈姓约 20 宗支。最早者为唐穆宗开成年间(公元 836—840)祖籍河南开封的陈昭远,其后裔从温州茗岙迁居青田。叶姓:最早者为北宋淳化年间(990—994)叶清臣从松阳迁入县城及水南,后又迁入 2 支。王姓:王龙一支祖籍山西太原,唐龙纪元年(889)从处州迁入石帆阳山,以后松元明清各代迁入者近 10 支。徐姓:徐绘一支原籍江苏镇江,北宋庆历(1041—1048)年间迁入县城,后又迁入 3 支。张姓:张仲隐一支原籍福建建瓯,于南宋嘉定十七年(1224)从处州迁入良川,后又迁入2 支。

云和县　王姓主要分布于云和镇大徐村,崇头镇砻铺、崇头,沙溪乡贵溪、后山,大源乡大源等乡镇村;叶姓主要分布于县城建设、新建和大湾乡叶山头、局村乡云章、崇头镇坑根、龙门乡田洋、双港乡规溪、朱村乡朱村、黄源乡黄家畲、沈村乡沈村等村、居委;蓝姓主要分布于云和镇新岭、朱村乡张兰、沈村乡苏坑、崇头镇岩下、小徐乡山脚、局村乡庄前、雾溪畲族乡雾溪、大源乡大源、双港乡叶村坪、安溪畲族乡下武等乡镇;张姓主要分布于云和镇解放、新建,金村乡南坑、杨村,局村乡河坑,沈村乡包山,大源乡大牛,黄源乡叶洋,崇头镇黄地、紧水滩镇石浦等乡村;陈姓主要分布于云和镇象山、建设、大众、新华,云坛乡陈邑,云丰乡后洋,黄源相陈坞、小顺乡小顺,局村乡局村等乡村;刘姓主要分布于云和镇建设、黄源乡黄家畲、小徐乡黄水碓、朱村乡张川、局村乡局村、赤石乡临海洋、小顺乡横山头、云丰乡王阴山、崇头镇张化等乡村。

庆元县　吴姓，有2支。一支望出延陵郡，唐乾宁四年（897）徙迁松源，元明之后其支裔遍布全县。一支望出渤海郡，宋初迁入，初居杭桥①，后其支裔向县内多地拓展。叶姓，望出南阳，隋唐时迁入，唐元和八年（813）又有一支叶姓从景宁迁入荷地，此后历代均有叶姓迁入。叶姓人口最多的地方依次为贤良镇、松源镇、荷地镇。胡姓，望出安定，于宋治平年间（1064—1067）迁入，主要聚居地为左溪、岭头。周姓，望出汝南，有2支。一支宋祥兴二年（1279）从松溪迁入，另一支源出张村乡。2010年，全县周姓最多乡镇依次为合湖、张村、三济、松源。

缙云县　缙云县以陈姓人口最众，族属众多，郡望大部分是颍川郡。最早迁入时间为唐乾符二年（875），陈有生迁入缙云十三都下洄，为下洄陈氏始祖。今陈氏遍布全县，有陈岸、下洄、虞山等14支。李氏主要有东门、夏川、姓王、雪峰、稠门、周岭6支。较早迁入者为稠门李氏，为唐皇室之后，于唐末迁居缙云稠门。朱氏分义阳朱氏、十八派朱氏、建川朱氏、客星山朱氏四支。最早迁入者为五代时期迁入并隐居于河阳的朱清源，属义阳郡。王姓主要有东门、方溪、宅塘、姓王、后塘、箬川、寮车头7支。最早者为东门王氏，于南宋初迁入。缙云胡氏有16支。最早迁入时间为北宋前期，胡森寓居黄碧东山，是东山胡氏迁缙始祖。

遂昌县　据65姓258部宗谱载，唐、五代徙居的有吴、周、张、姜、郑、徐6姓，宋44姓，元14姓，明33姓，清111姓（以福建移民居多）。部分姓氏源流及分布如下：周姓，今遍布全境25乡镇。分10支先后迁入，最早的于唐开元二年（714）任临洮迁入于唐夏②。张姓，有8支，分布于乡镇26个。最早一支于唐代迁入。吴姓，有延陵、渤海、濮阳三郡派，分布乡镇25个。最早者为属延陵郡的吴进于唐时迁入于遂昌马埠。黄姓4支，分布于乡镇24个，最早者于宋政和中由福建浦城迁入于坑西。叶姓3支，分布于乡镇25个，最早者于宋时由松阳迁入。王姓6支，分布于乡镇24个。最早为宋时王谭，天圣间赘遂城南隅张氏定居。

松阳县　魏晋南北朝时期转迁入境内有叶、赖、纪、项等氏族，后发展成为大族，其中叶氏占现总人口12.93%。宋高宗南渡时，北方居民扈从南迁，入境者甚众。清初，特别是耿精忠之乱后，大批福建西部居民移居境内，成为松阳人口重要来源之一。历代温州、青田等地船民、商贾，渐次定居松阴溪沿岸。

主要姓氏叶姓原籍河南。叶俭于东晋建武元年（317）致仕居古市卯山。境内叶氏一脉相承，现分居全境各主要自然村，俗有“叶落九州，根同一处”“无叶不成村”之说，为松阳巨姓。外迁遂昌、永嘉、龙泉、青田、龙游等县。子孙繁衍浙西南各地。

王姓支派众多。王国洪一支于北宋乾德年间（963—968）由闽至栝苍任刺史，后徙居松阳县城市塹头，避乱再迁根野③；王培一支祖籍丽水廿五都，明嘉靖年间（1522—1566）徙居花田畈；王仲禄一支祖籍福建上杭太平里，明末迁居五十楼④、大阴村麻园；一支于清初，由丽水城内马王庙迁居桐榔、

① 2010年属庆云县松源镇水门桥西端。
② 2010年属遂昌县长濂村。
③ 2010年属松阳县枫坪乡根下。
④ 2010年属松阳县石仓乡山头。

板桥等处；王士亨一支祖籍福建上杭，清康熙年间（1662—1722）迁居毛庄；王茂养一支祖籍景宁仙姑，清康熙四十七年（1708）迁居上百步；王五琳一支原籍福建，清初徙居龙泉、云和等县地，康熙年间至内大阴为人医疾，娶亲定居；王幼延一支于清康熙五十年由福建迁居泽源庄[①]；王幼碧三兄弟一支祖籍福建汀州王家巷，清康熙五十三年聚居水南清源坌。王姓现主要居于望松乡、西屏镇、竹源乡、斋坛乡、大东坝镇、古市镇、枫坪乡。

周姓8支。周文德一支祖籍江西永丰，唐广明元年（880）避黄巢起义之乱乔居永庆铺，后移居碧溪、乌石下周村；周焕光一支祖籍金武大殿口周陇，南宋时迁居板桥，后散居鲁峰、周山头；周南赤一支祖籍道州，南宋时由福建浦城来县仕令，稔居五衮[②]；周秉信一支于南宋宝祐年间（1253—1258），自安徽绩溪出任浙东制置司，元初避居古市三角坛；周元四一支于元代随父到处州任府尹而居，不久移居树梢；周泊注一支祖籍遂昌孟山头，元至元十一年（1274）迁居浦江岭，后周玉广转徙大岭根；周丙一一支祖籍温州平阳，明代徙居高亭肇基立业；周尧帏一支祖籍遂昌，明初迁居上方。周姓现主要居于西屏镇、枫坪乡、新处乡、安民乡、叶村乡、新兴乡、玉岩镇。

李姓6支。李宗源一支原籍天台赤城，元朝末期自缙云五云东阁迁居尹源；李孔文一支祖籍遂昌官溪，元明之际兵燹频仍避居西坑[③]，后散居大畈、龙虎坳、山乍口、翁村；李宗渭一支祖籍缙云，明初经商落居李庄[④]；李道先、李道良弟兄一支祖籍缙云五云东阁，明中期迁居黄泉头[⑤]，传至李金，与子转徙紫草头；李标昌一支祖籍福建永定，清康熙年间（1662—1722）迁居樟村，后分迁净村；李秉嵩与族兄弟一支祖籍福建上杭，清康熙末年散居于苦株树下、老虎坑、大樟源口、明坑、石仓源等处。李姓现主要居于谢村乡、樟溪乡、三都乡、西屏镇、新兴乡、枫坪乡、象溪镇、玉岩镇。

潘姓4支。潘十五一支祖籍景宁沐鹤溪，五代时迁居济川虆湖[⑥]；一支随宋高宗南渡后，肇基县城北街；潘钊一支于南宋时迁居县城太平坊，后分居古市；潘盛兴三兄弟一支祖籍福建武平，清雍正年间（1723—1735）迁居双坑口。潘姓现主要居于西屏、竹源等乡镇。

吴姓8支。吴驮一支祖籍台州仙居扒滩，北宋天圣二年（1024）迁居周安；吴萃一支原籍会稽山阴，宋熙宁元年（1068）从云和贵溪迁入宏山[⑦]；吴万三一支祖籍会稽山阴，元代初年迁居赤岸，后散居贵溪、黉山[⑧]、双溪、根下等地；吴唐润一支祖籍宣平[⑨]翁村，明嘉靖十六年（1537）迁居力溪；吴十七一支于明代末期迁居南岱；吴桂冠一支于明末清初迁居西岭根；吴朝养一支祖籍江西石城，清康熙初年迁居冈头坑[⑩]；吴成万、吴勇胜一支祖籍江西临川金溪，清康熙年间（1662—1722）迁居松城。吴姓现主要居于西屏镇、赤寿乡、枫坪乡等乡镇。

---

① 2010年属松阳县阳溪乡后泽源。
② 2010年属松阳县蛤湖村五部。
③ 2010年属松阳县谢村乡谢西坑。
④ 2010年属松阳县三都乡里庄。
⑤ 2010年属松阳县西屏镇。
⑥ 2010年属松阳县西屏镇南门。
⑦ 也称衡山，西屏镇横山。
⑧ 2010年属松阳县新兴乡内孟。
⑨ 2010年属金华市武义县。
⑩ 2010年属松阳县樟溪乡岗头儿。

陈姓8支。陈存信一支原籍福建，与胞弟移居宣平；陈康一支于北宋时迁居白岩下陈后[①]，宋靖康年间（1126—1127）移居龙湾；陈克一支祖籍缙云台门，明嘉靖年间（1522—1566），经商松阳，遂分居仙岩下、大石、狮子口；陈伯玉一支于明正德年间（1506—1521）迁居陈下；陈周二一支祖籍福建兴化，明末避居半山里；陈日荣一支祖籍福建上杭，清康熙年间（1662—1722）迁居湖溪口；陈三毅一支祖籍永康西山，清雍正年间（1723—1736）迁居石门圩；陈汪一支原籍景宁，其后世陈日政于清乾隆年间（1736—1795）徙安岱后。陈姓现主要聚居西屏、古市、石门圩、槲树、塘后、大石、官岭、安岱后。

徐姓6支。原籍龙游灵山，于不同时期迁居松阳。一支于唐天宝年间（742—756）避安史之乱，徙居龙泉西溪头，再由其子孙转迁白岩[②]；徐千驮一支于南宋时为避世扰攘，徙居南州，后分居毛源；徐裕一支于宋淳祐十年（1250）秋移居南州，至宋宝祐元年（1253）又改择芳溪[③]而居；徐仁荣一支于南宋景炎三年（1278）迁居南州；后散居赤岩、坳后、大铺；徐志一支于明嘉靖四年（1525）迁居合湖；徐亮三一支于南宋时避居吕潭，清乾隆年间（1736—1796）分迁雅溪口。徐姓现主要聚居西屏、古市、毛源、大铺、坳后、外石塘、赤岩、南州、坳头。

刘姓11支。刘忠四一支原籍江西贵溪，北宋大观年间（1107—1110），仕官婺州而归，乐居千义坑[④]，后分居本县黄坑口；刘辉一支原籍河南汴梁，南宋绍兴十二年（1142），隐居朱岱，后分居古市三角坛；刘开泰一支祖籍青田九都，元代末期迁居下五木；刘秉逢一支祖上随宋高宗南渡，于明代初期游猎三都里庄定居；刘堡一支于明代中叶迁居清溪；刘堂一支祖籍青田南田[⑤]，明正德年间（1506—1521）迁居山背，后分居裕溪；刘延爵一支祖籍青田南田武阳，明嘉靖年间（1522—1566）迁居槎川[⑥]；刘亮一支祖籍福建上杭，清康熙五十三年（1714）迁居上潘，后散居于牛角圩、蛤湖；刘文有一支原籍福建长汀，后转迁宣平上黄里村，清乾隆五十六年（1791）迁居岭头；刘福茂一支原籍福建古田，清同治年间（1862—1874）定居花田畈；一支祖籍福建莆田，清同治年间迁居乌形山。刘姓主要聚居西屏、古市、乌形山、上安、下五木、大川、界首、溪下、小槎、裕溪、山乍口。

何姓3支。何万二、何万五兄弟一支祖籍丽水保定，元大德元年（1297）分迁中央圩、溪南独山下[⑦]；何尚志一支原籍金陵，传至十五世何秉义，于明成化十九年（1483）定居上河；何殿万一支祖籍福建上杭胜运里，清康熙五十四年（1715）迁居排居口。何姓现主要聚居西屏、塔寺下、下包、上河、排居口、支木。

景宁畲族自治县　汉族主要姓氏有陈、吴、叶、张、刘诸姓；畲族有蓝、雷、钟诸姓。

陈姓2支。一支颍川郡，北宋靖康年间（1126—1127）由云和云坦徙迁青田县库川[⑧]；又一支回图郡，南宋建炎年间（1127—1130），自青田永惠迁至渤海村。

---

① 2010年属松阳县玉岩镇下陈。

② 2010年称玉岩。

③ 2010年属松阳县新兴乡下源口。

④ 2010年属遂昌县。

⑤ 2010年属温州市文成县。

⑥ 2010年属松阳县裕溪乡小槎村。

⑦ 2010年属松阳县西屏镇水南。

⑧ 2010年属景宁畲族自治县库头村。

吴姓2支。一支延陵郡，北宋开宝八年（975），若梯公自松源（庆元）迁至卢山[①]；又一支濮阳郡，后唐清泰三年（936），君辅公自山阴县乐和里徙迁桃源村[②]、坪坑[③]。

叶姓2支。一支楚郡，北宋元丰五年（1082），景山公自括实[④]徙迁青田县沐鹤溪[⑤]钓台上村[⑥]；又一支南阳郡，北宋天圣三年（1025）小二公自松阳县古市茆山后徙迁青田县十三都上标鱼潦口[⑦]；后散居雁溪本溪、石梯和福建省寿宁县西溪等地。清雍正年间（1723—1735），春善公迁居大地、半蚌，春昶公迁居叶坑下，春裕公迁大地，分支曲坑，春佑公居水溪。

张姓2支，清河郡，南宋末年，一支由福建渔溪迁入境内鹤溪。同郡另一支由福建寿宁县徙迁岱头村。

刘姓2支。一支彭城郡，宋末元初由括苍迁青田金钟[⑧]；又一永嘉郡，迁入时间不详，人数少。

雷姓于唐代首次迁入景宁，据惠明寺村和敕木山村保存的《唐朝元皇南泉山迁居建造惠明寺报税开垦》一文记述，“唐永泰二年丙午岁（766），雷太祖进裕公一家与僧昌森、子清华二人，从福州罗源十八都苏坑境南坑，一同来到浙江处州青田鹤溪村住大赤寺，后居叶山头砍伐山林，开垦田园”。后明清时期又有数支迁入。

蓝姓于宋代开始迁入。南宋淳佑（1241—1252）年间，蓝敬泉支族由福建罗源黄庄下迁处州丽水小窟（云和县山脚村）。明正德年间（1506—1521），蓝敬泉支族由福建福安县东门髻蓝迁居浙江处州府云和县岩下村，清康熙五年（1666），其后裔迁入景宁县六都驮磨庵[⑨]。

钟姓于明代迁入。明洪武八年（1375），钟日章由福建迁入二都油田；明洪武三十八年，钟隆熙由福建罗源县十七都晋安大平村迁入景宁山外村。

第四章　居民生活

唐至明代，处州粮食作物以水稻为主，居民以少量大米等食物生活。明清时期，番薯、玉米、马铃薯等粮食作物传入丽水，山区得到进一步开发，但人口也在增加，大部分人民群众生活依然贫困。明清至民国时期，处州着粗衣穿土布，不穿华服。清末民初，机布开始进入市场。

① 2010年属景宁畲族自治县鸬鹚村。
② 2010年属景宁畲族自治县东坑镇。
③ 2010年属景宁畲族自治县家地乡。
④ 2010年莲都区大港头一带。
⑤ 2010年属景宁畲族自治县鹤溪。
⑥ 2010年属景宁畲族自治县叶府前村。
⑦ 2010年属景宁畲族自治县景南乡上标。
⑧ 2010年属景宁畲族自治县金钟乡。
⑨ 2010年称景宁畲族自治县澄照乡金丘村。

20世纪20年代前期，处州社会经济有一定发展，物价稳定，民众生活有所提高。抗日战争期间，由于日本侵略军破坏和掠夺，生产力受到极大破坏，生活物资奇缺。战后经济长期得不到恢复，人民生活水深火热。

1949年中华人民共和国成立后，丽水人民政府建立政权，恢复生产，先后进行土地改革和城乡经济的社会主义改造，人民生活开始提高。以后经"文化大革命"等时期，社会经济缓慢发展。衣食方面，新的农业科学技术应用，不少原来不产稻米的山区成功地种植水稻，大米开始成为山区的主食。但民生普遍贫困，温饱尚未解决，民众尚无力关心住房及出行。1978年，城镇从业人员11.88万人，乡村从业人员61.59万人；城镇居民人均收入302元，农村居民人均纯收入131元；居民储蓄存款余额0.27亿元。

1978年改革开放后，丽水地区经济快速发展，人民收入水平不断提高，生活质量明显改善，实现从温饱不足到总体小康的历史性跨越。20世纪80年代后，番薯丝饭属罕见，主食开始多样化。20世纪60年代，化纤布进入丽水市场。20世纪80年代以后，尼龙、涤纶、腈纶及其它各种人造纤维和化纤织物层出不穷，成为丽水人民主要的穿着衣料。随着改革开放的逐步深入和经济社会的发展，城乡居民收入水平大幅度提高，生活质量明显提高，消费结构逐渐从吃穿为主的单一结构开始改变，住、用、行、文娱和发展方面的消费支出显著提高。

2010年，丽水市城镇居民人均可支配收入21093元，农村居民可收入6537元；城镇居民家庭恩格尔系数35.1%，农村居民家庭恩格尔系数38.2%；居民储蓄存款余额533.75亿元。城镇居民人均住房建筑面积41.8平方米，比上年末增加0.1平方米；农村居民人均居住面积48.04平方米，比上年增加1.48平方米。年末每百户城镇居民家用汽车拥有量17.7辆。

第一节 生活概况

农村居民生活

据明成化《处州府志》载，粮食作物有稻、黍、豆、大小麦、粟。唐宋时期，处州粮食作物以水稻等为主，百姓以少量大米等食物生活。处州十县除松阳勉强在低层次上能做到粮食自给外，其余均为缺粮县。明清时期，番薯、玉米等粮食作物传入丽水，清光绪《处州府志》中记载粮食作物已有番薯。食物产量有所增加，但人口也在增加，大部分人民群众生活依然贫困。山区群众将番薯刨丝、晒干久存，以薯丝伴米烧成饭和粥食用。衣着方面，清光绪《处州府志》载："处郡十邑，男鲜罗纨，女无盛饰，崇节约而务朴诚。"民国《丽水县志》也载有"衣斥纨绮，食甘粗粝，女勤纺织"，民众着粗衣穿土布，不穿华服。清乾隆年间，江西人来丽水种植苎麻，以苎麻织布，俗称"腰机布"。清后期，丽水民间普遍都有手摇纺车和麻篮，用来纺棉纱，捻麻线。用土布机织成的棉布称"主家布"，布面粗糙，但很结实。土布的制作和穿用以缙云最普遍，延续时间也最长，20世纪80年代在农村仍有织用。清末民初，丽水创建"利用织布公司"，机布开始进入市场。

20世纪20—30年代，丽水乡村非常贫困，冬日天气严寒，大部分农民单衣单裤，夜睡稻草窝。中层农民也只多1件棉上衣或夹袍而已。住房方面，丽水县全县农村没有1座钢筋水泥建造的3层楼，富户2层砖瓦房，一般农户家好点也只能住有泥墙的木屋，不少家庭住茅草房。冬天，贫穷之家关门烤火，喝稀薄的米汤粥。各县情况类似，山区县贫困程度更严重。民国21年（1932）调查，丽水县男女雇农平时工资每年24元，每月2元，每日0.07元；农忙工资每月3元，每日0.1元；童工工资为男女工人之半数。抗日战争时期，农户赋税及青壮年劳役沉重，农村社会更加贫困；由于日本侵略军破坏和掠夺，生产力受到极大破坏，生活物资奇缺。民国31年9月，侵丽日本侵略军退出丽水后，10多天时间丽水城饿死数十人，各县出现大批战争灾民。战后经济长期得不到恢复。

1949年中华人民共和国成立后，丽水农民分到土地，当家作主，生活逐步改善。1952年，乡村从业人员38.42万人；1957年乡村从业人员41.63万人。1959年，人均集体分配（不包括自营部分）收入54元。1962年经济困难时期下降到36元。20世纪60年代合作化运动以后，按工分计酬，吃大锅饭，出工不出力，一年所得无几。1965年，乡村从业人员46.37万人。20世纪50—70年代，民生普遍贫困，温饱尚未解决，山区老百姓番薯丝伴少量米饭当主食的情况依然十分普遍。民众尚无力关心住房及出行。

1978年，丽水农村从业人员61.59万人，农村居民人均纯收入131元。

1980年，丽水农村居民人均生活消费支出166元。消费结构序列为基本生存型的吃、住、穿、用品、服务性支出及其他；其中，吃占64%，住占6.3%，穿占12.8%，用品、服务性支出及其他占16.9%，基本上为理发、肥皂之类日常支出。人均居住面积10.53平方米。

1978年中共十一届三中全会后，随着党和政府发展农村经济新的各项方针政策的贯彻落实，家庭联产承包责任制的广泛实施，极大地调动广大农民发展农业生产的积极性，农业和农村经济得到高速发展。家庭联产承包责任制后农村劳动力向非农产业转移。1983年，有社队企业6853家，职工76775人，总收入15010万元。

1985年，丽水农村从业人员94.94万人。农村消费依然以基本食品类消费为主，恩格尔系数55.2%。农民人均住房开始增加，人均面积达21.1平方米。20世纪80年代后，主食开始多样化，食品番薯丝饭成为特色旅游食品。20世纪80年代以来，尼龙、涤纶、腈纶及其它各种人造纤维和化纤织物层出不穷，品种多样、价廉物美，成为丽水人民主要的穿着衣料。收入水平大幅度提高的同时，生活质量明显提高，消费结构逐渐从吃穿为主的单一结构开始改变，住、用、行、文娱和发展方面的消费支出显著提高。

1986年，丽水农村居民收入稳定增长。农产品总量大幅度增长，各级对农业生产有所放松，期内工业品价格大幅上涨，工农产品价格剪刀差扩大，使农民生产投入增加，效益下降。同时，乡镇企业作为农村经济发展的重要性初显，农村非农产业的兴起和发展，使农村经济和农村劳动力结构发生显著变化，大大加快农民实现共同富裕的步伐，农村经济发展由依靠单一的农业转向农工商综合经营、全面发展的轨道。居民投资收入逐步增加。消费结构明显变化。1990年与1980年相比，人均消费支出由166元增加至582元，其中食品类支出从63.90%降至58%；衣着类支出从12.6%降至7.2%；人均生活居住面积从10.5平方米增加至26.2平方米。1992年，乡村劳动人员115.91人；1992年与1986年相比，农民收入由414元增加到816元，年均名义增长10.2%。但农村消费依然以基本食品类消费为主，恩格尔系数依然达53.1%，缓慢下降。农民人均住房稳步增加，人均面积达26.6平方米。摩托车、照相机、冰箱、彩电等尚属奢侈品，仅在市区偶见。

1993—1996年，丽水农村居民收入高速增长。以1992年邓小平南方谈话和同年10月召开的中共第十四次全国代表大会为标志，中国改革进入一个全面向社会主义市场经济体制转轨的时期，中国出现新一轮的经济高速增长。特别是农产品价格的提高为丽水农民收入的高速增长奠定良好的基础，农民收入由816元增加到2113元，年均名义增长26.9%，其中，1994、1995年名义增长速度均超过35%。1997年，乡村从业人员119.43万人。农民人均收入2305元。农村居民人均生活用房面积28.5平方米，钢混及砖木结构房屋继续上升，居住质量不断提高。农村住户耐用消费品及食品类主要食物消费尚未产生结构性变化。

1997年，丽水经济缓慢增长。2000年撤地设市，乡村从业人员122.1万人；社会保险工作加强，年末农民养老保险投保人数31.99万；农民人均纯收入2590元。农村消费从原来的单一基本食品类消费为主开始多样化，恩格尔系数下降至39%。摩托车、彩电开始普及，照相机、冰箱等拥有量明显增加。农民人均住房明显增加，人均面积达37.8平方米。

2004年，丽水逐步落实强农惠农政策措施，深入推进农村各项改革，丽水市委、市政府以农民增收“6+1”工程为抓手。2010年，乡村从业人员104.45万人。新型农村合作医疗进一步完善，社会保障水平不断提高；社会救助工作机制进一步健全。农村居民人均纯收入6537元，年均名义增长11.5%。农村消费支出多样化，恩格尔系数下降至38.2%。农民人均住房显著增加，人均面积达48平方米。

2010年，丽水每百户耐用消费品拥有量：电视机123台，家用汽车3辆，家用电脑16台，移动电话174部，电冰箱62台。

城镇居民生活

物价　20世纪30年代初期，丽水生产有所发展，物价比较稳定。民国26年(1937)7月，抗日战争全面爆发后，物价逐步上升，物价指数一路上扬。民国21年，丽水大米每50千克4元。民国25年，丽水米价每担上涨到4.95元，政府及民间各抗战团体发展后方生产，进行物产调整，平抑物价。民国30年4月，日本侵略军发动“浙东作战”，浙江抗战局面受到冲击；经济形势变化，物价指数明显上扬，此后一直快速增长。1942年5月，日本侵略军发动“浙赣战役”。战役期间丽水经济经受严重破坏，经济体系遭受系统性毁灭，此后再难恢复。战后经济崩溃，物价及物价指数不断飙升。1947年12月，全国物价指数达抗战初期的十万多倍。抗战结束后国共内战，经济形势继续糜烂。1949年中华人民共和国成立后，丽水经济快速恢复并呈现较好发展势头。20世纪60—70年代，丽水地区实行计划经济，规定各类产品的生产和调拨并规定价格，商品生产不发达，生活物资均凭票供应，物价长期稳定。1966—1976年，“文化大革命”，大米每500克0.13元，猪肉每500克0.64元，一直没变。1978年，丽水实行改革开放，经济体制开始松动，商品生产的数量及范围逐渐增加，商品零售价格总指数逐步变化上升。1975年，龙泉县商品零售价格总指数为100，1979年，逐步升至104.3；此后稍有反复，1983年，跌至99.7，此后一直缓慢上升。1985年开始，全地区范围内重新进行物价指数变化的分析研究。1986年，丽水地区商品零售价格总指数为105.8，龙泉为105.1；丽水地区居民消费价格总指数为105.8，龙泉为105.4。各项指数至1992年间逐年平稳上升。1993年，丽水地区物价各项指数较上年明显上升，丽水市区商品零售价格总指数为118.3，龙泉为115.4；丽水市区居民消费价格总指数为121.2，龙泉为115.4。1994年，各项指数达到最高点，丽水市区商品零售价格总指数为122.1，龙泉为125.8；丽水市区居民消费价格总指数为124.3，龙泉为125.6。以后物价指数变化有所反复并渐趋回落，2002年，丽水市物价回落至最低点，丽水市区商品零售价格总指数为99.2，龙泉为 99.7；丽水市区居民消费价格总指数为 98.1，龙泉为 99.9。以后年份各项指数变化逐步上升并有所反复。2010 年，丽水市区商品零售价格总指数为 104.1，龙泉为 104.4；丽水市区居民消费价格总指数为 104，龙泉为 104.9。

1975—2010 年丽水物价指数一览

表 46-4-1-1

年份	商品零售价格总指数		居民消费价格总指数	
	市区	龙泉市	市区	龙泉市
1975	—	100.00	—	—
1976	—	100.40	—	—
1977	—	100.10	—	—
1978	—	102.50	—	—
1979	—	104.30	—	—
1980	—	103.30	—	—
1981	—	100.30	—	—
1982	—	101.80	—	—
1983	—	99.70	—	—
1984	—	100.80	—	—
1985	—	110.40	—	—
1986	105.80	105.10	105.80	110.30
1987	110.90	111.70	110.90	105.40
1988	126.30	128.80	125.00	111.80
1989	118.10	118.10	117.80	125.70
1990	101.70	100.90	102.70	117.50
1991	103.50	104.20	104.50	101.50
1992	106.60	106.60	107.40	105.00
1993	118.30	115.40	121.20	106.80
1994	122.10	125.80	124.30	115.40
1995	114.60	117.30	116.40	125.60
1996	106.20	103.90	109.10	119.20
1997	100.40	100.00	101.70	105.30
1998	98.50	97.60	99.30	102.20
1999	97.50	98.30	97.60	98.90
2000	99.90	101.50	101.20	98.70
2001	99.20	101.20	99.50	101.10
2002	99.20	99.70	98.10	100.50
2003	99.90	100.70	101.00	99.90

续表 46-4-1-1

年份	商品零售价格总指数		居民消费价格总指数	
	市区	龙泉市	市区	龙泉市
2004	103.00	102.10	103.40	101.00
2005	100.20	100.70	101.00	103.50
2006	100.00	101.50	100.60	101.30
2007	104.70	105.90	105.20	102.50
2008	106.90	105.80	105.20	105.90
2009	98.70	99.00	98.90	105.50
2010	104.10	104.40	104.00	99.20

收入　民国时期，丽水有粗纸、织布、鞭炮、陶瓷、矿产等产业工人。民国21年(1932)，据丽水县调查，全县有燧昌火柴有限公司，普昌梗片厂、利用织布有限公司，洽济织布厂等工厂4家，工人1276人，其中男332人，女944人。燧昌火柴有限公司月工资6—50元。普昌梗片厂月工资6—30元。利用织布有限公司、洽济织布厂月工资5—20元。民国22年省立处州初级中学校长薪俸160元；教员薪俸最高144元，最低30元，平均90元；职员薪俸，最高40元，最低27元。民国25年，丽水公务员及教师每月征所得税，又从本年起续征公务员飞机捐，七捐八税，名目繁多公务员及教职员工生活日益艰难。民国32年1月24日，云和规定手工业工资限额，木工、泥水匠每工13元，供膳7元；竹匠、粗工、缝纫每工11元，供膳5元；理发业西发、女发每次4元，光头2元，平头和圆顶3元；黄包车每千米2元，轿力每华里每人0.7元。劳动强度大，工资水平低，物价涨得快，生活无保障。

1949年中华人民共和国成立后，丽水人民政府建立政权，恢复生产，进行城乡经济的社会主义改造，人民生活开始提高。随着社会主义建设事业的发展，就业人数不断增加。1957年，各县全民所有制职工3.16万人，年平均工资438元。1965年，丽水专区城镇从业人员5.84万，个体从业人员0.17万人。1978年，丽水地区在岗职工11.88万人，年平均工资482元。

1979—1991年，丽水地区改变企业过去的工资管理体制，正式实行"工效挂钩"企业制度。1985年，丽水地区行署对机关事业单位职工进行建国以来的第二次工资改革，强调"劳酬结合，职责相符"，提高工资水平。1990年，再次制定"国家宏观调控，分级分类管理，企业自主分配"的目标模式，增强企业自主分配权，为城镇居民收入水平的提高奠定基础。1990年，丽水地区职工人数17.38万人，年平均工资2050元；城镇居民人均可支配收入1589元。1991年，丽水地区城镇居民人均可支配收入为1722元，比1978年增长4.7倍，年均增幅14.3%。丽水地区城镇居民生活逐渐摆脱贫困，解决温饱问题。消费结构明显变化。

1992年，丽水地区城镇就业人员19.27万人，待业人员10495人，平均每人每月现金收入241.3元，每人每月现金支出237.52元。交通、通讯消费开始迅猛发展。丽水市城镇居民生活逐渐摆脱贫困，解决温饱问题。

1993年，丽水地区对机关事业单位进行建国以来第三次工资改革，城镇居民收入快速增长。股票市场和房地产市场迅速发展；城镇住房制度改革全面推开。

1997年，丽水地区城镇从业人员18.43万人；居民收入增长较快，人均可支配收入6614元。

2000 年，丽水市劳动力交流成功 16083 人，城镇待业安置 5424 人，城镇失业率 3.2%。1992—2000 年，丽水市城镇居民收入来源由原来以国有、集体职工工资为主成份的收入模式向多元化过渡，丽水城镇居民的生活进入小康行列。2000 年，丽水城镇居民人均可支配收入为 7960 元，比 1991 年增长 3.6 倍，年均增长 18.5%。其中人均工薪收入为 5993 元，比 1991 年增长 3.9 倍，年均增幅达 19.3%；人均财产性收入为 166 元，增长 3.2 倍，年均增幅 17.1%；人均经营性收入为 195 元，增长 92.6%，年均增长 7.6%；人均转移性收入为 1678 元，增长 2.5 倍，年均增长 14.9%。

2001—2010 年，丽水市在保持经济总量快速增长的基础上，更重视质的提高。所有制结构更趋合理，市场机制进一步完善，社会保障体系更加完备，人民生活更加殷实。城镇居民生活向全面小康迈进，进入收入稳步增长时期。分配制度的改革进一步推进，国家逐步规范行政事业单位职工工资，对离退休人员的养老金逐年上调，个体、私营经济平稳快速发展，城镇居民人均可支配收入进入平稳增长期，收入渠道多元化。2000—2010 年，丽水市城镇居民人均可支配收入年均名义增长 10.2%，2003 年和 2010 年，城镇居民人均可支配收入首次突破 1 万元和 2 万元大关。

2010 年，丽水市城镇居民人均可支配收入 21093 元。比 1981 年的 474 元增长 68.8 倍，扣除价格因素影响，年均名义增长 13.7%。城镇居民收入来源由单一的工薪收入转为工资性收入、经营性收入、财产性收入和转移性收入等多种报酬形式共存。其中，工资性收入的比重由 1981 年的 98.8%下降至 2010 年的 56.5%，而经营性收入、财产性收入和转移性收入比重分别达到 11.9%、4.6%和 27%。

1978—2010 丽水市居民生活基本情况一览

表 46-4-1-2

年份	农村居民人均纯收入（元）	城镇居民人均可支配收入（元）	农村居民恩格尔系数（%）	城镇居民恩格尔系数（%）	人均住房（平方米）	
					农村人均住房居住面积	城镇人均住房使用面积
1978	131.00	302.00	0	60.10	0	6.50
1979	150.00	315.00	0	59.10	0	6.80
1980	194.00	365.00	0	58.20	10.50	7.10
1981	286.00	437.00	0	56.40	0	7.20
1982	327.00	477.00	52.60	56.10	0	7.50
1983	344.00	499.00	51.50	54.30	0	8.80
1984	330.00	598.00	58.20	54.20	18.90	10.30
1985	414.00	766.00	55.20	51.10	21.10	10.90
1986	414.00	882.00	53.50	52.20	22	11.90
1987	492.00	980.00	48.10	53.60	23	12.20
1988	552.00	1280.00	51.90	48.50	24	12.80
1989	594.00	1530.00	54.90	56.90	23.80	14.10
1990	652.00	1589.00	58.00	55.70	26.20	14.60
1991	725.00	1722.00	56.90	54.30	26.30	15.50

续表 46-4-1-2

年份	农村居民人均纯收入（元）	城镇居民人均可支配收入（元）	农村居民恩格尔系数（%）	城镇居民恩格尔系数（%）	人均住房（平方米）	
					农村人均住房居住面积	城镇人均住房使用面积
1992	816.00	2180.00	53.10	51.70	26.60	16.80
1993	1025.00	2757.00	54.30	51.70	27.50	17.10
1994	1389.00	4303.00	52.50	48.80	27.50	18.30
1995	1878.00	5188.00	52.40	46.90	27.90	19.50
1996	2113.00	5587.00	54.00	44.10	24.90	20.60
1997	2305.00	6614.00	54.50	43.40	26.20	21.70
1998	2348.00	6900.00	48.10	42.80	28.00	22.80
1999	2465.00	7300.00	46.30	41.10	34.20	23.50
2000	2590.00	7960.00	43.00	40.80	33.90	24.60
2001	2740.00	8960.00	41.00	39.60	34.80	25.30
2002	2920.00	9900.00	41.00	39.20	38.40	25.80
2003	3047.00	10800.00	39.00	39.10	37.80	27.00
2004	3322.00	11892.00	39.10	38.60	41.10	28.90
2005	3572.00	12846.00	38.30	37.20	43.70	30.90
2006	3869.00	13958.00	38.30	35.20	44.90	31.60
2007	4373.00	15910.00	38.70	35.80	44.70	31.80
2008	5050.00	17710.00	39.70	37.00	44.70	30.90
2009	5703.00	19018.00	39.10	34.80	46.60	31.30
2010	6537.00	21093.00	38.20	35.10	48.00	31.40

说明：年底平均每百户

1981—2010丽水市城镇居民生活一览

表 46-4-1-3　　单位：元

年份	人均实际收入	其中				人均消费性支出	其中						
		工薪收入	经营收入	财产收入	转移收入		食品	衣着	设备用品	医疗保健	交通通讯	文教娱乐	居住
1981	474	469	–	–	5	426	240	60	51	8	7	38	16
1982	528	494	–	–	34	423	237	64	55	6	5	34	19
1983	539	506	–	–	33	491	267	67	56	7	4	67	21
1984	650	601	–	–	49	522	283	78	66	15	7	44	24
1985	866	753	5	10	98	722	369	102	136	14	8	67	25
1986	999	865	6	12	116	822	429	105	133	14	13	60	40
1987	1127	916	8	16	187	974	522	116	138	21	16	100	26

续表 46-4-1-3　　　单位：元

年份	人均实际收入	其中				人均消费性支出	其中						
		工薪收入	经营收入	财产收入	转移收入		食品	衣着	设备用品	医疗保健	交通通讯	文教娱乐	居住
1988	1397	1047	16	27	308	1225	594	127	189	36	17	136	50
1989	1530	1093	18	31	388	1392	792	152	156	41	23	129	70
1990	1595	1106	21	33	435	1422	792	148	118	40	20	158	80
1991	1844	1222	101	40	481	1684	914	182	128	47	22	162	106
1992	2230	1417	167	60	586	1916	990	238	112	51	26	206	135
1993	2819	1827	141	98	753	2545	1316	305	242	82	127	199	149
1994	4563	3099	172	165	1127	3326	1623	389	404	120	166	239	256
1995	5550	3858	188	178	1326	4748	2227	619	475	168	223	514	360
1996	6097	4262	186	186	1463	5243	2312	570	397	234	341	720	449
1997	6733	4840	182	142	1569	5288	2295	527	653	300	203	605	517
1998	7148	5215	179	150	1604	5252	2248	551	495	253	348	671	528
1999	7451	5437	182	156	1676	5899	2425	596	546	326	674	634	568
2000	8031	5993	195	166	1677	6417	2618	567	709	430	681	791	606
2001	8977	6761	297	207	1712	7513	2975	654	946	617	767	907	611
2002	9946	6981	317	252	2396	6751	2446	605	401	477	835	1095	492
2003	11501	7137	919	554	2891	7500	2933	861	464	497	928	1187	503
2004	12555	7543	1419	481	3112	8685	2995	891	546	929	1004	1301	782
2005	13896	8620	1691	650	2935	9244	3097	1010	505	726	1352	1365	938
2006	15094	9155	1834	808	3297	9976	3311	1141	554	797	1360	1498	1033
2007	17179	10307	1814	879	4197	11300	3961	1225	639	941	1626	1595	1010

第二节　储蓄与消费

储　蓄

民国 6 年(1917)5 月，中国银行温州支行丽水县代理处开始在丽水经营储蓄业务。民国 26 年，全面抗日战争爆发，浙江地方银行等金融机构迁入丽水，外来人口迁入丽水，存款几储蓄业务猛增。民国 31 年，丽水城乡储蓄存款余额 27.96 万元(法币)。民国 37 年，丽水城乡储蓄存款 17840.29 万元(金圆券)。

1950 年，丽水城乡居民储蓄存款余额 2 万元，占金融机构存款余额的比重为 6.1%，人均储蓄存款 2 分；1960 年，城乡储蓄存款余额 428 万元，人均储蓄存款 3 元；三年困难时期，城乡居民储蓄大幅度下降，1962 年，储蓄存款余额 265 万元。1970 年，城乡储蓄存款余额 667 万元。1978 年，丽水城乡居民储蓄存款 2689 万元，占金融机构存款余额的比重 21.8%，人均储蓄存款 12.6 元。1985 年，人均储蓄存款突破百元，达到 133 元。1990 年，丽水城乡居民储蓄存款 104655 万元，占金融机构存款余额的比重 67.7%，人均储蓄存款 436 元。1994 年，人均储蓄存款突破千元，达到 1332 元。2000 年，丽水城乡居民储蓄存款 947794 万元，占金融机构存款余额的比重 61.3%，人均储蓄存款 3812 元。2006 年，人均储蓄存款突破万元，达到 10212 元。2010 年，丽水城乡居民储蓄存款 5337505 万元，占金融机构存款余额的比重 52.3%，人均储蓄存款 20557 元。

消 费

改革开放以前生活物资普遍匮乏。1978 年，城镇居民人均可支配收入 302 元。日常生活消费的支出大部分用于吃、穿等基本生活需求，恩格尔系数 60.1，住房人均使用面积 6 平方米。20 世纪 70 年代，城镇居民家庭的奢侈品有自行车、手表、缝纫机，一般在结婚等喜庆时候置用，更换周期很长。

1990 年与 1981 年比较，人均消费支出由 426 元增加至 1422 元，其中食品类支出从 56.3%升至 55.7%；衣着类支出从 14%降至 10.04%；恩格尔系数 54.1。人均住房建筑面积从 8.6 平方米增加至 19.4 平方米。20 世纪 80 年代城镇居民家庭的奢侈品有电视机、洗衣机、电冰箱，反映出生活质量较 20 世纪 70 年代明显改善。

1992 年，每百户人家拥有彩电 74 台，照相机 36 架；空调、摩托车、吸尘器等进入寻常百姓家；牛羊肉、奶制品逐渐成为日常食品。居住条件改善，年末城镇人均居住面积 14.85 平方米。交通、通讯消费开始迅猛发展。丽水市城镇居民生活逐渐摆脱贫困，解决温饱问题。

1997，年末城镇居民居住面积 14.02 平方米。每百户人家彩电 107.1 台，照相机 40 架；空调 17.1 台、摩托车 22 辆。

2000 年，摩托车、彩电、相机成为日常消费品，每百户有家用电脑 15 台；手机进入居民的日常生活并成为每个人的必需品。饮食结构进一步调整，牛羊肉、奶制品消费比例有所提高；城镇人均居住面积 14.3 平方米。丽水城镇居民生活迈入总体小康阶段。

2010 年，生活消费支出 15366 元，与 1990 年比较，其中食品类支出降至 35.1%，衣着类支出升至 11%；人均居住建筑面积 41.8 平方米，部分居民拥有住房 2 套。耐用消费品质量提高。2010 年，每百户耐用消费品拥有量：电视机 183.3 台；家用汽车 17.7 辆，比上年增加 6.4 辆；家用电脑 81.4 台；移动电话 202.8 部；电冰箱 99.8 台。年末每百户居民家用汽车拥有量 17.7 辆，比上年增加 6.4 辆。教育、旅游成为新的消费亮点，网络消费方兴未艾，医疗保健支出快速增长，居民生活向全面小康迈进。

若干年份丽水地区耐用消费品拥有量一览

表 46-4-2-1

项 目	城镇居民家庭				城镇居民家庭			
	1978	1990	2000	2010	1978	1990	2000	2010
缝纫机（架）	52	85	—	—	—	14.60	152.20	—
摩托车（辆）	0	2	39	48	—	—	12.40	40
自行车（辆）	40	195	167	—	—	25.60	123	66

续表 46-4-2-1

项　目	城镇居民家庭				城镇居民家庭			
	1978	1990	2000	2010	1978	1990	2000	2010
家用汽车（辆）	0	0	0	17.70	—	—	0	3
洗衣机（台）	1	66	80	87.40	—	1.90	11.80	39
电冰箱（台）	0	75	92	99.80	—	0.60	17.60	62
电视机（台）	18	108	152	183.30	—	9.10	100.40	123
家用电脑（台）	0	0	8	81.40	—	—	0	16
组合音响（套）	0	8	22	27.80	—	—	7.20	—
摄像机（架）	0	0	0	7.50	—	—	0	—
照相机（架）	1	16	41	38.70	—	0.10	2.60	5
空调器（台）	—	—	38	138.90	—	—	0	19
淋浴热水器（台）	—	—	79	101.10	—	—	8.40	46
健身器材（套）	—	—	2	5.60	—	—	0	—
电话机（部）	—	—	86	82.40	—	—	36.40	54
移动电话（部）	—	—	12	202.80	—	—	7	174

流　通

中华人民共和国成立初，丽水市商品流通由国营商业、合作社商业、国家资本主义商业、个体商业和私营资本主义构成，市场萧条，1950 年，全市社会消费品零售总额仅 2283 万元，人均购买商品 19 元。

进入“一五”（1953—1957）计划时期，政府采取排挤代替，全行业公私合营和组建合作商店、合作小组的方式，对资本主义私营批发商、私营零售和小商小贩进行社会主义改造，商业流通结构中的公营商业（包括国营、合作社、公私合营及合作化商业）比重上升，私营商业比重下降。

1958—1978 年，商业实行计划经济体制，商业流通渠道单一、独家经营。1978 年，商业、饮食业、工业商品零售额占社会商业零售总额的 94.1%。

1978 年后，随着商品流通体制改革，鼓励恢复和发展集体商业、适当发展个体商业和私营商业，放宽对城乡集市贸易的限制，允许工业品自销和其它部门兴办商业，恢复供销合作社为集体所有制，疏通和扩大国营商业渠道，形成由多种经济成分、多种流通渠道、多种经营方式并存和协调发展的流通结构。至 1999 年，私营和个体的零售总额占 71.1%。

2000 年后，随着“菜篮子”工程、“千镇连锁超市、万村放心店”工程和“百城万店无假货”活动的开展，丽水商贸流通网络逐步健全，购物环境有较大改善。在城市，具有时代气息和多种服务功能的大型综合商厦不断涌现，连锁经营、超级市场、便利店、专卖店等新的商业组织形式和经营方式得到快速发展；在农村，连锁超市全部覆盖 9 个县（市、区）的乡镇 169 个。2010 年，社会消费品零售总额达到 266.13 亿元。

集贸市场

明清时期，集市多为“露水市”，半日即散。据民国《丽水县志》记载，在清代中后期，丽水县有集市15处之多。但到清末民初，只剩下县城和碧湖镇两处。集市俗称“行日”，参加集市叫“过行”。丽水县城每到市日，方圆数十里群众都将农副产品运往交易，甚至有温州、青田、缙云、松阳等县群众贩运水产、小百货、禽畜、烟丝、竹木等参加集市贸易。中华人民共和国成立以后，集市市日以农历计算，每月逢一逢六为松阳县西屏镇、莲都区碧湖镇，二、七为遂昌县妙高镇，三、八为丽水城关镇、缙云县五云镇，四、九为缙云县壶镇、云和县云和镇、松阳县古市镇，四、十为缙云县新建镇。庆元县松源镇则以十二生肖牛马日为小猪交易日。缙云县壶镇每年农历五月二十八为庙会。民国时期牙行种类很多。民国22年(1933)2月，有牙行155家，营业额41.9万元(法币)，其中山货39家，金额15.7万元；油行6家，金额2.7万元；牲畜行28家，金额7.93万元；米行11家，金额5.39万元；茶叶行9家，金额0.37万元；木行62家，金额11.25万元。集市上专门介绍买卖、从中收取报酬的人叫牙郎，有猪牙郎、牛牙郎、柴牙郎等。

1952年春，开展“五反”运动后，市场一时停滞。丽水、青田、云和、龙泉、庆元、缙云等县在重要集镇召开城乡物资交流大会15次，丽水县举办4次，参加人数17万，交易金额95亿元(旧人民币)，其中国营公司占40.5%，供销社占11.4%，私营商业占48.1%。1953年，实行粮食统购销后，市场管理过严，取消粮食集市贸易，限制农副产品上市。1954年6月，在农村集镇建立粮食市场81个，集市贸易趋向活跃。1957年8月起，粮食市场一度关闭。1961年9月，再度开放小杂粮、小油粮交易。1964年7月，设立粮油交易所60个，12月取消粮食集市贸易。1966年下半年，国营独家经营，粮油交易所关闭，集市贸易缩减。

1978年12月，再次开放粮油市场，加速农副产品交流，集市贸易激增。1980年，在丽水县举办物资交流大会。1979年，全区集市贸易成交额2480万元。各地传统集市自重新兴起后，随着商业渠道的广泛发展和多样化而逐渐边缘化，逐渐为新型商业市场代替。至2010年，松阳县城尚保存定期集市。1985年，有市场138个，市场建设面积18.81万平方米，实现成交额1.16亿元。1990年，有市场159个，其中城市集市22个，乡村137个，实现成交额3.63亿元。1995年，有市场218个，其中城市集市26个，乡村192个，实现成交额37.53亿元。2000年，有市场196个，其中城市集市32个，乡村164个，实现成交额91.84亿元。年成交额超亿元消费品市场18个，拥有摊位数7250个，实现成交额72.21亿元。2010年，有商品交易市场98个，全年成交额178.14亿元，其中，成交额超亿元市场16个，全年成交额101.14亿元；超10亿元的市场6个，全年成交额66.83亿元。

第四十七篇

县（市、区）概貌

①莲都区

②龙泉市

③青田县

④云和县

⑤庆元县

⑥缙云县

⑦遂昌县

⑧松阳县

⑨景宁畲族自治县

概　　述

汉建安四年(199),三国东吴孙权分章安县南乡,置松阳县。汉建安二十三年(218),分太末县南部,置遂昌县。隋开皇九年(589),平陈,分松阳县东乡,建栝苍县。唐武德四年(621),升格松阳县为松州;分栝苍地,置丽水县;遂昌复县[①];分栝苍、永康地,建置缙云县,隶婺州。唐武德八年(625),复改松州为松阳县;遂昌县并入松阳县;废丽水县,并入栝苍县;废缙云县。唐万岁登封元年(696),分栝苍、永康地,复置缙云县。唐景云二年(711),复置遂昌县;分栝苍地,置青田县,因县治设青田山之麓故名。唐乾元二年(759),分松阳、遂昌县地,置龙泉县。南宋庆元三年(1197),分龙泉县松源乡、延庆乡之半地,置庆元县。明景泰三年(1452),分丽水县宣慈、应和两乡及懿德乡北部地,置宣平县;分丽水县浮云、元和两乡,置云和县,取两乡尾字为县名;分青田县鸣鹤乡和柔远乡仙上里等地,置景宁县,县名取景泰年号和"安宁"之义。此时,处州府领丽水、龙泉、青田、云和、庆元、缙云、遂昌、松阳、景宁、宣平 10 县,至此始有"处州十县"之谓。

明景泰三年(1452),设置景宁县,此后,各县行政建制大体稳定,历经数百年均无大变动。1949 年 10 月中华人民共和国成立后,部分县(市、区)域建制情况有所变化,曾分别隶属于温州、金华、衢州等专区。撤销宣平县建置,所辖地分别并入武义、丽水、松阳等县。1984 年,设置景宁畲族自治县,隶属于丽水地区。2010 年,丽水撤地设市,下辖莲都区、龙泉市、青田县、云和县、庆元县、缙云县、遂昌县、松阳县、景宁畲族自治县。

丽水开发的时间,遵循由西往东、由北往南的顺序。松古平原的松阳县,是丽水市最早开发和设立县级建置的地方,历史文化较为深厚。遂昌古为太末之地,开发及设县均与松阳同属一个时期。位居碧湖平原、以通济堰水利枢纽工程建设为标志的丽水县,以及处于壶镇平原的缙云县,属于第二批开发、设县的地方。青田县、龙泉市则是更晚一些时间设县的地方。宋代设县的庆元,明景泰年间(1450—1457)设县的云和、宣平、景宁则属于较迟开发的地方。

在漫长的历史发展过程中,丽水各县政治、经济、文化、社会等各项事业均获得长足进步,形成特色鲜明的区域文化。

---

① 另说隋末复置。

第一章　莲都区

莲都区地处浙江省西南部，东邻缙云、青田县，西毗松阳县，南接景宁、云和县，北界武义、缙云县。隋开皇九年（589），分松阳东乡地，置栝苍县，取栝苍山为名。2010年，莲都区辖乡7个、镇5个、街道办事处6个，总面积1502.1平方千米。总人口386814人，其中少数民族人口24939人；地区生产总值168.88亿元，人均地区生产总值40150元。莲都区为丽水市政府所在地，是浙西南地区政治、经济、文化中心。通济堰为著名古代水利工程，碧湖平原自古是重要农耕文化发达之地。

第一节　自然禀赋

区位面积

莲都区地处浙江西南部、瓯江中游。介于北纬28°06′—28°44′和东经119°33′—120°08′之间。东邻缙云、青田县，西毗松阳县，南接景宁、云和县，北界武义、缙云县。南北长70千米，东西宽56千米，总面积1502.1平方千米。莲都依山傍水，处环山之中，形如莲瓣，别称莲城。中共丽水市委、市人民政府以及市直机关驻花园路1号，区委、区政府驻解放街51号，距省会杭州346.40千米。

建置沿革

隋开皇九年（589），分松阳县东乡地，置栝苍县，以其地有栝苍山而得名。唐武德四年（621），由栝苍县分地，置丽水县，以好溪古名丽水得名①。唐武德八年（625），丽水县并入栝苍县。武周万岁登封元年（742），分栝苍、永康两县地，置缙云县。唐景云二年（711），分地置青田县。唐大历十四年（779），避德宗李适（kuò）讳，改栝苍县为丽水县。明景泰三年（1452），分浮云、元和两乡之半，置云和县；分宣慈、应和乡和懿德乡之半，置宣平县。自隋代建州设县以来，丽水县均为州、郡、路、府治驻地。民国3年（1914），丽水县隶属瓯海道。民国16年，废道，丽水县直属省。民国21年6月，丽水县属第十一县政督察区，后改属第二特区。民国24年9月，丽水县属丽水政督察区。民国25年4月，丽水县改属第九行政督察区。民国37年4月，改属第六行政督察区。7月，改属第七行政督察区。1949年5月10日，丽水解放，丽水县隶属浙江省第七专区。10月10日，丽水县隶属丽水专区。1950年4月，丽水县府迁至碧湖镇。1952年1月，撤销丽水专区，丽水县改属温州专区。5月13日，丽水县府迁返城关镇。1958年7月、1960年2月，云和、景宁两县先后并入。1961年6

① 另据《栝苍汇记》："县北七里有丽阳山，下环清溪，县名丽水以此"。

月1日，丽水县府迁驻云和镇。1962年4月，丽水县府迁返城关镇。6月1日，丽水、云和分县。1963年5月，复设丽水专区，丽水县属之，为专署驻地。1968年11月，丽水县改属丽水地区。1986年3月，撤丽水县，改置丽水市(县级)。2000年7月，撤丽水地区，设丽水市；撤丽水市(县级)，改设莲都区，莲都为市辖区。

行政区划

宋至元代，丽水县设置乡10个。明景泰三年(1452)，分置云和、宣平县后，丽水县设乡7个、都34个、里116个。清初沿袭明制。清雍正年间(1723—1736)，丽水县的里改庄。清道光年间(1821—1851)，丽水县的庄增至348个。清宣统二年(1910)，筹办地方自治，丽水县改乡4个，分设城区等自治区10个。民国初期，沿袭清末旧制。民国17年(1928)7月，实行街、村制，不久改为村、里制，丽水县设153村(里)。民国19年4月，丽水县划分自治区5个，村、里改为乡镇。民国21年1月，丽水县设镇9个、乡140个。民国23年，推行保甲制，丽水县设乡(镇)64个，编有保327个、甲3364个。民国35年9月，乡镇撤并调整，丽水县设镇2个、乡17个。民国37年11月，丽水县设置县辖区和2个区，下辖镇2个、乡17个。1949年,中华人民共和国成立后，废除保甲制度，建立县、区、乡人民政权。1950年5月，丽水县划分区5个、直属镇1个、乡47个、行政村(行政街)302个。1951年4月，丽水县调整为区8个、直属镇1个、乡50个、行政村288个、行政街18个。1956年3月，撤区并乡，丽水县设区3个、乡24个。1958年5月，原宣平县5个乡并入丽水县。7月，云和县并入丽水县。10月，推行人民公社体制，丽水县设人民公社8个、大队39个、生产队365个。1960年，景宁县并入丽水县。1961年9月，调整公社体制，恢复区建置，丽水县设区11个、公社72个、镇4个。1962年10月，丽水县划出镇2个、公社41个重置云和县。1983年3月，政社分设，恢复乡、村建置。1984年11月，丽水县划出乡3个并入云和县，设区5个、县属镇2个、乡33个、村355个、居民区21个。1992年5月，撤区扩镇并乡，丽水市(县级)调整为镇7个、乡14个。2001年8月，调整为镇5个、乡13个、街道办事处5个。2006年8月，莲都区调整为镇5个、乡7个、街道办事处6个。2010年，莲都区辖高溪、峰源、太平、仙渡、丽新、黄村、双黄乡7个；碧湖、大港头、联城、雅溪、老竹镇5个；岩泉、紫金、白云、万象、富岭、水阁街道办事处6个，其中水阁、富岭街道委托丽水市经济开发区管委会管理。全区设行政村368个、社区25个、镇属居民区4个。

环境资源

莲都区地势四周高山环抱，中部丘陵山地，间有碧湖平原和城郊平原。山区分布四周，南部属洞宫山山脉，北部为仙霞岭山脉的延伸山系，东部是栝苍山山脉，山峰挺拔，重峦叠嶂，山地丘陵约占总面积80%。地势自西南向东北区倾斜。海拔1000米以上山峰30多座。境内最高处为南部八面湖山峰，海拔1389米，最低处为下风化村河漫滩，海拔40米。境内属中亚热带季风气候，温暖湿润，雨量充沛，四季分明，具有明显的山地立体气候特征。城区年平均气温18.1℃，年平均降水量1392.2毫米，年平均雨日165.8天，年平均日照时数1681.3小时。最冷1月，平均气温6.6℃；最热7月，平均气温29℃。2010年，城区降水量2089.7毫米，比常年偏多697.5毫米，年平均气温18.5℃，比常年偏高0.4℃，日照时数1431.8小时，比常年偏少249.5小时。

莲都区自然资源丰富，生态环境保持良好，森林覆盖率保持80%以上，为国家级生态示范区。主要河流有瓯江，境内称大溪；主要支流有松阴溪、小安溪（太平港）、宣平溪（港）、好溪 4 条。2010 年，莲都区耕地面积 11320 公顷；林业用地面积 12.14 万公顷，林木总蓄积量 335.46 万立方米。探明矿产资源有 20 多种；水力资源理论蕴藏量 28.5 万千瓦，并网小水电站 93 座，装机容量 5.6 万千瓦；生物资源较为丰富，动植物种类繁多，其中木本植物有 93 科、278 属、655 种，脊椎动物有 5 纲、37 目、76 科、400 多种；旅游资源优势明显，以瓯江流域和自然山水为主线，着力打造"绿色莲都"旅游品牌。

人口民族

人口　新石器时期，丽水就有人类繁衍生息活动。唐至宋代，北方战乱频繁，北人南迁入境。明正统至景泰年间（1436—1457），因战事、分县域人口减少。清嘉庆二十五年（1820），丽水县 240175 人。清光绪二年（1876），丽水县 32712 户、106783 人。民国元年（1912），丽水县 98719 人。民国 37 年，丽水县有 119958 人，与民国 17 年相比净减 4873 人。1949 年年末，丽水县境内居民 45075 户、152819 人。1953 年，丽水县形成生育高峰，人口自然增长率 54.45‰。1982 年，丽水县人口 290075 人，其中城镇 65207 人，占 22.48%。2010 年，莲都区人口 162444 户、386814 人，其中男 196617 人，女 190197 人，非农业人口 124177 人。

民族　莲都区以汉族为主，同时也是少数民族重点区。有畲族、蒙古族、回族、藏族、维吾尔族、苗族、彝族、满族、布依族、朝鲜族、壮族、侗族、白族、土家族、哈尼族、傣族、黎族、拉祜族、仡佬族等民族成分 39 个。1964 年，畲族 11676 人，回族 79 人，苗族 17 人，满族 3 人。2010 年，莲都区少数民族人口 24939 人，占总人口的 5.52%，少数民族人口居全省第二位，其中以畲族人口居多，有 20386 人，居全市第一位。

第二节　生产生活

国民经济

民国时期，莲都处于半封闭的自给自足经济状态，重农轻商，现代工业、手工业不发达，经济基础落后，以农业经济为主。1949 年中华人民共和国成立后，丽水县进行社会主义革命和建设，逐步解放生产力，社会经济得到稳步发展。特别是 1978 年实行改革开放以来，国民经济持续快速发展。2010 年，莲都区生产总值 168.88 亿元，第一产业增加值 12.31 亿元；第二产业增加值 72.64 亿元，其中工业增加值 60.71 亿元；第三产业增加值 83.93 亿元。三大产业结构为 7.30:43.00:49.70。人均生产总值 40150 元（按常住人口，折 5931 美元）。

教育科技

唐元和十二年（817），丽水县在州社稷坛遗址建孔庙，设讲堂创为州学。宋景祐年间（1034—1038），丽水县建县学。明嘉靖三十四年（1555），丽水县城东城隍庙改建紫阳书院，为丽水最早的书院。明万历二十二年（1594），丽水县先后建南明书院、圭山书院。清乾隆十七年（1752），圭山书院改建，易名莲城书院。清同治十三年（1874），丽水县在梅山西麓扩建廨宇为书院，仍取名圭山书院。清光绪二十八年(1902),丽水县改莲城书院为崇正学堂,后多次易名,成为浙江省丽水中学。清光绪三十一年(1905)七月,丽水县禀拨圭山书院田租等为常款,在新意山麓旧文昌宫创办崇实初等高等小学堂,是为囿山小学前身;光复会人创设织布学堂,为莲都职业教育之始。清光绪三十二年,处州中学堂附设速成师范科,为莲都师范专业教育之先。清末办学,除处州中学、囿山小学等几所学校外,多利用庙宇、祠堂为校舍。1949 年中华人民共和国成立后,丽水县分期分批改造原有危房,重点地段新建、扩建校舍。1952 年,丽水县有学校 263 所,校舍总面积 22.25 万平方米。至 1990 年,丽水市(县级)改造危房 12.32 万平方米,有校舍面积 26.33 万平方米,其中小学 20.36 万平方米。基础教育、专业教育、职业教育、业余教育以及高等教育迅猛发展,科技队伍日益壮大,各类科技人员 6543 人,其中文教系统 2655 人。2010 年,莲都区有中等职业学校 7 所,在校学生 10324 人;普通高中 4 所,在校学生 6493 人;普通初中 17 所,在校学生 15832 人;小学 35 所,在校学生 29599 人。小学入学率、巩固率均为 100%;初中入学率、巩固率均为 99.99%。初中毕业升高中段比例 96.85%。幼儿园 125 所。全年获省、市级政府奖 18 项,其中省级 4 项。争取到省级以上科技项目 48 项。高新技术企业 17 家。

文化体育

古时,丽水民间多以武术强身,以技艺育才。民国 2 年(1913),丽水县设通俗教育讲演所,有讲演员 5 人。民国 5 年,丽水县始辟有公众运动场,址设城西北隅旧左营守备操场[①]。民国 18 年 5 月,丽水县成立民众教育馆,设图书、演讲两部,址在府前行基。民国 27 年 9 月,丽水县成立省碧湖社会教育实验区,后几易其名。1949 年中华人民共和国成立后,丽水县体育项目及活动增多,体育面扩大,竞技水平提高。1950 年 9 月,丽水县社会教育实验区改建县人民文化馆。1952 年 4 月,碧湖首建文化站建成,相继成立各区乡文化站。1955 年春,丽水县文化馆迁址天后宫,面积 3601.34 平方米。1979 年,丽水县体委被评为“浙江省群众体育先进集体”。1989 年,丽水市(县级)被评为“浙江省体育先进(市)县”。1990 年,丽水市(县级)被国家体委命名为“全国体育先进(市)县”,被评为“浙江省群众体育先进集体”,取得浙江省第九届运动会最佳赛区称号。至年末,有区乡文化站 40 个,文化员 42 人;业余剧团 7 个,文艺社团 23 个,农村俱乐部 158 个,举办文艺演出 90 场次。2010 年,莲都区有群艺(文化)馆、文化站 20 个,博物馆 2 个,公共图书馆 1 个,藏书 29.50 万册;组织开展文化大篷车演出 265 场;有线广播电视传输干线网络总长 2174 千米,有线广播电视用户 93632 户,广播、电视人口覆盖率分别为 97.9%和 99.2%。

卫生医疗

民国 31 年(1942),丽水县建立卫生院,址在碧湖土地堂。民国 32 年夏,丽水县卫生院迁至城内万象山,碧湖改设卫生分院。民国 33 年秋,丽水县城沦陷,卫生院迁至庞山。民国 34 年抗日战争胜利后迁回。1949 年中华人民共和国成立后,丽水县卫生院、省医疗防疫队丽水分队并入省立处州医院,后几易其名。1978 年 1 月,丽水县建立中医院。1986 年,碧湖医院创办。随行政区划变化及撤扩并后,乡镇均设有卫生院所。1990 年,丽水市(县级)有卫生机构 42 个,床位数 948 张,员工 1188 人,其中卫生技术人员 974 人。2010 年年末,莲都区有卫生机构 36 所,其中医院、卫生院 27 所;卫生机

① 2010 年称粮油批发市场。

构拥有卫生技术人员3973人，其中医生（执业医师和执业助理医师）1510人；卫生机构拥有床位2783张。实施新型农村合作医疗制度，参保22.96万人，占农业人口87.4%；筹资6204.41万元，支出4363.36万元。

人民生活

古时，莲都水利设施、耕作技术差，为缺粮县。民国22年（1933），丽水县粮食产量1968.23万千克，年耗粮2325万千克。农民生活青黄不接时无以果腹。民国26年，丽水县职工生活收入低下，船工年薪35元（法币，下同），铁、木、泥水工等日工资0.4元，公务员月薪12元。抗战时期，物资奇缺，物价飞涨，多数职工家庭生活不得温饱。1949年中华人民共和国成立后，丽水县经过土地改革、农业合作化，农民生活逐步改善。公务员实行供给制和工薪制，国营工厂供给制和工薪制并存。1956年起，丽水县实行统一的工种职务等级工资制，后经过地区类别升级4次，个人工资调整13次，职工工资收入逐步增长。至1990年，丽水市（县级）职工人均工资2121元，居民家庭人均支出120.34元，人均居住面积11.5平方米，城镇居民存款余额15394万元。农村人均年收入812.87元，人均生活费支出763.91元，农村储蓄余额5515万元。2000年7月，丽水撤地设市后，莲都区工业经济活力增强，农业经济运行质量提高。2001年，经抽样调查，城镇居民人均可支配收入9158元，农民人均纯收入3395元。2008年年末，莲都区从业人员24.92万人，其中城镇单位从业人员15.64万人。一、二、三产业从业人员分别为7.25万人、7.49万人、10.18万人。2010年，莲都区城镇居民人均可支配收入22495元，农村居民人均纯收入8032元。城镇居民人均生活消费支出16975元，农村居民人均生活消费支出6311元。城市居民人均住房建筑面积32.59平方米，农村居民人均住房建筑面积56.20平方米。每百户城市居民家用汽车拥有量22.52辆。

第二章　龙泉市

龙泉市是由浙江省丽水市代管的县级市，地处浙江省西南部的浙闽赣边境，东邻温州经济开发区，西接武夷山国家级风景旅游区，是浙江省入江西、福建的主要通道，素有“瓯婺八闽通衢”“驿马要道，商旅咽喉”之称，历来为浙、闽、赣毗邻地区商贸重镇。2010年，龙泉市下辖镇8个、乡7个、街道4个、行政村444个、社区12个，总面积3059平方千米，人口28.93万人，国民生产总值62.59亿元。龙泉古有“处州十县好龙泉”之称，自古人文昌盛，是著名的青瓷之都、宝剑之邦，中华灵芝第一乡。全市森林覆盖率84.2%，境内凤阳山为江浙第一高峰；龙泉是国家级生态示范区、国家森林城市、浙江省生态市和浙江省园林城市。

第一节　自然禀赋

区位面积

龙泉市位于浙江省西南部，地处浙闽边陲，瓯江上游，北纬 27°42″—28°20″，东经 118°42″—119°25″。东邻云和、景宁县，南连庆元县，西界福建省浦城县，北接遂昌、松阳县。东西宽 70.25 千米，南北长 70.8 千米，面积 3059 平方千米。市人民政府驻地龙渊街道贤良路 333 号。龙泉市区距杭州市 390 千米，距莲都区 110 千米。

建置沿革

东晋太宁元年(323)，置龙渊乡，属扬州永嘉郡松阳县。唐乾元二年(759)，分松阳县龙泉乡和遂昌县部分地，置龙泉县，属栝州。北宋宣和三年(1121)，诏天下县镇凡有“龙”字皆避，故改龙泉县为剑川县，属两浙路处州。南宋绍兴元年(1131)，复名龙泉县，属两浙东路处州。南宋庆元三年(1197)，分龙泉县松源乡及延庆乡部分地置庆元县。明洪武三年(1370)，庆元县并入龙泉县。明洪武十三年，复置庆元县。清承明制未变，龙泉县属浙江省处州府。清宣统三年(1911)十月，废旧府制，龙泉县属浙江军政府处州军政分府。民国元年(1912)，撤处州军政分府，龙泉县直属浙江省都督府。民国 3 年，省下设道，龙泉县属瓯海道。民国 16 年，废道，龙泉县直属浙江省政府。民国 21 年 6 月，龙泉县属浙江省第 12 县政督察区。10 月，龙泉县改称第三特区，设署址龙泉。民国 25 年 4 月，龙泉县属第九行政督察区。民国 37 年 4 月，龙泉县改属第六行政督察区。7 月，龙泉县改属第七行政督察区。

1949 年 5 月 13 日，龙泉解放，龙泉县属第七专区。10 月，改属丽水专区。1952 年 1 月，丽水专区撤销，龙泉县改属温州专区。1958 年 11 月，庆元县并入龙泉县。1963 年 5 月，复置丽水专区，龙泉属之。1973 年 7 月，复置庆元县，1975 年 8 月，龙泉、庆元两县分署办公。1990 年 12 月 26 日，撤销龙泉县，设立龙泉市(县级)，由丽水地区代管。2000 年 7 月，撤销丽水地区，设立地级丽水市，龙泉市由浙江省人民政府直辖，其行政管理委托丽水市人民政府代管。

行政区划

北宋太平兴国年间(976—984)，龙泉县设 5 乡、34 都。南宋庆元三年(1197)，分置庆元县，龙泉县辖 4 乡、23 都、24 里。明洪武年间 (1368—1398)，龙泉县设 23 都、167 图。明万历年间(1573—1620)，龙泉县辖 4 隅、4 乡、23 都、166 里。清沿明制。民国元年(1912)，龙泉县设 1 隅、4 乡。民国 3 年，龙泉县设 10 区。民国 22 年 1 月，龙泉县设 5 区、12 镇、174 乡、1412 阁、7008 邻。民国 27 年，调整乡镇编制，龙泉县划为 5 区、8 镇、39 乡、357 保、3644 甲。民国 29 年，龙泉县划为 5 区、6 镇、28 乡。民国 35 年，进行乡镇编并，县以下不置区，龙泉县设 1 镇、28 乡、313 保、2787 甲。

1949 年 7 月 30 日，龙泉县废除保甲制，设区 5 个，乡(镇)29 个，并建立行政村。1951 年，龙泉县设区 6 个、镇 2 个、乡 54 个。1953 年，龙泉县设镇 1 个、区 7 个、乡 57 个、行政村 368 个、自然村 1565 个。1958 年 11 月，庆元县并入龙泉县，实行政社合一，龙泉县设人民公社 13 个，管理区 67 个。

1961年，体制下放，人民公社改区，管理区改人民公社，龙泉县设区13个、人民公社72个。1973年7月，恢复庆元县，龙泉县辖区8个、公社41个、生产大队428个。1984年5月，政社分设，人民公社改乡人民政府，生产大队改行政村，龙泉县设区9个、镇1个、乡40个、行政村432个。1990年12月，龙泉市有区9个、区级镇1个、乡35个、乡级镇8个、行政村442个、居民委员会16个。1992年4月，撤区扩镇并乡，龙泉市设镇9个、乡8个。2002年，龙泉市撤销龙渊镇，设立街道办事处3个。2006年，龙泉市新建滩坑电站移民村2个。2010年，龙泉市辖街道3个、镇8个、乡8个、行政村444个、社区11个、村民小组2807个。

环境资源

龙泉境内山青水秀，生态优美，资源丰富，气候宜人，素有“处州十县好龙泉”之称。地势由西南向东北倾斜，西北为武夷山系仙霞山脉，直向东北伸展；东南为武夷山系洞宫山脉。中、低山占全市总面积69.2%，丘陵占27.9%，河谷平原仅占2.9%，故有“九山半水半分田”之谓。有河谷盆地24处，安仁盆地海拔为170—200米之间。海拔千米以上山峰730多座，凤阳山国家级自然保护区面积15171公顷，主峰黄茅尖，海拔1929米，截至2010年为江浙第一高峰。境南锅帽尖西北麓是瓯江发源地，瓯江上游龙泉溪自西南向东北贯穿而过，境内流长125千米，有较大支流15条汇入，年径流量33.1亿立方米，水资源总量65.17亿立方米，人均占有量1.31万立方米。紧水滩电站建成后，电站水库[①]面积34.3平方千米。属亚热带季风气候，四季分明，雨量充沛，年平均气温17.7℃，年平均最高气温23.7℃，年平均最低气温13.5℃，极端高温41.5℃，极端低温-8.5℃。年平均降水量1652.4毫米，日最大降水量220.7毫米，空气达标356天。土地面积30.59万公顷，其中耕地面积1.68万公顷，建成山塘水库475座，总库容量2413万立方米，受灌面积1577公顷。龙泉素有“浙南林海”之称，为中国南方重点林区之一，是浙江省最大的林区市。全市有林业用地26.56万公顷，占土地总面积87%，森林蓄积量1456万立方米，居全省首位。笋竹两用林3.51万公顷，年产竹850万株，是浙江省第二大竹乡。园林绿化地面积979公顷。森林覆盖率84.2%。林产品资源有香菇、木耳、厚朴、茯苓、笋干、茶叶、毛棕、松脂、木炭等特产。有世界香菇发源地之称，被命名为“中华灵芝第一乡”。探明的铅锌、钾长石、大理石、石英、瓷土、铀等矿物20多种，矿山23座，铅锌矿储量居浙江省第二位。

人口民族

人口　新石器时代，龙泉境内就有人类活动。明洪武二十四年（1391），龙泉县有26560户、126443人。明崇祯八年(1635)，龙泉县有21320户、44661人。清乾隆二年(1737)，龙泉县有15586人。民国元年(1912)，龙泉县有123372人。1949年，龙泉县有30167户、124367人，其中男68937人、女55430人。2010年，龙泉市有91579户、288485人，其中男148978人、女139507人；农业人口244628人，占总人口84.83%。

民族　民国36年(1947)，龙泉县汉族人口121078人，占97.38%；畲族人口3256人，占2.62%。1964年，龙泉县有汉族146459人，占97.51%；畲族3728人，占2.73%；其他民族10人，占0.01%。

① 即仙宫湖。

1988年，畲族7039人，占总人口2.73%，分布于乡(镇)37个，行政村174个，自然村390个，其中以竹垟乡最多。1984年3月，龙泉县经浙江省人民政府批准建立竹垟畲族乡。2000年，龙泉市有畲族、回族、苗族、彝族、壮族、满族、土家族、侗族、瑶族、白族、黎族等少数民族11个。汉族人口242768人，占总人口96.96%；少数民族人口7612人，占总人口3.04%，其中畲族7549人。2010年，龙泉市有汉族279000人，畲族8200人，其中竹垟畲族乡畲民2341人。

第二节　生产生活

国民经济

民国时期，龙泉县是传统的小农经济为主的自给自足的封闭式山区县。1949年，龙泉县国民生产总值1087万元，工业总产值244万元，农业总产值1457万元。经过社会主义改造和建设，逐步解放生产力，社会主义经济得到稳步发展。1957年，龙泉县国民生产总值2581万元，工业总产值2131万元，农业总产值2512万元。1978年后，龙泉县实行改革开放，创造出前所未有的业绩。1988年，龙泉县国民生产总值3.63亿元，工业总产值1.51亿元，农业总产值9275万元，地方财政收入3704万元，地方财政支出3890万元。2010年，龙泉市国民生产总值62.59亿元，工业总产值108.3亿元，农业总产值14.6亿元，财政总收入5.2亿元，地方财政收入3.2亿元，地方财政支出14.6亿元。

教育科技

教育　宋元明时，龙泉教育事业兴盛，人才荟萃。北宋天圣至南宋咸淳年间(1023—1274)，龙泉县出进士260多人。北宋天禧二年(1018)，在县城金鳌峰之东建县学。南宋乾道七年(1171)，龙泉知县刘之衡兴办学校，生员30人。宋端平年间(1234—1236)，龙泉县里人张奉仪在县严垟设桂山书院。元末，龙泉县人章溢在八都玉峰寺首创龙渊义塾。明嘉靖三年(1524)，龙泉县令朱世忠慷慨捐俸创办社学。自宋至清，龙泉县举办书院7所，社学、义塾13处。清光绪三十一年(1905)，龙泉县知事陈海梅率先将金鳌书院改为剑川高等小学堂。民国元年(1912)，龙泉县有小学堂18所，学生566人。民国28年(1939)6月至34年11月，浙江大学在龙泉设立分校，招生7届，约1000人，培养大批人才，有的后来成为著名科学家、教授。民国34年5月，龙泉县初级中学创办。9月，龙泉县初级中学招收新生70人，教职工11人。民国37年，龙泉县有学校268所，班级364个，学生10259人，教职工541人。

1952年，龙泉县有小学274所，班325个，学生11959人，教职工437人；初级中学1所，班7个，学生322人，教职工31人。1978年，龙泉县有小学652所，班1396个，学生38959人，教职工1656人，7—11周岁学龄儿童入学率95.30%，巩固率87.81%；中学10所，初中班215个，学生9931人，高中班47个，学生2302人，中学教职工648人。1979年，龙泉县创建广播电视大学工作站；2005年9月，龙泉市广播电视大学工作站升格为浙江广播电视大学龙泉分校。2007年，浙江广播电视大学龙泉分校设立浙江大学远程教育龙泉学习中心。20世纪80年代，开始创办民办学校。成人教育由扫盲文化教育转向科技文化教育、农民实用技术培训。1990年，龙泉市有小学452所，班1447个，学生22536人，教职工857人，7—11周岁学龄儿童入学率99.6%，巩固率99.8%，升学率85.6%；中学21所，初中班211个，学生10362人，高中班33个，学生1543人，中学教职工910人；幼儿园115所，幼儿3083人，教职工153人。2010年，龙泉市有小学41所，班495个，学生18404人，教职工1496人，入学率、巩固升学率均100%；初中9所，班220个，学生10505人，教职工804人，入学率99.65%，巩固率99.66%；高中2所，班64个，学生3341人，教职工267人；中等职业学校1所，班70个，学生3315人，教职工215人；幼儿园122所，班437个，幼儿8885人，教职工684人。城乡统筹培训7045人，其中农村劳动力转移就业技能培训6697人。民办学校有育才中学、养真中学、欧冶国际学校等。

科技　1956年9月，龙泉县科协成立。1959年，龙泉县农业科学研究所成立。1960年4月，龙泉县林业科学研究所成立。1975年8月，龙泉青瓷研究所成立。1987年4月，龙泉县真菌研究所成立。1991年底，龙泉县有高级科技人员21人，龙泉籍在外地（含外国）工作的高级科技人员82人。2006年，龙泉宝剑锻制技艺和龙泉青瓷烧制技艺被国务院公布为首批国家级非物质文化遗产代表作。2009年，龙泉青瓷传统烧制技艺被联合国教科文组织列入陶瓷类首个人类非物质文化遗产代表作名录。2006—2010年，龙泉市成功申报国家级和省级各类科技项目256个，建立省级区域科技创新服务中心3家。2010年年底，龙泉市有国家级工艺美术大师4人、中国陶艺大师6人、省级工艺美术大师22人。

文化体育

文化　龙泉自古文化名家辈出。南宋诗人叶绍翁著有《靖逸小集》，留下“春色满园关不住，一枝红杏出墙来”千古名句。明代哲学家叶子奇著《草木子》，为史学研究提供宝贵资料。

民国19年（1930）4月，龙泉县民众教育馆成立。1949年5月龙泉解放初，龙泉县人民政府接管，改为县文化馆。1978年4月，龙泉县文化馆分设县图书馆。1985年5月，龙泉县文学艺术界联合会成立。至1986年，各乡（镇）文化站先后建立。2010年，龙泉市图书馆藏书19.4万册。龙泉民间艺术有龙灯、马灯、台阁、火花树、风筝、纸鸢、花鼓、赛龙舟、舞狮子、木偶戏、丝竹乐、吹打乐、山歌、花鼓调、舞蹈等九大类、80多种。

出版　民国时期，龙泉县出版发行《龙泉快报》《龙泉日报》《龙泉导报》《大家看》等报刊。1956年5月，《龙泉报》创刊，1961年2月停刊，1995年5月再刊，2002年1月改刊《龙泉日报》，2004年1月改出《今日龙泉》。曾编辑出版《鼓角》《剑川》《龙泉文化》《凤阳山》《红豆杉》《龙泉》《龙泉诗刊》等文艺小报刊杂志。

广播影视　1954年4月，龙泉县收音站建立。1955年底，龙泉县广播站建成开播。1957年，龙泉县电影队成立。1969年10月，龙泉电影院建成。1972年4月，龙泉县中波广播转播台建成。1978年，龙泉县始有电视。1988年，龙泉县有县级骨干电视差转台4座，乡村办小功率差转台65座，电视机20783台，其中彩色电视机5087台。1998年1月，建立龙泉广播电视台。2007年，有线电视传输节目28套，覆盖乡镇（街道）19个、行政村379个。2010年，在城区开通数字电视。2010年，送电影下乡2800多场。

博物馆　1977年，龙泉县文物管理委员会成立。1985年，龙泉县发现文物点1058处，各类文物600多种。重点文物遗址有牛门岗遗址、大窑青瓷古窑址、源口青瓷古窑址、剑池湖遗址等。2007年底，龙泉县有文物保护单位44个，其中国家级1个，省级4个，龙泉市级39个。1988年，建成县青瓷博物馆。2000年2月18日,浙江省人民政府批准龙泉市为省级历史文化名城。2010年,龙泉县投资1.03亿元新建的龙泉青瓷博物馆建成投入使用,原青瓷博物馆改龙泉宝剑博物馆。新建成文化馆、图书馆、大剧院、青少年宫。2002—2010年,龙泉县举办中国龙泉青瓷•龙泉宝剑节5届,大大提升龙泉知名度。

体育　民国2年(1913),龙泉县在秦溪漠举行首次运动会。民国28年1月,龙泉县举行第一届运动会,参加的机关人员、学校师生、农民、商人等运动员约800人。民国时期,体育运动主要有田径、篮球、乒乓球、体操、游戏等。1951年5月,龙泉县举办中华人民共和国成立后的首届县运动会,参加代表队58个、运动员1126人。1973—1988年,龙泉县参加全国及国际比赛的龙泉籍运动员17人次,获金牌17枚、银牌7枚、铜牌5枚。1987年,羽毛球运动员杨年红参加中国—保加利亚羽毛球对抗赛,获金牌3枚。有“世界羽坛皇后”之称的李玲蔚,祖籍在龙泉城北乡双溪村。

1988年5月,龙泉县老年人体育协会成立。2001年,龙泉市老年体协获1996—2000年全国群众体育先进单位称号。1999—2007年,龙泉市举办龙泉凤阳山登山节5届。2007年11月,龙泉市异地同时舞剑(“欧冶剑法”),共设59个点,表演23000人,创造上海大世界基尼斯纪录。2007年,龙泉体育馆建成投入使用,建筑面积9280平方米,总投资2600万元。

卫生医疗

龙泉中医、中药历史悠久,医者以从堂开方或走访行医;药者有专营,医药兼营,亦医亦农。龙泉西医,始于清光绪二十年(1894),由德籍基督教徒传入。民国12年(1923),龙泉县人王仁、郭路德夫妇从台州临海医院学习回县,开办璐珈医院。1952年7月,龙泉县人民政府下设卫生机构。1953年,龙泉县卫生工作者协会和县妇幼保健站成立。1956年5月,龙泉县卫生防疫站成立。2001年,龙泉市卫生防疫站改建为市疾病预防控制中心。龙泉市人民医院前身为龙泉县医院。1956年6月,龙泉县医院改称县人民医院。龙泉市中医院前身为1958年10月组建的城镇医院。2010年,龙泉市有医院、卫生院44家,城乡卫生医疗机构228家,医院、卫生院病人床位643张,执业医师478人,注册护士219人,卫生防疫人员68人。

人民生活

民国时期,龙泉属封闭式山区经济,人民购买力极低,城乡市场萧条,农民生活贫困。1949年,龙泉县农民人均年纯收入40元,粮食217千克。1988年,龙泉县农民人均年纯收入587元,粮食430千克,每百户农民家庭拥有自行车107辆、缝纫机84台、电风扇71台、洗衣机6台、电视机43台。全民所有制职工14381人,工资人均年收入1802元;集体所有制职工6253人,工资人均年收入1508元,每百户职工家庭拥有自行车157辆、缝纫机87台、电风扇133台、洗衣机58台、电视机103台、电冰箱47台。2010年,龙泉市农民人均年纯收入6704元,人均住房建筑面积48.57平方米,每百户农民家庭拥有摩托车49辆、洗衣机93台、电冰箱71台、电脑18台、彩电121台、移动电话210部、固定电话52部。在岗职工1.65万人,人均年工资40006元。城镇居民人均年可支配收入22015元,人均住房面积42.94平方米,每百户城镇家庭拥有汽车20辆、摩托车56辆、洗衣机92台、电冰箱99台、电脑77台、彩电186台、空调130台、移动电话220部、固定电话83部。城乡居民储蓄余额41.35亿元,平均每人1.43万元。

第三章　青田县

青田县地处丽水东南部，东接永嘉、瓯海，南濒瑞安、文成，西连景宁、丽水，北靠缙云县，政府所在地鹤城镇。青田县建于唐睿宗景云二年（711）。“青田”之名，始见于南朝宋郑辑之《永嘉郡记》“青田县有草，叶似竹，可染碧。名为竹青，此地所丰，故名青田。”2010年，全县有乡镇31个，其中乡21个、镇10个。总面积2493平方千米。总人口510945人，其中畲族1655人，占少数民族总人口63.72%。实现地区生产总值111.38亿元，人均地区生产值2.21万元。青田是著名侨乡，又是著名的石雕之乡、名人之乡、田鱼之乡。

第一节　自然禀赋

区位面积

青田县位于浙江省东南部，瓯江中下游。介于北纬27°56′—28°29′，东经119°47′—120°26′。东接永嘉县、瓯海区，南连瑞安、文成县，西临莲都区、景宁畲族自治县，北靠缙云县。南北长约58千米，东西宽62千米，总面积2293平方千米。县委、县政府驻地鹤城镇鹤城中路33号，距丽水市区70千米，距温州约50千米，距省会杭州350千米。

建置沿革

唐景云二年（711），分栝苍县建立青田县，隶属栝州。唐天宝元年（742），改栝州为缙云郡。唐乾元元年（758），复为栝州。唐大历十四年（779），又改栝州为处州，青田县均隶之。五代至宋代，隶属不变。元时，青田隶属江浙行中书省处州路。明代，属浙江承宣布政使司处州府。明景泰三年（1452），分鸣鹤、柔远乡仙上里、仙下里等地，置景宁县。清康熙六年（1667），青田县属温处道处州府。清宣统三年（1911）十一月，浙江军政府成立，青田县属处州军政分府。民国3年（1914），青田县属瓯海道。民国16年，废道，实行省直管县政制，青田县直属浙江省政府。民国21年6月，实行县政督察制，青田县属第十一县政督察区。先后属第二特区和第九、第六、第七行政督察区；民国37年5月，划归第五行政督察区[①]。1949年中华人民共和国成立后，青田县隶属温州专区。1963年5月，青田县改属丽水专区。1968年，青田县改属丽水地区。2000年7月，青田县改属丽水市，迄今未变。

① 行政督察专员公署驻温州。

行政区划

明洪武年间(1368—1398),造黄册定青田为3乡、18里、23都、252图。明景泰三年(1452),巡抚孙原贞以青田地广为由,奏请分鸣鹤乡和柔远乡的仙上里、仙下里等地建立景宁县,青田县域共设都18个。"其广轮之数,不下二百里"①。清康熙二年(1663),奉旨丈量,重划为18都、123图。后经多次裁并,至清康熙二十年,定为6坊、18都、52图;清雍正六年(1728),取消图,每都划为10源,全县划分182源;清宣统元年(1909)、清宣统二年,先后颁布《城镇乡地方自治章程》《府厅州县地方自治章程》,县以下设置城、乡,全县划为城区及24乡。民国初期,沿袭清末旧制。民国17年(1928)6月,实行村里制,编为3里、168村;民国18年,废村里,建乡镇,编闾邻,增设区,全县设4区、3镇、112乡、1832闾、8062邻。民国24年8月,并乡镇,废闾邻,立保甲,设4区、1镇、45乡、547保、5787甲。民国27年4月,改设5个区,乡镇未变。民国36年7月,调整为34个乡镇。民国37年7月1日,南田区的南田、西坑、三阳、黄坛、岙里5乡和万源乡一部分划归文成县。民国37年8月1日,永嘉县温溪、贵岙、黄坦、霞师4个乡和林福、界坑2个乡一部分划入后,辖33个乡镇,总面积2493平方千米。1949年6月,废除保甲制度,建立县、区、乡人民政权,设立区5个、县属镇1个、乡33个。1950年8月,全县划为乡(镇)68个和县属镇1个。1952年4月,调整为直属镇1个、区8个、乡(镇)112个。1955年6月,城区增设城南乡。1956年3月13日,温溪镇改称温溪乡。1956年4月,合并为乡47个;9月,调整为镇1个、区2个、乡55个。1958年9月26日,实行人民公社体制,成立青田人民公社联合社,下设分社8个;11月9日,取消县人民公社联合社,设公社8个、管理区64个、大队494个、生产队2468个。1961年10月10日,恢复区建置,设区7个、县属镇1个、公社57个;10月下旬,万山区西岙、上横公社2个划归永嘉县。1983年10月,政社分设,恢复乡、村建置,设立区7个、县属镇2个、乡52个、村626个。1992年5月,撤区扩镇并乡,调整为镇7个、乡26个,辖行政村626个。2007年12月,设镇10个、乡21个、行政村436个、社区居委会28个。2010年,全县有乡镇31个,其中乡21个,镇10个,行政村414个,社区居委会28个,村民小组4706个。

环境资源

青田县地形属中低山丘陵区,瓯江北为栝苍山脉、南为洞宫山脉。千嶂万壑,地形复杂。最高峰八面湖海拔1389米。地势西高东低,大溪入境处腊口镇陈山埠村海拔50米,出境处温溪镇小峙村海拔7米。境内低山丘陵2236平方千米,占89.7%;河、溪、塘、库124平方千米,占5%;平地132平方千米,占5.3%。故有"九山半水半分田"之称。大溪从莲都区风化村入境,境内河长56.4千米,流域面积1169.8平方千米。小溪从景宁畲族自治县陈村乡鹤口村入境,长47.3千米,流域面积624.1平方千米。大溪和小溪在湖边村汇合后称瓯江,长26.3千米,流域面积689.9平方千米。境内有集雨面积20平方千米以上溪流30条。水资源总量28.86亿立方米,人均年水资源占有量6100立方米,约为全省人均占有量3倍。瓯江年平均客水资源116.5亿立方米。水力资源蕴藏量为140万千瓦。矿产资源丰富,有钼、铅锌、叶蜡石、萤石(又称氟石)等39种,其中钼精金属储量0.26亿千克、叶蜡

① 据清光绪《青田县志》。

石 1070 亿千克。

人口民族

唐天宝元年(742),青田为中县,近 6000 户,约 36000 人[①]。宋崇宁年间(1102—1106),约 26756 人[②]。元至元十三年(1276),18964 户,70527 人。明景泰三年(1452),40236 人。明嘉靖三十年(1551),17123 户,41567 人。明崇祯十六年(1643),20705 丁。清顺治三年(1646),方国安兵乱,逃亡 5931 人。清康熙十三年(1674),耿精忠叛军犯境,逃亡 1209 人。清康熙二十年后,人口开始回升。清乾隆四十一年(1776),14893 户,89667 人,其中男 54052 人、女 35615 人;清宣统年间(1909—1911),44841 户,219206 人,其中男 113419 人、女 105787 人。民国元年(1912),遭特大洪灾,人口降到 43598 户,217989 人。民国 31 年,上升至 62211 户,271073 人。民国 37 年 7 月,呑里、西坑等 6 乡、8812 户、50237 人划归文成县;8 月,从永嘉划入温溪、黄坦等地 6158 户、27147 人。1949 年,全县有 6.02 万户、22.78 万人。据 1982 年第三次全国人口普查统计,青田县 10.49 万户、45.58 万人。1978 年改革开放后,青田县流动人口激增,大量居民出国、迁移。1990 年,常住人口 447534 人,比户籍人口 485878 人少 38344 人。2000 年 4 月至 2009 年 4 月,滩坑水电站库区移民外迁安置 2143 户、7915 人,分布在宁波市、绍兴市、台州市和丽水市莲都区。2010 年,青田县户籍总人口 510945 人,其中非农业人口 84745 人;有少数民族 30 个,人口 2597 人,其中畲族 1655 人,占少数民族总人口 63.72%。

第二节 生产生活

国民经济

民国时期,青田县处于半封闭自给自足经济状态,重农轻商,现代工业、手工业不发达,以农业经济为主,经济基础十分落后。中华人民共和国成立后,进行社会主义革命和建设,逐步解放生产力,社会经济得到稳步发展,特别是实行改革开放后,国民经济持续快速发展。1949 年年末,国内生产总值 1271 万元,人均国内生产总值 56 元,工农业总产值 2344 万元,其中工业总产值 83 万元,财政收入(1950)9 万元。2010 年,实现社会生产总值 111.38 亿元,人均地区生产值 2.21 万元;工农业总产值 253.10 亿元,全社会固定资产投资 52.53 亿元,社会消费品零售总额 35.17 亿元。金融系统存款余额 218.96 亿元,其中城乡居民储蓄存款 149.92 亿元。交通面貌发生深刻变化,铁路、高速公路从无到有,国省道、县乡道路面全部改造升级,公路里程 1948 千米。城市建设步伐加快,框架不断拉开,建城区面积 4.63 平方千米。

教育和科技

教育　宋庆历年间(1041—1048),青田县署东半里处建学宫(孔庙)。宋崇宁年间(1102—1106),

① 据《唐书·地理志》。
② 据《宋史·地理志》。

在县东学宫旁建斋舍，创办县学。县学生员：宋绍兴十一年(1141)50人；明洪武年间(1368—1398)20人；清乾隆年间(1736—1795)68人。南宋始设书院。元代创办义塾。清光绪二十五年(1899)，第一所简易小学堂——倡明小学堂在浮翼创办。至宣统三年(1911)有小学堂20所。民国元年(1912)，学堂改称学校。民国37年，小学263所、中学2所、简易师范1所，全县小学教职员772人，学生16855人，约占学龄儿童47%，为民国时期学生数最高年份。1949年，小学226所，学生11690人，教职员524人，初级中学2所，学生437人，教职员50人。

青田县实验小学(人民小学)前身是清光绪二十七年(1901)在今鹤城街道后街创办的守约小学堂。民国17年(1928)，陈瑛等发起筹办私立阜山乡村师范学校，民国24年，改为私立阜山初级中学，为全县第一所普通中学。民国32年2月，青田县芝田战时初中学生补习学校改为青田县立简易师范学校(简称简师)，校址在天妃宫。1949年9月，简师改为青田县立中学，学生136人，班5个。1956年，增设高中部，为全县第一所公办完全中学，1977年，改名青田县中学，1978年，列为省重点中学。

1949年，中华人民共和国成立后，教育事业迅速发展。1952年，小学454所，教师749人转为公办，公办中小学经费开始列入政府财政预算，同年拨款17.8万元。1987年，小学1000所，学生63280人，基本普及初等教育；中学74所(其中乡中心学校附设初中47所)，在校学生21797人，同年教育经费增至656.60万元，占全县财政总支出34.52%。2007年，教育经费县安排支出21362万元，占县财政支出25.39%，省里补助4613万元。1988—2007年，全县投入资金5.15亿元，用以学校危房改造、兴建校舍和增添教育设施。2004年，青田县在全省率先实施寄宿制中小学“爱心营养餐”工程，惠及学生1.9万人。2006、2007年秋季开始，先后免除中小学生学杂费和书簿费。1997年，通过省教委普及九年义务教育、基本扫除青壮年文盲的“两基”验收，1998年，被评为全国“两基”工作先进县。2005年，通过高标准、高质量普及九年义务教育的“两高”验收。2008年，通过省“教育强县”验收。2010年，全县有幼儿园122所，在园幼儿14887人；小学32所，中学17所，职业中学、电视大学各1所。

科技　1992年5月，青田县委、县政府实施“科教兴县”战略。1992—2007年，青田县先后出台科技政策30多项。2000年，青田县获“全国科技工作先进县”称号。2001年，青田农村经济信息网开通。2002年，青田科技信息网开通。2007年，青田县拥有各类专业技术人才12561人，从事科技活动单位22个，其中大、中型企业6个、民营科技企业5个、省级高新技术企业2个。县级学会(协会)32个、会员1634人。1990—2007年，全县实施各类科技项目973项，其中国家级19项、省级185项、市级48项、县级721项。

文化体育

文化　青田县素称“文化之邦”(明宋濂语)。自创办县学、书院、私塾以后，学风日盛，北宋元丰二年(1079)至清同治十二年(1873年)，全县先后考取进士121人，其中武进士2人；元至清，青田考取举人116人，其中武举人29人。古今著名人物有明代军事家、政治家、文学家刘基，清代学者韩锡胙、端木国瑚，民国时期爱国人士章乃器等，可谓人才辈出。民国16年(1927年)，创办县图书馆。民国17年，在上店街旧习艺所建立县民众教育馆，设图收室、阅报室，娱乐室、中心民校。青田县文化、艺术、古迹、宗教源远流长，民间传统文化底蕴深厚鱼灯、龙舟文化享誉全球，独特的石雕、华侨文化影响广泛。

青田县群众文艺丰富多彩，民间文艺得到发掘、保护和发展。民间灯舞主要有鱼灯、龙灯、百鸟灯、采茶灯、马灯等，以鱼灯、龙灯、马灯最负盛名。1996年，被文化部命名为"中国民间文化艺术之乡"。2008年，青田鱼灯被列入第二批国家非物质文化遗产名录。《青田鱼灯》曾参加首都建国50周年天安门广场中心表演区演出、北京2008奥运城市广场文化活动和上海世博会"浙江周"文化演艺活动等多次国内国际文化艺术展演，赢得"天下第一鱼"的美称。

体育　清光绪二十七年（1901），学堂设体操课。民国元年（1912），体操列为心修课，后体操为体育课。民国4年，学校设课外活动部，指导学生课外体育锻炼。县中心小学有足球、哑铃等体育活动。群众体育活动，有武术、棋类、划龙舟、游泳、钓鱼、球类等。古时，武术有"青田棍"。明代，"青田棍"为军中有名技艺。清乾隆四年（1739），金华武状元朱秋魁"擅长剑技，其术青田棍也"①。清代以后，"青田棍"少为世人所知。同年，在天地坛举行青田县第一次体育运动会。1949年8月，在民众教育馆旧址建立青田县人民文化馆。1962年，建文化馆新大楼，建筑面积675.79平方米。1962年，运动员王冠和在省第四届人民体育大会上以2′33″5获男子200米自由泳比赛第一名。1969年，原县中心操场改建县灯光球场，占地面积1180平方米，建筑面积1120平方米。1980年4月，建成青田影院。1984年6月，创建少年宫，建筑面积1200平方米。1987年10月，建立工人文化宫，面积3000平方米。1988年11月，建成图书馆新大楼，藏书86087册。1988年，县长跑队长金冠国，在第二届西湖桂花国际马拉松20千米比赛中，以1小时17分52秒的成绩，荣获中年组冠军。1989年，金冠国被浙江省选送到日本参加第五届日本平樱花国际马拉松比赛，是青田第一个出国参赛的运动员。

2005年，青田县有运动场地25.60万平方米，人均0.53平方米。2007年，全县建立各种体育协会（俱乐部）16个，建立乡镇文体活动中心31个。1988年起，青田县广泛开展城乡群众性体育活动。先后举办学校、机关、企业、农民和老年人等各种运动会。老年人健身走、气排球等活动蓬勃开展。2002年，青田县体育局开始销售体育彩票，截至2008年底，销售体育彩票5519万元，返回公益金300多万元。2010年，青田代表团在浙江省首届体育大会上取得3金、1银、4铜，实现省运会上金牌数零的突破。2010年年末，全县有体育场馆2个。

卫生医疗

民国时期，私人开业行医，多在县城。民国17年（1928），青田西医仅2人。民国18年9月，青田县立医院成立，院址在鹤城镇后街孔庙。民国29年1月，青田县立医院改名县卫生院。民国33年6月，青田县立医院迁入后街新院舍。1949年，青田县仅有卫生院1家，卫生技术人员3人。1952年冬，省卫生厅拨款于鹤城镇东门兴建新院舍。1953年10月迁入。1956年5月，改名青田县人民医院。1952年后，青田县相继建立区乡医疗机构。1987年，全县有县级医疗防保机构4个，区镇级医院8所，乡镇级卫生院（所）57所；病床356张，简易病床186张；房屋45893平方米，主要医疗器械价值45.60万元；职工831人。1988年，省卫生厅批准筹建青田县中医医院，院址在鹤城镇塔山路。1995年10月，青田县中医医院落成开业。2003年，青田县人民政府提出县人民医院整体搬迁规划。2005年12月25日，青田县人民医院新院舍在鹤城镇江南新区开工建设，占地面积4.73公顷，建筑面积70840平方米。2010年末，全县有医疗机构219个，其中医院、卫生院35个，妇幼保健所1个；

① 据《干城录》。

卫生院床位数 580 张;卫生技术人员 1358 人,其中执业医师和执业助理医师 597 人,注册护士 518 人。疾病预防控制中心 1 个,卫生技术人员 33 人。卫生监督检验机构 1 个,卫生技术人员 27 人。2010 年年末,青田县参加新型农村合作医疗农民 26.84 万人,参保率 90.2%。

人民生活

近代,青田人民生活极度贫困。1949 年中华人民共和国成立后,青田县粮食生产仍不能满足生活需要,靠政府补给和外地调剂,属贫困山区县。1991 年,青田县被确定为省重点扶贫县,受省政府、省有关部门及结对县的帮扶。1997 年,青田县摘掉"贫困县"的帽子,被省委、省政府评为"光荣脱贫县"。21 世纪,青田县加速改革开放,社会经济发展迅猛,综合实力快速提升。2005 年年末,青田县基本实现"小康"。2010 年,青田县人均生产总值由 1988 年的 592 元上升到 22081 元。城乡居民收入明显增长,居住条件日益改善,消费水平和生活质量显著提高。在岗职工工资总额(不含私营)84593 万元,在岗职工平均工资 48171 元;城乡居民储蓄存款 149.92 亿元,农村居民人均纯收入 6722 元,城镇居民人均可支配收入 22500 元;农村居民人均住房面积 48 平方米,城镇居民人均住房面积 28.90 平方米;民用汽车拥有量 17536 辆,其中私人拥有 14971 辆。

第四章　云 和 县

云和县地处丽水市中部,东邻丽水市莲都区,西倚龙泉市,南连景宁畲族自治县,北接松阳县。明景泰三年(1452),分丽水县浮云乡及元和乡之半置云和县,隶属处州府。2010 年,云和县辖街道 4 个、镇 3 个、乡 3 个(其中畲族乡 2 个),行政村 168 个,总面积 978 平方千米。同年,云和县常住人口 11.16 万,其中畲族人口 0.9 万多人;地区生产总值 33.63 亿元,农业产值 5.19 亿元,工业产值 54.19 亿元,固定资产投资 20.45 亿元,城镇居民人均可支配收入 20131 元,农民人均纯收入 6370 元,人均地区生产总值 30252 元。

第一节　自然禀赋

区位面积

云和县地处瓯江上游,丽水市中部,北纬 27°53′—28°19′,东经 119°21′—119°44′。县境东邻莲都区，南接景宁畲族自治县，西连龙泉市，北与松阳县交界。县境周长262.9千米[①]。南北长47千米，东西长38千米，总面积984平方千米，其中陆地面积957.1平方千米，水域面积26.9平方千米。县人民政府驻地云和镇城北路6号。县城距杭州354千米、距丽水市区62千米。2010年，城市化水平达到62.5%，建成区面积6平方千米，被誉为“小县大城”。

建置沿革

明景泰三年（1452），划分丽水县浮云乡及元和乡，取两乡名尾字称云和县，隶属处州府。清宣统三年（1911）辛亥革命后，云和县隶属浙江军政府处州军政分府。民国元年（1912），云和县直属于省。民国3年6月，实行省、道、县三级制，云和隶属瓯海道。民国16年5月，废道，实行省、县二级制。民国21年6月，实现县政督察专员制，云和县隶属第十二县政督察区。10月，改为第三特区。民国24年9月，隶属丽水行政督察区。民国25年4月，云和县改属第九行政督察区。民国26年，云和县隶属浙江省政府。民国31年5月，民国浙江省政府迁入，云和县成为全省军事、政治、经济、文化指挥中心。民国32年，云和县复改属第九行政督察区。民国34年8月，抗日战争胜利，民国浙江政府迁回杭州。民国37年4月，云和县改属第六行政督察区；7月，云和县改属第七行政督察区。1949年5月11日，云和县解放，隶属浙江省第七专区。10月10日，云和县改属浙江省丽水专区。1952年1月，撤销丽水专区，云和县划归温州专区。1958年5月29日，撤销云和县并入丽水县。1961年6月1日，丽水县人民委员会迁驻云和镇。1962年4月12日，复建云和县（含景宁县），归属温州专区。1963年5月9日，恢复丽水专区，云和县隶属丽水专区。1968年11月，丽水专区改为丽水地区，云和县隶属丽水地区。1984年6月30日，云和、景宁两县分设，隶属未变。10月1日，云和、景宁正式分县办公。2000年7月19日，撤销丽水地区，改设丽水市，云和县隶属丽水市。

行政区划

明景泰三年（1452），云和置县，设4坊、统2乡、9都、47图。清康熙年间（1662—1722），改为24图。清雍正七年（1729），改图为庄。清同治年间（1862—1874），设2坊，统2乡、9都、301庄。清宣统二年（1910），云和县以下设区8个。民国初期，云和县沿袭清制。民国17年（1928），实行村、里制，云和县设8区、4里、88村、347闾、1720邻。民国20年，废村、里制，实行区、乡（镇）制，下编闾、邻。民国23年，并乡镇，撤区公所。民国24年7月，推行保、甲自治组织，废闾、邻，设5区、4镇、25乡、168保、1650甲。民国33年，龙泉县龙门乡划归云和县管辖。1949年中华人民共和国成立后，废除保甲制度，建立县、区、乡人民政权。1950年，云和县设区5个、镇1个、乡15个。1951年，丽水县峰源、赛源分划归云和县，建立云东区，增设乡8个。1952年，云和县设区4个、镇1个、乡44个、行政村182个。1956年5月，云和县改设乡21个。1958年春，云和县设立温溪畲族乡。5月，云和县撤销县建置并入丽水县。10月，云和县实行人民公社化，云和、梅源区改为人民公社，乡改建为生产大队。1959年，生产大队称管理区。1961年10月，恢复区建制，改管理区为人民公社，建立政社合一的乡级人民公社体制。1962年4月，云和恢复县建置，设区6个、镇2个、人民公社41个、生产大队395个、生产

① 据1997年勘定。

队2701个(含景宁县属区4个、镇1个、公社28个)。1968年,云和县建立区革命领导小组、公社(镇)革命委员会、大队革命领导小组,取代区、公社(镇)生产大队政权职能。1980年冬,恢复人民公社管委会和镇人民政府,设区7个、县属镇2个、人民公社44个、生产大队408个、生产队2751个。1984年,云和县实行政社分设,恢复和新建安溪乡、雾溪畲族乡。6月,云和县、景宁县分设。11月,丽水县双港、朱村、金村乡划归云和县管辖,设区4个、镇1个、乡20个、居委会9个、村民委员会169个、村民小组1168个。1987年3月,云和县撤销区建制,实行县管乡。1989年12月,云和县将梅源乡改设为崇头建制镇。1992年,云和县撤区扩镇并乡,设镇4个、乡11个、居委会9个、行政村170个、自然村864个、村民小组1165个。1995年,设机关居委、赤石乡设库北管理处。2001年12月,云和县撤销沙溪乡并入云和镇。2002年7月,云和县撤居委建社区,建立管理处1个,下辖社区6个。至2010年年末,全县辖云和镇、石塘镇、紧水滩镇、崇头镇4镇,云坛乡、朱村乡、大源乡、赤石乡、黄源乡、大湾乡、沙铺乡、云丰乡、雾溪畲族乡、安溪畲族乡10乡,社区委员会6个,村民委员会170个、自然村856个、村民小组1150个。

环境资源

云和县以高丘、低山、中山为主,南部洞宫山脉与北部仙霞岭支脉交织,地势自西南向东北倾斜。境内盆地海拔133米。海拔千米以上山峰184座,其中最高峰白鹤尖海拔1593.1米。境内山清水秀,四季分明,属亚热带季风气候,年平均气温为17.7℃,多年最热(7月)平均气温28.3℃,最冷(1月)平均气温6.5℃。极端最高温度40.9℃,极端最低温度-8.3℃。云和盆地年均日照时数为1774.4小时,年均降水量在1465—1969毫米之间。空气环境质量良好。

云和县县境自然资源丰富,生态环境保持良好。森林覆盖率80.8%,生态环境质量排全国第10位。2003年,被授予"浙江省生态示范县"称号。2010年,全县有耕地面积8283公顷,林地面积77383.88公顷。水能资源充足,建成山塘、水库336座,总蓄水量83109万立方米,灌溉面积1633公顷①。形成瓯江流域生态旅游和绿谷旅游长廊。

人口民族

人口　新石器时期,云和境内已有人类活动。明景泰三年(1452),云和县有6680户、14281人。清乾隆六十年(1795),云和县有13911户、50547人。清同治二年(1863),云和县有15179户、73118人,其中男性43999人,女性29119人。民国18年(1929年),云和县有人口16164户、69464人;民国37年,有16256户、61565人。1949年,云和县有14148户、54477人,其中非农业人口3575人。1953年,云和县有17673户、人口61712人,其中非农业人口2296人。2008年,云和县有11.20万人,人口出生率10.97‰,自然增长率4.09‰。2010年年末,有人口11.28万人,其中非农业人口2.08万人。

民族　云和县以汉族为主,是浙江省畲族重点集散地。南宋淳祐年间(1241—1252年),云和县畲族蓝姓人就从福建始迁小窟(小葛村)居住。1990年,云和县有畲族9162人。2012年,全县有畲、苗、佤、侗等少数民族22个,10185人,其中畲族有9775人,占少数民族96%。

① 见《县域土地现状调查》资料。

第二节　生产生活

国民经济

民国时期，云和县一直以农业经济为主，重农轻商，现代工业和手工业不发达，经济基础落后，处于半封闭自给自足经济状态的山区县。1949 年中华人民共和国成立后，云和县经过社会主义改造和建设，逐步解放生产力，社会主义经济得到稳步发展，特别是 1978 年实行改革开放以来，国民经济持续快速发展。2001 年，云和县实施"小县大城"发展战略，实现 9 成以上企业入驻县城工业园区，城市规模从 3.1 平方千米扩展到 5.6 平方千米。2009 年，云和县城市化水平达到 62.1%。实现资源高效配置，助推产业发展，促进环境改善，经济效益得到较大幅度提高。2010 年，云和县实现工农业总产值 59.37 亿元，地方财政收入 2.03 亿元。

教育科技

教育　明景泰六年(1455)，云和县始建儒学学宫。清道光七年(1827)，云和县筹建箬溪义学，后改名箬溪书院。清光绪三十年(1904)正月，光复会行总机行员魏兰和陶成章为培养辛亥革命人才，利用箬溪书院创办先志学堂，开创现代学校之始。1905 年，先志学堂改成官办学堂。民国 32 年(1943)，省教育厅在南溪乡创建国民教育实验区，著名教育学家俞子夷任主任，自编《小学复式教学法》。1949 年 8 月，云和县立简易师范改为初级中学。1952 年年底，云和县有学校 120 所，班级 220 个，在校学生 8610 人(含超龄生)，教职工 327 人，其中专任教师 302 人。1990 年，云和县有完全中学 2 所，初中 8 所，教职工 391 人，其中专任教师 315 人。有小学 198 所，教职工 481 人，其中专任教师 398 人。2010 年，全县有学前教育幼儿园 40 所，在园幼儿 4546 人，入园率 93.50%；义务教育小学 14 所、初中 4 所，在校生小学 7486 人、入学率 100%，初中生 3782 人、入学率 95.50%；职工成人教育有电大分校 1 所，职业高中 1 所，在校生 1804 人。全县有中小学、幼儿教师 1223 人，其中专任教师 993 人。

科技　1977—1990 年，云和县各个乡经济领域获科技成果奖 240 项。至 1993 年年底，20 个科技系列中，获得专业技术任职资格的在职人员 2342 人。至 2010 年年底，云和县培育省市级高新技术企业 3 家，省及科技中小型企业 9 家，农业科技型企业 5 家；创建完善省级科技创新平台 2 个，完成网上技术市场、云和科技信息网、科技信箱等科技信息平台建设；专利申请量和授权量分别为 1106 件和 1002 件；获科技进步奖 14 项。

文化体育

旧时，云和民间广泛流行以练武健身，以精通技艺育人。民国 16 年(1927)后，云和县通俗讲演所、公立图书馆、公众运动场相继建立。民国 19 年，云和县通俗讲演所、公立图书馆、公众运动场合并为民众教育馆。民国 31 年，省政府机关迁入云和县，云和成为全省政治、经济、文化中心。省文化运动委员会，省新闻记者公会等先后在云和成立，省立处州教育馆迁入。创刊《云和日报》，至民国

29年停刊。各项体育赛事频繁，文化体育活动盛极一时。民国34年5月1日，省体育运动会在云和举行。

1949年中华人民共和国成立后，云和县民众教育馆改为云和县人民文化馆。1952年，改云和县文化馆。1956年，云和县广播站建立。1978年10月1日，云和县第一座电视差转台建立。1988年7月，云和县钓鱼、田径、棋类、信鸽、篮球、桥牌、老年体育、武术气功等协会8个和云和镇农民体育协会先后成立，云和县少年体育学校创办。2005年，云和图书馆被文化部授予国家一级图书馆。至2010年，云和县有不可移动文物597处，其中黄绍竑公馆、王氏宗祠、云和银矿遗址、云和梯田、石门桥等省级文物保护单位5处。县文管会收藏国家一级(乙)和二级文物“重瓣仰莲瓶”和“青铜弩”。完成文字描述和影像采集藏品65件。申报认定“云和迎神习俗”“云和畲族舞蹈”等非遗名录，建立首批省级非遗项目即“包山花鼓戏”传承基地和畲族民歌传承基地。城区有线模拟电视从节目30套扩展到节目100多套，网络双向化改造完成60%。乡镇文化站配备电脑音响、乐器，配备文化活动器材的行政村有72个。县图书馆藏书17.20万册。图书流通点50个。开展送文化下乡，送戏、送书、送电影活动。建有体育健身设施的行政村有90多个。

卫生医疗

旧时，云和县署设医训科。民国27年(1938)11月，省民政厅医疗队调驻云和。民国29年2月，省民政厅医疗队改为县立卫生院，并成立云和县中医公会。1941年，云和县中医公会改称云和县中医师公会，会员40人。

1952年6月，云和县人民政府设卫生科。1970年9月，云和县专设县卫生局，管理县人民医院、中医院、卫生防疫站、妇幼保健站，农村区、乡卫生院、村合作医疗站，厂矿、学校设医务室(所)等，形成县、乡、村三级保健网。2004年12月17日，云和县城被全国爱卫会命名为“国家卫生县城”。至2010年，云和县医疗卫生服务体系趋于完善，有各类医疗卫生机构113家，其中县属医疗机构2家，县属卫生单位7家；在职卫生从业人员654人，执业医师98人、注册护士210人、乡村医生42人。住院报销封顶线8万元。8月1日起，“城居医保”与“新农合”制度合一，人均筹资标准325元，缓解农民群众看病难、看病贵问题。

人民生活

旧时，云和地瘠民贫，生产方式落后，旱涝灾害频繁，往往是“稻戟挂上壁，家里无米吃”，人民购买力极低，城乡市场萧条。1949年中华人民共和国成立后，农村实行土地改革，农民生活逐步改善。国家机关工作人员实行供给制转工薪包干制，全民企业实行供给制或工薪制并存。1956年开始，云和县国家机关和企事业单位，以职务工种等级统一实行货币工资制，职工工资收入水平逐步提高。1990年，云和县干部职工10783人，人均月工资2185元；就业人数6.25万人。2010年年末，全县人口11.28万人，城乡居民储蓄存款余额17.31亿元；城镇居民年均可支配收入20131元、农村居民年均纯收入6370元。城镇人均住房建筑面积50.08平方米；每百户城镇家庭拥有摩托车55辆、洗衣机94台、电冰箱113台、移动电话201部、电脑62台、空调88台、彩电192台、汽车13辆。

第五章 庆 元 县

庆元县，位于浙江省西南部，丽水市南部。南宋宁宗庆元三年（1197），分龙泉县松源乡及延庆乡部分地，置庆元县。庆元县城松源镇，距丽水市区233千米。2010年，庆元县下辖镇6个、乡13个；总面积1898平方千米。2010年年末，庆元县户籍人口20.36万人。同年，庆元县实现生产总值31.70亿元。庆元山清水秀，是中国生态第一县，境内百山祖自然保护区是国家级自然保护区。庆元是著名的廊桥之乡，香菇生产发源地。

第一节 自然禀赋

区位面积

庆元县位于丽水市西南部，地处北纬27°25′—27°51′，东经118°50′—119°30′之间。北面与丽水市的龙泉市、景宁畲族自治县接壤，东、南、西三面分别与福建省寿宁县、松溪县、政和县交界。行政区域界线总长401.43千米。南北长49千米，东西宽67千米，土地面积1898平方千米。县人民政府驻地松源镇石龙街32号。县城距丽水市区233千米，距杭州市506千米。

历史沿革

南宋宁宗庆元三年（1197），分龙泉县松源乡及延庆乡部分地，置庆元县，以宁宗年号“庆元”为名，属两浙东路处州；县治濛洲。元初，庆元县属江淮行省处州路。明洪武三年（1370），撤庆元县，置庆元巡检司，治查田[①]。明洪武十三年（1380），复置庆元县，属浙江布政使司处州府。明景泰三年（1452），青田县鸣鹤乡升天西里一部分地域划入庆元县；“延庆乡之半”地域中的小梅、查田、茶丰、青溪等地划归龙泉县。清嘉庆年间（1796—1820），庆元县金村、下洋划归龙泉县。清宣统三年（1911），庆元县属浙江军政府处州军政分府。民国3年（1914），庆元县属浙江省瓯海道（道尹公署驻温州）。民国16年，庆元县直属浙江省政府。民国21年6月，庆元县属第十二县政督察区。10月，庆元县改设第三特区（署址龙泉）。民国24年9月，庆元县属丽水行政督察区。后历第九、第六、第七行政督察区，隶属未变。1949年5月17日，庆元县和平解放。7月5日，庆元县人民政府成立，属浙江省第七专区，县府驻地松源镇。1952年1月至1963年4月，撤销丽水专区建置，改属温州专区。1954

① 2010年属龙泉市。

年3月，景宁县吴坑乡划入庆元县。1957年5月，龙泉县龙岩村划入庆元县。1958年3月，庆元县隆宫乡张天村划归福建省政和县。1958年11月，庆元县并入龙泉县。1973年7月17日，庆元恢县建制。1975年8月18日，庆元县革命委员会成立。1981年7月，庆元县革命委员会改称县人民政府，隶属丽水地区。2000年1月，庆元县改属地级丽水市。

行政区划

南宋庆元三年(1197)，庆元置县时，设荣庆、从政、松源3乡，县治设濛洲，内置17坊。明嘉靖后，乡以下设里，为基层行政单位，庆元县设3乡、12里。清代前期，区划沿用明制，保持原乡、里建制同时，划分都、坊建制，庆元县划为3乡、12都、12里，县城设5坊；清乾隆后，都内分图，坊改称隅，划为3乡、12都、54图，县城分东、西2隅；清宣统三年(1911)，废都、图，分为自治区6个。民国20年(1931)，始设乡镇保甲，庆元县设4个区、6个镇、50个乡、252个保、2499个甲。民国28年，庆元县调整为4个区、24个乡、7个镇、249个保、2505个甲。民国35年，庆元县裁并至1镇、21乡、211保、1705甲。一直沿袭至1949年庆元解放。1950年8月，庆元县建立区政府[①]4个、乡镇政府20个。10月，庆元县乡镇政府增至35个。1951年6月，土地改革结束，庆元县划为区4个、乡镇42个、行政村227个。1958年11月，撤销庆元县建置，并入龙泉县。1975年3月，原属庆元县的四源乡划归龙泉县。1975年8月，庆元恢复县建置，庆元县设区5个、公社(镇)31个、大队268个、生产队1538个。1984年，国家实行政社分设，庆元县设县直属镇1个、区7个、乡镇38个、行政村336个、居民委员会4个。1992年，庆元县实行撤区扩镇并乡，行政区划为镇7个、乡13个、行政村343个、自然村758个、居民委员会5个。2010年，庆元县下辖松源、竹口、黄田、荷地、左溪、贤良镇，安南、隆宫、五大堡、岭头、百山祖、淤上、张村、四山、江根、官塘、龙溪、举水、合湖乡，行政村345个，自然村724个，社区8个。

环境资源

庆元县地形复杂多样，以中山、低山、丘陵为主，地势呈东北向西南倾斜。东、北部为洞宫山脉所踞，多崇山峻岭，海拔1500米以上山峰23座，主峰百山祖海拔1856.7米，为浙江省第二高峰。百山祖北麓斋郎村海拔1210米，是全县最高居民点。西南部和中部是仙霞岭枫岭余脉，地势平缓，盆(谷)地较宽。新窑村海拔240米，是全县最低点。气候属亚热带季风区，温暖湿润，四季分明，年平均气温17.4℃，降水量1760毫米，年相对湿度81%，无霜期245天，年日照总时数1823小时。就局部而言，东、北部气温较之西南部和中部低，无霜期短，昼夜温差大，最宜于香菇等菌类生长。

庆元有“中国生态环境第一县”之称，森林覆盖率86%。境内有大小溪流926条，分布在东部地区的南阳溪、左溪向东流入瓯江，西部地区的松源溪、安溪、竹口溪向西南流入闽江，东南部的西溪、八炉溪向东南注入福安江，有“水流两省达三江”之说。2010年，土地面积189800公顷，其中林业用地167796.3公顷，农业耕地10680公顷，溪流水域2733.2公顷。水力资源丰富，理论蕴藏量28万千瓦，可开发装机容量25万千瓦。

① 后改称区公所。

人口民族

人口　上古时，庆元有少数先民游猎于山野间。秦汉时期，庆元人口仍稀少。宋太平兴国年间（976—983），庆元县人口约500多户、3000多人。南宋时，庆元县人口发展较快。宋庆元三年（1197），庆元县置县时，已建村庄43个，人口逾万。明成化十八年（1482），庆元县人口19788人；明万历七年（1579），增至19822人。清乾隆至光绪年间（1736—1908），庆元县人口发展最快，人口8万左右。民国21年（1932），庆元县人口106179人，其中男性58819人，女性47360人。民国38年，庆元县人口84769人，其中男性46988人，女性为37781人。1949年，总户数21856户，人口84769人。1978年，庆元县总户数30602户，人口154705人，其中农业人口148804人，非农业人口5901人，人口自然增长率19.8‰。2010年年末，庆元县户籍人口20.36万人，其中男性10.56万人，女性9.8万人；出生人口2594人，出生率12.78‰；死亡人口1190人，死亡率5.86‰；自然增长率6.92‰。

民族　庆元县境内原为单一汉族。清乾隆四十五年（1780），庆元县始有钟姓畲族人从景宁县迁入道岗村，畲族成为庆元最早的少数民族。1992年，少数民族1237人，占总人口0.66%。2010年，除汉族外，有畲族、蒙古族、苗族、彝族、侗族、土家族、壮族、满族、回族、藏族、布依族、朝鲜族、仡佬族、维吾尔族、瑶族、拉祜族、佤族等少数民族17个；少数民族人口2092人，其中畲族人口1635人，占78.15%。

第二节　生产生活

国民经济

1949年，庆元县国内生产总值339万元，农业产值384万元，工业产值空白，财政收入16.60万元，农民年人均纯收入40元。之后经过土地改革和农业合作化，彻底废除封建土地所有制，解放生产力；工业从无到有，逐步建立起电力、化工、水泥、造纸等工业门类。1978年年末，改革开放解放和发展生产力，工农业总产值3807.63万元，其中工业总产值1206.63万元，农业总产值2601万元；财政收入122.6万元，完成投资额410.7万元，新增固定资产281.3万元，社会商品零售总额1563.3万元，银行年末存款余额875.7万元。2010年，庆元县生产总值31.7亿元，工业总产值46.7亿元，固定资产投资19.3亿元，外贸出口3923万美元，金融机构人民币存款余额41.1亿元、贷款余额28.1亿元，旅游总收入1.7亿元，财政一般预算总收入2.6亿元，地方财政收入1.55亿元，财政支出9.22亿元，城镇居民人均可支配收入和农村居民人均纯收入分别达到18262元和6012元。

教育科技

教育　庆元建县时设县学于渎田，设教谕1人，掌文庙祭祀及训诲生员。明置书院、社学，增设训导1人，并建学官宅署。清代，庆元县兴名儒讲学之风，私塾盛行。县学置学田，以补修葺；书院及学庄置“宾兴田”助学。清末废科举，乡村学校相继建立。清光绪三十三年（1907），庆元县创办竹口镇初等学堂和县立高等学堂，学生 124 人。民国元年(1912 年)，学堂改称学校，全县有小学校 5 所，学生 165 人。民国 31 年，县立简易师范学校创办，为职业教育之始。1949 年，庆元县有初小 136 所、学生 1560 人、教职员 78 人，完小 23 所、学生 1572 人、教职员 74 人，初中 1 所、学生 43 人、教职员 9 人。1978 年，庆元县有幼儿园 5 所、学生 83 人，教职工 6 人；小学 408 所，学生 24589 人，教职工 1012 人；普通中学 6 所，学生 6682 人，教职工 379 人。2010 年年末，庆元县有普通中学 9 所，招生 2721 人，在校学生数 8494 人，毕业生 2818 人。拥有中等职业中学 1 所，招生 737 人，在校生 2062 人，毕业生 729 人。拥有小学 24 所，招生 1918 人，在校生 11225 人，毕业生 2134 人。拥有幼儿园 67 所，在园幼儿 5758 人。

科技　宋初，出生于庆元龙岩村的农民吴三公以发明人工栽培香菇技术享誉世界。1949 年中华人民共和国成立后，庆元县重视科技工作。1976 年，庆元县科学技术委员会成立。1993 年，庆元县斥巨资建造全国最大的食用菌科研中心，从事食用菌研究和推广。2010 年，庆元县财政科技投入 1741.85 万元，科技 3 项经费投入 120 万元，安排县级科技项目 41 项。组织申报科技项目 19 项，全年度科技立项 11 项，争取项目经费 654 万元。申请国家专利 64 件，获得授权专利 54 件。

文化体育

清光绪三年(1877)，松源书院与学宫藏有清廷颁布的钦定绫套、布套书籍，上谕之类计 87 部，290 多册。清光绪三十年，天主教庆元教堂到福州延请日本人田中在后田开办大日本普通学堂，后改名普通学堂，专授体育。清宣统元年(1909)，庆元县藏书楼成立。民国时期，庆元县藏书楼改称图书馆，藏书 4 万册。民国 20 年(1931)，县民众教育馆建立。民国 36 年，县民众教育馆并入县立简易师范。民国 24 年，省教育厅电影巡回放映队首次到县放映。民国 33 年，庆元县举行全县运动会，有田径、武术等项目。

1949 年 11 月，庆元县接收原民众教育馆设备，成立县人民文化馆。1955 年 5 月，庆元县新华书店开业，图书由国家经营。1979 年 5 月，庆元县图书馆建立，藏书 8.20 万册。1952 年，庆元县以"二都戏"老艺人为主组建和平剧院，不久解散。1976 年年底，庆元县文艺宣传队成立。1978 年，庆元县文艺宣传队改称越剧团。1953 年，庆元县总工会首先组织职工开展广播操、排球、篮球等比赛活动。1954 年开始，庆元县举行县级运动会，"并县"期间中断。另还举办过工人运动会、消防运动会、幼儿运动会等。1956 年，省 530 电影队下放庆元，1958 年，各人民公社建立电影放映队，1979 年 1 月，庆元县电影院落成。1988 年 12 月，可容纳观众千多人的庆元县体育馆建成。民间体育多以民俗方式流传下来，较为普遍的有抢"柚灯"、拖綳、斗牛、抢火篡、武术等。1997 年，庆元县香菇博物馆建成。2010 年底，庆元县有世界级非物质文化遗产 1 项，国家级非物质文化遗产 1 项，省级非物质文化遗产 6 项，市级非物质文化遗产 27 项，县级非物质文化遗产 97 项；文物保护单位 43 处 44 个点，其中国家级重点文物保护单位 1 处，省级文物保护单位 5 处 6 个点，县级文物保护单位 37 处；香菇博物馆有传统馆藏文物 592 件，实际总数 1547 件，品类 20 个；图书馆有藏书 7 万多册，古籍 5000 多册，善本 148 册；建成省级达标乡镇综合文化站 17 个，扶持建设村级文化活动室 103 个、小康体育村 118 个；有体育协会 24 个，俱乐部 9 个；组织各类文艺演出 120 场次，放映流动电影 3200 多场次，送图书下乡 1 万多册。

卫生医疗

明初，庆元县设医学训科，职掌医药行政。明嘉靖二十五年(1546)，庆元县设惠民药局于城内丰山门内，为最早官办医疗机构。清时，庆元县民间药房和乡村郎中增多，官医裁撤。民国18年(1929)起，庆元县卫生行政隶民政科，警察局协管环境卫生。民国27年，庆元县政府设县诊所科，后改称卫生院。

1952年8月，县人民政府设卫生科。1975年8月，复县设卫生局，直属机构有防疫站、妇幼保健站、药品监督检验所和爱国卫生运动委员会。2010年年末，庆元县有医疗卫生机构46个，其中医院、卫生院42个，卫生技术人员580人，其中执业医师和执业助理医师252人，注册护士180人。社区卫生服务机构覆盖率80%。建立农村居民个人档案143178份，建档率85.07%；城镇居民个人档案18069份，建档率54.25%。农村安全卫生饮用水人口覆盖率98.65%，农村卫生厕所普及率93.50%。

人民生活

旧时，庆元经济十分落后，民众贫穷，广大农村人口凋敝，地多荒芜，五行百业有衰无旺，年人均粮食198千克，许多农民被迫离乡背井。清末，出现半工半农的手工业和小商贩，生活稍高于一般农民。民国时期，尚无产业工人，靠薪俸维持生活的主要是政府公务人员和学校教员。1949年中华人民共和国成立后，经过土地改革和农业合作化，生产得到恢复和发展。1957年，庆元县农民人均收入75元，比1949年增长32.5%。职工队伍日益壮大，生活待遇逐步提高。1958年，庆元县职工4318人，人均年工资457元。1978年改革开放后，庆元县人民生活得到极大改善。1992年，庆元县职工12806人，人均年工资2315元；农民人均收入793元，年末农村储蓄余额3959万元。2010年，庆元县城镇居民人均消费支出14260元，农村居民人均生活消费支出4245元；城镇居民人均住房面积41.20平方米，农村居民人均居住面积47平方米；私人汽车拥有量4358辆。庆元仍然存在一些制约经济社会发展的不利因素，如远离经济发达地区、交通不便、基础设施建设滞后，自然条件复杂，对生产和生活造成不利影响。庆元县委、县政府正以"北承长三角、南接海西区、当好桥头堡、谋求新跨越"战略部署，建设更加美好的"中国生态环境第一县"和"中国香菇城"。

第六章　缙　云　县

缙云县地处丽水市东北部，东临仙居县，南连青田县，西接丽水市，西北界武义县，东北依磐安县，北与永康市毗邻；县人民政府所在地五云镇。武周万岁登丰元年(696)，缙云设县，以境内古缙云山而得名。2010年，缙云县设建制镇8个、乡8个。总面积1494.25平方千米。总人口45.34万人(户籍)，民族以汉族为主；社会生产总值112.17亿元，人均地区生产总值24826元。缙云是丽水区域内历史文化比较悠久的县之一，境内壶镇平原是丽水第三大平原，自古为经济、文化重镇。

第一节　自然禀赋

区位面积

缙云县位于浙江省中南部腹地、丽水市东北部，北纬28°25′—28°57′，东经119°51′—120°25′。东邻仙居县，东南界永嘉县，南连青田县，西毗莲都区，西北交武义县，北接永康市，东北临磐安县。县境东西宽55千米，南北长60千米，县界全长304千米，总面积1494.25平方千米。县人民政府驻地五云街道黄龙路38号行政中心，距丽水市区38千米，距省会杭州175千米。

建置沿革

唐武德四年(621)，分永康县地，置缙云县，隶属丽州。唐武德八年，废丽州及缙云县。武周万岁登封元年（696），分栝州栝苍县东北界及婺州永康县南界，再置缙云县，隶属栝州。唐天宝元年(742)，改栝州为缙云郡。唐乾元元年(758)，缙云郡复为栝州。唐大历十四年(779)，改栝州为处州，缙云县属之。五代时(907—960)，缙云县为吴越国之地，仍为处州属县。元至元十三年(1276)，蒙古军攻占处州，改处州为处州路。元至正十九年(1359)，朱元璋率起义军攻占处州，改处州路为安南府；旋改处州府，均属之。民国3年(1914)，缙云县属瓯海道。民国16年，废道制，缙云县直属浙江省。民国21年6月，实行县政督察制，缙云县属第十一县政督察区。先后属第二特区和第九、第六、第七行政督察区。1949年5月，缙云解放，隶属浙江省第七行政专区。10月，浙江省第七行政专区改为丽水专区，缙云属之。1952年1月，撤销丽水专区，改属金华专区。1963年5月，恢复丽水专区，改属丽水专区。1968年11月，丽水专区改称丽水地区。2000年7月19日，撤销丽水地区建立丽水市，缙云县均属之。

行政区划

明成化十八年(1482)，缙云县城下设17坊、2巷，政区划分5乡、5里、29都。清代，缙云县城设8坊。政区划设5乡、11里、29都。民国初，缙云县延续旧制。民国25年(1936)，缙云县设3个区、5个镇、68个乡。后屡次变动。至1949年7月1日，缙云县设4个区、23个乡镇。1949年12月月底，缙云县设区6个、乡镇38个。城区辖五云镇和浣溪、崇文、正美、镇东乡；新建区辖新建镇和宅青、永乐、钟马乡；仙都区辖胪膛镇和靖仙、普仙、青川、黄龙乡；壶镇区辖壶镇镇和长合、雁门、景云、溪西、三溪、东金、漳溪乡；盘溪区辖舒洪、昆坑、双溪、溶溪、雅江、章村、胡村、南溪、前村、严溪、石笕乡；缙仙区辖兴仙、普化、德化、安仁、金竹乡。1951年5月，严溪乡划归丽水县。1953年9月，缙云县潘潭乡划归磐安县，五云镇改为县直属建制镇。1958年9月，撤销区、乡镇建制，以原区为基础建立政社合一的人民公社；以原乡为基础建立管理区；管理区以下设生产队。1961年6—10

月，撤销大公社，恢复区建置，缙云县改管理区38个为人民公社。1962年5月，缙云县陈岭、溪港、安岭公社划归仙居县。1978年9月，缙云县五云公社恢复为县直属建制镇。1982年12月，缙云县设区4个、人民公社35个、生产大队618个、生产队4491个。1983年2月，缙云县壶镇公社改为建制镇。1984年6月，撤销公社建制，恢复乡镇建制，缙云县设区5个、镇2个、乡44个、居委会15个、行政村633个。1985年1月，缙云县新建、舒洪乡改为建制镇。1991年，缙云县新碧乡、前村乡改为建制镇。1992年5月，缙云县开展撤区扩镇并乡，设建制镇9个，乡15个，行政村642个。2001年7月，缙云县设仙都农村管理处，管理村12个。2008年1月，缙云县调整撤并为五云、壶镇、新建、舒洪、大洋、东方、东渡、大源8个镇，七里、前路、三溪、双溪口、溶江、胡源、方溪、石笕8个乡。2010年12月，缙云县行政村调整为253个。

环境资源

缙云县地势自东南向西北倾斜，主要以中山，低山，高丘，谷地为主。中山面积2.59万公顷，低山丘陵面积9.38万公顷，谷地面积3.07万公顷，分别占总面积17.2%，62.4%，20.4%。耕地15.03万公顷；森林面积11.28万公顷，森林覆盖率75.2%；生态环境质量排全国第37位。水能资源充足，建成山塘7804丘、水库529座，总蓄水量13091.46万立方米，灌溉面积9794.46公顷。2010年，缙云县被授予“浙江省生态示范县”称号。境内有“八山一水一分田”之称，以好溪为界分为两大山脉，东部为栝苍山脉，西部为仙霞岭余脉，千米以上山峰49座，最高峰大洋山海拔1500.6米。境内山清水秀，四季分明，属亚热带季风气候区。1949—2010年，缙云县年平均气温17.3℃，最热(7月)平均气温县城29.1℃、前村24.5℃，最冷(1月)平均气温县城5.6℃、前村2.3℃，年平均日照时数1875.3小时，年降水量，平均约1500毫米，1966年8月10日，缙云县极端最高温度41.9℃。1977年缙云县极端最低温度为-14.7℃。1963年，缙云县年平均日照时数最多，为2296.7小时。2010年，缙云县年平均日照时数最小，为1499.5小时；变幅797.2小时，变异率39%。2010年，缙云县年降水量1997.9毫米。

人口民族

新石器时代，缙云就有人类居住。两汉时期，北方族群逐渐南下与缙云当地人融合。唐开元十四年(726)，缙云县人口6656户。唐天宝元年(742)，缙云县人口8587户、51650人。唐元和十五年(820)，战乱，缙云县人口减为3288户。北宋元丰元年(1078)，缙云县人口14893户。宋崇宁年间(1102—1106)，缙云县人口18087户、43423人。明景泰三年至成化十八年(1452—1482)，缙云县人口由42706人降至32745人。明万历年间(1573—1620年)，缙云县人口30290人。清道光二十七年(1847)，缙云县人口118637人。清同治十三年(1874)，战乱，疫病流行，缙云县人口减至57776人。民国元年(1912年)，缙云县人口150692人。1949年，缙云县人口增至207355人。1953年，缙云县人口222322人。1964年，缙云县人口263572人。1982年，缙云县人口387949人。1990年，缙云县人口393824人。2010年，缙云县人口454420人。2010年，缙云县户籍人口45.34万人，其中男性23.42万人，女性21.92万人；常住人口35.92万人，城镇人口15.38万人；姓氏398个，按人口数排序前10位：陈、李、朱、胡、周、丁、吕、应、卢；民族32个，以汉族为主，其他民族除畲族为祖居外，多为20世纪90年代后外地女性嫁入。

第二节　生产生活

国民经济

民国时期，缙云县重农轻商，工业落后，多为家庭作坊手工业，基本处于自然经济状态。1949 年中华人民共和国成立后，缙云县逐步解放生产力，社会主义经济得到发展，特别是 1978 年改革开放后，缙云县国民经济持续快速发展。1985 年，缙云县工业产值首次超过农业产值。2010 年，缙云县社会生产总值 112.17 亿元，人均 24826 元；工农业总产值 291.94 亿元；旅游收入 19.7 亿元；财政收入 10.1 亿元，其中地方财政收入 5.14 亿元。"十一五"（2006—2010）期间，全社会固定资产投资 143.7 亿元，利用县外内资 30.2 亿元、外资 950.7 万美元。融入长三角和海西经济区，外向型经济发展迅速。创建国家级生态乡镇 1 个，省级生态乡镇 13 个，成为省级生态县。

教育科技

教育　宋治平年间（1064—1067），缙云县在县城孔庙（建于唐朝）设县学。缙云县有进士 183 人。北宋国子监司业胡份在上堂①自立儒馆，藏书兼讲学。二都遇明里②有东山书院、东山书舍。胡光祖自立儒馆。陈明伯创建仙都读书堂。宋宣和年间（1119—1125），由陶氏在从县城至新建与至小�坑交叉处创建君子书院。宋淳熙九年（1182），朱熹到仙都、美化书院讲学。宋嘉定年间（1208—1224），叶嗣昌在仙都创办独峰书院。宋嘉熙年间（1237—1240），缙云知县陈大猷在金竹创办美化书院。

明嘉靖四年（1525），在孔庙后建五云书院。清乾隆三十年（1765），缙云知县令狐亦岱在县城关帝庙旧址建金莲书院。清嘉庆二十年（1815），楼步云等 23 人在新建创建右文馆。清咸丰元年（1851），吕载希在壶镇创建崇正书院。清同治七年（1868），在冷水③建凤楼书院。清同治十二年，朱品洪在小仙都创建正本书院。许多家庭和宗族在家中或祠堂开办私塾，直至民国初期。

清光绪二十七年（1901），陈雅娟首创小学。清光绪三十四年，缙云县立五云小学附设师范讲习所，以后先后创办师范讲习所、县立简易师范学校。民国 18 年（1929 年）8 月，应国士在孔庙创办私立五云初级中学，10 月，改名私立仙都初级中学。民国 27 年，缙云县创办幼稚园。民国 33 年，缙云县创办缙云县立初中。抗日战争时期，杭州私立安定中学、省立医药专科学校等学校迁到缙云。

1950 年 2 月，缙云县立中学筹建，设初、高中两部。1953 年，缙云县立中学改名缙云中学。1954 年，缙云县高中毕业生 40 多人，考上大学 38 人。1960 年年初，缙云中学教学质量名列全省前茅，为省重点中学之一。1958 年，缙云县大办农业中学，先后创办县初级农业技术学校、林业技术学校，各区创办农业初中，以后创办农业高中、县技工学校、工艺美术学校、农技校。20 世纪 70 年代，缙云县逐步停办农中。1972 年，缙云县创办县教师进修学校，开展培训、函授，后以培养幼师为主。1991 年，缙云县幼儿园 240 所，其中集体办 230 所，在园幼儿 7247 人，教师 268 人。1992 年，缙云县小学 371

① 2010 年称上宕。

② 2010 年称新碧。

③ 2010 年属磐安县。

所，在校学生34403人。1992年，缙云县有中学50所，在校学生24596人（不包括应刘私立初中，县政协独办、县政协与县职技校、县总工会联办的中等专业学校）。

2010年，缙云县学前教育幼儿园106所，在园幼儿15521人。义务教育小学46所，在校学生27299人。入学、巩固、升学率均100%。初中13所，在校学生14702人。普通高中5所，在校学生8819人。技工学校1所，在校学生635人。教师进修学校1所，在校学生503人。职业中学5所，在校学生6652人。全县有中小学、幼儿专任教师4126人。

科技　民国16年（1927），县政府建设科有技术职员3人。1950年，缙云县有科技人员300多人。1983年，缙云县全民企事业单位有科技人员1038人，1992年，增加至2400多人，其中获得专业技术任职资格的在职科技人员2091人。1978—1991年，缙云县经济领域获科技成果奖182项。

2007年，缙云县被评为全国科普示范县。2010年，缙云县地方财政科技投入2915万元。政府发挥科技特派员作用，有培育国家级高新技术企业12家，省级科技中小型企业8家，农业科技型企业5家。省级高新技术研发中心9家。建立网上技术市场、缙云科技信息网。专利申请量和授权量分别为262件和239件，居全市之首，获科技进步奖4项。2009年，缙云县通过验收科研项目8个，2010年，缙云县上报立项科研项目8个。

文化体育

文化　自唐以后，黄帝祭奠、戏曲演出、石刻文化绵延不绝，佛、道、士人著述藏书蔚然成风。北宋胡份建万松书舍。清光绪年间（1875—1908），缙云县城王树梅开设书店。1950年1月，新华书店丽水中心店缙云分销处成立。1976年，缙云县图书馆建成，馆藏书刊16.10万册。1981年，缙云县档案馆建成。2010年，缙云县开展“送书下乡”活动，开通“缙云县图书馆网站”

民国27年（1938），靖岳丁章长放映无声电影。1956年9月，缙云县电影放映队成立。1974年，缙云县各乡镇均建立广播站。1976年9月，缙云县购置14寸黑白电视机1台。1986年12月，缙云电影院在水南竣工。壶镇电影院1984年9月开业，先后经过1985年、1992年改造。新建电影院竣工于1982年4月，经过1987年、1991年两次改造。缙云县电影公司获“2005年度全国农村电影先进集体”称号。2010年，缙云县有电视转播台26个，卫星地面接收站54个，广播人口覆盖率95%，有线电视用户9.60万户。

1979年，缙云县文管会成立。2002年，缙云县文管会改名县博物馆。2010年，缙云县博物馆有藏品1517件，不可移动文物2203处，其中壶镇大溪滩青瓷窑址群为省重点文物保护单位，河阳为省级历史文化保护区，“仙都摩崖题记”为国家重点文物保护单位。1985年，各乡镇成立文化站，全县有文化站站舍25个。村级文化活动室384个，文化活动室100%全覆盖，县级文化示范户172户。文艺团体34个。1985年起，缙云县陆续编印《缙云文史资料》9辑。

民国19年（1930），缙云县民众教育馆建立。1949年12月，缙云县文化馆建立。1953年，缙云县工人俱乐部、壶镇区文化馆建立。1955年10月，缙云县广播站建立。1963年，缙云县直属、新建、盘溪、大洋区文化站分别成立。2009年，壶镇镇被文化部命名为中国民间文化艺术之乡，缙云县文广新局获第三届“神州风韵”全国剪纸大赛优秀组织奖，剪纸《感恩亭》获第三届全国剪纸大赛铜奖。2010年，缙云县官店村少儿乐队《古村戏韵》获第四届全国少儿曲艺大赛表演、园丁、组织3项一等奖。

20世纪90年代，缙云县民间文化活动丰富。“轩辕祭典”“张山寨七七会”“迎罗汉”为国家级非遗项目,缙云县被民间文艺家协会命名为“浙江省杜光庭文化之乡”。摄影、书画、剪纸、根雕、石雕等协会活动踊跃,作品丰富。2006年,缙云县木雕作品《群仙赴会》《百福香筒》分别获国际博(展)览会金、银奖。2009年,《师徒西天行》《鹊桥会》获国际博览会金奖。同年,歌曲《乡情甜又美》《铺路石之歌》《等你回来》分别获国家级比赛银、铜、三等奖,根雕《十八童子》获全国精品展金奖。

2010年,缙云县有歌舞娱乐厅26家、网吧39家,民营剧团22个、民乐队85支、西洋乐队68支,艺术表演团体1个,影剧院3个。

体育　清光绪三十二年(1906),缙云县学堂设体操课。民国6年(1917)秋,缙云县举行第一次全县运动会,项目为兵式操。民国14年,缙云县体操课改为体育课。

民国16年(1927),缙云县城水南建成县体育场。同年秋。缙云县举行首届全县田径运动会。民国22年,缙云县各中学均设体育课。同年。在浙江第四区第二届运动会上,仙都中学学生周东卿获竞赛总分第一。民国25年,缙云县小学一、二年级设唱游课(包括体育、音乐),三至六年级单设体育课,开展晨操、跑步。

20世纪50年代,缙云县中小学体育课结合国防体育,进行“达标”锻炼,建立体育运动队、少体校(班),进行田径、篮球、乒乓球、排球、游泳等项目训练。民间体育向来有之,如登山、摔跤、拳棒、游泳、棋类、钓鱼、武术等。

1953年2月,缙云县民兵民族形式体育运动代表队,获金华军分区首届体育运动大会表演冠军。1962年,缙云县获金华地区中学生乒乓球赛女子团体冠军。1963年,缙云县获金华地区中学生田径运动会总分第一。1965年,缙云县获丽水地区第一届少年田径运动会第一名、少年篮球赛女子组第一名。1973年,韩海婴获全国少年田径运动会男子乙组3项全能第四名。1980年起,赵秋兰连续3年获省体育比赛女子组铅球、铁饼冠、亚军数个。20世纪80年代,缙云县成立老年体协等体育协会15个,开展形式多样的体育活动。1984年,壶镇建成浙南地区第一个标准田径运动场。2008年,缙云县体育培训中心大楼建成。2008年,缙云县建成小康体育村141个,大部建有标准篮球场,缙云中学与仙都高中的大操场为丽水市最大标准化操场。

1992年,王岳武参加全国第三次伤残人运动会,破5000米赛跑全国纪录。2008年,胡雅娉获全国青少年乒乓球锦标赛单打第三名。2008—2011年,卢芊芊先后获全国、世界轮滑花样过桩锦标赛冠军和世界轮滑锦标赛女子青年速度过桩比赛冠军。2010年,田笠君获第十四届省运会田径3000米亚军、1500米冠军。赵晏瑶获十四届省运会乒乓球双打第二名。麻育民、徐锦妃分别获浙江省首届体育大会男子、女子定向短距离冠军。丁锦辉获亚运会篮球冠军。2009年,缙云县体培中心获全国群众体育先进集体奖。2010年,缙云县体育局获全国全民健身组织奖。

卫生医疗

宋代起,缙云县有名医。明有医学训科,清乾隆三十年(1765),缙云知县令狐亦岱发动捐建卫生堂。民国28年(1939),缙云县立诊所创立,隶属于县民政科。民国31年,缙云县卫生院成立,下设壶镇、盘溪分院。民国22年,缙云县仙都初中设有医务室。民国30年,省卫生处在仙岩铺设卫生室。

1949年,缙云县有私人医院与诊所、中西药店70多家。1950年,缙云县医务工作者协会[1]、县妇幼

① 1953年,改为县卫生工作者协会。

保健站成立。1953年，缙云县人民政府设立卫生科，成立县爱国卫生委员会。1956年，缙云县卫生防疫站成立。1958年，缙云县设县卫生科①。1972年，缙云县卫生局成立。1973年，缙云县计生委成立。

20世纪50—60年代，缙云县乡镇卫生院先后建立。1968年，缙云县推行农村合作制度。20世纪80年代，缙云县允许个体医疗开业。1990年，缙云县中医院建成。2004年，田氏后代在过去基础上分别建浙江省最大的民营伤科医院——缙云县田氏伤科医院和钭氏伤科医院。

2010年，缙云县有卫生机构53家，其中医院5家，乡镇卫生院44家，妇幼保健站、疾病预防控制中心、卫生监督检查机构、爱卫委办各1家。全县医院、卫生院床位1400张，卫生技术人员1579人，其中执业(助理)医师755人，注册护士511人、药师(士)79人，技师(士)85人。产妇住院分娩比例99.90%。参加新型农村合作医疗人数391096人。

人民生活

民国时期，缙云县大多农民由于无田少地，生产条件差，加上天灾人祸，过着缺衣少食的生活。春季青黄不接，秋收后以萝卜、番薯等充饥，冬季少有过冬棉衣。1949年中华人民共和国成立后，缙云县农民分到田地，生活有所改善。留用旧职人员、公教卫生及机关干部实行供给制。1952年，缙云县试行工资分制，津贴费按等级发给。1955年7月1日起，缙云县实行货币工资制。1985年，缙云县进行工资制度改革，行政事业单位、企业工人工资均有较大提高。2010年年末，缙云县城镇职工1.78万人，平均工资48637元，城乡居民储蓄存款余额72.38亿元，城镇居民人均可支配收入21275元，农村居民人均纯收入6678元，城镇居民人均住房使用面积29.03平方米，农村居民人均住房面积60.9平方米。每百户城镇居民家庭拥有汽车22辆、摩托车63辆、洗衣机83台、彩色电视机182台、电冰箱96台、家用电脑79台、微波炉75台、空调器158台、淋浴热水器102台、消毒碗柜40只、普通电话83部、移动电话196部。

第七章 遂 昌 县

遂昌县地处浙西南，位于钱塘江、瓯江源头，东倚武义、松阳，南邻龙泉，西接江山和福建浦城，北与衢江、龙游、婺城相连。遂昌建县于公元218年，有着悠久的历史文化。2010年，全县辖镇9个，乡11个，行政村203个，城市社区7个；总面积2539平方千米，森林覆盖率82.3%。境内山川秀美，林海氤氲，云雾缥渺，素有“金山林海、仙县遂昌”的美誉。遂昌资源丰富，经济、社会快速发展，旅游经济成果丰硕，社会事业协调进步。总人口23.1万元，实现生产总值57.66亿元。

① 1968年，并入县生产指挥组。

第一节　自然禀赋

区位面积

遂昌县位于浙江省西南部，介于北纬28°13′—28°49′，东经118°41′—119°30′之间，东靠武义县、松阳县，南接龙泉市，西邻江山县和福建省浦城县，北毗衢州市衢江区、龙游县和金华市婺城区。总面积2539平方千米。自置县后，妙高镇均为县治，距丽水市区99.9千米，距省会杭州255千米。

行政沿革

1997年夏，遂昌县三仁畲族乡好川村发现古墓遗址，发掘出土石器、玉器、陶器、漆器等千多件，经鉴定属于良渚文化晚期，距今4000年左右，证明县境在新石器时期就有人类繁衍生息。夏、商、西周时，属越。春秋、战国时，属越姑蔑。秦时，属会稽郡太末县①。东汉献帝建安二十三年(218)，分太末县南部地始置遂昌县。三国吴赤乌二年(239)，以县东有平昌山，更县名为平昌。三国吴宝鼎元年(266)，隶属扬州东阳郡。西晋太康元年(280年)，复称遂昌。隋开皇九年(589)，遂昌县隶属处州。唐武德八年(625)，遂昌县并入松阳县。唐景云二年(711)，遂昌恢复县建置。唐乾元二年(759)，分遂昌、松阳县地，置龙泉县。明成化七年(1471)，分遂昌县桃源乡八、九都地与龙游、金华、兰溪县部分地，合置汤溪县。民国37年(1948)7月，遂昌县划归第三行政督察区。1949年10月，遂昌县隶属衢州专区。1955年3月，遂昌县隶属金华专区。1958年11月21日，撤销松阳县建置，并入遂昌县。1963年5月起，遂昌县隶属丽水专区。1968年，遂昌县隶属丽水地区。1982年1月30日，遂昌县与松阳县分立。5月1日，遂昌县与松阳县两县分治。

行政区划

唐始有记载，称乡、里。北宋熙宁(1068—1077)初，遂昌县划为24都。明洪武十四年(1381)，遂昌县定4乡、24都、41图、73里、11坊。清乾隆年间(1736—1796)，遂昌县设5乡、22都、40图、508庄。清道光年间(1821—1850)，遂昌县为490庄。清光绪年间(1875—1908)，遂昌县为528庄。清宣统三年(1911)，遂昌县设自治区10个。民国初期，遂昌县沿袭清末旧制。民国17年(1928)，推行村里制，遂昌县分10个区、9个里、74个联合村。民国23年12月，推行保甲制，遂昌县分5个区、5个镇、45个乡、275个保、2777个甲。民国38年5月，遂昌县为1个区、1个镇、28个乡、275个保、2865个甲。1949年5月8日，遂昌解放，建立人民政权，遂昌县划为区5个、乡29个。1950年10月，遂昌县调整为区6个、乡44个、行政村280个。1952年9月，遂昌县妙高乡改为镇。1958年9月起，实行人民公社化，遂昌县下辖生产大队、生产队。11月，松阳县并入遂昌县。1962年6月，遂昌县设区9个、镇3个、公社52个。1982年5月1日，遂昌、松阳分治，遂昌县管辖区5个、镇1个、公社26个、生产大队382个、生产队2594个。1983年6月，公社、大队复称乡、行政村，遂昌县增乡2个。1992年6月，撤区扩镇并乡，遂昌

① 2010年称龙游县。

县辖妙高、大柘、石练、新路湾、北界、云峰、金竹、王村口、黄沙腰9个镇和三仁、垵口、濂竹、湖山、应村、焦滩、龙洋、蔡源、西畈、高坪、柘岱口11个乡。2010年年末，遂昌县实施村规模调整，农民称为“并村”，村由391个调整至203个。

环境资源

遂昌县境内多山地、少平丘，山地面积占88.83%，耕地面积占4.06%，水域面积占7.11%，素有“九山半水半分田”之称。地势西南高，东北低，由龙泉和福建浦城入境的仙霞岭山脉横贯全境，海拔千米以上山峰有703座。九龙山主峰海拔1724.2米，为浙江省第四高峰。钱塘江、瓯江水系的发源地之一，西北部的乌溪江、洋溪源、周公源、桃溪、官溪、桃源溪，属钱塘江水系，流域面积1865平方千米；东南部的南溪、北溪、襟溪、濂溪，属瓯江水系，流域面积674平方千米。

县境气候属中亚热带季风类型，温暖湿润，四季分明，山地垂直气候差异明显。据1957—1990年资料，年平均气温16.8℃，日照1755小时，无霜期251天，降水172天，1510毫米。

遂昌县自然资源丰富，生态环境保持良好，环境质量优良。2010年，林地21.87万公顷，森林覆盖率82.3 %，其中生态公益林面积13万公顷，竹林面积1.79万公顷。水力资源理论蕴藏量40万千瓦，其中可开发利用30万千瓦，已开发利用26.2万千瓦，建造并网水电站102座，装机容量21.21万千瓦。生物资源有种子植物151科、724属、1766种，孢子植物101科、258属、653种，脊椎动物5纲、29目、81科、202属、314种。矿藏有金、银 铜等金属矿和萤石、花岗岩等非金属矿30多种，大小矿床112处。遂昌金矿号称“江南第一金矿”，萤石矿产资源居全省第二位。旅游资源优势明显，以自然山水和人文景观为主线，着力打造“长三角休闲旅游名城”品牌。

人口民族

遂昌县户籍记载始见于明景泰三年(1452)，有13445户30230人。民国元年(1912)，遂昌县有99530人。民国38年5月，遂昌县有28177户，117940人。1953年7月1日，遂昌县有33816户，123222人。1990年年末，遂昌县有61351户，223356人，其中非农业人口27092人。2010年末，遂昌县有81444户，231375人，其中非农业人口38382人；人口出生率8.91‰，自然增长率0.16‰。民族构成，汉族215957人；少数民族有畲族、蒙族、回族、苗族、彝族、满族、布依族、壮族、侗族、白族、土家族、傣族、傈僳族、鄂温克族等34个，人口15418人；畲族14584人，占少数民族人口94.6%，占总人口的6.3%。

第二节　生产生活

国民经济

民国时期，遂昌县处于半封闭的自给自足经济状态，重农轻商，现代工业很少，经济基础相当落后。1949年，中华人民共和国成立后，遂昌县进行社会主义革命和建设，逐步解放生产力，社会经济稳步发展。1978年，实行改革开放后，遂昌县国民经济持续快速发展。2010年，遂昌县实现生产总值57.66亿元，是1949年的982倍；人均生产总值30069元，是1949年的590倍；全社会固定资产投资

21.81 亿元，是 1949 年的 21.8 倍；工农业总产值 128.9 亿元，比 1949 年增长 935 倍；社会消费品零售总额 20.76 亿元，比 1949 年增长 988 倍；城市建设框架不断拉开，县城建城区面积 9 平方千米。

教育科技

教育　遂昌县民众素重教育。北宋雍熙二年(985)，遂昌县建县学。元至正十九年(1359)，乡社立学百多所。明万历二十一年(1593)，遂昌知县汤显祖建相圃书院。明万历二十二年，尊经阁藏书楼建成。北宋嘉祐至清同治年间(1056—1874)，遂昌县考中进士 72 人，考中武状元 2 人。历代均有政军要人和名流学者。宋有积极参与王安石变法，居工、兵两部侍郎龚原。明有历工、兵、刑三部侍郎、刑部尚书苏民和山东布政使、两广总督应槚。清光绪三十二年(1906)，遂昌县署创办官立两等小学堂，设初等班、高等班各 1 个，学生 29 人；附设县师范传习所，学员 14 人；清宣统三年(1911)，小学堂 19 所，学生 494 人，教职员 43 人。民国 26 年(1937)，遂昌县简易师范学校成立。民国 33 年 10 月，遂昌县初级中学创办，设班级 2 个，学生 101 人，教职员 15 人。1949 年 8 月，遂昌县简易师范学校并入县初级中学。1949 年中华人民共和国成立后，遂昌县教育科技事业发展较快。至 1990 年年末，遂昌县各类专职教育人员 1897 人；小学 323 所，学生 16537 人；中学 29 所(含完全中学 5 所、职业中学 1 所)，学生 11050 人。大柘镇后垄小学的畲乡教育、对正乡[1]上垟小学少先队工作、大柘镇白麻小学复式教学、金竹镇早坞的勤工俭学等办学模式，先后荣获全国、省级先进称号。1996 年，遂昌县实现基本普及九年义务教育和基本扫除青壮年文盲。1999 年 8 月底，遂昌中学迁入新校区。2004 年，遂昌中学升格为省一级重点中学。2001 年，遂昌县创办新世纪实验学校，实行小班化教学。2004 年，遂昌县迁建妙高小学；遂昌广播电视大学工作站升格为浙江省广播电视大学遂昌分校。2005 年，遂昌县总投资近 7000 万元的职业中等专业技术学校竣工投入使用；2008 年，遂昌县职业中等专业技术学校升格为国家级重点中等专业学校。幼儿入园率达到基本普及标准。2010 年，遂昌县撤销西部乡镇初中 6 所，一并纳入新建的遂昌民族中学。学校布局实现高中、初中集聚县城，小学集中于乡镇所在地的目标。至年末，全县有幼儿园 141 所，幼儿入园率 93.04%；小学 30 所，在校生 12721 人；初中 4 所，在校生 6720 人，初中升高中比例 95.05%；高中 2 所，在校生 3112 人；职业中等技术学校 1 所，在校生 2447 人。高中(中职)毕业生高考上线人数 947 人。

科技　20 世纪 90 年代末，遂昌县自然科学科技成果受省级以上机关表彰奖励 23 项。遂昌造纸厂研制成功的耐高温干电解电容器纸获全国科学大奖；县人民医院对草药八角枫“汤麻”研究与临床应用，载入《中华人民共和国药典》。2004 年 10 月，凯恩特种纸省级高新技术研究开发中心、利民化工省级高新技术研究开发中心列入浙江省重点研发中心。2008 年 1 月，利民化工有限公司和浙江工业大学共同开发《替代光气、氯化亚砜等有毒有害原料的绿色化学技术开发及推广应用》项目，荣获国家技术发明奖二等奖。2009 年 8 月，文照竹炭有限公司参与的《竹炭生产关键技术、应用机理及系列产品开发》项目，获得国家科技进步奖二等奖；利民化工《一万吨/年乳化炸药全自动生产线开发及产业化》和凯恩特材《一种电解电容器纸及其制备方法》获浙江省科学技术奖。2010 年 9 月，凯恩特纸被认定为浙江省专利示范企业。2010 年年末，全县有各类专业技术人才 6637 人，其中中级以上职称 2969 人。实施各级科技项目 45 个，其中工业类 16 个、农业类 23 个、社会发展类 6 个。

① 1992 年，并入王村口镇。

文化体育

文化 遂昌县自古人杰地灵，文化底蕴深厚。五代时期，客籍名僧贯休居唐山寺修行，作《十六罗汉图》。宋代，龚原作《颖川唱和集》、尹起莘《资治通鉴纲目发明》59卷、王镃《月洞诗集》；元代，郑元佑《遂昌山人杂录》《侨吴集》和尹廷高《玉井樵唱集》；明代，著名戏曲家汤显祖（客籍）在遂昌完成昆曲名作《牡丹亭》，黄中作《吹剑集》和黄九鼎《湖山百咏》；清代，毛桓作《荔园文集》《远抱楼诗集》，客籍陈世修原辑、吴世涵增辑《昌山诗萃》等。清乾隆年间（1736—1796），就有新聚堂高腔班演出戏剧；蔡和班是县内最早的乱弹戏班；清光绪年间（1875—1908），创建叶群玉昆腔班。昆曲十番、台阁等流传后世。清末，县内有木偶戏班21个。民国26年（1937），建立民众剧场，从事抗日救亡宣传活动。1953年，成立城镇有线广播站，后改称县人民广播站。1955年5月，成立遂昌县（女子）越剧团；同月，在松阳县成立婺剧团，1958年，改称遂昌婺剧团；分别于1982年5月和1987年4月撤销。1995年4月，遂昌电视台成立，后改称遂昌广播电视中心（台）。2000年，实现广播电视村村通。2005年年末，遂昌县实现光缆联网。2010年10月，遂昌县开始实施广播电视模拟转数字工程，年末，基本完成县城模转数工作。

1995年，汤显祖纪念馆建立。2001年8月，中国汤显祖研究会首届年会召开。2005年，遂昌县民间文化艺术传承中心建立。2008年，遂昌县非物质文化遗产保护中心和昆曲十番古乐坊建立，并被文化部命名为中国民间文化艺术之乡。2009年起，遂昌县每年例行举办汤显祖文化•劝农节。民间文化遗产丰富，音乐有田歌、樵歌、号子，各种花灯调、小调、锣鼓调；舞蹈有各种灯舞，如龙灯、狮灯、鱼灯、马灯、花灯、茶灯、旱船舞；口头文学源远流长，搜集整理《遂昌民间故事》《遂昌民歌选》《中国民间文学集成遂昌县卷》。2010年年末，“昆曲十番”被列入国家级非物质文化遗产名录；被列入省级非物质文化遗产名录7项、市级非物质文化遗产名录20项、县级非物质文化遗产名录49项。建立非物质文化遗产传承学校5处、传习基地6处、展示馆8处、省级非物质文化遗产生产性保护基地3处。省级文物保护单位9处，历史文化村镇2处；馆藏品2570件（组），其中国家一、二、三级文物137件。县图书馆藏书10.90万册。文化中心站20个，农村业余文艺队伍220支，民间业余或职业剧团10个（其中木偶剧团7个），影剧院2个。县城有社区文化队伍100多支，骨干人数2000多人。创建省级文化示范村5个、文化示范社区2个，文化示范户52户，省“东海明珠”乡镇3个，市“山花工程”乡镇6个。

体育 明万历二十二年（1594），遂昌知县汤显祖创建射圃聚诸生习射。清光绪三十二年（1906），遂昌县立两等小学堂把体操列入课程。1956年，遂昌县学校开始推行《准备劳动与卫国体育制度》。1962年4月，遂昌县举办第一届中学生田径运动会。至1990年，遂昌县举办中小学生田径运动会19届。1994年，遂昌县城荷花体育运动场建成。2008年，遂昌县上南门县体育馆建成。2010年，遂昌县参与体育健身人口不断增加，县城参与体育健身活动人数占总人数40%以上。开展竞技体育训练，常年训练项目有田径、篮球、足球、网球、乒乓球等。

卫生医疗

明洪武三年（1370），遂昌县城设惠民药局，制药治病。历代均有名医。明代，郑文诰为太医院吏目。清代，华嵩精通医术，危重病人经其救治，病愈后以“再造”2字帖其门。周长有著《〈内经〉翼注》12卷。吴景明在关川坐堂行医40年，医术精湛，慕名求医者众多，邻县龙泉民众开山筑路30里直达他门前；民国时期，有江志贤、林日熙、吴胜斋、王琅等名中医。民国20年（1931）秋，兰溪博爱医院西医师真焕章等3人，迁至遂昌行医。民国21年，遂昌县开办西医医院。民国29年，遂昌县卫生院成立。民国32年，遂昌县始建湖山区卫生分院。民国38年，遂昌县有中医70人，西医19人。1949年6月，遂昌人民政府接管县卫生院。1956年6月，改名遂昌县人民医院。1955年5月，组建以中医为主的城关联合诊所。1978年12月，改建为县中医院。至2010年年末，全县医疗卫生机构177家，其中综合性县级医院2家、卫生监督所1家、公共卫生工作站17家、中心卫生院10家、乡镇卫生院9家、社会办医疗机构19家；卫生系统在编职工709人，其中执业医师292人、执业助理医师167人。

人民生活

民国时期，遂昌县占60%的贫穷农民过着困苦的生活；占30%的中农、小土地出租者和自由职业者，勉强维持温饱生活。产业工人很少，以手工业工人和商业等服务行业人员居多，收入微薄生活清贫。“各业工人的年收入(以大米计)，家具工最高，为23石(每石100斤)；制鞋工最低，仅有8石。”①1949年中华人民共和国成立后，经过土地改革和农业合作化，农民生活逐步改善；国家干部实行供给制和工薪制，国营工厂供给制和工薪制并存。1956年起，遂昌县实行统一的工种职务等级工资制，调整工资10多次，职工工资收入逐步增长。特别是1982年，实行家庭联产承包制及逐步调整农业产业结构，农村经济发展较快，农民收入增加。1990年，遂昌县全民所有制职工年人均工资2260元，集体所有制职工年人均工资收入1745元；农民年人均纯收入532元、人均粮食产量414千克。1991—2010年，随着社会经济高速发展，人民生活水平迅速提高，生活质量进一步改善。2010年年末，遂昌县从业人员11.44万人，城镇居民家庭年人均可支配收入21808元，农村居民人均纯收入6659元；城镇居民人均住房面积40.54平方米，农村居民人均居住面积43平方米；每百户城镇居民家用汽车拥有量21辆、摩托车53辆、电冰箱97台、电视机210台、洗衣机94台、空调128台、电脑86台、手机207部。

第八章　松阳县

松阳县地处浙江省西南部，东连丽水市莲都区，南接龙泉市、云和县，西北靠遂昌县，东北与金华市武义县接壤。建置始于东汉建安四年(199)，因地处长松山之南故名松阳。2010年年末，松阳县设5个镇、14个乡及板桥畲族乡，6个社区、5个居委会、401个行政村，总面积1406平方千米。2010年，松阳县有常住人口185100人，以汉族为主，占总人口97.48%。同年，松阳县实现生产总值46.28亿元。松阳是丽水区域第一个建制县，是丽水设县历史最悠久的县，境内松古平原是丽水最大的平原，自古是重要农耕文化发达之地。松阳县历史文化积淀非常深厚。

① 据《遂昌经济调查》。

第一节 自然禀赋

区位面积

松阳县地处浙江省西南部、丽水市西北部，瓯江上游。位于北纬 28°14′—28°36′，东经 119°10′—119°42′之间。东连丽水市莲都区，南和西南接云和县、龙泉市，西和西北靠遂昌县，东北毗金华市武义县。东西最宽处径距 53.7 千米，南北最长处径距 40.2 千米，总面积 1406 平方千米，其中耕地 18.29 千公顷，山地 122.31 千公顷。县人民政府驻地西屏镇，距省会杭州市高速路口间最近距离 252 千米，距丽水市区 73 千米。

建置沿革

夏、商、西周为瓯（沤、欧）地，春秋战国为瓯越地，秦代属闽中郡。西汉惠帝三年（前 192 年）为东瓯国。西汉始元二年（前 85）属会稽郡回浦县地。东汉章和元年（87）为章安县地。建置始于东汉建安四年（199），因地处长松山之南、松阴溪之北故名松阳，旧治旧市[①]。唐武德四年（621），升松阳为松州。唐武德八年，复为松阳县。同年，遂昌县并入。唐景云二年（711），遂昌析出。唐贞元年间（785—805），县治迁紫荆村[②]。五代后梁开平四年（910），改松阳县为长松县。后晋天福四年（939），改长松县为白龙县。宋咸平二年（999），复改为松阳县，此后，县名一直沿用至今。清宣统三年（1911）11 月，隶属处州军政分府。民国元年（1912），实行省县两级制，省辖。民国 3 年，属瓯海道。民国 16 年，省直辖县。民国 21 年 6 月，属第十一县政督察区。10 月，改属第二临时特区。民国 24 年 6 月，属丽水县政督察区。民国 25 年 4 月，属第九行政督察区。民国 34 年 4 月，属第六行政督察区。6 月，改属第七行政督察区。至民国 38 年 5 月，松阳均所属。1949 年 5 月，松阳解放。8 月，属浙江省第七专区。10 月，改属丽水专区。1952 年 1 月，丽水专区撤销，松阳县属衢州专区。1955 年 3 月，衢州专区撤销，改隶金华专区。1958 年 11 月 21 日，松阳县制撤销，境域并入遂昌县。1982 年 1 月 30 日，复置松阳县，属丽水地区。2000 年 7 月 19 日，撤销丽水地区，改为丽水市，松阳县隶属。

行政区划

宋时，松阳县辖五乡一镇。元至正十年（1350），松阳县置 26 都，每都 10 保。明成化二十二年（1486），置 6 乡、29 里、26 都。至明隆庆初，乡制置而不用。清顺治十一年（1654 年），松阳县置 6 乡、29 里、26 都、120 图。清乾隆三十三年（1768），松阳县都图顺编为 142 庄。清宣统二年（1910），实行地方自治，松阳县设自治区 8 个，下辖都、图、庄。民国初沿清制。民国 17 年（1928），实行村里制，松阳县辖区、村（里）、闾、邻。民国 18 年，松阳县置 5 区、8 里、162 村、619 闾、3046 邻。民国 19 年，实行乡镇制，里编为镇，村编为乡，松阳县设 5 区、5 镇、167 乡。民国 23 年，推行保甲制，松阳县辖 5 区、5

① 2010 年称古市镇。

② 2010 年称西屏镇。

镇、54乡、313保、3269甲。民国35年，松阳县改编为4区、21乡镇、249保、2206甲，直至解放。

1949年中华人民共和国成立后，废除保甲制，建立区人民政府，松阳县辖区4个、乡镇21个。1950年，松阳县乡镇扩编至43个。1952年10月，辖直属镇1个、区5个、乡镇41个。1956年，撤区并乡，时辖直属乡镇15个、区2个、乡10个。1958年2月，松阳县辖区4个、乡镇25个。1958年9月，撤销区级建置，实行人民公社化体制，设人民公社5个，辖镇2个、生产大队26个。1958年11月21日，撤销松阳县建制，并入遂昌县，行政区划未变。1959年4月，生产大队改称管理区。1961年9月，恢复区级建制，管理区改置人民公社，生产队改称生产大队。1968年，西屏、古市公社改为镇建制。1982年1月30日，恢复松阳县建制，松阳县辖直属镇2个、直属公社1个、区4个、公社22个。1983年10月后，实行政社分设，人民公社复改为乡，生产大队改为行政村，松阳县设直属镇2个、区5个、乡25个、行政村399个。1984年8月，板桥改为畲族乡。1985年5月，撤玉岩乡建玉岩镇。1992年3月，撤区扩镇并乡后，松阳县调整为镇5个、乡15个（其中畲族乡1个）。1997年，松阳县设镇5个、乡15个（其中畲族乡1个）、行政村400个、居民区17个。1998年，松阳县增加行政村1个。2010年末，松阳县设西屏、古市、象溪、大东坝、玉岩镇和望松、叶村、斋坛、三都、四都、竹源、赤寿、新兴、樟溪、谢村、新处、枫坪、裕溪、安民乡以及板桥畲族乡，社区6个、居委会5个、行政村401个。

环境资源

松阳县境以中低山、丘陵地带为主，四面环山，切割强烈，峡谷众多。中部盆地以其开阔平坦称“松古盆地”。整个地势以松古盆地为轴，两边高中间低，西南高东部低。总面积中，山地占76%，耕地占8%，水域及其他占16%，谓“八山一水一分田”。有千米以上高峰221座，最高峰箬寮岘海拔1502.3米。气候属中亚热带季风气候，温暖湿润，四季分明，雨量充沛，无霜期长。气候属中亚热带季风气候，温暖湿润，四季分明，雨量充沛，无霜期长。2010年，极端最低气温出现在12月17日，为-4.7℃；年极端最高气温出现在8月14日，为39.9℃。全县平均气温17.9℃。年总降雨量为1985.8毫米，全年降雨日数171天；年总日照时数1287.1小时，全年无霜期日数271天。水系纵横发达，呈叶脉状，松阴溪和小港构成主干，山坑小溪遍布山野。溪流源短水急，利于发电灌溉。2010年，水资源总量23.13亿立方米，开发并网小水电站66处，总装机容量9.73万千瓦，年发电能力2.5亿千瓦时。森林植物资源丰富，林木总蓄积量427.73万立方米，林业用地面积7.17万公顷，森林覆盖率和林木绿化率分别为75.2%、76.2%。生物资源丰富，有维管植物185科、766属、1699种，其中木本植物占全省的60%。国家一、二级濒危植物有20多种。野生动物中很多都是属国家一级、二级和省级重点保护动物。境内矿产资源丰富，开采历史悠久。发现有多种金属矿和非金属矿，其中高岭土、煤、萤石、花岗岩、铜、钼等已开采利用，高岭土矿品质优良，储量丰富。

人口民族

远古时期，松阳就有人类繁衍生息。明成化八年（1472），松阳县有12755户，22068人。明崇祯八年（1635），松阳县有13014户，24007人。清光绪二年（1876），松阳县有21261户，53100人。民国15年（1926），松阳县有26801户，110765人。民国30年，松阳县有32667户，134698人。1949年，松阳县有27418户，114765人。1949年中华人民共和国成立后，松阳县人口增长速度超过历代。1953年，松阳县有32950户，120640人。1958年，与遂昌并县时有36830户，133299人。1982年，松阳县与遂昌分县时有49683户，210584人。2000年，松阳县有67755户，常住人口197340人，其中男性102688，女性94652。2010年，松阳县有71300户，常住人口为185100人，其中男性94600人，女性90500人。民族以汉族为主，占总人口97.48%；少数民族有畲族、蒙古族、回族、藏族、苗族、彝族、布依族、满族、侗族、白族、土家族、哈尼族、傣族、佤族、拉祜族、水族、布朗族、仡佬族等，其中畲族人口占2.29%，其他民族人口占0.23%。

第二节　生产生活

国民经济

民国时期，松阳经济一穷二白，尤其是1942年日本侵略军占领松阳后，社会财产直接损失285974.9万元法币(1937年物价，下同)，居民财产直接损失15103811.17万元，县域经济连续6年倒退。1948年，松阳县财政收入93500万元，值1940年73%。至1949年9月，松阳县私营米厂3家，连同手工业，年工业总产值62.13万元，农业总产值1239万元，工农业总产值1301.13万元，不及1937年水平。1949年中华人民共和国成立后，经济逐步恢复并发展。1982年，复置松阳县，松阳县生产总值8067万元，工农业总产值9115万元，社会消费品零售额2769万元，地方财政收入583万元，全社会固定资产投资810万元，农民人均纯收入136元。2010年，松阳县生产总值46.28亿元，全社会固定资产投资24.19亿元；财政总收入4.04亿元，其中地方财政收入2.55亿元；城镇居民人均可支配收入19371元，农村居民人均纯收入6064元；全社会消费品零售总额16.99亿元；外贸出口总额9578万美元。其中，生产总值、财政总收入、地方财政收入均实现5年翻一番，全社会固定资产投资5年累计达到100.35亿元。

教育科技

教育　松阳县学始创于唐武德四年(621)，是丽水市最早设置的地方官学。宋咸淳年间(1265—1274)，松阳县创建明善书院。清康熙年间(1662—1722)，松阳县开始创办私塾。清光绪三十一年(1905)，松阳县公立古市初等小学堂创办。民国15年(1926)，松阳县立初级中学创立。1949年，松阳县人民政府接管公私立小学144所，学生数6638人，教职工298人，接管县立初级中学、私立俭公中学、私立国强中学①，在校生607人，教职工64人。1958年，松阳县有幼儿园315所，在园幼儿5931人，教职工338人；小学228所，小学生14097人，教职工349人；中学4所，在校学生1501人，教职工106人。1982年，松阳县有幼儿园42所，在园幼儿2902人，教职工115人；小学402所，学生29225人，教职工1104人；中学27所，在校生9997人，教职工558人。

随着教育事业的稳步发展，松阳县中小学布局基本到位。2010年，松阳县电大在校生1499人，参加高等教育自学考试389人，高等教育毛入学率33.8%；中等职业教育在校生1857人，普通高中在校生3248人，高中毕业生升学率88.40%；初中在校生7146人，初升高比例97.04%；小学在校生

① 分别为松阳一中、松阳二中、松阳三中的前身。

13434 人，小升初比例 100%；全县幼儿园 115 所，在园幼儿 7170 人。

2010 年，松阳县通过“省级教育强县”评估验收，其中 20 个乡镇均获“丽水市教育强乡（镇）”称号，省级标准化学校 24 所，达到 80%。教育质量稳步提升，各年龄段教学质量均保持全市前列水平，5 年输送大学生 4885 人。同年，松阳县高考成绩创历史新高，第一批上线人数位居全市第二。

科技　民国 7 年（1918），松阳县医学研究社成立。民国 27 年，浙江省农业改进所成立。1949 年，松阳县良种繁殖场成立。1978 年，松阳县农业科学研究所和林业科学研究所成立。1982 年，松阳县有学会 9 个，会员 274 人。1980—1991 年，松阳县有科研成果 94 项获奖。2006—2009 年底，松阳县争取到国家和省市级科技计划项目 62 项，其中国家级 3 项，省级 44 项，市级 15 项。2006—2009 年，累计实现高新技术产业增加值 2.78 亿元，新产品产值率从 2005 年的 0.65%，提高到 2009 年的 4.90%。

2010 年，松阳县财政科技支出 1710 万元，专利申请受理量 30 项，专利申请授权量 43 项，发明专利权 7 项，培育认定县级专利示范企业 3 个，农业科技特色基地 7 个。获市级科技进步奖 2 个。

文化体育

体育　清光绪三十一年（1905），松阳县官立两等小学设体操课。民国 12 年（1923），改为体育课。1951 年，松阳县各中学和城镇小学普遍开展晨间操、课间操和课外活动。1989—1991 年，松阳县连续 4 年被评为浙江省推行《国家体育锻炼标准》先进县。1984—1991 年，松阳县古市区中心学校连续 7 年获省“达标”先进学校称号。1991 年，松阳县体委和县教委联合创办县业余少年体育学校。民间体育活动形式多样，有拔河、举石担、划龙舟、放风筝、舞龙灯等。古市樟溪一带尤有尚武之风。1956 年，松阳县群众组织县体育运动委员会成立。1953—1992 年，松阳县举行县人民体育运动会 5 次、民兵体育运动会 1 次、消防体育运动会 1 次。每年定期举办的体育活动有全民运动会、机关运动会、农民运动会、中小学田径运动会、中小学乒乓球赛、中小学篮球赛等。2010 年，松阳县相继开展农民运动会、老年运动会，承办省体育大会的象棋、围棋和桥牌赛事 3 个。运动员全年取得市级以上奖牌 22 枚，其中金牌 13 枚，银牌 9 枚。农村体育健身环境不断完善，新建成“小康体育村”31 个。

文化　城乡文化事业日益繁荣，2010 年末，松阳县有文化站 20 个，公共图书馆 1 个，图书总藏量 140 千册，文博机构 3 个，馆藏文物 1578 件，文物保护区 6 个，县级及以上文物保护单位 25 个，国家级非物质文化遗产名录 1 项，省级 8 项。广播、电视综合人口覆盖率为 85.7%和 97%。电影下乡放映 1229 场。有综合档案馆 1 个，开放各类档案全宗 75 个、1.42 万卷、3.19 万件。群众文体活动异彩纷呈，坚持“送戏下乡”22 年。同年，松阳县开展第三届农民文化节及“茶叶节”文艺晚会。

卫生医疗

松阳县在西医传入之前都是中医和民间草药医。清光绪二十三年（1897），耶稣教会开办博爱医院，西医传入松阳。民国 11 年（1922），松阳县开设私人的松阳医院。民国 30 年，松阳县卫生院创办。民国 34 年，松阳县医院创办。1949 年 8 月，改称县人民政府卫生院。1956 年，更名县人民医院。1959 年，改称遂昌县第二人民医院。1982 年松阳恢复县制后，复称松阳县人民医院。民国 18 年和 26 年，松阳县救济院和县国医支馆分别设施医所，民国 28 年，设县中医诊疗所。1988 年 3 月，松阳县中医院创办。

21 世纪，松阳县医疗卫生服务体系初步建全，社区卫生服务网络逐步完善。2010 年年末，松阳县卫生机构（含诊所）45 个，其中医院、卫生院 27 个，床位数 494 张，卫生技术人员 874 人，其中执业医师和执业助理医师 383 人，注册护士 280 人。县级医院迁建项目启动实施，新建和改建重点医疗卫生单位和乡镇卫生院 19 个。已建成社区卫生服务中心 20 个，社区卫生服务站 31 个，社区责任医生 179 人，全县孕产妇死亡率为零，5 岁以下儿童死亡率 11.65‰。

人民生活

民国时期，松阳是传统农业县，生产力水平低，农作物产量低，常遭遇天灾人祸，经济效益不佳，广大农民生活水平难以提高。民国 26—34 年（1937—1945），松阳县经济连年衰退，老百姓生活穷苦。中华人民共和国成立后，松阳县进行土改、互助组、人民公社等一系列变革，农民生活逐步得到改善。尤其是实行联产承包责任制后，人民生活水平不断提升。农村人均经济收入从 1958 年 51 元增加到 1982 年 136 元，又增加到 1992 年的 731 元。至 2010 年，城镇居民人均可支配收入 19371 元，农村居民人均纯收入 6064 元；城镇居民人均消费支出 12836 元，农村居民人均生活消费支出 4090 元；城镇居民人均住房使用面积 52 平方米，农村居民人均居住面积 53 平方米。城镇住户每百户拥有家用汽车 15 辆、家用电脑 71 台、空调 114 台、移动电话 173 部，农村住户平均每百户拥有摩托车 45 辆、移动电话 148 部、彩电 111 台、电冰箱 59 台。民用汽车拥有量 9663 辆，其中私人汽车拥有量 7738 辆。

第九章　景宁畲族自治县

景宁畲族自治县地处丽水市南部，东邻青田县和文成县，南接泰顺县和福建省寿宁县，西连庆元县和龙泉市，北毗云和县，东北靠莲都区。景宁县建于明景泰三年（1452），是丽水行政区划内建县时间最迟的县。2010 年，景宁畲族自治县下辖镇 5 个、乡 16 个、管理区 1 个；面积 1949.98 平方千米；总人口 171867 人；社会生产总值 26.78 亿元。景宁是华东地区唯一一个少数民族自治县及全国唯一畲族自治县。

第一节　自然禀赋

区位面积

景宁畲族自治县位于浙江省南端，丽水市南部，介于北纬 27°39′—28°11′和东经 119°14′—119°58′之间。东邻青田县和文成县，南接泰顺县和福建省寿宁县，西连庆元县和龙泉市，北毗云和县，东北靠莲都区。境域东西直线距离 73.3 千米，南北直线距离 58.8 千米，面积 1949.98 平方千米。县人民政府驻鹤溪镇府前西路19号。县城距杭州259千米、距丽水市区75千米。

建置沿革

明景泰三年(1452)，兵部尚书孙原贞以“青田县西南五百余里，山谷险远，矿徒啸聚”为由，奏析青田县柔远乡之仙上里、仙下里、连云里和鸣鹤乡之曳练里、真固里、在下里、在上里、升天东里、升天西里置景宁县，隶属处州府。清代隶属未改。清宣统三年(1911)，辛亥革命，景宁县隶浙江军政府处州军政分府。民国2年(1913)4月，景宁县改浙江省直属。民国3年6月，景宁县隶属瓯海道。民国16年，废道制，景宁县直属浙江省。民国21年6月，景宁县隶属第十二行政督察区。10月，景宁县改属第三特区。民国24年9月，景宁县改属丽水行政督察区。民国25年4月，景宁县属第九行政督察区。民国37年4月，景宁县属第六行政督察区。7月，景宁县改属第七行政督察区。1949年5月11日，景宁解放。8月，景宁县属第七专区。1949年中华人民共和国成立后，景宁县属丽水专区。1960年1月，撤销景宁县建制，并入丽水县。1962年6月，从丽水县分出原云和、景宁地，建立云和县。1984年6月30日，从云和县划出原景宁地域建景宁畲族自治县，属丽水地区。2000年7月19日，景宁畲族自治县正式改属丽水市。

行政区划

明景泰三年(1452年)，景宁置县时，景宁县编户56里，名称无考。明成化《处州府志》仅载鸣鹤乡一地。清同治十一年(1872)，景宁县置7都、18图、4坊。清宣统二年(1910)，设城镇乡自治，景宁县都7个划置自治区13个。民国17年(1928)，景宁县置区5个，实行村里制。民国20年，改编乡镇，景宁县置5区、1镇、67乡，编981闾、4828邻；23年，废闾邻，立保甲，设1镇、22乡、266保、2652甲。1949年中华人民共和国成立后，废除保甲制度，相继建立县、乡、村人民政权。1950年7月，景宁县设区4个、镇1个、乡20个。1958年9月，实行人民公社体制，景宁县设公社8个、管理区41个。1960年1月7日，并入丽水县。1984年6月30日，景宁畲族自治县设立，划入原地域建制区5个、镇1个、乡35个，同时析景南乡东垟、西垟、下垟三村和雁溪乡渔漈村置上渔乡。12月，改景宁区为城郊区。1992年5月，撤区扩镇并乡，景宁畲族自治县设镇5个、乡19个。2003年10月，景宁畲族自治县建设滩坑水电站，库区乡镇调整，撤销外舍乡、金钟乡，建立外舍管理区；撤销渤海镇、大顺乡、陈村乡，以库区南、北地域为基础，复建新渤海镇、九龙乡。2010年，景宁畲族自治县设有镇5个、乡16个、管理区1个、社区委员会8个、村民委员会254个。

环境资源

景宁地处浙南山地中部，洞宫山脉自西南向东北斜贯，地形复杂，地势由西南向东北渐倾。地貌以深切割山地为主，发源于洞宫山脉的瓯江支流小溪，自西南向东北贯穿全境，构成“两山夹一水，众壑闹飞流”、山多地少的地貌格局。境内峰峦耸立，有千米以上山峰779座。海拔250米以上的丘陵、低山、中山等山地，面积19.11万公顷，占总面积98%。属于亚热带季风气候，温暖湿润，雨量充沛，四季分明，年平均气温17.5℃，1月最低平均气温6.6℃，7月最高平均气温27.7℃。降雨充沛，时空分布不均，春季多雨，梅雨时期和台风期多暴雨，夏秋多干旱。各地降水量多年平均值1464—1968毫米之间，自低海拔向高海拔地带逐渐增多。动植物资源丰富，已知无脊椎动物昆虫纲19目、186科、1520

种；脊椎动物5纲、52目、470种，其中鱼纲10目、21科、95种，两栖纲2目、7科、32种，爬行纲3目、10科、49种，鸟纲19目、49科、236种，哺乳纲22科、59种。国家一级保护动物有华南虎、金猫、黑虎、云豹、金钱豹、黄腹角雉、白颈长尾雉、金雕、白鹳、鼋等10种。植物以苔藓、蕨类、种子类为主体，木本占主导地位，种类丰富，起源古老，并有复杂多样的地域特点。苔藓类58科、253种，蕨类41科、305种，种子植物166科、2163种，中草药68科、124属、356种。国家濒危植物有水杉、鹅掌楸、金钱松等22种，国家重点保护植物有伯乐树、香果树、福建柏、银杏、长叶榧、浙江樟、短萼黄连、八角莲、银钟树、天目木兰、凹叶厚朴、南方针杉、黄山木兰、半枫荷、乐东拟单性木兰、红豆树、短穗竹、闽楠、花榈木。

人口民族

明景泰三年（1452），景宁县约2万人。明万历十年（1582），景宁县7000户，17266人。明崇祯至清顺治年间（1628—1661），景宁县历经兵燹，人口锐减。清顺治元年（1644），景宁县户无考，7275人。清乾隆四十一年（1776），景宁县8590户，39287人。清咸丰十年（1860年），景宁县18911户，87761人。民国元年（1912），景宁县人口首次过10万人。民国17年，景宁县超过11万人。民国26年，全面抗日战争爆发，景宁县内迁人口剧增。民国28年，景宁县增至28878户，120274人。民国38年年初，景宁县减至24825户，95563人。1949年中华人民共和国成立后，景宁县人民生活水平提高，人口自然增长加快。1949—1990年，景宁畲族自治县由94630人增至173035人。2010年年末，全县总人口171867人，其中非农业人口31055人。

景宁畲族自治县始居民族为汉族。据1982年人口普查，景宁境内有汉、畲、苗民族3个。据1990年人口普查，景宁畲族自治县境内有汉族、畲族、苗族、彝族、回族、侗族。2010年，景宁畲族自治县增加蒙古族、朝鲜族、布依族、土家族、哈尼族、仡佬族、拉祜族、藏族、壮族、水族、满族、瑶族、白族、佤族、黎族、傣等少数民族16个。其中畲族1.8万人，占总人口10.5%。景宁是全国唯一的畲族自治县、华东地区唯一的少数民族自治县。

第二节　生产生活

国民经济

民国时期，景宁县经济基础十分落后，以农业经济为主，手工业发展不足，无现代工业。1949年5月，景宁解放初，景宁县经济基础薄弱，社会经济发展缓慢，特别是撤县、并县影响经济基础建设。1978年中共十一届三中全会后，特别是设立畲族自治县以后，得到中央、省、地区（市）对民族地区优惠政策的扶持，逐步解放生产力，大力发展工业，经济和社会各项事业取得较快发展。2010年，景宁畲族自治县实现社会总产值26.78亿元，工农业总产值11.38亿元，财政收入3.8亿元。

人民生活

旧时，景宁各族人民生活贫困。1949年中华人民共和国成立后，景宁县贫穷与落后的面貌得到得到改变，人民生活逐步改善。1984年，景宁畲族自治县国内生产总值4681万元，人均职工年工资

803元，农民人均纯收入148元。之后，人民生活水平日益提高，衣、食、住、行、用等都实现由贫困到温饱的历史性跨越。1997年，经省人民政府验收，全县总体脱贫，摘掉贫困帽。随着社会经济快速发展，城乡居民生活条件不断改善。2010年，景宁畲族自治县国内生产总值267831万元，在岗职工年平均工资35612元，城镇居民人均可支配收入17901元，农村居民人均纯收入6202元，均比1984年有大幅度增加。城镇人均建筑面积38.45平方米，每百户有摩托车43辆、汽车12辆、洗衣机93台、电冰箱103台、彩电160台、电脑92台、固定电话100部、移动电话225部。

教育科技

科技　民国时期，景宁县科技工作属县府建设科兼管。1949年中华人民共和国成立后，景宁县文教科兼管科技工作。1956年12月，景宁县科学普及协会成立。1958年6月，景宁县科学技术研究所成立。2002年，县科委改为县科技局，在林业、农业、工业、中药材、淡水养殖等方面组织一系列研究、试验、推广活动。实用型专利项目被专利局授权20个；申请发明专利项目16个，被授权5个；外观设计项目申请专利15个，全部被授权。全县现已培育县级科技示范户155户，省级示范户13户。从外地引进的吊瓜、食用百合、高产太子参、彩色甘薯、森林蔬菜、百香果等农作物均获成功，成为农民增收的好途径。

教育　明清时期，景宁有社学8所、书院12所。民国20年（1931），景宁县有高等小学2所、初等小学60所，教师140人、学生1900人。民国31年，浙江大部分沦陷，浙江省教育厅于同年7月迁至景宁县，同时浙江省立临时联合初级中学、省立湘湖师范学校、绍兴私立稽山中学等学校一同迁至景宁县。民国34年抗日战争胜利后，这些学校才相继回迁。1949年，景宁县有小学92所、在校生3105人、教职工109人，初中1所、在校生130人、教职工13人。1956年，景宁机关幼儿园创办。1958年，景宁县中学扩增到6所，景宁中学开设高中部。同年，景宁初级师范开办，培养小学教师300多人。1985年，景宁民族中学创办。2004年，景宁畲族自治县有省级教育强镇（乡）3个，市级教育强镇（乡）9个，省、市级示范学校4所，绿色学校9所。1985年开始，景宁畲族自治县开展成人教育工作。至2009年，景宁畲族自治县通过电大、自学考试、函授等途径获得大专以上文凭2000多人。2009年，景宁畲族自治县有学校74所，其中普通高中1所、职业高中1所、普通中学5所、小学20所、幼儿园47所。在校生19049人，在职公办教师1373人。1949年中华人民共和国成立后，景宁县委和政府极力倡导畲族子弟入校就学。至2010年，景宁畲族自治县少数民族适龄儿童义务教育入学率100%，少数民族学生初中升高中比例83.26%。

文化体育

文化　1984年景宁畲族自治县设立后，文化艺术事业得到迅速发展，先后建成文化馆、图书馆、文物库房、影城、新华书店等文化场所，建筑面积近万平方米。组建"浙江畲族民间艺术团"，有演职人员23人，以歌舞为主要演出形式，开展民族文化服务、宣传和辅导活动。组建"文艺直通车""流动电影大篷车"，走进农村、走进基层，送文艺、电影下乡进村。景宁的民间曲艺有花鼓戏、英川菇民戏、英川木偶戏、景宁鼓词等。民间舞蹈有道士舞、龙灯舞、舞狮舞、鱼灯舞以及畲族功德舞、祭祖舞等，流传历史悠久。

体育　清光绪三十三年（1907），景宁县官立务本学堂开展跳绳、哑铃、体操等体育活动。民国初，鹤溪、沙溪两所高等小学正式开体操课。民国31年（1942），湘湖师范等校迁入景宁县，积极指导各项体育活动。1951年，景宁中学推行第一套广播体操。1958年12月23日，景宁县体育运动委员会成立。1964年，国家颁布《青少年体育锻炼标准》，因“文化大革命”中断，1975年，恢复。1986年，景宁畲族自治县中小学开始用体育课本。1988年，景宁畲族自治县设少年儿童业余体校，为浙江省业余训练网点之一。

1993年9月，景宁畲族自治县正式配备专职体育教研员，全县学校体育教学科学化、规范化。1993年起，景宁畲族自治县全面推行《国家学生体质健康标准》测试活动，全县中小学校47所，开展达标活动43所，占学校总数91.5%，应参加达标学生11849人，达标10962人。2003年，景宁畲族自治县停止达标活动，此后按《国家学生体质健康标准》测试达标。1993—2010年，举办过农民、工人、老年体育赛事，参赛人员逐年增加。1995年，景宁畲族自治县举办首届全民运动会。2005年、2009年，景宁畲族自治县举办第二届、第三届全民运动会。1999年9月，景宁畲族自治县举办首届老年人运动会。2008年，景宁畲族自治县举办首届农民运动会。2008年，蓝李峰有幸成为丽水市12位北京奥运会火炬手之一。1993—2010年，景宁畲族自治县县城建成门球场6个，乡镇4个，地掷球场4个；气排球场8个，其中乡镇4个。2010年，举办县首届体育健身大会“医院杯”甲级全民篮球赛和“北京创业杯”乙级全民篮球赛。有体育协会和全民健身辅导站（点）23个，经常参加各种体育锻炼的人数超过4万人。

医疗卫生

民国时期，景宁的医疗卫生事业发展缓慢。民国29年（1940），景宁县始设卫生院。民国38年，景宁县卫生院因经费无着而关闭。1949年11月，景宁县人民政府卫生院创办。1952年，景宁县始设卫生院，各区建立卫生所。1956年，各乡开办中医联合诊所，后改建为乡卫生院。1984年，景宁畲族自治县人民医院创办，占地14000平方米，拥有医疗用房8420平方米，一级临床专科12个、二级临床专科16个、病区4个、医技科室7个、核定病床183张。2008年，畲族医药被列为国家第二批非物质文化遗产保护目录。2010年，全县有各级医疗卫生机构98个，其中县级医疗卫生机构6个，社区卫生服务中心和站33个，学校医务室4个，门诊部（个体诊所）11个，村卫生室45个。全县各级医疗机构拥有医疗床位230张，拥有执业医师（含助理执业医师）383人、注册护士147人，注册乡村医生67人。同年，景宁畲族自治县基本建成县、乡、村公共卫生管理体系和服务网络，突发公共卫生事件应急处置能力显著提高，报告率、及时处置率均100%。同时，景宁的中医药事业也不断取得进步。

人民生活

“火笼当棉袄，辣椒当油炒，竹篾当灯照”，这是旧时景宁各族人民贫困生活的真实写照。中华人民共和国成立后，贫穷与落后的面貌得到改变，人民生活逐步改善。特别是景宁畲族自治县成立以来，人民生活水平日益提高，衣、食、住、行、用等都实现由贫困到温饱的历史性跨越。1997年，经省人民政府验收，全县总体脱贫，摘掉贫困帽。随着社会经济的快速发展，人民生活正在由温饱向小康迈进，城乡居民生活条件不断改善。2008年，景宁畲族自治县国内生产总值4681万元，职工人均年工资803元，农民人均纯收入148元。2010年，国内生产总值267831万元，在岗职工年平均工资35612元，城镇居民人均可支配收入17901元，农村居民人均纯收入6202元，均比1984年有大幅度增加。同年，城镇人均建筑面积38.45平方米，每百户有摩托车43辆、汽车12辆、洗衣机93台、电冰箱103台、彩电160台、电脑92台、固定电话100部、移动电话225部。

第四十八篇

人　物

①人物传

②人物名录

概　述

丽水地处浙江省西南部，境内重峦叠嶂，碧水环绕，九山半水半分田。早在新石器时代，已有先民繁衍生息。丽水人民勤劳质朴，坚韧不拔，负重拼搏，务实创新。丽水人才辈出，尤以宋代、明代、辛亥革命时期、抗日战争时期和中华人民共和国成立后较多。据《二十五史》载，丽水籍名人列传54人。《中国人名大辞典》收录丽水名人138人。据清光绪《处州府志》载，丽水籍入传人物1689人。据丽水各县（市、区）第一轮修志汇总，丽水籍进士1136人。

隋开皇九年（589），置处州。唐武德四年（621），平李子通，处州郡、县统一，实行均田制，兴修水利，发展农桑。开通处州经婺州、睦州至杭州、处州至温州的驿路。处州府、县开始建孔庙，推行科举取士。道教、佛教和儒学同时发展。然州、县更迭较多，战事频繁，天灾人祸不断，终属偏僻贫穷之地，丽水籍著名人物较少。

宋代，处州兴水利，除水患，促进农业、手工业发展。发展青瓷、茶叶、香菇等产业。处州科举制度日益完善，府、县有书院12所。大儒朱熹抵缙云县独峰书院、美化书院，松阳县古市书院和青田县石门洞传道讲学，促进文化事业发展。南宋朝廷南渡，京师杭州，河南、湖南、江西、安徽、福建等地住民迁至处州较多，涌现出一批名宦、名将、名儒、名医。

元代，处州自然灾害频繁，战事频频，人民生活困难。教育事业受阻，州、县书院减少。路、县行政长官达鲁花赤均由蒙古人或色目人担任，汉人只能担任副职，处州杰出人物较少。

明代，处州知府吴仲令恢复和发展农业生产，修通济堰。知府任可容在松阳县修百仞堰。龙泉县林农广制松香，造纸作坊遍布。丽水县置银场局，开处州银场。倭寇侵扰青田、丽水、松阳等县。明初重视教育，提倡程朱理学，科举应试，州、县有书院28所。名宦名将为数不少。

清代，处属各县发展农业、手工业和商业。清初对书院抑制，府、县有书院47所，仍以八股取士。

辛亥革命前期，处属各县建立双龙会、龙华会，开展反清灭洋斗争，李瑞阳、魏兰、李元唐等一大批学生到日本留学，加入同盟会、光复会，回国后联络双龙会、龙华会等共同反清，光复处州，涌现出一批辛亥革命志士。五四运动后，一些先进分子加入中国共产党，参加中国工农红军，尤其是中国工农红军挺进师进入浙西南后，抗击国民党的三次围剿，建立浙西南革命根据地。全面抗日战争时期，丽水是浙江抗日斗争大后方，中共浙江省委机关、国民党浙江省政府迁丽水，许多共产党员和爱国进步人士云集丽水，开展抗日救亡工作，抗击日本侵略军，涌现出许多杰出人物。丽水有抗日阵亡将士1729人。解放战争时期，中共闽浙边临委、中共处属特委组建武装工作队、浙江壮丁抗暴自救军第三总队（后改称浙南人民解放军第三支队），与国民党军队作长期斗争，配合中国人民解放军第二野战军解放处属各县，丽水有革命烈士256人。

1949年，中华人民共和国成立，丽水工农业生产发展滞后，教育事业不发达，学龄儿童入学率低，专业技术人才匮乏。1978年，中共十一届三中全会召开，实行改革开放，教育事业蓬勃发展。1992年，改革开放进一步深化，丽水学院、丽水职业技术学院先后建立。2010年，丽水市有普通高等教育在校生35584人，正高级技术职称482人，国务院特殊津贴专家44人，全国劳动模范和先进工作者40人，省部级劳动模范和先进工作者344人，市级劳动模范106人。

人物篇重点收录卒年或事迹发生在2010年前的人物。其中立传360人，人物名录5197人。

第一章　人物传

本志人物传359个、360人，其中合传22个、50人。其中，古代人物传149个、167人，近代人物传91个、99人，当代人物传103个、106人；官宦98人、英烈74人、武职40人、经济41人、教育32人、文化50人、医药11人、华侨归侨8人、少数民族16人。本籍人物297人，占人物传总数82.5%，其中莲都区68人、龙泉市35人、青田县51人、云和县13人、庆元县16人、缙云县46人、遂昌县27人、松阳县27人、景宁畲族自治县14人；外籍人物73人，占人物传总数17.5%。女性13人，占人物传总数3.61%。《辞海》载有22人。《二十五史》载有86人，其中，列传的61人、记有25人。清光绪《处州府志》列传140人。

《丽水市志》人物传分类分地域情况一览

表48-1-0-1　　单位：人

类别	本籍										外籍	合计
	莲都	龙泉	青田	缙云	遂昌	松阳	云和	庆元	景宁	小计		
官宦	17	6	15	10	9	5	—	5	5	71	26	98
英烈	12	6	12	11	4	4	1	2	1	53	21	74
武职	7	3	5	7	3	2	5	—	—	34	8	40
经济	7	11	4	4	—	3	3	3	1	35	6	41
教育	4	2	6	4	4	3	—	1	3	27	5	32
文化	13	5	3	8	4	7	—	4	—	45	5	50
医药	3	—	—	1	2	3	—	1	1	11	—	11
华侨归侨	2	—	6	—	—	—	—	—	—	8	—	8
少数民族	3	2	—	1	1	—	4	—	3	14	2	16
合计	68	35	51	46	27	27	13	16	14	297	73	360

第一节　古代人物

古代，处州人物传149个、167人，其中合传15个、33人。官宦74人、英烈19人、武职16人。经济11人、教育15人、文化27人、医药9人、少数民族1人。本籍人物139人，占古代人物总数83.23%，其中莲都区32人、龙泉市20人、青田县19人、云和县3人、庆元县10人、缙云县19人、遂昌县17人、松阳县12人、景宁畲族自治县7人；外籍人物28人，占古代人物总数16.77%。女性2

人，占古代人物总数 1.19%。

欧冶子

欧冶子（公元前 514 年前后），春秋晚期越国人。时龙泉属越国境地，产钢、铁，山南为秦溪，剑池在其阴，周围数十亩，旁有七星井，夏日饮其水，寒侵齿骨，很适合铸剑淬火。欧冶子奉越王之命为楚王铸剑，在此“凿茨山，泄其溪，取铁英，作为铁剑三枚，一曰龙渊①；二曰泰阿；三曰工布”。《越绝书》载：“欧冶乃因天之精神，悉其伎巧，造为大刑三、小刑二：一曰湛卢；二曰纯钧；三曰胜邪；四曰鱼肠；五曰巨阙。”开创中国铁兵器的先河。2010 年，七星井、剑池湖犹存，旁有欧冶子将军庙及剑阁。历代剑匠均奉欧冶子为祖师。

浮丘伯

浮丘伯（生卒年不详），又名包丘、苞丘、鲍丘。战国末至西汉初，齐国人。少年时，与李斯、韩非从师于楚国荀卿。后来，浮丘到秦国成为“秦国儒生”，德行高尚，精通诗书，曾给刘交、鲁穆生、白生、申公讲授《诗》。秦始皇焚书坑儒，浮丘携鹤上嵩山、庐山隐居。汉初，高后吕雉（前 187—180）时，浮丘复到长安②教授，楚元王派遣儿子郢客和申公向浮丘学诗。他们从学于浮丘，学业均有成。晚年，浮丘为躲避宫廷纷争和社会紊乱，离开长安到东瓯瓯江与小溪交汇处辟田开地，种植青芝，饲养白鹤，著有《相鹤经》。后因故携双鹤逆小溪至今鹤溪镇西南石牛山下隐居，因溪边岩石，筑台垂钓，沐鹤于溪，故名鹤溪。明潘琴曾作《招鹤辞》三章。清康熙年间（1662—1722），景宁县教谕郑兰谷在遗址修筑钓台，环植花木，摩崖题刻“浮丘古迹”，并作《钓台》诗。古迹毁于“文化大革命”时期，但钓台岗、浮丘村尚存。

詹司马　南司马

詹司马、南司马（生卒年不详），籍贯无考。南朝梁天监四年（505），詹氏司马到松阳，察看碧湖平原，谋划在松阴溪与大溪汇合处堰头村筑堰坝，拦截松阴溪水灌溉。请命朝廷后，又遣南司马共治其事。溪水流激，暴雨水涨，屡被冲垮。从水蛇穿行溪南北时得到启发，采用拱坝形式始成。木筱结构，弧长 275 米、坝高 2.50 米、底宽 25 米。汇松阴溪水入堰渠，干渠长 23 千米，设大闸概 6 座，渠道分上中下三源，计 48 派、72 小概、支毛渠 321 条，可溉田 0.17 万公顷。历代均有整修。宋乾道元年（1165），知州范成大重建通济堰，刻规于石，建詹南两司马庙。南宋开禧元年（1205），郡人何澹改堰坝木筱结构为石坝。1954 年，改石坝为混凝土砌块石，堰坝增高 0.45 米。该堰是全国古代四大水利工程之一，拱坝形式乃国内首创。2001 年，国务院公布为第五批全国重点文物保护单位。

江子一

江子一（489—548），字元亮，济阳考城③人。晋代散骑常侍统之七世孙。父亲江法成，南北朝梁天监年间（503—519）任奉朝清。子一少时好学，家境贫困，蔬食终身。萧梁武帝时任侍郎、朝清，从尚书

① 以龙渊为乡名，后因避唐高祖李渊讳，更名龙泉乡。

② 2010 年称西安市。

③ 2010 年称兰考县。

仪曹郎出任遂昌县令，有政绩。后任通直散骑侍郎，要求去观书秘阁，梁武帝同意，派他到华林省。姑夫朱异乃当朝权要，任右卫将军，休息之日，宾客集聚，子一没有登门拜访，可见德行之高洁。后，子一被任命为戎昭将军、南津校尉。南朝梁武帝中大同二年（547），“侯景之乱”暴发，攻陷历阳。南朝梁武帝太清二年（548）十月，子一到建邺与侯景部作战，其弟子四、子五及儿子皆战死沙场。后建名宦祠祭祀。

叶一源

叶一源（约600—649），字九江，栝州松阳人。父叶公圭，明经，隋大业年间（605—616）曾任参知政事，后谪官广南[①]。一源幼通诗书，善骑射，曾随父到广南，见隋炀帝朝政浊乱。隋大业十三年，他随李渊反隋，聚兵千余，顺小道奔向太原。唐高祖李渊即位后，一源任建州[②]节度使。唐贞观二十三年（649），他随唐太宗李世民远征高丽，作战非常勇敢，单骑陷阵，不幸中流矢身亡。唐太宗赐谥武义，诏令立祠纪念。唐武则天时期（684—705），加封忠烈，建忠烈武侯祠。

智　威

智威（生年不详—680），俗姓蒋，缙云金竹人。佛教天台宗第六代祖师。出身儒学世家，18岁出掌州学堂，奉父母命回家完婚，途遇梵僧引导，遂出家天台国清寺，从章安法师，潜心研究佛学，学习《华严经》，领悟精义，得其三昧。唐上元元年（674），遍访名山古刹，寻觅说法讲经场所。曾到台婺边陲的普通山，因梵宇狭隘，广不纳众，乃再往壶镇石龙山，剪荆刈茅，牵萝扎蓬，编荆为座，名其地为法华，号“法华尊者”。学者居士，闻风从学，习禅者三百，听讲者七百多人。昼讲夜禅，手书藏典，朝夕不怠。听讲者临时搭棚，分居九处，以理斋宿。人众水乏，远汲耗时，智威勘地浚井，深至三尺，清泉突涌，日给千余人饮用裕如，冬夏不竭。曾在仙居上阪设讲坛，距法华约80里，每日往返斋粥禅讲，未尝有误。极善辞藻，著有《桃岩寺碑》《头陀寺碑》。嗣法弟子慧威，继为天台宗第七代祖师，号“天宫尊者”，与智威同为唐高宗朝散大夫四大师。时称智威“大威”、慧威“小威”。唐永隆元年（680），智威趺坐圆寂。吴越王以其高行著世，特追谥“元达尊者”。

叶法善

叶法善（616—720），字道元、太素，唐代著名道士，人称元真天师。祖籍河南南阳，东晋建武元年（317），先祖迁居古市卯山。自曾祖起三代为道士。隋大业十二年（616），法善生于松阳县，自幼得家传，研习道教精义和占卜炼丹之术。12岁时迁至栝苍县白马山[③]，父死，葬于全塘口村[④]。唐显庆年间（656—661），高宗李治闻其名，征诏京师，欲委以官爵。法善固辞不受，愿为终生道士，留京师景龙观。高宗下诏广征诸方道术之士，合炼黄白金丹，以求长生。法善谏之：“金丹难就，徒费钱财，有亏理政，不妄虚糜。”高宗从其言，令法善试之，由是乃出九十余人，因一切罢之。法善辞归栝苍，居住少微山龙兴观，云游名山大川，炼丹采药，为民治病驱邪。法善历经高宗、武周皇帝、中宗50多年，常被征召入宫尽礼问道，尊为上宾。法善崇仰道教，排挤佛法。唐中宗时（705—710），中宗李显听信谗言，贬

① 2010年属广东广西一带。

② 2010年称建瓯市。

③ 2010年属浙江省武义县柳城镇。

④ 2010年属浙江省武义县大源畲族乡。

法善于岭外。唐景龙四年(710)十月,法善复召入京。唐睿宗景云元年(710),法善助李旦铲除韦后即位,获赞有冥助之力。唐开元二年(714),玄宗李隆基特授法善为金紫光禄大夫、鸿胪卿、越国公兼景龙观主,赠其父为银青光禄大夫、歙州刺史。法善不为爵位所动,仍住景龙观。元宵节,李隆基召叶法善观灯。法善谏之:"彩灯之盛,国无比矣!但奢靡过甚,无益于国。"某日,吐蕃遣使进函,请王自启。法善曰"宜令蕃自启"。玄宗从之,令蕃使自启。函中弩发,吐蕃使死。玄宗免于罹难,敬重更甚。后,辞归栝苍。同年,法善奏舍庄宅为道观,名永宁观。唐开元五年,修葺祖坟,栝州司马李邕撰写碑文,称《歙州刺史叶慧明神道碑》,也称《追魂碑记》《丁丁碑》。同年三月,法善赴京。唐开元八年,终老景龙观。唐开元二十七年,玄宗下诏褒悼,赠越州都督,作《故金紫光禄大夫鸿胪卿越国公景龙观主越州都督叶尊师碑铭并序》。

李 邕

李邕(678—747),又名善之,字泰和,扬州江都[①]人。少知名,经李峤荐为左拾遗。唐中宗复位后,屡擢屡贬。唐开元三年(715),擢户部郎中,与宰相姚崇不睦。姚崇以"险躁"奏天子,使李邕贬为栝州司马。后迁陈州[②]刺史。遭中书令张说诬陷,被判处死罪,由许州[③]贫民孔璋上书,幸免死,贬为钦州遵化[④]县尉。后因戍边立功,升为澧州[⑤]司马。唐开元二十三年,任栝州刺史,兴利除害,抑强扶弱,郡人咸服。唐天宝六年(747),李邕任北海刺史时,为宰相李林甫所忌,被诬为"奸赃",就地杖杀,人称"李北海"。杜甫闻李邕负谤死,作《八哀诗》悼之。李邕工书,初学王羲之,后摆脱形迹,自成风俗,以行书写碑志。后世多效尤,时称"书中仙手"。李邕反对学书一味摹仿,曾说:"学我者死,似我者俗。"李邕善诗文、碑颂,书碑志八百余,又称翰林六绝。著文集70卷,已佚。其《洪州放生池碑》《批韦巨源谥议》,文人推重。明代辑有《李北海集》。书迹有《麓山寺碑》《云麾将军李思训碑》《出师表》等。在丽水撰写有《大唐秦望山法华寺碑》《叶有道碑》《歙州刺史叶慧明神道碑》《缙云三帖》[⑥],丽水三岩寺留有"雨崖"两字摩崖题记。祀处州名宦祠。

李阳冰

李阳冰(约715—785),字少温,赵郡[⑦]人。弱冠至吴,初任上元[⑧]县尉。唐乾元二年(759),任缙云县令。阳冰整修孔子庙,自撰文记事。重修县学,教育士子。同年秋旱,急百姓所急,城隍庙求雨,与神约五日不雨焚庙,果然大雨,全境告足,自撰文记之。任满三年,留恋缙云山水,退居县城东北洼尊山[⑨],作铭刻于石。山巅筑忘归台,撰铭并篆。唐宝应元年(762),阳冰调任当涂[⑩]县令。后任京兆府佐

① 2010年称扬州市。
② 2010年称沈丘县。
③ 2010年称许昌市。
④ 2010年称遵化市。
⑤ 2010年称澧县。
⑥ 缙云三帖即《缙云帖》《改少傅帖》《胜和帖》。
⑦ 2010年称赵县。
⑧ 2010年属南京市江宁区。
⑨ 后人纪念李阳冰,改名吏隐山。
⑩ 2010年称当涂县。

史、集贤院学士、国子监丞。唐兴元初年(784),以将作少监致仕,世称"李监"。以词翰名,尤精小篆,得法于秦《峄山刻石》,变化开合,自成风格,后来学篆者多宗之。刊定《说文》30卷。李华撰《鲁山令元真德秀墓碑》,颜真卿书,李阳冰篆额。作品有《缙云城隍庙记》《恶溪铭》《洼尊铭》《忘归铭》《般若台铭》《滑台新驿记》《三坟记碑》及"黄帝祠宇"篆碑、"倪翁洞""阮客祠""初阳山""忘归洞"等摩崖题刻。《忘归台记》《处州新驿记》等失传。唐舒元舆《玉箸篆志》云:"躬入篆室,独能隔一千年与秦斯(李斯)相见。"时人谓之"笔虎"。

齐 抗

齐抗(740—804),字遐举,平阳[①]人。少时隐居会稽剡中[②]读书,作文长于书信和奏疏。唐大历年间,任寿州[③]判官,拘捕劫转运绢游民郭鹄等7人,缴获大量赃绢,为时人所重。熟习吏事,敏于文学,深得江西观察使张镒器重。唐建中元年(780),任张镒幕府幕僚。唐建中三年,张镒推荐齐抗为监察御史,幕中筹划多出于齐抗。后张镒遭李楚琳陷害。他转任侍御史、户部员外郎、江淮宣慰使判官、仓部郎中。唐贞元初,任水陆运副使、谏议大夫。唐贞元三年(787),任处州刺史,路过睦州[④],曾探望司马刘长卿。刘赋诗《送齐郎中典栝州》赠之。齐抗才能敏捷,案无留牍,吏治清闲,善于筹谋划策,兴废"举坠"。勤政为民,关心民生,尊贤礼士,重视教育,讲学论文勤勉不倦。唐贞元六年,处州州治古城湫溢,屡有水灾,北移四里小栝山顶上。任满转迁苏州和潭州刺史、湖南都团练观察使,入朝任给事中,出任河南尹,又入朝任秘书监、太常卿、中书省侍郎、同中书省门下平章事,行宰相之事。唐贞元二十年卒,赠户部尚书,又赐其家绢200匹。传世作品《齐抗集》。

李敬仲

李敬仲(生卒年不详),陕西长安[⑤]人。唐建中年间(780—783),任京兆司录参军。唐建中四年(783)十月,泾原节度使姚令言部兵士哗变,拥朱泚为主,改元应天。德宗仓皇出走奉天、汉中。敬仲任节度府判官,协同谋划军事,平叛藩镇割据。唐贞元年间(785—805),任处州刺史。敬仲爱洞溪林壑之胜,在古城买山筑室,燕憩于此。政事之余,幽游洞溪,赋诗作词,留有《洞溪十咏》[⑥]。敬仲离任,住室改为僧寺。宋皇祐元年(1049),赐名广圣寺。后废。清嘉庆十八年(1813),县人复建玉成观[⑦],其地建思贤亭,寄托怀念和敬慕。状元王十朋路过处州洞溪,作诗《思贤亭》:"段公不到溪岂好,李守已亡诗更奇。我向思贤亭上坐,爱山兼爱昔人诗。"《洞溪十咏》广为传诵。处州知府许国忠、遂昌知县汤显祖有诗作颂扬《洞溪十咏》。

少 康

少康(约736—805),又名山康,俗姓周,缙云仙都人。7岁入灵山寺,始能语"释迦牟尼佛",父母

① 2010年称临汾市。
② 2010年属浙江省嵊州市。
③ 2010年称寿县。
④ 2010年属浙江省建德市梅城。
⑤ 2010年称西安市。
⑥ 即七律诗《翠潭》《青室》《桃源》《竹屿》《钓矶》《响濑》《琴石》《虚郎》《峭壁》《崎岩》。
⑦ 2010年古城村委会所在地。

舍其出家。15岁，通诵《法华》《楞严》等经5部。后到越州[1]嘉祥寺受戒，至上元[2]龙兴寺听讲《华严经》《瑜伽论》。唐贞元元年(785)，到洛阳白马寺读《善导行西方化导文》，决心修持净土。到长安光明寺善导影堂礼拜善导真像，深有所悟。遍游名山大川、古刹胜寺，人称“少微上人”。南至江陵[3]果愿寺，后还睦州[4]乞钱诱小儿念佛。经月余，念佛多者即给钱。睦州乌龙山建净土道场，筑坛三级，每逢斋日，所化3000多人。少康登座，令男女弟子望其面门，高声唱阿弥陀佛。唐贞元二十一年十月三日，嘱众徒急修净土，言毕盘腿打坐，圆寂睦州台岩寺。郡人奉全身建塔于州东台子岩，号台岩法师，尊其为莲宗第五祖。少康与文谂合撰《往生西方净土瑞应删传》，集录自东晋慧远至唐邵原保等48人事迹，整理道绰净土学说，纂成《净土论》3卷。少康是释家净土宗善导派入浙始祖。唐天佑二年(905)，天台山德韶禅师重建其塔，时称“后善导”。

李　繁

李繁(生卒年不详)，京兆[5]人，宰相李泌之子。曾任太常博士、大理寺少卿、弘文馆学士，世袭邺侯。因太常寺少卿权德舆奏其无行，李繁被外放河南府[6]任士曹掾。后获李泌故人施援，任随州[7]刺史。唐元和十二年(817)，任处州刺史，政绩卓著，重修栝苍城门，选櫸山山巅原社稷坛旧址建孔庙。拨库银，征调夫役，伐木采石，挖掘泮池，铺设石阶，治棂星门，设礼门、义路，造大成殿。庙内塑颜回至子贡等像10人，墙壁绘画其余子弟60人及公羊高等大儒10多人。设讲堂，择有才学的博士弟子，教之行礼肄习，设置钱粮津贴在学生员。唐元和十五年，韩愈作《处州孔子庙碑文》。唐大和三年(829)，处州刺史敬仲建碑，州司马任迪书并篆额。李繁任亳州[8]刺史时，有大盗剽人庐舍，劫取货财。侦察弄清其巢穴，斩杀巨盗。后因仇人翻案，弹劾滥杀无辜。皇帝曾下诏赐死。后获赦，携家迁至处州小栝苍山定居。著有《相国邺侯家传》10卷、《北荒君长录》3卷、《玄圣蘧庐》1卷、《说纂》4卷。韩愈赞其“邺侯尚文，于古记，无不贯达，故其为政，知所先后，可歌也。”祀处州名宦祠。

段成式

段成式(803—863)，字柯古，齐州临淄[9]人，唐元和宰相段文昌之子。文昌家藏书甚多。成式从小涉猎，苦学精研，博文强识，能文善书。唐会昌三年(843)，以父荫为秘书省校书郎、尚书郎。唐大中元年(847)，出任吉州[10]刺史。唐大中七年，任太常少卿。唐大中九年，出任处州刺史。丽水县十里有水，滩险流急，百里间59滩，激湍易灾，故名恶溪。成式到任不逾月，即勘察地形，动员乡民疏浚河道，破岩排阻，治滩去险，以通舟筏。在县东20里灵鹫山下垒石为堰，引缙云溪水入渠，西流至浪荡口筑分

① 2010年称绍兴市。
② 2010年称南京市。
③ 2010年称江陵市。
④ 2010年属浙江省建德市梅城。
⑤ 2010年称西安市。
⑥ 2010年称洛阳市。
⑦ 2010年称随州市。
⑧ 2010年称亳县。
⑨ 2010年属山东省淄博市东北。
⑩ 2010年称吉安市。

水坝，分南、北两支渠，灌田63顷，民众更名好溪。唐大中十年，丽水大旱，成式至好道庙祈雨。九月，写《好道庙碑记》。唐大中十二年末，成式受李德裕贬谪所累，离处州寓居襄阳。唐咸通四年（863）卒。成式处州德政卓著，民望甚高，被誉"德茂政清""宣尼[①]再世"。工骈文，与温庭筠、李商隐齐名。著有《酉阳杂俎》20卷、续集10卷，与温庭筠、余知古撰《汉上题襟集》10卷，录入《新唐书•艺文志》。诗多华艳，有遗诗30多首、文10篇，分别录入《全唐诗》和《全唐文》。诗人方干作诗《赠处州段刺史》："幸见仙才镇栝初，郡城孤峭似仙居。杉萝色里登台阁，瀑布声中阅簿书。德重自将天地合，情高原与世人疏。寒潭是处清连底，宾席何心望食鱼。"

梅　系

梅系（848—905），字一先，丽水坊郭[②]人。少时即懂输粟报效，授建州军使，管理海道盐场。唐咸通年间（860—874），授散骑常侍御史，任兵部司郎中。后转任工部尚书，镇压黄巢义军有功，升任昭武军节度使。唐昭宗龙纪元年（889），提举苏湖路转运司，粮饷接济北征，奏捷，加知制诰封保康侯，召任经略，总裁军务。在职期间，受帝诏书11次。死后，追封广济王，赐庙黄溪南岸。儿子梅郢、梅部、梅叙因平寇有功，授左右军都指挥正将。

卢　约

卢约（生年不详—907），遂昌东乡人。唐乾符五年（878），黄巢义军进入浙江。十二月攻占衢州，取道仙霞岭经龙泉进入福建。唐广明元年（880），卢约响应黄巢义军，聚众遂昌反抗官府。唐中和元年（881），率兵攻克松阳、缙云、青田3县。十一月，率部攻克处州，建立政权，自封刺史，坐镇一方，多所建制，为民所颂。唐光启二年（886），都指挥使钱镠率诸将攻越[③]，任命施坚实处州刺史，召集缙云黄龙山义兵，攻卢约。唐天祐二年（905），遣其弟卢佶攻取温州，声势浩大，拥有处、温两州。唐天祐四年三月，吴越王钱镠命其子元璙、元瓘讨卢佶于温州。卢佶将水军把守温州东北海疆青澳门。元璙探知海防严密，从安固舍舟，间道袭击温州。四月，攻克温州。卢佶兵溃被擒杀于青田腊口。五月，元璙移师，进攻处州卢约，刺史施坚实率兵屯寨，收集义勇，计擒卢约，诛之。

施坚实

施坚实（生卒年不详），字仁甫，号敦夫，湖州德清人。唐中和二年（882），节度使刘汉宏起兵反唐，遣其弟刘汉宥攻杭州被斩，遂命温州刺史朱褒造大舰，习水战，派施坚实等三人指挥。唐光启二年（886），都指挥使钱镠率诸将攻越[④]，破刘汉宏将韩公汶于曹娥埭，转战温州朱褒，烧其舰，进屯丰山。坚实投降钱镠，擢任处州刺史。适值卢约占据处州，自命刺史。施坚实与其子施约铨、施约言等在缙云县黄龙山率兵屯寨，收集义勇，进攻处州。唐建宗三年（896），在黄龙山建黄龙寺。唐天佑四年（907），吴越王兼淮南节度使钱镠，遣其子元璙、元瓘镇压起义军。四月攻克温州，卢佶被擒，斩于青田腊口。元璙移师进攻处州，施坚实率师擒卢约诛之。随后隐居黄龙山青塘。北宋初年，朝廷追赠施

① 孔子。
② 2010年属丽水市云和县。
③ 2010年称绍兴市。
④ 2010年称绍兴市。

坚实为金紫光禄大夫、上柱国、吴兴郡靖胜公，其妻赵氏为吴兴郡夫人。长子施约铨，因协助父亲镇压卢约有功，擢任押卫团练讨击使兼迎卫镇遏都知兵马使、银青光禄大夫、简较太子宾客兼监察御史，封东阳郡公，谥靖。次子施约言，亦因助父镇压卢约有功，授团练讨击使兼迎卫镇遏都知兵马副使、银青光禄大夫，封缙云郡公，谥胜。改其所居泰康里为靖胜里。

季大蕴

季大蕴（生卒年不详），龙泉宏山人。唐乾宁二年（895）二月，越州观察使董昌称帝，建元“顺天”，国号“大越罗平”。唐昭宗李晔封钱镠为浙江东道招讨使，出师讨伐越州。大批士民内迁龙泉，定居避乱，却不懂山区五谷耕作技术。大蕴世居龙泉，擅长种植农桑，遂将技术悉心传授，使外来士民粮食、布帛得以自给。大蕴死后，吴越王钱镠为其立墓表彰，封为农师。

杜光庭

杜光庭（850—933），字圣宾[①]，号东瀛子，缙云人[②]。少年好学，博览群书，工辞章翰墨，与唐诗人方干称为“宗庙中宝玉大王”。唐咸通八年（867），应试万言科不第，入天台山修道，周游各地，曾至处州少微山真圣观修真，至四川成都、蒙阳和均州[③]等地弘道，后到长安。唐僖宗年间（874—888），赐紫服象简，封麟德殿文章应制、上都太清宫内供奉，为道门领袖。唐广明元年（880）十二月，避黄巢义军攻入长安，随僖宗入蜀，奉敕弘道，赠“弘教大师”尊号，遂留蜀不返。唐龙纪元年（889）后，藩镇割据。唐太顺二年（891），王建建立前蜀政权时，杜光庭事王建、王衍父子，官至户部侍郎、左谏议大夫，封上柱国蔡国公、金紫光禄大夫，赐号广成先生、传真天师，授崇真馆大学士。后辞官隐居四川灌县青城山白云溪。唐长兴四年（933）10月，趺坐而化，葬于清都观，四川青城山丈人观供奉有杜光庭塑像。杜光庭谙道教理论，能诗文，对道教经典、史迹、仪则、应验等均有所论述，尤善编纂神异故事，以阐扬道教。文学史上颇有影响。著有《道德真经广圣义》30卷、《帝王年代州郡长历》2卷、《广成集》100卷、《历代忠谏书》5卷、《壶中集》3卷、《道门科范大全集》87卷、《道教灵验记》15卷、《神仙感遇记》5卷、《墉城集仙录》6卷、《录异记》10卷、《仙传拾遗》40卷、《王氏神仙传》4卷、《古今类聚年号图》《青城山记》《武夷山记》《续成都记》《玉函经》《杜天师了征歌》《洞天福地岳渎名山记》《历代帝王崇道记》《二十四化诗》《三教论》《大宝论》等各1卷，计42部、563卷。存宋《道藏》著述27种，计200多卷。据传文学著作传奇小说《虬髯客传》为其所作，《全唐文》录其文章220篇。《全唐诗》录存诗1卷，计31首。

章德安

章德安（生卒年不详），丽水沙溪人。五代十国时，吴越国任内都监史（即太尉），掌管武事，深得文穆王钱元瓘信任。元瓘婚后无子，领养其子取名钱弘佑。再婚育子取名钱弘佐。元瓘病重，察看章德安忠厚听断，欲嘱以后事。元瓘曰：“弘佐尚少，当立宗人者长者。”德安曰：“弘佐虽少，群下服其英敏，愿王勿以为念。”元瓘曰：“汝善辅之，吾无忧矣。”吴越王天福六年（941），钱元瓘死，章德安预知

① 一作宾圣。

② 一作长安，即2010年西安市人。

③ 2010年称均县。

钱弘侑与内牙指挥使戴珲密谋继位，严密封锁文穆王死亡消息，以吴越王之命，宣召戴珲觐见，下令杀死于幕下。章德安宣布先王遗旨，立钱弘佐为王，称忠献王。后上统军使阚燔势力强大，忠献王控制不了，章德安被贬到处州任右都监，掌管本城厢军屯驻、训练、军器和差役等事务。后章德安终老故乡，墓葬沙溪吴村。

杨　亿

杨亿(974—1020)，字大年，建州浦城①人。11 岁时，宋太宗闻其天性聪颖，下诏江南转运使张去华送他到京城试诗赋五篇，下笔立成，深为赏识，授秘书省正字，特赐袍笏。父死守丧三年。宋淳化年间(990—994)，改授太常奉礼郎，曾向宋太宗献《二京赋》，赐进士及第，调任光禄寺丞。宋咸平元年(998)，升任左正言，于直贤院编修《太宗实录》80 卷。杨亿独撰 56 卷，被授左司谏。同年九月，出任处州知州，在任三年。据清雍正《浙江通志》载："亿知处州，以宽大为政，岁稔刑清。"据清光绪《处州府志》载："赴阙，上御便殿召对，赐金百两。在任，政尚宽大，致岁屡丰，民咸德之。"杨亿到处州，适逢干旱，生计维艰，官吏侵贪，决心整肃吏治，改变混乱局面。由于他恪尽职守，勤政于民，重视农业，取得丰收。宋咸平二年(999)五月二十日，向宋真宗上疏《论龙泉县三处酒坊乞减额状》，要求朝廷税额"旧额之中，减其大半"。九月二十三日，朝廷下旨差命官专监，根据一年的实际营业额规定税额。在州治后厅之东建凝霜阁，州治西建西亭，并为丽水县撰写《县厅壁记》。约宋咸平五年离任，后任汝州知州、工部侍郎、翰林学士兼史馆修撰。编纂《册府元龟》和《西昆酬唱集》。诗学李商隐，辞藻华丽，对偶精切，好用典故，偏重近体，曾与刘筠、钱惟演等唱和，时号西昆体，是宋初的一个重要流派。他以骈文著名，著有《栝苍》《武夷》等 194 卷，其中馆阁书目 146 卷，今俱亡佚，独存《武夷新集》及别集而已。祀处州名宦祠。

刘　泾

刘泾(生卒年不详)，字巨济，简州阳安②人。宋神宗熙宁六年(1073)，中进士。受王安石赏识，推荐给宋神宗赵顼，初授经义所检讨，后为太学博士。历任咸阳③知县、常州④教授、莫州⑤通判、成都府通判、国子监丞。宋绍圣三年(1096)任处州知州。政事之余，能文善画，作画善林石槎竹；山水诗和游记尤精；对金石多有研究，摩崖、书赞的题刻不少。踏访秀山丽水，诗词有《溪雨亭》《天王山》《龙崆岩》《三岩游》《仙都》《石门洞》《石门洞谢客堂》等，文字古朴，清新流畅，通俗好懂。游记有《石门洞记》等，是了解石门洞的珍贵史料。题字书赞有为葛洪丽水南明山题刻"灵崇"和米芾题刻"南明山"书赞。摩崖题记有为北宋张康国提举两浙常平巡游南明山石梁题记、丽水三岩寺白云洞前崖壁题记、青田太鹤山崇道观混元峰白鹤洞岩壁《慕仙铭》题记、青田石门洞石床崖壁题记。所书楷字倜傥秀劲，深得柳公绰笔意。并在丽水县东灵鹫山脚建有溪雨亭，供忙中休闲赏玩。后任虢州⑥、真州⑦、坊

① 2010 年称浦城县。
② 2010 年称简阳市。
③ 2010 年属陕西省咸阳市东。
④ 2010 年称常州市。
⑤ 2010 年称任丘市。
⑥ 2010 年属河南省灵宝市南。
⑦ 2010 年属江苏省仪征市。

州[①]知州。宋元符二年至元符三年（1099—1100），任职方郎中。著有《成都刻石总目》三帙。《宋史》评刘泾“为文务奇怪语，好进取，多为人排斥，屡踬不伸”。

鲍 由

鲍由（生卒年不详），又名慎由，字钦止，龙泉南廓人。少时随父俸禄在外，时同乡何琬（官至监察御史）在长沙宴请文人雅士，鲍由侍父赴宴。宾主命鲍由即席赋《画舫》诗立就，吏部侍郎张舜民等皆惊叹：“此郎他日必以文艺显。”后从王安石学文词，又拜苏轼为师。宋元祐六年（1091）中进士，其文汪洋闳肆，诗尤高妙。哲宗当朝召对曰：“见卿何晚耶！”任工部员外郎。内外所至，颇有政声。因坐元祐党禁，被贬监泗州[②]转般仓。历任河东福建路常平、广西淮南转运判官。又起用员外郎，再因言事被罢官闲置。复用任明州[③]知州、海州[④]知州。曾注杜甫诗，著有《夷白堂集》50卷、《别集》3卷。汪藻作序云：“自黄鲁直、张文潜殁后，钦止之诗文独行于世，而诗尤高妙清新，每一篇出，士大夫之口相传以熟。钦止于斯文可谓毫发无遗恨矣。”神宗尝御札飞白书“夷白堂”三个大字赐给鲍由。

秦 观

秦观（1049—1100），字少游、太虚，号淮海居士。扬州高邮[⑤]人。秦观豪隽慷慨，溢于文词，举进士不中，读兵家书籍，赴徐[⑥]谒见苏轼，作《黄楼赋》，苏轼誉为“有屈宋才”。苏轼介绍秦观诗作给王安石。王安石也赞：“清新似鲍谢。”秦观与黄庭坚、晁无咎、张耒并称为“苏门四学士”。宋元丰八年（1085），中进士，任定海主簿、蔡州[⑦]教授。宋元祐元年（1086），苏轼以贤良方正推荐秦观于朝廷。后未赴任。宋元祐三年，应制科考试，为宣德郎。后任太学博士，校正秘书省书籍，调正字兼国史院编修官。宋绍圣元年（1094），章惇为相，苏轼为首的元祐党人受排挤。秦观被贬谪为杭州通判，御史刘拯劾奏秦观增损“太宗实录”之罪，又被贬为处州监酒税。因仕途受挫，征收酒、鱼、豚税后，常至寺院庵堂栖身，于丽水法海寺念经拜佛，抄写《阿弥陀经》7万多字，与住持平黎感情深厚。曾至青田栖霞寺住宿，与青田慈仁寺住持昙法师相处甚善。驻处州三年，创作10多首诗词。宋绍圣三年，秦观被揭为沉于佛事，谒写佛书，旷废政务，再贬徙郴州[⑧]。宋绍圣四年，又贬横州[⑨]编管。宋元符二年（1099）九月，再贬雷州[⑩]编管。宋建中靖国元年（1101），徽宗赵佶即位，大赦天下。秦观复为宣德郎，北上还京，途经藤州[⑪]中暑而亡。宋建炎四年（1130），追赠为直龙图阁学士。秦观诗、文、词俱工，词名尤著，以秀丽含蓄见长，是婉约派代表，诗也写得精致细密。著有《淮海集》40卷、后集6卷，《淮海居士长短句》

---

① 2010年属陕西省黄陵县、宜君县。
② 2010年属江苏省盱眙县北。
③ 2010年称宁波市。
④ 2010年称连云港市。
⑤ 2010年称高邮市。
⑥ 2010年在安徽泗县北。
⑦ 2010年称汝南市。
⑧ 2010年称郴州市。
⑨ 2010年称横县。
⑩ 2010年称海康县。
⑪ 2010年称藤县。

3卷。后人在府治南园建莺花亭，立秦观《千秋岁》词碑于亭，纪念秦观。在万象山建秦淮海祠，将温处道秦瀛摹像并宋元祐三年除太学博士敕勒石从莲城书院移至秦淮海祠，《处州万象山秦淮海祠堂记》尚存。青田慈仁寺旁建秦学士祠，青田栖霞寺后右侧建造莺花亭，立秦观《千秋岁》刻石于亭。

胡　份

胡份（1040—1104），字子文，号嵩山，缙云黄碧人。北宋元丰二年（1079），中举人。北宋元丰八年，中进士。始授国子司业，调礼部员外郎，又授文华殿大学士。后任鄱阳[①]知州。胡份勤政爱民，对骄纵贪虐不法者，一经勘察属实，绝不姑息迁就，属员震慑。又酌情减轻徭役，除苛赋，举善政，百姓称“胡青天”。积极倡办教育，为生员讲学考课。任满归京，年迈求退，晚年隐居上宕[②]，开设学馆，取名“尚友堂万松书舍”，广搜经籍图书，选聘名儒讲学，文人学士云集，弦诵之声不辍。文章气节，为学者所尊重。工书法，卢鸿草堂图十志诗，其六即为胡份所书。遗墨有松阳“凌霄台”三字摩崖和《宋故詹君伯常墓志铭》，黄龙山北海洞摩崖题记。著有《胡份诗集》，江西汪藻为之作序。明正德年间（1506—1521），被奉祀县先贤祠。

吴　庸

吴庸（1046—1106），字邦献，原名彦明，龙泉松源乡大济[③]人。聪明好学，博览经史，常鄙章句。宋熙宁九年（1076），中进士，赐名伯举，初任江州[④]右司理，累迁中书舍人、知制诰、龙图阁待制学士，赠少师。耿亮博雅，为中外表望。谢政回归，储书留给后代。著有《明性集》《发微正论》，为士林尊崇。

管师仁

管师仁（1045—1109），字元善，龙泉后甸人。宋熙宁六年（1073），中进士，被召为广亲（北宅）、睦亲（南宅）宅教授，沧州[⑤]教授，深受学子尊敬，秩满诸生挽留，部使者以为最上。改任邵武知县，勤政爱民，政绩卓著，朝廷考核征收赋税名列户部第一。宋绍圣年间（1094—1098），调任澧州通判，升任知建昌军，力行教化，多有善政。擢升右正言、左司谏。宋建中靖国元年（1101），河北滨、棣诸州[⑥]水灾严重，百姓流离失所，土地荒芜，租赋故在，师仁奏准减免租赋，使流落外地灾民回乡恢复生产。后升任起居郎、中书舍人、给事中、工部侍郎。对用人唯亲、贪赃枉法等弊政，敢于直言揭露，严惩赃官，僚属大受震撼，士论一致称许。不久，任右迁吏部侍郎、刑部尚书。宋崇宁三年（1104），又诏师仁兼领重修神宗皇帝玉牒、审查哲宗皇帝玉牒。宋大观年间（1107—1110），授枢密院直学士知邓州[⑦]兼西南路安抚使。尚未成行，又改任扬州知州兼淮南东路兵马铃辖。不久，又调定州[⑧]安抚使。时边备不整，辽国时有进犯。师仁到任，精选士卒，准备粮草，整顿军纪，激励士气，加固城墙，疏浚护城河，修缮甲

① 2010年称鄱阳县。
② 2010年属丽水市缙云县胡源乡。
③ 2010年属丽水市庆元县松源镇。
④ 2010年称九江市。
⑤ 2010年属河北省沧县东南。
⑥ 2010年山东省西北一带。
⑦ 2010年称邓州市。
⑧ 2010年称定州市。

胄，演习军事，集兵10万，严密防守。师仁故作与宾客欢宴，以示闲暇。辽使再至，本欲要求割地，闻其有备，不敢贸然侵扰。徽宗亲手书诏褒奖师仁：“有臣如此，朕复何忧！”后任吏部尚书。宋大观三年（1109），升任同知枢密院事，封南阳郡侯。师仁见朝政日非，自己年迈，力辞不就。后以资政殿大学士、佑神观使退养。朝廷褒其：“智周事物，学洞古今。有猷有为，允文允武。甲兵不试，边境以宁。入为天官，益隆时誉。”赐葬于汴京，赠谥正奉大夫，封南侯。

龚原 龚楫 龚敦颐

龚原（约1043—1110），字深之，号武陵，遂昌马头庄[①]人。少时师从王安石。宋嘉祐八年（1063），中进士，调颍川[②]司法参军。宋元丰年间（1078—1085），任国子直讲，因虞蕃状告太学学官龚原，收受诸生茶纸而失官，回家守孝。宋哲宗即位，平反蕃案，龚原复官，任国子丞、太常博士。龚原议论秦悼王后袭封和祀北郊“秦王嫡绝立庶，自合礼方。”“合祭，非礼也，愿亟正之。”加秘书阁校理、充徐王府记室，后任两浙转运判官。宋绍圣初，任国子司业。皇帝问：“为何长期外任？”龚原答：“臣出使乡部，获知民间事宜，臣素知如是，不知其因也。”旋兼侍讲，任秘书少监、起居舍人、工部侍郎。又受安惇攻讦，翻其国子直讲旧事，再次以集贤殿修撰出知润州[③]。宋徽宗初，任秘书监，升给事中。时选用郎官五人，皆执政者姻戚，龚原悉举驳之。又论郝随因罪不得居京师，邓洵武不宜再入史院。徽宗为哲宗服丧应尊旧制。主事者斥责他狂妄，被贬出知南康军[④]，改寿州。后来徽宗采纳龚原服丧三年的建议，复任集贤殿修撰、扬州知州，回朝任兵部侍郎、工部侍郎、宝文阁待制、庐州[⑤]知州。时蔡京擅权，谏官陈瓘攻击蔡京，诬陷龚原指使，因此列入元祐党籍，被撤职闲居和州[⑥]，后任命赴亳州[⑦]任职，未赴任病逝。宋绍兴年间（1131—1162），高宗亲制宸翰，追复其官。龚原毕生力学经术，时周（敦颐）、程（颐、颢）之学尚未成行，龚原经学是首倡。积极支持并参与王安石变法，将王安石父子所撰《字说》《洪范传》《论语·孟子义》等经义刻板刊印，宣传变法革新思想。著有《周易新讲义》10卷、《续解易义》17卷、《周礼图》《春秋解》《论语解》《孟子解》各10卷，《龚原文集》70卷，《颍川唱和诗》3卷等书颁布天下，号武陵先生，县人绘像立祠于学堂，祀乡贤祠。

龚楫（生卒年不详），字济道，龚原之子，因龚原谪居和州[⑧]随家而至。世以儒学彰显龚楫，官至兵部侍郎。宋建炎初（1127），闻金兵入境，楫忧而忘食。金兀术占据和州，以偏师万人筑堡于新塘，封锁濡须要道。龚楫率家僮百余人袭击金兵，乡邻响应3000多人，俘获千户2人、金兵数百，缴获兵甲粮草无数，并将金兵掳去的百姓全部遣送滁和镇抚司。凯旋归途，遇金兵主力，改道圩上进发，以避其锐。金兵占据要冲不能前进，众人投水自尽。龚楫曰：“今日斗死，亦足称义士，自弃沟渎，无益也。”与敌奋战，被金兵脔割而死。

龚敦颐（生卒年不详），因避光宗赵惇讳，改名颐正，字养正。龚原之孙，博通群书。宋淳熙年间

① 2010年称云峰镇。
② 2010年称许昌市。
③ 2010年称镇江市。
④ 2010年称星子县。
⑤ 2010年称合肥市。
⑥ 2010年称和县。
⑦ 2010年称亳县。
⑧ 2010年称和县。

(1174—1189),端明殿学士洪迈奏请甄录,参与修国史。宋绍熙年间(1190—1194)任国史院检讨官,授颍川文学,任至宗正丞。著有《元祐建中列传谱述》100卷、《符祐本来》10卷、《芥隐笔记》2卷、《续释常谈》和《续稽古录》各1卷。对《芥隐笔记》,《四库全书总目提要》评价:"考证博洽,具有根柢,而舛谬之处时亦有之。然统合全编,则精核者居多,要不在沈括《笔谈》、洪迈《随笔》之下,未可以卷帙多少为甲乙也"。

叶　涛

叶涛(1050—1112),字致远,龙泉人。宋熙宁六年(1073),中进士。廷试时,神宗赞其才思过人,于御屏上书:"政事何琬,文章叶涛。"授国子直讲,鄂州[①]左司理参军。宋熙宁七年二月,改任润州[②]教授兼金坛县令。宋熙宁九年,虞蕃讼起,叶涛受诸生茶纸免官。王安石罢相后闲居金陵。叶涛从润州赴金陵向王安石学文词,深受器重,并招为弟王安国之婿。叶涛赋《置洲田以诗言志》,赠王安石,王安石写《次韵叶致远》,回叶涛。叶涛赠诗苏轼,苏轼也多有次韵之作。宋元丰七年(1084)三月,苏轼、王安石、叶涛会晤金陵,交相唱和。宋元祐元年(1086),诏令复核太学案,平反复官,叶涛任太学正,升迁为博士。宋绍圣元年(1094),任秘书省正字,编修《神宗实录》,进秘书省校书郎。宋绍圣三年,知枢密院曾布建言哲宗,叶涛为左史、起居舍人、中书舍人。宋绍圣四年二月,朝廷追贬司马光、吕公著、王岩叟,责官吕大防、刘挚、苏辙、梁焘、范纯仁,都是叶涛作制词,文极丑诋。蔡京、蹇序辰弹劾安焘观文殿学士时,叶涛拒写诏书,并为安焘辩护。蔡京将叶涛列入元祐党籍,贬知光州[③],再贬惠州[④],改知明州[⑤]。叶涛据理申诉,又被给事中范镗弹劾,降知淮阳军[⑥],改知兴国军,贬为提举江宁府崇禧观。宋元符三年(1100)正月,叶涛任集贤殿修撰知江宁府[⑦]。曾布再奏,复为中书舍人。同年八月,叶涛又被斥为元祐党人而罢官。宋大观二年(1108)正月,徽宗大赦天下,曾布再引荐叶涛为给事中,后以龙图阁待制提举江宁崇禧观,染病卒于宋政和三年(1112)。著有《叶涛诗集》。

何执中

何执中(1044—1117),字伯通,龙泉上河人。少时家贫,刻苦学习,乡试中举。宋熙宁六年(1073),中进士。初任海盐知县,调任台州通判,处理"妖案滞狱"有功。调亳州[⑧]通判,革弊政,断滞狱,理政有才,大治景象。殿中侍御史蒋之奇巡治称赞何执中"一州六邑,赖有君耳!"宋绍圣四年(1097)六月,哲宗召何执中论对称旨,改承孝郎,任诸王府记室参军。宋元符元年(1098),改诸王府侍讲,授太学博士。宋建中靖国元年(1101),徽宗赵佶即位,执中曾任宝文阁待制,升为中书舍人、兵部侍郎、工部尚书、吏部尚书兼侍读,时"四选案籍,吏多藏于家,以舞文取贿。"何执中奏请吏部建立"库架阁",管理档案,"三省、六部"相继建立,杜绝档案贪赃。宋崇宁四年(1105)二月,升任尚书右仆射。宋崇宁五年,宋与夏交战,辽派使者来宋,何执中、张康国奏请加强战备,辽使见有军事防备,不

① 2010年称武昌区。
② 2010年称镇江市。
③ 2010年称潢川县。
④ 2010年称惠阳市。
⑤ 2010年称宁波市。
⑥ 2010年称淮阳市。
⑦ 2010年称南京市。
⑧ 2010年称亳县。

敢再提为夏求地，授何执中金紫光禄大夫。宋大观元年（1107）正月，任中书省侍郎，旋改门下省侍郎。宋大观三年六月，蔡京罢相，何执中为尚书左丞，徽宗称执中："高明而守正，纯厚而履常。才兼文武之优，学贯天人之颐。"引发朝廷官员不满。宋政和二年（1112）四月，蔡京复相，何执中为副相，因修《哲宗帝纪》有功，加封司空，对徽宗歌功颂德，加封少傅。宋政和三年四月，授太宰兼门下侍郎，赐白玉带。八月，进少师，封荣国公。执中迎顺帝意，粉饰太平，始终一致，不能自克。但重改作、惜人才、宽民力，戒边吏勿生事，居富贵而不忘贫贱。宋政和六年四月，以太傅致仕。宋政和七年十一月病卒。徽宗极哀，辍朝三日以示哀悼，赠太师、谥正献，并亲书墓碑"弼亮元儒潜藩旧德太宰正献何公之墓"。从京都开封运石人三尊、石马两尊、石狮两尊抵龙泉上河。宋宣和六年（1124），又追封执中为清源郡王。何执中对文学、书法、音律等均有造诣，著有《政和重修敕令格式》548册，《周易解》《论语讲义》《孝经解》等书。其《米芾多景楼诗跋》是珍藏墨宝。礼部员外郎陈上所撰《乐书》200卷，由何执中审定。

潘特竦

潘特竦（生卒年不详），字廷立，景宁鹤溪人。为人质实端重，存心仁厚。宋大观三年（1109），中进士，授国子学正。宋宣和年间（1119—1125），与秦桧同为学官，终日危坐读书，桧甚敬惮，尊之为兄，敬而怀嫉。秦桧掌政后，成为宰相的佐助，多所正救，辄有匡益之言。后升大理寺少卿，主管复审奏劾及疑狱大案，赏不徇所私，罚必当于理，宥恕刑狱，甚得民心。后任尚书右司员外郎，为朝廷草拟诰命，钦赐三品绯服、金线鱼袋，制诰褒其"以言顾其行云"。著有《辟雍赋》和《富川志》6卷。邑人曾为潘特竦建三世科名坊。

祝公明

祝公明（生年不详—1127），丽水官桥人。任河北太原府盂县[①]主簿。宋靖康元年（1126）九月，金兵南侵陷真定[②]，太原失守，继而进犯河东各州县。当金兵攻打盂县时，县令弃官逃跑，公明临危不惧，主持县事，率保甲兵卒，坚守逾年。后因粮草断绝，没有救兵，县城陷落，祝公明不屈而死。宋建炎年间（1127—1130），朝廷为祝公明谥"义烈"，赠承事郎。在丽水县城檡山建忠节祠供奉祝公明等忠烈守节之士。祀处州乡贤祠。青田石门洞月洞石床正面岩壁下方留有"祝公明、松茂山、作舟青园至"摩崖题刻。

陈汝锡

陈汝锡（1073—卒年不详），字师予（一作师禹），青田县城人。少时聪明好学，7岁能写诗文。宋绍圣四年（1097），中进士，为青田县中进士之始。宋元符年间（1098—1100），任兴国通山县尉，后调雍州[③]录事、太学博士、福建提举、江南提举。宋政和二年（1112），任虢州[④]通判，后转任南京敦崇寺主管、临江军丞、夔州路[⑤]通判、建州[⑥]武夷山通判、湖南路通判、直秘阁副使、江南团练使。陈汝锡请求回乡访

① 2010年属山西省曲阳县东北。

② 2010年称正定县。

③ 2010年称襄阳市。

④ 2010年属河南省灵宝市南。

⑤ 2010年称奉节县。

⑥ 2010年称建瓯市。

宗后，又起任鹤庆宫主管、两浙转运副使、江南路安抚使。宋建炎四年(1130)，临安[①]陷落，浙东一带局势危急，陈汝锡时任浙东安抚使，临危不惧，积极防御，安定时局，率师护送高宗赵构从明州[②]至会稽，知绍兴府。因政绩显著，刚正不阿，遭奸相秦桧嫉恨，被贬往安徽单州[③]团练副使。卒后追封中奉大夫。陈汝锡善诗文，著有《鹤溪集》12 卷和《鹤溪奏议》。

姜 绶 姜特立

姜绶(生卒年不详)，丽水人。宋宣和年间(1119—1125)，因征讨方腊义军有功，补为承节郎。宋靖康元年(1126)，金兵再次包围汴京[④]告急，内外消息隔绝，朝廷征募忠勇义士送蜡书到南京[⑤]总管司调兵援救。姜绶自告奋勇应募，授以忠翊郎，忍痛割股藏蜡书，于城墙南壁拴绳下放出城时，被金军巡逻骑兵抓获杀害。宋建炎年间(1127—1130)，处州府上报姜绶壮烈殉国的事迹，朝廷表彰他为“忠义”之臣。荫补其子姜特立为承信郎，乡人立忠节祠纪念。祀处州乡贤祠。

姜特立(1125—1205)，字邦杰，号南山老人，丽水人。承父姜绶荫恩补承信郎。宋淳熙年间(1174—1189)，任福建路兵马副都监。时海贼姜大獠在福建泉州活动于南沿海一带，姜特立以一战舟，身先士卒，擒获贼首。帅臣赵汝愚向朝廷举荐，孝宗召见。特立献自作诗百篇，授合门舍人、太子宫左右春坊兼皇孙平阳王伴读，得太子恩宠。宋绍熙元年(1190)，光宗赵淳即位，特立任知合门事，依仗光宗恩宠，无所忌惮，深为朝廷重臣反感。时留正为右丞相，弹劾姜特立受贿揽权。宋绍熙二年，特立被撤职离开朝廷到宫外领俸禄。后光宗念及特立，任他为浙东马步军副总管，赐行装钱2000 缗。宋绍熙四年五月，光宗召回朝廷。丞相留正劝谏光宗收回成命，光宗不予采纳。留正出城待罪，特立也不入朝。宋庆元元年(1195)，宁宗赵扩即位，特立任和州[⑥]防御使。宋庆元六年，再奉祠任庆远[⑦]节度使。卒后归为“佞幸”。姜特立诗有唐贤风格，意境特为超旷，往往自然流露，不事雕琢。他与陆游、杨万里、范成大、韩元吉等均有唱和。著有《梅山诗稿》6 卷、《梅山续稿》15 卷、《梅山小稿》1 卷。

章生一 章生二

章生一、章生二(生卒年不详)，龙泉琉田[⑧]人。生一所陶者为哥窑，以兄故也；生二所陶者为龙泉，以地名也，也称弟窑。均为中国古代名窑，产品以青瓷为主。哥窑是宋代五大名窑(官、哥、汝、定、钧)之一，所制产品，胎质坚实，薄如蛋壳，釉层丰厚饱满，釉色浓淡不一。淡白者称米色，稍浓者称豆绿。有断纹，号白圾碎。有时亦作鱼子纹，紫口铁足。其产品为朝廷所垄断，精品专供御用。弟窑所制产品继承龙泉传统风格，釉面无纹片，胎白或底足呈朱红，釉色青润如玉，在器物边缘或有棱线部位影露白痕。釉色以梅子青和粉青为极品，梅子青色如挂枝初梅，青翠碧绿，莹澈剔透；粉青色似淡

---

① 2010 年称杭州。
② 2010 年称宁波。
③ 2010 年称单县。
④ 2010 年称开封市。
⑤ 2010 年称商丘市。
⑥ 2010 年称和县。
⑦ 2010 年称宜州市。
⑧ 2010 年属龙泉市大窑村。

青湖水，柔和明净。其精品皆进贡朝廷。其时哥弟两窑产品，远销至日本、东南亚、印度、西亚各国和埃及、欧洲等地。

季陵

季陵（1081—1135），字延仲，龙泉宏山人。少孤，勤学。宋政和二年（1112），中进士。历任池州司法参军，庐州、颍州教授，转太学学正，三迁太学博士。因论学术邪正异同，被诬陷谪贬舒城知县。宋靖康元年（1126），任秘书郎。宋建炎元年（1127），随高宗赵构至扬州。宋建炎二年，任尚书右司员外郎、太常寺少卿。宋建炎三年，金人再次南侵，朝廷仪物尽弃，季陵奉命负九庙神主渡江，随赵构至杭州，任起居郎、中书舍人。同年六月，淫雨，诏求直言。季陵曰："金人累岁侵轶，生灵涂炭，怨气所积。"又说："将帅宦寺，权制中外。陛下当修德应天，裁抑群下。"高宗嘉纳。时张浚为川陕等路宣抚处置使，季陵上疏论其太专，违逆旨意，被罢为徽猷阁待制、太平知州，未行落职。宋建炎四年，范宗尹荐其才，季陵任临安知府，复任中书舍人。后又因附和范宗尹，为士论所非议，再次罢官，提举杭州洞霄宫。宋绍兴元年（1131），复任右文殿修撰、徽猷阁待制。绍兴三年，任广州知府，升任广南东路经略安抚使。时惠州有狂男子聚众作乱，季陵入境引诱其徒曾衮，令其以功赎罪，不到10天，就擒获。宋绍兴五年秋，提举江州①太平观，未任而卒，赠中大夫。祀处州乡贤祠。著有《白云文集》。

吴枢

吴枢（约1080—1138），字时发，龙泉松源乡大济②人。自幼刚强，好学不倦。宋政和二年（1112），吴枢与其兄吴兢同中进士，任嘉兴县令。吴枢亮直忠勇，以节概自许。宋靖康元年（1126），金兵进攻，围攻京师汴梁③，形势危急。钦宗下诏征募有胆识者为使，赴金议和。吴枢毅然应召，至金营长揖不拜，正色厉辞，痛斥彼等"侵我疆土，荼我生灵。"金人大怒，欲烧鼎烹之。吴枢面无惧色，竭力抗争，金主赞其忠勇，没有轻妄下手。羁留一年多。宋建炎二年（1128）遣放回宋。适值福建叶侬作乱，兵据福州，朝廷命吴枢前往招抚。叶侬素慕吴枢气节，甘受招抚，解甲纳降，声名更著，不久病故。徽州通判羊永德赞其"忆前人，千古常山舌。"比喻唐代常山太守颜杲卿的坚贞气节。墓葬松源猛虎山，邑人祀为乡贤。

沈晦

沈晦（1082—1139），字元用，吴兴人。宋宣和六年（1124），中进士，殿试廷对第一，中头名状元。徽宗赵佶曰："朕久闻晦名，今乃得之。"宴请时即兴作诗《赐状元沈晦》，嘱其"报国宜图效，跻时舜禹前"。授校书郎，升著作佐郎。正逢金兵南下，沈晦随皇弟肃王出质斡离不军。金兵占领汴京，沈晦返回朝廷任给事中。高宗即位，任集英殿修撰、信州④知州，后改任明州⑤知州。宋建炎三年（1129），由集英殿修撰出任处州知州，常到属县问俗劝耕，赋《初至松阳》诗。因酷爱松阳山水名胜，而徙居松阳，

---

① 2010年称九江市。

② 2010年属丽水市庆元县松源镇。

③ 2010年称开封市。

④ 2010年称上饶市。

⑤ 2010年称宁波市。

先居“衮魁坊”，俗称“状元坊”，再迁上方山，有见山亭、冷风台、梅花堆、垂云岩等名胜。沈晦在松阳作《百仞山》《竹客岭》《游竹溪》《上方山炼丹泉》《梅花墩》等诗。后任婺州[①]知州，提任徽猷阁待制，又因“妄用便宜指挥行事”，降为集英殿修撰、提举临安府洞霄宫，旋复任徽猷阁待制、宣州[②]知州、移建康[③]知州，任职一个月又被罢官。宋绍兴四年（1134）任镇江知州、两浙西路安抚使。积极抗金复国，曾建议朝廷用藩师之兵抵御金兵，乞促张俊兵援助韩世忠，孝宗不加采纳。沈晦再任提举临安洞霄宫，又任广西经略兼静江知州，在招募南弯和购马御敌中政绩卓著，任徽猷阁直学士，召赴皇帝住地。又任衢州知州，旋改潭州[④]知州，提举太平兴国宫。历任十九州知州，悉能保全名节。《宋史》评价：“晦胆气过人，不能尽循法度，贫时尤甚，故累致人言。然其当官才具，亦不可掩云。”辑有《三沈集》61 卷。《全唐词》有其《小重山》词一首。

吴安国

吴安国（生卒年不详），字镇卿，丽水人。宋宣和二年（1120），中进士，先在太学。徽宗奇其文，选拔第二，召入史馆，任考功郎中。朝廷想联合金人伐辽，以收复燕云失地，徽宗派遣吴安国以太常寺少卿出使金国充贺新年。至伴馆，金人背弃盟约，借故索粮略地，威胁其从议，安国毅然拒绝，正言厉色曰：“我首可得，我节不可夺，惟知竭诚死王事，王命乌敢辱！”金人不敢冒犯，遂被扣作人质 7 年，终不变节。宋靖康初年（1126）遣还。后任袁州[⑤]知州。卒于任上。祀处州乡贤祠。

潘 翼

潘翼（生卒年不详），字雄飞，号鹤溪，青田鹤溪人。自幼博览群书，精通诸子百家，对礼乐制度，经、传、笺、疏等颇有研究。通晓天文地理，著有《星图证验》《九域赋》，内容详尽，所载山川州里，都像亲历。潘翼精文字训诂研究，综括隐僻之字，补注韵书的遗漏，著有《补注韵略》。辨别《尔雅》《本草》中名物解释的错误。宋建炎年间（1127—1130），潘翼移居乐清，在家办学，教授学生。当地知名人士，登科中举者，大多出其门下，状元王十朋即其中之一。潘翼一生怀才不遇，晚年穷困潦倒，在乐清鹿岩宿僧房，但他立志办学，献身教育事业。著有《星图证验》3 卷，《九域赋》1 卷，《补注韵略》和《尔雅释》。

赵 奉

赵奉（1086—1151），字孟承，缙云云塘人。以神童参试，入太学，初任尚书郎。宋宣和三年（1121），补国子博士。宋靖康元年（1126）冬，金兵进攻，京师失守，徽、钦二帝被掳，令立张邦昌为帝，吏部尚书王时雍主持其事。赵奉率太学生发难，大骂王时雍“反贼，世受国恩，不思报国，反助纣为虐，何面目立于人世。”高宗即位，任国子司业。宋建炎二年（1128），任翰林洗马兼显谟阁待制，署学士、直学士。宋建炎三年春，朝廷派人至金议和，命赵奉起草议和文书。赵奉上疏严词拒绝：“重蹈议

① 2010 年称金华市。
② 2010 年称宣城市。
③ 2010 年称南京市。
④ 2010 年称长沙市。
⑤ 2010 年称宜春市。

和覆辙，自贻危亡，宁伏斧钺，不敢托墨以偷生。"宋绍兴七年(1137)，任兵部侍郎，真州①、和州②诸路招讨使。宋绍兴十一年，率部收复真州、和州，封太中大夫、真定郡公，总督真和诸路兵马。五月，宋高宗下诏群臣商议与金议和之事。赵奉连续上疏，极言不可议和。南宋朝廷以"莫须有"的罪名杀害坚持抗金的岳飞父子。赵奉营救无效，愤而辞归。死后谥"忠允"。著有《制诰奏议》《五云清唱》《风雅遗音》。

梁汝嘉

梁汝嘉(1096—1153)，字仲谟，丽水人。外祖父太宰何执中奏补登士郎，调中山府司议曹事。宋建炎初(1127)，任常州武进知县。宋建炎三年六月，金兵进攻，众官骇散，独汝嘉浚筑防守，升任常州通判州事，加直秘书阁。宋绍兴二年(1132)，任两浙转运判官，又升副使兼权临安府。时临安火灾、盗贼屡作，汝嘉乃修火政，严巡徼，盗贼敛迹，火灾亦息。宋绍兴三年七月，加直龙图阁，因称职，升徽猷阁待制，试户部侍郎兼临安知府。金人派使者来宋，宫殿梁柱破损，急需修理，高宗命汝嘉主持修葺，不久告成，上至宫室，下至营屯及百司官廨，区处悉有方，临安始成都邑。宋绍兴四年，升户部侍郎，代理户部尚书兼江、淮、荆、广经制使，仍兼临安知州。户部侍郎任上，朝议以国用不足，欲缩减州县养士余粮以助军需。汝嘉奏言："学校者，教化之源，不可一日废。"为朝廷采纳。梁汝嘉家邻郡学，曾捐地以建斋庐。宋绍兴六年，汝嘉随高宗临幸金陵③为都转运使。宋绍兴八年，随驾返京。金人来议和，枢密院编修胡铨上书得罪秦桧，秦桧将他革职放逐新州，梁汝嘉等六侍从同时上书说："虏情难测，后必背盟，礼不可过。"又言"责铨太重"。奏稿多出于汝嘉之手。汝嘉素善秦桧，为士大夫所薄，曾一度辞官，以宝文阁直学士提举太平观。宋绍兴十年，梁汝嘉任川陕都转运使。宋绍兴十一年，升宝文阁学士，高宗曾经密将"千字号"交给他，有所见闻勿拘远近，密封直送高宗。后任明州④、温州、宣州⑤、鼎州⑥知州。宋绍兴二十二年，以病请求辞官归里，以宝文阁学士、右通议大夫致仕。宋绍兴二十三年卒，追赠少师，封缙云郡公。祀处州乡贤祠。葬于松阳县惠洽乡之原。《宋史》评："汝嘉长于吏治，在临安风绩尤著"。

吴兢

吴兢(1082—1155)，字寅仲，龙泉松源乡大济⑦人。少聪颖。宋政和二年(1112)，中进士。初任乐清、海陵⑧县主簿。宋建炎元年(1127)，任江西会昌县令，适值金兵进攻，群盗蜂起，御营前将军杨勍兵败哗变，自浙东流入县境，杀县尉2人，城内无人防守，百姓惨遭屠掠。吴兢毅然亲往贼营，怒责滥杀无辜。贼怒，用利刃逼其屈从，孰料吴兢气节凛然，厉声道："我头可断，身不能屈。"并晓之以利害，终使彼等感悟，将所掠子女交给吴兢，愿受招抚。宣谕使刘大中奏兢忠勇，为其请功，闻于朝廷，升任

---

① 2010年称仪征市。
② 2010年称和县。
③ 2010年称南京市。
④ 2010年称宁波市。
⑤ 2010年称宣城市。
⑥ 2010年称常德市。
⑦ 2010年属庆元县松源镇。
⑧ 2010年称泰州市。

处州通判，调韶州[①]通判，升任新州知州。旋任朝仪大夫、朝散大夫。称循吏。卒于任内。县人感其德祀乡贤。

闾邱昕

闾邱昕（生年不详—1156），字逢辰，丽水人。受学于建州崇安胡文定门下。宋宣和六年（1124），中进士。宋绍兴元年（1131），授义乌县令，有政绩，荐任监察御史，后任给事中。宋绍兴九年五月，授中书门下省检正诸房事、吏部侍郎。宋绍兴十年二月，以敷文阁待制出任建州[②]知州。十二月，以敷文阁待制出任温州知州。温州郡丞姓薛，是秦桧亲党，秉承秦桧的密谕，制作漆器，闾邱昕持正不从，薛十分恼怒，讽谏秦桧贬退他。闾邱昕常恨权臣专政，与侍郎胡寅合撰《周易二五君臣论》（六十四卦各为之说），张栻为之作序，以排用事者。邱昕上奏朝廷将雁荡山承天寺改名能仁禅寺，福州鼓山寺高僧士珪奉敕主持能仁禅院。宋绍兴二十五年十二月，任洪州[③]知州。闾邱昕一生为官，从不增殖财产，甚至没有房屋居住。朝廷得知后，下诏赐给房子。宋绍兴二十六年八月乙酉，卒于洪州任上。处州知州马光祖在丽水县治南闾邱昕住地建祠，题匾"清风"。太常博士赵崇向朝廷请谥的《谥议》中说："孟子云，富贵不能淫，贫贱不能移，威武不能屈。此之谓大丈夫。今昕为言官、为给舍、为选部，以奖廉静，惜名器为先务，故不为权势所挠，真可无愧于大丈夫者矣。《谥法》，临官洁正曰清，壹德不懈曰简，请合二美以易昕名"。考功郎官洪勋撰《复议》中说："士有去百年而使人追慕，思所以表章，此其名节必有不可泯者。至如昕刚毅之气，不可夺也。请如太常议，奏谥清简。"郡人将闾邱昕祀处州乡贤祠，建"清简"石牌坊以示纪念。

鲍　彪

鲍彪（1091—卒年不详），字文虎，号潜翁、知命居士，缙云鲍村[④]人。自幼好学不倦，洽闻强记。宋建炎二年（1128），中进士，初授文林郎，后任秀州[⑤]判官，转毗陵[⑥]教授，重视州学的堂宇建设。任期届满后，调任严州[⑦]、郴州[⑧]、潮州[⑨]教授。致力学术研究，对唐代诗人杜甫诗作研究注释，著《杜诗注》，《四库全书》收有宋代郭知运编鲍彪等九家注释的《九家集注杜诗》。他更精于史学，对编自刘向、注自高诱的《战国策》，文字错漏，先后失次，注释讹误，鲍彪进行精辟的注解论述，著《战国策注》10卷，于宋绍兴十七年（1147）成书，收入《四库全书》。《四库全书总目提要》评鲍彪《战国策注》："独缙云鲍氏注为优。"鲍彪《"战国策注"自序》收入清光绪《处州府志》。宋绍兴二十五年，以太学博士改宣教郎，官至司封员外郎。宋绍兴三十年正月，鲍彪上章"请老"，同辈虞允文、洪迈等请求当朝宰相予以挽留，鲍彪去意已决。宋高宗下诏褒奖，"可特授左奉仪郎、守尚书司封员外郎，赐绯鱼袋致仕。"

① 2010年称韶关市。
② 2010年称建瓯市。
③ 2010年称南昌市。
④ 一说龙泉延庆乡安集里人。2010年称龙泉小梅镇黄南鲍家庄。
⑤ 2010年称嘉兴市。
⑥ 2010年称镇江市丹徒区。
⑦ 2010年称建德市。
⑧ 2010年称郴州市。
⑨ 2010年广东省潮州市一带。

墓葬龙泉查田苦竹源。

汤思退

汤思退(1117—1164),字进之,号湘水,又号敏斋,祖籍青田鹤溪,其曾祖迁龙泉西乡石笏。幼年曾在处州南明寺僧房读书。宋绍兴十五年(1145)中进士,初以右从政郎任建州①政和县令,后应殿试中博学宏词科第一名,任秘书省正字。因依附秦桧,宋绍兴二十五年六月,由礼部侍郎升端明殿学士,佥署枢密院事。十月,兼任参知政事。时秦桧病危,召见参知政事董德元和汤思退,嘱以后事,各赠黄金千两。德元"虑其以我为自外",不敢辞;思退"虑其以我期其死",不敢受。高宗以为思退不受金非桧朋党,遂信用之。宋绍兴二十六年,任知枢密院事。宋绍兴二十七六月,升任右通奉大夫、尚书右仆射同平章事。宋绍兴二十九年九月,晋升左仆射。宋绍兴三十年,金兵大举进攻,汤思退奉行秦桧投降政策,受主战派弹劾,被罢去相位,以观文殿大学士奉祠,提举江州太平兴国宫,依前特进封歧国公。辞归故里,游玩山川。宋绍兴隆兴元年(1163),张浚率兵北伐抗金,在符离失利,孝宗重新起用汤思退。七月,特进右仆射同平章事兼枢密使,封荣国公。十二月,授左仆射兼枢密使,进封庆国公,权重一时。适逢金再次挑起战事,大肆杀戮,思退力主议和,割让"四郡",且暗派孙造向金军私通情报。孝宗闻敌压境,命建康都统王彦等率兵抵抗,并命思退督江淮军,思退推辞。金兵自清河口渡过淮河,宋军节节败退。朝野群情激愤,强烈谴责思退撤兵议和之罪,被罢去相位,谪居永州。太学生张观等72人联名上书,痛斥思退等人奸邪误国之罪,请予斩首。思退去永州途中闻讯,忧惧而死。孝宗恋念前故,仍以进士积阶歧国公,敕葬丽水风化村后山腰。鹤溪西直弄汤山有墓葬,建崇山庵,鹤溪镇汤氏宗祠悬额"歧国公宗祠"。汤思退善书工画。著有《永祐陵迎奉录》10卷。

周　绾

周绾(生卒年不详),字彦约、次扬,号莲峰先生。遂昌大柘人。天资颖悟,17岁入太学。宋崇宁五年(1106),中进士。受朝廷信任,先后五次剖符持节出宰大藩。后召任国子监祭酒,主管国子监教学。调任吏部侍郎,权衡官吏选授、勋封、考课等政令。转任敷文阁待制,掌理宗、徽宗御制文集,参议朝政,解难释疑。出藩入从,60多年,始终以廉洁著名,曾得龙图阁学士王十朋的赞慕。敕葬遂昌十七都香严院后,祀乡贤祠。

陈嘉猷

陈嘉猷(1126—1181),字君谟,号献可,龙泉松源乡平岭岗村②人。自幼聪敏,日诵千言,属文有奇气。宋绍兴年间入神童科,世称"神童"。宋绍兴二十四年(1154),中进士,为翰林左春坊,掌制、诰、诏、令等撰述之事。累官至礼部尚书,执掌礼仪、祭享、贡举等职事。他为官公正,忠于职守,光明磊落,有经世济国的方略,朝廷士绅都敬重他,流传着"街谈夸幼慧,春宫就日崇"的口语。有《步龙泉邑令题济川桥》等诗存世。卒后墓葬竹口伏石岭下,平岭岗村留有旧宅与神童井,后裔迁福石坊与后窑陈,留有"神童故里"牌坊和"陈尚书祠"。

---

① 2010年称建瓯市。

② 2010年属庆元县。

陈　言

陈言(约1121—1190),字无择,青田鹤溪人。敏悟绝人,潜心医道,精于方脉,对症下药,治病立效,遇有不治之症,能预告结果。他根据临床实践,借鉴前人经验,探求医道要术,建立“三因极一”学说,研究受病之源,用药之法。宋绍兴三十一年(1161),著《依源指治》6卷。宋淳熙元年(1174),著《三因极一病源论粹》,《宋史》以《三因病源方》6卷载入。全书近24万字,18卷,分180门类,录医方1050多道,包括内、外、五官、妇、儿各科病症。被列为中华医典名著,备受推崇,医者宗之。清《四库全书总目》评论此书:“每类有论有方,文词典雅而理致简赅,非他家鄙俚冗杂之比”。对“三因”学说,汉代张仲景的《金匮要略》中提出,陈言在结合治疗的基础上加以阐明,成为一个完整的学说体系,从而大大发展张仲景的病因学理论,为后世病因理学的发展奠定基础。还著有《产育宝庆集方》2卷。宋绍熙元年(1190),卒于乐清塘口。

范成大

范成大(1126—1193),字致能,号石湖、石湖居士,吴郡①人。幼丧父母,苦读应考。宋绍兴二十四年(1154),中进士,任新安②掾吏,调徽州③司父参军。后洪适推荐入朝任户曹,监和剂局、圣政所检讨。宋隆兴元年(1163)任枢密院编修、秘书省正字、校书郎、著作佐郎。宋乾道二年(1166)任吏部员外郎。宋乾道三年十二月,任处州知州。创义役法,按家庭贫富,出钱买田,安排役次,以助当役者所需,实施“率钱助役”法,首先在松阳县实施,置田220公顷,然后处州六县皆仿效之,其后奏之朝廷,诏颁其法于诸路。见处州弃婴现象颇为严重,范成大上奏《论不举子疏》,学苏轼知密州,“盘量宽剩,得数百石,专储以养弃儿”,乞议减浙东丁钱,朝廷下诏递减,至宋乾道七年六月,处州免人口税。设立义仓,各县秋收时筹集稻谷,春借秋还,缓解春荒。出访古迹,大兴施修,浚污通塞,垒石筑防,置水闸49处,灌田1666.67公顷,立堰规19条刻于石,灌溉有序,管理有规,民食其利。修城南济川桥,旅涉称便。在府治南园建莲城堂、莺花亭,南明门外建知津亭。范成大在处州任上的奏疏有《论义役疏一》《论义役疏二》《乞议减浙东丁钱》《乞免处州丁盐绢》《论狱法疏》《乞招阅弓手》等。宋乾道五年五月,任礼部员外郎兼实录院检讨官。宋乾道六年,以起居郎假资政殿大学士使金,不畏强暴,几被杀,不辱而返。后任静江知州兼广南西道安抚使、四川制置使、升任吏部尚书拜参知政事。宋绍熙三年(1192),任太平知州,仅逾月即病归故里石湖。宋绍熙四年卒,赠少师,追封崇国公,谥文穆。范成大素有文名,诗、词、书、文兼擅,尤工于诗,以善写田园诗著名,与杨万里、陆游、尤袤称为南宋四大家。在处州留有诗作多首。还工书法,学黄庭坚、米芾,清劲遒丽,与陆游、朱熹、张即之称为南宋四大家。传世墨迹有《平政桥石刻》《通济堰碑》《与先之司门札》《中流一壶贴》《西塞渔社图卷跋》等。著有《石湖居士诗集》《石湖集》《揽辔录》《吴船录》《吴郡志》《桂海虞衡集》《范村菊谱》《范村梅谱》等。祀处州名宦祠

① 2010年称苏州市。
② 2010年称新安县。
③ 2010年安徽省歙县、休宁县、绩溪县、婺源县、祁门县一带。

蒋继周

蒋继周(1134—1194),字世修,青田垟心人。少年精于辞赋。七岁作《牧童诗》,“回首一声笛,斜阳遮半山”,至今脍炙人口。宋绍兴二十四年(1154),中进士,初任衢州常军节度判官厅公使。后入朝任校书郎、秘书郎兼国史院编修官,升任吏部郎官、直谏议大夫、御史中丞。任谏官五年,敢于犯颜直谏,曾劝谏孝宗警惕一人专权之弊;主张削减俸禄;不信佛书,禁绝僧尼道士入朝;体察民间疾苦,主张“通融赈民”,施行善政。孝宗称赞他“卿文大似陆贽”“尽公无私”,后官至礼部尚书。晚年寓居严州①。宋绍熙五年(1194)卒。光宗甚为悲痛,罢朝以表哀思。赠少师、光禄大夫、开国男,谥号文恭,入乡贤祠。墓葬青田石头村福延山。著有《中丞奏书》10卷、《礼记大义》7卷、《经筵讲义》5卷、《台许》2卷。

王　信

王信(约1135—1194),字诚之,丽水县城人。童年能文辞,壮年入太学。宋绍兴三十年(1160)中进士,第试中教官科,初任建康②府学教授。父死服孝回任,奏上所著《唐太宗论赞》《负薪论》,深得孝宗赞赏,特授太学博士,按例外派,任温州教授。时温州饥疫,王信主持赈救。宋淳熙初年(1174),任考功郎,秉公办事,不徇私情。母孝服满,出任永州③知州,入京奏事,留任将作少监,复考功郎官,转任军器少监兼右司郎官,升员外郎。四方有以疑狱来上者,王信反复披览,常至深夜。升左司员外郎。对士大夫“因循玩习,恬不为怪”之弊,积极建言献策,孝宗皆纳其言。王信兼任玉牒所检讨官、提领户部酒库,后任中书门下检正诸房文字。宋淳熙十一年,任太常少卿兼权中书舍人。曾以礼部尚书名义出使金国,金人惊叹其箭术精湛;王信深得米芾书艺,金人得之以宝。后任给事中。王信遇事刚果,论奏不避权要,招来不少人嫉恨,主动要求去职,任崇福宫提举。宋绍熙元年(1190),任湖州知州,升集英殿修撰、绍兴知州兼浙东安抚使。山阴县境内狭猕湖水害为患,他组织开渠筑坝,创启斗门,引水入海;改泽地为良田,百姓歌唱:“湖水溢,大田失;湖可耕,民以生。”改狭猕湖为王公湖,并为王信立祠绘像。王信在绍兴置义田,以养民之无子嗣者;立义冢,以资民之无以葬者。在家乡又捐己田助学养士。宋绍熙三年,任焕章阁待制、鄂州④知州,主修《武昌志》30卷,后改池州知州,未到任因病辞退,以通议大夫致仕。故居丽水城内宋衙基,宅东新意山建花园,改名囿山,有山堂庙、圭山台。著有《是斋集》行世。宋绍熙五年卒,墓葬丽水大港头坪地村后堰山南麓,有石人、石马、石羊、石虎等石雕。祀处州乡贤祠、五贤寺。1959年,因建瓯江电站,陵墓中发掘出洪迈撰序并书《王给事墓志铭》石碑,存于温州博物馆。

陈　葵

陈葵(1139—1194),字叔向,青田石盖人。自少笃学,至老不倦。曾任莆田主簿,拘捕偷盗的军尉,陈葵说:“彼罪且死,而吾利之也。”囊山寺僧送他60石米,他命差役将他们赶出衙门。后任婺州⑤

① 2010年称建德市。
② 2010年称南京市。
③ 2010年称醴陵市。
④ 2010年称武昌区。
⑤ 2010年称金华市。

教授，积钱米为学生买书，学校办得有起色，被调朝廷宗学南外睦宗宅任教。适遇原丞相赵汝愚出任福州知州，陈葵直言他未甚知“道旨”，劝以“崇钦饰游”为戒。赵汝愚规劝，荐陈葵为审察官，授淮南运干，负责运输金银帛绢纳贡金国。宋绍兴三十一年(1161)金主完颜亮去世，金人逼他服丧戴孝，参加吊唁，他断然拒绝，坚贞不屈。宋隆兴元年(1163)中进士，后任平阳知县，居官廉洁。拜魏益之为师，教他“尽弃所怀，独立于物之表”。陈葵大悟，治学更注重实际，与叶适相似。认为吕祖谦“诵书徒多”，朱熹“修方不疗时政”，今人所谓悟者，无非是些空谈性命，无益于世的空谈家。他说：“仁必有方，道必有等，未有一造而尽获也；一造而尽获，佛氏之妄也。”朱熹推崇他的治学态度，写信对儿子说：“过青田不可不见陈叔向。”清代黄宗羲在《宋元学案》中把他归入陆九渊学派，但又认为他“有异于其师者。”宋绍熙五年(1194)，卒于平阳知县任上。葬于永嘉三洲台湖山，入祀青田乡贤祠。叶适作《陈叔向墓志铭》，称其“励志勇猛”，具有“吉人良士之实”。

梁安世

梁安世(1136—1195)，字次张，号远堂，丽水梁村人。天资聪敏，读书过目能诵。宋绍兴二十四年(1154)，中进士，初授湖南衡山知县。宋淳熙四年(1177)，任大农丞、韶州①知州。五年，回栝苍刻刘安世《尽言集》13卷。宋淳熙六年，升任广南西路转运使，治所广西桂林。他游遍桂林山水，留下不少摩崖题记。如宋淳熙七年题《西江月·七星岩》、宋淳熙八年夏至作《乳床赋》。摩崖题记刻于城东普陀山留春岩。桂林弹子岩题有《弹子岩题记》摩崖石刻。离任后改提点刑狱公事。梁安世诗追从苏轼，风格豪迈。左丞相周必大称其“义高词古，深得欧、苏二文忠遗意”。《全宋诗》录梁安世诗8首，《全宋词》录词1首。著有《远堂集》。卒后墓葬丽水梁村西山坡上。

叶　宏

叶宏(约1131—1200)，字梦祥，丽水高溪村人。为人倜傥，莅官明敏。宋乾道八年(1172)中进士。向朝廷上疏沧州县征赋及军官黜陟之弊，宋孝宗采纳，任武学博士。叶宏要求朝廷增加武学生员，以备他日战争之用。孝宗以历代兵书传抄多有错误，取出禁本11家注《孙子兵法》，诏叶宏翦繁撮要，编成善本。书成之后，孝宗赐给银绢，升国子监丞出任均州②知州，因得罪上司而去职。不久，任大理寺丞，擢升太府少卿，总领淮西军饷7年。宋淳熙七年(1180)十月，孝宗特命叶宏为大使，北上与金国修好。到保定安肃③时，因马蹶蹄，摔伤叶宏臂膀。副使见他受伤，唯恐示弱金国。叶宏说：“苟君命不委于草莽，虽以尸将事可也。彼折臂三公何人，若乃弱示我乎。”邦交礼仪圆满完成。回朝之后，拿出朝廷赐给他的礼物犒赏军队，军务管理有条。后被流言蜚语中伤，请求辞归故里。宋庆元元年(1195)，因熟悉军事，任楚州④知州，叶宏安民有方，淮河流域方圆千里平安无惊。任加直敷文阁、福建转运副使。任命刚下，叶宏病卒，葬丽水大杉源山。

① 2010年称韶关市。
② 2010年称丹江口市。
③ 2010年称徐水县。
④ 2010年称淮安市。

张贵谟

张贵谟（生卒年不详），字子智，号兑谷，遂昌北隅[①]人。宋乾道五年（1169），中进士。初任吴县主簿、抚州教授、江山知县。任江山知县时，适值大旱歉收，百姓饥饿，遂减免田赋十分之八。知州怒斥其擅权，贵谟力陈其害，终被说服减赋。宋绍熙元年（1190），光宗即位，贵谟用匣子上万言疏，力陈民力已穷，邦本不固，凡苛敛之繁，皆宜罢去，以广维新之泽。后任朝奉郎，论对时连出三札，奏民间疾苦18条，光宗采纳。宋绍熙三年，任太常寺主簿。宋绍熙五年，任司农丞，转朝散郎。因论及变革与弊政，冒犯权臣。同年西浙旱灾，百姓举事，时宰相借机派他出任常州[②]知州，主持赈灾，措施得宜。宋庆元元年（1195），转任朝奉大夫，继任吏部员外郎、升郎中、枢密院检详诸房文字等官。宋庆元二年九月，出使金国贺正旦，得知金国内部政见不一，奏请宁宗作内修外攘之备，并提出时弊20多条。因得宁宗信任，转任朝散大夫。时值皇帝郊祀，贵谟奏称“向时郊祀，例有刑赦，此乃小人侥幸机会，不可常行。”宁宗准奏，后遭烦言。宋嘉泰年间（1201—1204），贵谟由直敷文阁出任靖江知州。后奉祠归里，转朝议大夫，特封遂昌县开国男，食邑300户。著有《九经图述》、《诗说韵略补遗》、《石棋子赋》、《诗说》30卷、《泮林讲义》3卷、《临汝图志》15卷。

叶翥

叶翥（生卒年未详），字叔羽，青田鹤溪人。宋绍兴二十四年（1154），中进士。宋乾道九年（1173）任司农寺丞，出卖浙东西路官田。后任户部长贰、吏部尚书。时会稽郡赋税奇重，民甚苦之。叶翥奏准减免绢3万余匹，民得稍宽。宋庆元二年（1196），追随韩侂胄指道学为伪学，上言“其有旧习不改，则坐学官、提学司之罪。”自吏部尚书任端明殿学士、签书枢密院事。宋庆元四年，任同知枢密院事。后以观文殿学士辞官，赐爵卫国公。

王光祖

王光祖（生卒年不详），字文季，松阳人。精于理学，官至大理评事。朱熹任浙东提举学事时，1次在松阳县福安寺讲学，偶然与王光祖相遇。光祖拱立，规掌如太极状。朱熹曰：“王子胸中自有太极。”因志向相同，遂结为至交，经常传授询问。光祖说：“公注《中庸》，不使滋长于隐微之中，愚意当加‘潜暗’二字。”朱熹非常同意。以后常有诗文往来。朱熹曾在《寄孙竹湖书》中说：“吾到栝，止得士友王文季一人而已”。

胡纮

胡纮（1137—1204），字应期，龙泉松源乡坑西村人[③]。博学强记，才华出众。宋隆兴元年（1163）中进士，深得朝廷大臣京镗器重。宋绍熙五年（1194），由京镗举荐监都进奏院，任司农寺主簿、秘书郎。枢密都承旨韩侂胄利用胡纮与朱熹、赵汝愚间矛盾，擢升胡纮任监察御史。宋庆元元年（1195）11

---

① 2010年称北街。

② 2010年称常州市。

③ 2010年属庆元县。《宋史》作遂昌人。

月，胡纮劾左丞相范汝愚且诋其用朱熹为伪学罪首，将赵汝愚贬谪永州。遭搢绅大夫与夫学校之士的愤悒，上疏的很多，侂胄将汝愚及朱熹之门徒皆以伪学之名排斥，大兴“庆元党禁”。胡纮擢升任太常寺少卿、起居舍人、起居郎、工部侍郎、礼部侍郎、吏部侍郎。宋庆元三年，因松源离县治龙泉太远，殊多不便，人民请求建县，知州上书朝廷，胡纮亦具奏章极力支持，同年十一月，宁宗诏令准予建县，并赐以年号“庆元”为县名。宋嘉泰元年(1201)，因“坐同知贡举、考宏词不当而罢”，回乡后不久病故。墓葬庆元和山村旁。

吴崇岳

吴崇岳(1120—1204)，龙泉人。23 岁，受戒于龙泉白象山麓天明寺①，初受教灵石妙禅师，在余杭径山能仁禅寺谒见大慧杲神师，后到南京蒋山②庆庵华公处钻研佛经。宋隆兴二年(1164)至福建，就教乾元木庵永禅师。次年在衢州西山会见密宗禅师，深得器重，确认已领悟南禅临济禅宗黄(龙)、杨(岐)两派的顿悟真谛，被引荐到杭州灵隐寺，任正堂第一讲座，旋到平江③澄照寺为密宗第 36 代传人。此后潜心佛学。宋庆元三年(1197)任灵隐寺住持。圆寂后于杭州北高峰建塔，陆游作《岳禅师塔铭》，记其功德。

郑汝谐

郑汝谐(1126—1205)，字舜举，号东谷居士，青田人。自幼勤奋好学，通晓五经，权衡诸史。宋绍兴二十七年(1157)进士。宋乾道四年(1168)，任两浙转运判官。时浙东一带连年干旱、饥荒，汝谐体察民情，救灾扶贫，颇有政绩。继任江西转运副使，曾劾奏袁州④知州黄邵不肯离任，用公款为其母大办丧事，降职一级处分。升大理寺少卿。适逢陈亮因反对和议，力主抗金而遭陷害入狱，有被满门抄斩之危。汝谐受理此案，据理力奏光宗，冤案得以平反。不久升任吏部侍郎。宋淳熙十二年(1185)任信州⑤知州，与当时遭贬闲居信州的原隆兴⑥知州兼任江西安抚使的辛弃疾结为知交，常有诗词唱和，相互鼓励。次年，汝谐调任考功员外郎，辛弃疾写《满江红·送信守郑舜举被召》词相送。后经丞相洪迈推荐，任宗正少卿兼右文殿修撰。宋绍熙三年(1192)九月，遣郑汝谐偕子郑如冈以国信使金，面折强敌，不辱使命荣归。不久升徽猷阁待制。于乡多善举。时青田居民多以茅草、芦苇盖屋，故火灾极易发生，他主张“造瓦易茅”。宋庆元元年(1195)，汝谐告老还乡，处州知州赵善坚，决定将青田县上缴的木材税收返还，用作造瓦易茅之资，屋宇为之一新，火灾之患顿为锐减。宋庆元二年，又倡议将城西水碓坑木桥改造为石桥，定名永济桥。并在城东创建介石书院。宋开禧元年(1205)卒，敕葬青田海口山，赠谥开国伯，祀处州乡贤祠。汝谐工诗文，撰《东谷集》诗 10 卷，著有《东谷易翼传》2 卷、《论语意源》3 卷，收入《四库全书》。青田县城花园岗后山腰留有摩崖“先圣坛”篆字题记。

---

① 又称天铭寺，2010 年属庆元县。
② 2010 年江苏省南京市钟山。
③ 2010 年称苏州市。
④ 2010 年称宜春市。
⑤ 2010 年称上饶市。
⑥ 2010 年称南昌市。

赵希怿

赵希怿（1154—1212），字叔和，宋太祖九世孙。宋宗室南迁，其祖父赵伯仁移居青田新寺巷。宋淳熙十四年（1187），中进士。原右丞相赵汝愚出任福州知州时，希怿为属吏，深得赵汝愚赞赏，推荐他到抗金将领、爱国词人辛弃疾属下谋职，赵希怿与他志趣相投，尽所欲言，略无忌避，结为至交。后希怿出任信州①知州，各县积欠数万，全数减免，郡计也无缺。擢升江西节度使，曾以计谋降服黑风峒贼寇；时值荒年，百姓大饥，希怿就地开仓粜米，赈济饥民，百姓感激。后官至端明殿学士、昭信军节度使、开府仪同三司等职。赵希怿俭朴平和，怜惜百姓，乐于施舍，凡能力所及者无不助之，颇得民心。卒后赠少保，追封成国公，赐谥正惠。希怿次子赵与愿，召为宋宁宗赵扩继子，圣旨到达青田时，希怿一家迎宝幢，导出宝幢街名，后人建“璇源流庆”圣旨门坊。赐赵与愿名曮，封荣王。宋开禧三年（1207），立为皇子，改名帱。宋嘉定二年（1109）八月，立为皇太子，改名赵询。宋嘉定三年（1210）薨，谥号景献。

吴　三

吴三（1130—1208），又名吴昱，排行第三，被菇民尊称吴三公，是世界人工栽培香菇的创始人。龙泉东乡龙岩②人。世代以栽培香菇谋生，创造出“砍花”“惊蕈”法。庆元、龙泉、景宁一带菇民争相仿效，香菇产量剧增，群众视为菇神。《吴氏宗谱》载：“吴三公一门父子昆仲，修真归道，法力无边，护国救民，降龙伏虎，辅降生童，能占过及未来，天下人感公泽莫胜焉，至今迹镇西洋，法力时时遍施于天下者也。”明万历三年（1575），神宗敕封为判府相公。清光绪元年（1875），龙、庆、景三县菇民集资重建松源殿，塑吴三公像，供奉香火。龙泉有凤阳山神庙、下田神庙，景宁有英川菇神庙等，供奉吴三公。香菇发源地龙岩村，建有吴三公祠。

项安世

项安世（1129—1208），字平父，亦作平甫，松阳项村人，后居江陵③。7 岁能吟诗，人目之为神童。宋淳熙二年（1175），中进士，授绍兴教授，时朱熹任浙东提举学事，相与讲论义理之学。经朱熹荐为谏官。光宗时任秘书省正字、校书郎。宁宗即位，下诏求言，安世上疏，揭露税赋增加，百姓负担过重，以及朝廷上下奢侈浪费之风。主张屯田养兵，节省军费。建议节约宫廷费用，直言“陛下肯省则省之，宫中既省，则外廷之官吏，四方之州县，从风而省，奔走不暇，简朴成风，民志坚定，民生日厚，虽有水旱虫蝗之灾，可活也；国力日壮，虽有夷狄盗贼之变，可为也。”时值“庆元党禁”，赵汝愚、周必大、朱熹、彭龟年等 59 人分批贬逐。安世奏疏：“臣愿陛下谨守纪纲，毋忽公议，复留朱熹，使辅圣学，则人主无失，公议尚存。”奏疏又被扣留。宋庆元元年（1195），安世贬为重庆通判，还未上任，又以“庆元党禁”谪居江陵。宋开禧二年（1206）复起，任鄂州④知州，后调任户部员外郎、湖广总领。时金兵大举围攻德安⑤，形势危急，诸将惊慌失措，安世当机立断，不等朝廷命令，立即派兵解围，升任代理京湖宣

① 2010 年称上饶市。
② 2010 年属庆元县。
③ 2010 年称江陵县。
④ 2010 年称武汉市。
⑤ 2010 年称安陆县。

抚使，升太府寺卿。后安世因出于泄私愤，在大别寺斩杀吴猎幕僚王度，再次被罢官。不久复以直龙图阁学士出任湖南转运判官，未赴任，潜心治学。嘉定元年（1208）卒。祀处州乡贤祠。著有《周易玩辞》16卷、《平庵悔稿》14卷、《诗解》20卷、《丙辰悔稿》1卷、《项氏家说》10卷、《毛诗前说》《中庸说》《孝经说》《周礼丘乘图说》各1卷。

章良能

章良能（生年不详—1214），字达之，丽水人，后迁居湖州吴兴。宋淳熙五年（1178），中进士。宋庆元元年（1195）二月，任枢密院编修。宋庆元六年二月，以枢密院编修兼实录院检讨。十月，任著作佐郎。宋嘉泰元年（1201）九月，提任起居舍人，主修《起居注》。看到考场弊病，向主司提议并得到朝廷重视。宋嘉泰四年，下诏："自今碍格、不碍格人试于漕司者，分院异题，永为定制。"后被司谏宇文绍节指责为宰相谢深甫同党，外放泉州知州。宋开禧二年（1206），任宗正少卿。五月，外放江南东路转运判官。宋开禧三年，任兵部侍郎兼同修国史、实录院同修撰。同年十二月，调礼部侍郎兼侍讲和修玉牒官。时韩侂胄抗金失败，与金议和，金人欲求韩侂胄函首，朝议时大小官员都力主赍送，只有章良能认为此举有辱国体，抗词力争。宋嘉定元年（1208）五月，任吏部侍郎，不久擢升御史中丞兼侍读，良能上奏两淮屯田事："窃惟今之经理两淮，独有屯田一事，若使行之，可以富国、可以强兵、可以宽裕民力。"宁宗皆从其请。原来指责章良能为丞相谢深甫同党的宇文绍节，分配到其手下任佥书枢密院，因心存疑惧，不敢赴任。良能疏言："公论出一时之见，臣岂敢以报私憾。"两人尽释前嫌。不久，良能任中大夫、同知枢密院事，曾向宁宗提出请辞，宁宗下不允诏："发卿所蕴，助朕有为。"宋嘉定六年四月，自同知枢密院事任参知政事，不久，兼太子宾客、连升太中大夫、通议大夫。次年正月，卒于任所，赐谥文庄。良能在闲暇之余，写些小词，著有《嘉林集》100卷。《小重山》收录于《宋词三百首》。

何 澹

何澹（1146—1219），字自然，号小山，龙泉豫章村人。18岁入太学。宋乾道二年（1166），中进士，礼部第二，授秘书省正字、武学谕、校书郎、著作郎、国史编修、《实录》检讨官、秘书省丞等职，兼任光宗小学教授、宁宗王府教授。宋淳熙十二年（1185）任将作少监、国子司业、国子祭酒。宋淳熙十五年十一月，代兵部侍郎，出使金国贺金主生辰。宋淳熙十六年四月回宋，升任右谏议大夫。宋绍熙元年（1190）三月，何澹任同知贡举，主持贡院科举考试。同年四月，何澹以焕章阁学士任御史中丞。右丞相赵汝愚是道学首领，与何澹不合。宋绍熙四年，何澹母孝三年复职，赵汝愚将他外放泉州[①]、明州[②]知州，何澹大为不满。宋庆元元年（1195），宁宗即位，何澹任太中大夫，再次弹劾赵汝愚，罢观文殿学士，改任临安洞霄宫提举。同年七月，何澹复任御史中丞，再上书斥赵汝愚伪学，宁宗赞许，张榜朝堂，立"庆元党禁"，将赵汝愚、朱熹、叶适、彭龟年等59人调出朝廷。宋庆元二年，何澹任同知枢密院事、参知政事。宋庆元六年，授金紫光禄大夫、同知枢密院事兼参知政事。宋嘉泰元年（1201）七月，侂胄罢何澹知枢密院事兼参知政事，授资政殿大学士出任太平知州。不久，又以观文殿学士任福州知州、隆兴[③]知州。宋开禧元年（1205），又以母老养亲，授提举杭州洞霄宫。宋开禧三年，韩侂胄出兵伐

① 2010年称泉州市。
② 2010年称宁波市。
③ 2010年称南昌市。

金，兵败受诛。宋嘉定元年（1208）三月，宋王朝向金求和，遣散忠义兵归农。八月，何澹任建康[①]知州兼江淮制置大使，奏请从遣散洪州[②]兵中，调 3000 人到处州疏浚通济堰，改木筱为石坝。又在丽水保定村修筑洪塘，蓄水 10 多万方，灌溉农田 133.33 余公顷。后定居丽水玉溪，在碧湖资福建灵鹫寺，在县城山上建万象楼，故称万象山。宋嘉定十二年 12 月病卒。宁宗闻讣，停止上朝一日，以示哀悼。赠少师。墓葬丽水凤凰山之东。著有《历代备览》2 卷、《小山杂著》8 卷，《小山集》录入《永乐大典》，《笑林》3 卷，《全宋词》录何澹词作 5 首。何澹书《应星楼碑》拓片尚存。

叶绍翁

叶绍翁（1169—1239），字嗣宗，号靖逸，龙泉人。祖籍浦城，原姓李，祖父李颖士曾任刑部郎中，后因丞相赵鼎反对议和受秦桧诬陷一案牵累被贬谪，家业衰落，绍翁少时即给龙泉叶姓为子。宋光宗至宁宗期间，曾任朝廷小官，其学以朱熹为宗，与参知政事兼侍读真德秀同游，则非攀援门户者。所著《四朝闻见录》，分甲、乙、丙、丁、戊 5 集，记述南宋高宗、孝宗、光宗、宁宗四朝轶闻趣事，各有标题，不分时代先后，丁集载宁宗受禅和庆元党争，记 197 事，收入《四库全书》，可补正史之不足。绍翁工诗，多是描写山林景物和酬赠朋友之作，语言清新，意境高远，属江湖派风格，著有《靖逸小稿》《靖逸小稿补遗》，其中七绝《游园不值》诗云："应怜屐齿印苍苔，小扣紫扉久不开。春色满园关不住，一枝红杏出墙来。"古今传诵。晚年隐居钱塘西湖之滨，与葛天民酬唱。《宋诗三百首》录其七绝 3 首。

叶大庆

叶大庆（约 1174—1224），字荣甫，龙泉人。少时入县学，弱冠进京师国子学。宋开禧元年（1205），中进士。授建州[③]州学教授。上自六经诸史，下逮当朝名家，著述无所不谙，并以辞赋知名于时。对诸生授业解惑，发现疑义处即严加考订，辨讹纠谬，议论精确，说理透辟，深受学生爱戴。晚年，身患痼疾，杜门辞教，将数十年之教学笔记，整理成《考古质疑》一书。内容涉及历朝史实、典章制度、文字训诂、诗词文章，而以考证史实为多。卒后，建州郡丞叶武子慷慨解囊，将《考古质疑》付梓，宋宝庆二年（1226）问世，收入《永乐大典》。

郑克宽

郑克宽（1160—1235），字伯厚，遂昌航头[④]人。在松阳读书时，学习朱熹理学。宋庆元元年（1195），以《春秋》中两浙魁。宋开禧元年（1205）乙丑科榜眼，选授严陵郡博士，积阶至朝议大夫，调绍兴府三江盐官、澧阳县丞、义乌知县、枣阳通判，擢均州通判司。在均州通判司任内，檄赈房州饥荒，朝廷录功，命知州军。以疾辞官，归里奉祠，居室讲道育德，粗茶淡饭自乐。宋端平二年（1235）卒。太常少卿兼直学士高梦月撰《墓志铭》云："公有舒、向之学而不一造经纬，有迁、固之才而不得一入史馆，有燕、许之笔而不得一待宫廷。顾使辍函牛之鼎以烹鲜，执刲犀之利以剃蓬。官不称能，位不酬德，惜哉！"

① 2010 年称南京市。
② 2010 年称九江市。
③ 2010 年称建瓯市。
④ 2010 年称二都街村。

尹起莘　尹廷高

尹起莘（生卒年不详，约生活在宋宁宗至理宗时期），字耕道，号尧庵，遂昌大柘庄人。从小酷爱读书，尤喜研究历史，学问渊博，隐居不仕，专事写作。起莘有感于治乱兴亡之变，以朱熹《资治通鉴纲目》为本，著《资治通鉴纲目发明》59卷。端明殿学士、同签书枢密院事魏了翁作序曰："三晋之事直据史记为自相推立，实未当请命于周。曹操篡于汉末，实未尝畏名义而敢于篡汉。深得文公秉笔之意。"《资治通鉴纲目》卷帙浩繁，阅读费事。《资治通鉴纲目发明》提纲挈要，利于师学，深受历代名流推崇，被列为内府善本，明清两代均有刊本。祀处州乡贤祠，明万历初在遂昌学宫旁建尹祠，祀宋处士尹起莘。

尹廷高（1254—卒年不详），字仲明，号六峰，遂昌大柘庄人，与尹起莘同宗同村。廷高避乱，流寓异乡，游历20年，始返故里，在南坞①建吟庐"耕云寮"。才学出众，尤以能诗著称。元大德十年（1306），任处州路儒学教授。元至大二年（1309），在永嘉掌教。元皇庆二年（1313）秩满至京，不久回归故里，在遂昌玉井峰下建"会一堂"隐居。凿玉井、创耕云寮，日以诗酒自娱。《西湖诗词选》录其《苏堤春晓》《双峰插云》《柳浪闻莺》《花港观鱼》《曲院风荷》《三潭印月》《雷峰夕照》等七绝7首。著有《玉井樵唱集》《玉井樵唱续集》，入《四库全书》。《四库全书总目提要》评："其诗气格不甚超拔而神思清隽，尚能不染俗气。晚年与虞集友善，为题其邵、陶二庵，亦可见其气类之相合矣。"

蔡仲龙

蔡仲龙（生卒年不详），字子奇，丽水曳岭脚人。宋嘉定十六年（1223），中进士及第第二（榜眼），时逢状元蒋重诊病故，宁宗下诏《赐升状元蔡仲龙敕》，擢升蔡仲龙为状元。仲龙为人做事平实，不喜欢高谈阔论。处州知州欲将州治迁移，仲龙劝说："苟无大故，不必变置。"知州认为他有见识。宋端平二年（1235）十月，授秘书丞，迁著作郎，以大理少卿出任信州②知州，后升端明殿学士。宋淳祐三年（1243）六月，仲龙谏言："创建小学，须早为权宜之计，以系天下之心。"又言："本朝用刑平恕，而未享继嗣之庆，竟宦官太多。仁宗嘉祐中，诏内臣权罢进养子，宜取法行之。"朝廷赐建"状元"石牌坊。卒后墓葬丽水官桥村。

何　琮

何琮（生卒年不详），字宗玉，松阳人。宋开禧元年（1205）中进士。初授江西安福县主簿。到任伊始，在门屏上书"俸薄俭自足，官廉贫亦安。"后入朝任左正言，转殿中御史。先此，台谏骎为宰相私人，有弹劾，先进副封。独琮守古法，斥贪逐佞，多合清议，与右相史弥远意见相忤，改为起居舍人，后又出任福建转运副使。宋端平年间（1234—1236），召入为户部侍郎。

俞文豹

俞文豹（约1185—1259），字文蔚，号堪隐，丽水人，曾任湖北蕲春教谕。宋嘉泰年间（1201—1204）离开丽水。宋淳祐三年（1243）自叙："余以文字之缘，漫浪江湖者四十年，今乃倦游，索居京国。"一生

① 2010年遂昌县三仁乡吴坞村。

② 2010年称上饶市。

从事著作。著有《吹剑录》《吹剑录外集》《吹剑续录》《清夜录》《唾玉集》《古今艺苑谈概》12卷。《吹剑录》《吹剑录外集》等入《四库全书》。《吹剑录外集》四库提要："盖其晚年之所作，故学问既深，言多醇正，其记道学党禁始末甚详。"20世纪50年代，张宗祥集俞文豹吹剑录著作汇编《吹剑录全编》。

王梦松

王梦松（1185~1272），字曼卿，青田浮翼人。笃志好学，淹贯六经诸子百家。曾说："学以躬行为本，徒知无益也。"指孟子四端，即舜禹道心之微。每于此心萌动处下功夫，主敬以存养之。题座右铭云："常行细务无非学，把住初心便是人。"师事温州叶味道，尽领理学宗旨。隐居不仕，教授门徒，登门求教者甚多，造就不少学有成就的人才。余学古以《礼》抡魁，子述以《礼》太学上舍。著有《论语解》10卷、《学庸解》5卷、《孟子解》7卷、《易解》13卷、《书解》10卷、《礼记解》5卷、《杂著》20卷。当时学者尊称为顺斋先生。祀处州乡贤祠。

赵必瞻

赵必瞻（1230~1276），字子慕，缙云云塘人。宋咸淳元年（1265），中进士，官至中书舍人。朝廷受命为通问使，出使蒙古。途经故都汴梁[①]作《黍离吟》，悲歌慷慨。至蒙古被扣留，令其臣服，必瞻回答："吾首可斩，吾志必不可夺。"羁留期间作《羁留自述》诗云："终同刘敬返，暂作子卿留。"宋德祐二年（1276）三月，必瞻被杀，临刑赋诗："生平许国惭无补，化作东风扫虏尘。"朝廷追封为忠烈大夫，丞相陈宜中为之作传。著有《黍离吟》。

季文龙

季文龙（生年不详~1277），字希夔，青田季宅人。父季东，曾任知府。文龙行伍出身，曾任福建镇台。元至元十四年（1277），文龙受文天祥、陆秀夫感召，与章焱在福建率张世杰旧部淮军抗元，自称两浙安抚使，丽水、龙泉、青田、庆元、缙云、遂昌、松阳响应。义军攻入处州城，占领天庆观，杀死赵知州。元怀远大将军、处州路总管府达鲁花赤赵贲亨急调大军，蒙古骑兵300人，陈兵府城东南厦河门外。季文龙出城迎战，元军骑兵急速冲杀入城，义军不敌，突围而出，州城复陷。季文龙在大溪南集结队伍，以图再战。时章焱正举兵南下温州，攻克瑞安城，闻讯，急忙带领两万数千人与文龙会合，再次攻城，与元军激战于好溪南岸。赵贲亨分兵拒守，元万户忽都台派兵增援，文龙战败溺死，墓葬青田良川松渠口。

赵顺孙

赵顺孙（1215~1277），字和仲，号格庵，缙云云塘人。出生儒学世家，8岁能诵解九经。宋嘉定十五年（1222），赐童子出身，勤奋苦读30年，春秋两试于省、礼部，皆名列榜首。宋淳祐十年（1250）中进士，初授太平[②]州学教授，改临安府学教授。应召赴试，升秘书省正字兼景献府教授，继晋校书郎，添差婺州[③]通判，后母丧解任。宋咸淳元年（1265），度宗即位，任秘书郎兼崇正殿说书，升监察御史说

① 2010年称开封市。
② 2010年称当涂县。
③ 2010年称金华市。

书。上《平籴疏》，请求课官吏、劝富民，实行平籴。任右正言、左司谏。时府库穷乏，宫廷奢侈。八次疏奏，三次面奏，请求除弊厉治。为度宗嘉纳，并比之为富弼、苏轼。宋咸淳三年春始，任殿中侍御史、侍御史侍读、吏部左侍郎兼侍读、平江[①]知州兼淮浙发运使、吏部尚书、端明殿学士、同签书枢密院事兼代参知政事、参知政事、同知枢密院事、授中大夫。复建议卫国征守御敌之策，贾似道拒不采纳。时丞相马廷鸾去职，顺孙独理枢密院事。正值身患中风，授资政殿大学士，提举洞霄宫，并赠以御书扇等归里养病。宋咸淳十年二月，任福州知州兼福建安抚使，不久病辞归。时元军大举南下，继而恭帝被俘、端宗逃亡，他忧愤痼疾，拒医绝药，捶胸痛哭。宋景炎二年（1277）卒，墓葬缙云舒洪大蓬村长兴寺侧，赠缙云郡开国公，入乡贤祠。著有《中庸纂疏》3 卷、《四书纂疏》27 卷、《孝宗系年录》3 卷、《中兴名臣言行录》《格庵奏议》《近思录》《格庵文集》《精义录》。华东师范大学出版社出版《中庸纂疏》《大学纂疏》。

张玉娘

张玉娘（1250—1277），字若琼，号一贞居士，松阳县城人。出身仕宦世家。自幼聪慧绝伦，过目成诵，富有文才，尤擅诗词，才色俱佳，父母授以《孝经》《女训》，时人以汉班昭比之。父母作主，与宋状元沈晦七世孙、表兄沈佺订婚，两人情投意合。后沈氏家道中落，张父悔婚解约，然玉娘矢誓终身与沈佺相爱。宋咸淳七年（1271），沈佺随叔父赴京应试，玉娘以私房钱资助，赠《古别离》诗相送。沈佺不幸感寒疾，病入膏肓。玉娘得知“积思于主所致”，并以死相许：“妾不偶于君，愿死以同穴也。”沈佺病卒，玉娘哀惋不止。父亲欲另择佳婿，玉娘矢志不嫁。所作诗词清新婉丽，富于感情，大多为相思凄苦之作，倾诉自己的爱情。《哭沈生》诗云：“仙郎久未归，一归笑春风。中途成永绝，翠袖染啼红。怅恨生死别，梦魂还再逢。宝镜照秋水，明此一寸衷。素情无所着，怨逐双飞鸿。”宋景炎二年（1277）元宵夜，玉娘梦见沈佺驾车相迎，醒后悲痛欲绝，叹曰：“郎舍我乎？”遂病，半月未逾，不食而殒。得沈家应允，与沈佺合葬于县城官塘门外枫林地。著有《兰雪集》，存诗 117 首、词 16 阕。元时传于京师，虞集极赏《山之高》诗：“山之高，月出小。月之小，何皎皎？我有所思在远道。一日不见兮，我心悄悄。”他说：“有三百篇（《诗经》）之风，虽《卷耳》《草虫》不能过也。观‘我操冰雪洁’之语，真贞也，才女也！”清顺治年间，松阳训导孟称舜作《张玉娘闺房三清鹦鹉墓贞文记》。华东师范大学研究生导师谭正璧《女性词话》中云：“她（玉娘）在宋代女词人中，简直可与李清照、朱淑贞、吴淑姬并驾齐驱。他们四人，吾们不妨称为宋代四大女词家”。

潜说友

潜说友（1216—1277），字君高，号赤壁子，缙云姓王村人。宋淳祐元年（1241），中进士，初授知南康军[②]，后改浙东安抚使。宋咸淳二年（1266），任两浙转运司判官。四年，升两浙转运副使。后入京任枢密院编修兼礼部郎官，又兼临安知州、内劝农使、两浙西路安抚使。宋咸淳五年，升户部侍郎。宋咸淳六年，以中奉大夫代户部尚书兼知临安军府事。任内凭借贾似道权势，甚傲慢。但政事无所顾让，才器宏大，善裁处繁剧的事务。凡宫壶财用、庙堂意向、民讼之曲直、物价之低昂，皆在审度之内，且

① 2010 年称苏州市。

② 2010 年属江西省九江市星子县。

应付自如。在临安疏浚西湖、修葺名胜、整修街道桥梁、开地凿井、建造府署、修建仓储等，且判案果断，以囚犯垦田，实现“空狱”。后升端明殿学士，封缙云开国男。宋咸淳八年，因误捕贾似道管家，被罢官。次年，任平江府[①]知州。宋德祐元年(1275)，元军入建康[②]，取无锡，御史陈过等群起上书弹劾说友追随贾似道误国罪，议未决。三月，元军逼平江，说友弃城逃遁。四月，被朝廷削职，剥夺侍从恩数。五月，贬谪南安军[③]，并抄没家庭财产。元至元十三年(1276)正月，宋室向元军投降，潜说友在福州降元。元至元十四年，受封福州宣慰使、安抚使。三月，以淮军支米不得而起哄，王积翁因屈居副职不满潜说友，乘机以言激众，潜说友被元将李雄剖腹身死，并屠戮其全家18人。九月，元廷御葬潜说友于缙云清井湾后山。宋咸淳四年(1268)，编纂《咸淳临安志》100卷(存96卷)，收入《四库全书》。朱彝尊谓：“宋人地志存者，每患其太简，惟潜氏此志独详。”为著名“临安三志”之一。善书法，工篆籀，《两浙金石志》称其“吉光片羽，世所罕见”，“疑神庄重，得李阳冰暮年淳劲之法”。光绪《处州府志》录潜说友《恭上临安志表》。

吴思齐

吴思齐(1238—1301)，字子善，号全归子。祖籍丽水，侨居永康。父吴邃，武学博士，官至朝散郎知广德军。思齐依父知军走上仕途，初任临安府新城监税，调嘉兴县丞。县狱多疑犯，思齐坐狱审问案件，凡株连入狱的全部释放。郡中有盗杀其同党狱案，长期拖延不决，郡守下交思齐谋议。思齐曰：“盗攘盗货与民殊科，狱久不断者，由吏教囚以脏累民耳。若正其杀人罪，置寄脏不问，则得矣。”提点刑狱洪起畏调守镇江，请思齐入幕府参谋军机，起畏议筑城，思齐谏曰：“京口以长江为天堑，城之何为？徒厉民耳。”丞相贾似道母亲胡氏逝世，贾似道利用职权，以天子的殡葬礼仪厚葬，礼部侍郎文及翁欲上疏阻止，但惧怕贾似道祸害而中止。思齐曰：“叱嗟而母婢也，公不可默也。”后思齐被迁饶州节制司准备差遣。不久，不愿为仕，请监南狱庙，流寓桐庐，直到宋亡。有亲友劝其重新为仕。思齐曰：“譬犹处子已嫁，不能更二夫也。”元大德五年(1301)卒。著有《左氏传阙疑》《汐杜诗集》《俟命录》《全归集》《风雨集》《周公瑾平荆州碑》《魏司马孚赞》《陈亮叶适二家文选》。太史公宋濂游浦江仙华山见石壁题名后说：“思齐与方凤、谢翱游，酒酣气郁，时望天末恸哭至失声。夫以气节不群之士，相遇于残山剩水间，奈之何而弗悲哉。”

张三八

张三八(生年不详—1318)，字成祖，龙泉木岱村人。自幼习武，膂力过人，智勇双全。宋景炎二年(1277)，元军占领处州。青田、丽水、龙泉、松阳、遂昌、缙云、庆元等县民众随三八揭竿而起，反抗元贵族统治。八月，元武节将军吕德率部随招讨官李东，渡钱塘江，驻防婺、处两州，镇压起义军。三八采用伏击战，用树木绊住马脚的战术，致使元骑兵马蹶人翻，李东坠马伤股败退。义军声势更雄，队伍扩至2万多人。宋祥兴元年(1278)，三八攻占庆元县城，杀庆元县达鲁花赤也速台儿。得悉季文龙、章焱在府城被元军打败，即派部将郑先锋、陈寿山率3000人进击处州城。六月，元怀远大将军赵贲亨任处州路总管府达鲁花赤，率部镇压起义军。三八义军布防处州两侧，水陆设伏。双

① 2010年称苏州市。
② 2010年称南京市。
③ 2010年称大余县。

方激战于浮云[①]。衢州陈千二聚众 2 万人，遂昌叶丙六聚众 3000 人，与三八部互为呼应。郑、陈部战败撤退龙泉。赵贲亨率军至龙泉，元浙东宣慰使谒只里率军从侧翼抵龙泉，夹攻三八军。经三败三战，张三八被俘，接受招安，封武威将军，任滁州、淮安、庐江、信州治中、蕲州同知，转明威将军、漳州路总管、定远大将军、太中大夫、汀州[②]总管。元延祐五年（1318），卒于官署，墓葬漳州清凉山。

林定老　林彬祖

林定老（1276—卒年不详），字君则，丽水人。宋德祐二年（1276），元将阿剌罕、董文炳率军攻占处州，父林江在战乱中死亡，定老出生 6 个月，依靠母亲徐氏和祖母周氏抚养，勤奋读书，元延祐五年（1318），中进士，初授奉化州同知，调任江苏兴化路[③]通判，后升任新州[④]知府、浙东廉访司佥事。在任期间，皆有政绩。元至治二年（1322），为清源何氏作《清源玉雪堂谱序》，对何氏宗族给予详尽记述。元至顺元年（1330），为福建莆田协应庙作《木兰陂重建协应庙记》，以纪念木兰溪建陂先贤。

林彬祖（生卒年未详），字彦文，丽水人。林定老之子。负文学重名，元至正五年（1345）中进士。任缙云知县，居住缙云黄龙山。“乃吏之清强者，佥宪余阙屡奖之。”元至正十九年，耿再成、胡大海进取处州，屯兵黄龙山。彬祖为元守将石抹宜孙参谋，与元帅叶琛等分屯要隘。彬祖屯兵葛渡，会元将胡深自龙泉间道降明，并曰：“处州兵弱易取”。再成等即出兵抵樊岭合攻，大败元军，连拔桃花岭、葛渡二寨，攻取处州城，石抹宜孙败退闽中，彬祖不知所终。书法有《季氏湖山义塾之记》碑传世。

周　权

周权（生卒年不详），字衡之，松阳人。通经史，工诗词。曾游京师，初次拜见翰林学士袁桷，以诗相赠，桷深重之。欧阳玄荐为馆职。周权以母老辞而不受，遂归为隐士，诗名日起，唱和日多。与文坛耆宿虞集、赵孟頫、揭傒斯、欧阳玄、陈旅等均有酬答。留有《此山集》，袁桷、欧阳玄、陈旅各为作序，后有揭傒斯、谢端为之作跋，收录《四库全书》。《四库全书总目》提要载：“（陈）旅本作者，故别择特精。旅序称其简谈平和；桷序称其法苏黄之准绳，达《骚》《选》之旨趣；玄序称其无险劲之词，而有深长之味，无轻靡之习，而有春容之风。今观其诗，玄所称尤为知言矣。”

王铉翁

王铉翁（生卒年不详），字中实，遂昌县城南隅人。才学好，任江苏吴县主簿，英迈敏达，公正严明，莅政不苟。郡守杜某素知其能，委其处理政事。时有豪民顾、钟、朱、郭四大姓，仗势不法，铉翁揭之其罪，服之以理。后调两淮都转运，又任黄岩州[⑤]判官。适遇亭户洪甲恣意横暴，杀害平民案，吏员劝铉翁避办此案，铉翁曰：“杀人之人，岂可置之不问耶。”遂命逮捕入狱定罪。有奸民挟伪钞板至公堂自首，希图事发以诬连他人。铉翁审察有诈，经责问，果然认罪，即命焚毁伪钞板。后任忠显校尉，不久任昭信校尉，至中山府判官致仕。

---

① 2010 年属丽水市云和县。

② 2010 年称长汀县。

③ 2010 年福建省仙游县、莆田县、兴化县一带。

④ 2010 年称新兴县。

⑤ 2010 年称黄岩区。

郑滁孙　郑陶孙

郑滁孙(生卒年不详),字景欧,青田县城人。宋景定三年(1262),中进士,初授温州乐清知县。重视教育,建宗晦书院,以利教学。后任宗正丞兼礼部郎官。元至元三十年(1293),以名士征荐入朝,滁孙将旧作《大易法象通赞》书籍献给朝廷,宠遇特至,授集贤直学士,不久升侍讲学士,后升学士,以少中大夫致仕。祀处州乡贤祠。著有《大易法象通赞》《周易记玩》《真说通略》《郑滁孙文集》《义阳诗派》。《大易法象通赞》收入《四库全书》。《大易法象通赞》四库提要载:“此书更以穿凿之数,附会于虚无之理,两家流弊兼而有之,可谓敝精神于无用者矣。”

郑陶孙(生卒年不详),字景潜,青田县城人,郑滁孙弟。宋咸淳十年(1274),中进士,初任监西狱祠。南宋亡后,以名士被元世祖征召入朝,奏对称旨,授翰林国史院编修官。会纂修国史,至宋德祐末年事,陶孙曰:“臣尝仕宋,宋同年亡,义不忍书,书之非义矣。”终不书。世祖嘉之,升应奉翰林文字,后出任江西儒学提举。与其兄时有“最号博洽儒学之士”之誉,翕然推之隆福宫。著有《郑氏文集》。

陈绎曾

陈绎曾(约1286—1345),字伯敷,号小拙、汶阳左客,祖籍龙泉,后寓居湖州吴兴。为人精敏异常,有口吃,诸经注疏,多能成诵,文词汪洋浩博,其气烨如也。从学浙江奉化人戴表元,与诗人陈旅交好。初授将仕佐郎。元至顺年间(1330—1333),任国子监助教。元至正三年(1343),任国史院编修,他与廉惠山海牙、王沂、徐昺等四人分撰《辽史》,至元至正四年三月,成书《辽史》116卷,其中本纪30卷、志31卷、表8卷、列传46卷、国语解1卷,比较系统地记载契丹族建立辽国200多年的历史,历时11个月。绎曾一生著作甚多,文学批评论著多种,代表作《文章欧冶》在日本、高丽颇为流行。日本伊藤长胤评论:“《文章欧冶》者,作文之规矩准绳也。凡学为文者,不可不本之于《六经》,而参之于此书。”绎曾工书法,善真、草、篆书,小楷精雅有致,有晋人法度。陶宗仪《书史会要》云:“绎曾学识优博,真、草、隶、篆俱通习之,各得其法。”著有《文章欧冶》《文筌谱论》《古今文矜式》《文说》《科举文阶》《行文小谱》及《书法论》《论八分》《论章草》《论行书》《论隶书》《论楷书》《翰林要诀》等。传世墨迹有《静春先生诗集后序》。

王　毅

王毅(1304—1355),字刚叔,号木讷斋。龙泉盖竹村人。少颖异,家贫不能买书,每借书于市,诵辄不忘。稍长,父亲叫他看舂米,挟书坐碓侧,米成粉也不知。旋观《太极图》,拜谒金华许文懿公于山中,“悟理一分殊之旨”。循淮泗、溯黄河、登泰山、游阙里。北至燕京,官绅黄文献、揭文安、欧阳玄等争相引重,推荐为检讨、编修者,王毅皆辞。不久归还乡里,以躬行实践为教。胡深、章溢、叶琛、叶世杰、季汶等,皆及门弟。县民饥荒,告令长计口授粮,余粟尽借平民,赖以存活者都感激。元至正十五年(1355)六月二十日,青田县潘惟贤聚众起义,攻占龙泉县城,县达鲁化赤台宝忽丁携印潜逃。王毅、章溢、季汶等召集西乡、南乡8000多人鏖战,起义军孤立无援,二十七日撤走。并请求上官办台宝忽丁罪,忽丁怨恨,同年十一月,集季溪恶少据险方命害王毅于家。祀处州乡贤祠。著有:《木讷斋集》5卷、《附录》1卷。宋濂作序,称其:“刻志经传所学,必欲见之于实用。”

黄　许

黄许(1283—1362),字与可,号南岫、石壁山人,丽水人。少时学习刻苦,攻读科举,与同乡叶岘、林定老和江西玉山郑元善为师友。三人中进士,唯黄许屡试不中。浙东廉访司佥事林定老荐黄许为丽水儒学教谕,不受。潜心圣贤之学,善谈古今得失。元至正年间(1341—1368),天下表面无事,黄许却忧以为且大乱,著书十篇言政治阙失,曰:“亟用吾言庶可救,后将无及。”朝廷遣宣抚使至各地巡视,黄许提整顿国事十策,即“严选举、革贪污、除吏弊、抑兼并、省冗官、汰僧道、核田赋、兴武举、作士气、结人心。”上书数千言,但没有被采纳。不久,果然发生动乱。后来,中书省参知政事普颜帖木尔、内台治书侍御史李国凤经略江南,得黄许十策,深为赞赏,拟加重用。此时黄许年迈卧病在床,不能应召。国凤说:“世未尝无才,顾上无用才之人耳。”黄许说:“生而无愧,吾荣也;死而无亏,吾宁也。”元至正二十二年(1362)卒,葬于丽水北乡叶弄。著有《四书荟要》《读易大意》《诗书类要》《天文地志》《官制类编》《雁门集》《书总断》《古今人诗文骈俪类选》《石壁晚稿》《西湖十景词》及《文通》若干卷。

耿再成　耿天璧

耿再成(生年不详—1362),字德甫,泗州五河[①]人。少年时勇猛超群,颇有见识。元至正十二年(1352),朱元璋从郭子兴起义濠州[②]。元至正十三年,再成应招随朱元璋。元至正十五年六月,再成攻克真州,随元璋渡江。元至正十六年,攻克集庆路[③],随徐达取镇江。再成任元帅,据守镇江,攻下扬州。元至正十八年,任江南行枢院判官、阶镇国上将军,镇守宜兴,再守扬州。十一月取婺州。元至正十九年一月,再成驻兵缙云黄龙山,谋取处州。十一月,驻婺参政胡大海出兵抵樊岭,再成出兵黄龙山,由偏僻小道疾驰夹击元军,连拔桃花岭、葛渡二寨,直逼处州城。石抹宜孙战败逃往福建建宁[④],再成镇守处州。再成部军纪严明,私砍民间树木要问斩,军士不敢妄摘蔬果,召集民众回城,免征寨粮,抚绥得宜,民依如父母。元至正二十二年二月,旧苗军降帅本莫以所部挟李祐之、贺仁德作乱。反贼攒槊刺再成,再成挥剑连断数槊,中伤落马,大骂不绝口死。后人诗叹:“大功未就已身捐,百战沙场总枉然。只有英名垂竹帛,忠魂犹得慰重泉。”简葬处州城郊,后以衣冠改葬应天聚宝山,封高阳郡公,配享太庙,肖像功臣庙,明洪武三年(1370)加赠泗国公,谥武壮。在处州城内仓前横街建泗国公祠,祀祭泗国公耿再成,处州总制孙炎、南阳郡候叶琛。宋濂、苏伯衡等撰碑文。

耿天璧(生年不详—1374),泗洲五河人。耿再成子。先召为朱元璋侍从。奉命从南昌去应天[⑤],途中惊闻处州事变。天璧立即赶到婺州,共同讨伐处州叛贼。元至正二十二年(1362)四月,各路将士围攻处州城,烧岩泉门,破城而入,李祐之畏罪自杀,贺仁德逃往缙云,被民众抓获,用槛车送耿天璧军营处死。朱元璋命天璧继守处州,因拒方国珍、张士诚有功,擢升指挥副使。攻克浦城,直捣建宁,讨伐陈友定,征战襄阳,进至西安,招谕河州[⑥]、临洮,皆攻克,升任杭州指挥同知、安远将军。明洪武

① 今安徽。

② 今凤阳东北。

③ 后改应天府。

④ 今建瓯。

⑤ 2010 年称南京市。

⑥ 2010 年属甘肃省临夏回族自治州。

七年(1374),耿天璧出海捕倭,深入外洋,舟沉溺死,归葬杭州。明嘉靖年间(1522—1566),在处州泗国公祠为耿天璧配享祠堂,立樊献科撰《配享碑》等两石。

孙 炎

孙炎(约1322—1362),字伯融,江苏句容人。面铁色,跛一条腿。博学,谈辩风生,雅负经济,常与丁复、夏煜游,写诗有名气。朱元璋至集庆[①]召见孙炎,邀其招贤豪、成大业,开始建行中书,用为首掾。随朱元璋征战浙东,任池州[②]同知,升华阳知府,行省都事。攻克处州后,以功授处州总制,四境帖服。孙炎奉朱元璋之命去召聘刘基、章溢、叶琛等,刘基不肯出山,孙炎再派人去请,给刘基送去宝剑,刘基不受。孙炎封剑奉还,并送《宝剑歌》。元至正二十年(1360)三月,刘基与章溢、叶琛、宋濂同赴建康[③]。元至正二十二年二月二十一日,苗将贺仁德叛乱,城内无守兵,杀院判耿再成,捉处州总制孙炎、知府王道同、元帅朱文刚。孙炎胁降不屈,贺仁德用滚烫的酒灌他喝,孙炎边饮边骂,贼怒拔刀,叱解衣。孙炎说:“此紫绮裘,君所赐者。服之以死耳,谁敢解!”遂遇害,追封丹阳县男,塑像处州泗国公祠。

叶 琛

叶琛(1314—1362),又名伯颜,字景渊,丽水高溪人。从小天资聪颖。元天历元年(1328),游学京都,后到通政院任职。元至正三年(1343),授浙江兼代宣抚使。元至正四年,任歙县县丞,改革赋税,减轻民负。元至正九年春天,任青田县尹,建明伦堂,聘硕士为师,供给学生伙食;立辨官员伪造假印,收缴假印30枚;有杀牛的用药针毒牛,牛多病死,查实后依法处理;大将统兵过境,厚犒劳、严约束,兵不敢剽掠;民讼案多,明断是非,百姓受益。元至正十二年,任处州路总官府判官。元至正十四年,吴德祥集聚农民起义,毁青田县署,焚处州府库,波及婺、处、温三州,叶琛协助处州总制石抹宜孙策划镇压。元至正十六年,山民首领郑甲率众自闽入浙,叶琛等合兵捕杀于丽水浮云乡。继在松阳、青田、庆元间围剿逾年。元至正十七年,任浙东道宣尉副使兼同知处州路总管府事,派副将陈仲真平鸬鹚农民军。元至正十八年春,任处州路总管府治中。九月,因镇压农民起义有功,授行省元帅。元至正十九年,朱元璋部属胡大海、耿再成部攻占处州,叶琛随石抹宜孙避走福建建宁。元至正二十年,叶琛与刘基、章溢、宋濂同时被朱元璋征聘至应天府,初授营田司佥事。元至正二十一年,任洪都[④]知府,佐邓愈镇守赣东。元至正二十二年,元降将祝宗、康泰叛乱,破洪都城,邓愈逃跑,叶琛被俘,为叛军所杀。墓葬丽水高溪源黄坛岭。明洪武元年(1368),追封为南阳郡侯,塑像处州泗国公祠,后祀功臣庙。明巡按御史王献之在处州府治南建三贤祠,祀中丞章溢、南阳候叶琛、缙云伯胡深。祀处州乡贤祠。

郑元祐

郑元祐(1292—1364),字明德,号尚左生,遂昌航头[⑤]人。幼年右臂脱臼,用左手习字,故自号尚

① 2010年称南京市。
② 2010年称池州市。
③ 2010年称南京市。
④ 2010年称南昌市。
⑤ 2010年称二都街村。

左生。南宋末年，随父徙居钱塘[1]。天资颖悟过人，15岁就弄笔墨、作诗赋，往往出语惊人。不出户庭者十年，于书无所不读。写文章滂沛豪宕，有古代作者之风。宰相廉公退居钱塘时，与元祐成为忘年之交。父卒，移居姑苏[2]，致力教学，从学者众。应试屡次落第，元至正五年（1345）中进士。省台宣阃宪府交章以潜德荐，以臂疾不愿做官。不满吏台征敛盘剥，同情农民阴寒疾苦。元至正十七年，任将仕郎平江路[3]儒学教授1年，因疾辞官，流寓平江。元至正二十四年，任江浙儒学提举9个月，卒在任上。明嘉靖三十四年（1555）入遂昌乡贤祠。工书法，左手作书，规矩备至，世称一绝，传世名作有《游仙唱和诗册》《题杨竹西小像》《题浮玉山居图》等。著有《侨吴集》12卷、《遂昌山樵杂录》1卷、《山居文集》等，收入《四库全书》。《四库全书·侨吴集》提要："其文颇疏宕有气，诗亦苍古。盖元祐生于至元之末，犹及见咸淳遗老，间又得见虞集诸人，得其绪论，末年所与游者，亦皆顾阿瑛、倪瓒、张与之流，互相熏染，其气韵不同，固亦有自来矣。"

胡　深

胡深（1314—1365），字仲渊，号芸斋，龙泉南弄村人。颖异有智略，随父至高丽国读书，通经史百家之学，尤精枪马。元末，石抹宜孙总戍处州，以胡深为参谋，拥有龙泉、庆元、松阳、遂昌四县乡兵，随石抹宜孙镇压农民起义。元至正十九年（1359），朱元璋命胡大海、耿再成攻占处州，石抹宜孙战败，胡深欲闭关固守，遭四县士民逼，乃解甲自龙泉间道至缙云黄龙山降明。元至正二十年，受朱元璋召，授左司员外郎，总制处州。元至正二十一年，在处州招集旧部从征江西等地，屡立战功，任浙东行省左右司郎中，总制处州军民事。元至正二十三年九月，诸暨守将谢再兴叛乱，以张士诚兵犯东阳，胡深率部为前锋，战胜立功。朱元璋念其屡立战功，以名马赐之。继而青田叶仲贤既服又叛，温州方明善攻平阳，胡深出师征讨，并亲率大军攻克温州。朱元璋初即王位，胡深任王府参军，仍总制处州。时江西盐自浙东输入，须十分税一，胡深奏请按旧例二十分税一，以利通商。缙云田税过重，胡深以新没入之田租补偿其数。处州学宫毁坏，胡深筹划重建。府城民房被士兵所居，胡深命建营房迁之。元至正二十五年，福建陈友定率部骚扰处州，胡深奉命征讨，追至浦城，进拔松溪，获其守将张子玉，一路得胜。陈友定部将阮德柔率兵4万屯锦江，逼胡深阵后，与陈友定锐师前后夹攻，胡深战败突围，马蹶被俘遇害。朱元璋痛悼不已，说："浙东一障，朕方赖之。"亲撰文遣官祭之，追封缙云郡伯。入处州府治南三贤祠，祀处州乡贤祠。宋濂作神道碑铭，谓深"指挥三军，雄姿奋扬，人不可犯。及与缙绅之流论文评诗，则俨然布衣书生也。"著有《芸斋集》。

章　溢　章存道

章溢（1314—1369），字三益，别号损斋，龙泉横溪人。弱冠与胡深同师从王毅。曾游金华，与元浙东廉访使秃坚不花结为挚友。蕲、黄饥民造反到龙泉，章溢组织地方武装击退。行院府判石抹宜孙欲带兵镇压，章溢劝曰："贫民迫冻馁，铤而走险，而肆意诛戮，乃扬汤止沸。"宜孙然其言，遂罢兵。元至正十三年（1353），章溢献私田，建龙渊义塾，宋濂作《龙渊义塾记》。后随石抹宜孙镇压庆元、浦城农民起义军，授予龙泉主簿、处州总管府判官、浙东都元帅府佥事，皆辞不受。退居龙泉、浦城交界的匡

① 2010年称杭州市。
② 2010年称苏州市。
③ 2010年称苏州市。

山。元至正二十年，受朱元璋聘请，章溢与刘基、叶琛、宋濂同至应天①，授营田司佥事。巡行江东、两淮等地，推行按田分籍定税，民甚便之。继任湖广按察佥事，倡导分兵兴办屯田。元至正二十三年，处州总制胡深出师温州，诏章溢守处州，馈饷盈满无缺。元至正二十五年，任浙东按察副使，巡视处州，处州民不堪负，章溢奏之，诏从其旧。明洪武元年(1368)，升任资善大夫、御史中丞兼太子赞善大夫，受诏北征，至处州，母已殁，归乡里，悲泣过度，卧病不起。明洪武二年卒。朱元璋撰祭文："君臣有定分，恩义如骨肉。"宋濂写《章公神道碑铭》称："生我者父母，知我之至者唯公而已。"墓葬龙泉横溪桥头。入处州府治南三贤祠，祀处州乡贤祠。著有《龙渊集》。

章存道(生卒年不详)，龙泉横溪人。章溢长子。始随父隐居龙泉、浦城交界的匡山。元至正二十年(1360)三月起，随父依附朱元璋。元至正二十二年二月，旧苗军降将贺仁德、李祐之等叛乱投张士诚，存道集乡兵助朱元璋部将邵荣进剿，四月克复处州。元至正二十七年二月，温州茗洋、周遂卿背叛朱元璋，章溢命存道捕斩之。朱元璋命存道守处州，调章溢入朝。明洪武元年(1368)，章溢派存道率乡兵助李文忠平定福建，后又诏存道所部从海道北征，章溢至处州，正遭母丧，获准守孝，明太祖诏存道说："汝父宣劳为多，汝尚勉力事功，以无忝尔父。"后浮海至京师，从冯胜北征有功，授处州卫指挥副使。明洪武三年，随徐达西征，留守兴元②，败蜀将吴友仁，再守平阳③，任左卫指挥同知。明洪武五年，随汤和出塞征阳和④，于断头山遇敌，力战牺牲。

周汉卿

周汉卿(生卒年未详)，约生活在元末明初，松阳人。少嗜学博闻，通晓百家，尤好岐黄，医术精湛，善用针灸治病，人称"神医"。治病因人而异，或针炙、或按摩、或汤药，常应手而愈。乡人蒋仲良，左眼被马踢伤，眼珠突出如桃，有医称眼络已损不可治，汉卿封以药膏，三天恢复如故。华州⑤陈明远双目失明已10年，汉卿以针刮眼翳，重见光明。长山徐妪生癫痫病，发病时手足颤抖，裸体出走，或歌或笑，汉卿刺其十指端，出血而愈。钱塘王氏女生瘰疬病，环头及腋有19个窍。窍破，白汁流出将死。汉卿为剔窍母深二寸，其余烙以火，数日结痂而愈。山阴⑥杨公项颈生疣，如瓜大，醉卧阶下，溃血不能止，汉卿以药糁其穴，血即止。义乌陈氏患肠痈，汉卿用大针刺入腹中，脓随针迸出，病遂愈。诸暨黄生背弯曲，赖拐杖而行，汉卿诊断为血涩，用针扎两足昆仑穴，即痊愈，行走如常。医道大行于两浙，金华一带尤为著名，后遂家居金华，太史公宋濂曾撰文赠汉卿。

智度禅师

智度禅师(1304—1370)，号白云，丽水城内人。15岁削发于丽水白云山福林寺，住持空中欲将衣钵传授给智度，安排智度南下游七闽，拜谒温州雁荡山灵岩寺芝禅师、杭州天目山昭明寺断崖了义禅师、南京报恩寺无方智普禅师、江西南康云居寺小隐师大禅师，苦练修行近20年，深得禅宗奥旨。元至正四年，回福林寺，空中以假诵偈道："地水火风先佛记，掘地深埋第一义，一免檀那几片柴，二

① 2010年称南京市。
② 2010年称汉中市。
③ 2010年称临汾市。
④ 2010年称阳高县。
⑤ 2010年陕西省渭南市一带。
⑥ 2010年称绍兴市。

免人言无舍利。”端坐而逝，葬于福林寺上佛塔，智度筑庐为师父守灵超度。智度为说法传道，到天台山华顶寺拜见先睹无见禅师，求学佛法。先睹无见禅师圆寂后，智度任华顶寺住持，与天台山国清寺梦堂禅师、定海教隆寺愚庵禅师齐名。元至正二十四年，龙泉章溢请智度入主龙泉普济寺，顿时800多名僧侣云集普济寺。元至正二十六年，智度被请入武岱峰武峰寺①住持。明洪武二年（1369），明太祖征召名僧，智度应诏赴京。明洪武三年二月，智度因微疾辞朝，居杭州虎跑、天台华顶寺，不久回福林寺，居白云山五日，智度书偈语：“无世可辞，有众可别，太虚空中，何心钉橛。”掷笔而逝，为临济宗第二十世祖。火化后得五色舍利，门人在寺西建塔放置舍利。宋濂撰《白云禅师塔铭》。

厉子温

厉子温（生卒年不详），字伯履，青田人。明初以明经擢升监察御史。耿直刚强，不畏权贵。明洪武六年（1373），奉命至浙江湖州视察水灾，面对饿殍遍野的凄惨景象，回京如实奏报灾情。太祖轻信前使掩盖灾情的奏言，反而责问子温：“先者无，尔独曰有，莫不知所以者乎？”子温对答：“天知，地知，臣知，君独不知。”太祖以出言不逊，下令处斩。子温临刑前高吟：“我为凶荒往浙观，钦承明诏已忘飧。国恩浩荡终难报，民隐幽深岂易论。千古公私由史笔，平生戆直出心丹。谗言渎听君知否，一死何能赎万魂。”后来，太祖发现子温灾情属实，严惩掩盖灾情的使者，并在午门御书：“豪杰御史厉子温。”

刘基　刘琏　刘璟

刘基（1311—1375），字伯温，原青田武阳村②人。自幼聪颖，元至元元年（1333），中进士。元至元二年任江西高安县丞、江浙行省儒学副提举、浙东元帅府都事、江浙行省都事、行枢密院经历、处州总管府判等职，元朝为官20多年，曾主持在处州城厦河门至大水门之间，筑以块石砌垒灌注铁汁的铁坝，为乡民造福。元至正十八年（1358），因不与兵事，辞官归隐青田。元至正二十年，朱元璋聘请，重新出山，与宋濂、章溢、叶琛同至应天③，深得元璋欢心，筑礼贤馆相待，称“老先生”“吾子房也”。常侍元璋侧，主持军务。面对陈友谅、张士诚两大劲敌，元璋征询讨伐之计，请刘基至密室计议。元璋纳其计，大败陈友谅。元至正二十三年七月，陈友谅与朱元璋决战于鄱阳湖，相持三日未决胜负，刘基提议调军控制湖口，终获全胜，友谅战死。东取张士诚，南征方国珍，北伐中原，成就帝业。明洪武元年（1368），授御史中丞兼太史令，屡陈治国策略，受命卜地拓建南京城，上《戊申大统历》，与李善长等制定《律令》、奏立《军卫法》。整肃纲纪，后因难称帝意，刘基告假回乡。不久太祖西征失利，下诏刘基回京议事，封其祖父、父亲为永嘉郡公。明洪武三年，授弘文馆学士、开国翊运守正大臣、资善大夫、上护军，封诚意伯。明洪武四年，告老还乡。丞相胡惟庸乘机唆使，刘基被剥夺俸禄。刘基入朝谢罪，留居京中，忧愤成疾。明洪武八年三月，太祖派特使护送回故里，四月十六日逝世。明正德九年（1514），赠太师、谥文成。明嘉靖七年（1528），在处州城内建开国元勋祠，竖帝师坊；入处州乡贤祠，祭祀刘基。刘基博览群书，天文、地理、兵法无不通晓，尤精象纬之学。擅长行草，工画山水、梅花。后人编有《诚意伯文集》20卷。书法留存有《季氏湖山义塾之记》碑《春兴八首诗卷》等。

---

① 2010年属丽水市云和县。

② 2010年属温州市文成县。

③ 2010年称南京市。

刘琏（1347—1379），字孟藻，刘基长子，原青田武阳村人。从小敏慧警颖，作诗文操笔立就。元末明初，刘琏在家乡读书习武。浙东南常遭方国珍残部骚扰，刘琏遵父嘱组织地方武装保家安境。瓯栝边境淡洋，不法盐贩、盗寇依附方国珍扰事，刘基告老还乡，命刘琏赴京面奏太祖置巡检司把守，丞相胡惟庸以建墓地夺王气之罪，构陷刘基，迫使刘基带刘琏赴京引咎自责。明洪武八年（1375），太祖下诏征集刘基遗作，刘琏遵先父遗嘱，悉取书籍上京进献谢恩，太祖称："卿忠孝具著。"留在身边。明洪武十年秋，授承务郎、考功监丞兼试监御史。不久转任江西等承宣布政使司右参政，进阶中奉大夫。在江西任上，同僚韩士原、沈立本依附胡惟庸，对刘琏临事决议，秉公而断嫉恨，屡以危言相胁。刘琏忿懑说："吾受帝命，参政江右，知报国而已。他所不恤，何有于使哉！"忧愤成疾，堕井而死。著有《自怡集》，被收入《四库全书》。

刘璟（1350—1402），字仲璟、孟光，原刘基次子，青田武阳村人。从少苦读经传，探究兵略。28岁时，温州丁香谋反，刘璟助延安侯唐胜宗讨伐，被荐入朝。明太祖赞曰："璟真伯温子也。"明洪武二十三年（1390），命袭父爵，刘璟不受，将爵位让给侄儿刘廌，授兮门使，并赐金书"除奸敌佞"四字。后派遣刘璟辅佐谷王朱穗，任宣德府、谷府左长史，并敕权提督肃、辽、燕、赵、庆、宁六王府事。明建文元年（1399）七月，燕王朱棣以清君侧之名，挥师南京，史称"靖难之役"。刘璟向惠帝朱允炆献十六条策谋，不予采纳，并与谷王开门迎降，刘璟不降归里。明建文二年，刘璟赴京向惠帝陈《闻见录》，献应变用兵之策，仍不受，再次归隐乡里。明建文四年，朱棣即位，召刘璟入京，刘璟称疾不赴，朱棣下令逮入南京，并授以官职，刘璟不受，谓："人臣事主，死而不二"。被打入监狱，以辫发自缢而死。明嘉靖四年（1525），朝廷旌表为"靖难死节"。祀处州乡贤祠。著有《易斋集》《闲闲子集》《越吟稿》《遇恩录》《见闻录》等，收入《四库全书》。

王　景

王景（1336—1408），字景影，号常斋，松阳人。自幼聪敏异常。10岁通《尚书》，人赞"上继屈、宋，下并班、马"。明洪武三年（1370），郡县交相推荐不就。明洪武四年举人，授怀远县教谕，每日与诸生披荆斩棘，兴建学宫，传授圣贤之道。不久应诏入朝，待诏翰林院，拟订《藩王朝觐仪》，制作朝廷庆典乐章，撰写《京城钟鼓楼记》，为太祖亲览。升开州[①]知府，修学宫、建坛墠、劝农桑、均赋役、政宽恕、民安之，新增户籍三千口。再升山西右参政与右布政使，振纪纲、恤民隐、厚风俗、清吏弊、善彰恶，秩序肃然。明洪武三十年，因属吏以粮挠法所累，被贬谪居云南临安[②]。明建文元年（1399）七月，"靖难之役"师起，获赦复回京师，入翰林院。明建文二年，初授礼部侍郎兼翰林待讲，未几升翰林学士，阶奉政大夫，承顾问，一时诏敕皆出于景。成祖即位，任学士，问葬建文帝礼，王景说："宜用天子礼"，成祖听从。某日，成祖欲出师而遇大雨，不悦，景以"此乃上天特为陛洗干戈耳"，成祖悦，擢升亲军指挥使。纂修《永乐大典》《太祖实录》，俱为总裁官。致仕后，移居池州铜陵县。平时好挟策，出口成章，以诗文驰名于世。明永乐六年（1408）卒，墓葬江宁[③]凤栖乡之原。祀处州乡贤祠。著有《玉堂集》《南诏稿》。

① 2010年称濮阳县。
② 2010年称建水县。
③ 2010年称南京市。

叶希贤

叶希贤（生年不详—1453），名希言、枢，字用忠，号雪庵和尚，松阳怀德里①人。少时有凌云志，赋《题卧猿》诗云："迅速光阴照碧苔，这场春梦几时回。而今有事须留醒，莫待藤枯树倒来。"明洪武年间（1368—1398），举贤良。明建文年间（1399—1402），任都察院南台监察御史，为官清正自励。明建文四年（1402）六月，燕王朱棣攻破京师，希贤奔逃中失散，家人当其已死，以衣冠发丧葬。然希贤已随惠帝朱允炆入四川，隐姓埋名，削发为僧。遇当地隐士杜景贤，在重庆大竹县善庆里松柏滩建观音寺，与徒数人居寺。朝夕诵经咒，其徒听之，原是吟诵《周易》中的《乾卦》。有时挟带《楚辞》，放舟于滩中流，翻开书卷哀诵一页，即撕下投于水中后恸哭。希贤好饮，日煮酒一壶，客至则同饮，无客则拉樵牧入饮，至半酣而寐。希贤精于诗文，作文不拘章法，都是落笔成文，意气焕发，悲怆感人。临死时，与其徒说："我浙江松阳怀德里人也。"终年逾百岁。遗物只有《周易本义》及《百将传》一帙。明隆庆、万历初年，有恩旨恤录，说他有"孤忠大节"。明万历二十二年（1594），松阳县建叶雪庵祠祀叶希贤。著有《东湖外史》《雪庵集》。

叶子奇

叶子奇（生卒年未详），又名琦，字世杰，号静斋、草木子。龙泉人。少颖悟，专心于学，尝师王毅。凡天文、历史、博物、哲学、医学、音乐之书，无不研读。元至正十年（1350）署县事。元至正二十二年，府判叶景渊荐试方州，中第四名，退隐不仕。明洪武八年（1375），浙江行中书省以学行荐，廷试中，授岳州巴陵县②主簿。明洪武十一年春，因巴陵群吏在祭城隍庙神时，偷食猪脑和酒一案，为县学生员揭发其事，子奇适至，株连入狱。在狱中用瓦磨墨著书。反对佛、道思想，主张唯物，认为"离物而言性，此佛氏所以沦于空寂；舍器而言道，此老氏所以弱于虚无。"当年事释归里，著《草木子》8 卷、《草木子》余录 3 卷，以草计时，以木计岁，以自况其生也。内容涉及天文星躔、律历推步、时政得失、兵荒灾乱以及各种自然现象、动植物形态等，对元末红巾军起义事迹记载颇详。《草木子》4 卷，收入《四库全书》。并有《太玄本旨》9 卷及《范通元理》《本草节要》《地理节要》《诗宗选玉》《静斋诗集》《静斋文集》等行世。墓葬龙泉大沙岩泽，祀处州乡贤祠。《两浙名贤录》有传，称为"硕儒"。

俞德济

俞德济（1380—1430），字公广，遂昌县城南隅人。幼年丧父，刻苦勤学，博学群书，能诗擅文，尤善书法。明永乐六年（1408），诏四方儒学士纂修《永乐大典》，德济以能书荐。书成，被赏赐，诏就翰林，益进其艺。明永乐十八年，任兵科给事中，工作勤慎详敏，克守其职。后出任邯郸县丞，治事厚道，公正廉明，深得民心。明洪熙元年（1425），调任刑部照磨。明宣德元年（1426），升刑部司主事，尽心察理，狱无冤滞。卒于任上。大学士杨士奇为其作墓志铭。

叶宗留　陶得二　龙冈九

叶宗留（1404—1448），庆元叶村③人。出身贫苦，幼年丧父，精于搏击。被征为处州府衙皂隶，府

① 2010 年称界首村。

② 2010 年称岳阳市。

③ 2010 年称草古地村。

官远行辄用之以自卫。明正统七年(1442)，叶宗留带领一批农民到仙霞岭铜塘山开采银矿谋生，与同乡王能等合伙经营福建福安宝丰银矿。明正统九年，叶宗留等不堪官府盘剥，率矿工起义。杀福建参议竺渊、伤都指挥佥事刘海，声威大振。明正统十年二月，叶宗留攻占永丰①。明正统十一年春，被推举为"大王"。英宗令户部郎中杨谌赴江西招安，未果。即派御史柳华提督闽、浙、赣三省官兵合力围剿起义军，宗留率军重创官兵，柳华被弹劾问罪。明正统十二年九月，攻陷福建政和，回师庆元，请龙泉良葛山叶七为教头，训练武艺。十二月，挥师南下攻克浦城、建阳，占领建宁府和闽赣交通要道车盘岭。丽水宣慈陶得二②领导千余农民响应。明正统十三年春，福建邓茂七亦聚众造反，与叶宗留起义军遥相呼应，势如燎原。八月，英宗派军分两路夹击起义军，宗留不幸中流矢而死。《明史》载，总兵官徐恭等往讨，"师未至，宗留已为其党陈鉴湖所杀"。另据清光绪《处州府志》载："兵部尚书孙原贞谕降诸贼，擒贼首陈鉴湖、叶宗留解京伏诛"。

陶得二(生年不详—1450)，亦名陶德义，丽水陶村③人。他与陈鉴湖联络矿工和农民，于明正统十三年(1448)五月，在宣慈乡举行武装起义，推陈鉴湖为国王，国号太平，建元泰定。夜袭武义，继攻遂昌。与叶希八起义军会合，攻取鲍村④巡检所。明正统十四年正月，得二率起义军出破桥，奔府城，杀分守参议耿定，俘兵备佥事王晟，后被叶钜率义勇击败。五月，与官兵开战，被脱纲率领的蒙古骑兵冲垮。六月，义军两万多人围攻处州城，在撤退途中，破桥伏击蒙古骑兵，都指挥脱纲被毙，马队被歼。朝廷命工部尚书石璞、御史徐恭率官兵2000人抵处州，都御史张楷率官兵8000人从福建至丽水防守。巡抚张骥玩弄镇抚两手，诱降陈鉴湖解京被诛，陶得二杀诱降使者，率军攻取遂昌县城，杀指挥龚礼、县丞张智。明景泰元年(1450)二月，都御史张楷分兵，水陆并进，在破桥峡重重包围起义军，为保存实力，陶得二和叶希八降明，张楷回师。后陶得二重整旗鼓复起，出庆元、战丽水、攻青田，攻陷武义，杀佥事陶成，继攻永康失利，退回破桥峡。兵部左侍郎孙原贞督军浙江，分三路夹攻破桥峡，德义遇军快被捕，转解京师遭害。后人在陶村大殿塑陶得二像祭祀。

龙冈九(生年不详—1449)，庆元黄坑村人。明正统十二年(1447)，叶宗留率起义军攻克福建建宁府⑤后，龙冈九在庆元组织农民起义军响应，率众数百攻克福建松溪县城，烧毁县署。明正统十三年，以"悬镜为甲，光芒耀目"之举，袭据庆元县治，纵火烧毁署舍。明正统十四年，叶宗留起义军被歼后，龙冈九投奔丽水陶得二，在龙泉境内遭官军伏击，全军覆没。

陈　诏

陈诏(1392—1451)，字廷询，青田县城人。少英敏绝伦，日诵万言。明永乐十八年(1420)，乡荐以书经夺魁。明宣德五年(1430)，会试中会元。初授福建礼典乡试考官。明宣德八年，任云南道监察御史。明正统元年(1436)奉命巡按辽阳路⑥和山东省。陈诏宣明国威，整饬吏治，劝众守法，以身作则，官员悦服，歹徒不敢肆虐。明正统三年五月二十八日，陈诏接旨任云南监察御史，父赠文林郎、母厉

① 2010年称广丰县
② 一作陶德义。
③ 2010年属浙江省武义市。
④ 2010年称武义市柳城镇。
⑤ 2010年称建瓯市。
⑥ 2010年称辽阳市。

氏赠太命孺人、夫人叶氏赠孺人。明正统四年，奉诏赴陕西、广西清理戎籍，综核考校，一无所失，擢任御史。明正统九年，任四川按察副使。不久，母卒回乡服丧。明正统十四年，任都察院右佥都御史，时闽、浙一带盗寇作乱，温、处等地屠杀抢掠，尤为惨重。陈诏力宣国法，以宽民不忍诛戮之意，谕明利害，不费寸兵，诸寇服治。召京觐见皇上，赐赏甚厚。将论功封爵时，一日疾作，卒于官邸。墓葬青田东朱山，祀处州乡贤祠。

薛希琏

薛希琏（1399—1458），字廷器，号缶庵，丽水县城人。颖异聪敏，12岁为县学生员，明永乐二十一年（1423），受浙江乡试荐。明宣德五年（1430），中进士。明宣德八年，到兵部观政，任贵州道监察御史，耿直敢言。明正统五年（1440），按治河南。明正统六年，奉命巡视京城南北百货集市，豪强牙侩欺行霸市，商贾屡受欺压。希链整治未逾月，强豪敛迹，赐晋文林郎。后调任江西巡抚，铲除赋税积弊，广储积蓄粮食，修筑堤坝塘堰，开通利民之道，政声益著，擢升刑部右侍郎。明正统八年，京畿广平[①]等府旱蝗灾害，命希琏巡视，整顿吏治，罢黜贪污，蠲免欠赋，缓征租税，严令扑蝗，天雨蝗灭。不久，奉命赴安徽凤阳等地处理屯田、革除驻军损害民众的积弊，达到军民两利。明正统十年，巡视直隶、保定、淮安等11府，对赋役规章不合理者予以废除，一时誉为理财能臣。明正统十三年，邓茂七聚饥民在福建沙县起义，攻克20多个县后被剿。次年，朝廷命薛希琏镇守福建，邓茂七余部罗丕复起，希链派使者劝降，胁从者宽大处理，招抚数万人。明景泰三年（1452），曾创置福宁之烽火门、福州之小埕澳、兴化之南日山、泉州之浯屿、漳州之西门澳5个水寨，对守扼外泽、抗击倭寇发挥很大作用，擢升刑部尚书。奉命到山东考察吏治，罢免贪官污吏250多人，赈济灾民180多万人，代宗下诏褒奖，进阶资德大夫、正治上卿。明天顺元年（1457），改任京都刑部尚书。明天顺二年卒。敕葬丽水城北桐木岗，祀处州乡贤祠。薛家存有加赠薛希琏祖父薛福为刑部尚书的圣旨。

李　棠

李棠（1400—1460），字宗楷，号蒙斋，缙云宫前村人。聪颖好学，过目不忘。明宣德元年（1426），为"五经"魁首。明宣德五年，中进士。初授刑部主事，因耿直廉明，为尚书魏源所器重。后任尚书金镰，以刚严慑下级。明正统元年（1436），任刑部员外郎、奉直大夫。任内检察京城南部冤狱，多所平反。任满后，权臣王振以其不附己，不予升迁。有人劝他前往晋谒，他曰："官可以不做，名节决不能污损。"王振死后，升任刑部郎中。明正统十四年，再升右侍郎。奉命巡抚广西，提督军务，途经梅岭，立誓"不挪一物过岭南"。在广西期间，奖励文士，劝赏农桑，清简刑律，革弊布新，以招抚与征讨相结合政策，收服岭南诸部落。明景泰二年（1451），奉命兼提督征蛮军务、赐通大夫。明景泰三年四月，都指挥黄玹及子黄灏谋杀胞兄思明土官知府黄玏及子黄钧以夺知府位，李棠因不能将黄玹父子入狱，郁闷上疏乞归。同年八月，命李棠考察各地官吏。十二月，李棠以刑部侍郎改巡抚广东兼提督军务。明景泰五年五月，李棠称病辞官还京。归隐家乡后，生活极其清贫，女儿出嫁，仅有竹箱一只，布衣数件，情甚寒碜，但他泰然处之，并挥毫作《送女诗》一首相赠。明天顺四年（1460）卒。钦赐祭葬，追谥恭悫，祀处州乡贤祠。著有《蒙斋文集》5卷、《诸庆集》《蒙斋奏议》及《将鉴节要》。

① 2010年称永年区。

吴　政

吴政（1382—1463），先名善才，字正之，丽水洪川村[①]人。明永乐十二年（1414）中举人，明永乐十三年，中进士。初授礼部主客司主事，不久任主客司员外郎，谦谨自恃，恪尽职守。明宣德五年（1430）九月，擢升礼部右侍郎，巡抚湖广，总督税粮，是朝廷向各省派遣巡抚之始。明宣德六年，八月，吴政上书，湖广浏阳、广济等县堤岸损坏，不能蓄水，要求工部下文秋后修筑。宣宗朱瞻基准奏。明宣德七年二月，吴政奏请修筑湖广江陵、枝江二县沿江堤岸。五月，朝廷下令修筑四川眉州新津县通济渠等水毁渠坝16处，灌溉农田0.17万公顷。明宣德八年九月十六日，宣宗下旨特赠吴政为嘉议大夫，其父吴道成为奉直大夫、礼部主客清吏司员外郎。明宣德九年八月，吴政急奏："湖广黄州等府，麻城等县因上年荒歉，税粮逋负。"朝廷下诏减免征收秋粮十分之四。明正统元年（1436）五月，朝廷准奏设立湖广浏阳县瞿家寨巡检司，解决贼盗扰民。明正统三年，吴政与湖广巡按陈祚奏劾远安王贵燮、巴东王贵煊，虐待简王小妾、捶死长史杜述，未提及淫秽之事，吴政、陈祚被捕至京入狱。英国公张辅奏请赦免吴政，转任工部左侍郎。明正统六年七月，吴政主持修筑南京浦子口、大胜关堤坝。后年老辞官归里。明天顺七年（1463）八月卒。墓葬洪川溪头山，至今墓园、石门、石书卷、墓道、望柱保存完好。

李　琮

李琮（生卒年不详，约出生于明正统元年），字义方，景宁大均村人。明天顺六年（1462）中举人。明天顺八年，中进士。明成化年间（1465—1487），初授南京吏部主事，继任山西平阳[②]知府。时垣曲县农民暴动，都御史主张发兵镇压，李琮以民迫苦饥相谏，请施安抚之策，遂带从者数人冒雪前往，事乃平。擢任湖广布政司左参议。后以武力镇压施州[③]少数民族暴动，任山西按察使、福建左布政使。明弘治十五年（1502），弟李璋中进士，官至山西副御使。清嘉靖二年（1523），子李錞中进士，官至光禄寺少卿。誉为"大均三进士"。在景宁县城北建兄弟方伯坊、父子进士坊，在大均村建骑街进士坊。

吕文英

吕文英（1421—1505），字阏苍，丽水人。擅画人物，亦写山水。明弘治年间（1488—1505），以善画供奉内廷，与吕纪一起以锦衣卫指挥同知身份，在武英殿、仁智殿供职。时明孝宗朱佑樘爱好国画，宫廷画院十分兴盛，创作题材丰富，风格多样。吕文英擅长人物，吕纪擅长翎毛，同被恩宠。人称吕文英为"小吕"，吕纪为"大吕"，以别于纪。吕文英人物画，形象逼真，颇具肖像性质，线条沉着简劲，设色浓重鲜艳，反映人物画的典型风格，体现浙江画派的南宋遗风。山水画别开画境，尽显造境之能，发掘新的审美空间，呈现独特韵味，给人以丰富想象。传世作品有《货郎图》4幅及《江村风雨图》《嬉春》图轴2幅，《宫妆娃娃》图轴及《竹园寿集图》《十同年图卷》《龙女斩蛇图》等。《货郎图》春夏秋冬4幅，藏日本东京艺术大学资料馆，《江村风雨图》藏美国克利夫美术馆。

---

① 2010年称莲都区洪渡村。

② 2010年称临汾市。

③ 2010年称恩施市。

詹雨　詹宝

詹雨(1438—1508),字天泽,号素履,松阳县城桥亭街人。自幼英敏好学,有抱负。稍长,时值兵荒马乱,家境不好,养亲务适其志。父亡,因丧事劳累过度而身体消瘦,虽有5个兄长,但很少为詹雨分劳。弟詹宝年幼,尽心抚育,授以经业。明成化元年(1465)中举人。明成化二年(1466),中进士。初任兵部主事,严振风纪,肃清亲军宿弊。因与太监汪直有忤,出任江西建昌[①]知府,平赋役、缓刑罚,雅多惠政。后任韶州[②]知府,抑制权贵豪门,平息泷水盗贼,官至广东左参政,总督粮储。后辞官家居,修礼讲学,教育后人,至今称颂。著有《素履堂集》。

詹宝(1446—1518),字天球,号静斋,詹雨胞弟,松阳县城桥亭街人。少年丧父,兄授以经业,不数年而成。明成化十六年(1480),中举人。明弘治九年(1496),中进士。任新昌县令,刚直廉明,慈祥简朴。土寇邓迟八大肆抢劫,詹宝悄悄地派出锐师歼灭,能声大振,士大夫勒石颂德。朝廷将内召,因他喜爱山水,力辞不受,解绶辞官,隐居养性,斗酒百篇,怡然自乐。明弘治九年,在松阳城东下马街建兄弟进士牌坊,褒奖詹雨、詹宝。1989年,兄弟进士牌坊列为浙江省重点文物保护单位。

潘琴

潘琴(1424—1514),字舜弦,号竹轩,景宁鹤溪人。自幼机警聪慧,博览经史,文章典雅,则有古风。个性严谨持重,从不苟且随便。明正统十二年(1447),由州县推选赴省乡试中举后入太学10年。明天顺元年(1457),中进士,授南京吏部稽勋司主事。明天顺五年,任兵部武库职方员外郎。明成化七年(1471),升任福建兴化[③]知府。兴建社学,拆滥建祠堂;推究案情,庭无留案;稽查废弃寺田,租谷以作公用;收支巨细登记,皆有簿记可查;办事不避权贵,居官正身洁已。颇多建树,众人信服。母丧回家守孝未满,朝廷再度起用。明成化十五年,潘琴上疏乞求辞职留家守孝,赋《招鹤辞》三章,其二章云:“尔鹤归来兮勿迟,嗟尔一出今几时。故居芜秽久勿治,乘轩有辱人共嗤。宠深禄剧危所基,尔何翩翩如未知。”传闻京师,朝士大夫争相和诗,汇成《鹤溪清风卷》。居家38年,手不释卷。家居临县治,非公事足不至县衙。文学齿德卓然,为东南重望。耄耋之年,神彩精健如少壮。墓葬景宁鹤溪苞凤山,祀处州乡贤祠。明嘉靖年间(1522—1566),县人建亚魁坊、进士坊、达尊坊纪念。著有《竹轩集》7卷、《山居录》《咏史和唐诗》。明成化十二年(1476)九月,潘琴书《何氏重建祠堂碑记》尚存。

潘辰

潘辰(1446—1519),字时用,号南屏,景宁鹤溪人。少孤,随伯父居京师,聪颖好学,文章追摹秦汉。明弘治六年(1493),经处州府尹唐恂举荐,授翰林待诏。明弘治九年,任典籍秘书、撰写诰草。明弘治十五年,升为典籍。曾纂修《孝宗实录》《大明会典》,精核明信,不愧良史。不久,晋升为五经博士。明正德年间(1506—1521),太监刘瑾擅权揽政,摘《大明会典》小疵寻隙,被降为典籍。明正德五年,太监刘瑾伏诛后,潘辰升任编修。明正德十三年,升任太常寺少卿。居官谨慎,洁身自好,草制诰

① 2010年称南城县。
② 2010年称韶关市。
③ 2010年称莆田市。

命，坚拒贿赂。直内阁27年，诰敕多出其手。士大夫重其学行，尊称为南屏先生。明正德十四年十二月十九日病故。以贤劳卒，特赐葬祭。明隆庆年间(1567—1572)，县人在景宁城北建玉堂金马坊，城南建清卿坊、崇贤坊，祀处州乡贤祠。著有《南屏集》。

周　南

周南(1448—1528)，字文化，号知白、天和老人，缙云龙津坊人。明成化十四年(1478)，中进士，初授六合[①]知县，升监察御史，按察京畿。明弘治元年(1488)，再按广东，参劾总兵官柳景。任江西右布政使，升右副都御史，巡抚大同。明正德元年(1506)，鞑靼侵扰宣府[②]，遣参将陈雄等击败之，因功增加一级俸禄。母丧归。明正德三年，太监刘瑾擅政，以大同仓粟有浥烂之名，将周南等逮捕下狱，押送大同，责令加倍赔偿。适逢大赦，大同总兵官叶椿等请求减免加倍为如数赔偿，释放为民。明正德五年，刘瑾伏诛后，周南复故职巡抚宣府不就，称病回家休养。明正德六年，周南以右副都御史巡抚南赣，督导军务。时汀州[③]大帽山张时旺、黄镛、刘隆、李四仔等聚众称王，攻占州县城池，延及江西、广东境内。周南集各路兵马进剿，擒杀众首领，斩获5000人，朝廷降旨褒奖。后周南移师会同总督陈金平定姚源之乱。明正德九年春，任右都御史，总督两广军务。明正德十年乞归。卒赠太子少保，祀乡贤祠。著有《白斋稿》《盘错集》《和许郢州诗》。清光绪《处州府志》录周南撰《五云书院记》。

陈　鎏

陈鎏(生卒年不详，生于明正统年间)，字廷用，景宁渤海村人。幼时家境贫寒，替人牧牛为生。年轻时给吴学良等富户到沐鹤乡小溪段开矿冶银场打工，暗中学会勘脉、采掘、磨选、煎销(冶银)等技能。壮年家业稍振，自办银场，取得渤海坑采银权。明成化三至二十年(1467—1484)，采银较为稳定。明正德年间(1506—1521)，采银工艺技术提高较快。开采范围，东至渤海村1里，南至金钟15里，西至绿草15里，北至鹤溪镇60里。由于经营管理得法，巧妙应付银课和内官贪婪勒索，统御渤海坑银场，积累巨额财富，人称"银王"。购置包岸大片荒山、沼泽，先后建造渤海村堡、陈氏宗祠、凤山书院、文昌阁、回龙庵、马仙宫，置渤海义渡、设茶亭、辟旦水花园、造坦庵公墓等。陈氏宅院，有360个栋柱，72个中堂，36个天井，后毁于火。明成化年间(1465—1487)，朝廷赈边纳官，他为父输银授承事郎。明正德七年(1515)，流贼入侵浙江边界，他捐资募义勇御之。明嘉靖八年(1529)，倭寇侵扰中国边境，朝廷复开赈边纳官。他捐巨资授赈边承事郎，封敌国公。

苏　民

苏民(生年不详—1538)，字天秀，号乙峰，遂昌人。明洪武元年(1368)，朝廷大封亲王，博选东南大族健壮以充侍卫，苏民曾祖被举荐，时从秦愍王，遂为秦[④]人。明弘治八年(1495)陕西乡试，苏民中举人。明弘治十八年，中进士。初任山西榆次知县，继为兵部职方司主事。苏民刚直不阿，不论权臣

① 2010年属安徽省。
② 2010年称宣化区。
③ 2010年称长汀区。
④ 2010年陕西省一带。

肆虐或君主失行，敢于进谏。太监刘瑾擅政，苏民多进谏，被降职为四川梓潼驿丞。后刘瑾伏诛，苏民官复工部主事，调任吏部考功文选郎中。上书劝谏武宗朱厚照巡游，被罚俸禄。后升南京太仆少卿、太常卿，历兵部、工部、刑部侍郎。卒后赠刑部尚书。清修自持，所至以廉著称，翰林陆深向上陈述他的事迹。县人在遂昌县城建尚书坊纪念。

陈中州

陈中州（1491—卒年不详），字洛夫，号太鹤山人、依树老人，青田县城人。淳朴好古，务为高奇，自称“亢惕子”“髡白子”。颇有才学，但仕途坎坷，屡举不第。明嘉靖七年（1528），37岁才中贡生。明嘉靖十一年，任安徽庐江县教谕，转任江西玉山县教谕。在任7年，以兴人文为己任，作《学政八议》，探究治学之道。内阁宰辅、大学士张璁命他作《清馥殿赋》，阅后甚赞赏，欲荐授馆职，中州拂衣不就，人称有气节。回乡后在一古树下筑室幽居，头戴石刻太极冠，自诩“吾学孔圣人”。以读书著述自娱。著有《易意》《诗感》《白鹤春秋》4卷、《四书俗说》《五经碎盘》《正蒙存疑》《亢惕子》《青田三传》《居学余情》3卷、《太鹤山人集》10卷，主编明嘉靖《青田县志》4卷。《居学余情》录入《四库全书》。《太鹤山人集》编入《栝苍丛书》。卒后入乡贤祠。

沈　暕

沈暕（生卒年未详，明成化至嘉靖年间），字景明，云和沈村人。性聪敏，有才识。3岁丧父，幼年替人放牛砍柴，每天放牛路过私塾，扒窗偷听老师讲课，随身带书阅读，过目不忘。财主难他，出上联：“水清鱼看月。”沈暕答对：“林静鸟谈天。”被称为“奇才”。明弘治十八年（1505），中进士。初任宁州[①]知府。任满，升兵部车驾员外郎，不久又升武选郎中，出任武昌知府，后升山东按察副使。时山东曹[②]、濮[③]适王镗起事，气势甚猖，沈暕设法进剿，境赖以安。所任之处皆有贤能声。未几，辞官归里，加封亚中大夫。退归林下，以诗酒自娱，自称“东村野仙”。

应　槚

应槚（1493—1553），字子材，号警庵，遂昌应村人。学问纯正，才识练达。明嘉靖四年（1525）中举人，明嘉靖五年，中进士。精刑律，善决狱，兼长赋役、水利、养马之政，尤以治军果敢闻名。任刑部主事时，审理惠安伯张某赃案，张使其下部客为之私谒，夜遗金七百，槚严词拒绝，并依法惩处之。任刑部郎中时，奉命赴吴清理狱囚，按律平反数百人，释放囚犯千余。升济南知府。调常州知府，适值定册，究极利弊，评定规划，丁据黄册，粮据实征，其所更赋役二法最精善，离任后为他立《去思碑》，吏部尚书许赞称为“天下知府第一”。调任宝庆[④]、辰州[⑤]知府时，卓有风骨，权贵敛迹。不久升湖广提学副使，转陕西行苑马寺卿，管理辽阳马政时，责令养马吏按季详报生死马匹，并随时实地核实，纠正隐瞒吞没之弊。明嘉靖二十六年，任山东参政，处理会党起事，槚只惩首要，释放从者数千，事

① 2010年称宁县。
② 2010年称菏泽市。
③ 2010年称鄄城县。
④ 2020年称邵阳市。
⑤ 2010年称沅陵县。

息。未几，升河南按察使。再调山东右布政使，转左布政使，擢升都御史，巡抚山东，旋改任山西巡抚兼督三关[①]。明嘉靖二十九年八月，北方部落俺答攻入长城古北口，进军京郊，京城危急，槚率兵数千，参与各路勤王之师，京城解围。复任都御史，督理淮上大运河漕政，开凿五里沟，引泗水入淮。明嘉靖三十年，调任兵部左侍郎，总督两广军务，桂林、东平等瑶、壮族杂居处，扰乱50多年，应槚谕以德意，不即加兵，大部诚心归服，唯七山未归顺，亲督精兵击之，绥靖地方。病卒于广西苍梧军中。讣闻，赠兵部尚书，朝廷遣官祭葬，墓葬遂昌桃溪烟铺(今北界镇)，状元唐汝楫撰墓志铭。著有《大明律释义》30卷、《警庵书疏》6卷及《谳狱稿》《苍梧军门志》《慎独录》等。《大明律释义》被收录《续修四库全书》。

沈　炼

沈炼(1507—1557)，字纯甫，号青霞，丽水人，后隶绍兴卫。明嘉靖十七年(1538)，中进士，授溧阳[②]知县。因得罪御史，调茌平[③]知县。父丧服孝。补清丰知县。入京任锦衣卫经历。为人刚直，疾恶如仇，个性疏狂，饮酒笑傲。明嘉靖二十九年八月，蒙古鞑靼部首领俺答领兵侵犯北京，致书要求纳贡，国子监司业赵贞吉主张拒绝无理要求，廷臣无人敢赞，唯有沈炼称是，明世宗朱厚熜未接受。严嵩恃宠揽政，沈炼常常扼腕叹息，上疏奏严嵩十大罪状，在奏疏中同时指责尚书夏邦谟媚谄严嵩贪污渎职，请均罢官以谢天下。世宗大怒，杖数十，贬谪保安[④]。沈炼曾写信谴责宣府、大同总督许论常杀良民冒功；谴责后任宣府、大同总督杨顺放纵官兵追杀百姓，假报斩获敌军首级以冒功。严世蕃命巡按御史李凤毛、路楷和总督杨顺调查沈炼。明嘉靖三十六年，九月，蔚州[⑤]白莲教首领阎浩被官军捕获，诬陷沈炼是阎浩的师父。严嵩父子大喜，兵部尚书许论批准，将沈炼斩于宣府[⑥]大街上。将其子沈襄充军边疆。将次子沈衮、三子沈褒用军棍打死，并将沈襄从边疆解捕至京，酷刑审讯。杨顺、路楷因他案遭捕，沈襄才免于死。明隆庆初年(1567)，赠沈炼光禄寺少卿。明天启初年(1621)，谥忠愍。著有《青霞山人集》5卷、《鸣剑集》12卷。

胡　风

胡风(生年不详—1559)，先世山东郯城人，明洪熙元年(1425)，由山东莱州卫调处州卫。胡风出生于处州，修髯伟貌，威武凛然，知书守礼，雅如儒生。世袭千户。明嘉靖年间，倭寇大肆侵扰中国沿海。明嘉靖三十七年(1558)四月，胡风随处州卫将领在海、乍、金、磐等处抗击倭寇，屡立战功。明嘉靖三十八年，倭寇进攻乐清，大肆焚烧抢掠，并将取道进犯温州城。胡风奉命御倭，兵备道员凌云翼为他饯行，举杯嘱咐胡风："一方生灵付汝矣！"胡风感激兵备道员的信任，带领士兵前趋，直抵倭寇营垒，亲手杀死数人，相持很久，因援兵未能及时赶到，受重伤后阵亡。上奏朝廷，赠武德将军。

---

① "三关"指雁门关、宁武关、偏头关。
② 2010年称溧阳市。
③ 2010年称茌平区。
④ 2010年称志丹县。
⑤ 2010年称蔚县。
⑥ 2010年称宣化县。

卢　镗

卢镗(1505—1577),字子鸣,处州卫人,祖籍汝宁卫[①]。家世武官,敬礼士夫。明嘉靖年间(1522—1566),由世荫任福建都指挥佥事,隶提督浙闽海防军务浙江巡抚朱纨。其时,浙闽豪强勾结倭寇,借贸易之名,暴掠沿海,扰害百姓。明嘉靖二十七年(1548)四月六日,卢镗破倭寇巢穴双屿港[②]。明嘉靖二十九年,都御史朱纨受诬陷自杀,卢镗亦论死罪。明嘉靖三十一年,都御史巡视浙江,奏释卢镗,以故官备倭福建,任都指挥。明嘉靖三十二年,倭寇大举进攻,浙东浙西,江南江北海滨千里频频告急。卢镗率师苦战于杭嘉湖一带,因战事失利,被御史赵炳然弹劾革职,责令戴罪军中。明嘉靖三十三年,兵部尚书张经总督浙闽军务,擢升卢镗为参将,分守浙东海滨诸郡。明嘉靖三十四年五月一日,卢镗与俞大猷、汤克宽合兵大破倭寇于嘉兴王江泾[③]。八月,卢镗派遣都指挥王沛在大陈山[④]生擒林碧川,余倭尽灭。后来,倭寇又掠浙东沿海诸县,进剿中兵败失利,指挥闵溶等战死,卢镗再次被夺职戴罪。明嘉靖三十五年,兵部侍郎兼总督江浙事务的胡宗宪,荐擢卢镗为协守江浙副总兵,倭寇陷仙居、进台州,卢镗在彭溪将倭寇打败。协助总督胡宗宪,俘歼寇首陈东、徐海。明嘉靖三十六年,卢镗诱诛通倭寇首领汪直,在舟山建受降亭,两浙倭患稍平。升任都督同知。明嘉靖三十八年,卢镗守御镇海,在招宝山建城堡,名曰"威远城"。同年,倭犯江北,卢镗驰援,在海门将倭寇击败北洋倭船 20 多艘,任都督佥事,为江南、浙江总兵官。巡抚李遂弹劾卢镗纵贼,朝廷令夺职视事。后兵部郎中唐顺之荐,复任原职。明嘉靖四十年,倭寇复犯浙东,戚继光破倭于台州,卢镗破倭于宁波、温州。明嘉靖四十四年,因胡宗宪案遭牵连,被给事中丘橓劾八罪,免职归乡。明万历五年(1577)病逝,葬于县北白云山麓。《明史》评论:"镗有将略,倭难初兴,诸将悉望风溃败,独镗与汤克宽敢战,名亚俞(大猷)、戚(继光)云。"著有《浙海图》《浙洋哨守册》。

樊献科

樊献科(1517—1578),字文叔,号斗山,缙云县城北门人。明嘉靖二十五年(1546)中举人,明嘉靖二十六年,中进士。初任行人司行人,升监察御史,上疏谏议十余次,有关国计民生事。明嘉靖三十一年春,母丧服孝。复任监察御史,巡按真定[⑤]诸郡。献科执法不避权贵,诸官吏谨奉约束。朝廷预征来年赋税,导致饥民聚众起事,献科上疏陈述百姓困厄,免除京畿近郊预征赋税,下令赦免胁从者,事遂平息。不久,巡按福建,上疏弹劾文武大吏多人,贪官污吏者闻风丧胆,解职而去,罚款尽付军用。时倭寇进攻泉州,汀州[⑥]一带又有盗贼为患。福建巡抚与诸将商讨闭门固守。献科亲自率兵驰入泉州击走倭寇。倭寇攻陷福清,献科率军驰援福清,倭寇得平。三年任满复命,千余民众上疏挽留,得旨延长任期二年,福建人立祠祀之。时有严嵩同乡任延平任邵武知府,恃势虐民,献科上疏弹劾罢官。明嘉靖三十九年,父病辞归。复起任山东布政副使,继任广西左参政。旋即辞官返里,自称"仙都

① 2010 年称汝南县。
② 2010 年属舟山市普陀区。
③ 2010 年称秀洲区王江泾镇。
④ 2010 年称大陈岛。
⑤ 2010 年称正定县。
⑥ 2010 年称长汀县。

下士”。著有《读史补遗》《樊公疏议》《诗韵音释》《旅游山居吟稿》。清光绪《处州府志》收录樊献科撰《泗国耿公祠记》。缙云仙都留有《樊献科初阳山题记》摩崖石刻。

何　镗

何镗(1518—1585),字鸣仪、振卿,号宾岩,丽水县城人。明嘉靖二十六年(1547),中进士。先在刑部观政,因违逆大臣的意旨,被贬江西乐平县丞,部分官吏相互攻讦,何镗纠以法,诚实品德教导,相戒勿犯。后擢升江西进贤县令,何镗用法公正,不袒权贵;富有同情心,能抚恤孱弱;孜孜求理,务以德训,被“两台”荐为“治行第一”。因依法惩治依恃太宰、欺压百姓的权贵,调任河南开封府丞,平反冤狱,惩治奸顽,铲除弊政,豪强敛手。不久,升任刑部员外郎,治才卓越,被调广东潮阳县令,时逢饶平游民张琏为首作乱,多次攻陷潮州属县。朝廷命何镗惩治,先安抚其众,用计智擒魁首,岭东一带社会安定。晋升江西提学佥事,宣扬理学,以身心性命之学勉励生员发奋学习。明嘉靖四十二年秋,临川举行岁试,赏识汤显祖英才,被荐为府学生员。汤显祖尊他为“先师”。后任云南参政。不久,以亲老乞归获准。宣抚使、按察使荐举何镗有“异才”,任命广东按察使、河南布政使,均未赴任,隐居梅山悠然堂,展卷赋诗,教子读书。生平著作甚多。著有《古今游名山记》17卷、《中州人物志》12卷、《高奇往事》10卷、《修攘通考》《翠微阁集》等。明万历七年(1579),总纂《栝苍汇记》15卷,分舆图、沿制、秩统、次舍、官师、选举、封爵、地理、食货、祉祀、保圉、治行、往哲、闺操、艺文、大事、杂事等17门。知府熊子臣称:“读之简而文,核而当,评而有体。”《栝苍汇记》《古今游名山记》收录《四库全书》。明万历十三年卒,墓葬丽水武山,祀处州乡贤祠。清光绪《处州府志》收录何镗撰《后归学田记》《云和令萧渊俸置学田记》《邑令池浴德曳舟亭碑记》《东西岩游记》。

郑文茂

郑文茂(1528—1587),字实夫,号杞山,缙云县城东门人。明嘉靖三十二年(1553)中进士,初任吏部观政。明嘉靖三十六年,任刑部云南司主事,宛平[①]县令周某侵吞库银5000两,反委罪库吏盗窃,被判死刑和充军者9人。刑部派文茂复查此案,严世蕃受周贿赂,派锦衣卫指使陆某威胁,文茂严词拒绝说:“臂可断,狱不可更改。”受冤者昭雪,将周某按律治罪,人称“铁面”。升刑部江西司员外郎,又升河南司郎中,巡视刑狱,多所平反。后任承天府[②]知府,时汉水屡害郢地[③],原堤毁坏已久,文茂决心修复。下游江陵为丞相张居正故里,怕上游修堤影响江陵,三次写信制止,文茂未理,江堤修成。遇饥荒大发,开仓储赈济,民称“郑青天”。不久,升任四川按察副使,分巡重庆、夔州[④]兼抚治,体察民情,减轻徭役,惩治贪官,整饬武备,重视文教,风纪一新。明隆庆六年(1572),母丧辞归,居家15年。著有《性理辑要》《审录江南疏稿》。

郑秉厚

郑秉厚(1535—1587),字子载,号苍濂,遂昌长濂村人。聪而早慧,过目不忘。明嘉靖四十年

① 2010年称丰台区。
② 2010年称钟祥市。
③ 2010年荆州市北一带。
④ 2010年称奉节县。

(1561)乡荐第二。明隆庆五年(1571),中进士。初任江西南丰知县,调走悍兵,撤去戎府,取官田,均分贫苦农户,县民欢呼"生我者,郑使君也。"政绩卓著,征调朝廷,县民置功德碑于南山,立生祠于平政桥。擢升吏科给事中,秉厚上疏论五事:坚立志,近端人,慎纠劾,议赋役,重边臣。穆宗嘉其议,付有司执行。复转户科右给事中,清理辅行事,京畿内官外戚横行霸道,秉厚复奏疏五事:"欲公审编之宏规,议征纳之定则,重委任之大权,督责成之期限,严科派之明禁。"京畿内外无不称颂他为"循吏""直臣"。不久,转升吏科左给事中,时兵部侍郎孟重认太监冯阉为父,阿附丞相张居正,贪残肆恶,秉厚奏疏弹劾,冯阉、张居正怨恨秉厚直谏,被外派任福建右参议,分守建南,以爱民造士为务,为士民所拥戴。调任贵州兵备副使,恩惠并济,使苗民诚服。擢升江西左参政,提督漕运,节用通济,区划惟宜,谨察纪纲,赈恤灾民,日无余暇,神竭形瘁。明万历十五年(1587)三月十九日,殉职于江苏淮安运粮船,墓葬遂昌长濂宝山口。遂昌知县汤显祖撰写《太中大夫苍濂郑公神道碑》。著有《苍濂奏疏文集》。清光绪《处州府志》录有郑秉厚撰《请更定赋役疏》。

王一卿

王一卿(1526—1588),字怀彬,云和县城人。英敏笃学,师从于丽水何良瑞,与何镗等齐名。明嘉靖四十年(1561),领受应天乡试举荐,初授凤阳知县,整肃衙门,废除冗费,建立义仓,赈救灾民,兴修水利,安抚孤贫,有贤能声,《凤阳县名宦志》载有十大政声。明嘉靖四十三年,改任刑部主事。明万历四年(1576),出任广西按察使兵巡道,驻节苍梧①。明万历六年,兼任云南按察使兵巡道,分兵驻扎洱海②。戍边八年,使边疆人民得以安居乐业。明万历十二年,辞官还乡。著有《怀彬奏议》。明万历十六年,卒于云和,朝廷赐以王公礼仪,墓葬飞凤山,祀县乡贤祠。

李承勋 张 榜

李承勋(生卒年不详),字锡庸,处州卫人。幼袭祖职,任处州卫指挥同知。倭寇侵犯中国东南沿海。曾上奏《勘处倭寇事情以伸国威疏》。明万历元年(1573),奉命赴抚标练兵,法纪严明,倭寇不敢进犯。明万历九年,改任军门坐营把总。明万历十一年,举荐为游击将军。明万历十六年,刊印发行戚继光撰《纪效新书》14卷,明万历二十三年,任蓟辽参将,调往山东防备倭寇,恰逢登州、蓬莱等镇士兵聚众闹事,承勋以诚意安抚开导,闹事者即散去。不久,被荐为镇守山东总兵官署都督佥事,赐一品服,提督南北水陆官兵,防备倭寇侵犯朝鲜。明万历二十四年,组织军民在蓬莱水城土墙外包砌砖石加固城墙,水城东、西、南增设炮台3处,使登州港成为北方海防要塞。明万历二十七年三月,朝廷命李承勋任防海御倭总兵官,提督水路官军入住朝鲜。时倭寇驻扎对马岛与朝鲜一海之隔,闻李承勋日夜操演,炮声殷地,不敢前来侵犯。李承勋接母去世噩耗,按军纪不得回乡奔丧,割股肉祭先母,寄托哀思。明万历二十八年,李承勋班师回朝,朝鲜君臣赋诗赞扬,大臣尹根寿诗云:"昭代须名将,求忠孝亦俱。每怀酬顾复,何暇惜肌肤。"朝廷赐给帑金文绮,派承勋镇守贵州。不久,改镇浙江。明万历三十一年五月,承勋陪同浙江督抚都御史尹应元巡视海上,登普陀山,在普济寺左建"渡海纪事碑亭",遗址尚存。李承勋卒于任上。著有《名剑记》。

---

① 2010年称苍梧县。
② 2010年属大理市。

张榜（生年不详—1622），字汝元，处州卫人。祖父为国捐躯，因功荫袭千户。从小习读儒书，精通礼仪。初袭职委管团操，在温州瑞安抵御倭寇，破贼立功，升任松海北总、江西都司、广西浔[1]梧[2]参将，剿平狼寇，又统兵驻上林[3]、三畔等地征剿瑶民起义有功，任狼山副总兵。明万历十九年（1591），日本侵略朝鲜，妄图侵占中国版图。张榜领兵应援朝鲜。明万历二十六年，战事平息，张榜留守朝鲜，纪律严明，至凯旋撤兵，无秋毫扰民。明天启二年（1622），白莲教首领徐鸿儒起事山东邹、藤一带，游击张榜战死。张榜自年轻时从军，直至任统兵的将军，雅有儒风，从不经营个人财产，去世之日囊橐如洗，时称廉将。

任可容

任可容（生卒年未详），怀宁[4]人。由驾部郎出任处州知府。政廉明，出恺悌，省刑讼，裁里供，清奸弊。岁旱步祷，多方救济。明万历年间（1573—1620），在松阳县南三里百仞山下修白仞堰。明万历二十二年，废济川浮桥，增置渡船。重视教育，培养人才。同年，建丽水圭山书院，创建文昌阁。明万历二十八年，重修处州府学宫。集学生读书，并亲为考课。明万历三十三年，知府俞均在丽水县东五里建佛头岩塔，至知府任可容时接踵建成。后擢升广东宪副。清光绪《处州府志》录有任可容撰写《重修丽水学记》《郡治题名记》《重建外库记》。明万历二十四年，任可容与侍御唐公（唐冲宇）、兵臬蔡公（蔡逢时）同游石门洞，存有《任可容石门洞题诗碑》。

郑汝璧

郑汝璧（1546—1607），字邦章，号昆岩、愚公，缙云县城东郭人。明隆庆二年（1568）中进士。初授刑部江西司主事，累迁云南司郎中。明万历二年（1574），调任礼部仪制司员外郎掌郎中事。汝璧翻检旧日文书档案，制定规章制度，肃请仪制司弊端。明万历三年，调任吏部验封司郎中。明万历五年，考核地方官吏，罢黜不肖官吏，闻者称快。后又转任吏部文选司郎中，选拔官吏秉公无私，举荐悉当舆论。居正感言："此正我意！"，受宰相信任。后因父亡，回乡服孝。期满任太常寺少卿，提督四夷馆。旋调任福建布政司左参议，又调任广东按察司副使，辖琼州[5]，因远谪边境，上疏辞官回乡，居家十二年。明万历十九年，任井陉[6]兵备副使，又调任赤城[7]参政，常与诸将驰聘荒郊，考核武艺，探讨战略，遣骑兵出击斩进攻之敌，鞑靼人惊服。后转任河南左参政，迁榆林[8]中路按察使。明万历二十年四月，日本丰臣秀吉率水陆军15万进攻朝鲜釜山，与山东登莱一海之隔，汝璧调兵遣将，加强戒备，人心始安。又开登州海北长山诸岛田。明万历二十一年，任山东布政司右布政。不久，升都察院右佥都御史，巡抚山东，谕告所属州县，互通有无，赈济钱粮，于市集地煮粥，赈救饥民；又派御史钟化民去河南赈济饥民，使河南局势稳定。母逝居丧。明万历二十七年，任南京太常寺少卿。明万历三十年，任

① 2010年称桂平市。
② 2010年称梧州市。
③ 2010年称上林县。
④ 2010年称怀宁县。
⑤ 2010年称海南省。
⑥ 2010年称井陉县。
⑦ 2010年称赤城县。
⑧ 2010年称榆林市。

都察院右佥都御史，巡抚延绥[1]，重辖前职，僚属故旧，洞察形势，驾轻就熟，指挥大帅李如樟、杜松，游击沈应蛟，击破来犯之敌。明万历三十三年，任兵部右侍郎兼佥都御史，总督宣大[2]、山西等地军务，分檄诸道，修城堡，练士兵，治器械，奇袭犯边之敌。明万历三十五年夏，病情日重，上疏求归，殁于山东荆门驿途中。墓葬缙云城南兰口飞凤山脚。著有《五经旁训》《皇明帝后纪略》《皇明同姓诸王表》《明臣谥类抄》《大明律解附例》《抚东疏略》《皇明功臣封爵考》8 卷、《封司典故》8 卷、《延绥镇志》8 卷、《由庚堂集》18 卷。清光绪《处州府志》录有郑汝璧撰写《重修尊经阁记》《庆元槎溪桥记》。

汤显祖

汤显祖（1550—1616），字义仍，号海若、若士、清远道人，江西临川[3]人。14 岁补县诸生，21 岁中举，早年即有文名，因拒绝丞相张居正招揽，四次赴京会试落第。明万历十一年（1583），中进士。历任南京太常寺博士、詹事府主簿、礼部祠祭司主事，升南仪郎。明万历十九年，因上《论辅臣科臣疏》弹劾大学士申时行“信私人，塞言路”，被谪为广东雷州徐闻典史。明万历二十一年春，调任遂昌知县。在任 5 年，才名节概，美政多端，海内想望丰采。时常下乡劝农勤耕，俭征赋税；注重教育事业，建相圃书院、尊经阁和象德堂，将城隍庙和寿光宫的食田用来养育读书人，建启明楼报时；组织民间灭虎队，短期内消除境内虎患，建灭虎祠纪念；用古循吏治邑之法感化囚犯，曾有除夕遣囚犯回家团聚和元宵让囚犯观灯之举，历代传为治狱佳话；对不法歹徒严厉制裁，使社会安定。后因不附权贵遭斥免官。明万历二十六年三月十七日，离开遂昌返回临川。以后未再出仕。受李贽的思想影响，并和僧人达观相友善，晚年滋长了佛教、道教的出世思想。在戏曲创作方面，反对拟古和拘泥于格律。著有传奇《紫箫记》《牡丹亭》（又名还魂记）、《南柯记》《紫钗记》《邯郸记》。后四种合称《玉茗堂四梦》或《临川四梦》。与关汉卿、王实甫齐名，被誉为“东方的莎士比亚”。明万历二十三年三月，在遂昌改定《紫钗记》。明万历二十五年，作《牡丹亭》。明清两代有些戏曲家摹拟汤显祖的文词风格，被称为“玉茗堂派”或“临川派”。遂昌人民缅怀他的功绩。明万历三十六年，在相圃书院内建汤候生祠，卒后建名宦祠。清康熙五十一年（1712），在报愿寺左巷建汤公遗爱祠。1985 年，汤显祖研究会成立，在妙高山和独山分别建遗爱亭。1995 年，在县城建汤显祖纪念馆。2006 年起，举办遂昌汤显祖文化节。2010 年 5 月，遂昌县班春劝农列入第三批国家级非物质文化遗产保护项目。清光绪《处州府志》录有汤显祖撰《灭虎祠记》《重修通济堰记》。传世墨迹有《行书诗卷》《尺牍》《伯厚帖》等。

杨守勤

杨守勤（约 1573—1620），字克之，号昆阜，浙江慈溪人。明万历二十五年（1597）中举人。明万历三十年流寓至遂昌长濂，忽闻琅琅的书声，就步入鞍山书院，恰遇老师不在，看到富有童趣的作文，情不自禁地删改起来。老师返回见其文笔流畅，谈吐高雅，江南儒风，欲留执教。守勤为村民写楹联、帖联，举人郑秉贡、郑秉炼等见其运笔如龙，字迹清秀，坚韧有力，遂请到家交谈，知是四明举人，留鞍山书院执教。守勤学问渊博，长于属文，教书得心应手，深受学童爱戴，村民敬重。在书院壁间题有《戏题池上小舟》诗云：“碧水浮新沼，儿童芥作舟。有帆常不卷，无棹任漂流。去去沙为梗，行行石又

① 2010 年称榆林市。
② 2010 年宣化县、大同市一带。
③ 2010 年称抚州市。

留。遥知蔽日舰，须向尾闾游。”藉以寓意。守勤在执教之余，常到村东玉泉寺双清阁登高望远，写有《双清阁》诗。在长濂村旁的马鞍山，写有《马鞍山五株松》诗。经过一年左右教学，为遂昌培养不少人才。明万历三十一年春，离开鞍山书院。明万历甲辰(1604)会试，杨守勤中式第一，接着廷试，夺状元及第。长濂村人闻讯，无不欢欣鼓舞。留京任翰林院修撰，未几母亡服丧，期满迁中允，主持顺天乡试。再迁谕德，充东宫讲官，后为右庶子兼侍读学士。为人温润，矜气节，重名行。明万历四十二年，长濂郑秉贡与孺人七旬双寿，曾寄诗称贺。明万历四十六年，郑秉贡病逝，撰写《十一世祖行俭一百六十公传》。为文不事雕琢，著有《读经悬鉴》《宁淡斋诗文集》等。

李 鋕

李鋕(1534—1621)，字廷新，号旭山，缙云县城东门人。明万历二年(1574)，中进士，初任刑部云南司主事，又改南京刑部主事，执法平允，颇得好评。后升南京兵部车驾司员外郎、武选司员外郎、武选司郎中。明万历十一年，父丧守孝。明万历十四年，补职方司郎中。明万历十七年，充会试同考官、广西提学副使，并称得人。不久，升任广西布政司左参政、山东按察使。明万历二十一年，任都察院右佥都御史兼淮阳巡抚。时日本丰臣秀吉发动侵朝战争，明王朝出兵救援，收复平壤、开城。李鋕加强海防，民心始安。明万历二十四年，明神宗派遣宦官充任矿监税监，宦官鲁保驻扎淮上，两关设卡，重复收税，民不堪负。李鋕九次上疏，直言劝谏：“竭泽而渔，尽为身谋；人心浮动，变故不测。”力请将理盐、收税两差尽行罢去，神宗不理。明万历二十七年三月，李鋕抗疏求去，居家10余年，寻梅钓雪，欢饮行吟，洒墨留篆，投竿渔矶，过恬淡自适生活。明万历四十年复起，任南京刑部右侍郎。明万历四十二年九月，改任南京刑部右侍郎、吏部侍郎。明万历四十三年任吏部右侍郎、署都察院御史。万历四十四年，升任刑部尚书兼署都察院事。明万历四十五年，奉诏与吏部尚书郑继之考察京官，徐绍吉等协助，时有齐、楚、浙三党，李鋕未能尽公，排斥异己，颇引非议。明万历四十六年十一月，改任都察院左都御史。明万历四十七年八月，上疏乞归。明天启五年(1625)，李鋕卒，墓葬缙云谢豹山，赠太子少保，谥贞肃，祀县乡贤祠。著有《三朝奏疏》《三游诗稿》《乐泌堂文集》《恩休记》。清光绪《处州府志》录李鋕撰《守道周公兴学造士记》《重修府学记》《重修缙云县儒学记》《松阳县学迁复城中记》《缙云令周中麓公遗爱碑记》《重建敬一堂碑颂》。遗墨有仙都倪翁洞摩崖“旭山”，《松阳县儒学迁复城中记》碑。

王一中

王一中(1568—1639)，字元枢，号石门，丽水县城人。明万历三十五年(1607)，中进士，初授福建古田县令，为陈宏德平反冤案，传为美谈。后任河南新蔡、杞县知县，皆以清廉著名。升任广西道监察御史。上疏罢内市，揭发太监、宦官盗窃行径；纠诘熹宗乳母客氏、宦官魏忠贤的奸恶罪行。明天启二年(1622)，巡按山东，白莲教首领徐鸿儒发动起事，王一中辅佐巡抚赵彦镇压。不久，升任太仆寺少卿，又被首推操江都御史，与朝官京堂联名上疏弹劾魏忠贤阉党，招致怨恨。明天启五年，副都御史杨涟、左光斗等东林党人被酷刑致死，借口王一中与杨涟、左光斗是同榜进士，以“依附门户”之罪，削职放归故里。居家10多年，奖引后进，抑郁忘倦，讲述五经，撰修府志。日以道德性命之学，与诸子相研究，尤深于《易》。凡天文、地理、诸子百家，以至司马迁的《史记》、班固的《汉书》、陈寿的《三国志》等都钻研探讨。明天启七年，客氏、魏忠贤被诛。明崇祯二年(1629)十二月，一中官复原职，改任光禄寺卿，崇祯召对，甚合旨意。后因其养性自恃，不附权要，改调南光禄寺卿。明崇祯十二年卒于任上，墓葬丽水寿元山下，祀处州乡贤祠，在县治丽阳门外建“清朝侍御，盛世联魁”石碑坊。著有《瑞芝堂集》《经书疏解》《东巡疏草》《禄勋疏草》《柱下焚余》《靖匪录》，编纂明崇祯《处州府志》18卷。清光绪《处州府志》录有王一中撰《重修府学记》《重修府学明伦堂记》《置学田记》《重修丽水学记》《关圣庙记》《重修通济堰记》及《赠延陵郡宗谱序》。遗墨有山东莱芜望夫山摩崖题刻“鹰窝崖”三字，山东乳山圣水庵东侧摩崖题刻诗一首。

杨文骢

杨文骢（1597—1646），字龙友，号山子、雪斋、阿龙、鹤巢，贵州贵阳人。明万历四十六年（1618），中举人。明天启四年（1624），奉母移居南京，入复社，与复社首领张溥及陈子龙、吴应箕等交好，后称复社四公子。文骢豪侠自喜，好交游，有文藻，博学好古，擅长书画，尤善山水，格调近黄公望、倪元璐，与董其昌、李流方等为“画中九友”。工诗文，为晚明八大家。明崇祯十四年（1641），杨文骢任青田知县，时四方多故，外受倭寇侵犯，内受粤地游民和本地流氓骚扰。文骢执政爱民，组织民众，训练乡勇，保障一方平安，深受士民爱戴。著有《从温溪逆流而上舟中即事》《天岩庙》《綄纱溪见野花》《幽兰移栽歌》等诗。任职一年，后赴永嘉、江宁任知县。被御史詹兆恒劾其贪污夺官，无端别去，不胜怆怀。明崇祯十七年（南明弘光元年，1664）四月二十二日，清军入关，大学士马士英当国，文骢起任兵部主事，历兵部员外郎、兵部郎中，监军京口。南明隆武元年（1645），任兵备副使，分巡镇江、常州两府。同年五月，任右佥都御史，巡抚其地兼督沿海诸军，兵败去苏州。六月十三日，清军攻占南京，命鸿庐丞黄家鼐赴苏州安抚，被文骢袭杀，遂走处州，任兵部右侍郎、右佥都御史、提督军务，令图南京。明隆武二年，衢州告急，文骢与刘孔昭共援衢州。七月，大清兵至，文骢退至浦城，被追骑俘获，不降被戮。著有《洵美堂集》。书法遗存有《杨文骢行书条幅》《杨文骢草书七律诗扇面》《行书五绝诗轴》《杨文骢与王城札》。

孟称舜

孟称舜（约1599—1684），字子塞、子若、子适，号花屿仙史、小蓬莱卧云子等。会稽[①]人。自幼工诗文词曲，颇有时名。明崇祯年间秀才，屡试不第。明崇祯二年（1629），参加复社。明崇祯十年加入枫社，是临川汤显祖“玉茗堂派”重要成员。文学创作主要在天启、崇祯年间，著有杂剧、传奇10种，现存7种，以《娇红记》《桃花人面》《残唐再创》等剧著名。按婉丽和豪放等不同风格，收集元、明杂剧56种，汇编《柳枝集》《酹江集》，合称《古今名剧合选》。清顺治六年（1649）举贡生，任松阳训导。廉正不阿，不与俗伍，以励风俗，兴教化为己任。初一、十五，升堂讲道，阐明程朱理学，课士严整，不敢喧哗。时学宫颓废，积极筹划修理，与夫人慷慨解囊，首捐百金为倡，“事用速成，由殿而堂而庑，而启圣祠、尊经阁等皆焕然一新。”致力恢复学田，设法清理收回被占的学田，倡议捐金购置学田2顷，以保证学宫修缮等费用。称舜学高才敏，早晚诵读，不绝寒暑，著述自娱。刊印张玉娘遗稿《兰雪集》2卷。修复鹦鹉墓，撰《祭张玉娘文》。扩建贞文祠，写《贞文祠记》。清顺治十二年，辞职归里。清顺治十三年，在金陵[②]雨花僧舍完稿35出戏曲《张玉娘闺房三清鹦鹉墓贞文记》。

① 2010年称绍兴市。

② 2010年称南京市。

郑赓唐

郑赓唐(1607—1678),原名孕唐,字而名,号宝水,缙云周村人。少聪颖,善属文。明天启七年(1627),中举人,问学程朱学派,深入领悟阳明学派,屡试进士不第,遂治经世之学。明崇祯十七年(1644),福王朱由崧即位南京,为弘光元年,世称南明。议将括、婺两州改为崇藩,括州地瘠民贫,建藩供费,不堪重负,赓唐直陈七议,其事始息。明隆武元年(1645),唐王朱聿键即位福州,赓唐任翰林待诏。不久,又任吏部稽勋司主事,转验封司员外郎,代文选司事。有人以千缗贿赂,被杖责掷还,选事为之一清。时残局危殆,赓唐上陈时政数万言,被称为“救时硕划”。后出任福宁[①]兵备道参政,思有所建树,终因回天无力,隐迹长溪丛林。后双亲年迈,哭泣归养,晨昏起侍如孺子,养葬竭尽孝道。晚年致力治学,著有《诸易蒐》12卷、《空斋遗集》12卷及《春秋引断》《春秋质疑》《唐宋节录》、《古质疑》《两汉语林》《古今同异辨》。《读易蒐》《古质疑》收集《四库全书》。清光绪《处州府志》录有郑赓唐撰《戊戌春日登白云山》诗。

方亨咸

方亨咸(生卒年不详),字姐哥、吉偶、邵村,号龙瞑、心童道士,安徽桐城人。幼承家学。清顺治四年(1647),中进士,授丽水知县。明勋戚方国安兵溃,退入处州,大肆抢掠,男女逃亡。方亨咸设法招徕外逃农户,回乡者发放耕牛、种子,免其徭役,人口逐渐增加。严格推行保甲法,招收壮年当兵,经常训练,周边盗寇不敢侵犯丽水县境。东郊好溪渠损坏,他捐银修堰,将好溪渠分为三派,设北堰、小堰、东堰,灌田0.13万公顷。百姓歌其功德,将好溪堰改名“子来堰”。清顺治六年,方亨咸下乡劝农,父老首提修缮通济堰,于是首创与诸父老聚集民工,各都图凡受益者乐助其工,推选有德望的老人主持,从春夏之交动工,秋天修复堰渠。亨咸常和儒生一起讲论艺术,士人都很喜欢接近他。因宦绩卓著,调任刑部主事,累官至御史。后因其父江南科场纳贿作弊案,与父同被流放黑龙江宁古塔贝勒[②]。亨咸能诗文,善书法,尤精小楷,有名于时。亦擅山水、花鸟。释归后借笔舒写其抑郁之气,故其书画更进。山水得黄公望神韵,沉雄古雅,与程正揆、顾大申鼎足,所画花鸟亦意态如生,足迹几遍天下,故其所见无非粉本,不规于古人而胜于古人。著有《邵村诗集》《塞外乐府》《楚粤使稿》等。书法遗墨有方亨咸行书《王维七律诗轴》《为人万道兄题句》《方亨咸行草书》。国画《喜鹊山果图》扇页。

汪 昂

汪昂(1615—1695),初名垣,字讱庵,人称浒湾老人。祖籍安徽休宁,明末移居丽水。早年苦读经书,科考屡试不第。清顺治初年(1644),因病学医,泛览博取,上自歧黄、仲景等医学典籍,下迄后世诸家,探研学术义理,吸取精粹内涵。对《黄帝内经》及历代医方、本草著作,致意尤深。结合行医实践,钻研病理药学。清康熙二十一年(1682),编著《医方集解》6卷、21门、正方370多个,附方490多个。所著《勿药元铨》,为《医方集解》附录,记有养生颂、金丹秘诀、保健十六宜等功法10多种。汪昂注释《黄帝内经》,遵循王冰等四人的注解,经过删繁、辨误、畅文、释意,编纂《素问灵枢类纂约注》,言简义明,堪称善本。清康熙二十三年,对明代李时珍《本草纲目》虽为完善、周明,而过于浩繁。汪昂

① 2010年称霞浦县。

② 2010年属黑龙江省海林县旧街镇。

“特裒诸家本草，由博返约，取适用者，凡四百品，汇成小帙，”编纂《本草备要》4卷。清康熙三十三年，汇编《汤头歌诀》，选录常用方剂300多个，编成七言歌诀200首，每首均有方名冠之，并附有简要注释，便于学者习诵。还著有《经络歌诀》《痘科宝镜全书》《本草易读》等。《中国医学史》称，汪昂“书浅显易明，近人多宗之。”汪昂爱好诗文，著有《讱庵诗文集》。1999年，国家中医药出版社将汪昂医学全书编入《明清名医全书大成》。

刘廷玑

刘廷玑（1654—1715），字玉衡，号在园，满族，辽宁辽阳人。清康熙二十四年（1685），由荫生任台州司马。清康熙二十七年，升任处州知府。时耿精忠乱兵陷城，洪水泛滥，漂没田庐，田土荒芜。康熙三十年，在府治圭山文昌阁东建南明书院。清康熙三十一年冬，捐俸改建处州府学，重建名宦祠，重修乡贤祠，至次年落成。清康熙三十三年，重建圭山书院，为丽水县义塾。每月初二、十六，刘廷玑到圭山书院讲学，分课生童。召集流亡，振兴农业。刘廷玑自捐俸金，选吏去瓯籴米，平价发粮赈饥。鼓励农民开垦草莽，循山开田。清康熙三十二年十月，出俸若干，倡修通济堰，一循故道，筑崖置斗，疏函窒穴，开堰门，拓诸概，拨淤沙于停积、捍堰道之浅塞，于该年十一月落成。不到几年，土皆成熟，麻、靛遍满山谷，已“有可之成”之颂。修建城池。清康熙二十五年河伯肆虐，周城泥垣冲塌，以河为壑，地埒坦平。清康熙二十八年，刘廷玑乘水涸成梁之候，檄令丽邑佐相度，率沿丁夫，按丈尺疏浚城内两渠。清康熙二十九年，刘廷玑“露冕行春，目击郡无完垛”，完成处州府城的修建。重建府署，因旧基为堂署，后私室各具，缭以短垣，列各偏厢于垣外，别构书室数楹，在府治前桥上造“不染亭”。刘廷玑和知县张建德率诸生捐修校士馆。在圭山重修文昌庙，新建文昌阁。在城西三岩寺重修广福寺。清康熙二十九年十月，重修却金馆，次年七月竣工。谳决大狱。刘廷玑亲自审理案件，秉公断案，取信于民。以卓异荐护司道署府厅掾，升温处道，累官江西按察使，后降补分巡江南淮徐道。廷玑工诗，著有《葛庄分类诗钞》13卷、《葛庄编年诗》《在园杂志》4卷、《在园曲志》等。留存题记7篇，诗歌近百首。清光绪《处州府志》录有刘廷玑撰写《重修府学碑记》《重建圭山文昌阁记》《重建却金馆碑记》《修通济堰记》《重建处州府治记》。

方七娘

方七娘（生卒年不详，生于明末），丽水县城人，出嫁福建永春。拳师方种独生女，从小精拳艺。方种早年丧妻，由七娘赡养。方七娘为反抗财主逼婚，避入庵堂求生，埋头飞梭织布。忽有一白鹤伫立织机旁，许久不肯飞走，七娘顺手抓起梭盒掷向白鹤，白鹤展翅将梭盒反弹回来。七娘又用织布的竹砚策打白鹤，白鹤一脚抖动，将竹砚策反弹堂外。白鹤表演引喙理毛、伸颈觅食、缠膝憩息等姿态。七娘细想白鹤的动作，与父亲在厅堂上模仿，揣摩新的拳术套路，经过不断钻研，把白鹤舞姿揉入少林拳法之中，称白鹤拳。方七娘在庵中传授白鹤拳法，不久名闻遐迩。福建永春曾四与师父颜起诞，慕名来丽水拜七娘为师，学习白鹤拳。后经方种与颜起诞商定，方七娘与曾四结为夫妇，生有二子。方种去世后，曾四一家回福建永春西门外后庙辜厝，开武术馆授徒，后人称“曾武馆”。永春白鹤拳还融入传统舞狮，模仿雄狮的各种动作，并与白鹤拳套路对练，武韵别具一格。白鹤拳还按经络、穴位、时辰不同，用鹤技点断筋脉的方法，进行推拿、按摩、接骨、治伤等，对骨伤科研修有一定作用。白鹤拳在永春蓬勃发展，尊曾四为“前永春名师”，传人有郑、王、吴、林、李、蔡、颜、乐、潘等姓“二十八英俊”。白鹤拳流传到福州，衍化成纵鹤、飞鹤、鸣鹤、宿鹤、食鹤等 5 种，形成福州鹤拳。中国台湾地区名师白戒到永春学习白鹤拳，被称为“白永春名师”，传人有郑宠、林添、郑畔、辜初、辜荣。白鹤拳传入日本，发展成为空手道。白鹤拳也传入中国香港及新加坡、马来西亚等国家和地区。

毛 桓

毛桓（1684—1742），字克亭，号荔园、石生，遂昌关塘村人。博通经籍，旁涉星卜、医药。为文矫健，诗亦精琢，尤精书画，弱冠声名益盛。清雍正八年（1730）拔贡，就读杭州敷文书院。清乾隆初年（1736）荐举博学鸿儒，未赴。执教遂昌昌山书院，延课南明书院。为人宽怀大度，缘是家境日落，怡然不介意。晚年寄寓杭州西湖，日以诗酒为乐，喜画兰、竹、山水，醉后作草书益奇。手迹零落，诗多散失，仅存 40 岁前著作《荔园文集》《远抱楼诗集》《四书解义》等。清光绪《遂昌县志》录有《关川八景》《己丑纪事》等诗。

曹抡彬

曹抡彬（生卒年不详），字文明，号炳庵，黄平州[①]人。由翰林出任湖州知府，挺直不阿，有忤上官，解职而去。至京，奉特旨召见。清雍正七年（1729），任处州知府。清耿益励，察访流弊，悉乡民苦于派烟夫役，出示禁令改革，酌情以钱抵劳。清康熙四十九年（1710），处州府学左坊倒塌。清雍正十年（1732），曹抡彬重建。城南圭山南明书院，久废坏。清雍正十一年，曹抡彬重新整修。聘请老师主讲，亲自讲授程文法式，每逢甲子点校作业，著有《课士拟程》，兼刊《训士八条格言》，示以敦本笃学之方。栝苍门外，旧有浮桥，被水冲毁，行人筏渡艰苦，而且常有沉溺之患。清雍正八年夏，曹抡彬决计兴造，上不需公款，下不资民力，商同僚属设法捐修，溪宽 81 丈，船 48 只，锁链 2 条，两岸建亭，至清雍正九年落成。清雍正十年夏，虫、旱为害，曹抡彬多方设法，抗旱救灾，消灭虫害。遂昌县铁矿，有些外来蛮横之徒群集洗沙，湮没粮田数十亩，民久生病。曹抡彬亲赴堪察详情，勒令限期驱禁。丽水、宣平两县多荒田，粮赋不堪赔累，曹抡彬详请丈量田地，缓解农民的积困。处属士人贫困，赴科考的少。曹抡彬每届招待应举之士，多筹路费，设宴公堂饯送，礼文备至。或先期捐备卷资，集合诸生决定科考文章欣赏品评，士气振奋。凡可以惠及地方的，知无不为，为无不力。清雍正十一年，曹抡彬修，教授朱肇济等编《处州府志》20 卷、16 册，抱遗订坠，纲举目张。曹抡彬性情俭约，蔬布自甘，文武同僚，和衷共济，从少孤单，至孝天成，一旦家有讣讯，哀毁不欲生，急思奔丧去。并为云和王家较立孝子坊。清光绪《处州府志》录有曹抡彬撰《三归学田记》《修济川浮桥记》。

韩锡胙

韩锡胙（1716—1776），字介屏、介圭，号湘岩子、河干妙有山人，青田鹤城人。14 岁补为县学生员，19 岁避荒就读芝溪乡多福寺，21 岁读书于杭州西湖，24 岁回乡任正谊书院山长。清乾隆六年（1741）由廪生拔贡。清乾隆十年授武英殿纂修官，补八旗教习。次年，由大司成鄂公推荐与朝鲜使臣舌战，辩论终日，朝鲜使臣心服。清高宗弘历亲赐《五经》《盛京赋》激励。清乾隆十二年，中举人。清乾隆十三年，教习期满，出任山东齐河知县，后任平阳知县，召民夫开凿金牛洼地，月余竣工，变成良

① 2010 年属贵州省黄平县。

田。清乾隆十四年九月，赴任禹城知县，闻知当地多涝，疏导洼地之水流入城西徒骇河、南乡漯河，数年功成。清乾隆十七年，山东蝗灾，锡胙创捕蝗法，计日灭蝗。清乾隆十九年，父逝守孝，寓居禹城东乡，留主泺源书院、繁露书院讲学。服丧期满，入京馆史相国赐第，出任江苏候补知县。清乾隆二十五年，任金匮知县，锡胙拘捕严惩无赖，社会安定。清乾隆三十二年冬，调任宝山知县，江东水浅，商船搁停，奸民劫夺焚毁，锡胙悉捕奸民，循之以法。清乾隆三十四年冬，升同知。次年冬，升任安庆[1]知府，时积案甚多，会审平反者众。同年，夏旱患蝗，锡胙以禹城之法捕杀，皆应手灭。清乾隆三十七年，调任松江知府，整饬盐政，密捕害人，疏浚河道，以通舟楫。清乾隆四十年十月，调任苏州知府。次年，任松太兵备道，巡视海塘，遍历所属各县。七月，擢任苏松督粮道，未履任于七月十二日病逝。韩锡胙曾四次出任山东、江南乡试同考官，训诂学者段玉裁、算学戴震等出其门下。著有《滑疑集》18卷、《古貌》1卷、传奇《渔村记》2卷及杂剧《南山法曲》。遗墨有《归里偶成四首诗卷》。清光绪《处州府志》录有《修石门洞刘诚意伯读书堂引》。

姚安世

姚安世（约1714—1781），又名匡其，字馨韶，庆元松源南门村人。自少习医，素性豪爽，好打抱不平，因指引灾民冲击县衙，逼县官开仓赈济，被诬为“煽惑罪”，流放省垣。后经友人营救保释，留居杭州，潜心攻研医学。因医愈某布政使母病，深受器重，尽读其家秘藏医书，医术大进。时窦光鼐督学浙江，母病阴寒内伏，药石难投，诸医束手。布政使推荐姚安世就诊，用蒸劫发汗之法，使其不药而愈。窦光鼐大加赞赏，为之销案复衿，于是声名大震，四方求医者日踵于门。安世常用简单手术和汤药，治疗疑难病诸症，奏效如神。时人尊称“馨韶爹”，后谥为“青樵癫”。民间还传颂着他治病的轶事。晚年闲居，以酌酒吟诗，栽花养鸟自娱。清嘉庆七年（1802），拔贡余恺为其作墓志云：“先生品，百炼钢；先生学，千金囊，先生之药万变良。先生壮，精而强；先生老，寿而康，先生既死通弥光。”著有《杂病》《麻痘症治》两书传世。

陈治策

陈治策（生卒年未详，1810年前在世），字芸蕙，江西兴国人。清嘉庆六年（1801）进士，清嘉庆十一年，任云和知县。为政清廉，关心百姓疾苦。撰写《示殖山文》《导水文》《劝力穑文》。劝导农民广山泽之利，重视粮食生产，春耕下乡议农事，传授农业技术。提倡高山种杉、松、榅、柏；低山种油茶、桐子、毛竹、中药材；宅房、沙滩圩地种桑、麻和桃、梨、枣、桔诸果。略种棉花一二，以解穿衣。尊重人才，贡生王树英，文藻、书翰擅绝一时，尤长于诗词，雅自矜重，不干势利，陈治策非常器重，延修县志，多所成就。清嘉庆年间，在云和县东45里建石塘坑渠，于石川桥下分左、右渠，左渠灌田26.67余公顷，右渠灌田20多公顷。清嘉庆十三年修县前桥。在云和县东南15里云坛水口倡修兼济桥。清嘉庆十四年，在县城青阳门外建沙冷桥。修城门建县署。清嘉庆年间，陈治策重加修缮，改东门为青阳，西门为阜安，增设南、北二门，南曰迎薰，北曰拱辰。清嘉庆十二年五月毁县署，陈治策重修。清嘉庆十三年，陈治策在朝阳坊建浣花居。清嘉庆十五年，陈治策主持编纂《云和县志》22卷。在任4年，谢病还乡，饯别者盈路，建陈公生祠祭祀。清光绪《处州府志》录有陈治策撰写《导水文》《新修城门记》。

---

[1] 2010年称安庆市。

黄 瑞

黄瑞(1752—1810),字锡符,号辑堂,原籍遂昌坑西村,后入赘江山张村。少年求学遂昌县学,乡试由江山举荐。清乾隆四十二年(1777)中武举人。清乾隆四十五年,中武状元,授头等侍卫乾清门行走。同年,补甘肃乌鲁木齐中营参将,管理口外屯田,政绩卓异,升湖南长沙协副将监试武闱。清嘉庆元年(1796),署理湖北宜昌镇总兵。时值川、楚、陕白莲教起事,黄瑞奉命率兵镇压,鏖战11次,始克当阳县城,湖北将军欲将所获男女尽行屠杀,黄瑞设法保全万余生命。后升任总兵,守御长阳、张家口等处。时逢冬旱,白莲教徒涉水袭击陷城,被劾剿灭不力,降四级,调守陕西五郎关。旋升抚标中营参将。清嘉庆十五年,署潼关协副将,染疾而卒。

吕载扬 赵作基

吕载扬(1752—1825),字周膺,号景真、继相,缙云壶镇人。经商致富。清嘉庆十六年(1811),大旱,捐资千金赈济饥民。清嘉庆二十五年,旱,出米200石,煮粥给饥民吃。壶镇好溪当台、婺、处三州要冲,小石木桥屡建屡毁。清嘉庆二十二年七月,载扬承母遗命,带领其弟载修、载训、载希及两个儿子,建壶镇永济桥。清嘉庆二十四年三月建成,计13孔、长178米、高7.80米、宽4.10米,费白银3万多两,更名贤母桥。朝廷授予儒林郎,后赠承德郎、朝议大夫。清道光六年(1826),载扬次子建盛,捐银2万多两,建缙云县前继义桥,计4孔、长110米,朝廷晋授四品衔。清道光八年,载扬长子建始,变卖家产,捐银2万多两,建东渡竞爽桥,一年余建成,计9孔、长140米、宽4米、高9米。吕氏一家,为时10年,耗银7万两,建桥3座,誉为千秋善举。贤母、竞爽两桥,经拓宽,今为金(华)临(海)、金(华)温(州)公路桥。清光绪《处州府志》录有学使朱士彦撰《缙云县三桥合记》。

赵作基(1784—1857),又名开始,字守成,号定轩、致和堂,缙云黄迎祥村人。清国学生,才思敏捷,尤善算术。清嘉庆、道光年间,母舅吕载扬一家建贤母、继义、竞爽三桥,作基负责设计、施工和财务。建桥制作铸石,勾股斜角的形状、尺度,皆出其手,石匠按图雕凿,举而合之,丝毫无差。工匠百余,记工计费,均无差错。清道光六年(1826)冬,知县谢兴宗招聘,负责重建五云书院、金莲书院和万寿宫的施工。清道光十五年前后,余姚县令张惟孝①聘请其修理海塘,工费省而坚固,上司巡视,独赞余姚。议叙盐运司知事,记录二次。

李 濬 李存耕

李濬(1754—1824),字巨川,号鹤堂,龙泉城镇人。清嘉庆前后在世。明经。孝敬父母,和亲睦邻,善训子孙,乐善好施。济川桥为闽、浙咽喉之冲,冲毁30多年。清嘉庆十年(1805),李濬独资重建。拓旧址砌石为墩,高4丈、长7多丈、宽1丈6尺,桥面铺砖,上盖瓦屋73间,中矗巍阁,旁缀以亭,耗资1.40万两银,清嘉庆十一年三月二十七日落成,备受县民赞颂。有《济川桥题赠集》记其事。清嘉庆二十五年七月,洪水为灾,倾倒三洞,流去桥屋8间,李濬出银380多两修建。清光绪《处州府志》录有翰林院侍讲梁同书撰写的《重建济川桥记》。

李存耕(1777—1842),字耘士,号巩田,李濬之子,龙泉庠生。工诗画,凡遇公举,皆输资无吝啬。

① 原缙云县令。

遇饥荒，出庄谷100多石给乡民，又以家内余资赈济贫困的人。出资捐建京城处州公馆等义举，人皆德之。清道光九年(1829)，捐银4100多两，重修济川桥。清道光十一年五月，连日大雨，济川桥第五石墩冲毁，殃及桥屋15间。存耕又捐银160多两加以重修，自五月二十七日兴工，至十二月二十二日竣工。1961年，改建公路桥，改名龙泉南大桥。

端木国瑚

端木国瑚(1773—1837)，字子彝、鹤田、井伯，晚年号太鹤山人，青田县城人。清嘉庆元年(1796)，浙江督学阮元视学处州选才，端木国瑚院试作《桃花》《青田画虎》二赋，阮元大为赞赏，被誉为“此青田一鹤也”。邀赴杭州，就读敷文书院。清嘉庆三年中举人。次年，赴京会试未第，游学而归。先后在青田正谊书院任山长两年，在处州莲城书院执教两年。清嘉庆十三年，再次赴京会试不第，授予知县，因其潜心学业，呈请改任教职，掌教瓯郡中山书院。清嘉庆二十一年起，在湖州归安①任教谕14年，桃李遍地，深受尊敬。清道光六年(1826)，以治经闻名的龚自珍，在京与国瑚论《易经》大义，结为忘年之交。端木国瑚与龚自珍、魏源、宗稷辰、吴嵩梁有“薇垣五名士”之誉。清道光十年，清宣宗改卜寿陵，下诏国瑚入京觐见，所选西陵吉地，甚合帝意，任为县令，国瑚又请任教官。清道光十一年二月，特授内阁中书，加六品顶戴，移居京城七斜街浙瓯馆。曾发动处属各县人士募捐，在宣武区西砖胡同路西侧购地建处州会馆，作为处州赴京赶考士子待考、歇息和聚会的场所。清道光十三年，61岁考取进士，仍以知县任用，国瑚无意仕途，再呈请注销，改任内阁中书。先后三辞县令。清道光十七年，朝鲜使臣慕名求见，说：“君所为《定香亭赋》，东国人皆传诵。”又请讲解《易经》，并求取诗文经注手迹，欣然而去。同年三月，告老还乡，迁居瑞安。八月，应同榜进士吴世涵邀请游遂昌，在含晖洞留有“悬坛”“含晖洞”等摩崖题刻。九月，病故，墓葬湖州仁玉山，祀处州乡贤祠。国瑚博习经史，精通天文地理，阴阳术数，尤精《易经》，亦工诗文。著有《周易指》385卷、《周易葬说》1卷、《易例》1卷、《易图》5卷、《杨氏地理元文注》4册、《太鹤山人诗集》13卷、《太鹤山人文集》4卷。清光绪《处州府志》录有国瑚撰《重建留槎阁记》和《记飓风》《太鹤山易冢》《忆青田山作》诗。遗墨有行书《段成式七言绝句》《姚最(续画品)评萧贲》条幅。

第二节 近现代人物

近现代人物传91个、99人，其中合传5个、12人；宦官8人、英烈44人、武职6人、经济15人、教育9人、文化7人、医药2人、少数民族8人。本籍人物78人，占近现代人物的78.79%，其中莲都区14人、龙泉市9人、青田县14人、缙云县12人、遂昌县6人、松阳县7人、云和县8人、庆元县4人、景宁畲族自治县4人；外籍人物21人，占近现代人物的21.21%；女性5人，占近现代人物的0.05%。

郑国鸿

郑国鸿(1777—1841)，字雪堂，回族，湖南凤凰人。清乾隆六十年(1795)，世袭云骑尉职。清嘉庆

① 2010年称吴兴区。

八年(1803),授永绥屯守备,后任湖北黄州协都司、湖北提标中军参将及广西平乐、湖北竹山、浙江湖州、湖南宝庆四协副将。清道光二十年(1840),升任浙江处州镇总兵。清道光二十一年二月,郑国鸿奉命率处州兵1200人增援定海,与定海总兵葛云飞、寿春总兵王锡朋率兵3000人抵定海,修镇远城炮台,筑道头土城,防御英军卷土重来。继任钦差大臣裕谦,给定海增兵1800人,并奏升定海为直隶厅。三总兵分守要隘,葛云飞把守土城,王锡朋分守晓峰岭,郑国鸿扼守竹山门入港要道。九月二十六日,英国侵略军4000多人,军舰29艘,再犯定海,葛云飞亲自开炮,击沉击伤英舰各1艘。二十七日,英舰4艘进攻竹山门,国鸿率部用抬炮射击,击退英军。二十八日,英军50多人驾舢板登竹山门,被郑国鸿部击退。英军从盐仓海口登陆,大举进攻晓峰岭,王锡朋和左营游击胡德耀等力战阵亡。二十九日,英军占领晓峰岭后,顺势进犯竹山门,以小船登陆,又被击败。十月一日,英军乘大雾进攻,郑国鸿率部殊死抵抗,终因弹尽援绝,单骑冲入敌阵,挥刀连斩数敌,身中两炮阵亡,随征处州将士全部为国捐躯。英军沿土城东进,葛云飞率领官兵,进行肉搏,多次中弹,壮烈牺牲。激战六日,定海复陷。清光绪十年(1884),在定海和昌路建三忠祠祭祀。郑国鸿通晓《诗》《易》。著有《诗经疏义》《葩经招旨》《昌学崇源》。

王尚赓

王尚赓(1791—1848),字云舫,丽水县城人。性情孤高,素以研读图册史籍自娱,善书法绘画,癖爱古文物,凡断碣残碑,必清除苔藓芜草临摹。清道光十三年(1833),处州训导李遇孙尤精金石,编纂《栝苍金石志》12卷,王尚赓与乡人王尚忠参与共成,得《两浙金石志》未收者100多种。后王尚赓又编纂《续栝苍金石志》4卷,丽水尚存古刻。清道光二十六年,修编《丽水县志》,王尚赓尽力参与。著有《淳化阁贴释文辨正》10卷、《云舠诗钞》1卷。手抄顾炎武撰《日知录》4卷,藏于厦门大学图书馆。

吴世涵

吴世涵(1798—1855),字渊若、榕疆,遂昌石练人。天资颖异,从少力学,博极群书。就读杭州敷文书院,名声大噪,诗文一出,学友争相传诵,两浙知名人士慕其才与之相交。清道光八年(1828)会试,中亚元(举人第二名),被士人称为"文坛飞将"。清道光二十年,中进士,初任博陵①知县。母逝归里服孝,期满改任云南通海、太和②、会泽知县。世涵为政,务以德化,不尚严酷,勤政爱民,持躬俭约,不改寒素风,颂声遍榆城,谓廉静之吏。工诗文,不轻着笔。因奔父丧,乘船急归,航途中暑,不治而卒。著有《又其次斋诗文集》《宜园笔记》《平昌诗萃》16卷。清光绪《处州府志》录有吴世涵撰《李阳冰城隍庙碑歌》《仙都吟》《桃花隘》《重游石门观瀑》《由丽水还遂昌道中杂咏》《卯山》《重游含辉洞观太鹤丈题铭》《南明山石梁歌》《追魂碑歌》《太鹤洞天石歌为端木丈作》等诗文。

林芳香

林芳香(1807—1862),女,松阳赤岸人。自幼深得家学,谙熟诗文。17岁,执意自主择偶。清道光五年(1825),嫁给赤岸富户周廷瑞为妻。林芳香力反常俗,不受聘礼,不戴盖头,邀新郎先到林家祭扫祖坟,拜别父母,与夫同去周家。婚后半年,即和丈夫商议,辞去奴仆,各赠银两遣其回家立业。夫

① 2010年属河北省蠡县南。

② 2010年属云南省大理市。

妇自理生活，择地劳作，种菜种花，乐善好施，济贫解困。清道光二十四年，丈夫因连年苦读积劳成疾而逝，长子暴病身亡，林芳香屡遭不幸，乐助自励，遂立遗嘱，专拨良田 8.67 公顷为文德学田，给全县文武童岁科县试首场纳卷之资。清咸丰元年（1851），松阳城北姥桥[1]经费不敷，拨文德学田租 700 担，毕其成。清咸丰五年，处州府请准为芳香建“贞节坊”，其族侄多次劝立，她坚辞不就，反复叮嘱建碑坊“少则用租谷三四百担，实为糜费，我死后也不可建坊。”清光绪三十年（1904），知县叶昭敦禀请浙江巡抚予以嘉奖，赠送“乐善好施”锦旗一面。

蓝三满

蓝三满（生卒年不详），又名文满，畲族，云和东坑村人。少时爱歌唱，即兴而作，脱口而出，随编随唱，人称“歌王”。为人刚直，正气凛然，遇见不平之事，即以通俗语言编成山歌予以鞭挞。清咸丰八年（1858），石达开率太平军攻占云和，县团练头目周鹤联络景宁团练进行反攻，被太平军在西门白水歼灭。蓝三满创编《长毛歌》74 首、296 句，每句 7 字，控诉清王朝昏庸无道，“咸丰皇帝心不通，出来理事人不容。”歌颂太平军纪律严明，英勇善战和杀富济贫，“长毛造反到州城，样样事情有安排。”歌颂长毛不会胡乱捉人杀人，专杀清军和地主武装，“长毛杀人在西门，西门路上杀恶军。”揭露清政府对太平军的恶意宣传。《长毛歌》是他的代表作，存浙江省文物管理委员会。

雷起龙

雷起龙（1782—1871），又名祚余，字南田，畲族，丽水苍坑人。身处穷乡僻壤，幼怀大志，学文练武，行侠仗义，深受畲胞爱戴，享有较高声誉，常来往于丽水、松阳、宣平、云和、青田等县畲民村落。处州府衙规定“畲民皆为舆台，为人身役，身家未为清白，不准与考。”畲民十分不满，希望雷起龙领头向官府争取考试权。清嘉庆八年（1803），雷起龙和青田畲民钟正芳，联络丽水、松阳、青田县畲民，呈文处州府，要求准予畲民参加科考。处州知府时敏报送省抚台，浙江巡抚阮元会同提学使文宁上书礼部，获准畲民一体考试，取得参加科举考试的权利。清嘉庆十一年，雷起龙参加处州府武科童试，马出箭飞，连中三的，考取武庠生，因家境贫穷，无力深造，居家纂修族谱，和睦同人，劝善息讼，民众称善。

王士鈖

王士鈖（1825—1879），字蕴生，号筱珊，云和县城人。清咸丰十一年（1861）拔贡。学识丰富，无意仕途，潜心著述，不仅精诗文，而且对戏剧、宗教、地理、书画、建筑等也颇有研究。著有《文稿》《书画船庵赋钞》《燕台诗存》《懒云小舍》诗稿，《江河源流辨》《幻云楼记》等 20 多卷。清咸丰七年（1856），总纂《云和县志》。清同治三年（1864），编纂成书 16 卷。清同治年间，建筑设计云和县署，有房 108 间，天井 36 个，门窗 72 对，间间精巧，光线充足，设计较完美。清同治《云和县志》录有王士鈖撰《新建石川桥记》。

王金宝

王金宝（1881—1904），青田温溪人。13 岁随父王玉明学拳术，平素仗义，目睹外国传教士专横跋

① 2010 年称马桥。

扈，产生强烈反洋情绪。清光绪二十一年(1895)，金宝在松阳县黄炎家当保镖，以武术会友，曾受终南会委派建立万云会。清光绪二十九年，金宝受黄炎委托，利用松阳西乡农民水神会风俗习惯，秘密创建，提出“洋教为匪当灭尽，要把乾坤扭得转”口号。双龙会总部设于丽水县小水门外，办事机关设于松阳县西屏镇南门瓯青公所，处属各县设立分会。金宝秘密发展会员，多数是农民，还有船工、搬运工、手工业者和小商小贩等，满百人为单百会，两百人为双百会，号称会员2万，在处州十县均设分部。清光绪三十年，革命党人陶成章、魏兰联络各地会党共同反清，由魏兰与吴应龙、阙麟书取得联系，并与双龙会主王金宝商量，双龙会宗旨改仇洋为反清灭洋。同年农历十月初十万寿节，黄兴在湘、鄂两省同时起义，闽、浙两省积极响应。陶成章、魏兰等联络金、衢、严、温、台、处六府会党协约同时起义，待长沙起义后3日响应起义。王金宝与阙麟书等商议，决定武装起义后攻袭衢州，出江西，与黄兴领导的长沙起义军会合。九月二十六日，长沙起义失败，处州知府悬赏2000元，缉拿王金宝。因叛徒陈象明出卖，在桐庐被捕。十月，在丽水就义。

赵亮熙

赵亮熙(生年不详—1905)，字寅臣，四川宜宾人。生性刚直，风裁峻整，果毅有为。清咸丰十年(1860)中进士。清同治七年(1868)，补工部主事，后任员外郎，多次出任主考官。清光绪十八年(1892)七月，出任处州知府。清光绪十九年，调任台州知府。清光绪二十二年八月，复任处州知府。善政爱民，不胜枚举。文牍案卷必亲自批阅，政务处理只求合乎情理，不拘泥于惯例。审理案件有时不在府署公堂，而在府前广场公开审判，起到警示、劝诫、教化作用。常穿便服，不带随从，串街走巷，了解民情，遇勤苦者，辄加奖恤。赈济灾民，疏浚水利。清光绪二十六年夏，连日暴雨，山洪暴发。七月二十日、八月十日，两次洪水淹没府城，东郊盘地和碧湖平原基本绝收，哀鸿遍野。赵亮熙开常平仓、预备仓和义仓，平粜、借贷、赈济。因仓廪全罄，不能渡灾，亮熙又向省台请求拨款，向外地购粮赈济，灾民赖以存活。捐俸倡修厦河水障，组织民工修筑。清光绪二十九年秋，竣工，免受水患。注重教育，创办新学。广设义学，以端蒙养。每逢书院课考，亲自校阅批改，评定等级次第，劝勉生员力学，必以敦品笃行为先。为贫穷者筹措路费，设宴为赴考之士饯行。主张废科举办新学。清光绪二十八年，改莲城书院为崇正学堂，除学习经书、文学外，还开设外语、历史、地理、博物、物理、化学、体操等课程。赵亮熙操守清廉，爱才若渴，严于嫉恶，见人稍不循礼法，即当面斥责，使蠹役奸胥望风敛迹。行省抚院两次考核，荣膺卓异，守栝九年，逝世处州。留有《南明山四绝诗碑》。

陈 璚

陈璚(1827—1906)，字鹿笙、六笙、麓生，号澹园，室名随所遇斋，广西郁平①人。清咸丰十一年(1861)拔贡，才识练达，性情平和，风流儒雅。清同治四年(1865)，陈璚被选派到杭嘉湖道道员。因秉性刚直不阿，违逆某地方官员意志，被道台拟定贬官。幸好上级官府知其办事干练，留塘工局任职，因政绩卓著，被擢升为嘉兴、台州知府。清光绪十三年(1887)夏，任处州知府。郡城正遭洪水冲淹，城垣与门楼塌毁，上任伊始，即踏勘城池，访贫问俗，剔弊兴利；带领吏民修缮城池，恢复被淹田地；筹开当铺，兼营信用放贷，以便于民；修缮书院，办好育婴堂，凡诸善政，皆按次整顿。专购桑树苗十万

---

① 2010年属广西壮族自治区贵县。

株，让百姓免费领取种植，以兴蚕织之利。青田县南田常有匪徒聚众作乱，陈璚调集军队前去围剿，只治为首者，放归胁从者，百姓得以安居。清光绪十五年，调任台州知府，处州父老攀辕卧辙，皆依依不舍。清光绪十七年，陈璚复任处州知府。怜才爱士，凡是符合高才生标准的，多供给廪米，保障生活，多添课目以使其加快成材。专门购买经、史、子、集，置放在莲城书院，以备观览，士林赞扬备至，感恩不尽。清光绪十八年，调任杭州知府。陈璚长于诗歌，工于翰墨，书名冠一时。留存诗作有《南明山》《万象山》《调任杭州留别栝州诗八首》等。留有陈璚书《南明山诗碑》《蔡襄〈持书帖〉》条幅、《王铎书论》扇面等。

严用光

严用光（1826—1909），字国华，号月舫，景宁小左村人。少即颖悟，清道光二十九年（1849），考中拔贡。主持雅峰书院十多年，亲督教席，撰《雅峰书院录序》。清同治十一年（1872），总纂《景宁县志》刊本8册。至老手不释卷，享耆年笃学之誉。生平勤于诗文，著有《述古斋古今体诗》8卷，《诒谷堂诗稿》2卷。所著诗纯乎唐音，尤与王、孟为近。民国《景宁县续志》录存严用光撰《雅峰书院录序》《石印歌和吴少亭司训》《孟公楼》《题江心小景图》《外卸》《过时思寺》等诗文。《惠明寺茶歌》将惠明茶的种植、制作和色、香、味、形写得淋漓尽致，是茶文化之力作。

上官育侨

上官育侨（1837—1910），字郑贤、遂贤，号惠帆、东里，遂昌石练柳村人。幼年为群童首，常作对兵游戏，稍长拜师学武。县庠武生，柳村上官宗祠有一铸铁大刀，重约200斤，能将此刀高举头顶，舞动如飞。清咸丰八年（1858），中武举人。清同治五年（1866），在江苏办理团练，镇压太平军起义有功，奏保任守御所千总，赏五品花翎。清同治七年，会试授兵部差官，今“兵部差官”匾额尚存。清同治十一年，授昭武都尉。清光绪元年（1875），其曾祖父上官学健、祖父上官扬（武举人）、父上官承钊、叔上官承钧受荫封，赠武功将军。清光绪二年，晋升武功将军，任湖州安吉营守备。清光绪十八年，擒获哥老会会首刘钰蕢等二人，擢升花翎副将衔候补游击（从三品）。清宣统元年（1909），西泠印社摄有上官育侨照片，西泠姚熙绩题像赞曰：“天水名郡，世居柳川。功承家学，长握兵权。歼彼哥匪，媲美先贤。武功文德，史乘流传。懿歟我公，勋建归田。寿越七秩，飘然若仙。后昆继起，美报联翩。高山仰上，景行弥虔。”

叶仰高 叶得标 张兆辰

叶仰高（1880—1911），字芝峰，号高鹰，景宁黄寮村人。少年就读青田，后入安徽练军营，转武备学堂。清光绪三十二年（1906），留学日本宪兵学校，入光复会、同盟会。回国后遭清两江总督端方逮捕。密书友人“士可杀不可辱，吾必不辱。”后经营救获释。清宣统三年（1911），参加武昌起义，后急回浙江响应，率敢死队攻克杭州，任浙军司令部执法官，后改尚武队管带、浙军第八十一标管带、江浙沪联军司令部参谋。十一月中旬，浙军司令部遂派叶仰高、张兆辰分任一、二支队敢死队队长。三十日下午，叶仰高率领第一支队，从明孝陵之园通寺上紫金山，仰攻天堡城。天堡城清军忽悬白旗诈降，叶仰高率勇士去受降时被害。南京政府成立后，大总统孙中山赐祭，在南京天堡城建“辛亥革命联军阵亡将士纪念碑”和浙军纪念塔，葬烈士遗骸于杭州。1981年，移葬杭州南天竺。

叶得标（1887—1939），乳名军妣，丽水大济村人。自幼务农，农闲狩猎，练得一手好枪法。清光绪三十四年（1908），在浙江新军八十一标任战士、排副。英勇机智，与叶仰高被赞为“处州双叶虎”。清宣统三年（1911）十一月底，率领队员攻打天堡城，浴血奋战，攀藤附葛直冲而上，击毙敌军多人。退伍后投入反袁斗争，攻打丽水县城。民国28年（1939）病故。浙江军政府授予军功勋章1枚，赠“有勇知方”横匾1块。

张兆辰（1873—1940），又名胜百，字星白，号乐天，青田张口村人。清光绪二十六年（1900）春，入江南陆师学堂。清光绪二十九年春，任湖南省定字左旗教习。后任湖南省将弁学堂监督兼总教习，入光复会、同盟会。清光绪三十三年夏，任南京卫戍副司令，因徐锡麟起义受嫌，调任苏州、江宁、无锡、镇江四府禁烟督办。清宣统三年（1911）春，辞职回乡。同年十月十日，武昌起义，辛亥革命爆发。十一月推为江浙联军总司令，张兆辰任指挥官。月底，在南京天堡城战斗中，张兆辰任第二支队敢死队队长，率部至天堡城东部，袭击守军之左侧，全歼炮台守敌。十二月二日，联军攻克南京城。张兆辰立一等功，调任淞军混成旅旅长兼第一团团长，浙江沿海总炮台官兼外海水师帮统等职。民国2年（1913），任总统府少将军事参议。民国5年，袁世凯称帝，张兆辰南下与陈英士相策应，在杭起义，驱逐朱瑞，任浙江督军屈映光高等军事顾问。民国6年11月，推动宁波独立失败后，任孙中山大元帅府军事参议。民国7年，策动浙军反正后任浙军指挥。民国11年9月，陈炯明叛变，任东路讨贼军参谋长兼前敌总指挥，北伐时任浙军第一路总指挥。民国16年冬，西北国民革命军总司令冯玉祥命张兆辰为第十九军军长，因故未就。次年冬退休，赴温州行医。民国29年8月，在张口病逝。

谭　献

谭献（1847—1912），字文卿，丽水县城人。幼年苦读力学，清末岁贡生，文名籍甚，屡试不举，讲学圭山书院，教学生徒10多年。清光绪二十四年（1898），戊戌变法始，在家中举办私塾，集本族亲友、邻闾的子女，教授文学、算术，开女子就学之风。处州各县均有学生慕名寄宿谭宅就读。清光绪三十一年，提请拨圭山书院田租和颜氏宾兴田租。七月，创办崇实初等高等小学堂，自任堂长。同年，改崇正学堂为处州中学堂，被聘为处州中学堂总理。清光绪三十四年，首任劝学所总督，宣传新学。清宣统元年（1909），谭献与毛管封、刘廷煊等筹办处州第一女子学堂，是处州最早的女校。生平树育桑梓，桃李盈庭。清宣统二年，被推为浙江省咨议局议员。民国元年（1912）11月25日，谭献与处州中学堂学生到丽水虎啸门外迎接辛亥革命光复军入城。

徐仰山

徐仰山（1877—1913），名杰，小名世廉，又名希勉，龙泉源底村人。清光绪二十七年（1901）举秀才。清光绪三十二年（1906），留学日本。十二月，入东京神田雉子町三十四番地高等警务学校，参加中国留学生爱国运动。清光绪三十三年，由陶成章介绍入光复会，后经宋教仁介绍入同盟会。清光绪三十四年春，毕业回国，浙江省当局欲委以民政长，执意不受；后又多次委以县知事，亦坚辞不就。十一月，到上海会见陶成章，受委托奔走于沪、杭之间，积极联络会员，共谋浙江起义。清宣统元年（1909）春，与阙麟书、张伟文等在杭州羊坝头张顺余烟店商讨起义，因叛徒刘师培告密，徐仰山、阙麟书在杭州被捕，关押仁和监狱。仰山坚不吐实，清廷无确实证据。经陈其美、周六介诸人的多方营救，于同年秋出狱，遣送回龙泉。致力于兴学救国，在家乡学校任教，提倡军国民教育，模拟军队训练方法，指导学生兵式体操，冀图自强制夷，陶铸青年。民国元年（1912）春，袁世凯窃据临时大总统，徐仰山参加讨袁斗争，到上海邀阙麟书去南京见宋教仁，回杭组织同盟会浙江支部。5月，同盟会浙江支部成立，筹办《平民时报》。民国2年夏，在杭州联络浙军部植三营长等，准备乘杭城空虚之时举行暴动，不幸酒后失言，为侦探听知。6月2日，在杭州金钢寺巷德升堂旅舍被捕。4日，被浙江都督朱瑞杀害于西湖畔。民国18年，国民党中央批准徐仰山为辛亥革命烈士。9月4日，举行安葬仪式，国民政府主席胡汉民题“龙泉徐仰山烈士墓”碑。李济深题词：“烈士之血，主义之花”。

吕逢樵

吕逢樵（1876—1913），原名东升，字耀初，号熊祥，乳名唐良，缙云壶镇人。清光绪二十九年（1903），入龙华会，后为处州龙华会首领。清光绪三十年，入光复会，任嘉兴温台处会馆执事，联络会党进行革命活动。清光绪三十一年，协助徐锡麟、龚宝铨创办绍兴大通学堂，徐锡麟、陶成章东渡日本后，为大通学堂襄理，组织光复会会员练习兵操。并在缙云县壶镇创办育英女校，提倡剪辫放脚。清光绪三十三年二月，秋瑾接办大通学堂，逢樵具体负责校务，并由秋瑾介绍入同盟会。五月，参与策划皖浙两省同时起义，光复军由徐锡麟任首领，秋瑾任协领，吕逢樵等任分统，并由吕逢樵直接联络绍兴、金华、处州三府起义，筹买枪支。后因徐锡麟提前在安庆刺杀安徽巡抚恩铭被捕，浙江巡抚张曾敭派兵包围大通学堂，秋瑾不幸被捕牺牲，逢樵遭通缉，隐蔽在缙云、仙居县边界八宝山和壶镇芦西、百步岣，开荒种桑，筹集资金。清宣统三年（1911），武昌起义胜利，吕逢樵到杭州与陈其美等策划浙江起义，回缙云组织光复军，先克缙云，又克永康。十一月二十五日，吕逢樵率光复军300多人，进军丽水虎啸门外，光复处州。成立处州军政分府，吕逢樵公推为都督，招募新军，准备参加北伐。民国元年（1912）3月，袁世凯窃任大总统。4月，撤销军政分府。8月，同盟会浙江支部改为国民党浙江支部，吕逢樵任参议。民国2年9月，浙江都督朱瑞邀吕逢樵、王金发赴宴，王金发拒绝前往，吕逢樵回寓后肚痛腹泻，急回壶镇医治无效逝世。众议院议员褚辅成题：“吕东升之墓”碑，墓葬壶镇杨礲头。

夏之骐

夏之骐（1877—1915），字仁卿，青田小奕村人。少时随父读书，17岁入江西陆师学堂。清光绪二十三年（1897），毕业后任吴淞炮台教习，后任江西常备军教练、江西讲武堂教官、南京军事研究所教官。清光绪三十一年，任安徽督练公所提调，极力支持徐锡麟、熊成基等起义。清光绪三十三年七月，起义失败后，任江西陆军小学堂监督，从事军事教育15年。清宣统三年（1911）十月，在江西九江响应武昌起义，联合标营炮队攻入抚督府，任军事部参谋长。民国元年（1912）3月，任江西讲武堂主事兼高等顾问。讨袁失败后，东渡日本，参加中华革命党。回国后，以浙江外国语学校为秘密机关，在沪杭一带从事革命活动。民国3年4月，杭州举事失败后又到日本。7月，奉孙中山之命回国主持浙江革命党人工作。10月22日，浙江举事失败，再次东渡日本。民国4年春，回国主持江西军事兼管浙江军事。族兄夏湘兰被浙江省警察厅长夏超收买，在上海法租界寓所乘机暗杀夏之骐。后国民政府追赠陆军上将，墓葬杭州西湖玉皇山麓。

阙麟书

阙麟书(1879—1915),字玉麟,乳名志仁,化名吴应龙,丽水碧湖人。19岁处州府试《安上定下策论》名列第一。清光绪二十四年(1898),岁试入学宫,因弃仕途未去。清光绪二十九年,入处州双龙会,被举为丽水分部会首。清光绪三十年初,麟书与双龙会首王金宝商议,改双龙会宗旨仇洋为反清灭洋。九月,因双龙会部将叛变,王金宝在桐庐被捕牺牲,阙麟书化名吴应龙领导双龙会。清光绪三十一年初,入浙江武备学堂。夏,组织处州拒约会,反对清政府与美国续订《限禁来美华工保护寓美华人条约》,发动群众抵制美货。清光绪三十二年,东渡日本宏文学院学习日语,结识秋瑾、宋教仁,面晤孙中山,经陶成章介绍加入光复会,经宋教仁介绍加入同盟会。清光绪三十三年初,转明治大学攻读政法。三月,应秋瑾之约回国。与徐锡麟、秋瑾等多次密谋浙皖起义。七月,徐锡麟、秋瑾殉难,阙麟书被迫出走。清光绪三十四年春,到上海见陶成章、陈英士等人,策划浙江起义。清宣统元年(1909)春,与张伟文、徐仰山在杭州密谋起义,被叛徒告密,阙麟书与徐仰山在杭州被捕入狱,经多方营救,于清宣统二年冬,保释出狱。清宣统三年十月十日,武昌起义成功,阙麟书奔走松阳、缙云、丽水等地,共谋光复处州。次月,处州光复。民国元年(1912)5月,成立同盟会浙江支部。8月,改为国民党浙江支部,阙麟书任参议,捐款筹办《平民时报》。民国4年4月2日,阙麟书在上海霞飞路遭袁世凯党徒杀害。孙中山闻讯唁电:“劬劳未报,松柏先摧。”入浙江先烈祠,墓葬杭州西湖畔,移葬丽水碧湖三峰村。

夏尔玙

夏尔玙(1871—1916),字次岩,青田小奕村人。清光绪年间,毕业于湖北汉阳枪炮学堂、安徽武备学堂。历任桐城中学、崇实中学、皖江中学、安徽师范学校监学。加入同盟会,参与徐锡麟、熊成基起义。辛亥革命后,任安徽军政府庶务部长,不久调任军政司次长。民国2年(1913),袁世凯派人刺杀宋教仁,孙中山兴师讨袁,尔玙率师在皖南响应,事败后赴日本,加入中华革命党。民国3年,被孙中山委任为中华革命军浙江司令官,奉命回国。民国4年12月5日,参与策动肇和兵舰武装起义。民国5年4月,浙军驱逐浙江都督朱瑞,宣布独立,临时都督屈映光暗中仍与袁世凯勾结,夏尔玙多次劝屈映光反对袁世凯称帝,屈先以重金相诱,不为所动;又以危言相威胁,夏尔玙愤慨地说:“余在海上,侦谍图我者数矣,而卒不死,献身革命,于死何惧。”后被屈映光逮捕,5月1日在杭州梅花碑就义。民国13年6月25日,孙中山追赠为陆军中将。7月24日,复追赠为陆军上将。葬于杭州西湖岳坟侧。孙中山、蒋介石等送花圈、挽联,于右任撰墓志。

阙 伊

阙伊(1868—1921),字十原,丽水县城人。从小工书画篆刻。清光绪三十一年(1905),到日本东京工业学校学工艺设计,并加入中国同盟会。清宣统二年(1910)回国,被聘为南洋劝业会美术主任,参与南洋劝业会会场布展。会场位于江宁[①]城北三牌楼,设场馆34个,同年四月二十八日开幕,历时半年,参观者30万人,成交额数千万银元。此后悉心创作麦秆工艺画,以小麦秸秆为原料,在继承传

① 2010年称南京市。

统国画表现手法的基础上，采用西洋画的明暗透视，并将现代摄影、雕刻、烫烙、刺绣等技术融为一体，形成一种独特的工艺美术，具有色彩鲜艳、图案清晰、光泽明亮、立体感强等特点。民国4年（1915），在农商部筹备参与巴拿马太平洋万国博览会而举办的浙江展览会上，麦秆剪贴画《美国总统威尔逊像》获金质奖章。回乡后设“涤古斋画室”，其山水、人物、麦秆剪贴画及金石篆刻，纯朴自然，独具一格。存有民国7年创作的麦秆剪贴画《菊花》。

夏炳承

夏炳承（生卒年不详），字舜九，青田小奕村人。自幼双目失明，一生以说唱鼓词糊口。一天从县城返家，途经糊口渡，适遇溪水暴涨，渡夫乘机勒索。从此决心创建义渡，四处劝募。清光绪二十二年（1896），建成糊口义渡。经数十年艰苦努力，陆续募建下障义渡、大奕坑义渡，联山桥、大垟桥，金漆坑茶亭，并置租田用作渡夫工资和渡船、桥、亭维修费用。又在小奕村创建积米庵，收养孤寡老人。某年夏旱，农民与富豪争田水被殴打致死。村人不平上告，县官受贿袒私，反而扣押死难家属8人。夏炳承十分气愤，即编鼓词说唱“堂堂衙门八字开，有理无钱莫进来。”“有钱官司帮你赢，无钱死亲办八名。”官方慑于舆论压力，只得释放死难家属。村人在积米庵立像树碑纪念。

叶葆元

叶葆元（1873—1922），乳名宝鑫，又名樟贤，字善甫，松阳古市人。12岁入私塾，县学生员，攻读经书，秉性刚毅，学识渊博，专于医学。见清王朝世道沦夷，国事日非，每当愤慨酒酣之余，一寄于诗。清光绪三十二年（1906），结识徐锡麟、秋瑾、谢飞麟、王金发等人，在上海组织竞业会，被推为主任，创办《旬报》，提倡民权，讲求实业，一时风霏海内外。清光绪三十三年五月，策划浙皖两省协同起义失败，《旬报》查封，葆元回松阳县，筹集经费，办公益社；提倡教育为本，设崇明报社；奔走演讲，倡导自治；开荒造林，以兴地利；举办婴堂，惠及孤儿；开设夜校，致力扫盲。民国元年（1912），被推为松阳县议会第一任议长，博采广咨，折衷众议。发现社会积欠，则集会清算，查实侵吞公产的，电告省研究处理。袁世凯窃国称帝后，积极投入讨袁斗争。民国4年，蔡锷宣布云南独立，叶葆元先后上书国会，痛言“非复自治，无真共和，终非利国福民之道。”两院议员均赞其说，决议政府施行，并任松阳县自治委员。民国11年，因病去世。葆元精于医学，著有《医案遗稿》。

李继文

李继文（1858—1933），庆元黄田姚村人。自幼勤习木艺，擅长木桥架设。民国7年（1918），承建龙泉县城南大桥，设计精密，使城南大片民房免拆毁，节省大笔拆迁费用。龙泉县知事赖丰煦授以“技艺精良”匾额。民国9年，庆元县曹岭至龙泉县小梅的龙庆大桥修建，被龙庆大桥董事会选为主墨，承担桥面主体建筑。利用杠杆原理，在宽140多米的河面上，搭起架空滑车，给5个高15米、间距25—30米桥墩架设桥梁，并在桥上盖起36间雕梁画栋、飞檐翘角的廊屋，融工艺与美术于一体，为当时桥梁建筑所罕见。是龙泉、庆元县著名木桥建筑师。

汪如渊

汪如渊（1867—1923），字香禅，或作香泉，龙泉县城人。其父汪得霖继嗣永嘉杨氏，汪如渊出生永嘉，自幼习画，应试名列前茅，为忌者中伤，返回龙泉复姓汪，补为生员。处州知府陈璚十分器重，如渊拜其为师，画技益进。清光绪二十三年（1897），考中拔贡。处州知府赵亮熙赞其文章，聘为记室。清光绪三十三年，任南京陆军中小学堂和江南两级师范学堂教习。编著《国画学理法汇参》6卷，上呈学部，定为中等学校教科书，南洋第一次劝业会授予一等奖状。民国元年（1912），任浙江第十（温州）中学及师范学堂教员。不久辞职，以卖字鬻画谋生，瓯海关监督冒广生聘为记室。民国9年，参加文学团体"慎社"。如渊绘画，题材广泛，凡山水、人物、花鸟，无不精工优美，尤善花卉，宗徐熙一派，其设色间仿瓯香、新罗两家，艳丽超逸。书法亦雄健有势。室名香叶楼，楹联："古色古香，彝鼎图书自典重；一花一叶，淡妆浓抹总相宜。"晚年嗜菊，多种植，供写生，绘成百菊长卷，时称能手。

魏毓祥

魏毓祥（1868—1924），字紫雯，云和县城前铺人。清光绪二十九年（1903）五月，随魏兰东渡日本考察工业，提倡实业救国，结识陶成章，加入光复会。年底，魏兰、魏毓祥回浙江到丽水、青田、温州联络会党。清光绪三十年八月，又去缙云、永康、金华、嘉兴等地联络会党和革命志士。随魏兰在沪与金华首领商定，金、衢、严、温、台、处六府会党联合举义，后因黄兴长沙起义事泄失败，浙江起义中止。清光绪三十一年初，应陶成章之约，与魏兰再次到日本活动，与秋瑾、彭金门等取得联系。同年回国，任温台处会馆执事，联络各地会党。筹建温台警务处，训练革命武装。清光绪三十二年，去绍兴与秋瑾、蔡元培相见，共同商议武装起义。受命去金华、永康一带向会党首领传达会议精神。随魏兰返回丽水后，即与阙麟书等商量，集资创办丽水利用实业织布公司，魏毓祥集资入股，被推为公司总经理，名为开利源于地方，实为革命秘密联络处。创办丽水利用实业织布学堂和体育会，培养人才。清宣统三年（1911）九月，浙江光复，魏毓祥任松阳县统捐局局长，后调任天台县知事，辞未到任，仍回丽水任丽水利用实业织布公司总经理。民国13年（1924）6月辞世。

陈琪 陈瑛

陈琪（1878—1925），字兰薰，青田阜山红富垟村人。清光绪二十五年（1899），入江南陆师学堂，课余自学外语，毕业考试名列第一，受两江总督嘉奖。清光绪二十九年，任湖南省武备学堂监督兼教导队管带，曾到日本参观考察军事。清光绪三十年，派往美国参加圣路易博览会，负责湖南湘绣等赛品，并出使英、法、俄、德、意、葡、瑞士、土耳其、塞浦路斯等国，考察风土人情、工商、农矿、政教，著有《新大陆圣路易博览会游记》《环球日记》《漫游纪实》。清光绪三十一年，任参赞，随戴鸿慈、端方等大臣5人到欧美考察政治，归国后升任道员。同年，调江苏，负责两江督练公所教导处兼南洋劝业会主事、军事编辑社社长、陆军第四中学总办。清宣统二年（1910），在南京举办南洋劝业会[①]。清宣统三年，调任东北巡阅使署中将参谋，奉天对外交涉司会办兼奉天劝业道等职。开设农业银行，发行纸币20万元，贷给灾民恢复生产。后应士商要求，召集东北三省实业家商讨增募，得新旧本金百万，改称奉天兴业银行，成为辽东金融枢纽。民国元年（1912）3月，任中国赴美赛会监督兼筹备巴拿马赛会事务局局长。民国4年3月9日，中国馆开幕，评议获甲等大奖章74枚、乙等名誉奖64枚、丁等金牌奖章258枚、戊等银牌奖章337枚、己等铜牌奖章258枚、丙等奖牌227枚，合计1218枚。参赛品

① 又称劝业博览会。

种与获奖数均列各国之首。撰有《中国参与巴拿马太平洋博览会纪实》。民国11年，推选为浙江省议会副议长。民国13年冬，任四川警政厅厅长。民国14年2月，肺病益重。5月，乘船至九江时病逝，葬于上海周家桥宅畔兰圃。

陈瑛(1883—1941)，字蕙薰、薰生，青田阜山红富垟村人。陈琪弟，晚清秀才。18岁入江南陆师学堂，继而留学奥地利维也纳新城步兵专门学校。8年后，学成回国。学识渊博，懂6国文字。受张作霖请，任东三省测量总局局长、东三省巡阅使署军学处处长、振威军总司令部中将参谋长，为张学良家庭德语教师。民国13年(1924)，托病辞归。家居期间，结宇深山。民国17年，与陈梓芳等地方人士筹办阜山乡村师范学校，首捐1万银元。民国19年，阜山乡村师范学校开学，陈瑛任校长。民国24年，改名阜山初级中学。全面抗日战争期间，发动学生到农村开展抗日救亡宣传，任青田县抗日动员委员会委员。民国30年病故。墓葬阜山中学后山文笔峰。1991年2月19日，张学良为缅怀陈瑛老师，在中国台湾地区特为阜山中学建校65周年题词“培育英才”。

沈庭璋

沈庭璋(1867—1925)，原名廷泉，字进仁，碧湖镇人。咸丰年间，先祖沈朝庆开有沈家铁铺。清光绪十八年(1892)，庭璋、庭崇、庭满迁居龙泉。清光绪二十年(1894)，在龙泉城镇西街开设“壬字号”(沈广隆)铁铺，兼制龙泉宝剑，攻研制剑技艺，庭璋为第一代掌门人。民国3年(1914)秋，龙泉知县杨毓琦主持龙泉铸剑精英大比武，有7家剑铺参赛，沈庭璋所铸硬剑，一剑能剁断三枚重叠铜板，并将对手所铸之剑斩为二截，夺得第一名，被举为“剑魁”。杨毓琦题赠“沈广隆剑铺”横匾，乡绅李观养题赠“论剑杨知县，夺魁沈庭璋”楹联。民国15年，在美国举办的费城博览会上，“沈广隆号”获银质奖章。庭璋五子均自幼跟父铸剑，技艺益精，时称“铸剑之家沈氏文武周清全”。焕文、焕武、焕周于民国31年为蒋介石铸剑一柄、于1955年为毛泽东铸剑一柄，均被传为佳话。

蓝宝成

蓝宝成(1844—1925)，乳名培连，字韶九，畲族，云和县城杉坑岭人。清光绪八年(1882)恩贡。浙江省布政使题赠“贡元”，知县洪承栋题赠“学衍箕裘”匾额。任石门县[①]教谕，辞官返里，兴办乡村教育，在云和县石塘、杉坑岭等校执教，培育人才。热心公益事业，独资建云和县城宾阳桥，主持修建狮山培峰亭，资助修建东街石拱桥和兴建蓝氏宗祠等。清光绪二十四年，戊戌政变后，倡导民族平等，主张畲汉联姻，冲破畲族内婚制，将女儿蓝章翠嫁给汉族廖奏勋为妻。四个儿子，有三个娶汉族女子为妻，利于畲汉文化交流。民国2年(1913)起，任云和县参议长，是畲族知名人士，在温州、处州一带享有盛誉。民国12年，民国总统孙中山题褒“乡里矜式”匾额。

夏　超

夏超(1882—1926)，字定候，乳名守珍，青田万阜新庄村人。幼年随父习经史。清光绪二十九年(1903)，考入杭州武备学堂，毕业后留校任学生队队长。清光绪三十二年，加入光复会，后入同盟会，被推为同盟会浙江支部会长。夏，随浙江新军统标蒋尊簋，任广西督练公所科员。辛亥革命浙江光复

① 2010年称崇德县。

后返浙，任浙江都督汤寿潜顾问。民国元年(1912)2月，任都督府副官长。8月后，任警察督练公所主办、杭州警察局局长、省会警察厅厅长兼浙江警务处处长，同时建立城防保安队。民国4年12月，袁世凯恢复帝制，夏超力主反袁，与宁波独立旅旅长周凤岐等密谋浙江独立，遭浙江都督朱瑞反对。民国5年4月11日，发起政变，围攻督军署，朱瑞仓皇出逃，浙江宣布独立，推举屈映光为临时浙江都督，夏超接任钱塘道尹。屈假作独立，暗中附袁。5月5日，又联络军政界，迫使屈映光辞职，推嘉湖镇守使吕公望任浙江都督。12月，吕公望以为浙江历次事变，都由夏超主谋，欲罢免夏超警察厅厅长，夏超联合军界，胁迫吕公望辞职，继任警察厅厅长，后升任第5军司令部副官长。民国13年9月，江浙战事结束，军阀孙传芳入浙，夏超深受器重，被总统曹锟任命为浙江省省长。民国15年秋，国民革命军北伐，中路军进入江西，孙传芳率部顽抗。中共杭州地委与国民党浙江省党部筹划浙江自治，促夏超起义，派马叙伦到粤、黄人望到武汉联络。10月，经国民革命军总政治部主任邓演达推荐，广州国民革命政府委任夏超为国民革命军第18军军长兼浙江省民政长，参加北伐。孙传芳闻讯浙江兵变后，发兵攻浙。夏超派保安第二总队队长章燮率部到嘉兴抵抗，并亲自上阵督战，在指挥战斗中咯血昏倒，经人抢救，败退杭州昭庆寺麻风病院前，被朱梅村部俘获，秘密杀害。民国16年春，南京国民政府以上将阵亡抚恤夏超，举行追悼仪式。参议员许行彬挽联：“廿年谋生聚教训，惜无范蠡文种；一世养鸡鸣狗盗，谁为聂政荆轲”。

麻　植

麻植(1905—1927)，又名炳登，字愈高、仰植，青田浮弋乡北坑九山村人。民国13年(1924)8月，考取黄埔军校第二期。不久，加入中国共产党，任中共黄埔军校支部候补干事。民国14年1月和10月，参加广东革命军讨伐军阀陈炯明的一、二次东征，任东征军总指挥部政治部宣传科科员。全歼军阀陈炯明部后，任政治部宣传科科长，后调任广东军事部(军委)秘书。民国15年7月9日，国民革命军北伐，留守军校，负责军委与军校的联络。冬，周恩来、聂荣臻离开广州，暂由麻植主持军事部工作。民国16年，国民政府“四•一二”反革命政变后，在广州镇压共产党。15日，麻植乘船转移南海县里水乡。两天后，为保护党的秘密文件和资料，不顾个人安危，重返广州市榨粉街军事部驻地，与区委妇女部妇女运动委员会委员黄玉兰一起，烧毁党内文件和军校党员名单，不幸被捕。在狱中严词拒绝敌人的利诱，忍受插竹签、坐老虎凳、吊飞机等各种酷刑，始终不泄露党的机密。4月29日，在广州市红花岗就义。被列入中共“七大”公布的烈士名单。1988年，国防部部长张爱萍题写“麻植烈士纪念碑”。

张新锦

张新锦(1899—1927)，又名金钱、有金，浦江和祥山村人。民国5年(1916)，考入金华浙江省立第七师范。“五四”运动爆发后，领导浙江省立第七师范、省立第七中学同学示威游行，声援北京。组织金华抗日救国会，创办刊物《童灯》，宣传抵制日货，影响遍及金华府属各县。民国9年夏，被开除学籍。民国11年8月，进杭州省立法政专门学校就读，同年加入中国共产党。民国14年，组织“五卅”惨案后援会，并以浙江学生代表身份，到上海出席全国第七次学生代表大会，担任会刊编辑。10月，任中国共产主义青年团杭州地委书记，兼做学联、工会工作。民国15年，到广州。7月，国民革命军北伐，在东路军政治部工作。民国16年3月，随军回杭州，任中国国民党浙江省党部政治监察员，抵丽水发展中共党员和工农群众组织，秘密介绍省立第十一中学和十一师范4人参加中国共产党。建立丽水县工会、农会、妇女会等群众组织。工会组织影响遍及处属各县，景宁、宣平县建立县总工会。民国16年，“四·一二”反革命政变后遭通缉，转至金华开展地下斗争，恢复和发展党组织，组建农民协会和工人纠察队，作武装暴动准备。6月6日，因叛徒告密被捕。8月4日晚，在金华监狱杀害。

魏　兰

魏兰(1866—1928)，字石生，号纫秋，云和县城中街铺人。清光绪十八年(1892)就读箬溪书院，不久中秀才。清光绪二十八年去上海，参加中国教育会。清光绪二十九年五月，到日本清华学校攻读化学，参加拒俄义勇队(后改为军国民教育会)。清光绪三十年一月，在上海会见蔡元培，共商江浙反清计划，并与陶成章去浙西、浙南农村，联络龙华会、双龙会、白布会等会党，准备武装起义。同年三月，回云和县创办先志学堂，编写教材，与陶成章(化名启东)在校任教，培养不少革命人才。十二月，到上海筹组光复会。清光绪三十一年一月，与陶成章再到日本，建立光复会东京分会。同年夏，回上海建立讲习所，宣传革命思想。后去嘉兴组织温台处会馆任总理。到丽水与朱子华等发展实业，抵制洋货。后去绍兴大通学堂工作。清光绪三十二年二月，回温、处，在乐清县柳市学堂以教师为掩护，广结志士，宣传革命。同年四月，到南洋，盘缠匮乏，羁身逆旅，幸得爱国华侨叶朝晖相助，在爪哇中华学堂任总教习，协助陶成章开展工作。清宣统二年(1910)，光复会在日本东京重新组成，推选魏兰为光复会总部执行员，直接领导和组织南洋各分会。与李燮和、沈钧业在南洋组织光复会。清宣统三年十月，武昌起义后回国，任浙江省军政府咨议、都督府参谋长，奔走于沪杭，参与攻克南京的谋划。民国元年(1912)后，先后任永康、武康、长兴等县知事。民国4年，到上海参加全国联合会，积极抵制袁世凯称帝。民国8年，到汉阳铁路局与上海铁路南站任税务局长。民国10年，回云和县，兴办公益事业，筹建云和中学、云和益智女校，创办定兴花边厂，发展云和雪梨、茶叶，开荒造田，修建西门白水堤，向储济仓借粮救荒。往返调查陶成章被刺真相，写成《陶焕卿先生行述》，刊印陶成章的《浙案纪略》。民国17年病逝。著有《似我居记》《再生宝吟草》等20多卷。

季步高

季步高(1906—1928)，名大纶，号凌云，笔名布高，龙泉安仁季山头村人。民国10年(1921)春，入杭州省立法政专科学校。民国11年夏，转入上海大学中国文字系，接受马克思主义教育。民国14年6月，考入广州黄埔陆军军官学校第四期。9月，加入中国共产党，参加周恩来领导的中国青年军人联合会，经常去广州农民运动讲习所，听取毛泽东、周恩来等讲课。次年春，到广州东莞省港罢工委员会纠察大队训育处工作，协助罢工委员会中央党团书记邓中夏培训工人武装和编辑《工人之路》刊物。民国16年春，接任工人纠察队训育长。“四·一二”反革命政变后，参加中共广州市委领导工作，组织省港罢工工人利益维持队、剑仔队、义勇团等工人武装。11月，任广州武装起义行动委员会委员，组织工人赤卫队，参加12月11日广州武装起义，成立苏维埃广州公社，任军事委员会军械处处长。广州起义失败后到香港。民国17年1月25日，任中共广州市委书记。3月，兼任广州市兵委书记，重建市委和区委组织，编印《工农兵》《手锤凿》等刊物。4月13日，当选为中共广东省委候补委员，坚持广州地下工作。7月，去香港向中共广东省委汇报工作，不幸被捕入狱，并引渡广州，受尽酷刑，坚贞不屈。冬，就义于红花岗。民国34年4月，中共中央组织部将其列入《死难烈士英名录》。1983年，龙泉县革命烈士陵园建季步高纪念碑亭。著有《余之希望国家》。

蔡鸿猷

蔡鸿猷（1897—1928），乳名德宣，字辉甫，号哲臣，缙云小章村人。世代务农，家境贫寒，靠祖母纺纱资助读书。在五云镇县立第一高等小学读书时，参加学生组织崇信社，“尚朴实不尚纷华，重实行不重虚文。”民国3年（1914）小学毕业后，随父母迁居兰溪马埠方家租种地主土地，后任小学教员。民国8年，入浙江陆军当兵。民国11年，加入中国共产党。民国13年8月，受组织选派考入黄埔军校第二期步兵科学习，先后参加平定商团叛乱、广东革命军第一次东征陈炯明和削平滇桂军叛乱等战斗。民国14年毕业后，历任国民革命军第1军排长、连长、连党代表等职，参加广东革命军第二次东征，消灭陈炯明叛军。民国15年，任广东革命政府财政部缉私卫商总队第1团第1营党代表。民国16年2月，任税警团上校党代表，为革命政府筹集经费、打击走私、查禁烟苗、维护经济秩序，并与军阀和帝国主义反动势力作斗争。民国16年，“四·一二”反革命政变后，4月16日被捕入狱，关押于广州南石头惩戒场，坚贞不屈。狱中赋五绝诗云：“赤血染黄花，磷光照万家。两度中秋月，半生志未酬。”民国17年10月6日就义。1951年，内务部追认为革命烈士。1958年6月1日，总理周恩来致函中共缙云县委，证明蔡鸿猷是共产党员，要求地方政府给予烈士待遇，并对其家属代致慰问。

彭维鼎

彭维鼎（1863—1929），字叔彝，号九思，原籍泰顺。为人谨厚沉潜，深得乡人、艺界器重。16岁去上海画斋做学徒，三年师满。清光绪八年（1882），从上海迁居龙泉县城风箱巷。家贫，以卖画为生。清宣统三年（1911），辛亥革命后，受县剑川高等小学堂聘请，任图画科教员和县立师范讲习所教员。擅画花鸟虫鱼，工人物，尤精芦鸭。注重写实。时人称：“精于画理，胸有成竹，指下生辉。凡禽鸟之飞鸣止卧，花木之偃仰整斜，岩石之倚眠危耸，靡不至肖。”民国4年（1915），作品《牧羊小像》在农商部筹备参与巴拿马太平洋万国博览会而举办的浙江展览会上获三等奖。民国5年，获西湖博览会国画一等奖。著有《彭维鼎画谱》石印本刊行。

黄桂芬

黄桂芬（1874—1930），又名传标，字香斋，丽水横岗村人。少年随谭献读书，中秀才。性豪旷，娴习拳术，不畏强暴。清光绪二十九年（1903），加入处州双龙会，后入光复会。清宣统三年（1911）丽水光复后，任处州军政分府哨官。民国3年（1914），黄桂芬应同学夏尔玙之约，到杭州参加会议，商讨组织武装反袁。回丽水后组织武装力量，以曳岭为主，招募义勇，筹措资金，收集武器，并与丽水碧湖李春贤的反袁武装力量取得联系，密切配合，伺机行动。民国5年初，夏尔玙密信黄桂芬，待杭州宣布独立后，处州迅速行动。3月15日，黄桂芬以讨袁军总司令名义，召集义勇千余人，佩方块白布盖有红色双龙方印作标记，集中在曳岭佛堂召开誓师大会，宣告“同心讨贼，攻占府城”，擎红、黄、蓝、白、黑五色旗，由其弟黄传芳任总指挥，向处州府城进发。16日晨，到城西通惠门外，在西山背架土炮，破城冲入大街，占领天妃宫。守城管带吕建标，在梅山集结巡防队，居高临下，发起反击，炮火密集，因义勇缺乏正规训练，且多徒手，队伍遂乱，纷纷散走。李春贤率义勇 800 人，如约向府城进发，中途闻挫，不战而退。官府以“明目张胆，聚谋叛乱”罪名，四乡缉拿义勇，黄桂芬避走他乡 10 多年，晚年归耕故里，病逝山乡。

孙寿芝

孙寿芝（1856—1930），字兰友，丽水县城人。文冠乡里，博览群书，才气横溢。清光绪十九年（1893），恩科举人，征荐历任仁和①、瑞安、新昌等县教谕。清光绪二十四年，戊戌政变失败，卸职回乡，襄赞地方创办处州初级师范学堂。清光绪三十四年，任处州师范学堂学监，兼教国文、读经。清宣统三年（1911）十一月，与谭午峰等士绅 10 多人，劝说处州驻城帮统李茂清投诚，吕逢樵率领光复军光复处州，任处州军政分府民政部部长。民国元年（1912）2 月，军政分府撤销，专志处州师范学校讲授国文、经史 10 年。民国 13 年夏，经丽水县议会推聘，总纂《丽水县志》，在清同治十三年（1874）《丽水县志》基础上增修。民国 15 年春付梓。民国总统黎元洪题赠“无间人言”匾额。丽水县知事陈赞唐、李钟岳分别题赠“经师人师”“乡国重型”匾额。

卢勇烈

卢勇烈（1906—1930），又名弟倪，缙云壶镇左库村人。民国 16 年（1927）11 月，参加农民协会，开展“二五减租”斗争。民国 17 年 5 月，加入中国共产党。民国 19 年 7 月，参加中国工农红军第十三军第 3 团任分队长，转战缙云、永康、仙居、东阳县一带山区。9 月 5 日，参加红 3 团攻打壶镇战斗，因溪水暴涨，攻打路线受阻，虽数次强攻，难以突破，腹背受敌，撤出战斗。9 月 6 日，与战士杨老轩送团部密信到永嘉介坑，向红十三军报告攻打壶镇失利原因。因交通站曹小兵叛变投敌，返回途经壶镇白岩村②时被抓。9 月 29 日牺牲。2003 年 12 月 29 日，浙江省人民政府批准卢勇烈为革命烈士。

周国彩

周国彩（生年不详—1931），字九如，号自齐，龙泉安仁湖尖下村人。木工，精于雕花刻字，专为龙泉万字号、千字号、金字号、沈广隆等宝剑铺制作剑鞘。民国 4 年（1915），在农商部筹备参与巴拿马太平洋万国博览会而举办的浙江展览会上，周国彩创作的雕制文具盒、花榈木刀和花榈木押字板楹联获四等奖，并得中国农商部题赠“史传青简”匾额嘉奖。民国 20 年病逝。

张学东

张学东（1910—1931），又名学书，青田温溪学神村人。幼年私塾读书，13 岁随父撑船。民国 18 年（1929）11 月，受永嘉西内区农民武装暴动影响，到塘坑、黄山、下贵等地组织农会，废止田赋，烧毁田契。年底，带领农民武装 500 多人，攻打永临警察分局，杀死局长，缴获长枪 5 支。不久，受驻温省防军和地主民团偷袭，因腿部中弹受伤被捕，囚青田监狱。民国 19 年 1 月 31 日，越狱到万山底项村，在永青边界重新组织农民武装 400 多人，整编为中国工农红军第十三军第 1 团补充营，任营长。

---

① 2010 年属杭州市。

② 2010 年属金华市磐安县。

4月，带领补充营500多人，在温溪风门坳与省防军遭遇，交战10个多小时，退回小舟山。5月，攻打黄坦，活捉民团头子夏宿夫。8月31日，参加红十三军第1团攻占缙云县城。9月3日，撤离至青田东源。10月9日，红十三军第1团准备再次攻打平阳县城。17日拂晓，在白岩受当地民团、浙保4团3营和瓯巨民团的偷袭，张学东率部分红军回黄垟、峰山一带坚持斗争。10月底，在万山鸟泥塘龙须坑被捕。民国20年2月，在温州紫福山牺牲。1956年，被浙江省人民政府追认为革命烈士。

高　鹏

高鹏（1871—1931），乳名荣才，字蓬仙，号拙园，丽水保定村人。清末优贡廪生，浙江省法政专门学堂校外毕业生。清光绪三十三年（1907），与吕调阳等筹措学田，创办丽水保定植基两等小学堂，自任校长兼教席，主讲文史25年，学生参加全县毕业会考，连续5年第一。民国13—20年（1924—1931），在家设中学复习班，授法律和诗文。慕名求学者有丽水、云和、龙泉、景宁、松阳等县青年。毕生从事教育工作，培育高小毕业生24届，中学复习班7期，学生3000多人，桃李满处州。推翻清王朝后，带头剪去长辫，让女儿放足。创作《处州地理歌》《保定高等小学校歌》等教唱。民国17年，拥护“二五减租”，率先将自己出租田亩按原额减租，被推任丽水西乡佃业理事会理事长，主持仲裁佃业纠纷。积极组织集体造林，集资发展蚕桑、果园。募资在大港头、保定、石牛等渡口添设日夜渡和修建凉亭，对无力求学者倡建助学金。工书法，善楹联，撰写堰后村口凉亭楹联“树中云接云中树，山外溪连溪外山。”著有《虞美人集》《拙园文集》《拙园偶存》《栝括商榷书》《哭佛》等。丽水县知事李钟岳赠“望重儒林”匾额一方。

阙宗清

阙宗清（1891—1932），又名起华，松阳大东坝茶排村人。幼年入私塾，尤喜算学，少年弃文习商。清光绪三十四年（1908），筹借600银元，在南坑口独资创办炼铁厂，当年获利甚巨。民国3年（1914），兼营木炭购销，在温州开办阙仁美炭行，收购木炭，挑选分级，上等者称洋装白炭，出口日本。民国14年，在温州与日商三井洋行签订长期购销合同。阙仁美炭行在龙泉、遂昌、古市设分行，选派有经验炭工上山辅导山民烧制优质木炭。“九一八”事变后，毅然停止与日贸易，炭行歇业，筹资盘入华阳电灯公司的厂房设备，购买发电、碾米机器，创办正大电灯公司，兼营碾米业务，开松阳机械加工粮食之先。后因公司亏损，阙宗清积郁成疾，于民国21年2月病逝。

叶天籁

叶天籁（1885—1932），字逸响，丽水大港头河边村人。清光绪三十二年（1906），入上海高等预备学校学习。东渡日本，攻习数学，加入同盟会。清光绪三十四年回上海，参加反清活动。清宣统元年（1909）冬，同盟会骨干分子阙麟书在杭州被捕，叶天籁多方联络营救出狱。清宣统三年杭州光复后，任职浙江都督府。民国11年（1922），回丽水县，任县参事会参事、林业公会会长，集股组织厚生公会林场，在大港头铺下五里牌置地10公顷、土湾河置地9.33公顷，种植松苗、柏树、槐树20万株。民国12年，主持筹集工赈款修建通往云和、景宁、庆元等县的砝头嘴桥，竣工后改名义赈桥。丽水县知事李郁芬题赠“急公好义”匾额。民国21年，丽水郑宝琳在大港头筹建普昌火柴梗盒片分厂，叶天籁任经理。

郑　秾

郑秾(1894—1933),乳名木星,又名桂山,青田仁庄罗溪村人。年轻时到上海做苦工。民国3年(1914),法国政府在上海招募华工,应募去法国挖战壕。民国6年,胞兄郑桂南在俄罗斯做皮鞋,郑秾和一些华工转到俄罗斯参加革命武装,在克里姆林宫当近卫军战士,并加入共产党。民国12年,退伍回青田与吴柳钗结婚。民国16年,再次到苏经商,与苏联东方大学留学生、中共党员谢文锦来往密切。民国17年7月,中共六大在莫斯科闭幕后,同谢文锦等回青田。民国19年5月15日,红十三军第1团路过青田阜山,郑秾参加红军攻克平阳县城,开仓济贫。秋,攻打黄岩县乌岩镇失利。民国20年,定居兰溪孟湖乡包郎殿村,以行医、教拳术为掩护,向兰溪、龙游、汤溪、寿昌县等地农民宣传革命道理,秘密发展红军组织,成员达1355人。民国21年春,成立中国工农红军第十三军第2师,自任师长。民国22年7月,在龙游县大宇殿召开龙游、兰溪、汤溪、寿昌县红2师骨干会议,要求积极做好武装暴动的准备,到桐庐等地筹划枪支、弹药、手榴弹和匕首。10月30日,因叛徒江天吉出卖,在桥头江渡口上渡时被浙江保安处逮捕。各县先后被捕红2师成员118人。12月15日,郑秾在龙游县西门外就义。1982年4月2日,浙江省人民政府追认为革命烈士。

廖献忠

廖献忠(生年不详—1933),龙泉县城西街人。晚清秀才,试列第一。因跛脚,仕途无望,时青瓷年久失传,乃弃学改研龙泉青瓷,取大窑古窑址残瓷苦心琢磨,反复制作,试验成功,为民国初龙泉仿制古青瓷之始。县城富商赵道生在桃源山坡筑龙窑,烧制兰花碗,曾聘献忠仿制弟窑型青瓷,入龙窑之第三、四间与兰花碗同窑烧制,亦获成功。献忠性格耿厚,不随俗流,对亲朋中有识者,将其制作技艺慷慨赠予;遇权贵者,虽重金购买,亦不允诺。民国22年(1933),献忠老之将至,恐技艺失传,将历次试验之仿古青瓷配釉秘方笔录成册,并自述一生精力与家财,尽付与古瓷研究之中。仿古青瓷李怀德、龚庆芳、李君义、张高礼等皆为后起之秀。

李瑞阳

李瑞阳(1868—1934),字东升,景宁大均村人。少年聪颖,府学岁贡,试题"子曰性相近三章",为主考侍郎徐季和器重,辑入《两浙校士录》。清光绪二十七年(1901),自费留学日本宏文师范学院,获孙中山接见,受民主主义革命教育,加入同盟会。学成回景宁县,致力于教育救国运动。首任景宁县务本学堂堂长,改革旧学制,开设算术、常识、唱歌、体育、图画等新式课程。后任景宁县教育科长,曾一度调任青田县教育科长,并代理县长。浙江巡抚使屈映光授以"热心教育"奖匾。民国11年(1922),选任景宁县第二届参议会议长,力主男女平等,恢复女子学校,并增设高级班,改称景宁县立女子小学校。立案审查全县财粮账目,废除虚税苛捐,克己济民,不畏权势。晚年抱病在家,仍致力于民众利益,筹巨款修建成美桥,筑坑头岭。调解乡村纠纷,秉公据理,为众所服。浙江省省长张载阳题赠"热心公益"奖匾一方。病重之际,畲民闻讯,漏夜猎捕野猪,送猪肚入药;村妇争奉母乳。死后山主慷慨赠墓地安葬。秋瑾胞弟秋宗章题撰像赞曰:"觥觥李公,清逸绝伦,蔼然仁者,气若阳春。撷芹食饩,弱岁能文,东瀛负笈,博学多闻。英才乐育,桃李盈门,晚主议席,齿德兼尊。不憗一老,返璞归真,殁祭于社,厥在斯人。"

李元唐

李元唐(1876—1934),字棣臣,号萼楼,遂昌县城南街人。清末廪生,受戊戌变法的影响,清光绪二十七年(1901),开办新学教授学生。清光绪二十九年,以公费留学日本,先入早稻田大学,后转政法大学攻读,结识孙中山等人,加入兴中会和同盟会。清光绪三十三年(1907),毕业回国,任同盟会遂昌代表,负责会员登记和联络工作,在处州各县进行革命活动,奔走于杭州、宁波、丽水等地,积极推翻清王朝。在遂昌县废科举、兴学堂。协同乡绅在妙高山创办官立两等学堂,任堂长,亲自执教。清宣统二年(1910),学堂被吴乐村民黄中法抄毁,停办。清宣统三年,在县城创办实验学堂。辛亥革命后,任遂昌县政府学务委员,创办黎照初级小学,并举办遂昌县第一期师范养成所,后改为师范讲习所,创办新学培训师资。民国2年(1913)后,参加孙中山领导的二次革命讨袁护国,与孙中山有信件来往。民国12年,参与国学进修班的教学。民国23年2月逝世。后人诗赞:“东瀛游学遇中山,辛亥功成未有闲。相继桑梓兴教化,诗书画意韵文坛”。

宗孟平

宗孟平(1907—1935),原名益寿,化名宗颖、吴丹枫、宋文斌,江苏宜兴人。民国15年(1926)夏,加入中国共产党。民国16年11月1日,组织宜兴农民暴动,占领宜兴县城,成立宜兴县工农委员会,遭国民党镇压。12月,转移上海,任江北特委青年委员。民国17年春,任中共宜兴县委书记。7月,任沪宁特委委员。民国18年5月,参加纪念“五卅”集会被捕,判刑一个月。9月9日,任江苏省委农委委员。民国20年初,调沪西区委工作被捕,任狱中党支部书记,判刑半年。民国21年,经中共临时中央决定,与弟弟宗益茂打入国民党特务机关,营救被捕的共产党员。民国22年,到中央苏区全国总工会执行局工作,任白区工作部部长。民国23年7月,调任中国工农红军北上抗日先遣队地方工作科科长。民国24年1月,在江西怀玉山遭国民党军包围,突出重围后组建中国工农红军挺进师,任师政治部组织科科长兼地方工作科科长。3月,挺进师进驻浙西南,任挺进师政治委员会会员。4月23日,参加庆元县斋郎战斗,击溃浙江保安第1团、福建保安第2团和大刀会的进攻。6月初,任中共浙西南特委书记、挺进师政治委员会随军代表兼行动委员会书记,率第2纵队到龙泉、浦城、江山、遂昌等县开辟根据地。7月6日,经浦城五家洋至忠信乡砺垟村横源坑邹兰恢家住宿,户主告密,遭袭击,宗孟平不幸牺牲。龙泉县革命烈士陵园建有宗孟平烈士纪念碑。

周华昌

周华昌(1872—1935),原名金海,字安澜,缙云溪圩村人。清光绪二十年(1894)23岁时,到武义伯父处开设饭店,结识永康百子会沈荣卿、金华千人会张恭。建立龙华会任副会主。清光绪二十六年,组织吕嘉益、赵卓、丁镖、吕逢樵等成立缙云县龙华会,与徐锡麟等取得联系。清光绪三十年(1904)二月,发表《讨满清檄》,提出“赶走满洲鞑子皇家,恢复大明江山”“把田地改作大家公有财产,不准豪富们霸占。”清光绪三十三年(1907)三月初,秋瑾到武义与龙华会首领议事时,华昌承担金华8县接应义军的重任。原定五月响应徐锡麟、秋瑾组织浙皖起义,浙江巡抚张曾敭命参将沈棋山率兵镇压。秋瑾自杭州返绍兴,华昌化装脚夫,守候钱塘江东岸渡口接应。五月二十六日,安庆起义失败,徐锡麟殉难。六月四日,秋瑾被捕牺牲。周华昌遭通缉,更名换姓秘密活动于金华、缙云县及沪杭间。清光绪三十四年冬，与张恭到沪，参加浙江十一府革命党人会议，因叛徒告密，张恭被捕。清宣统三年(1911)十一月四日，杭州光复，与会党首领组织武装起义，先后光复金华各县。民国元年(1912)，任温州要塞炮台司令。民国4年，任烟酒公卖局金衢严分局局长。卸任后在兰溪入股办厂开店，在北门新建安澜旅馆。民国24年病逝。

陈凤生　卢子敬　陈丹山

陈凤生(1902—1935)，乳名铭德，又名子荣，族名德球，松阳安民安岱后村人。自幼务农，曾在杭州、温州等地做过药材、木材生意。

卢子敬(1884—1935)，乳名康全，原名忠麟、子正，字直，松阳枫坪斗潭村人。幼时读过三年私塾。清光绪十九年(1893)，入松阳县洞阳观经馆读书。清光绪三十年，参加双龙会。清宣统三年(1911)，自费留学日本。民国2年(1913)回国，在上海吴淞口梅通岭炮台供职。回家乡后，在玉岩创办启秀学校，任校长兼教员，后又在枫坪等地任教。

陈丹山(1873—1935)，乳名风歧，族名维烈，松阳安民安岱后村人。勤奋好学，在龙泉、松阳乡村私塾执教多年。

民国17年(1928)，受福建崇安、浦城县农民暴动影响，卢子敬在玉岩组织农民，开展"二五减租"。民国18年12月，陈凤生和子敬在松阳、遂昌、龙泉县边境发展"青帮"5000多人，并组织农军，打土豪、分田地，劫富济贫。民国19年4月，组织农民暴动。7月，袭击松阳县玉岩区警察所，缴获部分枪支和军用物资。9月，到宣平县联络中国工农红军第十三军浙西南第3纵队，在牛头山组织武装暴动。后到龙泉县瀑云、锦溪等乡组织农军3000多人，准备攻打龙泉县城，被国民党调兵镇压。陈凤生去福建、江西等地寻找中央红军。卢子敬在龙泉与中国工农红军北上抗日先遣队第2支队政委洪家云取得联系。陈丹山以测字、算命、行医作掩护，继续开展革命活动。

民国24年(1935)5月，中国工农红军挺进师到松阳县，陈凤生、卢子敬、陈丹山带领群众和学生迎接红军进安岱后村。陈凤生分配在地方工作团工作，卢子敬任浙西南军分区硝磺厂厂长，在枫坪村盘坑儿熬土硝造炸药。陈丹山任浙西南军分区征募主任，负责筹集粮草、后勤供给、制造武器。不久，三人先后加入中国共产党。6月，陈凤生任松、遂、龙游击大队队长，后任总指挥；卢子敬任副总指挥。17日，带领游击队攻打松阳县古市镇，处决镇长等3人，开仓济贫。7月22日，中共玉岩区委和玉岩区苏维埃政府建立，陈凤生兼任区委书记、区苏维埃政府主席，卢子敬兼任区委副书记、组织部长，陈丹山兼任区苏维埃政府副主席。民国24年9月，国民党命卫立煌为闽、浙、赣边区清剿指挥部总指挥，急调军队7万多人，向革命根据地进犯。陈凤生等带领游击队配合中国工农红军第2、5纵队在玉岩一带浴血奋战，因寡不敌众受挫。10月20日，因叛徒出卖，卢子敬在丁坑官山岭被捕。22日，在玉岩村油车桥头就义。10月21日，因人告密，陈丹山在枫坪村被捕。11月14日，在松阳县西屏镇就义。10月31日，陈凤生在安岱后被捕。11月22日，在龙泉县城牺牲。

黄富武

黄富武(1908—1935)，江西弋阳人。民国16年(1927)，参加农民革命团。民国17年，加入中国共产党，任共青团弋阳九区团委书记。民国18年8月，到崇安县发动群众，建立苏维埃政权，开辟以崇安为中心的闽北革命根据地。民国19年7月，任中共闽北分区委常委兼共青团分区委书记，发展共青团员和少先队组织，动员青年参加红军。民国22年4月，当选闽浙赣省苏维埃执行委员。9月，任中共闽北分区委书记。民国23年1月，当选中华苏维埃共和国临时中央政府候补执行委员。10月，任赣东北独立师政治委员，抗击国民党军围剿。民国24年1月，任中国工农红军挺进师政治部主任，协助粟裕、刘英率部进入浙西南开展游击战争。3月，任挺进师政治委员会委员。4月28日，在庆元县斋郎击溃浙保第1团、闽保第2团和大刀会的进攻。6月，任中共浙西南特委书记兼浙西南军分区政委，带领特委和军分区干部，建立松阳县玉岩、遂昌县王村口、龙泉县住溪苏维埃政府，打土豪、分田地。8月，国民党调集第18军罗卓英部"围剿"浙西南革命根据地，挺进师主力跳出敌人重围，南下闽浙边境。黄富武带领部分队伍分成若干小分队，运用游击战术，打击来犯敌军，后当选为中共闽浙边临时省委委员。9月20日，黄富武在松阳县玉岩战斗中负伤。10月30日，在遂昌县淤头乡外方岭村被当地剿共义勇队抓捕，解送国民党军第14师。12月12日下午3时，黄富武在丽水县大水门英勇就义。1980年5月，在丽水万象山公园建黄富武烈士纪念碑。

方志富

方志富(1910—1935)，化名黄自富、张云龙，江西弋阳人。民国22年(1933)，任中国工农红军第十军军部司号长，参加中央苏区第四次反围剿战斗。民国24年1月，任中国工农红军挺进师第3纵队政委。3月，挺进师进驻浙西南，任挺进师政治委员会委员，参加庆元县斋郎战斗，左臂受伤，寄住龙泉岱头村张世位家养伤。5月，任中共浙西南特委委员。8月，任中共龙浦县委书记，被推选为住溪苏维埃政府主席。成立乡、村苏维埃政府或分田委员会，开展打土豪、插标分田。组织农民游击队50多人，配合红军保卫游击根据地。10月6日，因歹徒告密，国民党军包围住溪茶园坑村，方志富在突围中壮烈牺牲。

蓝水德

蓝水德(1914—1935)，畲族，龙泉竹垟红坞村人，竹器工匠。民国24年(1935)5月，挺进师6支队政委王春华等到良溪村开展革命活动，蓝水德参加革命队伍，加入中国共产党。在八都、锦旦、松巨、溪口等地打击土豪，开仓济贫，平价售盐。7月，打开良溪村周家地主的粮仓，把2.50万多公斤稻谷分给缺粮农民。8月，畲民游击队成立，蓝水德任队长，下设4个班，每班20人。8月20日，参加住溪苏维埃政府成立大会，回村成立良溪村苏维埃政府，进行土地登记和插标分青苗。9月，国民党军"围剿"革命根据地，蓝水德率领游击队员在双竹社、白马亭等地与中国工农红军挺进师并肩作战。10月初，被叛徒抓捕，打断右手臂，解送瀑云乡国民党"围剿"部队途中，被杀害在埠头公路边田里。

洪家云

洪家云(1909—1936)，江西永新人。民国22年(1933)9月，任中国工农红军第七军团政治部青年科科长。民国23年7月初，红军第七军团改组中国工农红军北上抗日先遣队，任55团2营政委。8月30日，参加庆元竹口战斗，歼俘敌300多人。9月初，先遣队至闽北浦城，第2营护送伤员至闽北苏区休养，改称红三团，由洪家云率领在遂昌、龙泉、浦城、江山等县边境开展游击战争。民国24年1月2日，率部奇袭王村口，击溃浙保第3团第8连。后攻击湖岱口之敌。3月中旬，红三团在福建浦城岚谷编入中国工农红军挺进师第2纵队，洪家云任第2纵队政委、师政治委员会委员。4月29日，参加庆元斋郎战斗。5月中旬，任中共浙西南特委委员。7月，兼任中共王村口区委书记。8月，兼任王村口苏维埃政府主席，开展查田、插标、分青苗(分田)的斗争。9月中旬，国民党集40个团兵力“围剿”浙西南游击根据地。洪家云率领第2纵队第4、6支队，坚持在龙泉住溪、遂昌王村口战斗。10月5日，任中共闽浙边临时省委委员。12月底，洪家云率领的第2纵队余部与纵队长李重才率领的第2纵队余部，在江山、遂昌县边境一带坚持斗争，建立遂昌湖岱口至江山周村纵横百里的根据地。民国25年4月，国民党调集4个团兵力“围剿”江山、遂昌县边境根据地。洪家云患病不能随军行动，在福建浦城党溪附近茶坪水口山洞里养病。因歹徒告密，遭国民党军袭击，英勇就义。

张　弦

张弦(1898—1936)，字亦琴，青田县城后街人。6岁丧父，由祖母与大伯抚养长大。自幼喜爱琴棋书画，入青田敬业小学、温州中学、南京政治大学读书，毕业后在南京某中学任教3年。20世纪20年代，到法国勤工俭学，入巴黎美术学院，以出卖油画、素描写生维持生计，学业优异，参加世界油画素描比赛获奖。毕业后留校任教，后经国民政府驻法大使顾维钧敦促回国，任上海美术专科学校教授。不久，由刘海粟资助，再度到法国进修西洋画。回国后受蔡元培聘，在国立艺术学校、南京中央大学艺术系任教。20世纪30年代，与倪贻德等人发起成立决澜社。与刘海粟、张大千、何香凝、徐悲鸿等交往甚密。既注意吸收西欧印象派、后期印象派、野兽派等现代学派的绘画观念和技法，又重视继承祖国传统绘画的精粹，融中西方美术的精华为一体，在美术上有较深的造诣。曾出版《张弦素描集》。民国25年(1936)夏，回青田度假，肝病复发去世。蔡元培、刘海粟在上海美专召开追悼会。蔡元培题词“潜宫永翳”。刘海粟挽联“微子多能诸生崇拜，何竟长辞此校凄其。”横批“泪洒秋风”。于右任挽联“绝艺留寰宇，哀歌杂薤蒿”。

许信焜

许信焜(1914—1937)，原名信坤，乳名家年，学名成龙，江西横峰下窑口村人。民国16年(1927)冬，方志敏领导弋阳、横峰起义时，任村儿童团团长。民国19年，到乡苏维埃政府工作。不久，参加中国工农红军第10军第82团，任团政治处技术书记，并加入中国共产党。民国22年，任红七军团政治部秘书。民国23年冬，怀玉山战斗失利后，突围部队回赣东北。民国24年1月15日，改编为中国工农红军挺进师。3月底，进驻浙西南，任挺进师政治委员会秘书，随军开展游击战争，建立苏维埃政府，打土豪、分田地。6月，任第1纵队行动委员会副书记，率部挺进浙东。10月，任中共闽浙边临时省委委员、闽东独立师政委兼政治部主任。民国25年6月，挺进师主力回浙西南，许信焜任中共浙西南特委书记，决定恢复中共龙浦县委，建立龙遂、江浦县委，复建基层党组织、游击队和群众组织。率部在龙泉住龙、宝溪，遂昌王村口和浦城一带，发动群众，打击敌人。民国26年初，国民党军再次“围剿”浙西南革命根据地，许信焜率部转战遂昌、龙游、汤溪、丽水、青田等地。5月，到平阳向省委汇报工作，率第2纵队回浙西南。31日，途经青田县富庄村[①]与国民党第19师一个营遭遇，在深坑岭战斗中负伤，转移双溪叶山村养伤。6月4日，到龙泉县锦溪乡龙殿坑村会见中共龙遂县委书记曾友昔，在村外沙坯岩洞安歇。7日凌晨，遭八都区自卫队袭击，在突围时中弹牺牲。1967年，遗骸迁葬龙泉县革命烈士陵园。

---

① 2010年属温州市文成县。

杨 溥

杨溥(1915—1937),字泽民,乳名厚良,云和云坛霞晓桥人。民国23年(1934),丽水省立第十一中学毕业,考入春晖高中。民国24年,投考杭州笕桥航空学校,到洛阳航校接受初级飞行训练一年,回杭州进行高级飞行训练。民国26年7月毕业,编入中央空军第7队,驾驶驱逐机,警戒江门一带上空。曾赋诗胞弟:“卢沟桥畔起烽烟,民族存亡梦魂牵。热血青年齐上阵,卫我中华把敌歼。精忠报国尽大孝,为民争光步前贤。踏平三岛倭奴灭,胜利归来吊祖先。”不久,奉令调防武汉,编入中央空军第6队。从杭州飞往武汉,途经上海闵行上空与日本侵略军飞机遭遇,受敌机群包围,后以超升高度突出重围,飞抵汉口,因在高空气压下飞行,肺部破裂,吐血不止。送汉口协和医院抢救无效,于民国28年9月逝世。云和县抗敌后援会授予烈士称号,入抗日阵亡烈士纪念祠。

杨干凡

杨干凡(生年不详—1937),别名杨胡子,湖南人。原在中央苏区红3团工作。民国23年(1934),任红七军团没收委员会主任。民国24年1月,中国工农红军北上抗日先遣队在怀玉山战斗失利,突围出来的部队回赣东北,改编为中国工农红军挺进师,任供给部副部长。3月,随部队进驻浙西南,开展游击战争,创建游击根据地。5月,任中共浙西南特委委员。6月,任中共浙西南特委副书记、挺进师地方工作团团长,建立地方党组织和苏维埃政权。9月,国民党集40个团兵力“围剿”浙西南根据地,杨干凡在战斗中失散,转移龙浦山区。民国25年3月,找回部队,任挺进师第2纵队政治部主任,转战浙西南、浙南游击根据地。民国26年5月,许信焜与宣恩金、杨干凡从平阳率第2纵队回浙西南。31日,途经青田县富庄村①与国民党第19师一个营遭遇,许信焜与宣恩金在深坑岭战斗中负伤,部队由杨干凡等带领至龙泉凤阳山庙宿营,遭尾追敌人袭击。在指挥部队突围时,中弹牺牲。

江志贤

江志贤(1865—1938),字士先,遂昌县城人。幼年回祖籍安徽旌德,科举考试中秀才,后到宁波举人孙锵处研习四书五经,复涉医书。40岁后,到江宁②行医,医术精湛,闻名遐迩。清光绪三十四年(1908),德宗载湉和慈禧太后相继患病,迭经御医治疗未愈,在南京招考名医入宫诊断。江志贤笔试和临床实验第四名,正拟上京议方,忽接清廷电报,载湉和慈禧俱亡,遂留南京江南医院任内科医官。民国元年(1912),长子病亡,家乡好友相约,辞职还乡行医,在遂昌县城东同善堂与王卫卿医师合办广仁医院,收费低廉,疗效显著。民国3年,邑绅叶香泉、程起凤、童含章等商量,在县城青云里筹办遂昌县女子初级小学,推荐江志贤任校长,开设国文、修身、理科、手工(缝纫、刺绣)、音乐、图画、体育等课程。江志贤热心公益事业,修桥筑路和民间娱乐等,无不量力而行。逝世时吊客盈门,赠送匾额“洞见症结”“绩媲良相”“着手成春”“心存胞与”“功同扁鹊”“恩同再造”“仁心仁术”等,以表铭感。

唐公宪

唐公宪(1898—1938),又名政,字海潮,学名伯宣,遂昌梭溪庄后村人。民国6年(1917)夏,考入

① 2010年属温州市文成县。

② 2010年称南京市。

浙江省立第一师范学校就读，接受马列主义思想。民国10年夏，毕业后在萧山县衙前农村小学任教，参与组织衙前农民协会，发动农民暴动。民国11年4月，在杭州加入社会主义青年团。5月，任萧山县坎山继志小学教育部主任。7月，与宣中华、徐白民等成立任社，创办《责任》周刊，发表时评。民国12年春，加入中国共产党，是浙江省最早的五名共产党员之一。5月，到绍兴女子师范学校任教，开展建党工作。7月，在龙山仑颉寺成立中共绍兴党团混合支部。8月，任社会主义青年团杭州地方执行委员会委员长，以中共党员个人名义加入中国国民党。民国13年3月，任国民党浙江省临时党部候补执行委员。4月，任中共绍兴县委委员。8月，到上海东亚同文书院，以读书为掩护，重组非基督教同盟会任主席。民国14年1月，到建德省立第九中学附小任教，发行《向导周刊》《中国青年》等刊物。9月，回绍兴女子师范学校任教。民国15年2月，到温州瓯城中学任教，任中共温州独立支部书记兼组织干事。3月，任国民党浙江省党部候补执行委员。7月，任国民党省党部金（华）、衢（州）、严（州）、处（州）办事处主任。12月，以国民党浙江省党部候补执委身份回遂昌县，以指导筹备国民党县党部名义，成立中国共产党遂昌县支部，为浙西南第一个中共组织。民国16年1月，任国民革命军东路军前敌总指挥部政治部宣传室主任。2月18日，杭州光复，任《杭州国民日报》主任编辑、省教育厅主任秘书、省党部党务人员养成所所长。4月12日在杭州被捕，关押杭州陆军监狱，判刑12年。民国21年，转送反省院。曾一度保外就医，撰写并出版《中国历史纲要》。民国26年7月，国共第二次合作，具保释放，委派为国防部特务工作团松阳分团团长。民国27年1月，任国民党遂昌县党部秘书、遂昌县抗日自卫委员会委员。7月，改任遂昌简易师范学校校长。12月病故。

李　定

李定（1885—1939），字慎微，缙云五云镇人。18岁到日本学日语及基础科，历3年回国。在上海参加留学生考试，获甲科公费，重返日本入千叶医科大学习医，加入同盟会。民国2年（1913），回杭州，与留日同学钱泽人、韩清泉等商量，创建浙江公立医药专门学校任校长，复建省立传染病院兼院长，兼任省红十字会会长。民国11年，到德国、法国、英国、意大利考察高等教育和医药卫生事业，在法国结识周恩来、陈毅等人。民国13年，返国，向中央政府条陈医药卫生兴革大计。对浙江省医药卫生事业进行调查，陈请当局分别缓急，多兴改革。民国17年，聘任上海南泽医学院教务长。民国22年，聘任河北省医院特约教授、河北省留学生考试委员会委员。民国26年，患心脏病，辞归缙云休养。民国27年，任浙江省政府及财政厅医学顾问。民国28年，病逝。著有《局部解剖学》《常用处方集》。中华人民共和国成立后《局部解剖学》修订再版，为医科大学教科书，《常用处方集》一再增订出版。

雷友德

雷友德（1905—1939），畲族，遂昌石练黄庄村人。民国24年（1935）5月13日，中国工农红军挺进师到大柘，主动给红军带路，结识政治部主任黄富武等。8月，加入中国共产党。民国25年春，到白麻村，介绍雷明德等3人入党。6月，到下坑村介绍钟兰友等3人入党。民国26年12月，以“通匪”罪送县入狱。民国27年3月26日，粟裕率部途经遂昌县，就释放“政治犯”问题与县政府交涉，雷友德获释。民国28年7月7日，参加在大柘镇召开的抗日战争胜利两周年纪念大会和当晚的火炬游行。次日，被抓，受尽酷刑。10月，押解遂昌县城，在县城西门外溪边突围时牺牲。

黄景之

黄景之（1886—1940），又名希宪，丽水吴山坳村人。清光绪三十二年（1906）秀才。民国初，从浙江省高等法政学堂毕业，回丽水办黄景之律师事务所。民国11年（1922），当选为丽水县议会议员。民国26年7月7日，卢沟桥事变后，经常到中共党组织开设的新知书店看书，购买《资本论》《列宁全集》《大众哲学》《二万五千里长征》等书籍，与中共丽水县委书记周源等有来往。民国27年7月，经周源介绍加入中国共产党，改名吴樵，意为人民当樵夫。任丽水县抗敌后援委员会副主任，经常到县城、碧湖等地进行抗日救亡宣传，发动各界捐款支持抗日。民国28年春，中共浙江省委机关从温州迁丽水。黄景之家花园弄2号，成为中共省委机关主要联络点。中共浙江省委的一些重要会议经常在黄景之家里召开，夫妻俩冒着生命风险，轮流站岗放哨。日本侵略军飞机轰炸丽水城，新知书店有被燃烧的危险，黄景之叫几个好友到书店，将两箱党内文件和资料搬到家里存放。与共产党员丘惜光在南坑村办农民夜校，给农民讲抗日救亡的道理。周源、丘惜光等人患病，黄景之请医生看病、买药、煎药和购买补品。民国29年初，到皖南新四军工作之前，黄景之到丽水县松坑口村浙江省卫生所割痔疮，术后发炎。5月17日，逝于病所。

端木彧

端木彧（1871—1940），字梅璘，丽水县城人。笃学好古，工书翰，清末廪贡生。清宣统三年（1911），辛亥革命任处州军政分府秘书，后在浙江省财政署等机构任职。民国13年（1924），与在杭州同乡学友徐允中、章叔言等共谋，编印处州10县文献，自唐朝至清末，整理全书目录40种，数百卷，编为《处州丛书》。有原刊本的出资购买，无刊本的抄录《四库全书》。民国15年书成，刊印乏资，求助浙江省省长夏超，允为筹措。10月，夏超死，印行不果。民国19年，以老解职，携稿回乡。仍热心交通事业，邀请国民党第21师第2旅帮助修筑公路，联络地方人士筹募公路资金，任缙丽汽车股份有限公司董事长。经与省建设厅厅长曾养甫联系，从省工程处拨福特牌客车1辆作教练车。民国23年，主办驾驶员培训班，学员50人，选送省公路局司机养成所培训驾驶员17人。同时重理《处州丛书》残篇，笔耕数年，第十一县政督察专员姜绍谟闻而怂恿付梓，印费由处州各县承担。民国26年，端木彧任龙泉县县长。后因抗日战争爆发，《处州丛书》仅印序目，书稿存放丽水民众教育馆。民国31年，丽水县城沦陷，书稿劫焚无存。

蒋 治

蒋治（1910—1940），又名子谦，化名姜平，建德乌祥村人。民国15年（1926），参加中国国民党。先后到上海新华艺术专科学校、上海闸北中华艺大、上海华南大学求学。民国18年秋，东渡日本，入东京成城学校补习日语，由张国衡介绍，加入中国共产党。12月，被日本警视厅以反帝罪名驱逐出国。民国19年3月，回上海恢复组织关系，编入共青团闸北街道支部从事地下活动。5月，因身份暴露，转沪东街道支部，任中共上海申新五厂支部行动委员会书记。9月，任引翔港区委执委。11月，经江南省委外县工作委员会决定，任杭州中心县委宣传委员兼秘书。民国20年春，杭州党组织遭破坏。11月，回建德乌祥隐蔽。民国22年2月，因当地乡长王兴杰告密，蒋治夫妇被捕，囚禁杭州浙江陆军监狱，判刑2年，狱中备受折磨，肺病加剧。民国23年9月，保释就医。民国24年6月，到上海，先后在东亚女校、之江中学、天德小学、旭东学校任教，在上海文化界救亡协会国际宣传委员会、中国农村经济研究会工作。民国 27 年春，由骆耕漠联系，参加浙江同乡服务团到丽水，筹建战时书报服务社[①]，编辑《动员周刊》《合工十日》，接办《浙江潮》《新力》刊物。同年秋，任中共丽水县委书记。受处属特委张贵卿委托，到青田成立中共青田县工委。民国 28 年 3 月，组建中共丽水城区区委。民国 29 年 5 月，调新四军驻皖南屯溪物管处工作。12 月 11 日，由于劳累过度，病情恶化，在屯溪病逝。1962 年 6 月，被浙江省民政厅追认为革命烈士。

张伟文

张伟文（1878—1941），字蔚斋，云和县城西街人。清光绪二十九年（1903），到日本留学，谋求实业救国。清光绪三十年回国，在上海加入光复会。清光绪三十一年，再次东渡日本，在东京经宋教仁介绍入同盟会。清光绪三十二年初回国。四月，与魏兰等到南洋、印尼等地进行反清活动。回国后受陶成章委托，负责苏、浙、皖等省联络会党，策划浙江起义。清宣统元年（1909）春，与阙麟书、徐仰山在杭州羊坝头张顺余烟店密谋浙江起义。商定张伟文去乐清策动洪邦首领黄飞龙等首先起义，处州阙伊、魏兰等组织义师响应，待杭城清军出击温、处二府时，阙麟书、徐仰山等乘机袭击巡抚衙门。因叛徒告密，张伟文船抵温州江心寺，即被温州巡防统领梅占魁逮捕。阙麟书、徐仰山也先后在杭州被捕。在审讯时，张伟文坚认与徐仰山、阙麟书素不相识，徐仰山无罪释放，阙麟书保释出狱，张伟文关押于温州府监狱，后转杭州仁和监狱，受尽酷刑，坚贞不屈，被判处极刑。正遇杭州光复，随即出狱，任浙江省军政府咨议。民国元年（1912）7 月，在杭州创办《平民日报》，后任孝丰县知事。民国 2 年，谢政归田，协助魏兰创办定兴花边厂，种梨种茶，开发山区经济。民国 30 年病逝。

郑宝琳

郑宝琳（1882—1941），字楚臣，原籍瑞安金岙村，定居丽水。民国 8 年（1919），集资创办普明电灯公司，兼营石印、碾米业务，是丽水电力工业开端。民国 13 年，集资 4 万元，利用当地松树资源，创办普昌火柴梗盒片厂，销往温州、宁波、上海等地。民国 15 年，联名招股 4.50 万元，创办燧昌火柴股份有限公司，任总经理。产品远销北至天津、青岛，南到潮州、汕头等地。民国 16 年，国民革命军第 14 军第 1 师北上路过丽水，主持组织北伐军过境招待，统筹军需物资供应。20 世纪 30 年代始，由于日本、瑞士火柴倾销，停工停产。民国 26 年，抗日战争爆发，京、沪、杭相继沦陷，丽水成为浙江抗日战争的大后方，燧昌火柴厂成为浙、闽、赣边区日用火柴生产基地。民国 27 年，燧昌火柴厂厂房遭日机轰炸，工厂疏散到丽水县官桥、苏埠生产。浙江省建设厅筹建浙东电力厂，普明电灯公司的全部资产折股投入，加速浙东电力厂建成发电。此外，郑宝琳开办丽水萤石开采场、南明茶叶厂、振兴垦业社，筹建造纸厂，修建简易公路。民国 31 年 6 月，日本侵略军入侵丽水，这些企业毁于战火。郑宝琳历任丽水县商会会长、华洋义赈会常务董事、消防总会总董事长、抗敌后援委员会副主任、出征军人优属委员会副主任、丽龙丽缙丽青公路筹委会常委、浙江战时赈济委员会委员、省“七七”化工厂董事、省难民工厂常务董事、省临时参议会参议员等职。民国 30 年夏病逝。

---

① 后改新知书店丽水分店。

周　源

周源（1915—1941），宁波人。少年到上海一纺织厂当童工。民国24年（1935），加入中国共产党，从事工人运动。民国26年8月13日，日本侵略军入侵上海，被派到一所难民收容所工作。民国27年4月，到浙江后方做抗日救亡工作。12月，以浙江同乡回乡服务团名义，开展党的活动。5月，任中共处属特委委员、工运主任，兼任中共丽水县委书记。以新知书店为秘密联络点，介绍律师黄景之入党。11月，到青田县，改中共青田县工委为中共青田县委。民国28年4月，在中共处属特委首次代表会议上，当选中共浙江省第一次代表大会代表。7月，到平阳北港出席省首次党代表大会。10月，任中共处属特委组织部部长。民国29年6月，任中共闽浙边临委委员、组织部部长，兼任中共龙泉县安仁区委书记，开辟龙泉、庆元边境革命根据地，打通龙泉、云和、丽水至浙南的地下交通线。12月，任中共龙（泉）云（和）边县委书记。民国30年1月23日，到中共闽浙边临委开会途中，在龙泉县宝溪乡草鞋岭村遭浙江保安队袭击，中弹牺牲。

赵鼎华

赵鼎华（1883—1941），又名守礼，字荣三，缙云县城东门人。北京蒙文学堂、法政学堂肄业，因宣传反清遭通缉。后入南京水师武备学堂。毕业后先后任嘉兴、海门、杭州水上警察队队长。在杭州加入同盟会。光绪三十三年（1907）七月，绍兴大通学堂案发后遭通缉。辛亥革命光复杭州时，参与攻打清抚台衙门。民国元年（1912），任浙江外海水上警察署署长。民国11年，缙云特大洪灾，时赋闲在家，先后向华洋赈济会、江苏义赈团及社会各界筹募玉米数百万斤、衣物若干，救济灾民。与当地士绅筹款建五云镇同善桥、壶镇保安堤。民国16年北伐，任国民革命军第1军第1师参议，参与攻打军阀孙传芳的战斗。后任嘉兴、海盐县知事。在海盐兴修农田水利，疏浚西大街河道，恢复硖石镇水上交通，创办贫民习艺所。因擅自动用公款购买抽水机疏浚河道被撤职。民众以脸盆盛清水送行，赠以“清廉正直”“泽被闾里”锦幛。民国20年后，任山东省麦粉税局视察员、苏鲁皖面粉特税局视察兼负责黄河赈灾工作。民国26年，抗日战争开始，任安徽蚌埠、江西鄱阳难民救济所所长。一生自奉俭朴，家中屋宇残破，家属返家借寓伯父家。民国30年，病逝江西鄱阳芝山寺。

张麒麟

张麒麟（1912—1942），化名张潮，江西横峰人。出身贫农家庭。民国16年（1927）12月，参加方志敏领导弋阳、横峰农民暴动。民国19年，参加中国工农红军第十军，并加入中国共产党，任通信排长。民国23年7月，任中国工农红军北上抗日先遣队第55团第4连政治指导员，途中受伤，留闽北根据地养伤。民国24年3月，随中国工农红军挺进师进驻浙西南。民国25年10月，任中共龙（泉）浦（城）县委书记。冬，在遂昌作战受伤，到闽北浦城养伤，并任建（瓯）松（溪）政（和）独立营营长兼政委。民国26年2月，国民党再次“围剿”浙西南游击根据地，张麒麟将部队带到龙浦边境，组织分散隐蔽。12月，任中共浙西南特委书记、抗日救亡工作团团长，开展抗日救亡宣传，举办干部培训班，发展基层党组织。民国27年5月，中共浙西南特委改为中共处属特委，张麒麟任书记，开展抗日救亡工作。民国28年4月，当选中共浙江省第一次代表大会代表。7月，出席省党代会，当选中共浙江省委委员、中共第七次全国代表大会代表。民国29年6月，中共处属特委改为中共闽浙边委，张麒麟继任书记。国民党调集4个整编师，向闽浙革命根据地进攻。张麒麟率领少数武装人员，坚持隐蔽活动。民国31年5月6日，率领少数边委机关干部从龙泉县向遂昌县转移，在遂昌县关川乡山井村歇夜时，因叛徒告密遭遇围堵，在指挥突围时中弹牺牲。1962年，遗骸迁葬龙泉县革命烈士陵园。

刘　英

刘英(1906—1942)，原名声沐，化名可夫、越人、爱群、锄非、王志远、林远志，江西瑞金人。民国18年(1929)4月，改名刘英，参加中国工农红军第四军。9月，加入中国共产党。历任红军连指导员、营政治委员、团政治处主任和团政治委员、师政治部主任和师政治委员、红七军团政治部主任。曾参加中央苏区第一至第五次反围剿作战。民国24年1月，中国工农红军北上抗日先遣队在赣东北怀玉山陷入重围，与粟裕一起带领部队突围，越过敌人封锁线，抵闽浙赣苏区。2月，任中国工农红军挺进师政治委员，与粟裕率部向浙江挺进。3月，任挺进师政治委员会书记。4月，在庆元斋郎击溃国民党和大刀会的联合进攻。6月中旬，在松阳小吉召开挺进师政治委员会，成立浙西南军分区、中共浙西南特委。8月，开辟以王村口为中心的浙西南游击根据地，部队由538人发展到近1000人。9月，国民党集中32个团，连同地方武装约六七万兵力，向浙西南游击根据地进攻。刘英、粟裕率挺进师主力跳出敌人包围圈，南下浙闽边境。10月，在福建寿宁郑家坑，与中共闽东特委书记叶飞会师，成立中共闽浙边临时省委和省军区，任省委书记兼军区政治委员。民国25年2月，粟裕率挺进师主力返回浙西南，刘英在福鼎、泰顺地区开展游击战争，逐步建立浙南游击根据地。民国26年3月，刘英代表闽浙边临时省委和省军区，与国民党闽浙赣皖边区主任公署主任刘建绪进行和平谈判，经过5月、8月两次谈判，达成停止内战、一致抗日的七条协议。10月，中国工农红军挺进师改编为国民革命军闽浙边抗日游击总队，刘英任政治委员。民国27年3月，粟裕率部抵达皖南编入新四军，刘英奉命留浙江坚持斗争。5月，撤销闽浙边临时省委，成立中共浙江临时省委。9月，改为中共浙江省委，刘英继任书记。民国28年3月，刘英随中共浙江省委机关自温州迁丽水厦河村，以兴华百货商店老板身份开展工作。7月，中共浙江省第一次代表大会召开，当选省委书记兼统战部部长、中共第七次全国代表大会代表。民国30年4月，中共浙江省委机关从丽水迁回温州。5月，任中共中央华中局委员。同年秋，任闽浙赣三省特派员，领导浙江、福建、江西三省工作。民国31年2月，由于叛徒出卖，刘英在温州遭国民党逮捕。5月18日，在永康方岩英勇就义。解放后，在方岩建革命烈士陵园，为省级重点文物保护单位。

曾友昔

曾友昔(1911—1942)，乳名灶生，原名传喜，又名铁民，江西于都人。民国20年(1931)10月，参加游击队。民国22年2月，到中央苏区瑞金，任红七军团战士、事务长。在广昌参加第四次反围剿战斗。3月，加入中国共产党。民国23年6月，任中国工农红军北上抗日先遣队供给部干事，随军转战闽中、闽东、闽北、浙西、浙皖边、赣皖边。民国24年1月，国民党军在怀玉山“围剿”北上抗日先遣队，曾友昔突围至赣东北苏区，任中国工农红军挺进师供给部科长。随粟裕、刘英冲破敌人封锁，抵浙西南。参与地方党组织、苏维埃政府、游击队的组建工作，宣传党的政策，打土豪、分田地。9月，国民党集中32个团，连同地方武装约六七万兵力，向浙西南游击根据地进攻，曾友昔带领部分红军，转移到龙(泉)、浦(城)边境毛洋一带活动，建立党支部11个。民国25年6月，任中共龙(泉)遂(昌)县委书记，坚持浙西南3年游击战争。民国27年2月，任中共浙西南特委委员、遂昌县委书记。发动农会，实行“二五减租”，开展抗日救亡运动，群众称之“铁民”。民国28年4月初，在遂昌王村口召开中共遂昌县第一次代表会议，曾友昔当选中共处属特委首次代表会议代表。民国29年2月，任中共遂昌中心县委书记。6月，中共处属特委分别建立中共闽浙边委、丽水中心县委，曾友昔任中共闽浙边委委员。民国30年1月，皖南事变后，遂昌县党组织遭国民党破坏，县委转移到白马山区。民国31年2月13日，因叛徒告密，国民党军在乌头尖袭击中共遂昌县委，曾友昔带领县委机关人员和武工队向千佛山突围，隐蔽在三仁乡高垟村养伤，病逝于3月7日。

周芝山

周芝山（1868—1942），青田山口人。生于石雕世家，早年丧父，读书3年即辍学习艺。雕刻人物、动物、花卉、山水等无一不精，是削楮妙手。清宣统二年（1910），与人合办改进图书石雕刻技艺局。民国2年（1913），又与人共建手工传习所，传授石雕技艺。民国3年8月，集资设立翕和美术公司，购办青田石雕，为到美国旧金山参加巴拿马太平洋博览会作准备。10月，浙江巡按使屈映光为翕和美术公司题词“工精刻楮”。民国4年3月9日，巴拿马太平洋博览会中国馆开幕，周芝山的石雕“白云瓶”“梅鹤大屏”“牡丹瓶”“碧色大印章”“竹林七贤”等12件作品，获银牌奖章。周芝山在美国开设商店，推销青田石雕；在上海、汉口、普陀等地开设图书店。民国22年前后，任青田县图书石职业工会理事。民国31年逝世。

黄庆慈

黄庆慈（1891—1942），字在慈，松阳望松乌井村人。天津北洋大学土木工程学院毕业。民国23年（1934），任浙江省公路工程局丽水各路联合办事处副主任，负责丽（水）青（田）、丽（水）缙（云）、丽（水）云（和）公路工程建设。民国25年起，先后任国家经济委员会公路处、陕西省建设厅、交通部公路总局西北公路管理局总工程师，主持汉（中）宁（抚）公路、汉（中安康）白（河）公路建设工程和西（安）兰（州）公路改造工程。民国30年，参加川康公路建设，蜚声交通界。民国31年8月，奉命踏勘中印公路，在云南曲靖因车祸殉职。

蓝应东

蓝应东（1882—1942），乳名樟森，又名达五，号垟谷居士，畲族，云和赤石垟田村人。青年时拜赤石村周景廉、杉坑岭村蓝宝成为师。清光绪二十八年（1902）秀才。清宣统二年（1910），由明经入拔贡。辛亥革命后，与留日学生刘鉴波等组织赤石自治公所，排解乡里争执，维持社会秩序。集资兴修官税水坝，保护农田13.33多公顷。种田讲究土、种、肥、水、管、虫害等技术，在畲乡推广他的丰产经验。在青田县合资开设陆同春木行，所产白炭运销日本三井洋行，抗日战争时停业。民国6年（1917）前后，任赤石镇国民学校校长，改革旧制，推行新教育。倡建赤石百家祠，复建百廿步岭凉亭，创办社仓，受畲民赞誉。工书画，故居中堂悬“贡元”匾额，自题楹联“篱菊盆兰生盛气，池鱼林鸟见清机”。民国31年逝世。

张贵卿

张贵卿（1908—1942），原名高一飞、征夫，北京顺义杨谷庄沟东村人。一家四口逃荒天津，父亲因病逝世，母亲澡堂做工，省吃俭用，供儿读书。张贵卿先后在天津水产专科学校、燕京大学求学。民国22年(1933),加入共产主义青年团、反帝同盟和左联,从事交通工作,传递上海、天津、北京之间的秘密文件,护送领导去上海。民国23年,加入中国共产党,到上海做交通工作,以《申报》特约记者或商人身份掩护。同年11月,与爱人何渊、出世几个月的女儿一同被捕入狱,被判处徒刑10年。受严刑拷打致患肺病咯血、女儿被折磨致死,也未屈服。卢沟桥事变后,国共两党和谈。8月,在南京中央军人监狱获释,到浙江嵊县[①]丁友灿家养病。11月,任中共浙江省临时工作委员会巡视员。12月,在金华斗鸡巷4号,将参加抗日救亡运动的上海同济大学、浙江大学、江苏无锡教育学院、浙江流动剧团等部分中共党员,组成中共浙南特别工作委员会,随浙江省建设厅到丽水,以浙江同乡回乡服务团名义,开展党的活动。民国27年8月,任中共处属特委委员、组织部部长。民国28年10月,调任台属特委组织部长。民国30年春,调任衢属特委书记。民国31年3月,因叛徒出卖,张贵卿在龙游会泽里村被捕,押解永康方岩,受尽折磨。5月18日,与中共浙江省委书记刘英一起于方岩就义。解放后,在方岩建革命烈士陵园,为省级重点文物保护单位。

陈奕兰

陈奕兰(1905—1943),女,龙泉宝溪高山村人。6岁做童养媳,寄食堂兄家,挨冻受骂。民国24年(1935)3月,中国工农红军挺进师第2纵队在宝溪乡开辟革命根据地。民国26年冬,与丈夫廖思林加入中国共产党,负责党支部妇女工作,廖思林任党支部书记,开展"二五减租"。民国28年下半年,国民党反共加剧,中共处属特委和龙泉县委机关转移上山住草棚,陈奕兰发动妇女缝制草鞋、军裤,送饭、送菜,传送情报。民国29年,国民党再次掀起反共高潮,屠杀共产党人,派便衣队员闯入陈奕兰家搜查,财物被抢劫一空。民国30年下半年,形势更为紧张,夫妇俩随中共龙浦东区区委转移至福建浦城双门井亲戚廖四翠家,中共处属特委机关驻雷公井山棚。陈奕兰白天学打枪、练拳术,晚上去双门井做群众工作,发展中共党员,为特委机关买盐、油,传递情报。陈奕兰因操劳过度,身体虚弱,得败血症,组织上安排她到福建崇安上匿村休养。民国32年4月清明节前,被浦城县富岭乡公所逮捕,转送浦城县保安队监狱,受尽酷刑。5月,在浦城监狱牺牲。

周建生

周建生(1906—1943),学名必警,又名介夫、金环,福建福鼎周佳山村人。幼年丧父,进私塾读书,任小学教员,当过店员。民国22年(1933),参加革命活动。民国23年7月,加入中国共产党,任中共福鼎县上东区文书。民国24年,任中共鼎平县委委员兼上东区委书记,成立上东区苏维埃政府,组织农民抗租、抗税、抗捐、抗粮、抗债斗争。8月,任中共鼎平中心县委委员。12月,任中共瑞平泰县委书记兼泰平区委书记。民国25年6月,任中共平阳县委书记,加强生产和建设,打土豪分青苗,发展鼎、平、泰革命根据地。民国26年3月,红军挺进师主力转移。12月,任中共浙西南特委委员兼特委秘书。民国27年5月,任中共处属特委委员兼特委秘书。秋,到云和县梅湾、崇头等地指导农村党组织建设,在龙泉县水塔村举办农村党支部书记或组织委员培训班2期,任培训班副主任兼主课教师。民国29年6月,任中共云和县委书记。民国30年1月,皖南事变,国民党掀起反共高潮,云和县委机关转移到下寮坑。周建生领导各地党组织开展反清乡斗争,整顿和恢复党的组织活动。

① 2010年称嵊州市。

民国31年1月，到中共闽浙边委联系工作，被国民党龙泉县自卫队100多人包围，突围回云和县坚持斗争。6月，中共处属特委机关转移云和县山锦、岗头庵，积极帮助特委筹措生活费用，开辟赤石新区工作，到浙铁小顺总厂联系枪支，筹建云和革命武装。由于形势险恶，风餐露宿，食不果腹，积劳成疾。民国32年4月29日，病逝于横坑山寮里①。中华人民共和国成立后，遗骸迁云和革命烈士陵园。

李振彪

李振彪（1919—1943），原名龚福寿，江山华家村人。童年父母双亡，靠行乞度日。民国24年秋，参加中国工农红军挺进师2纵队，改名李振彪，参加攻打衢州火车站战斗。在1次战斗中，左手残废，调师部警卫队工作，加入中国共产党。民国27年5月，任中共青景丽中心县委委员兼丽云区委书记，在青田、景宁、云和、丽水县边界坚持革命斗争。恢复党组织和发展党员。宣传党的团结抗日主张，推行“二五减租”，禁止粮食外流，不许富户囤粮高价出售，规定粮食、食盐等平价买卖，保障人民生活需要。民国30年皖南事变后，国民党大肆清乡。7月，李振彪参与策划击毙云和小顺乡长，赶跑驻高沈碉堡的国民党兵，击毙国民党第3战区某团团长。通过大港头兵工厂地下党关系，利用农副产品换取武器弹药，充实抗日武装。民国32年7月12日，因叛徒告密，国民党青田县南田区区长兼行动队队长鲍志仁率部包围景宁县高演村畚斗湾孤独小屋，李振彪中弹牺牲。1953年，李振彪被追认革命烈士。1956年，在景宁县新四乡高演村畚斗湾建李振彪烈士墓、纪念碑和纪念亭。

楼秀英

楼秀英（1868—1943），女，永康舟山人，出嫁缙云松岩村胡德邻为妻。婚后数月，丈夫病故，公婆与小叔相继去世。秉承公婆遗志，捐良田4.86公顷，作缙云贫寒生员卷资田。拨房屋数间、广仓两座，为司理下榻和储藏租谷。族中叔伯对楼秀英家财产早存觊觎之心。先是逼迫改嫁未成，继又诬捐田助学非出其所愿，诉诸官府。楼秀英请父亲楼启谨到缙云邀集乡邑知名人士卢作和、吕朝阳、卢俊达到家，禀明捐产助学之事，又从存田中增捐卷资田2.67公顷，每年租谷可得银数千两，当众写下“甘结”，表白“所捐之产，实属素心甘愿，并无纤毫勉强。”并议订义田管理和租谷使用章程，上报缙云县、处州府备案。缙云县卷店礼房因生员应试原须交卷费若干，可从中渔利，而捐产统筹开销后，堵塞生财之道，从中作梗。楼秀英又请楼启谨、吕朝阳等奔走上告县、府，缙云知县谢焯荧批示“为之勒碑立案，请旌于朝。”处州府学宪批示“仰缙云县严行示禁。”捐产助学之举，方圆满实现。废科举、兴学堂后，此项学田作为县教育基金拨入五云学堂。民国初年，楼秀英又捐膳田0.83公顷，资助松岩村办学，仅留少量田产自养及继子生活费用。缙云知县撰《五云松岩胡家姑媳楼氏义田记》。后有知事撰《五云胡家楼氏义田序》。吕朝阳辑成《五云胡家义田录》刊行全县。

彭孝儒

彭孝儒（1913—1944），湖南益阳人。自幼丧父，靠母亲帮工抚养成人，从小有救国为民之志。黄埔军校第七期毕业，进国民党陆军大学深造。正值抗日战争紧要关头，原分配国民党国防部任少将

① 2010年称沈村乡沈庄村。

高级参谋，他执意要求到浙江前线抗战，改任第3战区长官司令部少将高参，到江西上饶长官司令部报到。民国31年(1942)，再次向战区长官顾祝同申请，要求带兵亲临前线抗击日本侵略军，到浙江丽水任国民党21师63团团长。罗君彤师长怀疑是来监视他们，派他到永康、松阳一带教练新兵。他身先士卒，脚穿草鞋，肩背斗笠，滚爬苦练，同甘共苦，与士兵结下生死与共之情。彭孝儒严禁克扣士兵粮食，新兵营无人逃亡。民国33年8月，日本侵略军再次进犯丽水，国民党32集团军三个全副武装的突击营撤至龙泉、浦城，调彭孝儒率领的国民党军新编第21师63团守卫丽水县城。彭孝儒紧急动员群众在两天内撤离县城，表示“城在人在，城亡人亡。”8月25日，日本侵略军70师团和梨冈支队3000多人、伪军3000多人窜犯丽水，第63团官兵顽强抵抗，团长彭孝儒以下官兵大部阵亡。27日凌晨3时，丽水沦陷，彭孝儒牺牲。民国35年，在杭州灵隐寺开追悼会，蒋介石委任彭孝儒为中将，并安排其妻刘俊生到杭州中央信托局工作。

蓝炳水

蓝炳水(1861—1944)，字瑞金，畲族，景宁大均鸡公岱村人。按畲族婚俗，至鹤溪暮垟湖村蓝家做招婿。家庭贫困，力耕农业。性刚强，善狩猎，精于射，雄赳武夫，仗义执言。知县试其武艺，他打七步拳，在地砖上留下斑驳脚印，观众惊叹不已。清光绪八年(1882)，参加处州武生会试，马箭、步箭、弓、刀、石等外场科目皆中，唯内场默写武经落第，主考以“身家未为清白”不予张榜。经畲族考生力争，得武生员。民国4年(1915)10月，畲民反对政府蛮横征收酒税，景宁县烟酒稽征所税警以查酒征税为名，将蓝炳水押解县城。至梅庄亭村，数百畲民赶来救援，蓝炳水挣断铁镣，夺得税警步枪2支，进城打砸烟酒稽征所。县知事只得撤换税官，减轻酒税，以白银30两赎回枪支。民国16年8月，蓝炳水参与“二五减租”，组织农民协会。9月，组织1000多人包围国民党景宁县党部。后县党部贴出布告，实行“二五减租”。在争取民权的斗争中，蓝炳水与地主进行10多年田地官司，后迁居朱后岗村樵耕而终。

刘恒忠　刘恒恕

刘恒忠(1896—1944)，别名乌果，庆元五都村人。相貌清秀，举止文雅，称宅眷儿(小媳妇)，二都戏师父授以旦角。身段优美，唱腔甜润，登台演出，红极一时。《白蛇传》中饰白娘子，楚楚动人，有女观众，羡其美貌，常送鞋送蛋，与之攀搭，刘恒忠不为所动。《僧尼会》是兄弟俩拿手好戏，每次进城演出，达官贵人都一睹为快。随着年岁增长，一再改易行当，从花旦、老旦、老生到大花脸，都得心应手，胜人一筹。在《定军山》中演关公角色，功架扎实，唱腔洪亮，一招一式，刚健威武，被誉为活关公。擅演正面人物，从不沾奸诈、刁钻角色。为人正派，忠厚谨慎，生活简朴，上台时儿女情长，下台来一本正经。虽浪迹江湖，烟、酒、赌、嫖从未染指。民国33年(1944)，客死福建，知者无不叹惜。

刘恒恕(1896—1972)，别名白果，与刘恒忠是孪生兄弟，庆元五都村人。自幼喜爱唱歌、游戏，逢年过节常为地方父老所邀，扮演《唱灯》《花鼓》，为二都戏班主柳邦荣赏识，15岁收为徒弟，跟班学艺。言谈风趣，举止幽默，师父授以丑行，一年长进，二年出名。演《僧尼会》中的小和尚，唱腔多变，动作灵活，表情丰富。中年后多演家奴、老妪，老态龙钟，惟妙惟肖，声名大振。旧社会视戏子为末流，不堪蔑视和奚落，遂走出梨园，入赘周墩吴家，从事农业。1972年病故。

王贤川

王贤川（1906—1936），奉化箭岭村人。生于手工纸坊家庭，私塾读书两年，17 岁到余杭王云土纸坊学艺，19 岁回家乡纸坊抄纸。民国 22 年（1933），受上海大明实业文具有限公司经理谢锦堂委派，在上海高昌庙创建大明实业造纸厂生产蜡纸原纸，后迁温州，为厂负责人之一。民国 29 年，得林晋泰老板支持，到遂昌西门头开设大明振记造纸厂，同年改名新业造纸厂，职工 60 多人，生产长城牌铁笔蜡纸、拷贝纸、毛边纸、卷烟纸等。月产铁笔蜡纸 800—1000 筒，每筒 100 张。民国 34 年，在上海筹建浙江省遂昌新业造纸厂驻沪办事处，推销产品，并为遂昌各商行代办业务。民国 35 年 5 月，病故，其妻朱秀棣继任新业造纸厂厂长，聘请经理，坚持生产。1954 年，公私合营，与遂昌皮纸厂合并。朱秀棣任遂昌皮纸厂副厂长，被选为遂昌县人民代表。1958 年，并入遂昌造纸厂，2010 年称浙江凯恩特种材料股份有限公司。

陈　觉

陈觉（1917—1947），又名持真，化名文光，缙云雅亭村人。普化小学毕业，到仙都中学读书。民国 27 年（1938）春，在进步青年影响下，宣传抗日救亡，举行罢课。民国 28 年 7 月，到丽水参加省战时合作事业干部训练班训练。9 月，以省战时合作事业工作队缙云工作组组长身份，到缙云县开展建党工作，并加入中国共产党，在双溪、方溪等地开办特产合作社，鼓励农民多种桐、茶、桑、棉等经济特产。民国 29 年 2 月，在雅亭村天马庙召开党员大会，成立中共雅亭村支部。民国 30 年 1 月，皖南事变后形势恶化，先隐蔽青田，后到江西上饶应家坊国民党第 3 战区合作社物品供销联合办事处员工消费合作社任经理，秘密开展党的工作。民国 33 年春，到福建武夷山中共闽赣边地方工作委员会机关任文化教员、指导员，改名持真。民国 36 年初，调中共闽浙边地委，在庆元、缙云、龙泉、云和一带开辟工作，与处属特委书记傅振军、缙云县委书记李文辉等商讨并开展武装斗争。8 月，因劳累病倒在龙泉庄山村，住户告密，省保安队连长张署光带兵抓捕陈觉，受尽酷刑。9 月，陈觉在龙泉城东中山公园就义。1951 年 10 月 5 日，烈士遗骸迁葬缙云雅亭村。

李设木

李设木（1915—1947），缙云稠门村人。民国 29 年（1940）秋，由李银通、李庆仁介绍入中国共产党。民国 31 年秋，受党组织指派，打入普化乡公所任乡丁，传递情报，为地下党员外出活动提供通行证。民国 33 年春，由中共缙云县委委员、组织部长张之清带领到余姚梁弄，编入浙东新四军游击纵队司令部警卫大队，经中国人民抗日军事政治大学培训后任军事干部。民国 34 年春，调回缙云南乡中共处属特委武工队，参加新建闹米荒斗争，遭国民党逮捕，受尽坐老虎凳、熏煤油烟、灌辣椒水等酷刑，咬定自己只是担柴籴米的农民，后无罪释放。民国 36 年秋，处州、金华两地党的武装在缙云雪峰山、西青头村商定，成立浙江壮丁抗暴自救军第 3 总队，处属特委武工队编为第 2 大队。李设木任中队长，带领战士政治学习、军事训练，号召人民抗丁、抗税、抗粮，反对内战。8 月，第 2 大队袭击丽水碧湖区署警察所、大港头兵工厂，缴获枪 70 多支、手榴弹 160 多枚、子弹 1 万多发、电话机 1 台。次日，第 2 大队被国民党省保安队第二团追击至小山，激战两小时击溃敌军。李设木冲锋在前搜索敌兵，被一个躲在岩石后面的敌军开枪击中胸膛牺牲。

赵舒 赵璧

赵舒(1884—1948)，字澄志，又名元熙，号明止、红蓼馆主人，缙云壶镇人。少年善习技击，入龙华会，后留学日本早稻田大学。清光绪三十一年(1905)，回国参加光复会，联络夏超、吕逢樵等在缙云壶镇商讨革命活动。与魏兰、阙麟书等在丽水创办利用织布公司。与褚辅成等在上海开天宝客栈，作为革命党人联络点。清光绪三十三年，约期响应浙皖起义，遭通缉，隐蔽温、处边界山区。次年，到安徽发动安庆起义，失败后只身潜回缙云。清宣统二年(1910)，到丽水碧湖震丽学堂任教，联络会党。清宣统三年 11 月，参加以蒋介石为队长的敢死队，光复杭州。奉命携带部分枪支回缙云，与吕逢樵组织光复军，任第 1 队队长，于 11 月光复处州。民国元年(1912)2 月，被推为众议院参议员。民国 6 年，到广东任孙中山大元帅府参议，并支持浙江省制宪。民国 11 年，代表浙籍旅京同乡会“壬戌赈济会”，到处州十县勘灾赈济。民国 15 年 7 月，任国民革命军第 26 军党代表兼政治部主任，龙游、富阳、嘉兴战役后驻上海。民国 16 年，周恩来在上海领导工人起义，被第 26 军第 2 师师长斯烈扣留，赵舒护送周恩来脱险。因愤于国民党的倒行逆施，解散政治部，离开 26 军，到武汉任航空委员会党代表。民国 23 年，任淮阴专区行政督察专员兼第 7 区保安司令。民国 24 年春，辞职回家，以诗画自娱。民国 26 年，抗日战争爆发，到台州、温州、处州各地宣传抗日，安排杭州安定中学、金华中学、宁波中学、慈溪锦堂师范等学校迁壶镇一带复课。民国 28 年 4 月，被推为浙江省临时参议会参议员，任壶镇燕翼小学校长，创办难民纺织厂。民国 31 年，日本侵略军窜扰浙中南地区，在缙云组织地方团队保卫家乡。民国 33 年 12 月，任第四届国民参政会参政员。抗日战争胜利后，任浙江省善后救济工作团第 3 分团团长。民国 37 年 9 月病逝。著有《明止文集》《红蓼馆诗草》等书。留有缙云“雁门”和丽水三岩寺朝曦洞外“氐岩”摩崖题刻。《赵舒赠蒙徵先生诗屏》遗墨。

赵璧(1880—1962)，女，乳名芳菊，字和珍，人称和珍先生，赵舒之姐，缙云壶镇人。幼年从父学，善诗文。早年丧夫。清光绪二十八年(1902)，赵舒在壶镇后塘燕翼公祠创办女子学堂，赵璧毅然以抚教为己任，变卖家产、簪珥首饰，助女子学堂，任监学。后改为育英女校任校长。曾一度停办。民国初年，并入燕翼小学，赵璧任校长。北伐战争时期，聘请思想进步人士和共产党员任教师。民国 16 年(1927)11 月，在燕翼小学建立中共缙云县特别支部。次年 9 月，在该校召开中共缙云县第一次代表大会，选举产生中共缙云县委和共青团缙云县委，是缙云特支和缙云县委机关所在地。抗日战争时期，赵舒兼任燕翼小学校长，募集资金 1.5 万元扩建校舍，增设高级部，为完全小学。

潘香凤

潘香凤(1925—1948)，女，青田万山村人。出身贫农，童年苦难。民国 28 年(1939)6 月，中共万山村支部建立，加入村儿童团，后加入妇女会。民国 31 年，任万山村交通站交通员。民国 33 年 5 月，加入中国共产党，为万山交通总站交通员，装扮村姑走亲、学生访友、行村织袜等，传送重要信件，刺探敌情，被誉为“常胜的女交通”。民国 36 年下半年，国民党在永嘉枫林设“栝苍绥靖处”，加强清乡剿共。12 月，浙江保安第 4 团到万山清乡，潘香凤被捕，同时被捕的还有香凤的父亲等人。民国 37 年 1 月，潘香凤被押永嘉县碧莲区署审讯，绑在老虎凳上严刑逼供，坚贞不屈。1 月 13 日，押至永嘉县碧莲镇邵园村头刑场，高呼“共产党万岁！”从容就义。被誉为“浙南刘胡兰”。1956 年，青田县人民政府在县革命烈士陵园建潘香凤烈士墓。

项树本

项树本(1890—1948),庆元松源南门人。木匠师傅,擅长桥梁建筑。民国13年(1924),重建松源镇咏归桥,项树本承担桥梁主体工程。潭深流急施工难,采用木拱伸臂结构(俗称鸦鹊窝架),将力点支承于深潭两岸,中间不设桥墩,避开深水作业,形式美观古朴,富有民族特色,至今桥基岿然无损。民国30年,承建庆元县合作金库办公楼,砖木结构,面积300多平方米,不露一根木柱。石龙山下2公顷"望天田"缺水,项树本潜心制造轻便水车,将路边水坑的水引到田里,深得群众赞誉。

王桂五

王桂五(1924—1949),化名朱丁,丽水碧湖人。民国32年(1943),浙江省立湘湖师范毕业,先后到平阳浙江战时第二儿童保育院、宣平县清和乡中心小学和丽水县碧湖镇赵村小学任教。民国34年2月,由中共缙云县委青年部长樊康平介绍,加入中国共产党。民国35年春,任碧湖小学校长,建立中共处属特委与浙南特委的联络站。经组织批准,参加中国三民主义青年团,借派款购枪、扩充警备力量之机,建立革命武装。民国36年8月,接应浙江壮丁抗暴自救军第3总队第2大队,袭击碧湖区署警察所、大港头兵工厂和松阳县靖居区警察所,引起国民党警察、特务的注意,遂参加丽青松武工队,活动在丽水、松阳、青田县边境。民国37年,广泛开展"三抗"①斗争。年底,委派吴奉到处州师范、处州中学发动地下党员和进步学生,至丽青松、丽宣武游击区参加革命。民国38年3月13日,受命接应中共浙东临时工委策动国民党松阳县长祝更生起义,任松阳县民主政府副县长兼松宣遂人民游击支队政治部主任。率松宣遂人民游击支队第2大队进驻松阳县枫坪乡高亭村开仓济贫,伪乡长等向国民党第11师告密。4月2日,国民党第11师第33团包围高亭村,袭击人民游击支队,王桂五在突围时被击中大腿被俘,受尽酷刑,誓死不屈。二十天后,在丽水城郊海潮村英勇就义。

李华雄

李华雄(1923—1949),缙云夏加畈村人。民国30年(1941)秋,在缙云仙都中学就读,趁学校放假机会,到义乌赤岸哥哥李华琴处,由中共武义县特派员朱恒卿等介绍参加中国共产党。返校后,在学校和农村发展中共党员,建立中共仙都中学支部和前溪村支部。民国32年年底,初中毕业,随岳父在壶镇冷水粮仓,以粮食保管员身份,开展党建工作,任中共缙云区委书记。民国35年,入仙都中学高中部就读,在校内继续发展中共党员,宣传抗日战争,发动师生"反饥饿、反内战、反迫害"。组织农民抗丁、抗粮。民国37年10月,建立城工部中共缙云支部,李华雄任委员,取消中共缙云区委。后因身份暴露,离开学校,隐蔽农村,筹建游击武装。民国38年2月,在磐安冷水村建立闽浙边区人民解放军独立支队,任支队长,高展任政委,转战在缙云、磐安、东阳、永康边界地区。4月,根据浙东临时特委和路南军分区关于在同一地区统一建制的意见,编入浙东人民解放军第6支队,李华雄由路南军分区司令部分配路南干校任干事。5月,奉命到武义县参加接管工作,途经永康姚花塘村时,遭匪首姚孟其伏击牺牲。

---

① 即抗征兵、抗征粮、抗征税。

罗锡祺

罗锡祺(1871—1949),松阳古市人,南货业店员。清宣统二年(1910),复建其父罗鸿槐于清咸丰年间创建的罗萃泰烟行。因烟叶质量好,各地烟商向罗萃泰预定烟叶,先付定金。上海烟商将罗萃泰的烟叶转销美国、新加坡及中国、香港等地制作雪茄烟。民国10年(1921),罗锡祺请叶村烟农罗水宝到中国台湾地区传授种烟叶技术,产出的烟叶以罗萃泰名义出售香港、澳门、新加坡等地。民国14年,返回松阳。民国18年,罗萃泰烟行选送的烟叶,在杭州西湖博览会上获优等奖。乐善好施,先后出资建造古市水弄至筏铺木桥、西屏东关源溪坑石桥。数十年出资施棺给赤贫者近千具。1949年病逝。

第三节　当代人物

当代人物传101个、104人,其中合传2个、5人;党政领导干部16人、英烈11人、军职领导18人、经济15人、教育8人、文化16人、医药5人、华侨归侨8人、少数民族7人。本籍人物81人,占当代人物的77.88%,其中莲都区22人、龙泉市6人、青田县19人、缙云县15人、遂昌县4人、松阳县8人、云和县2人、庆元县2人、景宁畲族自治县3人;外籍人物23人,占当代人物的22.12%。女性6人,占当代人物的5.77%。

楼　邨

楼邨(1881—1950),原名保源、卓立,又名虚,字肖嵩、新吾、辛壶,号玄根居士、玄朴居士、麻木居士,缙云新建镇人。自幼受父熏陶,酷爱书画,应童子试为优附贡生。清光绪二十九年(1903),因反对封建婚姻,与夏超同入杭州武备学堂,怒打欺侮他人的同学,被校方开除学籍,又进浙江蚕桑学堂。毕业后在杭州公立仁和中学、私立安定中学和浙江蚕桑学校任教。爱好金石书画,探索历代名家论著和遗墨,受吴昌硕赏识。每次游杭,辄邀楼邨伴随,饮龙井、访孤山、涉九溪、登三竺、谒岳墓、赏潭月,或昼或夜,或步或舟,在在行吟、处处挥笔,无不引为至乐,结为忘年之交,加入西泠印社。民国4年(1915),参加南社。民国12年,移居上海,结识柳亚子、黄宾虹、童大年等学者名流。民国13年9月25日,杭州西湖雷峰塔倒塌,特绘《雷峰遗迹图》,并赋绝句四章以志兴感,被视为画坛瑰宝。吴昌硕题字:“楼邨先生妙笔,读竟题之”。10月,夏超任浙江省省长,应邀任浙江省公署秘书。民国15年10月,夏超北伐兵败,被秘密杀害。楼邨挈眷避难于沪,脱离仕途,致力金石,寄情丹青。民国23年,应上海美专校长刘海粟聘,任国画系教授。民国25年,任中国艺专校长。擅长书画,绘画以花鸟、山水见长,书法则学颜、柳书体,篆刻受吴昌硕影响较深,以善于摹古著称。西泠印社社长吴昌硕评:“楼邨印为绝妙。”沙孟海称赞楼邨为近世诸家之佼佼者。遗作有《楼辛壶印存》《意庐诗抄》《清风馆集》《西湖十景册》等。现存手迹有西泠印社印贤亭木刻长联、飞来峰刻石“吴昌硕石鼓本”、民国19年书《七律》、民国22年缙云仙都初阳山“问渔亭”摩崖石刻。

雷景三

雷景三(1904—1951),畲族,景宁东坑镇大张坑村人。自幼勤劳耕作,善于打猎。民国31年

(1942)，中共青(田)景(宁)丽(水)中心县委派朱德章等到景宁县东坑区开辟工作，受党的教育和考验，雷景三加入中国共产党。不久，因叛徒出卖，党组织受破坏，雷景三坚持在畲乡开展斗争，发展党组织。民国35年，上级党组织派刘斌发到东坑领导革命，雷景三组织男女青年成立武装民兵队任队长，站岗放哨，侦察敌情，打击敌人。1949年3月，组织畲族武装民兵配合游击队，攻打景宁、文成两县交界的梅歧炮台，迫使敌军撤离据点。5月，带领民兵追击国民党溃退败兵，缴获机枪1挺、步枪12支。5月12日，配合游击队解放景宁县城。1950年，带领村民兵队，配合部队歼灭刘志昌股匪，浙江省第7军分区奖给"剿匪模范民兵队"锦旗。1951年，响应"抗美援朝，保家卫国"的号召，动员儿子雷宗庆、雷喜庆报名参军，全村青年掀起参军热潮。解放后任村党支部书记、乡总支书记，副乡长、乡长等职，并当选为景宁县第一、第二届各界人民代表会议常务委员、副主席。1951年8月，准备到北京参加全国民兵模范代表大会和国庆观礼，因病于8月19日逝世。

陆希澄

陆希澄(1902—1951)，广东三水陆坑村人。少年受维新思想影响，勤奋好学，工诗文。广东省高等师范学校博物系毕业，曾任广西马平县[①]教师。结识伍廷飏步入仕途，任马平县知事、广西省建设厅秘书。民国26年(1937)7月，国共两党合作抗日，初任浙江省建设厅秘书。民国27年1月，浙江省政府黄绍竑将遂昌县列为国共合作抗日三个经济实验县之一，陆希澄主动要求任遂昌县长，开展抗日救亡工作，带领一批共产党员和知识青年到任。陆希澄调整县政府科(室)领导，重用中共党员和进步人士；向浙江省政府要求改组国民党县党部，国民党浙江省党部派程一戎任遂昌县党务特派员；组建遂昌县抗日自卫委员会，兼任主任委员，安排原中共遂昌县委书记傅以和任总务干事；广泛征求战时治理县政意见，以《浙江省战时政治纲领》宣布施政方针；组织浙江省文化界抗敌协会遂昌分会，开展抗日救亡宣传工作；组织和发动农民，推行"二五减租"政策；迎接粟裕率领的闽浙边抗日游击总队入遂昌县城，释放在押"政治犯"20人；增设乡村建设指导室和县政治工作队，下乡做基层群众工作；倡导公职人员下基层办事，发国难薪每人每月20元等，被誉为"抗战县长""民主县长"。国民党CC派制造"遂昌县政府赤化""陆希澄是赤化县长"等流言，乡村出现反共标语，局势恶化。8月，被迫辞职，任省政府视察员、浙西行署政务科长。印度支那战争爆发，欲到南洋办报未成。回浙江任平阳明矾管理处处长，拒绝不法商人行贿，禁将明矾运给日本人，人称"出淤泥而不染"。抗日战争胜利后，到柳州沙塘独一农场工作。民国36年，回广州在广州大学、培桂中学和执信女中任教。1949年10月，广州解放，任广东省民政厅秘书。1951年6月，患肺癌病逝。

沈作乾

沈作乾(1901—1951)，字连三，丽水碧湖人。碧湖小学毕业，入丽水省立第十一中学读书。五四运动爆发，组织丽水学生联合会，举行罢课、游行和抵制日货。校方找他谈话，沈作乾说："国受欺凌，吾辈安能坐视！"到处演说、鼓动，被学校勒令退学，旋至上海澄衷中学修完课程。民国11年(1922)，考取北京大学政法系，因家道衰落，无力负担，辛勤笔耕，换取稿酬。所撰《畲民调查记》1万多字，是较早论述畲族血泪史的著作。民国17年，北京大学毕业，所撰《论中国之不平等条约》毕业论文，为

① 2010年称柳州市。

校长蔡元培青睐，欣然作序、题字，受外交界赞赏，被推荐至外交部工作。民国18年，派往美国纽约领事馆任随司领事，入哥伦比亚大学深造，获博士学位。民国25年，任美国芝加哥总领事馆领事，针对美国政府长期执行排华政策，发表英文《排斥中国人究竟为了什么》长篇论文，阐述近百年来华人开发美洲的事实，谴责美国政府制定《限制华工赴美条约》《十年内禁止华工赴美条约》排斥华人的历史和现状，呼吁国际各方要求中美以高度政治家风度，促进世界向美好方向发展。抗日战争时期，在美国争取朝野人士和在美侨胞支援抗日，撰文揭露日寇侵华暴行，宣传中国军民奋勇抗日事迹，发动华侨捐款援助。民国35年，任菲律宾大使馆二等秘书，以中国代表团顾问身份，参加在马尼拉碧瑶举行的国际粮食会议。民国37年，因病辞职回美国休养。1951年1月，患肠癌在檀香山逝世。

徐鉴泉

徐鉴泉(1923—1952)，又名源、进、鉴然、志远、程军、梁诚、周家麟，遂昌妙高镇人。民国26年(1937)2月，入处州中学求学。民国28年春，转衢州中学就读。暑假回遂昌县参加中华民族解放先锋队，考入遂昌县战时政治工作队，投入抗日救亡运动。年底，由中共处属特委书记张麒麟介绍，到皖南参加新四军，任教导队第四队青年队长。民国29年7月，加入中国共产党。10月，任特务团第6连文化教员。民国30年1月，皖南事变中被捕。4月，越狱至衢州樟树潭同学家。6月，在金华重新加入中国共产党，受党组织指派，在金华县下溪坛高初中补习学校读书，以学生身份掩护，从事学运工作，担任城乡交通员。10月，因特务告密，再次被捕入狱。民国31年，根据组织指示，以"异党自新"名义，交保释放。民国36年，考入上海私立民治新闻专科学校，任学生自治会副主席，组织客观出版社。民国37年5月，由中共闽浙赣区委城工部闽浙地委书记高展批准入党，在衢县、龙游开展工作。10月，回遂昌发展党组织，筹集武器，运往中共闽浙赣区委城工部江山县武工队。1949年4月，建立中共闽浙赣区委城工部遂昌县支部。月底，改为遂昌县临时工作委员会，徐鉴泉任书记，并被选为中共闽浙赣区委城工部衢州中心支部委员。徐鉴泉策动国民党遂昌县县长许扬本起义未成，即联系松宣遂游击支队，希望解放遂昌。5月8日，遂昌解放，与遂昌县城防司令部取得联系，成立遂昌县民主政府办事处，接管遂昌县城。5月21日，任遂昌县民主政府副县长。9月，调任衢州专署文教科科长。年底，城工部组织解散，受审查。1951年，被定为叛党自首分子。1952年2月，逝世。1956年6月，平反。1980年5月和1982年4月，中共衢县县委和中共遂昌县委分别决定，恢复徐鉴泉中共党员身份。

刘子申

刘子申(1928—1953)，乳名申儿，缙云仙都笋川村人。出身贫苦，读书不多，随父劳作。1949年10月，任仙岩乡武装民兵队副队长、队长。土地改革中担负治安工作。1950年5月10日，加入中国新民主主义青年团，任团支部宣传委员。1951年2月，参加中国人民志愿军。9月，到朝鲜前线，任志愿军60军179师536团2营5连战士。10月，加入中国共产党。1952年9月，部队接防鱼隐山防御阵地，双方相持一年多。曾给父母亲写信："战争是残酷的，牺牲随时都会发生，但我决不会犹豫，在关键时刻一定不会给父老乡亲丢脸。"1953年1月，刘子申所在5连2排接防鱼隐山613高地，战斗激烈。战斗结束后，排长命令刘子申押送俘虏和战利品回连部主阵地。押送途中通过敌人封锁线时，一排炮弹在身边爆炸，刘子申牺牲。

蓝 台

蓝台（1896—1953），原名瑞瑜，字传薪，号文秀，畲族，缙云型坑村人。浙江省立蚕桑学校毕业。民国15年（1926）7月，国民革命军北伐，弃学从军。在国民革命军司令部军医处从事医务行政工作，后任第26军第1师副官。继任江苏税务行政事务、宿睢区卷烟特税局局长、所长。深感学非所用，仍从事蚕桑教育工作。历任处属联合县立中等农业职业学校校长，浙江省立蚕桑学校教员、斋务主任、校长，浙江省立蚕业改良场场长。民国20年初，缙云县私立仙都初级中学资金不足，设备简陋，省教育厅下令停办，校董事会商请蓝台出任校长，以挽救危局。慨然允诺，四处奔走，商请同乡故友和工商业者解囊相助，利用祠堂庙宇扩充校舍，请求县政府拨地开辟运动场，外出聘请老师，购置仪器设备，自行兼课，学风逐步好转，教学质量提高。民国31年后，日本侵略军数度流窜缙云，带领师生辗转迁移至石板路、花楼山、田洋、新宅等地，坚持上课。并动员长子蓝子正和内弟张鹤甫参军，奔到抗日前线，均为国捐躯。民国33年，经省教育厅批准，增设高中部。民国35年春，缙云县警察局派人来校搜捕共产党员，蓝台通知中共缙云区委书记，告知高中部学生李华雄从后门转移。任仙都中学校长19年，一直寄居丁家祠堂，土地改革时才分到一间楼房。1951年，任浙江省处州农业学校校务委员兼教师。1953年3月，病故。

吴 玠

吴玠（1901—1953），又名群旋，字武晋，松阳西屏镇人。小学毕业后到杭州小营巷学画花鸟，返靖居小学、南州小学任教。民国13年（1924）8月，入黄埔军校。年底，由周逸群、张其雄介绍加入中国共产党。毕业后留校政治部在周恩来领导下工作，后任广州卫戍司令部政治部中尉绘画员、军委宣传处上尉绘画员、潮州军分区上尉绘画员、国民革命军第6军政治部少校艺术股长、东路军第1路前敌指挥部中校艺术股长和社会股长、第26军政治部上校宣传科长。“四•一二”反革命政变前夕，在上海得悉周恩来被第26军第2师扣留，即找第26军党代表、政治部主任赵舒，前往2师营救周恩来脱险。民国18年2月，任北路军“剿匪”指挥部中校参谋、上校团长。民国23年，任宜昌行辕上校参谋。民国24年，任广东行辕上校参谋。民国25年，任武汉警备司令部稽察处督察长。民国26年8月，回浙江抗日，在军委政治部下建抗日特种工作团分团。11月，经军委会政治部同意，与中共党员孟卿带领抗日大学和陕北公学学生15人回松阳。民国27年8月1日，在古市镇成立国民政府军委会第六部第三战区抗日特种工作团第1团第6分团，任副团长兼政务处长，开展抗日救亡。国民党省党部责令第6分团解散，反共游击4支队司令徐图远派徐木犬暗杀吴玠未成。民国28年4月，被迫停止活动。到湖南长沙任国民党军183旅副旅长。民国28年秋始，调西安任第7军分校学生总队副总队长、校部机要科长、王曲分校入伍生团少将团长、黄龙垦区民众组训处少将副处长兼警备队队长、西北长官部少将后勤部员、转业军官训练班少将副主任等职。民国37年10月，退役回嘉兴岳父家。1949年，暂居杭州。1950年1月，回松阳定居。1952年12月，以匪嫌入狱。1953年7月13日，保外就医。7月26日病逝。1989年3月，平反昭雪。

吴沛和

吴沛和（1920—1955），缙云岭后村人。民国33年（1944），参加新四军浙东游击纵队。5月，加入中国共产党，历任战士、班长、排长、连长、副营长等职。参加抗日战争、解放战争。1950年冬，参加中国人民志愿军，抗美援朝。1953年1月，从朝鲜回国，任0080部队5支队4分队副营长。1955年1月18日，解放一江山岛战斗中，任攻占南一江部队伴随炮兵群副群长。任务是抵近射击，摧毁和扫除敌人残存人力点，掩护步兵登陆。12时53分，海军登陆艇队起航，吴沛和率领伴随炮兵群第一梯队10艘火力船，占领南一江主峰160、180高地。在登陆南一江滩头的战斗中，吴沛和指挥员身份不慎暴露，招致敌人机枪对准他猛射，头部和胸部多处中弹牺牲。

赵仲苏

赵仲苏（1900—1955），东阳巍山镇人。国立武昌高等师范英语系毕业，到两浙盐务中学任教。民国20年（1931）7月，任浙江省立第十一中学校长。治学严谨，制定教学、考试和办公等各项规章制度。民国21年，强化“五严”，即招生严、上课严、作业严、考试严、升级严。严于律己，身体力行，不管盛夏严冬，每天早晨起床钟响后，准时到各寝室督促学生起床，与学生同时做早操。晚上到各自修室巡视学生自修。考试后及时评阅成绩，计算总分，排定优劣名次，张榜公布，鼓励师生努力争取更好成绩，从未间断过，形成优良的教风和学风，教学质量显著提高。民国22年，省立第十一中学改名浙江省立处州初级中学。民国23年，浙江省第四届初中毕业会考，处州初级中学获全省团体总分第一名；全省学生个人总分前10名中，处州初级中学占3名，且第一名、第二名都是处州初级中学学生。浙江省第五届初中毕业会考，同样取得优异成绩，吸引大批优秀教师到处州初级中学任教。民国28年7月，调任宁波中学校长。1950年，回东阳县中国中学任教。

庄虞卿

庄虞卿（1883—1955），又名熊，字以行，丽水城关镇人。清末秀才，随父习医，自幼涉览中医诸典籍，从亲亲、仁民、爱物出发，毕生悉心治疗。民国初，任浙江省立第十一中学校医，诊问慎审，勤于钻研，《内经》《难经》无不深究，旁博诸家之学说。民国19年（1930），应邀任上海全浙公会、宁波同乡会医师，上海美术专门学校校长，受聘私立上海中国医学院，讲授中医病理学，深受学生爱戴。获得在沪浙江辛亥革命元老沈钧儒、褚辅成等赏识，褚辅成书楹联：“利在所轻义自重，德之既高文不卑。”民国25年，回乡行医，凡经济拮据者，例不收红包；其贫苦无靠者，则给钱去撮药；若出诊穷苦之家，则自付车轿之资。丧子之后，淡于酬世，曾一度婉谢出诊，但凡登门求医者，则不分老稚贵贱，不计诊金，悉心医之，病甚不治之症，则辞不处方。民国33年，丽水鼠疫流行，设案街头，方便病人。1949年5月，丽水解放，破除不出诊常规，古稀之年天天出诊。1954年，参加丽水中医联合诊所。1955年，病逝。著有《感证崇源》《虞卿诊籍》。名医何廉臣著《全国名医医案类编》，收录虞卿验方。

曹景垣

曹景垣（1913—1955），福建长汀射双乡人。读私塾半年，跟父亲打铁。民国19年（1930），参加革命，任区少先队组织科科长、新泉县少共县委书记。民国21年7月，加入中国共产党。8月，参加中国工农红军，历任排长、连党支部书记、师政治部宣传队队长。民国23年7月，编入中国工农红军北上抗日先遣队。民国24年2月，随中国工农红军挺进师转战浙西南。5月，任中共龙（泉）浦（城）县委委员、大北区委书记、小北区委书记。民国25年6月，任挺进师第2纵队第2大队政治委员。民国

26年2月，任中共浙西南特委委员。民国27年2月，任中共龙泉县委委员兼道太区委书记。5月，任中共处属特委委员、龙泉县委组织部长、中共江（山）浦（城）县委书记。民国29年6月，任中共闽浙边委委员、中共闽浙边委临时委员会委员。民国36年2月，任中共处属特委委员。民国37年4月，以中共处属特委特派员身份，协助中共云和县委工作。9月，任浙南人民解放军第3支队独立中队指导员。在发展党组织，开展反清乡斗争等方面作出贡献。1949年5月，任云和县县长。7月，任中共丽水地委委员、地委组织部部长、地委纪律检查委员会书记、中共龙泉县委书记兼县长。1951年4月，调福建省任土改大队大队长。1952年3月，任福建省人民法院永安分院院长。1954年，任永安专区专员公署副专员兼中级人民法院院长。1955年4月7日，因病逝世。

朱显邦

朱显邦（1879—1955），原名光显，字文渊，号文园，缙云河阳村人。清光绪二十四年（1898），中秀才。清光绪二十九年，入杭州蚕学馆，毕业后留校工作。清光绪三十二年，留学日本，先入成城中学附科，后入东京高等蚕业讲习所制丝科，加入同盟会。清宣统二年（1910），学成回国，到北京考试，获农科举人。次年4月，殿试，以七品京官，分配礼部，因不愿留京候用，返回浙江。民国元年（1912）3月，任浙江中等蚕桑学堂校长。民国2年，改名省立甲种蚕桑学堂，连任校长16年。民国16年，军阀孙传芳盘踞浙江，因杭州时局混乱辞职。民国17年5月，任海盐县建设科长。下半年，回杭州创办蚕种优化实业。民国22年，任烟台蚕校教务主任。民国23年，任芜湖蚕校蚕科主任。次年，又返回杭州继续优化蚕种。民国26年，日本侵略军占领杭州，返回故乡河阳。民国29年秋，任仙都中学教师。民国32年初，任缙云县立简易师范校长，关怀学生，带领师生开展抗丁斗争。民国34年夏，任省收茧管理处总督导兼浙江蚕业协会冷藏库主任。中华人民共和国建立后，与学生共建普利蚕种场。

李　平

李平（1882—1956），原名荣阳，又名造钟，字醉月，号越凡，缙云五云镇人。少时潜心制艺，兼习英语、算术，晚清秀才。清光绪二十九年（1903），以学行优异补贡生。反清风潮席卷全国，与县内会党首领周华昌、吕嘉益、吕逢樵等秘密进行革命活动。清光绪三十年，任嘉兴温台处会馆执事。清光绪三十一年春，入日本早稻田大学学习政治。七月，率先参加中国革命同盟会。十一月，抗议日本文部省颁布《取缔清韩留日学生规则》，弃学回国。清光绪三十二年，与留日同学刘廷煊、周焜、王庆槐等到丽水崇实两等小学任教，同丽水利用织布公司联系密切，进行反清革命活动。清宣统三年（1911）11月，参与劝导浙江后路陆师巡防队帮统李茂清投诚，处州光复，任处州军政分府秘书长。民国元年（1912）7月，任丽水县知事。民国2年，积极参加反袁二次革命，在丽水被捕，押解省城监狱。民国5年，获释，任浙江警察厅[①]视察长兼沪杭路总稽核。民国14年，夏超任浙江省省长，应邀任省长公署机要秘书，民国15年，随夏超在浙江起义，参加国民革命军北伐，夏超被军阀孙传芳部宋梅村俘获杀害，李平辞职返里。北伐胜利后，在浙江省财政厅任职。民国26年，抗日战争爆发，回缙云家乡，积极参与抗日救亡活动。民国34年，抗日战争胜利，任缙云县修志馆馆长，并被聘为省通志馆馆员。

---

① 后改警务处。

樊　光

樊光(1887—1958),原名崧骏,字震初,号鼎湖居士,缙云五云镇人。16岁中秀才,留学日本中央大学法律系,加入同盟会,参加留学生爱国运动,与陶成章等联络东南亚进步人士,反对日本政府制定镇压中国留日学生的《取缔清韩留日学生规则》。清宣统三年(1911)十月十五日,杭州光复。樊光等组织武装力量,到杭州集合支援南京,途经永康县时,遭清军袭击,损失惨重。民国元年(1912)后,任浙江省公署司法秘书、嘉善县知事,因反袁世凯斗争失败而去职。民国5年4月,浙江宣告独立,公推为省参议员,力主浙江省自治自决。民国10年6月,被推为省议会宪法起草委员会委员。后任中央盐务署秘书、陇秦豫海铁路督办公署秘书长。民国17年6月,应外交部长王正廷邀,任督办中俄会议公署秘书、外交部秘书长兼总务处长、驻外使领馆人员考试典试委员兼总务司长。民国19年4月,任外交部参事厅首席参事。民国20年8月,兼代外交部常务次长,辅助外交部长王正廷,参与外交部决策和日常事务处理。民国25年5月,应财政部长孔祥熙之邀,任财政部浙江印花烟酒税局局长,对印花税票的检核,烟丝、土酒的稽征,建树颇多。民国26年4月,任浙江杭州海关监督。日本侵略军侵占沪杭后,寓居上海法租界。民国27年10月,日本侵略军侵占广州、武汉后,作为孔祥熙的特使,参与日蒋和平谈判。汪精卫伪政权建立后,樊光离开上海。民国29年10月,任财政部参事。民国33年卸职。抗日战争胜利后寓居上海。中华人民共和国建立后,任上海文史馆馆员。著有《仙都山房诗文集》《小学集》《在山吟》《清泉集》《国忧集》《水草吟》《香港旧新竹枝词》等书。

徐鸿元

徐鸿元(1890—1958),又名光桂,号世盛,松阳山甫村人。14岁随父跟班学旦角,后成为演全行当的艺人。高腔师父,戏艺精博,远近闻名。常主演《白鹦哥》《金印记》《白兔记》《夫人戏》《摇钱树》《合珠记》《全家孝》等戏,善于刻画不同角色的性格,形象丰满,神情具备,嗓音甜美,表演细腻,给观众留下很好的印象。足迹遍及处州、温州、衢州、金华城乡。1949年后,与艺人周关根发起,在玉岩镇周安村招收青年,举办松阳高腔培训班,培植一批艺坛新秀,创建新声高腔班。1957年,参加金华地区观摩会演,演出《描容别坟》《剪发买发》折子戏,为戏曲同行赞赏,代表松阳加入金华地区戏曲协会。

柳景元

柳景元(1884—1959),字会贞,景宁沙湾村人。清光绪二十七年(1901)廪生。清光绪三十一年,公费留学日本早稻田大学师范科,加入光复会。适孙中山由美抵日,聆听其革命言论,又入同盟会。回国后任景宁县务本学堂堂长。清光绪三十四年,与柳荫凤等创办沙溪公立两等小学堂。民国7年(1918),任景宁县教育科长,当选为浙江省议会议员、省议会宪法起草委员会委员,多次提案,力主兴学。后执教丽水省立第十一中学。民国22年,总纂《景宁县续志》6册,复执教温州中学、稽山中学、景宁简易师范等校。民国25年,景宁县政府欲任柳景元为清乡善后宣抚委员,坚辞不就。后因取乡公所枪械10支交红军,受政府追究。抗日战争时期,设家馆教子弟,授古文。民国35年,应余绍宋聘,任浙江通志馆采编2年。民国37年,任沙湾小学校长。中共青(田)景(宁)丽(水)县委在沙湾一带开辟工作,多次参加群众大会,发表演说,反对内战,鼓励青年参加革命队伍。1950年,参加景宁县首届各界人民代表会议,当选为常务委员会委员。1959年病逝。

钟金钗

钟金钗(1874—1959),景宁郑坑毛窠村人,女,畲族。家境贫寒,童养媳,随养父上山采草药,学习家传医术,善治儿科、伤科。民国25年(1936)春,中国工农红军挺进师第一纵队在景宁、文成县边界活动,受国民党军队的清剿,伤员医治困难。6月,红军挺进师一个小分队,在文成官汀圩山沟里,被南田保安队包围,奋力突围时几个战士负伤,送毛窠村田岩下,钟金钗给伤员敷药,安置在各个凉棚里。国民党保安队经常来毛窠村一带搜查,钟金钗与丈夫雷阿桶经常更换伤员住处,有时一天换几个地方。后来把伤员转移到离村10多里的石屋洞,没有道路可走,要攀藤木爬上去。二人每天晚上上山,观察病情、换药、敷药、送饭,丈夫有时捕猎禽兽,给伤员补养身体。经钟金钗治疗痊愈的伤员有三四十人。民国27年,中国工农红军挺进师北上抗日,钟金钗医治红军伤病员的消息,被国民党特务得知。民国29年正月,保安队100多人包围毛窠村,钟金钗闻讯从后门到山上躲避,保安队将她丈夫用麻绳反绑在屋前柱子上,烧络腮胡子,用香火灸烫两臂和双肋,导致全身溃烂,出狱后残疾。钟金钗被尊称为"畲族革命老妈妈"。

张仕宽

张仕宽(1895—1960),青田山口秋炉坑人。7岁丧父,13岁母亡。清光绪三十四年,开始学习石雕技艺,出师后在温州、上海及县内东堡、沙埠一带受雇于人。民国8年(1919),移居石郭岭头关帝庙,因生活贫困,妻子和长子相继去世,女儿当童养媳,次子当长工。农事之余,仍雕石刻,作品精心雕琢。1952年2月,参加鹤城镇石刻小组,石雕《葡萄山》。张仕宽根据植物生长规律处理葡萄结构,使作品更富立体感。这种写实的风格,呈现出清新、欢快的格调。1953年,《葡萄山》在全国民间工艺品展览会、浙江省民间美术工艺品展览会以及国外多次展出,获得国内外观众好评,并受到国家奖励。1956年7月,被评为青田石雕艺人,并当选青田县人民代表。1957年7月,出席全国工艺美术艺人代表会议,副主席朱德观赏《葡萄山》后,赞扬作品雕刻精细。1959年10月,应邀到北京参加国庆10周年观礼。其作品在《当代中国的工艺美术》一书中获得好评。1960年11月29日病逝。

李祖白

李祖白(1887—1960),字健中,号生成,丽水雅溪岭东村人。清光绪三十二年(1906),入浙江水陆军二标营当兵。民国元年(1912)1月,任浙江水陆军二标营排长,后任浙江省步兵98团中尉连附。民国5年5月,省陆军讲武堂毕业。7月,任步兵98团上尉连长,后任营长、团长。民国22年,任国民党79师副旅长,在江西参加对中央革命根据地的第五次"围剿"。民国25年,任国民党第79师副师长。民国26年5月,任师长。后任国民党第29军副军长,率部参加抗击日本侵略军的淞沪保卫战、武汉保卫战、封锁长江战役、鄱阳湖南浔铁路截击战、长沙大会战、南昌攻防战等战役。民国27年冬和28年春,第29军奉命限期攻克南昌,军部被日本侵略军包围,军长陈安宝在突围中牺牲,李祖白呈请辞去军职。民国28年8月,任国民政府军事委员会中将参议,未到重庆任职,回丽水岭东务农。民国31年4月,国民党陆军第31师王营长率14人到金竹村[1]购物发生纠葛,士兵开枪打

① 2010年属莲都区雅溪镇。

死中共党员李宗乾，遭村民围攻，打死士兵13人，部队扬言烧毁金竹村房屋。李祖白与31师师部交涉，以和平方式解决。民国37年七八月间，国民党县保安队“围剿”中共党组织，张宝才等10人被捕入狱，李祖白出面与保安团上层交涉保释。解放初，因历史问题被判刑。1960年病逝。党的十一届三中全会后，丽水县人民法院撤销原判决。

王整春

王整春（1893—1963），缙云前村人，迁舒洪蟠龙定居。14岁入王振玉科班学艺，先演正生，后改老外。曾参加遂昌团体舞台、缙云缙东舞台、永康宏广舞台及梅子仙大品玉班演出。戏路宽广，功夫扎实，文武兼备。拿手戏有《前后金冠》《铁笼山》《天门跌雪》《牧羊图》等。《前后金冠》中的徐策跑城、髯口、台步如行云流水，念白、唱腔激越感人，脍炙人口。在丽水、青田、缙云、遂昌、松阳、金华、永康等地颇负盛名。1951年，应梅子仙邀请，参加缙云拥和剧团。1954年，省首届戏曲观摩会演，演出《杨衮花枪》，获二等奖。1955年，剧团民主改革，任缙云县婺剧团团长，挖掘传统戏剧，组织和动员老艺人杨德善、胡金水、梅子仙、梅桂声等排练，上演传统戏130多本。1957年，制定演出与培训规划，将《槐荫记》《闹君堂》《送米记》等传统剧本，传授给新一代，获金华专区婺剧界培养下一代优秀奖。1958年，演员自带铺盖，自扛戏箱，送戏下乡。1962年，整理《双玉镯》《节义贤》《千古奇恨》《呼必显打鸾驾》等剧本。

力　扬

力扬（1908—1964），原名季信，字汉卿，曾用名季春丹，青田高湖乡东坑口村人。处州省立第十一中学毕业，杭州第一高中师范科肄业。民国18年（1929），入国立西湖艺术院学习绘画，负责组织新兴艺术团体“一八艺社”。民国20年6月，在上海举行“一八艺社”习作展，受鲁迅赞扬。九•一八事变时，任西湖艺术学院学生自治会主席，组织同学开展抗日救亡运动，被校方开除。民国21年5月，“一八艺社”总部被查封，“一八艺社上海分社”易名“春地艺术社”，与该社中共秘密工作者一起从事革命文艺活动。当选中国左翼美术家联盟执行委员。7月，为东北义勇军募捐，与艾青等13人，被法租界巡捕逮捕。民国24年1月，移送苏州反省院。秋，保释出狱。民国26年，在国民政府军事委员会政治部文化工作委员会工作，从事救亡诗歌运动，任长沙《抗战日报》副刊《诗歌战线》、诗歌丛刊《五月》和诗刊《诗时代》编辑。民国28年初夏，到重庆任《文学月报》编委。后在湖北第一女子师范任教。民国31年春，回重庆育才学校任教，并任中华全国文艺界抗敌协会重庆分会理事、重庆《新民报》文艺副刊编辑。抗日战争胜利后，与茅盾分别代表重庆文化界和艺术界签署发表宣言，反对内战，争取和平。民国35年1月，受陶行知聘请，任社会大学兼职教师，主讲诗与写作。民国36年，随育才学校回上海。冬，到中国香港地区任民主同盟港九支部委员兼宣传部长、香港中业学院文学系主任。民国37年3月，加入中国共产党。冬，于石家庄马列学院学习。1951年，毕业留院任国文教员。1953年春，任中国科学院文学研究所秘书主任，后任古代组研究员，主要研究李白、杜甫等中国古代诗人，并参加《中国文学史》的编撰。1964年5月，患肺癌病逝。著有诗集《枷锁与自由》《射虎者》[①]《我的竖琴》《给诗人》《美好的想象》。

① 1951年8月再版，改名《射虎者及其家族》。

赵雨亭

赵雨亭(1899—1964),原籍宁波,定居丽水县城。15岁入宁波铁工厂当学徒,后到上海、松江、苏州等地电厂当技工。民国13年(1924),举家迁丽水,被聘为丽水普明电灯公司引擎车间技师。民国27年,转入浙东电力厂。抗日战争期间,电厂遭日本侵略军破坏,又到燧昌火柴厂、普昌火柴梗盒厂做电工。解放后,任丽水县粮食加工厂引擎车间技师、副厂长等职,以金刚砂辊筒替代铁辊筒碾米,每百斤出米率提高1.2%,全年增产大米18.3万公斤。1953年,与机米工朱陈法研究,解决刮刀和滚筒靠太紧、进去的米在回转时堵住出口问题。2人打造1块阻力铁板装上台,台时产量从625千克增加到1030千克,再经过一次改进,产量提高到1150千克。改换砻谷机引擎、过桥天轴和皮带盘,使台时产量从1400千克提高到3000千克。通过改装木炭炉,改进漏斗闸、溜筛、升降机、砻米机等多种工具,节省燃料,加速运转,简化工序,提高出米率,数年间增产节约40万元。动员农民将田里的瘪谷收集起来,到厂里加工成饲料,增加农民收入。连续8年无事故,出满勤。1953年起,多次评为省、县粮食系统劳动模范、先进工作者。1958年4月,获浙江省第一个五年计划劳动模范称号。5月,丽水县总工会联合会发出《关于组织全县职工学习赵雨亭的决定》。1959年,被国务院授予"全国先进生产者"称号。1964年逝世。

蓝彩根

蓝彩根(1911—1965),畲族,丽水联合①联济村人。幼时读私塾数年,以务农为生。民国37年(1948),参加中共领导的革命活动。民国38年2月,加入中国共产党。5月,丽水解放后,任村农会主任,参加剿匪,巩固政权,发展农业。1951年,被评为丽水专区农业劳动模范。1953年,参加到朝慰问团,慰问中国人民志愿军。返乡后积极走合作化道路,在联合乡组织第一个互助组,后转为联济农业生产合作社。发展农业生产,在抓粮食生产的同时,狠抓油茶生产,依靠科学技术,实行粮林间作,铲山扶育梯田化,使油茶逐年增产。1956年,联济农业生产合作社被评为省模范合作社。1958年1月,林业部授予联济生产大队"油茶生产红旗"称号。8月,全国林业现场会南方油茶产区代表136人到联济村参观。同年,联济生产大队被评为省农业社会主义建设先进单位,蓝彩根出席全国劳动模范先进集体会议。1959年,参加浙江省少数民族代表团,到北京参加国庆十周年观礼,组织社员兴建大坑水电站,解决高山地区照明问题。1961年,参加全国少数民族参观团。1962—1963年,联济生产大队被评为省先进集体。任政协丽水县第三、四、五届委员。1965年病逝。

周　邦

周邦(1887—1965),字克勤,谱名世举,庆元黄田山头垄村人。自幼聪颖好学,16岁中秀才。清光绪三十二年(1906),公费留学日本早稻田大学,加入同盟会,随孙中山从事民主革命活动。清宣统元年(1909),学成回国。民国11年(1922),任庆元县第一高等小学校长。民国13年,任庆元县教育局长。民国15年卸任,帮助继母郭凤云在上济创办第二女子高等小学。后居家研读医书,为人免费治病。民国36年,中共闽浙边地委驻崔上村,与地委领导陈贵芳、张翼等联系,帮助购买炊具与日用

① 2010年称莲都区碧湖镇。

品等。冬，国民党闽浙六县联防指挥部在三济、黄真一带清乡，肆意逮捕、杀戮无辜群众，周邦积极奔走营救，使许多革命志士免于非命。解放后年事已高，在福建松溪从事教学，仍盼望海峡两岸同窗旧友早日回归祖国。

徐　杰

徐杰（1900—1965），字子乂，号虚舟，原籍青田，幼年随姑母定居遂昌。民国9年（1920），上海南洋医科大学毕业，任丽水省立第十一师范学校校医、松阳博爱医院医师。民国25年，任广东黄埔军校医务处少尉课员、所长，国民革命军第十八路军总指挥部警卫团少校军医主任，国民革命军第一集团军独立旅军医处中校处长。民国21年，回遂昌探亲，遂昌县长陈成和地方人士挽留，在城东瓯青公所开设私立遂昌医院，为县内西医医院之始。民国22年，兼任遂昌县戒烟所所长。民国27年，任遂昌简易师范学校校医兼卫生课教员。民国34年，兼任遂昌县救济院院长。医术精湛，医德高尚，擅长妇科、儿科，能识英、德、日文。每遇急诊病人，风雨无阻，自备马匹、自行车及手提汽灯，赶往抢救，几乎走遍遂昌山村。掌握地方常见病疟疾、蛔虫、胃病、疥疮等规律，探索出一套防治的方法。抗日战争时期，外地进药困难，采用中草药医治，在君子山及家园栽培中草药，用苦楝树皮治蛔虫。对病人不论贫富，一视同仁。每年春秋两季，为部分儿童免费施种牛痘，防治天花。对家境贫困病人，免费治疗，慷慨施药。1949年5月，遂昌解放，改称遂昌诊所，继续个体行医。1955年，与中医王卫卿、林日熙等筹建城区中西医联合诊所，被选为副主任。1958年，任城关中心医院医师。1965年，身患癌症，卧床不起，前往探望者，踵趾相接。7月逝世。

黄绍竑

黄绍竑（1895—1966），字季宽，广西容县人。保定陆军军官学校第三期步兵科毕业。在桂军模范营任排长。湘、桂军阀混战期间，任讨陆（荣廷）总指挥。北伐战争后，任广西省主席兼留桂军军长。民国21年（1932），任国民政府内政部长。不久，任浙江、湖南省主席。民国26年七七事变后，任军事委员会作战部部长。10月，在娘子关战役中得到八路军的援助，对共产党有好感。12月，任浙江省主席。贯彻抗敌自卫之国策，动员全省民众一致抗战。民国27年1月，省政府决定云和、龙泉、遂昌县为战时经济实验县。各县组织政治工作队和乡村建设指导室，组织和发动农民，推行“二五减租”政策。通过《浙江省战时政治纲领》10条。组建第三战区游击总司令部兼总司令。成立浙江省军官总队，培训爱国抗日本侵略军事干部。9月，在云和小顺创办浙江铁工厂，制造步枪、轻机枪、手榴弹、枪榴弹筒等。民国28年4月2日，邀请国民政府军事委员会政治部副部长周恩来抵丽水，作《抗战形势和任务》报告，视察浙江铁工厂。民国29年9月22—23日，陪同南洋华侨筹赈祖国难民总会主席兼南洋华侨回国慰劳团团长陈嘉庚到云和小顺浙江铁工厂慰劳工人。民国30年3月，创办《浙江日报》，宣传抗日救国。4月，省政府从永康方岩迁松阳县。8月，迁回方岩。民国31年5月，再迁松阳。6月，迁云和。6月21—8月2日，日本侵略军先后侵占缙云、丽水、青田、遂昌、松阳县城。7月底，日本侵略军22师团85联队5000多人进犯省政府驻地云和，受国民党军第32师阻击。8月，方山岭战役，黄绍竑调21师、32师支援。在云和期间，建立云和县国民教育实验区，兴建惠云渠、瓦窑水电站，成立浙江通志馆，重修《浙江通志》，建民族复兴馆、省立儿童教育馆等等。民国34年9月，省政府迁回杭州。民国35年，任监察院副院长、立法委员等职。1949年4月1日，作为国民政府谈判代表在北京谈判，和谈破裂后去中国香港地区，脱离国民党。中华人民共和国成立后，出席全国政协第一届全体会议。任中央人民政府政务院政务委员、全国人大常委会委员、全国政协委员、民革中央常委。1957年，错划为“右派分子”，旋改正。1966年8月，“文化大革命”中受迫害致死。1980年12月31日，全国政协举行黄绍竑追悼会。

江洁缨

江洁缨（1902—1967），乳名绍康，学名江清，缙云雅江村人。五云高小毕业，随父到温州界坑中药店当学徒，后到温州义记炭行任会计。一年后，在温州独资开设协利炭行，并在龙泉、云和等地设办事处，拼山雇工烧木炭，销往日本菱木、三井公司和上海茂兴、永泰、日新等商行。民国26年（1937），抗日战争爆发，与日商断交，转营木板、桐油业务。后与丽水大通行陈增荣合办利生运输处，任经理，在金华、兰溪设运输点，从温州至兰溪形成一条联运线，业务兴盛。民国32年，兼任缙云县维新小学校长，投资兴建校舍44间，并在洪坑桥开设中药店，贫困者免收药费。民国34年，抗日战争胜利，回温州恢复协利炭行，后到上海开设协利炭行。民国35年，在杭州南星桥开设利生板炭运输行，在建德七里泷江南埠设办事处。民国37年，又在余杭增设利生板炭运输分行。两行烧制和收购的木炭，汇运上海总行销售，板炭业务在上海同行中居第二位。捐资私立仙都中学扩建教室，购置图书赠送缙云县民教馆、文化馆，出资兴修乡村道路。解放初，投资100股，筹办缙云县福利社，经营纺织业务，被推为名誉经理。上海协利炭行在私营工商业社会主义改造时参加公私合营。当选缙云县第一届各界人民代表会议代表。

王如海

王如海（1920—1967），丽水县城人。民国24年（1935），入浙江省立温州中学读书，参加温州学联声援“一二•九”运动。民国25年，被开除学籍。民国27年，曾加入中国共产党。民国32年，英士大学农艺系毕业，任南京中华农学会秘书、浙江省农业改进所技正。中华人民共和国建立后，任浙江省农林厅技术指导小组组长，农业处、粮食生产处副处长。致力于农业技术研究和推广，先后负责水稻生产七大技术、改变耕作制度、推广矮秆良种等课题研究。多次主持起草粮食生产技术总结和指导意见，整理成《浙江省农业技术推广调查报告》。主编《浙江农林》杂志，编撰《浙江稻作论集》《怎样改变耕作制度》等书。1953年，加入中国农工民主党，被选为农工民主党浙江省委委员。当选浙江省第一届、第二届人大代表。1967年，“文化大革命”中被迫害致死。1978年，平反昭雪。

王炳南

王炳南（1904—1968），丽水县城人。民国16年（1927），清华大学毕业，留学美国伊利诺伊大学。民国21年，发表《铁路与汽车业的竞争与管理》论文，获加州宾夕法尼亚大学经济学博士。同年，任上海交通大学教授。民国25年，在铁道部供职。抗日战争时期，参加中印、中缅公路工程设计，开辟战时国际运输线。民国31年，任交通部驿运管理处副处长。民国34年，任行政院战时生产局运输处处长。抗日战争胜利后，调任交通部公路总局副局长。民国37年，任中国资源委员会中国油轮公司副总经理。中华人民共和国建立后，任交通部海运管理局专员，聘为中国科学院综合运输研究所研究员、中国运输学会常务理事、中国贸易委员会海事仲裁委员会委员。参加起草《海商法》。1968年病逝。

唐巽泽

唐巽泽(1911—1968)，原名永济，湖南湘潭人。民国20年(1931)，毕业于上海复旦大学法律系。民国21年春，与学友筹建私立杭州中学[①]任总务主任兼教员。秋，任浙江省建设厅合作事业股股长、合作事业室主任、第二科科长等职。民国27年1月，任省战时经济实验县龙泉县县长。调整县政府科室，增设政工室、编审室、政训室、合作事业指导室和民众剧场等机构，安排一批共产党员和抗日爱国青年任各科室主管人员。定期编印《大家看》《大家唱》《龙泉快报》等刊物。组织识字班、读报组。用话剧、歌剧、活报剧等演出抗日救亡剧目。组织农民抗日救国会、青年救亡工作团、妇女救国会、儿童战时服务团。建立农会组织，推行"二五减租"。鼓励农民开荒，扩种大小麦。扩建县农场，引进和繁殖优良品种。建立粮食公店、消费合作社和合作金库，平价供应粮油、食盐及生活用品。改进征兵方法，适龄壮丁抽签应征，豪绅子女不能例外。对抽大烟、聚赌者，组织军警稽查处查处。民国28年夏，中共处属特委书记张麒麟被县警察所扣留，以亲自提审为名，派人掩护其脱险。办事清正廉明，常着布衣草鞋，被群众誉为"草鞋县长"。县政府机关实行"国难薪"，自县长至公务人员每人每月生活费20元。民国29年10月，离任时群众涌向车站挥泪送别。调任省建设厅合作事业管理处副处长、浙江省合作批发部[②]副经理和浙江省合作事业促进会副理事长。民国36年，被迫离开杭州，暂避上海，任刚正律师事务所律师和复旦大学合作系教师，与中共党员频繁接触，继续为爱国民主运动奔走。中华人民共和国建立后，历任第一、二、三届全国人民代表大会代表，浙江省杭州市工商联筹委会副主任委员，浙江省政府委员兼水产厅厅长，省政协副主席，中国民主建国会中央常委，民建浙江省工作委员会主任委员等职。"文化大革命"中受迫害，1968年去世。1978年9月9日，平反昭雪。

曾绍文

曾绍文(1917—1968)，青田芝溪乡[③]陈造村人。民国24年(1935)，温州中学初中毕业，考入上海同济大学附属高级职业学校。"一二•九"运动中，与进步学生一起到北京请愿，投身革命。抗日战争爆发后，到温州组织战时青年服务团。民国27年1月，回青田县从事抗日救亡工作。6月，加入中国共产党。7月，任中共青田县工委组织部长。10月，以海口战时经济建设实验区指导员身份，办民众夜校，组织农民协会，开展"二五减租"，举办合作干部培训班，秘密发展共产党员，建立实验区机关党支部。民国28年9月，任中共青田县委书记。民国29年，调任中共缙云县委书记，往来于缙云、丽水、青田一带，筹建兵工厂，仿造长短枪数百支，发展革命武装力量。民国32年4月，调浙南特委机关工作。7月，任中共青景丽县委宣传部长、副书记。民国33年7月，任浙南特委秘书。民国34年6月，任中共永嘉工委书记。次年2月，任中共永嘉县委书记。民国35年，支持学生运动。民国37年底，任浙南游击纵队第二支队政委。1949年3月，任中共浙南地委委员、地委永青办事处主任。5月，任中国人民解放军温州前线司令部副政委，作为浙南游击纵队代表之一，与国民党温州专区专员、200师师长叶芳谈判，敦促叶芳率部起义，和平解放温州。中华人民共和国建立后，历任中共温州地、市委委员兼统战部长，温州市副市长、市长，省人民政府第三办公室副主任，省粮食厅厅

① 后改名杭州虎林中学。

② 后改浙江省合作供销处。

③ 2010年属青田县船寮镇。

长、党组书记，省计划经济委员会副主任。1968 年 8 月，在“文化大革命”中被迫害致死。1979 年 6 月，平反昭雪。

雷仁余

雷仁余（1924—1968），丽水联合乡[①]联济村人，畲族。民国 37 年（1948）2 月 13 日，加入中国共产党，任村民兵队队长。1949 年 5 月，丽水县解放，联济村附近山区股匪活动猖獗。民兵队伍扩充，配备武器，配合县大队、区中队剿匪。9 月，带领民兵配合区中队追击青田上埠坑一带土匪。1950 年 5 月，土匪 50 多人绑走联合乡文书钟水圣和大山村民兵队长麻根营。雷仁余带领民兵配合县大队追剿，救回乡文书和民兵队长。先后带领民兵队参加剿匪 40 多次，被评为区、县剿匪模范，民兵英雄，浙江省军区授予“剿匪英雄”称号。1960 年，被选为县、省民兵代表，到北京出席全国民兵代表大会，受到毛泽东主席等党和国家领导人接见，奖给新式半自动步枪 1 支。

殷铁飞

殷铁飞（1911—1968），原名王宝畅，又名王豁、王朗斋、王光洲，桐庐岩桥人。民国 13 年（1924）小学毕业后，在德清、上海、杭州等地工厂、商店当学徒和店员。民国 18 年，在平湖当湖、震丰针织厂当工人和职员。民国 26 年 11 月，任浙江省建设厅物产调整处经济报道员，参加抗日救亡工作。民国 27 年 6 月，参加中国共产党，改名殷铁飞。7 月，任中共诸暨县枫桥区特支宣传干事，做党的秘密工作。民国 28 年 2 月，任中共余姚县工委宣传部长。10 月，任中共处属特委工运主任，到云和小顺浙江铁工总厂和龙泉、遂昌等县巡视与帮助工作。民国 29 年 6 月，任中共丽水中心县委委员、组织部长。民国 30 年 1 月，任中共闽浙边委委员、宣传部长。民国 31 年 5 月，任中共闽浙边临委委员兼遂昌县委书记。民国 32 年 5 月，任中共闽浙边临委委员兼遂昌县特派员。民国 36 年 2 月，任中共处属特委委员兼遂昌县特派员。7 月，任中共处属特委委员兼遂昌县委书记、遂昌县武装工作队指导员，开展武装斗争。至丽水解放前夕，中共遂昌县委下属湖山、大柘、龙南区委，有区分委、党总支和中心支部 8 个、支部 29 个、党员 509 人。丽水解放后，先后担任衢州地委委员兼遂昌县委书记、遂昌县长、衢州专员公署副专员、衢州地委组织部部长、金华地委副书记、金华地委书记处书记、金华地委副书记。1963 年 8 月，任浙江省监委委员、金华地委副书记。1968 年 3 月，在上海病逝。

朱金宝

朱金宝（1895—1969），又名朱金则，化名杨金云、杨福喜，义乌赤岸鱼曹头人。家境贫寒，从小习医。民国 17 年（1928）5 月，加入中国共产党。次年，任中共升太区委委员，受中共永康县委领导，负责义乌、永康 2 县秘密联络工作。奉命组建义南工农革命军，任负责人。民国 18 年，参加永康工农革命军，负责部队党支部工作。民国 19 年 7 月，归属中国工农红军第十三军第 3 团。9 月，攻打缙云壶镇，未成。朱金宝发誓：“宁可杀头，绝不向敌人自首。”民国 20 年，以第 3 团余部为基础，成立浙西工农红军，在抱塘岭头、盆塘桥头和双尖寺等地同国民党军战斗。民国 21 年 2 月，按照中共永康中心县委指示，转移至汤溪、宣平、武义、遂昌县交界地区，以修补雨伞、水鞋为掩护，开辟新区，发展党

① 2010 年属莲都区碧湖镇。

员，以分散活动为主。民国23年3月，奉命至浙西工农红军第一、第二大队，以党员身份开展活动，促进内部团结。民国24年5月，任中共遂汤区委书记。民国25年5月，到中国工农红军挺进师第1纵队协助做党的工作。7月，与中共闽浙边临时省委书记刘英等取得联系，在鼎平泰一带屡打胜仗，受到奖励。民国26年2月，随挺进师没收委员会主任谢文清至遂昌门阵一带活动。夏，在汤溪被捕，被判充军，至湖北境内，潜回汤溪，任中共宣（平）遂（昌）汤（溪）工委委员、遂（昌）宣（平）汤（溪）边区委委员。民国30年冬，抵丽水，成立丽青松边区。往来于松丽之间，侦探松阳县政府、警察局内情。民国33年6月，在碧湖汤坟农场，以种菜为掩护，设立中共处属特委联络站，与老伴金翠玉负责接待、中转、传递党内文件。民国36年3月，任中共丽水县委委员，在松阳县城郊桃寮建立秘密联络站。民国37年9月，为丽青松边区武工队领导人之一。1949年5月，松阳县解放，任松阳县农场场长。1953年因病休养。1969年病逝。

李春娇

李春娇（1889—1970），女，丽水县城人。丽水利用织布厂工人。民国28年（1939）春，国民政府滥发纸币，通货膨胀，物价飞涨，粮商操纵米布，囤积居奇。工人收入菲薄，生活艰难。女工一致推荐李春娇为代表，向厂方提出“织布一机（100米），增加工资法币1.50元，劳动报酬改现钞为大米”的要求。厂方拒绝，以另招女工生产相威胁，激起女工400多人愤怒，涌入职员膳堂，砸毁炊具碗碟。厂方暗中派人去丽水县警察局报警，警察局以非常时期骚乱滋事为由，逮捕李春娇、孙刘氏，将女工逐出工厂。次日，女工200多人上街游行，散发传单，到国民党丽水县党部、县政府前静坐抗议，得到全县群众的同情与声援，工潮持续一周。县长朱海槎慑于社会舆论，令商会出面居中调停，厂方被迫接受女工的合理要求，派人外出购买稻谷，碾成大米支付工资，释放李春娇、孙刘氏。之后，李春娇与数名为首女工仍被资方借故解雇。

邵荃麟 葛 琴

邵荃麟（1906—1971），原名骏远，又名逸民，笔名荃麟、荃、力夫、契若，慈溪东邵村人。民国14年（1925），考入复旦大学经济系。民国15年，加入中国共产党，任共青团上海江湾吴淞区委书记。民国16年始，历任共青团杭州地委组织部长、上海杨树浦、法租界区委书记、共青团浙江省委书记、中共浙江省委常委、中共江苏省委常委，因患肺结核离职休养。民国23年，任上海反帝反战大同盟宣传部长。同年，被捕入狱。民国26年，获释，在鲁迅的关怀下走上创作道路。抗日战争爆发后，参加浙江省抗敌后援会流动剧团工作。同时，参与浙江省战时作者协会的筹备工作。民国27年1月，到龙泉县从事抗日救亡宣传和组织工作。任中共龙泉县特别支部委员，组织龙泉县地方青年救亡工作团、文化界抗日协会等组织，创办民众夜校、县民众剧场，成立流动施教团、歌咏队。同年冬，离开龙泉抵金华，任中共浙江省委文化工作委员会委员，主编《东南战线》，创作四幕话剧《麒麟寨》演出。民国28年冬，任中共东南局文委书记。民国29年，兼任国际新闻社金华分社社长。民国30年1月，任桂林文化工作组组长，主编《文化杂志》《力报》和文化供应社编辑。民国33年冬，任中共重庆局文委委员，恢复《文艺杂志》。民国35年1月，随董必武至武汉，协同葛琴编辑《大刚报》文艺副刊。民国36年，受周恩来派遣抵香港，任中共香港工委副书记、文委书记等职，主编《大众文艺丛刊》，编印出版《李有才板话》《王贵与李香香》等文艺作品。中华人民共和国建立后，任政务院文教委员会副秘书长、文教委员会党委委员、中宣部副秘书长、教育处处长、中国作家协会副主席、党组书记、《人民文学》主编等职。1962 年，提出在写先进人物的同时，写中间人物的问题，后被作为“中间人物论”遭批判。1971 年 6 月 10 日，含冤病死狱中。1979 年 9 月 21 日，平反昭雪。

葛琴（1907—1995），女，江苏宜兴人。经张闻天介绍，入上海大学读书，兼任工人夜校教员。民国 15 年（1926），加入中国共产党。民国 16 年 3 月，参加上海工人第三次武装起义，先后在浙江、江苏、河北、湖北共青团省委工作。民国 18 年起，在上海团中央、临时党中央宣传部任交通员。民国 21 年，在丁玲主编的《北斗》杂志上发表处女作《总退却》，鲁迅赞誉“时代的出产品”“将中国的眼睛点出来了”。民国 27 年 1 月，随浙江省抗敌后援会流动剧团抵龙泉，任龙泉县政府编审室主任、中共龙泉县特别支部委员，主编《龙泉快报》《大家看》《大家唱》等刊物。年底，离开龙泉到金华，任中共浙江省委文化工作委员会委员，主编或编辑《浙江潮》妇女战线专栏、《东南战线》《浙江妇女》等刊物。民国 29 年，与丈夫邵荃麟到福建，主编《现代儿童》。民国 30 年，辗转桂林，开展文化界的抗日民族统一战线工作，与聂绀弩合作编辑《力报》副刊。民国 31 年，主编《青年文艺》月刊。民国 35 年 1 月，到武汉任《大刚报》副刊主编。民国 36 年，到香港文化资料供应社从事创作，并在函授大学文学系授课。中华人民共和国建立后，任中央电影局剧本创作所编剧。1961 年，任北京电影制片厂艺术副厂长、中国作家协会会员。“文化大革命”期间，遭受迫害，终身残疾。主要著作有小说《总退却》《磨坊》《一个被迫害的女人》《狂》《结亲》《生命》《伴侣》和电影文学剧本《海燕》《女司机》《三年》等。

金海观

金海观（1897—1971），字晓晚，诸暨阮市金家站人。民国 7 年（1918），入南京高等师范学堂教育科。因家贫一度辍学回乡任教，后因南京高等师范学堂并入，再入东南大学。毕业后，历任河南第一师范、江苏第七师范、开封北仓女中、浙江第四中学、安徽第一女中教员，成都大学教授兼实验学校主任、南京第四中山大学附属实验学校校长、中华书店编辑。民国 21 年，任浙江省立湘湖乡村师范学校校长，积极推行陶行知生活教育理论，实行教、学、做三位一体的工学制。民国 26 年 12 月，率全校师生迁松阳古市广因寺，以学为主，兼学农工。开办民众学校，从事乡村教育。组织喈喈歌咏团、醒民剧团、流动施教团，深入农村开展抗日宣传。民国 28 年，在湘师举行“七•七”抗战纪念碑落成典礼。指派湘师师生任松阳县乡村建设指导员、古市区经济建设实验区主任。在城隍庙开办樟脑油、雪茄烟、味精等生产工场。成立学生自治会、学生膳食委员会等。民国 31 年，因日本飞机轰炸湘湖师范，湘师迁庆元新窑。民国 32 年 5 月，因庆元鼠疫流行，转迁景宁道化。民国 34 年 8 月，复迁松阳古市。期间，许多友人以优厚报酬约其往他处工作，金以“对事业有兴趣，对社会尽责任，对学校关系深切”为辞，拒绝他往。抗日战争胜利后，学校迁回萧山。民国 36 年 5 月，支持师生投入反饥饿、反内战、反迫害斗争，请愿罢课，游行示威，声震全省。中华人民共和国成立后，继任湘师校长。1952 年，加入中国民主促进会，先后当选民进中央候补委员、第三届浙江省人大代表、省政协委员、全国教育工会委员，任湘师校长 25 年。1957 年，被错划为“右派分子”，1979 年平反。主要著作有《论吾国的乡村师范》《对于师范学校的种种看法》《金海观教育文选》《生活教育之花盛开在湘湖师范》。

吴惟平

吴惟平（1901—1972），字程法，又名远平，松阳赤寿赤岸村人。民国 14 年（1925），考入北京中国大学法律系，研究马克思主义。民国15年7月，国民革命军第26军入浙江桐庐时，应军政治部主任兼党代表赵舒邀请，任政治部总务科长。民国17年，到杭州组织共进会，在平海街演说时被捕，关浙江陆军监狱，后经营救保释，在杭州著述马克思学说专论文章。民国18年，继续入北京大学求学，提出科学的大同主义。民国20年，与江天蔚等在北京组织出版《国难周刊》，发表抗日文章，汇编成《吴惟平先生抗日言论集》，公开出版发行。民国25年，将抗日计划上书蒋介石，建议联俄抗日。西安事变后，蒋介石派江西省教育厅厅长王又庸商谈，应邀任军事委员会咨议。“七七”事变后，致信李济深，发表对抗日战争的见解，深得李的赏识，随李济深至重庆，被聘为重庆战地党政委员会专门委员、军事委员会桂林办公厅顾问。民国34年，抗日战争胜利后，随李济深从事和平民主运动，公开与蒋介石决裂。民国37年1月，中国国民党革命委员会成立后，任京、沪、杭特派员。1949年1月，在杭州与江天蔚一起，组建民革浙江省委地下组织，马文车任主委。1949年5月，肺病严重，在周恩来关心下，得以治疗。1954年康复后，由李济深、金仲椿介绍入中国国民党革命委员会，选为民革浙江省委常委、浙江省政协委员。1957年，错划为右派。“文化大革命”期间受迫害。1972年含冤而死。中共十一届三中全会后平反昭雪。

林参天

林参天（1901—1972），原名鹤亭，丽水碧湖镇人。民国15年（1926），杭州商业学校毕业。民国16年，任马来西亚吉隆坡华侨小学、华侨中学校长，从事华文教育30多年。民国23年，回故乡探亲，著有短篇小说《丽云道上》，收入短篇小说集《馀哀》。积多年华侨教育实践，深感东南亚一带问题很多，本着真挚的爱国感情，创作20多万字长篇小说《浓烟》，揭露华文教育中的弊端，倡议进行爱国主义教育。民国25年，被上海文学社编入《文学丛书》。民国26年，开始写长篇小说《热瘴》，是《浓烟》的姊妹篇，全书29万多字，描写生活异域的中国人在人生道路上的升华与沉沦。民国30年冬，改教从商。晚年专门从事写作。1961年，《浓烟》《热瘴》由新加坡青年书局编入《南方文丛》。1965年4月，回国访问，应邀参加北京“五一”劳动节观礼，受到周恩来、周建人等中央领导接见。回吉隆坡后撰写报告文学《北行漫记》。1972年，病逝吉隆坡。

雷祖根

雷祖根（1901—1974），畲族，云和沙溪昌岱岗村人。出身贫苦家庭。少时常见村里有人被蛇咬后丧生，决心要学蛇医。民国25年（1936），在深山老林中偶遇龙泉县畲民雷贤才，既能捉毒蛇，又能治毒蛇咬伤，于是拜他为师，专治毒蛇咬伤。民国28年，加入中国共产党，任交通员，常为山区群众和游击队员医治蛇伤。民国37—38年，国民党军清乡，在云和县高峰村包围云和县党组织领导人陈江海，他与母亲掩护其脱险。雷祖根随叫随到，有求必应，对症下药，药到病除，从死神手中夺回的生命不计其数。病人感谢救命之恩，送钱送米，他一概不收。雷祖根医术名扬云和、景宁、龙泉县。1974年病逝。

蔡思有

蔡思有（1931—1975），青田浮弋大坑村人，出身贫苦家庭。1952年起，先后任浮弋乡农会主任、章村区供销社营业员、收购商店经理、人民银行章村区营业所主任。1975年3月3日晚，歹徒5人携带手枪、匕首、刺刀等凶器，从丽水窜到青田县章村抢劫。8时许，到区营业所前门、旁门，边敲边喊："有事开门"。蔡闻声起床，把旁门打开一半时，一歹徒端枪强行闯入，枪口对准蔡喊："不许动。"蔡奋不顾身，左手抓住枪管使劲往下压，右手紧紧夹住歹徒脖子，连声高喊："土匪来抢了！"另一歹徒用匕首往蔡的背部狠刺两刀，因伤重松劲，歹徒乘机退出门外，又连开两枪，击中蔡左下腹与左大腿。他以惊人毅力，扑向前把门关上。罪犯连开数枪，仓皇逃窜。蔡思有因流血过多，抢救无效，英勇献身。浙江省财政厅金融局、中共丽水地委、中共青田县委先后作出决定，号召学习蔡思有为保护国家财产英勇牺牲的精神。

章乃器　章　培　章秋阳

章乃器（1897—1977），原名章埏，字子伟、金烽，青田东源村人。浙江省立甲种商业学校毕业，曾任浙江实业银行副经理兼检查部主任。民国16年（1927）11月，创办《新评论》半月刊，对国民党进行猛烈抨击，一年后被查封。九一八事变后，投身抗日救亡活动。民国25年1月，与沈钧儒、邹韬奋等组织上海各界救国联合会，提出"停止一切内战""释放一切政治犯""团结抗日""共赴国难"等主张。11月22日，与沈钧儒等一起被捕，世称"七君子事件"。在国内外舆论声援下，民国26年7月31日获释。民国27年1月，应李宗仁邀，任安徽省政府委员兼抗日动员委员会秘书长，不久任财政厅长，以各种名义拨款支援新四军。民国28年6月被免职。民国34年12月16日，在重庆与黄炎培、胡厥文等发起组织中国民主建国会，任常务理事兼会员组主任。民国35年6月，回上海经营上川实业公司，投资联华影艺社及昆仑影片公司，拍摄《一江春水向东流》《八千里路云和月》等影片。民国37年夏，代表民主建国会发表声明，响应中共中央关于召开新政治协商会议的号召。12月，到沈阳参加新政协筹备工作。中华人民共和国建立后，任政务院政务委员兼编制委员会主任、中央财经委员会委员、全国政协常委兼财经组组长、全国人民代表大会代表、中国民主建国会副主任委员、中华全国工商业联合会副主任委员等职。1951年，任中央西南土改工作团团长，到四川开展土改工作。1952年8月，任粮食部部长，参与制定粮食统购统销政策。1956年9月，到浙江检查工作，曾回青田县东源村探亲。1957年被错划为"右派"。"文化大革命"中遭残酷迫害，仍吟诗"能求祖国长富强，个人生死无足伤。坏事终当变好事，千锤百炼铁成钢。"周恩来派人送医院治疗。1975年4月，毛泽东批准摘掉右派帽子。1977年5月13日，逝世。1980年6月，平反，1982年5月13日，骨灰安放八宝山革命公墓。著作有《章乃器论文选》《激流集》《中国货币金融问题》《抗日必胜论》《论中国的经济改造》等。

章培（1893—1979），字益栽，青田东源村人。章乃器之兄。毕业于保定军官学校第三期，在浙江军警界任见习排长、连长等职。民国15年（1926），在夏超部队任统带，参加北伐。后至南昌任国民革命军总司令部中校参谋、前敌总指挥部情报科长等职。民国16年2月，北伐军入上海，任上海警察厅第一总局局长。3月，任浙江省省防军第6团团长，因放走上级决定逮捕的共产党员12人，而被撤职。后任湖南省政府参事。民国19年，任白崇禧79师少将参谋长。民国21年，第四次"围剿"中央苏区，国民党军在宜黄大败，被指控为借故拖延战机，有通敌之嫌，再次被撤职，送南京中央军官学校高等教育班、陆军大学特别班学习。民国26年，任吴江警备司令部参谋长，年底到长沙、遵义，在陆军大学任教。民国30年，抵湖南任陆军机械化学校教育处长。民国31年，任陆军大学机甲战术系中将主任兼第四期将官班主任。民国37年12月，因公开反对国民党内战政策，脱离陆军大学去中国香港地区，途经杭州，冒险动员浙江省主席陈仪起义。1949年2月，受周恩来、朱德委托，参加筹建中国人民解放军军事学院，任战事组组长、装甲教授研究会第一副主任。1954年，任山东省政协常务委员。1958年，错划为“右派分子”。1973年5月，摘掉右派帽子。1979年8月17日逝世。1980年1月平反，恢复名誉。

章秋阳(1901—1940)，别名乃起，字郁庵，章乃器弟，青田东源村人。民国11年(1922)，入上海商务印书馆发行所当店员，后加入中国共产党，与陈云、徐新之先后任党支部书记。民国14年5月，参与组织领导“五卅”反帝爱国运动。8月和12月，组织发动大罢工，陈云任罢工委员会委员长，章秋阳等任委员、谈判代表。罢工胜利后，成立工会，出版《职工》刊物，在上海大学等处创办夜校。受命派人到南货、中药、估衣、煤炭、有货、米业、烟杂、典当等行业联系，成立工会。章秋阳任上海店员总工会委员长、党团书记。民国15年10月，上海工人第三次武装起义时，任上海特别市市民代表，参与筹备市民代表会议，成立上海特别市临时政府兼任国民党上海特别市党部商人部长。民国16年，“四•一二”反革命政变后，易名章乃起，任浙江省省防军第6团军需主任。抗日战争时期，任中国茶叶公司安徽省办事处主任，秘密进行革命工作。民国29年2月17日，在安徽屯溪遭国民党特务杀害。

樊崧甫

樊崧甫(1894—1979)，字芝璧、哲山，缙云县城北门街人。6岁入私塾，12岁入五云高小，毕业后考入浙江省陆军小学。加入洪门九龙山(龙华会)、光复会。清宣统三年(1911)9月，任杭州起义军敢死队分队长，光复杭州。后任尚武队前队2排排长、浙军敢死团第7队教练员、沪军北伐先锋队上尉军械员，参与山东南马、黄山坡战役。民国2年(1913)夏，参加反袁斗争，两度入狱获释。策反浙江兴武将军守备营脱离朱瑞部，推动浙江反袁独立。民国8年2月，保定军校毕业，任浙江暂编陆军第2师步兵第3旅第6团第1连见习、中尉旗官，第6团第1连中尉连附、连长，师工兵队队长。民国14年1月，考入陆军大学第七期。参加孙传芳的讨奉战争。民国16年，任第26军警卫大队长、第26军第1师参谋处长、第1师第1团团长。民国17年，北伐战争结束，晋升少将，转战皖鄂。民国19年1月始，任步兵17旅少将旅长、第6师参谋长、第8军中将参谋长、第18军总参议兼任军官教育研究班主任、干部补习所主任、抚河方面前敌总指挥部参谋长、陆军第79师中将师长、赣北路军第3纵队指挥官、驻赣北路军第3纵队中将指挥官、陆军第46军中将军长等。民国27年，任第12军团团长。参加南昌会战、长沙第一次会战、宜昌会战。民国36年1月，以后备陆军中将退役，移居上海，参与民革上海市委反蒋活动。1949年4月，任上海市在乡军官会代理会长。5月，蒋介石派严滋劝樊出任浙江人民自卫军总司令遭拒绝。5月，蒋介石手令毛森逮捕，囚于黄浦分局监狱。5月27日，上海解放获释。任民革上海市委常务委员、上海市政协委员、上海市参事室参事等职。

李师颐

李师颐(1905—1979)，又名吉生，龙泉县城人。少年在中药店当学徒，对识别中草药和研制中成药感兴趣。后入旧制中学读书，毕业后开始与菇民交友，5年采集香菇树标本近200种，试验段木人工接种，将孢子粉涂播于菇木棒“坎口”内繁殖香菇，获得成功。民国27年(1938)，在龙泉县农场建立香菇菌种繁殖场，作示范试验推广。民国28年，著《改良段木种菇术》，由上海中国农业书局出版。同年，受聘到宁波三石站银耳、香菇繁殖场指导食用菌生产，进行银耳菌种分离和人工接种试验，获得成功。民国29年，著《银耳、香菇种植律》出版。应邀到永康县和福建省三明、南平、沙县等地，指导香菇新法栽培。民国33年，入浙江大学龙泉分校农学院旁听，向师生介绍香菇新法栽培的研究成果，引起农学院教授的关注，将改良香菇栽培列入农艺课程，继续进行香菇人工接种栽培研究和推广。1978 年，由龙泉县科协介绍到龙泉县日用杂品公司从事香菇栽培试验工作。1979 年逝世。

张　苏

张苏（1905—1979），青田阜山叶处村人。幼年家境贫寒。民国 9 年（1920），出国谋生，在俄罗斯学习杂技表演，擅长串场滑稽戏，组建三拉三让杂技团，先后到欧、非、美洲 60 多个国家演出。民国 24 年，在德国柏林参加杂技表演赛夺冠。民国 30 年，在法国巴黎成立禁赌协会，组织华侨俱乐部，创办《抗战联谊报》，宣传抗日。艰苦创业，赈济侨民。民国 36 年底，回国途经上海，应青帮头子黄金荣要求到上海大世界剧场演出，张苏邀请贫苦百姓入场观看，气走黄金荣。后参加农业生产劳动。1951 年 4 月，建立青田县第一个农业生产常年互助组。1954 年，加入中国共产党。1955 年春，与侨属干部带头试种早稻，一熟改三熟。同时带领社员治山治水，造油茶林、改良土壤、办畜牧场、积土杂肥等。1951 年起，互助组先后 6 次被评为浙江省模范合作社，张苏出席省农业社会主义建设积极分子会议、全国农业先进单位会议、全国党支部书记标兵会议。1960 年，任青田县归国华侨联合会主任、温州专区侨联主任。当选省第一届、第五届人民代表大会代表。

张锡昌

张锡昌（1903—1980），江苏无锡人。幼年私塾读书，毕业于江苏省立第三师范学校。民国 12 年（1923）8 月，留第三师范附小任教。民国 18 年，任江苏省立教育学院教员兼指导员。应中央研究院社会科学研究所邀，从事农村经济调查。民国 23 年初，在江苏省立无锡教育学院实验研究部工作，接受共产党的领导，通过校内外各种活动，发现和培养进步青年。民国 25 年 5 月，加入中国共产党。抗日战争爆发后，组织领导无锡各界抗敌后援会，开展抗日救国宣传。12 月初至金华，与中共浙江省处属特委组织部部长张贵卿取得联系。并经王昆仑介绍，与国民党浙江省政府主席黄绍竑相识。民国 27 年 1 月，被浙江省建设厅厅长伍廷飏聘为浙江省建设厅物产调整处视察，参与讨论和起草《浙江省战时政治纲领》，提出建立实验县的设想。曾到云和、遂昌县政府任代理秘书。建立农业合作金库、省合作工作队、乡村建设实验区，掩护大批中共党员和进步青年。民国 29 年 9 月，以中国农村经济研究会负责人身份到桂林，在文化界开展工作。后任广西大学讲师，《中国农村》《中国工业》月刊主编，《广西日报》主笔，广西桂林师范学院教授，上海《文汇报》主笔，上海海新公司经济研究室主任等职。中华人民共和国成立后，任上海中纺总公司军代表、华东纺织管理局副局长兼华东纺织工学院院长、华东财委副秘书长、中财委秘书、交通部办公厅副主任、内务部党组成员兼办公厅主任等职。1980 年 6 月 19 日，因病在北京逝世。著有《农村社会调查》《河南省农村调查》《战时的中国经济》等书。

傅以和

傅以和（1904—1980），又名傅义、佩德、礽龄、赖贤，遂昌塘岭头村人。浙江省立法政专门学校肄业。民国 15 年（1926）冬，中共党员唐公宪受国民党浙江省党部和中共杭州地委指派，回遂昌筹建国民党县党部，加入中国国民党。民国 16 年 2 月，化名傅佩德，加入中国共产党。4 月，任国民党遂昌县党部执行委员、农工部长。“四•一二”反革命政变后，国民党遂昌县党部改组，遭通缉，入上海大学社会系就读。冬季，化名傅赖贤，到宁波参加中共浙江省委和共青团浙江省委会议。会后，到遂昌、龙游发展党组织。民国17年2月，参与领导遂(昌)北、龙(游)南纸槽工人4000多人的罢工斗争，取得增加工资的胜利。4月，任中共浙西特委委员、中共遂昌县委书记，组织遂昌县工农革命军(又称农民游击队)200多人，准备武装斗争。7月22日拂晓，警察包围塘岭头，抓走党支部组织委员。傅以和立即组织农民游击队伏击，救回组织委员，捣毁内桃源区自治公所。原准备攻打遂昌县城，建立苏维埃政府，因国民党省政府派省防军和县警察大队镇压，战斗失利。与傅祖尧转移兰溪，在缝纫工人中发展党组织。民国18年夏，组建中共分水区委。民国19年4月，浙西特委遭破坏，傅以和积劳成疾，先后在於潜、昌化等县边境治病。民国22年，化名傅犹龙，到桐庐县仕夏小学任教。七七事变后回遂昌，任遂昌县抗日自卫委员会总务干事。民国30年，县长郑惠卿以“政治面目不清”为由，将他开除。民国31年2月以后，三次因“共产党要犯”名义被捕入狱，均获保释。1949年9月，任遂昌县人民银行副行长。1953年3月，调任江山县人民银行副行长、行长。1965年，退休，回遂昌县城定居。1980年病逝。

赵葛土

赵葛土(1945—1981)，缙云壶镇人。1963年，参加中国人民解放军。1966年，加入中国共产党。历任战士、班长、副排长。服役6年，5年被评为“五好战士”，3年被评为技术能手，2次立三等功。1970年，复员到缙云轻工机械厂，先后任共青团支部书记、车间主任、副厂长兼民兵连长。1979年，任分管生产的副厂长，主动要求去钳工车间兼主任，与职工一道奋战10个月，试验制成两台自动印刷机，获省科技成果三等奖。1980年5月，在厂武装民兵投掷手榴弹演习中用身体掩护一位失手的民兵。1981年5月10日上午，缙云轻工机械厂武装民兵在壶镇九松寺训练场，进行手榴弹实弹投掷练习，民兵吕旭会第一次投掷手榴弹，引弹时失手将手榴弹滑到隐蔽坑内观察记录的李建华身边，危及两人生命安全。赵葛土从隐蔽坑中一跃而出，把吓呆的吕旭会猛力推出险区，大喊“快跑”，又一个箭步跨到李建华身后，抓起冒烟的手榴弹往外掷，瞬间手榴弹在手中爆炸，两位民兵得救了，赵葛土倒在血泊中，送医院抢救无效，以身殉职。中共浙江省委追记其一等功，浙江省人民政府批准其为革命烈士；中共丽水地委、丽水军分区党委作出向赵葛土学习的决定，中共缙云县委授予赵葛土优秀共产党员称号。

陈碎然

陈碎然(1958—1981)，青田仁庄冯垟人。1978年，参加中国人民解放军，先后当过标图员、侦察员、炮手、炊事员、饲养员、副班长，多次受连队嘉奖，被评为连队学习雷锋积极分子和优秀共青团员。1981年6月15日中午，陈碎然在乌鲁木齐西南高地训练，返回途中过陡坡，两辆炮车的车炮牵引杆卡在一起，横停在半山坡上。战士将炮下架，准备顺调90度后再上架行驶。当炮转向时，突然顺坡下滑，战士3人紧拉手刹绳，不料绳子断开，0.9万千克多重的炮失控，直冲坡下，如不马上将炮刹住，不仅炮将翻滚山底，炮前作业的战士5人还有生命危险。在千钧一发之际，陈碎然跃上炮架，用尽全力拉住手刹。因炮车后轮突然被石头颠起，陈碎然被卷住衣服摔倒在地，车轮从腹部辗过。炮下滑5米多后刹住，陈碎然因内脏出血过多，抢救无效，光荣牺牲。中国人民解放军乌鲁木齐军区政治部批准他为革命烈士，追认中共党员，记一等功。

阙　诏

阙诏（1897—1981），字鲁苏，丽水县城人。民国4年（1915），入天津电报学校求学。民国9年（1920），北京交通大学有线电工程班毕业，先后在天津、上海等电报局任报务员。民国16年，调南京交通部电政司工作。民国36年，任邮政司技正。中华人民共和国成立后，在华东电信管理局上海供应处工作。中国电信工程师学会会员，为中国设计"国际电旗"，旗标采用汉字篆书，又是英文电报、电语缩字母组成。民国时期用作全国电信系统徽记。现行邮电系统徽记亦取用于它。

李逸民

李逸民（1904—1982），乳名怡菁，原名叶书，字有基，龙泉安仁李登村人。民国10年（1921），考入杭州省立法政专门学校。民国11年夏，入上海大学文学系。民国14年，参加"五卅"反帝爱国运动，入黄埔军校第四期。10月，参加第二次东征，加入中国共产党。民国15年10月，黄埔军校毕业留校任政治部宣传干事，编辑《黄埔日刊》。民国16年8月，参加南昌起义，任教导队政治指导员兼党支部书记，随军从广东潮汕到上海，任中共江苏省委士兵运动委员会委员。民国17年春，被英租界巡捕房逮捕，并引渡给国民党当局，被判无期徒刑。铁窗十年，对共产主义坚信不疑，赋诗云："劝君要为青春惜，将见世界满地红。"民国26年，第二次国共合作，经组织营救，9月出狱，到延安任中国人民抗日军政大学总校政治部党务科科长、第三分校政治部主任。民国30年，任中共中央情报部一局局长。民国32年，任陕北公学副校长。民国34年4月，当选中共第七次全国代表大会候补代表。抗日战争胜利后，任冀热辽军区政治部宣传部部长，北平军事调停处执行部第26小组中共代表，中共黑龙江三江地委常委兼组织部部长、社会部部长，中共中央东北局纪律检查委员会委员，牡丹江省建设厅厅长，东北人民政府财经委员会副秘书长兼人事处处长，东北人民政府财经计划委员会常务委员兼秘书长。1950年10月，任中国人民解放军公安部队政治部副主任。1955年，授予中国人民解放军少将军衔。1957年9月，任中国人民解放军总参谋部警备部副部长兼政治部主任、中央军委直属队政治部主任、《解放军报》总编辑、总政治部文化部部长等职。"文化大革命"后，任总参谋部政治部顾问。1978年2月，任中国人民政治协商会议第五届全国委员会委员、全国政协文史资料研究委员会委员兼革命史组常务副组长。1982年6月，在北京病逝，部分骨灰安放龙泉县革命烈士陵园。著有《狱中十年》《李逸民画集》及未刊诗词70多首。

郑月梅

郑月梅（1887—1982），女，缙云江西山后村①人。民国29年（1940）10月，中共缙云县委选定她家为缙云县交通联络点。郑月梅常以各种方式外出探听敌情，传递情报，联系接洽。民国30年春，加入中国共产党。中共缙云县委以此为活动中心，使党组织从普化乡发展到仙居县方宅、安仁等地，从岭后扩大到前村以及永嘉县边界地区。民国32年3月，新任中共缙云县委特派员李文辉，继续以她家为县交通联络点。民国33年春，中共处属特委机关从丽水迁缙云，郑月梅家成为处属特委的主要交

① 2010年属缙云县大源镇。

通站，书记傅振军、秘书长张之清等常在她家里办公。1949 年 5 月 9 日，缙云解放，原住她家工作过的同志都想念她，或接她到温州、杭州居住，或专程到丽水探望，称她为“革命老妈妈”。

陈铭奎

陈铭奎（1901—1982），青田山口大安村人。10 岁丧父，22 岁到日本、苏联、德国经商，民国 21 年（1932）回国。民国 22 年，到德国做小百货生意，后任西德华侨华人工商会会长。国民党军事代表团到西德，以“共产分子”名义将其押入大牢数月。1949 年 10 月，陈铭奎得知中华人民共和国建立，急着回国。1957 年 5 月，与妻子玛达离别，携子陈耀东回国，参加农村建设，被选为大安生产大队副队长兼林场场长。带领群众兴建油坪塘水库、坑底水库，培育苗木，栽植果树，是青田县发展山区林业经济典范之一。与其他归侨创办青田华侨中学，兴建村大会堂。与张苏等创建青田县归国华侨联合会。多次被评为省、县劳动模范，出席省林业积极分子会议、全国农业先进单位会议，受到全国华侨事务委员会、归国华侨联合会表彰。当选青田县第三、四、五、六届人民代表大会代表、省第三届人民代表大会代表。1980 年，加入中国共产党。1982 年去世。

吴庚伯

吴庚伯（1906—1982），字省三，号苕东居士，浙江余杭人。余杭县高小毕业，进余杭锡箔店当学徒。民国 11 年（1922）拜余杭名医、舅父单懋清为师，专研医术，勤于诊治。民国 18 年，与舅父到杭州、上海等地行医。民国 22 年，经上海市卫生局中医试验委员会考核，获中医医士职业执照，在上海剌斐德路开诊所，为沈钧儒等“七君子”保健治病。民国 27 年，定居丽水，在三坊口自设诊所，后到青田县石帆行医。1954 年，筹建丽水城关中医联合诊所，任主任。对经典医学探究较深，将理、法、方、药融会贯通，在临床实践中，注重辨证施治，组方严谨，用药精到，屡起沉疴。撰写《望诊漫谈》《慢性肾炎、重症肝炎》《肝硬化早期治疗》《治愈结核性胸膜炎二例》《防治结合临床心得》《革新我国医药刍议》等，在《健康报》《浙江中医药杂志》等省级以上报刊发表。任丽水县人民卫生协会副主任委员、丽水县人民委员会委员、丽水县一至六届人民代表大会主席团成员、政协丽水县六届委员会副主席、丽水县地区学术委员会副主任等职。1962 年，被评为浙江省名中医。著有《古今医谭》。

金映光

金映光（1913—1983），青田县城西门人。民国 22 年（1933），到德国汉堡入上海杂技团谋生。6 月去柏林，由华侨叶农介绍，参加反帝大同盟，在华侨中散发革命读物，动员华侨拒绝拍摄反华影片，受德国纳粹分子的监视搜查。民国 23 年秋，在巴黎参加法共中国支部领导的抗日救国会，印刷、发行党的刊物、传单。民国 24 年 5 月，由何以端介绍加入中国共产党。民国 25 年 3 月，调到吴玉章主办的《救国时报》当排字工人，兼印刷、发行工作，后任行政组组长。民国 27 年 2 月，回国参加抗日，到武汉担任《新华日报》负责行政、总务工作。民国 29 年 4 月，调延安中央党校学习。民国 30 年，任《解放日报》总务处处长。民国 31 年春，任庆阳市陇东贸易公司副经理，装扮成商人出入敌占区搞贸易。延安整风运动中，在抢救阶段被打成“特务”，运动结束后纠正错案。民国 35 年春，到上海从事秘密工作，掩护机要人员，来往沪宁传递情报。民国 37 年 12 月，任北平市公安局第四处党支部书记兼接管科科长。1949 年 1 月，接管科改管理科，任科长。7 月，任生产科科长兼天津永新实业有限公司经理。历任北京市公安局第五处第一副处长，公安部行政处处长，北京市服务局副局长，北京市第二服务局党组成员、副局长，全国侨务委员会委员，北京市第五、第六届政协委员。1983 年 4 月，在北京病逝。

伍 律

伍律（1915—1983），青田仁庄村人。民国 28 年（1939），国立中央大学生物学系毕业，学士学位。先后任国立中央大学、中正大学和长春大学生物系助教、讲师、副教授。讲授比较解剖学、动物生理学、普通动物学、无脊椎动物学、动物技术学等课程。民国 36 年，任上海东南医学院解剖系教授兼兰州大学动物系副教授，讲授组织学、胚胎学、比较解剖学等课程。民国 37 年 6—8 月，与斐文中、贾兰坡等组织河西考察团，负责河西走廊淡水鱼、家畜、家畜寄生虫等多学科综合考察。1949 年后，任大连大学和大连医学院副教授、教授，讲授比较解剖学、普通生物学、动物生态学及进化论等课程。1956 年，应大连港务局要求，与有关单位协作采取综合措施灭鼠，2 年内成效显著。成果在全国卫生展览会展出，国际上有一定影响。1957 年，任蛇岛考察队队长，所作《蛇岛的秘密》获 1980 年全国少年儿童文艺创作奖，有蒙文、朝鲜文译本，入选建国 30 周年《科学文艺作品选》。同年，参加柞蚕寄蝇危害防治大协作，负责寄蝇生活史及生态的研究，从生态上提出灭蝇措施，《柞蚕饰腹寄蝇生活史及生态的研究》，获 1980 年农业部技术改进一等奖、全国科学技术发明二等奖。1969 年，大连医学院迁遵义，改名遵义医学院，任遵义医学院生物学教研室主任、贵州科学院副院长、生物研究所所长、中国动物学会理事、中国生态学会理事、《生态学报》编委、中国科普创作协会常务理事、贵州省科普创作协会理事长等职。1983 年逝世。翻译《昆虫生物学》，主编《普通生物学》《贵州脊椎动物名录》《贵州动物志》，合著《生物学》，著作《动物生态学》《比较解剖学大纲》《蛇岛的秘密》《贵州毒蛇和蛇伤防治》等书。

潘 仁

潘仁（1911—1983），丽水人。上海美专国画系肄业。民国 26 年（1937）8 月，在丽水县抗敌后援会创办《解放漫画》旬报，金逢孙任主编，遭国民党当局干涉，第二期改为《抗战画报》，任主编，仅出二期停刊。民国 27 年 9 月，浙江省战时美术工作者协会丽水分会成立，任理事会理事，被聘为联中师范民教馆美工干事，参加木刻创作和抗日救亡活动。民国 28 年 4 月，七•七版画研究会成立，在《战画》月刊上发表木刻作品《受了最光荣的伤》。9 月底，浙江省战时木刻研究社成立，在丽水举办浙江省木刻函授班、浙江暑期绘画专修社，任丽水区导师。11 月，创作的《厌战》《敌人的暴行》和《他已经没有希望了》在《战时木刻》半月刊上发表。11 月 15 日起，抗战通俗画刊《木刻丛集》出版，创作的《剥桐子》《炊事》《又是一大片房子被炸毁了》在《号角》《铁骑》上发表。民国 29 年 4—5 月间，与野夫、金逢孙、夏子颐创作的《抗战门神》一套 12 幅，在浙江省合作社出版。6 月，扩建浙江省木刻用品供给合作社。7 月，举办大型木刻展览会，展出学员作品 500 多幅，在丽水、温州等地巡回展览。民国 30 年 1 月，创作的《秋风起矣、战士衣单》《妈妈压死了》在《铁笔集》发表。9 月，《木刻艺术》双月刊创刊，为发行代表人，刊发木刻作品《筑路》。协助编辑《战时木刻》《木刻丛集》刊物。在《刀与笔》月刊上刊登作品《日汪密约》。在《现代文艺》刊物上发表《劳军》《救护》《刺奸图》《两种不同的义民》《沦陷区小景》《不让敌人越雷池一步》《义民播种》《慰劳》等作品。他的木刻作品运用现实主义创作方法，黑白对比鲜明，用刀有条不紊，取材新颖，表情深刻。后在松阳、丽水县和国民党 88 军军校任美术教师，丽水县民教馆美工人员。解放初，为丽水越剧团舞台美术画师，“文化大革命”时被辞退，1980 年为计划临时工。1983 年 4 月逝世前，将留存的画作捐赠给县博物馆。

粟 裕

粟裕（1907—1984），湖南会同人。先后参加南昌起义和湘南起义，随朱德、陈毅上井冈山。历任中国工农红军第十二军指导员、连长、营长、营党代表、团长、团政治委员、师长、师政治委员、军参谋长和红七军团参谋长等职。参与创建中央革命根据地和第一至第五次反“围剿”斗争。民国 23 年（1934）7 月，任红军北上抗日先遣队参谋长，协助寻淮洲率部转战闽、浙、赣、皖。民国 24 年 2 月，任中国工农红军挺进师师长，与政治委员刘英率部挺进浙江，开展三年游击战争。5 月，创建浙西南游击根据地，先后建立竹溪、王村口、住溪、玉岩区委和区苏维埃政府。8 月，国民党调集 32 个整团，连同地方武装六七万兵力“围剿”红军挺进师。除留 2 个纵队就地坚持外，粟裕、刘英带领主力部队跳出敌人包围，进入闽浙边境，创建浙南游击根据地。10 月，与闽东特委书记叶飞会师，商定成立中共闽浙边临时省委和闽浙边临时省军区，任省委组织部部长、省军区司令员。民国 25 年 2 月，粟裕兼任浙西南独立师师长。恢复和发展浙西南、浙东、浙闽边、浙南游击根据地。12 月，蒋介石执行“北和南剿”的方针，调集 43 个团约 10 万人的兵力，再次“围剿”红军挺进师。粟裕充分运用游击战术，率部转战浙西、浙东、浙西南，深入敌后方，出奇制胜，进行反“围剿”斗争。民国 26 年 10 月，与遂昌县政府代表朱镇山在云峰乡门阵谈判，达成国共合作抗日协议。11 月，红军挺进师改名国民革命军闽浙边抗日游击总队，粟裕任总队长。民国 27 年 3 月，率部从平阳出发，经丽水、遂昌抵皖南，任新四军第 2 支队副司令员、先遣支队司令员、新四军江南、苏北指挥部副指挥，参与黄桥战役，协助陈毅创建苏南、苏北抗日根据地。民国 30 年 1 月皖南事变后，任新四军第 11 师师长兼政治委员、苏中军区司令员兼政治委员、中共苏中区委书记。民国 34 年，任苏浙军区司令员，代政治委员，中共苏浙区委书记。8 月抗日战争胜利后，任华中军区副司令员，华中野战军司令员，华东野战军副司令员、代司令员兼代政治委员，第 3 野战军副司令员、第二政治委员。民国 35 年，与谭震林一起指挥苏中战役，取得七战七捷的胜利。与陈毅一起指挥宿北、鲁南、莱芜、孟良崮、济南、淮海、渡江等战役，指挥取得上海战役的胜利。中华人民共和国建立后，历任南京市市长，华东军政委员会副主席，上海市军事管制委员会副主任，中国人民解放军副总参谋长、总参谋，国防部副部长，军事科学院副院长、第一政治委员，中共中央军委常务委员、国防委员会委员。1955 年，被授予大将军衔。中共第七届中央候补委员、第八届至第十一届中央委员，第十二届一中全会当选中央顾问委员会常务委员，第三届、第四届全国人民代表大会常务委员，第五届全国人民代表大会常务委员会副委员长。1984 年在北京病逝，部分骨灰安放在遂昌县王村口月光山、龙泉县革命烈士陵园。主要军事著作有《战时参谋工作》《对未来反侵略战争初期作战方法几个问题的探讨》《豫东之战》等论文和战争回忆录。

李 言

李言（1911—1984），原名锦标，字蕴章，缙云稠门村人。民国 14 年（1925），县立鼎湖小学毕业，考入丽水省立十一中学师范科，后转湘湖师范。民国 19 年 7 月，加入中国共产党。10 月，在杭州白衙巷小学任教，开展革命活动。不久，党组织遭破坏，回缙云雅亭小学教书。民国 21 年，先后在衢州师范、广东惠阳师范、杭州水亭址小学任教。民国 25 年，暑假回缙云，因寄《列宁主义问题》一书，被国民党警察局逮捕，关押省保安处陆军监狱。妻褚怡与妻兄褚雪琴设法营救释放。民国 26 年 9 月，经南京八路军办事处驻杭州代表朱镜发介绍，到延安陕北公学学习，到关中分校任党委书记，后任马列学院党总支保卫委员、中央马列主义研究院党委书记等职。抗日战争胜利后，到东北投入解放战争。中华人民共和国建立后，任东北铁路公安局副局长、热河省公安厅副厅长、辽宁省人民检察院检察长、丹东市委副书记兼市长等职。当选第三、第五届全国人民代表大会代表。“文化大革命”期间受到迫害。1979 年，任中国社会科学院法学研究所党委副书记。1984 年于北京病逝。

姚岳山

姚岳山（1923—1984），原名姚仁，又名诚信、建德，庆元松源街尾村人。原在上海伯特利中学求学，抗日战争爆发后辍学，参加庆元、龙泉县政治工作队宣传抗日救亡工作。后入国民政府军事委员会政治部第二宣传队。不久，转入新闻界，历任《正报》资料员、《民生日报》校对、《浙江日报》《中央日报》编辑、《工商日报》编辑部主任等职，曾以“丈人峰”笔名发表新闻报道及文艺作品。中华人民共和国建立后，任《当代晚报》《当代日报》编辑。1954 年，入俄语专科学校学习，毕业后在杭州从事翻译工作。先后出版《杜美埃评传》《麦法尔》《美学》《戈雅评传》《静物画》等，选译《苏联百科全书》，合译《文艺复兴时期的美术》。1984 年，因病逝世。

叶元珪

叶元珪（1897—1985），又名善昌，字志成，丽水碧湖人。少时从父习书画，中学毕业后专攻美术。民国 10 年（1921），上海美术专门学校毕业，后在省立高级商业学校、丽水省立十一中学任教。因刘海粟聘请，回上海美术专门学校任助教、讲师，与画家黄宾红、徐悲鸿、潘天寿等组织一八艺社切磋画事。以西画见长，亦精于国画、雕塑和工艺美术，曾受托设计钞票。致力于中、小学美术，数学研究，编辑《实用图案画》《小学美术教材》《儿童劳作丛书》《小学生分年补充读本》《高年级劳作》《初中劳作》《小学工艺新教材》等 12 册出版，由于内容进步，遭国民政府教育部查禁。民国 20 年，在张辰伯教授倡导下，组织一九四 O 雕塑会，为爱国人士沈钧儒、爱国高僧弘一法师等雕像。民国 26 年 8 月，日本侵略军占领上海，举家迁回碧湖，任省立联合初中、联合师范学校劳美教师，兼任浙江省战时工作人员训练团美术教官。民国 28 年 8 月，任英士大学艺术专修科讲师。民国 29 年，《活页木工作图》出版，在出版界中尚属创见。民国 34 年，转省立处州师范①任教务主任，创设艺术师范班，培养一批美术、音乐、劳作专业教师。中华人民共和国建立后，杭州西湖艺专校长潘天寿邀请再度共事，因故仍执教处州师范。1956 年，当选丽水县副县长，分管教育、文化等工作。1959 年 12 月起，任政协丽水县第二届至第七届副主席。1963 年，主持县文管会撰修《丽水县志》，至 1965 年完成初稿。“文化大革命”期间，被打成“走资派”“反动学术权威”。1976 年，重执画笔，创作《鹤舞千年》《莺歌燕舞报新春》《祝寿图》等国画。1977 年，任省政协委员。当选中国美术家协会浙江分会常务理事、省文联委员、丽水地区文联副主席等职。1984 年，加入中国共产党。1985 年 5 月逝世。

赵景深

赵景深（1902—1982），字旭初，笔名邹啸，丽水城关镇人。处州知府赵亮熙之孙。民国 8 年（1919），

① 1953 年更名丽水师范学校。

到天津南开中学求学，参加周恩来领导的学生运动。民国11年，天津棉业专门学校纺织科毕业，历任《新民意报》副刊主编、上海《文学周报》主编，北新书局和开明书店编辑、上海大学教授等。从事外国文学翻译及小说、散文、诗歌创作。民国22年，受郑振铎影响，专心致志于古代戏曲、曲艺和民间文学的研究。为弹词艺人汪梅韵撰写开篇《刘夫人》《汪氏》等，后收入汪梅韵《香雪留痕集》。抗日战争胜利后，任复旦大学中文系教授，并任上海社会科学院文学研究所特邀研究员、中国民间文学研究会上海分会主席、上海昆曲研习社社长等职。主要著作有《宋元戏文本事》《元人杂剧辑逸》《读典随笔》《大鼓研究》《弹词选》《弹词考证》《抗战大鼓词》《小说戏曲新考》《民间文学概论》《元人杂剧钩沉》《明清曲谈》《元明南戏考略》《谈曲小记》《戏曲笔谈》《曲论初探》《中国小说丛考》《曲艺丛谈》等书。

王友军

王友军（1962—1985），遂昌北界王坞村人。1981年，参加中国人民解放军，在35611部队75分队任战士、副班长、班长。先后参加团以上军事大比武8次，受到多次表扬嘉奖。所在班为“尖子班”。中越边境临战前师团比武获第一名。1985年4月，加入中国共产党。5月5日，参加对越自卫还击，率战士坚守在离敌20多米的142高地哨位。深夜21时，敌人发起对邻哨攻击，王友军前往支援，被一发炮弹袭中身负重伤，抢救无效英勇牺牲。追记一等功，浙江省人民政府授予一等功臣称号。中共遂昌县委作出《关于在全县开展学习王友军烈士英雄事迹活动》的决定。

徐　岩

徐岩（1914—1985），字寄谷，松阳西屏镇人。民国16年（1927），入松阳中学求学。民国19年，考入浙江大学农学院代办的高级农业职业学校，继入南京陆军军医学校大学部药科学习。民国25年毕业，在军医学校供职。抗日战争期间，回松阳一带招考军医学校学生，毕业后从事部队军医、医药工作。民国33年，在重庆军医署药苗种植场任研究员，后到合川卫生材料厂工作。民国36年，调南京任国防部监察局一等军医正监督官，奉派镇江调查某后方医院院长贪污案件，据实上报后未受任何惩罚，却调国防部监察局工作，进一步认清国民党的黑暗。1949年4月，脱离国防部，寄居杭州尼姑庵。7月，参加中国人民解放军，任西南军医学院药学副教授、上海第二军医大学教授。1954年，受聘中国医学会中药整理委员会委员、教育委员会委员。1956年，评为三级教授。离休后享受副军级待遇。1985年12月，在上海第二军医大学干休所逝世。

周月平

周月平（1951—1986），丽水小安村人。1984年8月，当选村主任。冬季，村民滥伐山林，大力宣传《森林法》，对不听劝阻者一律按规定处理，刹住乱砍山林之风。1985年冬，小安溪木桥年久失修，影响周围30多个自然村群众来往。他倡议集资修建，冒雪从泄川乡购运木材，70多米长的木桥，抢在农历除夕前竣工，群众莫不称便。1986年3月30日，大雨，溪水骤涨。31日早晨，邻村一青年妇女过桥时不慎失足落水，惊惶呼救。他闻声直奔溪堤，纵身入水救人，在激流中奋搏数十米，数次被风浪阻击，在湍激的漩涡中，因体力不支被淹没。乡村干部群众沿溪打捞3天，后在离出事点500米处深潭发现遗体。4月10日，小安乡①人民政府在小安村举行追悼会，号召全乡人民学习周月平见义勇

① 2010年称太平乡。

为、舍身救人的精神。浙江省人民政府批准其为革命烈士。

叶　青

叶青（1933—1986），原名永椿，松阳西屏镇人。少年辍学，在印刷厂当学徒。1949 年 5 月，参加中国人民解放军，入军政大学学习。1950 年 5 月，加入中国共产党，任团政治处干事，参加解放大西南和四川剿匪斗争。1954 年转业，任西南工业设备安装公司青年科科长、团委书记、党委办公室主任。国家建委第四工程局安装公司党委副书记、经理。20 世纪 70 年代初，作为中方代表、工程副总指挥，组织领导贵州赤水天然气化肥厂的会战，所用设备是总理周恩来批准引进的 13 套化肥设备之一。1983 年后，任中共中国建筑第四工程局纪委书记、局党委副书记等职。工作脚踏实地、勤勤恳恳、严于律己，宽以待人。1986 年 5 月，不顾病情急剧恶化，主动要求参加工程建设，连续几个月，奋战在厦门感光材料厂建设工地上，迅速扭转工程建设被动局面。终因劳累过度，癌症发作，于 1986 年 9 月 14 日病逝贵阳。

应国士

应国士（1908—1986），缙云应刘村人。上海海澜英文专业学校毕业，先后在东阳中学、台州第六中学任英语教师。受陶行知教育立国的影响，民国 18 年（1929），自筹资金，借缙云县孔庙创办私立五云初级中学，是缙云县第一所中学，任校长兼教员。民国 19 年，改名缙云县私立仙都中学，任教员。民国 25 年 8 月，在应刘村创办五云学园补习班。民国 26 年，借应刘村刘氏宗祠创办振华小学，商诸伯叔同意，典当租田 0.60 公顷，修建校舍一幢 43 间，解决校舍困难。民国 28 年，与国民党缙云县党部书记长杜芳合作，创办战时补习初级中学，自任教导主任。民国 29 年，杭州私立清波中学、上海君毅中学迁缙云，腾出应刘村校舍继续教学。民国 32 年，两校迁离后，经省教育厅批准，在应刘村创办私立建国农业职业学校。民国 33 年，到仙居中学任教。民国 34 年，回缙云战时补习初级中学任教导主任，呈报省教育厅批准，改名缙云私立励志初级中学。中华人民共和国建立后，到东阳北麓中学、中青中学、中国中学任教。1957 年暑期回缙云，在姓尚村创办民办五云初级中学。同年秋，到东阳中国中学任教，被错划为右派，备受折磨，生活艰苦。1980 年 10 月，右派平反。1982 年 8 月，在应刘村创办私立双峰补习学校，招收高初中毕业生，辅导学习，自任义务校长、教员。一生办校 7 所，人称“缙云武训”。1986 年 10 月病逝。

陈翠梅

陈翠梅（1945—1986），女，丽水丽新畲族乡人。1959 年，武义县柳城区第二中学肄业。1964 年起，任民办教师，先后在丽新乡塘寮、外垟、畎岸、马村、咸宜等村小学任教。婚后生育子女 3 人，家务渐繁，仍倾力于教学，家人劝她不如在家料理家务。她深知民办教师工资微薄，仍不愿离开园丁岗位。1974 年，在外垟小学教三级复式班，备课量大，课余上门为后进学生补课，迟了与学生睡一起。1979 年，在宣平溪畔的白岸口村小学任教，她学会撑渡船接送学生，一年四季，从不间断。溪水暴涨时，就绕越山岭，陪送学生回家。有时背患病学生上诊所，自己付医药费，还给缺钱的学生买纸笔。1983 年后，在上塘畈小学任教，畲族学生占 90%，初入学不懂普通话，她就苦学畲语，一字一句畲汉对译，教会学生汉语。有个儿童聋哑，家长苦苦哀求入学，她毅然接受，翻阅聋哑教学资料，单独教学，师生相对日久，终使领悟意思，并代其缴纳学费。1985年，患肝癌，仍抱病上课。1986年6月，四肢浮肿，病情恶化，忍受剧痛，甚至晕倒在课堂上，也不请假休息。从教22年，常说："生平最感内疚的是给孩子太少"。8月3日，与世长辞。9月，浙江省教育委员会授予"优秀人民教师"称号，浙江省民族事务局等赠"为民族教育事业鞠躬尽瘁"锦旗。中共丽水地委、地区行政公署作出《关于向优秀人民教师陈翠梅学习的决定》。中共丽水市委(县级)、市人民政府号召全市人民学习陈翠梅热爱本职、生命不止、工作不息的献身精神。

林业贵

林业贵(1919—1986)，原名日贵，云和云丰坑下村人。家境贫困，自幼替地主种山。民国18年(1929)冬，逃避地主逼债、抓壮丁，偕二哥在景宁大浪坑海拔1100多米的深山老林搭寮，租种地主山地，垦山种粮，植树造林。经过20多年的艰苦经营，摸索出一套林粮套作、以种促抚的营林经验。至1949年，已栽插杉木12万株，成为全国杉木速生丰产的典型。1958年，加入景宁林场，任王木坑林区生产队长。省、地林业部门和南京林学院的专家、教授，陆续到大浪坑参观，总结造林经验。1959年，带领林业工人，言传身教，造林13.33多公顷。1960年2月，林业部授予"全国林业先进生产者"称号，出席全国造林积极分子表彰会，林业部部长刘文辉接见时开玩笑地对他说："林业很重要，你叫林日贵，我把你改一个字，叫林业贵不更好吗？"从此改名林业贵。1962年12月，当选云和县①人民委员会委员。1969年7月，任景宁林业总场革命委员会副主任、云和县林业科学研究所筹备小组成员。1984年8月退休。1986年5月，因病逝世。

林三渔

林三渔(1902—1987)，青田仁庄罗溪村人。家境贫寒，少年失学。民国7年(1918)，与乡友到日本东京，靠挑煤、扛铁板、卖糖果、打杂工为生，后到皮革作坊做工，当上技师。稍有一些积累，经营中华料理餐馆、酒吧、弹子房，生意兴旺，成为华侨实业家，被推为旅日华侨东京总会理事、旅日华侨浙江同乡会副会长。1961年9月，首次回国参加国庆活动，受到周恩来、廖承志等领导接见。常说："祖国与海外赤子是母子关系，国强民才荣，国弱民亦辱。只有先国家，后自己，才能使国家强大，人民光荣"。回罗溪村动员亲属将老屋腾出来作临时校舍，出资聘请教师，盖起两排两层楼房，免费招收儿童入学，家乡人民定名爱国小学。为青田华侨中学、温州华侨中学等捐赠办学经费、学习用品。1973年起，捐资兴建山口至仁庄公路、罗溪水电站、重修大安至仁庄道路，先后兴建山口、下陈、阮垟、仁庄、罗溪等地桥梁7座、凉亭7个。1980年，捐资兴建浙江华侨大厦。1981年，资助兴建青田华侨饭店。1982年，捐资重建太鹤公园谢桥亭。1983—1986年，在青田中学、温州大学、丽水师范专科学校、罗溪爱国中学设立振兴中华奖学金，捐资兴建青田中学"三渔礼堂"。1987年，捐资70万元，在上海大学兴建实验中学，提供教育试验基地。资助修纂《青田县志》40万日元。先后被聘为上海大学实验中学、青田中学、温州大学、丽水师范专科学校"三渔奖学金"理事会名誉会长。1987年10月，身患绝症，第40次回乡，协商兴办社会公益事业。11月，在日本东京逝世。

① 1962年6月，恢复云和县建制，区域为云和、景宁范围。

吴朝英

吴朝英（1920—1987），女，青田仁庄雅林村人。抗日战争时期，入青田阜山乡村师范求学，参加演戏、演讲等抗日救亡宣传。民国 37 年（1948），入上海光华大学读书。年底，到巴西经营制革工厂，后转营织带工厂，惨淡经营，几遭倒闭。与温州旅巴侨胞潘方崇结婚后，业务有了帮手，营业额扶摇直上，成为巴西有实力的侨胞之一。1985 年，得知创办青田中山中学经费困难，嘱侄女婿朱敏群回乡了解情况。1986 年，出资 2 万美元，建造中山中学教学大楼。学校命名“吴朝英图书馆”纪念她，聘请她为学校名誉校长。捐助青田阜山中学 1 万美元、温州华侨中学 8 万元。1987 年 11 月，在上海病逝。

何耀文

何耀文（1941—1988），松阳西屏镇人。初入松阳一中求学。1962 年，天津大学毕业，分配北京化工学院任教，先后任化工热力学教研室副主任、化工系副主任。1976 年，加入中国共产党。1983 年，晋升副教授。1984 年，任北京化工学院副院长、国家教委化学工程专业教学指导委员会委员，《石油化工》《计算机与应用化学》《纯碱工业》等刊物编委。当选北京市第七届人民代表大会代表。多次在国内外学术研讨会上发表论文。与他人合作编写《化工新技术》《化工热能的力学基础》等著作。是从事化工过程热力分析研究的著名科学工作者之一。1988 年 1 月 5 日，在北京逝世。

周百琦

周百琦（1940—1988），青田山口人。中共党员。1955 年秋，开始学习石雕技艺，入山口石刻合作社当学徒。1957 年冬，转青田石刻厂。1958 年起，进厂创作组，从事石雕创作研究，努力学习文学、绘画知识，提高专业水平。喜欢雕刻富有生活情趣的虾、蟹、螺、蚌、鸳鸯、锦鸡及蘑菇、春笋等题材。1960 年，作品《海螺》被选送北京人民大会堂浙江厅陈列。1962 年，作品《油茶丰收畲女喜》获省创作二等奖。1963 年，作品《罗汉》《锦鸡》被评为省优秀作品。1968 年起，任青田石雕厂副厂长、厂长。1981 年，当选青田县第七届人民代表大会代表。1982 年，代表作《春》被评为省优秀作品，在全国石雕产品评比中获优秀作品奖，在第二届全国工艺美术品百花奖评比中获优秀创作设计二等奖。1983 年，调青田县工艺美术公司技术科。任浙江省工艺美术学会理事、中国工艺美术大师。论文有《青田石雕技艺三要素》《“春”的创作体会》《石雕花卉浅论》等。1988 年逝世。

钟兰养

钟兰养（1919—1988），化名金耀东，畲族，龙泉住溪杨家里村人。家庭贫困。民国 25 年（1936）3 月，由曹景垣介绍，加入中国共产党。民国 28 年 6 月，参加革命队伍。民国 30 年 11 月，参加中共闽浙边委武装小分队，由边委委员宣恩金率领转移到遂昌县白马山、千佛山一带活动。民国 32 年夏，根据中共中央“隐蔽精干、积累力量、长期埋伏、等待时机”的指示，组织生产自救，率领部分队员在遂昌县白马山麓七里源开荒种玉米。民国 33 年，转移到龙游县天福山开荒种玉米。民国 36 年 7 月，任遂昌县武工队队长，驻梭溪乡官坊村，组织发动群众，进行宣传教育，解决群众少盐缺粮问题，实行“二五减租”，秘密发展党员。民国 37 年 11 月，在遂昌解救被抓壮丁，烧毁壮丁名册。配合浙江壮丁抗暴自救军第三总队，袭击丽水县大港头兵工厂，缴获枪支弹药。处决恶霸、叛徒。中华人民共和国建立后，任中共遂昌县委委员，遂昌县大队队长、营长。1951年，调衢州、金华军分区工作。1957年，调任安徽省阜阳县兵役局局长。1960年，调任金华县人武部部长。1976年，副师职离休。1988年，在金华逝世。

张之清

张之清（1913—1988），原名查民愈、查铭树，安徽怀宁人。民国25年（1936），毕业于安徽省立安庆高级工业学校，在蚌埠公路局测绘队工作。民国27年初，到武汉。3月，随中共浙江临工委骆耕漠和知识青年20多人，到浙江参加抗日救亡工作，先分配云和县赤石经济实验区，后转诸暨县战时政治工作队工作。9月，应邵荃麟邀，到金华任《东南战线》编辑。12月，加入中国共产党。民国28年6月，调任丽水县太平经济实验区指导员，中共太平区委委员、书记，创刊《太平周报》。民国29年春，因国民党掀起反共高潮，隐蔽青田县万山、峰山、山口等村教书。民国31年5月，任中共处属特委秘书长。民国33年2月至民国35年4月，分别与吴荣膺、傅振军、殷铁飞、王志仁等人前后4次到四明山汇报工作，接受指示。民国36年3月，任中共丽水县委书记，在太平区建立县武工队。民国37年8月，编入浙南人民解放军第3支队，任第2大队队长，在丽水、松阳、武义、宣平边界开辟游击根据地。1949年3月，丽水县自卫总队300多人起义，改编为丽、缙、永、武人民游击支队，任政治委员。4月，任中共处北县委书记、处北县（丽水）民主政府县长。5月，任丽水县民主政府县长。8月，调任中共浙江省第七地委宣传部部长，主管《工农大众报》，主编地委《工作通讯》。1950年冬，率中共丽水地委工作队到景宁，完成剿匪、土改任务。1951年8月，任中共景宁县委书记。1952年9月，调中央马列主义学院学习，后任中共北京市委党校中级部副主任、中国社会科学院研究生院经济系主任。1988年5月22日，在北京病逝。

郭永芳

郭永芳（1937—1989），青田东岸洲头人。1960年，毕业于中国科学技术大学图书情报系，任中国科学院文献情报中心研究员。着重对古文献分类、编目、藏书建设及古籍整理开发的研究。20世纪70年代，翻译英国李约瑟的《中国科学技术史》时，负责书中所引中国古代文献的审核和复原。1974年，参与研究西沙群岛主权问题，撰写《越南史籍记载的黄沙、长沙绝非我西沙、南沙群岛》的论文，指出黄沙为越南广东群岛中的椰子塘、长沙为越南顺化到贤海口的沙滩，为维护国家主权提供确凿依据，受外交部表彰。1980年起，主持整理《续修四库全书总目提要》原稿，深入研究科学技术史。与他人合写《中国古代海洋学史》，引用古文献758种，被译成英文介绍给国际学术界。是国家自然科学基金项目《地球科学年表》海洋分科的主编之一，参与《中国古代航海史》写作。1987年，两篇论文被收入在德国汉堡召开的第四届国际海洋史学会会议论文集。1988年，加入中国民主促进会。1989年逝世。

李怀德

李怀德（1915—1989），龙泉宝溪溪头村人。制瓷世家。15岁进碗厂随父学艺。20世纪40年代，除生产普通蓝花碗外，还根据家传秘方，研究青瓷，试制仿古青瓷。20世纪50年代，总理周恩来指示，要恢复五大名窑，特别是龙泉青瓷一定要早点恢复。1957年7月，龙泉瓷厂恢复青瓷生产，李怀德进厂任技师，负责釉料配方。厂里成立青瓷生产仿古小组，由他负责。经过一年多的反复研究试验，制造出仿古哥窑青瓷和弟窑粉青、梅子青等釉色，失传的龙泉古青瓷重登艺坛。20世纪70年代初期，他创作的《熊猫玲珑灯花瓶》在广交会上被中国驻美大使黄镇作为国礼赠送美国政府。1979年，参加全国科技人员授奖大会，受到国家领导人的接见。1982年，哥窑《大穿耳方口瓶》获全国陶瓷美术设计三等奖。与其徒徐朝兴创作的52厘米哥窑《迎宾大挂盘》获全国陶瓷美术设计一等奖。被评为陶瓷技师。1984年起，任政协龙泉县第一、第二届委员会委员。1989年12月1日病逝。

彭瑞林

彭瑞林（1912—1990），山东益都人。民国21年（1932）8月，加入中国共产党，任益都中学党支部书记，组织领导青年学生参加抗日救亡运动和益都暴动。民国22年2月，因叛徒告密，被捕入狱。民国26年11月，因国共合作被无条件释放，回益都县领导敌后抗日武装斗争。在反"扫荡"斗争中，任沂水九区区委书记，被誉为"铜墙铁壁"。后任冀鲁边区一地委书记兼军分区政委，在抗击日寇中屡建奇功。在解放战争时期，任渤海区党委委员兼民运部长、渤海四地委书记兼军分区政委。1949年3月，任华东干部南进纵队第四大队政委，随中国人民解放军南下，参加沿途和浙江的解放战争。6月，带领南下干部400多人抵丽水，组建党政军领导班子。8月，任浙江省第七地委书记兼丽水县委书记、丽水军分区政委，发动群众生产自救，清剿匪特，减租减息，做好土地改革的准备工作。1950年4月，在丽水县海潮乡进行土地改革试点，10月，全区分期分批开展土地改革。在土地改革的基础上，发展互助合作组织，恢复和发展工农业生产。他平易近人，生活简朴，不辞劳苦，常深入基层参加劳动。1951年3月，调任中共温州地委书记，省委组织部副部长，省委纪律检查委员会副书记，省人民委员会委员、秘书长、办公室主任，省委常委，省人民检察院检察长。1957年，被错划为右派，"文化大革命"中受迫害，多次拒绝写伪证。1979年2月，任浙江省第四届政协副主席。1983年11月，经中央批准，在中共浙江省第七次代表大会上彻底平反，当选中共浙江省顾问委员会常委。1988年5月，出席纪念中共丽水县委成立50周年大会，会后到龙泉、云和、庆元、遂昌、松阳、景宁等县视察。为景宁惠明茶题词"天雾操作，沁清无比。内外表彰，品味皆知"。1990年6月，在杭州逝世。

李广金

李广金（1924—1990），吉林永吉人。民国33年（1944），吉林省第五高等学校土木建筑系毕业。民国37年，参加东北丰满水电站建设，任土建工程队技术员。1956年，晋升工程师。1957年，调浙江参加新安江水电站建设。1960年，调浙江省水电工程局工作，参加和组织丽水雅溪一级电站建设。丽水雅溪一级电站库容2900万立方米，坝高75米，投资1796万元，投工137方工，完成工程量28.53万立方米，装机容量4台、6400千瓦，灌溉400公顷。雅一电站建成后，任丽水地区水电工程处施工科科长、副处长，丽水地区水电局总工程师。

周丽平

周丽平（1969—1991），丽水莲房村人。初中时担任学雷锋小组组长，多次被评为"三好学生"和学雷锋标兵。1986年11月，应征入伍。1987年，任班长，被评为国防勇士。1989年，入装甲兵指挥学院学习，获优秀学员。1991年6月，加入中国共产党。7月，因毕业成绩优异，分配南京军区某部三连任见习排长。适值皖、苏、浙遭受百年不遇的洪灾，周丽平放弃探亲假，于7月12日赶到部队报到，坚决请求抗洪抢险。13日，到安徽省颍上、凤台县间的淮河大堤险要地段，连续守护6昼夜。19日下午，凤台县船运公司一艘装满救灾物资的水泥船，搁浅在颍上县沙家洼高庄村淮河与颍河交汇的沙滩上。部队抽调官兵82人前往救援。在向搁浅的船泅渡时，周丽平被恶浪卷走牺牲。南京军区某部党委批准他为革命烈士，追认中共正式党员，授予抗洪抢险模范称号，记一等功。生前所在部队党委、南京军区党委、总参谋部党委，中共浙江省委、省人民政府、浙江省军区，中共丽水地委、地区行政公署、丽水军分区，分别作出向周丽平学习的决定。10月，中央军委命令，授予周丽平抗洪抢险救灾模范称号。1992年1月19日，中共中央总书记、中央军委主席江泽民视察周丽平烈士生前所在部队时题词："学习周丽平，献身为人民"。丽水万象山公园建有周丽平烈士纪念碑。

余森文

余森文（1903—1992），广东梅县人。中山大学毕业。民国20年（1931），在上海同济大学任教育长、训育长。民国22年，留学英国伦敦大学，回国后在南京工作。民国26年2月，随浙江省政府主席朱家骅抵浙江。9月，抵丽水任第九区行政督察专员兼区保安司令。适值国共合作抗日，到各县视察，开展抗日救亡。同时，做好省会迁移丽水的住房、交通运输、副食品供应等物质准备。民国28年9月，应浙江省政府主席黄绍竑邀请，再度抵丽水任第九区行政督察专员兼区保安司令。民国29年元旦起，兼任丽水县长。提出刷新政治、发展生产、组织群众、抗日救国的主张。创办《民生日报》任社长，安排中共党员和爱国人士20多人在报社工作。创办丽水县太平、青田县海口、云和县小顺经济实验区，在中共党组织的领导下，安排不少共产党员和进步青年在实验区工作。推行减租减息，组织农民垦荒队，开办生产合作社、消费合作社及合作金库，形成农业、合作、供销一条龙，发展农村经济。利用自己行政职能，与军统进行斗争，掩护和营救一批共产党员、革命干部和进步青年。民国35年6月，调温州任第八区行政督察专员兼区保安司令。民国37年7月，调杭州任浙江省设计考核委员会委员。民国38年1月，加入中国共产党，接受中共上海局的直接领导，在国民党上层人士中开展统战工作。中华人民共和国建立后，历任杭州市人民政府工务局副局长、建设局局长、浙江省建工厅副厅长、杭州市副市长，第一、二、四届杭州市政协副主席，第四届省政协常委。1992年5月25日，在杭州病逝。著有《余森文文集》。

李震坚

李震坚（1921—1992），缙云新建岩山下人。民国30年（1941），入缙云仙都初级中学读书，毕业后留校任教员。民国36年，考入国立杭州艺术专科学校①国画科，师从潘天寿、黄宾虹。毕业后留校任教，专攻中国画人物画。长期坚持与师生一起到农村、工厂、部队体验生活。在多年的美术教育和人物画创作实践中，既继承中国画的优良传统，又从山水、花鸟画中吸取笔墨技法，运用于人物画，兼收西方画派的造型与色彩，奠定中国人物画发展的良好基础。1955年，合作的长卷画《黄河新风景》在北京展出，被日本东京博物馆收藏。1958年，作为国家文化代表团成员访问蒙古人民共和国。1979年，创作花鸟画《玉洁冰清》，作为礼品赠送美国政府。1980年，创作《荷塘秋晓》等作品，在美国旧金山、芝加哥和纽约等地展览，备受赞赏。1981年，作为杭州文化代表团成员访问日本。1991年9月，到新加坡讲学，举办个人画展。代表作品有《井冈山的斗争》《妈妈的新课题》

《伊敏河之春》《山野的春天》《在风浪里成长》和《引路》等。从浙江美术学院讲师、副教授到教授。是中国美术家协会会员、浙江美术家协会理事、西泠印社社员和特聘画师。20 世纪 80 年代，应聘任缙云县文联名誉顾问、缙云县政协诗书画社顾问。著有《李震坚画集》《中国写意人物画》《李震坚国画人体》等画集。

刘斌发

刘斌发（1915—1993），别名品煌，文成济下村人。贫农出身，自幼失学。民国 20 年（1931），接受中共党组织教育。民国 25 年，加入中国共产党。民国 28 年，入伍成为党的工作人员，以货郎担或中草药行医作掩护，在泰顺、景宁县边界从事党的活动。民国 35 年，任中共青（田）景（宁）丽（水）县委景泰边特派员，在景宁东坑区恢复党组织活动，建立与福建寿宁县党组织联系的地下交通线，扩大景宁梧桐、标溪、沙湾、英川、毛垟等乡村游击根据地。10 月，任中共东坑区委书记，在智袭东坑区公所、收缴上标民团枪械和水竟岙伏击“清乡”国民党军队等战斗中，既当指挥员、又当战斗员，获得全胜。广交贫苦农民，特别是畲族农民，同吃同住。灵活运用党的统一战线，团结大批农村教师、知识青年和地方士绅，一些乡保长也受教育感化，游击根据地不断巩固扩大。民国 38 年 4 月，任中共景宁县委书记，建立东坑、城关、沙湾、渤海区委 4 个，下属总支部 3 个，党支部 111 个，党小组 7 个，党员 2917 人。5 月 12 日下午，率民兵武装队进城，宣布景宁县解放。13 日，中国人民解放军 11 军 32 师 95 团进驻景宁。继任中共景宁县委书记。5 月，任景宁县人民民主政府县长。1951 年 8 月，免去景宁县委书记，继任景宁县人民政府县长。1953 年 9 月，调离景宁。离休后长期卧病，1993 年 3 月逝世。

陈序恒

陈序恒（1937—1993），龙泉宏山村人。一生务农。曾任生产队长，大队农科队长、副村主任、村经济合作社副主任。龙泉县第九届人大代表、龙泉市政协第二、三、四届委员。毕生从事水稻新品种科学试验与高产栽培技术研究。1987 年，与农业科技人员合作研究水稻地膜打洞平铺育秧技术，获得成功。1985—1991 年，引进推广 HA—7、四喜粘、89A 华联号等高产优质良种。1992 年，采用旱育秧与“三高一稳”技术，创早稻亩产 709.1 千克纪录。作为全地区种粮大户之一，1985—1990 年，向国家投售商品粮 6.36 万千克。1985 年，评为浙江省劳动模范。1987 年，评为省粮食生产优秀专业户。1989 年，评为全国科技致富能手。1990 年，晋升为高级农民技师。1993 年 6 月 30 日，病逝。

汪海粟

汪海粟（1912—1993），江苏靖江人。民国 16 年（1927）春，加入中国共产主义青年团。民国 24 年，在上海同济大学读书，参与组织上海声援北京“一二·九”学生抗日救亡运动。民国 25 年，加入中国共产党。民国 26 年“八·一三”事变，日本侵略军侵占上海，随校迁移金华，中共党员 3 人组织特别支部，任负责人，在浙江坚持和开辟工作。参与《浙江省战时政治纲领》的讨论与起草，确定以浙西南为重点，创建抗日根据地。12 月，任中共浙南特别工作委员会书记。民国 27 年 1 月，随浙江省建设厅人员和进步知识分子抵丽水。成立浙江省文化界抗敌协会丽水分会，任负责人，编辑《动员周刊》，以歌咏、话剧等形式进行抗日宣传。以省建设厅战时物产调整处调查研究组调查研究员的身份，同各县乡村建设指导员保持联系。民国27年5月，改任浙江文化界党团书记，经常以浙江省文化界抗敌协会名义，举行时事形势座谈会，在《动员周刊》《浙江潮》发表。民国28年1月，到皖南任新四军政治部宣传科长。民国30年1月，皖南事变中被俘，囚禁上饶集中营。10月越狱，辗转苏北抗日根据地，任苏中三专署文教科长、民政科长，泰县县长、县委书记，苏中三专署副专员、党团书记。解放战争中，任苏皖边区一专署秘书长、华中支前司令部秘书长、华中专署秘书长，同时负责华中工委宣传部工作。中华人民共和国成立后，任中共苏南区党委委员，宣传部长兼秘书长，南京工学院党委书记兼院长，南京机床厂副厂长、厂长，市工业部副部长兼机电局局长，江苏省计划委员会副主任、党组副书记。“文化大革命”中遭迫害，1979年恢复工作，任江苏省计划委员会副主任、主任，省革命委员会副主任兼计委主任，省委常委、副省长兼计委主任、宣传部长等职。1983年离休。1993年5月逝世。

林　千

林千（1916—1994），原名必达、剑鸣、林潜，龙泉茶丰青坑村人。民国23年（1934）高小毕业，考入丽水省立第十一中学读书。民国26年卢沟桥事变，学校组织学生救亡工作队，到碧湖、大港头等农村宣传演出。民国27年7月，经中共龙泉县特别支部负责人张三扬、邵荃麟介绍，投奔革命圣地延安，改名林潜。9月，入八路军抗日军政大学洛川第六分校，学习政治常识、社会科学概论、军队条令、制式教练等。年底，调延安抗大总校第三大队军事队学习。民国28年四五月间，随队迁安定县瓦窑堡学习，参加开垦荒山大生产运动。秋季，随延安抗大总校至河北灵考县牛庄、女庄一带，进行就地教学。民国29年初，抗大毕业，分配晋、察、冀军区第四军分区直属特务营工作，加入中国共产党。历任排长、连长、司令部参谋、营长、团长、师科长、炮兵参谋长、军炮兵高射炮兵主任等职。1960年起，从事军事外交工作，先后任中国驻苏联、捷克斯洛伐克、罗马尼亚、西德等4个国家大使馆海、陆、空军武官。1983年离休。1994年，病逝北京。

曾　涛

曾涛（1914—1997），原名曾海仙，江苏泰兴人。民国22年（1933），无锡洛社乡村师范毕业，在小学任教。全面抗日战争爆发后，抵西安八路军办事处，进安吴堡青年训练班学习。民国27年2月，抵景宁县开展抗日救亡工作，筹备战时合作社，整理保甲，改善征兵，组织民众团体，充实农会。5月，加入中国共产党。8月，任中共丽水县委委员、青年部长，参加太平经济建设实验区的成立。在乡村经济建设指导员中发展一批中共党员，建立特别支部，任书记。在农民中发展党员，推行“二五减租”，组织垦荒生产合作社、消费合作社、合作金库办事处，改造乡村基层政权，争取中上层社会人士。10月，成立中共太平区委，任书记。民国28年6月，重建中共庆元县工作委员会，任书记，以庆元县民众教育馆馆长身份为掩护，开展抗日救亡和预防鼠疫工作，整顿恢复党的基层组织，建立三济、竹口、曹田、四源①、黄真、高垟乡党支部。9月，国民党清剿，形势恶化，被迫撤离，回丽水抵江苏参加新四军。民国37年，任中共山东胶东地区党委办公室主任。1949年4月，随中国人民解放军南下，任江苏省镇江地委副书记。1952年，任中共上海市委副秘书长、市政府秘书长。1960年2月，调外交部工作，以新华社古巴分社社长名义抵古巴。中古建交后，任国务院外事办公室秘书长，后任中国驻阿尔及利亚、南斯拉夫、法国大使。1977年3月，任新华社副社长、社长。1979年，兼任第五届全国人大常委会副秘书长等职。1980 年后，兼任全国人民代表大会新闻发言人。1983 年 3 月，当选第六届全国人大常委会常务委员。1997 年 2 月 28 日，因病在北京逝世。

宣恩金

宣恩金（1912—1998），曾用名廖东海、林忠，江西弋阳人。民国 16 年（1927）冬，参加本村农民运动。民国 19 年 3 月，在赣东北参加中国工农红军。民国 24 年 2 月，调任中国工农红军挺进师第 2 纵队文书，随军入浙西南开辟革命根据地。7 月，任中共遂昌县王村口区委副书记兼区农民游击队队长。民国 25 年 6 月，任中共龙浦县委书记兼大北区委书记。9 月，调任中共江（山）浦（城）县委书记。民国 26 年 2 月，国民党军对浙西南革命根据地进行第二次围剿，兼任红军挺进师第 2 纵队第 1 大队政委，率部从浙南回浙西南。10 月，回中共浙江省委机关驻地平阳县山门集训，任省委教导队大队指导员。坚持南方三年游击战争。历任中共处属特委委员、青年部长、中共龙泉县委书记、临时闽浙边委会负责人等。指出在国民党统治区工作，要坚决执行“长期隐蔽、积蓄力量，等待时机”的方针，实行社会化、群众化、职业化。解放战争时期，民国 36 年 2 月，中共闽浙边临委与中共处属特委合并，任中共处属特委委员，专职负责武装工作，重建处属特委武工队和各县武工队，曾到云和县委帮助工作。8 月，参与组织浙江壮丁抗暴自救军第 3 总队，任总队长。民国 37 年 9 月，部队番号改名浙南人民解放军第 3 支队，任支队长。民国 38 年 5 月，率部配合中国人民解放军解放和接管处属地区各县。7 月，任中共丽水地委委员、丽水专区专员公署专员。1952 年 1 月，调上海任上海市公用事业局党委委员兼第 60 人民法庭审判长、上海市公交公司党总支书记、市公用事业局党委组织部长、市交通工作部肃反办公室副主任。1959 年 5 月，任中共宝山县委副书记。1963 年 11 月，任上海市委监察委员会专职委员兼农村工作处处长。“文化大革命”中遭迫害。1979 年 1 月，任中共上海市委组织部顾问、中共上海市纪委筹备组成员。上海市政协第五、第六届委员会委员。1983 年 5 月，离职休养。1998 年 12 月病故。

傅振军

傅振军（1916—1999），又名胡振仁，江西宁都人。民国 23 年（1934）5 月，参加中国工农红军，任新兵排排长。后任江西中央苏区补充第 2 师第 1 团第 1 连副连长。7 月，任中国工农红军北上抗日先遣队第 2 师第 3 营第 8 连青年干事兼通讯员。民国 24 年冬，编入红军挺进师任师部警卫员，随粟裕转战浙西南、浙南、浙东。民国 25 年 6 月，转为中国共产党党员。民国 26 年 5 月，任浙西南游击队供给处主任，负责部队和特委的经济供给。坚持三年南方游击战争。抗日战争爆发后，任中共浙西南特委委员，随特委书记张麒麟重返浙西南开展工作。民国 27 年 2 月，兼任中共龙泉县委书记。5 月，中共浙西南特委改称中共处属特委，继任特委委员。民国 28 年 9 月起，调任中共处属特委民运部长、中共丽水中心县委书记、中共处属特委委员、组织部长、中共处属特委代理书记。民国 33 年春，特委机关转移缙云，整顿基层党组织，开辟仙居、东阳县新区，领导群众抗丁、抗粮、抗税。民国 34 年 5 月，组建处属特委武工队，开展武装保卫斗争。民国 36 年 2 月，中共处属特委与中共闽浙边临委合并，任新的中共处属特委书记，领导处属地区党的工作。领导组建浙江壮丁抗暴自救军第 3 总队，任政委。民国 37 年 9 月，改番号为浙南人民解放军第 3 支队，继任政委，整顿党组织和武工队。1949 年 5 月，领导处属党组织和游击队，配合南下中国人民解放军，解放和接管处属各县。7月，任中共丽水地委副书记、浙江省第7军分区司令员，率部剿匪，巩固新生革命政权。1952年2月，历任调上海任华东纺织管理局党委组织委员、党委委员兼公私合营党委书记，上海市纺织管理局党组成员、副局长，上海市普陀区委副书记兼区长、上海市轻工业局党组成员、副局长。“文化大革命”中遭迫害。1978年，任上海市轻工业局党委副书记。1983年，离职休养。1999年6月病故。

胡锡珍

胡锡珍(1908—1999)，青田鹤城胡车村人。民国14年(1925)，抵日本东京拉砖头、运泥沙。后到三菱糖厂当装卸工、领班。在日8年，因忍受不了歧视和凌辱，毅然返回青田。民国22年，到法国巴黎，经营小生意。后转意大利米兰定居，稍有积蓄后，自办皮革皮包加工厂，发展为旅意华侨最大的皮革公司，有皮包品种1000多个，走俏欧、美、非洲的几十个国家。公司在第二次世界大战时毁于战火，损失3000万里拉。意大利官员皮利尔对他说：“这是一笔巨款，你去领回来，可以发展皮货事业，但必须加入意大利国籍”。胡锡珍回答：“我不要赔这笔款子，要做中国人。”他团结爱国华侨，组织旅意北部华侨工商会，当选会长，要求会员同心同德办好商会。1949年10月1日，得悉中华人民共和国建立，与侨友们奔走相告庆贺。1971年，应国务院邀请，回国参加国庆观礼，受到总理周恩来等党和国家领导人的接见。1979年秋，回青田省亲，投资兴建青田华侨乳制品厂、华侨汽车出租公司。捐建中小学、医院、太鹤公园、石门洞风景区、华侨历史陈列馆等。捐赠省侨办、地区侨办和青田县政协、侨办、侨联公务用车各1辆。胡锡珍在意大利生活近50年，一直保留中国国籍。驻意使馆送他一副对联：“穷且益坚不屈民族之节，富而不吝永怀报国之心”。

林艺圃

林艺圃(1917—2002)，化名大老陈、王达、王慎言等，青田山口人。民国26年(1937)，参加永嘉战时青年服务团，回青田参加抗敌后援会宣传活动。民国27年，任乡政指导员，宣传抗日救国，改选乡村政权，建立抗日群众组织，加入中国共产党。任中共青田县工委委员、宣传部长、中共山口区委书记、中共青田县委委员、宣传部长兼山口区委书记。组织石雕工人党员用青田石雕刻马恩列斯像，向中共七大献礼。民国28年，到青田县海口经济建设实验区工作。民国29年8月，任中共缙云县工委书记。民国30年1月，调任丽水县特派员，负责碧湖、大港头一带党的组织领导工作。民国31年2月，中共浙江省委遭破坏，经费无来源，忍饥挨饿，无钱治病。民国32年，任丽、青、松边区特派员。民国33年4月，任中共处属特委委员，到丽水县北乡恢复发展党组织。民国34年，兼管云和县党组织工作，抵刘坑、高源、郑地等地活动。民国35年，在省立处州农校、处州中学、处州师范、湘湖师范、碧湖联高和景宁简易师范以及丽水、松阳、云和县城发展党员，建立和恢复党组织。民国37年9月，重建丽、青、松、宣边区武工队，开展抗丁、抗粮、抗捐的“三抗”斗争。民国38年3月，协助浙东人民解放军第6支队策动松阳国民党县长祝更生起义，任松、宣、遂游击支队政委。5月，任松阳县人民民主政府县长。8月，任中共丽水地委委员。1952年1月，调北京、南京、上海等地工作，负责筹建轻工业部郑州油厂、中央度量衡厂、南京物理诊疗器械厂，任筹备处副主任、主任。1955年，调上海市医疗器械公司任经理。当选浙江省人民代表、中共浙江省代表大会代表，中共上海市第一次代表大会代表和中共上海杨浦区委委员。1960年，任中科院上海机电设计院副院长、七机部八院副院长、中国航天科技集团公司第五研究院第五O八所副科长。“文化大革命”中受迫害，1978年平反。1983年离休。2002年11月，因病在北京逝世。

孙明标

孙明标(1928—2003)，桐庐上泗村人。民国28年(1939)4月，入丽水碧湖浙江省第一儿童保育院。就读于省立处州中学、省立处州师范。民国36年3月，加入中国共产党。1949年3月，任中共江南区委书记兼区长，组织民兵配合浙南人民解放军第3支队袭击大港头兵工厂。5月，配合中国人民解放军第33、34师解放丽水县城。征集大米、草鞋，支援过境解放军。1949年8月，调松阳县任中共靖居、城关区、江南区区委书记。进行土地改革，开展互助合作，发展农业生产。1953年2月起，任中共松阳县委委员、宣传部副部长、中共金华市(县级)委委员、宣传部部长、中共缙云县委委员、缙云中学支部书记兼校长。任缙中校长期间，贯彻中央教育与生产劳动相结合的方针，一手抓教育，一手抓劳动生产。缙云中学被评为浙江省劳动生产、贯彻教育方针先进单位，勤工俭学先进学校。全校师生勤学苦教，教育质量大幅提高，学校高考成绩跃居全省第二名。1960年，出席全国文教群英会，被国务院授予全国先进工作者称号。1965年底，文教“四清”工作队进驻缙中，孙明标作为凯洛夫修正主义教育路线的典型被批判。1972年4月，调任丽水地区文化教育局副局长、教育局革命领导小组副组长。1975年11月，任地委工作队队长，进驻丽水县联城公社，组织干部群众修建太平港防洪堤。1980年3月，任丽水地区科学技术委员会副书记、副主任。1982年5月，兼任丽水地区科学技术协会首届委员会主席，致力于食用菌菌种培育和开发，推动人工栽培食用菌技术的发展。1983年9月，离职休养。2003年11月病逝。在《少年智力开发报》《智力》《初中生报》《学习与方法报》等发表短文50多篇。著有《小学数学智力竞赛趣题——数的整除性应用154例》《小学年级数学智力训练趣题200例》《小学教学难题巧解——奥林匹克试题名题与解题500例》。

洪伟杰

洪伟杰(1922—2003)，曾用名长永，松阳古市人。1949年5月，浙江医学院国立英士大学医学院毕业，任省立处州医院医师。1951年4月，用患者小便疗法及砒剂治愈热带性嗜伊红多核白血球性哮喘症，为处州医院首例、国内第二例，将病例整理成文，在《新医学报》发表。1952年、1956年、1957年，分别发现和治愈丽水县首例恙虫病、肺吸血虫病和丽水地区地方性斑疹伤寒。1956年，省立处州医院改名丽水县人民医院，任主治医师。1957年7月，被浙江省人民委员会授予1956年度浙江省先进工作者称号。1959年11月，任丽水县人民医院副院长。1962年3月，加入中国共产党。1972年5月，任丽水县人民医院革命委员会副主任。9月，调丽水地区医院①任内科主任。1975年12月，任丽水地区医院、丽水卫生学校革命委员会副主任。1978年9月，任中共丽水地区医院党委委员、副院长。1982年4月，任丽水地区医院院长。5月，兼任省科协丽水地区办事处副主席。1983年12月，任丽水地区人民医院顾问。1987年8月，晋升主任医师，获国家级老有所为精英奖。兼任中华医学会浙江省分会理事，中华医学会丽水地区分会理事长、丽水地区医疗事故鉴定委员会主

① 2010年称丽水市中心医院。

任、浙江省科协委员、政协丽水市(县级)委员会委员等职。1995 年 9 月，离职休养，享受副地(局)级待遇。爱好诗词、书法。12 月，任丽水地区老年书画研究会常务理事，从事诗词教学。2003 年 9 月 2 日，在丽水病逝。

王朝闻

王朝闻(1909—2004)，四川合江花滩子人。民国 20 年(1931)，考入杭州国立艺术专科学校学习雕塑，师从刘开渠，毕业后在校任教。抗日战争爆发后，随浙江省抗敌后援会流动服务团部分成员抵龙泉，从事革命文化活动。先后在龙泉县民众教育馆、县政府政治训导室供职，创作许多宣传抗日救亡的美术作品。民国 27 年冬，到大别山八路军战地服务队。民国 29 年抵延安，先后在鲁迅艺术学院、华北联合大学文学艺术学院从事艺术教育和雕塑、美术创作。民国 31 年(1942)1 月，加入中国共产党。中华人民共和国建立后，任中央美术学院教授、《美术》杂志主编、中国文联委员、中国美术协会常务理事等职。1962 年，任高教部组织编写的《美术概论》主编。1974 年，任中国艺术研究院副院长、顾问，中国美术协会副主席，中华全国美学学会会长等职。是全国政协第三至第六届委员。1986 年 10 月，重返丽水，留下题词 7 幅。主要雕塑有浮雕《毛泽东像》、圆雕《刘胡兰》《民兵》，分别收藏于中国美术馆、中国革命历史博物馆。2004 年 11 月，在北京逝世。主要文艺理论著作有《新艺术创作论》《以一当十》《新艺术论集》《面向生活》《论艺术技巧》《喜闻乐见》《论凤姐》《自由我在》等。主编国家科研重点项目《中国美术史》(14 卷)、《民间美术全集》(14 卷)。

洛　辛

洛辛(1918—2005)，原名阙大津，丽水城关镇人。抗日战争爆发后，从南京金陵大学附中高中部辍学回乡，与进步知识青年董乐辅、王如海等联袂发起组织救亡剧团、救亡募捐队等，支援抗日前线。同年秋，救亡剧团改名丽水县抗敌后援会歌剧团，任县抗敌后援会委员，发表《论救亡与歌咏》一文。民国 27 年(1938)1 月，协助中共党员骆耕漠、汪海粟等在丽水创办《动员周刊》，发行《时事半月刊》。3 月，与董乐辅等发起组织浙江省文化界抗敌协会丽水县分会，当选总干事。民国 28 年 1 月，加入中国共产党。民国 29 年，入重庆国立音乐院学习，协助《新音乐月刊》社工作，开展革命新音乐创作与研究，创作《青春战斗曲》《我们为什么不歌唱》《走向前》等歌曲，撰写《歌唱祖国的明天》《富春江之歌》《新中国的号手和旗手》等歌词，翻译苏联红军《我们生活在歌声里》《图拉来福枪》《运动进行曲》等歌曲，发表《红军歌舞团在远东》《列宁格勒·我的列宁格勒》等文章。民国 32 年 3 月，任新四军第 2 师政治部抗战剧团艺术(音乐)指导员。民国 34 年夏，任抗敌剧团团长。期间创作清唱剧《周家岗上》《向生产战斗英雄们歌唱》，小歌剧《回春曲》《麦穗曲》，革命歌曲《淮南我们的家乡》《保卫边区》《生产备荒》《歌颂领袖毛泽东》《保卫解放区》等 40 多首。后任华中野战军、华东野战军和第三野战军政治部文工团副团长兼军乐队队长等职。期间创作《我们要去解放南方》《只因有了毛泽东》《共产党八路军》等革命歌曲和《淮财民歌组曲》等铜管乐曲。中华人民共和国建立后，任南京军区政治部解放军剧院音乐部主任、前线歌舞团副团长等职，兼任南京市文联音乐部主任、南京大学音乐系作曲教员。1960 年，调北京任解放军艺术院音乐院主任。1963 年，被授予上校军衔。1973 年，调总政宣传队工作。1978 年，任解放军总政文工团副政委兼歌舞团政委、顾问。1983 年 11 月，离职休养。2005 年，在北京逝世。

金逢孙

金逢孙(1914—2006),丽水人。毕业于上海美术专科学校西画系。接受鲁迅开展新兴木刻运动号召,在美专组织MK木刻研究会,任理事。在上海报刊上发表《小贩》《读报》等木刻作品,部分作品为鲁迅及日本友人收藏。民国23年(1934),经鲁迅推选,木刻作品《读报》参加法国革命文化艺术家协会在巴黎举办的“革命的中国之新艺术展览会”展出。5月,MK木刻研究会遭法租界工部局查封,被迫返回丽水,在丽水、天台、青田、永康、温州等地从事美术教育。民国26年8月,以丽水县抗敌后援会名义,主编《解放漫画》。民国27年9月,与曾涛等在丽水组建浙江省战时美术工作者协会丽水分会,编辑出版《抗战画报》。民国28年4月,与林夫等组织七七版画研究会,编辑出版《五月纪念木刻集》。9月,当选浙江省战时美术工作者协会第二届理事会常务理事。11月,与野夫等组织浙江省战时美术工作者协会战时木刻研究社,任副社长兼研究组主任。在《战画》《战时木刻》《木刻丛集》等刊物上发表《怒吼》《流浪》《失了土地的人们》《拿起爆烈的手榴弹》《妈妈被虏去了》等木刻作品和《怎样着手实习木刻》《抗战木刻题材》《浙江省木刻运动》《艺术概论》等论文。民国29年6月,浙江省战时木刻用品社改名浙江省战时木刻用品供给合作社,任监事会和理事会负责人。在《木刻艺术》《铁笔集》等刊物上发表《春耕》《运输忙》等木刻作品。中华人民共和国建立后,调任中国选送苏联工艺美术展览会办公室主任、中国美术家协会美术服务部副主任,从事传统工艺美术的抢救工作。1956年,任北京荣宝斋副经理。1959年,任《贵州画报》编辑。1975年,退休回丽水,搁刀执笔国画山水创作,用笔劲健,自成风格,雪景作品更具特色。为中国美术家协会会员、中国版画家协会会员、浙江省文史研究馆馆员、丽水地区文联顾问、丽水地区美协名誉主席。1979年,与杨可扬合著《外国黑白木刻集》。1991年,获中国版画家协会颁发的新兴版画贡献奖。1998年3月,《金逢孙画集》出版。

魏剑明

魏剑明(1957—2006),莲都魏村人。1975年7月,在丽水地区建筑公司工作。1976年12月,参加中国人民解放军空军航空兵15师服役。退伍后,在丽水市(县级)人民检察院任书记员、助理检察员、检察员、副科长、科长。1982年,加入中国共产党。1994年,任丽水市人民检察院副检察长。1996年3月,调任浙江省人民检察院丽水分院反贪局局长、检察委员会委员。1998年10月,任浙江省人民检察院丽水分院法纪处处长、检察委员会委员、副处级检察员。2001年3月,调任云和县人民法院党组书记、院长。魏剑明被授予全国检察系统法纪优秀侦察员,浙江省检察系统先进个人、优秀侦察员,全省政法系统规范执法先进个人等荣誉称号,荣立个人三等功1次、二等功1次。2006年4月12日,魏建明在办公室加班至24时,因过度劳累,因公殉职。魏建明被中共浙江省委、中共丽水市委授予优秀共产党员称号;浙江省委政法委、中共丽水市委作出关于向魏剑明学习的决定;被省高级人民法院授予浙江省模范法官称号,追记一等功;被最高人民法院、中共浙江省委授予全国模范法官、人民好法官称号;当选浙江骄傲——2006年度最具影响力人物。

骆耕漠

骆耕漠(1908—2008),原名丁龙孝,曾用名李政、李抗风、李百蒙,浙江於潜[①]人。民国16年

(1927)2 月，参加国民革命军北伐。“四•一二”反革命政变后，到武昌任国民革命军总政治部组织科社会股股员。8 月，在杭州加入中国共产主义青年团，任杭州市二区区委书记。11 月，因叛徒告密被捕，入杭州陆军监狱。民国 23 年出狱，到上海从事经济文化写作和抗日救亡工作，参与建立新知书店，加入上海各界救国会，编辑出版《中国经济情报》，笔名骆耕漠。民国 27 年 1 月，返回浙江抵丽水，任浙江旅沪同乡回乡服务团总干事，创办《动员周刊》，宣传抗日。成立浙江省文化界抗敌协会，任负责人。筹建战地书报服务社，协助开办新知书店金华分店，发行进步报刊。支持台胞李友帮筹备成立台湾义勇队。2 月，加入中国共产党，任浙江省委统战委员会委员。浙江省主席黄绍竑提出再招收进步青年 2000 人到浙江工作，由骆耕漠去南昌新四军办事处、武汉八路军办事处联系，动员知识青年到浙西南工作。5 月，转移金华，开展浙江旅沪同乡回乡服务团和文化界抗敌协会活动。11 月，在金华主编《东南战线》出版。冬，任中共浙江省委文化工作委员会书记。民国 28 年 3 月，受周恩来约见。7 月，到安徽屯溪任中国工业合作协会浙皖办事处工合训练班副主任、安徽省地方银行总行研究员兼信托部副主任。民国 30 年 5 月，经桂林、香港、上海，辗转苏北盐城任新四军军部财政经济部副部长，后任盐阜区行政公署财经处处长兼盐阜银行行长、苏北区党委财委会副书记等职。民国 34 年 9 月，先后在苏浙军区、华中军区、华东军区任供给部部长、第二野战军豫皖分局财委会副主任，总前委财委员会委员兼秘书长等职。1949 年，上海解放后，任华东财委会秘书长兼计划局局长、财委会副主任。1953 年，任国家计划委员会成本物价局局长。1954 年，任国家计委副主任。1955 年 6 月，受聘任中国科学院哲学社会科学部学部委员。1981 年，任中国社科院顾问、国务院学位委员会第一届学科评议组成员、国务院研究中心顾问、中国社会科学院研究生院博士生导师、杭州商学院教授。

张献斌

张献斌(1958—2009)，莲都老竹桃坑村人。1979 年，进莲都区老竹畲族镇农技站任差额拨款的茶叶辅导员，悉心帮助茶农走上致富路。1989 年，加入中国共产党。2003 年，调丽新畲族乡农技站任站长，爱人给买的昌河牌小工具车，成为村民的“便民车”。2006 年，站里没人会用电脑，他跟女儿学，并向其他乡镇信息员请教，用电脑向农技 110 信箱发信息。2008 年，发送信息 40 多篇，是全区 13 个乡镇农技站信息报送最多的信息员。2008 年 9 月，莲都区将农技人员 43 人从差额拨款转成全额拨款，张献斌是其中之一。他说：“我们一定要对得起这份职责，这份良心，这份关怀。”同年，丽新畲族乡柑橘丰收，与农技站水果技术员兰炳其推销橘子，联系山东客户全部收购。2009 年 2 月 22 日，张献斌与贩运大户潘玉程到白岸口村，挨家挨户收购滞销橘子，一直忙到晚上 9 时。全乡橘农 3000 多户，产橘 500 多万千克，经登记核实出售 90%以上，销售进度列莲都区第一。23 日，张献斌到莲都区参加水果产销汇报会，会前突发心脏病逝世。网友赞：“献身农业一头牛，默默辛劳春复秋。赢得茶山翡翠绿，清香长伴口碑留”。5 月，中共丽水市委作出关于开展向张献斌学习的决定，并举行张献斌先进事迹报告会。10 月，农业部授予张献斌新中国成立 60 周年“三农”模范人物称号。

杨可扬

杨可扬(1914—2010)，原名嘉昌，笔名阿杨，遂昌西畈举淤口村人。民国 18 年(1929)，就读衢州省立第八中学。民国20年，辍学在家，后到宁波书店当店员，开始临习丰子恺漫画。民国24年，在上海杂志发表第一批街头生活漫画。民国26年春，参加上海木刻小组，师从马达学习木刻。同年，加入中国共产党。民国30年，参与浙江省木刻用品供给合作社，任经理，主编《木合》《木刻艺术》，刊登版画作品。民国31年，随木合社迁江西应家坊，后迁福建等地，继续从事木刻活动。在《时代日报》编辑副刊《新木刻》。民国35年秋，参与筹备抗战八年木刻展，当选中华全国木刻协会常务理事。解放战争时期，积极进行版画创作，影响较大的作品有《教授》《张老师早》《撤佃》《垮的日子》《坚决反对内战》。中华人民共和国成立后，任上海人民美术出版社副总编辑、编审，《版画艺术》主编，创作《木场小景》《浦江月色》《雷锋》《江南春晓》。1962年，重新加入中国共产党。1980年后，致力于版画创作，多次在全国美展、全国版画艺术展和上海画展获奖，受到社会各界人士的高度评价。1984年，开始藏书票创作。他的版画、藏书票作品，设计憨厚，色彩明快，主题鲜明，刀功有力。1991年9月，被中国美术家协会、中国版画家协会授予中国新兴版画杰出贡献奖。1996年，义务制作《遂昌县志》卷首木刻版画32幅。2004年6月11日，向遂昌县政府捐赠创作和珍藏的177幅美术作品，由汤显祖纪念馆收藏。任中国版画家协会副主席、中国美术家协会上海学会副主席、上海市文联委员、上海市版画协会会长、上海市美术版画工作委员会名誉会长、上海大学美术学院客座教授等职。2010年5月31日，在上海逝世。著有《新艺散谈》《给初学木刻者》《英英的遭遇》《可扬延年木刻选集》《可扬版画集》《可扬藏书票》《杨可扬画集》。

第二章　人物名录

本志入选进士1153人、革命烈士1299人、抗日阵亡将士1729人、劳动模范和先进工作者490人、正高级技术职务获得者482人、享受国务院特殊津贴专家44人，合计5197人。

第一节　进　士

自隋炀帝设明经、进士等科分科选士，至清末废科举兴学堂的1300多年间，据考查，丽水市有进士1153人，其中隋1人，唐10人，五代6人，宋964人，元19人，明131人(其中武进士2人)，清22人(其中武进士9人)。宋代有榜眼郑克宽、蔡仲龙、蒋世珍、沈佺，探花陈存。据《宣平县志》和《蔡氏宗谱》载，宋嘉定癸未科状元蒋重珍故去，蔡仲龙以进士对策第一，升为状元。宋宁宗赵扩赋诗《赐状元蔡仲龙》。明代有武状元周嶅，探花吴公达。人物世家"进士村"有莲都区老竹畲族镇曳岭脚村蔡氏中进士14人，官桥村林氏中进士7人；缙云县云塘村赵氏五世中进士18人，东冈下村沈氏六世蝉联进士 6 人；遂昌县石练村吴氏中进士 9 人，大柘村周氏中进士 8 人；龙泉县源头村周氏八代中进士 5 人；庆元县大济村吴氏从宋天圣二年（1024）至明永乐十五年（1417）先后中进士 26 人。各县（市、区）之间也不平衡。进士较多的有莲都区 365 人、龙泉市 236 人、缙云县 211 人；一般的有青田县 111 人、松阳县 92 人、遂昌县 72 人；建县较迟、进士较少的庆元县 32 人、云和县 18 人、景宁畲族自治县 16 人。

隋至清代丽水各县（市、区）进士人数一览

表 48-2-1-1　　单位：人

县（市、区）名	进士								武进士			合计
	隋	唐	五代	宋	元	明	清	小计	明	清	小计	
莲都区	—	—	—	318	3	42	—	363	—	2	2	365
龙泉市	—	—	—	231	1	4	—	236	—	—	—	236
青田县	—	—	—	89	3	13	2	107	—	4	4	111
云和县	—	—	—	—	—	4	—	18	—	—	—	18
庆元县	—	—	—	—	—	3	1	32	—	—	—	32
缙云县	1	9	6	8	8	35	4	209	—	2	2	211
遂昌县	—	—	—	2	2	16	2	69	2	1	3	72
松阳县	—	1	—	2	2	7	4	92	—	—	—	92
景宁畲族自治县	—	—	—	—	—	5	—	16	—	—	—	16
合计	1	10	6	19	19	129	13	1142	2	9	11	1153

历代进士（探花、榜眼）一览

表 48-2-1-2

朝代	姓　名	籍贯	科　名	公元	主要官职
隋	梅　护	缙云	年科无考	—	户部员外郎
唐代	沈师直	缙云	大中二年戊辰科	848	沙县县令
	沈　斐	缙云	咸通元年庚辰科	860	台州学录
	沈　诏	缙云	乾符二年乙未科	875	刑部主事
	沈　晃	缙云	天复二年壬戌科	902	都御史
	毛云龙	松阳	年科无考	—	—
	梅　良	缙云	年科无考	—	湖州刺史
	梅　琦	缙云	年科无考	—	萧山县令
	梅　美	缙云	年科无考	—	常州太守
	梅　仁	缙云	年科无考	—	御史中丞
	羊　愔	缙云	年科无考	—	—

续表 48-2-1-2

朝代	姓　名	籍贯	科　名	公元	主要官职
五代	沈　戬	缙云	开运元年甲辰科	944	荆州佥判
	潜　佶	缙云	年科无考	—	—
	潜　颖	缙云	年科无考	—	太保
	潜　进	缙云	年科无考	—	兵部尚书
	蔡　敏	缙云	年科无考	—	户部尚书
	田　宁	缙云	年科无考	—	处州户曹
宋	陈宗达[①]	缙云	太平兴国二年丁丑科吕蒙正榜	977	虞部郎中
	蒋　诰	缙云	至道元年乙未科	995	枢密副使
	陶德周	缙云	至道元年乙未科	995	同知枢密平章事
	林　熙	缙云	至道元年乙未科	995	—
	施　琛	缙云	咸平元年戊戌科	998	监察御史
	詹　骙	缙云	大中祥符二年己酉科梁固榜	1009	翰林学士
	吴　禹	缙云	大中祥符二年己酉科梁固榜	1009	—
	施　奭	缙云	大中祥符二年己酉科梁固榜	1009	少保、金紫光禄大夫
	周启明	缙云	大中祥符二年己酉科梁固榜	1009	—
	葛　源[②]	丽水	大中祥符五年壬子科徐奭榜	1012	—
北宋	徐　陟	丽水	大中祥符五年壬子科徐奭榜	1012	—
	周文象	龙泉	天圣二年甲子科宋郊榜	1024	—
	吴　谷	庆元	天圣二年甲子科宋郊榜	1024	大理寺评事
	叶清臣	云和	天圣二年甲子科宋郊榜	1024	开封仪同三司
	鲍大易	龙泉	天圣五年丁卯科王尧臣榜	1027	—
	叶仲舒	龙泉	景祐元年甲戌科张唐卿榜	1034	—
	鲍安上	龙泉	景祐元年甲戌科张唐卿榜	1034	—
	吴　毂	庆元	景祐元年甲戌科张唐卿榜	1034	濠州知州
	吴　戬	庆元	景祐元年甲戌科张唐卿榜	1034	—
	吕应辰	缙云	庆历二年壬午科杨寘榜	1042	—
	詹　迥	缙云	庆历六年丙戌科贾黯榜	1046	礼部尚书
	蔡景祐	丽水	皇祐五年癸巳科郑獬榜	1053	—
	应　敢	丽水	皇祐五年癸巳科郑獬榜	1053	—
	葛良嗣[③]	丽水	皇祐五年癸巳科郑獬榜	1053	—
	周　镛	龙泉	皇祐五年癸巳科郑獬榜	1053	扬州知州

① 清乾隆《浙江通志》作陈宗道。
② 清乾隆《浙江通志》作鄞人。
③ 清乾隆《浙江通志》作葛嗣良。

续表 48-2-1-2

朝代	姓　名	籍贯	科　名	公元	主要官职
北宋	何　琬	龙泉	皇祐五年癸巳科郑獬榜	1053	龙图阁学士
	朱师雄	丽水	嘉祐四年己亥科刘辉榜	1059	—
	陶　恒	缙云	嘉祐四年己亥科刘辉榜	1059	大理评事
	詹　适	缙云	嘉祐四年己亥科刘辉榜	1059	龙图阁学士
	鲍安平	龙泉	嘉祐四年己亥科刘辉榜	1059	—
	刘　牖	丽水	嘉祐六年辛丑科王俊民榜	1061	—
	叶仲询	松阳	嘉祐六年辛丑科王俊民榜	1061	知澧丰
	叶　伸	松阳	嘉祐六年辛丑科王俊民榜	1061	—
	龚　原	遂昌	嘉祐八年癸卯科许将榜	1063	兵部、工部侍郎
	管　滂	龙泉	嘉祐八年癸卯科许将榜	1063	—
	梅南仲①	云和	治平二年乙巳科彭汝砺榜	1065	齐州通判
	周　沃	遂昌	治平二年乙巳科彭汝砺榜	1065	—
	鲍　柢	龙泉	治平二年乙巳科彭汝砺榜	1065	—
	鲍　粹	龙泉	治平二年乙巳科彭汝砺榜	1065	—
	季　褒	龙泉	治平二年乙巳科彭汝砺榜	1065	翰林侍讲
	鲍朝孺	龙泉	治平二年乙巳科彭汝砺榜	1065	—
	吴　深	龙泉	治平四年丁未科许安世榜	1067	—
	鲍康尧	龙泉	治平四年丁未科许安世榜	1067	—
	季　袠	龙泉	治平四年丁未科许安世榜	1067	长溪县令
	鲍　强	龙泉	治平四年丁未科许安世榜	1067	—
	吴　克	庆元	治平四年丁未科许安世榜	1067	同门下平章事兼判枢密院
	陈良善	缙云	治平四年丁未科许安世榜	1067	—
	孟　闳	遂昌	熙宁三年庚戌科叶祖洽榜	1070	—
	周　池	遂昌	熙宁三年庚戌科叶祖洽榜	1070	—
	叶之恕	遂昌	熙宁三年庚戌科叶祖洽榜	1070	—
	何景先	龙泉	熙宁三年庚戌科叶祖洽榜	1070	—
	管师常	龙泉	熙宁三年庚戌科叶祖洽榜	1070	—
	吴　桓	庆元	熙宁三年庚戌科叶祖洽榜	1070	长兴令
	陈良敬	缙云	熙宁三年庚戌科叶祖洽榜	1070	—
	陈虚中	缙云	熙宁三年庚戌科叶祖洽榜	1070	御史
	应　适	丽水	熙宁六年癸丑科余中榜	1073	—
	朱　定	丽水	熙宁六年癸丑科余中榜	1073	—

① 清乾隆《浙江通志》作梅仲南。

续表 48-2-1-2

朝代	姓　名	籍贯	科　名	公元	主要官职
北宋	詹　文	缙云	熙宁六年癸丑科余中榜	1073	国子司业
	叶景文	松阳	熙宁六年癸丑科余中榜	1073	—
	叶　遵	遂昌	熙宁六年癸丑科余中榜	1073	楚州推官、知真州
	周　述	遂昌	熙宁六年癸丑科余中榜	1073	太常寺丞
	叶　膺	龙泉	熙宁六年癸丑科余中榜	1073	算学博士、鸿胪寺丞
	何执中	龙泉	熙宁六年癸丑科余中榜	1073	吏部尚书、左仆射
	叶　涛	龙泉	熙宁六年癸丑科余中榜	1073	龙图阁侍制、知光州
	吴　璋	龙泉	熙宁六年癸丑科余中榜	1073	—
	姚鼎臣	龙泉	熙宁六年癸丑科余中榜	1073	—
	全　旦	龙泉	熙宁六年癸丑科余中榜	1073	—
	胡　蕡	龙泉	熙宁六年癸丑科余中榜	1073	—
	鲍康济	龙泉	熙宁六年癸丑科余中榜	1073	—
	周　革	龙泉	熙宁六年癸丑科余中榜	1073	—
	吴嘉遯	龙泉	熙宁六年癸丑科余中榜	1073	池州通判
	管师仁	龙泉	熙宁六年癸丑科余中榜	1073	同知枢密院事
	管师渐	龙泉	熙宁六年癸丑科余中榜	1073	—
	吴　界	庆元	熙宁六年癸丑科余中榜	1073	萧山县尉
	吴　翊	庆元	熙宁六年癸丑科余中榜	1073	池州通判
	蔡惟稽①	丽水	熙宁九年丙辰科徐铎榜	1076	—
	祝　矶	丽水	熙宁九年丙辰科徐铎榜	1076	—
	蔡　锷	松阳	熙宁九年丙辰科徐铎榜	1076	—
	郑　乂	遂昌	熙宁九年丙辰科徐铎榜	1076	玉山尉
	吴　宝	遂昌	熙宁九年丙辰科徐铎榜	1076	—
	叶之表	龙泉	熙宁九年丙辰科徐铎榜	1076	—
	管师厚	龙泉	熙宁九年丙辰科徐铎榜	1076	—
	吴　遇	龙泉	熙宁九年丙辰科徐铎榜	1076	—
	鲍贻庆	龙泉	熙宁九年丙辰科徐铎榜	1076	—
	周　有	龙泉	熙宁九年丙辰科徐铎榜	1076	—
	鲍安昌	龙泉	熙宁九年丙辰科徐铎榜	1076	—
	叶　锷②	龙泉	熙宁九年丙辰科徐铎榜	1076	—
	吴　庸	庆元	熙宁九年丙辰科徐铎榜	1076	中书舍人
	吴行可	庆元	熙宁九年丙辰科徐铎榜	1076	建阳县教谕

① 清乾隆《浙江通志》作蔡惟楷。
② 清乾隆《浙江通志》作叶谔。

续表 48-2-1-2

朝代	姓　名	籍贯	科　名	公元	主要官职
北宋	孙　夙	丽水	元丰二年己未科时彦榜	1079	—
	应　皓	丽水	元丰二年己未科时彦榜	1079	—
	应　通	丽水	元丰二年己未科时彦榜	1079	—
	梅　源	云和	元丰二年己未科时彦榜	1079	—
	叶　艾	青田	元丰二年己未科时彦榜	1079	—
	刘　賁[①]	遂昌	元丰二年己未科时彦榜	1079	常州转正郎奉祀
	张时敏	龙泉	元丰二年己未科时彦榜	1079	—
	叶　承	松阳	元丰五年壬戌科黄裳榜	1082	兵部郎中
	叶　珪	松阳	元丰五年壬戌科黄裳榜	1082	—
	郭　仪	丽水	元丰八年乙丑科焦蹈榜	1085	—
	祝　亚	丽水	元丰八年乙丑科焦蹈榜	1085	太常卿、中大夫
	施　贵	缙云	元丰八年乙丑科焦蹈榜	1085	分司副使
	胡　份	缙云	元丰八年乙丑科焦蹈榜	1085	国子司业、鄱阳知州
	叶仲湛	松阳	元丰八年乙丑科焦蹈榜	1085	知衢州
	叶　蕡	丽水	元祐三年戊辰科李常宁榜	1088	—
	朱师回[②]	丽水	元祐三年戊辰科李常宁榜	1088	—
	许宸卿	丽水	元祐三年戊辰科李常宁榜	1088	—
	王　伟	丽水	元祐三年戊辰科李常宁榜	1088	—
	祝　粹	丽水	元祐三年戊辰科李常宁榜	1088	分水知县
	鲍　坚	龙泉	元祐三年戊辰科李常宁榜	1088	—
	吴嘉成	龙泉	元祐三年戊辰科李常宁榜	1088	—
	吴　材	龙泉	元祐三年戊辰科李常宁榜	1088	工部侍郎
	周　厨	缙云	元祐三年戊辰科李常宁榜	1088	平江府教授
	鲍慎由	龙泉	元祐六年辛未科马涓榜	1091	广西淮南转运判官
	鲍　辉	龙泉	元祐六年辛未科马涓榜	1091	—
	张时宪	龙泉	元祐六年辛未科马涓榜	1091	—
	何志同	龙泉	元祐六年辛未科马涓榜	1091	知颍昌
	蒋　寅	缙云	元祐六年辛未科马涓榜	1091	经筵待制
	杨光祖	缙云	绍圣元年甲戌科毕渐榜	1094	知黟县
	赵资道	缙云	绍圣元年甲戌科毕渐榜	1094	知台州
	朱　绂	缙云	绍圣元年甲戌科毕渐榜	1094	嘉议大夫、知侯官县
	朱　绶	缙云	绍圣元年甲戌科毕渐榜	1094	中书舍人

① 清乾隆《浙江通志》作青田人。
② 清乾隆《浙江通志》作永嘉人。

续表 48-2-1-2

朝代	姓　名	籍贯	科　名	公元	主要官职
北宋	叶　萃	松阳	绍圣元年甲戌科毕渐榜	1094	知兰州
	赵　颢	遂昌	绍圣元年甲戌科毕渐榜	1094	—
	季　夔	龙泉	绍圣元年甲戌科毕渐榜	1094	提举
	余浩己	丽水	绍圣四年丁丑科何昌言榜	1097	—
	祝　敞	丽水	绍圣四年丁丑科何昌言榜	1097	—
	刘　介	丽水	绍圣四年丁丑科何昌言榜	1097	—
	祝　廷	丽水	绍圣四年丁丑科何昌言榜	1097	中大夫、卫尉少卿
	陈汝锡	青田	绍圣四年丁丑科何昌言榜	1097	浙东安抚使
	詹　乂	缙云	绍圣四年丁丑科何昌言榜	1097	兵部尚书
	叶梦得①	松阳	绍圣四年丁丑科何昌言榜	1097	户部尚书
	鲍贻度	龙泉	绍圣四年丁丑科何昌言榜	1097	—
	鲍　禔	龙泉	绍圣四年丁丑科何昌言榜	1097	—
	鲍耀卿	龙泉	绍圣四年丁丑科何昌言榜	1097	—
	李国富②	丽水	元符三年庚辰科李釜榜	1100	—
	朱　琳	丽水	元符三年庚辰科李釜榜	1100	—
	叶秉生	丽水	元符三年庚辰科李釜榜	1100	—
	蔡　翊	丽水	元符三年庚辰科李釜榜	1100	—
	尹　晖	遂昌	元符三年庚辰科李釜榜	1100	安仁县丞
	叶彦谋	龙泉	元符三年庚辰科李釜榜	1100	—
	沈贤佐	龙泉	元符三年庚辰科李釜榜	1100	—
	吴作德	丽水	崇宁二年癸未科霍端友榜	1103	—
	沈　经	缙云	崇宁二年癸未科霍端友榜	1103	—
	陶师道	缙云	崇宁二年癸未科霍端友榜	1103	大中大夫
	郭　颐	缙云	崇宁二年癸未科霍端友榜	1103	开封府兵曹
	叶　视	缙云	崇宁二年癸未科霍端友榜	1103	—
	张　著	龙泉	崇宁二年癸未科霍端友榜	1103	知筠州
	张仁及③	龙泉	崇宁二年癸未科霍端友榜	1103	太子侍读
	季守经	龙泉	崇宁二年癸未科霍端友榜	1103	—
	鲍汝询	龙泉	崇宁二年癸未科霍端友榜	1103	—
	叶　焕	龙泉	崇宁二年癸未科霍端友榜	1103	—
	包大有	丽水	崇宁五年丙戌科蔡嶷榜	1106	—

①《宋史》作吴县人。

② 清乾隆《浙江通志》作李富国。

③ 清乾隆《浙江通志》作张仁。

续表 48-2-1-2

朝代	姓　名	籍贯	科　名	公元	主要官职
北宋	吴　祥	丽水	崇宁五年丙戌科蔡嶷榜	1106	苏州教授
	蒋存诚	青田	崇宁五年丙戌科蔡嶷榜	1106	国子祭酒、知饶州
	叶逢辰	缙云	崇宁五年丙戌科蔡嶷榜	1106	邵州通判
	周　茂	缙云	崇宁五年丙戌科蔡嶷榜	1106	江东转运司判官
	周　绾	遂昌	崇宁五年丙戌科蔡嶷榜	1106	吏部侍郎
	叶循祖	松阳	崇宁五年丙戌科蔡嶷榜	1106	国子学录
	张端礼	龙泉	崇宁五年丙戌科蔡嶷榜	1106	紫金光禄大夫
	吴　详	龙泉	崇宁五年丙戌科蔡嶷榜	1106	—
	周辟中	龙泉	崇宁五年丙戌科蔡嶷榜	1106	大理寺评事
	吴　适	庆元	崇宁五年丙戌科蔡嶷榜	1106	—
	刘知新	庆元	崇宁五年丙戌科蔡嶷榜	1106	知绵州
	吴　迪	丽水	大观三年己丑科贾安宅榜	1109	—
	朱　璞	丽水	大观三年己丑科贾安宅榜	1109	—
	郑　集	丽水	大观三年己丑科贾安宅榜	1109	—
	祝　颜	丽水	大观三年己丑科贾安宅榜	1109	宣教郎
	潘特竦	景宁	大观三年己丑科贾安宅榜	1109	尚书右司员外郎
	潘　谧	景宁	大观三年己丑科贾安宅榜	1109	陕州推官
	刘　翰	青田	大观三年己丑科贾安宅榜	1109	朝散郎
	周　瑨	缙云	大观三年己丑科贾安宅榜	1109	淳安县尉
	周　焕	遂昌	大观三年己丑科贾安宅榜	1109	—
	张端彦	龙泉	大观三年己丑科贾安宅榜	1109	—
	吴　璥	龙泉	大观三年己丑科贾安宅榜	1109	—
	何　晦	龙泉	大观三年己丑科贾安宅榜	1109	—
	吴惇夫	庆元	大观三年己丑科贾安宅榜	1109	—
	姚　辉	龙泉	大观三年己丑科贾安宅榜	1109	—
	刘　亘	丽水	政和二年壬辰科莫俦榜	1112	—
	祝　卞	丽水	政和二年壬辰科莫俦榜	1112	—
	周公才	丽水	政和二年壬辰科莫俦榜	1112	—
	梅　文	云和	政和二年壬辰科莫俦榜	1112	太常博士
	汤　举	青田	政和二年壬辰科莫俦榜	1112	御药院提举、朝散郎
	刘　宪	青田	政和二年壬辰科莫俦榜	1112	—
	刘倚有①	青田	政和二年壬辰科莫俦榜	1112	知开封府

① 清乾隆《浙江通志》作宣和三年(1121)辛丑科进士。

续表 48-2-1-2

朝代	姓　名	籍贯	科　名	公元	主要官职
北宋	叶　份	青田	政和二年壬辰科莫俦榜	1112	—
	沈　造	缙云	政和二年壬辰科莫俦榜	1112	潮州通判
	朱　晞	缙云	政和二年壬辰科莫俦榜	1112	亚中大夫
	潘宗回	松阳	政和二年壬辰科莫俦榜	1112	知福州
	刘伯宪	遂昌	政和二年壬辰科莫俦榜	1112	卫州学职
	郑　辽	遂昌	政和二年壬辰科莫俦榜	1112	—
	何志崇①	龙泉	政和二年壬辰科莫俦榜	1112	—
	季　质②	龙泉	政和二年壬辰科莫俦榜	1112	龙图阁右史
	季　陵③	龙泉	政和二年壬辰科莫俦榜	1112	右文殿修撰、知广州
	张　蕴④	龙泉	政和二年壬辰科莫俦榜	1112	—
	季　鹭⑤	龙泉	政和二年壬辰科莫俦榜	1112	高丽国学博士
	季　路⑥	龙泉	政和二年壬辰科莫俦榜	1112	宣教郎
	吴　枢	庆元	政和二年壬辰科莫俦榜	1112	嘉兴令
	吴　逵⑦	庆元	政和二年壬辰科莫俦榜	1112	东平知州
	吴　兢⑧	庆元	政和二年壬辰科莫俦榜	1112	处州通判、朝散大夫
	吴彦申⑨	庆元	政和二年壬辰科莫俦榜	1112	南昌县丞
	陈允扬	丽水	政和五年乙未科何臬榜	1115	—
	蔡　倚	龙泉	政和五年乙未科何臬榜	1115	—
	叶汝平	龙泉	政和五年乙未科何臬榜	1115	—
	张光国	龙泉	政和五年乙未科何臬榜	1115	—
	胡廉夫	龙泉	政和五年乙未科何臬榜	1115	—
	吴作谋	丽水	重和元年戊戌科王昂榜	1118	—
	叶宏中	丽水	重和元年戊戌科王昂榜	1118	—
	季　洞	丽水	重和元年戊戌科王昂榜	1118	奉州通判
	陈作肃	缙云	重和元年戊戌科王昂榜	1118	蕲州教授
	杨　跻	松阳	重和元年戊戌科王昂榜	1118	国子监助教

① 清乾隆《浙江通志》作政和五年(1115)乙未科进士。
② 清乾隆《浙江通志》作政和五年(1115)乙未科进士。
③ 清乾隆《浙江通志》作政和五年(1115)乙未科进士。
④ 清乾隆《浙江通志》作政和五年(1115)乙未科进士。
⑤ 清乾隆《浙江通志》作政和五年(1115)乙未科进士。
⑥ 清乾隆《浙江通志》作政和五年(1115)乙未科进士。
⑦ 清乾隆《浙江通志》作吴達。
⑧ 清乾隆《浙江通志》作吴兢。
⑨ 清光绪《处州府志》作吴彦中。

续表 48-2-1-2

朝代	姓　名	籍贯	科　名	公元	主要官职
北宋	叶询武	松阳	重和元年戊戌科王昂榜	1118	—
	练大明	龙泉	重和元年戊戌科王昂榜	1118	—
	鲍开先[①]	龙泉	重和元年戊戌科王昂榜	1118	—
	潘天隐	龙泉	重和元年戊戌科王昂榜	1118	—
	吴安国	丽水	宣和二年庚子科祖秀实榜	1120	太常寺少卿
	林　觉	丽水	宣和三年辛丑科何涣榜	1121	户部侍郎
	朱定国	青田	宣和三年辛丑科何涣榜	1121	—
	周　备	缙云	宣和三年辛丑科何涣榜	1121	—
	叶　籍	缙云	宣和三年辛丑科何涣榜	1121	—
	陶　耕	缙云	宣和三年辛丑科何涣榜	1121	杭州教授
	鬻　析	缙云	宣和三年辛丑科何涣榜	1121	—
	詹宗益[②]	缙云	宣和三年辛丑科何涣榜	1121	—
	胡　价	缙云	宣和三年辛丑科何涣榜	1121	知饶州
	周　赞	遂昌	宣和三年辛丑科何涣榜	1121	大理寺丞
	毛世显	遂昌	宣和三年辛丑科何涣榜	1121	—
	张　从	龙泉	宣和三年辛丑科何涣榜	1121	—
	季　棣	龙泉	宣和三年辛丑科何涣榜	1121	—
	吴惇常[③]	庆元	宣和三年辛丑科何涣榜	1121	—
	叶　珏	丽水	宣和六年甲辰科沈晦榜	1124	—
	祝　陶	丽水	宣和六年甲辰科沈晦榜	1124	唐州司户参军
	陈　异	丽水	宣和六年甲辰科沈晦榜	1124	—
	胡　升	丽水	宣和六年甲辰科沈晦榜	1124	湖北提举
	闾邱昕	丽水	宣和六年甲辰科沈晦榜	1124	吏部侍郎
	周　戣	缙云	宣和六年甲辰科沈晦榜	1124	常熟知县
	吴申美	龙泉	宣和六年甲辰科沈晦榜	1124	—
	林　通	龙泉	宣和六年甲辰科沈晦榜	1124	—
	季祐之	龙泉	宣和六年甲辰科沈晦榜	1124	—
	吴　亘	龙泉	宣和六年甲辰科沈晦榜	1124	—
	吴遵路[④]	庆元	宣和六年甲辰科沈晦榜	1124	—
	胡彦明	缙云	年科无考	—	工部尚书

① 清乾隆《浙江通志》作鲍开光。
② 清乾隆《浙江通志》作詹宗孟。
③ 清乾隆《浙江通志》作吴惇夫。
④ 清乾隆《浙江通志》作吴遵。

续表 48-2-1-2

朝代	姓 名	籍贯	科 名	公元	主要官职
北宋	胡惟新	缙云	年科无考	—	中书舍人
	谢景渊	缙云	年科无考	—	知永兴军
	沈 立	缙云	年科无考	—	谏议大夫
	富 岩	青田	年科无考	—	刑部郎中、知苏州
南宋	王 如	丽水	建炎二年戊申科李易榜	1128	—
	陈 穆	丽水	建炎二年戊申科李易榜	1128	—
	叶 熙	丽水	建炎二年戊申科李易榜	1128	—
	梅守卓	云和	建炎二年戊申科李易榜	1128	常州通判
	朱 涛	缙云	建炎二年戊申科李易榜	1128	新昌令、浦江令
	鲍 彪[①]	缙云	建炎二年戊申科李易榜	1128	司封员外郎
	吴 芑	遂昌	建炎二年戊申科李易榜	1128	—
	鲍闳中[②]	龙泉	建炎二年戊申科李易榜	1128	—
	陈 端	丽水	绍兴二年壬子科张九成榜	1132	—
	叶 粹	丽水	绍兴二年壬子科张九成榜	1132	—
	王义朝[③]	丽水	绍兴二年壬子科张九成榜	1132	—
	叶 莳	丽水	绍兴二年壬子科张九成榜	1132	徽州通判
	周 载	遂昌	绍兴二年壬子科张九成榜	1132	—
	张 洙	龙泉	绍兴二年壬子科张九成榜	1132	国子祭酒
	郑锐夫[④]	丽水	绍兴五年乙卯科汪应辰榜	1135	—
	祝文达	丽水	绍兴五年乙卯科汪应辰榜	1135	—
	林 庇[⑤]	丽水	绍兴五年乙卯科汪应辰榜	1135	洪州教授
	郑汝楫	龙泉	绍兴五年乙卯科汪应辰榜	1135	—
	沈 同	龙泉	绍兴五年乙卯科汪应辰榜	1135	—
	季南寿	龙泉	绍兴五年乙卯科汪应辰榜	1135	显谟阁待制、知简州
	周智祥	缙云	绍兴五年乙卯科汪应辰榜	1135	礼部尚书
	陈端行	丽水	绍兴八年戊午科黄公度榜	1138	—
	吴 弼	丽水	绍兴八年戊午科黄公度榜	1138	—
	朱安国	青田	绍兴八年戊午科黄公度榜	1138	—
	叶 实	松阳	绍兴八年戊午科黄公度榜	1138	—

① 清乾隆《浙江通志》作龙泉人。
② 清乾隆《浙江通志》作鲍宏中。
③ 清乾隆《浙江通志》作王朝义。
④ 清乾隆《浙江通志》作郑铣夫。
⑤ 清乾隆《浙江通志》作瑞安人。

续表 48-2-1-2

朝代	姓　名	籍贯	科　名	公元	主要官职
南宋	周　炤	遂昌	绍兴八年戊午科黄公度榜	1138	—
	郑荣年	遂昌	绍兴八年戊午科黄公度榜	1138	—
	鲍　同	龙泉	绍兴八年戊午科黄公度榜	1138	—
	叶汝士	丽水	绍兴十二年壬戌科陈诚之榜	1142	—
	叶　黯	松阳	绍兴十二年壬戌科陈诚之榜	1142	—
	王汝翼	遂昌	绍兴十二年壬戌科陈诚之榜	1142	—
	毕　宰	遂昌	绍兴十二年壬戌科陈诚之榜	1142	—
	何　俌	龙泉	绍兴十二年壬戌科陈诚之榜	1142	工部侍郎
	鲍　纪	龙泉	绍兴十二年壬戌科陈诚之榜	1142	—
	潘　允	龙泉	绍兴十二年壬戌科陈诚之榜	1142	—
	叶　实	龙泉	绍兴十二年壬戌科陈诚之榜	1142	州判
	刘　衮	丽水	绍兴十五年乙丑科刘章榜	1145	—
	林　并	丽水	绍兴十五年乙丑科刘章榜	1145	—
	胡　渐	丽水	绍兴十五年乙丑科刘章榜	1145	—
	王大方	丽水	绍兴十五年乙丑科刘章榜	1145	江西安抚使
	吴祇若	丽水	绍兴十五年乙丑科刘章榜	1145	奉议郎
	汤思退	青田	绍兴十五年乙丑科刘章榜	1145	尚书左仆射
	季大老	青田	绍兴十五年乙丑科刘章榜	1145	婺州录事参军
	叶端行①	青田	绍兴十五年乙丑科刘章榜	1145	荆西主簿
	韩武补	青田	绍兴十五年乙丑科刘章榜	1145	复中博学宏词科
	赵　琥	缙云	绍兴十五年乙丑科刘章榜	1145	迪功郎
	沈　枌	缙云	绍兴十五年乙丑科刘章榜	1145	福建按察司佥事
	吴　翃	龙泉	绍兴十五年乙丑科刘章榜	1145	—
	陈嘉猷	庆元	绍兴十五年乙丑科刘章榜	1145	礼部尚书
	章　谧	丽水	绍兴十八年戊辰科王佐榜	1148	—
	胡　铉	丽水	绍兴十八年戊辰科王佐榜	1148	—
	章　驹	丽水	绍兴十八年戊辰科王佐榜	1148	上虞知县
	叶谦亨②	丽水	绍兴十八年戊辰科王佐榜	1148	—
	王东里	云和	绍兴十八年戊辰科王佐榜	1148	—
	王　桷	云和	绍兴十八年戊辰科王佐榜	1148	—
	朱熙载	缙云	绍兴十八年戊辰科王佐榜	1148	太常博士
	胡　权	缙云	绍兴十八年戊辰科王佐榜	1148	太常寺主簿

① 清乾隆《浙江通志》作景宁人。
② 清乾隆《浙江通志》作缙云人。

续表 48-2-1-2

朝代	姓　名	籍贯	科　名	公元	主要官职
南宋	胡　榕	缙云	绍兴十八年戊辰科王佐榜	1148	礼部尚书
	鲍慎履	龙泉	绍兴十八年戊辰科王佐榜	1148	—
	张　溥	龙泉	绍兴十八年戊辰科王佐榜	1148	知岳州
	鲍　乔	龙泉	绍兴十八年戊辰科王佐榜	1148	—
	林昌朝	丽水	绍兴二十一年辛未科赵逵榜	1151	—
	吴　振	丽水	绍兴二十一年辛未科赵逵榜	1151	—
	吴三锡	青田	绍兴二十一年辛未科赵逵榜	1151	—
	林　钺①	青田	绍兴二十一年辛未科赵逵榜	1151	—
	田　材	缙云	绍兴二十一年辛未科赵逵榜	1151	诸暨县尉
	王敦礼	缙云	绍兴二十一年辛未科赵逵榜	1151	—
	赵雄飞	缙云	绍兴二十一年辛未科赵逵榜	1151	起居舍人
	赵　渡	缙云	绍兴二十一年辛未科赵逵榜	1151	集庆军节度使
	朱　璋	缙云	绍兴二十一年辛未科赵逵榜	1151	漳州知州
	朱　垓	缙云	绍兴二十一年辛未科赵逵榜	1151	—
	赵　济	缙云	绍兴二十一年辛未科赵逵榜	1151	赠太子太保
	季　颖②	龙泉	绍兴二十一年辛未科赵逵榜	1151	安陵知县
	卢彦德	丽水	绍兴二十四年甲戌科张孝祥榜	1154	福建、湖南提刑
	梁安世③	丽水	绍兴二十四年甲戌科张孝祥榜	1154	广西转运使
	蔡明发	丽水	绍兴二十四年甲戌科张孝祥榜	1154	—
	蒋继周	青田	绍兴二十四年甲戌科张孝祥榜	1154	御史中丞、礼部尚书
	朱孝闻	青田	绍兴二十四年甲戌科张孝祥榜	1154	—
	潘宪叔	青田	绍兴二十四年甲戌科张孝祥榜	1154	—
	刘　溥	青田	绍兴二十四年甲戌科张孝祥榜	1154	—
	叶　翥	景宁	绍兴二十四年甲戌科张孝祥榜	1154	同知枢密院事
	曾　光	缙云	绍兴二十四年甲戌科张孝祥榜	1154	—
	陈昌世	缙云	绍兴二十四年甲戌科张孝祥榜	1154	广东经略使
	周智正	缙云	绍兴二十四年甲戌科张孝祥榜	1154	—
	周信企	缙云	绍兴二十四年甲戌科张孝祥榜	1154	饶州判官
	徐朝弼④	松阳	绍兴二十四年甲戌科张孝祥榜	1154	瑞安县丞
	高　翥	松阳	绍兴二十四年甲戌科张孝祥榜	1154	提刑

① 清乾隆《龙泉县志》作龙泉人。
② 清乾隆《龙泉县志》作龙泉人。
③ 清乾隆《浙江通志》作宣平人。
④ 清乾隆《浙江通志》作徐朝鼎。

续表 48-2-1-2

朝代	姓　名	籍贯	科　名	公元	主要官职
南宋	郑　俅	遂昌	绍兴二十四年甲戌科张孝祥榜	1154	茶陵主簿
	周仲昌	遂昌	绍兴二十四年甲戌科张孝祥榜	1154	—
	鲍　文	龙泉	绍兴二十四年甲戌科张孝祥榜	1154	—
	管　澥	龙泉	绍兴二十四年甲戌科张孝祥榜	1154	—
	杨公长	龙泉	绍兴二十四年甲戌科张孝祥榜	1154	—
	季　棠	龙泉	绍兴二十四年甲戌科张孝祥榜	1154	—
	闾邱明	丽水	绍兴二十七年丁丑科王十朋榜	1157	—
	胡尹朋	丽水	绍兴二十七年丁丑科王十朋榜	1157	—
	朱　君	丽水	绍兴二十七年丁丑科王十朋榜	1157	—
	吴汤辅	丽水	绍兴二十七年丁丑科王十朋榜	1157	—
	章　谦	丽水	绍兴二十七年丁丑科王十朋榜	1157	—
	章　谏	丽水	绍兴二十七年丁丑科王十朋榜	1157	—
	李　伸	丽水	绍兴二十七年丁丑科王十朋榜	1157	—
	郑汝谐	青田	绍兴二十七年丁丑科王十朋榜	1157	吏部侍郎
	王　佐	缙云	绍兴二十七年丁丑科王十朋榜	1157	提举台州崇道观
	陈尧明	缙云	绍兴二十七年丁丑科王十朋榜	1157	太常寺丞
	周　懋①	缙云	绍兴二十七年丁丑科王十朋榜	1157	江东转运司判官
	项宋哲②	松阳	绍兴二十七年丁丑科王十朋榜	1157	嘉陵令、兵部侍郎
	陈　夔	松阳	绍兴二十七年丁丑科王十朋榜	1157	—
	何　偁	龙泉	绍兴二十七年丁丑科王十朋榜	1157	福建提举
	吴飞英	龙泉	绍兴二十七年丁丑科王十朋榜	1157	—
	鲍　纶	龙泉	绍兴二十七年丁丑科王十朋榜	1157	—
	叶子强	龙泉	绍兴二十七年丁丑科王十朋榜	1157	—
	季　翔	龙泉	绍兴二十七年丁丑科王十朋榜	1157	—
	鲍祖文	龙泉	绍兴二十七年丁丑科王十朋榜	1157	—
	张仲迈③	龙泉	绍兴二十七年丁丑科王十朋榜	1157	西安主簿
	梁汝永	丽水	绍兴三十年庚辰科梁克家榜	1160	著作郎
	王　信	丽水	绍兴三十年庚辰科梁克家榜	1160	太常少卿兼中书舍人
	林永弼	青田	绍兴三十年庚辰科梁克家榜	1160	—
	赵师善	青田	绍兴三十年庚辰科梁克家榜	1160	福建路提举
	田　渭	缙云	绍兴三十年庚辰科梁克家榜	1160	提举浙东常平公事

① 清乾隆《浙江通志》作永康人。
② 民国《松阳县志》作项宗嘉。
③ 清乾隆《浙江通志》作瑞安人。

续表 48-2-1-2

朝代	姓　名	籍贯	科　名	公元	主要官职
南宋	朱　藻	缙云	绍兴三十年庚辰科梁克家榜	1160	焕章阁待制、浦城令
	宋仁礼	缙云	绍兴三十年庚辰科梁克家榜	1160	—
	宋　振	缙云	绍兴三十年庚辰科梁克家榜	1160	—
	翁方中	遂昌	绍兴三十年庚辰科梁克家榜	1160	将作监主簿
	张商卿	龙泉	绍兴三十年庚辰科梁克家榜	1160	转运判官、知滁州
	梅　梁	龙泉	绍兴三十年庚辰科梁克家榜	1160	—
	张安国	龙泉	绍兴三十年庚辰科梁克家榜	1160	—
	张仲远	龙泉	绍兴三十年庚辰科梁克家榜	1160	—
	叶延寿	龙泉	绍兴三十年庚辰科梁克家榜	1160	—
	管　镈	龙泉	绍兴三十年庚辰科梁克家榜	1160	—
	叶岩叟	丽水	隆兴元年癸未科木待问榜	1163	—
	胡大方	丽水	隆兴元年癸未科木待问榜	1163	—
	祝兴宗	丽水	隆兴元年癸未科木待问榜	1163	—
	胡　恭	丽水	隆兴元年癸未科木待问榜	1163	—
	叶　伟	丽水	隆兴元年癸未科木待问榜	1163	朝散郎
	潘梦得	丽水	隆兴元年癸未科木待问榜	1163	婺州教授
	郑　澄	丽水	隆兴元年癸未科木待问榜	1163	—
	蔡　戬	丽水	隆兴元年癸未科木待问榜	1163	—
	陈　葵	青田	隆兴元年癸未科木待问榜	1163	平阳知县
	叶谦亨	青田	隆兴元年癸未科木待问榜	1163	中书舍人
	项　鹗①	缙云	隆兴元年癸未科木待问榜	1163	青阳主簿
	潘景宪	松阳	隆兴元年癸未科木待问榜	1163	—
	美大昌	遂昌	隆兴元年癸未科木待问榜	1163	—
	林　颐	龙泉	隆兴元年癸未科木待问榜	1163	—
	季　吁	龙泉	隆兴元年癸未科木待问榜	1163	知东普军、知开州
	季文蔚	龙泉	隆兴元年癸未科木待问榜	1163	—
	章子获	龙泉	隆兴元年癸未科木待问榜	1163	—
	何　伸	龙泉	隆兴元年癸未科木待问榜	1163	—
	叶　开	龙泉	隆兴元年癸未科木待问榜	1163	—
	林大明②	龙泉	隆兴元年癸未科木待问榜	1163	—
	林大和	龙泉	隆兴元年癸未科木待问榜	1163	—

① 清乾隆《浙江通志》作项鸣。
② 清乾隆《浙江通志》作林文明。

续表 48-2-1-2

朝代	姓　名	籍贯	科　名	公元	主要官职
南宋	胡　纮①	庆元	隆兴元年癸未科木待问榜	1163	吏部侍郎、监察御史
	闾邱仲忱	丽水	乾道二年丙戌科萧国梁榜	1166	—
	张特夫	丽水	乾道二年丙戌科萧国梁榜	1166	—
	林　复	丽水	乾道二年丙戌科萧国梁榜	1166	知惠州
	王长世	丽水	乾道二年丙戌科萧国梁榜	1166	—
	章　堪	丽水	乾道二年丙戌科萧国梁榜	1166	—
	江　涛	丽水	乾道二年丙戌科萧国梁榜	1166	福建通判
	毛嘉会	丽水	乾道二年丙戌科萧国梁榜	1166	安抚使
	吴　荐②	丽水	乾道二年丙戌科萧国梁榜	1166	仙居县丞
	应　策③	丽水	乾道二年丙戌科萧国梁榜	1166	宣教郎
	蔡伯尹	丽水	乾道二年丙戌科萧国梁榜	1166	宁国司录
	郑　略	丽水	乾道二年丙戌科萧国梁榜	1166	福州教授
	陈隆礼	青田	乾道二年丙戌科萧国梁榜	1166	—
	张如晦④	松阳	乾道二年丙戌科萧国梁榜	1166	福州教授、左承奉郎
	潘克和	松阳	乾道二年丙戌科萧国梁榜	1166	—
	张如砥	松阳	乾道二年丙戌科萧国梁榜	1166	—
	王　政	遂昌	乾道二年丙戌科萧国梁榜	1166	—
	何　澹	龙泉	乾道二年丙戌科萧国梁榜	1166	同知枢密院事兼参知政事
	吴伯凯	龙泉	乾道二年丙戌科萧国梁榜	1166	—
	王　铸	丽水	乾道五年己丑科郑侨榜	1169	—
	梁叔括	丽水	乾道五年己丑科郑侨榜	1169	—
	林　豫	丽水	乾道五年己丑科郑侨榜	1169	—
	陈斯光	青田	乾道五年己丑科郑侨榜	1169	—
	张贵谟⑤	遂昌	乾道五年己丑科郑侨榜	1169	朝议大夫
	刘　鼎⑥	遂昌	乾道五年己丑科郑侨榜	1169	东阳教谕
	何　淇	龙泉	乾道五年己丑科郑侨榜	1169	—
	郑鉴夫	丽水	乾道八年壬辰科黄定榜	1172	—
	吴敦仪⑦	丽水	乾道八年壬辰科黄定榜	1172	—

① 《宋史》作遂昌人。
② 清乾隆《浙江通志》作永嘉人。
③ 清乾隆《浙江通志》作仙居人。
④ 清乾隆《浙江通志》作张汝晦。
⑤ 清乾隆《浙江通志》作乾道二年(1166)丙戌科进士。
⑥ 清乾隆《浙江通志》作叶鼎,《青田县志》作青田人。
⑦ 清乾隆《浙江通志》作吴敦义。

续表 48-2-1-2

朝代	姓名	籍贯	科名	公元	主要官职
南宋	林筠	丽水	乾道八年壬辰科黄定榜	1172	—
	孙大同	丽水	乾道八年壬辰科黄定榜	1172	—
	叶宏	丽水	乾道八年壬辰科黄定榜	1172	福建转运副使
	叶挺	丽水	乾道八年壬辰科黄定榜	1172	知岳州
	梁铦①	丽水	乾道八年壬辰科黄定榜	1172	—
	田及	缙云	乾道八年壬辰科黄定榜	1172	—
	宋景谦	缙云	乾道八年壬辰科黄定榜	1172	翰林学士
	高宗商②	松阳	乾道八年壬辰科黄定榜	1172	邕川教授
	叶先	遂昌	乾道八年壬辰科黄定榜	1172	知江州
	陈柄	龙泉	乾道八年壬辰科黄定榜	1172	—
	罗克开	龙泉	乾道八年壬辰科黄定榜	1172	知袁州
	陈家猷	龙泉	乾道八年壬辰科黄定榜	1172	—
	叶初	丽水	淳熙二年乙未科詹骙榜	1175	—
	何晦	丽水	淳熙二年乙未科詹骙榜	1175	—
	常建	丽水	淳熙二年乙未科詹骙榜	1175	知台州
	叶英	丽水	淳熙二年乙未科詹骙榜	1175	—
	林牧	丽水	淳熙二年乙未科詹骙榜	1175	—
	李浃	丽水	淳熙二年乙未科詹骙榜	1175	—
	洪朝卿	丽水	淳熙二年乙未科詹骙榜	1175	—
	项预	丽水	淳熙二年乙未科詹骙榜	1175	—
	叶衢孙	丽水	淳熙二年乙未科詹骙榜	1175	—
	季子拱	丽水	淳熙二年乙未科詹骙榜	1175	—
	朱良茂	丽水	淳熙二年乙未科詹骙榜	1175	—
	叶宗鲁	丽水	淳熙二年乙未科詹骙榜	1175	河南提举
	汤硕③	青田	淳熙二年乙未科詹骙榜	1175	吏部尚书
	刘允迪④	青田	淳熙二年乙未科詹骙榜	1175	桐城县丞
	项安世	松阳	淳熙二年乙未科詹骙榜	1175	直龙图阁、知鄂州
	林思聪	松阳	淳熙二年乙未科詹骙榜	1175	—
	章良能	丽水	淳熙五年戊戌科姚颖榜	1178	起居舍人、参知政事
	汤致	丽水	淳熙五年戊戌科姚颖榜	1178	—

① 清乾隆《浙江通志》作叶铦。
② 清乾隆《浙江通志》作嵊县人。
③ 清乾隆《浙江通志》作淳熙十四年(1187)丁未科进士。
④ 清乾隆《浙江通志》作黄岩人。

续表 48-2-1-2

朝代	姓　名	籍贯	科　名	公元	主要官职
南宋	盛　庶	丽水	淳熙五年戊戌科姚颖榜	1178	福建提举
	刘允济	青田	淳熙五年戊戌科姚颖榜	1178	—
	郑克己	青田	淳熙五年戊戌科姚颖榜	1178	福建提刑司干官
	留　骏	青田	淳熙五年戊戌科姚颖榜	1178	国子监丞、尚书郎
	蒋必端	青田	淳熙五年戊戌科姚颖榜	1178	主簿
	项　谌[1]	松阳	淳熙五年戊戌科姚颖榜	1178	—
	叶　适	龙泉	淳熙五年戊戌科姚颖榜	1178	—
	叶可行	龙泉	淳熙五年戊戌科姚颖榜	1178	—
	鲍仕良	龙泉	淳熙五年戊戌科姚颖榜	1178	—
	吴季衡	龙泉	淳熙五年戊戌科姚颖榜	1178	—
	张仲纲[2]	龙泉	淳熙五年戊戌科姚颖榜	1178	古田令
	郑褒然[3]	丽水	淳熙八年辛丑科黄由榜	1181	—
	郭泰亨	丽水	淳熙八年辛丑科黄由榜	1181	清流县令
	潘叔豹	丽水	淳熙八年辛丑科黄由榜	1181	同知万州
	陈希点	青田	淳熙八年辛丑科黄由榜	1181	中书舍人、通议大夫
	刘　陟	青田	淳熙八年辛丑科黄由榜	1181	—
	周仁翊	缙云	淳熙八年辛丑科黄由榜	1181	高州教授
	宋邦宪	缙云	淳熙八年辛丑科黄由榜	1181	刑部尚书
	赵善溓	缙云	淳熙八年辛丑科黄由榜	1181	兵部员外郎
	叶作民	松阳	淳熙八年辛丑科黄由榜	1181	高凉郡文学
	张再兴	松阳	淳熙八年辛丑科黄由榜	1181	朝散郎
	华延年	遂昌	淳熙八年辛丑科黄由榜	1181	闽县县丞
	翁伯贵[4]	遂昌	淳熙八年辛丑科黄由榜	1181	集英殿修撰
	吴季真	龙泉	淳熙八年辛丑科黄由榜	1181	广东提举
	鲍粹然	龙泉	淳熙八年辛丑科黄由榜	1181	—
	何　润	龙泉	淳熙八年辛丑科黄由榜	1181	—
	鲍　树[5]	龙泉	淳熙八年辛丑科黄由榜	1181	—
	章良肱	丽水	淳熙十一年甲辰科卫泾榜	1184	—
	曾　益	丽水	淳熙十一年甲辰科卫泾榜	1184	—

① 清乾隆《浙江通志》作项堪。
② 清乾隆《浙江通志》作瑞安人。
③ 清乾隆《浙江通志》作郑褎。
④ 清乾隆《浙江通志》作翁伯贲。
⑤ 清乾隆《龙泉县志》作鲍楙。

续表 48-2-1-2

朝代	姓 名	籍贯	科 名	公元	主要官职
南宋	季 裕	丽水	淳熙十一年甲辰科卫泾榜	1184	—
	郑叔皋	丽水	淳熙十一年甲辰科卫泾榜	1184	—
	周梦祥	丽水	淳熙十一年甲辰科卫泾榜	1184	知湖州
	陈丕显	青田	淳熙十一年甲辰科卫泾榜	1184	—
	章 徕①	缙云	淳熙十一年甲辰科卫泾榜	1184	宗正少卿兼侍讲
	叶重开②	松阳	淳熙十一年甲辰科卫泾榜	1184	—
	叶 峻	松阳	淳熙十一年甲辰科卫泾榜	1184	—
	郑 瓒	松阳	淳熙十一年甲辰科卫泾榜	1184	—
	何清卿	松阳	淳熙十一年甲辰科卫泾榜	1184	—
	叶 时③	松阳	淳熙十一年甲辰科卫泾榜	1184	—
	周若思	遂昌	淳熙十一年甲辰科卫泾榜	1184	—
	郑师尹	遂昌	淳熙十一年甲辰科卫泾榜	1184	—
	何 衮	龙泉	淳熙十一年甲辰科卫泾榜	1184	—
	刘元士④	龙泉	淳熙十一年甲辰科卫泾榜	1184	—
	张声道	龙泉	淳熙十一年甲辰科卫泾榜	1184	—
	张 沂⑤	龙泉	淳熙十一年甲辰科卫泾榜	1184	鄖县令
	林 寅	丽水	淳熙十四年丁未科王容榜	1187	—
	王 仍	丽水	淳熙十四年丁未科王容榜	1187	—
	蔡 浩⑥	丽水	淳熙十四年丁未科王容榜	1187	—
	陈 沂	丽水	淳熙十四年丁未科王容榜	1187	—
	陈之雅	丽水	淳熙十四年丁未科王容榜	1187	—
	赵希怿	青田	淳熙十四年丁未科王容榜	1187	知信州、江西节度使
	朱 文	青田	淳熙十四年丁未科王容榜	1187	主簿
	潘 恩	景宁	淳熙十四年丁未科王容榜	1187	贺州判官
	赵善涟	缙云	淳熙十四年丁未科王容榜	1187	大中大夫
	田慈龙	缙云	淳熙十四年丁未科王容榜	1187	知温州
	朱庆弼	缙云	淳熙十四年丁未科王容榜	1187	天台知县
	赵 霖	缙云	淳熙十四年丁未科王容榜	1187	—
	沈 棐	缙云	淳熙十四年丁未科王容榜	1187	临安府学录

① 清乾隆《浙江通志》作青田人。
② 民国《松阳县志》作叶仲开。
③ 清乾隆《浙江通志》作叶洵仁。
④ 清乾隆《浙江通志》作刘仕元。
⑤ 清乾隆《浙江通志》作瑞安人。
⑥ 清乾隆《浙江通志》作宣平人。

续表 48-2-1-2

朝代	姓　名	籍贯	科　名	公元	主要官职
南宋	林公遇	松阳	淳熙十四年丁未科王容榜	1187	—
	刘　鹗	松阳	淳熙十四年丁未科王容榜	1187	承议郎
	鲍　华	龙泉	淳熙十四年丁未科王容榜	1187	—
	季梦符[①]	龙泉	淳熙十四年丁未科王容榜	1187	—
	何　湛	龙泉	淳熙十四年丁未科王容榜	1187	—
	沈彦质	龙泉	淳熙十四年丁未科王容榜	1187	—
	吴补之	龙泉	淳熙十四年丁未科王容榜	1187	—
	叶　起	龙泉	淳熙十四年丁未科王容榜	1187	—
	朱朋孙	丽水	绍熙元年庚戌科余复榜	1190	—
	王　仁	丽水	绍熙元年庚戌科余复榜	1190	知衡州
	盛　熫	丽水	绍熙元年庚戌科余复榜	1190	—
	梁　锴[②]	丽水	绍熙元年庚戌科余复榜	1190	—
	林　琦	丽水	绍熙元年庚戌科余复榜	1190	刑部、工部架阁
	周汝明[③]	丽水	绍熙元年庚戌科余复榜	1190	知韶州
	蔡　硕	丽水	绍熙元年庚戌科余复榜	1190	—
	蒋　晖	青田	绍熙元年庚戌科余复榜	1190	—
	宋叔曦	松阳	绍熙元年庚戌科余复榜	1190	提官
	毛子申	松阳	绍熙元年庚戌科余复榜	1190	县丞
	潘自厚	松阳	绍熙元年庚戌科余复榜	1190	—
	郑　洙	松阳	绍熙元年庚戌科余复榜	1190	—
	王　文	遂昌	绍熙元年庚戌科余复榜	1190	—
	郑　企	遂昌	绍熙元年庚戌科余复榜	1190	—
	林大章	龙泉	绍熙元年庚戌科余复榜	1190	—
	练朝英	龙泉	绍熙元年庚戌科余复榜	1190	—
	季　升[④]	龙泉	绍熙元年庚戌科余复榜	1190	—
	朱　庆	丽水	绍熙元年庚戌科余复榜	1190	—
	周　起	丽水	绍熙四年癸丑科陈亮榜	1193	—
	蔡　潮	丽水	绍熙四年癸丑科陈亮榜	1193	—
	留　祺	青田	绍熙四年癸丑科陈亮榜	1193	峡州守
	刘千之	青田	绍熙四年癸丑科陈亮榜	1193	县令

① 清光绪《处州府志》作李梦符。
② 清乾隆《浙江通志》作梁楷。
③ 清乾隆《浙江通志》作青田人。
④ 清乾隆《浙江通志》作季允升。

续表 48-2-1-2

朝代	姓　名	籍贯	科　名	公元	主要官职
南宋	毛当时	青田	绍熙四年癸丑科陈亮榜	1193	知雷州
	程　榆	松阳	绍熙四年癸丑科陈亮榜	1193	中奉大夫
	叶南叔	松阳	绍熙四年癸丑科陈亮榜	1193	朝散郎
	项延英	松阳	绍熙四年癸丑科陈亮榜	1193	朝散郎
	季子清	龙泉	绍熙四年癸丑科陈亮榜	1193	—
	鲍子玉	龙泉	绍熙四年癸丑科陈亮榜	1193	—
	沈　实	龙泉	绍熙四年癸丑科陈亮榜	1193	—
	张逢辰	龙泉	绍熙四年癸丑科陈亮榜	1193	—
	祝士奇	丽水	庆元二年丙辰科周虎榜	1196	—
	郑　范	丽水	庆元二年丙辰科周虎榜	1196	—
	张　模	青田	庆元二年丙辰科周虎榜	1196	莆田令
	郑仲龙	松阳	庆元二年丙辰科周虎榜	1196	—
	潘自牧	松阳	庆元二年丙辰科周虎榜	1196	—
	何　洋	龙泉	庆元二年丙辰科周虎榜	1196	—
	何　湇	龙泉	庆元二年丙辰科周虎榜	1196	—
	沈　迪	龙泉	庆元二年丙辰科周虎榜	1196	—
	叶　若	龙泉	庆元二年丙辰科周虎榜	1196	—
	何　汶	龙泉	庆元二年丙辰科周虎榜	1196	—
	鲍　璋①	龙泉	庆元二年丙辰科周虎榜	1196	—
	叶　洪	丽水	庆元五年己未科曾从龙榜	1199	—
	陈希黯	青田	庆元五年己未科曾从龙榜	1199	泉州佥判
	潜　清	缙云	庆元五年己未科曾从龙榜	1199	婺州推官
	叶　梓	遂昌	庆元五年己未科曾从龙榜	1199	—
	沈　达	龙泉	庆元五年己未科曾从龙榜	1199	—
	何　沄	龙泉	庆元五年己未科曾从龙榜	1199	—
	何　洪	龙泉	庆元五年己未科曾从龙榜	1199	—
	真德秀	龙泉	庆元五年己未科傅行简榜	1199	—
	陈思点	丽水	嘉泰二年壬戌科傅行简榜	1202	—
	余次舒	丽水	嘉泰二年壬戌科傅行简榜	1202	—
	林　輢	丽水	嘉泰二年壬戌科傅行简榜	1202	—
	叶嗣昌	景宁	嘉泰二年壬戌科傅行简榜	1202	朝散大夫
	潘宗昭	景宁	嘉泰二年壬戌科傅行简榜	1202	国子教谕

① 清乾隆《浙江通志》作鲍漳。

续表 48-2-1-2

朝代	姓　名	籍贯	科　名	公元	主要官职
南宋	赵元鱼	缙云	嘉泰二年壬戌科傅行简榜	1202	闽州制置使
	项得一	松阳	嘉泰二年壬戌科傅行简榜	1202	信州通判
	刘澹然	松阳	嘉泰二年壬戌科傅行简榜	1202	秘书省著作郎
	叶　琈	松阳	嘉泰二年壬戌科傅行简榜	1202	—
	程　樟	松阳	嘉泰二年壬戌科傅行简榜	1202	广南西路宪使
	鲍介然	龙泉	嘉泰二年壬戌科傅行简榜	1202	—
	季　衍①	龙泉	嘉泰二年壬戌科傅行简榜	1202	户部侍郎
	吴懿德	庆元	嘉泰二年壬戌科傅行简榜	1202	新会县令
	宣　缯②	庆元	嘉泰二年壬戌科傅行简榜	1202	观文殿大学士
	叶　容	丽水	开禧元年乙丑科毛自知榜	1205	—
	姜惟一	丽水	开禧元年乙丑科毛自知榜	1205	—
	梁致恭	丽水	开禧元年乙丑科毛自知榜	1205	—
	赵汝辟	丽水	开禧元年乙丑科毛自知榜	1205	—
	叶　迪	青田	开禧元年乙丑科毛自知榜	1205	主簿
	刘　龚	青田	开禧元年乙丑科毛自知榜	1205	主簿
	林　观	松阳	开禧元年乙丑科毛自知榜	1205	—
	何　琮	松阳	开禧元年乙丑科毛自知榜	1205	户部侍郎
	潘昌尹	松阳	开禧元年乙丑科毛自知榜	1205	沣州太守
	叶诚卿	松阳	开禧元年乙丑科毛自知榜	1205	—
	包　绍	松阳	开禧元年乙丑科毛自知榜	1205	—
	郑克宽③	遂昌	开禧元年乙丑科毛自知榜榜眼	1205	陵郡博士
	叶大庆	龙泉	开禧元年乙丑科毛自知榜	1205	建州教授
	刘　冲	龙泉	开禧元年乙丑科毛自知榜	1205	—
	连　元	龙泉	开禧元年乙丑科毛自知榜	1205	知衢州
	陈　瑢	龙泉	开禧元年乙丑科毛自知榜	1205	—
	陈　垓	龙泉	开禧元年乙丑科毛自知榜	1205	—
	潘　杞	丽水	嘉定元年戊辰科郑自诚榜	1208	太府寺丞
	闾邱榛	丽水	嘉定元年戊辰科郑自诚榜	1208	—
	赵汝域	缙云	嘉定元年戊辰科郑自诚榜	1208	兴化、越州通判
	王贯夫	缙云	嘉定元年戊辰科郑自诚榜	1208	教授
	项安礼	松阳	嘉定元年戊辰科郑自诚榜	1208	—

① 清乾隆《浙江通志》作季镛。

② 清乾隆《浙江通志》作载，清光绪《处州府志》《庆元县志》未载。

③ 民国《松阳县志》载隶籍松阳。

续表 48-2-1-2

朝代	姓　名	籍贯	科　名	公元	主要官职
南宋	程　林	松阳	嘉定元年戊辰科郑自诚榜	1208	—
	张　璹	龙泉	嘉定元年戊辰科郑自诚榜	1208	—
	张　洵	龙泉	嘉定元年戊辰科郑自诚榜	1208	户部侍郎
	叶汝明	丽水	嘉定四年辛未科赵建大榜	1211	—
	朱汝孙	丽水	嘉定四年辛未科赵建大榜	1211	—
	王师说	丽水	嘉定四年辛未科赵建大榜	1211	—
	赵镐夫	丽水	嘉定四年辛未科赵建大榜	1211	—
	赵汝扛	丽水	嘉定四年辛未科赵建大榜	1211	—
	刘宗之	青田	嘉定四年辛未科赵建大榜	1211	—
	赵与悊	青田	嘉定四年辛未科赵建大榜	1211	—
	蒋　政	青田	嘉定四年辛未科赵建大榜	1211	—
	富　暭	青田	嘉定四年辛未科赵建大榜	1211	—
	潘　复[①]	景宁	嘉定四年辛未科赵建大榜	1211	秘书郎
	项　庚	松阳	嘉定四年辛未科赵建大榜	1211	—
	朱庆朝	缙云	嘉定四年辛未科赵建大榜	1211	鄂州通判、朝散大夫
	朱庆朝	缙云	嘉定四年辛未科赵建大榜	1211	湖广观察
	赵时诩	龙泉	嘉定四年辛未科赵建大榜	1211	承务郎
	管容成	龙泉	嘉定四年辛未科赵建大榜	1211	—
	叶商岩	龙泉	嘉定四年辛未科赵建大榜	1211	—
	林　鉴	龙泉	嘉定四年辛未科赵建大榜	1211	—
	吴　藻	丽水	嘉定七年甲戌科袁甫榜	1214	—
	吴希点	丽水	嘉定七年甲戌科袁甫榜	1214	—
	徐应辰	丽水	嘉定七年甲戌科袁甫榜	1214	—
	贺　巽	丽水	嘉定七年甲戌科袁甫榜	1214	—
	朱清孙	丽水	嘉定七年甲戌科袁甫榜	1214	—
	程　峋	青田	嘉定七年甲戌科袁甫榜	1214	—
	胡味道	缙云	嘉定七年甲戌科袁甫榜	1214	长乐知县
	周　戎	缙云	嘉定七年甲戌科袁甫榜	1214	—
	项容孙	松阳	嘉定七年甲戌科袁甫榜	1214	—
	叶　克	遂昌	嘉定七年甲戌科袁甫榜	1214	起居舍人
	叶　贲	遂昌	嘉定七年甲戌科袁甫榜	1214	监察御史
	鲍　坡	龙泉	嘉定七年甲戌科袁甫榜	1214	—

① 清乾隆《浙江通志》作潘浚。

续表 48-2-1-2

朝代	姓名	籍贯	科名	公元	主要官职
南宋	叶一烈	龙泉	嘉定七年甲戌科袁甫榜	1214	司户参军
	季俑	龙泉	嘉定七年甲戌科袁甫榜	1214	—
	何处久	龙泉	嘉定七年甲戌科袁甫榜	1214	——
	吴淇	庆元	嘉定七年甲戌科袁甫榜	1214	知南剑州、户部侍郎
	郑环	丽水	嘉定十年丁丑科吴潜榜	1217	—
	张洙	丽水	嘉定十年丁丑科吴潜榜	1217	—
	郑宗玉	丽水	嘉定十年丁丑科吴潜榜	1217	—
	连嵘	丽水	嘉定十年丁丑科吴潜榜	1217	—
	吴异	丽水	嘉定十年丁丑科吴潜榜	1217	—
	梅杞	云和	嘉定十年丁丑科吴潜榜	1217	侍御史
	富伟	青田	嘉定十年丁丑科吴潜榜	1217	—
	潘蕃孙	景宁	嘉定十年丁丑科吴潜榜	1217	信州判官
	李桂	缙云	嘉定十年丁丑科吴潜榜	1217	临安教授
	杨遂	松阳	嘉定十年丁丑科吴潜榜	1217	—
	项实	松阳	嘉定十年丁丑科吴潜榜	1217	—
	叶宗大[1]	遂昌	嘉定十年丁丑科吴潜榜	1217	—
	张枢	龙泉	嘉定十年丁丑科吴潜榜	1217	—
	何处智	龙泉	嘉定十年丁丑科吴潜榜	1217	—
	练先胜[2]	龙泉	嘉定十年丁丑科吴潜榜	1217	—
	鲍澹如	龙泉	嘉定十年丁丑科吴潜榜	1217	—
	吴畀	庆元	嘉定十年丁丑科吴潜榜	1217	—
	蔡源	丽水	嘉定十三年庚辰科刘渭榜	1220	—
	冯豹变	丽水	嘉定十三年庚辰科刘渭榜	1220	—
	蔡士从	丽水	嘉定十三年庚辰科刘渭榜	1220	—
	陈坡	青田	嘉定十三年庚辰科刘渭榜	1220	—
	赵与愿	青田	嘉定十三年庚辰科刘渭榜	1220	知临安
	潜起	缙云	嘉定十三年庚辰科刘渭榜	1220	太常博士
	赵汝皓[3]	缙云	嘉定十三年庚辰科刘渭榜	1220	太常寺丞
	蒋则	缙云	嘉定十三年庚辰科刘渭榜	1220	南陵县尉
	林嘉会	松阳	嘉定十三年庚辰科刘渭榜	1220	—
	潘材	遂昌	嘉定十三年庚辰科刘渭榜	1220	光禄大夫

① 清乾隆《浙江通志》作潘浚。
② 清乾隆《浙江通志》作叶大宗。
③ 清乾隆《浙江通志》作练光胜。

续表 48-2-1-2

朝代	姓　名	籍贯	科　名	公元	主要官职
南宋	何处恬	龙泉	嘉定十三年庚辰科刘渭榜	1220	—
	叶味道	龙泉	嘉定十三年庚辰科刘渭榜	1220	—
	周　英	龙泉	嘉定十三年庚辰科刘渭榜	1220	刑部员外郎
	吴人可	庆元	嘉定十三年庚辰科刘渭榜	1220	—
	林　瑄	丽水	嘉定十六年癸未科蒋重珍榜	1223	—
	李　鸿	丽水	嘉定十六年癸未科蒋重珍榜	1223	—
	季　易	丽水	嘉定十六年癸未科蒋重珍榜	1223	—
	陈　瑄	丽水	嘉定十六年癸未科蒋重珍榜	1223	—
	张敏子①	丽水	嘉定十六年癸未科蒋重珍榜	1223	—
	叶德新	丽水	嘉定十六年癸未科蒋重珍榜	1223	—
	蔡仲龙	丽水	嘉定十六年癸未科蒋重珍榜榜眼	1223	大理寺少卿、知信州
	卢子尚②	丽水	嘉定十六年癸未科蒋重珍榜	1223	—
	章从孙	青田	嘉定十六年癸未科蒋重珍榜	1223	—
	刘应申	青田	嘉定十六年癸未科蒋重珍榜	1223	—
	黄邦彦	缙云	嘉定十六年癸未科蒋重珍榜	1223	朝散大夫
	赵元蛟	缙云	嘉定十六年癸未科蒋重珍榜	1223	都大六路坑冶铸钱使
	赵汝华	丽水	宝庆二年丙戌科王会龙榜	1226	—
	赵若景	丽水	宝庆二年丙戌科王会龙榜	1226	—
	赵汝诜	丽水	宝庆二年丙戌科王会龙榜	1226	—
	赵汝岩	丽水	宝庆二年丙戌科王会龙榜	1226	—
	余　信	丽水	宝庆二年丙戌科王会龙榜	1226	—
	梅世建	丽水	宝庆二年丙戌科王会龙榜	1226	漳州司法
	林尧章	丽水	宝庆二年丙戌科王会龙榜	1226	—
	吴宗夫	丽水	宝庆二年丙戌科王会龙榜	1226	—
	赵汝禄③	丽水	宝庆二年丙戌科王会龙榜	1226	—
	杨　遂	丽水	宝庆二年丙戌科王会龙榜	1226	大理寺左评事
	章大醇④	丽水	宝庆二年丙戌科王会龙榜	1226	太府卿
	王显文	丽水	宝庆二年丙戌科王会龙榜	1226	—
	陈　铸⑤	丽水	宝庆二年丙戌科王会龙榜	1226	—

① 清乾隆《浙江通志》作章敏子。
② 清乾隆《浙江通志》作临海人。
③ 民国《丽水县志》作郑汝禄。
④ 清乾隆《浙江通志》作永康人。
⑤ 清乾隆《浙江通志》作崇德人。

续表 48-2-1-2

朝代	姓　名	籍贯	科　名	公元	主要官职
南宋	赵彦淤	丽水	宝庆二年丙戌科王会龙榜	1226	—
	郑必大	丽水	宝庆二年丙戌科王会龙榜	1226	—
	王唯元	青田	宝庆二年丙戌科王会龙榜	1226	大理评事
	留宗传	青田	宝庆二年丙戌科王会龙榜	1226	县令
	潘康子	景宁	宝庆二年丙戌科王会龙榜	1226	衢州判官
	潘应芾	景宁	宝庆二年丙戌科王会龙榜	1226	长安主簿
	何处任	龙泉	宝庆二年丙戌科王会龙榜	1226	—
	吴已之	庆元	宝庆二年丙戌科王会龙榜	1226	知临安
	童伯厚	丽水	绍定二年己丑科黄朴榜	1229	—
	赵若泎	丽水	绍定二年己丑科黄朴榜	1229	—
	冯梦兰	丽水	绍定二年己丑科黄朴榜	1229	—
	吴立之	丽水	绍定二年己丑科黄朴榜	1229	—
	赵汝夔	丽水	绍定二年己丑科黄朴榜	1229	—
	朱　光	丽水	绍定二年己丑科黄朴榜	1229	—
	赵时暄①	丽水	绍定二年己丑科黄朴榜	1229	—
	赵云夫	丽水	绍定二年己丑科黄朴榜	1229	—
	郑　龛	丽水	绍定二年己丑科黄朴榜	1229	—
	赵崇埴	缙云	绍定二年己丑科黄朴榜	1229	两浙转运使司干官
	陈　璇	缙云	绍定二年己丑科黄朴榜	1229	国子学录
	周善恭	缙云	绍定二年己丑科黄朴榜	1229	两淮盐运司司买
	江时举	丽水	绍定五年壬辰科徐元杰榜	1232	—
	李　濬	丽水	绍定五年壬辰科徐元杰榜	1232	—
	季端叟	丽水	绍定五年壬辰科徐元杰榜	1232	—
	蔡　登	丽水	绍定五年壬辰科徐元杰榜	1232	—
	刘汝渊	青田	绍定五年壬辰科徐元杰榜	1232	—
	汤　骥	景宁	绍定五年壬辰科徐元杰榜	1232	国子学录、浦江县尉
	沈　说	龙泉	绍定五年壬辰科徐元杰榜	1232	—
	鲍成祖②	龙泉	绍定五年壬辰科徐元杰榜	1232	—
	鲍　荛	龙泉	绍定五年壬辰科徐元杰榜	1232	—
	朱　时	丽水	端平二年乙未科吴叔诰榜	1235	—
	何伯英	丽水	端平二年乙未科吴叔诰榜	1235	—
	陈　垌	丽水	端平二年乙未科吴叔诰榜	1235	—

① 清乾隆《浙江通志》作章敏子。
② 清乾隆《浙江通志》作临海人。

续表 48-2-1-2

朝代	姓　名	籍贯	科　名	公元	主要官职
南宋	季　方	丽水	端平二年乙未科吴叔诰榜	1235	—
	赵汝堞	丽水	端平二年乙未科吴叔诰榜	1235	—
	叶惟佑	云和	端平二年乙未科吴叔诰榜	1235	—
	赵崇洁	缙云	端平二年乙未科吴叔诰榜	1235	福建安抚使
	张实甫	龙泉	端平二年乙未科吴叔诰榜	1235	—
	赵汝泽①	丽水	嘉熙二年戊戌科周坦榜	1238	—
	赵时樻	丽水	嘉熙二年戊戌科周坦榜	1238	—
	吴　蘧	丽水	嘉熙二年戊戌科周坦榜	1238	—
	赵汝益	丽水	嘉熙二年戊戌科周坦榜	1238	—
	吴士兴	丽水	嘉熙二年戊戌科周坦榜	1238	—
	吴　就	丽水	嘉熙二年戊戌科周坦榜	1238	—
	梁　椅	丽水	嘉熙二年戊戌科周坦榜	1238	太常寺丞
	姜子复	青田	嘉熙二年戊戌科周坦榜	1238	—
	赵与勤	青田	嘉熙二年戊戌科周坦榜	1238	知婺州
	刘梦符	青田	嘉熙二年戊戌科周坦榜	1238	—
	赵孟譓	青田	嘉熙二年戊戌科周坦榜	1238	—
	洪光大	青田	嘉熙二年戊戌科周坦榜	1238	—
	赵时奇	龙泉	嘉熙二年戊戌科周坦榜	1238	—
	赵汝澜	龙泉	嘉熙二年戊戌科周坦榜	1238	—
	吴　椅	庆元	嘉熙二年戊戌科周坦榜	1238	知韶州
	闾邱成	丽水	淳祐元年辛丑科徐俨夫榜	1241	—
	梅汝说	丽水	淳祐元年辛丑科徐俨夫榜	1241	—
	姜文龙	丽水	淳祐元年辛丑科徐俨夫榜	1241	—
	郑应开	丽水	淳祐元年辛丑科徐俨夫榜	1241	—
	赵时瑳	丽水	淳祐元年辛丑科徐俨夫榜	1241	—
	王日新	丽水	淳祐元年辛丑科徐俨夫榜	1241	朝散郎
	俞　来	丽水	淳祐元年辛丑科徐俨夫榜	1241	国子监学录
	潘　桧	丽水	淳祐元年辛丑科徐俨夫榜	1241	—
	潜说友	缙云	淳祐元年辛丑科徐俨夫榜	1241	临安知府、户部尚书
	卢应酉	缙云	淳祐元年辛丑科徐俨夫榜	1241	集英殿大学士
	王唐珪	松阳	淳祐元年辛丑科徐俨夫榜	1241	监察御史
	程　机	松阳	淳祐元年辛丑科徐俨夫榜	1241	学士

① 清乾隆《浙江通志》作赵汝滜。

续表 48-2-1-2

朝代	姓　名	籍贯	科　名	公元	主要官职
南宋	潘起岩	遂昌	淳祐元年辛丑科徐俨夫榜	1241	简阅
	章公权	龙泉	淳祐元年辛丑科徐俨夫榜	1241	—
	鲍　雷	龙泉	淳祐元年辛丑科徐俨夫榜	1241	—
	赵时焕	丽水	淳祐四年甲辰科留梦炎榜	1244	—
	赵时瓒	丽水	淳祐四年甲辰科留梦炎榜	1244	—
	吴　骥	丽水	淳祐四年甲辰科留梦炎榜	1244	—
	孙廷玉	丽水	淳祐四年甲辰科留梦炎榜	1244	—
	章　春	丽水	淳祐四年甲辰科留梦炎榜	1244	—
	赵嗣琪	丽水	淳祐四年甲辰科留梦炎榜	1244	—
	陈　初	丽水	淳祐四年甲辰科留梦炎榜	1244	—
	梅汝嘉	青田	淳祐四年甲辰科留梦炎榜	1244	—
	吴天泽	缙云	淳祐四年甲辰科留梦炎榜	1244	国子学正
	赵　瑞	缙云	淳祐四年甲辰科留梦炎榜	1244	给事中
	毛　兰	松阳	淳祐四年甲辰科留梦炎榜	1244	福州左司理
	叶　实	遂昌	淳祐四年甲辰科留梦炎榜	1244	—
	张景元	龙泉	淳祐四年甲辰科留梦炎榜	1244	—
	张　焯	龙泉	淳祐四年甲辰科留梦炎榜	1244	—
	卢梦岩①	龙泉	淳祐四年甲辰科留梦炎榜	1244	—
	徐仲南	丽水	淳祐七年丁未科张渊微榜	1247	—
	陈　坡	丽水	淳祐七年丁未科张渊微榜	1247	—
	朱　焕	丽水	淳祐七年丁未科张渊微榜	1247	—
	卢士申	丽水	淳祐七年丁未科张渊微榜	1247	—
	叶士驹	丽水	淳祐七年丁未科张渊微榜	1247	—
	徐　旦	丽水	淳祐七年丁未科张渊微榜	1247	—
	胡民望	丽水	淳祐七年丁未科张渊微榜	1247	—
	赵若怿	丽水	淳祐七年丁未科张渊微榜	1247	—
	包雷轨	青田	淳祐七年丁未科张渊微榜	1247	县尉
	吕应梦②	缙云	淳祐七年丁未科张渊微榜	1247	宜兴知县
	孙友益	缙云	淳祐七年丁未科张渊微榜	1247	乐清教授
	赵　霖	缙云	淳祐七年丁未科张渊微榜	1247	临安府教授
	叶茂洪	松阳	淳祐七年丁未科张渊微榜	1247	玉山县尉
	叶隆礼	松阳	淳祐七年丁未科张渊微榜	1247	—

① 清乾隆《浙江通志》作张梦岩。
② 清乾隆《浙江通志》作吴应梦。

续表 48-2-1-2

朝代	姓　名	籍贯	科　名	公元	主要官职
南宋	刘　瑄	遂昌	淳祐七年丁未科张渊微榜	1247	—
	董　榆	遂昌	淳祐七年丁未科张渊微榜	1247	—
	陈　存	龙泉	淳祐七年丁未科张渊微榜探花	1247	—
	陈　梓	龙泉	淳祐七年丁未科张渊微榜	1247	—
	鲍　度	龙泉	淳祐七年丁未科张渊微榜	1247	—
	赵汝与	丽水	淳祐十年庚戌科方逢辰榜	1250	—
	周明之	丽水	淳祐十年庚戌科方逢辰榜	1250	—
	赵时仔	丽水	淳祐十年庚戌科方逢辰榜	1250	—
	赵时壑①	丽水	淳祐十年庚戌科方逢辰榜	1250	—
	周景祖	丽水	淳祐十年庚戌科方逢辰榜	1250	—
	杨少愚	丽水	淳祐十年庚戌科方逢辰榜	1250	—
	富宗礼	青田	淳祐十年庚戌科方逢辰榜	1250	—
	赵顺孙	缙云	淳祐十年庚戌科方逢辰榜	1250	参知政事兼同知枢密院事
	陶　传	缙云	淳祐十年庚戌科方逢辰榜	1250	—
	张元孙	龙泉	淳祐十年庚戌科方逢辰榜	1250	—
	张樵翁	龙泉	淳祐十年庚戌科方逢辰榜	1250	—
	张师望	龙泉	淳祐十年庚戌科方逢辰榜	1250	—
	周荣相	龙泉	淳祐十年庚戌科方逢辰榜	1250	—
	陈　垲②	龙泉	淳祐十年庚戌科方逢辰榜	1250	吏部尚书
	李　庚	龙泉	淳祐十年庚戌科方逢辰榜	1250	浙西提刑
	周景励	丽水	宝祐元年癸丑科姚勉榜	1253	—
	陈　厚	丽水	宝祐元年癸丑科姚勉榜	1253	—
	尹　栋	丽水	宝祐元年癸丑科姚勉榜	1253	绍兴府参军
	陶宗海	缙云	宝祐元年癸丑科姚勉榜	1253	—
	周　椒	缙云	宝祐元年癸丑科姚勉榜	1253	太仆卿
	项汝明	松阳	宝祐元年癸丑科姚勉榜	1253	—
	潘　凤	松阳	宝祐元年癸丑科姚勉榜	1253	—
	张志立	龙泉	宝祐元年癸丑科姚勉榜	1253	—
	周子原③	龙泉	宝祐元年癸丑科姚勉榜	1253	—
	赵汝濎	丽水	宝祐四年丙辰科文天祥榜	1256	—
	吴　灿	丽水	宝祐四年丙辰科文天祥榜	1256	—

① 清乾隆《浙江通志》作赵嗣壑。

②《宋史》作嘉兴人。

③ 清乾隆《浙江通志》作周子元。

续表 48-2-1-2

朝代	姓　名	籍贯	科　名	公元	主要官职
南宋	赵若播	丽水	宝祐四年丙辰科文天祥榜	1256	—
	赵　时	丽水	宝祐四年丙辰科文天祥榜	1256	—
	叶梦登	丽水	宝祐四年丙辰科文天祥榜	1256	吉安教授
	郑应雷	丽水	宝祐四年丙辰科文天祥榜	1256	—
	陈景行	青田	宝祐四年丙辰科文天祥榜	1256	礼部侍郎
	罗　林	青田	宝祐四年丙辰科文天祥榜	1256	—
	俞学古[①]	青田	宝祐四年丙辰科文天祥榜	1256	奉议大夫、国子学正
	赵孟奎	青田	宝祐四年丙辰科文天祥榜	1256	—
	陈　塈	青田	宝祐四年丙辰科文天祥榜	1256	国子司业、奉议大夫
	沈　畋	松阳	宝祐四年丙辰科文天祥榜	1256	龙游知县
	季　可	龙泉	宝祐四年丙辰科文天祥榜	1256	兵部尚书
	鲍同孙	龙泉	宝祐四年丙辰科文天祥榜	1256	—
	吴松龙	庆元	宝祐四年丙辰科文天祥榜	1256	松溪县尉
	梅一飞	云和	宝祐四年丙辰科文天祥榜	1256	黄岩县丞
	赵必钉	丽水	开庆元年己未科周震炎榜	1259	—
	赵若授	丽水	开庆元年己未科周震炎榜	1259	—
	赵若抚	丽水	开庆元年己未科周震炎榜	1259	—
	胡　锜	丽水	开庆元年己未科周震炎榜	1259	—
	陈必庆	丽水	开庆元年己未科周震炎榜	1259	——
	蒋世珍	缙云	开庆元年己未科周震炎榜榜眼	1259	温州教授
	周　璋	缙云	开庆元年己未科周震炎榜	1259	镇江县丞
	项士明[②]	龙泉	开庆元年己未科周震炎榜	1259	—
	项子合	龙泉	开庆元年己未科周震炎榜	1259	—
	鲍　逖	龙泉	开庆元年己未科周震炎榜	1259	—
	鲍志及	龙泉	开庆元年己未科周震炎榜	1259	—
	赵嗣通	丽水	景定三年壬戌科方山京榜	1262	—
	赵若抡	丽水	景定三年壬戌科方山京榜	1262	—
	赵时渚	丽水	景定三年壬戌科方山京榜	1262	—
	吴　澄	丽水	景定三年壬戌科方山京榜	1262	—
	叶　禔[③]	丽水	景定三年壬戌科方山京榜	1262	上饶县主簿
	朱天民	丽水	景定三年壬戌科方山京榜	1262	平江节度判官

① 清乾隆《浙江通志》作余学古。
② 清乾隆《浙江通志》作项仕明。
③ 清乾隆《浙江通志》作叶槻。

续表 48-2-1-2

朝代	姓　名	籍贯	科　名	公元	主要官职
南宋	郑滁孙	青田	景定三年壬戌科方山京榜	1262	礼部郎官、侍讲学士
	洪梦斗	青田	景定三年壬戌科方山京榜	1262	—
	陶　铭	缙云	景定三年壬戌科方山京榜	1262	—
	赵兰孙	缙云	景定三年壬戌科方山京榜	1262	—
	赵崇镳	缙云	景定三年壬戌科方山京榜	1262	知瑞州
	朱孝忞	缙云	景定三年壬戌科方山京榜	1262	—
	潘梦午	松阳	景定三年壬戌科方山京榜	1262	丽州司法
	潘仕林	松阳	景定三年壬戌科方山京榜	1262	—
	张　默	龙泉	景定三年壬戌科方山京榜	1262	—
	何崇斗	龙泉	景定三年壬戌科方山京榜	1262	—
	鲍志大	龙泉	景定三年壬戌科方山京榜	1262	—
	鲍顺老	龙泉	景定三年壬戌科方山京榜	1262	—
	周　彬	丽水	景定三年壬戌科方山京榜	1262	—
	赵元凯	丽水	咸淳元年乙丑科阮登炳榜	1265	—
	赵应高	丽水	咸淳元年乙丑科阮登炳榜	1265	—
	常维之	丽水	咸淳元年乙丑科阮登炳榜	1265	—
	赵崇节	丽水	咸淳元年乙丑科阮登炳榜	1265	—
	赵崇运	丽水	咸淳元年乙丑科阮登炳榜	1265	—
	赵嗣琮	丽水	咸淳元年乙丑科阮登炳榜	1265	—
	赵埭夫	丽水	咸淳元年乙丑科阮登炳榜	1265	—
	赵必锳	丽水	咸淳元年乙丑科阮登炳榜	1265	—
	赵若涌	丽水	咸淳元年乙丑科阮登炳榜	1265	—
	华登云①	丽水	咸淳元年乙丑科阮登炳榜	1265	钱塘尉
	吴　梅	丽水	咸淳元年乙丑科阮登炳榜	1265	钱塘县尉
	赵若灏	丽水	咸淳元年乙丑科阮登炳榜	1265	—
	蔡梦龙	丽水	咸淳元年乙丑科阮登炳榜	1265	无锡主簿
	郑嘉遁	丽水	咸淳元年乙丑科阮登炳榜	1265	—
	郑孟厚②	青田	咸淳元年乙丑科阮登炳榜	1265	—
	赵孟至③	青田	咸淳元年乙丑科阮登炳榜	1265	浙江提举
	毛梦发④	青田	咸淳元年乙丑科阮登炳榜	1265	—

① 清乾隆《浙江通志》作叶登云。
② 清乾隆《浙江通志》作缙云人。
③ 清乾隆《浙江通志》作缙云人。
④ 清乾隆《浙江通志》作缙云人。

续表 48-2-1-2

朝代	姓　名	籍贯	科　名	公元	主要官职
南宋	赵希坯[①]	青田	咸淳元年乙丑科阮登炳榜	1265	—
	赵时爒[②]	青田	咸淳元年乙丑科阮登炳榜	1265	—
	赵孟圻[③]	青田	咸淳元年乙丑科阮登炳榜	1265	—
	刘若济	青田	咸淳元年乙丑科阮登炳榜	1265	—
	赵必瞻[④]	缙云	咸淳元年乙丑科阮登炳榜	1265	中书舍人
	周　璧	缙云	咸淳元年乙丑科阮登炳榜	1265	吏部给事
	叶　野	松阳	咸淳元年乙丑科阮登炳榜	1265	饶州司法
	萧必强	松阳	咸淳元年乙丑科阮登炳榜	1265	—
	张光孙	龙泉	咸淳元年乙丑科阮登炳榜	1265	—
	赵时谚	龙泉	咸淳元年乙丑科阮登炳榜	1265	—
	鲍福卿	龙泉	咸淳元年乙丑科阮登炳榜	1265	—
	周　浩	丽水	咸淳四年戊辰科陈文龙榜	1268	—
	李文豹	丽水	咸淳四年戊辰科陈文龙榜	1268	—
	陈庚孙	丽水	咸淳四年戊辰科陈文龙榜	1268	—
	洪梦牛	青田	咸淳四年戊辰科陈文龙榜	1268	—
	留应奎	青田	咸淳四年戊辰科陈文龙榜	1268	—
	赵时饰	青田	咸淳四年戊辰科陈文龙榜	1268	—
	潜尚友	缙云	咸淳四年戊辰科陈文龙榜	1268	承直郎侍班
	季立道	龙泉	咸淳四年戊辰科陈文龙榜	1268	—
	梁彦国	丽水	咸淳七年辛未科张镇孙榜	1271	—
	赵崇籍	丽水	咸淳七年辛未科张镇孙榜	1271	—
	鲍　尧	丽水	咸淳七年辛未科张镇孙榜	1271	—
	章　佺	丽水	咸淳七年辛未科张镇孙榜	1271	—
	郑　澥	丽水	咸淳七年辛未科张镇孙榜	1271	南省赋魁
	梅宽夫	缙云	咸淳七年辛未科张镇孙榜	1271	慈溪县尉
	朱有泰	缙云	咸淳七年辛未科张镇孙榜	1271	监察御史
	蒋　诰	缙云	咸淳七年辛未科张镇孙榜	1271	枢密副使
	陶宏道[⑤]	缙云	咸淳七年辛未科张镇孙榜	1271	权知泉州
	沈　佺	松阳	咸淳七年辛未科张镇孙榜榜眼	1271	—

① 清乾隆《浙江通志》作缙云人。
② 清乾隆《浙江通志》作缙云人。
③ 清乾隆《浙江通志》作缙云人。
④ 民国《松阳县志》作松阳人。
⑤ 清乾隆《浙江通志》作陶弘道。

续表 48-2-1-2

朝代	姓　名	籍贯	科　　名	公元	主要官职
南宋	叶霆发	松阳	咸淳七年辛未科张镇孙榜	1271	温州司法
	叶桂锡	松阳	咸淳七年辛未科张镇孙榜	1271	玉山县丞
	刘成象	松阳	咸淳七年辛未科张镇孙榜	1271	—
	李　瑛	松阳	咸淳七年辛未科张镇孙榜	1271	—
	张立智①	龙泉	咸淳七年辛未科张镇孙榜	1271	—
	张思基②	龙泉	咸淳七年辛未科张镇孙榜	1271	—
	何宗炎③	龙泉	咸淳七年辛未科张镇孙榜	1271	—
	赵若槼	丽水	咸淳十年甲戌科王龙泽榜	1274	—
	俞　奇	丽水	咸淳十年甲戌科王龙泽榜	1274	国子监学录
	梁泰来	丽水	咸淳十年甲戌科王龙泽榜	1274	—
	叶　采	丽水	咸淳十年甲戌科王龙泽榜	1274	—
	胡褒然	丽水	咸淳十年甲戌科王龙泽榜	1274	—
	王楫之	丽水	咸淳十年甲戌科王龙泽榜	1274	—
	朱逢泰	丽水	咸淳十年甲戌科王龙泽榜	1274	—
	赵若涯	青田	咸淳十年甲戌科王龙泽榜	1274	—
	朱舜臣	青田	咸淳十年甲戌科王龙泽榜	1274	—
	留文奎	青田	咸淳十年甲戌科王龙泽榜	1274	—
	郑陶孙	青田	咸淳十年甲戌科王龙泽榜	1274	江西儒学提举
	潜祖昌	缙云	咸淳十年甲戌科王龙泽榜	1274	瑞安主簿
	陈　桧	缙云	咸淳十年甲戌科王龙泽榜	1274	—
	田桂发	缙云	咸淳十年甲戌科王龙泽榜	1274	遂安县尉
	张　可④	龙泉	咸淳十年甲戌科王龙泽榜	1274	—
	叶继春	云和	咸淳十年甲戌科王龙泽榜	1274	淮安府尹
	郑　睿	丽水	年科无考	—	—
	郑　通	丽水	年科无考	—	—
	林　遂	丽水	年科无考	—	—
	叶弥邵	丽水	年科无考	—	—
	祝　颙	丽水	年科无考	—	—
	王　何	丽水	年科无考	—	—
	谢永年	缙云	年科无考	—	职方郎中

① 清乾隆《浙江通志》作咸淳四年(1268)戊辰科进士。
② 清乾隆《浙江通志》作咸淳四年(1268)戊辰科进士。
③ 清乾隆《浙江通志》作咸淳四年(1268)戊辰科进士。
④ 清乾隆《浙江通志》作咸淳四年(1268)戊辰科进士。

续表 48-2-1-2

朝代	姓　名	籍贯	科　名	公元	主要官职
南宋	陈　敏	缙云	年科无考	—	淮西提举司干官
	陈汝渊	缙云	年科无考	—	淮东观察处置使
	田文龙	缙云	年科无考	—	知四会县
	羊永德	缙云	年科无考	—	徽州通判
	梅伯安	缙云	年科无考	—	户部给事
	梅仲良	缙云	年科无考	—	枣强知县
	陈　禮	缙云	年科无考	—	新干知县
	胡　荣	缙云	年科无考	—	祁门知县
	胡　焱	缙云	年科无考	—	大理评事
	叶季韶	缙云	年科无考	—	临安教授
	陶　登	缙云	年科无考	—	—
	周思明	缙云	年科无考	—	常熟知县
	周　戣	缙云	年科无考	—	乌程知县
	周思恭	缙云	年科无考	—	知建州
	周大成	缙云	年科无考	—	太平州通判
	周仁辅	缙云	年科无考	—	松溪县丞
	真山民	龙泉	年科无考	—	—
	王孔愚	云和	年科无考	—	—
	柳　樵	云和	年科无考	—	南丰主簿
	王　元	云和	年科无考	—	处州知府
	周景庆[①]	遂昌	年科无考	—	—
	陈　库	丽水	年科无考	—	—
元	翁道久	遂昌	至元二十二年乙酉科	1285	江山教谕
	叶　丑	缙云	延佑二年乙卯科	1315	湖州总管
	张　载	龙泉	延佑二年乙卯科	1315	—
	杨　载	龙泉	延佑二年乙卯科	1315	—
	林定老	丽水	延佑五年戊午科霍希贤榜	1318	知新州
	赵　显	缙云	至治元年辛酉科宋本榜	1321	—
	赵拱辰	缙云	至治元年辛酉科宋本榜	1321	—
	赵俊祖	缙云	致和元年戊辰科牛继志榜	1328	鄂州学录
	项棣孙	丽水	至顺元年庚午科王文晔榜	1330	延平路总管
	刘　基[②]	青田	元统元年癸酉科李齐榜	1333	御史中丞兼太史令

① 清乾隆《浙江通志》有载，清光绪《处州府志》《遂昌县志》未载。

② 乾隆《浙江通志》作至顺二年（1331）辛未科进士。

续表 48-2-1-2

朝代	姓 名	籍贯	科 名	公元	主要官职
元	徐祖德[1]	青田	元统元年癸酉科李齐榜	1333	中书省管局
	叶 岘[2]	青田	元统元年癸酉科李齐榜	1333	南安尹
	朱 填	缙云	至正三年癸未科	1343	—
	林彬祖	丽水	至正五年乙酉科张士坚榜	1345	青阳尹
	练 鲁	松阳	至正五年乙酉科张士坚榜	1345	—
	周 梓	松阳	至正五年乙酉科张士坚榜	1345	—
	郑元祐[3]	遂昌	至正五年乙酉科张士坚榜	1345	江浙提举
	蔡文龙	缙云	年科无考	—	高安县尹
	孙天锡	缙云	年科无考	—	—
	孙天祐	缙云	年科无考	—	潮州路总管
明	吴公达	丽水	洪武四年辛亥科吴伯宗榜探花	1371	刑部尚书
	季公震	缙云	洪武四年辛亥科吴伯宗榜	1371	吴江县主簿
	王文龙	松阳	洪武四年辛亥科吴伯宗榜	1371	—
	戴 成	丽水	洪武十八年乙丑科丁显榜	1385	—
	陈善生	丽水	洪武十八年乙丑科丁显榜	1385	—
	吴 原	丽水	洪武十八年乙丑科丁显榜	1385	南京监察御史
	梁以孜	景宁	洪武十八年乙丑科丁显榜	1385	永城县丞
	朱 隆	缙云	洪武十八年乙丑科丁显榜	1385	龙泉县丞
	周月华	松阳	洪武十八年乙丑科丁显榜	1385	灵宝县丞
	周思政	青田	洪武二十一年戊辰科任亨泰榜	1388	监察御史
	杨 熹	缙云	洪武二十一年戊辰科任亨泰榜	1388	监察御史
	章 荣	缙云	洪武二十一年戊辰科任亨泰榜	1388	湖广道监察御史
	李维齐	丽水	洪武二十四年辛未科许观榜	1391	容县知县、监察御史
	李文巽	丽水	洪武三十年丁丑科陈䢺榜	1397	监察御史
	刘道福	丽水	洪武三十年丁丑科陈䢺榜	1397	河南佥事
	王 遂	松阳	建文二年庚辰科胡广榜	1400	中书舍人
	陈 昂	缙云	建文二年庚辰科胡广榜	1400	工部郎中
	徐善庆	丽水	永乐二年甲申科曾棨榜	1404	—
	周永源[4]	青田	永乐二年甲申科曾棨榜	1404	宁府伴读
	叶仕宁	青田	永乐二年甲申科曾棨榜	1404	仪制郎、陕西参政

① 清乾隆《浙江通志》作至顺二年(1331)辛未科进士。
② 清乾隆《浙江通志》作至顺二年(1331)辛未科进士。
③ 清乾隆《浙江通志》作至元二十二年(1285)乙酉科进士。
④ 清乾隆《浙江通志》作周文源。

续表 48-2-1-2

朝代	姓 名	籍贯	科 名	公元	主要官职
明	赵 曾	缙云	永乐二年甲申科曾棨榜	1404	预修《永乐大典》
	周 远	缙云	永乐二年甲申科曾棨榜	1404	河南道监察御史
	田 堉	缙云	永乐二年甲申科曾棨榜	1404	楚府审理、长阳知县
	刘性同①	丽水	永乐四年丙戌科林环榜	1406	河南参政
	陈 骥	丽水	永乐四年丙戌科林环榜	1406	—
	蔡子宜	青田	永乐四年丙戌科林环榜	1406	—
	赵 圭②	龙泉	永乐四年丙戌科林环榜	1406	工部主事
	陈 仪	丽水	永乐九年辛卯科萧时中榜	1411	佥事
	周宗保	青田	永乐九年辛卯科萧时中榜	1411	—
	章 睿	丽水	永乐十年壬辰科马铎帮	1412	广东按察佥事
	周 贵	丽水	永乐十三年乙未科陈循榜	1415	翰林编修、知府
	吴善才	丽水	永乐十三年乙未科陈循榜	1415	礼部、工部侍郎
	吴绍生	遂昌	永乐十三年乙未科陈循榜	1415	工部屯田员外
	鲍 华③	庆元	永乐十三年乙未科陈循榜	1415	南京礼部主事
	吴 琛	丽水	永乐十六年戊戌科李骐榜	1418	庆府长史
	叶道庆	缙云	永乐十六年戊戌科李骐榜	1418	翰林院修书
	陈 祚	缙云	永乐十六年戊戌科李骐榜	1418	福建市舶司提举
	周德琳	遂昌	永乐十六年戊戌科李骐榜	1418	云南布政司参议
	吴 琰	庆元	永乐十六年戊戌科李骐榜	1418	—
	陈 炎	丽水	永乐十九年辛丑科曾鹤龄榜	1421	河南道御史
	陈 爱	丽水	永乐十九年辛丑科曾鹤龄榜	1421	庆府长史
	项 昱	青田	永乐十九年辛丑科曾鹤龄榜	1421	—
	吴文庆	遂昌	永乐十九年辛丑科曾鹤龄榜	1421	汉中知府
	薛希琏	丽水	宣德五年庚戌科林震榜	1430	刑部尚书、资德大夫
	陈 诏	青田	宣德五年庚戌科林震榜	1430	佥都御史
	叶 遄	青田	宣德五年庚戌科林震榜	1430	佥事
	李 棠	缙云	宣德五年庚戌科林震榜	1430	刑部右侍郎、广西巡抚
	蒋希性	缙云	正统元年丙辰科周旋榜	1436	陕西参议、工部主事
	洪 绳	青田	正统七年壬戌科刘俨榜	1442	比部
	徐 善	缙云	正统七年壬戌科刘俨榜	1442	陕西按察司佥事
	金 文	丽水	景泰二年辛未科柯潜榜	1451	庶吉士开封知府

① 民国《松阳县志》作松阳人。
② 清乾隆《浙江通志》作陈圭。
③ 清光绪《庆元县志》作鲍毕。

续表 48-2-1-2

朝代	姓　名	籍贯	科　名	公元	主要官职
明	潘　琴	景宁	天顺元年丁丑科黎淳榜	1457	福建兴化知府
	金　忠	云和	天顺八年甲申科彭教榜	1464	贵州道御史
	虞　瑶	缙云	天顺八年甲申科彭教榜	1464	兵部右侍郎
	樊　贵	缙云	天顺八年甲申科彭教榜	1464	兵部观政
	卢　玑	松阳	天顺八年甲申科彭教榜	1464	—
	王　琮	龙泉	天顺八年甲申科彭教榜	1464	—
	李　琮	景宁	天顺八年甲申科彭教榜	1464	福建布政使
	吴世荣	丽水	成化二年丙戌科罗伦榜	1466	—
	詹　雨	松阳	成化二年丙戌科罗伦榜	1466	广东左参政
	吴　志	遂昌	成化二年丙戌科罗伦榜	1466	惠州知府
	张　璁	丽水	成化五年己丑科张升榜	1469	按察副使
	俞　俊	丽水	成化八年壬辰科吴宽榜	1472	工部尚书
	达　毅	丽水	成化八年壬辰科吴宽榜	1472	—
	朱仲忻	遂昌	成化八年壬辰科吴宽榜	1472	太仆寺丞
	周　南	缙云	成化十四年戊戌科曾彦榜	1478	右都御史、两广总督
	王　玘	遂昌	成化十七年辛丑科王华榜	1481	刑部郎中
	刘　芳	丽水	成化二十年甲辰科李旻榜	1484	山东监察御史
	金　祺	丽水	成化二十年甲辰科李旻榜	1484	台州知州
	陶　嵩	缙云	成化二十年甲辰科李旻榜	1484	工部郎中
	郑　宣	丽水	弘治六年葵丑科毛澄榜	1493	江西参议
	李　瑾	丽水	弘治六年葵丑科毛澄榜	1493	—
	叶　德	丽水	弘治九年丙辰科朱希周榜	1496	翰林编修
	詹　宝	松阳	弘治九年丙辰科朱希周榜	1496	江西新昌知县
	虞　岳	缙云	弘治十二年己未科伦文叙榜	1499	刑部员外郎
	叶　良	丽水	弘治十五年壬戌科康海榜	1502	兵科给事中
	李　璋	景宁	弘治十五年壬戌科康海榜	1502	山西副都御史
	李　玠	缙云	弘治十八年乙丑科顾鼎臣榜	1505	—
	李　寅	缙云	弘治十八年乙丑科顾鼎臣榜	1505	广西左布政
	苏　民	遂昌	弘治十八年乙丑科顾鼎臣榜	1505	刑部尚书
	叶　溥	龙泉	弘治十八年乙丑科顾鼎臣榜	1505	江西左布政
	沈　暕	云和	弘治十八年乙丑科顾鼎臣榜	1505	山东按察副使
	汪　瑛	丽水	正德三年戊辰科吕柟榜	1508	会魁
	李　长	缙云	正德六年辛未科杨慎榜	1511	户科给事中
	桑　阡	丽水	正德十二年丁丑科舒芬榜	1517	—

续表 48-2-1-2

朝代	姓　名	籍贯	科　名	公元	主要官职
明	李　瑜	缙云	正德十二年丁丑科舒芬榜	1517	刑部郎中、凤阳知府
	施　山	缙云	正德十六年辛巳科杨维聪榜	1521	广西佥宪、御史
	应　棐[①]	遂昌	正德十六年辛巳科杨维聪榜	1521	余干知县
	周　综	遂昌	正德十六年辛巳科杨维聪榜	1521	仪封知县
	吴　荣	丽水	嘉靖二年癸未科姚涞榜	1523	乐平知县
	陈　府	丽水	嘉靖二年癸未科姚涞榜	1523	—
	郑　琬	青田	嘉靖二年癸未科姚涞榜	1523	知府
	王　准	青田	嘉靖二年癸未科姚涞榜	1523	都给事中
	应　果	遂昌	嘉靖二年癸未科姚涞榜	1523	汀州知府
	季　镐	龙泉	嘉靖二年癸未科姚涞榜	1523	—
	李　錞	景宁	嘉靖二年癸未科姚涞榜	1523	按察使
	应　槚	遂昌	嘉靖五年丙戌科龚用卿榜	1526	两广总督、兵部侍郎
	胡　俸	庆元	嘉靖八年己丑科罗洪先榜	1529	—
	卢　勋	缙云	嘉靖十一年壬辰科林大钦榜	1532	南刑部尚书
	翁学渊	遂昌	嘉靖十一年壬辰科林大钦榜	1532	福建湖广佥事
	张敦仁	丽水	嘉靖十七年戊戌科茅瓒榜	1538	行太仆卿
	沈　链[②]	丽水	嘉靖十七年戊戌科茅瓒榜	1538	锦衣卫经历
	吴守贞	丽水	嘉靖二十年辛丑科沈坤榜	1541	—
	何　镗	丽水	嘉靖二十六年丁未科李春芳榜	1547	广东按察使
	张敦复	丽水	嘉靖二十六年丁未科李春芳榜	1547	刑部主事
	樊献科	缙云	嘉靖二十六年丁未科李春芳榜	1547	广西左参政
	毛文邦	松阳	嘉靖二十九年庚戌科唐汝揖榜	1550	刑部主事
	郑文茂	缙云	嘉靖三十二年癸丑科陈谨榜	1553	四川按察副使
	李　键	缙云	嘉靖三十五年丙辰科诸大绶榜	1556	光禄少卿、四川参政
	叶应春	云和	嘉靖三十五年丙辰科诸大绶榜	1556	—
	周　敖	遂昌	嘉靖三十五年丙辰科诸大绶榜武状元	1556	锦衣卫校尉
	吕鸣珂	丽水	嘉靖三十八年己未科丁士美榜	1559	工部侍郎、太常少卿
	王　葑	丽水	嘉靖三十八年己未科丁士美榜	1559	刑部观政
	戴　濂	丽水	嘉靖四十一年壬戌科申时行榜	1562	浔州知府
	叶以蕃	遂昌	嘉靖四十一年壬戌科申时行榜	1562	工部员外郎
	吴孔性	遂昌	嘉靖四十一年壬戌科申时行榜	1562	云南参政
	郑汝璧	缙云	隆庆二年戊辰科罗万化榜	1568	兵部右侍郎

① 清乾隆《浙江通志》作遂安人。

② 清乾隆《浙江通志》作会稽人。

续表 48-2-1-2

朝代	姓　名	籍贯	科　名	公元	主要官职
明	郑秉厚	遂昌	隆庆五年辛未科张元忭榜	1571	江西布政使参政
	李　鋕①	缙云	万历二年甲戌科孙继皋榜	1574	刑部尚书、左都御史
	李正蒙	缙云	万历八年庚辰科张懋修榜	1580	礼部主事
	项应祥	遂昌	万历八年庚辰科张懋修榜	1580	佥都御史、应天巡抚
	叶云祁	云和	万历八年庚辰科张懋修榜	1580	饶州知府
	尹思忠	遂昌	万历十四年丙戌科（武进士）	1586	—
	吕邦耀	丽水	万历二十九年辛丑科张以诚榜	1601	太常寺少卿
	王一中②	青田	万历三十五年丁未科黄士俊榜	1607	光禄寺正卿、江都御史
	项应誉③	青田	万历三十五年丁未科黄士俊榜	1607	固安知县
	李灿然	缙云	万历四十七年己未科庄际昌榜	1619	太仆寺卿
	郑子寿	缙云	天启五年乙丑科余煌榜	1625	合肥知县
	田正春	缙云	崇祯七年甲戌科刘理顺榜	1634	刑部郎中、太康知县
	周士多	缙云	崇祯十五年壬午科	1642	卫辉兵备副使
	王希璧	缙云	年科无考	—	—
清	王汝棐	松阳	顺治十二年乙未科史大成榜	1655	延建参议
	郑载飏	缙云	康熙六年丁未科缪彤榜	1667	长葛知县
	杨光表	丽水	康熙六年丁未科（武进士）	1667	—
	郑惟飚	缙云	康熙九年庚戌科蔡启樽榜	1670	宁国府同知
	姚　梁	庆元	乾隆三十四年己丑科陈楚哲榜	1769	内阁中书、饶州知府
	黄　瑞	遂昌	乾隆四十五年（武进士）	1780	湖北宜昌镇总兵
	端木国瑚	青田	道光十三年癸巳科汪鸣相榜	1833	内阁中书
	吴世涵	遂昌	道光二十年庚子科李承霖榜	1840	云南太和知县
	叶维藩	松阳	道光二十七年丁未科张之万榜	1847	黔阳知县
	徐景福	遂昌	同治十年辛未科梁瑶枢榜	1871	常熟知县
	厉国雄	青田	同治十三年甲戌科（武进士）	1874	—
	周世昌	缙云	光绪二年丙子科（武进士）	1876	侍卫
	项在时	青田	光绪二年丙子科（武进士）	1876	—
	陈庭灿	青田	光绪三年丁丑科（武进士）	1877	—
	吴成周	缙云	光绪三年丁丑科王仁堪榜	1877	华亭、崇明知县
	夏庄及	青田	光绪三年丁丑科王仁堪榜	1877	—
	何登熊	松阳	光绪十二年丙戌科赵以炯榜	1886	—

① 清乾隆《浙江通志》作李志。
② 清乾隆《浙江通志》作丽水人。
③ 清乾隆《浙江通志》作永嘉人。

续表 48-2-1-2

朝代	姓　名	籍贯	科　名	公元	主要官职
清	施化麟	缙云	光绪十五年己丑科(武进士)	1889	泉州游击
	魏国桥	丽水	光绪二十年甲午科(武进士)	1894	正定府镇标中营都司
	卢　暖	缙云	光绪二十四年戊戌科夏同和榜	1898	翰林编修
	高焕然	松阳	光绪二十四年戊戌科夏同和榜	1898	—
	黄殿魁	青田	年科无考(武进士)	—	京城护卫

第二节　革命烈士

丽水市是革命老区，在大革命时期、土地革命时期、抗日战争时期、解放战争时期，许多指战员和干部、群众献出宝贵的生命。中华人民共和国成立以后，在剿匪反霸、抗美援朝、解放一江山岛、对越自卫还击以及社会主义革命和建设中，又有许多指战员和干部、群众英勇牺牲。至 2010 年，全市有革命烈士 1299 人，除淳安县移民 1 人外，其余均系本籍人士，其中莲都区 177 人、龙泉市 122 人、青田县 223 人、云和县 60 人、庆元县 51 人、缙云县 310 人、遂昌县 89 人、松阳县 160 人、景宁畲族自治县 107 人；大革命时期 1 人，土地革命时期 171 人，抗日战争时期 98 人，解放战争时期 256 人，中华人民共和国建立以来 773 人，其中抗美援朝牺牲的 296 人。

1921—2010 年丽水市革命烈士人数一览

表 48-2-2-1　　单位：人

县(市、区)名	大革命时期	土地革命时期	抗日战争时期	解放战争时期	中华人民共和国成立后	其中：抗美援朝	合计
莲都区	—	3	12	27	135	59	177
龙泉市	—	41	36	2	43	18	122
青田县	1	14	8	60	140	31	223
云和县	—	—	—	9	51	26	60
庆元县	—	4	6	16	25	8	51
缙云县	—	19	4	95	192	74	310
遂昌县	—	27	13	5	44	24	89
松阳县	—	63	1	18	78	27	160
景宁畲族自治县	—	—	18	24	65	29	107
全市	1	171	98	256	773	296	1299

大革命时期革命烈士一览

表 48-2-2-2

姓　名	生卒年	籍贯	牺牲地点	单 位 职 务
麻　植	1893—1927	青田	广州	广东军委秘书

土地革命时期革命烈士一览

表 48-2-2-3

姓　名	生卒年	籍贯	牺牲地点	单 位 职 务
朱生民	1906—1930	丽水	丽水大水门	红十三军浙西 3 纵队副指挥
郑和斋	1891—1930	丽水	杭州	中共宣平县南乡区委书记
汪陈俊	1908—1935	丽水	宣平	中共麻铺村支部书记
季步高	1906—1928	龙泉	广州	中共广州市委书记
黄佛生	1898—1934	龙泉	松阳	红军北上抗日先遣队战士
叶广益	1909—1935	龙泉	龙泉岱头	安坑村苏维埃政府分田委员
廖张奎	1912—1935	龙泉	龙泉岱头	浙西南游击队村队长
叶广明	1910—1935	龙泉	—	红军挺进师 2 纵队战士
毛兴旺	1893—1935	龙泉	龙泉岱头	局下村苏维埃政府分田委员
叶五妹	1911—1935	龙泉	—	红军挺进师 2 纵队战士
杨芳流	1889—1935	龙泉	龙泉木岱口	山溪村苏维埃政府主席
孙奶奶	1887—1935	龙泉	龙泉棕衣口	垟赛坑村苏维埃政府主席
叶张宝	1896—1935	龙泉	福建浦城	村革命积极分子
孙元海	1908—1935	龙泉	龙泉逢新水口	浙西南游击队战士
曹春高	1892—1935	龙泉	龙泉大桥下	浙西南游击队战士
傅水田	1887—1935	龙泉	龙泉供村	山后源村苏维埃政府分田委员
傅水达	1888—1935	龙泉	龙泉供村	山后源村苏维埃政府分田委员
张培发	1906—1935	龙泉	龙泉水南	浙西南游击队村队长
方金翠(女)	1910—1935	龙泉	龙泉吴岱	鹤溪村妇女主任
毛永新	1906—1935	龙泉	龙泉上垟	浙西南游击队战士
吴根儿	生年不详—1935	龙泉	—	—
张益元	1909—1935	龙泉	龙泉水塔	水塔村苏维埃政府分田委员
李财富	1907—1935	龙泉	遂昌埠头洋	建明村游击队队长
赖石旺	1900—1935	龙泉	遂昌埠头洋	建明村游击队密探员
钱绍贤	1879—1935	龙泉	龙泉山溪口	荷坑村游击队通讯员
杨八妹	1901—1935	龙泉	龙泉山溪口	荷坑村苏维埃政府分田委员
钱老吴	1911—1935	龙泉	龙泉黄永	荷坑村游击队战士
范兆福	1897—1935	龙泉	龙泉黄永	荷坑村游击队战士
杨天保	1914—卒年不详	龙泉	龙泉白岩	中共碧龙村支部书记
吴守旺	1900—1935	龙泉	遂昌埠头洋	建明村游击队警卫员
季李根	1905—1935	龙泉	龙泉大桥下	红军战士
张本开	1907—1935	龙泉	龙泉住溪	住龙乡分田委员
张瑞春	1903—1935	龙泉	龙泉大桥下	水塔村游击队班长

续表 48-2-2-3

姓　名	生卒年	籍贯	牺牲地点	单 位 职 务
季李根	1905—1935	龙泉	龙泉大桥下	红军战士
张本开	1907—1935	龙泉	龙泉住溪	住龙乡分田委员
张瑞春	1903—1935	龙泉	龙泉大桥下	水塔村游击队班长
王日桂	1911—1935	龙泉	龙泉住溪	住溪村苏维埃政府秘书
吴张富	1915—1935	龙泉	龙泉岭根	岭根村游击队战士
谢芳德	1913—1935	龙泉	龙泉黄永	红军游击队战士
叶炎荣	1904—1935	龙泉	龙泉岭根	岭根村游击队战士
邱世福	1917—1935	龙泉	龙泉后垟	红军游击队战士
袁开佑	1917—1935	龙泉	龙泉锦溪	红军游击队战士
廖张寿	生年不详—1935	龙泉	龙泉岱头	地方游击队战士
叶孝帮	1906—1935	龙泉	龙泉岭根	岭根村游击队战士
黄正荣	1908—1937	龙泉	—	红军挺进师 2 纵队战士
杨弦生	1909—1937	龙泉	龙泉住溪	浙西南游击队村队长
周发儿	1916—1937	龙泉	龙泉贵坑	红军挺进师 2 纵队战士
蒋公祥	1898—1930	青田	青田监狱	中共平山横路支部书记
项　侠	1906—1930	青田	青田鹤城镇	红十三军领导人之一
季美丐	生年不详—1930	青田	平阳	红十三军战士
高秀龙	1907—1930	青田	青田北山	红十三军排长
葛成金	1866—1930	青田	乐清	红十三军战士
蒋碎星	1889—1930	青田	青田平山	红军游击队队员
陈朝顺	1889—1930	青田	青田岭头村	红军游击队队员
冯成火	1892—1930	青田	青田季宅	外冯游击队负责人
邬德进	1887—1930	青田	青田库坑	梅花山红军游击队负责人
陈进顺	1891—1930	青田	青田外降	红军游击队队员
蓝定西	1908—1930	青田	青田平山	红军游击队队员
刘金星	1900—1930	青田	青田麻埠	红军游击队警卫员
张学东	1910—1931	青田	温州	红十三军 1 团 3 营营长
郑　秾	1894—1933	青田	龙游西门外	红十三军 2 师师长
吴其敬	1903—1933	庆元	寿宁坑底	闽东特委游击队战士
梅针兴	1909—1933	庆元	寿宁坑底	闽东特委游击队战士
胡英山	1907—1936	庆元	福建政和	闽东特委 2 纵队分队长
周朝旺	1900—卒年不详	庆元	在安徽失踪	闽北独立师司务长
蔡鸿猷	1897—1928	缙云	广州	广东国民政府税警团党代表
应官生	1893—1930	缙云	缙云壶镇	红十三军独立 13 团战士

续表 48-2-2-3

姓　名	生卒年	籍贯	牺牲地点	单 位 职 务
潘善春	1893—1930	缙云	缙云城内	红十三军 1 团连长
卢文云	1901—1930	缙云	缙云西垳	红十三军 3 团分队长
卢金印	1907—1930	缙云	缙云壶镇	红十三军 3 团战士
黄茂田	1906—1930	缙云	缙云壶镇	红十三军 3 团战士
卢宅堂	1895—1930	缙云	缙云壶镇	红十三军 3 团大队长
卢章龙	1901—1930	缙云	缙云壶镇	红十三军 3 团分队长
项足海	1896—1930	缙云	缙云壶镇	红十三军 3 团战士
卢章湛	1910—1930	缙云	缙云五云镇	红十三军 3 团战士
卢奉章	1893—1930	缙云	缙云白竹	红十三军 3 团分队长
卢子画	1909—1930	缙云	缙云壶镇	红十三军 3 团战士
施顺风	1902—1930	缙云	永康古山	红十三军 3 团战士
卢玉坤	1897—1930	缙云	缙云壶镇	中共白陇区委宣传委员
卢勇烈	1906—1930	缙云	缙云壶镇	红十三军 3 团分队长
杨老轩	1904—1930	缙云	缙云壶镇	红十三军 3 团战士
周天国	1891—1931	缙云	缙云新宅	中共唐市区委组织委员
麻青青	1912—1936	缙云	缙云牛大坑	浙西工农红军第 1 大队组长
施顺山	1904—1936	缙云	缙云黄弄坑	红十三军 3 团大队长
包开云	1897—1928	遂昌	遂昌塘下	中共华溪村支部书记
张达祥	1894—1928	遂昌	遂昌高坪	遂昌县农民革命军战士
张正富	1908—1930	遂昌	遂昌门阵	遂昌县农民革命军战士
徐腾正	1901—1930	遂昌	遂昌门阵	遂昌县农民革命军战士
涂品祥	1912—1935	遂昌	松阳燕田	松遂龙游击队战士
涂法寿	1889—1935	遂昌	遂昌大柘	遂昌县农民革命军大队长
应子棠	1900—1935	遂昌	遂昌中淤	红军闽北军区 3 团向导
林在沦	1907—1935	遂昌	遂昌潘坞	红军闽北军区 3 团向导
邱马寿	1908—1935	遂昌	龙泉独源	独源村游击队副队长
傅凤翔	1889—1935	遂昌	遂昌妙高镇	遂昌县农民革命军战士
曹久福	1920—1935	遂昌	福建浦城	王村口游击队战士
涂二苟	1918—1935	遂昌	遂昌妙高镇	红军挺进师战士
毛文均	1896—1935	遂昌	龙泉岩樟乡	黄塔村游击队副队长
毛世美	1916—1935	遂昌	龙泉岩樟乡	黄塔村游击队战士
毛宗清	1899—1935	遂昌	龙泉洋坞	黄塔村游击队队长
毛守田	1899—1935	遂昌	遂昌关塘	关塘乡土地调查委员
毛传树	1908—1935	遂昌	遂昌关塘	关塘乡苏维埃政府主席

续表 48-2-2-3

姓　名	生卒年	籍贯	牺牲地点	单 位 职 务
林世美	1897—1935	遂昌	遂昌黄塔	黄塔村游击队战士
林世明	1899—1935	遂昌	遂昌妙高镇	红军挺进师侦察员
傅开法	1903—1935	遂昌	松阳枫坪乡	红军挺进师 5 支队分队长
朱宗洪	1907—1935	遂昌	遂昌中淤	红军闽北军区 3 团向导
吴老三	1901—1935	遂昌	遂昌妙高镇	红军挺进师侦察员
朱三光	1915—1936	遂昌	遂昌妙高镇	红军闽北军区 3 团战士
刘汉标	1912—1936	遂昌	遂昌妙高镇	红军挺进师战士
李金成	1891—1936	遂昌	遂昌妙高镇	松遂龙游击队总队长
翁关其	1901—1937	遂昌	遂昌王村口	中共王村口区委交通员
林茂荣	1912—1937	遂昌	遂昌石桥坑	埠头洋村游击队队长
叶　义	1902—1935	松阳	松阳西屏镇	玉岩区苏维埃政府主席
叶光芝	1904—1935	松阳	松阳玉岩	松遂龙游击队战士
李关水	1897—1935	松阳	松阳余叶	松遂龙游击队战士
李陈良	1898—1935	松阳	松阳西屏镇	松遂龙游击队小队长
叶昌贵	1885—1935	松阳	松阳西屏镇	松遂龙游击队战士
叶小章	1895—1935	松阳	松阳西屏镇	松遂龙游击队战士
吴光邦	1904—1935	松阳	松阳高亭	高亭乡苏维埃政府书记员
周水儿	1911—1935	松阳	松阳高亭	松遂龙游击队战士
周载熊	1896—1935	松阳	松阳洋庄	松遂龙游击队通讯员
周关汉	1904—1935	松阳	松阳高亭	松遂龙游击队战士
叶昌岳	1915—1935	松阳	龙泉住溪	松遂龙游击队战士
叶昌兴	1917—1935	松阳	龙泉八都	松遂龙游击队班长
叶富德	1901—1935	松阳	松阳西屏镇	松遂龙游击队战士
叶富保	1904—1935	松阳	汤溪大刘	松遂龙游击队战士
叶信满	1888—1935	松阳	松阳西屏镇	松遂龙游击队战士
邱永福	1914—1935	松阳	松阳西屏镇	松遂龙游击队通讯员
徐关宝	1918—1935	松阳	松阳西屏镇	松遂龙游击队战士
吴连根	1912—1935	松阳	松阳洋庄	松遂龙游击队战士
张秉章	1912—1935	松阳	—	松遂龙游击队战士
王圣淦	生年不详—1935	松阳	松阳西屏镇	松遂龙游击队文书
卢子敬	1884—1935	松阳	松阳玉岩	松遂龙游击队副总指挥
毛荣珠	1910—1935	松阳	松阳枫坪	松遂龙游击队战士
张光发	1913—1935	松阳	龙泉上东	松遂龙游击队战士
毛关炳	1906—1935	松阳	龙泉白马	松遂龙游击队战士

续表 48-2-2-3

姓　名	生卒年	籍贯	牺牲地点	单 位 职 务
李永富	1904—1935	松阳	松阳西屏镇	松遂龙游击队战士
潘应田	1917—1935	松阳	松阳叶川头	松遂龙游击队战士
刘昌应	1901—1935	松阳	龙泉吴岱	松遂龙游击队战士
刘昌进	1879—1936	松阳	龙泉源口	松遂龙游击队炊事员
周运尧	1915—1935	松阳	松阳叶川头	松遂龙游击队战士
刘昌通	1913—1935	松阳	龙泉吴岱	松遂龙游击队战士
刘硬妹	1913—1935	松阳	龙泉吴岱	松遂龙游击队战士
刘樟树	1904—1935	松阳	龙泉	大横坑村分田委员会主席
刘茂贵	1911—1935	松阳	龙泉	松遂龙游击队战士
刘砇宝	1913—1935	松阳	龙泉	松遂龙游击队战士
吴群树	1910—1935	松阳	龙泉下安	松遂龙游击队战士
潘昌利	1901—1935	松阳	龙泉	竹溪区苏维埃政府主席
刘昌宝	1901—1935	松阳	龙泉吴岱	松遂龙游击队战士
陈凤生	1902—1935	松阳	龙泉	玉岩区苏维埃政府主席
陈丹山	1873—1935	松阳	松阳西屏镇	玉岩区苏维埃政府副主席
刘三妹	1914—1935	松阳	龙泉吴岱	松遂龙游击队战士
陈宗儒	1888—1935	松阳	松阳玉岩	安岱后村农会主席
刘德福	1896—1935	松阳	龙泉	松遂龙游击队战士
李德丰	生年不详—1935	松阳	松阳叶明山	松遂龙游击队战士
李德芳	1901—1935	松阳	松阳叶明山	松遂龙游击队战士
潘樟宝	1899—1935	松阳	松阳洋坑埠头	松遂龙游击队战士
吴孟庭	1905—1935	松阳	松阳燕田	松遂龙游击队战士
吴仲聋	1905—1935	松阳	松阳山徐	松遂龙游击队战士
潘华火	1912—1935	松阳	松阳燕田	松遂龙游击队战士
叶昌和	1883—1935	松阳	松阳黄南	松遂龙游击队战士
吴仲邦	1895—1935	松阳	松阳西屏镇	松遂龙游击队战士
吴贵根	1911—1935	松阳	龙泉	松遂龙游击队战士
潘华来	1911—1935	松阳	松阳山徐	松遂龙游击队战士
周关文	1912—1935	松阳	松阳新处乡	红军游击队战士
包立德	1885—1935	松阳	松阳老虎坑	红军游击队队长
郑关宝	1913—1935	松阳	松阳古市	战士
谢叶坤	1902—1935	松阳	松阳玉岩	队长
叶堂星	1910—1936	松阳	松阳西屏镇	松遂龙游击队战士
余良根	1897—1936	松阳	松阳西屏镇	松遂龙游击队小队长

续表 48-2-2-3

姓　名	生卒年	籍贯	牺牲地点	单 位 职 务
陈德文	1915—1936	松阳	龙泉	松遂龙游击队战士
陈德义	1916—1936	松阳	松阳西屏镇	松遂龙游击队战士
吴达森	1890—1936	松阳	松阳西屏镇	松遂龙游击队战士
翁光道	1902—1937	松阳	龙泉	松遂龙游击队战士
吴水荣	生年不详—1937	松阳	松阳高亭	松遂龙游击队小队长

抗日战争时期革命烈士一览

表 48-2-2-4

姓　名	生卒年	籍贯	牺牲地点	单 位 职 务
吴凤飞	1992—1940	丽水	皖南	皖南抗日大学队长
黄景之	1886—1940	丽水	丽水松坑口	丽水县抗敌后援委员会副主席
黄哑口	1921—1942	丽水	丽水仙里	中共党员
黄砝宝	1918—1942	丽水	丽水仙里	中共党员
葛增环	1913—1942	丽水	丽水葛畈	中国党员
舒玉明	1917—1942	丽水	丽水枫树岗	中共党员
周光竹	1909—1942	丽水	丽水根竹园	中共党员
何官福	1912—1942	丽水	丽水根竹园	中共党员
傅宝钱	1910—1942	丽水	丽水金竹	中共党员
周树金	1913—1942	丽水	丽水板染	中共党员
黄三担六	1914—1942	丽水	丽水葛渡	中共党员
金岳明	1885—1943	丽水	青田	浙南游击队交通员
何远成	1909—1937	龙泉	上饶集中营	中共何步垟村支部书记
张福余	1894—1940	龙泉	龙泉住溪	中共党员
操正旺	1915—1941	龙泉	龙泉住溪	中共闽浙边委武工队战士
操正长	1923—1941	龙泉	龙泉住溪	中共闽浙边委武工队战士
操正昌	1921—1941	龙泉	龙泉住溪	中共闽浙边委武工队战士
李起基(女)	1923—1941	龙泉	龙泉高山	中共闽浙边委武工队战士
李佛佑	1904—1941	龙泉	福建浦城	中共大岙村支部书记
廖世滔	1898—1941	龙泉	福建浦城	中共闽浙边委武工队战士
张金根	1905—1941	龙泉	龙泉住溪	岙头村政府通讯员
周与根	1902—1941	龙泉	龙泉住溪	中共大黄操村支部委员
曹春福	1892—1941	龙泉	龙泉龙渊镇	中共道太区委宣传委员
邱元高	1903—1941	龙泉	龙泉高山	中共坑源底村支部书记
杨观仁	1906—1941	龙泉	龙泉碧龙	中共党员

续表 48-2-2-4

姓　名	生卒年	籍贯	牺牲地点	单位职务
罗木发	1906—1941	龙泉	龙泉碧龙	中共党员
黄林昌	1891—1941	龙泉	龙泉住溪	住溪村游击队战士
邱元坦	1898—1941	龙泉	龙泉半岭	坑源底村游击队战士
张传有	1901—1941	龙泉	龙泉半岭	坑源底村游击队战士
叶凤珠(女)	1901—1941	龙泉	龙泉坑源底	坑源底村游击队战士
叶天坤	生年不详—1941	龙泉	福建浦城	浙西南游击队队长
杨达銮	1908—1941	龙泉	福建浦城	中共碧龙村支部书记
陈奕兰(女)	1905—1942	龙泉	福建崇安	中共溪源田村支部委员
吴礼生	1914—1942	龙泉	福建浦城	中共党员
叶起连(女)	1914—1942	龙泉	福建浦城	中共党员
张佛魁	1902—1942	龙泉	福建浦城	中共闽浙边委武工队战士
毛丐妹	1914—1942	龙泉	遂昌	中共闽浙边委武工队战士
张世位	1906—1942	龙泉	龙泉住溪	岙头村政府主席
杨金贵	1918—1942	龙泉	松阳玉岩	中共闽浙边委武工队战士
陈克明	1904—1942	龙泉	龙泉锦旦	浙西南游击队战士
郑玉奎	1923—1942	龙泉	上饶集中营	新四军繁昌总局参谋
俞伯森	1915—1942	龙泉	龙泉水南	中共闽浙边委武工队战士
廖荣古	1887—1942	龙泉	—	建明村政府主席
黄琰根	1914—1943	龙泉	龙泉高山	中共党员
杨观义	1916—1943	龙泉	福建浦城	革命积极分子
叶长忠	1901—1944	龙泉	龙泉高山	中共党员
王　均	生年不详—1944	龙泉	余姚	浙东游击纵队排长
李兆熊	1905—1937	青田	上海	国军 397 团 2 营 4 连连长
张水达	1915—1942	青田	青田徐山	中共徐山村支部书记
郑磊俊	1916—1943	青田	河北灵寿	晋察冀日报社译电员
叶孔福	1919—1943	青田	丽水	中共李坑村支部委员
余石兰	1913—1943	青田	江西	—
叶有保	1917—1944	青田	青田鹤成镇	中共李坑村支部联络员
殷明进	1922—1944	青田	文成	永乐人民抗日游击总队战士
殷采芳	1893—1945	青田	狱中	—
吴显文	1906—1937	庆元	庆元东溪庵	中共闽东特委游击队参谋
杨孔清	1918—1941	庆元	皖南事变	新四军教导 3 队战士
姚宝福	1906—1941	庆元	庆元竹下	中共党员
周朝顺	1911—1942	庆元	庆元县城	庆元松溪边区游击队长

续表 48-2-2-4

姓 名	生卒年	籍贯	牺牲地点	单 位 职 务
范友梁	1916—1943	庆元	福建政和	中共建松政特委游击队战士
吴田胡	1892—1943	庆元	福建松溪	中共建松政特委工作人员
徐 扬	1901—1938	缙云	江苏台儿庄	国民革命军 6 师 33 团连长
杨茂兴	1898—1939	缙云	永康	红十三军 3 团战士
叶长青	1923—1941	龙泉	龙泉宝溪乡	中共闽浙边委武工队队员
李庆仁	1913—1945	缙云	仙居	中共处属特委武工队队长
陶 疆	1921—卒年不详	缙云	—	新四军教导队
吴 然	1918—1941	遂昌	遂昌大柘	中共大柘区委委员
傅四美	1901—1941	遂昌	遂昌大柘	中共大柘区委委员
翁法荣	1901—1941	遂昌	遂昌坑口	中共遂昌县南区区委副书记
林樟恩	1912—1942	遂昌	龙泉	中共大柘区委委员
叶三奶	1901—1942	遂昌	遂昌车床	中共徐山村支部书记
周凤山	生年不详—1942	遂昌	遂昌车床	中共党员
华沛堂	1911—1942	遂昌	龙泉县狱中	王村口区苏维埃政府分田委员
谢如兰(女)	1917—1943	遂昌	遂昌九前	工作人员
朱樟华	1901—1943	遂昌	遂昌县狱中	中共西岸村支部书记
谢土荣	1914—1944	遂昌	遂昌桑突头	中共党员
邹财富	1915—1944	遂昌	遂昌桑突头	中共清水源村支部委员
祝金土	1913—1944	遂昌	遂昌桑突头	遂昌县武工队队员
刘贵明	1900—1945	遂昌	遂昌妙高镇	中共桑突头村支部书记
支关章	1901—1942	松阳	诸暨	诸暨县自卫大队小队长
徐开兴	1912—1941	景宁	瑞安	中共后畲村支部组织委员
刘宝金	1921—1942	景宁	景宁渤海	中共大都村支部书记
李肇卿	1910—1942	景宁	云和	中共新四乡总支书记
江岳真	1915—1942	景宁	景宁大顺	中共垟后村支部交通员
沈兴钦	1899—1942	景宁	景宁小顺	中共井边村支部书记
郎风进	1918—1943	景宁	景宁梅岐	中共党员
季学清	1907—1943	景宁	景宁鲍岸	中共金山村支部书记
叶启兴	1894—1943	景宁	景宁渤海	中共新四乡总支副书记
沈余丰	1897—1943	景宁	景宁渤海	中共新四乡总支书记
张步真	1913—1943	景宁	景宁渤海	中共徐垟村支部组织委员
叶郁良	1917—1944	景宁	龙泉	中共小顺村支部组织委员
陈祥训	1911—1944	景宁	景宁	中共岭里村支部宣传委员
罗启通	1891—1945	景宁	温州市	中共桂远村支部书记

续表 48-2-2-4

姓　名	生卒年	籍贯	牺牲地点	单位职务
陈玉树	1914—1945	景宁	平阳	浙南游击队副班长
叶昌里	1906—1945	景宁	云和县狱中	中共新四乡支部委员
刘开水	1920—1945	景宁	景宁高沈	中共黄竹山村支部交通员
陈步有	1922—1945	景宁	文成	浙南游击队青景丽支队队员
周志苍	1914—1945	景宁	安徽肇昌	新四军 6 团连长

解放战争时期革命烈士一览

表 48-2-2-5

姓　名	生卒年	籍贯	牺牲地点	单位职务
李　春	1902—1947	丽水	丽水东山	浙江壮丁抗暴自救军副中队长
李振兴	1910—1947	丽水	平原汤阴北关	西南 6 纵队 17 旅 50 团战士
周官耀	1908—1948	丽水	缙云	浙南人民解放军交通员
周正荣	1924—1948	丽水	淮海战役	西南 1 纵队 20 旅 59 团战士
李进兴	1928—1948	丽水	缙云	浙南人民解放军通讯员
王忠友	生年不详—1948	丽水	淮海战役	11 纵队 31 旅 92 团战士
王桂五	1924—1949	丽水	丽水海潮	宣松遂人民游击支队政治部主任
尹联荣	1922—1949	丽水	丽水吴源	中共碧湖区委情报员
梁式林	1921—1949	丽水	丽水杨山	丽水县丽云区公所征收员
汪德宝	1915—1949	丽水	丽水新村	浙南游击队交通员
周大才	1930—1949	丽水	缙云	浙南游击总队战士
李荣兴	1912—1949	丽水	丽水陶村	供莲乡人民政府乡长
朱荣彩	1929—1949	丽水	武义	浙南人民解放军战士
朱增芳	1909—1949	丽水	丽水岱后	中共党员
朱陈良	1927—1949	丽水	丽水八石坑	丽水县太平区中队战士
李先潘	1928—1949	丽水	丽水芦村	浙南游击纵队战士
朱宝宽	1932—1949	丽水	武义	浙南游击纵队战士
张兴富	1922—1949	丽水	松阳	松阳县玉岩区中队战士
何绍德	1920—1949	丽水	宣平	宣平县公安局看守所看守员
张玉林	1919—1949	丽水	丽水下沈	宣平县大队副班长
邓新余	1916—1949	丽水	丽水西畈	浙南游击纵队战士
涂岳勤	1927—1949	丽水	丽水岱后	丽缙永武游击支队战士
郑智浩	1911—1949	丽水	丽水老竹	崇义乡人民政府乡长
雷章宝	1909—1949	丽水	松阳	联络员
梁士宏	1932—卒年不详	丽水	—	33 师 99 团宣传队员

续表 48-2-2-5

姓 名	生卒年	籍贯	牺牲地点	单 位 职 务
陈维新	1907—1949	丽水	丽水老竹	浙南游击队曳岭武工队队员
鄢凤琪	1920—1949	丽水	丽水老竹	浙南游击队战士
王贤进	生年不详—1947	龙泉	龙泉小梅	闽浙边区游击队战士
杨水玉	生年不详—1948	龙泉	江苏邳县	36 军战士
徐志仁	1914—1946	青田	江苏阜宁	中共阜宁县委书记
王彩水	1898—1947	青田	青田章村	中共林口村支部书记
王婉娼	1893—1947	青田	云和	中共林口村支部委员
潘光大	1911—1947	青田	青田谷甫	中共谷甫村支部小组长
金存娼	1921—1947	青田	丽水	中共处属特委武工队队员
潘香凤(女)	1925—1947	青田	永嘉	中共万山支部联络员
叶恒兰	1922—1947	青田	永嘉	—
陈国丰	1930—1947	青田	青田外黄垟	外黄垟村民兵
潘光圃	1923—1947	青田	青田上垟	中共吴畲、南山村支部小组长
章宗儿	1915—1948	青田	丽水	中共林口村支部负责人
章阿生	1920—1948	青田	青田平演	中共温溪支部联络员
徐洪溪	1920—1948	青田	青田鹤城镇	中共小双坑村支部书记
徐作旺	1903—1948	青田	青田鹤城镇	中共小双坑村支部联络员
廖宗法	1917—1948	青田	文成	景宁县游击队队员
潘炳达	1903—1948	青田	青田万路	桃山村民兵
叶美亨	1889—1948	青田	青田樟树湾	中共联络员
叶凤明	1913—1948	青田	青田樟树湾	中共联络员
陈老五	1916—1948	青田	青田樟树湾	中共联络员
周君木	1903—1948	青田	青田三溪庙	中共情报员
贺洪琴	1915—1948	青田	青田塘坑	游击队联络员
程祥照	1918—1948	青田	青田平演	—
周国美	1918—1948	青田	青田半岭	中共半岭村支部代书记
严德标	1923—1948	青田	—	青景丽县大队战士
吴进兰	1908—1948	青田	青田周村	中共联络员
钟朝相	1914—1948	青田	青田沙埠	中共党员
李永满	生年不详—1948	青田	济南	—
王登隆	1924—1949	青田	青田吴村	吴村民兵
全宝芹	1914—1949	青田	丽水	景宁县渤海区公所干部
邹士仁	1924—1949	青田	丽水	中共浙南特委 13 区队文化教员
叶岭山	1916—1949	青田	青田叶村	叶村村农会会长

续表 48-2-2-5

姓　名	生卒年	籍贯	牺牲地点	单 位 职 务
李章宝	1914—1949	青田	青田坞楼	坞楼村农会会长
项元池	1921—1949	青田	青田下沙降	—
周进千	1889—1949	青田	青田下枝	中共情报员
廖宝岩	1913—1949	青田	青田芝溪	丘边园村农会会长
舒冠童	1913—1949	青田	青田芝溪	芝溪村农会会长
叶岳明	1892—1949	青田	青田石盖	中共党员
王永斌	1931—1949	青田	青田船寮	青田县武工队队员
陈岩星	1925—1949	青田	平阳	中共浙南特委 13 区队战士
沙成玉	1928—1949	青田	泰顺	浙南游击纵队班长
蒋士会	1894—1949	青田	青田钓滩	浙南游击纵队战士
贺金传	1925—1949	青田	玉环	浙江警备旅 1 团战士
蔡进跃	1921—1949	青田	青田塘坑	塘坑村民兵
陈立仁	1918—1949	青田	青田秋炉坑	中共上村支部工作人员
叶家德	1920—1949	青田	青田岭康	岭康村农会会长
邱悦朋	1918—1949	青田	文成	赤岩垟村民兵队长
邱定素	1896—1949	青田	文成	赤岩垟村农会会长
吴志发	1910—1949	青田	青田鹤城镇	中共李坑村支部成员
何朝兴	1900—1949	青田	青田驮坑	中共石盖分区书记
邱志清	1925—1949	青田	青田龙降头	下七步村民兵
邱宝书	1920—1949	青田	青田龙降头	下七步村民兵
郑善林	1917—1949	青田	青田南岸	南岸村农会会长
陈连文	1901—1949	青田	青田叶处	叶处村干部
邹岩三	1929—1949	青田	青田鹤城镇	中共小舟山村支部书记
陈岳才	1912—1949	青田	青田南木宕	应庄垟村农会会长
林送廷	1924—1949	青田	青田半岭	中共半岭村支部委员
朱绍明	1927—1949	青田	安徽寿县	第 3 兵团 96 团战士
雷解放	1913—1949	青田	老鼠坑	浙南游击队班长
邱友臣	1915—1949	青田	上海宝山	83 师 247 团战士
陈　仙	1923—1949	青田	上海宝山	84 师 250 团战士
许仁凯	1913—1949	青田	上海	59 师 175 团战士
涂家庆	1926—1948	云和	平津战役	第 8 纵队战士
廖松生	1927—1949	云和	福州市	92 师 274 团战士
徐志思	1925—1949	云和	江山	122 团战士
蓝日超	1929—1949	云和	云和平里	云和县独立中队战士

续表 48-2-2-5

姓　名	生卒年	籍贯	牺牲地点	单 位 职 务
江永松	1911—1949	云和	云和临海垟	中共梓坊坑村支部书记
柳良芝	1907—1949	云和	云和城镇	中共黄家地村支部组织委员
叶柏水	1920—1949	淳安	淳安	淳安县举园区中队
叶顺生	生年不详—1949	云和	云和黄家地	云和县独立中队联络员
毛祥发	1901—1949	云和	云和黄家地	云和县独立中队联络员
沈世达	1923—1945	庆元	福建松溪	闽浙边区游击队交通员
吴元寿	1920—1947	庆元	庆元下山底村	闽浙游击队二支队交通员
周维奶	1916—1947	庆元	庆元崔上	庆元县三济乡崔上民兵组长
周维赵	1914—1947	庆元	庆元崔上	闽浙边区游击队交通员
吴庆和	1933—1948	庆元	福建建瓯	闽浙边区游击队战士
周维权	1918—1948	庆元	龙泉小梅镇	闽浙边区游击队交通员
刘　卓	1921—1948	庆元	庆元县城	庆元县抗日民族先锋队队员
王炳来	1921—1948	庆元	河南洛阳	中原 4 纵队 10 旅 28 团战士
吴孝和	1933—1948	庆元	福建建瓯	闽浙边区游击队第二支队战士
王炳头	1921—1948	庆元	河南商水	中原 4 纵队 10 旅 28 团战士
周朝鍪	1904—1948	庆元	庆元上际村	闽浙边地委游击队交通员
周培通	1914—1948	庆元	庆元小梅	闽浙边地委游击队交通员
季比泰	1929—1949	庆元	上海市	33 军 98 师战士
周方鑫	1926—1949	庆元	淮海战役	7 纵队 20 师战士
王兴贵	1903—1949	庆元	龙泉小梅镇	—
吴和夏	1928—1949	庆元	淮海战役	106 团副排长
周廷儿	1916—1945	缙云	北上途中	浙东游击纵队 5 支队战士
夏春根	1921—1945	缙云	奉化	浙东游击纵队警卫大队战士
朱有清	1923—1946	缙云	山东	华东 1 纵队 3 旅 7 团战士
朱　许	1923—1946	缙云	山东淄博	华东 1 纵队 3 旅 7 团战士
江杏芳	1923—1946	缙云	江苏宿迁	华东 1 纵队 3 师 7 团班长
钭钟钦	1923—1946	缙云	山东泰安	华东 1 纵队 3 旅班长
林挺兴	1922—1946	缙云	山东	华东 1 纵队 3 旅 7 团卫生员
王长根	1922—1946	缙云	仙居	浙南游击纵队处属支队战士
吴子瑞	1925—1946	缙云	江苏泰兴	华东 6 师 16 旅 46 团战士
王镇上	1919—1946	缙云	缙云黄山岭	中共寮东头村支部书记
陈廷魁	1927—1947	缙云	江苏碾庄	6 纵队 17 旅 50 团战士
李设木	1915—1947	缙云	丽水	浙江壮丁抗暴自救军中队长
李　振	1921—1947	缙云	山东藤县	华东 1 纵队 3 师 9 团班长

续表 48-2-2-5

姓　名	生卒年	籍贯	牺牲地点	单位职务
李德寿	1918—1947	缙云	山东孟良崮	华东 1 纵队 3 师战士
金殿庚	1920—1947	缙云	缙云官路	越王山村民兵
陈　觉	1916—1947	缙云	龙泉	中共闽浙边地委县级负责人
李保贵	1911—1947	缙云	丽水	浙江壮丁抗暴自救军战士
金东相	1924—1947	缙云	丽水	浙江壮丁抗暴自救军战士
林明道	1923—1947	缙云	丽水	浙江壮丁抗暴自救军战士
林官岳	1917—1947	缙云	丽水	浙江壮丁抗暴自救军战士
舒云多	1916—1947	缙云	苏北战役	华东 1 纵队 3 师战士
陈华升	1923—1948	缙云	武义	浙东游击纵队 6 支队战士
胡茂云	1925—1948	缙云	安徽宿县	31 师 91 团战士
章林华	1918—1948	缙云	东北	122 师 364 团战士
陈　雄	1919—1948	缙云	丽水	中共党员
丁旭生	1922—1948	缙云	缙云大堰头	浙南人民解放军战士
江巧究	1918—1948	缙云	淮海战役	华东 1 纵队 3 师 9 团排长
舒金珠	1925—1948	缙云	缙云洪坑桥	中共党员
褚增美	1923—1948	缙云	缙云洪坑桥	中共党员
柯善干	1916—1948	缙云	淮海战役	华东 1 纵队 3 师 7 团战士
麻克献	1920—1948	缙云	淮海战役	华东 1 纵队 3 师 7 团电话班长
王辉军	1920—1948	缙云	淮海战役	华东 1 纵队 3 师 8 团战士
林子秀	1932—1949	缙云	缙云唐市	壶镇区公所税收员
王献丰	1902—1949	缙云	缙云梨树鸟	中共梨树鸟村支部书记
李土银	1924—1949	缙云	缙云宫前	壶镇区武装民兵队民兵
李仕希	1929—1949	缙云	缙云宫前	壶镇区武装民兵队民兵
李玉廷	1903—1949	缙云	缙云宫前	壶镇区武装民兵队民兵
李献周	1925—1949	缙云	缙云宫前	壶镇区武装民兵队民兵
沈桂根	1925—1949	缙云	辽宁葫芦岛	重庆号巡洋舰炮塔长
应唐坤	1913—1949	缙云	缙云越陈	水口村民兵
吕炳坤	1912—1949	缙云	缙云越陈	中共党员
应兴金	1914—1949	缙云	缙云后青	南弄村民兵
应杏才	1924—1949	缙云	缙云壶镇	壶镇区中队战士
楼南焕	1927—1949	缙云	缙云壶镇	壶镇区武装民兵队民兵
周景兴	1928—1949	缙云	福建福州	82 师 245 团战士
俞日兴	1893—1949	缙云	缙云越陈	东俞村民兵队长
俞子田	1921—1949	缙云	缙云越陈	处属特委苍岭武工队司号员

续表 48-2-2-5

姓　名	生卒年	籍贯	牺牲地点	单位职务
俞日升	1989—1949	缙云	缙云东俞	东俞村民兵
俞唐水	1927—1949	缙云	缙云越陈	东俞村民兵
项庆来	1921—1949	缙云	缙云越陈	厚仁村民兵教练员
项　熊	1910—1949	缙云	缙云舒洪	溶溪乡前村小学教师
吴钟保	1898—1949	缙云	磐安	壶镇区公所收发员
应宅叨	1911—1949	缙云	缙云东雅宅	东雅宅村民兵
赵恒山	1920—1949	缙云	缙云黄碧山头	浙南人民解放军副中队长
张焕台	1887—1949	缙云	缙云下仁堂	凝碧村民兵
赵云兴	1922—1949	缙云	缙云县城	浙南人民解放军侦察员
杨贤孝	1925—卒年不详	缙云	—	33 军 99 师战士
李华雄	1927—1949	缙云	永康	闽浙独立游击支队支队长
江献彬	1910—1949	缙云	缙云官路	大雅畈村民兵
江守鳌	1908—1949	缙云	缙云官路	大雅畈村民兵
江德鳌	1905—1949	缙云	缙云官路	大雅畈村民兵
胡仕良	1928—1949	缙云	仙居	浙南人民解放军班长
胡根生	1922—1949	缙云	缙云官路	陈村村民兵
范陈康	1924—1949	缙云	缙云官路	塘孔村民兵
范松宽	1927—1949	缙云	缙云官路	塘孔村民兵
范钻风	1918—1949	缙云	缙云官路	塘孔村民兵
范南山	1926—1949	缙云	缙云东俞	处属特委苍岭武工队指导员
张献昌	1917—1949	缙云	缙云官路	东里村民兵
项宝定	1923—1949	缙云	缙云溶溪乡	缙云县南区武工队队员
杨官桃	1925—1949	缙云	缙云官路	姓潘村民兵
胡建奇	1911—1949	缙云	缙云官路	中共党员
江国溪	1927—1949	缙云	缙云舒洪	维新乡民兵中队民兵
江新有	1917—1949	缙云	缙云溶溪乡	维新乡民兵中队民兵
江设林	1910—1949	缙云	缙云溶溪乡	维新乡民兵中队民兵
陈喜洪	1922—1949	缙云	仙居	浙南人民解放军战士
李光元	1925—1949	缙云	丽水	浙江缙云县委方溪武工队队员
李文坎	1922—1949	缙云	缙云舒洪	中共党员
洪子法	1925—1949	缙云	缙云官路	庙下村民兵
钭景康	1927—1949	缙云	缙云官路	庙下村民兵
金官连	1933—1949	缙云	缙云官路	越王山村民兵
金兆还	1909—1949	缙云	缙云官路	中共越王山村支部书记

续表 48-2-2-5

姓　名	生卒年	籍贯	牺牲地点	单 位 职 务
金梦兆	1919—1949	缙云	缙云官路	越王山村民兵队副队长
李友清	1926—1949	缙云	—	雅亭村民兵
朱木喜	1911—1949	缙云	缙云官路	麻田村民兵
王　西	1923—卒年不详	缙云	—	中央军委直属炮兵团参谋
张喜成	1932—1949	缙云	缙云城内	中共处属特委武工队战士
王献廷	1901—1949	缙云	缙云壶镇	中共党员
丁云登	1921—1949	缙云	缙云城内	水口村民兵
俞金方	1918—1949	缙云	缙云官路	岩前村民兵
蔡　辛	1914—1949	缙云	缙云大坑	中共缙仙区委干部
朱　云	1891—1949	缙云	缙云城内	中共处属特委城工组干部
陈安启	1922—1949	缙云	上海宝山	83 师 247 团战士
王荣业	1924—1949	缙云	上海浦东	31 军山炮团战士
钭茂松	1926—949	缙云	缙云官路	庙下村民兵
李学芳	生卒年不详	—	山东威海	—
梁小根	1928—1947	遂昌	丽水	浙江壮丁抗暴自救军战士
张志美	1911—1949	遂昌	天津	133 师 397 团战士
王金贵	1928—1949	遂昌	天津	115 师 345 团战士
汪庄龙	生年不详—1949	遂昌	天津	135 师 404 团战士
杨永辛	生年不详—1949	遂昌	淮海战役	华东 1 纵队 3 师 7 团班长
叶清松	1923—1948	松阳	安徽宿县	3 纵队 9 旅 25 团班长
金叶明	生年不详—1949	松阳	—	玉岩区中队战士
张惠明	生年不详—1949	松阳	松阳高亭	松宣遂游击队战士
叶　仁	生年不详—1949	松阳	—	玉岩区中队战士
叶德成	生年不详—1949	松阳	松阳三都乡	三都上毛小学教师
叶　忠	1925—1949	松阳	贵州贵池	32 师 96 团文化干事
王寿生	生年不详—1949	松阳	淮海战役	11 纵队 9 旅战士
叶昌棋	1915—1949	松阳	松阳松庄	城关区中队中队长
夏如霖	生年不详—1949	松阳	松阳高亭	松宣遂游击队战士
刘　志	1936—1949	松阳	松阳西屏镇	松宣遂游击队战士
温绍龙	1918—1949	松阳	松阳五部	靖居区公所干部
叶仁德	1914—1949	松阳	松阳高亭	松宣遂游击队战士
雷树生	生年不详—1949	松阳	青田	丽水军分区独立 3 营战士
徐福全	生年不详—1949	松阳	松阳高亭	松宣遂游击队班长
周年侬	1910—1949	松阳	松阳阳溪乡	中共党员

续表 48-2-2-5

姓 名	生卒年	籍贯	牺牲地点	单 位 职 务
雷文昌	1921—生年不详	松阳	—	58 师 172 团战士
丁兆松	1920—1949	松阳	松阳高亭	松宣遂游击队班长
毛先清	生卒年不详	松阳	—	60 师 179 团战士
陈沛立	1920—1947	景宁	景宁	中共天堂村支部委员
陈正新	1917—1947	景宁	丽水	浙南游击纵队联络员
刘宝兴	1909—1948	景宁	景宁佛堂根	浙南佛堂根村支部交通员
罗启真	1927—1948	景宁	景宁	浙南游击队炊事员
刘成波	1903—1948	景宁	景宁鲍岸	青丽景边区文书
纪士喜	1920—1948	景宁	景宁小顺	中共党员
吴明隆	1917—1948	景宁	景宁石门	中共留钱村支部交通员
张华生	1931—1949	景宁	云和北溪	云和县大队战士
李开茂	1922—1949	景宁	景宁	工作人员
李荣民	1908—1949	景宁	景宁梅岐	大均乡民兵分队长
叶陈福	1898—1949	景宁	景宁、青田边界	中共后坪村支部交通员
汤春根	1927—1949	景宁	景宁白鹤	何村民兵
汤金成	1902—1949	景宁	景宁汤坑	工作人员
雷传树	1915—1949	景宁	景宁梅岐	吴山头村民兵副班长
雷如坤	1924—1949	景宁	景宁梅岐	吴山头村民兵
刘朝角	1919—1949	景宁	景宁上坑	梧桐村民兵
严振华	1929—1949	景宁	文成	浙南游击纵队战士
杨家洪	1917—1949	景宁	景宁杨山	中共党员
陈世星	1921—1949	景宁	景宁杨山	中共党员
刘朝金	1913—1949	景宁	景宁上坑	梧桐村民兵
严振林	1920—1949	景宁	景宁坑下	—
陈兴潮	1923—1949	景宁	文成	青景丽游击队通讯员
梅焕尧	1904—1949	景宁	云和	景宁县大队副班长
徐纪昌	1907—卒年不详	景宁	—	20 军炮团炊事员

中华人民共和国成立以后革命烈士一览

表 48-2-2-6

姓 名	生卒年	籍贯	牺牲地点
谷明月	1930—1949	丽水	丽水畎岸
叶相儿	1924—1949	丽水	丽水沈村
毛仁宣	1927—1949	丽水	丽水黄畈

续表 48-2-2-6

姓　名	生卒年	籍贯	牺牲地点
陈德宝	1877—1949	丽水	松阳
黄世文	1926—1949	丽水	云和
叶　金	生年不详—1949	丽水	丽水畎岸
赖　明	1918—1949	丽水	松阳
诸葛宗	1928—1949	丽水	温岭
潘田满	1912—1949	丽水	丽水洪渡
叶子明	生年不详—1949	丽水	丽水白口
周启武	1911—1949	丽水	丽水叶山头
李杰才	1931—1949	丽水	宣平
翁田德	1888—1949	丽水	丽水柴弄口
李栽柳	1918—1949	丽水	丽水柴弄口
何玉荣	1919—1949	丽水	丽水瑶畈
傅天佑	生年不详—1949	丽水	—
颜志祥	1932—1950	丽水	丽水横坑
余瑞德	1927—1950	丽水	丽水余岭脚
徐福球	1921—1950	丽水	丽水概头
李申弦	1907—1950	丽水	丽水金竹
潘新田	1926—1950	丽水	丽水青湾
徐克全	1918—1950	丽水	丽水大山
徐克勋	1904—1950	丽水	丽水大山
王凤鸣	1898—1950	丽水	丽水横坑
雷仁余	1905—1950	丽水	丽水利山
叶锡进	1907—1950	丽水	丽水丰阳
潘礼顺	1927—1950	丽水	定海
郭乐鸣	1928—1950	丽水	贵州惠水
李培奎	1916—1950	丽水	丽水库头
何元德	1919—1950	丽水	四川
陈根军	1914—1950	丽水	丽水大铺坑
李维清	1892—1950	丽水	丽水雅里
徐子会	1928—1950	丽水	丽水凤山前
何庭熙	1933—1950	丽水	丽水黄村
任雷宝	1921—1950	丽水	丽水任村
曹官友	生年不详—1950	丽水	宣平
陈庙进	1919—1950	丽水	丽水郑山

续表 48-2-2-6

姓　名	生卒年	籍贯	牺牲地点
吴金全	1931—1950	丽水	丽水郑山
叶尚成	1916—1950	丽水	丽水郑山
张永清	1918—1950	丽水	丽水郑山
叶松林	生年不详—1950	丽水	丽水郑山
蓝瑞新	1926—1950	丽水	丽水
陈育明	1921—1950	丽水	朝鲜
叶国民	生年不详—1950	丽水	丽水
傅老五	生年不详—1950	丽水	—
刘官祖	1926—1950	丽水	朝鲜
朱松云	1922—1950	丽水	朝鲜
朱晚郎	1931—1950	丽水	朝鲜
徐吉甫	1918—1950	丽水	—
蓝　根	1923—1951	丽水	山东
林志明	1924—1951	丽水	朝鲜
蓝林高	1914—1951	丽水	朝鲜
王伟良	1927—1951	丽水	朝鲜
傅国保	1932—1951	丽水	朝鲜
王礼成	1930—1951	丽水	丽缙青边界
张士金	1922—1951	丽水	朝鲜
傅献其	1927—1951	丽水	宣平
蓝根旺	1932—1951	丽水	青田
蓝如进	1917—1951	丽水	丽水七百秧
胡岩娟	1923—1951	丽水	朝鲜
何连达	1925—1951	丽水	青田
卢旺根	生年不详—1951	丽水	丽水严溪
胡士金	1915—1951	丽水	丽水黄坑
陈焕兴	1920—1951	丽水	丽水黄坑
潘图生	1923—1951	丽水	朝鲜
吴云祥	1921—1951	丽水	朝鲜
陈日云	1927—1951	丽水	朝鲜
蓝雷根	1933—1951	丽水	朝鲜
李岳琪	1922—1952	丽水	洞头岛
梁廷还	1929—1952	丽水	朝鲜
季朝德	1932—1952	丽水	朝鲜

续表 48-2-2-6

姓　名	生卒年	籍贯	牺牲地点
张凤云	生卒年不详	丽水	朝鲜
钱品梵	1928—1952	丽水	朝鲜
杨新贵	1933—1952	丽水	朝鲜
徐老四	1932—1952	丽水	朝鲜
陈渭清	1929—1952	丽水	朝鲜
项培有	1929—1952	丽水	朝鲜
叶国富	1931—1952	丽水	朝鲜
朱成欢	1931—1952	丽水	朝鲜
吴炳山	1928—1952	丽水	朝鲜
王树有	1923—1952	丽水	朝鲜
梁礼德	1926—1952	丽水	朝鲜
傅东兴	1925—1952	丽水	朝鲜
李火章	1932—1952	丽水	朝鲜
胡山水	1931—1952	丽水	朝鲜
蓝水章	1930—1952	丽水	朝鲜
雷金根	1933—1952	丽水	朝鲜
刘树生	1928—1952	丽水	朝鲜
吴凤金	1927—1952	丽水	朝鲜
施云奎	1925—1952	丽水	朝鲜
王献庭	1926—1952	丽水	朝鲜
叶志轩	1930—1952	丽水	朝鲜
叶寿其	1920—1952	丽水	朝鲜
何合亮	1933—1952	丽水	朝鲜
邹罗灿	1931—1952	丽水	朝鲜
周启忠	1929—1952	丽水	朝鲜
刘永棋	1929—1952	丽水	朝鲜
管礼潘	1928—1952	丽水	朝鲜
周来启	1930—1952	丽水	朝鲜
周增富	1930—1952	丽水	朝鲜
章洪福	1931—1952	丽水	朝鲜
蓝讨饭	1930—1952	丽水	朝鲜
杨祖庭	1931—1952	丽水	朝鲜
王太信	1933—1952	丽水	朝鲜
周章吾	1926—1953	丽水	吉林通化

续表 48-2-2-6

姓　名	生卒年	籍贯	牺牲地点
王树芬	1928—1953	丽水	朝鲜
张　达	1926—1953	丽水	朝鲜
陈连进	1924—1953	丽水	朝鲜
练长富	1925—1953	丽水	朝鲜
谢为章	1933—1953	丽水	朝鲜
刘文莹	1928—卒年不详	丽水	朝鲜
谢子明	1922—1953	丽水	朝鲜
章树行	1930—1953	丽水	福建东山岛
傅彩根	1931—1953	丽水	福建东山岛
王文贤	1928—1953	丽水	—
汤陈礼	1928—1954	丽水	朝鲜
吴时明	1935—1955	丽水	洞头岛
林益水	1932—1957	丽水	平阳
方炳丰	1941—1962	丽水	洞头岛
陈　勇	1934—1962	丽水	江西玉山
夏道贵	1941—1962	丽水	临安
张荣信	1940—1963	丽水	黄岩大陈岛
胡寿林	1941—1963	丽水	平阳
雷细明	1944—1966	丽水	嵊泗
朱君禄	1946—1966	丽水	舟山
杨金土	1941—1967	丽水	温州
季茂家	1934—1968	丽水	北京
杨永明	1945—1969	丽水	黄岩
吴根龙	1952—1972	丽水	南京
邹宣明	1961—1979	丽水	内蒙古通辽
周生平	1961—1985	丽水	中越边境
周月平	1951—1986	丽水	丽水小安
周丽平	1969—1991	丽水	安徽颍上
张王伟	1976—2005	丽水	北部湾海域
金文明	生年不详—1949	—	福建厦门
卓云水	1894—1949	青田	青田水碓基
吴陵肖	1934—1949	青田	舟山
林许清	1907—1949	青田	青田门前山
毛德静	1896—1949	青田	青田山口

续表 48-2-2-6

姓　名	生卒年	籍贯	牺牲地点
陈海清	1895—1949	青田	青田王母地
王国亮	1911—1949	青田	青田冯垟
徐进同	1912—1949	青田	青田王母地
孙　益	1918—1949	青田	青田王母地
叶梦庚	1930—1949	青田	青田茅山
邱金皋	1927—1949	青田	青田外降
吴正荣	1918—1950	青田	青田横路
金志碎	1924—1950	青田	青田黄寮
金相芹	1929—1950	青田	青田海溪
章宗瑞	1926—1950	青田	青田黄寮
陈成春	1928—1950	青田	青田温溪
潘万程	1918—1950	青田	景宁
石岩松	1925—1950	青田	朝鲜
李进宝	1918—1950	青田	青田横路下
杨　荣	1926—1950	青田	朝鲜
陈成林	1916—1950	青田	青田上畩
李伯汉	1922—1950	青田	青田外黄
殷寿兰	1922—1950	青田	青田外黄
夏王朋	1913—1950	青田	青田下厂
朱行富	1924—1950	青田	朝鲜
单成巧	1904—1950	青田	青田金山
严金然	1914—1950	青田	青田岙底
陈香然	1925—1950	青田	青田周宅
金连仕	1904—1950	青田	青田阜山
麻宝元	1912—1950	青田	青田油竹
吴松仁	1915—1950	青田	青田半坑
叶根元	1931—1950	青田	青田毛山
伍仁和	1916—1950	青田	青田垟心
陈忠标	1918—1950	青田	青田驮上
张邦先	1928—1950	青田	朝鲜
杨真臧	1909—1950	青田	青田石柱
周土火	1922—1950	青田	青田管巷
章连芳	1918—1950	青田	青田岙底
潘万灵	1923—1950	青田	青田

续表 48-2-2-6

姓　名	生卒年	籍贯	牺牲地点
程章儿	1931—1950	青田	青田三十岭
王德溪	1929—1950	青田	青田吴畲
石君甫	1921—1950	青田	朝鲜
徐云典	1917—1950	青田	青田瓦窑山
王长武	1914—1951	青田	青田横路
章永友	1919—1951	青田	青田下田
邓登龙	1928—1951	青田	朝鲜
施志成	1914—1951	青田	朝鲜
杜　青	1925—1951	青田	朝鲜
陈礼成	1923—1951	青田	朝鲜
刘青清	1926—1951	青田	朝鲜
叶　芳	1919—1951	青田	青田水井头
金上品	1925—1951	青田	青田朝山
李中福	1933—1951	青田	青田高湖
项国清	1926—1951	青田	朝鲜
金志法	1923—1951	青田	青田罗岱
章国令	1931—1951	青田	青田大云寺
舒松年	1931—1951	青田	青田大云寺
季则树	1931—1951	青田	青田高湖
池成岳	1929—1951	青田	青田良川
冯学西	1904—1951	青田	青田外冯
占岳明	1926—1951	青田	朝鲜
周　明	1917—1951	青田	朝鲜
包福生	1910—1951	青田	青田大云寺
潘岩弟	1930—1951	青田	青田高湖
周永姆	1933—1951	青田	朝鲜
金有林	1925—1951	青田	朝鲜
陈立楠	1932—1951	青田	温岭
周君星	1924—1951	青田	朝鲜
陈蔡保	1925—1951	青田	朝鲜
张宗銮	1932—1951	青田	青田塘坑
郑根岩	1918—1951	青田	朝鲜
陈　秀	1908—1951	青田	朝鲜
孙云宗	1930—1951	青田	朝鲜

续表 48-2-2-6

姓　名	生卒年	籍贯	牺牲地点
吴芝仁	1909—1951	青田	青田方山
吴振林	1920—1951	青田	朝鲜
张廷书	1932—1951	青田	青田黄言
吴德许	1924—1951	青田	朝鲜
陈立贞	1920—1951	青田	—
朱伯南	1931—1952	青田	青田大云寺
陈志豪	1923—1952	青田	青田洪府前
周金星	1924—1952	青田	朝鲜
赖岩昌	1917—1952	青田	青田引坑
洪　明	1924—1952	青田	朝鲜
潘进启	1923—1952	青田	朝鲜
罗德葱	1932—1952	青田	定海
贺洪高	1932—1952	青田	沈阳
徐守谦	1902—1952	青田	青田大安
吴宗立	1930—1952	青田	朝鲜
吴礼和	1930—1952	青田	朝鲜
陈宝清	1924—1952	青田	青田岩门
詹朝芬	1928—1952	青田	朝鲜
叶业新	1920—1952	青田	北京
郑儿重	1928—1953	青田	温州
曾国汉	1928—1953	青田	福建东山岛
王伯仙	1929—1953	青田	青田、丽水交界处
杨维成	1927—1953	青田	朝鲜
傅百龙	1933—1953	青田	福建东山岛
金芳奎	1920—1953	青田	朝鲜
徐玉然	1930—1953	青田	福建东山岛
杨祖廷	1925—1953	青田	朝鲜
吴碎法	1927—1953	青田	玉环
张冠彬	1920—1954	青田	福建建瓯
王美法	1931—1955	青田	福建东山岛
朱宗华	1926—1957	青田	青田湖边
洪光松	1938—1958	青田	黄岩大陈岛
周克芳	1938—1958	青田	福建漳州
郭成惠	1929—1958	青田	青田油竹

续表 48-2-2-6

姓 名	生卒年	籍贯	牺牲地点
叶崇佐	1937—1958	青田	福建东山岛
季文武	1935—1958	青田	青田旦头山
徐沛林	1936—1959	青田	黄岩
金锦立	1941—1960	青田	温州
陈良洪	1941—1961	青田	—
陈方春	1941—1962	青田	温州
金伯元	1943—1964	青田	江苏东海
厥勇标	1941—1965	青田	洞头
夏志雄	1946—1967	青田	嵊泗
钱贵生	1943—1967	青田	衢县
金南清	1952—1971	青田	湖南临湘
刘化鑫	1954—1971	青田	江苏富宁
王次东	1947—1975	青田	衢县
项建雄	1958—1978	青田	贵州司水
朱金荣	1957—1979	青田	中越边境
陈碎然	1958—1981	青田	新疆
罗岳平	1967—1996	青田	青田县乍坑村
邹树荣	1974—1998	青田	青田石帆
金法言	1921—生年不详	青田	—
陈木员	1931—生年不详	青田	—
邱银琪	生卒年不详	青田	—
徐瑶成	生卒年不详	青田	—
金明林	生卒年不详	青田	—
王振明	生卒年不详	青田	—
项正林	生卒年不详	青田	—
叶时达	生卒年不详	青田	—
留福清	生卒年不详	青田	—
郑 荣	生卒年不详	青田	—
倪 彪	生卒年不详	青田	—
孙桂兰	生卒年不详	青田	—
蒋守业	生卒年不详	青田	—
刘际宝	生卒年不详	青田	—
刘志和	生卒年不详	青田	—
徐永平	1958—2004	青田	松阳清路

续表 48-2-2-6

姓　名	生卒年	籍贯	牺牲地点
蓝海元	1919—1949	云和	云和庄前
蓝振昌	1916—1949	云和	云和岭头垟
林大梅	1930—1950	云和	云和云和镇
颜惠心(女)	1926—1950	云和	湖南长沙
李乾堂	1930—1950	云和	丽水
范延端	1925—1950	云和	朝鲜
刘世发	1920—1950	云和	景宁
王广祥	1927—1950	云和	云和林山
叶长厚	1918—1850	云和	云和大塆
李有根	1925—1950	云和	四川卢县
叶祖标	1931—1950	云和	定海
王水养	1926—1951	云和	朝鲜
柳正土	1922—1951	云和	福建南日岛
叶长清	1928—1951	云和	朝鲜
艾信善	1926—1951	云和	朝鲜
张林恩	1919—1951	云和	朝鲜
刘兴为	1930—1951	云和	四川重庆
刘家辽	1931—1952	云和	朝鲜
杨敦水	1924—1952	云和	朝鲜
王山祥	1925—1952	云和	朝鲜
张子碧	1925—1952	云和	云和小顺
张子林	1929—1952	云和	朝鲜
阙朝良	1925—1952	云和	朝鲜
蓝仁和	1927—卒年不详	云和	朝鲜
高廷兴	1931—1952	云和	椒江
冯慎贤	1930—1952	云和	朝鲜
许根生	1929—1953	云和	朝鲜
陈利元	1929—卒年不详	云和	—
蓝宝章	1929—1953	云和	朝鲜
倪伍忠	1932—1953	云和	朝鲜
叶克进	1929—1953	云和	朝鲜
吴宗其	1928—卒年不详	云和	朝鲜
涂泉斗	1926—1953	云和	朝鲜
项宗和	1929—1953	云和	朝鲜

续表 48-2-2-6

姓　名	生卒年	籍贯	牺牲地点
林彦苍	1912—1953	云和	岱山
马观利	1925—1953	云和	朝鲜
胡风生	1929—1953	云和	朝鲜
王金贤	1934—1953	云和	朝鲜
邱洪蓬	1931—1953	云和	朝鲜
严日隆	1929—1953	云和	朝鲜
蓝　鹏	1920—1953	云和	朝鲜
宋正兰	1934—1954	云和	龙泉
陈善后	1928—1957	云和	朝鲜
叶英琪	1938—1958	云和	金门岛
吴雨昌	1936—1959	云和	福建同安
郑献金	1940—1963	云和	瑞安
李寿田	1950—1970	云和	吴兴
孙尚伍	1949—1972	云和	陕西安康
张利生	1955—1979	云和	青海格尔木
杨建荣	1970—1992	云和	龙游姜家村
钱仁平	1973—1995	云和	云和浮云溪
李正光	1912—1949	龙泉	龙泉祭根
张二青	1908—1950	龙泉	龙泉大坦
杨永生	1927—1950	龙泉	海南岛
雷根旺	1921—1950	龙泉	朝鲜
曾马富	1913—1950	龙泉	龙泉上垟
练正环	1922—1949	龙泉	福建漳厦战场
金吴养	1928—1949	龙泉	定海登步岛
张步光	1902—1950	龙泉	龙泉上垟
吴秀和	1920—1950	龙泉	龙泉上垟
吴帮来	1923—1950	龙泉	朝鲜
赖文基	1924—1950	龙泉	朝鲜
刘叶青	1924—1950	龙泉	朝鲜
王发祥	1921—1950	龙泉	朝鲜
吴陈福	1925—1950	龙泉	江山
王必豪	1921—1950	龙泉	龙泉毛山头
叶世妹	1927—1950	龙泉	龙泉高浦
徐　友	1929—1951	龙泉	朝鲜

续表 48-2-2-6

姓　名	生卒年	籍贯	牺牲地点
钱克明	1926—1951	龙泉	朝鲜
钟康宝	1924—1951	龙泉	朝鲜
毛仁旺	1926—1951	龙泉	朝鲜
李立文	1922—1951	龙泉	朝鲜
季永根	1920—1951	龙泉	朝鲜
谢金富	1921—1951	龙泉	朝鲜
吴世鉴	1929—1951	龙泉	朝鲜
蓝宝田	1930—1951	龙泉	青田
徐献寿	生年不详—1951	龙泉	缙云
曾岩养	1930—1952	龙泉	龙泉宝鉴
何春保	生年不详—1952	龙泉	朝鲜
周新华	1929—1953	龙泉	朝鲜
林曾养	1926—1953	龙泉	朝鲜
柳芳林	1916—1953	龙泉	朝鲜
邹生成	1922—1953	龙泉	朝鲜
项朝章	1929—1958	龙泉	龙泉荒村
朱念余	1939—1960	龙泉	—
洪林护	1944—1964	龙泉	江苏滨海
张先和	1944—1967	龙泉	诸暨
毛月荣	1954—1978	龙泉	黑龙江大兴安岭
张明斌	1960—1979	龙泉	上海金山
徐震南	1962—1985	龙泉	中越边境
寿国林	1960—1985	龙泉	温州大麦屿
王永礼	生卒年不详	龙泉	—
周林开	1949—1994	龙泉	龙泉道太
叶金水	1973—1994	龙泉	龙泉住龙
何俊林	1918—1949	庆元	福建政和
倪　杰	生年不详—1950	庆元	贵州平坝
吴　仁	1929—1950	庆元	贵州平坝
沈元锡	1925—1950	庆元	福建
吴章会	1926—1950	庆元	福建松溪
陈明喜	1922—1950	庆元	镇海
陈继和	1921—1950	庆元	朝鲜
奕邦来	生年不详—1950	庆元	朝鲜

续表 48-2-2-6

姓　名	生卒年	籍贯	牺牲地点
张大禄	1925—1951	庆元	朝鲜
陈继亮	1915—1951	庆元	朝鲜
李克树	1925—1952	庆元	朝鲜
吴道听	1922—1952	庆元	朝鲜
毛振林	1921—1953	庆元	朝鲜
吴仁友	1921—1951	庆元	青田船寮
吴其文	1920—1953	庆元	朝鲜
胡大贵	1926—1953	庆元	朝鲜
陈继章	1938—1956	庆元	福建同安
吴海户	1936—1958	庆元	福建同安
杨道高	1933—1963	庆元	青田温溪
吴天学	1949—1970	庆元	杭州乔司
苏昌大	1939—1970	庆元	文成
刘章勇	1929—1970	庆元	庆元竹坪
周加强	1957—1979	庆元	中越边境
潘日亮	1962—1985	庆元	中越边境
吴光统	生卒年不详	庆元	—
麻明其	1929—1949	缙云	缙云丹址
蒋红喜	1928—1949	缙云	缙云丹址
蒋钟钦	1930—1949	缙云	缙云丹址
胡学信	1916—1949	缙云	厦门
郑献忠	1902—1950	缙云	缙云上名山
宋唐秋	1928—1950	缙云	朝鲜
卢祖奕	1918—1950	缙云	朝鲜
李德金	1926—1950	缙云	缙云下潜
周梅焕	1932—1950	缙云	朝鲜
叶　修	1921—1950	缙云	朝鲜
王唐福	1929—1950	缙云	贵州晴隆
应葛丰	1930—1950	缙云	仙居
张维信	1915—1950	缙云	缙云凝碧
张汝沅	1912—1950	缙云	朝鲜
张海波	1926—1950	缙云	朝鲜
胡积庆	1932—1950	缙云	仙居
陈德元	1929—1950	—	朝鲜

续表 48-2-2-6

姓　名	生卒年	籍贯	牺牲地点
邹品和	1921—1950	缙云	缙云东坑底
应官全	1925—1951	缙云	新疆
黄土根	1925—1951	缙云	朝鲜
胡耀忠	1922—1951	缙云	朝鲜
赵　芝	1919—1951	缙云	朝鲜
陈福元	1922—1951	缙云	朝鲜
应福群	1927—1951	缙云	朝鲜
施廷贵	1921—1951	缙云	朝鲜
严元魁	1932—1951	缙云	椒江
李绍新	1929—1951	缙云	朝鲜
叶金富	1923—1951	缙云	青田
应春仙	1931—1951	缙云	青田
王献忠	1918—1951	缙云	朝鲜
陈　英	1923—1951	缙云	朝鲜
张国强	1920—1951	缙云	朝鲜
吕思训	1928—1951	缙云	朝鲜
章献忠	1924—1951	缙云	缙云黄坛
杨文华	1926—1951	缙云	丽水
陈德元	1916—1951	缙云	缙云大洋
周克俭	1925—1951	缙云	朝鲜
李新根	1925—1951	缙云	朝鲜
潘献法	1934—1951	缙云	缙云乌岩
王仲法	1915—1951	缙云	缙云大洋
王土生	1933—1951	缙云	缙云大洋
蒋才和	1923—1951	—	朝鲜
周钦喜	1915—1951	缙云	缙云外前
杜德银	1926—1952	缙云	朝鲜
邢连生	1929—1952	缙云	朝鲜
虞福兴	1931—1952	缙云	朝鲜
王云川	1929—1952	缙云	朝鲜
郑飞荣	1925—1952	缙云	朝鲜
蒋祝华	1928—1952	缙云	朝鲜
李昌成	1933—1952	缙云	朝鲜
丁土荣	1927—1952	缙云	朝鲜

续表 48-2-2-6

姓　名	生卒年	籍贯	牺牲地点
饶唐溪	1928—1952	缙云	仙居
陆长申	1924—1952	缙云	朝鲜
赵子修	1932—1952	缙云	朝鲜
赵子坚	1929—1952	缙云	朝鲜
虞云法	1925—1952	缙云	朝鲜
张保林	1929—1952	缙云	朝鲜
朱士庄	1927—1952	缙云	朝鲜
徐忠义	1931—1952	缙云	朝鲜
马福金	1931—1952	缙云	朝鲜
应纯松	1929—1952	缙云	朝鲜
丁宏光	1927—1952	缙云	宣平
李志方	1929—1952	缙云	朝鲜
金子生	1918—1952	缙云	缙云乌岩
王德福	1928—1952	缙云	朝鲜
刘子申	1928—1953	缙云	朝鲜
丁　明	1933—1953	缙云	朝鲜
施银宽	1933—1953	缙云	朝鲜
吕唐均	1929—1953	缙云	朝鲜
汪成康	1929—1953	缙云	朝鲜
丁土金	1933—1953	缙云	朝鲜
麻等仁	1930—1953	缙云	福建东山岛
朱云福	1931—1953	缙云	朝鲜
李光汉	1930—1953	缙云	朝鲜
虞新钦	1918—1953	缙云	朝鲜
陈叶良	1931—1953	缙云	朝鲜
朱贵山	1928—1953	缙云	朝鲜
赵鲁生	1932—1953	缙云	朝鲜
陈旭元	1933—1953	缙云	朝鲜
施岩兴	1923—1953	缙云	朝鲜
王文龙	1931—1953	缙云	朝鲜
马献廷	1931—1953	缙云	朝鲜
钦献山	1933—1953	缙云	朝鲜
陶文富	1930—1953	缙云	朝鲜
王寿生	1930—1953	缙云	朝鲜

续表 48-2-2-6

姓　名	生卒年	籍贯	牺牲地点
张献铨	1928—1953	缙云	朝鲜
李　松	1927—1953	缙云	朝鲜
朱岳高	1933—1955	缙云	一江山岛
陈叶良	1931—1955	缙云	一江山岛
陈月高	1928—1955	缙云	一江山岛
谢子明	1934—1955	缙云	一江山岛
陈保全	1929—1955	缙云	一江山岛
王锦祥	1929—1955	缙云	一江山岛
应德进	1936—1955	缙云	一江山岛
吕炳新	1932—1955	缙云	一江山岛
金唐根	1937—1955	缙云	一江山岛
李水生	1929—1955	缙云	一江山岛
杜彩田	1935—1955	缙云	一江山岛
应导群	1931—1955	缙云	一江山岛
黄周尧	1933—1955	缙云	一江山岛
童乾和	1927—1955	缙云	大陈岛
李葛兴	1935—1955	缙云	一江山岛
丁丑生	1937—1955	缙云	一江山岛
陶柳申	1930—1955	缙云	一江山岛
李有松	1934—1955	缙云	一江山岛
朱正荣	1936—1955	缙云	一江山岛
朱才友	1934—1955	缙云	一江山岛
徐周清	1933—1955	缙云	一江山岛
朱喜银	1935—1955	缙云	一江山岛
张广付	1935—1955	缙云	一江山岛
李桂全	1936—1955	缙云	一江山岛
李茂基	1933—1955	缙云	一江山岛
黄献清	1937—1955	缙云	一江山岛
杨洪芝	1937—1955	缙云	一江山岛
潘长奎	1936—1955	缙云	一江山岛
施余根	1935—1955	缙云	一江山岛
施水芳	1931—1955	缙云	一江山岛
樊岩高	1935—1955	缙云	一江山岛
陶来兴	1935—1955	缙云	一江山岛

续表 48-2-2-6

姓　名	生卒年	籍贯	牺牲地点
陶振钦	1934—1955	缙云	一江山岛
杨治平	1936—1955	缙云	一江山岛
朱桂法	1926—1955	缙云	一江山岛
王旺元	1928—1955	缙云	一江山岛
郑风柱	1935—1955	缙云	一江山岛
吕土生	1934—1955	缙云	一江山岛
丁樟保	1935—1955	缙云	一江山岛
丁梦生	1935—1955	缙云	一江山岛
蔡日新	1935—1955	缙云	一江山岛
陈定相	1935—1955	缙云	一江山岛
胡永昌	1936—1955	缙云	一江山岛
章周叨	1932—1955	缙云	一江山岛
章周鼎	1934—1955	缙云	一江山岛
潜炉钦	1934—1955	缙云	一江山岛
潜日兴	1930—1955	缙云	一江山岛
周泽汉	1934—1955	缙云	一江山岛
钭子福	1932—1955	缙云	一江山岛
林世完	1933—1955	缙云	一江山岛
钭加升	1933—1955	缙云	一江山岛
吴沛和	1920—1955	缙云	一江山岛
胡建本	1934—1955	缙云	一江山岛
李　全	1928—1955	缙云	一江山岛
李启元	1926—1955	缙云	缙云小�
卢成桂	1932—1955	缙云	辽宁安东
钭土来	1925—1955	缙云	杭州
卢流相	1931—1956	缙云	缙云岭口
丁杰达	1936—1956	缙云	瑞安
应成堂	1927—1957	缙云	缙云厚仁
周土奎	1935—1957	缙云	洞头
梅春福	1925—1960	缙云	南京
林春桂	1941—1960	缙云	福建
朱巧松	1932—1962	缙云	浙二医院
黄献仓	1937—1964	缙云	温州
田兴亮	1942—1967	缙云	越南

续表 48-2-2-6

姓　名	生卒年	籍贯	牺牲地点
聂友钟	1944—1968	缙云	江苏六合
陈水金	1947—1968	缙云	—
黄锡鸿	1936—1968	缙云	平阳
郑设焕	1949—1969	缙云	福建邵武
叶显禄	1935—1969	缙云	洞头
陈明春	1938—1969	缙云	四川
章友焕	1953—1973	缙云	江苏
王土旺	1929—1974	缙云	九四陆军医院
朱庚坚	1962—1974	缙云	缙云砩背
杨耀根	1961—1974	缙云	缙云砩背
陈高升	1950—卒年不详	缙云	福建邵武
张显明	1935—1981	缙云	缙云木西花
赵葛土	1945—1981	缙云	缙云壶镇
王周儿	1948—1983	缙云	缙云姓汪
陈万明	1935—1983	缙云	缙云砩圩坑
应国飞	1957—1985	缙云	中越边境
李增辉	1966—1985	缙云	中越边境
蔡菊军	1964—1985	缙云	中越边境
陈明进	1964—1985	缙云	中越边境
朱　珏(女)	1983—1995	缙云	缙云白竹下塘水库
朱国亮	1972—1996	缙云	壶镇金一村
王银宝	1912—卒年不详	缙云	—
祝宝星	1923—卒年不详	缙云	朝鲜
李保生	1914—卒年不详	缙云	朝鲜
郑德全	生卒年不详	缙云	朝鲜
刘等焕	1928—卒年不详	缙云	—
项林明	1927—卒年不详	缙云	—
胡小宝	1923—卒年不详	缙云	—
应　奎	1919—卒年不详	缙云	—
黄齐奎	1923—卒年不详	缙云	—
李均方	1920—卒年不详	缙云	—
麻子兴	1932—卒年不详	缙云	—
朱理长	1925—卒年不详	缙云	—
刘祖庭	1932—卒年不详	缙云	—

续表 48-2-2-6

姓　名	生卒年	籍贯	牺牲地点
李国荣	1921—卒年不详	缙云	—
李陈献	1927—卒年不详	缙云	—
李官贵	1943—卒年不详	缙云	—
张凤梧	1928—卒年不详	缙云	—
陈太法	生年不详—1949	—	福建厦门
戴白珍	1923—1949	遂昌	厦门
华关德	1927—1949	遂昌	厦门
胡学许	1933—1950	遂昌	朝鲜
华文醉	1925—1950	遂昌	镇海
郑　廉	1931—1950	遂昌	朝鲜
巫　云	1918—1950	遂昌	龙泉
周关培	1916—1950	遂昌	朝鲜
赖树才	1927—1950	遂昌	朝鲜
华启荣	1920—1950	遂昌	遂昌曲辛
谢关贤	1925—1950	遂昌	遂昌姚岭
吴观明	1906—1950	遂昌	遂昌桂洋
程光富	1925—1951	遂昌	朝鲜
李华贞	1933—1951	遂昌	山东云阳
傅德生	1933—1951	遂昌	福建南日岛
华仁生	1923—1951	遂昌	朝鲜
吴江才	1924—1951	遂昌	朝鲜
罗火孙	1925—1951	遂昌	朝鲜
吴清林	1930—1951	遂昌	朝鲜
严发达	1928—1951	遂昌	朝鲜
李葆文	1923—1951	遂昌	朝鲜
林昌荣	1927—1952	遂昌	福建南日岛
吴茂林	1929—1952	遂昌	朝鲜
巫承财	1925—1952	遂昌	朝鲜
黄贤佐	1926—1952	遂昌	朝鲜
傅大根	1929—1952	遂昌	朝鲜
张宗法	1928—1952	遂昌	朝鲜
毛关满	1930—1952	遂昌	朝鲜
仇　天	1930—1953	遂昌	朝鲜
罗会田	1928—1953	遂昌	朝鲜

续表 48-2-2-6

姓　名	生卒年	籍贯	牺牲地点
潘马义	1918—1953	遂昌	朝鲜
张永球	1927—1953	遂昌	朝鲜
叶宗扬	1922—1953	遂昌	朝鲜
张达清	1932—1953	遂昌	洞头
张发祥	1925—1953	遂昌	朝鲜
叶发新	1926—1953	遂昌	朝鲜
龚德川	1934—1954	遂昌	杭州
华小福	1917—1955	遂昌	—
潘连瑞	1931—1955	遂昌	福建晋江
余土兴	1940—1963	遂昌	萧山
黎金昌	1942—1965	遂昌	象山
王松标	1932—1970	遂昌	遂昌柘岱口
胡兆宝	1940—1973	遂昌	海南岛
王友军	1962—1985	遂昌	中越边境
杨文华	1962—1985	遂昌	遂昌濂竹乡
鲍　林	1930—1949	松阳	宜洞镇
罗金亮	1915—1949	松阳	松阳百步
蓝徐秀	1922—1949	松阳	丽水
蓝大德	1926—1949	松阳	松阳潘八
雷水才	生年不详—1950	松阳	松阳西屏镇
包绍斌	生年不详—1950	松阳	朝鲜
叶德金	生年不详—1950	松阳	上海浦东
叶山山	生年不详—1950	松阳	—
潘思齐	1926—1950	松阳	朝鲜
刘觉里	1928—1950	松阳	余姚
叶志中	1931—1950	松阳	朝鲜
周警梧	1929—1950	松阳	四川大竹
叶　清	生年不详—1950	松阳	朝鲜
毛德法	生年不详—1950	松阳	朝鲜
金永连	1925—1950	松阳	松阳南岱
陈樟树根	生年不详—1950	松阳	松阳塘后
陆文华	生年不详—1950	松阳	朝鲜
林忠明	1923—1950	松阳	松阳裕溪
陈　焯	1938—1950	松阳	四川江津

续表 48-2-2-6

姓　名	生卒年	籍贯	牺牲地点
李国芳	1912—1950	松阳	松阳龙湾
陈木火	1931—1950	松阳	松阳裕溪乡
傅寿林	1927—1951	松阳	朝鲜
潘金福	1925—1951	松阳	朝鲜
林昌富	1926—1951	松阳	朝鲜
何金生	1930—1951	松阳	丽水
刘明荣	生年不详—1951	松阳	朝鲜
叶明达	1929—1951	松阳	朝鲜
叶宝堂	生年不详—1951	松阳	朝鲜
徐少森	1925—1951	松阳	朝鲜
潘传富	1925—1951	松阳	朝鲜
周最根	生年不详—1951	松阳	广西藤县
苏　忠	生年不详—1951	松阳	—
何明叶	1929—1952	松阳	朝鲜
萧毓钱	1929—1952	松阳	朝鲜
叶景霖	1926—1952	松阳	朝鲜
叶景林	1924—1952	松阳	朝鲜
罗耀芳	1932—1952	松阳	朝鲜
叶光信	1926—1952	松阳	重庆
叶关太	1927—1952	松阳	朝鲜
叶子宝	1928—卒年不详	松阳	朝鲜
叶官生	1927—1952	松阳	—
叶　斌	1930—1953	松阳	西康昌都
詹一心	生年不详—1953	松阳	朝鲜
陈明亮	1926—1953	松阳	朝鲜
叶根和	1925—1953	松阳	朝鲜
汪尚德	1928—1953	松阳	朝鲜
杨富本	1929—1953	松阳	朝鲜
阙关贵	生年不详—1953	松阳	朝鲜
阙邦型	1921—1953	松阳	松阴溪
潘志民	1931—1954	松阳	洞头
叶凤鸣	1931—1954	松阳	桐庐
阙金土	生年不详—1956	松阳	福建南平
宋利旺	1934—1956	松阳	苏州

续表 48-2-2-6

姓　名	生卒年	籍贯	牺牲地点
林　忠	1922—1957	松阳	松阳半胡
陈香兰(女)	1926—1958	松阳	松阳古市
李鸿龙	1932—1958	松阳	余山
张元寿	1939—1959	松阳	福建南平
王昌德	1933—1960	松阳	青海昂贝
潘根富	生年不详—1960	松阳	青海昂贝
赵德梓	1940—1961	松阳	定海
徐炳炳	1951—1970	松阳	—
周景亮	1953—1973	松阳	台州
张益旺	1951—1974	松阳	—
聂智富	1949—1974	松阳	江苏南通
叶苏忠	1956—1975	松阳	松阳叶村乡
程杰君(女)	1964—1975	松阳	松阴溪
翁高茂	1953—1976	松阳	江苏无锡
王吉周	1954—1977	松阳	河北隆化
刘成基	1961—1980	松阳	甘肃兰州
叶永祥	1940—1983	松阳	松阳项弄
杨水信	1954—1986	松阳	江苏无锡
叶伟胜	1970—1992	松阳	龙游
何水土	1949—1993	松阳	松阳樟溪
高贵洪	1971—1994	松阳	松阳象溪
周叶兰	1963—1995	松阳	松阳玉岩
王金铎	1983—1995	松阳	松阳古布
刘朝春	1938—1996	松阳	松阳裕溪
曹振飞	1960—2004	松阳	松阳清路
名字不详	1925—1949	景宁	福建厦门
刘益松	1926—1949	景宁	景宁渤海
留邦义	1918—1949	景宁	景宁岭根
梅伯仪	1923—1949	景宁	景宁梅花坳头
严龙洲	1930—1949	景宁	福建寿宁
王起元	1913—1949	景宁	庆元
梅大林	1927—1949	景宁	福建寿宁
郑祝明	1931—1949	景宁	福建寿宁
郑希元	1932—1949	景宁	福建寿宁

续表 48-2-2-6

姓　名	生卒年	籍贯	牺牲地点
张高和	1930—1949	景宁	景宁
王成会	1918—1949	景宁	景宁
郑昌志	1921—1950	景宁	景宁
雷福体	1923—1950	景宁	景宁
朱从叨	1922—1950	景宁	景宁
雷延会	1917—1950	景宁	景宁
雷培风	1916—1950	景宁	景宁
雷金风	1926—1950	景宁	景宁
程建清	1925—1950	景宁	景宁
沈德贤	1923—1950	景宁	景宁
严振成	1927—1950	景宁	景宁
张立生	1908—1950	景宁	景宁
张立金	1924—1950	景宁	景宁
张陈贵	1913—1950	景宁	景宁
梅木生	1924—1950	景宁	景宁
吴进祥	1910—1950	景宁	景宁
叶久立	1920—1950	景宁	景宁
吴绍木	1914—1950	景宁	景宁
严岩芳	1916—1950	景宁	景宁
陈志元	1917—1950	景宁	景宁
陈荣正	1925—1950	景宁	景宁
杨亦言	1902—1950	景宁	景宁
李发正	1913—1950	景宁	景宁
陈承法	1927—1951	景宁	景宁
柳运树	1928—1951	景宁	景宁
缪传立	1922—1951	景宁	景宁
吴火炎	1924—1951	景宁	景宁
刘运伙	1919—1951	景宁	景宁
刘孟良	1920—1951	景宁	景宁
蓝世根	1925—1952	景宁	景宁
徐和章	1920—1952	景宁	景宁
叶祖勋	1925—1952	景宁	景宁
张茂火	1922—1952	景宁	景宁
夏世炳	1931—1952	景宁	景宁

续表 48-2-2-6

姓　名	生卒年	籍贯	牺牲地点
王义长	1928—1952	景宁	朝鲜
潘昌琪	1919—1952	景宁	朝鲜
沈中美	1926—1952	景宁	朝鲜
雷二宝	1933—1952	景宁	朝鲜
雷余庚	1927—1952	景宁	朝鲜
雷妙才	1933—1952	景宁	朝鲜
柳运旺	1926—1952	景宁	朝鲜
柳昌贤	1930—1952	景宁	朝鲜
陈世定	1926—1952	景宁	朝鲜
陈德胜	1928—1952	景宁	朝鲜
吴新义	1927—卒年不详	景宁	—
徐家聪	1928—1952	景宁	朝鲜
柳方游	1932—1952	景宁	朝鲜
周金祥	1929—1953	景宁	朝鲜
潘芹香(女)	1929—1953	景宁	诸暨
李必有	1928—1953	景宁	朝鲜
季德清	1924—1953	景宁	朝鲜
陈宗和	1923—1953	景宁	朝鲜
林焕库	1942—1966	景宁	普陀
叶发原	1948—1975	景宁	北京密云
陈林谦	1954—1976	景宁	山东济南
鲍伟平	1971—2006	景宁	景宁石竹岙

第三节　抗日阵亡将士

1937 年 7 月至 1945 年 8 月，抗日战争时期，各县(市、区)均根据浙江省档案馆《中华民国忠烈将士名录》，删除无死亡时间和非抗日战争时期死亡的人员，对照浙江省人民政府批准为革命烈士的人员进行统计。解放以后，宣平县曳岭区划归丽水县等区划调整时，抗日阵亡将士未作相应调整。全市有抗日战争时期阵亡将士 1729 人，其中莲都区 218 人、龙泉县 147 人、青田县 232 人、云和县 141 人、庆元县 53 人、缙云县 336 人、遂昌县 169 人、松阳县 352 人、景宁畲族自治县 81人。

抗日战争期间丽水地区阵亡将士一览

表 48-2-3-1

姓　名	籍贯	部队番号级职	年龄(岁)	阵亡时间	阵亡地点
李老汤	丽水	67 师 397 团 4 连、二等兵	—	1937 年 8 月	上　海
江贵生	丽水	11 师 65 团 9 连、一等兵	24	1937 年 8 月	上　海
朱客能	丽水	67 师 398 团 5 连、二等兵	24	1937 年 8 月	江　苏
江汉民	丽水	67 师 398 团 5 连、二等兵	25	1937 年 8 月	江　苏
周品堂	丽水	67 师 398 团 6 连、一等兵	22	1937 年 8 月	江　苏
高朝德	丽水	67 师 398 团 8 连、二等兵	23	1937 年 8 月	江　苏
樊根周	丽水	67 师 398 团 8 连、二等兵	23	1937 年 8 月	江　苏
王良根	丽水	67 师 398 团 9 连、二等兵	21	1937 年 8 月	江　苏
武有明	丽水	67 师 397 团 3 连、二等兵	24	1937 年 8 月	江　苏
谢树青	丽水	11 师 65 团 7 连、一等兵	20	1937 年 8 月	上　海
姜谭法	丽水	67 师前 398 团 6 连、二等兵	23	1937 年 8 月 28 月	江　苏
吴炳寅	丽水	67 师前 398 团 2 连、二等兵	24	1937 年 8 月 28 月	江　苏
王丽生	丽水	67 师 398 团 9 连、二等兵	23	1937 年 9 月	上　海
朱纪法	丽水	67 师 398 团 9 连、二等兵	24	1937 年 9 月	上　海
姜监宣	丽水	67 师 398 团 9 连、二等兵	22	1937 年 9 月	上　海
刘进喜	丽水	67 师 398 团 9 连、二等兵	24	1937 年 9 月	上　海
方福兴	丽水	67 师 398 团 9 连、二等兵	24	1937 年 9 月	上　海
何　升	丽水	67 师 398 团 9 连、二等兵	24	1937 年 9 月	上　海
朱鹤军	丽水	67 师 397 团 5 连、二等兵	—	1937 年 9 月	上　海
王士中	丽水	67 师 397 团 4 连、二等兵	—	1937 年 9 月	上　海
谢杜客	丽水	67 师 397 团、二等兵	32	1937 年 9 月	浙　江
蔡立城	丽水	57 师 340 团 3 连、上等兵	28	1937 年 9 月	江　苏
朱成信	丽水	67 师 398 团 3 连、二等兵	23	1937 年 9 月	江　苏
王焕仙	丽水	6 师 36 团 1 连、中士班长	26	1937 年 9 月	江　苏
林丕贤	丽水	6 师 34 团 5 连、二等兵	30	1937 年 9 月	江　苏
余志兰	丽水	2 师 65 团 8 连、二等兵	27	1937 年 9 月	上　海
刘忠清	丽水	6 师 36 团 9 连、上等兵	28	1937 年 9 月	上　海
蓝振昌	丽水	58 师 343 团 9 连、上等兵	26	1937 年 10 月	江　苏
李联芳	丽水	58 师 347 团 8 连、中尉排长	25	1937 年 10 月	江　苏
陆三儿	丽水	88 师 528 团 3 连、一等兵	20	1937 年 10 月	江　苏
沈清友	丽水	11 师 62 团通信连、一等兵	25	1937 年 11 月 22 月	江　苏
厉志芳	丽水	14 师 80 团 7 连、上等兵	20	1937 年 11 月	江　苏
郑龙池	丽水	67 师 397 团 7 连、上等兵	23	1937 年 12 月	安　徽

续表 48-2-3-1

姓　名	籍贯	部队番号级职	年龄(岁)	阵亡时间	阵亡地点
金水才	丽水	11 师 62 团 4 连、二等兵	22	1937 年 12 月 28 日	上　海
黄土兴	丽水	67 师工兵营 3 连、一等兵	21	1938 年 1 月	安　徽
胡子明	丽水	67 师 398 团 3 连、一等兵	24	1938 年 1 月	安　徽
汤泽民	丽水	6 师 36 团 3 营、少校营长	—	1938 年 4 月	山　东
应鑫济	丽水	79 师 470 团 3 营、上尉营附	—	1938 年 4 月	浙　江
蓝采和	丽水	6 师 31 团 1 连、一等兵	25	1938 年 4 月	江　苏
林　发	丽水	67 师 397 团 4 连、一等兵	20	1938 年 5 月	安　徽
杨金兰	丽水	67 师 397 团 6 连、二等兵	22	1938 年 5 月	安　徽
沈永傅	丽水	1 师 1 团 9 连、二等兵	32	1938 年 9 月	河　南
陈忠勇	丽水	新 7 师 1 团 7 连、二等兵	22	1938 年 10 月	安　徽
麻云善	丽水	6 预师 22 团 7 连、一等兵	30	1938 年 10 月	江　西
周凤达	丽水	190 师 1109 团、中尉连附	34	1938 年 10 月	浙　江
余阿松	丽水	67 师 401 团 7 连、二等兵	37	1938 年 11	安　徽
徐国荣	丽水	暂 34 师 2 团 2 连、一等兵	39	1938 年 10 月 14 日	湖　北
朱文善	丽水	67 师 389 团 1 连、二等兵	40	1938 年 11 月	安　徽
王忠汝	丽水	67 师 398 团运输连、上等兵	35	1938 年 11 月	安　徽
刘李成	丽水	67 师 401 团 7 连、一等兵	24	1938 年 11 月	安　徽
张阿元	丽水	67 师 401 团 4 连、一等兵	26	1938 年 12 月	安　徽
江汉明	丽水	67 师 402 团机 3 连、上等兵	27	1938 年 12 月	安　徽
梁玉生	丽水	58 师 344 团 2 连、下士	41	1939 年 4 月	江　西
朱山头	丽水	58 师 344 团 2 连、一等兵	20	1939 年 4 月	江　西
李　斌	丽水	20 预师 30 团 3 连、中士	31	1939 年 4 月	江　西
朱　客	丽水	10 预师 38 团 3 连、一等兵	22	1939 年 4 月	江　西
周克和	丽水	58 师 344 团 5 连、一等兵	29	1939 年 4 月	江　西
方赛宝	丽水	58 师 347 团机 3 连、二等兵	27	1939 年 4 月	江　西
王凤祥	丽水	58 师 347 团 2 连、一等兵	26	1939 年 4 月	江　西
周显明	丽水	26 师 155 团 1 连、二等兵	24	1939 年 6 月	江　西
叶根传	丽水	58 师 174 团机 2 连、一等兵	25	1939 年 6 月 25 日	江　西
叶兆文	丽水	67 师 398 团 1 连、一等兵	27	1939 年 6 月	江　苏
周光进	丽水	58 师 172 团 4 连、一等兵	25	1939 年 7 月 5 日	江　西
叶永根	丽水	184 师 551 团 2 连、二等兵	22	1939 年 7 月	江　西
朱福东	丽水	184 师 551 团 3 连、二等兵	22	1939 年 7 月	江　西
傅作洪	丽水	58 师 347 团通信连、二等兵	27	1939 年 7 月	江　西
吴国福	丽水	58 师 347 团通信连、二等兵	23	1939 年 7 月	江　西

续表 48-2-3-1

姓　名	籍贯	部队番号级职	年龄(岁)	阵亡时间	阵亡地点
陈阿发	丽水	184 师 551 团 8 连、二等兵	22	1939 年 8 月	江　西
杨乾兴	丽水	184 师 551 团 8 连、二等兵	30	1939 年 8 月	江　西
周光和	丽水	184 师 550 团 9 连、二等兵	27	1939 年 9 月	江　西
樟国荣	丽水	184 师 550 团 6 连、二等兵	20	1939 年 9 月	江　西
何渠魁	丽水	184 师 550 团 6 连、二等兵	26	1939 年 9 月	江　西
徐泽长	丽水	184 师 550 团 9 连、下士	21	1939 年 9 月	江　西
王学富	丽水	184 师 550 团 6 连、二等兵	27	1939 年 9 月	江　西
汤如焕	丽水	184 师 550 团 6 连、二等兵	23	1939 年 9 月	江　西
冯自水	丽水	184 师 550 团 3 连、一等兵	24	1939 年 9 月	江　西
王樟树	丽水	184 师 550 团机 1 连、二等兵	24	1939 年 9 月	江　西
江必正	丽水	184 师 551 团 8 连、二等兵	32	1939 年 9 月	江　西
刘开盛	丽水	184 师 551 团 9 连、上等兵	29	1939 年 9 月	江　西
谢挨南	丽水	184 师 551 团 9 连、二等兵	31	1939 年 9 月	江　西
郑锡汉	丽水	184 师 551 团 9 连、二等兵	27	1939 年 9 月	江　西
王承桃	丽水	184 师 551 团 9 连、一等兵	22	1939 年 9 月	江　西
何金亮	丽水	184 师 551 团 9 连、二等兵	21	1939 年 9 月	江　西
汪余海	丽水	102 师 206 团 4 连、上等兵	21	1939 年 9 月	湖　南
封　琦	丽水	602 师 180 团、准尉	21	1939 年 10 月	湖　南
艾洪业	丽水	16 师 46 团 1 连、一等兵	22	1939 年 12 月	安　徽
章献堂	丽水	67 师 199 团 4 连、二等兵	40	1939 年 12 月	安　徽
李洪昌	丽水	67 师 200 团 5 连、一等兵	23	1939 年 12 月	安　徽
郑得明	丽水	预 10 师 29 团 1 连、一等兵	37	1939 年 12 月	安　徽
吴银培	丽水	预 10 师 29 团 1 连、二等兵	20	1939 年 12 月	安　徽
陈金根	丽水	预 10 师 29 团 1 连、二等兵	30	1939 年 12 月	安　徽
谢德明	丽水	预 10 师 28 团 1 连、二等兵	28	1939 年 12 月	安　徽
李元泉	丽水	58 师 174 团 5 连、二等兵	22	1939 年 12 月	江　西
邱祖福	丽水	58 师工兵营 1 连、一等兵	19	1939 年 12 月	江　西
周细儿	丽水	58 师 173 团 7 连、一等兵	28	1939 年 12 月	江　西
刘瑞旺	丽水	58 师 173 团机 3 连、一等兵	22	1939 年 12 月	江　西
蓝芝林	丽水	184 师 552 团 5 连、二等兵	23	1939 年 12 月	江　西
管金宝	丽水	26 师 77 团 3 连、一等兵	25	1939 年 12 月	江　西
谢学隆	丽水	26 师 77 团 7 连、二等兵	24	1939 年 12 月	江　西
方荣昌	丽水	26 师 77 团 7 连、一等兵	38	1939 年 12 月	江　西
梅国东	丽水	156 师野补团 1 连、上等兵	—	1939 年 12 月	湖　北

续表 48-2-3-1

姓　名	籍贯	部队番号级职	年龄(岁)	阵亡时间	阵亡地点
周连桂	丽水	4 预师 11 团 8 连、一等兵	23	1939 年 12 月	湖　北
傅岳林	丽水	4 预师 10 团 6 连、上等兵	28	1939 年 12 月	湖　北
阙凤金	丽水	92 师 275 团 3 连、二等兵	21	1939 年 12 月	广　西
陈金石	丽水	92 师 275 团 3 连、二等兵	24	1939 年 12 月	广　西
吴锡伍	丽水	92 师 275 团机 1 连、上等兵	24	1939 年 12 月	广　西
鲁礼仁	丽水	92 师 275 团 1 连、一等兵	21	1939 年 12 月	广　西
周德金	丽水	92 师 275 团 1 连、一等兵	21	1939 年 12 月	广　西
徐克刚	丽水	92 师 275 团 1 连、一等兵	30	1939 年 12 月	广　西
王德元	丽水	92 师 275 团 1 连、一等兵	22	1939 年 12 月	广　西
傅德诊	丽水	92 师 275 团 1 连、一等兵	23	1939 年 12 月	广　西
席炳富	丽水	10 预师 29 团、一等兵	31	1939 年 12 月	安　徽
陈　清	丽水	92 师 275 团 1 连、一等兵	29	1940 年 1 月 1 日	广　西
叶发根	丽水	92 师 275 团 4 连、二等兵	25	1940 年 2 月	广　西
黄昭五	丽水	145 师 35 团 2 连、二等兵	20	1940 年 4 月	安　徽
唐增瑞	丽水	145 师 435 团 1 连、二等兵	29	1940 年 4 月	安　徽
汤德俊	丽水	145 师 435 团 6 连、二等兵	24	1940 年 4 月	安　徽
应长清	丽水	145 师 34 团 1 连、一等兵	26	1940 年 4 月	安　徽
翁桥金	丽水	145 师 34 团 1 连、一等兵	22	1940 年 4 月	安　徽
蓝雷土	丽水	新 10 师 29 团 6 连、一等兵	40	1940 年 4 月	江　西
吴云雨	丽水	19 师特务连、一等兵	21	1940 年 4 月	湖　北
杨松惠	丽水	145 师 435 团 1 连、二等兵	31	1940 年 6 月	安　徽
金眩发	丽水	16 师 46 团 1 连、一等兵	21	1940 年 6 月	安　徽
叶增友	丽水	26 师 76 团 5 连、一等兵	24	1940 年 6 月	江　西
张献章	丽水	26 师 76 团 9 连、一等兵	22	1940 年 6 月	江　西
金官兴	丽水	26 师野补团 4 连、一等兵	32	1940 年 6 月	江　西
陈志俞	丽水	107 师 320 团 7 连、一等兵	35	1940 年 6 月	江　西
江永义	丽水	26 师 78 团 4 连、一等兵	28	1940 年 6 月	江　西
裘较贵	丽水	146 师 436 团 3 连、上等兵	26	1940 年 6 月 21 日	安　徽
王保清	丽水	新 7 师 1 团 7 连、二等兵	33	1940 年 6 月	安　徽
江仁禄	丽水	26 师 77 团 2 连、二等兵	20	1940 年 6 月	江　西
陈兄友	丽水	194 师 1126 团 9 连、一等兵	24	1940 年 7 月	浙　江
陈兆明	丽水	145 师 35 团 4 连、一等兵	26	1940 年 9 月 8 日	安　徽
金永明	丽水	16 师 46 团 5 连、上等兵	21	1940 年 10 月 14 日	浙　江
朱吉生	丽水	16 师 48 团 5 连、一等兵	20	1940 年 10 月 18 日	浙　江

续表 48-2-3-1

姓　名	籍贯	部队番号级职	年龄(岁)	阵亡时间	阵亡地点
陈连兴	丽水	26 师 76 团 7 连、一等兵	27	1940 年 10 月 24 日	江　西
雷礼新	丽水	26 师 76 团 7 连、一等兵	21	1940 年 10 日 24 日	江　西
陈增云	丽水	79 师 236 团机 1 连、二等兵	31	1940 年 10 月	浙　江
朱益章	丽水	16 师 48 团 3 连、一等兵	34	1940 年 10 月	浙　江
李老四	丽水	16 师 48 团 5 连、一等兵	33	1940 年 10 月	浙　江
叶　德	丽水	79 师 235 团机 3 连、一等兵	19	1940 年 10 月	浙　江
朱才章	丽水	79 师 236 团 9 连、一等兵	28	1940 年 10 月	浙　江
周光盖	丽水	79 师 236 团 9 连、上等兵	27	1940 年 10 月	浙　江
徐美容	丽水	新 7 师 1 团 5 连、一等兵	21	1940 年 12 月 12 日	安　徽
徐均荣	丽水	67 师野补团 4 连、一等兵	21	1940 年 12 月 17 日	安　徽
叶德升	丽水	58 师 174 团迫炮连、下士	27	1941 年 3 月 2 日	江　西
陈老四	丽水	26 师 76 团卫生队、一等兵	41	1941 年 3 月 20 日	江　西
徐莲坤	丽水	58 师 173 团机 2 连、一等兵	28	1941 年 3 月 22 日	江　西
王法德	丽水	58 师 173 团 7 连、二等兵	26	1941 年 3 月 27 日	江　西
平雷儿	丽水	26 师补团 3 连、一等兵	27	1941 年 3 月 29 日	江　西
周来元	丽水	67 师野补团 1 连、二等兵	26	1941 年 4 月 21 日	浙　江
韦亭才	丽水	79 师 236 团 5 连、一等兵	37	1941 年 5 月 6 日	浙　江
叶吉清	丽水	67 师 200 团 6 连、二等兵	21	1941 年 5 月 6 日	浙　江
姜介松	丽水	67 师徒步搜索连、一等兵	25	1941 年 5 月 6 日	浙　江
汤细别	丽水	暂 35 师 3 团 7 连、二等兵	—	1941 年 5 月 13 日	浙　江
何进宝	丽水	暂 35 师 3 团 7 连、二等兵	—	1941 年 5 月 13 日	浙　江
朱德兴	丽水	暂 13 师 1 团通讯排、二等兵	24	1941 年 5 月 14 日	浙　江
周安烛	丽水	暂 35 师 3 团卫生队、一等兵	—	1941 年 5 月 15 日	浙　江
蒋林贤	丽水	59 师 176 团 4 连、上等兵	—	1941 年 9 月 11 日	湖　南
胡水贤	丽水	26 师 76 团 7 连、一等兵	—	1941 年 9 月 15 日	江　西
郭依增	丽水	5 预备师 13 团 1 连、一等兵	41	1941 年 9 月 22 日	江　西
李　坤	丽水	95 师野补团 6 连、下士	26	1941 年 9 月 23 日	湖　南
金成友	丽水	95 师 284 团 9 连、一等兵	21	1941 年 9 月 23 日	湖　南
吴少清	丽水	102 师 305 团 6 连、一等兵	—	1941 年 9 月 23 日	湖　南
胡坛彩	丽水	57 师 169 团 4 连、上等兵	23	1941 年 9 月 26 日	湖　南
程国标	丽水	51 师 153 团 6 连、二等兵	—	1941 年 9 月 27 日	湖　南
朱开木	丽水	新 51 师 151 团 2 连、上等兵	—	1941 年 9 月 27 日	湖　南
铙振和	丽水	146 师 436 团 2 连、一等兵	31	1941 年 9 月 28 日	安　徽
李关太	丽水	145 师 435 团 2 连、一等兵	33	1941 年 9 月 28 日	安　徽

续表 48-2-3-1

姓　名	籍贯	部队番号级职	年龄(岁)	阵亡时间	阵亡地点
徐温州	丽水	10 预师 28 团迫炮连、上等兵	—	1941 年 9 月 28 日	湖　南
楼宽宏	丽水	57 师 169 团 4 连、一等兵	22	1941 年 12 月 18 日	江　西
吴兴发	丽水	40 师 119 团 7 连、一等兵	23	1941 年 12 月 21 日	江　苏
金子清	丽水	40 师工兵营 2 连、一等兵	34	1941 年 12 月 23 日	安　徽
周泽全	丽水	133 师 397 团 5 连、一等兵	—	1941 年 12 月 26 日	湖　南
朱清松	丽水	10 预师 30 团 4 连、下士	—	1942 年 1 年 4 日	湖　南
尚为善	丽水	10 预师 28 团 8 连、下士	—	1942 年 1 年 5 日	湖　南
蓝世章	丽水	10 预师 29 团 2 连、中士	—	1942 年 3 月	湖　南
叶成发	丽水	新 22 师 65 团 7 连、上等兵	31	1942 年 3 月 30 日	缅　北
叶　德	丽水	79 师 237 团输送连、下士	40	1942 年 5 月 27 日	浙　江
黄龙轩	丽水	16 师 46 团特务排、一等兵	29	1942 年 6 年 7 日	浙　江
章德发	丽水	暂 33 师 1 团 1 连、中士	32	1942 年 7 月 16 日	浙　江
陈永祥	丽水	67 师 199 团 1 连、一等兵	31	1942 年 8 年 6 日	浙　江
王顺清	丽水	105 师 315 团 1 连、二等兵	25	1942 年 8 年 8 日	浙　江
吴云彬	丽水	92 师 275 团机枪连、一等兵	24	1943 年 5 月 25 日	湖　北
张世有	丽水	194 师 582 团 2 连、一等兵	38	1943 年 11 年 2 日	湖　南
李细客	丽水	58 师 173 团 9 连、中士	28	1943 年 11 月 19 日	湖　南
石丁元	丽水	19 师特务连、一等兵	35	1943 年 11 月 20 日	湖　南
朱二言	丽水	10 预师输送连、上士	25	1943 年 11 月 28 日	湖　南
莫良云	丽水	新 21 师 61 团 5 连、一等兵	18	1944 年 3 月 30 日	浙　江
陈献云	丽水	145 师 435 团 9 连、中士	23	1944 年 5 月 10 日	浙　江
陈生儿	丽水	2 突击队 7 营 1 连、上等兵	25	1944 年 6 月	浙　江
樊有珍	丽水	79 师 235 团机 3 连、二等兵	27	1944 年 6 月 12 日	浙　江
吴有明	丽水	26 师 77 团 3 连、一等兵	29	1944 年 6 月 12 日	江　苏
卢兴余	丽水	新 21 师 61 团 4 连、二等兵	22	1944 年 6 月 13 日	浙　江
周孝保	丽水	26 师 78 团 7 连、下士	20	1944 年 6 月 16 日	浙　江
樊有进	丽水	79 师 235 团机 3 连、二等兵	25	1944 年 6 月 21 日	浙　江
叶中飞	丽水	146 师 437 团 3 连、二等兵	27	1944 年 6 月 25 日	浙　江
莫可第	丽水	26 师 78 团 2 连、一等兵	36	1944 年 6 月 26 日	浙　江
徐一诚	丽水	新 21 师 63 团 2 营、军委二阶书记	30	1944 年 8 月 27 日	浙　江
吴起荣	丽水	79 师 235 团输送连、上等兵	36	1944 年 9 月 6 日	浙　江
高生儿	丽水	突击总队 3 队 3 连、一等兵	27	1944 年 9 月 19 日	浙　江
朱喜生	丽水	浙保 4 团 1 大队 2 中队、下士	30	1944 年 9 月 19 日	浙　江
贾国登	丽水	浙保 4 团 1 大队 2 中队、一等兵	21	1944 年 9 月 23 日	浙　江

续表 48-2-3-1

姓　名	籍贯	部队番号级职	年龄（岁）	阵亡时间	阵亡地点
黄福荣	丽水	暂 33 师 1 团 8 连、下士	25	1944 年 9 月 30 日	浙　江
吴细晚	丽水	40 师 119 团 9 连、上等兵	25	1945 年 2 月 2 日	江　西
苏荣美	丽水	暂 33 师 3 团 2 连、上等兵	19	1945 年 3 月 10 日	浙　江
胡启兴	丽水	暂 33 师 3 团 1 营、一等兵	21	1945 年 3 月 10 日	浙　江
汤桂先	丽水	108 师 324 团 7 连、一等兵	25	1945 年 3 月 30 日	江　西
倪能德	丽水	108 师 124 团 9 连、二等兵	19	1945 年 4 月 6 日	江　西
李红连	丽水	浙保独 7 大队 3 中队、上等兵	26	1945 年 5 月 12 日	浙　江
王达林	丽水	浙保 2 大队 5 中队、一等兵	26	1945 年 5 月 27 日	浙　江
应金宝	丽水	浙保 2 大队 5 中队、一等兵	28	1945 年 5 月 27 日	浙　江
朱　明	丽水	突击 1 纵队 1 队 3 连、少尉指导员	20	1945 年 6 月 23 日	浙　江
朱余德	丽水	突击 1 纵队 2 突 8 营 2 连、上等兵	19	1945 年 6 月 23 日	浙　江
李世成	丽水	浙保 5 团 1 大队 3 中队、二等兵	29	1945 年 6 月 25 日	江　西
朱小栗	丽水	暂 33 师 1 团 2 连、二等兵	21	1945 年 6 月 30 日	江　西
陈三可	丽水	146 师 437 团迫炮、二等兵	20	1945 年 7 月 7 日	安　徽
周增云	丽水	26 师 76 团 7 连、上等兵	22	1945 年 7 月 16 日	江　西
林成泮	龙泉	67 师 398 团 8 连、一等兵	26	1937 年 8 月	江　苏
郑水湧	龙泉	67 师 398 团 6 连、二等兵	24	1937 年 8 月	上　海
徐大根	龙泉	7 师 398 团 9 连、二等兵	23	1937 年 9 月	上　海
罗昌达	龙泉	67 师 398 团 9 连、二等兵	23	1937 年 9 月	上　海
吴高甫	龙泉	67 师 402 团 6 连、一等兵	27	1937 年 9 月	上　海
张孝武	龙泉	67 师 398 团 9 连、二等兵	23	1937 年 9 月	上　海
廖有森	龙泉	67 师 398 团 9 连、二等兵	22	1937 年 9 月	上　海
徐张泉	龙泉	67 师 39 团 9 连、二等兵	22	1937 年 9 月	上　海
叶珠根	龙泉	67 师 398 团 9 连、二等兵	22	1937 年 9 月	上　海
王长佩	龙泉	67 师 398 团 9 连、二等兵	24	1937 年 9 月	上　海
谢香林	龙泉	67 师 398 团 9 连、二等兵	25	1937 年 9 月	上　海
管　以	龙泉	67 师 401 团 5 连、二等兵	25	1937 年 10 月	上　海
谢奶儿	龙泉	67 师 401 团 2 连、二等兵	23	1937 年 10 月	江　苏
罗国英	龙泉	11 师 66 团 8 连、一等兵	32	1937 年 10 月	江　苏
曾岩寿	龙泉	67 师 398 团 7 连、二等兵	24	1937 年 10 月	上　海
李根生	龙泉	36 师 212 团 6 连、上等兵	24	1937 年 11 月	上　海
雷根福	龙泉	67 师 401 团 5 连、一等兵	28	1937 年 11 月	上　海
王世进	龙泉	67 师 398 团通信连、上等兵	20	1938 年 1 月	安　徽
钱水全	龙泉	6 师 34 团 9 连、二等兵	20	1938 年 4 月	山　东

续表 48-2-3-1

姓　名	籍贯	部队番号级职	年龄(岁)	阵亡时间	阵亡地点
季子光	龙泉	58 师 343 团 4 连、中士	31	1938 年 5 月	河　南
李蔚培	龙泉	79 师 469 团 7 连、上士	20	1938 年 9 月	江　西
金有生	龙泉	190 师 120 团 5 连、二等兵	32	1938 年 9 月	江　西
刘大炳	龙泉	38 师工兵连、上等兵	20	1939 年 3 月	湖　北
丁根树	龙泉	58 师 347 团 5 连、二等兵	23	1939 年 4 月	江　西
祝国祥	龙泉	62 师 371 团 9 连、上等兵	24	1939 年 4 月	浙　江
林得富	龙泉	10 预师 28 团 4 连、上等兵	38	1939 年 4 月	江　西
雷炳祥	龙泉	58 师 347 团 1 连、一等兵	21	1939 年 5 月	江　西
林大家	龙泉	58 师 347 团 4 连、二等兵	26	1939 年 5 月	江　西
游显和	龙泉	58 师 347 团 4 连、二等兵	26	1939 年 5 月	江　西
赖妹儿	龙泉	10 预师 39 团 2 连、二等兵	22	1939 年 5 月	江　西
曾家盛	龙泉	67 师 398 团 1 连、一等兵	27	1939 年 6 月	江　苏
潘兆唐	龙泉	67 师 398 团 1 连、二等兵	35	1939 年 6 月	江　苏
叶必先	龙泉	67 师 398 团 1 连、二等兵	25	1939 年 6 月	江　苏
柳盛功	龙泉	温处师管区补 2 团 1 连、二等兵	25	1939 年 8 月	浙　江
廖森源	龙泉	184 师 552 团 3 连、二等兵	26	1939 年 9 月	江　西
余根儿	龙泉	184 师 552 团 3 连、二等兵	37	1939 年 9 月	江　西
陈宏春	龙泉	184 师 550 团 9 连、二等兵	32	1939 年 9 月	江　西
赖长生	龙泉	184 师 550 团 3 连、二等兵	24	1939 年 9 月	江　西
陈有生	龙泉	184 师 550 团机 1 连、二等兵	23	1939 年 9 月	江　西
蓝生享	龙泉	184 师 552 团 2 连、二等兵	26	1939 年 9 月	江　西
寿南校	龙泉	98 师 292 团 8 连、二等兵	29	1939 年 9 月	湖　北
林连高	龙泉	98 师 292 团 8 连、二等兵	30	1939 年 9 月	湖　北
殷佛养	龙泉	183 师卫生队、二等兵	27	1939 年 9 月	江　西
毛文雄	龙泉	183 师卫生队、二等兵	25	1939 年 9 月	江　西
王有顺	龙泉	139 师 417 团 7 连、二等兵	26	1939 年 9 月	江　西
吴雄辉	龙泉	19 师 55 团 4 连、上等兵	36	1939 年 9 月	上　海
张孙儿	龙泉	预 10 师 29 团 4 连、二等兵	22	1939 年 11 月	安　徽
张土燮	龙泉	5 预师 13 团 4 连一等兵	36	1939 年 12 月	浙　江
朱土盛	龙泉	预 10 师 29 团 4 连、二等兵	32	1939 年 12 月	安　徽
方振铭	龙泉	丑 8 师 174 团卫生队、上等兵	30	1939 年 12 月	江　西
王成芝	龙泉	26 师 77 团 5 连、一等兵	22	1939 年 12 月	江　西
方根祥	龙泉	92 师 276 团 1 连、二等兵	21	1939 年 12 月	广　西
何神护	龙泉	67 师 199 团 9 连、一等兵	30	1939 年 12 月	安　徽

续表 48-2-3-1

姓　名	籍贯	部队番号级职	年龄(岁)	阵亡时间	阵亡地点
李逢顺	龙泉	16 师 46 团 1 连、一等兵	24	1939 年 12 月	安　徽
蓝张土	龙泉	16 师 46 团 3 连、一等兵	24	1939 年 12 月	安　徽
李世康	龙泉	16 师 46 团 3 连、一等兵	28	1939 年 12 月	安　徽
雷章顺	龙泉	92 师 274 团 1 连、二等兵	33	1940 年 1 月	广　西
邓中回	龙泉	92 师 276 团 8 连、一等兵	34	1940 年 1 月	广　西
沈长有	龙泉	暂 35 师 3 团机连、中士	34	1940 年 3 月	浙　江
季庆南	龙泉	新 7 师 1 团 7 连、二等兵	33	1940 年 4 月	安　徽
徐水生	龙泉	58 师 174 团 9 连、一等兵	26	1940 年 6 月	江　西
刘长谷	龙泉	26 师 76 团 9 连、二等兵	32	1940 年 6 月	浙　江
周孝云	龙泉	57 师 170 团 9 连、二等兵	23	1940 年 6 月	江　西
王金华	龙泉	57 师 171 团 4 连、二等兵	36	1940 年 6 月	江　西
谢淑权	龙泉	57 师 171 团 4 连、一等兵	21	1940 年 6 月	江　西
王光明	龙泉	57 师 171 团机 3 连、二等兵	21	1940 年 6 月	江　西
张泽琴	龙泉	57 师 171 团机 3 连、二等兵	25	1940 年 6 月	江　西
席永寿	龙泉	野补团 3 营 9 连、一等兵	26	1940 年 6 月	江　西
张显光	龙泉	145 师 433 团 9 连、二等兵	38	1940 年 6 月	安　徽
管谢客	龙泉	16 师 46 团 5 连、一等兵	33	1940 年 10 月	浙　江
叶八奶	龙泉	16 师工兵营 1 连、二等兵	35	1940 年 10 月	浙　江
叶长益	龙泉	79 师 235 团 1 连、二等兵	27	1940 年 10 月	浙　江
吴章荣	龙泉	79 师 236 团 1 连、二等兵	34	1940 年 10 月	浙　江
吴子根	龙泉	79 师 236 团 1 连、一等兵	34	1940 年 10 月	浙　江
陈林富	龙泉	79 师 236 团 7 连、一等兵	24	1940 年 10 月	浙　江
刘丐奶	龙泉	26 师 78 团 1 连、二等兵	30	1940 年 10 月	江　西
叶大好	龙泉	16 师 47 团机 3 连、二等兵	19	1940 年 10 月	浙　江
项世顺	龙泉	16 师 47 团机 3 连、二等兵	34	1940 年 10 月	浙　江
王益明	龙泉	19 师 57 团 5 连、二等兵	27	1940 年 10 月	江　西
叶长兴	龙泉	暂 35 师 3 团 4 连、一等兵	19	1940 年 10 月	浙　江
叶盛桃	龙泉	6 师 16 团 2 连、中士	30	1940 年 11 月	湖　北
刘世恩妹	龙泉	温处师管区补 3 团 5 连、二等兵	23	1940 年 11 月	浙　江
陈老二	龙泉	51 师 152 团输送连、二等兵	27	1941 年 3 月	江　西
胡马林	龙泉	新 21 师 62 团 7 连、二等兵	32	1941 年 3 月	江　苏
方关清	龙泉	新 21 师 61 团 2 连、一等兵	32	1941 年 3 月	江　苏
张德林	龙泉	52 师 156 团 2 连、二等兵	30	1941 年 3 月	浙　江
李梅农	龙泉	31 师野补团 2 连、上等兵	25	1941 年 3 月	江　西

续表 48-2-3-1

姓　名	籍贯	部队番号级职	年龄(岁)	阵亡时间	阵亡地点
周世宝	龙泉	26 师 78 团 7 连、一等兵	36	1941 年 3 月	江　西
周作巧	龙泉	暂 13 师 1 团 4 连、二等兵	27	1941 年 4 月	浙　江
吴必华	龙泉	暂 35 师 1 团卫生队、一等兵	30	1941 年 4 月	浙　江
金曜明	龙泉	暂 13 师 1 团 4 连、二等兵	19	1941 年 4 月	浙　江
袁观海	龙泉	暂 13 师 1 团 4 连、二等兵	36	1941 年 4 月	浙　江
周兆余	龙泉	暂 13 师 1 团 4 连、二等兵	39	1941 年 4 月	浙　江
卓宝廷	龙泉	暂 13 师 3 团输送连、上等兵	30	1941 年 5 月	浙　江
梅礼让	龙泉	暂 35 师 1 团 8 连、二等兵	30	1941 年 5 月	浙　江
杨仙宝	龙泉	暂 35 师 3 团 4 连、上等兵	—	1941 年 5 月	浙　江
叶其满	龙泉	暂 35 师 1 团 3 连、上等兵	—	1941 年 5 月	浙　江
戴海儿	龙泉	暂 13 师 3 团输送连、上等兵	24	1941 年 5 月	浙　江
李赐昌	龙泉	暂 13 师 3 团输送连、上等兵	39	1941 年 5 月	浙　江
叶三妹	龙泉	暂 13 师 3 团输送连、上等兵	46	1941 年 5 月	浙　江
吴正书	龙泉	暂 13 师 3 团输送连、上等兵	45	1941 年 5 月	浙　江
金奎生	龙泉	暂 13 师 3 团 1 连、二等兵	42	1941 年 5 月	浙　江
郑大富	龙泉	暂 13 师 3 团 1 连、二等兵	24	1941 年 5 月	浙　江
曹为良	龙泉	暂 13 师 3 团 1 连、一等兵	26	1941 年 5 月	浙　江
季善廷	龙泉	暂 13 师 2 团 3 连、二等兵	29	1941 年 5 月	浙　江
王正金	龙泉	暂 13 师 2 团输送连、上等兵	25	1941 年 5 月	浙　江
王圣光	龙泉	暂 13 师 1 团输送连、上等兵	29	1941 年 5 月	浙　江
周义富	龙泉	暂 13 师 1 团输送连、上等兵	35	1941 年 5 月	浙　江
叶祖先	龙泉	暂 13 师 1 团输送连、上等兵	44	1941 年 5 月	浙　江
陈旧根	龙泉	暂 13 师 1 团输送连、上等兵	42	1941 年 5 月	浙　江
雷王养	龙泉	暂 13 师 1 团输送连、上等兵	20	1941 年 5 月	浙　江
叶吉全	龙泉	暂 13 师 1 团输送连、下士	27	1941 年 5 月	浙　江
吴明和	龙泉	暂 13 师 3 团输送连、上等兵	35	1941 年 5 月	浙　江
叶朝智	龙泉	暂 13 师 3 团输送连、上等兵	42	1941 年 5 月	浙　江
刘德全	龙泉	暂 13 师 3 团输送连、上等兵	45	1941 年 5 月	浙　江
蒋可松	龙泉	暂 13 师 3 团输送连、上等兵	39	1941 年 5 月	浙　江
吴嘉水	龙泉	暂 13 师 3 团输送连、上等兵	33	1941 年 5 月	浙　江
金吉邦	龙泉	暂 13 师 3 团输送连、上等兵	44	1941 年 5 月	浙　江
尤仙求	龙泉	暂 13 师 3 团输送连、上等兵	42	1941 年 5 月	浙　江
洪盛海	龙泉	26 师 77 团 5 连、一等兵	—	1941 年 9 月	浙　江
赖老伍	龙泉	10 预师 29 团 8 连、一等兵	25	1941 年 9 月	湖　南

续表 48-2-3-1

姓　名	籍贯	部队番号级职	年龄(岁)	阵亡时间	阵亡地点
王厚度	龙泉	7 师 469 团、中校	30	1941 年 9 月	江　西
吴舒华	龙泉	40 师工兵营 1 连、一等兵	27	1941 年 12 月	浙　江
陈启预	龙泉	98 师 294 团 7 连、少尉	22	1942 年 1 月	湖　南
骆世达	龙泉	40 师 118 团机 1 连、一等兵	25	1942 年 5 月	浙　江
郑马其	龙泉	58 师 173 团 3 连、上等兵	25	1942 年 6 月	浙　江
颜初泉	龙泉	58 师 172 团 1 连、上等兵	28	1942 年 6 月	浙　江
管　光	龙泉	67 师卫生队、一等医佐	24	1942 年 6 月	浙　江
吴继贤	龙泉	暂 33 师 1 团机 3 连、一等兵	28	1942 年 8 月	浙　江
谢光高	龙泉	19 师 55 团 3 连、二等兵	30	1943 年 10 月	湖　南
季炳成	龙泉	52 师 154 团机 2 连、一等兵	29	1943 年 10 月	安　徽
张爱福	龙泉	52 师 154 团机 2 连、一等兵	21	1943 年 10 月	安　徽
柳土养	龙泉	10 预师 28 团 2 连、下士	36	1943 年 11 月	湖　南
曹汉池	龙泉	15 师 45 团 8 连、中士	25	1944 年 6 月	湖　南
廖新铭	龙泉	19 师 57 团 3 连、下士	33	1944 年 7 月	湖　南
吴新民	龙泉	19 师 57 团 8 连、上等兵	28	1944 年 8 月	湖　南
吴运邦	龙泉	133 师 396 团机连、一等兵	30	1944 年 8 月	湖　北
叶立有	龙泉	40 师 119 团 7 连、二等兵	21	1944 年 10 月	江　西
王品铨	龙泉	暂 33 师 3 团 9 连、下士	29	1944 年 12 月	浙　江
柳显树	龙泉	108 师 323 团 6 连、二等兵	28	1945 年 2 月	江　西
柳方能	龙泉	108 师 323 团 6 连、一等兵	29	1945 年 2 月	江　西
龚子元	龙泉	108 师 322 团机 3 连、二等兵	26	1945 年 3 月	江　西
凌明德	龙泉	108 师 324 团 8 连、一等兵	44	1945 年 4 月	江　西
曹汉池	龙泉	102 师搜索连、上等兵	26	1945 年 5 月	湖　南
刘富长	龙泉	突击 1 纵队 3 营部、二等兵	25	1945 年 6 月	浙　江
叶松根	龙泉	突击 1 纵队 4 营 3 连、上等兵	—	1945 年 6 月	浙　江
金世宝	龙泉	突击 1 队 1 连、一等兵	22	1945 年 6 月	浙　江
叶蒙仁	青田	67 师 398 团 8 连、二等兵	26	1937 年 8 月	江　苏
陈兴辉	青田	陆 61 师独立 20 旅 658 团 3 营 8 连、上尉连长	29	1937 年 8 月	上　海
王宝岩	青田	67 师 397 团 3 连、二等兵	29	1937 年 8 月	江　苏
廖客仁	青田	67 师 398 团 9 连、二等兵	22	1937 年 8 月	罗　店
廖公最	青田	陆 67 师 201 旅 401 团 3 营 9 连、上尉连长	29	1937 年 8 月	江　苏
彭岳仁	青田	67 师 398 团 9 连、二等兵	26	1937 年 9 月	上　海
陈廷虎	青田	陆军 97 师 297 团 2 连、二等兵	24	1937 年 9 月	嘉　定
赵林法	青田	陆 30 师 89 团 3 营机 3 连、二等兵	22	1937 年 9 月	江　苏

续表 48-2-3-1

姓名	籍贯	部队番号级职	年龄(岁)	阵亡时间	阵亡地点
林梦龙	青田	67 师 397 团 1 连、二等兵	25	1937 年 9 月	江苏
王士秀	青田	67 师 39 团 4 连、二等兵	—	1937 年 9 月	上海
杨岩生	青田	67 师 39 团 9 连、二等兵	21	1937 年 9 月	上海
阮余尧	青田	67 师 398 团 9 连、二等兵	22	1937 年 9 月	上海
徐德仁	青田	67 师 398 团 9 连、二等兵	21	1937 年 9 月	上海
吴机极	青田	67 师 199 旅 397 团机 2 连、中尉排长	22	1937 年 9 月	宝山
洪昌宝	青田	陆 98 师 292 旅 583 团 2 营机枪连、上士排附	37	1937 年 9 月	江苏
林珍飞	青田	陆 6 师 36 团 7 连、下士	35	1937 年 9 月	江苏
萧水土	青田	陆 67 师 397 团 1 营 2 连、二等兵	25	1937 年 9 月	嘉定
张云飞	青田	陆 67 师 397 团 1 连、上等兵	25	1937 年 9 月	上海
徐锦标	青田	67 师 397 团 1 连、二等兵	23	1937 年 10 月	江苏
张碎狗	青田	陆 11 师 62 团 2 营 5 连、上等兵	20	1937 年 10 月	江苏
黄国光	青田	中央军校教导总队卫生 2 连、上等兵	—	1937 年 10 月	江苏
刘玄	青田	陆 79 师 237 旅 474 团 3 营 8 连、二等兵	25	1937 年 11 月	浙江
裘吉祺	青田	67 师 397 团 4 连、上等兵	27	1937 年 11 月	上海
梁占标	青田	陆第 67 师 397 团 6 连、上等兵	29	1937 年 11 月	上海
季星三	青田	陆 61 师 365 团 3 连、一等兵	28	1937 年 12 月	上海
王仲修	青田	陆 58 师 172 旅特务排、中尉排长	34	1937 年 12 月	江苏
项称奇	青田	46 师 271 团 3 连、少尉	23	1938 年 5 月	河南
郭金楷	青田	陆 35 师 3 团 1 连、一等兵	28	1938 年 5 月	山东
厉许进	青田	陆 67 师 402 团 3 营、一等兵	30	1938 年 8 月	安徽
张鹏炎	青田	浙保 4 团 2 大队 5 中队、下士班长	18	1938 年 8 月	浙江
林劲森	青田	陆军 79 师 237 旅 474 团 3 营 7 连、中尉排长	29	1938 年 9 月	德星
钟玉林	青田	陆 6 师 31 团 6 连、二等兵	22	1938 年 10 月	湖北
陈林	青田	陆 13 师 74 团 2 营 4 连	29	1938 年 10 月	湖南
刘山亭	青田	陆 67 师 401 团 7 连、上等兵	25	1938 年 11 月	安徽
陈守元	青田	16 师 16 团 9 连、一等兵	28	1939 年 3 月	安徽
潘才标	青田	67 师 398 团 8 连、二等兵	22	1939 年 3 月	嘉定
李根生	青田	陆 92 师 275 团 1 连、一等兵	27	1939 年 3 月	广西
张成春	青田	陆 92 师 257 团 2 连、一等兵	26	1939 年 3 月	广西
徐运通	青田	陆 92 师 257 团 1 连、一等兵	27	1939 年 3 月	广西
蒋顺标	青田	陆 92 师 275 团机 1 连、上等兵	28	1939 年 3 月	广西
王洪富	青田	炮兵 2 旅 2 团 9 连、中士	26	1939 年 3 月	江西
叶美宜	青田	陆 92 师 275 团 3 连、二等兵	30	1939 年 3 月	广西

续表 48-2-3-1

姓　名	籍贯	部队番号级职	年龄(岁)	阵亡时间	阵亡地点
叶国标	青田	第 98 师 584 团 3 营 7 连、下士	23	1939 年 3 月	江　西
王志明	青田	第 10 预备师 30 团 8 连、二等兵	25	1939 年 4 月	江　西
吴进兰	青田	58 师 347 团、一等兵	21	1939 年 4 月	江　西
江友雪	青田	第 1 预备师 26 团 1 营 2 连、上等兵	23	1939 年 4 月	江　西
邓云标	青田	陆 58 师 344 团 8 连、二等兵	24	1939 年 4 月	江　西
孙作谋	青田	陆 10 预备师 3 团 3 连、上等兵	22	1939 年 4 月	江　西
潘得贵	青田	陆第 10 预备师 39 团 6 连、二等兵	24	1939 年 4 月	江　西
蒋海同	青田	陆 58 师 344 团 7 连、一等兵	24	1939 年 4 月	江　西
叶宗挺	青田	陆 58 师 344 团 9 连、二等兵	26	1939 年 4 月	江　西
张进福	青田	陆第 10 预备师 39 团 6 连、一等兵	28	1939 年 4 月	江　西
林贵明	青田	陆第 10 预备师 38 团 3 营 1 连、中士班长	24	1939 年 5 月	江　西
叶流岩	青田	67 师 398 团 3 连、上等兵	43	1939 年 5 月	江　苏
叶英卓	青田	路 92 师 275 团 1 连、一等兵	23	1939 年 5 月	广　西
王明峰	青田	路 92 师 275 团 1 连、上等兵	20	1939 年 5 月	广　西
徐金龙	青田	陆第 10 预备师 29 团输送连、上等兵	30	1939 年 5 月	江　西
张连灿	青田	陆 67 师 401 团 4 连、上等兵	24	1939 年 5 月	江　苏
吴妙法	青田	陆 67 师 402 团 4 连、一等兵	26	1939 年 5 月	江　苏
叶钦岳	青田	陆 67 师 199 团 3 营 8 连、下士班长	29	1939 年 6 月	江　苏
叶　明	青田	国民抗敌自卫大队第 4 中队、上等兵	29	1939 年 6 月	浙　江
魏坤长	青田	67 师 401 团 2 连、一等兵	23	1939 年 6 月	江　苏
余凤生	青田	陆 184 师 551 团 2 连、二等兵	22	1939 年 7 月	江　西
杨宝林	青田	陆 184 师 551 团 2 连、二等兵	18	1939 年 7 月	江　西
陈邦进	青田	陆 184 师 551 团 2 连、二等兵	25	1939 年 7 月	江　西
徐应牯	青田	陆 184 师 551 团 5 连、二等兵	31	1939 年 7 月	江　西
陈八生	青田	陆 141 师 423 团 9 连、二等兵	32	1939 年 7 月	江　西
蒋治平	青田	浙保第 3 团 9 中队、上尉	35	1939 年 8 月	浙　江
鲍周吉	青田	陆 184 师 551 团 8 连、二等兵	19	1939 年 8 月	江　西
陈九士	青田	陆 183 师卫生队、二等兵	23	1939 年 9 月	江　西
徐大龙	青田	陆 183 师卫生队、二等兵	45	1939 年 9 月	江　西
章松林	青田	陆 184 师 551 团 1 连、二等兵	18	1939 年 10 月	江　西
陈岩林	青田	75 军 6 师 17 团 3 营机 3 连、少尉排长	38	1939 年 12 月	湖　北
蒋连岩	青田	陆军第 10 预备师、一等兵	25	1939 年 12 月	安　徽
叶明胡	青田	陆 16 师 46 团 3 营 9 连、一等兵	27	1939 年 12 月	安　徽
徐树松	青田	16 师 46 团 3 营 9 连、一等兵	26	1939 年 12 月	安　徽

续表 48-2-3-1

姓　名	籍贯	部队番号级职	年龄（岁）	阵亡时间	阵亡地点
严取盛	青田	陆 58 师 174 团 6 连、一等兵	24	1939 年 12 月	江　西
张　南	青田	陆 16 师 46 团 3 营 9 连、一等兵	26	1939 年 12 月	安　徽
陈子得	青田	陆 16 师 46 团 3 营 9 连、一等兵	22	1939 年 12 月	安　徽
蒋青儿	青田	陆预备 10 师 30 团 7 连、二等兵	29	1939 年 12 月	湖　北
叶作圃	青田	陆 10 预备师 28 团 3 连、下士	24	1939 年 12 月	安　徽
王成松	青田	陆第 4 预备师 11 团第 5 连、一等兵	23	1939 年 12 月	湖　北
留育连	青田	陆 26 师 77 团 2 连、二等兵	23	1939 年 12 月	江　西
陈学彩	青田	陆第 58 师 173 团 9 连、一等兵	21	1939 年 12 月	江　西
张宝兴	青田	陆第 58 师 173 团 9 连、下士	27	1939 年 12 月	江　西
杨金发	青田	陆 58 师 174 团 6 连、一等兵	24	1939 年 12 月	江　西
张金甫	青田	陆 26 师 77 团 8 连、二等兵	22	1939 年 12 月	江　西
林聪得	青田	陆第 10 预备师 29 团 9 连、二等兵	29	1939 年 12 月	湖　北
夏立松	青田	陆第 10 预备师 28 团 7 连、二等兵	21	1939 年 12 月	安　徽
张宝兴	青田	58 师 173 团 9 连、下士	27	1939 年 12 月	江　西
张金甫	青田	26 师 77 团 2 连、二等兵	22	1939 年 12 月	江　西
林岩连	青田	陆 26 师野战补充团 6 连、二等兵	28	1940 年	江　西
余文隆	青田	陆 616 师 46 团 4 连、中士	37	1940 年	浙　江
周正明	青田	浙抗卫团 3 支队 2 总队 1 大队 4 中队、一等兵	25	1940 年 1 月	西　兴
朱耀清	青田	陆第 10 军 190 师 566 团 2 营 4 连、一等兵	22	1940 年 2 月	浙　江
厉法美	青田	新 7 师 2 团 7 连、二等兵	27	1940 年 2 月	安　徽
陈亚上	青田	陆新师 1 团 4 连、二等兵	19	1940 年 4 月	安　徽
刘得标	青田	陆军 145 师 435 团 2 连、一等兵	29	1940 年 4 月	安　徽
徐成标	青田	陆 57 师 170 团 3 营 5 连、一等兵	21	1940 年 6 月	江　西
王鹏九	青田	陆 57 师 170 团 9 连、一等兵	26	1940 年 6 月	江　西
周伯连	青田	26 师 77 团 1 营 2 连、二等兵	20	1940 年 6 月	江　西
金善山	青田	陆 116 师野补团 4 连、一等兵	25	1940 年 6 月	江　西
毛益兰	青田	陆 26 师野战补充团 1 连、一等兵	31	1940 年 6 月	江　西
陈会昌	青田	陆 26 师 77 团 1 连、一等兵	29	1940 年 6 月	江　西
叶玉廷	青田	26 师 78 团 7 连、二等兵	25	1940 年 6 月	江　西
蔡显言	青田	陆 26 师 77 团 2 连、二等兵	27	1940 年 6 月	江　西
刘文山	青田	陆 51 师 123 团 3 连、二等兵	30	1940 年 6 月	江　西
蓝振盛	青田	陆 26 师 77 团 2 连、一等兵	24	1940 年 6 月	江　西
朱碎奶	青田	陆 26 师野补团 4 连、一等兵	32	1940 年 6 月	江　西
马松柏	青田	陆 26 师 76 团 1 营 3 连、一等兵	24	1940 年 6 月	江　西

续表 48-2-3-1

姓 名	籍贯	部队番号级职	年龄(岁)	阵亡时间	阵亡地点
章 清	青田	陆 26 师 76 团 4 连、一等兵	33	1940 年 6 月	江 西
邱有章	青田	陆 57 师 170 团 4 连、一等兵	23	1940 年 6 月	江 西
包主龙	青田	陆 26 师野补团 5 连、二等兵	21	1940 年 6 月	江 西
林体南	青田	陆 6 师 34 团 2 连、二等兵	20	1940 年 6 月	江 苏
张碎儿	青田	陆 26 师 77 团 1 连、二等兵	21	1940 年 6 月	江 西
孙子中	青田	陆新 7 师 1 团 8 连、一等兵	35	1940 年 6 月	安 徽
赵志廷	青田	陆 26 师 78 团机 1 连、一等兵	33	1940 年 6 月	江 西
周治连	青田	陆 26 师 78 团 2 连、二等兵	24	1940 年 6 月	江 西
陈碎奶	青田	陆 26 师 78 团 3 连、二等兵	24	1940 年 6 月	江 西
朱金云	青田	陆 26 师 78 团 2 连、一等兵	37	1940 年 6 月	江 西
石大勉	青田	陆 26 师 78 团 5 连、一等兵	39	1940 年 6 月	江 西
陈碎池	青田	陆 57 师 170 团 2 连、一等兵	29	1940 年 7 月	江 西
吴岩奶	青田	陆第 10 预备师 30 团 6 连、二等兵	36	1940 年 7 月	浙 江
金兴发	青田	陆第 4 师 11 团 9 连、一等兵	21	1940 年 7 月	湖 北
邱朝廷	青田	陆 145 师 435 团 2 营 4 连、二等兵	23	1940 年 9 月	安 徽
吴称善	青田	陆 19 师 57 团 1 连、二等兵	28	1940 年 9 月	湖 南
吴梦飞	青田	陆 79 师 235 团 6 连、二等兵	23	1940 年 10 月	浙 江
夏伯福	青田	陆 79 师 235 团 6 连、一等兵	20	1940 年 10 月	浙 江
项成楷	青田	陆 79 师 235 团 6 连、二等兵	24	1940 年 10 月	浙 江
章进仙	青田	陆 79 师 235 团 6 连、一等兵	27	1940 年 10 月	浙 江
王明谦	青田	陆 79 师 235 团 6 连、二等兵	35	1940 年 10 月	浙 江
叶鹏龙	青田	陆 16 师 46 团 5 连、一等兵	32	1940 年 10 月	浙 江
廖应喜	青田	陆 79 师第 235 团 2 营 5 连、二等兵	28	1940 年 10 月	浙 江
陈木山	青田	陆 16 师 47 团迫炮连、二等兵	19	1940 年 10 月	浙 江
徐相法	青田	陆 79 师 235 团机 2 连、二等兵	21	1940 年 10 月	浙 江
吴处仁	青田	陆 35 师 3 团 1 营 2 连、二等兵	20	1940 年 10 月	浙 江
朱开役	青田	陆 79 师 235 团机 6 连、一等兵	20	1940 年 10 月	浙 江
刘开业	青田	陆 79 师 235 团机 6 连、一等兵	23	1940 年 10 月	浙 江
徐长苗	青田	陆 79 师 235 团机 6 连、二等兵	26	1940 年 10 月	浙 江
陆世郁	青田	陆 79 师 237 团迫炮连、二等兵	24	1940 年 10 月	浙 江
周碎梅	青田	陆 79 师 235 团机 2 连、二等兵	23	1940 年 10 月	浙 江
汪余升	青田	陆 79 师 235 团 6 连、一等兵	35	1940 年 10 月	浙 江
赵朝楷	青田	79 师 235 团 6 连、一等兵	18	1940 年 10 月	浙 江
郑作元	青田	陆 79 师 235 团机 2 连、二等兵	21	1940 年 10 月	浙 江

续表 48-2-3-1

姓　名	籍贯	部队番号级职	年龄(岁)	阵亡时间	阵亡地点
王进昌	青田	陆 79 师 235 团 6 连、二等兵	19	1940 年 10 月	浙　江
叶宝文	青田	陆 79 师 235 团 6 连、二等兵	34	1940 年 10 月	浙　江
李　明	青田	陆 79 师 235 团 6 连、一等兵	19	1940 年 10 月	浙　江
汤良保	青田	陆 67 师 200 团 1 连、一等兵	37	1940 年 10 月	浙　江
吴进兴	青田	陆 67 师体 99 团 1 连、上等兵	45	1940 年 10 月	浙　江
周蓬南	青田	陆 16 师 48 团 6 连、一等兵	35	1940 年 10 月	浙　江
郑必忠	青田	陆 79 师 235 团 5 连、二等兵	17	1940 年 10 月	浙　江
吴建才	青田	陆 79 师 235 团 5 连、一等兵	22	1940 年 10 月	浙　江
叶　林	青田	陆 79 师 23 团 5 连、二等兵	44	1940 年 10 月	浙　江
张维坚	青田	陆 79 师 235 团 7 连、一等兵	24	1940 年 10 月	浙　江
吴岩桂	青田	陆 79 师 235 团 7 连、一等兵	26	1940 年 10 月	浙　江
王华生	青田	陆 79 师 235 团 7 连、一等兵	24	1940 年 10 月	浙　江
张慈声	青田	陆 79 师 235 团 7 连、一等兵	29	1940 年 10 月	浙　江
徐甘元	青田	陆 79 师 235 团机 2 连、二等兵	21	1940 年 10 月	浙　江
刘定崇	青田	陆 79 师 235 团机 2 连、二等兵	32	1940 年 10 月	浙　江
叶细胡	青田	陆军 75 军第 4 预备师、一等兵	27	1940 年 12 月	湖　北
厉德还	青田	184 师 551 团 2 连、二等兵	23	1941 年	江　西
王然藏	青田	陆 63 师 187 团 3 营 9 连、一等兵	21	1941 年 3 月	江　苏
陈王德	青田	67 师 398 团 1 营 2 连、二等兵	22	1941 年 3 月	江　西
程美伦	青田	陆 26 师补团 5 连、一等兵	30	1941 年 3 月	江　西
赵玉高	青田	陆第 58 师 172 团 9 连、上等兵	33	1941 年 3 月	江　西
蓝余兴	青田	陆 58 师 173 团 8 连、一等兵	30	1941 年 3 月	江　西
谢锡琪	青田	陆 26 师 77 团卫生队、上等兵	24	1941 年 3 月	江　西
徐求训	青田	陆 58 师 173 团 7 连、一等兵	22	1941 年 3 月	江　西
潘宝儿	青田	陆 58 师 174 团 6 连、一等兵	30	1941 年 3 月	江　西
蒋海商	青田	陆 58 师 173 团 7 连、一等兵	24	1941 年 3 月	江　西
黄如根	青田	陆 58 师 174 团 9 连、下士	23	1941 年 3 月	江　西
胡阿况	青田	陆 58 师 174 团 9 连、上等兵	37	1941 年 3 月	江　西
汪成升	青田	陆 58 师 174 团机 3 连、上等兵	26	1941 年 3 月	江　西
周德仁	青田	陆第 9 预备师 26 团 1 连、一等兵	29	1941 年 3 月	江　西
裘爱芳	青田	58 师 174 团 11 炮连、上等兵	26	1941 年 3 月	江　西
郑品清	青田	陆暂编 35 师 1 团 1 营 2 连、二等兵	24	1941 年 4 月	浙　江
毛林法	青田	陆暂编 35 师 1 团 1 营 1 连、二等兵	27	1941 年 4 月	浙　江
梁焕华	青田	陆军 79 师 235 团 8 连、上等兵	27	1941 年 4 月	浙　江

续表 48-2-3-1

姓　名	籍贯	部队番号级职	年龄(岁)	阵亡时间	阵亡地点
杨学祖	青田	陆军 79 师 237 团 3 连、一等兵	37	1941 年 4 月	浙　江
季　源	青田	暂编 33 师 3 团 2 连、中士	—	1941 年 4 月	浙　江
梅　萼	青田	宪兵 45 团 5 连、上等兵	21	1941 年 4 月	福　建
吴莲松	青田	陆 79 师 237 团迫炮连、二等兵	26	1941 年 4 月	浙　江
周王树	青田	暂编 13 师 1 团 4 连、一等兵	25	1941 年 4 月	浙　江
刘志德	青田	暂编 13 师 1 团 8 连、一等兵	27	1941 年 4 月	浙　江
朱灵元	青田	陆暂编 35 师 3 团 1 营 3 连、二等兵	29	1941 年 5 月	浙　江
王洪标	青田	陆暂编 35 师 3 团 2 营 5 连、二等兵	26	1941 年 5 月	浙　江
王田元	青田	陆暂编 35 师 3 团 2 营 4 连、二等兵	30	1941 年 5 月	浙　江
林碎龙	青田	陆暂编 35 师 3 团 1 营 5 连、二等兵	26	1941 年 5 月	浙　江
朱信和	青田	陆暂编 35 师 3 团 1 营 1 连、二等兵	31	1941 年 5 月	浙　江
张炳西	青田	陆 11 师步兵 33 旅 65 团、少尉排长	29	1941 年 5 月	江　西
朱日图	青田	陆暂编 35 师 1 团 1 营机 1 连、二等兵	29	1941 年 5 月	浙　江
林运真	青田	陆暂编 35 师 1 团 1 营机 1 连、二等兵	25	1941 年 5 月	浙　江
洪竹如	青田	陆暂编 35 师 1 团 1 营机 1 连、一等兵	27	1941 年 5 月	浙　江
潘圣波	青田	陆暂编 35 师 1 团 1 营机 1 连、二等兵	28	1941 年 5 月	浙　江
朱灿魁	青田	陆暂编 35 师 2 团 2 营 2 连、二等兵	46	1941 年 5 月	浙　江
陈顺友	青田	陆暂编 35 师 1 团 1 营机 1 连、二等兵	22	1941 年 5 月	浙　江
王阿明	青田	陆暂编 35 师 3 团 3 营 7 连、一等兵	25	1941 年 5 月	浙　江
王碎儿	青田	陆暂编 35 师 3 团 3 营 8 连、二等兵	19	1941 年 5 月	浙　江
应璋杰	青田	陆 79 师 236 团 2 连、二等兵	35	1941 年 5 月	浙　江
武耀益	青田	暂 34 师 3 团迫炮连、一等兵	34	1941 年 5 月	浙　江
朱继兴	青田	陆第 62 师 184 团 1 连、一等兵	27	1941 年 7 月	安　吉
朱英岩	青田	陆军 13 师 37 团 8 连、中士	20	1941 年 8 月	湖　北
徐元聪	青田	陆第 4 预备师 11 团 5 连、一等兵	34	1941 年 8 月	湖　北
张允金	青田	49 军 26 师野补团 5 连、上等兵	27	1941 年 8 月	浙　江
夏家体	青田	陆军第 10 预备师 28 团 7 连、一等兵	—	1941 年 9 月	湖　南
刘化龙	青田	陆军第 10 预备师 28 团 8 连、下士	—	1941 年 9 月	湖　南
周如东	青田	51 师 152 团 2 连、一等兵	—	1941 年 9 月	湖　南
陈三林	青田	陆第 58 师 173 团 2 连、下士	30	1941 年 9 月	湖　南
王志清	青田	第 60 师 178 团机 3 连、一等兵	28	1941 年 9 月	湖　南
季荣亨	青田	陆第 62 师 184 团 3 连、一等兵	22	1941 年 9 月	武　营
朱继兴	青田	62 师 184 团 1 连、一等兵	27	1941 年 9 月	浙　江
潘炳钱	青田	陆军 26 师 77 团 3 连、一等兵	—	1941 年 10 月	浙　江

续表 48-2-3-1

姓　名	籍贯	部队番号级职	年龄(岁)	阵亡时间	阵亡地点
吴美清	青田	陆军 36 师 77 团 2 连、上等兵	—	1941 年 10 月	浙　江
贾花进	青田	陆军 26 师 77 团 9 连、二等兵	—	1941 年 10 月	浙　江
华守贵	青田	陆 26 师 77 团 6 连、二等兵	—	1941 年 10 月	浙　江
陈道里	青田	陆第 76 师 227 团 5 连、上等兵	—	1941 年 10 月	湖　北
叶荣生	青田	陆 26 师 77 团 9 连、一等兵	—	1941 年 10 月	浙　江
艾道生	青田	第 4 预备师 11 团 7 连、上等兵	33	1941 年 10 月	湖　北
季荣汉	青田	陆 62 师 184 团 3 连、一等兵	19	1941 年 11 月	武　康
范锡贵	青田	陆第 10 预备师 28 团 3 营、上等兵	—	1942 年 2 月	湖　南
林　超	青田	空军 13 总站、准尉服务员	36	1942 年 5 月	江　西
周佐昌	青田	192 师 117 团政治部、中尉	27	1942 年 8 月	浙　江
周宝银	青田	108 师 324 团 7 连、一等兵	25	1943 年 9 月	江　西
刘开有	青田	陆军第 10 预备师 30 团 9 连、下士	30	1943 年 11 月	常　德
胡占卿	青田	陆军第 10 预备师 28 团 1 连、一等兵	23	1943 年 11 月	常　德
陈观波	青田	67 师 201 团机 2 连、上士	24	1943 年 12 月	湖　北
邱国鹏	青田	陆军第 10 预备师 29 团迫炮连、中士	39	1943 年 12 月	常　德
吴忠志	青田	陆军第 10 预备师 30 团 7 连、上士	29	1943 年 12 月	常　德
吴得用	青田	79 师 236 团机 2 连、一等兵	33	1944 年 6 月	巨　县
吴足钱	青田	26 师 78 团 3 连、上等兵	21	1944 年 6 月	巨　县
王永进	青田	79 师 235 团 9 连、一等兵	24	1944 年 6 月	巨　县
陈　强	青田	廿 1 师 63 团 9 连、准尉特务长	24	1944 年 8 月	丽　水
张庆甲	云和	67 师 397 团 1 连、下士	23	1937 年 8 月	江　西
王端绍	云和	11 师 65 团 9 连、一等兵	19	1937 年 8 月	上　海
林福生	云和	67 师 398 团 8 连、上等兵	24	1937 年 8 月	江　苏
洪　应	云和	67 师 397 团 5 连、上等兵	26	1937 年 9 月	上　海
周三益	云和	11 师 65 团、下士	21	1937 年 9 月	上　海
陈廷才	云和	67 师 397 团 1 连、二等兵	27	1937 年 9 月	江　苏
蓝瑞友	云和	67 师 398 团 9 连、二等兵	25	1937 年 9 月	上　海
叶细进	云和	67 师 398 团 9 连、二等兵	25	1937 年 9 月	上　海
邱真朝	云和	67 师 398 团 9 连、二等兵	24	1937 年 9 月	上　海
金启梅	云和	67 师 397 团 4 连、上等兵	—	1937 年 9 月	上　海
吴兴有	云和	67 师 397 团 4 连、上等兵	25	1937 年 9 月	上　海
齐德坤	云和	67 师 398 团 6 连、一等兵	21	1937 年 9 月	江　苏
刘成兴	云和	67 师 397 团 4 连、二等兵	—	1937 年 9 月	上　海
吴国志	云和	6 师 33 团、上士	35	1937 年 9 月 5 日	上　海

续表 48-2-3-1

姓　名	籍贯	部队番号级职	年龄(岁)	阵亡时间	阵亡地点
王兴隆	云和	67 师 397 团 5 连、上等兵	24	1937 年 9 月 17 日	上　海
刘竹生	云和	67 师 397 团 4 连、一等兵	22	1937 年 10 月 5 日	上　海
周文兴	云和	6 师 31 团、下士	38	1937 年 11 月	江　苏
王再琴	云和	67 师 397 团 6 连、上等兵	26	1937 年 11 月	上　海
萧仁德	云和	67 师 397 团 6 连、上等兵	23	1937 年 11 月	江　苏
阙颜德	云和	67 师工兵营 2 连、二等兵	24	1937 年 12 月	上　海
张必进	云和	军委会特务旅 9 连、二等兵	20	1938 年 7 月	湖　北
张庆来	云和	6 师 34 团 1 连、一等兵	23	1938 年 10 月	湖　北
饶科祥	云和	6 师 34 团 1 连、一等兵	28	1938 年 10 月	湖　北
管志仁	云和	67 师 398 团机 2 连、上等兵	34	1938 年 11 月	安　徽
刘志高	云和	67 师 401 团 5 连、下士	28	1938 年 12 月	安　徽
陈进楷	云和	67 师 402 团 4 连、上等兵	18	1938 年 12 月	安　徽
魏坤长	云和	67 师 401 团 2 连、一等兵	23	1939 年	江　苏
王泽高	云和	16 师 46 团 6 连、二等兵	26	1939 年 3 月	安　徽
蓝谷相	云和	16 师 46 团 6 连、二等兵	29	1939 年 3 月	安　徽
廖王兴	云和	16 师 46 团 6 连、二等兵	32	1939 年 3 月	安　徽
蓝正连	云和	16 师 46 团 6 连、一等兵	23	1939 年 3 月	安　徽
刘洪开	云和	16 师 46 团 6 连、一等兵	31	1939 年 3 月	安　徽
蓝陈福	云和	16 师 46 团 6 连、一等兵	31	1939 年 3 月	安　徽
包正连	云和	16 师 46 团 6 连、一等兵	23	1939 年 3 月	安　徽
王正相	云和	16 师 46 团 6 连、一等兵	26	1939 年 3 月	安　徽
梅柳生	云和	16 师 46 团 6 连、二等兵	26	1939 年 3 月	安　徽
周孙儿	云和	16 师 46 团 6 连、一等兵	23	1939 年 3 月	安　徽
叶兴明	云和	58 师 347 团 5 连、二等兵	20	1939 年 4 月	江　西
官张丰	云和	预 10 师 28 团 4 连、一等兵	30	1939 年 4 月	江　西
刘毓瑶	云和	预 10 师 28 团 4 连、下士	26	1939 年 4 月	江　西
续德章	云和	58 帅 344 团 5 连、下士	28	1939 年 4 月	江　西
叶兴有	云和	58 师 347 团 5 连、二等兵	20	1939 年 4 月	江　西
王陈金	云和	预 10 师 28 团 6 连、中士	27	1939 年 4 月	江　西
林叶兴	云和	58 师 347 团 4 连、一等兵	21	1939 年 5 月	江　西
蓝定当	云和	预 10 师 39 团 3 连、二等兵	21	1939 年 5 月	江　西
李长仓	云和	预 10 师 39 团 3 连、二等兵	20	1939 年 5 月	江　西
周侍利	云和	预 10 师 39 团 3 连、二等兵	33	1939 年 5 月	江　西
王南呈	云和	67 师 398 团 1 连、一等兵	20	1939 年 6 月	江　西

续表 48-2-3-1

姓　名	籍贯	部队番号级职	年龄(岁)	阵亡时间	阵亡地点
卢明乐	云和	浙江保安6团7中队、上尉中队长	27	1939年10月29日	浙　江
李成傅	云和	暂33师2团输送连、上等兵	27	1939年10月29日	浙　江
雷陈明	云和	16师46团1连、二等兵	22	1939年12月	安　徽
谢得胜	云和	92师276团3连、二等兵	27	1939年12月	广　西
雷茂森	云和	92师276团3连、一等兵	22	1939年12月	广　西
陈马仁	云和	92师276团3连、一等兵	23	1939年12月	广　西
齐世周	云和	67师201团5连、上等兵	33	1939年12月	安　徽
陈　林	云和	67师201团1连、上等兵	25	1939年12月	安　徽
吴祖苍	云和	预10师28团4连	26	1939年12月	安　徽
张家来	云和	预10师28团4连、二等兵	23	1939年12月	安　徽
梅华森	云和	16师46团6连、一等兵	26	1939年12月	安　徽
邱长谋	云和	预10师29团1连、下士	21	1939年12月	安　徽
刘继才	云和	预10师28团5连、二等兵	20	1939年12月	安　徽
叶金福	云和	58师174团2连、一等兵	35	1939年12月	江　西
王盛仁	云和	预4师11团8连、上等兵	26	1939年12月	湖　北
李　娇	云和	抗敌自卫团6支8中队、中尉	20	1939年12年7日	浙　江
张　波	云和	16师42团3连、二等兵	26	1939年12月17日	安　徽
沈如福	云和	92师276团3连、一等兵	23	1939年12月23日	广　西
刘志明	云和	16师46团8连、一等兵	32	1940年1月	江　西
宋芳成	云和	92师274团1连、二等兵	31	1940年1月	广　西
叶顺明	云和	新7师2团7连、二等兵	23	1940年3月	安　徽
赵益民	云和	51师152团8连、一等兵	24	1940年6月	江　西
洪尚高	云和	57师171团机3连、二等兵	20	1940年6月	江　西
刘水林	云和	183师辎重营2连、二等兵	22	1940年6月	江　西
陈禄山	云和	新7师1团8连、一等兵	23	1940年6月	安　徽
艾满奶	云和	野战补充团3营7连、上等兵	33	1940年6月	江　西
金仁君	云和	41师野补团2连、一等兵	26	1940年7月	湖　北
蓝良元	云和	预4师11团机2连、一等兵	35	1940年9月29日	湖　北
叶子友	云和	79师237团5连、中士	24	1940年10月	浙　江
彭志斌	云和	16师46团6连、一等兵	25	1940年10月	浙　江
陈樟友	云和	16师46团5连、上等兵	28	1940年10月	浙　江
雷俊根	云和	26师78团1连、一等兵	30	1940年10月4日	江　西
王家世	云和	26师78团1连、二等兵	37	1940年10月4日	江　西
钟大芬	云和	26师78团1连、上等兵	27	1940年10月4日	江　西

续表 48-2-3-1

姓　名	籍贯	部队番号级职	年龄(岁)	阵亡时间	阵亡地点
陈雁黄	云和	暂 33 师 2 团 7 连、二等兵	27	1940 年 10 月 9 日	浙　江
叶　华	云和	146 师 437 团 8 连、二等兵	24	1940 年 11 月 3 日	安　徽
马山成	云和	57 师 169 团 7 连、二等兵	24	1941 年 3 月 21 日	江　苏
曹顺善	云和	19 师 56 团 4 连、二等兵	29	1941 年 3 月 21 日	江　西
王世干	云和	57 师野战补充团 9 连、一等兵	22	1941 年 3 月 24 日	浙　江
蓝文森	云和	13 师 1 团 9 连、二等兵	39	1941 年 4 月	浙　江
刘兴旺	云和	13 师 1 团输送连、上等兵	31	1941 年 4 月 23 日	浙　江
江永国	云和	13 师 1 团输送连、上等兵	33	1941 年 4 月 23 日	浙　江
邱逢潘	云和	暂 13 师 1 团输送连、上等兵	40	1941 年 4 月 23 日	浙　江
蓝新福	云和	暂 13 师 1 团 7 连、上等兵	20	1941 年 4 月 23 日	浙　江
金启松	云和	预 4 师 11 团 8 连、上士	24	1941 年 4 月 24 日	湖　北
何单继	云和	暂 13 师 2 团担架排、二等兵	36	1941 年 5 月 13 日	浙　江
叶予栋	云和	暂 13 师 2 团担架排、二等兵	24	1941 年 5 月 13 日	浙　江
黄家福	云和	暂 13 师 2 团担架排、一等兵	24	1941 年 5 月 13 日	浙　江
叶根海	云和	暂 13 师 2 团担架排、二等兵	35	1941 年 5 月 13 日	浙　江
周家福	云和	暂 13 师 1 团卫生队、二等兵	40	1941 年 5 月 13 日	浙　江
蓝根元	云和	暂 13 师 1 团卫生队、二等兵	31	1941 年 5 月 13 日	浙　江
徐宽宝	云和	暂 35 师 1 团 2 连、二等兵	—	1941 年 5 月 13 日	浙　江
蓝日田	云和	暂 13 师 3 团 2 连、二等兵	24	1941 年 5 月 13 日	浙　江
叶余通	云和	暂 13 师 1 团卫生队、二等兵	40	1941 年 5 月 13 日	浙　江
廖德瑞	云和	67 师 199 团 3 连、一等兵	24	1941 年 5 月 13 日	浙　江
陈富兴	云和	暂 13 师 3 团输送连、下士	31	1941 年 5 月 14 日	浙　江
蔡子发	云和	暂 13 师 2 团担架排、二等兵	25	1941 年 5 月 14 日	浙　江
吴观佑	云和	暂 13 师 2 团担架排、二等兵	27	1941 年 5 月 14 日	浙江
沈志寿	云和	暂 13 师 3 团输送连、上等兵	30	1941 年 5 月 14 日	浙　江
洪昌其	云和	暂 13 师 2 团 2 连、二等兵	24	1941 年 5 月 14 日	浙　江
梅占尧	云和	暂 13 师 2 团担架排、二等兵	35	1941 年 5 月 14 日	浙　江
李克福	云和	暂 13 师 2 团担架排、二等兵	29	1941 年 5 月 14 日	浙　江
陈　礼	云和	暂 13 师 3 团输送连、上等兵	31	1941 年 5 月 14 日	浙　江
叶元春	云和	暂 35 师 1 团 9 连、二等兵	—	1941 年 5 月 14 日	浙　江
谢咏吟	云和	暂 35 师 1 团 9 连、二等兵	—	1941 年 5 月 14 日	浙　江
毛细客	云和	暂 35 师 1 团 9 连、二等兵	—	1941 年 5 月 14 日	浙　江
叶家炎	云和	暂 13 师 3 团输送连、上等兵	41	1941 年 5 月 14 日	浙　江
叶裕生	云和	暂 13 师 3 团输送连、上等兵	28	1941 年 5 月 14 日	浙　江

续表 48-2-3-1

姓　名	籍贯	部队番号级职	年龄(岁)	阵亡时间	阵亡地点
张志远	云和	暂 13 师 2 团输送连、上等兵	34	1941 年 5 月 15 日	浙　江
林新连	云和	13 师 2 团输送连、上等兵	45	1941 年 5 月 15 日	浙　江
吴时丰	云和	暂 13 师 2 团输送连、上等兵	20	1941 年 5 月 15 日	浙　江
戴希隆	云和	暂 13 师 2 团输送连、上等兵	26	1941 年 5 月 15 日	浙　江
张子有	云和	暂 13 师 2 团担架排、二等兵	27	1941 年 5 月 15 日	浙　江
除琼洲	云和	67 师野战医院、一等兵	21	1941 年 5 月 15 日	浙　江
林志新	云和	146 师 438 团 9 连、一等兵	26	1941 年 7 月 8 日	安　徽
张荣卿	云和	预 5 师 15 团迫炮连、上等兵	25	1941 年 9 月 10 日	湖　南
蓝　炘	云和	预 10 师 28 团 2 营部、中士	—	1941 年 9 月 25 日	湖　南
蓝发生	云和	95 师 284 团输送连、上等兵	25	1941 年 9 月 26 日	湖　南
郑松魁	云和	51 师 153 团 6 连、二等兵	—	1941 年 9 月 27 日	浙　江
郭富金	云和	16 师 46 团 6 连、上等兵	25	1942 年 6 月 7 日	浙　江
刘南元	云和	16 师 46 团机连、上等兵	33	1942 年 6 月 7 日	浙　江
陈复生	云和	浙保 3 团迫中队、上等兵	23	1942 年 7 月	浙　江
毛云之	云和	67 师 199 团 1 连、上等兵	29	1942 年 8 月 1 日	浙　江
刘仕新	云和	58 师 173 团 8 连、上士	28	1943 年 11 月 19 日	湖　南
王正情	云和	19 师 55 团 4 连、上等兵	36	1943 年 11 月 21 日	湖　南
叶德金	云和	58 师 174 团 2 连、中士	27	1944 年 6 月 16 日	湖　南
张承宽	云和	105 师 315 团 1 营、上等兵	32	1944 年 6 月 26 日	浙　江
赖昌仁	云和	40 师 118 团输送连、上等兵	34	1944 年 8 月 16 日	江　西
江高华	云和	52 师 156 团 6 连、上等兵	31	1944 年 8 月 16 日	安　徽
彭邦贤	云和	3 战区总监部 34 粮服库、准尉	28	1944 年 12 月 1 日	浙　江
徐光珍	云和	52 师 156 团迫炮排、一等兵	26	1945 年 3 月 8 日	浙　江
叶道明	云和	52 师 156 团 3 连、一等兵	38	1945 年 3 月 8 日	浙　江
程宝隆	云和	108 师 323 团 1 连、一等兵	34	1945 年 4 月 3 日	江　西
詹德章	庆元	26 师 151 团 2 连、一等兵	23	1938 年 7 月	湖　口
金青鹤	庆元	10 预师 39 团 3 连、一等兵	29	1939 年 5 月	江　西
姚安世	庆元	10 预师 39 团 3 连、一等兵	25	1939 年 5 月	江　西
吴法明	庆元	58 师 347 团炮 2 排、上等兵	25	1939 年 6 月	江　西
吴国池	庆元	67 师 398 团 1 连、二等兵	28	1939 年 6 月	江　苏
全尚金	庆元	67 师 398 团 1 连、一等兵	26	1939 年 6 月	江　苏
叶金明	庆元	67 师 398 团 1 连、二等兵	26	1939 年 6 月	江　苏
李德龙	庆元	183 师卫生队、二等兵	31	1939 年 9 月	江　西
吴　苏	庆元	新 13 师 39 团 6 连、二等兵	18	1939 年 10 月	江　西

续表 48-2-3-1

姓 名	籍贯	部队番号级职	年龄(岁)	阵亡时间	阵亡地点
叶林根	庆元	10 预师 28 团 1 连、二等兵	33	1939 年 12 月	安 徽
张高彬	庆元	10 预师 120 团 8 连、一等兵	24	1939 年 12 月	安 徽
余旺统	庆元	57 师 170 团 4 连、二等兵	30	1940 年 6 月	江 西
陈家长	庆元	57 师 170 团 5 连、二等兵	38	1940 年 6 月	江 西
吴少南	庆元	26 师 78 团 4 连、一等兵	27	1940 年 6 月	江 西
吴瑶卢	庆元	26 师 78 团 4 连、二等兵	23	1940 年 6 月	江 西
李承谟	庆元	26 师 78 团 5 连、一等兵	24	1940 年 6 月	江 西
吴友万	庆元	26 师 78 团 6 连、二等兵	37	1940 年 6 月	江 西
范延利	庆元	26 师 78 团 6 连、二等兵	22	1940 年 6 月	江 西
吴文贤	庆元	26 师 78 团 9 连、一等兵	34	1940 年 6 月	江 西
叶端祥	庆元	26 师 78 团 9 连、二等兵	27	1940 年 6 月	江 西
吴达生	庆元	26 师 78 团 2 连、二等兵	21	1940 年 6 月	江 西
蔡世才	庆元	26 师 78 团 3 连、二等兵	22	1940 年 6 月	江 西
金其玉	庆元	52 师 154 团 8 连、二等兵	31	1941 年 3 月	浙 江
吴举法	庆元	51 师 156 团 1 连、一等兵	33	1941 年 3 月 21 月	浙 江
范国东	庆元	52 师 156 团 1 连、一等兵	20	1941 年 3 月 21 月	浙 江
吴明程	庆元	暂 13 师 1 团 2 连、二等兵	26	1941 年 4 月 23 月	浙 江
毛仁贤	庆元	暂 13 师 1 团输送连、上等兵	40	1941 年 4 月 23 月	浙 江
鲍邦言	庆元	暂 35 师 1 团卫生队、二等兵	—	1941 年 4 月 29 月	浙 江
严昌明	庆元	暂 13 师 3 团输送连、上等兵	35	1941 年 5 月 14 月	浙 江
吴高珍	庆元	暂 13 师 3 团输送连、上等兵	37	1941 年 5 月 14 月	浙 江
张登溪	庆元	暂 13 师 3 团输送连、上等兵	45	1941 年 5 月 14 月	浙 江
吴有昌	庆元	暂 13 师 1 团输送连、上等兵	19	1941 年 5 月 15 月	浙 江
张作贤	庆元	暂 13 师 2 团输送连、上等兵	23	1941 年 5 月 15 月	浙 江
吴定蔚	庆元	暂 13 师 2 团输送连、上等兵	31	1941 年 5 月 15 月	浙 江
吴瑞昌	庆元	暂 13 师 2 团输送连、上等兵	29	1941 年 5 月 15 月	浙 江
吴学文	庆元	暂 13 师 2 团输送连、上等兵	26	1941 年 5 月 15 月	浙 江
吴爱忠	庆元	暂 13 师 1 团输送连、上等兵	38	1941 年 5 月 15 月	浙 江
吴 熊	庆元	26 师 76 团 6 连、一等兵	35	1941 年 6 月 21 月	浙 江
吴打铁	庆元	10 预师 30 团机连、上等兵	25	1941 年 9 月 24 月	湖 南
吴寿明	庆元	26 师 78 团 6 连、上等兵	—	1941 年 10 月 4 月	浙 江
刘宏生	庆元	26 师 78 团 6 连、上等兵	—	1941 年 10 月 4 月	浙 江
谢达顺	庆元	26 师 78 团 6 连、一等兵	—	1941 年 10 月 4 月	浙 江
李光宣	庆元	52 师 156 团 1 连、一等兵	34	1941 年 10 月 19 月	安 徽

续表 48-2-3-1

姓　名	籍贯	部队番号级职	年龄(岁)	阵亡时间	阵亡地点
吴茂根	庆元	75 师 225 团机 1 连、一等兵	32	1942 年 6 月 17 日	江　西
周昌林	庆元	52 师 156 团 3 连、上等兵	22	1944 年 4 月 13 日	安　徽
李玉林	庆元	26 师 78 团 5 连、上等兵	26	1944 年 6 月 26 日	浙　江
陈竹口	庆元	63 师 187 团 4 连、一等兵	19	1944 年 7 月 27 日	湖　南
蔡宏信	庆元	40 师 118 团 8 连、一等兵	24	1945 年 1 月 27 日	江　西
杨牛花	庆元	108 师 322 团迫 3 排、二等兵	29	1945 年 3 月 13 日	江　西
金尚邦	庆元	108 师 323 团 2 连、二等兵	23	1945 年 3 月 13 日	江　西
夏世水	庆元	108 师 324 团 2 连、一等兵	25	1945 年 3 月 29 日	江　西
张德林	庆元	40 师 28 团输送连、上等兵	35	1945 年 7 月 19 日	江　西
鲍世成	庆元	40 师 28 团输送连、上等兵	28	1945 年 7 月 19 日	江　西
李荣昌	缙云	67 师 398 团 8 连、一等兵	27	1937 年 8 月	江　苏
吴自尧	缙云	67 师 398 团 5 连、二等兵	20	1937 年 8 月	江　苏
李春生	缙云	67 师 398 团 8 连、二等兵	27	1937 年 8 月	江　苏
江寿岩	缙云	67 师 398 团 8 连、二等兵	22	1937 年 8 月	江　苏
丁官周	缙云	67 师 398 团 9 连、二等兵	24	1937 年 8 月	上　海
柳兆雄	缙云	67 师 398 团 9 连、二等兵	23	1937 年 8 月	上　海
麻田多	缙云	67 师 398 团 9 连、二等兵	24	1937 年 8 月	上　海
虞云瑞	缙云	67 师 398 团 9 连、二等兵	25	1937 年 8 月	上　海
应震时	缙云	军政部 12 陆军医院、中尉副官	35	1937 年 8 月	陕　西
丁秀勋	缙云	4 师 20 团 2 连、中士班长	23	1937 年 8 月	察哈尔
马龙水	缙云	67 师前 397 团 2 连、二等兵	26	1937 年 8 月 26 日	上　海
洪步良	缙云	26 师 70 团 4 连、二等兵	35	1937 年 9 月	南　昌
陆成福	缙云	67 师 398 团 8 连、二等兵	22	1937 年 9 月	上　海
李得富	缙云	67 师 398 团 8 连、二等兵	25	1937 年 9 月	上　海
沈旭涵	缙云	独 37 旅 709 团 6 连、一等兵	18	1937 年 9 月	上　海
吴鹤廷	缙云	6 师 31 团 8 连、一等兵	28	1937 年 9 月	江　苏
徐　月	缙云	6 师 31 团 8 连、一等兵	30	1937 年 9 月	江　苏
胡乃高	缙云	67 师 398 团 9 连、二等兵	24	1937 年 9 月	上　海
羊耀虎	缙云	67 师 398 团 9 连、二等兵	23	1937 年 9 月	上　海
蒋福森	缙云	67 师 398 团 9 连、二等兵	21	1937 年 9 月	上　海
应士根	缙云	67 师 398 团 9 连、二等兵	21	1937 年 9 月	上　海
陈兴奎	缙云	67 师 398 团 9 连、二等兵	21	1937 年 9 月	上　海
范世通	缙云	67 师 398 团 9 连、二等兵	23	1937 年 9 月	上　海
杨银挺	缙云	67 师 398 团 9 连、二等兵	25	1937 年 9 月	上　海

续表 48-2-3-1

姓　名	籍贯	部队番号级职	年龄(岁)	阵亡时间	阵亡地点
章达桂	缙云	67 师 398 团 9 连、二等兵	24	1937 年 9 月	上　海
刘爱绪	缙云	67 师 398 团 9 连、二等兵	25	1937 年 9 月	上　海
胡如献	缙云	67 师 398 团 9 连、二等兵	25	1937 年 9 月	上　海
杜贵发	缙云	67 师 398 团 9 连、二等兵	24	1937 年 9 月	上　海
沈福宝	缙云	67 师 398 团 9 连、二等兵	24	1937 年 9 月	上　海
卢周芳	缙云	67 师 397 团 4 连、二等兵	—	1937 年 9 月	上　海
虞保弟	缙云	67 师 397 团 4 连、二等兵	—	1937 年 9 月	上　海
吕银然	缙云	58 师 343 团 9 连、中士班长	30	1937 年 9 月	江　苏
黄云龙	缙云	6 师 36 团 5 连、上等兵	27	1937 年 9 月	上　海
卢　庆	缙云	6 师 33 团 3 连、下士	30	1937 年 9 月	江　苏
丁宝昌	缙云	6 师 33 团 1 连、中士	37	1937 年 9 月	上　海
卢兴唐	缙云	独 37 旅 709 团 3 连、上等兵	28	1937 年 9 月	上　海
章熙春	缙云	87 师 521 团 7 连、中士	45	1937 年 9 月	江　苏
曹云飞	缙云	6 师 34 团 8 连、一等兵	—	1937 年 9 月	上　海
蒋启明	缙云	11 师 62 团 9 连、上等兵	25	1937 年 9 月	上　海
陈下永	缙云	11 师 62 团 2 连、二等兵	22	1937 年 9 月	上　海
丁显相	缙云	6 师 36 团 1 连、上等兵	29	1937 年 9 月	江　苏
梅明坤	缙云	67 师 397 团 2 连、二等兵	24	1937 年 9 月	江　苏
胡大汉	缙云	67 师 397 团 2 连、二等兵	25	1937 年 9 月	江　苏
蒋达生	缙云	67 师 397 团 1 连、二等兵	24	1937 年 9 月	江　苏
江舜元	缙云	67 师 397 团 2 连、二等兵	24	1937 年 9 月	江　苏
胡立生	缙云	67 师 397 团 6 连、二等兵	25	1937 年 9 月	江　苏
朱志章	缙云	67 师 397 团 1 连、二等兵	23	1937 年 10 月	江　苏
刘德灿	缙云	67 师 397 团 3 连、二等兵	20	1937 年 10 月	江　苏
丁作海	缙云	67 师 397 团 8 连、二等兵	22	1937 年 10 月	江　苏
胡德俊	缙云	67 师 397 团 1 连、二等兵	25	1937 年 10 月	江　苏
丁贤年	缙云	67 师 397 团 1 连、二等兵	—	1937 年 10 月	江　苏
杜国宝	缙云	6 师 34 团机 3 连、上等兵	25	1937 年 10 月	上　海
施道愍	缙云	87 师 522 团 5 连、二等兵	23	1937 年 10 月	上　海
杜子坤	缙云	61 师 361 团 6 连、一等兵	25	1937 年 10 月	上　海
黄国标	缙云	62 师 361 团 7 连、二等兵	29	1937 年 10 月	上　海
杜孝顺	缙云	6 师 397 团 5 连、一等兵	22	1937 年 10 月	上　海
朱世清	缙云	67 师 397 团 4 连、上等兵	23	1937 年 10 月	上　海
赵学甫	缙云	36 师 216 团 4 连、中尉排长	31	1937 年 10 月	上　海

续表 48-2-3-1

姓　名	籍贯	部队番号级职	年龄(岁)	阵亡时间	阵亡地点
李保周	缙云	62 师 361 团 6 连、一等兵	22	1937 年 10 月	上　海
郑道成	缙云	11 师 65 团 7 连、一等兵	21	1937 年 10 月	上　海
丁立权	缙云	6 师 34 团机 1 连、一等兵	25	1937 年 10 月	上　海
吕钦洪	缙云	67 师 398 团 8 连、二等兵	25	1937 年 10 月	江　苏
应长轩	缙云	67 师 398 团 9 连、二等兵	25	1937 年 10 月	江　苏
羊小星	缙云	67 师 398 团 8 连、二等兵	25	1937 年 10 月	江　苏
卢章木	缙云	67 师 397 团 2 连、上等兵	23	1937 年 10 月	江　苏
杜岳春	缙云	67 师 397 团 1 连、二等兵	23	1937 年 10 月	江　苏
吕铁常	缙云	58 师 344 团团部、中尉副官	25	1937 年 10 月	江　苏
徐肇进	缙云	58 师 344 团团部、准尉附员	23	1937 年 10 月	江　苏
楼其纯	缙云	58 师 347 团机 2 连、上尉连长	32	1937 年 10 月	江　苏
羊昌水	缙云	67 师 398 团 3 连、上等兵	23	1937 年 10 月	上　海
何　钦	缙云	6 师 31 团 3 营、少校营长	31	1937 年 10 月	江　苏
尚　才	缙云	6 师 31 团 7 连、上尉连长	28	1937 年 10 月	江　苏
陈赵文	缙云	6 师 34 团 7 连、下士	27	1937 年 10 月	江　苏
胡如恒	缙云	67 师 397 团 4 连、二等兵	22	1937 年 11 月	上　海
陈仙珊	缙云	67 师 397 团 4 连、一等兵	24	1937 年 11 月	上　海
胡文津	缙云	67 师 397 团 4 连、一等兵	23	1937 年 11 月	上　海
郑广扬	缙云	6 师 31 团 4 连、上等兵	34	1937 年 11 月	江　苏
沈冠生	缙云	11 师 65 团 5 连、上尉连长	26	1937 年 11 月	东亭镇
应世通	缙云	58 师 343 团 7 连、中士	25	1937 年 12 月	江　苏
邢凤山	缙云	58 师 343 团 3 营部、上等兵	29	1937 年 12 月	江　苏
吕金标	缙云	6 师 36 团 2 连、准尉排长	27	1937 年 12 月	安　徽
应德操	缙云	58 师 343 团 4 连、一等兵	24	1937 年 12 月	江　苏
金万溪	缙云	4 预师 11 团 9 连、一等兵	27	1937 年 12 月	湖　北
徐汝登	缙云	4 预师 11 团 9 连、下士	24	1937 年 12 月	湖　北
叶光弟	缙云	92 师 275 团通信排、上等兵	23	1937 年 12 月	广　西
王子忠	缙云	79 师补充团 7 连、一等兵	24	1938 年 1 月	浙　江
张山震	缙云	79 师 473 团 7 连、一等兵	—	1938 年 4 月	浙　江
梅兆坤	缙云	6 师 34 团 1 营、少校营长	35	1938 年 4 月	山　东
李　菲	缙云	6 师 33 团机 3 连、下士	25	1938 年 4 月	山　东
陈子生	缙云	6 师 33 团机 3 连　、中士	24	1938 年 4 月	山　东
林旭初	缙云	79 师 469 团 4 连、上尉连长	29	1938 年 4 月 21 日	江　西
陈永尧	缙云	6 军特务连、上等兵	17	1938 年 5 月日	江　苏

续表 48-2-3-1

姓　名	籍贯	部队番号级职	年龄（岁）	阵亡时间	阵亡地点
赵晋明	缙云	103 师 609 团 9 连、中尉排长	29	1938 年 5 月	江　苏
刘捷夫	缙云	58 师 343 团 4 连、中尉排长	22	1938 年 6 月	河　西
李维民	缙云	14 师 3 团 5 连、中尉排长	22	1938 年 7 月	安　徽
陆培其	缙云	16 师 48 团 6 连、二等兵	23	1938 年 7 月	浙　江
江品秋	缙云	59 师 354 团 5 连、二等兵	25	1938 年 8 月	江　西
郑李章	缙云	10 预师 38 团 5 连、上等兵	26	1938 年 8 月	浙　江
卢　盛	缙云	浙保安 2 团 1 中队、二等兵	—	1938 年 8 月 13 日	浙　江
卢　谦	缙云	浙保安 2 团 1 中队、上尉	32	1938 年 8 月 13 日	浙　江
朱平章	缙云	79 师 470 团 9 连、上尉连长	31	1938 年 9 月	江　西
林广川	缙云	79 师 469 团 4 连、上等兵	21	1938 年 9 月	江　西
朱辅周	缙云	79 师 469 团 5 连、少尉排长	29	1938 年 9 月	江　西
郑等振	缙云	11 师 65 团机 2 连、下士	22	1938 年 9 月	江　西
潘晋卿	缙云	79 师补充团 1 营、少校营长	35	1938 年 9 月	江　西
陈访忠	缙云	79 师补充团 2 连、上士	—	1938 年 9 月	江　西
蒋达启	缙云	79 师工兵营 1 连、二等兵	20	1938 年 9 月	江　西
胡金浩	缙云	79 师 474 团 8 连、一等兵	21	1938 年 9 月	江　西
应家松	缙云	14 师 83 团 8 连、一等兵	28	1938 年 9 月	湖　北
李胡匡	缙云	14 师 83 团 8 连、上等兵	26	1938 年 9 月	湖　北
张高德	缙云	57 师 339 团 4 连、二等兵	29	1938 年 9 月	湖　北
吕志芳	缙云	79 师 470 团迫炮连、上等兵	—	1938 年 10 月	江　西
卢宅林	缙云	67 师 39 团 1 连、上等兵	19	1938.10 月	安　徽
朱文俊	缙云	67 师 398 团 1 连、上等兵	22	1938.10 月	安　徽
李祖斌	缙云	67 师 398 团 1 连、一等兵	18	1938.10 月	安　徽
赵云远	缙云	江苏宿□常备 1 大 1 中 1 分队、中尉	32	1938.10 月	浙　江
喻东生	缙云	13 师 73 团 7 连、上等兵	20	1938.10 月	赵李桥
王巧弟	缙云	67 师 398 团 2 连、上等兵	27	1938.11 月	安　徽
周德虎	缙云	浙江抗敌自卫 1 支 1 总 1 大 2 中队、一等兵	21	1938 年 12 月 22 日	浙　江
樊桂生	缙云	79 师 237 团机 1 连、二等兵	23	1939 年 1 月	安　徽
王文成	缙云	79 师 335 团 2 营、上尉副营长	29	1939 年 1 月	安　徽
刘根友	缙云	155 师 925 团 9 连、二等兵	28	1939 年 1 月	浙　江
陈明金	缙云	37 师 222 团 1 连、一等兵	23	1939 年 2 月	湖　北
李金福	缙云	37 师 222 团 1 连、二等兵	27	1939 年 2 月	湖　北
李葛春	缙云	39 军特 1 连、二等兵	27	1939 年 3 月	江　西
朱官土	缙云	58 师 344 团 2 连、二等兵	34	1939 年 4 月	江　西

续表 48-2-3-1

姓　名	籍贯	部队番号级职	年龄(岁)	阵亡时间	阵亡地点
李　洪	缙云	79 师 236 团 5 连、中士	29	1939 年 4 月	江　西
陈天龙	缙云	79 师 236 团 5 连、上士	34	1939 年 4 月	江　西
卢金童	缙云	10 预师 28 团 5 连、一等兵	26	1939 年 4 月	江　西
谢考庭	缙云	10 预师 38 团 3 连、下士	31	1939 年 4 月	江　西
章松溪	缙云	58 师 344 团 9 连、一等兵	24	1939 年 4 月	江　西
万炳其	缙云	58 师 343 团 8 连、二等兵	27	1939 年 4 月	江　西
丁宝常	缙云	58 师 347 团 6 连、二等兵	23	1939 年 4 月	江　西
杜及才	缙云	155 师 925 团 9 连、一等兵	32	1939 年 4 月	广　东
胡善明	缙云	155 师 925 团 9 连、一等兵	25	1939 年 4 月	浙　江
刘永富	缙云	155 师 925 团 9 连、上等兵	23	1939 年 4 月	浙　江
江耀伦	缙云	62 师 371 团 3 连、二等兵	31	1939 年 5 月	浙　江
赵献松	缙云	57 师 171 团 1 连、二等兵	22	1939 年 6 月	江　西
丁保祥	缙云	58 师 347 团 6 连、一等兵	24	1939 年 6 月	江　西
魏云亲	缙云	26 师 155 团 1 连、二等兵	24	1939 年 6 月	江　西
田周富	缙云	26 师 155 团 1 连、二等兵	21	1939 年 6 月	江　西
陈设盛	缙云	29 军、中尉电务员	25	1939 年 6 月	江　西
卢需成	缙云	67 师 398 团 5 连、上等兵	32	1939 年 6 月	江　苏
蔡银修	缙云	67 师 398 团 6 连、一等兵	23	1939 年 6 月	江　苏
杨银宝	缙云	浙保安 2 团 1 大 2 中队、一等兵	29	1939 年 8 月 27 日	浙　江
宋菊仙	缙云	184 师 552 团 5 连、二等兵	21	1939 年 9 月	江　西
李汉丁	缙云	184 师 552 团 5 连、二等兵	27	1939 年 9 月	江　西
卢传仁	缙云	60 师 356 团 3 连、二等兵	36	1939 年 9 月 16 日	江　西
吴礼元	缙云	26 师 76 团 3 连、二等兵	24	1939 年 10 月	江　西
邱献连	缙云	92 师 275 团 1 连、一等兵	20	1939 年 10 月	广　西
陈官寿	缙云	92 师 275 团 1 连、上等兵	33	1939 年 10 月	广　西
李春友	缙云	浙保安 2 团 3 大 7 中队、下士	49	1939 年 10 月 13 日	浙　江
朱文献	缙云	忠义救国军总指挥部特务队、上尉队附	33	1939 年 11 月	江　苏
赵竞甫	缙云	58 师 343 团 1 营、少尉副官	37	1939 年 12 月	江　西
赵龄生	缙云	58 师 173 团 2 连、一等兵	20	1939 年 12 月	江　西
李设仁	缙云	58 师 173 团 2 连、一等兵	31	1939 年 12 月	江　西
胡灿新	缙云	58 师 173 团 2 连、上等兵	25	1939 年 12 月	江　西
舒舍奶	缙云	58 师 173 团 2 连、一等兵	28	1939 年 12 月	江　西
郑元锡	缙云	58 师 174 团 1 连、上等兵	32	1939 年 12 月	江　西
应庆丁	缙云	184 师 552 团 5 连、二等兵	30	1939.12 月	江　西

续表 48-2-3-1

姓　名	籍贯	部队番号级职	年龄(岁)	阵亡时间	阵亡地点
周丁昌	缙云	18 师 552 团 5 连、二等兵	33	1939 年 12 月	江　西
苏绍生	缙云	26 师 78 团 6 连、二等兵	27	1939 年 12 月	江　西
潜子昌	缙云	26 师 78 团 5 连、二等兵	26	1939 年 12 月	江　西
陈桂生	缙云	26 师 78 团 7 连、二等兵	24	1939 年 12 月	江　西
陈子明	缙云	26 师 78 团 7 连、二等兵	26	1939 年 12 月	江　西
包裕焕	缙云	26 师 78 团 2 连、二等兵	31	1939 年 12 月	江　西
应安定	缙云	26 师 78 团 2 连、二等兵	20	1939 年 12 月	江　西
陆献根	缙云	预 10 师 6 团 8 连、二等兵	24	1939 年 12 月	安　徽
林子生	缙云	预 10 师 6 团 8 连、二等兵	24	1939 年 12 月	安　徽
沈买奶	缙云	预 10 师 28 团 1 连、二等兵	25	1939 年 12 月	安　徽
徐章宝	缙云	预 10 师 30 团 5 连、二等兵	26	1939 年 12 月	湖　北
施樟财	缙云	预 10 师 29 团 8 连、二等兵	28	1939 年 12 月	湖　北
朱国春	缙云	92 师 275 团机 1 连、上等兵	20	1939 年 12 月	广　西
沈广恒	缙云	92 师 275 团 3 连、二等兵	33	1939 年 12 月	广　西
吴培庐	缙云	92 师 275 团 3 连、一等兵	23	1939 年 12 月	广　西
丁云周	缙云	荣 1 师 3 团 6 连、上等兵	21	1939 年 12 月	广　西
徐自芳	缙云	12 师 35 团机 7 连、二等兵	34	1939 年 12 月	山　西
周子林	缙云	92 师 551 团 4 连、二等兵	—	1939 年 12 月 23 日	广　西
楼官奎	缙云	79 师卫生队、一等兵	27	1940 年 1 月	浙　江
丁子均	缙云	110 师 330 团 3 连、上等兵	27	1940 年 1 月	湖　北
应春培	缙云	92 师 275 团 1 连、一等兵	25	1940 年 1 月	广　西
胡银丰	缙云	浙江抗敌自卫 2 支 1 大 2 中队、二等兵	32	1940 年 1 月 23 日	浙　江
吴俊夫	缙云	49 师通讯兵连、少尉排长	28	1940 年 2 月 2 日	广　西
陈南村	缙云	浙江抗敌自卫团特务 2 团 2 营部、上士	—	1940 年 2 月 13 日	浙　江
陈登焕	缙云	诸嵊亲宁游击总队 2 大 5 中队、二等兵	27	1940 年 2 月 15 日	浙　江
郑济清	缙云	浙江国民抗自卫总队 3 大 7 中队、少尉分队长	—	1940 年 2 月 15 日	浙　江
李　恬	缙云	浙江抗敌自卫团 8 支队、一等兵	21	1940 年 2 月 17 日	浙　江
王育贤	缙云	79 师司令部、上尉附员	42	1940 年 3 月	浙　江
朱汉明	缙云	新 7 师 3 团 9 连、一等兵	30	1940 年 3 月	安　徽
叶唐丁	缙云	144 师团 864 团 2 连、二等兵	21	1940 年 4 月	安　徽
陶梅生	缙云	新 7 师 4 团 4 连、二等兵	17	1940 年 4 月	安　徽
朱仁昌	缙云	79 师卫生队、上等兵	26	1940 年 4 月	安　徽
陈连星	缙云	145 师 434 团 3 连、二等兵	24	1940 年 4 月	安　徽
蔡子洪	缙云	145 师 434 团 3 连、二等兵	37	1940 年 4 月	安　徽

续表 48-2-3-1

姓　名	籍贯	部队番号级职	年龄(岁)	阵亡时间	阵亡地点
朱　通	缙云	145 师 434 团 3 连、二等兵	32	1940 年 4 月	安　徽
尚德周	缙云	36 师补充团通讯排、少尉附员	24	1940 年 4 月	湖　北
宋设新	缙云	缙云 145 师 435 团 4 连、二等兵	20	1940 年 4 月 26 日	安　徽
陈法群	缙云	6 师 17 团 6 连、少尉排长	31	1940 年 5 月	湖　北
陈金忠	缙云	6 师 16 团 7 连、少尉排长	27	1940 年 5 月	湖　北
赵长发	缙云	军委会、中校	28	1940 年 5 月	浙　江
赵戴富	缙云	102 师 304 团 4 连、二等兵	32	1940 年 5 月 1 日	浙　江
济应中	缙云	26 师 76 团 8 连、一等兵	34	1940 年 6 月	江　西
李世洪	缙云	26 师 76 团 7 连、一等兵	22	1940 年 6 月	江　西
洪步良	缙云	26 师 76 团 4 连、二等兵	28	1940 年 6 月	江　西
施树良	缙云	26 师 76 团 1 连、一等兵	25	1940 年 6 月	江　西
朱广昌	缙云	26 师 76 团 9 连、下士	38	1940 年 6 月	江　西
顾尧松	缙云	26 师 76 团 1 连、一等兵	33	1940 年 6 月	江　西
吴成明	缙云	26 师 76 团 1 连、二等兵	27	1940 年 6 月	江　西
李文照	缙云	26 师野补团 8 连、一等兵	33	1940 年 6 月	江　西
叶世溪	缙云	26 师野补团 8 连、二等兵	23	1940 年 6 月	江　西
李　清	缙云	26 师野补团 7 连、一等兵	30	1940 年 6 月	江　西
卢献台	缙云	26 师 78 团 6 连、上等兵	31	1940 年 6 月	江　西
朱云相	缙云	26 师 78 团 4 连、二等兵	21	1940 年 6 月	江　西
褚友来	缙云	26 师 78 团 2 连、一等兵	27	1940 年 6 月	江　西
李维增	缙云	26 师 78 团 2 连、一等兵	29	1940 年 6 月	江　西
李根有	缙云	26 师 77 团 5 连、一等兵	20	1940 年 6 月	江　西
汪子飞	缙云	79 军工兵营 2 连、上等兵	32	1940 年 6 月	湖　北
李汝高	缙云	145 师 435 团 6 连、一等兵	23	1940 年 6 月	安　徽
周培理	缙云	145 师 435 团 6 连、二等兵	25	1940 年 6 月	安　徽
梅献姜	缙云	11 师 33 团 6 连、下士	32	1940 年 6 月 9 日	湖　北
赵和泰	缙云	58 师 174 团机 2 连、准尉排长	30	1940 年 6 月 25 日	江　西
杨雪瑶	缙云	预 15 师副官处、少校副官	28	1940 年 7 月	浙　江
范桂溪	缙云	145 师 435 团 6 连、一等兵	34	1940 年 9 月 8 日	安　徽
赵炉练	缙云	79 师 237 团 5 连、一等兵	29	1940 年 9 月 14 日	浙　江
沈　腾	缙云	宁波防空司令部 1 团 4 连、下士	22	1940 年 9 月 18 日	广　东
李有康	缙云	16 师 48 团 4 连、一等兵	23	1940 年 10 月	浙　江
朱排元	缙云	79 师 236 团 8 连、一等兵	29	1940 年 10 月	浙　江
朱长生	缙云	79 师 236 团 3 连、一等兵	25	1940 年 10 月	浙　江

续表 48-2-3-1

姓　名	籍贯	部队番号级职	年龄(岁)	阵亡时间	阵亡地点
曹中甫	缙云	16 师 48 团 6 连、一等兵	31	1940 年 10 月	浙　江
王文龙	缙云	28 师 48 团 4 连、一等兵	20	1940 年 10 月	江　苏
李坤问	缙云	16 师 48 团 6 连、一等兵	32	1940 年 10 月	浙　江
应坤进	缙云	79 师 235 团 5 连、二等兵	25	1940 年 10 月	浙　江
洪运清	缙云	79 师 236 团 9 连、二等兵	21	1940 年 10 月	浙　江
朱松英	缙云	79 师 236 团 9 连、一等兵	29	1940 年 10 月	浙　江
宋七满	缙云	79 师 235 团输送连、上等兵	34	1940 年 10 月	浙　江
叶姚泉	缙云	79 师 237 团 6 连、二等兵	20	1940 年 10 月	浙　江
郑福年	缙云	10 预师 30 团 9 连、一等兵	26	1940 年 10 月	浙　江
田汝听	缙云	26 师 77 团 7 连、一等兵	25	1940 年 10 月 5 日	江　西
金喜生	缙云	暂 33 师 2 团 9 连、二等兵	22	1940 年 10 月 10 日	浙　江
李岩兴	缙云	浙保安 1 团 2 大 6 中队、中士	26	1940 年 10 月 13 日	浙　江
施樟全	缙云	16 师 48 团 6 连、一等兵	22	1940 年 10 月 14 日	浙　江
胡锡福	缙云	16 师 48 团 4 连、一等兵	34	1940 年 10 月 14 日	浙　江
田锦云	缙云	16 师 48 团 4 连、一等兵	37	1940 年 10 月 14 日	浙　江
喻卢金	缙云	146 师 431 团炮兵连、一等兵	26	1940 年 11 月	安　徽
潜有田	缙云	新 7 师 3 团 4 连、上等兵	23	1940 年 11 月	安　徽
丁渭潮	缙云	6 师 17 团团部、少校团附	28	1941 年 1 月 7 日	湖　北
赵寿标	缙云	6 师 16 团追炮连、准尉特务长	40	1941 年 1 月 17 日	湖　北
刘献钦	缙云	19 师 55 团 6 连、一等兵	26	1941 年 1 月 31 日	江　西
金子勤	缙云	26 师 77 团 2 营 4 连、下士	29	1941 年 2 月	浙　江
张树畈	缙云	108 师 323 团机 2 连、二等兵	25	1941 年 2 月 5 日	江　西
张根青	缙云	58 师 173 团 1 营、上等兵	27	1941 年 2 月 27 日	江　西
于福林	缙云	鲁苏战区游击独立 25 支 2 大 6 中队、中尉分队长	28	1941 年 2 月 27 日	山　东
王汝江	缙云	52 师 155 团 2 连、一等兵	28	1941 年 3 月	浙　江
章景魁	缙云	26 师 76 团输送连、上等兵	30	1941 年 3 月 3 日	江　西
郑章云	缙云	26 师 76 团 3 连、一等兵	22	1941 年 3 月 3 日	江　西
陈玉章	缙云	145 师 433 团 9 连、一等兵	28	1941 年 3 月 5 日	安　徽
周　文	缙云	58 师 174 团 8 连、一等兵	20	1941 年 3 月 20 日	江　西
程保安	缙云	58 师 174 团 8 连、一等兵	20	1941 年 3 月 20 日	江　西
丁伯宽	缙云	52 师 156 团机 3 连、二等兵	25	1941 年 3 月 23 日	浙　江
叶陈然	缙云	52 师 156 团 3 连、二等兵	24	1941 年 3 月 23 日	浙　江
沈子余	缙云	52 师 156 团 1 连、一等兵	23	1941 年 3 月 23 日	浙　江
麻第尔	缙云	26 师骑兵连、上等兵	30	1941 年 3 月 23 日	江　西

续表 48-2-3-1

姓　名	籍贯	部队番号级职	年龄(岁)	阵亡时间	阵亡地点
胡锡珍	缙云	19 师 55 团 9 连、一等兵	26	1941 年 3 月 30 日	江　西
应　括	缙云	忠义救国军挺进队、上校副总队长	34	1941 年 4 月 28 日	江　苏
徐邦水	缙云	暂 35 师 1 团 2 连、二等兵	—	1941 年 5 月 13 日	浙　江
蒋德兴	缙云	67 师 200 团输送连、上等兵	43	1941 年 5 月 14 日	浙　江
郑挺秀	缙云	79 师工兵营 1 连、上士	23	1941 年 5 月 14 日	浙　江
李嘉森	缙云	10 师 29 团机 2 连、下士	—	1941 年 6 月 12 日	山　西
叶邦文	缙云	26 师 76 团 4 连、二等兵	23	1941 年 6 月 21 日	浙　江
陈先知	缙云	133 师 398 团 1 连、一等兵	18	1941 年 7 月	湖　北
王世德	缙云	26 师 77 团 6 连、下士	—	1941 年 9 月	浙　江
吕钱林	缙云	102 师 304 团 4 连、一等兵	—	1941 年 9 月 22 日	湖　南
钦永廉	缙云	103 师 305 团通讯排、上士	—	1941 年 9 月 22 日	湖　南
叶长金	缙云	95 师 258 团迫炮连、二等兵	28	1941 年 9 月 22 日	湖　南
潜子诚	缙云	51 师 152 团 3 连、上等兵	—	1941 年 9 月 27 日	湖　南
陶银多	缙云	10 预师 28 团迫炮连、上等兵	—	1941 年 9 月 28 日	长　沙
田志坚	缙云	57 师输送连、少尉排长	23	1941 年 9 月 28 日	湖　南
毛理教	缙云	67 师 200 团迫炮连、上等兵	33	1941 年 10 月	浙　江
楼庭兴	缙云	26 师 77 团 9 连、一等兵	—	1941 年 10 月 3 日	浙　江
刘庄明	缙云	8 军荣 1 师 1 团 6 连、下士	—	1941 年 10 月 6 日	湖　北
丁子其	缙云	10 预师 28 团 3 连、一等兵	—	1942 年 1 月 4 日	湖　南
张再昌	缙云	10 预师 30 团 6 连、下士	22	1942 年 1 年 4 日	湖　南
王德压	缙云	108 师 323 团 1 连、上等兵	21	1942 年 3.12 日	江　西
陈良桂	缙云	16 师 46 团机枪连、二等兵	26	1942 年 6 月	浙　江
李成发	缙云	58 师 172 团 2 连、一等兵	46	1942 年 6 月	浙　江
陈保生	缙云	67 师特务连、二等兵	32	1942 年 6 月 3 日	浙　江
丁由虎	缙云	16 师 46 团 4 连、一等兵	25	1942 年 6 月 7 日	浙　江
胡利元	缙云	16 师 46 团 6 连、二等兵	29	1942 年 6 月 7 日	浙　江
田汝唐	缙云	16 师 46 团 6 连、二等兵	23	1942 年 6 月 7 日	浙　江
杜金许	缙云	16 师 46 团机连、二等兵	28	1942 年 6 月 7 日	浙　江
胡长溪	缙云	16 师 46 团 1 连、二等兵	36	1942 年 6 月 7 日	浙　江
陈用光	缙云	145 师 434 团 3 连、一等兵	30	1942 年 7 月 12 日	浙　江
徐理成	缙云	浙江保安特务 2 大队 1 中队、上等兵	23	1943 年 8 月	浙　江
胡瑞生	缙云	58 师 173 团 5 连、上等兵	27	1943 年 11 月 19 日	湖　南
叶立光	缙云	3 战区挺进 3 纵队 2 支队 1 大队 1 中队、准尉	24	1943 年 11 月 23 日	浙　江
郭良炎	缙云	63 师 188 团 4 连、一等兵	28	1943 年 11 月 23 日	湖　南

续表 48-2-3-1

姓　名	籍贯	部队番号级职	年龄(岁)	阵亡时间	阵亡地点
徐周法	缙云	19 师 57 团 6 连、一等兵	21	1943 年 12 月 22 日	湖　南
周云卿	缙云	19 师 56 团 4 连、一等兵	30	1943 年 12 月 22 日	湖　南
叶　盛	缙云	105 师 313 团 3 连、二等兵	38	1944 年 3 月 20 日	浙　江
徐胡坤	缙云	44 师 130 团 1 连、二等兵	21	1944 年 6 月 18 日	江　西
何巧奶	缙云	79 师 235 团 2 连、二等兵	31	1944 年 6 月 20 日	浙　江
章贵廷	缙云	26 师 78 团 9 连、上等兵	28	1944 年 6 月 26 日	浙　江
王官伍	缙云	26 师 78 团 3 连、上士	25	1944 年 6 月 26 日	浙　江
李杏法	缙云	19 师 55 团 5 连、中士	26	1944 年 7 月 18 日	湖　南
俞志卿	缙云	浙保 4 团 1 大 4 中队、二等兵	25	1944 年 9 月 5 日	浙　江
麻振禄	缙云	16 师 46 团 1 连、上等兵	31	1944 年 9 月 6 日	浙　江
麻根土	缙云	79 师 235 团输送连、上等兵	19	1944 年 9 月 6 日	浙　江
王梅顺	缙云	突击纵队团突 11 营 3 连、中士	21	1944 年 9 月 19 日	浙　江
沈喜树	缙云	21 师 61 团 8 连、二等兵	28	1944 年 9 月 24 日	浙　江
张永溪	缙云	40 师 118 团机 3 连、二等兵	22	1945 年 1 月 28 日	江　西
陈振先	缙云	33 师 3 团 1 营、中士	28	1945 年 3 年 2 日	浙　江
李锦白	缙云	33 师 3 团 1 连、上士	22	1945 年 3 月 10 日	浙　江
郑玉生	缙云	33 师 3 团 1 营、一等兵	19	1945 年 3 月 10 日	浙　江
王中通	缙云	40 师 120 团机 1 连、一等兵	25	1945 年 3 月 30 日	江　西
王丰云	缙云	108 师 323 团 1 连、一等兵	30	1945 年 4 月 3 日	江　西
周春生	缙云	108 师 323 团 9 连、一等兵	21	1945 年 4 月 7 日	江　西
邱贵灿	缙云	108 师 323 团机 1 连、一等兵	24	1945 年 4 月 7 日	江　西
胡官满	缙云	108 师 323 团机 1 连、一等兵	22	1945 年 4 月 7 日	江　西
宋锡湘	缙云	51 师 152 团 4 连、中士	37	1945 年 4 月 25 日	湖　南
褚佩瑶	缙云	118 师 352 团 1 营部、上尉副营长	26	1945 年 5 月 6 日	湖　南
胡文彪	缙云	3 战区挺进 3 纵队 5 支 1 大特分队、上等兵	31	1945 年 6 月 2 日	浙　江
郑从燮	缙云	浙保 4 团 3 大队 9 中队、中尉分队长	24	1945 年 6 月 7 日	浙　江
麻子清	缙云	75 师 225 团 6 连、上等兵	28	1945 年 6 月 9 日	福　建
许学斌	缙云	79 师 236 团 9 连、上等兵	20	1945 年 6 月 23 日	浙　江
徐宝邓	缙云	暂 33 师 1 团 2 连、中士	26	1945 年 6 月 30 日	浙　江
周官通	缙云	浙保 4 团 3 大队 9 中队、上等兵	27	1945 年 7 月	浙　江
王法和	缙云	浙保安团通讯分队、中士	34	1945 年 7 月 12 日	浙　江
顾春奎	缙云	40 师 120 团 5 连、上等兵	22	1945 年 7 月 16 日	江　西
李子友	缙云	浙保安 9 团 1 大 2 中队、二等兵	25	1945 年 8 月 11 日	浙　江
樊自奎	缙云	浙保安 5 团 1 大 2 中队、二等兵	34	1945 年 8 月 11 日	浙　江

续表 48-2-3-1

姓　名	籍贯	部队番号级职	年龄(岁)	阵亡时间	阵亡地点
卢云芳	缙云	浙保安5团1大2中队、二等兵	22	1945年8月11日	浙　江
樊东生	缙云	浙保安5团1大2中队、中士	27	1945年8月11日	浙　江
麻保良	缙云	浙保安5团1大2中队、一等兵	21	1945年8月11日	浙　江
周廷儿	缙云	浙保安5团1大2中队、一等兵	29	1945年8月11日	浙　江
胡明土	缙云	浙保安5团1大2中队、二等兵	23	1945年8月11日	浙　江
吕葛红	缙云	浙保1团团部、一等兵	24	1945年8月11日	浙　江
方道景	遂昌	11师6团12连、一等兵	29	1937年8月14日	上　海
潘　华	遂昌	67师397团5连、二等兵	—	1937年8月25日	上　海
雷炳松	遂昌	67师398团9连、二等兵	24	1937年8月28日	上　海
胡林水	遂昌	67师298团9连、二等兵	22	1937年8月28日	上　海
叶成龙	遂昌	67师397团4连、二等兵	24	1937年9月17日	上　海
潘观根	遂昌	67师398团5连、二等兵	21	1937年9月17日	江　苏
叶金海	遂昌	67师397团4连、二等兵	—	1937年9月17日	上　海
周炳华	遂昌	67师398团9连、二等兵	—	1937年9月17日	上　海
谢　和	遂昌	67师工兵营3连、二等兵	—	1937年9月23日	上　海
周根源	遂昌	67师398团9连、二等兵	23	1937年9月30日	江　苏
金茂祥	遂昌	67师398团6连、二等兵	22	1937年10月	江　苏
骆樟发	遂昌	67师298团3连、二等兵	22	1937年11月5日	江　苏
李保林	遂昌	67师397团4连、上等兵	22	1937年11月5日	江　苏
郑　璞	遂昌	11师62团1营4连、一等兵	28	1937年11月22日	江　苏
王春根	遂昌	第6师31团迫3排、一等兵	21	1938年2月	湖　北
雷功林	遂昌	第11师62团1营2、一等兵	24	1938年7月9日	江　西
朱寿儿	遂昌	67师398团2连、二等兵	35	1938年7月22日	上　海
吴金良	遂昌	第10预备师38团5连、二等兵	24	1938年8月	浙　江
罗铁志	遂昌	第6预备师22团9连、上等兵	22	1938年10月	江　西
叶观权	遂昌	58师173团机枪3连、二等兵	25	1938年11月1日	江　西
尹昌根	遂昌	67师401团9连、二等兵	22	1938年11月6日	安　徽
雷顺发	遂昌	67师401团9连、一等兵	24	1938年12月14日	安　徽
刘礼祥	遂昌	67师401团6连、二等兵	22	1938年12月15日	安　徽
叶炳发	遂昌	第10预备师38团3连、一等兵	31	1939年4月	江　西
陈雨生	遂昌	79师237团7连、一等兵	25	1939年4月	江　西
尹高元	遂昌	第10预备师28团4连、中士	26	1939年4月11日	江　西
吴关田	遂昌	第10预备师28团4连、上等兵	23	1939年4月11日	江　西
尹樟明	遂昌	第10预备师39团6连、一等兵	25	1939年4月23日	江　西

续表 48-2-3-1

姓　名	籍贯	部队番号级职	年龄(岁)	阵亡时间	阵亡地点
曹江西	遂昌	第 10 预备师 39 团 6 连、二等兵	23	1939 年 4 月 23 日	江　西
包水清	遂昌	第 10 预备师 39 团 7 连、二等兵	31	1939 年 4 月 24 日	江　西
周五美	遂昌	58 师 347 团 1 连、二等兵	25	1939 年 5 月	江　西
周品芳	遂昌	58 师 347 团炮营 2 排、一等兵	26	1939 年 5 年 2 日	江　西
陈明云	遂昌	第 10 预备师 39 团 6 连、一等兵	25	1939 年 5 月 21 日	江　西
林小美	遂昌	184 师 552 团 2 连、二等兵	22	1939 年 9 月	江　西
毛应根	遂昌	18 师 550 团 3 连、二等兵	22	1939 年 9 月	江　西
黄继顺	遂昌	184 师 550 团 6 连、二等兵	24	1939 年 9 月	江　西
詹生明	遂昌	184 师 550 团 6 连、二等兵	24	1939 年 9 月	江　西
吴法仁	遂昌	184 师 552 团 3 连、二等兵	29	1939 年 9 月	江　西
罗福传	遂昌	184 师 552 团 6 连、二等兵	22	1939 年 9 月	江　西
张水旺	遂昌	184 师 552 团 6 连、二等兵	28	1939 年 9 月	江　西
高松旺	遂昌	184 师 552 团 6 连、上等兵	21	1939 年 9 月	江　西
周平训	遂昌	183 师 549 团 1 连、二等兵	30	1939 年 9 月	江　西
张劝裕	遂昌	40 师野战补充团 3 连、二等兵	30	1939 年 9 月	江　西
郑有才	遂昌	183 师 549 团 1 连	—	1939 年 9 月	江　西
罗清通	遂昌	184 师 552 团 6 连、二等兵	29	1939 年 12 月	江　西
陈小美	遂昌	16 师 46 团 1 营 2 连、二等兵	29	1939 年 12 月	安　徽
邝徐槐	遂昌	16 师 46 团 1 营 2 连、二等兵	32	1939 年 12 月	安　徽
蓝金林	遂昌	16 师 46 团 1 营 2 连、二等兵	36	1939 年 12 月	安　徽
黄金炎	遂昌	16 师 46 团 2 连、二等兵	28	1939 年 12 月	安　徽
雷观保	遂昌	预 10 预备师 29 团 1 营 3 连、上等兵	21	1939 年 12 月 16 日	安　徽
刘连周	遂昌	16 师 46 团 1 营 2 连、一等兵	32	1939 年 12 月 16 日	安　徽
胡祥福	遂昌	16 师 46 团 3 营 7 连、一等兵	21	1939 年 12 月 17 日	安　徽
周华兰	遂昌	16 师 46 团 3 营 7 连、一等兵	32	1939 年 12 月 18 日	安　徽
张马根	遂昌	16 师 46 团 2 连、二等兵	21	1939 年 12 月 18 日	安　徽
吴益吟	遂昌	16 师 46 团 1 营 2 连、一等兵	23	1939 年 12 月 18 日	安　徽
濮相余	遂昌	16 师 46 团 1 营 2 连、一等兵	25	1939 年 12 月 18 日	安　徽
刘五奶	遂昌	16 师 46 团 1 营 2 连、二等兵	32	1939 年 12 月 19 日	安　徽
鲍根银	遂昌	16 师 46 团 1 营 2 连、一等兵	33	1939 年 12 月 19 日	安　徽
杨水才	遂昌	16 师 46 团 1 营 2 连、一等兵	27	1939 年 12 月 19 日	安　徽
翁兆盛	遂昌	第 10 预备师 28 团 6 连、上等兵	24	1939 年 12 月 19 日	江　西
蓝发生	遂昌	58 师 174 团 1 连、上等兵	23	1939 年 12 月 20 日	江　西
吴相恒	遂昌	预 10 预备师 28 团 1 营 3 连、二等兵	30	1939 年 12 月 20 日	安　徽

续表 48-2-3-1

姓　名	籍贯	部队番号级职	年龄(岁)	阵亡时间	阵亡地点
汤大高	遂昌	16 师 46 团 1 营 2 连、一等兵	25	1939 年 12 月 20 日	安　徽
张增福	遂昌	16 师 46 团 1 营 2 连、二等兵	29	1939 年 12 月 20 日	安　徽
何达璜	遂昌	16 师 46 团 2 连、一等兵	20	1939 年 12 月 20 日	安　徽
邵宗头	遂昌	26 师 78 团 2 营 4 连、二等兵	24	1939 年 12 月 21 日	江　西
翁富华	遂昌	92 师 276 团 3 连、二等兵	34	1939 年 12 月 23 日	广　西
罗子春	遂昌	16 师 46 团 1 营 2 连、二等兵	24	1939 年 12 月 26 日	安　徽
王翼强	遂昌	第 5 军野战补充 1 团 2 营 6 连、少尉	30	1940 年 1 月 3 日	广　西
邱大云	遂昌	新编 7 师 4 团 3 营 8 连、二等兵	31	1940 年 4 月	安　徽
朱树林	遂昌	145 师 434 团 1 营 1 连、二等兵	25	1940 年 4 月 25 日	安　徽
潘梅德	遂昌	新编第 7 师 4 团 3 连、二等兵	21	1940 年 4 月 26 日	安　徽
罗友明	遂昌	新编 7 师 4 团 1 营 3 连、一等兵	24	1940 年 4 月 26 日	安　徽
刘青荣	遂昌	新编 7 师 4 团 3 营 8 连、二等兵	31	1940 年 4 月 28 日	安　徽
余济保	遂昌	26 师 78 团 3 营 8 连、二等兵	23	1940 年 5 月	江　西
王春山	遂昌	26 师野战补充团 8 连、二等兵	35	1940 年 6 月	江　西
潘李贵	遂昌	26 师 78 团 4 连、一等兵	22	1940 年 6 月	江　西
王有焚	遂昌	26 师 78 团 9 连、二等兵	29	1940 年 6 月	江　西
林观兴	遂昌	26 师 78 团 3 营 7 连、二等兵	29	1940 年 6 月 16 日	江　西
徐炳耀	遂昌	26 师 78 团 3 营 7 连、二等兵	25	1940 年 6 月 16 日	江　西
王学富	遂昌	51 师 152 团 3 营 7 连、中士	28	1940 年 6 月 22 日	江　西
黄传云	遂昌	26 师 78 团 3 营 4 连、一等兵	24	1940 年 6 月 22 日	江　西
郑观雄	遂昌	57 师野战补充团 9 连、一等兵	20	1940 年 6 月 23 日	江　西
徐致和	遂昌	57 师 171 团 3 营机 3 连、一等兵	19	1940 年 6 月 24 日	江　西
朱云照	遂昌	51 师 153 团运输连、上等兵	32	1940 年 6 月 24 日	江　西
滕元吉	遂昌	26 师 78 团 3 营 7 连、二等兵	29	1940 年 6 月 24 日	江　西
雷石贵	遂昌	26 师 76 团 2 营 5 连、二等兵	33	1940 年 6 月 25 日	江　西
范世才	遂昌	26 师 78 团 3 营 9 连、一等兵	28	1940 年 6 月 26 日	江　西
徐廷清	遂昌	26 师 78 团 3 营 7 连、二等兵	24	1940 年 6 月 26 日	江　西
郑连洪	遂昌	26 师 78 团 8 连、一等兵	28	1940 年 8 月	江　西
蓝陈元	遂昌	19 师 57 团 1 营机 1 连、二等兵	21	1940 年 10 月	江　西
周樟元	遂昌	16 师 47 团 9 连、二等兵	21	1940 年 10 月	浙　江
朱炳根	遂昌	16 师 47 团 9 连、二等兵	29	1940 年 10 月	浙　江
林秋旺	遂昌	26 师 78 团 8 连、一等兵	21	1940 年 10 月	江　西
毛顺松	遂昌	16 师 47 团机枪 1 连、二等兵	18	1940 年 10 月 15 日	江　西
蓝陈元	遂昌	19 师 57 团机枪 1 连、二等兵	21	1940 年 10 月 15 日	江　西

续表 48-2-3-1

姓　名	籍贯	部队番号级职	年龄(岁)	阵亡时间	阵亡地点
潘根林	遂昌	16 师 47 团 2 营机枪 2 连、二等兵	24	1940 年 10 月 16 日	浙　江
尹明桂	遂昌	16 师 47 团 3 营 9 连、二等兵	20	1940 年 10 月 16 日	浙　江
叶信元	遂昌	28 师 47 团 9 连、二等兵	24	1940 年 10 月 16 日	浙　江
雷兰德	遂昌	16 师 48 团 5 连、一等兵	30	1940 年 10 月 17 日	浙　江
黄物华	遂昌	57 师野战补充团 1 连、上等兵	22	1941 年 3 月	江　西
张启五	遂昌	26 师 78 团 8 连、一等兵	24	1941 年 3 月	江　西
叶金根	遂昌	26 师 78 团 8 连、一等兵	21	1941 年 3 月	江　西
程立三	遂昌	57 师野战补充团 9 连、二等兵	24	1941 年 3 月	江　西
叶炳贵	遂昌	13 师 1 团 7 连、二等兵	—	1941 年 4 月	浙　江
傅康龄	遂昌	暂编 13 师 1 团 8 连、二等兵	36	1941 年 4 月 14 日	浙　江
雷祖富	遂昌	暂编 13 师 1 团 8 连、二等兵	19	1941 年 4 月 14 日	浙　江
雷樟清	遂昌	暂编 13 师 39 团 9 连、二等兵	23	1941 年 4 月 23 日	浙　江
雷陈根	遂昌	暂编 13 师 1 团 4 连、二等兵	23	1941 年 4 月 23 日	浙　江
赖洪春	遂昌	暂编 13 师 1 团 7 连、二等兵	17	1941 年 4 月 23 日	浙　江
曹炳荣	遂昌	暂编 13 师 1 团输送连、上等兵	39	1941 年 4 月 23 日	浙　江
翁叶根	遂昌	19 师 57 团机 3 连、二等兵	20	1941 年 5 月	医　院
毕士岩	遂昌	35 师 1 团 8 连、二等兵	—	1941 年 5 月	浙　江
叶小法	遂昌	35 师 1 团 7 连、二等兵	—	1941 年 5 月	浙　江
郑关寅	遂昌	35 师 1 团 7 连、二等兵	—	1941 年 5 月	浙　江
黄贵和	遂昌	暂编 13 师 1 团 9 连、二等兵	26	1941 年 5 月	浙　江
俞楷福	遂昌	暂编 13 师 1 团团部、二等兵	22	1941 年 5 月	浙　江
周石文	遂昌	暂编 13 师 1 团 7 连、二等兵	33	1941 年 5 月 13 日	浙　江
邝水祥	遂昌	暂编 13 师 1 团卫生队、二等兵	36	1941 年 5 月 13 日	浙　江
黎世根	遂昌	暂编 13 师 1 团卫生队、二等兵	30	1941 年 5 月 13 日	浙　江
马石有	遂昌	暂编 13 师 1 团 8 连、二等兵	35	1941 年 5 月 13 日	浙　江
丁子和	遂昌	暂编 13 师 1 团卫生队、二等兵	24	1941 年 5 月 13 日	浙　江
郑水亮	遂昌	暂编 13 师 1 团 7 连、二等兵	47	1941 年 5 月 14 日	浙　江
黄根贵	遂昌	暂编 13 师 1 团 7 连、一等兵	25	1941 年 5 月 14 日	浙　江
吴和法	遂昌	暂编 13 师 1 团 8 连、二等兵	29	1941 年 5 月 14 日	浙　江
朱明登	遂昌	暂编 13 师 3 团输送连、二等兵	41	1941 年 5 月 14 日	浙　江
何永信	遂昌	暂编 13 师 3 团输送连、上等兵	25	1941 年 5 月 14 日	浙　江
夏发生	遂昌	暂编 13 师 1 团卫生队、二等兵	31	1941 年 5 月 14 日	浙　江
吴观汉	遂昌	暂编 13 师 1 团 8 连、二等兵	26	1941 年 5 月 15 日	浙　江
罗顺全	遂昌	暂编 13 师 1 团卫生队、二等兵	38	1941 年 5 月 15 日	浙　江

续表 48-2-3-1

姓　名	籍贯	部队番号级职	年龄(岁)	阵亡时间	阵亡地点
翁邦桂	遂昌	暂编 13 师 1 团卫生队、二等兵	38	1941 年 5 月 25 日	浙　江
郑世松	遂昌	暂编 13 师 1 团 7 连、二等兵	30	1941 年 7 月 23 日	浙　江
蓝广生	遂昌	62 师 185 团迫连、上等兵	—	1941 年 8 月	浙　江
吴文富	遂昌	暂 8 师 2 团 9 连、一等兵	22	1941 年 10 月	湖　南
郑新廉	遂昌	26 师 78 团 8 连、上等兵	—	1941 年 10 月	浙　江
廖陈根	遂昌	26 师 78 团 8 连、上等兵	—	1941 年 10 月	浙　江
潘岳廷	遂昌	26 师 78 团 8 连、一等兵	—	1941 年 10 月	浙　江
潘火法	遂昌	26 师 78 团 8 连、上等兵	—	1941 年 10 月	浙　江
罗寿春	遂昌	40 师工兵营 2 连、一等兵	—	1941 年 12 月	安　徽
毛志元	遂昌	遂昌国民兵团自卫队、二等兵	27	1942 年 2 月	浙　江
张　江	遂昌	67 师 199 团特务排、上等兵	36	1942 年 6 月	浙　江
李　胜	遂昌	暂编 33 师 1 团 9 连、一等兵	25	1942 年 7 月	浙　江
尹文良	遂昌	19 师 55 团 3 连、一等兵	28	1943 年 2 月	湖　南
翁兆坤	遂昌	40 师 118 团输送连、上等兵	22	1943 年 2 月	江　西
朱樟根	遂昌	139 师 416 团 6 连、下士	31	1943 年 5 月	湖　北
邹兆福	遂昌	108 师 322 团 1 连、一等兵	21	1943 年 10 月	江　西
林开田	遂昌	108 师 322 团 5 连、二等兵	29	1943 年 10 月	江　西
贾天龙	遂昌	192 师特务连、上等兵	27	1943 年 10 月	浙　江
吴伍聪	遂昌	6 师 16 团机 3 连、上等兵	35	1943 年 12 月	浙　江
张松林	遂昌	26 师 76 团机枪连、上等兵	25	1944 年 6 月	浙　江
谢裕楷	遂昌	92 师 276 团机枪连、中士	24	1944 年 6 月	湖　南
包　荣	遂昌	194 师 580 团 8 连、中士	30	1944 年 7 月	湖　南
傅蓬林	遂昌	183 师 549 团 1 连、一等兵	26	1944 年 7 月	湖　南
余　平	遂昌	新编 15 师 45 团 7 连、下士	24	1944 年 8 月	湖　南
黄宝洪	遂昌	19 师 56 团 5 连、上等兵	22	1944 年 8 月	安　徽
梁洪顺	遂昌	8 军荣 1 师 1 团机 2 连、上等兵	29	1944 年 9 月	云　南
郑观福	遂昌	21 师 62 团 8 连、一等兵	20	1944 年 10 月	浙　江
吴法林	遂昌	40 师 119 团 7 连、一等兵	27	1945 年 2 月	江　西
余林年	遂昌	108 师 223 团 6 连、二等兵	39	1945 年 2 月	江　西
柳兆育	遂昌	108 师 323 团 2 连、二等兵	32	1945 年 3 月	江　西
方宁三	遂昌	108 师 323 团 3 连、二等兵	24	1945 年 3 月	江　西
翁昌照	遂昌	108 师 323 团迫 3 连、二等兵	24	1945 年 3 月	江　西
林樟慎	遂昌	52 师 156 团机 3 连、下士	26	1945 年 3 月	浙　江
谢发顺	遂昌	108 师 323 团 4 连、二等兵	28	1945 年 4 月	江　西

续表 48-2-3-1

姓　名	籍贯	部队番号级职	年龄(岁)	阵亡时间	阵亡地点
郑乾坤	遂昌	108 师 323 团 1 连、一等兵	23	1945 年 4 月	江　西
张益根	遂昌	79 师 236 团 4 连、上等兵	24	1945 年 6 月	浙　江
吴金长	遂昌	突 1 纵队 1 队 3 连、一等兵	22	1945 年 6 月	浙　江
毛世德	遂昌	146 师 437 团 2 连、下士	23	1945 年 7 月	安　徽
何其健	遂昌	118 师搜索连、中尉	—	1945 年 8 月	浙　江
潘　仁	松阳	防空学校测 2 队、一等兵	20	1937 年 8 月	南　京
舒德华	松阳	67 师 398 团 8 连、二等兵	22	1937 年 8 月	江　苏
叶关松	松阳	67 师 397 团 1 连、二等兵	22	1937 年 8 月	江　苏
潘筱万	松阳	67 师 397 团 4 连、一等兵	24	1937 年 8 月	江　苏
周岳之	松阳	11 师 66 团 3 连、中士	30	1937 年 8 月	上　海
叶金生	松阳	67 师 401 团 3 连、二等兵	—	1937 年 8 月	上　海
周春雨	松阳	67 师 401 团 6 连、一等兵	—	1937 年 8 月	上　海
刘信高	松阳	67 师 398 团 5 连、一等兵	32	1937 年 8 月	江　苏
毛根荣	松阳	67 师 397 团 4 连、上等兵	28	1937 年 8 月	上　海
关祥云	松阳	67 师 398 团 6 连、一等兵	25	1937 年 8 月	江　苏
金存秀	松阳	11 师 65 团 7 连、一等兵	20	1937 年 9 月	上　海
吴学明	松阳	67 师 397 团 5 连、二等兵	24	1937 年 9 月	上　海
阙祥树	松阳	67 师 398 团 3 连、上等兵	28	1937 年 9 月	上　海
麻延余	松阳	87 师 53 团机连、二等兵	—	1937 年 9 月	江　苏
吴关根	松阳	14 师 83 团通信连、上等兵	34	1937 年 9 月	江　苏
陈德铭	松阳	67 师 398 团 4 连、一等兵	41	1937 年 9 月	江　苏
叶根树	松阳	67 师 398 团 9 连、二等兵	24	1937 年 9 月	上　海
叶关成	松阳	67 师 397 团 5 连、二等兵	23	1937 年 9 月	上　海
项延林	松阳	57 师 169 团 4 连、一等兵	26	1937 年 9 月	湖　南
叶德生	松阳	57 师 171 团 5 连、一等兵	20	1937 年 9 月	湖　南
周士贵	松阳	57 师 171 团机 1 连、一等兵	20	1937 年 9 月	湖　南
吴瑞森	松阳	145 师 433 团迫连、上等兵	—	1937 年 9 月	湖　南
朱关清	松阳	67 师 398 团 2 连、二等兵	23	1937 年 9 月	江　苏
胡得标	松阳	6 师 36 团 1 连、上等兵	34	1937 年 9 月	江　苏
叶飞雄	松阳	47 师 521 团机 2 连、上尉	30	1937 年 10 月	上　海
何国明	松阳	11 师 62 团 4 连、一等兵	27	1937 年 10 月	江　苏
叶　忠	松阳	87 师 361 团 7 连、中士	26	1937 年 10 月	上　海
郑配奶	松阳	67 师 397 团 1 连、二等兵	22	1937 年 10 月	江　苏
何宗明	松阳	11 师 62 团机 3 团、一等兵	22	1937 年 10 月	上　海

续表 48-2-3-1

姓　名	籍贯	部队番号级职	年龄(岁)	阵亡时间	阵亡地点
叶　强	松阳	暂 13 旅 1 团 9 连、二等兵	18	1937 年 11 月	浙　江
叶高明	松阳	保警独立分队、下士	—	1937 年 11 月	浙　江
徐仁民	松阳	61 师师部、军医主任	45	1937 年 11 月	江　苏
郑　璞	松阳	11 师 62 团 4 连、一等兵	28	1937 年 11 月	江　苏
季国良	松阳	46 师 271 团 5 连、上等兵	26	1937 年 11 月	上　海
程志远	松阳	19 军司令部、上士	27	1937 年 11 月	安　徽
吴朝康	松阳	58 师 344 团 6 连、上士	36	1937 年 11 月	上　海
孟文泰	松阳	67 师 397 团 4 连、一等兵	22	1937 年 11 月	上　海
周正龄	松阳	6 师 36 团 8 连、一等兵	26	1937 年 11 月	江　西
李金传	松阳	61 师辎营 1 连、下士	30	1937 年 11 月	河　南
潘　蕨	松阳	61 师司令部、二等军需佐	42	1938 年 5 月	河　南
朱邦基	松阳	61 师特务连、上士	29	1938 年 5 月	河　南
何宗满	松阳	67 师 397 团 2 连、一等兵	27	1938 年 5 月	安　徽
秦瑞保	松阳	35 师 2 团 6 连、二等兵	30	1938 年 5 月	河　南
周立钊	松阳	67 师 401 团 5 连、二等兵	25	1938 年 5 月	安　徽
高威廉	松阳	空军 1 大队 2 中队、中尉	25	1938 年 7 月	汉　口
高成廉	松阳	空军 1 大队 2 中队、上尉	25	1938 年 7 月	湖　北
刘德标	松阳	保安 2 团 8 中队、一等兵	—	1938 年 8 月	浙　江
叶火财	松阳	保 2 团 1 中队、二等兵	—	1938 年 8 月	浙　江
周全运	松阳	190 师 568 团机 3 连、二等兵	—	1938 年 10 月	江　西
张凤翔	松阳	14 师 80 团机 3 连、少尉	—	1938 年 10 月	江　西
吴先福	松阳	6 师 31 团、一等兵	26	1938 年 10 月	湖　北
张永余	松阳	6 师 31 团 4 连、二等兵	19	1938 年 11 月	湖　北
陈星俊	松阳	67 师 401 团 7 连、一等兵	28	1938 年 11 月	安　徽
孟关松	松阳	67 师 401 团 1 连、二等兵	22	1938 年 11 月	安　徽
王成昌	松阳	67 师 402 团 3 连、一等兵	25	1938 年 11 月	安　徽
潘益元	松阳	自卫团 2 大队 5 中队、一等兵	—	1939 年 2 月	浙　江
徐世恒	松阳	183 师 549 团 4 连、二等兵	25	1939 年 3 月	江　西
华陈祥	松阳	师管区补充第 9 团 3 连、二等兵	20	1939 年 4 月	浙　江
夏水发	松阳	58 师 344 团 2 连、一等兵	27	1939 年 4 月	江　西
陈金良	松阳	预 10 师 28 团 2 连、一等兵	26	1939 年 4 月	江　西
黄旭金	松阳	预 10 师 28 团 1 连、一等兵	25	1939 年 4 月	江　西
陈德功	松阳	预 10 师 28 团 1 连、上等兵	27	1939 年 4 月	江　西
王四弟	松阳	预 10 师 28 团 1 连、一等兵	25	1939 年 4 月	江　西

续表 48-2-3-1

姓 名	籍贯	部队番号级职	年龄(岁)	阵亡时间	阵亡地点
李关保	松阳	预 10 师 28 团 1 连、上等兵	31	1939 年 4 月	江 西
黄长存	松阳	预 10 师 28 团 4 连、二等兵	29	1939 年 4 月	江 西
陈德铭	松阳	预 10 师 39 团 1 连、下士	41	1939 年 5 月	江 西
袁火财	松阳	预 10 师 28 团 2 连、一等兵	26	1939 年 5 月	江 西
涂家法	松阳	预 10 师 28 团 1 连、一等兵	24	1939 年 5 月	江 西
王志熊	松阳	预 10 师 39 团 1 连、二等兵	27	1939 年 5 月	江 西
徐 来	松阳	67 师 402 团 8 连、一等兵	20	1939 年 6 月	江 苏
张关水	松阳	67 师 398 团 3 连、一等兵	30	1939 年 6 月	河 南
徐 杰	松阳	61 师补团 3 连、准尉	31	1939 年 7 月	河 南
谢良德	松阳	60 师通信 2 连、上等兵	27	1939 年 7 月	江 西
庞树之	松阳	13 师 3 团 5 连、二等兵	31	1939 年 7 月	江 西
叶其明	松阳	183 师 549 团 4 连、二等兵	30	1939 年 7 月	江 西
林招水	松阳	26 师 78 团 7 连、二等兵	30	1939 年 7 月	江 西
黄炫贵	松阳	102 师 306 团 8 连、一等兵	32	1939 年 7 月	江 西
叶林根	松阳	184 师 551 团 3 连、二等兵	22	1939 年 7 月	江 西
李客奶	松阳	184 师 551 团 3 连、二等兵	21	1939 年 7 月	江 西
王志生	松阳	184 师 551 团 3 连、二等兵	24	1939 年 7 月	江 西
徐仁万	松阳	184 师 551 团 3 连、二等兵	28	1939 年 7 月	江 西
刘根德	松阳	184 师 552 团机 3 连、二等兵	21	1939 年 8 月	江 西
温亦有	松阳	61 师 182 团通信连、上等兵	36	1939 年 8 月	陕 西
周明星	松阳	182 师卫生队、二等兵	30	1939 年 9 月	江 西
周孙富	松阳	183 师卫生队、二等兵	32	1939 年 9 月	江 西
吴厚琴	松阳	183 师卫生队、二等兵	27	1939 年 9 月	江 西
吴日根	松阳	183 师卫生队、二等兵	20	1939 年 9 月	江 西
宋思琅	松阳	61 师师部、少校	48	1939 年 10 月	陕 西
洪陈福	松阳	116 师 76 团 3 连、二等兵	30	1939 年 10 月	江 西
叶樟淇	松阳	116 师 76 团 3 连、二等兵	42	1939 年 10 月	江 西
廖 林	松阳	保 2 纵 6 团卫生队、一等兵	—	1939 年 11 月	浙 江
佐叶思	松阳	61 师卫生 2 连、二等军需佐	42	1939 年 11 月	江 苏
樊宝山	松阳	67 师 199 团 9 连、二等兵	24	1939 年 11 月	安 徽
叶细儿	松阳	16 师 46 团机连、一等兵	22	1939 年 12 月	安 徽
王樟德	松阳	10 师 30 团 4 连、二等兵	39	1939 年 12 月	安 徽
叶春崇	松阳	92 师 275 团 1 连、上等兵	30	1939 年 12 月	广 西
邓培良	松阳	92 师 275 团 3 连、二等兵	21	1939 年 12 月	广 西

续表 48-2-3-1

姓　名	籍贯	部队番号级职	年龄(岁)	阵亡时间	阵亡地点
李关福	松阳	92 师 275 团 2 连、一等兵	36	1939 年 12 月	广　西
周来胜	松阳	荣 1 师 3 团 5 连、一等兵	21	1939 年 12 月	广　西
项少李	松阳	26 师 46 团 7 连、一等兵	19	1939 年 12 月	安　徽
郑宗森	松阳	116 师 46 团 5 连、一等兵	27	1939 年 12 月	安　徽
高善法	松阳	116 师 46 团 5 连、一等兵	20	1939 年 12 月	安　徽
江炳炎	松阳	116 师 46 团 5 连、一等兵	26	1939 年 12 月	安　徽
包火法	松阳	116 师 46 团 5 连、一等兵	23	1939 年 12 月	安　徽
苏法宝	松阳	116 师 46 团 5 连、一等兵	25	1939 年 12 月	安　徽
孟传信	松阳	116 师 46 团机 1 连、二等兵	20	1939 年 12 月	安　徽
王　信	松阳	116 师 46 团 5 连、上等兵	23	1939 年 12 月	安　徽
陈利坤	松阳	116 师 46 团 9 连、少尉	28	1939 年 12 月	安　徽
杨　林	松阳	116 师 46 团 5 连、下士	35	1939 年 12 月	安　徽
林福明	松阳	116 师 46 团 4 连、一等兵	31	1939 年 12 月	安　徽
丁昌兴	松阳	116 师 46 团 5 连、二等兵	30	1939 年 12 月	安　徽
叶景松	松阳	116 师 46 团 5 连、一等兵	31	1939 年 12 月	安　徽
江金华	松阳	190 师补充团 7 连、少尉	—	1939 年 12 月	安　徽
刘遇文	松阳	预 10 师 30 团 6 连、二等兵	19	1939 年 12 月	安　徽
徐樟元	松阳	预 10 师 30 团 4 连、一等兵	23	1939 年 12 月	安　徽
刘有侬	松阳	预 10 师 30 团 4 连、二等兵	34	1939 年 12 月	安　徽
邹宗邦	松阳	预 10 师 28 团 8 连、一等兵	23	1939 年 12 月	安　徽
刘官川	松阳	预 10 师 28 团 1 连、中士	28	1939 年 12 月	安　徽
杨章炎	松阳	16 师 56 团迫连、二等兵	40	1939 年 12 月	安　徽
周四栋	松阳	预 10 师 6 团 1 连、上等兵	28	1939 年 12 月	安　徽
周高川	松阳	预 20 师 6 团 2 连、上等兵	34	1939 年 12 月	安　徽
王兴昌	松阳	6 师 33 团 4 连、一等兵	36	1939 年 12 月	安　徽
王德生	松阳	26 师 76 团团 3 连、一等兵	19	1939 年 12 月	江　西
徐永福	松阳	26 师 76 团 6 连、二等兵	—	1939 年 12 月	江　西
王银峯	松阳	预 4 师 11 团 4 连、一等兵	21	1939 年 12 月	湖　北
曾鹤鸿	松阳	预 4 师 11 团 4 连、下士	28	1939 年 12 月	湖　北
邹林水	松阳	10 师 30 团 5 连、二等兵	28	1939 年 12 月	湖　北
叶德明	松阳	6 师 18 团 1 连、少尉	37	1939 年 12 月	湖　北
李荣标	松阳	10 军索队、一等兵	25	1940 年 1 月	安　徽
詹益金	松阳	110 师 330 团 8 连、一等兵	18	1940 年 1 月	湖　北
刘嘉仁	松阳	26 师 46 团 5 连、上等兵	29	1940 年 1 月	安　徽

续表 48-2-3-1

姓　名	籍贯	部队番号级职	年龄(岁)	阵亡时间	阵亡地点
章舍金	松阳	92 师 275 团 2 连、一等兵	30	1940 年 4 月	湖　北
程关法	松阳	92 师 275 团 2 连、二等兵	20	1940 年 4 月	湖　北
汪春生	松阳	17 师 97 团 5 连、二等兵	23	1940 年 4 月	山　西
叶思法	松阳	57 师 169 团机 3 连、二等兵	20	1940 年 5 月	江　西
周开顺	松阳	57 师 169 团 8 连、二等兵	33	1940 年 5 月	江　西
杨潘海	松阳	57 师 169 团机 8 连、一等兵	24	1940 年 5 月	江　西
金臣达	松阳	57 师 169 团 4 连、一等兵	20	1940 年 5 月	江　西
叶易根	松阳	26 师补团 5 连、二等兵	40	1940 年 6 月	陕　西
包子青	松阳	58 师 174 团机 2 连、二等兵	25	1940 年 6 月	江　西
蔡金山	松阳	116 师 76 团 7 连、二等兵	25	1940 年 6 月	江　西
郑凡口	松阳	116 师 76 团 5 连、二等兵	41	1940 年 6 月	江　西
吴必其	松阳	116 师 76 团 5 连、二等兵	23	1940 年 6 月	江　西
周克林	松阳	116 师 76 团 5 连、一等兵	41	1940 年 6 月	江　西
周光顾	松阳	116 师 76 团 5 连、一等兵	31	1940 年 6 月	江　西
刘金占	松阳	116 师 76 团 5 连、一等兵	35	1940 年 6 月	江　西
毛包兴	松阳	116 师 76 团 5 连、一等兵	32	1940 年 6 月	江　西
陈德位	松阳	58 师 174 团 3 连、一等兵	20	1940 年 6 月	江　西
王树根	松阳	26 师 76 团 3 连、一等兵	29	1940 年 6 月	江　西
王人院	松阳	26 师 76 团 1 连、一等兵	31	1940 年 6 月	江　西
潘卓和	松阳	26 师 76 团 1 连、一等兵	23	1940 年 6 月	江　西
叶章海	松阳	13 师 38 团 3 连、二等兵	28	1940 年 6 月	江　西
徐　仁	松阳	57 师 171 团 9 连、一等兵	32	1940 年 6 月	江　西
郑希成	松阳	83 师 49 团团部、准尉	20	1940 年 6 月	江　西
杨樟林	松阳	57 师 170 团 8 连、一等兵	27	1940 年 6 月	江　西
张关之	松阳	57 师 170 团 8 连、一等兵	28	1940 年 6 月	江　西
纪宣桓	松阳	57 师 170 团机 2 连、二等兵	29	1940 年 6 月	江　西
李光顺	松阳	57 师 169 团 7 连、二等兵	27	1940 年 6 月	江　西
蒋可党	松阳	57 师 169 团 5 连、一等兵	28	1940 年 6 月	江　西
李章法	松阳	57 师 29 团 4 连、一等兵	19	1940 年 6 月	江　西
邓回生	松阳	57 师 170 团 5 连、一等兵	34	1940 年 6 月	江　西
陈学高	松阳	57 师 170 团 5 连、一等兵	31	1940 年 6 月	江　西
卢关樟	松阳	57 师 170 团 3 连、一等兵	21	1940 年 6 月	江　西
王树林	松阳	26 师 76 团 3 连、一等兵	32	1940 年 6 月	江　西
周长义	松阳	预 4 师 11 团 9 连、一等兵	29	1940 年 7 月	湖　北

续表 48-2-3-1

姓　名	籍贯	部队番号级职	年龄（岁）	阵亡时间	阵亡地点
叶火金	松阳	26 师 77 团 2 连、二等兵	29	1940 年 7 月	江　西
王永贵	松阳	57 师 170 团 2 连、一等兵	20	1940 年 7 月	江　西
叶高升	松阳	保 2 团 2 中队、二等兵	20	1940 年 8 月	浙　江
王献有	松阳	51 师 153 团 6 连、一等兵	—	1940 年 9 月	湖　南
蓝家和	松阳	51 师 153 团 6 连、一等兵	—	1940 年 9 月	湖　南
阙邦庆	松阳	16 师 48 团 4 连、一等兵	28	1940 年 10 月	浙　江
丁兆民	松阳	暂 35 师 3 团 5 连、二等兵	45	1940 年 10 月	浙　江
宋士发	松阳	16 师 48 团 6 连、一等兵	32	1940 年 10 月	浙　江
吴朝回	松阳	16 师 48 团 3 连、一等兵	37	1940 年 10 月	浙　江
蔡仙灵	松阳	16 师 48 团 4 连、一等兵	24	1940 年 10 月	浙　江
王金生	松阳	16 师 48 团 6 连、一等兵	32	1940 年 10 月	浙　江
叶长年	松阳	16 师 48 团 8 连、一等兵	23	1940 年 10 月	浙　江
高求礼	松阳	16 师 46 团机 2 连、二等兵	28	1940 年 10 月	浙　江
王金水	松阳	16 师 46 团 7 连、一等兵	23	1940 年 10 月	浙　江
阙关贤	松阳	16 师 48 团 6 连、一等兵	38	1940 年 10 月	浙　江
马笔松	松阳	67 师 201 团 2 连、二等兵	25	1940 年 10 月	浙　江
谢根树	松阳	67 师 200 团 7 连、一等兵	40	1940 年 10 月	浙　江
叶根基	松阳	16 师 48 团 4 连、一等兵	27	1940 年 10 月	浙　江
刘关春	松阳	16 师 48 团 5 连、一等兵	20	1940 年 10 月	浙　江
杨兰清	松阳	16 师 48 团 5 连、一等兵	27	1940 年 10 月	浙　江
徐樟金	松阳	16 师 48 团 6 连、一等兵	22	1940 年 10 月	浙　江
李根通	松阳	79 师 237 团 5 连、一等兵	20	1940 年 10 月	浙　江
雷发明	松阳	51 师 15 团 2 连、二等兵	26	1940 年 12 月	江　西
尉仁根	松阳	51 师 15 团 2 连、一等兵	21	1940 年 12 月	江　西
郑芝根	松阳	51 师 153 团 2 连、二等兵	26	1941 年 3 月	江　西
毛品富	松阳	58 师 173 团 8 连、一等兵	29	1941 年 3 月	江　西
夏兴周	松阳	58 师 173 团 7 连、一等兵	29	1941 年 3 月	江　西
王日林	松阳	58 师 174 团通信排、上等兵	20	1941 年 3 月	江　西
李云保	松阳	26 师 76 团 6 连、一等兵	32	1941 年 3 月	江　西
季关高	松阳	26 师 76 团 3 连、上等兵	21	1941 年 3 月	江　西
蓝金魁	松阳	26 师 78 团 9 连、一等兵	30	1941 年 3 月	江　西
江洲亮	松阳	26 师 76 团机 3 连、一等兵	28	1941 年 3 月	江　西
王柏岐	松阳	58 师 172 团机 1 连、二等兵	17	1941 年 3 月	江　西
毛高增	松阳	57 师 170 团 7 连、上等兵	24	1941 年 3 月	江　苏

续表 48-2-3-1

姓　名	籍贯	部队番号级职	年龄(岁)	阵亡时间	阵亡地点
李子信	松阳	保安 6 大队、上尉	30	1941 年 4 月	浙　江
蓝利选	松阳	16 师 46 团卫生队、上等兵	21	1941 年 4 月	浙　江
王长庚	松阳	79 师 235 团 8 连、上等兵	28	1941 年 4 月	浙　江
黄同兴	松阳	79 师 235 团 8 连、上等兵	27	1941 年 4 月	浙　江
毛　乾	松阳	79 师 236 团 6 连、一等兵	23	1941 年 5 月	浙　江
黄树兰	松阳	暂 35 师 3 团 8 连、中士	—	1941 年 5 月	浙　江
叶火根	松阳	16 师 47 团 8 连、二等兵	35	1941 年 5 月	浙　江
梁海金	松阳	79 师 235 团 8 连、上等兵	25	1941 年 5 月	浙　江
蓝光金	松阳	26 师 76 团机 1 连、上等兵	22	1941 年 6 月	浙　江
蓝金标	松阳	预 4 师 11 团 3 连、上等兵	24	1941 年 8 月	浙　江
蓝宝同	松阳	59 师 176 团机 2 连、上等兵	—	1941 年 9 月	湖　南
王　林	松阳	95 师 283 团卫生队、上等兵	33	1941 年 9 月	湖　南
周永春	松阳	145 师 433 团迫连、上等兵	—	1941 年 10 月	湖　南
叶　奋	松阳	辎汽车 2 团 5 连、上士	28	1941 年 10 月	云　南
邱祥林	松阳	预 4 师 12 团 4 连、一等兵	31	1941 年 10 月	湖　北
箫长发	松阳	暂 35 师司令部、下士	23	1941 年 11 月	浙　江
罗士根	松阳	26 师 76 团机连、一等兵	—	1941 年 11 月	浙　江
陈一棠	松阳	40 师 119 团 9 连、上等兵	31	1941 年 12 月	江　西
林德荣	松阳	40 师 119 团 8 连、一等兵	31	1941 年 12 月	江　西
刘陈德	松阳	预 10 师 30 团 5 连、上等兵	38	1942 年 1 月	湖　南
钟　连	松阳	忠义救国 2 团 6 连、一等兵	18	1942 年 1 月	江　苏
何万林	松阳	16 师 46 团 5 连、二等兵	24	1942 年 3 月	安　徽
钱业钧	松阳	16 师 46 团 5 连、一等兵	31	1942 年 6 月	浙　江
周徐发	松阳	16 师 46 团、一等兵	37	1942 年 6 月	浙　江
包明顺	松阳	105 师 315 团 2 连、一等兵	22	1942 年 6 月	浙　江
蓝　星	松阳	67 师 199 团、上等兵	23	1942 年 6 月	浙　江
叶光维	松阳	86 师 21 团、一等兵	25	1942 年 6 月	浙　江
林云龙	松阳	16 师 46 团迫连、一等兵	22	1942 年 6 月	浙　江
徐良芝	松阳	16 师 46 团 1 连、下士	21	1942 年 6 月	浙　江
潘士寿	松阳	16 师 46 团防毒连、上等兵	22	1942 年 6 月	浙　江
刘根水	松阳	16 师 46 团 1 连、一等兵	29	1942 年 6 月	浙　江
方振泽	松阳	19 师 57 团搜索连、上等兵	22	1942 年 6 月	江　西
支秋安	松阳	自卫大队 2 中队、上尉	42	1942 年 7 月	浙　江
黄　兴	松阳	暂 33 师 1 团 8 连、上等兵	29	1942 年 7 月	浙　江

续表 48-2-3-1

姓　名	籍贯	部队番号级职	年龄(岁)	阵亡时间	阵亡地点
潘得标	松阳	暂 33 师 1 团 8 连、上等兵	22	1942 年 7 月	浙　江
叶　昌	松阳	暂 33 师 1 团 4 连、中士	25	1942 年 7 月	浙　江
郑水根	松阳	暂 33 师 1 团 7 连、下士	24	1942 年 7 月	浙　江
陈松发	松阳	暂 33 师 1 团机 2 连、上等兵	23	1942 年 7 月	浙　江
竺革功	松阳	暂 33 师 1 团 6 连、一等兵	23	1942 年 7 月	浙　江
何国万	松阳	暂 33 师 1 团 5 连、上等兵	—	1942 年 7 月	浙　江
叶蓝水	松阳	暂 33 师 1 团 5 连、上等兵	33	1942 年 7 月	浙　江
夏关德	松阳	暂 33 师 1 团 5 连、中士	23	1942 年 7 月	浙　江
王大章	松阳	暂 33 师 1 团 4 连、上等兵	—	1942 年 7 月	浙　江
叶官高	松阳	33 师 1 团 4 连、一等兵	31	1942 年 7 月	浙　江
叶关大	松阳	33 师 1 团 1 连、上等兵	30	1942 年 7 月	浙　江
宋增兴	松阳	33 师 1 团 1 连、上等兵	27	1942 年 7 月	浙　江
徐陈生	松阳	33 师 1 团 1 连、上等兵	28	1942 年 7 月	浙　江
李陈恩	松阳	33 师 1 团 2 连、下士	37	1942 年 7 月	浙　江
刘辉宗	松阳	保安 3 团 7 中队、二等兵	26	1942 年 7 月	浙　江
王永其	松阳	33 师 1 团 3 连、下士	23	1942 年 7 月	浙　江
吴高升	松阳	33 师 1 团 3 连、中士	31	1942 年 7 月	浙　江
吴邦恩	松阳	33 师 1 团 3 连、中士	22	1942 年 7 月	浙　江
陈　高	松阳	33 师 1 团 3 连、上士	31	1942 年 7 月	浙　江
王　昌	松阳	暂 33 师 1 团 1 连、上等兵	21	1942 年 7 月	浙　江
叶保国	松阳	暂 33 师 1 团 1 连、上等兵	25	1942 年 7 月	浙　江
叶泽坤	松阳	暂 33 师 1 团 1 连、上等兵	26	1942 年 7 月	浙　江
应火土	松阳	暂 33 师 1 团 1 连、下士	26	1942 年 7 月	浙　江
刘　胜	松阳	暂 33 师 1 团 1 连、中士	28	1942 年 7 月	浙　江
叶玉连	松阳	暂 33 师 1 团 1 连、中士	—	1942 年 7 月	浙　江
叶　云	松阳	暂 33 师 1 团 1 连、中士	28	1942 年 7 月	浙　江
王升生	松阳	暂 33 师 1 团 1 连、中士	25	1942 年 7 月	浙　江
何子阳	松阳	暂 33 师 1 团 1 连、上士	44	1942 年 7 月	浙　江
杨小发	松阳	67 师特务连、上等兵	25	1942 年 8 月	浙　江
陈　标	松阳	暂 33 师 1 团 7 连、一等兵	32	1942 年 8 月	浙　江
汤火才	松阳	暂 33 师 1 团 7 连、上等兵	23	1942 年 8 月	浙　江
金石增	松阳	33 师 1 团 9 连、一等兵	26	1942 年 8 月	浙　江
黄文富	松阳	33 师 1 团 2 连、下士	22	1942 年 8 月	浙　江
叶祖火	松阳	暂 33 师 1 团 3 连、下士	24	1942 年 8 月	浙　江

续表 48-2-3-1

姓　名	籍贯	部队番号级职	年龄(岁)	阵亡时间	阵亡地点
刘加高	松阳	暂 33 师 1 团 3 连、上等兵	23	1942 年 8 月	浙　江
吴永标	松阳	暂 33 师 1 团 1 连、下士	27	1942 年 8 月	浙　江
潘上吉	松阳	暂 33 师 1 团 6 连、下士	31	1942 年 10 月	浙　江
蓝火旺	松阳	43 师 128 团机 1 连、一等兵	28	1943 年 5 月	湖　北
蔡连生	松阳	暂 34 师 2 团 7 连、一等兵	39	1943 年 5 月	湖　北
潘华土	松阳	192 师特务连、上等兵	35	1943 年 10 月	浙　江
冯德标	松阳	57 师 170 团迫连、上等兵	26	1943 年 11 月	湖　南
金少卿	松阳	77 师 231 团机连、上等兵	29	1943 年 11 月	湖　南
傅兆美	松阳	预 10 师 6 团 6 连、少尉	35	1943 年 11 月	湖　南
周长贵	松阳	197 师 589 团 3 连、一等兵	26	1943 年 11 月	浙　江
蔡　唐	松阳	浙江保安 2 团 3 连、准尉	28	1943 年 12 月 7 日	江　西
蓝坤玉	松阳	预 10 师 30 团 8 连、上等兵	31	1943 年 12 月	湖　南
李关太	松阳	40 师 118 团输送连、上等兵	29	1944 年 2 月	江　西
温亦福	松阳	40 师 118 团输送连、上等兵	20	1944 年 2 月	江　西
王仲素	松阳	空军 1 大队、上等兵	—	1944 年 2 月	—
潘水华	松阳	新 22 师 65 团 5 连、中士	32	1944 年 4 月	缅　甸
周永亨	松阳	44 师 130 团 3 连、一等兵	34	1944 年 6 月	江　西
王炳全	松阳	26 师 7 连 8 团、下士	27	1944 年 6 月	浙　江
叶　青	松阳	26 师 78 团 8 连、下士	26	1944 年 6 月	浙　江
潘世坤	松阳	26 师 78 团 3 营部、一等兵	20	1944 年 6 月	浙　江
陈礼明	松阳	79 师 236 团迫 1 排、一等兵	18	1944 年 6 月	浙　江
邱德长	松阳	79 师 236 团 2 营、上等兵	23	1944 年 6 月	浙　江
杨文惠	松阳	79 师 239 团 2 连、一等兵	24	1944 年 6 月	浙　江
叶　福	松阳	79 师 335 团 9 连、上等兵	22	1944 年 6 月	浙　江
林云龙	松阳	2 突击 7 营 3 连、一等兵	22	1944 年 6 月	浙　江
林云龙	松阳	突击 1 纵队 2 队 3 连、一等兵	22	1944 年 6 月	浙　江
吴邦松	松阳	145 师 435 团 8 连、一等兵	22	1944 年 6 月	浙　江
毛士德	松阳	51 师 121 团 4 连、一等兵	21	1944 年 7 月	广　西
罗陈发	松阳	40 师通信连、上等兵	28	1944 年 8 月	江　西
蔡开丰	松阳	暂 21 师 63 团 8 连、下士	27	1944 年 8 月	浙　江
蔡得根	松阳	暂 33 师 1 团 2 连、上等兵	24	1944 年 9 月	浙　江
王天山	松阳	新 21 师 61 团迫连、一等兵	33	1944 年 9 月	浙　江
翁士旺	松阳	保 4 团 2 中队、一等兵	30	1944 年 9 月	浙　江
吴振香	松阳	暂 33 师 1 团 8 连、下士	21	1944 年 9 月	浙　江

续表 48-2-3-1

姓　名	籍贯	部队番号级职	年龄(岁)	阵亡时间	阵亡地点
吴振树	松阳	暂 33 师 1 团 8 连、上等兵	31	1944 年 9 月	浙　江
雷马根	松阳	40 师 119 团 5 连、二等兵	28	1944 年 10 月	江　西
周兴德	松阳	暂 33 师 1 团 2 连、中士	26	1944 年 10 月	浙　江
项金山	松阳	21 师 62 团特务连、二等兵	25	1944 年 10 月	浙　江
徐昭旺	松阳	暂 33 师 1 团 6 连、上等兵	30	1944 年 11 月	浙　江
周　林	松阳	暂 33 师 1 团 7 连、下士	30	1944 年 11 月	浙　江
周樟水	松阳	暂 33 师 1 团 5 连、中士	24	1944 年 11 月	浙　江
潘天有	松阳	98 师工兵连、少尉	22	1944 年 11 月	广　西
吕信发	松阳	40 师 119 团 5 连、上等兵	28	1945 年 1 月	江　西
李裕金	松阳	40 师 119 团 5 连、一等兵	34	1945 年 1 月	江　西
徐火旺	松阳	99 师 297 团 8 连、上等兵	32	1945 年 1 月	湖　南
江汇发	松阳	40 师 119 团 2 连、一等兵	23	1945 年 2 月	江　西
叶宗显	松阳	180 师 323 团 4 连、一等兵	23	1945 年 2 月	江　西
雷章先	松阳	180 师 323 团 4 连、一等兵	37	1945 年 2 月	江　西
雷蓝旺	松阳	180 师 323 团 5 连、二等兵	39	1945 年 2 月	江　西
郑尚林	松阳	180 师 323 团 6 连、二等兵	24	1945 年 2 月	江　西
程银有	松阳	180 师 323 团 6 连、二等兵	37	1945 年 2 月	江　西
周志献	松阳	180 师 323 团 6 连、二等兵	34	1945 年 2 月	江　西
王恩明	松阳	180 师 323 团机 2 连、二等兵	22	1945 年 2 月	江　西
王永岳	松阳	180 师 323 团机 2 连、二等兵	31	1945 年 2 月	江　西
詹金根	松阳	40 师 118 团输送连、二等兵	45	1945 年 3 月	江　西
白火桂	松阳	51 师 153 团机 2 连、二等兵	31	1945 年 3 月	江　西
叶根旺	松阳	52 师 156 团迫排、上等兵	22	1945 年 3 月	浙　江
童祥林	松阳	108 师 324 团 9 连、一等兵	20	1945 年 4 月	江　西
叶金财	松阳	108 师 323 团 2 连、一等兵	33	1945 年 4 月	江　西
蓝利兴	松阳	108 师 322 团、二等兵	29	1945 年 4 月	江　西
何学信	松阳	108 师 323 团 8 连、一等兵	25	1945 年 4 月	江　西
王有龙	松阳	108 师 323 团迫 1 排、一等兵	41	1945 年 4 月	江　西
叶树连	松阳	108 师 323 团迫 1 排、二等兵	32	1945 年 4 月	江　西
叶华寿	松阳	108 师 323 团团机 1 连、二等兵	35	1945 年 4 月	江　西
叶根明	松阳	51 师 153 团 6 连、二等兵	28	1945 年 4 月	江　西
包振起	松阳	15 师 65 团 8 连、一等兵	26	1945 年 5 月	湖　南
王振模	松阳	25 师 32 团和机 2 连、二等兵	34	1945 年 5 月	江　西
叶振和	松阳	57 师 170 团输送连、一等兵	32	1945 年 5 月	湖　南

续表 48-2-3-1

姓　名	籍贯	部队番号级职	年龄(岁)	阵亡时间	阵亡地点
毛水望	松阳	突击1纵队5营4连、上士	25	1945年6月	浙　江
高官林	松阳	突击1纵队2特队司令部、上等兵	28	1945年6月	浙　江
程庆荣	松阳	突击1纵队3连、二等兵	20	1945年6月	浙　江
丁长嗣	松阳	突击1纵队4连、下士	21	1945年6月	浙　江
刘鸿南	松阳	79师236团5连、上等兵	21	1945年6月	浙　江
姜汉宝	松阳	突击1纵队机连、二等兵	24	1945年6月	浙　江
汤志忠	松阳	突击1纵队4连、二等兵	21	1945年6月	浙　江
潘传富	松阳	暂33师1团4连、上等兵	21	1945年6月	浙　江
王　云	松阳	暂33师1团3连、中士	27	1945年6月	浙　江
吴振宾	松阳	暂33师1团6连、下士	27	1945年6月	浙　江
叶　新	松阳	暂33师1团5连、中士	30	1945年6月	浙　江
王金庭	松阳	保5团3机中队、上士	28	1945年6月	浙　江
吴定权	松阳	保5团3机8中队、一等兵	22	1945年6月	浙　江
祝远良	松阳	108师323团8连、二等兵	24	1945年8月	江　西
赵水木	松阳	108师323团2连、一等兵	30	1945年10月	浙　江
刘唐福	松阳	102师305团1连、二等兵	38	1945年11月	广　东
何登亮	松阳	3师3旅9团2营5连、上尉	24	1946年9月	河　南
马吉生	景宁	87师522团4连、中尉	28	1937年8月	上　海
陈家荣	景宁	67师398团9连、上等兵	25	1937年8月	江　苏
叶吉昌	景宁	61师361团6连、一等兵	30	1937年11月	上　海
潘得胜	景宁	中军校教总队12连、二等兵	22	1937年12月	南　京
梅　沈	景宁	军校教导总队1团、少校	28	1937年12月	南　京
梅振华	景宁	中军校教总3团4连、一等兵	28	1937年12月	南　京
夏祖印	景宁	67师398团6连、上等兵	28	1938年11月	安　徽
刘庆福	景宁	67师401团2连、二等兵	23	1938年11月	安　徽
李责进	景宁	67师398团机1连、二等兵	25	1938年12月	安　徽
吴　会	景宁	航空署空军第3队、中尉上级	27	1939年3月	江　西
叶元藻	景宁	67师401团2连、上等兵	25	1939年5月	江　苏
陈跃龙	景宁	67师402团1连、二等兵	34	1939年6月	江　苏
叶章生	景宁	67师398团机1连、一等兵	27	1939年6月	江　苏
王忠良	景宁	40师120团6连、一等兵	24	1939年7月	江　西
吴大龙	景宁	183师卫生队、二等兵	29	1939年9月	江　西
蓝有贞	景宁	183师卫生队、二等兵	29	1939年9月	江　西
毛安进	景宁	183师卫生队、二等兵	24	1939年9月	江　西

续表 48-2-3-1

姓　名	籍贯	部队番号级职	年龄(岁)	阵亡时间	阵亡地点
潘昌锡	景宁	183 师卫生队、二等兵	24	1939 年 9 月	江　西
柳运晋	景宁	183 师 549 团炮 3 排、二等兵	27	1939 年 9 月	江　西
王益仁	景宁	183 师卫生队、二等兵	—	1939 年 9 月	江　西
杨裴舜	景宁	预 10 师 29 团机 2 连、二等兵	35	1939 年 12 月	湖　北
严品璋	景宁	6 师 16 团 1 连、上士	32	1939 年 12 月	湖　北
季道言	景宁	92 师 276 团 7 连、一等兵	30	1939 年 12 月	广　西
张邦昌	景宁	67 师 199 团 7 连、一等兵	29	1939 年 12 月	安　徽
何邦英	景宁	16 师 46 团 1 连、一等兵	23	1939 年 12 月	安　徽
孙　松	景宁	61 师 200 团 3 连、二等兵	34	1939 年 12 月	安　徽
季之泉	景宁	预 10 师 29 团 1 连、二等兵	25	1939 年 12 月	安　徽
季王富	景宁	预 10 师 28 团 8 连、下士	29	1939 年 12 月	安　徽
吴光保	景宁	92 师 276 团机 1 连、二等兵	31	1939 年 12 月	广　西
雷明立	景宁	92 师 276 团 3 连、二等兵	25	1939 年 12 月	广　西
李启满	景宁	145 师 434 团 8 连、一等兵	31	1940 年 4 月	安　徽
张昌德	景宁	144 师 860 团 8 连、一等兵	25	1940 年 4 月	安　徽
蓝文芝	景宁	145 师 434 团 9 连、一等兵	23	1940 年 6 月	安　徽
毛如庆	景宁	16 师 46 团 2 连、一等兵	29	1940 年 10 月	安　徽
叶明林	景宁	144 师 43 团 1 连、二等兵	35	1940 年 10 月	安　徽
林益森	景宁	16 师 48 团 8 连、一等兵	18	1940 年 10 月	浙　江
潘正仁	景宁	33 师 2 团 7 连、二等兵	29	1940 年 10 月	浙　江
叶向选	景宁	79 师 235 团 8 连、二等兵	24	1940 年 10 月	浙　江
夏乾昌	景宁	58 师 173 团 7 连、二等兵	28	1941 年 3 月	江　西
陈再传	景宁	58 师 173 团 7 连、二等兵	21	1941 年 3 月	江　西
朱尚宣	景宁	52 师 156 团 4 连、一等兵	36	1941 年 3 月	浙　江
金康良	景宁	暂 33 师 3 团 7 连、一等兵	—	1941 年 4 月	浙　江
叶叶林	景宁	暂 13 师 3 团 2 连、二等兵	26	1941 年 4 月	浙　江
张志根	景宁	暂 13 师 1 团 7 连、二等兵	18	1941 年 4 月	浙　江
李吉溢	景宁	暂 13 师 1 团输送连、上等兵	24	1941 年 4 月	浙　江
潘明正	景宁	暂 13 师 1 团 7 连、二等兵	28	1941 年 4 月	浙　江
蓝法贤	景宁	暂 13 师 1 团 7 连、二等兵	23	1941 年 4 月	浙　江
鲍德生	景宁	暂 13 师 1 团 7 连、一等兵	24	1941 年 4 月	浙　江
潘继安	景宁	暂 13 师 1 团 7 连、二等兵	20	1941 年 4 月	浙　江
蓝叶春	景宁	暂 13 师 1 团 8 连、二等兵	33	1941 年 4 月	浙　江
刘四福	景宁	暂 13 师 1 团 9 连、二等兵	20	1941 年 4 月	浙　江

续表 48-2-3-1

姓　名	籍贯	部队番号级职	年龄(岁)	阵亡时间	阵亡地点
蓝士申	景宁	暂13师1团9连、二等兵	35	1941年4月	浙　江
章定超	景宁	16师46团机2连、上等兵	25	1941年4月	浙　江
柯易富	景宁	暂35师1团4连、二等兵	—	1941年5月	浙　江
柳运发	景宁	暂35师1团1连、上等兵	—	1941年5月	浙　江
蓝三顺	景宁	暂13师3团输送连、上等兵	20	1941年5月	浙　江
雷三元	景宁	暂13师1团输送连、上等兵	41	1941年5月	浙　江
夏远望	景宁	暂13师1团输送连、二等兵	44	1941年5月	浙　江
李通春	景宁	暂13师1团输送连、上等兵	47	1941年5月	浙　江
任家德	景宁	暂13师1团卫生队、二等兵	48	1941年5月	浙　江
石大枝	景宁	暂13师1团卫生队、二等兵	34	1941年5月	浙　江
张占荣	景宁	暂13师1团卫生队、二等兵	32	1941年5月	浙　江
高林发	景宁	暂13师1团卫生队、二等兵	48	1941年5月	浙　江
李吉全	景宁	暂13师1团8连、二等兵	25	1941年5月	浙　江
孙启昌	景宁	暂13师3团输送连、上等兵	38	1941年5月	浙　江
蓝可求	景宁	暂13师1团8连、二等兵	17	1941年5月	浙　江
郑隆思	景宁	暂13师3团输送连、上等兵	45	1941年5月	浙　江
毛大南	景宁	暂13师2团输送连、上等兵	18	1941年5月	湖　北
雷玉进	景宁	暂编35师1团4连、二等兵	—	1941年5月	浙　江
叶昌松	景宁	67师199团7连、二等兵	26	1941年5月	浙　江
刘正乾	景宁	62师186团卫生队、一等兵	25	1941年5月	浙　江
金昌其	景宁	52师154团9连、一等兵	34	1941年9月	安　徽
严盛荣	景宁	预10师29团8连、上等兵	24	1941年9月	湖　南
陈良南	景宁	57师170团输送连、上等兵	29	1941年9月	湖　南
刘长金	景宁	预10师29团8连、中士	—	1942年1月	湖　南
张程兴	景宁	诸嵊新宁游击总特务队、二等兵	—	1942年2月	浙　江
张明新	景宁	暂33师1团5连、上等兵	27	1942年7月	浙　江
树月富	景宁	26师78团8连、一等兵	38	1944年6月	浙　江
刘衣升	景宁	99师297团2连、一等兵	35	1944年6月	湖　南
蓝仁庆	景宁	95师64团1连、上等兵	27	1944年6月	湖　南
何大兴	景宁	108师322团8连、二等兵	30	1945年3月	江　西

第四节　劳动模范与先进工作者

至2010年12月，全市有全国劳动模范和先进工作者40人；部省级劳动模范和先进工作者344人，其中获得全国五一劳动奖章同时授予浙江省劳动模范的32人；人事部与中央各部委联合命名的劳动模范和先进工作者、享受省级劳动模范待遇的148人；省级劳动模范164人；市级劳动模范106人。合计有全国、部省级和市级劳动模范、先进工作者490人。其中莲都区134人、龙泉市61人、青田县49人、云和县34人、庆元县31人、缙云县61人、遂昌县56人、松阳县31人、景宁畲族自治县33人。

1949—2010年丽水区域劳动模范和先进工作者人数

表48-2-4-1　　单位：人

县市区	全国劳模	部省级劳动模范				市级劳模	合计
		五一奖章	部级劳模	省级劳模	小计		
莲都区	12	7	45	44	96	26	134
龙泉市	7	5	16	22	43	11	61
青田县	6	2	11	16	29	14	49
云和县	3	5	8	12	25	6	34
庆元县	2	2	11	9	22	7	31
缙云县	3	2	22	19	43	15	61
遂昌县	4	6	13	21	40	12	56
松阳县	—	1	12	10	23	8	31
景宁畲族自治县	3	2	10	11	23	7	33
合　计	40	32	148	164	344	106	490

全国劳动模范和先进工作者一览

表48-2-4-2

姓　名	性别	民族	命名年月	称　　号	所在单位
林　梓	女	汉	1956年5月	全国先进生产者	庆元县荷地区卫生所
孟宪琨	男	汉	1956年5月	全国先进生产者	省公路局丽水运输处
雷马翠	男	畲	1957年	全国劳动模范	景宁县学田乡包凤村
孙青田	男	汉	1958年	全国劳动模范	丽水县城关公社厦河村
林松标	男	汉	1959年11月	全国先进生产者	青田县蜡石矿
赵雨亭	男	汉	1959年11月	全国先进生产者	丽水县城关米厂
洪妹儿	男	汉	1959年11月	全国先进生产者	龙泉县水运站
孙明标	男	汉	1960年6月	全国先进工作者	缙云县中学

续表 48-2-4-2

姓　名	性别	民族	命名年月	称　号	所在单位
尹文英	女	汉	1960 年 6 月	全国先进儿童教育工作者	龙泉县八都公社四源小学
唐马珠	女	汉	1960 年 6 月	全国先进幼儿教育工作者	龙泉县城北公社幸福幼儿园
李招娣	女	汉	1960 年 6 月	全国工农教育先进工作者	龙泉县龙南公社安下村民校
罗志兴	男	汉	1960 年 6 月	全国先进工作者	遂昌县湖山公社石门塘初小
陈再新	男	汉	1977 年 4 月	全国先进工作者	省汽车运输公司丽水分公司龙泉车队
陈祝安	男	汉	1979 年 12 月	全国劳动模范	青田县油茶科学研究所
丁竹山	男	汉	1989 年 9 月	全国劳动模范	缙云县食品公司汽车队
蓝伟亮	男	畲	1989 年 9 月	全国劳动模范	丽水客运分公司
黄培松	男	汉	1989 年 9 月	全国劳动模范	遂昌县蕉川乡桐川村
陈　晓	男	汉	1989 年 9 月	全国先进工作者	缙云县水电局
舒里红	女	汉	1989 年 9 月	全国先进工作者	丽水市第三中学
陈立荣	男	汉	1995 年 4 月	全国劳动模范	青田县电气控制设备厂
雷汤菊	女	畲	1995 年 4 月	全国劳动模范	景宁畲族自治县鹤溪镇包凤村
陶皖云	男	汉	1995 年 4 月	全国劳动模范	缙云县瘦肉型猪实验场
吴克甸	男	汉	1995 年 4 月	全国先进工作者	庆元县食用菌科技研究中心
傅亚芹	女	汉	1995 年 4 月	全国先进工作者	遂昌县王村口镇上垟小学
刘玲英	女	汉	1995 年 4 月	全国先进工作者	云和县信用社局村分社
廖志成	男	汉	2000 年 4 月	全国劳动模范	遂昌县三仁畲族乡小忠村
陈　金	男	汉	2000 年 4 月	全国劳动模范	龙泉市龙渊镇村头村
蔡　瑢	男	汉	2000 年 4 月	全国先进工作者	丽水地区环境保护监测站
徐佐洪	男	汉	2000 年 4 月	全国先进工作者	青田县土地管理局
胡爱华	男	汉	2000 年 4 月	全国先进工作者	丽水市公安局交通警察大队
庄启传	男	汉	2005 年 4 月	全国劳动模范	浙江纳爱斯化工股份有限公司
汤福泉	男	汉	2005 年 4 月	全国劳动模范	龙泉市兰巨乡大巨村实验林场
蓝水梅	女	畲	2005 年 4 月	全国劳动模范	景宁畲族自治县鹤溪镇扫口村
韦铁民	男	汉	2005 年 4 月	全国先进工作者	丽水市中心医院
蒋海瓯	男	汉	2005 年 4 月	全国先进工作者	青田县中学
廖伟平	男	汉	2010 年 4 月	全国劳动模范	云和县供排水公司
张龙生	男	汉	2010 年 4 月	全国劳动模范	龙泉市邮政局
朱伯英	女	汉	2010 年 4 月	全国劳动模范	青田县巾帼服饰有限公司
叶敏君	男	汉	2010 年 4 月	全国劳动模范	莲都区高溪乡高溪村
徐向东	男	汉	2010 年 4 月	全国先进工作者	丽水市人民医院

说明：陈祝安调温州、孟宪琨调上海、蓝水梅移民金华，汤福泉、罗志兴取消荣誉

部省级劳动模范和先进工作者一览

一、全国五一劳动奖章获得者

表 48-2-4-3

姓　名	性别	民族	命名年份	称　　号	所在单位
蓝　玉	男	畲	1985	全国五一劳动奖章	龙泉县林科所
邵　恺	男	汉	1986	全国五一劳动奖章	遂昌造纸厂
雷月明	男	畲	1986	全国五一劳动奖章	遂昌中学
吴式求	男	汉	1987	全国五一劳动奖章	庆元县造纸厂
李玲蔚	女	汉	1987	全国五一劳动奖章	丽水籍国家羽毛球队
徐朝兴	男	汉	1988	全国五一劳动奖章	龙泉青瓷研究所
吴克甸	男	汉	1990	全国五一劳动奖章	庆元县食用菌技术研究所
潘佩仙	女	汉	1990	全国五一劳动奖章	景宁畲族自治县鹤溪供销社
沈良安	男	汉	1991	全国五一劳动奖章	浙江油泵油嘴厂
贺金林	男	汉	1991	全国五一劳动奖章	青田县章村区辅导学校
麻祥兴	男	汉	1992	全国五一劳动奖章	丽水羽绒厂
张炳琴	女	汉	1992	全国五一劳动奖章	浙江省龙泉工具厂
潘长旺	男	汉	1993	全国五一劳动奖章	松阳县通用机械厂
乐法文	男	汉	1996	全国五一劳动奖章	龙泉市水利电力局
王白浪	男	汉	1997	全国五一劳动奖章	浙江遂昌凯恩集团有限公司
陆鑫坤	女	汉	1998	全国五一劳动奖章	云和县环卫所
叶培武	男	汉	1999	全国五一劳动奖章	云和县公安局
徐素花	女	汉	2001	全国五一劳动奖章	遂昌县环卫所
廖永平	男	汉	2002	全国五一劳动奖章	云和县林业局
万春贵	男	汉	2003	全国五一劳动奖章	遂昌县人民医院
陈海泉	男	汉	2004	全国五一劳动奖章	丽水市中心医院
蓝钱根	男	畲	2004	全国五一劳动奖章	景宁畲族自治县林业总场
徐向东	男	汉	2006	全国五一劳动奖章	丽水市人民医院
梅小平	男	汉	2006	全国五一劳动奖章	云和县微生物研究所
刘守平	男	汉	2007	全国五一劳动奖章	丽水市莲都公安分局
李能福	男	汉	2007	全国五一劳动奖章	浙江能福旅游用品有限公司
邱永华	男	汉	2008	全国五一劳动奖章	遂昌林业局白马山林场
朱井祥	男	汉	2008	全国五一劳动奖章	燕京啤酒(浙江仙都)有限公司
廖伟平	男	汉	2009	全国五一劳动奖章	云和县自来水公司
郭晓晔	男	汉	2009	全国五一劳动奖章	青田县人民医院
陈松芳	男	汉	2009	全国五一劳动奖章	缙云县东渡镇中心学校

续表 48-2-4-3

姓　名	性别	民族	命名年份	称　号	所在单位
郑力平	男	汉	2010	全国五一劳动奖章	丽水市人民政府

说明：沈良安、麻祥兴、陆鑫坤、万春贵取消荣誉

二、部级劳动模范和先进工作者

表 48-2-4-4

姓　名	性别	民族	命名年份	称　号	所在单位
王砍金	男	汉	1953	华东地区劳动模范	龙泉县剑湖乡砍湖村互助组
邱锡川	男	汉	1959	全国公安战线功臣模范	青田县公安局
陈良庆	男	汉	1959	全国公安战线功臣模范	青田县公安局
潘仲业	男	汉	1959	部劳动模范	丽水市国资委
陈再新	男	汉	1980	全国交通战线劳动模范	丽水汽车运输分公司
丁竹山	男	汉	1980	全国商业系统劳动模范	缙云县食品公司
卢子丹	男	汉	1980	全国供销系统劳动模范	缙云县盘溪供销社
王延龙	男	汉	1980	全国粮食系统劳动模范	龙泉县粮食局
雷喜庆	男	畲	1980	全国部级二等功荣立者	云和县公安局
吴新富	男	汉	1983	全国“五讲四美”优秀教师	庆元县荷地中心小学
朱广华	男	汉	1983	全国“五讲四美”优秀教师	丽水县囿山小学
叶菊如	女	汉	1983	全国“五讲四美”优秀教师	龙泉县瞿源小学
周文平	男	汉	1983	全国商业系统劳动模范	丽水县粮食局
马慰大	男	汉	1985	全国煤炭工业劳动模范	松阳煤矿
谢祖安	男	汉	1985	全国公安战线先进工作者	缙云县公安局
陆永顺	男	汉	1985	全国地矿系统劳动模范	省第七地质大队
余太明	男	汉	1986	全国绿化劳动模范	庆元县营林公司
舒里红	女	汉	1986	全国教育系统劳动模范	丽水市城关镇中学
吕圣根	男	汉	1987	全国检察系统劳动模范	云和县人民法院
董芳黛	女	汉	1988	全国护士劳动模范	丽水市人民医院
傅亚芹	女	汉	1989	全国教育系统劳动模范	遂昌县上垟小学
戴茂荣	男	汉	1989	全国优秀教师	丽水市下坑小学
梁岳平	男	汉	1989	全国优秀教师	丽水市丽新中学
章叙龙	男	汉	1989	全国优秀教师	丽水中学
赵锡法	男	汉	1989	全国优秀教师	缙云县教研室
胡红月	女	汉	1989	全国优秀教师	缙云县前村小学
朱明华	男	汉	1989	全国优秀教师	缙云县五云小学
金　沙	男	汉	1989	全国优秀教师	缙云中学
周建环	男	汉	1989	全国优秀教师	青田中学

续表 48-2-4-4

姓　名	性别	民族	命名年份	称　　号	所在单位
徐怡君	男	汉	1989	全国优秀教师	青田县仁庄中学
陈立民	男	汉	1989	全国优秀教师	青田县城西小学
刘建荣	男	汉	1989	全国优秀教师	青田县北山区中心小学
贺金林	男	汉	1989	全国优秀教师	青田县章村区辅导学校
蔡福通	男	汉	1989	全国优秀教师	庆元县新村中学
范世坤	男	汉	1989	全国优秀教师	庆元县松源镇小
周谊纲	男	汉	1989	全国优秀教师	龙泉县第一中学
王德菊	女	汉	1989	全国优秀教师	龙泉县中心小学
季水翠	女	汉	1989	全国优秀教师	龙泉县水南小学
程继伍	男	汉	1989	全国优秀教师	松阳一中
金彩霞	女	汉	1989	全国优秀教师	松阳县西屏镇小
吕　东	男	汉	1989	全国优秀教师	松阳县裕溪中心学校
严振来	男	汉	1989	全国优秀教师	景宁畲族自治县张春乡小学
周竹娅	女	汉	1989	全国优秀教师	景宁畲族自治县民族中学
汤益群	女	汉	1989	全国优秀教师	云和县二中
方红光	男	汉	1989	全国优秀教师	云和县技工学校
陈贤珍	女	汉	1989	全国优秀教师	丽水地区实验学校
蓝发明	男	畲	1989	全国优秀教师	遂昌县大柘中心小学
陆　锋	男	汉	1989	全国优秀教师	遂昌县城关区中学
杨铭焜	男	汉	1989	全国教育系统劳动模范	缙云县新建中学
徐新霞	女	汉	1989	全国优秀教育工作者	缙云县胪膛小学
吕耀松	男	汉	1989	全国优秀教育工作者	缙云县壶镇中学
潘和英	女	汉	1989	全国优秀教育工作者	丽水市联城中学
叶唐奶	男	汉	1989	全国地质找矿劳动模范	省第七地质大队
潘森仁	男	汉	1989	全国纺织工业劳动模范	丽水市毛巾厂
金耀慈	男	汉	1989	全国金融劳动模范	缙云县农业银行
傅学勤	女	汉	1989	全国商业系统劳动模范	丽水市城关粮管所
潘佩仙	女	汉	1989	全国商业系统劳动模范	景宁畲族自治县鹤溪供销社
孙国庆	男	汉	1990	全国建设系统劳动模范	丽水市园林管理处
虞李新	男	汉	1991	全国自强模范	缙云县新碧乡后坑村
杨堂金	男	汉	1991	全国教育系统劳动模范	松阳县实验小学
李仁美	男	汉	1991	全国优秀教师	丽水中学
赵慧敏	女	汉	1991	全国优秀教师	遂昌县妙高镇中心小学
苏鸿英	男	汉	1991	全国优秀教师	景宁畲族自治县实验二小

续表 48-2-4-4

姓　名	性别	民族	命名年份	称　　号	所在单位
雷云仙	女	畲	1991	全国优秀教师	云和县朱村乡张兰小学
吴积木	男	汉	1991	全国优秀教育工作者	庆元县教育局
吕耀松	男	汉	1991	全国优秀教育工作者	缙云县壶镇中学
林土荣	男	汉	1991	全国绿化劳动模范	松阳县营林公司
周立火	男	汉	1991	全国文化系统先进工作者	丽水市图书馆
何鹰鹏	男	汉	1991	全国文化系统先进工作者	丽水地区文化局
张继誉	男	汉	1993	全国教育系统劳动模范	庆元县新村中学
童跃生	男	汉	1993	全国优秀教师	丽水中学
叶伯钦	男	汉	1993	全国优秀教师	青田中学
陆　新	男	汉	1993	全国优秀教师	龙泉市第一中学
李文标	男	汉	1993	全国优秀教师	松阳一中
徐振帮	男	汉	1993	全国优秀教师	景宁畲族自治县沙湾中学
高洪波	男	汉	1993	全国优秀教师	云和中学
邱　嵘	男	汉	1993	全国优秀教师	遂昌县上垟小学
徐月新	男	汉	1993	全国优秀教师	缙云中学
吴国俊	男	汉	1994	全国建设系统劳动模范	遂昌县城建局
魏翠芳	女	汉	1995	全国交通系统劳动模范	丽水客运分公司
翁金龙	男	汉	1995	全国冶金机械系统劳动模范	龙泉市工具厂
夏富财	男	汉	1995	全国教育系统劳动模范	庆元县实验小学
樊厚通	男	汉	1995	全国优秀教师	缙云县长坑小学
程建成	男	汉	1995	全国优秀教师	遂昌中学
方松根	男	汉	1995	全国优秀教师	龙泉市第一中学
傅德勤	男	汉	1995	全国优秀教师	云和中学
叶凭文	男	汉	1995	全国优秀教师	丽水梅山中学
张碧联	男	汉	1995	全国优秀教师	松阳一中
郑仁敏	男	汉	1995	全国优秀教师	青田中学
章珍珠	女	汉	1995	核工业系统劳动模范	遂昌中学
隆晓明	女	汉	1995	全国干部人事档案工作先进工作者	中共丽水地委组织部
梅荣琪	男	汉	1996	全国绿化先进工作者	景宁畲族自治县林业局
王岳武	男	汉	1997	全国自强模范	缙云县小草康复诊所
蔡文平	男	汉	1997	全国供销社系统劳动模范	缙云县盘溪供销社
郑奎校	男	汉	1998	全国外经贸系统劳动模范	龙泉市外贸局
张乃华	男	汉	1998	全国教育系统劳动模范	龙泉市茶丰小学
瞿线花	男	汉	1998	全国模范教师	景宁畲族自治县陈村乡顺利小学

续表 48-2-4-4

姓　名	性别	民族	命名年份	称　　号	所在单位
王炳生	男	汉	1998	全国交通系统劳动模范	丽水市汽运集团
雷一培	男	畲	1999	全国文化系统先进工作者	景宁畲族自治县民族文化工作队
周光驹	男	汉	2000	全国卫生系统先进工作者	龙泉市龙南乡卫生院
徐月新	男	汉	2001	全国优秀教师	缙云中学
陈月梅	男	汉	2001	全国优秀教师	松阳三中
蒋海鸥	男	汉	2001	全国优秀教师	青田中学
张永蕾	女	汉	2001	全国优秀教师	莲都区中山小学
宋火星	男	汉	2001	全国交通系统劳动模范	松阳县长运有限公司
陈建平	男	汉	2002	部劳动模范	丽水市邮政局
吴舟海	男	汉	2003	全国供销合作社系统劳动模范	龙泉市竹业产销专业合作社
潘炯伟	男	汉	2003	全国卫生系统抗击非典先进个人	丽水市人民医院
陈孔寿	男	汉	2003	全国林业先进工作者	庆元县林业局
洪志和	女	汉	2003	全国自强模范	浙江志和刃具有限公司
周永强	男	汉	2004	全国卫生系统先进工作者	丽水市中心医院
吴祥焕	男	汉	2004	全国勘界工作一等功	庆元县司法局
方松根	男	汉	2004	全国模范教师	龙泉市第一中学
潘人发	男	汉	2004	全国优秀教师	松阳二中
潘新潮	男	汉	2004	全国优秀教师	丽水市实验学校
徐海之	男	汉	2004	全国优秀教师	龙泉市第一中学
刘一鸣	男	汉	2004	全国工商管理系统先进工作者	龙泉市工商局
留少容	男	汉	2004	全国工商管理系统先进工作者	青田县工商局
张　毅	男	汉	2005	全国交通系统先进工作者	遂昌县交通局
李根林	男	汉	2005	部劳动模范	丽水市广播电视总台
吴其林	男	汉	2005	全国文化系统先进工作者	庆元县文广新闻出版局
潜国平	男	汉	2005	全国文化系统先进工作者	莲都区文化馆
李　涛	男	汉	2006	全国民政系统先进工作者	莲都区殡仪馆
傅秋华	男	汉	2006	全国绿化先进工作者	遂昌县科技局
诸葛蓉	男	汉	2006	全国党史系统先进工作者	丽水市党史研究室
陆龙水	男	汉	2006	全国优秀老干部工作者	龙泉市委老干部局
陈　频	女	汉	2006	部劳动模范	艾莱依集团有限公司
吕树友	男	汉	2007	全国信访系统先进工作者	丽水市信访局
郭跃安	男	汉	2007	全国模范教师	遂昌中学
刘为邦	男	汉	2007	全国优秀教师	丽水二中
叶永平	男	汉	2007	全国优秀教师	青田县实验小学

续表 48-2-4-4

姓　名	性别	民族	命名年份	称　　号	所在单位
姚丽雅	女	汉	2007	全国优秀教师	庆元县实验小学
叶荣兴	男	汉	2007	全国先进档案工作者	庆元县档案局
吴子敬	男	汉	2007	全国供销合作社系统劳动模范	浙江天和食品有限公司
王仲相	男	汉	2008	全国商务系统先进工作者	缙云县外经局
吴雄飞	男	汉	2008	全国商务系统先进工作者	丽水市经贸委
叶碎林	男	汉	2008	全国卫生系统先进工作者	丽水市人民医院
毛志敏	男	汉	2008	全国建设系统先进工作者	丽水市建设局
厉旭东	男	汉	2008	全国建设系统先进工作者	丽水市城建测量队
葛彩珠	女	汉	2008	全国建设系统先进工作者	遂昌县环卫处
杨丽佳	女	汉	2009	全国模范教师	缙云县实验小学
桑丽虹	女	汉	2009	全国优秀教师	莲都区大洋路学校
叶勇军	男	汉	2009	全国优秀教师	松阳二中
毛卫华	男	汉	2009	全国优秀教育工作者	遂昌二中
刘娅青	女	汉	2009	部劳动模范	浙江方正电机股份有限公司
武　昌	男	汉	2009	部劳动模范	中共景宁畲族自治县委
严慧荣	男	汉	2009	全国文化系统先进工作者	景宁畲族自治县文广新闻出版局
周科庆	男	汉	2010	部劳动模范	丽水市人民检察院
王会巧	男	汉	2010	部劳动模范	浙江华都革基布有限公司
骆雨文	男	汉	2010	部劳动模范	丽水市水利局

三、浙江省劳动模范

表 48-2-4-5

姓　名	性别	民族	命名年份	称　　号	所在单位
杨树莺	男	汉	1951	省劳动模范	缙云县镇东乡官店村
朱岳巢	男	汉	1951	省劳动模范	青田县山外乡
叶开兴	男	汉	1951	省劳动模范	丽水县港和乡河边村
刘　珠	女	汉	1951	省劳动模范	龙泉县建安乡三村
蓝明斋	男	畲	1951	省劳动模范	景宁畲族自治县外舍乡岗石村
王继武	男	汉	1951	省劳动模范	省交通公司丽水保养场
胡德洽	男	汉	1951	省劳动模范	丽水鼠疫防治站
茅阿忠	男	汉	1951	省劳动模范	丽水黄梅记修理厂
金少余	男	汉	1951	省劳动模范	省交通公司丽水保养场
柴真根	男	汉	1951	省劳动模范	丽水电信局
丁才芳	女	汉	1951	省劳动模范	云和县立中学

续表 48-2-4-5

姓 名	性别	民族	命名年份	称 号	所在单位
裴长根	男	汉	1951	省劳动模范	省交通公司丽水保养场
林光发	男	汉	1951	省劳动模范	丽水师范附属小学分部
潘德仁	男	汉	1952	省劳动模范	遂昌县大竹乡第五村
施礼申	男	汉	1952	省劳动模范	缙云县新东乡宅基村
刘 珠	女	汉	1952	省劳动模范	龙泉县建安乡三村项边
叶开兴	男	汉	1952	省劳动模范	丽水县港和乡河边村
裘连朝	男	汉	1952	省劳动模范	青田县方山乡裘山村
吴成绩	男	汉	1955	省林业生产劳动模范	庆元县周墩乡下滩村
罗海林	男	汉	1955	省国营商业模范工作者	百货公司丽水商店
赵钦楷	男	汉	1955	省国营商业模范工作者	中百公司龙泉营业组
赵钦偕	男	汉	1955	省国营商业模范工作者	百货公司景宁经营组
徐晓春	男	汉	1956	省国营商业模范工作者	丽水林场
高娜香	女	汉	1956	省国营商业模范工作者	青田县大坑乡张庄村
赵雨亭	男	汉	1958	省"一五"计划劳动模范	丽水县第二碾米厂
雷新花	女	畲	1963	省农业劳动模范	云和县赤石公社联合大队
雷春秀	女	畲	1963	省农业劳动模范	遂昌县大柘公社溪东大队
汪卸牛	男	汉	1963	省农业劳动模范	丽水林校
陈再新	男	汉	1979	省劳动模范	龙泉汽车中心站
陈阿松	男	汉	1979	省劳动模范	庆元林化厂
阮爱珍	女	汉	1979	省劳动模范	丽水县针织厂
林基荣	男	汉	1979	省劳动模范	云和县景宁造纸厂
林如奎	男	汉	1979	省劳动模范	青田县石雕厂
雷进贤	男	畲	1979	省劳动模范	遂昌人民银行大柘营业所
丁竹山	男	汉	1979	省劳动模范	缙云县食品公司
程凤娣	女	汉	1979	省劳动模范	遂昌县松阳区中心医院
陈祝安	男	汉	1979	省劳动模范	青田县油茶科学研究所
蓝 玉	男	畲	1979	省劳动模范	龙泉县林业科学研究所
丁献柱	男	汉	1979	省劳动模范	遂昌县桂洋林木经营场
陈再新	男	汉	1982	省劳动模范	龙泉汽车中心站
龚幸联	女	汉	1982	省劳动模范	龙泉县屏南林区供销社
季永波	男	汉	1982	省劳动模范	龙泉县城郊区林业站
吴志健	男	汉	1982	省劳动模范	丽水县服装厂
叶雪萍	女	汉	1982	省劳动模范	丽水县毛巾厂
周文平	男	汉	1982	省劳动模范	丽水县粮食局汽车队

续表 48-2-4-5

姓　名	性别	民族	命名年份	称　号	所在单位
吴鸣翔	男	汉	1982	省劳动模范	庆元县林业科学研究所
留爱娥	女	汉	1982	省劳动模范	青田县饮食服务公司
叶式梅	女	汉	1982	省劳动模范	云和县医药管理站
蓝光谅	男	畲	1982	省劳动模范	遂昌县交通局
蓝观树	男	畲	1982	省劳动模范	遂昌县后垅少数民族学校
熊金龙	男	汉	1982	省劳动模范	遂昌县电影公司
雷马树	男	畲	1982	省劳动模范	丽水县丽阳公社凉塘大队
何　青	男	汉	1982	省劳动模范	庆元县隆宫公社隆宫大队
徐年发	男	汉	1982	省劳动模范	松阳县叶村公社寺岭下大队
曾玉亮	男	汉	1982	省劳动模范	松阳县林科所
张连水	男	汉	1982	省劳动模范	云和县陈村公社金山大队
蓝福仁	男	畲	1982	省劳动模范	云和县东坑公社北山大队
黄先养	男	汉	1982	省劳动模范	龙泉县城郊公社河村大队
单少英	女	汉	1982	省劳动模范	青田县温溪镇温溪大队
蔡日进	男	汉	1982	省劳动模范	缙云县章源公社小章大队
尹金祥	男	汉	1982	省劳动模范	遂昌县大柘公社黄垵大队
华来德	男	汉	1982	省劳动模范	遂昌县北界公社圩弓大队
吴品禾	男	汉	1985	省劳动模范	丽水地区群众艺术馆
陈春平	男	汉	1985	省劳动模范	丽水师范专科学校
许绍朴	女	汉	1985	省劳动模范	丽水地区农业科学研究所
叶丽萍	女	汉	1985	省劳动模范	丽水金笔厂
陈　晓	男	汉	1985	省劳动模范	缙云县水电勘测设计室
董万满	男	汉	1985	省劳动模范	缙云县土特产公司
邹寿椿	男	汉	1985	省劳动模范	龙泉县人民医院
徐朝兴	男	汉	1985	省劳动模范	龙泉县青瓷研究所
倪东方	男	汉	1985	省劳动模范	青田县石雕二厂
雷益珠	女	畲	1985	省劳动模范	景宁畲族自治县东坑区中心小学
吕迪轩	男	汉	1985	省劳动模范	丽水县个体工业户
陈序恒	男	汉	1985	省劳动模范	龙泉县宏山乡宏山村
雷永隆	男	畲	1985	省劳动模范	景宁畲族自治县郑坑乡柳山村
吴顺传	男	汉	1985	省劳动模范	庆元县松源镇街尾村
谢土生	男	汉	1985	省劳动模范	缙云县城南乡板举村
程崇泽	男	汉	1985	省劳动模范	青田县温溪镇液压阀门厂
黄路生	男	汉	1985	省劳动模范	丽水县大众电器厂

续表 48-2-4-5

姓　名	性别	民族	命名年份	称　　号	所在单位
陈金茶	女	汉	1985	省劳动模范	遂昌县妙高镇
郭金生	男	汉	1985	省劳动模范	云和县云和镇勤俭村
宋先华	男	汉	1985	省劳动模范	松阳县水南乡东岗寮村
吴式求	男	汉	1987	省劳动模范	庆元县造纸厂
金耀慈	男	汉	1987	省劳动模范	缙云县农业银行
张竹云	男	汉	1987	省劳动模范	云和县审计局
张　彦	男	汉	1987	省劳动模范	景宁一中
褚如文	男	汉	1987	省劳动模范	丽水市城关镇灯塔村
雷德元	男	畲	1987	省劳动模范	景宁畲族自治县鹤溪镇潘山岭村
吴克甸	男	汉	1988	省劳动模范	庆元县食用菌研究所
吴世海	男	汉	1988	省劳动模范	云和县供销社车队
潘森仁	男	汉	1988	省劳动模范	丽水市毛巾厂
叶子福	男	汉	1988	省劳动模范	松阳县赤寿乡叶川头村
黄培松	男	汉	1988	省劳动模范	遂昌县蕉川乡桐川村
程万能	男	汉	1989	省劳动模范	遂昌县石练镇卫生院
蓝伟亮	男	畲	1989	省劳动模范	丽水客运分公司
叶岩女	女	汉	1989	省劳动模范	龙泉县瓷器三厂
江君佐	男	汉	1989	省劳动模范	丽水市莲乐乡沙河村
萧龙儿	男	汉	1989	省劳动模范	云和县云和镇巧云村
唐启文	男	汉	1989	省劳动模范	龙泉县水电局
庄志清	男	汉	1990	省劳动模范	丽水地区少体校
陈立荣	男	汉	1990	省劳动模范	青田电气控制设备厂
王芳明	女	汉	1990	省劳动模范	遂昌县环卫所
刘马奶	男	汉	1990	省劳动模范	龙泉县查田镇林场
叶先义	男	汉	1990	省劳动模范	庆元县黄田乡东西村
吴克甸	男	汉	1992	省“七五”计划劳动模范	庆元县食用菌科研所
傅亚芹	女	汉	1992	省“七五”计划劳动模范	遂昌县对正乡上垟小学
诸如文	男	汉	1992	省“七五”计划劳动模范	丽水市城关镇灯塔村
庄启传	男	汉	1995	省劳动模范	浙江纳爱斯化工股份有限公司
林明炬	男	汉	1995	省劳动模范	遂昌毛纺织总厂
王经洲	男	汉	1995	省劳动模范	缙云县新建镇河阳初级中学
林云飞	男	汉	1995	省劳动模范	青田县饮食服务公司
陈继棠	男	汉	1995	省劳动模范	龙泉市家具刨花板厂
潘陈根	男	汉	1995	省劳动模范	松阳县长途汽车运输总公司

续表 48-2-4-5

姓　名	性别	民族	命名年份	称　　号	所在单位
陈爱香	女	汉	1995	省劳动模范	省劳动模范
雷汤菊	女	畲	1995	省劳动模范	省劳动模范
陶皖云	男	汉	1995	省劳动模范	省劳动模范
吴传益	男	汉	1995	省劳动模范	省劳动模范
赖卿慧	男	汉	1995	省劳动模范	省劳动模范
陈永斌	男	汉	1995	省劳动模范	省劳动模范
蔡　瑢	男	汉	1999	省劳动模范	省劳动模范
李晓军	男	汉	1999	省劳动模范	省劳动模范
李　辉	男	汉	1999	省劳动模范	省劳动模范
方松根	男	汉	1999	省劳动模范	省劳动模范
叶新华	男	汉	1999	省劳动模范	省劳动模范
姚成生	男	汉	1999	省劳动模范	省劳动模范
徐佐洪	男	汉	1999	省劳动模范	省劳动模范
程继伍	男	汉	1999	省劳动模范	省劳动模范
陈瑞田	男	汉	1999	省劳动模范	省劳动模范
胡爱华	男	汉	1999	省劳动模范	省劳动模范
李建平	男	汉	1999	省劳动模范	省劳动模范
叶芳梅	女	汉	1999	省劳动模范	省劳动模范
蓝水梅	女	汉	1999	省劳动模范	省劳动模范
廖志成	男	汉	1999	省劳动模范	省劳动模范
陈　金	男	汉	1999	省劳动模范	省劳动模范
何壬寅	男	汉	1999	省劳动模范	省劳动模范
雷薛华	男	畲	2004	省劳动模范	省劳动模范
叶敏君	男	汉	2004	省劳动模范	省劳动模范
蔡焕镜	男	汉	2004	省劳动模范	省劳动模范
汤福泉	男	汉	2004	省劳动模范	省劳动模范
蒋海瓯	男	汉	2004	省劳动模范	青田中学
赖建斌	男	汉	2004	省劳动模范	青田县现代生态养殖有限公司
黄少英	女	汉	2004	省劳动模范	云和中学
吴松平	男	汉	2004	省劳动模范	庆元中学
朱仕华	男	汉	2004	省劳动模范	燕京啤酒(浙江仙都)有限公司
唐昌华	男	汉	2004	省劳动模范	遂昌县农业局
陈全潘	男	汉	2004	省劳动模范	松阳县湖溪林场
刘晓高	男	汉	2004	省劳动模范	松阳县新兴乡上安村

续表 48-2-4-5

姓　名	性别	民族	命名年份	称　　号	所在单位
姚丽雅	女	汉	2009	省劳动模范	庆元县实验小学
蔡国华	男	汉	2009	省劳动模范	缙云县人民医院
丁伟平	男	汉	2009	省劳动模范	缙云县东方镇靖岳四村
潘立东	男	汉	2009	省劳动模范	遂昌县人民医院
夏宗云	男	汉	2009	省劳动模范	松阳县斋坛乡小石村
林发生	男	汉	2009	省劳动模范	松阳县公安局
柳敏敏	女	汉	2009	省劳动模范	景宁畲族自治县民族小学

说明：陈祝安、吴志健调温州，蓝水梅移民金华，吴松平调宁波，褚如文、王宗绍取消荣誉

丽水市劳动模范名录

表 48-2-4-6

姓　名	性别	民族	命名年份	称　　号	所在单位
黄小毛	男	汉	2003	市劳动模范	浙江中信建筑工程有限公司
叶敏君	男	汉	2003	市劳动模范	莲都区高溪乡高溪村
朱建华	男	汉	2003	市劳动模范	浙江碧湖啤酒有限公司
雷薛华	男	畲	2003	市劳动模范	莲都区城北小学
刘守平	男	汉	2003	市劳动模范	莲都区公安分局
蔡焕镜	男	汉	2003	市劳动模范	浙江国镜药业有限公司
张献明	男	汉	2003	市劳动模范	龙泉市剑池街道办事处
叶泉香	女	汉	2003	市劳动模范	龙泉市教育局
李能福	男	汉	2003	市劳动模范	浙江能福旅游用品有限公司
徐建新	男	汉	2003	市劳动模范	龙泉市财政局
雷绍林	男	畲	2003	市劳动模范	龙泉市文曲星民族希望小学
应友君	男	汉	2003	市劳动模范	浙江雷克机械工业有限公司
陈全潘	男	汉	2003	市劳动模范	松阳县湖溪林场
翁凤英	女	汉	2003	市劳动模范	松阳县第三中学
蓝钱根	男	畲	2003	市劳动模范	景宁畲族自治县林业总场
陈初南	男	汉	2003	市劳动模范	景宁畲族自治县澄照乡三石村
王宗绍	男	汉	2003	市劳动模范	景宁畲族自治县人劳社保局
赖建斌	男	汉	2003	市劳动模范	青田县现代生态养殖有限公司
刘赛南	男	汉	2003	市劳动模范	青田县温溪镇
吴群民	男	汉	2003	市劳动模范	青田县公安局
周照雄	男	汉	2003	市劳动模范	青田县人民医院
叶建芬	女	汉	2003	市劳动模范	青田县工商银行

续表 48-2-4-6

姓 名	性别	民族	命名年份	称 号	所在单位
单志敏	男	汉	2003	市劳动模范	浙江意尔康鞋业集团有限公司
吴松平	男	汉	2003	市劳动模范	庆元中学
蔡友民	男	汉	2003	市劳动模范	庆元县星光果木场
余静渊	男	汉	2003	市劳动模范	浙江梦天木业有限公司
蔡国华	男	汉	2003	市劳动模范	缙云县人民医院
田德俭	男	汉	2003	市劳动模范	缙云县胡源乡田山村
李桂田	男	汉	2003	市劳动模范	缙云县环境卫生管理处
赵国龙	男	汉	2003	市劳动模范	缙云县地税局
傅德才	男	汉	2003	市劳动模范	缙云县公安局
朱仕华	男	汉	2003	市劳动模范	浙江仙都啤酒发展公司
陈金星	男	汉	2003	市劳动模范	缙云县西桥初级中学
鲁有福	男	汉	2003	市劳动模范	云和中学
叶岳云	男	汉	2003	市劳动模范	云和县水利局
梅小平	男	汉	2003	市劳动模范	云和县微生物研究所
涂志丹	男	汉	2003	市劳动模范	遂昌县第三中学
赖志成	男	汉	2003	市劳动模范	浙江利民化工有限公司
郑祖强	男	汉	2003	市劳动模范	浙江元立金属制品集团有限公司
郑宗长	男	汉	2003	市劳动模范	遂昌县云峰镇长濂村
苏樟水	男	汉	2003	市劳动模范	遂昌县北界镇
万春贵	男	汉	2003	市劳动模范	遂昌县人民医院
薛石玉	男	汉	2003	市劳动模范	丽水市农科所
朱竹香	女	汉	2003	市劳动模范	丽水市审计局
沙丽珍	女	汉	2003	市劳动模范	丽水市国家安全局
李锦毅	男	汉	2003	市劳动模范	丽水市委老干部局
徐梦璋	男	汉	2003	市劳动模范	浙江丽人木业集团有限公司
陈海泉	男	汉	2003	市劳动模范	丽水市中心医院
翁志鸿	男	汉	2008	市劳动模范	中共丽水市委办公室
金卓杏	女	汉	2008	市劳动模范	丽水市中心医院
李民强	男	汉	2008	市劳动模范	丽水市发展和改革委员会
陈海丽	女	汉	2008	市劳动模范	中国联通丽水分公司
徐荣华	男	汉	2008	市劳动模范	丽水市水利局
邹志华	男	汉	2008	市劳动模范	浙江宏源无纺布有限公司
颜登亮	男	汉	2008	市劳动模范	丽水市审计局
杜晓平	男	汉	2008	市劳动模范	丽水电业局

续表 48-2-4-6

姓　名	性别	民族	命名年月	称　　号	所在单位
徐海勇	男	汉	2008	市劳动模范	浙江丽水丽威油泵油嘴有限公司
魏国培	男	汉	2008	市劳动模范	莲都区高溪乡苍坑村
熊金平	男	汉	2008	市劳动模范	莲都区碧湖绿源长豇豆专业合作社
李　佐	男	汉	2008	市劳动模范	浙江飞雁羽绒制品有限公司
黄卿平	男	汉	2008	市劳动模范	莲都区政府办公室
刘荣军	男	汉	2008	市劳动模范	莲都区梅山中学
李小平	男	汉	2008	市劳动模范	丽水金儿登机电制造有限公司
叶志明	男	汉	2008	市劳动模范	浙江龙声工艺玩具有限公司
周生佑	男	汉	2008	市劳动模范	龙泉市岩樟乡
季　虹	男	汉	2008	市劳动模范	龙泉市中等职业学校
叶圣益	男	汉	2008	市劳动模范	龙泉市科技局
黄连银	男	汉	2008	市劳动模范	龙泉市公安局交警大队
丁伟平	男	汉	2008	市劳动模范	缙云县东方镇靖岳四村
丁泽林	男	汉	2008	市劳动模范	浙江晨龙锯床集团有限公司
王琼英	女	汉	2008	市劳动模范	缙云县文化广电新闻出版局
江　涛	男	汉	2008	市劳动模范	浙江山蒲照明电器有限公司
余小卫	男	汉	2008	市劳动模范	缙云县财政支付中心
陈松芳	男	汉	2008	市劳动模范	缙云县东渡镇中心学校
杜坤彬	男	汉	2008	市劳动模范	缙云县运管稽征所
李潘良	男	汉	2008	市劳动模范	缙云县人民医院
杨建雄	男	汉	2008	市劳动模范	青田县人民法院
王炳林	男	汉	2008	市劳动模范	浙江三辰电器有限公司
王光荣	男	汉	2008	市劳动模范	青田县船寮高级中学
郭晓晔	男	汉	2008	市劳动模范	青田县人民医院
郭伶伶	女	汉	2008	市劳动模范	中国移动青田分公司
熊芸芸	女	汉	2008	市劳动模范	青田县农村工作办公室
朱伯英	女	汉	2008	市劳动模范	青田巾帼服饰有限公司
杨孟君	男	汉	2008	市劳动模范	青田县鹤城镇东赤村
吴一鸣	男	汉	2008	市劳动模范	遂昌中学
吴华军	男	汉	2008	市劳动模范	遂昌县黄沙腰派出所
程剑辉	男	汉	2008	市劳动模范	中国电信股份有限公司遂昌分公司
潘立东	男	汉	2008	市劳动模范	遂昌县人民医院
张志伟	男	汉	2008	市劳动模范	遂昌县移民办公室
王云土	男	汉	2008	市劳动模范	遂昌县三仁畲族乡际上村

续表 48-2-4-6

姓　名	性别	民族	命名年月	称　　号	所在单位
夏宗云	男	汉	2008	市劳动模范	松阳县斋坛乡小石村
范春根	男	汉	2008	市劳动模范	松阳县耐火器材有限公司
林发生	男	汉	2008	市劳动模范	松阳县公安局
刘志远	男	汉	2008	市劳动模范	松阳县人民医院
孟文魁	男	汉	2008	市劳动模范	松阳县新兴乡横溪村
梅显云	男	汉	2008	市劳动模范	云和县公安局
陈云飞	男	汉	2008	市劳动模范	云和县环卫所
高昌波	男	汉	2008	市劳动模范	云和县朱村乡泉溪村
李小宾	男	汉	2008	市劳动模范	庆元县屏都镇八一村
姚丽雅	女	汉	2008	市劳动模范	庆元县实验小学
吴丽荷	女	汉	2008	市劳动模范	庆元县百大商业有限公司
蓝庆芬	女	畲	2008	市劳动模范	庆元县人民医院
蓝晓娟	女	畲	2008	市劳动模范	景宁畲族自治县沙湾镇张庄村
柳敏敏	女	汉	2008	市劳动模范	景宁畲族自治县民族小学
夏德福	男	汉	2008	市劳动模范	景宁畲族自治县公路管理段
余赞洪	男	汉	2008	市劳动模范	景宁畲族自治县环卫所

说明：吴松平调宁波、杜晓平调金华，王宗绍、万春贵、黄卿平、季虹、孟文魁取消荣誉

第五节　正高级技术职称获得者

2010 年 12 月止，全市有正高级技术职称获得者 482 人。卫生技术人员专业职称 343 人，其中主任医师 245 人、主任中医师 26 人、主任技师 10 人、主任药（中药）师 10 人；高校专业技术职称 75 人；工程技术人员专业技术职称 35 人；科研人员专业技术职称 8 人；图书、文物、博物、美术专业技术职称 16 人；新闻、广播电视专业人员技术职称 3 人；律师专业人员技术职称 2 人。按地域区分，市直及莲都区 382 人、龙泉市 14 人、青田县 19 人、云和县 5 人、庆元县 8 人、缙云县 26 人、遂昌县 15 人、松阳县 16 人、景宁畲族自治县 1 人。

丽水正高级技术职称获得者人数情况

表 48-2-5-1　　　　单位：人

县市区	卫生技术						高校教授	工程技术	科研	文物、图书、新闻、律师等	合计
	主任医师	主任中医师	主任护师	主任技师	主任药师	小计					
市直及莲都区	186	31	20	8	8	253	75	27	8	19	382
龙泉市	7	2	1	1	—	11	—	2	—	1	14

续表 48-2-5-1

县市区	卫生技术						高校教授	工程技术	科研	文物、图书、新闻、律师等	合计
	主任医师	主任中医师	主任护师	主任技师	主任药师	小计					
青田县	12	6	—	1	—	19	—	—	—	—	19
云和县	2	1	—	—	—	3	—	—	—	2	5
庆元县	4	3	—	—	—	7	—	1	—	—	8
缙云县	18	5	1	—	1	25	—	1	—	—	26
遂昌县	8	1	—	—	1	10	—	5	—	—	15
松阳县	9	3	4	—	—	16	—	—	—	—	16
景宁畲族自治县	1	—	—	—	—	1	—	—	—	—	1
全　市	247	52	26	10	10	345	75	36	8	22	486

卫生技术人员正高级专业技术职称获得者一览

一、主任医师

表 48-2-5-2

姓　名	性别	民族	籍贯	出生年月	工作单位	审批时间	职　称
洪伟杰	男	汉	松阳	1922 年	丽水地区人民医院	1987 年 8 月	主任医师
陈韶华	男	汉	温州	1925 年 12 月	丽水地区人民医院	1987 年 12 月	主任医师
戴绍文	男	汉	瑞安	—	丽水地区人民医院	1987 年 12 月	主任医师
詹鸿鹏	男	汉	丽水	1932 年	丽水市人民医院	1987 年 12 月	主任医师
邹福安	男	汉	无锡	1936 年	丽水市人民医院	1987 年 12 月	主任医师
黄永源	男	汉	上海	—	丽水地区防疫站	1992 年 12 月	主任医师
何月明	女	汉	临海	—	丽水地区人民医院	1992 年 12 月	主任医师
俞九飞	男	汉	平湖	—	丽水地区人民医院	1992 年 12 月	主任医师
陈威华	男	汉	温岭	1936 年 12 月	丽水地区人民医院	1992 年 12 月	主任医师
吴大炘	男	汉	丽水	1934 年 7 月	丽水地区人民医院	1992 年 12 月	主任医师
方基兴	男	汉	淳安	1942 年 11 月	丽水地区人民医院	1993 年 11 月	主任医师
吴　琢	男	汉	河北	1929 年 10 月	丽水地区人民医院	1993 年 11 月	主任医师
方宗桥	男	汉	奉化	1938 年	丽水市人民医院	1993 年 11 月	主任医师
沈士荣	男	汉	崇明	—	遂昌县人民医院	1993 年 11 月	主任医师
狄允凡	男	汉	溧阳	—	青田县人民医院	1993 年 11 月	主任医师
戴丽珍	女	汉	丽水	1941 年	丽水市人民医院	1993 年 11 月	主任医师
蒋振仁	男	汉	江苏	—	松阳县人民医院	1993 年 11 月	主任医师
潘美仙	女	汉	丽水	—	丽水市人民医院	1993 年 11 月	主任医师
尤美如	女	汉	扬州	—	丽水市人民医院	1993 年 11 月	主任医师

续表 48-2-5-2

姓 名	性别	民族	籍贯	出生年月	工作单位	审批时间	职 称
张 诚	男	汉	温州	1940 年	丽水市人民医院	1993 年 11 月	主任医师
胡官春	男	汉	缙云	1936 年	丽水卫生学校	1993 年 4 月	主任医师
彭苏蓏	男	汉	上海	—	缙云县人民医院	1994 年 12 月	主任医师
蔡春浩	男	汉	缙云	—	丽水地区人民医院	1994 年 12 月	主任医师
孙锦坤	男	汉	云和	—	丽水地区人民医院	1994 年 12 月	主任医师
戚思平	男	汉	永嘉	—	丽水市人民医院	1994 年 12 月	主任医师
蔡法兴	男	汉	松阳	—	青田县人民医院	1994 年 12 月	主任医师
张希良	男	汉	杭州	—	遂昌县人民医院	1994 年 12 月	主任医师
卢黎明	男	汉	丽水	—	丽水地区人民医院	1995 年 11 月	主任医师
吴亦志	男	汉	宁海	1943 年	丽水地区人民医院	1995 年 11 月	主任医师
阮建忠	男	汉	福州	1936 年 10 月	龙泉市人民医院	1995 年	主任医师
何锡喜	男	汉	浦江	—	丽水地区人民医院	1996 年 12 月	主任医师
余文洲	男	汉	临海	—	丽水地区人民医院	1996 年 12 月	主任医师
李殿菊	女	汉	黄岩	—	丽水市人民医院	—	主任医师
杨品南	男	汉	青田	—	青田县人民医院	—	主任医师
戴德年	男	汉	温州	—	遂昌县人民医院	—	主任医师
王孝英	女	汉	衢县	—	丽水市人民医院	1997 年 12 月	主任医师
陈海泉	男	汉	湖州	1945 年 10 月	丽水地区人民医院	1998 年 12 月	主任医师
李万树	男	汉	青田	—	丽水地区人民医院	1998 年 12 月	主任医师
范永堃	—	汉	—	—	丽水地区人民医院	1998 年 12 月	主任医师
吴定斌	男	汉	—	—	松阳县人民医院	1999 年 12 月	主任医师
吕志美	女	汉	杭州	—	丽水地区人民医院	1999 年 12 月	主任医师
朱安善	男	汉	乐清	—	丽水市人民医院	1999 年 12 月	主任医师
陈志诚	男	汉	丽水	—	丽水市中医院	1999 年 12 月	主任医师
韦铁民	男	汉	东阳	1958 年 11 月	丽水市中心医院	2000 年 12 月	主任医师
郑建华	男	汉	莲都	1949 年 1 月	丽水市中心医院	2000 年 12 月	主任医师
章晌艳	男	汉	乐清	1962 年 9 月	丽水市中心医院	2000 年 12 月	主任医师
金卓杏	女	汉	青田	1957 年 8 月	丽水市中心医院	2000 年 12 月	主任医师
周永强	男	汉	松阳	1952 年 12 月	丽水市中心医院	2000 年 12 月	主任医师
陈军贤	男	汉	温州	1961 年 7 月	丽水市中心医院	2000 年 12 月	主任医师
叶秀凤	女	汉	莲都	1945 年 12 月	丽水市妇幼保健院	2000 年 12 月	主任医师
洪尚仁	男	汉	云和	1951 年 10 月	云和县人民医院	2000 年 12 月	主任医师
王三德	男	汉	金华	1944 年 8 月	松阳县人民医院	2000 年 12 月	主任医师
陈伟伟	男	汉	云和	1958 年 3 月	丽水市中心医院	2001 年 12 月	主任医师

续表 48-2-5-2

姓　名	性别	民族	籍贯	出生年月	工作单位	审批时间	职　称
谢银莲	女	汉	龙泉	1952 年 5 月	丽水市中心医院	2001 年 12 月	主任医师
王苑华	女	汉	松阳	1953 年 1 月	丽水市中心医院	2001 年 12 月	主任医师
金元虹	女	汉	丽水	1961 年 1 月	丽水市人民医院	2001 年 12 月	主任医师
徐向东	男	汉	龙泉	1956 年 12 月	丽水市人民医院	2001 年 12 月	主任医师
叶　峰	男	汉	松阳	1947 年 2 月	丽水市中医院	2001 年 12 月	主任医师
贺　侠	男	汉	青田	1961 年 8 月	青田县人民医院	2001 年 12 月	主任医师
王冬芬	女	汉	缙云	1953 年 11 月	云和县人民医院	2001 年 12 月	主任医师
范树满	男	汉	庆元	1952 年 7 月	庆元县人民医院	2001 年 12 月	主任医师
朱国光	男	汉	缙云	1955 年 2 月	缙云县人民医院	2001 年 12 月	主任医师
蔡宗美	女	汉	松阳	1952 年 10 月	松阳县卫生监督所	2001 年 12 月	主任医师
田伟强	男	汉	缙云	1963 年 8 月	丽水市中心医院	2001 年 12 月	主任医师
潘龙峰	男	汉	缙云	1957 年 8 月	丽水市中心医院	2002 年 12 月	主任医师
吕祝庆	男	汉	缙云	1961 年 2 月	丽水市中心医院	2002 年 12 月	主任医师
吴伟文	男	汉	缙云	1961 年 1 月	丽水市中心医院	2002 年 12 月	主任医师
柳育健	男	汉	云和	1950 年 11 月	丽水市中心医院	2002 年 12 月	主任医师
潘水章	男	汉	松阳	1950 年 1 月	丽水市中心医院	2002 年 12 月	主任医师
张宝金	男	汉	金华	1953 年 1 月	丽水市中心医院	2002 年 12 月	主任医师
李梅秀	女	汉	缙云	1957 年 12 月	丽水市中心医院	2002 年 12 月	主任医师
朱飞凤	女	汉	缙云	1950 年 7 月	丽水市中心医院	2003 年 12 月	主任医师
叶碎林	男	汉	景宁	1955 年 6 月	丽水市人民医院	2002 年 12 月	主任医师
吕伟超	男	汉	缙云	1958 年 4 月	丽水市人民医院	2002 年 12 月	主任医师
季乃军	男	汉	青田	1962 年 11 月	丽水市人民医院	2002 年 12 月	主任医师
王成尧	男	汉	宁海	1951 年 12 月	丽水市人民医院	2002 年 12 月	主任医师
卢丽萍	女	汉	河北	1962 年 6 月	丽水市人民医院	2002 年 12 月	主任医师
季卫平	男	汉	龙泉	1964 年 7 月	丽水市人民医院	2002 年 12 月	主任医师
张立岩	男	汉	河北	1962 年 3 月	丽水市人民医院	2002 年 12 月	主任医师
刘忠达	男	汉	青田	1957 年 12 月	丽水市中医院	2002 年 12 月	主任医师
曾树根	男	汉	龙泉	1953 年 4 月	龙泉市人民医院	2002 年 12 月	主任医师
吴文有	男	汉	庆元	1957 年 3 月	庆元县疾控中心	2002 年 12 月	主任医师
徐亚琼	女	汉	丽水	1956 年 6 月	缙云县人民医院	2003 年 12 月	主任医师
金晓波	男	汉	东阳	1961.12 月	丽水市人民医院	2003 年 12 月	主任医师
吴伯乐	男	汉	丽水	1963 年 2 月	丽水市人民医院	2003 年 12 月	主任医师
方炳木	男	汉	武义	1962 年 1 月	丽水市中心医院	2003 年 12 月	主任医师
卢积良	男	汉	缙云	1950 年 8 月	丽水市中心医院	2003 年 12 月	主任医师

续表 48-2-5-2

姓 名	性别	民族	籍贯	出生年月	工作单位	审批时间	职 称
邵初晓	男	汉	永嘉	1965 年 4 月	丽水市中心医院	2003 年 12 月	主任医师
许慧文	女	汉	丽水	1963 年 9 月	丽水市中心医院	2003 年 12 月	主任医师
俞颂平	男	汉	永康	1964 年 11 月	丽水市中心医院	2003 年 12 月	主任医师
方伟钧	男	汉	龙泉	1964 年 10 月	龙泉市中心医院	2003 年 12 月	主任医师
刘翠珠	女	汉	青田	1958 年 2 月	青田县中医院	2003 年 12 月	主任医师
涂韶松	男	汉	龙泉	1964 年 12 月	丽水市中心医院	2003 年 12 月	主任医师
孙慧伶	女	汉	东阳	1963 年 4 月	丽水市人民医院	2004 年 12 月	主任医师
王济伟	男	汉	缙云	1964 年 8 月	丽水市人民医院	2004 年 12 月	主任医师
金一勤	男	汉	丽水	1963 年 10 月	丽水市人民医院	2004 年 12 月	主任医师
郑红枫	女	汉	温州	1962 年 10 月	丽水市人民医院	2004 年 12 月	主任医师
徐璐敏	女	汉	山东	1956 年 3 月	丽水市中心医院	2004 年 12 月	主任医师
吴伟东	男	汉	丽水	1964 年 2 月	丽水市中心医院	2004 年 12 月	主任医师
任少华	男	汉	萧山	1953 年 8 月	丽水市中心医院	2004 年 12 月	主任医师
柳伟明	男	汉	丽水	1965 年 6 月	丽水市中心医院	2004 年 12 月	主任医师
施天严	男	汉	缙云	1965 年 7 月	丽水市中心医院	2004 年 12 月	主任医师
周亚新	男	汉	遂昌	1960 年 4 月	遂昌县人民医院	2004 年 12 月	主任医师
毛养成	男	汉	遂昌	1950 年 3 月	遂昌县人民医院	2004 年 12 月	主任医师
万春贵	男	汉	温岭	1949 年 1 月	遂昌县人民医院	2004 年 12 月	主任医师
林建军	男	汉	青田	1963 年 5 月	青田县人民医院	2004 年 12 月	主任医师
李 辉	男	汉	缙云	1956 年 5 月	缙云县人民医院	2004 年 12 月	主任医师
黎红光	男	汉	湖北	1965 年 6 月	丽水市人民医院	2005 年 12 月	主任医师
栾双梅	女	汉	山东	1966 年 2 月	丽水市人民医院	2005 年 12 月	主任医师
陈芝兰	女	汉	缙云	1962 年 1 月	缙云县人民医院	2005 年 12 月	主任医师
程伟进	男	汉	缙云	1965 年 2 月	丽水市中心医院	2005 年 12 月	主任医师
陈日秋	男	汉	缙云	1965 年 4 月	丽水市人民医院	2005 年 12 月	主任医师
蔡国华	男	汉	缙云	1965 年 3 月	缙云县人民医院	2005 年 12 月	主任医师
任翔英	男	汉	景宁	1954 年 4 月	丽水市中心医院	2005 年 12 月	主任医师
徐永宏	男	汉	金华	1960 年 5 月	丽水市中心医院	2005 年 12 月	主任医师
孙建中	男	汉	青田	1964 年 8 月	青田县人民医院	2005 年 12 月	主任医师
朱建和	男	汉	遂昌	1962 年 2 月	遂昌县人民医院	2005 年 12 月	主任医师
王昌桂	男	汉	松阳	1957 年 5 月	丽水市医学会	2005 年 12 月	主任医师
杜晓东	男	汉	山东	1958 年 1 月	丽水市妇幼保健院	2005 年 12 月	主任医师
徐廷富	男	汉	莲都	1946 年 9 月	缙云县人民医院	2005 年 12 月	主任医师
雷后兴	男	畲	云和	1961 年 8 月	丽水市人民医院	2005 年 12 月	主任医师

续表 48-2-5-2

姓　名	性别	民族	籍贯	出生年月	工作单位	审批时间	职　称
卢向红	女	汉	龙泉	1963 年 3 月	丽水市人民医院	2005 年 12 月	主任医师
胡乐农	男	汉	永康	1963 年 3 月	丽水市中心医院	2005 年 12 月	主任医师
李　界	男	汉	莲都	1965 年 9 月	丽水市中心医院	2005 年 12 月	主任医师
王东波	男	汉	义乌	1958 年 2 月	丽水市第二人民医院	2005 年 12 月	主任医师
陈　鸿	男	汉	松阳	1965 年 5 月	丽水市人民医院	2005 年 12 月	主任医师
陈方红	女	汉	龙泉	1965 年 10 月	丽水市人民医院	2005 年 12 月	主任医师
陈礼平	男	汉	松阳	1968 年 1 月	丽水市中心医院	2006 年 12 月	主任医师
赵瑞英	女	汉	缙云	1963 年 11 月	丽水市中心医院	2006 年 12 月	主任医师
吴少琴	女	汉	青田	1966 年 10 月	青田县人民医院	2006 年 12 月	主任医师
汪定明	男	汉	松阳	1965 年 3 月	松阳县人民医院	2006 年 12 月	主任医师
张志伟	男	汉	缙云	1962 年 1 月	缙云县人民医院	2006 年 12 月	主任医师
张晓军	男	汉	青田	1963 年 10 月	丽水市人民医院	2006 年 12 月	主任医师
王章流	男	汉	永康	1964 年 4 月	丽水市中心医院	2006 年 12 月	主任医师
郭兴化	男	汉	松阳	1967 年 4 月	松阳县中医院	2006 年 12 月	主任医师
应振华	男	汉	缙云	1964 年 7 月	丽水市人民医院	2006 年 12 月	主任医师
厉永伟	男	汉	青田	1963 年 11 月	青田县人民医院	2006 年 12 月	主任医师
潘聪慧	男	汉	景宁	1962 年 8 月	丽水市中心医院	2006 年 12 月	主任医师
朱锦德	男	汉	缙云	1966 年 11 月	丽水市中心医院	2006 年 12 月	主任医师
武　良	男	汉	青田	1964 年 7 月	青田县人民医院	2006 年 12 月	主任医师
周文斌	男	汉	缙云	1962 年 6 月	缙云县人民医院	2006 年 12 月	主任医师
叶锦平	男	汉	缙云	1965 年 11 月	丽水市中心医院	2006 年 12 月	主任医师
王向云	女	汉	龙泉	1963 年 3 月	丽水市中心医院	2006 年 12 月	主任医师
卢芹芳	女	汉	东阳	1966 年 1 月	丽水市人民医院	2006 年 12 月	主任医师
朱亚非	女	汉	缙云	1965 年 3 月	丽水市中心医院	2006 年 12 月	主任医师
雷文生	男	畲	莲都	1964 年 11 月	丽水市中心医院	2006 年 12 月	主任医师
傅江涛	男	汉	东阳	1964 年 1 月	丽水市人民医院	2006 年 12 月	主任医师
朱培俊	男	汉	河北	1949 年 11 月	丽水市第二人民医院	2006 年 12 月	主任医师
雷建明	男	畲	淳安	1966 年 4 月	丽水市人民医院	2006 年 12 月	主任医师
雷李培	男	畲	莲都	1963 年 3 月	丽水市中心医院	2006 年 12 月	主任医师
杨志勇	男	汉	青田	1949 年 4 月	丽水市中心医院	2006 年 12 月	主任医师
李欣华	女	汉	江苏	1952 年 2 月	丽水市中心医院	2006 年 12 月	主任医师
陈美珍	女	汉	丽水	1956 年 1 月	丽水市人民医院	2007 年 11 月	主任医师
李琼芝	女	汉	缙云	1965 年 10 月	丽水市人民医院	2007 年 11 月	主任医师
杨晓红	女	汉	龙泉	1966 年 6 月	丽水市人民医院	2007 年 11 月	主任医师

续表 48-2-5-2

姓　名	性别	民族	籍贯	出生年月	工作单位	审批时间	职　称
周陈华	男	汉	丽水	1955 年 7 月	丽水市人民医院	2007 年 11 月	主任医师
汪小玉	女	汉	缙云	1963 年 7 月	丽水卫生学校	2007 年 11 月	主任医师
戴巧群	女	汉	龙泉	1963 年 7 月	丽水市妇幼保健院	2007 年 11 月	主任医师
陈桂云	女	汉	山东	1964 年 10 月	丽水市药品检验所	2007 年 11 月	主任医师
方　静	女	汉	缙云	1968 年 5 月	丽水市中心医院	2007 年 11 月	主任医师
赵丽芬	女	汉	丽水	1956 年 7 月	丽水市中心医院	2007 年 11 月	主任医师
江丽华	女	汉	龙泉	1954 年 2 月	丽水市中心医院	2007 年 11 月	主任医师
李琳洁	女	汉	缙云	1965 年 4 月	丽水市中心医院	2007 年 11 月	主任医师
林海玲	女	汉	景宁	1965 年 7 月	丽水市中心医院	2007 年 11 月	主任医师
黄跃金	男	汉	遂昌	1966 年 11 月	丽水市中心医院	2007 年 11 月	主任医师
梅祎军	男	汉	缙云	1965 年 9 月	丽水市中心医院	2007 年 11 月	主任医师
徐少杰	男	汉	文成	1962 年 11 月	丽水市中心医院	2007 年 11 月	主任医师
虞作春	男	汉	缙云	1965 年 2 月	丽水市中心医院	2007 年 11 月	主任医师
郑荣宗	男	汉	武义	1964 年 11 月	丽水市中心医院	2007 年 11 月	主任医师
吴绍长	男	汉	庆元	1968 年 1 月	丽水市第二人民医院	2007 年 11 月	主任医师
刘文彪	男	汉	缙云	1962 年 5 月	缙云县人民医院	2007 年 11 月	主任医师
周群扬	男	汉	缙云	1963 年 11 月	缙云县人民医院	2007 年 11 月	主任医师
朱德升	男	汉	缙云	1962 年 11 月	缙云县人民医院	2007 年 11 月	主任医师
吕伟标	男	汉	缙云	1955 年 7 月	缙云县人民医院	2007 年 11 月	主任医师
楼高杰	男	汉	永康	1965 年 7 月	松阳县人民医院	2007 年 11 月	主任医师
胡昌盛	男	汉	景宁	1962 年 9 月	丽水市人民医院	2008 年 11 月	主任医师
杜小鹏	男	汉	东阳	1964 年 3 月	丽水市人民医院	2008 年 11 月	主任医师
雷水贤	男	畲	云和	1968 年 4 月	丽水市人民医院	2008 年 11 月	主任医师
叶永根	男	汉	云和	1965 年 3 月	丽水市人民医院	2008 年 11 月	主任医师
许琴仙	女	汉	东阳	1965 年 10 月	丽水市人民医院	2008 年 11 月	主任医师
郑培兰	女	汉	山东	1963 年 2 月	丽水市人民医院	2008 年 11 月	主任医师
黄庆琳	男	汉	丽水	1953 年 10 月	丽水市人民医院	2008 年 11 月	主任医师
叶新民	男	汉	庆元	1955 年 4 月	丽水市人民医院	2008 年 11 月	主任医师
朱　瑾	女	汉	义乌	1963 年 12 月	丽水市人民医院	2008 年 11 月	主任医师
丁　汀	男	汉	缙云	1968 年 10 月	丽水市人民医院	2008 年 11 月	主任医师
金　烈	男	汉	云和	1968 年 7 月	丽水市中心医院	2008 年 11 月	主任医师
裘红英	女	汉	丽水	1967 年 3 月	丽水市中心医院	2008 年 11 月	主任医师
丁智勇	男	汉	缙云	1967 年 3 月	丽水市中心医院	2008 年 11 月	主任医师
蓝陈福	男	畲	丽水	1965 年 12 月	丽水市中心医院	2008 年 11 月	主任医师

续表 48-2-5-2

姓　名	性别	民族	籍贯	出生年月	工作单位	审批时间	职　称
范洪亮	男	汉	缙云	1967 年 5 月	丽水市中心医院	2008 年 11 月	主任医师
何建胜	男	汉	松阳	1965 年 7 月	丽水市第二人民医院	2008 年 11 月	主任医师
夏朝云	男	汉	淄博	1960 年 6 月	丽水市第二人民医院	2008 年 11 月	主任医师
蒋淑卿	女	汉	缙云	1954 年 4 月	丽水市妇幼保健院	2008 年 11 月	主任医师
张育书	男	汉	缙云	1950 年 3 月	缙云县人民医院	2008 年 11 月	主任医师
陈金林	男	汉	缙云	1949 年 6 月	缙云县人民医院	2008 年 11 月	主任医师
吕　敏	男	汉	缙云	1965 年 2 月	缙云县人民医院	2008 年 11 月	主任医师
雷樟根	男	畲	龙泉	1966 年 1 月	龙泉市人民医院	2008 年 11 月	主任医师
李少沛	男	汉	缙云	1960 年 12 月	龙泉市人民医院	2008 年 11 月	主任医师
周小玲	女	汉	龙泉	1963 年 11 月	龙泉市人民医院	2008 年 11 月	主任医师
周永海	男	汉	龙泉	1968 年 9 月	龙泉市人民医院	2008 年 11 月	主任医师
卢益中	男	汉	东阳	1962 年 7 月	青田县中医院	2008 年 11 月	主任医师
钟玉平	男	畲	庆元	1966 年 1 月	庆元县人民医院	2008 年 11 月	主任医师
毛昌方	男	汉	庆元	1963 年 3 月	庆元县人民医院	2008 年 11 月	主任医师
巫智强	男	汉	遂昌	1967 年 7 月	遂昌县人民医院	2008 年 11 月	主任医师
尚建基	男	汉	缙云	1961 年 7 月	景宁县人民医院	2008 年 11 月	主任医师
陈迪文	男	汉	湖北	1967 年 2 月	丽水市人民医院	2009 年 12 月	主任医师
江银华	男	汉	丽水	1966 年 6 月	丽水市人民医院	2009 年 12 月	主任医师
廖益飞	男	汉	丽水	1964 年 6 月	丽水市人民医院	2009 年 12 月	主任医师
王守学	男	汉	安徽	1967 年 12 月	丽水市人民医院	2009 年 12 月	主任医师
郑代明	男	汉	山东	1965 年 1 月	丽水市人民医院	2009 年 12 月	主任医师
周耀洪	男	汉	缙云	1966 年 12 月	丽水市人民医院	2009 年 12 月	主任医师
蓝彩娇	女	畲	丽水	1966 年 6 月	丽水市中心医院	2009 年 12 月	主任医师
蓝菊红	女	畲	丽水	1967 年 11 月	丽水市中心医院	2009 年 12 月	主任医师
蔡淑香	女	汉	松阳	1967 年 12 月	丽水市中心医院	2009 年 12 月	主任医师
蔡　莹	女	汉	丽水	1969 年 11 月	丽水市中心医院	2009 年 12 月	主任医师
曾春来	男	汉	丽水	1972 年 1 月	丽水市中心医院	2009 年 12 月	主任医师
翁梅芬	女	汉	遂昌	1962 年 11 月	丽水市妇幼保健院	2009 年 12 月	主任医师
曾长佑	男	汉	龙泉	1958 年 5 月	丽水市疾控中心	2009 年 12 月	主任医师
陈荣富	男	汉	缙云	1963 年 1 月	丽水市疾控中心	2009 年 12 月	主任医师
周赞华	男	汉	缙云	1965 年 9 月	丽水卫生学校	2009 年 12 月	主任医师
王民德	男	汉	缙云	1954 年 3 月	缙云县人民医院	2009 年 12 月	主任医师
周崇斌	男	汉	青田	1962 年 9 月	青田县中医院	2009 年 12 月	主任医师
林发旺	男	汉	松阳	1967 年 9 月	松阳县人民医院	2009 年 12 月	主任医师

续表 48-2-5-2

姓　名	性别	民族	籍贯	出生年月	工作单位	审批时间	职　称
叶关毅	男	汉	松阳	1967 年 9 月	松阳县中医院	2009 年 12 月	主任医师
鲍晓红	女	汉	庆元	1964 年 12 月	丽水市中心医院	2010 年 11 月	主任医师
陈旭烽	男	汉	丽水	1972 年 10 月	丽水市中心医院	2010 年 11 月	主任医师
陈　颖	女	汉	缙云	1970 年 11 月	丽水市中心医院	2010 年 11 月	主任医师
何登伟	男	汉	松阳	1971 年 2 月	丽水市中心医院	2010 年 11 月	主任医师
李　琴	女	汉	青田	1969 年 10 月	丽水市中心医院	2010 年 11 月	主任医师
王家燕	女	汉	丽水	1971 年 3 月	丽水市中心医院	2010 年 11 月	主任医师
余琳玲	女	汉	临海	1972 年 6 月	丽水市中心医院	2010 年 11 月	主任医师
周丽红	女	汉	丽水	1968 年 5 月	丽水市中心医院	2010 年 11 月	主任医师
樊慧苏	女	汉	缙云	1966 年 12 月	丽水市人民医院	2010 年 11 月	主任医师
樊理华	女	汉	缙云	1971 年 12 月	丽水市人民医院	2010 年 11 月	主任医师
金淑美	女	汉	丽水	1966 年 11 月	丽水市人民医院	2010 年 11 月	主任医师
梅益斌	男	汉	云和	1970 年 3 月	丽水市人民医院	2010 年 11 月	主任医师
徐龙伟	男	汉	松阳	1970 年 2 月	丽水市人民医院	2010 年 11 月	主任医师
周小庆	男	汉	景宁	1964 年 10 月	丽水市人民医院	2010 年 11 月	主任医师
徐松泉	男	汉	缙云	1966 年 11 月	丽水市第二人民医院	2010 年 11 月	主任医师
梅少林	男	汉	景宁	1961 年 10 月	丽水市疾控中心	2010 年 11 月	主任医师
王桂兰	女	汉	缙云	1966 年 1 月	缙云县人民医院	2010 年 11 月	主任医师

二、主任中医师

表 48-2-5-3

姓　名	性别	民族	籍贯	出生年月	工作单位	审批时间	职　称
朱学葵	男	汉	义乌	—	丽水市中医院	1993 年 4 月	主任中医师
徐　煌	男	汉	淳安	—	庆元县中医院	1996 年 12 月	主任中医师
黄　曙	男	汉	—	—	丽水地区人民医院	1998 年 12 月	主任中医师
魏　争	女	汉	—	—	丽水地区人民医院	1998 年 12 月	主任中医师
沈水大	—	汉	—	—	丽水地区人民医院	1998 年 12 月	主任中医师
曾立言	男	汉	青田	—	丽水市中医院	1998 年 12 月	主任中医师
郑海焕	男	汉	—	—	丽水市中医院	1999 年 12 月	主任中医师
程法森	男	汉	—	—	丽水市中医院	1999 年 12 月	主任中医师
何世明	男	汉	龙泉	1949 年 2 月	龙泉市人民医院	2000 年 12 月	主任中医师
李新钟	男	汉	缙云	1943 年 8 月	缙云县中医院	2000 年 12 月	主任中医师
夏承义	男	汉	丽水	1954 年 9 月	丽水市中医院	2001 年 12 月	主任中医师
刘祖如	女	汉	云和	1957 年 8 月	云和县中医院	2001 年 12 月	主任中医师

续表 48-2-5-3

姓　名	性别	民族	籍贯	出生年月	工作单位	审批时间	职　称
戴子辰	男	汉	龙泉	1944 年 3 月	龙泉市中医院	2001 年 12 月	主任中医师
朱庚甫	男	汉	缙云	1950 年 5 月	缙云县中医院	2001 年 12 月	主任中医师
李松强	男	汉	缙云	1958 年 3 月	丽水市中医院	2002 年 12 月	主任中医师
叶一萍	女	汉	丽水	1957 年 1 月	丽水市人民医院	2002 年 12 月	主任中医师
吴迈青	女	汉	松阳	1957 年 5 月	松阳县人民医院	2003 年 12 月	主任中医师
林绿冬	男	汉	缙云	1959 年 11 月	丽水市中医院	2004 年 12 月	主任中医师
马翔华	男	汉	遂昌	1963 年 12 月	遂昌县中医院	2005 年 12 月	主任中医师
吴瑞华	男	汉	松阳	1950 年 12 月	松阳县中医院	2005 年 12 月	主任中医师
丁禹岩	男	汉	缙云	1946 年 12 月	缙云县中医院	2005 年 12 月	主任中医师
麻土兴	男	汉	缙云	1948 年 2 月	缙云县人民医院	2005 年 12 月	主任中医师
周月芬	女	汉	青田	1965 年 12 月	丽水市中心医院	2005 年 12 月	主任中医师
宋力伟	男	汉	丽水	1961 年 9 月	丽水市中医院	2006 年 12 月	主任中医师
刘昌富	男	汉	庆元	1954 年 4 月	庆元县人民医院	2006 年 12 月	主任中医师
吴红卫	女	汉	缙云	1964 年 9 月	丽水市妇幼保健院	2006 年 12 月	主任中医师
毛伟松	男	汉	余姚	1956 年 7 月	青田县人民医院	2006 年 12 月	主任中医师
宋贤武	男	汉	丽水	1960 年 9 月	丽水市中医院	2006 年 12 月	主任中医师
蒋李青	男	汉	景宁	1966 年 9 月	丽水市人民医院	2007 年 11 月	主任中医师
张小如	女	汉	龙泉	1965 年 12 月	丽水市人民医院	2007 年 11 月	主任中医师
王国夫	男	汉	缙云	1963 年 5 月	丽水市中心医院	2007 年 11 月	主任中医师
卢俊明	男	汉	缙云	1962 年 12 月	丽水市第二人民医院	2007 年 11 月	主任中医师
李云飞	男	汉	遂昌	1953 年 3 月	松阳县中医院	2007 年 11 月	主任中医师
潘成平	男	汉	黄岩	1954 年 11 月	青田县中医院	2007 年 11 月	主任中医师
吴肖妮	女	汉	庆元	1959 年 3 月	庆元县中医院	2007 年 11 月	主任中医师
刘志勤	女	汉	云和	1960 年 10 月	丽水市中心医院	2008 年 11 月	主任中医师
刘小菊	女	汉	丽水	1965 年 2 月	丽水市中医院	2008 年 11 月	主任中医师
江伟华	女	汉	丽水	1957 年 6 月	丽水市中医院	2008 年 11 月	主任中医师
王　津	女	汉	缙云	1967 年 3 月	丽水市中医院	2008 年 11 月	主任中医师
柳占元	男	汉	丽水	1960 年 1 月	丽水市中医院	2008 年 11 月	主任中医师
陈建峰	男	汉	缙云	1967 年 9 月	缙云县中医院	2008 年 11 月	主任中医师
王茜茜	女	汉	青田	1963 年 8 月	青田县人民医院	2008 年 11 月	主任中医师
吕雪霞	女	汉	缙云	1964 年 3 月	丽水市人民医院	2009 年 12 月	主任中医师
何光向	男	汉	景宁	1957 年 2 月	丽水市人民医院	2009 年 12 月	主任中医师
陈　慧	女	汉	温州	1958 年 3 月	丽水市中心医院	2009 年 12 月	主任中医师
张卫星	男	汉	遂昌	1966 年 2 月	丽水市中医院	2009 年 12 月	主任中医师

续表 48-2-5-3

姓　名	性别	民族	籍贯	出生年月	工作单位	审批时间	职　称
陈忠伟	男	汉	余姚	1962 年 10 月	青田县人民医院	2009 年 12 月	主任中医师
高　宏	男	汉	青田	1970 年 3 月	青田县中医院	2009 年 12 月	主任中医师
张兆和	男	汉	青田	1954 年 7 月	青田县中医院	2009 年 12 月	主任中医师
林祖辉	男	汉	丽水	1959 年 12 月	丽水市人民医院	2010 年 11 月	主任中医师
张巧玲	女	汉	丽水	1965 年 3 月	丽水市人民医院	2010 年 11 月	主任中医师
郑宋明	男	汉	龙泉	1955 年 1 月	丽水市人民医院	2010 年 11 月	主任中医师

三、主任护师

表 48-2-5-4

姓　名	性别	民族	籍贯	出生年月	工作单位	审批时间	职　称
陆树芬	女	汉	宁波	—	丽水地区人民医院	1993 年 4 月	主任护师
汤淑芳	女	汉	武义	—	丽水地区人民医院	1998 年 12 月	主任护师
施建英	女	汉	莲都	1959 年 7 月	丽水市中心医院	2006 年 12 月	主任护师
韩　蔚	女	汉	颍上	1957 年 10 月	丽水市人民医院	2006 年 12 月	主任护师
陈美华	女	汉	丽水	1953 年 10 月	丽水市人民医院	2007 年 11 月	主任护师
方国美	女	汉	丽水	1963 年 10 月	丽水市人民医院	2007 年 11 月	主任护师
吴丽仙	女	汉	丽水	1963 年 5 月	丽水市中心医院	2007 年 11 月	主任护师
周望京	女	汉	丽水	1960 年 6 月	丽水市中心医院	2008 年 11 月	主任护师
苏　慧	女	汉	缙云	1964 年 9 月	缙云县人民医院	2008 年 11 月	主任护师
熊菊芽	女	汉	遂昌	1959 年 6 月	松阳县中医院	2008 年 11 月	主任护师
李玉芬	女	汉	丽水	1961 年 10 月	丽水市人民医院	2009 年 12 月	主任护师
应秀华	女	汉	缙云	1964 年 9 月	丽水市人民医院	2009 年 12 月	主任护师
朱佩钦	女	汉	缙云	1965 年 2 月	丽水市人民医院	2009 年 12 月	主任护师
潘君玲	女	汉	松阳	1968 年 11 月	丽水市第二人民医院	2009 年 12 月	主任护师
金丽霞	女	汉	缙云	1965 年 9 月	丽水市中心医院	2009 年 12 月	主任护师
李金兰	女	汉	缙云	1956 年 10 月	丽水市中心医院	2009 年 12 月	主任护师
姚小群	女	汉	庆元	1962 年 4 月	龙泉市人民医院	2009 年 12 月	主任护师
潘红英	女	汉	缙云	1966 年 9 月	丽水市中心医院	2010 年 11 月	主任护师
危月球	女	汉	丽水	1966 年 1 月	丽水市中心医院	2010 年 11 月	主任护师
陈彩央	女	汉	缙云	1962 年 11 月	丽水市人民医院	2010 年 11 月	主任护师
李秋月	女	汉	缙云	1963 年 6 月	丽水市人民医院	2010 年 11 月	主任护师
吴益芬	女	汉	丽水	1965 年 1 月	丽水市人民医院	2010 年 11 月	主任护师
叶杰清	女	汉	缙云	1964 年 3 月	丽水市妇幼保健院	2010 年 11 月	主任护师
潘春凤	女	汉	松阳	1963 年 2 月	松阳县人民医院	2010 年 11 月	主任护师
诸丽萍	女	汉	松阳	1964 年 12 月	松阳县人民医院	2010 年 11 月	主任护师

续表 48-2-5-4

姓　名	性别	民族	籍贯	出生年月	工作单位	审批时间	职　称
李丽香	女	汉	松阳	1965 年 3 月	松阳县中医院	2010 年 11 月	主任护师

四、主任技师

表 48-2-5-5

姓　名	性别	民族	籍贯	出生年月	工作单位	审批时间	职　称
王继超	男	汉	东阳	1933	丽水市人民医院	1992 年 12 月	主任技师
陈永金	男	汉	东阳	—	丽水地区卫生防疫站	1997 年 12 月	主任技师
周刚彬	男	汉	青田	1943 年 3 月	丽水市卫生防疫站	2000 年 12 月	主任技师
张伟忠	男	汉	湖州	1946 年 4 月	龙泉市卫生防疫站	2000 年 12 月	主任技师
雷永良	男	畲	松阳	1963 年 1 月	丽水市中心血站	2002 年 12 月	主任技师
李国雄	男	汉	青田	1952 年 12 月	丽水市中心医院	2005 年 12 月	主任技师
武蓉珍	女	汉	丽水	1969 年 9 月	丽水市中心医院	2008 年 11 月	主任技师
朱丽萍	女	汉	缙云	1967 年 5 月	丽水市中心医院	2008 年 11 月	主任技师
赵龙友	男	汉	丽水	1965 年 1 月	丽水市中心血站	2008 年 11 月	主任技师
赵德忠	男	汉	青田	1967 年 7 月	青田县人民医院	2010 年 11 月	主任技师

五、主任药师、中药师

表 48-2-5-6

姓　名	性别	民族	籍贯	出生年月	工作单位	审批时间	职　称
李水福	男	汉	—	—	丽水市食品药品检验所	1992 年 12 月	主任中药师
田伟强	男	汉	缙云	1963 年 8 月	丽水市中心医院	2001 年 12 月	主任药师
徐璐敏	女	汉	山东	1956 年 3 月	丽水市中心医院	2004 年 12 月	主任药师
陈琴鸣	男	汉	缙云	1966 年 2 月	丽水市食品药品检验所	2005 年 12 月	主任药师
丁以华	女	汉	缙云	1965 年 1 月	缙云县人民医院	2007 年 11 月	主任药师
阙建伟	男	汉	松阳	1967 年 10 月	遂昌县中医院	2007 年 11 月	主任药师
周云芳	男	汉	庆元	1969 年 10 月	丽水市第二人民医院	2008 年 11 月	主任药师
张利平	女	汉	缙云	1963 年 10 月	丽水市人民医院	2009 年 12 月	主任药师
何伟珍	女	汉	缙云	1965 年 11 月	丽水市中心医院	2010 年 11 月	主任药师
沈才宏	男	汉	景宁	1971 年 4 月	丽水市妇幼保健院	2010 年 11 月	主任药师

高校正高级专业技术职务获得者一览

表 48-2-5-7

姓　名	性别	民族	籍贯	出生年月	工作单位	审批时间	职　称
胡一华	男	汉	江苏	1935 年	丽水师范专科学校	—	教　授
赵治中	男	汉	缙云	1936 年 6 月	丽水师范专科学校	1995 年 11 月	教　授

续表 48-2-5-7

姓　名	性别	民族	籍贯	出生年月	工作单位	审批时间	职　称
雷弯山	男	汉	丽水	1950 年	中共丽水地委党校	1997 年 11 月	教　授
吕立汉	男	汉	缙云	1955 年 9 月	丽水师范专科学校	2000 年 12 月	教　授
谢林森	男	汉	上海	1957 年 10 月	丽水师范专科学校	2000 年 12 月	教　授
熊春华	男	汉	莲都	1959 年 4 月	丽水师范专科学校	2000 年 12 月	教　授
郑云法	男	汉	缙云	1954 年 4 月	丽水师范专科学校	2001 年 11 月	教　授
朱土兴	男	汉	缙云	1949 年 12 月	丽水师范专科学校	2001 年 11 月	教　授
尹钦林	男	汉	仙居	1942 年 1 月	丽水师范专科学校	2002 年 12 月	教　授
史炳军	男	汉	陕西	1965 年 1 月	丽水师范专科学校	2002 年 12 月	教　授
张建平	男	汉	山东	1954 年 5 月	丽水师专职业技术学院	2002 年 12 月	教　授
陈海燕	女	汉	仙居	1963 年 6 月	丽水师专	2003 年 11 月	教　授
郑春龙	男	汉	缙云	1963 年 4 月	丽水师专	2003 年 11 月	教　授
余德华	男	汉	遂昌	1963 年 11 月	丽水师专	2003 年 11 月	教　授
徐龙年	男	汉	龙泉	1944 年 1 月	丽水师专	2003 年 11 月	教　授
金晓峰	男	汉	台州	1957 年 11 月	丽水师专	2004 年 11 月	教　授
彭小明	男	汉	云和	1963 年 7 月	丽水师专	2004 年 11 月	教　授
程建平	男	汉	松阳	1959 年 1 月	丽水师专	2004 年 11 月	教　授
方建平	男	汉	莲都	1962 年 9 月	丽水学院	2006 年 1 月	教　授
朱加民	男	汉	义乌	1964 年 12 月	丽水学院	2006 年 1 月	教　授
张寿松	男	汉	遂昌	1965 年 4 月	丽水学院	2006 年 1 月	教　授
金加升	男	汉	永康	1962 年 12 月	丽水学院	2006 年 1 月	教　授
朱庆华	男	汉	义乌	1964 年 3 月	丽水学院	2006 年 1 月	教　授
汪建云	男	汉	建德	1955 年 7 月	丽水职业技术学院	2006 年 1 月	教　授
陈国锋	男	汉	浦江	1953 年 2 月	丽水职业技术学院	2006 年 1 月	教　授
卢显文	男	汉	东阳	1963 年 11 月	丽水广播电视大学	2006 年 11 月	教　授
蓝家城	男	畲	龙泉	1964 年 7 月	丽水学院	2006 年 11 月	教　授
林植华	男	汉	缙云	1965 年 10 月	丽水学院	2006 年 11 月	教　授
徐子勇	男	汉	永康	1960 年 9 月	丽水学院	2006 年 11 月	教　授
吕绍明	男	汉	缙云	1951 年 8 月	丽水学院	2006 年 11 月	教　授
赵理强	男	汉	缙云	1952 年 10 月	丽水学院	2006 年 11 月	教　授
刘　京	男	汉	余姚	1967 年 9 月	丽水学院	2006 年 11 月	教　授
杨乐平	男	汉	山东	1959 年 3 月	丽水学院	2006 年 11 月	教　授
梁伟样	男	汉	新昌	1965 年 7 月	丽水职业技术学院	2006 年 12 月	教　授
胡德华	男	汉	缙云	1957 年 5 月	丽水职业技术学院	2006 年 12 月	教　授
阙忠东	男	汉	松阳	1960 年 8 月	中共丽水市委党校	2006 年 12 月	教　授

续表 48-2-5-7

姓　名	性别	民族	籍贯	出生年月	工作单位	审批时间	职　称
程　坚	男	汉	东阳	1948 年 10 月	丽水职业技术学院	2007 年 12 月	教　授
杨云峰	男	汉	松阳	1966 年 8 月	丽水职业技术学院	2007 年 12 月	教　授
叶挺梅	女	汉	云和	1954 年 4 月	丽水学院	2007 年 12 月	教　授
李淑红	女	汉	丽水	1960 年 3 月	丽水学院	2007 年 12 月	教　授
任清褒	男	汉	宁海	1962 年 3 月	丽水学院	2007 年 12 月	教　授
朱海平	男	汉	缙云	1963 年 5 月	丽水学院	2007 年 12 月	教　授
杨建伟	男	汉	松阳	1957 年 4 月	丽水学院	2007 年 12 月	教　授
吕耀平	男	汉	缙云	1967 年 9 月	丽水学院	2008 年 11 月	教　授
蓝森华	男	畲	丽水	1966 年 4 月	丽水学院	2008 年 11 月	教　授
马正义	男	汉	东阳	1965 年 10 月	丽水学院	2008 年 11 月	教　授
李江波	男	汉	富阳	1961 年 2 月	丽水学院	2008 年 11 月	教　授
邹建利	男	汉	青田	1965 年 9 月	丽水学院	2008 年 11 月	教　授
王　赳	女	汉	丽水	1969 年 3 月	丽水学院	2008 年 11 月	教　授
麻朝晖	男	汉	缙云	1970 年 7 月	丽水学院	2008 年 11 月	教　授
吕　鸿	女	汉	缙云	1961 年 2 月	丽水学院	2008 年 11 月	教　授
施林妹	女	汉	丽水	1965 年 9 月	丽水职业技术学院	2008 年 11 月	教　授
余德松	男	汉	东阳	1961 年 12 月	丽水职业技术学院	2008 年 11 月	教　授
宋狄雷	男	汉	缙云	1952 年 8 月	丽水职业技术学院	2008 年 11 月	教　授
吴香梅	女	汉	松阳	1971 年 7 月	丽水学院	2009 年 11 月	教　授
叶萍恺	男	汉	义乌	1960 年 1 月	丽水学院	2009 年 11 月	教　授
吴晅晔	男	汉	丽水	1964 年 4 月	丽水学院	2009 年 11 月	教　授
马松华	男	汉	山东	1962 年 9 月	丽水学院	2009 年 11 月	教　授
吴越滨	男	汉	永康	1963 年 6 月	丽水学院	2009 年 11 月	教　授
陈乐燕	女	汉	海南	1965 年 9 月	丽水学院	2009 年 11 月	教　授
杨俊才	男	汉	缙云	1964 年 10 月	丽水学院	2009 年 11 月	教　授
洪耀辉	男	汉	缙云	1966 年 5 月	丽水广播电视大学	2009 年 11 月	
王碧秀	女	汉	缙云	1964 年 11 月	丽水职业技术学院	2009 年 11 月	教　授
潘芝梅	女	汉	松阳	1962 年 2 月	丽水职业技术学院	2009 年 11 月	教　授
陈吴兴	男	汉	青田	1952 年 6 月	丽水学院	2010 年 12 月	教　授
方哲红	女	汉	丽水	1965 年 5 月	丽水学院	2010 年 12 月	教　授
郭献进	男	汉	苍南	1963 年 1 月	丽水学院	2010 年 12 月	教　授
黄巧玲	女	汉	松阳	1965 年 7 月	丽水学院	2010 年 12 月	教　授
罗高峰	男	汉	遂昌	1965 年 10 月	丽水学院	2010 年 12 月	教　授
潘丽萍	女	汉	福建	1957 年 1 月	丽水学院	2010 年 12 月	教　授

续表 48-2-5-7

姓　名	性别	民族	籍贯	出生年月	工作单位	审批时间	职　称
杨明华	男	汉	湖南	1971 年 6 月	丽水学院	2010 年 12 月	教　授
张建平	男	汉	山东	1954 年 5 月	丽水学院	2010 年 12 月	教　授
赵　鹏	女	汉	吉林	1964 年 12 月	丽水学院	2010 年 12 月	教　授
王德洪	男	汉	缙云	1965 年 6 月	丽水职业技术学院	2010 年 12 月	教　授
王培才	男	汉	青田	1965 年 1 月	丽水职业技术学院	2010 年 12 月	教　授

工程技术人员正高级专业技术职务获得者一览

表 48-2-5-8

姓 名	性别	民族	籍贯	出生年月	工作单位	审批时间	职　称
谢森达	男	汉	丽水	—	丽水市环境监测中心站	1998 年 6 月	教授级高级工程师
盛纯乐	男	汉	兰溪	—	丽水市压轴厂	1998 年 6 月	教授级高级工程师
吴其张	男	汉	芜湖	—	丽水地区水电设计研究院	1998 年 6 月	教授级高级工程师
乐法文	男	汉	镇江	—	龙泉市水电设计所	1998 年 6 月	教授级高级工程师
吴鸣翔	男	汉	浦江	1936 年	庆元县林业技术推广站	1998 年 6 月	教授级高级工程师
张海南	男	汉	青田	1950 年 2 月	丽水市水电设计院	2000 年 12 月	教授级高级工程师
蔡　瑢	男	汉	松阳	1954 年 9 月	丽水市环境保护监测站	2000 年 12 月	教授级高级工程师
程秋波	男	汉	永康	1940 年 10 月	丽水市林业技术指导站	2000 年 12 月	教授级高级工程师
马凤钟	男	汉	缙云	1958 年 3 月	丽水市矿产监督站	2000 年 12 月	教授级高级工程师
斯金平	男	汉	义乌	1964 年 5 月	丽水市林业科学研究所	2001 年 12 月	教授级高级工程师
丁彩霄	女	汉	缙云	1954 年 12 月	丽水市环境监测中心站	2002 年 12 月	教授级高级工程师
赵立强	男	汉	缙云	1962 年 2 月	丽水市国土资产管理所	2003 年 12 月	教授级高级工程师
吴隆高	男	汉	龙泉	1944 年 4 月	龙泉市林业技术推广中心	2003 年 12 月	教授级高级工程师
陈万平	男	汉	山东	1960 年 1 月	浙江省凯恩特种材料股份有限公司	2003 年 12 月	教授级高级工程师
吕庆华	男	汉	缙云	1955 年 11 月	丽水市环境监测中心站	2004 年 12 月	教授级高级工程师
傅秋华	男	汉	遂昌	1964 年 9 月	遂昌县林业局	2004 年 12 月	教授级高级工程师
徐耀坤	男	汉	兰溪	1952 年 2 月	丽水学院	2006 年 2 月	教授级高级工程师
王耀新	男	汉	缙云	1945 年 8 月	丽水学院	2006 年 2 月	教授级高级工程师
吴礼栋	男	汉	江山	1955 年 2 月	遂昌县森林资源管理总站	2006 年 2 月	教授级高级工程师
王春能	男	汉	遂昌	1954 年 10 月	丽水市经济开发区投标服务中心	2006 年 12 月	教授级高级工程师
应国华	男	汉	缙云	1963 年 5 月	丽水市林业科学研究所	2006 年 12 月	教授级高级工程师
贾亚妮	女	汉	上虞	1953 年 8 月	丽水市农作物站	2006 年 12 月	教授级高级工程师
吴跃明	男	汉	丽水	1962 年 1 月	丽水市环境监测中心站	2006 年 12 月	教授级高级工程师
陈小荣	女	汉	青田	1964 年 11 月	丽水市建筑工程施工图审查中心	2006 年 12 月	教授级高级工程师
赵仁友	男	汉	丽水	1962 年 9 月	丽水市林业局	2007 年 12 月	教授级高级工程师

续表 48-2-5-8

姓 名	性别	民族	籍贯	出生年月	工作单位	审批时间	职 称
钭加挺	男	汉	缙云	1948 年 2 月	燕京啤酒(仙都)有限公司	2007 年 12 月	教授级高级工程师
王 帅	男	汉	萧山	1957 年 8 月	丽水市土管局	2007 年 12 月	教授级高级工程师
李 峰	男		衢州	1963 年 2 月	浙江利民化工有限公司	2008 年 12 月	教授级高级工程师
何小勇	男	汉	丽水	1967 年 12 月	丽水市科普工作站	2008 年 12 月	教授级高级工程师
厉旭东	男	汉	丽水	1969 年 10 月	丽水市城建测量队	2009 年 12 月	教授级高级工程师
徐象华	男	汉	永嘉	1966 年 3 月	丽水市林业科学研究院	2009 年 12 月	教授级高级工程师
丁丽慧	男	汉	丽水	1963 年 6 月	丽水市林业种苗管理站	2009 年 12 月	教授级高级工程师
李子山	男	汉	遂昌	1962 年 3 月	遂昌县农业技术推广中心	2009 年 12 月	教授级高级工程师
练发良	男	汉	庆元	1965 年 11 月	丽水市林业科学研究院	2010 年 12 月	教授级高级工程师
项 武	男	汉	龙泉	1968 年 12 月	丽水市财政局地方税务局信息中心	2010 年 12 月	教授级高级工程师

科研人员正高级专业人员技术职务获得者一览

表 48-2-5-9

姓 名	性别	民族	籍贯	出生年月	工作单位	审批时间	职 称
周炳元	—	汉	丽水	—	丽水地区水产技术推广站	1994 年 12 月	农业推广研究员
童雪松	男	汉	兰溪	—	丽水地区农科所	1995 年 12 月	研究员
刘小丽	女	汉	义乌	—	丽水地区建筑设计研究院	1999 年 7 月	研究员
应 康	男	汉	缙云	—	丽水地区建筑设计研究院	1999 年 7 月	研究员
诸葛蓉	男	汉	缙云	1949 年 2 月	丽水市党史方志办	2009 年 12 月	研究员
张 奇	男	汉	丽水	1970 年 2 月	丽水学院	2009 年 11 月	研究员
何建清	男	汉	松阳	1957 年 3 月	丽水市农作物站	2010 年 12 月	农业技术推广研究员
施德东	男	汉	永康	1960 年 11 月	丽水学院	2010 年 12 月	研究员

文物、图书、新闻、美术、律师正高级专业人员技术职务获得者一览

表 48-2-5-10

姓 名	性别	民族	籍贯	出生年月	工作单位	审批时间	职 称
马新川	男	汉	北京	—	丽水地区艺术中心	1999.10	研究馆员
王 迅	男	汉	丽水	1959 年 11 月	丽水市群众艺术馆	2002.12	研究馆员
杨根祥	男	汉	丽水	1951 年 3 月	丽水市群众艺术馆	2002.12	研究馆员
陈江风	男	汉	景宁	1957 年 7 月	丽水市群众艺术馆	2003.12	研究馆员
陈惠民	男	汉	上海	1946 年 11 月	云和县图书馆	2003.12	研究馆员
李 平	男	汉	温州	1948 年 1 月	丽水市群众艺术馆	2004.12	研究馆员
薛学久	男	汉	江苏	1946 年 5 月	丽水市艺术研究中心	2004.12	研究馆员
赵建华	女	汉	温州	1959 年 11 月	丽水市群众艺术馆	2005.12	研究馆员

续表 48-2-5-10

姓 名	性别	民族	籍贯	出生年月	工作单位	审批时间	职　称
毛玉清	女	汉	庆元	1957 年 11 月	丽水市科技信息中心	2008 年 12 月	研究馆员
潜国平	男	汉	丽水	1951 年 10 月	莲都区文化馆	2008 年 12 月	研究馆员
沈月琴	女	汉	湖州	1957 年 1 月	丽水市群众艺术馆	2009 年 12 月	研究馆员
钟丽华	女	畲	景宁	1961 年 6 月	丽水市群众艺术馆	2010 年 12 月	研究馆员
张　健	男	汉	丽水	1963 年 4 月	丽水市莲都区工人文化馆	2010 年 12 月	研究馆员
蓝友梅	女	畲	云和	1960 年 9 月	云和县文化馆	2010 年 12 月	研究馆员
应为众	男	汉	永康	1953 年 9 月	丽水电视台	2004 年 12 月	高级编辑
叶增恩	男	汉	丽水	1953 年 8 月	丽水日报社	2008 年 12 月	高级编辑
钟　琦	男	汉	绍兴	1949 年 11 月	龙泉市博物馆	2008 年	研究馆员
徐国跃	男	汉	松阳	1963 年 10 月	丽水市广播电视台	2010 年 12 月	高级编辑
尹舒拉	男	汉	青田	1954 年 12 月	丽水市画院	2001 年 12 月	一级美术师
王晓球	女	汉	青田	1954 年 4 月	丽水画人之家旅游有限公司	2008 年 12 月	一级美术师
柯德寿	男	汉	永康	—	丽水地区律师事务所	—	一级律师
李光耀	男	汉	山东	1960 年 6 月	浙江晟耀律师事务所	2010 年 11 月	一级律师

第六节　享受国务院特殊津贴专家

1992—2010 年，丽水市有享受国务院特殊津贴专家 47 人，其中市区 26 人、龙泉市 5 人、青田县 1 人、云和县 1 人、庆元县 3 人、缙云县 3 人、遂昌县 4 人、松阳县 3 人、景宁 1 人。

1992—2010 年丽水享受国务院特殊津贴专家一览

表 48-2-6-1

姓 名	性别	审批年份	单　　位	技术职称
吴克甸	男	1992	庆元县食用菌研究所	高级农艺师
吴鸣翔	男	1992	庆元县林技站	高级工程师
方基兴	男	1992	地区人民医院	主任医师
童雪松	男	1992	地区农科所	研究员
吴其张	男	1992	地区水电设计院	高级工程师
詹鸿鹏	男	1992	丽水市人民医院	主任医师
盛纯乐	男	1992	丽水市压铸厂	高级工程师
徐朝兴	男	1992	龙泉市青瓷研究所	高级工艺美术师
丁茂干	男	1992	龙泉市农技推广站	高级农艺师
邵　恺	男	1992	遂昌造纸厂	高级工程师
俞德珍	男	1992	遂昌县农业局	高级畜牧师

续表 48-2-6-1

姓 名	性别	审批年份	单 位	技术职称
陈汉林	男	1992	松阳县林技站	高级工程师
陈春平	男	1993	丽水师专	高级工程师
张爱廷	男	1993	青田石雕厂	高级工艺美术师
乐法文	男	1993	龙泉市水电局	高级工程师
吴献昌	男	1993	缙云县农业局	高级农艺师
邹福安	男	1993	丽水市人民医院	主任医师
黄永源	男	1993	地区防疫站	主任医师
毛正聪	男	1993	龙泉市青瓷研究所	高级工艺美术师
程秋波	男	1993	地区营林公司	高级工程师
陈美定	男	1993	云和县农业局	高级农艺师
包闻书	男	1993	松阳县农业局	高级农艺师
赵长林	男	1993	遂昌农场	高级农艺师
夏侯文	男	1993	龙泉市青瓷研究所	高级工艺美术师
陈永金	男	1994	地区防疫站	副主任技师
谭丽珊	女	1995	地区植保站	高级农艺师
陈　晓	男	1995	缙云县水电设计室	高级工程师
张　诚	男	1996	丽水市人民医院	主任医师
余太明	男	1996	庆元县营林公司	高级工程师
江　吟	男	1996	松阳师范	高级讲师
方宗桥	男	1997	丽水市人民医院	主任医师
董祖淦	男	1997	地区农科所	高级农艺师
童的科	男	1998	地区种子公司	高级农艺师
吴亦志	男	1998	地区人民医院	主任医师
张海南	男	1999	地区水电设计院	高级工程师
张海泉	男	1999	地区人民医院	主任医师
韦铁民	男	2000	丽水市中心医院	主任医师
陈万平	男	2000	浙江遂昌凯恩集团有限公司	高级工程师
蔡　瑢	男	2002	丽水市环境监测中心站	教授级高级工程师
陈志勇	男	2004	丽水中学	高级教师
谢林森	男	2004	丽水学院	教授
周永强	男	2004	丽水市中心医院	主任医师
朱土兴	男	2006	丽水学院	教授
刘忠达	男	2006	丽水市中医院	主任医师
雷后兴	男	2008	丽水市中医院	主任医师
柳敏敏	女	2008	景宁畲族自治县教育研训中心	中级高级教师
林伟明	男	2010	缙云县金马逊机械有限公司	教授级高级工程师

索 引

主题索引

0—9

A

B

D

F

G

H

J

K

L

M

O

P

Q

R

S

T

W

Z

图表索引

编 后 记

《丽水市志》历经十三载，终于付梓出版，我们备感欣慰，亦有惶恐。

《尚书•多方》有言，“惟殷先人，有册有典”。这是丽水自2000年撤地设市后编修的第一部市志，也是在中华人民共和国成立后编修的第二部志书。新一轮修志在中共丽水市委、丽水市人民政府领导下，由丽水市地方志办公室组织实施。2008年10月17日，市委办公室、市政府办公室联合下发《关于印发〈丽水市修编地方志工作方案〉的通知》。10月21日，全市修志工作动员大会召开，标志着《丽水市志》编修工作正式启动。11月，市地方志办公室成立《丽水市志》编辑部，搭建修志工作专班，由本室业务骨干、部分首轮修志人员和社会人士等组成，并配备修志办公设施。同时，编制印发《丽水市二轮志书编纂手册》。

2008年11月起，《丽水市志》编修进入资料征集阶段。新一轮市志编修涉及承编部门和单位131家。市志编辑部一班人按照各自分工，分头到各部门和单位督促检查修志工作，并和部门领导、承编人员研讨交流篇目优化方案，指导各篇细目制定、资料收集和志稿编写工作，并对各单位提出的问题与困难进行释疑解难。对于那些不能落实到具体承编部门和单位的篇目，如自然环境、政区、经济综情、经济体制改革、文献著述、方言、习俗等篇章，则由市地方志办公室牵头，面向社会公开招标。对一些重点、难点、资料征集落实难度大的部门和单位，由市地方志办公室领导出面，与其主要领导进行沟通交流，要求尽快落实人员，明确时限，制订计划，落实目标，共同想方设法帮助完成资料征集。但工作进度不甚如意，始终在艰难推进中跋涉、资料征集中徘徊。至2015年6月，除少数单位外，绝大多数单位和部门完成资料征集第一阶段任务，初步形成市志资料长编，共60篇860万字。

2015年7月起，新一轮市志编修进入实质编辑和分纂阶段。我们按照市领导的指示和要求，把修志工作作为头等大事来抓，从零开始，从每一个细节做起，认真细致地做实、做好基础工作。市志编辑部全员发动，迅速行动，实行半月一例会制度，重点是按志书文风体例规范志稿，消肿压缩，提炼概括，力争用半年时间，完成第一次分纂任务。工作之初，我们首先明确这部《丽水市志》的定位。这是丽水撤地设市后编修的第一部贯穿古今的志书，它不同于续修，又有续修的成分。从地级丽水市的角度看，它其实是一部通志。所以，在历史沿革、重大事件、民俗文化等内容上与《丽水地区志》和《丽水市志》(县级)既有衔接、有覆盖，又相对独立、有区别。这就要求我们必须与时俱进，不拘泥于旧框框，大胆创新。

由于部分篇章资料征集难度大，导致整部志稿资料征集进度差距甚大。市志编辑部适时充实市志编辑部力量，调整工作计划和时间安排，对资料征集与志稿初编、分纂采取滚动式推进工作方法，征集和编纂同时交叉进行。对征集到的资料长编稿，由责任编辑进行初步编辑和修改，并及时将修改补充意见反馈给承编部门；能够成篇的资料，由各责任编辑进行分纂；对一些重点部类资料，如政区、自然环境、农业、工业、林业、工艺美术业、旅游、文化、商贸、精神文明建设等，承编单位确实无法单独完成的，市地方志办公室聘请熟悉情况、文字水平较高且具备一定修志基础的的7名同志参与征集与分纂把关，确保资料的准确性和权威性。2015年11月9—10日，市志编辑部在景宁畲族自治县召开全市地方志工作会议暨《丽水市志》编辑部会议，贯彻落实《全国地方志事业发展规划纲要（2015—2020年）》文件精神，专题研究《丽水市志》重点篇章纲目框架工作。应该说，从2015年7月开始，市地方志办公室是下了狠心，也是下了狠力的，更是有成效的。市志编辑部在背水一战中，进一步摸清底细，理清思路，细化措施，取得了来之不易的成绩。2015年7—12月，市志编辑部完成第一轮志稿分纂任务，将汇总形成非常粗糙的60篇市志资料长编稿，经过消肿、修改、补充、完善等工作，编辑提炼成志稿雏形，形成450多万字的市志分纂第一稿。

2016年，市志编辑部强力推进分纂工作。3月3日，副市长戚永远到市方志办专题调研地方志工作，对新一轮市志编修工作给予大力的指导和支持，为我们送来了温暖和关爱。他高度肯定了市地方志办公室全员参与修志，主动加强与各承编单位的协调联系，争取各部门、单位的配合和支持的成功做法。他同时强调，市政府将根据《〈丽水市志〉篇目结构及承编单位工作分工》的要求，认真贯彻落实"政府主持修志"的工作责任，加大对市志编修的支持力度，将市志编修工作列入年度工作目标，并牵头开展二轮修志督查。3月10日，市委副书记、市长朱晨主持召开丽水市地方志编纂委员会成员扩大会议，研究贯彻落实全国地方志事业发展规划纲要精神，加快推进全市二轮修志工作，并对二轮修志工作提出"进度要加快、质量要保障、特色要鲜明、保障要有力"的明确要求，强调要"把二轮志书编纂任务具体化、项目化、责任化，挂出作战图、制定项目书、设定目标值、倒排时间表、落实责任制，以过硬作风推动二轮修志取得成效，确保完成二轮修志任务"。3月中旬，市志编辑部开展市志分纂第一稿增补删减工作，将第一轮分纂时发现的问题发回各承编责任单位补充完善。3月21日，市委书记史济锡到市地方志办公室调研工作，并强调："强化责任，坚定史志工作信念；积极主动，力求史志编研有实效；运用成果，发挥资政育人作用"。3月底，市志编辑部专程到南京市地方志办公室，学习编纂《南京市志》成功经验，与《南京市志》编修专家学者交流修志做法，受益匪浅。6月，市志编辑部基本收回各单位修改补充后的志稿，同步进行再分纂再修改再完善。9月，形成420多万字的市志分纂第二稿，送交省方志办专家审读。

2017年起，新一轮市志进入分纂与总纂并行阶段。1月7日至10日，市志编辑部在遂昌县汤公度假大酒店召开二轮志书篇章结构专家论证会，对志稿篇目结构再论证再优化。借鉴《南京市志》《杭州市志》等出版的优质二轮志书的成功做法，在充分听取专家意见建议的基础上，将原61篇的小篇结构调整提炼为47篇的中小篇结构，使市志成功与二轮志书篇章结构接轨，较好地突破了一轮志书篇章框架的束缚。同时，举办《丽水市志》编纂业务培训会，邀请《杭州市志》执行主编李忠民老师对全体编辑人员进行系统、全面的业务培训，规范总纂标准，提升业务水平。2月开始，市志编辑部开展第三轮志稿总纂攻坚工作。2月7日，春节上班后第三天，市地方志办公室就召开主任办公会议，专题研究2017年度编纂实施方案，就总纂人员确定、工作任务落实、工作计划安排、总纂质量标准等问题进行了深入而细致的讨论，明确提出2017年9月底形成市志总纂初审稿的目标。其后经过多次研讨、论证、修改、调整。2月14日，市志编辑部召开了《丽水市志》总纂第一次例会，就志稿主纂目标任务、责任分工、编纂标准等进行部署及培训，通过“解剖麻雀”，进行典型分析，形成共识，志书编修进入深加工、提高质量的关键环节。同时，全面开展市志地图与照片的征集工作。截至2017年7月底，市志编辑部先后组织开展了21次总纂工作例会，初步形成总纂篇目47篇、455万字的市志总纂初审稿。2017年上半年的工作，从数量上来看，已较好地完成了阶段任务；但从总纂质量来看，市志总纂志稿尚有一些不如意的地方；从工作强度、工作进度来看，市志总纂进度还是有点滞后。2018年1月3日，元旦节后第一天，副市长卢彩柳专题到市地方志办公室调研指导二轮修志工作，肯定市地方志办公室工作抓得很实很紧，主动作为，体现了冷部门热奉献的良好精神状态，并对下一阶段修志工作提出了明确要求，要求市志编辑部秉持“坚守坚持、淡泊名利、秉笔直书、甘于奉献”的修志人精神，努力打造丽水方志铁军，如期完成二轮修志任务。市志编修专班进入了长达一年的总纂稿打磨修改阶段，一年内召开了总纂工作例会25次。

2018年，新一轮市志进入初审阶段。12月16至17日，丽水市地方志办公室召开《丽水市志》初审会议，邀请省、市、县三级专家学者对总纂志稿从体例、框架、内容、文字等方面进行审稿，指出有部分内容的资料严重欠缺，有些篇目框架需继续调整，记述时间空间要统一明确，重复交叉的内容要做好处理等。初审会议之后，市志编辑部既正视问题，又正视困难，继续开展初审后修改工作，对终审稿进行精雕细磨，消灭各种硬伤，及时抓好调整、修改、补充和完善工作。根据科学分类和社会分工，继续完善篇目结构，分情况或大调或微调，补充重要缺项，删除多余项目，或析立或移并，或升位或降格，突出重点、特点，消除重目、背题，规范标目及其统属、排列；利用现成资料，补充全市或行业宏观和微观的记述，减少以点代面或有面无点、有头无尾或有尾无头、或主线不完整的记述，完善记述要素。此外，还着重整理一些篇首的无题序和文中表格，尽力消除部门志痕迹、流水账或总结报告式等的记述。至2019年6月，形成市志复审志稿，计47篇、460多万字。

2019年，新一轮市志进入复审阶段。9月26日，浙江省人民政府地方志办公室主持召开《丽水市志》复审会议。来自全国各地方志部门的专家、学者，在充分肯定志稿的同时，提出宝贵意见。市志编辑部对复审领导、专家意见进行细致梳理、择善而从，对志稿进行再修改深加工。比如：对部分篇章追溯上限前过于久远的内容进行压缩、精简；对有关丽水地方特色的内容加以浓墨重彩地记述；对个别篇章的一些记述内容作进一步选择，写好断限内的变化；对部分篇设置的章节进行归并调整；对过于详细冗长的内容进行删节合并；对总结式、评价式、空洞虚泛的语言进行删除、精简；对一年一记的流水账式写法进行综合归纳；对图照编排顺序的调整、数据进行排查核实，等等。其间，多次召开市志总纂修改工作例会，专题研究解决修改中遇到复杂难点问题，达成总纂共识，统一修改口径。同时，组织力量连续攻克市志总述撰写、篇下无题序修改、专记补记、彩页图片编辑等关键工程，并进一步优化篇目结构，对个别篇目进行较大幅度调整与充实，优化内容记述，加强数据校核，充实有关篇章内容，妥善处理志稿重复交叉内容。10月，形成市志终审志稿。其间，方志出版社给予了极大关心、支持，提前介入有关工作，帮助规范市志志稿。

2020年，市志进入终审阶段。市志编辑部重新调配精干力量，成立总纂攻坚工作专班，实行“三集中”(集中力量、集中时间、集中办公)。这一时期，我们着重从四个方面着手，进入终审前的再修改：一是根据志书编修最新规范要求，调整篇目结构，优化志书体例，包括确定总体规模，控制篇幅比重，精简篇目层次，突出地方特点，合理归属内容，处理交叉重复，提炼、规范观点；二是把握政治观点，深化志书内容，包括从多角度强化政治内容、准确反映历次重大生产关系变革、坚持实事求是的原则；三是反复核补史实，纯化志书资料；四是锤炼语言文字，净化志书语言，统一文体文风，务求精练、准确，恪守行文规则；五是努力体现地方特色，进一步删除或压缩共性资料，删削芜杂浮华之词，增补有特色的内容，“升格”最有特色的篇章，加强综合性的记述。市志编辑部克服种种困难，战胜诸多挑战，于2020年10月形成终审志稿，呈送市委、市人大、市政府、市政协分管领导，分送经济、建设、教育、文化等39家重点部门和单位进行审阅验收。12月15日，丽水市地方志编纂委员会召开《丽水市志》终审会议，市委副书记、市长吴晓东在会前亲自审阅志稿并拟定终审时间，后因与省人民政府召开的紧急会议时间冲突，特委托市委副书记李锋出席会议。市志终审志稿在会上获得了高度评价和充分肯定，并顺利通过终审。市志编辑部逐一落实修改专家意见，全面校对、核实、修改文字错漏、数据矛盾、表述不当等情况，同时进一步优化结构、裁剪材料、完善内容。

2021年，市志进入审改出版阶段，开始进行深度编辑、总纂统稿和送出版社审稿、排版设计插图、专家审读校对、报省人民政地方志办公室终审。市志编辑部根据方志出版社提出的“三校”意见，实施全过程质量控制，遵循科学、严谨的质量要求，围绕政治标准、框架设计标准、资料标准、体例标准、条目标准、行文标准六个方面进行审校修正：政治标准严格贯彻落实习近平新时代中国特色社会主义思想，与新时期党的民族政策、宗教政策、统战政策、外交政策和保密的有关规定相吻合；框架设计注重完整性、均衡性、特色性、创新性；文字资料、数据资料、图片资料和图表资料注重真实性、全面性和系统性；条目设置注重分类标准统一性和主题内容完整性，概括全文无遗漏，概念明确无歧义；行文注重规范，文风注重严谨、朴实、准确，不说空话、套话。

2022年3月底，市志编辑部完成终审修改，按照“齐、清、定”要求，报浙江省人民政府地方志办公室、丽水市政府验收批准。期间，我们严把出版标准关，严格执行差错控制要求、版式要求、装帧要求和印刷要求，进行多轮审核校正，确保内文版面设计美观简洁，装帧典雅大方，封面设计主题鲜明，彩页设计色调高雅；印刷字迹清晰，不残、不糊、不掉；装订坚固、准确，不缺页、不重页、不串页、不倒页。2022年8月，《丽水市志》正式由方志出版社出版。《丽水市志》最终定格为48篇318章1101节，640余万字，并在志首设序言、凡例、专记、总述、大事记，志末置索引、编后记，还辑录地图7幅、照片128帧、专记4篇。

回顾市志总纂历程，主纂加工非常关键，执行主编尤为重要。我们在甄选主纂人选时，特别注重品行和学识，能够坚定坚持辩证唯物论和唯物史观，坚持实事求是的科学态度，坚持秉笔直书，不作曲笔，不为尊者、亲者讳，主持公道，不持门户之见，不抄袭，不因循，不掠人之美，不书荒诞狭邪之事。在总纂过程中勤于思考，勤于研究，勤于商议，充分发挥《丽水大辞典》《丽水统计年鉴》等各种工具书在总纂工作查核、检索、解疑等方面的作用。由于市志内容横涉面广，时间纵跨度长，属“众人修志”，因此，总纂合成阶段，主纂人员统筹全局，决断是非，统一体例，笔削文辞。

主编、执行主编和主纂全体成员，根据职责分工，认真审阅各分志初稿及其所依据的资料汇编或长编，将各分志稿的优点、成功之处和缺点、问题、甚至错误，认真记录下来，然后经过编辑部的集体研究和讨论，对每一篇志稿作出实事求是的评估。对需作部分修改或较大修改甚至彻底修改的分志稿，由执行主编或主纂制定一个初步的修改方案，充分发扬学术民主，经过反复讨论，尽可能地使意见取得一致，从而使全体成员能自觉地对分志稿进行修改补充。修改补充完毕后，由执行主编对各分志稿进行精雕细琢的加工润饰。

修志问道，以启未来，修志是为了延续一种文明密码、沿袭一种文化符号，传承一种民族精神，恪尽一种责任担当。地方志部门因记录历史使命而存在，地方志工作者因尽责而光荣。我们地方志工作者藉文字捕捉历史花火、用典册沉淀时代精神。《丽水市志》出版是集体智慧的结晶，很好地诠释了“众人成志”的理念。130多家单位和数百名修志工作者从政治的高度、历史的深度和文化的厚度出发，潜心修史，忠于史实，恪守工匠精神，工作兢兢业业，终于完成这部时间跨度大、涵盖领域广、包含内容丰的皇皇巨著。编纂过程中，丽水市志编辑部的全体编辑和工作人员埋头苦干、殚精竭虑，勤勉探索、甘于奉献，为此次修志工作倾注了全部的心血、贡献了非凡的智慧。在编纂中，各篇编辑人员时有调整和变动。部分或全程参与主纂的人员分别如下：自然部类主纂有张津华、朱晓亮、谢炳麟、吴伯卿，经济部类主纂有朱晓亮、张云新、陈子立，政治部类主纂有虞文喜、雷华英、张津华、梅岳民、朱晓亮、诸葛蓉、李忠民、吴伯卿、田金友，文化部类主纂有汪羽中、朱晓亮、吴克裘，社会部类主纂有朱放鸣、朱晓亮、刘勇、田金友，大事记、人物传、专记部分主纂有虞文喜、雷华英、朱晓亮，总述主纂有朱晓亮、李永涛，地图和照片选录编排由朱晓亮、刘勇负责。另外，也有不少同志为志书的面世做出了特殊的贡献：徐鹏、杨军益也对志稿修改提出了许多真知灼见；朱晓亮、梁卉立全程参加终审至出版间志稿的校核、修改、完善、定稿工作；朱晓亮、刘勇、梁卉立、廖依敏、魏吉利、石怡静参加总纂期间志稿的删减、增补、校核工作；宋晓英、孙长莲、林湘英、王梦薇、朱红、柳淑慧、钟荞义、张佳芬参与志稿的收集、整理工作。由于志书使用的许多照片由供稿单位提供，普遍没有提供摄影者的名单，无法注明摄影者姓名。二轮市志编修工作延续时间较长，参与编修的人员难免挂一漏万，敬请谅解。中国地方志领导小组办公室科研处调研员、研究员、博士生导师张英聘不仅提供权威、准确的修志指导，而且亲自参加最为关键专业的志书复审，提供权威精准的书面审读意见；浙江省人民政府地方志办公室主任、研究员潘捷军，副主任、副研究员章其祥先后多次指导修志，并提供有指导意义的审读建议；上海市地方志办公室市志处副处长杨军益、浙江省人民政府地方志办公室市县工作处处长周祝伟、金华市地方志办公室主任袁朝明、衢州市地方志办公室原主任胡锡明先后参与评审，并提供了详细而具体的审读意见；特别让人感动的是浙江省人民政府地方志办公室市县工作处副处长徐鹏，八年来一直关心、指导丽水修志工作，不辞辛劳，相伴左右，全过程参加三次评审，并提供诸多具体、及时的帮助。还有景宁畲族自治县政协原主席彭岳舜、《杭州市西湖区志》执行主编田金友等各县(市、区)修志专家也都提供了力所能及的帮助。

“字字看来皆是血，十年辛苦不寻常。”盛世修志，执笔问道，一手传递历史的体温，一端谱写新时代的华章，躬逢其时，何其幸哉?!时间是忠实的记录者，也是最客观的见证者。能把丽水市有史以来波澜壮阔的发展、突飞猛进的变化、伟大的成就、辉煌的文化记录下来，何尝不是一种幸运？《丽水市志》编纂，如同山花，虽然寂寞，却也灿然；如同山泉，虽然孤独，却也淡然；如同山石，虽然无闻，却也怡然；如同山人，虽然辛苦，却也荣然。13年来，市志编辑部一班人甘坐冷板凳，“累并快乐着”，虽非常辛苦、非常累。但有苦不言苦，苦中寻找乐，把“冷板凳”坐得热乎乎，把“苦差事”干得有声有色，这种快乐的“叠加”，感染着你我。大家抱着“功成不必在我、功成必定有我”的胸怀，在最迷茫的时候坚持初心，在最困难的时候坚守事业，在最逆境的时候坚强意志，在最痛苦的时候坚定信仰，甘于清贫，坚守寂寞，枕戈饮胆，闻鸡起舞，任劳任怨，不计个人得失，一任接着一任干，不断增强做好市志编修工作的使命感，始终坚持“五加二”“白加黑”“今日事，今日毕”的工作作风，夙夜在公、攻坚克难，为修信史留人间，“板凳宁坐十年冷，文章不写半句空”，无论大事小情，都把猫当老虎认真对待，力求把工作做到最好。

《丽水市志》编修是一项系统、宏大、艰巨的文化工程，更是丽水文化史上的一次“长征”。所记事物上限起始于事物发端，下限迄至于2010年底。既考虑内容归类和形式表述，尽可能与《丽水地区志》相衔接，又根据二轮志书编修新要求，在继承《丽水地区志》成功经验的基础上，多次研讨修改，优化设置篇章节目，合理调整编纂结构，形成了更加科学合理、符合逻辑的编写架构。《丽水市志》比较全面、系统、完整地记载了丽水市行政区划内自然与社会的发展概貌及其独有特点，是横陈百业、包罗万象的一方全史，堪称鸿篇巨制。

《丽水市志》的出版发行，是中共丽水市委、丽水市人民政府高度重视、大力支持的结果；是丽水地方志编纂委员会、浙江省人民政府地方志办公室关心爱护和无私帮助的结果；是各承编部门和单位通力合作、大力支持和相互配合的结果，是中指办和各省（市）地方志领导和专家、学者、顾问给予悉心指导的结果；也是丽水市地方志研究室及广大修志同仁团结协作、埋头苦干、默默奉献的结果。在志书付梓出版之际，谨向付出辛勤劳动的所有人士，致以衷心的感谢和诚挚的敬意！

由于二轮市志是通志，涵盖各行各业，涉及领域和学科十分广泛，加之年代久远，史料短缺情况非常普遍，史实考证十分困难，虽竭尽全力，仍存在诸多遗憾。加之编纂人员学识、业务能力和水平有限，且众人成志，志书虽几经修改、多次校勘，纰漏误谬在所难免，恳请社会各界和广大读者不吝指正。

《丽水市志》编辑部